2025

VADE MECUM saraiva

TEMÁTICO

TRIBUTÁRIO

CÓDIGO TRIBUTÁRIO
CÓDIGO DE PROCESSO CIVIL
CONSTITUIÇÃO FEDERAL
LEGISLAÇÃO COMPLEMENTAR

REFORMA TRIBUTÁRIA IBS/CBS
LC 214/2025

9ª edição

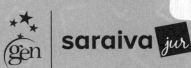
gen | saraiva jur

- O Grupo Editorial Nacional | Saraiva Jur empenham seus melhores esforços para assegurar que as informações e os procedimentos apresentados no texto estejam em acordo com os padrões aceitos à época da publicação, *e todos os dados foram atualizados até a data de fechamento do livro.*. Entretanto, tendo em conta a evolução das ciências, as atualizações legislativas, as mudanças regulamentares governamentais e o constante fluxo de novas informações sobre os temas que constam do livro, recomendamos enfaticamente que os leitores consultem sempre outras fontes fidedignas, de modo a se certificarem de que as informações contidas no texto estão corretas e de que não houve alterações nas recomendações ou na legislação regulamentadora.

- Data do fechamento do livro: 17/01/2025

- A equipe e a editora se empenharam para citar adequadamente e dar o devido crédito a todos os detentores de direitos autorais de qualquer material utilizado neste livro, dispondo-se a possíveis acertos posteriores caso, inadvertida e involuntariamente, a identificação de algum deles tenha sido omitida.

- Direitos exclusivos para a língua portuguesa
  Copyright ©2025 by
  Saraiva Jur, um selo da SRV Editora Ltda.
  Uma editora integrante do GEN | Grupo Editorial Nacional
  Travessa do Ouvidor, 11
  Rio de Janeiro – RJ – 20040-040

- **Atendimento ao cliente:** https://www.editoradodireito.com.br/contato

- Reservados todos os direitos. É proibida a duplicação ou reprodução deste volume, no todo ou em parte, em quaisquer formas ou por quaisquer meios (eletrônico, mecânico, gravação, fotocópia, distribuição pela Internet ou outros), sem permissão, por escrito, da **SRV Editora Ltda.**

- Capa: Lais Soriano
  Diagramação: Adriana Aguiar

- **DADOS INTERNACIONAIS DE CATALOGAÇÃO NA PUBLICAÇÃO (CIP)**
  VAGNER RODOLFO DA SILVA – CRB-8/9410

S243v   Saraiva
Vade mecum tributário – temático / Saraiva; organização Equipe Saraiva Jur. –
    9. ed. – São Paulo : Saraiva Jur, 2025.

1.056 p.
ISBN 978-85-5362-459-1 (Impresso)

1. Direito. 2. Vade Mecum Tributário. I. Título.

                                CDD 340
2024-3933   CDU 34

Índices para catálogo sistemático:
1. Direito   340
2. Direito   34

INDICADOR GERAL

Apresentação dos Vades Temáticos	VII
Nota dos Organizadores	IX
Abreviaturas	XIII
Índice Cronológico da Legislação	XV
Índice Cronológico da Legislação Complementar Alteradora (alterações de 2024 e 2025)	XXIII
Índice Sistemático da Constituição Federal	3
Índice Cronológico das Emendas Constitucionais Alteradoras	5
Constituição da República Federativa do Brasil	9
Ato das Disposições Constitucionais Transitórias	87
Emendas Constitucionais	111
Índice Alfabético-Remissivo da Constituição Federal	144
Índice Alfabético-Remissivo do Ato das Disposições Constitucionais Transitórias	156
Índice Sistemático do Código Tributário Nacional	163
Índice Cronológico da Legislação Alteradora do Código Tributário Nacional	165
Código Tributário Nacional (Lei n. 5.172, de 25-10-1966)	167
Índice Alfabético-Remissivo do Código Tributário Nacional	187
Índice Sistemático do Código de Processo Civil	201
Índice Cronológico da Legislação Alteradora do Código de Processo Civil	207
Código de Processo Civil (Lei n. 13.105, de 16-3-2015)	209
Índice Alfabético-Remissivo do Código de Processo Civil	295
Legislação Complementar	309
Índice Alfabético da Legislação Complementar	975

Súmulas

Supremo Tribunal Federal	981
Vinculantes	1001
Superior Tribunal de Justiça	1005
Índice Alfabético das Súmulas	1025

APRESENTAÇÃO DOS VADES TEMÁTICOS

Pioneira na exemplar técnica desenvolvida de atualização de Códigos e Legislação, como comprova o avançado número de suas edições e versões, a Saraiva Jur apresenta a edição revista e atualizada da sua Coleção de **Vade Mecum Temáticos**.

Esta Coleção, que é **indicada para a 2.ª fase do Exame de Ordem Unificado**, foi elaborada com base nos editais da OAB e vai ajudar você tanto na preparação como na realização da prova.

São cinco obras que contemplam, em cada volume, as principais áreas de atuação do direito exigidas na **prova prático-processual**: Administrativo e Constitucional; Civil e Empresarial; Penal; Trabalhista e Previdenciário; e Tributário.

Este material é totalmente permitido pela OAB para uso em prova.
Recomendamos, para maior abrangência, que seu uso seja acompanhado do Vade Mecum Saraiva OAB e Concursos.

Além disso, esta Coleção constitui importante ferramenta de estudo, pesquisa e consulta para profissionais, acadêmicos e concursandos.

Veja alguns recursos que você terá disponíveis nesta Coleção de Vades Temáticos:

– texto na íntegra da Constituição Federal;
– temas no alto da página indicando o assunto tratado ou a parte do Código;
– tarjas laterais indicando a divisão da obra e agilizando a pesquisa;
– atualização **semanal via internet**;
– recuo na parte das súmulas, para utilização de grampeador, caso sua consulta não seja permitida por algum concurso público.

Bons estudos e boa prova!

Organizadores

NOTA DOS ORGANIZADORES

ATUALIZE SEU CÓDIGO

Este serviço permite a atualização de sua obra. Acesso exclusivo, mediante *link* ou *QR Code* (*vide* instruções neste volume).

As atualizações serão disponibilizadas *online* e para *download* semanalmente, até 31 de outubro de 2025.

O serviço fica disponível no *site* entre os meses de fevereiro e dezembro do ano corrente.

CÓDIGO DE PROCESSO CIVIL

Elaborado por uma comissão de renomados juristas, depois de muita discussão e debate, foi aprovado pelo Senado Federal no final de 2014 e finalmente instituído pela **Lei n. 13.105, de 16 de março de 2015**, um Código de Processo Civil, com entrada em vigor após decorrido um ano de sua publicação (*DOU* de 17-3-2015).

A Saraiva Jur, ciente da repercussão que uma mudança desse molde traz e com o objetivo de proporcionar a melhor experiência de conhecimento e estudo do novo Diploma, preparou a edição desta obra totalmente atualizada com o Código de Processo Civil (texto na íntegra, índices sistemático e remissivo).

No decorrer da obra, o consulente encontrará diversas notas remissivas ao CPC. Tais referências correspondem ao novo Diploma legal.

Por fim, os Diplomas que constam nesta obra e que sofreram alterações pela Lei n. 13.105, de 16 de março de 2015, também já se encontram atualizados.

DESTAQUE

▬▬▶ dispositivos alterados e/ou incluídos em 2024 e 2025.

MINISTÉRIOS

Mantivemos a redação original nos textos dos Códigos e da Legislação Complementar, com a denominação dos Ministérios vigente à época da norma.

A Lei n. 14.600, de 19-6-2023, estabelece a organização básica dos órgãos da Presidência da República e dos Ministérios e dispõe em seu art. 17 sobre a denominação atual dos Ministérios.

NORMAS ALTERADORAS

Normas alteradoras são aquelas que não possuem texto próprio, mas apenas alteram outros diplomas, ou **cujo texto não é relevante para a obra**. Para facilitar a consulta, já processamos as alterações no texto da norma alterada.

Índice Cronológico da Legislação Alteradora:

– dos textos dos **Códigos** e da **Constituição Federal:** elenca todas as normas alteradoras constantes nos respectivos Códigos;

– dos textos da **Legislação Complementar:** relaciona todas as normas alteradoras de 2024 e 2025.

NOTAS

As notas foram selecionadas de acordo com seu grau de importância, e estão separadas em fundamentais (grafadas com ••) e acessórias (grafadas com •).

PODER JUDICIÁRIO

– Os *Tribunais de Apelação*, a partir da promulgação da Constituição Federal de 1946, passaram a denominar-se *Tribunais de Justiça*.

– O *Tribunal Federal de Recursos* foi extinto pela Constituição Federal de 1988, nos termos do art. 27 do ADCT.

– Os *Tribunais de Alçada* foram extintos pela Emenda Constitucional n. 45, de 8 de dezembro de 2004, passando os seus membros a integrar os Tribunais de Justiça dos respectivos Estados.

Nota dos Organizadores

SIGLAS

– OTN (OBRIGAÇÕES DO TESOURO NACIONAL)

A Lei n. 7.730, de 31 de janeiro de 1989, extinguiu a OTN Fiscal e a OTN de que trata o art. 6.º do Decreto-lei n. 2.284, de 10 de março de 1986.

A Lei n. 7.784, de 28 de junho de 1989, diz em seu art. 2.º que "todas as penalidades previstas na legislação em vigor em quantidades de Obrigações do Tesouro Nacional – OTN serão convertidas para Bônus do Tesouro Nacional – BTN, à razão de 1 para 6,92".

Com a Lei n. 8.177, de 1.º de março de 1991, ficaram extintos, a partir de 1.º de fevereiro de 1991, o BTN (Bônus do Tesouro Nacional), de que trata o art. 5.º da Lei n. 7.777, de 19 de junho de 1989, o BTN Fiscal, instituído pela Lei n. 7.799, de 10 de julho de 1989, e o MVR (Maior Valor de Referência). A mesma Lei n. 8.177/91 criou a TR (Taxa Referencial) e a TRD (Taxa Referencial Diária), que são divulgadas pelo Banco Central do Brasil. A Lei n. 8.660, de 28 de maio de 1993, estabeleceu novos critérios para a fixação da Taxa Referencial – TR e extinguiu a Taxa Referencial Diária – TRD.

A Lei n. 9.365, de 16 de dezembro de 1996, instituiu a Taxa de Juros de Longo Prazo – TJLP.

– URV (UNIDADE REAL DE VALOR)

Com a Lei n. 8.880, de 27 de maio de 1994, foi instituída a Unidade Real de Valor – URV, para integrar o Sistema Monetário Nacional, sendo extinta pela Lei n. 9.069, de 29 de junho de 1995.

– UFIR (UNIDADE FISCAL DE REFERÊNCIA)

A Lei n. 8.383, de 30 de dezembro de 1991, "instituiu a UFIR (Unidade Fiscal de Referência) como medida de valor e parâmetro de atualização monetária de tributos e de valores expressos em cruzeiros na legislação tributária federal, bem como os relativos a multas e penalidades de qualquer natureza".

O art. 43 da Lei n. 9.069, de 29 de junho de 1995, extinguiu, a partir de 1.º de setembro de 1994, a UFIR diária de que trata a Lei n. 8.383, de 30 de dezembro de 1991.

A Lei n. 8.981, de 20 de janeiro de 1995, que altera a legislação tributária, fixa em seu art. 1.º a expressão monetária da Unidade Fiscal de Referência – UFIR.

O art. 6.º da Lei n. 10.192, de 14 de fevereiro de 2001, disciplinou o reajuste semestral da UFIR durante o ano de 1996 e anualmente após 1.º de janeiro de 1997. O § 3.º do art. 29 da Lei n. 10.522, de 19 de julho de 2002, extinguiu a UFIR, estabelecendo a reconversão dos créditos para o Real, para fins de débitos de qualquer natureza com a Fazenda Nacional.

– BNH (BANCO NACIONAL DA HABITAÇÃO)

O art. 1.º do Decreto-lei n. 2.291, de 21 de novembro de 1986 diz em seu caput: "é extinto o Banco Nacional da Habitação – BNH, empresa pública de que trata a Lei n. 5.762, de 14 de dezembro de 1971, por incorporação à Caixa Econômica Federal – CEF". A CEF sucede ao BNH a partir de então. Regulamenta a Caixa Econômica Federal o Decreto n. 6.473, de 5 de junho de 2008.

Mantivemos, nos textos legislativos constantes deste Código, as referências feitas ao BNH.

SÚMULAS

Constam deste volume Súmulas do STF, Vinculantes e do STJ.

TEXTOS PARCIAIS

Alguns diplomas deixam de constar integralmente. Nosso propósito foi o de criar espaço para normas mais utilizadas no dia a dia dos profissionais e acadêmicos. A obra mais ampla atenderá aqueles que, ao longo de tantos anos, vêm prestigiando nossos Códigos.

VALORES

São originais todos os valores citados na legislação constante deste Código.

Como muitos valores não comportavam transformação, em face das inúmeras modificações impostas à nossa moeda, entendemos que esta seria a melhor das medidas. Para conhecimento de nossos consulentes, este o histórico de nossa moeda:

a) O Decreto-lei n. 4.791, de 5 de outubro de 1942, instituiu o CRUZEIRO como unidade monetária brasileira, denominada CENTAVO a sua centésima parte. O cruzeiro passava a corresponder a mil--réis.

b) A Lei n. 4.511, de 1.º de dezembro de 1964, manteve o CRUZEIRO, mas determinou a extinção do CENTAVO.

c) O Decreto-lei n. 1, de 13 de novembro de 1965, instituiu o CRUZEIRO NOVO, correspondendo o cruzeiro até então vigente a um milésimo do cruzeiro novo, restabelecido o centavo. Sua vigência foi fixada para a partir de 13 de fevereiro de 1967, conforme Resolução n. 47, de 8 de fevereiro de 1967, do Banco Central da República do Brasil.

d) A Resolução n. 144, de 31 de março de 1970, do Banco Central do Brasil, determinou que a unidade do sistema monetário brasileiro passasse a denominar-se CRUZEIRO.

e) A Lei n. 7.214, de 15 de agosto de 1984, extinguiu o CENTAVO.

f) O Decreto-lei n. 2.284, de 10 de março de 1986, criou o CRUZADO, em substituição ao CRUZEIRO, correspondendo o cruzeiro a um milésimo do cruzado.

g) A Lei n. 7.730, de 31 de janeiro de 1989, instituiu o CRUZADO NOVO em substituição ao CRUZADO e manteve o CENTAVO. O cruzado novo correspondeu a um mil cruzados.

h) Por determinação da Lei n. 8.024, de 12 de abril de 1990, a moeda nacional passou a denominar-se CRUZEIRO, sem outra modificação, mantido o centavo e correspondendo o cruzeiro a um cruzado novo.

i) A Lei n. 8.697, de 27 de agosto de 1993, alterou a moeda nacional, estabelecendo a denominação CRUZEIRO REAL para a unidade do sistema monetário brasileiro. A unidade equivalia a um mil cruzeiros e sua centésima parte denominava-se CENTAVO.

j) A Lei n. 8.880, de 27 de maio de 1994, dispondo sobre o Programa de Estabilização Econômica e o Sistema Monetário Nacional, instituiu a UNIDADE REAL DE VALOR – URV.

k) A unidade do Sistema Monetário Nacional, por determinação da Lei n. 9.069, de 29 de junho de 1995 (art. 1.º), passou a ser o REAL. As importâncias em dinheiro serão grafadas precedidas do símbolo R$ (art. 1.º, § 1.º). A centésima parte do REAL, denominada "centavo", será escrita sob a forma decimal, precedida da vírgula que segue a unidade (art. 1.º, § 2.º).

Organizadores

ABREVIATURAS

ADC – Ação Declaratória de Constitucionalidade
ADCT – Ato das Disposições Constitucionais Transitórias
ADI(s) – Ação(ões) Direta(s) de Inconstitucionalidade
ADPF – Arguição de Descumprimento de Preceito Fundamental
AGU – Advocacia-Geral da União
BTN – Bônus do Tesouro Nacional
CADIN – Cadastro Informativo de créditos não quitados do setor público federal
CARF – Conselho Administrativo de Recursos Fiscais
CBA – Código Brasileiro de Aeronáutica (Lei n. 7.565, de 19-12-1986)
CBS – Contribuição Social Sobre Bens e Serviços
CC – Código Civil (Lei n. 10.406, de 10-1-2002)
c.c – combinado com
CCom – Código Comercial (Lei n. 556, de 25-6-1850)
CDC – Código de Proteção e Defesa do Consumidor (Lei n. 8.078, de 11-9-1990)
CE – Código Eleitoral (Lei n. 4.737, de 15-7-1965)
CF – Constituição Federal
CGSN – Comitê Gestor do Simples Nacional
CJF – Conselho da Justiça Federal
CLT – Consolidação das Leis do Trabalho (Decreto-lei n. 5.452, de 1º-5-1943)
CNDT – Certidão Negativa de Débitos Trabalhistas
CNDU – Conselho Nacional de Desenvolvimento Urbano
CNJ – Conselho Nacional de Justiça
CNMP – Conselho Nacional do Ministério Público
CNPC – Conselho Nacional de Política Criminal e Penitenciária
CNPJ – Cadastro Nacional da Pessoa Jurídica
CONAMA – Conselho Nacional do Meio Ambiente
CONASP – Conselho Nacional de Segurança Pública
CONTRAN – Conselho Nacional de Trânsito
CP – Código Penal (Decreto-lei n. 2.848, de 7-12-1940)
CPC – Código de Processo Civil (Lei n. 13.105, de 16-3-2015)
CPM – Código Penal Militar (Decreto-lei n. 1.001, de 21-10-1969)
CPP – Código de Processo Penal (Decreto-lei n. 3.689, de 3-10-1941)
CPPM – Código de Processo Penal Militar (Decreto-lei n. 1.002, de 21-10-1969)
CRPS – Conselho de Recursos da Previdência Social
CSLL – Contribuição Social sobre o Lucro Líquido
CTB – Código de Trânsito Brasileiro (Lei n. 9.503, de 23-9-1997)
CTN – Código Tributário Nacional (Lei n. 5.172, de 25-10-1966)
CTNBio – Comissão Técnica Nacional de Biossegurança
CVM – Comissão de Valores Mobiliários
DJE – *Diário da Justiça Eletrônico*
DJU – *Diário da Justiça da União*
DOU – *Diário Oficial da União*
DPF – Departamento de Polícia Federal
EAOAB – Estatuto da Advocacia e da Ordem dos Advogados do Brasil (Lei n. 8.906, de 4-7-1994)
EC – Emenda Constitucional
ECA – Estatuto da Criança e do Adolescente (Lei n. 8.069, de 13-7-1990)
EIRELI – Empresa Individual de Responsabilidade Limitada
FCDF – Fundo Constitucional do Distrito Federal
FGTS – Fundo de Garantia do Tempo de Serviço
IBS – Imposto Sobre Bens e Serviços
INSS – Instituto Nacional do Seguro Social

Abreviaturas

IS – Imposto Seletivo
JEFs – Juizados Especiais Federais
LCP – Lei das Contravenções Penais (Decreto-lei n. 3.688, de 3-10-1941)
LDA – Lei de Direitos Autorais (Lei n. 9.610, de 19-2-1998)
LEF – Lei de Execução Fiscal (Lei n. 6.830, de 22-9-1980)
LEP – Lei de Execução Penal (Lei n. 7.210, de 11-7-1984)
LINDB – Lei de Introdução às Normas do Direito Brasileiro (Decreto-lei n. 4.657, de 4-9-1942)
LRP – Lei de Registros Públicos (Lei n. 6.015, de 31-12-1973)
LSA – Lei das Sociedades Anônimas (Lei n. 6.404, de 15-12-1976)
MTE – Ministério do Trabalho e Emprego
MRV – Maior Valor de Referência
OIT – Organização Internacional do Trabalho
OJ – Orientação Jurisprudencial
OTN – Obrigação do Tesouro Nacional
PNC – Plano Nacional de Cultura
PRONAC – Programa Nacional de Apoio à Cultura
PRONAICA – Programa Nacional de Atenção Integral à Criança e ao Adolescente
PRONASCI – Programa Nacional de Segurança Pública com Cidadania
PRR – Programa de Regularização Tributária Rural
s. – seguinte (s)
SINAMOB – Sistema Nacional de Mobilização
SISCOMEX – Sistema Integrado de Comércio Exterior
SNDC – Sistema Nacional de Defesa do Consumidor
SNIIC – Sistema Nacional de Informação e Indicadores Culturais
SRFB – Secretaria da Receita Federal do Brasil
STF – Supremo Tribunal Federal
STJ – Superior Tribunal de Justiça
STM – Superior Tribunal Militar
SUDAM – Superintendência de Desenvolvimento da Amazônia
SUDECO – Superintendência de Desenvolvimento do Centro-Oeste
SUDENE – Superintendência de Desenvolvimento do Nordeste
SUFRAMA – Superintendência da Zona Franca de Manaus
TCU – Tribunal de Contas da União
TFR – Tribunal Federal de Recursos
TJLP – Taxa de Juros de Longo Prazo
TR – Taxa Referencial
TRD – Taxa Referencial Diária
TRF – Tribunal Regional Federal
TSE – Tribunal Superior Eleitoral
TST – Tribunal Superior do Trabalho
UFIR – Unidade Fiscal de Referência
URV – Unidade Real de Valor

ÍNDICE CRONOLÓGICO DA LEGISLAÇÃO

CÓDIGO de Ética e Disciplina da OAB – de 19-10-2015 427

CONSTITUIÇÃO da República Federativa do Brasil – de 5-10-1988 9

DECRETOS:

70.235 –	de 6-3-1972 (Processo administrativo fiscal)	341
325 –	de 1.º-11-1991 (Comunicação ao Ministério Público)	398
2.138 –	de 29-1-1997 (Compensação de créditos)	491
3.724 –	de 10-1-2001 (Sigilo Bancário)	541
3.914 –	de 11-9-2001 (Contribuições)	555
4.382 –	de 19-9-2002 (ITR)	573
4.523 –	de 17-12-2002 (Processo administrativo fiscal)	582
4.524 –	de 17-12-2002 (PIS-PASEP)	582
6.306 –	de 14-12-2007 (IOF)	730
6.451 –	de 12-5-2008 (Consórcio Simples)	744
6.761 –	de 5-2-2009 (Imposto de renda de residentes ou domiciliados no exterior) ..	748
6.949 –	de 25-8-2009 (Convenção Internacional sobre Direitos das Pessoas com Deficiência) ..	751
7.574 –	de 29-9-2011 (Processo de créditos tributários)	764
8.264 –	de 5-6-2014 (Esclarecimento ao consumidor quanto à carga tributária)	783
8.426 –	de 1.º-4-2015 (PIS, PASEP e COFINS)	784
8.870 –	de 5-10-2016 (Simples Exportação)	793
9.830 –	de 10-6-2019 (LINDB – Regulamento)	814
10.209 –	de 22-1-2020 (Controladoria-Geral da União – requisição de informações protegidas pelo sigilo fiscal) ..	820
11.249 –	de 9-11-2022 (Oferta de créditos líquidos e certos reconhecidos pela União) ..	852
11.428 –	de 2-3-2023 (Câmara de Comércio Exterior – CAMEX)	855
12.002 –	de 22-4-2024 (*Diploma alterador*)	XXIII
12.132 –	de 7-8-2024 (*Diploma alterador*)	XXIII

DECRETO LEGISLATIVO:

6 –	20-3-2020 (Estado de calamidade pública – covid-19)	821

DECRETOS-LEIS:

2.848 –	de 7-12-1940 (Código Penal) (*)	309
4.597 –	de 19-8-1942 (Prescrição)	311
4.657 –	de 4-9-1942 (Lei de Introdução às Normas do Direito Brasileiro)	312
27 –	de 14-11-1966 (*Diploma alterador*)	165
37 –	de 18-11-1966 (Imposto de importação) (*)	325
57 –	de 18-11-1966 (ITR)	333
195 –	de 24-2-1967 (Contribuição de melhoria)	334
406 –	de 31-12-1968 (ICMS e ISS)	335
1.578 –	de 11-10-1977 (Imposto sobre a exportação)	351
1.715 –	de 22-11-1979 (Quitação de Tributos)	351
1.755 –	de 31-12-1979 (Arrecadação e restituição das receitas federais)	352
1.783 –	de 18-4-1980 (Imposto sobre Operações de Crédito, Câmbio e Seguro)	352
1.881 –	de 27-8-1981 (Fundo de Participação dos Municípios – FPM)	356
1.940 –	de 25-5-1982 (FINSOCIAL)	357
2.472 –	de 1.º-9-1988 (Legislação aduaneira)	358

(*) Texto parcial selecionado de acordo com a matéria tratada na obra.

EMENDAS CONSTITUCIONAIS:

1 –	de 31-3-1992 (*Diploma alterador*)	5
2 –	de 25-8-1992 (Plebiscito)	111
3 –	de 17-3-1993 (Impostos)	5, 111
4 –	de 14-9-1993 (*Diploma alterador*)	5
5 –	de 15-8-1995 (*Diploma alterador*)	5
6 –	de 15-8-1995 (*Diploma alterador*)	5
7 –	de 15-8-1995 (*Diploma alterador*)	5
8 –	de 15-8-1995 (*Diploma alterador*)	5
9 –	de 9-11-1995 (*Diploma alterador*)	5
10 –	de 4-3-1996 (*Diploma alterador*)	5
11 –	de 30-4-1996 (*Diploma alterador*)	5
12 –	de 15-8-1996 (*Diploma alterador*)	5
13 –	de 21-8-1996 (*Diploma alterador*)	5
14 –	de 12-9-1996 (*Diploma alterador*)	5
15 –	de 12-9-1996 (*Diploma alterador*)	5
16 –	de 4-6-1997 (*Diploma alterador*)	5
17 –	de 22-11-1997 (Disposições tributárias)	5, 111
18 –	de 5-2-1998 (*Diploma alterador*)	5
19 –	de 4-6-1998 (Administração pública)	5, 112
20 –	de 15-12-1998 (Reforma da Previdência Social)	5, 113
21 –	de 18-3-1999 (*Diploma alterador*)	5
22 –	de 18-3-1999 (*Diploma alterador*)	5
23 –	de 2-9-1999 (*Diploma alterador*)	5
24 –	de 9-12-1999 (Representação classista na Justiça do Trabalho)	5, 114
25 –	de 14-2-2000 (*Diploma alterador*)	6
26 –	de 14-2-2000 (*Diploma alterador*)	6
27 –	de 21-3-2000 (*Diploma alterador*)	6
28 –	de 25-5-2000 (*Diploma alterador*)	6
29 –	de 13-9-2000 (*Diploma alterador*)	6
30 –	de 13-9-2000 (*Diploma alterador*)	6
31 –	de 14-12-2000 (*Diploma alterador*)	6
32 –	de 11-9-2001 (Medidas provisórias)	6, 114
33 –	de 11-12-2001 (Impostos e monopólio da União)	6, 114
34 –	de 13-12-2001 (*Diploma alterador*)	6
35 –	de 20-12-2001 (*Diploma alterador*)	6
36 –	de 28-5-2002 (*Diploma alterador*)	6
37 –	de 12-6-2002 (*Diploma alterador*)	6
38 –	de 12-6-2002 (*Diploma alterador*)	6
39 –	de 19-12-2002 (*Diploma alterador*)	6
40 –	de 29-5-2003 (*Diploma alterador*)	6
41 –	de 19-12-2003 (Reforma da Previdência Social)	6, 115
42 –	de 19-12-2003 (Sistema Tributário Nacional)	6, 116
43 –	de 15-4-2004 (*Diploma alterador*)	6
44 –	de 30-6-2004 (*Diploma alterador*)	6
45 –	de 8-12-2004 (Reforma do Judiciário)	6, 117
46 –	de 5-5-2005 (*Diploma alterador*)	6
47 –	de 5-7-2005 (Reforma da Previdência Social)	6, 117
48 –	de 10-8-2005 (*Diploma alterador*)	6
49 –	de 8-2-2006 (*Diploma alterador*)	6
50 –	de 14-2-2006 (*Diploma alterador*)	6
51 –	de 14-2-2006 (Saúde)	6, 118
52 –	de 8-3-2006 (*Diploma alterador*)	6
53 –	de 19-12-2006 (FUNDEB)	6, 118
54 –	de 20-9-2007 (*Diploma alterador*)	6

55 –	de 20-9-2007 (Fundo de Participação dos Municípios).. 6,	118
56 –	de 20-12-2007 (*Diploma alterador*)...	6
57 –	de 18-12-2008 (*Diploma alterador*)...	7
58 –	de 23-9-2009 (*Diploma alterador*)..	7
59 –	de 11-11-2009 (*Diploma alterador*)...	7
60 –	de 11-11-2009 (*Diploma alterador*)...	7
61 –	de 11-11-2009 (*Diploma alterador*)...	7
62 –	de 9-12-2009 (Precatórios)... 7,	118
63 –	de 4-2-2010 (*Diploma alterador*)...	7
64 –	de 4-2-2010 (*Diploma alterador*)...	7
65 –	de 13-7-2010 (*Diploma alterador*)...	7
66 –	de 13-7-2010 (*Diploma alterador*)...	7
67 –	de 22-12-2010 (Fundo de Combate e Erradicação da Pobreza)................................	119
68 –	de 21-12-2011 (*Diploma alterador*)...	7
69 –	de 29-3-2012 (Defensoria Pública do Distrito Federal).. 7,	119
70 –	de 29-3-2012 (Aposentadoria por invalidez de servidores públicos).................... 7,	119
71 –	de 29-11-2012 (*Diploma alterador*)...	7
72 –	de 2-4-2013 (*Diploma alterador*)...	7
73 –	de 6-6-2013 (TRFs das 6.ª, 7.ª, 8.ª e 9.ª Regiões)... 7,	119
74 –	de 6-8-2013 (*Diploma alterador*)...	7
75 –	de 15-10-2013 (*Diploma alterador*)...	7
76 –	de 28-11-2013 (*Diploma alterador*)...	7
77 –	de 11-2-2014 (*Diploma alterador*)...	7
78 –	de 14-5-2014 (Seringueiros)... 7,	119
79 –	de 27-5-2014 (Servidores dos Estados do Amapá e de Roraima)........................... 7,	120
80 –	de 4-6-2014 (*Diploma alterador*)...	7
81 –	de 5-6-2014 (*Diploma alterador*)...	7
82 –	de 16-7-2014 (*Diploma alterador*)...	7
83 –	de 5-8-2014 (*Diploma alterador*)...	7
84 –	de 2-12-2014 (Fundo de Participação dos Municípios)... 7,	120
85 –	de 26-2-2015 (*Diploma alterador*)...	7
86 –	de 17-3-2015 (Orçamento Impositivo).. 7,	121
87 –	de 16-4-2015 (*Diploma alterador*)...	7
88 –	de 7-5-2015 (*Diploma alterador*)...	7
89 –	de 15-9-2015 (*Diploma alterador*)...	7
90 –	de 15-9-2015 (*Diploma alterador*)...	7
91 –	de 18-2-2016 (Desfiliação partidária)...	121
92 –	de 12-7-2016 (*Diploma alterador*)...	7
93 –	de 8-9-2016 (*Diploma alterador*)...	7
94 –	de 15-12-2016 (*Diploma alterador*)...	7
95 –	de 15-12-2016 (*Diploma alterador*)...	7
96 –	de 6-6-2017 (*Diploma alterador*)...	7
97 –	de 4-10-2017 (Eleições).. 7,	121
98 –	de 6-12-2017 (Servidores dos ex-Territórios do Amapá, Rondônia e Roraima)........ 8,	121
99 –	de 14-12-2017 (*Diploma alterador*)...	8
100 –	de 26-6-2019 (Orçamento Impositivo)... 8,	122
101 –	de 3-7-2019 (*Diploma alterador*)...	8
102 –	de 26-9-2019 (*Diploma alterador*)...	8
103 –	de 12-11-2019 (Reforma da Previdência Social)... 8,	122
104 –	de 4-12-2019 (Polícias penais).. 8,	130
105 –	de 12-12-2019 (Transferência de recursos federais).. 8,	130
106 –	de 7-5-2020 (Regime extraordinário fiscal, financeiro e de contratações)............	130
107 –	de 2-7-2020 (Eleições Municipais 2020 – adiamento e prazos eleitorais).............	131
108 –	de 26-8-2020 (Fundeb)... 8,	132

109 – de 15-3-2021 (Auxílio emergencial)	8,	132
110 – de 12-7-2021 (*Diploma alterador*)		8
111 – de 28-9-2021 (Eleições)	8,	134
112 – de 27-10-2021 (Fundo de Participação dos Municípios)	8,	134
113 – de 8-12-2021 (Precatórios)	8,	134
114 – de 16-12-2021 (Precatórios)	8,	135
115 – de 10-2-2022 (*Diploma alterador*)		8
116 – de 17-2-2022 (*Diploma alterador*)		8
117 – de 5-4-2022 (Candidaturas femininas)	8,	135
118 – de 26-4-2022 (*Diploma alterador*)		8
119 – de 27-4-2022 (Gastos em educação durante a pandemia)	8,	136
120 – de 5-5-2022 (*Diploma alterador*)		8
121 – de 10-5-2022 (*Diploma alterador*)		8
122 – de 17-5-2022 (*Diploma alterador*)		8
123 – de 14-7-2022 (Estado de emergência)	8,	136
124 – de 14-7-2022 (*Diploma alterador*)		8
125 – de 14-7-2022 (Relevância no recurso especial)	8,	138
126 – de 21-12-2022 ("PEC" da Transição)	8,	138
127 – de 22-12-2022 (Piso salarial da enfermagem)	8,	139
128 – de 22-12-2022 (*Diploma alterador*)		8
129 – de 5-7-2023 (*Diploma alterador*)		8
130 – de 3-10-2023 (*Diploma alterador*)		8
131 – de 3-10-2023 (*Diploma alterador*)		8
132 – de 20-12-2023 (Reforma Tributária)	8,	139
133 – de 22-8-2024 (Cotas raciais em candidaturas)	8,	143
134 – de 24-9-2024 (*Diploma alterador*)		8
135 – de 20-12-2024 (Pacote de corte de gastos)	8,	143

EMENDAS CONSTITUCIONAIS DE REVISÃO:

1 – de 1.º-3-1994 (*Diploma alterador*)	5
2 – de 7-6-1994 (*Diploma alterador*)	5
3 – de 7-6-1994 (*Diploma alterador*)	5
4 – de 7-6-1994 (*Diploma alterador*)	5
5 – de 7-6-1994 (*Diploma alterador*)	5
6 – de 7-6-1994 (*Diploma alterador*)	5

LEIS:

810 – de 6-9-1949 (Ano Civil)	315
1.408 – de 9-8-1951 (Prazos judiciais)	315
4.320 – de 17-3-1964 (Finanças públicas)	315
4.729 – de 14-7-1965 (Sonegação fiscal)	323
5.143 – de 20-10-1966 (IOF)	324
5.172 – de 25-10-1966 (Código Tributário Nacional)	167
6.099 – de 12-9-1974 (Arrendamento mercantil)	348
6.822 – de 22-9-1980 (Cobrança executiva)	353
6.830 – de 22-9-1980 (Execução fiscal)	353
6.899 – de 8-4-1981 (Correção monetária)	356
7.115 – de 29-8-1983 (Prova documental)	358
7.689 – de 15-12-1988 (Contribuições) (*)	359
7.711 – de 22-12-1988 (Processo Administrativo Federal) (*)	360
7.713 – de 22-12-1988 (Imposto de renda)	360
7.766 – de 11-5-1989 (Ouro, ativo financeiro e tratamento tributário)	367
7.940 – de 20-12-1989 (Taxa de fiscalização dos mercados de títulos e valores mobiliários)	367
8.009 – de 29-3-1990 (Bem de família)	373

(*) Texto parcial selecionado de acordo com a matéria tratada na obra.

Índice Cronológico da Legislação

8.016	de 8-4-1990 (IPI para Estados e Distrito Federal)	373
8.021	de 12-4-1990 (Identificação do contribuinte)	374
8.022	de 12-4-1990 (Receitas Federais)	375
8.032	de 12-4-1990 (Imposto de importação)	376
8.137	de 27-12-1990 (Crimes contra a ordem tributária) (*)	377
8.212	de 24-7-1991 (Seguridade social)	378
8.383	de 30-12-1991 (Imposto de renda) (*)	399
8.397	de 6-1-1992 (Medida cautelar fiscal)	410
8.437	de 30-6-1992 (Medidas cautelares)	412
8.748	de 9-12-1993 (Processo administrativo fiscal)	412
8.846	de 21-1-1994 (Emissão de documentos fiscais)	413
8.850	de 28-1-1994 (Imposto de renda) (*)	414
8.906	de 4-7-1994 (Estatuto da OAB)	414
8.981	de 20-1-1995 (Legislação tributária) (*)	434
9.051	de 18-5-1995 (Certidões)	444
9.065	de 20-6-1995 (Legislação tributária)	444
9.069	de 29-6-1995 (Plano Real) (*)	445
9.099	de 26-9-1995 (Juizados Especiais)	450
9.249	de 26-12-1995 (Imposto de renda) (*)	453
9.250	de 26-12-1995 (Imposto de renda) (*)	457
9.265	de 12-2-1996 (Gratuidade dos atos necessários ao exercício da cidadania)	464
9.316	de 22-11-1996 (Imposto de Renda)	472
9.363	de 13-12-1996 (Crédito presumido do IPI)	473
9.393	de 19-12-1996 (ITR)	473
9.430	de 27-12-1996 (Legislação tributária)	477
9.494	de 10-9-1997 (Tutela antecipada)	492
9.507	de 12-11-1997 (*Habeas data*)	492
9.532	de 10-12-1997 (Legislação Tributária) (*)	493
9.613	de 3-3-1998 ("Lavagem" de dinheiro)	501
9.716	de 26-11-1998 (Imposto de exportação)	507
9.718	de 27-11-1998 (Legislação tributária)	507
9.766	de 18-12-1998 (Salário Educação) (*)	512
9.779	de 19-1-1999 (Legislação tributária) (*)	513
9.784	de 29-1-1999 (Processo administrativo)	515
9.868	de 10-11-1999 (Ação Declaratória de Constitucionalidade – ADC e Ação Direta de Inconstitucionalidade – ADI)	520
9.873	de 23-11-1999 (Prescrição)	523
9.882	de 3-12-1999 (Arguição de descumprimento de preceito fundamental)	523
9.959	de 27-1-2000 (Imposto de renda)	524
9.964	de 10-4-2000 (Refis) (*)	525
10.189	de 14-2-2001 (Refis)	546
10.259	de 12-7-2001 (Juizados Especiais)	548
10.336	de 19-12-2001 (Contribuições) (*)	556
10.426	de 24-4-2002 (Legislação tributária)	559
10.451	de 10-5-2002 (Imposto de renda)	560
10.522	de 19-7-2002 (Cadin) (*)	561
10.637	de 30-12-2002 (Legislação tributária) (*)	593
10.684	de 30-5-2003 (Parcelamento de débitos)	600
10.755	de 3-11-2003 (Imposto de Importação)	610
10.833	de 29-12-2003 (Legislação tributária) (*)	611
10.865	de 30-4-2004 (Contribuições) (*)	626
10.931	de 2-8-2004 (Incorporações imobiliárias) (*)	630
10.996	de 15-12-2004 (Legislação tributária)	632
11.033	de 21-12-2004 (Tributação do mercado financeiro)	633
11.053	de 29-12-2004 (Imposto de Renda)	635

(*) Texto parcial selecionado de acordo com a matéria tratada na obra.

Índice Cronológico da Legislação

11.101	– de 9-2-2005 (Lei de Falências) (*)	636
11.196	– de 21-11-2005 (Legislação tributária) (*)	668
11.250	– de 27-12-2005 (ITR)	671
11.371	– de 28-11-2006 (Recursos em moeda estrangeira) (*)	671
11.417	– de 19-12-2006 (Súmula vinculante) (*)	714
11.419	– de 19-12-2006 (Informatização do processo judicial)	715
11.438	– de 29-12-2006 (Imposto de renda)	717
11.457	– de 16-3-2007 (Super-Receita) (*)	719
11.482	– de 31-5-2007 (Imposto de renda) (*)	722
11.508	– de 20-7-2007 (Zonas de Exportação)	724
11.636	– de 28-12-2007 (Custas judiciais)	743
11.727	– de 23-6-2008 (Legislação tributária) (*)	745
12.016	– de 7-8-2009 (Mandado de segurança)	749
12.153	– de 22-12-2009 (Juizados Especiais da Fazenda Pública)	762
12.741	– de 8-12-2012 (Documentos fiscais)	780
12.973	– de 13-5-2014 (Legislação Tributária)	781
13.105	– de 16-3-2015 (Código de Processo Civil)	209
13.140	– de 26-6-2015 (Mediação e Autocomposição) (*)	784
13.254	– de 13-1-2016 (Regime Especial de Regularização Cambial e Tributária – RERCT)	789
13.256	– de 4-2-2016 (*Diploma alterador*)	207
13.300	– de 23-6-2016 (Mandado de injunção individual e coletivo)	792
13.363	– de 25-11-2016 (*Diploma alterador*)	207
13.428	– de 30-3-2017 (Regime Especial de Regularização Cambial e Tributária – Prazos)	793
13.465	– de 11-7-2017 (*Diploma alterador*)	207
13.496	– de 24-10-2017 (Programa Especial de Regularização Tributária – Pert)	803
13.606	– de 9-1-2018 (Programa de Regularização Tributária Rural – PRR)	806
13.793	– de 3-1-2019 (*Diploma alterador*)	207
13.874	– de 20-9-2019 (Liberdade econômica)	816
13.894	– de 29-10-2019 (*Diploma alterador*)	207
13.974	– de 7-1-2020 (Conselho de Controle de Atividades Financeiras – Coaf)	819
13.988	– de 14-4-2020 (Transação resolutiva de litígio tributário)	822
14.057	– de 11-9-2020 (Pagamento de precatórios, acordo terminativo de litígio contra a Fazenda Pública – covid-19)	828
14.112	– de 24-12-2020 (Falências)	830
14.133	– de 1.º-4-2021 (*Diploma alterador*)	207
14.148	– de 3-5-2021 (Programa Emergencial de Retomada do Setor de Eventos – Perse)	835
14.195	– de 26-8-2021 (Sistema Integrado de Recuperação de Ativos)	207, 839
14.341	– de 18-5-2022 (*Diploma alterador*)	207
14.365	– de 2-6-2022 (*Diploma alterador*)	207
14.467	– de 16-11-2022 (Compensação tributária)	853
14.478	– de 21-12-2022 (Serviços de ativos virtuais)	854
14.592	– de 30-5-2023 (PIS/Pasep e Cofins – combustíveis e atividade de transporte aéreo regular de passageiros)	857
14.596	– de 14-6-2023 (IRPJ e CSLL)	859
14.620	– de 13-7-2023 (*Diploma alterador*)	207
14.689	– de 20-9-2023 (Voto de Qualidade no CARF)	873
14.711	– de 30-10-2023 (*Diploma alterador*)	207
14.713	– de 30-10-2023 (*Diploma alterador*)	207
14.740	– de 29-11-2023 (Autorregularização Incentivada de Tributos)	874
14.754	– de 12-12-2023 (Tributação em Fundos de Investimento)	875
14.833	– de 27-3-2024 (*Diploma alterador*)	207
14.848	– de 1.º-5-2024 (*Diploma alterador*)	XXIII
14.859	– de 22-5-2024 (*Diploma alterador*)	XXIII
14.879	– de 4-6-2024 (*Diploma alterador*)	207
14.933	– de 24-7-2024 (*Diploma alterador*)	XXIII
14.939	– de 30-7-2024 (*Diploma alterador*)	207

(*) Texto parcial selecionado de acordo com a matéria tratada na obra.

14.967 – de 9-9-2024 (*Diploma alterador*)		XXIII
14.973 – de 16-9-2024 (Tributação e regularização cambial)(*)	XXIII,	885
14.976 – de 18-9-2024 (*Diploma alterador*)		207
15.072 – de 26-12-2024 (*Diploma alterador*)		XXIII
15.078 – de 27-12-2024 (*Diploma alterador*)		XXIII
15.079 – de 27-12-2024 (*Diploma alterador*)		XXIII

LEIS COMPLEMENTARES:

7 – de 7-9-1970 (Institui o Programa de Integração Social – PIS)	340
8 – de 3-12-1970 (PASEP)	341
17 – de 12-12-1973 (PIS)	348
24 – de 7-1-1975 (ICMS e ISS)	350
59 – de 22-12-1988 (*Diploma alterador*)	165
61 – de 26-12-1989 (Participações na arrecadação do IPI)	369
62 – de 28-12-1989 (Fundos de Participação)	370
63 – de 11-1-1990 (Fundos de Participação)	371
70 – de 30-12-1991 (Contribuições)	409
87 – de 13-9-1996 (ICMS e ISS)	464
91 – de 22-12-1997 (Fundo de Participação dos Municípios)	500
101 – de 4-5-2000 (Responsabilidade fiscal)	528
104 – de 10-1-2001 (*Diploma alterador*)	165
105 – de 10-1-2001 (Sigilo bancário)	544
110 – de 29-6-2001 (Contribuições)	547
116 – de 31-7-2003 (ICMS e ISS)	603
118 – de 9-2-2005 (Crédito tributário) 165,	668
123 – de 14-12-2006 (Microempresa) (*)	673
143 – de 17-7-2013 (*Diploma alterador*)	165
151 – de 5-8-2015 (Depósitos judiciais e administrativos)	787
159 – de 19-5-2017 (Regime de Recuperação Fiscal dos Estados e do Distrito Federal)	794
160 – de 7-8-2017 (Convênio de remissão, isenções e benefícios fiscais)	801
162 – de 6-4-2018 (Pert-Simples Nacional)	812
167 – de 24-4-2019 (Empresa simples de crédito)	813
174 – de 5-8-2020 (Transação resolutiva de litígios)	827
175 – de 23-9-2020 (Obrigação acessória do ISSQN, de competência dos Municípios e do Distrito Federal)	829
178 – de 13-1-2021 (Programa de Acompanhamento e Transparência Fiscal)	831
187 – de 16-12-2021 (Entidades beneficentes – imunidades tributárias) 165,	841
193 – de 17-3-2022 (Programa de Reescalonamento do Pagamento de Débitos no Âmbito do Simples Nacional)	849
194 – de 23-6-2022 (Bens e serviços essenciais para efeitos de incidência de ICMS) 165,	850
199 – de 1.º-8-2023 (Estatuto Nacional de Simplificação de Obrigações Tributárias Acessórias)	868
200 – de 30-8-2023 (Arcabouço Fiscal)	870
201 – de 24-10-2023 (*Diploma alterador*)	165
206 – de 16-5-2024 (Negociação de dívidas de entes federativos afetados por calamidade pública) .... XXIII,	884
207 – de 16-5-2024 (*Diploma alterador*)	XXIII
208 – de 2-7-2024 (*Diploma alterador*) .... XXIII,	165
210 – de 25-11-2024 (Emendas parlamentares)	890
211 – de 30-12-2024 (Pacote de corte de gastos) .... XXIII,	892
212 – de 13-1-2025 (*Diploma alterador*)	XXIII
214 – de 16-1-2025 (IBS, CBS e IS – Reforma Tributária – regulamento)(*) .... XXIII, 165,	893

MEDIDAS PROVISÓRIAS:

2.159-70 – de 24-8-2001 (Imposto de Renda)	550
2.228-1 – de 6-9-2001 (Condecine)	551
1.280 – de 23-12-2024 (*Diploma alterador*)	XXIII

(*) Texto parcial selecionado de acordo com a matéria tratada na obra.

ÍNDICE CRONOLÓGICO DA LEGISLAÇÃO COMPLEMENTAR ALTERADORA
(ALTERAÇÕES DE 2024 E 2025)

DECRETO N. 12.002, DE 22 DE ABRIL DE 2024
Revoga o art. 18 do Decreto n. 9.830/2019.

LEI N. 14.848, DE 1.º DE MAIO DE 2024
Altera o art. 1.º da Lei n. 11.482/2007.

LEI COMPLEMENTAR N. 206, DE 16 DE MAIO DE 2024
Altera o art. 35 da Lei Complementar n. 101/2000.
Altera os arts. 2.º, 8.º e 11 da Lei Complementar n. 159/2017.

LEI COMPLEMENTAR N. 207, DE 16 DE MAIO DE 2024
Altera o art. 27 da Lei n. 8.212/91.
Altera o art. 14 da Lei Complementar n. 200/2023.

LEI N. 14.859, DE 22 DE MAIO DE 2024
Acrescenta os arts. 4.º-A e 4.º-B à Lei n. 14.148/2021.
Altera o art. 4.º da Lei n. 14.148/2021.

LEI COMPLEMENTAR N. 208, DE 2 DE JULHO DE 2024
Acrescenta o art. 39-A à Lei n. 4.320/64.

LEI N. 14.933, DE 24 DE JULHO DE 2024
Altera o art. 3.º da Lei n. 11.438/2006.

DECRETO N. 12.132, DE 7 DE AGOSTO DE 2024
Altera o art. 22 do Decreto n. 6.306/2007.

LEI N. 14.967, DE 9 DE SETEMBRO DE 2024
Altera o art. 8.º da Lei n. 10.637/2002.
Altera o art. 10 da Lei n. 10.833/2003.

LEI N. 14.973, DE 16 DE SETEMBRO DE 2024
Acrescenta os arts. 6.º-A e 7.º-A à Lei n. 10.522/2002.
Acrescenta os arts. 15-A, 22-B, 22-C, 22-D e 22-E à Lei n. 13.988/2020.
Altera os arts. 22 e 69 da Lei n. 8.212/91.
Altera os arts. 2.º e 4.º da Lei n. 10.522/2002.
Revoga os incisos II e IV do § 2.º do art. 69 da Lei n. 8.212/91.

MEDIDA PROVISÓRIA N. 1.280, DE 23 DE DEZEMBRO DE 2024
Altera o art. 44 da Medida Provisória n. 2.228-1/2001.

LEI N. 15.072, DE 26 DE DEZEMBRO DE 2024
Altera o art. 12 da Lei n. 8.212/91.

LEI N. 15.078, DE 27 DE DEZEMBRO DE 2024
Altera o art. 6.º da Lei n. 14.467/2022.

LEI N. 15.079, DE 27 DE DEZEMBRO DE 2024
Acrescenta o art. 24-C à Lei n. 9.430/96.

LEI COMPLEMENTAR N. 211, DE 30 DE DEZEMBRO DE 2024
Acrescenta os arts. 5.º-A, 6.º-A e 6.º-B à Lei Complementar n. 200/2023.

LEI COMPLEMENTAR N. 212, DE 13 DE JANEIRO DE 2025
Acrescenta o art. 41-A à Lei Complementar n. 101/2000.
Altera os arts. 15 e 29 da Lei Complementar n. 178/2021.
Altera os arts. 35 e 64 da Lei Complementar n. 101/2000.

LEI COMPLEMENTAR N. 214, DE 16 DE JANEIRO DE 2025
Acrescenta o anexo VII à Lei Complementar n. 123/2006.
Acrescenta o art. 31-A à Lei Complementar n. 87/96.
Acrescenta o art. 8.º-B à Lei Complementar n. 116/2003.
Acrescenta os arts. 25-A, 25-B e 87-B à Lei Complementar n. 123/2006.
Altera o art. 11 da Lei n. 9.779/99.
Altera o art. 14 da Lei n. 11.033/2004.
Altera o art. 2.º da Lei Complementar n. 101/2002.
Altera o art. 4.º da Lei n. 14.148/2021.
Altera o art. 44 do Decreto-lei n. 37/66.
Altera o art. 64 da Lei n. 9.430/96.
Altera os anexos I, II, III, IV e V da Lei Complementar n. 123/2006.
Altera os arts. 1.º, 2.º, 3.º, 12, 13, 13-A, 16, 17, 18, 18-A, 21, 23, 25, 26, 31, 32, 38, 38-A, 41 e 65 da Lei Complementar n. 123/2006.
Altera os arts. 11 e 100 da Lei n. 11.196/2005.
Altera os arts. 2.º e 35 da Lei n. 10.637/2002.
Altera os arts. 2.º, 23, 30, 31, 32, 33, 34 e 67 da Lei n. 10.833/2003.
Altera os arts. 3.º, 4.º e 8.º da Lei n. 10.931/2004.
Altera os arts. 5.º e 9.º da Lei n. 9.718/98.
Altera os arts. 6.º-A e 6.º-B da Lei n. 11.508/2007.

Constituição Federal

Constituição Federal

ÍNDICE SISTEMÁTICO DA CONSTITUIÇÃO FEDERAL

PREÂMBULO 9

Título I
DOS PRINCÍPIOS FUNDAMENTAIS
(arts. 1.º a 4.º) 9

Título II
DOS DIREITOS E GARANTIAS FUNDAMENTAIS
(arts. 5.º a 17) 9
Capítulo I – Dos direitos e deveres individuais e coletivos (art. 5.º) 9
Capítulo II – Dos direitos sociais (arts. 6.º a 11) 13
Capítulo III – Da nacionalidade (arts. 12 e 13) 14
Capítulo IV – Dos direitos políticos (arts. 14 a 16) 15
Capítulo V – Dos partidos políticos (art. 17) 16

Título III
DA ORGANIZAÇÃO DO ESTADO
(arts. 18 a 43) 16
Capítulo I – Da organização político-administrativa (arts. 18 e 19) 16
Capítulo II – Da União (arts. 20 a 24) 17
Capítulo III – Dos Estados federados (arts. 25 a 28) 20
Capítulo IV – Dos Municípios (arts. 29 a 31) 21
Capítulo V – Do Distrito Federal e dos Territórios (arts. 32 e 33) 23
   Seção I – Do Distrito Federal (art. 32) 23
   Seção II – Dos Territórios (art. 33) 23
Capítulo VI – Da intervenção (arts. 34 a 36) 23
Capítulo VII – Da administração pública (arts. 37 a 43) 23
   Seção I – Disposições gerais (arts. 37 e 38) 23
   Seção II – Dos servidores públicos (arts. 39 a 41) 26
   Seção III – Dos militares dos Estados, do Distrito Federal e dos Territórios (art. 42) 29
   Seção IV – Das regiões (art. 43) 29

Título IV
DA ORGANIZAÇÃO DOS PODERES
(arts. 44 a 135) 29
Capítulo I – Do Poder Legislativo (arts. 44 a 75) 29
   Seção I – Do Congresso Nacional (arts. 44 a 47) 29
   Seção II – Das atribuições do Congresso Nacional (arts. 48 a 50) 29
   Seção III – Da Câmara dos Deputados (art. 51) 30
   Seção IV – Do Senado Federal (art. 52) 30
   Seção V – Dos Deputados e dos Senadores (arts. 53 a 56) 31
   Seção VI – Das reuniões (art. 57) 32
   Seção VII – Das comissões (art. 58) 32
   Seção VIII – Do processo legislativo (arts. 59 a 69) 32
      Subseção I – Disposição geral (art. 59) 32
      Subseção II – Da emenda à Constituição (art. 60) 33
      Subseção III – Das leis (arts. 61 a 69) 33
   Seção IX – Da fiscalização contábil, financeira e orçamentária (arts. 70 a 75) 34
Capítulo II – Do Poder Executivo (arts. 76 a 91) 36
   Seção I – Do Presidente e do Vice-Presidente da República (arts. 76 a 83) 36
   Seção II – Das atribuições do Presidente da República (art. 84) 36
   Seção III – Da responsabilidade do Presidente da República (arts. 85 e 86) 37
   Seção IV – Dos Ministros de Estado (arts. 87 e 88) 37
   Seção V – Do Conselho da República e do Conselho de Defesa Nacional (arts. 89 a 91) 37
      Subseção I – Do Conselho da República (arts. 89 e 90) 37
      Subseção II – Do Conselho de Defesa Nacional (art. 91) 37
Capítulo III – Do Poder Judiciário (arts. 92 a 126) 38
   Seção I – Disposições gerais (arts. 92 a 100) 38
   Seção II – Do Supremo Tribunal Federal (arts. 101 a 103-B) 41
   Seção III – Do Superior Tribunal de Justiça (arts. 104 e 105) 44
   Seção IV – Dos Tribunais Regionais Federais e dos Juízes Federais (arts. 106 a 110) 45
   Seção V – Do Tribunal Superior do Trabalho, dos Tribunais Regionais do Trabalho e dos Juízes do Trabalho (arts. 111 a 117) 46
   Seção VI – Dos Tribunais e Juízes Eleitorais (arts. 118 a 121) 47
   Seção VII – Dos Tribunais e Juízes Militares (arts. 122 a 124) 47
   Seção VIII – Dos Tribunais e Juízes dos Estados (arts. 125 e 126) 47
Capítulo IV – Das funções essenciais à Justiça (arts. 127 a 135) 48
   Seção I – Do Ministério Público (arts. 127 a 130-A) .. 48
   Seção II – Da Advocacia Pública (arts. 131 e 132) 49
   Seção III – Da Advocacia (art. 133) 50
   Seção IV – Da Defensoria Pública (arts. 134 e 135) ... 50

Título V
DA DEFESA DO ESTADO E DAS INSTITUIÇÕES DEMOCRÁTICAS
(arts. 136 a 144) 50
Capítulo I – Do estado de defesa e do estado de sítio (arts. 136 a 141) 50
   Seção I – Do estado de defesa (art. 136) 50
   Seção II – Do estado de sítio (arts. 137 a 139) 50
   Seção III – Disposições gerais (arts. 140 e 141) 51
Capítulo II – Das Forças Armadas (arts. 142 e 143) 51
Capítulo III – Da segurança pública (art. 144) 52

Título VI
DA TRIBUTAÇÃO E DO ORÇAMENTO
(arts. 145 a 169) 52

Índice Sistemático da Constituição Federal

Capítulo I – Do sistema tributário nacional (arts. 145 a 162) 52
   Seção I – Dos princípios gerais (arts. 145 a 149-C) 52
   Seção II – Das limitações do poder de tributar (arts. 150 a 152) 54
   Seção III – Dos impostos da União (arts. 153 e 154) .. 55
   Seção IV – Dos impostos dos Estados e do Distrito Federal (art. 155) 56
   Seção V – Dos impostos dos Municípios (art. 156) 58
   Seção V-A – Do Imposto de Competência Compartilhada entre Estados, Distrito Federal e Municípios – arts. 156-A e 156-B 58
   Seção VI – Da repartição das receitas tributárias (arts. 157 a 162) 61
Capítulo II – Das finanças públicas (arts. 163 a 169) 63
   Seção I – Normas gerais (arts. 163 a 164-A) 63
   Seção II – Dos orçamentos (arts. 165 a 169) 63

Título VII
DA ORDEM ECONÔMICA E FINANCEIRA

(arts. 170 a 192) 69
Capítulo I – Dos princípios gerais da atividade econômica (arts. 170 a 181) 69
Capítulo II – Da política urbana (arts. 182 e 183) 71
Capítulo III – Da política agrícola e fundiária e da reforma agrária (arts. 184 a 191) 71
Capítulo IV – Do sistema financeiro nacional (art. 192) 72

Título VIII
DA ORDEM SOCIAL

(arts. 193 a 232) 72
Capítulo I – Disposição geral (art. 193) 72
Capítulo II – Da seguridade social (arts. 194 a 204) 72
   Seção I – Disposições gerais (arts. 194 e 195) 72
   Seção II – Da saúde (arts. 196 a 200) 73
   Seção III – Da previdência social (arts. 201 e 202) 75
   Seção IV – Da assistência social (arts. 203 e 204) 76
Capítulo III – Da educação, da cultura e do desporto (arts. 205 a 217) 76
   Seção I – Da educação (arts. 205 a 214) 76
   Seção II – Da cultura (arts. 215 a 216-A) 79
   Seção III – Do desporto (art. 217) 81
Capítulo IV – Da ciência, tecnologia e inovação (arts. 218 a 219-B) 81
Capítulo V – Da comunicação social (arts. 220 a 224) 81
Capítulo VI – Do meio ambiente (art. 225) 82
Capítulo VII – Da família, da criança, do adolescente, do jovem e do idoso (arts. 226 a 230) 83
Capítulo VIII – Dos índios (arts. 231 e 232) 84

Título IX
DAS DISPOSIÇÕES CONSTITUCIONAIS GERAIS

(arts. 233 a 250) 85

ATO DAS DISPOSIÇÕES CONSTITUCIONAIS TRANSITÓRIAS

(arts. 1.º a 138) 87

ÍNDICE CRONOLÓGICO DAS EMENDAS CONSTITUCIONAIS ALTERADORAS

EMENDA CONSTITUCIONAL N. 1, DE 31 DE MARÇO DE 1992
Altera os arts. 27 e 29.
•• *Vide* Emendas Constitucionais n. 19, de 4-6-1998, e n. 25, de 14-2-2000.

EMENDA CONSTITUCIONAL N. 3, DE 17 DE MARÇO DE 1993
Altera os arts. 40, 42, 102, 103, 150, 155, 156, 160 e 167.
Revoga o inciso IV e o § 4.º do art. 156.
•• *Vide* Emendas Constitucionais n. 18, de 5-2-1998, n. 20, de 15-12-1998, n. 29, de 13-9-2000, n. 33, de 11-12-2001, n. 37, de 12-6-2002, e n. 45, de 8-12-2004.

EMENDA CONSTITUCIONAL N. 4, DE 14 DE SETEMBRO DE 1993
Altera o art. 16.

EMENDA CONSTITUCIONAL DE REVISÃO N. 1, DE 1.º DE MARÇO DE 1994
Acrescenta os arts. 71, 72 e 73 ao ADCT.
•• *Vide* Emendas Constitucionais n. 10, de 4-3-1996, e n. 17, de 22-11-1997.

EMENDA CONSTITUCIONAL DE REVISÃO N. 2, DE 7 DE JUNHO DE 1994
Altera o art. 50.
•• *Vide* Emenda Constitucional n. 132, de 20-12-2023.

EMENDA CONSTITUCIONAL DE REVISÃO N. 3, DE 7 DE JUNHO DE 1994
Altera o art. 12.
•• *Vide* Emenda Constitucional n. 54, de 20-9-2007.
•• *Vide* Emenda Constitucional n. 131, de 3-10-2023.

EMENDA CONSTITUCIONAL DE REVISÃO N. 4, DE 7 DE JUNHO DE 1994
Altera o art. 14.

EMENDA CONSTITUCIONAL DE REVISÃO N. 5, DE 7 DE JUNHO DE 1994
Altera o art. 82.
•• *Vide* Emenda Constitucional n. 16, de 4-6-1997.

EMENDA CONSTITUCIONAL DE REVISÃO N. 6, DE 7 DE JUNHO DE 1994
Altera o art. 55.

EMENDA CONSTITUCIONAL N. 5, DE 15 DE AGOSTO DE 1995
Altera o art. 25.

EMENDA CONSTITUCIONAL N. 6, DE 15 DE AGOSTO DE 1995
Acrescenta o art. 246.
Altera os arts. 170 e 176.
Revoga o art. 171.
•• *Vide* Emendas Constitucionais n. 7, de 15-8-1995, e n. 32, de 11-9-2001.

EMENDA CONSTITUCIONAL N. 7, DE 15 DE AGOSTO DE 1995
Acrescenta o art. 246.
Altera o art. 178.
•• *Vide* Emenda Constitucional n. 32, de 11-9-2001.

EMENDA CONSTITUCIONAL N. 8, DE 15 DE AGOSTO DE 1995
Altera o art. 21.

EMENDA CONSTITUCIONAL N. 9, DE 9 DE NOVEMBRO DE 1995
Altera o art. 177.

EMENDA CONSTITUCIONAL N. 10, DE 4 DE MARÇO DE 1996
Altera os arts. 71 e 72 do ADCT.
•• *Vide* Emenda Constitucional n. 17, de 22-11-1997.

EMENDA CONSTITUCIONAL N. 11, DE 30 DE ABRIL DE 1996
Altera o art. 207.

EMENDA CONSTITUCIONAL N. 12, DE 15 DE AGOSTO DE 1996
Acrescenta o art. 74 ao ADCT.

EMENDA CONSTITUCIONAL N. 13, DE 21 DE AGOSTO DE 1996
Altera o art. 192.
•• *Vide* Emenda Constitucional n. 40, de 29-5-2003.

EMENDA CONSTITUCIONAL N. 14, DE 12 DE SETEMBRO DE 1996
Altera os arts. 34, 208, 211 e 212 da CF e 60 do ADCT.
•• *Vide* Emendas Constitucionais n. 29, de 13-9-2000, n. 53, de 19-12-2006, e n. 59, de 11-11-2009.

EMENDA CONSTITUCIONAL N. 15, DE 12 DE SETEMBRO DE 1996
Altera o art. 18.

EMENDA CONSTITUCIONAL N. 16, DE 4 DE JUNHO DE 1997
Altera os arts. 14, 28, 29, 77 e 82.

EMENDA CONSTITUCIONAL N. 17, DE 22 DE NOVEMBRO DE 1997
Altera os arts. 71 e 72 do ADCT.

EMENDA CONSTITUCIONAL N. 18, DE 5 DE FEVEREIRO DE 1998
Altera os arts. 37, 42, 61 e 142.
•• *Vide* Emendas Constitucionais n. 19, de 4-6-1998, n. 20, de 15-9-1998, n. 41, de 19-12-2003, e n. 77, de 11-2-2014.

EMENDA CONSTITUCIONAL N. 19, DE 4 DE JUNHO DE 1998
Acrescenta o art. 247.
Altera os arts. 21, 22, 27, 28, 29, 37, 38, 39, 41, 48, 49, 51, 52, 57, 70, 93, 95, 96, 127, 128, 132, 135, 144, 167, 169, 173, 206 e 241.
•• *Vide* Emendas Constitucionais n. 25, de 14-2-2000, n. 32, de 11-9-2001, n. 34, de 13-12-2001, n. 41, de 19-12-2003, n. 50, de 14-2-2006, e n. 53, de 19-12-2006.

EMENDA CONSTITUCIONAL N. 20, DE 15 DE DEZEMBRO DE 1998
Acrescenta os arts. 248, 249 e 250.
Altera os arts. 7.º, 37, 40, 42, 73, 93, 100, 114, 142, 167, 194, 195, 201 e 202.
Revoga o inciso II do § 2.º do art. 153.
•• *Vide* Emendas Constitucionais n. 30, de 13-9-2000, n. 41, de 19-12-2003, n. 45, de 8-12-2004, n. 47, de 5-7-2005, n. 62, de 9-12-2009, n. 88, de 7-5-2015, e n. 103, de 12-11-2019.

EMENDA CONSTITUCIONAL N. 21, DE 18 DE MARÇO DE 1999
Acrescenta o art. 75 ao ADCT.

EMENDA CONSTITUCIONAL N. 22, DE 18 DE MARÇO DE 1999
Altera os arts. 98, 102 e 105.
•• *Vide* Emendas Constitucionais n. 23, de 2-9-1999, e n. 45, de 8-12-2004.

EMENDA CONSTITUCIONAL N. 23, DE 2 DE SETEMBRO DE 1999
Altera os arts. 12, 52, 84, 91, 102 e 105.

EMENDA CONSTITUCIONAL N. 24, DE 9 DE DEZEMBRO DE 1999
Altera os arts. 111, 112, 113, 115 e 116.
Revoga o art. 117.
•• *Vide* Emenda Constitucional n. 45, de 8-12-2004.

Índice Cronológico das Emendas Constitucionais Alteradoras

EMENDA CONSTITUCIONAL N. 25, DE 14 DE FEVEREIRO DE 2000
Altera os arts. 29 e 29-A.
•• *Vide* Emenda Constitucional n. 58, de 23-9-2009.

EMENDA CONSTITUCIONAL N. 26, DE 14 DE FEVEREIRO DE 2000
Altera o art. 6.º.
•• *Vide* Emenda Constitucional n. 64, de 4-2-2010.

EMENDA CONSTITUCIONAL N. 27, DE 21 DE MARÇO DE 2000
Acrescenta o art. 76 ao ADCT.
•• *Vide* Emendas Constitucionais n. 42, de 19-12-2003, n. 56, de 20-12-2007, e n. 68, de 21-12-2011.

EMENDA CONSTITUCIONAL N. 28, DE 25 DE MAIO DE 2000
Altera o art. 7.º.
Revoga o art. 233.

EMENDA CONSTITUCIONAL N. 29, DE 13 DE SETEMBRO DE 2000
Acrescenta o art. 77 ao ADCT.
Altera os arts. 34, 35, 156, 160, 167 e 198.
•• *Vide* Emendas Constitucionais n. 42, de 19-12-2003, n. 86, de 17-3-2015 e n. 132, de 20-12-2023.

EMENDA CONSTITUCIONAL N. 30, DE 13 DE SETEMBRO DE 2000
Acrescenta o art. 78 ao ADCT.
Altera o art. 100.
•• *Vide* Emendas Constitucionais n. 37, de 12-7-2002, e n. 62, de 9-12-2009.

EMENDA CONSTITUCIONAL N. 31, DE 14 DE DEZEMBRO DE 2000
Acrescenta os arts. 79, 80, 81, 82 e 83 ao ADCT.
•• *Vide* Emenda Constitucional n. 42, de 19-12-2003.

EMENDA CONSTITUCIONAL N. 32, DE 11 DE SETEMBRO DE 2001
Altera os arts. 48, 57, 61, 62, 64, 66, 84, 88 e 246.
•• *Vide* Emenda Constitucional n. 50, de 14-2-2006.

EMENDA CONSTITUCIONAL N. 33, DE 11 DE DEZEMBRO DE 2001
Altera os arts. 149, 155 e 177.
•• *Vide* Emendas Constitucionais n. 41, de 19-12-2003, n. 42, de 19-12-2003 e n. 132, de 20-12-2023.

EMENDA CONSTITUCIONAL N. 34, DE 13 DE DEZEMBRO DE 2001
Altera o art. 37.

EMENDA CONSTITUCIONAL N. 35, DE 20 DE DEZEMBRO DE 2001
Altera o art. 53.

EMENDA CONSTITUCIONAL N. 36, DE 28 DE MAIO DE 2002
Altera o art. 222.

EMENDA CONSTITUCIONAL N. 37, DE 12 DE JUNHO DE 2002
Acrescenta os arts. 84, 85, 86, 87 e 88 ao ADCT.
Altera os arts. 100 e 156.
•• *Vide* Emendas Constitucionais n. 42, de 19-12-2003, e n. 62, de 9-12-2009.

EMENDA CONSTITUCIONAL N. 38, DE 12 DE JUNHO DE 2002
Acrescenta o art. 89 ao ADCT.
•• *Vide* Emenda Constitucional n. 60, de 11-11-2009.

EMENDA CONSTITUCIONAL N. 39, DE 19 DE DEZEMBRO DE 2002
Acrescenta o art. 149-A.
•• *Vide* Emenda Constitucional n. 132, de 20-12-2023.

EMENDA CONSTITUCIONAL N. 40, DE 29 DE MAIO DE 2003
Altera os arts. 163 e 192 da CF, e 52 do ADCT.

EMENDA CONSTITUCIONAL N. 41, DE 19 DE DEZEMBRO DE 2003
Altera os arts. 37, 40, 42, 48, 96, 149 e 201.

Revoga o inciso IX do § 3.º do art. 142.
•• *Vide* Emendas Constitucionais n. 47, de 5-7-2005, e n. 103, de 12-11-2019.

EMENDA CONSTITUCIONAL N. 42, DE 19 DE DEZEMBRO DE 2003
Acrescenta os arts. 146-A à CF, e 90 a 94 ao ADCT.
Altera os arts. 37, 52, 146, 149, 150, 153, 155, 158, 159, 167, 170, 195, 204 e 216 da CF e 76, 82 e 83 do ADCT.
Revoga o inciso II do § 3.º do art. 84 do ADCT.
•• *Vide* Emendas Constitucionais n. 44, de 30-6-2004, n. 56, de 20-12-2007, n. 68, de 21-12-2011, n. 103, de 12-11-2019 e n. 132, de 20-12-2023.

EMENDA CONSTITUCIONAL N. 43, DE 15 DE ABRIL DE 2004
Altera o art. 42 do ADCT.
•• *Vide* Emenda Constitucional n. 89, de 15-9-2015.

EMENDA CONSTITUCIONAL N. 44, DE 30 DE JUNHO DE 2004
Altera o art. 159.
•• *Vide* Emenda Constitucional n. 132, de 20-12-2023.

EMENDA CONSTITUCIONAL N. 45, DE 8 DE DEZEMBRO DE 2004
Acrescenta os arts. 103-A, 103-B, 111-A e 130-A.
Altera os arts. 5.º, 36, 52, 92, 93, 95, 98, 99, 102, 103, 104, 105, 107, 109, 111, 112, 114, 115, 125, 126, 127, 128, 129, 134 e 168.
Revoga o inciso IV do art. 36, a alínea *h* do inciso I do art. 102, o § 4.º do art. 103 e os §§ 1.º a 3.º do art. 111.
•• *Vide* Emendas Constitucionais n. 61, de 11-11-2009, n. 103, de 12-11-2019 e n. 122, de 17-5-2022.

EMENDA CONSTITUCIONAL N. 46, DE 5 DE MAIO DE 2005
Altera o art. 20.

EMENDA CONSTITUCIONAL N. 47, DE 5 DE JULHO DE 2005
Altera os arts. 37, 40, 195 e 201.
•• *Vide* Emenda Constitucional n. 103, de 12-11-2019.

EMENDA CONSTITUCIONAL N. 48, DE 10 DE AGOSTO DE 2005
Altera o art. 215.

EMENDA CONSTITUCIONAL N. 49, DE 8 DE FEVEREIRO DE 2006
Altera os arts. 21 e 177.
•• *Vide* Emenda Constitucional n. 118, de 26-4-2022.

EMENDA CONSTITUCIONAL N. 50, DE 14 DE FEVEREIRO DE 2006
Altera o art. 57.

EMENDA CONSTITUCIONAL N. 51, DE 14 DE FEVEREIRO DE 2006
Altera o art. 198.
•• *Vide* Emenda Constitucional n. 63, de 4-2-2010.

EMENDA CONSTITUCIONAL N. 52, DE 8 DE MARÇO DE 2006
Altera o art. 17.

EMENDA CONSTITUCIONAL N. 53, DE 19 DE DEZEMBRO DE 2006
Altera os arts. 7.º, 23, 30, 206, 208, 211 e 212 da CF e 60 do ADCT.

EMENDA CONSTITUCIONAL N. 54, DE 20 DE SETEMBRO DE 2007
Acrescenta o art. 95 ao ADCT.
Altera o art. 12.

EMENDA CONSTITUCIONAL N. 55, DE 20 DE SETEMBRO DE 2007
Altera o art. 159.
•• *Vide* Emenda Constitucional n. 84, de 2-12-2014.

EMENDA CONSTITUCIONAL N. 56, DE 20 DE DEZEMBRO DE 2007
Altera o art. 76 do ADCT.
•• *Vide* Emenda Constitucional n. 68, de 21-12-2011.

Índice Cronológico das Emendas Constitucionais Alteradoras

EMENDA CONSTITUCIONAL N. 57, DE 18 DE DEZEMBRO DE 2008
Acrescenta o art. 96 ao ADCT.

EMENDA CONSTITUCIONAL N. 58, DE 23 DE SETEMBRO DE 2009
Altera os arts. 29 e 29-A.

EMENDA CONSTITUCIONAL N. 59, DE 11 DE NOVEMBRO DE 2009
Altera os arts. 208, 211, 212 e 214 da CF e 76 do ADCT.
•• *Vide* Emenda Constitucional n. 68, de 21-12-2011.

EMENDA CONSTITUCIONAL N. 60, DE 11 DE NOVEMBRO DE 2009
Altera o art. 89 do ADCT.

EMENDA CONSTITUCIONAL N. 61, DE 11 DE NOVEMBRO DE 2009
Altera o art. 103-B.

EMENDA CONSTITUCIONAL N. 62, DE 9 DE DEZEMBRO DE 2009
Acrescenta o art. 97 ao ADCT.
Altera o art. 100.
•• *Vide* Emenda Constitucional n. 94, de 15-12-2016.

EMENDA CONSTITUCIONAL N. 63, DE 4 DE FEVEREIRO DE 2010
Altera o art. 198.

EMENDA CONSTITUCIONAL N. 64, DE 4 DE FEVEREIRO DE 2010
Altera o art. 6.º.
•• *Vide* Emenda Constitucional n. 90, de 15-9-2015.

EMENDA CONSTITUCIONAL N. 65, DE 13 DE JULHO DE 2010
Altera o art. 227.

EMENDA CONSTITUCIONAL N. 66, DE 13 DE JULHO DE 2010
Altera o art. 226.

EMENDA CONSTITUCIONAL N. 68, DE 21 DE DEZEMBRO DE 2011
Altera o art. 76 do ADCT.
•• *Vide* Emenda Constitucional n. 93, de 8-9-2016.

EMENDA CONSTITUCIONAL N. 69, DE 29 DE MARÇO DE 2012
Altera os arts. 21, 22 e 48.

EMENDA CONSTITUCIONAL N. 70, DE 29 DE MARÇO DE 2012
Acrescenta o art. 6.º-A à Emenda Constitucional n. 41, de 19-12-2003.

EMENDA CONSTITUCIONAL N. 71, DE 29 DE NOVEMBRO DE 2012
Acrescenta o art. 216-A.

EMENDA CONSTITUCIONAL N. 72, DE 2 DE ABRIL DE 2013
Altera o art. 7.º.

EMENDA CONSTITUCIONAL N. 73, DE 6 DE JUNHO DE 2013
Altera o art. 27 do ADCT.

EMENDA CONSTITUCIONAL N. 74, DE 6 DE AGOSTO DE 2013
Altera o art. 134.

EMENDA CONSTITUCIONAL N. 75, DE 15 DE OUTUBRO DE 2013
Altera o art. 150.

EMENDA CONSTITUCIONAL N. 76, DE 28 DE NOVEMBRO DE 2013
Altera os arts. 55 e 66.

EMENDA CONSTITUCIONAL N. 77, DE 11 DE FEVEREIRO DE 2014
Altera o art. 142.

EMENDA CONSTITUCIONAL N. 78, DE 14 DE MAIO DE 2014
Acrescenta o art. 54-A ao ADCT.

EMENDA CONSTITUCIONAL N. 79, DE 27 DE MAIO DE 2014
Altera o art. 31 da Emenda Constitucional n. 19, de 4-6-1998.

EMENDA CONSTITUCIONAL N. 80, DE 4 DE JUNHO DE 2014
Altera o Capítulo IV e o art. 134.
Acrescenta o art. 98 ao ADCT.

EMENDA CONSTITUCIONAL N. 81, DE 5 DE JUNHO DE 2014
Altera o art. 243.

EMENDA CONSTITUCIONAL N. 82, DE 16 DE JULHO DE 2014
Altera o art. 144.

EMENDA CONSTITUCIONAL N. 83, DE 5 DE AGOSTO DE 2014
Acrescenta o art. 92-A ao ADCT.

EMENDA CONSTITUCIONAL N. 84, DE 2 DE DEZEMBRO DE 2014
Altera o art. 159.
•• *Vide* Emenda Constitucional n. 112, de 27-10-2021.

EMENDA CONSTITUCIONAL N. 85, DE 26 DE FEVEREIRO DE 2015
Acrescenta os arts. 219-A e 219-B.
Altera o Capítulo IV e os arts. 23, 24, 167, 200, 213, 218 e 219.

EMENDA CONSTITUCIONAL N. 86, DE 17 DE MARÇO DE 2015
Altera os arts. 165, 166 e 198.
Revoga o inciso IV do § 3.º do art. 198.
•• *Vide* Emenda Constitucional n. 100, de 26-6-2019.

EMENDA CONSTITUCIONAL N. 87, DE 16 DE ABRIL DE 2015
Acrescenta o art. 99 ao ADCT.
Altera o art. 155.

EMENDA CONSTITUCIONAL N. 88, DE 7 DE MAIO DE 2015
Acrescenta o art. 100 ao ADCT.
Altera o art. 40.

EMENDA CONSTITUCIONAL N. 89, DE 15 DE SETEMBRO DE 2015
Altera o art. 42 do ADCT.

EMENDA CONSTITUCIONAL N. 90, DE 15 DE SETEMBRO DE 2015
Altera o art. 6.º.

EMENDA CONSTITUCIONAL N. 92, DE 12 DE JULHO DE 2016
Altera os arts. 92 e 111-A.
•• *Vide* Emenda Constitucional n. 122, de 17-5-2022.

EMENDA CONSTITUCIONAL N. 93, DE 8 DE SETEMBRO DE 2016
Acrescenta os arts. 76-A e 76-B ao ADCT.
Altera o art. 76 do ADCT.
Revoga os §§ 1.º e 3.º do art. 76 do ADCT.
•• *Vide* Emenda Constitucional n. 132, de 20-12-2023.

EMENDA CONSTITUCIONAL N. 94, DE 15 DE DEZEMBRO DE 2016
Acrescenta os arts. 101 a 105 ao ADCT.
Altera o art. 100.

EMENDA CONSTITUCIONAL N. 95, DE 15 DE DEZEMBRO DE 2016
Acrescenta os arts. 106 a 114 ao ADCT.
•• *Vide* Emenda Constitucional n. 126, de 21-12-2022.

EMENDA CONSTITUCIONAL N. 96, DE 6 DE JUNHO DE 2017
Altera o art. 225.

EMENDA CONSTITUCIONAL N. 97, DE 4 DE OUTUBRO DE 2017
Altera o art. 17.

Índice Cronológico das Emendas Constitucionais Alteradoras

EMENDA CONSTITUCIONAL N. 98, DE 6 DE DEZEMBRO DE 2017
Altera o art. 31 da Emenda Constitucional n. 19, de 4-6-1998.

EMENDA CONSTITUCIONAL N. 99, DE 14 DE DEZEMBRO DE 2017
Altera os arts. 101, 102, 103 e 105 do ADCT.

EMENDA CONSTITUCIONAL N. 100, DE 26 DE JUNHO DE 2019
Altera os arts. 165 e 166.
Revoga os incisos I a IV do § 14 e o § 15 do art. 166.

EMENDA CONSTITUCIONAL N. 101, DE 3 DE JULHO DE 2019
Altera o art. 42.

EMENDA CONSTITUCIONAL N. 102, DE 26 DE SETEMBRO DE 2019
Altera os arts. 20 e 165.
Altera o art. 107 do ADCT.

EMENDA CONSTITUCIONAL N. 103, de 12-11-2019
Altera os arts. 22, 37, 38, 39, 40, 93, 103-B, 109, 130-A, 149, 167, 194, 195, 201, 202 e 239.
Altera o art. 76 do ADCT.
Revoga o § 21 do art. 40 e o § 13 do art. 195.
Revoga os arts. 9.º, 13 e 15 da Emenda Constitucional n. 20/98.
Revoga os arts. 2.º, 6.º e 6.º-A da Emenda Constitucional n. 41/03.
Revoga o art. 3.º da Emenda Constitucional n. 47/05.

EMENDA CONSTITUCIONAL N. 104, DE 4 DE DEZEMBRO DE 2019
Altera os arts. 21, 32 e 144.

EMENDA CONSTITUCIONAL N. 105, DE 12 DE DEZEMBRO DE 2019
Acrescenta o art. 166-A.

EMENDA CONSTITUCIONAL N. 108, DE 26 DE AGOSTO DE 2020
Acrescenta os arts. 163-A e 212-A.
Acrescenta o art. 60-A ao ADCT.
Altera os arts. 158, 193, 206, 211 e 212.
Altera os arts. 60 e 107 do ADCT.
•• *Vide* Emenda Constitucional n. 132, de 20-12-2023.

EMENDA CONSTITUCIONAL N. 109, DE 15 DE MARÇO DE 2021
Acrescenta os arts. 167-A a 167-G.
Altera os arts. 101 e 109 do ADCT.
Altera os arts. 29-A, 37, 49, 84, 163, 165, 167, 168 e 169.
Revoga o art. 91 e o § 4.º do art. 101 do ADCT.
•• *Vide* Emenda Constitucional n. 132, de 20-12-2023.

EMENDA CONSTITUCIONAL N. 110, DE 12 DE JULHO DE 2021
Acrescenta o art. 18-A ao ADCT.

EMENDA CONSTITUCIONAL N. 111, DE 28 DE SETEMBRO DE 2021
Altera os arts. 14, 17, 28 e 82.

EMENDA CONSTITUCIONAL N. 112, DE 27 DE OUTUBRO DE 2021
Altera o art. 159.
•• *Vide* Emenda Constitucional n. 132, de 20-12-2023.

EMENDA CONSTITUCIONAL N. 113, DE 8 DE DEZEMBRO DE 2021
Acrescenta os arts. 115 a 117 do ADCT.
Altera os arts. 100 e 160.
Altera os arts. 101 e 107 do ADCT.
Revoga o art. 108 do ADCT.

EMENDA CONSTITUCIONAL N. 114, DE 16 DE DEZEMBRO DE 2021
Acrescenta os arts. 107-A e 118 ao ADCT.
Altera os arts. 6.º, 100 e 203.
Altera o art. 4.º da Emenda Constitucional n. 113, de 8-12-2021.

EMENDA CONSTITUCIONAL N. 115, DE 10 DE FEVEREIRO DE 2022
Altera os arts. 5.º, 21 e 22.

EMENDA CONSTITUCIONAL N. 116, DE 17 DE FEVEREIRO DE 2022
Altera o art. 156.

EMENDA CONSTITUCIONAL N. 117, DE 5 DE ABRIL DE 2022
Altera o art. 17.

EMENDA CONSTITUCIONAL N. 118, DE 26 DE ABRIL DE 2022
Altera o art. 21.

EMENDA CONSTITUCIONAL N. 119, DE 27 DE ABRIL DE 2022
Acrescenta o art. 119 ao ADCT.

EMENDA CONSTITUCIONAL N. 120, DE 5 DE MAIO DE 2022
Altera o art. 198.

EMENDA CONSTITUCIONAL N. 121, DE 10 DE MAIO DE 2022
Altera o art. 4.º da Emenda Constitucional n. 109/21.

EMENDA CONSTITUCIONAL N. 122, DE 17 DE MAIO DE 2022
Altera os arts. 73, 101, 104, 107, 111-A, 115 e 123.

EMENDA CONSTITUCIONAL N. 123, DE 14 DE JULHO DE 2022
Altera o art. 225.
Acrescenta o art. 120 ao ADTC.
•• *Vide* Emenda Constitucional n. 132, de 20-12-2023.

EMENDA CONSTITUCIONAL N. 124, DE 14 DE JULHO DE 2022
Altera o art. 198.

EMENDA CONSTITUCIONAL N. 125, DE 14 DE JULHO DE 2022
Altera o art. 105.

EMENDA CONSTITUCIONAL N. 126, DE 21 DE DEZEMBRO DE 2022
Acrescenta os arts. 111-A, 121 e 122 ao ADCT.
Altera os arts. 155 e 166.
Altera os arts. 76, 107, 107-A e 111 do ADCT.

EMENDA CONSTITUCIONAL N. 127, DE 22 DE DEZEMBRO DE 2022
Altera o art. 198.
Altera os arts. 38 e 107 do ADCT.
Altera os art. 5.º da Emenda Constitucional n. 109/21.

EMENDA CONSTITUCIONAL N. 128, DE 22 DE DEZEMBRO DE 2022
Altera o art. 167.

EMENDA CONSTITUCIONAL N. 129, DE 5 DE JULHO DE 2023
Acrescenta o art. 123 ao ADCT.

EMENDA CONSTITUCIONAL N. 130, DE 3 DE OUTUBRO DE 2023
Altera o art. 93.

EMENDA CONSTITUCIONAL N. 131, DE 3 DE OUTUBRO DE 2023
Altera o art. 12.

EMENDA CONSTITUCIONAL N. 132, DE 20 DE DEZEMBRO DE 2023
Acrescenta os arts. 149-B, 149-C, 156-A, 156-B e 159-A.
Acrescenta os arts. 92-B e 124 a 137 ao ADCT.
Altera os arts. 37, 43, 50, 105, 145, 146, 149-A, 150, 153, 155, 156, 158, 159, 161, 167, 177, 195, 198, 212-A, 225 e 239.
Altera os arts. 76-B, 82 e 104 do ADCT.
Revoga a alínea *b* do inciso I e o inciso IV e § 12 do art. 195.
Revoga o inciso II do art. 80, o § 2.º do art. 82 e o art. 83 do ADCT.
Revoga o inciso II do *caput*, e os §§ 2.º a 5.º do art. 155, o inciso III do *caput* e o § 3.º do art. 156, a alínea a do inciso IV, o § 1.º do art. 158 e o inciso I do art. 161.

EMENDA CONSTITUCIONAL N. 133, DE 22 DE AGOSTO DE 2024
Altera o art. 17.

EMENDA CONSTITUCIONAL N. 134, DE 24 DE SETEMBRO DE 2024
Altera o art. 96.

EMENDA CONSTITUCIONAL N. 135, DE 20 DE DEZEMBRO DE 2024
Altera os arts. 37, 163, 165, 212-A e 239.
Altera o art. 76 do ADCT.
Acrescenta o art. 138 ao ADCT.

CONSTITUIÇÃO DA REPÚBLICA FEDERATIVA DO BRASIL (*)

PREÂMBULO

Nós, representantes do povo brasileiro, reunidos em Assembleia Nacional Constituinte para instituir um Estado Democrático, destinado a assegurar o exercício dos direitos sociais e individuais, a liberdade, a segurança, o bem-estar, o desenvolvimento, a igualdade e a justiça como valores supremos de uma sociedade fraterna, pluralista e sem preconceitos, fundada na harmonia social e comprometida, na ordem interna e internacional, com a solução pacífica das controvérsias, promulgamos, sob a proteção de Deus, a seguinte CONSTITUIÇÃO DA REPÚBLICA FEDERATIVA DO BRASIL.

TÍTULO I
DOS PRINCÍPIOS FUNDAMENTAIS

Art. 1.º A República Federativa do Brasil, formada pela união indissolúvel dos Estados e Municípios e do Distrito Federal, constitui-se em Estado Democrático de Direito e tem como fundamentos:
* Vide arts. 18, *caput*, e 60, § 4.º, I e II, da CF.

I – a soberania;
* Vide arts. 20, VI, 21, I e II, 49, II, 84, VII, VIII e XIX, da CF.

II – a cidadania;
* A Lei n. 9.265, de 12-2-1996, estabelece a gratuidade dos atos necessários ao exercício da cidadania.
* Vide arts. 5.º, XXXIV, LIV, LXXI, LXXIII e LXXVII, e 60, § 4.º, da CF.
* A Lei n. 10.835, de 8-1-2004, institui a renda básica da cidadania.

III – a dignidade da pessoa humana;
* Vide arts. 5.º, 34, VII, *b*, 226, § 7.º, 227 e 230 da CF.
* A Lei n. 11.340, de 7-8-2006, cria mecanismos para coibir a violência doméstica e familiar contra a mulher.
* Vide Súmulas Vinculantes 6, 11 e 14 do STF.
* Vide Súmula 647 do STJ.

IV – os valores sociais do trabalho e da livre-iniciativa;
* Vide arts. 6.º a 11 da CF.

V – o pluralismo político.
* A Lei n. 14.786, de 28-12-2023, cria o protocolo "Não é Não", para prevenção ao constrangimento e à violência contra a mulher e para proteção à vítima.
* Vide art. 17 da CF.
* A Lei n. 9.096, de 19-9-1995, dispõe sobre os partidos políticos.
* O Decreto n. 11.471, de 6-4-2023, institui o Conselho Nacional dos Direitos das Pessoas Lésbicas, Gays, Bissexuais, Travestis, Transexuais, Queers, Intersexos, Assexuais e Outras.

Parágrafo único. Todo o poder emana do povo, que o exerce por meio de representantes eleitos ou diretamente, nos termos desta Constituição.
* Vide arts. 14 e 60, § 4.º, III, da CF.
* A Lei n. 9.709, de 18-11-1998, estabelece em seu art. 1.º que a soberania popular é exercida por sufrágio universal e pelo voto direto e secreto, com igual valor para todos.

Art. 2.º São Poderes da União, independentes e harmônicos entre si, o Legislativo, o Executivo e o Judiciário.
* Vide art. 60, § 4.º, III, da CF.

Art. 3.º Constituem objetivos fundamentais da República Federativa do Brasil:

I – construir uma sociedade livre, justa e solidária;
* O Decreto n. 99.710, de 21-11-1990, promulga a Convenção sobre os Direitos da Criança.
* O Decreto n. 591, de 6-7-1992, promulga o Pacto Internacional sobre Direitos Econômicos, Sociais e Culturais.

II – garantir o desenvolvimento nacional;
* Vide arts. 23, parágrafo único, e 174, § 1.º, da CF.

III – erradicar a pobreza e a marginalização e reduzir as desigualdades sociais e regionais;
* Vide art. 23, X, da CF.
* Vide arts. 79 a 82 do ADCT.
* Fundo de Combate e Erradicação da Pobreza: Lei Complementar n. 111, de 6-7-2001.
* O Decreto n. 11.462, de 22-3-2024, institui a Política Nacional de Desenvolvimento Regional – PNDR.
* O Decreto n. 7.492, de 2-6-2011, institui o Plano Brasil sem Miséria, com a finalidade de superar a situação de extrema pobreza da população em todo território nacional.

IV – promover o bem de todos, sem preconceitos de origem, raça, sexo, cor, idade e quaisquer outras formas de discriminação.
* Crimes resultantes de preconceito de raça ou de cor: Lei n. 7.716, de 5-1-1989, e Lei n. 9.459, de 13-5-1997.
* O Decreto n. 6.872, de 4-6-2009, aprova o Plano Nacional de Promoção da Igualdade Racial – PLANAPIR, e institui o seu Comitê de Articulação e Monitoramento.
* O Decreto n. 4.886, de 20-11-2003, dispõe sobre a Política Nacional de Promoção de Igualdade Racial – PNPIR.
* A Lei n. 12.288, de 20-7-2010, institui o Estatuto da Igualdade Racial.

Art. 4.º A República Federativa do Brasil rege-se nas suas relações internacionais pelos seguintes princípios:
* Vide arts. 21, I, e 84, VII e VIII, da CF.

I – independência nacional;
* Vide arts. 78 e 91, § 1.º, IV, da CF.

II – prevalência dos direitos humanos;
* O Decreto n. 678, de 6-11-1992, promulgou a Convenção Americana sobre Direitos Humanos – Pacto de São José da Costa Rica.

III – autodeterminação dos povos;

IV – não intervenção;
V – igualdade entre os Estados;
VI – defesa da paz;
VII – solução pacífica dos conflitos;
VIII – repúdio ao terrorismo e ao racismo;
* • O Decreto n. 9.967, de 8-8-2019, promulga a Convenção Internacional para a Supressão de Atos de Terrorismo Nuclear, firmada pela República Federativa do Brasil, em Nova York, em 14 de setembro de 2005.
* • O Decreto n. 10.932, de 10-1-2022, promulga a Convenção Interamericana contra o Racismo, a Discriminação Racial e Formas Correlatas de Intolerância.
* Vide art. 5.º, XLII e XLIII, da CF.
* A Lei n. 7.716, de 5-1-1989, define os crimes resultantes de preconceito de raça ou de cor.
* O Decreto n. 5.639, de 26-12-2005, promulga a Convenção Interamericana contra o Terrorismo.
* A Lei n. 12.288, de 20-7-2010, institui o Estatuto da Igualdade Racial.

IX – cooperação entre os povos para o progresso da humanidade;

X – concessão de asilo político.
* O Decreto n. 55.929, de 14-4-1965, promulgou a Convenção sobre Asilo Territorial.
* A Lei n. 9.474, de 22-7-1997, estabelece o Estatuto dos Refugiados.
* A Lei n. 13.445, de 24-5-2017 (Lei de Migração), dispõe sobre asilo político nos arts. 27 a 29.

Parágrafo único. A República Federativa do Brasil buscará a integração econômica, política, social e cultural dos povos da América Latina, visando à formação de uma comunidade latino-americana de nações.
* O Decreto n. 350, de 21-11-1991, promulgou o Tratado de Assunção, que estabeleceu o Mercado Comum entre Brasil, Paraguai, Argentina e Uruguai – MERCOSUL.

TÍTULO II
DOS DIREITOS E GARANTIAS FUNDAMENTAIS

* • A Lei n. 14.583, de 16-5-2023, dispõe sobre a difusão por órgãos públicos dos direitos fundamentais e dos direitos humanos, especialmente os que tratam de mulheres, crianças, adolescentes e idosos.

Capítulo I
DOS DIREITOS E DEVERES INDIVIDUAIS E COLETIVOS

Art. 5.º Todos são iguais perante a lei, sem distinção de qualquer natureza, garantindo-se aos brasileiros e aos estrangeiros residentes no País a inviolabilidade do direito à vida, à liberdade, à igualdade, à segurança e à propriedade, nos termos seguintes:
* Vide art. 60, § 4.º, IV, da CF.
* Instituição do número único de Registro de Identidade Civil: Lei n. 9.454, de 7-4-1997.
* Estrangeiro: Lei n. 13.445, de 24-5-2017 (Lei de Migração), regulamentada pelo Decreto n. 9.199, de 20-11-2017.

(*) Publicada no *Diário Oficial da União* n. 191-A, de 5-10-1988.

CF – Art. 5.º – Direitos e Garantias Fundamentais

- A Lei n. 5.709, de 7-10-1971, dispõe sobre a aquisição de imóvel rural por estrangeiro.

I – homens e mulheres são iguais em direitos e obrigações, nos termos desta Constituição;
- Vide arts. 143, § 2.º, e 226, § 5.º, da CF.
- Os arts. 372 e s. da CLT dispõem sobre a duração, condições do trabalho e da discriminação contra a mulher.
- A Lei n. 9.029, de 13-4-1995, proíbe a exigência de atestados de gravidez e esterilização, e outras práticas discriminatórias, para efeitos admissionais ou de permanência da relação jurídica de trabalho.
- Convenção sobre a eliminação de todas as formas de discriminação contra a mulher: Decreto n. 4.377, de 13-9-2002.

II – ninguém será obrigado a fazer ou deixar de fazer alguma coisa senão em virtude de lei;
- Vide arts. 14, § 1.º, I, e 143 da CF.
- Vide Súmula Vinculante 44 do STF.

III – ninguém será submetido a tortura nem a tratamento desumano ou degradante;
- Convenção contra a tortura e outros tratamentos ou penas cruéis, desumanos ou degradantes: Decreto n. 40, de 15-2-1991.
- A Lei n. 9.455, de 7-4-1997, define os crimes de tortura.
- Vide Súmula Vinculante 11.
- Vide Súmula 647 do STJ.
- A Lei n. 12.847, de 2-8-2013, institui o Sistema Nacional de Prevenção e Combate à Tortura.

IV – é livre a manifestação do pensamento, sendo vedado o anonimato;
- Vide arts. 220 e s. da CF.

V – é assegurado o direito de resposta, proporcional ao agravo, além da indenização por dano material, moral ou à imagem;
- •• A Lei n. 13.188, de 11-11-2015, dispõe sobre o direito de resposta ou retificação do ofendido em matéria divulgada, publicada ou transmitida por veículo de comunicação social.

VI – é inviolável a liberdade de consciência e de crença, sendo assegurado o livre exercício dos cultos religiosos e garantida, na forma da lei, a proteção aos locais de culto e a suas liturgias;
- Sobre os crimes de abuso de autoridade: vide Lei n. 13.869, de 5-9-2019.
- Crimes contra o sentimento religioso e contra o respeito aos mortos: arts. 208 a 212 do CP.

VII – é assegurada, nos termos da lei, a prestação de assistência religiosa nas entidades civis e militares de internação coletiva;
- A Lei n. 6.923, de 29-6-1981, dispõe sobre o serviço de Assistência Religiosa nas Forças Armadas.
- A Lei n. 9.982, de 14-7-2000, dispõe sobre a prestação de assistência religiosa nas entidades hospitalares públicas e privadas, bem como nos estabelecimentos prisionais civis e militares.

VIII – ninguém será privado de direitos por motivo de crença religiosa ou de convicção filosófica ou política, salvo se as invocar para eximir-se de obrigação legal a todos imposta e recusar-se a cumprir prestação alternativa, fixada em lei;
- •• A Lei n. 13.709, de 14-8-2018, dispõe sobre o tratamento de dados pessoais sensíveis, inclusive nos meios digitais, por pessoa natural ou jurídica de direito público e privado.
- Vide art. 143 da CF.

IX – é livre a expressão da atividade intelectual, artística, científica e de comunicação, independentemente de censura ou licença;
- LDA: Lei n. 5.988, de 14-12-1973, e Lei n. 9.610, de 19-2-1998.
- Lei de Proteção de Cultivares: Lei n. 9.456, de 25-4-1997, e Decreto n. 2.366, de 5-11-1997.
- Lei de Proteção da Propriedade Intelectual de Programa de Computador e sua comercialização no País: Lei n. 9.609, de 19-2-1998, e Decreto n. 2.556, de 20-4-1998.

X – são invioláveis a intimidade, a vida privada, a honra e a imagem das pessoas, assegurado o direito a indenização pelo dano material ou moral decorrente de sua violação;
- •• A Lei n. 13.709, de 14-8-2018, dispõe sobre o tratamento de dados pessoais, inclusive nos meios digitais, por pessoa natural ou jurídica de direito público e privado.
- Vide art. 114, VI, da CF.
- Vide Súmula Vinculante 11.

XI – a casa é asilo inviolável do indivíduo, ninguém nela podendo penetrar sem consentimento do morador, salvo em caso de flagrante delito ou desastre, ou para prestar socorro, ou, durante o dia, por determinação judicial;
- Violação de domicílio no CP: art. 150, §§ 1.º a 5.º.
- Inviolabilidade do domicílio no CPP: art. 283.
- Do tempo e lugar dos atos processuais no CPC: arts. 212 a 217.

XII – é inviolável o sigilo da correspondência e das comunicações telegráficas, de dados e das comunicações telefônicas, salvo, no último caso, por ordem judicial, nas hipóteses e na forma que a lei estabelecer para fins de investigação criminal ou instrução processual penal;
- •• A Lei n. 9.296, de 24-7-1996, regulamenta este inciso no tocante às comunicações telefônicas (Lei da Escuta Telefônica).
- Vide arts. 136, § 1.º, b e c, e 139, III, da CF.
- Violação de correspondência no CP: arts. 151 e 152.
- Serviços postais: Lei n. 6.538, de 22-6-1978.
- A Resolução n. 59 do CNJ, de 9-9-2008, disciplina e uniformiza as rotinas visando ao aperfeiçoamento do procedimento de interceptação das comunicações telefônicas e de sistemas de informática e telemática nos órgãos jurisdicionais do Poder Judiciário.

XIII – é livre o exercício de qualquer trabalho, ofício ou profissão, atendidas as qualificações profissionais que a lei estabelecer;
- Vide art. 170 da CF.

XIV – é assegurado a todos o acesso à informação e resguardado o sigilo da fonte, quando necessário ao exercício profissional;
- O art. 154 do CP dispõe sobre violação do segredo profissional.

XV – é livre a locomoção no território nacional em tempo de paz, podendo qualquer pessoa, nos termos da lei, nele entrar, permanecer ou dele sair com seus bens;
- Vide art. 139 da CF.

XVI – todos podem reunir-se pacificamente, sem armas, em locais abertos ao público, independentemente de autorização, desde que não frustrem outra reunião anteriormente convocada para o mesmo local, sendo apenas exigido prévio aviso à autoridade competente;
- Vide art. 139 da CF.

XVII – é plena a liberdade de associação para fins lícitos, vedada a de caráter paramilitar;

XVIII – a criação de associações e, na forma da lei, a de cooperativas independem de autorização, sendo vedada a interferência estatal em seu funcionamento;
- A Lei n. 5.764, de 16-12-1971, dispõe sobre o regime jurídico das cooperativas.
- A Lei n. 9.867, de 10-11-1999, dispõe sobre a criação e o funcionamento de Cooperativas Sociais, visando à integração social dos cidadãos.

XIX – as associações só poderão ser compulsoriamente dissolvidas ou ter suas atividades suspensas por decisão judicial, exigindo-se, no primeiro caso, o trânsito em julgado;

XX – ninguém poderá ser compelido a associar-se ou a permanecer associado;

XXI – as entidades associativas, quando expressamente autorizadas, têm legitimidade para representar seus filiados judicial ou extrajudicialmente;
- A Lei n. 7.347, de 24-7-1985, disciplina a ação civil pública.

XXII – é garantido o direito de propriedade;
- Propriedade no CC: arts. 1.228 a 1.368.
- Vide art. 243 da CF.

XXIII – a propriedade atenderá a sua função social;
- Vide arts. 156, § 1.º, 170, III, 182, § 2.º, e 186 da CF.
- A Lei n. 4.504, de 30-11-1964, estabelece o Estatuto da Terra.

XXIV – a lei estabelecerá o procedimento para desapropriação por necessidade ou utilidade pública, ou por interesse social, mediante justa e prévia indenização em dinheiro, ressalvados os casos previstos nesta Constituição;
- Desapropriação: Decreto-lei n. 3.365, de 21-6-1941, Lei n. 4.132, de 10-9-1962, Lei n. 6.602, de 7-12-1978, Decreto-lei n. 1.075, de 22-1-1970, Lei n. 8.629, de 25-2-1993, Lei Complementar n. 76, de 6-7-1993 e Lei n. 10.406, de 10-1-2002, art. 1.228, § 3.º.

XXV – no caso de iminente perigo público, a autoridade competente poderá usar de propriedade particular, assegurada ao proprietário indenização ulterior, se houver dano;
- •• Vide Súmula 637 do STJ.

XXVI – a pequena propriedade rural, assim definida em lei, desde que trabalhada pela família, não será objeto de penhora para pagamento de débitos decorrentes de sua atividade produtiva, dispondo a lei sobre os meios de financiar o seu desenvolvimento;
- Estatuto da Terra: Lei n. 4.504, de 30-11-1964.
- O art. 4.º da Lei n. 8.629, de 25-2-1993, dispõe sobre a pequena propriedade rural.

XXVII – aos autores pertence o direito exclusivo de utilização, publicação ou reprodução de suas obras, transmissível aos herdeiros pelo tempo que a lei fixar;

CF – Art. 5.º – Direitos e Garantias Fundamentais

- LDA: Lei n. 5.988, de 14-12-1973, e Lei n. 9.610, de 19-2-1998.
- Lei de Proteção de Cultivares: Lei n. 9.456, de 25-4-1997, e Decreto n. 2.366, de 5-11-1997.
- Lei de Proteção da Propriedade Intelectual do Programa de Computador e sua comercialização no país: Lei n. 9.609, de 19-2-1998, e Decreto n. 2.556, de 20-4-1998.

XXVIII – são assegurados, nos termos da lei:
a) a proteção às participações individuais em obras coletivas e à reprodução da imagem e voz humanas, inclusive nas atividades desportivas;
b) o direito de fiscalização do aproveitamento econômico das obras que criarem ou de que participarem aos criadores, aos intérpretes e às respectivas representações sindicais e associativas;

XXIX – a lei assegurará aos autores de inventos industriais privilégio temporário para sua utilização, bem como proteção às criações industriais, à propriedade das marcas, aos nomes de empresas e a outros signos distintivos, tendo em vista o interesse social e o desenvolvimento tecnológico e econômico do País;
- Propriedade Industrial: Lei n. 9.279, de 14-5-1996, e Decreto n. 2.553, de 16-4-1998.

XXX – é garantido o direito de herança;
- CC: direito das sucessões: arts. 1.784 e s.; aceitação e renúncia da herança: arts. 1.804 e s.; e herança jacente: arts. 1.819 e s.
- Direitos dos companheiros a alimentos e à sucessão: Lei n. 8.971, de 29-12-1994, e CC art. 1.790.

XXXI – a sucessão de bens de estrangeiros situados no País será regulada pela lei brasileira em benefício do cônjuge ou dos filhos brasileiros, sempre que não lhes seja mais favorável a lei pessoal do *de cujus*;
- LINDB (Decreto-lei n. 4.657, de 4-9-1942): art. 10, §§ 1.º e 2.º.

XXXII – o Estado promoverá, na forma da lei, a defesa do consumidor;
- Prevenção e repressão às infrações contra a ordem econômica: Lei n. 12.529, de 30-11-2011.
- A Lei n. 8.078, de 11-9-1990, dispõe sobre a proteção do consumidor (CDC), e o Decreto n. 2.181, de 20-3-1997, dispõe sobre a organização do Sistema Nacional de Defesa do Consumidor – SNDC, e estabelece normas gerais de aplicação das sanções administrativas previstas na Lei n. 8.078, de 1990.
- As Portarias n. 4, de 13-3-1998, n. 3, de 19-3-1999, n. 3, de 15-3-2001, e n. 5, de 27-8-2002, da Secretaria de Direito Econômico, divulgam as cláusulas contratuais consideradas abusivas.
- O Decreto n. 8.573, de 19-11-2015, dispõe sobre o consumidor.gov.br, sistema alternativo de solução de conflitos de consumo.

XXXIII – todos têm direito a receber dos órgãos públicos informações de seu interesse particular, ou de interesse coletivo ou geral, que serão prestadas no prazo da lei, sob pena de responsabilidade, ressalvadas aquelas cujo sigilo seja imprescindível à segurança da sociedade e do Estado;
- •• A Lei n. 12.527, de 18-11-2011, regulamentada pelo Decreto n. 7.724, de 16-5-2012, regula o acesso a informações previsto neste inciso.
- •• O Decreto n. 8.777, de 11-5-2016, institui a Política de Dados Abertos do Poder Executivo federal.
- O Decreto n. 7.845, de 14-11-2012, regulamenta procedimentos para credenciamento de segurança e tratamento de informação classificada em qualquer grau de sigilo, e dispõe sobre o Núcleo de Segurança e Credenciamento.
- *Vide* incisos LXXII e LXXVII deste artigo.

XXXIV – são a todos assegurados, independentemente do pagamento de taxas:
a) o direito de petição aos Poderes Públicos em defesa de direitos ou contra ilegalidade ou abuso de poder;
- •• *Vide* Súmula Vinculante 21 e Súmula 373 do STJ.

b) a obtenção de certidões em repartições públicas, para defesa de direitos e esclarecimento de situações de interesse pessoal;
- A Lei n. 9.051, de 18-5-1995, dispõe sobre a expedição de certidões para a defesa de direitos e esclarecimentos de situações.

XXXV – a lei não excluirá da apreciação do Poder Judiciário lesão ou ameaça a direito;
- *Vide* Súmula Vinculante 28 do STF.

XXXVI – a lei não prejudicará o direito adquirido, o ato jurídico perfeito e a coisa julgada;
- LINDB (Decreto-lei n. 4.657, de 4-9-1942): art. 6.º.

XXXVII – não haverá juízo ou tribunal de exceção;

XXXVIII – é reconhecida a instituição do júri, com a organização que lhe der a lei, assegurados:
- Do processo dos crimes da competência do júri: arts. 406 e s. do CPP.
- A Lei n. 11.697, de 13-6-2008, dispõe sobre a Organização Judiciária do Distrito Federal e dos Territórios. Sobre o Tribunal do Júri: arts. 18 e 19.
- *Vide* Súmula Vinculante 45 do STF.

a) a plenitude de defesa;
b) o sigilo das votações;
c) a soberania dos veredictos;
d) a competência para o julgamento dos crimes dolosos contra a vida;

XXXIX – não há crime sem lei anterior que o defina, nem pena sem prévia cominação legal;
- CP: art. 1.º.

XL – a lei penal não retroagirá, salvo para beneficiar o réu;
- *Vide* Súmula Vinculante 26 do STF.
- CP: art. 2.º, parágrafo único.

XLI – a lei punirá qualquer discriminação atentatória dos direitos e liberdades fundamentais;
- Crimes resultantes de preconceito de raça ou de cor: Lei n. 7.716, de 5-1-1989, e Lei n. 9.459, de 13-5-1997.
- A Lei n. 8.081, de 21-9-1990, estabelece os crimes e as penas aplicáveis aos atos discriminatórios ou de preconceito de raça, cor, religião, etnia ou procedência nacional, praticados pelos meios de comunicação ou por publicação de qualquer natureza.

XLII – a prática do racismo constitui crime inafiançável e imprescritível, sujeito à pena de reclusão, nos termos da lei;
- •• O Decreto n. 10.932, de 10-1-2022, promulga a Convenção Interamericana contra o Racismo, a Discriminação Racial e Formas Correlatas de Intolerância.
- Estatuto da Igualdade Racial: Lei n. 12.288, de 20-7-2010.

XLIII – a lei considerará crimes inafiançáveis e insuscetíveis de graça ou anistia a prática da tortura, o tráfico ilícito de entorpecentes e drogas afins, o terrorismo e os definidos como crimes hediondos, por eles respondendo os mandantes, os executores e os que, podendo evitá-los, se omitirem;
- •• Inciso regulamentado pela Lei n. 13.260, de 16-3-2016, que disciplina o terrorismo, trata de disposições investigatórias e processuais e reformula o conceito de organização terrorista.
- •• O Decreto n. 9.967, de 8-8-2019, promulga a Convenção Internacional para a Supressão de Atos de Terrorismo Nuclear, firmada pela República Federativa do Brasil, em Nova York, em 14 de setembro de 2005.
- A Lei n. 8.072, de 25-7-1990, dispõe sobre os crimes hediondos, nos termos deste inciso.
- A Lei n. 9.455, de 7-4-1997, define os crimes de tortura.
- O Decreto n. 5.639, de 26-12-2005, promulga a Convenção Interamericana contra o Terrorismo.
- Drogas: Lei n. 11.343, de 23-8-2006.

XLIV – constitui crime inafiançável e imprescritível a ação de grupos armados, civis ou militares, contra a ordem constitucional e o Estado Democrático;
- Organizações criminosas: Lei n. 12.850, de 2-8-2013.
- O Decreto n. 5.015, de 12-3-2004, promulga a Convenção das Nações Unidas contra o Crime Organizado Transnacional.

XLV – nenhuma pena passará da pessoa do condenado, podendo a obrigação de reparar o dano e a decretação do perdimento de bens ser, nos termos da lei, estendidas aos sucessores e contra eles executadas, até o limite do valor do patrimônio transferido;
- Das penas no CP: arts. 32 e s.
- CC: arts. 932 e 935.

XLVI – a lei regulará a individualização da pena e adotará, entre outras, as seguintes:
- Das penas no CP: arts. 32 e s.
- A Lei n. 12.714, de 14-9-2012, dispõe sobre o sistema de acompanhamento da execução das penas, da prisão cautelar e da medida de segurança.

a) privação ou restrição da liberdade;
- CP: arts. 33 e s.

b) perda de bens;
- CP: art. 43, II.

c) multa;
- CP: art. 49.

d) prestação social alternativa;
- CP: arts. 44 e 46.

e) suspensão ou interdição de direitos;
- CP: art. 47.

XLVII – não haverá penas:
- Das penas no CP: arts. 32 e s.

a) de morte, salvo em caso de guerra declarada, nos termos do art. 84, XIX;
- •• O CPM (Decreto-lei n. 1.001, de 21-10-1969) dispõe sobre pena de morte nos arts. 55 a 57.

b) de caráter perpétuo;
c) de trabalhos forçados;
d) de banimento;
e) cruéis;

CF – Art. 5.º – Direitos e Garantias Fundamentais

XLVIII – a pena será cumprida em estabelecimentos distintos, de acordo com a natureza do delito, a idade e o sexo do apenado;
- Das penas no CP: arts. 32 e s.
- Dos estabelecimentos penais: Lei n. 7.210, de 11-7-1984, arts. 82 a 104. A Lei n. 10.792, de 1.º-12-2003, altera a Lei de Execução Penal, instituindo o regime disciplinar diferenciado e facultando à União, aos Estados, ao Distrito Federal e aos Territórios, a construção de Penitenciárias destinadas aos presos sujeitos a este regime.

XLIX – é assegurado aos presos o respeito à integridade física e moral;
- Vide Súmula Vinculante 11 do STF.
- CP: art. 38.
- Transporte de presos: Lei n. 8.653, de 10-5-1993.
- LEP: Lei n. 7.210, de 11-7-1984, art. 40.

L – às presidiárias serão asseguradas condições para que possam permanecer com seus filhos durante o período de amamentação;
- Da penitenciária de mulheres: Lei n. 7.210, de 11-7-1984, art. 89.
- A Lei n. 11.942, de 28-5-2009, altera a LEP (Lei n. 7.210, de 11-7-1984), para assegurar às mães presas e aos recém-nascidos condições mínimas de assistência.

LI – nenhum brasileiro será extraditado, salvo o naturalizado, em caso de crime comum, praticado antes da naturalização, ou de comprovado envolvimento em tráfico ilícito de entorpecentes e drogas afins, na forma da lei;
- Vide art. 12, II, da CF.

LII – não será concedida extradição de estrangeiro por crime político ou de opinião;
- Extradição: arts. 81 a 99 da Lei n. 13.445, de 24-5-2017 (Lei de Migração), e art. 267, VII, do Decreto n. 9.199, de 20-11-2017.

LIII – ninguém será processado nem sentenciado senão pela autoridade competente;

LIV – ninguém será privado da liberdade ou de seus bens sem o devido processo legal;

LV – aos litigantes, em processo judicial ou administrativo, e aos acusados em geral são assegurados o contraditório e ampla defesa, com os meios e recursos a ela inerentes;
- Vide Súmulas Vinculantes 5, 14, 21 e 28 do STF.

LVI – são inadmissíveis, no processo, as provas obtidas por meios ilícitos;
- Das provas no CPP: arts. 155 e s.
- Das provas no CPC: arts. 369 e s.

LVII – ninguém será considerado culpado até o trânsito em julgado de sentença penal condenatória;
- • Vide Súmula 643 do STJ.

LVIII – o civilmente identificado não será submetido a identificação criminal, salvo nas hipóteses previstas em lei;
- • Inciso regulamentado pela Lei n. 12.037, de 1.º-10-2009.

LIX – será admitida ação privada nos crimes de ação pública, se esta não for intentada no prazo legal;
- Da ação penal privada subsidiária da pública: art. 100, § 3.º, do CP, e art. 29 do CPP.

LX – a lei só poderá restringir a publicidade dos atos processuais quando a defesa da intimidade ou o interesse social o exigirem;
- Do sigilo no inquérito policial: CPP, art. 20.
- Segredo de Justiça: CPC, art. 189.
- Sistema de transmissão de dados para a prática de atos processuais: Lei n. 9.800, de 26-5-1999.

LXI – ninguém será preso senão em flagrante delito ou por ordem escrita e fundamentada de autoridade judiciária competente, salvo nos casos de transgressão militar ou crime propriamente militar, definidos em lei;
- Vide inciso LVII deste artigo.
- O Decreto-lei n. 1.001, de 21-10-1969, estabelece o CPM.

LXII – a prisão de qualquer pessoa e o local onde se encontre serão comunicados imediatamente ao juiz competente e à família do preso ou à pessoa por ele indicada;

LXIII – o preso será informado de seus direitos, entre os quais o de permanecer calado, sendo-lhe assegurada a assistência da família e de advogado;
- Vide art. 136, § 3.º, IV, da CF.
- Vide Súmula Vinculante 14 do STF.

LXIV – o preso tem direito à identificação dos responsáveis por sua prisão ou por seu interrogatório policial;

LXV – a prisão ilegal será imediatamente relaxada pela autoridade judiciária;

LXVI – ninguém será levado à prisão ou nela mantido, quando a lei admitir a liberdade provisória, com ou sem fiança;
- Os arts. 321 e s. do CPP dispõem sobre a liberdade provisória.

LXVII – não haverá prisão civil por dívida, salvo a do responsável pelo inadimplemento voluntário e inescusável de obrigação alimentícia e a do depositário infiel;
- • O Decreto n. 592, de 6-7-1992 (Pacto Internacional sobre Direitos Civis e Políticos), dispõe em seu art. 11 que "ninguém poderá ser preso apenas por não poder cumprir com uma obrigação contratual".
- • O Decreto n. 678, de 6-11-1992 (Pacto de São José da Costa Rica), dispõe em seu art. 7.º, item 7, que ninguém deve ser detido por dívida, exceto no caso de inadimplemento de obrigação alimentar.
- • Pensão alimentícia: art. 19 da Lei n. 5.478, de 25-7-1968.
- • Vide Súmula Vinculante 25 do STF.
- Alienação fiduciária: Decreto-lei n. 911, de 1.º-10-1969, e Lei n. 9.514, de 20-11-1997.

LXVIII – conceder-se-á habeas corpus sempre que alguém sofrer ou se achar ameaçado de sofrer violência ou coação em sua liberdade de locomoção, por ilegalidade ou abuso de poder;
- Vide art. 142, § 2.º, da CF.
- Habeas corpus e seu processo: arts. 647 e s. do CPP.

LXIX – conceder-se-á mandado de segurança para proteger direito líquido e certo, não amparado por habeas corpus ou habeas data, quando o responsável pela ilegalidade ou abuso de poder for autoridade pública ou agente de pessoa jurídica no exercício de atribuições do Poder Público;
- Vide Súmula 604 do STJ.
- Mandado de segurança: Lei n. 12.016, de 7-8-2009.
- Habeas corpus: Lei n. 9.507, de 12-11-1997.

LXX – o mandado de segurança coletivo pode ser impetrado por:
- Mandado de segurança coletivo: Lei n. 12.016, de 7-8-2009.

a) partido político com representação no Congresso Nacional;

b) organização sindical, entidade de classe ou associação legalmente constituída e em funcionamento há pelo menos um ano, em defesa dos interesses de seus membros ou associados;

LXXI – conceder-se-á mandado de injunção sempre que a falta de norma regulamentadora torne inviável o exercício dos direitos e liberdades constitucionais e das prerrogativas inerentes à nacionalidade, à soberania e à cidadania;
- • Mandado de injunção individual e coletivo: Lei n. 13.300, de 23-6-2016.

LXXII – conceder-se-á habeas data:
- Habeas data: Lei n. 9.507, de 12-11-1997.

a) para assegurar o conhecimento de informações relativas à pessoa do impetrante, constantes de registros ou bancos de dados de entidades governamentais ou de caráter público;

b) para a retificação de dados, quando não se prefira fazê-lo por processo sigiloso, judicial ou administrativo;

LXXIII – qualquer cidadão é parte legítima para propor ação popular que vise a anular ato lesivo ao patrimônio público ou de entidade de que o Estado participe, à moralidade administrativa, ao meio ambiente e ao patrimônio histórico e cultural, ficando o autor, salvo comprovada má-fé, isento de custas judiciais e do ônus da sucumbência;
- Lei de Ação Popular: Lei n. 4.717, de 29-6-1965.

LXXIV – o Estado prestará assistência jurídica integral e gratuita aos que comprovarem insuficiência de recursos;
- Assistência judiciária: Lei n. 1.060, de 5-2-1950.
- Defensoria Pública: Lei Complementar n. 80, de 12-1-1994.

LXXV – o Estado indenizará o condenado por erro judiciário, assim como o que ficar preso além do tempo fixado na sentença;

LXXVI – são gratuitos para os reconhecidamente pobres, na forma da lei:
- • Inciso regulamentado pela Lei n. 9.265, de 12-2-1996.
- Lei n. 6.015, de 31-12-1973, art. 30 e parágrafos.
- Gratuidade dos atos necessários ao exercício da cidadania: Lei n. 9.534, de 10-12-1997.

a) o registro civil de nascimento;
- Do nascimento na LRP (Lei n. 6.015, de 31-12-1973): arts. 46 e 50 a 66.

b) a certidão de óbito;
- Do óbito na LRP (Lei n. 6.015, de 31-12-1973): arts. 77 a 88.

LXXVII – são gratuitas as ações de habeas corpus e habeas data, e, na forma da lei, os atos necessários ao exercício da cidadania;
- • Inciso regulamentado pela Lei n. 9.265, de 12-2-1996.

LXXVIII – a todos, no âmbito judicial e administrativo, são assegurados a razoável duração do processo e os meios que garantam a celeridade de sua tramitação;
- • Inciso LXXVIII acrescentado pela Emenda Constitucional n. 45, de 8-12-2004.

LXXIX – é assegurado, nos termos da lei, o direito à proteção dos dados pessoais, inclusive nos meios digitais.
• • Inciso LXXIX acrescentado pela Emenda Constitucional n. 115, de 10-2-2022.

§ 1.º As normas definidoras dos direitos e garantias fundamentais têm aplicação imediata.

§ 2.º Os direitos e garantias expressos nesta Constituição não excluem outros decorrentes do regime e dos princípios por ela adotados, ou dos tratados internacionais em que a República Federativa do Brasil seja parte.
• • Vide Súmula Vinculante 25 do STF.

§ 3.º Os tratados e convenções internacionais sobre direitos humanos que forem aprovados, em cada Casa do Congresso Nacional, em dois turnos, por três quintos dos votos dos respectivos membros, serão equivalentes às emendas constitucionais.
• • § 3.º acrescentado pela Emenda Constitucional n. 45, de 8-12-2004.
• O Decreto n. 6.949, de 25-8-2009, promulga a Convenção Internacional sobre os Direitos das Pessoas com Deficiência e seu Protocolo Facultativo, aprovado pelo Congresso Nacional conforme o procedimento do § 3.º do art. 5.º da CF.

§ 4.º O Brasil se submete à jurisdição de Tribunal Penal Internacional a cuja criação tenha manifestado adesão.
• • § 4.º acrescentado pela Emenda Constitucional n. 45, de 8-12-2004.
• O Decreto n. 4.388, de 25-9-2002, dispõe sobre o Tribunal Penal Internacional.

Capítulo II
DOS DIREITOS SOCIAIS

Art. 6.º São direitos sociais a educação, a saúde, a alimentação, o trabalho, a moradia, o transporte, o lazer, a segurança, a previdência social, a proteção à maternidade e à infância, a assistência aos desamparados, na forma desta Constituição.
• • *Caput* com redação determinada pela Emenda Constitucional n. 90, de 15-9-2015.
• • Vide Súmulas Vinculantes 60 e 61.
• A Lei n. 10.216, de 6-4-2001, dispõe sobre a proteção e os direitos das pessoas portadoras de transtornos mentais e redireciona o modelo assistencial em saúde mental.

Parágrafo único. Todo brasileiro em situação de vulnerabilidade social terá direito a uma renda básica familiar, garantida pelo poder público em programa permanente de transferência de renda, cujas normas e requisitos de acesso serão determinados em lei, observada a legislação fiscal e orçamentária.
• • Parágrafo único acrescentado pela Emenda Constitucional n. 114, de 16-12-2021.

Art. 7.º São direitos dos trabalhadores urbanos e rurais, além de outros que visem à melhoria de sua condição social:

I – relação de emprego protegida contra despedida arbitrária ou sem justa causa, nos termos de lei complementar, que preverá indenização compensatória, dentre outros direitos;

II – seguro-desemprego, em caso de desemprego involuntário;
• • A Lei n. 7.998, de 11-1-1990, regulamenta o Programa do Seguro-Desemprego.
• Dispõem, ainda, sobre a matéria: Lei n. 8.019, de 11-4-1990, Lei n. 10.779, de 25-11-2003, e Lei Complementar n. 150, de 1.º-6-2015.

III – fundo de garantia do tempo de serviço;
• FGTS: Lei n. 8.036, de 11-5-1990 (disposições), regulamentada pelo Decreto n. 99.684, de 8-11-1990, Lei n. 8.844, de 20-1-1994 (fiscalização, apuração e cobrança judicial das contribuições e multas), Lei Complementar n. 150, de 1.º-6-2015 (empregado doméstico).

IV – salário mínimo, fixado em lei, nacionalmente unificado, capaz de atender a suas necessidades vitais básicas e às de sua família com moradia, alimentação, educação, saúde, lazer, vestuário, higiene, transporte e previdência social, com reajustes periódicos que lhe preservem o poder aquisitivo, sendo vedada sua vinculação para qualquer fim;
• O Decreto n. 12.342, de 30-12-2024, estabelece que, a partir de 1.º-1-2025, o salário mínimo será de R$ 1.518,00 (mil quinhentos e dezoito reais).
• A Lei n. 6.205, de 29-4-1975, estabelece a descaracterização do salário mínimo como fator de correção monetária.
• Vide Súmulas Vinculantes 4, 15 e 16 do STF.

V – piso salarial proporcional à extensão e à complexidade do trabalho;
• • A Lei Complementar n. 103, de 14-7-2000, autoriza os Estados e o Distrito Federal a instituir o piso salarial a que se refere este inciso.

VI – irredutibilidade do salário, salvo o disposto em convenção ou acordo coletivo;

VII – garantia de salário, nunca inferior ao mínimo, para os que percebem remuneração variável;

VIII – décimo terceiro salário com base na remuneração integral ou no valor da aposentadoria;
• Décimo terceiro salário: Lei n. 4.090, de 13-7-1962; Lei n. 4.749, de 12-8-1965; Decreto n. 57.155, de 3-11-1965, e Decreto n. 63.912, de 26-12-1968.

IX – remuneração do trabalho noturno superior à do diurno;
• Trabalho noturno na CLT: art. 73 e §§ 1.º a 5.º.

X – proteção do salário na forma da lei, constituindo crime sua retenção dolosa;

XI – participação nos lucros, ou resultados, desvinculada da remuneração, e, excepcionalmente, participação na gestão da empresa, conforme definido em lei;
• • Regulamento: Lei n. 10.101, de 19-12-2000.
• • A Lei n. 12.353, de 28-12-2010, dispõe sobre a participação de empregados nos conselhos de administração das empresas públicas e sociedades de economia mista, suas subsidiárias e controladas e demais empresas em que a União, direta ou indiretamente, detenha a maioria do capital social com direito a voto.

XII – salário-família pago em razão do dependente do trabalhador de baixa renda nos termos da lei;
• • Inciso XII com redação determinada pela Emenda Constitucional n. 20, de 15-12-1998.
• Salário-família: Lei n. 4.266, de 3-10-1963, Decreto n. 53.153, de 10-12-1963, Lei n. 8.213, de 24-7-1991, e Decreto n. 3.048, de 6-5-1999.

XIII – duração do trabalho normal não superior a oito horas diárias e quarenta e quatro semanais, facultada a compensação de horários e a redução da jornada, mediante acordo ou convenção coletiva de trabalho;
• Duração do trabalho na CLT: arts. 57 e s. e 224 e s.

XIV – jornada de seis horas para o trabalho realizado em turnos ininterruptos de revezamento, salvo negociação coletiva;

XV – repouso semanal remunerado, preferencialmente aos domingos;
• Repouso semanal: Lei n. 605, de 5-1-1949 e art. 67 da CLT.

XVI – remuneração do serviço extraordinário superior, no mínimo, em cinquenta por cento à do normal;
• Remuneração do serviço extraordinário na CLT: arts. 61, 142 e 227.
• A Lei n. 10.244, de 27-6-2001, revogando o art. 376 da CLT, passa a permitir a realização de horas extras por mulheres.

XVII – gozo de férias anuais remuneradas com, pelo menos, um terço a mais do que o salário normal;
• Férias na CLT: arts. 129 e s.

XVIII – licença à gestante, sem prejuízo do emprego e do salário, com a duração de cento e vinte dias;
• • A Lei n. 11.770, de 9-9-2008, instituiu o Programa Empresa Cidadã, destinado a facultar a prorrogação por 60 dias da licença-maternidade, prevista neste inciso. Regulamentada pelo Decreto n. 7.052, de 23-12-2009.
• Vide art. 10, II, *b*, do ADCT.
• Salário-maternidade: arts. 71 a 73 da Lei n. 8.213, de 24-7-1991, regulamentada pelo Decreto n. 3.048, de 6-5-1999, arts. 93 a 103.
• Vide nota ao art. 14 da Emenda Constitucional n. 20, de 15-12-1998.

XIX – licença-paternidade, nos termos fixados em lei;
• • O STF, na ADI por Omissão n. 20, no plenário de 14-12-2023 (*DOU* de 8-1-2024), por maioria, julgou procedente o pedido, com o reconhecimento da existência de omissão inconstitucional na regulamentação da licença-paternidade prevista neste inciso XIX, com fixação do prazo de dezoito meses para o Congresso Nacional legislar a respeito da matéria, contados da publicação da ata de julgamento, e entendeu, ao final, que, não sobrevindo a lei regulamentadora no prazo acima estabelecido, caberá a este Tribunal fixar o período da licença-paternidade.
• • Vide art. 10, § 1.º, do ADCT.
• • A Lei n. 11.770, de 9-9-2008 (Programa Empresa Cidadã), alterada pela Lei n. 13.257, de 8-3-2016, faculta a prorrogação por 15 dias da licença-paternidade, mediante concessão de incentivo fiscal.

XX – proteção do mercado de trabalho da mulher, mediante incentivos específicos, nos termos da lei;
• Proteção ao trabalho da mulher na CLT: arts. 372 e s.
• Convenção sobre a eliminação de todas as formas de discriminação contra a mulher: Decreto n. 4.377, de 13-9-2002.

XXI – aviso prévio proporcional ao tempo de serviço, sendo no mínimo de trinta dias, nos termos da lei;
• • Regulamento: Lei n. 12.506, de 11-10-2011.
• Aviso prévio na CLT: arts. 487 e s.

XXII – redução dos riscos inerentes ao trabalho, por meio de normas de saúde, higiene e segurança;
• Segurança e medicina do trabalho: arts. 154 e s. da CLT.

XXIII – adicional de remuneração para as atividades penosas, insalubres ou perigosas, na forma da lei;
- • O STF, na ADI por Omissão n. 74, na sessão virtual de 24-5-2024 a 4-6-2024 (*DOU* de 12-6-2024), por unanimidade, julgou procedente o pedido, para reconhecer a mora do Congresso Nacional na regulamentação deste inciso XXIII, no ponto em que prevê o adicional de penosidade aos trabalhadores urbanos e rurais, e fixou prazo de 18 (dezoito) meses, a contar da publicação da ata deste julgamento, para adoção das medidas legislativas constitucionalmente exigíveis para suplantar a omissão, não se tratando de imposição de prazo para a atuação legislativa do Congresso Nacional, mas apenas da fixação de um parâmetro temporal razoável para que o Congresso Nacional supra a mora legislativa.
- Atividades insalubres e perigosas na CLT: arts. 189 e s.
- *Vide* Súmula 657 do STJ.

XXIV – aposentadoria;
- A Lei n. 8.213, de 24-7-1991, nos arts. 42 e s., trata de aposentadoria.
- O Decreto n. 3.048, de 6-5-1999, aprova o regulamento da Previdência Social.

XXV – assistência gratuita aos filhos e dependentes desde o nascimento até 5 (cinco) anos de idade em creches e pré-escolas;
- • Inciso XXV com redação determinada pela Emenda Constitucional n. 53, de 19-12-2006.

XXVI – reconhecimento das convenções e acordos coletivos de trabalho;
- Convenções coletivas de trabalho na CLT: arts. 611 e s.

XXVII – proteção em face da automação, na forma da lei;

XXVIII – seguro contra acidentes de trabalho, a cargo do empregador, sem excluir a indenização a que este está obrigado, quando incorrer em dolo ou culpa;
- Acidente do trabalho: Lei n. 6.338, de 7-6-1976; Lei n. 8.212, de 24-7-1991; Lei n. 8.213, de 24-7-1991; e Decreto n. 3.048, de 6-5-1999.

XXIX – ação, quanto aos créditos resultantes das relações de trabalho, com prazo prescricional de cinco anos para os trabalhadores urbanos e rurais, até o limite de dois anos após a extinção do contrato de trabalho;
- • Inciso XXIX com redação determinada pela Emenda Constitucional n. 28, de 25-5-2000.

a) e **b)** (*Revogadas pela Emenda Constitucional n. 28, de 25-5-2000.*)

XXX – proibição de diferença de salários, de exercício de funções e de critério de admissão por motivo de sexo, idade, cor ou estado civil;
- Convenção sobre a eliminação de todas as formas de discriminação contra a mulher: Decreto n. 4.377, de 13-9-2002.

XXXI – proibição de qualquer discriminação no tocante a salário e critérios de admissão do trabalhador portador de deficiência;
- O Decreto n. 3.298, de 20-12-1999, consolida as normas de proteção à pessoa portadora de deficiência.

XXXII – proibição de distinção entre trabalho manual, técnico e intelectual ou entre os profissionais respectivos;

XXXIII – proibição de trabalho noturno, perigoso ou insalubre a menores de 18 (dezoito) e de qualquer trabalho a menores de 16 (dezesseis) anos, salvo na condição de aprendiz, a partir de 14 (quatorze) anos;
- • Inciso XXXIII com redação determinada pela Emenda Constitucional n. 20, de 15-12-1998.
- Proteção ao trabalho do menor na CLT: arts. 402 e s.
- Do direito à profissionalização e à proteção do trabalho: arts. 60 a 69 da Lei n. 8.069, de 13-7-1990 (ECA).

XXXIV – igualdade de direitos entre o trabalhador com vínculo empregatício permanente e o trabalhador avulso.

Parágrafo único. São assegurados à categoria dos trabalhadores domésticos os direitos previstos nos incisos IV, VI, VII, VIII, X, XIII, XV, XVI, XVII, XVIII, XIX, XXI, XXII, XXIV, XXVI, XXX, XXXI e XXXIII e, atendidas as condições estabelecidas em lei e observada a simplificação do cumprimento das obrigações tributárias, principais e acessórias, decorrentes da relação de trabalho e suas peculiaridades, os previstos nos incisos I, II, III, IX, XII, XXV e XXVIII, bem como a sua integração à previdência social.
- • Parágrafo único com redação determinada pela Emenda Constitucional n. 72, de 2-4-2013.
- • O Decreto n. 12.009, de 1.º-5-2024, promulga os textos da Convenção sobre o Trabalho Decente para as Trabalhadoras e os Trabalhadores Domésticos (n. 189) e da Recomendação sobre o Trabalho Doméstico Decente para as Trabalhadoras e os Trabalhadores Domésticos (n. 201), da OIT.
- Empregado doméstico, FGTS e seguro-desemprego: Lei n. 7.195, de 12-6-1984, e Lei Complementar n. 150, de 1.º-6-2015.
- Salário-maternidade: arts. 93 a 103 do Decreto n. 3.048, de 6-5-1999.

Art. 8.º É livre a associação profissional ou sindical, observado o seguinte:
- Organização sindical na CLT: arts. 511 e s.

I – a lei não poderá exigir autorização do Estado para a fundação de sindicato, ressalvado o registro no órgão competente, vedadas ao Poder Público a interferência e a intervenção na organização sindical;

II – é vedada a criação de mais de uma organização sindical, em qualquer grau, representativa de categoria profissional ou econômica, na mesma base territorial, que será definida pelos trabalhadores ou empregadores interessados, não podendo ser inferior à área de um Município;

III – ao sindicato cabe a defesa dos direitos e interesses coletivos ou individuais da categoria, inclusive em questões judiciais ou administrativas;

IV – a assembleia geral fixará a contribuição que, em se tratando de categoria profissional, será descontada em folha, para custeio do sistema confederativo da representação sindical respectiva, independentemente da contribuição prevista em lei;
- • *Vide* Súmula Vinculante 40 do STF.

V – ninguém será obrigado a filiar-se ou a manter-se filiado a sindicato;
- Atentado contra a liberdade de associação: art. 199 do CP.
- O Precedente Normativo n. 119, de 13-8-1998, publicado no *DJU*, de 20-8-1998, do Tribunal Superior do Trabalho, dispõe sobre contribuições sindicais.

VI – é obrigatória a participação dos sindicatos nas negociações coletivas de trabalho;

VII – o aposentado filiado tem direito a votar e ser votado nas organizações sindicais;

VIII – é vedada a dispensa do empregado sindicalizado a partir do registro da candidatura a cargo de direção ou representação sindical e, se eleito, ainda que suplente, até um ano após o final do mandato, salvo se cometer falta grave nos termos da lei.

Parágrafo único. As disposições deste artigo aplicam-se à organização de sindicatos rurais e de colônias de pescadores, atendidas as condições que a lei estabelecer.
- • Parágrafo regulamentado pela Lei n. 11.699, de 13-6-2008, que estabelece que as Colônias de Pescadores, as Federações Estaduais e a Confederação Nacional dos Pescadores ficam reconhecidas como órgãos de classe dos trabalhadores do setor artesanal da pesca, com forma e natureza jurídica próprias, obedecendo ao princípio da livre organização previsto neste artigo.

Art. 9.º É assegurado o direito de greve, competindo aos trabalhadores decidir sobre a oportunidade de exercê-lo e sobre os interesses que devam por meio dele defender.
- Greve: Lei n. 7.783, de 28-6-1989.
- *Vide* arts. 37, VII, 114, II, e 142, § 3.º, IV, da CF.

§ 1.º A lei definirá os serviços ou atividades essenciais e disporá sobre o atendimento das necessidades inadiáveis da comunidade.

§ 2.º Os abusos cometidos sujeitam os responsáveis às penas da lei.

Art. 10. É assegurada a participação dos trabalhadores e empregadores nos colegiados dos órgãos públicos em que seus interesses profissionais ou previdenciários sejam objeto de discussão e deliberação.

Art. 11. Nas empresas de mais de duzentos empregados, é assegurada a eleição de um representante destes com a finalidade exclusiva de promover-lhes o entendimento direto com os empregadores.

Capítulo III
DA NACIONALIDADE

- O Decreto n. 4.246, de 22-5-2002, promulga a Convenção sobre o Estatuto dos Apátridas.

Art. 12. São brasileiros:

I – natos:

a) os nascidos na República Federativa do Brasil, ainda que de pais estrangeiros, desde que estes não estejam a serviço de seu país;

b) os nascidos no estrangeiro, de pai brasileiro ou mãe brasileira, desde que qualquer deles esteja a serviço da República Federativa do Brasil;

c) os nascidos no estrangeiro de pai brasileiro ou de mãe brasileira, desde que sejam registrados em repartição brasileira competente ou venham a residir na República Federativa do Brasil e optem, em qualquer

tempo, depois de atingida a maioridade, pela nacionalidade brasileira;
•• Alínea c com redação dada pela Emenda Constitucional n. 54, de 20-9-2007.
II – naturalizados:
• Naturalização: Lei n. 13.445, de 24-5-2017 (Lei de Migração), regulamentada pelo Decreto n. 9.199, de 20-11-2017.
a) os que, na forma da lei, adquiram a nacionalidade brasileira, exigidas aos originários de países de língua portuguesa apenas residência por um ano ininterrupto e idoneidade moral;
b) os estrangeiros de qualquer nacionalidade residentes na República Federativa do Brasil há mais de quinze anos ininterruptos e sem condenação penal, desde que requeiram a nacionalidade brasileira.
•• Alínea b com redação determinada pela Emenda Constitucional de Revisão n. 3, de 7-6-1994.
§ 1.º Aos portugueses com residência permanente no País, se houver reciprocidade em favor de brasileiros, serão atribuídos os direitos inerentes ao brasileiro, salvo os casos previstos nesta Constituição.
•• § 1.º com redação determinada pela Emenda Constitucional de Revisão n. 3, de 7-6-1994.
§ 2.º A lei não poderá estabelecer distinção entre brasileiros natos e naturalizados, salvo nos casos previstos nesta Constituição.
• O Decreto n. 3.927, de 19-9-2001, promulga o Tratado de Amizade, Cooperação e Consulta, entre a República Federativa do Brasil e a República Portuguesa.
§ 3.º São privativos de brasileiro nato os cargos:
I – de Presidente e Vice-Presidente da República;
II – de Presidente da Câmara dos Deputados;
III – de Presidente do Senado Federal;
IV – de Ministro do Supremo Tribunal Federal;
V – da carreira diplomática;
VI – de oficial das Forças Armadas;
• A Lei Complementar n. 97, de 9-6-1999, dispõe sobre as normas gerais para a organização, o preparo e o emprego das Forças Armadas.
VII – de Ministro de Estado da Defesa.
•• Inciso VII acrescentado pela Emenda Constitucional n. 23, de 2-9-1999.
§ 4.º Será declarada a perda da nacionalidade do brasileiro que:
I – tiver cancelada sua naturalização, por sentença judicial, em virtude de fraude relacionada ao processo de naturalização ou de atentado contra a ordem constitucional e o Estado Democrático;
•• Inciso I com redação determinada pela Emenda Constitucional n. 131, de 3-10-2023.
II – fizer pedido expresso de perda da nacionalidade brasileira perante autoridade brasileira competente, ressalvadas situações que acarretem apatridia.
•• Inciso II, caput, com redação determinada pela Emenda Constitucional n. 131, de 3-10-2023.
a) e b) (Revogadas pela Emenda Constitucional n. 131, de 3-10-2023.)

§ 5.º A renúncia da nacionalidade, nos termos do inciso II do § 4.º deste artigo, não impede o interessado de readquirir sua nacionalidade brasileira originária, nos termos da lei.
•• § 5.º acrescentado pela Emenda Constitucional n. 131, de 3-10-2023.
Art. 13. A língua portuguesa é o idioma oficial da República Federativa do Brasil.
• O Decreto n. 6.583, de 29-9-2008, promulga o Acordo Ortográfico da Língua Portuguesa.
§ 1.º São símbolos da República Federativa do Brasil a bandeira, o hino, as armas e o selo nacionais.
• Apresentação e forma dos símbolos nacionais: Lei n. 5.700, de 1.º-9-1971.
§ 2.º Os Estados, o Distrito Federal e os Municípios poderão ter símbolos próprios.

Capítulo IV
DOS DIREITOS POLÍTICOS

Art. 14. A soberania popular será exercida pelo sufrágio universal e pelo voto direto e secreto, com valor igual para todos, e, nos termos da lei, mediante:
I – plebiscito;
•• Regulamento: Lei n. 9.709, de 18-11-1998.
II – referendo;
•• Regulamento: Lei n. 9.709, de 18-11-1998.
III – iniciativa popular.
•• Regulamento: Lei n. 9.709, de 18-11-1998.
§ 1.º O alistamento eleitoral e o voto são:
• Alistamento no CE (Lei n. 4.737, de 15-7-1965): arts. 42 e s.
I – obrigatórios para os maiores de dezoito anos;
II – facultativos para:
a) os analfabetos;
b) os maiores de setenta anos;
c) os maiores de dezesseis e menores de dezoito anos.
§ 2.º Não podem alistar-se como eleitores os estrangeiros e, durante o período do serviço militar obrigatório, os conscritos.
§ 3.º São condições de elegibilidade, na forma da lei:
I – a nacionalidade brasileira;
II – o pleno exercício dos direitos políticos;
III – o alistamento eleitoral;
IV – o domicílio eleitoral na circunscrição;
V – a filiação partidária;
•• Regulamento: Lei n. 9.096, de 19-9-1995.
VI – a idade mínima de:
a) trinta e cinco anos para Presidente e Vice-Presidente da República e Senador;
b) trinta anos para Governador e Vice-Governador de Estado e do Distrito Federal;
c) vinte e um anos para Deputado Federal, Deputado Estadual ou Distrital, Prefeito, Vice-Prefeito e juiz de paz;
• Responsabilidade dos Prefeitos: Decreto-lei n. 201, de 27-2-1967.
d) dezoito anos para Vereador.
• Responsabilidade dos Vereadores: Decreto-lei n. 201, de 27-2-1967.

§ 4.º São inelegíveis os inalistáveis e os analfabetos.
§ 5.º O Presidente da República, os Governadores de Estado e do Distrito Federal, os Prefeitos e quem os houver sucedido ou substituído no curso dos mandatos poderão ser reeleitos para um único período subsequente.
•• § 5.º com redação determinada pela Emenda Constitucional n. 16, de 4-6-1997.
§ 6.º Para concorrerem a outros cargos, o Presidente da República, os Governadores de Estado e do Distrito Federal e os Prefeitos devem renunciar aos respectivos mandatos até seis meses antes do pleito.
§ 7.º São inelegíveis, no território de jurisdição do titular, o cônjuge e os parentes consanguíneos ou afins, até o segundo grau ou por adoção, do Presidente da República, de Governador de Estado ou Território, do Distrito Federal, de Prefeito ou de quem os haja substituído dentro dos seis meses anteriores ao pleito, salvo se já titular de mandato eletivo e candidato à reeleição.
• Vide Súmula Vinculante 18 do STF.
§ 8.º O militar alistável é elegível, atendidas as seguintes condições:
I – se contar menos de dez anos de serviço, deverá afastar-se da atividade;
II – se contar mais de dez anos de serviço, será agregado pela autoridade superior e, se eleito, passará automaticamente, no ato da diplomação, para a inatividade.
• Vide art. 42 da CF.
§ 9.º Lei complementar estabelecerá outros casos de inelegibilidade e os prazos de sua cessação, a fim de proteger a probidade administrativa, a moralidade para o exercício do mandato, considerada a vida pregressa do candidato, e a normalidade e legitimidade das eleições contra a influência do poder econômico ou o abuso do exercício de função, cargo ou emprego na administração direta ou indireta.
•• § 9.º com redação determinada pela Emenda Constitucional de Revisão n. 4, de 7-6-1994.
• Casos de inelegibilidade: Lei Complementar n. 64, de 18-5-1990.
§ 10. O mandato eletivo poderá ser impugnado ante a Justiça Eleitoral no prazo de quinze dias contados da diplomação, instruída a ação com provas de abuso do poder econômico, corrupção ou fraude.
§ 11. A ação de impugnação de mandato tramitará em segredo de justiça, respondendo o autor, na forma da lei, se temerária ou de manifesta má-fé.
§ 12. Serão realizadas concomitantemente às eleições municipais as consultas populares sobre questões locais aprovadas pelas Câmaras Municipais e encaminhadas à Justiça Eleitoral até 90 (noventa) dias antes da data das eleições, observados os limites operacionais relativos ao número de quesitos.

•• § 12 acrescentado pela Emenda Constitucional n. 111, de 28-9-2021.

§ 13. As manifestações favoráveis e contrárias às questões submetidas às consultas populares nos termos do § 12 ocorrerão durante as campanhas eleitorais, sem a utilização de propaganda gratuita no rádio e na televisão.
•• § 13 acrescentado pela Emenda Constitucional n. 111, de 28-9-2021.

Art. 15. É vedada a cassação de direitos políticos, cuja perda ou suspensão só se dará nos casos de:
• Lei Orgânica dos Partidos Políticos: Lei n. 9.096, de 19-9-1995.

I – cancelamento da naturalização por sentença transitada em julgado;
II – incapacidade civil absoluta;
III – condenação criminal transitada em julgado, enquanto durarem seus efeitos;
IV – recusa de cumprir obrigação a todos imposta ou prestação alternativa, nos termos do art. 5.º, VIII;
V – improbidade administrativa, nos termos do art. 37, § 4.º.

Art. 16. A lei que alterar o processo eleitoral entrará em vigor na data de sua publicação, não se aplicando à eleição que ocorra até 1 (um) ano da data de sua vigência.
•• Artigo com redação determinada pela Emenda Constitucional n. 4, de 14-9-1993.
•• Sobre as Eleições Municipais 2020: *Vide* art. 2.º da Emenda Constitucional n. 107, de 2-7-2020.

Capítulo V
DOS PARTIDOS POLÍTICOS

Art. 17. É livre a criação, fusão, incorporação e extinção de partidos políticos, resguardados a soberania nacional, o regime democrático, o pluripartidarismo, os direitos fundamentais da pessoa humana e observados os seguintes preceitos:
•• Artigo regulamentado pela Lei n. 9.096, de 19-9-1995.
•• *Vide* Emenda Constitucional n. 91, de 18-2-2016, que dispõe sobre desfiliação partidária.

I – caráter nacional;
II – proibição de recebimento de recursos financeiros de entidade ou governo estrangeiros ou de subordinação a estes;
III – prestação de contas à Justiça Eleitoral;
IV – funcionamento parlamentar de acordo com a lei.

§ 1.º É assegurada aos partidos políticos autonomia para definir sua estrutura interna e estabelecer regras sobre escolha, formação e duração de seus órgãos permanentes e provisórios e sobre sua organização e funcionamento e para adotar os critérios de escolha e o regime de suas coligações nas eleições majoritárias, vedada a sua celebração nas eleições proporcionais, sem obrigatoriedade de vinculação entre as candidaturas em âmbito nacional, estadual, distrital ou municipal, devendo seus estatutos estabelecer normas de disciplina e fidelidade partidária.

•• § 1.º com redação determinada pela Emenda Constitucional n. 97, de 4-10-2017.
• *Vide* art. 2.º da Emenda Constitucional n. 97, de 4-10-2017.

§ 2.º Os partidos políticos, após adquirirem personalidade jurídica, na forma da lei civil, registrarão seus estatutos no Tribunal Superior Eleitoral.

§ 3.º Somente terão direito a recursos do fundo partidário e acesso gratuito ao rádio e à televisão, na forma da lei, os partidos políticos que alternativamente:
•• § 3.º, *caput*, com redação determinada pela Emenda Constitucional n. 97, de 4-10-2017.
• *Vide* art. 3.º da Emenda Constitucional n. 97, de 4-10-2017.

I – obtiverem, nas eleições para a Câmara dos Deputados, no mínimo, 3% (três por cento) dos votos válidos, distribuídos em pelo menos um terço das unidades da Federação, com um mínimo de 2% (dois por cento) dos votos válidos em cada uma delas; ou
•• Inciso I acrescentado pela Emenda Constitucional n. 97, de 4-10-2017.

II – tiverem elegido pelo menos quinze Deputados Federais distribuídos em pelo menos um terço das unidades da Federação.
•• Inciso II acrescentado pela Emenda Constitucional n. 97, de 4-10-2017.

§ 4.º É vedada a utilização pelos partidos políticos de organização paramilitar.

§ 5.º Ao eleito por partido que não preencher os requisitos previstos no § 3.º deste artigo é assegurado o mandato e facultada a filiação, sem perda do mandato, a outro partido que os tenha atingido, não sendo essa filiação considerada para fins de distribuição dos recursos do fundo partidário e de acesso gratuito ao tempo de rádio e de televisão.
•• § 5.º acrescentado pela Emenda Constitucional n. 97, de 4-10-2017.

§ 6.º Os Deputados Federais, os Deputados Estaduais, os Deputados Distritais e os Vereadores que se desligarem do partido pelo qual tenham sido eleitos perderão o mandato, salvo nos casos de anuência do partido ou de outras hipóteses de justa causa estabelecidas em lei, não computada, em qualquer caso, a migração de partido para fins de distribuição de recursos do fundo partidário ou de outros fundos públicos e de acesso gratuito ao rádio e à televisão.
•• § 6.º acrescentado pela Emenda Constitucional n. 111, de 28-9-2021.

§ 7.º Os partidos políticos devem aplicar no mínimo 5% (cinco por cento) dos recursos do fundo partidário na criação e na manutenção de programas de promoção e difusão da participação política das mulheres, de acordo com os interesses intrapartidários.
•• § 7.º acrescentado pela Emenda Constitucional n. 117, de 5-4-2022.
•• *Vide* arts. 3.º e 4.º da Emenda Constitucional n. 117, de 5-4-2022.

§ 8.º O montante do Fundo Especial de Financiamento de Campanha e da parcela do fundo partidário destinada a campanhas eleitorais, bem como o tempo de propaganda gratuita no rádio e na televisão a ser distribuído pelos partidos às respectivas candidatas, deverão ser de no mínimo 30% (trinta por cento), proporcional ao número de candidatas, e a distribuição deverá ser realizada conforme critérios definidos pelos respectivos órgãos de direção e pelas normas estatutárias, considerados a autonomia e o interesse partidário.
•• § 8.º acrescentado pela Emenda Constitucional n. 117, de 5-4-2022.

§ 9.º Dos recursos oriundos do Fundo Especial de Financiamento de Campanha e do fundo partidário destinados às campanhas eleitorais, os partidos políticos devem, obrigatoriamente, aplicar 30% (trinta por cento) em candidaturas de pessoas pretas e pardas, nas circunscrições que melhor atendam aos interesses e às estratégias partidárias.
•• § 9.º acrescentado pela Emenda Constitucional n. 133, de 22-8-2024.

TÍTULO III
DA ORGANIZAÇÃO DO ESTADO

Capítulo I
DA ORGANIZAÇÃO POLÍTICO--ADMINISTRATIVA

Art. 18. A organização político-administrativa da República Federativa do Brasil compreende a União, os Estados, o Distrito Federal e os Municípios, todos autônomos, nos termos desta Constituição.

§ 1.º Brasília é a Capital Federal.

§ 2.º Os Territórios Federais integram a União, e sua criação, transformação em Estado ou reintegração ao Estado de origem serão reguladas em lei complementar.

§ 3.º Os Estados podem incorporar-se entre si, subdividir-se ou desmembrar-se para se anexarem a outros, ou formarem novos Estados ou Territórios Federais, mediante aprovação da população diretamente interessada, através de plebiscito, e do Congresso Nacional, por lei complementar.

§ 4.º A criação, a incorporação, a fusão e o desmembramento de Municípios far-se-ão por lei estadual, dentro do período determinado por lei complementar federal, e dependerão de consulta prévia, mediante plebiscito, às populações dos Municípios envolvidos, após divulgação dos Estudos de Viabilidade Municipal, apresentados e publicados na forma da lei.
•• § 4.º com redação determinada pela Emenda Constitucional n. 15, de 12-9-1996.
• A Lei n. 10.521, de 18-7-2002, assegura a instalação de Municípios criados por Lei Estadual.

Art. 19. É vedado à União, aos Estados, ao Distrito Federal e aos Municípios:

I – estabelecer cultos religiosos ou igrejas, subvencioná-los, embaraçar-lhes o funcionamento ou manter com eles ou seus repre-

sentantes relações de dependência ou aliança, ressalvada, na forma da lei, a colaboração de interesse público;
II – recusar fé aos documentos públicos;
III – criar distinções entre brasileiros ou preferências entre si.

Capítulo II
DA UNIÃO

Art. 20. São bens da União:
* Bens imóveis da União: Decreto-lei n. 9.760, de 5-9-1946, e Lei n. 9.636, de 15-5-1998.
* Bens públicos: Lei n. 10.406, de 10-1-2002 (CC), art. 99.

I – os que atualmente lhe pertencem e os que lhe vierem a ser atribuídos;
II – as terras devolutas indispensáveis à defesa das fronteiras, das fortificações e construções militares, das vias federais de comunicação e à preservação ambiental, definidas em lei;
* A Lei n. 6.383, de 7-12-1976, dispõe sobre o processo discriminatório de terras devolutas da União.
* A Lei n. 6.938, de 31-8-1981, dispõe sobre a Política Nacional do Meio Ambiente, seus fins e mecanismos de formulação e aplicação.

III – os lagos, rios e quaisquer correntes de água em terrenos de seu domínio, ou que banhem mais de um Estado, sirvam de limites com outros países, ou se estendam a território estrangeiro ou dele provenham, bem como os terrenos marginais e as praias fluviais;
* Política Marítima Nacional (PMN): Decreto n. 1.265, de 11-10-1994.

IV – as ilhas fluviais e lacustres nas zonas limítrofes com outros países; as praias marítimas; as ilhas oceânicas e as costeiras, excluídas, destas, as que contenham a sede de Municípios, exceto aquelas áreas afetadas ao serviço público e a unidade ambiental federal, e as referidas no art. 26, II;
* • Inciso IV com redação determinada pela Emenda Constitucional n. 46, de 5-5-2005.
* Política Marítima Nacional (PMN): Decreto n. 1.265, de 11-10-1994.

V – os recursos naturais da plataforma continental e da zona econômica exclusiva;
* A Lei n. 8.617, de 4-1-1993, dispõe sobre o mar territorial, a zona contígua, a zona econômica exclusiva e a plataforma continental brasileira.
* Política Marítima Nacional (PMN): Decreto n. 1.265, de 11-10-1994.

VI – o mar territorial;
VII – os terrenos de marinha e seus acrescidos;
VIII – os potenciais de energia hidráulica;
IX – os recursos minerais, inclusive os do subsolo;
X – as cavidades naturais subterrâneas e os sítios arqueológicos e pré-históricos;
XI – as terras tradicionalmente ocupadas pelos índios.

§ 1.º É assegurada, nos termos da lei, aos Estados, ao Distrito Federal e aos Municípios, bem como a órgãos da administração direta da União, participação no resultado da exploração de petróleo ou gás natural, de recursos hídricos para fins de geração de energia elétrica e de outros recursos minerais no respectivo território, plataforma continental, mar territorial ou zona econômica exclusiva, ou compensação financeira por essa exploração.
* • § 1.º com redação determinada pela Emenda Constitucional n. 102, de 26-9-2019.
* • Vide art. 3.º da Emenda Constitucional n. 86, de 17-3-2015.
* • Vide art. 198, § 2.º, I, da CF.
* A Lei n. 7.990, de 28-12-1989, institui, para os Estados, Distrito Federal e Municípios, compensação financeira pelo resultado da exploração de petróleo ou gás natural, de recursos hídricos para fins de geração de energia elétrica, de recursos minerais em seus respectivos territórios, plataforma continental, mar territorial ou zona econômica exclusiva.
* A Lei n. 8.001, de 13-3-1990, define os percentuais da distribuição da compensação financeira de que trata a Lei n. 7.990, de 28-12-1989.
* A Lei n. 9.427, de 26-12-1996, institui a Agência Nacional de Energia Elétrica – ANEEL, e disciplina o regime de concessões de serviços públicos de energia elétrica.
* A Lei n. 9.478, de 6-8-1997, dispõe sobre a Política Energética Nacional, as atividades relativas ao monopólio do petróleo, institui o Conselho Nacional de Política Energética e a Agência Nacional do Petróleo.
* A Lei n. 9.984, de 17-7-2000, dispõe sobre a Agência Nacional de Águas – ANA.
* A Lei n. 12.734, de 30-11-2012, modifica as Leis n. 9.478, de 6-8-1997, e n. 12.351, de 22-12-2010, para determinar novas regras de distribuição entre os entes da Federação dos *royalties* e da participação especial, devidos em função da exploração de petróleo, gás natural e outros hidrocarbonetos fluidos, e para aprimorar o marco regulatório sobre a exploração desses recursos no regime de partilha.

§ 2.º A faixa de até cento e cinquenta quilômetros de largura, ao longo das fronteiras terrestres, designada como faixa de fronteira, é considerada fundamental para defesa do território nacional, e sua ocupação e utilização serão reguladas em lei.
* A Lei n. 6.634, de 2-5-1979, dispõe sobre Faixa de Fronteira.
* O Decreto n. 7.496, de 8-6-2011, institui o Plano Estratégico de Fronteiras.

Art. 21. Compete à União:
I – manter relações com Estados estrangeiros e participar de organizações internacionais;
II – declarar a guerra e celebrar a paz;
III – assegurar a defesa nacional;
* O Decreto n. 6.703, de 18-12-2008, aprova a Estratégia Nacional de Defesa.

IV – permitir, nos casos previstos em lei complementar, que forças estrangeiras transitem pelo território nacional ou nele permaneçam temporariamente;
* • Regulamento: Lei Complementar n. 90, de 1.º-10-1997.

V – decretar o estado de sítio, o estado de defesa e a intervenção federal;
VI – autorizar e fiscalizar a produção e o comércio de material bélico;
VII – emitir moeda;
VIII – administrar as reservas cambiais do País e fiscalizar as operações de natureza financeira, especialmente as de crédito, câmbio e capitalização, bem como as de seguros e de previdência privada;
* A Lei n. 4.595, de 31-12-1964, dispõe sobre a política e as instituições monetárias, bancárias e creditícias e cria o Conselho Monetário Nacional.
* A Lei n. 4.728, de 14-7-1965, disciplina o mercado de capitais e estabelece medidas para o seu desenvolvimento.
* O Decreto-lei n. 73, de 21-11-1966, regulamentado pelo Decreto n. 60.459, de 13-3-1967, dispõe sobre o sistema nacional de seguros privados e regula as operações de seguros e resseguros.
* A Lei Complementar n. 108, de 29-5-2001, dispõe sobre a relação entre a União, os Estados, o Distrito Federal e os Municípios, suas autarquias, fundações, sociedades de economia mista e outras entidades públicas e suas respectivas entidades fechadas de previdência complementar, e dá outras providências.
* A Lei Complementar n. 109, de 29-5-2001, dispõe sobre o regime de previdência complementar e dá outras providências.

IX – elaborar e executar planos nacionais e regionais de ordenação do território e de desenvolvimento econômico e social;
X – manter o serviço postal e o correio aéreo nacional;
* Serviço postal: Lei n. 6.538, de 22-6-1978.

XI – explorar, diretamente ou mediante autorização, concessão ou permissão, os serviços de telecomunicações, nos termos da lei, que disporá sobre a organização dos serviços, a criação de um órgão regulador e outros aspectos institucionais;
* • Inciso XI com redação determinada pela Emenda Constitucional n. 8, de 15-8-1995.
* Vide art. 2.º da Emenda Constitucional n. 8, de 15-8-1995.
* Sobre concessão para exploração de serviços públicos de telecomunicações, trata a Lei n. 9.472, de 16-7-1997.
* Concessões e permissões de serviços públicos: Lei n. 8.987, de 13-2-1995.
* Serviços de Telecomunicações, organização e órgão regulador: Lei n. 9.295, de 19-7-1996.
* O Decreto n. 3.896, de 23-8-2001, dispõe sobre a regência dos serviços de telecomunicações, e dá outras providências.

XII – explorar, diretamente ou mediante autorização, concessão ou permissão:
a) os serviços de radiodifusão sonora e de sons e imagens;
* • Alínea *a* com redação determinada pela Emenda Constitucional n. 8, de 15-8-1995.
* Código Brasileiro de Telecomunicações: Lei n. 4.117, de 27-8-1962, e Lei n. 9.472, de 16-7-1997.
* A Lei n. 9.612, de 19-2-1998, institui o Serviço de Radiodifusão Comunitária, e o Decreto n. 2.615, de 3-6-1998, aprova seu regulamento.

b) os serviços e instalações de energia elétrica e o aproveitamento energético dos cursos de água, em articulação com os Estados onde se situam os potenciais hidroenergéticos;
* A Lei n. 9.427, de 26-12-1996, institui a Agência Nacional de Energia Elétrica – ANEEL, e discipli-

na o regime de concessões de serviços públicos de energia elétrica.
- A Lei n. 9.648, de 27-5-1998, regulamentada pelo Decreto n. 2.655, de 2-7-1998, autoriza o Poder Executivo a promover a reestruturação da Centrais Elétricas Brasileiras – ELETROBRAS e de suas subsidiárias.

c) a navegação aérea, aeroespacial e a infraestrutura aeroportuária;
- CBA: Lei n. 7.565, de 19-12-1986.
- A Lei n. 12.379, de 6-1-2011, dispõe sobre o Sistema Nacional de Viação – SNV, que é composto pelo Subsistema Aeroviário Federal.

d) os serviços de transporte ferroviário e aquaviário entre portos brasileiros e fronteiras nacionais, ou que transponham os limites de Estado ou Território;
- A Lei n. 9.432, de 8-1-1997, dispõe sobre a ordenação do transporte aquaviário.
- A Lei n. 12.379, de 6-1-2011, dispõe sobre o Sistema Nacional de Viação – SNV, que é composto pelos Subsistemas Ferroviário e Aquaviário Federais.

e) os serviços de transporte rodoviário interestadual e internacional de passageiros;
- A Lei n. 12.379, de 6-1-2011, dispõe sobre o Sistema Nacional de Viação – SNV, que é composto pelo Subsistema Rodoviário Federal.

f) os portos marítimos, fluviais e lacustres;
- Política Marítima Nacional (PMN): Decreto n. 1.265, de 11-10-1994.

XIII – organizar e manter o Poder Judiciário, o Ministério Público do Distrito Federal e dos Territórios e a Defensoria Pública dos Territórios;
- •• Inciso XIII com redação determinada pela Emenda Constitucional n. 69, de 29-3-2012.

XIV – organizar e manter a polícia civil, a polícia penal, a polícia militar e o corpo de bombeiros militar do Distrito Federal, bem como prestar assistência financeira ao Distrito Federal para a execução de serviços públicos, por meio de fundo próprio;
- •• Inciso XIV com redação determinada pela Emenda Constitucional n. 104, de 4-12-2019.
- •• A Lei n. 10.633, de 27-12-2002, instituiu o Fundo Constitucional do Distrito Federal – FCDF, para atender o disposto neste inciso.
- •• Vide arts. 5.º e 10, §§ 2.º, I, e 6.º, da Emenda Constitucional n. 103, de 12-11-2019.
- •• A Lei n. 15.047, de 17-12-2024, instituiu o regime disciplinar da Polícia Federal e da Polícia Civil do Distrito Federal.
- Vide art. 25 da Emenda Constitucional n. 19, de 4-6-1998.
- Vide Súmula Vinculante 39 do STF.

XV – organizar e manter os serviços oficiais de estatística, geografia, geologia e cartografia de âmbito nacional;

XVI – exercer a classificação, para efeito indicativo, de diversões públicas e de programas de rádio e televisão;
- •• A Portaria n. 502, de 23-11-2021, do Ministério da Justiça e Segurança Pública, regulamenta o processo de classificação indicativa.

XVII – conceder anistia;

XVIII – planejar e promover a defesa permanente contra as calamidades públicas, especialmente as secas e as inundações;
- A Lei n. 12.787, de 11-1-2013, dispõe sobre a Política Nacional de Irrigação.

XIX – instituir sistema nacional de gerenciamento de recursos hídricos e definir critérios de outorga de direitos de seu uso;
- •• Regulamento: Lei n. 9.433, de 8-1-1997.

XX – instituir diretrizes para o desenvolvimento urbano, inclusive habitação, saneamento básico e transportes urbanos;
- A Lei n. 11.445, de 5-1-2007, estabelece diretrizes nacionais para o saneamento básico.
- A Lei n. 12.587, de 3-1-2012, institui a Política Nacional de Mobilidade Urbana.
- A Lei n. 13.425, de 30-3-2017 (Lei Boate Kiss), estabelece diretrizes gerais sobre medidas de prevenção e combate a incêndio e a desastres em estabelecimentos, edificações e áreas de reunião de público.

XXI – estabelecer princípios e diretrizes para o sistema nacional de viação;
- A Lei n. 12.379, de 6-1-2011, dispõe sobre o Sistema Nacional de Viação – SNV.

XXII – executar os serviços de polícia marítima, aeroportuária e de fronteiras;
- •• Inciso XXII com redação determinada pela Emenda Constitucional n. 19, de 4-6-1998.

XXIII – explorar os serviços e instalações nucleares de qualquer natureza e exercer monopólio estatal sobre a pesquisa, a lavra, o enriquecimento e reprocessamento, a industrialização e o comércio de minérios nucleares e seus derivados, atendidos os seguintes princípios e condições:
- O Decreto-lei n. 1.982, de 28-12-1982, dispõe sobre o exercício das atividades nucleares incluídas no monopólio da União e o controle do desenvolvimento de pesquisas no campo da energia nuclear.
- O Decreto n. 911, de 3-9-1993, promulga a Convenção de Viena sobre responsabilidade civil por danos nucleares, de 21-5-1963.
- A Lei n. 10.308, de 20-11-2001, estabelece normas para o destino final dos rejeitos radioativos produzidos em território nacional, incluídos a seleção de locais, a construção, o licenciamento, a operação, a fiscalização, os custos, a indenização, a responsabilidade civil e as garantias referentes aos depósitos radioativos.

a) toda atividade nuclear em território nacional somente será admitida para fins pacíficos e mediante aprovação do Congresso Nacional;

b) sob regime de permissão, são autorizadas a comercialização e a utilização de radioisótopos para pesquisa e uso agrícolas e industriais;
- •• Alínea b com redação determinada pela Emenda Constitucional n. 118, de 26-4-2022.

c) sob regime de permissão, são autorizadas a produção, a comercialização e a utilização de radioisótopos para pesquisa e uso médicos;
- •• Alínea c com redação determinada pela Emenda Constitucional n. 118, de 26-4-2022.

d) a responsabilidade civil por danos nucleares independe da existência de culpa;
- •• Primitiva alínea c renumerada pela Emenda Constitucional n. 49, de 8-2-2006.
- Responsabilidade civil por danos nucleares e responsabilidade criminal por atos relacionados com atividades nucleares: Lei n. 6.453, de 17-10-1977.

XXIV – organizar, manter e executar a inspeção do trabalho;

XXV – estabelecer as áreas e as condições para o exercício da atividade de garimpagem, em forma associativa;
- A Lei n. 7.805, de 18-7-1989, regulamentada pelo Decreto n. 98.812, de 9-1-1990, disciplina o regime de permissão de lavra garimpeira.

XXVI – organizar e fiscalizar a proteção e o tratamento de dados pessoais, nos termos da lei.
- •• Inciso XXVI acrescentado pela Emenda Constitucional n. 115, de 10-2-2022.

Art. 22. Compete privativamente à União legislar sobre:

I – direito civil, comercial, penal, processual, eleitoral, agrário, marítimo, aeronáutico, espacial e do trabalho;
- CC: Lei n. 10.406, de 10-1-2002; CCom: Lei n. 556, de 25-6-1850, CP: Decreto-lei n. 2.848, de 7-12-1940, CPC: Lei n. 13.105, de 16-3-2015, CPP: Decreto-lei n. 3.689, de 3-10-1941, CE: Lei n. 4.737, de 15-7-1965, CBA: Lei n. 7.565, de 19-12-1986, e CLT: Decreto-lei n. 5.452, de 1.º-5-1943.
- Vide Súmula Vinculante 46 do STF.

II – desapropriação;
- Desapropriação: Decreto-lei n. 3.365, de 21-6-1941, Lei n. 4.132, de 10-9-1962, Lei n. 6.602, de 7-12-1978, Decreto-lei n. 1.075, de 22-1-1970, Lei Complementar n. 76, de 6-7-1993 e Lei n. 10.406, de 10-1-2002, art. 1.228, § 3.º.

III – requisições civis e militares, em caso de iminente perigo e em tempo de guerra;

IV – águas, energia, informática, telecomunicações e radiodifusão;
- Código Brasileiro de Telecomunicações: Lei n. 4.117, de 27-8-1962.
- A Lei n. 9.295, de 19-7-1996, dispõe sobre os serviços de telecomunicações e sua organização e órgão regulador.
- Organização dos Serviços de Telecomunicações: Lei n. 9.472, de 16-7-1997.

V – serviço postal;
- Serviço Postal: Lei n. 6.538, de 22-6-1978.

VI – sistema monetário e de medidas, títulos e garantias dos metais;
- Real: Lei n. 9.069, de 29-6-1995, e Lei n. 10.192, de 14-2-2001.

VII – política de crédito, câmbio, seguros e transferência de valores;
- Vide Súmula Vinculante 32 do STF.

VIII – comércio exterior e interestadual;

IX – diretrizes da política nacional de transportes;
- Conselho Nacional de Integração de Políticas de Transportes: Lei n. 10.233, de 5-6-2001, e Decretos n. 4.122 e 4.130, de 13-2-2002.

X – regime dos portos, navegação lacustre, fluvial, marítima, aérea e aeroespacial;
- Política Marítima Nacional (PMN): Decreto n. 1.265, de 11-10-1994.
- A Lei n. 9.277, de 10-5-1996, autoriza a União a delegar aos Municípios, Estados e a Federação e ao Distrito Federal, a administração e exploração de rodovias e portos federais.
- A Lei n. 12.815, de 5-6-2013, dispõe sobre a exploração direta e indireta pela União de portos e instalações portuárias.

XI – trânsito e transporte;
- CTB: Lei n. 9.503, de 23-9-1997.

CF – Arts. 22 a 24 – Organização do Estado

XII – jazidas, minas, outros recursos minerais e metalurgia;
- Código de Mineração: Decreto-lei n. 227, de 28-2-1967.

XIII – nacionalidade, cidadania e naturalização;
- Situação jurídica do estrangeiro no Brasil: Lei n. 13.445, de 24-5-2017 (Lei de Migração), regulamentada pelo Decreto n. 9.199, de 20-11-2017.
- Vide art. 12 da CF.

XIV – populações indígenas;
- Estatuto do Índio: Lei n. 6.001, de 19-12-1973.

XV – emigração e imigração, entrada, extradição e expulsão de estrangeiros;
- Lei de Migração: Lei n. 13.445, de 24-5-2017, regulamentada pelo Decreto n. 9.199, de 20-11-2017.
- O Decreto n. 9.873, de 27-6-2019, dispõe sobre o Conselho Nacional de Imigração.
- Estatuto dos Refugiados de 1951 (implementação): Lei n. 9.474, de 22-7-1997.

XVI – organização do sistema nacional de emprego e condições para o exercício de profissões;
- •• A Lei n. 13.667, de 17-5-2018, dispõe sobre o Sistema Nacional de Emprego (SINE).

XVII – organização judiciária, do Ministério Público do Distrito Federal e dos Territórios e da Defensoria Pública dos Territórios, bem como organização administrativa destes;
- •• Inciso XVII com redação determinada pela Emenda Constitucional n. 69, de 29-3-2012.
- Organização, atribuições e Estatuto do Ministério Público da União: Lei Complementar n. 75, de 20-5-1993.
- Organização da Defensoria Pública da União, do Distrito Federal e dos Territórios, com normas gerais para os Estados: Lei Complementar n. 80, de 12-1-1994.

XVIII – sistema estatístico, sistema cartográfico e de geologia nacionais;

XIX – sistemas de poupança, captação e garantia da poupança popular;
- Regras para a remuneração das cadernetas de poupança: Lei n. 8.177, de 1.º-3-1991, Lei n. 9.069, de 29-6-1995, e Lei n. 10.192, de 14-2-2001.

XX – sistemas de consórcios e sorteios;
- Sistema de Consórcio: Lei n. 11.795, de 8-10-2008.
- Vide Súmula Vinculante 2 do STF.

XXI – normas gerais de organização, efetivos, material bélico, garantias, convocação, mobilização, inatividades e pensões das polícias militares e dos corpos de bombeiros militares;
- •• Inciso XXI com redação determinada pela Emenda Constitucional n. 103, de 12-11-2019.

XXII – competência da polícia federal e das polícias rodoviária e ferroviária federais;
- •• A Lei n. 14.751, de 12-12-2023, institui a Lei Orgânica Nacional das Polícias Militares e dos Corpos de Bombeiros Militares dos Estados, do Distrito Federal e dos Territórios.
- Policial Rodoviário Federal: Lei n. 9.654, de 2-6-1998.

XXIII – seguridade social;
- Lei Orgânica da Seguridade Social: Lei n. 8.212, de 24-7-1991, regulamentada pelo Decreto n. 3.048, de 6-5-1999.

XXIV – diretrizes e bases da educação nacional;
- Lei de Diretrizes e Bases da Educação Nacional: Lei n. 9.394, de 20-12-1996.

XXV – registros públicos;
- LRP: Lei n. 6.015, de 31-12-1973.

XXVI – atividades nucleares de qualquer natureza;
- A Lei n. 12.731, de 21-11-2012, instituiu o Sistema de Proteção ao Programa Nuclear Brasileiro – SIPRON.

XXVII – normas gerais de licitação e contratação, em todas as modalidades, para as administrações públicas diretas, autárquicas e fundacionais da União, Estados, Distrito Federal e Municípios, obedecido o disposto no art. 37, XXI, e para as empresas públicas e sociedades de economia mista, nos termos do art. 173, § 1.º, III;
- •• Inciso XXVII com redação determinada pela Emenda Constitucional n. 19, de 4-6-1998.
- Estatuto Jurídico das Licitações e Contratos: Lei n. 14.333, de 1.º-4-2021.

XXVIII – defesa territorial, defesa aeroespacial, defesa marítima, defesa civil e mobilização nacional;
- A Lei n. 12.608, de 10-4-2012, institui a Política Nacional de Proteção e Defesa Civil – PNPDEC, dispõe sobre o Sistema Nacional de Proteção e Defesa Civil – SINPDEC e o Conselho Nacional de Proteção e Defesa Civil – CONPDEC e autoriza a criação de sistema de informações e monitoramento de desastres.

XXIX – propaganda comercial;
- CDC: Lei n. 8.078, de 11-9-1990.

XXX – proteção e tratamento de dados pessoais.
- •• Inciso XXX acrescentado pela Emenda Constitucional n. 115, de 10-2-2022.

Parágrafo único. Lei complementar poderá autorizar os Estados a legislar sobre questões específicas das matérias relacionadas neste artigo.

Art. 23. É competência comum da União, dos Estados, do Distrito Federal e dos Municípios:

I – zelar pela guarda da Constituição, das leis e das instituições democráticas e conservar o patrimônio público;

II – cuidar da saúde e assistência pública, da proteção e garantia das pessoas portadoras de deficiência;
- Da proteção à pessoa portadora de deficiência: Lei n. 7.853, de 24-10-1989, regulamentada pelo Decreto n. 3.298, de 20-12-1999.
- Vide Súmula Vinculante 60.

III – proteger os documentos, as obras e outros bens de valor histórico, artístico e cultural, os monumentos, as paisagens naturais notáveis e os sítios arqueológicos;
- •• Vide nota ao parágrafo único deste artigo.
- O Decreto-lei n. 25, de 30-11-1937, organiza a proteção do patrimônio histórico e artístico nacional.

IV – impedir a evasão, a destruição e a descaracterização de obras de arte e de outros bens de valor histórico, artístico ou cultural;

V – proporcionar os meios de acesso à cultura, à educação, à ciência, à tecnologia, à pesquisa e à inovação;
- •• Inciso V com redação determinada pela Emenda Constitucional n. 85, de 26-2-2015.

- Vide art. 212 da CF.

VI – proteger o meio ambiente e combater a poluição em qualquer de suas formas;
- •• Vide nota ao parágrafo único deste artigo.
- •• Vide Súmula 652 do STJ.
- Política nacional do meio ambiente, seus fins e mecanismos de formulação e aplicação: Lei n. 6.938, de 31-8-1981.
- Sanções penais e administrativas derivadas de condutas e atividades lesivas ao meio ambiente: Lei n. 9.605, de 12-2-1998. O Decreto n. 6.514, de 22-7-2008, dispõe as infrações e sanções administrativas ao meio ambiente, estabelece o processo administrativo federal para apuração destas infrações.
- O Decreto n. 5.445, de 12-5-2005, promulga o Protocolo de Quioto.

VII – preservar as florestas, a fauna e a flora;
- •• Vide nota ao parágrafo único deste artigo.
- •• Vide Súmula 652 do STJ.
- Código de Caça: Lei n. 5.197, de 3-1-1967.
- Código Florestal: Lei n. 12.651, de 25-5-2012.

VIII – fomentar a produção agropecuária e organizar o abastecimento alimentar;

IX – promover programas de construção de moradias e a melhoria das condições habitacionais e de saneamento básico;
- A Lei n. 11.445, de 5-1-2007, estabelece diretrizes nacionais para o Saneamento Básico.

X – combater as causas da pobreza e os fatores de marginalização, promovendo a integração social dos setores desfavorecidos;
- A Lei Complementar n. 111, de 6-7-2001, dispõe sobre o Fundo de Combate e Erradicação da Pobreza, na forma prevista nos arts. 79, 80 e 81 do ADCT.

XI – registrar, acompanhar e fiscalizar as concessões de direitos de pesquisa e exploração de recursos hídricos e minerais em seus territórios;
- A Lei n. 9.433, de 8-1-1997, institui a Política Nacional de Recursos Hídricos, e cria o Sistema Nacional de Gerenciamento de Recursos Hídricos.

XII – estabelecer e implantar política de educação para a segurança do trânsito.
- A Lei n. 9.503, de 23-9-1997, institui o CTB.

Parágrafo único. Leis complementares fixarão normas para a cooperação entre a União e os Estados, o Distrito Federal e os Municípios, tendo em vista o equilíbrio do desenvolvimento e do bem-estar em âmbito nacional.
- •• Parágrafo único com redação determinada pela Emenda Constitucional n. 53, de 19-12-2006.
- A Lei Complementar n. 140, de 8-12-2011, fixa normas, nos termos do parágrafo único e dos incisos III, VI e VII do caput deste artigo, para a cooperação entre a União, os Estados, o Distrito Federal e os Municípios nas ações administrativas decorrentes do exercício da competência comum relativas à proteção das paisagens naturais notáveis, à proteção do meio ambiente, ao combate à poluição em qualquer de suas formas e à preservação das florestas, da fauna e da flora.

Art. 24. Compete à União, aos Estados e ao Distrito Federal legislar concorrentemente sobre:

I – direito tributário, financeiro, penitenciário, econômico e urbanístico;
- CTN: Lei n. 5.172, de 25-10-1966. Normas gerais de Direito Financeiro: Lei n. 4.320, de 17-3-1964.

LEP: Lei n. 7.210, de 11-7-1984. LEF: Lei n. 6.830, de 22-9-1980.

II – orçamento;

III – juntas comerciais;
- Registro do Comércio e Juntas Comerciais: Lei n. 8.934, de 18-11-1994, e Decreto n. 1.800, de 30-1-1996.

IV – custas dos serviços forenses;
- A Lei n. 9.289, de 4-7-1996, dispõe sobre custas devidas na Justiça Federal.

V – produção e consumo;

VI – florestas, caça, pesca, fauna, conservação da natureza, defesa do solo e dos recursos naturais, proteção do meio ambiente e controle da poluição;
- Código de Caça: Lei n. 5.197, de 3-1-1967. Código da Pesca: Decreto-lei n. 221, de 28-2-1967. Código Florestal: Lei n. 12.651, de 25-5-2012.
- Lei de Crimes Ambientais: Lei n. 9.605, de 12-2-1998.
- O Decreto n. 6.514, de 22-7-2008, dispõe sobre as infrações e sanções administrativas ao meio ambiente, e estabelece processo administrativo para apuração destas infrações.
- A Lei n. 11.959, de 29-6-2009, dispõe sobre a Política Nacional de Desenvolvimento Sustentável da Aquicultura e da Pesca, e regula as atividades pesqueiras.

VII – proteção ao patrimônio histórico, cultural, artístico, turístico e paisagístico;

VIII – responsabilidade por dano ao meio ambiente, ao consumidor, a bens e direitos de valor artístico, estético, histórico, turístico e paisagístico;
- Lei de Crimes Ambientais: Lei n. 9.605, de 12-2-1998.
- Ação civil pública de responsabilidade por danos causados ao meio ambiente, ao consumidor, a bens e direitos de valor artístico, estético, histórico, turístico e paisagístico: Lei n. 7.347, de 24-7-1985, e Decreto n. 1.306, de 9-11-1994.
- Ministério Público: Lei n. 8.625, de 12-2-1993, e Lei Complementar n. 75, de 20-5-1993.
- Sistema Nacional de Defesa do Consumidor – SNDC: Decreto n. 2.181, de 20-3-1997.

IX – educação, cultura, ensino, desporto, ciência, tecnologia, pesquisa, desenvolvimento e inovação;
- •• Inciso IX com redação determinada pela Emenda Constitucional n. 85, de 26-2-2015.
- •• A Lei n. 14.903, de 27-6-2024, estabelece o marco regulatório do fomento à cultura, no âmbito da administração pública da União, dos Estados, do Distrito Federal e dos Municípios.
- Normas gerais sobre desportos: Lei n. 9.615, de 24-3-1998.
- Diretrizes e Bases da Educação Nacional (Lei Darcy Ribeiro): Lei n. 9.394, de 20-12-1996.

X – criação, funcionamento e processo do juizado de pequenas causas;
- Juizados Especiais Cíveis e Criminais no âmbito da Justiça Estadual: Lei n. 9.099, de 26-9-1995.
- Juizados Especiais Cíveis e Criminais no âmbito da Justiça Federal: Lei n. 10.259, de 12-7-2001.
- Juizados de Violência Doméstica e Familiar contra a Mulher: Lei n. 11.340, de 7-8-2006.
- Juizados Especiais da Fazenda Pública: Lei n. 12.153, de 22-12-2009.

XI – procedimentos em matéria processual;

XII – previdência social, proteção e defesa da saúde;

- Proteção e defesa da saúde: Leis n. 8.080, de 19-9-1990, e n. 8.142, de 28-12-1990.
- Planos de Benefícios da Previdência Social: Lei n. 8.213, de 24-7-1991, regulamentada pelo Decreto n. 3.048, de 6-5-1999.

XIII – assistência jurídica e defensoria pública;
- Assistência judiciária: Lei n. 1.060, de 5-2-1950.
- Defensoria Pública: Lei Complementar n. 80, de 12-1-1994.

XIV – proteção e integração social das pessoas portadoras de deficiência;
- A Lei n. 7.853, de 24-10-1989, regulamentada pelo Decreto n. 3.298, de 20-12-1999, dispõe sobre o apoio às pessoas portadoras de deficiência.

XV – proteção à infância e à juventude;
- ECA: Lei n. 8.069, de 13-7-1990.
- A Lei n. 13.257, de 8-3-2016, dispõe sobre as políticas públicas para a primeira infância.

XVI – organização, garantias, direitos e deveres das polícias civis.

§ 1.º No âmbito da legislação concorrente, a competência da União limitar-se-á a estabelecer normas gerais.
- •• A Lei n. 13.874, de 20-9-2019, institui a Declaração de Direitos de Liberdade Econômica e estabelece garantias de livre mercado e análise de impacto regulatório.

§ 2.º A competência da União para legislar sobre normas gerais não exclui a competência suplementar dos Estados.

§ 3.º Inexistindo lei federal sobre normas gerais, os Estados exercerão a competência legislativa plena, para atender a suas peculiaridades.

§ 4.º A superveniência de lei federal sobre normas gerais suspende a eficácia da lei estadual, no que lhe for contrário.
- •• A Lei n. 13.874, de 20-9-2019, institui a Declaração de Direitos de Liberdade Econômica e estabelece garantias de livre mercado e análise de impacto regulatório.

Capítulo III
DOS ESTADOS FEDERADOS

Art. 25. Os Estados organizam-se e regem-se pelas Constituições e leis que adotarem, observados os princípios desta Constituição.

§ 1.º São reservadas aos Estados as competências que não lhes sejam vedadas por esta Constituição.

§ 2.º Cabe aos Estados explorar diretamente, ou mediante concessão, os serviços locais de gás canalizado, na forma da lei, vedada a edição de medida provisória para a sua regulamentação.
- •• § 2.º com redação determinada pela Emenda Constitucional n. 5, de 15-8-1995.

§ 3.º Os Estados poderão, mediante lei complementar, instituir regiões metropolitanas, aglomerações urbanas e microrregiões, constituídas por agrupamentos de Municípios limítrofes, para integrar a organização, o planejamento e a execução de funções públicas de interesse comum.

Art. 26. Incluem-se entre os bens dos Estados:

I – as águas superficiais ou subterrâneas, fluentes, emergentes e em depósito, ressalvadas, neste caso, na forma da lei, as decorrentes de obras da União;

II – as áreas, nas ilhas oceânicas e costeiras, que estiverem no seu domínio, excluídas aquelas sob domínio da União, Municípios ou terceiros;

III – as ilhas fluviais e lacustres não pertencentes à União;

IV – as terras devolutas não compreendidas entre as da União.

Art. 27. O número de Deputados à Assembleia Legislativa corresponderá ao triplo da representação do Estado na Câmara dos Deputados e, atingido o número de trinta e seis, será acrescido de tantos quantos forem os Deputados Federais acima de doze.

§ 1.º Será de quatro anos o mandato dos Deputados Estaduais, aplicando-se-lhes as regras desta Constituição sobre sistema eleitoral, inviolabilidade, imunidades, remuneração, perda de mandato, licença, impedimentos e incorporação às Forças Armadas.

§ 2.º O subsídio dos Deputados Estaduais será fixado por lei de iniciativa da Assembleia Legislativa, na razão de, no máximo, 75% (setenta e cinco por cento) daquele estabelecido, em espécie, para os Deputados Federais, observado o que dispõem os arts. 39, § 4.º, 57, § 7.º, 150, II, 153, III, e 153, § 2.º, I.
- •• § 2.º com redação determinada pela Emenda Constitucional n. 19, de 4-6-1998.

§ 3.º Compete às Assembleias Legislativas dispor sobre seu regimento interno, polícia e serviços administrativos de sua secretaria, e prover os respectivos cargos.

§ 4.º A lei disporá sobre a iniciativa popular no processo legislativo estadual.

Art. 28. A eleição do Governador e do Vice-Governador de Estado, para mandato de 4 (quatro) anos, realizar-se-á no primeiro domingo de outubro, em primeiro turno, e no último domingo de outubro, em segundo turno, se houver, do ano anterior ao do término do mandato de seus antecessores, e a posse ocorrerá em 6 de janeiro do ano subsequente, observado, quanto ao mais, o disposto no art. 77 desta Constituição.
- •• *Caput* com redação determinada pela Emenda Constitucional n. 111, de 28-9-2021.
- •• *Vide* art. 5.º da Emenda Constitucional n. 111, de 28-9-2021.
- Normas para as eleições: Lei n. 9.504, de 30-9-1997.

§ 1.º Perderá o mandato o Governador que assumir outro cargo ou função na administração pública direta ou indireta, ressalvada a posse em virtude de concurso público e observado o disposto no art. 38, I, IV e V.
- •• Anterior parágrafo único transformado em § 1.º pela Emenda Constitucional n. 19, de 4-6-1998.

§ 2.º Os subsídios do Governador, do Vice-Governador e dos Secretários de Estado serão fixados por lei de iniciativa da Assembleia Legislativa, observado o que dispõem

os arts. 37, XI, 39, § 4.º, 150, II, 153, III, e 153, § 2.º, I.
•• § 2.º acrescentado pela Emenda Constitucional n. 19, de 4-6-1998.

Capítulo IV
DOS MUNICÍPIOS

Art. 29. O Município reger-se-á por lei orgânica, votada em dois turnos, com o interstício mínimo de dez dias, e aprovada por dois terços dos membros da Câmara Municipal, que a promulgará, atendidos os princípios estabelecidos nesta Constituição, na Constituição do respectivo Estado e os seguintes preceitos:
• Vide Súmula Vinculante 42 do STF.

I – eleição do Prefeito, do Vice-Prefeito e dos Vereadores, para mandato de quatro anos, mediante pleito direto e simultâneo realizado em todo o País;
• Normas para as eleições: Lei n. 9.504, de 30-9-1997.

II – eleição do Prefeito e do Vice-Prefeito realizada no primeiro domingo de outubro do ano anterior ao término do mandato dos que devam suceder, aplicadas as regras do art. 77 no caso de Municípios com mais de duzentos mil eleitores;
•• Inciso II com redação determinada pela Emenda Constitucional n. 16, de 4-6-1997.

III – posse do Prefeito e do Vice-Prefeito no dia 1.º de janeiro do ano subsequente ao da eleição;

IV – para a composição das Câmaras Municipais, será observado o limite máximo de:
•• Inciso IV, *caput*, com redação determinada pela Emenda Constitucional n. 58, de 23-9-2009.
•• O STF, na ADI n. 4.307, de 11-4-2013 (*DOU* de 29-10-2013), declarou a inconstitucionalidade do inciso I do art. 3.º da Emenda Constitucional n. 58, de 23-9-2009, que determinava que as alterações feitas neste art. 29 produziriam efeitos a partir do processo eleitoral de 2008.

a) 9 (nove) Vereadores, nos Municípios de até 15.000 (quinze mil) habitantes;
•• Alínea *a* com redação determinada pela Emenda Constitucional n. 58, de 23-9-2009.

b) 11 (onze) Vereadores, nos Municípios de mais de 15.000 (quinze mil) habitantes e de até 30.000 (trinta mil) habitantes;
•• Alínea *b* com redação determinada pela Emenda Constitucional n. 58, de 23-9-2009.

c) 13 (treze) Vereadores, nos Municípios com mais de 30.000 (trinta mil) habitantes e de até 50.000 (cinquenta mil) habitantes;
•• Alínea *c* com redação determinada pela Emenda Constitucional n. 58, de 23-9-2009.

d) 15 (quinze) Vereadores, nos Municípios de mais de 50.000 (cinquenta mil) habitantes e de até 80.000 (oitenta mil) habitantes;
•• Alínea *d* acrescentada pela Emenda Constitucional n. 58, de 23-9-2009.

e) 17 (dezessete) Vereadores, nos Municípios de mais de 80.000 (oitenta mil) habitantes e de até 120.000 (cento e vinte mil) habitantes;
•• Alínea *e* acrescentada pela Emenda Constitucional n. 58, de 23-9-2009.

f) 19 (dezenove) Vereadores, nos Municípios de mais de 120.000 (cento e vinte mil) habitantes e de até 160.000 (cento e sessenta mil) habitantes;
•• Alínea *f* acrescentada pela Emenda Constitucional n. 58, de 23-9-2009.

g) 21 (vinte e um) Vereadores, nos Municípios de mais de 160.000 (cento e sessenta mil) habitantes e de até 300.000 (trezentos mil) habitantes;
•• Alínea *g* acrescentada pela Emenda Constitucional n. 58, de 23-9-2009.

h) 23 (vinte e três) Vereadores, nos Municípios de mais de 300.000 (trezentos mil) habitantes e de até 450.000 (quatrocentos e cinquenta mil) habitantes;
•• Alínea *h* acrescentada pela Emenda Constitucional n. 58, de 23-9-2009.

i) 25 (vinte e cinco) Vereadores, nos Municípios de mais de 450.000 (quatrocentos e cinquenta) mil habitantes e de até 600.000 (seiscentos mil) habitantes;
•• Alínea *i* acrescentada pela Emenda Constitucional n. 58, de 23-9-2009.

j) 27 (vinte e sete) Vereadores, nos Municípios de mais de 600.000 (seiscentos mil) habitantes e de até 750.000 (setecentos e cinquenta mil) habitantes;
•• Alínea *j* acrescentada pela Emenda Constitucional n. 58, de 23-9-2009.

k) 29 (vinte e nove) Vereadores, nos Municípios de mais de 750.000 (setecentos e cinquenta mil) habitantes e de até 900.000 (novecentos mil) habitantes;
•• Alínea *k* acrescentada pela Emenda Constitucional n. 58, de 23-9-2009.

l) 31 (trinta e um) Vereadores, nos Municípios de mais de 900.000 (novecentos mil) habitantes e de até 1.050.000 (um milhão e cinquenta mil) habitantes;
•• Alínea *l* acrescentada pela Emenda Constitucional n. 58, de 23-9-2009.

m) 33 (trinta e três) Vereadores, nos Municípios de mais de 1.050.000 (um milhão e cinquenta mil) habitantes e de até 1.220.000 (um milhão e duzentos mil) habitantes;
•• Alínea *m* acrescentada pela Emenda Constitucional n. 58, de 23-9-2009.

n) 35 (trinta e cinco) Vereadores, nos Municípios de mais de 1.200.000 (um milhão e duzentos mil) habitantes e de até 1.350.000 (um milhão e trezentos e cinquenta mil) habitantes;
•• Alínea *n* acrescentada pela Emenda Constitucional n. 58, de 23-9-2009.

o) 37 (trinta e sete) Vereadores, nos Municípios de mais de 1.350.000 (um milhão e trezentos e cinquenta mil) habitantes e de até 1.500.000 (um milhão e quinhentos mil) habitantes;
•• Alínea *o* acrescentada pela Emenda Constitucional n. 58, de 23-9-2009.

p) 39 (trinta e nove) Vereadores, nos Municípios de mais de 1.500.000 (um milhão e quinhentos mil) habitantes e de até 1.800.000 (um milhão e oitocentos mil) habitantes;
•• Alínea *p* acrescentada pela Emenda Constitucional n. 58, de 23-9-2009.

q) 41 (quarenta e um) Vereadores, nos Municípios de mais de 1.800.000 (um milhão e oitocentos mil) habitantes e de até 2.400.000 (dois milhões e quatrocentos mil) habitantes;
•• Alínea *q* acrescentada pela Emenda Constitucional n. 58, de 23-9-2009.

r) 43 (quarenta e três) Vereadores, nos Municípios de mais de 2.400.000 (dois milhões e quatrocentos mil) habitantes e de até 3.000.000 (três milhões) de habitantes;
•• Alínea *r* acrescentada pela Emenda Constitucional n. 58, de 23-9-2009.

s) 45 (quarenta e cinco) Vereadores, nos Municípios de mais de 3.000.000 (três milhões) de habitantes e de até 4.000.000 (quatro milhões) de habitantes;
•• Alínea *s* acrescentada pela Emenda Constitucional n. 58, de 23-9-2009.

t) 47 (quarenta e sete) Vereadores, nos Municípios de mais de 4.000.000 (quatro milhões) de habitantes e de até 5.000.000 (cinco milhões) de habitantes;
•• Alínea *t* acrescentada pela Emenda Constitucional n. 58, de 23-9-2009.

u) 49 (quarenta e nove) Vereadores, nos Municípios de mais de 5.000.000 (cinco milhões) de habitantes e de até 6.000.000 (seis milhões) de habitantes;
•• Alínea *u* acrescentada pela Emenda Constitucional n. 58, de 23-9-2009.

v) 51 (cinquenta e um) Vereadores, nos Municípios de mais de 6.000.000 (seis milhões) de habitantes e de até 7.000.000 (sete milhões) de habitantes;
•• Alínea *v* acrescentada pela Emenda Constitucional n. 58, de 23-9-2009.

w) 53 (cinquenta e três) Vereadores, nos Municípios de mais de 7.000.000 (sete milhões) de habitantes e de até 8.000.000 (oito milhões) de habitantes; e
•• Alínea *w* acrescentada pela Emenda Constitucional n. 58, de 23-9-2009.

x) 55 (cinquenta e cinco) Vereadores, nos Municípios de mais de 8.000.000 (oito milhões) de habitantes.
•• Alínea *x* acrescentada pela Emenda Constitucional n. 58, de 23-9-2009.

V – subsídios do Prefeito, do Vice-Prefeito e dos Secretários Municipais fixados por lei de iniciativa da Câmara Municipal, observado o que dispõem os arts. 37, XI, 39, § 4.º, 150, II, 153, III, e 153, § 2.º, I;
•• Inciso V com redação determinada pela Emenda Constitucional n. 19, de 4-6-1998.

VI – o subsídio dos Vereadores será fixado pelas respectivas Câmaras Municipais em cada legislatura para a subsequente, observado o que dispõe esta Constituição, observados os critérios estabelecidos na respectiva Lei Orgânica e os seguintes limites máximos:
•• Inciso VI, *caput*, com redação determinada pela Emenda Constitucional n. 25, de 14-2-2000.

a) em Municípios de até 10.000 (dez mil) habitantes, o subsídio máximo dos Vereadores corresponderá a 20% (vinte por cento) do subsídio dos Deputados Estaduais;

•• Alínea *a* acrescentada pela Emenda Constitucional n. 25, de 14-2-2000.

b) em Municípios de 10.001 (dez mil e um) a 50.000 (cinquenta mil) habitantes, o subsídio máximo dos Vereadores corresponderá a 30% (trinta por cento) do subsídio dos Deputados Estaduais;

•• Alínea *b* acrescentada pela Emenda Constitucional n. 25, de 14-2-2000.

c) em Municípios de 50.001 (cinquenta mil e um) a 100.000 (cem mil) habitantes, o subsídio máximo dos Vereadores corresponderá a 40% (quarenta por cento) do subsídio dos Deputados Estaduais;

•• Alínea *c* acrescentada pela Emenda Constitucional n. 25, de 14-2-2000.

d) em Municípios de 100.001 (cem mil e um) a 300.000 (trezentos mil) habitantes, o subsídio máximo dos Vereadores corresponderá a 50% (cinquenta por cento) do subsídio dos Deputados Estaduais;

•• Alínea *d* acrescentada pela Emenda Constitucional n. 25, de 14-2-2000.

e) em Municípios de 300.001 (trezentos mil e um) a 500.000 (quinhentos mil) habitantes, o subsídio máximo dos Vereadores corresponderá a 60% (sessenta por cento) do subsídio dos Deputados Estaduais;

•• Alínea *e* acrescentada pela Emenda Constitucional n. 25, de 14-2-2000.

f) em Municípios de mais de 500.000 (quinhentos mil) habitantes, o subsídio máximo dos Vereadores corresponderá a 75% (setenta e cinco por cento) do subsídio dos Deputados Estaduais;

•• Alínea *f* acrescentada pela Emenda Constitucional n. 25, de 14-2-2000.

VII – o total da despesa com a remuneração dos Vereadores não poderá ultrapassar o montante de 5% (cinco por cento) da receita do município;

•• Inciso VII acrescentado pela Emenda Constitucional n. 1, de 31-3-1992.

VIII – inviolabilidade dos Vereadores por suas opiniões, palavras e votos no exercício do mandato e na circunscrição do Município;

•• Inciso renumerado pela Emenda Constitucional n. 1, de 31-3-1992.

IX – proibições e incompatibilidades, no exercício da vereança, similares, no que couber, ao disposto nesta Constituição para os membros do Congresso Nacional e, na Constituição do respectivo Estado, para os membros da Assembleia Legislativa;

•• Inciso renumerado pela Emenda Constitucional n. 1, de 31-3-1992.

X – julgamento do Prefeito perante o Tribunal de Justiça;

•• Inciso renumerado pela Emenda Constitucional n. 1, de 31-3-1992.

• Responsabilidade de prefeitos e vereadores: Decreto-lei n. 201, de 27-2-1967.

XI – organização das funções legislativas e fiscalizadoras da Câmara Municipal;

•• Inciso renumerado pela Emenda Constitucional n. 1, de 31-3-1992.

• A Lei n. 9.452, de 20-3-1997, determina que as Câmaras Municipais sejam obrigatoriamente notificadas da liberação de recursos federais para os respectivos Municípios.

XII – cooperação das associações representativas no planejamento municipal;

•• Inciso renumerado pela Emenda Constitucional n. 1, de 31-3-1992.

XIII – iniciativa popular de projetos de lei de interesse específico do Município, da cidade ou de bairros, através de manifestação de, pelo menos, cinco por cento do eleitorado;

•• Inciso renumerado pela Emenda Constitucional n. 1, de 31-3-1992.

XIV – perda do mandato do Prefeito, nos termos do art. 28, parágrafo único.

•• Inciso renumerado pela Emenda Constitucional n. 1, de 31-3-1992.

•• De acordo com a Emenda Constitucional n. 19, de 4-6-1998, a referência é ao art. 28, § 1.º.

Art. 29-A. O total da despesa do Poder Legislativo Municipal, incluídos os subsídios dos Vereadores e os demais gastos com pessoal inativo e pensionistas, não poderá ultrapassar os seguintes percentuais, relativos ao somatório da receita tributária e das transferências previstas no § 5.º do art. 153 e nos arts. 158 e 159 desta Constituição, efetivamente realizado no exercício anterior:

•• *Caput* com redação determinada pela Emenda Constitucional n. 109, de 15-3-2021, em vigor a partir do início da primeira legislatura municipal após a data de sua publicação (*DOU* 16-3-2021).

I – 7% (sete por cento) para Municípios com população de até 100.000 (cem mil) habitantes;

•• Inciso I com redação determinada pela Emenda Constitucional n. 58, de 23-9-2009.

• Sobre produção de efeitos deste inciso, *vide* nota ao inciso IV do art. 29 da CF.

II – 6% (seis por cento) para Municípios com população entre 100.000 (cem mil) e 300.000 (trezentos mil) habitantes;

•• Inciso II com redação determinada pela Emenda Constitucional n. 58, de 23-9-2009.

• Sobre produção de efeitos deste inciso, *vide* nota ao inciso IV do art. 29 da CF.

III – 5% (cinco por cento) para Municípios com população entre 300.001 (trezentos mil e um) e 500.000 (quinhentos mil) habitantes;

•• Inciso III com redação determinada pela Emenda Constitucional n. 58, de 23-9-2009.

• Sobre produção de efeitos deste inciso, *vide* nota ao inciso IV do art. 29 da CF.

IV – 4,5% (quatro inteiros e cinco décimos por cento) para Municípios com população entre 500.001 (quinhentos mil e um) e 3.000.000 (três milhões) de habitantes;

•• Inciso IV com redação determinada pela Emenda Constitucional n. 58, de 23-9-2009.

• Sobre produção de efeitos deste inciso, *vide* nota ao inciso IV do art. 29 da CF.

V – 4% (quatro por cento) para Municípios com população entre 3.000.001 (três milhões e um) e 8.000.000 (oito milhões) de habitantes;

•• Inciso V acrescentado pela Emenda Constitucional n. 58, de 23-9-2009.

• Sobre produção de efeitos deste inciso, *vide* nota ao inciso IV do art. 29 da CF.

VI – 3,5% (três inteiros e cinco décimos por cento) para Municípios com população acima de 8.000.001 (oito milhões e um) habitantes.

•• Inciso VI acrescentado pela Emenda Constitucional n. 58, de 23-9-2009.

• Sobre produção de efeitos deste inciso, *vide* nota ao inciso IV do art. 29 da CF.

§ 1.º A Câmara Municipal não gastará mais de 70% (setenta por cento) de sua receita com folha de pagamento, incluído o gasto com o subsídio de seus Vereadores.

•• § 1.º acrescentado pela Emenda Constitucional n. 25, de 14-2-2000.

§ 2.º Constitui crime de responsabilidade do Prefeito Municipal:

•• § 2.º, *caput*, acrescentado pela Emenda Constitucional n. 25, de 14-2-2000.

I – efetuar repasse que supere os limites definidos neste artigo;

•• Inciso I acrescentado pela Emenda Constitucional n. 25, de 14-2-2000.

II – não enviar o repasse até o dia 20 (vinte) de cada mês; ou

•• Inciso II acrescentado pela Emenda Constitucional n. 25, de 14-2-2000.

III – enviá-lo a menor em relação à proporção fixada na Lei Orçamentária.

•• Inciso III acrescentado pela Emenda Constitucional n. 25, de 14-2-2000.

• A Lei Complementar n. 101, de 4-5-2000, dispõe sobre a responsabilidade fiscal. A Lei n. 10.028, de 19-10-2000, estabelece os crimes contra as finanças públicas.

§ 3.º Constitui crime de responsabilidade do Presidente da Câmara Municipal o desrespeito ao § 1.º deste artigo.

•• § 3.º acrescentado pela Emenda Constitucional n. 25, de 14-2-2000.

Art. 30. Compete aos Municípios:

I – legislar sobre assuntos de interesse local;

• *Vide* Súmulas Vinculantes 38 e 42 do STF.

II – suplementar a legislação federal e a estadual no que couber;

III – instituir e arrecadar os tributos de sua competência, bem como aplicar suas rendas, sem prejuízo da obrigatoriedade de prestar contas e publicar balancetes nos prazos fixados em lei;

IV – criar, organizar e suprimir distritos, observada a legislação estadual;

V – organizar e prestar, diretamente ou sob regime de concessão ou permissão, os serviços públicos de interesse local, incluído o de transporte coletivo, que tem caráter essencial;

• *Vide* art. 175 da CF.

VI – manter, com a cooperação técnica e financeira da União e do Estado, programas de educação infantil e de ensino fundamental;

•• Inciso VI com redação determinada pela Emenda Constitucional n. 53, de 19-12-2006.

VII – prestar, com a cooperação técnica e financeira da União e do Estado, serviços de atendimento à saúde da população;

VIII – promover, no que couber, adequado ordenamento territorial, mediante planejamento e controle do uso, do parcelamento e da ocupação do solo urbano;

IX – promover a proteção do patrimônio histórico-cultural local, observada a legislação e a ação fiscalizadora federal e estadual.

Art. 31. A fiscalização do Município será exercida pelo Poder Legislativo Municipal, mediante controle externo, e pelos sistemas de controle interno do Poder Executivo Municipal, na forma da lei.

§ 1.º O controle externo da Câmara Municipal será exercido com o auxílio dos Tribunais de Contas dos Estados ou do Município ou dos Conselhos ou Tribunais de Contas dos Municípios, onde houver.

§ 2.º O parecer prévio, emitido pelo órgão competente sobre as contas que o Prefeito deve anualmente prestar, só deixará de prevalecer por decisão de dois terços dos membros da Câmara Municipal.

§ 3.º As contas dos Municípios ficarão, durante 60 (sessenta) dias, anualmente, à disposição de qualquer contribuinte, para exame e apreciação, o qual poderá questionar-lhes a legitimidade, nos termos da lei.

§ 4.º É vedada a criação de Tribunais, Conselhos ou órgãos de Contas Municipais.

Capítulo V
DO DISTRITO FEDERAL E DOS TERRITÓRIOS

Seção I
Do Distrito Federal

Art. 32. O Distrito Federal, vedada sua divisão em Municípios, reger-se-á por lei orgânica, votada em dois turnos com interstício mínimo de dez dias, e aprovada por dois terços da Câmara Legislativa, que a promulgará, atendidos os princípios estabelecidos nesta Constituição.

§ 1.º Ao Distrito Federal são atribuídas as competências legislativas reservadas aos Estados e Municípios.

§ 2.º A eleição do Governador e do Vice-Governador, observadas as regras do art. 77, e dos Deputados Distritais coincidirá com a dos Governadores e Deputados Estaduais, para mandato de igual duração.

§ 3.º Aos Deputados Distritais e à Câmara Legislativa aplica-se o disposto no art. 27.

§ 4.º Lei federal disporá sobre a utilização, pelo Governo do Distrito Federal, da polícia civil, da polícia penal, da polícia militar e do corpo de bombeiros militar.

•• § 4.º acrescentado pela Emenda Constitucional n. 104, de 4-12-2019.

Seção II
Dos Territórios

Art. 33. A lei disporá sobre a organização administrativa e judiciária dos Territórios.

§ 1.º Os Territórios poderão ser divididos em Municípios, aos quais se aplicará, no que couber, o disposto no Capítulo IV deste Título.

§ 2.º As contas do Governo do Território serão submetidas ao Congresso Nacional, com parecer prévio do Tribunal de Contas da União.

§ 3.º Nos Territórios Federais com mais de cem mil habitantes, além do Governador nomeado na forma desta Constituição, haverá órgãos judiciários de primeira e segunda instância, membros do Ministério Público e defensores públicos federais; a lei disporá sobre as eleições para a Câmara Territorial e sua competência deliberativa.

Capítulo VI
DA INTERVENÇÃO

Art. 34. A União não intervirá nos Estados nem no Distrito Federal, exceto para:

I – manter a integridade nacional;

II – repelir invasão estrangeira ou de uma unidade da Federação em outra;

III – pôr termo a grave comprometimento da ordem pública;

IV – garantir o livre exercício de qualquer dos Poderes nas unidades da Federação;

V – reorganizar as finanças da unidade da Federação que:

a) suspender o pagamento da dívida fundada por mais de dois anos consecutivos, salvo motivo de força maior;

b) deixar de entregar aos Municípios receitas tributárias fixadas nesta Constituição, dentro dos prazos estabelecidos em lei;

VI – prover a execução de lei federal, ordem ou decisão judicial;

VII – assegurar a observância dos seguintes princípios constitucionais:

a) forma republicana, sistema representativo e regime democrático;

b) direitos da pessoa humana;

c) autonomia municipal;

d) prestação de contas da administração pública, direta e indireta;

e) aplicação do mínimo exigido da receita resultante de impostos estaduais, compreendida a proveniente de transferências, na manutenção e desenvolvimento do ensino e nas ações e serviços públicos de saúde.

•• Alínea e com redação determinada pela Emenda Constitucional n. 29, de 13-9-2000.
• Vide art. 212 da CF.

Art. 35. O Estado não intervirá em seus Municípios, nem a União nos Municípios localizados em Território Federal, exceto quando:

I – deixar de ser paga, sem motivo de força maior, por dois consecutivos, a dívida fundada;

II – não forem prestadas contas devidas, na forma da lei;

III – não tiver sido aplicado o mínimo exigido da receita municipal na manutenção e desenvolvimento do ensino e nas ações e serviços públicos de saúde;

•• Inciso III com redação determinada pela Emenda Constitucional n. 29, de 13-9-2000.
• Vide art. 212 da CF.

IV – o Tribunal de Justiça der provimento a representação para assegurar a observância de princípios indicados na Constituição Estadual, ou para prover a execução de lei, de ordem ou de decisão judicial.

Art. 36. A decretação da intervenção dependerá:

I – no caso do art. 34, IV, de solicitação do Poder Legislativo ou do Poder Executivo coacto ou impedido, ou de requisição do Supremo Tribunal Federal, se a coação for exercida contra o Poder Judiciário;

II – no caso de desobediência a ordem ou decisão judiciária, de requisição do Supremo Tribunal Federal, do Superior Tribunal de Justiça ou do Tribunal Superior Eleitoral;

III – de provimento, pelo Supremo Tribunal Federal, de representação do Procurador-Geral da República, na hipótese do art. 34, VII, e no caso de recusa à execução de lei federal;

•• Inciso III com redação determinada pela Emenda Constitucional n. 45, de 8-12-2004.
•• Inciso III regulamentado pela Lei n. 12.562, de 23-12-2011.

IV – *(Revogado pela Emenda Constitucional n. 45, de 8-12-2004.)*

§ 1.º O decreto de intervenção, que especificará a amplitude, o prazo e as condições de execução e que, se couber, nomeará o interventor, será submetido à apreciação do Congresso Nacional ou da Assembleia Legislativa do Estado, no prazo de vinte e quatro horas.

§ 2.º Se não estiver funcionando o Congresso Nacional ou a Assembleia Legislativa, far-se-á convocação extraordinária, no mesmo prazo de vinte e quatro horas.

§ 3.º Nos casos do art. 34, VI e VII, ou do art. 35, IV, dispensada a apreciação pelo Congresso Nacional ou pela Assembleia Legislativa, o decreto limitar-se-á a suspender a execução do ato impugnado, se essa medida bastar ao restabelecimento da normalidade.

§ 4.º Cessados os motivos da intervenção, as autoridades afastadas de seus cargos a estes voltarão, salvo impedimento legal.

Capítulo VII
DA ADMINISTRAÇÃO PÚBLICA

• Regime jurídico dos servidores públicos civis da União, das Autarquias e das Fundações Públicas Federais: Lei n. 8.112, de 11-12-1990.
• A Lei n. 9.784, de 29-1-1999, regula o processo administrativo no âmbito da Administração Pública Federal.

Seção I
Disposições Gerais

Art. 37. A administração pública direta e indireta de qualquer dos Poderes da União, dos Estados, do Distrito Federal e dos Municípios obedecerá aos princípios de legalidade, impessoalidade, moralidade, pu-

blicidade e eficiência e, também, ao seguinte:
- •• *Caput* com redação determinada pela Emenda Constitucional n. 19, de 4-6-1998.
- • *Vide* Súmula Vinculante 13 do STF.

I – os cargos, empregos e funções públicas são acessíveis aos brasileiros que preencham os requisitos estabelecidos em lei, assim como aos estrangeiros, na forma da lei;
- •• Inciso I com redação determinada pela Emenda Constitucional n. 19, de 4-6-1998.
- • *Vide* Súmula Vinculante 44 do STF.
- • A Lei n. 8.730, de 10-11-1993, estabelece a obrigatoriedade da declaração de bens e rendas para o exercício de cargos, empregos e funções nos Poderes Executivo, Legislativo e Judiciário.

II – a investidura em cargo ou emprego público depende de aprovação prévia em concurso público de provas ou de provas e títulos, de acordo com a natureza e a complexidade do cargo ou emprego, na forma prevista em lei, ressalvadas as nomeações para cargo em comissão declarado em lei de livre nomeação e exoneração;
- •• Inciso II com redação determinada pela Emenda Constitucional n. 19, de 4-6-1998.
- •• O Decreto n. 9.739, de 28-3-2019, estabelece normas sobre concursos públicos.
- •• A Lei n. 14.965, de 9-9-2024, dispõe sobre as normas gerais relativas a concursos públicos.
- • *Vide* Súmula Vinculante 43 do STF.

III – o prazo de validade do concurso público será de até dois anos, prorrogável uma vez, por igual período;
- • Disposição igual na Lei n. 8.112, de 11-12-1990, art. 12.

IV – durante o prazo improrrogável previsto no edital de convocação, aquele aprovado em concurso público de provas ou de provas e títulos será convocado com prioridade sobre novos concursados para assumir cargo ou emprego, na carreira;

V – as funções de confiança, exercidas exclusivamente por servidores ocupantes de cargo efetivo, e os cargos em comissão, a serem preenchidos por servidores de carreira nos casos, condições e percentuais mínimos previstos em lei, destinam-se apenas às atribuições de direção, chefia e assessoramento;
- •• Inciso V com redação determinada pela Emenda Constitucional n. 19, de 4-6-1998.
- • O Decreto n. 10.571, de 9-12-2020, dispõe sobre a apresentação e a análise das declarações de bens e de situações que possam gerar conflito de interesses por agentes públicos civis da administração pública federal.

VI – é garantido ao servidor público civil o direito à livre associação sindical;

VII – o direito de greve será exercido nos termos e nos limites definidos em lei específica;
- •• Inciso VII com redação determinada pela Emenda Constitucional n. 19, de 4-6-1998.
- • Paralisações dos serviços públicos federais: Decreto n. 1.480, de 3-5-1995.
- • Indenização por interrupção da prestação de serviços públicos em razão de greve: Instrução Normativa n. 1, de 19-7-1996, da AGU.
- • Medidas para a continuidade dos serviços públicos durante greves: Decreto n. 7.777, de 24-7-2012.

VIII – a lei reservará percentual dos cargos e empregos públicos para as pessoas portadoras de deficiência e definirá os critérios de sua admissão;

IX – a lei estabelecerá os casos de contratação por tempo determinado para atender a necessidade temporária de excepcional interesse público;
- •• *Vide* art. 2.º, *caput*, da Emenda Constitucional n. 106, de 7-5-2020.
- • A Lei n. 8.745, de 9-12-1993, dispõe sobre a contratação por tempo determinado para atender à necessidade temporária de excepcional interesse público.

X – a remuneração dos servidores públicos e o subsídio de que trata o § 4.º do art. 39 somente poderão ser fixados ou alterados por lei específica, observada a iniciativa privativa em cada caso, assegurada revisão geral anual, sempre na mesma data e sem distinção de índices;
- •• Inciso X com redação determinada pela Emenda Constitucional n. 19, de 4-6-1998.
- •• A Lei n. 10.331, de 18-12-2001, regulamenta este inciso.
- •• *Vide* Súmulas Vinculantes 37 e 51 do STF.

XI – a remuneração e o subsídio dos ocupantes de cargos, funções e empregos públicos da administração direta, autárquica e fundacional, dos membros de qualquer dos Poderes da União, dos Estados, do Distrito Federal e dos Municípios, dos detentores de mandato eletivo e dos demais agentes políticos e os proventos, pensões ou outra espécie remuneratória, percebidos cumulativamente ou não, incluídas as vantagens pessoais ou de qualquer outra natureza, não poderão exceder o subsídio mensal, em espécie, dos Ministros do Supremo Tribunal Federal, aplicando-se como limite, nos Municípios, o subsídio do Prefeito, e nos Estados e no Distrito Federal, o subsídio mensal do Governador no âmbito do Poder Executivo, o subsídio dos Deputados Estaduais e Distritais no âmbito do Poder Legislativo e o subsídio dos Desembargadores do Tribunal de Justiça, limitado a noventa inteiros e vinte e cinco centésimos por cento do subsídio mensal, em espécie, dos Ministros do Supremo Tribunal Federal, no âmbito do Poder Judiciário, aplicável este limite aos membros do Ministério Público, aos Procuradores e aos Defensores Públicos;
- •• Inciso XI com redação determinada pela Emenda Constitucional n. 41, de 19-12-2003.
- •• O STF, nas ADIs 3.854 e 4.014, na sessão virtual de 27-11-2020 a 4-12-2020 (*DOU* de 8-1-2021), julgou procedente o pedido da ação para afastar "a submissão dos membros da magistratura estadual da regra do subteto remuneratório", de que trata este inciso.
- •• Inciso regulamentado pela Lei n. 8.448, de 21-7-1992.
- •• A Lei n. 8.852, de 4-2-1994, dispõe sobre a aplicação deste inciso.
- •• A Portaria n. 693, de 22-12-2015, define os parâmetros de conversão da retribuição no exterior em moeda nacional, para fins de verificação do limite remuneratório de que trata este inciso.
- •• A Portaria n. 4.975, de 29-4-2021, da Secretaria Especial de Desburocratização, Gestão e Governo Digital, dispõe sobre os procedimentos para a aplicação do limite remuneratório de que trata este inciso XI, sobre a remuneração, provento ou pensão percebidos cumulativamente por servidor, empregado ou militar, aposentado, inativo ou beneficiário de pensão e demais providências.
- •• A Lei n. 13.753, de 26-11-2018, dispõe sobre o subsídio do Procurador-Geral da República.
- • *Vide* art. 8.º da Emenda Constitucional n. 41, de 19-12-2003, que dispõe sobre a fixação do valor do subsídio de que trata este inciso.
- • *Vide* §§ 11 e 12 deste artigo e art. 4.º da Emenda Constitucional n. 47, de 5-7-2005.

XII – os vencimentos dos cargos do Poder Legislativo e do Poder Judiciário não poderão ser superiores aos pagos pelo Poder Executivo;
- •• A Lei n. 8.852, de 4-2-1994, dispõe sobre a aplicação deste inciso.

XIII – é vedada a vinculação ou equiparação de quaisquer espécies remuneratórias para o efeito de remuneração de pessoal do serviço público;
- •• Inciso XIII com redação determinada pela Emenda Constitucional n. 19, de 4-6-1998.
- • *Vide* Súmula Vinculante 42 do STF.

XIV – os acréscimos pecuniários percebidos por servidor público não serão computados nem acumulados para fim de concessão de acréscimos ulteriores;
- •• Inciso XIV com redação determinada pela Emenda Constitucional n. 19, de 4-6-1998.

XV – o subsídio e os vencimentos dos ocupantes de cargos e empregos públicos são irredutíveis, ressalvado o disposto nos incisos XI e XIV deste artigo e nos arts. 39, § 4.º, 150, II, 153, III, e 153, § 2.º, I;
- •• Inciso XV com redação determinada pela Emenda Constitucional n. 19, de 4-6-1998.

XVI – é vedada a acumulação remunerada de cargos públicos, exceto, quando houver compatibilidade de horários, observado em qualquer caso o disposto no inciso XI:
- •• Inciso XVI, *caput*, com redação determinada pela Emenda Constitucional n. 19, de 4-6-1998.

a) a de dois cargos de professor;
- •• Alínea *a* com redação determinada pela Emenda Constitucional n. 19, de 4-6-1998.

b) a de um cargo de professor com outro, técnico ou científico;
- •• Alínea *b* com redação determinada pela Emenda Constitucional n. 19, de 4-6-1998.

c) a de dois cargos ou empregos privativos de profissionais de saúde, com profissões regulamentadas;
- •• Alínea *c* com redação determinada pela Emenda Constitucional n. 34, de 13-12-2001.

XVII – a proibição de acumular estende-se a empregos e funções e abrange autarquias, fundações, empresas públicas, sociedades de economia mista, suas subsidiárias, e sociedades controladas, direta ou indiretamente, pelo poder público;
- •• Inciso XVII com redação determinada pela Emenda Constitucional n. 19, de 4-6-1998.

XVIII – a administração fazendária e seus servidores fiscais terão, dentro de suas áreas de competência e jurisdição, precedência sobre os demais setores administrativos, na forma da lei;

CF – Art. 37 – Organização do Estado

XIX – somente por lei específica poderá ser criada autarquia e autorizada a instituição de empresa pública, de sociedade de economia mista e de fundação, cabendo à lei complementar, neste último caso, definir as áreas de sua atuação;
•• Inciso XIX com redação determinada pela Emenda Constitucional n. 19, de 4-6-1998.

XX – depende de autorização legislativa, em cada caso, a criação de subsidiárias das entidades mencionadas no inciso anterior, assim como a participação de qualquer delas em empresa privada;
•• A Lei n. 13.303, de 30-6-2016, institui o Estatuto Jurídico das Empresas Públicas.

XXI – ressalvados os casos especificados na legislação, as obras, serviços, compras e alienações serão contratados mediante processo de licitação pública que assegure igualdade de condições a todos os concorrentes, com cláusulas que estabeleçam obrigações de pagamento, mantidas as condições efetivas da proposta, nos termos da lei, o qual somente permitirá as exigências de qualificação técnica e econômica indispensáveis à garantia do cumprimento das obrigações;
• Regulamento: Lei n. 14.333, de 1.º-4-2021.

XXII – as administrações tributárias da União, dos Estados, do Distrito Federal e dos Municípios, atividades essenciais ao funcionamento do Estado, exercidas por servidores de carreiras específicas, terão recursos prioritários para a realização de suas atividades e atuarão de forma integrada, inclusive com o compartilhamento de cadastros e de informações fiscais, na forma da lei ou convênio.
•• Inciso XXII acrescentado pela Emenda Constitucional n. 42, de 19-12-2003.

§ 1.º A publicidade dos atos, programas, obras, serviços e campanhas dos órgãos públicos deverá ter caráter educativo, informativo ou de orientação social, dela não podendo constar nomes, símbolos ou imagens que caracterizem promoção pessoal de autoridades ou servidores públicos.
• *Vide* art. 224 da CF.
• O Decreto n. 6.555, de 8-9-2008, dispõe sobre as ações de comunicação do Poder Executivo Federal.

§ 2.º A não observância do disposto nos incisos II e III implicará a nulidade do ato e a punição da autoridade responsável, nos termos da lei.

§ 3.º A lei disciplinará as formas de participação do usuário na administração pública direta e indireta, regulando especialmente:
•• § 3.º, *caput*, com redação determinada pela Emenda Constitucional n. 19, de 4-6-1998.

I – as reclamações relativas à prestação dos serviços públicos em geral, asseguradas a manutenção de serviço de atendimento ao usuário e a avaliação periódica, externa e interna, da qualidade dos serviços;
•• Inciso I acrescentado pela Emenda Constitucional n. 19, de 4-6-1998.

II – o acesso dos usuários a registros administrativos e a informações sobre atos de governo, observado o disposto no art. 5.º, X e XXXIII;
•• Inciso II acrescentado pela Emenda Constitucional n. 19, de 4-6-1998.
• A Lei n. 12.527, de 18-11-2011, regulamentada pelo Decreto n. 7.724, de 16-5-2012, regula o acesso a informações previsto neste inciso.
• O Decreto n. 8.777, de 11-5-2016, institui a Política de Dados Abertos do Poder Executivo federal.
• O Decreto n. 7.845, de 14-11-2012, regulamenta procedimentos para credenciamento de segurança e tratamento de informação classificada em qualquer grau de sigilo, e dispõe sobre o Núcleo de Segurança e Credenciamento.

III – a disciplina da representação contra o exercício negligente ou abusivo de cargo, emprego ou função na administração pública.
•• Inciso III acrescentado pela Emenda Constitucional n. 19, de 4-6-1998.

§ 4.º Os atos de improbidade administrativa importarão a suspensão dos direitos políticos, a perda da função pública, a indisponibilidade dos bens e o ressarcimento ao erário, na forma e gradação previstas em lei, sem prejuízo da ação penal cabível.
• Os arts. 312 e s. do CP dispõem sobre os crimes praticados por funcionário público contra a administração em geral.
• A Lei n. 8.026, de 12-4-1990, dispõe sobre a aplicação da pena de demissão a funcionário público.
• A Lei n. 8.027, de 12-4-1990, dispõe sobre normas de conduta dos servidores públicos civis da União, autarquias e fundações públicas.
• Improbidade administrativa: Lei n. 8.429, de 2-6-1992.
• O Decreto n. 4.410, de 7-10-2002, promulga a Convenção Interamericana contra a Corrupção.

§ 5.º A lei estabelecerá os prazos de prescrição para ilícitos praticados por qualquer agente, servidor ou não, que causem prejuízos ao erário, ressalvadas as respectivas ações de ressarcimento.

§ 6.º As pessoas jurídicas de direito público e as de direito privado prestadoras de serviços públicos responderão pelos danos que seus agentes, nessa qualidade, causarem a terceiros, assegurado o direito de regresso contra o responsável nos casos de dolo ou culpa.

§ 7.º A lei disporá sobre os requisitos e as restrições ao ocupante de cargo ou emprego da administração direta e indireta que possibilite o acesso a informações privilegiadas.
•• § 7.º acrescentado pela Emenda Constitucional n. 19, de 4-6-1998.

§ 8.º A autonomia gerencial, orçamentária e financeira dos órgãos e entidades da administração direta e indireta poderá ser ampliada mediante contrato, a ser firmado entre seus administradores e o poder público, que tenha por objeto a fixação de metas de desempenho para o órgão ou entidade, cabendo à lei dispor sobre:
•• § 8.º, *caput*, acrescentado pela Emenda Constitucional n. 19, de 4-6-1998.
• A Lei n. 13.934, de 11-12-2019, regulamenta o contrato referido no § 8.º do art. 37 da Constituição Federal, denominado "contrato de desempenho", no âmbito da administração pública federal direta de qualquer dos Poderes da União e das autarquias e fundações públicas federais.

I – o prazo de duração do contrato;
•• Inciso I acrescentado pela Emenda Constitucional n. 19, de 4-6-1998.

II – os controles e critérios de avaliação de desempenho, direitos, obrigações e responsabilidade dos dirigentes;
•• Inciso II acrescentado pela Emenda Constitucional n. 19, de 4-6-1998.

III – a remuneração do pessoal.
•• Inciso III acrescentado pela Emenda Constitucional n. 19, de 4-6-1998.

§ 9.º O disposto no inciso XI aplica-se às empresas públicas e às sociedades de economia mista, e suas subsidiárias, que receberem recursos da União, dos Estados, do Distrito Federal ou dos Municípios para pagamento de despesas de pessoal ou de custeio em geral.
•• § 9.º acrescentado pela Emenda Constitucional n. 19, de 4-6-1998.

§ 10. É vedada a percepção simultânea de proventos de aposentadoria decorrentes do art. 40 ou dos arts. 42 e 142 com a remuneração de cargo, emprego ou função pública, ressalvados os cargos acumuláveis na forma desta Constituição, os cargos eletivos e os cargos em comissão declarados em lei de livre nomeação e exoneração.
•• § 10 acrescentado pela Emenda Constitucional n. 20, de 15-12-1998.
• A Portaria n. 4.975, de 29-4-2021, da Secretaria Especial de Desburocratização, Gestão e Governo Digital, dispõe sobre os procedimentos para a aplicação do limite remuneratório de que trata este §10, sobre a remuneração, provento ou pensão percebidos cumulativamente por servidor, empregado ou militar, aposentado, inativo ou beneficiário de pensão e demais providências.
• *Vide* art. 11 da Emenda Constitucional n. 20, de 15-12-1998.

§ 11. Não serão computadas, para efeito dos limites remuneratórios de que trata o inciso XI do *caput* deste artigo, as parcelas de caráter indenizatório expressamente previstas em lei ordinária, aprovada pelo Congresso Nacional, de caráter nacional, aplicada a todos os Poderes e órgãos constitucionalmente autônomos.
•• § 11 com redação determinada pela Emenda Constitucional n. 135, de 20-12-2024.
•• *Vide* art. 3.º da Emenda Constitucional n. 135, de 20-12-2024.

§ 12. Para os fins do disposto no inciso XI do *caput* deste artigo, fica facultado aos Estados e ao Distrito Federal fixar, em seu âmbito, mediante emenda às respectivas Constituições e Lei Orgânica, como limite único, o subsídio mensal dos Desembargadores do respectivo Tribunal de Justiça, limitado a noventa inteiros e vinte e cinco centésimos por cento do subsídio mensal dos Ministros do Supremo Tribunal Federal, não se aplicando o disposto neste parágrafo aos subsídios dos Deputados Estaduais e Distritais e dos Vereadores.
•• § 12 acrescentado pela Emenda Constitucional n. 47, de 5-7-2005, em vigor na data de sua publicação, com efeitos retroativos à data de vigência da Emenda Constitucional n. 41, de 19-12-2003.
•• O STF, nas ADIs 3.854 e 4.014, na sessão virtual de 27-11-2020 a 4-12-2020 (*DOU* de 8-1-2021), julgou procedente o pedido da ação para afastar

"a submissão dos membros da magistratura estadual da regra do subteto remuneratório", de que trata este § 12.

§ 13. O servidor público titular de cargo efetivo poderá ser readaptado para exercício de cargo cujas atribuições e responsabilidades sejam compatíveis com a limitação que tenha sofrido em sua capacidade física ou mental, enquanto permanecer nesta condição, desde que possua a habilitação e o nível de escolaridade exigidos para o cargo de destino, mantida a remuneração do cargo de origem.

•• § 13 acrescentado pela Emenda Constitucional n. 103, de 12-11-2019.

§ 14. A aposentadoria concedida com a utilização de tempo de contribuição decorrente de cargo, emprego ou função pública, inclusive do Regime Geral de Previdência Social, acarretará o rompimento do vínculo que gerou o referido tempo de contribuição.

•• § 14 acrescentado pela Emenda Constitucional n. 103, de 12-11-2019.
•• Vide art. 6.º da Emenda Constitucional n. 103, de 12-11-2019.

§ 15. É vedada a complementação de aposentadorias de servidores públicos e de pensões por morte a seus dependentes que não seja decorrente do disposto nos §§ 14 a 16 do art. 40 ou que não seja prevista em lei que extinga regime próprio de previdência social.

•• § 15 acrescentado pela Emenda Constitucional n. 103, de 12-11-2019.
•• Vide art. 7.º da Emenda Constitucional n. 103, de 12-11-2019.

§ 16. Os órgãos e entidades da administração pública, individual ou conjuntamente, devem realizar avaliação das políticas públicas, inclusive com divulgação do objeto a ser avaliado e dos resultados alcançados, na forma da lei.

•• § 16 acrescentado pela Emenda Constitucional n. 109, de 15-3-2021.
•• A Emenda Constitucional n. 132, de 20-12-2023, a partir de 2027, acrescenta a este artigo os §§ 17 e 18: "§ 17. Lei complementar estabelecerá normas gerais aplicáveis às administrações tributárias da União, dos Estados, do Distrito Federal e dos Municípios, dispondo sobre deveres, direitos e garantias dos servidores das carreiras de que trata o inciso XXII do *caput*". "§ 18. Para os fins do disposto no inciso XI do *caput* deste artigo, os servidores de carreira das administrações tributárias dos Estados, do Distrito Federal e dos Municípios sujeitam-se ao limite aplicável aos servidores da União".

Art. 38. Ao servidor público da administração direta, autárquica e fundacional, no exercício de mandato eletivo, aplicam-se as seguintes disposições:

•• Caput com redação determinada pela Emenda Constitucional n. 19, de 4-6-1998.

I – tratando-se de mandato eletivo federal, estadual ou distrital, ficará afastado de seu cargo, emprego ou função;

II – investido no mandato de Prefeito, será afastado do cargo, emprego ou função, sendo-lhe facultado optar pela sua remuneração;

III – investido no mandato de Vereador, havendo compatibilidade de horários, perceberá as vantagens de seu cargo, emprego ou função, sem prejuízo da remuneração do cargo eletivo, e, não havendo compatibilidade, será aplicada a norma do inciso anterior;

IV – em qualquer caso que exija o afastamento para o exercício de mandato eletivo, seu tempo de serviço será contado para todos os efeitos legais, exceto para promoção por merecimento;

V – na hipótese de ser segurado de regime próprio de previdência social, permanecerá filiado a esse regime, no ente federativo de origem.

•• Inciso V com redação determinada pela Emenda Constitucional n. 103, de 12-11-2019.

Seção II
Dos Servidores Públicos

•• Seção II com denominação determinada pela Emenda Constitucional n. 18, de 5-2-1998.
• Regime jurídico dos servidores públicos civis da União, das Autarquias e das Fundações Públicas Federais: Lei n. 8.112, de 11-12-1990.
• A Lei n. 8.026, de 12-4-1990, dispõe sobre a aplicação de pena de demissão a funcionário público.
• A Lei n. 8.027, de 12-4-1990, dispõe sobre normas de conduta dos servidores públicos civis da União, das Autarquias e das Fundações Públicas.

Art. 39. A União, os Estados, o Distrito Federal e os Municípios instituirão conselho de política de administração e remuneração de pessoal, integrado por servidores designados pelos respectivos Poderes.

•• Caput com redação determinada pela Emenda Constitucional n. 19, de 4-6-1998.
•• O STF, no plenário de 6-11-2024, por maioria, julgou improcedente o pedido formulado na ADI n. 2.135 (DOU de 14-8-2007), e, "tendo em vista o largo lapso temporal desde o deferimento da medida cautelar nestes autos, atribuiu eficácia *ex nunc* à presente decisão, esclarecendo, ainda, ser vedada a transmudação de regime dos atuais servidores, como medida de evitar tumultos administrativos e previdenciários".

§ 1.º A fixação dos padrões de vencimento e dos demais componentes do sistema remuneratório observará:

•• § 1.º, *caput*, com redação determinada pela Emenda Constitucional n. 19, de 4-6-1998.
•• § 1.º regulamentado pela Lei n. 8.448, de 21-7-1992.
•• A Lei n. 8.852, de 4-2-1994, dispõe sobre a aplicação deste parágrafo.

I – a natureza, o grau de responsabilidade e a complexidade dos cargos componentes de cada carreira;

•• Inciso I acrescentado pela Emenda Constitucional n. 19, de 4-6-1998.

II – os requisitos para a investidura;

•• Inciso II acrescentado pela Emenda Constitucional n. 19, de 4-6-1998.

III – as peculiaridades dos cargos.

•• Inciso III acrescentado pela Emenda Constitucional n. 19, de 4-6-1998.

§ 2.º A União, os Estados e o Distrito Federal manterão escolas de governo para a formação e o aperfeiçoamento dos servidores públicos, constituindo-se a participação nos cursos um dos requisitos para a promoção na carreira, facultada, para isso, a celebração de convênios ou contratos entre os entes federados.

•• § 2.º com redação determinada pela Emenda Constitucional n. 19, de 4-6-1998.

§ 3.º Aplica-se aos servidores ocupantes de cargo público o disposto no art. 7.º, IV, VII, VIII, IX, XII, XIII, XV, XVI, XVII, XVIII, XIX, XX, XXII e XXX, podendo a lei estabelecer requisitos diferenciados de admissão quando a natureza do cargo o exigir.

• § 3.º acrescentado pela Emenda Constitucional n. 19, de 4-6-1998.
• Vide Súmula Vinculante 16.

§ 4.º O membro de Poder, o detentor de mandato eletivo, os Ministros de Estado e os Secretários Estaduais e Municipais serão remunerados exclusivamente por subsídio fixado em parcela única, vedado o acréscimo de qualquer gratificação, adicional, abono, prêmio, verba de representação ou outra espécie remuneratória, obedecido, em qualquer caso, o disposto no art. 37, X e XI.

•• § 4.º acrescentado pela Emenda Constitucional n. 19, de 4-6-1998.
• A Lei n. 13.753, de 26-11-2018, dispõe sobre o subsídio do Procurador-Geral da República.

§ 5.º Lei da União, dos Estados, do Distrito Federal e dos Municípios poderá estabelecer a relação entre a maior e a menor remuneração dos servidores públicos, obedecido, em qualquer caso, o disposto no art. 37, XI.

•• § 5.º acrescentado pela Emenda Constitucional n. 19, de 4-6-1998.

§ 6.º Os Poderes Executivo, Legislativo e Judiciário publicarão anualmente os valores do subsídio e da remuneração dos cargos e empregos públicos.

•• § 6.º acrescentado pela Emenda Constitucional n. 19, de 4-6-1998.

§ 7.º Lei da União, dos Estados, do Distrito Federal e dos Municípios disciplinará a aplicação de recursos orçamentários provenientes da economia com despesas correntes em cada órgão, autarquia e fundação, para aplicação no desenvolvimento de programas de qualidade e produtividade, treinamento e desenvolvimento, modernização, reaparelhamento e racionalização do serviço público, inclusive sob a forma de adicional ou prêmio de produtividade.

•• § 7.º acrescentado pela Emenda Constitucional n. 19, de 4-6-1998.

§ 8.º A remuneração dos servidores públicos organizados em carreira poderá ser fixada nos termos do § 4.º.

•• § 8.º acrescentado pela Emenda Constitucional n. 19, de 4-6-1998.

§ 9.º É vedada a incorporação de vantagens de caráter temporário ou vinculadas ao exercício de função de confiança ou de cargo em comissão à remuneração do cargo efetivo.

•• § 9.º acrescentado pela Emenda Constitucional n. 103, de 12-11-2019.
• Vide art. 13 da Emenda Constitucional n. 103, de 12-11-2019.

Art. 40. O regime próprio de previdência social dos servidores titulares de cargos efetivos terá caráter contributivo e solidário, mediante contribuição do respectivo ente federativo, de servidores ativos, de aposentados e de pensionistas, observados critérios que preservem o equilíbrio financeiro e atuarial.

CF – Art. 40 – Organização do Estado

•• *Caput* com redação determinada pela Emenda Constitucional n. 103, de 12-11-2019.
•• *Vide* arts. 4.º, 10, 20 e 21 da Emenda Constitucional n. 103, de 12-11-2019.
• *Vide* art. 3.º da Emenda Constitucional n. 47, de 5-7-2005.

§ 1.º O servidor abrangido por regime próprio de previdência social será aposentado:
•• § 1.º, *caput*, com redação determinada pela Emenda Constitucional n. 103, de 12-11-2019.

I – por incapacidade permanente para o trabalho, no cargo em que estiver investido, quando insuscetível de readaptação, hipótese em que será obrigatória a realização de avaliações periódicas para verificação da continuidade das condições que ensejaram a concessão da aposentadoria, na forma de lei do respectivo ente federativo;
•• Inciso I com redação determinada pela Emenda Constitucional n. 103, de 12-11-2019.
• *Vide* art. 6.º-A da Emenda Constitucional n. 41, de 19-12-2003.

II – compulsoriamente, com proventos proporcionais ao tempo de contribuição, aos 70 (setenta) anos de idade, ou aos 75 (setenta e cinco) anos de idade, na forma de lei complementar;
•• Inciso II com redação determinada pela Emenda Constitucional n. 88, de 7-5-2015.
•• *Vide* art. 100 do ADCT.
•• A Lei Complementar n. 152, de 3-12-2015, dispõe sobre a aposentadoria compulsória por idade, com proventos proporcionais nos termos deste inciso.

III – no âmbito da União, aos 62 (sessenta e dois) anos de idade, se mulher, e aos 65 (sessenta e cinco) anos de idade, se homem, e, no âmbito dos Estados, do Distrito Federal e dos Municípios, na idade mínima estabelecida mediante emenda às respectivas Constituições e Leis Orgânicas, observados o tempo de contribuição e os demais requisitos estabelecidos em lei complementar do respectivo ente federativo.
•• Inciso III com redação determinada pela Emenda Constitucional n. 103, de 12-11-2019.
•• Havia aqui alíneas *a* e *b*, que diziam:
"a) sessenta anos de idade e trinta e cinco de contribuição, se homem, e cinquenta e cinco anos de idade e trinta de contribuição, se mulher;
•• Alínea *a* acrescentada pela Emenda Constitucional n. 20, de 15-12-1998.
b) sessenta e cinco anos de idade, se homem, e sessenta anos de idade, se mulher, com proventos proporcionais ao tempo de contribuição.
•• Alínea *b* acrescentada pela Emenda Constitucional n. 20, de 15-12-1998".
•• *Vide* art. 3.º, § 3.º, da Emenda Constitucional n. 103, de 12-11-2019.
• *Vide* art. 2.º da Emenda Constitucional n. 41, de 19-12-2003.

§ 2.º Os proventos de aposentadoria não poderão ser inferiores ao valor mínimo a que se refere o § 2.º do art. 201 ou superiores ao limite máximo estabelecido para o Regime Geral de Previdência Social, observado o disposto nos §§ 14 a 16.
•• § 2.º com redação determinada pela Emenda Constitucional n. 103, de 12-11-2019.

§ 3.º As regras para cálculo de proventos de aposentadoria serão disciplinadas em lei do respectivo ente federativo.
•• § 3.º com redação determinada pela Emenda Constitucional n. 103, de 12-11-2019.
•• A Lei n. 10.887, de 18-6-2004, dispõe sobre o cálculo dos proventos de aposentadoria dos servidores titulares de cargo efetivo de qualquer dos poderes, previsto neste parágrafo.

§ 4.º É vedada a adoção de requisitos ou critérios diferenciados para concessão de benefícios em regime próprio de previdência social, ressalvado o disposto nos §§ 4.º-A, 4.º-B, 4.º-C e 5.º.
•• § 4.º com redação determinada pela Emenda Constitucional n. 103, de 12-11-2019.
• *Vide* Súmula Vinculante 55.
• *Vide* Súmula 680 do STF.

§ 4.º-A. Poderão ser estabelecidos por lei complementar do respectivo ente federativo idade e tempo de contribuição diferenciados para aposentadoria de servidores com deficiência, previamente submetidos a avaliação biopsicossocial realizada por equipe multiprofissional e interdisciplinar.
•• § 4.º-A acrescentado pela Emenda Constitucional n. 103, de 12-11-2019.
•• *Vide* arts. 4.º, §§ 9.º e 10, 22 da Emenda Constitucional n. 103, de 12-11-2019.

§ 4.º-B. Poderão ser estabelecidos por lei complementar do respectivo ente federativo idade e tempo de contribuição diferenciados para aposentadoria de ocupantes do cargo de agente penitenciário, de agente socioeducativo ou de policial dos órgãos de que tratam o inciso IV do *caput* do art. 51, o inciso XIII do *caput* do art. 52 e os incisos I a IV do *caput* do art. 144.
•• § 4.º-B acrescentado pela Emenda Constitucional n. 103, de 12-11-2019.
•• *Vide* arts. 4.º, §§ 9.º e 10, 10, §§ 2.º e 3.º, e 22 da Emenda Constitucional n. 103, de 12-11-2019.

§ 4.º-C. Poderão ser estabelecidos por lei complementar do respectivo ente federativo idade e tempo de contribuição diferenciados para aposentadoria de servidores cujas atividades sejam exercidas com efetiva exposição a agentes químicos, físicos e biológicos prejudiciais à saúde, ou associação desses agentes, vedada a caracterização por categoria profissional ou ocupação.
•• § 4.º-C acrescentado pela Emenda Constitucional n. 103, de 12-11-2019.
•• *Vide* art. 4.º, §§ 9.º e 10, da Emenda Constitucional n. 103, de 12-11-2019.

§ 5.º Os ocupantes do cargo de professor terão idade mínima reduzida em 5 (cinco) anos em relação às idades decorrentes da aplicação do disposto no inciso III do § 1.º, desde que comprovem tempo de efetivo exercício das funções de magistério na educação infantil e no ensino fundamental e médio fixado em lei complementar do respectivo ente federativo.
•• § 5.º com redação determinada pela Emenda Constitucional n. 103, de 12-11-2019.
•• *Vide* arts. 10, § 2.º, III, e 15, § 3.º, da Emenda Constitucional n. 103, de 12-11-2019.

§ 6.º Ressalvadas as aposentadorias decorrentes dos cargos acumuláveis na forma desta Constituição, é vedada a percepção de mais de uma aposentadoria à conta de regime próprio de previdência social, aplicando-se outras vedações, regras e condições para a acumulação de benefícios previdenciários estabelecidas no Regime Geral de Previdência Social.
•• § 6.º com redação determinada pela Emenda Constitucional n. 103, de 12-11-2019.

§ 7.º Observado o disposto no § 2.º do art. 201, quando se tratar da única fonte de renda formal auferida pelo dependente, o benefício de pensão por morte será concedido nos termos de lei do respectivo ente federativo, a qual tratará de forma diferenciada a hipótese de morte dos servidores de que trata o § 4.º-B decorrente de agressão sofrida no exercício ou em razão da função.
•• § 7.º com redação determinada pela Emenda Constitucional n. 103, de 12-11-2019.
•• *Vide* arts. 23 e 24 da Emenda Constitucional n. 103, de 12-11-2019.

§ 8.º É assegurado o reajustamento dos benefícios para preservar-lhes, em caráter permanente, o valor real, conforme critérios estabelecidos em lei.
•• § 8.º com redação determinada pela Emenda Constitucional n. 41, de 19-12-2003.
• *Vide* Súmula Vinculante 20 do STF.

§ 9.º O tempo de contribuição federal, estadual, distrital ou municipal será contado para fins de aposentadoria, observado o disposto nos §§ 9.º e 9.º-A do art. 201, e o tempo de serviço correspondente será contado para fins de disponibilidade.
•• § 9.º com redação determinada pela Emenda Constitucional n. 103, de 12-11-2019.

§ 10. A lei não poderá estabelecer qualquer forma de contagem de tempo de contribuição fictício.
•• § 10 acrescentado pela Emenda Constitucional n. 20, de 15-12-1998.
• *Vide* art. 4.º da Emenda Constitucional n. 20, de 15-12-1998.

§ 11. Aplica-se o limite fixado no art. 37, XI, à soma total dos proventos de inatividade, inclusive quando decorrentes da acumulação de cargos ou empregos públicos, bem como de outras atividades sujeitas a contribuição para o regime geral de previdência social, e ao montante resultante da adição de proventos de inatividade com remuneração de cargo acumulável na forma desta Constituição, cargo em comissão declarado em lei de livre nomeação e exoneração, e de cargo eletivo.
•• § 11 acrescentado pela Emenda Constitucional n. 20, de 15-12-1998.

§ 12. Além do disposto neste artigo, serão observados, em regime próprio de previdência social, no que couber, os requisitos e critérios fixados para o Regime Geral de Previdência Social.
•• § 12 com redação determinada pela Emenda Constitucional n. 103, de 12-11-2019.

§ 13. Aplica-se ao agente público ocupante, exclusivamente, de cargo em comissão

declarado em lei de livre nomeação e exoneração, de outro cargo temporário, inclusive mandato eletivo, ou de emprego público, o Regime Geral de Previdência Social.
•• § 13 com redação determinada pela Emenda Constitucional n. 103, de 12-11-2019.

§ 14. A União, os Estados, o Distrito Federal e os Municípios instituirão, por lei de iniciativa do respectivo Poder Executivo, regime de previdência complementar para servidores públicos ocupantes de cargo efetivo, observado o limite máximo dos benefícios do Regime Geral de Previdência Social para o valor das aposentadorias e das pensões em regime próprio de previdência social, ressalvado o disposto no § 16.
•• § 14 com redação determinada pela Emenda Constitucional n. 103, de 12-11-2019.
•• *Vide* art. 9.º, § 6.º da Emenda Constitucional n. 103, de 12-11-2019.
• Previdência Complementar: Leis Complementares n. 108, de 29-5-2001, e 109, de 29-5-20001.
•• A Lei n. 12.618, de 30-4-2012, institui o regime de previdência complementar para os servidores públicos federais titulares de cargo efeito a que se refere este parágrafo.

§ 15. O regime de previdência complementar de que trata o § 14 oferecerá plano de benefícios somente na modalidade contribuição definida, observará o disposto no art. 202 e será efetivado por intermédio de entidade fechada de previdência complementar ou de entidade aberta de previdência complementar.
•• § 15 com redação determinada pela Emenda Constitucional n. 103, de 12-11-2019.
•• *Vide* art. 9.º, § 6.º da Emenda Constitucional n. 103, de 12-11-2019.
•• A Lei n. 12.818, de 30-4-2012, institui o regime de previdência complementar para os servidores públicos federais titulares de cargo efetivo a que se refere este parágrafo.

§ 16. Somente mediante sua prévia e expressa opção, o disposto nos §§ 14 e 15 poderá ser aplicado ao servidor que tiver ingressado no serviço público até a data da publicação do ato de instituição do correspondente regime de previdência complementar.
•• § 16 acrescentado pela Emenda Constitucional n. 20, de 15-12-1998.
•• A Lei n. 12.618, de 30-4-2012, institui o regime de previdência complementar para os servidores públicos federais titulares de cargo efetivo a que se refere este parágrafo.
•• *Vide* art. 4.º, § 6.º, da Emenda Constitucional n. 103, de 12-11-2019.

§ 17. Todos os valores de remuneração considerados para o cálculo do benefício previsto no § 3.º serão devidamente atualizados, na forma da lei.
•• § 17 acrescentado pela Emenda Constitucional n. 41, de 19-12-2003.
• *Vide* art. 2.º da Emenda Constitucional n. 41, de 19-12-2003.

§ 18. Incidirá contribuição sobre os proventos de aposentadorias e pensões concedidas pelo regime de que trata este artigo que superem o limite máximo estabelecido para os benefícios do regime geral de previdência social de que trata o art. 201, com percentual igual ao estabelecido para os servidores titulares de cargos efetivos.
•• § 18 acrescentado pela Emenda Constitucional n. 41, de 19-12-2003.

§ 19. Observados critérios a serem estabelecidos em lei do respectivo ente federativo, o servidor titular de cargo efetivo que tenha completado as exigências para a aposentadoria voluntária e que opte por permanecer em atividade poderá fazer jus a um abono de permanência equivalente, no máximo, ao valor da sua contribuição previdenciária, até completar a idade para aposentadoria compulsória.
•• § 19 com redação determinada pela Emenda Constitucional n. 103, de 12-11-2019.
•• *Vide* arts. 9.º, § 6.º, e 10, § 5.º, da Emenda Constitucional n. 103, de 12-11-2019.

§ 20. É vedada a existência de mais de um regime próprio de previdência social e de mais de um órgão ou entidade gestora desse regime em cada ente federativo, abrangidos todos os poderes, órgãos e entidades autárquicas e fundacionais, que serão responsáveis pelo seu financiamento, observados os critérios, os parâmetros e a natureza jurídica definidos na lei complementar de que trata o § 22.
•• § 20 com redação determinada pela Emenda Constitucional n. 103, de 12-11-2019.
•• *Vide* arts. 3.º, § 3.º e 8.º da Emenda Constitucional n. 103, de 12-11-2019.

§ 21. (*Revogado pela Emenda Constitucional n. 103, de 12-11-2019.*)
• Sobre o prazo de vigência desta revogação, vide art. 36, II, da Emenda Constitucional n. 103, de 12-11-2019.
•• O texto revogado dizia:
"§ 21. A contribuição prevista no § 18 deste artigo incidirá apenas sobre as parcelas de proventos de aposentadoria e de pensão que superem o dobro do limite máximo estabelecido para os benefícios do regime geral de previdência social de que trata o art. 201 desta Constituição, quando o beneficiário, na forma da lei, for portador de doença incapacitante.
•• § 21 acrescentado pela Emenda Constitucional n. 47, de 5-7-2005, em vigor na data de sua publicação, com efeitos retroativos à data de vigência da Emenda Constitucional n. 41, de 19-12-2003 (*DOU* de 31-12-2003)".

§ 22. Vedada a instituição de novos regimes próprios de previdência social, lei complementar federal estabelecerá, para os que já existam, normas gerais de organização, de funcionamento e de responsabilidade em sua gestão, dispondo, entre outros aspectos, sobre:
•• § 22, *caput*, acrescentado pela Emenda Constitucional n. 103, de 12-11-2019.
•• *Vide* art. 9.º da Emenda Constitucional n. 103, de 12-11-2019.

I – requisitos para sua extinção e consequente migração para o Regime Geral de Previdência Social;
•• Inciso I acrescentado pela Emenda Constitucional n. 103, de 12-11-2019.

II – modelo de arrecadação, de aplicação e de utilização dos recursos;
•• Inciso II acrescentado pela Emenda Constitucional n. 103, de 12-11-2019.

III – fiscalização pela União e controle externo e social;
•• Inciso III acrescentado pela Emenda Constitucional n. 103, de 12-11-2019.

IV – definição de equilíbrio financeiro e atuarial;
•• Inciso IV acrescentado pela Emenda Constitucional n. 103, de 12-11-2019.

V – condições para instituição do fundo com finalidade previdenciária de que trata o art. 249 e para vinculação a ele dos recursos provenientes de contribuições e dos bens, direitos e ativos de qualquer natureza;
•• Inciso V acrescentado pela Emenda Constitucional n. 103, de 12-11-2019.

VI – mecanismos de equacionamento do déficit atuarial;
•• Inciso VI acrescentado pela Emenda Constitucional n. 103, de 12-11-2019.

VII – estruturação do órgão ou entidade gestora do regime, observados os princípios relacionados com governança, controle interno e transparência;
•• Inciso VII acrescentado pela Emenda Constitucional n. 103, de 12-11-2019.

VIII – condições e hipóteses para responsabilização daqueles que desempenhem atribuições relacionadas, direta ou indiretamente, com a gestão do regime;
•• Inciso VIII acrescentado pela Emenda Constitucional n. 103, de 12-11-2019.

IX – condições para adesão a consórcio público;
•• Inciso IX acrescentado pela Emenda Constitucional n. 103, de 12-11-2019.

X – parâmetros para apuração da base de cálculo e definição de alíquota de contribuições ordinárias e extraordinárias.
•• Inciso X acrescentado pela Emenda Constitucional n. 103, de 12-11-2019.

Art. 41. São estáveis após 3 (três) anos de efetivo exercício os servidores nomeados para cargo de provimento efetivo em virtude de concurso público.
•• *Caput* com redação determinada pela Emenda Constitucional n. 19, de 4-6-1998.

§ 1.º O servidor público estável só perderá o cargo:
•• § 1.º, *caput*, com redação determinada pela Emenda Constitucional n. 19, de 4-6-1998.

I – em virtude de sentença judicial transitada em julgado;
•• Inciso I acrescentado pela Emenda Constitucional n. 19, de 4-6-1998.

II – mediante processo administrativo em que lhe seja assegurada ampla defesa;
•• Inciso II acrescentado pela Emenda Constitucional n. 19, de 4-6-1998.

III – mediante procedimento de avaliação periódica de desempenho, na forma de lei complementar, assegurada ampla defesa.
•• Inciso III acrescentado pela Emenda Constitucional n. 19, de 4-6-1998.
•• *Vide* arts. 198, § 6.º, e 247 da CF.

§ 2.º Invalidada por sentença judicial a demissão do servidor estável, será ele reintegrado, e o eventual ocupante da vaga, se estável, reconduzido ao cargo de origem, sem direito a indenização, aproveitado em outro car-

go ou posto em disponibilidade com remuneração proporcional ao tempo de serviço.
•• § 2.º com redação determinada pela Emenda Constitucional n. 19, de 4-6-1998.
§ 3.º Extinto o cargo ou declarada sua desnecessidade, o servidor estável ficará em disponibilidade, com remuneração proporcional ao tempo de serviço, até seu adequado aproveitamento em outro cargo.
•• § 3.º com redação determinada pela Emenda Constitucional n. 19, de 4-6-1998.
§ 4.º Como condição para a aquisição da estabilidade, é obrigatória a avaliação especial de desempenho por comissão instituída para essa finalidade.
•• § 4.º acrescentado pela Emenda Constitucional n. 19, de 4-6-1998.
• Vide art. 28 da Emenda Constitucional n. 19, de 4-6-1998.

Seção III
Dos Militares dos Estados, do Distrito Federal e dos Territórios
•• Seção III com denominação determinada pela Emenda Constitucional n. 18, de 5-2-1998.

Art. 42. Os membros das Polícias Militares e Corpos de Bombeiros Militares, instituições organizadas com base na hierarquia e disciplina, são militares dos Estados, do Distrito Federal e dos Territórios.
•• Caput com redação determinada pela Emenda Constitucional n. 18, de 5-2-1998.
• A Lei n. 14.751, de 12-12-2023, institui a Lei Orgânica Nacional das Polícias Militares e dos Corpos de Bombeiros Militares dos Estados, do Distrito Federal e dos Territórios.
• Vide art. 89 do ADCT.
•• Vide arts. 12, 24 e 26 da Emenda Constitucional n. 103, de 12-11-2019.

§ 1.º Aplicam-se aos militares dos Estados, do Distrito Federal e dos Territórios, além do que vier a ser fixado em lei, as disposições do art. 14, § 8.º; do art. 40, § 9.º; e do art. 142, §§ 2.º e 3.º, cabendo a lei estadual específica dispor sobre as matérias do art. 142, § 3.º, X, sendo as patentes dos oficiais conferidas pelos respectivos governadores.
•• § 1.º com redação determinada pela Emenda Constitucional n. 20, de 15-12-1998.

§ 2.º Aos pensionistas dos militares dos Estados, do Distrito Federal e dos Territórios aplica-se o que for fixado em lei específica do respectivo ente estatal.
•• § 2.º com redação determinada pela Emenda Constitucional n. 41, de 19-12-2003.

§ 3.º Aplica-se aos militares dos Estados, do Distrito Federal e dos Territórios o disposto no art. 37, inciso XVI, com prevalência da atividade militar.
•• § 3.º acrescentado pela Emenda Constitucional n. 101, de 3-7-2019.

Seção IV
Das Regiões

Art. 43. Para efeitos administrativos, a União poderá articular sua ação em um mesmo complexo geoeconômico e social, visando a seu desenvolvimento e à redução das desigualdades regionais.
§ 1.º Lei complementar disporá sobre:
I – as condições para integração de regiões em desenvolvimento;
II – a composição dos organismos regionais que executarão, na forma da lei, os planos regionais, integrantes dos planos nacionais de desenvolvimento econômico e social, aprovados juntamente com estes.
• A Lei Complementar n. 124, de 3-1-2007, institui a Superintendência do Desenvolvimento da Amazônia – SUDAM.
• A Lei Complementar n. 125, de 3-1-2007, institui a Superintendência do Desenvolvimento do Nordeste – SUDENE.
• A Lei Complementar n. 129, de 8-1-2009, institui, na forma deste artigo, a Superintendência do Desenvolvimento do Centro-Oeste – SUDECO, e estabelece sua missão institucional, natureza jurídica, objetivos, área de atuação e instrumentos de ação.
• A Lei Complementar n. 134, de 14-1-2010, dispõe sobre a composição do Conselho de Administração da Superintendência da Zona Franca de Manaus.
• O Decreto n. 12.129, de 2-8-2024, aprova o regulamento do Fundo de Desenvolvimento do Nordeste – FDNE.
• O Decreto n. 10.053, de 9-10-2019, aprova o regulamento do Fundo de Desenvolvimento da Amazônia – FDA.

§ 2.º Os incentivos regionais compreenderão, além de outros, na forma da lei:
I – igualdade de tarifas, fretes, seguros e outros itens de custos e preços de responsabilidade do Poder Público;
II – juros favorecidos para financiamento de atividades prioritárias;
III – isenções, reduções ou diferimento temporário de tributos federais devidos por pessoas físicas ou jurídicas;
IV – prioridade para o aproveitamento econômico e social dos rios e das massas de água represadas ou represáveis nas regiões de baixa renda, sujeitas a secas periódicas.
§ 3.º Nas áreas a que se refere o § 2.º, IV, a União incentivará a recuperação de terras áridas e cooperará com os pequenos e médios proprietários rurais para o estabelecimento, em suas glebas, de fontes de água e de pequena irrigação.
§ 4.º Sempre que possível, a concessão dos incentivos regionais a que se refere o § 2.º, III, considerará critérios de sustentabilidade ambiental e redução das emissões de carbono.
•• § 4.º acrescentado pela Emenda Constitucional n. 132, de 20-12-2023.

Título IV
DA ORGANIZAÇÃO DOS PODERES

Capítulo I
DO PODER LEGISLATIVO

Seção I
Do Congresso Nacional

Art. 44. O Poder Legislativo é exercido pelo Congresso Nacional, que se compõe da Câmara dos Deputados e do Senado Federal.
Parágrafo único. Cada legislatura terá a duração de quatro anos.
Art. 45. A Câmara dos Deputados compõe-se de representantes do povo, eleitos, pelo sistema proporcional, em cada Estado, em cada Território e no Distrito Federal.
§ 1.º O número total de deputados, bem como a representação por Estado e pelo Distrito Federal, será estabelecido por lei complementar, proporcionalmente à população, procedendo-se aos ajustes necessários, no ano anterior às eleições, para que nenhuma daquelas unidades da Federação tenha menos de oito ou mais de setenta Deputados.
•• O STF, na ADI por Omissão n. 38, na sessão virtual de 18-8-2023 a 25-8-2023 (DOU de 4-9-2023), por unanimidade, julgou procedente a presente ação direta, para declarar a mora do Congresso Nacional quanto à edição da Lei Complementar prevista na segunda parte deste § 1.º (revisão periódica da proporcionalidade na relação deputado/população), "fixando prazo até 30 de junho de 2025 para que seja sanada a omissão, pela redistribuição proporcional das cadeiras hoje existentes, e entendeu que, após esse prazo, e na hipótese de persistência da omissão inconstitucional, caberá ao Tribunal Superior Eleitoral determinar, até 1.º de outubro de 2025, o número de deputados federais de cada Estado e do Distrito Federal para a legislatura que se iniciará em 2027, bem como o consequente número de deputados estaduais e distritais (CF, arts. 27, caput, e 32, § 3.º), observado o piso e o teto constitucional por circunscrição e o número total de parlamentares previsto na LC n. 78/93, valendo-se, para tanto, dos dados demográficos coletados pelo IBGE no Censo 2022 e da metodologia utilizada por ocasião da edição da Resolução-TSE 23.389/2013".
• A Lei Complementar n. 78, de 30-12-1993, fixa o número de deputados.

§ 2.º Cada Território elegerá quatro Deputados.
Art. 46. O Senado Federal compõe-se de representantes dos Estados e do Distrito Federal, eleitos segundo o princípio majoritário.
§ 1.º Cada Estado e o Distrito Federal elegerão três Senadores, com mandato de oito anos.
§ 2.º A representação de cada Estado e do Distrito Federal será renovada de quatro em quatro anos, alternadamente, por um e dois terços.
§ 3.º Cada Senador será eleito com dois suplentes.
Art. 47. Salvo disposição constitucional em contrário, as deliberações de cada Casa e de suas Comissões serão tomadas por maioria dos votos, presente a maioria absoluta de seus membros.

Seção II
Das Atribuições do Congresso Nacional

Art. 48. Cabe ao Congresso Nacional, com a sanção do Presidente da República, não exigida esta para o especificado nos arts. 49, 51 e 52, dispor sobre todas as matérias de competência da União, especialmente sobre:
I – sistema tributário, arrecadação e distribuição de rendas;
II – plano plurianual, diretrizes orçamentárias, orçamento anual, operações de crédito, dívida pública e emissões de curso forçado;
III – fixação e modificação do efetivo das Forças Armadas;
IV – planos e programas nacionais, regionais e setoriais de desenvolvimento;
V – limites do território nacional, espaço aéreo e marítimo e bens do domínio da União;
VI – incorporação, subdivisão ou desmembramento de áreas de Territórios ou Estados, ouvidas as respectivas Assembleias Legislativas;

CF – Arts. 48 a 52 – Organização dos Poderes

VII – transferência temporária da sede do Governo Federal;

VIII – concessão de anistia;

IX – organização administrativa, judiciária, do Ministério Público e da Defensoria Pública da União e dos Territórios e organização judiciária e do Ministério Público do Distrito Federal;

•• Inciso IX com redação determinada pela Emenda Constitucional n. 69, de 29-3-2012.

X – criação, transformação e extinção de cargos, empregos e funções públicas, observado o que estabelece o art. 84, VI, b;

•• Inciso X com redação determinada pela Emenda Constitucional n. 32, de 11-9-2001.

XI – criação e extinção de Ministérios e órgãos da administração pública;

•• Inciso XI com redação determinada pela Emenda Constitucional n. 32, de 11-9-2001.

XII – telecomunicações e radiodifusão;

• Código Brasileiro de Telecomunicações: Lei n. 4.117, de 27-8-1962.
• A Lei n. 9.295, de 19-7-1996, dispõe sobre os serviços de telecomunicações e sua organização.
• Organização dos Serviços de Telecomunicações: Lei n. 9.472, de 16-7-1997.
• Serviço de Radiodifusão Comunitária: Lei n. 9.612, de 19-2-1998.

XIII – matéria financeira, cambial e monetária, instituições financeiras e suas operações;

XIV – moeda, seus limites de emissão, e montante da dívida mobiliária federal;

XV – fixação do subsídio dos Ministros do Supremo Tribunal Federal, observado o que dispõem os arts. 39, § 4.º; 150, II; 153, III; e 153, § 2.º, I.

•• Inciso XV com redação determinada pela Emenda Constitucional n. 41, de 19-12-2003.
• Remuneração da Magistratura da União: Lei n. 10.474, de 27-6-2002.
• A Lei n. 13.752, de 26-11-2018, dispõe sobre a atualização dos valores do subsídio de Ministro do STF.

Art. 49. É da competência exclusiva do Congresso Nacional:

I – resolver definitivamente sobre tratados, acordos ou atos internacionais que acarretem encargos ou compromissos gravosos ao patrimônio nacional;

II – autorizar o Presidente da República a declarar guerra, a celebrar a paz, a permitir que forças estrangeiras transitem pelo território nacional ou nele permaneçam temporariamente, ressalvados os casos previstos em lei complementar;

III – autorizar o Presidente e o Vice-Presidente da República a se ausentarem do País, quando a ausência exceder a quinze dias;

IV – aprovar o estado de defesa e a intervenção federal, autorizar o estado de sítio, ou suspender qualquer uma dessas medidas;

V – sustar os atos normativos do Poder Executivo que exorbitem do poder regulamentar ou dos limites de delegação legislativa;

VI – mudar temporariamente sua sede;

VII – fixar idêntico subsídio para os Deputados Federais e os Senadores, observado o que dispõem os arts. 37, XI, 39, § 4.º, 150, II, 153, III, e 153, § 2.º, I;

•• Inciso VII com redação determinada pela Emenda Constitucional n. 19, de 4-6-1998.

VIII – fixar os subsídios do Presidente e do Vice-Presidente da República e dos Ministros de Estado, observado o que dispõem os arts. 37, XI, 39, § 4.º, 150, II, 153, III, e 153, § 2.º, I;

•• Inciso VIII com redação determinada pela Emenda Constitucional n. 19, de 4-6-1998.

IX – julgar anualmente as contas prestadas pelo Presidente da República e apreciar os relatórios sobre a execução dos planos de governo;

X – fiscalizar e controlar, diretamente, ou por qualquer de suas Casas, os atos do Poder Executivo, incluídos os da administração indireta;

XI – zelar pela preservação de sua competência legislativa em face da atribuição normativa dos outros Poderes;

XII – apreciar os atos de concessão e renovação de concessão de emissoras de rádio e televisão;

XIII – escolher dois terços dos membros do Tribunal de Contas da União;

• O Decreto Legislativo n. 6, de 22-4-1993, regulamenta a escolha de Ministros do TCU pelo Congresso Nacional.

XIV – aprovar iniciativas do Poder Executivo referentes a atividades nucleares;

XV – autorizar referendo e convocar plebiscito;

XVI – autorizar, em terras indígenas, a exploração e o aproveitamento de recursos hídricos e a pesquisa e lavra de riquezas minerais;

XVII – aprovar, previamente, a alienação ou concessão de terras públicas com área superior a dois mil e quinhentos hectares;

XVIII – decretar o estado de calamidade pública de âmbito nacional previsto nos arts. 167-B, 167-C, 167-D, 167-E, 167-F e 167-G desta Constituição.

•• Inciso XVIII acrescentado pela Emenda Constitucional n. 109, de 15-3-2021.

Art. 50. A Câmara dos Deputados e o Senado Federal, ou qualquer de suas Comissões, poderão convocar Ministro de Estado, quaisquer titulares de órgãos diretamente subordinados à Presidência da República ou o Presidente do Comitê Gestor do Imposto sobre Bens e Serviços para prestarem, pessoalmente, informações sobre assunto previamente determinado, importando crime de responsabilidade a ausência sem justificação adequada.

•• Caput com redação determinada pela Emenda Constitucional n. 132, de 20-12-2023.

§ 1.º Os Ministros de Estado poderão comparecer ao Senado Federal, à Câmara dos Deputados, ou a qualquer de suas Comissões, por sua iniciativa e mediante entendimentos com a Mesa respectiva, para expor assunto de relevância de seu Ministério.

§ 2.º As Mesas da Câmara dos Deputados e do Senado Federal poderão encaminhar pedidos escritos de informação a Ministros de Estado ou a qualquer das pessoas referidas no caput deste artigo, importando em crime de responsabilidade a recusa, ou o não atendimento, no prazo de trinta dias, bem como a prestação de informações falsas.

•• § 2.º com redação determinada pela Emenda Constitucional de Revisão n. 2, de 7-6-1994.

Seção III
Da Câmara dos Deputados

Art. 51. Compete privativamente à Câmara dos Deputados:

I – autorizar, por dois terços de seus membros, a instauração de processo contra o Presidente e o Vice-Presidente da República e os Ministros de Estado;

II – proceder à tomada de contas do Presidente da República, quando não apresentadas ao Congresso Nacional dentro de sessenta dias após a abertura da sessão legislativa;

III – elaborar seu regimento interno;

IV – dispor sobre sua organização, funcionamento, polícia, criação, transformação ou extinção dos cargos, empregos e funções de seus serviços, e a iniciativa de lei para fixação da respectiva remuneração, observados os parâmetros estabelecidos na lei de diretrizes orçamentárias;

•• Inciso IV com redação determinada pela Emenda Constitucional n. 19, de 4-6-1998.
•• Vide arts. 5.º e 10, § 2.º, I, da Emenda Constitucional n. 103, de 12-11-2019.

V – eleger membros do Conselho da República, nos termos do art. 89, VII.

Seção IV
Do Senado Federal

Art. 52. Compete privativamente ao Senado Federal:

I – processar e julgar o Presidente e o Vice-Presidente da República nos crimes de responsabilidade, bem como os Ministros de Estado e os Comandantes da Marinha, do Exército e da Aeronáutica nos crimes da mesma natureza conexos com aqueles;

•• Inciso I com redação determinada pela Emenda Constitucional n. 23, de 2-9-1999.
• A Lei n. 1.079, de 10-4-1950, define os crimes de responsabilidade e regula o respectivo processo de julgamento.

II – processar e julgar os Ministros do Supremo Tribunal Federal, os membros do Conselho Nacional de Justiça e do Conselho Nacional do Ministério Público, o Procurador-Geral da República e o Advogado-Geral da União nos crimes de responsabilidade;

•• Inciso II com redação determinada pela Emenda Constitucional n. 45, de 8-12-2004.
•• Vide Seção II do Capítulo IV do Título IV da CF, que passou a denominar-se "Da Advocacia Pública" (arts. 131 e 132).

III – aprovar previamente, por voto secreto, após arguição pública, a escolha de:

a) magistrados, nos casos estabelecidos nesta Constituição;

b) Ministros do Tribunal de Contas da União indicados pelo Presidente da República;

c) Governador de Território;

d) presidente e diretores do banco central;

e) Procurador-Geral da República;

f) titulares de outros cargos que a lei determinar;

CF – Arts. 52 a 55 – Organização dos Poderes

IV – aprovar previamente, por voto secreto, após arguição em sessão secreta, a escolha dos chefes de missão diplomática de caráter permanente;

V – autorizar operações externas de natureza financeira, de interesse da União, dos Estados, do Distrito Federal, dos Territórios e dos Municípios;

•• A Resolução n. 48, de 21-12-2007, do Senado Federal, dispõe sobre as operações externas de natureza financeira, de que trata este artigo.

VI – fixar, por proposta do Presidente da República, limites globais para o montante da dívida consolidada da União, dos Estados, do Distrito Federal e dos Municípios;

•• A Resolução n. 40, de 20-12-2001, do Senado Federal, dispõe sobre os limites globais para o montante da dívida pública consolidada e da dívida mobiliária dos Estados, do Distrito Federal e dos Municípios, conforme fixado neste inciso e no inciso IX.

VII – dispor sobre limites globais e condições para as operações de crédito externo e interno da União, dos Estados, do Distrito Federal e dos Municípios, de suas autarquias e demais entidades controladas pelo Poder Público federal;

•• A Resolução n. 43, de 21-12-2001, do Senado Federal, dispõe sobre as operações de crédito interno e externo dos Estados, do Distrito Federal e dos Municípios, inclusive concessão de garantias, seus limites e condições de autorização, e dá outras providências.

VIII – dispor sobre limites e condições para a concessão de garantia da União em operações de crédito externo e interno;

IX – estabelecer limites globais e condições para o montante da dívida mobiliária dos Estados, do Distrito Federal e dos Municípios;

•• Vide nota ao inciso VI deste artigo.

X – suspender a execução, no todo ou em parte, de lei declarada inconstitucional por decisão definitiva do Supremo Tribunal Federal;

XI – aprovar, por maioria absoluta e por voto secreto, a exoneração, de ofício, do Procurador-Geral da República antes do término de seu mandato;

XII – elaborar seu regimento interno;

XIII – dispor sobre sua organização, funcionamento, polícia, criação, transformação ou extinção dos cargos, empregos e funções de seus serviços, e a iniciativa de lei para fixação da respectiva remuneração, observados os parâmetros estabelecidos na lei de diretrizes orçamentárias;

•• Inciso XIII com redação determinada pela Emenda Constitucional n. 19, de 4-6-1998.
•• Vide arts. 5.º e 10, § 2.º, I, da Emenda Constitucional n. 103, de 12-11-2019.

XIV – eleger membros do Conselho da República, nos termos do art. 89, VII;

XV – avaliar periodicamente a funcionalidade do Sistema Tributário Nacional, em sua estrutura e seus componentes, e o desempenho das administrações tributárias da União, dos Estados e do Distrito Federal e dos Municípios.

•• Inciso XV acrescentado pela Emenda Constitucional n. 42, de 19-12-2003.

Parágrafo único. Nos casos previstos nos incisos I e II, funcionará como Presidente o do Supremo Tribunal Federal, limitando-se a condenação, que somente será proferida por dois terços dos votos do Senado Federal, à perda do cargo, com inabilitação, por oito anos, para o exercício de função pública, sem prejuízo das demais sanções judiciais cabíveis.

Seção V
Dos Deputados e dos Senadores

• Eleição: Lei n. 9.504, de 30-9-1997.

Art. 53. Os Deputados e Senadores são invioláveis, civil e penalmente, por quaisquer de suas opiniões, palavras e votos.

•• Caput com redação determinada pela Emenda Constitucional n. 35, de 20-12-2001.

§ 1.º Os Deputados e Senadores, desde a expedição do diploma, serão submetidos a julgamento perante o Supremo Tribunal Federal.

•• § 1.º com redação determinada pela Emenda Constitucional n. 35, de 20-12-2001.

§ 2.º Desde a expedição do diploma, os membros do Congresso Nacional não poderão ser presos, salvo em flagrante de crime inafiançável. Nesse caso, os autos serão remetidos dentro de vinte e quatro horas à Casa respectiva, para que, pelo voto da maioria de seus membros, resolva sobre a prisão.

•• § 2.º com redação determinada pela Emenda Constitucional n. 35, de 20-12-2001.

§ 3.º Recebida a denúncia contra o Senador ou Deputado, por crime ocorrido após a diplomação, o Supremo Tribunal Federal dará ciência à Casa respectiva, que, por iniciativa de partido político nela representado e pelo voto da maioria de seus membros, poderá, até a decisão final, sustar o andamento da ação.

•• § 3.º com redação determinada pela Emenda Constitucional n. 35, de 20-12-2001.

§ 4.º O pedido de sustação será apreciado pela Casa respectiva no prazo improrrogável de quarenta e cinco dias do seu recebimento pela Mesa Diretora.

•• § 4.º com redação determinada pela Emenda Constitucional n. 35, de 20-12-2001.

§ 5.º A sustação do processo suspende a prescrição, enquanto durar o mandato.

•• § 5.º com redação determinada pela Emenda Constitucional n. 35, de 20-12-2001.

§ 6.º Os Deputados e Senadores não serão obrigados a testemunhar sobre informações recebidas ou prestadas em razão do exercício do mandato, nem sobre as pessoas que lhes confiaram ou deles receberam informações.

•• § 6.º com redação determinada pela Emenda Constitucional n. 35, de 20-12-2001.

§ 7.º A incorporação às Forças Armadas de Deputados e Senadores, embora militares e ainda que em tempo de guerra, dependerá de prévia licença da Casa respectiva.

•• § 7.º com redação determinada pela Emenda Constitucional n. 35, de 20-12-2001.

§ 8.º As imunidades de Deputados ou Senadores subsistirão durante o estado de sítio, só podendo ser suspensas mediante o voto de dois terços dos membros da Casa respectiva, nos casos de atos praticados fora do recinto do Congresso Nacional, que sejam incompatíveis com a execução da medida.

•• § 8.º acrescentado pela Emenda Constitucional n. 35, de 20-12-2001.

Art. 54. Os Deputados e Senadores não poderão:

I – desde a expedição do diploma:

a) firmar ou manter contrato com pessoa jurídica de direito público, autarquia, empresa pública, sociedade de economia mista ou empresa concessionária de serviço público, salvo quando o contrato obedecer a cláusulas uniformes;

b) aceitar ou exercer cargo, função ou emprego remunerado, inclusive os de que sejam demissíveis *ad nutum*, nas entidades constantes da alínea anterior;

II – desde a posse:

a) ser proprietários, controladores ou diretores de empresa que goze de favor decorrente de contrato com pessoa jurídica de direito público, ou nela exercer função remunerada;

b) ocupar cargo ou função de que sejam demissíveis *ad nutum*, nas entidades referidas no inciso I, *a*;

c) patrocinar causa em que seja interessada qualquer das entidades a que se refere o inciso I, *a*;

d) ser titulares de mais de um cargo ou mandato público eletivo.

Art. 55. Perderá o mandato o Deputado ou Senador:

I – que infringir qualquer das proibições estabelecidas no artigo anterior;

• O Decreto Legislativo n. 16, de 24-3-1994, dispõe: "Art. 1.º A renúncia de parlamentar sujeito a investigação por qualquer órgão do Poder Legislativo ou que tenha contra si procedimento já instaurado ou protocolado junto à Mesa da respectiva Casa, para apuração das faltas a que se referem os incisos I e II do art. 55 da CF, fica sujeita à condição suspensiva, só produzindo efeitos se a decisão final não concluir pela perda do mandato.
Parágrafo único. Sendo a decisão final pela perda do mandato parlamentar, a declaração da renúncia será arquivada".

II – cujo procedimento for declarado incompatível com o decoro parlamentar;

III – que deixar de comparecer, em cada sessão legislativa, à terça parte das sessões ordinárias da Casa a que pertencer, salvo licença ou missão por esta autorizada;

IV – que perder ou tiver suspensos os direitos políticos;

V – quando o decretar a Justiça Eleitoral, nos casos previstos nesta Constituição;

VI – que sofrer condenação criminal em sentença transitada em julgado.

§ 1.º É incompatível com o decoro parlamentar, além dos casos definidos no regimento interno, o abuso das prerrogativas asseguradas a membro do Congresso Nacional ou a percepção de vantagens indevidas.

§ 2.º Nos casos dos incisos I, II e VI, a perda do mandato será decidida pela Câmara dos Deputados ou pelo Senado Federal, por maioria absoluta, mediante provocação da respectiva Mesa ou de partido político representado no Congresso Nacional, assegurada ampla defesa.

•• § 2.º com redação determinada pela Emenda Constitucional n. 76, de 28-11-2013.

§ 3.º Nos casos previstos nos incisos III a V, a perda será declarada pela Mesa da Casa respectiva, de ofício ou mediante provocação de qualquer de seus membros, ou de partido político representado no Congresso Nacional, assegurada ampla defesa.

§ 4.º A renúncia de parlamentar submetido a processo que vise ou possa levar à perda do mandato, nos termos deste artigo, terá seus efeitos suspensos até as deliberações finais de que tratam os §§ 2.º e 3.º.

•• § 4.º acrescentado pela Emenda Constitucional de Revisão n. 6, de 7-6-1994.

Art. 56. Não perderá o mandato o Deputado ou Senador:

I – investido no cargo de Ministro de Estado, Governador de Território, Secretário de Estado, do Distrito Federal, de Território, de Prefeitura de Capital ou chefe de missão diplomática temporária;

II – licenciado pela respectiva Casa por motivo de doença, ou para tratar, sem remuneração, de interesse particular, desde que, neste caso, o afastamento não ultrapasse cento e vinte dias por sessão legislativa.

§ 1.º O suplente será convocado nos casos de vaga, de investidura em funções previstas neste artigo ou de licença superior a cento e vinte dias.

§ 2.º Ocorrendo vaga e não havendo suplente, far-se-á eleição para preenchê-la se faltarem mais de quinze meses para o término do mandato.

§ 3.º Na hipótese do inciso I, o Deputado ou Senador poderá optar pela remuneração do mandato.

Seção VI
Das Reuniões

Art. 57. O Congresso Nacional reunir-se-á, anualmente, na Capital Federal, de 2 de fevereiro a 17 de julho e de 1.º de agosto a 22 de dezembro.

•• *Caput* com redação determinada pela Emenda Constitucional n. 50, de 14-2-2006.

§ 1.º As reuniões marcadas para essas datas serão transferidas para o primeiro dia útil subsequente, quando recaírem em sábados, domingos ou feriados.

§ 2.º A sessão legislativa não será interrompida sem a aprovação do projeto de lei de diretrizes orçamentárias.

§ 3.º Além de outros casos previstos nesta Constituição, a Câmara dos Deputados e o Senado Federal reunir-se-ão em sessão conjunta para:

I – inaugurar a sessão legislativa;

II – elaborar o regimento comum e regular a criação de serviços comuns às duas Casas;

III – receber o compromisso do Presidente e do Vice-Presidente da República;

IV – conhecer do veto e sobre ele deliberar.

§ 4.º Cada uma das Casas reunir-se-á em sessões preparatórias, a partir de 1.º de fevereiro, no primeiro ano da legislatura, para a posse de seus membros e eleição das respectivas Mesas, para mandato de 2 (dois) anos, vedada a recondução para o mesmo cargo na eleição imediatamente subsequente.

•• § 4.º com redação determinada pela Emenda Constitucional n. 50, de 14-2-2006.

§ 5.º A Mesa do Congresso Nacional será presidida pelo Presidente do Senado Federal, e os demais cargos serão exercidos, alternadamente, pelos ocupantes de cargos equivalentes na Câmara dos Deputados e no Senado Federal.

§ 6.º A convocação extraordinária do Congresso Nacional far-se-á:

I – pelo Presidente do Senado Federal, em caso de decretação de estado de defesa ou de intervenção federal, de pedido de autorização para a decretação de estado de sítio e para o compromisso e a posse do Presidente e do Vice-Presidente da República;

II – pelo Presidente da República, pelos Presidentes da Câmara dos Deputados e do Senado Federal ou a requerimento da maioria dos membros de ambas as Casas, em caso de urgência ou interesse público relevante, em todas as hipóteses deste inciso com a aprovação da maioria absoluta de cada uma das Casas do Congresso Nacional.

•• Inciso II com redação determinada pela Emenda Constitucional n. 50, de 14-2-2006.

§ 7.º Na sessão legislativa extraordinária, o Congresso Nacional somente deliberará sobre a matéria para a qual foi convocado, ressalvada a hipótese do § 8.º deste artigo, vedado o pagamento de parcela indenizatória, em razão da convocação.

•• § 7.º com redação determinada pela Emenda Constitucional n. 50, de 14-2-2006.

§ 8.º Havendo medidas provisórias em vigor na data de convocação extraordinária do Congresso Nacional, serão elas automaticamente incluídas na pauta da convocação.

•• § 8.º acrescentado pela Emenda Constitucional n. 32, de 11-9-2001.

Seção VII
Das Comissões

Art. 58. O Congresso Nacional e suas Casas terão comissões permanentes e temporárias, constituídas na forma e com as atribuições previstas no respectivo regimento ou no ato de que resultar sua criação.

§ 1.º Na constituição das Mesas e de cada Comissão, é assegurada, tanto quanto possível, a representação proporcional dos partidos ou dos blocos parlamentares que participam da respectiva Casa.

§ 2.º Às comissões, em razão da matéria de sua competência, cabe:

I – discutir e votar projeto de lei que dispensar, na forma do regimento, a competência do Plenário, salvo se houver recurso de um décimo dos membros da Casa;

II – realizar audiências públicas com entidades da sociedade civil;

III – convocar Ministros de Estado para prestar informações sobre assuntos inerentes a suas atribuições;

IV – receber petições, reclamações, representações ou queixas de qualquer pessoa contra atos ou omissões das autoridades ou entidades públicas;

V – solicitar depoimento de qualquer autoridade ou cidadão;

VI – apreciar programas de obras, planos nacionais, regionais e setoriais de desenvolvimento e sobre eles emitir parecer.

§ 3.º As comissões parlamentares de inquérito, que terão poderes de investigação próprios das autoridades judiciais, além de outros previstos nos regimentos das respectivas Casas, serão criadas pela Câmara dos Deputados e pelo Senado Federal, em conjunto ou separadamente, mediante requerimento de um terço de seus membros, para a apuração de fato determinado e por prazo certo, sendo suas conclusões, se for o caso, encaminhadas ao Ministério Público, para que promova a responsabilidade civil ou criminal dos infratores.

• A Lei n. 1.579, de 18-3-1952, dispõe sobre as Comissões Parlamentares de Inquérito.
• A Lei n. 10.001, de 4-9-2000, dispõe sobre a prioridade nos procedimentos a serem adotados pelo Ministério Público e por outros órgãos a respeito das conclusões das Comissões Parlamentares de Inquérito.

§ 4.º Durante o recesso, haverá uma Comissão representativa do Congresso Nacional, eleita por suas Casas na última sessão ordinária do período legislativo, com atribuições definidas no regimento comum, cuja composição reproduzirá, quanto possível, a proporcionalidade da representação partidária.

Seção VIII
Do Processo Legislativo

Subseção I
Disposição Geral

Art. 59. O processo legislativo compreende a elaboração de:

I – emendas à Constituição;
II – leis complementares;
III – leis ordinárias;
IV – leis delegadas;
V – medidas provisórias;

•• *Vide* art. 73 do ADCT.

CF – Arts. 59 a 62 – Organização dos Poderes 33

VI – decretos legislativos;
VII – resoluções.
Parágrafo único. Lei complementar disporá sobre a elaboração, redação, alteração e consolidação das leis.
• A Lei Complementar n. 95, de 26-2-1998, regulamentada pelo Decreto n. 4.176, de 28-3-2002, dispõe sobre a elaboração, a redação, a alteração e a consolidação das leis, conforme determina este parágrafo único, e estabelece normas para a consolidação dos atos normativos.

Subseção II
Da Emenda à Constituição

Art. 60. A Constituição poderá ser emendada mediante proposta:
I – de um terço, no mínimo, dos membros da Câmara dos Deputados ou do Senado Federal;
II – do Presidente da República;
III – de mais da metade das Assembleias Legislativas das unidades da Federação, manifestando-se, cada uma delas, pela maioria relativa de seus membros.
§ 1.º A Constituição não poderá ser emendada na vigência de intervenção federal, de estado de defesa ou de estado de sítio.
§ 2.º A proposta será discutida e votada em cada Casa do Congresso Nacional, em dois turnos, considerando-se aprovada se obtiver, em ambos, três quintos dos votos dos respectivos membros.
§ 3.º A emenda à Constituição será promulgada pelas Mesas da Câmara dos Deputados e do Senado Federal, com o respectivo número de ordem.
§ 4.º Não será objeto de deliberação a proposta de emenda tendente a abolir:
I – a forma federativa de Estado;
II – o voto direto, secreto, universal e periódico;
III – a separação dos Poderes;
IV – os direitos e garantias individuais.
§ 5.º A matéria constante de proposta de emenda rejeitada ou havida por prejudicada não pode ser objeto de nova proposta na mesma sessão legislativa.

Subseção III
Das Leis

Art. 61. A iniciativa das leis complementares e ordinárias cabe a qualquer membro ou Comissão da Câmara dos Deputados, do Senado Federal ou do Congresso Nacional, ao Presidente da República, ao Supremo Tribunal Federal, aos Tribunais Superiores, ao Procurador-Geral da República e aos cidadãos, na forma e nos casos previstos nesta Constituição.
§ 1.º São de iniciativa privativa do Presidente da República as leis que:
I – fixem ou modifiquem os efetivos das Forças Armadas;
II – disponham sobre:
a) criação de cargos, funções ou empregos públicos na administração direta e autárquica ou aumento de sua remuneração;
b) organização administrativa e judiciária, matéria tributária e orçamentária, serviços públicos e pessoal da administração dos Territórios;
c) servidores públicos da União e Territórios, seu regime jurídico, provimento de cargos, estabilidade e aposentadoria;
•• Alínea c com redação determinada pela Emenda Constitucional n. 18, de 5-2-1998.
d) organização do Ministério Público e da Defensoria Pública da União, bem como normas gerais para a organização do Ministério Público e da Defensoria Pública dos Estados, do Distrito Federal e dos Territórios;
e) criação e extinção de Ministérios e órgãos da administração pública, observado o disposto no art. 84, VI;
•• Alínea e com redação determinada pela Emenda Constitucional n. 32, de 11-9-2001.
f) militares das Forças Armadas, seu regime jurídico, provimento de cargos, promoções, estabilidade, remuneração, reforma e transferência para a reserva.
•• Alínea f acrescentada pela Emenda Constitucional n. 18, de 5-2-1998.
§ 2.º A iniciativa popular pode ser exercida pela apresentação à Câmara dos Deputados de projeto de lei subscrito por, no mínimo, um por cento do eleitorado nacional, distribuído pelo menos por cinco Estados, com não menos de três décimos por cento dos eleitores de cada um deles.

Art. 62. Em caso de relevância e urgência, o Presidente da República poderá adotar medidas provisórias, com força de lei, devendo submetê-las de imediato ao Congresso Nacional.
•• Caput com redação determinada pela Emenda Constitucional n. 32, de 11-9-2001.
• Vide art. 2.º da Emenda Constitucional n. 32, de 11-9-2001.
§ 1.º É vedada a edição de medidas provisórias sobre matéria:
•• § 1.º, caput, acrescentado pela Emenda Constitucional n. 32, de 11-9-2001.
I – relativa a:
•• Inciso I, caput, acrescentado pela Emenda Constitucional n. 32, de 11-9-2001.
a) nacionalidade, cidadania, direitos políticos, partidos políticos e direito eleitoral;
•• Alínea a acrescentada pela Emenda Constitucional n. 32, de 11-9-2001.
b) direito penal, processual penal e processual civil;
•• Alínea b acrescentada pela Emenda Constitucional n. 32, de 11-9-2001.
c) organização do Poder Judiciário e do Ministério Público, a carreira e a garantia de seus membros;
•• Alínea c acrescentada pela Emenda Constitucional n. 32, de 11-9-2001.
d) planos plurianuais, diretrizes orçamentárias, orçamento e créditos adicionais e suplementares, ressalvado o previsto no art. 167, § 3.º;
•• Alínea d acrescentada pela Emenda Constitucional n. 32, de 11-9-2001.
II – que vise a detenção ou sequestro de bens, de poupança popular ou qualquer outro ativo financeiro;
•• Inciso II acrescentado pela Emenda Constitucional n. 32, de 11-9-2001.
III – reservada a lei complementar;
•• Inciso III acrescentado pela Emenda Constitucional n. 32, de 11-9-2001.
IV – já disciplinada em projeto de lei aprovado pelo Congresso Nacional e pendente de sanção ou veto do Presidente da República.
•• Inciso IV acrescentado pela Emenda Constitucional n. 32, de 11-9-2001.
§ 2.º Medida provisória que implique instituição ou majoração de impostos, exceto os previstos nos arts. 153, I, II, IV, V, e 154, II, só produzirá efeitos no exercício financeiro seguinte se houver sido convertida em lei até o último dia daquele em que foi editada.
•• § 2.º acrescentado pela Emenda Constitucional n. 32, de 11-9-2001.
§ 3.º As medidas provisórias, ressalvado o disposto nos §§ 11 e 12 perderão eficácia, desde a edição, se não forem convertidas em lei no prazo de sessenta dias, prorrogável, nos termos do § 7.º, uma vez por igual período, devendo o Congresso Nacional disciplinar, por decreto legislativo, as relações jurídicas delas decorrentes.
•• § 3.º acrescentado pela Emenda Constitucional n. 32, de 11-9-2001.
• Vide Súmula Vinculante 54 do STF.
§ 4.º O prazo a que se refere o § 3.º contar-se-á da publicação da medida provisória, suspendendo-se durante os períodos de recesso do Congresso Nacional.
•• § 4.º acrescentado pela Emenda Constitucional n. 32, de 11-9-2001.
§ 5.º A deliberação de cada uma das Casas do Congresso Nacional sobre o mérito das medidas provisórias dependerá de juízo prévio sobre o atendimento de seus pressupostos constitucionais.
•• § 5.º acrescentado pela Emenda Constitucional n. 32, de 11-9-2001.
§ 6.º Se a medida provisória não for apreciada em até quarenta e cinco dias contados de sua publicação, entrará em regime de urgência, subsequentemente, em cada uma das Casas do Congresso Nacional, ficando sobrestadas, até que se ultime a votação, todas as demais deliberações legislativas da Casa em que estiver tramitando.
•• § 6.º acrescentado pela Emenda Constitucional n. 32, de 11-9-2001.
§ 7.º Prorrogar-se-á uma única vez por igual período a vigência de medida provisória que, no prazo de sessenta dias, contado de sua publicação, não tiver a sua votação encerrada nas duas Casas do Congresso Nacional.
•• § 7.º acrescentado pela Emenda Constitucional n. 32, de 11-9-2001.
§ 8.º As medidas provisórias terão sua votação iniciada na Câmara dos Deputados.
•• § 8.º acrescentado pela Emenda Constitucional n. 32, de 11-9-2001.

§ 9.º Caberá à comissão mista de Deputados e Senadores examinar as medidas provisórias e sobre elas emitir parecer, antes de serem apreciadas, em sessão separada, pelo plenário de cada uma das Casas do Congresso Nacional.
•• § 9.º acrescentado pela Emenda Constitucional n. 32, de 11-9-2001.
•• O Ato Conjunto n. 1, de 31-3-2020, dispõe sobre o regime de tramitação, no Congresso Nacional, na Câmara dos Deputados e no Senado Federal, de medidas provisórias durante a pandemia de Covid-19.
•• O STF, por maioria, confirmou a medida cautelar referendada pelo Plenário e julgou parcialmente procedentes as Arguições de Descumprimento de Preceito Fundamental 661 e 663, "para conferir interpretação conforme aos atos impugnados, delimitando que, durante a emergência em Saúde Pública de importância nacional e o estado de calamidade pública decorrente da COVID-19, as medidas provisórias sejam instruídas perante o Plenário da Câmara dos Deputados e do Senado Federal, ficando, excepcionalmente, autorizada a emissão de parecer, em substituição à Comissão Mista, por parlamentar de cada uma das Casas designado na forma regimental; bem como, em deliberação nos Plenários da Câmara dos Deputados e do Senado Federal, operando por sessão remota, as emendas e requerimentos de destaque possam ser apresentados à Mesa, na forma e prazo definidos para funcionamento do Sistema de Deliberação Remota (SDR) em cada Casa, sem prejuízo da possibilidade de as Casas Legislativas regulamentarem a complementação desse procedimento legislativo regimental", na sessão virtual de 27-8-2021 a 3-9-2021 (DOU de 14-9-2021).

§ 10. É vedada a reedição, na mesma sessão legislativa, de medida provisória que tenha sido rejeitada ou que tenha perdido sua eficácia por decurso de prazo.
•• § 10 acrescentado pela Emenda Constitucional n. 32, de 11-9-2001.

§ 11. Não editado o decreto legislativo a que se refere o § 3.º até sessenta dias após a rejeição ou perda de eficácia de medida provisória, as relações jurídicas constituídas e decorrentes de atos praticados durante sua vigência conservar-se-ão por ela regidas.
•• § 11 acrescentado pela Emenda Constitucional n. 32, de 11-9-2001.
•• O STF julgou procedente a ADPF n. 216, na sessão de 14-3-2018 (DOU de 14-4-2020), para "afastar a aplicação do § 11 do art. 62 da Constituição da República aos pedidos de licença para exploração de CLIA não examinados pela Receita Federal durante a vigência da Medida Provisória n. 320/2006".

§ 12. Aprovado projeto de lei de conversão alterando o texto original da medida provisória, esta manter-se-á integralmente em vigor até que seja sancionado ou vetado o projeto.
•• § 12 acrescentado pela Emenda Constitucional n. 32, de 11-9-2001.

Art. 63. Não será admitido aumento da despesa prevista:
I – nos projetos de iniciativa exclusiva do Presidente da República, ressalvado o disposto no art. 166, §§ 3.º e 4.º;

II – nos projetos sobre organização dos serviços administrativos da Câmara dos Deputados, do Senado Federal, dos Tribunais Federais e do Ministério Público.

Art. 64. A discussão e votação dos projetos de lei de iniciativa do Presidente da República, do Supremo Tribunal Federal e dos Tribunais Superiores terão início na Câmara dos Deputados.

§ 1.º O Presidente da República poderá solicitar urgência para apreciação de projetos de sua iniciativa.

§ 2.º Se, no caso do § 1.º, a Câmara dos Deputados e o Senado Federal não se manifestarem sobre a proposição, cada qual sucessivamente, em até quarenta e cinco dias, sobrestar-se-ão todas as demais deliberações legislativas da respectiva Casa, com exceção das que tenham prazo constitucional determinado, até que se ultime a votação.
•• § 2.º com redação determinada pela Emenda Constitucional n. 32, de 11-9-2001.

§ 3.º A apreciação das emendas do Senado Federal pela Câmara dos Deputados far-se-á no prazo de dez dias, observado quanto ao mais o disposto no parágrafo anterior.

§ 4.º Os prazos do § 2.º não correm nos períodos de recesso do Congresso Nacional, nem se aplicam aos projetos de código.

Art. 65. O projeto de lei aprovado por uma Casa será revisto pela outra, em um só turno de discussão e votação, e enviado à sanção ou promulgação, se a Casa revisora o aprovar, ou arquivado, se o rejeitar.

Parágrafo único. Sendo o projeto emendado, voltará à Casa iniciadora.

Art. 66. A Casa na qual tenha sido concluída a votação enviará o projeto de lei ao Presidente da República, que, aquiescendo, o sancionará.

§ 1.º Se o Presidente da República considerar o projeto, no todo ou em parte, inconstitucional ou contrário ao interesse público, vetá-lo-á total ou parcialmente, no prazo de quinze dias úteis, contados da data do recebimento, e comunicará, dentro de quarenta e oito horas, ao Presidente do Senado Federal os motivos do veto.

§ 2.º O veto parcial somente abrangerá texto integral de artigo, de parágrafo, de inciso ou de alínea.

§ 3.º Decorrido o prazo de quinze dias, o silêncio do Presidente da República importará sanção.

§ 4.º O veto será apreciado em sessão conjunta, dentro de trinta dias a contar de seu recebimento, só podendo ser rejeitado pelo voto da maioria absoluta dos Deputados e Senadores.
•• § 4.º com redação determinada pela Emenda Constitucional n. 76, de 28-11-2013.

§ 5.º Se o veto não for mantido, será o projeto enviado, para promulgação, ao Presidente da República.

§ 6.º Esgotado sem deliberação o prazo estabelecido no § 4.º, o veto será colocado na ordem do dia da sessão imediata, sobrestadas as demais proposições, até sua votação final.
•• § 6.º com redação determinada pela Emenda Constitucional n. 32, de 11-9-2001.

§ 7.º Se a lei não for promulgada dentro de quarenta e oito horas pelo Presidente da República, nos casos dos §§ 3.º e 5.º, o Presidente do Senado a promulgará, e, se este não o fizer em igual prazo, caberá ao Vice-Presidente do Senado fazê-lo.

Art. 67. A matéria constante de projeto de lei rejeitado somente poderá constituir objeto de novo projeto, na mesma sessão legislativa, mediante proposta da maioria absoluta dos membros de qualquer das Casas do Congresso Nacional.

Art. 68. As leis delegadas serão elaboradas pelo Presidente da República, que deverá solicitar a delegação ao Congresso Nacional.

§ 1.º Não serão objeto de delegação os atos de competência exclusiva do Congresso Nacional, os de competência privativa da Câmara dos Deputados ou do Senado Federal, a matéria reservada à lei complementar, nem a legislação sobre:

I – organização do Poder Judiciário e do Ministério Público, a carreira e a garantia de seus membros;

II – nacionalidade, cidadania, direitos individuais, políticos e eleitorais;

III – planos plurianuais, diretrizes orçamentárias e orçamentos.

§ 2.º A delegação ao Presidente da República terá a forma de resolução do Congresso Nacional, que especificará seu conteúdo e os termos de seu exercício.

§ 3.º Se a resolução determinar a apreciação do projeto pelo Congresso Nacional, este a fará em votação única, vedada qualquer emenda.

Art. 69. As leis complementares serão aprovadas por maioria absoluta.

Seção IX
Da Fiscalização Contábil, Financeira e Orçamentária

- O Decreto n. 3.590, de 6-9-2000, estabelece o Sistema de Administração Financeira Federal.
- O Decreto n. 3.591, de 6-9-2000, dispõe sobre o Sistema de Controle Interno do Poder Executivo Federal.
- O Decreto n. 6.976, de 7-10-2009, disciplina o Sistema de Contabilidade Federal.

Art. 70. A fiscalização contábil, financeira, orçamentária, operacional e patrimonial da União e das entidades da administração direta e indireta, quanto à legalidade, legitimidade, economicidade, aplicação das subvenções e renúncia de receitas, será exercida pelo Congresso Nacional, mediante controle externo, e pelo sistema de controle interno de cada Poder.

Parágrafo único. Prestará contas qualquer pessoa física ou jurídica, pública ou privada, que utilize, arrecade, guarde, gerencie

CF – Arts. 70 a 74 – Organização dos Poderes

ou administre dinheiros, bens e valores públicos ou pelos quais a União responda, ou que, em nome desta, assuma obrigações de natureza pecuniária.
•• Parágrafo único com redação determinada pela Emenda Constitucional n. 19, de 4-6-1998.

Art. 71. O controle externo, a cargo do Congresso Nacional, será exercido com o auxílio do Tribunal de Contas da União, ao qual compete:
• A Lei n. 8.443, de 16-7-1992, dispõe sobre a Lei Orgânica do TCU.
• A Instrução Normativa n. 59, de 12-8-2009, do TCU, estabelece normas de tramitação e de acompanhamento das solicitações do Senado Federal acerca das resoluções de autorização das operações de crédito externo dos Estados, do Distrito Federal e dos Municípios, com garantia da União.

I – apreciar as contas prestadas anualmente pelo Presidente da República, mediante parecer prévio que deverá ser elaborado em sessenta dias a contar de seu recebimento;
II – julgar as contas dos administradores e demais responsáveis por dinheiros, bens e valores públicos da administração direta e indireta, incluídas as fundações e sociedades instituídas e mantidas pelo Poder Público federal, e as contas daqueles que derem causa a perda, extravio ou outra irregularidade de que resulte prejuízo ao erário público;
III – apreciar, para fins de registro, a legalidade dos atos de admissão de pessoal, a qualquer título, na administração direta e indireta, incluídas as fundações instituídas e mantidas pelo Poder Público, excetuadas as nomeações para cargo de provimento em comissão, bem como a das concessões de aposentadorias, reformas e pensões, ressalvadas as melhorias posteriores que não alterem o fundamento legal do ato concessório;
• Vide Súmula Vinculante 3 do STF.
• A Instrução Normativa n. 78, de 21-3-2018, do TCU, dispõe sobre o envio, o processamento e a tramitação de informações alusivas a atos de admissão de pessoal e de concessão de aposentadoria, reforma e pensão, para fins de registro, no âmbito do Tribunal de Contas da União, nos termos do art. 71, inciso III, da Constituição Federal.

IV – realizar, por iniciativa própria, da Câmara dos Deputados, do Senado Federal, de Comissão técnica ou de inquérito, inspeções e auditorias de natureza contábil, financeira, orçamentária, operacional e patrimonial, nas unidades administrativas dos Poderes Legislativo, Executivo e Judiciário, e demais entidades referidas no inciso II;
V – fiscalizar as contas nacionais das empresas supranacionais de cujo capital social a União participe, de forma direta ou indireta, nos termos do tratado constitutivo;
VI – fiscalizar a aplicação de quaisquer recursos repassados pela União mediante convênio, acordo, ajuste ou outros instrumentos congêneres, a Estado, ao Distrito Federal ou a Município;
VII – prestar as informações solicitadas pelo Congresso Nacional, por qualquer de suas Casas, ou por qualquer das respectivas Comissões, sobre a fiscalização contábil, financeira, orçamentária, operacional e patrimonial e sobre resultados de auditorias e inspeções realizadas;
VIII – aplicar aos responsáveis, em caso de ilegalidade de despesa ou irregularidade de contas, as sanções previstas em lei, que estabelecerá, entre outras cominações, multa proporcional ao dano causado ao erário;
IX – assinar prazo para que o órgão ou entidade adote as providências necessárias ao exato cumprimento da lei, se verificada ilegalidade;
X – sustar, se não atendido, a execução do ato impugnado, comunicando a decisão à Câmara dos Deputados e ao Senado Federal;
XI – representar ao Poder competente sobre irregularidades ou abusos apurados.

§ 1.º No caso de contrato, o ato de sustação será adotado diretamente pelo Congresso Nacional, que solicitará, de imediato, ao Poder Executivo as medidas cabíveis.
§ 2.º Se o Congresso Nacional ou o Poder Executivo, no prazo de noventa dias, não efetivar as medidas previstas no parágrafo anterior, o Tribunal decidirá a respeito.
§ 3.º As decisões do Tribunal de que resulte imputação de débito ou multa terão eficácia de título executivo.
§ 4.º O Tribunal encaminhará ao Congresso Nacional, trimestral e anualmente, relatório de suas atividades.

Art. 72. A Comissão mista permanente a que se refere o art. 166, § 1.º, diante de indícios de despesas não autorizadas, ainda que sob a forma de investimentos não programados ou de subsídios não aprovados, poderá solicitar à autoridade governamental responsável que, no prazo de cinco dias, preste os esclarecimentos necessários.
• Vide art. 16, § 2.º, do ADCT.

§ 1.º Não prestados os esclarecimentos, ou considerados estes insuficientes, a Comissão solicitará ao Tribunal pronunciamento conclusivo sobre a matéria, no prazo de trinta dias.
§ 2.º Entendendo o Tribunal irregular a despesa, a Comissão, se julgar que o gasto possa causar dano irreparável ou grave lesão à economia pública, proporá ao Congresso Nacional sua sustação.

Art. 73. O Tribunal de Contas da União, integrado por nove Ministros, tem sede no Distrito Federal, quadro próprio de pessoal e jurisdição em todo o território nacional, exercendo, no que couber, as atribuições previstas no art. 96.
• A Lei n. 8.443, de 16-7-1992, dispõe sobre a Lei Orgânica do TCU.
• Regimento Interno do TCU: Resolução n. 155, de 4-12-2002.

§ 1.º Os Ministros do Tribunal de Contas da União serão nomeados dentre brasileiros que satisfaçam os seguintes requisitos:
I – mais de trinta e cinco e menos de setenta anos de idade;
•• Inciso I com redação determinada pela Emenda Constitucional n. 122, de 17-5-2022.

II – idoneidade moral e reputação ilibada;
III – notórios conhecimentos jurídicos, contábeis, econômicos e financeiros ou de administração pública;
IV – mais de dez anos de exercício de função ou de efetiva atividade profissional que exija os conhecimentos mencionados no inciso anterior.
• Escolha de Ministros do TCU: Decreto Legislativo n. 6, de 22-4-1993.

§ 2.º Os Ministros do Tribunal de Contas da União serão escolhidos:
I – um terço pelo Presidente da República, com aprovação do Senado Federal, sendo dois alternadamente dentre auditores e membros do Ministério Público junto ao Tribunal, indicados em lista tríplice pelo Tribunal, segundo os critérios de antiguidade e merecimento;
II – dois terços pelo Congresso Nacional.

§ 3.º Os Ministros do Tribunal de Contas da União terão as mesmas garantias, prerrogativas, impedimentos, vencimentos e vantagens dos Ministros do Superior Tribunal de Justiça, aplicando-se-lhes, quanto à aposentadoria e pensão, as normas constantes do art. 40.
•• § 3.º com redação determinada pela Emenda Constitucional n. 20, de 15-12-1998.

§ 4.º O auditor, quando em substituição a Ministro, terá as mesmas garantias e impedimentos do titular e, quando no exercício das demais atribuições da judicatura, as de juiz de Tribunal Regional Federal.

Art. 74. Os Poderes Legislativo, Executivo e Judiciário manterão, de forma integrada, sistema de controle interno com a finalidade de:
I – avaliar o cumprimento das metas previstas no plano plurianual, a execução dos programas de governo e dos orçamentos da União;
II – comprovar a legalidade e avaliar os resultados, quanto à eficácia e eficiência, da gestão orçamentária, financeira e patrimonial nos órgãos e entidades da administração federal, bem como da aplicação de recursos públicos por entidades de direito privado;
III – exercer o controle das operações de crédito, avais e garantias, bem como dos direitos e haveres da União;
IV – apoiar o controle externo no exercício de sua missão institucional.

§ 1.º Os responsáveis pelo controle interno, ao tomarem conhecimento de qualquer irregularidade ou ilegalidade, dela darão ciência ao Tribunal de Contas da União, sob pena de responsabilidade solidária.
• TCU: Lei n. 8.443, de 16-7-1992.

§ 2.º Qualquer cidadão, partido político, associação ou sindicato é parte legítima para, na forma da lei, denunciar irregularidades ou ilegalidades perante o Tribunal de Contas da União.

Art. 75. As normas estabelecidas nesta seção aplicam-se, no que couber, à organização, composição e fiscalização dos Tribunais de Contas dos Estados e do Distrito Federal, bem como dos Tribunais e Conselhos de Contas dos Municípios.
• Vide art. 31, § 4.º, da CF.

Parágrafo único. As Constituições estaduais disporão sobre os Tribunais de Contas respectivos, que serão integrados por sete Conselheiros.

Capítulo II
DO PODER EXECUTIVO

Seção I
Do Presidente e do Vice-Presidente da República

• Organização da Presidência da República: Lei n. 13.844, de 18-6-2019.

Art. 76. O Poder Executivo é exercido pelo Presidente da República, auxiliado pelos Ministros de Estado.

Art. 77. A eleição do Presidente e do Vice-Presidente da República realizar-se-á, simultaneamente, no primeiro domingo de outubro, em primeiro turno, e no último domingo de outubro, em segundo turno, se houver, do ano anterior ao do término do mandato presidencial vigente.
•• Caput com redação determinada pela Emenda Constitucional n. 16, de 4-6-1997.
• Normas para as eleições: Lei n. 9.504, de 30-9-1997.

§ 1.º A eleição do Presidente da República importará a do Vice-Presidente com ele registrado.

§ 2.º Será considerado eleito Presidente o candidato que, registrado por partido político, obtiver a maioria absoluta de votos, não computados os em branco e os nulos.

§ 3.º Se nenhum candidato alcançar maioria absoluta na primeira votação, far-se-á nova eleição em até vinte dias após a proclamação do resultado, concorrendo os dois candidatos mais votados e considerando-se eleito aquele que obtiver a maioria dos votos válidos.

§ 4.º Se, antes de realizado o segundo turno, ocorrer morte, desistência ou impedimento legal de candidato, convocar-se-á, dentre os remanescentes, o de maior votação.

§ 5.º Se, na hipótese dos parágrafos anteriores, remanescer, em segundo lugar, mais de um candidato com a mesma votação, qualificar-se-á o mais idoso.

Art. 78. O Presidente e o Vice-Presidente da República tomarão posse em sessão do Congresso Nacional, prestando o compromisso de manter, defender e cumprir a Constituição, observar as leis, promover o bem geral do povo brasileiro, sustentar a união, a integridade e a independência do Brasil.

Parágrafo único. Se, decorridos dez dias da data fixada para a posse, o Presidente ou o Vice-Presidente, salvo motivo de força maior, não tiver assumido o cargo, este será declarado vago.

Art. 79. Substituirá o Presidente, no caso de impedimento, e suceder-lhe-á, no de vaga, o Vice-Presidente.

Parágrafo único. O Vice-Presidente da República, além de outras atribuições que lhe forem conferidas por lei complementar, auxiliará o Presidente, sempre que por ele convocado para missões especiais.

Art. 80. Em caso de impedimento do Presidente e do Vice-Presidente, ou vacância dos respectivos cargos, serão sucessivamente chamados ao exercício da Presidência o Presidente da Câmara dos Deputados, o do Senado Federal e o do Supremo Tribunal Federal.

Art. 81. Vagando os cargos de Presidente e Vice-Presidente da República, far-se-á eleição noventa dias depois de aberta a última vaga.

§ 1.º Ocorrendo a vacância nos últimos dois anos do período presidencial, a eleição para ambos os cargos será feita trinta dias depois da última vaga, pelo Congresso Nacional, na forma da lei.

§ 2.º Em qualquer dos casos, os eleitos deverão completar o período de seus antecessores.

Art. 82. O mandato do Presidente da República é de 4 (quatro) anos e terá início em 5 de janeiro do ano seguinte ao de sua eleição.
•• Artigo com redação determinada pela Emenda Constitucional n. 111, de 28-9-2021.
•• Vide art. 5.º da Emenda Constitucional n. 111, de 28-9-2021.

Art. 83. O Presidente e o Vice-Presidente da República não poderão, sem licença do Congresso Nacional, ausentar-se do País por período superior a quinze dias, sob pena de perda do cargo.

Seção II
Das Atribuições do Presidente da República

Art. 84. Compete privativamente ao Presidente da República:

I – nomear e exonerar os Ministros de Estado;

II – exercer, com o auxílio dos Ministros de Estado, a direção superior da administração federal;

III – iniciar o processo legislativo, na forma e nos casos previstos nesta Constituição;

IV – sancionar, promulgar e fazer publicar as leis, bem como expedir decretos e regulamentos para sua fiel execução;

V – vetar projetos de lei, total ou parcialmente;

VI – dispor, mediante decreto, sobre:
• Inciso VI, caput, com redação determinada pela Emenda Constitucional n. 32, de 11-9-2001.
• Vide art. 61, § 1.º, II, e, da CF.

a) organização e funcionamento da administração federal, quando não implicar aumento de despesa nem criação ou extinção de órgãos públicos;
•• Alínea a acrescentada pela Emenda Constitucional n. 32, de 11-9-2001.
• O Decreto n. 12.303, de 9-12-2024, institui o Programa de Governança e Modernização das Empresas Estatais - Inova, em âmbito federal, com as finalidades de aprimorar o desenho institucional e a governança, formar capacidades em gestão, coordenação e supervisão de empresas estatais federais e produzir conhecimento sobre o tema.

b) extinção de funções ou cargos públicos, quando vagos;
•• Alínea b acrescentada pela Emenda Constitucional n. 32, de 11-9-2001.
• Vide art. 48, X, da CF.

VII – manter relações com Estados estrangeiros e acreditar seus representantes diplomáticos;

VIII – celebrar tratados, convenções e atos internacionais, sujeitos a referendo do Congresso Nacional;

IX – decretar o estado de defesa e o estado de sítio;

X – decretar e executar a intervenção federal;

XI – remeter mensagem e plano de governo ao Congresso Nacional por ocasião da abertura da sessão legislativa, expondo a situação do País e solicitando as providências que julgar necessárias;

XII – conceder indulto e comutar penas, com audiência, se necessário, dos órgãos instituídos em lei;

XIII – exercer o comando supremo das Forças Armadas, nomear os Comandantes da Marinha, do Exército e da Aeronáutica, promover seus oficiais-generais e nomeá-los para os cargos que lhes são privativos;
•• Inciso XIII com redação determinada pela Emenda Constitucional n. 23, de 2-9-1999.
• A Lei Complementar n. 97, de 9-6-1999, dispõe sobre as normas gerais para a organização, o preparo e o emprego das Forças Armadas.

XIV – nomear, após aprovação pelo Senado Federal, os Ministros do Supremo Tribunal Federal e dos Tribunais Superiores, os Governadores de Territórios, o Procurador-Geral da República, o presidente e os diretores do banco central e outros servidores, quando determinado em lei;

XV – nomear, observado o disposto no art. 73, os Ministros do Tribunal de Contas da União;

XVI – nomear os magistrados, nos casos previstos nesta Constituição, e o Advogado-Geral da União;
•• Vide Seção II do Capítulo IV do Título IV da CF, que passou a denominar-se "Da Advocacia Pública" (arts. 131 e 132).

XVII – nomear membros do Conselho da República, nos termos do art. 89, VII;

XVIII – convocar e presidir o Conselho da República e o Conselho de Defesa Nacional;

XIX – declarar guerra, no caso de agressão estrangeira, autorizado pelo Congresso Nacional ou referendado por ele, quando ocorrida no intervalo das sessões legislativas, e, nas mesmas condições, decretar, total ou parcialmente, a mobilização nacional;
•• A Lei n. 11.631, de 27-12-2007, regulamentada pelo Decreto n. 6.592, de 2-10-2008, dispõe sobre a mobilização nacional e cria o Sistema Nacional de Mobilização – SINAMOB.

XX – celebrar a paz, autorizado ou com o referendo do Congresso Nacional;
XXI – conferir condecorações e distinções honoríficas;
XXII – permitir, nos casos previstos em lei complementar, que forças estrangeiras transitem pelo território nacional ou nele permaneçam temporariamente;
•• Regulamento: Lei Complementar n. 90, de 1.º-10-1997.
XXIII – enviar ao Congresso Nacional o plano plurianual, o projeto de lei de diretrizes orçamentárias e as propostas de orçamento previstos nesta Constituição;
XXIV – prestar, anualmente, ao Congresso Nacional, dentro de sessenta dias após a abertura da sessão legislativa, as contas referentes ao exercício anterior;
XXV – prover e extinguir os cargos públicos federais, na forma da lei;
XXVI – editar medidas provisórias com força de lei, nos termos do art. 62;
XXVII – exercer outras atribuições previstas nesta Constituição;
XXVIII – propor ao Congresso Nacional a decretação do estado de calamidade pública de âmbito nacional previsto nos arts. 167-B, 167-C, 167-D, 167-E, 167-F e 167-G desta Constituição.
•• Inciso XXVIII acrescentado pela Emenda Constitucional n. 109, de 15-3-2021.
Parágrafo único. O Presidente da República poderá delegar as atribuições mencionadas nos incisos VI, XII e XXV, primeira parte, aos Ministros de Estado, ao Procurador-Geral da República ou ao Advogado-Geral da União, que observarão os limites traçados nas respectivas delegações.

Seção III
Da Responsabilidade do Presidente da República

Art. 85. São crimes de responsabilidade os atos do Presidente da República que atentem contra a Constituição Federal e, especialmente, contra:
• A Lei n. 1.079, de 10-4-1950, define os crimes de responsabilidade e regula o respectivo processo de julgamento.
• A Lei n. 8.429, de 2-6-1992, dispõe sobre as sanções aplicáveis aos agentes públicos nos casos de enriquecimento ilícito no exercício de mandato, cargo, emprego ou função na administração pública direta, indireta ou fundacional e dá outras providências.
I – a existência da União;
II – o livre exercício do Poder Legislativo, do Poder Judiciário, do Ministério Público e dos Poderes constitucionais das unidades da Federação;
III – o exercício dos direitos políticos, individuais e sociais;
IV – a segurança interna do País;
• A Lei Complementar n. 90, de 1.º-10-1997, determina os casos em que forças estrangeiras possam transitar pelo território nacional ou nele permanecer temporariamente.
V – a probidade na administração;
VI – a lei orçamentária;
VII – o cumprimento das leis e das decisões judiciais.
Parágrafo único. Esses crimes serão definidos em lei especial, que estabelecerá as normas de processo e julgamento.
• Vide Súmula Vinculante 46 do STF.

Art. 86. Admitida a acusação contra o Presidente da República, por dois terços da Câmara dos Deputados, será ele submetido a julgamento perante o Supremo Tribunal Federal, nas infrações penais comuns, ou perante o Senado Federal, nos crimes de responsabilidade.
§ 1.º O Presidente ficará suspenso de suas funções:
I – nas infrações penais comuns, se recebida a denúncia ou queixa-crime pelo Supremo Tribunal Federal;
II – nos crimes de responsabilidade, após a instauração do processo pelo Senado Federal.
§ 2.º Se, decorrido o prazo de cento e oitenta dias, o julgamento não estiver concluído, cessará o afastamento do Presidente, sem prejuízo do regular prosseguimento do processo.
§ 3.º Enquanto não sobrevier sentença condenatória, nas infrações comuns, o Presidente da República não estará sujeito a prisão.
§ 4.º O Presidente da República, na vigência de seu mandato, não pode ser responsabilizado por atos estranhos ao exercício de suas funções.

Seção IV
Dos Ministros de Estado

• Organização da Presidência da República: Lei n. 13.844, de 18-6-2019.

Art. 87. Os Ministros de Estado serão escolhidos dentre brasileiros maiores de vinte e um anos e no exercício dos direitos políticos.
Parágrafo único. Compete ao Ministro de Estado, além de outras atribuições estabelecidas nesta Constituição e na lei:
I – exercer a orientação, coordenação e supervisão dos órgãos e entidades da administração federal na área de sua competência e referendar os atos e decretos assinados pelo Presidente da República;
II – expedir instruções para a execução das leis, decretos e regulamentos;
III – apresentar ao Presidente da República relatório anual de sua gestão no Ministério;
IV – praticar os atos pertinentes às atribuições que lhe forem outorgadas ou delegadas pelo Presidente da República.

Art. 88. A lei disporá sobre a criação e extinção de Ministérios e órgãos da administração pública.
•• Artigo com redação determinada pela Emenda Constitucional n. 32, de 11-9-2001.

Seção V
Do Conselho da República e do Conselho de Defesa Nacional

Subseção I
Do Conselho da República

• A Lei n. 8.041, de 5-6-1990, dispõe sobre a organização e o funcionamento do Conselho da República.

Art. 89. O Conselho da República é órgão superior de consulta do Presidente da República, e dele participam:
I – o Vice-Presidente da República;
II – o Presidente da Câmara dos Deputados;
III – o Presidente do Senado Federal;
IV – os líderes da maioria e da minoria na Câmara dos Deputados;
V – os líderes da maioria e da minoria no Senado Federal;
• Vide arts. 51, V, 52, XIV, e 84, XIV, da CF.
VI – o Ministro da Justiça;
VII – seis cidadãos brasileiros natos, com mais de trinta e cinco anos de idade, sendo dois nomeados pelo Presidente da República, dois eleitos pelo Senado Federal e dois eleitos pela Câmara dos Deputados, todos com mandato de três anos, vedada a recondução.

Art. 90. Compete ao Conselho da República pronunciar-se sobre:
I – intervenção federal, estado de defesa e estado de sítio;
II – as questões relevantes para a estabilidade das instituições democráticas.
§ 1.º O Presidente da República poderá convocar Ministro de Estado para participar da reunião do Conselho, quando constar da pauta questão relacionada com o respectivo Ministério.
§ 2.º A lei regulará a organização e o funcionamento do Conselho da República.
• A Lei n. 8.041, de 5-6-1990, dispõe sobre a organização e o funcionamento do Conselho da República.

Subseção II
Do Conselho de Defesa Nacional

• Organização e funcionamento do Conselho de Defesa Nacional: Lei n. 8.183, de 11-4-1991.
• Regulamento do Conselho de Defesa Nacional: Decreto n. 893, de 12-8-1993.

Art. 91. O Conselho de Defesa Nacional é órgão de consulta do Presidente da República nos assuntos relacionados com a soberania nacional e a defesa do Estado democrático, e dele participam como membros natos:
I – o Vice-Presidente da República;
II – o Presidente da Câmara dos Deputados;
III – o Presidente do Senado Federal;
IV – o Ministro da Justiça;
V – o Ministro de Estado da Defesa;
•• Inciso V com redação determinada pela Emenda Constitucional n. 23, de 2-9-1999.
VI – o Ministro das Relações Exteriores;
VII – o Ministro do Planejamento;
VIII – os Comandantes da Marinha, do Exército e da Aeronáutica.
•• Inciso VIII acrescentado pela Emenda Constitucional n. 23, de 2-9-1999.

§ 1.º Compete ao Conselho de Defesa Nacional:

I – opinar nas hipóteses de declaração de guerra e de celebração da paz, nos termos desta Constituição;

II – opinar sobre a decretação do estado de defesa, do estado de sítio e da intervenção federal;

III – propor os critérios e condições de utilização de áreas indispensáveis à segurança do território nacional e opinar sobre seu efetivo uso, especialmente na faixa de fronteira e nas relacionadas com a preservação e a exploração dos recursos naturais de qualquer tipo;

IV – estudar, propor e acompanhar o desenvolvimento de iniciativas necessárias a garantir a independência nacional e a defesa do Estado democrático.

§ 2.º A lei regulará a organização e o funcionamento do Conselho de Defesa Nacional.

Capítulo III
DO PODER JUDICIÁRIO

Seção I
Disposições Gerais

Art. 92. São órgãos do Poder Judiciário:

I – o Supremo Tribunal Federal;

I-A – o Conselho Nacional de Justiça;
- • Inciso I-A acrescentado pela Emenda Constitucional n. 45, de 8-12-2004.
- • Vide art. 5.º da Emenda Constitucional n. 45, de 8-12-2004.

II – o Superior Tribunal de Justiça;

II-A – o Tribunal Superior do Trabalho;
- • Inciso II-A acrescentado pela Emenda Constitucional n. 92, de 12-7-2016.

III – os Tribunais Regionais Federais e Juízes Federais;

IV – os Tribunais e Juízes do Trabalho;

V – os Tribunais e Juízes Eleitorais;

VI – os Tribunais e Juízes Militares;

VII – os Tribunais e Juízes dos Estados e do Distrito Federal e Territórios.

§ 1.º O Supremo Tribunal Federal, o Conselho Nacional de Justiça e os Tribunais Superiores têm sede na Capital Federal.
- • § 1.º acrescentado pela Emenda Constitucional n. 45, de 8-12-2004.

§ 2.º O Supremo Tribunal Federal e os Tribunais Superiores têm jurisdição em todo o território nacional.
- • § 2.º acrescentado pela Emenda Constitucional n. 45, de 8-12-2004.

Art. 93. Lei complementar, de iniciativa do Supremo Tribunal Federal, disporá sobre o Estatuto da Magistratura, observados os seguintes princípios:
- • A Lei Complementar n. 35, de 14-3-1979, promulgada sob a vigência da ordem constitucional anterior, disporá sobre a Magistratura Nacional até o advento da norma prevista no *caput* deste artigo.

I – ingresso na carreira, cujo cargo inicial será o de juiz substituto, mediante concurso público de provas e títulos, com a participação da Ordem dos Advogados do Brasil em todas as fases, exigindo-se do bacharel em direito, no mínimo, três anos de atividade jurídica e obedecendo-se, nas nomeações, à ordem de classificação;
- • Inciso I com redação determinada pela Emenda Constitucional n. 45, de 8-12-2004.

II – promoção de entrância para entrância, alternadamente, por antiguidade e merecimento, atendidas as seguintes normas:

a) é obrigatória a promoção do juiz que figure por três vezes consecutivas ou cinco alternadas em lista de merecimento;

b) a promoção por merecimento pressupõe dois anos de exercício na respectiva entrância e integrar o juiz a primeira quinta parte da lista de antiguidade desta, salvo se não houver com tais requisitos quem aceite o lugar vago;

c) aferição do merecimento conforme o desempenho e pelos critérios objetivos de produtividade e presteza no exercício da jurisdição e pela frequência e aproveitamento em cursos oficiais ou reconhecidos de aperfeiçoamento;
- • Alínea *c* com redação determinada pela Emenda Constitucional n. 45, de 8-12-2004.

d) na apuração de antiguidade, o tribunal somente poderá recusar o juiz mais antigo pelo voto fundamentado de dois terços de seus membros, conforme procedimento próprio, e assegurada ampla defesa, repetindo-se a votação até fixar-se a indicação;
- • Alínea *d* com redação determinada pela Emenda Constitucional n. 45, de 8-12-2004.

e) não será promovido o juiz que, injustificadamente, retiver autos em seu poder além do prazo legal, não podendo devolvê-los ao cartório sem o devido despacho ou decisão;
- • Alínea *e* acrescentada pela Emenda Constitucional n. 45, de 8-12-2004.

III – o acesso aos tribunais de segundo grau far-se-á por antiguidade e merecimento, alternadamente, apurados na última ou única entrância;
- • Inciso III com redação determinada pela Emenda Constitucional n. 45, de 8-12-2004.

IV – previsão de cursos oficiais de preparação, aperfeiçoamento e promoção de magistrados, constituindo etapa obrigatória do processo de vitaliciamento a participação em curso oficial ou reconhecido por escola nacional de formação e aperfeiçoamento de magistrados;
- • Inciso IV com redação determinada pela Emenda Constitucional n. 45, de 8-12-2004.

V – o subsídio dos Ministros dos Tribunais Superiores corresponderá a 95% (noventa e cinco por cento) do subsídio mensal fixado para os Ministros do Supremo Tribunal Federal e os subsídios dos demais magistrados serão fixados em lei e escalonados, em nível federal e estadual, conforme as respectivas categorias da estrutura judiciária nacional, não podendo a diferença entre uma e outra ser superior a 10% (dez por cento) ou inferior a 5% (cinco por cento), nem exceder a 95% (noventa e cinco por cento) do subsídio mensal dos Ministros dos Tribunais Superiores, obedecido, em qualquer caso, o disposto nos arts. 37, XI, e 39, § 4.º;
- • Inciso V com redação determinada pela Emenda Constitucional n. 19, de 4-6-1998.
- • A Lei n. 9.655, de 2-6-1998, altera o percentual de diferença entre a remuneração dos cargos de Ministros do STJ e dos Juízes da Justiça Federal de Primeiro e Segundo Graus.

VI – a aposentadoria dos magistrados e a pensão de seus dependentes observarão o disposto no art. 40;
- • Inciso VI com redação determinada pela Emenda Constitucional n. 20, de 15-12-1998.

VII – o juiz titular residirá na respectiva comarca, salvo autorização do tribunal;
- • Inciso VII com redação determinada pela Emenda Constitucional n. 45, de 8-12-2004.

VIII – o ato de remoção ou de disponibilidade do magistrado, por interesse público, fundar-se-á em decisão por voto da maioria absoluta do respectivo tribunal ou do Conselho Nacional de Justiça, assegurada ampla defesa;
- • Inciso VIII com redação determinada pela Emenda Constitucional n. 103, de 12-11-2019.

VIII-A – a remoção a pedido de magistrados de comarca de igual entrância atenderá, no que couber, ao disposto nas alíneas *a*, *b*, *c* e *e* do inciso II do *caput* deste artigo e no art. 94 desta Constituição;
- • Inciso VIII-A com redação determinada pela Emenda Constitucional n. 130, de 3-10-2023.

VIII-B – a permuta de magistrados de comarca de igual entrância, quando for o caso, e dentro do mesmo segmento de justiça, inclusive entre os juízes de segundo grau, vinculados a diferentes tribunais, na esfera da justiça estadual, federal ou do trabalho, atenderá, no que couber, ao disposto nas alíneas *a*, *b*, *c* e *e* do inciso II do *caput* deste artigo e no art. 94 desta Constituição;
- • Inciso VIII-B acrescentado pela Emenda Constitucional n. 130, de 3-10-2023.

IX – todos os julgamentos dos órgãos do Poder Judiciário serão públicos, e fundamentadas todas as decisões, sob pena de nulidade, podendo a lei limitar a presença, em determinados atos, às próprias partes e a seus advogados, ou somente a estes, em casos nos quais a preservação do direito à intimidade do interessado no sigilo não prejudique o interesse público à informação;
- • Inciso IX com redação determinada pela Emenda Constitucional n. 45, de 8-12-2004.
- • Vide Súmula 674 do STJ.

X – as decisões administrativas dos tribunais serão motivadas e em sessão pública, sendo as disciplinares tomadas pelo voto da maioria absoluta de seus membros;
- • Inciso X com redação determinada pela Emenda Constitucional n. 45, de 8-12-2004.

XI – nos tribunais com número superior a vinte e cinco julgadores, poderá ser constituído órgão especial, com o mínimo de onze e o máximo de vinte e cinco membros, para o exercício das atribuições administrativas e jurisdicionais delegadas da competência do tribunal pleno, provendo-se metade das vagas por antiguidade e a outra metade por eleição pelo tribunal pleno;
- • Inciso XI com redação determinada pela Emenda Constitucional n. 45, de 8-12-2004.

CF – Arts. 93 a 99 – Organização dos Poderes

XII – a atividade jurisdicional será ininterrupta, sendo vedado férias coletivas nos juízos e tribunais de segundo grau, funcionando, nos dias em que não houver expediente forense normal, juízes em plantão permanente;
•• Inciso XII acrescentado pela Emenda Constitucional n. 45, de 8-12-2004.

XIII – o número de juízes na unidade jurisdicional será proporcional à efetiva demanda judicial e à respectiva população;
•• Inciso XIII acrescentado pela Emenda Constitucional n. 45, de 8-12-2004.

XIV – os servidores receberão delegação para a prática de atos de administração e atos de mero expediente sem caráter decisório;
•• Inciso XIV acrescentado pela Emenda Constitucional n. 45, de 8-12-2004.

XV – a distribuição de processos será imediata, em todos os graus de jurisdição.
•• Inciso XV acrescentado pela Emenda Constitucional n. 45, de 8-12-2004.

Art. 94. Um quinto dos lugares dos Tribunais Regionais Federais, dos Tribunais dos Estados, e do Distrito Federal e Territórios será composto de membros, do Ministério Público, com mais de dez anos de carreira, e de advogados de notório saber jurídico e de reputação ilibada, com mais de dez anos de efetiva atividade profissional, indicados em lista sêxtupla pelos órgãos de representação das respectivas classes.

Parágrafo único. Recebidas as indicações, o tribunal formará lista tríplice, enviando-a ao Poder Executivo, que, nos vinte dias subsequentes, escolherá um de seus integrantes para nomeação.

Art. 95. Os juízes gozam das seguintes garantias:

I – vitaliciedade, que, no primeiro grau, só será adquirida após dois anos de exercício, dependendo a perda do cargo, nesse período, de deliberação do tribunal a que o juiz estiver vinculado, e, nos demais casos, de sentença judicial transitada em julgado;

II – inamovibilidade, salvo por motivo de interesse público, na forma do art. 93, VIII;

III – irredutibilidade de subsídio, ressalvado o disposto nos arts. 37, X e XI, 39, § 4.º, 150, II, 153, III, e 153, § 2.º, I.
•• Inciso III com redação determinada pela Emenda Constitucional n. 19, de 4-6-1998.

Parágrafo único. Aos juízes é vedado:

I – exercer, ainda que em disponibilidade, outro cargo ou função, salvo uma de magistério;

II – receber, a qualquer título ou pretexto, custas ou participação em processo;

III – dedicar-se à atividade político-partidária;

IV – receber, a qualquer título ou pretexto, auxílios ou contribuições de pessoas físicas, entidades públicas ou privadas, ressalvadas as exceções previstas em lei;
•• Inciso IV acrescentado pela Emenda Constitucional n. 45, de 8-12-2004.

V – exercer a advocacia no juízo ou tribunal do qual se afastou, antes de decorridos três anos do afastamento do cargo por aposentadoria ou exoneração.
•• Inciso V acrescentado pela Emenda Constitucional n. 45, de 8-12-2004.

Art. 96. Compete privativamente:

I – aos tribunais:

a) eleger seus órgãos diretivos e elaborar seus regimentos internos, com observância das normas de processo e das garantias processuais das partes, dispondo sobre a competência e o funcionamento dos respectivos órgãos jurisdicionais e administrativos;

b) organizar suas secretarias e serviços auxiliares e os dos juízos que lhes forem vinculados, velando pelo exercício da atividade correicional respectiva;

c) prover, na forma prevista nesta Constituição, os cargos de juiz de carreira da respectiva jurisdição;

d) propor a criação de novas varas judiciárias;

e) prover, por concurso público de provas, ou de provas e títulos, obedecido o disposto no art. 169, parágrafo único, os cargos necessários à administração da Justiça, exceto os de confiança assim definidos em lei;
•• De acordo com alteração processada pela Emenda Constitucional n. 19, de 4-6-1998, a referência passa a ser ao art. 169, § 1.º.

f) conceder licença, férias e outros afastamentos a seus membros e aos juízes e servidores que lhes forem imediatamente vinculados;

II – ao Supremo Tribunal Federal, aos Tribunais Superiores e aos Tribunais de Justiça propor ao Poder Legislativo respectivo, observado o disposto no art. 169:

a) a alteração do número de membros dos tribunais inferiores;

b) a criação e a extinção de cargos e a remuneração dos seus serviços auxiliares e dos juízos que lhes forem vinculados, bem como a fixação do subsídio de seus membros e dos juízes, inclusive dos tribunais inferiores, onde houver;
•• Alínea *b* com redação determinada pela Emenda Constitucional n. 41, de 19-12-2003.

c) a criação ou extinção dos tribunais inferiores;

d) a alteração da organização e da divisão judiciárias;

III – aos Tribunais de Justiça julgar os juízes estaduais e do Distrito Federal e Territórios, bem como os membros do Ministério Público, nos crimes comuns e de responsabilidade, ressalvada a competência da Justiça Eleitoral.

Parágrafo único. Nos Tribunais de Justiça compostos de mais de 170 (cento e setenta) desembargadores em efetivo exercício, a eleição para os cargos diretivos, de que trata a alínea *a* do inciso I do *caput* deste artigo, será realizada entre os membros do tribunal pleno, por maioria absoluta e por voto direto e secreto, para um mandato de 2 (dois) anos, vedada mais de 1 (uma) recondução sucessiva.
•• Parágrafo único acrescentado pela Emenda Constitucional n. 134, de 24-9-2024.

Art. 97. Somente pelo voto da maioria absoluta de seus membros ou dos membros do respectivo órgão especial poderão os tribunais declarar a inconstitucionalidade de lei ou ato normativo do Poder Público.
• *Vide* Súmula Vinculante 10 do STF.

Art. 98. A União, no Distrito Federal e nos Territórios, e os Estados criarão:

I – juizados especiais, providos por juízes togados, ou togados e leigos, competentes para a conciliação, o julgamento e a execução de causas cíveis de menor complexidade e infrações penais de menor potencial ofensivo, mediante os procedimentos oral e sumaríssimo, permitidos, nas hipóteses previstas em lei, a transação e o julgamento de recursos por turmas de juízes de primeiro grau;
• Juizados Especiais Cíveis e Criminais: Lei n. 9.099, de 26-9-1995.
• Juizados Especiais Cíveis e Criminais no âmbito da Justiça Federal: Lei n. 10.259, de 12-7-2001.
• Juizados de Violência Doméstica e Familiar contra a Mulher: Lei n. 11.340, de 7-8-2006.
• Juizados Especiais da Fazenda Pública: Lei n. 12.153, de 22-12-2009.

II – justiça de paz, remunerada, composta de cidadãos eleitos pelo voto direto, universal e secreto, com mandato de quatro anos e competência para, na forma da lei, celebrar casamentos, verificar, de ofício ou em face de impugnação apresentada, o processo de habilitação e exercer atribuições conciliatórias, sem caráter jurisdicional, além de outras previstas na legislação.

§ 1.º Lei federal disporá sobre a criação de juizados especiais no âmbito da Justiça Federal.
•• Anterior parágrafo único transformado em § 1.º pela Emenda Constitucional n. 45, de 8-12-2004.
• A Lei n. 10.259, de 12-7-2001, dispõe sobre a instituição dos Juizados Especiais Cíveis e Criminais no âmbito da Justiça Federal.

§ 2.º As custas e emolumentos serão destinados exclusivamente ao custeio dos serviços afetos às atividades específicas da Justiça.
•• § 2.º acrescentado pela Emenda Constitucional n. 45, de 8-12-2004.

Art. 99. Ao Poder Judiciário é assegurada autonomia administrativa e financeira.

§ 1.º Os tribunais elaborarão suas propostas orçamentárias dentro dos limites estipulados conjuntamente com os demais Poderes na lei de diretrizes orçamentárias.

§ 2.º O encaminhamento da proposta, ouvidos os outros tribunais interessados, compete:

I – no âmbito da União, aos Presidentes do Supremo Tribunal Federal e dos Tribunais Superiores, com a aprovação dos respectivos tribunais;

II – no âmbito dos Estados e no do Distrito Federal e Territórios, aos Presidentes dos Tribunais de Justiça, com a aprovação dos respectivos tribunais.

§ 3.º Se os órgãos referidos no § 2.º não encaminharem as respectivas propostas orçamentárias dentro do prazo estabelecido na lei de diretrizes orçamentárias, o Poder Executivo considerará, para fins de consolidação da proposta orçamentária anual, os valores aprovados na lei orçamentária vigente, ajustados de acordo com os limites estipulados na forma do § 1.º deste artigo.

•• § 3.º acrescentado pela Emenda Constitucional n. 45, de 8-12-2004.

§ 4.º Se as propostas orçamentárias de que trata este artigo forem encaminhadas em desacordo com os limites estipulados na forma do § 1.º, o Poder Executivo procederá aos ajustes necessários para fins de consolidação da proposta orçamentária anual.

•• § 4.º acrescentado pela Emenda Constitucional n. 45, de 8-12-2004.

§ 5.º Durante a execução orçamentária do exercício, não poderá haver a realização de despesas ou a assunção de obrigações que extrapolem os limites estabelecidos na lei de diretrizes orçamentárias, exceto se previamente autorizadas, mediante a abertura de créditos suplementares ou especiais.

•• § 5.º acrescentado pela Emenda Constitucional n. 45, de 8-12-2004.

Art. 100. Os pagamentos devidos pelas Fazendas Públicas Federal, Estaduais, Distrital e Municipais, em virtude de sentença judiciária, far-se-ão exclusivamente na ordem cronológica de apresentação dos precatórios e à conta dos créditos respectivos, proibida a designação de casos ou de pessoas nas dotações orçamentárias e nos créditos adicionais abertos para este fim.

•• *Caput* com redação determinada pela Emenda Constitucional n. 62, de 9-12-2009.
•• *Vide* art. 4.º da Emenda Constitucional n. 62, de 9-12-2009.
• A Resolução n. 303, de 18-12-2019, do CNJ, dispõe sobre a gestão dos precatórios e respectivos procedimentos operacionais no âmbito do Poder Judiciário.

§ 1.º Os débitos de natureza alimentícia compreendem aqueles decorrentes de salários, vencimentos, proventos, pensões e suas complementações, benefícios previdenciários e indenizações por morte ou por invalidez, fundadas em responsabilidade civil, em virtude de sentença judicial transitada em julgado, e serão pagos com preferência sobre todos os demais débitos, exceto sobre aqueles referidos no § 2.º deste artigo.

•• § 1.º com redação determinada pela Emenda Constitucional n. 62, de 9-12-2009.
• *Vide* Súmulas Vinculantes 17 e 47 do STF.

§ 2.º Os débitos de natureza alimentícia cujos titulares, originários ou por sucessão hereditária, tenham 60 (sessenta) anos de idade, ou sejam portadores de doença grave, ou pessoas com deficiência, assim definidos na forma da lei, serão pagos com preferência sobre todos os demais débitos, até o valor equivalente ao triplo fixado em lei para os fins do disposto no § 3.º deste artigo, admitido o fracionamento para essa finalidade, sendo que o restante será pago na ordem cronológica de apresentação do precatório.

•• § 2.º com redação determinada pela Emenda Constitucional n. 94, de 15-12-2016.
•• *Vide* art. 97, § 17, do ADCT.

§ 3.º O disposto no *caput* deste artigo relativamente à expedição de precatórios não se aplica aos pagamentos de obrigações definidas em leis como de pequeno valor que as Fazendas referidas devam fazer em virtude de sentença judicial transitada em julgado.

•• § 3.º com redação determinada pela Emenda Constitucional n. 62, de 9-12-2009.

§ 4.º Para os fins do disposto no § 3.º, poderão ser fixados, por leis próprias, valores distintos às entidades de direito público, segundo as diferentes capacidades econômicas, sendo o mínimo igual ao valor do maior benefício do regime geral de previdência social.

•• § 4.º com redação determinada pela Emenda Constitucional n. 62, de 9-12-2009.
•• *Vide* art. 97, § 12, do ADCT.

§ 5.º É obrigatória a inclusão no orçamento das entidades de direito público de verba necessária ao pagamento de seus débitos oriundos de sentenças transitadas em julgado constantes de precatórios judiciários apresentados até 2 de abril, fazendo-se o pagamento até o final do exercício seguinte, quando terão seus valores atualizados monetariamente.

•• § 5.º com redação determinada pela Emenda Constitucional n. 114, de 16-12-2021.

§ 6.º As dotações orçamentárias e os créditos abertos serão consignados diretamente ao Poder Judiciário, cabendo ao Presidente do Tribunal que proferir a decisão exequenda determinar o pagamento integral e autorizar, a requerimento do credor e exclusivamente para os casos de preterimento de seu direito de precedência ou de não alocação orçamentária do valor necessário à satisfação do seu débito, o sequestro da quantia respectiva.

•• § 6.º com redação determinada pela Emenda Constitucional n. 62, de 9-12-2009.

§ 7.º O Presidente do Tribunal competente que, por ato comissivo ou omissivo, retardar ou tentar frustrar a liquidação regular de precatórios incorrerá em crime de responsabilidade e responderá, também, perante o Conselho Nacional de Justiça.

•• § 7.º acrescentado pela Emenda Constitucional n. 62, de 9-12-2009.
• Crimes de responsabilidade: Lei n. 1.079, de 10-4-1950.

§ 8.º É vedada a expedição de precatórios complementares ou suplementares de valor pago, bem como o fracionamento, repartição ou quebra do valor da execução para fins de enquadramento de parcela do total ao que dispõe o § 3.º deste artigo.

•• § 8.º acrescentado pela Emenda Constitucional n. 62, de 9-12-2009.

§ 9.º Sem que haja interrupção no pagamento do precatório e mediante comunicação da Fazenda Pública ao Tribunal, o valor correspondente aos eventuais débitos inscritos em dívida ativa contra o credor do requisitório e seus substituídos deverá ser depositado à conta do juízo responsável pela ação de cobrança, que decidirá pelo seu destino definitivo.

•• § 9.º com redação determinada pela Emenda Constitucional n. 113, de 8-12-2021.
• A compensação de débitos perante a Fazenda Pública Federal, com créditos provenientes de precatórios, na forma prevista neste parágrafo, observará o disposto na Lei n. 12.431, de 24-6-2011.
• O STF, nas ADIs n. 7.047 e 7.064, na sessão virtual extraordinária de 30-11-2023 (*DJe* de 1.º-12-2023), converteu o julgamento da medida cautelar em julgamento de mérito e conheceu da presente ação direta, para julgá-la parcialmente procedente, para declarar a inconstitucionalidade deste § 9.º, com redação estabelecida pelo art. 1.º da EC n. 113/21. Por fim, a ADI n. 7.064 reconheceu que "o cumprimento integral do teor desta decisão insere-se nas exceções descritas no art. 3.º, § 2.º, da Lei Complementar n. 200/2023, que instituiu o Novo Regime Fiscal Sustentável, cujos valores não serão considerados exclusivamente para fins de verificação do cumprimento da meta de resultado primário a que se refere o art. 4.º, § 1.º, da Lei Complementar n. 101, de 4 de maio de 2000, prevista na lei de diretrizes orçamentárias em que for realizado o pagamento".
• A Orientação Normativa n. 4, de 8-6-2010, do STJ, estabelece regra de transição para os procedimentos de compensação previstos nos §§ 9.º e 10 deste artigo.

§ 10. Antes da expedição dos precatórios, o Tribunal solicitará à Fazenda Pública devedora, para resposta em até 30 (trinta) dias, sob pena de perda do direito de abatimento, informação sobre os débitos que preencham as condições estabelecidas no § 9.º, para os fins nele previstos.

•• § 10 acrescentado pela Emenda Constitucional n. 62, de 9-12-2009.
•• O STF, no julgamento das ADIs n. 4.357 e 4.425, de 14-3-2013 (*DJe* de 19-12-2013), julgou procedente a ação para declarar a inconstitucionalidade deste parágrafo.
•• *Vide* nota do parágrafo anterior.

§ 11. É facultada ao credor, conforme estabelecido em lei do ente federativo devedor, com autoaplicabilidade para a União, a oferta de créditos líquidos e certos que originalmente lhe são próprios ou adquiridos de terceiros reconhecidos pelo ente federativo ou por decisão judicial transitada em julgado para:

•• § 11, *caput*, com redação determinada pela Emenda Constitucional n. 113, de 8-12-2021.
•• O STF, nas ADIs n. 7.047 e 7.064, na sessão virtual extraordinária de 30-11-2023 (*DJe* de 1.º-12-2023), converteu o julgamento da medida cautelar em julgamento de mérito e conheceu da presente ação direta, para julgá-la parcialmente procedente, para dar interpretação conforme a Constituição a este § 11, com redação da EC n. 113/2021, para excluir a expressão "com autoaplicabilidade para a União", de seu texto. Por fim, a ADI n. 7.064 reconheceu que "o cumprimento integral do teor desta decisão insere-se nas exceções descritas no art. 3.º, § 2.º, da Lei Complementar n. 200/2023, que institui o Novo Regime Fiscal Sustentável, cujos valores não serão considerados exclusivamente para fins de verificação do cumprimento da meta de resultado primário a que se refere o art. 4.º, § 1.º, da Lei Complementar n. 101, de 4 de maio de 2000, prevista na lei de diretrizes orçamentárias em que for realizado o pagamento".
•• O Decreto n. 11.249, de 9-11-2022, dispõe sobre o procedimento de oferta de créditos líquidos e certos decorrentes de decisão judicial transitada em julgado, de que trata este § 11.

I – quitação de débitos parcelados ou débitos inscritos em dívida ativa do ente federativo devedor, inclusive em transação resolutiva de litígio, e, subsidiariamente, débitos com a administração autárquica e fundacional do mesmo ente;
- • Inciso I acrescentado pela Emenda Constitucional n. 113, de 8-12-2021.

II – compra de imóveis públicos de propriedade do mesmo ente disponibilizados para venda;
- • Inciso II acrescentado pela Emenda Constitucional n. 113, de 8-12-2021.

III – pagamento de outorga de delegações de serviços públicos e demais espécies de concessão negocial promovidas pelo mesmo ente;
- • Inciso III acrescentado pela Emenda Constitucional n. 113, de 8-12-2021.

IV – aquisição, inclusive minoritária, de participação societária, disponibilizada para venda, do respectivo ente federativo; ou
- • Inciso IV acrescentado pela Emenda Constitucional n. 113, de 8-12-2021.

V – compra de direitos, disponibilizados para cessão, do respectivo ente federativo, inclusive, no caso da União, da antecipação de valores a serem recebidos a título do excedente em óleo em contratos de partilha de petróleo.
- • Inciso V acrescentado pela Emenda Constitucional n. 113, de 8-12-2021.

§ 12. A partir da promulgação desta Emenda Constitucional, a atualização de valores de requisitórios, após sua expedição, até o efetivo pagamento, independentemente de sua natureza, será feita pelo índice oficial de remuneração básica da caderneta de poupança, e, para fins de compensação da mora, incidirá juros simples no mesmo percentual de juros incidentes sobre a caderneta de poupança, ficando excluída a incidência de juros compensatórios.
- • § 12 acrescentado pela Emenda Constitucional n. 62, de 9-12-2009.
- • O STF, no julgamento das ADIs n. 4.357 e 4.425, de 14-3-2013 (DJe de 19-12-2013), julgou procedente a ação para declarar a inconstitucionalidade das expressões "índice oficial de remuneração básica da caderneta de poupança", e "independentemente de sua natureza", contidas na redação deste parágrafo.
- A Orientação Normativa n. 2, de 18-12-2009, do CJF, estabelece regra de transição para os procedimentos administrativos atinentes ao cumprimento deste parágrafo.

§ 13. O credor poderá ceder, total ou parcialmente, seus créditos em precatórios a terceiros, independentemente da concordância do devedor, não se aplicando ao cessionário o disposto nos §§ 2.º e 3.º.
- • § 13 acrescentado pela Emenda Constitucional n. 62, de 9-12-2009.

§ 14. A cessão de precatórios, observado o disposto no § 9.º deste artigo, somente produzirá efeitos após comunicação, por meio de petição protocolizada, ao Tribunal de origem e ao ente federativo devedor.
- • § 14 com redação determinada pela Emenda Constitucional n. 113, de 8-12-2021.

§ 15. Sem prejuízo do disposto neste artigo, lei complementar a esta Constituição Federal poderá estabelecer regime especial para pagamento de crédito de precatórios de Estados, Distrito Federal e Municípios, dispondo sobre vinculações à receita corrente líquida e forma e prazo de liquidação.
- • • § 15 acrescentado pela Emenda Constitucional n. 62, de 9-12-2009.
- • • O STF, no julgamento das ADIs n. 4.357 e 4.425, de 14-3-2013 (DJe de 19-12-2013), julgou procedente a ação para declarar a inconstitucionalidade deste parágrafo.
- • • Vide arts. 97 e 101 a 105 do ADCT.

§ 16. A seu critério exclusivo e na forma de lei, a União poderá assumir débitos, oriundos de precatórios, de Estados, Distrito Federal e Municípios, refinanciando-os diretamente.
- • • § 16 acrescentado pela Emenda Constitucional n. 62, de 9-12-2009.

§ 17. A União, os Estados, o Distrito Federal e os Municípios aferirão mensalmente, em base anual, o comprometimento de suas respectivas receitas correntes líquidas com o pagamento de precatórios e obrigações de pequeno valor.
- • • § 17 acrescentado pela Emenda Constitucional n. 94, de 15-12-2016.

§ 18. Entende-se como receita corrente líquida, para os fins de que trata o § 17, o somatório das receitas tributárias, patrimoniais, industriais, agropecuárias, de contribuições e de serviços, de transferências correntes e outras receitas correntes, incluindo as oriundas do § 1.º do art. 20 da Constituição Federal, verificado no período compreendido pelo segundo mês imediatamente anterior ao de referência e os 11 (onze) meses precedentes, excluídas as duplicidades, e deduzidas:
- • • § 18, caput e incisos, acrescentados pela Emenda Constitucional n. 94, de 15-12-2016.

I – na União, as parcelas entregues aos Estados, ao Distrito Federal e aos Municípios por determinação constitucional;

II – nos Estados, as parcelas entregues aos Municípios por determinação constitucional;

III – na União, nos Estados, no Distrito Federal e nos Municípios, a contribuição dos servidores para o custeio de seu sistema de previdência e assistência social e as receitas provenientes da compensação financeira referida no § 9.º do art. 201 da Constituição Federal.

§ 19. Caso o montante total de débitos decorrentes de condenações judiciais em precatórios e obrigações de pequeno valor, em período de 12 (doze) meses, ultrapasse a média do comprometimento percentual da receita corrente líquida nos 5 (cinco) anos imediatamente anteriores, a parcela que exceder esse percentual poderá ser financiada, excetuada dos limites de endividamento de que tratam os incisos VI e VII do art. 52 da Constituição Federal e de quaisquer outros limites de endividamento previstos, não se aplicando a esse financiamento a vedação de vinculação de receita prevista no inciso IV do art. 167 da Constituição Federal.
- • • § 19 acrescentado pela Emenda Constitucional n. 94, de 15-12-2016.

§ 20. Caso haja precatório com valor superior a 15% (quinze por cento) do montante dos precatórios apresentados nos termos do § 5.º deste artigo, 15% (quinze por cento) do valor deste precatório serão pagos até o final do exercício seguinte e o restante em parcelas iguais nos cinco exercícios subsequentes, acrescidas de juros de mora e correção monetária, ou mediante acordos diretos, perante Juízos Auxiliares de Conciliação de Precatórios, com redução máxima de 40% (quarenta por cento) do valor do crédito atualizado, desde que em relação ao crédito não penda recurso ou defesa judicial e que sejam observados os requisitos definidos na regulamentação editada pelo ente federado.
- • • § 20 acrescentado pela Emenda Constitucional n. 94, de 15-12-2016.

§ 21. Ficam a União e os demais entes federativos, nos montantes que lhes são próprios, desde que aceito por ambas as partes, autorizados a utilizar valores objeto de sentenças transitadas em julgado devidos à pessoa jurídica de direito público para amortizar dívidas, vencidas ou vincendas:
- • • § 21, caput, acrescentado pela Emenda Constitucional n. 113, de 8-12-2021.

I – nos contratos de refinanciamento cujos créditos sejam detidos pelo ente federativo que figure como devedor na sentença de que trata o caput deste artigo;
- • • Inciso I acrescentado pela Emenda Constitucional n. 113, de 8-12-2021.

II – nos contratos em que houve prestação de garantia a outro ente federativo;
- • • Inciso II acrescentado pela Emenda Constitucional n. 113, de 8-12-2021.

III – nos parcelamentos de tributos ou de contribuições sociais; e
- • • Inciso III acrescentado pela Emenda Constitucional n. 113, de 8-12-2021.

IV – nas obrigações decorrentes do descumprimento de prestação de contas ou de desvio de recursos.
- • • Inciso IV acrescentado pela Emenda Constitucional n. 113, de 8-12-2021.

§ 22. A amortização de que trata o § 21 deste artigo:
- • • § 22, caput, acrescentado pela Emenda Constitucional n. 113, de 8-12-2021.

I – nas obrigações vencidas, será imputada primeiramente às parcelas mais antigas;
- • • Inciso I acrescentado pela Emenda Constitucional n. 113, de 8-12-2021.

II – nas obrigações vincendas, reduzirá uniformemente o valor de cada parcela devida, mantida a duração original do respectivo contrato ou parcelamento.
- • • Inciso II acrescentado pela Emenda Constitucional n. 113, de 8-12-2021.

Seção II
Do Supremo Tribunal Federal

Art. 101. O Supremo Tribunal Federal compõe-se de onze Ministros, escolhidos den-

tre cidadãos com mais de trinta e cinco e menos de setenta anos de idade, de notável saber jurídico e reputação ilibada.
•• *Caput* com redação determinada pela Emenda Constitucional n. 122, de 17-5-2022.

Parágrafo único. Os Ministros do Supremo Tribunal Federal serão nomeados pelo Presidente da República, depois de aprovada a escolha pela maioria absoluta do Senado Federal.

Art. 102. Compete ao Supremo Tribunal Federal, precipuamente, a guarda da Constituição, cabendo-lhe:
- A Lei n. 8.038, de 28-5-1990, que institui normas procedimentais para os processos que especifica, perante o STJ e o STF.

I – processar e julgar, originariamente:

a) a ação direta de inconstitucionalidade de lei ou ato normativo federal ou estadual e a ação declaratória de constitucionalidade de lei ou ato normativo federal;
•• Alínea *a* com redação determinada pela Emenda Constitucional n. 3, de 17-3-1993.
- O Decreto n. 2.346, de 10-10-1997, consolida as normas de procedimentos a serem observadas pela administração pública federal em razão de decisões judiciais.
- A Lei n. 9.868, de 10-11-1999, dispõe sobre o processo e julgamento na ADI e ADC perante o STF.

b) nas infrações penais comuns, o Presidente da República, o Vice-Presidente, os membros do Congresso Nacional, seus próprios Ministros e o Procurador-Geral da República;

c) nas infrações penais comuns e nos crimes de responsabilidade, os Ministros de Estado e os Comandantes da Marinha, do Exército e da Aeronáutica, ressalvado o disposto no art. 52, I, os membros dos Tribunais Superiores, os do Tribunal de Contas da União e os chefes de missão diplomática de caráter permanente;
•• Alínea *c* com redação determinada pela Emenda Constitucional n. 23, de 2-9-1999.
- A Lei n. 1.079, de 10-4-1950, define os crimes de responsabilidade e regula o respectivo processo de julgamento.

d) o *habeas corpus*, sendo paciente qualquer das pessoas referidas nas alíneas anteriores; o mandado de segurança e o *habeas data* contra atos do Presidente da República, das Mesas da Câmara dos Deputados e do Senado Federal, do Tribunal de Contas da União, do Procurador-Geral da República e do próprio Supremo Tribunal Federal;

e) o litígio entre Estado estrangeiro ou organismo internacional e a União, o Estado, o Distrito Federal ou o Território;

f) as causas e os conflitos entre a União e os Estados, a União e o Distrito Federal, ou entre uns e outros, inclusive as respectivas entidades da administração indireta;

g) a extradição solicitada por Estado estrangeiro;

h) (Revogada pela Emenda Constitucional n. 45, de 8-12-2004.)

i) o *habeas corpus*, quando o coator for Tribunal Superior ou quando o coator ou o paciente for autoridade ou funcionário cujos atos estejam sujeitos diretamente à jurisdição do Supremo Tribunal Federal, ou se trate de crime sujeito à mesma jurisdição em uma única instância;
•• Alínea *i* com redação determinada pela Emenda Constitucional n. 22, de 18-3-1999.

j) a revisão criminal e a ação rescisória de seus julgados;
- Da revisão criminal: arts. 621 e s. do CPP.
- Da ação rescisória: arts. 966 e s. do CPC.

l) a reclamação para a preservação de sua competência e garantia da autoridade de suas decisões;

m) a execução de sentença nas causas de sua competência originária, facultada a delegação de atribuições para a prática de atos processuais;

n) a ação em que todos os membros da magistratura sejam direta ou indiretamente interessados, e aquela em que mais da metade dos membros do tribunal de origem estejam impedidos ou sejam direta ou indiretamente interessados;

o) os conflitos de competência entre o Superior Tribunal de Justiça e quaisquer tribunais, entre Tribunais Superiores, ou entre estes e qualquer outro tribunal;
- Vide arts. 105, I, *d*, 108, I, *e*, e 114, V, da CF.

p) o pedido de medida cautelar das ações diretas de inconstitucionalidade;

q) o mandado de injunção, quando a elaboração da norma regulamentadora for atribuição do Presidente da República, do Congresso Nacional, da Câmara dos Deputados, do Senado Federal, das Mesas de uma dessas Casas Legislativas, do Tribunal de Contas da União, de um dos Tribunais Superiores, ou do próprio Supremo Tribunal Federal;

r) as ações contra o Conselho Nacional de Justiça e contra o Conselho Nacional do Ministério Público;
•• Alínea *r* acrescentada pela Emenda Constitucional n. 45, de 8-12-2004.

II – julgar, em recurso ordinário:

a) o *habeas corpus*, o mandado de segurança, o *habeas data* e o mandado de injunção decididos em única instância pelos Tribunais Superiores, se denegatória a decisão;

b) o crime político;

III – julgar, mediante recurso extraordinário, as causas decididas em única ou última instância, quando a decisão recorrida:

a) contrariar dispositivo desta Constituição;

b) declarar a inconstitucionalidade de tratado ou lei federal;

c) julgar válida lei ou ato de governo local contestado em face desta Constituição;

d) julgar válida lei local contestada em face de lei federal.
•• Alínea *d* acrescentada pela Emenda Constitucional n. 45, de 8-12-2004.

§ 1.º A arguição de descumprimento de preceito fundamental, decorrente desta Constituição, será apreciada pelo Supremo Tribunal Federal, na forma da lei.
•• § 1.º com redação determinada pela Emenda Constitucional n. 3, de 17-3-1993.
•• A Lei n. 9.882, de 3-12-1999, dispõe sobre o processo e julgamento da arguição de descumprimento de preceito fundamental, de que trata este parágrafo.

§ 2.º As decisões definitivas de mérito, proferidas pelo Supremo Tribunal Federal, nas ações diretas de inconstitucionalidade e nas ações declaratórias de constitucionalidade produzirão eficácia contra todos e efeito vinculante, relativamente aos demais órgãos do Poder Judiciário e à administração pública direta e indireta, nas esferas federal, estadual e municipal.
•• § 2.º com redação determinada pela Emenda Constitucional n. 45, de 8-12-2004.

§ 3.º No recurso extraordinário o recorrente deverá demonstrar a repercussão geral das questões constitucionais discutidas no caso, nos termos da lei, a fim de que o Tribunal examine a admissão do recurso, somente podendo recusá-lo pela manifestação de dois terços de seus membros.
•• § 3.º acrescentado pela Emenda Constitucional n. 45, de 8-12-2004.
•• § 3.º regulamentado pela Lei n. 11.418, de 19-12-2006.

Art. 103. Podem propor a ação direta de inconstitucionalidade e a ação declaratória de constitucionalidade:
•• *Caput* com redação determinada pela Emenda Constitucional n. 45, de 8-12-2004.

I – o Presidente da República;

II – a Mesa do Senado Federal;

III – a Mesa da Câmara dos Deputados;

IV – a Mesa de Assembleia Legislativa ou da Câmara Legislativa do Distrito Federal;
•• Inciso IV com redação determinada pela Emenda Constitucional n. 45, de 8-12-2004.

V – o Governador de Estado ou do Distrito Federal;
•• Inciso V com redação determinada pela Emenda Constitucional n. 45, de 8-12-2004.

VI – o Procurador-Geral da República;

VII – o Conselho Federal da Ordem dos Advogados do Brasil;

VIII – partido político com representação no Congresso Nacional;

IX – confederação sindical ou entidade de classe de âmbito nacional.

§ 1.º O Procurador-Geral da República deverá ser previamente ouvido nas ações de inconstitucionalidade e em todos os processos de competência do Supremo Tribunal Federal.

§ 2.º Declarada a inconstitucionalidade por omissão de medida para tornar efetiva norma constitucional, será dada ciência ao Poder competente para a adoção das providências necessárias e, em se tratando de órgão administrativo, para fazê-lo em trinta dias.

§ 3.º Quando o Supremo Tribunal Federal apreciar a inconstitucionalidade, em tese, de norma legal ou ato normativo, citará, previamente, o Advogado-Geral da União, que defenderá o ato ou texto impugnado.

§ 4.º (Revogado pela Emenda Constitucional n. 45, de 8-12-2004.)

Art. 103-A. O Supremo Tribunal Federal poderá, de ofício ou por provocação, mediante decisão de dois terços dos seus membros, após reiteradas decisões sobre matéria constitucional, aprovar súmula que, a partir de sua publicação na imprensa oficial, terá efeito vinculante em relação aos demais órgãos do Poder Judiciário e à administração pública direta e indireta, nas esferas federal, estadual e municipal, bem como proceder à sua revisão ou cancelamento, na forma estabelecida em lei.
•• *Caput* acrescentado pela Emenda Constitucional n. 45, de 8-12-2004.
•• Artigo regulamentado pela Lei n. 11.417, de 19-12-2006.

§ 1.º A súmula terá por objetivo a validade, a interpretação e a eficácia de normas determinadas, acerca das quais haja controvérsia atual entre órgãos judiciários ou entre esses e a administração pública que acarrete grave insegurança jurídica e relevante multiplicação de processos sobre questão idêntica.
•• § 1.º acrescentado pela Emenda Constitucional n. 45, de 8-12-2004.

§ 2.º Sem prejuízo do que vier a ser estabelecido em lei, a aprovação, revisão ou cancelamento de súmula poderá ser provocada por aqueles que podem propor a ação direta de inconstitucionalidade.
•• § 2.º acrescentado pela Emenda Constitucional n. 45, de 8-12-2004.

§ 3.º Do ato administrativo ou decisão judicial que contrariar a súmula aplicável ou que indevidamente a aplicar, caberá reclamação ao Supremo Tribunal Federal que, julgando-a procedente, anulará o ato administrativo ou cassará a decisão judicial reclamada, e determinará que outra seja proferida com ou sem a aplicação da súmula, conforme o caso.
•• § 3.º acrescentado pela Emenda Constitucional n. 45, de 8-12-2004.

Art. 103-B. O Conselho Nacional de Justiça compõe-se de 15 (quinze) membros com mandato de 2 (dois) anos, admitida 1 (uma) recondução, sendo:
•• *Caput* com redação determinada pela Emenda Constitucional n. 61, de 11-11-2009.
• A Resolução n. 67, de 3-3-2009, do CNJ, aprova o Regimento Interno do Conselho Nacional de Justiça.
• A Portaria n. 34, de 30-5-2017, dispõe sobre a estrutura orgânica do CNJ.

I – o Presidente do Supremo Tribunal Federal;
•• Inciso I com redação determinada pela Emenda Constitucional n. 61, de 11-11-2009.

II – um Ministro do Superior Tribunal de Justiça, indicado pelo respectivo tribunal;
•• Inciso II acrescentado pela Emenda Constitucional n. 45, de 8-12-2004.

III – um Ministro do Tribunal Superior do Trabalho, indicado pelo respectivo tribunal;
•• Inciso III acrescentado pela Emenda Constitucional n. 45, de 8-12-2004.

IV – um desembargador de Tribunal de Justiça, indicado pelo Supremo Tribunal Federal;
•• Inciso IV acrescentado pela Emenda Constitucional n. 45, de 8-12-2004.
• A Resolução n. 503, de 23-5-2013, do STF, estabelece o procedimento de escolha e indicação, pelo Supremo Tribunal Federal, às vagas do CNJ, de que trata este inciso.

V – um juiz estadual, indicado pelo Supremo Tribunal Federal;
•• Inciso V acrescentado pela Emenda Constitucional n. 45, de 8-12-2004.
• A Resolução n. 503, de 23-5-2013, do STF, estabelece o procedimento de escolha e indicação, pelo Supremo Tribunal Federal, às vagas do CNJ, de que trata este inciso.

VI – um juiz de Tribunal Regional Federal, indicado pelo Superior Tribunal de Justiça;
•• Inciso VI acrescentado pela Emenda Constitucional n. 45, de 8-12-2004.

VII – um juiz federal, indicado pelo Superior Tribunal de Justiça;
•• Inciso VII acrescentado pela Emenda Constitucional n. 45, de 8-12-2004.

VIII – um juiz de Tribunal Regional do Trabalho, indicado pelo Tribunal Superior do Trabalho;
•• Inciso VIII acrescentado pela Emenda Constitucional n. 45, de 8-12-2004.

IX – um juiz do trabalho, indicado pelo Tribunal Superior do Trabalho;
•• Inciso IX acrescentado pela Emenda Constitucional n. 45, de 8-12-2004.

X – um membro do Ministério Público da União, indicado pelo Procurador-Geral da República;
•• Inciso X acrescentado pela Emenda Constitucional n. 45, de 8-12-2004.

XI – um membro do Ministério Público estadual, escolhido pelo Procurador-Geral da República dentre os nomes indicados pelo órgão competente de cada instituição estadual;
•• Inciso XI acrescentado pela Emenda Constitucional n. 45, de 8-12-2004.

XII – dois advogados, indicados pelo Conselho Federal da Ordem dos Advogados do Brasil;
•• Inciso XII acrescentado pela Emenda Constitucional n. 45, de 8-12-2004.
• O Provimento n. 206, de 24-8-2021, da OAB, dispõe sobre o procedimento de indicação de advogados para integrar o Conselho Nacional de Justiça e o Conselho Nacional do Ministério Público.

XIII – dois cidadãos, de notável saber jurídico e reputação ilibada, indicados um pela Câmara dos Deputados e outro pelo Senado Federal.
•• Inciso XIII acrescentado pela Emenda Constitucional n. 45, de 8-12-2004.

§ 1.º O Conselho será presidido pelo Presidente do Supremo Tribunal Federal e, nas suas ausências e impedimentos, pelo Vice-Presidente do Supremo Tribunal Federal.
•• § 1.º com redação determinada pela Emenda Constitucional n. 61, de 11-11-2009.

§ 2.º Os demais membros do Conselho serão nomeados pelo Presidente da República, depois de aprovada a escolha pela maioria absoluta do Senado Federal.
•• § 2.º com redação determinada pela Emenda Constitucional n. 61, de 11-11-2009.

§ 3.º Não efetuadas, no prazo legal, as indicações previstas neste artigo, caberá a escolha ao Supremo Tribunal Federal.
•• § 3.º acrescentado pela Emenda Constitucional n. 45, de 8-12-2004.

§ 4.º Compete ao Conselho o controle da atuação administrativa e financeira do Poder Judiciário e do cumprimento dos deveres funcionais dos juízes, cabendo-lhe, além de outras atribuições que lhe forem conferidas pelo Estatuto da Magistratura:
•• § 4.º, *caput*, acrescentado pela Emenda Constitucional n. 45, de 8-12-2004.

I – zelar pela autonomia do Poder Judiciário e pelo cumprimento do Estatuto da Magistratura, podendo expedir atos regulamentares, no âmbito de sua competência, ou recomendar providências;
•• Inciso I acrescentado pela Emenda Constitucional n. 45, de 8-12-2004.

II – zelar pela observância do art. 37 e apreciar, de ofício ou mediante provocação, a legalidade dos atos administrativos praticados por membros ou órgãos do Poder Judiciário, podendo desconstituí-los, revê-los ou fixar prazo para que se adotem as providências necessárias ao exato cumprimento da lei, sem prejuízo da competência do Tribunal de Contas da União;
•• Inciso II acrescentado pela Emenda Constitucional n. 45, de 8-12-2004.

III – receber e conhecer das reclamações contra membros ou órgãos do Poder Judiciário, inclusive contra seus serviços auxiliares, serventias e órgãos prestadores de serviços notariais e de registro que atuem por delegação do poder público ou oficializados, sem prejuízo da competência disciplinar e correicional dos tribunais, podendo avocar processos disciplinares em curso, determinar a remoção ou a disponibilidade e aplicar outras sanções administrativas, assegurada ampla defesa;
•• Inciso III com redação determinada pela Emenda Constitucional n. 103, de 12-11-2019.

IV – representar ao Ministério Público, no caso de crime contra a administração pública ou de abuso de autoridade;
•• Inciso IV acrescentado pela Emenda Constitucional n. 45, de 8-12-2004.

V – rever, de ofício ou mediante provocação, os processos disciplinares de juízes e membros de tribunais julgados há menos de um ano;
•• Inciso V acrescentado pela Emenda Constitucional n. 45, de 8-12-2004.

VI – elaborar semestralmente relatório estatístico sobre processos e sentenças prolatadas, por unidade da Federação, nos diferentes órgãos do Poder Judiciário;
•• Inciso VI acrescentado pela Emenda Constitucional n. 45, de 8-12-2004.

VII – elaborar relatório anual, propondo as providências que julgar necessárias, sobre

a situação do Poder Judiciário no País e as atividades do Conselho, o qual deve integrar mensagem do Presidente do Supremo Tribunal Federal a ser remetida ao Congresso Nacional, por ocasião da abertura da sessão legislativa.
•• Inciso VII acrescentado pela Emenda Constitucional n. 45, de 8-12-2004.

§ 5.º O Ministro do Superior Tribunal de Justiça exercerá a função de Ministro-Corregedor e ficará excluído da distribuição de processos no Tribunal, competindo-lhe, além das atribuições que lhe forem conferidas pelo Estatuto da Magistratura, as seguintes:
•• § 5.º, *caput*, acrescentado pela Emenda Constitucional n. 45, de 8-12-2004.

I – receber as reclamações e denúncias, de qualquer interessado, relativas aos magistrados e aos serviços judiciários;
•• Inciso I acrescentado pela Emenda Constitucional n. 45, de 8-12-2004.

II – exercer funções executivas do Conselho, de inspeção e de correição geral;
•• Inciso II acrescentado pela Emenda Constitucional n. 45, de 8-12-2004.

III – requisitar e designar magistrados, delegando-lhes atribuições, e requisitar servidores de juízes ou tribunais, inclusive nos Estados, Distrito Federal e Territórios.
•• Inciso III acrescentado pela Emenda Constitucional n. 45, de 8-12-2004.

§ 6.º Junto ao Conselho oficiarão o Procurador-Geral da República e o Presidente do Conselho Federal da Ordem dos Advogados do Brasil.
•• § 6.º acrescentado pela Emenda Constitucional n. 45, de 8-12-2004.

§ 7.º A União, inclusive no Distrito Federal e nos Territórios, criará ouvidorias de justiça, competentes para receber reclamações e denúncias de qualquer interessado contra membros ou órgãos do Poder Judiciário, ou contra seus serviços auxiliares, representando diretamente ao Conselho Nacional de Justiça.
•• § 7.º acrescentado pela Emenda Constitucional n. 45, de 8-12-2004.

Seção III
Do Superior Tribunal de Justiça

• A Lei n. 8.038, de 28-5-1990, institui normas procedimentais, para processos que especifica, perante o STJ e o STF.

Art. 104. O Superior Tribunal de Justiça compõe-se de, no mínimo, trinta e três Ministros.

Parágrafo único. Os Ministros do Superior Tribunal de Justiça serão nomeados pelo Presidente da República, dentre brasileiros com mais de trinta e cinco e menos de setenta anos de idade, de notável saber jurídico e reputação ilibada, depois de aprovada a escolha pela maioria absoluta do Senado Federal, sendo:
•• Parágrafo único, *caput*, com redação determinada pela Emenda Constitucional n. 122, de 17-5-2022.

I – um terço dentre juízes dos Tribunais Regionais Federais e um terço dentre desembargadores dos Tribunais de Justiça, indicados em lista tríplice elaborada pelo próprio Tribunal;

II – um terço, em partes iguais, dentre advogados e membros do Ministério Público Federal, Estadual, do Distrito Federal e Territórios, alternadamente, indicados na forma do art. 94.

Art. 105. Compete ao Superior Tribunal de Justiça:

• A Lei n. 8.038, de 28-5-1990, que institui normas procedimentais para os processos que especifica, perante o STJ e o STF.

I – processar e julgar, originariamente:

a) nos crimes comuns, os Governadores dos Estados e do Distrito Federal, e, nestes e nos de responsabilidade, os desembargadores dos Tribunais de Justiça dos Estados e do Distrito Federal, os membros dos Tribunais de Contas dos Estados e do Distrito Federal, os dos Tribunais Regionais Federais, dos Tribunais Regionais Eleitorais e do Trabalho, os membros dos Conselhos ou Tribunais de Contas dos Municípios e os do Ministério Público da União que oficiem perante tribunais;

b) os mandados de segurança e os *habeas data* contra ato de Ministro de Estado, dos Comandantes da Marinha, do Exército e da Aeronáutica ou do próprio Tribunal;
•• Alínea *b* com redação determinada pela Emenda Constitucional n. 23, de 2-9-1999.

c) os *habeas corpus*, quando o coator ou paciente for qualquer das pessoas mencionadas na alínea *a*, ou quando o coator for tribunal sujeito à sua jurisdição, Ministro de Estado ou Comandante da Marinha, do Exército ou da Aeronáutica, ressalvada a competência da Justiça Eleitoral;
•• Alínea *c* com redação determinada pela Emenda Constitucional n. 23, de 2-9-1999.

d) os conflitos de competência entre quaisquer tribunais, ressalvado o disposto no art. 102, I, *o*, bem como entre tribunal e juízes a ele não vinculados e entre juízes vinculados a tribunais diversos;

e) as revisões criminais e as ações rescisórias de seus julgados;
• Da revisão criminal: arts. 621 e s. do CPP.
• Da ação rescisória: arts. 966 e s. do CPC.

f) a reclamação para a preservação de sua competência e garantia da autoridade de suas decisões;

g) os conflitos de atribuições entre autoridades administrativas e judiciárias da União, ou entre autoridades judiciárias de um Estado e administrativas de outro ou do Distrito Federal, ou entre as deste e da União;

h) o mandado de injunção, quando a elaboração da norma regulamentadora for atribuição de órgão, entidade ou autoridade federal, da administração direta ou indireta, excetuados os casos de competência do Supremo Tribunal Federal e dos órgãos da Justiça Militar, da Justiça Eleitoral, da Justiça do Trabalho e da Justiça Federal;

i) a homologação de sentenças estrangeiras e a concessão de *exequatur* às cartas rogatórias;
•• Alínea *i* acrescentada pela Emenda Constitucional n. 45, de 8-12-2004.

j) os conflitos entre entes federativos, ou entre estes e o Comitê Gestor do Imposto sobre Bens e Serviços, relacionados aos tributos previstos nos arts. 156-A e 195, V;
•• Alínea *j* acrescentada pela Emenda Constitucional n. 132, de 20-12-2023.

II – julgar, em recurso ordinário:

a) os *habeas corpus* decididos em única ou última instância pelos Tribunais Regionais Federais ou pelos tribunais dos Estados, do Distrito Federal e Territórios, quando a decisão for denegatória;

b) os mandados de segurança decididos em única instância pelos Tribunais Regionais Federais ou pelos tribunais dos Estados, do Distrito Federal e Territórios, quando denegatória a decisão;

c) as causas em que forem partes Estado estrangeiro ou organismo internacional, de um lado, e, do outro, Município ou pessoa residente ou domiciliada no País;

III – julgar, em recurso especial, as causas decididas, em única ou última instância, pelos Tribunais Regionais Federais ou pelos tribunais dos Estados, do Distrito Federal e Territórios, quando a decisão recorrida:

a) contrariar tratado ou lei federal, ou negar-lhes vigência;

b) julgar válido ato de governo local contestado em face de lei federal;
•• Alínea *b* com redação determinada pela Emenda Constitucional n. 45, de 8-12-2004.

c) der a lei federal interpretação divergente da que lhe haja atribuído outro tribunal.

§ 1.º Funcionarão junto ao Superior Tribunal de Justiça:
•• Parágrafo único, *caput*, renumerado pela Emenda Constitucional n. 125, de 14-7-2022.

I – a Escola Nacional de Formação e Aperfeiçoamento de Magistrados, cabendo-lhe, dentre outras funções, regulamentar os cursos oficiais para o ingresso e promoção na carreira;
•• Inciso I acrescentado pela Emenda Constitucional n. 45, de 8-12-2004.

II – o Conselho da Justiça Federal, cabendo-lhe exercer, na forma da lei, a supervisão administrativa e orçamentária da Justiça Federal de primeiro e segundo graus, como órgão central do sistema e com poderes correicionais, cujas decisões terão caráter vinculante.
•• Inciso II acrescentado pela Emenda Constitucional n. 45, de 8-12-2004.
•• A Lei n. 11.798, de 29-10-2008, dispõe sobre a composição e a competência do CJF.
• A Resolução n. 42, de 19-12-2008, aprova o Regimento Interno do CJF.
• A Resolução n. 147, de 15-4-2011, institui o Código de Conduta do CJF de primeiro e segundo graus.

§ 2.º No recurso especial, o recorrente deve demonstrar a relevância das questões de di-

reito federal infraconstitucional discutidas no caso, nos termos da lei, a fim de que a admissão do recurso seja examinada pelo Tribunal, o qual somente pode dele não conhecer com base nesse motivo pela manifestação de 2/3 (dois terços) dos membros do órgão competente para o julgamento.
- •• § 2.º acrescentado pela Emenda Constitucional n. 125, de 14-7-2022.
- •• *Vide* art. 2.º da Emenda Constitucional n. 125, de 14-7-2022.

§ 3.º Haverá a relevância de que trata o § 2.º deste artigo nos seguintes casos:
- •• § 3.º, *caput*, acrescentado pela Emenda Constitucional n. 125, de 14-7-2022.

I – ações penais;
- •• Inciso I acrescentado pela Emenda Constitucional n. 125, de 14-7-2022.

II – ações de improbidade administrativa;
- •• Inciso II acrescentado pela Emenda Constitucional n. 125, de 14-7-2022.

III – ações cujo valor da causa ultrapasse 500 (quinhentos) salários mínimos;
- •• Inciso III acrescentado pela Emenda Constitucional n. 125, de 14-7-2022.

IV – ações que possam gerar inelegibilidade;
- •• Inciso IV acrescentado pela Emenda Constitucional n. 125, de 14-7-2022.

V – hipóteses em que o acórdão recorrido contrariar jurisprudência dominante do Superior Tribunal de Justiça;
- •• Inciso V acrescentado pela Emenda Constitucional n. 125, de 14-7-2022.

VI – outras hipóteses previstas em lei.
- •• Inciso VI acrescentado pela Emenda Constitucional n. 125, de 14-7-2022.

Seção IV
Dos Tribunais Regionais Federais e dos Juízes Federais

Art. 106. São órgãos da Justiça Federal:
I – os Tribunais Regionais Federais;
II – os Juízes Federais.

Art. 107. Os Tribunais Regionais Federais compõem-se de, no mínimo, sete juízes, recrutados, quando possível, na respectiva região e nomeados pelo Presidente da República dentre brasileiros com mais de trinta e menos de setenta anos de idade, sendo:
- •• *Caput* com redação determinada pela Emenda Constitucional n. 122, de 17-5-2022.

I – um quinto dentre advogados com mais de dez anos de efetiva atividade profissional e membros do Ministério Público Federal com mais de dez anos de carreira;
II – os demais, mediante promoção de juízes federais com mais de cinco anos de exercício, por antiguidade e merecimento, alternadamente.

§ 1.º A lei disciplinará a remoção ou a permuta de juízes dos Tribunais Regionais Federais e determinará sua jurisdição e sede.
- •• Primitivo parágrafo único renumerado pela Emenda Constitucional n. 45, de 8-12-2004.

§ 2.º Os Tribunais Regionais Federais instalarão a justiça itinerante, com a realização de audiências e demais funções da atividade jurisdicional, nos limites territoriais da respectiva jurisdição, servindo-se de equipamentos públicos e comunitários.
- •• § 2.º acrescentado pela Emenda Constitucional n. 45, de 8-12-2004.

§ 3.º Os Tribunais Regionais Federais poderão funcionar descentralizadamente, constituindo Câmaras regionais, a fim de assegurar o pleno acesso do jurisdicionado à justiça em todas as fases do processo.
- •• § 3.º acrescentado pela Emenda Constitucional n. 45, de 8-12-2004.

Art. 108. Compete aos Tribunais Regionais Federais:
I – processar e julgar, originariamente:
a) os juízes federais da área de sua jurisdição, incluídos os da Justiça Militar e da Justiça do Trabalho, nos crimes comuns e de responsabilidade, e os membros do Ministério Público da União, ressalvada a competência da Justiça Eleitoral;
b) as revisões criminais e as ações rescisórias de julgados seus ou dos juízes federais da região;
- Da revisão criminal: arts. 621 e s. do CPP.
- Da ação rescisória: arts. 966 e s. do CPC.

c) os mandados de segurança e os *habeas data* contra ato do próprio Tribunal ou de juiz federal;
d) os *habeas corpus*, quando a autoridade coatora for juiz federal;
e) os conflitos de competência entre juízes federais vinculados ao Tribunal;
II – julgar, em grau de recurso, as causas decididas pelos juízes federais e pelos juízes estaduais no exercício da competência federal da área de sua jurisdição.

Art. 109. Aos juízes federais compete processar e julgar:
I – as causas em que a União, entidade autárquica ou empresa pública federal forem interessadas na condição de autoras, rés, assistentes ou oponentes, exceto as de falência, as de acidentes de trabalho e as sujeitas à Justiça Eleitoral e à Justiça do Trabalho;
- *Vide* Súmulas Vinculantes 22, 27 e 60 do STF.

II – as causas entre Estado estrangeiro ou organismo internacional e Município ou pessoa domiciliada ou residente no País;
III – as causas fundadas em tratado ou contrato da União com Estado estrangeiro ou organismo internacional;
IV – os crimes políticos e as infrações penais praticadas em detrimento de bens, serviços ou interesse da União ou de suas entidades autárquicas ou empresas públicas, excluídas as contravenções e ressalvada a competência da Justiça Militar e da Justiça Eleitoral;
V – os crimes previstos em tratado ou convenção internacional, quando, iniciada a execução no País, o resultado tenha ou devesse ter ocorrido no estrangeiro, ou reciprocamente;
V-A – as causas relativas a direitos humanos a que se refere o § 5.º deste artigo;
- •• Inciso V-A acrescentado pela Emenda Constitucional n. 45, de 8-12-2004.

VI – os crimes contra a organização do trabalho e, nos casos determinados por lei, contra o sistema financeiro e a ordem econômico-financeira;
- Dos crimes contra a organização do trabalho: arts. 197 a 207 do CP.
- Dos crimes contra o sistema financeiro: Lei n. 7.492, de 16-6-1986.
- Dos crimes contra a ordem econômica: Leis n. 8.137, de 27-12-1990, e n. 8.176, de 8-2-1991.

VII – os *habeas corpus*, em matéria criminal de sua competência ou quando o constrangimento provier de autoridade cujos atos não estejam diretamente sujeitos a outra jurisdição;
VIII – os mandados de segurança e os *habeas data* contra ato de autoridade federal, excetuados os casos de competência dos tribunais federais;
- Habeas data: Lei n. 9.507, de 12-11-1997.
- Mandado de Segurança: Lei n. 12.016, de 7-8-2009.

IX – os crimes cometidos a bordo de navios ou aeronaves, ressalvada a competência da Justiça Militar;
X – os crimes de ingresso ou permanência irregular de estrangeiro, a execução de carta rogatória, após o *exequatur*, e de sentença estrangeira, após a homologação, as causas referentes à nacionalidade, inclusive a respectiva opção, e à naturalização;
XI – a disputa sobre direitos indígenas.

§ 1.º As causas em que a União for autora serão aforadas na seção judiciária onde tiver domicílio a outra parte.

§ 2.º As causas intentadas contra a União poderão ser aforadas na seção judiciária em que for domiciliado o autor, naquela onde houver ocorrido o ato ou fato que deu origem à demanda ou onde esteja situada a coisa, ou ainda, no Distrito Federal.

§ 3.º Lei poderá autorizar que as causas de competência da Justiça Federal em que forem parte instituição de previdência social e segurado possam ser processadas e julgadas na justiça estadual quando a comarca do domicílio do segurado não for sede de vara federal.
- •• § 3.º com redação determinada pela Emenda Constitucional n. 103, de 12-11-2019.

§ 4.º Na hipótese do parágrafo anterior, o recurso cabível será sempre para o Tribunal Regional Federal na área de jurisdição do juiz de primeiro grau.

§ 5.º Nas hipóteses de grave violação de direitos humanos, o Procurador-Geral da República, com a finalidade de assegurar o cumprimento de obrigações decorrentes de tratados internacionais de direitos humanos dos quais o Brasil seja parte, poderá suscitar, perante o Superior Tribunal de Justiça, em qualquer fase do inquérito ou processo, incidente de deslocamento de competência para a Justiça Federal.
- •• § 5.º acrescentado pela Emenda Constitucional n. 45, de 8-12-2004.

Art. 110. Cada Estado, bem como o Distrito Federal, constituirá uma seção judiciária que terá por sede a respectiva Capital, e varas localizadas segundo o estabelecido em lei.

Parágrafo único. Nos Territórios Federais, a jurisdição e as atribuições cometidas aos juízes federais caberão aos juízes da justiça local, na forma da lei.

Seção V
Do Tribunal Superior do Trabalho, dos Tribunais Regionais do Trabalho e dos Juízes do Trabalho

•• Seção V com denominação determinada pela Emenda Constitucional n. 92, de 12-7-2016.

Art. 111. São órgãos da Justiça do Trabalho:
I – o Tribunal Superior do Trabalho;
II – os Tribunais Regionais do Trabalho;
III – Juízes do Trabalho.
•• Inciso III com redação determinada pela Emenda Constitucional n. 24, de 9-12-1999.

§§ 1.º a 3.º (*Revogados pela Emenda Constitucional n. 45, de 8-12-2004.*)

Art. 111-A. O Tribunal Superior do Trabalho compõe-se de vinte e sete Ministros, escolhidos dentre brasileiros com mais de trinta e cinco e menos de setenta anos de idade, de notável saber jurídico e reputação ilibada, nomeados pelo Presidente da República após aprovação pela maioria absoluta do Senado Federal, sendo:
•• *Caput* com redação determinada pela Emenda Constitucional n. 122, de 17-5-2022.

I – um quinto dentre advogados com mais de dez anos de efetiva atividade profissional e membros do Ministério Público do Trabalho com mais de dez anos de efetivo exercício, observado o disposto no art. 94;
•• Inciso I acrescentado pela Emenda Constitucional n. 45, de 8-12-2004.

II – os demais dentre juízes dos Tribunais Regionais do Trabalho, oriundos da magistratura da carreira, indicados pelo próprio Tribunal Superior.
•• Inciso II acrescentado pela Emenda Constitucional n. 45, de 8-12-2004.

§ 1.º A lei disporá sobre a competência do Tribunal Superior do Trabalho.
•• § 1.º acrescentado pela Emenda Constitucional n. 45, de 8-12-2004.

§ 2.º Funcionarão junto ao Tribunal Superior do Trabalho:
•• § 2.º, *caput*, acrescentado pela Emenda Constitucional n. 45, de 8-12-2004.

I – a Escola Nacional de Formação e Aperfeiçoamento de Magistrados do Trabalho, cabendo-lhe, dentre outras funções, regulamentar os cursos oficiais para o ingresso e promoção na carreira;
•• Inciso I acrescentado pela Emenda Constitucional n. 45, de 8-12-2004.

II – o Conselho Superior da Justiça do Trabalho, cabendo-lhe exercer, na forma da lei, a supervisão administrativa, orçamentária, financeira e patrimonial da Justiça do Trabalho de primeiro e segundo graus, como órgão central do sistema, cujas decisões terão efeito vinculante.

•• Inciso II acrescentado pela Emenda Constitucional n. 45, de 8-12-2004.
• *Vide* art. 6.º da Emenda Constitucional n. 45, de 8-12-2004.

§ 3.º Compete ao Tribunal Superior do Trabalho processar e julgar, originariamente, a reclamação para a preservação de sua competência e garantia da autoridade de suas decisões.
•• § 3.º acrescentado pela Emenda Constitucional n. 92, de 12-7-2016.

Art. 112. A lei criará varas da Justiça do Trabalho, podendo, nas comarcas não abrangidas por sua jurisdição, atribuí-la aos juízes de direito, com recurso para o respectivo Tribunal Regional do Trabalho.
•• Artigo com redação determinada pela Emenda Constitucional n. 45, de 8-12-2004.

Art. 113. A lei disporá sobre a constituição, investidura, jurisdição, competência, garantias e condições de exercício dos órgãos da Justiça do Trabalho.
•• Artigo com redação determinada pela Emenda Constitucional n. 24, de 9-12-1999.

Art. 114. Compete à Justiça do Trabalho processar e julgar:
•• *Caput* com redação determinada pela Emenda Constitucional n. 45, de 8-12-2004.
• *Vide* sobre o tema: Súmulas 349 e 736 do STF, Súmulas Vinculantes 22 e 23 e Súmulas 97 e 137 do STJ.

I – as ações oriundas da relação de trabalho, abrangidos os entes de direito público externo e da administração pública direta e indireta da União, dos Estados, do Distrito Federal e dos Municípios;
•• Inciso I acrescentado pela Emenda Constitucional n. 45, de 8-12-2004.
•• O STF, nas ADI n. 3.395 e 3.529, "julgou parcialmente procedente o pedido formulado, confirmando a decisão liminar concedida e fixando, com aplicação de interpretação conforme à Constituição, sem redução de texto, que o disposto no inciso I do art. 114 da Constituição Federal não abrange causas ajuizadas para discussão de relação jurídico-estatutária entre o Poder Público dos Entes da Federação e seus Servidores", na sessão virtual de 3-4-2020 a 14-4-2020 (*DOU* de 23-4-2020 e 1-9-2020).
•• O STF julgou procedente a ADI n. 3.684, na sessão virtual de 1.º-5-2020 a 8-5-2020 (*DOU* de 22-5-2020), e conferiu interpretação conforme à Constituição a este inciso, "para afastar qualquer interpretação que entenda competir à Justiça do Trabalho processar e julgar ações penais".

II – as ações que envolvam exercício do direito de greve;
•• Inciso II acrescentado pela Emenda Constitucional n. 45, de 8-12-2004.
• A Lei n. 7.783, de 28-6-1989, dispõe sobre exercício do direito de greve.

III – as ações sobre representação sindical, entre sindicatos, entre sindicatos e trabalhadores, e entre sindicatos e empregadores;
•• Inciso III acrescentado pela Emenda Constitucional n. 45, de 8-12-2004.

IV – os mandados de segurança, *habeas corpus* e *habeas data*, quando o ato questionado envolver matéria sujeita à sua jurisdição;
•• Inciso IV acrescentado pela Emenda Constitucional n. 45, de 8-12-2004.

•• O STF, em 1.º-2-2007, concedeu liminar, com efeito *ex tunc*, na ADI n. 3.684-0 (*DJU* de 3-8-2007), para atribuir interpretação conforme a CF a este inciso, declarando que, no âmbito de jurisdição da Justiça do Trabalho, não entra competência para processar e julgar ações penais.

V – os conflitos de competência entre órgãos com jurisdição trabalhista, ressalvado o disposto no art. 102, I, *o*;
•• Inciso V acrescentado pela Emenda Constitucional n. 45, de 8-12-2004.
•• O STF julgou procedente a ADI n. 3.684, na sessão virtual de 1.º-5-2020 a 8-5-2020 (*DOU* de 22-5-2020), e conferiu interpretação conforme à Constituição a este inciso, "para afastar qualquer interpretação que entenda competir à Justiça do Trabalho processar e julgar ações penais".

VI – as ações de indenização por dano moral ou patrimonial, decorrentes da relação de trabalho;
•• Inciso VI acrescentado pela Emenda Constitucional n. 45, de 8-12-2004.
• *Vide* art. 5.º, X, da CF.

VII – as ações relativas às penalidades administrativas impostas aos empregadores pelos órgãos de fiscalização das relações de trabalho;
•• Inciso VII acrescentado pela Emenda Constitucional n. 45, de 8-12-2004.

VIII – a execução, de ofício, das contribuições sociais previstas no art. 195, I, *a*, e II, e seus acréscimos legais, decorrentes das sentenças que proferir;
•• Inciso VIII acrescentado pela Emenda Constitucional n. 45, de 8-12-2004.
•• *Vide* Súmula Vinculante 53 do STF.

IX – outras controvérsias decorrentes da relação de trabalho, na forma da lei.
•• Inciso IX acrescentado pela Emenda Constitucional n. 45, de 8-12-2004.
•• O STF julgou procedente a ADI n. 3.684, na sessão virtual de 1.º-5-2020 a 8-5-2020 (*DOU* de 22-5-2020), e conferiu interpretação conforme à Constituição a este inciso, "para afastar qualquer interpretação que entenda competir à Justiça do Trabalho processar e julgar ações penais".

§ 1.º Frustrada a negociação coletiva, as partes poderão eleger árbitros.

§ 2.º Recusando-se qualquer das partes à negociação coletiva ou à arbitragem, é facultado às mesmas, de comum acordo, ajuizar dissídio coletivo de natureza econômica, podendo a Justiça do Trabalho decidir o conflito, respeitadas as disposições mínimas legais de proteção ao trabalho, bem como as convencionadas anteriormente.
•• § 2.º com redação determinada pela Emenda Constitucional n. 45, de 8-12-2004.

§ 3.º Em caso de greve em atividade essencial, com possibilidade de lesão do interesse público, o Ministério Público do Trabalho poderá ajuizar dissídio coletivo, competindo à Justiça do Trabalho decidir o conflito.
•• § 3.º com redação determinada pela Emenda Constitucional n. 45, de 8-12-2004.

Art. 115. Os Tribunais Regionais do Trabalho compõem-se de, no mínimo, sete juízes, recrutados, quando possível, na respectiva região e nomeados pelo Presidente da

República dentre brasileiros com mais de trinta e menos de setenta anos de idade, sendo:
•• *Caput* com redação determinada pela Emenda Constitucional n. 122, de 17-5-2022.
I – um quinto dentre advogados com mais de dez anos de efetiva atividade profissional e membros do Ministério Público do Trabalho com mais de dez anos de efetivo exercício, observado o disposto no art. 94;
•• Inciso I acrescentado pela Emenda Constitucional n. 45, de 8-12-2004.
II – os demais, mediante promoção de juízes do trabalho por antiguidade e merecimento, alternadamente.
•• Inciso II acrescentado pela Emenda Constitucional n. 45, de 8-12-2004.
§ 1.º Os Tribunais Regionais do Trabalho instalarão a justiça itinerante, com a realização de audiências e demais funções de atividade jurisdicional, nos limites territoriais da respectiva jurisdição, servindo-se de equipamentos públicos e comunitários.
•• § 1.º acrescentado pela Emenda Constitucional n. 45, de 8-12-2004.
§ 2.º Os Tribunais Regionais do Trabalho poderão funcionar descentralizadamente, constituindo Câmaras regionais, a fim de assegurar o pleno acesso do jurisdicionado à justiça em todas as fases do processo.
•• § 2.º acrescentado pela Emenda Constitucional n. 45, de 8-12-2004.
Art. 116. Nas Varas do Trabalho, a jurisdição será exercida por um juiz singular.
•• *Caput* com redação determinada pela Emenda Constitucional n. 24, de 9-12-1999.
Parágrafo único. (*Revogado pela Emenda Constitucional n. 24, de 9-12-1999.*)
Art. 117. (*Revogado pela Emenda Constitucional n. 24, de 9-12-1999.*)

Seção VI
Dos Tribunais e Juízes Eleitorais

Art. 118. São órgãos da Justiça Eleitoral:
I – o Tribunal Superior Eleitoral;
II – os Tribunais Regionais Eleitorais;
III – os Juízes Eleitorais;
IV – as Juntas Eleitorais.
Art. 119. O Tribunal Superior Eleitoral compor-se-á, no mínimo, de sete membros, escolhidos:
I – mediante eleição, pelo voto secreto:
a) três juízes dentre os Ministros do Supremo Tribunal Federal;
b) dois juízes dentre os Ministros do Superior Tribunal de Justiça;
II – por nomeação do Presidente da República, dois juízes dentre seis advogados de notável saber jurídico e idoneidade moral, indicados pelo Supremo Tribunal Federal.
Parágrafo único. O Tribunal Superior Eleitoral elegerá seu Presidente e o Vice-Presidente dentre os Ministros do Supremo Tribunal Federal, e o Corregedor Eleitoral dentre os Ministros do Superior Tribunal de Justiça.
Art. 120. Haverá um Tribunal Regional Eleitoral na Capital de cada Estado e no Distrito Federal.

§ 1.º Os Tribunais Regionais Eleitorais compor-se-ão:
I – mediante eleição, pelo voto secreto:
a) de dois juízes dentre os desembargadores do Tribunal de Justiça;
b) de dois juízes, dentre juízes de direito, escolhidos pelo Tribunal de Justiça;
II – de um juiz do Tribunal Regional Federal com sede na Capital do Estado ou no Distrito Federal, ou, não havendo, de juiz federal, escolhido, em qualquer caso, pelo Tribunal Regional Federal respectivo;
III – por nomeação, pelo Presidente da República, de dois juízes dentre seis advogados de notável saber jurídico e idoneidade moral, indicados pelo Tribunal de Justiça.
§ 2.º O Tribunal Regional Eleitoral elegerá seu Presidente e o Vice-Presidente dentre os desembargadores.
Art. 121. Lei complementar disporá sobre a organização e competência dos tribunais, dos juízes de direito e das juntas eleitorais.
§ 1.º Os membros dos tribunais, os juízes de direito e os integrantes das juntas eleitorais, no exercício de suas funções, e no que lhes for aplicável, gozarão de plenas garantias e serão inamovíveis.
§ 2.º Os juízes dos tribunais eleitorais, salvo motivo justificado, servirão por dois anos, no mínimo, e nunca por mais de dois biênios consecutivos, sendo os substitutos escolhidos na mesma ocasião e pelo mesmo processo, em número igual para cada categoria.
§ 3.º São irrecorríveis as decisões do Tribunal Superior Eleitoral, salvo as que contrariarem esta Constituição e as denegatórias de *habeas corpus* ou mandado de segurança.
§ 4.º Das decisões dos Tribunais Regionais Eleitorais somente caberá recurso quando:
I – forem proferidas contra disposição expressa desta Constituição ou de lei;
II – ocorrer divergência na interpretação de lei entre dois ou mais tribunais eleitorais;
III – versarem sobre inelegibilidade ou expedição de diplomas nas eleições federais ou estaduais;
IV – anularem diplomas ou decretarem a perda de mandatos eletivos federais ou estaduais;
V – denegarem *habeas corpus*, mandado de segurança, *habeas data* ou mandado de injunção.

Seção VII
Dos Tribunais e Juízes Militares

Art. 122. São órgãos da Justiça Militar:
I – o Superior Tribunal Militar;
II – os Tribunais e Juízes Militares instituídos por lei.
Art. 123. O Superior Tribunal Militar compor-se-á de quinze Ministros vitalícios, nomeados pelo Presidente da República, depois de aprovada a indicação pelo Senado Federal, sendo três dentre oficiais-generais da Marinha, quatro dentre oficiais-generais do Exército, três dentre oficiais-generais da Aeronáutica, todos da ativa e do posto mais elevado da carreira, e cinco dentre civis.

Parágrafo único. Os Ministros civis serão escolhidos pelo Presidente da República dentre brasileiros com mais de trinta e cinco e menos de setenta anos de idade, sendo:
•• Parágrafo único, *caput*, com redação determinada pela Emenda Constitucional n. 122, de 17-5-2022.
I – três dentre advogados de notório saber jurídico e conduta ilibada, com mais de dez anos de efetiva atividade profissional;
II – dois, por escolha paritária, dentre juízes auditores e membros do Ministério Público da Justiça Militar.
Art. 124. À Justiça Militar compete processar e julgar os crimes militares definidos em lei.
Parágrafo único. A lei disporá sobre a organização, o funcionamento e a competência, da Justiça Militar.

Seção VIII
Dos Tribunais e Juízes dos Estados

Art. 125. Os Estados organizarão sua Justiça, observados os princípios estabelecidos nesta Constituição.
§ 1.º A competência dos tribunais será definida na Constituição do Estado, sendo a lei de organização judiciária de iniciativa do Tribunal de Justiça.
• *Vide* art. 70 do ADCT.
• *Vide* Súmula Vinculante 45 do STF.
§ 2.º Cabe aos Estados a instituição de representação de inconstitucionalidade de leis ou atos normativos estaduais ou municipais em face da Constituição Estadual, vedada a atribuição da legitimação para agir a um único órgão.
§ 3.º A lei estadual poderá criar, mediante proposta do Tribunal de Justiça, a Justiça Militar estadual, constituída, em primeiro grau, pelos juízes de direito e pelos Conselhos de Justiça e, em segundo grau, pelo próprio Tribunal de Justiça, ou por Tribunal de Justiça Militar nos Estados em que o efetivo militar seja superior a vinte mil integrantes.
•• § 3.º com redação determinada pela Emenda Constitucional n. 45, de 8-12-2004.
§ 4.º Compete à Justiça Militar estadual processar e julgar os militares dos Estados, nos crimes militares definidos em lei e as ações judiciais contra atos disciplinares militares, ressalvada a competência do júri quando a vítima for civil, cabendo ao tribunal competente decidir sobre a perda do posto e da patente dos oficiais e da graduação das praças.
•• § 4.º com redação determinada pela Emenda Constitucional n. 45, de 8-12-2004.
§ 5.º Compete aos juízes de direito do juízo militar processar e julgar, singularmente, os crimes militares cometidos contra civis e as ações judiciais contra atos disciplinares militares, cabendo ao Conselho de Justiça, sob a presidência de juiz de direito, processar e julgar os demais crimes militares.
•• § 5.º acrescentado pela Emenda Constitucional n. 45, de 8-12-2004.
§ 6.º O Tribunal de Justiça poderá funcionar descentralizadamente, constituindo Câmaras regionais, a fim de assegurar o pleno acesso do jurisdicionado à justiça em todas as fases do processo.

•• § 6.º acrescentado pela Emenda Constitucional n. 45, de 8-12-2004.

§ 7.º O Tribunal de Justiça instalará a justiça itinerante, com a realização de audiências e demais funções da atividade jurisdicional, nos limites territoriais da respectiva jurisdição, servindo-se de equipamentos públicos e comunitários.
•• § 7.º acrescentado pela Emenda Constitucional n. 45, de 8-12-2004.

Art. 126. Para dirimir conflitos fundiários, o Tribunal de Justiça proporá a criação de varas especializadas, com competência exclusiva para questões agrárias.
•• *Caput* com redação determinada pela Emenda Constitucional n. 45, de 8-12-2004.

Parágrafo único. Sempre que necessário à eficiente prestação jurisdicional, o juiz far-se-á presente no local do litígio.

Capítulo IV
DAS FUNÇÕES ESSENCIAIS À JUSTIÇA

Seção I
Do Ministério Público

- Lei Orgânica Nacional do Ministério Público: Lei n. 8.625, de 12-2-1993.
- Organização, atribuições e Estatuto do Ministério Público da União: Lei Complementar n. 75, de 20-5-1993.
- A Lei n. 13.316, de 20-7-2016, dispõe sobre as carreiras dos servidores do Ministério Público da União.
- A Resolução n. 205, de 18-12-2019, do CNMP, dispõe sobre o atendimento ao público e aos advogados por parte dos membros do Ministério Público.

Art. 127. O Ministério Público é instituição permanente, essencial à função jurisdicional do Estado, incumbindo-lhe a defesa da ordem jurídica, do regime democrático e dos interesses sociais e individuais indisponíveis.
•• *Vide* Súmula 601 do STJ.

§ 1.º São princípios institucionais do Ministério Público a unidade, a indivisibilidade e a independência funcional.

§ 2.º Ao Ministério Público é assegurada autonomia funcional e administrativa, podendo, observado o disposto no art. 169, propor ao Poder Legislativo a criação e extinção de seus cargos e serviços auxiliares, provendo-os por concurso público de provas ou de provas e títulos, a política remuneratória e os planos de carreira; a lei disporá sobre sua organização e funcionamento.
•• § 2.º com redação determinada pela Emenda Constitucional n. 19, de 4-6-1998.

§ 3.º O Ministério Público elaborará sua proposta orçamentária dentro dos limites estabelecidos na lei de diretrizes orçamentárias.

§ 4.º Se o Ministério Público não encaminhar a respectiva proposta orçamentária dentro do prazo estabelecido na lei de diretrizes orçamentárias, o Poder Executivo considerará, para fins de consolidação da proposta orçamentária anual, os valores aprovados na lei orçamentária vigente, ajustados de acordo com os limites estipulados na forma do § 3.º.
•• § 4.º acrescentado pela Emenda Constitucional n. 45, de 8-12-2004.

§ 5.º Se a proposta orçamentária de que trata este artigo for encaminhada em desacordo com os limites estipulados na forma do § 3.º, o Poder Executivo procederá aos ajustes necessários para fins de consolidação da proposta orçamentária anual.
•• § 5.º acrescentado pela Emenda Constitucional n. 45, de 8-12-2004.

§ 6.º Durante a execução orçamentária do exercício, não poderá haver a realização de despesas ou a assunção de obrigações que extrapolem os limites estabelecidos na lei de diretrizes orçamentárias, exceto se previamente autorizadas, mediante a abertura de créditos suplementares ou especiais.
•• § 6.º acrescentado pela Emenda Constitucional n. 45, de 8-12-2004.

Art. 128. O Ministério Público abrange:
I – o Ministério Público da União, que compreende:
a) o Ministério Público Federal;
b) o Ministério Público do Trabalho;
c) o Ministério Público Militar;
d) o Ministério Público do Distrito Federal e Territórios;
II – os Ministérios Públicos dos Estados.

§ 1.º O Ministério Público da União tem por chefe o Procurador-Geral da República, nomeado pelo Presidente da República dentre integrantes da carreira, maiores de trinta e cinco anos, após a aprovação de seu nome pela maioria absoluta dos membros do Senado Federal, para mandato de dois anos, permitida a recondução.

§ 2.º A destituição do Procurador-Geral da República, por iniciativa do Presidente da República, deverá ser precedida de autorização da maioria absoluta do Senado Federal.

§ 3.º Os Ministérios Públicos dos Estados e o do Distrito Federal e Territórios formarão lista tríplice dentre integrantes da carreira, na forma da lei respectiva, para escolha de seu Procurador-Geral, que será nomeado pelo Chefe do Poder Executivo, para mandato de dois anos, permitida uma recondução.

§ 4.º Os Procuradores-Gerais nos Estados e no Distrito Federal e Territórios poderão ser destituídos por deliberação da maioria absoluta do Poder Legislativo, na forma da lei complementar respectiva.

§ 5.º Leis complementares da União e dos Estados, cuja iniciativa é facultada aos respectivos Procuradores-Gerais, estabelecerão a organização, as atribuições e o estatuto de cada Ministério Público, observadas, relativamente a seus membros:
I – as seguintes garantias:
a) vitaliciedade, após dois anos de exercício, não podendo perder o cargo senão por sentença judicial transitada em julgado;
b) inamovibilidade, salvo por motivo de interesse público, mediante decisão do órgão colegiado competente do Ministério Público, pelo voto da maioria absoluta de seus membros, assegurada ampla defesa;
•• Alínea *b* com redação determinada pela Emenda Constitucional n. 45, de 8-12-2004.

c) irredutibilidade de subsídio, fixado na forma do art. 39, § 4.º, e ressalvado o disposto nos arts. 37, X e XI, 150, II, 153, III, 153, § 2.º, I;
•• Alínea *c* com redação determinada pela Emenda Constitucional n. 19, de 4-6-1998.

II – as seguintes vedações:
a) receber, a qualquer título e sob qualquer pretexto, honorários, percentagens ou custas processuais;
b) exercer a advocacia;
c) participar de sociedade comercial, na forma da lei;
d) exercer, ainda que em disponibilidade, qualquer outra função pública, salvo uma de magistério;
- A Resolução n. 73, de 15-6-2011, do CNMP, dispõe sobre o acúmulo do exercício das funções ministeriais com o exercício do magistério por membros do Ministério Público da União e dos Estados.

e) exercer atividade político-partidária;
•• Alínea *e* com redação determinada pela Emenda Constitucional n. 45, de 8-12-2004.

f) receber, a qualquer título ou pretexto, auxílios ou contribuições de pessoas físicas, entidades públicas ou privadas, ressalvadas as exceções previstas em lei.
•• Alínea *f* acrescentada pela Emenda Constitucional n. 45, de 8-12-2004.

§ 6.º Aplica-se aos membros do Ministério Público o disposto no art. 95, parágrafo único, V.
•• § 6.º acrescentado pela Emenda Constitucional n. 45, de 8-12-2004.

Art. 129. São funções institucionais do Ministério Público:
I – promover, privativamente, a ação penal pública, na forma da lei;
- O art. 100 do CP estabelece que a ação penal é pública, salvo quando a lei expressamente a declara privativa do ofendido.

II – zelar pelo efetivo respeito dos Poderes Públicos e dos serviços de relevância pública aos direitos assegurados nesta Constituição, promovendo as medidas necessárias a sua garantia;
III – promover o inquérito civil e a ação civil pública, para a proteção do patrimônio público e social, do meio ambiente e de outros interesses difusos e coletivos;
•• *Vide* Súmula 601 do STJ.
- A Lei n. 7.347, de 24-7-1985, disciplina a ação civil pública de responsabilidade por danos causados ao meio ambiente, ao consumidor, a bens e direitos de valor artístico, estético, histórico, turístico e paisagístico.

IV – promover a ação de inconstitucionalidade ou representação para fins de intervenção da União e dos Estados, nos casos previstos nesta Constituição;
V – defender judicialmente os direitos e interesses das populações indígenas;
VI – expedir notificações nos procedimentos administrativos de sua competência, requisitando informações e documentos para instruí-los, na forma da lei complementar respectiva;
VII – exercer o controle externo da atividade policial, na forma da lei complementar mencionada no artigo anterior;

CF – Arts. 129 a 131 – Organização dos Poderes

- A Resolução n. 127, de 8-5-2012, regulamenta o controle externo da atividade policial no âmbito do Ministério Público Federal.

VIII – requisitar diligências investigatórias e a instauração de inquérito policial, indicados os fundamentos jurídicos de suas manifestações processuais;

IX – exercer outras funções que lhe forem conferidas, desde que compatíveis com sua finalidade, sendo-lhe vedada a representação judicial e a consultoria jurídica de entidades públicas.

§ 1.º A legitimação do Ministério Público para as ações civis previstas neste artigo não impede a de terceiros, nas mesmas hipóteses, segundo o disposto nesta Constituição e na lei.

§ 2.º As funções do Ministério Público só podem ser exercidas por integrantes da carreira, que deverão residir na comarca da respectiva lotação, salvo autorização do chefe da instituição.

- § 2.º com redação determinada pela Emenda Constitucional n. 45, de 8-12-2004.

§ 3.º O ingresso na carreira do Ministério Público far-se-á mediante concurso público de provas e títulos, assegurada a participação da Ordem dos Advogados do Brasil em sua realização, exigindo-se do bacharel em direito, no mínimo, três anos de atividade jurídica e observando-se, nas nomeações, a ordem de classificação.

- § 3.º com redação determinada pela Emenda Constitucional n. 45, de 8-12-2004.
- A Resolução n. 40, de 26-5-2009, do CNMP, regulamenta o conceito de atividade jurídica citado neste parágrafo.

§ 4.º Aplica-se ao Ministério Público, no que couber, o disposto no art. 93.

- § 4.º com redação determinada pela Emenda Constitucional n. 45, de 8-12-2004.

§ 5.º A distribuição de processos no Ministério Público será imediata.

- § 5.º acrescentado pela Emenda Constitucional n. 45, de 8-12-2004.

Art. 130. Aos membros do Ministério Público junto aos Tribunais de Contas aplicam-se as disposições desta seção pertinentes a direitos, vedações e forma de investidura.

Art. 130-A. O Conselho Nacional do Ministério Público compõe-se de quatorze membros nomeados pelo Presidente da República, depois de aprovada a escolha pela maioria absoluta do Senado Federal, para um mandato de dois anos, admitida uma recondução, sendo:

- *Caput* acrescentado pela Emenda Constitucional n. 45, de 8-12-2004.

I – o Procurador-Geral da República, que o preside;

- Inciso I acrescentado pela Emenda Constitucional n. 45, de 8-12-2004.

II – quatro membros do Ministério Público da União, assegurada a representação de cada uma de suas carreiras;

- Inciso II acrescentado pela Emenda Constitucional n. 45, de 8-12-2004.

III – três membros do Ministério Público dos Estados;

- Inciso III acrescentado pela Emenda Constitucional n. 45, de 8-12-2004.

IV – dois juízes, indicados um pelo Supremo Tribunal Federal e outro pelo Superior Tribunal de Justiça;

- Inciso IV acrescentado pela Emenda Constitucional n. 45, de 8-12-2004.
- A Resolução n. 504, de 23-5-2013, do STF, estabelece o procedimento de escolha e indicação, pelo Supremo Tribunal Federal, à vaga do Conselho Nacional do Ministério Público, de que trata este inciso.

V – dois advogados, indicados pelo Conselho Federal da Ordem dos Advogados do Brasil;

- Inciso V acrescentado pela Emenda Constitucional n. 45, de 8-12-2004.
- O Provimento n. 206, de 24-8-2021, da OAB, dispõe sobre o procedimento de indicação de advogados para integrar o Conselho Nacional de Justiça e o Conselho Nacional do Ministério Público.

VI – dois cidadãos de notável saber jurídico e reputação ilibada, indicados um pela Câmara dos Deputados e outro pelo Senado Federal.

- Inciso VI acrescentado pela Emenda Constitucional n. 45, de 8-12-2004.

§ 1.º Os membros do Conselho oriundos do Ministério Público serão indicados pelos respectivos Ministérios Públicos, na forma da lei.

- § 1.º acrescentado pela Emenda Constitucional n. 45, de 8-12-2004.
- § 1.º regulamentado pela Lei n. 11.372, de 28-11-2006.

§ 2.º Compete ao Conselho Nacional do Ministério Público o controle da atuação administrativa e financeira do Ministério Público e do cumprimento dos deveres funcionais de seus membros, cabendo-lhe:

- § 2.º, *caput*, acrescentado pela Emenda Constitucional n. 45, de 8-12-2004.

I – zelar pela autonomia funcional e administrativa do Ministério Público, podendo expedir atos regulamentares, no âmbito de sua competência, ou recomendar providências;

- Inciso I acrescentado pela Emenda Constitucional n. 45, de 8-12-2004.

II – zelar pela observância do art. 37 e apreciar, de ofício ou mediante provocação, a legalidade dos atos administrativos praticados por membros ou órgãos do Ministério Público da União e dos Estados, podendo desconstituí-los, revê-los ou fixar prazo para que se adotem as providências necessárias ao exato cumprimento da lei, sem prejuízo da competência dos Tribunais de Contas;

- Inciso II acrescentado pela Emenda Constitucional n. 45, de 8-12-2004.

III – receber e conhecer das reclamações contra membros ou órgãos do Ministério Público da União ou dos Estados, inclusive contra seus serviços auxiliares, sem prejuízo da competência disciplinar e correicional da instituição, podendo avocar processos disciplinares em curso, determinar a remoção ou a disponibilidade e aplicar outras sanções administrativas, assegurada ampla defesa;

- Inciso III com redação determinada pela Emenda Constitucional n. 103, de 12-11-2019.

IV – rever, de ofício ou mediante provocação, os processos disciplinares de membros do Ministério Público da União ou dos Estados julgados há menos de um ano;

- Inciso IV acrescentado pela Emenda Constitucional n. 45, de 8-12-2004.

V – elaborar relatório anual, propondo as providências que julgar necessárias sobre a situação do Ministério Público no País e as atividades do Conselho, o qual deve integrar a mensagem prevista no art. 84, XI.

- Inciso V acrescentado pela Emenda Constitucional n. 45, de 8-12-2004.

§ 3.º O Conselho escolherá, em votação secreta, um Corregedor nacional, dentre os membros do Ministério Público que o integram, vedada a recondução, competindo-lhe, além das atribuições que lhe forem conferidas pela lei, as seguintes:

- § 3.º, *caput*, acrescentado pela Emenda Constitucional n. 45, de 8-12-2004.

I – receber reclamações e denúncias, de qualquer interessado, relativas aos membros do Ministério Público e dos seus serviços auxiliares;

- Inciso I acrescentado pela Emenda Constitucional n. 45, de 8-12-2004.

II – exercer funções executivas do Conselho, de inspeção e correição geral;

- Inciso II acrescentado pela Emenda Constitucional n. 45, de 8-12-2004.

III – requisitar e designar membros do Ministério Público, delegando-lhes atribuições, e requisitar servidores de órgãos do Ministério Público.

- Inciso III acrescentado pela Emenda Constitucional n. 45, de 8-12-2004.

§ 4.º O Presidente do Conselho Federal da Ordem dos Advogados do Brasil oficiará junto ao Conselho.

- § 4.º acrescentado pela Emenda Constitucional n. 45, de 8-12-2004.

§ 5.º Leis da União e dos Estados criarão ouvidorias do Ministério Público, competentes para receber reclamações e denúncias de qualquer interessado contra membros ou órgãos do Ministério Público, inclusive contra seus serviços auxiliares, representando diretamente ao Conselho Nacional do Ministério Público.

- § 5.º acrescentado pela Emenda Constitucional n. 45, de 8-12-2004.
- A Resolução n. 212, de 11-5-2022, aprova e institui o Regimento Interno da Ouvidoria do CNMP.

Seção II
Da Advocacia Pública

- Seção II com denominação determinada pela Emenda Constitucional n. 19, de 4-6-1998.
- Lei Orgânica da Advocacia-Geral da União: Lei Complementar n. 73, de 10-2-1993.
- Exercício das atribuições institucionais da Advocacia-Geral da União, em caráter emergencial e provisório: Lei n. 9.028, de 12-4-1995.
- Apuração de antiguidade nas carreiras de Advogado da União, de Procurador da Fazenda Nacional, de Procurador Federal e de Procurador do Banco Central: Decreto n. 7.737, de 25-5-2012.

Art. 131. A Advocacia-Geral da União é a instituição que, diretamente ou através de órgão vinculado, representa a União, judicial e extrajudicialmente, cabendo-lhe, nos termos da lei complementar que dispuser sobre sua organização e funcionamento, as atividades de consultoria e assessoramento jurídico do Poder Executivo.

- A Portaria n. 42, de 25-10-2018, disciplina os procedimentos relativos à representação extrajudicial da União.
- A Portaria n. 1, de 28-8-2015, dispõe sobre a aplicação do Guia do Fluxo Consultivo para o cumprimento das atividades de Consultoria Jurídica (CONJUR-MS/CGU/AGU) no âmbito do Ministério da Saúde.
- • A Portaria Normativa n. 94, de 26-5-2023, da AGU, disciplina os procedimentos relativos à representação extrajudicial da União, relativamente aos Poderes Legislativo, Judiciário e Executivo federais, este restrito à Administração Direta, e às demais Funções Essenciais à Justiça, e de seus agentes públicos, pela Consultoria-Geral da União, por seus órgãos de execução e pela Procuradoria-Geral da Fazenda Nacional.

§ 1.º A Advocacia-Geral da União tem por chefe o Advogado-Geral da União, de livre nomeação pelo Presidente da República dentre cidadãos maiores de trinta e cinco anos, de notável saber jurídico e reputação ilibada.

§ 2.º O ingresso nas classes iniciais das carreiras da instituição de que trata este artigo far-se-á mediante concurso público de provas e títulos.

§ 3.º Na execução da dívida ativa de natureza tributária, a representação da União cabe à Procuradoria-Geral da Fazenda Nacional, observado o disposto em lei.

Art. 132. Os Procuradores dos Estados e do Distrito Federal, organizados em carreira, na qual o ingresso dependerá de concurso público de provas e títulos, com a participação da Ordem dos Advogados do Brasil em todas as suas fases, exercerão a representação judicial e a consultoria jurídica das respectivas unidades federadas.

- • *Caput* com redação determinada pela Emenda Constitucional n. 19, de 4-6-1998.

Parágrafo único. Aos procuradores referidos neste artigo é assegurada estabilidade após 3 (três) anos de efetivo exercício, mediante avaliação de desempenho perante os órgãos próprios, após relatório circunstanciado das corregedorias.

- • Parágrafo único acrescentado pela Emenda Constitucional n. 19, de 4-6-1998.

Seção III
Da Advocacia

- • Seção III com redação determinada pela Emenda Constitucional n. 80, de 4-6-2014.

Art. 133. O advogado é indispensável à administração da justiça, sendo inviolável por seus atos e manifestações no exercício da profissão, nos limites da lei.

- • A Lei n. 8.906, de 4-7-1994, estabelece o Estatuto da OAB.

Seção IV
Da Defensoria Pública

- • Seção IV acrescentada pela Emenda Constitucional n. 80, de 4-6-2014.

Art. 134. A Defensoria Pública é instituição permanente, essencial à função jurisdicional do Estado, incumbindo-lhe, como expressão e instrumento do regime democrático, fundamentalmente, a orientação jurídica, a promoção dos direitos humanos e a defesa, em todos os graus, judicial e extrajudicial, dos direitos individuais e coletivos, de forma integral e gratuita, aos necessitados, na forma do inciso LXXIV do art. 5.º desta Constituição Federal.

- • *Caput* com redação determinada pela Emenda Constitucional n. 80, de 4-6-2014.
- • Defensoria Pública: Lei Complementar n. 80, de 12-1-1994.
- • A Portaria n. 88, de 14-2-2014, dispõe sobre o Regimento Interno da Defensoria Pública-Geral da União.

§ 1.º Lei Complementar organizará a Defensoria Pública da União e do Distrito Federal e dos Territórios e prescreverá normas gerais para sua organização nos Estados, em cargos de carreira, providos, na classe inicial, mediante concurso público de provas e títulos, assegurada a seus integrantes a garantia da inamovibilidade e vedado o exercício da advocacia fora das atribuições institucionais.

- • Primitivo parágrafo único transformado em § 1.º pela Emenda Constitucional n. 45, de 8-12-2004.

§ 2.º Às Defensorias Públicas Estaduais são asseguradas autonomia funcional e administrativa e a iniciativa de sua proposta orçamentária dentro dos limites estabelecidos na lei de diretrizes orçamentárias e subordinação ao disposto no art. 99, § 2.º.

- • § 2.º acrescentado pela Emenda Constitucional n. 45, de 8-12-2004.

§ 3.º Aplica-se o disposto no § 2.º às Defensorias Públicas da União e do Distrito Federal.

- • § 3.º acrescentado pela Emenda Constitucional n. 74, de 6-8-2013.

§ 4.º São princípios institucionais da Defensoria Pública a unidade, a indivisibilidade e a independência funcional, aplicando-se também, no que couber, o disposto no art. 93 e no inciso II do art. 96 desta Constituição Federal.

- • § 4.º acrescentado pela Emenda Constitucional n. 80, de 4-6-2014.

Art. 135. Os servidores integrantes das carreiras disciplinadas nas Seções II e III deste Capítulo serão remunerados na forma do art. 39, § 4.º.

- • Artigo com redação determinada pela Emenda Constitucional n. 19, de 4-6-1998.

TÍTULO V
DA DEFESA DO ESTADO E DAS INSTITUIÇÕES DEMOCRÁTICAS

Capítulo I
DO ESTADO DE DEFESA E DO ESTADO DE SÍTIO

Seção I
Do Estado de Defesa

Art. 136. O Presidente da República pode, ouvidos o Conselho da República e o Conselho de Defesa Nacional, decretar estado de Defesa para preservar ou prontamente restabelecer, em locais restritos e determinados, a ordem pública ou a paz social ameaçadas por grave e iminente instabilidade institucional ou atingidas por calamidades de grandes proporções na natureza.

- • A Lei n. 8.041, de 5-6-1990, dispõe sobre a organização e o funcionamento do Conselho da República.
- • A Lei n. 8.183, de 11-4-1991, dispõe sobre a organização do Conselho de Defesa Nacional. Regulamentada pelo Decreto n. 893, de 12-8-1993.

§ 1.º O decreto que instituir o estado de defesa determinará o tempo de sua duração, especificará as áreas a serem abrangidas e indicará, nos termos e limites da lei, as medidas coercitivas a vigorarem, dentre as seguintes:

I – restrições aos direitos de:
a) reunião, ainda que exercida no seio das associações;
b) sigilo de correspondência;
c) sigilo de comunicação telegráfica e telefônica;

II – ocupação e uso temporário de bens e serviços públicos, na hipótese de calamidade pública, respondendo a União pelos danos e custos decorrentes.

§ 2.º O tempo de duração do estado de defesa não será superior a trinta dias, podendo ser prorrogado uma vez, por igual período, se persistirem as razões que justificaram a sua decretação.

§ 3.º Na vigência do estado de defesa:

I – a prisão por crime contra o Estado, determinada pelo executor da medida, será por este comunicada imediatamente ao juiz competente, que a relaxará, se não for legal, facultado ao preso requerer exame de corpo de delito à autoridade policial;

II – a comunicação será acompanhada de declaração, pela autoridade, do estado físico e mental do detido no momento de sua autuação;

III – a prisão ou detenção de qualquer pessoa não poderá ser superior a dez dias, salvo quando autorizada pelo Poder Judiciário;

IV – é vedada a incomunicabilidade do preso.

§ 4.º Decretado o estado de defesa ou sua prorrogação, o Presidente da República, dentro de vinte e quatro horas, submeterá o ato com a respectiva justificação ao Congresso Nacional, que decidirá por maioria absoluta.

§ 5.º Se o Congresso Nacional estiver em recesso, será convocado, extraordinariamente, no prazo de cinco dias.

§ 6.º O Congresso Nacional apreciará o decreto dentro de dez dias contados de seu recebimento, devendo continuar funcionando enquanto vigorar o estado de defesa.

§ 7.º Rejeitado o decreto, cessa imediatamente o estado de defesa.

Seção II
Do Estado de Sítio

Art. 137. O Presidente da República pode, ouvidos o Conselho da República e o Conselho de Defesa Nacional, solicitar ao Congresso Nacional autorização para decretar o estado de sítio nos casos de:

I – comoção grave de repercussão nacional ou ocorrência de fatos que comprovem a ineficácia de medida tomada durante o estado de defesa;

II – declaração de estado de guerra ou resposta a agressão armada estrangeira.

Parágrafo único. O Presidente da República, ao solicitar autorização para decretar o estado de sítio ou sua prorrogação, relatará os motivos determinantes do pedido, devendo o Congresso Nacional decidir por maioria absoluta.

Art. 138. O decreto do estado de sítio indicará sua duração, as normas necessárias a sua execução e as garantias constitucionais que ficarão suspensas, e, depois de publicado, o Presidente da República designará o executor das medidas específicas e as áreas abrangidas.

§ 1.º O estado de sítio, no caso do art. 137, I, não poderá ser decretado por mais de trinta dias, nem prorrogado, de cada vez, por prazo superior; no do inciso II, poderá ser decretado por todo o tempo que perdurar a guerra ou a agressão armada estrangeira.

§ 2.º Solicitada autorização para decretar o estado de sítio durante o recesso parlamentar, o Presidente do Senado Federal, de imediato, convocará extraordinariamente o Congresso Nacional para se reunir dentro de cinco dias, a fim de apreciar o ato.

§ 3.º O Congresso Nacional permanecerá em funcionamento até o término das medidas coercitivas.

Art. 139. Na vigência do estado de sítio decretado com fundamento no art. 137, I, só poderão ser tomadas contra as pessoas as seguintes medidas:

I – obrigação de permanência em localidade determinada;

II – detenção em edifício não destinado a acusados ou condenados por crimes comuns;

III – restrições relativas à inviolabilidade da correspondência, ao sigilo das comunicações, à prestação de informações e à liberdade de imprensa, radiodifusão e televisão, na forma da lei;

IV – suspensão da liberdade de reunião;

V – busca e apreensão em domicílio;

VI – intervenção nas empresas de serviços públicos;

VII – requisição de bens.

Parágrafo único. Não se inclui nas restrições do inciso III a difusão de pronunciamentos de parlamentares efetuados em suas Casas Legislativas, desde que liberada pela respectiva Mesa.

Seção III
Disposições Gerais

Art. 140. A Mesa do Congresso Nacional, ouvidos os líderes partidários, designará Comissão composta de cinco de seus membros para acompanhar e fiscalizar a execução das medidas referentes ao estado de defesa e ao estado de sítio.

Art. 141. Cessado o estado de defesa ou o estado de sítio, cessarão também seus efeitos, sem prejuízo da responsabilidade pelos ilícitos cometidos por seus executores ou agentes.

Parágrafo único. Logo que cesse o estado de defesa ou o estado de sítio, as medidas aplicadas em sua vigência serão relatadas pelo Presidente da República, em mensagem ao Congresso Nacional, com especificação e justificação das providências adotadas, com relação nominal dos atingidos, e indicação das restrições aplicadas.

Capítulo II
DAS FORÇAS ARMADAS

Art. 142. As Forças Armadas, constituídas pela Marinha, pelo Exército e pela Aeronáutica, são instituições nacionais permanentes e regulares, organizadas com base na hierarquia e na disciplina, sob a autoridade suprema do Presidente da República, e destinam-se à defesa da Pátria, à garantia dos poderes constitucionais e, por iniciativa de qualquer destes, da lei e da ordem.

• • *Vide* arts. 12, 24 e 26 da Emenda Constitucional n. 103, de 12-11-2019.

§ 1.º Lei complementar estabelecerá as normas gerais a serem adotadas na organização, no preparo e no emprego das Forças Armadas.

• Organização, preparo e emprego das Forças Armadas: Lei Complementar n. 97, de 9-6-1999.

§ 2.º Não caberá *habeas corpus* em relação a punições disciplinares militares.

§ 3.º Os membros das Forças Armadas são denominados militares, aplicando-se-lhes, além das que vierem a ser fixadas em lei, as seguintes disposições:

• • § 3.º, *caput*, acrescentado pela Emenda Constitucional n. 18, de 5-2-1998.

• *Vide* art. 42, § 2.º, da CF.

I – as patentes, com prerrogativas, direitos e deveres a elas inerentes, são conferidas pelo Presidente da República e asseguradas em plenitude aos oficiais da ativa, da reserva ou reformados, sendo-lhes privativos os títulos e postos militares e, juntamente com os demais membros, o uso dos uniformes das Forças Armadas;

• • Inciso I acrescentado pela Emenda Constitucional n. 18, de 5-2-1998.

II – o militar em atividade que tomar posse em cargo ou emprego público civil permanente, ressalvada a hipótese prevista no art. 37, inciso XVI, alínea *c*, será transferido para a reserva, nos termos da lei;

• • Inciso II com redação determinada pela Emenda Constitucional n. 77, de 11-2-2014.

III – o militar da ativa que, de acordo com a lei, tomar posse em cargo, emprego ou função pública civil temporária, não eletiva, ainda que da administração indireta, ressalvada a hipótese prevista no art. 37, inciso XVI, alínea *c*, ficará agregado ao respectivo quadro e somente poderá, enquanto permanecer nessa situação, ser promovido por antiguidade, contando-se-lhe o tempo de serviço apenas para aquela promoção e transferência para a reserva, sendo depois de dois anos de afastamento, contínuos ou não, transferido para a reserva, nos termos da lei;

• • Inciso III com redação determinada pela Emenda Constitucional n. 77, de 11-2-2014.

IV – ao militar são proibidas a sindicalização e a greve;

• • Inciso IV acrescentado pela Emenda Constitucional n. 18, de 5-2-1998.

V – o militar, enquanto em serviço ativo, não pode estar filiado a partidos políticos;

• • Inciso V acrescentado pela Emenda Constitucional n. 18, de 5-2-1998.

VI – o oficial só perderá o posto e a patente se for julgado indigno do oficialato ou com ele incompatível, por decisão de tribunal militar de caráter permanente, em tempo de paz, ou de tribunal especial, em tempo de guerra;

• • Inciso VI acrescentado pela Emenda Constitucional n. 18, de 5-2-1998.

VII – o oficial condenado na justiça comum ou militar a pena privativa de liberdade superior a 2 (dois) anos, por sentença transitada em julgado, será submetido ao julgamento previsto no inciso anterior;

• • Inciso VII acrescentado pela Emenda Constitucional n. 18, de 5-2-1998.

VIII – aplica-se aos militares o disposto no art. 7.º, incisos VIII, XII, XVII, XVIII, XIX e XXV, e no art. 37, incisos XI, XIII, XIV e XV, bem como, na forma da lei e com prevalência da atividade militar, no art. 37, inciso XVI, alínea *c*;

• • Inciso VIII com redação determinada pela Emenda Constitucional n. 77, de 11-2-2014.

• *Vide* Súmula Vinculante 6 do STF.

IX – (*Revogado pela Emenda Constitucional n. 41, de 19-12-2003.*)

X – a lei disporá sobre o ingresso nas Forças Armadas, os limites de idade, a estabilidade e outras condições de transferência do militar para a inatividade, os direitos, os deveres, a remuneração, as prerrogativas e outras situações especiais dos militares, consideradas as peculiaridades de suas atividades, inclusive aquelas cumpridas por força de compromissos internacionais e de guerra.

• • Inciso X acrescentado pela Emenda Constitucional n. 18, de 5-2-1998.

• *Vide* art. 40, § 20, da CF.

Art. 143. O serviço militar é obrigatório nos termos da lei.

• Lei do Serviço Militar: Lei n. 4.375, de 17-8-1964, regulamentada pelo Decreto n. 57.654, de 20-1-1966.

§ 1.º Às Forças Armadas compete, na forma da lei, atribuir serviço alternativo aos que, em tempo de paz, após alistados, alegarem imperativo de consciência, entendendo-se como tal o decorrente de crença religiosa e de convicção filosófica ou política, para se eximirem de atividades de caráter essencialmente militar.

• • Regulamento: Lei n. 8.239, de 4-10-1991.

§ 2.º As mulheres e os eclesiásticos ficam isentos do serviço militar obrigatório em tempo de paz, sujeitos, porém, a outros encargos que a lei lhes atribuir.
•• Regulamento: Lei n. 8.239, de 4-10-1991.

Capítulo III
DA SEGURANÇA PÚBLICA

•• A Lei n. 11.530, de 24-10-2007, institui o Programa Nacional de Segurança Pública com Cidadania – PRONASCI.

Art. 144. A segurança pública, dever do Estado, direito e responsabilidade de todos, é exercida para a preservação da ordem pública e da incolumidade das pessoas e do patrimônio, através dos seguintes órgãos:

I – polícia federal;
•• *Vide* arts. 5.º e 10, § 2.º, I, da Emenda Constitucional n. 103, de 12-11-2019.
•• A Lei n. 15.047, de 17-12-2024, institui o regime disciplinar da Polícia Federal e da Polícia Civil do Distrito Federal.

II – polícia rodoviária federal;
•• *Vide* arts. 5.º e 10, § 2.º, I, da Emenda Constitucional n. 103, de 12-11-2019.
• Competência da Polícia Rodoviária Federal: Decreto n. 1.655, de 3-10-1995.

III – polícia ferroviária federal;
•• *Vide* arts. 5.º e 10, § 2.º, I, da Emenda Constitucional n. 103, de 12-11-2019.

IV – polícias civis;
• Conselho de Segurança Pública e Defesa Social: Lei n. 13.675, de 11-6-2018.

V – polícias militares e corpos de bombeiros militares;
•• A Lei n. 14.751, de 12-12-2023, institui a Lei Orgânica Nacional das Polícias Militares e dos Corpos de Bombeiros Militares dos Estados, do Distrito Federal e dos Territórios.

VI – polícias penais federal, estaduais e distrital.
•• Inciso VI acrescentado pela Emenda Constitucional n. 104, de 4-12-2019.

§ 1.º A polícia federal, instituída por lei como órgão permanente, organizado e mantido pela União e estruturado em carreira, destina-se a:
•• § 1.º, *caput*, com redação determinada pela Emenda Constitucional n. 19, de 4-6-1998.

I – apurar infrações penais contra a ordem política e social ou em detrimento de bens, serviços e interesses da União ou de suas entidades autárquicas e empresas públicas, assim como outras infrações cuja prática tenha repercussão interestadual ou internacional e exija repressão uniforme, segundo se dispuser em lei;
• A Lei n. 8.137, de 27-12-1990, define crimes contra a ordem tributária, econômica e contra as relações de consumo (contra formação de cartel dispõe o art. 4.º, I e II).
• A Lei n. 10.446, de 8-5-2002, dispõe sobre infrações penais de repercussão interestadual ou internacional que exigem repressão uniforme, para os fins do disposto neste inciso.

II – prevenir e reprimir o tráfico ilícito de entorpecentes e drogas afins, o contrabando e o descaminho, sem prejuízo da ação fazendária e de outros órgãos públicos nas respectivas áreas de competência;

III – exercer as funções de polícia marítima, aeroportuária e de fronteiras;
•• Inciso III com redação determinada pela Emenda Constitucional n. 19, de 4-6-1998.

IV – exercer, com exclusividade, as funções de polícia judiciária da União.

§ 2.º A polícia rodoviária federal, órgão permanente, organizado e mantido pela União e estruturado em carreira, destina-se, na forma da lei, ao patrulhamento ostensivo das rodovias federais.
•• § 2.º com redação determinada pela Emenda Constitucional n. 19, de 4-6-1998.
• Policial Rodoviário Federal: Lei n. 9.654, de 2-6-1998.

§ 3.º A polícia ferroviária federal, órgão permanente, organizado e mantido pela União e estruturado em carreira, destina-se, na forma da lei, ao patrulhamento ostensivo das ferrovias federais.
•• § 3.º com redação determinada pela Emenda Constitucional n. 19, de 4-6-1998.

§ 4.º Às polícias civis, dirigidas por delegados de polícia de carreira, incumbem, ressalvada a competência da União, as funções de polícia judiciária e a apuração de infrações penais, exceto as militares.

§ 5.º Às polícias militares cabem a polícia ostensiva e a preservação da ordem pública; aos corpos de bombeiros militares, além das atribuições definidas em lei, incumbe a execução de atividades de defesa civil.
• A Lei n. 13.425, de 30-3-2017 (Lei Boate Kiss), estabelece diretrizes gerais sobre medidas de prevenção e combate a incêndio e a desastres em estabelecimentos, edificações e áreas de reunião de público.

§ 5.º-A. Às polícias penais, vinculadas ao órgão administrador do sistema penal da unidade federativa a que pertencem, cabe a segurança dos estabelecimentos penais.
•• § 5.º-A acrescentado pela Emenda Constitucional n. 104, de 4-12-2019.

§ 6.º As polícias militares e os corpos de bombeiros militares, forças auxiliares e reserva do Exército subordinam-se, juntamente com as polícias civis e as polícias penais estaduais e distrital, aos Governadores dos Estados, do Distrito Federal e dos Territórios.
•• § 6.º com redação determinada pela Emenda Constitucional n. 104, de 4-12-2019.
•• A Lei n. 14.751, de 12-12-2023, institui a Lei Orgânica Nacional das Polícias Militares e dos Corpos de Bombeiros Militares dos Estados, do Distrito Federal e dos Territórios.
• O Decreto n. 10.573, de 14-12-2020, dispõe sobre as linhas gerais dos órgãos da Polícia Civil do Distrito Federal.

§ 7.º A lei disciplinará a organização e o funcionamento dos órgãos responsáveis pela segurança pública, de maneira a garantir a eficiência de suas atividades.
•• A Lei n. 13.675, de 11-6-2018, dispõe sobre a segurança pública nos termos estabelecidos neste § 7.º e cria o Conselho de Segurança Pública e Defesa Social.

§ 8.º Os Municípios poderão constituir guardas municipais destinadas à proteção de seus bens, serviços e instalações, conforme dispuser a lei.

•• A Lei n. 13.022, de 8-8-2014, dispõe sobre o Estatuto Geral das Guardas Municipais.

§ 9.º A remuneração dos servidores policiais integrantes dos órgãos relacionados neste artigo será fixada na forma do § 4.º do art. 39.
•• § 9.º acrescentado pela Emenda Constitucional n. 19, de 4-6-1998.

§ 10. A segurança viária, exercida para a preservação da ordem pública e da incolumidade das pessoas e do seu patrimônio nas vias públicas:
•• § 10, *caput*, acrescentado pela Emenda Constitucional n. 82, de 16-7-2014.

I – compreende a educação, engenharia e fiscalização de trânsito, além de outras atividades previstas em lei, que assegurem ao cidadão o direito à mobilidade urbana eficiente; e
•• Inciso I acrescentado pela Emenda Constitucional n. 82, de 16-7-2014.

II – compete, no âmbito dos Estados, do Distrito Federal e dos Municípios, aos respectivos órgãos ou entidades executivos e seus agentes de trânsito, estruturados em Carreira, na forma da lei.
•• Inciso II acrescentado pela Emenda Constitucional n. 82, de 16-7-2014.

TÍTULO VI
DA TRIBUTAÇÃO E DO ORÇAMENTO

• CTN: Lei n. 5.172, de 25-10-1966.

Capítulo I
DO SISTEMA TRIBUTÁRIO NACIONAL

• Crimes contra a ordem tributária, econômica e contra as relações de consumo: Lei n. 8.137, de 27-12-1990.
• Crimes contra a ordem econômica: Lei n. 8.176, de 8-2-1991.

Seção I
Dos Princípios Gerais

Art. 145. A União, os Estados, o Distrito Federal e os Municípios poderão instituir os seguintes tributos:

I – impostos;

II – taxas, em razão do exercício do poder de polícia ou pela utilização, efetiva ou potencial, de serviços públicos específicos e divisíveis, prestados ao contribuinte ou postos a sua disposição;
• *Vide* Súmulas Vinculantes 19 e 41 do STF.

III – contribuição de melhoria, decorrente de obras públicas.
• O Decreto-lei n. 195, de 24-2-1967, dispõe sobre a cobrança da contribuição de melhoria.

§ 1.º Sempre que possível, os impostos terão caráter pessoal e serão graduados segundo a capacidade econômica do contribuinte, facultado à administração tributária, especialmente para conferir efetividade a esses objetivos, identificar, respeitados os direitos individuais e nos termos da lei, o patrimônio, os rendimentos e as atividades econômicas do contribuinte.
• A Lei n. 8.021, de 12-4-1990, dispõe sobre a identificação do contribuinte para fins fiscais.
• *Vide* Súmula Vinculante 29 do STF.

§ 2.º As taxas não poderão ter base de cálculo própria de impostos.

§ 3.º O Sistema Tributário Nacional deve observar os princípios da simplicidade, da transparência, da justiça tributária, da cooperação e da defesa do meio ambiente.
•• § 3.º acrescentado pela Emenda Constitucional n. 132, de 20-12-2023.

§ 4.º As alterações na legislação tributária buscarão atenuar efeitos regressivos.
•• § 4.º acrescentado pela Emenda Constitucional n. 132, de 20-12-2023.

Art. 146. Cabe à lei complementar:

I – dispor sobre conflitos de competência, em matéria tributária, entre a União, os Estados, o Distrito Federal e os Municípios;

II – regular as limitações constitucionais ao poder de tributar;
•• A Lei Complementar n. 187, de 16-12-2021, regula as condições para limitação ao poder de tributar da União em relação às entidades beneficentes no tocante às contribuições para a seguridade social.

III – estabelecer normas gerais em matéria de legislação tributária, especialmente sobre:

a) definição de tributos e de suas espécies, bem como, em relação aos impostos discriminados nesta Constituição, a dos respectivos fatos geradores, bases de cálculo e contribuintes;

b) obrigação, lançamento, crédito, prescrição e decadência tributários;
•• A Lei Complementar n. 199, de 1.º-8-2023, institui o Estatuto Nacional de Simplificação de Obrigações Tributárias Acessórias.

c) adequado tratamento tributário ao ato cooperativo praticado pelas sociedades cooperativas, inclusive em relação aos tributos previstos nos arts. 156-A e 195, V;
•• Alínea *c* com redação determinada pela Emenda Constitucional n. 132, de 20-12-2023.

d) definição de tratamento diferenciado e favorecido para as microempresas e para as empresas de pequeno porte, inclusive regimes especiais ou simplificados no caso dos impostos previstos nos arts. 155, II, e 156-A, das contribuições sociais previstas no art. 195, I e V, e § 12, e da contribuição a que se refere o art. 239.
•• Alínea *d* com redação determinada pela Emenda Constitucional n. 132, de 20-12-2023.
•• A Emenda Constitucional n. 132, de 20-12-2023, a partir de 2027, altera a redação desta alínea *d*: "*d)* definição de tratamento diferenciado e favorecido para as microempresas e para as empresas de pequeno porte, inclusive regimes especiais ou simplificados no caso dos impostos previstos nos arts. 155, II, e 156-A e das contribuições previstas no art. 195, I e V".
•• A Emenda Constitucional n. 132, de 20-12-2023, a partir de 2033, altera a redação desta alínea *d*: "*d)* definição de tratamento diferenciado e favorecido para as microempresas e para as empresas de pequeno porte, inclusive regimes especiais ou simplificados no caso do imposto previsto no art. 156-A e das contribuições sociais previstas no art. 195, I e V".

§ 1.º A lei complementar de que trata o inciso III, *d*, também poderá instituir um regime único de arrecadação dos impostos e contribuições da União, dos Estados, do Distrito Federal e dos Municípios, observado que:
•• Parágrafo único, *caput*, renumerado pela Emenda Constitucional n. 132, de 20-12-2023.
• Vide art. 199 do CTN.

I – será opcional para o contribuinte;
•• Inciso I acrescentado pela Emenda Constitucional n. 42, de 19-12-2003.

II – poderão ser estabelecidas condições de enquadramento diferenciadas por Estado;
•• Inciso II acrescentado pela Emenda Constitucional n. 42, de 19-12-2003.

III – o recolhimento será unificado e centralizado e a distribuição da parcela de recursos pertencentes aos respectivos entes federados será imediata, vedada qualquer retenção ou condicionamento;
•• Inciso III acrescentado pela Emenda Constitucional n. 42, de 19-12-2003.

IV – a arrecadação, a fiscalização e a cobrança poderão ser compartilhadas pelos entes federados, adotado cadastro nacional único de contribuintes.
•• Inciso IV acrescentado pela Emenda Constitucional n. 42, de 19-12-2003.

§ 2.º É facultado ao optante pelo regime único de que trata o § 1.º apurar e recolher os tributos previstos nos arts. 156-A e 195, V, nos termos estabelecidos nesses artigos, hipótese em que as parcelas a eles relativas não serão cobradas pelo regime único.
•• § 2.º acrescentado pela Emenda Constitucional n. 132, de 20-12-2023.

§ 3.º Na hipótese de o recolhimento dos tributos previstos nos arts. 156-A e 195, V, ser realizado por meio do regime único de que trata o § 1.º, enquanto perdurar a opção:
•• § 3.º, *caput*, acrescentado pela Emenda Constitucional n. 132, de 20-12-2023.

I – não será permitida a apropriação de créditos dos tributos previstos nos arts. 156-A e 195, V, pelo contribuinte optante pelo regime único; e
•• Inciso I acrescentado pela Emenda Constitucional n. 132, de 20-12-2023.

II – será permitida a apropriação de créditos dos tributos previstos nos arts. 156-A e 195, V, pelo adquirente não optante pelo regime único de que trata o § 1.º de bens materiais ou imateriais, inclusive direitos, e de serviços do optante, em montante equivalente ao cobrado por meio do regime único.
•• Inciso II acrescentado pela Emenda Constitucional n. 132, de 20-12-2023.

Art. 146-A. Lei complementar poderá estabelecer critérios especiais de tributação, com o objetivo de prevenir desequilíbrios da concorrência, sem prejuízo da competência de a União, por lei, estabelecer normas de igual objetivo.
•• Artigo acrescentado pela Emenda Constitucional n. 42, de 19-12-2003.

Art. 147. Competem à União, em Território Federal, os impostos estaduais e, se o Território não for dividido em Municípios, cumulativamente, os impostos municipais; ao Distrito Federal cabem os impostos municipais.

Art. 148. A União, mediante lei complementar, poderá instituir empréstimos compulsórios:

I – para atender a despesas extraordinárias, decorrentes de calamidade pública, de guerra externa ou sua iminência;

II – no caso de investimento público de caráter urgente e de relevante interesse nacional, observado o disposto no art. 150, III, *b*.

Parágrafo único. A aplicação dos recursos provenientes de empréstimo compulsório será vinculada à despesa que fundamentou sua instituição.

Art. 149. Compete exclusivamente à União instituir contribuições sociais, de intervenção no domínio econômico e de interesse das categorias profissionais ou econômicas, como instrumento de sua atuação nas respectivas áreas, observado o disposto nos arts. 146, III, e 150, I e III, e sem prejuízo do previsto no art. 195, § 6.º, relativamente às contribuições a que alude o dispositivo.
•• *Vide* Súmula 666 do STJ.
• A Lei n. 10.336, de 19-12-2001, instituiu a Contribuição de Intervenção no Domínio Econômico – CIDE incidente sobre a importação e a comercialização de petróleo e seus derivados, gás natural e seus derivados e álcool etílico combustível (Cide) a que se refere este artigo.

§ 1.º A União, os Estados, o Distrito Federal e os Municípios instituirão, por meio de lei, contribuições para custeio de regime próprio de previdência social, cobradas dos servidores ativos, dos aposentados e dos pensionistas, que poderão ter alíquotas progressivas de acordo com o valor da base de contribuição ou dos proventos de aposentadoria e de pensões.
•• § 1.º com redação determinada pela Emenda Constitucional n. 103, de 12-11-2019.
•• Sobre o prazo de vigência deste § 1.º, *vide* art. 36, II, da Emenda Constitucional n. 103, de 12-11-2019.
•• O texto anterior dizia:
"§ 1.º Os Estados, o Distrito Federal e os Municípios instituirão contribuição, cobrada de seus servidores, para o custeio, em benefício destes, do regime previdenciário de que trata o art. 40, cuja alíquota não será inferior à da contribuição dos servidores titulares de cargos efetivos da União.
•• § 1.º com redação determinada pela Emenda Constitucional n. 41, de 19-12-2003".

§ 1.º-A. Quando houver déficit atuarial, a contribuição ordinária dos aposentados e pensionistas poderá incidir sobre o valor dos proventos de aposentadoria e de pensões que supere o salário-mínimo.
•• § 1.º-A acrescentado pela Emenda Constitucional n. 103, de 12-11-2019.
•• Sobre o prazo de vigência deste § 1.º-A, *vide* art. 36, II, da Emenda Constitucional n. 103, de 12-11-2019.

§ 1.º-B. Demonstrada a insuficiência da medida prevista no § 1.º-A para equacionar o déficit atuarial, é facultada a instituição de contribuição extraordinária, no âmbito da União, dos servidores públicos ativos, dos aposentados e dos pensionistas.
•• § 1.º-B acrescentado pela Emenda Constitucional n. 103, de 12-11-2019.
•• Sobre o prazo de vigência deste § 1.º-B, *vide* art. 36, II, da Emenda Constitucional n. 103, de 12-11-2019.

§ 1.º-C. A contribuição extraordinária de que trata o § 1.º-B deverá ser instituída simultaneamente com outras medidas para equacionamento do déficit e vigorará por período determinado, contado da data de sua instituição.
•• § 1.º-C acrescentado pela Emenda Constitucional n. 103, de 12-11-2019.
•• Sobre o prazo de vigência deste § 1.º-C, *vide* art. 36, II, da Emenda Constitucional n. 103, de 12-11-2019.

§ 2.º As contribuições sociais e de intervenção no domínio econômico de que trata o *caput* deste artigo:
•• § 2.º, *caput*, acrescentado pela Emenda Constitucional n. 33, de 11-12-2001.

I – não incidirão sobre as receitas decorrentes de exportação;
•• Inciso I acrescentado pela Emenda Constitucional n. 33, de 11-12-2001.

II – incidirão também sobre a importação de produtos estrangeiros ou serviços;
•• Inciso II com redação determinada pela Emenda Constitucional n. 42, de 19-12-2003.

III – poderão ter alíquotas:
•• Inciso III, *caput*, acrescentado pela Emenda Constitucional n. 33, de 11-12-2001.

a) ad valorem, tendo por base o faturamento, a receita bruta ou o valor da operação e, no caso de importação, o valor aduaneiro;
•• Alínea *a* acrescentada pela Emenda Constitucional n. 33, de 11-12-2001.

b) específica, tendo por base a unidade de medida adotada.
•• Alínea *b* acrescentada pela Emenda Constitucional n. 33, de 11-12-2001.

§ 3.º A pessoa natural destinatária das operações de importação poderá ser equiparada a pessoa jurídica, na forma da lei.
•• § 3.º acrescentado pela Emenda Constitucional n. 33, de 11-12-2001.

§ 4.º A lei definirá as hipóteses em que as contribuições incidirão uma única vez.
•• § 4.º acrescentado pela Emenda Constitucional n. 33, de 11-12-2001.

Art. 149-A. Os Municípios e o Distrito Federal poderão instituir contribuição, na forma das respectivas leis, para o custeio, a expansão e a melhoria do serviço de iluminação pública e de sistemas de monitoramento para segurança e preservação de logradouros públicos, observado o disposto no art. 150, I e III.
•• *Caput* com redação determinado pela Emenda Constitucional n. 132, de 20-12-2023.

Parágrafo único. É facultada a cobrança da contribuição a que se refere o *caput*, na fatura de consumo de energia elétrica.
•• Parágrafo único acrescentado pela Emenda Constitucional n. 39, de 19-12-2002.

Art. 149-B. Os tributos previstos nos arts. 156-A e 195, V, observarão as mesmas regras em relação a:
•• *Caput* acrescentado pela Emenda Constitucional n. 132, de 20-12-2023.

I – fatos geradores, bases de cálculo, hipóteses de não incidência e sujeitos passivos;
•• Inciso I acrescentado pela Emenda Constitucional n. 132, de 20-12-2023.

II – imunidades;
•• Inciso II acrescentado pela Emenda Constitucional n. 132, de 20-12-2023.

III – regimes específicos, diferenciados ou favorecidos de tributação;
•• Inciso III acrescentado pela Emenda Constitucional n. 132, de 20-12-2023.

IV – regras de não cumulatividade e de creditamento.
•• Inciso IV acrescentado pela Emenda Constitucional n. 132, de 20-12-2023.

Parágrafo único. Os tributos de que trata o *caput* observarão as imunidades previstas no art. 150, VI, não se aplicando a ambos os tributos o disposto no art. 195, § 7.º.
•• Parágrafo único acrescentado pela Emenda Constitucional n. 132, de 20-12-2023.

Art. 149-C. O produto da arrecadação do imposto previsto no art. 156-A e da contribuição prevista no art. 195, V, incidentes sobre operações contratadas pela administração pública direta, por autarquias e por fundações públicas, inclusive suas importações, será integralmente destinado ao ente federativo contratante, mediante redução a zero das alíquotas do imposto e da contribuição devidos aos demais entes e equivalente elevação da alíquota do tributo devido ao ente contratante.
•• *Caput* acrescentado pela Emenda Constitucional n. 132, de 20-12-2023.

§ 1.º As operações de que trata o *caput* poderão ter alíquotas reduzidas de modo uniforme, nos termos de lei complementar.
•• § 1.º acrescentado pela Emenda Constitucional n. 132, de 20-12-2023.

§ 2.º Lei complementar poderá prever hipóteses em que não se aplicará o disposto no *caput* e no § 1.º.
•• § 2.º acrescentado pela Emenda Constitucional n. 132, de 20-12-2023.

§ 3.º Nas importações efetuadas pela administração pública direta, por autarquias e por fundações públicas, o disposto no art. 150, VI, *a*, será implementado na forma do disposto no *caput* e no § 1.º, assegurada a igualdade de tratamento em relação às aquisições internas.
•• § 3.º acrescentado pela Emenda Constitucional n. 132, de 20-12-2023.

Seção II
Das Limitações do Poder de Tributar

Art. 150. Sem prejuízo de outras garantias asseguradas ao contribuinte, é vedado à União, aos Estados, ao Distrito Federal e aos Municípios:

I – exigir ou aumentar tributo sem lei que o estabeleça;
• *Vide* arts. 153, § 1.º, 155, § 4.º, IV, *c*, e 177, § 4.º, I, *b*, da CF.

II – instituir tratamento desigual entre contribuintes que se encontrem em situação equivalente, proibida qualquer distinção em razão de ocupação profissional ou função por eles exercida, independentemente da denominação jurídica dos rendimentos, títulos ou direitos;
• *Vide* art. 153, § 2.º, da CF.

III – cobrar tributos:

a) em relação a fatos geradores ocorridos antes do início da vigência da lei que os houver instituído ou aumentado;

b) no mesmo exercício financeiro em que haja sido publicada a lei que os instituiu ou aumentou;
• *Vide* art. 150, § 1.º, da CF.

c) antes de decorridos noventa dias da data em que haja sido publicada a lei que os instituiu ou aumentou, observado o disposto na alínea *b*;
•• Alínea *c* acrescentada pela Emenda Constitucional n. 42, de 19-12-2003.

IV – utilizar tributo com efeito de confisco;

V – estabelecer limitações ao tráfego de pessoas ou bens, por meio de tributos interestaduais ou intermunicipais, ressalvada a cobrança de pedágio pela utilização de vias conservadas pelo Poder Público;

VI – instituir impostos sobre:

a) patrimônio, renda ou serviços, uns dos outros;
• *Vide* art. 150, § 3.º, da CF.

b) entidades religiosas e templos de qualquer culto, inclusive suas organizações assistenciais e beneficentes;
•• Alínea *b* com redação determinada pela Emenda Constitucional n. 132, de 20-12-2023.
•• *Vide* art. 156, § 1.º-A, da CF.

c) patrimônio, renda ou serviços dos partidos políticos, inclusive suas fundações, das entidades sindicais dos trabalhadores, das instituições de educação e de assistência social, sem fins lucrativos, atendidos os requisitos da lei;
•• *Vide* Súmula Vinculante 52 do STF.

d) livros, jornais, periódicos e o papel destinado a sua impressão;
•• *Vide* Súmula Vinculante 57.

e) fonogramas e videofonogramas musicais produzidos no Brasil contendo obras musicais ou literomusicais de autores brasileiros e/ou obras em geral interpretadas por artistas brasileiros bem como os suportes materiais ou arquivos digitais que os contenham, salvo na etapa de replicação industrial de mídias ópticas de leitura a *laser*.
•• Alínea *e* acrescentada pela Emenda Constitucional n. 75, de 15-10-2013.

§ 1.º A vedação do inciso III, *b*, não se aplica aos tributos previstos nos arts. 148, I, 153, I, II, IV e V; e 154, II; e a vedação do inciso III, *c*, não se aplica aos tributos previstos nos arts. 148, I, 153, I, II, III e V; e 154, II, nem à fixação da base de cálculo dos impostos previstos nos arts. 155, III, e 156, I.
•• § 1.º com redação determinada pela Emenda Constitucional n. 42, de 19-12-2003.

§ 2.º A vedação do inciso VI, *a*, é extensiva às autarquias e às fundações instituídas e mantidas pelo poder público e à empresa pública prestadora de serviço postal, no que se refere ao patrimônio, à renda e aos serviços vinculados a suas finalidades essenciais ou às delas decorrentes.

•• § 2.º com redação determinada pela Emenda Constitucional n. 132, de 20-12-2023.

§ 3.º As vedações do inciso VI, *a*, e do parágrafo anterior não se aplicam ao patrimônio, à renda e aos serviços, relacionados com exploração de atividades econômicas regidas pelas normas aplicáveis a empreendimentos privados, ou em que haja contraprestação ou pagamento de preços ou tarifas pelo usuário, nem exonera o promitente comprador da obrigação de pagar imposto relativamente ao bem imóvel.

§ 4.º As vedações expressas no inciso VI, alíneas *b* e *c*, compreendem somente o patrimônio, a renda e os serviços, relacionados com as finalidades essenciais das entidades nelas mencionadas.

§ 5.º A lei determinará medidas para que os consumidores sejam esclarecidos acerca dos impostos que incidam sobre mercadorias e serviços.

•• Regulamento: Lei n. 12.741, de 8-12-2012.

§ 6.º Qualquer subsídio ou isenção, redução de base de cálculo, concessão de crédito presumido, anistia ou remissão, relativos a impostos, taxas ou contribuições, só poderá ser concedido mediante lei específica, federal, estadual ou municipal, que regule exclusivamente as matérias acima enumeradas ou o correspondente tributo ou contribuição, sem prejuízo do disposto no art. 155, § 2.º, XII, *g*.

•• § 6.º com redação determinada pela Emenda Constitucional n. 3, de 17-3-1993.
•• A Emenda Constitucional n. 132, de 20-12-2023, a partir de 2033, altera a redação deste § 6.º: "§ 6.º Qualquer subsídio ou isenção, redução de base de cálculo, concessão de crédito presumido, anistia ou remissão, relativo a impostos, taxas ou contribuições, só poderá ser concedido mediante lei específica, federal, estadual ou municipal, que regule exclusivamente as matérias acima enumeradas ou o correspondente tributo ou contribuição".

§ 7.º A lei poderá atribuir a sujeito passivo de obrigação tributária a condição de responsável pelo pagamento de imposto ou contribuição, cujo fato gerador deva ocorrer posteriormente, assegurada a imediata e preferencial restituição da quantia paga, caso não se realize o fato gerador presumido.

•• § 7.º acrescentado pela Emenda Constitucional n. 3, de 17-3-1993.

Art. 151. É vedado à União:

I – instituir tributo que não seja uniforme em todo o território nacional ou que implique distinção ou preferência em relação a Estado, ao Distrito Federal ou a Município, em detrimento de outro, admitida a concessão de incentivos fiscais destinados a promover o equilíbrio do desenvolvimento socioeconômico entre as diferentes regiões do País;

II – tributar a renda das obrigações da dívida pública dos Estados, do Distrito Federal e dos Municípios, bem como a remuneração e os proventos dos respectivos agentes públicos, em níveis superiores aos que fixar para suas obrigações e para seus agentes;

III – instituir isenções de tributos da competência dos Estados, do Distrito Federal ou dos Municípios.

Art. 152. É vedado aos Estados, ao Distrito Federal e aos Municípios estabelecer diferença tributária entre bens e serviços, de qualquer natureza, em razão de sua procedência ou destino.

Seção III
Dos Impostos da União

Art. 153. Compete à União instituir impostos sobre:

I – importação de produtos estrangeiros;
• Vide art. 62, § 2.º, da CF.
• Sobre o imposto de importação cuidam as Leis n. 7.810, de 30-8-1989, n. 8.032, de 12-4-1990, e n. 9.449, de 14-3-1997.

II – exportação, para o exterior, de produtos nacionais ou nacionalizados;
• Vide art. 62, § 2.º, da CF.

III – renda e proventos de qualquer natureza;
• O Decreto n. 9.580, de 22-11-2018, regulamenta a tributação, fiscalização, arrecadação e administração do Imposto sobre a Renda.

IV – produtos industrializados;
•• Vide art. 7.º da Emenda Constitucional n. 132, de 20-12-2023 (Reforma Tributária).
•• Vide Súmula 671 do STJ.
• Vide art. 62, § 2.º, da CF.
• O Decreto n. 7.212, de 15-6-2010, regulamenta a cobrança, fiscalização, arrecadação e administração do IPI.

V – operações de crédito, câmbio e seguro, ou relativas a títulos ou valores mobiliários;
•• A Emenda Constitucional n. 132, de 20-12-2023, a partir de 2027, altera a redação deste inciso V: "V – operações de crédito e câmbio ou relativas a títulos ou valores mobiliários;".
• Vide art. 62, § 2.º, da CF.
• O Decreto n. 6.306, de 14-12-2007, regulamenta o Imposto sobre Operações de Crédito, Câmbio e Seguro, ou relativas a Títulos ou Valores Mobiliários – IOF.
• Vide Súmula Vinculante 32 do STF.

VI – propriedade territorial rural;
• Vide § 4.º deste artigo.
• A Lei n. 9.393, de 19-12-1996, dispõe sobre o Imposto sobre a Propriedade Territorial Rural - ITR, e sobre o pagamento da Dívida representada por Títulos da Dívida Agrária.
• O Decreto n. 4.382, de 19-9-2002, regulamenta a tributação, fiscalização, arrecadação e administração do Imposto sobre a Propriedade Territorial Rural - ITR.

VII – grandes fortunas, nos termos de lei complementar;

VIII – produção, extração, comercialização ou importação de bens e serviços prejudiciais à saúde ou ao meio ambiente, nos termos de lei complementar.
•• Inciso VIII acrescentado pela Emenda Constitucional n. 132, de 20-12-2023.
•• Vide arts. 7.º, 6.º, II e III, e 9.º, § 9.º da Emenda Constitucional n. 132, de 20-12-2023 (Reforma Tributária).

§ 1.º É facultado ao Poder Executivo, atendidas as condições e os limites estabelecidos em lei, alterar as alíquotas dos impostos enumerados nos incisos I, II, IV e V.

§ 2.º O imposto previsto no inciso III:

I – será informado pelos critérios da generalidade, da universalidade e da progressividade, na forma da lei;

II – (*Revogado pela Emenda Constitucional n. 20, de 15-12-1998.*)

§ 3.º O imposto previsto no inciso IV:

I – será seletivo, em função da essencialidade do produto;

II – será não cumulativo, compensando-se o que for devido em cada operação com o montante cobrado nas anteriores;
•• Vide Súmula Vinculante 58.
•• Vide Súmula 671 do STJ.

III – não incidirá sobre produtos industrializados destinados ao exterior;

IV – terá reduzido seu impacto sobre a aquisição de bens de capital pelo contribuinte do imposto, na forma da lei.
•• Inciso IV acrescentado pela Emenda Constitucional n. 42, de 19-12-2003.

§ 4.º O imposto previsto no inciso VI do *caput*:
•• § 4.º, *caput*, com redação determinada pela Emenda Constitucional n. 42, de 19-12-2003.

I – será progressivo e terá suas alíquotas fixadas de forma a desestimular a manutenção de propriedades improdutivas;
•• Inciso I acrescentado pela Emenda Constitucional n. 42, de 19-12-2003.

II – não incidirá sobre pequenas glebas rurais, definidas em lei, quando as explore o proprietário que não possua outro imóvel;
•• Inciso II acrescentado pela Emenda Constitucional n. 42, de 19-12-2003.
• Vide art. 146, II, da CF.

III – será fiscalizado e cobrado pelos Municípios que assim optarem, na forma da lei, desde que não implique redução do imposto ou qualquer outra forma de renúncia fiscal.
•• Inciso III acrescentado pela Emenda Constitucional n. 42, de 19-12-2003.
•• Inciso III regulamentado pela Lei n. 11.250, de 27-12-2005.
• Vide art. 158, II, da CF.

§ 5.º O ouro, quando definido em lei como ativo financeiro ou instrumento cambial, sujeita-se exclusivamente à incidência do imposto de que trata o inciso V do *caput* deste artigo, devido na operação de origem; a alíquota mínima será de um por cento, assegurada a transferência do montante da arrecadação nos seguintes termos:

I – trinta por cento para o Estado, o Distrito Federal ou o Território, conforme a origem;

II – setenta por cento para o Município de origem.
• A Lei n. 7.766, de 11-5-1989, dispõe sobre o ouro, ativo financeiro e sobre seu tratamento tributário.
• Vide arts. 72, § 3.º, 74, § 2.º, e 75 do ADCT.

§ 6.º O imposto previsto no inciso VIII do *caput* deste artigo:
•• § 6.º, *caput*, acrescentado pela Emenda Constitucional n. 132, de 20-12-2023.

I – não incidirá sobre as exportações nem sobre as operações com energia elétrica e com telecomunicações;
•• Inciso I acrescentado pela Emenda Constitucional n. 132, de 20-12-2023.

II – incidirá uma única vez o bem ou serviço;
•• Inciso II acrescentado pela Emenda Constitucional n. 132, de 20-12-2023.
III – não integrará sua base de cálculo;
•• Inciso III acrescentado pela Emenda Constitucional n. 132, de 20-12-2023.
IV – integrará a base de cálculo dos tributos previstos nos arts. 155, II, 156, III, 156-A e 195, V;
•• Inciso IV acrescentado pela Emenda Constitucional n. 132, de 20-12-2023.
•• A Emenda Constitucional n. 132, de 20-12-2023, a partir de 2033, altera a redação deste inciso IV: "IV - integrará a base de cálculo dos tributos previstos nos arts. 156-A e 195, V;".
V – poderá ter o mesmo fato gerador em base de cálculo de outros tributos;
•• Inciso V acrescentado pela Emenda Constitucional n. 132, de 20-12-2023.
VI – terá suas alíquotas fixadas em lei ordinária, podendo ser específicas, por unidade de medida adotada, ou *ad valorem*;
•• Inciso VI acrescentado pela Emenda Constitucional n. 132, de 20-12-2023.
VII – na extração, o imposto será cobrado independentemente da destinação, caso em que a alíquota máxima corresponderá a 1% (um por cento) do valor de mercado do produto.
•• Inciso VII acrescentado pela Emenda Constitucional n. 132, de 20-12-2023.

Art. 154. A União poderá instituir:
I – mediante lei complementar, impostos não previstos no artigo anterior, desde que sejam não cumulativos e não tenham fato gerador ou base de cálculo próprios dos discriminados nesta Constituição;
• *Vide* arts. 74, § 2.º, e 75 do ADCT.
II – na iminência ou no caso de guerra externa, impostos extraordinários, compreendidos ou não em sua competência tributária, os quais serão suprimidos, gradativamente, cessadas as causas de sua criação.
• *Vide* art. 62, § 2.º, da CF.

Seção IV
Dos Impostos dos Estados e do Distrito Federal

Art. 155. Compete aos Estados e ao Distrito Federal instituir impostos sobre:
•• *Caput* com redação determinada pela Emenda Constitucional n. 3, de 17-3-1993.
I – transmissão *causa mortis* e doação, de quaisquer bens ou direitos;
•• Inciso I com redação determinada pela Emenda Constitucional n. 3, de 17-3-1993.
• *Vide* § 1.º deste artigo.
• *Vide* art. 60, II, do ADCT.
II – operações relativas à circulação de mercadorias e sobre prestações de serviços de transporte interestadual e intermunicipal e de comunicação, ainda que as operações e as prestações se iniciem no exterior;
•• Inciso II com redação determinada pela Emenda Constitucional n. 3, de 17-3-1993.
•• A Emenda Constitucional n. 132, de 20-12-2023, a partir de 2033, revoga este inciso II.
•• *Vide* art. 146, III, *c* e *d* da CF.
•• *Vide* arts. 12 e 6.º, § 1.º da Emenda Constitucional n. 132, de 20-12-2023 (Reforma Tributária).
• *Vide* § 2.º deste artigo.
• *Vide* art. 60, II, do ADCT.
• *Vide* Súmula Vinculante 26 do STF.
• A Lei Complementar n. 114, de 16-12-2002, altera a legislação do imposto dos Estados e do Distrito Federal sobre operações relativas à circulação de mercadorias e sobre prestações de serviços de transporte interestadual e intermunicipal e de comunicação.
III – propriedade de veículos automotores.
•• Inciso III com redação determinada pela Emenda Constitucional n. 3, de 17-3-1993.
• *Vide* § 6.º deste artigo.
• *Vide* art. 60, II, do ADCT.

§ 1.º O imposto previsto no inciso I:
•• § 1.º, *caput*, com redação determinada pela Emenda Constitucional n. 3, de 17-3-1993.
I – relativamente a bens imóveis e respectivos direitos, compete ao Estado da situação do bem, ou ao Distrito Federal;
II – relativamente a bens móveis, títulos e créditos, compete ao Estado onde era domiciliado o *de cujus*, ou tiver domicílio o doador, ou ao Distrito Federal;
•• Inciso II com redação determinada pela Emenda Constitucional n. 132, de 20-12-2023.
• *Vide* art. 17 da Emenda Constitucional n. 132, de 20-12-2023 (Reforma Tributária).
III – terá a competência para sua instituição regulada por lei complementar:
•• O STF, na ADI por Omissão n. 67, na sessão virtual de 27-5-2022 a 3-6-2022 (*DOU* de 9-7-2022), por unanimidade, julgou procedente o pedido, declarando a omissão inconstitucional na edição da lei complementar a que se refere este inciso III, estabelecendo o prazo de 12 (doze) meses, a contar da data da publicação da ata de julgamento do mérito, para que o Congresso Nacional adote as medidas legislativas necessárias para suprir a omissão.
•• *Vide* art. 16 da Emenda Constitucional n. 132, de 20-12-2023 (Reforma Tributária).
a) se o doador tiver domicílio ou residência no exterior;
b) se o *de cujus* possuía bens, era residente ou domiciliado ou teve o seu inventário processado no exterior;
IV – terá suas alíquotas máximas fixadas pelo Senado Federal;
V – não incidirá sobre as doações destinadas, no âmbito do Poder Executivo da União, a projetos socioambientais ou destinados a mitigar os efeitos das mudanças climáticas e às instituições federais de ensino.
•• Inciso V acrescentado pela Emenda Constitucional n. 126, de 21-12-2022.
VI – será progressivo em razão do valor do quinhão, do legado ou da doação;
•• Inciso VI acrescentado pela Emenda Constitucional n. 132, de 20-12-2023.
VII – não incidirá sobre as transmissões e as doações para as instituições sem fins lucrativos com finalidade de relevância pública e social, inclusive as organizações assistenciais e beneficentes de entidades religiosas e institutos científicos e tecnológicos, e por elas realizadas na consecução dos seus objetivos sociais, observadas as condições estabelecidas em lei complementar.
•• Inciso VII acrescentado pela Emenda Constitucional n. 132, de 20-12-2023.

§ 2.º O imposto previsto no inciso II atenderá ao seguinte:
•• § 2.º, *caput*, com redação determinada pela Emenda Constitucional n. 3, de 17-3-1993.
•• A Emenda Constitucional n. 132, de 20-12-2023, a partir de 2033, revoga este § 2.º.
• O Decreto-lei n. 406, de 31-12-1968, estabelece normas gerais de Direito Financeiro, aplicáveis aos Impostos sobre Operações Relativas à Circulação de Mercadorias e sobre Serviços de Qualquer Natureza.
I – será não cumulativo, compensando-se o que for devido em cada operação relativa à circulação de mercadorias ou prestação de serviços com o montante cobrado nas anteriores pelo mesmo ou outro Estado ou pelo Distrito Federal;
II – a isenção ou não incidência, salvo determinação em contrário da legislação:
• A Lei Complementar n. 24, de 7-1-1975, dispõe sobre os Convênios para a concessão de isenções do Imposto sobre Operações Relativas à Circulação de Mercadorias.
• A Lei Complementar n. 87 (Lei Kandir), de 13-9-1996, dispõe sobre o Imposto dos Estados e do Distrito Federal, sobre Operações Relativas à Circulação de Mercadorias e sobre Prestações de Serviços de Transporte Interestadual e Intermunicipal e de Comunicação.
• *Vide* art. 155, § 2.º, X, *a*, da CF.
a) não implicará crédito para compensação com o montante devido nas operações ou prestações seguintes;
b) acarretará a anulação do crédito relativo às operações anteriores;
III – poderá ser seletivo, em função da essencialidade das mercadorias e dos serviços;
IV – resolução do Senado Federal, de iniciativa do Presidente da República ou de um terço dos Senadores, aprovada pela maioria absoluta de seus membros, estabelecerá as alíquotas aplicáveis às operações e prestações, interestaduais e de exportação;
V – é facultado ao Senado Federal:
a) estabelecer alíquotas mínimas nas operações internas, mediante resolução de iniciativa de um terço e aprovada pela maioria absoluta de seus membros;
b) fixar alíquotas máximas nas mesmas operações para resolver conflito específico que envolva interesse de Estados, mediante resolução de iniciativa da maioria absoluta e aprovada por dois terços de seus membros;
VI – salvo deliberação em contrário dos Estados e do Distrito Federal, nos termos do disposto no inciso XII, *g*, as alíquotas internas, nas operações relativas à circulação de mercadorias e nas prestações de serviços, não poderão ser inferiores às previstas para as operações interestaduais;

VII – nas operações e prestações que destinem bens e serviços a consumidor final, contribuinte ou não do imposto, localizado em outro Estado, adotar-se-á a alíquota interestadual e caberá ao Estado de localização do destinatário o imposto correspondente à diferença entre a alíquota interna do Estado destinatário e a alíquota interestadual;
•• Inciso VII, *caput*, com redação determinada pela Emenda Constitucional n. 87, de 16-4-2015.
•• *Vide* art. 99 do ADCT.
a) e ***b)*** (*Revogadas pela Emenda Constitucional n. 87, de 16-4-2015.*)
VIII – a responsabilidade pelo recolhimento do imposto correspondente à diferença entre a alíquota interna e a interestadual de que trata o inciso VII será atribuída:
•• Inciso VIII, *caput*, com redação determinada pela Emenda Constitucional n. 87, de 16-4-2015.
a) ao destinatário, quando este for contribuinte do imposto;
•• Alínea *a* acrescentada pela Emenda Constitucional n. 87, de 16-4-2015.
b) ao remetente, quando o destinatário não for contribuinte do imposto;
•• Alínea *b* acrescentada pela Emenda Constitucional n. 87, de 16-4-2015.
IX – incidirá também:
a) sobre a entrada de bem ou mercadoria importados do exterior por pessoa física ou jurídica, ainda que não seja contribuinte habitual do imposto, qualquer que seja a sua finalidade, assim como sobre o serviço prestado no exterior, cabendo o imposto ao Estado onde estiver situado o domicílio ou o estabelecimento do destinatário da mercadoria, bem ou serviço;
•• Alínea *a* com redação determinada pela Emenda Constitucional n. 33, de 11-12-2001.
• *Vide* Súmula Vinculante 48 do STF.
b) sobre o valor total da operação, quando mercadorias forem fornecidas com serviços não compreendidos na competência tributária dos Municípios;
X – não incidirá:
a) sobre operações que destinem mercadorias para o exterior, nem sobre serviços prestados a destinatários no exterior, assegurada a manutenção e o aproveitamento do montante do imposto cobrado nas operações e prestações anteriores;
•• Alínea *a* com redação determinada pela Emenda Constitucional n. 42, de 19-12-2003.
• *Vide* art. 155, § 2.º, I, da CF.
b) sobre operações que destinem a outros Estados petróleo, inclusive lubrificantes, combustíveis líquidos e gasosos dele derivados, e energia elétrica;
c) sobre o ouro, nas hipóteses definidas no art. 153, § 5.º;
d) nas prestações de serviço de comunicação nas modalidades de radiodifusão sonora e de sons e imagens de recepção livre e gratuita;
•• Alínea *d* acrescentada pela Emenda Constitucional n. 42, de 19-12-2003.
XI – não compreenderá, em sua base de cálculo, o montante do imposto sobre produtos industrializados, quando a operação, realizada entre contribuintes e relativa a produto destinado à industrialização ou à comercialização, configure fato gerador dos dois impostos;
XII – cabe à lei complementar:
• *Vide* art. 4.º da Emenda Constitucional n. 42, de 19-12-2003.
a) definir seus contribuintes;
b) dispor sobre substituição tributária;
c) disciplinar o regime de compensação do imposto;
d) fixar, para efeito de sua cobrança e definição do estabelecimento responsável, o local das operações relativas à circulação de mercadorias e das prestações de serviços;
e) excluir da incidência do imposto, nas exportações para o exterior, serviços e outros produtos além dos mencionados no inciso X, *a*;
f) prever casos de manutenção de crédito, relativamente à remessa para outro Estado e exportação para o exterior, de serviços e de mercadorias;
g) regular a forma como, mediante deliberação dos Estados e do Distrito Federal, isenções, incentivos e benefícios fiscais serão concedidos e revogados;
h) definir os combustíveis e lubrificantes sobre os quais o imposto incidirá uma única vez, qualquer que seja a sua finalidade, hipótese em que não se aplicará o disposto no inciso X, *b*;
•• Alínea *h* acrescentada pela Emenda Constitucional n. 33, de 11-12-2001.
•• O art. 2.º da Lei Complementar n. 192, de 11-3-2022, dispõe: "Art. 2.º Os combustíveis sobre os quais incidirá uma única vez o ICMS, qualquer que seja sua finalidade, são os seguintes: I – gasolina e etanol anidro combustível; II – diesel e biodiesel; e III – gás liquefeito de petróleo, inclusive o derivado do gás natural".
• *Vide* § 4.º deste artigo.
i) fixar a base de cálculo, de modo que o montante do imposto a integre, também na importação do exterior de bem, mercadoria ou serviço.
•• Alínea *i* acrescentada pela Emenda Constitucional n. 33, de 11-12-2001.
§ 3.º À exceção dos impostos de que tratam o inciso II do *caput* deste artigo e os arts. 153, I e II, e 156-A, nenhum outro imposto poderá incidir sobre operações relativas a energia elétrica e serviços de telecomunicações e, à exceção destes e do previsto no art. 153, VIII, nenhum outro imposto poderá incidir sobre operações relativas a derivados de petróleo, combustíveis e minerais do País.
•• § 3.º com redação determinada pela Emenda Constitucional n. 132, de 20-12-2023.
•• A Emenda Constitucional n. 132, de 20-12-2023, a partir de 2033, revoga este § 3.º.
§ 4.º Na hipótese do inciso XII, *h*, observar-se-á o seguinte:
•• § 4.º, *caput*, acrescentado pela Emenda Constitucional n. 33, de 11-12-2001.
•• A Emenda Constitucional n. 132, de 20-12-2023, a partir de 2033, revoga este § 4.º.
I – nas operações com os lubrificantes e combustíveis derivados de petróleo, o imposto caberá ao Estado onde ocorrer o consumo;
•• Inciso I acrescentado pela Emenda Constitucional n. 33, de 11-12-2001.
II – nas operações interestaduais, entre contribuintes, com gás natural e seus derivados, e lubrificantes e combustíveis não incluídos no inciso I deste parágrafo, o imposto será repartido entre os Estados de origem e de destino, mantendo-se a mesma proporcionalidade que ocorre nas operações com as demais mercadorias;
•• Inciso II acrescentado pela Emenda Constitucional n. 33, de 11-12-2001.
III – nas operações interestaduais com gás natural e seus derivados, e lubrificantes e combustíveis não incluídos no inciso I deste parágrafo, destinadas a não contribuinte, o imposto caberá ao Estado de origem;
•• Inciso III acrescentado pela Emenda Constitucional n. 33, de 11-12-2001.
IV – as alíquotas do imposto serão definidas mediante deliberação dos Estados e Distrito Federal, nos termos do § 2.º, XII, *g*, observando-se o seguinte:
•• Inciso IV, *caput*, acrescentado pela Emenda Constitucional n. 33, de 11-12-2001.
a) serão uniformes em todo o território nacional, podendo ser diferenciadas por produto;
•• Alínea *a* acrescentada pela Emenda Constitucional n. 33, de 11-12-2001.
b) poderão ser específicas, por unidade de medida adotada, ou *ad valorem*, incidindo sobre o valor da operação ou sobre o preço que o produto ou seu similar alcançaria em uma venda em condições de livre concorrência;
•• Alínea *b* acrescentada pela Emenda Constitucional n. 33, de 11-12-2001.
c) poderão ser reduzidas e restabelecidas, não se lhes aplicando o disposto no art. 150, III, *b*.
•• Alínea *c* acrescentada pela Emenda Constitucional n. 33, de 11-12-2001.
§ 5.º As regras necessárias à aplicação do disposto no § 4.º, inclusive as relativas à apuração e à destinação do imposto, serão estabelecidas mediante deliberação dos Estados e do Distrito Federal, nos termos do § 2.º, XII, *g*.
•• § 5.º acrescentado pela Emenda Constitucional n. 33, de 11-12-2001.
•• A Emenda Constitucional n. 132, de 20-12-2023, a partir de 2033, revoga este § 5.º.
§ 6.º O imposto previsto no inciso III:
•• § 6.º, *caput*, acrescentado pela Emenda Constitucional n. 42, de 19-12-2003.
I – terá alíquotas mínimas fixadas pelo Senado Federal;
•• Inciso I acrescentado pela Emenda Constitucional n. 42, de 19-12-2003.
II – poderá ter alíquotas diferenciadas em função do tipo, do valor, da utilização e do impacto ambiental;

•• Inciso II com redação determinada pela Emenda Constitucional n. 132, de 20-12-2023.

III – incidirá sobre a propriedade de veículos automotores terrestres, aquáticos e aéreos, excetuados:

•• Inciso III, *caput*, acrescentado pela Emenda Constitucional n. 132, de 20-12-2023.

a) aeronaves agrícolas e de operador certificado para prestar serviços aéreos a terceiros;

•• Alínea *a* acrescentada pela Emenda Constitucional n. 132, de 20-12-2023.

b) embarcações de pessoa jurídica que detenha outorga para prestar serviços de transporte aquaviário ou de pessoa física ou jurídica que pratique pesca industrial, artesanal, científica ou de subsistência;

•• Alínea *b* acrescentada pela Emenda Constitucional n. 132, de 20-12-2023.

c) plataformas suscetíveis de se locomoverem na água por meios próprios, inclusive aquelas cuja finalidade principal seja a exploração de atividades econômicas em águas territoriais e na zona econômica exclusiva e embarcações que tenham essa mesma finalidade principal;

•• Alínea *c* acrescentada pela Emenda Constitucional n. 132, de 20-12-2023.

d) tratores e máquinas agrícolas.

•• Alínea *d* acrescentada pela Emenda Constitucional n. 132, de 20-12-2023.

Seção V
Dos Impostos dos Municípios

Art. 156. Compete aos Municípios instituir impostos sobre:

I – propriedade predial e territorial urbana;

II – transmissão *inter vivos*, a qualquer título, por ato oneroso, de bens imóveis, por natureza ou acessão física, e de direitos reais sobre imóveis, exceto os de garantia, bem como cessão de direitos a sua aquisição;

III – serviços de qualquer natureza, não compreendidos no art. 155, II, definidos em lei complementar;

•• Inciso III com redação determinada pela Emenda Constitucional n. 3, de 17-3-1993.
•• A Emenda Constitucional n. 132, de 20-12-2023, a partir de 2033, revoga este inciso III.
•• Vide art. 6.º, § 1.º da Emenda Constitucional n. 132, de 20-12-2023 (Reforma Tributária).
• A Lei Complementar n. 116, de 31-7-2003, dispõe sobre o Imposto Sobre Serviços de Qualquer Natureza, de competência dos Municípios e do Distrito Federal.

IV – (*Revogado pela Emenda Constitucional n. 3, de 17-3-1993.*)

§ 1.º Sem prejuízo da progressividade no tempo a que se refere o art. 182, § 4.º, II, o imposto previsto no inciso I poderá:

•• § 1.º, *caput*, com redação determinada pela Emenda Constitucional n. 29, de 13-9-2000.

I – ser progressivo em razão do valor do imóvel; e

•• Inciso I acrescentado pela Emenda Constitucional n. 29, de 13-9-2000.

II – ter alíquotas diferentes de acordo com a localização e o uso do imóvel.

•• Inciso II acrescentado pela Emenda Constitucional n. 29, de 13-9-2000.

III – ter sua base de cálculo atualizada pelo Poder Executivo, conforme critérios estabelecidos em lei municipal.

•• Inciso III acrescentado pela Emenda Constitucional n. 132, de 20-12-2023.

§ 1.º-A. O imposto previsto no inciso I do *caput* deste artigo não incide sobre templos de qualquer culto, ainda que as entidades abrangidas pela imunidade de que trata a alínea *b* do inciso VI do *caput* do art. 150 desta Constituição sejam apenas locatárias do bem imóvel.

•• § 1.º-A acrescentado pela Emenda Constitucional n. 116, de 17-2-2022.

§ 2.º O imposto previsto no inciso II:

I – não incide sobre a transmissão de bens ou direitos incorporados ao patrimônio de pessoa jurídica em realização de capital, nem sobre a transmissão de bens ou direitos decorrentes de fusão, incorporação, cisão ou extinção de pessoa jurídica, salvo se, nesses casos, a atividade preponderante do adquirente for a compra e venda desses bens ou direitos, locação de bens imóveis ou arrendamento mercantil;

II – compete ao Município da situação do bem.

§ 3.º Em relação ao imposto previsto no inciso III do *caput* deste artigo, cabe à lei complementar:

•• § 3.º, *caput*, com redação determinada pela Emenda Constitucional n. 37, de 12-6-2002.
•• A Emenda Constitucional n. 132, de 20-12-2023, a partir de 2033, revoga este § 3.º.

I – fixar as suas alíquotas máximas e mínimas.

•• Inciso I com redação determinada pela Emenda Constitucional n. 37, de 12-6-2002.
• Vide art. 88 do ADCT.

II – excluir da sua incidência exportações de serviços para o exterior;

•• Inciso II com redação determinada pela Emenda Constitucional n. 3, de 17-3-1993.

III – regular a forma e as condições como isenções, incentivos e benefícios fiscais serão concedidos e revogados.

•• Inciso III acrescentado pela Emenda Constitucional n. 37, de 12-6-2002.
• Vide art. 88 do ADCT.

§ 4.º (*Revogado pela Emenda Constitucional n. 3, de 17-3-1993.*)

Seção V-A
Do Imposto de Competência Compartilhada entre Estados, Distrito Federal e Municípios

•• Seção V-A acrescentada pela Emenda Constitucional n. 132, de 20-12-2023.

Art. 156-A. Lei complementar instituirá imposto sobre bens e serviços de competência compartilhada entre Estados, Distrito Federal e Municípios.

• *Caput* acrescentado pela Emenda Constitucional n. 132, de 20-12-2023.
•• *Vide* arts. 92-B, 124, 125, 126, 127 e 130 do ADCT.
• A Lei Complementar n. 214, de 16-1-2025, institui o Imposto sobre Bens e Serviços (IBS), de competência compartilhada entre Estados, Municípios e Distrito Federal, de que trata este artigo.
•• *Vide* art. 105, I, *j*, da CF.

•• *Vide* art. 9.º da Emenda Constitucional n. 132, de 20-12-2023 (Reforma Tributária).
• *Vide* art. 146, III, *c* e *d* da CF.

§ 1.º O imposto previsto no *caput* será informado pelo princípio da neutralidade e atenderá ao seguinte:

•• § 1.º, *caput*, acrescentado pela Emenda Constitucional n. 132, de 20-12-2023.

I – incidirá sobre operações com bens materiais ou imateriais, inclusive direitos, ou com serviços;

•• Inciso I acrescentado pela Emenda Constitucional n. 132, de 20-12-2023.

II – incidirá também sobre a importação de bens materiais ou imateriais, inclusive direitos, ou de serviços realizada por pessoa física ou jurídica, ainda que não seja sujeito passivo habitual do imposto, qualquer que seja a sua finalidade;

•• Inciso II acrescentado pela Emenda Constitucional n. 132, de 20-12-2023.

III – não incidirá sobre as exportações, assegurados ao exportador a manutenção e o aproveitamento dos créditos relativos às operações nas quais seja adquirente de bem material ou imaterial, inclusive direitos, ou serviço, observado o disposto no § 5.º, III;

•• Inciso III acrescentado pela Emenda Constitucional n. 132, de 20-12-2023.

IV – terá legislação única e uniforme em todo o território nacional, ressalvado o disposto no inciso V;

•• Inciso IV acrescentado pela Emenda Constitucional n. 132, de 20-12-2023.

V – cada ente federativo fixará sua alíquota própria por lei específica;

•• Inciso V acrescentado pela Emenda Constitucional n. 132, de 20-12-2023.

VI – a alíquota fixada pelo ente federativo na forma do inciso V será a mesma para todas as operações com bens materiais ou imateriais, inclusive direitos, ou com serviços, ressalvadas as hipóteses previstas nesta Constituição;

•• Inciso VI acrescentado pela Emenda Constitucional n. 132, de 20-12-2023.

VII – será cobrado pelo somatório das alíquotas do Estado e do Município de destino da operação;

•• Inciso VII acrescentado pela Emenda Constitucional n. 132, de 20-12-2023.

VIII – será não cumulativo, compensando-se o imposto devido pelo contribuinte com o montante cobrado sobre todas as operações nas quais seja adquirente de bem material ou imaterial, inclusive direito, ou de serviço, excetuadas exclusivamente as consideradas de uso ou consumo pessoal especificadas em lei complementar e as hipóteses previstas nesta Constituição;

•• Inciso VIII acrescentado pela Emenda Constitucional n. 132, de 20-12-2023.

IX – não integrará sua própria base de cálculo nem a dos tributos previstos nos arts. 153, VIII, e 195, I, *b*, IV e V, e da contribuição para o Programa de Integração Social de que trata o art. 239;

•• Inciso IX acrescentado pela Emenda Constitucional n. 132, de 20-12-2023.
•• A Emenda Constitucional n. 132, de 20-12-2023, a partir de 2027, altera a redação deste inciso IX: "IX – não integrará sua própria base de cálculo nem a dos tributos previstos nos arts. 153, VIII, e 195, V;".
•• A Emenda Constitucional n. 132, de 20-12-2023, a partir de 2033, altera a redação deste inciso IX: " IX – não integrará sua própria base de cálculo nem a dos tributos previstos nos arts. 153, VIII, e 195, V;".

X – não será objeto de concessão de incentivos e benefícios financeiros ou fiscais relativos ao imposto ou de regimes específicos, diferenciados ou favorecidos de tributação, excetuadas as hipóteses previstas nesta Constituição;
•• Inciso X acrescentado pela Emenda Constitucional n. 132, de 20-12-2023.

XI – não incidirá nas prestações de serviço de comunicação nas modalidades de radiodifusão sonora e de sons e imagens de recepção livre e gratuita;
•• Inciso XI acrescentado pela Emenda Constitucional n. 132, de 20-12-2023.

XII – resolução do Senado Federal fixará alíquota de referência do imposto para cada esfera federativa, nos termos de lei complementar, que será aplicada se outra não houver sido estabelecida pelo próprio ente federativo;
•• Inciso XII acrescentado pela Emenda Constitucional n. 132, de 20-12-2023.

XIII – sempre que possível, terá seu valor informado, de forma específica, no respectivo documento fiscal.
•• Inciso XIII acrescentado pela Emenda Constitucional n. 132, de 20-12-2023.

§ 2.º Para fins do disposto no § 1.º, V, o Distrito Federal exercerá as competências estadual e municipal na fixação de suas alíquotas.
•• § 2.º acrescentado pela Emenda Constitucional n. 132, de 20-12-2023.

§ 3.º Lei complementar poderá definir como sujeito passivo do imposto a pessoa que concorrer para a realização, a execução ou o pagamento da operação, ainda que residente ou domiciliada no exterior.
•• § 3.º acrescentado pela Emenda Constitucional n. 132, de 20-12-2023.

§ 4.º Para fins de distribuição do produto da arrecadação do imposto, o Comitê Gestor do Imposto sobre Bens e Serviços:
•• § 4.º, *caput*, acrescentado pela Emenda Constitucional n. 132, de 20-12-2023.

I – reterá montante equivalente ao saldo acumulado de créditos do imposto não compensados pelos contribuintes e não ressarcidos ao final de cada período de apuração e aos valores decorrentes do cumprimento do § 5.º, VIII;
•• Inciso I acrescentado pela Emenda Constitucional n. 132, de 20-12-2023.

II – distribuirá o produto da arrecadação do imposto, deduzida a retenção de que trata o inciso I deste parágrafo, ao ente federativo de destino das operações que não tenham gerado creditamento.
•• Inciso II acrescentado pela Emenda Constitucional n. 132, de 20-12-2023.

§ 5.º Lei complementar disporá sobre:
•• § 5.º, *caput*, acrescentado pela Emenda Constitucional n. 132, de 20-12-2023.

I – as regras para a distribuição do produto da arrecadação do imposto, disciplinando, entre outros aspectos:
•• Inciso I, *caput*, acrescentado pela Emenda Constitucional n. 132, de 20-12-2023.

a) a sua forma de cálculo;
•• Alínea *a* acrescentada pela Emenda Constitucional n. 132, de 20-12-2023.

b) o tratamento em relação às operações em que o imposto não seja recolhido tempestivamente;
•• Alínea *b* acrescentada pela Emenda Constitucional n. 132, de 20-12-2023.

c) as regras de distribuição aplicáveis aos regimes favorecidos, específicos e diferenciados de tributação previstos nesta Constituição;
•• Alínea *c* acrescentada pela Emenda Constitucional n. 132, de 20-12-2023.

II – o regime de compensação, podendo estabelecer hipóteses em que o aproveitamento do crédito ficará condicionado à verificação do efetivo recolhimento do imposto incidente sobre a operação com bens materiais ou imateriais, inclusive direitos, ou com serviços, desde que:
•• Inciso II, *caput*, acrescentado pela Emenda Constitucional n. 132, de 20-12-2023.

a) o adquirente possa efetuar o recolhimento do imposto incidente nas suas aquisições de bens ou serviços; ou
•• Alínea *a* acrescentada pela Emenda Constitucional n. 132, de 20-12-2023.

b) o recolhimento do imposto ocorra na liquidação financeira da operação;
•• Alínea *b* acrescentada pela Emenda Constitucional n. 132, de 20-12-2023.

III – a forma e o prazo para ressarcimento de créditos acumulados pelo contribuinte;
•• Inciso III acrescentado pela Emenda Constitucional n. 132, de 20-12-2023.

IV – os critérios para a definição do destino da operação, que poderá ser, inclusive, o local da entrega, da disponibilização ou da localização do bem, o da prestação ou da disponibilização do serviço ou o do domicílio ou da localização do adquirente ou destinatário do bem ou serviço, admitidas diferenciações em razão das características da operação;
•• Inciso IV acrescentado pela Emenda Constitucional n. 132, de 20-12-2023.

V – a forma de desoneração da aquisição de bens de capital pelos contribuintes, que poderá ser implementada por meio de:
•• Inciso V, *caput*, acrescentado pela Emenda Constitucional n. 132, de 20-12-2023.

a) crédito integral e imediato do imposto;
•• Alínea *a* acrescentada pela Emenda Constitucional n. 132, de 20-12-2023.

b) diferimento; ou
•• Alínea *b* acrescentada pela Emenda Constitucional n. 132, de 20-12-2023.

c) redução em 100% (cem por cento) das alíquotas do imposto;
•• Alínea *c* acrescentada pela Emenda Constitucional n. 132, de 20-12-2023.

VI – as hipóteses de diferimento e desoneração do imposto aplicáveis aos regimes aduaneiros especiais e às zonas de processamento de exportação;
•• Inciso VI acrescentado pela Emenda Constitucional n. 132, de 20-12-2023.

VII – o processo administrativo fiscal do imposto;
•• Inciso VII acrescentado pela Emenda Constitucional n. 132, de 20-12-2023.

VIII – as hipóteses de devolução do imposto a pessoas físicas, inclusive os limites e os beneficiários, com o objetivo de reduzir as desigualdades de renda;
•• Inciso VIII acrescentado pela Emenda Constitucional n. 132, de 20-12-2023.

IX – os critérios para as obrigações tributárias acessórias, visando à sua simplificação.
•• Inciso IX acrescentado pela Emenda Constitucional n. 132, de 20-12-2023.

§ 6.º Lei complementar disporá sobre regimes específicos de tributação para:
•• § 6.º, *caput*, acrescentado pela Emenda Constitucional n. 132, de 20-12-2023.

I – combustíveis e lubrificantes sobre os quais o imposto incidirá uma única vez, qualquer que seja a sua finalidade, hipótese em que:
•• Inciso I, *caput*, acrescentado pela Emenda Constitucional n. 132, de 20-12-2023.

a) serão as alíquotas uniformes em todo o território nacional, específicas por unidade de medida e diferenciadas por produto, admitida a não aplicação do disposto no § 1.º, V a VII;
•• Alínea *a* acrescentada pela Emenda Constitucional n. 132, de 20-12-2023.

b) será vedada a apropriação de créditos em relação às aquisições dos produtos de que trata este inciso destinados a distribuição, comercialização ou revenda;
••'Alínea *b* acrescentada pela Emenda Constitucional n. 132, de 20-12-2023.

c) será concedido crédito nas aquisições dos produtos de que trata este inciso por sujeito passivo do imposto, observado o disposto na alínea *b* e no § 1.º, VIII;
•• Alínea *c* acrescentada pela Emenda Constitucional n. 132, de 20-12-2023.

II – serviços financeiros, operações com bens imóveis, planos de assistência à saúde e concursos de prognósticos, podendo prever:
•• Inciso II, *caput*, acrescentado pela Emenda Constitucional n. 132, de 20-12-2023.
•• *Vide* art. 10 da Emenda Constitucional n. 132, de 20-12-2023 (Reforma Tributária).

a) alterações nas alíquotas, nas regras de creditamento e na base de cálculo, admitida, em relação aos adquirentes dos bens e serviços de que trata este inciso, a não aplicação do disposto no § 1.º, VIII;

•• Alínea *a* acrescentada pela Emenda Constitucional n. 132, de 20-12-2023.

b) hipóteses em que o imposto incidirá sobre a receita ou o faturamento, com alíquota uniforme em todo o território nacional, admitida a não aplicação do disposto no § 1.º, V a VII, e, em relação aos adquirentes dos bens e serviços de que trata este inciso, também do disposto no § 1.º, VIII;

•• Alínea *b* acrescentada pela Emenda Constitucional n. 132, de 20-12-2023.

III – sociedades cooperativas, que será optativo, com vistas a assegurar sua competitividade, observados os princípios da livre concorrência e da isonomia tributária, definindo, inclusive:

•• Inciso III, *caput*, acrescentado pela Emenda Constitucional n. 132, de 20-12-2023.

a) as hipóteses em que o imposto não incidirá sobre as operações realizadas entre a sociedade cooperativa e seus associados, entre estes e aquela e pelas sociedades cooperativas entre si quando associadas para a consecução dos objetivos sociais;

•• Alínea *a* acrescentada pela Emenda Constitucional n. 132, de 20-12-2023.

b) o regime de aproveitamento do crédito das etapas anteriores;

•• Alínea *b* acrescentada pela Emenda Constitucional n. 132, de 20-12-2023.

IV – serviços de hotelaria, parques de diversão e parques temáticos, agências de viagens e de turismo, bares e restaurantes, atividade esportiva desenvolvida por Sociedade Anônima do Futebol e aviação regional, podendo prever hipóteses de alterações nas alíquotas, nas bases de cálculo e nas regras de creditamento, admitida a não aplicação do disposto no § 1.º, V a VIII;

•• Inciso IV acrescentado pela Emenda Constitucional n. 132, de 20-12-2023.

V – operações alcançadas por tratado ou convenção internacional, inclusive referentes a missões diplomáticas, repartições consulares, representações de organismos internacionais e respectivos funcionários acreditados;

•• Inciso V acrescentado pela Emenda Constitucional n. 132, de 20-12-2023.

VI – serviços de transporte coletivo de passageiros rodoviário intermunicipal e interestadual, ferroviário e hidroviário, podendo prever hipóteses de alterações nas alíquotas e nas regras de creditamento, admitida a não aplicação do disposto no § 1.º, V a VIII.

•• Inciso VI acrescentado pela Emenda Constitucional n. 132, de 20-12-2023.

§ 7.º A isenção e a imunidade:

•• § 7.º, *caput*, acrescentado pela Emenda Constitucional n. 132, de 20-12-2023.

I – não implicarão crédito para compensação com o montante devido nas operações seguintes;

•• Inciso I acrescentado pela Emenda Constitucional n. 132, de 20-12-2023.

II – acarretarão a anulação do crédito relativo às operações anteriores, salvo, na hipótese da imunidade, inclusive em relação ao inciso XI do § 1.º, quando determinado em contrário em lei complementar.

•• Inciso II acrescentado pela Emenda Constitucional n. 132, de 20-12-2023.

§ 8.º Para fins do disposto neste artigo, a lei complementar de que trata o *caput* poderá estabelecer o conceito de operações com serviços, seu conteúdo e alcance, admitida essa definição para qualquer operação que não seja classificada como operação com bens materiais ou imateriais, inclusive direitos.

•• § 8.º acrescentado pela Emenda Constitucional n. 132, de 20-12-2023.

§ 9.º Qualquer alteração na legislação federal que reduza ou eleve a arrecadação do imposto:

•• § 9.º, *caput*, acrescentado pela Emenda Constitucional n. 132, de 20-12-2023.

I – deverá ser compensada pela elevação ou redução, pelo Senado Federal, das alíquotas de referência de que trata o § 1.º, XII, de modo a preservar a arrecadação das esferas federativas, nos termos de lei complementar;

•• Inciso I acrescentado pela Emenda Constitucional n. 132, de 20-12-2023.

II – somente entrará em vigor com o início da produção de efeitos do ajuste das alíquotas de referência de que trata o inciso I deste parágrafo.

•• Inciso II acrescentado pela Emenda Constitucional n. 132, de 20-12-2023.

§ 10. Os Estados, o Distrito Federal e os Municípios poderão optar por vincular suas alíquotas à alíquota de referência de que trata o § 1.º, XII.

•• § 10 acrescentado pela Emenda Constitucional n. 132, de 20-12-2023.

§ 11. Projeto de lei complementar em tramitação no Congresso Nacional que reduza ou aumente a arrecadação do imposto somente será apreciado se acompanhado de estimativa de impacto no valor das alíquotas de referência de que trata o § 1.º, XII.

•• § 11 acrescentado pela Emenda Constitucional n. 132, de 20-12-2023.

§ 12. A devolução de que trata o § 5.º, VIII, não será considerada nas bases de cálculo de que tratam os arts. 29-A, 198, § 2.º, 204, parágrafo único, 212, 212-A, II, e 216, § 6.º, não se aplicando a ela, ainda, o disposto no art. 158, IV, *b*.

•• § 12 acrescentado pela Emenda Constitucional n. 132, de 20-12-2023.

§ 13. A devolução de que trata o § 5.º, VIII, será obrigatória nas operações de fornecimento de energia elétrica e de gás liquefeito de petróleo ao consumidor de baixa renda, podendo a lei complementar determinar que seja calculada e concedida no momento da cobrança da operação.

•• § 13 acrescentado pela Emenda Constitucional n. 132, de 20-12-2023.

Art. 156-B. Os Estados, o Distrito Federal e os Municípios exercerão de forma integrada, exclusivamente por meio do Comitê Gestor do Imposto sobre Bens e Serviços, nos termos e limites estabelecidos nesta Constituição e em lei complementar, as seguintes competências administrativas relativas ao imposto de que trata o art. 156-A:

•• *Caput* acrescentado pela Emenda Constitucional n. 132, de 20-12-2023.

I – editar regulamento único e uniformizar a interpretação e a aplicação da legislação do imposto;

•• Inciso I acrescentado pela Emenda Constitucional n. 132, de 20-12-2023.

II – arrecadar o imposto, efetuar as compensações e distribuir o produto da arrecadação entre Estados, Distrito Federal e Municípios;

•• Inciso II acrescentado pela Emenda Constitucional n. 132, de 20-12-2023.

III – decidir o contencioso administrativo.

•• Inciso III acrescentado pela Emenda Constitucional n. 132, de 20-12-2023.

§ 1.º O Comitê Gestor do Imposto sobre Bens e Serviços, entidade pública sob regime especial, terá independência técnica, administrativa, orçamentária e financeira.

•• § 1.º acrescentado pela Emenda Constitucional n. 132, de 20-12-2023.

§ 2.º Na forma da lei complementar:

•• § 2.º, *caput*, acrescentado pela Emenda Constitucional n. 132, de 20-12-2023.

I – os Estados, o Distrito Federal e os Municípios serão representados, de forma paritária, na instância máxima de deliberação do Comitê Gestor do Imposto sobre Bens e Serviços;

•• Inciso I acrescentado pela Emenda Constitucional n. 132, de 20-12-2023.

II – será assegurada a alternância na presidência do Comitê Gestor entre o conjunto dos Estados e o Distrito Federal e o conjunto dos Municípios e o Distrito Federal;

•• Inciso II acrescentado pela Emenda Constitucional n. 132, de 20-12-2023.

III – o Comitê Gestor será financiado por percentual do produto da arrecadação do imposto destinado a cada ente federativo;

•• Inciso III acrescentado pela Emenda Constitucional n. 132, de 20-12-2023.

IV – o controle externo do Comitê Gestor será exercido pelos Estados, pelo Distrito Federal e pelos Municípios;

•• Inciso IV acrescentado pela Emenda Constitucional n. 132, de 20-12-2023.

V – a fiscalização, o lançamento, a cobrança, a representação administrativa e a representação judicial relativos ao imposto serão realizados, no âmbito de suas respectivas competências, pelas administrações tributárias e procuradorias dos Estados, do Distrito Federal e dos Municípios, que poderão definir hipóteses de delegação ou de compartilhamento de competências, cabendo ao Comitê Gestor a coordenação dessas atividades administrativas com vistas à integração entre os entes federativos;

•• Inciso V acrescentado pela Emenda Constitucional n. 132, de 20-12-2023.

VI – as competências exclusivas das carreiras da administração tributária e das procuradorias dos Estados, do Distrito Federal e dos Municípios serão exercidas, no Comitê Gestor e na representação deste, por servidores das referidas carreiras;
- •• Inciso VI acrescentado pela Emenda Constitucional n. 132, de 20-12-2023.

VII – serão estabelecidas a estrutura e a gestão do Comitê Gestor, cabendo ao regimento interno dispor sobre sua organização e funcionamento.
- •• Inciso VII acrescentado pela Emenda Constitucional n. 132, de 20-12-2023.

§ 3.º A participação dos entes federativos na instância máxima de deliberação do Comitê Gestor do Imposto sobre Bens e Serviços observará a seguinte composição:
- •• § 3.º, *caput*, acrescentado pela Emenda Constitucional n. 132, de 20-12-2023.

I – 27 (vinte e sete) membros, representando cada Estado e o Distrito Federal;
- •• Inciso I acrescentado pela Emenda Constitucional n. 132, de 20-12-2023.

II – 27 (vinte e sete) membros, representando o conjunto dos Municípios e do Distrito Federal, que serão eleitos nos seguintes termos:
- •• Inciso II, *caput*, acrescentado pela Emenda Constitucional n. 132, de 20-12-2023.

a) 14 (quatorze) representantes, com base nos votos de cada Município, com valor igual para todos; e
- •• Alínea *a* acrescentada pela Emenda Constitucional n. 132, de 20-12-2023.

b) 13 (treze) representantes, com base nos votos de cada Município ponderados pelas respectivas populações.
- •• Alínea *b* acrescentada pela Emenda Constitucional n. 132, de 20-12-2023.

§ 4.º As deliberações no âmbito do Comitê Gestor do Imposto sobre Bens e Serviços serão consideradas aprovadas se obtiverem, cumulativamente, os votos:
- •• § 4.º, *caput*, acrescentado pela Emenda Constitucional n. 132, de 20-12-2023.

I – em relação ao conjunto dos Estados e do Distrito Federal:
- •• Inciso I, *caput*, acrescentado pela Emenda Constitucional n. 132, de 20-12-2023.

a) da maioria absoluta de seus representantes; e
- •• Alínea *a* acrescentada pela Emenda Constitucional n. 132, de 20-12-2023.

b) de representantes dos Estados e do Distrito Federal que correspondam a mais de 50% (cinquenta por cento) da população do País; e
- •• Alínea *b* acrescentada pela Emenda Constitucional n. 132, de 20-12-2023.

II – em relação ao conjunto dos Municípios e do Distrito Federal, da maioria absoluta de seus representantes.
- •• Inciso II acrescentado pela Emenda Constitucional n. 132, de 20-12-2023.

§ 5.º O Presidente do Comitê Gestor do Imposto sobre Bens e Serviços deverá ter notórios conhecimentos de administração tributária.
- •• § 5.º acrescentado pela Emenda Constitucional n. 132, de 20-12-2023.

§ 6.º O Comitê Gestor do Imposto sobre Bens e Serviços, a administração tributária da União e a Procuradoria-Geral da Fazenda Nacional compartilharão informações fiscais relacionadas aos tributos previstos nos arts. 156-A e 195, V, e atuarão com vistas a harmonizar normas, interpretações, obrigações acessórias e procedimentos a eles relativos.
- •• § 6.º acrescentado pela Emenda Constitucional n. 132, de 20-12-2023.

§ 7.º O Comitê Gestor do Imposto sobre Bens e Serviços e a administração tributária da União poderão implementar soluções integradas para a administração e cobrança dos tributos previstos nos arts. 156-A e 195, V.
- •• § 7.º acrescentado pela Emenda Constitucional n. 132, de 20-12-2023.

§ 8.º Lei complementar poderá prever a integração do contencioso administrativo relativo aos tributos previstos nos arts. 156-A e 195, V.
- •• § 8.º acrescentado pela Emenda Constitucional n. 132, de 20-12-2023.

Seção VI
Da Repartição das Receitas Tributárias

Art. 157. Pertencem aos Estados e ao Distrito Federal:

I – o produto da arrecadação do imposto da União sobre renda e proventos de qualquer natureza, incidente na fonte, sobre rendimentos pagos, a qualquer título, por eles, suas autarquias e pelas fundações que instituírem e mantiverem;
- •• *Vide* Súmula 666 do STJ.
- • Regulamento do imposto sobre a renda e proventos de qualquer natureza: Decreto n. 9.580, de 22-11-2018.

II – vinte por cento do produto da arrecadação do imposto que a União instituir no exercício da competência que lhe é atribuída pelo art. 154, I.
- • *Vide* art. 60, II, do ADCT.

Art. 158. Pertencem aos Municípios:
- • A Lei Complementar n. 63, de 11-1-1990, dispõe sobre critérios e prazos de crédito das parcelas do produto da arrecadação de impostos de competência dos Estados e de transferências por estes recebidas, pertencentes aos Municípios.

I – o produto da arrecadação do imposto da União sobre renda e proventos de qualquer natureza, incidente na fonte, sobre rendimentos pagos, a qualquer título, por eles, suas autarquias e pelas fundações que instituírem e mantiverem;

II – cinquenta por cento do produto da arrecadação do imposto da União sobre a propriedade territorial rural, relativamente aos imóveis neles situados, cabendo a totalidade na hipótese da opção a que se refere o art. 153, § 4.º, III;
- •• Inciso II com redação determinada pela Emenda Constitucional n. 42, de 19-12-2003.
- •• *Vide* art. 107, § 6.º, I, do ADCT.
- •• O Decreto n. 7.827, de 16-10-2012, regulamenta os procedimentos de condicionamento e restabelecimento das transferências de recursos provenientes das receitas de que trata este inciso.
- • *Vide* arts. 60, II, 72, § 4.º, e 76, § 1.º, do ADCT.

III – 50% (cinquenta por cento) do produto da arrecadação do imposto do Estado sobre a propriedade de veículos automotores licenciados em seus territórios e, em relação a veículos aquáticos e aéreos, cujos proprietários sejam domiciliados em seus territórios;
- •• Inciso III com redação determinada pela Emenda Constitucional n. 132, de 20-12-2023.

IV – 25% (vinte e cinco por cento):
- •• Inciso IV, *caput*, com redação determinada pela Emenda Constitucional n. 132, de 20-12-2023.

a) do produto da arrecadação do imposto do Estado sobre operações relativas à circulação de mercadorias e sobre prestações de serviços de transporte interestadual e intermunicipal e de comunicação;
- •• Alínea *a* acrescentada pela Emenda Constitucional n. 132, de 20-12-2023.
- •• A Emenda Constitucional n. 132, de 20-12-2023, a partir de 2033, revoga esta alínea *a*.

b) do produto da arrecadação do imposto previsto no art. 156-A distribuída aos Estados.
- •• Alínea *b* acrescentada pela Emenda Constitucional n. 132, de 20-12-2023.
- •• *Vide* art. 6.º, I e IV, a, da Emenda Constitucional n. 132, de 20-12-2023 (Reforma Tributária).

§ 1.º As parcelas de receita pertencentes aos Municípios, mencionadas no inciso IV, *a*, serão creditadas conforme os seguintes critérios:
- •• Parágrafo único, *caput*, renumerado pela Emenda Constitucional n. 132, de 20-12-2023.
- •• A Emenda Constitucional n. 132, de 20-12-2023, a partir de 2033, revoga este § 1.º.

I – 65% (sessenta e cinco por cento), no mínimo, na proporção do valor adicionado nas operações relativas à circulação de mercadorias e nas prestações de serviços, realizadas em seus territórios;
- •• Inciso I com redação determinada pela Emenda Constitucional n. 108, de 26-8-2020.

II – até 35% (trinta e cinco por cento), de acordo com o que dispuser lei estadual, observada, obrigatoriamente, a distribuição de, no mínimo, 10 (dez) pontos percentuais com base em indicadores de melhoria nos resultados de aprendizagem e de aumento da equidade, considerado o nível socioeconômico dos educandos.
- •• Inciso II com redação determinada pela Emenda Constitucional n. 108, de 26-8-2020.
- •• *Vide* art. 3.º da Emenda Constitucional n. 108, de 26-8-2020.

§ 2.º As parcelas de receita pertencentes aos Municípios, mencionadas no inciso IV, *b*, serão creditadas conforme os seguintes critérios:
- •• § 2.º, *caput*, acrescentado pela Emenda Constitucional n. 132, de 20-12-2023.

I – 80% (oitenta por cento) na proporção da população;
- •• Inciso I acrescentado pela Emenda Constitucional n. 132, de 20-12-2023.

II – 10% (dez por cento) com base em indicadores de melhoria nos resultados de aprendizagem e de aumento da equidade, considerado o nível socioeconômico dos educandos, de acordo com o que dispuser lei estadual;
•• Inciso II acrescentado pela Emenda Constitucional n. 132, de 20-12-2023.
III – 5% (cinco por cento) com base em indicadores de preservação ambiental, de acordo com o que dispuser lei estadual;
•• Inciso III acrescentado pela Emenda Constitucional n. 132, de 20-12-2023.
IV – 5% (cinco por cento) em montantes iguais para todos os Municípios do Estado.
•• Inciso IV acrescentado pela Emenda Constitucional n. 132, de 20-12-2023.

Art. 159. A União entregará:
• Normas para cálculo, entrega e controle de liberações dos recursos dos Fundos de Participação: Lei Complementar n. 62, de 28-12-1989.
• Vide arts. 72, §§ 2.º e 4.º, e 80, § 1.º, do ADCT.

I – do produto da arrecadação dos impostos sobre renda e proventos de qualquer natureza e sobre produtos industrializados e do imposto previsto no art. 153, VIII, 50% (cinquenta por cento), da seguinte forma:
•• Inciso I, caput, com redação determinada pela Emenda Constitucional n. 132, de 20-12-2023.
•• Vide art. 7.º da Emenda Constitucional n. 132, de 20-12-2023 (Reforma Tributária).

a) vinte e um inteiros e cinco décimos por cento ao Fundo de Participação dos Estados e do Distrito Federal;
•• O Decreto n. 7.827, de 16-10-2012, regulamenta os procedimentos de condicionamento e restabelecimento das transferências de recursos provenientes das receitas de que trata esta alínea.

b) vinte e dois inteiros e cinco décimos por cento ao Fundo de Participação dos Municípios;
•• O Decreto n. 7.827, de 16-10-2012, regulamenta os procedimentos de condicionamento e restabelecimento das transferências de recursos provenientes das receitas de que trata esta alínea.
• A Lei Complementar n. 91, de 22-12-1997, dispõe sobre a fixação dos coeficientes do Fundo de Participação dos Municípios.

c) três por cento, para aplicação em programas de financiamento ao setor produtivo das Regiões Norte, Nordeste e Centro-Oeste, através de suas instituições financeiras de caráter regional, de acordo com os planos regionais de desenvolvimento, ficando assegurada ao semiárido do Nordeste a metade dos recursos destinados à Região, na forma que a lei estabelecer;
•• Alínea c regulamentada pela Lei n. 7.827, de 27-9-1989.

d) um por cento ao Fundo de Participação dos Municípios, que será entregue no primeiro decêndio do mês de dezembro de cada ano;
•• Alínea d acrescentada pela Emenda Constitucional n. 55, de 20-9-2007.
•• Vide art. 2.º da Emenda Constitucional n. 55, de 20-9-2007.

e) 1% (um por cento) ao Fundo de Participação dos Municípios, que será entregue no primeiro decêndio do mês de julho de cada ano;
•• Alínea e acrescentada pela Emenda Constitucional n. 84, de 2-12-2014.

f) 1% (um por cento) ao Fundo de Participação dos Municípios, que será entregue no primeiro decêndio do mês de setembro de cada ano;
•• Alínea f acrescentada pela Emenda Constitucional n. 112, de 27-10-2021.
•• Vide art. 2.º da Emenda Constitucional n. 112, de 27-10-2021.

II – do produto da arrecadação do imposto sobre produtos industrializados e do imposto previsto no art. 153, VIII, 10% (dez por cento) aos Estados e ao Distrito Federal, proporcionalmente ao valor das respectivas exportações de produtos industrializados;
•• Inciso II com redação determinada pela Emenda Constitucional n. 132, de 20-12-2023.
•• Vide art. 7.º da Emenda Constitucional n. 132, de 20-12-2023 (Reforma Tributária).

III – do produto da arrecadação da contribuição de intervenção no domínio econômico prevista no art. 177, § 4.º, 29% (vinte e nove por cento) para os Estados e o Distrito Federal, distribuídos na forma da lei, observadas as destinações a que se referem as alíneas c e d do inciso II do referido parágrafo.
•• Inciso III com redação determinada pela Emenda Constitucional n. 132, de 20-12-2023.

§ 1.º Para efeito de cálculo da entrega a ser efetuada de acordo com o previsto no inciso I, excluir-se-á a parcela da arrecadação do imposto de renda e proventos de qualquer natureza pertencente aos Estados, ao Distrito Federal e aos Municípios, nos termos do disposto nos arts. 157, I, e 158, I.

§ 2.º A nenhuma unidade federada poderá ser destinada parcela superior a vinte por cento do montante a que se refere o inciso II, devendo o eventual excedente ser distribuído entre os demais participantes, mantido, em relação a esses, o critério de partilha nele estabelecido.
• Normas para participação dos Estados e do Distrito Federal no produto da arrecadação do IPI, relativamente às exportações: Lei Complementar n. 61, de 26-12-1989.

§ 3.º Os Estados entregarão aos respectivos Municípios 25% (vinte e cinco por cento) dos recursos que receberem nos termos do inciso II do caput deste artigo, observados os critérios estabelecidos no art. 158, § 1.º, para a parcela relativa ao imposto sobre produtos industrializados, e no art. 158, § 2.º, para a parcela relativa ao imposto previsto no art. 153, VIII.
•• § 3.º com redação determinada pela Emenda Constitucional n. 132, de 20-12-2023.
•• A Emenda Constitucional n. 132, de 20-12-2023, a partir de 2033, altera a redação deste § 3.º:"§ 3.º Os Estados entregarão aos respectivos Municípios 25% (vinte e cinco por cento) dos recursos que receberem nos termos do inciso II do caput deste artigo, observados os critérios estabelecidos no art. 158, § 2.º".

§ 4.º Do montante de recursos de que trata o inciso III que cabe a cada Estado, vinte e cinco por cento serão destinados aos seus Municípios, na forma da lei a que se refere o mencionado inciso.
•• § 4.º acrescentado pela Emenda Constitucional n. 42, de 19-12-2003.
•• Vide art. 93 do ADCT, que dispõe sobre a vigência deste parágrafo.

Art. 159-A. Fica instituído o Fundo Nacional de Desenvolvimento Regional, com o objetivo de reduzir as desigualdades regionais e sociais, nos termos do art. 3.º, III, mediante a entrega de recursos da União aos Estados e ao Distrito Federal para:
•• Caput acrescentado pela Emenda Constitucional n. 132, de 20-12-2023.
•• Vide arts. 13 e 15 da Emenda Constitucional n. 132, de 20-12-2023 (Reforma Tributária).

I – realização de estudos, projetos e obras de infraestrutura;
•• Inciso I acrescentado pela Emenda Constitucional n. 132, de 20-12-2023.

II – fomento a atividades produtivas com elevado potencial de geração de emprego e renda, incluindo a concessão de subvenções econômicas e financeiras; e
•• Inciso II acrescentado pela Emenda Constitucional n. 132, de 20-12-2023.

III – promoção de ações com vistas ao desenvolvimento científico e tecnológico e à inovação.
•• Inciso III acrescentado pela Emenda Constitucional n. 132, de 20-12-2023.

§ 1.º É vedada a retenção ou qualquer restrição ao recebimento dos recursos de que trata o caput.
•• § 1.º acrescentado pela Emenda Constitucional n. 132, de 20-12-2023.

§ 2.º Na aplicação dos recursos de que trata o caput, os Estados e o Distrito Federal priorizarão projetos que prevejam ações de sustentabilidade ambiental e redução das emissões de carbono.
•• § 2.º acrescentado pela Emenda Constitucional n. 132, de 20-12-2023.

§ 3.º Observado o disposto neste artigo, caberá aos Estados e ao Distrito Federal a decisão quanto à aplicação dos recursos de que trata o caput.
•• § 3.º acrescentado pela Emenda Constitucional n. 132, de 20-12-2023.

§ 4.º Os recursos de que trata o caput serão entregues aos Estados e ao Distrito Federal de acordo com coeficientes individuais de participação, calculados com base nos seguintes indicadores e com os seguintes pesos:
•• § 4.º, caput, acrescentado pela Emenda Constitucional n. 132, de 20-12-2023.

I – população do Estado ou do Distrito Federal, com peso de 30% (trinta por cento);
•• Inciso I acrescentado pela Emenda Constitucional n. 132, de 20-12-2023.

II – coeficiente individual de participação do Estado ou do Distrito Federal nos recursos de que trata o art. 159, I, a, da Constituição Federal, com peso de 70% (setenta por cento).
•• Inciso II acrescentado pela Emenda Constitucional n. 132, de 20-12-2023.

§ 5.º O Tribunal de Contas da União será o órgão responsável por regulamentar e calcular os coeficientes individuais de participação de que trata o § 4.º.
- • § 5.º acrescentado pela Emenda Constitucional n. 132, de 20-12-2023.

Art. 160. É vedada a retenção ou qualquer restrição à entrega e ao emprego dos recursos atribuídos, nesta seção, aos Estados, ao Distrito Federal e aos Municípios, neles compreendidos adicionais e acréscimos relativos a impostos.
- *Vide* art. 212-A, IX, da CF.
- *Vide* art. 3.º da Emenda Constitucional n. 17, de 22-11-1997.

§ 1.º A vedação prevista neste artigo não impede a União e os Estados de condicionarem a entrega de recursos:
- • Parágrafo único, *caput*, renumerado pela Emenda Constitucional n. 113, de 8-12-2021.

I – ao pagamento de seus créditos, inclusive de suas autarquias;
- • Inciso I acrescentado pela Emenda Constitucional n. 29, de 13-9-2000.

II – ao cumprimento do disposto no art. 198, § 2.º, II e III.
- • Inciso II acrescentado pela Emenda Constitucional n. 29, de 13-9-2000.

§ 2.º Os contratos, os acordos, os ajustes, os convênios, os parcelamentos ou as renegociações de débitos de qualquer espécie, inclusive tributários, firmados pela União com os entes federativos conterão cláusulas para autorizar a dedução dos valores devidos dos montantes a serem repassados relacionados às respectivas cotas nos Fundos de Participação ou aos precatórios federais.
- • § 2.º acrescentado pela Emenda Constitucional n. 113, de 8-12-2021.

Art. 161. Cabe à lei complementar:
I – definir valor adicionado para fins do disposto no art. 158, § 1.º, I;
- • Inciso I com redação determinada pela Emenda Constitucional n. 132, de 20-12-2023.
- • A Emenda Constitucional n. 132, de 20-12-2023, a partir de 2033, revoga este inciso I.

II – estabelecer normas sobre a entrega dos recursos de que trata o art. 159, especialmente sobre os critérios de rateio dos fundos previstos em seu inciso I, objetivando promover o equilíbrio socioeconômico entre Estados e entre Municípios;

III – dispor sobre o acompanhamento, pelos beneficiários, do cálculo das quotas e da liberação das participações previstas nos arts. 157, 158 e 159.

Parágrafo único. O Tribunal de Contas da União efetuará o cálculo das quotas referentes aos fundos de participação a que alude o inciso II.

Art. 162. A União, os Estados, o Distrito Federal e os Municípios divulgarão, até o último dia do mês subsequente ao da arrecadação, os montantes de cada um dos tributos arrecadados, os recursos recebidos, os valores de origem tributária entregues e a entregar e a expressão numérica dos critérios de rateio.

Parágrafo único. Os dados divulgados pela União serão discriminados por Estado e por Município; os dos Estados, por Município.

Capítulo II
DAS FINANÇAS PÚBLICAS

Seção I
Normas Gerais

Art. 163. Lei complementar disporá sobre:
- *Vide* art. 30 da Emenda Constitucional n. 19, de 4-6-1998.

I – finanças públicas;
- • A Lei Complementar n. 101, de 4-5-2000, estabelece normas de finanças públicas voltadas para a responsabilidade na gestão fiscal e dá outras providências.

II – dívida pública externa e interna, incluída a das autarquias, fundações e demais entidades controladas pelo Poder Público;

III – concessão de garantias pelas entidades públicas;

IV – emissão e resgate de títulos da dívida pública;

V – fiscalização financeira da administração pública direta e indireta;
- • Inciso V com redação determinada pela Emenda Constitucional n. 40, de 29-5-2003.

VI – operações de câmbio realizadas por órgãos e entidades da União, dos Estados, do Distrito Federal e dos Municípios;

VII – compatibilização das funções das instituições oficiais de crédito da União, resguardadas as características e condições operacionais plenas das voltadas ao desenvolvimento regional;
- *Vide* art. 30 da Emenda Constitucional n. 19, de 4-6-1998.

VIII – sustentabilidade da dívida, especificando:
- • Inciso VIII, *caput*, acrescentado pela Emenda Constitucional n. 109, de 15-3-2021.

a) indicadores de sua apuração;
- • Alínea *a* acrescentada pela Emenda Constitucional n. 109, de 15-3-2021.

b) níveis de compatibilidade dos resultados fiscais com a trajetória da dívida;
- • Alínea *b* acrescentada pela Emenda Constitucional n. 109, de 15-3-2021.

c) trajetória de convergência do montante da dívida com os limites definidos em legislação;
- • Alínea *c* acrescentada pela Emenda Constitucional n. 109, de 15-3-2021.

d) medidas de ajuste, suspensões e vedações;
- • Alínea *d* acrescentada pela Emenda Constitucional n. 109, de 15-3-2021.

e) planejamento de alienação de ativos com vistas à redução do montante da dívida.
- • Alínea *e* acrescentada pela Emenda Constitucional n. 109, de 15-3-2021.

IX – condições e limites para concessão, ampliação ou prorrogação de incentivo ou benefício de natureza tributária.
- • Inciso IX acrescentado pela Emenda Constitucional n. 135, de 20-12-2024.

Parágrafo único. A lei complementar de que trata o inciso VIII do *caput* deste artigo pode autorizar a aplicação das vedações previstas no art. 167-A desta Constituição.
- • Parágrafo único acrescentado pela Emenda Constitucional n. 109, de 15-3-2021.

Art. 163-A. A União, os Estados, o Distrito Federal e os Municípios disponibilizarão suas informações e dados contábeis, orçamentários e fiscais, conforme periodicidade, formato e sistema estabelecidos pelo órgão central de contabilidade da União, de forma a garantir a rastreabilidade, a comparabilidade e a publicidade dos dados coletados, os quais deverão ser divulgados em meio eletrônico de amplo acesso público.
- • Artigo acrescentado pela Emenda Constitucional n. 108, de 26-8-2020, produzindo efeitos a partir de 1.º-2-2021.

Art. 164. A competência da União para emitir moeda será exercida exclusivamente pelo Banco Central.

§ 1.º É vedado ao Banco Central conceder, direta ou indiretamente, empréstimos ao Tesouro Nacional e a qualquer órgão ou entidade que não seja instituição financeira.

§ 2.º O Banco Central poderá comprar e vender títulos de emissão do Tesouro Nacional, com o objetivo de regular a oferta de moeda ou a taxa de juros.

§ 3.º As disponibilidades de caixa da União serão depositadas no Banco Central; as dos Estados, do Distrito Federal, dos Municípios e dos órgãos ou entidades do Poder Público e das empresas por ele controladas, em instituições financeiras oficiais, ressalvados os casos previstos em lei.

Art. 164-A. A União, os Estados, o Distrito Federal e os Municípios devem conduzir suas políticas fiscais de forma a manter a dívida pública em níveis sustentáveis, na forma da lei complementar referida no inciso VIII do *caput* do art. 163 desta Constituição.
- • *Caput* acrescentado pela Emenda Constitucional n. 109, de 15-3-2021.

Parágrafo único. A elaboração e a execução de planos e orçamentos devem refletir a compatibilidade dos indicadores fiscais com a sustentabilidade da dívida.
- • Parágrafo único acrescentado pela Emenda Constitucional n. 109, de 15-3-2021.

Seção II
Dos Orçamentos

Art. 165. Leis de iniciativa do Poder Executivo estabelecerão:
I – o plano plurianual;
II – as diretrizes orçamentárias;
III – os orçamentos anuais.

§ 1.º A lei que instituir o plano plurianual estabelecerá, de forma regionalizada, as diretrizes, objetivos e metas da administração pública federal para as despesas de capital e outras delas decorrentes e para as relativas aos programas de duração continuada.
- A Lei n. 12.593, de 18-1-2012, instituiu o Plano Plurianual da União para o período de 2012 a 2015.

§ 2.º A lei de diretrizes orçamentárias compreenderá as metas e prioridades da admi-

nistração pública federal, estabelecerá as diretrizes de política fiscal e respectivas metas, em consonância com trajetória sustentável da dívida pública, orientará a elaboração da lei orçamentária anual, disporá sobre as alterações na legislação tributária e estabelecerá a política de aplicação das agências financeiras oficiais de fomento.
•• § 2.º com redação determinada pela Emenda Constitucional n. 109, de 15-3-2021.

§ 3.º O Poder Executivo publicará, até trinta dias após o encerramento de cada bimestre, relatório resumido da execução orçamentária.
•• *Vide* art. 5.º, II, da Emenda Constitucional n. 106, de 7-5-2020.

§ 4.º Os planos e programas nacionais, regionais e setoriais previstos nesta Constituição serão elaborados em consonância com o plano plurianual e apreciados pelo Congresso Nacional.
• Programa Nacional de Desestatização: Lei n. 9.491, de 9-9-1997.

§ 5.º A lei orçamentária anual compreenderá:
•• A Lei n. 13.587, de 2-1-2018, estima a receita e fixa a despesa da União para o exercício financeiro de 2018.

I – o orçamento fiscal referente aos Poderes da União, seus fundos, órgãos e entidades da administração direta e indireta, inclusive fundações instituídas e mantidas pelo Poder Público;

II – o orçamento de investimento das empresas em que a União, direta ou indiretamente, detenha a maioria do capital social com direito a voto;

III – o orçamento da seguridade social, abrangendo todas as entidades e órgãos a ela vinculados, da administração direta ou indireta, bem como os fundos e fundações instituídos e mantidos pelo Poder Público.

§ 6.º O projeto de lei orçamentária será acompanhado de demonstrativo regionalizado do efeito, sobre as receitas e despesas, decorrente de isenções, anistias, remissões, subsídios e benefícios de natureza financeira, tributária e creditícia.

§ 7.º Os orçamentos previstos no § 5.º, I e II, deste artigo, compatibilizados com o plano plurianual, terão entre suas funções a de reduzir desigualdades inter-regionais, segundo critério populacional.
• *Vide* art. 35 do ADCT.

§ 8.º A lei orçamentária anual não conterá dispositivo estranho à previsão da receita e à fixação da despesa, não se incluindo na proibição a autorização para abertura de créditos suplementares e contratação de operações de crédito, ainda que por antecipação de receita, nos termos da lei.

§ 9.º Cabe à lei complementar:

I – dispor sobre o exercício financeiro, a vigência, os prazos, a elaboração e a organização do plano plurianual, da lei de diretrizes orçamentárias e da lei orçamentária anual;
•• Lei Complementar n. 210, de 25-11-2024, dispõe sobre a proposição e a execução de emendas parlamentares na lei orçamentária anual.

II – estabelecer normas de gestão financeira e patrimonial da administração direta e indireta, bem como condições para a instituição e funcionamento de fundos.
• *Vide* arts. 71, § 1.º, e 81, § 3.º, do ADCT.

III – dispor sobre critérios para a execução equitativa, além de procedimentos que serão adotados quando houver impedimentos legais e técnicos, cumprimento de restos a pagar e limitação das programações de caráter obrigatório, para a realização do disposto nos §§ 11 e 12 do art. 166.
•• Inciso III com redação determinada pela Emenda Constitucional n. 100, de 26-6-2019.
•• Lei Complementar n. 210, de 25-11-2024, dispõe sobre a proposição e a execução de emendas parlamentares na lei orçamentária anual.

§ 10. A administração tem o dever de executar as programações orçamentárias, adotando os meios e as medidas necessários, com o propósito de garantir a efetiva entrega de bens e serviços à sociedade.
•• § 10 acrescentado pela Emenda Constitucional n. 100, de 26-6-2019.

§ 11. O disposto no § 10 deste artigo, nos termos da lei de diretrizes orçamentárias:
•• § 11, *caput*, acrescentado pela Emenda Constitucional n. 102, de 26-9-2019.

I – subordina-se ao cumprimento de dispositivos constitucionais e legais que estabeleçam metas fiscais ou limites de despesas e não impede o cancelamento necessário à abertura de créditos adicionais;
•• Inciso I acrescentado pela Emenda Constitucional n. 102, de 26-9-2019.

II – não se aplica nos casos de impedimentos de ordem técnica devidamente justificados;
•• Inciso II acrescentado pela Emenda Constitucional n. 102, de 26-9-2019.

III – aplica-se exclusivamente às despesas primárias discricionárias.
•• Inciso III acrescentado pela Emenda Constitucional n. 102, de 26-9-2019.

§ 12. Integrará a lei de diretrizes orçamentárias, para o exercício a que se refere e, pelo menos, para os 2 (dois) exercícios subsequentes, anexo com previsão de agregados fiscais e a proporção dos recursos para investimentos que serão alocados na lei orçamentária anual para a continuidade daqueles em andamento.
•• § 12 acrescentado pela Emenda Constitucional n. 102, de 26-9-2019.

§ 13. O disposto no inciso III do § 9.º e nos §§ 10, 11 e 12 deste artigo aplica-se exclusivamente aos orçamentos fiscal e da seguridade social da União.
•• § 13 acrescentado pela Emenda Constitucional n. 102, de 26-9-2019.

§ 14. A lei orçamentária anual poderá conter previsões de despesas para exercícios seguintes, com a especificação dos investimentos plurianuais e daqueles em andamento.
•• § 14 acrescentado pela Emenda Constitucional n. 102, de 26-9-2019.

§ 15. A União organizará e manterá registro centralizado de projetos de investimento contendo, por Estado ou Distrito Federal, pelo menos, análises de viabilidade, estimativas de custos e informações sobre a execução física e financeira.
•• § 15 acrescentado pela Emenda Constitucional n. 102, de 26-9-2019.

§ 16. As leis de que trata este artigo devem observar, no que couber, os resultados do monitoramento e da avaliação das políticas públicas previstos no § 16 do art. 37 desta Constituição.
•• § 16 acrescentado pela Emenda Constitucional n. 109, de 15-3-2021.

§ 17. Para o cumprimento do disposto no inciso I do § 11 deste artigo, o Poder Executivo poderá reduzir ou limitar, na elaboração e na execução das leis orçamentárias, as despesas com a concessão de subsídios, subvenções e benefícios de natureza financeira, inclusive os relativos a indenizações e restituições por perdas econômicas, observado o ato jurídico perfeito.
•• § 17 acrescentado pela Emenda Constitucional n. 135, de 20-12-2024.

Art. 166. Os projetos de lei relativos ao plano plurianual, às diretrizes orçamentárias, ao orçamento anual e aos créditos adicionais serão apreciados pelas duas Casas do Congresso Nacional, na forma do regimento comum.

§ 1.º Caberá a uma Comissão mista permanente de Senadores e Deputados:
• A Resolução do Congresso Nacional n. 1, de 22-12-2006, dispõe sobre a Comissão Mista Permanente a que se refere este parágrafo, que passa a denominar-se Comissão Mista de Planos, Orçamentos Públicos e Fiscalização - CMO.

I – examinar e emitir parecer sobre os projetos referidos neste artigo e sobre as contas apresentadas anualmente pelo Presidente da República;

II – examinar e emitir parecer sobre os planos e programas nacionais, regionais e setoriais previstos nesta Constituição e exercer o acompanhamento e a fiscalização orçamentária, sem prejuízo da atuação das demais comissões do Congresso Nacional e de suas Casas, criadas de acordo com o art. 58.

§ 2.º As emendas serão apresentadas na Comissão mista, que sobre elas emitirá parecer, e apreciadas, na forma regimental, pelo Plenário das duas Casas do Congresso Nacional.

§ 3.º As emendas ao projeto de lei do orçamento anual ou aos projetos que o modifiquem somente podem ser aprovadas caso:

I – sejam compatíveis com o plano plurianual e com a lei de diretrizes orçamentárias;

II – indiquem os recursos necessários, admitidos apenas os provenientes de anulação de despesa, excluídas as que incidam sobre:

a) dotações para pessoal e seus encargos;

b) serviço da dívida;

c) transferências tributárias constitucionais para Estados, Municípios e Distrito Federal; ou

III – sejam relacionadas:

a) com a correção de erros ou omissões; ou

b) com os dispositivos do texto do projeto de lei.

§ 4.º As emendas ao projeto de lei de diretrizes orçamentárias não poderão ser aprovadas quando incompatíveis com o plano plurianual.

§ 5.º O Presidente da República poderá enviar mensagem ao Congresso Nacional para propor modificação nos projetos a que se refere este artigo enquanto não iniciada a votação, na Comissão mista, da parte cuja alteração é proposta.

§ 6.º Os projetos de lei do plano plurianual, das diretrizes orçamentárias e do orçamento anual serão enviados pelo Presidente da República ao Congresso Nacional, nos termos da lei complementar a que se refere o art. 165, § 9.º.

§ 7.º Aplicam-se aos projetos mencionados neste artigo, no que não contrariar o disposto nesta seção, as demais normas relativas ao processo legislativo.

§ 8.º Os recursos que, em decorrência de veto, emenda ou rejeição do projeto de lei orçamentária anual, ficarem sem despesas correspondentes poderão ser utilizados, conforme o caso, mediante créditos especiais ou suplementares, com prévia e específica autorização legislativa.

§ 9.º As emendas individuais ao projeto de lei orçamentária serão aprovadas no limite de 2% (dois por cento) da receita corrente líquida do exercício anterior ao do encaminhamento do projeto, observado que a metade desse percentual será destinada a ações e serviços públicos de saúde.

•• § 9.º com redação determinada pela Emenda Constitucional n. 126, de 21-12-2022.

§ 9.º-A. Do limite a que se refere o § 9.º deste artigo, 1,55% (um inteiro e cinquenta e cinco centésimos por cento) caberá às emendas de Deputados e 0,45% (quarenta e cinco centésimos por cento) às de Senadores.

•• § 9.º-A acrescentado pela Emenda Constitucional n. 126, de 21-12-2022.

§ 10. A execução do montante destinado a ações e serviços públicos de saúde previsto no § 9.º, inclusive custeio, será computada para fins do cumprimento do inciso I do § 2.º do art. 198, vedada a destinação para pagamento de pessoal ou encargos sociais.

•• § 10 acrescentado pela Emenda Constitucional n. 86, de 17-3-2015.

§ 11. É obrigatória a execução orçamentária e financeira das programações oriundas de emendas individuais, em montante correspondente ao limite a que se refere o § 9.º deste artigo, conforme os critérios para a execução equitativa da programação definidos na lei complementar prevista no § 9.º do art. 165 desta Constituição, observado o disposto no § 9.º-A deste artigo.

•• § 11 com redação determinada pela Emenda Constitucional n. 126, de 21-12-2022.

§ 12. A garantia de execução de que trata o § 11 deste artigo aplica-se também às programações incluídas por todas as emendas de iniciativa de bancada de parlamentares de Estado ou do Distrito Federal, no montante de até 1% (um por cento) da receita corrente líquida realizada no exercício anterior.

•• § 12 com redação determinada pela Emenda Constitucional n. 100, de 26-6-2019.

•• Sobre o montante de que trata este § 12: *Vide* arts. 2.º e 3.º da Emenda Constitucional n. 100, de 26-6-2019.

•• A Lei Complementar n. 210, de 25-11-2024, dispõe que as emendas de bancada estadual somente poderão destinar recursos a projetos e ações estruturantes para a unidade da Federação representada pela bancada, vedada a individualização de ações e de projetos para atender a demandas ou a indicações de cada membro da bancada.

§ 13. As programações orçamentárias previstas nos §§ 11 e 12 deste artigo não serão de execução obrigatória nos casos dos impedimentos de ordem técnica.

•• § 13 com redação determinada pela Emenda Constitucional n. 100, de 26-6-2019.

§ 14. Para fins de cumprimento do disposto nos §§ 11 e 12 deste artigo, os órgãos de execução deverão observar, nos termos da lei de diretrizes orçamentárias, cronograma para análise e verificação de eventuais impedimentos das programações e demais procedimentos necessários à viabilização da execução dos respectivos montantes.

•• § 14, *caput*, com redação determinada pela Emenda Constitucional n. 100, de 26-6-2019.

I a IV – (*Revogados pela Emenda Constitucional n. 100, de 26-6-2019.*)

§ 15. (*Revogado pela Emenda Constitucional n. 100, de 26-6-2019.*)

§ 16. Quando a transferência obrigatória da União para a execução da programação prevista nos §§ 11 e 12 deste artigo for destinada a Estados, ao Distrito Federal e a Municípios, independerá da adimplência do ente federativo destinatário e não integrará a base de cálculo da receita corrente líquida para fins de aplicação dos limites de despesa de pessoal de que trata o *caput* do art. 169.

•• § 16 com redação determinada pela Emenda Constitucional n. 100, de 26-6-2019.

§ 17. Os restos a pagar provenientes das programações orçamentárias previstas nos §§ 11 e 12 deste artigo poderão ser considerados para fins de cumprimento da execução financeira até o limite de 1% (um por cento) da receita corrente líquida do exercício anterior ao do encaminhamento do projeto de lei orçamentária, para as programações das emendas individuais, e até o limite de 0,5% (cinco décimos por cento), para as programações das emendas de iniciativa de bancada de parlamentares de Estado ou do Distrito Federal.

•• § 17 com redação determinada pela Emenda Constitucional n. 126, de 21-12-2022.

§ 18. Se for verificado que a reestimativa da receita e da despesa poderá resultar no não cumprimento da meta de resultado fiscal estabelecida na lei de diretrizes orçamentárias, os montantes previstos nos §§ 11 e 12 deste artigo poderão ser reduzidos em até a mesma proporção da limitação incidente sobre o conjunto das demais despesas discricionárias.

•• § 18 com redação determinada pela Emenda Constitucional n. 100, de 26-6-2019.

§ 19. Considera-se equitativa a execução das programações de caráter obrigatório que observe critérios objetivos e imparciais e que atenda de forma igualitária e impessoal às emendas apresentadas, independentemente da autoria, observado o disposto no § 9.º-A deste artigo.

•• § 19 com redação determinada pela Emenda Constitucional n. 126, de 21-12-2022.

§ 20. As programações de que trata o § 12 deste artigo, quando versarem sobre o início de investimentos com duração de mais de 1 (um) exercício financeiro ou cuja execução já tenha sido iniciada, deverão ser objeto de emenda pela mesma bancada estadual, a cada exercício, até a conclusão da obra ou do empreendimento.

•• § 20 acrescentado pela Emenda Constitucional n. 100, de 26-6-2019.

Art. 166-A. As emendas individuais impositivas apresentadas ao projeto de lei orçamentária anual poderão alocar recursos a Estados, ao Distrito Federal e a Municípios por meio de:

•• *Caput* acrescentado pela Emenda Constitucional n. 105, de 12-12-2019.

•• *Vide* art. 2.º da Emenda Constitucional n. 105, de 12-12-2019.

I – transferência especial; ou

•• Inciso I acrescentado pela Emenda Constitucional n. 105, de 12-12-2019.

II – transferência com finalidade definida.

•• Inciso II acrescentado pela Emenda Constitucional n. 105, de 12-12-2019.

§ 1.º Os recursos transferidos na forma do *caput* deste artigo não integrarão a receita do Estado, do Distrito Federal e dos Municípios para fins de repartição e para o cálculo dos limites da despesa com pessoal ativo e inativo, nos termos do § 16 do art. 166, e de endividamento do ente federado, vedada, em qualquer caso, a aplicação dos recursos a que se refere o *caput* deste artigo no pagamento de:

•• § 1.º, *caput*, acrescentado pela Emenda Constitucional n. 105, de 12-12-2019.

I – despesas com pessoal e encargos sociais relativas a ativos e inativos, e com pensionistas; e

•• Inciso I acrescentado pela Emenda Constitucional n. 105, de 12-12-2019.

II – encargos referentes ao serviço da dívida.

•• Inciso II acrescentado pela Emenda Constitucional n. 105, de 12-12-2019.

§ 2.º Na transferência especial a que se refere o inciso I do *caput* deste artigo, os recursos:

•• § 2.º, *caput*, acrescentado pela Emenda Constitucional n. 105, de 12-12-2019.

I – serão repassados diretamente ao ente federado beneficiado, independentemente de celebração de convênio ou de instrumento congênere;

•• Inciso I acrescentado pela Emenda Constitucional n. 105, de 12-12-2019.

II – pertencerão ao ente federado no ato da efetiva transferência financeira; e

•• Inciso II acrescentado pela Emenda Constitucional n. 105, de 12-12-2019.

III – serão aplicadas em programações finalísticas das áreas de competência do Poder

Executivo do ente federado beneficiado, observado o disposto no § 5.º deste artigo.
• • Inciso III acrescentado pela Emenda Constitucional n. 105, de 12-12-2019.

§ 3.º O ente federado beneficiado da transferência especial a que se refere o inciso I do *caput* deste artigo poderá firmar contratos de cooperação técnica para fins de subsidiar o acompanhamento da execução orçamentária na aplicação dos recursos.
• • § 3.º acrescentado pela Emenda Constitucional n. 105, de 12-12-2019.

§ 4.º Na transferência com finalidade definida a que se refere o inciso II do *caput* deste artigo, os recursos serão:
• • § 4.º, *caput*, acrescentado pela Emenda Constitucional n. 105, de 12-12-2019.

I – vinculados à programação estabelecida na emenda parlamentar; e
• • Inciso I acrescentado pela Emenda Constitucional n. 105, de 12-12-2019.

II – aplicados nas áreas de competência constitucional da União.
• • Inciso II acrescentado pela Emenda Constitucional n. 105, de 12-12-2019.

§ 5.º Pelo menos 70% (setenta por cento) das transferências especiais de que trata o inciso I do *caput* deste artigo deverão ser aplicadas em despesas de capital, observada a restrição a que se refere o inciso II do § 1.º deste artigo.
• • § 5.º acrescentado pela Emenda Constitucional n. 105, de 12-12-2019.

Art. 167. São vedados:

I – o início de programas ou projetos não incluídos na lei orçamentária anual;

II – a realização de despesas ou a assunção de obrigações diretas que excedam os créditos orçamentários ou adicionais;

III – a realização de operações de créditos que excedam o montante das despesas de capital, ressalvadas as autorizadas mediante créditos suplementares ou especiais com finalidade precisa, aprovados pelo Poder Legislativo por maioria absoluta;
• • *Vide* art. 4.º, *caput*, da Emenda Constitucional n. 106, de 7-5-2020.
• *Vide* art. 37 do ADCT.

IV – a vinculação de receita de impostos a órgão, fundo ou despesa, ressalvadas a repartição do produto da arrecadação dos impostos a que se referem os arts. 158 e 159, a destinação de recursos para as ações e serviços públicos de saúde, para manutenção e desenvolvimento do ensino e para realização de atividades da administração tributária, como determinado, respectivamente, pelos arts. 198, § 2.º, 212 e 37, XXII, e a prestação de garantias às operações de crédito por antecipação de receita, previstas no art. 165, § 8.º, bem como o disposto no § 4.º deste artigo;
• • Inciso IV com redação determinada pela Emenda Constitucional n. 42, de 19-12-2003.
• *Vide* art. 39-A, § 5.º, da Lei n. 4.320, de 17-3-1964.
• *Vide* art. 80, § 1.º, do ADCT.

V – a abertura de crédito suplementar ou especial sem prévia autorização legislativa e sem indicação dos recursos correspondentes;

VI – a transposição, o remanejamento ou a transferência de recursos de uma categoria de programação para outra ou de um órgão para outro, sem prévia autorização legislativa;

VII – a concessão ou utilização de créditos ilimitados;

VIII – a utilização, sem autorização legislativa específica, de recursos dos orçamentos fiscal e da seguridade social para suprir necessidade ou cobrir *deficit* de empresas, fundações e fundos, inclusive dos mencionados no art. 165, § 5.º;

IX – a instituição de fundos de qualquer natureza, sem prévia autorização legislativa;

X – a transferência voluntária de recursos e a concessão de empréstimos, inclusive por antecipação de receita, pelos Governos Federal e Estaduais e suas instituições financeiras, para pagamento de despesas com pessoal ativo, inativo e pensionista, dos Estados, do Distrito Federal e dos Municípios;
• • Inciso X acrescentado pela Emenda Constitucional n. 19, de 4-6-1998.

XI – a utilização dos recursos provenientes das contribuições sociais de que trata o art. 195, I, *a*, e II, para a realização de despesas distintas do pagamento de benefícios do regime geral de previdência social de que trata o art. 201;
• • Inciso XI acrescentado pela Emenda Constitucional n. 20, de 15-12-1998.

XII – na forma estabelecida na lei complementar de que trata o § 22 do art. 40, a utilização de recursos de regime próprio de previdência social, incluídos os valores integrantes dos fundos previstos no art. 249, para a realização de despesas distintas do pagamento dos benefícios previdenciários do respectivo fundo vinculado àquele regime e das despesas necessárias à sua organização e ao seu funcionamento;
• • Inciso XII acrescentado pela Emenda Constitucional n. 103, de 12-11-2019.

XIII – a transferência voluntária de recursos, a concessão de avais, as garantias e as subvenções pela União e a concessão de empréstimos e de financiamentos por instituições financeiras federais aos Estados, ao Distrito Federal e aos Municípios na hipótese de descumprimento das regras gerais de organização e de funcionamento de regime próprio de previdência social;
• • Inciso XIII acrescentado pela Emenda Constitucional n. 103, de 12-11-2019.

XIV – a criação de fundo público, quando seus objetivos puderem ser alcançados mediante a vinculação de receitas orçamentárias específicas ou mediante a execução direta por programação orçamentária e financeira de órgão ou entidade da administração pública.
• • Inciso XIV acrescentado pela Emenda Constitucional n. 109, de 15-3-2021.

§ 1.º Nenhum investimento cuja execução ultrapasse um exercício financeiro poderá ser iniciado sem prévia inclusão no plano plurianual, ou sem lei que autorize a inclusão, sob pena de crime de responsabilidade.

§ 2.º Os créditos especiais e extraordinários terão vigência no exercício financeiro em que forem autorizados, salvo se o ato de autorização for promulgado nos últimos quatro meses daquele exercício, caso em que, reabertos nos limites de seus saldos, serão incorporados ao orçamento do exercício financeiro subsequente.

§ 3.º A abertura de crédito extraordinário somente será admitida para atender a despesas imprevisíveis e urgentes, como as decorrentes de guerra, comoção interna ou calamidade pública, observado o disposto no art. 62.

§ 4.º É permitida a vinculação das receitas a que se referem os arts. 155, 156, 156-A, 157, 158 e as alíneas *a*, *b*, *d*, *e* e *f* do inciso I e o inciso II do *caput* do art. 159 desta Constituição para pagamento de débitos com a União e para prestar-lhe garantia ou contragarantia.
• • § 4.º com redação determinada pela Emenda Constitucional n. 132, de 20-12-2023.

§ 5.º A transposição, o remanejamento ou a transferência de recursos de uma categoria de programação para outra poderão ser admitidos, no âmbito das atividades de ciência, tecnologia e inovação, com o objetivo de viabilizar os resultados de projetos restritos a essas funções, mediante ato do Poder Executivo, sem necessidade da prévia autorização legislativa prevista no inciso VI deste artigo.
• • § 5.º acrescentado pela Emenda Constitucional n. 85, de 26-2-2015.

§ 6.º Para fins da apuração ao término do exercício financeiro do cumprimento do limite de que trata o inciso III do *caput* deste artigo, as receitas das operações de crédito efetuadas no contexto da gestão da dívida pública mobiliária federal somente serão consideradas no exercício financeiro em que for realizada a respectiva despesa.
• • § 6.º acrescentado pela Emenda Constitucional n. 109, de 15-3-2021.

§ 7.º A lei não imporá nem transferirá qualquer encargo financeiro decorrente da prestação de serviço público, inclusive despesas de pessoal e seus encargos, para a União, os Estados, o Distrito Federal ou os Municípios, sem a previsão de fonte orçamentária e financeira necessária à realização da despesa ou sem a previsão da correspondente transferência de recursos financeiros necessários ao seu custeio, ressalvadas as obrigações assumidas espontaneamente pelos entes federados e aquelas decorrentes da fixação do salário mínimo, na forma do inciso IV do *caput* do art. 7.º desta Constituição.
• • § 7.º acrescentado pela Emenda Constitucional n. 128, de 22-12-2022.

Art. 167-A. Apurado que, no período de 12 (doze) meses, a relação entre despesas correntes e receitas correntes supera 95% (noventa e cinco por cento), no âmbito dos Estados, do Distrito Federal e dos Municípios, é facultado aos Poderes Executivo, Legislativo e Judiciário, ao Ministério Público, ao Tribunal de Contas e à Defensoria Pública do ente, enquanto permanecer a situação, aplicar o mecanismo de ajuste fiscal de vedação da:

•• *Caput* acrescentado pela Emenda Constitucional n. 109, de 15-3-2021.

I – concessão, a qualquer título, de vantagem, aumento, reajuste ou adequação de remuneração de membros de Poder ou de órgão, de servidores e empregados públicos e de militares, exceto dos derivados de sentença judicial transitada em julgado ou de determinação legal anterior ao início da aplicação das medidas de que trata este artigo;
•• Inciso I acrescentado pela Emenda Constitucional n. 109, de 15-3-2021.

II – criação de cargo, emprego ou função que implique aumento de despesa;
•• Inciso II acrescentado pela Emenda Constitucional n. 109, de 15-3-2021.

III – alteração de estrutura de carreira que implique aumento de despesa;
•• Inciso III acrescentado pela Emenda Constitucional n. 109, de 15-3-2021.

IV – admissão ou contratação de pessoal, a qualquer título, ressalvadas:
•• Inciso IV, *caput*, acrescentado pela Emenda Constitucional n. 109, de 15-3-2021.

a) as reposições de cargos de chefia e de direção que não acarretem aumento de despesa;
••Alínea *a* acrescentada pela Emenda Constitucional n. 109, de 15-3-2021.

b) as reposições decorrentes de vacâncias de cargos efetivos ou vitalícios;
•• Alínea *b* acrescentada pela Emenda Constitucional n. 109, de 15-3-2021.

c) as contratações temporárias de que trata o inciso IX do *caput* do art. 37 desta Constituição; e
•• Alínea c acrescentada pela Emenda Constitucional n. 109, de 15-3-2021.

d) as reposições de temporários para prestação de serviço militar e de alunos de órgãos de formação de militares;
•• Alínea *d* acrescentada pela Emenda Constitucional n. 109, de 15-3-2021.

V – realização de concurso público, exceto para as reposições de vacâncias previstas no inciso IV deste *caput*;
•• Inciso V acrescentado pela Emenda Constitucional n. 109, de 15-3-2021.

VI – criação ou majoração de auxílios, vantagens, bônus, abonos, verbas de representação ou benefícios de qualquer natureza, inclusive os de cunho indenizatório, em favor de membros de Poder, do Ministério Público ou da Defensoria Pública e de servidores e empregados públicos e de militares, ou ainda de seus dependentes, exceto quando derivados de sentença judicial transitada em julgado ou de determinação legal anterior ao início da aplicação das medidas de que trata este artigo;
•• Inciso VI acrescentado pela Emenda Constitucional n. 109, de 15-3-2021.

VII – criação de despesa obrigatória;
•• Inciso VII acrescentado pela Emenda Constitucional n. 109, de 15-3-2021.

VIII – adoção de medida que implique reajuste de despesa obrigatória acima da variação da inflação, observada a preservação do poder aquisitivo referida no inciso IV do *caput* do art. 7.º desta Constituição;
•• Inciso VIII acrescentado pela Emenda Constitucional n. 109, de 15-3-2021.

IX – criação ou expansão de programas e linhas de financiamento, bem como remissão, renegociação ou refinanciamento de dívidas que impliquem ampliação das despesas com subsídios e subvenções;
•• Inciso IX acrescentado pela Emenda Constitucional n. 109, de 15-3-2021.

X – concessão ou ampliação de incentivo ou benefício de natureza tributária.
•• Inciso X acrescentado pela Emenda Constitucional n. 109, de 15-3-2021.

§ 1.º Apurado que a despesa corrente supera 85% (oitenta e cinco por cento) da receita corrente, sem exceder o percentual mencionado no *caput* deste artigo, as medidas nele indicadas podem ser, no todo ou em parte, implementadas por atos do Chefe do Poder Executivo com vigência imediata, facultado aos demais Poderes e órgãos autônomos implementá-las em seus respectivos âmbitos.
•• § 1.º acrescentado pela Emenda Constitucional n. 109, de 15-3-2021.

§ 2.º O ato de que trata o § 1.º deste artigo deve ser submetido, em regime de urgência, à apreciação do Poder Legislativo.
•• § 2.º acrescentado pela Emenda Constitucional n. 109, de 15-3-2021.

§ 3.º O ato perde a eficácia, reconhecida a validade dos atos praticados na sua vigência, quando:
•• § 3.º, *caput*, acrescentado pela Emenda Constitucional n. 109, de 15-3-2021.

I – rejeitado pelo Poder Legislativo;
•• Inciso I acrescentado pela Emenda Constitucional n. 109, de 15-3-2021.

II – transcorrido o prazo de 180 (cento e oitenta) dias sem que se ultime a sua apreciação; ou
•• Inciso II acrescentado pela Emenda Constitucional n. 109, de 15-3-2021.

III – apurado que não mais se verifica a hipótese prevista no § 1.º deste artigo, mesmo após a sua aprovação pelo Poder Legislativo.
•• Inciso III acrescentado pela Emenda Constitucional n. 109, de 15-3-2021.

§ 4.º A apuração referida neste artigo deve ser realizada bimestralmente.
•• § 4.º acrescentado pela Emenda Constitucional n. 109, de 15-3-2021.

§ 5.º As disposições de que trata este artigo:
•• § 5.º, *caput*, acrescentado pela Emenda Constitucional n. 109, de 15-3-2021.

I – não constituem obrigação de pagamento futuro pelo ente da Federação ou direitos de outrem sobre o erário;
•• Inciso I acrescentado pela Emenda Constitucional n. 109, de 15-3-2021.

II – não revogam, dispensam ou suspendem o cumprimento de dispositivos constitucionais e legais que disponham sobre metas fiscais ou limites máximos de despesas.
•• Inciso II acrescentado pela Emenda Constitucional n. 109, de 15-3-2021.

§ 6.º Ocorrendo a hipótese de que trata o *caput* deste artigo, até que todas as medidas nele previstas tenham sido adotadas por todos os Poderes e órgãos nele mencionados, de acordo com declaração do respectivo Tribunal de Contas, é vedada:
•• § 6.º, *caput*, acrescentado pela Emenda Constitucional n. 109, de 15-3-2021.

I – a concessão, por qualquer outro ente da Federação, de garantias ao ente envolvido;
•• Inciso I acrescentado pela Emenda Constitucional n. 109, de 15-3-2021.

II – a tomada de operação de crédito por parte do ente envolvido com outro ente da Federação, diretamente ou por intermédio de seus fundos, autarquias, fundações ou empresas estatais dependentes, ainda que sob a forma de novação, refinanciamento ou postergação de dívida contraída anteriormente, ressalvados os financiamentos destinados a projetos específicos celebrados na forma de operações típicas das agências financeiras oficiais de fomento.
•• Inciso II acrescentado pela Emenda Constitucional n. 109, de 15-3-2021.

Art. 167-B. Durante a vigência de estado de calamidade pública de âmbito nacional, decretado pelo Congresso Nacional por iniciativa privativa do Presidente da República, a União deve adotar regime extraordinário fiscal, financeiro e de contratações para atender às necessidades dele decorrentes, somente naquilo em que a urgência for incompatível com o regime regular, nos termos definidos nos arts. 167-C, 167-D, 167-E, 167-F e 167-G desta Constituição.
•• Artigo acrescentado pela Emenda Constitucional n. 109, de 15-3-2021.

Art. 167-C. Com o propósito exclusivo de enfrentamento da calamidade pública e de seus efeitos sociais e econômicos, no seu período de duração, o Poder Executivo federal pode adotar processos simplificados de contratação de pessoal, em caráter temporário e emergencial, e de obras, serviços e compras que assegurem, quando possível, competição e igualdade de condições a todos os concorrentes, dispensada a observância do § 1.º do art. 169 na contratação de que trata o inciso IX do *caput* do art. 37 desta Constituição, limitada a dispensa às situações de que trata o referido inciso, sem prejuízo do controle dos órgãos competentes.
•• Artigo acrescentado pela Emenda Constitucional n. 109, de 15-3-2021.

Art. 167-D. As proposições legislativas e os atos do Poder Executivo com propósito exclusivo de enfrentar a calamidade e suas consequências sociais e econômicas, com vigência e efeitos restritos à sua duração, desde que não impliquem despesa obrigatória de caráter continuado, ficam dispensados da observância das limitações legais quanto à criação, à expansão ou ao aperfeiçoamento de ação governamental que acarrete aumento de despesa e à concessão ou à ampliação de incentivo ou benefício de natureza tributária da qual decorra renúncia de receita.
•• *Caput* acrescentado pela Emenda Constitucional n. 109, de 15-3-2021.

Parágrafo único. Durante a vigência da calamidade pública de âmbito nacional de que trata o art. 167-B, não se aplica o disposto no § 3.º do art. 195 desta Constituição.
• • Parágrafo único acrescentado pela Emenda Constitucional n. 109, de 15-3-2021.

Art. 167-E. Fica dispensada, durante a integralidade do exercício financeiro em que vigore a calamidade pública de âmbito nacional, a observância do inciso III do *caput* do art. 167 desta Constituição.
• • Artigo acrescentado pela Emenda Constitucional n. 109, de 15-3-2021.

Art. 167-F. Durante a vigência da calamidade pública de âmbito nacional de que trata o art. 167-B desta Constituição:
• • *Caput* acrescentado pela Emenda Constitucional n. 109, de 15-3-2021.

I – são dispensados, durante a integralidade do exercício financeiro em que vigore a calamidade pública, os limites, as condições e demais restrições aplicáveis à União para a contratação de operações de crédito, bem como sua verificação;
• • Inciso I acrescentado pela Emenda Constitucional n. 109, de 15-3-2021.

II – o superávit financeiro apurado em 31 de dezembro do ano imediatamente anterior ao reconhecimento pode ser destinado à cobertura de despesas oriundas das medidas de combate à calamidade pública de âmbito nacional e ao pagamento da dívida pública.
• • Inciso II acrescentado pela Emenda Constitucional n. 109, de 15-3-2021.

§ 1.º Lei complementar pode definir outras suspensões, dispensas e afastamentos aplicáveis durante a vigência do estado de calamidade pública de âmbito nacional.
• • § 1.º acrescentado pela Emenda Constitucional n. 109, de 15-3-2021.

§ 2.º O disposto no inciso II do *caput* deste artigo não se aplica às fontes de recursos:
• • § 2.º, *caput*, acrescentado pela Emenda Constitucional n. 109, de 15-3-2021.

I – decorrentes de repartição de receitas a Estados, ao Distrito Federal e a Municípios;
• • Inciso I acrescentado pela Emenda Constitucional n. 109, de 15-3-2021.

II – decorrentes das vinculações estabelecidas pelos arts. 195, 198, 201, 212, 212-A e 239 desta Constituição;
• • Inciso II acrescentado pela Emenda Constitucional n. 109, de 15-3-2021.

III – destinadas ao registro de receitas oriundas da arrecadação de doações ou de empréstimos compulsórios, de transferências recebidas para o atendimento de finalidades determinadas ou das receitas de capital produto de operações de financiamento celebradas com finalidades contratualmente determinadas.
• • Inciso III acrescentado pela Emenda Constitucional n. 109, de 15-3-2021.

Art. 167-G. Na hipótese de que trata o art. 167-B, aplicam-se à União, até o término da calamidade pública, as vedações previstas no art. 167-A desta Constituição.
• • *Caput* acrescentado pela Emenda Constitucional n. 109, de 15-3-2021.

§ 1.º Na hipótese de medidas de combate à calamidade pública cuja vigência e efeitos não ultrapassem a sua duração, não se aplicam as vedações referidas nos incisos II, IV, VII, IX e X do *caput* do art. 167-A desta Constituição.
• • § 1.º acrescentado pela Emenda Constitucional n. 109, de 15-3-2021.

§ 2.º Na hipótese de que trata o art. 167-B, não se aplica a alínea *c* do inciso I do *caput* do art. 159 desta Constituição, devendo a transferência a que se refere aquele dispositivo ser efetuada nos mesmos montantes transferidos no exercício anterior à decretação da calamidade.
• • § 2.º acrescentado pela Emenda Constitucional n. 109, de 15-3-2021.

§ 3.º É facultada aos Estados, ao Distrito Federal e aos Municípios a aplicação das vedações referidas no *caput*, nos termos deste artigo, e, até que as tenham adotado na integralidade, estarão submetidos às restrições do § 6.º do art. 167-A desta Constituição, enquanto perdurarem seus efeitos para a União.
• • § 3.º acrescentado pela Emenda Constitucional n. 109, de 15-3-2021

Art. 168. Os recursos correspondentes às dotações orçamentárias, compreendidos os créditos suplementares e especiais, destinados aos órgãos dos Poderes Legislativo e Judiciário, do Ministério Público e da Defensoria Pública, ser-lhes-ão entregues até o dia 20 de cada mês, em duodécimos, na forma da lei complementar a que se refere o art. 165, § 9.º.
• • *Caput* com redação determinada pela Emenda Constitucional n. 45, de 8-12-2004.

§ 1.º É vedada a transferência a fundos de recursos financeiros oriundos de repasses duodecimais.
• • § 1.º acrescentado pela Emenda Constitucional n. 109, de 15-3-2021.

§ 2.º O saldo financeiro decorrente dos recursos entregues na forma do *caput* deste artigo deve ser restituído ao caixa único do Tesouro do ente federativo, ou terá seu valor deduzido das primeiras parcelas duodecimais do exercício seguinte.
• • § 2.º acrescentado pela Emenda Constitucional n. 109, de 15-3-2021.

Art. 169. A despesa com pessoal ativo e inativo e pensionistas da União, dos Estados, do Distrito Federal e dos Municípios não pode exceder os limites estabelecidos em lei complementar.
• • *Caput* com redação determinada pela Emenda Constitucional n. 109, de 15-3-2021.
• Limites das despesas com o funcionalismo público: Lei Complementar n. 101, de 4-5-2000 (LRF).

§ 1.º A concessão de qualquer vantagem ou aumento de remuneração, a criação de cargos, empregos e funções ou alteração de estrutura de carreiras, bem como a admissão ou contratação de pessoal, a qualquer título, pelos órgãos e entidades da administração direta ou indireta, inclusive fundações instituídas e mantidas pelo Poder Público, só poderão ser feitas:
• • § 1.º, *caput*, com redação determinada pela Emenda Constitucional n. 19, de 4-6-1998.

• • *Vide* art. 4.º, *caput*, da Emenda Constitucional n. 106, de 7-5-2020.

I – se houver prévia dotação orçamentária suficiente para atender às projeções de despesa de pessoal e aos acréscimos dela decorrentes;
• • Inciso I com redação determinada pela Emenda Constitucional n. 19, de 4-6-1998.

II – se houver autorização específica na lei de diretrizes orçamentárias, ressalvadas as empresas públicas e as sociedades de economia mista.
• • Inciso II com redação determinada pela Emenda Constitucional n. 19, de 4-6-1998.

§ 2.º Decorrido o prazo estabelecido na lei complementar referida neste artigo para a adaptação aos parâmetros ali previstos, serão imediatamente suspensos todos os repasses de verbas federais ou estaduais aos Estados, ao Distrito Federal e aos Municípios que não observarem os referidos limites.
• • § 2.º acrescentado pela Emenda Constitucional n. 19, de 4-6-1998.

§ 3.º Para o cumprimento dos limites estabelecidos com base neste artigo, durante o prazo fixado na lei complementar referida no *caput*, a União, os Estados, o Distrito Federal e os Municípios adotarão as seguintes providências:
• • § 3.º, *caput*, acrescentado pela Emenda Constitucional n. 19, de 4-6-1998.

I – redução em pelo menos 20% (vinte por cento) das despesas com cargos em comissão e funções de confiança;
• • Inciso I acrescentado pela Emenda Constitucional n. 19, de 4-6-1998.

II – exoneração dos servidores não estáveis.
• • Inciso II acrescentado pela Emenda Constitucional n. 19, de 4-6-1998.
• *Vide* art. 33 da Emenda Constitucional n. 19, de 4-6-1998.

§ 4.º Se as medidas adotadas com base no parágrafo anterior não forem suficientes para assegurar o cumprimento da determinação da lei complementar referida neste artigo, o servidor estável poderá perder o cargo, desde que ato normativo motivado de cada um dos Poderes especifique a atividade funcional, o órgão ou unidade administrativa objeto da redução de pessoal.
• • § 4.º acrescentado pela Emenda Constitucional n. 19, de 4-6-1998.
• *Vide* art. 198, § 6.º, da CF.

§ 5.º O servidor que perder o cargo na forma do parágrafo anterior fará jus a indenização correspondente a um mês de remuneração por ano de serviço.
• • § 5.º acrescentado pela Emenda Constitucional n. 19, de 4-6-1998.

§ 6.º O cargo objeto da redução prevista nos parágrafos anteriores será considerado extinto, vedada a criação de cargo, emprego ou função com atribuições iguais ou assemelhadas pelo prazo de 4 (quatro) anos.
• • § 6.º acrescentado pela Emenda Constitucional n. 19, de 4-6-1998.

§ 7.º Lei federal disporá sobre as normas gerais a serem obedecidas na efetivação do disposto no § 4.º.
- •• § 7.º acrescentado pela Emenda Constitucional n. 19, de 4-6-1998.
- • Vide art. 247 da CF.
- • A Lei n. 9.801, de 14-6-1999, dispõe sobre as normas gerais para perda de cargo público por excesso de despesa.

TÍTULO VII
DA ORDEM ECONÔMICA E FINANCEIRA

- Crimes contra a ordem tributária, econômica e contra as relações de consumo: Lei n. 8.137, de 27-12-1990.
- Crimes contra a ordem econômica: Lei n. 8.176, de 8-2-1991.
- Conselho Administrativo de Defesa Econômica – CADE: Lei n. 12.529, de 30-11-2011.

Capítulo I
DOS PRINCÍPIOS GERAIS DA ATIVIDADE ECONÔMICA

Art. 170. A ordem econômica, fundada na valorização do trabalho humano e na livre iniciativa, tem por fim assegurar a todos existência digna, conforme os ditames da justiça social, observados os seguintes princípios:
- •• A Lei n. 13.874, de 20-9-2019, institui a Declaração de Direitos de Liberdade Econômica e estabelece garantias de livre mercado e análise de impacto regulatório.

I – soberania nacional;
II – propriedade privada;
III – função social da propriedade;
IV – livre concorrência;
- Vide Súmula Vinculante 49 do STF.
- Prevenção e repressão às infrações contra a ordem econômica: Lei n. 12.529, de 30-11-2011.

V – defesa do consumidor;
- Vide Súmula Vinculante 49 do STF.
- CDC: Lei n. 8.078, de 11-9-1990.
- Sistema Nacional de Defesa do Consumidor – SNDC: Decreto n. 2.181, de 20-3-1997.
- Prevenção e repressão às infrações contra a ordem econômica: Lei n. 12.529, de 30-11-2011.
- Sistema alternativo de solução de conflitos de consumo: Decreto n. 8.573, de 19-11-2015.

VI – defesa do meio ambiente, inclusive mediante tratamento diferenciado conforme o impacto ambiental dos produtos e serviços e de seus processos de elaboração e prestação;
- •• Inciso VI com redação determinada pela Emenda Constitucional n. 42, de 19-12-2003.
- •• Vide Súmula 652 do STJ.
- Lei de Crimes Ambientais: Lei n. 9.605, de 12-2-1998.

VII – redução das desigualdades regionais e sociais;
VIII – busca do pleno emprego;
IX – tratamento favorecido para as empresas de pequeno porte constituídas sob as leis brasileiras e que tenham sua sede e administração no País.
- •• Inciso IX com redação determinada pela Emenda Constitucional n. 6, de 15-8-1995.

- A Lei Complementar n. 123, de 14-12-2006, institui o Estatuto Nacional da Microempresa e da Empresa de Pequeno Porte.

Parágrafo único. É assegurado a todos o livre exercício de qualquer atividade econômica, independentemente de autorização de órgãos públicos, salvo nos casos previstos em lei.
- Vide Súmula Vinculante 49 do STF.

Art. 171. (Revogado pela Emenda Constitucional n. 6, de 15-8-1995.)

Art. 172. A lei disciplinará, com base no interesse nacional, os investimentos de capital estrangeiro, incentivará os reinvestimentos e regulará a remessa de lucros.

Art. 173. Ressalvados os casos previstos nesta Constituição, a exploração direta de atividade econômica pelo Estado só será permitida quando necessária aos imperativos da segurança nacional ou a relevante interesse coletivo, conforme definidos em lei.

§ 1.º A lei estabelecerá o estatuto jurídico da empresa pública, da sociedade de economia mista e de suas subsidiárias que explorem atividade econômica de produção ou comercialização de bens ou de prestação de serviços, dispondo sobre:
- •• § 1.º, caput, com redação determinada pela Emenda Constitucional n. 19, de 4-6-1998.
- •• A Lei n. 13.303, de 30-6-2016, institui o Estatuto Jurídico das Empresas Públicas.

I – sua função social e formas de fiscalização pelo Estado e pela sociedade;
- •• Inciso I acrescentado pela Emenda Constitucional n. 19, de 4-6-1998.

II – a sujeição ao regime jurídico próprio das empresas privadas, inclusive quanto aos direitos e obrigações civis, comerciais, trabalhistas e tributários;
- •• Inciso II acrescentado pela Emenda Constitucional n. 19, de 4-6-1998.

III – licitação e contratação de obras, serviços, compras e alienações, observados os princípios da administração pública;
- •• Inciso III acrescentado pela Emenda Constitucional n. 19, de 4-6-1998.

IV – a constituição e o funcionamento dos conselhos de administração e fiscal, com a participação de acionistas minoritários;
- •• Inciso IV acrescentado pela Emenda Constitucional n. 19, de 4-6-1998.

V – os mandatos, a avaliação de desempenho e a responsabilidade dos administradores.
- •• Inciso V acrescentado pela Emenda Constitucional n. 19, de 4-6-1998.

§ 2.º As empresas públicas e as sociedades de economia mista não poderão gozar de privilégios fiscais não extensivos às do setor privado.

§ 3.º A lei regulamentará as relações da empresa pública com o Estado e a sociedade.

§ 4.º A lei reprimirá o abuso do poder econômico que vise à dominação dos mercados, à eliminação da concorrência e ao aumento arbitrário dos lucros.
- Vide Súmula Vinculante 49 do STF.
- Lei Antitruste e de infrações à ordem econômica: Lei n. 12.529, de 30-11-2011.

§ 5.º A lei, sem prejuízo da responsabilidade individual dos dirigentes da pessoa jurídica, estabelecerá a responsabilidade desta, sujeitando-a às punições compatíveis com sua natureza, nos atos praticados contra a ordem econômica e financeira e contra a economia popular.
- A Lei n. 13.874, de 20-9-2019, institui a Declaração de Direitos de Liberdade Econômica e estabelece garantias de livre mercado e análise de impacto regulatório.

Art. 174. Como agente normativo e regulador da atividade econômica, o Estado exercerá, na forma da lei, as funções de fiscalização, incentivo e planejamento, sendo este determinante para o setor público e indicativo para o setor privado.

§ 1.º A lei estabelecerá as diretrizes e bases do planejamento do desenvolvimento nacional equilibrado, o qual incorporará e compatibilizará os planos nacionais e regionais de desenvolvimento.

§ 2.º A lei apoiará e estimulará o cooperativismo e outras formas de associativismo.

§ 3.º O Estado favorecerá a organização da atividade garimpeira em cooperativas, levando em conta a proteção do meio ambiente e a promoção econômico-social dos garimpeiros.
- A Lei n. 11.685, de 2-6-2008, institui o Estatuto do Garimpeiro.

§ 4.º As cooperativas a que se refere o parágrafo anterior terão prioridade na autorização ou concessão para pesquisa e lavra dos recursos e jazidas de minerais garimpáveis, nas áreas onde estejam atuando, e naquelas fixadas de acordo com o art. 21, XXV, na forma da lei.

Art. 175. Incumbe ao Poder Público, na forma da lei, diretamente ou sob regime de concessão ou permissão, sempre através de licitação, a prestação de serviços públicos.
- •• Regime de concessão e permissão da prestação de serviços públicos previsto neste artigo: Lei n. 8.987, de 13-2-1995.
- Licitações e Contratos da Administração Pública: Lei n. 14.333, de 1.º-4-2021.
- Outorga e prorrogações das concessões e permissões de serviços públicos: Lei n. 9.074, de 7-7-1995.
- Parceria público-privada: Lei n. 11.079, de 30-12-2004.

Parágrafo único. A lei disporá sobre:
I – o regime das empresas concessionárias e permissionárias de serviços públicos, o caráter especial de seu contrato e de sua prorrogação, bem como as condições de caducidade, fiscalização e rescisão da concessão ou permissão;
II – os direitos dos usuários;
III – política tarifária;
IV – a obrigação de manter serviço adequado.

Art. 176. As jazidas, em lavra ou não, e demais recursos minerais e os potenciais de energia hidráulica constituem propriedade distinta da do solo, para efeito de exploração ou aproveitamento, e pertencem à União, garantida ao concessionário a propriedade do produto da lavra.

§ 1.º A pesquisa e a lavra de recursos minerais e o aproveitamento dos potenciais a que se refere o *caput* deste artigo somente poderão ser efetuados mediante autorização ou concessão da União, no interesse nacional, por brasileiros ou empresa constituída sob as leis brasileiras e que tenha sua sede e administração no País, na forma da lei, que estabelecerá as condições específicas quando essas atividades se desenvolverem em faixa de fronteira ou terras indígenas.

•• § 1.º com redação determinada pela Emenda Constitucional n. 6, de 15-8-1995.

§ 2.º É assegurada participação ao proprietário do solo nos resultados da lavra, na forma e no valor que dispuser a lei.

•• Regulamento: Lei n. 8.901, de 30-6-1994.

§ 3.º A autorização de pesquisa será sempre por prazo determinado, e as autorizações e concessões previstas neste artigo não poderão ser cedidas ou transferidas, total ou parcialmente, sem prévia anuência do poder concedente.

§ 4.º Não dependerá de autorização ou concessão o aproveitamento do potencial de energia renovável de capacidade reduzida.

Art. 177. Constituem monopólio da União:

I – a pesquisa e a lavra das jazidas de petróleo e gás natural e outros hidrocarbonetos fluidos;

•• A Lei n. 14.134, de 8-4-2021, regulamentada pelo Decreto n. 10.712, de 2-6-2021, dispõe sobre as atividades relativas ao transporte natural de gás natural de que trata este artigo.

II – a refinação do petróleo nacional ou estrangeiro;

• A Lei n. 9.478, de 6-8-1997, dispõe sobre a Política Energética Nacional, e as atividades relativas ao monopólio do petróleo, e institui o Conselho Nacional de Política Energética e a Agência Nacional do Petróleo.

III – a importação e exportação dos produtos e derivados básicos resultantes das atividades previstas nos incisos anteriores;

•• A Lei n. 11.909, de 4-3-2009, institui normas para a exploração das atividades econômicas de transporte de gás natural por meio de condutos e da importação e exportação de gás natural, de que tratam os incisos III e IV do *caput* deste artigo, bem como para a exploração das atividades de tratamento, processamento, estocagem, liquefação, regaseificação e comercialização de gás natural.

IV – o transporte marítimo do petróleo bruto de origem nacional ou de derivados básicos de petróleo produzidos no País, bem assim o transporte, por meio de conduto, de petróleo bruto, seus derivados e gás natural de qualquer origem;

•• Vide nota ao inciso anterior.

V – a pesquisa, a lavra, o enriquecimento, o reprocessamento, a industrialização e o comércio de minérios e minerais nucleares e seus derivados, com exceção dos radioisótopos cuja produção, comercialização e utilização poderão ser autorizadas sob regime de permissão, conforme as alíneas *b* e *c* do inciso XXIII do *caput* do art. 21 desta Constituição Federal.

•• Inciso V com redação determinada pela Emenda Constitucional n. 49, de 8-2-2006.

§ 1.º A União poderá contratar com empresas estatais ou privadas a realização das atividades previstas nos incisos I a IV deste artigo, observadas as condições estabelecidas em lei.

•• § 1.º com redação determinada pela Emenda Constitucional n. 9, de 9-11-1995.

§ 2.º A lei a que se refere o § 1.º disporá sobre:

•• § 2.º, *caput*, acrescentado pela Emenda Constitucional n. 9, de 9-11-1995.

• A Lei n. 9.478, de 6-8-1997, dispõe sobre a política energética nacional, as atividades relativas ao monopólio do petróleo, institui o Conselho Nacional de Política Energética e a Agência Nacional do Petróleo.

I – a garantia do fornecimento dos derivados de petróleo em todo o território nacional;

•• Inciso I acrescentado pela Emenda Constitucional n. 9, de 9-11-1995.

II – as condições de contratação;

•• Inciso II acrescentado pela Emenda Constitucional n. 9, de 9-11-1995.

III – a estrutura e atribuições do órgão regulador do monopólio da União.

•• Inciso III acrescentado pela Emenda Constitucional n. 9, de 9-11-1995.

§ 3.º A lei disporá sobre o transporte e a utilização de materiais radioativos no território nacional.

•• Primitivo § 2.º renumerado por determinação da Emenda Constitucional n. 9, de 9-11-1995.

§ 4.º A lei que instituir contribuição de intervenção no domínio econômico relativa às atividades de importação ou comercialização de petróleo e seus derivados, gás natural e seus derivados e álcool combustível deverá atender aos seguintes requisitos:

•• § 4.º, *caput*, acrescentado pela Emenda Constitucional n. 33, de 11-12-2001.

• A Lei n. 10.336, de 19-12-2001, institui Contribuição de Intervenção no Domínio Econômico incidente sobre a importação e a comercialização de petróleo e seus derivados, gás natural e seus derivados, e álcool etílico combustível (Cide), a que se refere este parágrafo.

I – a alíquota da contribuição poderá ser:

•• Inciso I, *caput*, acrescentado pela Emenda Constitucional n. 33, de 11-12-2001.

a) diferenciada por produto ou uso;

•• Alínea *a* acrescentada pela Emenda Constitucional n. 33, de 11-12-2001.

b) reduzida e restabelecida por ato do Poder Executivo, não se lhe aplicando o disposto no art. 150, III, *b*;

•• Alínea *b* acrescentada pela Emenda Constitucional n. 33, de 11-12-2001.

II – os recursos arrecadados serão destinados:

•• Inciso II, *caput*, acrescentado pela Emenda Constitucional n. 33, de 11-12-2001.

•• O STF na ADI n. 2.925-8, de 19-12-2003 (*DOU* de 4-4-2005), dá interpretação conforme a Constituição a este inciso, "no sentido de que a abertura de crédito suplementar deve ser destinada às três finalidades enumeradas" nas alíneas a seguir.

a) ao pagamento de subsídios a preços ou transporte de álcool combustível, gás natural e seus derivados e derivados de petróleo;

•• Alínea *a* acrescentada pela Emenda Constitucional n. 33, de 11-12-2001.

b) ao financiamento de projetos ambientais relacionados com a indústria do petróleo e do gás;

•• Alínea *b* acrescentada pela Emenda Constitucional n. 33, de 11-12-2001.

c) ao financiamento de programas de infraestrutura de transportes.

•• Alínea *c* acrescentada pela Emenda Constitucional n. 33, de 11-12-2001.

•• Vide art. 159, III, da CF.

d) ao pagamento de subsídios a tarifas de transporte público coletivo de passageiros.

•• Alínea *d* acrescentada pela Emenda Constitucional n. 132, de 20-12-2023.

Art. 178. A lei disporá sobre a ordenação dos transportes aéreo, aquático e terrestre, devendo, quanto à ordenação do transporte internacional, observar os acordos firmados pela União, atendido o princípio da reciprocidade.

•• *Caput* com redação determinada pela Emenda Constitucional n. 7, de 15-8-1995.

• A Lei n. 9.611, de 19-2-1998, dispõe sobre o transporte multimodal de cargas.

• A Lei n. 10.233, de 5-6-2001, dispõe sobre a reestruturação dos transportes aquaviário e terrestre, cria o Conselho Nacional de Integração de Políticas de Transportes Terrestres, a Agência Nacional de Transportes Aquaviários e o Departamento Nacional de Infraestrutura de Transportes, e dá outras providências.

• O Decreto n. 5.910, de 27-9-2006, promulga a Convenção para a Unificação de Certas Regras Relativas ao Transporte Aéreo Internacional, celebrada em Montreal em 28-5-1999.

Parágrafo único. Na ordenação do transporte aquático, a lei estabelecerá as condições em que o transporte de mercadorias na cabotagem e a navegação interior poderão ser feitos por embarcações estrangeiras.

•• Parágrafo único com redação dada pela Emenda Constitucional n. 7, de 15-8-1995.

Art. 179. A União, os Estados, o Distrito Federal e os Municípios dispensarão às microempresas e às empresas de pequeno porte, assim definidas em lei, tratamento jurídico diferenciado, visando a incentivá-las pela simplificação de suas obrigações administrativas, tributárias, previdenciárias e creditícias, ou pela eliminação ou redução destas por meio de lei.

• A Lei Complementar n. 123, de 14-12-2006, institui o Estatuto Nacional da Microempresa e da Empresa de Pequeno Porte.

Art. 180. A União, os Estados, o Distrito Federal e os Municípios promoverão e incentivarão o turismo como fator de desenvolvimento social e econômico.

• A Lei n. 11.771, de 17-9-2008, dispõe sobre a Política Nacional de Turismo, define as atribuições do Governo Federal no planejamento, desenvolvimento e estímulo ao setor turístico.

Art. 181. O atendimento de requisição de documento ou informação de natureza comercial, feita por autoridade administrativa ou judiciária estrangeira, a pessoa física ou jurídica residente ou domiciliada no País dependerá de autorização do Poder competente.

Capítulo II
DA POLÍTICA URBANA

Art. 182. A política de desenvolvimento urbano, executada pelo Poder Público municipal, conforme diretrizes gerais fixadas em lei, tem por objetivo ordenar o pleno desenvolvimento das funções sociais da cidade e garantir o bem-estar de seus habitantes.
•• Regulamento: Lei n. 10.257, de 10-7-2001.
• A Lei n. 13.089, de 12-1-2015, instituiu o Estatuto da Metrópole.
• A Lei n. 13.311, de 11-7-2016, institui normas gerais para a ocupação e utilização de área pública urbana por equipamentos urbanos do tipo quiosque, trailer, feira e banca de venda de jornais e de revistas.

§ 1.º O plano diretor, aprovado pela Câmara Municipal, obrigatório para cidades com mais de vinte mil habitantes, é o instrumento básico da política de desenvolvimento e de expansão urbana.

§ 2.º A propriedade urbana cumpre sua função social quando atende às exigências fundamentais de ordenação da cidade expressas no plano diretor.

§ 3.º As desapropriações de imóveis urbanos serão feitas com prévia e justa indenização em dinheiro.

§ 4.º É facultado ao Poder Público municipal, mediante lei específica para área incluída no plano diretor, exigir, nos termos da lei federal, do proprietário do solo urbano não edificado, subutilizado ou não utilizado, que promova seu adequado aproveitamento, sob pena, sucessivamente, de:

I – parcelamento ou edificação compulsórios;

II – imposto sobre a propriedade predial e territorial urbana progressivo no tempo;

III – desapropriação com pagamento mediante títulos da dívida pública de emissão previamente aprovada pelo Senado Federal, com prazo de resgate de até dez anos, em parcelas anuais, iguais e sucessivas, assegurados o valor real da indenização e os juros legais.

Art. 183. Aquele que possuir como sua área urbana de até duzentos e cinquenta metros quadrados, por cinco anos, ininterruptamente e sem oposição, utilizando-a para sua moradia ou de sua família, adquirir-lhe-á o domínio, desde que não seja proprietário de outro imóvel urbano ou rural.
•• Regulamento: Lei n. 10.257, de 10-7-2001.

§ 1.º O título de domínio e a concessão de uso serão conferidos ao homem ou à mulher, ou a ambos, independentemente do estado civil.

•• A Medida Provisória n. 2.220, de 4-9-2001, dispõe sobre a concessão de uso especial, de que trata este parágrafo.

§ 2.º Esse direito não será reconhecido ao mesmo possuidor mais de uma vez.

§ 3.º Os imóveis públicos não serão adquiridos por usucapião.
• O CC dispõe em seu art. 102: "Os bens públicos não estão sujeitos a usucapião".

Capítulo III
DA POLÍTICA AGRÍCOLA E FUNDIÁRIA E DA REFORMA AGRÁRIA

•• Estatuto da Terra: Lei n. 4.504, de 30-11-1964.
•• Princípios da política agrícola: Lei n. 8.174, de 30-1-1991.
•• A Lei n. 8.629, de 25-2-1993, dispõe sobre a regulamentação dos dispositivos constitucionais relativos à reforma agrária prevista neste Capítulo.

Art. 184. Compete à União desapropriar por interesse social, para fins de reforma agrária, o imóvel rural que não esteja cumprindo sua função social, mediante prévia e justa indenização em títulos da dívida agrária, com cláusula de preservação do valor real, resgatáveis no prazo de até vinte anos, a partir do segundo ano de sua emissão, e cuja utilização será definida em lei.

§ 1.º As benfeitorias úteis e necessárias serão indenizadas em dinheiro.

§ 2.º O decreto que declarar o imóvel como de interesse social, para fins de reforma agrária, autoriza a União a propor a ação de desapropriação.

§ 3.º Cabe à lei complementar estabelecer procedimento contraditório especial, de rito sumário, para o processo judicial de desapropriação.
•• A Lei Complementar n. 76, de 6-7-1993, dispõe sobre o procedimento contraditório especial, de rito sumário, para o processo de desapropriação de imóvel rural, por interesse social, para fins de reforma agrária.

§ 4.º O orçamento fixará anualmente o volume total de títulos da dívida agrária, assim como o montante de recursos para atender ao programa de reforma agrária no exercício.

§ 5.º São isentas de impostos federais, estaduais e municipais as operações de transferência de imóveis desapropriados para fins de reforma agrária.

Art. 185. São insuscetíveis de desapropriação para fins de reforma agrária:

I – a pequena e média propriedade rural, assim definida em lei, desde que seu proprietário não possua outra;

II – a propriedade produtiva.

Parágrafo único. A lei garantirá tratamento especial à propriedade produtiva e fixará normas para o cumprimento dos requisitos relativos a sua função social.

Art. 186. A função social é cumprida quando a propriedade rural atende, simultaneamente, segundo critérios e graus de exigência estabelecidos em lei, aos seguintes requisitos:

I – aproveitamento racional e adequado;

II – utilização adequada dos recursos naturais disponíveis e preservação do meio ambiente;

III – observância das disposições que regulam as relações de trabalho;

IV – exploração que favoreça o bem-estar dos proprietários e dos trabalhadores.

Art. 187. A política agrícola será planejada e executada na forma da lei, com a participação efetiva do setor de produção, envolvendo produtores e trabalhadores rurais, bem como dos setores de comercialização, de armazenamento e de transportes, levando em conta, especialmente:
• A Lei n. 8.171, de 17-1-1991, dispõe sobre a Política Agrícola.

I – os instrumentos creditícios e fiscais;

II – os preços compatíveis com os custos de produção e a garantia de comercialização;

III – o incentivo à pesquisa e à tecnologia;

IV – a assistência técnica e extensão rural;

V – o seguro agrícola;

VI – o cooperativismo;

VII – a eletrificação rural e irrigação;

VIII – a habitação para o trabalhador rural.

§ 1.º Incluem-se no planejamento agrícola as atividades agroindustriais, agropecuárias, pesqueiras e florestais.

§ 2.º Serão compatibilizadas as ações de política agrícola e de reforma agrária.

Art. 188. A destinação de terras públicas e devolutas será compatibilizada com a política agrícola e com o plano nacional de reforma agrária.

§ 1.º A alienação ou a concessão, a qualquer título, de terras públicas com área superior a dois mil e quinhentos hectares a pessoa física ou jurídica, ainda que por interposta pessoa, dependerá de prévia aprovação do Congresso Nacional.

§ 2.º Excetuam-se do disposto no parágrafo anterior as alienações ou as concessões de terras públicas para fins de reforma agrária.

Art. 189. Os beneficiários da distribuição de imóveis rurais pela reforma agrária receberão títulos de domínio ou de concessão de uso, inegociáveis pelo prazo de dez anos.

Parágrafo único. O título de domínio e a concessão de uso serão conferidos ao homem ou à mulher, ou a ambos, independentemente do estado civil, nos termos e condições previstos em lei.

Art. 190. A lei regulará e limitará a aquisição ou o arrendamento de propriedade rural por pessoa física ou jurídica estrangeira e estabelecerá os casos que dependerão de autorização do Congresso Nacional.

Art. 191. Aquele que, não sendo proprietário de imóvel rural ou urbano, possua como seu, por cinco anos ininterruptos, sem oposição, área de terra, em zona rural, não superior a cinquenta hectares, tornando-a produtiva por seu trabalho ou de sua família, tendo nela sua moradia, adquirir-lhe-á a propriedade.

Parágrafo único. Os imóveis públicos não serão adquiridos por usucapião.
- O CC dispõe em seu art. 102: "Os bens públicos não estão sujeitos a usucapião".
- *Vide* Súmula 618 do STJ.

Capítulo IV
DO SISTEMA FINANCEIRO NACIONAL

- Dos crimes contra o sistema financeiro: Lei n. 7.492, de 16-6-1986.
- A Lei n. 9.613, de 3-3-1998, dispõe sobre os crimes de lavagem ou ocultação de bens, direitos e valores, a prevenção da utilização do sistema financeiro para os ilícitos previstos nesta Lei e cria o Conselho de Controle de Atividades Financeiras – COAF, cujo Estatuto foi aprovado pelo Decreto n. 9.663, de 1.º-1-2019.

Art. 192. O sistema financeiro nacional, estruturado de forma a promover o desenvolvimento equilibrado do País e a servir aos interesses da coletividade, em todas as partes que o compõem, abrangendo as cooperativas de crédito, será regulado por leis complementares que disporão, inclusive, sobre a participação do capital estrangeiro nas instituições que o integram.

- *Caput* com redação determinada pela Emenda Constitucional n. 40, de 29-5-2003.
- O Decreto n. 8.652, de 28-1-2016, dispõe sobre o Conselho de Recursos do Sistema Financeiro Nacional.

I a III – (*Revogados pela Emenda Constitucional n. 40, de 29-5-2003.*)
a) e b) (*Revogados pela Emenda Constitucional n. 40, de 29-5-2003.*)
IV a VIII – (*Revogados pela Emenda Constitucional n. 40, de 29-5-2003.*)
§§ 1.º a 3.º (*Revogados pela Emenda Constitucional n. 40, de 29-5-2003.*)

TÍTULO VIII
DA ORDEM SOCIAL

Capítulo I
DISPOSIÇÃO GERAL

Art. 193. A ordem social tem como base o primado do trabalho, e como objetivo o bem-estar e a justiça sociais.

Parágrafo único. O Estado exercerá a função de planejamento das políticas sociais, assegurada, na forma da lei, a participação da sociedade nos processos de formulação, de monitoramento, de controle e de avaliação dessas políticas.

- Parágrafo único acrescentado pela Emenda Constitucional n. 108, de 26-8-2020.

Capítulo II
DA SEGURIDADE SOCIAL

- Organização da seguridade social, Plano de Custeio: Lei n. 8.212, de 24-7-1991, regulamentada pelo Decreto n. 3.048, de 6-5-1999.

Seção I
Disposições Gerais

Art. 194. A seguridade social compreende um conjunto integrado de ações de iniciativa dos Poderes Públicos e da sociedade, destinadas a assegurar os direitos relativos à saúde, à previdência e à assistência social.

Parágrafo único. Compete ao Poder Público, nos termos da lei, organizar a seguridade social, com base nos seguintes objetivos:

I – universalidade da cobertura e do atendimento;
II – uniformidade e equivalência dos benefícios e serviços às populações urbanas e rurais;
III – seletividade e distributividade na prestação dos benefícios e serviços;
IV – irredutibilidade do valor dos benefícios;
V – equidade na forma de participação no custeio;
VI – diversidade da base de financiamento, identificando-se, em rubricas contábeis específicas para cada área, as receitas e as despesas vinculadas a ações de saúde, previdência e assistência social, preservado o caráter contributivo da previdência social;

- • Inciso VI com redação determinada pela Emenda Constitucional n. 103, de 12-11-2019.

VII – caráter democrático e descentralizado da administração, mediante gestão quadripartite, com participação dos trabalhadores, dos empregadores, dos aposentados e do Governo nos órgãos colegiados.

- • Inciso VII com redação determinada pela Emenda Constitucional n. 20, de 15-12-1998.

Art. 195. A seguridade social será financiada por toda a sociedade, de forma direta e indireta, nos termos da lei, mediante recursos provenientes dos orçamentos da União, dos Estados, do Distrito Federal e dos Municípios, e das seguintes contribuições sociais:

- *Vide* art. 240 da CF.

I – do empregador, da empresa e da entidade a ela equiparada na forma da lei, incidentes sobre:

- • Inciso I, *caput*, com redação determinada pela Emenda Constitucional n. 20, de 15-12-1998.
- • A Lei Complementar n. 187, de 16-12-2021, regula os procedimentos referentes à imunidade de contribuições à seguridade social de que trata este inciso.

a) a folha de salários e demais rendimentos do trabalho pagos ou creditados, a qualquer título, à pessoa física que lhe preste serviço, mesmo sem vínculo empregatício;

- • Alínea *a* acrescentada pela Emenda Constitucional n. 20, de 15-12-1998.
- *Vide* art. 114, VIII, da CF.

b) a receita ou o faturamento;

- • Alínea *b* acrescentada pela Emenda Constitucional n. 20, de 15-12-1998.
- • A Emenda Constitucional n. 132, de 20-12-2023, a partir de 2027, revoga esta alínea *b*.

c) o lucro;

- • Alínea *c* acrescentada pela Emenda Constitucional n. 20, de 15-12-1998.

II – do trabalhador e dos demais segurados da previdência social, podendo ser adotadas alíquotas progressivas de acordo com o valor do salário de contribuição, não incidindo contribuição sobre aposentadoria e pensão concedidas pelo Regime Geral de Previdência Social;

- • Inciso II com redação determinada pela Emenda Constitucional n. 103, de 12-11-2019.

III – sobre a receita de concursos de prognósticos;

- • A Lei Complementar n. 187, de 16-12-2021, regula os procedimentos referentes à imunidade de contribuições à seguridade social de que trata este inciso.

IV – do importador de bens ou serviços do exterior, ou de quem a lei a ele equiparar.

- • Inciso IV acrescentado pela Emenda Constitucional n. 42, de 19-12-2003.
- • A Emenda Constitucional n. 132, de 20-12-2023, a partir de 2027, revoga este inciso IV.
- • A Lei Complementar n. 187, de 16-12-2021, regula os procedimentos referentes à imunidade de contribuições à seguridade social de que trata este inciso.

V – sobre bens e serviços, nos termos de lei complementar.

- • Inciso V acrescentado pela Emenda Constitucional n. 132, de 20-12-2023.
- *Vide* arts. 92-B, 124, 125, 126, 127 e 130 do ADCT.
- *Vide* art. 105, I, *j*, da CF.
- *Vide* art. 9.º da Emenda Constitucional n. 132, de 20-12-2023 (Reforma Tributária).
- • A Lei Complementar n. 214, de 16-1-2025, institui a Contribuição Social sobre Bens e Serviços (CBS), de competência da União, de que trata este inciso.

§ 1.º As receitas dos Estados, do Distrito Federal e dos Municípios destinadas à seguridade social constarão dos respectivos orçamentos, não integrando o orçamento da União.

§ 2.º A proposta de orçamento da seguridade social será elaborada de forma integrada pelos órgãos responsáveis pela saúde, previdência social e assistência social, tendo em vista as metas e prioridades estabelecidas na lei de diretrizes orçamentárias, assegurada a cada área a gestão de seus recursos.

§ 3.º A pessoa jurídica em débito com o sistema da seguridade social, como estabelecido em lei, não poderá contratar com o Poder Público nem dele receber benefícios ou incentivos fiscais ou creditícios.

- *Vide* art. 3.º, parágrafo único, da Emenda Constitucional n. 106, de 7-5-2020.

§ 4.º A lei poderá instituir outras fontes destinadas a garantir a manutenção ou expansão da seguridade social, obedecido o disposto no art. 154, I.

- A Lei n. 9.876, de 26-11-1999, dispõe sobre a contribuição previdenciária do contribuinte individual e o cálculo do benefício.

§ 5.º Nenhum benefício ou serviço da seguridade social poderá ser criado, majorado ou estendido sem a correspondente fonte de custeio total.

§ 6.º As contribuições sociais de que trata este artigo só poderão ser exigidas após decorridos noventa dias da data da publicação da lei que as houver instituído ou modificado, não se lhes aplicando o disposto no art. 150, III, *b*.

- *Vide* arts. 74, § 4.º, e 75, § 1.º, do ADCT.
- *Vide* Súmula Vinculante 50 do STF.

§ 7.º São isentas de contribuição para a seguridade social as entidades beneficentes de assistência social que atendam às exigências estabelecidas em lei.
•• A Lei Complementar n. 187, de 16-12-2021, regula as condições para limitação ao poder de tributar da União em relação às entidades beneficentes no tocante às contribuições para a seguridade social.

§ 8.º O produtor, o parceiro, o meeiro e o arrendatário rurais e o pescador artesanal, bem como os respectivos cônjuges, que exerçam suas atividades em regime de economia familiar, sem empregados permanentes, contribuirão para a seguridade social mediante a aplicação de uma alíquota sobre o resultado da comercialização da produção e farão jus aos benefícios nos termos da lei.
•• § 8.º com redação determinada pela Emenda Constitucional n. 20, de 15-12-1998.
•• Vide art. 25, § 1.º da Emenda Constitucional n. 103, de 12-11-2019.

§ 9.º As contribuições sociais previstas no inciso I do caput deste artigo poderão ter alíquotas diferenciadas em razão da atividade econômica, da utilização intensiva de mão de obra, do porte da empresa ou da condição estrutural do mercado de trabalho, sendo também autorizada a adoção de bases de cálculo diferenciadas apenas no caso das alíneas b e c do inciso I do caput.
•• § 9.º com redação determinada pela Emenda Constitucional n. 103, de 12-11-2019.
•• A Emenda Constitucional n. 132, de 20-12-2023, a partir de 2027, altera a redação deste § 9.º:"§ 9.º As contribuições sociais previstas no inciso I do caput deste artigo poderão ter alíquotas diferenciadas em razão da atividade econômica, da utilização intensiva de mão de obra, do porte da empresa ou da condição estrutural do mercado de trabalho, sendo também autorizada a adoção de bases de cálculo diferenciadas apenas no caso da alínea c do inciso I do caput".
•• Vide art. 30 da Emenda Constitucional n. 103, de 12-11-2019.

§ 10. A lei definirá os critérios de transferência de recursos para o sistema único de saúde e ações de assistência social da União para os Estados, o Distrito Federal e os Municípios, e dos Estados para os Municípios, observada a respectiva contrapartida de recursos.
•• § 10 acrescentado pela Emenda Constitucional n. 20, de 15-12-1998.

§ 11. São vedados a moratória e o parcelamento em prazo superior a 60 (sessenta) meses e, na forma de lei complementar, a remissão e a anistia das contribuições sociais de que tratam a alínea a do inciso I e o inciso II do caput.
•• § 11 com redação determinada pela Emenda Constitucional n. 103, de 12-11-2019.
•• Vide arts. 9.º, § 9.º e 31 da Emenda Constitucional n. 103, de 12-11-2019.

§ 12. A lei definirá os setores de atividade econômica para os quais as contribuições incidentes na forma dos incisos I, b; e IV do caput, serão não cumulativas.
•• § 12 acrescentado pela Emenda Constitucional n. 42, de 19-12-2003.

•• A Emenda Constitucional n. 132, de 20-12-2023, a partir de 2027, revoga este § 12.

§ 13 (Revogado pela Emenda Constitucional n. 103, de 12-11-2019.)

§ 14. O segurado somente terá reconhecida como tempo de contribuição ao Regime Geral de Previdência Social a competência cuja contribuição seja igual ou superior à contribuição mínima mensal exigida para sua categoria, assegurado o agrupamento de contribuições.
•• § 14 acrescentado pela Emenda Constitucional n. 103, de 12-11-2019.
•• Vide art. 29 da Emenda Constitucional n. 103, de 12-11-2019.

§ 15. A contribuição prevista no inciso V do caput poderá ter sua alíquota fixada em lei ordinária.
•• § 15 acrescentado pela Emenda Constitucional n. 132, de 20-12-2023.

§ 16. Aplica-se à contribuição prevista no inciso V do caput o disposto no art. 156-A, § 1.º, I a VI, VIII, X a XIII, § 3.º, § 5.º, II a VI e IX, e §§ 6.º a 11 e 13.
•• § 16 acrescentado pela Emenda Constitucional n. 132, de 20-12-2023.

§ 17. A contribuição prevista no inciso V do caput não integrará sua própria base de cálculo nem a dos tributos previstos nos arts. 153, VIII, 156-A e 195, I, b, e IV, e da contribuição para o Programa de Integração Social de que trata o art. 239.
•• § 17 acrescentado pela Emenda Constitucional n. 132, de 20-12-2023.
•• A Emenda Constitucional n. 132, de 20-12-2023, a partir de 2027, altera a redação deste § 17:" § 17. A contribuição prevista no no inciso V do caput não integrará sua própria base de cálculo nem a dos impostos previstos nos arts. 153, VIII, e 156-A".
•• A Emenda Constitucional n. 132, de 20-12-2023, a partir de 2033, altera a redação deste § 17:" § 17. A contribuição prevista no inciso V do caput não integrará sua própria base de cálculo nem a dos impostos previstos nos arts. 153, VIII, e 156-A ".

§ 18. Lei estabelecerá as hipóteses de devolução da contribuição prevista no inciso V do caput a pessoas físicas, inclusive em relação a limites e beneficiários, com o objetivo de reduzir as desigualdades de renda.
•• § 18 acrescentado pela Emenda Constitucional n. 132, de 20-12-2023.

§ 19. A devolução de que trata o § 18 não será computada na receita corrente líquida da União para os fins do disposto nos arts. 100, § 15, 166, §§ 9.º, 12 e 17, e 198, § 2.º.
•• § 19 acrescentado pela Emenda Constitucional n. 132, de 20-12-2023.
•• A Emenda Constitucional n. 132, de 20-12-2023, a partir de 2027, altera a redação deste § 19. A devolução de que trata o § 18: I – não será computada na receita corrente líquida da União para os fins do disposto nos arts. 100, § 15, 166, §§ 9.º, 12 e 17, e 198, § 2.º; II – não integrará a base de cálculo para fins do disposto no art. 239".

Seção II
Da Saúde

• Promoção gratuita da saúde por meio de organizações da sociedade civil de interesse público: Lei n. 9.790, de 23-3-1999.

• Fundo Nacional de Saúde: Decreto n. 3.964, de 10-10-2001.
• A Portaria n. 1.820, de 13-8-2009, do Ministério da Saúde, dispõe sobre os direitos e deveres dos usuários da saúde.
• A Lei n. 12.732, de 22-11-2012, dispõe sobre o primeiro tratamento de paciente com neoplasia maligna comprovada e estabelece prazo para seu início.

Art. 196. A saúde é direito de todos e dever do Estado, garantido mediante políticas sociais e econômicas que visem à redução do risco de doença e de outros agravos e ao acesso universal igualitário às ações e serviços para sua promoção, proteção e recuperação.
• Vide Súmulas Vinculantes 60 e 61.

Art. 197. São de relevância pública as ações e serviços de saúde, cabendo ao Poder Público dispor, nos termos da lei, sobre sua regulamentação, fiscalização e controle, devendo sua execução ser feita diretamente ou através de terceiros e, também, por pessoa física ou jurídica de direito privado.
• Vide Súmula Vinculante 60.

Art. 198. As ações e serviços públicos de saúde integram uma rede regionalizada e hierarquizada e constituem um sistema único, organizado de acordo com as seguintes diretrizes:

I – descentralização, com direção única em cada esfera de governo;
• Vide Súmula Vinculante 60.

II – atendimento integral, com prioridade para as atividades preventivas, sem prejuízo dos serviços assistenciais;

III – participação da comunidade.

§ 1.º O sistema único de saúde será financiado, nos termos do art. 195, com recursos do orçamento da seguridade social, da União, dos Estados, do Distrito Federal e dos Municípios, além de outras fontes.
•• Primitivo parágrafo único renumerado pela Emenda Constitucional n. 29, de 13-9-2000.

§ 2.º A União, os Estados, o Distrito Federal e os Municípios aplicarão, anualmente, em ações e serviços públicos de saúde recursos mínimos derivados da aplicação de percentuais calculados sobre:
•• § 2.º, caput, acrescentado pela Emenda Constitucional n. 29, de 13-9-2000.

I – no caso da União, a receita corrente líquida do respectivo exercício financeiro, não podendo ser inferior a 15% (quinze por cento);
•• Inciso I com redação determinada pela Emenda Constitucional n. 86, de 17-3-2015.
•• Vide art. 3.º da Emenda Constitucional n. 86, de 17-3-2015.

II – no caso dos Estados e do Distrito Federal, o produto da arrecadação dos impostos a que se referem os arts. 155 e 156-A e dos recursos de que tratam os arts. 157 e 159, I, a, e II, deduzidas as parcelas que forem transferidas aos respectivos Municípios;
•• Inciso II com redação determinada pela Emenda Constitucional n. 132, de 20-12-2023.

III – no caso dos Municípios e do Distrito Federal, o produto da arrecadação dos impostos a que se referem os arts. 156 e 156-A

e dos recursos de que tratam os arts. 158 e 159, I, *b*, e § 3.º.
• • Inciso III com redação determinada pela Emenda Constitucional n. 132, de 20-12-2023.

§ 3.º Lei complementar, que será reavaliada pelo menos a cada cinco anos, estabelecerá:
• • § 3.º, *caput*, acrescentado pela Emenda Constitucional n. 29, de 13-9-2000.
• • § 3.º regulamentado pela Lei Complementar n. 141, de 13-1-2012.

I – os percentuais de que tratam os incisos II e III do § 2.º;
• • Inciso I com redação determinada pela Emenda Constitucional n. 86, de 17-3-2015.

II – os critérios de rateio dos recursos da União vinculados à saúde destinados aos Estados, ao Distrito Federal e aos Municípios, e dos Estados destinados a seus respectivos Municípios, objetivando a progressiva redução das disparidades regionais;
• • Inciso II acrescentado pela Emenda Constitucional n. 29, de 13-9-2000.

III – as normas de fiscalização, avaliação e controle das despesas com saúde nas esferas federal, estadual, distrital e municipal;
• • Inciso III acrescentado pela Emenda Constitucional n. 29, de 13-9-2000.

IV – *(Revogado pela Emenda Constitucional n. 86, de 17-3-2015.)*

§ 4.º Os gestores locais do sistema único de saúde poderão admitir agentes comunitários de saúde e agentes de combate às endemias por meio de processo seletivo público, de acordo com a natureza e complexidade de suas atribuições e requisitos específicos para sua atuação.
• • § 4.º acrescentado pela Emenda Constitucional n. 51, de 14-2-2006.
• • *Vide* art. 2.º, parágrafo único, da Emenda Constitucional n. 51, de 14-2-2006.

§ 5.º Lei federal disporá sobre o regime jurídico, o piso salarial profissional nacional, as diretrizes para os Planos de Carreira e a regulamentação das atividades de agente comunitário de saúde e agente de combate às endemias, competindo à União, nos termos da lei, prestar assistência financeira complementar aos Estados, ao Distrito Federal e aos Municípios, para o cumprimento do referido piso salarial.
• • § 5.º com redação determinada pela Emenda Constitucional n. 63, de 4-2-2010.
• • § 5.º regulamentado pela Lei n. 11.350, de 5-10-2006.

§ 6.º Além das hipóteses previstas no § 1.º do art. 41 e no § 4.º do art. 169 da Constituição Federal, o servidor que exerça funções equivalentes às de agente comunitário de saúde ou de agente de combate às endemias poderá perder o cargo em caso de descumprimento dos requisitos específicos, fixados em lei, para o seu exercício.
• • § 6.º acrescentado pela Emenda Constitucional n. 51, de 14-2-2006.

§ 7.º O vencimento dos agentes comunitários de saúde e dos agentes de combate às endemias fica sob responsabilidade da União, e cabe aos Estados, ao Distrito Federal e aos Municípios estabelecer, além de outros consectários e vantagens, incentivos, auxílios, gratificações e indenizações, a fim de valorizar o trabalho desses profissionais.
• • § 7.º acrescentado pela Emenda Constitucional n. 120, de 5-5-2022.

§ 8.º Os recursos destinados ao pagamento do vencimento dos agentes comunitários de saúde e dos agentes de combate às endemias serão consignados no orçamento geral da União com dotação própria e exclusiva.
• • § 8.º acrescentado pela Emenda Constitucional n. 120, de 5-5-2022.

§ 9.º O vencimento dos agentes comunitários de saúde e dos agentes de combate às endemias não será inferior a 2 (dois) salários mínimos, repassados pela União aos Municípios, aos Estados e ao Distrito Federal.
• • § 9.º acrescentado pela Emenda Constitucional n. 120, de 5-5-2022.

§ 10. Os agentes comunitários de saúde e os agentes de combate às endemias terão também, em razão dos riscos inerentes às funções desempenhadas, aposentadoria especial e, somado aos seus vencimentos, adicional de insalubridade.
• • § 10 acrescentado pela Emenda Constitucional n. 120, de 5-5-2022.

§ 11. Os recursos financeiros repassados pela União aos Estados, ao Distrito Federal e aos Municípios para pagamento do vencimento ou de qualquer outra vantagem dos agentes comunitários de saúde e dos agentes de combate às endemias não serão objeto de inclusão no cálculo para fins do limite de despesa com pessoal.
• • § 11 acrescentado pela Emenda Constitucional n. 120, de 5-5-2022.

§ 12. Lei federal instituirá pisos salariais profissionais nacionais para o enfermeiro, o técnico de enfermagem, o auxiliar de enfermagem e a parteira, a serem observados por pessoas jurídicas de direito público e de direito privado.
• • § 12 acrescentado pela Emenda Constitucional n. 124, de 14-7-2022.

§ 13. A União, os Estados, o Distrito Federal e os Municípios, até o final do exercício financeiro em que for publicada a lei de que trata o § 12 deste artigo, adequarão a remuneração dos cargos ou dos respectivos planos de carreiras, quando houver, de modo a atender aos pisos estabelecidos para cada categoria profissional.
• • § 13 acrescentado pela Emenda Constitucional n. 124, de 14-7-2022.

§ 14. Compete à União, nos termos da lei, prestar assistência financeira complementar aos Estados, ao Distrito Federal e aos Municípios e às entidades filantrópicas, bem como aos prestadores de serviços contratualizados que atendam, no mínimo, 60% (sessenta por cento) de seus pacientes pelo sistema único de saúde, para o cumprimento dos pisos salariais de que trata o § 12 deste artigo.
• • § 14 acrescentado pela Emenda Constitucional n. 127, de 22-12-2022.

§ 15. Os recursos federais destinados aos pagamentos da assistência financeira complementar dos Estados, ao Distrito Federal e aos Municípios e às entidades filantrópicas, bem como aos prestadores de serviços contratualizados que atendam, no mínimo, 60% (sessenta por cento) de seus pacientes pelo sistema único de saúde, para o cumprimento dos pisos salariais de que trata o § 12 deste artigo serão consignados no orçamento geral da União com dotação própria e exclusiva.
• • § 15 acrescentado pela Emenda Constitucional n. 127, de 22-12-2022.
• • *Vide* art. 4.º da Emenda Constitucional n. 127, de 22-12-2022.

Art. 199. A assistência à saúde é livre à iniciativa privada.
• Planos e seguros privados de assistência à saúde: Lei n. 9.656, de 3-6-1998.

§ 1.º As instituições privadas poderão participar de forma complementar do sistema único de saúde, segundo diretrizes deste, mediante contrato de direito público ou convênio, tendo preferência as entidades filantrópicas e as sem fins lucrativos.

§ 2.º É vedada a destinação de recursos públicos para auxílios ou subvenções às instituições privadas com fins lucrativos.

§ 3.º É vedada a participação direta ou indireta de empresas ou capitais estrangeiros na assistência à saúde no País, salvo nos casos previstos em lei.

§ 4.º A lei disporá sobre as condições e os requisitos que facilitem a remoção de órgãos, tecidos e substâncias humanas para fins de transplante, pesquisa e tratamento, bem como a coleta, processamento e transfusão de sangue e seus derivados, sendo vedado todo tipo de comercialização.
• • Regulamento: Lei n. 10.205, de 21-3-2001.
• Lei n. 9.434, de 4-2-1997, e Decreto n. 9.175, de 18-10-2017: Remoção de órgãos, tecidos e partes do corpo humano para transplante e tratamento.

Art. 200. Ao sistema único de saúde compete, além de outras atribuições, nos termos da lei:
• Sistema Único de Saúde – SUS: Leis n. 8.080, de 19-9-1990, e n. 8.142, de 28-12-1990.

I – controlar e fiscalizar procedimentos, produtos e substâncias de interesse para a saúde e participar da produção de medicamentos, equipamentos, imunobiológicos, hemoderivados e outros insumos;
• As Leis n. 9.677, de 2-7-1998, e n. 9.695, de 20-8-1998, incluíram na classificação dos delitos considerados hediondos determinados crimes contra a saúde pública.

II – executar as ações de vigilância sanitária e epidemiológica, bem como as de saúde do trabalhador;

III – ordenar a formação de recursos humanos na área de saúde;

IV – participar da formulação da política e da execução das ações de saneamento básico;

V – incrementar, em sua área de atuação, o desenvolvimento científico e tecnológico e a inovação;
•• Inciso V com redação determinada pela Emenda Constitucional n. 85, de 26-2-2015.

VI – fiscalizar e inspecionar alimentos, compreendido o controle de seu teor nutricional, bem como bebidas e águas para consumo humano;

VII – participar do controle e fiscalização da produção, transporte, guarda e utilização de substâncias e produtos psicoativos, tóxicos e radioativos;

VIII – colaborar na proteção do meio ambiente, nele compreendido o do trabalho.

Seção III
Da Previdência Social

• Planos de benefícios da previdência social: Lei n. 8.213, de 24-7-1991, regulamentada pelo Decreto n. 3.048, de 6-5-1999.

Art. 201. A previdência social será organizada sob a forma do Regime Geral de Previdência Social, de caráter contributivo e de filiação obrigatória, observados critérios que preservem o equilíbrio financeiro e atuarial, e atenderá, na forma da lei, a:
• *Caput* com redação determinada pela Emenda Constitucional n. 103, de 12-11-2019.
•• *Vide* arts. 15, 16, 17, 19, 20, 21, 23 e 24 da Emenda Constitucional n. 103, de 12-11-2019.
• A Instrução Normativa n. 128, de 28-3-2022, do INSS, disciplina as regras, procedimentos e rotinas necessárias à efetiva aplicação das normas de direito previdenciário.

I – cobertura dos eventos de incapacidade temporária ou permanente para o trabalho e idade avançada;
•• Inciso I com redação determinada pela Emenda Constitucional n. 103, de 12-11-2019.

II – proteção à maternidade, especialmente à gestante;
•• Inciso II com redação determinada pela Emenda Constitucional n. 20, de 15-12-1998.
•• *Vide* Súmula 657 do STJ.

III – proteção ao trabalhador em situação de desemprego involuntário;
•• Inciso III com redação determinada pela Emenda Constitucional n. 20, de 15-12-1998.
• A Lei n. 7.998, de 11-1-1990, regulamenta o Programa do Seguro-Desemprego, o Abono Salarial, e institui o Fundo de Amparo ao Trabalhador.

IV – salário-família e auxílio-reclusão para os dependentes dos segurados de baixa renda;
•• Inciso IV com redação determinada pela Emenda Constitucional n. 20, de 15-12-1998.
•• *Vide* art. 27 da Emenda Constitucional n. 103, de 12-11-2019.

V – pensão por morte do segurado, homem ou mulher, ao cônjuge ou companheiro e dependentes, observado o disposto no § 2.º.
•• Inciso V com redação determinada pela Emenda Constitucional n. 20, de 15-12-1998.

§ 1.º É vedada a adoção de requisitos ou critérios diferenciados para concessão de benefícios, ressalvada, nos termos de lei complementar, a possibilidade de previsão de idade e tempo de contribuição distintos da regra geral para concessão de aposentadoria exclusivamente em favor dos segurados:
•• § 1.º, *caput*, com redação determinada pela Emenda Constitucional n. 103, de 12-11-2019.
•• § 1.º regulamentado pela Lei Complementar n. 142, de 8-5-2013, no tocante à aposentadoria da pessoa com deficiência segurada do Regime Geral de Previdência Social – RGPS.
•• *Vide* arts. 19, § 1.º, e 22 da Emenda Constitucional n. 103, de 12-11-2019.

I – com deficiência, previamente submetidos a avaliação biopsicossocial realizada por equipe multiprofissional e interdisciplinar;
•• Inciso I acrescentado pela Emenda Constitucional n. 103, de 12-11-2019.
•• *Vide* art. 22 da Emenda Constitucional n. 103, de 12-11-2019.

II – cujas atividades sejam exercidas com efetiva exposição a agentes químicos, físicos e biológicos prejudiciais à saúde, ou associação desses agentes, vedada a caracterização por categoria profissional ou ocupação.
•• Inciso II acrescentado pela Emenda Constitucional n. 103, de 12-11-2019.

§ 2.º Nenhum benefício que substitua o salário de contribuição ou o rendimento do trabalho do segurado terá valor mensal inferior ao salário mínimo.
•• § 2.º com redação determinada pela Emenda Constitucional n. 20, de 15-12-1998.

§ 3.º Todos os salários de contribuição considerados para o cálculo de benefício serão devidamente atualizados, na forma da lei.
•• § 3.º com redação determinada pela Emenda Constitucional n. 20, de 15-12-1998.

§ 4.º É assegurado o reajustamento dos benefícios para preservar-lhes, em caráter permanente, o valor real, conforme critérios definidos em lei.
•• § 4.º com redação determinada pela Emenda Constitucional n. 20, de 15-12-1998.

§ 5.º É vedada a filiação ao regime geral de previdência social, na qualidade de segurado facultativo, de pessoa participante de regime próprio de previdência.
•• § 5.º com redação determinada pela Emenda Constitucional n. 20, de 15-12-1998.

§ 6.º A gratificação natalina dos aposentados e pensionistas terá por base o valor dos proventos do mês de dezembro de cada ano.
•• § 6.º com redação determinada pela Emenda Constitucional n. 20, de 15-12-1998.
• Sobre gratificação de natal (13.º salário): Lei n. 4.090, de 13-7-1962, Lei n. 4.749, de 12-8-1965, e Decreto n. 63.912, de 26-12-1968.

§ 7.º É assegurada aposentadoria no regime geral de previdência social, nos termos da lei, obedecidas as seguintes condições:
•• § 7.º, *caput*, com redação determinada pela Emenda Constitucional n. 20, de 15-12-1998.

I – 65 (sessenta e cinco) anos de idade, se homem, e 62 (sessenta e dois) anos de idade, se mulher, observado tempo mínimo de contribuição;
•• Inciso I com redação determinada pela Emenda Constitucional n. 103, de 12-11-2019.
•• *Vide* arts. 18 e 19, da Emenda Constitucional n. 103, de 12-11-2019.

II – 60 (sessenta) anos de idade, se homem, e 55 (cinquenta e cinco) anos de idade, se mulher, para os trabalhadores rurais e para os que exerçam suas atividades em regime de economia familiar, nestes incluídos o produtor rural, o garimpeiro e o pescador artesanal.
•• Inciso II com redação determinada pela Emenda Constitucional n. 103, de 12-11-2019.
• A Lei n. 11.685, de 2-6-2008, institui o Estatuto do Garimpeiro.

§ 8.º O requisito de idade a que se refere o inciso I do § 7.º será reduzido em 5 (cinco) anos, para o professor que comprove tempo de efetivo exercício das funções de magistério na educação infantil e no ensino fundamental e médio fixado em lei complementar.
•• § 8.º com redação determinada pela Emenda Constitucional n. 103, de 12-11-2019.
•• *Vide* art. 19, § 1.º, da Emenda Constitucional n. 103, de 12-11-2019.

§ 9.º Para fins de aposentadoria, será assegurada a contagem recíproca do tempo de contribuição entre o Regime Geral de Previdência Social e os regimes próprios de previdência social, e destes entre si, observada a compensação financeira, de acordo com os critérios estabelecidos em lei.
•• § 9.º com redação determinada pela Emenda Constitucional n. 103, de 12-11-2019.
• A Portaria n. 1.400, de 27-5-2024, do MPS, disciplina os parâmetros e diretrizes da operacionalização da compensação financeira entre o Regime Geral de Previdência Social e os Regimes Próprios de Previdência Social da União, dos Estados, do Distrito Federal e dos Municípios, e destes entre si.

§ 9.º-A. O tempo de serviço militar exercido nas atividades de que tratam os arts. 42, 142 e 143 e o tempo de contribuição ao Regime Geral de Previdência Social ou a regime próprio de previdência social terão contagem recíproca para fins de inativação militar ou aposentadoria, e a compensação financeira será devida entre as receitas de contribuição referentes aos militares e as receitas de contribuição aos demais regimes.
•• § 9.º-A acrescentado pela Emenda Constitucional n. 103, de 12-11-2019.

§ 10. Lei complementar poderá disciplinar a cobertura de benefícios não programados, inclusive os decorrentes de acidente do trabalho, a ser atendida concorrentemente pelo Regime Geral de Previdência Social e pelo setor privado.
•• § 10 com redação determinada pela Emenda Constitucional n. 103, de 12-11-2019.

§ 11. Os ganhos habituais do empregado, a qualquer título, serão incorporados ao salário para efeito de contribuição previdenciária e consequente repercussão em benefícios, nos casos e na forma da lei.
•• § 11 acrescentado pela Emenda Constitucional n. 20, de 15-12-1998.

§ 12. Lei instituirá sistema especial de inclusão previdenciária, com alíquotas diferenciadas, para atender aos trabalhadores de baixa renda, inclusive os que se encontram em situação de informalidade, e àqueles sem renda própria que se dediquem exclusivamente ao trabalho doméstico no âmbito de sua residência, desde que pertencentes a famílias de baixa renda.
•• § 12 com redação determinada pela Emenda Constitucional n. 103, de 12-11-2019.

§ 13. A aposentadoria concedida ao segurado de que trata o § 12 terá valor de 1 (um) salário-mínimo.
•• § 13 com redação determinada pela Emenda Constitucional n. 103, de 12-11-2019.

§ 14. É vedada a contagem de tempo de contribuição fictício para efeito de concessão dos benefícios previdenciários e de contagem recíproca.
•• § 14 acrescentado pela Emenda Constitucional n. 103, de 12-11-2019.
• Vide art. 25 da Emenda Constitucional n. 103, de 12-11-2019.

§ 15. Lei complementar estabelecerá vedações, regras e condições para a acumulação de benefícios previdenciários.
•• § 15 acrescentado pela Emenda Constitucional n. 103, de 12-11-2019.

§ 16. Os empregados dos consórcios públicos, das empresas públicas, das sociedades de economia mista e das suas subsidiárias serão aposentados compulsoriamente, observado o cumprimento do tempo mínimo de contribuição, ao atingir a idade máxima de que trata o inciso II do § 1.º do art. 40, na forma estabelecida em lei.
•• § 16 acrescentado pela Emenda Constitucional n. 103, de 12-11-2019.

Art. 202. O regime de previdência privada, de caráter complementar e organizado de forma autônoma em relação ao regime geral de previdência social, será facultativo, baseado na constituição de reservas que garantam o benefício contratado, e regulado por lei complementar.
•• *Caput* com redação determinada pela Emenda Constitucional n. 20, de 15-12-1998.
• Vide art. 7.º da Emenda Constitucional n. 20, de 15-12-1998.
• Regime de Previdência Complementar: Lei Complementar n. 109, de 29-5-2001.

§ 1.º A lei complementar de que trata este artigo assegurará ao participante de planos de benefícios de entidades de previdência privada o pleno acesso às informações relativas à gestão de seus respectivos planos.
•• § 1.º com redação determinada pela Emenda Constitucional n. 20, de 15-12-1998.

§ 2.º As contribuições do empregador, os benefícios e as condições contratuais previstas nos estatutos, regulamentos e planos de benefícios das entidades de previdência privada não integram o contrato de trabalho dos participantes, assim como, à exceção dos benefícios concedidos, não integram a remuneração dos participantes, nos termos da lei.
•• § 2.º com redação determinada pela Emenda Constitucional n. 20, de 15-12-1998.

§ 3.º É vedado o aporte de recursos a entidade de previdência privada pela União, Estados, Distrito Federal e Municípios, suas autarquias, fundações, empresas públicas, sociedades de economia mista e outras entidades públicas, salvo na qualidade de patrocinador, situação na qual, em hipótese alguma, sua contribuição normal poderá exceder a do segurado.
•• § 3.º acrescentado pela Emenda Constitucional n. 20, de 15-12-1998.

•• Regulamento: Lei Complementar n. 108, de 29-5-2001.
• Vide art. 5.º da Emenda Constitucional n. 20, de 15-12-1998.

§ 4.º Lei complementar disciplinará a relação entre a União, Estados, Distrito Federal ou Municípios, inclusive suas autarquias, fundações, sociedades de economia mista e empresas controladas direta ou indiretamente, enquanto patrocinadores de planos de benefícios previdenciários, e as entidades de previdência complementar.
•• § 4.º com redação determinada pela Emenda Constitucional n. 103, de 12-11-2019.
• Vide art. 33 da Emenda Constitucional n. 103, de 12-11-2019.
•• Regulamento: Lei Complementar n. 108, de 29-5-2001.

§ 5.º A lei complementar de que trata o § 4.º aplicar-se-á, no que couber, às empresas privadas permissionárias ou concessionárias de prestação de serviços públicos, quando patrocinadoras de planos de benefícios em entidades de previdência complementar.
•• § 5.º com redação determinada pela Emenda Constitucional n. 103, de 12-11-2019.
•• Regulamento: Lei Complementar n. 108, de 29-5-2001.

§ 6.º Lei complementar estabelecerá os requisitos para a designação dos membros das diretorias das entidades fechadas de previdência complementar instituídas pelos patrocinadores de que trata o § 4.º e disciplinará a inserção dos participantes nos colegiados e instâncias de decisão em que seus interesses sejam objeto de discussão e deliberação.
•• § 6.º com redação determinada pela Emenda Constitucional n. 103, de 12-11-2019.
•• Regulamento: Lei Complementar n. 108, de 29-5-2001.

Seção IV
Da Assistência Social

•• A Lei n. 8.742, de 7-12-1993, dispõe sobre a organização da Assistência Social.

Art. 203. A assistência social será prestada a quem dela necessitar, independentemente de contribuição à seguridade social, e tem por objetivos:

I – a proteção à família, à maternidade, à infância, à adolescência e à velhice;

II – o amparo às crianças e adolescentes carentes;

III – a promoção da integração ao mercado de trabalho;

IV – a habilitação e reabilitação das pessoas portadoras de deficiência e a promoção de sua integração à vida comunitária;

V – a garantia de um salário mínimo de benefício mensal à pessoa portadora de deficiência e ao idoso que comprovem não possuir meios de prover à própria manutenção ou de tê-la provida por sua família, conforme dispuser a lei;
• Estatuto da Pessoa Idosa: Lei n. 10.741, de 1.º-10-2003.

VI – a redução da vulnerabilidade socioeconômica de famílias em situação de pobreza ou extrema pobreza.

•• Inciso VI acrescentado pela Emenda Constitucional n. 114, de 16-12-2021.

Art. 204. As ações governamentais na área da assistência social serão realizadas com recursos do orçamento da seguridade social, previstos no art. 195, além de outras fontes, e organizadas com base nas seguintes diretrizes:

I – descentralização político-administrativa, cabendo a coordenação e as normas gerais à esfera federal e a coordenação e a execução dos respectivos programas às esferas estadual e municipal, bem como a entidades beneficentes e de assistência social;

II – participação da população, por meio de organizações representativas, na formulação das políticas e no controle das ações em todos os níveis.

Parágrafo único. É facultado aos Estados e ao Distrito Federal vincular a programa de apoio à inclusão e promoção social até cinco décimos por cento de sua receita tributária líquida, vedada a aplicação desses recursos no pagamento de:
•• Parágrafo único, *caput*, acrescentado pela Emenda Constitucional n. 42, de 19-12-2003.

I – despesas com pessoal e encargos sociais;
•• Inciso I acrescentado pela Emenda Constitucional n. 42, de 19-12-2003.

II – serviço da dívida;
•• Inciso II acrescentado pela Emenda Constitucional n. 42, de 19-12-2003.

III – qualquer outra despesa corrente não vinculada diretamente aos investimentos ou ações apoiados.
•• Inciso III acrescentado pela Emenda Constitucional n. 42, de 19-12-2003.

Capítulo III
DA EDUCAÇÃO, DA CULTURA E DO DESPORTO

Seção I
Da Educação

•• Lei de Diretrizes e Bases da Educação Nacional: Lei n. 9.394, de 20-12-1996.
• Salário-educação: Lei n. 9.766, de 18-12-1998.
• Promoção gratuita da educação através de organizações da sociedade civil de interesse público: Lei n. 9.790, de 23-3-1999.
• A Lei n. 11.274, de 6-2-2006, fixa a idade de 6 (seis) anos para o início do ensino fundamental obrigatório e altera para 9 (nove) anos seu período de duração.
• Lei do Estágio: Lei n. 11.788, de 25-9-2008.

Art. 205. A educação, direito de todos e dever do Estado e da família, será promovida e incentivada com a colaboração da sociedade, visando ao pleno desenvolvimento da pessoa, seu preparo para o exercício da cidadania e sua qualificação para o trabalho.

Art. 206. O ensino será ministrado com base nos seguintes princípios:

I – igualdade de condições para o acesso e permanência na escola;

II – liberdade de aprender, ensinar, pesquisar e divulgar o pensamento, a arte e o saber;

III – pluralismo de ideias e de concepções pedagógicas, e coexistência de instituições públicas e privadas de ensino;
IV – gratuidade do ensino público em estabelecimentos oficiais;
V – valorização dos profissionais da educação escolar, garantidos, na forma da lei, planos de carreira, com ingresso exclusivamente por concurso público de provas e títulos, aos das redes públicas;
•• Inciso V com redação determinada pela Emenda Constitucional n. 53, de 19-12-2006.

VI – gestão democrática do ensino público, na forma da lei;
VII – garantia de padrão de qualidade;
VIII – piso salarial profissional nacional para os profissionais da educação escolar pública, nos termos de lei federal;
•• Inciso VIII acrescentado pela Emenda Constitucional n. 53, de 19-12-2006.

IX – garantia do direito à educação e à aprendizagem ao longo da vida.
•• Inciso IX acrescentado pela Emenda Constitucional n. 108, de 26-8-2020.

Parágrafo único. A lei disporá sobre as categorias de trabalhadores considerados profissionais da educação básica e sobre a fixação de prazo para a elaboração ou adequação de seus planos de carreira, no âmbito da União, dos Estados, do Distrito Federal e dos Municípios.
•• Parágrafo único acrescentado pela Emenda Constitucional n. 53, de 19-12-2006.

Art. 207. As universidades gozam de autonomia didático-científica, administrativa e de gestão financeira e patrimonial, e obedecerão ao princípio de indissociabilidade entre ensino, pesquisa e extensão.
• O Decreto n. 9.235, de 15-12-2017, dispõe sobre o exercício das funções de regulação, supervisão e avaliação das instituições de educação superior e dos cursos superiores de graduação e de pós-graduação no sistema federal de ensino.
• O Decreto n. 7.233, de 19-7-2010, dispõe sobre procedimentos orçamentários e financeiros relacionados à autonomia universitária, e dá outras providências.

§ 1.º É facultado às universidades admitir professores, técnicos e cientistas estrangeiros, na forma da lei.
•• § 1.º acrescentado pela Emenda Constitucional n. 11, de 30-4-1996.

§ 2.º O disposto neste artigo aplica-se às instituições de pesquisa científica e tecnológica.
•• § 2.º acrescentado pela Emenda Constitucional n. 11, de 30-4-1996.

Art. 208. O dever do Estado com a educação será efetivado mediante a garantia de:
I – educação básica obrigatória e gratuita dos 4 (quatro) aos 17 (dezessete) anos de idade, assegurada inclusive sua oferta gratuita para todos os que a ela não tiveram acesso na idade própria;
•• Inciso I com redação determinada pela Emenda Constitucional n. 59, de 11-11-2009.
•• Vide art. 6.º da Emenda Constitucional n. 59, de 11-11-2009.

II – progressiva universalização do ensino médio gratuito;
•• Inciso II com redação determinada pela Emenda Constitucional n. 14, de 12-9-1996.

III – atendimento educacional especializado aos portadores de deficiência, preferencialmente na rede regular de ensino;
• A Lei n. 7.853, de 24-10-1989, regulamentada pelo Decreto n. 3.298, de 20-12-1999, consolida as normas de proteção à pessoa portadora de deficiência.
• O Decreto n. 7.611, de 17-11-2011, dispõe sobre a educação especial, o atendimento educacional especializado e dá outras providências.
• A Lei n. 13.146, de 6-7-2015, institui o Estatuto da Pessoa com Deficiência.

IV – educação infantil, em creche e pré-escola, às crianças até 5 (cinco) anos de idade;
•• Inciso IV com redação determinada pela Emenda Constitucional n. 53, de 19-12-2006.

V – acesso aos níveis mais elevados do ensino, da pesquisa e da criação artística, segundo a capacidade de cada um;
VI – oferta de ensino noturno regular, adequado às condições do educando;
VII – atendimento ao educando, em todas as etapas da educação básica, por meio de programas suplementares de material didático-escolar, transporte, alimentação e assistência à saúde.
•• Inciso VII com redação determinada pela Emenda Constitucional n. 59, de 11-11-2009.
• A Lei n. 11.947, de 16-6-2009, dispõe sobre o atendimento da alimentação escolar e do Programa Dinheiro Direto na Escola aos alunos da educação básica.

§ 1.º O acesso ao ensino obrigatório e gratuito é direito público subjetivo.
§ 2.º O não oferecimento do ensino obrigatório pelo Poder Público, ou sua oferta irregular, importa responsabilidade da autoridade competente.
§ 3.º Compete ao Poder Público recensear os educandos no ensino fundamental, fazer-lhes a chamada e zelar, junto aos pais ou responsáveis, pela frequência à escola.

Art. 209. O ensino é livre à iniciativa privada, atendidas as seguintes condições:
I – cumprimento das normas gerais da educação nacional;
II – autorização e avaliação de qualidade pelo Poder Público.

Art. 210. Serão fixados conteúdos mínimos para o ensino fundamental, de maneira a assegurar formação básica comum e respeito aos valores culturais e artísticos, nacionais e regionais.

§ 1.º O ensino religioso, de matrícula facultativa, constituirá disciplina dos horários normais das escolas públicas de ensino fundamental.

§ 2.º O ensino fundamental regular será ministrado em língua portuguesa, assegurada às comunidades indígenas também a utilização de suas línguas maternas e processos próprios de aprendizagem.

Art. 211. A União, os Estados, o Distrito Federal e os Municípios organizarão em regime de colaboração seus sistemas de ensino.

• Vide art. 60 e §§ do ADCT.

§ 1.º A União organizará o sistema federal de ensino e o dos Territórios, financiará as instituições de ensino públicas federais e exercerá, em matéria educacional, função redistributiva e supletiva, de forma a garantir equalização de oportunidades educacionais e padrão mínimo de qualidade do ensino mediante assistência técnica e financeira aos Estados, ao Distrito Federal e aos Municípios.
•• § 1.º com redação determinada pela Emenda Constitucional n. 14, de 12-9-1996.

§ 2.º Os Municípios atuarão prioritariamente no ensino fundamental e na educação infantil.
•• § 2.º com redação determinada pela Emenda Constitucional n. 14, de 12-9-1996.

§ 3.º Os Estados e o Distrito Federal atuarão prioritariamente no ensino fundamental e médio.
•• § 3.º acrescentado pela Emenda Constitucional n. 14, de 12-9-1996.

§ 4.º Na organização de seus sistemas de ensino, a União, os Estados, o Distrito Federal e os Municípios definirão formas de colaboração, de forma a assegurar a universalização, a qualidade e a equidade do ensino obrigatório.
•• § 4.º com redação determinada pela Emenda Constitucional n. 108, de 26-8-2020.

§ 5.º A educação básica pública atenderá prioritariamente ao ensino regular.
•• § 5.º acrescentado pela Emenda Constitucional n. 53, de 19-12-2006.

§ 6.º A União, os Estados, o Distrito Federal e os Municípios exercerão ação redistributiva em relação a suas escolas.
•• § 6.º acrescentado pela Emenda Constitucional n. 108, de 26-8-2020.

§ 7.º O padrão mínimo de qualidade de que trata o § 1.º deste artigo considerará as condições adequadas de oferta e terá como referência o Custo Aluno Qualidade (CAQ), pactuados em regime de colaboração na forma disposta em lei complementar, conforme o parágrafo único do art. 23 desta Constituição.
•• § 7.º acrescentado pela Emenda Constitucional n. 108, de 26-8-2020.

Art. 212. A União aplicará, anualmente, nunca menos de dezoito, e os Estados, o Distrito Federal e os Municípios vinte e cinco por cento, no mínimo, da receita resultante de impostos, compreendida a proveniente de transferências, na manutenção e desenvolvimento do ensino.

• Vide arts. 60 e 72, §§ 2.º e 3.º, do ADCT.

§ 1.º A parcela da arrecadação de impostos transferida pela União aos Estados, ao Distrito Federal e aos Municípios, ou pelos Estados aos respectivos Municípios, não é considerada, para efeito do cálculo previsto neste artigo, receita do governo que a transferir.

§ 2.º Para efeito do cumprimento do disposto no *caput* deste artigo, serão considerados os sistemas de ensino federal, estadual e municipal e os recursos aplicados na forma do art. 213.

§ 3.º A distribuição dos recursos públicos assegurará prioridade ao atendimento das necessidades do ensino obrigatório, no que se refere a universalização, garantia de padrão de qualidade e equidade, nos termos do plano nacional de educação.
- •• § 3.º com redação determinada pela Emenda Constitucional n. 59, de 11-11-2009.

§ 4.º Os programas suplementares de alimentação e assistência à saúde previstos no art. 208, VII, serão financiados com recursos provenientes de contribuições sociais e outros recursos orçamentários.

§ 5.º A educação básica pública terá como fonte adicional de financiamento a contribuição social do salário-educação, recolhida pelas empresas na forma da lei.
- •• § 5.º com redação determinada pela Emenda Constitucional n. 53, de 19-12-2006.
- •• § 5.º regulamentado pelo Decreto n. 6.003, de 28-12-2006.
- • Vide art. 76, § 2.º, do ADCT.
- • A Lei n. 9.766, de 18-12-1998, regulamenta o Salário-educação.

§ 6.º As cotas estaduais e municipais da arrecadação da contribuição social do salário-educação serão distribuídas proporcionalmente ao número de alunos matriculados na educação básica nas respectivas redes públicas de ensino.
- •• § 6.º acrescentado pela Emenda Constitucional n. 53, de 19-12-2006.

§ 7.º É vedado o uso dos recursos referidos no caput e nos §§ 5.º e 6.º deste artigo para pagamento de aposentadorias e de pensões.
- •• § 7.º acrescentado pela Emenda Constitucional n. 108, de 26-8-2020.

§ 8.º Na hipótese de extinção ou substituição de impostos, serão redefinidos os percentuais referidos no caput deste artigo e no inciso II do caput do art. 212-A, de modo que resultem recursos vinculados à manutenção e ao desenvolvimento do ensino, bem como os recursos subvinculados aos fundos de que trata o art. 212-A desta Constituição, em aplicações equivalentes às anteriormente praticadas.
- •• § 8.º acrescentado pela Emenda Constitucional n. 108, de 26-8-2020.

§ 9.º A lei disporá sobre normas de fiscalização, de avaliação e de controle das despesas com educação nas esferas estadual, distrital e municipal.
- •• § 9.º acrescentado pela Emenda Constitucional n. 108, de 26-8-2020.

Art. 212-A. Os Estados, o Distrito Federal e os Municípios destinarão parte dos recursos a que se refere o caput do art. 212 desta Constituição à manutenção e ao desenvolvimento do ensino na educação básica e à remuneração condigna de seus profissionais, respeitadas as seguintes disposições:
- •• Caput acrescentado pela Emenda Constitucional n. 108, de 26-8-2020.
- •• A Lei n. 14.113, de 25-12-2020, regulamenta o Fundo de Manutenção e Desenvolvimento da Educação Básica e de Valorização dos Profissionais da Educação de que trata este artigo.

I – a distribuição dos recursos e de responsabilidades entre o Distrito Federal, os Estados e seus Municípios é assegurada mediante a instituição, no âmbito de cada Estado e do Distrito Federal, de um Fundo de Manutenção e Desenvolvimento da Educação Básica e de Valorização dos Profissionais da Educação (Fundeb), de natureza contábil;
- •• Inciso I acrescentado pela Emenda Constitucional n. 108, de 26-8-2020.
- •• Vide art. 60-A do ADCT.

II – os fundos referidos no inciso I do caput deste artigo serão constituídos por 20% (vinte por cento):
- •• Inciso II, caput, com redação determinada pela Emenda Constitucional n. 132, de 20-12-2023.

a) das parcelas dos Estados no imposto de que trata o art. 156-A;
- •• Alínea a acrescentada pela Emenda Constitucional n. 132, de 20-12-2023.

b) da parcela do Distrito Federal no imposto de que trata o art. 156-A, relativa ao exercício de sua competência estadual, nos termos do art. 156-A, § 2.º; e
- •• Alínea b acrescentada pela Emenda Constitucional n. 132, de 20-12-2023.

c) dos recursos a que se referem os incisos I, II e III do caput do art. 155, o inciso II do caput do art. 157, os incisos II, III e IV do caput do art. 158 e as alíneas a e b do inciso I e o inciso II do caput do art. 159 desta Constituição;
- •• Alínea c acrescentada pela Emenda Constitucional n. 132, de 20-12-2023.
- •• A Emenda Constitucional n. 132, de 20-12-2023, a partir de 2033, altera a redação desta alínea c: "c) dos recursos a que se referem os incisos I e III do caput do art. 155, o inciso II do caput do art. 157, os incisos II, III e IV do caput do art. 158 e as alíneas a e b do inciso I e o inciso II do caput do art. 159 desta Constituição;".

III – os recursos referidos no inciso II do caput deste artigo serão distribuídos entre cada Estado e seus Municípios, proporcionalmente ao número de alunos das diversas etapas e modalidades da educação básica presencial matriculados nas respectivas redes, nos âmbitos de atuação prioritária, conforme estabelecido nos §§ 2.º e 3.º do art. 211 desta Constituição, observadas as ponderações referidas na alínea a do inciso X do caput e no § 2.º deste artigo;
- •• Inciso III acrescentado pela Emenda Constitucional n. 108, de 26-8-2020.

IV – a União complementará os recursos dos fundos a que se refere o inciso II do caput deste artigo;
- •• Inciso IV acrescentado pela Emenda Constitucional n. 108, de 26-8-2020.
- •• Vide art. 60 do ADCT.

V – a complementação da União será equivalente a, no mínimo, 23% (vinte e três por cento) do total de recursos a que se refere o inciso II do caput deste artigo, distribuída da seguinte forma:
- •• Inciso V, caput, acrescentado pela Emenda Constitucional n. 108, de 26-8-2020.

a) 10 (dez) pontos percentuais no âmbito de cada Estado e do Distrito Federal, sempre que o valor anual por aluno (VAAF), nos termos do inciso III do caput deste artigo, não alcançar o mínimo definido nacionalmente;
- •• Alínea a acrescentada pela Emenda Constitucional n. 108, de 26-8-2020.

b) no mínimo, 10,5 (dez inteiros e cinco décimos) pontos percentuais em cada rede pública de ensino municipal, estadual ou distrital, sempre que o valor anual total por aluno (VAAT), referido no inciso VI do caput deste artigo, não alcançar o mínimo definido nacionalmente;
- •• Alínea b acrescentada pela Emenda Constitucional n. 108, de 26-8-2020.
- •• Vide art. 60, § 1.º, do ADCT.

c) 2,5 (dois inteiros e cinco décimos) pontos percentuais nas redes públicas que, cumpridas condicionalidades de melhoria de gestão previstas em lei, alcançarem evolução de indicadores a serem definidos, de atendimento e melhoria da aprendizagem com redução das desigualdades, nos termos do sistema nacional de avaliação da educação básica;
- •• Alínea c acrescentada pela Emenda Constitucional n. 108, de 26-8-2020.
- •• Vide art. 60, § 2.º, do ADCT.

VI – o VAAT será calculado, na forma da lei de que trata o inciso X do caput deste artigo, com base nos recursos a que se refere o inciso II do caput deste artigo, acrescidos de outras receitas e de transferências vinculadas à educação, observado o disposto no § 1.º e consideradas as matrículas nos termos do inciso III do caput deste artigo;
- •• Inciso VI acrescentado pela Emenda Constitucional n. 108, de 26-8-2020.

VII – os recursos de que tratam os incisos II e IV do caput deste artigo serão aplicados pelos Estados e pelos Municípios exclusivamente nos respectivos âmbitos de atuação prioritária, conforme estabelecido nos §§ 2.º e 3.º do art. 211 desta Constituição;
- •• Inciso VII acrescentado pela Emenda Constitucional n. 108, de 26-8-2020.

VIII – a vinculação de recursos à manutenção e ao desenvolvimento do ensino estabelecida no art. 212 desta Constituição suportará, no máximo, 30% (trinta por cento) da complementação da União, considerada para os fins deste inciso os valores previstos no inciso V do caput deste artigo;
- •• Inciso VIII acrescentado pela Emenda Constitucional n. 108, de 26-8-2020.

IX – o disposto no caput do art. 160 desta Constituição aplica-se aos recursos referidos nos incisos II e IV do caput deste artigo, e seu descumprimento pela autoridade competente importará em crime de responsabilidade;
- •• Inciso IX acrescentado pela Emenda Constitucional n. 108, de 26-8-2020.

X – a lei disporá, observadas as garantias estabelecidas nos incisos I, II, III e IV do caput e no § 1.º do art. 208 e as metas pertinentes do plano nacional de educação, nos termos previstos no art. 214 desta Constituição, sobre:
- •• Inciso X, caput, acrescentado pela Emenda Constitucional n. 108, de 26-8-2020.

a) a organização dos fundos referidos no inciso I do caput deste artigo e a distribuição proporcional de seus recursos, as diferenças e as ponderações quanto ao valor anual

por aluno entre etapas, modalidades, duração da jornada e tipos de estabelecimento de ensino, observados as respectivas especificidades e os insumos necessários para a garantia de sua qualidade;
•• Alínea a acrescentada pela Emenda Constitucional n. 108, de 26-8-2020.

b) a forma de cálculo do VAAF decorrente do inciso III do *caput* deste artigo e do VAAT referido no inciso VI do *caput* deste artigo;
•• Alínea b acrescentada pela Emenda Constitucional n. 108, de 26-8-2020.

c) a forma de cálculo para distribuição prevista na alínea c do inciso V do *caput* deste artigo;
•• Alínea c acrescentada pela Emenda Constitucional n. 108, de 26-8-2020.

d) a transparência, o monitoramento, a fiscalização e o controle interno, externo e social dos fundos referidos no inciso I do *caput* deste artigo, assegurada a criação, a autonomia, a manutenção e a consolidação de conselhos de acompanhamento e controle social, admitida sua integração aos conselhos de educação;
•• Alínea d acrescentada pela Emenda Constitucional n. 108, de 26-8-2020.

e) o conteúdo e a periodicidade da avaliação, por parte do órgão responsável, dos efeitos redistributivos, da melhoria dos indicadores educacionais e da ampliação do atendimento;
•• Alínea e acrescentada pela Emenda Constitucional n. 108, de 26-8-2020.

XI – proporção não inferior a 70% (setenta por cento) de cada fundo referido no inciso I do *caput* deste artigo, excluídos os recursos de que trata a alínea c do inciso V do *caput* deste artigo, será destinada ao pagamento dos profissionais da educação básica em efetivo exercício, observado, em relação aos recursos previstos na alínea b do inciso V do *caput* deste artigo, o percentual mínimo de 15% (quinze por cento) para despesas de capital;
•• Inciso XI acrescentado pela Emenda Constitucional n. 108, de 26-8-2020.

XII – lei específica disporá sobre o piso salarial profissional nacional para os profissionais do magistério da educação básica pública;
•• Inciso XII acrescentado pela Emenda Constitucional n. 108, de 26-8-2020.

XIII – a utilização dos recursos a que se refere o § 5.º do art. 212 desta Constituição para a complementação da União ao Fundeb, referida no inciso V do *caput* deste artigo, é vedada;
•• Inciso XIII acrescentado pela Emenda Constitucional n. 108, de 26-8-2020.

XIV – no exercício de 2025, da complementação de que trata o inciso V do *caput*, até 10% (dez por cento) dos valores de cada uma das modalidades referidas nesse dispositivo poderão ser repassados pela União para ações de fomento à criação de matrículas em tempo integral na educação básica pública, considerados indicadores de atendimento, melhoria da qualidade e redução de desigualdades, mantida a classificação orçamentária do repasse como Fundeb, não se aplicando, para fins deste inciso, os critérios de que tratam as alíneas a, b e c do inciso V deste artigo;
•• Inciso XIV acrescentado pela Emenda Constitucional n. 135, de 20-12-2024.

XV – a partir do exercício de 2026, no mínimo 4% (quatro por cento) dos recursos dos fundos referidos no inciso I do *caput* deste artigo serão destinados pelos Estados, pelo Distrito Federal e pelos Municípios à criação de matrículas em tempo integral na educação básica, conforme diretrizes pactuadas entre a União e demais entes da Federação, até o atingimento das metas de educação em tempo integral estabelecidas pelo Plano Nacional de Educação.
•• Inciso XV acrescentado pela Emenda Constitucional n. 135, de 20-12-2024.

§ 1.º O cálculo do VAAT, referido no inciso VI do *caput* deste artigo, deverá considerar, além dos recursos previstos no inciso II do *caput* deste artigo, pelo menos, as seguintes disponibilidades:
•• § 1.º, *caput*, acrescentado pela Emenda Constitucional n. 108, de 26-8-2020.

I – receitas de Estados, do Distrito Federal e de Municípios vinculadas à manutenção e ao desenvolvimento do ensino não integrantes dos fundos referidos no inciso I do *caput* deste artigo;
•• Inciso I acrescentado pela Emenda Constitucional n. 108, de 26-8-2020.

II – cotas estaduais e municipais da arrecadação do salário-educação de que trata o § 6.º do art. 212 desta Constituição;
•• Inciso II acrescentado pela Emenda Constitucional n. 108, de 26-8-2020.

III – complementação da União transferida a Estados, ao Distrito Federal e a Municípios nos termos da alínea a do inciso V do *caput* deste artigo.
•• Inciso III acrescentado pela Emenda Constitucional n. 108, de 26-8-2020.

§ 2.º Além das ponderações previstas na alínea a do inciso X do *caput* deste artigo, a lei definirá outras relativas ao nível socioeconômico dos educandos e aos indicadores de disponibilidade de recursos vinculados à educação e de potencial de arrecadação tributária de cada ente federado, bem como seus prazos de implementação.
•• § 2.º acrescentado pela Emenda Constitucional n. 108, de 26-8-2020.

§ 3.º Será destinada à educação infantil a proporção de 50% (cinquenta por cento) dos recursos globais a que se refere a alínea b do inciso V do *caput* deste artigo, nos termos da lei.
•• § 3.º acrescentado pela Emenda Constitucional n. 108, de 26-8-2020.

Art. 213. Os recursos públicos serão destinados às escolas públicas, podendo ser dirigidos a escolas comunitárias, confessionais ou filantrópicas, definidas em lei, que:
• Vide art. 61 do ADCT.

I – comprovem finalidade não lucrativa e apliquem seus excedentes financeiros em educação;

II – assegurem a destinação de seu patrimônio a outra escola comunitária, filantrópica ou confessional, ou ao Poder Público, no caso de encerramento de suas atividades.

§ 1.º Os recursos de que trata este artigo poderão ser destinados a bolsas de estudo para o ensino fundamental e médio, na forma da lei, para os que demonstrarem insuficiência de recursos, quando houver falta de vagas e cursos regulares da rede pública na localidade da residência do educando, ficando o Poder Público obrigado a investir prioritariamente na expansão de sua rede na localidade.

§ 2.º As atividades de pesquisa, de extensão e de estímulo e fomento à inovação realizadas por universidades e/ou por instituições de educação profissional e tecnológica poderão receber apoio financeiro do Poder Público.
•• § 2.º com redação determinada pela Emenda Constitucional n. 85, de 26-2-2015.

Art. 214. A lei estabelecerá o plano nacional de educação, de duração decenal, com o objetivo de articular o sistema nacional de educação em regime de colaboração e definir diretrizes, objetivos, metas e estratégias de implementação para assegurar a manutenção e desenvolvimento do ensino em seus diversos níveis, etapas e modalidades por meio de ações integradas dos poderes públicos das diferentes esferas federativas que conduzam a:
•• *Caput* com redação determinada pela Emenda Constitucional n. 59, de 11-11-2009.

I – erradicação do analfabetismo;
II – universalização do atendimento escolar;
III – melhoria da qualidade do ensino;
IV – formação para o trabalho;
V – promoção humanística, científica e tecnológica do País;
VI – estabelecimento de meta de aplicação de recursos públicos em educação como proporção do produto interno bruto.
•• Inciso VI acrescentado pela Emenda Constitucional n. 59, de 11-11-2009.

Seção II
Da Cultura

•• A Lei n. 14.903, de 27-6-2024, estabelece o marco regulatório do fomento à cultura, no âmbito da administração pública da União, dos Estados, do Distrito Federal e dos Municípios.
• A Lei n. 8.313, de 23-12-1991, regulamentada pelo Decreto n. 5.761, de 27-4-2006, instituiu o Programa Nacional de Apoio à Cultura – PRONAC.
• A Lei n. 8.685, de 20-7-1993, cria mecanismo de fomento a atividade audiovisual.

Art. 215. O Estado garantirá a todos o pleno exercício dos direitos culturais e acesso às fontes da cultura nacional, e apoiará e incentivará a valorização e a difusão das manifestações culturais.
• A Lei n. 13.018, de 22-7-2014, institui a Política Nacional de Cultura Viva.

§ 1.º O Estado protegerá as manifestações das culturas populares, indígenas e afro-brasileiras, e das de outros grupos participantes do processo civilizatório nacional.

§ 2.º A lei disporá sobre a fixação de datas comemorativas de alta significação para os diferentes segmentos étnicos nacionais.

§ 3.º A lei estabelecerá o Plano Nacional de Cultura, de duração plurianual, visando ao desenvolvimento cultural do País e à integração das ações do poder público que conduzem à:

• • A Lei n. 12.343, de 2-12-2010, institui o Plano Nacional de Cultura - PNC, cria o Sistema Nacional de Informações e Indicadores Culturais – SNIIC e dá outras providências.

I – defesa e valorização do patrimônio cultural brasileiro;

II – produção, promoção e difusão de bens culturais;

III – formação de pessoal qualificado para a gestão da cultura em suas múltiplas dimensões;

IV – democratização do acesso aos bens de cultura;

V – valorização da diversidade étnica e regional.

• • § 3.º acrescentado pela Emenda Constitucional n. 48, de 10-8-2005.

Art. 216. Constituem patrimônio cultural brasileiro os bens de natureza material e imaterial, tomados individualmente ou em conjunto, portadores de referência à identidade, à ação, à memória dos diferentes grupos formadores da sociedade brasileira, nos quais se incluem:

• A Lei n. 12.840, de 9-7-2013, dispõe sobre a destinação dos bens de valor cultural, artístico ou histórico aos museus.

I – as formas de expressão;

II – os modos de criar, fazer e viver;

III – as criações científicas, artísticas e tecnológicas;

IV – as obras, objetos, documentos, edificações e demais espaços destinados às manifestações artístico-culturais;

V – os conjuntos urbanos e sítios de valor histórico, paisagístico, artístico, arqueológico, paleontológico, ecológico e científico.

• A Lei n. 3.924, de 26-7-1961, dispõe sobre os monumentos arqueológicos e pré-históricos.

§ 1.º O Poder Público, com a colaboração da comunidade, promoverá e protegerá o patrimônio cultural brasileiro, por meio de inventários, registros, vigilância, tombamento e desapropriação, e de outras formas de acautelamento e preservação.

• A Lei n. 8.394, de 30-12-1991, regulamentada pelo Decreto n. 4.344, de 26-8-2002, dispõe sobre a preservação, organização e proteção dos acervos documentais privados dos presidentes da República.

§ 2.º Cabem à administração pública, na forma da lei, a gestão da documentação governamental e as providências para franquear sua consulta a quantos dela necessitem.

• • A Lei n. 12.527, de 18-11-2011, regulamentada pelo Decreto n. 7.724, de 16-5-2012, regula o acesso a informações previsto neste § 2.º.

• • O Decreto n. 8.777, de 11-5-2016, institui a Política de Dados Abertos do Poder Executivo federal.

• O Decreto n. 7.845, de 14-11-2012, regulamenta procedimentos para credenciamento de segurança e tratamento de informação classificada em qualquer grau de sigilo, e dispõe sobre o Núcleo de Segurança e Credenciamento.

§ 3.º A lei estabelecerá incentivos para a produção e o conhecimento de bens e valores culturais.

• As Leis n. 7.505, de 2-7-1986 (Lei Sarney) e n. 8.313, de 23-12-1991 (Lei Rouanet), dispõem sobre benefícios fiscais concedidos a operações de caráter cultural ou artístico.

§ 4.º Os danos e ameaças ao patrimônio cultural serão punidos, na forma da lei.

§ 5.º Ficam tombados todos os documentos e os sítios detentores de reminiscências históricas dos antigos quilombos.

• • A Portaria n. 135, de 20-11-2023, do IPHAN, regulamenta o procedimento para a declaração do tombamento de documentos e sítios detentores de reminiscências históricas dos antigos quilombos, de que trata este § 5.º, no âmbito do Iphan.

§ 6.º É facultado aos Estados e ao Distrito Federal vincular a fundo estadual de fomento à cultura até cinco décimos por cento de sua receita tributária líquida, para o financiamento de programas e projetos culturais, vedada a aplicação desses recursos no pagamento de:

• • § 6.º, *caput*, acrescentado pela Emenda Constitucional n. 42, de 19-12-2003.

I – despesas com pessoal e encargos sociais;

• • Inciso I acrescentado pela Emenda Constitucional n. 42, de 19-12-2003.

II – serviço da dívida;

• • Inciso II acrescentado pela Emenda Constitucional n. 42, de 19-12-2003.

III – qualquer outra despesa corrente não vinculada diretamente aos investimentos ou ações apoiados.

• • Inciso III acrescentado pela Emenda Constitucional n. 42, de 19-12-2003.

Art. 216-A. O Sistema Nacional de Cultura, organizado em regime de colaboração, de forma descentralizada e participativa, institui um processo de gestão e promoção conjunta de políticas públicas de cultura, democráticas e permanentes, pactuadas entre os entes da Federação e a sociedade, tendo por objetivo promover o desenvolvimento humano, social e econômico com pleno exercício dos direitos culturais.

• • *Caput* acrescentado pela Emenda Constitucional n. 71, de 29-11-2012.

§ 1.º O Sistema Nacional de Cultura fundamenta-se na política nacional de cultura e nas suas diretrizes, estabelecidas no Plano Nacional de Cultura, e rege-se pelos seguintes princípios:

• • § 1.º, *caput*, acrescentado pela Emenda Constitucional n. 71, de 29-11-2012.

I – diversidade das expressões culturais;

• • Inciso I acrescentado pela Emenda Constitucional n. 71, de 29-11-2012.

II – universalização do acesso aos bens e serviços culturais;

• • Inciso II acrescentado pela Emenda Constitucional n. 71, de 29-11-2012.

III – fomento à produção, difusão e circulação de conhecimento e bens culturais;

• • Inciso III acrescentado pela Emenda Constitucional n. 71, de 29-11-2012.

IV – cooperação entre os entes federados, os agentes públicos e privados atuantes na área cultural;

• • Inciso IV acrescentado pela Emenda Constitucional n. 71, de 29-11-2012.

V – integração e interação na execução das políticas, programas, projetos e ações desenvolvidas;

• • Inciso V acrescentado pela Emenda Constitucional n. 71, de 29-11-2012.

VI – complementaridade nos papéis dos agentes culturais;

• • Inciso VI acrescentado pela Emenda Constitucional n. 71, de 29-11-2012.

VII – transversalidade das políticas culturais;

• • Inciso VII acrescentado pela Emenda Constitucional n. 71, de 29-11-2012.

VIII – autonomia dos entes federados e das instituições da sociedade civil;

• • Inciso VIII acrescentado pela Emenda Constitucional n. 71, de 29-11-2012.

IX – transparência e compartilhamento das informações;

• • Inciso IX acrescentado pela Emenda Constitucional n. 71, de 29-11-2012.

X – democratização dos processos decisórios com participação e controle social;

• • Inciso X acrescentado pela Emenda Constitucional n. 71, de 29-11-2012.

XI – descentralização articulada e pactuada da gestão, dos recursos e das ações;

• • Inciso XI acrescentado pela Emenda Constitucional n. 71, de 29-11-2012.

XII – ampliação progressiva dos recursos contidos nos orçamentos públicos para a cultura.

• • Inciso XII acrescentado pela Emenda Constitucional n. 71, de 29-11-2012.

§ 2.º Constitui a estrutura do Sistema Nacional de Cultura, nas respectivas esferas da Federação:

• • § 2.º, *caput*, acrescentado pela Emenda Constitucional n. 71, de 29-11-2012.

I – órgãos gestores da cultura;

• • Inciso I acrescentado pela Emenda Constitucional n. 71, de 29-11-2012.

II – conselhos de política cultural;

• • Inciso II acrescentado pela Emenda Constitucional n. 71, de 29-11-2012.

III – conferências de cultura;

• • Inciso III acrescentado pela Emenda Constitucional n. 71, de 29-11-2012.

IV – comissões intergestores;

• • Inciso IV acrescentado pela Emenda Constitucional n. 71, de 29-11-2012.

V – planos de cultura;

• • Inciso V acrescentado pela Emenda Constitucional n. 71, de 29-11-2012.

VI – sistemas de financiamento à cultura;

• • Inciso VI acrescentado pela Emenda Constitucional n. 71, de 29-11-2012.

VII – sistemas de informações e indicadores culturais;

• • Inciso VII acrescentado pela Emenda Constitucional n. 71, de 29-11-2012.

VIII – programas de formação na área da cultura; e

• • Inciso VIII acrescentado pela Emenda Constitucional n. 71, de 29-11-2012.

IX – sistemas setoriais de cultura.

• • Inciso IX acrescentado pela Emenda Constitucional n. 71, de 29-11-2012.

§ 3.º Lei federal disporá sobre a regulamentação do Sistema Nacional de Cultura, bem

como de sua articulação com os demais sistemas nacionais ou políticas setoriais de governo.
•• § 3.º acrescentado pela Emenda Constitucional n. 71, de 29-11-2012.

§ 4.º Os Estados, o Distrito Federal e os Municípios organizarão seus respectivos sistemas de cultura em leis próprias.
•• § 4.º acrescentado pela Emenda Constitucional n. 71, de 29-11-2012.

Seção III
Do Desporto

- A Lei n. 9.615, de 24-3-1998, institui normas gerais sobre desportos.
- A Lei n. 11.438, de 29-12-2006, regulamentada pelo Decreto n. 6.180, de 3-8-2007, dispõe sobre incentivos e benefícios para fomentar as atividades de caráter desportivo.

Art. 217. É dever do Estado fomentar práticas desportivas formais e não formais, como direito de cada um, observados:

I – a autonomia das entidades desportivas dirigentes e associações, quanto a sua organização e funcionamento;

II – a destinação de recursos públicos para a promoção prioritária do desporto educacional e, em casos específicos, para a do desporto de alto rendimento;

III – o tratamento diferenciado para o desporto profissional e o não profissional;

IV – a proteção e o incentivo às manifestações desportivas de criação nacional.

§ 1.º O Poder Judiciário só admitirá ações relativas à disciplina e às competições desportivas após esgotarem-se as instâncias da justiça desportiva, reguladas em lei.

§ 2.º A justiça desportiva terá o prazo máximo de sessenta dias, contados da instauração do processo, para proferir decisão final.

§ 3.º O Poder Público incentivará o lazer, como forma de promoção social.

Capítulo IV
DA CIÊNCIA, TECNOLOGIA E INOVAÇÃO

•• Capítulo IV com denominação determinada pela Emenda Constitucional n. 85, de 26-2-2015.
•• A Lei Complementar n. 182, de 1.º-6-2021, institui o marco legal das *startups* e do empreendedorismo inovador.
- Conselho Nacional de Ciência e Tecnologia: Lei n. 9.257, de 9-1-1996.

Art. 218. O Estado promoverá e incentivará o desenvolvimento científico, a pesquisa, a capacitação científica e tecnológica e a inovação.
•• *Caput* com redação determinada pela Emenda Constitucional n. 85, de 26-2-2015.
•• A Lei n. 14.874, de 28-5-2024, dispõe sobre a pesquisa com seres humanos e institui o Sistema Nacional de Ética em Pesquisa com Seres Humanos.
- A Lei n. 10.973, de 2-12-2004, estabelece medidas de incentivo à inovação e à pesquisa científica e tecnológica no ambiente produtivo, com vistas à capacitação e ao alcance da autonomia tecnológica e ao desenvolvimento industrial do país, nos termos deste Capítulo. Regulamento: Decreto n. 9.283, de 7-2-2018.

§ 1.º A pesquisa científica básica e tecnológica receberá tratamento prioritário do Estado, tendo em vista o bem público e o progresso da ciência, tecnologia e inovação.
•• § 1.º com redação determinada pela Emenda Constitucional n. 85, de 26-2-2015.

§ 2.º A pesquisa tecnológica voltar-se-á preponderantemente para a solução dos problemas brasileiros e para o desenvolvimento do sistema produtivo nacional e regional.

§ 3.º O Estado apoiará a formação de recursos humanos nas áreas de ciência, pesquisa, tecnologia e inovação, inclusive por meio do apoio às atividades de extensão tecnológica, e concederá aos que delas se ocupem meios e condições especiais de trabalho.
•• § 3.º com redação determinada pela Emenda Constitucional n. 85, de 26-2-2015.

§ 4.º A lei apoiará e estimulará as empresas que invistam em pesquisa, criação de tecnologia adequada ao País, formação e aperfeiçoamento de seus recursos humanos e que pratiquem sistemas de remuneração que assegurem ao empregado, desvinculada do salário, participação nos ganhos econômicos resultantes da produtividade de seu trabalho.

§ 5.º É facultado aos Estados e ao Distrito Federal vincular parcela de sua receita orçamentária a entidades públicas de fomento ao ensino e à pesquisa científica e tecnológica.

§ 6.º O Estado, na execução das atividades previstas no *caput*, estimulará a articulação entre entes, tanto públicos quanto privados, nas diversas esferas de governo.
•• § 6.º acrescentado pela Emenda Constitucional n. 85, de 26-2-2015.

§ 7.º O Estado promoverá e incentivará a atuação no exterior das instituições públicas de ciência, tecnologia e inovação, com vistas à execução das atividades previstas no *caput*.
•• § 7.º acrescentado pela Emenda Constitucional n. 85, de 26-2-2015.

Art. 219. O mercado interno integra o patrimônio nacional e será incentivado de modo a viabilizar o desenvolvimento cultural e socioeconômico, o bem-estar da população e a autonomia tecnológica do País, nos termos de lei federal.

Parágrafo único. O Estado estimulará a formação e o fortalecimento da inovação nas empresas, bem como nos demais entes, públicos ou privados, a constituição e a manutenção de parques e polos tecnológicos e de demais ambientes promotores da inovação, a atuação dos inventores independentes e a criação, absorção, difusão e transferência de tecnologia.
•• Parágrafo único acrescentado pela Emenda Constitucional n. 85, de 26-2-2015.

Art. 219-A. A União, os Estados, o Distrito Federal e os Municípios poderão firmar instrumentos de cooperação com órgãos e entidades públicos e com entidades privadas, inclusive para o compartilhamento de recursos humanos especializados e capacidade instalada, para a execução de projetos de pesquisa, de desenvolvimento científico e tecnológico e de inovação, mediante contrapartida financeira ou não financeira assumida pelo ente beneficiário, na forma da lei.
•• Artigo acrescentado pela Emenda Constitucional n. 85, de 26-2-2015.

Art. 219-B. O Sistema Nacional de Ciência, Tecnologia e Inovação (SNCTI) será organizado em regime de colaboração entre entes, tanto públicos quanto privados, com vistas a promover o desenvolvimento científico e tecnológico e a inovação.
•• *Caput* acrescentado pela Emenda Constitucional n. 85, de 26-2-2015.

§ 1.º Lei federal disporá sobre as normas gerais do SNCTI.
•• § 1.º acrescentado pela Emenda Constitucional n. 85, de 26-2-2015.

§ 2.º Os Estados, o Distrito Federal e os Municípios legislarão concorrentemente sobre suas peculiaridades.
•• § 2.º acrescentado pela Emenda Constitucional n. 85, de 26-2-2015.

Capítulo V
DA COMUNICAÇÃO SOCIAL

Art. 220. A manifestação do pensamento, a criação, a expressão e a informação, sob qualquer forma, processo ou veículo não sofrerão qualquer restrição, observado o disposto nesta Constituição.
- Código Brasileiro de Telecomunicações: Lei n. 4.117, de 27-8-1962.
- Organização dos Serviços de Telecomunicações: Lei n. 9.472, de 16-7-1997.

§ 1.º Nenhuma lei conterá dispositivo que possa constituir embaraço à plena liberdade de informação jornalística em qualquer veículo de comunicação social, observado o disposto no art. 5.º, IV, V, X, XIII e XIV.

§ 2.º É vedada toda e qualquer censura de natureza política, ideológica e artística.

§ 3.º Compete à lei federal:

I – regular as diversões e espetáculos públicos, cabendo ao Poder Público informar sobre a natureza deles, as faixas etárias a que não se recomendem, locais e horários em que sua apresentação se mostre inadequada;
•• A Portaria n. 502, de 23-11-2021, do Ministério da Justiça, regulamenta o processo de classificação indicativa.
- A Lei n. 10.359, de 27-12-2001, dispõe sobre a obrigatoriedade de novos aparelhos de televisão conterem dispositivo que possibilite o bloqueio temporário de recepção de programação inadequada.

II – estabelecer os meios legais que garantam à pessoa e à família a possibilidade de se defenderem de programas ou programações de rádio e televisão que contrariem o disposto no art. 221, bem como da propaganda de produtos, práticas e serviços que possam ser nocivos à saúde e ao meio ambiente.

§ 4.º A propaganda comercial de tabaco, bebidas alcoólicas, agrotóxicos, medicamentos e terapias estará sujeita a restrições legais, nos termos do inciso II do parágrafo anterior, e conterá, sempre que necessário, advertência sobre os malefícios decorrentes de seu uso.
- A Lei n. 9.294, de 15-7-1996, regulamentada pelo Decreto n. 2.018, de 1.º-10-1996, dispõe sobre as restrições ao uso e à propaganda de produtos fumígenos, bebidas alcoólicas, medicamentos, terapias e defensivos agrícolas aqui referidos.
- A Lei n. 11.705, de 19-6-2008 (Lei Seca), altera a Lei n. 9.503, de 23-9-1997 (CTB), com a finalida-

de de estabelecer alcoolemia zero e de impor penalidades mais severas para o condutor que dirigir sob a influência de álcool, e a Lei n. 9.294, de 15-7-1996, para obrigar os estabelecimentos comerciais em que se vendem ou oferecem bebidas alcoólicas a estampar no recinto aviso de que constitui crime dirigir sob a influência de álcool.

§ 5.º Os meios de comunicação social não podem, direta ou indiretamente, ser objeto de monopólio ou oligopólio.

§ 6.º A publicação de veículo impresso de comunicação independe de licença de autoridade.

Art. 221. A produção e a programação das emissoras de rádio e televisão atenderão aos seguintes princípios:

I – preferência a finalidades educativas, artísticas, culturais e informativas;

II – promoção da cultura nacional e regional e estímulo à produção independente que objetive sua divulgação;

III – regionalização da produção cultural, artística e jornalística, conforme percentuais estabelecidos em lei;

IV – respeito aos valores éticos e sociais da pessoa e da família.

Art. 222. A propriedade de empresa jornalística e de radiodifusão sonora e de sons e imagens é privativa de brasileiros natos ou naturalizados há mais de 10 (dez) anos, ou de pessoas jurídicas constituídas sob as leis brasileiras e que tenham sede no País.

•• *Caput* com redação determinada pela Emenda Constitucional n. 36, de 28-5-2002.

§ 1.º Em qualquer caso, pelo menos 70% (setenta por cento) do capital total e do capital votante das empresas jornalísticas e de radiodifusão sonora e de sons e imagens deverá pertencer, direta ou indiretamente, a brasileiros natos ou naturalizados há mais de 10 (dez) anos, que exercerão obrigatoriamente a gestão das atividades e estabelecerão o conteúdo da programação.

•• § 1.º com redação determinada pela Emenda Constitucional n. 36, de 28-5-2002.

§ 2.º A responsabilidade editorial e as atividades de seleção e direção da programação veiculada são privativas de brasileiros natos ou naturalizados há mais de 10 (dez) anos, em qualquer meio de comunicação social.

•• § 2.º com redação determinada pela Emenda Constitucional n. 36, de 28-5-2002.

§ 3.º Os meios de comunicação social eletrônica, independentemente da tecnologia utilizada para a prestação do serviço, deverão observar os princípios enunciados no art. 221, na forma de lei específica, que também garantirá a prioridade de profissionais brasileiros na execução de produções nacionais.

•• § 3.º acrescentado pela Emenda Constitucional n. 36, de 28-5-2002.

§ 4.º Lei disciplinará a participação de capital estrangeiro nas empresas de que trata o § 1.º.

•• § 4.º acrescentado pela Emenda Constitucional n. 36, de 28-5-2002.

•• A Lei n. 10.610, de 20-12-2002, disciplina a participação de capital estrangeiro nas empresas jornalísticas e de radiodifusão sonora e de sons e imagens de que trata este parágrafo.

§ 5.º As alterações de controle societário das empresas de que trata o § 1.º serão comunicadas ao Congresso Nacional.

•• § 5.º acrescentado pela Emenda Constitucional n. 36, de 28-5-2002.

Art. 223. Compete ao Poder Executivo outorgar e renovar concessão, permissão e autorização para o serviço de radiodifusão sonora e de sons e imagens, observado o princípio da complementaridade dos sistemas privado, público e estatal.

• O Decreto n. 52.795, de 31-10-1963, aprova o Regulamento dos Serviços de Radiodifusão.

§ 1.º O Congresso Nacional apreciará o ato no prazo do art. 64, §§ 2.º e 4.º, a contar do recebimento da mensagem.

§ 2.º A não renovação da concessão ou permissão dependerá de aprovação de, no mínimo, dois quintos do Congresso Nacional, em votação nominal.

§ 3.º O ato de outorga ou renovação somente produzirá efeitos legais após deliberação do Congresso Nacional, na forma dos parágrafos anteriores.

§ 4.º O cancelamento da concessão ou permissão, antes de vencido o prazo, depende de decisão judicial.

§ 5.º O prazo da concessão ou permissão será de dez anos para as emissoras de rádio e de quinze anos para as de televisão.

Art. 224. Para os efeitos do disposto neste capítulo, o Congresso Nacional instituirá, como órgão auxiliar, o Conselho de Comunicação Social, na forma da lei.

• A Lei n. 8.389, de 30-12-1991, institui o Conselho aqui referido.

Capítulo VI
DO MEIO AMBIENTE

• A Lei n. 7.735, de 22-2-1989, cria o Instituto Nacional do Meio Ambiente e dos Recursos Naturais Renováveis.

• A Lei n. 7.797, de 10-7-1989, cria o Fundo Nacional do Meio Ambiente.

• Agrotóxicos: Lei n. 14.785, de 27-12-2023.

• Lei de Crimes Ambientais: Lei n. 9.605, de 12-2-1998.

• Ministério do Meio Ambiente: Decreto n. 8.975, de 24-1-2017.

• Sobre a chancela da Paisagem Cultural Brasileira: Portaria n. 127, de 30-4-2009, do Instituto do Patrimônio Histórico e Artístico Nacional: IPHAN.

Art. 225. Todos têm direito ao meio ambiente ecologicamente equilibrado, bem de uso comum do povo e essencial à sadia qualidade de vida, impondo-se ao Poder Público e à coletividade o dever de defendê-lo e preservá-lo para as presentes e futuras gerações.

•• *Vide* Súmula 652 do STJ.

§ 1.º Para assegurar a efetividade desse direito, incumbe ao Poder Público:

I – preservar e restaurar os processos ecológicos essenciais e prover o manejo ecológico das espécies e ecossistemas;

•• Regulamento: Lei n. 9.985, de 18-7-2000.

II – preservar a diversidade e a integridade do patrimônio genético do País e fiscalizar as entidades dedicadas à pesquisa e manipulação de material genético;

•• Regulamento: Lei n. 9.985, de 18-7-2000, Lei n. 11.105, de 24-3-2005, e Lei n. 13.123, de 20-5-2015.

• O Decreto n. 5.705, de 16-2-2006, promulga o Protocolo de Cartagena sobre Biossegurança da Convenção sobre Diversidade Biológica.

III – definir, em todas as unidades da Federação, espaços territoriais e seus componentes a serem especialmente protegidos, sendo a alteração e a supressão permitidas somente através de lei, vedada qualquer utilização que comprometa a integridade dos atributos que justifiquem sua proteção;

•• Regulamento: Lei n. 9.985, de 18-7-2000.

IV – exigir, na forma da lei, para instalação de obra ou atividade potencialmente causadora de significativa degradação do meio ambiente, estudo prévio de impacto ambiental, a que se dará publicidade;

•• Regulamento: Lei n. 11.105, de 24-3-2005.

V – controlar a produção, a comercialização e o emprego de técnicas, métodos e substâncias que comportem risco para a vida, a qualidade de vida e o meio ambiente;

•• Regulamento: Lei n. 11.105, de 24-3-2005.

VI – promover a educação ambiental em todos os níveis de ensino e a conscientização pública para a preservação do meio ambiente;

• Lei de Educação Ambiental e instituição da Política Nacional de Educação Ambiental: Lei n. 9.795, de 27-4-1999, regulamentada pelo Decreto n. 4.281, de 25-6-2002.

VII – proteger a fauna e a flora, vedadas, na forma da lei, as práticas que coloquem em risco sua função ecológica, provoquem a extinção de espécies ou submetam os animais a crueldade;

•• Regulamento: Leis n. 9.985, de 18-7-2000, e 11.794, de 8-10-2008.

• Código de Caça: Lei n. 5.197, de 3-1-1967.

• Crimes Ambientais: Lei n. 9.605, de 12-2-1998.

• Política Nacional de Desenvolvimento Sustentável da Aquicultura e da Pesca: Lei n. 11.959, de 29-6-2009.

• Código Florestal: Lei n. 12.651, de 25-5-2012.

VIII – manter regime fiscal favorecido para os biocombustíveis e para o hidrogênio de baixa emissão de carbono, na forma de lei complementar, a fim de assegurar-lhes tributação inferior à incidente sobre os combustíveis fósseis, capaz de garantir diferencial competitivo em relação a estes, especialmente em relação às contribuições de que tratam o art. 195, I, *b*, IV e V, e o art. 239 e aos impostos a que se referem os arts. 155, II, e 156-A.

•• Inciso VIII com redação determinada pela Emenda Constitucional n. 132, de 20-12-2023.

•• A Emenda Constitucional n. 132, de 20-12-2023, a partir de 2027, altera a redação deste inciso VIII: "VIII – manter regime fiscal favorecido para os biocombustíveis e para o hidrogênio de baixa emissão de carbono, na forma de lei complementar, a fim de assegurar-lhes tributação inferior à incidente sobre os combustíveis fósseis, capaz de garantir diferencial competitivo em relação a estes, especialmente em relação à contribuição de que trata o art. 195, V, e aos impostos a que se referem os arts. 155, II, e 156-A".

•• A Emenda Constitucional n. 132, de 20-12-2023, a partir de 2033, altera a redação deste inciso

VIII:" VIII – manter regime fiscal favorecido para os biocombustíveis e para o hidrogênio de baixa emissão de carbono, na forma de lei complementar, a fim de assegurar-lhes tributação inferior à incidente sobre os combustíveis fósseis, capaz de garantir diferencial competitivo em relação a estes, especialmente em relação à contribuição de que trata o art. 195, V, e ao imposto a que se refere o art. 156-A".

§ 2.º Aquele que explorar recursos minerais fica obrigado a recuperar o meio ambiente degradado, de acordo com solução técnica exigida pelo órgão público competente, na forma da lei.

- Código de Mineração: Decreto-lei n. 227, de 28-2-1967.

§ 3.º As condutas e atividades consideradas lesivas ao meio ambiente sujeitarão os infratores, pessoas físicas ou jurídicas, a sanções penais e administrativas, independentemente da obrigação de reparar os danos causados.

- • *Vide* Súmula 629 do STJ.
- Crimes Ambientais, responsabilidade das pessoas físicas e jurídicas: Lei n. 9.605, de 12-2-1998, art. 3.º e parágrafo único. O Decreto n. 6.514, de 22-7-2008, dispõe as infrações e sanções administrativas ao meio ambiente, estabelece o processo administrativo federal para apuração destas infrações.

§ 4.º A Floresta Amazônica brasileira, a Mata Atlântica, a Serra do Mar, o Pantanal Mato-Grossense e a Zona Costeira são patrimônio nacional, e sua utilização far-se-á, na forma da lei, dentro de condições que assegurem a preservação do meio ambiente, inclusive quanto ao uso dos recursos naturais.

- • Regulamento: Lei n. 13.123, de 20-5-2015.
- • O STF, na ADI por Omissão n. 63, no plenário de 6-6-2024 (*DOU* de 18-6-2024), por maioria, julgou parcialmente procedente o pedido formulado, com o reconhecimento da existência de omissão inconstitucional e fixação do prazo de 18 (dezoito) meses para que ela seja sanada. Foi fixada a seguinte tese de julgamento: 1. Existe omissão inconstitucional relativamente à edição de lei regulamentadora da especial proteção do bioma Pantanal Mato-Grossense, prevista neste § 4.º, *in fine*, da Constituição. 2. Fica estabelecido o prazo de 18 (dezoito) meses para o Congresso Nacional sanar a omissão apontada, contados da publicação da ata de julgamento. 3. Revela-se inadequada, neste momento processual, a adoção de provimento normativo de caráter temporário atinente à aplicação extensivo-analógica da Lei da Mata Atlântica (Lei n. 11.428, de 2006) ao Pantanal Mato-Grossense. 4. Não sobrevindo a lei regulamentadora no prazo acima estabelecido, caberá a este Tribunal determinar providências adicionais, substitutivas e/ou supletivas, a título de execução da presente decisão. 5. Nos termos do art. 24, §§ 1.º a 4.º, da CF/88, enquanto não suprida a omissão inconstitucional ora reconhecida, aplicam-se a Lei n. 6.160/2023, editada pelo Estado de Mato Grosso do Sul, e a Lei n. 8.830/2008, editada pelo Estado do Mato Grosso.
- A Lei n. 11.428, de 22-12-2006, dispõe sobre a utilização e proteção da vegetação nativa do Bioma Mata Atlântica.
- A Lei n. 11.952, de 25-6-2009, dispõe sobre a regularização fundiária das ocupações incidentes em terras situadas em áreas da União, no âmbito da Amazônia Legal.

§ 5.º São indisponíveis as terras devolutas ou arrecadadas pelos Estados, por ações discriminatórias, necessárias à proteção dos ecossistemas naturais.

- Terras devolutas: Decreto-lei n. 9.760, de 5-9-1946.

§ 6.º As usinas que operem com reator nuclear deverão ter sua localização definida em lei federal, sem o que não poderão ser instaladas.

§ 7.º Para fins do disposto na parte final do inciso VII do § 1.º deste artigo, não se consideram cruéis as práticas desportivas que utilizem animais, desde que sejam manifestações culturais, conforme o § 1.º do art. 215 desta Constituição Federal, registradas como bem de natureza imaterial integrante do patrimônio cultural brasileiro, devendo ser regulamentadas por lei específica que assegure o bem-estar dos animais envolvidos.

- • § 7.º acrescentado pela Emenda Constitucional n. 96, de 6-6-2017.

Capítulo VII
DA FAMÍLIA, DA CRIANÇA, DO ADOLESCENTE, DO JOVEM E DO IDOSO

- • Capítulo VII com denominação determinada pela Emenda Constitucional n. 65, de 13-7-2010.
- ECA: Lei n. 8.069, de 13-7-1990.
- Política Nacional do Idoso: Lei n. 8.842, de 4-1-1994. O Decreto n. 9.921, de 18-7-2019, consolida atos normativos que dispõem sobre a temática da pessoa idosa e revoga o Decreto n. 1.948, de 3-7-1996.
- Estatuto da Pessoa Idosa: Lei n. 10.741, de 1.º-10-2003.

Art. 226. A família, base da sociedade, tem especial proteção do Estado.

§ 1.º O casamento é civil e gratuita a celebração.

- Sobre o casamento: arts. 67 e s. da Lei n. 6.015, de 31-12-1973, e arts. 1.511 e s. do CC.

§ 2.º O casamento religioso tem efeito civil, nos termos da lei.

- Dos efeitos civis do casamento religioso: Lei n. 1.110, de 23-5-1950, e arts. 71 a 75 da Lei n. 6.015, de 31-12-1973.

§ 3.º Para efeito da proteção do Estado, é reconhecida a união estável entre o homem e a mulher como entidade familiar, devendo a lei facilitar sua conversão em casamento.

- • § 3.º regulamentado pela Lei n. 9.278, de 10-5-1996.
- • O STF, em 5-5-2011, declarou procedente a ADI n. 4.277 (*DOU* de 1.º-12-2014) e a ADPF n. 132 (*DOU* de 3-11-2014), com eficácia *erga omnes* e efeito vinculante, conferindo interpretação conforme a CF ao art. 1.723 do CC, a fim de declarar a aplicabilidade de regime da união estável às uniões entre pessoas do mesmo sexo.
- • A Resolução n. 175, de 14-5-2013, do CNJ, determina que é vedada às autoridades competentes a recusa de habilitação, celebração de casamento civil ou de conversão de união estável em casamento entre pessoas do mesmo sexo.

§ 4.º Entende-se, também, como entidade familiar a comunidade formada por qualquer dos pais e seus descendentes.

§ 5.º Os direitos e deveres referentes à sociedade conjugal são exercidos igualmente pelo homem e pela mulher.

- Direitos e deveres dos cônjuges: arts. 1.565 e s. do CC.

§ 6.º O casamento civil pode ser dissolvido pelo divórcio.

- • § 6.º com redação determinada pela Emenda Constitucional n. 66, de 13-7-2010.

- Sobre a dissolução da sociedade conjugal: arts. 2.º e s. da Lei n. 6.515, de 26-12-1977.
- Divórcio consensual, separação consensual e extinção consensual: art. 733 do CPC.

§ 7.º Fundado nos princípios da dignidade da pessoa humana e da paternidade responsável, o planejamento familiar é livre decisão do casal, competindo ao Estado propiciar recursos educacionais e científicos para o exercício desse direito, vedada qualquer forma coercitiva por parte de instituições oficiais ou privadas.

- Planejamento familiar: Lei n. 9.263, de 12-1-1996.

§ 8.º O Estado assegurará a assistência à família na pessoa de cada um dos que a integram, criando mecanismos para coibir a violência no âmbito de suas relações.

- Violência doméstica e familiar contra a mulher: Lei n. 11.340, de 7-8-2006.
- A Lei n. 14.344, de 24-5-2022, cria mecanismos para a prevenção e o enfrentamento da violência doméstica e familiar contra a criança e o adolescente.

Art. 227. É dever da família, da sociedade e do Estado assegurar à criança, ao adolescente e ao jovem, com absoluta prioridade, o direito à vida, à saúde, à alimentação, à educação, ao lazer, à profissionalização, à cultura, à dignidade, ao respeito, à liberdade e à convivência familiar e comunitária, além de colocá-los a salvo de toda forma de negligência, discriminação, exploração, violência, crueldade e opressão.

- • *Caput* com redação determinada pela Emenda Constitucional n. 65, de 13-7-2010.
- • A Resolução n. 245, de 5-4-2024, do CONANDA, dispõe sobre os direitos das crianças e adolescentes em ambiente digital.
- • A Resolução n. 257, de 12-12-2024, do CONANDA, estabelece as diretrizes gerais da Política Nacional de Proteção dos Direitos da Criança e do Adolescente no Ambiente Digital.
- • *Vide* Súmula 657 do STJ.

§ 1.º O Estado promoverá programas de assistência integral à saúde da criança, do adolescente e do jovem, admitida a participação de entidades não governamentais, mediante políticas específicas e obedecendo aos seguintes preceitos:

- • § 1.º, *caput*, com redação determinada pela Emenda Constitucional n. 65, de 13-7-2010.
- A Lei n. 8.642, de 31-3-1993, regulamentada pelo Decreto n. 1.056, de 11-2-1994, dispõe sobre a instituição do Programa Nacional de Atenção Integral à Criança e ao Adolescente – PRONAICA.

I – aplicação de percentual dos recursos públicos destinados à saúde na assistência materno-infantil;

II – criação de programas de prevenção e atendimento especializado para as pessoas portadoras de deficiência física, sensorial ou mental, bem como de integração social do adolescente e do jovem portador de deficiência, mediante o treinamento para o trabalho e a convivência, e a facilitação do acesso aos bens e serviços coletivos, com a eliminação de obstáculos arquitetônicos e de todas as formas de discriminação.

- • Inciso II com redação determinada pela Emenda Constitucional n. 65, de 13-7-2010.
- Direito à vida e à saúde no ECA: Lei n. 8.069, de 13-7-1990, arts. 7.º a 14.

- A Lei n. 7.853, de 24-10-1989, regulamentada pelo Decreto n. 3.298, de 20-12-1999, consolida as normas de proteção à pessoa portadora de deficiência.
- O Decreto n. 11.793, de 23-11-2023, institui o Plano Nacional dos Direitos da Pessoa com Deficiência – Plano Viver sem Limite.
- A Lei n. 13.146, de 6-7-2015, institui o Estatuto da Pessoa com Deficiência.

§ 2.º A lei disporá sobre normas de construção dos logradouros e dos edifícios de uso público e de fabricação de veículos de transporte coletivo, a fim de garantir acesso adequado às pessoas portadoras de deficiência.

§ 3.º O direito a proteção especial abrangerá os seguintes aspectos:

I – idade mínima de quatorze anos para admissão ao trabalho, observado o disposto no art. 7.º, XXXIII;

- • O art. 7.º, XXXIII, da CF, foi alterado pela Emenda Constitucional n. 20, de 15-12-1998, e agora fixa em dezesseis anos a idade mínima para admissão ao trabalho.

II – garantia de direitos previdenciários e trabalhistas;

III – garantia de acesso do trabalhador adolescente e jovem à escola;

- • Inciso III com redação determinada pela Emenda Constitucional n. 65, de 13-7-2010.

IV – garantia de pleno e formal conhecimento da atribuição de ato infracional, igualdade na relação processual e defesa técnica por profissional habilitado, segundo dispuser a legislação tutelar específica;

V – obediência aos princípios de brevidade, excepcionalidade e respeito à condição peculiar de pessoa em desenvolvimento, quando da aplicação de qualquer medida privativa da liberdade;

VI – estímulo do Poder Público, através de assistência jurídica, incentivos fiscais e subsídios, nos termos da lei, ao acolhimento, sob a forma de guarda, de criança ou adolescente órfão ou abandonado;

- ECA (Lei n. 8.069, de 13-7-1990): os arts. 33 a 35 tratam da guarda.

VII – programas de prevenção e atendimento especializado à criança, ao adolescente e ao jovem dependente de entorpecentes e drogas afins.

- • Inciso VII com redação determinada pela Emenda Constitucional n. 65, de 13-7-2010.

§ 4.º A lei punirá severamente o abuso, a violência e a exploração sexual da criança e do adolescente.

- Crimes praticados contra as crianças: arts. 225 e s. da Lei n. 8.069, de 13-7-1990.
- Crimes sexuais contra vulnerável: arts. 217-A e 218-B do CP.
- O Decreto n. 7.958, de 13-3-2013, estabelece diretrizes para o atendimento às vítimas de violência sexual pelos profissionais de segurança pública e da rede de atendimento do Sistema Único de Saúde.
- A Lei n. 14.344, de 24-5-2022, cria mecanismos para a prevenção e o enfrentamento da violência doméstica e familiar contra a criança e o adolescente.

§ 5.º A adoção será assistida pelo Poder Público, na forma da lei, que estabelecerá casos e condições de sua efetivação por parte de estrangeiros.

- • Lei Nacional da Adoção: Lei n. 12.010, de 3-8-2009.
- Adoção: Lei n. 8.069, de 13-7-1990, arts. 39 a 52-D, e CC, arts. 1.618 e 1.619.
- Convenção relativa à proteção das crianças e à cooperação em matéria de adoção internacional, concluída em Haia, em 29-5-1993: Decreto n. 3.087, de 21-6-1999.

§ 6.º Os filhos, havidos ou não da relação do casamento, ou por adoção, terão os mesmos direitos e qualificações, proibidas quaisquer designações discriminatórias relativas à filiação.

- Lei n. 8.069, de 13-7-1990, art. 41: efeitos da adoção.
- *Vide* art. 41 e §§ 1.º e 2.º da Lei n. 8.069, de 13-7-1990.
- Lei n. 8.560, de 29-12-1992: investigação de paternidade dos filhos havidos fora do casamento.
- Lei n. 10.317, de 6-12-2001: gratuidade do exame de DNA nos casos que especifica.
- A Lei n. 11.804, de 5-11-2008, disciplina o direito a alimentos gravídicos e a forma como ele será exercido.

§ 7.º No atendimento dos direitos da criança e do adolescente levar-se-á em consideração o disposto no art. 204.

§ 8.º A lei estabelecerá:

- • § 8.º, *caput*, acrescentado pela Emenda Constitucional n. 65, de 13-7-2010.

I – o estatuto da juventude, destinado a regular os direitos dos jovens;

- • Inciso I acrescentado pela Emenda Constitucional n. 65, de 13-7-2010.
- A Lei n. 12.852, de 5-8-2013, institui o Estatuto da Juventude.

II – o plano nacional de juventude, de duração decenal, visando à articulação das várias esferas do poder público para a execução de políticas públicas.

- • Inciso II acrescentado pela Emenda Constitucional n. 65, de 13-7-2010.

Art. 228. São penalmente inimputáveis os menores de dezoito anos, sujeitos às normas da legislação especial.

- *Vide* Súmula 605 do STJ.
- Disposição idêntica no art. 27 do CP e no art. 104 do ECA.
- Os arts. 101 e 112 da Lei n. 8.069, de 13-7-1990, dispõem sobre as medidas de proteção e medidas socioeducativas aplicáveis à criança e ao adolescente infratores, respectivamente.

Art. 229. Os pais têm o dever de assistir, criar e educar os filhos menores, e os filhos maiores têm o dever de ajudar e amparar os pais na velhice, carência ou enfermidade.

- Dever de sustento, guarda e educação dos filhos menores: art. 22 da Lei n. 8.069, de 13-7-1990.

Art. 230. A família, a sociedade e o Estado têm o dever de amparar as pessoas idosas, assegurando sua participação na comunidade, defendendo sua dignidade e bem-estar e garantindo-lhes o direito à vida.

- • Política Nacional do Idoso: Lei n. 8.842, de 4-1-1994. O Decreto n. 9.921, de 18-7-2019, consolida atos normativos que dispõem sobre a temática da pessoa idosa e revoga o Decreto n. 1.948, de 3-7-1996.
- • O Decreto n. 11.483, de 6-4-2023, dispõe sobre o Conselho Nacional dos Direitos da Pessoa Idosa – CNDPI.
- Prioridade na tramitação de procedimentos judiciais em que figure como parte ou interveniente pessoa com idade igual ou superior a 60 (sessenta) anos: art. 1.048, I, do CPC, e art. 71 da Lei n. 10.741, de 1.º-10-2003 (Estatuto da Pessoa Idosa).

§ 1.º Os programas de amparo aos idosos serão executados preferencialmente em seus lares.

§ 2.º Aos maiores de sessenta e cinco anos é garantida a gratuidade dos transportes coletivos urbanos.

Capítulo VIII
DOS ÍNDIOS

Art. 231. São reconhecidos aos índios sua organização social, costumes, línguas, crenças e tradições, e os direitos originários sobre as terras que tradicionalmente ocupam, competindo à União demarcá-las, proteger e fazer respeitar todos os seus bens.

- • A Lei n. 14.701, de 20-10-2023, regulamenta este artigo.
- Estatuto do Índio: Lei n. 6.001, de 19-12-1973.
- Educação indígena no Brasil: Decreto n. 26, de 4-2-1991.
- Atuação das Forças Armadas e da Polícia Federal nas terras indígenas: Decreto n. 4.412, de 7-10-2002.
- O Decreto n. 6.861, de 27-5-2009, dispõe sobre a Educação Escolar Indígena.
- O Decreto n. 7.747, de 5-6-2012, institui a Política Nacional de Gestão Territorial e Ambiental de Terras Indígenas – PNGATI.
- A Resolução n. 5, de 22-6-2012, do Conselho Nacional de Educação, define Diretrizes Curriculares Nacionais para a Educação Escolar Indígena na Educação Básica.
- A Resolução Conjunta n. 3, de 19 de abril de 2012, do CNJ e do CNMP, dispõe sobre o assento de nascimento de indígena no Registro Civil das Pessoas Naturais.

§ 1.º São terras tradicionalmente ocupadas pelos índios as por eles habitadas em caráter permanente, as utilizadas para suas atividades produtivas, as imprescindíveis à preservação dos recursos ambientais necessários a seu bem-estar e as necessárias a sua reprodução física e cultural, segundo seus usos, costumes e tradições.

§ 2.º As terras tradicionalmente ocupadas pelos índios destinam-se a sua posse permanente, cabendo-lhes o usufruto exclusivo das riquezas do solo, dos rios e dos lagos nelas existentes.

§ 3.º O aproveitamento dos recursos hídricos, incluídos os potenciais energéticos, a pesquisa e a lavra das riquezas minerais em terras indígenas só podem ser efetivados com autorização do Congresso Nacional, ouvidas as comunidades afetadas, ficando-lhes assegurada participação nos resultados da lavra, na forma da lei.

§ 4.º As terras de que trata este artigo são inalienáveis e indisponíveis, e os direitos sobre elas, imprescritíveis.

§ 5.º É vedada a remoção dos grupos indígenas de suas terras, salvo, *ad referendum* do Congresso Nacional, em caso de catástrofe ou epidemia que ponha em risco sua população, ou no interesse da soberania do País, após deliberação do Congresso Nacional, garantido, em qualquer hipótese, o retorno imediato logo que cesse o risco.

§ 6.º São nulos e extintos, não produzindo efeitos jurídicos, os atos que tenham por objeto a ocupação, o domínio e a posse das terras a que se refere este artigo, ou a exploração das riquezas naturais do solo, dos rios e dos lagos nelas existentes, ressalvado relevante interesse público da União, segundo o que dispuser lei complementar, não gerando a nulidade e a extinção direito a indenização ou ações contra a União, salvo, na forma da lei, quanto às benfeitorias derivadas da ocupação de boa-fé.

§ 7.º Não se aplica às terras indígenas o disposto no art. 174, §§ 3.º e 4.º.

Art. 232. Os índios, suas comunidades e organizações são partes legítimas para ingressar em juízo em defesa de seus direitos e interesses, intervindo o Ministério Público em todos os atos do processo.

Título IX
DAS DISPOSIÇÕES CONSTITUCIONAIS GERAIS

Art. 233. (*Revogado pela Emenda Constitucional n. 28, de 25-5-2000.*)

Art. 234. É vedado à União, direta ou indiretamente, assumir, em decorrência da criação de Estado, encargos referentes a despesas com pessoal inativo e com encargos e amortizações da dívida interna ou externa da administração pública, inclusive da indireta.
- *Vide* art. 13, § 6.º, do ADCT.

Art. 235. Nos dez primeiros anos da criação de Estado, serão observadas as seguintes normas básicas:

I – a Assembleia Legislativa será composta de dezessete Deputados se a população do Estado for inferior a seiscentos mil habitantes, e de vinte e quatro, se igual ou superior a esse número, até um milhão e quinhentos mil;

II – o Governo terá no máximo dez Secretarias;

III – o Tribunal de Contas terá três membros, nomeados, pelo Governador eleito, dentre brasileiros de comprovada idoneidade e notório saber;

IV – o Tribunal de Justiça terá sete Desembargadores;

V – os primeiros Desembargadores serão nomeados pelo Governador eleito, escolhidos da seguinte forma:

a) cinco dentre os magistrados com mais de trinta e cinco anos de idade, em exercício na área do novo Estado ou do Estado originário;

b) dois dentre promotores, nas mesmas condições, e advogados de comprovada idoneidade e saber jurídico, com dez anos, no mínimo, de exercício profissional, obedecido o procedimento fixado na Constituição;

VI – no caso de Estado proveniente de Território Federal, os cinco primeiros Desembargadores poderão ser escolhidos dentre juízes de direito de qualquer parte do País;

VII – em cada Comarca, o primeiro Juiz de Direito, o primeiro Promotor de Justiça e o primeiro Defensor Público serão nomeados pelo Governador eleito após concurso público de provas e títulos;

VIII – até a promulgação da Constituição Estadual, responderão pela Procuradoria-Geral, pela Advocacia-Geral e pela Defensoria-Geral do Estado advogados de notório saber, com trinta e cinco anos de idade, no mínimo, nomeados pelo Governador eleito e demissíveis *ad nutum*;

IX – se o novo Estado for resultado de transformação de Território Federal, a transferência de encargos financeiros da União para pagamento dos servidores optantes que pertenciam à Administração Federal ocorrerá da seguinte forma:

a) no sexto ano de instalação, o Estado assumirá vinte por cento dos encargos financeiros para fazer face ao pagamento dos servidores públicos, ficando ainda o restante sob a responsabilidade da União;

b) no sétimo ano, os encargos do Estado serão acrescidos de trinta por cento e, no oitavo, dos restantes cinquenta por cento;

X – as nomeações que se seguirem às primeiras, para os cargos mencionados neste artigo, serão disciplinadas na Constituição Estadual;

XI – as despesas orçamentárias com pessoal não poderão ultrapassar cinquenta por cento da receita do Estado.

Art. 236. Os serviços notariais e de registro são exercidos em caráter privado, por delegação do Poder Público.
- • Regulamento: Lei n. 8.935, de 18-11-1994.
- *Vide* art. 32 do ADCT.
- A Lei n. 11.789, de 2-10-2008, proíbe a inserção nas certidões de nascimento e de óbito de expressões que indiquem condição de pobreza ou semelhantes.

§ 1.º Lei regulará as atividades, disciplinará a responsabilidade civil e criminal dos notários, dos oficiais de registro e de seus prepostos, e definirá a fiscalização de seus atos pelo Poder Judiciário.

§ 2.º Lei federal estabelecerá normas gerais para fixação de emolumentos relativos aos atos praticados pelos serviços notariais e de registro.
- • Regulamento: Lei n. 10.169, de 29-12-2000.
- • A Lei n. 11.802, de 4-11-2008, dispõe sobre a obrigatoriedade da afixação dos quadros contendo os valores atualizados das custas e emolumentos.

§ 3.º O ingresso na atividade notarial e de registro depende de concurso público de provas e títulos, não se permitindo que qualquer serventia fique vaga, sem abertura de concurso de provimento ou de remoção, por mais de seis meses.

Art. 237. A fiscalização e o controle sobre o comércio exterior, essenciais à defesa dos interesses fazendários nacionais, serão exercidos pelo Ministério da Fazenda.
- O Decreto n. 11.428, de 2-3-2023, dispõe sobre a CAMEX, que tem por objetivo a formulação, a adoção, a implementação e a coordenação de políticas e de atividades relativas ao comércio exterior de bens e serviços, aos investimentos estrangeiros diretos, aos investimentos brasileiros no exterior e ao financiamento às exportações, com vistas a promover o aumento da produtividade da economia brasileira e da competitividade internacional do País.

Art. 238. A lei ordenará a venda e revenda de combustíveis de petróleo, álcool carburante e outros combustíveis derivados de matérias-primas renováveis, respeitados os princípios desta Constituição.
- A Lei n. 9.478, de 6-8-1997, dispõe sobre a Política Energética Nacional, as atividades relativas ao monopólio do petróleo, e institui o Conselho Nacional de Política Energética e a Agência Nacional do Petróleo.
- A Lei n. 9.847, de 26-10-1999, disciplina a fiscalização das atividades relativas ao abastecimento nacional de combustíveis, de que trata a Lei n. 9.478, de 6-8-1997, e estabelece sanções administrativas.

Art. 239. A arrecadação decorrente das contribuições para o Programa de Integração Social, criado pela Lei Complementar n. 7, de 7 de setembro de 1970, e para o Programa de Formação do Patrimônio do Servidor Público, criado pela Lei Complementar n. 8, de 3 de dezembro de 1970, passa, a partir da promulgação desta Constituição, a financiar, nos termos que a lei dispuser, o programa do seguro desemprego, outras ações da previdência social e o abono de que trata o § 3.º deste artigo.
- •• *Caput* com redação determinada pela Emenda Constitucional n. 103, de 12-11-2019.
- •• A Emenda Constitucional n. 132, de 20-12-2023, a partir de 2027, altera a redação deste *caput*: "Art. 239. A arrecadação correspondente a 18% (dezoito por cento) da contribuição prevista no art. 195, V, e a decorrente da contribuição para o Programa de Formação do Patrimônio do Servidor Público, criado pela Lei Complementar n. 8, de 3 de dezembro de 1970, financiarão, nos termos que a lei dispuser, o programa do seguro-desemprego, outras ações da previdência social e o abono de que trata o § 3.º deste artigo".
- •• *Vide* art. 20 da Emenda Constitucional n. 132, de 20-12-2023 (Reforma Tributária).

§ 1.º Dos recursos mencionados no *caput*, no mínimo 28% (vinte e oito por cento) serão destinados para o financiamento de programas de desenvolvimento econômico, por meio do Banco Nacional de Desenvolvimento Econômico e Social, com critérios de remuneração que preservem o seu valor.
- •• § 1.º com redação determinada pela Emenda Constitucional n. 103, de 12-11-2019.

§ 2.º Os patrimônios acumulados do Programa de Integração Social e do Programa de Formação do Patrimônio do Servidor Público são preservados, mantendo-se os critérios de saque nas situações previstas nas leis específicas, com exceção da retirada por motivo de casamento, ficando vedada a distribuição da arrecadação de que trata o *caput* deste artigo, para depósito nas contas individuais dos participantes.

§ 3.º Aos empregados que percebam de empregadores que contribuem para o Programa de Integração Social ou para o Programa de Formação do Patrimônio do Servidor Público remuneração mensal de até 2 (duas) vezes o salário mínimo do ano-base para pagamento em 2025, corrigida, a partir de 2026, pela variação anual do Índice Nacional de Preços ao Consumidor (INPC), calculado e divulgado pela Fundação Instituto Brasileiro de Geografia e Estatística (IBGE), ou de outro índice que vier a substituí-lo, acumulada no segundo exercício anterior ao de pagamento do benefício, é assegurado o pagamento de 1 (um) salário mínimo anual, computado nesse valor o rendimento das contas individuais, no caso daqueles que já participavam dos referidos Programas, até a data de promulgação desta Constituição.

•• § 3.º com redação determinada pela Emenda Constitucional n. 135, de 20-12-2024.

§ 3.º-A. O limite para elegibilidade do benefício de que trata o § 3.º deste artigo não será inferior ao valor equivalente ao salário mínimo do período trabalhado multiplicado pelo índice de 1,5 (um inteiro e cinco décimos).

•• § 3.º-A acrescentado pela Emenda Constitucional n. 135, de 20-12-2024.

§ 4.º O financiamento do seguro-desemprego receberá uma contribuição adicional da empresa cujo índice de rotatividade da força de trabalho superar o índice médio da rotatividade do setor, na forma estabelecida por lei.

•• A Lei n. 7.998, de 11-1-1990, regula o Programa do Seguro-Desemprego, o Abono Salarial e institui o Fundo de Amparo ao Trabalhador – FAT.

§ 5.º Os programas de desenvolvimento econômico financiados na forma do § 1.º e seus resultados serão anualmente avaliados e divulgados em meio de comunicação social eletrônico e apresentados em reunião da comissão mista permanente de que trata o § 1.º do art. 166.

•• § 5.º acrescentado pela Emenda Constitucional n. 103, de 12-11-2019.

Art. 240. Ficam ressalvadas do disposto no art. 195 as atuais contribuições compulsórias dos empregadores sobre a folha de salários, destinadas às entidades privadas de serviço social e de formação profissional vinculadas ao sistema sindical.

Art. 241. A União, os Estados, o Distrito Federal e os Municípios disciplinarão por meio de lei os consórcios públicos e os convênios de cooperação entre os entes federados, autorizando a gestão associada de serviços públicos, bem como a transferência total ou parcial de encargos, serviços, pessoal e bens essenciais à continuidade dos serviços transferidos.

•• Artigo com redação determinada pela Emenda Constitucional n. 19, de 4-6-1998.

•• Artigo regulamentado pela Lei n. 11.107, de 6-4-2005.

• A Lei n. 11.473, de 10-5-2007, dispõe sobre cooperação federativa no âmbito da segurança pública.

Art. 242. O princípio do art. 206, IV, não se aplica às instituições educacionais oficiais criadas por lei estadual ou municipal e existentes na data da promulgação desta Constituição, que não sejam total ou preponderantemente mantidas com recursos públicos.

§ 1.º O ensino da História do Brasil levará em conta as contribuições das diferentes culturas e etnias para a formação do povo brasileiro.

§ 2.º O Colégio Pedro II, localizado na cidade do Rio de Janeiro, será mantido na órbita federal.

Art. 243. As propriedades rurais e urbanas de qualquer região do País onde forem localizadas culturas ilegais de plantas psicotrópicas ou a exploração de trabalho escravo na forma da lei serão expropriadas e destinadas à reforma agrária e a programas de habitação popular, sem qualquer indenização ao proprietário e sem prejuízo de outras sanções previstas em lei, observado, no que couber, o disposto no art. 5.º.

•• *Caput* com redação determinada pela Emenda Constitucional n. 81, de 5-6-2014.

• A Lei n. 8.257, de 26-11-1991, dispõe sobre a expropriação das glebas nas quais se localizem culturas ilegais de plantas psicotrópicas.

• O Decreto n. 577, de 24-6-1992, dispõe sobre a expropriação das glebas, onde forem encontradas culturas ilegais de plantas psicotrópicas.

Parágrafo único. Todo e qualquer bem de valor econômico apreendido em decorrência do tráfico ilícito de entorpecentes e drogas afins e da exploração de trabalho escravo será confiscado e reverterá a fundo especial com destinação específica, na forma da lei.

•• Parágrafo único com redação determinada pela Emenda Constitucional n. 81, de 5-6-2014.

Art. 244. A lei disporá sobre a adaptação dos logradouros, dos edifícios de uso público e dos veículos de transporte coletivo atualmente existentes a fim de garantir acesso adequado às pessoas portadoras de deficiência, conforme o disposto no art. 227, § 2.º.

Art. 245. A lei disporá sobre hipóteses e condições em que o Poder Público dará assistência aos herdeiros e dependentes carentes de pessoas vitimadas por crime doloso, sem prejuízo da responsabilidade civil do autor do ilícito.

Art. 246. É vedada a adoção de medida provisória na regulamentação de artigo da Constituição cuja redação tenha sido alterada por meio de emenda promulgada entre 1.º de janeiro de 1995 até a promulgação desta emenda, inclusive.

•• Artigo com redação determinada pela Emenda Constitucional n. 32, de 11-9-2001.

Art. 247. As leis previstas no inciso III do § 1.º do art. 41 e no § 7.º do art. 169 estabelecerão critérios e garantias especiais para a perda do cargo pelo servidor público estável que, em decorrência das atribuições de seu cargo efetivo, desenvolva atividades exclusivas de Estado.

•• *Caput* acrescentado pela Emenda Constitucional n. 19, de 4-6-1998.

Parágrafo único. Na hipótese de insuficiência de desempenho, a perda do cargo somente ocorrerá mediante processo administrativo em que lhe sejam assegurados o contraditório e a ampla defesa.

•• Parágrafo único acrescentado pela Emenda Constitucional n. 19, de 4-6-1998.

Art. 248. Os benefícios pagos, a qualquer título, pelo órgão responsável pelo regime geral de previdência social, ainda que à conta do Tesouro Nacional, e os não sujeitos ao limite máximo de valor fixado para os benefícios concedidos por esse regime observarão os limites fixados no art. 37, XI.

•• Artigo acrescentado pela Emenda Constitucional n. 20, de 15-12-1998.

Art. 249. Com o objetivo de assegurar recursos para o pagamento de proventos de aposentadoria e pensões concedidas aos respectivos servidores e seus dependentes, em adição aos recursos dos respectivos tesouros, a União, os Estados, o Distrito Federal e os Municípios poderão constituir fundos integrados pelos recursos provenientes de contribuições e por bens, direitos e ativos de qualquer natureza, mediante lei que disporá sobre a natureza e administração desses fundos.

•• Artigo acrescentado pela Emenda Constitucional n. 20, de 15-12-1998.

Art. 250. Com o objetivo de assegurar recursos para o pagamento dos benefícios concedidos pelo regime geral de previdência social, em adição aos recursos de sua arrecadação, a União poderá constituir fundo integrado por bens, direitos e ativos de qualquer natureza, mediante lei que disporá sobre a natureza e administração desse fundo.

•• Artigo acrescentado pela Emenda Constitucional n. 20, de 15-12-1998.

ATO DAS DISPOSIÇÕES CONSTITUCIONAIS TRANSITÓRIAS

Art. 1.º O Presidente da República, o Presidente do Supremo Tribunal Federal e os membros do Congresso Nacional prestarão o compromisso de manter, defender e cumprir a Constituição, no ato e na data de sua promulgação.

Art. 2.º No dia 7 de setembro de 1993 o eleitorado definirá, através de plebiscito, a forma (república ou monarquia constitucional) e o sistema de governo (parlamentarismo ou presidencialismo) que devem vigorar no País.

- Vide Emenda Constitucional n. 2, de 25-8-1992.

§ 1.º Será assegurada gratuidade na livre divulgação dessas formas e sistemas, através dos meios de comunicação de massa cessionários de serviço público.

§ 2.º O Tribunal Superior Eleitoral, promulgada a Constituição, expedirá as normas regulamentadoras deste artigo.

Art. 3.º A revisão constitucional será realizada após cinco anos, contados da promulgação da Constituição, pelo voto da maioria absoluta dos membros do Congresso Nacional, em sessão unicameral.

Art. 4.º O mandato do atual Presidente da República terminará em 15 de março de 1990.

§ 1.º A primeira eleição para Presidente da República após a promulgação da Constituição será realizada no dia 15 de novembro de 1989, não se lhe aplicando o disposto no art. 16 da Constituição.

§ 2.º É assegurada a irredutibilidade da atual representação dos Estados e do Distrito Federal na Câmara dos Deputados.

§ 3.º Os mandatos dos Governadores e dos Vice-Governadores eleitos em 15 de novembro de 1986 terminarão em 15 de março de 1991.

§ 4.º Os mandatos dos atuais Prefeitos, Vice-Prefeitos e Vereadores terminarão no dia 1.º de janeiro de 1989, com a posse dos eleitos.

Art. 5.º Não se aplicam às eleições previstas para 15 de novembro de 1988 o disposto no art. 16 e as regras do art. 77 da Constituição.

§ 1.º Para as eleições de 15 de novembro de 1988 será exigido domicílio eleitoral na circunscrição pelo menos durante os quatro meses anteriores ao pleito, podendo os candidatos que preencham este requisito, atendidas as demais exigências da lei, ter seu registro efetivado pela Justiça Eleitoral após a promulgação da Constituição.

§ 2.º Na ausência de norma legal específica, caberá ao Tribunal Superior Eleitoral editar as normas necessárias à realização das eleições de 1988, respeitada a legislação vigente.

§ 3.º Os atuais parlamentares federais e estaduais eleitos Vice-Prefeitos, se convocados a exercer a função de Prefeito, não perderão o mandato parlamentar.

§ 4.º O número de vereadores por município será fixado, para a representação a ser eleita em 1988, pelo respectivo Tribunal Regional Eleitoral, respeitados os limites estipulados no art. 29, IV, da Constituição.

§ 5.º Para as eleições de 15 de novembro de 1988, ressalvados os que já exercem mandato eletivo, são inelegíveis para qualquer cargo, no território de jurisdição do titular, o cônjuge e os parentes por consanguinidade ou afinidade, até o segundo grau, ou por adoção, do Presidente da República, do Governador de Estado, do Governador do Distrito Federal e do Prefeito que tenham exercido mais da metade do mandato.

Art. 6.º Nos seis meses posteriores à promulgação da Constituição, parlamentares federais, reunidos em número não inferior a trinta, poderão requerer ao Tribunal Superior Eleitoral o registro de novo partido político, juntando ao requerimento o manifesto, o estatuto e o programa devidamente assinados pelos requerentes.

§ 1.º O registro provisório, que será concedido de plano pelo Tribunal Superior Eleitoral, nos termos deste artigo, defere ao novo partido todos os direitos, deveres e prerrogativas dos atuais, entre eles o de participar, sob legenda própria, das eleições que vierem a ser realizadas nos doze meses seguintes a sua formação.

§ 2.º O novo partido perderá automaticamente seu registro provisório se, no prazo de vinte e quatro meses, contados de sua formação, não obtiver registro definitivo no Tribunal Superior Eleitoral, na forma que a lei dispuser.

Art. 7.º O Brasil propugnará pela formação de um tribunal internacional dos direitos humanos.

- O Decreto n. 4.388, de 25-9-2002, promulga o Estatuto de Roma do Tribunal Penal Internacional.

Art. 8.º É concedida anistia aos que, no período de 18 de setembro de 1946 até a data da promulgação da Constituição, foram atingidos, em decorrência de motivação exclusivamente política, por atos de exceção, institucionais ou complementares, aos que foram abrangidos pelo Decreto Legislativo n. 18, de 15 de dezembro de 1961, e aos atingidos pelo Decreto-lei n. 864, de 12 de setembro de 1969, asseguradas as promoções, na inatividade, ao cargo, emprego, posto ou graduação a que teriam direito se estivessem em serviço ativo, obedecidos os prazos de permanência em atividade previstos nas leis e regulamentos vigentes, respeitadas as características e peculiaridades das carreiras dos servidores públicos civis e militares e observados os respectivos regimes jurídicos.

- • Regulamento: Lei n. 10.559, de 13-11-2002.
- • A Lei n. 12.528, de 18-11-2011, cria a Comissão Nacional da Verdade no âmbito da Casa Civil da Presidência da República, com a finalidade de examinar e esclarecer as graves violações de direitos humanos praticadas no período fixado neste artigo.
- • O Enunciado n. 5 da Comissão de Anistia dispõe: "A anistia prevista no art. 8.º do ADCT, regulamentado pela Lei n. 10.559/ 2002, não alcança os militares expulsos ou licenciados com base em legislação disciplinar ordinária ou Penal Militar".

§ 1.º O disposto neste artigo somente gerará efeitos financeiros a partir da promulgação da Constituição, vedada a remuneração de qualquer espécie em caráter retroativo.

§ 2.º Ficam assegurados os benefícios estabelecidos neste artigo aos trabalhadores do setor privado, dirigentes e representantes sindicais que, por motivos exclusivamente políticos, tenham sido punidos, demitidos ou compelidos ao afastamento das atividades remuneradas que exerciam, bem como aos que foram impedidos de exercer atividades profissionais em virtude de pressões ostensivas ou expedientes oficiais sigilosos.

§ 3.º Aos cidadãos que foram impedidos de exercer, na vida civil, atividade profissional específica, em decorrência das Portarias Reservadas do Ministério da Aeronáutica n. S-50-GM5, de 19 de junho de 1964, e n. S-285-GM5 será concedida reparação de natureza econômica, na forma que dispuser lei de iniciativa do Congresso Nacional e a entrar em vigor no prazo de doze meses a contar da promulgação da Constituição.

- Vide Súmula 647 do STJ.

§ 4.º Aos que, por força de atos institucionais, tenham exercido gratuitamente mandato eletivo de vereador serão computados, para efeito de aposentadoria no serviço público e previdência social, os respectivos períodos.

§ 5.º A anistia concedida nos termos deste artigo aplica-se aos servidores públicos civis e aos empregados em todos os níveis de

governo ou em suas fundações, empresas públicas ou empresas mistas sob controle estatal, exceto nos Ministérios militares, que tenham sido punidos ou demitidos por atividades profissionais interrompidas em virtude de decisão de seus trabalhadores, bem como em decorrência do Decreto-lei n. 1.632, de 4 de agosto de 1978, ou por motivos exclusivamente políticos, assegurada a readmissão dos que foram atingidos a partir de 1979, observado o disposto no § 1.º.
- •• A Lei n. 7.783, de 28-6-1989, revoga o Decreto-lei n. 1.632, de 4-8-1978.

Art. 9.º Os que, por motivos exclusivamente políticos, foram cassados ou tiveram seus direitos políticos suspensos no período de 15 de julho a 31 de dezembro de 1969, por ato do então Presidente da República, poderão requerer ao Supremo Tribunal Federal o reconhecimento dos direitos e vantagens interrompidos pelos atos punitivos, desde que comprovem terem sido estes eivados de vício grave.

Parágrafo único. O Supremo Tribunal Federal proferirá a decisão no prazo de cento e vinte dias, a contar do pedido do interessado.

Art. 10. Até que seja promulgada a lei complementar a que se refere o art. 7.º, I, da Constituição:

I – fica limitada a proteção nele referida ao aumento, para quatro vezes, da porcentagem prevista no art. 6.º, *caput* e § 1.º, da Lei n. 5.107, de 13 de setembro de 1966;
- •• Citada Lei foi revogada pela Lei n. 7.839, de 12-10-1989, e pela atual Lei de FGTS: Lei n. 8.036, de 11-5-1990.

II – fica vedada a dispensa arbitrária ou sem justa causa:

a) do empregado eleito para cargo de direção de comissões internas de prevenção de acidentes, desde o registro de sua candidatura até um ano após o final de seu mandato;

b) da empregada gestante, desde a confirmação da gravidez até cinco meses após o parto.
- •• A Lei Complementar n. 146, de 25-6-2014, assegura o direito prescrito nesta alínea, nos casos em que ocorrer o falecimento da genitora, a quem detiver a guarda do seu filho.

§ 1.º Até que a lei venha a disciplinar o disposto no art. 7.º, XIX, da Constituição, o prazo da licença-paternidade a que se refere o inciso é de cinco dias.
- •• A Lei n. 11.770, de 9-9-2008 (Programa Empresa Cidadã), alterada pela Lei n. 13.257, de 8-3-2016, prorroga por 15 dias a duração da licença prevista neste § 1.º, mediante concessão de incentivo fiscal.

§ 2.º Até ulterior disposição legal, a cobrança das contribuições para o custeio das atividades dos sindicatos rurais será feita juntamente com a do imposto territorial rural, pelo mesmo órgão arrecadador.

§ 3.º Na primeira comprovação do cumprimento das obrigações trabalhistas pelo empregador rural, na forma do art. 233, após a promulgação da Constituição, será certificada perante a Justiça do Trabalho a regularidade do contrato e das atualizações das obrigações trabalhistas de todo o período.
- •• O art. 233 da CF foi revogado pela Emenda Constitucional n. 28, de 25-5-2000.

Art. 11. Cada Assembleia Legislativa, com poderes constituintes, elaborará a Constituição do Estado, no prazo de um ano, contado da promulgação da Constituição Federal, obedecidos os princípios desta.

Parágrafo único. Promulgada a Constituição do Estado, caberá à Câmara Municipal, no prazo de seis meses, votar a Lei Orgânica respectiva, em dois turnos de discussão e votação, respeitado o disposto na Constituição Federal e na Constituição Estadual.

Art. 12. Será criada, dentro de noventa dias da promulgação da Constituição, Comissão de Estudos Territoriais, com dez membros indicados pelo Congresso Nacional e cinco pelo Poder Executivo, com a finalidade de apresentar estudos sobre o território nacional e anteprojetos relativos a novas unidades territoriais, notadamente na Amazônia Legal e em áreas pendentes de solução.
- • A Lei n. 11.952, de 25-6-2009, dispõe sobre a regularização fundiária das ocupações incidentes em terras situadas em áreas da União, no âmbito da Amazônia Legal.

§ 1.º No prazo de um ano, a Comissão submeterá ao Congresso Nacional os resultados de seus estudos para, nos termos da Constituição, serem apreciados nos doze meses subsequentes, extinguindo-se logo após.

§ 2.º Os Estados e os Municípios deverão, no prazo de três anos, a contar da promulgação da Constituição, promover, mediante acordo ou arbitramento, a demarcação de suas linhas divisórias atualmente litigiosas, podendo para isso fazer alterações e compensações de área que atendam aos acidentes naturais, critérios históricos, conveniências administrativas e comodidade das populações limítrofes.

§ 3.º Havendo solicitação dos Estados e Municípios interessados, a União poderá encarregar-se dos trabalhos demarcatórios.

§ 4.º Se, decorrido o prazo de três anos, a contar da promulgação da Constituição, os trabalhos demarcatórios não tiverem sido concluídos, caberá à União determinar os limites das áreas litigiosas.

§ 5.º Ficam reconhecidos e homologados os atuais limites do Estado do Acre com os Estados do Amazonas e de Rondônia, conforme levantamentos cartográficos e geodésicos realizados pela Comissão Tripartite integrada por representantes dos Estados e dos serviços técnico-especializados do Instituto Brasileiro de Geografia e Estatística.

Art. 13. É criado o Estado do Tocantins, pelo desmembramento da área descrita neste artigo, dando-se sua instalação no quadragésimo sexto dia após a eleição prevista no § 3.º, mas não antes de 1.º de janeiro de 1989.

§ 1.º O Estado do Tocantins integra a Região Norte e limita-se com o Estado de Goiás pelas divisas norte dos Municípios de São Miguel do Araguaia, Porangatu, Formoso, Minaçu, Cavalcante, Monte Alegre de Goiás e Campos Belos, conservando a leste, norte e oeste as divisas atuais de Goiás com os Estados da Bahia, Piauí, Maranhão, Pará e Mato Grosso.

§ 2.º O Poder Executivo designará uma das cidades do Estado para sua Capital provisória até a aprovação da sede definitiva do governo pela Assembleia Constituinte.

§ 3.º O Governador, o Vice-Governador, os Senadores, os Deputados Federais e os Deputados Estaduais serão eleitos, em um único turno, até setenta e cinco dias após a promulgação da Constituição, mas não antes de 15 de novembro de 1988, a critério do Tribunal Superior Eleitoral, obedecidas, entre outras, as seguintes normas:

I – o prazo de filiação partidária dos candidatos será encerrado setenta e cinco dias antes da data das eleições;

II – as datas das convenções regionais partidárias destinadas a deliberar sobre coligações e escolha de candidatos, de apresentação de requerimento de registro dos candidatos escolhidos e dos demais procedimentos legais serão fixadas, em calendário especial, pela Justiça Eleitoral;

III – são inelegíveis os ocupantes de cargos estaduais ou municipais que não se tenham deles afastado, em caráter definitivo, setenta e cinco dias antes da data das eleições previstas neste parágrafo;

IV – ficam mantidos os atuais diretórios regionais dos partidos políticos do Estado de Goiás, cabendo às comissões executivas nacionais designar comissões provisórias no Estado do Tocantins, nos termos e para os fins previstos na lei.

§ 4.º Os mandatos do Governador, do Vice-Governador, dos Deputados Federais e Estaduais eleitos na forma do parágrafo anterior extinguir-se-ão concomitantemente aos das demais unidades da Federação; o mandato do Senador eleito menos votado extinguir-se-á nessa mesma oportunidade, e os dos outros dois, juntamente com os dos Senadores eleitos em 1986 nos demais Estados.

§ 5.º A Assembleia Estadual Constituinte será instalada no quadragésimo sexto dia da eleição de seus integrantes, mas não antes de 1.º de janeiro de 1989, sob a presidência do Presidente do Tribunal Regional Eleitoral do Estado de Goiás, e dará posse, na mesma data, ao Governador e ao Vice-Governador eleitos.

§ 6.º Aplicam-se à criação e instalação do Estado do Tocantins, no que couber, as normas legais disciplinadoras da divisão do Estado de Mato Grosso, observado o disposto no art. 234 da Constituição.

§ 7.º Fica o Estado de Goiás liberado dos débitos e encargos decorrentes de empreendimentos no território do novo Estado, e autorizada a União, a seu critério, a assumir os referidos débitos.

Art. 14. Os Territórios Federais de Roraima e do Amapá são transformados em Estados Federados, mantidos seus atuais limites geográficos.

§ 1.º A instalação dos Estados dar-se-á com a posse dos governadores eleitos em 1990.

§ 2.º Aplicam-se à transformação e instalação dos Estados de Roraima e Amapá as normas e critérios seguidos na criação do Estado de Rondônia, respeitado o disposto na Constituição e neste Ato.

§ 3.º O Presidente da República, até quarenta e cinco dias após a promulgação da Constituição, encaminhará à apreciação do Senado Federal os nomes dos governadores dos Estados de Roraima e do Amapá que exercerão o Poder Executivo até a instalação dos novos Estados com a posse dos governadores eleitos.

§ 4.º Enquanto não concretizada a transformação em Estados, nos termos deste artigo, os Territórios Federais de Roraima e do Amapá serão beneficiados pela transferência de recursos prevista nos arts. 159, I, *a*, da Constituição, e 34, § 2.º, II, deste Ato.

Art. 15. Fica extinto o Território Federal de Fernando de Noronha, sendo sua área reincorporada ao Estado de Pernambuco.

Art. 16. Até que se efetive o disposto no art. 32, § 2.º, da Constituição, caberá ao Presidente da República, com a aprovação do Senado Federal, indicar o Governador e o Vice-Governador do Distrito Federal.

§ 1.º A competência da Câmara Legislativa do Distrito Federal, até que se instale, será exercida pelo Senado Federal.

§ 2.º A fiscalização contábil, financeira, orçamentária, operacional e patrimonial do Distrito Federal, enquanto não for instalada a Câmara Legislativa, será exercida pelo Senado Federal, mediante controle externo, com o auxílio do Tribunal de Contas do Distrito Federal, observado o disposto no art. 72 da Constituição.

§ 3.º Incluem-se entre os bens do Distrito Federal aqueles que lhe vierem a ser atribuídos pela União na forma da lei.

Art. 17. Os vencimentos, a remuneração, as vantagens e os adicionais, bem como os proventos de aposentadoria que estejam sendo percebidos em desacordo com a Constituição serão imediatamente reduzidos aos limites dela decorrentes, não se admitindo, neste caso, invocação de direito adquirido ou percepção de excesso a qualquer título.

§ 1.º É assegurado o exercício cumulativo de dois cargos ou empregos privativos de médico que estejam sendo exercidos por médico militar na administração pública direta ou indireta.

§ 2.º É assegurado o exercício cumulativo de dois cargos ou empregos privativos de profissionais de saúde que estejam sendo exercidos na administração pública direta ou indireta.

• *Vide* art. 9.º da Emenda Constitucional n. 41, de 19-12-2003.

Art. 18. Ficam extintos os efeitos jurídicos de qualquer ato legislativo ou administrativo, lavrado a partir da instalação da Assembleia Nacional Constituinte, que tenha por objeto a concessão de estabilidade a servidor admitido sem concurso público, da administração direta ou indireta, inclusive das fundações instituídas e mantidas pelo Poder Público.

Art. 18-A. Os atos administrativos praticados no Estado do Tocantins, decorrentes de sua instalação, entre 1.º de janeiro de 1989 e 31 de dezembro de 1994, eivados de qualquer vício jurídico e dos quais decorram efeitos favoráveis para os destinatários ficam convalidados após 5 (cinco) anos, contados da data em que foram praticados, salvo comprovada má-fé.

•• Artigo acrescentado pela Emenda Constitucional n. 110, de 12-7-2021.

Art. 19. Os servidores públicos civis da União, dos Estados, do Distrito Federal e dos Municípios, da administração direta, autárquica e das fundações públicas, em exercício na data da promulgação da Constituição, há pelo menos cinco anos continuados, e que não tenham sido admitidos na forma regulada no art. 37, da Constituição, são considerados estáveis no serviço público.

§ 1.º O tempo de serviço dos servidores referidos neste artigo será contado como título quando se submeterem a concurso para fins de efetivação, na forma da lei.

§ 2.º O disposto neste artigo não se aplica aos ocupantes de cargos, funções e empregos de confiança ou em comissão, nem aos que a lei declare de livre exoneração, cujo tempo de serviço não será computado para os fins do *caput* deste artigo, exceto se se tratar de servidor.

§ 3.º O disposto neste artigo não se aplica aos professores de nível superior, nos termos da lei.

Art. 20. Dentro de cento e oitenta dias, proceder-se-á à revisão dos direitos dos servidores públicos inativos e pensionistas e à atualização dos proventos e pensões a eles devidos, a fim de ajustá-los ao disposto na Constituição.

• Regime Jurídico dos Servidores Públicos Civis da União, das Autarquias e das Fundações Públicas Federais: Lei n. 8.112, de 11-12-1990.

• Reforma Previdenciária: *vide* Emenda Constitucional n. 41, de 19-12-2003.

Art. 21. Os juízes togados de investidura limitada no tempo, admitidos mediante concurso público de provas e títulos e que estejam em exercício na data da promulgação da Constituição, adquirem estabilidade, observado o estágio probatório, e passam a compor quadro em extinção, mantidas as competências, prerrogativas e restrições da legislação a que se achavam submetidos, salvo as inerentes à transitoriedade da investidura.

Parágrafo único. A aposentadoria dos juízes de que trata este artigo regular-se-á pelas normas fixadas para os demais juízes estaduais.

Art. 22. É assegurado aos defensores públicos investidos na função até a data de instalação da Assembleia Nacional Constituinte o direito de opção pela carreira, com a observância das garantias e vedações previstas no art. 134, parágrafo único, da Constituição.

•• *Vide* atualmente art. 134, § 1.º, da CF.

Art. 23. Até que se edite a regulamentação do art. 21, XVI, da Constituição, os atuais ocupantes do cargo de censor federal continuarão exercendo funções com este compatíveis, no Departamento de Polícia Federal, observadas as disposições constitucionais.

• A Lei n. 9.688, de 6-7-1998, dispõe sobre a extinção dos cargos de Censor Federal e sobre o enquadramento de seus atuais ocupantes e dá outras providências.

Parágrafo único. A lei referida disporá sobre o aproveitamento dos censores federais, nos termos deste artigo.

Art. 24. A União, os Estados, o Distrito Federal e os Municípios editarão leis que estabeleçam critérios para a compatibilização de seus quadros de pessoal ao disposto no art. 39 da Constituição e à reforma administrativa dela decorrente, no prazo de dezoito meses, contados da sua promulgação.

Art. 25. Ficam revogados, a partir de cento e oitenta dias da promulgação da Constituição, sujeito este prazo a prorrogação por lei, todos os dispositivos legais que atribuam ou deleguem a órgão do Poder Executivo competência assinalada pela Constituição ao Congresso Nacional, especialmente no que tange a:

I – ação normativa;

II – alocação ou transferência de recursos de qualquer espécie.

§ 1.º Os decretos-leis em tramitação no Congresso Nacional e por este não apreciados até a promulgação da Constituição terão seus efeitos regulados da seguinte forma:

I – se editados até 2 de setembro de 1988, serão apreciados pelo Congresso Nacional no prazo de até cento e oitenta dias a contar da promulgação da Constituição, não computado o recesso parlamentar;

II – decorrido o prazo definido no inciso anterior, e não havendo apreciação, os decretos-leis ali mencionados serão considerados rejeitados;

III – nas hipóteses definidas nos incisos I e II, terão plena validade os atos praticados na vigência dos respectivos decretos-leis, podendo o Congresso Nacional, se necessário, legislar sobre os efeitos deles remanescentes.

§ 2.º Os decretos-leis editados entre 3 de setembro de 1988 e a promulgação da Constituição serão convertidos, nesta data, em medidas provisórias, aplicando-se-lhes as regras estabelecidas no art. 62, parágrafo único.

•• O art. 62 da CF foi alterado pela Emenda Constitucional n. 32, de 11-9-2001, que modificou a tramitação das Medidas Provisórias.

Art. 26. No prazo de um ano a contar da promulgação da Constituição, o Congresso Nacional promoverá, através de Comissão mista, exame analítico e pericial dos atos e fatos geradores do endividamento externo brasileiro.

§ 1.º A Comissão terá a força legal de Comissão parlamentar de inquérito para os fins de requisição e convocação, e atuará com o auxílio do Tribunal de Contas da União.

§ 2.º Apurada irregularidade, o Congresso Nacional proporá ao Poder Executivo a declaração de nulidade do ato e encaminhará o processo ao Ministério Público Federal, que formalizará, no prazo de sessenta dias, a ação cabível.

Art. 27. O Superior Tribunal de Justiça será instalado sob a Presidência do Supremo Tribunal Federal.

§ 1.º Até que se instale o Superior Tribunal de Justiça, o Supremo Tribunal Federal exercerá as atribuições e competências definidas na ordem constitucional precedente.

§ 2.º A composição inicial do Superior Tribunal de Justiça far-se-á:

I – pelo aproveitamento dos Ministros do Tribunal Federal de Recursos;

II – pela nomeação dos Ministros que sejam necessários para completar o número estabelecido na Constituição.

§ 3.º Para os efeitos do disposto na Constituição, os atuais Ministros do Tribunal Federal de Recursos serão considerados pertencentes à classe de que provieram, quando de sua nomeação.

§ 4.º Instalado o Tribunal, os Ministros aposentados do Tribunal Federal de Recursos tornar-se-ão, automaticamente, Ministros aposentados do Superior Tribunal de Justiça.

§ 5.º Os Ministros a que se refere o § 2.º, II, serão indicados em lista tríplice pelo Tribunal Federal de Recursos, observado o disposto no art. 104, parágrafo único, da Constituição.

§ 6.º Ficam criados cinco Tribunais Regionais Federais, a serem instalados no prazo de seis meses a contar da promulgação da Constituição, com a jurisdição e sede que lhes fixar o Tribunal Federal de Recursos, tendo em conta o número de processos e sua localização geográfica.

§ 7.º Até que se instalem os Tribunais Regionais Federais, o Tribunal Federal de Recursos exercerá a competência a eles atribuída em todo o território nacional, cabendo-lhe promover sua instalação e indicar os candidatos a todos os cargos da composição inicial, mediante lista tríplice, podendo desta constar juízes federais de qualquer região, observado o disposto no § 9.º.

§ 8.º É vedado, a partir da promulgação da Constituição, o provimento de vagas de Ministros do Tribunal Federal de Recursos.

§ 9.º Quando não houver juiz federal que conte o tempo mínimo previsto no art. 107, II, da Constituição, a promoção poderá contemplar juiz com menos de cinco anos no exercício do cargo.

§ 10. Compete à Justiça Federal julgar as ações nela propostas até a data da promulgação da Constituição, e aos Tribunais Regionais Federais bem como ao Superior Tribunal de Justiça julgar as ações rescisórias das decisões até então proferidas pela Justiça Federal, inclusive daquelas cuja matéria tenha passado à competência de outro ramo do Judiciário.

§ 11. São criados, ainda, os seguintes Tribunais Regionais Federais: o da 6.ª Região, com sede em Curitiba, Estado do Paraná, e jurisdição nos Estados do Paraná, Santa Catarina e Mato Grosso do Sul; o da 7.ª Região, com sede em Belo Horizonte, Estado de Minas Gerais, e jurisdição no Estado de Minas Gerais; o da 8.ª Região, com sede em Salvador, Estado da Bahia, e jurisdição nos Estados da Bahia e Sergipe; e o da 9.ª Região, com sede em Manaus, Estado do Amazonas, e jurisdição nos Estados do Amazonas, Acre, Rondônia e Roraima.

•• § 11 acrescentado pela Emenda Constitucional n. 73, de 6-6-2013.

Art. 28. Os juízes federais de que trata o art. 123, § 2.º, da Constituição de 1967, com a redação dada pela Emenda Constitucional n. 7, de 1977, ficam investidos na titularidade de varas na Seção Judiciária para a qual tenham sido nomeados ou designados; na inexistência de vagas, proceder-se-á ao desdobramento das varas existentes.

Parágrafo único. Para efeito de promoção por antiguidade, o tempo de serviço desses juízes será computado a partir do dia de sua posse.

Art. 29. Enquanto não aprovadas as leis complementares relativas ao Ministério Público e à Advocacia-Geral da União, o Ministério Público Federal, a Procuradoria-Geral da Fazenda Nacional, as Consultorias Jurídicas dos Ministérios, as Procuradorias e Departamentos Jurídicos de autarquias federais com representação própria e os membros das Procuradorias das Universidades fundacionais públicas continuarão a exercer suas atividades na área das respectivas atribuições.

• Lei Orgânica da Advocacia-Geral da União: Lei Complementar n. 73, de 10-2-1993.
• Organização, Atribuições e Estatuto do Ministério Público da União: Lei Complementar n. 75, de 20-5-1993.

§ 1.º O Presidente da República, no prazo de cento e vinte dias, encaminhará ao Congresso Nacional projeto de lei complementar dispondo sobre a organização e o funcionamento da Advocacia-Geral da União.

§ 2.º Aos atuais Procuradores da República, nos termos da lei complementar, será facultada a opção, de forma irretratável, entre as carreiras do Ministério Público Federal e da Advocacia-Geral da União.

§ 3.º Poderá optar pelo regime anterior, no que respeita às garantias e vantagens, o membro do Ministério Público admitido antes da promulgação da Constituição, observando-se, quanto às vedações, a situação jurídica na data desta.

§ 4.º Os atuais integrantes do quadro suplementar dos Ministérios Públicos do Trabalho e Militar que tenham adquirido estabilidade nessas funções passam a integrar o quadro da respectiva carreira.

§ 5.º Cabe à atual Procuradoria-Geral da Fazenda Nacional, diretamente ou por delegação, que pode ser ao Ministério Público Estadual, representar judicialmente a União nas causas de natureza fiscal, na área da respectiva competência, até a promulgação das leis complementares previstas neste artigo.

Art. 30. A legislação que criar a justiça de paz manterá os atuais juízes de paz até a posse dos novos titulares, assegurando-lhes os direitos e atribuições conferidos a estes, e designará o dia para a eleição prevista no art. 98, II, da Constituição.

Art. 31. Serão estatizadas as serventias do foro judicial, assim definidas em lei, respeitados os direitos dos atuais titulares.

Art. 32. O disposto no art. 236 não se aplica aos serviços notariais e de registro que já tenham sido oficializados pelo Poder Público, respeitando-se o direito de seus servidores.

Art. 33. Ressalvados os créditos de natureza alimentar, o valor dos precatórios judiciais pendentes de pagamento na data da promulgação da Constituição, incluído o remanescente de juros e correção monetária, poderá ser pago em moeda corrente, com atualização, em prestações anuais, iguais e sucessivas, no prazo máximo de oito anos, a partir de 1.º de julho de 1989, por decisão editada pelo Poder Executivo até cento e oitenta dias da promulgação da Constituição.

•• Vide art. 97, § 15, do ADCT.

Parágrafo único. Poderão as entidades devedoras, para o cumprimento do disposto neste artigo, emitir, em cada ano, no exato montante do dispêndio, títulos de dívida pública não computáveis para efeito do limite global de endividamento.

Art. 34. O sistema tributário nacional entrará em vigor a partir do primeiro dia do quinto mês seguinte ao da promulgação da Constituição, mantido, até então, o da Constituição de 1967, com a redação dada pela Emenda n. 1, de 1969, e pelas posteriores.

§ 1.º Entrarão em vigor com a promulgação da Constituição os arts. 148, 149, 150, 154,

I, 156, III, e 159, I, c, revogadas as disposições em contrário da Constituição de 1967 e das Emendas que a modificaram, especialmente de seu art. 25, III.

§ 2.º O Fundo de Participação dos Estados e do Distrito Federal e o Fundo de Participação dos Municípios obedecerão às seguintes determinações:

I – a partir da promulgação da Constituição, os percentuais serão, respectivamente, de dezoito por cento e de vinte por cento, calculados sobre o produto da arrecadação dos impostos referidos no art. 153, III e IV, mantidos os atuais critérios de rateio até a entrada em vigor da lei complementar a que se refere o art. 161, II;

II – o percentual relativo ao Fundo de Participação dos Estados e do Distrito Federal será acrescido de um ponto percentual no exercício financeiro de 1989 e, a partir de 1990, inclusive, à razão de meio ponto por exercício, até 1992, inclusive, atingindo em 1993 o percentual estabelecido no art. 159, I, a;

III – o percentual relativo ao Fundo de Participação dos Municípios, a partir de 1989, inclusive, será elevado à razão de meio ponto percentual por exercício financeiro, até atingir o estabelecido no art. 159, I, b.

§ 3.º Promulgada a Constituição, a União, os Estados, o Distrito Federal e os Municípios poderão editar as leis necessárias à aplicação do sistema tributário nacional nela previsto.

§ 4.º As leis editadas nos termos do parágrafo anterior produzirão efeitos a partir da entrada em vigor do sistema tributário nacional previsto na Constituição.

§ 5.º Vigente o novo sistema tributário nacional, fica assegurada a aplicação da legislação anterior, no que não seja incompatível com ele e com a legislação referida nos §§ 3.º e 4.º.

§ 6.º Até 31 de dezembro de 1989, o disposto no art. 150, III, b, não se aplica aos impostos de que tratam os arts. 155, I, a e b, e 156, II e III, que podem ser cobrados trinta dias após a publicação da lei que os tenha instituído ou aumentado.

•• Com a alteração determinada pela Emenda Constitucional n. 3, de 17-3-1993, a referência ao art. 155, I, a e b, passou a ser ao art. 155, I e II, da CF.

§ 7.º Até que sejam fixadas em lei complementar, as alíquotas máximas do imposto municipal sobre vendas a varejo de combustíveis líquidos e gasosos não excederão a três por cento.

§ 8.º Se, no prazo de sessenta dias contados da promulgação da Constituição, não for editada a lei complementar necessária à instituição do imposto de que trata o art. 155, I, b, os Estados e o Distrito Federal, mediante convênio celebrado nos termos da Lei Complementar n. 24, de 7 de janeiro de 1975, fixarão normas para regular provisoriamente a matéria.

•• Com a alteração determinada pela Emenda Constitucional n. 3, de 17-3-1993, a referência ao art. 155, I, b, passou a ser ao art. 155, II, da CF.
• A Lei Complementar n. 24, de 7-1-1975, dispõe sobre os convênios para a concessão de isenções do imposto sobre operações relativas à circulação de mercadorias.
• A Lei Complementar n. 87, de 13-9-1996, dispõe sobre o Imposto dos Estados e do Distrito Federal, sobre operações relativas à circulação de mercadorias e sobre prestações de serviços de transporte interestadual e intermunicipal e de comunicação (Lei Kandir).

§ 9.º Até que lei complementar disponha sobre a matéria, as empresas distribuidoras de energia elétrica, na condição de contribuintes ou de substitutos tributários, serão as responsáveis, por ocasião da saída do produto de seus estabelecimentos, ainda que destinado a outra unidade da Federação, pelo pagamento do imposto sobre operações relativas à circulação de mercadorias incidente sobre energia elétrica, desde a produção ou importação até a última operação, calculado o imposto sobre o preço então praticado na operação final e assegurado seu recolhimento ao Estado ou ao Distrito Federal, conforme o local onde deva ocorrer essa operação.

§ 10. Enquanto não entrar em vigor a lei prevista no art. 159, I, c, cuja promulgação se fará até 31 de dezembro de 1989, é assegurada a aplicação dos recursos previstos naquele dispositivo da seguinte maneira:

I – seis décimos por cento na Região Norte, através do Banco da Amazônia S.A.;

II – um inteiro e oito décimos por cento na Região Nordeste, através do Banco do Nordeste do Brasil S.A.;

III – seis décimos por cento na Região Centro-Oeste, através do Banco do Brasil S.A.

§ 11. Fica criado, nos termos da lei, o Banco de Desenvolvimento do Centro-Oeste, para dar cumprimento, na referida região, ao que determinam os arts. 159, I, c, e 192, § 2.º, da Constituição.

•• O § 2.º do art. 192 foi revogado pela Emenda Constitucional n. 40, de 29-5-2003.

§ 12. A urgência prevista no art. 148, II, não prejudica a cobrança do empréstimo compulsório instituído, em benefício das Centrais Elétricas Brasileiras S.A. (Eletrobrás), pela Lei n. 4.156, de 28 de novembro de 1962, com as alterações posteriores.

Art. 35. O disposto no art. 165, § 7.º, será cumprido de forma progressiva, no prazo de até dez anos, distribuindo-se os recursos entre as regiões macroeconômicas em razão proporcional à população, a partir da situação verificada no biênio 1986-87.

§ 1.º Para aplicação dos critérios de que trata este artigo, excluem-se das despesas totais as relativas:

I – aos projetos considerados prioritários no plano plurianual;

II – à segurança e defesa nacional;

III – à manutenção dos órgãos federais no Distrito Federal;

IV – ao Congresso Nacional, ao Tribunal de Contas da União e ao Poder Judiciário;

V – ao serviço da dívida da administração direta e indireta da União, inclusive fundações instituídas e mantidas pelo Poder Público federal.

§ 2.º Até a entrada em vigor da lei complementar a que se refere o art. 165, § 9.º, I e II, serão obedecidas as seguintes normas:

I – o projeto do plano plurianual, para vigência até o final do primeiro exercício financeiro do mandato presidencial subsequente, será encaminhado até quatro meses antes do encerramento do primeiro exercício financeiro e devolvido para sanção até o encerramento da sessão legislativa;

II – o projeto de lei de diretrizes orçamentárias será encaminhado até oito meses e meio antes do encerramento do exercício financeiro e devolvido para sanção até o encerramento do primeiro período da sessão legislativa;

III – o projeto de lei orçamentária da União será encaminhado até quatro meses antes do encerramento do exercício financeiro e devolvido para sanção até o encerramento da sessão legislativa.

Art. 36. Os fundos existentes na data da promulgação da Constituição, excetuados os resultantes de isenções fiscais que passem a integrar patrimônio privado e os que interessem à defesa nacional, extinguir-se-ão, se não forem ratificados pelo Congresso Nacional no prazo de dois anos.

Art. 37. A adaptação ao que estabelece o art. 167, III, deverá processar-se no prazo de cinco anos, reduzindo-se o excesso à base de, pelo menos, um quinto por ano.

Art. 38. Até a promulgação da lei complementar referida no art. 169, a União, os Estados, o Distrito Federal e os Municípios não poderão despender com pessoal mais do que sessenta e cinco por cento do valor das respectivas receitas correntes.

§ 1.º A União, os Estados, o Distrito Federal e os Municípios, quando a respectiva despesa de pessoal exceder o limite previsto neste artigo, deverão retornar àquele limite, reduzindo o percentual excedente à razão de um quinto por ano.

•• Parágrafo único renumerado pela Emenda Constitucional n. 127, de 22-12-2022.

§ 2.º As despesas com pessoal resultantes do cumprimento do disposto nos §§ 12, 13, 14 e 15 do art. 198 da Constituição Federal serão contabilizadas, para fins dos limites de que trata o art. 169 da Constituição Federal, da seguinte forma:

•• § 2.º, *caput*, acrescentado pela Emenda Constitucional n. 127, de 22-12-2022.

I – até o fim do exercício financeiro subsequente ao da publicação deste dispositivo, não serão contabilizadas para esses limites;

•• Inciso I acrescentado pela Emenda Constitucional n. 127, de 22-12-2022.

II – no segundo exercício financeiro subsequente ao da publicação deste dispositivo, serão deduzidas em 90% (noventa por cento) do seu valor;

•• Inciso II acrescentado pela Emenda Constitucional n. 127, de 22-12-2022.

III – entre o terceiro e o décimo segundo exercício financeiro subsequente ao da publicação deste dispositivo, a dedução de que trata o inciso II deste parágrafo será reduzida anualmente na proporção de 10% (dez por cento) de seu valor.

•• Inciso III acrescentado pela Emenda Constitucional n. 127, de 22-12-2022.

Art. 39. Para efeito do cumprimento das disposições constitucionais que impliquem variações de despesas e receitas da União, após a promulgação da Constituição, o Poder Executivo deverá elaborar e o Poder Legislativo apreciar projeto de revisão da lei orçamentária referente ao exercício financeiro de 1989.

Parágrafo único. O Congresso Nacional deverá votar no prazo de doze meses a lei complementar prevista no art. 161, II.

Art. 40. É mantida a Zona Franca de Manaus, com suas características de área livre de comércio, de exportação e importação, e de incentivos fiscais, pelo prazo de vinte e cinco anos, a partir da promulgação da Constituição.

•• *Vide* arts. 92 e 92-A do ADCT, que prorrogam o prazo fixado neste artigo.
•• *Vide* art. 92-B do ADCT.

Parágrafo único. Somente por lei federal podem ser modificados os critérios que disciplinaram ou venham a disciplinar a aprovação dos projetos na Zona Franca de Manaus.

Art. 41. Os Poderes Executivos da União, dos Estados, do Distrito Federal e dos Municípios reavaliarão todos os incentivos fiscais de natureza setorial ora em vigor, propondo aos Poderes Legislativos respectivos as medidas cabíveis.

§ 1.º Considerar-se-ão revogados após dois anos, a partir da data da promulgação da Constituição, os incentivos que não forem confirmados por lei.

§ 2.º A revogação não prejudicará os direitos que já tiverem sido adquiridos, àquela data, em relação a incentivos concedidos sob condição e com prazo certo.

§ 3.º Os incentivos concedidos por convênio entre Estados, celebrados nos termos do art. 23, § 6.º, da Constituição de 1967, com a redação da Emenda n. 1, de 17 de outubro de 1969, também deverão ser reavaliados e reconfirmados nos prazos deste artigo.

Art. 42. Durante 40 (quarenta) anos, a União aplicará dos recursos destinados à irrigação:

•• *Caput* com redação determinada pela Emenda Constitucional n. 89, de 15-9-2015.

I – 20% (vinte por cento) na Região Centro-Oeste;

•• Inciso I com redação determinada pela Emenda Constitucional n. 89, de 15-9-2015.

II – 50% (cinquenta por cento) na Região Nordeste, preferencialmente no Semiárido.

•• Inciso II com redação determinada pela Emenda Constitucional n. 89, de 15-9-2015.

Parágrafo único. Dos percentuais previstos nos incisos I e II do *caput*, no mínimo 50% (cinquenta por cento) serão destinados a projetos de irrigação que beneficiem agricultores familiares que atendam aos requisitos previstos em legislação específica.

•• Parágrafo único acrescentado pela Emenda Constitucional n. 89, de 15-9-2015.

Art. 43. Na data da promulgação da lei que disciplinar a pesquisa e a lavra de recursos e jazidas minerais, ou no prazo de um ano, a contar da promulgação da Constituição, tornar-se-ão sem efeito as autorizações, concessões e demais títulos atributivos de direitos minerários, caso os trabalhos de pesquisa ou de lavra não hajam sido comprovadamente iniciados nos prazos legais ou estejam inativos.

•• Regulamento: Lei n. 7.886, de 20-11-1989.

Art. 44. As atuais empresas brasileiras titulares de autorização de pesquisa, concessão de lavra de recursos minerais e de aproveitamento dos potenciais de energia hidráulica em vigor terão quatro anos, a partir da promulgação da Constituição, para cumprir os requisitos do art. 176, § 1.º.

§ 1.º Ressalvadas as disposições de interesse nacional previstas no texto constitucional, as empresas brasileiras ficarão dispensadas do cumprimento do disposto no art. 176, § 1.º, desde que, no prazo de até quatro anos da data da promulgação da Constituição, tenham o produto de sua lavra e beneficiamento destinado a industrialização no território nacional, em seus próprios estabelecimentos ou em empresa industrial controladora ou controlada.

§ 2.º Ficarão também dispensadas do cumprimento do disposto no art. 176, § 1.º, as empresas brasileiras titulares de concessão de energia hidráulica para uso em seu processo de industrialização.

§ 3.º As empresas brasileiras referidas no § 1.º somente poderão ter autorizações de pesquisa e concessões de lavra ou potenciais de energia hidráulica, desde que a energia e o produto da lavra sejam utilizados nos respectivos processos industriais.

Art. 45. Ficam excluídas do monopólio estabelecido pelo art. 177, II, da Constituição as refinarias em funcionamento no País amparadas pelo art. 43 e nas condições do art. 45 da Lei n. 2.004, de 3 de outubro de 1953.

•• A Lei n. 2.004, de 3-10-1953, foi revogada pela Lei n. 9.478, de 6-8-1997.

Parágrafo único. Ficam ressalvados da vedação do art. 177, § 1.º, os contratos de risco feitos com a Petróleo Brasileiro S.A. (Petrobrás), para pesquisa de petróleo, que estejam em vigor na data da promulgação da Constituição.

Art. 46. São sujeitos à correção monetária desde o vencimento, até seu efetivo pagamento, sem interrupção ou suspensão, os créditos junto a entidades submetidas aos regimes de intervenção ou liquidação extrajudicial, mesmo quando esses regimes sejam convertidos em falência.

Parágrafo único. O disposto neste artigo aplica-se também:

I – às operações realizadas posteriormente à decretação dos regimes referidos no *caput* deste artigo;

II – às operações de empréstimo, financiamento, refinanciamento, assistência financeira de liquidez, cessão ou sub-rogação de créditos ou cédulas hipotecárias, efetivação de garantia de depósitos do público ou de compra de obrigações passivas, inclusive as realizadas com recursos de fundos que tenham essas destinações;

III – aos créditos anteriores à promulgação da Constituição;

IV – aos créditos das entidades da administração pública anteriores à promulgação da Constituição, não liquidados até 1.º de janeiro de 1988.

Art. 47. Na liquidação dos débitos, inclusive suas renegociações e composições posteriores, ainda que ajuizados, decorrentes de quaisquer empréstimos concedidos por bancos e por instituições financeiras, não existirá correção monetária desde que o empréstimo tenha sido concedido:

I – aos micro e pequenos empresários ou seus estabelecimentos no período de 28 de fevereiro de 1986 a 28 de fevereiro de 1987;

II – aos mini, pequenos e médios produtores rurais no período de 28 de fevereiro de 1986 a 31 de dezembro de 1987, desde que relativos a crédito rural.

§ 1.º Consideram-se, para efeito deste artigo, microempresas as pessoas jurídicas e as firmas individuais com receitas anuais de até dez mil Obrigações do Tesouro Nacional, e pequenas empresas as pessoas jurídicas e as firmas individuais com receita anual de até vinte e cinco mil Obrigações do Tesouro Nacional.

§ 2.º A classificação de mini, pequeno e médio produtor rural será feita obedecendo-se às normas de crédito rural vigentes à época do contrato.

§ 3.º A isenção da correção monetária a que se refere este artigo só será concedida nos seguintes casos:

I – se a liquidação do débito inicial, acrescido de juros legais e taxas judiciais, vier a ser efetivada no prazo de noventa dias, a contar da data da promulgação da Constituição;

II – se a aplicação dos recursos não contrariar a finalidade do financiamento, cabendo o ônus da prova à instituição credora;

III – se não for demonstrado pela instituição credora que o mutuário dispõe de meios para o pagamento de seu débito, excluídos desta demonstração seu estabelecimento, a casa de moradia e os instrumentos de trabalho e produção;

IV – se o financiamento inicial não ultrapassar o limite de cinco mil Obrigações do Tesouro Nacional;

V – se o beneficiário não for proprietário de mais de cinco módulos rurais.

ADCT – Arts. 47 a 57 – Disposições Transitórias

§ 4.º Os benefícios de que trata este artigo não se estendem aos débitos já quitados e aos devedores que sejam constituintes.

§ 5.º No caso de operações com prazos de vencimento posteriores à data-limite de liquidação da dívida, havendo interesse do mutuário, os bancos e as instituições financeiras promoverão, por instrumento próprio, alteração nas condições contratuais originais de forma a ajustá-las ao presente benefício.

§ 6.º A concessão do presente benefício por bancos comerciais privados em nenhuma hipótese acarretará ônus para o Poder Público, ainda que através de refinanciamento e repasse de recursos pelo banco central.

§ 7.º No caso de repasse a agentes financeiros oficiais ou cooperativas de crédito, o ônus recairá sobre a fonte de recursos originária.

Art. 48. O Congresso Nacional, dentro de cento e vinte dias da promulgação da Constituição, elaborará código de defesa do consumidor.
•• A Lei n. 8.078, de 11-9-1990, dispõe sobre a proteção do consumidor (CDC).

Art. 49. A lei disporá sobre o instituto da enfiteuse em imóveis urbanos, sendo facultada aos foreiros, no caso de sua extinção, a remição dos aforamentos mediante aquisição do domínio direto, na conformidade do que dispuserem os respectivos contratos.

§ 1.º Quando não existir cláusula contratual, serão adotados os critérios e bases hoje vigentes na legislação especial dos imóveis da União.

§ 2.º Os direitos dos atuais ocupantes inscritos ficam assegurados pela aplicação de outra modalidade de contrato.
•• § 2.º regulamentado pela Lei n. 9.636, de 15-5-1998.

§ 3.º A enfiteuse continuará sendo aplicada aos terrenos de marinha e seus acrescidos, situados na faixa de segurança, a partir da orla marítima.

§ 4.º Remido o foro, o antigo titular do domínio direto deverá, no prazo de noventa dias, sob pena de responsabilidade, confiar à guarda do registro de imóveis competente toda a documentação a ele relativa.

Art. 50. Lei agrícola a ser promulgada no prazo de um ano disporá, nos termos da Constituição, sobre os objetivos e instrumentos de política agrícola, prioridades, planejamento de safras, comercialização, abastecimento interno, mercado externo e instituição de crédito fundiário.

Art. 51. Serão revistos pelo Congresso Nacional, através de Comissão mista, nos três anos a contar da data da promulgação da Constituição, todas as doações, vendas e concessões de terras públicas com área superior a três mil hectares, realizadas no período de 1.º de janeiro de 1962 a 31 de dezembro de 1987.

§ 1.º No tocante às vendas, a revisão será feita com base exclusivamente no critério de legalidade da operação.

§ 2.º No caso de concessões e doações, a revisão obedecerá aos critérios de legalidade e de conveniência do interesse público.

§ 3.º Nas hipóteses previstas nos parágrafos anteriores, comprovada a ilegalidade, ou havendo interesse público, as terras reverterão ao patrimônio da União, dos Estados, do Distrito Federal ou dos Municípios.

Art. 52. Até que sejam fixadas as condições do art. 192, são vedados:
•• *Caput* com redação determinada pela Emenda Constitucional n. 40, de 29-5-2003.

I – a instalação, no País, de novas agências de instituições financeiras domiciliadas no exterior;

II – o aumento do percentual de participação, no capital de instituições financeiras com sede no País, de pessoas físicas ou jurídicas residentes ou domiciliadas no exterior.

Parágrafo único. A vedação a que se refere este artigo não se aplica às autorizações resultantes de acordos internacionais, de reciprocidade, ou de interesse do Governo brasileiro.

Art. 53. Ao ex-combatente que tenha efetivamente participado de operações bélicas durante a Segunda Guerra Mundial, nos termos da Lei n. 5.315, de 12 de setembro de 1967, serão assegurados os seguintes direitos:
• A Lei n. 8.059, de 4-7-1990, dispõe sobre a pensão especial devida aos ex-combatentes da Segunda Guerra Mundial e a seus dependentes.

I – aproveitamento no serviço público, sem a exigência de concurso, com estabilidade;

II – pensão especial correspondente à deixada por segundo-tenente das Forças Armadas, que poderá ser requerida a qualquer tempo, sendo inacumulável com quaisquer rendimentos recebidos dos cofres públicos, exceto os benefícios previdenciários, ressalvado o direito de opção;

III – em caso de morte, pensão à viúva ou companheira ou dependente, de forma proporcional, de valor igual à do inciso anterior;

IV – assistência médica, hospitalar e educacional gratuita, extensiva aos dependentes;

V – aposentadoria com proventos integrais aos vinte e cinco anos de serviço efetivo, em qualquer regime jurídico;

VI – prioridade na aquisição da casa própria, para os que não a possuam ou para suas viúvas ou companheiras.

Parágrafo único. A concessão da pensão especial do inciso II substitui, para todos os efeitos legais, qualquer outra pensão já concedida ao ex-combatente.

Art. 54. Os seringueiros recrutados nos termos do Decreto-lei n. 5.813, de 14 de setembro de 1943, e amparados pelo Decreto-lei n. 9.882, de 16 de setembro de 1946, receberão, quando carentes, pensão mensal vitalícia no valor de dois salários mínimos.

§ 1.º O benefício é estendido aos seringueiros que, atendendo a apelo do Governo brasileiro, contribuíram para o esforço de guerra, trabalhando na produção de borracha, na Região Amazônica, durante a Segunda Guerra Mundial.

§ 2.º Os benefícios estabelecidos neste artigo são transferíveis aos dependentes reconhecidamente carentes.

§ 3.º A concessão do benefício far-se-á conforme lei a ser proposta pelo Poder Executivo dentro de cento e cinquenta dias da promulgação da Constituição.
• Concessão do benefício previsto neste artigo: Lei n. 7.986, de 28-12-1989.

Art. 54-A. Os seringueiros de que trata o art. 54 deste Ato das Disposições Constitucionais Transitórias receberão indenização, em parcela única, no valor de R$ 25.000,00 (vinte e cinco mil reais).
•• Artigo acrescentado pela Emenda Constitucional n. 78, de 14-5-2014.

Art. 55. Até que seja aprovada a lei de diretrizes orçamentárias, trinta por cento, no mínimo, do orçamento da seguridade social, excluído o seguro-desemprego, serão destinados ao setor de saúde.

Art. 56. Até que a lei disponha sobre o art. 195, I, a arrecadação decorrente de, no mínimo, cinco dos seis décimos percentuais correspondentes à alíquota da contribuição de que trata o Decreto-lei n. 1.940, de 25 de maio de 1982, alterada pelo Decreto-lei n. 2.049, de 1.º de agosto de 1983, pelo Decreto n. 91.236, de 8 de maio de 1985, e pela Lei n. 7.611, de 8 de julho de 1987, passa a integrar a receita da seguridade social, ressalvados, exclusivamente no exercício de 1988, os compromissos assumidos com programas e projetos em andamento.

Art. 57. Os débitos dos Estados e dos Municípios relativos às contribuições previdenciárias até 30 de junho de 1988 serão liquidados, com correção monetária em cento e vinte parcelas mensais, dispensados os juros e multas sobre eles incidentes, desde que os devedores requeiram o parcelamento e iniciem seu pagamento no prazo de cento e oitenta dias a contar da promulgação da Constituição.

§ 1.º O montante a ser pago em cada um dos dois primeiros anos não será inferior a cinco por cento do total do débito consolidado e atualizado, sendo o restante dividido em parcelas mensais de igual valor.

§ 2.º A liquidação poderá incluir pagamentos na forma de cessão de bens e prestação de serviços, nos termos da Lei n. 7.578, de 23 de dezembro de 1986.

§ 3.º Em garantia do cumprimento do parcelamento, os Estados e os Municípios consignarão, anualmente, nos respectivos orçamentos as dotações necessárias ao pagamento de seus débitos.

§ 4.º Descumprida qualquer das condições estabelecidas para concessão do parcelamento, o débito será considerado vencido em sua totalidade, sobre ele incidindo juros de mora; nesta hipótese, parcela dos recursos correspondentes aos Fundos de Participação, destinada aos Estados e Municípios devedores, será bloqueada e repassada à previdência social para pagamento de seus débitos.

Art. 58. Os benefícios de prestação continuada, mantidos pela previdência social na data da promulgação da Constituição, terão seus valores revistos, a fim de que seja restabelecido o poder aquisitivo, expresso em número de salários mínimos, que tinham na data de sua concessão, obedecendo-se a esse critério de atualização até a implantação do plano de custeio e benefícios referidos no artigo seguinte.

Parágrafo único. As prestações mensais dos benefícios atualizadas de acordo com este artigo serão devidas e pagas a partir do sétimo mês a contar da promulgação da Constituição.

Art. 59. Os projetos de lei relativos à organização da seguridade social e aos planos de custeio e de benefício serão apresentados no prazo máximo de seis meses da promulgação da Constituição ao Congresso Nacional, que terá seis meses para apreciá-los.

Parágrafo único. Aprovados pelo Congresso Nacional, os planos serão implantados progressivamente nos dezoito meses seguintes.

Art. 60. A complementação da União referida no inciso IV do *caput* do art. 212-A da Constituição Federal será implementada progressivamente até alcançar a proporção estabelecida no inciso V do *caput* do mesmo artigo, a partir de 1.º de janeiro de 2021, nos seguintes valores mínimos:
- •• *Caput* com redação determinada pela Emenda Constitucional n. 108, de 26-8-2020.

I – 12% (doze por cento), no primeiro ano;
- •• Inciso I com redação determinada pela Emenda Constitucional n. 108, de 26-8-2020.

II – 15% (quinze por cento), no segundo ano;
- •• Inciso II com redação determinada pela Emenda Constitucional n. 108, de 26-8-2020.

III – 17% (dezessete por cento), no terceiro ano;
- •• Inciso III com redação determinada pela Emenda Constitucional n. 108, de 26-8-2020.

IV – 19% (dezenove por cento), no quarto ano;
- •• Inciso IV com redação determinada pela Emenda Constitucional n. 108, de 26-8-2020.

V – 21% (vinte e um por cento), no quinto ano;
- •• Inciso V com redação determinada pela Emenda Constitucional n. 108, de 26-8-2020.

VI – 23% (vinte e três por cento), no sexto ano.
- •• Inciso VI com redação determinada pela Emenda Constitucional n. 108, de 26-8-2020.

§ 1.º A parcela da complementação de que trata a alínea *b* do inciso V do *caput* do art. 212-A da Constituição Federal observará, no mínimo, os seguintes valores:
- •• § 1.º, *caput*, com redação determinada pela Emenda Constitucional n. 108, de 26-8-2020.

I – 2 (dois) pontos percentuais, no primeiro ano;
- •• Inciso I acrescentado pela Emenda Constitucional n. 108, de 26-8-2020.

II – 5 (cinco) pontos percentuais, no segundo ano;
- •• Inciso II acrescentado pela Emenda Constitucional n. 108, de 26-8-2020.

III – 6,25 (seis inteiros e vinte e cinco centésimos) pontos percentuais, no terceiro ano;
- •• Inciso III acrescentado pela Emenda Constitucional n. 108, de 26-8-2020.

IV – 7,5 (sete inteiros e cinco décimos) pontos percentuais, no quarto ano;
- •• Inciso IV acrescentado pela Emenda Constitucional n. 108, de 26-8-2020.

V – 9 (nove) pontos percentuais, no quinto ano;
- •• Inciso V acrescentado pela Emenda Constitucional n. 108, de 26-8-2020.

VI – 10,5 (dez inteiros e cinco décimos) pontos percentuais, no sexto ano.
- •• Inciso VI acrescentado pela Emenda Constitucional n. 108, de 26-8-2020.

§ 2.º A parcela da complementação de que trata a alínea *c* do inciso V do *caput* do art. 212-A da Constituição Federal observará os seguintes valores:
- • § 2.º, *caput*, com redação determinada pela Emenda Constitucional n. 108, de 26-8-2020.

I – 0,75 (setenta e cinco centésimos) ponto percentual, no terceiro ano;
- •• Inciso I acrescentado pela Emenda Constitucional n. 108, de 26-8-2020.

II – 1,5 (um inteiro e cinco décimos) ponto percentual, no quarto ano;
- •• Inciso II acrescentado pela Emenda Constitucional n. 108, de 26-8-2020.

III – 2 (dois) pontos percentuais, no quinto ano;
- •• Inciso III acrescentado pela Emenda Constitucional n. 108, de 26-8-2020.

IV – 2,5 (dois inteiros e cinco décimos) pontos percentuais, no sexto ano.
- •• Inciso IV acrescentado pela Emenda Constitucional n. 108, de 26-8-2020.

Art. 60-A. Os critérios de distribuição da complementação da União e dos fundos a que se refere o inciso I do *caput* do art. 212-A da Constituição Federal serão revistos em seu sexto ano de vigência e, a partir dessa primeira revisão, periodicamente, a cada 10 (dez) anos.
- •• Artigo acrescentado pela Emenda Constitucional n. 108, de 26-8-2020.

Art. 61. As entidades educacionais a que se refere o art. 213, bem como as fundações de ensino e pesquisa cuja criação tenha sido autorizada por lei, que preencham os requisitos dos incisos I e II do referido artigo e que, nos últimos três anos, tenham recebido recursos públicos, poderão continuar a recebê-los, salvo disposição legal em contrário.

Art. 62. A lei criará o Serviço Nacional de Aprendizagem Rural (SENAR) nos moldes da legislação relativa ao Serviço Nacional de Aprendizagem Industrial (SENAI) e ao Serviço Nacional de Aprendizagem do Comércio (SENAC), sem prejuízo das atribuições dos órgãos públicos que atuam na área.
- • A Lei n. 8.315, de 23-12-1991, dispõe sobre a criação do Serviço Nacional de Aprendizagem Rural – SENAR.

Art. 63. É criada uma Comissão composta de nove membros, sendo três do Poder Legislativo, três do Poder Judiciário e três do Poder Executivo, para promover as comemorações do centenário da Proclamação da República e da promulgação da primeira Constituição republicana do País, podendo, a seu critério, desdobrar-se em tantas subcomissões quantas forem necessárias.

Parágrafo único. No desenvolvimento de suas atribuições, a Comissão promoverá estudos, debates e avaliações sobre a evolução política, social, econômica e cultural do País, podendo articular-se com os governos estaduais e municipais e com instituições públicas e privadas que desejem participar dos eventos.

Art. 64. A Imprensa Nacional e demais gráficas da União, dos Estados, do Distrito Federal e dos Municípios, da administração direta ou indireta, inclusive fundações instituídas e mantidas pelo Poder Público, promoverão edição popular do texto integral da Constituição, que será posta à disposição das escolas e dos cartórios, dos sindicatos, dos quartéis, das igrejas e de outras instituições representativas da comunidade, gratuitamente, de modo que cada cidadão brasileiro possa receber do Estado um exemplar da Constituição do Brasil.

Art. 65. O Poder Legislativo regulamentará, no prazo de doze meses, o art. 220, § 4.º.

Art. 66. São mantidas as concessões de serviços públicos de telecomunicações atualmente em vigor, nos termos da lei.

Art. 67. A União concluirá a demarcação das terras indígenas no prazo de cinco anos a partir da promulgação da Constituição.

Art. 68. Aos remanescentes das comunidades dos quilombos que estejam ocupando suas terras é reconhecida a propriedade definitiva, devendo o Estado emitir-lhes os títulos respectivos.
- •• O Decreto n. 4.887, de 20-11-2003, regulamenta o procedimento para identificação, reconhecimento, delimitação, demarcação e titulação das terras ocupadas por remanescentes das comunidades dos quilombos de que trata este artigo.
- • A Instrução Normativa n. 73, de 17-5-2012, do Instituto Nacional de Colonização e Reforma Agrária – INCRA, estabelece critérios e procedimentos para a realização de benfeitorias de boa-fé erigidos em terra pública visando a desintrusão em território quilombola.

Art. 69. Será permitido aos Estados manter consultorias jurídicas separadas de suas Procuradorias-Gerais ou Advocacias-Gerais, desde que, na data da promulgação da Constituição, tenham órgãos distintos para as respectivas funções.

Art. 70. Fica mantida a atual competência dos tribunais estaduais até que a mesma seja definida na Constituição do Estado, nos termos do art. 125, § 1.º, da Constituição.

Art. 71. É instituído, nos exercícios financeiros de 1994 e 1995, bem assim nos períodos de 1.º de janeiro de 1996 a 30 de junho de 1997 e 1.º de julho de 1997 a 31 de dezembro de 1999, o Fundo Social de Emergência, com o objetivo de saneamento financeiro da Fazenda Pública Federal e de esta-

ADCT – Arts. 71 a 75 – Disposições Transitórias

bilização econômica, cujos recursos serão aplicados prioritariamente no custeio das ações dos sistemas de saúde e educação, incluindo a complementação de recursos de que trata o § 3.º do art. 60 do Ato das Disposições Constitucionais Transitórias, benefícios previdenciários e auxílios assistenciais de prestação continuada, inclusive liquidação de passivo previdenciário, e despesas orçamentárias associadas a programas de relevante interesse econômico e social.

•• *Caput* com redação determinada pela Emenda Constitucional n. 17, de 22-11-1997.

§ 1.º Ao Fundo criado por este artigo não se aplica o disposto na parte final do inciso II do § 9.º do art. 165 da Constituição.

•• § 1.º acrescentado pela Emenda Constitucional n. 10, de 4-3-1996.

§ 2.º O Fundo criado por este artigo passa a ser denominado Fundo de Estabilização Fiscal a partir do início do exercício financeiro de 1996.

•• § 2.º acrescentado pela Emenda Constitucional n. 10, de 4-3-1996.

§ 3.º O Poder Executivo publicará demonstrativo da execução orçamentária, de periodicidade bimestral, no qual se discriminarão as fontes e usos do Fundo criado por este artigo.

•• § 3.º acrescentado pela Emenda Constitucional n. 10, de 4-3-1996.

Art. 72. Integram o Fundo Social de Emergência:

•• *Caput* acrescentado pela Emenda Constitucional de Revisão n. 1, de 1.º-3-1994.

I – o produto da arrecadação do imposto sobre renda e proventos de qualquer natureza incidente na fonte sobre pagamentos efetuados, a qualquer título, pela União, inclusive suas autarquias e fundações;

•• Inciso I acrescentado pela Emenda Constitucional de Revisão n. 1, de 1.º-3-1994.

II – a parcela do produto da arrecadação do imposto sobre renda e proventos de qualquer natureza e do imposto sobre operações de crédito, câmbio e seguro, ou relativas a títulos e valores mobiliários, decorrente das alterações produzidas pelas Lei n. 8.894, de 21 de junho de 1994, e pelas Leis n. 8.849 e 8.848, ambas de 28 de janeiro de 1994, e modificações posteriores;

•• Inciso II com redação determinada pela Emenda Constitucional n. 10, de 4-3-1996.

III – a parcela do produto da arrecadação resultante da elevação da alíquota da contribuição social sobre o lucro dos contribuintes a que se refere o § 1.º do art. 22 da Lei n. 8.212, de 24 de setembro de 1991, a qual, nos exercícios financeiros de 1994 e 1995, bem assim no período de 1.º de janeiro de 1996 a 30 de junho de 1997, passa a ser de trinta por cento, sujeita a alteração por lei ordinária, mantidas as demais normas da Lei n. 7.689, de 15 de dezembro de 1988;

•• Inciso III com redação determinada pela Emenda Constitucional n. 10, de 4-3-1996.

IV – vinte por cento do produto da arrecadação de todos os impostos e contribuições da União, já instituídos ou a serem criados, excetuado o previsto nos incisos I, II e III, observado o disposto nos §§ 3.º e 4.º;

•• Inciso IV com redação determinada pela Emenda Constitucional n. 10, de 4-3-1996.

V – a parcela do produto da arrecadação da contribuição de que trata a Lei Complementar n. 7, de 7 de setembro de 1970, devida pelas pessoas jurídicas a que se refere o inciso III deste artigo, a qual será calculada, nos exercícios financeiros de 1994 e 1995, bem assim nos períodos de 1.º de janeiro de 1996 a 30 de junho de 1997 e de 1.º de julho de 1997 a 31 de dezembro de 1999, mediante aplicação da alíquota de setenta e cinco centésimos por cento, sujeita a alteração por lei ordinária posterior, sobre a receita bruta operacional, como definida na legislação do imposto sobre renda e proventos de qualquer natureza; e

•• Inciso V com redação determinada pela Emenda Constitucional n. 17, de 22-11-1997.

VI – outras receitas previstas em lei específica.

•• Inciso VI acrescentado pela Emenda Constitucional de Revisão n. 1, de 1.º-3-1994.

§ 1.º As alíquotas e a base de cálculo previstas nos incisos III e V aplicar-se-ão a partir do primeiro dia do mês seguinte aos noventa dias posteriores à promulgação desta Emenda.

•• § 1.º acrescentado pela Emenda Constitucional de Revisão n. 1, de 1.º-3-1994.

§ 2.º As parcelas de que tratam os incisos I, II, III e V serão previamente deduzidas da base de cálculo de qualquer vinculação ou participação constitucional ou legal, não se lhes aplicando o disposto nos arts. 159, 212 e 239 da Constituição.

•• § 2.º com redação determinada pela Emenda Constitucional n. 10, de 4-3-1996.

§ 3.º A parcela de que trata o inciso IV será previamente deduzida da base de cálculo das vinculações ou participações constitucionais previstas nos arts. 153, § 5.º, 157, II, 212 e 239 da Constituição.

•• § 3.º com redação determinada pela Emenda Constitucional n. 10, de 4-3-1996.

§ 4.º O disposto no parágrafo anterior não se aplica aos recursos previstos nos arts. 158, II, e 159 da Constituição.

•• § 4.º com redação determinada pela Emenda Constitucional n. 10, de 4-3-1996.

§ 5.º A parcela dos recursos provenientes do imposto sobre renda e proventos de qualquer natureza, destinada ao Fundo Social de Emergência, nos termos do inciso II deste artigo, não poderá exceder a cinco inteiros e seis décimos por cento do total do produto da sua arrecadação.

•• § 5.º com redação determinada pela Emenda Constitucional n. 10, de 4-3-1996.

Art. 73. Na regulação do Fundo Social de Emergência não poderá ser utilizado o instrumento previsto no inciso V do art. 59 da Constituição.

•• Artigo acrescentado pela Emenda Constitucional de Revisão n. 1, de 1.º-3-1994.

• *Vide* art. 71 do ADCT.

Art. 74. A União poderá instituir contribuição provisória sobre movimentação ou transmissão de valores e de créditos e direitos de natureza financeira.

•• *Caput* acrescentado pela Emenda Constitucional n. 12, de 15-8-1996.

• *Vide* Emendas Constitucionais n. 21, de 18-3-1999, e n. 37, de 12-6-2002.

§ 1.º A alíquota da contribuição de que trata este artigo não excederá a vinte e cinco centésimos por cento, facultado ao Poder Executivo reduzi-la ou restabelecê-la, total ou parcialmente, nas condições e limites fixados em lei.

•• § 1.º acrescentado pela Emenda Constitucional n. 12, de 15-8-1996.

•• Alíquota alterada pela Emenda Constitucional n. 21, de 18-3-1999.

§ 2.º À contribuição de que trata este artigo não se aplica o disposto nos arts. 153, § 5.º, e 154, I, da Constituição.

•• § 2.º acrescentado pela Emenda Constitucional n. 12, de 15-8-1996.

§ 3.º O produto da arrecadação da contribuição de que trata este artigo será destinado integralmente ao Fundo Nacional de Saúde, para financiamento das ações e serviços de saúde.

•• § 3.º acrescentado pela Emenda Constitucional n. 12, de 15-8-1996.

§ 4.º A contribuição de que trata este artigo terá sua exigibilidade subordinada ao disposto no art. 195, § 6.º, da Constituição, e não poderá ser cobrada por prazo superior a dois anos.

•• § 4.º acrescentado pela Emenda Constitucional n. 12, de 15-8-1996.

•• *Vide* arts. 75 e 84 do ADCT, que prorrogaram o prazo previsto neste parágrafo.

Art. 75. É prorrogada, por trinta e seis meses, a cobrança da contribuição provisória sobre movimentação ou transmissão de valores e de créditos e direitos de natureza financeira de que trata o art. 74, instituída pela Lei n. 9.311, de 24 de outubro de 1996, modificada pela Lei n. 9.539, de 12 de dezembro de 1997, cuja vigência é também prorrogada por idêntico prazo.

•• *Caput* acrescentado pela Emenda Constitucional n. 21, de 18-3-1999.

•• *Vide* art. 84 do ADCT, que prorrogou o prazo previsto neste artigo até 31-12-2004.

• Fundo de Combate e Erradicação da Pobreza: *Vide* art. 80, I, do ADCT.

• *Vide* Emenda Constitucional n. 37, de 12-6-2002.

§ 1.º Observado o disposto no § 6.º do art. 195 da Constituição Federal, a alíquota da contribuição será de trinta e oito centésimos por cento, nos primeiros doze meses, e de trinta centésimos, nos meses subsequentes, facultado ao Poder Executivo reduzi-la total ou parcialmente, nos limites aqui definidos.

•• § 1.º acrescentado pela Emenda Constitucional n. 21, de 18-3-1999.

§ 2.º O resultado do aumento da arrecadação, decorrente da alteração da alíquota, nos exercícios financeiros de 1999, 2000 e 2001, será destinado ao custeio da previdência social.

•• § 2.º acrescentado pela Emenda Constitucional n. 21, de 18-3-1999.

§ 3.º É a União autorizada a emitir títulos da dívida pública interna, cujos recursos serão destinados ao custeio da saúde e da previdência social, em montante equivalente ao produto da arrecadação da contribuição, prevista e não realizada em 1999.
- • § 3.º acrescentado pela Emenda Constitucional n. 21, de 18-3-1999.
- • O STF, na ADI n. 2.031-5, de 3-10-2002 (*DOU* de 11-10-2002), declara a inconstitucionalidade deste parágrafo.

Art. 76. São desvinculados de órgão, fundo ou despesa, até 31 de dezembro de 2032, 30% (trinta por cento) da arrecadação da União relativa às contribuições sociais, sem prejuízo do pagamento das despesas do Regime Geral de Previdência Social, às contribuições de intervenção no domínio econômico, às taxas e às receitas patrimoniais, já instituídas ou que vierem a ser criadas até a referida data.
- • *Caput* com redação determinada pela Emenda Constitucional n. 135, de 20-12-2024.

§ 1.º (*Revogado pela Emenda Constitucional n. 93, de 8-9-2016.*)

§ 2.º Excetua-se da desvinculação de que trata o *caput* a arrecadação da contribuição social do salário-educação a que se refere o § 5.º do art. 212 da Constituição Federal.
- • § 2.º com redação determinada pela Emenda Constitucional n. 68, de 21-12-2011.

§ 3.º (*Revogado pela Emenda Constitucional n. 93, de 8-9-2016.*)

§ 4.º A desvinculação de que trata o *caput* não se aplica às receitas das contribuições sociais destinadas ao custeio da seguridade social.
- • § 4.º acrescentado pela Emenda Constitucional n. 103, de 12-11-2019.

§ 5.º A desvinculação de que trata o *caput* deste artigo não opera efeitos sobre recursos que, por expressa disposição em norma constitucional ou legal, devam ser transferidos a Estados, ao Distrito Federal e a Municípios.
- • § 5.º acrescentado pela Emenda Constitucional n. 135, de 20-12-2024.

§ 6.º A desvinculação de que trata o *caput* deste artigo não se aplica às receitas destinadas ao fundo criado pelo art. 47 da Lei n. 12.351, de 22 de dezembro de 2010, e aos recursos a que se refere o art. 2.º da Lei n. 12.858, de 9 de setembro de 2013.
- • § 6.º acrescentado pela Emenda Constitucional n. 135, de 20-12-2024.

Art. 76-A. São desvinculados de órgão, fundo ou despesa, até 31 de dezembro de 2032, 30% (trinta por cento) das receitas dos Estados e do Distrito Federal relativas a impostos, taxas e multas já instituídos ou que vierem a ser criados até a referida data, seus adicionais e respectivos acréscimos legais, e outras receitas correntes.
- • *Caput* com redação determinada pela Emenda Constitucional n. 132, de 20-12-2023.

Parágrafo único. Excetuam-se da desvinculação de que trata o *caput*:
- • Parágrafo único, *caput*, acrescentado pela Emenda Constitucional n. 93, de 8-9-2016.

I – recursos destinados ao financiamento das ações e serviços públicos de saúde e à manutenção e desenvolvimento do ensino de que tratam, respectivamente, os incisos II e III do § 2.º do art. 198 e o art. 212 da Constituição Federal;
- • Inciso I acrescentado pela Emenda Constitucional n. 93, de 8-9-2016.

II – receitas que pertencem aos Municípios decorrentes de transferências previstas na Constituição Federal;
- • Inciso II acrescentado pela Emenda Constitucional n. 93, de 8-9-2016.

III – receitas de contribuições previdenciárias e de assistência à saúde dos servidores;
- • Inciso III acrescentado pela Emenda Constitucional n. 93, de 8-9-2016.

IV – demais transferências obrigatórias e voluntárias entre entes da Federação com destinação especificada em lei;
- • Inciso IV acrescentado pela Emenda Constitucional n. 93, de 8-9-2016.

V – fundos instituídos pelo Poder Judiciário, pelos Tribunais de Contas, pelo Ministério Público, pelas Defensorias Públicas e pelas Procuradorias-Gerais dos Estados e do Distrito Federal.
- • Inciso V acrescentado pela Emenda Constitucional n. 93, de 8-9-2016.

Art. 76-B. São desvinculados de órgão, fundo ou despesa, até 31 de dezembro de 2032, 30% (trinta por cento) das receitas dos Municípios relativas a impostos, taxas e multas, já instituídos ou que vierem a ser criados até a referida data, seus adicionais e respectivos acréscimos legais, e outras receitas correntes.
- • *Caput* com redação determinada pela Emenda Constitucional n. 132, de 20-12-2023.

Parágrafo único. Excetuam-se da desvinculação de que trata o *caput*:
- • Parágrafo único, *caput*, acrescentado pela Emenda Constitucional n. 93, de 8-9-2016.

I – recursos destinados ao financiamento das ações e serviços públicos de saúde e à manutenção e desenvolvimento do ensino de que tratam, respectivamente, os incisos II e III do § 2.º do art. 198 e o art. 212 da Constituição Federal;
- • Inciso I acrescentado pela Emenda Constitucional n. 93, de 8-9-2016.

II – receitas de contribuições previdenciárias e de assistência à saúde dos servidores;
- • Inciso II acrescentado pela Emenda Constitucional n. 93, de 8-9-2016.

III – transferências obrigatórias e voluntárias entre entes da Federação com destinação especificada em lei;
- • Inciso III acrescentado pela Emenda Constitucional n. 93, de 8-9-2016.

IV – fundos instituídos pelo Tribunal de Contas do Município.
- • Inciso IV acrescentado pela Emenda Constitucional n. 93, de 8-9-2016.

Art. 77. Até o exercício financeiro de 2004, os recursos mínimos aplicados nas ações e serviços públicos de saúde serão equivalentes:
- • *Caput* acrescentado pela Emenda Constitucional n. 29, de 13-9-2000.

I – no caso da União:
- • Inciso I, *caput*, acrescentado pela Emenda Constitucional n. 29, de 13-9-2000.

a) no ano 2000, o montante empenhado em ações e serviços públicos de saúde no exercício financeiro de 1999 acrescido de, no mínimo, cinco por cento;
- • Alínea a acrescentada pela Emenda Constitucional n. 29, de 13-9-2000.

b) do ano 2001 ao ano 2004, o valor apurado no ano anterior, corrigido pela variação nominal do Produto Interno Bruto – PIB;
- • Alínea *b* acrescentada pela Emenda Constitucional n. 29, de 13-9-2000.

II – no caso dos Estados e do Distrito Federal, doze por cento do produto da arrecadação dos impostos a que se refere o art. 155 e dos recursos de que tratam os arts. 157 e 159, I, *a*, e inciso II, deduzidas as parcelas que forem transferidas aos respectivos Municípios; e
- • Inciso II acrescentado pela Emenda Constitucional n. 29, de 13-9-2000.

III – no caso dos Municípios e do Distrito Federal, quinze por cento do produto da arrecadação dos impostos a que se refere o art. 156 e dos recursos de que tratam os arts. 158 e 159, I, *b* e § 3.º.
- • Inciso III acrescentado pela Emenda Constitucional n. 29, de 13-9-2000.

§ 1.º Os Estados, o Distrito Federal e os Municípios que apliquem percentuais inferiores aos fixados nos incisos II e III deverão elevá-los gradualmente, até o exercício financeiro de 2004, reduzida a diferença à razão de, pelo menos, um quinto por ano, sendo que, a partir de 2000, a aplicação será de pelo menos sete por cento.
- • § 1.º acrescentado pela Emenda Constitucional n. 29, de 13-9-2000.

§ 2.º Dos recursos da União apurados nos termos deste artigo, quinze por cento, no mínimo, serão aplicados nos Municípios, segundo o critério populacional, em ações e serviços básicos de saúde, na forma da lei.
- • § 2.º acrescentado pela Emenda Constitucional n. 29, de 13-9-2000.

§ 3.º Os recursos dos Estados, do Distrito Federal e dos Municípios destinados às ações e serviços públicos de saúde e os transferidos pela União para a mesma finalidade serão aplicados por meio de Fundo de Saúde que será acompanhado e fiscalizado por Conselho de Saúde, sem prejuízo do disposto no art. 74 da Constituição Federal.
- • § 3.º acrescentado pela Emenda Constitucional n. 29, de 13-9-2000.

§ 4.º Na ausência da lei complementar a que se refere o art. 198, § 3.º, a partir do exercício financeiro de 2005, aplicar-se-á à União, aos Estados, ao Distrito Federal e aos Municípios o disposto neste artigo.

•• § 4.º acrescentado pela Emenda Constitucional n. 29, de 13-9-2000.

Art. 78. Ressalvados os créditos definidos em lei como de pequeno valor, os de natureza alimentícia, os de que trata o art. 33 deste Ato das Disposições Constitucionais Transitórias e suas complementações e os que já tiverem os seus respectivos recursos liberados ou depositados em juízo, os precatórios pendentes na data de promulgação desta Emenda e os que decorram de ações iniciais ajuizadas até 31 de dezembro de 1999 serão liquidados pelo seu valor real, em moeda corrente, acrescido de juros legais, em prestações anuais, iguais e sucessivas, no prazo máximo de dez anos, permitida a cessão dos créditos.
•• *Caput* acrescentado pela Emenda Constitucional n. 30, de 13-9-2000.
○ O STF, nas ADIs n. 2.356 e 2.362, na sessão virtual de 20-10-2023 a 27-10-2023, (*DOU* de 14-11-2023), por maioria, julgou procedentes os pedidos formulados, para, confirmando os limiar deferida, declarar a inconstitucionalidade do artigo 2.º da Emenda Constitucional n. 30/2000, que introduziu este artigo 78. Na sessão virtual de 26-4-2024 a 6-5-2024 (*DOU* de 14-5-2024), o STF, por maioria, modulou os efeitos da presente decisão "para que seja conferida eficácia ex nunc ao presente julgamento, mantendo os parcelamentos realizados até a concessão da medida cautelar nestes autos (25-11-2010)".
•• *Vide* art. 97, § 15, do ADCT.

§ 1.º É permitida a decomposição de parcelas, a critério do credor.
•• § 1.º acrescentado pela Emenda Constitucional n. 30, de 13-9-2000.

§ 2.º As prestações anuais a que se refere o *caput* deste artigo terão, se não liquidadas até o final do exercício a que se referem, poder liberatório do pagamento de tributos da entidade devedora.
•• § 2.º acrescentado pela Emenda Constitucional n. 30, de 13-9-2000.
•• *Vide* art. 6.º da Emenda Constitucional n. 62, de 9-12-2009.

§ 3.º O prazo referido no *caput* deste artigo fica reduzido para dois anos, nos casos de precatórios judiciais originários de desapropriação de imóvel residencial do credor, desde que comprovadamente único à época da imissão na posse.
•• § 3.º acrescentado pela Emenda Constitucional n. 30, de 13-9-2000.

§ 4.º O Presidente do Tribunal competente deverá, vencido o prazo ou em caso de omissão no orçamento, ou preterição ao direito de precedência, a requerimento do credor, requisitar ou determinar o sequestro de recursos financeiros da entidade executada, suficientes à satisfação da prestação.
•• § 4.º acrescentado pela Emenda Constitucional n. 30, de 13-9-2000.

Art. 79. É instituído, para vigorar até o ano de 2010, no âmbito do Poder Executivo Federal, o Fundo de Combate e Erradicação da Pobreza, a ser regulado por lei complementar com o objetivo de viabilizar a todos os brasileiros acesso a níveis dignos de subsistência, cujos recursos serão aplicados em ações suplementares de nutrição, habitação, educação, saúde, reforço de renda familiar e outros programas de relevante interesse social voltados para melhoria da qualidade de vida.
•• *Caput* acrescentado pela Emenda Constitucional n. 31, de 14-12-2000.
•• *Vide* Emenda Constitucional n. 67, de 22-12-2010, que prorroga por tempo indeterminado o prazo de vigência do Fundo de Combate e Erradicação da Pobreza.
•• Artigo regulamentado pela Lei Complementar n. 111, de 6-7-2001.
• *Vide* art. 4.º da Emenda Constitucional n. 42, de 19-12-2003.

Parágrafo único. O Fundo previsto neste artigo terá Conselho Consultivo e de Acompanhamento que conte com a participação de representantes da sociedade civil, nos termos da lei.
•• Parágrafo único acrescentado pela Emenda Constitucional n. 31, de 14-12-2000.

Art. 80. Compõem o Fundo de Combate e Erradicação da Pobreza:
•• *Caput* acrescentado pela Emenda Constitucional n. 31, de 14-12-2000.
•• Regulamento: Lei Complementar n. 111, de 6-7-2001.

I – a parcela do produto da arrecadação correspondente a um adicional de 0,08% (oito centésimos por cento), aplicável de 18 de junho de 2000 a 17 de junho de 2002, na alíquota da contribuição social de que trata o art. 75 do Ato das Disposições Constitucionais Transitórias;
•• Inciso I acrescentado pela Emenda Constitucional n. 31, de 14-12-2000.
•• *Vide* art. 84 do ADCT, que prorrogou o prazo previsto neste artigo até 31-12-2004.

II – a parcela do produto da arrecadação correspondente a um adicional de 5 (cinco) pontos percentuais na alíquota do Imposto sobre Produtos Industrializados – IPI, ou do imposto que vier a substituí-lo, incidente sobre produtos supérfluos e aplicável até a extinção do Fundo;
•• Inciso II acrescentado pela Emenda Constitucional n. 31, de 14-12-2000.
•• A Emenda Constitucional n. 132, de 20-12-2023, a partir de 2033, revoga este Inciso II.
• *Vide* art. 83 do ADCT.

III – o produto da arrecadação do imposto de que trata o art. 153, VII, da Constituição;
•• Inciso III acrescentado pela Emenda Constitucional n. 31, de 14-12-2000.

IV – dotações orçamentárias;
•• Inciso IV acrescentado pela Emenda Constitucional n. 31, de 14-12-2000.

V – doações, de qualquer natureza, de pessoas físicas ou jurídicas do País ou do exterior;
•• Inciso V acrescentado pela Emenda Constitucional n. 31, de 14-12-2000.

VI – outras receitas, a serem definidas na regulamentação do referido Fundo.
•• Inciso VI acrescentado pela Emenda Constitucional n. 31, de 14-12-2000.
•• Artigo regulamentado pela Lei Complementar n. 111, de 6-7-2001.

§ 1.º Aos recursos integrantes do Fundo de que trata este artigo não se aplica o disposto nos arts. 159 e 167, IV, da Constituição, assim como qualquer desvinculação de recursos orçamentários.
•• § 1.º acrescentado pela Emenda Constitucional n. 31, de 14-12-2000.

§ 2.º A arrecadação decorrente do disposto no inciso I deste artigo, no período compreendido entre 18 de junho de 2000 e o início da vigência da lei complementar a que se refere o art. 79, será integralmente repassada ao Fundo, preservado o seu valor real, em títulos públicos federais, progressivamente resgatáveis após 18 de junho de 2002, na forma da lei.
•• § 2.º acrescentado pela Emenda Constitucional n. 31, de 14-12-2000.

Art. 81. É instituído Fundo constituído pelos recursos recebidos pela União em decorrência da desestatização de sociedades de economia mista ou empresas públicas por ela controladas, direta ou indiretamente, quando a operação envolver a alienação do respectivo controle acionário a pessoa ou entidade não integrante da Administração Pública, ou de participação societária remanescente após a alienação, cujos rendimentos, gerados a partir de 18 de junho de 2002, reverterão ao Fundo de Combate e Erradicação da Pobreza.
•• *Caput* acrescentado pela Emenda Constitucional n. 31, de 14-12-2000.
•• Artigo regulamentado pela Lei Complementar n. 111, de 6-7-2001.

§ 1.º Caso o montante anual previsto nos rendimentos transferidos ao Fundo de Combate e Erradicação da Pobreza, na forma deste artigo, não alcance o valor de quatro bilhões de reais, far-se-á complementação na forma do art. 80, IV, do Ato das Disposições Constitucionais Transitórias.
•• § 1.º acrescentado pela Emenda Constitucional n. 31, de 14-12-2000.

§ 2.º Sem prejuízo do disposto no § 1.º, o Poder Executivo poderá destinar ao Fundo a que se refere este artigo outras receitas decorrentes da alienação de bens da União.
•• § 2.º acrescentado pela Emenda Constitucional n. 31, de 14-12-2000.

§ 3.º A constituição do Fundo a que se refere o *caput*, a transferência de recursos ao Fundo de Combate e Erradicação da Pobreza e as demais disposições referentes ao § 1.º deste artigo serão disciplinadas em lei, não se aplicando o disposto no art. 165, § 9.º, II, da Constituição.
•• § 3.º acrescentado pela Emenda Constitucional n. 31, de 14-12-2000.

Art. 82. Os Estados, o Distrito Federal e os Municípios devem instituir Fundos de Combate à Pobreza, com os recursos de que trata este artigo e outros que vierem a destinar, devendo os referidos Fundos ser geridos por entidades que contem com a participação da sociedade civil.
•• *Caput* acrescentado pela Emenda Constitucional n. 31, de 14-12-2000.
•• A Emenda Constitucional n. 132, de 20-12-2023, a partir de 2033, altera a redação deste *caput*: "Art. 82. Os Estados, o Distrito Federal e os Municípios devem instituir Fundos de Combate à

Pobreza, devendo os referidos Fundos ser geridos por entidades que contem com a participação da sociedade civil".

§ 1.º Para o financiamento dos Fundos Estaduais e Distrital, poderá ser criado adicional de até dois pontos percentuais na alíquota do Imposto sobre Circulação de Mercadorias e Serviços – ICMS, sobre os produtos e serviços supérfluos e nas condições definidas na lei complementar de que trata o art. 155, § 2.º, XII, da Constituição, não se aplicando, sobre este percentual, o disposto no art. 158, IV, da Constituição.

•• § 1.º com redação determinada pela Emenda Constitucional n. 42, de 19-12-2003.

•• A Emenda Constitucional n. 132, de 20-12-2023, a partir de 2033, altera a redação deste § 1.º: "§ 1.º Para o financiamento dos Fundos Estaduais, Distrital e Municipais, poderá ser destinado percentual do imposto previsto no art. 156-A da Constituição Federal e dos recursos distribuídos nos termos dos arts. 131 e 132 deste Ato das Disposições Constitucionais Transitórias, nos limites definidos em lei complementar, não se aplicando, sobre estes valores, o disposto no art. 158, IV, da Constituição Federal".

§ 2.º Para o financiamento dos Fundos Municipais, poderá ser criado adicional de até 0,5 (meio) ponto percentual na alíquota do Imposto sobre serviços ou do imposto que vier a substituí-lo, sobre serviços supérfluos.

•• § 2.º acrescentado pela Emenda Constitucional n. 31, de 14-12-2000.

•• A Emenda Constitucional n. 132, de 20-12-2023, a partir de 2033, revoga este § 2.º.

Art. 83. Lei federal definirá os produtos e serviços supérfluos a que se referem os arts. 80, II, e 82, § 2.º.

•• Artigo com redação determinada pela Emenda Constitucional n. 42, de 19-12-2003.

•• A Emenda Constitucional n. 132, de 20-12-2023, a partir de 2033, revoga este artigo.

Art. 84. A contribuição provisória sobre movimentação ou transmissão de valores e de créditos e direitos de natureza financeira, prevista nos arts. 74, 75 e 80, I, deste Ato das Disposições Constitucionais Transitórias, será cobrada até 31 de dezembro de 2004.

•• *Caput* acrescentado pela Emenda Constitucional n. 37, de 12-6-2002.

•• *Vide* art. 90 do ADCT, que prorroga o prazo previsto neste artigo até 31-12-2007.

§ 1.º Fica prorrogada, até a data referida no *caput* deste artigo, a vigência da Lei n. 9.311, de 24 de outubro de 1996, e suas alterações.

•• § 1.º acrescentado pela Emenda Constitucional n. 37, de 12-6-2002.

§ 2.º Do produto da arrecadação da contribuição social de que trata este artigo será destinada a parcela correspondente à alíquota de:

•• § 2.º, *caput*, acrescentado pela Emenda Constitucional n. 37, de 12-6-2002.

I – vinte centésimos por cento ao Fundo Nacional de Saúde, para financiamento das ações e serviços de saúde;

•• Inciso I acrescentado pela Emenda Constitucional n. 37, de 12-6-2002.

II – dez centésimos por cento ao custeio da previdência social;

•• Inciso II acrescentado pela Emenda Constitucional n. 37, de 12-6-2002.

III – oito centésimos por cento ao Fundo de Combate e Erradicação da Pobreza, de que tratam os arts. 80 e 81 deste Ato das Disposições Constitucionais Transitórias.

•• Inciso III acrescentado pela Emenda Constitucional n. 37, de 12-6-2002.

§ 3.º A alíquota da contribuição de que trata este artigo será de:

•• § 3.º, *caput*, acrescentado pela Emenda Constitucional n. 37, de 12-6-2002.

I – trinta e oito centésimos por cento, nos exercícios financeiros de 2002 e 2003;

•• Inciso I acrescentado pela Emenda Constitucional n. 37, de 12-6-2002.

•• *Vide* art. 90, § 2.º, do ADCT, que mantém a alíquota de 0,38% até o exercício financeiro de 2007.

II – (*Revogado pela Emenda Constitucional n. 42, de 19-12-2003.*)

Art. 85. A contribuição a que se refere o art. 84 deste Ato das Disposições Constitucionais Transitórias não incidirá, a partir do 30.º (trigésimo) dia da data de publicação desta Emenda Constitucional, nos lançamentos:

•• *Caput* acrescentado pela Emenda Constitucional n. 37, de 12-6-2002.

I – em contas correntes de depósito especialmente abertas e exclusivamente utilizadas para operações de:

•• Inciso I, *caput*, acrescentado pela Emenda Constitucional n. 37, de 12-6-2002.

a) câmaras e prestadoras de serviços de compensação e de liquidação de que trata o parágrafo único do art. 2.º da Lei n. 10.214, de 27 de março de 2001;

•• Alínea *a* acrescentada pela Emenda Constitucional n. 37, de 12-6-2002.

b) companhias securitizadoras de que trata a Lei n. 9.514, de 20 de novembro de 1997;

•• Alínea *b* acrescentada pela Emenda Constitucional n. 37, de 12-6-2002.

c) sociedades anônimas que tenham por objeto exclusivo a aquisição de créditos oriundos de operações praticadas no mercado financeiro;

•• Alínea *c* acrescentada pela Emenda Constitucional n. 37, de 12-6-2002.

II – em contas correntes de depósito, relativos a:

•• Inciso II, *caput*, acrescentado pela Emenda Constitucional n. 37, de 12-6-2002.

a) operações de compra e venda de ações, realizadas em recintos ou sistemas de negociação de bolsas de valores e no mercado de balcão organizado;

•• Alínea *a* acrescentada pela Emenda Constitucional n. 37, de 12-6-2002.

b) contratos referenciados em ações ou índices de ações, em suas diversas modalidades, negociados em bolsas de valores, de mercadorias e de futuros;

•• Alínea *b* acrescentada pela Emenda Constitucional n. 37, de 12-6-2002.

III – em contas de investidores estrangeiros, relativos a entradas no País e a remessas para o exterior de recursos financeiros empregados, exclusivamente, em operações e contratos referidos no inciso II deste artigo.

•• Inciso III acrescentado pela Emenda Constitucional n. 37, de 12-6-2002.

§ 1.º O Poder Executivo disciplinará o disposto neste artigo no prazo de 30 (trinta) dias da data de publicação desta Emenda Constitucional.

•• § 1.º acrescentado pela Emenda Constitucional n. 37, de 12-6-2002.

§ 2.º O disposto no inciso I deste artigo aplica-se somente às operações relacionadas em ato do Poder Executivo, dentre aquelas que constituam o objeto social das referidas entidades.

•• § 2.º acrescentado pela Emenda Constitucional n. 37, de 12-6-2002.

§ 3.º O disposto no inciso II deste artigo aplica-se somente a operações e contratos efetuados por intermédio de instituições financeiras, sociedades corretoras de títulos e valores mobiliários, sociedades distribuidoras de títulos e valores mobiliários e sociedades corretoras de mercadorias.

•• § 3.º acrescentado pela Emenda Constitucional n. 37, de 12-6-2002.

Art. 86. Serão pagos conforme disposto no art. 100 da Constituição Federal, não se lhes aplicando a regra de parcelamento estabelecida no *caput* do art. 78 deste Ato das Disposições Constitucionais Transitórias, os débitos da Fazenda Federal, Estadual, Distrital ou Municipal oriundos de sentenças transitadas em julgado, que preencham, cumulativamente, as seguintes condições:

•• *Caput* acrescentado pela Emenda Constitucional n. 37, de 12-6-2002.

I – ter sido objeto de emissão de precatórios judiciários;

•• Inciso I acrescentado pela Emenda Constitucional n. 37, de 12-6-2002.

II – ter sido definidos como de pequeno valor pela lei de que trata o § 3.º do art. 100 da Constituição Federal ou pelo art. 87 deste Ato das Disposições Constitucionais Transitórias;

•• Inciso II acrescentado pela Emenda Constitucional n. 37, de 12-6-2002.

III – estar, total ou parcialmente, pendentes de pagamento na data da publicação desta Emenda Constitucional.

•• Inciso III acrescentado pela Emenda Constitucional n. 37, de 12-6-2002.

§ 1.º Os débitos a que se refere o *caput* deste artigo, ou os respectivos saldos, serão pagos na ordem cronológica de apresentação dos respectivos precatórios, com precedência sobre os de maior valor.

•• § 1.º acrescentado pela Emenda Constitucional n. 37, de 12-6-2002.

§ 2.º Os débitos a que se refere o *caput* deste artigo, se ainda não tiverem sido objeto de pagamento parcial, nos termos do art. 78 deste Ato das Disposições Constitucionais Transitórias, poderão ser pagos em duas parcelas anuais, se assim dispuser a lei.

•• § 2.º acrescentado pela Emenda Constitucional n. 37, de 12-6-2002.

§ 3.º Observada a ordem cronológica de sua apresentação, os débitos de natureza alimentícia previstos neste artigo terão precedência para pagamento sobre todos os demais.

•• § 3.º acrescentado pela Emenda Constitucional n. 37, de 12-6-2002.

Art. 87. Para efeito do que dispõem o § 3.º do art. 100 da Constituição Federal e o art. 78 deste Ato das Disposições Constitucionais Transitórias serão considerados de pequeno valor, até que se dê a publicação oficial das respectivas leis definidoras pelos entes da Federação, observado o disposto no § 4.º do art. 100 da Constituição Federal, os débitos ou obrigações consignados em precatório judiciário, que tenham valor igual ou inferior a:
•• *Caput* acrescentado pela Emenda Constitucional n. 37, de 12-6-2002.

I – 40 (quarenta) salários mínimos, perante a Fazenda dos Estados e do Distrito Federal;
•• Inciso I acrescentado pela Emenda Constitucional n. 37, de 12-6-2002.

II – 30 (trinta) salários mínimos, perante a Fazenda dos Municípios.
•• Inciso II acrescentado pela Emenda Constitucional n. 37, de 12-6-2002.

Parágrafo único. Se o valor da execução ultrapassar o estabelecido neste artigo, o pagamento far-se-á, sempre, por meio de precatório, sendo facultada à parte exequente a renúncia ao crédito do valor excedente, para que possa optar pelo pagamento do saldo sem o precatório, da forma prevista no § 3.º do art. 100.
•• Parágrafo único acrescentado pela Emenda Constitucional n. 37, de 12-6-2002.

Art. 88. Enquanto lei complementar não disciplinar o disposto nos incisos I e III do § 3.º do art. 156 da Constituição Federal, o imposto a que se refere o inciso III do *caput* do mesmo artigo:
•• *Caput* acrescentado pela Emenda Constitucional n. 37, de 12-6-2002.

I – terá alíquota mínima de dois por cento, exceto para os serviços a que se referem os itens 32, 33 e 34 da Lista de Serviços anexa ao Decreto-lei n. 406, de 31-12-1968;
•• Inciso I acrescentado pela Emenda Constitucional n. 37, de 12-6-2002.

II – não será objeto de concessão de isenções, incentivos e benefícios fiscais, que resulte, direta ou indiretamente, na redução da alíquota mínima estabelecida no inciso I.
•• Inciso II acrescentado pela Emenda Constitucional n. 37, de 12-6-2002.

Art. 89. Os integrantes da carreira policial militar e os servidores municipais do ex-Território Federal de Rondônia que, comprovadamente, se encontravam no exercício regular de suas funções prestando serviço àquele ex-Território na data em que foi transformado em Estado, bem como os servidores e os policiais militares alcançados pelo disposto no art. 36 da Lei Complementar n. 41, de 22 de dezembro de 1981, e aqueles admitidos regularmente nos quadros do Estado de Rondônia até a data de posse do primeiro Governador eleito, em 15 de março de 1987, constituirão, mediante opção, quadro em extinção da administração federal, assegurados os direitos e as vantagens a eles inerentes, vedado o pagamento, a qualquer título, de diferenças remuneratórias.

•• *Caput* com redação determinada pela Emenda Constitucional n. 60, de 11-11-2009.
•• A Lei n. 13.681, de 18-6-2018, regulamentada pelo Decreto n. 9.823, de 4-6-2019, dispõe sobre as tabelas de salários, vencimentos, soldos e demais vantagens aplicáveis aos servidores civis, aos militares e aos empregados dos ex-Territórios Federais, integrantes do quadro em extinção de que trata este artigo.
• A Lei Complementar n. 41, de 22-12-1981, criou o Estado de Rondônia.

§ 1.º Os membros da Polícia Militar continuarão prestando serviços ao Estado de Rondônia, na condição de cedidos, submetidos às corporações da Polícia Militar, observadas as atribuições de função compatíveis com o grau hierárquico.
•• § 1.º acrescentado pela Emenda Constitucional n. 60, de 11-11-2009.

§ 2.º Os servidores a que se refere o *caput* continuarão prestando serviços ao Estado de Rondônia na condição de cedidos, até seu aproveitamento em órgão ou entidade da administração federal direta, autárquica ou fundacional.
•• § 2.º acrescentado pela Emenda Constitucional n. 60, de 11-11-2009.

Art. 90. O prazo previsto no *caput* do art. 84 deste Ato das Disposições Constitucionais Transitórias fica prorrogado até 31 de dezembro de 2007.
•• *Caput* acrescentado pela Emenda Constitucional n. 42, de 19-12-2003.

§ 1.º Fica prorrogada, até a data referida no *caput* deste artigo, a vigência da Lei n. 9.311, de 24 de outubro de 1996, e suas alterações.
•• § 1.º acrescentado pela Emenda Constitucional n. 42, de 19-12-2003.

§ 2.º Até a data referida no *caput* deste artigo, a alíquota da contribuição de que trata o art. 84 deste Ato das Disposições Constitucionais Transitórias será de trinta e oito centésimos por cento.
•• § 2.º acrescentado pela Emenda Constitucional n. 42, de 19-12-2003.

Art. 91. (*Revogado pela Emenda Constitucional n. 109, de 15-3-2021.*)

Art. 92. São acrescidos dez anos ao prazo fixado no art. 40 deste Ato das Disposições Constitucionais Transitórias.
•• Artigo acrescentado pela Emenda Constitucional n. 42, de 19-12-2003.
•• *Vide* art. 92-A do ADCT.

Art. 92-A. São acrescidos 50 (cinquenta) anos ao prazo fixado pelo art. 92 deste Ato das Disposições Constitucionais Transitórias.
•• Artigo acrescentado pela Emenda Constitucional n. 83, de 5-8-2014.

Art. 92-B. As leis instituidoras dos tributos previstos nos arts. 156-A e 195, V, da Constituição Federal, estabelecerão os mecanismos necessários, com ou sem contrapartidas, para manter, em caráter geral, o diferencial competitivo assegurado à Zona Franca de Manaus pelos arts. 40 e 92-A, e às áreas de livre comércio existentes em 31 de maio de 2023, nos níveis estabelecidos pela legislação relativa aos tributos extintos a que se referem os arts. 126 a 129, todos deste Ato das Disposições Constitucionais Transitórias.

•• *Caput* acrescentado pela Emenda Constitucional n. 132, de 20-12-2023.

§ 1.º Para assegurar o disposto no *caput*, serão utilizados, isolada ou cumulativamente, instrumentos fiscais, econômicos ou financeiros.
•• § 1.º acrescentado pela Emenda Constitucional n. 132, de 20-12-2023.

§ 2.º Lei complementar instituirá Fundo de Sustentabilidade e Diversificação Econômica do Estado do Amazonas, que será constituído com recursos da União e por ela gerido, com a efetiva participação do Estado do Amazonas na definição das políticas, com o objetivo de fomentar o desenvolvimento e a diversificação das atividades econômicas no Estado.
•• § 2.º acrescentado pela Emenda Constitucional n. 132, de 20-12-2023.

§ 3.º A lei complementar de que trata o § 2.º:
•• § 3.º, *caput*, acrescentado pela Emenda Constitucional n. 132, de 20-12-2023.

I – estabelecerá o montante mínimo de aporte anual de recursos ao Fundo, bem como os critérios para sua correção;
•• Inciso I acrescentado pela Emenda Constitucional n. 132, de 20-12-2023.

II – preverá a possibilidade de utilização dos recursos do Fundo para compensar eventual perda de receita do Estado do Amazonas em função das alterações no sistema tributário decorrentes da instituição dos tributos previstos nos arts. 156-A e 195, V, da Constituição Federal.
•• Inciso II acrescentado pela Emenda Constitucional n. 132, de 20-12-2023.

§ 4.º A União, mediante acordo com o Estado do Amazonas, poderá reduzir o alcance dos instrumentos previstos no § 1.º, condicionado ao aporte de recursos adicionais ao Fundo de que trata o § 2.º, asseguradas a diversificação das atividades econômicas e a antecedência mínima de 3 (três) anos.
•• § 4.º acrescentado pela Emenda Constitucional n. 132, de 20-12-2023.

§ 5.º Não se aplica aos mecanismos previstos no *caput* o disposto nos incisos III e IV do *caput* do art. 149-B da Constituição Federal.
•• § 5.º acrescentado pela Emenda Constitucional n. 132, de 20-12-2023.

§ 6.º Lei complementar instituirá Fundo de Desenvolvimento Sustentável dos Estados da Amazônia Ocidental e do Amapá, que será constituído com recursos da União e por ela gerido, com a efetiva participação desses Estados na definição das políticas, com o objetivo de fomentar o desenvolvimento e a diversificação de suas atividades econômicas.
•• § 6.º acrescentado pela Emenda Constitucional n. 132, de 20-12-2023.

§ 7.º O fundo de que trata o § 6.º será integrado pelos Estados onde estão localizadas as áreas de livre comércio de que trata o *caput* e observará, no que couber, o disposto no §

3.º, I e II, sendo, quanto a este inciso, considerados os respectivos Estados, e no § 4.º.
•• § 7.º acrescentado pela Emenda Constitucional n. 132, de 20-12-2023.

Art. 93. A vigência do disposto no art. 159, III, e § 4.º, iniciará somente após a edição da lei de que trata o referido inciso III.
•• Artigo acrescentado pela Emenda Constitucional n. 42, de 19-12-2003.

Art. 94. Os regimes especiais de tributação para microempresas e empresas de pequeno porte próprios da União, dos Estados, do Distrito Federal e dos Municípios cessarão a partir da entrada em vigor do regime previsto no art. 146, III, d, da Constituição.
•• Artigo acrescentado pela Emenda Constitucional n. 42, de 19-12-2003.
• A Lei Complementar n. 123, de 14-12-2006, institui o Regime Especial Unificado de Arrecadação de Tributos e Contribuições devidos pelas Microempresas e Empresas de Pequeno Porte - Simples Nacional.

Art. 95. Os nascidos no estrangeiro entre 7 de junho de 1994 e a data da promulgação desta Emenda Constitucional, filhos de pai brasileiro ou mãe brasileira, poderão ser registrados em repartição diplomática ou consular brasileira competente ou em ofício de registro, se vierem a residir na República Federativa do Brasil.
•• Artigo acrescentado pela Emenda Constitucional n. 54, de 20-9-2007.

Art. 96. Ficam convalidados os atos de criação, fusão, incorporação e desmembramento de Municípios, cuja lei tenha sido publicada até 31 de dezembro de 2006, atendidos os requisitos estabelecidos na legislação do respectivo Estado à época de sua criação.
•• Artigo acrescentado pela Emenda Constitucional n. 57, de 18-12-2008.

Art. 97. Até que seja editada a lei complementar de que trata o § 15 do art. 100 da Constituição Federal, os Estados, o Distrito Federal e os Municípios que, na data de publicação desta Emenda Constitucional, estejam em mora na quitação de precatórios vencidos, relativos às suas administrações direta e indireta, inclusive os emitidos durante o período de vigência do regime especial instituído por este artigo, farão esses pagamentos de acordo com as normas a seguir estabelecidas, sendo inaplicável o disposto no art. 100 desta Constituição Federal, exceto em seus §§ 2.º, 3.º, 9.º, 10, 11, 12, 13 e 14, e sem prejuízo dos acordos de juízos conciliatórios já formalizados na data de promulgação desta Emenda Constitucional.
•• Caput acrescentado pela Emenda Constitucional n. 62, de 9-12-2009.
•• O STF, no julgamento das ADIs n. 4.357 e 4.425, de 14-3-2013 (DJe de 19-12-2013), julgou procedente a ação para declarar a inconstitucionalidade deste artigo.
•• Vide art. 3.º da Emenda Constitucional n. 62, de 9-12-2009.
• A Resolução n. 303, de 18-12-2019, do CNJ, dispõe sobre a gestão de precatórios no âmbito do Poder Judiciário.

§ 1.º Os Estados, o Distrito Federal e os Municípios sujeitos ao regime especial de que trata este artigo optarão, por meio de ato do Poder Executivo:
•• § 1.º, caput, acrescentado pela Emenda Constitucional n. 62, de 9-12-2009.

I – pelo depósito em conta especial do valor referido pelo § 2.º deste artigo; ou
• Inciso I acrescentado pela Emenda Constitucional n. 62, de 9-12-2009.
• Vide art. 4.º, I, da Emenda Constitucional n. 62, de 9-12-2009.

II – pela adoção do regime especial pelo prazo de até 15 (quinze) anos, caso em que o percentual a ser depositado na conta especial a que se refere o § 2.º deste artigo corresponderá, anualmente, ao saldo total dos precatórios devidos, acrescido do índice oficial de remuneração básica da caderneta de poupança e de juros simples no mesmo percentual de juros incidentes sobre a caderneta de poupança para fins de compensação da mora, excluída a incidência de juros compensatórios, diminuído das amortizações e dividido pelo número de anos restantes no regime especial de pagamento.
•• Inciso II acrescentado pela Emenda Constitucional n. 62, de 9-12-2009.
• Vide art. 4.º, II, da Emenda Constitucional n. 62, de 9-12-2009.

§ 2.º Para saldar os precatórios, vencidos e a vencer, pelo regime especial, os Estados, o Distrito Federal e os Municípios devedores depositarão mensalmente, em conta especial criada para tal fim, 1/12 (um doze avos) do valor calculado percentualmente sobre as respectivas receitas correntes líquidas, apuradas no segundo mês anterior ao mês de pagamento, sendo que esse percentual, calculado no momento de opção pelo regime e mantido fixo até o final do prazo a que se refere o § 14 deste artigo, será:
•• § 2.º, caput, acrescentado pela Emenda Constitucional n. 62, de 9-12-2009.

I – para os Estados e para o Distrito Federal:
a) de, no mínimo, 1,5% (um inteiro e cinco décimos por cento), para os Estados das regiões Norte, Nordeste e Centro-Oeste, além do Distrito Federal, ou cujo estoque de precatórios pendentes das suas administrações direta e indireta corresponder a até 35% (trinta e cinco por cento) do total da receita corrente líquida;
b) de, no mínimo, 2% (dois por cento), para os Estados das regiões Sul e Sudeste, cujo estoque de precatórios pendentes das suas administrações direta e indireta corresponder a mais de 35% (trinta e cinco por cento) da receita corrente líquida;
•• Inciso I acrescentado pela Emenda Constitucional n. 62, de 9-12-2009.

II – para Municípios:
a) de, no mínimo, 1% (um por cento), para Municípios das regiões Norte, Nordeste e Centro-Oeste, ou cujo estoque de precatórios pendentes das suas administrações direta e indireta corresponder a até 35% (trinta e cinco por cento) da receita corrente líquida;
b) de, no mínimo, 1,5% (um inteiro e cinco décimos por cento), para Municípios das regiões Sul e Sudeste, cujo estoque de precatórios pendentes das suas administrações direta e indireta corresponder a mais de 35% (trinta e cinco por cento) da receita corrente líquida.
•• Inciso II acrescentado pela Emenda Constitucional n. 62, de 9-12-2009.

§ 3.º Entende-se como receita corrente líquida, para os fins de que trata este artigo, o somatório das receitas tributárias, patrimoniais, industriais, agropecuárias, de contribuições e de serviços, transferências correntes e outras receitas correntes, incluindo as oriundas do § 1.º do art. 20 da Constituição Federal, verificado no período compreendido pelo mês de referência e os 11 (onze) meses anteriores, excluídas as duplicidades, e deduzidas:
•• § 3.º, caput, acrescentado pela Emenda Constitucional n. 62, de 9-12-2009.

I – nos Estados, as parcelas entregues aos Municípios por determinação constitucional;
•• Inciso I acrescentado pela Emenda Constitucional n. 62, de 9-12-2009.

II – nos Estados, no Distrito Federal e nos Municípios, a contribuição dos servidores para custeio do seu sistema de previdência e assistência social e as receitas provenientes da compensação financeira referida no § 9.º do art. 201 da Constituição Federal.
•• Inciso II acrescentado pela Emenda Constitucional n. 62, de 9-12-2009.

§ 4.º As contas especiais de que tratam os §§ 1.º e 2.º serão administradas pelo Tribunal de Justiça local, para pagamento de precatórios expedidos pelos tribunais.
•• § 4.º acrescentado pela Emenda Constitucional n. 62, de 9-12-2009.

§ 5.º Os recursos depositados nas contas especiais de que tratam os §§ 1.º e 2.º deste artigo não poderão retornar para Estados, Distrito Federal e Municípios devedores.
•• § 5.º acrescentado pela Emenda Constitucional n. 62, de 9-12-2009.

§ 6.º Pelo menos 50% (cinquenta por cento) dos recursos de que tratam os §§ 1.º e 2.º deste artigo serão utilizados para pagamento de precatórios em ordem cronológica de apresentação, respeitadas as preferências definidas no § 1.º, para os requisitórios do mesmo ano e no § 2.º do art. 100, para requisitórios de todos os anos.
•• § 6.º acrescentado pela Emenda Constitucional n. 62, de 9-12-2009.

§ 7.º Nos casos em que não se possa estabelecer a precedência cronológica entre 2 (dois) precatórios, pagar-se-á primeiramente o precatório de menor valor.
•• § 7.º acrescentado pela Emenda Constitucional n. 62, de 9-12-2009.

§ 8.º A aplicação dos recursos restantes dependerá de opção a ser exercida por Estados, Distrito Federal e Municípios devedores, por ato do Poder Executivo, obedecendo à seguinte forma, que poderá ser aplicada isoladamente ou simultaneamente:

•• § 8.º, *caput*, acrescentado pela Emenda Constitucional n. 62, de 9-12-2009.

I – destinados ao pagamento dos precatórios por meio do leilão;

•• Inciso I acrescentado pela Emenda Constitucional n. 62, de 9-12-2009.

II – destinados a pagamento a vista de precatórios não quitados na forma do § 6.º e do inciso I, em ordem única e crescente de valor por precatório;

•• Inciso II acrescentado pela Emenda Constitucional n. 62, de 9-12-2009.

III – destinados a pagamento por acordo direto com os credores, na forma estabelecida por lei própria da entidade devedora, que poderá prever criação e forma de funcionamento de câmara de conciliação.

•• Inciso III acrescentado pela Emenda Constitucional n. 62, de 9-12-2009.

§ 9.º Os leilões de que trata o inciso I do § 8.º deste artigo:

•• § 9.º, *caput*, acrescentado pela Emenda Constitucional n. 62, de 9-12-2009.

I – serão realizados por meio de sistema eletrônico administrado por entidade autorizada pela Comissão de Valores Mobiliários ou pelo Banco Central do Brasil;

•• Inciso I acrescentado pela Emenda Constitucional n. 62, de 9-12-2009.

II – admitirão a habilitação de precatórios, ou parcela de cada precatório indicada pelo seu detentor, em relação aos quais não esteja pendente, no âmbito do Poder Judiciário, recurso ou impugnação de qualquer natureza, permitida por iniciativa do Poder Executivo a compensação com débitos líquidos e certos, inscritos ou não em dívida ativa e constituídos contra devedor originário pela Fazenda Pública devedora até a data da expedição do precatório, ressalvados aqueles cuja exigibilidade esteja suspensa nos termos da legislação, ou que já tenham sido objeto de abatimento nos termos do § 9.º do art. 100 da Constituição Federal;

•• Inciso II acrescentado pela Emenda Constitucional n. 62, de 9-12-2009.

III – ocorrerão por meio de oferta pública a todos os credores habilitados pelo respectivo ente federativo devedor;

•• Inciso III acrescentado pela Emenda Constitucional n. 62, de 9-12-2009.

IV – considerarão automaticamente habilitado o credor que satisfaça o que consta no inciso II;

•• Inciso IV acrescentado pela Emenda Constitucional n. 62, de 9-12-2009.

V – serão realizados tantas vezes quanto necessário em função do valor disponível;

•• Inciso V acrescentado pela Emenda Constitucional n. 62, de 9-12-2009.

VI – a competição por parcela do valor total ocorrerá a critério do credor, com deságio sobre o valor desta;

•• Inciso VI acrescentado pela Emenda Constitucional n. 62, de 9-12-2009.

VII – ocorrerão na modalidade deságio, associado ao maior volume ofertado cumulado ou não com o maior percentual de deságio, pelo maior percentual de deságio, podendo ser fixado valor máximo por credor, ou por outro critério a ser definido em edital;

•• Inciso VII acrescentado pela Emenda Constitucional n. 62, de 9-12-2009.

VIII – o mecanismo de formação de preço constará nos editais publicados para cada leilão;

•• Inciso VIII acrescentado pela Emenda Constitucional n. 62, de 9-12-2009.

IX – a quitação parcial dos precatórios será homologada pelo respectivo Tribunal que o expediu.

•• Inciso IX acrescentado pela Emenda Constitucional n. 62, de 9-12-2009.

§ 10. No caso de não liberação tempestiva dos recursos de que tratam o inciso II do § 1.º e os §§ 2.º e 6.º deste artigo:

•• § 10, *caput*, acrescentado pela Emenda Constitucional n. 62, de 9-12-2009.

I – haverá o sequestro de quantia nas contas de Estados, Distrito Federal e Municípios devedores, por ordem do Presidente do Tribunal referido no § 4.º, até o limite do valor não liberado;

•• Inciso I acrescentado pela Emenda Constitucional n. 62, de 9-12-2009.

II – constituir-se-á, alternativamente, por ordem do Presidente do Tribunal requerido, em favor dos credores de precatórios, contra Estados, Distrito Federal e Municípios devedores, direito líquido e certo, autoaplicável e independentemente de regulamentação, à compensação automática com débitos líquidos lançados por esta contra aqueles, e, havendo saldo em favor do credor, o valor terá automaticamente poder liberatório do pagamento de tributos de Estados, Distrito Federal e Municípios devedores, até onde se compensarem;

•• Inciso II acrescentado pela Emenda Constitucional n. 62, de 9-12-2009.

III – o chefe do Poder Executivo responderá na forma da legislação de responsabilidade fiscal e de improbidade administrativa;

•• Inciso III acrescentado pela Emenda Constitucional n. 62, de 9-12-2009.

IV – enquanto perdurar a omissão, a entidade devedora:

a) não poderá contrair empréstimo externo ou interno;

b) ficará impedida de receber transferências voluntárias;

•• Inciso IV acrescentado pela Emenda Constitucional n. 62, de 9-12-2009.

V – a União reterá os repasses relativos ao Fundo de Participação dos Estados e do Distrito Federal e ao Fundo de Participação dos Municípios, e os depositará nas contas especiais referidas no § 1.º, devendo sua utilização obedecer ao que prescreve o § 5.º, ambos deste artigo.

•• Inciso V acrescentado pela Emenda Constitucional n. 62, de 9-12-2009.

§ 11. No caso de precatórios relativos a diversos credores, em litisconsórcio, admite-se o desmembramento do valor, realizado pelo Tribunal de origem do precatório, por credor, e, por este, a habilitação do valor total a que tem direito, não se aplicando, neste caso, a regra do § 3.º do art. 100 da Constituição Federal.

•• § 11 acrescentado pela Emenda Constitucional n. 62, de 9-12-2009.

§ 12. Se a lei a que se refere o § 4.º do art. 100 não estiver publicada em até 180 (cento e oitenta) dias, contados da data de publicação desta Emenda Constitucional, será considerado, para os fins referidos, em relação a Estados, Distrito Federal e Municípios devedores, omissos na regulamentação, o valor de:

•• § 12, *caput*, acrescentado pela Emenda Constitucional n. 62, de 9-12-2009.

I – 40 (quarenta) salários mínimos para Estados e para o Distrito Federal;

•• Inciso I acrescentado pela Emenda Constitucional n. 62, de 9-12-2009.

II – 30 (trinta) salários mínimos para Municípios.

•• Inciso II acrescentado pela Emenda Constitucional n. 62, de 9-12-2009.

§ 13. Enquanto Estados, Distrito Federal e Municípios devedores estiverem realizando pagamentos de precatórios pelo regime especial, não poderão sofrer sequestro de valores, exceto no caso de não liberação tempestiva dos recursos de que tratam o inciso II do § 1.º e o § 2.º deste artigo.

•• § 13 acrescentado pela Emenda Constitucional n. 62, de 9-12-2009.

§ 14. O regime especial de pagamento de precatório previsto no inciso I do § 1.º vigorará enquanto o valor dos precatórios devidos for superior ao valor dos recursos vinculados, nos termos do § 2.º, ambos deste artigo, ou pelo prazo fixo de até 15 (quinze) anos, no caso da opção prevista no inciso II do § 1.º.

•• § 14 acrescentado pela Emenda Constitucional n. 62, de 9-12-2009.

§ 15. Os precatórios parcelados na forma do art. 33 ou do art. 78 deste Ato das Disposições Constitucionais Transitórias e ainda pendentes de pagamento ingressarão no regime especial com o valor atualizado das parcelas não pagas relativas a cada precatório, bem como o saldo dos acordos judiciais e extrajudiciais.

•• § 15 acrescentado pela Emenda Constitucional n. 62, de 9-12-2009.

§ 16. A partir da promulgação desta Emenda Constitucional, a atualização de valores de requisitórios, até o efetivo pagamento, independentemente de sua natureza, será feita pelo índice oficial de remuneração básica da caderneta de poupança, e, para fins de compensação da mora, incidirão juros simples no mesmo percentual de juros incidentes sobre a caderneta de poupança, ficando excluída a incidência de juros compensatórios.

•• § 16 acrescentado pela Emenda Constitucional n. 62, de 9-12-2009.

§ 17. O valor que exceder o limite previsto no § 2.º do art. 100 da Constituição Federal será pago, durante a vigência do regime especial, na forma prevista nos §§ 6.º e 7.º ou nos incisos I, II e III do § 8.º deste artigo, devendo os valores dispendidos para o atendimento do disposto no § 2.º do art. 100 da Constituição Federal serem computados para efeito do § 6.º deste artigo.

•• § 17 acrescentado pela Emenda Constitucional n. 62, de 9-12-2009.

§ 18. Durante a vigência do regime especial a que se refere este artigo, gozarão também da preferência a que se refere o § 6.º os titulares originais de precatórios que tenham completado 60 (sessenta) anos de idade até a data da promulgação desta Emenda Constitucional.

•• § 18 acrescentado pela Emenda Constitucional n. 62, de 9-12-2009.

Art. 98. O número de defensores públicos na unidade jurisdicional será proporcional à efetiva demanda pelo serviço da Defensoria Pública e à respectiva população.

•• *Caput* acrescentado pela Emenda Constitucional n. 80, de 4-6-2014.

§ 1.º No prazo de 8 (oito) anos, a União, os Estados e o Distrito Federal deverão contar com defensores públicos em todas as unidades jurisdicionais, observado o disposto no *caput* deste artigo.

•• § 1.º acrescentado pela Emenda Constitucional n. 80, de 4-6-2014.

§ 2.º Durante o decurso do prazo previsto no § 1.º deste artigo, a lotação dos defensores públicos ocorrerá, prioritariamente, atendendo as regiões com maiores índices de exclusão social e adensamento populacional.

•• § 2.º acrescentado pela Emenda Constitucional n. 80, de 4-6-2014.

Art. 99. Para efeito do disposto no inciso VII do § 2.º do art. 155, no caso de operações e prestações que destinem bens e serviços a consumidor final não contribuinte localizado em outro Estado, o imposto correspondente à diferença entre a alíquota interna e a interestadual será partilhado entre os Estados de origem e de destino, na seguinte proporção:

•• *Caput* acrescentado pela Emenda Constitucional n. 87, de 16-4-2015.

I – para o ano de 2015: 20% (vinte por cento) para o Estado de destino e 80% (oitenta por cento) para o Estado de origem;

•• Inciso I acrescentado pela Emenda Constitucional n. 87, de 16-4-2015.

II – para o ano de 2016: 40% (quarenta por cento) para o Estado de destino e 60% (sessenta por cento) para o Estado de origem;

•• Inciso II acrescentado pela Emenda Constitucional n. 87, de 16-4-2015.

III – para o ano de 2017: 60% (sessenta por cento) para o Estado de destino e 40% (quarenta por cento) para o Estado de origem;

•• Inciso III acrescentado pela Emenda Constitucional n. 87, de 16-4-2015.

IV – para o ano de 2018: 80% (oitenta por cento) para o Estado de destino e 20% (vinte por cento) para o Estado de origem;

•• Inciso IV acrescentado pela Emenda Constitucional n. 87, de 16-4-2015.

V – a partir do ano de 2019: 100% (cem por cento) para o Estado de destino.

•• Inciso V acrescentado pela Emenda Constitucional n. 87, de 16-4-2015.

Art. 100. Até que entre em vigor a lei complementar de que trata o inciso II do § 1.º do art. 40 da Constituição Federal, os Ministros do Supremo Tribunal Federal, dos Tribunais Superiores e do Tribunal de Contas da União aposentar-se-ão, compulsoriamente, aos 75 (setenta e cinco) anos de idade, nas condições do art. 52 da Constituição Federal.

•• Artigo acrescentado pela Emenda Constitucional n. 88, de 7-5-2015.

•• O STF, no julgamento da ADI n. 5.316, em 21-5-2015 (*DOU* de 9-6-2015), deferiu medida cautelar para suspender a aplicação da expressão "nas condições do art. 52 da Constituição Federal", constante deste artigo.

Art. 101. Os Estados, o Distrito Federal e os Municípios que, em 25 de março de 2015, se encontravam em mora no pagamento de seus precatórios quitarão, até 31 de dezembro de 2029, seus débitos vencidos e os que vencerão dentro desse período, atualizados pelo Índice Nacional de Preços ao Consumidor Amplo Especial (IPCA-E), ou por outro índice que venha a substituí-lo, depositando mensalmente em conta especial do Tribunal de Justiça local, sob única e exclusiva administração deste, 1/12 (um doze avos) do valor calculado percentualmente sobre suas receitas correntes líquidas apuradas no segundo mês anterior ao mês de pagamento, em percentual suficiente para a quitação de seus débitos e, ainda que variável, nunca inferior, em cada exercício, ao percentual praticado na data da entrada em vigor do regime especial a que se refere este artigo, em conformidade com plano de pagamento a ser anualmente apresentado ao Tribunal de Justiça local.

•• *Caput* com redação determinada pela Emenda Constitucional n. 109, de 15-3-2021.

§ 1.º Entende-se como receita corrente líquida, para os fins de que trata este artigo, o somatório das receitas tributárias, patrimoniais, industriais, agropecuárias, de contribuições e de serviços, de transferências correntes e outras receitas correntes, incluindo as oriundas do § 1.º do art. 20 da Constituição Federal, verificado no período compreendido pelo segundo mês imediatamente anterior ao de referência e os 11 (onze) meses precedentes, excluídas as duplicidades, e deduzidas:

•• § 1.º, *caput* e incisos, acrescentados pela Emenda Constitucional n. 94, de 15-12-2016.

I – nos Estados, as parcelas entregues aos Municípios por determinação constitucional;

II – nos Estados, no Distrito Federal e nos Municípios, a contribuição dos servidores para custeio de seu sistema de previdência e assistência social e as receitas provenientes da compensação financeira referida no § 9.º do art. 201 da Constituição Federal.

§ 2.º O débito de precatórios será pago com recursos orçamentários próprios provenientes das fontes de receita corrente líquida referidas no § 1.º deste artigo e, adicionalmente, poderão ser utilizados recursos dos seguintes instrumentos:

•• § 2.º, *caput*, com redação determinada pela Emenda Constitucional n. 99, de 14-12-2017.

I – até 75% (setenta e cinco por cento) dos depósitos judiciais e dos depósitos administrativos em dinheiro referentes a processos judiciais ou administrativos, tributários ou não tributários, nos quais sejam parte os Estados, o Distrito Federal ou os Municípios, e as respectivas autarquias, fundações e empresas estatais dependentes, mediante a instituição de fundo garantidor em montante equivalente a 1/3 (um terço) dos recursos levantados, constituído pela parcela restante dos depósitos judiciais e remunerado pela taxa referencial do Sistema Especial de Liquidação e de Custódia (Selic) para títulos federais, nunca inferior aos índices e critérios aplicados aos depósitos levantados;

•• Inciso I com redação determinada pela Emenda Constitucional n. 99, de 14-12-2017.

II – até 30% (trinta por cento) dos demais depósitos judiciais da localidade sob jurisdição do respectivo Tribunal de Justiça, mediante a instituição de fundo garantidor em montante equivalente aos recursos levantados, constituído pela parcela restante dos depósitos judiciais e remunerado pela taxa referencial do Sistema Especial de Liquidação e de Custódia (Selic) para títulos federais, nunca inferior aos índices e critérios aplicados aos depósitos levantados, destinando-se:

•• Inciso II, *caput*, com redação determinada pela Emenda Constitucional n. 99, de 14-12-2017.

a) no caso do Distrito Federal, 100% (cem por cento) desses recursos ao próprio Distrito Federal;

•• Alínea *a* com redação determinada pela Emenda Constitucional n. 94, de 15-12-2016.

b) no caso dos Estados, 50% (cinquenta por cento) desses recursos ao próprio Estado e 50% (cinquenta por cento) aos respectivos Municípios, conforme a circunscrição judiciária onde estão depositados os recursos, e, se houver mais de um Município na mesma circunscrição judiciária, os recursos serão rateados entre os Municípios concorrentes, proporcionalmente às respectivas populações, utilizado como referência o último levantamento censitário ou a mais recente estimativa populacional da Fundação Instituto Brasileiro de Geografia e Estatística (IBGE);

•• Alínea *b* com redação determinada pela Emenda Constitucional n. 99, de 14-12-2017.

III – empréstimos, excetuados para esse fim os limites de endividamento de que tratam os incisos VI e VII do *caput* do art. 52 da Constituição Federal e quaisquer outros limites de endividamento previstos em lei, não se aplicando a esses empréstimos a vedação de vinculação de receita prevista no inciso IV do *caput* do art. 167 da Constituição Federal;

•• Inciso III com redação determinada pela Emenda Constitucional n. 99, de 14-12-2017.

IV – a totalidade dos depósitos em precatórios e requisições diretas de pagamento de obrigações de pequeno valor efetuados até 31 de dezembro de 2009 e ainda não levantados, com o cancelamento dos respectivos requisitórios e a baixa das obrigações, assegurada a revalidação dos requisitórios pelos juízos dos processos perante os Tribunais, a requerimento dos credores e após a oitiva da entidade devedora, mantidas a posição de ordem cronológica original e a remuneração de todo o período.

•• Inciso IV acrescentado pela Emenda Constitucional n. 99, de 14-12-2017.

§ 3.º Os recursos adicionais previstos nos incisos I, II e IV do § 2.º deste artigo serão transferidos diretamente pela instituição financeira depositária para a conta especial referida no *caput* deste artigo, sob única e exclusiva administração do Tribunal de Justiça local, e essa transferência deverá ser realizada em até sessenta dias contados a partir da entrada em vigor deste parágrafo, sob pena de responsabilização pessoal do dirigente da instituição financeira por improbidade.

•• § 3.º acrescentado pela Emenda Constitucional n. 99, de 14-12-2017.

§ 4.º (*Revogado pela Emenda Constitucional n. 109, de 15-3-2021.*)

§ 5.º Os empréstimos de que trata o inciso III do § 2.º deste artigo poderão ser destinados, por meio de ato do Poder Executivo, exclusivamente ao pagamento de precatórios por acordo direto com os credores, na forma do disposto no inciso III do § 8.º do art. 97 deste Ato das Disposições Constitucionais Transitórias.

•• § 5.º acrescentado pela Emenda Constitucional n. 113, de 8-12-2021.

•• O STF, nas ADIs n. 7.047 e 7.064, na sessão virtual extraordinária de 30-11-2023 (*DJe* de 1.º-12-2023), converteu o julgamento da medida cautelar em julgamento de mérito e conheceu da presente ação direta, para julgá-la parcialmente procedente, para declarar a inconstitucionalidade deste § 5.º, com redação estabelecida pelo art. 1.º da EC n. 113/2021. Por fim a ADI n. 7.064 reconheceu que "o cumprimento integral do teor desta decisão insere-se nas exceções descritas no art. 3.º, § 2.º, da Lei Complementar n. 200/2023, que instituiu o Novo Regime Fiscal Sustentável, cujos valores não serão considerados exclusivamente para fins de verificação do cumprimento da meta de resultado primário a que se refere o art. 4.º, § 1.º, da Lei Complementar n. 101, de 4 de maio de 2000, prevista na lei de diretrizes orçamentárias em que for realizado o pagamento".

Art. 102. Enquanto viger o regime especial previsto nesta Emenda Constitucional, pelo menos 50% (cinquenta por cento) dos recursos que, nos termos do art. 101 deste Ato das Disposições Constitucionais Transitórias, forem destinados ao pagamento dos precatórios em mora serão utilizados no pagamento segundo a ordem cronológica de apresentação, respeitadas as preferências dos créditos alimentares, e, nessas, as relativas à idade, ao estado de saúde e à deficiência, nos termos do § 2.º do art. 100 da Constituição Federal, sobre todos os demais créditos de todos os anos.

•• *Caput* acrescentado pela Emenda Constitucional n. 94, de 15-12-2016.

§ 1.º A aplicação dos recursos remanescentes, por opção a ser exercida por Estados, Distrito Federal e Municípios, por ato do respectivo Poder Executivo, observada a ordem de preferência dos credores, poderá ser destinada ao pagamento mediante acordos diretos, perante Juízos Auxiliares de Conciliação de Precatórios, com redução máxima de 40% (quarenta por cento) do valor do crédito atualizado, desde que em relação ao crédito não penda recurso ou defesa judicial e que sejam observados os requisitos definidos na regulamentação editada pelo ente federado.

•• Parágrafo único renumerado pela Emenda Constitucional n. 99, de 14-12-2017.

§ 2.º Na vigência do regime especial previsto no art. 101 deste Ato das Disposições Constitucionais Transitórias, as preferências relativas à idade, ao estado de saúde e à deficiência serão atendidas até o valor equivalente ao quíntuplo fixado em lei para os fins do disposto no § 3.º do art. 100 da Constituição Federal, admitido o fracionamento para essa finalidade, e o restante será pago em ordem cronológica de apresentação do precatório.

•• § 2.º acrescentado pela Emenda Constitucional n. 99, de 14-12-2017.

Art. 103. Enquanto os Estados, o Distrito Federal e os Municípios estiverem efetuando o pagamento da parcela mensal devida como previsto no *caput* do art. 101 deste Ato das Disposições Constitucionais Transitórias, nem eles, nem as respectivas autarquias, fundações e empresas estatais dependentes poderão sofrer sequestro de valores, exceto no caso de não liberação tempestiva dos recursos.

•• *Caput* acrescentado pela Emenda Constitucional n. 94, de 15-12-2016.

Parágrafo único. Na vigência do regime especial previsto no art. 101 deste Ato das Disposições Constitucionais Transitórias, ficam vedadas desapropriações pelos Estados, pelo Distrito Federal e pelos Municípios, cujos estoques de precatórios ainda pendentes de pagamento, incluídos os precatórios a pagar de suas entidades da administração indireta, sejam superiores a 70% (setenta por cento) das respectivas receitas correntes líquidas, excetuadas as desapropriações para fins de necessidade pública nas áreas de saúde, educação, segurança pública, transporte público, saneamento básico e habitação de interesse social.

•• Parágrafo único acrescentado pela Emenda Constitucional n. 99, de 14-12-2017.

Art. 104. Se os recursos referidos no art. 101 deste Ato das Disposições Constitucionais Transitórias para o pagamento de precatórios não forem tempestivamente liberados, no todo ou em parte:

•• *Caput* e incisos acrescentados pela Emenda Constitucional n. 94, de 15-12-2016.

I – o Presidente do Tribunal de Justiça local determinará o sequestro, até o limite do valor não liberado, das contas do ente federado inadimplente;

II – o chefe do Poder Executivo do ente federado inadimplente responderá, na forma da legislação de responsabilidade fiscal e de improbidade administrativa;

III – a União reterá os recursos referentes aos repasses ao Fundo de Participação dos Estados e do Distrito Federal e ao Fundo de Participação dos Municípios e os depositará na conta especial referida no art. 101 deste Ato das Disposições Constitucionais Transitórias, para utilização como nele previsto;

IV – os Estados e o Comitê Gestor do Imposto sobre Bens e Serviços reterão os repasses previstos, respectivamente, nos §§ 1.º e 2.º do art. 158 da Constituição Federal e os depositarão na conta especial referida no art. 101 deste Ato das Disposições Constitucionais Transitórias, para utilização como nele previsto.

•• Inciso IV com redação determinada pela Emenda Constitucional n. 132, de 20-12-2023.

•• A Emenda Constitucional n. 132, de 20-12-2023, a partir de 2033, altera a redação deste inciso IV: "IV – o Comitê Gestor do Imposto sobre Bens e Serviços reterá os repasses previstos no § 2.º do art. 158 da Constituição Federal e os depositará na conta especial referida no art. 101 deste Ato das Disposições Constitucionais Transitórias, para utilização como nele previsto".

Parágrafo único. Enquanto perdurar a omissão, o ente federado não poderá contrair empréstimo externo ou interno, exceto para os fins previstos no § 2.º do art. 101 deste Ato das Disposições Constitucionais Transitórias, e ficará impedido de receber transferências voluntárias.

•• Parágrafo único acrescentado pela Emenda Constitucional n. 94, de 15-12-2016.

Art. 105. Enquanto viger o regime de pagamento de precatórios previsto no art. 101 deste Ato das Disposições Constitucionais Transitórias, é facultada aos credores de precatórios, próprios ou de terceiros, a compensação com débitos de natureza tributária ou de outra natureza que até 25 de março de 2015 tenham sido inscritos na dívida ativa dos Estados, do Distrito Federal ou dos Municípios, observados os requisitos definidos em lei própria do ente federado.

•• *Caput* acrescentado pela Emenda Constitucional n. 94, de 15-12-2016.

§ 1.º Não se aplica às compensações referidas no *caput* deste artigo qualquer tipo de vinculação, como as transferências a outros entes e as destinadas à educação, à saúde e a outras finalidades.

•• Parágrafo único renumerado pela Emenda Constitucional n. 99, de 14-12-2017.

§ 2.º Os Estados, o Distrito Federal e os Municípios regulamentarão nas respectivas leis o disposto no *caput* deste artigo em até cento e vinte dias a partir de 1.º de janeiro de 2018.
- • § 2.º acrescentado pela Emenda Constitucional n. 99, de 14-12-2017.

§ 3.º Decorrido o prazo estabelecido no § 2.º deste artigo sem a regulamentação nele prevista, ficam os credores de precatórios autorizados a exercer a faculdade a que se refere o *caput* deste artigo.
- • § 3.º acrescentado pela Emenda Constitucional n. 99, de 14-12-2017.

Arts. 106 e 107. (*Revogados pela Emenda Constitucional n. 126, de 21-12-2022.*)
- • Sobre as revogações: Vide arts. 6.º e 9.º da Emenda Constitucional n. 126, de 21-12-2022.
- • A Lei Complementar n. 200, de 30-8-2023, institui regime fiscal sustentável para garantir a estabilidade macroeconômica do País e criar as condições adequadas ao crescimento socioeconômico.

Art. 107-A. Até o fim de 2026, fica estabelecido, para cada exercício financeiro, limite para alocação na proposta orçamentária das despesas com pagamentos em virtude de sentença judiciária de que trata o art. 100 da Constituição Federal, equivalente ao valor da despesa paga no exercício de 2016, incluídos os restos a pagar pagos, corrigido, para o exercício de 2017, em 7,2% (sete inteiros e dois décimos por cento) e, para os exercícios posteriores, pela variação do Índice Nacional de Preços ao Consumidor Amplo (IPCA), publicado pela Fundação Instituto Brasileiro de Geografia e Estatística, ou de outro índice que vier a substituí-lo, apurado no exercício anterior a que se refere a lei orçamentária, devendo o espaço fiscal decorrente da diferença entre o valor dos precatórios expedidos e o respectivo limite ser destinado ao programa previsto no parágrafo único do art. 6.º e à seguridade social, nos termos do art. 194, ambos da Constituição Federal, a ser calculado da seguinte forma:
- • *Caput* com redação determinada pela Emenda Constitucional n. 126, de 21-12-2022.
- • *Vide* art. 4.º da Emenda Constitucional n. 114, de 16-12-2021.

I – no exercício de 2022, o espaço fiscal decorrente da diferença entre o valor dos precatórios expedidos e o limite estabelecido no *caput* deste artigo deverá ser destinado ao programa previsto no parágrafo único do art. 6.º e à seguridade social, nos termos do art. 194, ambos da Constituição Federal;
- • Inciso I acrescentado pela Emenda Constitucional n. 114, de 16-12-2021.

II – no exercício de 2023, pela diferença entre o total de precatórios expedidos entre 2 de julho de 2021 e 2 de abril de 2022 e o limite de que trata o *caput* deste artigo válido para o exercício de 2023; e
- • Inciso II acrescentado pela Emenda Constitucional n. 114, de 16-12-2021.
- • O STF, na ADI n. 7.064, na sessão virtual extraordinária de 30-11-2023 (*DJe* de 1.º-12-2023), converteu o julgamento da medida cautelar em julgamento de mérito e conheceu da presente ação direta, para julgá-la parcialmente procedente, para declarar a inconstitucionalidade, com supressão de texto, deste inciso II, bem como, "reconhecer que o cumprimento integral do teor desta decisão insere-se nas exceções descritas no art. 3.º, § 2.º, da Lei Complementar n. 200/2023, que institui o Novo Regime Fiscal Sustentável, cujos valores não serão considerados exclusivamente para fins de verificação do cumprimento da meta de resultado primário a que se refere o art. 4.º, § 1.º, da Lei Complementar n. 101, de 4 de maio de 2000, prevista na lei de diretrizes orçamentárias em que for realizado o pagamento".

III – nos exercícios de 2024 a 2026, pela diferença entre o total de precatórios expedidos entre 3 de abril de dois anos anteriores e 2 de abril do ano anterior ao exercício e o limite de que trata o *caput* deste artigo válido para o mesmo exercício.
- • Inciso III acrescentado pela Emenda Constitucional n. 114, de 16-12-2021.
- • O STF, na ADI n. 7.064, na sessão virtual extraordinária de 30-11-2023 (*DJe* de 1.º-12-2023), converteu o julgamento da medida cautelar em julgamento de mérito e conheceu da presente ação direta, para julgá-la parcialmente procedente, para declarar a inconstitucionalidade, com supressão de texto, deste inciso III, bem como, "reconhecer que o cumprimento integral do teor desta decisão insere-se nas exceções descritas no art. 3.º, § 2.º, da Lei Complementar n. 200/2023, que institui o Novo Regime Fiscal Sustentável, cujos valores não serão considerados exclusivamente para fins de verificação do cumprimento da meta de resultado primário a que se refere o art. 4.º, § 1.º, da Lei Complementar n. 101, de 4 de maio de 2000, prevista na lei de diretrizes orçamentárias em que for realizado o pagamento".

§ 1.º O limite para o pagamento de precatórios corresponderá, em cada exercício, ao limite previsto no *caput* deste artigo, reduzido da projeção para a despesa com o pagamento de requisições de pequeno valor para o mesmo exercício, que terão prioridade no pagamento.
- • § 1.º acrescentado pela Emenda Constitucional n. 114, de 16-12-2021.

§ 2.º Os precatórios que não forem pagos em razão do previsto neste artigo terão prioridade para pagamento em exercícios seguintes, observada a ordem cronológica e o disposto no § 8.º deste artigo.
- • § 2.º acrescentado pela Emenda Constitucional n. 114, de 16-12-2021.

§ 3.º É facultado ao credor de precatório que não tenha sido pago em razão do disposto neste artigo, além das hipóteses previstas no § 11 do art. 100 da Constituição Federal e sem prejuízo dos procedimentos previstos nos §§ 9.º e 21 do referido artigo, optar pelo recebimento, mediante acordos diretos perante Juízos Auxiliares de Conciliação de Pagamento de Condenações Judiciais contra a Fazenda Pública Federal, em parcela única, até o final do exercício seguinte, com renúncia de 40% (quarenta por cento) do valor desse crédito.
- • § 3.º acrescentado pela Emenda Constitucional n. 114, de 16-12-2021.
- • O STF, na ADI n. 7.064, na sessão virtual extraordinária de 30-11-2023 (*DJe* de 1.º-12-2023), converteu o julgamento da medida cautelar em julgamento de mérito e conheceu da presente ação direta, para julgá-la parcialmente procedente, para declarar a inconstitucionalidade por arrastamento, deste § 3.º, bem como, "reconhecer que o cumprimento integral do teor desta decisão insere-se nas exceções descritas no art. 3.º, § 2.º, da Lei Complementar n. 200/2023, que institui o Novo Regime Fiscal Sustentável, cujos valores não serão considerados exclusivamente para fins de verificação do cumprimento da meta de resultado primário a que se refere o art. 4.º, § 1.º, da Lei Complementar n. 101, de 4 de maio de 2000, prevista na lei de diretrizes orçamentárias em que for realizado o pagamento".

§ 4.º O Conselho Nacional de Justiça regulamentará a atuação dos Presidentes dos Tribunais competentes para o cumprimento deste artigo.
- • § 4.º acrescentado pela Emenda Constitucional n. 114, de 16-12-2021.

§ 5.º Não se incluem no limite estabelecido neste artigo as despesas para fins de cumprimento do disposto nos §§ 11, 20 e 21 do art. 100 da Constituição Federal e no § 3.º deste artigo, bem como a atualização monetária dos precatórios inscritos no exercício.
- • § 5.º acrescentado pela Emenda Constitucional n. 114, de 16-12-2021.
- • O STF, na ADI n. 7.064, na sessão virtual extraordinária de 30-11-2023 (*DJe* de 1.º-12-2023), converteu o julgamento da medida cautelar em julgamento de mérito e conheceu da presente ação direta, para julgá-la parcialmente procedente, para declarar a inconstitucionalidade por arrastamento, deste § 5.º, bem como, "reconhecer que o cumprimento integral do teor desta decisão insere-se nas exceções descritas no art. 3.º, § 2.º, da Lei Complementar n. 200/2023, que institui o Novo Regime Fiscal Sustentável, cujos valores não serão considerados exclusivamente para fins de verificação do cumprimento da meta de resultado primário a que se refere o art. 4.º, § 1.º, da Lei Complementar n. 101, de 4 de maio de 2000, prevista na lei de diretrizes orçamentárias em que for realizado o pagamento".

§ 6.º Não se incluem nos limites estabelecidos no art. 107 deste Ato das Disposições Constitucionais Transitórias o previsto nos §§ 11, 20 e 21 do art. 100 da Constituição Federal e no § 3.º deste artigo.
- • § 6.º acrescentado pela Emenda Constitucional n. 114, de 16-12-2021.
- • O art. 107 do ADCT foi revogado pela Emenda Constitucional n. 126, de 21-12-2022.
- • O STF, na ADI n. 7.064, na sessão virtual extraordinária de 30-11-2023 (*DJe* de 1.º-12-2023), converteu o julgamento da medida cautelar em julgamento de mérito e conheceu da presente ação direta, para julgá-la parcialmente procedente, para declarar a inconstitucionalidade por arrastamento, deste § 6.º, bem como, "reconhecer que o cumprimento integral do teor desta decisão insere-se nas exceções descritas no art. 3.º, § 2.º, da Lei Complementar n. 200/2023, que institui o Novo Regime Fiscal Sustentável, cujos valores não serão considerados exclusivamente para fins de verificação do cumprimento da meta de resultado primário a que se refere o art. 4.º, § 1.º, da Lei Complementar n. 101, de 4 de maio de 2000, prevista na lei de diretrizes orçamentárias em que for realizado o pagamento".

§ 7.º Na situação prevista no § 3.º deste artigo, para os precatórios não incluídos na proposta orçamentária de 2022, os valores necessários à sua quitação serão providenciados pela abertura de créditos adicionais durante o exercício de 2022.

•• § 7.º acrescentado pela Emenda Constitucional n. 114, de 16-12-2021.

§ 8.º Os pagamentos em virtude de sentença judiciária de que trata o art. 100 da Constituição Federal serão realizados na seguinte ordem:

•• § 8.º, *caput*, acrescentado pela Emenda Constitucional n. 114, de 16-12-2021.

I – obrigações definidas em lei como de pequeno valor, previstas no § 3.º do art. 100 da Constituição Federal;

•• Inciso I acrescentado pela Emenda Constitucional n. 114, de 16-12-2021.

II – precatórios de natureza alimentícia cujos titulares, originários ou por sucessão hereditária, tenham a partir de 60 (sessenta) anos de idade, ou sejam portadores de doença grave ou pessoas com deficiência, assim definidos na forma da lei, até o valor equivalente ao triplo do montante fixado em lei como obrigação de pequeno valor;

•• Inciso II acrescentado pela Emenda Constitucional n. 114, de 16-12-2021.

III – demais precatórios de natureza alimentícia até o valor equivalente ao triplo do montante fixado em lei como obrigação de pequeno valor;

•• Inciso III acrescentado pela Emenda Constitucional n. 114, de 16-12-2021.

IV – demais precatórios de natureza alimentícia além do valor previsto no inciso III deste parágrafo;

•• Inciso IV acrescentado pela Emenda Constitucional n. 114, de 16-12-2021.

V – demais precatórios.

•• Inciso V acrescentado pela Emenda Constitucional n. 114, de 16-12-2021.

Art. 108. (*Revogado pela Emenda Constitucional n. 113, de 8-12-2021.*)

Arts. 109 a 112. (*Revogados pela Emenda Constitucional n. 126, de 21-12-2022.*)

•• Sobre as revogações: Vide arts. 6.º e 9.º da Emenda Constitucional n. 126, de 21-12-2022.

•• A Lei Complementar n. 200, de 30-8-2023, institui regime fiscal sustentável para garantir a estabilidade macroeconômica do País e criar as condições adequadas ao crescimento socioeconômico.

Art. 113. A proposição legislativa que crie ou altere despesa obrigatória ou renúncia de receita deverá ser acompanhada da estimativa do seu impacto orçamentário e financeiro.

•• Artigo acrescentado pela Emenda Constitucional n. 95, de 15-12-2016.

Art. 114. (*Revogado pela Emenda Constitucional n. 126, de 21-12-2022.*)

•• Sobre a revogação: Vide arts. 6.º e 9.º da Emenda Constitucional n. 126, de 21-12-2022.

•• A Lei Complementar n. 200, de 30-8-2023, institui regime fiscal sustentável para garantir a estabilidade macroeconômica do País e criar as condições adequadas ao crescimento socioeconômico.

Art. 115. Fica excepcionalmente autorizado o parcelamento das contribuições previdenciárias e dos demais débitos dos Municípios, incluídas suas autarquias e fundações, com os respectivos regimes próprios de previdência social, com vencimento até 31 de outubro de 2021, inclusive os parcelados anteriormente, no prazo máximo de 240 (duzentos e quarenta) prestações mensais, mediante autorização em lei municipal específica, desde que comprovem ter alterado a legislação do regime próprio de previdência social para atendimento das seguintes condições, cumulativamente:

•• *Caput* acrescentado pela Emenda Constitucional n. 113, de 8-12-2021.

I – adoção de regras de elegibilidade, de cálculo e de reajustamento dos benefícios que contemplem, nos termos previstos nos incisos I e III do § 1.º e nos §§ 3.º a 5.º, 7.º e 8.º do art. 40 da Constituição Federal, regras assemelhadas às aplicáveis aos servidores públicos do regime próprio de previdência social da União e que contribuam efetivamente para o atingimento e a manutenção do equilíbrio financeiro e atuarial;

•• Inciso I acrescentado pela Emenda Constitucional n. 113, de 8-12-2021.

II – adequação do rol de benefícios ao disposto nos §§ 2.º e 3.º do art. 9.º da Emenda Constitucional n. 103, de 12 de novembro de 2019;

•• Inciso II acrescentado pela Emenda Constitucional n. 113, de 8-12-2021.

III – adequação da alíquota de contribuição devida pelos servidores, nos termos do § 4.º do art. 9.º da Emenda Constitucional n. 103, de 12 de novembro de 2019; e

•• Inciso III acrescentado pela Emenda Constitucional n. 113, de 8-12-2021.

IV – instituição do regime de previdência complementar e adequação do órgão ou entidade gestora do regime próprio de previdência social, nos termos do § 6.º do art. 9.º da Emenda Constitucional n. 103, de 12 de novembro de 2019.

•• Inciso IV acrescentado pela Emenda Constitucional n. 113, de 8-12-2021.

Parágrafo único. Ato do Ministério do Trabalho e Previdência, no âmbito de suas competências, definirá os critérios para o parcelamento previsto neste artigo, inclusive quanto ao cumprimento do disposto nos incisos I, II, III e IV do *caput* deste artigo, bem como disponibilizará as informações aos Municípios sobre o montante das dívidas, as formas de parcelamento, os juros e os encargos incidentes, de modo a possibilitar o acompanhamento da evolução desses débitos.

•• Parágrafo único acrescentado pela Emenda Constitucional n. 113, de 8-12-2021.

Art. 116. Fica excepcionalmente autorizado o parcelamento dos débitos decorrentes de contribuições previdenciárias dos Municípios, incluídas suas autarquias e fundações, com o Regime Geral de Previdência Social, com vencimento até 31 de outubro de 2021, ainda que em fase de execução fiscal ajuizada, inclusive os decorrentes do descumprimento de obrigações acessórias e os parcelados anteriormente, no prazo máximo de 240 (duzentos e quarenta) prestações mensais.

•• *Caput* acrescentado pela Emenda Constitucional n. 113, de 8-12-2021.

§ 1.º Os Municípios que possuam regime próprio de previdência social deverão comprovar, para fins de formalização do parcelamento com o Regime Geral de Previdência Social, de que trata este artigo, terem atendido as condições estabelecidas nos incisos I, II, III e IV do *caput* do art. 115 deste Ato das Disposições Constitucionais Transitórias.

•• § 1.º acrescentado pela Emenda Constitucional n. 113, de 8-12-2021.

§ 2.º Os débitos parcelados terão redução de 40% (quarenta por cento) das multas de mora, de ofício e isoladas, de 80% (oitenta por cento) dos juros de mora, de 40% (quarenta por cento) dos encargos legais e de 25% (vinte e cinco por cento) dos honorários advocatícios.

•• § 2.º acrescentado pela Emenda Constitucional n. 113, de 8-12-2021.

§ 3.º O valor de cada parcela será acrescido de juros equivalentes à taxa referencial do Sistema Especial de Liquidação e de Custódia (Selic), acumulada mensalmente, calculados a partir do mês subsequente ao da consolidação até o mês anterior ao do pagamento.

•• § 3.º acrescentado pela Emenda Constitucional n. 113, de 8-12-2021.

§ 4.º Não constituem débitos dos Municípios aqueles considerados prescritos ou atingidos pela decadência.

•• § 4.º acrescentado pela Emenda Constitucional n. 113, de 8-12-2021.

§ 5.º A Secretaria Especial da Receita Federal do Brasil e a Procuradoria-Geral da Fazenda Nacional, no âmbito de suas competências, deverão fixar os critérios para o parcelamento previsto neste artigo, bem como disponibilizar as informações aos Municípios sobre o montante das dívidas, as formas de parcelamento, os juros e os encargos incidentes, de modo a possibilitar o acompanhamento da evolução desses débitos.

•• § 5.º acrescentado pela Emenda Constitucional n. 113, de 8-12-2021.

Art. 117. A formalização dos parcelamentos de que tratam os arts. 115 e 116 deste Ato das Disposições Constitucionais Transitórias deverá ocorrer até 30 de junho de 2022 e ficará condicionada à autorização de vinculação do Fundo de Participação dos Municípios para fins de pagamento das prestações acordadas nos termos de parcelamento, observada a seguinte ordem de preferência:

•• *Caput* acrescentado pela Emenda Constitucional n. 113, de 8-12-2021.

I – a prestação de garantia ou de contragarantia à União ou os pagamentos de débitos em favor da União, na forma do § 4.º do art. 167 da Constituição Federal;

•• Inciso I acrescentado pela Emenda Constitucional n. 113, de 8-12-2021.

II – as contribuições parceladas devidas ao Regime Geral de Previdência Social;

•• Inciso II acrescentado pela Emenda Constitucional n. 113, de 8-12-2021.

III – as contribuições parceladas devidas ao respectivo regime próprio de previdência social.

•• Inciso III acrescentado pela Emenda Constitucional n. 113, de 8-12-2021.

Art. 118. Os limites, as condições, as normas de acesso e os demais requisitos para o atendimento do disposto no parágrafo único do art. 6.º e no inciso VI do *caput* do art. 203 da Constituição Federal serão determinados, na forma da lei e respectivo regulamento, até 31 de dezembro de 2022, ficando dispensada, exclusivamente no exercício de 2022, a observância das limitações legais quanto à criação, à expansão ou ao aperfeiçoamento de ação governamental que acarrete aumento de despesa no referido exercício.

•• Artigo acrescentado pela Emenda Constitucional n. 114, de 16-12-2021.

Art. 119. Em decorrência do estado de calamidade pública provocado pela pandemia da Covid-19, os Estados, o Distrito Federal, os Municípios e os agentes públicos desses entes federados não poderão ser responsabilizados administrativa, civil ou criminalmente pelo descumprimento, exclusivamente nos exercícios financeiros de 2020 e 2021, do disposto no *caput* do art. 212 da Constituição Federal.

•• *Caput* acrescentado pela Emenda Constitucional n. 119, de 27-4-2022.

•• *Vide* art. 2.º da Emenda Constitucional n. 119, de 27-4-2022.

Parágrafo único. Para efeitos do disposto no *caput* deste artigo, o ente deverá complementar na aplicação da manutenção e desenvolvimento do ensino, até o exercício financeiro de 2023, a diferença a menor entre o valor aplicado, conforme informação registrada no sistema integrado de planejamento e orçamento, e o valor mínimo exigível constitucionalmente para os exercícios de 2020 e 2021.

•• Parágrafo único acrescentado pela Emenda Constitucional n. 119, de 27-4-2022.

Art. 120. Fica reconhecido, no ano de 2022, o estado de emergência decorrente da elevação extraordinária e imprevisível dos preços do petróleo, combustíveis e seus derivados e dos impactos sociais dela decorrentes.

•• *Caput* acrescentado pela Emenda Constitucional n. 123, de 14-7-2022.

•• *Vide* art. 5.º da Emenda Constitucional n. 123, de 14-7-2022.

•• O STF, na ADI n. 7.212, no plenário de 1.º-8-2024 (*DOU* de 13-8-2024), por maioria, conheceu integralmente da ação direta e julgou parcialmente procedente o pedido formulado, para declarar a inconstitucionalidade, com efeitos *ex nunc*, do art. 3.º da Emenda Constitucional n. 123, de 14-7-2024, que acrescentou este artigo.

Parágrafo único. Para enfrentamento ou mitigação dos impactos decorrentes do estado de emergência reconhecido, as medidas implementadas, até os limites de despesas previstos em uma única e exclusiva norma constitucional observarão o seguinte:

•• Parágrafo único, *caput*, acrescentado pela Emenda Constitucional n. 123, de 14-7-2022.

I – quanto às despesas:

•• Inciso I, *caput*, acrescentado pela Emenda Constitucional n. 123, de 14-7-2022.

a) serão atendidas por meio de crédito extraordinário;

•• Alínea *a* acrescentada pela Emenda Constitucional n. 123, de 14-7-2022.

b) não serão consideradas para fins de apuração da meta de resultado primário estabelecida no *caput* do art. 2.º da Lei n. 14.194, de 20 de agosto de 2021, e do limite estabelecido para as despesas primárias, conforme disposto no inciso I do *caput* do art. 107 do Ato das Disposições Constitucionais Transitórias; e

•• Alínea *b* acrescentada pela Emenda Constitucional n. 123, de 14-7-2022.

•• O art. 107 do ADCT foi revogado pela Emenda Constitucional n. 126, de 21-12-2022.

c) ficarão ressalvadas do disposto no inciso III do *caput* do art. 167 da Constituição Federal;

•• Alínea *c* acrescentada pela Emenda Constitucional n. 123, de 14-7-2022.

II – a abertura do crédito extraordinário para seu atendimento dar-se-á independentemente da observância dos requisitos exigidos no § 3.º do art. 167 da Constituição Federal; e

•• Inciso II acrescentado pela Emenda Constitucional n. 123, de 14-7-2022.

III – a dispensa das limitações legais, inclusive quanto à necessidade de compensação:

•• Inciso III, *caput*, acrescentado pela Emenda Constitucional n. 123, de 14-7-2022.

a) à criação, à expansão ou ao aperfeiçoamento de ação governamental que acarrete aumento de despesa; e

•• Alínea *a* acrescentada pela Emenda Constitucional n. 123, de 14-7-2022.

b) à renúncia de receita que possa ocorrer.

•• Alínea *b* acrescentada pela Emenda Constitucional n. 123, de 14-7-2022.

•• O art. 107 do ADCT foi revogado pela Emenda Constitucional n. 126, de 21-12-2022.

Art. 121. As contas referentes aos patrimônios acumulados de que trata o § 2.º do art. 239 da Constituição Federal cujos recursos não tenham sido reclamados por prazo superior a 20 (vinte) anos serão encerradas após o prazo de 60 (sessenta) dias da publicação de aviso no *Diário Oficial da União*, ressalvada reivindicação por eventual interessado legítimo dentro do referido prazo.

•• *Caput* acrescentado pela Emenda Constitucional n. 126, de 21-12-2022.

Parágrafo único. Os valores referidos no *caput* deste artigo serão tidos por abandonados, nos termos do inciso III do *caput* do art. 1.275 da Lei n. 10.406, de 10 de janeiro de 2002 (Código Civil), e serão apropriados pelo Tesouro Nacional como receita primária para realização de despesas de investimento de que trata o § 6.º-B do art. 107, que não serão computadas nos limites previstos no art. 107, ambos deste Ato das Disposições Constitucionais Transitórias, podendo o interessado reclamar ressarcimento à União no prazo de até 5 (cinco) anos do encerramento das contas.

•• Parágrafo único acrescentado pela Emenda Constitucional n. 126, de 21-12-2022.

•• O art. 107 do ADCT foi revogado pela Emenda Constitucional n. 126, de 21-12-2022.

Art. 122. As transferências financeiras realizadas pelo Fundo Nacional de Saúde e pelo Fundo Nacional de Assistência Social diretamente aos fundos de saúde e assistência social estaduais, municipais e distritais, para enfrentamento da pandemia da Covid-19, poderão ser executadas pelos entes federativos até 31 de dezembro de 2023.

•• Artigo acrescentado pela Emenda Constitucional n. 126, de 21-12-2022.

Art. 123. Todos os termos de credenciamentos, contratos, aditivos e outras formas de ajuste de permissão lotérica, em vigor, indistintamente, na data de publicação deste dispositivo, destinados a viabilizar a venda de serviços lotéricos, disciplinados em lei ou em outros instrumentos de alcance específico, terão assegurado prazo de vigência adicional, contado do término do prazo do instrumento vigente, independentemente da data de seu termo inicial.

•• Artigo acrescentado pela Emenda Constitucional n. 129, de 5-7-2023.

Art. 124. A transição para os tributos previstos no art. 156-A e no art. 195, V, todos da Constituição Federal, atenderá aos critérios estabelecidos nos arts. 125 a 133 deste Ato das Disposições Constitucionais Transitórias.

•• *Caput* acrescentado pela Emenda Constitucional n. 132, de 20-12-2023.

Parágrafo único. A contribuição prevista no art. 195, V, será instituída pela mesma lei complementar de que trata o art. 156-A, ambos da Constituição Federal.

•• Parágrafo único acrescentado pela Emenda Constitucional n. 132, de 20-12-2023.

Art. 125. Em 2026, o imposto previsto no art. 156-A será cobrado à alíquota estadual de 0,1% (um décimo por cento) e a contribuição prevista no art. 195, V, ambos da Constituição Federal, será cobrada à alíquota de 0,9% (nove décimos por cento).

•• *Caput* acrescentado pela Emenda Constitucional n. 132, de 20-12-2023.

§ 1.º O montante recolhido na forma do *caput* será compensado com o valor devido das contribuições previstas no art. 195, I, *b* e IV, e da contribuição para o Programa de Integração Social a que se refere o art. 239, ambos da Constituição Federal.

•• § 1.º acrescentado pela Emenda Constitucional n. 132, de 20-12-2023.

§ 2.º Caso o contribuinte não possua débitos suficientes para efetuar a compensação de que trata o § 1.º, o valor recolhido poderá ser compensado com qualquer outro tributo federal ou ser ressarcido em até 60 (sessenta) dias, mediante requerimento.

•• § 2.º acrescentado pela Emenda Constitucional n. 132, de 20-12-2023.

§ 3.º A arrecadação do imposto previsto no art. 156-A da Constituição Federal decorrente do disposto no *caput* deste artigo não observará as vinculações, repartições e destinações previstas na Constituição Federal, devendo ser aplicada, integral e sucessivamente, para:

•• § 3.º, *caput*, acrescentado pela Emenda Constitucional n. 132, de 20-12-2023.

I – o financiamento do Comitê Gestor do Imposto sobre Bens e Serviços, nos termos do art. 156-B, § 2.º, III, da Constituição Federal;

•• Inciso I acrescentado pela Emenda Constitucional n. 132, de 20-12-2023.

II – compor o Fundo de Compensação de Benefícios Fiscais ou Financeiro-Fiscais do imposto de que trata o art. 155, II, da Constituição Federal.

•• Inciso II acrescentado pela Emenda Constitucional n. 132, de 20-12-2023.

§ 4.º Durante o período de que trata o *caput*, os sujeitos passivos que cumprirem as obrigações acessórias relativas aos tributos referidos no *caput* poderão ser dispensados do seu recolhimento, nos termos de lei complementar.

•• § 4.º acrescentado pela Emenda Constitucional n. 132, de 20-12-2023.

Art. 126. A partir de 2027:

•• *Caput* acrescentado pela Emenda Constitucional n. 132, de 20-12-2023.

I – serão cobrados:

•• Inciso I, *caput*, acrescentado pela Emenda Constitucional n. 132, de 20-12-2023.

a) a contribuição prevista no art. 195, V, da Constituição Federal;

•• Alínea *a* acrescentada pela Emenda Constitucional n. 132, de 20-12-2023.

b) o imposto previsto no art. 153, VIII, da Constituição Federal;

•• Alínea *b* acrescentada pela Emenda Constitucional n. 132, de 20-12-2023.

II – serão extintas as contribuições previstas no art. 195, I, *b* e IV, e a contribuição para o Programa de Integração Social de que trata o art. 239, todos da Constituição Federal, desde que instituída a contribuição referida na alínea *a* do inciso I;

•• Inciso II acrescentado pela Emenda Constitucional n. 132, de 20-12-2023.

III – o imposto previsto no art. 153, IV, da Constituição Federal:

•• Inciso III, *caput*, acrescentado pela Emenda Constitucional n. 132, de 20-12-2023.

a) terá suas alíquotas reduzidas a zero, exceto em relação aos produtos que tenham industrialização incentivada na Zona Franca de Manaus, conforme critérios estabelecidos em lei complementar; e

•• Alínea *a* acrescentada pela Emenda Constitucional n. 132, de 20-12-2023.

b) não incidirá de forma cumulativa com o imposto previsto no art. 153, VIII, da Constituição Federal.

•• Alínea *b* acrescentada pela Emenda Constitucional n. 132, de 20-12-2023.

Art. 127. Em 2027 e 2028, o imposto previsto no art. 156-A da Constituição Federal será cobrado à alíquota estadual de 0,05% (cinco centésimos por cento) e à alíquota municipal de 0,05% (cinco centésimos por cento).

•• *Caput* acrescentado pela Emenda Constitucional n. 132, de 20-12-2023.

Parágrafo único. No período referido no *caput*, à alíquota da contribuição prevista no art. 195, V, da Constituição Federal, será reduzida em 0,1 (um décimo) ponto percentual.

•• Parágrafo único acrescentado pela Emenda Constitucional n. 132, de 20-12-2023.

Art. 128. De 2029 a 2032, as alíquotas dos impostos previstos nos arts. 155, II, e 156, III, da Constituição Federal, serão fixadas nas seguintes proporções das alíquotas fixadas nas respectivas legislações:

•• *Caput* acrescentado pela Emenda Constitucional n. 132, de 20-12-2023.

I – 9/10 (nove décimos), em 2029;

•• Inciso I acrescentado pela Emenda Constitucional n. 132, de 20-12-2023.

II – 8/10 (oito décimos), em 2030;

•• Inciso II acrescentado pela Emenda Constitucional n. 132, de 20-12-2023.

III – 7/10 (sete décimos), em 2031;

•• Inciso III acrescentado pela Emenda Constitucional n. 132, de 20-12-2023.

IV – 6/10 (seis décimos), em 2032.

•• Inciso IV acrescentado pela Emenda Constitucional n. 132, de 20-12-2023.

§ 1.º Os benefícios ou os incentivos fiscais ou financeiros relativos aos impostos previstos nos arts. 155, II, e 156, III, da Constituição Federal não alcançados pelo disposto no *caput* deste artigo serão reduzidos na mesma proporção.

•• § 1.º acrescentado pela Emenda Constitucional n. 132, de 20-12-2023.

§ 2.º Os benefícios e incentivos fiscais ou financeiros referidos no art. 3.º da Lei Complementar n. 160, de 7 de agosto de 2017, serão reduzidos na forma deste artigo, não se aplicando a redução prevista no § 2.º-A do art. 3.º da referida Lei Complementar.

•• § 2.º acrescentado pela Emenda Constitucional n. 132, de 20-12-2023.

§ 3.º Ficam mantidos em sua integralidade, até 31 de dezembro de 2032, os percentuais utilizados para calcular os benefícios ou incentivos fiscais ou financeiros já reduzidos por força da redução das alíquotas, em decorrência do disposto no *caput*.

•• § 3.º acrescentado pela Emenda Constitucional n. 132, de 20-12-2023.

Art. 129. Ficam extintos, a partir de 2033, os impostos previstos nos arts. 155, II, e 156, III, da Constituição Federal.

•• Artigo acrescentado pela Emenda Constitucional n. 132, de 20-12-2023.

Art. 130. Resolução do Senado Federal fixará, para todas as esferas federativas, as alíquotas de referência dos tributos previstos nos arts. 156-A e 195, V, da Constituição Federal, observados a forma de cálculo e os limites previstos em lei complementar, de forma a assegurar:

•• *Caput* acrescentado pela Emenda Constitucional n. 132, de 20-12-2023.

I – de 2027 a 2033, que a receita da União com a contribuição prevista no art. 195, V, e com o imposto previsto no art. 153, VIII, todos da Constituição Federal, seja equivalente à redução da receita:

•• Inciso I, *caput*, acrescentado pela Emenda Constitucional n. 132, de 20-12-2023.

a) das contribuições previstas no art. 195, I, *b* e IV, e da contribuição para o Programa de Integração Social de que trata o art. 239, todos da Constituição Federal;

•• Alínea *a* acrescentada pela Emenda Constitucional n. 132, de 20-12-2023.

b) do imposto previsto no art. 153, IV; e

•• Alínea *b* acrescentada pela Emenda Constitucional n. 132, de 20-12-2023.

c) do imposto previsto no art. 153, V, da Constituição Federal, sobre operações de seguros;

•• Alínea *c* acrescentada pela Emenda Constitucional n. 132, de 20-12-2023.

II – de 2029 a 2033, que a receita dos Estados e do Distrito Federal com o imposto previsto no art. 156-A da Constituição Federal seja equivalente à redução:

•• Inciso II, *caput*, acrescentado pela Emenda Constitucional n. 132, de 20-12-2023.

a) da receita do imposto previsto no art. 155, II, da Constituição Federal; e

•• Alínea *a* acrescentada pela Emenda Constitucional n. 132, de 20-12-2023.

b) das receitas destinadas a fundos estaduais financiados por contribuições estabelecidas como condição à aplicação de diferimento, regime especial ou outro tratamento diferenciado, relativos ao imposto de que trata o art. 155, II, da Constituição Federal, em funcionamento em 30 de abril de 2023, excetuadas as receitas dos fundos mantidas na forma do art. 136 deste Ato das Disposições Constitucionais Transitórias;

•• Alínea *b* acrescentada pela Emenda Constitucional n. 132, de 20-12-2023.

III – de 2029 a 2033, que a receita dos Municípios e do Distrito Federal com o imposto previsto no art. 156-A seja equivalente à redução da receita do imposto previsto no art. 156, III, ambos da Constituição Federal.

•• Inciso III acrescentado pela Emenda Constitucional n. 132, de 20-12-2023.

§ 1.º As alíquotas de referência serão fixadas no ano anterior ao de sua vigência, não se aplicando o disposto no art. 150, III, *c*, da Constituição Federal, com base em cálculo realizado pelo Tribunal de Contas da União.

•• § 1.º acrescentado pela Emenda Constitucional n. 132, de 20-12-2023.

§ 2.º Na fixação das alíquotas de referência, deverão ser considerados os efeitos sobre a arrecadação dos regimes específicos, diferenciados ou favorecidos e de qualquer outro regime que resulte em arrecadação

menor do que a que seria obtida com a aplicação da alíquota padrão.
- • § 2.º acrescentado pela Emenda Constitucional n. 132, de 20-12-2023.

§ 3.º Para fins do disposto nos §§ 4.º a 6.º, entende-se por:
- • § 3.º, *caput*, acrescentado pela Emenda Constitucional n. 132, de 20-12-2023.

I – Teto de Referência da União: a média da receita no período de 2012 a 2021, apurada como proporção do PIB, do imposto previsto no art. 153, IV, das contribuições previstas no art. 195, I, *b* e IV, da contribuição para o Programa de Integração Social de que trata o art. 239 e do imposto previsto no art. 153, V, sobre operações de seguro, todos da Constituição Federal;
- • Inciso I acrescentado pela Emenda Constitucional n. 132, de 20-12-2023.

II – Teto de Referência Total: a média da receita no período de 2012 a 2021, apurada como proporção do PIB, dos impostos previstos nos arts. 153, IV, 155, II e 156, III, das contribuições previstas no art. 195, I, *b*, e IV, da contribuição para o Programa de Integração Social de que trata o art. 239 e do imposto previsto no art. 153, V, sobre operações de seguro, todos da Constituição Federal;
- • Inciso II acrescentado pela Emenda Constitucional n. 132, de 20-12-2023.

III – Receita-Base da União: a receita da União com a contribuição prevista no art. 195, V, e com o imposto previsto no art. 153, VIII, ambos da Constituição Federal, apurada como proporção do PIB;
- • Inciso III acrescentado pela Emenda Constitucional n. 132, de 20-12-2023.

IV – Receita-Base dos Entes Subnacionais: a receita dos Estados, do Distrito Federal e dos Municípios com o imposto previsto no art. 156-A da Constituição Federal, deduzida da parcela a que se refere a alínea *b* do inciso II do *caput*, apurada como proporção do PIB;
- • Inciso IV acrescentado pela Emenda Constitucional n. 132, de 20-12-2023.

V – Receita-Base Total: a soma da Receita-Base da União com a Receita-Base dos Entes Subnacionais, sendo essa última:
- • Inciso V, *caput*, acrescentado pela Emenda Constitucional n. 132, de 20-12-2023.

a) multiplicada por 10 (dez) em 2029;
- • Alínea *a* acrescentada pela Emenda Constitucional n. 132, de 20-12-2023.

b) multiplicada por 5 (cinco) em 2030;
- • Alínea *b* acrescentada pela Emenda Constitucional n. 132, de 20-12-2023.

c) multiplicada por 10 (dez) e dividida por 3 (três) em 2031;
- • Alínea *c* acrescentada pela Emenda Constitucional n. 132, de 20-12-2023.

d) multiplicada por 10 (dez) e dividida por 4 (quatro) em 2032;
- • Alínea *d* acrescentada pela Emenda Constitucional n. 132, de 20-12-2023.

e) multiplicada por 1 (um) em 2033.
- • Alínea *e* acrescentada pela Emenda Constitucional n. 132, de 20-12-2023.

§ 4.º A alíquota de referência da contribuição a que se refere o art. 195, V, da Constituição Federal será reduzida em 2030 caso a média da Receita-Base da União em 2027 e 2028 exceda o Teto de Referência da União.
- • § 4.º acrescentado pela Emenda Constitucional n. 132, de 20-12-2023.

§ 5.º As alíquotas de referência da contribuição a que se refere o art. 195, V, e do imposto a que se refere o art. 156-A, ambos da Constituição Federal, serão reduzidas em 2035 caso a média da Receita-Base Total entre 2029 e 2033 exceda o Teto de Referência Total.
- • § 5.º acrescentado pela Emenda Constitucional n. 132, de 20-12-2023.

§ 6.º As reduções de que tratam os §§ 4.º e 5.º serão:
- • § 6.º, *caput*, acrescentado pela Emenda Constitucional n. 132, de 20-12-2023.

I – definidas de forma a que a Receita-Base seja igual ao respectivo Teto de Referência;
- • Inciso I acrescentado pela Emenda Constitucional n. 132, de 20-12-2023.

II – no caso do § 5.º, proporcionais para as alíquotas de referência federal, estadual e municipal.
- • Inciso II acrescentado pela Emenda Constitucional n. 132, de 20-12-2023.

§ 7.º A revisão das alíquotas de referência em função do disposto nos §§ 4.º, 5.º e 6.º não implicará cobrança ou restituição de tributo relativo a anos anteriores ou transferência de recursos entre os entes federativos.
- • § 7.º acrescentado pela Emenda Constitucional n. 132, de 20-12-2023.

§ 8.º Os entes federativos e o Comitê Gestor do Imposto sobre Bens e Serviços fornecerão ao Tribunal de Contas da União as informações necessárias para o cálculo a que se referem os §§ 1.º, 4.º e 5.º.
- • § 8.º acrescentado pela Emenda Constitucional n. 132, de 20-12-2023.

§ 9.º Nos cálculos das alíquotas de que trata o *caput*, deverá ser considerada a arrecadação dos tributos previstos nos arts. 156-A e 195, V, da Constituição Federal, cuja cobrança tenha sido iniciada antes dos períodos de que tratam os incisos I, II e III do *caput*.
- • § 9.º acrescentado pela Emenda Constitucional n. 132, de 20-12-2023.

§ 10. O cálculo das alíquotas a que se refere este artigo será realizado com base em propostas encaminhadas pelo Poder Executivo da União e pelo Comitê Gestor do Imposto sobre Bens e Serviços, que deverão fornecer ao Tribunal de Contas da União todos os subsídios necessários, mediante o compartilhamento de dados e informações, nos termos de lei complementar.
- • § 10 acrescentado pela Emenda Constitucional n. 132, de 20-12-2023.

Art. 131. De 2029 a 2077, o produto da arrecadação dos Estados, do Distrito Federal e dos Municípios com o imposto de que trata o art. 156-A da Constituição Federal será distribuído a esses entes federativos conforme conforme o disposto neste artigo.
- • *Caput* acrescentado pela Emenda Constitucional n. 132, de 20-12-2023.

§ 1.º Serão retidos do produto da arrecadação do imposto de cada Estado, do Distrito Federal e de cada Município, apurada com base nas alíquotas de referência de que trata o art. 130 deste Ato das Disposições Constitucionais Transitórias, nos termos dos arts. 149-C, e 156-A, § 4.º, II, e § 5.º, I e IV, antes da aplicação do disposto no art. 158, IV, *b*, todos da Constituição Federal:
- • § 1.º, *caput*, acrescentado pela Emenda Constitucional n. 132, de 20-12-2023.

I – de 2029 a 2032, 80% (oitenta por cento);
- • Inciso I acrescentado pela Emenda Constitucional n. 132, de 20-12-2023.

II – em 2033, 90% (noventa por cento);
- • Inciso II acrescentado pela Emenda Constitucional n. 132, de 20-12-2023.

III – de 2034 a 2077, percentual correspondente ao aplicado em 2033, reduzido à razão de 1/45 (um quarenta e cinco avos) por ano.
- • Inciso III acrescentado pela Emenda Constitucional n. 132, de 20-12-2023.

§ 2.º Na forma estabelecida em lei complementar, o montante retido nos termos do § 1.º será distribuído entre os Estados, o Distrito Federal e os Municípios proporcionalmente à receita média de cada ente federativo, devendo ser considerada:
- • § 2.º, *caput*, acrescentado pela Emenda Constitucional n. 132, de 20-12-2023.

I – no caso dos Estados:
- • Inciso I, *caput*, acrescentado pela Emenda Constitucional n. 132, de 20-12-2023.

a) a arrecadação do imposto previsto no art. 155, II, após aplicação do disposto no art. 158, IV, *a*, todos da Constituição Federal; e
- • Alínea *a* acrescentada pela Emenda Constitucional n. 132, de 20-12-2023.

b) as receitas destinadas aos fundos estaduais de que trata o art. 130, II, *b*, deste Ato das Disposições Constitucionais Transitórias;
- • Alínea *b* acrescentada pela Emenda Constitucional n. 132, de 20-12-2023.

II – no caso do Distrito Federal:
- • Inciso II, *caput*, acrescentado pela Emenda Constitucional n. 132, de 20-12-2023.

a) a arrecadação do imposto previsto no art. 155, II, da Constituição Federal; e
- • Alínea *a* acrescentada pela Emenda Constitucional n. 132, de 20-12-2023.

b) a arrecadação do imposto previsto no art. 156, III, da Constituição Federal;
- • Alínea *b* acrescentada pela Emenda Constitucional n. 132, de 20-12-2023.

III – no caso dos Municípios:
•• Inciso III, *caput*, acrescentado pela Emenda Constitucional n. 132, de 20-12-2023.

a) a arrecadação do imposto previsto no art. 156, III, da Constituição Federal; e
•• Alínea *a* acrescentada pela Emenda Constitucional n. 132, de 20-12-2023.

b) a parcela creditada na forma do art. 158, IV, *a*, da Constituição Federal.
•• Alínea *b* acrescentada pela Emenda Constitucional n. 132, de 20-12-2023.

§ 3.º Não se aplica o disposto no art. 158, IV, *b*, da Constituição Federal aos recursos distribuídos na forma do § 2.º, I, deste artigo.
•• § 3.º acrescentado pela Emenda Constitucional n. 132, de 20-12-2023.

§ 4.º A parcela do produto da arrecadação do imposto não retida nos termos do § 1.º, após a retenção de que trata o art. 132 deste Ato das Disposições Constitucionais Transitórias, será distribuída a cada Estado, ao Distrito Federal e a cada Município de acordo com os critérios da lei complementar de que trata o art. 156-A, § 5.º, I, da Constituição Federal, nela computada a variação de alíquota fixada pelo ente em relação à de referência.
•• § 4.º acrescentado pela Emenda Constitucional n. 132, de 20-12-2023.

§ 5.º Os recursos de que trata este artigo serão distribuídos nos termos estabelecidos em lei complementar, aplicando-se o seguinte:
•• § 5.º, *caput*, acrescentado pela Emenda Constitucional n. 132, de 20-12-2023.

I – constituirão a base de cálculo dos fundos de que trata o art. 212-A, II, da Constituição Federal, observado que:
•• Inciso I, *caput*, acrescentado pela Emenda Constitucional n. 132, de 20-12-2023.

a) para os Estados, o percentual de que trata o art. 212-A, II, será aplicado proporcionalmente à razão entre a soma dos valores distribuídos a cada ente nos termos do § 2.º, I, *a*, e do § 4.º, e a soma dos valores distribuídos nos termos do § 2.º, I e do § 4.º;
•• Alínea *a* acrescentada pela Emenda Constitucional n. 132, de 20-12-2023.

b) para o Distrito Federal, o percentual de que trata o art. 212-A, II, será aplicado proporcionalmente à razão entre a soma dos valores distribuídos nos termos do § 2.º, II, *a*, e do § 4.º, e a soma dos valores distribuídos nos termos do § 2.º, II, e do § 4.º, considerada, em ambas as somas, somente a parcela estadual nos valores distribuídos nos termos do § 4.º;
•• Alínea *b* acrescentada pela Emenda Constitucional n. 132, de 20-12-2023.

c) para os Municípios, o percentual de que trata o art. 212-A, II, será aplicado proporcionalmente à razão entre a soma dos valores distribuídos nos termos do § 2.º, III, *b*, e a soma dos valores distribuídos nos termos do § 2.º, III;

•• Alínea *c* acrescentada pela Emenda Constitucional n. 132, de 20-12-2023.

II – constituirão as bases de cálculo de que tratam os arts. 29-A, 198, § 2.º, 204, parágrafo único, 212 e 216, § 6.º, todos da Constituição Federal, excetuados os valores distribuídos nos termos do § 2.º, I, *b*;
•• Inciso II acrescentado pela Emenda Constitucional n. 132, de 20-12-2023.

III – poderão ser vinculados para prestação de garantias às operações de crédito por antecipação de receita previstas no art. 165, § 8.º, para pagamento de débitos com a União e para prestar-lhe garantia ou contragarantia, nos termos do art. 167, § 4.º, todos da Constituição Federal.
•• Inciso III acrescentado pela Emenda Constitucional n. 132, de 20-12-2023.

§ 6.º Durante o período de que trata o *caput* deste artigo, é vedado aos Estados, ao Distrito Federal e aos Municípios fixar alíquotas próprias do imposto de que trata o art. 156-A da Constituição Federal inferiores às necessárias para garantir as retenções de que tratam o § 1.º deste artigo e o art. 132 deste Ato das Disposições Constitucionais Transitórias.
•• § 6.º acrescentado pela Emenda Constitucional n. 132, de 20-12-2023.

Art. 132. Do imposto dos Estados, do Distrito Federal e dos Municípios apurado com base nas alíquotas de referência de que trata o art. 130 deste Ato das Disposições Constitucionais Transitórias, deduzida a retenção de que trata o art. 131, § 1.º, será retido montante correspondente a 5% (cinco por cento) para distribuição aos entes com as menores razões entre:
•• *Caput* acrescentado pela Emenda Constitucional n. 132, de 20-12-2023.

I – o valor apurado nos termos dos arts. 149-C e 156-A, § 4.º, II, e § 5.º, I e IV, com base nas alíquotas de referência, após a aplicação do disposto no art. 158, IV, *b*, todos da Constituição Federal; e
•• Inciso I acrescentado pela Emenda Constitucional n. 132, de 20-12-2023.

II – a respectiva receita média, apurada nos termos do art. 131, § 2.º, I, II e III, deste Ato das Disposições Constitucionais Transitórias, limitada a 3 (três) vezes a média nacional por habitante da respectiva esfera federativa.
•• Inciso II acrescentado pela Emenda Constitucional n. 132, de 20-12-2023.

§ 1.º Os recursos serão distribuídos, sequencial e sucessivamente, aos entes com as menores razões de que trata o *caput*, de maneira que, ao final da distribuição, para todos os entes que receberem recursos, seja observada a mesma razão entre:
•• § 1.º, *caput*, acrescentado pela Emenda Constitucional n. 132, de 20-12-2023.

I – a soma do valor apurado nos termos do inciso I do *caput* com o valor recebido nos termos deste artigo; e
•• Inciso I acrescentado pela Emenda Constitucional n. 132, de 20-12-2023.

II – a receita média apurada na forma do inciso II do *caput*.
•• Inciso II acrescentado pela Emenda Constitucional n. 132, de 20-12-2023.

§ 2.º Aplica-se aos recursos distribuídos na forma deste artigo o disposto no art. 131, § 5.º deste Ato das Disposições Constitucionais Transitórias.
•• § 2.º acrescentado pela Emenda Constitucional n. 132, de 20-12-2023.

§ 3.º Lei complementar estabelecerá os critérios para a redução gradativa, entre 2078 e 2097, do percentual de que trata o *caput*, até a sua extinção.
•• § 3.º acrescentado pela Emenda Constitucional n. 132, de 20-12-2023.

Art. 133. Os tributos de que tratam os arts. 153, IV, 155, II, 156, III, e 195, I, *b*, e IV, e a contribuição para o Programa de Integração Social a que se refere o art. 239 não integrarão a base de cálculo do imposto de que trata o art. 156-A e da contribuição de que trata o art. 195, V, todos da Constituição Federal.
•• Artigo acrescentado pela Emenda Constitucional n. 132, de 20-12-2023.

Art. 134. Os saldos credores relativos ao imposto previsto no art. 155, II, da Constituição Federal, existentes ao final de 2032 serão aproveitados pelos contribuintes na forma deste artigo e nos termos de lei complementar.
•• *Caput* acrescentado pela Emenda Constitucional n. 132, de 20-12-2023.

§ 1.º O disposto neste artigo alcança os saldos credores cujo aproveitamento ou ressarcimento sejam admitidos pela legislação em vigor em 31 de dezembro de 2032 e que tenham sido homologados pelos respectivos entes federativos, observadas as seguintes diretrizes:
•• § 1.º, *caput*, acrescentado pela Emenda Constitucional n. 132, de 20-12-2023.

I – apresentado o pedido de homologação, o ente federativo deverá se pronunciar no prazo estabelecido na lei complementar a que se refere no *caput*;
•• Inciso I acrescentado pela Emenda Constitucional n. 132, de 20-12-2023.

II – na ausência de resposta ao pedido de homologação no prazo a que se refere o inciso I deste parágrafo, os respectivos saldos credores serão considerados homologados.
•• Inciso II acrescentado pela Emenda Constitucional n. 132, de 20-12-2023.

§ 2.º Aplica-se o disposto neste artigo também aos créditos reconhecidos após o prazo previsto no *caput*.
•• § 2.º acrescentado pela Emenda Constitucional n. 132, de 20-12-2023.

§ 3.º O saldo dos créditos homologados será informado pelos Estados e pelo Distrito Federal ao Comitê Gestor do Imposto sobre Bens e Serviços para que seja compensado com o imposto de que trata o art. 156-A da Constituição Federal:
•• § 3.º, *caput*, acrescentado pela Emenda Constitucional n. 132, de 20-12-2023.

I – pelo prazo remanescente, apurado nos termos do art. 20, § 5.º, da Lei Complementar n. 87, de 13 de setembro de 1996, para os créditos relativos à entrada de mercadorias destinadas ao ativo permanente;
•• Inciso I acrescentado pela Emenda Constitucional n. 132, de 20-12-2023.

II – em 240 (duzentos e quarenta) parcelas mensais, iguais e sucessivas, nos demais casos.
•• Inciso II acrescentado pela Emenda Constitucional n. 132, de 20-12-2023.

§ 4.º O Comitê Gestor do Imposto sobre Bens e Serviços deduzirá do produto da arrecadação do imposto previsto no art. 156-A devido ao respectivo ente federativo o valor compensado na forma do § 3.º, o qual não comporá base de cálculo para fins do disposto nos arts. 158, IV, 198, § 2.º, 204, parágrafo único, 212, 212-A, II, e 216, § 6.º, todos da Constituição Federal.
•• § 4.º acrescentado pela Emenda Constitucional n. 132, de 20-12-2023.

§ 5.º A partir de 2033, os saldos credores serão atualizados pelo IPCA ou por outro índice que venha a substituí-lo.
•• § 5.º acrescentado pela Emenda Constitucional n. 132, de 20-12-2023.

§ 6.º Lei complementar disporá sobre:
•• § 6.º, *caput*, acrescentado pela Emenda Constitucional n. 132, de 20-12-2023.

I – as regras gerais de implementação do parcelamento previsto no § 3.º;
•• Inciso I acrescentado pela Emenda Constitucional n. 132, de 20-12-2023.

II – a forma pela qual os titulares dos créditos de que trata este artigo poderão transferi-los a terceiros;
•• Inciso II acrescentado pela Emenda Constitucional n. 132, de 20-12-2023.

III – a forma pela qual o crédito de que trata este artigo poderá ser ressarcido ao contribuinte pelo Comitê Gestor do Imposto sobre Bens e Serviços, caso não seja possível compensar o valor da parcela nos termos do § 3.º.
•• Inciso III acrescentado pela Emenda Constitucional n. 132, de 20-12-2023.

Art. 135. Lei complementar disciplinará a forma de utilização dos créditos, inclusive presumidos, do imposto de que trata o art. 153, IV, e das contribuições de que tratam o art. 195, I, *b*, e IV, e da contribuição para o Programa de Integração Social a que se refere o art. 239, todos da Constituição Federal, não apropriados ou não utilizados até a extinção, mantendo-se, apenas para os créditos que cumpram os requisitos estabelecidos na legislação vigente na data da extinção de tais tributos, a permissão para compensação com outros tributos federais, inclusive com a contribuição prevista no inciso V do *caput* do art. 195 da Constituição Federal, ou ressarcimento em dinheiro.
•• Artigo acrescentado pela Emenda Constitucional n. 132, de 20-12-2023.

Art. 136. Os Estados que possuíam, em 30 de abril de 2023, fundos destinados a investimentos em obras de infraestrutura e habitação e financiados por contribuições sobre produtos primários e semielaborados estabelecidas como condição à aplicação de diferimento, regime especial ou outro tratamento diferenciado, relativos ao imposto de que trata o art. 155, II, da Constituição Federal, poderão instituir contribuições semelhantes, não vinculadas ao referido imposto, observado que:
•• *Caput* acrescentado pela Emenda Constitucional n. 132, de 20-12-2023.

I – a alíquota ou o percentual de contribuição não poderão ser superiores e a base de incidência não poderá ser mais ampla que os das respectivas contribuições vigentes em 30 de abril de 2023;
•• Inciso I acrescentado pela Emenda Constitucional n. 132, de 20-12-2023.

II – a instituição de contribuição nos termos deste artigo implicará a extinção da contribuição correspondente, vinculada ao imposto de que trata o art. 155, II, da Constituição Federal, vigente em 30 de abril de 2023;
•• Inciso II acrescentado pela Emenda Constitucional n. 132, de 20-12-2023.

III – a destinação de sua receita deverá ser a mesma das contribuições vigentes em 30 de abril de 2023;
•• Inciso III acrescentado pela Emenda Constitucional n. 132, de 20-12-2023.

IV – a contribuição instituída nos termos do *caput* será extinta em 31 de dezembro de 2043.
•• Inciso IV acrescentado pela Emenda Constitucional n. 132, de 20-12-2023.

Parágrafo único. As receitas das contribuições mantidas nos termos deste artigo não serão consideradas como receita do respectivo Estado para fins do disposto nos arts. 130, II, *b*, e 131, § 2.º, I, *b*, ambos deste Ato das Disposições Constitucionais Transitórias.
•• Parágrafo único acrescentado pela Emenda Constitucional n. 132, de 20-12-2023.

Art. 137. Os saldos financeiros dos recursos transferidos pelo Fundo Nacional de Saúde e pelo Fundo Nacional de Assistência Social, para enfrentamento da pandemia de Covid-19 no período de 2020 a 2022, aos fundos de saúde e assistência social estaduais, municipais e do Distrito Federal poderão ser aplicados, até 31 de dezembro de 2024, para o custeio de ações e serviços públicos de saúde e de assistência social, observadas, respectivamente, as diretrizes emanadas do Sistema Único de Saúde e do Sistema Único de Assistência Social.
•• Artigo acrescentado pela Emenda Constitucional n. 132, de 20-12-2023.

Art. 138. Até 2032, qualquer criação, alteração ou prorrogação de vinculação legal ou constitucional de receitas a despesas, inclusive na hipótese de aplicação mínima de montante de recursos, não poderá resultar em crescimento anual da respectiva despesa primária superior à variação do limite de despesas primárias, na forma prevista na lei complementar de que trata o art. 6.º da Emenda Constitucional n. 126, de 21 de dezembro de 2022.
•• Artigo acrescentado pela Emenda Constitucional n. 135, de 20-12-2024.

Brasília, 5 de outubro de 1988.

Ulysses Guimarães

EMENDAS CONSTITUCIONAIS

EMENDA CONSTITUCIONAL N. 2, DE 25 DE AGOSTO DE 1992 (*)

Dispõe sobre o plebiscito previsto no art. 2.º do Ato das Disposições Constitucionais Transitórias.

As Mesas da Câmara dos Deputados e do Senado Federal, nos termos do § 3.º do art. 60 da Constituição Federal, promulgam a seguinte Emenda ao texto constitucional:

Artigo único. O plebiscito de que trata o art. 2.º do Ato das Disposições Constitucionais Transitórias realizar-se-á no dia 21 de abril de 1993.

§ 1.º A forma e o sistema de governo definidos pelo plebiscito terão vigência em 1.º de janeiro de 1995.

§ 2.º A lei poderá dispor sobre a realização do plebiscito, inclusive sobre a gratuidade da livre divulgação das formas e sistemas de governo, através dos meios de comunicação de massa concessionários ou permissionários de serviço público, assegurada igualdade de tempo e paridade de horários.

§ 3.º A norma constante do parágrafo anterior não exclui a competência do Tribunal Superior Eleitoral para expedir instruções necessárias à realização da consulta plebiscitária.

Brasília, em 25 de agosto de 1992.

A Mesa da Câmara dos Deputados
Deputado IBSEN PINHEIRO
Presidente

A Mesa do Senado Federal
Senador MAURO BENEVIDES
Presidente

EMENDA CONSTITUCIONAL N. 3, DE 17 DE MARÇO DE 1993 (**)

Altera dispositivos da Constituição Federal.

As Mesas da Câmara dos Deputados e do Senado Federal, nos termos do § 3.º do art. 60 da Constituição Federal, promulgam a seguinte Emenda ao texto constitucional:

Art. 1.º Os dispositivos da Constituição Federal abaixo enumerados passam a vigorar com as seguintes alterações:

•• Parte das alterações foram prejudicadas por Emendas Constitucionais posteriores: o art. 40, § 6.º, foi prejudicado pela Emenda Constitucional n.

(*) Publicada no *Diário Oficial da União*, de 1.º-9-1992.

(**) Publicada no *Diário Oficial da União*, de 18-3-1993.

20, de 15-12-1998; o art. 42, § 10, foi prejudicado pela Emenda Constitucional n. 18, de 5-2-1998; os arts. 102, § 2.º, e 103, § 4.º, foram prejudicados pela Emenda Constitucional n. 45, de 8-12-2004; o art. 155, § 3.º, foi prejudicado pela Emenda Constitucional n. 33, de 11-12-2001; o art. 156, § 3.º, *caput* e I, foi prejudicado pela Emenda Constitucional n. 37, de 12-6-2002; o art. 167, IV, foi prejudicado pela Emenda Constitucional n. 29, de 13-9-2000.

Art. 2.º A União poderá instituir, nos termos de lei complementar, com vigência até 31 de dezembro de 1994, imposto sobre movimentação ou transmissão de valores e de créditos e direitos de natureza financeira.

§ 1.º A alíquota do imposto de que trata este artigo não excederá a vinte e cinco centésimos por cento, facultado ao Poder Executivo reduzi-la ou restabelecê-la, total ou parcialmente, nas condições e limites fixados em lei.

§ 2.º Ao imposto de que trata este artigo não se aplica o art. 150, III, *b*, e VI, nem o disposto no § 5.º do art. 153 da Constituição.

§ 3.º O produto da arrecadação do imposto de que trata este artigo não se encontra sujeito a qualquer modalidade de repartição com outra entidade federada.

§ 4.º (*Revogado pela Emenda Constitucional de Revisão n. 1, de 1.º-3-1994.*)

Art. 3.º A eliminação do adicional ao imposto de renda, de competência dos Estados, decorrente desta Emenda Constitucional, somente produzirá efeitos a partir de 1.º de janeiro de 1996, reduzindo-se a correspondente alíquota, pelo menos, a dois e meio por cento no exercício financeiro de 1995.

Art. 4.º A eliminação do imposto sobre vendas a varejo de combustíveis líquidos e gasosos, de competência dos Municípios, decorrente desta Emenda Constitucional, somente produzirá efeitos a partir de 1.º de janeiro de 1996, reduzindo-se a correspondente alíquota, pelo menos, a um e meio por cento no exercício financeiro de 1995.

Art. 5.º Até 31 de dezembro de 1999, os Estados, o Distrito Federal e os Municípios somente poderão emitir títulos da dívida pública no montante necessário ao refinanciamento do principal devidamente atualizado de suas obrigações, representadas por essa espécie de títulos, ressalvado o disposto no art. 33, parágrafo único, do Ato das Disposições Constitucionais Transitórias.

Art. 6.º Revogam-se o inciso IV e o § 4.º do art. 156 da Constituição Federal.

Brasília, em 17 de março de 1993.

A Mesa da Câmara dos Deputados
Deputado INOCÊNCIO OLIVEIRA
Presidente

A Mesa do Senado Federal
Senador HUMBERTO LUCENA
Presidente

EMENDA CONSTITUCIONAL N. 17, DE 22 DE NOVEMBRO DE 1997 (***)

Altera dispositivos dos arts. 71 e 72 do Ato das Disposições Constitucionais Transitórias, introduzidos pela Emenda Constitucional de Revisão n. 1, de 1994.

As Mesas da Câmara dos Deputados e do Senado Federal, nos termos do § 3.º do art. 60 da Constituição Federal, promulgam a seguinte Emenda ao texto constitucional:

Art. 1.º O *caput* do art. 71 do Ato das Disposições Constitucionais Transitórias passa a vigorar com a seguinte redação:

•• Alteração já processada no diploma modificado.

Art. 2.º O inciso V do art. 72 do Ato das Disposições Constitucionais Transitórias passa a vigorar com a seguinte redação:

•• Alteração já processada no diploma modificado.

Art. 3.º A União repassará aos Municípios, do produto da arrecadação do Imposto sobre a Renda e Proventos de Qualquer Natureza, tal como considerado na constituição dos fundos de que trata o art. 159, I, da Constituição, excluída a parcela referida no art. 72, I, do Ato das Disposições Constitucionais Transitórias, os seguintes percentuais:

I – um inteiro e cinquenta e seis centésimos por cento, no período de 1.º de julho de 1997 a 31 de dezembro de 1997;

II – um inteiro e oitocentos e setenta e cinco milésimos por cento, no período de 1.º de janeiro de 1998 a 31 de dezembro de 1998;

III – dois inteiros e cinco décimos por cento, no período de 1.º de janeiro de 1999 a 31 de dezembro de 1999.

Parágrafo único. O repasse dos recursos de que trata este artigo obedecerá à mesma periodicidade e aos mesmos critérios de repartição e normas adotadas no Fundo de Participação dos Municípios, observado o disposto no art. 160 da Constituição.

Art. 4.º Os efeitos do disposto nos arts. 71 e 72 do Ato das Disposições Constitucionais Transitórias, com a redação dada pelos

(***) Publicada no *Diário Oficial da União*, de 25-11-1997.

arts. 1.º e 2.º desta Emenda, são retroativos a 1.º de julho de 1997.

Parágrafo único. As parcelas de recursos destinados ao Fundo de Estabilização Fiscal e entregues na forma do art. 159, I, da Constituição, no período compreendido entre 1.º de julho de 1997 e a data de promulgação desta Emenda, serão deduzidas das cotas subsequentes, limitada a dedução a um décimo do valor total entregue em cada mês.

Art. 5.º Observado o disposto no artigo anterior, a União aplicará as disposições do art. 3.º desta Emenda retroativamente a 1.º de julho de 1997.

Art. 6.º Esta Emenda Constitucional entra em vigor na data de sua publicação.

Brasília, 22 de novembro de 1997.

Mesa da Câmara dos Deputados
Deputado MICHEL TEMER
Presidente

Mesa do Senado Federal
Senador ANTONIO CARLOS MAGALHÃES
Presidente

EMENDA CONSTITUCIONAL N. 19, DE 4 DE JUNHO DE 1998 (*)

Modifica o regime e dispõe sobre princípios e normas da Administração Pública, servidores e agentes políticos, controle de despesas e finanças públicas e custeio de atividades a cargo do Distrito Federal, e dá outras providências.

As Mesas da Câmara dos Deputados e do Senado Federal, nos termos do § 3.º do art. 60 da Constituição Federal, promulgam esta Emenda ao texto constitucional:

Art. 1.º Os incisos XIV e XXII do art. 21 e XXVII do art. 22 da Constituição Federal passam a vigorar com a seguinte redação:
•• Alterações já processadas no diploma modificado.

Art. 2.º O § 2.º do art. 27 e os incisos V e VI do art. 29 da Constituição Federal passam a vigorar com a seguinte redação, inserindo-se § 2.º no art. 28 e renumerando-se para § 1.º o atual parágrafo único:
•• Alteração no art. 29, VI, prejudicada pela Emenda Constitucional n. 25, de 14-2-2000.

Art. 3.º O *caput*, os incisos I, II, V, VII, X, XI, XIII, XIV, XV, XVI, XVII e XIX e o § 3.º do art. 37 da Constituição Federal passam a vigorar com a seguinte redação, acrescendo-se ao artigo os §§ 7.º a 9.º:
•• Alteração no art. 37, XI e XVI, c, prejudicada pelas Emendas Constitucionais n. 41, de 19-12-2003, e 34, de 13-12-2001, respectivamente.

Art. 4.º O *caput* do art. 38 da Constituição Federal passa a vigorar com a seguinte redação:
•• Alteração já processada no diploma modificado.

(*) Publicada no *Diário Oficial da União*, de 5-6-1998.

Art. 5.º O art. 39 da Constituição Federal passa a vigorar com a seguinte redação:
•• Alteração já processada no diploma modificado.

Art. 6.º O art. 41 da Constituição Federal passa a vigorar com a seguinte redação:
•• Alteração já processada no diploma modificado.

Art. 7.º O art. 48 da Constituição Federal passa a vigorar acrescido do seguinte inciso XV:
•• Alteração no art. 48, XV, prejudicada pela Emenda Constitucional n. 25, de 14-2-2000.

Art. 8.º Os incisos VII e VIII do art. 49 da Constituição Federal passam a vigorar com a seguinte redação:
•• Alterações já processadas no diploma modificado.

Art. 9.º O inciso IV do art. 51 da Constituição Federal passa a vigorar com a seguinte redação:
•• Alteração já processada no diploma modificado.

Art. 10. O inciso XIII do art. 52 da Constituição Federal passa a vigorar com a seguinte redação:
•• Alteração já processada no diploma modificado.

Art. 11. O § 7.º do art. 57 da Constituição Federal passa a vigorar com a seguinte redação:
•• Alteração prejudicada pela Emenda Constitucional n. 32, de 11-9-2001, que deu nova redação ao § 7.º do art. 57 da CF.

Art. 12. O parágrafo único do art. 70 da Constituição Federal passa a vigorar com a seguinte redação:
•• Alteração já processada no diploma modificado.

Art. 13. O inciso V do art. 93, o inciso III do art. 95 e a alínea *b* do inciso II do art. 96 da Constituição Federal passam a vigorar com a seguinte redação:
•• Alteração no art. 96, II, *b*, prejudicada pela Emenda Constitucional n. 41, de 19-12-2003.

Art. 14. O § 2.º do art. 127 da Constituição Federal passa a vigorar com a seguinte redação:
•• Alteração já processada no diploma modificado.

Art. 15. A alínea *c* do inciso I do § 5.º do art. 128 da Constituição Federal passa a vigorar com a seguinte redação:
•• Alteração já processada no diploma modificado.

Art. 16. A Seção II do Capítulo IV do Título IV da Constituição Federal passa a denominar-se "DA ADVOCACIA PÚBLICA".

Art. 17. O art. 132 da Constituição Federal passa a vigorar com a seguinte redação:
•• Alteração já processada no diploma modificado.

Art. 18. O art. 135 da Constituição Federal passa a vigorar com a seguinte redação:
•• Alteração já processada no diploma modificado.

Art. 19. O § 1.º e seu inciso III e os §§ 2.º e 3.º do art. 144 da Constituição Federal passam a vigorar com a seguinte redação, inserindo-se no artigo § 9.º:
•• Alterações já processadas no diploma modificado.

Art. 20. O *caput* do art. 167 da Constituição Federal passa a vigorar acrescido de inciso X, com a seguinte redação:
•• Alteração já processada no diploma modificado.

Art. 21. O art. 169 da Constituição Federal passa a vigorar com a seguinte redação:

•• Alteração já processada no diploma modificado.

Art. 22. O § 1.º do art. 173 da Constituição Federal passa a vigorar com a seguinte redação:
•• Alteração já processada no diploma modificado.

Art. 23. O inciso V do art. 206 da Constituição Federal passa a vigorar com a seguinte redação:
•• Alteração prejudicada pela Emenda Constitucional n. 53, de 19-12-2006, que deu nova redação ao inciso V do art. 206 da CF.

Art. 24. O art. 241 da Constituição Federal passa a vigorar com a seguinte redação:
•• Alteração já processada no diploma modificado.

Art. 25. Até a instituição do fundo a que se refere o inciso XIV do art. 21 da Constituição Federal, compete à União manter os atuais compromissos financeiros com a prestação de serviços públicos do Distrito Federal.
•• A Lei n. 10.633, de 27-12-2002, institui o Fundo Constitucional do Distrito Federal – FCDF, a que se refere o inciso XIV do art. 21 da CF.

Art. 26. No prazo de 2 (dois) anos da promulgação desta Emenda, as entidades da administração indireta terão seus estatutos revistos quanto à respectiva natureza jurídica, tendo em conta a finalidade e as competências efetivamente executadas.

Art. 27. O Congresso Nacional, dentro de 120 (cento e vinte) dias da promulgação desta Emenda, elaborará lei de defesa do usuário de serviços públicos.

Art. 28. É assegurado o prazo de 2 (dois) anos de efetivo exercício para aquisição da estabilidade aos atuais servidores em estágio probatório, sem prejuízo da avaliação a que se refere o § 4.º do art. 41 da Constituição Federal.

Art. 29. Os subsídios, vencimentos, remuneração, proventos da aposentadoria e pensões e quaisquer outras espécies remuneratórias adequar-se-ão, a partir da promulgação desta Emenda, aos limites decorrentes da Constituição Federal, não se admitindo a percepção de excesso a qualquer título.

Art. 30. O projeto de lei complementar a que se refere o art. 163 da Constituição Federal será apresentado pelo Poder Executivo ao Congresso Nacional no prazo máximo de 180 (cento e oitenta) dias da promulgação desta Emenda.

Art. 31. A pessoa que revestiu a condição de servidor público federal da administração direta, autárquica ou fundacional, de servidor municipal ou de integrante da carreira de policial, civil ou militar, dos ex-Territórios Federais do Amapá e de Roraima e que, comprovadamente, encontrava-se no exercício de suas funções, prestando serviço à administração pública dos ex-Territórios ou de prefeituras neles localizadas, na data em que foram transformados em Estado, ou a condição de servidor ou de policial, civil ou militar, admitido pelos Estados do Amapá e de Roraima, entre a data de sua transformação em Estado e outubro de 1993, bem como a pessoa que comprove ter mantido, nesse período, relação ou vínculo funcional, de caráter efetivo ou não, ou relação ou vínculo empregatício, estatutário ou de trabalho com a administração pública dos ex-Territórios, dos Estados ou das prefeituras neles localizadas ou com empresa pública ou sociedade de economia mista que haja sido constituída pelo ex-Território ou pela União para atuar no âmbito do ex-Território Federal, inclusive as extintas, poderão integrar, mediante opção, quadro em extinção da administração pública federal.

•• *Caput* com redação determinada pela Emenda Constitucional n. 98, de 6-12-2017.

•• A Lei n. 13.681, de 18-6-2018, regulamentada pelo Decreto n. 9.823, de 4-6-2019, dispõe sobre as tabelas de salários, vencimentos, soldos e demais vantagens aplicáveis aos servidores civis, aos militares e aos empregados dos ex-Territórios Federais, integrantes do quadro em extinção de que trata este artigo.

•• Vide Emenda Constitucional n. 98, de 6-12-2017.

§ 1.º O enquadramento referido no *caput* deste artigo, para os servidores, para os policiais, civis ou militares, e para as pessoas que tenham revestido essa condição, entre a transformação e a instalação dos Estados em outubro de 1993, dar-se-á no cargo em que foram originariamente admitidos ou em cargo equivalente.

•• § 1.º com redação determinada pela Emenda Constitucional n. 98, de 6-12-2017.

§ 2.º Os integrantes da carreira policial militar a que se refere o *caput* continuarão prestando serviços aos respectivos Estados, na condição de cedidos, submetidos às disposições estatutárias a que estão sujeitas as corporações das respectivas Polícias Militares, observados as atribuições de função compatíveis com seu grau hierárquico e o direito às devidas promoções.

•• § 2.º com redação determinada pela Emenda Constitucional n. 79, de 27-5-2014.

§ 3.º As pessoas a que se referem este artigo prestarão serviços aos respectivos Estados ou a seus Municípios, na condição de servidores cedidos, sem ônus para o cessionário, até seu aproveitamento em órgão ou entidade da administração federal direta, autárquica ou fundacional, podendo os Estados, por conta e delegação da União, adotar os procedimentos necessários à cessão de servidores a seus Municípios.

•• § 1.º com redação determinada pela Emenda Constitucional n. 98, de 6-12-2017.

§ 4.º Para fins do disposto no *caput* deste artigo, são meios probatórios de relação ou vínculo funcional, empregatício, estatutário ou de trabalho, independentemente da existência de vínculo atual, além dos admitidos em lei:

•• § 4.º, *caput*, acrescentado pela Emenda Constitucional n. 98, de 6-12-2017.

I – o contrato, o convênio, o ajuste ou o ato administrativo por meio do qual a pessoa tenha revestido a condição de profissional, empregado, servidor público, prestador de serviço ou trabalhador e tenha atuado ou desenvolvido atividade laboral diretamente com o ex-Território, o Estado ou a prefeitura neles localizada, inclusive mediante a interveniência de cooperativa;

•• Inciso I acrescentado pela Emenda Constitucional n. 98, de 6-12-2017.

II – a retribuição, a remuneração ou o pagamento documentado ou formalizado, à época, mediante depósito em conta-corrente bancária ou emissão de ordem de pagamento, de recibo, de nota de empenho ou de ordem bancária em que se identifique a administração pública do ex-Território, do Estado ou de prefeitura neles localizada como fonte pagadora ou origem direta dos recursos, assim como aquele realizado à conta de recursos oriundos de fundo de participação ou de fundo especial, inclusive em proveito do pessoal integrante das tabelas especiais.

•• Inciso II acrescentado pela Emenda Constitucional n. 98, de 6-12-2017.

§ 5.º Além dos meios probatórios de que trata o § 4.º deste artigo, sem prejuízo daqueles admitidos em lei, o enquadramento referido no *caput* deste artigo dependerá de a pessoa ter mantido relação ou vínculo funcional, empregatício, estatutário ou de trabalho com o ex-Território ou o Estado que o tenha sucedido por, pelo menos, noventa dias.

•• § 5.º acrescentado pela Emenda Constitucional n. 98, de 6-12-2017.

§ 6.º As pessoas a que se referem este artigo, para efeito de exercício em órgão ou entidade da administração pública estadual ou municipal dos Estados do Amapá e de Roraima, farão jus à percepção de todas as gratificações e dos demais valores que componham a estrutura remuneratória dos cargos em que tenham sido enquadradas, vedando-se reduzi-los ou suprimi-los por motivo de cessão ao Estado ou a seu Município.

•• § 6.º acrescentado pela Emenda Constitucional n. 98, de 6-12-2017.

Art. 32. A Constituição Federal passa a vigorar acrescida do seguinte artigo:

•• Alteração já processada no diploma modificado.

Art. 33. Consideram-se servidores não estáveis, para os fins do art. 169, § 3.º, II, da Constituição Federal aqueles admitidos na administração direta, autárquica e fundacional sem concurso público de provas ou de provas e títulos após o dia 5 de outubro de 1983.

Art. 34. Esta Emenda Constitucional entra em vigor na data de sua promulgação.
Brasília, 4 de junho de 1998.

Mesa da Câmara dos Deputados
Deputado MICHEL TEMER
Presidente

Mesa do Senado Federal
Senador ANTONIO CARLOS MAGALHÃES
Presidente

EMENDA CONSTITUCIONAL N. 20, DE 15 DE DEZEMBRO DE 1998 (*)

Modifica o sistema de previdência social, estabelece normas de transição e dá outras providências.

As Mesas da Câmara dos Deputados e do Senado Federal, nos termos do § 3.º do art. 60 da Constituição Federal, promulgam a seguinte Emenda ao texto constitucional:

Art. 1.º A Constituição Federal passa a vigorar com as seguintes alterações:

•• Parte das alterações foi prejudicada por Emendas Constitucionais posteriores: arts. 40, *caput* e §§ 1.º, 3.º, 7.º, 8.º e 15, 42, § 2.º, 142, § 3.º, IX, prejudicados pela Emenda Constitucional n. 41, de 19-12-2003; arts. 40, § 4.º, 195, § 9.º, e 201, § 1.º, prejudicados pela Emenda Constitucional n. 47, de 6-7-2005; art. 100, § 3.º, prejudicado pela Emenda Constitucional n. 30, de 13-9-2000; art. 114, § 3.º, prejudicado pela Emenda Constitucional n. 45, de 8-12-2004; art. 40, § 1.º, II, prejudicado pela Emenda Constitucional n. 88, de 7-5-2015; art. 100, § 3.º, prejudicado pela Emenda Constitucional n. 62, de 9-12-2009; arts. 40, § 1.º, III e §§ 2.º, 5.º, 6.º, 9.º, 12, 13 e 14, 195, II, § 11, 201, I, § 1.º, § 7.º, I e II, §§ 8.º, 9.º e 10, 202, §§ 4.º, 5.º e 6.º, prejudicados pela Emenda Constitucional n. 103, de 12-11-2019.

Art. 2.º A Constituição Federal, nas Disposições Constitucionais Gerais, é acrescida dos seguintes artigos:

•• Alterações já processadas no diploma modificado.

Art. 3.º É assegurada a concessão de aposentadoria e pensão, a qualquer tempo, aos servidores públicos e aos segurados do regime geral de previdência social, bem como aos seus dependentes, que, até a data da publicação desta Emenda, tenham cumprido os requisitos para a obtenção destes benefícios, com base nos critérios da legislação então vigente.

§ 1.º O servidor de que trata este artigo, que tenha completado as exigências para aposentadoria integral e que opte por permanecer em atividade fará jus à isenção da contribuição previdenciária até completar as exigências para aposentadoria contidas no art. 40, § 1.º, III, *a*, da Constituição Federal.

§ 2.º Os proventos da aposentadoria a ser concedida aos servidores públicos referidos no *caput*, em termos integrais ou proporcionais ao tempo de serviço já exercido até a data de publicação desta Emenda, bem como as pensões de seus dependentes, serão calculados de acordo com a legislação em vigor à época em que foram atendidas as prescrições nela estabelecidas para a concessão destes benefícios ou nas condições da legislação vigente.

§ 3.º São mantidos todos os direitos e garantias assegurados nas disposições constitucionais vigentes à data de publicação

───────────

(*) Publicada no *Diário Oficial da União*, de 16-12-1998.

desta Emenda aos servidores e militares, inativos e pensionistas, aos anistiados e aos ex-combatentes, assim como àqueles que já cumpriram, até aquela data, os requisitos para usufruírem tais direitos, observado o disposto no art. 37, XI, da Constituição Federal.

Art. 4.º Observado o disposto no art. 40, § 10, da Constituição Federal, o tempo de serviço considerado pela legislação vigente para efeito de aposentadoria, cumprido até que a lei discipline a matéria, será contado como tempo de contribuição.

•• *Vide* art. 2.º da Emenda Constitucional n. 41, de 19-12-2003.

Art. 5.º O disposto no art. 202, § 3.º, da Constituição Federal quanto à exigência de paridade entre a contribuição da patrocinadora e a contribuição do segurado, terá vigência no prazo de 2 (dois) anos a partir da publicação desta Emenda, ou, caso ocorra antes, na data da publicação da lei complementar a que se refere o § 4.º do mesmo artigo.

•• A Lei Complementar n. 108, de 29-5-2001, dispõe sobre a relação entre a União, os Estados, o Distrito Federal e os Municípios, suas autarquias, fundações, sociedades de economia mista e outras entidades públicas e suas respectivas entidades fechadas de Previdência Complementar.

Art. 6.º As entidades fechadas de previdência privada patrocinadas por entidades públicas, inclusive empresas públicas e sociedades de economia mista, deverão rever, no prazo de 2 (dois) anos, a contar da publicação desta Emenda, seus planos de benefícios e serviços, de modo a ajustá-los atuarialmente a seus ativos, sob pena de intervenção, sendo seus dirigentes e os de suas respectivas patrocinadoras responsáveis civil e criminalmente pelo descumprimento do disposto neste artigo.

Art. 7.º Os projetos das leis complementares previstos no art. 202 da Constituição Federal deverão ser apresentados ao Congresso Nacional no prazo máximo de 90 (noventa) dias após a publicação desta Emenda.

•• Previdência Complementar: Leis Complementares n. 108 e 109, ambas de 29-5-2001.

Art. 8.º (*Revogado pela Emenda Constitucional n. 41, de 19-12-2003.*)

Art. 9.º (*Revogado pela Emenda Constitucional n. 103, de 12-11-2019.*)

Art. 10. (*Revogado pela Emenda Constitucional n. 41, de 19-12-2003.*)

Art. 11. A vedação prevista no art. 37, § 10, da Constituição Federal, não se aplica aos membros de poder e aos inativos, servidores e militares, que, até a publicação desta Emenda, tenham ingressado novamente no serviço público por concurso público de provas ou de provas e títulos, e pelas demais formas previstas na Constituição Federal, sendo-lhes proibida a percepção de mais de uma aposentadoria pelo regime de previdência a que se refere o art. 40 da Constituição Federal, aplicando-se-lhes, em qualquer hipótese, o limite de que trata o § 11 deste mesmo artigo.

Art. 12. Até que produzam efeitos as leis que irão dispor sobre as contribuições de que trata o art. 195 da Constituição Federal, são exigíveis as estabelecidas em lei, destinadas ao custeio da seguridade social e dos diversos regimes previdenciários.

Art. 13. (*Revogado pela Emenda Constitucional n. 103, de 12-11-2019.*)

Art. 14. O limite máximo para o valor dos benefícios do regime geral de previdência social de que trata o art. 201 da Constituição Federal é fixado em R$ 1.200,00 (um mil e duzentos reais), devendo, a partir da data da publicação desta Emenda, ser reajustado de forma a preservar, em caráter permanente, seu valor real, atualizado pelos mesmos índices aplicados aos benefícios do regime geral de previdência social.

•• A ADI n. 1.946-5, de 3-4-2003 (*DOU* de 5-6-2003), deu a este artigo, sem redução de texto, interpretação conforme a CF, para excluir sua aplicação ao salário da licença à gestante a que se refere o art. 7.º, XVIII, da CF.

•• Os benefícios previdenciários são reajustados anualmente por meio de ato administrativo do Ministro de Estado da Previdência Social.

Art. 15. (*Revogado pela Emenda Constitucional n. 103, de 12-11-2019.*)

Art. 16. Esta Emenda Constitucional entra em vigor na data de sua publicação.

Art. 17. Revoga-se o inciso II do § 2.º do art. 153 da Constituição Federal.

Brasília, 15 de dezembro de 1998.

Mesa da Câmara dos Deputados
Deputado MICHEL TEMER
Presidente

Mesa do Senado Federal
Senador ANTONIO CARLOS MAGALHÃES
Presidente

EMENDA CONSTITUCIONAL N. 24, DE 9 DE DEZEMBRO DE 1999 (*)

Altera dispositivos da Constituição Federal pertinentes à representação classista na Justiça do Trabalho.

As Mesas da Câmara dos Deputados e do Senado Federal, nos termos do § 3.º do art. 60 da Constituição Federal, promulgam a seguinte Emenda ao texto constitucional:

Art. 1.º Os arts. 111, 112, 113, 115 e 116 da Constituição Federal passam a vigorar com a seguinte redação:

•• Parte das alterações foi prejudicada por Emendas Constitucionais posteriores: arts. 111, §§ 1.º e 2.º, 112 e 115, prejudicados pela Emenda Constitucional n. 45, de 8-12-2004.

Art. 2.º É assegurado o cumprimento dos mandatos dos atuais ministros classistas temporários do Tribunal Superior do Trabalho e dos atuais juízes classistas temporários dos Tribunais Regionais do Trabalho e das Juntas de Conciliação e Julgamento.

Art. 3.º Esta Emenda Constitucional entra em vigor na data de sua publicação.

Art. 4.º Revoga-se o art. 117 da Constituição Federal.

Brasília, em 9 de dezembro de 1999.

Mesa da Câmara dos Deputados
Deputado MICHEL TEMER
Presidente

Mesa do Senado Federal
Senador ANTONIO CARLOS MAGALHÃES
Presidente

EMENDA CONSTITUCIONAL N. 32, DE 11 DE SETEMBRO DE 2001 (**)

Altera dispositivos dos arts. 48, 57, 61, 62, 64, 66, 84, 88 e 246 da Constituição Federal, e dá outras providências.

As Mesas da Câmara dos Deputados e do Senado Federal, nos termos do § 3.º do art. 60 da Constituição Federal, promulgam a seguinte Emenda ao texto constitucional:

Art. 1.º Os arts. 48, 57, 61, 62, 64, 66, 84, 88 e 246 da Constituição Federal passam a vigorar com as seguintes alterações:

•• Alteração no art. 57, § 7.º, prejudicada pela Emenda Constitucional n. 50, de 14-2-2006.

Art. 2.º As medidas provisórias editadas em data anterior à da publicação desta emenda continuam em vigor até que medida provisória ulterior as revogue explicitamente ou até deliberação definitiva do Congresso Nacional.

Art. 3.º Esta Emenda Constitucional entra em vigor na data de sua publicação.

Brasília, 11 de setembro de 2001.

Mesa da Câmara dos Deputados
Deputado AÉCIO NEVES
Presidente

Mesa do Senado Federal
Senador EDISON LOBÃO
Presidente, Interino

EMENDA CONSTITUCIONAL N. 33, DE 11 DE DEZEMBRO DE 2001 (***)

Altera os arts. 149, 155 e 177 da Constituição Federal.

As Mesas da Câmara dos Deputados e do Senado Federal, nos termos do § 3.º do art. 60 da Constituição Federal, promulgam a seguinte Emenda ao texto constitucional:

Art. 1.º O art. 149 da Constituição Federal passa a vigorar acrescido dos seguintes pa-

---

(*) Publicada no *Diário Oficial da União*, de 10-12-1999.

(**) Publicada no *Diário Oficial da União*, de 12-9-2001.

(***) Publicada no *Diário Oficial da União*, de 12-12-2001.

rágrafos, renumerando-se o atual parágrafo único para § 1.º:
•• Alteração no art. 149, § 2.º, II, prejudicada pela Emenda Constitucional n. 42, de 19-12-2003.

Art. 2.º O art. 155 da Constituição Federal passa a vigorar com as seguintes alterações:
•• Alterações já processadas no diploma modificado.

Art. 3.º O art. 177 da Constituição Federal passa a vigorar acrescido do seguinte parágrafo:
•• Alteração já processada no diploma modificado.

Art. 4.º Enquanto não entrar em vigor a lei complementar de que trata o art. 155, § 2.º, XII, *h*, da Constituição Federal, os Estados e o Distrito Federal, mediante convênio celebrado nos termos do § 2.º, XII, *g*, do mesmo artigo, fixarão normas para regular provisoriamente a matéria.

Art. 5.º Esta Emenda Constitucional entra em vigor na data de sua promulgação.
Brasília, 11 de dezembro de 2001.

Mesa da Câmara dos Deputados
Deputado AÉCIO NEVES
Presidente

Mesa do Senado Federal
Senador RAMEZ TEBET
Presidente

EMENDA CONSTITUCIONAL N. 41, DE 19 DE DEZEMBRO DE 2003 (*)

Modifica os arts. 37, 40, 42, 48, 96, 149 e 201 da Constituição Federal, revoga o inciso IX do § 3.º do art. 142 da Constituição Federal e dispositivos da Emenda Constitucional n. 20, de 15-12-1998, e dá outras providências.

As Mesas da Câmara dos Deputados e do Senado Federal, nos termos do § 3.º do art. 60 da Constituição Federal, promulgam a seguinte Emenda ao texto constitucional:

Art. 1.º A Constituição Federal passa a vigorar com as seguintes alterações:
•• Alteração no art. 201, § 12, prejudicada pela Emenda Constitucional n. 47, de 5-7-2005.
•• Alteração prejudicada pela Emenda Constitucional n. 103, de 12-11-2019, que deu nova redação ao arts. 40, *caput*, § 1.º, *caput*, inciso I e §§ 3.º, 7.º, 15, 19 e 20, 149, § 1.º da CF.

Art. 2.º (*Revogado pela Emenda Constitucional n. 103, de 12-11-2019.*)
•• Sobre o prazo de vigência desta revogação, *vide* art. 36, II, da Emenda Constitucional n. 103, de 12-11-2019.
•• O texto revogado dizia:
"Art. 2.º Observado o disposto no art. 4.º da Emenda Constitucional n. 20, de 15 de dezembro de 1998, é assegurado o direito de opção pela aposentadoria voluntária com proventos calculados de acordo com o art. 40, §§ 3.º e 17, da Constituição Federal, àquele que tenha ingressado regularmente em cargo efetivo na Administração Pública direta, autárquica e fundacional, até a data de publicação daquela Emenda, quando o servidor, cumulativamente:
I – tiver cinquenta e três anos de idade, se homem, e quarenta e oito anos de idade, se mulher;
II – tiver cinco anos de efetivo exercício no cargo em que se der a aposentadoria;
III – contar tempo de contribuição igual, no mínimo, à soma de:
a) trinta e cinco anos, se homem, e trinta anos, se mulher; e
b) um período adicional de contribuição equivalente a vinte por cento do tempo que, na data de publicação daquela Emenda, faltaria para atingir o limite de tempo constante da alínea a deste inciso.
§ 1.º O servidor de que trata este artigo que cumprir as exigências para aposentadoria na forma do *caput* terá os seus proventos de inatividade reduzidos para cada ano antecipado em relação aos limites de idade estabelecidos pelo art. 40, § 1.º, III, *a*, e § 5.º da Constituição Federal, na seguinte proporção:
I – três inteiros e cinco décimos por cento, para aquele que completar as exigências para aposentadoria na forma do *caput* até 31 de dezembro de 2005;
II – cinco por cento, para aquele que completar as exigências para aposentadoria na forma do *caput* a partir de 1.º de janeiro de 2006.
§ 2.º Aplica-se ao magistrado e ao membro do Ministério Público e de Tribunal de Contas o disposto neste artigo.
§ 3.º Na aplicação do disposto no § 2.º deste artigo, o magistrado ou o membro do Ministério Público ou do Tribunal de Contas, se homem, terá o tempo de serviço exercido até a data de publicação da Emenda Constitucional n. 20, de 15 de dezembro de 1998, contado com acréscimo de dezessete por cento, observado o disposto no § 1.º deste artigo.
§ 4.º O professor, servidor da União, dos Estados, do Distrito Federal e dos Municípios, incluídas suas autarquias e fundações, que, até a data de publicação da Emenda Constitucional n. 20, de 15 de dezembro de 1998, tenha ingressado, regularmente, em cargo efetivo de magistério e que opte por aposentar-se na forma do disposto no *caput*, terá o tempo de serviço exercido até a publicação daquela Emenda contado com o acréscimo de dezessete por cento, se homem, e de vinte por cento, se mulher, desde que se aposente, exclusivamente, com tempo de efetivo exercício nas funções de magistério, observado o disposto no § 1.º.
§ 5.º O servidor de que trata este artigo, que tenha completado as exigências para aposentadoria voluntária estabelecidas no *caput*, e que opte por permanecer em atividade, fará jus a um abono de permanência equivalente ao valor da sua contribuição previdenciária até completar as exigências para aposentadoria compulsória contidas no art. 40, § 1.º, II, da Constituição Federal.
§ 6.º Às aposentadorias concedidas de acordo com este artigo aplica-se o disposto no art. 40, § 8.º, da Constituição Federal".
•• *Vide* art. 3.º, § 3.º, da Emenda Constitucional n. 103, de 12-11-2019.

Art. 3.º É assegurada a concessão, a qualquer tempo, de aposentadoria aos servidores públicos, bem como pensão aos seus dependentes, que, até a data de publicação desta Emenda, tenham cumprido todos os requisitos para obtenção desses benefícios, com base nos critérios da legislação então vigente.

§ 1.º O servidor de que trata este artigo que opte por permanecer em atividade tendo completado as exigências para aposentadoria voluntária e que conte com, no mínimo, vinte e cinco anos de contribuição, se mulher, ou trinta anos de contribuição, se homem, fará jus a um abono de permanência equivalente ao valor da sua contribuição previdenciária até completar as exigências para aposentadoria compulsória contidas no art. 40, § 1.º, II, da Constituição Federal.
•• *Vide* art. 3.º, § 3.º, da Emenda Constitucional n. 103, de 12-11-2019.

§ 2.º Os proventos da aposentadoria a ser concedida aos servidores públicos referidos no *caput*, em termos integrais ou proporcionais ao tempo de contribuição já exercido até a data de publicação desta Emenda, bem como as pensões de seus dependentes, serão calculados de acordo com a legislação em vigor à época em que foram atendidos os requisitos nela estabelecidos para a concessão desses benefícios ou nas condições da legislação vigente.

Art. 4.º Os servidores inativos e os pensionistas da União, dos Estados, do Distrito Federal e dos Municípios, incluídas suas autarquias e fundações, em gozo de benefícios na data de publicação desta Emenda, bem como os alcançados pelo disposto no seu art. 3.º, contribuirão para o custeio do regime de que trata o art. 40 da Constituição Federal com percentual igual ao estabelecido para os servidores titulares de cargos efetivos.

Parágrafo único. A contribuição previdenciária a que se refere o *caput* incidirá apenas sobre a parcela dos proventos e das pensões que supere:

I – cinquenta por cento do limite máximo estabelecido para os benefícios do regime geral de previdência social de que trata o art. 201 da Constituição Federal, para os servidores inativos e os pensionistas dos Estados, do Distrito Federal e dos Municípios;
•• O STF, nas ADIs n. 3.105-8, de 18-10-2006 (*DOU* de 9-3-2007), e 3.128-7, de 26-5-2004 (*DOU* de 19-9-2006), julgou inconstitucional a expressão "cinquenta por cento do" contida neste inciso pelo que se aplica então à hipótese do art. 4.º desta EC e o § 18 do art. 40 da Constituição.

II – sessenta por cento do limite máximo estabelecido para os benefícios do regime geral de previdência social de que trata o art. 201 da Constituição Federal, para os servidores inativos e os pensionistas da União.
•• O STF, nas ADIs n. 3.105-8, de 18-10-2006 (*DOU* de 9-3-2007), e 3.128-7, de 26-5-2004 (*DOU* de 19-9-2006), julgou inconstitucional a expressão "sessenta por cento do" contida neste inciso pelo que se aplica então à hipótese do art. 4.º desta EC o § 18 do art. 40 da Constituição.

Art. 5.º O limite máximo para o valor dos benefícios do regime geral de previdência social de que trata o art. 201 da Constitui-

---
(*) Publicada no *Diário Oficial da União*, de 31-12-2003. A Lei n. 10.887, de 18-6-2004, dispõe sobre a aplicação de disposições desta Emenda Constitucional.

ção Federal é fixado em R$ 2.400,00 (dois mil e quatrocentos reais), devendo, a partir da data de publicação desta Emenda, ser reajustado de forma a preservar, em caráter permanente, seu valor real, atualizado pelos mesmos índices aplicados aos benefícios do regime geral de previdência social.

•• Os benefícios previdenciários são reajustados anualmente por meio de ato administrativo do Ministro de Estado da Previdência Social.

Art. 6.º (*Revogado pela Emenda Constitucional n. 103, de 12-11-2019.*)

•• Sobre o prazo de vigência desta revogação, *vide* art. 36, II, da Emenda Constitucional n. 103, de 12-11-2019.

•• O texto revogado dizia:
"Art. 6.º Ressalvado o direito de opção à aposentadoria pelas normas estabelecidas pelo art. 40 da Constituição Federal ou pelas regras estabelecidas pelo art. 2.º desta Emenda, o servidor da União, dos Estados, do Distrito Federal e dos Municípios, incluídas suas autarquias e fundações, que tenha ingressado no serviço público até a data de publicação desta Emenda poderá aposentar-se com proventos integrais, que corresponderão à totalidade da remuneração do servidor no cargo efetivo em que se der a aposentadoria, na forma da lei, quando, observadas as reduções de idade e tempo de contribuição contidas no § 5.º do art. 40 da Constituição Federal, vier a preencher, cumulativamente, as seguintes condições:
I - sessenta anos de idade, se homem, e cinquenta e cinco anos de idade, se mulher;
II - trinta e cinco anos de contribuição, se homem, e trinta anos de contribuição, se mulher;
III - vinte anos de efetivo exercício no serviço público; e
IV - dez anos de carreira e cinco anos de efetivo exercício no cargo em que se der a aposentadoria".

•• *Vide* art. 3.º, § 3.º, da Emenda Constitucional n. 103, de 12-11-2019.

Art. 6.º-A. (*Revogado pela Emenda Constitucional n. 103, de 12-11-2019.*)

•• Sobre o prazo de vigência desta revogação, *vide* art. 36, II, da Emenda Constitucional n. 103, de 12-11-2019.

•• O texto revogado dizia:
"Art. 6.º-A. O servidor da União, dos Estados, do Distrito Federal e dos Municípios, incluídas suas autarquias e fundações, que tenha ingressado no serviço público até a data de publicação desta Emenda Constitucional e que tenha se aposentado ou venha a se aposentar por invalidez permanente, com fundamento no inciso I do § 1.º do art. 40 da Constituição Federal, tem direito a proventos de aposentadoria calculados com base na remuneração do cargo efetivo em que se der a aposentadoria, na forma da lei, não sendo aplicáveis as disposições constantes dos §§ 3.º, 8.º e 17 do art. 40 da Constituição Federal.
•• *Caput* acrescentado pela Emenda Constitucional n. 70, de 29-3-2012.
Parágrafo único. Aplica-se ao valor dos proventos de aposentadorias concedidas com base no *caput* o disposto no art. 7.º desta Emenda Constitucional, observando-se igual critério de revisão às pensões derivadas dos proventos desses servidores.
•• Parágrafo único acrescentado pela Emenda Constitucional n. 70, de 29-3-2012".

Art. 7.º Observado o disposto no art. 37, XI, da Constituição Federal, os proventos de aposentadoria dos servidores públicos titulares de cargo efetivo e as pensões dos seus dependentes pagos pela União, Estados, Distrito Federal e Municípios, incluídas suas autarquias e fundações, em fruição na data de publicação desta Emenda, bem como os proventos de aposentadoria dos servidores e as pensões dos dependentes abrangidos pelo art. 3.º desta Emenda, serão revistos na mesma proporção e na mesma data, sempre que se modificar a remuneração dos servidores em atividade, sendo também estendidos aos aposentados e pensionistas quaisquer benefícios ou vantagens posteriormente concedidos aos servidores em atividade, inclusive quando decorrentes da transformação ou reclassificação do cargo ou função em que se deu a aposentadoria ou que serviu de referência para a concessão da pensão, na forma da lei.

•• *Vide* arts. 2.º e 3.º, parágrafo único, da Emenda Constitucional n. 47, de 5-7-2005.

Art. 8.º Até que seja fixado o valor do subsídio de que trata o art. 37, XI, da Constituição Federal, será considerado, para os fins do limite fixado naquele inciso, o valor da maior remuneração atribuída por lei na data de publicação desta Emenda a Ministro do Supremo Tribunal Federal, a título de vencimento, de representação mensal e da parcela recebida em razão de tempo de serviço, aplicando-se como limite, nos Municípios, o subsídio do Prefeito, e nos Estados e no Distrito Federal, o subsídio mensal do Governador no âmbito do Poder Executivo, o subsídio dos Deputados Estaduais e Distritais no âmbito do Poder Legislativo e o subsídio dos Desembargadores do Tribunal de Justiça, limitado a noventa inteiros e vinte e cinco centésimos por cento da maior remuneração mensal de Ministro do Supremo Tribunal Federal a que se refere este artigo, no âmbito do Poder Judiciário, aplicável este limite aos membros do Ministério Público, aos Procuradores e aos Defensores Públicos.

Art. 9.º Aplica-se o disposto no art. 17 do Ato das Disposições Constitucionais Transitórias aos vencimentos, remunerações e subsídios dos ocupantes de cargos, funções e empregos públicos da administração direta, autárquica e fundacional, dos membros de qualquer dos Poderes da União, dos Estados, do Distrito Federal e dos Municípios, dos detentores de mandato eletivo e dos demais agentes políticos e os proventos, pensões ou outra espécie remuneratória percebidos cumulativamente ou não, incluídas as vantagens pessoais ou de qualquer outra natureza.

Art. 10. Revogam-se o inciso IX do § 3.º do art. 142 da Constituição Federal, bem como os arts. 8.º e 10 da Emenda Constitucional n. 20, de 15 de dezembro de 1998.

Art. 11. Esta Emenda Constitucional entra em vigor na data de sua publicação.

Brasília, em 19 de dezembro de 2003.

Mesa da Câmara dos Deputados
Deputado JOÃO PAULO CUNHA
Presidente

Mesa do Senado Federal
Senador JOSÉ SARNEY
Presidente

EMENDA CONSTITUCIONAL N. 42, DE 19 DE DEZEMBRO DE 2003 (*)

Altera o Sistema Tributário Nacional e dá outras providências.

As Mesas da Câmara dos Deputados e do Senado Federal, nos termos do § 3.º do art. 60 da Constituição Federal, promulgam a seguinte Emenda ao texto constitucional:

Art. 1.º Os artigos da Constituição a seguir enumerados passam a vigorar com as seguintes alterações:
•• Alteração no art. 159, III, prejudicada pela Emenda Constitucional n. 47, de 5-7-2005.
•• Alteração prejudicada pela Emenda Constitucional n. 103, de 12-11-2019, que deu nova redação ao art. 195, § 13, da CF.

Art. 2.º Os artigos do Ato das Disposições Constitucionais Transitórias a seguir enumerados passam a vigorar com as seguintes alterações:
•• Alteração no art. 76 do ADCT prejudicada pela Emenda Constitucional n. 68, de 21-12-2011.

Art. 3.º O Ato das Disposições Constitucionais Transitórias passa a vigorar acrescido dos seguintes artigos:
•• Alterações já processadas no diploma modificado.

Art. 4.º Os adicionais criados pelos Estados e pelo Distrito Federal até a data da promulgação desta Emenda, naquilo em que estiverem em desacordo com o previsto nesta Emenda, na Emenda Constitucional n. 31, de 14 de dezembro de 2000, ou na lei complementar de que trata o art. 155, § 2.º, XII, da Constituição, terão vigência, no máximo, até o prazo previsto no art. 79 do Ato das Disposições Constitucionais Transitórias.
•• *Vide* Emenda Constitucional n. 67, de 22-12-2010.

Art. 5.º O Poder Executivo, em até sessenta dias contados da data da promulgação desta Emenda, encaminhará ao Congresso Nacional projeto de lei, sob o regime de urgência constitucional, que disciplinará os benefícios fiscais para a capacitação do setor de tecnologia da informação, que vigerão até 2019 nas condições que estiverem em vigor no ato da aprovação desta Emenda.

Art. 6.º Fica revogado o inciso II do § 3.º do art. 84 do Ato das Disposições Constitucionais Transitórias.

(*) Publicada no *Diário Oficial da União*, de 31-12-2003.

Brasília, em 19 de dezembro de 2003.

Mesa da Câmara dos Deputados
Deputado JOÃO PAULO CUNHA
Presidente

Mesa do Senado Federal
Senador JOSÉ SARNEY
Presidente

EMENDA CONSTITUCIONAL N. 45, DE 8 DE DEZEMBRO DE 2004 (*)

Altera dispositivos dos arts. 5.º, 36, 52, 92, 93, 95, 98, 99, 102, 103, 104, 105, 107, 109, 111, 112, 114, 115, 125, 126, 127, 128, 129, 134 e 168 da Constituição Federal, e acrescenta os arts. 103-A, 103-B, 111-A e 130-A, e dá outras providências.

As Mesas da Câmara dos Deputados e do Senado Federal, nos termos do § 3.º do art. 60 da Constituição Federal, promulgam a seguinte Emenda ao texto constitucional:
Art. 1.º Os arts. 5.º, 36, 52, 92, 93, 95, 98, 99, 102, 103, 104, 105, 107, 109, 111, 112, 114, 115, 125, 126, 127, 128, 129, 134 e 168 da Constituição Federal passam a vigorar com a seguinte redação:
•• Alterações já processadas no diploma modificado.
•• Alteração prejudicada pela Emenda Constitucional n. 103, de 12-11-2019, que deu nova redação aos arts. 93, VIII, 103-B, § 4.º, III, 130-A, § 2.º, III, da CF.
Art. 2.º A Constituição Federal passa a vigorar acrescida dos seguintes arts. 103-A, 103-B, 111-A e 130-A:
•• Alteração parcialmente prejudicada pela Emenda Constitucional n. 61, de 11-11-2009, que deu nova redação ao art. 103-B da CF.
Art. 3.º A lei criará o Fundo de Garantia das Execuções Trabalhistas, integrado pelas multas decorrentes de condenações trabalhistas e administrativas oriundas da fiscalização do trabalho, além de outras receitas.
•• O STF, na ADI por Omissão n. 27, na sessão virtual de 23-6-2023 a 30-6-2023 (*DOU* de 12-7-2023), por maioria, declarou a mora do Congresso Nacional em editar a lei pela qual se institui o Fundo de Garantia das Execuções Trabalhistas, e fixou o prazo de vinte e quatro meses, a contar da data da publicação do acórdão, para que a omissão inconstitucional seja sanada.
Art. 4.º Ficam extintos os tribunais de Alçada, onde houver, passando os seus membros a integrar os Tribunais de Justiça dos respectivos Estados, respeitadas a antiguidade e classe de origem.
Parágrafo único. No prazo de cento e oitenta dias, contado da promulgação desta Emenda, os Tribunais de Justiça, por ato administrativo, promoverão a integração dos membros dos tribunais extintos em seus quadros, fixando-lhes a competência e remetendo, em igual prazo, ao Poder Legislativo, proposta de alteração da organização e da divisão judiciária correspondentes, assegurados os direitos dos inativos e pensionistas e o aproveitamento dos servidores no Poder Judiciário estadual.
Art. 5.º O Conselho Nacional de Justiça e o Conselho Nacional do Ministério Público serão instalados no prazo de cento e oitenta dias a contar da promulgação desta Emenda, devendo a indicação ou escolha de seus membros ser efetuada até trinta dias antes do termo final.
•• A Resolução n. 7, de 27-4-2005, do Senado Federal, estabelece normas para apreciação das indicações para composição do CNJ e do CNMP.
• A Resolução n. 135, de 13-7-2011, do CNJ, dispõe sobre a uniformização de normas relativas ao procedimento administrativo disciplinar aplicável aos magistrados, acerca do rito e das penalidades.
§ 1.º Não efetuadas as indicações e escolha dos nomes para os Conselhos Nacional de Justiça e do Ministério Público dentro do prazo fixado no *caput* deste artigo, caberá, respectivamente, ao Supremo Tribunal Federal e ao Ministério Público da União realizá-las.
§ 2.º Até que entre em vigor o Estatuto da Magistratura, o Conselho Nacional de Justiça, mediante resolução, disciplinará seu funcionamento e definirá as atribuições do Ministro-Corregedor.
•• A Resolução n. 67, de 3-3-2009, aprova o Regimento Interno do Conselho Nacional de Justiça.
Art. 6.º O Conselho Superior da Justiça do Trabalho será instalado no prazo de cento e oitenta dias, cabendo ao Tribunal Superior do Trabalho regulamentar seu funcionamento por resolução, enquanto não promulgada a lei a que se refere o art. 111-A, § 2.º, II.
•• A Resolução Administrativa n. 1.407, de 7-6-2010, do TST, aprova o Regimento Interno do Conselho Superior da Justiça do Trabalho.
Art. 7.º O Congresso Nacional instalará, imediatamente após a promulgação desta Emenda Constitucional, comissão especial mista, destinada a elaborar, em cento e oitenta dias, os projetos de lei necessários à regulamentação da matéria nela tratada, bem como promover alterações na legislação federal objetivando tornar mais amplo o acesso à Justiça e mais célere a prestação jurisdicional.
Art. 8.º As atuais súmulas do Supremo Tribunal Federal somente produzirão efeito vinculante após sua confirmação por dois terços de seus integrantes e publicação na imprensa oficial.
Art. 9.º São revogados o inciso IV do art. 36; a alínea *h* do inciso I do art. 102; o § 4.º do art. 103; e os §§ 1.º a 3.º do art. 111.
Art. 10. Esta Emenda Constitucional entra em vigor na data de sua publicação.
Brasília, em 8 de dezembro de 2004.

Mesa da Câmara dos Deputados
Deputado JOÃO PAULO CUNHA
Presidente

Mesa do Senado Federal
Senador JOSÉ SARNEY
Presidente

EMENDA CONSTITUCIONAL N. 47, DE 5 DE JULHO DE 2005 (**)

Altera os arts. 37, 40, 195 e 201 da Constituição Federal, para dispor sobre a previdência social, e dá outras providências.

As Mesas da Câmara dos Deputados e do Senado Federal, nos termos do § 3.º do art. 60 da Constituição Federal, promulgam a seguinte Emenda ao texto constitucional:
Art. 1.º Os arts. 37, 40, 195 e 201 da Constituição Federal passam a vigorar com a seguinte redação:
•• Alterações já processadas no diploma modificado.
•• Alteração prejudicada pela Emenda Constitucional n. 103, de 12-11-2019, que deu nova redação ao arts. 40, §§ 4.º e 21, 195, § 9.º, 201,§§ 12 e 13, da CF.
Art. 2.º Aplica-se aos proventos de aposentadorias dos servidores públicos que se aposentarem na forma do *caput* do art. 6.º da Emenda Constitucional n. 41, de 2003, o disposto no art. 7.º da mesma Emenda.
Art. 3.º (*Revogado pela Emenda Constitucional n. 103, de 12-11-2019.*)
•• Sobre o prazo de vigência desta revogação, *vide* art. 36, II, da Emenda Constitucional n. 103, de 12-11-2019.
•• *Vide* art. 3.º, § 3.º, da Emenda Constitucional n. 103, de 12-11-2019.
•• O texto revogado dizia:
"Art. 3.º Ressalvado o direito de opção à aposentadoria pelas normas estabelecidas pelo art. 40 da Constituição Federal ou pelas regras estabelecidas pelos arts. 2.º e 6.º da Emenda Constitucional n. 41, de 2003, o servidor da União, dos Estados, do Distrito Federal e dos Municípios, incluídas suas autarquias e fundações, que tenha ingressado no serviço público até 16 de dezembro de 1998 poderá aposentar-se com proventos integrais, desde que preencha, cumulativamente, as seguintes condições:
I – trinta e cinco anos de contribuição, se homem, e trinta anos de contribuição, se mulher;
II – vinte e cinco anos de efetivo exercício no serviço público, quinze anos de carreira e cinco anos no cargo em que se der a aposentadoria;
III – idade mínima resultante da redução, relativamente aos limites do art. 40, § 1.º, inciso III, alínea *a*, da Constituição Federal, de um ano de idade para cada ano de contribuição que exceder a condição prevista no inciso I do *caput* deste artigo.
Parágrafo único. Aplica-se ao valor dos proventos de aposentadorias concedidas com base neste artigo o disposto no art. 7.º da Emenda Constitucional n. 41, de 2003, observando-se igual critério de revisão às pensões derivadas dos proventos de servidores falecidos que tenham se aposentado em conformidade com este artigo".
Art. 4.º Enquanto não editada a lei a que se refere o § 11 do art. 37 da Constituição Federal, não será computada, para efeito dos limites remuneratórios de que trata o inciso XI do *caput* do mesmo artigo, qualquer parcela de caráter indenizatório, assim definida pela legislação em vigor na

---
(*) Publicada no *Diário Oficial da União*, de 31-12-2004.

(**) Publicada no *Diário Oficial da União*, de 6-7-2005.

data de publicação da Emenda Constitucional n. 41, de 2003.
Art. 5.º Revoga-se o parágrafo único do art. 6.º da Emenda Constitucional n. 41, de 19 de dezembro de 2003.
Art. 6.º Esta Emenda Constitucional entra em vigor na data de sua publicação, com efeitos retroativos à data de vigência da Emenda Constitucional n. 41, de 2003.
Brasília, em 5 de julho de 2005.

Mesa da Câmara dos Deputados
Deputado SEVERINO CAVALCANTI
Presidente

Mesa do Senado Federal
Senador RENAN CALHEIROS
Presidente

EMENDA CONSTITUCIONAL N. 51, DE 14 DE FEVEREIRO DE 2006 (*)

Acrescenta os §§ 4.º, 5.º e 6.º ao art. 198 da Constituição Federal.

As Mesas da Câmara dos Deputados e do Senado Federal, nos termos do art. 60 da Constituição Federal, promulgam a seguinte Emenda ao texto constitucional:
Art. 1.º O art. 198 da Constituição Federal passa a vigorar acrescido dos seguintes §§ 4.º, 5.º e 6.º:
•• Alteração já processada no diploma modificado.
Art. 2.º Após a promulgação da presente Emenda Constitucional, os agentes comunitários de saúde e os agentes de combate às endemias somente poderão ser contratados diretamente pelos Estados, pelo Distrito Federal ou pelos Municípios na forma do § 4.º do art. 198 da Constituição Federal, observado o limite de gasto estabelecido na Lei Complementar de que trata o art. 169 da Constituição Federal.
• A Lei n. 11.350, de 5-10-2006, dispõe sobre as atividades de agente comunitário de saúde e de agente de combate às endemias.
Parágrafo único. Os profissionais que, na data de promulgação desta Emenda e a qualquer título, desempenharem as atividades de agente comunitário de saúde ou de agente de combate às endemias, na forma da lei, ficam dispensados de se submeter ao processo seletivo público a que se refere o § 4.º do art. 198 da Constituição Federal, desde que tenham sido contratados a partir de anterior processo de Seleção Pública efetuado por órgãos ou entes da administração direta ou indireta de Estado, Distrito Federal ou Município ou por outras instituições com a efetiva supervisão e autorização da administração direta dos entes da federação.
•• A Lei n. 11.350, de 5-10-2006, dispõe sobre o aproveitamento de pessoal amparado por este parágrafo único.

___
(*) Publicada no *Diário Oficial da União*, de 15-2-2006.

Art. 3.º Esta Emenda Constitucional entra em vigor na data da sua publicação.
Brasília, em 14 de fevereiro de 2006.

Mesa da Câmara dos Deputados
Deputado ALDO REBELO
Presidente

Mesa do Senado Federal
Senador RENAN CALHEIROS
Presidente

EMENDA CONSTITUCIONAL N. 53, DE 19 DE DEZEMBRO DE 2006 (**)

Dá nova redação aos arts. 7.º, 23, 30, 206, 208, 211 e 212 da Constituição Federal, e ao art. 60 do Ato das Disposições Constitucionais Transitórias.

As Mesas da Câmara dos Deputados e do Senado Federal, nos termos do § 3.º do art. 60 da Constituição Federal, promulgam a seguinte Emenda ao texto constitucional:
Art. 1.º A Constituição Federal passa a vigorar com as seguintes alterações:
•• Alterações já processadas no diploma modificado.
Art. 2.º O art. 60 do Ato das Disposições Constitucionais Transitórias passa a vigorar com a seguinte redação:
•• Alteração já processada no diploma modificado.
Art. 3.º Esta Emenda Constitucional entra em vigor na data de sua publicação, mantidos os efeitos do art. 60 do Ato das Disposições Constitucionais Transitórias, conforme estabelecido pela Emenda Constitucional n. 14, de 12 de setembro de 1996, até o início da vigência dos Fundos, nos termos desta Emenda Constitucional.
Brasília, em 19 de dezembro de 2006.

Mesa da Câmara dos Deputados
Deputado ALDO REBELO
Presidente

Mesa do Senado Federal
Senador RENAN CALHEIROS
Presidente

EMENDA CONSTITUCIONAL N. 55, DE 20 DE SETEMBRO DE 2007 (***)

Altera o art. 159 da Constituição Federal, aumentando a entrega de recursos pela União ao Fundo de Participação dos Municípios.

As Mesas da Câmara dos Deputados e do Senado Federal, nos termos do § 3.º do art. 60 da Constituição Federal, promulgam a seguinte Emenda ao texto constitucional:
Art. 1.º O art. 159 da Constituição Federal passa a vigorar com as seguintes alterações:
•• Alteração já processada no diploma modificado.

___
(**) Publicada no *Diário Oficial da União*, de 20-12-2006.
(***) Publicada no *Diário Oficial da União*, de 21-9-2007.

•• Alteração parcialmente prejudicada pela Emenda Constitucional n. 84, de 2-12-2014, que deu nova redação ao art. 159, I, *caput*.
Art. 2.º No exercício de 2007, as alterações do art. 159 da Constituição Federal previstas nesta Emenda Constitucional somente se aplicam sobre a arrecadação dos impostos sobre renda e proventos de qualquer natureza e sobre produtos industrializados realizada a partir de 1.º de setembro de 2007.
Art. 3.º Esta Emenda Constitucional entra em vigor na data de sua publicação.

Mesa da Câmara dos Deputados
Deputado ARLINDO CHINAGLIA
Presidente

Mesa do Senado Federal
Senador RENAN CALHEIROS
Presidente

EMENDA CONSTITUCIONAL N. 62, DE 9 DE DEZEMBRO DE 2009 (****)

Altera o art. 100 da Constituição Federal e acrescenta o art. 97 ao Ato das Disposições Constitucionais Transitórias, instituindo regime especial de pagamento de precatórios pelos Estados, Distrito Federal e Municípios.

As Mesas da Câmara dos Deputados e do Senado Federal, nos termos do § 3.º do art. 60 da Constituição Federal, promulgam a seguinte Emenda ao texto constitucional:
Art. 1.º O art. 100 da Constituição Federal passa a vigorar com a seguinte redação:
•• Alteração já processada no diploma modificado.
•• Alteração parcialmente prejudicada pela Emenda Constitucional n. 94, de 15-12-2016, que deu nova redação ao art. 100, § 2.º, da CF.
Art. 2.º O Ato das Disposições Constitucionais Transitórias passa a vigorar acrescido do seguinte art. 97:
•• Alteração já processada no diploma modificado.
Art. 3.º A implantação do regime de pagamento criado pelo art. 97 do Ato das Disposições Constitucionais Transitórias deverá ocorrer no prazo de até 90 (noventa) dias, contados da data da publicação desta Emenda Constitucional.
Art. 4.º A entidade federativa voltará a observar somente o disposto no art. 100 da Constituição Federal:
I – no caso de opção pelo sistema previsto no inciso I do § 1.º do art. 97 do Ato das Disposições Constitucionais Transitórias, quando o valor dos precatórios devidos for inferior ao dos recursos destinados ao seu pagamento;
II – no caso de opção pelo sistema previsto no inciso II do § 1.º do art. 97 do Ato das Disposições Constitucionais Transitórias, ao final do prazo.
Art. 5.º Ficam convalidadas todas as cessões de precatórios efetuadas antes da pro-

___
(****) Publicada no *Diário Oficial da União*, de 10-12-2009.

mulgação desta Emenda Constitucional, independentemente da concordância da entidade devedora.

Art. 6.º Ficam também convalidadas todas as compensações de precatórios com tributos vencidos até 31 de outubro de 2009 da entidade devedora, efetuadas na forma do disposto no § 2.º do art. 78 do ADCT, realizadas antes da promulgação desta Emenda Constitucional.

Art. 7.º Esta Emenda Constitucional entra em vigor na data de sua publicação.

Brasília, em 9 de dezembro de 2009.

Mesa da Câmara dos Deputados
Deputado MICHEL TEMER
Presidente

Mesa do Senado Federal
Senador MARCONI PERILLO
1.º Vice-Presidente, no exercício da Presidência

EMENDA CONSTITUCIONAL N. 67, DE 22 DE DEZEMBRO DE 2010 (*)

Prorroga, por tempo indeterminado, o prazo de vigência do Fundo de Combate e Erradicação da Pobreza.

As Mesas da Câmara dos Deputados e do Senado Federal, nos termos do § 3.º do art. 60 da Constituição Federal, promulgam a seguinte Emenda ao texto constitucional:

Art. 1.º Prorrogam-se, por tempo indeterminado, o prazo de vigência do Fundo de Combate e Erradicação da Pobreza a que se refere o *caput* do art. 79 do Ato das Disposições Constitucionais Transitórias e, igualmente, o prazo de vigência da Lei Complementar n. 111, de 6 de julho de 2001, que "Dispõe sobre o Fundo de Combate e Erradicação da Pobreza, na forma prevista nos arts. 79, 80 e 81 do Ato das Disposições Constitucionais Transitórias".

Art. 2.º Esta Emenda Constitucional entra em vigor na data de sua publicação.

Brasília, em 22 de dezembro de 2010.

Mesa da Câmara dos Deputados
Deputado MARCO MAIA
Presidente

Mesa do Senado Federal
Senador JOSÉ SARNEY
Presidente

EMENDA CONSTITUCIONAL N. 69, DE 29 DE MARÇO DE 2012 (**)

Altera os arts. 21, 22 e 48 da Constituição Federal, para transferir da União para o Distrito Federal as atribuições de organizar e manter a Defensoria Pública do Distrito Federal.

As Mesas da Câmara dos Deputados e do Senado Federal, nos termos do art. 60 da Constituição Federal, promulgam a seguinte Emenda ao texto constitucional:

Art. 1.º Os arts. 21, 22 e 48 da Constituição Federal passam a vigorar com a seguinte redação:

•• Alterações já processadas no diploma modificado.

Art. 2.º Sem prejuízo dos preceitos estabelecidos na Lei Orgânica do Distrito Federal, aplicam-se à Defensoria Pública do Distrito Federal os mesmos princípios e regras que, nos termos da Constituição Federal, regem as Defensorias Públicas dos Estados.

Art. 3.º O Congresso Nacional e a Câmara Legislativa do Distrito Federal, imediatamente após a promulgação desta Emenda Constitucional e de acordo com suas competências, instalarão comissões especiais destinadas a elaborar, em 60 (sessenta) dias, os projetos de lei necessários à adequação da legislação infraconstitucional à matéria nela tratada.

•• O Ato n. 15, de 29-3-2012, do Congresso Nacional, instituiu a Comissão Mista Especial prevista neste artigo.

Art. 4.º Esta Emenda Constitucional entra em vigor na data de sua publicação, produzindo efeitos quanto ao disposto no art. 1.º após decorridos 120 (cento e vinte) dias de sua publicação oficial.

Brasília, 29 de março de 2012.

Mesa da Câmara dos Deputados
Deputado MARCO MAIA
Presidente

Mesa do Senado Federal
Senador JOSÉ SARNEY
Presidente

EMENDA CONSTITUCIONAL N. 70, DE 29 DE MARÇO DE 2012 (***)

Acrescenta art. 6.º-A à Emenda Constitucional n. 41, de 2003, para estabelecer critérios para o cálculo e a correção dos proventos da aposentadoria por invalidez dos servidores públicos que ingressaram no serviço público até a data da publicação daquela Emenda Constitucional.

As Mesas da Câmara dos Deputados e do Senado Federal, nos termos do § 3.º do art. 60 da Constituição Federal, promulgam a seguinte Emenda ao texto constitucional:

Art. 1.º A Emenda Constitucional n. 41, de 19 de dezembro de 2003, passa a vigorar acrescida do seguinte art. 6.º-A:

•• Alteração já processada no diploma modificado.

Art. 2.º A União, os Estados, o Distrito Federal e os Municípios, assim como as respectivas autarquias e fundações, procederão, no prazo de 180 (cento e oitenta) dias da entrada em vigor desta Emenda Constitucional, à revisão das aposentadorias, e das pensões delas decorrentes, concedidas a partir de 1.º de janeiro de 2004, com base na redação dada ao § 1.º do art. 40 da Constituição Federal pela Emenda Constitucional n. 20, de 15 de dezembro de 1998, com efeitos financeiros a partir da data de promulgação desta Emenda Constitucional.

Art. 3.º Esta Emenda Constitucional entra em vigor na data de sua publicação.

Brasília, 29 de março de 2012.

Mesa da Câmara dos Deputados
Deputado MARCO MAIA
Presidente

Mesa do Senado Federal
Senador JOSÉ SARNEY
Presidente

EMENDA CONSTITUCIONAL N. 73, DE 6 DE JUNHO DE 2013 (****)

Cria os Tribunais Regionais Federais da 6.ª, 7.ª, 8.ª e 9.ª Regiões.

As Mesas da Câmara dos Deputados e do Senado Federal, nos termos do § 3.º do art. 60 da Constituição Federal, promulgam a seguinte Emenda ao texto constitucional:

Art. 1.º O art. 27 do Ato das Disposições Constitucionais Transitórias passa a vigorar acrescido do seguinte § 11:

•• Alteração já processada no diploma modificado.

Art. 2.º Os Tribunais Regionais Federais da 6.ª, 7.ª, 8.ª e 9.ª Regiões deverão ser instalados no prazo de 6 (seis) meses, a contar da promulgação desta Emenda Constitucional.

Art. 3.º Esta Emenda Constitucional entra em vigor na data de sua publicação.

Brasília, em 6 de junho de 2013.

Mesa da Câmara dos Deputados
Deputado ANDRÉ VARGAS
1.º Vice-Presidente no exercício da Presidência

Mesa do Senado Federal
Senador ROMERO JUCÁ
2.º Vice-Presidente no exercício da Presidência

EMENDA CONSTITUCIONAL N. 78, DE 14 DE MAIO DE 2014 (*****)

Acrescenta art. 54-A ao Ato das Disposições Constitucionais Transitórias, para dispor sobre indenização devida aos seringueiros de que trata o art. 54 desse Ato.

As Mesas da Câmara dos Deputados e do Senado Federal, nos termos do § 3.º do art. 60 da Constituição Federal, promulgam a seguinte Emenda ao texto constitucional:

(*) Publicada no *Diário Oficial da União*, de 23-12-2010.

(**) Publicada no *Diário Oficial da União*, de 30-3-2012.

(***) Publicada no *Diário Oficial da União*, de 30-3-2012.

(****) Publicada no *Diário Oficial da União*, de 7-6-2013.

(*****) Publicada no *Diário Oficial da União*, de 15-5-2014.

Art. 1.º O Ato das Disposições Constitucionais Transitórias passa a vigorar acrescido do seguinte art. 54-A:

•• Alteração já processada no diploma modificado.

Art. 2.º A indenização de que trata o art. 54-A do Ato das Disposições Constitucionais Transitórias somente se estende aos dependentes dos seringueiros que, na data de entrada em vigor desta Emenda Constitucional, detenham a condição de dependentes na forma do § 2.º do art. 54 do Ato das Disposições Constitucionais Transitórias, devendo o valor de R$ 25.000,00 (vinte e cinco mil reais) ser rateado entre os pensionistas na proporção de sua cota-parte na pensão.

Art. 3.º Esta Emenda Constitucional entra em vigor no exercício financeiro seguinte ao de sua publicação.

Brasília, em 14 de maio de 2014.

Mesa da Câmara dos Deputados
Deputado HENRIQUE EDUARDO
ALVES
Presidente

Mesa do Senado Federal
Senador RENAN CALHEIROS
Presidente

**EMENDA CONSTITUCIONAL N. 79,
DE 27 DE MAIO DE 2014 (*)**

Altera o art. 31 da Emenda Constitucional n. 19, de 4 de junho de 1998, para prever a inclusão, em quadro em extinção da Administração Federal, de servidores e policiais militares admitidos pelos Estados do Amapá e de Roraima, na fase de instalação dessas unidades federadas, e dá outras providências.

As Mesas da Câmara dos Deputados e do Senado Federal, nos termos do § 3.º do art. 60 da Constituição Federal, promulgam a seguinte Emenda ao texto constitucional:

Art. 1.º O art. 31 da Emenda Constitucional n. 19, de 4 de junho de 1998, passa a vigorar com a seguinte redação:

•• Alteração já processada no diploma modificado.
•• Alteração prejudicada pela Emenda Constitucional n. 98, de 6-12-2017, que deu nova redação ao art. 31 da Emenda Constitucional n. 19, de 4-6-1998.

Art. 2.º Para fins do enquadramento disposto no *caput* do art. 31 da Emenda Constitucional n. 19, de 4 de junho de 1998, e no *caput* do art. 89 do Ato das Disposições Constitucionais Transitórias, é reconhecido o vínculo funcional, com a União, dos servidores regularmente admitidos nos quadros dos Municípios integrantes dos ex-Territórios do Amapá, de Roraima e de Rondônia em efetivo exercício na data de transformação desses ex-Territórios em Estados.

Art. 3.º Os servidores dos ex-Territórios do Amapá, de Roraima e de Rondônia incorporados a quadro em extinção da União serão enquadrados em cargos de atribuições equivalentes ou assemelhadas, integrantes de planos de cargos e carreiras da União, no nível de progressão alcançado, assegurados os direitos, vantagens e padrões remuneratórios a eles inerentes.

Art. 4.º Cabe à União, no prazo máximo de 180 (cento e oitenta) dias, contado a partir da data de publicação desta Emenda Constitucional, regulamentar o enquadramento de servidores estabelecido no art. 31 da Emenda Constitucional n. 19, de 4 de junho de 1998, e no art. 89 do Ato das Disposições Constitucionais Transitórias.

Parágrafo único. No caso de a União não regulamentar o enquadramento previsto no *caput*, o optante tem direito ao pagamento retroativo das diferenças remuneratórias desde a data do encerramento do prazo para a regulamentação referida neste artigo.

Art. 5.º A opção para incorporação em quadro em extinção da União, conforme disposto no art. 31 da Emenda Constitucional n. 19, de 4 de junho de 1998, e no art. 89 do Ato das Disposições Constitucionais Transitórias, deverá ser formalizada pelos servidores e policiais militares interessados perante a administração, no prazo máximo de 180 (cento e oitenta) dias, contado a partir da regulamentação prevista no art. 4.º.

Art. 6.º Os servidores admitidos regularmente que comprovadamente se encontravam no exercício de funções policiais nas Secretarias de Segurança Pública dos ex-Territórios do Amapá, de Roraima e de Rondônia na data em que foram transformados em Estados serão enquadrados no quadro da Polícia Civil dos ex-Territórios, no prazo de 180 (cento e oitenta) dias, assegurados os direitos, vantagens e padrões remuneratórios a eles inerentes.

•• Vide art. 6.º da Emenda Constitucional n. 98, de 6-12-2017.

Art. 7.º Aos servidores admitidos regularmente pela União nas Carreiras do Grupo Tributação, Arrecadação e Fiscalização de que trata a Lei n. 6.550, de 5 de julho de 1978, cedidos aos Estados do Amapá, de Roraima e de Rondônia são assegurados os mesmos direitos remuneratórios auferidos pelos integrantes das Carreiras correspondentes do Grupo Tributação, Arrecadação e Fiscalização da União de que trata a Lei n. 5.645, de 10 de dezembro de 1970.

•• Vide art. 5.º da Emenda Constitucional n. 98, de 6-12-2017.

Art. 8.º Os proventos das aposentadorias, pensões, reformas e reservas remuneradas, originados no período de outubro de 1988 a outubro de 1993, passam a ser mantidos pela União a partir da data de publicação desta Emenda Constitucional, vedado o pagamento, a qualquer título, de valores referentes a períodos anteriores a sua publicação.

Art. 9.º É vedado o pagamento, a qualquer título, em virtude das alterações promovidas por esta Emenda Constitucional, de remunerações, proventos, pensões ou indenizações referentes a períodos anteriores à data do enquadramento, salvo o disposto no parágrafo único do art. 4.º.

Art. 10. Esta Emenda Constitucional entra em vigor na data de sua publicação.

Brasília, em 27 de maio de 2014.

Mesa da Câmara dos Deputados
Deputado HENRIQUE EDUARDO
ALVES
Presidente

Mesa do Senado Federal
Senador RENAN CALHEIROS
Presidente

**EMENDA CONSTITUCIONAL N. 84,
DE 2 DE DEZEMBRO DE 2014 (**)**

Altera o art. 159 da Constituição Federal para aumentar a entrega de recursos pela União para o Fundo de Participação dos Municípios.

As Mesas da Câmara dos Deputados e do Senado Federal, nos termos do § 3.º do art. 60 da Constituição Federal, promulgam a seguinte Emenda ao texto constitucional:

Art. 1.º O art. 159 da Constituição Federal passa a vigorar com a seguinte redação:

•• Alteração já processada no diploma modificado.
•• Alteração parcialmente prejudicada pela Emenda Constitucional n. 112, de 27-10-2021.

Art. 2.º Para os fins do disposto na alínea e do inciso I do *caput* do art. 159 da Constituição Federal, a União entregará ao Fundo de Participação dos Municípios o percentual de 0,5% (cinco décimos por cento) do produto da arrecadação dos impostos sobre renda e proventos de qualquer natureza e sobre produtos industrializados no primeiro exercício em que esta Emenda Constitucional gerar efeitos financeiros, acrescentando-se 0,5% (cinco décimos por cento) a cada exercício, até que se alcance o percentual de 1% (um por cento).

Art. 3.º Esta Emenda Constitucional entra em vigor na data de sua publicação, com efeitos financeiros a partir de 1.º de janeiro do exercício subsequente.

Brasília, em 2 de dezembro de 2014.

Mesa da Câmara dos Deputados
Deputado HENRIQUE EDUARDO
ALVES
Presidente

Mesa do Senado Federal
Senador RENAN CALHEIROS
Presidente

(*) Publicada no *Diário Oficial da União*, de 28-5-2014. A Lei n. 13.681, de 18-6-2018, regulamentada pelo Decreto n. 9.823, de 4-6-2019, disciplina o disposto nesta Emenda Constitucional.

(**) Publicada no *Diário Oficial da União*, de 3-12-2014.

EMENDA CONSTITUCIONAL N. 86, DE 17 DE MARÇO DE 2015 (*)

Altera os arts. 165, 166 e 198 da Constituição Federal, para tornar obrigatória a execução da programação orçamentária que especifica.

As Mesas da Câmara dos Deputados e do Senado Federal, nos termos do § 3.º do art. 60 da Constituição Federal, promulgam a seguinte Emenda ao texto constitucional:

Art. 1.º Os arts. 165, 166 e 198 da Constituição Federal passam a vigorar com as seguintes alterações:

•• Alterações já processadas no diploma modificado.
•• Alterações nos arts. 165 e 166 parcialmente prejudicadas pela Emenda Constitucional n. 100, de 26-6-2019.

Art. 2.º (*Revogado pela Emenda Constitucional n. 95, de 15-12-2016.*)

Art. 3.º As despesas com ações e serviços públicos de saúde custeados com a parcela da União oriunda da participação no resultado ou da compensação financeira pela exploração de petróleo e gás natural, de que trata o § 1.º do art. 20 da Constituição Federal, serão computadas para fins de cumprimento do disposto no inciso I do § 2.º do art. 198 da Constituição Federal.

Art. 4.º Esta Emenda Constitucional entra em vigor na data de sua publicação e produzirá efeitos a partir da execução orçamentária do exercício de 2014.

Art. 5.º Fica revogado o inciso IV do § 3.º do art. 198 da Constituição Federal.

Brasília, em 17 de março de 2015.

Mesa da Câmara dos Deputados
Deputado EDUARDO CUNHA
Presidente

Mesa do Senado Federal
Senador RENAN CALHEIROS
Presidente

EMENDA CONSTITUCIONAL N. 91, DE 18 DE FEVEREIRO DE 2016 (**)

Altera a Constituição Federal para estabelecer a possibilidade, excepcional e em período determinado, de desfiliação partidária, sem prejuízo do mandato.

As Mesas da Câmara dos Deputados e do Senado Federal, nos termos do § 3.º do art. 60 da Constituição Federal, promulgam a seguinte Emenda ao texto constitucional:

Art. 1.º É facultado ao detentor de mandato eletivo desligar-se do partido pelo qual foi eleito nos trinta dias seguintes à promulgação desta Emenda Constitucional, sem prejuízo do mandato, não sendo essa desfiliação considerada para fins de distribuição dos recursos do Fundo Partidário e de acesso gratuito ao tempo de rádio e televisão.

• CE: Lei n. 4.737, de 15-7-1965.
• Lei dos Partidos Políticos: Lei n. 9.096, de 19-9-1995.

Art. 2.º Esta Emenda Constitucional entra em vigor na data de sua publicação.

Brasília, em 18 de fevereiro de 2016.

Mesa da Câmara dos Deputados
Deputado EDUARDO CUNHA
Presidente

Mesa do Senado Federal
Senador RENAN CALHEIROS
Presidente

EMENDA CONSTITUCIONAL N. 97, DE 4 DE OUTUBRO DE 2017 (***)

Altera a Constituição Federal para vedar as coligações partidárias nas eleições proporcionais, estabelecer normas sobre acesso dos partidos políticos aos recursos do fundo partidário e ao tempo de propaganda gratuito no rádio e na televisão e dispor sobre regras de transição.

As Mesas da Câmara dos Deputados e do Senado Federal, nos termos do § 3.º do art. 60 da Constituição Federal, promulgam a seguinte Emenda ao texto constitucional:

Art. 1.º A Constituição Federal passa a vigorar com as seguintes alterações:

•• Alterações já processadas no diploma modificado.

Art. 2.º A vedação à celebração de coligações nas eleições proporcionais, prevista no § 1.º do art. 17 da Constituição Federal, aplicar-se-á a partir das eleições de 2020.

Art. 3.º O disposto no § 3.º do art. 17 da Constituição Federal quanto ao acesso dos partidos políticos aos recursos do fundo partidário e à propaganda gratuita no rádio e na televisão aplicar-se-á a partir das eleições de 2030.

Parágrafo único. Terão acesso aos recursos do fundo partidário e à propaganda gratuita no rádio e na televisão os partidos políticos que:

I – na legislatura seguinte às eleições de 2018:

a) obtiverem, nas eleições para a Câmara dos Deputados, no mínimo, 1,5% (um e meio por cento) dos votos válidos, distribuídos em pelo menos um terço das unidades da Federação, com um mínimo de 1% (um por cento) dos votos válidos em cada uma delas; ou

b) tiverem elegido pelo menos nove Deputados Federais distribuídos em pelo menos um terço das unidades da Federação;

II – na legislatura seguinte às eleições de 2022:

a) obtiverem, nas eleições para a Câmara dos Deputados, no mínimo, 2% (dois por cento) dos votos válidos, distribuídos em pelo menos um terço das unidades da Federação, com um mínimo de 1% (um por cento) dos votos válidos em cada uma delas; ou

b) tiverem elegido pelo menos onze Deputados Federais distribuídos em pelo menos um terço das unidades da Federação;

III – na legislatura seguinte às eleições de 2026:

a) obtiverem, nas eleições para a Câmara dos Deputados, no mínimo, 2,5% (dois e meio por cento) dos votos válidos, distribuídos em pelo menos um terço das unidades da Federação, com um mínimo de 1,5% (um e meio por cento) dos votos válidos em cada uma delas; ou

b) tiverem elegido pelo menos treze Deputados Federais distribuídos em pelo menos um terço das unidades da Federação.

Art. 4.º Esta Emenda Constitucional entra em vigor na data de sua publicação.

Brasília, em 4 de outubro de 2017.

Mesa da Câmara dos Deputados
Deputado RODRIGO MAIA
Presidente

Mesa do Senado Federal
Senador EUNÍCIO OLIVEIRA
Presidente

EMENDA CONSTITUCIONAL N. 98, DE 6 DE DEZEMBRO DE 2017 (****)

Altera o art. 31 da Emenda Constitucional n. 19, de 4 de junho de 1998, para prever a inclusão, em quadro em extinção da administração pública federal, de servidor público, de integrante da carreira de policial, civil ou militar, e de pessoa que haja mantido relação ou vínculo funcional, empregatício, estatutário ou de trabalho com a administração pública dos ex-Territórios ou dos Estados do Amapá ou de Roraima, inclusive suas prefeituras, na fase de instalação dessas unidades federadas, e dá outras providências.

As Mesas da Câmara dos Deputados e do Senado Federal, nos termos do § 3.º do art. 60 da Constituição Federal, promulgam a seguinte Emenda ao texto constitucional:

Art. 1.º O art. 31 da Emenda Constitucional n. 19, de 4 de junho de 1998, passa a vigorar com as seguintes alterações:

•• Alteração já processada no diploma modificado.

Art. 2.º Cabe à União, no prazo máximo de noventa dias, contado a partir da data de publicação desta Emenda Constitucional, regulamentar o disposto no art. 31 da Emen-Constitucional n. 19, de 4 de junho de

---

(*) Publicada no *Diário Oficial da União*, de 18-3-2015.

(**) Publicada no *Diário Oficial da União*, de 19-2-2016.

(***) Publicada no *Diário Oficial da União*, de 5-10-2017.

(****) Publicada no *Diário Oficial da União*, de 11-12-2017. A Lei n. 13.681, de 18-6-2018, regulamentada pelo Decreto n. 9.823, de 4-6-2019, disciplina o disposto nesta Emenda Constitucional.

1998, a fim de que se exerça o direito de opção nele previsto.

§ 1.º Descumprido o prazo de que trata o *caput* deste artigo, a pessoa a quem assista o direito de opção fará jus ao pagamento de eventuais acréscimos remuneratórios, desde a data de encerramento desse prazo, caso se confirme o seu enquadramento.

§ 2.º É vedado o pagamento, a qualquer título, de acréscimo remuneratório, ressarcimento, auxílio, salário, retribuição ou valor em virtude de ato ou fato anterior à data de enquadramento da pessoa optante, ressalvado o pagamento de que trata o § 1.º deste artigo.

Art. 3.º O direito à opção, nos termos previstos no art. 31 da Emenda Constitucional n. 19, de 4 de junho de 1998, deverá ser exercido no prazo de até trinta dias, contado a partir da data da regulamentação desta Emenda Constitucional.

§ 1.º São convalidados todos os direitos já exercidos até a data de regulamentação desta Emenda Constitucional, inclusive nos casos em que, feita a opção, o enquadramento ainda não houver sido efetivado, aplicando-se-lhes, para todos os fins, inclusive o de enquadramento, a legislação vigente à época em que houver sido feita a opção ou, sendo mais benéficas ou favoráveis ao optante, as normas previstas nesta Emenda Constitucional e em seu regulamento.

§ 2.º Entre a data de promulgação desta Emenda Constitucional e a de publicação de seu regulamento, o exercício do direito de opção será feito com base nas disposições contidas na Emenda Constitucional n. 79, de 27 de maio de 2014, e em suas normas regulamentares, sem prejuízo do disposto no § 1.º deste artigo.

Art. 4.º É reconhecido o vínculo funcional com a União dos servidores do ex-Território do Amapá, a que se refere a Portaria n. 4.481, de 19 de dezembro de 1995, do Ministério da Administração Federal e Reforma do Estado, publicada no *Diário Oficial da União* de 21 de dezembro de 1995, convalidando-se os atos de gestão, de admissão, aposentadoria, pensão, progressão, movimentação e redistribuição relativos a esses servidores, desde que não tenham sido excluídos dos quadros da União por decisão do Tribunal de Contas da União, da qual não caiba mais recurso judicial.

Art. 5.º O disposto no art. 7.º da Emenda Constitucional n. 79, de 27 de maio de 2014, aplica-se aos servidores que, em iguais condições, hajam sido admitidos pelos Estados de Rondônia até 1987, e do Amapá e de Roraima até outubro de 1993.

Art. 6.º O disposto no art. 6.º da Emenda Constitucional n. 79, de 27 de maio de 2014, aplica-se aos servidores que, admitidos e lotados pelas Secretarias de Segurança Pública dos Estados de Rondônia até 1987, e do Amapá e de Roraima até outubro de 1993, exerciam função policial.

Art. 7.º As disposições desta Emenda Constitucional aplicam-se aos aposentados e pensionistas, civis e militares, vinculados aos respectivos regimes próprios de previdência, vedado o pagamento, a qualquer título, de valores referentes a períodos anteriores à sua publicação.

Parágrafo único. Haverá compensação financeira entre os regimes próprios de previdência por ocasião da aposentação ou da inclusão de aposentados e pensionistas em quadro em extinção da União, observado o disposto no § 9.º do art. 201 da Constituição Federal.

Art. 8.º Esta Emenda Constitucional entra em vigor na data de sua publicação.

Brasília, em 6 de dezembro de 2017.

Mesa da Câmara dos Deputados
Deputado RODRIGO MAIA
Presidente

Mesa do Senado Federal
Senador EUNÍCIO OLIVEIRA
Presidente

EMENDA CONSTITUCIONAL N. 100, DE 26 DE JUNHO DE 2019 (*)

Altera os arts. 165 e 166 da Constituição Federal para tornar obrigatória a execução da programação orçamentária proveniente de emendas de bancada de parlamentares de Estado ou do Distrito Federal.

As Mesas da Câmara dos Deputados e do Senado Federal, nos termos do § 3.º do art. 60 da Constituição Federal, promulgam a seguinte Emenda ao texto constitucional:

Art. 1.º Os arts. 165 e 166 da Constituição Federal passam a vigorar com as seguintes alterações:

•• Alterações já processadas no diploma modificado.

Art. 2.º O montante previsto no § 12 do art. 166 da Constituição Federal será de 0,8% (oito décimos por cento) no exercício subsequente ao da promulgação desta Emenda Constitucional.

Art. 3.º A partir do 3.º (terceiro) ano posterior à promulgação desta Emenda Constitucional até o último exercício de vigência do regime previsto na Emenda Constitucional n. 95, de 15 de dezembro de 2016, a execução prevista no § 12 do art. 166 da Constituição Federal corresponderá ao montante de execução obrigatória para o exercício anterior, corrigido na forma estabelecida no inciso II do § 1.º do Ato das Disposições Constitucionais Transitórias.

•• O art. 107 do ADCT foi revogado pela Emenda Constitucional n. 126, de 21-12-2022.

Art. 4.º Esta Emenda Constitucional entra em vigor na data de sua publicação e produzirá efeitos a partir da execução orçamentária do exercício financeiro subsequente.

Brasília, em 26 de junho de 2019.

Mesa da Câmara dos Deputados
Deputado RODRIGO MAIA
Presidente

Mesa do Senado Federal
Senador DAVI ALCOLUMBRE
Presidente

EMENDA CONSTITUCIONAL N. 103, DE 12 DE NOVEMBRO DE 2019 (**)

Altera o sistema de previdência social e estabelece regras de transição e disposições transitórias.

As Mesas da Câmara dos Deputados e do Senado Federal, nos termos do § 3.º do art. 60 da Constituição Federal, promulgam a seguinte Emenda ao texto constitucional:

Art. 1.º A Constituição Federal passa a vigorar com as seguintes alterações:

•• Alterações já processadas no diploma modificado.

Art. 2.º O art. 76 do Ato das Disposições Constitucionais Transitórias passa a vigorar com a seguinte redação:

•• Alterações já processadas no diploma modificado.

Art. 3.º A concessão de aposentadoria ao servidor público federal vinculado a regime próprio de previdência social e ao segurado do Regime Geral de Previdência Social e de pensão por morte aos respectivos dependentes será assegurada, a qualquer tempo, desde que tenham sido cumpridos os requisitos para obtenção desses benefícios até a data de entrada em vigor desta Emenda Constitucional, observados os critérios da legislação vigente na data em que foram atendidos os requisitos para a concessão da aposentadoria ou da pensão por morte.

§ 1.º Os proventos de aposentadoria devidos ao servidor público a que se refere o *caput* e as pensões por morte devidas aos seus dependentes serão calculados e reajustados de acordo com a legislação em vigor à época em que foram atendidos os requisitos nela estabelecidos para a concessão desses benefícios.

§ 2.º Os proventos de aposentadoria devidos ao segurado a que se refere o *caput* e as pensões por morte devidas aos seus dependentes serão apurados de acordo com a legislação em vigor à época em que foram atendidos os requisitos nela estabelecidos para a concessão desses benefícios.

§ 3.º Até que entre em vigor lei federal de que trata o § 19 do art. 40 da Constituição Federal, o servidor de que trata o *caput* que tenha cumprido os requisitos para aposentadoria voluntária com base no disposto na alínea *a* do inciso III do § 1.º do art. 40 da

---
(*) Publicada no *Diário Oficial da União*, de 27-6-2019.

(**) Publicada no *Diário Oficial da União*, de 12-11-2019.

Constituição Federal, na redação vigente até a data de entrada em vigor desta Emenda Constitucional, no art. 2.º, no § 1.º do art. 3.º ou no art. 6.º da Emenda Constitucional n. 41, de 19 de dezembro de 2003, ou no art. 3.º da Emenda Constitucional n. 47, de 5 de julho de 2005, que optar por permanecer em atividade fará jus a um abono de permanência equivalente ao valor da sua contribuição previdenciária, até completar a idade para aposentadoria compulsória.

Art. 4.º O servidor público federal que tenha ingressado no serviço público em cargo efetivo até a data de entrada em vigor desta Emenda Constitucional poderá aposentar-se voluntariamente quando preencher, cumulativamente, os seguintes requisitos:

I – 56 (cinquenta e seis) anos de idade, se mulher, e 61 (sessenta e um) anos de idade, se homem, observado o disposto no § 1.º;

II – 30 (trinta anos) de contribuição, se mulher, e 35 (trinta e cinco) anos de contribuição, se homem;

III – 20 (vinte) anos de efetivo exercício no serviço público;

IV – 5 (cinco) anos no cargo efetivo em que se der a aposentadoria; e

V – somatório da idade e do tempo de contribuição, incluídas as frações, equivalente a 86 (oitenta e seis) pontos, se mulher, e 96 (noventa e seis) pontos, se homem, observado o disposto nos §§ 2.º e 3.º.

§ 1.º A partir de 1.º de janeiro de 2022, a idade mínima a que se refere o inciso I do *caput* será de 57 (cinquenta e sete) anos de idade, se mulher, e 62 (sessenta e dois) anos de idade, se homem.

§ 2.º A partir de 1.º de janeiro de 2020, a pontuação a que se refere o inciso V do *caput* será acrescida a cada ano de 1 (um) ponto, até atingir o limite de 100 (cem) pontos, se mulher, e de 105 (cento e cinco) pontos, se homem.

§ 3.º A idade e o tempo de contribuição serão apurados em dias para o cálculo do somatório de pontos a que se referem o inciso V do *caput* e o § 2.º.

§ 4.º Para o titular do cargo de professor que comprovar exclusivamente tempo de efetivo exercício das funções de magistério na educação infantil e no ensino fundamental e médio, os requisitos de idade e de tempo de contribuição de que tratam os incisos I e II do *caput* serão:

I – 51 (cinquenta e um) anos de idade, se mulher, e 56 (cinquenta e seis) anos de idade, se homem;

II – 25 (vinte e cinco) anos de contribuição, se mulher, e 30 (trinta) anos de contribuição, se homem; e

III – 52 (cinquenta e dois) anos de idade, se mulher, e 57 (cinquenta e sete) anos de idade, se homem, a partir de 1.º de janeiro de 2022.

§ 5.º O somatório da idade e do tempo de contribuição de que trata o inciso V do *caput* para as pessoas a que se refere o § 4.º, incluídas as frações, será de 81 (oitenta e um) pontos, se mulher, e 91 (noventa e um) pontos, se homem, aos quais serão acrescidos, a partir de 1.º de janeiro de 2020, 1 (um) ponto a cada ano, até atingir o limite de 92 (noventa e dois) pontos, se mulher, e de 100 (cem) pontos, se homem.

§ 6.º Os proventos das aposentadorias concedidas nos termos do disposto neste artigo corresponderão:

I – à totalidade da remuneração do servidor público no cargo efetivo em que se der a aposentadoria, observado o disposto no § 8.º, para o servidor público que tenha ingressado no serviço público em cargo efetivo até 31 de dezembro de 2003 e que não tenha feito a opção de que trata o § 16 do art. 40 da Constituição Federal, desde que tenha, no mínimo, 62 (sessenta e dois) anos de idade, se mulher, e 65 (sessenta e cinco) anos de idade, se homem, ou, para os titulares do cargo de professor de que trata o § 4.º, 57 (cinquenta e sete) anos de idade, se mulher, e 60 (sessenta) anos de idade, se homem;

II – ao valor apurado na forma da lei, para o servidor público não contemplado no inciso I.

§ 7.º Os proventos das aposentadorias concedidas nos termos do disposto neste artigo não serão inferiores ao valor a que se refere o § 2.º do art. 201 da Constituição Federal e serão reajustados:

I – de acordo com o disposto no art. 7.º da Emenda Constitucional n. 41, de 19 de dezembro de 2003, se cumpridos os requisitos previstos no inciso I do § 6.º; ou

II – nos termos estabelecidos para o Regime Geral de Previdência Social, na hipótese prevista no inciso II do § 6.º.

§ 8.º Considera-se remuneração do servidor público no cargo efetivo, para fins de cálculo dos proventos de aposentadoria com fundamento no disposto no inciso I do § 6.º ou no inciso I do § 2.º do art. 20, o valor constituído pelo subsídio, pelo vencimento e pelas vantagens pecuniárias permanentes do cargo, estabelecidos em lei, acrescidos dos adicionais de caráter individual e das vantagens pessoais permanentes, observados os seguintes critérios:

I – se o cargo estiver sujeito a variações na carga horária, o valor das rubricas que refletem essa variação integrará o cálculo do valor da remuneração do servidor público no cargo efetivo em que se deu a aposentadoria, considerando-se a média aritmética simples dessa carga horária proporcional ao número de anos completos de recebimento e contribuição, contínuos ou intercalados, em relação ao tempo total exigido para a aposentadoria;

II – se as vantagens pecuniárias permanentes forem variáveis por estarem vinculadas a indicadores de desempenho, produtividade ou situação similar, o valor dessas vantagens integrará o cálculo da remuneração do servidor público no cargo efetivo mediante a aplicação, sobre o valor atual de referência das vantagens pecuniárias permanentes variáveis, da média aritmética simples do indicador, proporcional ao número de anos completos de recebimento e de respectiva contribuição, contínuos ou intercalados, em relação ao tempo total exigido para a aposentadoria ou, se inferior, ao tempo total de percepção da vantagem.

§ 9.º Aplicam-se às aposentadorias dos servidores dos Estados, do Distrito Federal e dos Municípios as normas constitucionais e infraconstitucionais anteriores à data de entrada em vigor desta Emenda Constitucional, enquanto não promovidas alterações na legislação interna relacionada ao respectivo regime próprio de previdência social.

§ 10. Estende-se o disposto no § 9.º às normas sobre aposentadoria de servidores públicos incompatíveis com a redação atribuída por esta Emenda Constitucional aos §§ 4.º, 4.º-A, 4.º-B e 4.º-C do art. 40 da Constituição Federal.

Art. 5.º O policial civil do órgão a que se refere o inciso XIV do *caput* do art. 21 da Constituição Federal, o policial dos órgãos a que se referem o inciso IV do *caput* do art. 51, o inciso XIII do *caput* do art. 52 e os incisos I a III do *caput* do art. 144 da Constituição Federal e o ocupante de cargo de agente federal penitenciário ou socioeducativo que tenham ingressado na respectiva carreira até a data de entrada em vigor desta Emenda Constitucional poderão aposentar-se, na forma da Lei Complementar n. 51, de 20 de dezembro de 1985, observada a idade mínima de 55 (cinquenta e cinco) anos para ambos os sexos ou o disposto no § 3.º.

•• A Lei complementar n. 51, de 20-12-1985, dispõe sobre a aposentadoria do servidor público policial, nos termos do § 4.º do art. 40 da Constituição Federal.

§ 1.º Serão considerados tempo de exercício em cargo de natureza estritamente policial, para os fins do inciso II do art. 1.º da Lei Complementar n. 51, de 20 de dezembro de 1985, o tempo de atividade militar nas Forças Armadas, nas polícias militares e nos corpos de bombeiros militares e o tempo de atividade como agente penitenciário ou socioeducativo.

§ 2.º Aplicam-se às aposentadorias dos servidores dos Estados de que trata o § 4.º-B do art. 40 da Constituição Federal as normas constitucionais e infraconstitucionais anteriores à data de entrada em vigor desta Emenda Constitucional, enquanto não promovidas alterações na legislação interna relacionada ao respectivo regime próprio de previdência social.

§ 3.º Os servidores de que trata o *caput* poderão aposentar-se aos 52 (cinquenta e dois)

anos de idade, se mulher, e aos 53 (cinquenta e três) anos de idade, se homem, desde que cumprido período adicional de contribuição correspondente ao tempo que, na data de entrada em vigor desta Emenda Constitucional, faltaria para atingir o tempo de contribuição previsto na Lei Complementar n. 51, de 20 de dezembro de 1985.

Art. 6.º O disposto no § 14 do art. 37 da Constituição Federal não se aplica a aposentadorias concedidas pelo Regime Geral de Previdência Social até a data de entrada em vigor desta Emenda Constitucional.

Art. 7.º O disposto no § 15 do art. 37 da Constituição Federal não se aplica a complementações de aposentadorias e pensões concedidas até a data de entrada em vigor desta Emenda Constitucional.

Art. 8.º Até que entre em vigor lei federal de que trata o § 19 do art. 40 da Constituição Federal, o servidor público federal que cumprir as exigências para a concessão da aposentadoria voluntária nos termos do disposto nos arts. 4.º, 5.º, 20, 21 e 22 e que optar por permanecer em atividade fará jus a um abono de permanência equivalente ao valor da sua contribuição previdenciária, até completar a idade para aposentadoria compulsória.

Art. 9.º Até que entre em vigor lei complementar que discipline o § 22 do art. 40 da Constituição Federal, aplicam-se aos regimes próprios de previdência social o disposto na Lei n. 9.717, de 27 de novembro de 1998, e o disposto neste artigo.

§ 1.º O equilíbrio financeiro e atuarial do regime próprio de previdência social deverá ser comprovado por meio de garantia de equivalência, a valor presente, entre o fluxo das receitas estimadas e das despesas projetadas, apuradas atuarialmente, que, juntamente com os bens, direitos e ativos vinculados, comparados às obrigações assumidas, evidenciem a solvência e a liquidez do plano de benefícios.

§ 2.º O rol de benefícios dos regimes próprios de previdência social fica limitado às aposentadorias e à pensão por morte.

§ 3.º Os afastamentos por incapacidade temporária para o trabalho e o salário-maternidade serão pagos diretamente pelo ente federativo e não correrão à conta do regime próprio de previdência social ao qual o servidor se vincula.

§ 4.º Os Estados, o Distrito Federal e os Municípios não poderão estabelecer alíquota inferior à da contribuição dos servidores da União, exceto se demonstrado que o respectivo regime próprio de previdência social não possui déficit atuarial a ser equacionado, hipótese em que a alíquota não poderá ser inferior às alíquotas aplicáveis ao Regime Geral de Previdência Social.

§ 5.º Para fins do disposto no § 4.º, não será considerada como ausência de déficit a implementação de segregação da massa de segurados ou a previsão em lei de plano de equacionamento de déficit.

§ 6.º A instituição do regime de previdência complementar na forma dos §§ 14 a 16 do art. 40 da Constituição Federal e a adequação do órgão ou entidade gestora do regime próprio de previdência social ao § 20 do art. 40 da Constituição Federal deverão ocorrer no prazo máximo de 2 (dois) anos da data de entrada em vigor desta Emenda Constitucional.

§ 7.º Os recursos de regime próprio de previdência social poderão ser aplicados na concessão de empréstimos a seus segurados, na modalidade de consignados, observada regulamentação específica estabelecida pelo Conselho Monetário Nacional.

§ 8.º Por meio de lei, poderá ser instituída contribuição extraordinária pelo prazo máximo de 20 (vinte) anos, nos termos dos §§ 1.º-B e 1.º-C do art. 149 da Constituição Federal.

§ 9.º O parcelamento ou a moratória de débitos dos entes federativos com seus regimes próprios de previdência social fica limitado ao prazo a que se refere o § 11 do art. 195 da Constituição.

Art. 10. Até que entre em vigor lei federal que discipline os benefícios do regime próprio de previdência social dos servidores da União, aplica-se o disposto neste artigo.

§ 1.º Os servidores públicos federais serão aposentados:

I – voluntariamente, observados, cumulativamente, os seguintes requisitos:

a) 62 (sessenta e dois) anos de idade, se mulher, e 65 (sessenta e cinco) anos de idade, se homem; e

b) 25 (vinte e cinco) anos de contribuição, desde que cumprido o tempo mínimo de 10 (dez) anos de efetivo exercício no serviço público e de 5 (cinco) anos no cargo efetivo em que for concedida a aposentadoria;

II – por incapacidade permanente para o trabalho, no cargo em que estiverem investidos, quando insuscetíveis de readaptação, hipótese em que será obrigatória a realização de avaliações periódicas para verificação da continuidade das condições que ensejaram a concessão da aposentadoria; ou

III – compulsoriamente, na forma do disposto no inciso II do § 1.º do art. 40 da Constituição Federal.

§ 2.º Os servidores públicos federais com direito a idade mínima ou tempo de contribuição distintos da regra geral para concessão de aposentadoria na forma dos §§ 4.º-B, 4.º-C e 5.º do art. 40 da Constituição Federal poderão aposentar-se, observados os seguintes requisitos:

I – o policial civil do órgão a que se refere o inciso XIV do *caput* do art. 21 da Constituição Federal, o policial dos órgãos a que se referem o inciso IV do *caput* do art. 51, o inciso XIII do *caput* do art. 52 e os incisos I a III do *caput* do art. 144 da Constituição Federal e o ocupante de cargo de agente federal penitenciário ou socioeducativo, aos 55 (cinquenta e cinco) anos de idade, com 30 (trinta) anos de contribuição e 25 (vinte e cinco) anos de efetivo exercício em cargo dessas carreiras, para ambos os sexos;

II – o servidor público federal cujas atividades sejam exercidas com efetiva exposição a agentes químicos, físicos e biológicos prejudiciais à saúde, ou associação desses agentes, vedada a caracterização por categoria profissional ou ocupação, aos 60 (sessenta) anos de idade, com 25 (vinte e cinco) anos de efetiva exposição e contribuição, 10 (dez) anos de efetivo exercício de serviço público e 5 (cinco) anos no cargo efetivo em que for concedida a aposentadoria;

III – o titular do cargo federal de professor, aos 60 (sessenta) anos de idade, se homem, aos 57 (cinquenta e sete) anos, se mulher, com 25 (vinte e cinco) anos de contribuição exclusivamente em efetivo exercício das funções de magistério na educação infantil e no ensino fundamental e médio, 10 (dez) anos de efetivo exercício de serviço público e 5 (cinco) anos no cargo efetivo em que for concedida a aposentadoria, para ambos os sexos.

§ 3.º A aposentadoria a que se refere o § 4.º-C do art. 40 da Constituição Federal observará adicionalmente as condições e os requisitos estabelecidos para o Regime Geral de Previdência Social, naquilo em que não conflitarem com as regras específicas aplicáveis ao regime próprio de previdência social da União, vedada a conversão de tempo especial em comum.

§ 4.º Os proventos das aposentadorias concedidas nos termos do disposto neste artigo serão apurados na forma da lei.

§ 5.º Até que entre em vigor lei federal de que trata o § 19 do art. 40 da Constituição Federal, o servidor federal que cumprir as exigências para a concessão da aposentadoria voluntária nos termos do disposto neste artigo e que optar por permanecer em atividade fará jus a um abono de permanência equivalente ao valor da sua contribuição previdenciária, até completar a idade para aposentadoria compulsória.

§ 6.º A pensão por morte devida aos dependentes do policial civil do órgão a que se refere o inciso XIV do *caput* do art. 21 da Constituição Federal, do policial dos órgãos a que se referem o inciso IV do *caput* do art. 51, o inciso XIII do *caput* do art. 52 e os incisos I a III do *caput* do art. 144 da Constituição Federal e dos ocupantes dos cargos de agente federal penitenciário ou socioeducativo decorrente de agressão sofrida no exercício ou em razão da função será vitalícia para o cônjuge ou companheiro e equivalente à remuneração do cargo.

§ 7.º Aplicam-se às aposentadorias dos servidores dos Estados, do Distrito Federal e dos Municípios as normas constitucionais e infraconstitucionais anteriores à data de entrada em vigor desta Emenda Constitucional, enquanto não promovidas alterações na legislação interna relacionada ao respectivo regime próprio de previdência social.

Art. 11. Até que entre em vigor lei que altere a alíquota da contribuição previdenciária de que tratam os arts. 4.º, 5.º e 6.º da Lei n. 10.887, de 18 de junho de 2004, esta será de 14% (quatorze por cento).

- • Sobre o prazo de vigência deste artigo, *vide* art. 36, I, desta Emenda Constitucional.
- A Lei n. 10.887, de 18-6-2004, dispõe sobre o cálculo dos proventos de aposentadoria dos servidores titulares de cargo efetivo de qualquer dos Poderes da União, dos Estados, do Distrito Federal e dos Municípios, incluídas suas autarquias e fundações.

§ 1.º A alíquota prevista no *caput* será reduzida ou majorada, considerado o valor da base de contribuição ou do benefício recebido, de acordo com os seguintes parâmetros:

- • A Portaria Interministerial n. 6, de 10-1-2025, dos Ministérios da Previdência Social e da Fazenda, dispõe, em seu art. 10, sobre o reajuste dos valores previstos nos incisos II a VIII desse § 1.º: "Art. 10. Os valores previstos no Anexo III da Portaria Interministerial MPS/MF n. 2, de 11 de janeiro de 2024, ficam reajustados, a partir de 1.º de janeiro de 2025, em 4,77% (quatro inteiros e setenta e sete décimos por cento), índice aplicado aos benefícios do RGPS, nos termos do § 3.º do mesmo artigo. § 1.º Em razão do reajuste previsto no *caput*, a alíquota de 14% (quatorze por cento) estabelecida no art. 11, *caput*, da Emenda Constitucional n. 103, de 2019, será reduzida ou majorada, considerado o valor da base de contribuição ou do benefício recebido, de acordo com os parâmetros previstos no Anexo III desta Portaria. § 2.º A alíquota, reduzida ou majorada nos termos do disposto no § 1.º, será aplicada de forma progressiva sobre a base de contribuição do servidor ativo de quaisquer dos Poderes da União, incluídas suas entidades autárquicas e suas fundações, incidindo cada alíquota sobre a faixa de valores compreendida nos respectivos limites. § 3.º A alíquota de contribuição de que trata o art. 11, *caput*, da Emenda Constitucional n. 103, de 2019, com a redução ou a majoração decorrentes do disposto no § 1.º, incisos I a VIII, do mesmo artigo, será devida pelos aposentados e pensionistas de quaisquer dos Poderes da União, incluídas suas entidades autárquicas e suas fundações, e incidirá sobre o valor da parcela dos proventos de aposentadoria e de pensões que supere o limite máximo estabelecido para os benefícios do RGPS, hipótese em que será considerada a totalidade do valor do benefício para fins de definição das alíquotas aplicáveis".

I – até 1 (um) salário-mínimo, redução de seis inteiros e cinco décimos pontos percentuais;

II – acima de 1 (um) salário-mínimo até R$ 2.000,00 (dois mil reais), redução de cinco pontos percentuais;

III – de R$ 2.000,01 (dois mil reais e um centavo) até R$ 3.000,00 (três mil reais), redução de dois pontos percentuais;

IV – de R$ 3.000,01 (três mil reais e um centavo) até R$ 5.839,45 (cinco mil oitocentos e trinta e nove reais e quarenta e cinco centavos), sem redução ou acréscimo;

V – de R$ 5.839,46 (cinco mil oitocentos e trinta e nove reais e quarenta e seis centavos) até R$ 10.000,00 (dez mil reais), acréscimo de meio ponto percentual;

VI – de R$ 10.000,01 (dez mil reais e um centavo) até R$ 20.000,00 (vinte mil reais), acréscimo de dois inteiros e cinco décimos pontos percentuais;

VII – de R$ 20.000,01 (vinte mil reais e um centavo) até R$ 39.000,00 (trinta e nove mil reais), acréscimo de cinco pontos percentuais; e

VIII – acima de R$ 39.000,00 (trinta e nove mil reais), acréscimo de oito pontos percentuais.

§ 2.º A alíquota, reduzida ou majorada nos termos do disposto no § 1.º, será aplicada de forma progressiva sobre a base de contribuição do servidor ativo, incidindo cada alíquota sobre a faixa de valores compreendida nos respectivos limites.

§ 3.º Os valores previstos no § 1.º serão reajustados, a partir da data de entrada em vigor desta Emenda Constitucional, na mesma data e com o mesmo índice em que se der o reajuste dos benefícios do Regime Geral de Previdência Social, ressalvados aqueles vinculados ao salário-mínimo, aos quais se aplica a legislação específica.

§ 4.º A alíquota de contribuição de que trata o *caput*, com a redução ou a majoração decorrentes do disposto no § 1.º, será devida pelos aposentados e pensionistas de quaisquer dos Poderes da União, incluídas suas entidades autárquicas e suas fundações, e incidirá sobre o valor da parcela dos proventos de aposentadoria e de pensões que supere o limite máximo estabelecido para os benefícios do Regime Geral de Previdência Social, hipótese em que será considerada a totalidade do valor do benefício para fins de definição das alíquotas aplicáveis.

Art. 12. A União instituirá sistema integrado de dados relativos às remunerações, proventos e pensões dos segurados dos regimes de previdência de que tratam os arts. 40, 201 e 202 da Constituição Federal, aos benefícios dos programas de assistência social de que trata o art. 203 da Constituição Federal e às remunerações, proventos de inatividade e pensão por morte decorrentes das atividades militares de que tratam os arts. 42 e 142 da Constituição Federal, em interação com outras bases de dados, ferramentas e plataformas, para o fortalecimento de sua gestão, governança e transparência e o cumprimento das disposições estabelecidas nos incisos XI e XVI do art. 37 da Constituição Federal.

§ 1.º A União, os Estados, o Distrito Federal e os Municípios e os órgãos e entidades gestoras dos regimes, dos sistemas e dos programas a que se refere o *caput* disponibilizarão as informações necessárias para a estruturação do sistema integrado de dados e terão acesso ao compartilhamento das referidas informações, na forma da legislação.

§ 2.º É vedada a transmissão das informações de que trata este artigo a qualquer pessoa física ou jurídica para a prática de atividade não relacionada à fiscalização dos regimes, dos sistemas e dos programas a que se refere o *caput*.

Art. 13. Não se aplica o disposto no § 9.º do art. 39 da Constituição Federal a parcelas remuneratórias decorrentes de incorporação de vantagens de caráter temporário ou vinculadas ao exercício de função de confiança ou de cargo em comissão efetivada até a data de entrada em vigor desta Emenda Constitucional.

Art. 14. Vedadas a adesão de novos segurados e a instituição de novos regimes dessa natureza, os atuais segurados de regime de previdência aplicável a titulares de mandato eletivo da União, dos Estados, do Distrito Federal e dos Municípios poderão, por meio de opção expressa formalizada no prazo de 180 (cento e oitenta) dias, contado da data de entrada em vigor desta Emenda Constitucional, retirar-se dos regimes previdenciários aos quais se encontrem vinculados.

§ 1.º Os segurados, atuais e anteriores, do regime de previdência de que trata a Lei n. 9.506, de 30 de outubro de 1997, que fizerem a opção de permanecer nesse regime previdenciário deverão cumprir período adicional correspondente a 30% (trinta por cento) do tempo de contribuição que faltaria para aquisição do direito à aposentadoria na data de entrada em vigor desta Emenda Constitucional e somente poderão aposentar-se a partir dos 62 (sessenta e dois) anos de idade, se mulher, e 65 (sessenta e cinco) anos de idade, se homem.

- A Lei n. 9.506, de 30-10-1997, extinguiu o Instituto de Previdência dos Congressistas – IPC.

§ 2.º Se for exercida a opção prevista no *caput*, será assegurada a contagem do tempo de contribuição vertido para o regime de previdência ao qual o segurado se encontrava vinculado, nos termos do disposto no § 9.º do art. 201 da Constituição Federal.

§ 3.º A concessão de aposentadoria aos titulares de mandato eletivo e de pensão por morte aos dependentes de titular de mandato eletivo falecido será assegurada, a qualquer tempo, desde que cumpridos os requisitos para obtenção desses benefícios até a data de entrada em vigor desta Emenda Constitucional, observados os critérios da legislação vigente na data em que foram atendidos os requisitos para a concessão da aposentadoria ou da pensão por morte.

§ 4.º Observado o disposto nos §§ 9.º e 9.º-A do art. 201 da Constituição Federal, o tempo de contribuição a regime próprio de previdência social e ao Regime Geral de Previdência Social, assim como o tempo de contribuição decorrente das atividades militares de que tratam os arts. 42 e 142 da Constituição Federal, que tenha sido considerado para a concessão de benefício pelos regimes a que se refere o *caput* não poderá ser utilizado para obtenção de benefício naqueles regimes.

§ 5.º Lei específica do Estado, do Distrito Federal ou do Município deverá disciplinar a regra de transição a ser aplicada aos segurados que, na forma do *caput*, fizerem a opção de permanecer no regime previdenciário de que trata este artigo.

Art. 15. Ao segurado filiado ao Regime Geral de Previdência Social até a data de entrada em vigor desta Emenda Constitucional, fica assegurado o direito à aposentadoria quando forem preenchidos, cumulativamente, os seguintes requisitos:

•• A Instrução Normativa n. 128, de 28-3-2022, do INSS, dispõe sobre aposentadoria por tempo de contribuição.

I – 30 (trinta) anos de contribuição, se mulher, e 35 (trinta e cinco) anos de contribuição, se homem; e

II – somatório da idade e do tempo de contribuição, incluídas as frações, equivalente a 86 (oitenta e seis) pontos, se mulher, e 96 (noventa e seis) pontos, se homem, observado o disposto nos §§ 1.º e 2.º.

§ 1.º A partir de 1.º de janeiro de 2020, a pontuação a que se refere o inciso II do *caput* será acrescida a cada ano de 1 (um) ponto, até atingir o limite de 100 (cem) pontos, se mulher, e de 105 (cento e cinco) pontos, se homem.

§ 2.º A idade e o tempo de contribuição serão apurados em dias para o cálculo do somatório de pontos a que se referem o inciso II do *caput* e o § 1.º.

§ 3.º Para o professor que comprovar exclusivamente 25 (vinte e cinco) anos de contribuição, se mulher, e 30 (trinta) anos de contribuição, se homem, em efetivo exercício das funções de magistério na educação infantil e no ensino fundamental e médio, o somatório da idade e do tempo de contribuição, incluídas as frações, será equivalente a 81 (oitenta e um) pontos, se mulher, e 91 (noventa e um) pontos, se homem, aos quais serão acrescidos, a partir de 1.º de janeiro de 2020, 1 (um) ponto a cada ano para o homem e para a mulher, até atingir o limite de 92 (noventa e dois) pontos, se mulher, e 100 (cem) pontos, se homem.

§ 4.º O valor da aposentadoria concedida nos termos do disposto neste artigo será apurado na forma da lei.

Art. 16. Ao segurado filiado ao Regime Geral de Previdência Social até a data de entrada em vigor desta Emenda Constitucional fica assegurado o direito à aposentadoria quando preencher, cumulativamente, os seguintes requisitos:

•• A Instrução Normativa n. 128, de 28-3-2022, do INSS, dispõe sobre aposentadoria por tempo de contribuição.

I – 30 (trinta) anos de contribuição, se mulher, e 35 (trinta e cinco) anos de contribuição, se homem; e

II – idade de 56 (cinquenta e seis) anos, se mulher, e 61 (sessenta e um) anos, se homem.

§ 1.º A partir de 1.º de janeiro de 2020, a idade a que se refere o inciso II do *caput* será acrescida de 6 (seis) meses a cada ano, até atingir 62 (sessenta e dois) anos de idade, se mulher, e 65 (sessenta e cinco) anos de idade, se homem.

§ 2.º Para o professor que comprovar exclusivamente tempo de efetivo exercício das funções de magistério na educação infantil e no ensino fundamental e médio, o tempo de contribuição e a idade de que tratam os incisos I e II do *caput* deste artigo serão reduzidos em 5 (cinco) anos, sendo, a partir de 1.º de janeiro de 2020, acrescidos 6 (seis) meses, a cada ano, às idades previstas no inciso II do *caput*, até atingirem 57 (cinquenta e sete) anos, se mulher, e 60 (sessenta) anos, se homem.

§ 3.º O valor da aposentadoria concedida nos termos do disposto neste artigo será apurado na forma da lei.

Art. 17. Ao segurado filiado ao Regime Geral de Previdência Social até a data de entrada em vigor desta Emenda Constitucional e que na referida data contar com mais de 28 (vinte e oito) anos de contribuição, se mulher, e 33 (trinta e três) anos de contribuição, se homem, fica assegurado o direito à aposentadoria quando preencher, cumulativamente, os seguintes requisitos:

•• A Instrução Normativa n. 128, de 28-3-2022, do INSS, dispõe sobre aposentadoria por tempo de contribuição.

I – 30 (trinta) anos de contribuição, se mulher, e 35 (trinta e cinco) anos de contribuição, se homem; e

II – cumprimento de período adicional correspondente a 50% (cinquenta por cento) do tempo que, na data de entrada em vigor desta Emenda Constitucional, faltaria para atingir 30 (trinta) anos de contribuição, se mulher, e 35 (trinta e cinco) anos de contribuição, se homem.

Parágrafo único. O benefício concedido nos termos deste artigo terá seu valor apurado de acordo com a média aritmética simples dos salários de contribuição e das remunerações calculada na forma da lei, multiplicada pelo fator previdenciário, calculado na forma do disposto nos §§ 7.º a 9.º do art. 29 da Lei n. 8.213, de 24 de julho de 1991.

Art. 18. O segurado de que trata o inciso I do § 7.º do art. 201 da Constituição Federal filiado ao Regime Geral de Previdência Social até a data de entrada em vigor desta Emenda Constitucional poderá aposentar-se quando preencher, cumulativamente, os seguintes requisitos:

I – 60 (sessenta) anos de idade, se mulher, e 65 (sessenta e cinco) anos de idade, se homem; e

II – 15 (quinze) anos de contribuição, para ambos os sexos.

§ 1.º A partir de 1.º de janeiro de 2020, a idade de 60 (sessenta) anos da mulher, prevista no inciso I do *caput*, será acrescida em 6 (seis) meses a cada ano, até atingir 62 (sessenta e dois) anos de idade.

§ 2.º O valor da aposentadoria de que trata este artigo será apurado na forma da lei.

Art. 19. Até que lei disponha sobre o tempo de contribuição a que se refere o inciso I do § 7.º do art. 201 da Constituição Federal, o segurado filiado ao Regime Geral de Previdência Social após a data de entrada em vigor desta Emenda Constitucional será aposentado aos 62 (sessenta e dois) anos de idade, se mulher, 65 (sessenta e cinco) anos de idade, se homem, com 15 (quinze) anos de tempo de contribuição, se mulher, e 20 (vinte) anos de tempo de contribuição, se homem.

§ 1.º Até que lei complementar disponha sobre a redução de idade mínima ou tempo de contribuição prevista nos §§ 1.º e 8.º do art. 201 da Constituição Federal, será concedida aposentadoria:

I – aos segurados que comprovem o exercício de atividades com efetiva exposição a agentes químicos, físicos e biológicos prejudiciais à saúde, ou associação desses agentes, vedada a caracterização por categoria profissional ou ocupação, durante, no mínimo, 15 (quinze), 20 (vinte) ou 25 (vinte e cinco) anos, nos termos do disposto nos arts. 57 e 58 da Lei n. 8.213, de 24 de julho de 1991, quando cumpridos:

•• A Instrução Normativa n. 128, de 28-3-2022, do INSS, dispõe sobre aposentadoria especial.
• Aposentadoria Especial: arts. 57 e 58 da Lei n. 8.213, de 24-7-1991.

a) 55 (cinquenta e cinco) anos de idade, quando se tratar de atividade especial de 15 (quinze) anos de contribuição;

b) 58 (cinquenta e oito) anos de idade, quando se tratar de atividade especial de 20 (vinte) anos de contribuição; ou

c) 60 (sessenta) anos de idade, quando se tratar de atividade especial de 25 (vinte e cinco) anos de contribuição;

II – ao professor que comprove 25 (vinte e cinco) anos de contribuição exclusivamente em efetivo exercício das funções de magistério na educação infantil e no ensino fundamental e médio e tenha 57 (cinquenta e sete) anos de idade, se mulher, e 60 (sessenta) anos de idade, se homem.

§ 2.º O valor das aposentadorias de que trata este artigo será apurado na forma da lei.

Art. 20. O segurado ou o servidor público federal que se tenha filiado ao Regime Geral de Previdência Social ou ingressado no serviço público em cargo efetivo até a data de entrada em vigor desta Emenda Constitucional poderá aposentar-se voluntariamente quando preencher, cumulativamente, os seguintes requisitos:

•• A Instrução Normativa n. 128, de 28-3-2022, do INSS, dispõe sobre aposentadoria por tempo de contribuição.

I – 57 (cinquenta e sete) anos de idade, se mulher, e 60 (sessenta) anos de idade, se homem;

II – 30 (trinta) anos de contribuição, se mulher, e 35 (trinta e cinco) anos de contribuição, se homem;

III – para os servidores públicos, 20 (vinte) anos de efetivo exercício no serviço público e 5 (cinco) anos no cargo efetivo em que se der a aposentadoria;

IV – período adicional de contribuição correspondente ao tempo que, na data de entrada em vigor desta Emenda Constitucional, faltaria para atingir o tempo mínimo de contribuição referido no inciso II.

§ 1.º Para o professor que comprovar exclusivamente tempo de efetivo exercício das funções de magistério na educação infantil e no ensino fundamental e médio serão reduzidos, para ambos os sexos, os requisitos de idade e de tempo de contribuição em 5 (cinco) anos.

§ 2.º O valor das aposentadorias concedidas nos termos do disposto neste artigo corresponderá:

I – em relação ao servidor público que tenha ingressado no serviço público em cargo efetivo até 31 de dezembro de 2003 e que não tenha feito a opção de que trata o § 16 do art. 40 da Constituição Federal, à totalidade da remuneração no cargo efetivo em que se der a aposentadoria, observado o disposto no § 8.º do art. 4.º; e

II – em relação aos demais servidores públicos e aos segurados do Regime Geral de Previdência Social, ao valor apurado na forma da lei.

•• A Instrução Normativa n. 128, de 28-3-2022, do INSS, dispõe sobre aposentadoria por tempo de contribuição.

§ 3.º O valor das aposentadorias concedidas nos termos do disposto neste artigo não será inferior ao valor a que se refere o § 2.º do art. 201 da Constituição Federal e será reajustado:

I – de acordo com o disposto no art. 7.º da Emenda Constitucional n. 41, de 19 de dezembro de 2003, se cumpridos os requisitos previstos no inciso I do § 2.º;

II – nos termos estabelecidos para o Regime Geral de Previdência Social, na hipótese prevista no inciso II do § 2.º.

§ 4.º Aplicam-se às aposentadorias dos servidores dos Estados, do Distrito Federal e dos Municípios as normas constitucionais e infraconstitucionais anteriores à data de entrada em vigor desta Emenda Constitucional, enquanto não promovidas alterações na legislação interna relacionada ao respectivo regime próprio de previdência social.

Art. 21. O segurado ou o servidor público federal que se tenha filiado ao Regime Geral de Previdência Social ou ingressado no serviço público em cargo efetivo até a data de entrada em vigor desta Emenda Constitucional cujas atividades tenham sido exercidas com efetiva exposição a agentes químicos, físicos e biológicos prejudiciais à saúde, ou associação desses agentes, vedada a caracterização por categoria profissional ou ocupação, desde que cumpridos, no caso do servidor, o tempo mínimo de 20 (vinte) anos de efetivo exercício no serviço público e de 5 (cinco) anos no cargo efetivo em que for concedida a aposentadoria, na forma dos arts. 57 e 58 da Lei n. 8.213, de 24 de julho de 1991, poderão aposentar-se quando o total da soma resultante da sua idade e do tempo de contribuição e o tempo de efetiva exposição forem, respectivamente, de:

•• A Instrução Normativa n. 128, de 28-3-2022, do INSS, dispõe sobre regra de transição da aposentadoria especial.

• Aposentadoria Especial: arts. 57 e 58 da Lei n. 8.213, de 24-7-1991.

I – 66 (sessenta e seis) pontos e 15 (quinze) anos de efetiva exposição;

II – 76 (setenta e seis) pontos e 20 (vinte) anos de efetiva exposição; e

III – 86 (oitenta e seis) pontos e 25 (vinte e cinco) anos de efetiva exposição.

§ 1.º A idade e o tempo de contribuição serão apurados em dias para o cálculo do somatório de pontos a que se refere o *caput*.

§ 2.º O valor da aposentadoria de que trata este artigo será apurado na forma da lei.

§ 3.º Aplicam-se às aposentadorias dos servidores dos Estados, do Distrito Federal e dos Municípios cujas atividades sejam exercidas com efetiva exposição a agentes químicos, físicos e biológicos prejudiciais à saúde, ou associação desses agentes, vedada a caracterização por categoria profissional ou ocupação, na forma do § 4.º-C do art. 40 da Constituição Federal, as normas constitucionais e infraconstitucionais anteriores à data de entrada em vigor desta Emenda Constitucional, enquanto não promovidas alterações na legislação interna relacionada ao respectivo regime próprio de previdência social.

Art. 22. Até que lei discipline o § 4.º-A do art. 40 e o inciso I do § 1.º do art. 201 da Constituição Federal, a aposentadoria da pessoa com deficiência segurada do Regime Geral de Previdência Social ou do servidor público federal com deficiência vinculado a regime próprio de previdência social, desde que cumpridos, no caso do servidor, o tempo mínimo de 10 (dez) anos de efetivo exercício no serviço público e de 5 (cinco) anos no cargo efetivo em que for concedida a aposentadoria, será concedida na forma da Lei Complementar n. 142, de 8 de maio de 2013, inclusive quanto aos critérios de cálculo dos benefícios.

Parágrafo único. Aplicam-se às aposentadorias dos servidores com deficiência dos Estados, do Distrito Federal e dos Municípios as normas constitucionais e infraconstitucionais anteriores à data de entrada em vigor desta Emenda Constitucional, enquanto não promovidas alterações na legislação interna relacionada ao respectivo regime próprio de previdência social.

Art. 23. A pensão por morte concedida a dependente de segurado do Regime Geral de Previdência Social ou do servidor público federal será equivalente a uma cota familiar de 50% (cinquenta por cento) do valor da aposentadoria recebida pelo segurado ou servidor ou daquela a que teria direito se fosse aposentado por incapacidade permanente na data do óbito, acrescida de cotas de 10 (dez) pontos percentuais por dependente, até o máximo de 100% (cem por cento).

•• A Instrução Normativa n. 128, de 28-3-2022, do INSS, dispõe sobre pensão por morte.

§ 1.º As cotas por dependente cessarão com a perda dessa qualidade e não serão reversíveis aos demais dependentes, preservado o valor de 100% (cem por cento) da pensão por morte quando o número de dependentes remanescente for igual ou superior a 5 (cinco).

§ 2.º Na hipótese de existir dependente inválido ou com deficiência intelectual, mental ou grave, o valor da pensão por morte de que trata o *caput* será equivalente a:

I – 100% (cem por cento) da aposentadoria recebida pelo segurado ou servidor ou daquela a que teria direito se fosse aposentado por incapacidade permanente na data do óbito, até o limite máximo de benefícios do Regime Geral de Previdência Social; e

II – uma cota familiar de 50% (cinquenta por cento) acrescida de cotas de 10 (dez) pontos percentuais por dependente, até o máximo de 100% (cem) por cento, para o valor que supere o limite máximo de benefícios do Regime Geral de Previdência Social.

§ 3.º Quando não houver mais dependente inválido ou com deficiência intelectual, mental ou grave, o valor da pensão será recalculado na forma do disposto no *caput* e no § 1.º.

§ 4.º O tempo de duração da pensão por morte e das cotas individuais por dependente até a perda dessa qualidade, o rol de dependentes e sua qualificação e as condições necessárias para seu enquadramento serão aqueles estabelecidos na Lei n. 8.213, de 24 de julho de 1991.

§ 5.º Para o dependente inválido ou com deficiência intelectual, mental ou grave, sua condição pode ser reconhecida previamente ao óbito do segurado, por meio de avaliação biopsicossocial realizada por equipe multiprofissional e interdisciplinar, observada revisão periódica na forma da legislação.

§ 6.º Equiparam-se a filho, para fins de recebimento da pensão por morte, exclusivamente o enteado e o menor tutelado, desde que comprovada a dependência econômica.

§ 7.º As regras sobre pensão previstas neste artigo e na legislação vigente na data de entrada em vigor desta Emenda Constitucional poderão ser alteradas na forma da lei para o Regime Geral de Previdência Social e para o regime próprio de previdência social da União.

§ 8.º Aplicam-se às pensões concedidas aos dependentes de servidores dos Estados, do Distrito Federal e dos Municípios as normas constitucionais e infraconstitucionais anteriores à data de entrada em vigor desta Emenda Constitucional, enquanto não promovidas alterações na legislação interna relacionada ao respectivo regime próprio de previdência social.

Art. 24. É vedada a acumulação de mais de uma pensão por morte deixada por cônjuge ou companheiro, no âmbito do mesmo regime de previdência social, ressalvadas as pensões do mesmo instituidor decorrentes do exercício de cargos acumuláveis na forma do art. 37 da Constituição Federal.

•• A Instrução Normativa n. 128, de 28-3-2022, do INSS, dispõe sobre acumulação do valor da pensão por morte com outros benefícios.

§ 1.º Será admitida, nos termos do § 2.º, a acumulação de:

I – pensão por morte deixada por cônjuge ou companheiro de um regime de previdência social com pensão por morte concedida por outro regime de previdência social ou com pensões decorrentes das atividades militares de que tratam os arts. 42 e 142 da Constituição Federal;

II – pensão por morte deixada por cônjuge ou companheiro de um regime de previdência social com aposentadoria concedida no âmbito do Regime Geral de Previdência Social ou de regime próprio de previdência social ou com proventos de inatividade decorrentes das atividades militares de que tratam os arts. 42 e 142 da Constituição Federal; ou

III – pensões decorrentes das atividades militares de que tratam os arts. 42 e 142 da Constituição Federal com aposentadoria concedida no âmbito do Regime Geral de Previdência Social ou de regime próprio de previdência social.

§ 2.º Nas hipóteses das acumulações previstas no § 1.º, é assegurada a percepção do valor integral do benefício mais vantajoso e de uma parte de cada um dos demais benefícios, apurada cumulativamente de acordo com as seguintes faixas:

I – 60% (sessenta por cento) do valor que exceder 1 (um) salário-mínimo, até o limite de 2 (dois) salários-mínimos;

II – 40% (quarenta por cento) do valor que exceder 2 (dois) salários-mínimos, até o limite de 3 (três) salários-mínimos;

III – 20% (vinte por cento) do valor que exceder 3 (três) salários-mínimos, até o limite de 4 (quatro) salários-mínimos; e

IV – 10% (dez por cento) do valor que exceder 4 (quatro) salários-mínimos.

§ 3.º A aplicação do disposto no § 2.º poderá ser revista a qualquer tempo, a pedido do interessado, em razão de alteração de algum dos benefícios.

§ 4.º As restrições previstas neste artigo não serão aplicadas se o direito aos benefícios houver sido adquirido antes da data de entrada em vigor desta Emenda Constitucional.

§ 5.º As regras sobre acumulação previstas neste artigo e na legislação vigente na data de entrada em vigor desta Emenda Constitucional poderão ser alteradas na forma do § 6.º do art. 40 e do § 15 do art. 201 da Constituição Federal.

Art. 25. Será assegurada a contagem de tempo de contribuição fictício no Regime Geral de Previdência Social decorrente de hipóteses descritas na legislação vigente até a data de entrada em vigor desta Emenda Constitucional para fins de concessão de aposentadoria, observando-se, a partir de sua entrada em vigor, o disposto no § 14 do art. 201 da Constituição Federal.

§ 1.º Para fins de comprovação de atividade rural exercida até a data de entrada em vigor desta Emenda Constitucional, o prazo de que tratam os §§ 1.º e 2.º do art. 38-B da Lei n. 8.213, de 24 de julho de 1991, será prorrogado até a data em que o Cadastro Nacional de Informações Sociais (CNIS) atingir a cobertura mínima de 50% (cinquenta por cento) dos trabalhadores de que trata o § 8.º do art. 195 da Constituição Federal, apurada conforme quantitativo da Pesquisa Nacional por Amostra de Domicílios Contínua (Pnad).

§ 2.º Será reconhecida a conversão de tempo especial em comum, na forma prevista na Lei n. 8.213, de 24 de julho de 1991, ao segurado do Regime Geral de Previdência Social que comprovar tempo de efetivo exercício de atividade sujeita a condições especiais que efetivamente prejudiquem a saúde, cumprido até a data de entrada em vigor desta Emenda Constitucional, vedada a conversão para o tempo cumprido após esta data.

§ 3.º Considera-se nula a aposentadoria que tenha sido concedida ou que venha a ser concedida por regime próprio de previdência social com contagem recíproca do Regime Geral de Previdência Social mediante o cômputo de tempo de serviço sem o recolhimento da respectiva contribuição ou da correspondente indenização pelo segurado obrigatório responsável, à época do exercício da atividade, pelo recolhimento de suas próprias contribuições previdenciárias.

•• O STF, nas ADIs n. 6.254 e 6.256, na sessão virtual de 16-09-2022 a 23-09-2022 (*DOU* de 12-7-2023), declarou a inconstitucionalidade da expressão "que tenha sido concedida ou" deste § 3.º.

Art. 26. Até que lei discipline o cálculo dos benefícios do regime próprio de previdência social da União e do Regime Geral de Previdência Social, será utilizada a média aritmética simples dos salários de contribuição e das remunerações adotados como base para contribuições a regime próprio de previdência social e ao Regime Geral de Previdência Social, ou como base para contribuições decorrentes das atividades militares de que tratam os arts. 42 e 142 da Constituição Federal, atualizados monetariamente, correspondentes a 100% (cem por cento) do período contributivo desde a competência julho de 1994 ou desde o início da contribuição, se posterior àquela competência.

•• A Instrução Normativa n. 128, de 28-3-2022, do INSS, dispõe sobre cálculo do valor do benefício.

§ 1.º A média a que se refere o *caput* será limitada ao valor máximo do salário de contribuição do Regime Geral de Previdência Social para os segurados desse regime e para o servidor que ingressou no serviço público em cargo efetivo após a implantação do regime de previdência complementar ou que tenha exercido a opção correspondente, nos termos do disposto nos §§ 14 a 16 do art. 40 da Constituição Federal.

§ 2.º O valor do benefício de aposentadoria corresponderá a 60% (sessenta por cento) da média aritmética definida na forma prevista no *caput* e no § 1.º, com acréscimo de 2 (dois) pontos percentuais para cada ano de contribuição que exceder o tempo de 20 (vinte) anos de contribuição nos casos:

I – do inciso II do § 6.º do art. 4.º, do § 4.º do art. 15, do § 3.º do art. 16 e do § 2.º do art. 18;

II – do § 4.º do art. 10, ressalvado o disposto no inciso II do § 3.º e no § 4.º deste artigo;

III – de aposentadoria por incapacidade permanente aos segurados do Regime Geral de Previdência Social, ressalvado o disposto no inciso II do § 3.º deste artigo; e

IV – do § 2.º do art. 19 e do § 2.º do art. 21, ressalvado o disposto no § 5.º deste artigo.

§ 3.º O valor do benefício de aposentadoria corresponderá a 100% (cem por cento) da média aritmética definida na forma prevista no *caput* e no § 1.º:

I – no caso do inciso II do § 2.º do art. 20;

II – no caso de aposentadoria por incapacidade permanente, quando decorrer de acidente de trabalho, de doença profissional e de doença do trabalho.

§ 4.º O valor do benefício da aposentadoria de que trata o inciso III do § 1.º do art. 10 corresponderá ao resultado do tempo de contribuição dividido por 20 (vinte) anos, limitado a um inteiro, multiplicado pelo valor apurado na forma do *caput* do § 2.º deste artigo, ressalvado o caso de cumprimento de critérios de acesso para aposentadoria voluntária que resulte em situação mais favorável.

§ 5.º O acréscimo a que se refere o *caput* do § 2.º será aplicado para cada ano que exceder 15 (quinze) anos de tempo de contribuição para os segurados de que tratam a alínea *a* do inciso I do § 1.º do art. 19 e o inciso I do art. 21 e para as mulheres filiadas ao Regime Geral de Previdência Social.

§ 6.º Poderão ser excluídas da média as contribuições que resultem em redução do valor do benefício, desde que mantido o tempo mínimo de contribuição exigido, vedada a utilização do tempo excluído para qualquer finalidade, inclusive para o acréscimo a que se referem os §§ 2.º e 5.º, para a averbação em outro regime previdenciário ou para a obtenção dos proventos de inatividade das atividades de que tratam os arts. 42 e 142 da Constituição Federal.

§ 7.º Os benefícios calculados nos termos do disposto neste artigo serão reajustados nos termos estabelecidos para o Regime Geral de Previdência Social.

Art. 27. Até que lei discipline o acesso ao salário-família e ao auxílio-reclusão de que trata o inciso IV do art. 201 da Constituição Federal, esses benefícios serão concedidos apenas àqueles que tenham renda bruta mensal igual ou inferior a R$ 1.364,43 (mil trezentos e sessenta e quatro reais e quarenta e três centavos), que serão corrigidos pelos mesmos índices aplicados aos benefícios do Regime Geral de Previdência Social.

§ 1.º Até que lei discipline o valor do auxílio-reclusão, de que trata o inciso IV do art. 201 da Constituição Federal, seu cálculo será realizado na forma daquele aplicável à pensão por morte, não podendo exceder o valor de 1 (um) salário-mínimo.

•• A Instrução Normativa n. 128, de 28-3-2022, do INSS, dispõe sobre auxílio-reclusão.

§ 2.º Até que lei discipline o valor do salário-família, de que trata o inciso IV do art. 201 da Constituição Federal, seu valor será de R$ 46,54 (quarenta e seis reais e cinquenta e quatro centavos).

Art. 28. Até que lei altere as alíquotas da contribuição de que trata a Lei n. 8.212, de 24 de julho de 1991, devidas pelo segurado empregado, inclusive o doméstico, e pelo trabalhador avulso, estas serão de:

•• Sobre o prazo de vigência deste artigo, *vide* art. 36, I, desta Emenda Constitucional.

I – até 1 (um) salário-mínimo, 7,5% (sete inteiros e cinco décimos por cento);

II – acima de 1 (um) salário-mínimo até R$ 2.000,00 (dois mil reais), 9% (nove por cento);

III – de R$ 2.000,01 (dois mil reais e um centavo) até R$ 3.000,00 (três mil reais), 12% (doze por cento); e

IV – de R$ 3.000,01 (três mil reais e um centavo) até o limite do salário de contribuição, 14% (quatorze por cento).

§ 1.º As alíquotas previstas no *caput* serão aplicadas de forma progressiva sobre o salário de contribuição do segurado, incidindo cada alíquota sobre a faixa de valores compreendida nos respectivos limites.

§ 2.º Os valores previstos no *caput* serão reajustados, a partir da data de entrada em vigor desta Emenda Constitucional, na mesma data e com o mesmo índice em que se der o reajuste dos benefícios do Regime Geral de Previdência Social, ressalvados aqueles vinculados ao salário-mínimo, aos quais se aplica a legislação específica.

Art. 29. Até que entre em vigor lei que disponha sobre o § 14 do art. 195 da Constituição Federal, o segurado que, no somatório de remunerações auferidas no período de 1 (um) mês, receber remuneração inferior ao limite mínimo mensal do salário de contribuição poderá:

I – complementar a sua contribuição, de forma a alcançar o limite mínimo exigido;

II – utilizar o valor da contribuição que exceder o limite mínimo de contribuição de uma competência em outra; ou

III – agrupar contribuições inferiores ao limite mínimo de diferentes competências, para aproveitamento em contribuições mínimas mensais.

Parágrafo único. Os ajustes de complementação ou agrupamento de contribuições previstos nos incisos I, II e III do *caput* somente poderão ser feitos ao longo do mesmo ano civil.

Art. 30. A vedação de diferenciação ou substituição de base de cálculo decorrente do disposto no § 9.º do art. 195 da Constituição Federal não se aplica a contribuições que substituam a contribuição de que trata a alínea *a* do inciso I do *caput* do art. 195 da Constituição Federal instituídas antes da data de entrada em vigor desta Emenda Constitucional.

Art. 31. O disposto no § 11 do art. 195 da Constituição Federal não se aplica aos parcelamentos previstos na legislação vigente até a data de entrada em vigor desta Emenda Constitucional, sendo vedadas a reabertura ou a prorrogação de prazo para adesão.

Art. 32. Até que entre em vigor lei que disponha sobre a alíquota da contribuição de que trata a Lei n. 7.689, de 15 de dezembro de 1988, esta será de 20% (vinte por cento) no caso das pessoas jurídicas referidas no inciso I do § 1.º do art. 1.º da Lei Complementar n. 105, de 10 de janeiro de 2001.

•• Sobre o prazo de vigência deste artigo, *vide* art.36, I, desta Emenda Constitucional.

Art. 33. Até que seja disciplinada a relação entre a União, os Estados, o Distrito Federal e os Municípios e entidades abertas de previdência complementar na forma do disposto nos §§ 4.º e 5.º do art. 202 da Constituição Federal, somente entidades fechadas de previdência complementar estão autorizadas a administrar planos de benefícios patrocinados pela União, Estados, Distrito Federal ou Municípios, inclusive suas autarquias, fundações, sociedades de economia mista e empresas controladas direta ou indiretamente.

Art. 34. Na hipótese de extinção por lei de regime previdenciário e migração dos respectivos segurados para o Regime Geral de Previdência Social, serão observados, até que lei federal disponha sobre a matéria, os seguintes requisitos pelo ente federativo:

I – assunção integral da responsabilidade pelo pagamento dos benefícios concedidos durante a vigência do regime extinto, bem como daqueles cujos requisitos já tenham sido implementados antes da sua extinção;

II – previsão de mecanismo de ressarcimento ou de complementação de benefícios aos que tenham contribuído acima do limite máximo do Regime Geral de Previdência Social;

III – vinculação das reservas existentes no momento da extinção, exclusivamente:

a) ao pagamento dos benefícios concedidos e a conceder, ao ressarcimento de contribuições ou à complementação de benefícios, na forma dos incisos I e II; e

b) à compensação financeira com o Regime Geral de Previdência Social.

Parágrafo único. A existência de superávit atuarial não constitui óbice à extinção de regime próprio de previdência social e à consequente migração para o Regime Geral de Previdência Social.

Art. 35. Revogam-se:

I – os seguintes dispositivos da Constituição Federal:

a) o § 21 do art. 40;

b) o § 13 do art. 195;

II – os arts. 9.º, 13 e 15 da Emenda Constitucional n. 20, de 15 de dezembro de 1998;

III – os arts. 2.º, 6.º e 6.º-A da Emenda Constitucional n. 41, de 19 de dezembro de 2003;

IV – o art. 3.º da Emenda Constitucional n. 47, de 5 de julho de 2005.

Art. 36. Esta Emenda Constitucional entra em vigor:

I – no primeiro dia do quarto mês subsequente ao da data de publicação desta Emenda Constitucional, quanto ao disposto nos arts. 11, 28 e 32;

II – para os regimes próprios de previdência social dos Estados, do Distrito Federal e dos Municípios, quanto à alteração promovida pelo art. 1.º desta Emenda Constitucional no art. 149 da Constituição Federal e às revogações previstas na alínea *a* do inciso I e nos incisos III e IV do art. 35, na data de publicação de lei de iniciativa privativa do respectivo Poder Executivo que as referende integralmente;

III – nos demais casos, na data de sua publicação.
Parágrafo único. A lei de que trata o inciso II do *caput* não produzirá efeitos anteriores à data de sua publicação.
Brasília, em 12 de novembro de 2019.

Mesa da Câmara dos Deputados
Deputado RODRIGO MAIA
Presidente

Mesa do Senado Federal
Senador DAVI ALCOLUMBRE
Presidente

EMENDA CONSTITUCIONAL N. 104, DE 4 DE DEZEMBRO DE 2019 (*)

Altera o inciso XIV do caput do art. 21, o § 4.º do art. 32 e o art. 144 da Constituição Federal, para criar as polícias penais federal, estaduais e distrital.

As Mesas da Câmara dos Deputados e do Senado Federal, nos termos do § 3.º do art. 60 da Constituição Federal, promulgam a seguinte Emenda ao texto constitucional:
Art. 1.º O inciso XIV do *caput* do art. 21 da Constituição Federal passa a vigorar com a seguinte redação:
•• Alteração já processada no diploma modificado.
Art. 2.º O § 4.º do art. 32 da Constituição Federal passa a vigorar com a seguinte redação:
Art. 3.º O art. 144 da Constituição Federal passa a vigorar com as seguintes alterações:
Art. 4.º O preenchimento do quadro de servidores das polícias penais será feito, exclusivamente, por meio de concurso público e por meio da transformação dos cargos isolados, dos cargos de carreira dos atuais agentes penitenciários e dos cargos públicos equivalentes.
Art. 5.º Esta Emenda Constitucional entra em vigor na data de sua publicação.
Brasília, em 4 de dezembro de 2019.

Mesa da Câmara dos Deputados
Deputado RODRIGO MAIA
Presidente

Mesa do Senado Federal
Senador DAVI ALCOLUMBRE
Presidente

EMENDA CONSTITUCIONAL N. 105, DE 12 DE DEZEMBRO DE 2019 (**)

Acrescenta o art. 166-A à Constituição Federal, para autorizar a transferência de recursos federais a Estados, ao Distrito Federal e a Municípios mediante emendas ao projeto de lei orçamentária anual.

As Mesas da Câmara dos Deputados e do Senado Federal, nos termos do § 3.º do art. 60 da Constituição Federal, promulgam a seguinte Emenda ao texto constitucional:
Art. 1.º A Constituição Federal passa a vigorar acrescida do seguinte art. 166-A:
•• Alteração já processada no diploma modificado.
Art. 2.º No primeiro semestre do exercício financeiro subsequente ao da publicação desta Emenda Constitucional, fica assegurada a transferência financeira em montante mínimo equivalente a 60% (sessenta por cento) dos recursos de que trata o inciso I do *caput* do art. 166-A da Constituição Federal.
Art. 3.º Esta Emenda Constitucional entra em vigor em 1.º de janeiro do ano subsequente ao de sua publicação.
Brasília, em 12 de dezembro de 2019.

Mesa da Câmara dos Deputados
Deputado RODRIGO MAIA
Presidente

Mesa do Senado Federal
Senador DAVI ALCOLUMBRE
Presidente

EMENDA CONSTITUCIONAL N. 106, DE 7 DE MAIO DE 2020 (***)

Institui regime extraordinário fiscal, financeiro e de contratações para enfrentamento de calamidade pública nacional decorrente de pandemia.

As Mesas da Câmara dos Deputados e do Senado Federal, nos termos do § 3.º do art. 60 da Constituição Federal, promulgam a seguinte Emenda ao texto constitucional:
Art. 1.º Durante a vigência de estado de calamidade pública nacional reconhecido pelo Congresso Nacional em razão de emergência de saúde pública de importância internacional decorrente de pandemia, a União adotará regime extraordinário fiscal, financeiro e de contratações para atender às necessidades dele decorrentes, somente naquilo em que a urgência for incompatível com o regime regular, nos termos definidos nesta Emenda Constitucional.
•• O Decreto n. 10.360, de 21-5-2020, dispõe em seu art. 1.º: "Art. 1.º As autorizações de despesas relacionadas ao enfrentamento de calamidade pública nacional decorrente de pandemia, de que trata o art. 1.º da Emenda Constitucional n. 106, de 7 de maio de 2020, observarão os seguintes critérios:
I – as programações orçamentárias cuja finalidade seja exclusivamente o enfrentamento da covid-19 e de seus efeitos sociais e econômicos deverão conter o complemento "covid-19" no título ou no subtítulo da ação orçamentária, sem prejuízo de sua combinação com o marcador de que trata o inciso II;
II – as autorizações de despesas constantes da Lei n. 13.978, de 17 de janeiro de 2020, e de seus créditos adicionais abertos, que sejam direcionadas ao enfrentamento da covid-19 e de seus efeitos sociais e econômicos, mas constem de programações orçamentárias que não se destinem exclusivamente a essa finalidade, deverão receber marcador de plano orçamentário cuja codificação será iniciada por "CV"; ou
III – as demais autorizações de despesas relacionadas ao enfrentamento da covid-19 e de seus efeitos sociais e econômicos que não puderem, por razões técnicas devidamente justificadas, ser identificadas na forma definida nos incisos I e II, deverão ser identificadas na forma a ser definida pela Secretaria de Orçamento Federal da Secretaria Especial de Fazenda do Ministério da Economia e disponibilizadas para acesso público em sítio eletrônico.
§ 1.º Além das hipóteses previstas no *caput*, para fins do disposto no parágrafo único do art. 5.º da Emenda Constitucional n. 106, de 2020, consideram-se identificadas as autorizações de despesas destinadas ao enfrentamento da covid-19 e de seus efeitos sociais e econômicos constantes do Anexo a este Decreto.
§ 2.º Fica a Secretaria de Orçamento Federal da Secretaria Especial de Fazenda do Ministério da Economia autorizada a editar normas complementares com o objetivo de implementar as regras estabelecidas neste artigo.
§ 3.º A relação das despesas de que trata este Decreto será disponibilizada no Painel do Orçamento do Sistema Integrado de Planejamento e Orçamento – Siop, sem prejuízo:
I – de que haja outros meios de se promover a transparência dos recursos alocados para o enfrentamento da covid-19 e de seus efeitos sociais e econômicos; e
II – do disposto no inciso II do *caput* do art. 5.º da Emenda Constitucional n. 106, de 2020".
Art. 2.º Com o propósito exclusivo de enfrentamento do contexto da calamidade e de seus efeitos sociais e econômicos, no seu período de duração, o Poder Executivo federal, no âmbito de suas competências, poderá adotar processos simplificados de contratação de pessoal, em caráter temporário e emergencial, e de obras, serviços e compras que assegurem, quando possível, competição e igualdade de condições a todos os concorrentes, dispensada a observância do § 1.º do art. 169 da Constituição Federal na contratação de que trata o inciso IX do *caput* do art. 37 da Constituição Federal, limitada a dispensa às situações de que trata o referido inciso, sem prejuízo da tutela dos órgãos de controle.
Parágrafo único. Nas hipóteses de distribuição de equipamentos e insumos de saúde imprescindíveis ao enfrentamento da calamidade, a União adotará critérios objetivos, devidamente publicados, para a respectiva destinação a Estados e a Municípios.
Art. 3.º Desde que não impliquem despesa permanente, as proposições legislativas e os atos do Poder Executivo com propósito exclusivo de enfrentar a calamidade e suas consequências sociais e econômicas, com vigência e efeitos restritos à sua duração, ficam dispensados da observância das limitações legais quanto à criação, à expansão ou ao aperfeiçoamento de ação governamental que acarrete aumento de despesa e à concessão ou à ampliação de incen-

(*) Publicada no *Diário Oficial da União*, de 5-12-2019.
(**) Publicada no *Diário Oficial da União*, de 13-12-2019.
(***) Publicada no *Diário Oficial da União*, de 8-5-2020.

tivo ou benefício de natureza tributária da qual decorra renúncia de receita.

Parágrafo único. Durante a vigência da calamidade pública nacional de que trata o art. 1.º desta Emenda Constitucional, não se aplica o disposto no § 3.º do art. 195 da Constituição Federal.

Art. 4.º Será dispensada, durante a integralidade do exercício financeiro em que vigore a calamidade pública nacional de que trata o art. 1.º desta Emenda Constitucional, a observância do inciso III do *caput* do art. 167 da Constituição Federal.

Parágrafo único. O Ministério da Economia publicará, a cada 30 (trinta) dias, relatório com os valores e o custo das operações de crédito realizadas no período de vigência do estado de calamidade pública nacional de que trata o art. 1.º desta Emenda Constitucional.

Art. 5.º As autorizações de despesas relacionadas ao enfrentamento da calamidade pública nacional de que trata o art. 1.º desta Emenda Constitucional e de seus efeitos sociais e econômicos deverão:

- O Decreto n. 10.579, de 18-12-2020, estabelece regras para a inscrição de restos a pagar das despesas de que trata este art. 5.º.

I – constar de programações orçamentárias específicas ou contar com marcadores que as identifiquem; e

II – ser separadamente avaliadas na prestação de contas do Presidente da República e evidenciadas, até 30 (trinta) dias após o encerramento de cada bimestre, no relatório a que se refere o § 3.º do art. 165 da Constituição Federal.

Parágrafo único. Decreto do Presidente da República, editado até 15 (quinze) dias após a entrada em vigor desta Emenda Constitucional, disporá sobre a forma de identificação das autorizações de que trata o *caput* deste artigo, incluídas as anteriores à vigência desta Emenda Constitucional.

Art. 6.º Durante a vigência da calamidade pública nacional de que trata o art. 1.º desta Emenda Constitucional, os recursos decorrentes de operações de crédito realizadas para o refinanciamento da dívida mobiliária poderão ser utilizados também para o pagamento de seus juros e encargos.

Art. 7.º O Banco Central do Brasil, limitado ao enfrentamento da calamidade pública nacional de que trata o art. 1.º desta Emenda Constitucional, e com vigência e efeitos restritos ao período de sua duração, fica autorizado a comprar e a vender:

I – títulos de emissão do Tesouro Nacional, nos mercados secundários local e internacional; e

II – os ativos, em mercados secundários nacionais no âmbito de mercados financeiros, de capitais e de pagamentos, desde que, no momento da compra, tenham classificação em categoria de risco de crédito no mercado local equivalente a BB- ou superior, conferida por pelo menos 1 (uma) das 3 (três) maiores agências internacionais de classificação de risco, e preço de referência publicado por entidade do mercado financeiro acreditada pelo Banco Central do Brasil.

§ 1.º Respeitadas as condições previstas no inciso II do *caput* deste artigo, será dada preferência à aquisição de títulos emitidos por microempresas e por pequenas e médias empresas.

§ 2.º O Banco Central do Brasil fará publicar diariamente as operações realizadas, de forma individualizada, com todas as respectivas informações, inclusive as condições financeiras e econômicas das operações, como taxas de juros pactuadas, valores envolvidos e prazos.

§ 3.º O Presidente do Banco Central do Brasil prestará contas ao Congresso Nacional, a cada 30 (trinta) dias, do conjunto das operações previstas neste artigo, sem prejuízo do previsto no § 2.º deste artigo.

§ 4.º A alienação de ativos adquiridos pelo Banco Central do Brasil, na forma deste artigo, poderá dar-se em data posterior à vigência do estado de calamidade pública nacional de que trata o art. 1.º desta Emenda Constitucional, se assim justificar o interesse público.

Art. 8.º Durante a vigência desta Emenda Constitucional, o Banco Central do Brasil editará regulamentação sobre exigências de contrapartidas ao comprar ativos de instituições financeiras em conformidade com a previsão do inciso II do *caput* do art. 7.º desta Emenda Constitucional, em especial a vedação de:

I – pagar juros sobre o capital próprio e dividendos acima do mínimo obrigatório estabelecido em lei ou no estatuto social vigente na data de entrada em vigor desta Emenda Constitucional;

II – aumentar a remuneração, fixa ou variável, de diretores e membros do conselho de administração, no caso das sociedades anônimas, e dos administradores, no caso de sociedades limitadas.

Parágrafo único. A remuneração variável referida no inciso II do *caput* deste artigo inclui bônus, participação nos lucros e quaisquer parcelas de remuneração diferidas e outros incentivos remuneratórios associados ao desempenho.

Art. 9.º Em caso de irregularidade ou de descumprimento dos limites desta Emenda Constitucional, o Congresso Nacional poderá sustar, por decreto legislativo, qualquer decisão de órgão ou entidade do Poder Executivo relacionada às medidas autorizadas por esta Emenda Constitucional.

Art. 10. Ficam convalidados os atos de gestão praticados a partir de 20 de março de 2020, desde que compatíveis com o teor desta Emenda Constitucional.

Art. 11. Esta Emenda Constitucional entra em vigor na data de sua publicação e ficará automaticamente revogada na data do encerramento do estado de calamidade pública reconhecido pelo Congresso Nacional.

Brasília, em 7 de maio de 2020.

Mesa da Câmara dos Deputados
Deputado RODRIGO MAIA
Presidente

Mesa do Senado Federal
Senador DAVI ALCOLUMBRE
Presidente

EMENDA CONSTITUCIONAL N. 107, DE 2 DE JULHO DE 2020 (*)

Adia, em razão da pandemia da Covid-19, as eleições municipais de outubro de 2020 e os prazos eleitorais respectivos.

As Mesas da Câmara dos Deputados e do Senado Federal, nos termos do § 3.º do art. 60 da Constituição Federal, promulgam a seguinte Emenda ao texto constitucional:

Art. 1.º As eleições municipais previstas para outubro de 2020 realizar-se-ão no dia 15 de novembro, em primeiro turno, e no dia 29 de novembro de 2020, em segundo turno, onde houver, observado o disposto no § 4.º deste artigo.

§ 1.º Ficam estabelecidas, para as eleições de que trata o *caput* deste artigo, as seguintes datas:

I – a partir de 11 de agosto, para a vedação às emissoras para transmitir programa apresentado ou comentado por pré-candidato, conforme previsto no § 1.º do art. 45 da Lei n. 9.504, de 30 de setembro de 1997;

II – entre 31 de agosto e 16 de setembro, para a realização das convenções para escolha dos candidatos pelos partidos e a deliberação sobre coligações, a que se refere o *caput* do art. 8.º da Lei n. 9.504, de 30 de setembro de 1997;

III – até 26 de setembro, para que os partidos e coligações solicitem à Justiça Eleitoral o registro de seus candidatos, conforme disposto no *caput* do art. 11 da Lei n. 9.504, de 30 de setembro de 1997, e no *caput* do art. 93 da Lei n. 4.737, de 15 de julho de 1965;

IV – após 26 de setembro, para o início da propaganda eleitoral, inclusive na internet, conforme disposto nos arts. 36 e 57-A da Lei n. 9.504, de 30 de setembro de 1997, e no *caput* do art. 240 da Lei n. 4.737, de 15 de julho de 1965;

V – a partir de 26 de setembro, para que a Justiça Eleitoral convoque os partidos e a representação das emissoras de rádio e de televisão para elaborarem plano de mídia, conforme disposto no art. 52 da Lei n. 9.504, de 30 de setembro de 1997;

VI – 27 de outubro, para que os partidos políticos, as coligações e os candidatos, obri-

(*) Publicada no *Diário Oficial da União*, de 3-7-2020.

gatoriamente, divulguem o relatório que discrimina as transferências do Fundo Partidário e do Fundo Especial de Financiamento de Campanha, os recursos em dinheiro e os estimáveis em dinheiro recebidos, bem como os gastos realizados, conforme disposto no inciso II do § 4.º do art. 28 da Lei n. 9.504, de 30 de setembro de 1997;

VII – até 15 de dezembro, para o encaminhamento à Justiça Eleitoral do conjunto das prestações de contas de campanha dos candidatos e dos partidos políticos, relativamente ao primeiro e, onde houver, ao segundo turno das eleições, conforme disposto nos incisos III e IV do *caput* do art. 29 da Lei n. 9.504, de 30 de setembro de 1997.

§ 2.º Os demais prazos fixados na Lei n. 9.504, de 30 de setembro de 1997, e na Lei n. 4.737, de 15 de julho de 1965, que não tenham transcorrido na data da publicação desta Emenda Constitucional e tenham como referência a data do pleito serão computados considerando-se a nova data das eleições de 2020.

§ 3.º Nas eleições de que trata este artigo serão observadas as seguintes disposições:

I – o prazo previsto no § 1.º do art. 30 da Lei n. 9.504, de 30 de setembro de 1997, não será aplicado, e a decisão que julgar as contas dos candidatos eleitos deverá ser publicada até o dia 12 de fevereiro de 2021;

II – o prazo para a propositura da representação de que trata o art. 30-A da Lei n. 9.504, de 30 de setembro de 1997, será até o dia 1.º de março de 2021;

III – os partidos políticos ficarão autorizados a realizar, por meio virtual, independentemente de qualquer disposição estatutária, convenções ou reuniões para a escolha de candidatos e a formalização de coligações, bem como para a definição dos critérios de distribuição dos recursos do Fundo Especial de Financiamento de Campanha, de que trata o art. 16-C da Lei n. 9.504, de 30 de setembro de 1997;

IV – os prazos para desincompatibilização que, na data da publicação desta Emenda Constitucional, estiverem:

a) a vencer: serão computados considerando-se a nova data de realização das eleições de 2020;

b) vencidos: serão considerados preclusos, vedada a sua reabertura;

V – a diplomação dos candidatos eleitos ocorrerá em todo o País até o dia 18 de dezembro, salvo a situação prevista no § 4.º deste artigo;

VI – os atos de propaganda eleitoral não poderão ser limitados pela legislação municipal ou pela Justiça Eleitoral, salvo se a decisão estiver fundamentada em prévio parecer técnico emitido por autoridade sanitária estadual ou nacional;

VII – em relação à conduta vedada prevista no inciso VII do *caput* do art. 73 da Lei n. 9.504, de 30 de setembro de 1997, os gastos liquidados com publicidade institucional realizada até 15 de agosto de 2020 não poderão exceder a média dos gastos dos 2 (dois) primeiros quadrimestres dos 3 (três) últimos anos que antecedem ao pleito, salvo em caso de grave e urgente necessidade pública, assim reconhecida pela Justiça Eleitoral;

VIII – no segundo semestre de 2020, poderá ser realizada a publicidade institucional de atos e campanhas dos órgãos públicos municipais e de suas respectivas entidades da administração indireta destinados ao enfrentamento à pandemia da Covid-19 e à orientação da população quanto a serviços públicos e a outros temas afetados pela pandemia, resguardada a possibilidade de apuração de eventual conduta abusiva nos termos do art. 22 da Lei Complementar n. 64, de 18 de maio de 1990.

§ 4.º No caso de as condições sanitárias de um Estado ou Município não permitirem a realização das eleições nas datas previstas no *caput* deste artigo, o Congresso Nacional, por provocação do Tribunal Superior Eleitoral, instruída com manifestação da autoridade sanitária nacional, e após parecer da Comissão Mista de que trata o art. 2.º do Decreto Legislativo n. 6, de 20 de março de 2020, poderá editar decreto legislativo a fim de designar novas datas para a realização do pleito, observada como data-limite o dia 27 de dezembro de 2020, e caberá ao Tribunal Superior Eleitoral dispor sobre as medidas necessárias à conclusão do processo eleitoral.

§ 5.º O Tribunal Superior Eleitoral fica autorizado a promover ajustes nas normas referentes a:

I – prazos para fiscalização e acompanhamento dos programas de computador utilizados nas urnas eletrônicas para os processos de votação, apuração e totalização, bem como de todas as fases do processo de votação, apuração das eleições e processamento eletrônico da totalização dos resultados, para adequá-los ao novo calendário eleitoral;

II – recepção de votos, justificativas, auditoria e fiscalização no dia da eleição, inclusive no tocante ao horário de funcionamento das seções eleitorais e à distribuição dos eleitores no período, de forma a propiciar a melhor segurança sanitária possível a todos os participantes do processo eleitoral.

Art. 2.º Não se aplica o art. 16 da Constituição Federal ao disposto nesta Emenda Constitucional.

Art. 3.º Esta Emenda Constitucional entra em vigor na data de sua publicação.
Brasília, em 2 de julho de 2020

Mesa da Câmara dos Deputados
Deputado RODRIGO MAIA
Presidente

Mesa do Senado Federal
Senador DAVI ALCOLUMBRE
Presidente

EMENDA CONSTITUCIONAL N. 108, DE 26 DE AGOSTO DE 2020 (*)

Altera a Constituição Federal para estabelecer critérios de distribuição da cota municipal do Imposto sobre Operações Relativas à Circulação de Mercadorias e sobre Prestações de Serviços de Transporte Interestadual e Intermunicipal e de Comunicação (ICMS), para disciplinar a disponibilização de dados contábeis pelos entes federados, para tratar do planejamento na ordem social e para dispor sobre o Fundo de Manutenção e Desenvolvimento da Educação Básica e de Valorização dos Profissionais da Educação (Fundeb); altera o Ato das Disposições Constitucionais Transitórias; e dá outras providências.

As Mesas da Câmara dos Deputados e do Senado Federal, nos termos do § 3.º do art. 60 da Constituição Federal, promulgam a seguinte Emenda ao texto constitucional:

Art. 1.º A Constituição Federal passa a vigorar com as seguintes alterações:
•• Alterações já processadas no diploma modificado.

Art. 2.º O Ato das Disposições Constitucionais Transitórias passa a vigorar com as seguintes alterações:
•• Alterações já processadas no diploma modificado.

Art. 3.º Os Estados terão prazo de 2 (dois) anos, contado da data da promulgação desta Emenda Constitucional, para aprovar lei estadual prevista no inciso II do parágrafo único do art. 158 da Constituição Federal.

Art. 4.º Esta Emenda Constitucional entra em vigor na data de sua publicação e produzirá efeitos financeiros a partir de 1.º de janeiro de 2021.

Parágrafo único. Ficam mantidos os efeitos do art. 60 do Ato das Disposições Constitucionais Transitórias, conforme estabelecido pela Emenda Constitucional n. 53, de 19 de dezembro de 2006, até o início dos efeitos financeiros desta Emenda Constitucional.
Brasília, em 26 de agosto de 2020

Mesa da Câmara dos Deputados
Deputado RODRIGO MAIA
Presidente

Mesa do Senado Federal
Senador DAVI ALCOLUMBRE
Presidente

EMENDA CONSTITUCIONAL N. 109, DE 15 DE MARÇO DE 2021 (**)

Altera os arts. 29-A, 37, 49, 84, 163, 165, 167, 168 e 169 da Constituição Federal e os arts. 101 e 109 do Ato das Disposições Constitucionais Transitórias; acrescenta à Constituição Federal os arts. 164-A, 167-B, 167-C, 167-D, 167-E, 167-F e 167-G; revoga dispositivos do Ato das Disposições Constitucionais Transitórias e institui regras transitó-

---

(*) Publicada no *Diário Oficial da União*, de 27-8-2020.

(**) Publicada no *Diário Oficial da União*, de 16-3-2021.

rias sobre redução de benefícios tributários; desvincula parcialmente o superávit financeiro de fundos públicos; e suspende condicionalidades para realização de despesas com concessão de auxílio emergencial residual para enfrentar as consequências sociais e econômicas da pandemia da Covid-19.

As Mesas da Câmara dos Deputados e do Senado Federal, nos termos do § 3.º do art. 60 da Constituição Federal, promulgam a seguinte Emenda ao texto constitucional:

Art. 1.º A Constituição Federal passa a vigorar com as seguintes alterações:
•• Alterações já processadas no diploma modificado.

Art. 2.º O Ato das Disposições Constitucionais Transitórias passa a vigorar com as seguintes alterações:
•• Alterações já processadas no diploma modificado.
•• Alterações parcialmente prejudicadas pela Emenda Constitucional n. 126, de 21-12-2022, que revogou o art. 109 do ADCT.

Art. 3.º Durante o exercício financeiro de 2021, a proposição legislativa com o propósito exclusivo de conceder auxílio emergencial residual para enfrentar as consequências sociais e econômicas da pandemia da Covid-19 fica dispensada da observância das limitações legais quanto à criação, à expansão ou ao aperfeiçoamento de ação governamental que acarrete aumento de despesa.

§ 1.º As despesas decorrentes da concessão do auxílio referido no *caput* deste artigo realizadas no exercício financeiro de 2021 não são consideradas, até o limite de R$ 44.000.000.000,00 (quarenta e quatro bilhões de reais), para fins de:

I – apuração da meta de resultado primário estabelecida no *caput* do art. 2.º da Lei n. 14.116, de 31 de dezembro de 2020;

II – limite para despesas primárias estabelecido no inciso I do *caput* do art. 107 do Ato das Disposições Constitucionais Transitórias.
•• O art. 107 do ADCT foi revogado pela Emenda Constitucional n. 126, de 21-12-2022.

§ 2.º As operações de crédito realizadas para custear a concessão do auxílio referido no *caput* deste artigo ficam ressalvadas do limite estabelecido no inciso III do *caput* do art. 167 da Constituição Federal.

§ 3.º A despesa de que trata este artigo deve ser atendida por meio de crédito extraordinário.

§ 4.º A abertura do crédito extraordinário referido no § 3.º deste artigo dar-se-á independentemente da observância dos requisitos exigidos no § 3.º do art. 167 da Constituição Federal.

§ 5.º O disposto neste artigo aplica-se apenas à União, vedada sua adoção pelos Estados, pelo Distrito Federal e pelos Municípios.

Art. 4.º O Presidente da República deve encaminhar ao Congresso Nacional, em até 6 (seis) meses após a promulgação desta Emenda Constitucional, plano de redução gradual de incentivos e benefícios federais de natureza tributária, acompanhado das correspondentes proposições legislativas e das estimativas dos respectivos impactos orçamentários e financeiros.

§ 1.º As proposições legislativas a que se refere o *caput* devem propiciar, em conjunto, redução do montante total dos incentivos e benefícios referidos no *caput* deste artigo:

I – para o exercício em que forem encaminhadas, de pelo menos 10% (dez por cento), em termos anualizados, em relação aos incentivos e benefícios vigentes por ocasião da promulgação desta Emenda Constitucional;

II – de modo que esse montante, no prazo de até 8 (oito) anos, não ultrapasse 2% (dois por cento) do produto interno bruto.

§ 2.º O disposto no *caput* deste artigo, bem como o atingimento das metas estabelecidas no § 1.º deste artigo, não se aplica aos incentivos e benefícios:

I – estabelecidos com fundamento na alínea d do inciso III do *caput* e no parágrafo único do art. 146 da Constituição Federal;

II – concedidos a entidades sem fins lucrativos com fundamento na alínea c do inciso VI do *caput* do art. 150 e no § 7.º do art. 195 da Constituição Federal;

III – concedidos aos programas de que trata a alínea c do inciso I do *caput* do art. 159 da Constituição Federal;

IV – relativos ao regime especial estabelecido nos termos do art. 40 do Ato das Disposições Constitucionais Transitórias, às áreas de livre comércio e zonas francas e à política industrial para o setor de tecnologias da informação e comunicação e para o setor de semicondutores, na forma da lei;
•• Inciso IV com redação determinada pela Emenda Constitucional n. 121, de 10-5-2022.

V – relacionados aos produtos que compõem a cesta básica; e

VI – concedidos aos programas estabelecidos em lei destinados à concessão de bolsas de estudo integrais e parciais para estudantes de cursos superiores em instituições privadas de ensino superior, com ou sem fins lucrativos.

§ 3.º Para efeitos deste artigo, considera-se incentivo ou benefício de natureza tributária aquele assim definido na mais recente publicação do demonstrativo a que se refere o § 6.º do art. 165 da Constituição Federal.

§ 4.º Lei complementar tratará de:

I – critérios objetivos, metas de desempenho e procedimentos para a concessão e a alteração de incentivo ou benefício de natureza tributária, financeira ou creditícia para pessoas jurídicas do qual decorra diminuição de receita ou aumento de despesa;

II – regras para a avaliação periódica obrigatória dos impactos econômico-sociais dos incentivos ou benefícios de que trata o inciso I deste parágrafo, com divulgação irrestrita dos respectivos resultados;

III – redução gradual de incentivos fiscais federais de natureza tributária, sem prejuízo do plano emergencial de que trata o *caput* deste artigo.

Art. 5.º O superávit financeiro das fontes de recursos dos fundos públicos do Poder Executivo, exceto os saldos decorrentes do esforço de arrecadação dos servidores civis e militares da União, apurado ao final de cada exercício, poderá ser destinado:
•• *Caput* com redação determinada pela Emenda Constitucional n. 127, de 22-12-2022.

I – à amortização da dívida pública do respectivo ente, nos exercícios de 2021 e de 2022; e
•• Inciso I acrescentado pela Emenda Constitucional n. 127, de 22-12-2022.

II – ao pagamento de que trata o § 12 do art. 198 da Constituição Federal, nos exercícios de 2023 a 2027.
•• Inciso II acrescentado pela Emenda Constitucional n. 127, de 22-12-2022.

§ 1.º No período de que trata o inciso I do *caput* deste artigo, se o ente não tiver dívida pública a amortizar, o superávit financeiro das fontes de recursos dos fundos públicos do Poder Executivo será de livre aplicação.
•• § 1.º com redação determinada pela Emenda Constitucional n. 127, de 22-12-2022.

§ 2.º Não se aplica o disposto no *caput* deste artigo:

I – aos fundos públicos de fomento e desenvolvimento regionais, operados por instituição financeira de caráter regional;

II – aos fundos ressalvados no inciso IV do art. 167 da Constituição Federal.

Art. 6.º Ficam revogados:

I – o art. 91 do Ato das Disposições Constitucionais Transitórias; e

II – o § 4.º do art. 101 do Ato das Disposições Constitucionais Transitórias.

Art. 7.º Esta Emenda Constitucional entra em vigor na data de sua publicação, exceto quanto à alteração do art. 29-A da Constituição Federal, a qual entra em vigor a partir do início da primeira legislatura municipal após a data de publicação desta Emenda Constitucional.

Brasília, em 15 de março de 2021.

Mesa da Câmara dos Deputados
Deputado ARTHUR LIRA
Presidente

Mesa do Senado Federal
Senador RODRIGO PACHECO
Presidente

EMENDA CONSTITUCIONAL N. 111, DE 28 DE SETEMBRO DE 2021 (*)

Altera a Constituição Federal para disciplinar a realização de consultas populares concomitantes às eleições municipais, dispor sobre o instituto da fidelidade partidária, alterar a data de posse de Governadores e do Presidente da República e estabelecer regras transitórias para distribuição entre os partidos políticos dos recursos do fundo partidário e do Fundo Especial de Financiamento de Campanha (FEFC) e para o funcionamento dos partidos políticos.

As Mesas da Câmara dos Deputados e do Senado Federal, nos termos do § 3.º do art. 60 da Constituição Federal, promulgam a seguinte Emenda ao texto constitucional:

Art. 1.º A Constituição Federal passa a vigorar com as seguintes alterações:
•• Alterações já processadas no diploma modificado.

Art. 2.º Para fins de distribuição entre os partidos políticos dos recursos do fundo partidário e do Fundo Especial de Financiamento de Campanha (FEFC), os votos dados a candidatas mulheres ou a candidatos negros para a Câmara dos Deputados nas eleições realizadas de 2022 a 2030 serão contados em dobro.

Parágrafo único. A contagem em dobro de votos a que se refere o *caput* somente se aplica uma única vez.

Art. 3.º Até que entre em vigor lei que discipline cada uma das seguintes matérias, observar-se-ão os seguintes procedimentos:

I – nos processos de incorporação de partidos políticos, as sanções eventualmente aplicadas aos órgãos partidários regionais e municipais do partido incorporado, inclusive as decorrentes de prestações de contas, bem como as de responsabilização de seus antigos dirigentes, não serão aplicadas ao partido incorporador nem aos seus novos dirigentes, exceto aos que já integravam o partido incorporado;

II – nas anotações relativas às alterações dos estatutos dos partidos políticos, serão objeto de análise pelo Tribunal Superior Eleitoral apenas os dispositivos objeto de alteração.

Art. 4.º O Presidente da República e os Governadores de Estado e do Distrito Federal eleitos em 2022 tomarão posse em 1.º de janeiro de 2023, e seus mandatos durarão até a posse de seus sucessores, em 5 e 6 de janeiro de 2027, respectivamente.

Art. 5.º As alterações efetuadas nos arts. 28 e 82 da Constituição Federal constantes do art. 1.º desta Emenda Constitucional, relativas às datas de posse de Governadores, de Vice-Governadores, do Presidente e do Vice-Presidente da República, serão aplicadas somente a partir das eleições de 2026.

Art. 6.º Esta Emenda Constitucional entra em vigor na data de sua publicação.

Brasília, em 28 de setembro de 2021.

Mesa da Câmara dos Deputados
Deputado ARTHUR LIRA
Presidente

Mesa do Senado Federal
Senador RODRIGO PACHECO
Presidente

EMENDA CONSTITUCIONAL N. 112, DE 27 DE OUTUBRO DE 2021 (**)

Altera o art. 159 da Constituição Federal para disciplinar a distribuição de recursos pela União ao Fundo de Participação dos Municípios.

As Mesas da Câmara dos Deputados e do Senado Federal, nos termos do § 3.º do art. 60 da Constituição Federal, promulgam a seguinte Emenda ao texto constitucional:

Art. 1.º O art. 159 da Constituição Federal passa a vigorar com a seguinte redação:
•• Alterações já processadas no diploma modificado.

Art. 2.º Para os fins do disposto na alínea *f* do inciso I do *caput* do art. 159 da Constituição Federal, a União entregará ao Fundo de Participação dos Municípios, do produto da arrecadação dos impostos sobre renda e proventos de qualquer natureza e sobre produtos industrializados, 0,25% (vinte e cinco centésimos por cento), 0,5% (cinco décimos por cento) e 1% (um por cento), respectivamente, em cada um dos 2 (dois) primeiros exercícios, no terceiro exercício e a partir do quarto exercício em que esta Emenda Constitucional gerar efeitos financeiros.

Art. 3.º Esta Emenda Constitucional entra em vigor na data de sua publicação e produzirá efeitos financeiros a partir de 1.º de janeiro do exercício subsequente.

Brasília, em 27 de outubro de 2021.

Mesa da Câmara dos Deputados
Deputado ARTHUR LIRA
Presidente

Mesa do Senado Federal
Senador RODRIGO PACHECO
Presidente

EMENDA CONSTITUCIONAL N. 113, DE 8 DE DEZEMBRO DE 2021 (***)

Altera a Constituição Federal e o Ato das Disposições Constitucionais Transitórias para estabelecer o novo regime de pagamentos de precatórios, modificar normas relativas ao Novo Regime Fiscal e autorizar o parcelamento de débitos previdenciários dos Municípios; e dá outras providências.

As Mesas da Câmara dos Deputados e do Senado Federal, nos termos do § 3.º do art. 60 da Constituição Federal, promulgam a seguinte Emenda ao texto constitucional:

Art. 1.º Os arts. 100 e 160 da Constituição Federal passam a vigorar com as seguintes alterações:
•• Alterações já processadas no diploma modificado.

Art. 2.º O Ato das Disposições Constitucionais Transitórias passa a vigorar com as seguintes alterações:
•• Alterações já processadas no diploma modificado.

Art. 3.º Nas discussões e nas condenações que envolvam a Fazenda Pública, independentemente de sua natureza e para fins de atualização monetária, de remuneração do capital e de compensação da mora, inclusive do precatório, haverá a incidência, uma única vez, até o efetivo pagamento, do índice da taxa referencial do Sistema Especial de Liquidação e de Custódia (Selic), acumulado mensalmente.

Art. 4.º Os limites resultantes da aplicação do disposto no inciso II do § 1.º do art. 107 do Ato das Disposições Constitucionais Transitórias serão aplicáveis a partir do exercício de 2021, observado o disposto neste artigo.
•• O art. 107 do ADCT foi revogado pela Emenda Constitucional n. 126, de 21-12-2022.

§ 1.º No exercício de 2021, o eventual aumento dos limites de que trata o *caput* deste artigo fica restrito ao montante de até R$ 15.000.000.000,00 (quinze bilhões de reais), a ser destinado exclusivamente ao atendimento de despesas de vacinação contra a covid-19 ou relacionadas a ações emergenciais e temporárias de caráter socioeconômico.

§ 2.º As operações de crédito realizadas para custear o aumento de limite referido no § 1.º deste artigo ficam ressalvadas do estabelecido no inciso III do *caput* do art. 167 da Constituição Federal.

§ 3.º As despesas de que trata o § 1.º deste artigo deverão ser atendidas por meio de créditos extraordinários e ter como fonte de recurso o produto de operações de crédito.

§ 4.º A abertura dos créditos extraordinários referidos no § 3.º deste artigo dar-se-á independentemente da observância dos requisitos exigidos no § 3.º do art. 167 da Constituição Federal.

§ 5.º O aumento do limite previsto no § 1.º deste artigo será destinado, ainda, ao atendimento de despesas de programa de transferência de renda.
•• § 5.º acrescentado pela Emenda Constitucional n. 114, de 16-12-2021.

§ 6.º O aumento do limite decorrente da aplicação do disposto no inciso II do § 1.º do art. 107 do Ato das Disposições Constitucionais Transitórias deverá, no exercício de 2022, ser destinado somente ao atendimento das despesas de ampliação de programas sociais de combate à pobreza e à extrema pobreza, nos termos do parágrafo único do art. 6.º e do inciso VI do *caput* do art. 203 da Constituição Federal, à saúde, à previdência e à assistência social.

(*) Publicada no *Diário Oficial da União*, de 29-9-2021.

(**) Publicada no *Diário Oficial da União*, de 28-10-2021.

(***) Publicada no *Diário Oficial da União*, de 9-12-2021.

•• § 6.º acrescentado pela Emenda Constitucional n. 114, de 16-12-2021.
•• O art. 107 do ADCT foi revogado pela Emenda Constitucional n. 126, de 21-12-2022.

Art. 5.º As alterações relativas ao regime de pagamento dos precatórios aplicam-se a todos os requisitórios já expedidos, inclusive no orçamento fiscal e da seguridade social do exercício de 2022.

Art. 6.º Revoga-se o art. 108 do Ato das Disposições Constitucionais Transitórias.

Art. 7.º Esta Emenda Constitucional entra em vigor na data de sua publicação.

Brasília, em 8 de dezembro de 2021.

Mesa da Câmara dos Deputados
Deputado ARTHUR LIRA
Presidente

Mesa do Senado Federal
Senador RODRIGO PACHECO
Presidente

EMENDA CONSTITUCIONAL N. 114, DE 16 DE DEZEMBRO DE 2021 (*)

Altera a Constituição Federal e o Ato das Disposições Constitucionais Transitórias para estabelecer o novo regime de pagamentos de precatórios, modificar normas relativas ao Novo Regime Fiscal e autorizar o parcelamento de débitos previdenciários dos Municípios; e dá outras providências.

As Mesas da Câmara dos Deputados e do Senado Federal, nos termos do § 3.º do art. 60 da Constituição Federal, promulgam a seguinte Emenda ao texto constitucional:

Art. 1.º Os arts. 6.º, 100 e 203 da Constituição Federal passam a vigorar com as seguintes alterações:

•• Alterações já processadas no diploma modificado.

Art. 2.º O Ato das Disposições Constitucionais Transitórias passa a vigorar acrescido dos seguintes arts. 107-A e 118:

•• Alterações já processadas no diploma modificado.

Art. 3.º O art. 4.º da Emenda Constitucional n. 113, de 8 de dezembro de 2021, passa a vigorar acrescido dos seguintes §§ 5.º e 6.º:

•• Alterações já processadas no diploma modificado.

Art. 4.º Os precatórios decorrentes de demandas relativas à complementação da União aos Estados e aos Municípios por conta do Fundo de Manutenção e Desenvolvimento do Ensino Fundamental e de Valorização do Magistério (Fundef) serão pagos em 3 (três) parcelas anuais e sucessivas, da seguinte forma:

I – 40% (quarenta por cento) no primeiro ano;
II – 30% (trinta por cento) no segundo ano;
III – 30% (trinta por cento) no terceiro ano.

Parágrafo único. Não se incluem nos limites estabelecidos nos arts. 107 e 107-A do Ato das Disposições Constitucionais Transitórias, a partir de 2022, as despesas para os fins de que trata este artigo.

•• O art. 107 do ADCT foi revogado pela Emenda Constitucional n. 126, de 21-12-2022.

Art. 5.º As receitas que os Estados e os Municípios receberem a título de pagamentos da União por força de ações judiciais que tenham por objeto a complementação de parcela desta no Fundo de Manutenção e Desenvolvimento do Ensino Fundamental e de Valorização do Magistério (Fundef) deverão ser aplicadas na manutenção e desenvolvimento do ensino fundamental público e na valorização de seu magistério, conforme destinação originária do Fundo.

Parágrafo único. Da aplicação de que trata o *caput* deste artigo, no mínimo 60% (sessenta por cento) deverão ser repassados aos profissionais do magistério, inclusive aposentados e pensionistas, na forma de abono, vedada a incorporação na remuneração, na aposentadoria ou na pensão.

Art. 6.º No prazo de 1 (um) ano a contar da promulgação desta Emenda Constitucional, o Congresso Nacional promoverá, por meio de comissão mista, exame analítico dos atos, dos fatos e das políticas públicas com maior potencial gerador de precatórios e sentenças judiciais contrárias à Fazenda Pública da União.

•• O STF, na ADI n. 7.064, na sessão virtual extraordinária de 30-11-2023 (*DJe* de 1.º-12-2023), converteu o julgamento da medida cautelar em julgamento de mérito e conheceu da presente ação direta, para julgá-la parcialmente procedente, para declarar a inconstitucionalidade deste artigo, bem como, "reconhecer que o cumprimento integral do teor desta decisão insere-se nas exceções descritas no art. 3.º, § 2.º, da Lei Complementar n. 200/2023, que institui o Novo Regime Fiscal Sustentável, cujos valores não serão considerados exclusivamente para fins de verificação do cumprimento da meta de resultado primário a que se refere o art. 4.º, § 1.º, da Lei Complementar n. 101, de 4 de maio de 2000, prevista na lei de diretrizes orçamentárias em que for realizado o pagamento".

§ 1.º A comissão atuará em cooperação com o Conselho Nacional de Justiça e com o auxílio do Tribunal de Contas da União e poderá requisitar informações e documentos de órgãos e entidades da administração pública direta e indireta de qualquer dos Poderes da União, dos Estados, do Distrito Federal e dos Municípios, buscando identificar medidas legislativas a serem adotadas com vistas a trazer maior segurança jurídica no âmbito federal.

§ 2.º O exame de que trata o *caput* deste artigo analisará os mecanismos de aferição de risco fiscal e de prognóstico de efetivo pagamento de valores decorrentes de decisão judicial, segregando esses pagamentos por tipo de risco e priorizando os temas que possuam maior impacto financeiro.

§ 3.º Apurados os resultados, o Congresso Nacional encaminhará suas conclusões aos presidentes do Supremo Tribunal Federal e do Superior Tribunal de Justiça, para a adoção de medidas de sua competência.

Art. 7.º Os entes da Federação que tiverem descumprido a medida prevista no art. 4.º da Lei Complementar n. 156, de 28 de dezembro de 2016, e que optarem por não firmar termo aditivo na forma prevista no art. 4.º-A da referida Lei Complementar poderão restituir à União os valores diferidos por força do prazo adicional proporcionalmente à quantidade de prestações remanescentes dos respectivos contratos, aplicados os encargos contratuais de adimplência e desde que adotem, durante o prazo de restituição dos valores para a União, as medidas previstas no art. 167-A da Constituição Federal.

Art. 8.º Esta Emenda Constitucional entra em vigor:

I – a partir de 2022, para a alteração do § 5.º do art. 100 da Constituição Federal, constante do art. 1.º desta Emenda Constitucional;

II – na data de sua publicação, para os demais dispositivos.

Brasília, em 16 de dezembro de 2021.

Mesa da Câmara dos Deputados
Deputado ARTHUR LIRA
Presidente

Mesa do Senado Federal
Senador RODRIGO PACHECO
Presidente

EMENDA CONSTITUCIONAL N. 117, DE 5 DE ABRIL DE 2022 (**)

Altera o art. 17 da Constituição Federal para impor aos partidos políticos a aplicação de recursos do fundo partidário na promoção e difusão da participação política das mulheres, bem como a aplicação de recursos desse fundo e do Fundo Especial de Financiamento de Campanha e a divisão do tempo de propaganda gratuita no rádio e na televisão no percentual mínimo de 30% (trinta por cento) para candidaturas femininas.

As Mesas da Câmara dos Deputados e do Senado Federal, nos termos do § 3.º do art. 60 da Constituição Federal, promulgam a seguinte Emenda ao texto constitucional:

Art. 1.º O art. 17 da Constituição Federal passa a vigorar acrescido dos seguintes §§ 7.º e 8.º:

•• Alteração já processada no diploma modificado.

Art. 2.º Aos partidos políticos que não tenham utilizado os recursos destinados aos programas de promoção e difusão da participação política das mulheres ou cujos valores destinados a essa finalidade não tenham sido reconhecidos pela Justiça Eleitoral é assegurada a utilização desses valores nas eleições subsequentes, vedada a condenação pela Justiça Eleitoral nos processos de prestação de contas de exercícios financeiros anteriores que ainda não tenham transitado em julgado até a data de promulgação desta Emenda Constitucional.

Art. 3.º Não serão aplicadas sanções de qualquer natureza, inclusive de devolução de valores, multa ou suspensão do fundo

---

(*) Publicada no *Diário Oficial da União*, de 17-12-2021.

(**) Publicada no *Diário Oficial da União*, de 6-4-2022.

partidário, aos partidos que não preencheram a cota mínima de recursos ou que não destinaram os valores mínimos em razão de sexo e raça em eleições ocorridas antes da promulgação desta Emenda Constitucional.

Art. 4.º Esta Emenda Constitucional entra em vigor na data de sua publicação.

Brasília, em 5 de abril de 2022.

Mesa da Câmara dos Deputados
Deputado ARTHUR LIRA
Presidente

Mesa do Senado Federal
Senador RODRIGO PACHECO
Presidente

EMENDA CONSTITUCIONAL N. 119, DE 27 DE ABRIL DE 2022 (*)

Altera o Ato das Disposições Constitucionais Transitórias para determinar a impossibilidade de responsabilização dos Estados, do Distrito Federal, dos Municípios e dos agentes públicos desses entes federados pelo descumprimento, nos exercícios financeiros de 2020 e 2021, do disposto no caput do art. 212 da Constituição Federal; e dá outras providências.

As Mesas da Câmara dos Deputados e do Senado Federal, nos termos do § 3.º do art. 60 da Constituição Federal, promulgam a seguinte Emenda ao texto constitucional:

Art. 1.º O Ato das Disposições Constitucionais Transitórias passa a vigorar acrescido do seguinte art. 119:

•• Alteração já processada no diploma modificado.

Art. 2.º O disposto no *caput* do art. 119 do Ato das Disposições Constitucionais Transitórias impede a aplicação de quaisquer penalidades, sanções ou restrições aos entes subnacionais para fins cadastrais, de aprovação e de celebração de ajustes onerosos ou não, incluídas a contratação, a renovação ou a celebração de aditivos de quaisquer tipos, de ajustes e de convênios, entre outros, inclusive em relação a possibilidade de execução financeira desses ajustes e de recebimento de recursos do orçamento geral da União por meio de transferências voluntárias.

Parágrafo único. O disposto no *caput* do art. 119 do Ato das Disposições Constitucionais Transitórias também obsta a ocorrência dos efeitos do inciso III do *caput* do art. 35 da Constituição Federal.

Art. 3.º Esta Emenda Constitucional entra em vigor na data de sua publicação.

Brasília, em 27 de abril de 2022.

Mesa da Câmara dos Deputados
Deputado ARTHUR LIRA
Presidente

Mesa do Senado Federal
Senador RODRIGO PACHECO
Presidente

(*) Publicada no *Diário Oficial da União*, de 28-4-2022.

EMENDA CONSTITUCIONAL N. 123, DE 14 DE JULHO DE 2022 (**)

Altera o art. 225 da Constituição Federal para estabelecer diferencial de competitividade para os biocombustíveis; inclui o art. 120 no Ato das Disposições Constitucionais Transitórias para reconhecer o estado de emergência decorrente da elevação extraordinária e imprevisível dos preços do petróleo, combustíveis e seus derivados e dos impactos sociais dela decorrentes; autoriza a União a entregar auxílio financeiro aos Estados e ao Distrito Federal que outorgarem créditos tributários do Imposto sobre Operações relativas à Circulação de Mercadorias e sobre Prestações de Serviços de Transporte Interestadual e Intermunicipal e de Comunicação (ICMS) aos produtores e distribuidores de etanol hidratado; expande o auxílio Gás dos Brasileiros, de que trata a Lei n. 14.237, de 19 de novembro de 2021; institui auxílio para caminhoneiros autônomos; expande o Programa Auxílio Brasil, de que trata a Lei n. 14.284, de 29 de dezembro de 2021; e institui auxílio para entes da Federação financiarem a gratuidade do transporte público.

As Mesas da Câmara dos Deputados e do Senado Federal, nos termos do § 3.º do art. 60 da Constituição Federal, promulgam a seguinte Emenda ao texto constitucional:

Art. 1.º Esta Emenda Constitucional dispõe sobre o estabelecimento de diferencial de competitividade para os biocombustíveis e sobre medidas para atenuar os efeitos do estado de emergência decorrente da elevação extraordinária e imprevisível dos preços do petróleo, combustíveis e seus derivados e dos impactos sociais dela decorrentes.

•• O STF, na ADI n. 7.212, no plenário de 1.º-8-2024 (*DOU* de 13-8-2024), por maioria, conheceu integralmente da ação direta e julgou parcialmente procedente o pedido formulado, para declarar a inconstitucionalidade, com efeitos *ex nunc*, da expressão e das medidas para atenuar os efeitos do estado de emergência decorrente da elevação extraordinária e imprevisível dos preços do petróleo, combustíveis e seus derivados e dos impactos sociais dela decorrentes, constante neste artigo.

Art. 2.º O § 1.º do art. 225 da Constituição Federal passa a vigorar acrescido do seguinte inciso VIII:

•• Alteração já processada no diploma modificado.

Art. 3.º O Ato das Disposições Constitucionais Transitórias passa a vigorar acrescido do seguinte art. 120:

•• Alteração já processada no diploma modificado.

•• O STF, na ADI n. 7.212, no plenário de 1.º-8-2024 (*DOU* de 13-8-2024), por maioria, conheceu integralmente da ação direta e julgou parcialmente procedente o pedido formulado, para declarar a inconstitucionalidade, com efeitos *ex nunc*, deste artigo.

Art. 4.º Enquanto não entrar em vigor a lei complementar a que se refere o inciso VIII do § 1.º do art. 225 da Constituição Federal, o diferencial competitivo dos biocombustíveis destinados ao consumo final em relação aos combustíveis fósseis será garantido pela manutenção, em termos percentuais, da diferença entre as alíquotas aplicáveis a cada combustível fóssil e aos biocombustíveis que lhe sejam substitutos em patamar igual ou superior ao vigente em 15 de maio de 2022.

§ 1.º Alternativamente ao disposto no *caput* deste artigo, quando o diferencial competitivo não for determinado pelas alíquotas, ele será garantido pela manutenção do diferencial da carga tributária efetiva entre os combustíveis.

§ 2.º No período de 20 (vinte) anos após a promulgação desta Emenda Constitucional, a lei complementar federal não poderá estabelecer diferencial competitivo em patamar inferior ao referido no *caput* deste artigo.

§ 3.º A modificação, por proposição legislativa estadual ou federal ou por decisão judicial com efeito *erga omnes*, das alíquotas aplicáveis a um combustível fóssil implica automática alteração das alíquotas aplicáveis aos biocombustíveis destinados ao consumo final que lhe sejam substitutos, a fim de, no mínimo, manter a diferença de alíquotas existente anteriormente.

§ 4.º A lei complementar a que se refere o inciso VIII do § 1.º do art. 225 da Constituição Federal disporá sobre critérios ou mecanismos para assegurar o diferencial competitivo dos biocombustíveis destinados ao consumo final na hipótese de ser implantada, para o combustível fóssil de que são substitutos, a sistemática de recolhimento de que trata a alínea h do inciso XII do § 2.º do art. 155 da Constituição Federal.

§ 5.º Na aplicação deste artigo, é dispensada a observância do disposto no inciso VI do § 2.º do art. 155 da Constituição Federal.

Art. 5.º Observado o disposto no art. 120 do Ato das Disposições Constitucionais Transitórias, a União, como únicas e exclusivas medidas a que se refere o parágrafo único do referido dispositivo, excluída a possibilidade de adoção de quaisquer outras:

•• O STF, na ADI n. 7.212, no plenário de 1.º-8-2024 (*DOU* de 13-8-2024), por maioria, conheceu integralmente da ação direta e julgou parcialmente procedente o pedido formulado, para declarar a inconstitucionalidade, com efeitos *ex nunc*, deste artigo.

I – assegurará a extensão do Programa Auxílio Brasil, de que trata a Lei n. 14.284, de 29 de dezembro de 2021, às famílias elegíveis na data de promulgação desta Emenda Constitucional, e concederá às famílias beneficiárias desse programa acréscimo mensal extraordinário, durante 5 (cinco) meses, de R$ 200,00 (duzentos reais), no período de 1.º de agosto a 31 de dezembro de 2022, até o limite de R$ 26.000.000.000,00 (vinte e seis bilhões de reais), incluídos os valores essencialmente necessários para a implementação do benefício, vedado o uso para qualquer tipo de publicidade institucional;

II – assegurará às famílias beneficiadas pelo auxílio Gás dos Brasileiros, de que trata a Lei n. 14.237, de 19 de novembro de 2021, a cada bimestre, entre 1.º de julho e 31 de dezembro de 2022, valor monetário correspondente a 1 (uma) parcela extraordinária

---

(**) Publicada no *Diário Oficial da União*, de 15-7-2022.

adicional de 50% (cinquenta por cento) da média do preço nacional de referência do botijão de 13 kg (treze quilogramas) de gás liquefeito de petróleo (GLP), estabelecido pelo Sistema de Levantamento de Preços (SLP) da Agência Nacional do Petróleo, Gás Natural e Biocombustíveis (ANP), nos 6 (seis) meses anteriores, até o limite de R$ 1.050.000.000,00 (um bilhão e cinquenta milhões de reais), incluídos os valores essencialmente necessários para a implementação do benefício, vedado o uso para qualquer tipo de publicidade institucional;

III – concederá, entre 1.º de julho e 31 de dezembro de 2022, aos Transportadores Autônomos de Cargas devidamente cadastrados no Registro Nacional do Transportadores Rodoviários de Cargas (RNTRC) até a data de 31 de maio de 2022, auxílio de R$ 1.000,00 (mil reais) mensais, até o limite de R$ 5.400.000.000,00 (cinco bilhões e quatrocentos milhões de reais);

IV – aportará à União, aos Estados, ao Distrito Federal e aos Municípios que dispõem de serviços regulares em operação de transporte público coletivo urbano, semiurbano ou metropolitano assistência financeira em caráter emergencial no valor de R$ 2.500.000.000,00 (dois bilhões e quinhentos milhões de reais), a serem utilizados para auxílio no custeio ao direito previsto no § 2.º do art. 230 da Constituição Federal, regulamentado no art. 39 da Lei n. 10.741, de 1.º de outubro de 2003 (Estatuto do Idoso), até 31 de dezembro de 2022;

V – entregará na forma de auxílio financeiro o valor de até R$ 3.800.000.000,00 (três bilhões e oitocentos milhões de reais), em 5 (cinco) parcelas mensais no valor de até R$ 760.000.000,00 (setecentos e sessenta milhões de reais) cada uma, de agosto a dezembro de 2022, exclusivamente para os Estados e o Distrito Federal que outorgarem créditos tributários do Imposto sobre Operações relativas à Circulação de Mercadorias e sobre Prestações de Serviços de Transporte Interestadual e Intermunicipal e de Comunicação (ICMS) aos produtores ou distribuidores de etanol hidratado em seu território, em montante equivalente ao valor recebido;

•• A Portaria n. 7.740, de 29-8-2022, do Ministério da Economia, regulamenta a entrega do auxílio financeiro para Estados e Distrito Federal, de que trata este inciso V.

VI – concederá, entre 1.º de julho e 31 de dezembro de 2022, aos motoristas de táxi devidamente registrados até 31 de maio de 2022, auxílio até o limite de R$ 2.000.000.000,00 (dois bilhões de reais);

VII – assegurará ao Programa Alimenta Brasil, de que trata a Lei n. 14.284, de 29 de dezembro de 2021, a suplementação orçamentária de R$ 500.000.000,00 (quinhentos milhões de reais).

§ 1.º O acréscimo mensal extraordinário de que trata o inciso I do *caput* deste artigo será complementar à soma dos benefícios previstos nos incisos I, II, III e IV do *caput* do art. 4.º da Lei n. 14.284, de 29 de dezembro de 2021, e não será considerado para fins de cálculo do benefício previsto na Lei n. 14.342, de 18 de maio de 2022.

§ 2.º A parcela extraordinária de que trata o inciso II do *caput* deste artigo será complementar ao previsto no art. 3.º da Lei n. 14.237, de 19 de novembro de 2021.

§ 3.º O auxílio de que trata o inciso III do *caput* deste artigo observará o seguinte:

I – terá por objetivo auxiliar os Transportadores Autônomos de Cargas em decorrência do estado de emergência de que trata o *caput* do art. 120 do Ato das Disposições Constitucionais Transitórias;

II – será concedido para cada Transportador Autônomo de Cargas, independentemente do número de veículos que possuir;

III – será recebido independentemente de comprovação da aquisição de óleo diesel;

IV – será disponibilizada pelo Poder Executivo solução tecnológica em suporte à operacionalização dos pagamentos do auxílio; e

V – para fins de pagamento do auxílio, será definido pelo Ministério do Trabalho e Previdência o operador bancário responsável, entre as instituições financeiras federais, pela operacionalização dos pagamentos.

§ 4.º O aporte de recursos da União para os Estados, para o Distrito Federal e para os Municípios de que trata o inciso IV do *caput* deste artigo observará o seguinte:

I – terá função de complementariedade aos subsídios tarifários, subsídios orçamentários e aportes de recursos de todos os gêneros concedidos pelos Estados, pelo Distrito Federal e pelos Municípios, bem como às gratuidades e aos demais custeios do sistema de transporte público coletivo suportados por esses entes;

II – será concedido em observância à premissa de equilíbrio econômico financeiro dos contratos de concessão do transporte público coletivo e às diretrizes da modicidade tarifária;

III – será repassado a qualquer fundo apto a recebê-lo, inclusive aos que já recebem recursos federais, ou a qualquer conta bancária aberta especificamente para esse fim, ressalvada a necessidade de que o aporte se vincule estritamente à assistência financeira para a qual foi instituído;

IV – será distribuído em proporção à população maior de 65 (sessenta e cinco) anos residente no Distrito Federal e nos Municípios que dispõem de serviços de transporte público coletivo urbano intramunicipal regular em operação;

V – serão retidos 30% (trinta por cento) pela União e repassados aos respectivos entes estaduais ou a órgão da União responsáveis pela gestão do serviço, nos casos de Municípios atendidos por redes de transporte público coletivo intermunicipal ou interestadual de caráter urbano ou semiurbano;

VI – será integralmente entregue ao Município responsável pela gestão, nos casos de Municípios responsáveis pela gestão do sistema de transporte público integrado metropolitano, considerado o somatório da população maior de 65 (sessenta e cinco) anos residente nos Municípios que compõem a região metropolitana administrada;

VII – será distribuído com base na estimativa populacional mais atualizada publicada pelo Departamento de Informática do Sistema Único de Saúde (DataSUS) a partir de dados da Fundação Instituto Brasileiro de Geografia e Estatística (IBGE); e

VIII – será entregue somente aos entes federados que comprovarem possuir, em funcionamento, sistema de transporte público coletivo de caráter urbano, semiurbano ou metropolitano, na forma do regulamento.

§ 5.º Os créditos de que trata o inciso V do *caput* deste artigo observarão o seguinte:

I – deverão ser outorgados até 31 de dezembro de 2022, podendo ser aproveitados nos exercícios posteriores;

II – terão por objetivo reduzir a carga tributária da cadeia produtiva do etanol hidratado, de modo a manter diferencial competitivo em relação à gasolina;

III – serão proporcionais à participação dos Estados e do Distrito Federal em relação ao consumo total do etanol hidratado em todos os Estados e no Distrito Federal no ano de 2021;

IV – seu recebimento pelos Estados ou pelo Distrito Federal importará na renúncia ao direito sobre o qual se funda eventual ação que tenha como causa de pedir, direta ou indiretamente, qualquer tipo de indenização relativa a eventual perda de arrecadação decorrente da adoção do crédito presumido de que trata o inciso V do *caput* deste artigo nas operações com etanol hidratado em seu território;

V – o auxílio financeiro será entregue pela Secretaria do Tesouro Nacional da Secretaria Especial do Tesouro e Orçamento do Ministério da Economia, mediante depósito, no Banco do Brasil S.A., na mesma conta bancária em que são depositados os repasses regulares do Fundo de Participação dos Estados e do Distrito Federal (FPE), da seguinte forma:

a) primeira parcela até o dia 31 de agosto de 2022;

b) segunda parcela até o dia 30 de setembro de 2022;

c) terceira parcela até o dia 31 de outubro de 2022;

d) quarta parcela até o dia 30 de novembro de 2022;

e) quinta parcela até o dia 27 de dezembro de 2022;

VI – serão livres de vinculações a atividades ou a setores específicos, observadas:

a) a repartição com os Municípios na proporção a que se refere o inciso IV do *caput* do art. 158 da Constituição Federal;

b) a inclusão na base de cálculo para efeitos de aplicação do art. 212 e do inciso II do *caput* do art. 212-A da Constituição Federal;

VII – serão entregues após a aprovação de norma específica, independentemente da deliberação de que trata a alínea g do inciso XII do § 2.º do art. 155 da Constituição Federal; e

VIII – serão incluídos, como receita, no orçamento do ente beneficiário do auxílio e, como despesa, no orçamento da União e deverão ser deduzidos da receita corrente líquida da União.

§ 6.º O auxílio de que trata o inciso VI do *caput* deste artigo:

I – considerará taxistas os profissionais que residam e trabalhem no Brasil, comprovado mediante apresentação do documento de permissão para prestação do serviço emitido pelo poder público municipal ou distrital;

II – será regulamentado pelo Poder Executivo quanto à formação do cadastro para sua operacionalização, à sistemática de seu pagamento e ao seu valor.

§ 7.º Compete aos ministérios setoriais, no âmbito de suas competências, a edição de atos complementares à implementação dos benefícios previstos nos incisos I, II, III e IV do *caput* deste artigo.

Art. 6.º Até 31 de dezembro de 2022, a alíquota de tributos incidentes sobre a gasolina poderá ser fixada em zero, desde que a alíquota do mesmo tributo incidente sobre o etanol hidratado também seja fixada em zero.

•• O STF, na ADI n. 7.212, no plenário de 1.º-8-2024 (*DOU* de 13-8-2024), por maioria, conheceu integralmente da ação direta e julgou parcialmente procedente o pedido formulado, para declarar a inconstitucionalidade, com efeitos *ex nunc*, deste artigo.

Art. 7.º Esta Emenda Constitucional entra em vigor na data de sua publicação.

Brasília, em 14 de julho de 2022.

Mesa da Câmara dos Deputados
Deputado ARTHUR LIRA
Presidente

Mesa do Senado Federal
Senador RODRIGO PACHECO
Presidente

EMENDA CONSTITUCIONAL N. 125, DE 14 DE JULHO DE 2022 (*)

Altera o art. 105 da Constituição Federal para instituir no recurso especial o requisito da relevância das questões de direito federal infraconstitucional.

As Mesas da Câmara dos Deputados e do Senado Federal, nos termos do § 3.º do art. 60 da Constituição Federal, promulgam a seguinte Emenda ao texto constitucional:

Art. 1.º O art. 105 da Constituição Federal passa a vigorar com as seguintes alterações:

•• Alteração já processada no diploma modificado.

Art. 2.º A relevância de que trata o § 2.º do art. 105 da Constituição Federal será exigida nos recursos especiais interpostos após a entrada em vigor desta Emenda Constitucional, ocasião em que a parte poderá atualizar o valor da causa para os fins de que trata o inciso III do § 3.º do referido artigo.

Art. 3.º Esta Emenda Constitucional entra em vigor na data de sua publicação.

Brasília, em 14 de julho de 2022.

Mesa da Câmara dos Deputados
Deputado ARTHUR LIRA
Presidente

Mesa do Senado Federal
Senador RODRIGO PACHECO
Presidente

EMENDA CONSTITUCIONAL N. 126, DE 21 DE DEZEMBRO DE 2022 (**)

Altera a Constituição Federal, para dispor sobre as emendas individuais ao projeto de lei orçamentária, e o Ato das Disposições Constitucionais Transitórias para excluir despesas dos limites previstos no art. 107; define regras para a transição da Presidência da República aplicáveis à Lei Orçamentária de 2023; e dá outras providências.

As Mesas da Câmara dos Deputados e do Senado Federal, nos termos do § 3.º do art. 60 da Constituição Federal, promulgam a seguinte Emenda ao texto constitucional:

Art. 1.º A Constituição Federal passa a vigorar com as seguintes alterações:

•• Alteração já processada no diploma modificado.

Art. 2.º O Ato das Disposições Constitucionais Transitórias passa a vigorar com as seguintes alterações:

•• Alteração já processada no diploma modificado.
•• *Vide* arts. 6.º e 9.º da Emenda Constitucional n. 126, de 21-12-2022.

Art. 3.º O limite estabelecido no inciso I do *caput* do art. 107 do Ato das Disposições Constitucionais Transitórias fica acrescido em R$ 145.000.000.000,00 (cento e quarenta e cinco bilhões de reais) para o exercício financeiro de 2023.

•• O art. 107 do ADCT foi revogado pela Emenda Constitucional n. 126, de 21-12-2022.

Parágrafo único. As despesas decorrentes do aumento de limite previsto no *caput* deste artigo não serão consideradas para fins de verificação do cumprimento da meta de resultado primário estabelecida no *caput* do art. 2.º da Lei n. 14.436, de 9 de agosto de 2022, e ficam ressalvadas, no exercício financeiro de 2023, do disposto no inciso III do *caput* do art. 167 da Constituição Federal.

Art. 4.º Os atos editados em 2023 relativos ao programa de que trata o art. 2.º da Lei n. 14.284, de 29 de dezembro de 2021, ou ao programa que vier a substituí-lo, e ao programa auxílio Gás dos Brasileiros, de que trata a Lei n. 14.237, de 19 de novembro de 2021, ficam dispensados da observância das limitações legais quanto à criação, à expansão ou ao aperfeiçoamento de ação governamental, inclusive quanto à necessidade de compensação.

Parágrafo único. O disposto no *caput* deste artigo não se aplica a atos cujos efeitos financeiros tenham início a partir do exercício de 2024.

Art. 5.º Para o exercício financeiro de 2023, a ampliação de dotações orçamentárias sujeitas ao limite previsto no inciso I do *caput* do art. 107 do Ato das Disposições Constitucionais Transitórias prevista nesta Emenda Constitucional poderá ser destinada ao atendimento de solicitações das comissões permanentes do Congresso Nacional ou de suas Casas.

•• O art. 107 do ADCT foi revogado pela Emenda Constitucional n. 126, de 21-12-2022.

§ 1.º Fica o relator-geral do Projeto de Lei Orçamentária de 2023 autorizado a apresentar emendas para a ampliação de dotações orçamentárias referida no *caput* deste artigo.

§ 2.º As emendas referidas no § 1.º deste artigo:

I – não se sujeitam aos limites aplicáveis às emendas ao projeto de lei orçamentária;

II – devem ser classificadas de acordo com as alíneas a ou b do inciso II do § 4.º do art. 7.º da Lei n. 14.436, de 9 de agosto de 2022.

§ 3.º O disposto no *caput* deste artigo não impede os cancelamentos necessários à abertura de créditos adicionais.

§ 4.º As ações diretamente destinadas a políticas públicas para mulheres deverão constar entre as diretrizes sobre como a margem aberta será empregada.

Art. 6.º O Presidente da República deverá encaminhar ao Congresso Nacional, até 31 de agosto de 2023, projeto de lei complementar com o objetivo de instituir regime fiscal sustentável para garantir a estabilidade macroeconômica do País e criar as condições adequadas ao crescimento socioeconômico, inclusive quanto à regra estabelecida no inciso III do *caput* do art. 167 da Constituição Federal.

•• A Lei Complementar n. 200, de 30-8-2023, institui regime fiscal sustentável para garantir a estabilidade macroeconômica do País e criar as condições adequadas ao crescimento socioeconômico, de que trata este artigo.

(*) Publicada no *Diário Oficial da União*, de 15-7-2022.

(**) Publicada no *Diário Oficial da União*, de 22-12-2022.

Art. 7.º O disposto nesta Emenda Constitucional não altera a base de cálculo estabelecida no § 1.º do art. 107 do Ato das Disposições Constitucionais Transitórias.

•• O art. 107 do ADCT foi revogado pela Emenda Constitucional n. 126, de 21-12-2022.

Art. 8.º Fica o relator-geral do Projeto de Lei Orçamentária de 2023 autorizado a apresentar emendas para ações direcionadas à execução de políticas públicas até o valor de R$ 9.850.000.000,00 (nove bilhões oitocentos e cinquenta milhões de reais), classificadas de acordo com a alínea *b* do inciso II do § 4.º do art. 7.º da Lei n. 14.436, de 9 de agosto de 2022.

Art. 9.º Ficam revogados os arts. 106, 107, 109, 110, 111, 111-A, 112 e 114 do Ato das Disposições Constitucionais Transitórias após a sanção da lei complementar prevista no art. 6.º desta Emenda Constitucional.

•• A Lei Complementar n. 200, de 30-8-2023, institui regime fiscal sustentável para garantir a estabilidade macroeconômica do País e criar as condições adequadas ao crescimento socioeconômico, de que trata este artigo.

Art. 10. Esta Emenda Constitucional entra em vigor na data de sua publicação.
Brasília, em 21 de dezembro de 2022.

Mesa da Câmara dos Deputados
Deputado ARTHUR LIRA
Presidente

Mesa do Senado Federal
Senador RODRIGO PACHECO
Presidente

EMENDA CONSTITUCIONAL N. 127, DE 22 DE DEZEMBRO DE 2022 (*)

Altera a Constituição Federal e o Ato das Disposições Constitucionais Transitórias para estabelecer que compete à União prestar assistência financeira complementar aos Estados, ao Distrito Federal e aos Municípios e às entidades filantrópicas, para o cumprimento dos pisos salariais profissionais nacionais para o enfermeiro, o técnico de enfermagem, o auxiliar de enfermagem e a parteira; altera a Emenda Constitucional n. 109, de 15 de março de 2021, para estabelecer o superávit financeiro dos fundos públicos do Poder Executivo como fonte de recursos para o cumprimento dos pisos salariais profissionais nacionais para o enfermeiro, o técnico de enfermagem, o auxiliar de enfermagem e a parteira; e dá outras providências.

As Mesas da Câmara dos Deputados e do Senado Federal, nos termos do § 3.º do art. 60 da Constituição Federal, promulgam a seguinte Emenda ao texto constitucional:

Art. 1.º O art. 198 da Constituição Federal passa a vigorar acrescido dos seguintes §§ 14 e 15:

•• Alteração já processada no diploma modificado.

Art. 2.º O Ato das Disposições Constitucionais Transitórias passa a vigorar com as seguintes alterações:

•• Alteração já processada no diploma modificado.

Art. 3.º O art. 5.º da Emenda Constitucional n. 109, de 15 de março de 2021, passa a vigorar com as seguintes alterações:

•• Alteração já processada no diploma modificado.

Art. 4.º Poderão ser utilizados como fonte para pagamento da assistência financeira complementar de que trata o § 15 do art. 198 da Constituição Federal os recursos vinculados ao Fundo Social (FS) de que trata o art. 49 da Lei n. 12.351, de 22 de dezembro de 2010, ou de lei que venha a substituí-la, sem prejuízo à parcela que estiver destinada à área de educação.

Parágrafo único. Os recursos previstos no *caput* deste artigo serão acrescidos ao montante aplicado nas ações e serviços públicos de saúde, nos termos da Lei Complementar n. 141, de 13 de janeiro de 2012, ou de lei complementar que venha a substituí-la, e não serão computados para fins dos recursos mínimos de que trata o § 2.º do art. 198 da Constituição Federal.

Art. 5.º Esta Emenda Constitucional entra em vigor na data de sua publicação.
Brasília, em 22 de dezembro de 2022.

Mesa da Câmara dos Deputados
Deputado ARTHUR LIRA
Presidente

Mesa do Senado Federal
Senador RODRIGO PACHECO
Presidente

EMENDA CONSTITUCIONAL N. 132, DE 20 DE DEZEMBRO DE 2023 (**)

Altera o Sistema Tributário Nacional.

As Mesas da Câmara dos Deputados e do Senado Federal, nos termos do § 3.º do art. 60 da Constituição Federal, promulgam a seguinte Emenda ao texto constitucional:

Art. 1.º A Constituição Federal passa a vigorar com as seguintes alterações:

•• Alterações já processadas no diploma modificado.

Art. 2.º O Ato das Disposições Constitucionais Transitórias passa a vigorar com as seguintes alterações:

•• Alterações já processadas no diploma modificado.

Art. 3.º A Constituição Federal passa a vigorar com as seguintes alterações:

•• Alterações já processadas no diploma modificado.

Art. 4.º A Constituição Federal passa a vigorar com as seguintes alterações:

•• Alterações já processadas no diploma modificado.

Art. 5.º O Ato das Disposições Constitucionais Transitórias passa a vigorar com as seguintes alterações:

•• Alterações já processadas no diploma modificado.

Art. 6.º Até que lei complementar disponha sobre a matéria:

I – o crédito das parcelas de que trata o art. 158, IV, *b*, da Constituição Federal, obedecido o § 2.º referido artigo, com redação dada pelo art. 1.º desta Emenda Constitucional, observará, no que couber, os critérios e os prazos aplicáveis ao Imposto sobre Operações relativas à Circulação de Mercadorias e sobre Prestação de Serviços de Transporte Interestadual e Intermunicipal e de Comunicação a que se refere a Lei Complementar n. 63, de 11 de janeiro de 1990, e respectivas alterações;

• A Lei Complementar n. 63, de 11-1-1990, dispõe sobre critérios e prazos de crédito das parcelas do produto da arrecadação de impostos de competência dos Estados e de transferências por estes recebidas, pertencentes aos Municípios.

II – a entrega dos recursos do art. 153, VIII, nos termos do art. 159, I, ambos da Constituição Federal, com redação dada pelo art. 1.º desta Emenda Constitucional, observará os critérios e as condições da Lei Complementar n. 62, de 28 de dezembro de 1989, e respectivas alterações;

• Normas para cálculo, entrega e controle de liberações dos recursos dos Fundos de Participação: Lei Complementar n. 62, de 28-12-1989.

III – a entrega dos recursos do imposto de que trata o art. 153, VIII, nos termos do art. 159, II, ambos da Constituição Federal, com redação dada pelo art. 1.º desta Emenda Constitucional, observará a Lei Complementar n. 61, de 26 de dezembro de 1989, e respectivas alterações;

• Normas para participação dos Estados e do Distrito Federal no produto da arrecadação do IPI, relativamente às exportações: Lei Complementar n. 61, de 26-12-1989.

IV – as bases de cálculo dos percentuais dos Estados, do Distrito Federal e dos Municípios de que trata a Lei Complementar n. 141, de 13 de janeiro de 2012, compreenderão também:

• Normas de cálculo do montante mínimo a ser aplicado, anualmente, pela União em ações e serviços públicos de saúde: Lei Complementar n. 141, de 13-1-2012.

a) as respectivas parcelas do imposto de que trata o art. 156-A, com os acréscimos e as deduções decorrentes do crédito das parcelas de que trata o art. 158, IV, *b*, ambos da Constituição Federal, com redação dada pelo art. 1.º desta Emenda Constitucional;

b) os valores recebidos nos termos dos arts. 131 e 132 do Ato das Disposições Constitucionais Transitórias, com redação dada pelo art. 2.º desta Emenda Constitucional.

§ 1.º As vinculações de receita dos impostos previstos nos arts. 155, II, e 156, III, estabelecidas em legislação de Estados, Distrito Federal ou Municípios até a data de promulgação desta Emenda Constitucional serão aplicadas, em mesmo percentual, sobre a receita do imposto previsto no art. 156-A do ente federativo competente.

§ 2.º Aplica-se o disposto no § 1.º deste artigo enquanto não houver alteração na legislação dos Estados, Distrito Federal ou Municípios que trata das referidas vinculações.

Art. 7.º A partir de 2027, a União compensará eventual redução no montante dos va-

---

(*) Publicada no *Diário Oficial da União*, de 23-12-2022.

(**) Publicada no *Diário Oficial da União*, de 21-12-2023.

lores entregues nos termos do art. 159, I e II, em razão da substituição da arrecadação do imposto previsto no art. 153, IV, pela arrecadação do imposto previsto no art. 153, VIII, todos da Constituição Federal, nos termos de lei complementar.

§ 1.º A compensação de que trata o *caput*:
I – terá como referência a média de recursos transferidos do imposto previsto no art. 153, IV, de 2022 a 2026, atualizada:
a) até 2027, na forma da lei complementar;
b) a partir de 2028, pela variação do produto da arrecadação da contribuição prevista no art. 195, V, da Constituição Federal, apurada com base na alíquota de referência de que trata o art. 130 do Ato das Disposições Constitucionais Transitórias; e
II – observará os mesmos critérios, prazos e garantias aplicáveis à entrega de recursos de que trata o art. 159, I e II, da Constituição Federal.

§ 2.º Aplica-se à compensação de que trata o *caput* o disposto nos arts. 167, § 4.º, 198, § 2.º, 212, *caput* e § 1.º, e 212-A, II, da Constituição Federal.

Art. 8.º Fica criada a Cesta Básica Nacional de Alimentos, que considerará a diversidade regional e cultural da alimentação do País e garantirá a alimentação saudável e nutricionalmente adequada, em observância ao direito social à alimentação previsto no art. 6.º da Constituição Federal.

Parágrafo único. Lei complementar definirá os produtos destinados à alimentação humana que comporão a Cesta Básica Nacional de Alimentos, sobre os quais as alíquotas dos tributos previstos nos arts. 156-A e 195, V, da Constituição Federal serão reduzidas a zero.

Art. 9.º A lei complementar que instituir o imposto de que trata o art. 156-A e a contribuição de que trata o art. 195, V, ambos da Constituição Federal, poderá prever os regimes diferenciados de tributação de que trata este artigo, desde que sejam uniformes em todo o território nacional e sejam realizados os respectivos ajustes nas alíquotas de referência com vistas a reequilibrar a arrecadação da esfera federativa.

§ 1.º A lei complementar definirá as operações beneficiadas com redução de 60% (sessenta por cento) das alíquotas dos tributos de que trata o *caput* entre as relativas aos seguintes bens e serviços:
I – serviços de educação;
II – serviços de saúde;
III – dispositivos médicos;
IV – dispositivos de acessibilidade para pessoas com deficiência;
V – medicamentos;
VI – produtos de cuidados básicos à saúde menstrual;
VII – serviços de transporte público coletivo de passageiros rodoviário e metroviário de caráter urbano, semiurbano e metropolitano;
VIII – alimentos destinados ao consumo humano;
IX – produtos de higiene pessoal e limpeza majoritariamente consumidos por famílias de baixa renda;
X – produtos agropecuários, aquícolas, pesqueiros, florestais e extrativistas vegetais *in natura*;
XI – insumos agropecuários e aquícolas;
XII – produções artísticas, culturais, de eventos, jornalísticas e audiovisuais nacionais, atividades desportivas e comunicação institucional;
XIII – bens e serviços relacionados a soberania e segurança nacional, segurança da informação e segurança cibernética.

§ 2.º É vedada a fixação de percentual de redução distinto do previsto no § 1.º em relação às hipóteses nele previstas.

§ 3.º A lei complementar a que se refere o *caput* preverá hipóteses de:
I – isenção, em relação aos serviços de que trata o § 1.º, VII;
II – redução em 100% (cem por cento) das alíquotas dos tributos referidos no *caput* para:
a) bens de que trata o § 1.º, III a VI;
b) produtos hortícolas, frutas e ovos;
c) serviços prestados por Instituição Científica, Tecnológica e de Inovação (ICT) sem fins lucrativos;
d) automóveis de passageiros, conforme critérios e requisitos estabelecidos em lei complementar, quando adquiridos por pessoas com deficiência e pessoas com transtorno do espectro autista, diretamente ou por intermédio de seu representante legal ou por motoristas profissionais, nos termos de lei complementar, que destinem o automóvel à utilização na categoria de aluguel (táxi);
III – redução em 100% (cem por cento) da alíquota da contribuição de que trata o art. 195, V, da Constituição Federal, para serviços de educação de ensino superior nos termos do Programa Universidade para Todos (Prouni), instituído pela Lei n. 11.096, de 13 de janeiro de 2005;
IV – isenção ou redução em até 100% (cem por cento) das alíquotas dos tributos referidos no *caput* para atividades de reabilitação urbana de zonas históricas e de áreas críticas de recuperação e reconversão urbanística.

§ 4.º O produtor rural pessoa física ou jurídica que obtiver receita anual inferior a R$ 3.600.000,00 (três milhões e seiscentos mil reais), atualizada anualmente pelo Índice Nacional de Preços ao Consumidor Amplo (IPCA), e o produtor integrado de que trata o art. 2.º, II, da Lei n. 13.288, de 16 de maio de 2016, com a redação vigente em 31 de maio de 2023, poderão optar por ser contribuintes dos tributos de que trata o *caput*.

§ 5.º É autorizada a concessão de crédito ao contribuinte adquirente de bens e serviços de produtor rural pessoa física ou jurídica que não opte por ser contribuinte na hipótese de que trata o § 4.º, nos termos da lei complementar, observado o seguinte:
I – o Poder Executivo da União e o Comitê Gestor do Imposto de Bens e Serviços poderão revisar, anualmente, de acordo com critérios estabelecidos em lei complementar, o valor do crédito presumido concedido, não se aplicando o disposto no art. 150, I, da Constituição Federal; e
II – o crédito presumido de que trata este parágrafo terá como objetivo permitir a apropriação de créditos não aproveitados por não contribuinte do imposto em razão do disposto no *caput* deste parágrafo.

§ 6.º Observado o disposto no § 5.º, I, é autorizada a concessão de crédito ao contribuinte adquirente de:
I – serviços de transportador autônomo de carga pessoa física que não seja contribuinte do imposto, nos termos da lei complementar;
II – resíduos e demais materiais destinados à reciclagem, reutilização ou logística reversa, de pessoa física, cooperativa ou outra forma de organização popular.

§ 7.º Lei complementar poderá prever a concessão de crédito ao contribuinte que adquira bens móveis usados de pessoa física não contribuinte para revenda, desde que esta seja tributada e o crédito seja vinculado ao respectivo bem, vedado o ressarcimento.

§ 8.º Os benefícios especiais de que trata este artigo serão concedidos observando-se o disposto no art. 149-B, III, da Constituição Federal, exceto em relação ao § 3.º, III, deste artigo.

§ 9.º O imposto previsto no art. 153, VIII, da Constituição Federal não incidirá sobre os bens ou serviços cujas alíquotas sejam reduzidas nos termos do § 1.º deste artigo.

§ 10. Os regimes diferenciados de que trata este artigo serão submetidos a avaliação quinquenal de custo-benefício, podendo a lei fixar regime de transição para a alíquota padrão, não observado o disposto no § 2.º, garantidos os respectivos ajustes nas alíquotas de referência.

§ 11. A avaliação de que trata o § 10 deverá examinar o impacto da legislação dos tributos a que se refere o *caput* deste artigo na promoção da igualdade entre homens e mulheres.

§ 12. A lei complementar estabelecerá as operações beneficiadas com redução de 30% (trinta por cento) das alíquotas dos tributos de que trata o *caput* relativas à prestação de serviços de profissão intelectual, de natureza científica, literária ou artística, desde que sejam submetidas a fiscalização por conselho profissional.

§ 13. Para fins deste artigo, incluem-se:
I – entre os medicamentos de que trata o inciso V do § 1.º, as composições para nutrição enteral ou parenteral e as composições especiais e fórmulas nutricionais destinadas às pessoas com erros inatos do metabolismo; e
II – entre os alimentos de que trata o inciso VIII do § 1.º, os sucos naturais sem adição de açúcares e conservantes.

Art. 10. Para fins do disposto no inciso II do § 6.º do art. 156-A da Constituição Federal, consideram-se:

I – serviços financeiros:

a) operações de crédito, câmbio, seguro, resseguro, consórcio, arrendamento mercantil, faturização, securitização, previdência privada, capitalização, arranjos de pagamento, operações com títulos e valores mobiliários, inclusive negociação e corretagem, e outras que impliquem captação, repasse, intermediação, gestão ou administração de recursos;

b) outros serviços prestados por entidades administradoras de mercados organizados, infraestruturas de mercado e depositárias centrais e por instituições autorizadas a funcionar pelo Banco Central do Brasil, na forma de lei complementar;

II – operações com bens imóveis:

a) construção e incorporação imobiliária;

b) parcelamento do solo e alienação de bem imóvel;

c) locação e arrendamento de bem imóvel;

d) administração e intermediação de bem imóvel.

§ 1.º Em relação às instituições financeiras bancárias:

I – não se aplica o regime específico de que trata o art. 156-A, § 6.º, II, da Constituição Federal aos serviços remunerados por tarifas e comissões, observado o disposto nas normas expedidas pelas entidades reguladoras;

II – os demais serviços financeiros sujeitam-se ao regime específico de que trata o art. 156-A, § 6.º, II, da Constituição Federal, devendo as alíquotas e as bases de cálculo ser definidas de modo a manter, em caráter geral, até o final do quinto ano da entrada em vigor do regime, a carga tributária decorrente dos tributos extintos por esta Emenda Constitucional incidente sobre as operações de crédito na data de sua promulgação, e a manter, em caráter específico, aquela incidente sobre as operações relacionadas ao fundo de garantia por tempo de serviço, podendo, neste caso, definir alíquota e base de cálculo diferenciadas e abranger os serviços de que trata o inciso I deste parágrafo, não se lhes aplicando o prazo previsto neste inciso.

§ 2.º O disposto no § 1.º, II, em relação ao fundo de garantia do tempo de serviço, poderá, nos termos da lei complementar, ser estendido para outros fundos garantidores ou executores de políticas públicas previstos em lei.

Art. 11. A revogação do art. 195, I, *b*, não produzirá efeitos sobre as contribuições incidentes sobre a receita ou o faturamento vigentes na data de publicação desta Emenda Constitucional que substituam a contribuição de que trata o art. 195, I, *a*, ambos da Constituição Federal, e sejam cobradas com base naquele dispositivo, observado o disposto no art. 30 da Emenda Constitucional n. 103, de 12 de novembro de 2019.

•• Sobre o prazo de vigência deste artigo, *vide* art. 23, I, desta Emenda Constitucional.

Art. 12. Fica instituído o Fundo de Compensação de Benefícios Fiscais ou Financeiro-Fiscais do imposto de que trata o art. 155, II, da Constituição Federal, com vistas a compensar, entre 1.º de janeiro de 2029 e 31 de dezembro de 2032, pessoas físicas ou jurídicas beneficiárias de isenções, incentivos e benefícios fiscais ou financeiro-fiscais relativos àquele imposto, concedidos por prazo certo e sob condição.

§ 1.º De 2025 a 2032, a União entregará ao Fundo recursos que corresponderão aos seguintes valores, atualizados, de 2023 até o ano anterior ao da entrega, pela variação acumulada do IPCA ou de outro índice que vier a substituí-lo:

I – em 2025, a R$ 8.000.000.000,00 (oito bilhões de reais);

II – em 2026, a R$ 16.000.000.000,00 (dezesseis bilhões de reais);

III – em 2027, a R$ 24.000.000.000,00 (vinte e quatro bilhões de reais);

IV – em 2028, a R$ 32.000.000.000,00 (trinta e dois bilhões de reais);

V – em 2029, a R$ 32.000.000.000,00 (trinta e dois bilhões de reais);

VI – em 2030, a R$ 24.000.000.000,00 (vinte e quatro bilhões de reais);

VII – em 2031, a R$ 16.000.000.000,00 (dezesseis bilhões de reais);

VIII – em 2032, a R$ 8.000.000.000,00 (oito bilhões de reais).

§ 2.º Os recursos do Fundo de que trata o *caput* serão utilizados para compensar a redução do nível de benefícios onerosos do imposto previsto no art. 155, II, da Constituição Federal, na forma do § 1.º do art. 128 do Ato das Disposições Constitucionais Transitórias, suportada pelas pessoas físicas ou jurídicas em razão da substituição do referido imposto por aquele previsto no art. 156-A da Constituição Federal, nos termos deste artigo.

§ 3.º Para efeitos deste artigo, consideram-se benefícios onerosos as isenções, os incentivos e os benefícios fiscais ou financeiro-fiscais vinculados ao imposto referido no *caput* deste artigo concedidos por prazo certo e sob condição, na forma do art. 178 da Lei n. 5.172, de 25 de outubro de 1966 (Código Tributário Nacional).

§ 4.º A compensação de que trata o § 1.º:

I – aplica-se aos titulares de benefícios onerosos referentes ao imposto previsto no art. 155, II, da Constituição Federal regularmente concedidos até 31 de maio de 2023, sem prejuízo de ulteriores prorrogações ou renovações, observados o prazo estabelecido no *caput* e, se aplicável, a exigência de registro e depósito estabelecida pelo art. 3.º, II, da Lei Complementar n. 160, de 7 de agosto de 2017, que tenham cumprido tempestivamente as condições exigidas pela norma concessiva do benefício, bem como aos titulares de projetos abrangidos pelos benefícios a que se refere o art. 19 desta Emenda Constitucional;

II – não se aplica aos titulares de benefícios decorrentes do disposto no art. 3.º, § 2.º-A, da Lei Complementar n. 160, de 7 de agosto de 2017.

§ 5.º A pessoa física ou jurídica perderá o direito à compensação de que trata o § 2.º caso deixe de cumprir tempestivamente as condições exigidas pela norma concessiva do benefício.

§ 6.º Lei complementar estabelecerá:

I – critérios e limites para apuração do nível de benefícios e de sua redução;

II – procedimentos de análise, pela União, dos requisitos para habilitação do requerente à compensação de que trata o § 2.º.

§ 7.º É vedada a prorrogação dos prazos de que trata o art. 3.º, §§ 2.º e 2.º-A, da Lei Complementar n. 160, de 7 de agosto de 2017.

§ 8.º A União deverá complementar os recursos de que trata o § 1.º em caso de insuficiência de recursos para a compensação de que trata o § 2.º.

§ 9.º Eventual saldo financeiro existente em 31 de dezembro de 2032 será transferido ao Fundo de que trata o art. 159-A da Constituição Federal, com a redação dada pelo art. 1.º desta Emenda Constitucional, sem redução ou compensação dos valores consignados no art. 13 desta Emenda Constitucional.

§ 10. O disposto no § 4.º, I, aplica-se também aos titulares de benefícios onerosos que, por força de mudanças na legislação estadual, tenham migrado para outros programas ou benefícios entre 31 de maio de 2023 e a data de promulgação desta Emenda Constitucional, ou estejam em processo de migração na data de promulgação desta Emenda Constitucional.

Art. 13. Os recursos de que trata o art. 159-A da Constituição Federal, com a redação dada pelo art. 1.º desta Emenda Constitucional, corresponderão aos seguintes valores, atualizados, de 2023 até o ano anterior ao da entrega, pela variação acumulada do IPCA ou de outro índice que vier a substituí-lo:

I – em 2029, a R$ 8.000.000.000,00 (oito bilhões de reais);

II – em 2030, a R$ 16.000.000.000,00 (dezesseis bilhões de reais);

III – em 2031, a R$ 24.000.000.000,00 (vinte e quatro bilhões de reais);

IV – em 2032, a R$ 32.000.000.000,00 (trinta e dois bilhões de reais);

V – em 2033, a R$ 40.000.000.000,00 (quarenta bilhões de reais);

VI – em 2034, a R$ 42.000.000.000,00 (quarenta e dois bilhões de reais);

VII – em 2035, a R$ 44.000.000.000,00 (quarenta e quatro bilhões de reais);

VIII – em 2036, a R$ 46.000.000.000,00 (quarenta e seis bilhões de reais);

IX – em 2037, a R$ 48.000.000.000,00 (quarenta e oito bilhões de reais);

X – em 2038, a R$ 50.000.000.000,00 (cinquenta bilhões de reais);
XI – em 2039, a R$ 52.000.000.000,00 (cinquenta e dois bilhões de reais);
XII – em 2040, a R$ 54.000.000.000,00 (cinquenta e quatro bilhões de reais);
XIII – em 2041, a R$ 56.000.000.000,00 (cinquenta e seis bilhões de reais);
XIV – em 2042, a R$ 58.000.000.000,00 (cinquenta e oito bilhões de reais);
XV – a partir de 2043, a R$ 60.000.000.000,00 (sessenta bilhões de reais), por ano.

Art. 14. A União custeará, com posterior ressarcimento pelo Comitê Gestor do Imposto sobre Bens e Serviços de que trata o art. 156-B da Constituição Federal, as despesas necessárias para sua instalação.

Art. 15. Os recursos entregues na forma do art. 159-A da Constituição Federal, com a redação dada pelo art. 1.º desta Emenda Constitucional, os recursos de que trata o art. 12 e as compensações de que trata o art. 7.º não se incluem em bases de cálculo ou em limites de despesas estabelecidos pela lei complementar de que trata o art. 6.º da Emenda Constitucional n. 126, de 21 de dezembro de 2022.

Art. 16. Até que lei complementar regule o disposto no art. 155, § 1.º, III, da Constituição Federal, o imposto incidente nas hipóteses de que trata o referido dispositivo competirá:
I – relativamente a bens imóveis e respectivos direitos, ao Estado da situação do bem, ou ao Distrito Federal;
II – se o doador tiver domicílio ou residência no exterior:
a) ao Estado onde tiver domicílio o donatário ou ao Distrito Federal;
b) se o donatário tiver domicílio ou residir no exterior, ao Estado em que se encontrar o bem ou ao Distrito Federal;
III – relativamente aos bens do *de cujus*, ainda que situados no exterior, ao Estado onde era domiciliado, ou, se domiciliado ou residente no exterior, onde tiver domicílio o sucessor ou legatário, ou ao Distrito Federal.

Art. 17. A alteração do art. 155, § 1.º, II, da Constituição Federal, promovida pelo art. 1.º desta Emenda Constitucional, aplica-se às sucessões abertas a partir da data de publicação desta Emenda Constitucional.

Art. 18. O Poder Executivo deverá encaminhar ao Congresso Nacional:
I – em até 90 (noventa) dias após a promulgação desta Emenda Constitucional, projeto de lei que reforme a tributação da renda, acompanhado das correspondentes estimativas e estudos de impactos orçamentários e financeiros;
II – em até 180 (cento e oitenta) dias após a promulgação desta Emenda Constitucional, os projetos de lei referidos nesta Emenda Constitucional;
III – em até 90 (noventa) dias após a promulgação desta Emenda Constitucional, projeto de lei que reforme a tributação da folha de salários.

Parágrafo único. Eventual arrecadação adicional da União decorrente da aprovação da medida de que trata o inciso I do *caput* deste artigo poderá ser considerada como fonte de compensação para redução da tributação incidente sobre a folha de pagamentos e sobre o consumo de bens e serviços.

Art. 19. Os projetos habilitados à fruição dos benefícios estabelecidos por art. 11-C da Lei n. 9.440, de 14 de março de 1997, e pelos arts. 1.º a 4.º da Lei n. 9.826, de 23 de agosto de 1999, farão jus, até 31 de dezembro de 2032, a crédito presumido da contribuição prevista no art. 195, V, da Constituição Federal.

§ 1.º O crédito presumido de que trata este artigo:
I – incentivará exclusivamente a produção de veículos equipados com motor elétrico que tenha capacidade de tracionar o veículo somente com energia elétrica, permitida a associação com motor de combustão interna que utilize biocombustíveis isolada ou simultaneamente com combustíveis derivados de petróleo;
II – será concedido exclusivamente:
a) a projetos aprovados até 31 de dezembro de 2024 de pessoas jurídicas habilitadas à fruição dos benefícios estabelecidos pelo art. 11-C da Lei n. 9.440, de 14 de março de 1997, e pelos arts. 1.º a 4.º da Lei n. 9.826, de 23 de agosto de 1999, na data de promulgação desta Emenda Constitucional;
b) a novos projetos, aprovados até 31 de dezembro de 2025, que ampliem ou reiniciem a produção em planta industrial utilizada em projetos ativos ou inativos habilitados à fruição dos benefícios de que trata a alínea *a* deste inciso;
III – poderá ter sua manutenção condicionada à realização de investimentos produtivos e em pesquisa e desenvolvimento de inovação tecnológica;
IV – equivalerá ao nível de benefício estabelecido, para o ano de 2025, pelo art. 11-C da Lei n. 9.440, de 14 de março de 1997, e pelos arts. 1.º a 4.º da Lei n. 9.826, de 23 de agosto de 1999; e
V – será reduzido à razão de 20% (vinte por cento) ao ano entre 2029 e 2032.

§ 2.º Os créditos apurados em decorrência dos benefícios de que trata o *caput* poderão ser compensados com débitos próprios relativos a tributos administrados pela Secretaria Especial da Receita Federal do Brasil, nos termos da lei, e não poderão ser transferidos a outro estabelecimento da pessoa jurídica, devendo ser utilizados somente pelo estabelecimento habilitado e localizado na região incentivada.

§ 3.º O benefício de que trata este artigo será estendido a projetos de pessoas jurídicas de que trata o § 1.º, II, *a*, relacionados à produção de veículos tracionados por motor de combustão interna que utilize biocombustíveis isolada ou cumulativamente com combustíveis derivados de petróleo, desde que a pessoa jurídica habilitada:
I – no caso de montadoras de veículos, inicie a produção de veículos que atendam ao disposto no § 1.º, I, até 1.º de janeiro de 2028; e
II – assuma, nos termos do ato concessório do benefício, compromissos relativos:
a) ao volume mínimo de investimentos;
b) ao volume mínimo de produção; e
c) à manutenção da produção por prazo mínimo, inclusive após o encerramento do benefício.

§ 4.º A lei complementar estabelecerá as penalidades aplicáveis em razão do descumprimento das condições exigidas para fruição do crédito presumido de que trata este artigo.

Art. 20. Até que lei disponha sobre a matéria, a contribuição para o Programa de Formação do Patrimônio do Servidor Público, criado pela Lei Complementar n. 8, de 3 de dezembro de 1970, de que trata o art. 239 da Constituição Federal, permanecerá sendo cobrada na forma do art. 2.º, III, da Lei n. 9.715, de 25 de novembro de 1998, e dos demais dispositivos legais a ele referentes em vigor na data de publicação desta Emenda Constitucional.

Art. 21. Lei complementar poderá estabelecer instrumentos de ajustes nos contratos firmados anteriormente à entrada em vigor das leis instituidoras dos tributos de que tratam o art. 156-A e o art. 195, V, da Constituição Federal, inclusive concessões públicas.

Art. 22. Revogam-se:
I – em 2027, o art. 195, I, *b*, e IV, e § 12, da Constituição Federal;
II – em 2033:
a) os arts. 155, I, e §§ 2.º a 5.º, 156, III e § 3.º, 158, IV, *a*, e § 1.º, e 161, I, da Constituição Federal; e
b) os arts. 80, II, 82, § 2.º, e 83 do Ato das Disposições Constitucionais Transitórias.

Art. 23. Esta Emenda Constitucional entra em vigor:
I – em 2027, em relação aos arts. 3.º e 11;
II – em 2033, em relação aos arts. 4.º e 5.º; e
III – na data de sua publicação, em relação aos demais dispositivos.

Brasília, em 20 de dezembro de 2023.

Mesa da Câmara dos Deputados
Deputado ARTHUR LIRA
Presidente

Mesa do Senado Federal
Senador RODRIGO PACHECO
Presidente

EMENDA CONSTITUCIONAL N. 133, DE 22 DE AGOSTO DE 2024 (*)

Impõe aos partidos políticos a obrigatoriedade da aplicação de recursos financeiros para candidaturas de pessoas pretas e pardas; estabelece parâmetros e condições para regularização e refinanciamento de débitos de partidos políticos; e reforça a imunidade tributária dos partidos políticos conforme prevista na Constituição Federal.

As Mesas da Câmara dos Deputados e do Senado Federal, nos termos do § 3.º do art. 60 da Constituição Federal, promulgam a seguinte Emenda ao texto constitucional:

Art. 1.º Esta Emenda Constitucional impõe aos partidos políticos a obrigatoriedade da aplicação de recursos financeiros para candidaturas de pessoas pretas e pardas, estabelece parâmetros e condições para regularização e refinanciamento de débitos de partidos políticos e reforça a imunidade tributária dos partidos políticos conforme prevista na Constituição Federal.

Art. 2.º O art. 17 da Constituição Federal passa a vigorar acrescido do seguinte § 9.º:
•• Alteração já processada no diploma modificado.

Art. 3.º A aplicação de recursos de qualquer valor em candidaturas de pessoas pretas e pardas realizadas pelos partidos políticos nas eleições ocorridas até a promulgação desta Emenda Constitucional, com base em lei, em qualquer outro ato normativo ou em decisão judicial, deve ser considerada como cumprida.

Parágrafo único. A eficácia do disposto no *caput* deste artigo está condicionada à aplicação, nas 4 (quatro) eleições subsequentes à promulgação desta Emenda Constitucional, a partir de 2026, do montante correspondente àquele que deixou de ser aplicado para fins de cumprimento da cota racial nas eleições anteriores, sem prejuízo do cumprimento da cota estabelecida nesta Emenda Constitucional.

Art. 4.º É assegurada a imunidade tributária aos partidos políticos e a seus institutos ou fundações, conforme estabelecido na alínea *c* do inciso VI do *caput* do art. 150 da Constituição Federal.

§ 1.º A imunidade tributária estende-se a todas as sanções de natureza tributária, exceto as previdenciárias, abrangidos a devolução e o recolhimento de valores, inclusive os determinados nos processos de prestação de contas eleitorais e anuais, bem como os juros incidentes, as multas ou as condenações aplicadas por órgãos da administração pública direta e indireta em processos administrativos ou judiciais em trâmite, em execução ou transitados em julgado, e resulta no cancelamento das sanções, na extinção dos processos e no levantamento de inscrições em cadastros de dívida ou inadimplência.

§ 2.º O disposto no § 1.º deste artigo aplica-se aos processos administrativos ou judiciais nos quais a decisão administrativa, a ação de execução, a inscrição em cadastros de dívida ativa ou a inadimplência tenham ocorrido em prazo superior a 5 (cinco) anos.

Art. 5.º É instituído o Programa de Recuperação Fiscal (Refis) específico para partidos políticos e seus institutos ou fundações, para que regularizem seus débitos com isenção dos juros e das multas acumulados, aplicada apenas a correção monetária sobre os montantes originais, que poderá ocorrer a qualquer tempo, com o pagamento das obrigações apuradas em até 60 (sessenta) meses para as obrigações previdenciárias e em até 180 (cento e oitenta) meses para as demais obrigações, a critério do partido.

Art. 6.º É garantido aos partidos políticos e seus institutos ou fundações o uso de recursos do fundo partidário para o parcelamento de sanções e penalidades de multas eleitorais, de outras sanções e de débitos de natureza não eleitoral e para devolução de recursos ao erário e devolução de recursos públicos ou privados a eles imputados pela Justiça Eleitoral, inclusive os de origem não identificada, excetuados os recursos de fontes vedadas.

Parágrafo único. Os órgãos partidários de esfera hierarquicamente superior poderão utilizar os recursos do fundo partidário para a quitação de débitos, ainda que parcial, das obrigações referidas no *caput* deste artigo dos órgãos partidários de esferas inferiores, inclusive se o órgão originalmente responsável estiver impedido de receber esse tipo de recurso.

Art. 7.º O disposto nesta Emenda Constitucional aplica-se aos órgãos partidários nacionais, estaduais, municipais e zonais e abrange os processos de prestação de contas de exercícios financeiros e eleitorais, independentemente de terem sido julgados ou de estarem em execução, mesmo que transitados em julgado.

Art. 8.º É dispensada a emissão do recibo eleitoral nas seguintes hipóteses:

I – doação do Fundo Especial de Financiamento de Campanha e do fundo partidário por meio de transferência bancária feita pelo partido aos candidatos e às candidatas;

II – doações recebidas por meio de Pix por partidos, candidatos e candidatas.

Art. 9.º Esta Emenda Constitucional entra em vigor na data de sua publicação, aplicando-se a partir das eleições de 2024:

I – o § 9.º do art. 17 da Constituição Federal; e

II – o art. 8.º desta Emenda Constitucional.

Brasília, em 22 de agosto de 2024.

Mesa da Câmara dos Deputados
Deputado ARTHUR LIRA
Presidente

Mesa do Senado Federal
Senador RODRIGO PACHECO
Presidente

EMENDA CONSTITUCIONAL N. 135, DE 20 DE DEZEMBRO DE 2024 (**)

Altera os arts. 37, 163, 165, 212-A e 239 da Constituição Federal e o Ato das Disposições Constitucionais Transitórias (ADCT).

As Mesas da Câmara dos Deputados e do Senado Federal, nos termos do § 3.º do art. 60 da Constituição Federal, promulgam a seguinte Emenda ao texto constitucional:

Art. 1.º A Constituição Federal passa a vigorar com as seguintes alterações:
•• Alterações já processadas no diploma modificado.

Art. 2.º O Ato das Disposições Constitucionais Transitórias (ADCT) passa a vigorar com as seguintes alterações:
•• Alterações já processadas no diploma modificado.

Art. 3.º Enquanto não editada a lei ordinária de caráter nacional, aprovada pelo Congresso Nacional, a que se refere o § 11 do art. 37 da Constituição Federal, não serão computadas, para efeito dos limites remuneratórios de que trata o inciso XI do *caput* do referido artigo, as parcelas de caráter indenizatório previstas na legislação.

Art. 4.º Esta Emenda Constitucional entra em vigor na data de sua publicação.

Brasília, em 20 de dezembro de 2024.

Mesa da Câmara dos Deputados
Deputado ARTHUR LIRA
Presidente

Mesa do Senado Federal
Senador RODRIGO PACHECO
Presidente

(*) Publicada no *Diário Oficial da União*, de 23-8-2024.

(**) Publicada no *Diário Oficial da União*, de 20-12-2024 – Edição extra.

ÍNDICE ALFABÉTICO-REMISSIVO DA CONSTITUIÇÃO FEDERAL

ABASTECIMENTO ALIMENTAR
– art. 23, VIII

ABUSO DE PODER
– *Habeas Corpus*: art. 5.º, LXVIII
– Mandado de Segurança: art. 5.º, LXIX

ABUSO DO PODER ECONÔMICO
– repressão: art. 173, § 4.º

AÇÃO CIVIL PÚBLICA
– promoção pelo Ministério Público: art. 129, III

AÇÃO DECLARATÓRIA DE CONSTITUCIONALIDADE
– competência para propor: art. 103
– de lei ou ato normativo federal; decisões definitivas de mérito proferidas pelo Supremo Tribunal Federal; eficácia: art. 102, § 2.º
– de lei ou ato normativo federal; processo e julgamento: art. 102, I, *a*

AÇÃO DE *HABEAS CORPUS*
– gratuidade: art. 5.º, LXXVII

AÇÃO DE *HABEAS DATA*
– gratuidade: art. 5.º, LXXVII

AÇÃO DE IMPUGNAÇÃO DE MANDATO ELETIVO
– art. 14, §§ 10 e 11

AÇÃO DE INCONSTITUCIONALIDADE
– apreciação pelo Supremo Tribunal Federal: art. 103, § 3.º
– declaração: art. 103, § 2.º
– proposição: art. 103

AÇÃO DIRETA DE INCONSTITUCIONALIDADE
– de lei ou ato normativo federal ou estadual; processo e julgamento: art. 102, I, *a*

AÇÃO PENAL
– para os casos de improbidade administrativa: art. 37, § 4.º

AÇÃO PENAL PÚBLICA
– promoção pelo Ministério Público: art. 129, I

AÇÃO POPULAR
– proposição: art. 5.º, LXXIII

AÇÃO PRIVADA
– nos crimes de ação pública; caso: art. 5.º, LIX

AÇÃO PÚBLICA
– crimes de; admissão de ação privada: art. 5.º, LIX

AÇÃO RESCISÓRIA
– processo e julgamento: art. 102, I, *j*

AÇÃO TRABALHISTA
– art. 7.º, XXIX

ACESSO À CULTURA, À EDUCAÇÃO E À CIÊNCIA, À TECNOLOGIA, À PESQUISA E À INOVAÇÃO
– art. 23, V

ACESSO À INFORMAÇÃO
– art. 5.º, XIV

ACIDENTES DO TRABALHO
– seguro: art. 7.º, XXVIII

AÇÕES RESCISÓRIAS
– competência; processo e julgamento: art. 108, I, *b*
– processo e julgamento pelo Superior Tribunal de Justiça: art. 105, I, *e*

ACORDOS COLETIVOS DE TRABALHO
– reconhecimento: art. 7.º, XXVI

ADICIONAL
– atividade penosa, insalubre e perigosa: art. 7.º, XXIII

ADMINISTRAÇÃO PÚBLICA
– arts. 37 a 43

ADOÇÃO
– art. 227, § 5.º

ADOLESCENTE
– arts. 226 a 230

ADVOCACIA
– art. 133

ADVOCACIA PÚBLICA
– arts. 131 e 132

ADVOGADO-GERAL DA UNIÃO
– nomeação: art. 84, XVI
– processo e julgamento: art. 52, II

ADVOGADOS
– assistência ao preso: art. 5.º, LXIII
– atos e manifestações; inviolabilidade: art. 133
– na composição dos Tribunais Regionais Federais: art. 107, I

AEROPORTOS
– art. 21, XII, *c*

AGENTE COMUNITÁRIO DE SAÚDE
– política remuneratória: art. 198, §§ 7.º a 11

AGROPECUÁRIA
– art. 23, VIII

AGROTÓXICOS
– art. 220, § 4.º

ÁGUAS
– Estados: art. 26, I
– para consumo: art. 200, VI
– União: art. 22, IV

ÁLCOOL CARBURANTE
– venda e revenda: art. 238

ALIMENTAÇÃO
– direito social: art. 6.º

ALIMENTOS
– créditos; pagamento: art. 100
– inspeção: art. 200, VI
– prisão civil por dívida: art. 5.º, LXVII

ALISTAMENTO ELEITORAL
– art. 14, § 1.º

AMAMENTAÇÃO
– dos filhos, pelas presidiárias: art. 5.º, L

AMEAÇA DE DIREITO
– apreciação: art. 5.º, XXXV

AMPLA DEFESA
– art. 5.º, LV

ANALFABETOS
– alistamento e voto: art. 14, § 1.º, II, *a*
– inelegibilidade: art. 14, § 4.º

ANIMAIS
– manifestações culturais; práticas desportivas que utilizem: art. 225, § 7.º

ANISTIA
– concessão de: art. 48, VIII

ANONIMATO
– vedado o: art. 5.º, IV

APOSENTADORIA
– art. 7.º, XXIV
– do professor e da professora: art. 201, § 8.º
– do servidor público: arts. 37, §§ 14 e 15, e 40
– dos magistrados: art. 93, VI
– por idade: art. 201, §§ 7.º e 8.º

APRENDIZ
– trabalho noturno: art. 7.º, XXXIII

ARGUIÇÃO DE DESCUMPRIMENTO DE PRECEITO FUNDAMENTAL
– apreciação pelo Supremo Tribunal Federal: art. 102, § 1.º

ASILO POLÍTICO
– art. 4.º, X

ASSEMBLEIAS LEGISLATIVAS
– competência: art. 27, § 3.º
– composição: art. 235, I

ASSISTÊNCIA FAMILIAR
– ao preso: art. 5.º, LXIII

ASSISTÊNCIA GRATUITA
– a filhos e dependentes: art. 7.º, XXV
– dever do Estado: art. 5.º, LXXIV

ASSISTÊNCIA JURÍDICA
– garantia do Estado: art. 5.º, LXXIV

ASSISTÊNCIA RELIGIOSA
– prestação: art. 5.º, VII

ASSISTÊNCIA SOCIAL
– ações governamentais; recursos: art. 204
– a todos: art. 203
– instituição pelos Estados, Distrito Federal e Municípios: art. 149, §§ 1.º a 1.º-C

ASSOCIAÇÃO
– criação: art. 5.º, XVIII
– direito de denúncia: art. 74, § 2.º
– dissolução: art. 5.º, XIX

Índice Alfabético-Remissivo da CF

– liberdade de: art. 5.º, XVII
– obrigação: art. 5.º, XX
– representação de filiados: art. 5.º, XXI

ASSOCIAÇÃO PROFISSIONAL
– liberdade de: art. 8.º

ASSOCIAÇÃO SINDICAL
– liberdade de: art. 8.º

ATIVIDADE ARTÍSTICA
– liberdade: art. 5.º, IX

ATIVIDADE CIENTÍFICA
– liberdade: art. 5.º, IX

ATIVIDADE DE COMUNICAÇÃO
– liberdade: art. 5.º, IX

ATIVIDADE ECONÔMICA
– princípios gerais: arts. 170 a 181

ATIVIDADE GARIMPEIRA
– organização: art. 174, § 3.º

ATIVIDADE INTELECTUAL
– liberdade: art. 5.º, IX

ATIVIDADE NUCLEAR
– competência do Congresso Nacional: art. 49, XIV
– em território nacional: art. 21, XXIII
– monopólio da União: art. 177, V

ATO JURÍDICO PERFEITO
– proteção: art. 5.º, XXXVI

ATO NORMATIVO ESTADUAL
– ação direta de inconstitucionalidade; processo e julgamento: art. 102, I, a

ATO NORMATIVO FEDERAL
– ação declaratória de constitucionalidade; processo e julgamento: art. 102, I, a
– ação direta de inconstitucionalidade; processo e julgamento: art. 102, I, a

ATOS INTERNACIONAIS
– celebração; Presidente da República: art. 84, VIII
– competência do Congresso Nacional: art. 49, I

ATOS PROCESSUAIS
– publicidade: art. 5.º, LX

AUMENTO DE DESPESA
– inadmissibilidade: art. 63

AUTARQUIA
– criação: art. 37, XIX

AUTODETERMINAÇÃO DOS POVOS
– art. 4.º, III

AUTORES
– direitos sobre suas obras: art. 5.º, XXVII

AVISO PRÉVIO
– art. 7.º, XXI

BANCO CENTRAL
– compra e venda de títulos: art. 164, § 2.º
– concessão de empréstimos ao Tesouro Nacional: art. 164, § 1.º
– emissão de moeda: art. 164
– escolha do presidente: art. 52, III, d
– escolha dos diretores: art. 52, III, d
– nomeação de diretores: art. 84, XIV

BANDEIRA NACIONAL
– símbolo: art. 13, § 1.º

BANIMENTO
– art. 5.º, XLVII, d

BENS
– confiscáveis; hipóteses: art. 243, parágrafo único
– de estrangeiros no Brasil; sucessão: art. 5.º, XXXI
– indisponíveis; hipóteses: art. 37, § 4.º
– perda dos: art. 5.º, XLVI, b
– perdimento: art. 5.º, XLV
– privação: art. 5.º, LIV

BENS DA UNIÃO
– art. 20

BENS DOS ESTADOS
– art. 26

BIOCOMBUSTÍVEIS
– regime fiscal: art. 225, § 1.º, VIII

BRASILEIRO
– extradição: art. 5.º, LI
– nato: art. 12, I
– naturalização: art. 12, II
– perda da nacionalidade: art. 12, § 4.º

BRASILEIROS NATOS
– cargos privativos: art. 12, § 3.º

BRASILEIROS NATOS E NATURALIZADOS
– distinção: art. 12, § 2.º

BRASÍLIA
– capital: art. 18, § 1.º

CALAMIDADE PÚBLICA
– empréstimo compulsório: art. 184, I
– estado de defesa: art. 136, § 1.º, II

CÂMARA DOS DEPUTADOS
– competência privativa: art. 51
– composição: art. 45
– convocação de ministros: art. 50, § 2.º
– deliberações: art. 47
– presidente da; cargo privativo de brasileiro nato: art. 12, § 3.º, II
– proposta pela mesa de ação declaratória de constitucionalidade: art. 103, III
– reunião conjunta com o Senado Federal: art. 57, § 3.º

CÂMARA LEGISLATIVA
– art. 32, § 3.º

CÂMARA MUNICIPAL
– competência; fixação de subsídios: art. 29, V
– competência legislativa: art. 30
– composição: art. 29, IV
– despesas; limites: art. 29-A
– fiscalização do Município: art. 31
– Lei Orgânica; aprovação: art. 29, caput
– vereadores; número: art. 29, IV

CÂMBIO
– operações de: art. 153, V
– política de: art. 22, VIII
– regulamentação: art. 163, VI

CAPITAL ESTRANGEIRO
– em empresa jornalística: art. 222, § 4.º

– investimentos de: art. 153, V

CAPITAL FEDERAL
– Brasília: art. 18, § 1.º

CARGOS PRIVATIVOS
– de brasileiros natos: art. 12, § 3.º

CARGOS PÚBLICOS
– acesso através de concurso: art. 37, II
– acumulação de: art. 37, XVI e XVII
– contratação por tempo determinado: art. 37, IX
– criação e remuneração; iniciativa legislativa: art. 61, § 1.º, II, a
– deficiente; reserva de: art. 37, VIII
– em comissão: art. 37, V
– estabilidade: art. 41
– funções de confiança: art. 37, V
– perda: art. 247
– provimento e extinção: art. 84, XXV
– remuneração; subsídios: art. 37, X e XI

CARREIRA DIPLOMÁTICA
– privativa do brasileiro nato: art. 12, § 3.º, V

CARTAS ROGATÓRIAS
– concessão; processo e julgamento: art. 105, I, i

CASA
– inviolabilidade: art. 5.º, XI

CASAMENTO
– celebração: art. 226, § 1.º
– civil; dissolução: art. 226, § 6.º
– reconhecimento da união estável: art. 226, § 3.º
– religioso: art. 226, § 2.º

CASSAÇÃO DE DIREITOS POLÍTICOS
– vedada: art. 15

CENSURA
– art. 5.º, IX
– impedimento à: art. 220, § 2.º

CERTIDÕES
– de repartição pública; obtenção: art. 5.º, XXXIV, b

CIDADANIA
– art. 1.º, II
– atos necessários ao exercício da; gratuidade: art. 5.º, LXXVI

CIÊNCIA, TECNOLOGIA E INOVAÇÃO
– arts. 218 e 219-B

COISA JULGADA
– proteção: art. 5.º, XXXVI

COLÉGIO PEDRO II
– manutenção: art. 242, § 2.º

COLIGAÇÕES PARTIDÁRIAS
– vedações em eleições proporcionais: art. 17, § 1.º

COMBUSTÍVEIS
– de petróleo, álcool carburante e outros combustíveis; venda e revenda: art. 238

COMÉRCIO EXTERIOR
– fiscalização e controle: art. 237

COMISSÕES
– do Poder Legislativo: art. 58

– parlamentares de inquérito – CPI: art. 58, § 3.º

COMITÊ GESTOR DO IMPOSTO SOBRE BENS E SERVIÇOS
– processo e julgamento pelo Superior Tribunal de Justiça; conflito entre entes federativos relacionado a tributos: art. 105, I, *j*

COMPENSAÇÃO DE HORÁRIOS
– art. 7.º, XIII

COMPETÊNCIA
– Vide verbetes por assunto
– da União e dos Estados: art. 24, §§ 1.º a 4.º

COMPETIÇÕES DESPORTIVAS
– recursos: art. 217, § 1.º

COMUNICAÇÃO
– arts. 220 a 224

COMUNICAÇÕES DE DADOS
– sigilo: art. 5.º, XII

COMUNICAÇÕES TELEFÔNICAS
– sigilo: art. 5.º, XII

COMUNICAÇÕES TELEGRÁFICAS
– sigilo: art. 5.º, XII

COMUNIDADE LATINO-AMERICANA DE NAÇÕES
– formação: art. 4.º, parágrafo único

CONCESSÃO
– de serviços de radiodifusão sonora e de sons e imagens: art. 223

CONCURSO PÚBLICO
– para acesso à administração pública: art. 37, II
– prazo de validade: art. 37, III

CONFLITOS DE ATRIBUIÇÕES
– processo e julgamento pelo Superior Tribunal de Justiça: art. 105, I, *g*

CONFLITOS DE COMPETÊNCIA
– processo e julgamento: art. 102, I, *o*
– processo e julgamento; competência dos Tribunais Regionais Federais: art. 108, I, *e*
– processo e julgamento pelo Superior Tribunal de Justiça: art. 105, I, *d*

CONFLITOS FUNDIÁRIOS
– art. 126

CONGRESSO NACIONAL
– arts. 44 a 47
– atribuições do: arts. 48 a 50
– competência exclusiva: art. 49
– convocação de plebiscito: art. 49, XV
– convocação extraordinária: art. 57, §§ 6.º e 7.º
– estado de defesa e estado de sítio; acompanhamento e fiscalização: art. 140
– matérias sobre as quais poderá dispor: art. 48
– presidência da mesa: art. 57, § 5.º
– reuniões: art. 57

CONSELHO DA REPÚBLICA
– arts. 89 e 90

CONSELHO DE COMUNICAÇÃO SOCIAL
– instituição: art. 224

CONSELHO DE DEFESA NACIONAL
– art. 91

CONSELHO DE JUSTIÇA FEDERAL
– onde funcionará: art. 105, § 1.º

CONSELHO NACIONAL DE JUSTIÇA
– art. 103-B

CONSELHO NACIONAL DO MINISTÉRIO PÚBLICO
– art. 130-A

CONSELHOS
– de contas dos Municípios: art. 75
– ou órgãos de Contas Municipais; criação: art. 31, § 4.º

CONSÓRCIOS
– públicos: art. 241

CONSTITUIÇÃO
– emenda: art. 60
– emenda; quando não será objeto de deliberação: art. 60, § 4.º
– emenda rejeitada; reapresentação: art. 60, § 5.º
– promulgação da emenda: art. 60, § 3.º
– proposta de emenda; discussão: art. 60, § 2.º
– quando não poderá ser emendada: art. 60, § 1.º

CONSTITUIÇÃO ESTADUAL
– ainda não promulgada; responsabilidades: art. 235, VIII
– número de conselheiros no Tribunal de Contas: art. 75, parágrafo único

CONSUMIDOR
– defesa do: art. 5.º, XXXII

CONTRABANDO
– prevenir e reprimir o: art. 144, § 1.º, II

CONTRADITÓRIO
– art. 5.º, LV

CONTRIBUIÇÃO DE MELHORIA
– instituição: art. 145, III

CONTRIBUIÇÕES
– para custeio do serviço de iluminação pública: art. 149-A

CONTRIBUIÇÕES SOCIAIS
– instituição: art. 149

CONVENÇÕES COLETIVAS DE TRABALHO
– reconhecimento: art. 7.º, XXVI

CONVENÇÕES INTERNACIONAIS
– celebração; Presidente da República: art. 84, VIII
– competência do Congresso Nacional: art. 49, I

CONVÊNIOS
– de cooperação: art. 241

COOPERATIVAS
– criação: art. 5.º, XVIII
– pesquisa e lavra: art. 174, § 4.º

CORPOS DE BOMBEIROS MILITARES
– inatividade e pensões; legislação sobre: art. 22, XXI

CORRESPONDÊNCIA
– sigilo: art. 5.º, XII

CRECHES
– assistência gratuita aos filhos e dependentes: art. 7.º, XXV

CRENÇA
– liberdade: art. 5.º, VI

CRENÇA RELIGIOSA
– direito de: art. 5.º, VIII

CRIAÇÃO DE ESTADOS
– normas básicas a serem observadas: art. 235
– o que é vedado à União: art. 234

CRIAÇÕES INDUSTRIAIS
– proteção: art. 5.º, XXIX

CRIANÇA
– arts. 226 a 230

CRIME
– inexistência de: art. 5.º, XXXIX
– retenção dolosa do salário: art. 7.º, X

CRIME DE RESPONSABILIDADE
– competência; Senado Federal; processo e julgamento: art. 52, I
– competência; Supremo Tribunal Federal; processo e julgamento: art. 102, I, *c*
– de Prefeitos; espécies: art. 29-A, § 2.º
– de Presidentes das Câmaras Municipais; espécies: art. 29-A, § 3.º
– do Presidente da República: art. 85
– Ministros de Estado; caso: art. 50, § 2.º
– processo e julgamento: art. 85, parágrafo único

CRIME INAFIANÇÁVEL
– Deputados e Senadores: art. 53, § 2.º

CRIME MILITAR
– prisão: art. 5.º, LXI

CRIMES DOLOSOS CONTRA A VIDA
– competência: art. 5.º, XXXVIII, *d*

CRIMES HEDIONDOS
– prática de: art. 5.º, XLIII

CRIMES POLÍTICOS
– em recurso ordinário; processo e julgamento: art. 102, II, *b*
– por estrangeiro: art. 5.º, LII
– processo e julgamento: art. 109, IV

CULTOS RELIGIOSOS
– livre exercício: art. 5.º, VI

CULTURA
– arts. 215 e 216

CUSTAS JUDICIAIS
– ação popular: art. 5.º, LXXIII

DADOS PESSOAIS
– direito de proteção dos; direito fundamental: art. 5.º, LXXIX

DANO À IMAGEM
– indenização: art. 5.º, V

DANO MATERIAL
– indenização: art. 5.º, V

DANO MORAL
– indenização: art. 5.º, V

DANOS
– reparação: art. 5.º, XLV
– responsabilidade: art. 37, § 6.º

DATAS COMEMORATIVAS
– art. 215, § 2.º

Índice Alfabético-Remissivo da CF

DÉCIMO TERCEIRO SALÁRIO
– arts. 7.º, VIII, e 201, § 6.º

DECORO
– parlamentar: art. 55, § 1.º

DEFENSORIA PÚBLICA
– arts. 134 e 135

DEFESA DO ESTADO E DAS INSTITUIÇÕES DEMOCRÁTICAS
– arts. 136 a 144

DEFICIENTES FÍSICOS
– adaptação de logradouros, edifícios e veículos para transporte coletivo: art. 244
– cargos e empregos públicos: art. 37, VIII
– garantia de um salário mínimo: art. 203, V
– logradouros públicos e edifícios: art. 227, § 2.º

DEPOSITÁRIO INFIEL
– prisão civil do: art. 5.º, LXVII

DEPUTADOS
– arts. 53 a 56

DEPUTADOS DISTRITAIS
– art. 32, § 3.º

DEPUTADOS E SENADORES
– arts. 53 a 56

DEPUTADOS ESTADUAIS
– art. 27

DEPUTADOS FEDERAIS
– quem pode eleger-se: art. 14, § 3.º, VI, c

DESAPROPRIAÇÃO
– de glebas com culturas ilegais: art. 243
– indenização de benfeitorias: art. 184, § 1.º
– isenção de impostos: art. 184, § 5.º
– não sujeição: art. 185
– pelo Município: art. 182, § 4.º, III
– por interesse social: art. 184
– procedimento: art. 5.º, XXIV
– processo judicial: art. 184, § 3.º

DESENVOLVIMENTO
– científico e tecnológico: arts. 218 a 219-B

DESPESA
– aumento de: art. 63
– limites; Câmara dos Vereadores: art. 29-A

DESPESA COM PESSOAL
– limite: art. 169, caput, e § 1.º

DESPORTO
– art. 217

DEVERES INDIVIDUAIS E COLETIVOS
– art. 5.º

DIPLOMATA
– cargo privativo de brasileiro nato: art. 12, § 3.º, V

DIREITO DE GREVE
– art. 9.º
– exercício: art. 37, VII

DIREITO DE PETIÇÃO
– art. 5.º, XXXIV, a

DIREITO DE PROPRIEDADE
– garantia do: art. 5.º, XXII

DIREITO DE RESPOSTA
– art. 5.º, V

DIREITO(S)
– adquirido; proteção: art. 5.º, XXXVI
– informação aos presos de seus: art. 5.º, LXIII
– lesão ou ameaça de: art. 5.º, XXXV
– suspensão ou interdição: art. 5.º, XLVI, e

DIREITOS E GARANTIAS FUNDAMENTAIS
– arts. 5.º a 17
– direitos e deveres individuais e coletivos: art. 5.º
– direitos políticos: arts. 14 a 16
– direitos sociais: arts. 6.º a 11
– nacionalidade: arts. 12 e 13
– partidos políticos: art. 17

DIREITOS HUMANOS
– art. 4.º, II

DIREITOS POLÍTICOS
– arts. 14 a 16

DIREITOS SOCIAIS
– arts. 6.º a 11

DIRETRIZES E BASES DA EDUCAÇÃO NACIONAL
– art. 22, XXIV

DISCRIMINAÇÃO
– art. 3.º, IV
– punição pela lei: art. 5.º, XLI

DISPOSIÇÕES CONSTITUCIONAIS GERAIS
– arts. 234 a 250

DISPOSIÇÕES CONSTITUCIONAIS TRANSITÓRIAS
– arts. 1.º a 95

DISSÍDIOS COLETIVOS
– conciliação e julgamento: art. 114

DISSÍDIOS INDIVIDUAIS
– conciliação e julgamento: art. 114

DISTRITO FEDERAL
– art. 32
– instituição de contribuições: art. 149, §§ 1.º a 1.º-C

DÍVIDA MOBILIÁRIA
– dos Estados, do Distrito Federal e dos Municípios; limitação pelo Senado Federal: art. 52, IX

DÍVIDA PÚBLICA EXTERNA E INTERNA
– disposição sobre: art. 163, II

DÍVIDAS
– fixação pelo Senado Federal: art. 52, VI

DIVÓRCIO DIRETO
– art. 226, § 6.º

DOAÇÃO
– imposto sobre: art. 155, I

DOCUMENTOS PÚBLICOS
– fé: art. 19, II

DOMÉSTICO
– direitos do trabalhador: art. 7.º, parágrafo único

DOMICÍLIO
– eleitoral: art. 14, § 3.º, IV
– inviolabilidade: art. 5.º, XI

DOTAÇÕES ORÇAMENTÁRIAS
– entrega dos recursos; prazo: art. 168

DROGAS
– confisco de bens decorrentes de: art. 243, parágrafo único
– extradição: art. 5.º, LI
– tráfico ilícito: art. 5.º, XLIII

DURAÇÃO DO TRABALHO
– art. 7.º, XIII

EDUCAÇÃO
– arts. 205 a 214

EDUCAÇÃO AMBIENTAL
– promoção: art. 225, § 1.º, VI

ELEGIBILIDADE
– art. 14, § 3.º

ELEIÇÃO
– cotas raciais: art. 17, § 9.º
– de Governador e Vice-Governador; realização: art. 28
– de Presidente e Vice-Presidente da República: art. 77, §§ 1.º a 5.º
– quem é elegível: art. 14, § 3.º
– voto direto e secreto: art. 14

EMENDAS À CONSTITUIÇÃO
– art. 60
– equivalentes a; tratados e convenções internacionais sobre direitos humanos: art. 5.º, § 3.º

EMPRESA JORNALÍSTICA
– art. 222

EMPRESAS CONCESSIONÁRIAS E PERMISSIONÁRIAS
– disposições sobre: art. 175, parágrafo único

EMPRESAS DE PEQUENO PORTE
– tratamento jurídico diferenciado: art. 179

EMPRESAS DE RADIODIFUSÃO
– art. 222

EMPRESAS ESTATAIS
– exploração: art. 21, XI
– orçamento de investimento: art. 165, § 5.º, II

EMPRESAS PÚBLICAS
– criação: art. 37, XIX
– privilégios fiscais: art. 173, § 2.º
– regime jurídico: art. 173, § 1.º
– relação com o Estado: art. 173, § 3.º

EMPRÉSTIMOS COMPULSÓRIOS
– instituição: art. 148

ENERGIA HIDRÁULICA
– propriedade: art. 176

ENSINO
– investimento da União no: art. 212, caput, §§ 1.º a 5.º
– liberdade à iniciativa privada: art. 209
– princípios: art. 206

ENSINO FUNDAMENTAL
– atuação dos Municípios: art. 212, § 2.º
– conteúdo: art. 210

ENSINO OBRIGATÓRIO
– acesso: art. 208, §§ 1.º e 2.º

Índice Alfabético-Remissivo da CF

ENSINO RELIGIOSO
– facultativo: art. 210, § 1.º

ENSINO SUPERIOR
– o que será observado: art. 207

ENTIDADE FAMILIAR
– art. 226, §§ 3.º e 4.º

ENTORPECENTES
– confisco de bens decorrentes de: art. 243, parágrafo único
– extradição: art. 5.º, LI
– tráfico ilícito: art. 5.º, XLIII

ERRO JUDICIÁRIO
– indenização pelo Estado: art. 5.º, LXXV

ESCOLA NACIONAL DE FORMAÇÃO E APERFEIÇOAMENTO DE MAGISTRADOS
– funções: art. 105, § 1.º

ESCOLA NACIONAL DE FORMAÇÃO E APERFEIÇOAMENTO DE MAGISTRADOS DO TRABALHO
– funções: art. 111-A, § 2.º, I

ESTADO DE DEFESA
– art. 136
– cessação; efeitos: art. 141
– decretação: arts. 84, IX, e 136, §§ 1.º a 7.º
– decretação; decisão sobre o ato de: art. 136, §§ 4.º a 7.º
– duração: art. 136, §§ 1.º e 2.º
– fiscalização da execução: art. 140
– ocorrências na vigência: art. 136, § 3.º
– rejeição do decreto: art. 136, § 7.º

ESTADO DE SÍTIO
– arts. 137 a 139
– cessação; efeitos: art. 141, parágrafo único
– decretação: art. 84, IX
– fiscalização de execução: art. 140

ESTADOS
– bens dos: art. 26
– criação: art. 235
– dever de educação: art. 208
– fixação da dívida: art. 52, VI
– função de fiscalização, incentivo e planejamento; atividade econômica: art. 174
– imposto que pertence aos: art. 157
– impostos dos: art. 155
– incorporação com outros Estados: art. 18, § 3.º
– instituição de contribuições: art. 149, §§ 1.º a 1.º-C
– instituição de impostos: art. 155
– intervenção federal: art. 34
– intervenção nos Municípios: art. 35
– Municípios e Distrito Federal; união indissolúvel: art. 1.º
– organização de suas Constituições: art. 25
– proventos de aposentadoria e pensões; constituição de fundos: art. 249
– representação; renovação: art. 46, § 2.º
– símbolos: art. 13, § 2.º
– Tribunais de Justiça: art. 125

ESTADOS FEDERADOS
– arts. 25 a 28

ESTATUTO DA JUVENTUDE
– estabelecimento do: art. 227, § 8.º, I

ESTATUTO DA MAGISTRATURA
– disposições sobre o: art. 93

ESTRANGEIROS
– alistamento eleitoral: art. 14, § 2.º
– crime político; extradição: art. 5.º, LII
– inviolabilidade de seus direitos: art. 5.º, *caput*
– naturalizados: art. 12, II, *b*
– sucessão de bens: art. 5.º, XXXI

EXTRADIÇÃO
– de brasileiro: art. 5.º, LI
– de estrangeiro por crime político: art. 5.º, LII
– processo e julgamento: art. 102, I, *g*

FAMÍLIA
– arts. 226 a 230

FAUNA
– proteção: art. 225, § 1.º, VII

FAZENDA ESTADUAL
– pagamento: art. 100

FAZENDA FEDERAL
– pagamento: art. 100

FAZENDA MUNICIPAL
– pagamento: art. 100

FÉRIAS REMUNERADAS
– art. 7.º, XVII

FIANÇA
– liberdade provisória: art. 5.º, LXVI

FILHOS
– direitos e qualificações: art. 227, § 6.º

FILIAÇÃO PARTIDÁRIA
– arts. 14, § 3.º, V, e 142, § 3.º, V

FINANÇAS PÚBLICAS
– arts. 163 a 169
– normas gerais: arts. 163 a 164-A
– orçamentos: arts. 165 a 169
– transparência; disponibilização de informações e dados contábeis: art. 163-A

FISCALIZAÇÃO
– contábil, financeira e orçamentária: arts. 70 a 75

FLAGRANTE DELITO
– prisão mediante: art. 5.º, LXI
– violabilidade da casa: art. 5.º, XI

FLORESTA AMAZÔNICA
– art. 225, § 4.º

FORÇAS ARMADAS
– arts. 142 e 143
– comando supremo: art. 84, XIII
– incorporação de Deputados e Senadores: art. 53, § 6.º
– oficial em comissão; cargo privativo de brasileiro nato: art. 12, § 3.º, VI

FRONTEIRA
– faixa de: arts. 20, § 2.º e 176, § 1.º

FUNÇÃO PÚBLICA
– perda: art. 37, § 4.º

FUNÇÃO SOCIAL
– da propriedade: art. 184

FUNÇÕES ESSENCIAIS À JUSTIÇA
– arts. 127 a 135

FUNDAÇÃO PÚBLICA
– criação: art. 37, XIX

FUNDEB
– Fundo de Manutenção e Desenvolvimento da Educação Básica e de Valorização dos Profissionais da Educação: art. 212-A

FUNDO DE GARANTIA
– por tempo de serviço: art. 7.º, III

FUNDO NACIONAL DE DESENVOLVIMENTO REGIONAL
– instituição: art. 159-A

FUNDO PARTIDÁRIO
– partidos políticos; direito aos recursos do: art. 17, § 3.º

GÁS NATURAL
– monopólio da União: art. 177, I

GESTANTE
– licença: art. 7.º, XVIII

GOVERNADORES
– eleição: arts. 28, §§ 1.º e 2.º, e 32, § 2.º
– inelegibilidade: art. 14, § 7.º
– perda de mandato: art. 28, § 1.º
– quem pode eleger-se: art. 14, § 3.º, VI, *b*
– reeleição: art. 14, § 5.º

GOVERNADORES DE TERRITÓRIOS
– escolha pelo Senado Federal: art. 52, III, *c*
– nomeação: art. 84, XIV

GRATIFICAÇÃO NATALINA
– art. 7.º, VIII
– dos aposentados e pensionistas: art. 201, § 6.º

GREVE
– abusos: art. 9.º, § 2.º
– direito de: arts. 9.º e 37, VII
– proibição para o militar: art. 142, § 3.º, IV

GUARDAS MUNICIPAIS
– constituição: art. 144, § 8.º

GUERRA
– declaração: arts. 21, II, e 84, XIX
– requisições civis e militares: art. 22, III

HABEAS CORPUS
– concessão: art. 5.º, LXVIII
– em recurso ordinário; processo e julgamento: art. 102, II, *a*
– gratuidade das ações: art. 5.º, LXXVII
– julgamento pelo Superior Tribunal de Justiça: art. 105, II, *a*
– processo e julgamento: art. 102, I, *d* e *i*
– processo e julgamento; competência dos Tribunais Regionais Federais: art. 108, I, *d*
– processo e julgamento pelo Superior Tribunal de Justiça: art. 105, I, *c*
– punições disciplinares militares: art. 142, § 2.º

HABEAS DATA
– concessão: art. 5.º, LXXII
– em recurso ordinário; processo e julgamento: art. 102, II, *a*

– gratuidade da ação de: art. 5.º, LXXVII
– processo e julgamento: art. 102, I, d
– processo e julgamento; competência dos Tribunais Regionais Federais: art. 108, I, c
– processo e julgamento pelo Superior Tribunal de Justiça: art. 105, I, b

HERANÇA
– garantia do direito de: art. 5.º, XXX

HIGIENE E SEGURANÇA DO TRABALHO
– art. 7.º, XXII

HINO NACIONAL
– símbolo: art. 13, § 1.º

HONRA
– inviolabilidade: art. 5.º, X

HORA EXTRA
– remuneração: art. 7.º, XVI

HORÁRIO DE TRABALHO
– art. 7.º, XIII

HORÁRIO GRATUITO DE RÁDIO E TELEVISÃO
– partidos políticos; acesso ao: art. 17, § 3.º

IDENTIFICAÇÃO CRIMINAL
– submissão: art. 5.º, LVIII

IDOSO
– arts. 226 a 230

IGREJAS
– art. 19, I

IGUALDADE
– entre Estados: art. 4.º, V
– perante a lei: art. 5.º, caput

IMAGEM DAS PESSOAS
– inviolabilidade: art. 5.º, X

IMAGEM HUMANA
– reprodução: art. 5.º, XXVIII, a

IMPOSTOS
– anistia ou remissão: art. 150, § 6.º
– caráter: art. 145, § 1.º
– instituição: art. 145, I
– instituição mediante lei complementar: art. 154, I
– instituição pela União: art. 153
– pertencente a arrecadação ao Distrito Federal: art. 157
– pertencente a arrecadação aos Estados: art. 157
– pertencente a arrecadação aos Municípios: art. 158

IMPOSTOS DA UNIÃO
– arts. 153 e 154

IMPOSTOS DOS ESTADOS E DISTRITO FEDERAL
– art. 155

IMPOSTOS DOS MUNICÍPIOS
– art. 156

IMPOSTOS ESTADUAIS
– art. 155
– em Território Federal; competência: art. 147

IMPOSTOS EXTRAORDINÁRIOS
– instituição: art. 154, II

IMPOSTOS SOBRE BENS E SERVIÇOS
– competência compartilhada entre Estados, Distrito Federal e Municípios: arts. 156-A e 156-B

– processo e julgamento pelo Superior Tribunal de Justiça; conflito entre entes federativos relacionado a tributos: art. 105, I, j

IMPROBIDADE ADMINISTRATIVA
– art. 37, § 4.º
– efeito: art. 15, V

IMUNIDADES
– de Deputados e Senadores: art. 53, § 8.º
– tributárias: art. 150, VI

INCENTIVO
– regional: art. 43, § 2.º

INCONSTITUCIONALIDADE
– de lei; declaração: art. 97
– de lei; julgamento: art. 102, I, a
– de lei; suspensão da declaração: art. 52, X

INDENIZAÇÃO
– por dano material ou moral: art. 5.º, X

INDENIZAÇÃO POR DANO MATERIAL, MORAL OU À IMAGEM
– art. 5.º, V

ÍNDIOS
– arts. 231 e 232

INDIVIDUALIZAÇÃO DA PENA
– art. 5.º, XLVI

INDULTO
– concessão: art. 84, XII

INELEGIBILIDADE
– casos de: art. 14, §§ 4.º, 6.º e 7.º

INOVAÇÃO
– arts. 218 a 219-B

INFORMAÇÃO
– direito de todos: art. 5.º, XIV

INFORMÁTICA
– art. 22, IV

INOVAÇÃO
– arts. 218 a 219-B

INQUÉRITO POLICIAL
– instauração: art. 129, VIII

INSTITUIÇÕES FINANCEIRAS
– Congresso Nacional: art. 48, XV
– emissão de moedas: art. 164, § 3.º

INTEGRIDADE FÍSICA E MORAL
– do preso; respeitabilidade: art. 5.º, XLIX

INTERDIÇÃO DE DIREITOS
– art. 5.º, XLVI, e

INTERROGATÓRIO POLICIAL
– art. 5.º, LXIV

INTERVENÇÃO
– arts. 34 a 36

INTERVENÇÃO FEDERAL
– decretação: art. 84, X

INVESTIGAÇÃO CRIMINAL
– art. 5.º, XII

INVIOLABILIDADE
– de correspondência: art. 139, § 3.º
– dos direitos fundamentais: art. 5.º
– dos Vereadores: art. 29, VIII

IRREDUTIBILIDADE DE SALÁRIO
– art. 7.º, VI

JAZIDAS
– legislação sobre: art. 22, XII

– propriedade: art. 176

JAZIDAS DE GÁS NATURAL
– monopólio da União: art. 177, I

JAZIDAS DE MINERAIS
– prioridade das cooperativas: art. 174, § 4.º

JAZIDAS DE PETRÓLEO
– monopólio da União: art. 177, I

JORNADA DE TRABALHO
– em turnos: art. 7.º, XIV
– redução: art. 7.º, XIII

JORNAIS
– art. 150, VI, d

JOVEM
– arts. 226 a 230

JUIZADOS ESPECIAIS
– criação: art. 98, I

JUÍZES DA JUSTIÇA MILITAR
– processo e julgamento dos: art. 108, I, a

JUÍZES DOS ESTADOS
– arts. 125 e 126

JUÍZES DO TRABALHO
– arts. 111 a 116
– processo e julgamento dos: art. 108, I, a

JUÍZES ELEITORAIS
– arts. 118 a 121

JUÍZES FEDERAIS
– arts. 106 a 110
– competência para processar e julgar: art. 109
– na composição dos Tribunais Regionais Federais: art. 107, II
– processo e julgamento dos: art. 108, I, a

JUÍZES MILITARES
– arts. 122 a 124

JUÍZO DE EXCEÇÃO
– art. 5.º, XXXVII

JÚRI
– reconhecimento da instituição do: art. 5.º, XXXVIII

JUSTIÇA DE PAZ
– criação: art. 98, II

JUSTIÇA DESPORTIVA
– recursos: art. 217, §§ 1.º e 2.º

JUSTIÇA DO TRABALHO
– competência: art. 114

JUSTIÇA ELEITORAL
– composição: art. 119
– órgãos: art. 118

JUSTIÇA FEDERAL
– competência: arts. 108 e 109
– órgãos: art. 106, I e II

JUSTIÇA MILITAR
– competência: art. 124
– organização, funcionamento e competência: art. 124, parágrafo único
– órgãos: art. 122

JUSTIÇA MILITAR ESTADUAL
– criação: art. 125, § 3.º

LAZER
– direitos dos trabalhadores: art. 7.º, IV

– direitos sociais: art. 217, § 3.º
– para a criança, o adolescente e o jovem: art. 227

LEI DE DIRETRIZES ORÇAMENTÁRIAS
– instituição: art. 165, II e § 2.º

LEI ESTADUAL
– ação direta de inconstitucionalidade; processo e julgamento: art. 102, I, a

LEI FEDERAL
– ação declaratória de constitucionalidade; processo e julgamento: art. 102, I, a
– ação direta de inconstitucionalidade; processo e julgamento: art. 102, I, a

LEI PENAL
– retroatividade: art. 5.º, XL

LEIS
– art. 61
– declaração de inconstitucionalidade: art. 97
– iniciativa: art. 61
– julgamento de inconstitucionalidade: art. 102, I, a

LEIS COMPLEMENTARES
– aprovação: art. 69

LEIS DELEGADAS
– elaboração: art. 68

LESÃO OU AMEAÇA A DIREITO
– apreciação: art. 5.º, XXXV

LIBERDADE
– privação da: art. 5.º, LIV
– privação ou restrição: art. 5.º, XLVI, a

LIBERDADE DE ASSOCIAÇÃO
– art. 5.º, XVII

LIBERDADE PROVISÓRIA
– admissão: art. 5.º, LXVI

LICENÇA À GESTANTE
– art. 7.º, XVIII

LICENÇA-PATERNIDADE
– art. 7.º, XIX

LICITAÇÃO
– exigência: art. 37, XXI e §§ 1.º e 2.º

LIMITAÇÃO DO PODER DE TRIBUTAR
– arts. 150 a 152

LÍNGUA OFICIAL
– art. 13

LOCOMOÇÃO
– liberdade de: art. 5.º, XV

MAGISTRADOS
– acesso a tribunais: art. 93, III
– aposentadoria: art. 93, VI
– escolha pelo Senado Federal: art. 52, III, a
– estatuto: art. 93, caput
– garantias: art. 95
– ingresso na carreira: art. 93, I
– nomeação: art. 84, XVI
– permuta de magistrados: art. 93, VIII-B
– preparação e aperfeiçoamento: art. 93, IV
– remoção a pedido de magistrados: art. 93, VIII-A
– promoção: art. 93, II
– remoção; disponibilidade: art. 93, VIII
– residência: art. 93, VII
– subsídios: art. 93, V

MAGISTRATURA
– disposições do estatuto: art. 93

MANDADO DE INJUNÇÃO
– concessão: art. 5.º, LXXI
– em recurso ordinário; processo e julgamento: art. 102, II, a
– processo e julgamento: art. 102, I, q
– processo e julgamento pelo Superior Tribunal de Justiça: art. 105, I, h

MANDADO DE SEGURANÇA
– concessão: art. 5.º, LXIX
– em recurso ordinário; processo e julgamento: art. 102, II, a
– julgamento pelo Superior Tribunal de Justiça: art. 105, II, b
– processo e julgamento; competência dos Tribunais Regionais Federais: art. 108, I, c
– processo e julgamento pelo Superior Tribunal de Justiça: art. 105, I, b

MANDADO DE SEGURANÇA COLETIVO
– impetração: art. 5.º, LXX

MANDATO
– de Deputado e Senador; casos em que não perderão: art. 56
– dos Deputados e Senadores; perda: art. 55

MANDATO ELETIVO
– impugnação: art. 14, § 10
– tramitação da ação de impugnação: art. 14, § 11

MAR TERRITORIAL
– bens da União: art. 20, VI

MATA ATLÂNTICA
– art. 225, § 4.º

MATERIAL BÉLICO
– comércio; competência da União: art. 21, VI
– legislação; competência da União: art. 22, XXI

MATERNIDADE
– assistência social: art. 203, I
– direito social: art. 6.º
– na previdência social: art. 201, II

MEDIDAS PROVISÓRIAS
– adoção: arts. 62 e 246
– edição de: art. 84, XXVI

MEIO AMBIENTE
– art. 225
– ação popular: art. 5.º, LXXIII
– proteção: art. 200, VIII

MEIOS DE COMUNICAÇÃO SOCIAL
– monopólio ou oligopólio: art. 220, § 5.º

MICROEMPRESAS
– tratamento jurídico diferenciado: art. 179

MICRORREGIÕES
– art. 25, § 3.º

MILITAR(ES)
– dos Estados, do Distrito Federal e dos Territórios: art. 42

MINÉRIOS NUCLEARES
– produção, comercialização e utilização de radioisótopos para pesquisa e uso médicos: art. 21, XXIII, b e c

MINISTÉRIO PÚBLICO
– arts. 127 a 130
– Federal; na composição dos Tribunais Regionais Federais: art. 107, I
– União; processo e julgamento dos membros do: art. 108, I, a

MINISTÉRIO(S)
– criação, estruturação e atribuições: art. 88
– da Defesa; cargo privativo de brasileiro nato: art. 12, § 3.º, VII
– da Defesa; comando supremo; competência privativa do Presidente da República: art. 84, XIII
– da Defesa; do Conselho; integrantes: art. 91, I a VIII
– da Defesa; do Superior Tribunal de Justiça; processo e julgamento; competência: art. 105
– da Defesa; do Supremo Tribunal Federal; infrações penais comuns e crimes de responsabilidade; competência: art. 102, I, c
– da Defesa; processo e julgamento; competência privativa do Senado Federal: art. 52, I

MINISTROS
– convocação pela Câmara dos Deputados e pelo Senado Federal: art. 50

MINISTROS DE ESTADO
– arts. 87 e 88
– infrações penais comuns; julgamento: art. 102, I, c
– nomeação e exoneração: art. 84, I
– processo contra: art. 51, I
– processo e julgamento: art. 52, I

MINISTROS DO SUPREMO TRIBUNAL FEDERAL
– cargo privativo de brasileiro nato: art. 12, § 3.º, IV
– nomeação: art. 84, XIV
– processo e julgamento: art. 52, II

MINISTROS DO TRIBUNAL DE CONTAS
– da União; escolha pelo Senado Federal: art. 52, III, b
– nomeação: art. 84, XIV

MOEDA
– emissão: art. 164
– emissão; limites: art. 48, XIV

MONOPÓLIO DA UNIÃO
– art. 177

MORALIDADE ADMINISTRATIVA
– ação popular: art. 5.º, LXXIII

MULHERES
– serviço militar: art. 143, § 2.º

MUNICÍPIOS
– arts. 29 a 31
– constituição de Guarda Municipal: art. 144, § 8.º

Índice Alfabético-Remissivo da CF

– criação, incorporação, fusão e desmembramento: art. 18, § 4.º
– de territórios; intervenção: art. 35
– dívida mobiliária; limitação pelo Senado Federal: art. 52, IX
– Estados e Distrito Federal; união indissolúvel: art. 1.º
– fixação da dívida: art. 52, VI
– imposto dos: art. 156
– imposto que pertence aos: art. 158
– instituição de contribuições: art. 149, §§ 1.º a 1.º-C
– instituição de impostos; competência: art. 156
– proventos de aposentadoria e pensões; constituição de fundos: art. 249
– símbolos: art. 13, § 2.º

NACIONALIDADE
– arts. 12 e 13
– legislação sobre: art. 22, XIII
– renúncia: art. 12, § 5.º

NASCIMENTO
– gratuidade do registro civil: art. 5.º, LXXVI, a

NATURALIZAÇÃO
– cancelamento; efeito: art. 12, § 4.º, I
– legislação sobre: art. 22, XIII

ÓBITO
– gratuidade da certidão: art. 5.º, LXXVI, b

ORÇAMENTOS
– arts. 165 a 169
– ajuste fiscal; vedações: art. 167-A
– estado de calamidade pública; contratação de pessoal: art. 167-C
– estado de calamidade pública; disposições: arts. 167-B a 167-G
– estado de calamidade pública; regime extraordinário fiscal, financeiro e de contratações: art. 167-B
– inclusão de verbas; pagamento de precatórios de sentenças transitadas em julgado: art. 100, § 5.º

ORDEM DOS ADVOGADOS DO BRASIL
– art. 103, VII

ORDEM ECONÔMICA E FINANCEIRA
– arts. 170 a 192
– política agrícola e fundiária e reforma agrária: arts. 184 a 191
– política urbana: arts. 182 e 183
– princípios gerais da atividade econômica: arts. 170 a 181

ORDEM JUDICIAL
– violabilidade das comunicações telefônicas: art. 5.º, XII

ORDEM SOCIAL
– arts. 193 a 232

ORGANIZAÇÃO DO ESTADO
– arts. 18 a 43
– administração pública: arts. 37 a 43
– Distrito Federal e territórios: arts. 32 e 33
– Estados federados: arts. 25 a 28
– intervenção: arts. 34 a 36
– Municípios: arts. 29 a 31
– União: arts. 20 a 24

ORGANIZAÇÃO DOS PODERES
– arts. 44 a 135
– funções essenciais à justiça: arts. 127 a 135
– poder executivo: arts. 76 a 91
– poder judiciário: arts. 92 a 126
– poder legislativo: arts. 44 a 75

ORGANIZAÇÃO POLÍTICO--ADMINISTRATIVA
– arts. 18 e 19

ORGANIZAÇÃO SINDICAL
– art. 8.º

ORGANIZAÇÕES INTERNACIONAIS
– art. 21, I

PANTANAL MATO-GROSSENSE
– art. 225, § 4.º

PARTIDOS POLÍTICOS
– art. 17
– candidaturas de pessoas pretas e pardas: art. 17, § 9.º
– candidaturas femininas: art. 17, §§ 7.º e 8.º

PATRIMÔNIO CULTURAL BRASILEIRO
– art. 216

PENA DE MORTE
– art. 5.º, XLVII, a

PENA PERPÉTUA
– art. 5.º, XLVII, b

PENAS
– comutação: art. 84, XII
– cumprimento: art. 5.º, XLVIII
– exigência de cominação: art. 5.º, XXXIX
– individualização: art. 5.º, XLVI
– não passará da pessoa do condenado: art. 5.º, XLV

PENAS CRUÉIS
– art. 5.º, XLVII, e

PERDIMENTO DE BENS
– art. 5.º, XLV

PETRÓLEO
– exploração e participação: art. 20, § 1.º
– refinação; monopólio da União: art. 177, II
– venda e revenda: art. 238

PISO SALARIAL
– art. 7.º, V
– enfermeiro, técnico de enfermagem, auxiliar de enfermagem e parteira: art. 198, §§ 12 a 15

PLANEJAMENTO FAMILIAR
– art. 226, § 7.º

PLANO NACIONAL DE CULTURA
– art. 215, § 3.º

PLANO NACIONAL DE EDUCAÇÃO
– art. 214

PLANO PLURIANUAL
– disposições sobre o: art. 165, § 9.º
– instituição: art. 165, I e § 1.º
– projetos de lei relativos a: art. 166
– remessa ao Congresso Nacional: art. 84, XXIII

PLANTAS PSICOTRÓPICAS
– expropriação de glebas com cultura de: art. 243

PLEBISCITO
– art. 14, I
– convocação pelo Congresso Nacional: art. 49, XV
– para criação, incorporação, fusão e desmembramento de municípios: art. 18, § 4.º
– para incorporação de Estados: art. 18, § 3.º

PODER DE TRIBUTAR
– limitação: arts. 150 a 152

PODER EXECUTIVO
– arts. 76 a 91
– atribuições do Presidente da República: art. 84
– Conselho da República: arts. 89 e 90
– Conselho da República e Conselho de Defesa Nacional: arts. 89 a 91
– Ministros de Estado: arts. 87 e 88
– Presidente e Vice-Presidente da República: arts. 76 a 83
– responsabilidade do Presidente da República: arts. 85 e 86

PODER JUDICIÁRIO
– arts. 92 a 126
– organização e manutenção; competência: art. 21, XIII
– Superior Tribunal de Justiça: arts. 104 e 105
– Supremo Tribunal Federal: arts. 101 a 103
– tribunais e juízes dos estados: arts. 125 e 126
– tribunais e juízes do trabalho: arts. 111 a 117
– tribunais e juízes eleitorais: arts. 118 a 121
– tribunais e juízes militares: arts. 122 a 124
– tribunais regionais federais e juízes federais: arts. 106 a 110

PODER LEGISLATIVO
– arts. 44 a 75
– Câmara dos Deputados: art. 51
– Congresso Nacional: arts. 44 a 47
– deputados e senadores: arts. 53 a 56
– fiscalização contábil, financeira e orçamentária: arts. 70 a 75
– processo legislativo: arts. 59 a 69
– Senado Federal: art. 52

POLÍCIA FEDERAL
– destinação: art. 144, § 1.º

POLÍCIA FERROVIÁRIA
– federal; destinação: art. 144, § 3.º

POLÍCIA MILITAR
– convocação e mobilização; inatividade e pensões; legislação sobre: art. 22, XXI
– dos Estados, do Distrito Federal e dos Territórios: art. 42
– incumbência: art. 144, §§ 5.º e 6.º

POLÍCIA RODOVIÁRIA
– federal; destinação: art. 144, § 2.º

POLÍCIAS CIVIS
– incumbência: art. 144, § 4.º

POLÍTICA AGRÍCOLA
– planejamento e execução: art. 187
POLÍTICA AGRÍCOLA E FUNDIÁRIA E REFORMA AGRÁRIA
– arts. 184 a 191
POLÍTICA DE DESENVOLVIMENTO URBANO
– art. 182
POLÍTICA URBANA
– arts. 182 e 183
PORTUGUÊS
– língua oficial: art. 13
PORTUGUESES
– naturalizados: art. 12, § 1.º
PRECATÓRIOS JUDICIAIS
– disposições: art. 100
– orçamento; inclusão de verbas; pagamento de precatórios de sentenças transitadas em julgado: art. 100, § 5.º
PRECONCEITOS
– art. 3.º, IV
PREFEITO
– crime de responsabilidade; espécies: art. 29-A, § 2.º
– eleição: art. 29, I
– inelegibilidade: art. 14, § 7.º
– julgamento: art. 29, X
– perda do mandato: art. 29, XIV
– posse: art. 29, III
– prazo do mandato: art. 29, I
– quem pode eleger-se: art. 14, § 3.º, VI, c
– reeleição: art. 14, § 5.º
– subsídios: art. 29, V
PRESCRIÇÃO
– do direito de ação: art. 7.º, XXIX
PRESIDENTE DA CÂMARA DOS DEPUTADOS
– cargo privativo de brasileiro nato: art. 12, § 3.º, II
PRESIDENTE DA REPÚBLICA
– afastamento; cessação: art. 86, § 2.º
– atos estranhos ao exercício de suas funções: art. 86, § 4.º
– atribuições: art. 84
– ausência do País: art. 83
– cargo privativo de brasileiro nato: art. 12, § 3.º, I
– contas do; exame: art. 166, § 1.º, I
– crimes de responsabilidade: art. 85
– delegação de atribuições: art. 84, parágrafo único
– eleição: art. 77
– e Vice-Presidente: arts. 76 a 83
– exercício do Poder Executivo: art. 76
– impedimento: art. 80
– inelegibilidade: art. 14, § 7.º
– infrações penais comuns; julgamento: art. 102, I, b
– julgamento: art. 86
– morte do candidato: art. 77, § 4.º
– posse: art. 78
– prisão: art. 86, § 3.º
– processo contra: art. 51, I
– processo e julgamento: art. 52, I

– proposta de ação declaratória de constitucionalidade: art. 103
– quem pode eleger-se: art. 14, § 3.º, VI, a
– reeleição: art. 14, § 5.º
– responsabilidade: arts. 85 e 86
– substituição: art. 79
– suspensão das funções: art. 86, § 1.º
– tempo de mandato: art. 82
– vacância do cargo: art. 81
PRESIDENTE DO BANCO CENTRAL
– escolha: art. 52, III, d
PRESIDENTE DO SENADO FEDERAL
– cargo privativo de brasileiro nato: art. 12, § 3.º, III
PRESIDIÁRIAS
– permanência com os filhos: art. 5.º, L
PRESO
– assistência familiar e advogado: art. 5.º, LXIII
– identificação dos responsáveis por sua prisão e interrogatório: art. 5.º, LXIV
– informação de seus direitos: art. 5.º, LXIII
– respeito ao: art. 5.º, XLIX
– tempo superior à condenação; indenização: art. 5.º, LXXV
PREVIDÊNCIA COMPLEMENTAR
– art. 202
PREVIDÊNCIA PRIVADA
– competência para administração e fiscalização: art. 21, VIII
PREVIDÊNCIA SOCIAL
– a quem atenderão os planos de: art. 201
– aposentadoria; por idade: art. 201, §§ 7.º e 8.º
– benefícios; limites: art. 248
– benefícios não programados; cobertura: art. 201, § 10
– competência para legislar sobre: art. 24, XII
– contagem recíproca: art. 201, §§ 9.º e 9.º-A
– correção dos salários de contribuição: art. 201, §§ 3.º e 4.º
– ganhos do empregado incorporados ao salário: art. 201, § 11
– gratificação natalina dos aposentados e pensionistas: art. 201, § 6.º
– instituição pelos Estados, Distrito Federal e Municípios: art. 149, §§ 1.º a 1.º-C
– professor: art. 201, § 8.º
– reajustamento de benefícios: art. 201, § 4.º
– recursos; fundos: arts. 249 e 250
– risco de acidente do trabalho; cobertura: art. 201, § 10
– servidor público: art. 38, V
– sistema especial de inclusão previdenciária para trabalhadores de baixa renda e sem renda própria: art. 201, §§ 12 e 13
– tempo de contribuição fictício; vedação: art. 201, § 14
PRINCÍPIO DO CONTRADITÓRIO
– art. 5.º, LV

PRINCÍPIOS FUNDAMENTAIS
– arts. 1.º a 4.º
PRISÃO
– comunicação da: art. 5.º, LXII
– de Deputados e Senadores: art. 53, § 2.º
– exigências para sua realização: art. 5.º, LXI
PRISÃO CIVIL POR DÍVIDA
– caso de: art. 5.º, LXVII
PRISÃO ILEGAL
– relaxamento: art. 5.º, LXV
PRISÃO PERPÉTUA
– art. 5.º, XLVII, b
PRIVAÇÃO DA LIBERDADE
– art. 5.º, LIV e XLVI, a
PRIVAÇÃO DOS BENS
– art. 5.º, LIV
PROCESSO E SENTENÇA
– por autoridade competente: art. 5.º, LIII
PROCESSO ELEITORAL
– art. 16
PROCESSO LEGISLATIVO
– arts. 59 a 69
PROCESSO LEGISLATIVO ESTADUAL
– iniciativa popular do processo: art. 27, § 4.º
PROCURADORES DO DISTRITO FEDERAL
– art. 132
PROCURADORES DOS ESTADOS
– art. 132
PROCURADOR-GERAL DA REPÚBLICA
– escolha: art. 52, III, e
– exoneração: art. 52, XI
– processo e julgamento: art. 52, II
– proposta de ação declaratória de constitucionalidade: art. 103, VI
PROCURADORIA-GERAL DA FAZENDA NACIONAL
– representação da União: art. 131
PROGRAMA DE FORMAÇÃO DO PATRIMÔNIO DO SERVIDOR PÚBLICO (PASEP)
– contribuições; destinação: art. 239
PROGRAMA DE INTEGRAÇÃO SOCIAL (PIS)
– contribuições; destinação: art. 239 e §§ 1.º a 4.º
PROJETOS DE LEI
– apreciação do veto: art. 66, §§ 4.º e 6.º
– aprovado; encaminhamento à sanção: art. 66
– aprovado; revisão: art. 65
– discussão e votação: art. 64
– emendas do Senado; apreciação: art. 64, § 3.º
– inconstitucionalidade: art. 66, § 1.º
– leis delegadas; elaboração: art. 68
– pedido de emergência: art. 64
– prazo para sanção: art. 66, § 3.º
– rejeição; consequência: art. 67
– veto; manutenção: art. 66, § 7.º
– veto parcial: art. 66, § 2.º

Índice Alfabético-Remissivo da CF

PROJETOS DE LEIS MUNICIPAIS
– iniciativa popular: art. 29, XIII

PROPAGANDA GRATUITA NO RÁDIO E TELEVISÃO
– partidos políticos; acesso a: art. 17, § 3.º

PROPRIEDADE
– direito garantido: art. 5.º, XXII
– função social: art. 5.º, XXIII
– particular; caso de utilização por autoridade: art. 5.º, XXV
– pequena e rural; impenhorabilidade: art. 5.º, XXVI

PROPRIEDADE RURAL
– aquisição; limitação: art. 190
– desapropriação: arts. 184 e 185
– função social; cumprimento: art. 186
– impenhorabilidade: art. 5.º, XXVI
– imposto sobre: art. 153, VI

PROPRIEDADE URBANA
– função social: art. 182, § 2.º

PROTEÇÃO DE DADOS PESSOAIS
– direito fundamental: art. 5.º, LXXIX

PROVAS ILÍCITAS
– inadmissibilidade: art. 5.º, LVI

PUBLICIDADE DOS ATOS PROCESSUAIS
– art. 5.º, LX

QUINTO CONSTITUCIONAL
– art. 94

RACISMO
– prática; crime inafiançável e imprescritível: art. 5.º, XLII
– repúdio ao: art. 4.º, VIII

RADIOISÓTOPOS
– produção, comercialização e utilização para pesquisa e uso médicos: art. 21, XXIII, *b* e *c*

RECEITAS TRIBUTÁRIAS
– repartição: arts. 157 a 162

RECLAMAÇÃO
– processo e julgamento pelo Superior Tribunal de Justiça: art. 105, I, *f*
– processo e julgamento pelo Supremo Tribunal Federal: art. 102, I, *l*

RECURSO ESPECIAL
– art. 105, III
– relevância das questões de direito federal infraconstitucional: art. 105, §§ 2.º e 3.º

RECURSO EXTRAORDINÁRIO
– art. 102, III

RECURSO ORDINÁRIO
– arts. 102, II, e 105, II

REFERENDO
– art. 14, II

REFORMA AGRÁRIA
– desapropriação para fins de: art. 184
– o que não será desapropriado para fins de: art. 185

REGIÕES
– da administração pública: art. 43

REGISTRO CIVIL DE NASCIMENTO
– gratuidade: art. 5.º, LXXVI, *a*

RELAÇÕES INTERNACIONAIS
– regimento: art. 4.º
– representantes diplomáticos: art. 84, VII

REMUNERAÇÃO
– de servidores públicos; revisão: art. 37, X e XI

RENDA BÁSICA FAMILIAR
– brasileiros em situação de vulnerabilidade social: art. 6.º, parágrafo único

REPARAÇÃO DE DANO
– art. 5.º, XLV

REPARTIÇÃO DAS RECEITAS TRIBUTÁRIAS
– arts. 157 a 162

REPOUSO SEMANAL REMUNERADO
– art. 7.º, XV

REPÚBLICA FEDERATIVA DO BRASIL
– formação: art. 1.º
– objetivos fundamentais: art. 3.º
– relações internacionais; princípios: art. 4.º

REUNIÕES
– do Poder Legislativo: art. 57

REVISÕES CRIMINAIS
– competência; processo e julgamento pelos Tribunais Regionais Federais: art. 108, I, *b*
– processo e julgamento: art. 102, I, *j*
– processo e julgamento pelo Superior Tribunal de Justiça: art. 105, I, *e*

SALÁRIO DE CONTRIBUIÇÃO
– da previdência social; correção: art. 201, § 3.º

SALÁRIO-EDUCAÇÃO
– aplicação no ensino: art. 212, §§ 5.º e 6.º

SALÁRIO-FAMÍLIA
– art. 7.º, XII

SALÁRIO MÍNIMO
– art. 7.º, IV

SALÁRIO(S)
– diferença; proibição: art. 7.º, XXX
– garantia de: art. 7.º, VII
– irredutibilidade de: art. 7.º, VI
– retenção: art. 7.º, X

SALÁRIO VARIÁVEL
– garantia do salário mínimo: art. 7.º, VII

SANGUE
– transfusão; comércio: art. 199, § 4.º

SAÚDE
– ações e serviços de; relevância pública: art. 197
– ações e serviços públicos: art. 198
– assistência à: art. 199
– direito de todos: art. 196
– piso salarial da enfermagem: art. 198, §§ 12 e 15

SEGURANÇA NO TRABALHO
– art. 7.º, XXII

SEGURANÇA PÚBLICA
– órgãos: art. 144

SEGURANÇA VIÁRIA
– art. 144, § 10

SEGURIDADE SOCIAL
– arts. 194 a 204
– financiamento da: art. 195
– legislação sobre: art. 22, XXIII
– orçamento: art. 165, § 5.º, III

SEGURO
– contra acidentes do trabalho: art. 7.º, XXVIII

SEGURO-DESEMPREGO
– arts. 7.º, II, e 239, *caput* e § 4.º

SENADO FEDERAL
– competência privativa: art. 52
– composição: art. 46
– convocação de ministros: art. 50, § 2.º
– deliberações: art. 47
– Presidente; cargo privativo de brasileiro nato: art. 12, § 3.º, III
– proposta pela mesa de ação declaratória de constitucionalidade: art. 103
– reunião conjunta com a Câmara dos Deputados: art. 57, § 3.º

SENADORES
– arts. 53 a 56
– pelo Distrito Federal: art. 46, § 1.º
– por Estado: art. 46, § 1.º
– quem pode eleger-se: art. 14, § 3.º, VI, *a*
– suplentes: art. 46, § 3.º

SENTENÇA PENAL CONDENATÓRIA
– situação do culpado: art. 5.º, LVII

SENTENÇAS ESTRANGEIRAS
– homologação, processo e julgamento: art. 105, I, *i*

SEPARAÇÃO DOS PODERES
– vedação: art. 60, § 4.º, III

SEPARAÇÃO JUDICIAL
– por mais de um ano; dissolução do casamento; divórcio: art. 226, § 6.º

SERRA DO MAR
– art. 225, § 4.º

SERVIÇO MILITAR
– eclesiástico: art. 143, § 2.º
– mulheres: art. 143, § 2.º
– obrigatoriedade: art. 143
– obrigatório; estrangeiros: art. 14, § 2.º

SERVIÇOS NOTARIAIS
– art. 236

SERVIÇOS PÚBLICOS
– prestação: art. 175
– reclamação: art. 37, § 3.º, I

SERVIDOR(ES) PÚBLICO(S)
– arts. 39 a 41
– titular de cargo efetivo; readaptação para exercício de cargo; limitação da capacidade física ou mental: art. 37, § 13

SESSÃO LEGISLATIVA
– anual: art. 57

SIGILO DA CORRESPONDÊNCIA
– inviolabilidade: art. 5.º, XII

SIGILO DAS VOTAÇÕES
– no tribunal do júri: art. 5.º, XXXVIII, *b*

Índice Alfabético-Remissivo da CF

SÍMBOLOS ESTADUAIS
– art. 13, § 2.º

SÍMBOLOS NACIONAIS
– art. 13, § 1.º

SINDICATO
– art. 8.º

SISTEMA FINANCEIRO NACIONAL
– art. 192

SISTEMA NACIONAL DE CULTURA
– art. 216-A

SISTEMA TRIBUTÁRIO NACIONAL
– arts. 145 a 162
– impostos da União: arts. 153 e 154
– impostos dos Estados e do Distrito Federal: art. 155
– impostos dos Municípios: art. 156
– limitação do poder de tributar: arts. 150 a 152
– princípios gerais: arts. 145 a 149-C
– repartição das receitas tributárias: arts. 157 a 162

SISTEMA ÚNICO DE SAÚDE
– agente comunitário; política remuneratória: art. 198, §§ 7.º a 11
– competência do: art. 200
– financiamento: art. 198, § 1.º

SOBERANIA
– art. 1.º, I
– nacional; ordem econômica: art. 170, I

SOBERANIA POPULAR
– exercício: art. 14

SOCIEDADE DE ECONOMIA MISTA
– criação: art. 37, XIX
– estatuto jurídico: art. 173, § 1.º
– privilégios fiscais: art. 173, § 2.º

SOLO
– conservação do: art. 24, VI
– indígena: art. 231, § 2.º
– jazidas: art. 176
– urbano: arts. 30, VIII e 182

SÚMULA VINCULANTE
– art. 103-A

SUPERIOR TRIBUNAL DE JUSTIÇA
– arts. 104 e 105
– nomeação de Ministros: arts. 84, XIV, e 104, parágrafo único

SUPERIOR TRIBUNAL MILITAR
– art. 123

SUPREMO TRIBUNAL FEDERAL
– arts. 101 a 103
– jurisdição: art. 92, parágrafo único
– Ministro do; cargo privativo de brasileiro nato: art. 12, § 3.º, IV
– nomeação de Ministros: arts. 84, XIV, e 101, parágrafo único
– processo e julgamento de seus Ministros: art. 52, II

TAXAS
– base de cálculo: art. 145, § 2.º
– instituição: art. 145, II

TECNOLOGIA
– arts. 218 a 219-B

– formação de recursos humanos na área de: art. 218, § 3.º

TELECOMUNICAÇÕES
– competência da União: art. 22, IV
– concessões: art. 66
– Congresso Nacional; regulamentação: art. 48, XII

TELEVISÃO
– defesa da pessoa e da família quanto aos programas de: art. 220, § 3.º, II
– princípios que atenderão a produção e programação: art. 221

TERRAS DEVOLUTAS
– destinação: art. 188
– indisponibilidade: art. 225, § 5.º

TERRITÓRIOS
– art. 33
– defensoria pública dos; legislação sobre: art. 22, XVII
– escolha do Governador: art. 52, III, c
– federais; criação, transformação e reintegração: art. 18, § 2.º
– federais; jurisdição e atribuições cometidas aos juízes federais: art. 110, parágrafo único
– nomeação de Governadores dos: art. 84, XIV
– número de deputados que elegerá: art. 45, § 2.º
– símbolos: art. 13, § 2.º

TERRORISMO
– prática do: art. 5.º, XLIII
– repúdio ao: art. 4.º, VIII

TESOURO NACIONAL
– disposições: art. 164

TÍTULOS DA DÍVIDA AGRÁRIA
– disposições: art. 184

TÍTULOS DA DÍVIDA PÚBLICA
– emissão e resgate: art. 163, IV

TOMBAMENTO
– art. 216, § 5.º

TORTURA
– art. 5.º, III
– prática: art. 5.º, XLIII

TÓXICOS
– controle e fiscalização: art. 200, VII

TRABALHADOR DOMÉSTICO
– direitos: art. 7.º, parágrafo único

TRABALHADORES
– participação nos colegiados dos órgãos públicos: art. 10
– urbanos e rurais; direitos: art. 7.º

TRABALHADOR RURAL
– prescrição do direito de ação: art. 7.º, XXIX

TRABALHO FORÇADO
– art. 5.º, XLVII, c

TRABALHO NOTURNO
– proibição: art. 7.º, XXXIII
– remuneração: art. 7.º, IX

TRÁFICO ILÍCITO
– prática: art. 5.º, XLIII

TRANSPORTE AÉREO
– disposições sobre o: art. 178, caput

TRANSPORTE AQUÁTICO
– disposições sobre: art. 178

TRANSPORTE GRATUITO
– a maiores de 65 anos: art. 230, § 2.º

TRANSPORTE INTERNACIONAL
– ordenação: art. 178, caput

TRANSPORTE MARÍTIMO DE PETRÓLEO BRUTO
– monopólio da União: art. 177, IV

TRANSPORTE TERRESTRE
– disposições sobre o: art. 178, caput

TRATADOS INTERNACIONAIS
– celebração; Presidente da República: art. 84, VIII
– competência do Congresso Nacional: art. 49, I
– e os direitos e garantias expressos na Constituição: art. 5.º, § 2.º
– sobre direitos humanos; força de emenda constitucional: art. 5.º, § 3.º

TRATAMENTO DEGRADANTE
– art. 5.º, III

TRATAMENTO DESUMANO
– art. 5.º, III

TRIBUNAIS
– competência privativa: art. 96
– conflitos de competência: arts. 102, I, e 105, I, d

TRIBUNAIS E JUÍZES DO TRABALHO
– arts. 111 a 116

TRIBUNAIS E JUÍZES DOS ESTADOS
– arts. 125 e 126

TRIBUNAIS E JUÍZES ELEITORAIS
– arts. 118 a 121

TRIBUNAIS E JUÍZES MILITARES
– arts. 122 a 124

TRIBUNAIS REGIONAIS FEDERAIS
– competência: art. 108
– composição: arts. 94 e 107
– juízes federais: arts. 106 a 110
– remoção ou permuta de juízes: art. 107, § 1.º

TRIBUNAIS SUPERIORES
– competência privativa: art. 96, II
– membros, infrações penais comuns, julgamento: art. 102, I, c
– nomeação: art. 84, XIV
– sede e jurisdição: art. 92, parágrafo único

TRIBUNAL DE CONTAS
– composição: art. 235, III
– da União; auditor; substituição de ministro: art. 73, § 4.º
– da União; cálculo de quotas referentes aos fundos de participação: art. 161, parágrafo único
– da União; composição e sede: art. 73

- da União; escolha de dois terços dos membros: art. 49, XIII
- da União; membros; infrações penais comuns; julgamento: art. 102, I, c
- da União; ministros; direitos: art. 73, § 3.º
- da União; ministros; escolha: art. 73, § 2.º
- da União; ministros; nomeação: art. 73, § 1.º
- da União; nomeação de ministros: art. 84, XV
- dos Estados, Distrito Federal e Municípios; normas aplicáveis ao: art. 75
- estadual; número de conselheiros: art. 75, parágrafo único

TRIBUNAL DE EXCEÇÃO
- art. 5.º, XXXVII

TRIBUNAL DE JUSTIÇA
- competência privativa: art. 96, II
- composição: art. 235, IV
- conflitos fundiários: art. 126
- eleição dos órgãos diretivos: art. 96, parágrafo único
- nomeação dos Desembargadores: art. 235, V
- quinto constitucional: art. 94

TRIBUNAL PENAL INTERNACIONAL
- jurisdição no Brasil: art. 5.º, § 4.º

TRIBUNAL REGIONAL DO TRABALHO
- câmaras regionais: art. 115, § 2.º
- composição: art. 115, I e II
- justiça itinerante: art. 115, § 1.º

TRIBUNAL REGIONAL ELEITORAL
- arts. 120 e 121

TRIBUNAL SUPERIOR DO TRABALHO
- advogados e membros do Ministério Público: art. 111-A, I

- competência: art. 111-A, § 1.º
- composição: art. 111-A, caput

TRIBUNAL SUPERIOR ELEITORAL
- art. 119

TRIBUTAÇÃO E ORÇAMENTO
- arts. 145 a 169
- finanças públicas: arts. 163 a 169
- sistema tributário nacional: arts. 145 a 162

TRIBUTOS
- competência tributária: art. 145
- limitações ao poder de tributar: art. 150

UNIÃO
- arts. 20 a 24
- bens da: art. 20
- competência da: art. 21
- competência privativa: art. 22
- impostos da: arts. 153 e 154

UNIÃO ESTÁVEL
- art. 226

USUCAPIÃO
- área urbana: art. 183
- de imóvel rural ou urbano: art. 191
- imóveis públicos: arts. 183, § 3.º, e 191, parágrafo único

VAQUEJADA
- prática desportiva em manifestações culturais: art. 225, § 7.º

VEREADOR(ES)
- eleição: art. 29, I
- idade mínima para ser: art. 14, § 3.º, VI, d
- número: art. 29, IV
- posse: art. 29, III
- prazo de mandato: art. 29, I
- presidente da Câmara; crime de responsabilidade; espécies: art. 29-A, § 3.º

- servidor público: art. 38, III
- subsídio; limites: art. 29, VI

VETO
- conhecimento e deliberação pelo Senado Federal: art. 57, § 3.º, IV
- pelo Presidente da República: art. 84, V

VICE-GOVERNADOR
- eleição: arts. 28 e 32, § 2.º
- quem pode eleger-se: art. 14, § 3.º, VI, b
- subsídios: art. 28, § 2.º

VICE-PREFEITO
- eleição: art. 29, I e II
- posse: art. 29, III
- prazo de mandato: art. 29, I
- quem pode eleger-se: art. 14, § 3.º, VI, c
- subsídio: art. 29, V

VICE-PRESIDENTE DA REPÚBLICA
- ausência do País: art. 83
- cargo privativo de brasileiro nato: art. 12, § 3.º, I
- eleição: art. 77, caput e § 1.º
- impedimento do: art. 80
- infrações penais comuns; julgamento: art. 102, I, b
- posse: art. 78
- processo contra: art. 51, I
- processo e julgamento: art. 52, I
- quem pode eleger-se: art. 14, § 3.º, VI, a
- substituição do Presidente: art. 79
- vacância do cargo: art. 81

VOTO
- direto e secreto: art. 14
- facultativo: art. 14, § 1.º, II
- obrigatoriedade: art. 14, § 1.º, I

ÍNDICE ALFABÉTICO-REMISSIVO DO ATO DAS DISPOSIÇÕES CONSTITUCIONAIS TRANSITÓRIAS

ADVOCACIA-GERAL DA UNIÃO
– art. 29
ADVOCACIAS-GERAIS
– permissão aos Estados; consultorias jurídicas separadas das suas: art. 69
AMAPÁ
– art. 14
AMAZÔNIA LEGAL
– comissão de estudos territoriais; novas unidades territoriais: art. 12
ANISTIA
– disposições: art. 8.º
APOSENTADORIA COMPULSÓRIA
– art. 100
ASSEMBLEIA LEGISLATIVA
– Constituição do Estado; elaboração; prazo: art. 11
ATOS ADMINISTRATIVOS
– praticados no Estado do Tocantins: art. 18-A
CALAMIDADE PÚBLICA
– gastos com educação por parte dos Estados, Municípios, DF e agentes públicos; descumprimento; isenção de responsabilidade durante a pandemia de Covid-19: art. 119
CÂMARA DOS DEPUTADOS
– irredutibilidade da representação dos Estados e do Distrito Federal na: art. 4.º, § 2.º
CÂMARA LEGISLATIVA DO DISTRITO FEDERAL
– competência, até que se instale: art. 16, §§ 1.º e 2.º
CÂMARA MUNICIPAL
– Lei Orgânica; prazo: art. 11, parágrafo único
CASSADOS POLÍTICOS
– art. 9.º
CENSOR FEDERAL
– Departamento de Polícia Federal: art. 23
CÓDIGO DE DEFESA DO CONSUMIDOR
– elaboração; prazo: art. 48
COMISSÃO DE ESTUDOS TERRITORIAIS
– art. 12
COMISSÃO INTERNA DE PREVENÇÃO DE ACIDENTES
– empregado eleito para cargo de direção; vedada dispensa arbitrária ou sem justa causa: art. 10, II, *a*
COMISSÃO MISTA
– competência: art. 26
COMPETÊNCIA
– Justiça Federal: art. 27, § 10
– Superior Tribunal de Justiça: art. 27, § 10

– Supremo Tribunal Federal; até que se instale o Superior Tribunal de Justiça: art. 27, § 1.º
– Tribunais Estaduais; definição da Constituição Estadual: art. 70
– Tribunais Regionais Federais: art. 27, § 10
CONGRESSO NACIONAL
– doações, vendas e concessões de terras públicas; revisão através de Comissão Mista; prazo: art. 51
– exame analítico e pericial dos atos e fatos geradores do endividamento externo brasileiro: art. 26
– fundos existentes; extinção ou ratificação pelo: art. 36
– lei complementar prevista no art. 161, II; voto; prazo: art. 39, parágrafo único
– membros; compromisso; disposições constitucionais transitórias: art. 1.º
– revogação; dispositivos legais que atribuam ou deleguem a órgão do Poder Executivo competência assinalada pela Constituição ao: art. 25, I e II
CONSTITUIÇÃO DO ESTADO
– assembleia legislativa; elaboração; prazo: art. 11
CONSULTORIAS JURÍDICAS DOS MINISTÉRIOS
– atribuições enquanto não aprovadas as leis complementares relativas ao Ministério Público e à Advocacia-Geral da União: art. 29
CONSUMIDOR
– código de defesa; elaboração; prazo: art. 48
CONTRIBUIÇÃO PROVISÓRIA
– instituição: art. 74
– sobre movimentação ou transmissão de valores e de créditos e direitos de natureza financeira; não incidência: art. 85
– sobre movimentação ou transmissão de valores e de créditos e direitos de natureza financeira; prorrogação: arts. 75, 84 e 90
CONTRIBUIÇÕES PREVIDENCIÁRIAS
– e demais débitos dos Municípios; parcelamento: arts. 115 a 117
CONTRIBUIÇÕES SOCIAIS
– vigência imediata: art. 34, § 1.º
CORREÇÃO MONETÁRIA
– arts. 46 e 47
DECRETOS-LEIS
– art. 25
DEFENSORES PÚBLICOS
– direito de opção: art. 22

– lotação: art. 98
DEMARCAÇÃO DE TERRAS
– art. 12
DESPESAS E RECEITAS
– da União; projeto de revisão da lei orçamentária; exercício 1989: art. 39
DESVINCULAÇÃO DAS RECEITAS DA UNIÃO (DRU)
– disposições: arts. 76 a 76-B
DIREITOS
– servidores públicos inativos; revisão dos: art. 20
DIREITOS SOCIAIS
– disposições transitórias: art. 10
DISTRITO FEDERAL
– até a promulgação da lei complementar; despesa com pessoal; excesso do limite previsto: art. 38, § 1.º
– até a promulgação da lei complementar; despesa com pessoal; porcentagem: art. 38
– bens: art. 16, § 3.º
– Câmara Legislativa: art. 16, § 1.º
– fiscalização contábil, financeira, orçamentária, operacional e patrimonial; competência, até que se instale a Câmara Legislativa: art. 16, § 2.º
– fundo de participação; determinações: art. 34, § 2.º
– indicação de governador e vice-governador: art. 16
– sistema tributário nacional; leis necessárias à aplicação: art. 34
EDUCAÇÃO
– gastos durante a pandemia; descumprimento pelos Estados, Distrito Federal, Municípios e agentes públicos em 2020 e 2021; impossibilidade de responsabilização: art. 119
ELEIÇÃO
– art. 5.º
– fidelidade partidária: art. 17, § 6.º
– municipal; consultas populares: art. 14, §§ 12 e 13
ENFITEUSE
– art. 49
ENTIDADES EDUCACIONAIS
– recursos públicos: art. 61
ESTABILIDADE
– concedida a servidor admitido sem concurso público; extinção dos efeitos jurídicos: art. 18
– inaplicabilidade: art. 19, § 2.º
– juízes togados de investidura limitada: art. 21

– membros dos Ministérios Públicos do Trabalho e Militar: art. 29, § 4.º
– para servidores em exercício, há pelo menos cinco anos contínuos, e que não tenham sido admitidos na forma regulada pelo art. 37: art. 19
– professores de nível superior: art. 19, § 3.º

ESTADOS
– até a promulgação da lei complementar; despesa com pessoal: art. 38
– consultorias jurídicas separadas; permissão: art. 69
– débitos relativos às contribuições previdenciárias: art. 57

ESTADO DE EMERGÊNCIA
– elevação dos preços do petróleo e seus impactos sociais: art. 120

EX-COMBATENTE
– art. 53

FERNANDO DE NORONHA
– território federal; extinção: art. 15

FORMA DE GOVERNO
– plebiscito: art. 2.º

FUNDAÇÕES EDUCACIONAIS
– recursos públicos: art. 61

FUNDEB
– criação: art. 60, I
– distribuição de recursos; revisão: art. 60-A

FUNDO DE COMBATE E ERRADICAÇÃO DA POBREZA
– composição: art. 80
– disposições gerais: art. 81
– instituição do: art. 79
– produtos supérfluos; definição; lei federal: art. 83
– sociedade civil; participação: art. 82

FUNDO DE ESTABILIZAÇÃO FISCAL
– disposições: arts. 71 a 73

FUNDO SOCIAL DE EMERGÊNCIA
– disposições: arts. 71 a 73

GASTOS PÚBLICOS
– teto limite; novo regime fiscal: arts. 107-A e 113

GESTANTE
– empregada; vedada dispensa arbitrária ou sem justa causa: art. 10, II, b

GOVERNADORES
– eleição, mandato e posse: arts. 28 e 32, § 2.º
– mandatos: art. 4.º, § 3.º

ICMS
– partilha entre Estados de origem e destino: art. 99

IMPOSTOS
– criação; vigência imediata: art. 34, § 1.º
– ICMS; partilha entre Estados de origem e destino: art. 99

IMPRENSA NACIONAL
– edição popular do texto integral da Constituição: art. 64

INCENTIVOS FISCAIS
– art. 41

INSTITUIÇÕES FINANCEIRAS
– aumento do percentual de participação no capital por pessoas físicas ou jurídicas, residentes ou domiciliadas no exterior; vedação: art. 52, II
– domiciliadas no exterior; instalação no País; novas agências; vedação: art. 52, I
– liquidação de débitos: art. 47
– vedação; inaplicabilidade: art. 52, parágrafo único

IRRIGAÇÃO
– aplicação dos recursos; prazo: art. 42

JUÍZES
– art. 21

JUÍZES FEDERAIS
– art. 28

JUSTIÇA DE PAZ
– legislação; requisitos: art. 30

JUSTIÇA FEDERAL
– competência: art. 27, § 10

LEI AGRÍCOLA
– disposições gerais: art. 50

LEI ORÇAMENTÁRIA
– revisão; exercício financeiro 1989: art. 39

LEI ORÇAMENTÁRIA ANUAL
– art. 35

LEI ORÇAMENTÁRIA DA UNIÃO
– projeto; prazo; encaminhamento: art. 35, § 2.º, III

LEI ORGÂNICA DOS MUNICÍPIOS
– promulgação: art. 11, parágrafo único

LICENÇA-PATERNIDADE
– prazo até que a lei discipline: art. 10, § 1.º

LIMITAÇÕES DO PODER DE TRIBUTAR
– art. 34

LIMITES TERRITORIAIS
– disposições: art. 12

LOTÉRICA
– prazo de vigência adicional aos instrumentos de permissão: art. 123

MANDATO
– governadores e vice-governadores: art. 4.º, § 3.º
– prefeitos e vice-prefeitos: art. 4.º, § 4.º
– Presidente da República: art. 4.º
– vereadores: art. 4.º, § 4.º

MICROEMPRESA
– art. 47

MINISTÉRIO PÚBLICO FEDERAL
– art. 29

MINISTROS
– art. 27

MUNICÍPIOS
– até a promulgação da lei complementar; despesa com pessoal; excesso do limite previsto: art. 38, § 1.º
– até a promulgação da lei complementar; despesa com pessoal; porcentagem: art. 38
– demarcação de suas linhas divisórias; áreas litigiosas: art. 12, § 2.º
– demarcação de terras; expirado o prazo; competência da União: art. 12, § 4.º
– demarcação de terras; linhas divisórias; solicitação à União: art. 12, § 3.º
– fundo de participação; determinações: art. 34, § 2.º
– sistema tributário nacional; aplicação da legislação anterior: art. 34, § 5.º
– sistema tributário nacional; leis necessárias à aplicação: art. 34, § 3.º
– sistema tributário nacional; leis necessárias à aplicação; efeitos; vigência: art. 34, § 4.º

OPERAÇÕES DE CRÉDITO
– adaptação; prazo: art. 37

PAGAMENTO
– forma; precatórios judiciais: art. 33

PARCELAMENTO
– das contribuições previdenciárias e demais débitos dos Municípios: arts. 115 a 117

PARTIDO POLÍTICO
– registro provisório: art. 6.º

PLANO PLURIANUAL
– art. 35

PLANOS DE CUSTEIO E DE BENEFÍCIO
– art. 59

PLEBISCITO
– forma e sistema de governo: art. 2.º

POBREZA
– Fundo de Combate e Erradicação da: art. 79

PODER EXECUTIVO
– comissão de estudos territoriais; indicação: art. 12
– elaboração; projeto de revisão da lei orçamentária referente ao exercício financeiro de 1989: art. 39
– reavaliação de incentivos fiscais de natureza setorial: art. 41

PODER LEGISLATIVO
– apreciação do projeto de revisão da lei orçamentária referente ao exercício financeiro de 1989: art. 39
– incentivos fiscais de natureza setorial; medidas cabíveis decorrentes de reavaliação: art. 41
– propaganda comercial específica; regulamentação; prazo: art. 65

POLÍCIA MILITAR
– servidores do ex-Território Federal de Rondônia; incorporação aos Quadros da União: art. 89

PRECATÓRIOS
– débitos de pequeno valor; o que são considerados: art. 87

Índice Alfabético-Remissivo do ADCT

- entidades devedoras; emissão de títulos da dívida pública: art. 33, parágrafo único
- pendentes; forma de pagamento: arts. 33, 78 e 86
- proposta orçamentária; despesas com pagamentos; diferença entre os valores expedidos e o limite estabelecido; destinação: art. 107-A
- regime especial de pagamento: arts. 97 e 101 a 105
- vencidos; forma de pagamento: art. 97

PREFEITOS
- mandatos: art. 4.º, § 4.º

PRESIDENTE DA REPÚBLICA
- compromisso; disposições constitucionais transitórias: art. 1.º
- Distrito Federal; indicação de governador e vice-governador: art. 16
- eleição: art. 4.º, § 1.º
- governadores dos Estados de Roraima e do Amapá; indicação: art. 14, § 3.º
- mandato: art. 82
- posse: arts. 78 e 82

PREVIDÊNCIA SOCIAL
- art. 58

PROCLAMAÇÃO DA REPÚBLICA
- centenário; comemorações; competência: art. 63

PROCURADORIA-GERAL DA FAZENDA NACIONAL
- art. 29

PROCURADORIAS-GERAIS
- permissão aos Estados; consultorias jurídicas separadas das suas: art. 69

PROPAGANDA COMERCIAL
- regulamentação: art. 65

QUILOMBOS
- remanescentes das comunidades; terras; propriedade definitiva: art. 68

RECURSOS MINERAIS
- arts. 43 e 44

REFINARIAS
- em funcionamento; excluídas do monopólio estabelecido pelo art. 177, II: art. 45

REGIME FISCAL
- no âmbito dos orçamentos fiscal e da seguridade social da União: arts. 107-A e 113

REMUNERAÇÃO
- percebida em desacordo com a Constituição; redução: art. 17

RENDA BÁSICA FAMILIAR
- criação, expansão ou aperfeiçoamento de ação governamental; dispensa de limitação: art. 118

RESPONSABILIDADE ADMINISTRATIVA
- dos Estados, Municípios, DF e agentes públicos em gastos com educação durante a pandemia de Covid-19: art. 119

RESPONSABILIDADE CIVIL
- dos Estados, Municípios, DF e agentes públicos em gastos com educação durante a pandemia de Covid-19: art. 119

RESPONSABILIDADE CRIMINAL
- dos Estados, Municípios, DF e agentes públicos em gastos com educação durante a pandemia de Covid-19: art. 119

REVISÃO CONSTITUCIONAL
- realização: art. 3.º

RORAIMA
- art. 14

SAÚDE
- porcentagem do orçamento da seguridade social destinado ao setor da: art. 55
- recursos aplicáveis até 2004, divisão da União, Estados, Distrito Federal e Municípios: art. 77

SEGURIDADE SOCIAL
- arrecadação que passa a integrar a receita da: art. 56
- porcentagem do orçamento destinado ao setor de saúde: art. 55
- projeto de lei relativo à organização: art. 59

SERINGUEIROS
- arts. 54 e 54-A

SERVENTIAS
- foro judicial; estatização: art. 31

SERVIÇO NACIONAL DE APRENDIZAGEM RURAL – SENAR
- criação: art. 62

SERVIÇOS NOTARIAIS
- e de registro; oficializados; inaplicabilidade do art. 236: art. 32

SERVIDORES CIVIS DA UNIÃO
- art. 19

SERVIDORES DO DISTRITO FEDERAL
- art. 19

SERVIDORES ESTADUAIS
- art. 19

SERVIDORES MUNICIPAIS
- art. 19

SERVIDORES PÚBLICOS CIVIS
- leis que estabeleçam critérios para compatibilização dos quadros de pessoal; competência: art. 24

SERVIDORES PÚBLICOS INATIVOS
- revisão dos direitos: art. 20

SISTEMA DE GOVERNO
- plebiscito: art. 2.º

SISTEMA FINANCEIRO NACIONAL
- vedações até que sejam fixadas as condições a que se refere o art. 192: art. 52

SISTEMA TRIBUTÁRIO NACIONAL
- art. 34

SUPERIOR TRIBUNAL DE JUSTIÇA
- art. 27

SUPREMO TRIBUNAL FEDERAL
- aposentadoria compulsória: art. 100
- atribuições e competências até que se instale o Superior Tribunal de Justiça: art. 27, § 1.º
- presidente; compromisso; disposições constitucionais transitórias: art. 1.º
- requerimento; cassados; reconhecimento dos direitos: art. 9.º

TELECOMUNICAÇÕES
- serviços públicos; concessões mantidas: art. 66

TOCANTINS
- art. 13
- atos administrativos: art. 18-A do ADCT

TRIBUNAIS ESTADUAIS
- competência mantida até que seja definida na Constituição Estadual: art. 70

TRIBUNAIS REGIONAIS FEDERAIS
- art. 27

TRIBUNAL FEDERAL DE RECURSOS
- art. 27

TRIBUNAL INTERNACIONAL DOS DIREITOS HUMANOS
- formação: art. 7.º

TRIBUNAL SUPERIOR ELEITORAL
- eleição; Estado de Tocantins; disposições: art. 13, § 3.º, I a IV
- eleições 1988; disposições gerais: art. 5.º
- novo partido político; registro provisório: art. 6.º, § 1.º
- novo partido político; registro provisório; perda: art. 6.º, § 2.º
- plebiscito; normas regulamentadoras: art. 2.º, § 2.º
- requerimento de registro de novo partido político; pedido: art. 6.º

TRIBUTOS
- Sistema Tributário Nacional: art. 34

UNIÃO
- até a promulgação da lei complementar; despesa com pessoal; excesso do limite previsto: art. 38, § 1.º
- até a promulgação da lei complementar; despesa com pessoal; porcentagem: art. 38
- demarcação de terras; competência: art. 12, § 4.º
- demarcação de terras; estado e municípios; trabalhos demarcatórios: art. 12, § 3.º
- demarcação de terras indígenas; conclusão; prazo: art. 67
- Estado de Tocantins; encargos decorrentes de empreendimentos no território do novo estado; autorização para assumir débitos: art. 13, § 7.º
- sistema tributário nacional; aplicação da legislação anterior: art. 34, § 5.º
- sistema tributário nacional; leis necessárias à aplicação: art. 34, § 3.º

– sistema tributário nacional; leis necessárias à aplicação; efeitos; vigência: art. 34, § 4.º

VENCIMENTOS
– percebidos em desacordo com a Constituição; redução: art. 17

VEREADORES
– mandatos: art. 4.º, § 4.º
– por atos institucionais: art. 8.º, § 4.º

VICE-GOVERNADORES
– mandatos: art. 4.º, § 3.º

VICE-PREFEITOS
– mandatos: art. 4.º, § 4.º

ZONA FRANCA DE MANAUS
– disposições: art. 40
– prazo: arts. 40, 92, 92-A e 92-B

Código Tributário Nacional

Código
Tributário
Nacional

ÍNDICE SISTEMÁTICO DO CÓDIGO TRIBUTÁRIO NACIONAL

(LEI N. 5.172, DE 25-10-1966)

DISPOSIÇÃO PRELIMINAR – art. 1.º 167

Livro Primeiro
SISTEMA TRIBUTÁRIO NACIONAL

TÍTULO I
DISPOSIÇÕES GERAIS

Arts. 2.º a 5.º 167

TÍTULO II
COMPETÊNCIA TRIBUTÁRIA

CAPÍTULO I – Disposições gerais – arts. 6.º a 8.º 167
CAPÍTULO II – Limitações da competência tributária – arts. 9.º a 15 167
    Seção I – Disposições gerais – arts. 9.º a 11 167
    Seção II – Disposições especiais – arts. 12 a 15 168

TÍTULO III
IMPOSTOS

CAPÍTULO I – Disposições gerais – arts. 16 a 18-A 168
CAPÍTULO II – Impostos sobre o Comércio Exterior – arts. 19 a 28 168
    Seção I – Imposto sobre a Importação – arts. 19 a 22 169
    Seção II – Imposto sobre a Exportação – arts. 23 a 28 169
CAPÍTULO III – Impostos sobre o Patrimônio e a Renda – arts. 29 a 45 169
    Seção I – Imposto sobre a Propriedade Territorial Rural – arts. 29 a 31 169
    Seção II – Imposto sobre a Propriedade Predial e Territorial Urbana – arts. 32 a 34 169
    Seção III – Imposto sobre a Transmissão de Bens Imóveis e de Direitos a eles Relativos – arts. 35 a 42 170
    Seção IV – Imposto sobre a Renda e Proventos de Qualquer Natureza – arts. 43 a 45 170
CAPÍTULO IV – Impostos sobre a Produção e a Circulação – arts. 46 a 73 170
    Seção I – Imposto sobre Produtos Industrializados – arts. 46 a 51 170
    Seção II – Imposto Estadual sobre Operações Relativas à Circulação de Mercadorias – arts. 52 a 58 171
    Seção III – Imposto Municipal sobre Operações Relativas à Circulação de Mercadorias – arts. 59 a 62 . 171
    Seção IV – Imposto sobre Operações de Crédito, Câmbio e Seguro, e sobre Operações Relativas a Títulos e Valores Mobiliários – arts. 63 a 67 171
    Seção V – Imposto sobre Serviços de Transportes e Comunicações – arts. 68 a 70 171
    Seção VI – Imposto sobre Serviços de Qualquer Natureza – arts. 71 a 73 172
CAPÍTULO V – Impostos especiais – arts. 74 a 76 172
    Seção I – Imposto sobre Operações Relativas a Combustíveis, Lubrificantes, Energia Elétrica e Minerais do País – arts. 74 e 75 172

    Seção II – Impostos Extraordinários – art. 76 172

TÍTULO IV
TAXAS

Arts. 77 a 80 172

TÍTULO V
CONTRIBUIÇÃO DE MELHORIA

Arts. 81 e 82 172

TÍTULO VI
DISTRIBUIÇÕES DE RECEITAS TRIBUTÁRIAS

CAPÍTULO I – Disposições gerais – arts. 83 e 84 173
CAPÍTULO II – Imposto sobre a Propriedade Territorial Rural e sobre a Renda e Proventos de Qualquer Natureza – art. 85 173
CAPÍTULO III – Fundos de Participação dos Estados e dos Municípios – arts. 86 a 94 173
    Seção I – Constituição dos Fundos – arts. 86 e 87 173
    Seção II – Critério de distribuição do Fundo de Participação dos Estados – arts. 88 a 90 173
    Seção III – Critério de distribuição do Fundo de Participação dos Municípios – art. 91 173
    Seção IV – Cálculo e pagamento das quotas estaduais e municipais – arts. 92 e 93 174
    Seção V – Comprovação da aplicação das quotas estaduais e municipais – art. 94 174
CAPÍTULO IV – Imposto sobre Operações Relativas a Combustíveis, Lubrificantes, Energia Elétrica e Minerais do País – art. 95 174

Livro Segundo
NORMAS GERAIS DE DIREITO TRIBUTÁRIO

TÍTULO I
LEGISLAÇÃO TRIBUTÁRIA

CAPÍTULO I – Disposições gerais – arts. 96 a 100 174
    Seção I – Disposição preliminar – art. 96 174
    Seção II – Leis, tratados e convenções internacionais e decretos — arts. 97 a 99 174
    Seção III – Normas complementares – art. 100 174
CAPÍTULO II – Vigência da legislação tributária – arts. 101 a 104 174
CAPÍTULO III – Aplicação da legislação tributária – arts. 105 e 106 175
CAPÍTULO IV – Interpretação e integração da legislação tributária – arts. 107 a 112 175

TÍTULO II
OBRIGAÇÃO TRIBUTÁRIA

CAPÍTULO I – Disposições gerais – art. 113 175
CAPÍTULO II – Fato gerador – arts. 114 a 118 175
CAPÍTULO III – Sujeito ativo – arts. 119 e 120 175
CAPÍTULO IV – Sujeito passivo – arts. 121 a 127 176

Seção I – Disposições gerais – arts. 121 a 123 176
Seção II – Solidariedade – arts. 124 e 125 176
Seção III – Capacidade tributária – art. 126 176
Seção IV – Domicílio tributário – art. 127 176
Capítulo V – Responsabilidade tributária – arts. 128 a 138 176
Seção I – Disposição geral – art. 128 176
Seção II – Responsabilidade dos sucessores – arts. 129 a 133 176
Seção III – Responsabilidade de terceiros – arts. 134 e 135 177
Seção IV – Responsabilidade por infrações – arts. 136 a 138 177

Título III
CRÉDITO TRIBUTÁRIO

Capítulo I – Disposições gerais – arts. 139 a 141 177
Capítulo II – Constituição do crédito tributário – arts. 142 a 150 177
Seção I – Lançamento – arts. 142 a 146 177
Seção II – Modalidades de lançamento – arts. 147 a 150 178
Capítulo III – Suspensão do crédito tributário – arts. 151 a 155-A 178
Seção I – Disposições gerais – art. 151 178

Seção II – Moratória – arts. 152 a 155-A................... 178
Capítulo IV – Extinção do crédito tributário – arts. 156 a 174 179
Seção I – Modalidades de extinção – art. 156........... 179
Seção II – Pagamento – arts. 157 a 164..................... 180
Seção III – Pagamento indevido – arts. 165 a 169 180
Seção IV – Demais modalidades de extinção – arts. 170 a 174.. 181
Capítulo V – Exclusão do crédito tributário – arts. 175 a 182 181
Seção I – Disposições gerais – art. 175 181
Seção II – Isenção – arts. 176 a 179 181
Seção III – Anistia – arts. 180 a 182 181
Capítulo VI – Garantias e privilégios do crédito tributário – arts. 183 a 193 182
Seção I – Disposições gerais – arts. 183 a 185-A 182
Seção II – Preferências – arts. 186 a 193................... 182

Título IV
ADMINISTRAÇÃO TRIBUTÁRIA

Capítulo I – Fiscalização – arts. 194 a 200.................... 183
Capítulo II – Dívida ativa – arts. 201 a 204 184
Capítulo III – Certidões negativas – arts. 205 a 208 184
DISPOSIÇÕES FINAIS E TRANSITÓRIAS – arts. 209 a 218 184

ÍNDICE CRONOLÓGICO DA LEGISLAÇÃO ALTERADORA DO CÓDIGO TRIBUTÁRIO NACIONAL

DECRETO-LEI N. 27, DE 14 DE NOVEMBRO DE 1966
Acrescenta o art. 217 e renumera o seguinte para 218.

LEI COMPLEMENTAR N. 59, DE 22 DE DEZEMBRO DE 1988
Altera o art. 91.

LEI COMPLEMENTAR N. 104, DE 10 DE JANEIRO DE 2001
Acrescenta os arts. 155-A e 170-A.
Altera os arts. 9.º, 14, 43, 116, 151, 156, 198 e 199.

LEI COMPLEMENTAR N. 118, DE 9 DE FEVEREIRO DE 2005
Acrescenta os arts. 185-A e 191-A.
Altera os arts. 133, 155-A, 174, 185, 186, 187, 188 e 191.

LEI COMPLEMENTAR N. 143, DE 17 DE JULHO DE 2013
Altera o art. 92.

Revoga os arts. 86 a 89 e 93 a 95.

LEI COMPLEMENTAR N. 187, DE 16 DE DEZEMBRO DE 2021
Altera o art. 198.

LEI COMPLEMENTAR N. 194, DE 23 DE JUNHO DE 2022
Acrescenta o art. 18-A.

LEI COMPLEMENTAR N. 201, DE 24 DE OUTUBRO DE 2023
Revoga o inciso III do parágrafo único do art. 18-A.

LEI COMPLEMENTAR N. 208, DE 2 DE JULHO DE 2024
Altera os arts. 174 e 198.

LEI COMPLEMENTAR N. 214, DE 16 DE JANEIRO DE 2025
Altera o art. 9.º.

CÓDIGO TRIBUTÁRIO NACIONAL

LEI N. 5.172, DE 25 DE OUTUBRO DE 1966 (*)

Dispõe sbre o sistema tributário nacional e institui normas gerais de direito tributário aplicáveis à União, Estados e Municípios.

O Presidente da República.
Faço saber que o Congresso Nacional decreta e eu sanciono a seguinte Lei:

DISPOSIÇÃO PRELIMINAR

Art. 1.º Esta Lei regula, com fundamento na Emenda Constitucional n. 18, de 1.º de dezembro de 1965, o sistema tributário nacional e estabelece, com fundamento no art. 5.º, XV, *b*, da Constituição Federal, as normas gerais de direito tributário aplicáveis à União, aos Estados, ao Distrito Federal e aos Municípios, sem prejuízo da respectiva legislação complementar, supletiva ou regulamentar.

Livro Primeiro
SISTEMA TRIBUTÁRIO NACIONAL

•• *Vide* arts. 145 a 162 da CF (sistema tributário nacional).

TÍTULO I
DISPOSIÇÕES GERAIS

Art. 2.º O sistema tributário nacional é regido pelo disposto na Emenda Constitucional n. 18, de 1.º de dezembro de 1965, em leis complementares, em resoluções do Senado Federal e, nos limites das respectivas competências, em leis federais, nas Constituições e em leis estaduais, e em leis municipais.
•• *Vide* art. 96 do CTN.
•• *Vide* Lei n. 4.320, de 17-3-1964 (normas gerais de direito financeiro).
• *Vide* arts. 145 a 162 da CF (sistema tributário nacional).
• *Vide* Emenda Constitucional n. 132, de 20-12-2023 (Reforma Tributária).

Art. 3.º Tributo é toda prestação pecuniária compulsória, em moeda ou cujo valor nela se possa exprimir, que não constitua sanção de ato ilícito, instituída em lei e cobrada mediante atividade administrativa plenamente vinculada.
•• *Vide* Súmula 545 do STF.
• Os arts. 186 e s. do CC dispõem sobre os atos ilícitos.
• *Vide* art. 118, I, do CTN.

(*) Publicada no *Diário Oficial da União*, de 27-10-1966, retificada em 31-10-1966. Por força do art. 7.º do Ato Complementar n. 36, de 13-3-1967, a Lei n. 5.172, de 25-10-1966, passou, incluídas as alterações posteriores, a denominar-se CÓDIGO TRIBUTÁRIO NACIONAL.

• *Vide* art. 142 do CTN c/c o Decreto n. 70.235, de 6-3-1972 (atividade administrativa).
• *Vide* Súmula 666 do STF.

Art. 4.º A natureza jurídica específica do tributo é determinada pelo fato gerador da respectiva obrigação, sendo irrelevantes para qualificá-la:
I – a denominação e demais características formais adotadas pela lei;
• *Vide* art. 97, III, do CTN.
II – a destinação legal do produto da sua arrecadação.
•• *Vide* arts. 114 a 118 (fato gerador), e 97, IV (base de cálculo), do CTN.

Art. 5.º Os tributos são impostos, taxas e contribuições de melhoria.
•• *Vide* arts. 146, 148, 149, 149-A e 195, § 6.º, da CF.
• *Vide* art. 145, I e § 1.º (impostos), II e § 2.º (taxas) e III (contribuição de melhoria) da CF.
• *Vide* arts. 16 e s. (impostos), 77 e s. (taxas) e 81 e s. (contribuição de melhoria) do CTN.

TÍTULO II
COMPETÊNCIA TRIBUTÁRIA

Capítulo I
DISPOSIÇÕES GERAIS

Art. 6.º A atribuição constitucional de competência tributária compreende a competência legislativa plena, ressalvadas as limitações contidas na Constituição Federal, nas Constituições dos Estados e nas Leis Orgânicas do Distrito Federal e dos Municípios, e observado o disposto nesta Lei.
Parágrafo único. Os tributos cuja receita seja distribuída, no todo ou em parte, a outras pessoas jurídicas de direito público pertencem à competência legislativa daquela a que tenham sido atribuídos.
• *Vide* arts. 146, I e II (conflito de competência em matéria tributária), 150 a 152 (limitações ao poder de tributar) e 157 a 162 (repartição das receitas tributárias) da CF.
• *Vide* Súmula 69 do STF.

Art. 7.º A competência tributária é indelegável, salvo atribuição das funções de arrecadar ou fiscalizar tributos, ou de executar leis, serviços, atos ou decisões administrativas em matéria tributária, conferida por uma pessoa jurídica de direito público a outra, nos termos do § 3.º do art. 18 da Constituição.
•• Refere-se, o texto acima, a dispositivo da CF de 1946.
• *Vide* art. 153, § 4.º, III, da CF.

§ 1.º A atribuição compreende as garantias e os privilégios processuais que competem à pessoa jurídica de direito público que a conferir.
•• *Vide* arts. 183 e s. do CTN.
§ 2.º A atribuição pode ser revogada, a qualquer tempo, por ato unilateral da pessoa jurídica de direito público que a tenha conferido.
§ 3.º Não constitui delegação de competência o cometimento, a pessoas de direito privado, do encargo ou da função de arrecadar tributos.
• *Vide* art. 150, § 6.º, da CF.

Art. 8.º O não exercício da competência tributária não a defere a pessoa jurídica de direito público diversa daquela a que a Constituição a tenha atribuído.
• *Vide* art. 155, § 2.º, XII, *g* (concessão e revogação de isenções, incentivos e benefícios fiscais), da CF.
• *Vide* art. 1.º, § 1.º, da Lei Complementar n. 101, de 4-5-2000.

Capítulo II
LIMITAÇÕES DA COMPETÊNCIA TRIBUTÁRIA

•• *Vide* arts. 150 a 152 (limitações do poder de tributar) da CF.

Seção I
Disposições Gerais

Art. 9.º É vedado à União, aos Estados, ao Distrito Federal e aos Municípios:
•• *Vide* art. 150 (o que é vedado à União) da CF.
I – instituir ou majorar tributos sem que a lei o estabeleça, ressalvado, quanto à majoração, o disposto nos arts. 21, 26 e 65;
•• *Vide* art. 150, I (exigência e aumento de tributo), da CF.
II – cobrar imposto sobre o patrimônio e a renda com base em lei posterior à data inicial do exercício financeiro a que corresponda;
• *Vide* art. 150, III (cobrança de tributos), da CF.
III – estabelecer limitações ao tráfego, no território nacional, de pessoas ou mercadorias, por meio de tributos interestaduais ou intermunicipais;
•• *Vide* art. 150, V (limitações ao tráfego de pessoas ou bens, por meio de tributos), da CF.
IV – cobrar imposto sobre:
•• **A Lei Complementar n. 214, de 16-1-2025, deu nova redação a este inciso IV, com produção de efeitos a partir de 1.º-1-2026:** "IV – cobrar impostos e a contribuição de que trata o inciso V do art. 195 da Constituição Federal sobre:".

a) o patrimônio, a renda ou os serviços uns dos outros;
- •• *Vide* o disposto no § 2.º deste artigo.
- •• *Vide* arts. 12 e 13 do CTN.
- • *Vide* art. 150, VI, *a*, e §§ 2.º e 3.º (instituição de impostos), da CF.

b) templos de qualquer culto;
- •• *Vide* art. 150, VI, *b*, e § 4.º (instituição de impostos), da CF.
- •• **A Lei Complementar n. 214, de 16-1-2025, deu nova redação a esta alínea *a*, com produção de efeitos a partir de 1.º-1-2026:** "*b*) entidades religiosas e templos de qualquer culto, inclusive suas organizações assistenciais e beneficentes;".

c) o patrimônio, a renda ou serviços dos partidos políticos, inclusive suas fundações, das entidades sindicais dos trabalhadores, das instituições de educação e de assistência social, sem fins lucrativos, observados os requisitos fixados na Seção II deste Capítulo;
- •• Alínea *c* com redação determinada pela Lei Complementar n. 104, de 10-1-2001.
- •• *Vide* art. 14, § 2.º, do CTN.
- •• *Vide* art. 150, VI, *c*, e § 4.º (instituição de impostos), da CF.
- • *Vide* Súmulas 724 e 730 do STF.

d) papel destinado exclusivamente à impressão de jornais, periódicos e livros.
- •• *Vide* art. 150, VI, *d* (instituição de impostos), da CF.
- • *Vide* Súmulas 657 e 662 do STF.

§ 1.º O disposto no inciso IV não exclui a atribuição, por lei, às entidades nele referidas, da condição de responsáveis pelos tributos que lhes caiba reter na fonte, e não as dispensa da prática de atos, previstos em lei, assecuratórios do cumprimento de obrigações tributárias por terceiros.
- • *Vide* arts. 12, 13, parágrafo único, e 14, § 1.º, do CTN.

§ 2.º O disposto na alínea *a* do inciso IV aplica-se, exclusivamente, aos serviços próprios das pessoas jurídicas de direito público a que se refere este artigo, e inerentes aos seus objetivos.
- • *Vide* art. 12 do CTN.
- • *Vide* arts. 150, VI, *a*, e § 2.º, da CF.

Art. 10. É vedado à União instituir tributo que não seja uniforme em todo o território nacional, ou que importe distinção ou preferência em favor de determinado Estado ou Município.
- • *Vide* art. 151, I (o que é vedado à União), da CF.

Art. 11. É vedado aos Estados, ao Distrito Federal e aos Municípios estabelecer diferença tributária entre bens de qualquer natureza, em razão da sua procedência ou do seu destino.
- •• *Vide* Súmula 591 do STF.
- •• *Vide* art. 152 (o que é vedado aos Estados, Distrito Federal e Municípios) da CF.

Seção II
Disposições Especiais

Art. 12. O disposto na alínea *a* do inciso IV do art. 9.º, observado o disposto nos seus §§ 1.º e 2.º, é extensivo às autarquias criadas pela União, pelos Estados, pelo Distrito Federal, ou pelos Municípios, tão somente no que se refere ao patrimônio, à renda ou aos serviços vinculados às suas finalidades essenciais, ou delas decorrentes.
- •• *Vide* Súmulas 73, 75, 336 e 583 do STF.
- •• *Vide* art. 150, §§ 2.º e 3.º (instituição de impostos – vedações), da CF.

Art. 13. O disposto na alínea *a* do inciso IV do art. 9.º não se aplica aos serviços públicos concedidos, cujo tratamento tributário é estabelecido pelo poder concedente, no que se refere aos tributos de sua competência, ressalvado o que dispõe o parágrafo único.

Parágrafo único. Mediante lei especial e tendo em vista o interesse comum, a União pode instituir isenção de tributos federais, estaduais e municipais para os serviços públicos que conceder, observado o disposto no § 1.º do art. 9.º.
- •• *Vide* Súmulas 77 a 79 e 81 do STF.
- • *Vide* arts. 150, § 6.º (exigências para confissões), e 151, III, da CF (vedação a isenções heterônomas).

Art. 14. O disposto na alínea *c* do inciso IV do art. 9.º é subordinado à observância dos seguintes requisitos pelas entidades nele referidas:

I – não distribuírem qualquer parcela de seu patrimônio ou de suas rendas, a qualquer título;
- •• Inciso I com redação determinada pela Lei Complementar n. 104, de 10-1-2001.

II – aplicarem integralmente, no País, os seus recursos na manutenção dos seus objetivos institucionais;

III – manterem escrituração de suas receitas e despesas em livros revestidos de formalidades capazes de assegurar sua exatidão.

§ 1.º Na falta de cumprimento do disposto neste artigo, ou no § 1.º do art. 9.º, a autoridade competente pode suspender a aplicação do benefício.

§ 2.º Os serviços a que se refere a alínea *c* do inciso IV do art. 9.º são exclusivamente os diretamente relacionados com os objetivos institucionais das entidades de que trata este artigo, previsto nos respectivos estatutos ou atos constitutivos.
- •• *Vide* art. 150, § 4.º (instituição de impostos – vedações), da CF.

Art. 15. Somente a União, nos seguintes casos excepcionais, pode instituir empréstimos compulsórios:
- •• *Vide* art. 148 (instituição de empréstimo compulsório) da CF.

I – guerra externa, ou sua iminência;

II – calamidade pública que exija auxílio federal impossível de atender com os recursos orçamentários disponíveis;

III – conjuntura que exija a absorção temporária de poder aquisitivo.

Parágrafo único. A lei fixará obrigatoriamente o prazo do empréstimo e as condições de seu resgate, observando, no que for aplicável, o disposto nesta Lei.

TÍTULO III
IMPOSTOS

Capítulo I
DISPOSIÇÕES GERAIS

Art. 16. Imposto é o tributo cuja obrigação tem por fato gerador uma situação independente de qualquer atividade estatal específica, relativa ao contribuinte.
- •• Sobre impostos IBS e IS: *vide* Lei Complementar n. 214, de 16-1-2025 (Reforma Tributária).
- • *Vide* art. 167, IV, da CF.

Art. 17. Os impostos componentes do sistema tributário nacional são exclusivamente os que constam deste Título, com as competências e limitações nele previstas.
- • *Vide* art. 217 do CTN.
- • *Vide* art. 154, I (instituição de impostos), da CF.

Art. 18. Compete:

I – à União instituir, nos Territórios Federais, os impostos atribuídos aos Estados e, se aqueles não forem divididos em Municípios, cumulativamente, os atribuídos a estes;
- • *Vide* arts. 147 e 156 (competência da União, em Território Federal) da CF.

II – ao Distrito Federal e aos Estados não divididos em Municípios instituir, cumulativamente, os impostos atribuídos aos Estados e aos Municípios.
- • *Vide* art. 155 (instituição de impostos pelos Estados e pelo Distrito Federal) da CF.

Art. 18-A. Para fins da incidência do imposto de que trata o inciso II do *caput* do art. 155 da Constituição Federal, os combustíveis, o gás natural, a energia elétrica, as comunicações, e o transporte coletivo são considerados bens e serviços essenciais e indispensáveis, que não podem ser tratados como supérfluos.
- •• *Caput* acrescentado pela Lei Complementar n. 194, de 23-6-2022.

Parágrafo único. Para efeito do disposto neste artigo:
- •• Parágrafo único, *caput*, acrescentado pela Lei Complementar n. 194, de 23-6-2022.

I – é vedada a fixação de alíquotas sobre as operações referidas no *caput* deste artigo em patamar superior ao das operações em geral, considerada a essencialidade dos bens e serviços;
- •• Inciso I acrescentado pela Lei Complementar n. 194, de 23-6-2022.

II – é facultada ao ente federativo competente a aplicação de alíquotas reduzidas em relação aos bens referidos no *caput* deste artigo, como forma de beneficiar os consumidores em geral; e
- •• Inciso II acrescentado pela Lei Complementar n. 194, de 23-6-2022.

III – (*Revogado pela Lei Complementar n. 201, de 24-10-2023.*)

Capítulo II
IMPOSTOS SOBRE O COMÉRCIO EXTERIOR

- • O Decreto n. 6.759, de 5-2-2009, regulamenta a administração das atividades aduaneiras e a fiscalização, o controle e a tributação das operações de comércio exterior.

Seção I
Imposto sobre a Importação

- • *Vide* art. 153, I (importação), da CF.
- *Vide* Decreto-lei n. 37, de 18-11-1966 (imposto de importação e reorganização dos serviços aduaneiros).

Art. 19. O imposto, de competência da União, sobre a importação de produtos estrangeiros tem como fato gerador a entrada destes no território nacional.

- • *Vide* art. 74, II, do CTN.
- • *Vide* Decreto-lei n. 37, de 18-11-1966, art. 1.º (incidência do imposto de importação).
- • *Vide* Decreto-lei n. 2.472, de 1.º-9-1988, art. 11 (legislação aduaneira - isenção - mercadoria destinada a consumo em feiras e exposições internacionais).
- • *Vide* Lei n. 8.032, de 12-4-1990, art. 2.º (isenção ou redução de imposto de importação – limite).
- • *Vide* Súmulas 89, 132, 142, 302 e 577 do STF.
- *Vide* Súmulas 4, 27 e 165 do TFR.
- *Vide* Lei n. 10.755, de 3-11-2003 (multa em operações de importação).

Art. 20. A base de cálculo do imposto é:
- *Vide* art. 146, III, *a*, da CF.

I – quando a alíquota seja específica, a unidade de medida adotada pela lei tributária;

II – quando a alíquota seja *ad valorem*, o preço normal que o produto, ou seu similar, alcançaria, ao tempo da importação, em uma venda em condições de livre concorrência, para entrega no porto ou lugar de entrada do produto no País;

- *Vide* arts. 2.º (base de cálculo do imposto) e 17 a 21 (similaridade) do Decreto-lei n. 37, de 18-11-1966.
- *Vide* Súmula 97 do TFR.
- *Vide* Súmula 124 do STJ.

III – quando se trate de produto apreendido ou abandonado, levado a leilão, o preço da arrematação.

- *Vide* Decreto-lei n. 37, de 18-11-1966, art. 2.º (base de cálculo do imposto).

Art. 21. O Poder Executivo pode, nas condições e nos limites estabelecidos em lei, alterar as alíquotas ou as bases de cálculo do imposto, a fim de ajustá-lo aos objetivos da política cambial e do comércio exterior.

- *Vide* arts. 9.º, I, e 97, II e IV, do CTN.
- *Vide* art. 153, § 1.º (alteração de alíquotas), da CF.

Art. 22. Contribuinte do imposto é:

I – o importador ou quem a lei a ele equiparar;

- *Vide* art. 32 e parágrafo único do Decreto-lei n. 37, de 18-11-1966 (imposto de importação; contribuinte e responsável).

II – o arrematante de produtos apreendidos ou abandonados.

- • *Vide* Decreto-lei n. 37, de 18-11-1966, art. 31 (contribuinte do imposto).

Seção II
Imposto sobre a Exportação

- • *Vide* art. 153, II, da CF.
- • *Vide* Decreto-lei n. 1.578, de 11-10-1977.

Art. 23. O imposto, de competência da União, sobre a exportação, para o estrangeiro, de produtos nacionais ou nacionalizados tem como fato gerador a saída destes do território nacional.

- *Vide* Decreto-lei n. 1.578, de 11-10-1977, art. 1.º e parágrafos (imposto de exportação – fato gerador).

Art. 24. A base de cálculo do imposto é:
- *Vide* art. 146, III, *a*, da CF.

I – quando a alíquota seja específica, a unidade de medida adotada pela lei tributária;

II – quando a alíquota seja *ad valorem*, o preço normal que o produto, ou seu similar, alcançaria, ao tempo da exportação, em uma venda em condições de livre concorrência.

Parágrafo único. Para os efeitos do inciso II, considera-se a entrega como efetuada no porto ou lugar da saída do produto, deduzidos os tributos diretamente incidentes sobre a operação de exportação e, nas vendas efetuadas a prazo superior aos correntes no mercado internacional, o custo do financiamento.

- *Vide* Decreto-lei n. 1.578, de 11-10-1977, art. 2.º (base de cálculo).

Art. 25. A lei pode adotar como base de cálculo a parcela do valor ou do preço, referidos no artigo anterior, excedente de valor básico, fixado de acordo com os critérios e dentro dos limites por ela estabelecidos.

Art. 26. O Poder Executivo pode, nas condições e nos limites estabelecidos em lei, alterar as alíquotas ou as bases de cálculo do imposto, a fim de ajustá-lo aos objetivos da política cambial e do comércio exterior.

- • *Vide* arts. 9.º, I, e 97, II e IV, do CTN.
- • *Vide* Decreto-lei n. 1.578, de 11-10-1977, art. 3.º (imposto de exportação – alíquota).
- *Vide* art. 153, § 1.º, da CF.

Art. 27. Contribuinte do imposto é o exportador ou quem a lei a ele equiparar.

- *Vide* Decreto-lei n. 1.578, de 11-10-1977, art. 5.º (contribuinte).

Art. 28. A receita líquida do imposto destina-se à formação de reservas monetárias, na forma da lei.

- *Vide* art. 167, IV, da CF.

Capítulo III
IMPOSTOS SOBRE O PATRIMÔNIO E A RENDA

Seção I
Imposto sobre a Propriedade Territorial Rural

- • *Vide* art. 153, VI e § 4.º, da CF.
- • *Vide* Lei n. 9.393, de 19-12-1996.

Art. 29. O imposto, de competência da União, sobre a propriedade territorial rural tem como fato gerador a propriedade, o domínio útil ou a posse de imóvel por natureza, como definido na lei civil, localizado fora da zona urbana do Município.

- *Vide* art. 32, § 1.º, do CTN (conceito de zona urbana).

- Os arts. 1.196, 1.228 e 1.473 e s. do CC dispõem respectivamente sobre a posse, a propriedade e o domínio útil.
- A Lei n. 4.504, de 30-11-1964, dispõe sobre o Estatuto da Terra.
- A Lei n. 5.868, de 12-12-1972, cria o Sistema Nacional de Cadastro Rural.

Art. 30. A base de cálculo do imposto é o valor fundiário.
- *Vide* Lei n. 9.393, de 19-12-1996, art. 11.
- *Vide* Súmula 595 do STF.

Art. 31. Contribuinte do imposto é o proprietário do imóvel, o titular de seu domínio útil, ou o seu possuidor a qualquer título.

- *Vide* Lei n. 9.393, de 19-12-1996, art. 10.
- Os arts. 1.196, 1.228 e 1.473 e s. do CC dispõem respectivamente sobre a posse, a propriedade e o domínio útil.

Seção II
Imposto sobre a Propriedade Predial e Territorial Urbana

- • *Vide* art. 156, I e § 1.º, da CF.
- O art. 182, § 4.º, II, da CF institui e o art. 7.º da Lei n. 10.257, de 10-7-2001 (Estatuto da Cidade), dispõe sobre o IPTU progressivo no tempo como instrumento de política urbana.

Art. 32. O imposto, de competência dos Municípios, sobre a propriedade predial e territorial urbana tem como fato gerador a propriedade, o domínio útil ou a posse de bem imóvel por natureza ou por acessão física, como definido na lei civil, localizado na zona urbana do Município.

§ 1.º Para os efeitos deste imposto, entende-se como zona urbana a definida em lei municipal, observado o requisito mínimo da existência de melhoramentos indicados em pelo menos dois dos incisos seguintes, construídos ou mantidos pelo Poder Público:

- • *Vide* Súmula 626 do STJ.

I – meio-fio ou calçamento, com canalização de águas pluviais;

II – abastecimento de água;

III – sistema de esgotos sanitários;

IV – rede de iluminação pública, com ou sem posteamento para distribuição domiciliar;

V – escola primária ou posto de saúde a uma distância máxima de 3 (três) quilômetros do imóvel considerado.

§ 2.º A lei municipal pode considerar urbanas as áreas urbanizáveis, ou de expansão urbana, constantes de loteamentos aprovados pelos órgãos competentes, destinados à habitação, à indústria ou ao comércio, mesmo que localizados fora das zonas definidas nos termos do parágrafo anterior.

- • *Vide* Súmula 626 do STJ.

Art. 33. A base do cálculo do imposto é o valor venal do imóvel.
- *Vide* Súmulas 160 e 399 do STJ.
- *Vide* Súmula 589 do STF.

Parágrafo único. Na determinação da base de cálculo, não se considera o valor dos bens móveis mantidos, em caráter permanente ou temporário, no imóvel, para efei-

to de sua utilização, exploração, aformoseamento ou comodidade.
•• Vide art. 182, §§ 2.° e 4.°, II, da CF (função social da propriedade urbana).

Art. 34. Contribuinte do imposto é o proprietário do imóvel, o titular do seu domínio útil, ou o seu possuidor a qualquer título.
• Vide Súmulas 75, 539 e 583 do STF.

Seção III
Imposto sobre a Transmissão de Bens Imóveis e de Direitos a eles Relativos
•• Vide arts. 155, I, e 156, II, da CF.

Art. 35. O imposto, de competência dos Estados, sobre a transmissão de bens imóveis e de direitos a eles relativos tem como fato gerador:
•• Vide arts. 155, I e § 1.°, I e II (competência dos Estados), e 156, § 2.° (competência dos municípios), da CF.

I – a transmissão, a qualquer título, da propriedade ou do domínio útil de bens imóveis, por natureza ou por acessão física, como definidos na lei civil;

II – a transmissão, a qualquer título, de direitos reais sobre imóveis, exceto os direitos reais de garantia;
• Vide art. 156, II, da CF (transmissão *inter vivos*).
• O art. 1.225 do CC estabelece o rol dos direitos reais.

III – a cessão de direitos relativos às transmissões referidas nos incisos I e II.

Parágrafo único. Nas transmissões *causa mortis*, ocorrem tantos fatos geradores distintos quantos sejam os herdeiros ou legatários.
• Bens imóveis: arts. 79 e s. do CC.
• Vide Súmulas 112 a 115, 331 e 590 do STF.

Art. 36. Ressalvado o disposto no artigo seguinte, o imposto não incide sobre a transmissão dos bens ou direitos referidos no artigo anterior:
•• Vide art. 156, § 2.°, I, da CF (transmissão de bens).

I – quando efetuada para sua incorporação ao patrimônio de pessoa jurídica em pagamento de capital nela subscrito;

II – quando decorrente da incorporação ou da fusão de uma pessoa jurídica por outra ou com outra.

Parágrafo único. O imposto não incide sobre a transmissão aos mesmos alienantes, dos bens e direitos adquiridos na forma do inciso I deste artigo, em decorrência da sua desincorporação do patrimônio da pessoa jurídica a que foram conferidos.
• Aquisição da propriedade imóvel: arts. 1.245 e s. do CC.
• Vide art. 116, parágrafo único, do CTN.

Art. 37. O disposto no artigo anterior não se aplica quando a pessoa jurídica adquirente tenha como atividade preponderante a venda ou locação de propriedade imobiliária ou a cessão de direitos relativos à sua aquisição.

§ 1.° Considera-se caracterizada a atividade de preponderante referida neste artigo quando mais de 50% (cinquenta por cento) da receita operacional da pessoa jurídica adquirente, nos 2 (dois) anos anteriores e nos 2 (dois) anos subsequentes à aquisição, decorrer de transações mencionadas neste artigo.
•• Vide art. 156, §§ 2.° e 3.°, da CF (transmissão *inter vivos*).

§ 2.° Se a pessoa jurídica adquirente iniciar suas atividades após a aquisição, ou menos de 2 (dois) anos antes dela, apurar-se-á a preponderância referida no parágrafo anterior, levando em conta os 3 (três) primeiros anos seguintes à data da aquisição.

§ 3.° Verificada a preponderância referida neste artigo, tornar-se-á devido o imposto, nos termos da lei vigente à data da aquisição, sobre o valor do bem ou direito nessa data.

§ 4.° O disposto neste artigo não se aplica à transmissão de bens ou direitos, quando realizada em conjunto com a da totalidade do patrimônio da pessoa jurídica alienante.
• Vide Súmulas 75, 108, 110, 111, 113, 326, 328, 329 e 470 do STF.
• A Lei n. 9.636, de 15-5-1998, regulamentada pelo Decreto n. 3.725, de 10-1-2001, dispõe sobre a regularização, administração, aforamento e alienação de bens imóveis de domínio da União.

Art. 38. A base de cálculo do imposto é o valor venal dos bens ou direitos transmitidos.
• Vide Súmulas 112, 113, 114 e 115 do STF.

Art. 39. A alíquota do imposto não excederá os limites fixados em resolução do Senado Federal, que distinguirá, para efeito de aplicação de alíquota mais baixa, as transmissões que atendam à política nacional de habitação.
•• Vide art. 97, II e IV, do CTN.
• Vide art. 155, § 1.°, IV, da CF.

Art. 40. O montante do imposto é dedutível do devido à União, a título do imposto de que trata o art. 43, sobre o provento decorrente da mesma transmissão.

Art. 41. O imposto compete ao Estado da situação do imóvel transmitido, ou sobre que versarem os direitos cedidos, mesmo que a mutação patrimonial decorra de sucessão aberta no estrangeiro.
•• Vide art. 155, § 1.°, III, a e b, da CF (instituição de impostos; doador e *de cujus*).

Art. 42. Contribuinte do imposto é qualquer das partes na operação tributada, como dispuser a lei.
• Vide Súmula 108 do STF.

Seção IV
Imposto sobre a Renda e Proventos de Qualquer Natureza
•• Vide art. 153, III, da CF.
• O Decreto n. 9.580, de 22-11-2018, regulamenta a tributação, fiscalização, arrecadação e administração do imposto sobre a renda e proventos de qualquer natureza.
• A Instrução Normativa n. 1.500, de 29-10-2014, da Receita Federal do Brasil, dispõe sobre normas gerais de tributação relativas ao Imposto sobre a Renda das Pessoas Físicas.

Art. 43. O imposto, de competência da União, sobre a renda e proventos de qualquer natureza tem como fato gerador a aquisição da disponibilidade econômica ou jurídica:
•• Vide art. 153, § 2.°, da CF (imposto de renda).
•• Vide Súmula 590 do STJ.

I – de renda, assim entendido o produto do capital, do trabalho ou da combinação de ambos;
•• Vide Súmulas 125, 136, 447 e 463 do STJ.

II – de proventos de qualquer natureza, assim entendidos os acréscimos patrimoniais não compreendidos no inciso anterior.
• Vide Lei n. 9.249, de 26-12-1995 (imposto de renda das pessoas jurídicas).
• Vide Lei n. 9.250, de 26-12-1995 (imposto de renda das pessoas físicas).
• Vide art. 118, I, do CTN (*pecunia non olet*).
• Vide Súmulas 39, 76 e 174 do TFR.
• Vide Súmulas 93 e 94 do STF.
• Vide Súmulas 125 e 136 do STJ.

§ 1.° A incidência do imposto independe da denominação da receita ou do rendimento, da localização, condição jurídica ou nacionalidade da fonte, da origem e da forma de percepção.
•• § 1.° acrescentado pela Lei Complementar n. 104, de 10-1-2001.

§ 2.° Na hipótese de receita ou de rendimento oriundos do exterior, a lei estabelecerá as condições e o momento em que se dará sua disponibilidade, para fins de incidência do imposto referido neste artigo.
•• § 2.° acrescentado pela Lei Complementar n. 104, de 10-1-2001.

Art. 44. A base de cálculo do imposto é o montante, real, arbitrado ou presumido, da renda ou dos proventos tributáveis.

Art. 45. Contribuinte do imposto é o titular da disponibilidade a que se refere o art. 43, sem prejuízo de atribuir a lei essa condição ao possuidor, a qualquer título, dos bens produtores de renda ou dos proventos tributáveis.
• Vide art. 128 do CTN (exclusão da responsabilidade do contribuinte).

Parágrafo único. A lei pode atribuir à fonte pagadora da renda ou dos proventos tributáveis a condição de responsável pelo imposto cuja retenção e recolhimento lhe caibam.

Capítulo IV
IMPOSTOS SOBRE A PRODUÇÃO E A CIRCULAÇÃO

Seção I
Imposto sobre Produtos Industrializados
•• Vide art. 153, IV e §§ 1.° e 3.°, da CF.
•• O Decreto n. 7.212, de 15-6-2010, regulamenta a cobrança do Imposto sobre Produtos Industrializados – IPI.

Art. 46. O imposto, de competência da União, sobre produtos industrializados tem como fato gerador:

I – o seu desembaraço aduaneiro, quando de procedência estrangeira;

II – a sua saída dos estabelecimentos a que se refere o parágrafo único do art. 51;

CTN – Arts. 46 a 68 – Impostos

•• *Vide* Súmula 671 do STJ.
III – a sua arrematação, quando apreendido ou abandonado e levado a leilão.
Parágrafo único. Para os efeitos deste imposto, considera-se industrializado o produto que tenha sido submetido a qualquer operação que lhe modifique a natureza ou a finalidade, ou o aperfeiçoe para o consumo.
• *Vide* arts. 74, I, 83 e 86 do CTN.
• *Vide* Súmula 536 do STF.
• *Vide* Súmulas 43 e 81 do TFR.
Art. 47. A base de cálculo do imposto é:
I – no caso do inciso I do artigo anterior, o preço normal, como definido no inciso II do art. 20, acrescido do montante:
a) do Imposto sobre a Importação;
b) das taxas exigidas para entrada do produto no País;
c) dos encargos cambiais efetivamente pagos pelo importador ou dele exigíveis;
II – no caso do inciso II do artigo anterior:
a) o valor da operação de que decorrer a saída da mercadoria;
b) na falta do valor a que se refere a alínea anterior, o preço corrente da mercadoria, ou sua similar, no mercado atacadista da praça do remetente;
III – no caso do inciso III do artigo anterior, o preço da arrematação.
Art. 48. O imposto é seletivo em função da essencialidade dos produtos.
•• *Vide* art. 153, § 3.º, I, da CF (imposto seletivo).
Art. 49. O imposto é não cumulativo, dispondo a lei de forma que o montante devido resulte da diferença a maior, em determinado período, entre o imposto referente aos produtos saídos do estabelecimento e o pago relativamente aos produtos nele entrados.
• *Vide* Súmulas 494 e 495 do STJ.
Parágrafo único. O saldo verificado, em determinado período, em favor do contribuinte, transfere-se para o período ou períodos seguintes.
•• *Vide* art. 153, § 3.º, II, da CF (imposto não cumulativo).
• O Decreto n. 7.212, de 15-6-2010, art. 256 (regulamenta a cobrança do IPI).
Art. 50. Os produtos sujeitos ao imposto, quando remetidos de um para outro Estado, ou do ou para o Distrito Federal, serão acompanhados de nota fiscal de modelo especial, emitida em séries próprias e contendo, além dos elementos necessários ao controle fiscal, os dados indispensáveis à elaboração da estatística do comércio por cabotagem e demais vias internas.
• *Vide* art. 195 do CTN.
Art. 51. Contribuinte do imposto é:
I – o importador ou quem a lei a ele equiparar;
II – o industrial ou quem a lei a ele equiparar;
III – o comerciante de produtos sujeitos ao imposto, que os forneça aos contribuintes definidos no inciso anterior;
IV – o arrematante de produtos apreendidos ou abandonados, levados a leilão.

Parágrafo único. Para os efeitos deste imposto, considera-se contribuinte autônomo qualquer estabelecimento de importador, industrial, comerciante ou arrematante.
• *Vide* art. 46, II, do CTN.
• O Decreto n. 7.212, de 15-6-2010, art. 24, parágrafo único (regulamenta a cobrança do IPI).

Seção II
Imposto Estadual sobre Operações Relativas à Circulação de Mercadorias

•• *Vide* art. 155, II e § 2.º, da CF.
•• *Vide* Decreto-lei n. 406, de 31-12-1968.
•• *Vide* Lei Complementar n. 87, de 13-9-1996.
• A Resolução do Senado Federal n. 22, de 19-5-1989, estabelece alíquota do Imposto sobre Operações relativas à Circulação de Mercadorias e sobre Prestação de Serviços de Transporte Interestadual e Intermunicipal e de Comunicação, nas operações Interestaduais.
• *Vide* Súmulas 536, 569, 571 a 574, 576, 578 e 579 do STF.
Art. 52. (*Revogado pelo Decreto-lei n. 406, de 31-12-1968.*)
• A Lei n. 5.589, de 3-7-1970, legislação posterior à revogação deste artigo, deu a seu § 3.º, II, nova redação.
Arts. 53 a 58. (*Revogados pelo Decreto-lei n. 406, de 31-12-1968.*)

Seção III
Imposto Municipal sobre Operações Relativas à Circulação de Mercadorias

Arts. 59 a 62. (*Revogados pelo Ato Complementar n. 31, de 28-12-1966.*)

Seção IV
Imposto sobre Operações de Crédito, Câmbio e Seguro, e sobre Operações Relativas a Títulos e Valores Mobiliários

•• *Vide* Lei n. 5.143, de 20-10-1966.
•• *Vide* art. 153, V, da CF.
• Regulamento: Decreto n. 6.306, de 14-12-2007.
Art. 63. O imposto, de competência da União, sobre operações de crédito, câmbio e seguro, e sobre operações relativas a títulos e valores mobiliários tem como fato gerador:
•• *Vide* art. 153, § 5.º, da CF (imposto sobre operações de crédito, câmbio e seguro, ou relativas a títulos ou valores mobiliários).
I – quanto às operações de crédito, a sua efetivação pela entrega total ou parcial do montante ou do valor que constitua o objeto da obrigação, ou sua colocação à disposição do interessado;
• *Vide* Súmula 664 do STF.
II – quanto às operações de câmbio, a sua efetivação pela entrega de moeda nacional ou estrangeira, ou de documento que a represente, ou sua colocação à disposição do interessado, em montante equivalente à moeda estrangeira ou nacional entregue ou posta à disposição por este;
III – quanto às operações de seguro, a sua efetivação pela emissão da apólice ou do documento equivalente, ou recebimento do prêmio, na forma da lei aplicável;

IV – quanto às operações relativas a títulos e valores mobiliários, a emissão, transmissão, pagamento ou resgate destes, na forma da lei aplicável.
Parágrafo único. A incidência definida no inciso I exclui a definida no inciso IV, e reciprocamente, quanto à emissão, ao pagamento ou resgate do título representativo de uma mesma operação de crédito.
•• *Vide* Lei n. 7.766, de 11-5-1989, art. 8.º (ouro, ativo financeiro e tratamento tributário).
• *Vide* Lei n. 5.143, de 20-10-1966, art. 1.º (instituição do imposto sobre operações financeiras).
• *Vide* Lei n. 8.981, de 20-1-1995, arts. 65 e s.
• O Decreto-lei n. 73, de 21-11-1966, dispõe sobre o sistema nacional de seguros privados e operações de seguros e resseguros.
• A Lei n. 6.385, de 7-12-1976, dispõe sobre o mercado de valores mobiliários e cria a Comissão de Valores Mobiliários.
• *Vide* Súmula 588 do STF.
Art. 64. A base de cálculo do imposto é:
I – quanto às operações de crédito, o montante da obrigação, compreendendo o principal e os juros;
II – quanto às operações de câmbio, o respectivo montante em moeda nacional, recebido, entregue ou posto à disposição;
III – quanto às operações de seguro, o montante do prêmio;
IV – quanto às operações relativas a títulos e valores mobiliários:
a) na emissão, o valor nominal mais o ágio, se houver;
b) na transmissão, o preço ou o valor nominal ou o valor da cotação em Bolsa, como determinar a lei;
c) no pagamento ou resgate, o preço.
• *Vide* Lei n. 5.143, de 20-10-1966, art. 2.º (imposto sobre operações financeiras – base do imposto).
Art. 65. O Poder Executivo pode, nas condições e nos limites estabelecidos em lei, alterar as alíquotas ou as bases de cálculo do imposto, a fim de ajustá-lo aos objetivos da política monetária.
• *Vide* arts. 146, III, *a*, e 153, § 1.º, da CF.
• *Vide* arts. 9.º, I, e 97, II e IV, do CTN.
Art. 66. Contribuinte do imposto é qualquer das partes na operação tributada, como dispuser a lei.
Art. 67. A receita líquida do imposto destina-se à formação de reservas monetárias, na forma da lei.
• *Vide* art. 167, IV, da CF.
• *Vide* art. 12 da Lei n. 5.143, de 20-10-1966 (imposto sobre operações financeiras).

Seção V
Imposto sobre Serviços de Transportes e Comunicações

•• *Vide* Lei Complementar n. 87, de 13-9-1996.
Art. 68. O imposto, de competência da União, sobre serviços de transportes e comunicações tem como fato gerador:
•• *Vide* art. 155, II e § 2.º, da CF, que transfere mencionada competência para os Estados e Distrito Federal (ICMS).

I – a prestação do serviço de transporte, por qualquer via, de pessoas, bens, mercadorias ou valores, salvo quando o trajeto se contenha inteiramente no território de um mesmo Município;
* A Lei Complementar n. 87, de 13-9-1996, dispõe sobre o Imposto dos Estados e do Distrito Federal sobre Operações relativas à Circulação de Mercadorias e sobre Prestações de Serviços de Transporte Interestadual e Intermunicipal e de Comunicações (ICMS).

II – a prestação do serviço de comunicações, assim se entendendo a transmissão e o recebimento, por qualquer processo, de mensagens escritas, faladas ou visuais, salvo quando os pontos de transmissão e de recebimento se situem no território de um mesmo Município e a mensagem em curso não possa ser captada fora desse território.
* Vide Súmulas 334 e 350 do STJ.

Art. 69. A base de cálculo do imposto é o preço do serviço.

Art. 70. Contribuinte do imposto é o prestador do serviço.

Seção VI
Imposto sobre Serviços de Qualquer Natureza

Arts. 71 a 73. (*Revogados pelo Decreto-lei n. 406, de 31-12-1968.*)
* • Vide Lei Complementar n. 116, de 31-7-2003, que passa a cuidar da matéria prevista, originariamente, nestes arts. 71 a 73.

Capítulo V
IMPOSTOS ESPECIAIS

Seção I
Imposto sobre Operações Relativas a Combustíveis, Lubrificantes, Energia Elétrica e Minerais do País

* • Vide art. 155, II e § 2.º, XII, *h*, e §§ 3.º a 5.º, da CF.

Art. 74. O imposto, de competência da União, sobre operações relativas a combustíveis, lubrificantes, energia elétrica e minerais do País tem como fato gerador:

I – a produção, como definida no art. 46 e seu parágrafo único;
II – a importação, como definida no art. 19;
III – a circulação, como definida no art. 52;
* • O citado art. 52 foi revogado pelo Decreto-lei n. 406, de 31-12-1968.

IV – a distribuição, assim entendida a colocação do produto no estabelecimento consumidor ou em local de venda ao público;
V – o consumo, assim entendida a venda do produto ao público.

§ 1.º Para os efeitos deste imposto, a energia elétrica considera-se produto industrializado.

§ 2.º O imposto incide, uma só vez, sobre uma das operações previstas em cada inciso deste artigo, como dispuser a lei, e exclui quaisquer outros tributos, sejam quais forem sua natureza ou competência, incidentes sobre aquelas operações.
* Vide art. 217 do CTN.

Art. 75. A lei observará o disposto neste Título relativamente:
I – ao Imposto sobre Produtos Industrializados, quando a incidência seja sobre a produção ou sobre o consumo;
* Vide arts. 46 a 51 do CTN.

II – ao Imposto sobre a Importação, quando a incidência seja sobre essa operação;
* Vide arts. 19 a 22 do CTN.

III – ao Imposto sobre Operações Relativas à Circulação de Mercadorias, quando a incidência seja sobre a distribuição.

Seção II
Impostos Extraordinários

* Vide arts. 150, § 1.º, e 154, II, da CF.

Art. 76. Na iminência ou no caso de guerra externa, a União pode instituir, temporariamente, impostos extraordinários compreendidos ou não entre os referidos nesta Lei, suprimidos, gradativamente, no prazo máximo de 5 (cinco) anos, contados da celebração da paz.

TÍTULO IV
TAXAS

* • Vide art. 145, II, da CF.

Art. 77. As taxas cobradas pela União, pelos Estados, pelo Distrito Federal ou pelos Municípios, no âmbito de suas respectivas atribuições, têm como fato gerador o exercício regular do poder de polícia, ou a utilização, efetiva ou potencial, de serviço público específico e divisível, prestado ao contribuinte ou posto à sua disposição.

Parágrafo único. A taxa não pode ter base de cálculo ou fato gerador idênticos aos que correspondam a imposto, nem ser calculada em função do capital das empresas.
* • Parágrafo único com redação determinada pelo Ato Complementar n. 34, de 30-1-1967.
* Vide art. 79 do CTN.
* Vide art. 145, § 2.º, da CF (taxas, base de cálculo).
* Vide Súmulas 128, 129, 132, 140, 141, 142, 302, 324, 348, 437, 545, 595, 665 e 670 do STF e Súmulas Vinculantes 19 e 29.
* Vide Súmulas 80 e 124 do STJ.

Art. 78. Considera-se poder de polícia atividade da administração pública que, limitando ou disciplinando direito, interesse ou liberdade, regula a prática de ato ou abstenção de fato, em razão de interesse público concernente à segurança, à higiene, à ordem, aos costumes, à disciplina da produção e do mercado, ao exercício de atividades econômicas dependentes de concessão ou autorização do Poder Público, à tranquilidade pública ou ao respeito à propriedade e aos direitos individuais ou coletivos.
* • *Caput* com redação determinada pelo Ato Complementar n. 31, de 28-12-1966.

Parágrafo único. Considera-se regular o exercício do poder de polícia quando desempenhado pelo órgão competente nos limites da lei aplicável, com observância do processo legal e, tratando-se de atividade que a lei tenha como discricionária, sem abuso ou desvio de poder.
* Abuso de autoridade: Lei n. 13.869, de 5-9-2019.

Art. 79. Os serviços públicos a que se refere o art. 77 consideram-se:
I – utilizados pelo contribuinte:
a) efetivamente, quando por ele usufruídos a qualquer título;
b) potencialmente, quando, sendo de utilização compulsória, sejam postos à sua disposição mediante atividade administrativa em efetivo funcionamento;

II – específicos, quando possam ser destacados em unidades autônomas de intervenção, de utilidade ou de necessidade públicas;
III – divisíveis, quando suscetíveis de utilização, separadamente, por parte de cada um dos seus usuários.

Art. 80. Para efeito de instituição e cobrança de taxas, consideram-se compreendidas no âmbito das atribuições da União, dos Estados, do Distrito Federal ou dos Municípios aquelas que, segundo a Constituição Federal, as Constituições dos Estados, as Leis Orgânicas do Distrito Federal e dos Municípios e a legislação com elas compatível, competem a cada uma dessas pessoas de direito público.
* Vide art. 145, II, da CF.

TÍTULO V
CONTRIBUIÇÃO DE MELHORIA

* • Vide art. 145, III, da CF.

Art. 81. A contribuição de melhoria cobrada pela União, pelos Estados, pelo Distrito Federal ou pelos Municípios, no âmbito de suas respectivas atribuições, é instituída para fazer face ao custo de obras públicas de que decorra valorização imobiliária, tendo como limite total a despesa realizada e como limite individual o acréscimo de valor que da obra resultar para cada imóvel beneficiado.
* • Vide Decreto-lei n. 195, de 24-2-1967.

Art. 82. A lei relativa à contribuição de melhoria observará os seguintes requisitos mínimos:

I – publicação prévia dos seguintes elementos:
a) memorial descritivo do projeto;
b) orçamento do custo da obra;
c) determinação da parcela do custo da obra a ser financiada pela contribuição;
d) delimitação da zona beneficiada;
e) determinação do fator de absorção do benefício da valorização para toda a zona ou para cada uma das áreas diferenciadas, nela contidas;

II – fixação de prazo não inferior a 30 (trinta) dias, para impugnação, pelos interessados, de qualquer dos elementos referidos no inciso anterior;

III – regulamentação do processo administrativo de instrução e julgamento da impugnação a que se refere o inciso anterior, sem prejuízo da sua apreciação judicial.

§ 1.º A contribuição relativa a cada imóvel será determinada pelo rateio da parcela do custo da obra a que se refere a alínea c, do inciso I, pelos imóveis situados na zona beneficiada em função dos respectivos fatores individuais de valorização.

§ 2.º Por ocasião do respectivo lançamento, cada contribuinte deverá ser notificado do montante da contribuição, da forma e dos prazos de seu pagamento e dos elementos que integraram o respectivo cálculo.

- *Vide* Decreto n. 70.235, de 6-3-1972 (processo administrativo fiscal).
- *Vide* arts. 142 a 146 (lançamento) do CTN.

Título VI
DISTRIBUIÇÕES DE RECEITAS TRIBUTÁRIAS

•• *Vide* arts. 157 a 162 da CF.

Capítulo I
DISPOSIÇÕES GERAIS

Art. 83. Sem prejuízo das demais disposições deste Título, os Estados e Municípios que celebrem com a União convênios destinados a assegurar ampla e eficiente coordenação dos respectivos programas de investimentos e serviços públicos, especialmente no campo da política tributária, poderão participar de até 10% (dez por cento) da arrecadação efetuada, nos respectivos territórios, proveniente do imposto referido no art. 43, incidente sobre o rendimento das pessoas físicas, e no art. 46, excluído o incidente sobre o fumo e bebidas alcoólicas.

Parágrafo único. O processo das distribuições previstas neste artigo será regulado nos convênios nele referidos.

- *Vide* Lei n. 8.016, de 8-4-1990, que dispõe sobre a entrada das quotas de participação dos Estados e do Distrito Federal na arrecadação dos impostos sobre produtos industrializados, de que trata o art. 159 da CF.

Art. 84. A lei federal pode cometer aos Estados, ao Distrito Federal ou aos Municípios o encargo de arrecadar os impostos de competência da União, cujo produto lhes seja distribuído no todo ou em parte.

- *Vide* arts. 6.º, parágrafo único, e 7.º do CTN.

Parágrafo único. O disposto neste artigo aplica-se à arrecadação dos impostos de competência dos Estados, cujo produto estes venham a distribuir, no todo ou em parte, aos respectivos Municípios.

Capítulo II
IMPOSTO SOBRE A PROPRIEDADE TERRITORIAL RURAL E SOBRE A RENDA E PROVENTOS DE QUALQUER NATUREZA

Art. 85. Serão distribuídos pela União:

I – aos Municípios da localização dos imóveis, o produto da arrecadação do imposto a que se refere o art. 29;

- *Vide* art. 158, II, da CF.

II – aos Estados, ao Distrito Federal e aos Municípios, o produto da arrecadação, na fonte, do imposto a que se refere o art. 43, incidente sobre a renda das obrigações de sua dívida pública e sobre os proventos dos seus servidores e de suas autarquias.

- *Vide* arts. 157, I, e 158, I, da CF.

§ 1.º Independentemente de ordem das autoridades superiores e sob pena de demissão, as autoridades arrecadadoras dos impostos a que se refere este artigo farão entrega, aos Estados, ao Distrito Federal e aos Municípios, das importâncias recebidas, à medida que forem sendo arrecadadas, em prazo não superior a 30 (trinta) dias, a contar da data de cada recolhimento.

- *Vide* art. 162 da CF (arrecadação, divulgação).

§ 2.º A lei poderá autorizar os Estados, o Distrito Federal e os Municípios a incorporar definitivamente à sua receita o produto da arrecadação do imposto a que se refere o inciso II, estipulando as obrigações acessórias a serem cumpridas por aqueles no interesse da arrecadação, pela União, do imposto a ela devido pelos titulares da renda ou dos proventos tributados.

§ 3.º A lei poderá dispor que uma parcela, não superior a 20% (vinte por cento), do imposto de que trata o inciso I seja destinada ao custeio do respectivo serviço de lançamento e arrecadação.

•• § 3.º suspenso por inconstitucionalidade pela Resolução do Senado Federal n. 337, de 27-9-1983.

Capítulo III
FUNDOS DE PARTICIPAÇÃO DOS ESTADOS E DOS MUNICÍPIOS

•• *Vide* arts. 159, I, a, b, 161, II, III e parágrafo único, da CF e arts. 34, § 2.º, e 39 do ADCT.

Seção I
Constituição dos Fundos

Arts. 86 e 87. (*Revogados pela Lei Complementar n. 143, de 17-7-2013.*)

Seção II
Critério de Distribuição do Fundo de Participação dos Estados

Arts. 88 e 89. (*Revogados pela Lei Complementar n. 143, de 17-7-2013.*)

Art. 90. O fator representativo do inverso da renda *per capita*, a que se refere o inciso II do art. 88, será estabelecido da seguinte forma:

Inverso do índice relativo à renda per capita da entidade participante:

	Fator
Até 0,0045	0,4
Acima de 0,0045 até 0,0055	0,5
Acima de 0,0055 até 0,0065	0,6
Acima de 0,0065 até 0,0075	0,7
Acima de 0,0075 até 0,0085	0,8
Acima de 0,0085 até 0,0095	0,9
Acima de 0,0095 até 0,0110	1,0
Acima de 0,0110 até 0,0130	1,2
Acima de 0,0130 até 0,0150	1,4
Acima de 0,0150 até 0,0170	1,6
Acima de 0,0170 até 0,0190	1,8
Acima de 0,0190 até 0,0220	2,0
Acima de 0,0220	2,5

Parágrafo único. Para os efeitos deste artigo, determina-se o índice relativo à renda *per capita* de cada entidade participante, tomando-se como 100 (cem) a renda *per capita* média do País.

•• *Vide* Decreto-lei n. 1.881, de 27-8-1981, art. 3.º, parágrafo único, b (reserva do Fundo de Participação dos Municípios).

Seção III
Critério de Distribuição do Fundo de Participação dos Municípios

Art. 91. Do Fundo de Participação dos Municípios a que se refere o art. 86, serão atribuídos:

•• *Caput* com redação determinada pelo Ato Complementar n. 35, de 28-2-1967.
•• *Vide* art. 159, I, b e § 3.º, da CF.

I – 10% (dez por cento) aos Municípios das capitais dos Estados;

•• Inciso I com redação determinada pelo Ato Complementar n. 35, de 28-2-1967.

II – 90% (noventa por cento) aos demais Municípios do País.

•• Inciso II com redação determinada pelo Ato Complementar n. 35, de 28-2-1967.
•• *Vide* Decreto-lei n. 1.881, de 27-8-1981, art. 3.º (reserva do Fundo de Participação dos Municípios).

§ 1.º A parcela de que trata o inciso I será distribuída proporcionalmente a um coeficiente individual de participação, resultante do produto dos seguintes fatores:

•• § 1.º com redação determinada pelo Ato Complementar n. 35, de 28-2-1967.

a) fator representativo da população, assim estabelecido:

Percentual da população de cada Município em relação à do conjunto das capitais:

	Fator
Até 2%	2
Mais de 2% até 5%:	
Pelos primeiros 2%	2
Cada 0,5% ou fração excedente, mais	0,5
Mais de 5%	5

b) fator representativo do inverso da renda *per capita* do respectivo Estado, de conformidade com o disposto no art. 90.

§ 2.º A distribuição da parcela a que se refere o item II deste artigo, deduzido o percentual referido no art. 3.º do Decreto-lei que estabelece a redação deste parágrafo, far-se-á atribuindo-se a cada Município um coeficiente individual de participação determinado na forma seguinte:

•• § 2.º com redação determinada pelo Ato Complementar n. 35, de 28-2-1967.

Categoria do Município, segundo seu número de habitantes	Coeficiente
a) Até 16.980	
Pelos primeiros 10.188	0,6
Para cada 3.396 ou fração excedente, mais	0,2
b) Acima de 16.980 até 50.940	
Pelos primeiros 16.980	1,0

Para cada 6.792 ou fração excedente, mais..................................0,2
c) Acima de 50.940 até 101.880
Pelos primeiros 50.940........................2,0
Para cada 10.188 ou fração excedente, mais..................................0,2
d) Acima de 101.880 até 156.216
Pelos primeiros 101.880......................3,0
Para cada 13.584 ou fração excedente, mais..................................0,2
e) Acima de 156.216...........................4,0
- *Vide* Lei Complementar n. 91, de 22-12-1997, que dispõe sobre a fixação dos coeficientes do Fundo de Participação dos Municípios.

§ 3.º Para os efeitos deste artigo, consideram-se os Municípios regularmente instalados, fazendo-se a revisão das quotas anualmente, a partir de 1989, com base em dados oficiais de população produzidos pela Fundação Instituto Brasileiro de Geografia e Estatística – IBGE.
•• § 3.º com redação determinada pela Lei Complementar n. 59, de 22-12-1988.

§§ 4.º e 5.º *(Revogados pela Lei Complementar n. 91, de 22-12-1997.)*

Seção IV
Cálculo e Pagamento das Quotas Estaduais e Municipais

Art. 92. O Tribunal de Contas da União comunicará ao Banco do Brasil S.A., conforme os prazos a seguir especificados, os coeficientes individuais de participação nos fundos previstos no art. 159, inciso I, alíneas *a, b* e *d*, da Constituição Federal que prevalecerão no exercício subsequente:
•• *Caput* com redação determinada pela Lei Complementar n. 143, de 17-7-2013.

I – até o último dia útil do mês de março de cada exercício financeiro, para cada Estado e para o Distrito Federal;
•• Inciso I acrescentado pela Lei Complementar n. 143, de 17-7-2013.

II – até o último dia útil de cada exercício financeiro, para cada Município.
•• Inciso II acrescentado pela Lei Complementar n. 143, de 17-7-2013.

Parágrafo único. Far-se-á nova comunicação sempre que houver, transcorrido o prazo fixado no inciso I do *caput*, a criação de novo Estado a ser implantado no exercício subsequente.
•• Parágrafo único acrescentado pela Lei Complementar n. 143, de 17-7-2013.

Art. 93. *(Revogado pela Lei Complementar n. 143, de 17-7-2013.)*

Seção V
Comprovação da Aplicação das Quotas Estaduais e Municipais

Art. 94. *(Revogado pela Lei Complementar n. 143, de 17-7-2013.)*

Capítulo IV
IMPOSTO SOBRE OPERAÇÕES RELATIVAS A COMBUSTÍVEIS, LUBRIFICANTES, ENERGIA ELÉTRICA E MINERAIS DO PAÍS

Art. 95. *(Revogado pela Lei Complementar n. 143, de 17-7-2013.)*

Livro Segundo
NORMAS GERAIS DE DIREITO TRIBUTÁRIO

Título I
LEGISLAÇÃO TRIBUTÁRIA

Capítulo I
DISPOSIÇÕES GERAIS

Seção I
Disposição Preliminar

Art. 96. A expressão "legislação tributária" compreende as leis, os tratados e as convenções internacionais, os decretos e as normas complementares que versem, no todo ou em parte, sobre tributos e relações jurídicas a eles pertinentes.
- *Vide* arts. 3.º e 194 do CTN.

Seção II
Leis, Tratados e Convenções Internacionais e Decretos

Art. 97. Somente a lei pode estabelecer:
I – a instituição de tributos, ou a sua extinção;
- *Vide* art. 150, I, da CF (exigência ou aumento de tributo).
- *Vide* Súmula 185 do STJ.

II – a majoração de tributos, ou sua redução, ressalvado o disposto nos arts. 21, 26, 39, 57 e 65;
•• O art. 57 foi revogado pelo Decreto-lei n. 406, de 31-12-1968.
- *Vide* art. 153, § 1.º, da CF.
- *Vide* Súmula 95 do STJ.

III – a definição do fato gerador da obrigação tributária principal, ressalvado o disposto no inciso I do § 3.º do art. 52, e do seu sujeito passivo;
•• O art. 52 foi revogado pelo Decreto-lei n. 406, de 31-12-1968.
- *Vide* Súmula 129 do STJ.

IV – a fixação da alíquota do tributo e da sua base de cálculo, ressalvado o disposto nos arts. 21, 26, 39, 57 e 65;
•• O art. 57 foi revogado pelo Decreto-lei n. 406, de 31-12-1968.
- *Vide* art. 153, § 1.º, da CF (alíquotas).
- *Vide* Súmulas 95 e 124 do STJ.

V – a cominação de penalidades para as ações ou omissões contrárias a seus dispositivos, ou para outras infrações nela definidas;
- *Vide* arts. 106, II, c, e 112 do CTN.

VI – as hipóteses de exclusão, suspensão e extinção de créditos tributários, ou de dispensa ou redução de penalidades.
- *Vide* arts. 151, 156 e 175 do CTN.

§ 1.º Equipara-se à majoração do tributo a modificação de sua base de cálculo, que importe em torná-lo mais oneroso.
- *Vide* Súmula 160 do STJ.

§ 2.º Não constitui majoração de tributo, para os fins do disposto no inciso II deste artigo, a atualização do valor monetário da respectiva base de cálculo.
- *Vide* arts. 139 a 193 (crédito tributário), 151 a 155-A (suspensão do crédito tributário), 156 a 174 (extinção do crédito tributário) e 175 a 182 (exclusão do crédito tributário), do CTN.
- *Vide* Súmula 160 do STJ.
- *Vide* Súmula 667 do STF.

Art. 98. Os tratados e as convenções internacionais revogam ou modificam a legislação tributária interna, e serão observados pela que lhes sobrevenha.
- *Vide* art. 96 (sobre a expressão legislação tributária) do CTN.
- *Vide* Súmulas 20 e 71 do STJ.

Art. 99. O conteúdo e o alcance dos decretos restringem-se aos das leis em função das quais sejam expedidos, determinados com observância das regras de interpretação estabelecidas nesta Lei.
- *Vide* arts. 153, § 1.º, e 177, § 4.º, I, *b*, da CF.

Seção III
Normas Complementares

Art. 100. São normas complementares das leis, dos tratados e das convenções internacionais e dos decretos:
I – os atos normativos expedidos pelas autoridades administrativas;
- *Vide* art. 103, I, do CTN.

II – as decisões dos órgãos singulares ou coletivos de jurisdição administrativa, a que a lei atribua eficácia normativa;
- *Vide* art. 103, II, do CTN.

III – as práticas reiteradamente observadas pelas autoridades administrativas;

IV – os convênios que entre si celebrem a União, os Estados, o Distrito Federal e os Municípios.
- *Vide* arts. 103, I, III, 199 e 200 do CTN.

Parágrafo único. A observância das normas referidas neste artigo exclui a imposição de penalidades, a cobrança de juros de mora e a atualização do valor monetário da base de cálculo do tributo.

Capítulo II
VIGÊNCIA DA LEGISLAÇÃO TRIBUTÁRIA

Art. 101. A vigência, no espaço e no tempo, da legislação tributária rege-se pelas disposições legais aplicáveis às normas jurídicas em geral, ressalvado o previsto neste Capítulo.

Art. 102. A legislação tributária dos Estados, do Distrito Federal e dos Municípios vigora, no País, fora dos respectivos territórios, nos limites em que lhe reconheçam extraterritorialidade os convênios de que participem, ou do que disponham esta ou outras leis de normas gerais expedidas pela União.

Art. 103. Salvo disposição em contrário, entram em vigor:
I – os atos administrativos a que se refere o inciso I do art. 100, na data da sua publicação;

II – as decisões a que se refere o inciso II do art. 100 quanto a seus efeitos normativos, 30 (trinta) dias após a data da sua publicação;

III – os convênios a que se refere o inciso IV do art. 100 na data neles prevista.

Art. 104. Entram em vigor no primeiro dia do exercício seguinte àquele em que ocorra a sua publicação os dispositivos de lei, referentes a impostos sobre o patrimônio ou a renda:
•• *Vide* art. 150, III, *b*, da CF.
I – que instituem ou majoram tais impostos;
II – que definem novas hipóteses de incidência;
III – que extinguem ou reduzem isenções, salvo se a lei dispuser de maneira mais favorável ao contribuinte, e observado o disposto no art. 178.
• *Vide* Súmula 544 do STF.

Capítulo III
APLICAÇÃO DA LEGISLAÇÃO TRIBUTÁRIA

Art. 105. A legislação tributária aplica-se imediatamente aos fatos geradores futuros e aos pendentes, assim entendidos aqueles cuja ocorrência tenha tido início mas não esteja completa nos termos do art. 116.
• *Vide* art. 150, III, *a*, da CF.

Art. 106. A lei aplica-se a ato ou fato pretérito:
• *Vide* Súmula 448 do STJ.
I – em qualquer caso, quando seja expressamente interpretativa, excluída a aplicação de penalidade à infração dos dispositivos interpretados;
II – tratando-se de ato não definitivamente julgado:
a) quando deixe de defini-lo como infração;
b) quando deixe de tratá-lo como contrário a qualquer exigência de ação ou omissão, desde que não tenha sido fraudulento e não tenha implicado em falta de pagamento de tributo;
c) quando lhe comine penalidade menos severa que a prevista na lei vigente ao tempo da sua prática.

Capítulo IV
INTERPRETAÇÃO E INTEGRAÇÃO DA LEGISLAÇÃO TRIBUTÁRIA

Art. 107. A legislação tributária será interpretada conforme o disposto neste Capítulo.

Art. 108. Na ausência de disposição expressa, a autoridade competente para aplicar a legislação tributária utilizará, sucessivamente, na ordem indicada:
• *Vide* Súmula 464 do STJ.
I – a analogia;
II – os princípios gerais de direito tributário;
III – os princípios gerais de direito público;
IV – a equidade.
§ 1.º O emprego da analogia não poderá resultar na exigência de tributo não previsto em lei.
• *Vide* art. 150, I, da CF.
• *Vide* art. 97, I, do CTN.

§ 2.º O emprego da equidade não poderá resultar na dispensa do pagamento de tributo devido.
• *Vide* arts. 97, I, e 176 do CTN.

Art. 109. Os princípios gerais de direito privado utilizam-se para pesquisa da definição, do conteúdo e do alcance de seus institutos, conceitos e formas, mas não para definição dos respectivos efeitos tributários.

Art. 110. A lei tributária não pode alterar a definição, o conteúdo e o alcance de institutos, conceitos e formas de direito privado, utilizados, expressa ou implicitamente, pela Constituição Federal, pelas Constituições dos Estados, ou pelas Leis Orgânicas do Distrito Federal ou dos Municípios, para definir ou limitar competências tributárias.
• *Vide* Súmula 464 do STJ.

Art. 111. Interpreta-se literalmente a legislação tributária que disponha sobre:
•• *Vide* Súmula 627 do STJ.
I – suspensão ou exclusão do crédito tributário;
II – outorga de isenção;
• *Vide* Súmula 100 do STJ.
III – dispensa do cumprimento de obrigações tributárias acessórias.
• *Vide* arts. 151 a 155-A (suspensão do crédito tributário) do CTN.
• *Vide* arts. 175 a 182 (exclusão do crédito tributário) do CTN.
• *Vide* arts. 176 a 179 (isenção) do CTN.
• *Vide* Súmula 95 do STJ.

Art. 112. A lei tributária que define infrações, ou lhe comina penalidades, interpreta-se da maneira mais favorável ao acusado, em caso de dúvida quanto:
I – à capitulação legal do fato;
II – à natureza ou às circunstâncias materiais do fato, ou à natureza ou extensão dos seus efeitos;
III – à autoria, imputabilidade, ou punibilidade;
IV – à natureza da penalidade aplicável, ou à sua graduação.

TÍTULO II
OBRIGAÇÃO TRIBUTÁRIA

Capítulo I
DISPOSIÇÕES GERAIS

Art. 113. A obrigação tributária é principal ou acessória.
• *Vide* art. 9.º, § 1.º, do CTN.
§ 1.º A obrigação principal surge com a ocorrência do fato gerador, tem por objeto o pagamento de tributo ou penalidade pecuniária e extingue-se juntamente com o crédito dela decorrente.
§ 2.º A obrigação acessória decorre da legislação tributária e tem por objeto as prestações, positivas ou negativas, nela previstas no interesse da arrecadação ou da fiscalização dos tributos.
• *Vide* art. 96 do CTN.
§ 3.º A obrigação acessória, pelo simples fato da sua inobservância, converte-se em obrigação principal relativamente a penalidade pecuniária.
• *Vide* arts. 139 a 193 (crédito tributário) do CTN.
• *Vide* arts. 128 a 138 (responsabilidade tributária) do CTN.
• *Vide* arts. 194 a 200 (fiscalização) do CTN.

Capítulo II
FATO GERADOR

Art. 114. Fato gerador da obrigação principal é a situação definida em lei como necessária e suficiente à sua ocorrência.
• *Vide* art. 150, III, *a* e *b* e § 7.º, da CF.
• *Vide* art. 105 do CTN.

Art. 115. Fato gerador da obrigação acessória é qualquer situação que, na forma da legislação aplicável, impõe a prática ou a abstenção de ato que não configure obrigação principal.
• *Vide* arts. 96 e 113, § 1.º, do CTN.

Art. 116. Salvo disposição de lei em contrário, considera-se ocorrido o fato gerador e existentes os seus efeitos:
I – tratando-se de situação de fato, desde o momento em que se verifiquem as circunstâncias materiais necessárias a que produza os efeitos que normalmente lhe são próprios;
II – tratando-se da situação jurídica, desde o momento em que que esteja definitivamente constituída, nos termos de direito aplicável.
•• *Vide* Súmula 671 do STJ.
• *Vide* art. 105 do CTN.
Parágrafo único. A autoridade administrativa poderá desconsiderar atos ou negócios jurídicos praticados com a finalidade de dissimular a ocorrência do fato gerador do tributo ou a natureza dos elementos constitutivos da obrigação tributária, observados os procedimentos a serem estabelecidos em lei ordinária.
•• Parágrafo único acrescentado pela Lei Complementar n. 104, de 10-1-2001.

Art. 117. Para os efeitos do inciso II do artigo anterior e salvo disposição de lei em contrário, os atos ou negócios jurídicos condicionais reputam-se perfeitos e acabados:
•• *Vide* Súmula 671 do STJ.
I – sendo suspensiva a condição, desde o momento de seu implemento;
II – sendo resolutória a condição, desde o momento da prática do ato ou da celebração do negócio.

Art. 118. A definição legal do fato gerador é interpretada abstraindo-se:
I – da validade jurídica dos atos efetivamente praticados pelos contribuintes, responsáveis, ou terceiros, bem como da natureza do seu objeto ou dos seus efeitos;
II – dos efeitos dos fatos efetivamente ocorridos.

Capítulo III
SUJEITO ATIVO

Art. 119. Sujeito ativo da obrigação é a pessoa jurídica de direito público titular da competência para exigir o seu cumprimento.

- Vide arts. 70 e 71 da CF.
- Vide art. 1.º do CTN.

Art. 120. Salvo disposição de lei em contrário, a pessoa jurídica de direito público, que se constituir pelo desmembramento territorial de outra, sub-roga-se nos direitos desta, cuja legislação tributária aplicará até que entre em vigor a sua própria.
- Vide art. 147 da CF.

Capítulo IV
SUJEITO PASSIVO

Seção I
Disposições Gerais

Art. 121. Sujeito passivo da obrigação principal é a pessoa obrigada ao pagamento de tributo ou penalidade pecuniária.
- Vide art. 150, § 7.º, da CF.
- Vide arts. 113, § 1.º, 128 e 138 do CTN.

Parágrafo único. O sujeito passivo da obrigação principal diz-se:

I – contribuinte, quando tenha relação pessoal e direta com a situação que constitua o respectivo fato gerador;

II – responsável, quando, sem revestir a condição de contribuinte, sua obrigação decorra de disposição expressa de lei.

Art. 122. Sujeito passivo da obrigação acessória é a pessoa obrigada às prestações que constituam o seu objeto.
- Vide arts. 113, § 2.º, e 115 do CTN.

Art. 123. Salvo disposições de lei em contrário, as convenções particulares, relativas à responsabilidade pelo pagamento de tributos, não podem ser opostas à Fazenda Pública, para modificar a definição legal do sujeito passivo das obrigações tributárias correspondentes.

Seção II
Solidariedade

Art. 124. São solidariamente obrigadas:
- Os arts. 264 e s. do CC dispõem sobre as obrigações solidárias.

I – as pessoas que tenham interesse comum na situação que constitua o fato gerador da obrigação principal;

II – as pessoas expressamente designadas por lei.

Parágrafo único. A solidariedade referida neste artigo não comporta benefício de ordem.

Art. 125. Salvo disposição de lei em contrário, são os seguintes os efeitos da solidariedade:

I – o pagamento efetuado por um dos obrigados aproveita aos demais;

II – a isenção ou remissão de crédito exonera todos os obrigados, salvo se outorgada pessoalmente a um deles, subsistindo, nesse caso, a solidariedade quanto aos demais pelo saldo;

III – a interrupção da prescrição, em favor ou contra um dos obrigados, favorece ou prejudica aos demais.
- Vide arts. 165 a 169 (pagamento indevido) do CTN.

- Vide arts. 155, parágrafo único, 156, V, 174 e parágrafo único e 195, parágrafo único (prescrição), do CTN.

Seção III
Capacidade Tributária

Art. 126. A capacidade tributária passiva independe:

I – da capacidade civil das pessoas naturais;

II – de achar-se a pessoa natural sujeita a medidas que importem privação ou limitação do exercício de atividades civis, comerciais ou profissionais, ou da administração direta de seus bens ou negócios;

III – de estar a pessoa jurídica regularmente constituída, bastando que configure uma unidade econômica ou profissional.

Seção IV
Domicílio Tributário

Art. 127. Na falta de eleição, pelo contribuinte ou responsável, de domicílio tributário, na forma da legislação aplicável, considera-se como tal:
- Os arts. 70 e 71 do CC dispõem sobre o domicílio da pessoa natural.
- Vide art. 109, I e §§ 1.º a 3.º, da CF.

I – quanto às pessoas naturais, a sua residência habitual, ou, sendo esta incerta ou desconhecida, o centro habitual de sua atividade;

II – quanto às pessoas jurídicas de direito privado ou às firmas individuais, o lugar da sua sede, ou, em relação aos atos ou fatos que derem origem à obrigação, o de cada estabelecimento;

III – quanto às pessoas jurídicas de direito público, qualquer de suas repartições no território da entidade tributante.

§ 1.º Quando não couber a aplicação das regras fixadas em qualquer dos incisos deste artigo, considerar-se-á como domicílio tributário do contribuinte ou responsável o lugar da situação dos bens ou da ocorrência dos atos ou fatos que deram origem à obrigação.

§ 2.º A autoridade administrativa pode recusar o domicílio eleito, quando impossibilite ou dificulte a arrecadação ou a fiscalização do tributo, aplicando-se então a regra do parágrafo anterior.

Capítulo V
RESPONSABILIDADE TRIBUTÁRIA

Seção I
Disposição Geral

Art. 128. Sem prejuízo do disposto neste Capítulo, a lei pode atribuir de modo expresso a responsabilidade pelo crédito tributário a terceira pessoa, vinculada ao fato gerador da respectiva obrigação, excluindo a responsabilidade do contribuinte ou atribuindo-a a este em caráter supletivo do cumprimento total ou parcial da referida obrigação.
- Vide art. 79 da Lei n. 8.981, de 20-1-1995 (alteração da legislação tributária).
- Vide art. 150, § 7.º, da CF.
- Vide arts. 139 a 193 do CTN (crédito tributário).

Seção II
Responsabilidade dos Sucessores

Art. 129. O disposto nesta Seção aplica-se por igual aos créditos tributários definitivamente constituídos ou em curso de constituição à data dos atos nela referidos, e aos constituídos posteriormente aos mesmos atos, desde que relativos a obrigações tributárias surgidas até a referida data.
- Vide arts. 139 a 193 (crédito tributário) do CTN.

Art. 130. Os créditos tributários relativos a impostos cujo fato gerador seja a propriedade, o domínio útil ou a posse de bens imóveis, e bem assim os relativos a taxas pela prestação de serviços referentes a tais bens, ou a contribuições de melhoria, sub-rogam-se na pessoa dos respectivos adquirentes, salvo quando conste do título a prova de sua quitação.
- Vide art. 123 do CTN.

Parágrafo único. No caso de arrematação em hasta pública, a sub-rogação ocorre sobre o respectivo preço.
- Vide arts. 81 e 82 (contribuição de melhoria) do CTN.
- Vide arts. 139 a 193 (crédito tributário) do CTN.

Art. 131. São pessoalmente responsáveis:

I – o adquirente ou remitente, pelos tributos relativos aos bens adquiridos ou remidos;

•• Figurava no final deste item I a expressão "com inobservância do disposto no art. 191", suprimida pelo Decreto-lei n. 28, de 14-11-1966.

II – o sucessor a qualquer título e o cônjuge meeiro, pelos tributos devidos pelo *de cujus* até a data da partilha ou adjudicação, limitada esta responsabilidade ao montante do quinhão, do legado ou da meação;

III – o espólio, pelos tributos devidos pelo *de cujus* até a data da abertura da sucessão.
- Vide Súmula 112 do STF.

Art. 132. A pessoa jurídica de direito privado que resultar de fusão, transformação ou incorporação de outra ou em outra é responsável pelos tributos devidos até a data do ato pelas pessoas jurídicas de direito privado fusionadas, transformadas ou incorporadas.
•• Vide Súmula 554 do STJ.
- Os arts. 220 e s. da Lei n. 6.404, de 15-12-1976 (Lei de S.A.) dispõem sobre a transformação, incorporação, fusão e cisão.

Parágrafo único. O disposto neste artigo aplica-se aos casos de extinção de pessoas jurídicas de direito privado, quando a exploração da respectiva atividade seja continuada por qualquer sócio remanescente, ou seu espólio, sob a mesma ou outra razão social, ou sob firma individual.
- Os arts. 206 e s. da Lei n. 6.404, de 15-12-1976 (Lei de S.A.) dispõem sobre a dissolução, liquidação e extinção.

Art. 133. A pessoa natural ou jurídica de direito privado que adquirir de outra, por qualquer título, fundo de comércio ou estabelecimento comercial, industrial ou profissional, e continuar a respectiva exploração, sob a mesma ou outra razão social

ou sob firma ou nome individual, responde pelos tributos, relativos ao fundo ou estabelecimento adquirido, devidos até a data do ato:
•• *Vide* Súmula 554 do STJ.
• *Vide* art. 123 do CTN.

I – integralmente, se o alienante cessar a exploração do comércio, indústria ou atividade;

II – subsidiariamente com o alienante, se este prosseguir na exploração ou iniciar dentro de 6 (seis) meses, a contar da data da alienação, nova atividade no mesmo ou em outro ramo de comércio, indústria ou profissão.

§ 1.º O disposto no *caput* deste artigo não se aplica na hipótese de alienação judicial:
•• § 1.º, *caput*, acrescentado pela Lei Complementar n. 118, de 9-2-2005.

I – em processo de falência;
•• Inciso I acrescentado pela Lei Complementar n. 118, de 9-2-2005.

II – de filial ou unidade produtiva isolada, em processo de recuperação judicial.
•• Inciso II acrescentado pela Lei Complementar n. 118, de 9-2-2005.
• *Vide* art. 60 da Lei n. 11.101, de 9-2-2005.

§ 2.º Não se aplica o disposto no § 1.º deste artigo quando o adquirente for:
•• § 2.º, *caput*, acrescentado pela Lei Complementar n. 118, de 9-2-2005.

I – sócio da sociedade falida ou em recuperação judicial, ou sociedade controlada pelo devedor falido ou em recuperação judicial;
•• Inciso I acrescentado pela Lei Complementar n. 118, de 9-2-2005.

II – parente, em linha reta ou colateral até o 4.º (quarto) grau, consanguíneo ou afim, do devedor falido ou em recuperação judicial ou de qualquer de seus sócios; ou
•• Inciso II acrescentado pela Lei Complementar n. 118, de 9-2-2005.

III – identificado como agente do falido ou do devedor em recuperação judicial com o objetivo de fraudar a sucessão tributária.
•• Inciso III acrescentado pela Lei Complementar n. 118, de 9-2-2005.

§ 3.º Em processo da falência, o produto da alienação judicial de empresa, filial ou unidade produtiva isolada permanecerá em conta de depósito à disposição do juízo de falência pelo prazo de 1 (um) ano, contado da data de alienação, somente podendo ser utilizado para o pagamento de créditos extraconcursais ou de créditos que preferem ao tributário.
•• § 3.º acrescentado pela Lei Complementar n. 118, de 9-2-2005.

Seção III
Responsabilidade de Terceiros

Art. 134. Nos casos de impossibilidade de exigência do cumprimento da obrigação principal pelo contribuinte, respondem solidariamente com este nos atos em que intervierem ou pelas omissões de que forem responsáveis:
• *Vide* arts. 128, 137, II, *a*, e 197 do CTN.

I – os pais, pelos tributos devidos por seus filhos menores;

II – os tutores e curadores, pelos tributos devidos por seus tutelados ou curatelados;

III – os administradores de bens de terceiros, pelos tributos devidos por estes;

IV – o inventariante, pelos tributos devidos pelo espólio;
• *Vide* art. 131, III, do CTN.

V – o síndico e o comissário, pelos tributos devidos pela massa falida ou pelo concordatário;

VI – os tabeliães, escrivães e demais serventuários de ofício, pelos tributos devidos sobre os atos praticados por eles, ou perante eles, em razão do seu ofício;

VII – os sócios, no caso de liquidação de sociedade de pessoas.
• *Vide* Súmulas 430 e 435 do STJ.

Parágrafo único. O disposto neste artigo só se aplica, em matéria de penalidades, às de caráter moratório.
• *Vide* art. 137, III, *a*, do CTN.
• *Vide* Súmula 192 do TFR.

Art. 135. São pessoalmente responsáveis pelos créditos correspondentes a obrigações tributárias resultantes de atos praticados com excesso de poderes ou infração de lei, contrato social ou estatutos:

I – as pessoas referidas no artigo anterior;

II – os mandatários, prepostos e empregados;

III – os diretores, gerentes ou representantes de pessoas jurídicas de direito privado.
• *Vide* Súmulas 430 e 435 do STJ.
• *Vide* Súmulas 112 e 192 do TFR.

Seção IV
Responsabilidade por Infrações

Art. 136. Salvo disposição de lei em contrário, a responsabilidade por infrações da legislação tributária independe da intenção do agente ou do responsável e da efetividade, natureza e extensão dos efeitos do ato.
• *Vide* Súmula 509 do STJ.

Art. 137. A responsabilidade é pessoal ao agente:
• *Vide* art. 207 do CTN.

I – quanto às infrações conceituadas por lei como crimes ou contravenções, salvo quando praticadas no exercício regular de administração, mandato, função, cargo ou emprego, ou no cumprimento de ordem expressa emitida por quem de direito;

II – quanto às infrações em cuja definição o dolo específico do agente seja elementar;

III – quanto às infrações que decorram direta e exclusivamente de dolo específico:

a) das pessoas referidas no art. 134, contra aquelas por quem respondem;

b) dos mandatários, prepostos ou empregados, contra seus mandantes, preponentes ou empregadores;

c) dos diretores, gerentes ou representantes de pessoas jurídicas de direito privado, contra estas.

Art. 138. A responsabilidade é excluída pela denúncia espontânea da infração, acompanhada, se for o caso, do pagamento do tributo devido e dos juros de mora, ou do depósito da importância arbitrada pela autoridade administrativa, quando o montante do tributo dependa de apuração.

Parágrafo único. Não se considera espontânea a denúncia apresentada após o início de qualquer procedimento administrativo ou medida de fiscalização, relacionados com a infração.
• *Vide* Súmulas 208 do TFR e 360 do STJ.
• *Vide* Decreto n. 70.235, de 6-3-1972, que dispõe sobre o processo administrativo fiscal.
• *Vide* Lei n. 9.249, de 26-12-1995, art. 34 (imposto de renda das pessoas jurídicas).

TÍTULO III
CRÉDITO TRIBUTÁRIO

Capítulo I
DISPOSIÇÕES GERAIS

Art. 139. O crédito tributário decorre da obrigação principal e tem a mesma natureza desta.
• *Vide* art. 113 (obrigação principal) do CTN.

Art. 140. As circunstâncias que modificam o crédito tributário, sua extensão ou seus efeitos, ou as garantias ou os privilégios a ele atribuídos, ou que excluem sua exigibilidade não afetam a obrigação tributária que lhe deu origem.

Art. 141. O crédito tributário regularmente constituído somente se modifica ou extingue, ou tem sua exigibilidade suspensa ou excluída, nos casos previstos nesta Lei, fora dos quais não podem ser dispensadas, sob pena de responsabilidade funcional na forma da lei, a sua efetivação ou as respectivas garantias.
• *Vide* arts. 156 a 174 (extinção) e 175 a 182 (exclusão) do CTN.

Capítulo II
CONSTITUIÇÃO DO CRÉDITO TRIBUTÁRIO

Seção I
Lançamento

Art. 142. Compete privativamente à autoridade administrativa constituir o crédito tributário pelo lançamento, assim entendido o procedimento administrativo tendente a verificar a ocorrência do fato gerador da obrigação correspondente, determinar a matéria tributável, calcular o montante do tributo devido, identificar o sujeito passivo e, sendo caso, propor a aplicação da penalidade cabível.
•• *Vide* Súmula 622 do STJ.
• *Vide* art. 7.º do Decreto n. 70.235, de 6-3-1972.

Parágrafo único. A atividade administrativa de lançamento é vinculada e obrigatória, sob pena de responsabilidade funcional.
• *Vide* arts. 121 e 122 (sujeito passivo), 173 e 174 (extinção de constituir o crédito tributário) e 196 do CTN.
• *Vide* art. 2.º da Lei n. 6.830, de 22-9-1980.

Art. 143. Salvo disposição de lei em contrário, quando o valor tributário esteja expresso em moeda estrangeira, no lançamento far-se-á sua conversão em moeda nacio-

nal ao câmbio do dia da ocorrência do fato gerador da obrigação.
- O Decreto 96.915, de 3-10-1988, dispõe sobre a liquidação de obrigações em moeda estrangeira devidas por entidades da Administração Federal.

Art. 144. O lançamento reporta-se à data da ocorrência do fato gerador da obrigação e rege-se pela lei então vigente, ainda que posteriormente modificada ou revogada.
- Vide art. 150, III, a, da CF.

§ 1.º Aplica-se ao lançamento a legislação que, posteriormente à ocorrência do fato gerador da obrigação, tenha instituído novos critérios de apuração ou processos de fiscalização, ampliado os poderes de investigação das autoridades administrativas, ou outorgado ao crédito maiores garantias ou privilégios, exceto, neste último caso, para o efeito de atribuir responsabilidade tributária a terceiros.

§ 2.º O disposto neste artigo não se aplica aos impostos lançados por períodos certos de tempo, desde que a respectiva lei fixe expressamente a data em que o fato gerador se considera ocorrido.
- Vide art. 156, parágrafo único, do CTN.

Art. 145. O lançamento regularmente notificado ao sujeito passivo só pode ser alterado em virtude de:
I – impugnação do sujeito passivo;
- Vide art. 151, III, do CTN.

II – recurso de ofício;
III – iniciativa de ofício da autoridade administrativa, nos casos previstos no art. 149.
- Vide arts. 121 e 122 (sujeito passivo) do CTN.

Art. 146. A modificação introduzida, de ofício ou em consequência de decisão administrativa ou judicial, nos critérios jurídicos adotados pela autoridade administrativa no exercício do lançamento somente pode ser efetivada, em relação a um mesmo sujeito passivo, quanto a fato gerador ocorrido posteriormente à sua introdução.
- Vide arts. 121 e 122 (sujeito passivo) do CTN.

Seção II
Modalidades de Lançamento

Art. 147. O lançamento é efetuado com base na declaração do sujeito passivo ou de terceiro, quando um ou outro, na forma da legislação tributária, presta à autoridade administrativa informações sobre matéria de fato, indispensáveis à sua efetivação.
- Vide Súmula 436 do STJ.

§ 1.º A retificação da declaração por iniciativa do próprio declarante, quando vise a reduzir ou a excluir tributo, só é admissível mediante comprovação do erro em que se funde, e antes de notificado o lançamento.

§ 2.º Os erros contidos na declaração e apuráveis pelo seu exame serão retificados de ofício pela autoridade administrativa a que competir a revisão daquela.
- Vide arts. 121 e 122 (sujeito passivo) do CTN.

Art. 148. Quando o cálculo do tributo tenha por base, ou tome em consideração, o valor ou o preço de bens, direitos, serviços ou atos jurídicos, a autoridade lançadora, mediante processo regular, arbitrará aquele valor ou preço, sempre que sejam omissos ou não mereçam fé as declarações ou os esclarecimentos prestados, ou os documentos expedidos pelo sujeito passivo ou pelo terceiro legalmente obrigado, ressalvada, em caso de contestação, avaliação contraditória, administrativa ou judicial.
- Vide Súmulas 431 e 654 do STJ.

Art. 149. O lançamento é efetuado e revisto de ofício pela autoridade administrativa nos seguintes casos:
I – quando a lei assim o determine;
II – quando a declaração não seja prestada, por quem de direito, no prazo e na forma da legislação tributária;
III – quando a pessoa legalmente obrigada, embora tenha prestado declaração nos termos do inciso anterior, deixe de atender, no prazo e na forma da legislação tributária, a pedido de esclarecimento formulado pela autoridade administrativa, recuse-se a prestá-lo ou não o preste satisfatoriamente, a juízo daquela autoridade;
IV – quando se comprove falsidade, erro ou omissão quanto a qualquer elemento definido na legislação tributária como sendo de declaração obrigatória;
V – quando se comprove omissão ou inexatidão, por parte da pessoa legalmente obrigada, no exercício da atividade a que se refere o artigo seguinte;
VI – quando se comprove ação ou omissão do sujeito passivo, ou de terceiro legalmente obrigado, que dê lugar à aplicação de penalidade pecuniária;
VII – quando se comprove que o sujeito passivo, ou terceiro em benefício daquele, agiu com dolo, fraude ou simulação;
- Os arts. 145 a 150 e 158 a 165 do CC dispõem respectivamente sobre o dolo e a fraude contra credores.

VIII – quando deva ser apreciado fato não conhecido ou não provado por ocasião do lançamento anterior;
IX – quando se comprove que, no lançamento anterior, ocorreu fraude ou falta funcional da autoridade que o efetuou, ou omissão, pela mesma autoridade, de ato ou formalidade especial.

Parágrafo único. A revisão do lançamento só pode ser iniciada enquanto não extinto o direito da Fazenda Pública.
- Vide arts. 145, III, 156 e 173 do CTN.
- Dolo: art. 145 do CC.
- Simulação: art. 167 do CC.

Art. 150. O lançamento por homologação, que ocorre quanto aos tributos cuja legislação atribua ao sujeito passivo o dever de antecipar o pagamento sem prévio exame da autoridade administrativa, opera-se pelo ato em que a referida autoridade, tomando conhecimento da atividade assim exercida pelo obrigado, expressamente a homologa.
- Vide art. 162, § 3.º, do CTN.
- Vide Súmulas 436 e 446 do STJ.

§ 1.º O pagamento antecipado pelo obrigado nos termos deste artigo extingue o crédito, sob condição resolutória da ulterior homologação do lançamento.

§ 2.º Não influem sobre a obrigação tributária quaisquer atos anteriores à homologação, praticados pelo sujeito passivo ou por terceiro, visando à extinção total ou parcial do crédito.

§ 3.º Os atos a que se refere o parágrafo anterior serão, porém, considerados na apuração do saldo porventura devido e, sendo o caso, na imposição de penalidade, ou sua graduação.

§ 4.º Se a lei não fixar prazo à homologação, será ele de 5 (cinco) anos, a contar da ocorrência do fato gerador; expirado esse prazo sem que a Fazenda Pública se tenha pronunciado, considera-se homologado o lançamento e definitivamente extinto o crédito, salvo se comprovada a ocorrência de dolo, fraude ou simulação.

Capítulo III
SUSPENSÃO DO CRÉDITO TRIBUTÁRIO

Seção I
Disposições Gerais

Art. 151. Suspendem a exigibilidade do crédito tributário:
- Vide art. 191-A do CTN.
- Vide Súmula 437 do STJ.

I – moratória;
II – o depósito do seu montante integral;
- Vide arts. 152 a 155-A do CTN.
- Vide Súmula 112 do STJ.
- Vide Lei Complementar n. 151, de 5-8-2015, sobre depósitos judiciais e administrativos.

III – as reclamações e os recursos, nos termos das leis reguladoras do processo tributário administrativo;
- Vide art. 14-A do Decreto n. 70.235, de 6-3-1972.
- Vide Súmula Vinculante 21.

IV – a concessão de medida liminar em mandado de segurança;
- Vide art. 63 da Lei n. 9.430, de 27-12-1996.
- Vide Lei n. 12.016, de 7-8-2009, que disciplina o mandado de segurança individual e coletivo.

V – a concessão de medida liminar ou de tutela antecipada, em outras espécies de ação judicial;
•• Inciso V acrescentado pela Lei Complementar n. 104, de 10-1-2001.
- Vide art. 63 da Lei n. 9.430, de 27-12-1996.

VI – o parcelamento.
•• Inciso VI acrescentado pela Lei Complementar n. 104, de 10-1-2001.

Parágrafo único. O disposto neste artigo não dispensa o cumprimento das obrigações acessórias dependentes da obrigação principal cujo crédito seja suspenso, ou dela consequentes.
- Vide Decreto n. 70.235, de 6-3-1972 (processo administrativo fiscal).
- Vide art. 113, §§ 1.º (obrigação principal) e 2.º e 3.º (obrigações acessórias) do CTN.

Seção II
Moratória

Art. 152. A moratória somente pode ser concedida:

I – em caráter geral:
a) pela pessoa jurídica de direito público competente para instituir o tributo a que se refira;
b) pela União, quanto a tributos de competência dos Estados, do Distrito Federal ou dos Municípios, quando simultaneamente concedida quanto aos tributos de competência federal e às obrigações de direito privado;
II – em caráter individual, por despacho da autoridade administrativa, desde que autorizada por lei nas condições do inciso anterior.
Parágrafo único. A lei concessiva de moratória pode circunscrever expressamente a sua aplicabilidade a determinada região do território da pessoa jurídica de direito público que a expedir, ou a determinada classe ou categoria de sujeitos passivos.
• Vide Lei Complementar n. 24, de 7-1-1975, art. 10 (convênios para a concessão de isenções do imposto sobre circulação de mercadorias).

Art. 153. A lei que conceda moratória em caráter geral ou autorize sua concessão em caráter individual especificará, sem prejuízo de outros requisitos:
I – o prazo de duração do favor;
II – as condições da concessão do favor em caráter individual;
III – sendo caso:
a) os tributos a que se aplica;
b) o número de prestações e seus vencimentos, dentro do prazo a que se refere o inciso I, podendo atribuir a fixação de uns e de outros à autoridade administrativa, para cada caso de concessão em caráter individual;
c) as garantias que devem ser fornecidas pelo beneficiado no caso de concessão em caráter individual.

Art. 154. Salvo disposição de lei em contrário, a moratória somente abrange os créditos definitivamente constituídos à data da lei ou do despacho que a conceder, ou cujo lançamento já tenha sido iniciado àquela data por ato regularmente notificado ao sujeito passivo.
Parágrafo único. A moratória não aproveita aos casos de dolo, fraude ou simulação do sujeito passivo ou do terceiro em benefício daquele.
• Vide art. 161, § 1.º, do CTN.
• Vide arts. 172, parágrafo único, e 179, § 2.º, do CTN.
• Vide art. 174 (prescrição) do CTN.

Art. 155. A concessão da moratória em caráter individual não gera direito adquirido e será revogada de ofício, sempre que se apure que o beneficiado não satisfazia ou deixou de satisfazer as condições ou não cumpria ou deixou de cumprir os requisitos para a concessão do favor, cobrando-se o crédito acrescido de juros de mora:
• Vide arts. 179, § 2.º, e 182, parágrafo único, do CTN.
• O art. 406 do CC dispõe sobre os juros legais.
I – com imposição da penalidade cabível, nos casos de dolo ou simulação do beneficiado, ou de terceiro em benefício daquele;
II – sem imposição de penalidade, nos demais casos.
Parágrafo único. No caso do inciso I deste artigo, o tempo decorrido entre a concessão da moratória e sua revogação não se computa para efeito da prescrição do direito à cobrança do crédito; no caso do inciso II deste artigo, a revogação só pode ocorrer antes de prescrito o referido direito.

Art. 155-A. O parcelamento será concedido na forma e condição estabelecidas em lei específica.
•• *Caput* acrescentado pela Lei Complementar n. 104, de 10-1-2001.
§ 1.º Salvo disposição de lei em contrário, o parcelamento do crédito tributário não exclui a incidência de juros e multas.
•• § 1.º acrescentado pela Lei Complementar n. 104, de 10-1-2001.
§ 2.º Aplicam-se, subsidiariamente, ao parcelamento as disposições desta Lei, relativas à moratória.
•• § 2.º acrescentado pela Lei Complementar n. 104, de 10-1-2001.
§ 3.º Lei específica disporá sobre as condições de parcelamento dos créditos tributários do devedor em recuperação judicial.
•• § 3.º acrescentado pela Lei Complementar n. 118, de 9-2-2005.
§ 4.º A inexistência da lei específica a que se refere o § 3.º deste artigo importa na aplicação das leis gerais de parcelamento do ente da Federação ao devedor em recuperação judicial, não podendo, neste caso, ser o prazo de parcelamento inferior ao concedido pela lei federal específica.
•• § 4.º acrescentado pela Lei Complementar n. 118, de 9-2-2005.

Capítulo IV
EXTINÇÃO DO CRÉDITO TRIBUTÁRIO

Seção I
Modalidades de Extinção

Art. 156. Extinguem o crédito tributário:
I – o pagamento;
• Vide arts. 157 a 164 do CTN.
II – a compensação;
• Vide Lei n. 8.383, de 30-12-1991, art. 66 (alteração da legislação do imposto de renda).
• Vide o Decreto n. 2.138, de 29-1-1997, que dispõe sobre a compensação de créditos tributários com créditos do sujeito passivo decorrentes de restituição ou ressarcimento de tributos ou contribuições.
• Vide arts. 170 e 170-A do CTN.
III – a transação;
• Vide art. 171 do CTN.
IV – a remissão;
•• Vide art. 150, § 6.º, da CF.
• Vide art. 172 do CTN.
V – a prescrição e a decadência;
• Vide art. 146, III, *b*, da CF.
• Vide Súmula Vinculante 8.
VI – a conversão de depósito em renda;
VII – o pagamento antecipado e a homologação do lançamento nos termos do disposto no art. 150 e seus §§ 1.º e 4.º;
VIII – a consignação em pagamento, nos termos do disposto no § 2.º do art. 164;
IX – a decisão administrativa irreformável, assim entendida a definitiva na órbita administrativa, que não mais possa ser objeto de ação anulatória;
X – a decisão judicial passada em julgado;
XI – a dação em pagamento em bens imóveis, na forma e condições estabelecidas em lei.
•• Inciso XI acrescentado pela Lei Complementar n. 104, de 10-1-2001.
•• Inciso regulamentado pela Lei n. 13.259, de 16-3-2016.
•• O art. 4.º da Lei n. 13.259, de 16-3-2016, dispõe:
"Art. 4.º O crédito tributário inscrito em dívida ativa da União poderá ser extinto, nos termos do inciso XI do *caput* do art. 156 da Lei n. 5.172, de 25 de outubro de 1966 – Código Tributário Nacional, mediante dação em pagamento de bens imóveis, a critério do credor, na forma desta Lei, desde que atendidas as seguintes condições:
•• *Caput* com redação determinada pela Lei n. 13.313, de 14-7-2016.
I - a dação seja precedida de avaliação do bem ou dos bens ofertados, que devem estar livres e desembaraçados de quaisquer ônus, nos termos de ato do Ministério da Fazenda; e
•• Inciso I com redação determinada pela Lei n. 13.313, de 14-7-2016.
II – a dação abranja a totalidade do crédito ou créditos que se pretende liquidar com atualização, juros, multa e encargos legais, sem desconto de qualquer natureza, assegurando-se ao devedor a possibilidade de complementação em dinheiro de eventual diferença entre os valores da totalidade da dívida e o valor do bem ou dos bens ofertados em dação.
•• Inciso II com redação determinada pela Lei n. 13.313, de 14-7-2016.
§ 1.º O disposto no *caput* não se aplica aos créditos tributários referentes ao Regime Especial Unificado de Arrecadação de Tributos e Contribuições devidos pelas Microempresas e Empresas de Pequeno Porte – Simples Nacional.
•• § 1.º acrescentado pela Lei n. 13.313, de 14-7-2016.
§ 2.º Caso o crédito que se pretenda extinguir seja objeto de discussão judicial, a dação em pagamento somente produzirá efeitos após a desistência da referida ação pelo devedor ou corresponsável e a renúncia do direito sobre o qual se funda a ação, devendo o devedor ou o corresponsável arcar com o pagamento das custas judiciais e honorários advocatícios.
•• § 2.º acrescentado pela Lei n. 13.313, de 14-7-2016.
§ 3.º A União observará a destinação específica dos créditos extintos por dação em pagamento, nos termos de ato do Ministério da Fazenda.
•• § 3.º acrescentado pela Lei n. 13.313, de 14-7-2016.
§ 4.º Os registros contábeis decorrentes da dação em pagamento de que trata o *caput* deste artigo observarão as normas gerais de consolidação das contas públicas de que trata o § 2.º do art. 50 da Lei Complementar n. 101, de 4 de maio de 2000.
•• § 4.º acrescentado pela Lei n. 14.011, de 10-6-2020".
Parágrafo único. A lei disporá quanto aos efeitos da extinção total ou parcial do crédito sobre a ulterior verificação da irregu-

laridade da sua constituição, observado o disposto nos arts. 144 e 149.

* Modalidades de extinção não expressas no CTN: novação (arts. 360 a 367 do CC) e confusão (arts. 381 a 384 do CC).

Seção II
Pagamento

* A Lei n. 14.740, de 29-11-2023, dispõe sobre a autorregularização incentivada de tributos administrados pela Secretaria Especial da Receita Federal do Brasil do Ministério da Fazenda.

Art. 157. A imposição de penalidade não ilide o pagamento integral do crédito tributário.

•• Mantivemos "ilide" conforme publicação oficial. Entendemos que o correto seria "elide".

•• Vide Súmula 560 do STF.

Art. 158. O pagamento de um crédito não importa em presunção de pagamento:

I – quando parcial, das prestações em que se decomponha;

* O art. 943 do CC estabelece que o direito de exigir reparação e a obrigação de prestá-la transmitem-se com a herança.

II – quando total, de outros créditos referentes ao mesmo ou a outros tributos.

Art. 159. Quando a legislação tributária não dispuser a respeito, o pagamento é efetuado na repartição competente do domicílio do sujeito passivo.

* Vide arts. 96 (legislação tributária) e 127 (domicílio tributário) do CTN.

Art. 160. Quando a legislação tributária não fixar o tempo do pagamento, o vencimento do crédito ocorre 30 (trinta) dias depois da data em que se considera o sujeito passivo notificado do lançamento.

* Os arts. 331 a 333 do CC dispõem sobre o tempo do pagamento.
* Vide Súmula 360 do STJ.

Parágrafo único. A legislação tributária pode conceder desconto pela antecipação do pagamento, nas condições que estabeleça.

Art. 161. O crédito não integralmente pago no vencimento é acrescido de juros de mora, seja qual for o motivo determinante da falta, sem prejuízo da imposição das penalidades cabíveis e da aplicação de quaisquer medidas de garantia previstas nesta Lei ou em lei tributária.

§ 1.º Se a lei não dispuser de modo diverso, os juros de mora são calculados à taxa de 1% (um por cento) ao mês.

•• Vide Lei n. 9.069, de 29-6-1995, art. 38, § 1.º (Plano Real).
* Vide Lei n. 8.981, de 20-1-1995, arts. 84, § 3.º, e 85 (alteração da legislação tributária).
* Vide Lei n. 9.430, de 27-12-1996, art. 61.
* Vide Súmula 523 do STJ.

§ 2.º O disposto neste artigo não se aplica na pendência de consulta formulada pelo devedor dentro do prazo legal para pagamento do crédito.

Art. 162. O pagamento é efetuado:

I – em moeda corrente, cheque ou vale postal;

* Vide art. 3.º do CTN.

II – nos casos previstos em lei, em estampilha, em papel selado, ou por processo mecânico.

* Vide Súmula 547 do STF.

§ 1.º A legislação tributária pode determinar as garantias exigidas para o pagamento por cheque ou vale postal, desde que não o torne impossível ou mais oneroso que o pagamento em moeda corrente.

§ 2.º O crédito pago por cheque somente se considera extinto com o resgate deste pelo sacado.

* Sobre cheques dispõem o Decreto n. 57.595, de 7-1-1966, e a Lei n. 7.357, de 2-9-1985.

§ 3.º O crédito pagável em estampilha considera-se extinto com a inutilização regular daquela, ressalvado o disposto no art. 150.

§ 4.º A perda ou destruição da estampilha, ou o erro no pagamento por esta modalidade não dão direito à restituição, salvo nos casos expressamente previstos na legislação tributária, ou naqueles em que o erro seja imputável à autoridade administrativa.

§ 5.º O pagamento em papel selado ou por processo mecânico equipara-se ao pagamento em estampilha.

Art. 163. Existindo simultaneamente dois ou mais débitos vencidos do mesmo sujeito passivo para com a mesma pessoa jurídica de direito público, relativos ao mesmo ou a diferentes tributos ou provenientes de penalidade pecuniária ou juros de mora, a autoridade administrativa competente para receber o pagamento determinará a respectiva imputação, obedecidas as seguintes regras, na ordem em que enumeradas:

* Os arts. 352 e s. do CC dispõem sobre a imputação do pagamento.
* Vide art. 187, parágrafo único, do CTN.

I – em primeiro lugar, aos débitos por obrigação própria, e em segundo lugar aos decorrentes de responsabilidade tributária;

II – primeiramente, às contribuições de melhoria, depois às taxas e por fim aos impostos;

III – na ordem crescente dos prazos de prescrição;

IV – na ordem decrescente dos montantes.

* Vide arts. 81 e s. (contribuição de melhoria), 128 e s. (responsabilidade tributária) e 174 (prescrição), do CTN.

Art. 164. A importância do crédito tributário pode ser consignada judicialmente pelo sujeito passivo, nos casos:

* Os arts. 334 a 345 do CC dispõem sobre pagamento em consignação.
* Ação de consignação de pagamento: vide arts. 539 e s. do CPC.

I – de recusa de recebimento, ou subordinação deste ao pagamento de outro tributo ou de penalidade, ou ao cumprimento de obrigação acessória;

II – de subordinação do recebimento ao cumprimento de exigências administrativas sem fundamento legal;

III – de exigência, por mais de uma pessoa jurídica de direito público, de tributo idêntico sobre um mesmo fato gerador.

§ 1.º A consignação só poderá versar sobre o crédito que o consignante se propõe pagar.

§ 2.º Julgada procedente a consignação, o pagamento se reputa efetuado e a importância consignada é convertida em renda; julgada improcedente a consignação no todo ou em parte, cobra-se o crédito acrescido de juros de mora, sem prejuízo das penalidades cabíveis.

Seção III
Pagamento Indevido

Art. 165. O sujeito passivo tem direito, independentemente de prévio protesto, à restituição total ou parcial do tributo, seja qual for a modalidade do seu pagamento, ressalvado o disposto no § 4.º do art. 162, nos seguintes casos:

* Vide Súmula 162 do STJ.

I – cobrança ou pagamento espontâneo de tributo indevido ou maior que o devido em face da legislação tributária aplicável, ou da natureza ou circunstâncias materiais do fato gerador efetivamente ocorrido;

* Vide Súmula 461 do STJ.

II – erro na edificação do sujeito passivo, na determinação da alíquota aplicável, no cálculo do montante do débito ou na elaboração ou conferência de qualquer documento relativo ao pagamento;

•• Mantivemos "edificação" conforme publicação oficial. Entendemos que o correto seria "identificação".

* Vide art. 168, I, do CTN.

III – reforma, anulação, revogação ou rescisão de decisão condenatória.

* Vide art. 168, I, do CTN.
* Os arts. 876 a 833 do CC dispõem sobre o pagamento indevido.

Art. 166. A restituição de tributos que comportem, por sua natureza, transferência do respectivo encargo financeiro somente será feita a quem prove haver assumido referido encargo, ou, no caso de tê-lo transferido a terceiro, estar por este expressamente autorizado a recebê-la.

* Vide art. 38, II, da Lei Complementar n. 214, de 16-1-2025 (Reforma Tributária).
* Vide Súmula 546 do STF.
* "Se o contribuinte houver pago o imposto a um Estado quando devido a outro, terá direito à restituição do que houver recolhido indevidamente, feita a prova do pagamento ou do início deste ao Estado onde efetivamente devido" (art. 2.º, § 2.º, do Decreto-lei n. 834, de 8-9-1969).

Art. 167. A restituição total ou parcial do tributo dá lugar à restituição, na mesma proporção, dos juros de mora e das penalidades pecuniárias, salvo as referentes a infrações de caráter formal não prejudicadas pela causa da restituição.

Parágrafo único. A restituição vence juros não capitalizáveis, a partir do trânsito em julgado da decisão definitiva que a determinar.

* Vide Súmula 188 do STJ.

Art. 168. O direito de pleitear a restituição extingue-se com o decurso do prazo de 5 (cinco) anos, contados:

I – nas hipóteses dos incisos I e II do art. 165, da data da extinção do crédito tributário;

•• Vide art. 3.º da Lei Complementar n. 118, de 9-2-2005.

II – na hipótese do inciso III do art. 165, da data em que se tornar definitiva a decisão administrativa ou passar em julgado a decisão judicial que tenha reformado, anulado, revogado ou rescindido a decisão condenatória.

Art. 169. Prescreve em 2 (dois) anos a ação anulatória da decisão administrativa que denegar a restituição.

Parágrafo único. O prazo de prescrição é interrompido pelo início da ação judicial, recomeçando o seu curso, por metade, a partir da data da intimação validamente feita ao representante judicial da Fazenda Pública interessada.

Seção IV
Demais Modalidades de Extinção

Art. 170. A lei pode, nas condições e sob as garantias que estipular, ou cuja estipulação em cada caso atribuir à autoridade administrativa, autorizar a compensação de créditos tributários com créditos líquidos e certos, vencidos ou vincendos, do sujeito passivo contra a Fazenda Pública.
- Os arts. 368 a 380 do CC dispõem sobre a compensação.
- *Vide* o Decreto n. 2.138, de 29-1-1997, que dispõe sobre a compensação de créditos tributários com créditos do sujeito passivo decorrentes de restituição ou ressarcimento de tributos ou contribuições.
- *Vide* Súmula 213 do STJ.

Parágrafo único. Sendo vincendo o crédito do sujeito passivo, a lei determinará, para os efeitos deste artigo, a apuração do seu montante, não podendo, porém, cominar redução maior que a correspondente ao juro de 1% (um por cento) ao mês pelo tempo a decorrer entre a data da compensação e a do vencimento.

Art. 170-A. É vedada a compensação mediante o aproveitamento de tributo, objeto de contestação judicial pelo sujeito passivo, antes do trânsito em julgado da respectiva decisão judicial.
- • Artigo acrescentado pela Lei Complementar n. 104, de 10-1-2001.
- *Vide* art. 7.º, § 2.º, da Lei n. 12.016, de 7-8-2009.
- *Vide* Súmulas 212 e 213 do STJ.

Art. 171. A lei pode facultar, nas condições que estabeleça, aos sujeitos ativo e passivo da obrigação tributária celebrar transação que, mediante concessões mútuas, importe em determinação de litígio e consequente extinção de crédito tributário.
- • Mantivemos "determinação" conforme publicação oficial. Entendemos que o correto seria "terminação".
- • *Vide* Lei Complementar n. 174, de 5-8-2020.
- • *Vide* Lei n. 13.988, de 14-4-2020, que dispõe sobre transação resolutiva de litígio tributário.

Parágrafo único. A lei indicará a autoridade competente para autorizar a transação em cada caso.

Art. 172. A lei pode autorizar a autoridade administrativa a conceder, por despacho fundamentado, remissão total ou parcial do crédito tributário, atendendo:

I – à situação econômica do sujeito passivo;
II – ao erro ou ignorância escusáveis do sujeito passivo, quanto a matéria de fato;
III – à diminuta importância do crédito tributário;
IV – a considerações de equidade, em relação com as características pessoais ou materiais do caso;
- *Vide* art. 108, IV, do CTN.

V – a condições peculiares a determinada região do território da entidade tributante.

Parágrafo único. O despacho referido neste artigo não gera direito adquirido, aplicando-se, quando cabível, o disposto no art. 155.
- *Vide* art. 156, IV, do CTN.

Art. 173. O direito de a Fazenda Pública constituir o crédito tributário extingue-se após 5 (cinco) anos, contados:

I – do primeiro dia do exercício seguinte àquele em que o lançamento poderia ter sido efetuado;
- *Vide* Súmula 555 do STJ.

II – da data em que se tornar definitiva a decisão que houver anulado, por vício formal, o lançamento anteriormente efetuado.

Parágrafo único. O direito a que se refere este artigo extingue-se definitivamente com o decurso do prazo nele previsto, contado da data em que tenha sido iniciada a constituição do crédito tributário pela notificação, ao sujeito passivo, de qualquer medida preparatória indispensável ao lançamento.
- *Vide* arts. 142 a 150 (constituição do crédito tributário) do CTN.
- *Vide* Súmula 210 do STJ.

Art. 174. A ação para a cobrança do crédito tributário prescreve em 5 (cinco) anos, contados da data da sua constituição definitiva.
- • *Vide* Súmulas 622 e 625 do STJ.
- *Vide* art. 40 da Lei n. 6.830, de 22-9-1980.
- *Vide* Súmula 409 do STJ.

Parágrafo único. A prescrição se interrompe:

I – pelo despacho do juiz que ordenar a citação em execução fiscal;
- • Inciso I com redação determinada pela Lei Complementar n. 118, de 9-2-2005.

II – pelo protesto judicial ou extrajudicial;
- • Inciso II com redação determinada pela Lei Complementar n. 208, de 2-7-2024.

III – por qualquer ato judicial que constitua em mora o devedor;
IV – por qualquer ato inequívoco ainda que extrajudicial, que importe em reconhecimento do débito pelo devedor.
- • *Vide* Súmula 653 do STJ.
- *Vide* Súmulas 210 e 314 do STJ.

Capítulo V
EXCLUSÃO DO CRÉDITO TRIBUTÁRIO

Seção I
Disposições Gerais

Art. 175. Excluem o crédito tributário:
- *Vide* art. 111 do CTN (interpretação).

I – a isenção;
II – a anistia.

Parágrafo único. A exclusão do crédito tributário não dispensa o cumprimento das obrigações acessórias, dependentes da obrigação principal cujo crédito seja excluído, ou dela consequente.
- *Vide* arts. 113 e s. (obrigação tributária) do CTN.
- *Vide* arts. 176 a 179 (isenção) do CTN.
- *Vide* arts. 180 a 182 (anistia) do CTN.

Seção II
Isenção

Art. 176. A isenção, ainda quando prevista em contrato, é sempre decorrente de lei que especifique as condições e requisitos exigidos para a sua concessão, os tributos a que se aplica e, sendo caso, o prazo de sua duração.

Parágrafo único. A isenção pode ser restrita a determinada região do território da entidade tributante, em função de condições a ela peculiares.
- *Vide* art. 151, I, da CF (instituição de produto – distinção ou preferência em relação a Estado, Distrito Federal ou a Município).

Art. 177. Salvo disposição de lei em contrário, a isenção não é extensiva:

I – às taxas e às contribuições de melhoria;
II – aos tributos instituídos posteriormente à sua concessão.

Art. 178. A isenção, salvo se concedida por prazo certo e em função de determinadas condições, pode ser revogada ou modificada por lei, a qualquer tempo, observado o disposto no inciso III do art. 104.
- •• Artigo com redação determinada pela Lei Complementar n. 24, de 7-1-1975.
- *Vide* art. 385, I e IV, da Lei Complementar n. 214, de 16-1-2025 (Reforma Tributária).
- *Vide* Súmula 544 do STF.

Art. 179. A isenção, quando não concedida em caráter geral, é efetivada, em cada caso, por despacho da autoridade administrativa, em requerimento com o qual o interessado faça prova do preenchimento das condições e do cumprimento dos requisitos previstos em lei ou contrato para sua concessão.

§ 1.º Tratando-se de tributo lançado por período certo de tempo, o despacho referido neste artigo será renovado antes da expiração de cada período, cessando automaticamente os seus efeitos a partir do primeiro dia do período para o qual o interessado deixar de promover a continuidade do reconhecimento da isenção.

§ 2.º O despacho referido neste artigo não gera direito adquirido, aplicando-se, quando cabível, o disposto no art. 155.
- *Vide* Súmulas 543 e 544 do STF.

Seção III
Anistia

Art. 180. A anistia abrange exclusivamente as infrações cometidas anteriormente à vigência da lei que a concede, não se aplicando:

I – aos atos qualificados em lei como crimes ou contravenções e aos que, mesmo sem essa qualificação, sejam praticados com dolo, fraude ou simulação pelo sujeito passivo ou por terceiro em benefício daquele;

II – salvo disposição em contrário, às infrações resultantes de conluio entre duas ou mais pessoas naturais ou jurídicas.

Art. 181. A anistia pode ser concedida:

I – em caráter geral;

II – limitadamente:

a) às infrações da legislação relativa a determinado tributo;

b) às infrações punidas com penalidades pecuniárias até determinado montante, conjugadas ou não com penalidades de outra natureza;

c) a determinada região do território da entidade tributante, em função de condições a ela peculiares;

• Vide art. 151, I, da CF.

d) sob condição do pagamento de tributo no prazo fixado pela lei que a conceder, ou cuja fixação seja atribuída pela mesma lei à autoridade administrativa.

Art. 182. A anistia, quando não concedida em caráter geral, é efetivada, em cada caso, por despacho da autoridade administrativa, em requerimento com o qual o interessado faça prova do preenchimento das condições e do cumprimento dos requisitos previstos em lei para sua concessão.

Parágrafo único. O despacho referido neste artigo não gera direito adquirido, aplicando-se, quando cabível, o disposto no art. 155.

Capítulo VI
GARANTIAS E PRIVILÉGIOS DO CRÉDITO TRIBUTÁRIO

Seção I
Disposições Gerais

Art. 183. A enumeração das garantias atribuídas neste Capítulo ao crédito tributário não exclui outras que sejam expressamente previstas em lei, em função da natureza ou das características do tributo a que se refiram.

Parágrafo único. A natureza das garantias atribuídas ao crédito tributário não altera a natureza deste nem a da obrigação tributária a que corresponda.

Art. 184. Sem prejuízo dos privilégios especiais sobre determinados bens, que sejam previstos em lei, responde pelo pagamento do crédito tributário a totalidade dos bens e das rendas, de qualquer origem ou natureza, do sujeito passivo, seu espólio ou sua massa falida, inclusive os gravados por ônus real ou cláusula de inalienabilidade ou impenhorabilidade, seja qual for a data da constituição do ônus ou da cláusula, excetuados unicamente os bens e rendas que a lei declare absolutamente impenhoráveis.

• Vide art. 30 da Lei n. 6.830, de 22-9-1980.
• Os arts. 832 e 833 do CPC dispõem sobre bens impenhoráveis.
• A Lei n. 8.009, de 29-3-1990, dispõe sobre a impenhorabilidade do bem de família.

Art. 185. Presume-se fraudulenta a alienação ou oneração de bens ou rendas, ou seu começo, por sujeito passivo em débito para com a Fazenda Pública, por crédito tributário regularmente inscrito como dívida ativa.

•• *Caput* com redação determinada pela Lei Complementar n. 118, de 9-2-2005.

Parágrafo único. O disposto neste artigo não se aplica na hipótese de terem sido reservados, pelo devedor, bens ou rendas suficientes ao total pagamento da dívida inscrita.

•• Parágrafo único com redação determinada pela Lei Complementar n. 118, de 9-2-2005.
• Vide art. 204 (presunção jurídica) do CTN.

Art. 185-A. Na hipótese de o devedor tributário, devidamente citado, não pagar nem apresentar bens à penhora no prazo legal e não forem encontrados bens penhoráveis, o juiz determinará a indisponibilidade de seus bens e direitos, comunicando a decisão, preferencialmente por meio eletrônico, aos órgãos e entidades que promovem registros de transferência de bens, especialmente ao registro público de imóveis e às autoridades supervisoras do mercado bancário e do mercado de capitais, a fim de que, no âmbito de suas atribuições, façam cumprir a ordem judicial.

•• *Caput* acrescentado pela Lei Complementar n. 118, de 9-2-2005.

§ 1.º A indisponibilidade de que trata o *caput* deste artigo limitar-se-á ao valor total exigível, devendo o juiz determinar o imediato levantamento da indisponibilidade dos bens ou valores que excederem esse limite.

•• § 1.º acrescentado pela Lei Complementar n. 118, de 9-2-2005.

§ 2.º Os órgãos e entidades aos quais se fizer a comunicação de que trata o *caput* deste artigo enviarão imediatamente ao juízo a relação discriminada dos bens e direitos cuja indisponibilidade houverem promovido.

•• § 2.º acrescentado pela Lei Complementar n. 118, de 9-2-2005.

Seção II
Preferências

Art. 186. O crédito tributário prefere a qualquer outro, seja qual for sua natureza ou o tempo de sua constituição, ressalvados os créditos decorrentes da legislação do trabalho ou do acidente de trabalho.

•• *Caput* com redação determinada pela Lei Complementar n. 118, de 9-2-2005.

Parágrafo único. Na falência:

•• Parágrafo único, *caput*, acrescentado pela Lei Complementar n. 118, de 9-2-2005.

I – o crédito tributário não prefere aos créditos extraconcursais ou às importâncias passíveis de restituição, nos termos da lei falimentar, nem aos créditos com garantia real, no limite do valor do bem gravado;

•• Inciso I acrescentado pela Lei Complementar n. 118, de 9-2-2005.

II – a lei poderá estabelecer limites e condições para a preferência dos créditos decorrentes da legislação do trabalho; e

•• Inciso II acrescentado pela Lei Complementar n. 118, de 9-2-2005.

III – a multa tributária prefere apenas aos créditos subordinados.

•• Inciso III acrescentado pela Lei Complementar n. 118, de 9-2-2005.
• Vide Súmula 270 do STJ.

Art. 187. A cobrança judicial do crédito tributário não é sujeita a concurso de credores ou habilitação em falência, recuperação judicial, concordata, inventário ou arrolamento.

•• *Caput* com redação determinada pela Lei Complementar n. 118, de 9-2-2005.
•• A Lei n. 11.101, de 9-2-2005, substitui a concordata pela recuperação judicial e extrajudicial do empresário e da sociedade empresária.

Parágrafo único. O concurso de preferência somente se verifica entre pessoas jurídicas de direito público, na seguinte ordem:

•• O STF, no julgamento da ADPF n. 357, por maioria, julgou procedente o pedido formulado para declarar a não recepção, pela Constituição da República de 1988, da norma prevista neste parágrafo único, na sessão por videoconferência de 24-6-2021 (*DOU* de 6-7-2021).

I – União;

II – Estados, Distrito Federal e Territórios, conjuntamente e *pro rata*;

III – Municípios, conjuntamente e *pro rata*.

• Vide arts. 139 e s. (crédito tributário) do CTN.
• Vide art. 29, parágrafo único, da Lei n. 6.830, de 22-9-1980.
• Vide Súmula 563 do STF.
• Vide Súmula 244 do TFR.

Art. 188. São extraconcursais os créditos tributários decorrentes de fatos geradores ocorridos no curso do processo de falência.

•• *Caput* com redação dada pela Lei Complementar n. 118, de 9-2-2005.

§ 1.º Contestado o crédito tributário, o juiz remeterá as partes ao processo competente, mandando reservar bens suficientes à extinção total do crédito e seus acrescidos, se a massa não puder efetuar a garantia da instância por outra forma, ouvido, quanto à natureza e valor dos bens reservados, o representante da Fazenda Pública interessada.

§ 2.º O disposto neste artigo aplica-se aos processos de concordata.

Art. 189. São pagos preferencialmente a quaisquer créditos habilitados em inventário ou arrolamento, ou a outros encargos do monte, os créditos tributários vencidos ou vincendos, a cargo do *de cujus* ou de seu espólio, exigíveis no decurso do processo de inventário ou arrolamento.

Parágrafo único. Contestado o crédito tributário, proceder-se-á na forma do disposto no § 1.º do artigo anterior.

Art. 190. São pagos preferencialmente a quaisquer outros os créditos tributários vencidos ou vincendos, a cargo de pessoas jurídicas de direito privado em liquidação judicial ou voluntária, exigíveis no decurso da liquidação.

Art. 191. A extinção das obrigações do falido requer prova de quitação de todos os tributos.
- •• Artigo com redação dada pela Lei Complementar n. 118, de 9-2-2005.
- • Vide Decreto-lei n. 1.715, de 22-11-1979 (regula a expedição de certidão de quitação de tributos federais e extingue a declaração de devedor remisso).

Art. 191-A. A concessão de recuperação judicial depende da apresentação da prova de quitação de todos os tributos, observado o disposto nos arts. 151, 205 e 206 desta Lei.
- •• Artigo acrescentado pela Lei Complementar n. 118, de 9-2-2005.

Art. 192. Nenhuma sentença de julgamento de partilha ou adjudicação será proferida sem prova da quitação de todos os tributos relativos aos bens do espólio, ou às suas rendas.
- • Partilha: arts. 2.013 e s. do CC.

Art. 193. Salvo quando expressamente autorizado por lei, nenhum departamento da administração pública da União, dos Estados, do Distrito Federal ou dos Municípios, ou sua autarquia, celebrará contrato ou aceitará proposta em concorrência pública sem que contratante ou proponente faça prova da quitação de todos os tributos devidos à Fazenda Pública interessada, relativos à atividade em cujo exercício contrata ou concorre.

Título IV
ADMINISTRAÇÃO TRIBUTÁRIA

Capítulo I
FISCALIZAÇÃO

- • A Portaria n. 6.478, de 29-12-2017, da Secretaria da Receita Federal do Brasil dispõe sobre o planejamento das atividades fiscais e estabelece normas para a execução de procedimentos fiscais relativos ao controle aduaneiro do comércio exterior e aos tributos administrados pela Secretaria da Receita Federal do Brasil.

Art. 194. A legislação tributária, observado o disposto nesta Lei, regulará, em caráter geral, ou especificamente em função da natureza do tributo de que se tratar, a competência e os poderes das autoridades administrativas em matéria de fiscalização da sua aplicação.
- •• O Decreto n. 2.781, de 14-9-1998, instituiu o Programa Nacional de Combate ao Contrabando e ao Descaminho.
- • Vide arts. 4.º, 96 e 179 do CTN.

Parágrafo único. A legislação a que se refere este artigo aplica-se às pessoas naturais ou jurídicas, contribuintes ou não, inclusive às que gozem de imunidade tributária ou de isenção de caráter pessoal.

Art. 195. Para os efeitos da legislação tributária, não têm aplicação quaisquer disposições legais excludentes ou limitativas do direito de examinar mercadorias, livros, arquivos, documentos, papéis e efeitos comerciais ou fiscais dos comerciantes, industriais ou produtores, ou da obrigação destes de exibi-los.

Parágrafo único. Os livros obrigatórios de escrituração comercial e fiscal e os comprovantes dos lançamentos neles efetuados serão conservados até que ocorra a prescrição dos créditos tributários decorrentes das operações a que se refiram.
- •• O art. 1.º do Ato Declaratório Interpretativo n. 4, de 9-10-2019, dispõe:
"Art. 1.º Os livros obrigatórios de escrituração comercial e fiscal e os comprovantes de lançamentos neles efetuados podem ser armazenados em meio eletrônico, óptico ou equivalente para fins do disposto no parágrafo único do art. 195 da Lei n. 5.172, de 25 de outubro de 1966 – Código Tributário Nacional (CTN).
§ 1.º O documento digital e sua reprodução terão o mesmo valor probatório do documento original para fins de prova perante a autoridade administrativa em procedimentos de fiscalização, observados os critérios de integridade e autenticidade estabelecidos pelo art. 2.º-A da Lei n. 12.682, de 9 de julho de 2012, e pelo art. 1.º da Medida Provisória n. 2.200-2, de 24 de agosto de 2001.
§ 2.º Os documentos originais poderão ser destruídos depois de digitalizados, ressalvados os documentos de valor histórico, cuja preservação é sujeita a legislação específica.
§ 3.º Os documentos armazenados em meio eletrônico, óptico ou equivalente poderão ser eliminados depois de transcorrido o prazo de prescrição dos créditos tributários decorrentes das operações a que eles se referem".
- • Vide Súmula 439 do STF.

Art. 196. A autoridade administrativa que proceder ou presidir a quaisquer diligências de fiscalização lavrará os termos necessários para que se documente o início do procedimento, na forma da legislação aplicável, que fixará prazo máximo para a conclusão daquelas.

Parágrafo único. Os termos a que se refere este artigo serão lavrados, sempre que possível, em um dos livros fiscais exibidos; quando lavrados em separado deles se entregará, à pessoa sujeita à fiscalização, cópia autenticada pela autoridade a que se refere este artigo.

Art. 197. Mediante intimação escrita, são obrigados a prestar à autoridade administrativa todas as informações de que disponham com relação aos bens, negócios ou atividades de terceiros:
I – os tabeliães, escrivães e demais serventuários de ofício;
II – os bancos, casas bancárias, Caixas Econômicas e demais instituições financeiras;
III – as empresas de administração de bens;
IV – os corretores, leiloeiros e despachantes oficiais;
V – os inventariantes;
VI – os síndicos, comissários e liquidatários;
VII – quaisquer outras entidades ou pessoas que a lei designe, em razão de seu cargo, ofício, função, ministério, atividade ou profissão.

Parágrafo único. A obrigação prevista neste artigo não abrange a prestação de informações quanto a fatos sobre os quais o informante esteja legalmente obrigado a observar segredo em razão de cargo, ofício, função, ministério, atividade ou profissão.

Art. 198. Sem prejuízo do disposto na legislação criminal, é vedada a divulgação, por parte da Fazenda Pública ou de seus servidores, de informação obtida em razão do ofício sobre a situação econômica ou financeira do sujeito passivo ou de terceiros e sobre a natureza e o estado de seus negócios ou atividades.
- •• Caput com redação determinada pela Lei Complementar n. 104, de 10-1-2001.
- •• Vide Decreto n. 10.209, de 22-1-2020, que regulamenta a aplicação do disposto neste artigo.
- •• A Portaria n. 4, de 22-1-2021, da SRFB, dispõe sobre o Protocolo de Auditabilidade da Administração Tributária e Aduaneira, utilizado para viabilizar o compartilhamento de dados e informações protegidos pelo sigilo fiscal.
- • Vide art. 113, § 2.º, da Lei Complementar n. 214, de 16-1-2025 (Reforma Tributária).
- • Vide Lei n. 9.393, de 19-12-1996, art. 16, § 4.º, que determina a aplicação das disposições deste artigo às informações enviadas pela Secretaria da Receita Federal ao Instituto Nacional de Colonização e Reforma Agrária – INCRA, para fins de levantamento, pesquisas e proposição de ações administrativas e judiciais de política fundiária.
- • Vide art. 9.º do Decreto n. 3.724, de 10-1-2001.

§ 1.º Excetuam-se do disposto neste artigo, além dos casos previstos no art. 199, os seguintes:
I – requisição de autoridade judiciária no interesse da justiça;
II – solicitações de autoridade administrativa no interesse da Administração Pública, desde que seja comprovada a instauração regular de processo administrativo, no órgão ou na entidade respectiva, com o objetivo de investigar o sujeito passivo a que se refere a informação, por prática de infração administrativa.
- •• § 1.º acrescentado pela Lei Complementar n. 104, de 10-1-2001.

§ 2.º O intercâmbio de informação sigilosa, no âmbito da Administração Pública, será realizado mediante processo regularmente instaurado, e a entrega será feita pessoalmente à autoridade solicitante, mediante recibo, que formalize a transferência e assegure a preservação do sigilo.
- •• § 2.º acrescentado pela Lei Complementar n. 104, de 10-1-2001.

§ 3.º Não é vedada a divulgação de informações relativas a:
- •• § 3.º acrescentado pela Lei Complementar n. 104, de 10-1-2001.

I – representações fiscais para fins penais;
- •• Inciso I acrescentado pela Lei Complementar n. 104, de 10-1-2001.
- • Vide Lei n. 8.137, de 27-12-1990.
- • Vide art. 83 da Lei n. 9.430, de 27-12-1996.

II – inscrições na Dívida Ativa da Fazenda Pública;
- •• Inciso II acrescentado pela Lei Complementar n. 104, de 10-1-2001.
- • Vide art. 202 (dívida ativa) do CTN.
- • Vide Lei n. 6.830, de 22-9-1980.
- • Vide art. 46 da Lei n. 11.457, de 16-3-2007.

III – parcelamento ou moratória; e
•• Inciso III com redação determinada pela Lei Complementar n. 187, de 17-12-2021.
• Vide arts. 152 a 155-A (moratória) do CTN.
• Vide art. 46 da Lei n. 11.457, de 16-3-2007.

IV – incentivo, renúncia, benefício ou imunidade de natureza tributária cujo beneficiário seja pessoa jurídica.
•• Inciso IV acrescentado pela Lei Complementar n. 187, de 17-12-2021.
•• A Portaria n. 319, de 11-5-2023, da SRFB, dispõe sobre a transparência ativa de informações relativas a incentivo, renúncia, benefício ou imunidade de natureza tributária cujo beneficiário seja pessoa jurídica, prevista neste inciso IV.

§ 4.º Sem prejuízo do disposto no art. 197, a administração tributária poderá requisitar informações cadastrais e patrimoniais de sujeito passivo de crédito tributário a órgãos ou entidades, públicos ou privados, que, inclusive por obrigação legal, operem cadastros e registros ou controlem operações de bens e direitos.
•• § 4.º acrescentado pela Lei Complementar n. 208, de 2-7-2024.

§ 5.º Independentemente da requisição prevista no § 4.º deste artigo, os órgãos e as entidades da administração pública direta e indireta de qualquer dos Poderes colaborarão com a administração tributária visando ao compartilhamento de bases de dados de natureza cadastral e patrimonial de seus administrados e supervisionados.
•• § 5.º acrescentado pela Lei Complementar n. 208, de 2-7-2024.

Art. 199. A Fazenda Pública da União e as dos Estados, do Distrito Federal e dos Municípios prestar-se-ão mutuamente assistência para a fiscalização dos tributos respectivos e permuta de informações, na forma estabelecida, em caráter geral ou específico, por lei ou convênio.

Parágrafo único. A Fazenda Pública da União, na forma estabelecida em tratados, acordos ou convênios, poderá permutar informações com Estados estrangeiros no interesse da arrecadação e da fiscalização de tributos.
•• Parágrafo único acrescentado pela Lei Complementar n. 104, de 10-1-2001.
• Vide art. 96 do CTN.

Art. 200. As autoridades administrativas federais poderão requisitar o auxílio da força pública federal, estadual ou municipal, e reciprocamente, quando vítimas de embaraço ou desacato no exercício de suas funções, ou quando necessário à efetivação de medida prevista na legislação tributária, ainda que não se configure fato definido em lei como crime ou contravenção.
• Vide art. 338, I, da Lei Complementar n. 214, de 16-1-2025 (Reforma Tributária).
• Vide Lei n. 4.729, de 14-7-1965 (crime de sonegação fiscal).
• Vide Lei n. 9.430, de 27-12-1996, art. 33, I, sobre a determinação de regime especial para cumprimento de obrigações, pelo sujeito passivo, nas hipóteses que autorizem a requisição de auxílio da força pública, nos termos deste artigo.

• Vide art. 29, II, da Lei Complementar n. 123, de 14-12-2006.

Capítulo II
DÍVIDA ATIVA

•• Vide Lei n. 6.830, de 22-9-1980.

Art. 201. Constitui dívida ativa tributária a proveniente de crédito dessa natureza, regularmente inscrita na repartição administrativa competente, depois de esgotado o prazo fixado, para pagamento, pela lei ou por decisão final proferida em processo regular.

Parágrafo único. A fluência de juros de mora não exclui, para os efeitos deste artigo, a liquidez do crédito.
• Vide Súmulas 40, 44, 45, 46, 47, 48 e 59 do TFR.
• Vide Súmula 277 do STF.

Art. 202. O termo de inscrição da dívida ativa, autenticado pela autoridade competente, indicará obrigatoriamente:
•• Vide Súmula 392 do STJ.

I – o nome do devedor e, sendo caso, o dos corresponsáveis, bem como, sempre que possível, o domicílio ou a residência de um e de outros;

II – a quantia devida e a maneira de calcular os juros de mora acrescidos;

III – a origem e a natureza do crédito, mencionada especificamente a disposição da lei em que seja fundado;

IV – a data em que foi inscrita;

V – sendo caso, o número do processo administrativo de que se originar o crédito.

Parágrafo único. A certidão conterá, além dos requisitos deste artigo, a indicação do livro e da folha da inscrição.

Art. 203. A omissão de quaisquer dos requisitos previstos no artigo anterior ou o erro a eles relativo são causas de nulidade da inscrição e do processo de cobrança dela decorrente, mas a nulidade poderá ser sanada até a decisão de primeira instância, mediante substituição da certidão nula, devolvido ao sujeito passivo, acusado ou interessado, o prazo para defesa, que somente poderá versar sobre a parte modificada.
• Vide Súmula 392 do STJ.
• Vide art. 2.º, § 8.º, da LEF.

Art. 204. A dívida regularmente inscrita goza da presunção de certeza e liquidez e tem o efeito de prova pré-constituída.

Parágrafo único. A presunção a que se refere este artigo é relativa e pode ser ilidida por prova inequívoca, a cargo do sujeito passivo ou do terceiro a que aproveite.

Capítulo III
CERTIDÕES NEGATIVAS

Art. 205. A lei poderá exigir que a prova da quitação de determinado tributo, quando exigível, seja feita por certidão negativa, expedida à vista de requerimento do interessado, que contenha todas as informações necessárias à identificação de sua pessoa, domicílio fiscal e ramo de negócio ou atividade e indique o período a que se refere o pedido.
•• Vide Lei n. 7.711, de 22-12-1988 (administração tributária).
• Vide art. 191-A do CTN.
• Vide Súmula 446 do STJ.

Parágrafo único. A certidão negativa será sempre expedida nos termos em que tenha sido requerida e será fornecida dentro de 10 (dez) dias da data da entrada do requerimento na repartição.
•• Vide Decreto-lei n. 1.715, de 22-11-1979 (expedição de certidão de quitação de tributos federais e extinção da declaração de devedor remisso).
• O Decreto n. 84.702, de 13-5-1980, simplifica a prova de quitação de tributos, contribuições, anuidade e outros encargos e restringe a exigência de certidões no âmbito da Administração Federal.
• Vide Súmula 73 do TFR.

Art. 206. Tem os mesmos efeitos previstos no artigo anterior a certidão de que conste a existência de créditos não vencidos, em curso de cobrança executiva em que tenha sido efetivada a penhora, ou cuja exigibilidade esteja suspensa.
• Vide arts. 151 e s. (exigibilidade do crédito tributário) e 191-A (concessão de recuperação judicial) do CTN.
• Vide Súmula 38 do TFR.
• Vide Súmula 446 do STJ.

Art. 207. Independentemente de disposição legal permissiva, será dispensada a prova de quitação de tributos, ou o seu suprimento, quando se tratar de prática de ato indispensável para evitar a caducidade de direito, respondendo, porém, todos os participantes no ato pelo tributo porventura devido, juros de mora e penalidades cabíveis, exceto as relativas a infrações cuja responsabilidade seja pessoal ao infrator.

Art. 208. A certidão negativa expedida com dolo ou fraude, que contenha erro contra a Fazenda Pública, responsabiliza pessoalmente o funcionário que a expedir, pelo crédito tributário e juros de mora acrescidos.

Parágrafo único. O disposto neste artigo não exclui a responsabilidade criminal e funcional que no caso couber.
• O art. 301 do CP dispõe sobre a certidão ou atestado ideologicamente falso.

DISPOSIÇÕES FINAIS E TRANSITÓRIAS

Art. 209. A expressão "Fazenda Pública", quando empregada nesta Lei sem qualificação, abrange a Fazenda Pública da União, dos Estados, do Distrito Federal e dos Municípios.

Art. 210. Os prazos fixados nesta Lei ou na legislação tributária serão contínuos, excluindo-se na sua contagem o dia de início e incluindo-se o de vencimento.

Parágrafo único. Os prazos só se iniciam ou vencem em dia de expediente normal na repartição em que corra o processo ou deva ser praticado o ato.
• Vide Súmula 310 do STF.

Art. 211. Incumbe ao Conselho Técnico de Economia e Finanças, do Ministério da Fazenda, prestar assistência técnica aos governos estaduais e municipais, com o objetivo de assegurar a uniforme aplicação da presente Lei.

Art. 212. Os Poderes Executivos federal, estaduais e municipais expedirão, por decreto, dentro de 90 (noventa) dias da entrada em vigor desta Lei, a consolidação, em texto único, da legislação vigente, relativa a cada um dos tributos, repetindo-se esta providência até o dia 31 de janeiro de cada ano.

Art. 213. Os Estados pertencentes a uma mesma região geoeconômica celebrarão entre si convênios para o estabelecimento de alíquota uniforme para o imposto a que se refere o art. 52.

Parágrafo único. Os Municípios de um mesmo Estado procederão igualmente, no que se refere à fixação da alíquota de que trata o art. 60.

- • Revogados os arts. 52 e 60 citados, respectivamente, pelo Decreto-lei n. 406, de 31-12-1968, e pelo Ato Complementar n. 31, de 28-12-1966.

Art. 214. O Poder Executivo promoverá a realização de convênios com os Estados, para excluir ou limitar a incidência do Imposto sobre Operações Relativas à Circulação de Mercadorias, no caso de exportação para o Exterior.

- • *Vide* art. 155, § 2.º, X, *a*, e XII, *e*, da CF.
- • *Vide* Decreto-lei n. 406, de 31-12-1968, art. 5.º (imposto sobre circulação de mercadorias).

Art. 215. A lei estadual pode autorizar o Poder Executivo a reajustar, no exercício de 1967, a alíquota de imposto a que se refere o art. 52, dentro de limites e segundo critérios por ela estabelecidos.

- • Revogado o citado art. 52 pelo Decreto-lei n. 406, de 31-12-1968.

Art. 216. O Poder Executivo proporá as medidas legislativas adequadas a possibilitar, sem compressão dos investimentos previstos na proposta orçamentária de 1967, o cumprimento do disposto no art. 21 da Emenda Constitucional n. 18, de 1965.

Art. 217. As disposições desta Lei, notadamente as dos arts. 17, 74, § 2.º, e 77, parágrafo único, bem como a do art. 54 da Lei n. 5.025, de 10 de junho de 1966, não excluem a incidência e a exigibilidade:

- • *Caput* acrescentado pelo Decreto-lei n. 27, de 14-11-1966.
- *Vide* art. 8.º, IV, da CF.

I – da "contribuição sindical", denominação que passa a ter o Imposto Sindical de que tratam os arts. 578 e segs. da Consolidação das Leis do Trabalho, sem prejuízo do disposto no art. 16 da Lei n. 4.589, de 11 de dezembro de 1964;

- • Inciso I acrescentado pelo Decreto-lei n. 27, de 14-11-1966.

II – das denominadas "quotas de previdência" a que aludem os arts. 71 e 74 da Lei n. 3.807, de 26 de agosto de 1960, com as alterações determinadas pelo art. 34 da Lei n. 4.863, de 29 de novembro de 1965, que integram a contribuição da União para a Previdência Social, de que trata o art. 157, item XVI, da Constituição Federal;

- • Inciso II acrescentado pelo Decreto-lei n. 27, de 14-11-1966.
- Atualmente, Lei n. 8.212, de 24-7-1991, arts. 16 e 22, regulamentada pelo Decreto n. 3.048, de 6-5-1999, e CF, art. 195.

III – da contribuição destinada a constituir "Fundo de Assistência" e "Previdência do Trabalhador Rural", de que trata o art. 158 da Lei n. 4.214, de 2 de março de 1963;

- • Inciso III acrescentado pelo Decreto-lei n. 27, de 14-11-1966.
- Atualmente, Lei n. 5.889, de 8-6-1973, arts. 19 e 21, Lei n. 8.213, de 24-7-1991, art. 11, I, *a*, e Decreto n. 3.048, de 6-5-1999, arts. 6.º, I, e 9.º, I, *a*.

IV – da contribuição destinada ao Fundo de Garantia do Tempo de Serviço, criada pelo art. 2.º da Lei n. 5.107, de 13 de setembro de 1966;

- • Inciso IV acrescentado pelo Decreto-lei n. 27, de 14-11-1966.
- Atualmente, Lei n. 8.036, de 11-5-1990, e Decreto n. 99.684, de 8-11-1990 (FGTS).

V – das contribuições enumeradas no § 2.º do art. 34 da Lei n. 4.863, de 29 de novembro de 1965, com as alterações decorrentes do disposto nos arts. 22 e 23 da Lei n. 5.107, de 13 de setembro de 1966, e outras de fins sociais criadas por lei.

- • Inciso V acrescentado pelo Decreto-lei n. 27, de 14-11-1966.
- Atualmente, Lei n. 8.036, de 11-5-1990, art. 30 (FGTS).
- *Vide* Súmula 191 do TFR.

Art. 218. Esta Lei entrará em vigor, em todo o território nacional, no dia 1.º de janeiro de 1967, revogadas as disposições em contrário, especialmente a Lei n. 854, de 10 de outubro de 1949.

Brasília, 25 de outubro de 1966; 145.º da Independência e 78.º da República.

H. Castello Branco

ÍNDICE ALFABÉTICO-REMISSIVO DO CÓDIGO TRIBUTÁRIO NACIONAL

AÇÃO(ÕES)
– anulatória; curso; interrupção e reinício: art. 169, parágrafo único
– anulatória; prescrição: art. 169
– de cobrança de crédito tributário; curso; interrupção e reinício: art. 174, parágrafo único
– de cobrança de crédito tributário; prescrição: art. 174

ADMINISTRAÇÃO TRIBUTÁRIA
– arts. 194 a 218
– certidão negativa expedida com dolo ou fraude: art. 208 e parágrafo único
– certidão negativa; prazo para fornecimento: art. 205, parágrafo único
– certidões negativas: arts. 205 a 208
– dispensa de prova de quitação de tributos ou seu suprimento: art. 207
– dívida ativa: arts. 201 a 204
– dívida ativa tributária; conceituação: art. 201 e parágrafo único
– fiscalização: arts. 194 a 200
– intimação escrita, para prestação de informações: art. 197 e parágrafo único
– juros de mora; liquidez do crédito: art. 201, parágrafo único
– livros obrigatórios de escrituração comercial e fiscal e comprovantes de lançamentos; até quando serão conservados: art. 195, parágrafo único
– presunção de certeza e liquidez da dívida regularmente inscrita; efeito de prova: art. 204 e parágrafo único
– prova de quitação mediante certidão negativa: arts. 205 e 206
– requisição do auxílio da força pública federal, estadual ou municipal por autoridades administrativas: art. 200
– termo de inscrição da dívida ativa; indicações obrigatórias: arts. 202 e 203

ADMINISTRADORES DE BENS
– de terceiros; responsabilidade quanto aos tributos devidos por estes: art. 134, III

ADQUIRENTE
– responsabilidade tributária: art. 131, I

ALIENAÇÃO FRAUDULENTA
– ou oneração de bens ou rendas, por sujeito passivo em débito para com a Fazenda Pública: art. 185 e parágrafo único

ALÍQUOTA(S)
– *ad valorem*; base de cálculo do Imposto sobre a Importação de produtos estrangeiros: art. 20, II
– do Imposto sobre a Importação de produtos estrangeiros; alteração pelo Poder Executivo; finalidade: art. 21
– do Imposto sobre a Transmissão de Bens Imóveis e de Direitos a eles Relativos; limites: art. 39

– do Imposto sobre Operações de Crédito, Câmbio e Seguro, e sobre Operações Relativas a Títulos e Valores Mobiliários; alteração pelo Poder Executivo; finalidade: art. 65
– específica; base de cálculo do Imposto sobre a Importação de produtos estrangeiros: art. 19
– fixação apenas pela lei; ressalva: art. 97, IV

ANALOGIA
– aplicação da legislação tributária: art. 108, I e § 1.º

ANISTIA
– arts. 180 a 182
– concessão em caráter geral ou limitadamente: art. 181
– infrações que abrangerá: art. 180
– não concedida em caráter geral; efetivação por despacho da autoridade administrativa: art. 182 e parágrafo único

ANULAÇÃO DE DECISÃO
– condenatória; direito à restituição total ou parcial do tributo: art. 165, III

APLICAÇÃO DA LEGISLAÇÃO TRIBUTÁRIA
– a ato ou fato pretérito: art. 106
– a fatos geradores futuros e aos pendentes; será imediata: art. 105

ÁREAS URBANIZÁVEIS
– consideradas urbanas por lei municipal, para efeitos do Imposto sobre a Propriedade Predial e Territorial Urbana: art. 32, § 2.º

ARRECADAÇÃO
– competência: art. 7.º
– distribuição: art. 85, II
– receita: art. 86

ARREMATAÇÃO
– em hasta pública, de imóveis; sub-rogação: art. 130, parágrafo único

ARREMATANTE
– de produtos apreendidos ou abandonados; contribuinte do Imposto sobre a Importação de produtos estrangeiros: art. 22, II

ARROLAMENTO
– habilitação em; cobrança judicial de crédito tributário; não estará sujeita a: art. 187

ATOS ADMINISTRATIVOS
– *Vide* também ATOS NORMATIVOS
– vigência; início; ressalva: art. 103, I

ATOS JURÍDICOS
– condicionais; quando se reputarão perfeitos e acabados: art. 117

ATOS NORMATIVOS
– normas complementares das leis, dos tratados e das convenções internacionais e dos decretos: art. 100, I

BANCO DO BRASIL
– comunicação dos créditos feitos ao Fundo de Participação dos Estados e do Distrito Federal e ao Fundo de Participação dos Municípios, ao Tribunal de Contas da União; prazo: art. 87, parágrafo único
– créditos ao Fundo de Participação dos Estados e do Distrito Federal e ao Fundo de Participação dos Municípios: art. 87
– prazo para comunicar ao Tribunal de Contas da União o crédito feito a cada Estado, ao Distrito Federal e a cada Município, de quotas devidas aos mesmos: art. 93, § 2.º
– prazo para creditar a cada Estado, ao Distrito Federal e a cada Município quotas aos mesmos devidas: art. 93
– será comunicado pelo Tribunal de Contas da União sobre os coeficientes individuais de participação de cada Estado e do Distrito Federal: art. 92

BANCOS
– intimação escrita para prestar informações sobre bens, negócios ou atividades de terceiros: art. 197, II

BASE DE CÁLCULO
– atualização de seu valor monetário; caso em que não constituirá majoração de tributo: art. 97, § 2.º
– atualização do valor monetário da base de cálculo do tributo; exclusão: art. 100, parágrafo único
– de taxa; proibição quanto à mesma: art. 77, parágrafo único
– do Imposto sobre a Exportação: arts. 24 e 25
– do Imposto sobre a Importação de produtos estrangeiros: art. 20
– do Imposto sobre a Importação de produtos estrangeiros; alteração do Poder Executivo; finalidade: art. 21
– do Imposto sobre a Propriedade Predial e Territorial Urbana: art. 33
– do Imposto sobre a Propriedade Territorial Rural: art. 30
– do Imposto sobre a Transmissão de Bens Imóveis e de Direitos a eles Relativos: art. 38
– do Imposto sobre Operações de Crédito, Câmbio e Seguro, e sobre Operações Relativas a Títulos e Valores Mobiliários: art. 64
– do Imposto sobre Operações de Crédito, Câmbio e Seguro, e sobre Operações Re-

lativas a Títulos e Valores Mobiliários; alteração pelo Poder Executivo; finalidade: art. 65
– do Imposto sobre Produtos Industrializados: art. 47
– do Imposto sobre Serviços de Transportes e Comunicações: art. 69
– do tributo; modificação; equiparação à majoração: art. 97, § 1.º
– fixação pela lei; ressalva: art. 97, IV

BEBIDAS
– exclusão da participação na arrecadação de imposto incidente sobre o mesmo, quanto a Estados e Municípios que celebrem convênios com a União: art. 83

CAIXAS ECONÔMICAS
– intimação escrita para prestar informações sobre bens, negócios ou atividades de terceiros: art. 197, II

CALAMIDADE PÚBLICA
– instituição de empréstimos compulsórios pela União: art. 15, II

CAPACIDADE TRIBUTÁRIA PASSIVA
– fatores de que independerá: art. 126

CAPITAL DE EMPRESAS
– taxa calculada em função do mesmo; inadmissibilidade: art. 77, parágrafo único

CERTIDÕES NEGATIVAS
– arts. 205 a 208
– dispensa da prova de quitação de tributos ou seu suprimento: art. 207
– expedida com dolo ou fraude: art. 208 e parágrafo único
– prazo para seu fornecimento: art. 205, parágrafo único
– prova de quitação de tributo: arts. 205 e 206

CESSÃO DE DIREITOS
– relativos às transmissões de propriedade ou do domínio útil de bens imóveis, ou de direitos reais sobre imóveis, com exceção dos direitos reais de garantia; fato gerador do Imposto sobre a Transmissão de Bens Imóveis e de Direitos a eles Relativos: art. 35, II

CHEQUE
– pagamento de crédito tributário: art. 162 e §§ 1.º e 2.º

CITAÇÃO
– pessoal feita ao devedor; interrupção da prescrição da ação para cobrança de crédito tributário: art. 174, parágrafo único, I

COBRANÇA
– do crédito tributário; prescrição da ação: art. 174
– judicial de crédito tributário; não estará sujeita a concurso de credores, ou habilitação em falência, concordata, inventário ou arrolamento: art. 187

COEFICIENTE INDIVIDUAL DE PARTICIPAÇÃO
– comunicação referente ao mesmo, feita pelo Tribunal de Contas da União ao Banco do Brasil; prazo: art. 92
– de cada Estado, do Distrito Federal e Município; prazo para comunicação pelo Tribunal de Contas da União ao Banco do Brasil: art. 92
– distribuição de parcela; determinação de: art. 91, § 2.º
– distribuição proporcional do Fundo de Participação dos Fundos dos Estados e do Distrito Federal: art. 88, II

COISA JULGADA
– extinção do crédito tributário: art. 156, X

COMBUSTÍVEIS
– *Vide* IMPOSTO SOBRE OPERAÇÕES RELATIVAS A COMBUSTÍVEIS, LUBRIFICANTES, ENERGIA ELÉTRICA E MINERAIS DO PAÍS

COMISSÁRIO
– intimação escrita para prestar informações sobre bens, negócios ou atividades de terceiros: art. 197, VI
– responsabilidade tributária: arts. 134, V, e 135, I

COMPENSAÇÃO
– de créditos tributários: art. 170
– extinção do crédito tributário: art. 156, II

COMPETÊNCIA
– *Vide* também COMPETÊNCIA TRIBUTÁRIA
– da União, do Distrito Federal e dos Estados não divididos em Municípios para instituir impostos: art. 18
– Imposto sobre a Exportação: art. 23
– Imposto sobre a Importação: art. 19
– Imposto sobre a Propriedade Predial e Territorial Urbana: art. 32
– Imposto sobre a Propriedade Territorial Rural: art. 29
– Imposto sobre a Renda e Proventos de qualquer Natureza: art. 43
– Imposto sobre a Transmissão de Bens Imóveis e Direitos a eles Relativos: art. 35
– Imposto sobre Operações de Crédito, Câmbio e Seguro, e sobre Operações Relativas a Títulos e Valores Mobiliários: art. 63
– Imposto sobre Produtos Industrializados: art. 46
– Imposto sobre Serviços de Transportes e Comunicações: art. 68
– legislativa plena quanto à competência tributária; ressalva: art. 6.º

COMPETÊNCIA TRIBUTÁRIA
– arts. 6.º a 15
– competência legislativa plena; ressalva: art. 6.º
– disposições gerais: arts. 6.º a 8.º
– indelegabilidade; ressalva: art. 7.º e parágrafos

– limitações: arts. 9.º a 15
– não exercício; efeitos: art. 8.º

CONCORDATA
– cobrança judicial: art. 187

CONCORDATÁRIO
– responsabilidade tributária do síndico e do comissário: arts. 134, V, e parágrafo único, e 135, I

CONCURSO DE CREDORES
– cobrança judicial de crédito tributário; não estará sujeita ao mesmo: art. 187

CONDIÇÃO RESOLUTÓRIA
– atos ou negócios jurídicos condicionais reputados perfeitos e acabados: art. 117, II

CONDIÇÃO SUSPENSIVA
– atos ou negócios jurídicos condicionais reputados perfeitos e acabados: art. 117, I

CÔNJUGE MEEIRO
– responsabilidade tributária: art. 131, II

CONSIGNAÇÃO
– judicial da importância do crédito tributário pelo sujeito passivo; casos: art. 164 e parágrafos

CONSIGNAÇÃO EM PAGAMENTO
– extinção do crédito tributário: art. 156, VIII

CONTRIBUIÇÃO
– relativa a cada imóvel, em caso de contribuição de melhoria; como será determinada: art. 82, § 1.º

CONTRIBUIÇÃO DE MELHORIA
– arts. 81 e 82
– contribuição relativa a cada imóvel; determinação: art. 82, § 1.º
– instituição; finalidade: art. 81
– limite total e limite individual: art. 81, *in fine*
– notificação do contribuinte: art. 82, § 2.º
– requisitos mínimos observados em lei: art. 82

CONTRIBUINTES
– autônomos, para efeito do Imposto sobre Produtos Industrializados: art. 51, parágrafo único
– do Imposto sobre a Exportação: art. 27
– do Imposto sobre a Importação de produtos estrangeiros: art. 22
– do Imposto sobre a Propriedade Predial e Territorial Urbana: art. 34
– do Imposto sobre a Propriedade Territorial Rural: art. 31
– do Imposto sobre a Transmissão de Bens Imóveis e de Direitos a eles Relativos: art. 42
– do Imposto sobre Operações de Crédito, Câmbio e Seguro, e sobre Operações Relativas a Títulos e Valores Mobiliários: art. 66
– do Imposto sobre Produtos Industrializados: art. 51 e parágrafo único

- do Imposto sobre Serviços de Transportes e Comunicações: art. 70
- exclusão de sua responsabilidade pelo crédito tributário; atribuição da mesma a terceiro: art. 128
- notificação do montante, forma e prazos da contribuição devida, em caso de contribuição de melhoria: art. 82, § 2.º
- obrigação principal; não cumprimento; responsabilidade de terceiros: arts. 134 e 135
- sujeito passivo da obrigação principal: art. 121, parágrafo único, I

CONVENÇÕES INTERNACIONAIS
- normas complementares: art. 100 e parágrafo único
- revogação ou modificação da legislação tributária interna: art. 98

CONVÊNIOS
- celebrados com a União; participação de Estados e Municípios de até dez por cento da arrecadação efetuada: art. 83 e parágrafo único
- celebrados entre a União, Estados, Distrito Federal e Municípios; normas complementares das leis, dos tratados e das convenções internacionais e dos decretos: art. 100, IV

CONVERSÃO DE DEPÓSITO EM RENDA
- extinção de crédito tributário: art. 156, VI

CORRETORES
- intimação escrita para prestar informações sobre bens, negócios ou atividades de terceiros: art. 197, IV

CRÉDITO TRIBUTÁRIO
- arts. 139 a 193
- abrangido pela moratória; ressalva: art. 154
- ação para cobrança; prescrição; contagem: art. 174, parágrafo único
- alteração de lançamento regularmente notificada ao sujeito passivo; casos: art. 145
- anistia; concessão em caráter geral ou limitado: art. 181
- anistia; exclusão do: art. 175, II
- anistia; infrações abrangidas pela mesma; inaplicação: art. 180
- anistia; infrações que abrangerá: art. 180
- anistia não concedida em caráter geral; efetivação por despacho; requerimento do interessado; prova que fará o mesmo: art. 182 e parágrafo único
- anistia; não concessão em caráter geral; efetivação por despacho: art. 182 e parágrafo único
- anistia; requerimento pelo interessado; conteúdo: art. 182
- atividade administrativa de lançamento; será vinculada e obrigatória; responsabilidade funcional: art. 142, parágrafo único
- circunstâncias modificadoras; não afetarão a obrigação tributária que deu origem ao: art. 140
- cobrança; acréscimo de juros de mora; revogação de moratória: art. 155 e parágrafo único
- cobrança judicial; efeitos quanto a concurso de credores ou habilitação em falência, recuperação judicial, concordata, inventários ou arrolamento: art. 187
- compensação: art. 170 e parágrafo único
- concorrência pública; prova de quitação de tributos pelo contratante ou proponente; ressalva: art. 193
- concurso de preferência entre pessoas jurídicas de direito público; ordem: art. 187, parágrafo único
- consignação judicial pelo sujeito passivo; casos: art. 164 e parágrafos
- constituição: arts. 142 a 150
- constituição pela Fazenda Pública; extinção do direito; contagem do prazo: art. 173 e parágrafo único
- constituição pelo lançamento; competência: art. 142
- contestação; casos; como se procederá: arts. 188, § 1.º, e 189, parágrafo único
- decorre da obrigação principal: art. 139
- desconto pela antecipação do pagamento; condições: art. 160, parágrafo único
- disposições gerais: arts. 139 a 141
- dois ou mais débitos vencidos do mesmo sujeito passivo para com a mesma pessoa jurídica de direito público; imputação: art. 163
- efetivação e garantias respectivas; indispensabilidade: art. 141, *in fine*
- encargos da massa falida: art. 188 e parágrafos
- estabelecimento, apenas pela lei, das hipóteses de exclusão, suspensão e extinção dos mesmos, ou de dispensa ou redução de penalidades: art. 97, VI
- exclusão: arts. 175 a 182
- exclusão; anistia: arts. 180 a 182
- exclusão; disposições gerais: art. 175
- exclusão; isenção: arts. 176 a 179
- exclusão pela isenção e pela anistia: art. 175 e parágrafo único
- exigibilidade suspensa ou excluída: art. 141
- extinção: arts. 156 a 174
- extinção do direito de constituí-lo: art. 173 e parágrafo único
- extinção mediante transação que importe em concessões mútuas: art. 171 e parágrafo único
- extinção; pagamento: arts. 157 a 164
- extinção; pagamento indevido: arts. 165 a 169
- fraude na alienação ou oneração de bens ou rendas, por sujeito passivo em débito para com a Fazenda Pública; presunção; ressalva: art. 185 e parágrafo único
- garantias e privilégios: arts. 183 a 193
- garantias e privilégios; disposições gerais: arts. 183 a 185-A
- garantias e privilégios; preferências: arts. 186 a 193
- isenção; decorrerá de lei; especificações: art. 176
- isenção; exclusão do: art. 175, I
- isenção não concedida em caráter geral; efetivação por despacho; requerimento; prova que fará o interessado: art. 179 e parágrafos
- isenção ou remissão; efeitos; ressalva: art. 125, II
- isenção restrita a determinada região: art. 176, parágrafo único
- isenção; revogação ou modificação: art. 178
- isenção; tributos a que não se estenderá: art. 177
- juros de mora e penalidades, pelo não pagamento integral no vencimento: art. 161 e parágrafos
- juros de mora; taxa: art. 161, § 1.º
- lançamento: arts. 142 a 146
- lançamento; conceituação: art. 142
- lançamento; efetuação com base na declaração do sujeito passivo ou de terceiro: art. 147 e parágrafos
- lançamento; efetuação e revisão de ofício; casos: art. 149
- lançamento; legislação aplicável: art. 144 e parágrafos
- lançamento por homologação: art. 150 e parágrafos
- lançamento; reportar-se-á à data da ocorrência do fato gerador: art. 144
- lançamento; revisão; requisito para seu início: art. 149, parágrafo único
- lançamento; valor tributável expresso em moeda estrangeira; conversão em moeda nacional: art. 143
- liquidez; não será excluída pela fluência de juros de mora: art. 201, parágrafo único
- modalidade de extinção: arts. 156 e parágrafo único e 170 a 174
- modalidades de lançamento: arts. 147 a 150
- modificação nos critérios jurídicos adotados pela autoridade administrativa, no exercício do lançamento; efetivação, relativamente a um mesmo sujeito passivo: art. 146
- moratória: arts. 152 a 155
- moratória; casos de dolo, fraude ou simulação: art. 154, parágrafo único
- moratória; concessão: art. 152 e parágrafo único
- moratória; concessão em caráter individual; revogação: art. 155 e parágrafo único
- moratória; especificações: art. 153
- natureza: art. 139
- pagamento efetuado na repartição competente do domicílio do sujeito passivo: art. 159

- pagamento em cheque; quando se considerará extinto o: art. 162, § 2.º
- pagamento; forma: art. 162 e parágrafos
- pagamento; quando não importará em presunção de pagamento: art. 158
- penalidade; imposição; pagamento integral do: art. 157
- preferência: art. 186
- prescrição de ação anulatória da denegação de restituição: art. 169 e parágrafo único
- prescrição de ação para cobrança: art. 174 e parágrafo único
- regularmente constituído; modificação ou extinção: art. 141
- relativos a impostos cujo fato gerador seja a propriedade, o domínio útil ou a posse de bens imóveis; sub-rogação na pessoa dos adquirentes: art. 130
- remissão total ou parcial: art. 172 e parágrafo único
- remissão total ou parcial; concessão em despacho fundamentado: art. 172
- responsabilidade de terceiro: art. 128
- restituição de juros de mora e penalidades pecuniárias, em caso de pagamento indevido; ressalva: art. 167 e parágrafo único
- restituição; extinção do direito de pleiteá-la: art. 168
- restituição; juros não capitalizáveis: art. 167, parágrafo único
- restituição total ou parcial do tributo, em caso de pagamento indevido: art. 165
- sentença de julgamento de partilha ou adjudicação; prova de quitação de tributos para seu proferimento: art. 192
- suspensão: arts. 151 a 155
- suspensão da exigibilidade: art. 151 e parágrafo único
- suspensão; disposições gerais: art. 151 e parágrafo único
- tempo do pagamento não estipulado; vencimento: art. 160
- transação extintiva de: art. 171 e parágrafo único
- valor ou preço de bens, direitos, serviços ou atos jurídicos como base de cálculo do tributo; arbitramento; casos; ressalva: art. 148
- vencidos ou vincendos, a cargo de pessoas jurídicas de ato privado em liquidação; preferência quanto ao pagamento: art. 190
- vencidos ou vincendos, a cargo do *de cujus* ou seu espólio; preferência: art. 189 e parágrafo único

CURADORES
- responsabilidade quanto a tributos devidos por seus curatelados: art. 134, II

DAÇÃO EM PAGAMENTO
- extinção do crédito tributário: art. 156, XI

DECADÊNCIA
- extinção do crédito tributário: art. 156, V

DECISÃO ADMINISTRATIVA
- irreformável; extinção de crédito tributário: art. 156, IX

DECISÃO JUDICIAL
- passada em julgado; extinção do crédito tributário: art. 156, X

DECLARAÇÃO
- de sujeito passivo ou de terceiro; lançamento efetuado com base na mesma: art. 147 e parágrafos
- retificação dos erros: art. 147, § 2.º
- retificação por iniciativa do próprio declarante, para reduzir ou excluir tributo: art. 147, § 1.º

DECRETOS
- conteúdo e alcance; a que estarão restritos: art. 99
- normas complementares: art. 100 e parágrafo único

DE CUJUS
- tributos devidos pelo mesmo; responsabilidade do espólio: art. 131, III
- tributos devidos pelo mesmo; responsabilidade do sucessor e do cônjuge meeiro: art. 131, II

DEMISSÃO
- de autoridades arrecadadoras de impostos que não entregarem aos Estados, Distrito Federal e Municípios o produto da arrecadação de impostos; prazo: art. 85, § 1.º

DENÚNCIA
- espontânea da infração; exclusão da responsabilidade: art. 138 e parágrafo único

DEPÓSITO
- do montante integral do crédito tributário; suspensão da exigibilidade deste: art. 151, II

DESCONTO
- concessão pela legislação tributária em caso de antecipação de pagamento: art. 160, parágrafo único

DESEMBARAÇO ADUANEIRO
- fato gerador do Imposto sobre Produtos Industrializados: art. 46, I

DEVEDOR TRIBUTÁRIO
- disposições: art. 185-A

DIREITO ADQUIRIDO
- concessão de moratória em caráter individual: art. 155
- despacho concedente de remissão do crédito tributário; não gera direito adquirido: art. 172, parágrafo único

DIRETORES
- de pessoas jurídicas de direito privado; obrigações tributárias resultantes de atos praticados com excesso de poderes ou infração de lei, contrato social ou estatutos: art. 135, III

DISPOSIÇÕES FINAIS E TRANSITÓRIAS
- arts. 209 a 218

DISTRIBUIÇÃO
- de parcela a Municípios; coeficiente individual de participação; determinação: art. 91, § 2.º
- do produto da arrecadação dos impostos sobre a renda e proventos de qualquer natureza e sobre produtos industrializados: art. 86

DISTRITO FEDERAL
- concurso de preferência: art. 187, parágrafo único, II
- fato gerador das taxas cobradas pelo: art. 77
- Imposto sobre a Renda e Proventos de qualquer Natureza; distribuição pela União: art. 85, II
- incorporação definitiva à sua receita do produto de arrecadação do Imposto sobre a Renda e Proventos de qualquer Natureza: art. 85, § 2.º
- instituição cumulativa de impostos atribuídos aos Estados e aos Municípios: art. 18, II
- percentagem obrigatoriamente destinada ao orçamento de despesas de capital: art. 94 e § 1.º
- percentagens no Imposto sobre Operações Relativas a Combustíveis, Lubrificantes, Energia Elétrica e Minerais do País: art. 95

DÍVIDA ATIVA TRIBUTÁRIA
- arts. 201 a 204
- conceituação: art. 201
- juros de mora; liquidez do crédito: art. 201, parágrafo único
- presunção de clareza e liquidez da dívida regularmente inscrita: art. 204 e parágrafo único
- termo de inscrição da dívida ativa; indicações obrigatórias: arts. 202 e 203

DIVULGAÇÃO
- de informação sobre a situação econômica ou financeira de sujeitos passivos ou terceiros pela Fazenda Pública; inadmissibilidade; ressalva: art. 198 e parágrafos

DOLO
- de beneficiado ou terceiro; revogação de moratória e penalidades: art. 155, I, e parágrafo único
- do sujeito passivo ou de terceiro; efeitos quanto à moratória: art. 154, parágrafo único
- do sujeito passivo ou de terceiro; efeitos quanto ao lançamento: art. 149, VII
- extinção de crédito tributário; inadmissibilidade: art. 150, § 4.º
- na expedição de certidão negativa; responsabilidade do funcionário: art. 208 e parágrafo único

DOMICÍLIO TRIBUTÁRIO
- art. 127 e parágrafos

DOMÍNIO ÚTIL DE IMÓVEL
- fato gerador do Imposto sobre a Proprie-

dade Predial e Territorial Urbana: art. 32
- fato gerador do Imposto sobre a Propriedade Territorial Rural: art. 29

EMPREGADOS
- obrigações tributárias resultantes de atos praticados com excesso de poderes ou infração de lei, contrato social ou estatutos: art. 135, II

EMPRESAS DE ADMINISTRAÇÃO DE BENS
- intimação escrita para prestar informações sobre bens, negócios ou atividades de terceiros: art. 197, III

EMPRÉSTIMO COMPULSÓRIO
- atribuição privativa da União; casos excepcionais: art. 15
- prazo e condições de resgate; fixação em lei: art. 15, parágrafo único

ENERGIA ELÉTRICA
- Vide IMPOSTO SOBRE OPERAÇÕES RELATIVAS A COMBUSTÍVEIS, LUBRIFICANTES, ENERGIA ELÉTRICA E MINERAIS DO PAÍS

EQUIDADE
- aplicação da lei tributária: art. 108, IV, e § 2.º

ERRO(S)
- contidos na declaração; retificação de ofício: art. 147, § 2.º
- efeitos quanto ao lançamento: art. 149, IV
- escusável, quanto a matéria de fato; remissão total ou parcial do crédito tributário: art. 172, II
- na identificação do sujeito passivo; restituição total ou parcial do tributo: art. 165, II
- no pagamento de crédito tributário mediante estampilha; efeitos quanto à restituição: art. 162, § 4.º

ESCRITURAÇÃO
- fiscal: art. 195, parágrafo único

ESCRIVÃES
- intimação escrita para prestar informações sobre bens, negócios ou atividades de terceiros: art. 197, I
- responsabilidade tributária: arts. 134, VI, e parágrafo único, e 135, I

ESPÓLIO
- responsabilidade tributária: art. 131, III

ESTABELECIMENTO
- comercial, industrial ou profissional; aquisição por pessoa de direito privado; responsabilidade tributária: art. 133

ESTADOS
- arrecadação de impostos de competência da União: art. 84 e parágrafo único
- celebração de convênios com a União; participação em arrecadação: art. 83
- competência quanto ao Imposto sobre a Transmissão de Bens Imóveis e de Direitos a eles Relativos: art. 35
- competente para o Imposto sobre a Transmissão de Bens Imóveis e de Direitos a eles Relativos: art. 41
- concurso de preferência: art. 187, parágrafo único, II
- fato gerador das taxas cobradas pelos mesmos: art. 77
- Imposto sobre a Renda e Proventos de qualquer Natureza; distribuição pela União: art. 85, II
- incorporação definitiva à sua receita do produto da arrecadação do Imposto sobre a Renda e Proventos de qualquer Natureza; obrigações acessórias: art. 85, § 2.º
- não divididos em municípios; instituição cumulativa de impostos atribuídos aos Estados e aos Municípios: art. 18, II
- percentagem obrigatoriamente destinada ao orçamento de despesas de capital: art. 94 e § 1.º
- percentagens no Imposto sobre Operações Relativas a Combustíveis, Lubrificantes, Energia Elétrica e Minerais do País: art. 95

EXPORTAÇÃO
- fato gerador do imposto: art. 23

EXPORTADOR
- ou pessoa equiparada; contribuintes do Imposto sobre Exportação: art. 27

EXTRATERRITORIALIDADE
- da legislação tributária dos Estados, do Distrito Federal e dos Municípios: art. 102

FALÊNCIA
- habilitação; cobrança judicial de crédito tributário; não estará sujeita à: art. 187

FALIDO
- declaração da extinção das obrigações; prova de quitação de tributos: art. 191

FALSIDADE
- efeitos quanto ao lançamento: art. 149, IV

FATO(S) GERADOR(ES)
- câmbio do dia de sua ocorrência; conversão do valor tributável expresso em moeda estrangeira: art. 143
- da obrigação acessória: art. 115
- da obrigação principal: art. 114
- da obrigação principal; responsabilidade solidária das pessoas que tenham interesse comum na situação que o constitua: art. 124, I, e parágrafo único
- da obrigação tributária principal; definição em lei; ressalva: art. 97, III
- data de sua ocorrência; o lançamento reportar-se-á à mesma: art. 144
- da taxa; proibição quanto ao mesmo: art. 77, parágrafo único
- definição legal; interpretação: art. 118
- distintos, relativos a herdeiros ou legatários; transmissões causa mortis: art. 35, parágrafo único
- do Imposto sobre a Exportação: art. 23
- do Imposto sobre a Importação de produtos estrangeiros: art. 19
- do Imposto sobre a Propriedade Predial e Territorial Urbana: art. 32
- do Imposto sobre a Propriedade Territorial Rural: art. 29
- do Imposto sobre a Transmissão de Bens Imóveis e de Direitos a eles Relativos: art. 35
- do Imposto sobre Operações de Crédito, Câmbio e Seguro, e sobre Operações Relativas a Títulos e Valores Mobiliários: art. 63
- do Imposto sobre Serviços de Transportes e Comunicações: art. 68
- futuros e pendentes; aplicação imediata da legislação tributária: art. 105
- quando se considerará ocorrido: art. 116
- que seja a propriedade, domínio útil ou a posse de bens imóveis; sub-rogação de créditos tributários na pessoa dos adquirentes; ressalva: art. 130

FAZENDA PÚBLICA
- divulgação de informação: art. 198

FILHOS MENORES
- responsabilidade tributária dos pais: art. 134, I

FISCALIZAÇÃO
- arts. 194 a 200
- intimação escrita; prestação de informações à autoridade administrativa; obrigatoriedade: art. 197 e parágrafo único
- lavratura dos termos necessários para o início do procedimento: art. 196 e parágrafo único
- legislação tributária; aplicações: art. 194 e parágrafo único
- requisição de força pública por autoridade administrativa federal: art. 200

FORÇA PÚBLICA
- requisição por autoridade administrativa federal, em caso de embaraço ou desacato no exercício de suas funções: art. 200

FRAUDE
- de autoridade, em lançamento anterior; efeitos quanto ao lançamento: art. 149, IX
- do sujeito passivo ou de terceiro; efeitos quanto à moratória: art. 154, parágrafo único
- do sujeito passivo ou de terceiro; efeitos quanto ao lançamento: art. 149, VII
- extinção de crédito tributário; inadmissibilidade: art. 150, § 4.º
- na expedição de certidão negativa; responsabilidade do funcionário: art. 208 e parágrafo único
- presunção, em caso de alienação ou oneração de bens ou rendas, por sujeito passivo em débito para com a Fazenda Pública; ressalva: art. 185 e parágrafo único

FUMO
- exclusão da participação na arrecadação de imposto incidente sobre o mesmo, quanto a Estados e Municípios que celebrem convênios com a União: art. 83

FUNDO DE COMÉRCIO
– aquisição por pessoa natural ou jurídica de direito privado, junto a outra; tributos; responsabilidade: art. 133

FUNDO DE PARTICIPAÇÃO DOS ESTADOS
– critério de distribuição: arts. 88 a 90

FUNDO DE PARTICIPAÇÃO DOS ESTADOS E DO DISTRITO FEDERAL
– distribuição: art. 90

FUNDO DE PARTICIPAÇÃO DOS ESTADOS E DOS MUNICÍPIOS
– arts. 90 a 92
– cálculo e pagamento das cotas estaduais e municipais: art. 92
– critério de distribuição do Fundo de Participação dos Municípios: art. 91
– distribuição do Fundo de Participação dos Estados e do Distrito Federal; percentagem: art. 90

FUNDO DE PARTICIPAÇÃO DOS MUNICÍPIOS
– critério de distribuição do Fundo de Participação dos Municípios: art. 91
– percentagens: arts. 90 e 91

GERENTES
– de pessoas jurídicas de direito privado; obrigações tributárias resultantes de atos praticados com excesso de poderes ou infração de lei, contrato social ou estatutos: art. 135, III

GOVERNADOR
– responsabilidade civil, penal ou administrativa: art. 94, § 3.º

GUERRA EXTERNA
– ou sua iminência; instituição de empréstimos compulsórios pela União: art. 15, I
– ou sua iminência; instituição temporária de impostos extraordinários pela União: art. 76

HOMOLOGAÇÃO
– do lançamento; extinção de crédito tributário: art. 156, VII
– lançamento: art. 150 e parágrafos
– prazo: art. 150, § 4.º

IMÓVEIS
– imposto sobre sua transmissão e direitos a eles correspondentes; fato gerador: art. 35

IMPORTADOR
– ou pessoa equiparada; contribuintes do Imposto sobre Importação de produtos estrangeiros: art. 22, I

IMPOSTO(S)
– arts. 16 a 76
– componentes do sistema tributário nacional; competências e limitações: art. 17
– conceito: art. 16
– disposições gerais: arts. 16 a 18
– especiais: arts. 74 a 76
– extraordinários; instituição; casos: art. 76
– instituição cumulativa pelo Distrito Federal e Estados não divididos em municípios: art. 18, II
– instituição nos Territórios Federais, pela União: art. 18, I

– sobre a produção e a circulação: arts. 46 a 73
– sobre o comércio exterior: arts. 19 a 28
– sobre o patrimônio e a renda: arts. 29 a 45
– sobre o patrimônio ou renda; início da vigência dos dispositivos de lei respectivos: art. 104

IMPOSTO SOBRE A EXPORTAÇÃO
– arts. 23 a 28
– alteração das alíquotas ou base de cálculo pelo Poder Executivo; finalidade: art. 26
– base de cálculo: arts. 24 e 25
– contribuinte: art. 27
– destinação da receita líquida: art. 28
– fato gerador: art. 23

IMPOSTO SOBRE A IMPORTAÇÃO
– arts. 19 a 22
– alteração de alíquotas ou bases de cálculo; finalidade: art. 21
– base de cálculo: art. 20
– contribuintes: art. 22
– disposições aplicáveis quando a incidência seja sobre tal operação: art. 75, II
– fato gerador: art. 19

IMPOSTO SOBRE A RENDA E PROVENTOS DE QUALQUER NATUREZA
– arts. 43 a 45
– base de cálculo: art. 44
– competência: art. 43
– contribuintes: art. 45 e parágrafo único
– distribuição: art. 86 e parágrafo único
– distribuição aos Estados, Distrito Federal e Municípios, pela União: art. 85, II
– fato gerador: art. 43

IMPOSTO SOBRE OPERAÇÕES DE CRÉDITO, CÂMBIO E SEGURO E SOBRE OPERAÇÕES RELATIVAS A TÍTULOS E VALORES MOBILIÁRIOS
– arts. 63 a 67
– alteração de alíquotas ou bases de cálculo; finalidade: art. 65
– base de cálculo: art. 64
– competência: art. 63
– contribuintes: art. 66
– fato gerador: art. 63 e parágrafo único
– receita líquida; destinação: art. 67

IMPOSTO SOBRE OPERAÇÕES RELATIVAS À CIRCULAÇÃO DE MERCADORIAS
– bens e serviços essenciais, para efeitos de incidência: art. 18-A
– disposições aplicáveis, quando a incidência for sobre a distribuição: art. 75, III

IMPOSTO SOBRE OPERAÇÕES RELATIVAS A COMBUSTÍVEIS, LUBRIFICANTES, ENERGIA ELÉTRICA E MINERAIS DO PAÍS
– arts. 74 e 75
– competência: art. 74
– distribuição: art. 95
– fato gerador: art. 74 e parágrafos

IMPOSTO SOBRE PRODUTOS INDUSTRIALIZADOS
– arts. 46 a 51
– base de cálculo: art. 47
– competência: art. 46
– conceito: art. 46, parágrafo único
– contribuinte: art. 51 e parágrafo único
– disposições aplicáveis quando a incidência seja sobre a produção ou sobre o consumo: art. 75, I
– distribuição: art. 86
– fato gerador: art. 46
– não cumulatividade: art. 49 e parágrafo único
– remessa para Estado, ou Distrito Federal, de produtos sujeitos a tal tributo; nota fiscal de modelo especial; conteúdo desta: art. 50
– seletividade em função da essencialidade dos produtos: art. 48

IMPOSTO SOBRE PROPRIEDADE PREDIAL E TERRITORIAL URBANA
– arts. 32 a 34
– base de cálculo: art. 33 e parágrafo único
– competência: art. 32
– contribuintes: art. 34
– fato gerador: art. 32 e parágrafos
– zona urbana; conceito: art. 32, § 1.º

IMPOSTO SOBRE PROPRIEDADE TERRITORIAL RURAL
– arts. 29 a 31
– base de cálculo: art. 30
– contribuinte: art. 31
– distribuição aos municípios da localização dos imóveis, pela União: art. 85, I
– fato gerador: art. 29

IMPOSTO SOBRE SERVIÇOS DE TRANSPORTES E COMUNICAÇÕES
– arts. 68 a 70
– base de cálculo: art. 69
– competência: art. 68
– contribuinte: art. 70
– fato gerador: art. 68, I

IMPOSTO SOBRE TRANSMISSÃO DE BENS IMÓVEIS E DE DIREITOS A ELES RELATIVOS
– arts. 35 a 42
– base de cálculo: art. 38
– competência: arts. 35 e 41
– contribuinte: art. 42
– dedutibilidade quanto ao Imposto sobre a Renda e Proventos de qualquer Natureza: art. 40
– fato gerador: art. 35 e parágrafo único
– limites quanto à alíquota: art. 39
– não incidência sobre a transmissão de bens ou direitos; ressalva: arts. 36 e 37 e parágrafos

IMPOSTO TERRITORIAL
– *Vide* IMPOSTO SOBRE A PROPRIEDADE PREDIAL E TERRITORIAL URBANA e IMPOSTO SOBRE A PROPRIEDADE TERRITORIAL RURAL

IMPUGNAÇÃO
– de elementos publicados conforme determinação da lei relativa à contribuição de melhoria: art. 82, II e III
– do sujeito passivo; alteração de lançamento: art. 145, I

INCORPORAÇÃO
– definitiva do Imposto sobre a Renda e Proventos de qualquer Natureza, à receita dos Estados, Distrito Federal e Municípios; obrigações acessórias: art. 85, § 2.º

INDELEGABILIDADE
– da competência tributária; ressalva: art. 7.º

INFRAÇÃO DA LEGISLAÇÃO TRIBUTÁRIA
– responsabilidade independente da intenção do agente ou do responsável e da efetividade, natureza e extensão dos efeitos do ato: art. 136

INSTITUTO BRASILEIRO DE GEOGRAFIA E ESTATÍSTICA (FUNDAÇÃO)
– apuração da superfície territorial e estimação da população de cada entidade participante do Fundo de Participação dos Estados e do Distrito Federal: art. 88, parágrafo único

INTERPRETAÇÃO
– analogia: art. 108, I, e § 1.º
– e integração da legislação tributária: arts. 107 a 112
– equidade: art. 108, IV, e § 2.º
– limitações da lei tributária: art. 110
– literal: art. 111
– mais favorável ao contribuinte, em caso de dúvida: art. 112
– princípios: art. 107
– princípios gerais de direito privado; aplicação: art. 109
– princípios gerais de direito público: art. 108, III
– princípios gerais de direito tributário: art. 108, II

INTIMAÇÃO
– escrita, para apresentação de informações à autoridade administrativa quanto a negócios de terceiros: art. 197

INVENTARIANTE(S)
– intimação escrita para prestar informações sobre bens, negócios ou atividades de terceiros: art. 197, V
– responsabilidade pelos tributos devidos pelo espólio: art. 134, IV

INVENTÁRIO
– habilitação em; cobrança judicial de crédito tributário; não estará sujeita: art. 187

ISENÇÃO(ÕES)
– arts. 176 a 179
– de tributos federais, estaduais e municipais para os serviços públicos que conceder; lei especial: art. 13, parágrafo único
– não concedida em caráter geral; efetivação por despacho: art. 179 e parágrafos
– restrita a determinada região: art. 176, parágrafo único
– revogação ou modificação: art. 178
– tributos aos quais não será extensiva: art. 177

JUROS DE MORA
– acréscimo ao crédito não integralmente pago no vencimento: art. 161 e parágrafos
– cálculo; taxa: art. 161, § 1.º
– cobrança de crédito tributário; revogação de moratória: art. 155 e parágrafo único
– consignação judicial do crédito tributário pelo sujeito passivo julgada improcedente: art. 164, § 2.º
– fluência; caso em que não excluirá a liquidez de crédito tributário: art. 201, parágrafo único

LANÇAMENTO
– arts. 142 a 150
– alteração; requisitos: art. 145
– arbitramento de valor ou preço de bens que sirva de cálculo do tributo; quando ocorrerá: art. 148
– atividade administrativa vinculada e obrigatória; responsabilidade funcional: art. 142, parágrafo único
– competência para constituir crédito tributário pelo: art. 142
– efetuação com base na declaração do sujeito passivo ou de terceiro: art. 147 e parágrafos
– efetuação de ofício: art. 149 e parágrafo único
– homologação; extinção de crédito tributário: art. 156, VII
– legislação aplicável: art. 144 e parágrafos
– modalidades: arts. 147 a 150
– modificação de critérios jurídicos adotados pela autoridade administrativa em relação a um mesmo sujeito passivo: art. 146
– por homologação: art. 150 e parágrafos
– reportar-se-á à data da ocorrência do fato gerador da obrigação: art. 144
– revisão de ofício: art. 149
– revisão; quando será iniciada: art. 149, parágrafo único
– valor tributável expresso em moeda estrangeira; conversão em moeda nacional: art. 143

LEGISLAÇÃO TRIBUTÁRIA
– arts. 96 a 112
– alíquota e base de cálculo do tributo; fixação mediante lei; ressalva: art. 97, IV
– analogia; utilização na aplicação da: art. 108, I, § 1.º
– aplicação: arts. 105 e 106
– aplicação a ato ou fato pretérito: art. 106
– aplicação imediata a fatos geradores futuros e aos pendentes: art. 105
– aplicável, em caso de constituição de pessoa jurídica de direito público pelo desmembramento territorial de outra: art. 120
– base de cálculo do tributo; modificação; equiparação à sua majoração: art. 97, § 1.º
– cominação de penalidades, mediante lei: art. 97, V
– conteúdo de tal expressão: art. 96
– decretos; conteúdo e alcance: art. 99
– dos Estados, do Distrito Federal e dos Municípios; extraterritorialidade: art. 102
– equidade; utilização na aplicação da: art. 108, IV, e § 2.º
– fato gerador da obrigação tributária principal; estabelecimento em lei: art. 97, III
– hipótese de exclusão, suspensão e extinção de créditos tributários ou de dispensa ou redução de penalidades; estabelecimento em lei: art. 97, VI
– interpretação: art. 107
– interpretação e integração: arts. 107 a 112
– interpretação literal: art. 111
– leis, tratados e convenções internacionais e decretos: arts. 97 a 99
– lei tributária; interpretação da maneira mais favorável ao contribuinte, em caso de dúvida: art. 112
– lei tributária; não poderá alterar a definição, o conteúdo e o alcance dos institutos, conceitos e formas de direito privado: art. 110
– normas complementares das leis, dos tratados e das convenções internacionais e decretos: art. 100 e parágrafo único
– princípios gerais de direito privado; aplicação: art. 109
– princípios gerais de direito público; utilização na aplicação da: art. 108, III
– princípios gerais de direito tributário; utilização na aplicação da: art. 108, II
– responsabilidade por infrações da: arts. 136 a 138
– revogação ou modificação por tratados e convenções internacionais: art. 98
– tributos; instituição ou extinção, mediante lei: art. 97
– tributos; majoração ou redução, mediante lei; ressalva: art. 97, II
– vigência: arts. 101 a 104
– vigência de atos administrativos, decisões e convênios; início; ressalva: art. 103
– vigência de dispositivos de leis referentes a impostos sobre o patrimônio ou renda, que instituam ou majorem tais impostos, definam novas hipóteses de incidência ou que extingam ou reduzam isenções; ressalva: art. 104
– vigência no espaço e no tempo; disposições aplicáveis: art. 101

LEI
– atribuições exclusivas: art. 97
– compensação de créditos tributários; autorização pela: art. 170
– extinção de crédito tributário; autorização

pela; condições: art. 171 e parágrafo único
- normas complementares: art. 100 e parágrafo único
- remissão total ou parcial do crédito tributário; autorização pela: art. 172 e parágrafo único

LEI ESPECIAL
- isenção tributária para serviços públicos concedidos pela União: art. 13, parágrafo único

LEILOEIROS
- intimação escrita para prestar informações sobre bens, negócios ou atividades de terceiros: art. 197, IV

LEI MUNICIPAL
- áreas consideradas urbanas, para efeitos do Imposto sobre a Propriedade Predial e Territorial Urbana: art. 32, § 2.º

LEI TRIBUTÁRIA
- interpretação de maneira mais favorável ao contribuinte, em caso de dúvida: art. 112
- limitações: art. 110

LIMINAR
- em mandado de segurança; suspensão da exigibilidade do crédito tributário: art. 151, IV

LIMITAÇÕES DA COMPETÊNCIA TRIBUTÁRIA
- Vide também COMPETÊNCIA TRIBUTÁRIA e TRIBUTO(S)
- arts. 9.º a 15

LIQUIDATÁRIOS
- intimação escrita para prestar informações sobre bens, negócios ou atividades de terceiros: art. 197, VI

LIQUIDEZ
- de crédito tributário; não será excluída pela fluência de juros de mora: art. 201, parágrafo único

LIVROS DE ESCRITURAÇÃO
- comercial e fiscal e comprovantes de lançamentos; até quando serão conservados: art. 195, parágrafo único

MANDADO DE SEGURANÇA
- concessão de medida liminar; suspensão da exigibilidade do crédito tributário: art. 151, IV

MANDATÁRIO
- obrigações tributárias resultantes de atos praticados com excesso de poderes ou infração de lei, contrato social ou estatutos: art. 135, II

MASSA FALIDA
- responsabilidade tributária do síndico e do comissário: art. 134, V, e parágrafo único

MEMORIAL DESCRITIVO
- de projeto; publicação prévia determinada pela lei relativa a contribuição de melhoria: art. 82, I, a

MINERAIS
- Vide IMPOSTO SOBRE OPERAÇÕES RELATIVAS A COMBUSTÍVEIS, LUBRIFICANTES, ENERGIA ELÉTRICA E MINERAIS DO PAÍS

MOEDA ESTRANGEIRA
- valor tributável expresso em; conversão: art. 143

MOEDA NACIONAL
- valor tributável convertido em: art. 143

MORATÓRIA
- arts. 152 a 155
- aplicabilidade circunscrita a determinada região: art. 152, parágrafo único
- concessão em caráter geral: art. 152, I
- concessão em caráter individual: art. 152, II
- créditos abrangidos; ressalva: art. 154
- dolo, fraude ou simulação do sujeito passivo ou de terceiro; efeitos quanto à: art. 154, parágrafo único
- em caráter individual; condições da concessão: art. 153, II
- em caráter individual; não gerará direito adquirido: art. 155 e parágrafo único
- em caráter individual; revogação de ofício: art. 155 e parágrafo único
- especificações em lei: art. 153
- número e vencimento de prestações; especificação em lei: art. 153, III, b
- prazo; especificação em lei: art. 153, I
- suspensão da exigibilidade do crédito tributário: art. 151, I

MUNICÍPIOS
- competência para o Imposto sobre a Propriedade Predial e Territorial Urbana: art. 32
- concurso de preferência: art. 187, parágrafo único, III
- convênios celebrados com a União; participação em arrecadação: art. 83
- distribuição do produto da arrecadação de Imposto Territorial Rural, pela União: art. 85, I
- fato gerador das taxas cobradas pelos: art. 77
- Imposto sobre a Renda e Proventos de qualquer Natureza; distribuição pela União: art. 85, II
- Imposto Territorial Rural; distribuição pela União: art. 85, I
- incorporação definitiva à sua receita do produto da arrecadação do Imposto sobre a Renda e Proventos de qualquer Natureza; obrigações acessórias: art. 85, § 2.º
- participação no Imposto sobre Operações Relativas a Combustíveis, Lubrificantes, Energia Elétrica e Minerais do País; percentagens: art. 95
- percentagem obrigatoriamente destinada ao orçamento de despesas de capital: art. 94 e § 1.º

NÃO INCIDÊNCIA DE IMPOSTO
- sobre a transmissão de bens imóveis e direitos a eles relativos; casos; ressalva: arts. 36, 37 e parágrafos

NEGÓCIOS JURÍDICOS CONDICIONAIS
- reputados perfeitos e acabados: art. 117

NORMAS COMPLEMENTARES
- das leis, tratados, convenções internacionais e decretos: art. 100 e parágrafo único

NORMAS GERAIS DE DIREITO TRIBUTÁRIO
- arts. 96 a 218

NOTA FISCAL
- modelo especial, em caso de remessa de produtos sujeitos ao Imposto sobre Produtos Industrializados, de um para outro Estado, ou do Estado para o Distrito Federal; conteúdo: art. 50

NOTIFICAÇÃO
- de contribuinte, quanto ao montante, forma e prazos de pagamento da contribuição, em caso de contribuição de melhoria: art. 82, § 2.º

OBRAS PÚBLICAS
- contribuição de melhoria para fazer face ao seu custo: art. 81

OBRIGAÇÃO SOLIDÁRIA
- Vide SOLIDARIEDADE

OBRIGAÇÃO TRIBUTÁRIA
- acessória; decorre da legislação tributária: art. 113, § 2.º
- acessória; fato gerador: art. 115
- acessória; inobservância; conversão em obrigação principal quanto à penalidade pecuniária: art. 113, § 3.º
- acessória; objeto: art. 113, § 2.º
- acessória; sujeito passivo: art. 122
- adquirente ou remitente; responsabilidade tributária: art. 131
- atos ou negócios jurídicos condicionais reputados perfeitos e acabados: art. 117
- capacidade tributária passiva: art. 126
- convenções particulares relativas à responsabilidade tributária; limitações; ressalva: art. 123
- denúncia espontânea da infração; exclusão da responsabilidade: art. 138 e parágrafo único
- disposições gerais: art. 113 e parágrafos
- domicílio tributário: art. 127 e parágrafos
- efeitos da solidariedade; ressalva: art. 125
- espólio; responsabilidade tributária: art. 131, III
- fato gerador: arts. 114 a 118
- fato gerador considerado ocorrido e com efeitos existentes: arts. 116 e 117
- fato gerador; definição legal; interpretação: art. 118
- pessoa jurídica de direito privado resultante de fusão, transformação ou incorporação de outra; responsabilidade tributária: art. 132 e parágrafo único

- pessoa natural ou jurídica de direito privado; aquisição, junto a outra, de fundo de comércio ou estabelecimento comercial; responsabilidade tributária: art. 133
- principal; definição de seu fato gerador, pela lei: art. 97, III
- principal; extinção: art. 113, § 1.°, in fine
- principal; fato gerador: art. 114
- principal; objeto: art. 113, § 1.°
- principal ou acessória: art. 113
- principal; sujeito passivo: art. 121 e parágrafo único
- principal; surgimento: art. 113, § 1.°
- responsabilidade de terceiros: arts. 134 e 135
- responsabilidade dos sucessores: arts. 129 a 133
- responsabilidade pelo crédito tributário; atribuição a terceiro vinculado ao fato gerador: art. 128
- responsabilidade por infrações: arts. 136 a 138
- responsabilidade solidária: art. 124 e parágrafo único
- responsabilidade tributária: arts. 128 a 138
- resultante de atos praticados com excesso de poderes ou infração de lei, contrato social ou estatutos; responsabilidade pelos créditos correspondentes: art. 135
- solidariedade: arts. 124 e 125
- sub-rogação de créditos tributários na pessoa de adquirentes de imóveis; ressalva: art. 130 e parágrafo único
- sub-rogação em direitos, por pessoa jurídica de direito público constituída pelo desmembramento de outra; legislação tributária aplicável; ressalva: art. 120
- sucessor a qualquer título e cônjuge meeiro; responsabilidade tributária: art. 131, II
- sujeito ativo: arts. 119 e 120
- sujeito passivo: arts. 121 a 127

OMISSÃO
- de ato ou formalidade essencial, por autoridade; efeitos quanto ao lançamento: art. 149, IX
- de pessoa legalmente obrigada; comprovação; efeitos quanto ao lançamento: art. 149, V
- relativa a elemento de declaração obrigatória; efeitos quanto ao lançamento: art. 149, IV

ORÇAMENTO
- de despesas de capital; percentagem obrigatoriamente destinada ao mesmo, pelos Estados, Distrito Federal e Municípios: art. 94
- do custo da obra; publicação prévia determinada na lei relativa à contribuição de melhoria: art. 82, I, b

PAGAMENTO
- arts. 157 a 164
- antecipado; extinção do crédito tributário: arts. 150, § 1.°, e 156, VII
- cheque: art. 162, I
- consignação judicial da importância do crédito tributário pelo sujeito passivo: art. 164 e parágrafos
- crédito não integralmente pago no vencimento; juros de mora e penalidades: art. 161 e parágrafos
- desconto, em caso de antecipação: art. 160, parágrafo único
- de um crédito; quando não importará em presunção de: art. 158
- efetuação na repartição competente do domicílio do sujeito passivo: art. 159
- existência simultânea de dois ou mais débitos vencidos do mesmo sujeito passivo para com a mesma pessoa jurídica de direito público; imputação: art. 163
- extinção do crédito tributário: art. 156, I
- forma: art. 162
- indevido: arts. 165 a 169
- integral do crédito tributário; imposição de penalidade: art. 157
- moeda corrente: art. 162, I
- prazo para pleitear restituição: art. 168
- prescrição da ação anulatória da decisão administrativa que denegar restituição: art. 169 e parágrafo único
- restituição de tributos que comportem transferência do encargo financeiro; a quem será feita: art. 166
- restituição; juros não capitalizáveis: art. 167, parágrafo único
- restituição total ou parcial do tributo ao sujeito passivo; casos: art. 165
- restituição total ou parcial do tributo; juros de mora e penalidades pecuniárias; ressalva: art. 167
- tempo não fixado para o mesmo; vencimento do crédito; quando ocorrerá: art. 160
- vale postal: art. 162, I

PAPEL
- destinado exclusivamente à impressão de jornais, periódicos e livros; isenção tributária: art. 9.°, IV, d, e § 1.°

PESSOA JURÍDICA
- de direito privado, adquirente de fundo de comércio ou estabelecimento comercial, industrial ou profissional; responsabilidade tributária: art. 133
- de direito privado; domicílio tributário: art. 127, II, e parágrafos
- de direito privado, resultante de fusão, transformação ou incorporação; responsabilidade tributária: art. 132 e parágrafo único
- de direito público constituída pelo desmembramento territorial de outra; sub-rogação nos direitos desta; legislação tributária aplicável: art. 120
- de direito público; domicílio tributário: art. 127, III, e parágrafos
- de direito público; moratória; competência para concessão: art. 152, I, a

PESSOAS NATURAIS
- domicílio tributário: art. 127, I, § 1.°

PODER DE POLÍCIA
- conceito: art. 78
- exercício regular: art. 78, parágrafo único

PODER EXECUTIVO
- alteração das alíquotas ou das bases de cálculo do Imposto sobre a Exportação; finalidade: art. 26
- alteração das alíquotas ou das bases de cálculo do Imposto sobre a Importação; finalidade: art. 21
- alteração das alíquotas ou das bases de cálculo do Imposto sobre Operações de Crédito, Câmbio e Seguro, e sobre Operações Relativas a Títulos e Valores Mobiliários; finalidade: art. 65

POSSE DE IMÓVEL
- fato gerador do Imposto sobre a Propriedade Predial e Territorial Urbana: art. 32
- fato gerador do Imposto sobre a Propriedade Territorial Rural: art. 29

PRAZO(S)
- contagem: art. 210 e parágrafo único
- de empréstimo compulsório; fixação em lei: art. 15, parágrafo único
- de pagamento de Contribuição de Melhoria: art. 82, § 2.°
- máximo para supressão de impostos extraordinários instituídos pela União, em caso de guerra externa ou sua iminência: art. 76
- para as autoridades arrecadadoras entregarem aos Estados, Distrito Federal e Municípios, produto da arrecadação de impostos, sob pena de demissão: art. 85, § 1.°
- para fornecimento de certidão negativa: art. 205, parágrafo único
- para homologação de lançamento: art. 150, § 4.°
- para impugnação de elementos constantes da publicação prévia determinada pela lei relativa à contribuição de melhoria: art. 82, II
- para o Banco do Brasil comunicar ao Tribunal de Contas da União o crédito feito a cada Estado, ao Distrito Federal e a cada Município, relativamente a quotas devidas aos mesmos: art. 93, § 2.°
- para o Banco do Brasil comunicar ao Tribunal de Contas da União os totais relativos a impostos creditados mensalmente ao Fundo de Participação dos Estados e do Distrito Federal e ao Fundo de Participação dos Municípios: art. 87, parágrafo único
- para o Banco do Brasil creditar a cada Estado, ao Distrito Federal e a cada Município, quotas devidas aos mesmos: art. 93
- para o Tribunal de Contas da União comunicar ao Banco do Brasil os coeficientes individuais de participação de cada

Estado, do Distrito Federal e Municípios: art. 92
– para pleitear restituição de tributo: art. 168

PREFEITO
– responsabilidade civil, penal ou administrativa: art. 94, § 3.º

PREPOSTOS
– obrigações tributárias resultantes de atos praticados com excesso de poderes ou infração de lei, contrato social ou estatutos: art. 135, II

PRESCRIÇÃO
– da ação para cobrança de crédito tributário; interrupção: art. 174 e parágrafo único
– de créditos tributários; conservação obrigatória de livros de escrituração, até sua ocorrência: art. 195, parágrafo único
– do direito à cobrança de crédito tributário; não computação do tempo decorrido entre a concessão da moratória e sua revogação: art. 155, parágrafo único
– extinção do crédito tributário: art. 156, V
– interrupção, em favor ou contra um dos obrigados; efeitos: art. 125, III

PRESTADOR DO SERVIÇO
– contribuinte do Imposto sobre Serviços de Transportes e Comunicações: art. 70

PRESUNÇÃO
– de fraude, em alienação ou onerações de bens ou rendas, pelo sujeito passivo em débito para com a Fazenda Pública; ressalva: art. 185 e parágrafo único
– de pagamentos; em casos em que o pagamento de um crédito não importará na mesma: art. 158
– relativa, de certeza e liquidez de dívida regularmente inscrita: art. 204 e parágrafo único

PRINCÍPIOS GERAIS DE DIREITO
– privado; aplicação: art. 109
– público; aplicação da legislação tributária: art. 108, III
– tributário; aplicação da legislação tributária: art. 108, II

PROCESSO ADMINISTRATIVO
– de instrução e julgamento da impugnação de elementos constantes da publicação prévia determinada pela lei relativa à contribuição de melhoria; regulamentação: art. 82, III

PRODUTO(S) APREENDIDO(S) OU ABANDONADO(S)
– arrematante; contribuinte do Imposto sobre a Importação de produtos estrangeiros: art. 22, II
– leilão; base de cálculo do Imposto sobre a Importação de produtos estrangeiros: art. 20, III

PRODUTO INDUSTRIALIZADO
– caracterização, para efeitos do Imposto sobre Produtos Industrializados: art. 46, parágrafo único

PRODUTOS ESTRANGEIROS
– importação; fato gerador do imposto: art. 19

PROPRIEDADE DE IMÓVEL
– fato gerador do Imposto sobre a Propriedade Predial e Territorial Urbana: art. 32
– fato gerador do Imposto sobre a Propriedade Territorial Rural: art. 29

PROTESTO JUDICIAL
– interrupção da prescrição da ação para cobrança de crédito tributário: art. 174, parágrafo único, II

PROVA
– de quitação de tributos, para concessão de concordata ou declaração da extinção das obrigações do falido: art. 191

PUBLICAÇÃO
– prévia de elementos, observada pela lei relativa à contribuição de melhoria: art. 82, I

QUITAÇÃO
– de tributos; prova, para concessão de concordata ou declaração da extinção das obrigações do falido: art. 191

QUOTAS ESTADUAIS E MUNICIPAIS
– cálculo e pagamento: arts. 92 e 93
– comprovação da aplicação: art. 94, § 1.º

RECEITA
– de tributos; distribuição a pessoas jurídicas de direito público; competência legislativa: art. 6.º, parágrafo único
– líquida, do Imposto sobre a Exportação; destinação: art. 28
– líquida, do Imposto sobre Operações de Crédito, Câmbio e Seguro, e sobre Operações Relativas a Títulos e Valores Mobiliários; destinação: art. 67
– tributária; destinação: arts. 83 a 95

RECLAMAÇÕES
– suspensão da exigibilidade do crédito tributário: art. 151, III

RECUPERAÇÃO JUDICIAL
– concessão; prova de quitação de todos os tributos: art. 191-A

RECURSO(S)
– de ofício; alteração do lançamento, em virtude do mesmo: art. 145, II
– suspensão da exigibilidade do crédito tributário: art. 151, III

REFORMA DE DECISÃO
– condenatória; direito à restituição de tributo: art. 165, III

REMISSÃO
– extinção do crédito tributário: art. 156, IV
– ou isenção de crédito tributário; efeitos; ressalva: art. 125, II
– total ou parcial de crédito tributário: art. 172 e parágrafo único

REMITENTE
– responsabilidade tributária: art. 131, I

REPRESENTANTES
– de pessoas jurídicas de direito privado; obrigações tributárias resultantes de atos praticados com excesso de poderes ou infração de lei, contrato social ou estatutos: art. 135, III

RESCISÃO DE DECISÃO
– condenatória; restituição total ou parcial de tributo: art. 165, III

RESERVAS MONETÁRIAS
– formação mediante receita líquida do Imposto sobre a Exportação: art. 28
– formação mediante receita líquida do Imposto sobre Operações de Crédito, Câmbio e Seguro, e sobre Operações Relativas a Títulos e Valores Mobiliários: art. 67

RESGATE
– de empréstimo compulsório; fixação das condições em lei: art. 15, parágrafo único

RESOLUÇÃO
– do Senado Federal; fixação dos limites da alíquota do Imposto sobre a Transmissão de Bens Imóveis e de Direitos a eles Relativos: art. 39

RESPONSABILIDADE TRIBUTÁRIA
– arts. 128 a 138
– créditos tributários; sub-rogação na pessoa de adquirentes de imóveis; ressalva: art. 130 e parágrafo único
– de pessoa jurídica de direito privado resultante de fusão, transformação ou incorporação: art. 132 e parágrafo único
– de terceiro, pelo crédito tributário: art. 128
– de terceiros: arts. 134 e 135
– dos sucessores: arts. 129 a 133
– pessoal: art. 131
– por créditos correspondentes a obrigações tributárias resultantes de atos praticados com excesso de poderes ou infração de lei, contrato social ou estatutos: art. 135
– por infrações da legislação tributária: arts. 136 a 138

RESPONSÁVEL
– sujeito passivo da obrigação principal: art. 121, parágrafo único, II

RESTITUIÇÃO
– de tributos que comportem transferência de encargo financeiro; a quem será feita: art. 166
– juros não capitalizáveis: art. 167, parágrafo único
– prazo de prescrição; interrupção: art. 169, parágrafo único
– prazo para pleiteá-la: art. 168
– prescrição da ação anulatória da decisão administrativa que denegá-la: art. 169
– total ou parcial do tributo, ao sujeito passivo; casos: art. 165
– total ou parcial do tributo; juros de mora e penalidades pecuniárias; proporcionalidade; ressalva: art. 167

RETIFICAÇÃO DE DECLARAÇÃO
- de erros contidos na declaração; competência: art. 147, § 2.º
- por iniciativa do próprio declarante, para reduzir ou excluir tributo; quando se admitirá: art. 147, § 1.º

RETROATIVIDADE DA LEI
- aplicação da lei a ato ou fato pretérito; quando caberá: art. 106

REVISÃO
- de ofício, do lançamento; casos: art. 149

REVOGAÇÃO
- de concessão de moratória em caráter individual: art. 155 e parágrafo único
- de decisão condenatória; direito a restituição total ou parcial do tributo: art. 165, III

SALDO
- em favor do contribuinte; transferência para período ou períodos seguintes: art. 49, parágrafo único

SERVENTUÁRIOS DE OFÍCIO
- intimação escrita para prestar informações sobre bens, negócios ou atividades de terceiros: art. 197, I
- responsabilidade tributária: art. 134, VI, e parágrafo único

SERVIÇO(S) PÚBLICO(S)
- utilização efetiva ou potencial; fato gerador de taxas: art. 77
- utilizados por contribuinte, específicos e divisíveis; caracterização: art. 79

SIGILO PROFISSIONAL
- quanto a informações prestadas a autoridade administrativa sobre bens, negócios ou atividades de terceiros: art. 197, parágrafo único

SIMULAÇÃO
- de beneficiado com moratória ou de terceiro; revogação e penalidade: art. 155, I, e parágrafo único
- de sujeito passivo ou de terceiro; efeitos quanto à moratória: art. 154, parágrafo único
- de sujeito passivo ou de terceiro; efeitos quanto ao lançamento: art. 149, VII
- extinção de crédito tributário; inadmissibilidade: art. 150, § 4.º

SÍNDICO(S)
- intimação escrita para prestar informações sobre bens, negócios ou atividades de terceiros: art. 197, VI
- responsabilidade tributária: art. 134, V, e parágrafo único

SISTEMA TRIBUTÁRIO NACIONAL
- disposições a respeito: art. 2.º
- impostos que o integram: art. 17

SITUAÇÃO ECONÔMICO-FINANCEIRA
- de sujeitos passivos e terceiros; divulgação pela Fazenda Pública; inadmissibilidade; ressalva: art. 198 e parágrafos

SÓCIOS
- liquidação de sociedade de pessoas; responsabilidade tributária: art. 134, VII, e parágrafo único

SOLIDARIEDADE
- efeitos; ressalva: art. 125
- pessoas solidariamente obrigadas: art. 124 e parágrafo único

SUB-ROGAÇÃO
- de pessoa jurídica de direito público constituída pelo desmembramento territorial de outra, nos direitos desta; legislação tributária aplicável: art. 120

SUCESSOR
- responsabilidade tributária: art. 131, II

SUJEITO ATIVO
- da obrigação tributária: arts. 119 e 120

SUJEITO PASSIVO
- consignação judicial da importância do crédito tributário; casos: art. 164 e parágrafos
- de obrigação acessória: art. 122
- de obrigação principal: art. 121 e parágrafo único
- de obrigações tributárias; definição legal; modificação mediante convenções particulares; inadmissibilidade: art. 123
- dolo, fraude ou simulação; efeitos quanto ao lançamento: art. 149, VII
- identificação; competência: art. 142, *in fine*
- impugnação; alteração do lançamento: art. 145, I
- lançamento efetuado com base na declaração do: art. 147

SUSPENSÃO
- da exigibilidade do crédito tributário: art. 151 e parágrafo único

TABELIÃES
- intimação escrita para prestar informações sobre bens, negócios ou atividades de terceiros: art. 197, I
- responsabilidade tributária: art. 134, VI, e parágrafo único

TAXAS
- arts. 77 a 80
- cálculo em função do capital das empresas; inadmissibilidade: art. 77, parágrafo único, *in fine*
- cobradas pela União, Estados, Distrito Federal ou Municípios; fato gerador: art. 77 e parágrafo único
- compreendidas no âmbito das atribuições da União, dos Estados, do Distrito Federal ou dos Municípios, para efeito de sua instituição e cobrança: art. 80

TERCEIRO(S)
- ação ou omissão que implique penalidade pecuniária; efeitos quanto ao lançamento: art. 149, VI
- dolo, fraude ou simulação em benefício de sujeito passivo; efeitos quanto ao lançamento: art. 149, VII

- intimação escrita para apresentação à autoridade administrativa de informações referentes a negócios de: art. 197
- lançamento efetuado com base na declaração de: art. 147
- responsabilidade: arts. 134 e 135
- responsabilidade por crédito tributário, com exclusão da responsabilidade do contribuinte: art. 128

TERMO DE INSCRIÇÃO
- de dívida ativa; indicações obrigatórias: art. 202

TERRITÓRIO NACIONAL
- entrada de produtos estrangeiros; fato gerador do Imposto sobre a Importação: art. 19

TERRITÓRIOS FEDERAIS
- concurso de preferência: art. 187, parágrafo único, II
- instituição de impostos pela União: art. 18, I

TRANSAÇÃO
- extinção do crédito tributário: art. 156, III

TRANSMISSÃO DE DIREITOS REAIS SOBRE IMÓVEIS
- fato gerador do Imposto sobre a Transmissão de Bens Imóveis e de Direitos a eles Relativos: art. 35, II

TRANSMISSÃO DE PROPRIEDADE
- ou do domínio útil de bens imóveis; fato gerador do Imposto sobre a Transmissão de Bens Imóveis e de Direitos a eles Relativos: art. 35, I

TRANSMISSÕES *CAUSA MORTIS*
- fatos geradores distintos, quanto aos herdeiros ou legatários: art. 35, parágrafo único

TRATADOS
- normas complementares: art. 100 e parágrafo único
- revogação ou modificação da legislação tributária interna: art. 98

TRIBUNAL DE CONTAS DA UNIÃO
- comunicação do Banco do Brasil, sobre os totais relativos a impostos creditados mensalmente ao Fundo de Participação dos Estados e do Distrito Federal e ao Fundo de Participação dos Municípios: art. 87, parágrafo único
- prazo para comunicar ao Banco do Brasil os coeficientes individuais de participação de cada Estado e do Distrito Federal e Municípios: art. 92
- suspensão do pagamento de distribuições do Imposto sobre a Renda e Proventos de qualquer Natureza e Imposto sobre Produtos Industrializados: art. 94, §§ 2.º e 3.º

TRIBUTO(S)
- atualização do valor monetário da base de cálculo do; exclusão: art. 100, parágrafo único
- atualização do valor monetário e da respectiva base de cálculo; caso em que não constituirá majoração de tributo: art. 97, § 2.º

- competência legislativa: art. 6.º, parágrafo único
- conceito: art. 3.º
- devidos pela massa falida ou pelo concordatário; responsabilidade do síndico e do comissário: art. 134, V, e parágrafo único
- devidos pelo espólio; responsabilidade do inventariante: art. 134, IV, e parágrafo único
- devidos por filhos menores; responsabilidade dos pais: art. 134, I, e parágrafo único
- devidos por terceiros; responsabilidade dos administradores dos bens respectivos: art. 134, III, e parágrafo único
- devidos por tutelados ou curatelados; responsabilidade de tutores ou curadores: art. 134, II
- devidos sobre os atos praticados por tabeliães, escrivães e demais serventuários de ofício; responsabilidade: art. 134, VI, e parágrafo único
- fixação de sua alíquota e base de cálculo, pela lei; ressalva: art. 97, IV
- instituição ou extinção, pela lei: art. 97, I
- instituição; quando será vedada: art. 9.º, I
- isenção para os serviços públicos concedidos pela União: art. 13, parágrafo único
- liquidação de sociedade de pessoas; responsabilidade dos sócios: art. 134, VII
- majoração ou redução pela lei; ressalva: art. 97, II
- majoração vedada; ressalva: art. 9.º, I
- modificação da base de cálculo; equiparação à sua majoração: art. 97, § 1.º
- natureza jurídica específica; determinação: art. 4.º
- o que será considerado como tal: art. 5.º
- prova de quitação, para concessão de concordata ou declaração da extinção das obrigações do falido: art. 191
- quais são: art. 5.º

TUTORES
- responsabilidade quanto a tributos devidos por seus tutelados: art. 134, II

UNIÃO
- competência para conceder moratória: art. 152, I, b
- competência quanto ao Imposto de Importação: art. 19
- competência quanto ao Imposto sobre a Exportação: art. 23
- competência quanto ao Imposto sobre a Propriedade Territorial Rural: art. 29
- competência quanto ao Imposto sobre Operações de Crédito, Câmbio e Seguro, e sobre Operações Relativas a Títulos e Valores Mobiliários: art. 63
- competência quanto ao Imposto sobre Produtos Industrializados: art. 46
- concurso de preferência: art. 187, parágrafo único, I
- distribuição aos Estados, Distrito Federal e Municípios, do Imposto sobre a Renda e Proventos de qualquer Natureza: art. 85, II
- distribuição aos Municípios da localização dos imóveis, do Imposto Territorial Rural: art. 85, I
- fato gerador de taxas cobradas pela mesma: art. 77
- impostos extraordinários; instituição; casos: art. 76
- instituição de empréstimos compulsórios; casos excepcionais: art. 15
- instituição de impostos nos Territórios Federais: art. 18, I
- instituição de isenção para serviços públicos mediante lei especial e tendo em vista o interesse comum: art. 13, parágrafo único

VALE POSTAL
- pagamento de crédito tributário: art. 162, I e § 1.º

VALOR FUNDIÁRIO
- base de cálculo do Imposto sobre a Propriedade Territorial Rural: art. 30

VALOR TRIBUTÁVEL
- expresso em moeda estrangeira; conversão: art. 143

VALOR VENAL
- de bens ou direitos transmitidos; base de cálculo do Imposto sobre a Transmissão de Bens Imóveis e de Direitos a eles Relativos: art. 38
- de imóvel; base de cálculo do Imposto sobre a Propriedade Predial e Territorial Urbana: art. 33

ZONA URBANA
- conceituação, para os efeitos do Imposto sobre a Propriedade Predial e Territorial Urbana: art. 32, § 1.º

Código de Processo Civil

ÍNDICE SISTEMÁTICO DO CÓDIGO DE PROCESSO CIVIL

(LEI N. 13.105, DE 16-3-2015)

PARTE GERAL

Livro I
DAS NORMAS PROCESSUAIS CIVIS

Título Único
DAS NORMAS FUNDAMENTAIS E DA APLICAÇÃO DAS NORMAS PROCESSUAIS

Capítulo I – Das normas fundamentais do processo civil – arts. 1.º a 12 209
Capítulo II – Da aplicação das normas processuais – arts. 13 a 15 210

Livro II
DA FUNÇÃO JURISDICIONAL

Título I
DA JURISDIÇÃO E DA AÇÃO

Arts. 16 a 20 210

Título II
DOS LIMITES DA JURISDIÇÃO NACIONAL E DA COOPERAÇÃO INTERNACIONAL

Capítulo I – Dos limites da jurisdição nacional – arts. 21 a 25 210
Capítulo II – Da cooperação internacional – arts. 26 a 41 ... 210
Seção I – Disposições gerais – arts. 26 e 27 210
Seção II – Do auxílio direto – arts. 28 a 34 211
Seção III – Da carta rogatória – arts. 35 e 36 211
Seção IV – Disposições comuns às seções anteriores – arts. 37 a 41 211

Título III
DA COMPETÊNCIA INTERNA

Capítulo I – Da competência – arts. 42 a 66 211
Seção I – Disposições gerais – arts. 42 a 53 211
Seção II – Da modificação da competência – arts. 54 a 63 212
Seção III – Da incompetência – arts. 64 a 66 213
Capítulo II – Da cooperação nacional – arts. 67 a 69 213

Livro III
DOS SUJEITOS DO PROCESSO

Título I
DAS PARTES E DOS PROCURADORES

Capítulo I – Da capacidade processual – arts. 70 a 76 213
Capítulo II – Dos deveres das partes e de seus procuradores – arts. 77 a 102 214
Seção I – Dos deveres – arts. 77 e 78 214
Seção II – Da responsabilidade das partes por dano processual – arts. 79 a 81 215

Seção III – Das despesas, dos honorários advocatícios e das multas – arts. 82 a 97 215
Seção IV – Da gratuidade da justiça – arts. 98 a 102.. 217
Capítulo III – Dos procuradores – arts. 103 a 107 218
Capítulo IV – Da sucessão das partes e dos procuradores – arts. 108 a 112 218

Título II
DO LITISCONSÓRCIO

Arts. 113 a 118.. 219

Título III
DA INTERVENÇÃO DE TERCEIROS

Capítulo I – Da assistência – arts. 119 a 124 219
Seção I – Disposições comuns – arts. 119 e 120......... 219
Seção II – Da assistência simples – arts. 121 a 123 ... 219
Seção III – Da assistência litisconsorcial – art. 124 219
Capítulo II – Da denunciação da lide – arts. 125 a 129..... 219
Capítulo III – Do chamamento ao processo – arts. 130 a 132 220
Capítulo IV – Do incidente de desconsideração da personalidade jurídica – arts. 133 a 137 220
Capítulo V – Do *amicus curiae* – art. 138 220

Título IV
DO JUIZ E DOS AUXILIARES DA JUSTIÇA

Capítulo I – Dos poderes, dos deveres e da responsabilidade do juiz – arts. 139 a 143 220
Capítulo II – Dos impedimentos e da suspeição – arts. 144 a 148.. 221
Capítulo III – Dos auxiliares da justiça – arts. 149 a 175 ... 221
Seção I – Do escrivão, do chefe de secretaria e do oficial de justiça – arts. 150 a 155 221
Seção II – Do perito – arts. 156 a 158...................... 222
Seção III – Do depositário e do administrador – arts. 159 a 161.. 222
Seção IV – Do intérprete e do tradutor – arts. 162 a 164 222
Seção V – Dos conciliadores e mediadores judiciais – arts. 165 a 175 223

Título V
DO MINISTÉRIO PÚBLICO

Arts. 176 a 181.. 224

Título VI
DA ADVOCACIA PÚBLICA

Arts. 182 a 184.. 224

Título VII
DA DEFENSORIA PÚBLICA

Arts. 185 a 187.. 224

Livro IV
DOS ATOS PROCESSUAIS

Título I
DA FORMA, DO TEMPO E DO LUGAR DOS ATOS PROCESSUAIS

Capítulo I – Da forma dos atos processuais – arts. 188 a 211 224
   Seção I – Dos atos em geral – arts. 188 a 192 224
   Seção II – Da prática eletrônica de atos processuais – arts. 193 a 199 225
   Seção III – Dos atos das partes – arts. 200 a 202 225
   Seção IV – Dos pronunciamentos do juiz – arts. 203 a 205 225
   Seção V – Dos atos do escrivão ou do chefe de secretaria – arts. 206 a 211 226
Capítulo II – Do tempo e do lugar dos atos processuais – arts. 212 a 217 226
   Seção I – Do tempo – arts. 212 a 216 226
   Seção II – Do lugar – art. 217 226
Capítulo III – Dos prazos – arts. 218 a 235 226
   Seção I – Disposições gerais – arts. 218 a 232 226
   Seção II – Da verificação dos prazos e das penalidades – arts. 233 a 235 227

Título II
DA COMUNICAÇÃO DOS ATOS PROCESSUAIS

Capítulo I – Disposições gerais – arts. 236 e 237 228
Capítulo II – Da citação – arts. 238 a 259 228
Capítulo III – Das cartas – arts. 260 a 268 230
Capítulo IV – Das intimações – arts. 269 a 275 231

Título III
DAS NULIDADES

Arts. 276 a 283 231

Título IV
DA DISTRIBUIÇÃO E DO REGISTRO

Arts. 284 a 290 231

Título V
DO VALOR DA CAUSA

Arts. 291 a 293 232

Livro V
DA TUTELA PROVISÓRIA

Título I
DISPOSIÇÕES GERAIS

Arts. 294 a 299 232

Título II
DA TUTELA DE URGÊNCIA

Capítulo I – Disposições gerais – arts. 300 a 302 232
Capítulo II – Do procedimento da tutela antecipada requerida em caráter antecedente – arts. 303 e 304 233
Capítulo III – Do procedimento da tutela cautelar requerida em caráter antecedente – arts. 305 a 310 233

Título III
DA TUTELA DA EVIDÊNCIA

Art. 311 233

Livro VI
DA FORMAÇÃO, DA SUSPENSÃO E DA EXTINÇÃO DO PROCESSO

Título I
DA FORMAÇÃO DO PROCESSO

Art. 312 233

Título II
DA SUSPENSÃO DO PROCESSO

Arts. 313 a 315 233

Título III
DA EXTINÇÃO DO PROCESSO

Arts. 316 e 317 234

PARTE ESPECIAL

Livro I
DO PROCESSO DE CONHECIMENTO E DO CUMPRIMENTO DE SENTENÇA

Título I
DO PROCEDIMENTO COMUM

Capítulo I – Disposições gerais – art. 318 234
Capítulo II – Da petição inicial – arts. 319 a 331 234
   Seção I – Dos requisitos da petição Inicial – arts. 319 a 321 234
   Seção II – Do pedido – arts. 322 a 329 235
   Seção III – Do indeferimento da petição inicial – arts. 330 e 331 235
Capítulo III – Da improcedência liminar do pedido – art. 332 235
Capítulo IV – Da conversão da ação individual em ação coletiva – art. 333 235
Capítulo V – Da audiência de conciliação ou de mediação – art. 334 235
Capítulo VI – Da contestação – arts. 335 a 342 236
Capítulo VII – Da reconvenção – art. 343 237
Capítulo VIII – Da revelia – arts. 344 a 346 237
Capítulo IX – Das providências preliminares e do saneamento – arts. 347 a 353 237
   Seção I – Da não incidência dos efeitos da revelia – arts. 348 e 349 237
   Seção II – Do fato impeditivo, modificativo ou extintivo do direito do autor – art. 350 237
   Seção III – Das alegações do réu – arts. 351 a 353 ... 237
Capítulo X – Do julgamento conforme o estado do processo – arts. 354 a 357 237
   Seção I – Da extinção do processo – art. 354 237
   Seção II – Do julgamento antecipado do mérito – art. 355 237
   Seção III – Do julgamento antecipado parcial do mérito – art. 356 237
   Seção IV – Do saneamento e da organização do processo – art. 357 237
Capítulo XI – Da audiência de instrução e julgamento – arts. 358 a 368 238
Capítulo XII – Das provas – arts. 369 a 484 238
   Seção I – Disposições gerais – arts. 369 a 380 238

Seção II – Da produção antecipada da prova – arts. 381 a 383 239
Seção III – Da ata notarial – art. 384 239
Seção IV – Do depoimento pessoal – arts. 385 a 388 ... 239
Seção V – Da confissão – arts. 389 a 395 240
Seção VI – Da exibição de documento ou coisa – arts. 396 a 404 240
Seção VII – Da prova documental – arts. 405 a 438 .. 240
   Subseção I – *Da força probante dos documentos* – arts. 405 a 429 240
   Subseção II – *Da arguição de falsidade* – arts. 430 a 433 242
   Subseção III – *Da produção da prova documental* – arts. 434 a 438 242
Seção VIII – Dos documentos eletrônicos – arts. 439 a 441 242
Seção IX – Da prova testemunhal – arts. 442 a 463 .. 242
   Subseção I – *Da admissibilidade e do valor da prova testemunhal* – arts. 442 a 449 242
   Subseção II – *Da produção da prova testemunhal* – arts. 450 a 463 243
Seção X – Da prova pericial – arts. 464 a 480 244
Seção XI – Da inspeção judicial – arts. 481 a 484 245
CAPÍTULO XIII – Da sentença e da coisa julgada – arts. 485 a 508 245
Seção I – Disposições gerais – arts. 485 a 488 245
Seção II – Dos elementos e dos efeitos da sentença – arts. 489 a 495 246
Seção III – Da remessa necessária – art. 496 247
Seção IV – Do julgamento das ações relativas às prestações de fazer, de não fazer e de entregar coisa – arts. 497 a 501 247
Seção V – Da coisa julgada – arts. 502 a 508 247
CAPÍTULO XIV – Da liquidação de sentença – arts. 509 a 512 247

TÍTULO II
DO CUMPRIMENTO DA SENTENÇA

CAPÍTULO I – Disposições gerais – arts. 513 a 519 248
CAPÍTULO II – Do cumprimento provisório da sentença que reconhece a exigibilidade de obrigação de pagar quantia certa – arts. 520 a 522 248
CAPÍTULO III – Do cumprimento definitivo da sentença que reconhece a exigibilidade de obrigação de pagar quantia certa – arts. 523 a 527 249
CAPÍTULO IV – Do cumprimento de sentença que reconheça a exigibilidade de obrigação de prestar alimentos – arts. 528 a 533 250
CAPÍTULO V – Do cumprimento de sentença que reconheça a exigibilidade de obrigação de pagar quantia certa pela fazenda pública – arts. 534 e 535 251
CAPÍTULO VI – Do cumprimento de sentença que reconheça a exigibilidade de obrigação de fazer, de não fazer ou de entregar coisa – arts. 536 a 538 251
Seção I – Do cumprimento de sentença que reconheça a exigibilidade de obrigação de fazer ou de não fazer – arts. 536 e 537 251
Seção II – Do cumprimento de sentença que reconheça a exigibilidade de obrigação de entregar coisa – art. 538 252

TÍTULO III
DOS PROCEDIMENTOS ESPECIAIS

CAPÍTULO I – Da ação de consignação em pagamento – arts. 539 a 549 252
CAPÍTULO II – Da ação de exigir contas – arts. 550 a 553 ... 252
CAPÍTULO III – Das ações possessórias – arts. 554 a 568 253
Seção I – Disposições gerais – arts. 554 a 559 253
Seção II – Da manutenção e da reintegração de posse – arts. 560 a 566 253
Seção III – Do interdito proibitório – arts. 567 e 568 254
CAPÍTULO IV – Da ação de divisão e da demarcação de terras particulares – arts. 569 a 598 254
Seção I – Disposições gerais – arts. 569 a 573 254
Seção II – Da demarcação – arts. 574 a 587 254
Seção III – Da divisão – arts. 588 a 598 254
CAPÍTULO V – Da ação de dissolução parcial de sociedade – arts. 599 a 609 255
CAPÍTULO VI – Do inventário e da partilha – arts. 610 a 673 256
Seção I – Disposições gerais – arts. 610 a 614 256
Seção II – Da legitimidade para requerer o inventário – arts. 615 e 616 256
Seção III – Do inventariante e das primeiras declarações – arts. 617 a 625 256
Seção IV – Das citações e das impugnações – arts. 626 a 629 257
Seção V – Da avaliação e do cálculo do imposto – arts. 630 a 638 257
Seção VI – Das colações – arts. 639 a 641 258
Seção VII – Do pagamento das dívidas – arts. 642 a 646 258
Seção VIII – Da partilha – arts. 647 a 658 258
Seção IX – Do arrolamento – arts. 659 a 667 259
Seção X – Disposições comuns a todas as seções – arts. 668 a 673 260
CAPÍTULO VII – Dos embargos de terceiro – arts. 674 a 681 ... 260
CAPÍTULO VIII – Da oposição – arts. 682 a 686 260
CAPÍTULO IX – Da habilitação – arts. 687 a 692 261
CAPÍTULO X – Das ações de família – arts. 693 a 699-A 261
CAPÍTULO XI – Da ação monitória – arts. 700 a 702 261
CAPÍTULO XII – Da homologação do penhor legal – arts. 703 a 706 262
CAPÍTULO XIII – Da regulação de avaria grossa – arts. 707 a 711 262
CAPÍTULO XIV – Da restauração de autos – arts. 712 a 718 .. 262
CAPÍTULO XV – Dos procedimentos de jurisdição voluntária – arts. 719 a 770 263
Seção I – Disposições gerais – arts. 719 a 725 263
Seção II – Da notificação e da interpelação – arts. 726 a 729 263
Seção III – Da alienação judicial – art. 730 263
Seção IV – Do divórcio e da separação consensuais, da extinção consensual de união estável e da alteração do regime de bens do matrimônio – arts. 731 a 734 263
Seção V – Dos testamentos e dos codicilos – arts. 735 a 737 264
Seção VI – Da herança jacente – arts. 738 a 743 264
Seção VII – Dos bens dos ausentes – arts. 744 e 745 265
Seção VIII – Das coisas vagas – art. 746 265

Seção IX – Da interdição – arts. 747 a 758 265
Seção X – Disposições comuns à tutela e à curatela – arts. 759 a 763 266
Seção XI – Da organização e da fiscalização das fundações – arts. 764 e 765................................. 266
Seção XII – Da ratificação dos protestos marítimos e dos processos testemunháveis formados a bordo – arts. 766 a 770 266

Livro II
DO PROCESSO DE EXECUÇÃO

Título I
DA EXECUÇÃO EM GERAL

Capítulo I – Disposições gerais – arts. 771 a 777 266
Capítulo II – Das partes – arts. 778 a 780........................... 267
Capítulo III – Da competência – arts. 781 e 782 267
Capítulo IV – Dos requisitos necessários para realizar qualquer execução – arts. 783 a 788....................... 267
Seção I – Do título executivo – arts. 783 a 785........... 267
Seção II – Da exigibilidade da obrigação – arts. 786 a 788.. 268
Capítulo V – Da responsabilidade patrimonial – arts. 789 a 796... 268

Título II
DAS DIVERSAS ESPÉCIES DE EXECUÇÃO

Capítulo I – Disposições gerais – arts. 797 a 805 269
Capítulo II – Da execução para a entrega de coisa – arts. 806 a 813... 270
Seção I – Da entrega de coisa certa – arts. 806 a 810.. 270
Seção II – Da entrega de coisa incerta – arts. 811 a 813.. 270
Capítulo III – Da execução das obrigações de fazer ou de não fazer – arts. 814 a 823.. 270
Seção I – Disposições comuns – art. 814 270
Seção II – Da obrigação de fazer – arts. 815 a 821 270
Seção III – Da obrigação de não fazer – arts. 822 e 823.. 270
Capítulo IV – Da execução por quantia certa – arts. 824 a 909 270
Seção I – Disposições gerais – arts. 824 a 826............ 270
Seção II – Da citação do devedor e do arresto – arts. 827 a 830.. 270
Seção III – Da penhora, do depósito e da avaliação – arts. 831 a 875 271
Subseção I – *Do objeto da penhora* – arts. 831 a 836.. 271
Subseção II – *Da documentação da penhora, de seu registro e do depósito* – arts. 837 a 844........ 272
Subseção III – *Do lugar de realização da penhora* – arts. 845 e 846 272
Subseção IV – *Das modificações da penhora* – arts. 847 a 853 272
Subseção V – *Da penhora de dinheiro em depósito ou em aplicação financeira* – art. 854............ 273
Subseção VI – *Da penhora de créditos* – arts. 855 a 860.. 273
Subseção VII – *Da penhora das quotas ou das ações de sociedades personificadas* – art. 861 274
Subseção VIII – *Da penhora de empresa, de outros estabelecimentos e de semoventes* – arts. 862 a 865.. 274
Subseção IX – *Da penhora de percentual de faturamento de empresa* – art. 866...................... 274
Subseção X – *Da penhora de frutos e rendimentos de coisa móvel ou imóvel* – arts. 867 a 869 274
Subseção XI – *Da avaliação* – arts. 870 a 875..... 275
Seção IV – Da expropriação de bens – arts. 876 a 903 275
Subseção I – *Da adjudicação* – arts. 876 a 878... 275
Subseção II – *Da alienação* – arts. 879 a 903..... 275
Seção V – Da satisfação do crédito – arts. 904 a 909... 278
Capítulo V – Da execução contra a Fazenda Pública – art. 910 278
Capítulo VI – Da execução de alimentos – arts. 911 a 913 278

Título III
DOS EMBARGOS À EXECUÇÃO

Arts. 914 a 920 278

Título IV
DA SUSPENSÃO E DA EXTINÇÃO DO PROCESSO DE EXECUÇÃO

Capítulo I – Da suspensão do processo de execução – arts. 921 a 923... 279
Capítulo II – Da extinção do processo de execução – arts. 924 e 925... 280

Livro III
DOS PROCESSOS NOS TRIBUNAIS E DOS MEIOS DE IMPUGNAÇÃO DAS DECISÕES JUDICIAIS

Título I
DA ORDEM DOS PROCESSOS E DOS PROCESSOS DE COMPETÊNCIA ORIGINÁRIA DOS TRIBUNAIS

Capítulo I – Disposições gerais – arts. 926 a 928 280
Capítulo II – Da ordem dos processos no tribunal – arts. 929 a 946... 280
Capítulo III – Do incidente de assunção de competência – art. 947.. 282
Capítulo IV – Do incidente de arguição de inconstitucionalidade – arts. 948 a 950 282
Capítulo V – Do conflito de competência – arts. 951 a 959 282
Capítulo VI – Da homologação de decisão estrangeira e da concessão do *exequatur* à carta rogatória – arts. 960 a 965.. 283
Capítulo VII – Da ação rescisória – arts. 966 a 975 283
Capítulo VIII – Do incidente de resolução de demandas repetitivas – arts. 976 a 987 284
Capítulo IX – Da reclamação – arts. 988 a 993 285

Título II
DOS RECURSOS

Capítulo I – Disposições gerais – arts. 994 a 1.008 286
Capítulo II – Da apelação – arts. 1.009 a 1.014 287
Capítulo III – Do agravo de instrumento – arts. 1.015 a 1.020.. 287
Capítulo IV – Do agravo interno – art. 1.021 288
Capítulo V – Dos embargos de declaração – arts. 1.022 a 1.026.. 288

CAPÍTULO VI – Dos recursos para o Supremo Tribunal Federal e para o Superior Tribunal de Justiça – arts. 1.027 a 1.044 289

Seção I – Do recurso ordinário – arts. 1.027 e 1.028 289

Seção II – Do recurso extraordinário e do recurso especial – arts. 1.029 a 1.041 289

Subseção I – *Disposições gerais* – arts. 1.029 a 1.035 289

Subseção II – *Do julgamento dos recursos extraordinário e especial repetitivos* – arts. 1.036 a 1.041 290

Seção III – Do agravo em recurso especial e em recurso extraordinário – art. 1.042 292

Seção IV – Dos embargos de divergência – arts. 1.043 e 1.044 292

Livro Complementar

DISPOSIÇÕES FINAIS E TRANSITÓRIAS

Arts. 1.045 a 1.072 292

ÍNDICE CRONOLÓGICO DA LEGISLAÇÃO ALTERADORA DO CÓDIGO DE PROCESSO CIVIL

LEI N. 13.256, DE 4 DE FEVEREIRO DE 2016
Altera os arts. 12, 153, 521, 537, 966, 988, 1.029, 1.030, 1.035, 1.036, 1.037, 1.038, 1.041, 1.042 e 1.043.
Revoga o art. 945, o § 2.º do art. 1.029, o inciso II do § 3.º e o § 10 do art. 1.035, os §§ 2.º e 5.º do art. 1.037, os incisos I a III e o § 1.º do art. 1.042 e os incisos II e IV e o § 5.º do art. 1.043.

LEI N. 13.363, DE 25 DE NOVEMBRO DE 2016
Altera o art. 313.

LEI N. 13.465, DE 11 DE JULHO DE 2017
Altera o art. 799.

LEI N. 13.793, DE 3 JANEIRO DE 2019
Acrescenta o § 5.º ao art. 107.

LEI N. 13.894, DE 29 DE OUTUBRO DE 2019
Altera os arts. 53, 698 e 1.048.

LEI N. 14.133, DE 1.º DE ABRIL DE 2021
Altera o art. 1.048.

LEI N. 14.195, DE 26 DE AGOSTO DE 2021
Altera os arts. 77, 231, 238, 246, 247, 397 e 921.
Revoga os incisos I a V do art. 246.

LEI N. 14.341, DE 18 DE MAIO DE 2022
Altera o art. 75.

LEI N. 14.365, DE 2 DE JUNHO DE 2022
Altera o art. 85.

LEI N. 14.620, DE 13 DE JULHO DE 2023
Altera o art. 784.

LEI N. 14.711, DE 30 DE OUTUBRO DE 2023
Altera o art. 784.

LEI N. 14.713, DE 30 DE OUTUBRO DE 2023
Acrescenta o art. 699-A.

LEI N. 14.833, DE 27 DE MARÇO DE 2024
Altera o art. 499.

LEI N. 14.879, DE 4 DE JUNHO DE 2024
Altera o art. 63.

LEI N. 14.939, DE 30 DE JULHO DE 2024
Altera o art. 1.003.

LEI N. 14.976, DE 18 DE SETEMBRO DE 2024
Altera o art. 1.063.

ÍNDICE CRONOLÓGICO DA LEGISLAÇÃO ALTERADORA DO CÓDIGO DE PROCESSO CIVIL

LEI N. 13.256, DE 4 DE FEVEREIRO DE 2016
Altera os arts. 12, 137, 218, 937, 966, 988, 1.029, 1.030, 1.035, 1.036, 1.037, 1.038, 1.040, 1.041 e 1.042.
Revoga os arts. 895, 987, 1.000 até 1.024, o inciso II do § 3º do art. 1.036, os §§ 2º e § 5º do art. 1.037, o inciso I, os §§ 1º e § 2º do art. 1.041, e os incisos II e IV e o § 2º do art. 1.043.

LEI N. 13.363, DE 25 DE NOVEMBRO DE 2016
Altera o art. 313.

LEI N. 13.465, DE 11 DE JULHO DE 2017
Altera o art. 799.

LEI N. 13.793, DE 3 DE JANEIRO DE 2019
Acrescenta o § 5º ao art. 102.

LEI N. 13.894, DE 29 DE OUTUBRO DE 2019
Altera os arts. 53, 53-A e 53-B.

LEI N. 14.133, DE 1º DE ABRIL DE 2021
Altera o art. 178.

LEI N. 14.195, DE 26 DE AGOSTO DE 2021
Altera os arts. 77, 246, 319, 334, 397, 921 e 1.051.
Revoga os incisos I, IV do art. 246.

LEI N. 14.341, DE 18 DE MAIO DE 2022
Altera o art. 77.

LEI N. 14.365, DE 2 DE JUNHO DE 2022
Altera o art. 85.

LEI N. 14.420, DE 13 DE JULHO DE 2022
Altera o art. 784.

LEI N. 14.471, DE 30 DE OUTUBRO DE 2022
Altera o art. 784.

LEI N. 14.713, DE 30 DE OUTUBRO DE 2023
Acrescenta o art. 699-A.

LEI N. 14.828, DE 29 DE MARÇO DE 2024
Altera o art. 515.

LEI N. 14.879, DE 4 DE JUNHO DE 2024
Altera o art. 63.

LEI N. 14.939, DE 30 DE JULHO DE 2024
Altera o art. 1.010.

LEI N. 14.974, DE 16 DE SETEMBRO DE 2024
Altera o art. 1.062.

CÓDIGO DE PROCESSO CIVIL

LEI N. 13.105, DE 16 DE MARÇO DE 2015 (*)

Código de Processo Civil.

A Presidenta da República.
Faço saber que o Congresso Nacional decreta e eu sanciono a seguinte Lei:

PARTE GERAL

Livro I
DAS NORMAS PROCESSUAIS CIVIS

TÍTULO ÚNICO
DAS NORMAS FUNDAMENTAIS E DA APLICAÇÃO DAS NORMAS PROCESSUAIS

Capítulo I
DAS NORMAS FUNDAMENTAIS DO PROCESSO CIVIL

Art. 1.º O processo civil será ordenado, disciplinado e interpretado conforme os valores e as normas fundamentais estabelecidos na Constituição da República Federativa do Brasil, observando-se as disposições deste Código.
• • *Vide* arts. 14 e 1.046 do CPC.

Art. 2.º O processo começa por iniciativa da parte e se desenvolve por impulso oficial, salvo as exceções previstas em lei.
• *Vide* arts. 141 e 322 a 329 do CPC.

Art. 3.º Não se excluirá da apreciação jurisdicional ameaça ou lesão a direito.
• • *Vide* art. 5.º, XXXV, da CF.

§ 1.º É permitida a arbitragem, na forma da lei.
• *Vide* arts. 189, IV, 337, X, 359 e 485, VII, do CPC.
• A Lei n. 9.307, de 23-9-1996, dispõe sobre a arbitragem.

§ 2.º O Estado promoverá, sempre que possível, a solução consensual dos conflitos.

§ 3.º A conciliação, a mediação e outros métodos de solução consensual de conflitos deverão ser estimulados por juízes, advogados, defensores públicos e membros do Ministério Público, inclusive no curso do processo judicial.
• • *Vide* Lei n. 13.140, de 26-6-2015, que dispõe sobre a mediação entre particulares como meio de solução de controvérsias e sobre a autocomposição de conflitos no âmbito da Administração Pública.

Art. 4.º As partes têm o direito de obter em prazo razoável a solução integral do mérito, incluída a atividade satisfativa.
• • *Vide* art. 5.º, LXXVIII, da CF.

Art. 5.º Aquele que de qualquer forma participa do processo deve comportar-se de acordo com a boa-fé.

Art. 6.º Todos os sujeitos do processo devem cooperar entre si para que se obtenha, em tempo razoável, decisão de mérito justa e efetiva.
• • *Vide* art. 5.º, LXXVIII, da CF.

Art. 7.º É assegurada às partes paridade de tratamento em relação ao exercício de direitos e faculdades processuais, aos meios de defesa, aos ônus, aos deveres e à aplicação de sanções processuais, competindo ao juiz zelar pelo efetivo contraditório.
• • *Vide* art. 5.º, LV, da CF.
• *Vide* Súmulas Vinculantes 5 e 14.

Art. 8.º Ao aplicar o ordenamento jurídico, o juiz atenderá aos fins sociais e às exigências do bem comum, resguardando e promovendo a dignidade da pessoa humana e observando a proporcionalidade, a razoabilidade, a legalidade, a publicidade e a eficiência.

Art. 9.º Não se proferirá decisão contra uma das partes sem que ela seja previamente ouvida.
• • *Vide* art. 5.º, LV, da CF.

Parágrafo único. O disposto no *caput* não se aplica:
I – à tutela provisória de urgência;
• • *Vide* arts. 294 e s. do CPC.
II – às hipóteses de tutela da evidência previstas no art. 311, incisos II e III;
• • O STF, nas sessões virtuais de 14-4-2023 a 24-4-2023 (*DOU* de 4-5-2023), julgou procedente a ADI n. 5.492 para declarar constitucional a referência ao inciso II do art. 311 constante neste inciso.
III – à decisão prevista no art. 701.

Art. 10. O juiz não pode decidir, em grau algum de jurisdição, com base em fundamento a respeito do qual não se tenha dado às partes oportunidade de se manifestar, ainda que se trate de matéria sobre a qual deva decidir de ofício.
• • *Vide* art. 5.º, LV, da CF.
• *Vide* art. 141 do CPC.

Art. 11. Todos os julgamentos dos órgãos do Poder Judiciário serão públicos, e fundamentadas todas as decisões, sob pena de nulidade.
• • *Vide* art. 5.º, LX, da CF.
• *Vide* art. 152, V, do CPC.

Parágrafo único. Nos casos de segredo de justiça, pode ser autorizada a presença somente das partes, de seus advogados, de defensores públicos ou do Ministério Público.
• • *Vide* art. 93, IX, da CF.

Art. 12. Os juízes e os tribunais atenderão, preferencialmente, à ordem cronológica de conclusão para proferir sentença ou acórdão.
• • *Caput* com redação determinada pela Lei n. 13.256, de 4-2-2016.

§ 1.º A lista de processos aptos a julgamento deverá estar permanentemente à disposição para consulta pública em cartório e na rede mundial de computadores.

§ 2.º Estão excluídos da regra do *caput*:
I – as sentenças proferidas em audiência, homologatórias de acordo ou de improcedência liminar do pedido;
II – o julgamento de processos em bloco para aplicação de tese jurídica firmada em julgamento de casos repetitivos;
III – o julgamento de recursos repetitivos ou de incidente de resolução de demandas repetitivas;
• • *Vide* arts. 1.036 a 1.041 do CPC.
IV – as decisões proferidas com base nos arts. 485 e 932;
V – o julgamento de embargos de declaração;
• • *Vide* arts. 1.022 a 1.026 do CPC.
VI – o julgamento de agravo interno;
VII – as preferências legais e as metas estabelecidas pelo Conselho Nacional de Justiça;
VIII – os processos criminais, nos órgãos jurisdicionais que tenham competência penal;
IX – a causa que exija urgência no julgamento, assim reconhecida por decisão fundamentada.

§ 3.º Após elaboração de lista própria, respeitar-se-á a ordem cronológica das conclusões entre as preferências legais.

§ 4.º Após a inclusão do processo na lista de que trata o § 1.º, o requerimento formulado pela parte não altera a ordem cronológica para a decisão, exceto quando implicar a reabertura da instrução ou a conversão do julgamento em diligência.

§ 5.º Decidido o requerimento previsto no § 4.º, o processo retornará à mesma posição em que anteriormente se encontrava na lista.

§ 6.º Ocupará o primeiro lugar na lista prevista no § 1.º ou, conforme o caso, no § 3.º, o processo que:

(*) Publicada no *Diário Oficial da União*, de 17-3-2015.

I – tiver sua sentença ou acórdão anulado, salvo quando houver necessidade de realização de diligência ou de complementação da instrução;

II – se enquadrar na hipótese do art. 1.040, inciso II.

Capítulo II
DA APLICAÇÃO DAS NORMAS PROCESSUAIS

Art. 13. A jurisdição civil será regida pelas normas processuais brasileiras, ressalvadas as disposições específicas previstas em tratados, convenções ou acordos internacionais de que o Brasil seja parte.
• *Vide* art. 5.º, § 2.º, da CF.

Art. 14. A norma processual não retroagirá e será aplicável imediatamente aos processos em curso, respeitados os atos processuais praticados e as situações jurídicas consolidadas sob a vigência da norma revogada.
•• *Vide* art. 1.046 do CPC.
•• *Vide* art. 6.º da LINDB (Decreto-lei n. 4.657, de 4-9-1942).

Art. 15. Na ausência de normas que regulem processos eleitorais, trabalhistas ou administrativos, as disposições deste Código lhes serão aplicadas supletiva e subsidiariamente.
•• O STF, nas sessões virtuais de 14-4-2023 a 24-4-2023 (*DOU* de 4-5-2023), julgou parcialmente procedente a ADI n. 5.492 para declarar constitucional a expressão "administrativos" constante neste artigo.
• Código Eleitoral: Lei n. 4.737, de 15-7-1965.
• CLT: Decreto-lei n. 5.452, de 1.º-5-1943.

Livro II
DA FUNÇÃO JURISDICIONAL

Título I
DA JURISDIÇÃO E DA AÇÃO

Art. 16. A jurisdição civil é exercida pelos juízes e pelos tribunais em todo o território nacional, conforme as disposições deste Código.
•• *Vide* art. 1.046 do CPC.

Art. 17. Para postular em juízo é necessário ter interesse e legitimidade.
•• *Vide* arts. 330, II e III, e 485, VI, do CPC.

Art. 18. Ninguém poderá pleitear direito alheio em nome próprio, salvo quando autorizado pelo ordenamento jurídico.
•• *Vide* arts. 108 e s. do CPC.
•• *Vide* Lei n. 8.906, de 4-7-1994, que dispõe sobre o EAOAB.

Parágrafo único. Havendo substituição processual, o substituído poderá intervir como assistente litisconsorcial.
•• *Vide* art. 124 do CPC.

Art. 19. O interesse do autor pode limitar-se à declaração:

I – da existência, da inexistência ou do modo de ser de uma relação jurídica;
• *Vide* art. 20 do CPC.

II – da autenticidade ou da falsidade de documento.
• *Vide* arts. 405 a 441 do CPC.

Art. 20. É admissível a ação meramente declaratória, ainda que tenha ocorrido a violação do direito.
• *Vide* Súmula 258 do STF.

Título II
DOS LIMITES DA JURISDIÇÃO NACIONAL E DA COOPERAÇÃO INTERNACIONAL

Capítulo I
DOS LIMITES DA JURISDIÇÃO NACIONAL

Art. 21. Compete à autoridade judiciária brasileira processar e julgar as ações em que:

I – o réu, qualquer que seja a sua nacionalidade, estiver domiciliado no Brasil;
•• *Vide* art. 12 da LINDB (Decreto-lei n. 4.657, de 4-9-1942).

II – no Brasil tiver de ser cumprida a obrigação;
•• *Vide* art. 12 da LINDB (Decreto-lei n. 4.657, de 4-9-1942).

III – o fundamento seja fato ocorrido ou ato praticado no Brasil.

Parágrafo único. Para o fim do disposto no inciso I, considera-se domiciliada no Brasil a pessoa jurídica estrangeira que nele tiver agência, filial ou sucursal.
•• *Vide* art. 75, X e § 3.º, do CPC.

Art. 22. Compete, ainda, à autoridade judiciária brasileira processar e julgar as ações:

I – de alimentos, quando:
•• *Vide* arts. 911 a 913 do CPC.

a) o credor tiver domicílio ou residência no Brasil;

b) o réu mantiver vínculos no Brasil, tais como posse ou propriedade de bens, recebimento de renda ou obtenção de benefícios econômicos;

II – decorrentes de relações de consumo, quando o consumidor tiver domicílio ou residência no Brasil;
•• CDC: Lei n. 8.078, de 11-9-1990.

III – em que as partes, expressa ou tacitamente, se submeterem à jurisdição nacional.

Art. 23. Compete à autoridade judiciária brasileira, com exclusão de qualquer outra:

I – conhecer de ações relativas a imóveis situados no Brasil;
•• *Vide* art. 12, § 1.º, da LINDB (Decreto-lei n. 4.657, de 4-9-1942).

II – em matéria de sucessão hereditária, proceder à confirmação de testamento particular e ao inventário e à partilha de bens situados no Brasil, ainda que o autor da herança seja de nacionalidade estrangeira ou tenha domicílio fora do território nacional;
•• *Vide* arts. 10 e 12, § 1.º, da LINDB (Decreto-lei n. 4.657, de 4-9-1942).

III – em divórcio, separação judicial ou dissolução de união estável, proceder à partilha de bens situados no Brasil, ainda que o titular seja de nacionalidade estrangeira ou tenha domicílio fora do território nacional.
•• *Vide* art. 53, I, do CPC.

Art. 24. A ação proposta perante tribunal estrangeiro não induz litispendência e não obsta a que a autoridade judiciária brasileira conheça da mesma causa e das que lhe são conexas, ressalvadas as disposições em contrário de tratados internacionais e acordos bilaterais em vigor no Brasil.
•• *Vide* art. 105, I, *i*, da CF.
•• *Vide* arts. 57 e 337, §§ 1.º a 3.º, do CPC.

Parágrafo único. A pendência de causa perante a jurisdição brasileira não impede a homologação de sentença judicial estrangeira quando exigida para produzir efeitos no Brasil.
•• *Vide* art. 105, I, *i*, da CF.

Art. 25. Não compete à autoridade judiciária brasileira o processamento e o julgamento da ação quando houver cláusula de eleição de foro exclusivo estrangeiro em contrato internacional, arguida pelo réu na contestação.

§ 1.º Não se aplica o disposto no *caput* às hipóteses de competência internacional exclusiva previstas neste Capítulo.

§ 2.º Aplica-se à hipótese do *caput* o art. 63, §§ 1.º a 4.º.

Capítulo II
DA COOPERAÇÃO INTERNACIONAL

Seção I
Disposições Gerais

Art. 26. A cooperação jurídica internacional será regida por tratado de que o Brasil faz parte e observará:

I – o respeito às garantias do devido processo legal no Estado requerente;
•• *Vide* art. 5.º, LIV, da CF.

II – a igualdade de tratamento entre nacionais e estrangeiros, residentes ou não no Brasil, em relação ao acesso à justiça e à tramitação dos processos, assegurando-se assistência judiciária aos necessitados;
•• *Vide* art. 5.º, LXXIV, da CF.
•• *Vide* arts. 98 a 102 do CPC.

III – a publicidade processual, exceto nas hipóteses de sigilo previstas na legislação brasileira ou na do Estado requerente;
•• *Vide* art. 5.º, LX, da CF.
•• *Vide* arts. 11 e 189 do CPC.

IV – a existência de autoridade central para recepção e transmissão dos pedidos de cooperação;

V – a espontaneidade na transmissão de informações a autoridades estrangeiras.

§ 1.º Na ausência de tratado, a cooperação jurídica internacional poderá realizar-se com base em reciprocidade, manifestada por via diplomática.

§ 2.º Não se exigirá a reciprocidade referida no § 1.º para homologação de sentença estrangeira.
•• *Vide* art. 105, I, *i*, da CF.
•• *Vide* arts. 960 a 965 do CPC.

§ 3.º Na cooperação jurídica internacional não será admitida a prática de atos que contrariem ou que produzam resultados incompatíveis com as normas fundamentais que regem o Estado brasileiro.

§ 4.º O Ministério da Justiça exercerá as funções de autoridade central na ausência de designação específica.

Art. 27. A cooperação jurídica internacional terá por objeto:

I – citação, intimação e notificação judicial e extrajudicial;

II – colheita de provas e obtenção de informações;

III – homologação e cumprimento de decisão;

IV – concessão de medida judicial de urgência;

V – assistência jurídica internacional;

VI – qualquer outra medida judicial ou extrajudicial não proibida pela lei brasileira.

Seção II
Do Auxílio Direto

•• O Regimento Interno do STJ dispõe, em seus arts. 216-A a 216-X, sobre processos oriundos de Estados estrangeiros.

Art. 28. Cabe auxílio direto quando a medida não decorrer diretamente de decisão de autoridade jurisdicional estrangeira a ser submetida a juízo de delibação no Brasil.

Art. 29. A solicitação de auxílio direto será encaminhada pelo órgão estrangeiro interessado à autoridade central, cabendo ao Estado requerente assegurar a autenticidade e a clareza do pedido.

Art. 30. Além dos casos previstos em tratados de que o Brasil faz parte, o auxílio direto terá os seguintes objetos:

I – obtenção e prestação de informações sobre o ordenamento jurídico e sobre processos administrativos ou jurisdicionais findos ou em curso;

II – colheita de provas, salvo se a medida for adotada em processo, em curso no estrangeiro, de competência exclusiva de autoridade judiciária brasileira;

III – qualquer outra medida judicial ou extrajudicial não proibida pela lei brasileira.

Art. 31. A autoridade central brasileira comunicar-se-á diretamente com suas congêneres e, se necessário, com outros órgãos estrangeiros responsáveis pela tramitação e pela execução de pedidos de cooperação enviados e recebidos pelo Estado brasileiro, respeitadas disposições específicas constantes de tratado.

Art. 32. No caso de auxílio direto para a prática de atos que, segundo a lei brasileira, não necessitem de prestação jurisdicional, a autoridade central adotará as providências necessárias para seu cumprimento.

Art. 33. Recebido o pedido de auxílio direto passivo, a autoridade central o encaminhará à Advocacia-Geral da União, que requererá em juízo a medida solicitada.

Parágrafo único. O Ministério Público requererá em juízo a medida solicitada quando for autoridade central.

Art. 34. Compete ao juízo federal do lugar em que deva ser executada a medida apreciar pedido de auxílio direto passivo que demande prestação de atividade jurisdicional.

Seção III
Da Carta Rogatória

•• Vide Decreto n. 9.039, de 27-4-2017, que promulga a Convenção sobre a Obtenção de Provas no Estrangeiro em Matéria Civil ou Comercial.

Art. 35. (Vetado.)

Art. 36. O procedimento da carta rogatória perante o Superior Tribunal de Justiça é de jurisdição contenciosa e deve assegurar às partes as garantias do devido processo legal.

•• Vide art. 5.º, LIV, da CF.
•• Vide art. 105, I, i, da CF.

§ 1.º A defesa restringir-se-á à discussão quanto ao atendimento dos requisitos para que o pronunciamento judicial estrangeiro produza efeitos no Brasil.

§ 2.º Em qualquer hipótese, é vedada a revisão do mérito do pronunciamento judicial estrangeiro pela autoridade judiciária brasileira.

Seção IV
Disposições Comuns às Seções Anteriores

Art. 37. O pedido de cooperação jurídica internacional oriundo de autoridade brasileira competente será encaminhado à autoridade central para posterior envio ao Estado requerido para lhe dar andamento.

Art. 38. O pedido de cooperação oriundo de autoridade brasileira competente e os documentos anexos que o instruem serão encaminhados à autoridade central, acompanhados de tradução para a língua oficial do Estado requerido.

Art. 39. O pedido passivo de cooperação jurídica internacional será recusado se configurar manifesta ofensa à ordem pública.

Art. 40. A cooperação jurídica internacional dar-se-á por meio de carta rogatória ou de ação de homologação de sentença estrangeira, de acordo com o art. 960.

•• Vide art. 105, I, i, da CF.

Art. 41. Considera-se autêntico o documento que instruir pedido de cooperação jurídica internacional, inclusive tradução para a língua portuguesa, quando encaminhado ao Estado brasileiro por meio de autoridade central ou por via diplomática, dispensando-se ajuramentação, autenticação ou qualquer procedimento de legalização.

Parágrafo único. O disposto no caput não impede, quando necessária, a aplicação pelo Estado brasileiro do princípio da reciprocidade de tratamento.

TÍTULO III
DA COMPETÊNCIA INTERNA

Capítulo I
DA COMPETÊNCIA

Seção I
Disposições Gerais

Art. 42. As causas cíveis serão processadas e decididas pelo juiz nos limites de sua competência, ressalvado às partes o direito de instituir juízo arbitral, na forma da lei.

• A Lei n. 9.307, de 23-9-1996, dispõe sobre a arbitragem.

Art. 43. Determina-se a competência no momento do registro ou da distribuição da petição inicial, sendo irrelevantes as modificações do estado de fato ou de direito ocorridas posteriormente, salvo quando suprimirem órgão judiciário ou alterarem a competência absoluta.

•• Vide Súmula 58 do STJ.

Art. 44. Obedecidos os limites estabelecidos pela Constituição Federal, a competência é determinada pelas normas previstas neste Código ou em legislação especial, pelas normas de organização judiciária e, ainda, no que couber, pelas constituições dos Estados.

•• Vide arts. 54, 62 e 63 do CPC.

Art. 45. Tramitando o processo perante outro juízo, os autos serão remetidos ao juízo federal competente se nele intervier a União, suas empresas públicas, entidades autárquicas e fundações, ou conselho de fiscalização de atividade profissional, na qualidade de parte ou de terceiro interveniente, exceto as ações:

•• Vide art. 109 da CF.

I – de recuperação judicial, falência, insolvência civil e acidente de trabalho;

•• Vide art. 109, I, da CF.

II – sujeitas à justiça eleitoral e à justiça do trabalho.

•• Vide arts. 114 e 118 da CF.

§ 1.º Os autos não serão remetidos se houver pedido cuja apreciação seja de competência do juízo perante o qual foi proposta a ação.

§ 2.º Na hipótese do § 1.º, o juiz, ao não admitir a cumulação de pedidos em razão da incompetência para apreciar qualquer deles, não examinará o mérito daquele em que exista interesse da União, de suas entidades autárquicas ou de suas empresas públicas.

§ 3.º O juízo federal restituirá os autos ao juízo estadual sem suscitar conflito se o ente federal cuja presença ensejou a remessa for excluído do processo.

Art. 46. A ação fundada em direito pessoal ou em direito real sobre bens móveis será proposta, em regra, no foro de domicílio do réu.

•• Vide arts. 70 a 78 do CC.
•• Vide art. 12 da LINDB (Decreto-lei n. 4.657, de 4-9-1942).

§ 1.º Tendo mais de um domicílio, o réu será demandado no foro de qualquer deles.

§ 2.º Sendo incerto ou desconhecido o domicílio do réu, ele poderá ser demandado onde for encontrado ou no foro de domicílio do autor.

§ 3.º Quando o réu não tiver domicílio ou residência no Brasil, a ação será proposta no foro de domicílio do autor, e, se este também residir fora do Brasil, a ação será proposta em qualquer foro.
•• *Vide* art. 12 da LINDB (Decreto-lei n. 4.657, de 4-9-1942).

§ 4.º Havendo 2 (dois) ou mais réus com diferentes domicílios, serão demandados no foro de qualquer deles, à escolha do autor.

§ 5.º A execução fiscal será proposta no foro de domicílio do réu, no de sua residência ou no do lugar onde for encontrado.
•• *Vide* Lei n. 6.830, de 22-9-1980.
•• O STF, nas sessões virtuais de 14-4-2023 a 24-4-2023 (*DOU* de 4-5-2023), julgou parcialmente procedente a ADIs n. 5.492 e 5.737 para "atribuir interpretação conforme a Constituição ao art. 46, § 5.º, do CPC, para restringir sua aplicação aos limites do território de cada ente subnacional ou ao local de ocorrência do fato gerador".

Art. 47. Para as ações fundadas em direito real sobre imóveis é competente o foro de situação da coisa.
•• *Vide* art. 12 da LINDB (Decreto-lei n. 4.657, de 4-9-1942).
• *Vide* arts. 554 e s. do CPC.

§ 1.º O autor pode optar pelo foro de domicílio do réu ou pelo foro de eleição se o litígio não recair sobre direito de propriedade, vizinhança, servidão, divisão e demarcação de terras e de nunciação de obra nova.
• *Vide* arts. 554 e s. do CPC.

§ 2.º A ação possessória imobiliária será proposta no foro de situação da coisa, cujo juízo tem competência absoluta.
• *Vide* arts. 554 e s. do CPC.

Art. 48. O foro de domicílio do autor da herança, no Brasil, é competente para o inventário, a partilha, a arrecadação, o cumprimento de disposições de última vontade, a impugnação ou anulação de partilha extrajudicial e para todas as ações em que o espólio for réu, ainda que o óbito tenha ocorrido no estrangeiro.
•• *Vide* art. 23 do CPC.
• *Vide* arts. 610 a 673 do CPC.

Parágrafo único. Se o autor da herança não possuía domicílio certo, é competente:
I – o foro de situação dos bens imóveis;
II – havendo bens imóveis em foros diferentes, qualquer destes;
III – não havendo bens imóveis, o foro do local de qualquer dos bens do espólio.

Art. 49. A ação em que o ausente for réu será proposta no foro de seu último domicílio, também competente para a arrecadação, o inventário, a partilha e o cumprimento de disposições testamentárias.
•• *Vide* arts. 744 e 745 do CPC.

Art. 50. A ação em que o incapaz for réu será proposta no foro de domicílio de seu representante ou assistente.

Art. 51. É competente o foro de domicílio do réu para as causas em que seja autora a União.
•• *Vide* arts. 109 e 110 da CF.

Parágrafo único. Se a União for a demandada, a ação poderá ser proposta no foro de domicílio do autor, no de ocorrência do ato ou fato que originou a demanda, no de situação da coisa ou no Distrito Federal.
•• *Vide* arts. 109 e 110 da CF.

Art. 52. É competente o foro de domicílio do réu para as causas em que seja autor Estado ou o Distrito Federal.

Parágrafo único. Se Estado ou o Distrito Federal for o demandado, a ação poderá ser proposta no foro de domicílio do autor, no de ocorrência do ato ou fato que originou a demanda, no de situação da coisa ou na capital do respectivo ente federado.
•• O STF, nas sessões virtuais de 14-4-2023 a 24-4-2023 (*DOU* de 4-5-2023), julgou parcialmente procedente a ADIs n. 5.492 e 5.737 para "atribuir interpretação conforme a Constituição ao art. 52, parágrafo único, do CPC, para restringir a competência do foro de domicílio do autor às comarcas inseridas nos limites territoriais do Estado-membro ou do Distrito Federal que figure como réu".

Art. 53. É competente o foro:
•• O STF, nas ADIs n. 6.792 e 7.055, no plenário de 22-5-2024 (*DOU* de 27-5-2024), por maioria, conheceu da ação direta e julgou parcialmente procedente o pedido formulado para "conferir interpretação conforme à Constituição a este art. 53 do CPC, determinando-se que, havendo assédio judicial contra a liberdade de expressão, caracterizado pelo ajuizamento de ações a respeito dos mesmos fatos, em comarcas diversas, com o notório intuito de prejudicar o direito de defesa de jornalistas ou de órgãos de imprensa, as demandas devem ser reunidas para julgamento conjunto no foro de domicílio do réu". Em seguida, por maioria, foi fixada a seguinte tese de julgamento: "1. Constitui assédio judicial comprometedor da liberdade de expressão o ajuizamento de inúmeras ações a respeito dos mesmos fatos, em comarcas diversas, com o intuito ou o efeito de constranger jornalista ou órgão de imprensa, dificultar sua defesa ou torná-la excessivamente onerosa; 2. Caracterizado o assédio judicial, a parte demandada poderá requerer a reunião de todas as ações no foro de seu domicílio; 3. A responsabilidade civil de jornalistas ou de órgãos de imprensa somente estará configurada em caso inequívoco de dolo ou de culpa grave (evidente negligência profissional na apuração dos fatos)".

I – para a ação de divórcio, separação, anulação de casamento e reconhecimento ou dissolução de união estável:
• *Vide* arts. 693 a 699-A e 731 a 734 do CPC.
• *Vide* arts. 5.º, I, e 226, § 5.º, da CF.
a) de domicílio do guardião de filho incapaz;
b) do último domicílio do casal, caso não haja filho incapaz;
c) de domicílio do réu, se nenhuma das partes residir no antigo domicílio do casal;
d) de domicílio da vítima de violência doméstica e familiar, nos termos da Lei n. 11.340, de 7 de agosto de 2006 (Lei Maria da Penha);
•• Alínea *d* acrescentada pela Lei n. 13.894, de 29-10-2019.

II – de domicílio ou residência do alimentando, para a ação em que se pedem alimentos;

•• *Vide* art. 26 da Lei n. 5.478, de 25-7-1968 (ação de alimentos).

III – do lugar:
a) onde está a sede, para a ação em que for ré pessoa jurídica;
• *Vide* Súmula 206 do STJ.
b) onde se acha agência ou sucursal, quanto às obrigações que a pessoa jurídica contraiu;
• *Vide* Súmula 206 do STJ.
c) onde exerce suas atividades, para a ação em que for ré sociedade ou associação sem personalidade jurídica;
•• *Vide* art. 75 do CPC.
d) onde a obrigação deve ser satisfeita, para a ação em que se lhe exigir o cumprimento;
•• *Vide* art. 540 do CPC.
•• *Vide* Súmula 363 do STF.
e) de residência do idoso, para a causa que verse sobre direito previsto no respectivo estatuto;
• Estatuto do Idoso: Lei n. 10.741, de 1.º-10-2003.
f) da sede da serventia notarial ou de registro, para a ação de reparação de dano por ato praticado em razão do ofício;

IV – do lugar do ato ou fato para a ação:
a) de reparação de dano;
b) em que for réu administrador ou gestor de negócios alheios;

V – de domicílio do autor ou do local do fato, para a ação de reparação de dano sofrido em razão de delito ou acidente de veículos, inclusive aeronaves.
•• *Vide* Súmula 540 do STJ.

Seção II
Da Modificação da Competência

Art. 54. A competência relativa poderá modificar-se pela conexão ou pela continência, observado o disposto nesta Seção.
•• *Vide* art. 286 do CPC.
• *Vide* arts. 56 e 57 do CPC.

Art. 55. Reputam-se conexas 2 (duas) ou mais ações quando lhes for comum o pedido ou a causa de pedir.
•• *Vide* Súmula 383 do STJ.

§ 1.º Os processos de ações conexas serão reunidos para decisão conjunta, salvo se um deles já houver sido sentenciado.

§ 2.º Aplica-se o disposto no *caput*:
I – à execução de título extrajudicial e à ação de conhecimento relativa ao mesmo ato jurídico;
II – às execuções fundadas no mesmo título executivo.

§ 3.º Serão reunidos para julgamento conjunto os processos que possam gerar risco de prolação de decisões conflitantes ou contraditórias caso decididos separadamente, mesmo sem conexão entre eles.

Art. 56. Dá-se a continência entre 2 (duas) ou mais ações quando houver identidade quanto às partes e à causa de pedir, mas o pedido de uma, por ser mais amplo, abrange o das demais.

Art. 57. Quando houver continência e a ação continente tiver sido proposta ante-

riormente, no processo relativo à ação contida será proferida sentença sem resolução de mérito, caso contrário, as ações serão necessariamente reunidas.
• Vide Súmulas 235 e 489 do STJ.

Art. 58. A reunião das ações propostas em separado far-se-á no juízo prevento, onde serão decididas simultaneamente.
•• Vide art. 240 do CPC.

Art. 59. O registro ou a distribuição da petição inicial torna prevento o juízo.
• Vide Súmulas 106 e 204 do STJ.
• Vide art. 238 do CPC.

Art. 60. Se o imóvel se achar situado em mais de um Estado, comarca, seção ou subseção judiciária, a competência territorial do juízo prevento estender-se-á sobre a totalidade do imóvel.

Art. 61. A ação acessória será proposta no juízo competente para a ação principal.
•• Vide art. 299 do CPC.
• Vide arts. 132 e 137 da Lei n. 11.101, de 9-2-2005 (Lei de Falências).

Art. 62. A competência determinada em razão da matéria, da pessoa ou da função é inderrogável por convenção das partes.
•• Vide Súmula 335 do STF.

Art. 63. As partes podem modificar a competência em razão do valor e do território, elegendo foro onde será proposta ação oriunda de direitos e obrigações.
•• Vide Súmula 335 do STF.

§ 1.º A eleição de foro somente produz efeito quando constar de instrumento escrito, aludir expressamente a determinado negócio jurídico e guardar pertinência com o domicílio ou a residência de uma das partes ou com o local da obrigação, ressalvada a pactuação consumerista, quando favorável ao consumidor.
•• § 1.º com redação determinada pela Lei n. 14.879, de 4-6-2024.

§ 2.º O foro contratual obriga os herdeiros e sucessores das partes.

§ 3.º Antes da citação, a cláusula de eleição de foro, se abusiva, pode ser reputada ineficaz de ofício pelo juiz, que determinará a remessa dos autos ao juízo do foro de domicílio do réu.

§ 4.º Citado, incumbe ao réu alegar a abusividade da cláusula de eleição de foro na contestação, sob pena de preclusão.

§ 5.º O ajuizamento de ação em juízo aleatório, entendido como aquele sem vinculação com o domicílio ou a residência das partes ou com o negócio jurídico discutido na demanda, constitui prática abusiva que justifica a declinação de competência de ofício.
•• § 5.º acrescentado pela Lei n. 14.879, de 4-6-2024.

Seção III
Da Incompetência

Art. 64. A incompetência, absoluta ou relativa, será alegada como questão preliminar de contestação.

•• Vide Súmula 33 do STJ.

§ 1.º A incompetência absoluta pode ser alegada em qualquer tempo e grau de jurisdição e deve ser declarada de ofício.
•• Vide arts. 957 e 966, II, do CPC.
•• Vide Súmula 33 do STJ.

§ 2.º Após manifestação da parte contrária, o juiz decidirá imediatamente a alegação de incompetência.
•• Vide Súmula 59 do STJ.

§ 3.º Caso a alegação de incompetência seja acolhida, os autos serão remetidos ao juízo competente.
•• Vide Súmula 59 do STJ.

§ 4.º Salvo decisão judicial em sentido contrário, conservar-se-ão os efeitos de decisão proferida pelo juízo incompetente até que outra seja proferida, se for o caso, pelo juízo competente.

Art. 65. Prorrogar-se-á a competência relativa se o réu não alegar a incompetência em preliminar de contestação.
•• Vide art. 335 do CPC.

Parágrafo único. A incompetência relativa pode ser alegada pelo Ministério Público nas causas em que atuar.

Art. 66. Há conflito de competência quando:
I – 2 (dois) ou mais juízes se declaram competentes;
II – 2 (dois) ou mais juízes se consideram incompetentes, atribuindo um ao outro a competência;
III – entre 2 (dois) ou mais juízes surge controvérsia acerca da reunião ou separação de processos.
• Vide art. 57 do CPC.
• Vide Súmula 489 do STJ.

Parágrafo único. O juiz que não acolher a competência declinada deverá suscitar o conflito, salvo se a atribuir a outro juízo.

Capítulo II
DA COOPERAÇÃO NACIONAL

Art. 67. Aos órgãos do Poder Judiciário, estadual ou federal, especializado ou comum, em todas as instâncias e graus de jurisdição, inclusive aos tribunais superiores, incumbe o dever de recíproca cooperação, por meio de seus magistrados e servidores.

Art. 68. Os juízos poderão formular entre si pedido de cooperação para prática de qualquer ato processual.

Art. 69. O pedido de cooperação jurisdicional deve ser prontamente atendido, prescinde de forma específica e pode ser executado como:
• Vide arts. 236 e 237 do CPC.
I – auxílio direto;
II – reunião ou apensamento de processos;
III – prestação de informações;
IV – atos concertados entre os juízes cooperantes.

§ 1.º As cartas de ordem, precatória e arbitral seguirão o regime previsto neste Código.
• Vide arts. 232 e 237 do CPC.

§ 2.º Os atos concertados entre os juízes cooperantes poderão consistir, além de outros, no estabelecimento de procedimento para:
I – a prática de citação, intimação ou notificação de ato;
II – a obtenção e apresentação de provas e a coleta de depoimentos;
III – a efetivação de tutela provisória;
IV – a efetivação de medidas e providências para recuperação e preservação de empresas;
V – a facilitação de habilitação de créditos na falência e na recuperação judicial;
VI – a centralização de processos repetitivos;
VII – a execução de decisão jurisdicional.

§ 3.º O pedido de cooperação judiciária pode ser realizado entre órgãos jurisdicionais de diferentes ramos do Poder Judiciário.

Livro III
DOS SUJEITOS DO PROCESSO

TÍTULO I
DAS PARTES E DOS PROCURADORES

Capítulo I
DA CAPACIDADE PROCESSUAL

Art. 70. Toda pessoa que se encontre no exercício de seus direitos tem capacidade para estar em juízo.

Art. 71. O incapaz será representado ou assistido por seus pais, por tutor ou por curador, na forma da lei.

Art. 72. O juiz nomeará curador especial ao:
I – incapaz, se não tiver representante legal ou se os interesses deste colidirem com os daquele, enquanto durar a incapacidade;
• Vide arts. 3.º e 4.º do CC.
II – réu preso revel, bem como ao réu revel citado por edital ou com hora certa, enquanto não for constituído advogado.
•• Vide arts. 245, §§ 4.º e 5.º, e 671 do CPC.
• Vide Súmula 196 do STJ.

Parágrafo único. A curatela especial será exercida pela Defensoria Pública, nos termos da lei.

Art. 73. O cônjuge necessitará do consentimento do outro para propor ação que verse sobre direito real imobiliário, salvo quando casados sob o regime de separação absoluta de bens.

§ 1.º Ambos os cônjuges serão necessariamente citados para a ação:
I – que verse sobre direito real imobiliário, salvo quando casados sob o regime de separação absoluta de bens;
II – resultante de fato que diga respeito a ambos os cônjuges ou de ato praticado por eles;
III – fundada em dívida contraída por um dos cônjuges a bem da família;
• Vide art. 226, § 5.º, da CF.

IV – que tenha por objeto o reconhecimento, a constituição ou a extinção de ônus sobre imóvel de um ou de ambos os cônjuges.

§ 2.º Nas ações possessórias, a participação do cônjuge do autor ou do réu somente é indispensável nas hipóteses de composse ou de ato por ambos praticado.

§ 3.º Aplica-se o disposto neste artigo à união estável comprovada nos autos.

Art. 74. O consentimento previsto no art. 73 pode ser suprido judicialmente quando for negado por um dos cônjuges sem justo motivo, ou quando lhe seja impossível concedê-lo.

•• *Vide* art. 226, § 5.º, da CF.

Parágrafo único. A falta de consentimento, quando necessário e não suprido pelo juiz, invalida o processo.

•• *Vide* arts. 485, IV, e 337, IX, do CPC.
•• *Vide* art. 226, § 5.º, da CF.
• *Vide* arts. 352 e 486, § 3.º, do CPC.

Art. 75. Serão representados em juízo, ativa e passivamente:

I – a União, pela Advocacia-Geral da União, diretamente ou mediante órgão vinculado;

II – o Estado e o Distrito Federal, por seus procuradores;

III – o Município, por seu prefeito, procurador ou Associação de Representação de Municípios, quando expressamente autorizada;

•• Inciso III com redação determinada pela Lei n. 14.341, de 18-5-2022.

IV – a autarquia e a fundação de direito público, por quem a lei do ente federado designar;

V – a massa falida, pelo administrador judicial;

• *Vide* art. 21 da Lei n. 11.101, de 9-2-2005 (Lei de Falências).

VI – a herança jacente ou vacante, por seu curador;

• *Vide* art. 739, § 1.º, I, do CPC.

VII – o espólio, pelo inventariante;

VIII – a pessoa jurídica, por quem os respectivos atos constitutivos designarem ou, não havendo essa designação, por seus diretores;

IX – a sociedade e a associação irregulares e outros entes organizados sem personalidade jurídica, pela pessoa a quem couber a administração de seus bens;

X – a pessoa jurídica estrangeira, pelo gerente, representante ou administrador de sua filial, agência ou sucursal aberta ou instalada no Brasil;

XI – o condomínio, pelo administrador ou síndico.

• *Vide* art. 22, III, n, da Lei n. 11.101, de 9-2-2005 (Lei de Falências).

§ 1.º Quando o inventariante for dativo, os sucessores do falecido serão intimados no processo no qual o espólio seja parte.

•• *Vide* art. 618, I, do CPC.

§ 2.º A sociedade ou associação sem personalidade jurídica não poderá opor a irregularidade de sua constituição quando demandada.

§ 3.º O gerente de filial ou agência presume-se autorizado pela pessoa jurídica estrangeira a receber citação para qualquer processo.

§ 4.º Os Estados e o Distrito Federal poderão ajustar compromisso recíproco para prática de ato processual por seus procuradores em favor de outro ente federado, mediante convênio firmado pelas respectivas procuradorias.

§ 5.º A representação judicial do Município pela Associação de Representação de Municípios somente poderá ocorrer em questões de interesse comum dos Municípios associados e dependerá de autorização do respectivo chefe do Poder Executivo municipal, com indicação específica do direito ou da obrigação a ser objeto das medidas judiciais.

•• § 5.º acrescentado pela Lei n. 14.341, de 18-5-2022.

Art. 76. Verificada a incapacidade processual ou a irregularidade da representação da parte, o juiz suspenderá o processo e designará prazo razoável para que seja sanado o vício.

• *Vide* arts. 313, I, e 485, IV, do CPC.

§ 1.º Descumprida a determinação, caso o processo esteja na instância originária:

I – o processo será extinto, se a providência couber ao autor;

II – o réu será considerado revel, se a providência lhe couber;

•• *Vide* art. 344 do CPC.

III – o terceiro será considerado revel ou excluído do processo, dependendo do polo em que se encontre.

•• *Vide* arts. 313, I, e 485, IV, do CPC.

§ 2.º Descumprida a determinação em fase recursal perante tribunal de justiça, tribunal regional federal ou tribunal superior, o relator:

I – não conhecerá do recurso, se a providência couber ao recorrente;

II – determinará o desentranhamento das contrarrazões, se a providência couber ao recorrido.

Capítulo II
DOS DEVERES DAS PARTES E DE SEUS PROCURADORES

Seção I
Dos Deveres

Art. 77. Além de outros previstos neste Código, são deveres das partes, de seus procuradores e de todos aqueles que de qualquer forma participem do processo:

I – expor os fatos em juízo conforme a verdade;

• *Vide* art. 319, III, do CPC.

II – não formular pretensão ou de apresentar defesa quando cientes de que são destituídas de fundamento;

III – não produzir provas e não praticar atos inúteis ou desnecessários à declaração ou à defesa do direito;

IV – cumprir com exatidão as decisões jurisdicionais, de natureza provisória ou final, e não criar embaraços à sua efetivação;

•• *Vide* arts. 80 e 379 do CPC.

V – declinar, no primeiro momento que lhes couber falar nos autos, o endereço residencial ou profissional onde receberão intimações, atualizando essa informação sempre que ocorrer qualquer modificação temporária ou definitiva;

VI – não praticar inovação ilegal no estado de fato de bem ou direito litigioso;

VII – informar e manter atualizados seus dados cadastrais perante os órgãos do Poder Judiciário e, no caso do § 6.º do art. 246 deste Código, da Administração Tributária, para recebimento de citações e intimações.

•• Inciso VII acrescentado pela Lei n. 14.195, de 26-8-2021.

§ 1.º Nas hipóteses dos incisos IV e VI, o juiz advertirá qualquer das pessoas mencionadas no *caput* de que sua conduta poderá ser punida como ato atentatório à dignidade da justiça.

§ 2.º A violação ao disposto nos incisos IV e VI constitui ato atentatório à dignidade da justiça, devendo o juiz, sem prejuízo das sanções criminais, civis e processuais cabíveis, aplicar ao responsável multa de até vinte por cento do valor da causa, de acordo com a gravidade da conduta.

§ 3.º Não sendo paga no prazo a ser fixado pelo juiz, a multa prevista no § 2.º será inscrita como dívida ativa da União ou do Estado após o trânsito em julgado da decisão que a fixou, e sua execução observará o procedimento da execução fiscal, revertendo-se aos fundos previstos no art. 97.

• *Vide* Lei n. 6.830, de 22-9-1980.

§ 4.º A multa estabelecida no § 2.º poderá ser fixada independentemente da incidência das previstas nos arts. 523, § 1.º, e 536, § 1.º.

§ 5.º Quando o valor da causa for irrisório ou inestimável, a multa prevista no § 2.º poderá ser fixada em até 10 (dez) vezes o valor do salário mínimo.

§ 6.º Aos advogados públicos ou privados e aos membros da Defensoria Pública e do Ministério Público não se aplica o disposto nos §§ 2.º a 5.º, devendo eventual responsabilidade disciplinar ser apurada pelo respectivo órgão de classe ou corregedoria, ao qual o juiz oficiará.

§ 7.º Reconhecida violação ao disposto no inciso VI, o juiz determinará o restabelecimento do estado anterior, podendo, ainda, proibir a parte de falar nos autos até a purgação do atentado, sem prejuízo da aplicação do § 2.º.

§ 8.º O representante judicial da parte não pode ser compelido a cumprir decisão em seu lugar.

Art. 78. É vedado às partes, a seus procuradores, aos juízes, aos membros do Ministério Público e da Defensoria Pública e a qualquer pessoa que participe do processo

empregar expressões ofensivas nos escritos apresentados.
- •• Vide art. 360 do CPC.
- • Vide art. 7.º, § 2.º, do EAOAB.

§ 1.º Quando expressões ou condutas ofensivas forem manifestadas oral ou presencialmente, o juiz advertirá o ofensor de que não as deve usar ou repetir, sob pena de lhe ser cassada a palavra.
- • Vide art. 360 do CPC.
- • Vide art. 7.º, § 2.º, do EAOAB.

§ 2.º De ofício ou a requerimento do ofendido, o juiz determinará que as expressões ofensivas sejam riscadas e, a requerimento do ofendido, determinará a expedição de certidão com inteiro teor das expressões ofensivas e a colocará à disposição da parte interessada.

Seção II
Da Responsabilidade das Partes por Dano Processual

Art. 79. Responde por perdas e danos aquele que litigar de má-fé como autor, réu ou interveniente.
- •• Vide arts. 302 e 776 do CPC.

Art. 80. Considera-se litigante de má-fé aquele que:
- •• Vide arts. 142, 772, II, e 774 do CPC.

I – deduzir pretensão ou defesa contra texto expresso de lei ou fato incontroverso;
II – alterar a verdade dos fatos;
III – usar do processo para conseguir objetivo ilegal;
IV – opuser resistência injustificada ao andamento do processo;
V – proceder de modo temerário em qualquer incidente ou ato do processo;
VI – provocar incidente manifestamente infundado;
VII – interpuser recurso com intuito manifestamente protelatório.
- • Vide arts. 77, 142, 772, II, e 774, parágrafo único, do CPC.

Art. 81. De ofício ou a requerimento, o juiz condenará o litigante de má-fé a pagar multa, que deverá ser superior a um por cento e inferior a dez por cento do valor corrigido da causa, a indenizar a parte contrária pelos prejuízos que esta sofreu e a arcar com os honorários advocatícios e com todas as despesas que efetuou.
- • Vide art. 32 do EAOAB.

§ 1.º Quando forem 2 (dois) ou mais os litigantes de má-fé, o juiz condenará cada um na proporção de seu respectivo interesse na causa ou solidariamente aqueles que se coligaram para lesar a parte contrária.

§ 2.º Quando o valor da causa for irrisório ou inestimável, a multa poderá ser fixada em até 10 (dez) vezes o valor do salário mínimo.

§ 3.º O valor da indenização será fixado pelo juiz ou, caso não seja possível mensurá-lo, liquidado por arbitramento ou pelo procedimento comum, nos próprios autos.
- • Vide art. 85, § 8.º, do CPC.

Seção III
Das Despesas, dos Honorários Advocatícios e das Multas

Art. 82. Salvo as disposições concernentes à gratuidade da justiça, incumbe às partes prover as despesas dos atos que realizarem ou requererem no processo, antecipando-lhes o pagamento, desde o início até a sentença final ou, na execução, até a plena satisfação do direito reconhecido no título.

§ 1.º Incumbe ao autor adiantar as despesas relativas a ato cuja realização o juiz determinar de ofício ou a requerimento do Ministério Público, quando sua intervenção ocorrer como fiscal da ordem jurídica.

§ 2.º A sentença condenará o vencido a pagar ao vencedor as despesas que antecipou.
- •• Vide Súmulas 14 e 105 do STJ.
- • Vide Súmula 185 do STF.
- • Vide Lei n. 6.899, de 8-4-1981 (correção monetária).
- • Vide art. 23 do EAOAB.

Art. 83. O autor, brasileiro ou estrangeiro, que residir fora do Brasil ou deixar de residir no país ao longo da tramitação de processo prestará caução suficiente ao pagamento das custas e dos honorários de advogado da parte contrária nas ações que propuser, se não tiver no Brasil bens imóveis que lhes assegurem o pagamento.

§ 1.º Não se exigirá a caução de que trata o *caput*:

I – quando houver dispensa prevista em acordo ou tratado internacional de que o Brasil faz parte;
II – na execução fundada em título extrajudicial e no cumprimento de sentença;
III – na reconvenção.
- •• Vide art. 343 do CPC.

§ 2.º Verificando-se no trâmite do processo que se desfalcou a garantia, poderá o interessado exigir reforço da caução, justificando seu pedido com a indicação da depreciação do bem dado em garantia e a importância do reforço que pretende obter.

Art. 84. As despesas abrangem as custas dos atos do processo, a indenização de viagem, a remuneração do assistente técnico e a diária de testemunha.
- •• Vide art. 462 do CPC.

Art. 85. A sentença condenará o vencido a pagar honorários ao advogado do vencedor.
- •• Vide Súmulas 14 e 105 do STJ.
- • Vide Súmula 185 do STF.
- • Vide Lei n. 6.899, de 8-4-1981 (correção monetária).
- • Vide art. 23 do EAOAB.

§ 1.º São devidos honorários advocatícios na reconvenção, no cumprimento de sentença, provisório ou definitivo, na execução, resistida ou não, e nos recursos interpostos, cumulativamente.
- •• Vide art. 343 do CPC.

§ 2.º Os honorários serão fixados entre o mínimo de dez e o máximo de vinte por cento sobre o valor da condenação, do proveito econômico obtido ou, não sendo possível mensurá-lo, sobre o valor atualizado da causa, atendidos:

I – o grau de zelo do profissional;
II – o lugar de prestação do serviço;
III – a natureza e a importância da causa;
IV – o trabalho realizado pelo advogado e o tempo exigido para o seu serviço.

§ 3.º Nas causas em que a Fazenda Pública for parte, a fixação dos honorários observará os critérios estabelecidos nos incisos I a IV do § 2.º e os seguintes percentuais:

I – mínimo de dez e máximo de vinte por cento sobre o valor da condenação ou do proveito econômico obtido até 200 (duzentos) salários mínimos;

II – mínimo de oito e máximo de dez por cento sobre o valor da condenação ou do proveito econômico obtido acima de 200 (duzentos) salários mínimos até 2.000 (dois mil) salários mínimos;

III – mínimo de cinco e máximo de oito por cento sobre o valor da condenação ou do proveito econômico obtido acima de 2.000 (dois mil) salários mínimos até 20.000 (vinte mil) salários mínimos;

IV – mínimo de três e máximo de cinco por cento sobre o valor da condenação ou do proveito econômico obtido acima de 20.000 (vinte mil) salários mínimos até 100.000 (cem mil) salários mínimos;

V – mínimo de um e máximo de três por cento sobre o valor da condenação ou do proveito econômico obtido acima de 100.000 (cem mil) salários mínimos.

§ 4.º Em qualquer das hipóteses do § 3.º:
I – os percentuais previstos nos incisos I a V devem ser aplicados desde logo, quando for líquida a sentença;
II – não sendo líquida a sentença, a definição do percentual, nos termos previstos nos incisos I a V, somente ocorrerá quando liquidado o julgado;
III – não havendo condenação principal ou não sendo possível mensurar o proveito econômico obtido, a condenação em honorários dar-se-á sobre o valor atualizado da causa;
IV – será considerado o salário mínimo vigente quando prolatada sentença líquida ou o que estiver em vigor na data da decisão de liquidação.

§ 5.º Quando, conforme o caso, a condenação contra a Fazenda Pública ou o benefício econômico obtido pelo vencedor ou o valor da causa for superior ao valor previsto no inciso I do § 3.º, a fixação do percentual de honorários deve observar a faixa inicial e, naquilo que a exceder, a faixa subsequente, e assim sucessivamente.

§ 6.º Os limites e critérios previstos nos §§ 2.º e 3.º aplicam-se independentemente de qual seja o conteúdo da decisão, inclusive aos casos de improcedência ou de sentença sem resolução de mérito.

§ 6.º-A. Quando o valor da condenação ou do proveito econômico obtido ou o valor atualizado da causa for líquido ou liquidável, para fins de fixação dos honorários advocatícios, nos termos dos §§ 2.º e 3.º, é proibida a apreciação equitativa, salvo nas hipóteses expressamente previstas no § 8.º deste artigo.
•• § 6.º-A acrescentado pela Lei n. 14.365, de 2-6-2022.

§ 7.º Não serão devidos honorários no cumprimento de sentença contra a Fazenda Pública que enseje expedição de precatório, desde que não tenha sido impugnada.

§ 8.º Nas causas em que for inestimável ou irrisório o proveito econômico ou, ainda, quando o valor da causa for muito baixo, o juiz fixará o valor dos honorários por apreciação equitativa, observando o disposto nos incisos do § 2.º.
•• Vide Súmulas 153, 201 e 345 do STJ.
• Vide art. 140, parágrafo único, do CPC.

§ 8.º-A. Na hipótese do § 8.º deste artigo, para fins de fixação equitativa de honorários sucumbenciais, o juiz deverá observar os valores recomendados pelo Conselho Seccional da Ordem dos Advogados do Brasil a título de honorários advocatícios ou o limite mínimo de 10% (dez por cento) estabelecido no § 2.º deste artigo, aplicando-se o que for maior.
•• § 8.º-A acrescentado pela Lei n. 14.365, de 2-6-2022.

§ 9.º Na ação de indenização por ato ilícito contra pessoa, o percentual de honorários incidirá sobre a soma das prestações vencidas acrescida de 12 (doze) prestações vincendas.
•• Vide Súmulas 234, 389 e 512 do STF.
•• Vide Súmula 111 do STJ.

§ 10. Nos casos de perda do objeto, os honorários serão devidos por quem deu causa ao processo.

§ 11. O tribunal, ao julgar recurso, majorará os honorários fixados anteriormente levando em conta o trabalho adicional realizado em grau recursal, observando, conforme o caso, o disposto nos §§ 2.º a 6.º, sendo vedado ao tribunal, no cômputo geral da fixação de honorários devidos ao advogado do vencedor, ultrapassar os respectivos limites estabelecidos nos §§ 2.º e 3.º para a fase de conhecimento.

§ 12. Os honorários referidos no § 11 são cumuláveis com multas e outras sanções processuais, inclusive as previstas no art. 77.

§ 13. As verbas de sucumbência arbitradas em embargos à execução rejeitados ou julgados improcedentes e em fase de cumprimento de sentença serão acrescidas no valor do débito principal, para todos os efeitos legais.

§ 14. Os honorários constituem direito do advogado e têm natureza alimentar, com os mesmos privilégios dos créditos oriundos da legislação do trabalho, sendo vedada a compensação em caso de sucumbência parcial.

§ 15. O advogado pode requerer que o pagamento dos honorários que lhe caibam seja efetuado em favor da sociedade de advogados que integra na qualidade de sócio, aplicando-se à hipótese o disposto no § 14.

§ 16. Quando os honorários forem fixados em quantia certa, os juros moratórios incidirão a partir da data do trânsito em julgado da decisão.

§ 17. Os honorários serão devidos quando o advogado atuar em causa própria.

§ 18. Caso a decisão transitada em julgado seja omissa quanto ao direito aos honorários ou ao seu valor, é cabível ação autônoma para sua definição e cobrança.

§ 19. Os advogados públicos perceberão honorários de sucumbência, nos termos da lei.
•• O STF, na ADI n. 6.053, por maioria, "declarou a constitucionalidade da percepção de honorários de sucumbência pelos advogados públicos e julgou parcialmente procedente o pedido formulado na ação direta para, conferindo interpretação conforme à Constituição a este § 19, estabelecer que a somatória dos subsídios e honorários de sucumbência percebidos mensalmente pelos advogados públicos não poderá exceder ao teto dos Ministros do Supremo Tribunal Federal, conforme o que dispõe o art. 37, XI, da Constituição Federal", na sessão virtual de 12-6-2020 a 19-6-2020 (DOU de 1.º-7-2020).

§ 20. O disposto nos §§ 2.º, 3.º, 4.º, 5.º, 6.º, 6.º-A, 8.º, 8.º-A, 9.º e 10 deste artigo aplica-se aos honorários fixados por arbitramento judicial.
•• § 20 acrescentado pela Lei n. 14.365, de 2-6-2022.

Art. 86. Se cada litigante for, em parte, vencedor e vencido, serão proporcionalmente distribuídas entre eles as despesas.
• Vide art. 87 do CPC.

Parágrafo único. Se um litigante sucumbir em parte mínima do pedido, o outro responderá, por inteiro, pelas despesas e pelos honorários.

Art. 87. Concorrendo diversos autores ou diversos réus, os vencidos respondem proporcionalmente pelas despesas e pelos honorários.
• Vide art. 86 do CPC.

§ 1.º A sentença deverá distribuir entre os litisconsortes, de forma expressa, a responsabilidade proporcional pelo pagamento das verbas previstas no *caput*.

§ 2.º Se a distribuição de que trata o § 1.º não for feita, os vencidos responderão solidariamente pelas despesas e pelos honorários.

Art. 88. Nos procedimentos de jurisdição voluntária, as despesas serão adiantadas pelo requerente e rateadas entre os interessados.
• Vide arts. 719 a 770 do CPC.

Art. 89. Nos juízos divisórios, não havendo litígio, os interessados pagarão as despesas proporcionalmente a seus quinhões.
• Vide arts. 560 e s. do CPC.

Art. 90. Proferida sentença com fundamento em desistência, em renúncia ou em reconhecimento do pedido, as despesas e os honorários serão pagos pela parte que desistiu, renunciou ou reconheceu.
•• Vide art. 487 do CPC.

§ 1.º Sendo parcial a desistência, a renúncia ou o reconhecimento, a responsabilidade pelas despesas e pelos honorários será proporcional à parcela reconhecida, à qual se renunciou ou da qual se desistiu.

§ 2.º Havendo transação e nada tendo as partes disposto quanto às despesas, estas serão divididas igualmente.

§ 3.º Se a transação ocorrer antes da sentença, as partes ficam dispensadas do pagamento das custas processuais remanescentes, se houver.

§ 4.º Se o réu reconhecer a procedência do pedido e, simultaneamente, cumprir integralmente a prestação reconhecida, os honorários serão reduzidos pela metade.

Art. 91. As despesas dos atos processuais praticados a requerimento da Fazenda Pública, do Ministério Público ou da Defensoria Pública serão pagas ao final pelo vencido.
• Vide Súmula 483 do STJ.

§ 1.º As perícias requeridas pela Fazenda Pública, pelo Ministério Público ou pela Defensoria Pública poderão ser realizadas por entidade pública ou, havendo previsão orçamentária, ter os valores adiantados por aquele que requerer a prova.

§ 2.º Não havendo previsão orçamentária no exercício financeiro para adiantamento dos honorários periciais, eles serão pagos no exercício seguinte ou ao final, pelo vencido, caso o processo se encerre antes do adiantamento a ser feito pelo ente público.

Art. 92. Quando, a requerimento do réu, o juiz proferir sentença sem resolver o mérito, o autor não poderá propor novamente a ação sem pagar ou depositar em cartório as despesas e os honorários a que foi condenado.

Art. 93. As despesas de atos adiados ou cuja repetição for necessária ficarão a cargo da parte, do auxiliar da justiça, do órgão do Ministério Público ou da Defensoria Pública ou do juiz que, sem justo motivo, houver dado causa ao adiamento ou à repetição.
•• Vide arts. 143, 362, § 3.º, 485, § 3.º, e 455, § 5.º, do CPC.

Art. 94. Se o assistido for vencido, o assistente será condenado ao pagamento das custas em proporção à atividade que houver exercido no processo.
• Vide art. 121 do CPC.

Art. 95. Cada parte adiantará a remuneração do assistente técnico que houver indicado, sendo a do perito adiantada pela parte que houver requerido a perícia ou rateada quando a perícia for determinada de ofício ou requerida por ambas as partes.
•• Vide art. 84 do CPC.
• Vide arts. 464 e s. do CPC.
• Vide Súmula 232 do STJ.

§ 1.º O juiz poderá determinar que a parte responsável pelo pagamento dos honorários do perito deposite em juízo o valor correspondente.

§ 2.º A quantia recolhida em depósito bancário à ordem do juízo será corrigida monetariamente e paga de acordo com o art. 465, § 4.º.

§ 3.º Quando o pagamento da perícia for de responsabilidade de beneficiário de gratuidade da justiça, ela poderá ser:

I – custeada com recursos alocados no orçamento do ente público e realizada por servidor do Poder Judiciário ou por órgão público conveniado;

II – paga com recursos alocados no orçamento da União, do Estado ou do Distrito Federal, no caso de ser realizada por particular, hipótese em que o valor será fixado conforme tabela do tribunal respectivo ou, em caso de sua omissão, do Conselho Nacional de Justiça.

§ 4.º Na hipótese do § 3.º, o juiz, após o trânsito em julgado da decisão final, oficiará a Fazenda Pública para que promova, contra quem tiver sido condenado ao pagamento das despesas processuais, a execução dos valores gastos com a perícia particular ou com a utilização de servidor público ou da estrutura de órgão público, observando-se, caso o responsável pelo pagamento das despesas seja beneficiário de gratuidade da justiça, o disposto no art. 98, § 2.º.

§ 5.º Para fins de aplicação do § 3.º, é vedada a utilização de recursos do fundo de custeio da Defensoria Pública.

Art. 96. O valor das sanções impostas ao litigante de má-fé reverterá em benefício da parte contrária, e o valor das sanções impostas aos serventuários pertencerá ao Estado ou à União.
• • *Vide* arts. 81, 202, 234, 258, 468 e 968, II, do CPC.

Art. 97. A União e os Estados podem criar fundos de modernização do Poder Judiciário, aos quais serão revertidos os valores das sanções pecuniárias processuais destinadas à União e aos Estados, e outras verbas previstas em lei.

Seção IV
Da Gratuidade da Justiça

Art. 98. A pessoa natural ou jurídica, brasileira ou estrangeira, com insuficiência de recursos para pagar as custas, as despesas processuais e os honorários advocatícios tem direito à gratuidade da justiça, na forma da lei.
• • *Vide* art. 5.º, LXXIV, da CF.
• • Defensoria Pública: Lei Complementar n. 80, de 12-1-1994.

§ 1.º A gratuidade da justiça compreende:

I – as taxas ou as custas judiciais;

II – os selos postais;

III – as despesas com publicação na imprensa oficial, dispensando-se a publicação em outros meios;

IV – a indenização devida à testemunha que, quando empregada, receberá do empregador salário integral, como se em serviço estivesse;

V – as despesas com a realização de exame de código genético – DNA e de outros exames considerados essenciais;

VI – os honorários do advogado e do perito e a remuneração do intérprete ou do tradutor nomeado para apresentação de versão em português de documento redigido em língua estrangeira;

VII – o custo com a elaboração de memória de cálculo, quando exigida para instauração da execução;

VIII – os depósitos previstos em lei para interposição de recurso, para propositura de ação e para a prática de outros atos processuais inerentes ao exercício da ampla defesa e do contraditório;

IX – os emolumentos devidos a notários ou registradores em decorrência da prática de registro, averbação ou qualquer outro ato notarial necessário à efetivação de decisão judicial ou à continuidade de processo judicial no qual o benefício tenha sido concedido.

§ 2.º A concessão de gratuidade não afasta a responsabilidade do beneficiário pelas despesas processuais e pelos honorários advocatícios decorrentes de sua sucumbência.

§ 3.º Vencido o beneficiário, as obrigações decorrentes de sua sucumbência ficarão sob condição suspensiva de exigibilidade e somente poderão ser executadas se, nos 5 (cinco) anos subsequentes ao trânsito em julgado da decisão que as certificou, o credor demonstrar que deixou de existir a situação de insuficiência de recursos que justificou a concessão de gratuidade, extinguindo-se, passado esse prazo, tais obrigações do beneficiário.

§ 4.º A concessão de gratuidade não afasta o dever de o beneficiário pagar, ao final, as multas processuais que lhe sejam impostas.

§ 5.º A gratuidade poderá ser concedida em relação a algum ou a todos os atos processuais, ou consistir na redução percentual de despesas processuais que o beneficiário tiver de adiantar no curso do procedimento.

§ 6.º Conforme o caso, o juiz poderá conceder direito ao parcelamento de despesas processuais que o beneficiário tiver de adiantar no curso do procedimento.

§ 7.º Aplica-se o disposto no art. 95, §§ 3.º a 5.º, ao custeio dos emolumentos previstos no § 1.º, inciso IX, do presente artigo, observada a tabela e as condições da lei estadual ou distrital respectiva.

§ 8.º Na hipótese do § 1.º, inciso IX, havendo dúvida fundada quanto ao preenchimento atual dos pressupostos para a concessão de gratuidade, o notário ou registrador, após praticar o ato, pode requerer, ao juízo competente para decidir questões notariais ou registrais, a revogação total ou parcial do benefício ou a sua substituição pelo parcelamento de que trata o § 6.º deste artigo, caso em que o beneficiário será citado para, em 15 (quinze) dias, manifestar-se sobre esse requerimento.

Art. 99. O pedido de gratuidade da justiça pode ser formulado na petição inicial, na contestação, na petição para ingresso de terceiro no processo ou em recurso.
• *Vide* arts. 119 a 138, 319 a 331, 335 a 342 e 994 e s. do CPC.

§ 1.º Se superveniente à primeira manifestação da parte na instância, o pedido poderá ser formulado por petição simples, nos autos do próprio processo, e não suspenderá seu curso.

§ 2.º O juiz somente poderá indeferir o pedido se houver nos autos elementos que evidenciem a falta dos pressupostos legais para a concessão de gratuidade, devendo, antes de indeferir o pedido, determinar à parte a comprovação do preenchimento dos referidos pressupostos.

§ 3.º Presume-se verdadeira a alegação de insuficiência deduzida exclusivamente por pessoa natural.

§ 4.º A assistência do requerente por advogado particular não impede a concessão de gratuidade da justiça.

§ 5.º Na hipótese do § 4.º, o recurso que verse exclusivamente sobre valor de honorários de sucumbência fixados em favor do advogado de beneficiário estará sujeito a preparo, salvo se o próprio advogado demonstrar que tem direito à gratuidade.

§ 6.º O direito à gratuidade da justiça é pessoal, não se estendendo a litisconsorte ou a sucessor do beneficiário, salvo requerimento e deferimento expressos.

§ 7.º Requerida a concessão de gratuidade da justiça em recurso, o recorrente estará dispensado de comprovar o recolhimento do preparo, incumbindo ao relator, neste caso, apreciar o requerimento e, se indeferi-lo, fixar prazo para realização do recolhimento.

Art. 100. Deferido o pedido, a parte contrária poderá oferecer impugnação na contestação, na réplica, nas contrarrazões de recurso ou, nos casos de pedido superveniente ou formulado por terceiro, por meio de petição simples, a ser apresentada no prazo de 15 (quinze) dias, nos autos do próprio processo, sem suspensão de seu curso.

Parágrafo único. Revogado o benefício, a parte arcará com as despesas processuais que tiver deixado de adiantar e pagará, em caso de má-fé, até o décuplo de seu valor a título de multa, que será revertida em benefício da Fazenda Pública estadual ou federal e poderá ser inscrita em dívida ativa.
• • *Vide* Lei n. 6.830, de 22-9-1980.

Art. 101. Contra a decisão que indeferir a gratuidade ou a que acolher pedido de sua revogação caberá agravo de instrumento, exceto quando a questão for resolvida na sentença, contra a qual caberá apelação.

• *Vide* arts. 1.009 a 1.020 do CPC.

§ 1.º O recorrente estará dispensado do recolhimento de custas até decisão do relator sobre a questão, preliminarmente ao julgamento do recurso.

§ 2.º Confirmada a denegação ou a revogação da gratuidade, o relator ou o órgão colegiado determinará ao recorrente o recolhimento das custas processuais, no prazo de 5 (cinco) dias, sob pena de não conhecimento do recurso.

Art. 102. Sobrevindo o trânsito em julgado de decisão que revoga a gratuidade, a parte deverá efetuar o recolhimento de todas as despesas de cujo adiantamento foi dispensada, inclusive as relativas ao recurso interposto, se houver, no prazo fixado pelo juiz, sem prejuízo de aplicação das sanções previstas em lei.

Parágrafo único. Não efetuado o recolhimento, o processo será extinto sem resolução de mérito, tratando-se do autor, e, nos demais casos, não poderá ser deferida a realização de nenhum ato ou diligência requerida pela parte enquanto não efetuado o depósito.

Capítulo III
DOS PROCURADORES

Art. 103. A parte será representada em juízo por advogado regularmente inscrito na Ordem dos Advogados do Brasil.
•• *Vide* art. 133 da CF.
•• *Vide* arts. 111, 287 e 313, § 3.º, do CPC.
•• *Vide* art. 1.º, I, do EAOAB.
•• *Vide* art. 2.º da Lei n. 5.478, de 25-7-1968.

Parágrafo único. É lícito à parte postular em causa própria quando tiver habilitação legal.

Art. 104. O advogado não será admitido a postular em juízo sem procuração, salvo para evitar preclusão, decadência ou prescrição, ou para praticar ato considerado urgente.
•• *Vide* art. 287, parágrafo único, do CPC.
•• *Vide* Súmula 115 do STJ.

§ 1.º Nas hipóteses previstas no *caput*, o advogado deverá, independentemente de caução, exibir a procuração no prazo de 15 (quinze) dias, prorrogável por igual período por despacho do juiz.
• *Vide* art. 5.º, § 1.º, do EAOAB.

§ 2.º O ato não ratificado será considerado ineficaz relativamente àquele em cujo nome foi praticado, respondendo o advogado pelas despesas e por perdas e danos.

Art. 105. A procuração geral para o foro, outorgada por instrumento público ou particular assinado pela parte, habilita o advogado a praticar todos os atos do processo, exceto receber citação, confessar, reconhecer a procedência do pedido, transigir, desistir, renunciar ao direito sobre o qual se funda a ação, receber, dar quitação, firmar compromisso e assinar declaração de hipossuficiência econômica, que devem constar de cláusula específica.
•• *Vide* art. 390, § 1.º, do CPC.

§ 1.º A procuração pode ser assinada digitalmente, na forma da lei.
•• *Vide* Lei n. 11.419, de 19-12-2006, que dispõe sobre a informatização do processo judicial.

§ 2.º A procuração deverá conter o nome do advogado, seu número de inscrição na Ordem dos Advogados do Brasil e endereço completo.
•• *Vide* art. 4.º do EAOAB.

§ 3.º Se o outorgado integrar sociedade de advogados, a procuração também deverá conter o nome dessa, seu número de registro na Ordem dos Advogados do Brasil e endereço completo.
• *Vide* arts. 15 a 17 do EAOAB.

§ 4.º Salvo disposição expressa em sentido contrário constante do próprio instrumento, a procuração outorgada na fase de conhecimento é eficaz para todas as fases do processo, inclusive para o cumprimento de sentença.

Art. 106. Quando postular em causa própria, incumbe ao advogado:

I – declarar, na petição inicial ou na contestação, o endereço, seu número de inscrição na Ordem dos Advogados do Brasil e o nome da sociedade de advogados da qual participa, para o recebimento de intimações;

II – comunicar ao juízo qualquer mudança de endereço.

§ 1.º Se o advogado descumprir o disposto no inciso I, o juiz ordenará que se supra a omissão, no prazo de 5 (cinco) dias, antes de determinar a citação do réu, sob pena de indeferimento da petição.

§ 2.º Se o advogado infringir o previsto no inciso II, serão consideradas válidas as intimações enviadas por carta registrada ou meio eletrônico ao endereço constante dos autos.

Art. 107. O advogado tem direito a:
•• *Vide* art. 289 do CPC.
•• *Vide* art. 7.º do EAOAB.

I – examinar, em cartório de fórum e secretaria de tribunal, mesmo sem procuração, autos de qualquer processo, independentemente da fase de tramitação, assegurados a obtenção de cópias e o registro de anotações, salvo na hipótese de segredo de justiça, nas quais apenas o advogado constituído terá acesso aos autos;
•• *Vide* Súmula Vinculante 14 do STF.
• *Vide* art. 7.º, XIII a XV, do EAOAB.

II – requerer, como procurador, vista dos autos de qualquer processo, pelo prazo de 5 (cinco) dias;
• *Vide* art. 234 do CPC.

III – retirar os autos do cartório ou da secretaria, pelo prazo legal, sempre que neles lhe couber falar por determinação do juiz, nos casos previstos em lei.

§ 1.º Ao receber os autos, o advogado assinará carga em livro ou documento próprio.

§ 2.º Sendo o prazo comum às partes, os procuradores poderão retirar os autos somente em conjunto ou mediante prévio ajuste, por petição nos autos.

§ 3.º Na hipótese do § 2.º, é lícito ao procurador retirar os autos para obtenção de cópias, pelo prazo de 2 (duas) a 6 (seis) horas, independentemente de ajuste e sem prejuízo da continuidade do prazo.

§ 4.º O procurador perderá no mesmo processo o direito a que se refere o § 3.º se não devolver os autos tempestivamente, salvo se o prazo for prorrogado pelo juiz.

§ 5.º O disposto no inciso I do caput deste artigo aplica-se integralmente a processos eletrônicos.
•• § 5.º acrescentado pela Lei n. 13.793, de 3-1-2019.

Capítulo IV
DA SUCESSÃO DAS PARTES E DOS PROCURADORES

Art. 108. No curso do processo, somente é lícita a sucessão voluntária das partes nos casos expressos em lei.
•• *Vide* art. 778, § 1.º, do CPC.

Art. 109. A alienação da coisa ou do direito litigioso por ato entre vivos, a título particular, não altera a legitimidade das partes.
•• *Vide* arts. 59, 240, 778, § 1.º, 790, I, e 808 do CPC.

§ 1.º O adquirente ou cessionário não poderá ingressar em juízo, sucedendo o alienante ou cedente, sem que o consinta a parte contrária.

§ 2.º O adquirente ou cessionário poderá intervir no processo como assistente litisconsorcial do alienante ou cedente.
•• *Vide* arts. 119 a 124 do CPC.

§ 3.º Estendem-se os efeitos da sentença proferida entre as partes originárias ao adquirente ou cessionário.

Art. 110. Ocorrendo a morte de qualquer das partes, dar-se-á a sucessão pelo seu espólio ou pelos seus sucessores, observado o disposto no art. 313, §§ 1.º e 2.º.
•• *Vide* arts. 75, VII, 221 e 618 do CPC.

Art. 111. A parte que revogar o mandato outorgado a seu advogado constituirá, no mesmo ato, outro que assuma o patrocínio da causa.

Parágrafo único. Não sendo constituído novo procurador no prazo de 15 (quinze) dias, observar-se-á o disposto no art. 76.

Art. 112. O advogado poderá renunciar ao mandato a qualquer tempo, provando, na forma prevista neste Código, que comunicou a renúncia ao mandante, a fim de que este nomeie sucessor.
• *Vide* art. 313, I, do CPC.

§ 1.º Durante os 10 (dez) dias seguintes, o advogado continuará a representar o mandante, desde que necessário para lhe evitar prejuízo.
• *Vide* art. 13 do Código de Ética e Disciplina da OAB.

§ 2.º Dispensa-se a comunicação referida no *caput* quando a procuração tiver sido outorgada a vários advogados e a parte continuar representada por outro, apesar da renúncia.

TÍTULO II
DO LITISCONSÓRCIO

•• *Vide* art. 1.005 do CPC.

Art. 113. Duas ou mais pessoas podem litigar, no mesmo processo, em conjunto, ativa ou passivamente, quando:
- *Vide* art. 94, § 1.º, da Lei n. 11.101, de 9-2-2005 (Lei de Falências).

I – entre elas houver comunhão de direitos ou de obrigações relativamente à lide;

II – entre as causas houver conexão pelo pedido ou pela causa de pedir;
•• *Vide* art. 54 do CPC.
• *Vide* Súmula 235 do STJ.

III – ocorrer afinidade de questões por ponto comum de fato ou de direito.
- A Lei n. 3.751, de 13-4-1960 (art. 2.º, § 5.º), dispõe sobre a intervenção da Fazenda do Distrito Federal (Brasília) nos processos judiciais que lhe possam resultar direitos ou obrigações.

§ 1.º O juiz poderá limitar o litisconsórcio facultativo quanto ao número de litigantes na fase de conhecimento, na liquidação de sentença ou na execução, quando este comprometer a rápida solução do litígio ou dificultar a defesa ou o cumprimento da sentença.
•• *Vide* art. 139, II e III, do CPC.

§ 2.º O requerimento de limitação interrompe o prazo para manifestação ou resposta, que recomeçará da intimação da decisão que o solucionar.

Art. 114. O litisconsórcio será necessário por disposição de lei ou quando, pela natureza da relação jurídica controvertida, a eficácia da sentença depender da citação de todos que devam ser litisconsortes.
•• *Vide* Súmula 631 do STF.

Art. 115. A sentença de mérito, quando proferida sem a integração do contraditório, será:

I – nula, se a decisão deveria ser uniforme em relação a todos que deveriam ter integrado o processo;

II – ineficaz, nos outros casos, apenas para os que não foram citados.

Parágrafo único. Nos casos de litisconsórcio passivo necessário, o juiz determinará ao autor que requeira a citação de todos que devam ser litisconsortes, dentro do prazo que assinar, sob pena de extinção do processo.
•• *Vide* art. 485, III, do CPC.
• *Vide* Súmula 631 do STF.

Art. 116. O litisconsórcio será unitário quando, pela natureza da relação jurídica, o juiz tiver de decidir o mérito de modo uniforme para todos os litisconsortes.

Art. 117. Os litisconsortes serão considerados, em suas relações com a parte adversa, como litigantes distintos, exceto no litisconsórcio unitário, caso em que os atos e as omissões de um não prejudicarão os outros, mas os poderão beneficiar.
•• *Vide* art. 1.005 do CPC.

Art. 118. Cada litisconsorte tem o direito de promover o andamento do processo, e todos devem ser intimados dos respectivos atos.
•• *Vide* art. 229 do CPC.

TÍTULO III
DA INTERVENÇÃO DE TERCEIROS

Capítulo I
DA ASSISTÊNCIA

Seção I
Disposições Comuns

Art. 119. Pendendo causa entre 2 (duas) ou mais pessoas, o terceiro juridicamente interessado em que a sentença seja favorável a uma delas poderá intervir no processo para assisti-la.
• *Vide* art. 364, § 1.º, do CPC.

Parágrafo único. A assistência será admitida em qualquer procedimento e em todos os graus de jurisdição, recebendo o assistente o processo no estado em que se encontre.

Art. 120. Não havendo impugnação no prazo de 15 (quinze) dias, o pedido do assistente será deferido, salvo se for caso de rejeição liminar.

Parágrafo único. Se qualquer parte alegar que falta ao requerente interesse jurídico para intervir, o juiz decidirá o incidente, sem suspensão do processo.
• *Vide* art. 330, III, do CPC.

Seção II
Da Assistência Simples

Art. 121. O assistente simples atuará como auxiliar da parte principal, exercerá os mesmos poderes e sujeitar-se-á aos mesmos ônus processuais que o assistido.
• *Vide* art. 94 do CPC.

Parágrafo único. Sendo revel ou, de qualquer outro modo, omisso o assistido, o assistente será considerado seu substituto processual.
• *Vide* arts. 319 a 322 do CPC.

Art. 122. A assistência simples não obsta a que a parte principal reconheça a procedência do pedido, desista da ação, renuncie ao direito sobre o que se funda a ação ou transija sobre direitos controvertidos.

Art. 123. Transitada em julgado a sentença no processo em que interveio o assistente, este não poderá, em processo posterior, discutir a justiça da decisão, salvo se alegar e provar que:

I – pelo estado em que recebeu o processo ou pelas declarações e pelos atos do assistido, foi impedido de produzir provas suscetíveis de influir na sentença;

II – desconhecia a existência de alegações ou de provas das quais o assistido, por dolo ou culpa, não se valeu.
• *Vide* art. 506 do CPC.

Seção III
Da Assistência Litisconsorcial

Art. 124. Considera-se litisconsorte da parte principal o assistente sempre que a sentença influir na relação jurídica entre ele e o adversário do assistido.
• *Vide* art. 229 do CPC.

Capítulo II
DA DENUNCIAÇÃO DA LIDE

Art. 125. É admissível a denunciação da lide, promovida por qualquer das partes:

I – ao alienante imediato, no processo relativo à coisa cujo domínio foi transferido ao denunciante, a fim de que possa exercer os direitos que da evicção lhe resultam;

II – àquele que estiver obrigado, por lei ou pelo contrato, a indenizar, em ação regressiva, o prejuízo de quem for vencido no processo.

§ 1.º O direito regressivo será exercido por ação autônoma quando a denunciação da lide for indeferida, deixar de ser promovida ou não for permitida.

§ 2.º Admite-se uma única denunciação sucessiva, promovida pelo denunciado, contra seu antecessor imediato na cadeia dominial ou quem seja responsável por indenizá-lo, não podendo o denunciado sucessivo promover nova denunciação, hipótese em que eventual direito de regresso será exercido por ação autônoma.

Art. 126. A citação do denunciado será requerida na petição inicial, se o denunciante for autor, ou na contestação, se o denunciante for réu, devendo ser realizada na forma e nos prazos previstos no art. 131.

Art. 127. Feita a denunciação pelo autor, o denunciado poderá assumir a posição de litisconsorte do denunciante e acrescentar novos argumentos à petição inicial, procedendo-se em seguida à citação do réu.
•• *Vide* arts. 113 a 118 do CPC.

Art. 128. Feita a denunciação pelo réu:

I – se o denunciado contestar o pedido formulado pelo autor, o processo prosseguirá tendo, na ação principal, em litisconsórcio, denunciante e denunciado;

II – se o denunciado for revel, o denunciante pode deixar de prosseguir com sua defesa, eventualmente oferecida, e abster-se de recorrer, restringindo sua atuação à ação regressiva;
•• *Vide* art. 344 do CPC.

III – se o denunciado confessar os fatos alegados pelo autor na ação principal, o denunciante poderá prosseguir com sua defesa ou, aderindo a tal reconhecimento, pedir apenas a procedência da ação de regresso.

Parágrafo único. Procedente o pedido da ação principal, pode o autor, se for o caso, requerer o cumprimento da sentença também contra o denunciado, nos limites da condenação deste na ação regressiva.

Art. 129. Se o denunciante for vencido na ação principal, o juiz passará ao julgamento da denunciação da lide.

Parágrafo único. Se o denunciante for vencedor, a ação de denunciação não terá o seu pedido examinado, sem prejuízo da condenação do denunciado ao pagamento das verbas de sucumbência em favor do denunciado.

Capítulo III
DO CHAMAMENTO AO PROCESSO

Art. 130. É admissível o chamamento ao processo, requerido pelo réu:

I – do afiançado, na ação em que o fiador for réu;

II – dos demais fiadores, na ação proposta contra um ou alguns deles;

III – dos demais devedores solidários, quando o credor exigir de um ou de alguns o pagamento da dívida comum.

Art. 131. A citação daqueles que devam figurar em litisconsórcio passivo será requerida pelo réu na contestação e deve ser promovida no prazo de 30 (trinta) dias, sob pena de ficar sem efeito o chamamento.

Parágrafo único. Se o chamado residir em outra comarca, seção ou subseção judiciárias, ou em lugar incerto, o prazo será de 2 (dois) meses.

Art. 132. A sentença de procedência valerá como título executivo em favor do réu que satisfizer a dívida, a fim de que possa exigi-la, por inteiro, do devedor principal, ou, de cada um dos codevedores, a sua quota, na proporção que lhes tocar.

Capítulo IV
DO INCIDENTE DE DESCONSIDERAÇÃO DA PERSONALIDADE JURÍDICA

Art. 133. O incidente de desconsideração da personalidade jurídica será instaurado a pedido da parte ou do Ministério Público, quando lhe couber intervir no processo.

•• *Vide* arts. 795 e 1.062 do CPC.

§ 1.º O pedido de desconsideração da personalidade jurídica observará os pressupostos previstos em lei.

§ 2.º Aplica-se o disposto neste Capítulo à hipótese de desconsideração inversa da personalidade jurídica.

Art. 134. O incidente de desconsideração é cabível em todas as fases do processo de conhecimento, no cumprimento de sentença e na execução fundada em título executivo extrajudicial.

•• *Vide* art. 790, VII, do CPC.

§ 1.º A instauração do incidente será imediatamente comunicada ao distribuidor para as anotações devidas.

• *Vide* art. 134, § 1.º, do CPC.

§ 2.º Dispensa-se a instauração do incidente se a desconsideração da personalidade jurídica for requerida na petição inicial, hipótese em que será citado o sócio ou a pessoa jurídica.

§ 3.º A instauração do incidente suspenderá o processo, salvo na hipótese do § 2.º.

§ 4.º O requerimento deve demonstrar o preenchimento dos pressupostos legais específicos para desconsideração da personalidade jurídica.

Art. 135. Instaurado o incidente, o sócio ou a pessoa jurídica será citado para manifestar-se e requerer as provas cabíveis no prazo de 15 (quinze) dias.

Art. 136. Concluída a instrução, se necessária, o incidente será resolvido por decisão interlocutória.

Parágrafo único. Se a decisão for proferida pelo relator, cabe agravo interno.

Art. 137. Acolhido o pedido de desconsideração, a alienação ou a oneração de bens, havida em fraude de execução, será ineficaz em relação ao requerente.

Capítulo V
DO AMICUS CURIAE

Art. 138. O juiz ou o relator, considerando a relevância da matéria, a especificidade do tema objeto da demanda ou a repercussão social da controvérsia, poderá, por decisão irrecorrível, de ofício ou a requerimento das partes ou de quem pretenda manifestar-se, solicitar ou admitir a participação de pessoa natural ou jurídica, órgão ou entidade especializada, com representatividade adequada, no prazo de 15 (quinze) dias de sua intimação.

§ 1.º A intervenção de que trata o *caput* não implica alteração de competência nem autoriza a interposição de recursos, ressalvadas a oposição de embargos de declaração e a hipótese do § 3.º.

§ 2.º Caberá ao juiz ou ao relator, na decisão que solicitar ou admitir a intervenção, definir os poderes do *amicus curiae*.

§ 3.º O *amicus curiae* pode recorrer da decisão que julgar o incidente de resolução de demandas repetitivas.

TÍTULO IV
DO JUIZ E DOS AUXILIARES DA JUSTIÇA

Capítulo I
DOS PODERES, DOS DEVERES E DA RESPONSABILIDADE DO JUIZ

Art. 139. O juiz dirigirá o processo conforme as disposições deste Código, incumbindo-lhe:

I – assegurar às partes igualdade de tratamento;

•• *Vide* Súmula 121 do STJ.

II – velar pela duração razoável do processo;

• O art. 35, II, da Lei Complementar n. 35, de 14-3-1979, dispõe sobre excesso de prazo.

III – prevenir ou reprimir qualquer ato contrário à dignidade da justiça e indeferir postulações meramente protelatórias;

•• *Vide* arts. 78, 360, 772, II, e 774 do CPC.

IV – determinar todas as medidas indutivas, coercitivas, mandamentais ou sub-rogatórias necessárias para assegurar o cumprimento de ordem judicial, inclusive nas ações que tenham por objeto prestação pecuniária;

V – promover, a qualquer tempo, a autocomposição, preferencialmente com auxílio de conciliadores e mediadores judiciais;

VI – dilatar os prazos processuais e alterar a ordem de produção dos meios de prova, adequando-os às necessidades do conflito de modo a conferir maior efetividade à tutela do direito;

VII – exercer o poder de polícia, requisitando, quando necessário, força policial, além da segurança interna dos fóruns e tribunais;

VIII – determinar, a qualquer tempo, o comparecimento pessoal das partes, para inquiri-las sobre os fatos da causa, hipótese em que não incidirá a pena de confesso;

IX – determinar o suprimento de pressupostos processuais e o saneamento de outros vícios processuais;

X – quando se deparar com diversas demandas individuais repetitivas, oficiar o Ministério Público, a Defensoria Pública e, na medida do possível, outros legitimados a que se referem o art. 5.º da Lei n. 7.347, de 24 de julho de 1985, e o art. 82 da Lei n. 8.078, de 11 de setembro de 1990, para, se for o caso, promover a propositura da ação coletiva respectiva.

Parágrafo único. A dilação de prazos prevista no inciso VI somente pode ser determinada antes de encerrado o prazo regular.

Art. 140. O juiz não se exime de decidir sob a alegação de lacuna ou obscuridade do ordenamento jurídico.

•• *Vide* arts. 4.º e 5.º da LINDB (Decreto-lei n. 4.657, de 4-9-1942).

• *Vide* art. 375 do CPC.

Parágrafo único. O juiz só decidirá por equidade nos casos previstos em lei.

• *Vide* art. 375 do CPC.

Art. 141. O juiz decidirá o mérito nos limites propostos pelas partes, sendo-lhe vedado conhecer de questões não suscitadas a cujo respeito a lei exige iniciativa da parte.

• *Vide* arts. 490 e 492 do CPC.

Art. 142. Convencendo-se, pelas circunstâncias, de que autor e réu se serviram do processo para praticar ato simulado ou conseguir fim vedado por lei, o juiz proferirá decisão que impeça os objetivos das partes, aplicando, de ofício, as penalidades da litigância de má-fé.

•• *Vide* arts. 79 a 81 e 96 do CPC.

Art. 143. O juiz responderá, civil e regressivamente, por perdas e danos quando:

•• *Vide* art. 37, § 6.º, da CF.

• *Vide* arts. 402 e s. e 927 do CC.

I – no exercício de suas funções, proceder com dolo ou fraude;

II – recusar, omitir ou retardar, sem justo motivo, providência que deva ordenar de ofício ou a requerimento da parte.

•• O art. 319 do CP dispõe sobre o crime de prevaricação.

Parágrafo único. As hipóteses previstas no inciso II somente serão verificadas depois que a parte requerer ao juiz que determine a providência e o requerimento não for apreciado no prazo de 10 (dez) dias.

•• *Vide* art. 226 do CPC.

• *Vide* arts. 93 e 235 do CPC.

Capítulo II
DOS IMPEDIMENTOS E DA SUSPEIÇÃO

Art. 144. Há impedimento do juiz, sendo-lhe vedado exercer suas funções no processo:
•• *Vide* art. 966, II, do CPC.

I – em que interveio como mandatário da parte, oficiou como perito, funcionou como membro do Ministério Público ou prestou depoimento como testemunha;
• *Vide* art. 452, I, do CPC.

II – de que conheceu em outro grau de jurisdição, tendo proferido decisão;
• *Vide* Súmula 252 do STF.

III – quando nele estiver postulando, como defensor público, advogado ou membro do Ministério Público, seu cônjuge ou companheiro, ou qualquer parente, consanguíneo ou afim, em linha reta ou colateral, até o terceiro grau, inclusive;

IV – quando for parte no processo ele próprio, seu cônjuge ou companheiro, ou parente, consanguíneo ou afim, em linha reta ou colateral, até o terceiro grau, inclusive;

V – quando for sócio ou membro de direção ou de administração de pessoa jurídica parte no processo;

VI – quando for herdeiro presuntivo, donatário ou empregador de qualquer das partes;

VII – em que figure como parte instituição de ensino com a qual tenha relação de emprego ou decorrente de contrato de prestação de serviços;

VIII – em que figure como parte cliente do escritório de advocacia de seu cônjuge, companheiro ou parente, consanguíneo ou afim, em linha reta ou colateral, até o terceiro grau, inclusive, mesmo que patrocinado por advogado de outro escritório;
•• O STF, na ADI n. 5.953, na sessão virtual de 11-8-2023 a 21-8-2023 (*DOU* de 4-9-2023), por maioria, declarou a inconstitucionalidade deste inciso VIII.

IX – quando promover ação contra a parte ou seu advogado.

§ 1.º Na hipótese do inciso III, o impedimento só se verifica quando o defensor público, o advogado ou o membro do Ministério Público já integrava o processo antes do início da atividade judicante do juiz.

§ 2.º É vedada a criação de fato superveniente a fim de caracterizar impedimento do juiz.

§ 3.º O impedimento previsto no inciso III também se verifica no caso de mandato conferido a membro de escritório de advocacia que tenha em seus quadros advogado que individualmente ostente a condição nele prevista, mesmo que não intervenha diretamente no processo.

Art. 145. Há suspeição do juiz:

I – amigo íntimo ou inimigo de qualquer das partes ou de seus advogados;

II – que receber presentes de pessoas que tiverem interesse na causa antes ou depois de iniciado o processo, que aconselhar alguma das partes acerca do objeto da causa ou que subministrar meios para atender às despesas do litígio;

III – quando qualquer das partes for sua credora ou devedora, de seu cônjuge ou companheiro ou de parentes destes, em linha reta até o terceiro grau, inclusive;

IV – interessado no julgamento do processo em favor de qualquer das partes.
•• *Vide* art. 148 do CPC.

§ 1.º Poderá o juiz declarar-se suspeito por motivo de foro íntimo, sem necessidade de declarar suas razões.

§ 2.º Será ilegítima a alegação de suspeição quando:

I – houver sido provocada por quem a alega;

II – a parte que a alega houver praticado ato que signifique manifesta aceitação do arguido.

Art. 146. No prazo de 15 (quinze) dias, a contar do conhecimento do fato, a parte alegará o impedimento ou a suspeição, em petição específica dirigida ao juiz do processo, na qual indicará o fundamento da recusa, podendo instruí-la com documentos em que se fundar a alegação e com rol de testemunhas.
•• *Vide* art. 313, III, do CPC.

§ 1.º Se reconhecer o impedimento ou a suspeição ao receber a petição, o juiz ordenará imediatamente a remessa dos autos a seu substituto legal, caso contrário, determinará a autuação em apartado da petição e, no prazo de 15 (quinze) dias, apresentará suas razões, acompanhadas de documentos e de rol de testemunhas, se houver, ordenando a remessa do incidente ao tribunal.

§ 2.º Distribuído o incidente, o relator deverá declarar os seus efeitos, sendo que, se o incidente for recebido:

I – sem efeito suspensivo, o processo voltará a correr;

II – com efeito suspensivo, o processo permanecerá suspenso até o julgamento do incidente.

§ 3.º Enquanto não for declarado o efeito em que é recebido o incidente ou quando este for recebido com efeito suspensivo, a tutela de urgência será requerida ao substituto legal.

§ 4.º Verificando que a alegação de impedimento ou de suspeição é improcedente, o tribunal rejeitá-la-á.

§ 5.º Acolhida a alegação, tratando-se de impedimento ou de manifesta suspeição, o tribunal condenará o juiz nas custas e remeterá os autos ao seu substituto legal, podendo o juiz recorrer da decisão.

§ 6.º Reconhecido o impedimento ou a suspeição, o tribunal fixará o momento a partir do qual o juiz não poderia ter atuado.

§ 7.º O tribunal decretará a nulidade dos atos do juiz, se praticados quando já presente o motivo de impedimento ou de suspeição.

Art. 147. Quando 2 (dois) ou mais juízes forem parentes, consanguíneos ou afins, em linha reta ou colateral, até o terceiro grau, inclusive, o primeiro que conhecer do processo impede que o outro nele atue, caso em que o segundo se escusará, remetendo os autos ao seu substituto legal.

Art. 148. Aplicam-se os motivos de impedimento e de suspeição:

I – ao membro do Ministério Público;
• *Vide* arts. 176 a 181 do CPC.

II – aos auxiliares da justiça;
• *Vide* arts. 149 a 175 do CPC.

III – aos demais sujeitos imparciais do processo.

§ 1.º A parte interessada deverá arguir o impedimento ou a suspeição, em petição fundamentada e devidamente instruída, na primeira oportunidade em que lhe couber falar nos autos.

§ 2.º O juiz mandará processar o incidente em separado e sem suspensão do processo, ouvindo o arguido no prazo de 15 (quinze) dias e facultando a produção de prova, quando necessária.

§ 3.º Nos tribunais, a arguição a que se refere o § 1.º será disciplinada pelo regimento interno.

§ 4.º O disposto nos §§ 1.º e 2.º não se aplica à arguição de impedimento ou de suspeição de testemunha.

Capítulo III
DOS AUXILIARES DA JUSTIÇA

Art. 149. São auxiliares da Justiça, além de outros cujas atribuições sejam determinadas pelas normas de organização judiciária, o escrivão, o chefe de secretaria, o oficial de justiça, o perito, o depositário, o administrador, o intérprete, o tradutor, o mediador, o conciliador judicial, o partidor, o distribuidor, o contabilista e o regulador de avarias.

Seção I
Do Escrivão, do Chefe de Secretaria e do Oficial de Justiça

Art. 150. Em cada juízo haverá um ou mais ofícios de justiça, cujas atribuições serão determinadas pelas normas de organização judiciária.

Art. 151. Em cada comarca, seção ou subseção judiciária haverá, no mínimo, tantos oficiais de justiça quantos sejam os juízes.

Art. 152. Incumbe ao escrivão ou ao chefe de secretaria:

I – redigir, na forma legal, os ofícios, os mandados, as cartas precatórias e os demais atos que pertençam ao seu ofício;

II – efetivar as ordens judiciais, realizar citações e intimações, bem como praticar todos os demais atos que lhe forem atribuídos pelas normas de organização judiciária;

III – comparecer às audiências ou, não podendo fazê-lo, designar servidor para substituí-lo;

IV – manter sob sua guarda e responsabilidade os autos, não permitindo que saiam do cartório, exceto:
a) quando tenham de seguir à conclusão do juiz;
b) com vista a procurador, à Defensoria Pública, ao Ministério Público ou à Fazenda Pública;
c) quando devam ser remetidos ao contabilista ou ao partidor;
d) quando forem remetidos a outro juízo em razão da modificação da competência;
V – fornecer certidão de qualquer ato ou termo do processo, independentemente de despacho, observadas as disposições referentes ao segredo de justiça;
VI – praticar, de ofício, os atos meramente ordinatórios.
§ 1.º O juiz titular editará ato a fim de regulamentar a atribuição prevista no inciso VI.
§ 2.º No impedimento do escrivão ou chefe de secretaria, o juiz convocará substituto e, não o havendo, nomeará pessoa idônea para o ato.
Art. 153. O escrivão ou o chefe de secretaria atenderá, preferencialmente, à ordem cronológica de recebimento para publicação e efetivação dos pronunciamentos judiciais.
•• *Caput* com redação determinada pela Lei n. 13.256, de 4-2-2016.
§ 1.º A lista de processos recebidos deverá ser disponibilizada, de forma permanente, para consulta pública.
§ 2.º Estão excluídos da regra do *caput*:
I – os atos urgentes, assim reconhecidos pelo juiz no pronunciamento judicial a ser efetivado;
II – as preferências legais.
§ 3.º Após elaboração de lista própria, respeitar-se-ão a ordem cronológica de recebimento entre os atos urgentes e as preferências legais.
§ 4.º A parte que se considerar preterida na ordem cronológica poderá reclamar, nos próprios autos, ao juiz do processo, que requisitará informações ao servidor, a serem prestadas no prazo de 2 (dois) dias.
§ 5.º Constatada a preterição, o juiz determinará o imediato cumprimento do ato e a instauração de processo administrativo disciplinar contra o servidor.
Art. 154. Incumbe ao oficial de justiça:
I – fazer pessoalmente citações, prisões, penhoras, arrestos e demais diligências próprias do seu ofício, sempre que possível na presença de 2 (duas) testemunhas, certificando no mandado o ocorrido, com menção ao lugar, ao dia e à hora;
II – executar as ordens do juiz a que estiver subordinado;
III – entregar o mandado em cartório após seu cumprimento;
IV – auxiliar o juiz na manutenção da ordem;

V – efetuar avaliações, quando for o caso;
VI – certificar, em mandado, proposta de autocomposição apresentada por qualquer das partes, na ocasião de realização de ato de comunicação que lhe couber.
Parágrafo único. Certificada a proposta de autocomposição prevista no inciso VI, o juiz ordenará a intimação da parte contrária para manifestar-se, no prazo de 5 (cinco) dias, sem prejuízo do andamento regular do processo, entendendo-se o silêncio como recusa.
Art. 155. O escrivão, o chefe de secretaria e o oficial de justiça são responsáveis, civil e regressivamente, quando:
•• *Vide* art. 37, § 6.º, da CF.
I – sem justo motivo, se recusarem a cumprir no prazo os atos impostos pela lei ou pelo juiz a que estão subordinados;
II – praticarem ato nulo com dolo ou culpa.

Seção II
Do Perito

Art. 156. O juiz será assistido por perito quando a prova do fato depender de conhecimento técnico ou científico.
• *Vide* Súmula 232 do STJ.
§ 1.º Os peritos serão nomeados entre os profissionais legalmente habilitados e os órgãos técnicos ou científicos devidamente inscritos em cadastro mantido pelo tribunal ao qual o juiz está vinculado.
§ 2.º Para formação do cadastro, os tribunais devem realizar consulta pública, por meio de divulgação na rede mundial de computadores ou em jornais de grande circulação, além de consulta direta a universidades, a conselhos de classe, ao Ministério Público, à Defensoria Pública e à Ordem dos Advogados do Brasil, para a indicação de profissionais ou de órgãos técnicos interessados.
§ 3.º Os tribunais realizarão avaliações e reavaliações periódicas para manutenção do cadastro, considerando a formação profissional, a atualização do conhecimento e a experiência dos peritos interessados.
§ 4.º Para verificação de eventual impedimento ou motivo de suspeição, nos termos dos arts. 148 e 467, o órgão técnico ou científico nomeado para realização da perícia informará ao juiz os nomes e os dados de qualificação dos profissionais que participarão da atividade.
§ 5.º Na localidade onde não houver inscrito no cadastro disponibilizado pelo tribunal, a nomeação do perito é de livre escolha pelo juiz e deverá recair sobre profissional ou órgão técnico ou científico comprovadamente detentor do conhecimento necessário à realização da perícia.
Art. 157. O perito tem o dever de cumprir o ofício no prazo que lhe designar o juiz, empregando toda sua diligência, podendo escusar-se do encargo alegando motivo legítimo.
•• *Vide* arts. 466 e 467 do CPC.

§ 1.º A escusa será apresentada no prazo de 15 (quinze) dias, contado da intimação, da suspeição ou do impedimento supervenientes, sob pena de renúncia ao direito a alegá-la.
§ 2.º Será organizada lista de peritos na vara ou na secretaria, com disponibilização dos documentos exigidos para habilitação à consulta de interessados, para que a nomeação seja distribuída de modo equitativo, observadas a capacidade técnica e a área de conhecimento.
Art. 158. O perito que, por dolo ou culpa, prestar informações inverídicas responderá pelos prejuízos que causar à parte e ficará inabilitado para atuar em outras perícias no prazo de 2 (dois) a 5 (cinco) anos, independentemente das demais sanções previstas em lei, devendo o juiz comunicar o fato ao respectivo órgão de classe para adoção das medidas que entender cabíveis.
•• O art. 342 do CP dispõe sobre falso testemunho ou falsa perícia.

Seção III
Do Depositário e do Administrador

Art. 159. A guarda e a conservação de bens penhorados, arrestados, sequestrados ou arrecadados serão confiadas a depositário ou a administrador, não dispondo a lei de outro modo.
•• *Vide* art. 5.º, LXVII, da CF.
• *Vide* art. 840 do CPC.
Art. 160. Por seu trabalho o depositário ou o administrador perceberá remuneração que o juiz fixará levando em conta a situação dos bens, ao tempo do serviço e às dificuldades de sua execução.
Parágrafo único. O juiz poderá nomear um ou mais prepostos por indicação do depositário ou do administrador.
Art. 161. O depositário ou o administrador responde pelos prejuízos que, por dolo ou culpa, causar à parte, perdendo a remuneração que lhe foi arbitrada, mas tem o direito a haver o que legitimamente despendeu no exercício do encargo.
•• *Vide* art. 553 do CPC.
Parágrafo único. O depositário infiel responde civilmente pelos prejuízos causados, sem prejuízo de sua responsabilidade penal e da imposição de sanção por ato atentatório à dignidade da justiça.
• O art. 168, § 1.º, II, do CP, estabelece o aumento de pena do crime de apropriação indébita para o depositário judicial.

Seção IV
Do Intérprete e do Tradutor

•• A Lei n. 14.195, de 26-8-2021, dispõe sobre a profissão de tradutor e intérprete público.
Art. 162. O juiz nomeará intérprete ou tradutor quando necessário para:
I – traduzir documento redigido em língua estrangeira;
II – verter para o português as declarações das partes e das testemunhas que não conhecerem o idioma nacional;
• *Vide* art. 192 do CPC.

III – realizar a interpretação simultânea dos depoimentos das partes e testemunhas com deficiência auditiva que se comuniquem por meio da Língua Brasileira de Sinais, ou equivalente, quando assim for solicitado.

Art. 163. Não pode ser intérprete ou tradutor quem:

I – não tiver a livre administração de seus bens;

II – for arrolado como testemunha ou atuar como perito no processo;

III – estiver inabilitado para o exercício da profissão por sentença penal condenatória, enquanto durarem seus efeitos.

Art. 164. O intérprete ou tradutor, oficial ou não, é obrigado a desempenhar seu ofício, aplicando-se-lhe o disposto nos arts. 157 e 158.

Seção V
Dos Conciliadores e Mediadores Judiciais

•• *Vide* Lei n. 13.140, de 26-6-2015, que dispõe sobre a mediação entre particulares como meio de solução de controvérsias e sobre a autocomposição de conflitos no âmbito da Administração Pública.

• A Resolução n. 125, de 29-11-2010, dispõe sobre conflitos de interesses do Judiciário.

Art. 165. Os tribunais criarão centros judiciários de solução consensual de conflitos, responsáveis pela realização de sessões e audiências de conciliação e mediação e pelo desenvolvimento de programas destinados a auxiliar, orientar e estimular a autocomposição.

•• *Vide* art. 334 do CPC.

•• *Vide* arts. 24 a 29 da Lei n. 13.140, de 26-6-2015.

§ 1.º A composição e a organização dos centros serão definidas pelos respectivo tribunal, observadas as normas do Conselho Nacional de Justiça.

§ 2.º O conciliador, que atuará preferencialmente nos casos em que não houver vínculo anterior entre as partes, poderá sugerir soluções para o litígio, sendo vedada a utilização de qualquer tipo de constrangimento ou intimidação para que as partes concilíem.

§ 3.º O mediador, que atuará preferencialmente nos casos em que houver vínculo anterior entre as partes, auxiliará aos interessados a compreender as questões e os interesses em conflito, de modo que eles possam, pelo restabelecimento da comunicação, identificar, por si próprios, soluções consensuais que gerem benefícios mútuos.

Art. 166. A conciliação e a mediação são informadas pelos princípios da independência, da imparcialidade, da autonomia da vontade, da confidencialidade, da oralidade, da informalidade e da decisão informada.

§ 1.º A confidencialidade estende-se a todas as informações produzidas no curso do procedimento, cujo teor não poderá ser utilizado para fim diverso daquele previsto por expressa deliberação das partes.

§ 2.º Em razão do dever de sigilo, inerente às suas funções, o conciliador e o mediador, assim como os membros de suas equipes, não poderão divulgar ou depor acerca de fatos ou elementos oriundos da conciliação ou da mediação.

§ 3.º Admite-se a aplicação de técnicas negociais, com o objetivo de proporcionar ambiente favorável à autocomposição.

§ 4.º A mediação e a conciliação serão regidas conforme a livre autonomia dos interessados, inclusive no que diz respeito à definição das regras procedimentais.

Art. 167. Os conciliadores, os mediadores e as câmaras privadas de conciliação e mediação serão inscritos em cadastro nacional e em cadastro de tribunal de justiça ou de tribunal regional federal, que manterá registro de profissionais habilitados, com indicação de sua área profissional.

•• *Vide* art. 12 da Lei n. 13.140, de 26-6-2015.

§ 1.º Preenchendo o requisito da capacitação mínima, por meio de curso realizado por entidade credenciada, conforme parâmetro curricular definido pelo Conselho Nacional de Justiça em conjunto com o Ministério da Justiça, o conciliador ou o mediador, com o respectivo certificado, poderá requerer sua inscrição no cadastro nacional e no cadastro de tribunal de justiça ou de tribunal regional federal.

•• *Vide* art. 11 da Lei n. 13.140, de 26-6-2015.

§ 2.º Efetivado o registro, que poderá ser precedido de concurso público, o tribunal remeterá ao diretor do foro da comarca, seção ou subseção judiciária onde atuará o conciliador ou o mediador os dados necessários para que seu nome passe a constar da respectiva lista, a ser observada na distribuição alternada e aleatória, respeitado o princípio da igualdade dentro da mesma área de atuação profissional.

§ 3.º Do credenciamento das câmaras e do cadastro de conciliadores e mediadores constarão todos os dados relevantes para a sua atuação, tais como o número de processos de que participou, o sucesso ou insucesso da atividade, a matéria sobre a qual versou a controvérsia, bem como outros dados que o tribunal julgar relevantes.

§ 4.º Os dados colhidos na forma do § 3.º serão classificados sistematicamente pelo tribunal, que os publicará, ao menos anualmente, para conhecimento da população e para fins estatísticos e de avaliação da conciliação, da mediação, das câmaras privadas de conciliação e de mediação, dos conciliadores e dos mediadores.

§ 5.º Os conciliadores e mediadores judiciais cadastrados na forma do *caput*, se advogados, estarão impedidos de exercer a advocacia nos juízos em que desempenhem suas funções.

§ 6.º O tribunal poderá optar pela criação de quadro próprio de conciliadores e mediadores, a ser preenchido por concurso público de provas e títulos, observadas as disposições deste Capítulo.

Art. 168. As partes podem escolher, de comum acordo, o conciliador, o mediador ou a câmara privada de conciliação e de mediação.

§ 1.º O conciliador ou mediador escolhido pelas partes poderá ou não estar cadastrado no tribunal.

§ 2.º Inexistindo acordo quanto à escolha do mediador ou conciliador, haverá distribuição entre aqueles cadastrados no registro do tribunal, observada a respectiva formação.

§ 3.º Sempre que recomendável, haverá a designação de mais de um mediador ou conciliador.

Art. 169. Ressalvada a hipótese do art. 167, § 6.º, o conciliador e o mediador receberão pelo seu trabalho remuneração prevista em tabela fixada pelo tribunal, conforme parâmetros estabelecidos pelo Conselho Nacional de Justiça.

•• *Vide* art. 13 da Lei n. 13.140, de 26-6-2015.

§ 1.º A mediação e a conciliação podem ser realizadas como trabalho voluntário, observada a legislação pertinente e a regulamentação do tribunal.

§ 2.º Os tribunais determinarão o percentual de audiências não remuneradas que deverão ser suportadas pelas câmaras privadas de conciliação e mediação, com o fim de atender aos processos em que deferida gratuidade da justiça, como contrapartida de seu credenciamento.

Art. 170. No caso de impedimento, o conciliador ou mediador o comunicará imediatamente, de preferência por meio eletrônico, e devolverá os autos ao juiz do processo ou ao coordenador do centro judiciário de solução de conflitos, devendo este realizar nova distribuição.

Parágrafo único. Se a causa de impedimento for apurada quando já iniciado o procedimento, a atividade será interrompida, lavrando-se ata com relatório do ocorrido e solicitação de distribuição para novo conciliador ou mediador.

Art. 171. No caso de impossibilidade temporária do exercício da função, o conciliador ou mediador informará o fato ao centro, preferencialmente por meio eletrônico, para que, durante o período em que perdurar a impossibilidade, não haja novas distribuições.

Art. 172. O conciliador e o mediador ficam impedidos, pelo prazo de 1 (um) ano, contado do término da última audiência em que atuaram, de assessorar, representar ou patrocinar qualquer das partes.

Art. 173. Será excluído do cadastro de conciliadores e mediadores aquele que:

I – agir com dolo ou culpa na condução da conciliação ou da mediação sob sua responsabilidade ou violar qualquer dos deveres decorrentes do art. 166, §§ 1.º e 2.º;

II – atuar em procedimento de mediação ou conciliação, apesar de impedido ou suspeito.

§ 1.º Os casos previstos neste artigo serão apurados em processo administrativo.

§ 2.º O juiz do processo ou o juiz coordenador do centro de conciliação e mediação, se houver, verificando atuação inadequada do mediador ou conciliador, poderá afastá-lo de suas atividades por até 180 (cento e oitenta) dias, por decisão fundamentada, informando o fato imediatamente ao tribunal para instauração do respectivo processo administrativo.

Art. 174. A União, os Estados, o Distrito Federal e os Municípios criarão câmaras de mediação e conciliação, com atribuições relacionadas à solução consensual de conflitos no âmbito administrativo, tais como:

I – dirimir conflitos envolvendo órgãos e entidades da administração pública;
II – avaliar a admissibilidade dos pedidos de resolução de conflitos, por meio de conciliação, no âmbito da administração pública;
III – promover, quando couber, a celebração de termo de ajustamento de conduta.

Art. 175. As disposições desta Seção não excluem outras formas de conciliação e mediação extrajudiciais vinculadas a órgãos institucionais ou realizadas por intermédio de profissionais independentes, que poderão ser regulamentadas por lei específica.

Parágrafo único. Os dispositivos desta Seção aplicam-se, no que couber, às câmaras privadas de conciliação e mediação.

TÍTULO V
DO MINISTÉRIO PÚBLICO

•• *Vide* arts. 127 a 130-A da CF.
•• Lei Orgânica Nacional do Ministério Público: Lei n. 8.625, de 12-2-1993.
•• Organização, atribuições e Estatuto do Ministério Público da União: Lei Complementar n. 75, de 20-5-1993.
• *Vide* Súmula 99 do STJ.

Art. 176. O Ministério Público atuará na defesa da ordem jurídica, do regime democrático e dos interesses e direitos sociais e individuais indisponíveis.

Art. 177. O Ministério Público exercerá o direito de ação em conformidade com suas atribuições constitucionais.

•• *Vide* arts. 180 e 272 do CPC.

Art. 178. O Ministério Público será intimado para, no prazo de 30 (trinta) dias, intervir como fiscal da ordem jurídica nas hipóteses previstas em lei ou na Constituição Federal e nos processos que envolvam:

•• *Vide* art. 279 do CPC.

I – interesse público ou social;
II – interesse de incapaz;
III – litígios coletivos pela posse de terra rural ou urbana.

•• *Vide* art. 279 do CPC.

Parágrafo único. A participação da Fazenda Pública não configura, por si só, hipótese de intervenção do Ministério Público.

Art. 179. Nos casos de intervenção como fiscal da ordem jurídica, o Ministério Público:

I – terá vista dos autos depois das partes, sendo intimado de todos os atos do processo;

•• *Vide* arts. 234 e 235 do CPC.

II – poderá produzir provas, requerer as medidas processuais pertinentes e recorrer.

•• *Vide* arts. 234 e 235 do CPC.

Art. 180. O Ministério Público gozará de prazo em dobro para manifestar-se nos autos, que terá início a partir de sua intimação pessoal, nos termos do art. 183, § 1.º.

•• *Vide* Súmula 116 do STJ.

§ 1.º Findo o prazo para manifestação do Ministério Público sem o oferecimento de parecer, o juiz requisitará os autos e dará andamento ao processo.

§ 2.º Não se aplica o benefício da contagem em dobro quando a lei estabelecer, de forma expressa, prazo próprio para o Ministério Público.

Art. 181. O membro do Ministério Público será civil e regressivamente responsável quando agir com dolo ou fraude no exercício de suas funções.

•• *Vide* art. 37, § 6.º, da CF.

TÍTULO VI
DA ADVOCACIA PÚBLICA

•• *Vide* arts. 131 e 132 da CF.
• Lei Orgânica da Advocacia-Geral da União: Lei Complementar n. 73, de 10-2-1993.
• Exercício das atribuições institucionais da Advocacia-Geral da União, em caráter emergencial e provisório: Lei n. 9.028, de 12-4-1995.

Art. 182. Incumbe à Advocacia Pública, na forma da lei, defender e promover os interesses públicos da União, dos Estados, do Distrito Federal e dos Municípios, por meio da representação judicial, em todos os âmbitos federativos, das pessoas jurídicas de direito público que integram a administração direta e indireta.

• O Decreto n. 4.250, de 27-5-2002, regulamenta a representação judicial da União, autarquias, fundações e empresas públicas federais perante os Juizados Especiais Federais.

Art. 183. A União, os Estados, o Distrito Federal, os Municípios e suas respectivas autarquias e fundações de direito público gozarão de prazo em dobro para todas as suas manifestações processuais, cuja contagem terá início a partir da intimação pessoal.

§ 1.º A intimação pessoal far-se-á por carga, remessa ou meio eletrônico.

• *Vide* arts. 269 a 275 do CPC.

§ 2.º Não se aplica o benefício da contagem em dobro quando a lei estabelecer, de forma expressa, prazo próprio para o ente público.

Art. 184. O membro da Advocacia Pública será civil e regressivamente responsável quando agir com dolo ou fraude no exercício de suas funções.

•• *Vide* art. 37, § 6.º, da CF.
•• *Vide* arts. 186 a 188 e 927 do CC.

TÍTULO VII
DA DEFENSORIA PÚBLICA

•• *Vide* arts. 134 e 135 da CF.
•• Defensoria Pública: Lei Complementar n. 80, de 12-1-1994.

Art. 185. A Defensoria Pública exercerá a orientação jurídica, a promoção dos direitos humanos e a defesa dos direitos individuais e coletivos dos necessitados, em todos os graus, de forma integral e gratuita.

Art. 186. A Defensoria Pública gozará de prazo em dobro para todas as suas manifestações processuais.

§ 1.º O prazo tem início com a intimação pessoal do defensor público, nos termos do art. 183, § 1.º.

• *Vide* arts. 269 a 275 do CPC.

§ 2.º A requerimento da Defensoria Pública, o juiz determinará a intimação pessoal da parte patrocinada quando o ato processual depender de providência ou informação que somente por ela possa ser realizada ou prestada.

§ 3.º O disposto no *caput* aplica-se aos escritórios de prática jurídica das faculdades de Direito reconhecidas na forma da lei e às entidades que prestam assistência jurídica gratuita em razão de convênios firmados com a Defensoria Pública.

§ 4.º Não se aplica o benefício da contagem em dobro quando a lei estabelecer, de forma expressa, prazo próprio para a Defensoria Pública.

Art. 187. O membro da Defensoria Pública será civil e regressivamente responsável quando agir com dolo ou fraude no exercício de suas funções.

•• *Vide* art. 37, § 6.º, da CF.

Livro IV
DOS ATOS PROCESSUAIS

TÍTULO I
DA FORMA, DO TEMPO E DO LUGAR DOS ATOS PROCESSUAIS

Capítulo I
DA FORMA DOS ATOS PROCESSUAIS

Seção I
Dos Atos em Geral

Art. 188. Os atos e os termos processuais independem de forma determinada, salvo quando a lei expressamente a exigir, considerando-se válidos os que, realizados de outro modo, lhe preencham a finalidade essencial.

•• *Vide* arts. 276 e 277 do CPC.

Art. 189. Os atos processuais são públicos, todavia tramitam em segredo de justiça os processos:

•• *Vide* art. 5.º, LX, da CF.
• *Vide* art. 152, V, do CPC.

I – em que o exija o interesse público ou social;
II – que versem sobre casamento, separação de corpos, divórcio, separação, união estável, filiação, alimentos e guarda de crianças e adolescentes;

• *Vide* arts. 107, I, 152, V, e 368 do CPC.

III – em que constem dados protegidos pelo direito constitucional à intimidade;

• *Vide* art. 5.º, X, da CF.

IV – que versem sobre arbitragem, inclusive sobre cumprimento de carta arbitral, desde que a confidencialidade estipulada na arbitragem seja comprovada perante o juízo.

§ 1.º O direito de consultar os autos de processo que tramite em segredo de justiça e de pedir certidões de seus atos é restrito às partes e aos seus procuradores.

•• *Vide* Lei n. 8.906, de 4-7-1994 (EAOAB).

§ 2.º O terceiro que demonstrar interesse jurídico pode requerer ao juiz certidão do dispositivo da sentença, bem como de inventário e de partilha resultantes de divórcio ou separação.

Art. 190. Versando o processo sobre direitos que admitam autocomposição, é lícito às partes plenamente capazes estipular mudanças no procedimento para ajustá-lo às especificidades da causa e convencionar sobre os seus ônus, poderes, faculdades e deveres processuais, antes ou durante o processo.

Parágrafo único. De ofício ou a requerimento, o juiz controlará a validade das convenções previstas neste artigo, recusando-lhes aplicação somente nos casos de nulidade ou de inserção abusiva em contrato de adesão ou em que alguma parte se encontre em manifesta situação de vulnerabilidade.

Art. 191. De comum acordo, o juiz e as partes podem fixar calendário para a prática dos atos processuais, quando for o caso.

§ 1.º O calendário vincula as partes e o juiz, e os prazos nele previstos somente serão modificados em casos excepcionais, devidamente justificados.

§ 2.º Dispensa-se a intimação das partes para a prática de ato processual ou a realização de audiência cujas datas tiverem sido designadas no calendário.

Art. 192. Em todos os atos e termos do processo é obrigatório o uso da língua portuguesa.

• *Vide* art. 13 da CF.

Parágrafo único. O documento redigido em língua estrangeira somente poderá ser juntado aos autos quando acompanhado de versão para a língua portuguesa tramitada por via diplomática ou pela autoridade central, ou firmada por tradutor juramentado.

•• *Vide* Súmula 259 do STF.
• *Vide* arts. 162 e 425 do CPC.

Seção II
Da Prática Eletrônica de Atos Processuais

Art. 193. Os atos processuais podem ser total ou parcialmente digitais, de forma a permitir que sejam produzidos, comunicados, armazenados e validados por meio eletrônico, na forma da lei.

•• *Vide* art. 8.º da Lei n. 11.419, de 19-12-2006 (informatização do processo judicial).
•• A Instrução Normativa n. 11, de 11-4-2019, do STJ, regulamenta a disponibilização em meio eletrônico de carta de sentença para cumprimento de decisão estrangeira homologada.

Parágrafo único. O disposto nesta Seção aplica-se, no que for cabível, à prática de atos notariais e de registro.

•• *Vide* Lei n. 8.935, de 18-11-1994.

Art. 194. Os sistemas de automação processual respeitarão a publicidade dos atos, o acesso e a participação das partes e de seus procuradores, inclusive nas audiências e sessões de julgamento, observadas as garantias da disponibilidade, independência da plataforma computacional, acessibilidade e interoperabilidade dos sistemas, serviços, dados e informações que o Poder Judiciário ministre no exercício de suas funções.

Art. 195. O registro de ato processual eletrônico deverá ser feito em padrões abertos, que atenderão aos requisitos de autenticidade, integridade, temporalidade, não repúdio, conservação e, nos casos que tramitem em segredo de justiça, confidencialidade, observada a infraestrutura de chaves públicas unificada nacionalmente, nos termos da lei.

•• *Vide* art. 14 da Lei n. 11.419, de 19-12-2006 (informatização do processo judicial).

Art. 196. Compete ao Conselho Nacional de Justiça e, supletivamente, aos tribunais, regulamentar a prática e a comunicação oficial de atos processuais por meio eletrônico e velar pela compatibilidade dos sistemas, disciplinando a incorporação progressiva de novos avanços tecnológicos e editando, para esse fim, os atos que forem necessários, respeitadas as normas fundamentais deste Código.

•• A Resolução n. 465, de 22-6-2022, do CNJ, institui diretrizes para a realização de videoconferências no âmbito do Poder Judiciário.
•• A Resolução n. 584, de 27-9-2024, do CNJ, dispõe sobre o uso dos sistemas de pesquisa de dados e busca de bens para constrição patrimonial disponibilizados pelo Conselho Nacional de Justiça.
•• A Resolução n. 591, de 23-9-2024, do CNJ, dispõe sobre os requisitos mínimos para o julgamento de processos em ambiente eletrônico no Poder Judiciário e disciplina o seu procedimento.
•• A Resolução n. 595, de 21-11-2024, do CNJ, dispõe sobre a padronização dos exames periciais nos benefícios previdenciários por incapacidade e sobre a automação nos processos judiciais previdenciários e assistenciais, por meio do Prevjud.

Art. 197. Os tribunais divulgarão as informações constantes de seu sistema de automação em página própria na rede mundial de computadores, gozando a divulgação de presunção de veracidade e confiabilidade.

Parágrafo único. Nos casos de problema técnico do sistema e de erro ou omissão do auxiliar da justiça responsável pelo registro dos andamentos, poderá ser configurada a justa causa prevista no art. 223, *caput* e § 1.º.

•• *Vide* art. 10, § 2.º, da Lei n. 11.419, de 19-12-2006 (informatização do processo judicial).

Art. 198. As unidades do Poder Judiciário deverão manter gratuitamente, à disposição dos interessados, equipamentos necessários à prática de atos processuais e à consulta e ao acesso ao sistema e aos documentos dele constantes.

•• *Vide* art. 10, § 3.º, da Lei n. 11.419, de 19-12-2006 (informatização do processo judicial).

Parágrafo único. Será admitida a prática de atos por meio não eletrônico no local onde não estiverem disponibilizados os equipamentos previstos no *caput*.

Art. 199. As unidades do Poder Judiciário assegurarão às pessoas com deficiência acessibilidade aos seus sítios na rede mundial de computadores, ao meio eletrônico de prática de atos judiciais, à comunicação eletrônica dos atos processuais e à assinatura eletrônica.

Seção III
Dos Atos das Partes

Art. 200. Os atos das partes consistentes em declarações unilaterais ou bilaterais de vontade produzem imediatamente a constituição, modificação ou extinção de direitos processuais.

Parágrafo único. A desistência da ação só produzirá efeitos após homologação judicial.

•• *Vide* arts. 90, 485, VIII e § 4.º e 343, § 2.º, do CPC.

Art. 201. As partes poderão exigir recibo de petições, arrazoados, papéis e documentos que entregarem em cartório.

Art. 202. É vedado lançar nos autos cotas marginais ou interlineares, as quais o juiz mandará riscar, impondo a quem as escrever multa correspondente à metade do salário mínimo.

Seção IV
Dos Pronunciamentos do Juiz

Art. 203. Os pronunciamentos do juiz consistirão em sentenças, decisões interlocutórias e despachos.

§ 1.º Ressalvadas as disposições expressas dos procedimentos especiais, sentença é o pronunciamento por meio do qual o juiz, com fundamento nos arts. 485 e 487, põe fim à fase cognitiva do procedimento comum, bem como extingue a execução.

§ 2.º Decisão interlocutória é todo pronunciamento judicial de natureza decisória que não se enquadre no § 1.º.

§ 3.º São despachos todos os demais pronunciamentos do juiz praticados no processo, de ofício ou a requerimento da parte.

§ 4.º Os atos meramente ordinatórios, como a juntada e a vista obrigatória, independem de despacho, devendo ser praticados de ofício pelo servidor e revistos pelo juiz quando necessário.

Art. 204. Acórdão é o julgamento colegiado proferido pelos tribunais.

• *Vide* arts. 941, 943, §§ 1.º e 2.º, 1.035, § 11 e 1.040 do CPC.

Art. 205. Os despachos, as decisões, as sentenças e os acórdãos serão redigidos, datados e assinados pelos juízes.

•• *Vide* arts. 152 e 210 do CPC.

§ 1.º Quando os pronunciamentos previstos no *caput* forem proferidos oralmente, o servidor os documentará, submetendo-os aos juízes para revisão e assinatura.

§ 2.º A assinatura dos juízes, em todos os graus de jurisdição, pode ser feita eletronicamente, na forma da lei.

CPC – Arts. 205 a 224 – Atos Processuais

•• *Vide* art. 1.º da Lei n. 11.419, de 19-12-2006, que dispõe sobre a informatização do processo judicial.

§ 3.º Os despachos, as decisões interlocutórias, o dispositivo das sentenças e a ementa dos acórdãos serão publicados no *Diário de Justiça Eletrônico*.

Seção V
Dos Atos do Escrivão ou do Chefe de Secretaria

Art. 206. Ao receber a petição inicial de processo, o escrivão ou o chefe de secretaria a autuará, mencionando o juízo, a natureza do processo, o número de seu registro, os nomes das partes e a data de seu início, e procederá do mesmo modo em relação aos volumes em formação.

Art. 207. O escrivão ou o chefe de secretaria numerará e rubricará todas as folhas dos autos.

Parágrafo único. À parte, ao procurador, ao membro do Ministério Público, ao defensor público e aos auxiliares da justiça é facultado rubricar as folhas correspondentes aos atos em que intervierem.

Art. 208. Os termos de juntada, vista, conclusão e outros semelhantes constarão de notas datadas e rubricadas pelo escrivão ou pelo chefe de secretaria.

Art. 209. Os atos e os termos do processo serão assinados pelas pessoas que neles intervierem, todavia, quando essas não puderem ou não quiserem firmá-los, o escrivão ou o chefe de secretaria certificará a ocorrência.

§ 1.º Quando se tratar de processo total ou parcialmente documentado em autos eletrônicos, os atos processuais praticados na presença do juiz poderão ser produzidos e armazenados de modo integralmente digital em arquivo eletrônico inviolável, na forma da lei, mediante registro em termo, que será assinado digitalmente pelo juiz e pelo escrivão ou chefe de secretaria, bem como pelos advogados das partes.

§ 2.º Na hipótese do § 1.º, eventuais contradições na transcrição deverão ser suscitadas oralmente no momento de realização do ato, sob pena de preclusão, devendo o juiz decidir de plano e ordenar o registro, no termo, da alegação e a decisão.

Art. 210. É lícito o uso da taquigrafia, da estenotipia ou de outro método idôneo em qualquer juízo ou tribunal.
• *Vide* arts. 152, III, e 205 do CPC.

Art. 211. Não se admitem nos atos e termos processuais espaços em branco, salvo os que forem inutilizados, assim como entrelinhas, emendas ou rasuras, exceto quando expressamente ressalvadas.
•• *Vide* art. 426 do CPC.

Capítulo II
DO TEMPO E DO LUGAR DOS ATOS PROCESSUAIS

Seção I
Do Tempo

Art. 212. Os atos processuais serão realizados em dias úteis, das 6 (seis) às 20 (vinte) horas.

•• *Vide* art. 5.º, XI, da CF.

§ 1.º Serão concluídos após as 20 (vinte) horas os atos iniciados antes, quando o adiamento prejudicar a diligência ou causar grave dano.

§ 2.º Independentemente de autorização judicial, as citações, intimações e penhoras poderão realizar-se no período de férias forenses, onde as houver, e nos feriados ou dias úteis fora do horário estabelecido neste artigo, observado o disposto no art. 5.º, inciso XI, da Constituição Federal.

§ 3.º Quando o ato tiver de ser praticado por meio de petição em autos não eletrônicos, essa deverá ser protocolada no horário de funcionamento do fórum ou tribunal, conforme o disposto na lei de organização judiciária local.

Art. 213. A prática eletrônica de ato processual pode ocorrer em qualquer horário até as 24 (vinte e quatro) horas do último dia do prazo.

Parágrafo único. O horário vigente no juízo perante o qual o ato deve ser praticado será considerado para fins de atendimento do prazo.

•• *Vide* art. 10, § 1.º, da Lei n. 11.419, de 19-12-2006 (informatização do processo judicial).

Art. 214. Durante as férias forenses e nos feriados, não se praticarão atos processuais, excetuando-se:

I – os atos previstos no art. 212, § 2.º;

II – a tutela de urgência.

Art. 215. Processam-se durante as férias forenses, onde as houver, e não se suspendem pela superveniência delas:

I – os procedimentos de jurisdição voluntária e os necessários à conservação de direitos, quando puderem ser prejudicados pelo adiamento;

II – a ação de alimentos e os processos de nomeação ou remoção de tutor e curador;

III – os processos que a lei determinar.
• A Lei n. 6.338, de 7-6-1976, inclui as ações de indenização por acidente do trabalho entre as que têm curso nas férias forenses.

Art. 216. Além dos declarados em lei, são feriados, para efeito forense, os sábados, os domingos e os dias em que não haja expediente forense.

Seção II
Do Lugar

Art. 217. Os atos processuais realizar-se-ão ordinariamente na sede do juízo, ou, excepcionalmente, em outro lugar em razão de deferência, de interesse da justiça, da natureza do ato ou do obstáculo arguido pelo interessado e acolhido pelo juiz.
•• *Vide* arts. 454, 481 e 483 do CPC.

Capítulo III
DOS PRAZOS

Seção I
Disposições Gerais

Art. 218. Os atos processuais serão realizados nos prazos prescritos em lei.

§ 1.º Quando a lei for omissa, o juiz determinará os prazos em consideração à complexidade do ato.

§ 2.º Quando a lei ou o juiz não determinar prazo, as intimações somente obrigarão a comparecimento após decorridas 48 (quarenta e oito) horas.

§ 3.º Inexistindo preceito legal ou prazo determinado pelo juiz, será de 5 (cinco) dias o prazo para a prática de ato processual a cargo da parte.

§ 4.º Será considerado tempestivo o ato praticado antes do termo inicial do prazo.

Art. 219. Na contagem de prazo em dias, estabelecido por lei ou pelo juiz, computar-se-ão somente os dias úteis.

Parágrafo único. O disposto neste artigo aplica-se somente aos prazos processuais.

Art. 220. Suspende-se o curso do prazo processual nos dias compreendidos entre 20 de dezembro e 20 de janeiro, inclusive.

§ 1.º Ressalvadas as férias individuais e os feriados instituídos por lei, os juízes, os membros do Ministério Público, da Defensoria Pública e da Advocacia Pública e os auxiliares da Justiça exercerão suas atribuições durante o período previsto no *caput*.

§ 2.º Durante a suspensão do prazo, não se realizarão audiências nem sessões de julgamento.

Art. 221. Suspende-se o curso do prazo por obstáculo criado em detrimento da parte ou ocorrendo qualquer das hipóteses do art. 313, devendo o prazo ser restituído por tempo igual ao que faltava para sua complementação.

Parágrafo único. Suspendem-se os prazos durante a execução de programa instituído pelo Poder Judiciário para promover a autocomposição, incumbindo aos tribunais especificar, com antecedência, a duração dos trabalhos.

Art. 222. Na comarca, seção ou subseção judiciária onde for difícil o transporte, o juiz poderá prorrogar os prazos por até 2 (dois) meses.

§ 1.º Ao juiz é vedado reduzir prazos peremptórios sem anuência das partes.

§ 2.º Havendo calamidade pública, o limite previsto no *caput* para prorrogação de prazos poderá ser excedido.

Art. 223. Decorrido o prazo, extingue-se o direito de praticar ou de emendar o ato processual, independentemente de declaração judicial, ficando assegurado, porém, à parte provar que não o realizou por justa causa.

§ 1.º Considera-se justa causa o evento alheio à vontade da parte e que a impediu de praticar o ato por si ou por mandatário.

§ 2.º Verificada a justa causa, o juiz permitirá à parte a prática do ato no prazo que lhe assinar.
•• *Vide* art. 1.004 do CPC.

Art. 224. Salvo disposição em contrário, os prazos serão contados excluindo o dia do começo e incluindo o dia do vencimento.

CPC – Arts. 224 a 235 – Atos Processuais

§ 1.º Os dias do começo e do vencimento do prazo serão protraídos para o primeiro dia útil seguinte, se coincidirem com dia em que o expediente forense for encerrado antes ou iniciado depois da hora normal ou houver indisponibilidade da comunicação eletrônica.

§ 2.º Considera-se como data de publicação o primeiro dia útil seguinte ao da disponibilização da informação no *Diário da Justiça eletrônico*.

•• *Vide* art. 4.º, § 3.º, da Lei n. 11.419, de 19-12-2006 (informatização do processo judicial).

§ 3.º A contagem do prazo terá início no primeiro dia útil que seguir ao da publicação.

•• *Vide* art. 1.003 do CPC.
•• *Vide* Súmula 117 do STJ.
○ O art. 132 do CC dispõe sobre a corretagem dos prazos.
○ O art. 775 da CLT (Decreto-lei n. 5.452, de 1.º-5-1943) dispõe sobre a corretagem dos prazos trabalhistas.
○ O art. 798 do CPP estabelece que todos os prazos correrão em cartório e serão contínuos e peremptórios, não se interrompendo por férias, domingo ou dia de feriado.
○ O art. 210 do CTN dispõe sobre a contagem dos prazos.
○ O Decreto-lei n. 3.602, de 9-9-1941, dispõe sobre a contagem dos prazos em processos ou causas de natureza fiscal ou administrativa.

Art. 225. A parte poderá renunciar ao prazo estabelecido exclusivamente em seu favor, desde que o faça de maneira expressa.

Art. 226. O juiz proferirá:
• *Vide* arts. 143 e 235 do CPC.

I – os despachos no prazo de 5 (cinco) dias;
II – as decisões interlocutórias no prazo de 10 (dez) dias;
III – as sentenças no prazo de 30 (trinta) dias.

Art. 227. Em qualquer grau de jurisdição, havendo motivo justificado, pode o juiz exceder, por igual tempo, os prazos a que está submetido.

Art. 228. Incumbirá ao serventuário remeter os autos conclusos no prazo de 1 (um) dia e executar os atos processuais no prazo de 5 (cinco) dias, contado da data em que:
•• *Vide* art. 155, I, do CPC.

I – houver concluído o ato processual anterior, se lhe foi imposto pela lei;
II – tiver ciência da ordem, quando determinada pelo juiz.

§ 1.º Ao receber os autos, o serventuário certificará o dia e a hora em que teve ciência da ordem referida no inciso II.

§ 2.º Nos processos em autos eletrônicos, a juntada de petições ou de manifestações em geral ocorrerá de forma automática, independentemente de ato de serventuário da justiça.

•• *Vide* art. 10, *caput*, da Lei n. 11.419, de 19-12-2006 (informatização do processo judicial).

Art. 229. Os litisconsortes que tiverem diferentes procuradores, de escritórios de advocacia distintos, terão prazos contados em dobro para todas as suas manifestações, em qualquer juízo ou tribunal, independentemente de requerimento.

•• *Vide* art. 118 do CPC.
• *Vide* Súmula 641 do STF.

§ 1.º Cessa a contagem do prazo em dobro se, havendo apenas 2 (dois) réus, é oferecida defesa por apenas um deles.

§ 2.º Não se aplica o disposto no *caput* aos processos em autos eletrônicos.

Art. 230. O prazo para a parte, o procurador, a Advocacia Pública, a Defensoria Pública e o Ministério Público será contado da citação, da intimação ou da notificação.

Art. 231. Salvo disposição em sentido diverso, considera-se dia do começo do prazo:

I – a data de juntada aos autos do aviso de recebimento, quando a citação ou a intimação for pelo correio;
II – a data de juntada aos autos do mandado cumprido, quando a citação ou a intimação for por oficial de justiça;
III – a data de ocorrência da citação ou da intimação, quando ela se der por ato do escrivão ou do chefe de secretaria;
IV – o dia útil seguinte ao fim da dilação assinada pelo juiz, quando a citação ou a intimação for por edital;
V – o dia útil seguinte à consulta ao teor da citação ou da intimação ou ao término do prazo para que a consulta se dê, quando a citação ou a intimação for eletrônica;

•• *Vide* art. 5.º da Lei n. 11.419, de 19-12-2006 (informatização do processo judicial).

VI – a data de juntada do comunicado de que trata o art. 232 ou, não havendo esse, a data de juntada da carta aos autos de origem devidamente cumprida, quando a citação ou a intimação se realizar em cumprimento de carta;
VII – a data de publicação, quando a intimação se der pelo *Diário da Justiça* impresso ou eletrônico;
VIII – o dia da carga, quando a intimação se der por meio da retirada dos autos, em carga, do cartório ou da secretaria;
IX – o quinto dia útil seguinte à confirmação, na forma prevista na mensagem de citação, do recebimento da citação realizada por meio eletrônico.

•• Inciso IX acrescentado pela Lei n. 14.195, de 26-8-2021.

§ 1.º Quando houver mais de um réu, o dia do começo do prazo para contestar corresponderá à última das datas a que se referem os incisos I a VI do *caput*.

§ 2.º Havendo mais de um intimado, o prazo para cada um é contado individualmente.

§ 3.º Quando o ato tiver de ser praticado diretamente pela parte ou por quem, de qualquer forma, participe do processo, sem a intermediação de representante judicial, o dia do começo do prazo para cumprimento da determinação judicial corresponderá à data em que se der a comunicação.

§ 4.º Aplica-se o disposto no inciso II do *caput* à citação com hora certa.

Art. 232. Nos atos de comunicação por carta precatória, rogatória ou de ordem, a realização da citação ou da intimação será imediatamente informada, por meio eletrônico, pelo juiz deprecado ao juiz deprecante.
• *Vide* arts. 69, § 1.º, e 237 do CPC.

Seção II
Da Verificação dos Prazos e das Penalidades

Art. 233. Incumbe ao juiz verificar se o serventuário excedeu, sem motivo legítimo, os prazos estabelecidos em lei.

•• *Vide* art. 228 do CPC.

§ 1.º Constatada a falta, o juiz ordenará a instauração de processo administrativo, na forma da lei.

§ 2.º Qualquer das partes, o Ministério Público ou a Defensoria Pública poderá representar ao juiz contra o serventuário que injustificadamente exceder os prazos previstos em lei.

Art. 234. Os advogados públicos ou privados, o defensor público e o membro do Ministério Público devem restituir os autos no prazo do ato a ser praticado.

•• *Vide* art. 34, XXII, da Lei n. 8.906, de 4-7-1994 (EAOAB).

§ 1.º É lícito a qualquer interessado exigir os autos do advogado que exceder prazo legal.

§ 2.º Se, intimado, o advogado não devolver os autos no prazo de 3 (três) dias, perderá o direito à vista fora de cartório e incorrerá em multa correspondente à metade do salário mínimo.

§ 3.º Verificada a falta, o juiz comunicará o fato à seção local da Ordem dos Advogados do Brasil para procedimento disciplinar e imposição de multa.

•• *Vide* art. 37, I, da Lei n. 8.906, de 4-7-1994 (EAOAB).

§ 4.º Se a situação envolver membro do Ministério Público, da Defensoria Pública ou da Advocacia Pública, a multa, se for o caso, será aplicada ao agente público responsável pelo ato.

§ 5.º Verificada a falta, o juiz comunicará o fato ao órgão competente responsável pela instauração de procedimento disciplinar contra o membro que atuou no feito.

Art. 235. Qualquer parte, o Ministério Público ou a Defensoria Pública poderá representar ao corregedor do tribunal ou ao Conselho Nacional de Justiça contra juiz ou relator que injustificadamente exceder os prazos previstos em lei, regulamento ou regimento interno.

§ 1.º Distribuída a representação ao órgão competente e ouvido previamente o juiz, não sendo caso de arquivamento liminar, será instaurado procedimento para apuração da responsabilidade, com intimação do representado por meio eletrônico para, querendo, apresentar justificativa no prazo de 15 (quinze) dias.

§ 2.º Sem prejuízo das sanções administrativas cabíveis, em até 48 (quarenta e oito) horas após a apresentação ou não da justificativa de que trata o § 1.º, se for o caso, o corregedor do tribunal ou o relator no Conselho Nacional de Justiça determinará a intimação do representado por meio eletrônico para que, em 10 (dez) dias, pratique o ato.

§ 3.º Mantida a inércia, os autos serão remetidos ao substituto legal do juiz ou do relator contra o qual se representou para decisão em 10 (dez) dias.

Título II
DA COMUNICAÇÃO DOS ATOS PROCESSUAIS

Capítulo I
DISPOSIÇÕES GERAIS

Art. 236. Os atos processuais serão cumpridos por ordem judicial.
• • *Vide* arts. 67 a 69 do CPC.

§ 1.º Será expedida carta para a prática de atos fora dos limites territoriais do tribunal, da comarca, da seção ou da subseção judiciárias, ressalvadas as hipóteses previstas em lei.

§ 2.º O tribunal poderá expedir carta para juízo a ele vinculado, se o ato houver de se realizar fora dos limites territoriais do local de sua sede.

§ 3.º Admite-se a prática de atos processuais por meio de videoconferência ou outro recurso tecnológico de transmissão de sons e imagens em tempo real.

Art. 237. Será expedida carta:

I – de ordem, pelo tribunal, na hipótese do § 2.º do art. 236;
• *Vide* arts. 845, § 2.º, e 914, § 2.º, do CPC.

II – rogatória, para que órgão jurisdicional estrangeiro pratique ato de cooperação jurídica internacional, relativo a processo em curso perante órgão jurisdicional brasileiro;

III – precatória, para que órgão jurisdicional brasileiro pratique ou determine o cumprimento, na área de sua competência territorial, de ato relativo a pedido de cooperação judiciária formulado por órgão jurisdicional de competência territorial diversa;
• *Vide* arts. 69, § 1.º, e 232 do CPC.

IV – arbitral, para que órgão do Poder Judiciário pratique ou determine o cumprimento, na área de sua competência territorial, de ato objeto de pedido de cooperação judiciária formulado por juízo arbitral, inclusive os que importem efetivação de tutela provisória.

Parágrafo único. Se o ato relativo a processo em curso na justiça federal ou em tribunal superior houver de ser praticado em local onde não haja vara federal, a carta poderá ser dirigida ao juízo estadual da respectiva comarca.

Capítulo II
DA CITAÇÃO

Art. 238. Citação é o ato pelo qual são convocados o réu, o executado ou o interessado para integrar a relação processual.
• *Vide* arts. 114, 126, 127, 240, 243, 246, 254, 256, 329, 334, 337, I, 525, § 1.º, I, 829 e 915, § 1.º, do CPC.
• *Vide* Súmula 78 do TFR.

Parágrafo único. A citação será efetivada em até 45 (quarenta e cinco) dias a partir da propositura da ação.
• • Parágrafo único acrescentado pela Lei n. 14.195, de 26-8-2021.

Art. 239. Para a validade do processo é indispensável a citação do réu ou do executado, ressalvadas as hipóteses de indeferimento da petição inicial ou de improcedência liminar do pedido.

§ 1.º O comparecimento espontâneo do réu ou do executado supre a falta ou a nulidade da citação, fluindo a partir desta data o prazo para apresentação de contestação ou de embargos à execução.

§ 2.º Rejeitada a alegação de nulidade, tratando-se de processo de:

I – conhecimento, o réu será considerado revel;

II – execução, o feito terá seguimento.

Art. 240. A citação válida, ainda quando ordenada por juízo incompetente, induz litispendência, torna litigiosa a coisa e constitui em mora o devedor, ressalvado o disposto nos arts. 397 e 398 da Lei n. 10.406, de 10 de janeiro de 2002 (Código Civil).
• *Vide* art. 238 do CPC.
• *Vide* Súmula 78 do TFR.
• *Vide* Súmulas 106, 204 e 426 do STJ.

§ 1.º A interrupção da prescrição, operada pelo despacho que ordena a citação, ainda que proferido por juízo incompetente, retroagirá à data de propositura da ação.
• • O art. 202, I, do CC estabelece: "Art. 202. A interrupção da prescrição, que somente poderá ocorrer uma vez, dar-se-á: I – por despacho do juiz, mesmo incompetente, que ordenar a citação, se o interessado a promover no prazo e na forma da lei processual;".
• *Vide* arts. 312 e 802 do CPC.
• *Vide* art. 8.º, § 2.º, da Lei n. 6.830, de 22-9-1980.

§ 2.º Incumbe ao autor adotar, no prazo de 10 (dez) dias, as providências necessárias para viabilizar a citação, sob pena de não se aplicar o disposto no § 1.º.

§ 3.º A parte não será prejudicada pela demora imputável exclusivamente ao serviço judiciário.

§ 4.º O efeito retroativo a que se refere o § 1.º aplica-se à decadência e aos demais prazos extintivos previstos em lei.

Art. 241. Transitada em julgado a sentença de mérito proferida em favor do réu antes da citação, incumbe ao escrivão ou ao chefe de secretaria comunicar-lhe o resultado do julgamento.

Art. 242. A citação será pessoal, podendo, no entanto, ser feita na pessoa do representante legal ou do procurador do réu, do executado ou do interessado.
• *Vide* art. 214, I, do CPC.
• *Vide* Súmula 429 do STJ.

§ 1.º Na ausência do citando, a citação será feita na pessoa de seu mandatário, administrador, preposto ou gerente, quando a ação se originar de atos por eles praticados.
• • O art. 119 da Lei n. 6.404, de 15-12-1976 (LSA), dispõe sobre a representação de acionista residente ou domiciliado no exterior.

§ 2.º O locador que se ausentar do Brasil sem cientificar o locatário de que deixou, na localidade onde estiver situado o imóvel, procurador com poderes para receber citação será citado na pessoa do administrador do imóvel encarregado do recebimento dos aluguéis, que será considerado habilitado para representar o locador em juízo.

§ 3.º A citação da União, dos Estados, do Distrito Federal, dos Municípios e de suas respectivas autarquias e fundações de direito público será realizada perante o órgão de Advocacia Pública responsável por sua representação judicial.
• • O STF, nas sessões virtuais de 14-4-2023 a 24-4-2023 (*DOU* de 4-5-2023), julgou parcialmente procedente a ADI n. 5.492 para declarar constitucional a expressão "dos Estados, do Distrito Federal e dos Municípios" constante neste § 3.º.

Art. 243. A citação poderá ser feita em qualquer lugar em que se encontre o réu, o executado ou o interessado.

Parágrafo único. O militar em serviço ativo será citado na unidade em que estiver servindo, se não for conhecida sua residência ou nela não for encontrado.

Art. 244. Não se fará a citação, salvo para evitar o perecimento do direito:

I – de quem estiver participando de ato de culto religioso;

II – de cônjuge, de companheiro ou de qualquer parente do morto, consanguíneo ou afim, em linha reta ou na linha colateral em segundo grau, no dia do falecimento e nos 7 (sete) dias seguintes;

III – de noivos, nos 3 (três) primeiros dias seguintes ao casamento;

IV – de doente, enquanto grave o seu estado.

Art. 245. Não se fará citação quando se verificar que o citando é mentalmente incapaz ou está impossibilitado de recebê-la.

§ 1.º O oficial de justiça descreverá e certificará minuciosamente a ocorrência.

§ 2.º Para examinar o citando, o juiz nomeará médico, que apresentará laudo no prazo de 5 (cinco) dias.

§ 3.º Dispensa-se a nomeação de que trata o § 2.º se pessoa da família apresentar declaração do médico do citando que ateste a incapacidade deste.

§ 4.º Reconhecida a impossibilidade, o juiz nomeará curador ao citando, observando, quanto à sua escolha, a preferência estabelecida em lei e restringindo a nomeação à causa.

•• O art. 1.775 do CC dispõe que o cônjuge ou companheiro não separado judicialmente ou de fato, é, de direito, curador do outro, quando interdito.

§ 5.º A citação será feita na pessoa do curador, a quem incumbirá a defesa dos interesses do citando.

Art. 246. A citação será feita preferencialmente por meio eletrônico, no prazo de até 2 (dois) dias úteis, contado da decisão que a determinar, por meio dos endereços eletrônicos indicados pelo citando no banco de dados do Poder Judiciário, conforme regulamento do Conselho Nacional de Justiça.

•• *Caput com redação determinada pela Lei n. 14.195, de 26-8-2021.*

I a V – *(Revogados pela Lei n. 14.195, de 26-8-2021.)*

§ 1.º As empresas públicas e privadas são obrigadas a manter cadastro nos sistemas de processo em autos eletrônicos, para efeito de recebimento de citações e intimações, as quais serão efetuadas preferencialmente por esse meio.

•• *§ 1.º com redação determinada pela Lei n. 14.195, de 26-8-2021.*

§ 1.º-A. A ausência de confirmação, em até 3 (três) dias úteis, contados do recebimento da citação eletrônica, implicará a realização da citação:

•• *§ 1.º-A, caput, acrescentado pela Lei n. 14.195, de 26-8-2021.*

I – pelo correio;

•• *Inciso I acrescentado pela Lei n. 14.195, de 26-8-2021.*

II – por oficial de justiça;

•• *Inciso II acrescentado pela Lei n. 14.195, de 26-8-2021.*

III – pelo escrivão ou chefe de secretaria, se o citando comparecer em cartório;

•• *Inciso III acrescentado pela Lei n. 14.195, de 26-8-2021.*

IV – por edital.

•• *Inciso IV acrescentado pela Lei n. 14.195, de 26-8-2021.*

§ 1.º-B. Na primeira oportunidade de falar nos autos, o réu citado nas formas previstas nos incisos I, II, III e IV do § 1.º-A deste artigo deverá apresentar justa causa para a ausência de confirmação do recebimento da citação enviada eletronicamente.

•• *§ 1.º-B acrescentado pela Lei n. 14.195, de 26-8-2021.*

§ 1.º-C. Considera-se ato atentatório à dignidade da justiça, passível de multa de até 5% (cinco por cento) do valor da causa, deixar de confirmar no prazo legal, sem justa causa, o recebimento da citação recebida por meio eletrônico.

•• *§ 1.º-C acrescentado pela Lei n. 14.195, de 26-8-2021.*

§ 2.º O disposto no § 1.º aplica-se à União, aos Estados, ao Distrito Federal, aos Municípios e às entidades da administração indireta.

• *Vide art. 1.050 do CPC.*

§ 3.º Na ação de usucapião de imóvel, os confinantes serão citados pessoalmente, exceto quando tiver por objeto unidade autônoma de prédio em condomínio, caso em que tal citação é dispensada.

§ 4.º As citações por correio eletrônico serão acompanhadas das orientações para realização da confirmação de recebimento e de código identificador que permitirá a sua identificação na página eletrônica do órgão judicial citante.

•• *§ 4.º acrescentado pela Lei n. 14.195, de 26-8-2021.*

§ 5.º As microempresas e as pequenas empresas somente se sujeitam ao disposto no § 1.º deste artigo quando não possuírem endereço eletrônico cadastrado no sistema integrado da Rede Nacional para a Simplificação do Registro e da Legalização de Empresas e Negócios (Redesim).

•• *§ 5.º acrescentado pela Lei n. 14.195, de 26-8-2021.*

§ 6.º Para os fins do § 5.º deste artigo, deverá haver compartilhamento de cadastro com o órgão do Poder Judiciário, incluído o endereço eletrônico constante do sistema integrado da Redesim, nos termos da legislação aplicável ao sigilo fiscal e ao tratamento de dados pessoais.

•• *§ 6.º acrescentado pela Lei n. 14.195, de 26-8-2021.*

Art. 247. A citação será feita por meio eletrônico ou pelo correio para qualquer comarca do País, exceto:

•• *Caput com redação determinada pela Lei n. 14.195, de 26-8-2021.*

• *Vide Súmula 429 do STJ.*

I – nas ações de estado, observado o disposto no art. 695, § 3.º;

II – quando o citando for incapaz;

III – quando o citando for pessoa de direito público;

IV – quando o citando residir em local não atendido pela entrega domiciliar de correspondência;

V – quando o autor, justificadamente, a requerer de outra forma.

Art. 248. Deferida a citação pelo correio, o escrivão ou o chefe de secretaria remeterá ao citando cópias da petição inicial e do despacho do juiz e comunicará o prazo para resposta, o endereço do juízo e o respectivo cartório.

§ 1.º A carta será registrada para entrega ao citando, exigindo-lhe o carteiro, ao fazer a entrega, que assine o recibo.

§ 2.º Sendo o citando pessoa jurídica, será válida a entrega do mandado a pessoa com poderes de gerência geral ou de administração ou, ainda, a funcionário responsável pelo recebimento de correspondências.

• *Vide Súmula 429 do STJ.*

§ 3.º Da carta de citação no processo de conhecimento constarão os requisitos do art. 250.

§ 4.º Nos condomínios edilícios ou nos loteamentos com controle de acesso, será válida a entrega do mandado a funcionário da portaria responsável pelo recebimento de correspondência, que, entretanto, poderá recusar o recebimento, se declarar, por escrito, sob as penas da lei, que o destinatário da correspondência está ausente.

Art. 249. A citação será feita por meio de oficial de justiça nas hipóteses previstas neste Código ou em lei, ou quando frustrada a citação pelo correio.

• *Vide art. 626, § 1.º, do CPC.*

Art. 250. O mandado que o oficial de justiça tiver de cumprir conterá:

I – os nomes do autor e do citando e seus respectivos domicílios ou residências;

II – a finalidade da citação, com todas as especificações constantes da petição inicial, bem como a menção do prazo para contestar, sob pena de revelia, ou para embargar a execução;

III – a aplicação de sanção para o caso de descumprimento da ordem, se houver;

IV – se for o caso, a intimação do citando para comparecer, acompanhado de advogado ou de defensor público, à audiência de conciliação ou de mediação, com a menção do dia, da hora e do lugar do comparecimento;

V – a cópia da petição inicial, do despacho ou da decisão que deferir tutela provisória;

VI – a assinatura do escrivão ou do chefe de secretaria e a declaração de que o subscreve por ordem do juiz.

Art. 251. Incumbe ao oficial de justiça procurar o citando e, onde o encontrar, citá-lo:

I – lendo-lhe o mandado e entregando-lhe a contrafé;

II – portando por fé se recebeu ou recusou a contrafé;

III – obtendo a nota de ciente ou certificando que o citando não a após no mandado.

• *Vide art. 214, I, do CPC.*

Art. 252. Quando, por 2 (duas) vezes, o oficial de justiça houver procurado o citando em seu domicílio ou residência sem o encontrar, deverá, havendo suspeita de ocultação, intimar qualquer pessoa da família ou, em sua falta, qualquer vizinho de que, no dia útil imediato, voltará a fim de efetuar a citação, na hora que designar.

Parágrafo único. Nos condomínios edilícios ou nos loteamentos com controle de acesso, será válida a intimação a que se refere o *caput* feita a funcionário da portaria responsável pelo recebimento de correspondência.

Art. 253. No dia e na hora designados, o oficial de justiça, independentemente de novo despacho, comparecerá ao domicílio ou à residência do citando a fim de realizar a diligência.

§ 1.º Se o citando não estiver presente, o oficial de justiça procurará informar-se das razões da ausência, dando por feita a citação, ainda que o citando se tenha ocultado em outra comarca, seção ou subseção judiciárias.

§ 2.º A citação com hora certa será efetivada mesmo que a pessoa da família ou o vizinho que houver sido intimado esteja ausente, ou se, embora presente, a pessoa da família ou o vizinho se recusar a receber o mandado.

§ 3.º Da certidão da ocorrência, o oficial de justiça deixará contrafé com qualquer pessoa da família ou vizinho, conforme o caso, declarando-lhe o nome.

§ 4.º O oficial de justiça fará constar do mandado a advertência de que será nomeado curador especial se houver revelia.

Art. 254. Feita a citação com hora certa, o escrivão ou chefe de secretaria enviará ao réu, executado ou interessado, no prazo de 10 (dez) dias, contado da data da juntada do mandado aos autos, carta, telegrama ou correspondência eletrônica, dando-lhe de tudo ciência.

Art. 255. Nas comarcas contíguas de fácil comunicação e nas que se situem na mesma região metropolitana, o oficial de justiça poderá efetuar, em qualquer delas, citações, intimações, notificações, penhoras e quaisquer outros atos executivos.
- Vide art. 274 do CPC.

Art. 256. A citação por edital será feita:
I – quando desconhecido ou incerto o citando;
II – quando ignorado, incerto ou inacessível o lugar em que se encontrar o citando;
III – nos casos expressos em lei.
- Vide art. 830, § 2.º, do CPC.

§ 1.º Considera-se inacessível, para efeito de citação por edital, o país que recusar o cumprimento de carta rogatória.

§ 2.º No caso de ser inacessível o lugar em que se encontrar o réu, a notícia de sua citação será divulgada também pelo rádio, se na comarca houver emissora de radiodifusão.

§ 3.º O réu será considerado em local ignorado ou incerto se infrutíferas as tentativas de sua localização, inclusive mediante requisição pelo juízo de informações sobre seu endereço nos cadastros de órgãos públicos ou de concessionárias de serviços públicos.

Art. 257. São requisitos da citação por edital:
I – a afirmação do autor ou a certidão do oficial informando a presença das circunstâncias autorizadoras;
II – a publicação do edital na rede mundial de computadores, no sítio do respectivo tribunal e na plataforma de editais do Conselho Nacional de Justiça, que deve ser certificada nos autos;
- A Lei n. 8.639, de 31-3-1993, disciplina o uso de caracteres nas publicações obrigatórias.

III – a determinação, pelo juiz, do prazo, que variará entre 20 (vinte) e 60 (sessenta) dias, fluindo da data da publicação única ou, havendo mais de uma, da primeira;
IV – a advertência de que será nomeado curador especial em caso de revelia.

Parágrafo único. O juiz poderá determinar que a publicação do edital seja feita também em jornal local de ampla circulação ou por outros meios, considerando as peculiaridades da comarca, da seção ou da subseção judiciárias.

Art. 258. A parte que requerer a citação por edital, alegando dolosamente a ocorrência das circunstâncias autorizadoras para sua realização, incorrerá em multa de 5 (cinco) vezes o salário mínimo.

Parágrafo único. A multa reverterá em benefício do citando.

Art. 259. Serão publicados editais:
I – na ação de usucapião de imóvel;
II – na ação de recuperação ou substituição de título ao portador;
III – em qualquer ação em que seja necessária, por determinação legal, a provocação, para participação no processo, de interessados incertos ou desconhecidos.

Capítulo III
DAS CARTAS

Art. 260. São requisitos das cartas de ordem, precatória e rogatória:
I – a indicação dos juízes de origem e de cumprimento do ato;
II – o inteiro teor da petição, do despacho judicial e do instrumento do mandato conferido ao advogado;
III – a menção do ato processual que lhe constitui o objeto;
IV – o encerramento com a assinatura do juiz.

§ 1.º O juiz mandará trasladar para a carta quaisquer outras peças, bem como instruí-la com mapa, desenho ou gráfico, sempre que esses documentos devam ser examinados, na diligência, pelas partes, pelos peritos ou pelas testemunhas.

§ 2.º Quando o objeto da carta for exame pericial sobre documento, este será remetido em original, ficando nos autos reprodução fotográfica.

§ 3.º A carta arbitral atenderá, no que couber, aos requisitos a que se refere o *caput* e será instruída com a convenção de arbitragem e com as provas da nomeação do árbitro e de sua aceitação da função.
- Vide art. 263 do CPC.

Art. 261. Em todas as cartas o juiz fixará o prazo para cumprimento, atendendo à facilidade das comunicações e à natureza da diligência.
- Vide arts. 313, V, *b*, e 377 do CPC.

§ 1.º As partes deverão ser intimadas pelo juiz do ato de expedição da carta.

§ 2.º Expedida a carta, as partes acompanharão o cumprimento da diligência perante o juízo destinatário, ao qual compete a prática dos atos de comunicação.

§ 3.º A parte a quem interessar o cumprimento da diligência cooperará para que o prazo a que se refere o *caput* seja cumprido.

Art. 262. A carta tem caráter itinerante, podendo, antes ou depois de lhe ser ordenado o cumprimento, ser encaminhada a juízo diverso do que dela consta, a fim de se praticar o ato.

Parágrafo único. O encaminhamento da carta a outro juízo será imediatamente comunicado ao órgão expedidor, que intimará as partes.

Art. 263. As cartas deverão, preferencialmente, ser expedidas por meio eletrônico, caso em que a assinatura do juiz deverá ser eletrônica, na forma da lei.
- •• Dispositivos correspondentes no CPC de 1973: arts. 202, § 3.º, e 205.
- •• Vide art. 7.º da Lei n. 11.419, de 19-12-2006 (informatização do processo judicial).

Art. 264. A carta de ordem e a carta precatória por meio eletrônico, por telefone ou por telegrama conterão, em resumo substancial, os requisitos mencionados no art. 250, especialmente no que se refere à aferição da autenticidade.
- Vide art. 413 do CPC.

Art. 265. O secretário do tribunal, o escrivão ou o chefe de secretaria do juízo deprecante transmitirá, por telefone, a carta de ordem ou a carta precatória ao juízo em que houver de se cumprir o ato, por intermédio do escrivão do primeiro ofício da primeira vara, se houver na comarca mais de um ofício ou de uma vara, observando-se, quanto aos requisitos, o disposto no art. 264.

§ 1.º O escrivão ou o chefe de secretaria, no mesmo dia ou no dia útil imediato, telefonará ou enviará mensagem eletrônica ao secretário do tribunal, ao escrivão ou ao chefe de secretaria do juízo deprecante, lendo-lhe os termos da carta e solicitando-lhe que os confirme.

§ 2.º Sendo confirmada, o escrivão ou o chefe de secretaria submeterá a carta a despacho.

Art. 266. Serão praticados de ofício os atos requisitados por meio eletrônico e de telegrama, devendo a parte depositar, contudo, na secretaria do tribunal ou no cartório do juízo deprecante, a importância correspondente às despesas que serão feitas no juízo em que houver de praticar-se o ato.

Art. 267. O juiz recusará cumprimento à carta precatória ou arbitral, devolvendo-a com decisão motivada quando:
I – a carta não estiver revestida dos requisitos legais;
II – faltar ao juiz competência em razão da matéria ou da hierarquia;
III – o juiz tiver dúvida acerca de sua autenticidade.

Parágrafo único. No caso de incompetência em razão da matéria ou da hierarquia, o juiz deprecado, conforme o ato a ser praticado, poderá remeter a carta ao juiz ou ao tribunal competente.

Art. 268. Cumprida a carta, será devolvida ao juízo de origem no prazo de 10 (dez) dias, independentemente de traslado, pagas as custas pela parte.

Capítulo IV
DAS INTIMAÇÕES

•• Vide Súmulas 310 e 708 do STF.

Art. 269. Intimação é o ato pelo qual se dá ciência a alguém dos atos e dos termos do processo.

§ 1.º É facultado aos advogados promover a intimação do advogado da outra parte por meio do correio, juntando aos autos, a seguir, cópia do ofício de intimação e do aviso de recebimento.

§ 2.º O ofício de intimação deverá ser instruído com cópia do despacho, da decisão ou da sentença.

§ 3.º A intimação da União, dos Estados, do Distrito Federal, dos Municípios e de suas respectivas autarquias e fundações de direito público será realizada perante o órgão de Advocacia Pública responsável por sua representação judicial.

Art. 270. As intimações realizam-se, sempre que possível, por meio eletrônico, na forma da lei.

•• Vide Lei n. 11.419, de 19-12-2006 (informatização do processo judicial).

Parágrafo único. Aplica-se ao Ministério Público, à Defensoria Pública e à Advocacia Pública o disposto no § 1.º do art. 246.

•• Vide art. 1.050 do CPC.

Art. 271. O juiz determinará de ofício as intimações em processos pendentes, salvo disposição em contrário.

Art. 272. Quando não realizadas por meio eletrônico, consideram-se feitas as intimações pela publicação dos atos no órgão oficial.

§ 1.º Os advogados poderão requerer que, na intimação a eles dirigida, figure apenas o nome da sociedade a que pertençam, desde que devidamente registrada na Ordem dos Advogados do Brasil.

§ 2.º Sob pena de nulidade, é indispensável que da publicação constem os nomes das partes e de seus advogados, com o respectivo número de inscrição na Ordem dos Advogados do Brasil, ou, se assim requerido, da sociedade de advogados.

§ 3.º A grafia dos nomes das partes não deve conter abreviaturas.

§ 4.º A grafia dos nomes dos advogados deve corresponder ao nome completo e ser a mesma que constar da procuração ou que estiver registrada na Ordem dos Advogados do Brasil.

§ 5.º Constando dos autos pedido expresso para que as comunicações dos atos processuais sejam feitas em nome dos advogados indicados, o seu desatendimento implicará nulidade.

§ 6.º A retirada dos autos do cartório ou da secretaria em carga pelo advogado, por pessoa credenciada a pedido do advogado ou da sociedade de advogados, pela Advocacia Pública, pela Defensoria Pública ou pelo Ministério Público implicará intimação de qualquer decisão contida no processo retirado, ainda que pendente de publicação.

§ 7.º O advogado e a sociedade de advogados deverão requerer o respectivo credenciamento para a retirada de autos por preposto.

§ 8.º A parte arguirá a nulidade da intimação em capítulo preliminar do próprio ato que lhe caiba praticar, o qual será tido por tempestivo se o vício for reconhecido.

§ 9.º Não sendo possível a prática imediata do ato diante da necessidade de acesso prévio aos autos, a parte limitar-se-á a arguir a nulidade da intimação, caso em que o prazo será contado da intimação da decisão que a reconheça.

Art. 273. Se inviável a intimação por meio eletrônico e não houver na localidade publicação em órgão oficial, incumbirá ao escrivão ou chefe de secretaria intimar de todos os atos do processo os advogados das partes:

I – pessoalmente, se tiverem domicílio na sede do juízo;

II – por carta registrada, com aviso de recebimento, quando forem domiciliados fora do juízo.

Art. 274. Não dispondo a lei de outro modo, as intimações serão feitas às partes, aos seus representantes legais, aos advogados e aos demais sujeitos do processo pelo correio ou, se presentes em cartório, diretamente pelo escrivão ou chefe de secretaria.

• Vide art. 255 do CPC.

Parágrafo único. Presumem-se válidas as intimações dirigidas ao endereço constante dos autos, ainda que não recebidas pessoalmente pelo interessado, se a modificação temporária ou definitiva não tiver sido devidamente comunicada ao juízo, fluindo os prazos a partir da juntada aos autos do comprovante de entrega da correspondência no primitivo endereço.

Art. 275. A intimação será feita por oficial de justiça quando frustrada a realização por meio eletrônico ou pelo correio.

§ 1.º A certidão de intimação deve conter:

I – a indicação do lugar e a descrição da pessoa intimada, mencionando, quando possível, o número de seu documento de identidade e o órgão que o expediu;

II – a declaração de entrega da contrafé;

III – a nota de ciente ou a certidão de que o interessado não a apôs no mandado.

§ 2.º Caso necessário, a intimação poderá ser efetuada com hora certa ou por edital.

Título III
DAS NULIDADES

Art. 276. Quando a lei prescrever determinada forma sob pena de nulidade, a decretação desta não pode ser requerida pela parte que lhe deu causa.

Art. 277. Quando a lei prescrever determinada forma, o juiz considerará válido o ato se, realizado de outro modo, lhe alcançar a finalidade.

Art. 278. A nulidade dos atos deve ser alegada na primeira oportunidade em que couber à parte falar nos autos, sob pena de preclusão.

Parágrafo único. Não se aplica o disposto no caput às nulidades que o juiz deva decretar de ofício, nem prevalece a preclusão provando a parte legítimo impedimento.

• Vide art. 485, § 3.º, do CPC.

Art. 279. É nulo o processo quando o membro do Ministério Público não for intimado a acompanhar o feito em que deva intervir.

•• Vide art. 178 do CPC.

§ 1.º Se o processo tiver tramitado sem conhecimento do membro do Ministério Público, o juiz invalidará os atos praticados a partir do momento em que ele deveria ter sido intimado.

§ 2.º A nulidade só pode ser decretada após a intimação do Ministério Público, que se manifestará sobre a existência ou a inexistência de prejuízo.

Art. 280. As citações e as intimações serão nulas quando feitas sem observância das prescrições legais.

• Vide art. 239 do CPC.

Art. 281. Anulado o ato, consideram-se de nenhum efeito todos os subsequentes que dele dependam, todavia, a nulidade de uma parte do ato não prejudicará as outras que dela sejam independentes.

Art. 282. Ao pronunciar a nulidade, o juiz declarará quais atos são atingidos e ordenará as providências necessárias a fim de que sejam repetidos ou retificados.

•• Vide art. 352 do CPC.

§ 1.º O ato não será repetido nem sua falta será suprida quando não prejudicar a parte.

§ 2.º Quando puder decidir o mérito a favor da parte a quem aproveite a decretação da nulidade, o juiz não a pronunciará nem mandará repetir o ato ou suprir-lhe a falta.

Art. 283. O erro de forma do processo acarreta unicamente a anulação dos atos que não possam ser aproveitados, devendo ser praticados os que forem necessários a fim de se observarem as prescrições legais.

Parágrafo único. Dar-se-á o aproveitamento dos atos praticados desde que não resulte prejuízo à defesa de qualquer parte.

Título IV
DA DISTRIBUIÇÃO E DO REGISTRO

Art. 284. Todos os processos estão sujeitos a registro, devendo ser distribuídos onde houver mais de um juiz.

Art. 285. A distribuição, que poderá ser eletrônica, será alternada e aleatória, obedecendo-se rigorosa igualdade.

Parágrafo único. A lista de distribuição deverá ser publicada no Diário de Justiça.

Art. 286. Serão distribuídas por dependência as causas de qualquer natureza:

I – quando se relacionarem, por conexão ou continência, com outra já ajuizada;

•• *Vide* Súmula 235 do STJ.
• *Vide* arts. 54, 56 e 57 do CPC.

II – quando, tendo sido extinto o processo sem resolução de mérito, for reiterado o pedido, ainda que em litisconsórcio com outros autores ou que sejam parcialmente alterados os réus da demanda;

III – quando houver ajuizamento de ações nos termos do art. 55, § 3.º, ao juízo prevento.

Parágrafo único. Havendo intervenção de terceiro, reconvenção ou outra hipótese de ampliação objetiva do processo, o juiz, de ofício, mandará proceder à respectiva anotação pelo distribuidor.

• *Vide* arts. 119 a 138 e 343 do CPC.

Art. 287. A petição inicial deve vir acompanhada de procuração, que conterá os endereços do advogado, eletrônico e não eletrônico.

Parágrafo único. Dispensa-se a juntada da procuração:

I – no caso previsto no art. 104;

II – se a parte estiver representada pela Defensoria Pública;

•• Defensoria Pública: Lei Complementar n. 80, de 12-1-1994.

III – se a representação decorrer diretamente de norma prevista na Constituição Federal ou em lei.

Art. 288. O juiz, de ofício ou a requerimento do interessado, corrigirá o erro ou compensará a falta de distribuição.

Art. 289. A distribuição poderá ser fiscalizada pela parte, por seu procurador, pelo Ministério Público e pela Defensoria Pública.

Art. 290. Será cancelada a distribuição do feito se a parte, intimada na pessoa de seu advogado, não realizar o pagamento das custas e despesas de ingresso em 15 (quinze) dias.

Título V
DO VALOR DA CAUSA

Art. 291. A toda causa será atribuído valor certo, ainda que não tenha conteúdo econômico imediatamente aferível.

Art. 292. O valor da causa constará da petição inicial ou da reconvenção e será:

•• *Vide* art. 2.º da Lei n. 12.153, de 22-12-2009 (Juizados Especiais da Fazenda Pública).

I – na ação de cobrança de dívida, a soma monetariamente corrigida do principal, dos juros de mora vencidos e de outras penalidades, se houver, até a data de propositura da ação;

II – na ação que tiver por objeto a existência, a validade, o cumprimento, a modificação, a resolução, a resilição ou a rescisão de ato jurídico, o valor do ato ou o de sua parte controvertida;

III – na ação de alimentos, a soma de 12 (doze) prestações mensais pedidas pelo autor;

IV – na ação de divisão, de demarcação e de reivindicação, o valor de avaliação da área ou do bem objeto do pedido;

V – na ação indenizatória, inclusive a fundada em dano moral, o valor pretendido;

VI – na ação em que há cumulação de pedidos, a quantia correspondente à soma dos valores de todos eles;

VII – na ação em que os pedidos são alternativos, o de maior valor;

VIII – na ação em que houver pedido subsidiário, o valor do pedido principal.

§ 1.º Quando se pedirem prestações vencidas e vincendas, considerar-se-á o valor de umas e outras.

§ 2.º O valor das prestações vincendas será igual a uma prestação anual, se a obrigação for por tempo indeterminado ou por tempo superior a 1 (um) ano, e, se por tempo inferior, será igual à soma das prestações.

§ 3.º O juiz corrigirá, de ofício e por arbitramento, o valor da causa quando verificar que não corresponde ao conteúdo patrimonial em discussão ou ao proveito econômico perseguido pelo autor, caso em que se procederá ao recolhimento das custas correspondentes.

Art. 293. O réu poderá impugnar, em preliminar da contestação, o valor atribuído à causa pelo autor, sob pena de preclusão, e o juiz decidirá a respeito, impondo, se for o caso, a complementação das custas.

Livro V
DA TUTELA PROVISÓRIA

Título I
DISPOSIÇÕES GERAIS

Art. 294. A tutela provisória pode fundamentar-se em urgência ou evidência.

Parágrafo único. A tutela provisória de urgência, cautelar ou antecipada, pode ser concedida em caráter antecedente ou incidental.

•• *Vide* art. 102, I, *p*, da CF.
•• *Vide* Lei n. 8.437, de 30-6-1992 (Concessão de medidas cautelares contra atos do Poder Público).
• *Vide* arts. 300, 305, 311 e 519 do CPC.
• *Vide* Lei n. 9.494, de 10-9-1997 (tutela antecipada contra a Fazenda Pública).

Art. 295. A tutela provisória requerida em caráter incidental independe do pagamento de custas.

Art. 296. A tutela provisória conserva sua eficácia na pendência do processo, mas pode, a qualquer tempo, ser revogada ou modificada.

Parágrafo único. Salvo decisão judicial em contrário, a tutela provisória conservará a eficácia durante o período de suspensão do processo.

Art. 297. O juiz poderá determinar as medidas que considerar adequadas para efetivação da tutela provisória.

• *Vide* art. 300, §§ 1.º e 2.º, do CPC.

Parágrafo único. A efetivação da tutela provisória observará as normas referentes ao cumprimento provisório da sentença, no que couber.

Art. 298. Na decisão que conceder, negar, modificar ou revogar a tutela provisória, o juiz motivará seu convencimento de modo claro e preciso.

Art. 299. A tutela provisória será requerida ao juízo da causa e, quando antecedente, ao juízo competente para conhecer do pedido principal.

Parágrafo único. Ressalvada disposição especial, na ação de competência originária de tribunal e nos recursos a tutela provisória será requerida ao órgão jurisdicional competente para apreciar o mérito.

• *Vide* Súmulas 634 e 635 do STF.

Título II
DA TUTELA DE URGÊNCIA

Capítulo I
DISPOSIÇÕES GERAIS

Art. 300. A tutela de urgência será concedida quando houver elementos que evidenciem a probabilidade do direito e o perigo de dano ou o risco ao resultado útil do processo.

•• *Vide* Lei n. 9.494, de 10-9-1997 (tutela antecipada contra a Fazenda Pública).

§ 1.º Para a concessão da tutela de urgência, o juiz pode, conforme o caso, exigir caução real ou fidejussória idônea para ressarcir os danos que a outra parte possa vir a sofrer, podendo a caução ser dispensada se a parte economicamente hipossuficiente não puder oferecê-la.

§ 2.º A tutela de urgência pode ser concedida liminarmente ou após justificação prévia.

§ 3.º A tutela de urgência de natureza antecipada não será concedida quando houver perigo de irreversibilidade dos efeitos da decisão.

Art. 301. A tutela de urgência de natureza cautelar pode ser efetivada mediante arresto, sequestro, arrolamento de bens, registro de protesto contra alienação de bem e qualquer outra medida idônea para asseguração do direito.

Art. 302. Independentemente da reparação por dano processual, a parte responde pelo prejuízo que a efetivação da tutela de urgência causar à parte adversa, se:

I – a sentença lhe for desfavorável;

II – obtida liminarmente a tutela em caráter antecedente, não fornecer os meios necessários para a citação do requerido no prazo de 5 (cinco) dias;

III – ocorrer a cessação da eficácia da medida em qualquer hipótese legal;

IV – o juiz acolher a alegação de decadência ou prescrição da pretensão do autor.

Parágrafo único. A indenização será liquidada nos autos em que a medida tiver sido concedida, sempre que possível.

Capítulo II
DO PROCEDIMENTO DA TUTELA ANTECIPADA REQUERIDA EM CARÁTER ANTECEDENTE

Art. 303. Nos casos em que a urgência for contemporânea à propositura da ação, a petição inicial pode limitar-se ao requerimento da tutela antecipada e à indicação do pedido de tutela final, com a exposição da lide, do direito que se busca realizar e do perigo de dano ou do risco ao resultado útil do processo.

§ 1.º Concedida a tutela antecipada a que se refere o *caput* deste artigo:

I – o autor deverá aditar a petição inicial, com a complementação de sua argumentação, a juntada de novos documentos e a confirmação do pedido de tutela final, em 15 (quinze) dias ou em outro prazo maior que o juiz fixar;

II – o réu será citado e intimado para a audiência de conciliação ou de mediação na forma do art. 334;

III – não havendo autocomposição, o prazo para contestação será contado na forma do art. 335.

§ 2.º Não realizado o aditamento a que se refere o inciso I do § 1.º deste artigo, o processo será extinto sem resolução do mérito.

§ 3.º O aditamento a que se refere o inciso I do § 1.º deste artigo dar-se-á nos mesmos autos, sem incidência de novas custas processuais.

§ 4.º Na petição inicial a que se refere o *caput* deste artigo, o autor terá de indicar o valor da causa, que deve levar em consideração o pedido de tutela final.

§ 5.º O autor indicará na petição inicial, ainda, que pretende valer-se do benefício previsto no *caput* deste artigo.

§ 6.º Caso entenda que não há elementos para a concessão de tutela antecipada, o órgão jurisdicional determinará a emenda da petição inicial em até 5 (cinco) dias, sob pena de ser indeferida e de o processo ser extinto sem resolução de mérito.

Art. 304. A tutela antecipada, concedida nos termos do art. 303, torna-se estável se da decisão que a conceder não for interposto o respectivo recurso.

§ 1.º No caso previsto no *caput*, o processo será extinto.

§ 2.º Qualquer das partes poderá demandar a outra com o intuito de rever, reformar ou invalidar a tutela antecipada estabilizada nos termos do *caput*.

§ 3.º A tutela antecipada conservará seus efeitos enquanto não revista, reformada ou invalidada por decisão de mérito proferida na ação de que trata o § 2.º.

§ 4.º Qualquer das partes poderá requerer o desarquivamento dos autos em que foi concedida a medida, para instruir a petição inicial da ação a que se refere o § 2.º, prevento o juízo em que a tutela antecipada foi concedida.

§ 5.º O direito de rever, reformar ou invalidar a tutela antecipada, previsto no § 2.º deste artigo, extingue-se após 2 (dois) anos, contados da ciência da decisão que extinguiu o processo, nos termos do § 1.º.

§ 6.º A decisão que concede a tutela não fará coisa julgada, mas a estabilidade dos respectivos efeitos só será afastada por decisão que a revir, reformar ou invalidar, proferida em ação ajuizada por uma das partes, nos termos do § 2.º deste artigo.

Capítulo III
DO PROCEDIMENTO DA TUTELA CAUTELAR REQUERIDA EM CARÁTER ANTECEDENTE

Art. 305. A petição inicial da ação que visa à prestação de tutela cautelar em caráter antecedente indicará a lide e seu fundamento, a exposição sumária do direito que se objetiva assegurar e o perigo de dano ou o risco ao resultado útil do processo.

• Vide arts. 319 a 321 do CPC.

Parágrafo único. Caso entenda que o pedido a que se refere o *caput* tem natureza antecipada, o juiz observará o disposto no art. 303.

Art. 306. O réu será citado para, no prazo de 5 (cinco) dias, contestar o pedido e indicar as provas que pretende produzir.

• Vide arts. 229 e 714 do CPC.

Art. 307. Não sendo contestado o pedido, os fatos alegados pelo autor presumir-se-ão aceitos pelo réu como ocorridos, caso em que o juiz decidirá dentro de 5 (cinco) dias.

Parágrafo único. Contestado o pedido no prazo legal, observar-se-á o procedimento comum.

Art. 308. Efetivada a tutela cautelar, o pedido principal terá de ser formulado pelo autor no prazo de 30 (trinta) dias, caso em que será apresentado nos mesmos autos em que deduzido o pedido de tutela cautelar, não dependendo do adiantamento de novas custas processuais.

• Vide Súmula 482 do STJ.

• Vide art. 11 da Lei n. 8.397, de 6-1-1992.

§ 1.º O pedido principal pode ser formulado conjuntamente com o pedido de tutela cautelar.

§ 2.º A causa de pedir poderá ser aditada no momento de formulação do pedido principal.

§ 3.º Apresentado o pedido principal, as partes serão intimadas para a audiência de conciliação ou de mediação, na forma do art. 334, por seus advogados ou pessoalmente, sem necessidade de nova citação do réu.

§ 4.º Não havendo autocomposição, o prazo para contestação será contado na forma do art. 335.

Art. 309. Cessa a eficácia da tutela concedida em caráter antecedente, se:

I – o autor não deduzir o pedido principal no prazo legal;

• Vide art. 302, III, do CPC.

II – não for efetivada dentro de 30 (trinta) dias;

III – o juiz julgar improcedente o pedido principal formulado pelo autor ou extinguir o processo sem resolução de mérito.

Parágrafo único. Se por qualquer motivo cessar a eficácia da tutela cautelar, é vedado à parte renovar o pedido, salvo sob novo fundamento.

Art. 310. O indeferimento da tutela cautelar não obsta a que a parte formule o pedido principal, nem influi no julgamento desse, salvo se o motivo do indeferimento for o reconhecimento de decadência ou de prescrição.

• Vide art. 302, IV, do CPC.

TÍTULO III
DA TUTELA DA EVIDÊNCIA

Art. 311. A tutela da evidência será concedida, independentemente da demonstração de perigo de dano ou de risco ao resultado útil do processo, quando:

• Vide art. 300 do CPC.

I – ficar caracterizado o abuso do direito de defesa ou o manifesto propósito protelatório da parte;

• Vide art. 80 do CPC.

II – as alegações de fato puderem ser comprovadas apenas documentalmente e houver tese firmada em julgamento de casos repetitivos ou em súmula vinculante;

III – se tratar de pedido reipersecutório fundado em prova documental adequada do contrato de depósito, caso em que será decretada a ordem de entrega do objeto custodiado, sob cominação de multa;

IV – a petição inicial for instruída com prova documental suficiente dos fatos constitutivos do direito do autor, a que o réu não oponha prova capaz de gerar dúvida razoável.

Parágrafo único. Nas hipóteses dos incisos II e III, o juiz poderá decidir liminarmente.

•• O STF, nas sessões virtuais de 14-4-2023 a 24-4-2023 (*DOU* de 4-5-2023), julgou parcialmente procedente a ADI n. 5.492 para declarar constitucional a referência ao inciso II constante neste parágrafo único.

Livro VI
DA FORMAÇÃO, DA SUSPENSÃO E DA EXTINÇÃO DO PROCESSO

TÍTULO I
DA FORMAÇÃO DO PROCESSO

Art. 312. Considera-se proposta a ação quando a petição inicial for protocolada, todavia, a propositura da ação só produz quanto ao réu os efeitos mencionados no art. 240 depois que for validamente citado.

TÍTULO II
DA SUSPENSÃO DO PROCESSO

Art. 313. Suspende-se o processo:

I – pela morte ou pela perda da capacidade processual de qualquer das partes, de seu representante legal ou de seu procurador;

- Vide arts. 76, 221 e 921, I, do CPC.

II – pela convenção das partes;
- Vide art. 921, II, do CPC.

III – pela arguição de impedimento ou de suspeição;
- Vide art. 221 do CPC.

IV – pela admissão de incidente de resolução de demandas repetitivas;

V – quando a sentença de mérito:

a) depender do julgamento de outra causa ou da declaração de existência ou de inexistência de relação jurídica que constitua o objeto principal de outro processo pendente;

b) tiver de ser proferida somente após a verificação de determinado fato ou a produção de certa prova, requisitada a outro juízo;
- Vide art. 377, *caput*, do CPC.

VI – por motivo de força maior;
- Vide art. 182 do CPC.

VII – quando se discutir em juízo questão decorrente de acidentes e fatos da navegação de competência do Tribunal Marítimo;

VIII – nos demais casos que este Código regula;

IX – pelo parto ou pela concessão de adoção, quando a advogada responsável pelo processo constituir a única patrona da causa;
- •• Inciso IX acrescentado pela Lei n. 13.363, de 25-11-2016.

X – quando o advogado responsável pelo processo constituir o único patrono da causa e tornar-se pai.
- •• Inciso X acrescentado pela Lei n. 13.363, de 25-11-2016.

§ 1.º Na hipótese do inciso I, o juiz suspenderá o processo, nos termos do art. 689.

§ 2.º Não ajuizada ação de habilitação, ao tomar conhecimento da morte, o juiz determinará a suspensão do processo e observará o seguinte:

I – falecido o réu, ordenará a intimação do autor para que promova a citação do respectivo espólio, de quem for o sucessor ou, se for o caso, dos herdeiros, no prazo que designar, de no mínimo 2 (dois) e no máximo 6 (seis) meses;

II – falecido o autor e sendo transmissível o direito em litígio, determinará a intimação de seu espólio, de quem for o sucessor ou, se for o caso, dos herdeiros, pelos meios de divulgação que reputar mais adequados, para que manifestem interesse na sucessão processual e promovam a respectiva habilitação no prazo designado, sob pena de extinção do processo sem resolução de mérito.

§ 3.º No caso de morte do procurador de qualquer das partes, ainda que iniciada a audiência de instrução e julgamento, o juiz determinará que a parte constitua novo mandatário, no prazo de 15 (quinze) dias, ao final do qual extinguirá o processo sem resolução de mérito, se o autor não nomear novo mandatário, ou ordenará o prosseguimento do processo à revelia do réu, se falecido o procurador deste.

§ 4.º O prazo de suspensão do processo nunca poderá exceder 1 (um) ano nas hipóteses dos inciso V e 6 (seis) meses naquela prevista no inciso II.

§ 5.º O juiz determinará o prosseguimento do processo assim que esgotados os prazos previstos no § 4.º.

§ 6.º No caso do inciso IX, o período de suspensão será de 30 (trinta) dias, contado a partir da data do parto ou da concessão da adoção, mediante apresentação de certidão de nascimento ou documento similar que comprove a realização do parto, ou de termo judicial que tenha concedido a adoção, desde que haja notificação ao cliente.
- •• § 6.º acrescentado pela Lei n. 13.363, de 25-11-2016.

§ 7.º No caso do inciso X, o período de suspensão será de 8 (oito) dias, contado a partir da data do parto ou da concessão da adoção, mediante apresentação de certidão de nascimento ou documento similar que comprove a realização do parto, ou de termo judicial que tenha concedido a adoção, desde que haja notificação ao cliente.
- •• § 7.º acrescentado pela Lei n. 13.363, de 25-11-2016.

Art. 314. Durante a suspensão é vedado praticar qualquer ato processual, podendo o juiz, todavia, determinar a realização de atos urgentes a fim de evitar dano irreparável, salvo no caso de arguição de impedimento e de suspeição.
- Vide art. 923 do CPC.

Art. 315. Se o conhecimento do mérito depender de verificação da existência de fato delituoso, o juiz pode determinar a suspensão do processo até que se pronuncie a justiça criminal.

§ 1.º Se a ação penal não for proposta no prazo de 3 (três) meses, contado da intimação do ato de suspensão, cessará o efeito desse, incumbindo ao juiz cível examinar incidentemente a questão prévia.

§ 2.º Proposta a ação penal, o processo ficará suspenso pelo prazo máximo de 1 (um) ano, ao final do qual aplicar-se-á o disposto na parte final do § 1.º.

TÍTULO III
DA EXTINÇÃO DO PROCESSO

Art. 316. A extinção do processo dar-se-á por sentença.

Art. 317. Antes de proferir decisão sem resolução de mérito, o juiz deverá conceder à parte oportunidade para, se possível, corrigir o vício.

PARTE ESPECIAL

Livro I
DO PROCESSO DE CONHECIMENTO E DO CUMPRIMENTO DE SENTENÇA

TÍTULO I
DO PROCEDIMENTO COMUM

Capítulo I
DISPOSIÇÕES GERAIS

Art. 318. Aplica-se a todas as causas o procedimento comum, salvo disposição em contrário deste Código ou de lei.

Parágrafo único. O procedimento comum aplica-se subsidiariamente aos demais procedimentos especiais e ao processo de execução.

Capítulo II
DA PETIÇÃO INICIAL

Seção I
Dos Requisitos da Petição Inicial

Art. 319. A petição inicial indicará:
- Vide arts. 294 e 330 do CPC.

I – o juízo a que é dirigida;

II – os nomes, os prenomes, o estado civil, a existência de união estável, a profissão, o número de inscrição no Cadastro de Pessoas Físicas ou no Cadastro Nacional da Pessoa Jurídica, o endereço eletrônico, o domicílio e a residência do autor e do réu;

III – o fato e os fundamentos jurídicos do pedido;

IV – o pedido com as suas especificações;
- Vide arts. 322 a 329 do CPC.

V – o valor da causa;
- Vide arts. 291 a 293 do CPC.

VI – as provas com que o autor pretende demonstrar a verdade dos fatos alegados;
- Vide arts. 369 a 484 do CPC.

VII – a opção do autor pela realização ou não de audiência de conciliação ou de mediação.
- Vide art. 334 do CPC.

§ 1.º Caso não disponha das informações previstas no inciso II, poderá o autor, na petição inicial, requerer ao juiz diligências necessárias a sua obtenção.

§ 2.º A petição inicial não será indeferida se, a despeito da falta de informações a que se refere o inciso II, for possível a citação do réu.

§ 3.º A petição inicial não será indeferida pelo não atendimento ao disposto no inciso II deste artigo se a obtenção de tais informações tornar impossível ou excessivamente oneroso o acesso à justiça.
- Vide art. 330 do CPC.

Art. 320. A petição inicial será instruída com os documentos indispensáveis à propositura da ação.
- Vide arts. 434 e 798 do CPC.

Art. 321. O juiz, ao verificar que a petição inicial não preenche os requisitos dos arts. 319 e 320 ou que apresenta defeitos e irregularidades capazes de dificultar o julgamento de mérito, determinará que o autor, no prazo de 15 (quinze) dias, a emende ou a complete, indicando com precisão o que deve ser corrigido ou completado.

CPC – Arts. 321 a 334 – Processo de Conhecimento

Parágrafo único. Se o autor não cumprir a diligência, o juiz indeferirá a petição inicial.
• *Vide* art. 485 do CPC.

Seção II
Do Pedido

Art. 322. O pedido deve ser certo.
§ 1.º Compreendem-se no principal os juros legais, a correção monetária e as verbas de sucumbência, inclusive os honorários advocatícios.
• *Vide* Súmula 254 do STF.
§ 2.º A interpretação do pedido considerará o conjunto da postulação e observará o princípio da boa-fé.

Art. 323. Na ação que tiver por objeto cumprimento de obrigação em prestações sucessivas, essas serão consideradas incluídas no pedido, independentemente de declaração expressa do autor, e serão incluídas na condenação, enquanto durar a obrigação, se o devedor, no curso do processo, deixar de pagá-las ou de consigná-las.

Art. 324. O pedido deve ser determinado.
• *Vide* art. 490 do CPC.
§ 1.º É lícito, porém, formular pedido genérico:
I – nas ações universais, se o autor não puder individuar os bens demandados;
II – quando não for possível determinar, desde logo, as consequências do ato ou do fato;
III – quando a determinação do objeto ou do valor da condenação depender de ato que deva ser praticado pelo réu.
§ 2.º O disposto neste artigo aplica-se à reconvenção.

Art. 325. O pedido será alternativo quando, pela natureza da obrigação, o devedor puder cumprir a prestação de mais de um modo.
Parágrafo único. Quando, pela lei ou pelo contrato, a escolha couber ao devedor, o juiz lhe assegurará o direito de cumprir a prestação de um ou de outro modo, ainda que o autor não tenha formulado pedido alternativo.
• *Vide* art. 292, VII, do CPC.

Art. 326. É lícito formular mais de um pedido em ordem subsidiária, a fim de que o juiz conheça do posterior, quando não acolher o anterior.
• *Vide* art. 292, VIII, do CPC.
Parágrafo único. É lícito formular mais de um pedido, alternativamente, para que o juiz acolha um deles.

Art. 327. É lícita a cumulação, em um único processo, contra o mesmo réu, de vários pedidos, ainda que entre eles não haja conexão.
• *Vide* art. 292, VI, do CPC.
§ 1.º São requisitos de admissibilidade da cumulação que:
I – os pedidos sejam compatíveis entre si;
II – seja competente para conhecer deles o mesmo juízo;
III – seja adequado para todos os pedidos o tipo de procedimento.

§ 2.º Quando, para cada pedido, corresponder tipo diverso de procedimento, será admitida a cumulação se o autor empregar o procedimento comum, sem prejuízo do emprego das técnicas processuais diferenciadas previstas nos procedimentos especiais a que se sujeitam um ou mais pedidos cumulados, que não forem incompatíveis com as disposições sobre o procedimento comum.
§ 3.º O inciso I do § 1.º não se aplica às cumulações de pedidos de que trata o art. 326.

Art. 328. Na obrigação indivisível com pluralidade de credores, aquele que não participou do processo receberá sua parte, deduzidas as despesas na proporção de seu crédito.

Art. 329. O autor poderá:
I – até a citação, aditar ou alterar o pedido ou a causa de pedir, independentemente de consentimento do réu;
II – até o saneamento do processo, aditar ou alterar o pedido e a causa de pedir, com consentimento do réu, assegurado o contraditório mediante a possibilidade de manifestação deste no prazo mínimo de 15 (quinze) dias, facultado o requerimento de prova suplementar.
Parágrafo único. Aplica-se o disposto neste artigo à reconvenção e à respectiva causa de pedir.
• *Vide* art. 343 do CPC.

Seção III
Do Indeferimento da Petição Inicial

Art. 330. A petição inicial será indeferida quando:
I – for inepta;
II – a parte for manifestamente ilegítima;
III – o autor carecer de interesse processual;
• *Vide* art. 120 do CPC.
IV – não atendidas as prescrições dos arts. 106 e 321.
§ 1.º Considera-se inepta a petição inicial quando:
I – lhe faltar pedido ou causa de pedir;
• *Vide* arts. 322 a 329 do CPC.
II – o pedido for indeterminado, ressalvadas as hipóteses legais em que se permite o pedido genérico;
• *Vide* art. 286 do CPC.
III – da narração dos fatos não decorrer logicamente a conclusão;
IV – contiver pedidos incompatíveis entre si.
§ 2.º Nas ações que tenham por objeto a revisão de obrigação decorrente de empréstimo, de financiamento ou de alienação de bens, o autor terá de, sob pena de inépcia, discriminar na petição inicial, dentre as obrigações contratuais, aquelas que pretende controverter, além de quantificar o valor incontroverso do débito.
§ 3.º Na hipótese do § 2.º, o valor incontroverso deverá continuar a ser pago no tempo e modo contratados.

Art. 331. Indeferida a petição inicial, o autor poderá apelar, facultado ao juiz, no prazo de 5 (cinco) dias, retratar-se.
§ 1.º Se não houver retratação, o juiz mandará citar o réu para responder ao recurso.
§ 2.º Sendo a sentença reformada pelo tribunal, o prazo para a contestação começará a correr da intimação do retorno dos autos, observado o disposto no art. 334.
§ 3.º Não interposta a apelação, o réu será intimado do trânsito em julgado da sentença.

Capítulo III
DA IMPROCEDÊNCIA LIMINAR DO PEDIDO

Art. 332. Nas causas que dispensem a fase instrutória, o juiz, independentemente da citação do réu, julgará liminarmente improcedente o pedido que contrariar:
I – enunciado de súmula do Supremo Tribunal Federal ou do Superior Tribunal de Justiça;
II – acórdão proferido pelo Supremo Tribunal Federal ou pelo Superior Tribunal de Justiça em julgamento de recursos repetitivos;
III – entendimento firmado em incidente de resolução de demandas repetitivas ou de assunção de competência;
IV – enunciado de súmula de tribunal de justiça sobre direito local.
§ 1.º O juiz também poderá julgar liminarmente improcedente o pedido se verificar, desde logo, a ocorrência de decadência ou de prescrição.
§ 2.º Não interposta a apelação, o réu será intimado do trânsito em julgado da sentença, nos termos do art. 241.
§ 3.º Interposta a apelação, o juiz poderá retratar-se em 5 (cinco) dias.
• *Vide* arts. 513 e s. do CPC.
§ 4.º Se houver retratação, o juiz determinará o prosseguimento do processo, com a citação do réu, e, se não houver retratação, determinará a citação do réu para apresentar contrarrazões, no prazo de 15 (quinze) dias.

Capítulo IV
DA CONVERSÃO DA AÇÃO INDIVIDUAL EM AÇÃO COLETIVA

Art. 333. (*Vetado.*)

Capítulo V
DA AUDIÊNCIA DE CONCILIAÇÃO OU DE MEDIAÇÃO

•• *Vide* Lei n. 13.140, de 26-6-2015, que dispõe sobre a mediação entre particulares como meio de solução de controvérsias e sobre a autocomposição de conflitos no âmbito da Administração Pública.

Art. 334. Se a petição inicial preencher os requisitos essenciais e não for o caso de improcedência liminar do pedido, o juiz designará audiência de conciliação ou de mediação com antecedência mínima de 30 (trinta) dias, devendo ser citado o réu com pelo menos 20 (vinte) dias de antecedência.

• *Vide* arts. 248, 257, 307 e 344 do CPC.

§ 1.º O conciliador ou mediador, onde houver, atuará necessariamente na audiência de conciliação ou de mediação, observando o disposto neste Código, bem como as disposições da lei de organização judiciária.

•• *Vide* arts. 165 e s. do CPC.

§ 2.º Poderá haver mais de uma sessão destinada à conciliação e à mediação, não podendo exceder a 2 (dois) meses da data de realização da primeira sessão, desde que necessárias à composição das partes.

§ 3.º A intimação do autor para a audiência será feita na pessoa de seu advogado.

§ 4.º A audiência não será realizada:

I – se ambas as partes manifestarem, expressamente, desinteresse na composição consensual;

II – quando não se admitir a autocomposição.

§ 5.º O autor deverá indicar, na petição inicial, seu desinteresse na autocomposição, e o réu deverá fazê-lo, por petição, apresentada com 10 (dez) dias de antecedência, contados da data da audiência.

§ 6.º Havendo litisconsórcio, o desinteresse na realização da audiência deve ser manifestado por todos os litisconsortes.

§ 7.º A audiência de conciliação ou de mediação pode realizar-se por meio eletrônico, nos termos da lei.

§ 8.º O não comparecimento injustificado do autor ou do réu à audiência de conciliação é considerado ato atentatório à dignidade da justiça e será sancionado com multa de até dois por cento da vantagem econômica pretendida ou do valor da causa, revertida em favor da União ou do Estado.

§ 9.º As partes devem estar acompanhadas por seus advogados ou defensores públicos.

• *Vide* art. 133 da CF.

§ 10. A parte poderá constituir representante, por meio de procuração específica, com poderes para negociar e transigir.

§ 11. A autocomposição obtida será reduzida a termo e homologada por sentença.

§ 12. A pauta das audiências de conciliação ou de mediação será organizada de modo a respeitar o intervalo mínimo de 20 (vinte) minutos entre o início de uma e o início da seguinte.

Capítulo VI
DA CONTESTAÇÃO

Art. 335. O réu poderá oferecer contestação, por petição, no prazo de 15 (quinze) dias, cujo termo inicial será a data:

• *Vide* art. 434 do CPC.

I – da audiência de conciliação ou de mediação, ou da última sessão de conciliação, quando qualquer parte não comparecer ou, comparecendo, não houver autocomposição;

II – do protocolo do pedido de cancelamento da audiência de conciliação ou de mediação apresentado pelo réu, quando ocorrer a hipótese do art. 334, § 4.º, inciso I;

III – prevista no art. 231, de acordo com o modo como foi feita a citação, nos demais casos.

§ 1.º No caso de litisconsórcio passivo, ocorrendo a hipótese do art. 334, § 6.º, o termo inicial previsto no inciso II será, para cada um dos réus, a data de apresentação de seu respectivo pedido de cancelamento da audiência.

§ 2.º Quando ocorrer a hipótese do art. 334, § 4.º, inciso II, havendo litisconsórcio passivo e o autor desistir da ação em relação a réu ainda não citado, o prazo para resposta correrá da data de intimação da decisão que homologar a desistência.

Art. 336. Incumbe ao réu alegar, na contestação, toda a matéria de defesa, expondo as razões de fato e de direito com que impugna o pedido do autor e especificando as provas que pretende produzir.

Art. 337. Incumbe ao réu, antes de discutir o mérito, alegar:

• *Vide* arts. 351, 352 e 938 do CPC.

I – inexistência ou nulidade da citação;

• *Vide* art. 348 do CPC.

II – incompetência absoluta e relativa;

• *Vide* art. 64 do CPC.

III – incorreção do valor da causa;

IV – inépcia da petição inicial;

• *Vide* arts. 330, I, do CPC.

V – perempção;

•• *Vide* art. 486, § 3.º, do CPC.

VI – litispendência;

• *Vide* art. 240 do CPC.

VII – coisa julgada;

•• *Vide* art. 5.º, XXXVI, da CF.

• *Vide* arts. 502 a 508 do CPC.

VIII – conexão;

• *Vide* Súmula 235 do STJ.

IX – incapacidade da parte, defeito de representação ou falta de autorização;

X – convenção de arbitragem;

• *Vide* art. 485, VII, do CPC.

• Lei n. 9.307, de 23-9-1996 (arbitragem).

XI – ausência de legitimidade ou de interesse processual;

XII – falta de caução ou de outra prestação que a lei exige como preliminar;

XIII – indevida concessão do benefício de gratuidade de justiça.

§ 1.º Verifica-se a litispendência ou a coisa julgada quando se reproduz ação anteriormente ajuizada.

•• *Vide* art. 5.º, XXXVI, da CF.

§ 2.º Uma ação é idêntica a outra quando possui as mesmas partes, a mesma causa de pedir e o mesmo pedido.

§ 3.º Há litispendência quando se repete ação que está em curso.

• *Vide* art. 240 do CPC.

§ 4.º Há coisa julgada quando se repete ação que já foi decidida por decisão transitada em julgado.

§ 5.º Excetuadas a convenção de arbitragem e a incompetência relativa, o juiz conhecerá de ofício das matérias enumeradas neste artigo.

§ 6.º A ausência de alegação da existência de convenção de arbitragem, na forma prevista neste Capítulo, implica aceitação da jurisdição estatal e renúncia ao juízo arbitral.

Art. 338. Alegando o réu, na contestação, ser parte ilegítima ou não ser o responsável pelo prejuízo invocado, o juiz facultará ao autor, em 15 (quinze) dias, a alteração da petição inicial para substituição do réu.

Parágrafo único. Realizada a substituição, o autor reembolsará as despesas e pagará os honorários ao procurador do réu excluído, que serão fixados entre três e cinco por cento do valor da causa ou, sendo este irrisório, nos termos do art. 85, § 8.º.

Art. 339. Quando alegar sua ilegitimidade, incumbe ao réu indicar o sujeito passivo da relação jurídica discutida sempre que tiver conhecimento, sob pena de arcar com as despesas processuais e de indenizar o autor pelos prejuízos decorrentes da falta de indicação.

§ 1.º O autor, ao aceitar a indicação, procederá, no prazo de 15 (quinze) dias, à alteração da petição inicial para a substituição do réu, observando-se, ainda, o parágrafo único do art. 338.

§ 2.º No prazo de 15 (quinze) dias, o autor pode optar por alterar a petição inicial para incluir, como litisconsorte passivo, o sujeito indicado pelo réu.

Art. 340. Havendo alegação de incompetência relativa ou absoluta, a contestação poderá ser protocolada no foro de domicílio do réu, fato que será imediatamente comunicado ao juiz da causa, preferencialmente por meio eletrônico.

§ 1.º A contestação será submetida a livre distribuição ou, se o réu houver sido citado por meio de carta precatória, juntada aos autos dessa carta, seguindo-se a sua imediata remessa para o juízo da causa.

§ 2.º Reconhecida a competência do foro indicado pelo réu, o juízo para o qual for distribuída a contestação ou a carta precatória será considerado prevento.

§ 3.º Alegada a incompetência nos termos do *caput*, será suspensa a realização da audiência de conciliação ou de mediação, se tiver sido designada.

§ 4.º Definida a competência, o juízo competente designará nova data para a audiência de conciliação ou de mediação.

Art. 341. Incumbe também ao réu manifestar-se precisamente sobre as alegações de fato constantes da petição inicial, presumindo-se verdadeiras as não impugnadas, salvo se:

I – não for admissível, a seu respeito, a confissão;

•• *Vide* arts. 344 e 345 do CPC.

II – a petição inicial não estiver acompanhada de instrumento que a lei considerar da substância do ato;
III – estiverem em contradição com a defesa, considerada em seu conjunto.
Parágrafo único. O ônus da impugnação especificada dos fatos não se aplica ao defensor público, ao advogado dativo e ao curador especial.
Art. 342. Depois da contestação, só é lícito ao réu deduzir novas alegações quando:
I – relativas a direito ou a fato superveniente;
II – competir ao juiz conhecer delas de ofício;
III – por expressa autorização legal, puderem ser formuladas em qualquer tempo e grau de jurisdição.

Capítulo VII
DA RECONVENÇÃO

Art. 343. Na contestação, é lícito ao réu propor reconvenção para manifestar pretensão própria, conexa com a ação principal ou com o fundamento da defesa.
§ 1.º Proposta a reconvenção, o autor será intimado, na pessoa de seu advogado, para apresentar resposta no prazo de 15 (quinze) dias.
§ 2.º A desistência da ação ou a ocorrência de causa extintiva que impeça o exame de seu mérito não obsta ao prosseguimento do processo quanto à reconvenção.
§ 3.º A reconvenção pode ser proposta contra o autor e terceiro.
§ 4.º A reconvenção pode ser proposta pelo réu em litisconsórcio com terceiro.
§ 5.º Se o autor for substituto processual, o reconvinte deverá afirmar ser titular de direito em face do substituído, e a reconvenção deverá ser proposta em face do autor, também na qualidade de substituto processual.
§ 6.º O réu pode propor reconvenção independentemente de oferecer contestação.

Capítulo VIII
DA REVELIA

Art. 344. Se o réu não contestar a ação, será considerado revel e presumir-se-ão verdadeiras as alegações de fato formuladas pelo autor.
Art. 345. A revelia não produz o efeito mencionado no art. 344 se:
I – havendo pluralidade de réus, algum deles contestar a ação;
II – o litígio versar sobre direitos indisponíveis;
III – a petição inicial não estiver acompanhada de instrumento que a lei considere indispensável à prova do ato;
• Vide art. 341, II, do CPC.
IV – as alegações de fato formuladas pelo autor forem inverossímeis ou estiverem em contradição com prova constante dos autos.

Art. 346. Os prazos contra o revel que não tenha patrono nos autos fluirão da data de publicação do ato decisório no órgão oficial.
Parágrafo único. O revel poderá intervir no processo em qualquer fase, recebendo-o no estado em que se encontrar.

Capítulo IX
DAS PROVIDÊNCIAS PRELIMINARES E DO SANEAMENTO

Art. 347. Findo o prazo para a contestação, o juiz tomará, conforme o caso, as providências preliminares constantes das seções deste Capítulo.

Seção I
Da Não Incidência dos Efeitos da Revelia

Art. 348. Se o réu não contestar a ação, o juiz, verificando a inocorrência do efeito da revelia previsto no art. 344, ordenará que o autor especifique as provas que pretenda produzir, se ainda não as tiver indicado.
• Vide art. 355 do CPC.
Art. 349. Ao réu revel será lícita a produção de provas, contrapostas às alegações do autor, desde que se faça representar nos autos a tempo de praticar os atos processuais indispensáveis a essa produção.

Seção II
Do Fato Impeditivo, Modificativo ou Extintivo do Direito do Autor

Art. 350. Se o réu alegar fato impeditivo, modificativo ou extintivo do direito do autor, este será ouvido no prazo de 15 (quinze) dias, permitindo-lhe o juiz a produção de prova.

Seção III
Das Alegações do Réu

Art. 351. Se o réu alegar qualquer das matérias enumeradas no art. 337, o juiz determinará a oitiva do autor no prazo de 15 (quinze) dias, permitindo-lhe a produção de prova.
Art. 352. Verificando a existência de irregularidades ou de vícios sanáveis, o juiz determinará sua correção em prazo nunca superior a 30 (trinta) dias.
Art. 353. Cumpridas as providências preliminares ou não havendo necessidade delas, o juiz proferirá julgamento conforme o estado do processo, observando o que dispõe o Capítulo X.

Capítulo X
DO JULGAMENTO CONFORME O ESTADO DO PROCESSO

Seção I
Da Extinção do Processo

Art. 354. Ocorrendo qualquer das hipóteses previstas nos arts. 485 e 487, incisos II e III, o juiz proferirá sentença.
Parágrafo único. A decisão a que se refere o *caput* pode dizer respeito a apenas parcela do processo, caso em que será impugnável por agravo de instrumento.

Seção II
Do Julgamento Antecipado do Mérito

Art. 355. O juiz julgará antecipadamente o pedido, proferindo sentença com resolução de mérito, quando:
I – não houver necessidade de produção de outras provas;
II – o réu for revel, ocorrer o efeito previsto no art. 344 e não houver requerimento de prova, na forma do art. 349.

Seção III
Do Julgamento Antecipado Parcial do Mérito

Art. 356. O juiz decidirá parcialmente o mérito quando um ou mais dos pedidos formulados ou parcela deles:
I – mostrar-se incontroverso;
II – estiver em condições de imediato julgamento, nos termos do art. 355.
§ 1.º A decisão que julgar parcialmente o mérito poderá reconhecer a existência de obrigação líquida ou ilíquida.
§ 2.º A parte poderá liquidar ou executar, desde logo, a obrigação reconhecida na decisão que julgar parcialmente o mérito, independentemente de caução, ainda que haja recurso contra essa interposto.
§ 3.º Na hipótese do § 2.º, se houver trânsito em julgado da decisão, a execução será definitiva.
§ 4.º A liquidação e o cumprimento da decisão que julgar parcialmente o mérito poderão ser processados em autos suplementares, a requerimento da parte ou a critério do juiz.
§ 5.º A decisão proferida com base neste artigo é impugnável por agravo de instrumento.

Seção IV
Do Saneamento e da Organização do Processo

Art. 357. Não ocorrendo nenhuma das hipóteses deste Capítulo, deverá o juiz, em decisão de saneamento e de organização do processo:
I – resolver as questões processuais pendentes, se houver;
II – delimitar as questões de fato sobre as quais recairá a atividade probatória, especificando os meios de prova admitidos;
III – definir a distribuição do ônus da prova, observado o art. 373;
IV – delimitar as questões de direito relevantes para a decisão do mérito;
V – designar, se necessário, audiência de instrução e julgamento.
§ 1.º Realizado o saneamento, as partes têm o direito de pedir esclarecimentos ou solicitar ajustes, no prazo comum de 5 (cinco) dias, findo o qual a decisão se torna estável.
§ 2.º As partes podem apresentar ao juiz, para homologação, delimitação consensual das questões de fato e de direito a que se referem os incisos II e IV, a qual, se homologada, vincula as partes e o juiz.

§ 3.º Se a causa apresentar complexidade em matéria de fato ou de direito, deverá o juiz designar audiência para que o saneamento seja feito em cooperação com as partes, oportunidade em que o juiz, se for o caso, convidará as partes a integrar ou esclarecer suas alegações.

§ 4.º Caso tenha sido determinada a produção de prova testemunhal, o juiz fixará prazo comum não superior a 15 (quinze) dias para que as partes apresentem rol de testemunhas.

§ 5.º Na hipótese do § 3.º, as partes devem levar, para a audiência prevista, o respectivo rol de testemunhas.

§ 6.º O número de testemunhas arroladas não pode ser superior a 10 (dez), sendo 3 (três), no máximo, para a prova de cada fato.

§ 7.º O juiz poderá limitar o número de testemunhas levando em conta a complexidade da causa e dos fatos individualmente considerados.

§ 8.º Caso tenha sido determinada a produção de prova pericial, o juiz deve observar o disposto no art. 465 e, se possível, estabelecer, desde logo, calendário para sua realização.

§ 9.º As pautas deverão ser preparadas com intervalo mínimo de 1 (uma) hora entre as audiências.

Capítulo XI
DA AUDIÊNCIA DE INSTRUÇÃO E JULGAMENTO

Art. 358. No dia e na hora designados, o juiz declarará aberta a audiência de instrução e julgamento e mandará apregoar as partes e os respectivos advogados, bem como outras pessoas que dela devam participar.

Art. 359. Instalada a audiência, o juiz tentará conciliar as partes, independentemente do emprego anterior de outros métodos de solução consensual de conflitos, como a mediação e a arbitragem.

Art. 360. O juiz exerce o poder de polícia, incumbindo-lhe:

I – manter a ordem e o decoro na audiência;
II – ordenar que se retirem da sala de audiência os que se comportarem inconvenientemente;
III – requisitar, quando necessário, força policial;
IV – tratar com urbanidade as partes, os advogados, os membros do Ministério Público e da Defensoria Pública e qualquer pessoa que participe do processo;
V – registrar em ata, com exatidão, todos os requerimentos apresentados em audiência.

Art. 361. As provas orais serão produzidas em audiência, ouvindo-se nesta ordem, preferencialmente:

I – o perito e os assistentes técnicos, que responderão aos quesitos de esclarecimentos requeridos no prazo e na forma do art. 477, caso não respondidos anteriormente por escrito;

II – o autor e, em seguida, o réu, que prestarão depoimentos pessoais;
III – as testemunhas arroladas pelo autor e pelo réu, que serão inquiridas.

Parágrafo único. Enquanto depuserem o perito, os assistentes técnicos, as partes e as testemunhas, não poderão os advogados e o Ministério Público intervir ou apartear, sem licença do juiz.

Art. 362. A audiência poderá ser adiada:
I – por convenção das partes;
II – se não puder comparecer, por motivo justificado, qualquer pessoa que dela deva necessariamente participar;
III – por atraso injustificado de seu início em tempo superior a 30 (trinta) minutos do horário marcado.

•• *Vide* art. 7.º, XX, do EAOAB.

§ 1.º O impedimento deverá ser comprovado até a abertura da audiência, e, não o sendo, o juiz procederá à instrução.

§ 2.º O juiz poderá dispensar a produção das provas requeridas pela parte cujo advogado ou defensor público não tenha comparecido à audiência, aplicando-se a mesma regra ao Ministério Público.

§ 3.º Quem der causa ao adiamento responderá pelas despesas acrescidas.

Art. 363. Havendo antecipação ou adiamento da audiência, o juiz, de ofício ou a requerimento da parte, determinará a intimação dos advogados ou da sociedade de advogados para ciência da nova designação.

Art. 364. Finda a instrução, o juiz dará a palavra ao advogado do autor e do réu, bem como ao membro do Ministério Público, se for o caso de sua intervenção, sucessivamente, pelo prazo de 20 (vinte) minutos para cada um, prorrogável por 10 (dez) minutos, a critério do juiz.

§ 1.º Havendo litisconsorte ou terceiro interveniente, o prazo, que formará com o da prorrogação um só todo, dividir-se-á entre os do mesmo grupo, se não convencionarem de modo diverso.

§ 2.º Quando a causa apresentar questões complexas de fato ou de direito, o debate oral poderá ser substituído por razões finais escritas, que serão apresentadas pelo autor e pelo réu, bem como pelo Ministério Público, se for o caso de sua intervenção, em prazos sucessivos de 15 (quinze) dias, assegurada vista dos autos.

Art. 365. A audiência é una e contínua, podendo ser excepcional e justificadamente cindida na ausência de perito ou de testemunha, desde que haja concordância das partes.

Parágrafo único. Diante da impossibilidade de realização da instrução, do debate e do julgamento no mesmo dia, o juiz marcará seu prosseguimento para a data mais próxima possível, em pauta preferencial.

Art. 366. Encerrado o debate ou oferecidas as razões finais, o juiz proferirá sentença em audiência ou no prazo de 30 (trinta) dias.

Art. 367. O servidor lavrará, sob ditado do juiz, termo que conterá, em resumo, o ocorrido na audiência, bem como, por extenso, os despachos, as decisões e a sentença, se proferida no ato.

• *Vide* art. 459, § 3.º, do CPC.

§ 1.º Quando o termo não for registrado em meio eletrônico, o juiz rubricar-lhe-á as folhas, que serão encadernadas em volume próprio.

§ 2.º Subscreverão o termo o juiz, os advogados, o membro do Ministério Público e o escrivão ou chefe de secretaria, dispensadas as partes, exceto quando houver ato de disposição para cuja prática os advogados não tenham poderes.

§ 3.º O escrivão ou chefe de secretaria trasladará para os autos cópia autêntica do termo de audiência.

§ 4.º Tratando-se de autos eletrônicos, observar-se-á o disposto neste Código, em legislação específica e nas normas internas dos tribunais.

§ 5.º A audiência poderá ser integralmente gravada em imagem e em áudio, em meio digital ou analógico, desde que assegure o rápido acesso das partes e dos órgãos julgadores, observada a legislação específica.

§ 6.º A gravação a que se refere o § 5.º também pode ser realizada diretamente por qualquer das partes, independentemente de autorização judicial.

Art. 368. A audiência será pública, ressalvadas as exceções legais.

•• *Vide* art. 189 do CPC.

Capítulo XII
DAS PROVAS

Seção I
Disposições Gerais

Art. 369. As partes têm o direito de empregar todos os meios legais, bem como os moralmente legítimos, ainda que não especificados neste Código, para provar a verdade dos fatos em que se funda o pedido ou a defesa e influir eficazmente na convicção do juiz.

•• *Vide* art. 5.º, LVI, da CF.

Art. 370. Caberá ao juiz, de ofício ou a requerimento da parte, determinar as provas necessárias ao julgamento do mérito.

Parágrafo único. O juiz indeferirá, em decisão fundamentada, as diligências inúteis ou meramente protelatórias.

Art. 371. O juiz apreciará a prova constante dos autos, independentemente do sujeito que a tiver promovido, e indicará na decisão as razões da formação de seu convencimento.

• *Vide* art. 489, II, do CPC.

Art. 372. O juiz poderá admitir a utilização de prova produzida em outro processo, atribuindo-lhe o valor que considerar adequado, observado o contraditório.

Art. 373. O ônus da prova incumbe:
I – ao autor, quanto ao fato constitutivo de seu direito;

II – ao réu, quanto à existência de fato impeditivo, modificativo ou extintivo do direito do autor.
§ 1.º Nos casos previstos em lei ou diante de peculiaridades da causa relacionadas à impossibilidade ou à excessiva dificuldade de cumprir o encargo nos termos do *caput* ou à maior facilidade de obtenção da prova do fato contrário, poderá o juiz atribuir o ônus da prova de modo diverso, desde que o faça por decisão fundamentada, caso em que deverá dar à parte a oportunidade de se desincumbir do ônus que lhe foi atribuído.
§ 2.º A decisão prevista no § 1.º deste artigo não pode gerar situação em que a desincumbência do encargo pela parte seja impossível ou excessivamente difícil.
§ 3.º A distribuição diversa do ônus da prova também pode ocorrer por convenção das partes, salvo quando:
I – recair sobre direito indisponível da parte;
II – tornar excessivamente difícil a uma parte o exercício do direito.
§ 4.º A convenção de que trata o § 3.º pode ser celebrada antes ou durante o processo.
Art. 374. Não dependem de prova os fatos:
I – notórios;
II – afirmados por uma parte e confessados pela parte contrária;
• *Vide* art. 348 do CPC.
III – admitidos no processo como incontroversos;
IV – em cujo favor milita presunção legal de existência ou de veracidade.
Art. 375. O juiz aplicará as regras de experiência comum subministradas pela observação do que ordinariamente acontece e, ainda, as regras de experiência técnica, ressalvado, quanto a estas, o exame pericial.
• *Vide* art. 140 do CPC.
Art. 376. A parte que alegar direito municipal, estadual, estrangeiro ou consuetudinário provar-lhe-á o teor e a vigência, se assim o juiz determinar.
Art. 377. A carta precatória, a carta rogatória e o auxílio direto suspenderão o julgamento da causa no caso previsto no art. 313, inciso V, alínea *b*, quando, tendo sido requeridos antes da decisão de saneamento, a prova neles solicitada for imprescindível.
Parágrafo único. A carta precatória e a carta rogatória não devolvidas no prazo ou concedidas sem efeito suspensivo poderão ser juntadas aos autos a qualquer momento.
Art. 378. Ninguém se exime do dever de colaborar com o Poder Judiciário para o descobrimento da verdade.
Art. 379. Preservado o direito de não produzir prova contra si própria, incumbe à parte:
I – comparecer em juízo, respondendo ao que lhe for interrogado;

II – colaborar com o juízo na realização de inspeção judicial que for considerada necessária;
• *Vide* arts. 481 a 484 do CPC.
III – praticar o ato que lhe for determinado.
•• *Vide* art. 5.º, II, da CF.
Art. 380. Incumbe ao terceiro, em relação a qualquer causa:
I – informar ao juiz os fatos e as circunstâncias de que tenha conhecimento;
•• *Vide* art. 5.º, XIV, da CF.
II – exibir coisa ou documento que esteja em seu poder.
• *Vide* arts. 396 e 401 do CPC.
Parágrafo único. Poderá o juiz, em caso de descumprimento, determinar, além da imposição de multa, outras medidas indutivas, coercitivas, mandamentais ou sub-rogatórias.

Seção II
Da Produção Antecipada da Prova

Art. 381. A produção antecipada da prova será admitida nos casos em que:
I – haja fundado receio de que venha a tornar-se impossível ou muito difícil a verificação de certos fatos na pendência da ação;
II – a prova a ser produzida seja suscetível de viabilizar a autocomposição ou outro meio adequado de solução de conflito;
III – o prévio conhecimento dos fatos possa justificar ou evitar o ajuizamento de ação.
§ 1.º O arrolamento de bens observará o disposto nesta Seção quando tiver por finalidade apenas a realização de documentação e não a prática de atos de apreensão.
§ 2.º A produção antecipada da prova é da competência do juízo do foro onde esta deva ser produzida ou do foro de domicílio do réu.
§ 3.º A produção antecipada da prova não previne a competência do juízo para a ação que venha a ser proposta.
§ 4.º O juízo estadual tem competência para produção antecipada de prova requerida em face da União, de entidade autárquica ou de empresa pública federal se, na localidade, não houver vara federal.
§ 5.º Aplica-se o disposto nesta Seção àquele que pretender justificar a existência de algum fato ou relação jurídica para simples documento e sem caráter contencioso, que exporá, em petição circunstanciada, a sua intenção.
Art. 382. Na petição, o requerente apresentará as razões que justificam a necessidade de antecipação da prova e mencionará com precisão os fatos sobre os quais a prova há de recair.
§ 1.º O juiz determinará, de ofício ou a requerimento da parte, a citação de interessados na produção da prova ou no fato a ser provado, salvo se inexistente caráter contencioso.
§ 2.º O juiz não se pronunciará sobre a ocorrência ou a inocorrência do fato, nem sobre as respectivas consequências jurídicas.

§ 3.º Os interessados poderão requerer a produção de qualquer prova no mesmo procedimento, desde que relacionada ao mesmo fato, salvo se a sua produção conjunta acarretar excessiva demora.
§ 4.º Neste procedimento, não se admitirá defesa ou recurso, salvo contra decisão que indeferir totalmente a produção da prova pleiteada pelo requerente originário.
Art. 383. Os autos permanecerão em cartório durante 1 (um) mês para extração de cópias e certidões pelos interessados.
Parágrafo único. Findo o prazo, os autos serão entregues ao promovente da medida.

Seção III
Da Ata Notarial

Art. 384. A existência e o modo de existir de algum fato podem ser atestados ou documentados, a requerimento do interessado, mediante ata lavrada por tabelião.
Parágrafo único. Dados representados por imagem ou som gravados em arquivos eletrônicos poderão constar da ata notarial.

Seção IV
Do Depoimento Pessoal

Art. 385. Cabe à parte requerer o depoimento pessoal da outra parte, a fim de que esta seja interrogada na audiência de instrução e julgamento, sem prejuízo do poder do juiz de ordená-lo de ofício.
§ 1.º Se a parte, pessoalmente intimada para prestar depoimento pessoal e advertida da pena de confesso, não comparecer ou, comparecendo, se recusar a depor, o juiz aplicar-lhe-á a pena.
§ 2.º É vedado a quem ainda não depôs assistir ao interrogatório da outra parte.
§ 3.º O depoimento pessoal da parte que residir em comarca, seção ou subseção judiciária diversa daquela onde tramita o processo poderá ser colhido por meio de videoconferência ou outro recurso tecnológico de transmissão de sons e imagens em tempo real, o que poderá ocorrer, inclusive, durante a realização da audiência de instrução e julgamento.
•• O art. 222, § 3.º, do CPP prevê a oitiva de testemunhas por videoconferência no processo penal.
Art. 386. Quando a parte, sem motivo justificado, deixar de responder ao que lhe for perguntado ou empregar evasivas, o juiz, apreciando as demais circunstâncias e os elementos de prova, declarará, na sentença, se houve recusa de depor.
Art. 387. A parte responderá pessoalmente sobre os fatos articulados, não podendo servir-se de escritos anteriormente preparados, permitindo-lhe o juiz, todavia, a consulta a notas breves, desde que objetivem completar esclarecimentos.
Art. 388. A parte não é obrigada a depor sobre fatos:
I – criminosos ou torpes que lhe forem imputados;

II – a cujo respeito, por estado ou profissão, deva guardar sigilo;

III – acerca dos quais não possa responder sem desonra própria, de seu cônjuge, de seu companheiro ou de parente em grau sucessível;

IV – que coloquem em perigo a vida do depoente ou das pessoas referidas no inciso III.

Parágrafo único. Esta disposição não se aplica às ações de estado e de família.

Seção V
Da Confissão

Art. 389. Há confissão, judicial ou extrajudicial, quando a parte admite a verdade de fato contrário ao seu interesse e favorável ao do adversário.
• Vide art. 371 do CPC.

Art. 390. A confissão judicial pode ser espontânea ou provocada.

§ 1.º A confissão espontânea pode ser feita pela própria parte ou por representante com poder especial.
• Vide art. 105 do CPC.

§ 2.º A confissão provocada constará do termo de depoimento pessoal.

Art. 391. A confissão judicial faz prova contra o confitente, não prejudicando, todavia, os litisconsortes.

Parágrafo único. Nas ações que versarem sobre bens imóveis ou direitos reais sobre imóveis alheios, a confissão de um cônjuge ou companheiro não valerá sem a do outro, salvo se o regime de casamento for o de separação absoluta de bens.

Art. 392. Não vale como confissão a admissão, em juízo, de fatos relativos a direitos indisponíveis.

§ 1.º A confissão será ineficaz se feita por quem não for capaz de dispor do direito a que se referem os fatos confessados.

§ 2.º A confissão feita por um representante somente é eficaz nos limites em que este pode vincular o representado.

Art. 393. A confissão é irrevogável, mas pode ser anulada se decorreu de erro de fato ou de coação.

Parágrafo único. A legitimidade para a ação prevista no caput é exclusiva do confitente e pode ser transferida a seus herdeiros se ele falecer após a propositura.

Art. 394. A confissão extrajudicial, quando feita oralmente, só terá eficácia nos casos em que a lei não exija prova literal.

Art. 395. A confissão é, em regra, indivisível, não podendo a parte que a quiser invocar como prova aceitá-la no tópico que a beneficiar e rejeitá-la no que lhe for desfavorável, porém cindir-se-á quando o confitente a ela aduzir fatos novos, capazes de constituir fundamento de defesa de direito material ou de reconvenção.
• Vide art. 412 do CPC.

Seção VI
Da Exibição de Documento ou Coisa

• Vide Súmula 372 do STJ.

Art. 396. O juiz pode ordenar que a parte exiba documento ou coisa que se encontre em seu poder.
• Vide art. 5.º, XII e XIV, da CF.
• Vide art. 380, II, do CPC.

Art. 397. O pedido formulado pela parte conterá:

I – a descrição, tão completa quanto possível, do documento ou da coisa, ou das categorias de documentos ou de coisas buscados;
•• Inciso I com redação determinada pela Lei n. 14.195, de 26-8-2021.

II – a finalidade da prova, com indicação dos fatos que se relacionam com o documento ou com a coisa, ou com suas categorias;
•• Inciso II com redação determinada pela Lei n. 14.195, de 26-8-2021.

III – as circunstâncias em que se funda o requerente para afirmar que o documento ou a coisa existe, ainda que a referência seja a categoria de documentos ou de coisas, e se acha em poder da parte contrária.
•• Inciso III com redação determinada pela Lei n. 14.195, de 26-8-2021.

Art. 398. O requerido dará sua resposta nos 5 (cinco) dias subsequentes à sua intimação.

Parágrafo único. Se o requerido afirmar que não possui o documento ou a coisa, o juiz permitirá que o requerente prove, por qualquer meio, que a declaração não corresponde à verdade.
• Vide art. 400 do CPC.

Art. 399. O juiz não admitirá a recusa se:
I – o requerido tiver obrigação legal de exibir;

II – o requerido tiver aludido ao documento ou à coisa, no processo, com o intuito de constituir prova;

III – o documento, por seu conteúdo, for comum às partes.

Art. 400. Ao decidir o pedido, o juiz admitirá como verdadeiros os fatos que, por meio do documento ou da coisa, a parte pretendia provar se:
I – o requerido não efetuar a exibição nem fizer nenhuma declaração no prazo do art. 398;

II – a recusa for havida por ilegítima.

Parágrafo único. Sendo necessário, o juiz pode adotar medidas indutivas, coercitivas, mandamentais ou sub-rogatórias para que o documento seja exibido.

Art. 401. Quando o documento ou a coisa estiver em poder de terceiro, o juiz ordenará sua citação para responder no prazo de 15 (quinze) dias.
• Vide art. 380, I e II, do CPC.

Art. 402. Se o terceiro negar a obrigação de exibir ou a posse do documento ou da coisa, o juiz designará audiência especial, tomando-lhe o depoimento, bem como o das partes e, se necessário, o de testemunhas, em seguida proferirá decisão.

Art. 403. Se o terceiro, sem justo motivo, se recusar a efetuar a exibição, o juiz ordenar-lhe-á que proceda ao respectivo depósito em cartório ou em outro lugar designado, no prazo de 5 (cinco) dias, impondo ao requerente que o ressarça pelas despesas que tiver.

Parágrafo único. Se o terceiro descumprir a ordem, o juiz expedirá mandado de apreensão, requisitando, se necessário, força policial, sem prejuízo da responsabilidade por crime de desobediência, pagamento de multa e outras medidas indutivas, coercitivas, mandamentais ou sub-rogatórias necessárias para assegurar a efetivação da decisão.
•• Crime de desobediência: art. 330 do CP.
• Vide art. 7.º, II, §§ 6.º e 7.º, do EAOAB.
• Vide arts. 23, 99, III, e 104 da Lei n. 11.101, de 9-2-2005.

Art. 404. A parte e o terceiro se escusam de exibir, em juízo, o documento ou a coisa se:

I – concernente a negócios da própria vida da família;

II – sua apresentação puder violar dever de honra;

III – sua publicidade redundar em desonra à parte ou ao terceiro, bem como a seus parentes consanguíneos ou afins até o terceiro grau, ou lhes representar perigo de ação penal;

IV – sua exibição acarretar a divulgação de fatos a cujo respeito, por estado ou profissão, devam guardar segredo;

V – subsistirem outros motivos graves que, segundo o prudente arbítrio do juiz, justifiquem a recusa da exibição;

VI – houver disposição legal que justifique a recusa da exibição.

Parágrafo único. Se os motivos de que tratam os incisos I a VI do caput disserem respeito a apenas uma parcela do documento, a parte ou o terceiro exibirá a outra em cartório, para dela ser extraída cópia reprográfica, de tudo sendo lavrado auto circunstanciado.

Seção VII
Da Prova Documental

Subseção I
Da força probante dos documentos

• Vide Lei n. 7.115, de 29-8-1983, dispõe sobre prova documental em alguns casos específicos.

Art. 405. O documento público faz prova não só da sua formação, mas também dos fatos que o escrivão, o chefe de secretaria, o tabelião ou o servidor declarar que ocorreram em sua presença.

Art. 406. Quando a lei exigir instrumento público como da substância do ato, nenhuma outra prova, por mais especial que seja, pode suprir-lhe a falta.

Art. 407. O documento feito por oficial público incompetente ou sem a observância das formalidades legais, sendo subscrito pelas partes, tem a mesma eficácia probatória do documento particular.

Art. 408. As declarações constantes do documento particular escrito e assinado ou somente assinado presumem-se verdadeiras em relação ao signatário.
Parágrafo único. Quando, todavia, contiver declaração de ciência de determinado fato, o documento particular prova a ciência, mas não o fato em si, incumbindo o ônus de prová-lo ao interessado em sua veracidade.
Art. 409. A data do documento particular, quando a seu respeito surgir dúvida ou impugnação entre os litigantes, provar-se-á por todos os meios de direito.
Parágrafo único. Em relação a terceiros, considerar-se-á datado o documento particular:
I – no dia em que foi registrado;
II – desde a morte de algum dos signatários;
III – a partir da impossibilidade física que sobreveio a qualquer dos signatários;
IV – da sua apresentação em repartição pública ou em juízo;
V – do ato ou do fato que estabeleça, de modo certo, a anterioridade da formação do documento.
Art. 410. Considera-se autor do documento particular:
I – aquele que o fez e o assinou;
II – aquele por conta de quem ele foi feito, estando assinado;
III – aquele que, mandando compô-lo, não o firmou porque, conforme a experiência comum, não se costuma assinar, como livros empresariais e assentos domésticos.
Art. 411. Considera-se autêntico o documento quando:
I – o tabelião reconhecer a firma do signatário;
II – a autoria estiver identificada por qualquer outro meio legal de certificação, inclusive eletrônico, nos termos da lei;
III – não houver impugnação da parte contra quem foi produzido o documento.
Art. 412. O documento particular de cuja autenticidade não se duvida prova que o seu autor fez a declaração que lhe é atribuída.
Parágrafo único. O documento particular admitido expressa ou tacitamente é indivisível, sendo vedado à parte que pretende utilizar-se dele aceitar os fatos que lhe são favoráveis e recusar os que são contrários ao seu interesse, salvo se provar que estes não ocorreram.
• Vide art. 419 do CPC.
Art. 413. O telegrama, o radiograma ou qualquer outro meio de transmissão tem a mesma força probatória do documento particular se o original constante da estação expedidora tiver sido assinado pelo remetente.
• Vide Súmula 216 do STJ.
Parágrafo único. A firma do remetente poderá ser reconhecida pelo tabelião, declarando-se essa circunstância no original depositado na estação expedidora.

Art. 414. O telegrama ou o radiograma presume-se conforme com o original, provando as datas de sua expedição e de seu recebimento pelo destinatário.
Art. 415. As cartas e os registros domésticos provam contra quem os escreveu quando:
I – enunciam o recebimento de um crédito;
II – contêm anotação que visa a suprir a falta de título em favor de quem é apontado como credor;
III – expressam conhecimento de fatos para os quais não se exija determinada prova.
Art. 416. A nota escrita pelo credor em qualquer parte de documento representativo de obrigação, ainda que não assinada, faz prova em benefício do devedor.
Parágrafo único. Aplica-se essa regra tanto para o documento que o credor conservar em seu poder quanto para aquele que se achar em poder do devedor ou de terceiro.
Art. 417. Os livros empresariais provam contra seu autor, sendo lícito ao empresário, todavia, demonstrar, por todos os meios permitidos em direito, que os lançamentos não correspondem à verdade dos fatos.
Art. 418. Os livros empresariais que preencham os requisitos exigidos por lei provam a favor de seu autor no litígio entre empresários.
Art. 419. A escrituração contábil é indivisível, e, se dos fatos que resultam dos lançamentos, uns são favoráveis ao interesse de seu autor e outros lhe são contrários, ambos serão considerados em conjunto, como unidade.
• Vide arts. 395 e 419 do CPC.
Art. 420. O juiz pode ordenar, a requerimento da parte, a exibição integral dos livros empresariais e dos documentos do arquivo:
I – na liquidação de sociedade;
II – na sucessão por morte de sócio;
III – quando e como determinar a lei.
Art. 421. O juiz pode, de ofício, ordenar à parte a exibição parcial dos livros e dos documentos, extraindo-se deles a suma que interessar ao litígio, bem como reproduções autenticadas.
• Vide Súmula 260 do STF.
Art. 422. Qualquer reprodução mecânica, como a fotográfica, a cinematográfica, a fonográfica ou de outra espécie, tem aptidão para fazer prova dos fatos ou das coisas representadas, se a sua conformidade com o documento original não for impugnada por aquele contra quem foi produzida.
§ 1.º As fotografias digitais e as extraídas da rede mundial de computadores fazem prova das imagens que reproduzem, devendo, se impugnadas, ser apresentada a respectiva autenticação eletrônica ou, não sendo possível, realizada perícia.
§ 2.º Se se tratar de fotografia publicada em jornal ou revista, será exigido um exemplar original do periódico, caso impugnada a veracidade pela outra parte.
§ 3.º Aplica-se o disposto neste artigo à forma impressa de mensagem eletrônica.
Art. 423. As reproduções dos documentos particulares, fotográficas ou obtidas por outros processos de repetição, valem como certidões sempre que o escrivão ou o chefe de secretaria certificar sua conformidade com o original.
Art. 424. A cópia de documento particular tem o mesmo valor probante que o original, cabendo ao escrivão, intimadas as partes, proceder à conferência e certificar a conformidade entre a cópia e o original.
Art. 425. Fazem a mesma prova que os originais:
I – as certidões textuais de qualquer peça dos autos, do protocolo das audiências ou de outro livro a cargo do escrivão ou do chefe de secretaria, se extraídas por ele ou sob sua vigilância e por ele subscritas;
II – os traslados e as certidões extraídas por oficial público de instrumentos ou documentos lançados em suas notas;
III – as reproduções dos documentos públicos, desde que autenticadas por oficial público ou conferidas em cartório com os respectivos originais;
IV – as cópias reprográficas de peças do próprio processo judicial declaradas autênticas pelo advogado, sob sua responsabilidade pessoal, se não lhes for impugnada a autenticidade;
V – os extratos digitais de bancos de dados públicos e privados, desde que atestado pelo seu emitente, sob as penas da lei, que as informações conferem com o que consta na origem;
VI – as reproduções digitalizadas de qualquer documento público ou particular, quando juntadas aos autos pelos órgãos da justiça e seus auxiliares, pelo Ministério Público e seus auxiliares, pela Defensoria Pública e seus auxiliares, pelas procuradorias, pelas repartições públicas em geral e por advogados, ressalvada a alegação motivada e fundamentada de adulteração.
§ 1.º Os originais dos documentos digitalizados mencionados no inciso VI deverão ser preservados pelo seu detentor até o final do prazo para propositura de ação rescisória.
§ 2.º Tratando-se de cópia digital de título executivo extrajudicial ou de documento relevante à instrução do processo, o juiz poderá determinar seu depósito em cartório ou secretaria.
Art. 426. O juiz apreciará fundamentadamente a fé que deva merecer o documento, quando em ponto substancial e sem ressalva contiver entrelinha, emenda, borrão ou cancelamento.
• Vide art. 171 do CPC.
Art. 427. Cessa a fé do documento público ou particular sendo-lhe declarada judicialmente a falsidade.

- Falsificação de documento público ou particular: arts. 297 e 298 do CP.

Parágrafo único. A falsidade consiste em:

I – formar documento não verdadeiro;

II – alterar documento verdadeiro.

Art. 428. Cessa a fé do documento particular quando:

- Falsificação de documento particular: art. 298 do CP.

I – for impugnada sua autenticidade e enquanto não se comprovar sua veracidade;

II – assinado em branco, for impugnado seu conteúdo, por preenchimento abusivo.

Parágrafo único. Dar-se-á abuso quando aquele que recebeu documento assinado com texto não escrito no todo ou em parte formá-lo ou completá-lo por si ou por meio de outrem, violando o pacto feito com o signatário.

Art. 429. Incumbe o ônus da prova quando:

I – se tratar de falsidade de documento ou de preenchimento abusivo, à parte que a arguir;

II – se tratar de impugnação da autenticidade, à parte que produziu o documento.

Subseção II
Da arguição de falsidade

Art. 430. A falsidade deve ser suscitada na contestação, na réplica ou no prazo de 15 (quinze) dias, contado a partir da intimação da juntada do documento aos autos.

Parágrafo único. Uma vez arguida, a falsidade será resolvida como questão incidental, salvo se a parte requerer que o juiz a decida como questão principal, nos termos do inciso II do art. 19.

Art. 431. A parte arguirá a falsidade expondo os motivos em que funda a sua pretensão e os meios com que provará o alegado.

Art. 432. Depois de ouvida a outra parte no prazo de 15 (quinze) dias, será realizado o exame pericial.

•• *Vide* art. 478 do CPC.

Parágrafo único. Não se procederá ao exame pericial se a parte que produziu o documento concordar em retirá-lo.

Art. 433. A declaração sobre a falsidade do documento, quando suscitada como questão principal, constará da parte dispositiva da sentença e sobre ela incidirá também a autoridade da coisa julgada.

Subseção III
Da produção da prova documental

Art. 434. Incumbe à parte instruir a petição inicial ou a contestação com os documentos destinados a provar suas alegações.

Parágrafo único. Quando o documento consistir em reprodução cinematográfica ou fonográfica, a parte deverá trazê-lo nos termos do *caput*, mas sua exposição será realizada em audiência, intimando-se previamente as partes.

Art. 435. É lícito às partes, em qualquer tempo, juntar aos autos documentos novos, quando destinados a fazer prova de fatos ocorridos depois dos articulados ou para contrapô-los aos que foram produzidos nos autos.

Parágrafo único. Admite-se também a juntada posterior de documentos formados após a petição inicial ou a contestação, bem como dos que se tornaram conhecidos, acessíveis ou disponíveis após esses atos, cabendo à parte que os produzir comprovar o motivo que a impediu de juntá-los anteriormente e incumbindo ao juiz, em qualquer caso, avaliar a conduta da parte de acordo com o art. 5.º.

Art. 436. A parte, intimada a falar sobre documento constante dos autos, poderá:

I – impugnar a admissibilidade da prova documental;

II – impugnar sua autenticidade;

III – suscitar sua falsidade, com ou sem deflagração do incidente de arguição de falsidade;

IV – manifestar-se sobre seu conteúdo.

Parágrafo único. Nas hipóteses dos incisos II e III, a impugnação deverá basear-se em argumentação específica, não se admitindo alegação genérica de falsidade.

Art. 437. O réu manifestar-se-á na contestação sobre os documentos anexados à inicial, e o autor manifestar-se-á na réplica sobre os documentos anexados à contestação.

§ 1.º Sempre que uma das partes requerer a juntada de documento aos autos, o juiz ouvirá, a seu respeito, a outra parte, que disporá do prazo de 15 (quinze) dias para adotar qualquer das posturas indicadas no art. 436.

§ 2.º Poderá o juiz, a requerimento da parte, dilatar o prazo para manifestação sobre a prova documental produzida, levando em consideração a quantidade e a complexidade da documentação.

Art. 438. O juiz requisitará às repartições públicas, em qualquer tempo ou grau de jurisdição:

I – as certidões necessárias à prova das alegações das partes;

II – os procedimentos administrativos nas causas em que forem interessados a União, os Estados, o Distrito Federal, os Municípios ou entidades da administração indireta.

§ 1.º Recebidos os autos, o juiz mandará extrair, no prazo máximo e improrrogável de 1 (um) mês, certidões ou reproduções fotográficas das peças que indicar e das que forem indicadas pelas partes, e, em seguida, devolverá os autos à repartição de origem.

§ 2.º As repartições públicas poderão fornecer todos os documentos em meio eletrônico, conforme disposto em lei, certificando, pelo mesmo meio, que se trata de extrato fiel do que consta em seu banco de dados ou no documento digitalizado.

- *Vide* Lei n. 11.419, de 19-12-2006, que dispõe sobre a informatização do processo judicial.

Seção VIII
Dos Documentos Eletrônicos

Art. 439. A utilização de documentos eletrônicos no processo convencional dependerá de sua conversão à forma impressa e da verificação de sua autenticidade, na forma da lei.

Art. 440. O juiz apreciará o valor probante do documento eletrônico não convertido, assegurado às partes o acesso ao seu teor.

Art. 441. Serão admitidos documentos eletrônicos produzidos e conservados com a observância da legislação específica.

- A Instrução Normativa n. 11, de 11-4-2019, do STJ, regulamenta a disponibilização em meio eletrônico de carta de sentença para cumprimento de decisão estrangeira homologada.

Seção IX
Da Prova Testemunhal

Subseção I
Da admissibilidade e do valor da prova testemunhal

Art. 442. A prova testemunhal é sempre admissível, não dispondo a lei de modo diverso.

Art. 443. O juiz indeferirá a inquirição de testemunhas sobre fatos:

I – já provados por documento ou confissão da parte;

II – que só por documento ou por exame pericial puderem ser provados.

Art. 444. Nos casos em que a lei exigir prova escrita da obrigação, é admissível a prova testemunhal quando houver começo de prova por escrito, emanado da parte contra a qual se pretende produzir a prova.

Art. 445. Também se admite a prova testemunhal quando o credor não pode ou não podia, moral ou materialmente, obter a prova escrita da obrigação, em casos como o de parentesco, de depósito necessário ou de hospedagem em hotel ou em razão das práticas comerciais do local onde contraída a obrigação.

Art. 446. É lícito à parte provar com testemunhas:

I – nos contratos simulados, a divergência entre a vontade real e a vontade declarada;

II – nos contratos em geral, os vícios de consentimento.

Art. 447. Podem depor como testemunhas todas as pessoas, exceto as incapazes, impedidas ou suspeitas.

§ 1.º São incapazes:

I – o interdito por enfermidade ou deficiência mental;

II – o que, acometido por enfermidade ou retardamento mental, ao tempo em que ocorreram os fatos, não podia discerni-los ou, ao tempo em que deve depor, não está habilitado a transmitir as percepções;

III – o que tiver menos de 16 (dezesseis) anos;

IV – o cego e o surdo, quando a ciência do fato depender dos sentidos que lhes faltam.

CPC – Arts. 447 a 457 – Processo de Conhecimento

§ 2.º São impedidos:
I – o cônjuge, o companheiro, o ascendente e o descendente em qualquer grau e o colateral, até o terceiro grau, de alguma das partes, por consanguinidade ou afinidade, salvo se o exigir o interesse público ou, tratando-se de causa relativa ao estado da pessoa, não se puder obter de outro modo a prova que o juiz repute necessária ao julgamento do mérito;
II – o que é parte na causa;
III – o que intervém em nome de uma parte, como o tutor, o representante legal da pessoa jurídica, o juiz, o advogado e outros que assistam ou tenham assistido as partes.
• • *Vide* art. 7.º, XIX, da Lei n. 8.906, de 4-7-1994 (EAOAB).
§ 3.º São suspeitos:
I – o inimigo da parte ou o seu amigo íntimo;
II – o que tiver interesse no litígio.
§ 4.º Sendo necessário, pode o juiz admitir o depoimento das testemunhas menores, impedidas ou suspeitas.
§ 5.º Os depoimentos referidos no § 4.º serão prestados independentemente de compromisso, e o juiz lhes atribuirá o valor que possam merecer.
Art. 448. A testemunha não é obrigada a depor sobre fatos:
I – que lhe acarretem grave dano, bem como ao seu cônjuge ou companheiro e aos seus parentes consanguíneos ou afins, em linha reta ou colateral, até o terceiro grau;
II – a cujo respeito, por estado ou profissão, deva guardar sigilo.
• *Vide* art. 457, § 3.º, do CPC.
Art. 449. Salvo disposição especial em contrário, as testemunhas devem ser ouvidas na sede do juízo.
• *Vide* art. 361 do CPC.
Parágrafo único. Quando a parte ou a testemunha, por enfermidade ou por outro motivo relevante, estiver impossibilitada de comparecer, mas não de prestar depoimento, o juiz designará, conforme as circunstâncias, dia, hora e lugar para inquiri-la.

Subseção II
Da produção da prova testemunhal

Art. 450. O rol de testemunhas conterá, sempre que possível, o nome, a profissão, o estado civil, a idade, o número de inscrição no Cadastro de Pessoas Físicas, o número de registro de identidade e o endereço completo da residência e do local de trabalho.
Art. 451. Depois de apresentado o rol de que tratam os §§ 4.º e 5.º do art. 357, a parte só pode substituir a testemunha:
I – que falecer;
II – que, por enfermidade, não estiver em condições de depor;
III – que, tendo mudado de residência ou de local de trabalho, não for encontrada.
Art. 452. Quando for arrolado como testemunha, o juiz da causa:
I – declarar-se-á impedido, se tiver conhecimento de fatos que possam influir na decisão, caso em que será vedado à parte que o incluiu no rol desistir de seu depoimento;
II – se nada souber, mandará excluir o seu nome.
Art. 453. As testemunhas depõem, na audiência de instrução e julgamento, perante o juiz da causa, exceto:
I – as que prestam depoimento antecipadamente;
II – as que são inquiridas por carta.
§ 1.º A oitiva de testemunha que residir em comarca, seção ou subseção judiciária diversa daquela onde tramita o processo poderá ser realizada por meio de videoconferência ou outro recurso tecnológico de transmissão e recepção de sons e imagens em tempo real, o que poderá ocorrer, inclusive, durante a audiência de instrução e julgamento.
• • O art. 222, § 3.º, do CPP prevê a oitiva de testemunhas por videoconferência no processo penal.
§ 2.º Os juízos deverão manter equipamento para a transmissão e recepção de sons e imagens a que se refere o § 1.º.
Art. 454. São inquiridos em sua residência ou onde exercem sua função:
• *Vide* art. 217 do CPC.
I – o presidente e o vice-presidente da República;
II – os ministros de Estado;
III – os ministros do Supremo Tribunal Federal, os conselheiros do Conselho Nacional de Justiça e os ministros do Superior Tribunal de Justiça, do Superior Tribunal Militar, do Tribunal Superior Eleitoral, do Tribunal Superior do Trabalho e do Tribunal de Contas da União;
IV – o procurador-geral da República e os conselheiros do Conselho Nacional do Ministério Público;
V – o advogado-geral da União, o procurador-geral do Estado, o procurador-geral do Município, o defensor público-geral federal e o defensor público-geral do Estado;
VI – os senadores e os deputados federais;
VII – os governadores dos Estados e do Distrito Federal;
VIII – o prefeito;
IX – os deputados estaduais e distritais;
X – os desembargadores dos Tribunais de Justiça, dos Tribunais Regionais Federais, dos Tribunais Regionais do Trabalho e dos Tribunais Regionais Eleitorais e os conselheiros dos Tribunais de Contas dos Estados e do Distrito Federal;
XI – o procurador-geral de justiça;
XII – o embaixador de país que, por lei ou tratado, concede idêntica prerrogativa a agente diplomático do Brasil.
§ 1.º O juiz solicitará à autoridade que indique dia, hora e local a fim de ser inquirida, remetendo-lhe cópia da petição inicial ou da defesa oferecida pela parte que a arrolou como testemunha.
§ 2.º Passado 1 (um) mês sem manifestação da autoridade, o juiz designará dia, hora e local para o depoimento, preferencialmente na sede do juízo.
§ 3.º O juiz também designará dia, hora e local para o depoimento, quando a autoridade não comparecer, injustificadamente, à sessão agendada para a colheita de seu testemunho no dia, hora e local por ela mesma indicados.
Art. 455. Cabe ao advogado da parte informar ou intimar a testemunha por ele arrolada do dia, da hora e do local da audiência designada, dispensando-se a intimação do juízo.
§ 1.º A intimação deverá ser realizada por carta com aviso de recebimento, cumprindo ao advogado juntar aos autos, com antecedência de pelo menos 3 (três) dias da data da audiência, cópia da correspondência de intimação e do comprovante de recebimento.
§ 2.º A parte pode comprometer-se a levar a testemunha à audiência, independentemente da intimação de que trata o § 1.º, presumindo-se, caso a testemunha não compareça, que a parte desistiu de sua inquirição.
§ 3.º A inércia na realização da intimação a que se refere o § 1.º importa desistência da inquirição da testemunha.
§ 4.º A intimação será feita pela via judicial quando:
I – for frustrada a intimação prevista no § 1.º deste artigo;
II – sua necessidade for devidamente demonstrada pela parte ao juiz;
III – figurar no rol de testemunhas servidor público ou militar, hipótese em que o juiz o requisitará ao chefe da repartição ou ao comando do corpo em que servir;
IV – a testemunha houver sido arrolada pelo Ministério Público ou pela Defensoria Pública;
V – a testemunha for uma daquelas previstas no art. 454.
§ 5.º A testemunha que, intimada na forma do § 1.º ou do § 4.º, deixar de comparecer sem motivo justificado será conduzida e responderá pelas despesas do adiamento.
Art. 456. O juiz inquirirá as testemunhas separada e sucessivamente, primeiro as do autor e depois as do réu, e providenciará para que uma não ouça o depoimento das outras.
Parágrafo único. O juiz poderá alterar a ordem estabelecida no *caput* se as partes concordarem.
Art. 457. Antes de depor, a testemunha será qualificada, declarará ou confirmará seus dados e informará se tem relações de parentesco com a parte ou interesse no objeto do processo.
§ 1.º É lícito à parte contraditar a testemunha, arguindo-lhe a incapacidade, o impedimento ou a suspeição, bem como,

caso a testemunha negue os fatos que lhe são imputados, provar a contradita com documentos ou com testemunhas, até 3 (três), apresentadas no ato e inquiridas em separado.

§ 2.º Sendo provados ou confessados os fatos a que se refere o § 1.º, o juiz dispensará a testemunha ou lhe tomará o depoimento como informante.

§ 3.º A testemunha pode requerer ao juiz que a escuse de depor, alegando os motivos previstos neste Código, decidindo o juiz de plano após ouvidas as partes.

Art. 458. Ao início da inquirição, a testemunha prestará o compromisso de dizer a verdade do que souber e lhe for perguntado.

• Vide art. 447, §§ 4.º e 5.º, do CPC.

Parágrafo único. O juiz advertirá à testemunha que incorre em sanção penal quem faz afirmação falsa, cala ou oculta a verdade.

Art. 459. As perguntas serão formuladas pelas partes diretamente à testemunha, começando pela que a arrolou, não admitindo o juiz aquelas que puderem induzir a resposta, não tiverem relação com as questões de fato objeto da atividade probatória ou importarem repetição de outra já respondida.

§ 1.º O juiz poderá inquirir a testemunha tanto antes quanto depois da inquirição feita pelas partes.

§ 2.º As testemunhas devem ser tratadas com urbanidade, não se lhes fazendo perguntas ou considerações impertinentes, capciosas ou vexatórias.

§ 3.º As perguntas que o juiz indeferir serão transcritas no termo, se a parte o requerer.

Art. 460. O depoimento poderá ser documentado por meio de gravação.

§ 1.º Quando digitado ou registrado por taquigrafia, estenotipia ou outro método idôneo de documentação, o depoimento será assinado pelo juiz, pelo depoente e pelos procuradores.

§ 2.º Se houver recurso em processo em autos não eletrônicos, o depoimento somente será digitado quando for impossível o envio de sua documentação eletrônica.

§ 3.º Tratando-se de autos eletrônicos, observar-se-á o disposto neste Código e na legislação específica sobre a prática eletrônica de atos processuais.

Art. 461. O juiz pode ordenar, de ofício ou a requerimento da parte:

I – a inquirição de testemunhas referidas nas declarações da parte ou das testemunhas;

II – a acareação de 2 (duas) ou mais testemunhas ou de alguma delas com a parte, quando, sobre fato determinado que possa influir na decisão da causa, divergirem as suas declarações.

§ 1.º Os acareados serão reperguntados para que expliquem os pontos de divergência, reduzindo-se a termo o ato de acareação.

§ 2.º A acareação pode ser realizada por videoconferência ou por outro recurso tecnológico de transmissão de sons e imagens em tempo real.

Art. 462. A testemunha pode requerer ao juiz o pagamento da despesa que efetuou para comparecimento à audiência, devendo a parte pagá-la logo que arbitrada ou depositá-la em cartório dentro de 3 (três) dias.

Art. 463. O depoimento prestado em juízo é considerado serviço público.

Parágrafo único. A testemunha, quando sujeita ao regime da legislação trabalhista, não sofre, por comparecer à audiência, perda de salário nem desconto no tempo de serviço.

Seção X
Da Prova Pericial

Art. 464. A prova pericial consiste em exame, vistoria ou avaliação.

§ 1.º O juiz indeferirá a perícia quando:

I – a prova do fato não depender de conhecimento especial de técnico;

II – for desnecessária em vista de outras provas produzidas;

III – a verificação for impraticável.

§ 2.º De ofício ou a requerimento das partes, o juiz poderá, em substituição à perícia, determinar a produção de prova técnica simplificada, quando o ponto controvertido for de menor complexidade.

§ 3.º A prova técnica simplificada consistirá apenas na inquirição de especialista, pelo juiz, sobre ponto controvertido da causa que demande especial conhecimento científico ou técnico.

§ 4.º Durante a arguição, o especialista, que deverá ter formação acadêmica específica na área objeto de seu depoimento, poderá valer-se de qualquer recurso tecnológico de transmissão de sons e imagens com o fim de esclarecer os pontos controvertidos da causa.

Art. 465. O juiz nomeará perito especializado no objeto da perícia e fixará de imediato o prazo para a entrega do laudo.

§ 1.º Incumbe às partes, dentro de 15 (quinze) dias contados da intimação do despacho de nomeação do perito:

I – arguir o impedimento ou a suspeição do perito, se for o caso;

II – indicar assistente técnico;

III – apresentar quesitos.

§ 2.º Ciente da nomeação, o perito apresentará em 5 (cinco) dias:

I – proposta de honorários;

II – currículo, com comprovação de especialização;

III – contatos profissionais, em especial o endereço eletrônico, para onde serão dirigidas as intimações pessoais.

§ 3.º As partes serão intimadas da proposta de honorários para, querendo, manifestar-se no prazo comum de 5 (cinco) dias, após o que o juiz arbitrará o valor, intimando-se as partes para os fins do art. 95.

§ 4.º O juiz poderá autorizar o pagamento de até cinquenta por cento dos honorários arbitrados a favor do perito no início dos trabalhos, devendo o remanescente ser pago apenas ao final, depois de entregue o laudo e prestados todos os esclarecimentos necessários.

§ 5.º Quando a perícia for inconclusiva ou deficiente, o juiz poderá reduzir a remuneração inicialmente arbitrada para o trabalho.

§ 6.º Quando tiver de realizar-se por carta, poder-se-á proceder à nomeação de perito e à indicação de assistentes técnicos no juízo ao qual se requisitar a perícia.

• Vide art. 260, § 2.º, do CPC.

Art. 466. O perito cumprirá escrupulosamente o encargo que lhe foi cometido, independentemente de termo de compromisso.

§ 1.º Os assistentes técnicos são de confiança da parte e não estão sujeitos a impedimento ou suspeição.

§ 2.º O perito deve assegurar aos assistentes das partes o acesso e o acompanhamento das diligências e dos exames que realizar, com prévia comunicação, comprovada nos autos, com antecedência mínima de 5 (cinco) dias.

Art. 467. O perito pode escusar-se ou ser recusado por impedimento ou suspeição.

Parágrafo único. O juiz, ao aceitar a escusa ou ao julgar procedente a impugnação, nomeará novo perito.

Art. 468. O perito pode ser substituído quando:

I – faltar-lhe conhecimento técnico ou científico;

II – sem motivo legítimo, deixar de cumprir o encargo no prazo que lhe foi assinado.

§ 1.º No caso previsto no inciso II, o juiz comunicará a ocorrência à corporação profissional respectiva, podendo, ainda, impor multa ao perito, fixada tendo em vista o valor da causa e o possível prejuízo decorrente do atraso no processo.

§ 2.º O perito substituído restituirá, no prazo de 15 (quinze) dias, os valores recebidos pelo trabalho não realizado, sob pena de ficar impedido de atuar como perito judicial pelo prazo de 5 (cinco) anos.

§ 3.º Não ocorrendo a restituição voluntária de que trata o § 2.º, a parte que tiver realizado o adiantamento dos honorários poderá promover execução contra o perito, na forma dos arts. 513 e seguintes deste Código, com fundamento na decisão que determinar a devolução do numerário.

Art. 469. As partes poderão apresentar quesitos suplementares durante a diligência, que poderão ser respondidos pelo perito previamente ou na audiência de instrução e julgamento.

Parágrafo único. O escrivão dará à parte contrária ciência da juntada dos quesitos aos autos.

Art. 470. Incumbe ao juiz:
I – indeferir quesitos impertinentes;
II – formular os quesitos que entender necessários ao esclarecimento da causa.

Art. 471. As partes podem, de comum acordo, escolher o perito, indicando-o mediante requerimento, desde que:
I – sejam plenamente capazes;
II – a causa possa ser resolvida por autocomposição.
§ 1.º As partes, ao escolher o perito, já devem indicar os respectivos assistentes técnicos para acompanhar a realização da perícia, que se realizará em data e local previamente anunciados.
§ 2.º O perito e os assistentes técnicos devem entregar, respectivamente, laudo e pareceres em prazo fixado pelo juiz.
§ 3.º A perícia consensual substitui, para todos os efeitos, a que seria realizada por perito nomeado pelo juiz.

Art. 472. O juiz poderá dispensar prova pericial quando as partes, na inicial e na contestação, apresentarem, sobre as questões de fato, pareceres técnicos ou documentos elucidativos que considerar suficientes.

Art. 473. O laudo pericial deverá conter:
I – a exposição do objeto da perícia;
II – a análise técnica ou científica realizada pelo perito;
III – a indicação do método utilizado, esclarecendo-o e demonstrando ser predominantemente aceito pelos especialistas da área do conhecimento da qual se originou;
IV – resposta conclusiva a todos os quesitos apresentados pelo juiz, pelas partes e pelo órgão do Ministério Público.
§ 1.º No laudo, o perito deve apresentar sua fundamentação em linguagem simples e com coerência lógica, indicando como alcançou suas conclusões.
§ 2.º É vedado ao perito ultrapassar os limites de sua designação, bem como emitir opiniões pessoais que excedam o exame técnico ou científico do objeto da perícia.
§ 3.º Para o desempenho de sua função, o perito e os assistentes técnicos podem valer-se de todos os meios necessários, ouvindo testemunhas, obtendo informações, solicitando documentos que estejam em poder da parte, de terceiros ou em repartições públicas, bem como instruir o laudo com planilhas, mapas, plantas, desenhos, fotografias ou outros elementos necessários ao esclarecimento do objeto da perícia.

Art. 474. As partes terão ciência da data e do local designados pelo juiz ou indicados pelo perito para ter início a produção da prova.

Art. 475. Tratando-se de perícia complexa que abranja mais de uma área de conhecimento especializado, o juiz poderá nomear mais de um perito, e a parte, indicar mais de um assistente técnico.

Art. 476. Se o perito, por motivo justificado, não puder apresentar o laudo dentro do prazo, o juiz poderá conceder-lhe, por uma vez, prorrogação pela metade do prazo originalmente fixado.

Art. 477. O perito protocolará o laudo em juízo, no prazo fixado pelo juiz, pelo menos 20 (vinte) dias antes da audiência de instrução e julgamento.
§ 1.º As partes serão intimadas para, querendo, manifestar-se sobre o laudo do perito do juízo no prazo comum de 15 (quinze) dias, podendo o assistente técnico de cada uma das partes, em igual prazo, apresentar seu respectivo parecer.
§ 2.º O perito do juízo tem o dever de, no prazo de 15 (quinze) dias, esclarecer ponto:
I – sobre o qual exista divergência ou dúvida de qualquer das partes, do juiz ou do órgão do Ministério Público;
II – divergente apresentado no parecer do assistente técnico da parte.
§ 3.º Se ainda houver necessidade de esclarecimentos, a parte requererá ao juiz que mande intimar o perito ou o assistente técnico a comparecer à audiência de instrução e julgamento, formulando, desde logo, as perguntas, sob forma de quesitos.
•• *Vide* art. 361, I, do CPC.
§ 4.º O perito ou o assistente técnico será intimado por meio eletrônico, com pelo menos 10 (dez) dias de antecedência da audiência.

Art. 478. Quando o exame tiver por objeto a autenticidade ou a falsidade de documento ou for de natureza médico-legal, o perito será escolhido, de preferência, entre os técnicos dos estabelecimentos oficiais especializados, a cujos diretores o juiz autorizará a remessa dos autos, bem como do material sujeito a exame.
§ 1.º Nas hipóteses de gratuidade de justiça, os órgãos e as repartições oficiais deverão cumprir a determinação judicial com preferência, no prazo estabelecido.
§ 2.º A prorrogação do prazo referido no § 1.º pode ser requerida motivadamente.
§ 3.º Quando o exame tiver por objeto a autenticidade da letra e da firma, o perito poderá requisitar, para efeito de comparação, documentos existentes em repartições públicas e, na falta destes, poderá requerer ao juiz que a pessoa a quem se atribuir a autoria do documento lance em folha de papel, por cópia ou sob ditado, dizeres diferentes, para fins de comparação.

Art. 479. O juiz apreciará a prova pericial de acordo com o disposto no art. 371, indicando na sentença os motivos que o levaram a considerar ou a deixar de considerar as conclusões do laudo, levando em conta o método utilizado pelo perito.

Art. 480. O juiz determinará, de ofício ou a requerimento da parte, a realização de nova perícia quando a matéria não estiver suficientemente esclarecida.
§ 1.º A segunda perícia tem por objeto os mesmos fatos sobre os quais recaiu a primeira e destina-se a corrigir eventual omissão ou inexatidão dos resultados a que esta conduziu.
§ 2.º A segunda perícia rege-se pelas disposições estabelecidas para a primeira.
§ 3.º A segunda perícia não substitui a primeira, cabendo ao juiz apreciar o valor de uma e de outra.

Seção XI
Da Inspeção Judicial

Art. 481. O juiz, de ofício ou a requerimento da parte, pode, em qualquer fase do processo, inspecionar pessoas ou coisas, a fim de se esclarecer sobre fato que interesse à decisão da causa.

Art. 482. Ao realizar a inspeção, o juiz poderá ser assistido por um ou mais peritos.

Art. 483. O juiz irá ao local onde se encontre a pessoa ou a coisa quando:
I – julgar necessário para a melhor verificação ou interpretação dos fatos que deva observar;
II – a coisa não puder ser apresentada em juízo sem consideráveis despesas ou graves dificuldades;
III – determinar a reconstituição dos fatos.
Parágrafo único. As partes têm sempre direito a assistir à inspeção, prestando esclarecimentos e fazendo observações que considerem de interesse para a causa.

Art. 484. Concluída a diligência, o juiz mandará lavrar auto circunstanciado, mencionando nele tudo quanto for útil ao julgamento da causa.
Parágrafo único. O auto poderá ser instruído com desenho, gráfico ou fotografia.

Capítulo XIII
DA SENTENÇA E DA COISA JULGADA

Seção I
Disposições Gerais

Art. 485. O juiz não resolverá o mérito quando:
•• *Vide* art. 203, § 1.º, do CPC.
I – indeferir a petição inicial;
• *Vide* art. 330 do CPC.
II – o processo ficar parado durante mais de 1 (um) ano por negligência das partes;
III – por não promover os atos e as diligências que lhe incumbir, o autor abandonar a causa por mais de 30 (trinta) dias;
• *Vide* Súmula 631 do STF.
• *Vide* Súmula 240 do STJ.
IV – verificar a ausência de pressupostos de constituição e de desenvolvimento válido e regular do processo;
V – reconhecer a existência de perempção, de litispendência ou de coisa julgada;
• *Vide* art. 5.º, XXXVI, da CF.
• *Vide* arts. 337, V, e 486 do CPC.
VI – verificar ausência de legitimidade ou de interesse processual;
VII – acolher a alegação de existência de convenção de arbitragem ou quando o juízo arbitral reconhecer sua competência;
VIII – homologar a desistência da ação;

IX – em caso de morte da parte, a ação for considerada intransmissível por disposição legal; e

X – nos demais casos prescritos neste Código.

§ 1.º Nas hipóteses descritas nos incisos II e III, a parte será intimada pessoalmente para suprir a falta no prazo de 5 (cinco) dias.

§ 2.º No caso do § 1.º, quanto ao inciso II, as partes pagarão proporcionalmente as custas, e, quanto ao inciso III, o autor será condenado ao pagamento das despesas e dos honorários de advogado.

§ 3.º O juiz conhecerá de ofício da matéria constante dos incisos IV, V, VI e IX, em qualquer tempo e grau de jurisdição, enquanto não ocorrer o trânsito em julgado.

§ 4.º Oferecida a contestação, o autor não poderá, sem o consentimento do réu, desistir da ação.

§ 5.º A desistência da ação pode ser apresentada até a sentença.

§ 6.º Oferecida a contestação, a extinção do processo por abandono da causa pelo autor depende de requerimento do réu.

§ 7.º Interposta a apelação em qualquer dos casos de que tratam os incisos deste artigo, o juiz terá 5 (cinco) dias para retratar-se.

Art. 486. O pronunciamento judicial que não resolve o mérito não obsta a que a parte proponha de novo a ação.

§ 1.º No caso de extinção em razão de litispendência e nos casos dos incisos I, IV, VI e VII do art. 485, a propositura da nova ação depende da correção do vício que levou à sentença sem resolução do mérito.

§ 2.º A petição inicial, todavia, não será despachada sem a prova do pagamento ou do depósito das custas e dos honorários de advogado.

§ 3.º Se o autor der causa, por 3 (três) vezes, a sentença fundada em abandono da causa, não poderá propor nova ação contra o réu com o mesmo objeto, ficando-lhe ressalvada, entretanto, a possibilidade de alegar em defesa o seu direito.

Art. 487. Haverá resolução de mérito quando o juiz:

• • *Vide* art. 203, § 1.º, do CPC.

I – acolher ou rejeitar o pedido formulado na ação ou na reconvenção;

II – decidir, de ofício ou a requerimento, sobre a ocorrência de decadência ou prescrição;

• *Vide* art. 354 do CPC.

III – homologar:

• *Vide* art. 354 do CPC.

a) o reconhecimento da procedência do pedido formulado na ação ou na reconvenção;

b) a transação;

c) a renúncia à pretensão formulada na ação ou na reconvenção.

Parágrafo único. Ressalvada a hipótese do § 1.º do art. 332, a prescrição e a decadência não serão reconhecidas sem que antes seja dada às partes oportunidade de manifestar-se.

Art. 488. Desde que possível, o juiz resolverá o mérito sempre que a decisão for favorável à parte a quem aproveitaria eventual pronunciamento nos termos do art. 485.

Seção II
Dos Elementos e dos Efeitos da Sentença

Art. 489. São elementos essenciais da sentença:

I – o relatório, que conterá os nomes das partes, a identificação do caso, com a suma do pedido e da contestação, e o registro das principais ocorrências havidas no andamento do processo;

II – os fundamentos, em que o juiz analisará as questões de fato e de direito;

III – o dispositivo, em que o juiz resolverá as questões principais que as partes lhe submeterem.

§ 1.º Não se considera fundamentada qualquer decisão judicial, seja ela interlocutória, sentença ou acórdão, que:

• • *Vide* art. 140 do CPC.

I – se limitar à indicação, à reprodução ou à paráfrase de ato normativo, sem explicar sua relação com a causa ou a questão decidida;

II – empregar conceitos jurídicos indeterminados, sem explicar o motivo concreto de sua incidência no caso;

III – invocar motivos que se prestariam a justificar qualquer outra decisão;

IV – não enfrentar todos os argumentos deduzidos no processo capazes de, em tese, infirmar a conclusão adotada pelo julgador;

V – se limitar a invocar precedente ou enunciado de súmula, sem identificar seus fundamentos determinantes nem demonstrar que o caso sob julgamento se ajusta àqueles fundamentos;

VI – deixar de seguir enunciado de súmula, jurisprudência ou precedente invocado pela parte, sem demonstrar a existência de distinção no caso em julgamento ou a superação do entendimento.

§ 2.º No caso de colisão entre normas, o juiz deve justificar o objeto e os critérios gerais da ponderação efetuada, enunciando as razões que autorizam a interferência na norma afastada e as premissas fáticas que fundamentam a conclusão.

§ 3.º A decisão judicial deve ser interpretada a partir da conjugação de todos os seus elementos e em conformidade com o princípio da boa-fé.

Art. 490. O juiz resolverá o mérito acolhendo ou rejeitando, no todo ou em parte, os pedidos formulados pelas partes.

• *Vide* arts. 1.009 e s. do CPC.

Art. 491. Na ação relativa à obrigação de pagar quantia, ainda que formulado pedido genérico, a decisão definirá desde logo a extensão da obrigação, o índice de correção monetária, a taxa de juros, o termo inicial de ambos e a periodicidade da capitalização dos juros, se for o caso, salvo quando:

I – não for possível determinar, de modo definitivo, o montante devido;

II – a apuração do valor devido depender da produção de prova de realização demorada ou excessivamente dispendiosa, assim reconhecida na sentença.

§ 1.º Nos casos previstos neste artigo, seguir-se-á a apuração do valor devido por liquidação.

§ 2.º O disposto no *caput* também se aplica quando o acórdão alterar a sentença.

Art. 492. É vedado ao juiz proferir decisão de natureza diversa da pedida, bem como condenar a parte em quantidade superior ou em objeto diverso do que lhe foi demandado.

• *Vide* art. 141 do CPC.

Parágrafo único. A decisão deve ser certa, ainda que resolva relação jurídica condicional.

Art. 493. Se, depois da propositura da ação, algum fato constitutivo, modificativo ou extintivo do direito influir no julgamento do mérito, caberá ao juiz tomá-lo em consideração, de ofício ou a requerimento da parte, no momento de proferir a decisão.

Parágrafo único. Se constatar de ofício o fato novo, o juiz ouvirá as partes sobre ele antes de decidir.

Art. 494. Publicada a sentença, o juiz só poderá alterá-la:

• *Vide* arts. 505 e 656 do CPC.

I – para corrigir-lhe, de ofício ou a requerimento da parte, inexatidões materiais ou erros de cálculo;

II – por meio de embargos de declaração.

• *Vide* arts. 1.022 a 1.026 do CPC.

Art. 495. A decisão que condenar o réu ao pagamento de prestação consistente em dinheiro e a que determinar a conversão de prestação de fazer, de não fazer ou de dar coisa em prestação pecuniária valerão como título constitutivo de hipoteca judiciária.

§ 1.º A decisão produz a hipoteca judiciária:

I – embora a condenação seja genérica;

II – ainda que o credor possa promover o cumprimento provisório da sentença ou esteja pendente arresto sobre bem do devedor;

III – mesmo que impugnada por recurso dotado de efeito suspensivo.

§ 2.º A hipoteca judiciária poderá ser realizada mediante apresentação de cópia da sentença perante o cartório de registro imobiliário, independentemente de ordem judicial, de declaração expressa do juiz ou de demonstração de urgência.

§ 3.º No prazo de até 15 (quinze) dias da data de realização da hipoteca, a parte informá-la-á ao juízo da causa, que determinará a intimação da outra parte para que tome ciência do ato.

§ 4.º A hipoteca judiciária, uma vez constituída, implicará, para o credor hipotecário, o direito de preferência, quanto ao pagamento, em relação a outros credores, observada a prioridade no registro.

§ 5.º Sobrevindo a reforma ou a invalidação da decisão que impôs o pagamento de quantia, a parte responderá, independentemente de culpa, pelos danos que a outra parte tiver sofrido em razão da constituição da garantia, devendo o valor da indenização ser liquidado e executado nos próprios autos.

Seção III
Da Remessa Necessária

Art. 496. Está sujeita ao duplo grau de jurisdição, não produzindo efeito senão depois de confirmada pelo tribunal, a sentença:

I – proferida contra a União, os Estados, o Distrito Federal, os Municípios e suas respectivas autarquias e fundações de direito público;

II – que julgar procedentes, no todo ou em parte, os embargos à execução fiscal.

• *Vide* Súmula 45 do STJ.
• *Vide* Lei n. 6.830, de 22-9-1980, que dispõe sobre a cobrança da dívida ativa da Fazenda Pública.

§ 1.º Nos casos previstos neste artigo, não interposta a apelação no prazo legal, o juiz ordenará a remessa dos autos ao tribunal, e, se não o fizer, o presidente do respectivo tribunal avocá-los-á.

§ 2.º Em qualquer dos casos referidos no § 1.º, o tribunal julgará a remessa necessária.

§ 3.º Não se aplica o disposto neste artigo quando a condenação ou o proveito econômico obtido na causa for de valor certo e líquido inferior a:

I – 1.000 (mil) salários mínimos para a União e as respectivas autarquias e fundações de direito público;

II – 500 (quinhentos) salários mínimos para os Estados, o Distrito Federal, as respectivas autarquias e fundações de direito público e os Municípios que constituam capitais dos Estados;

III – 100 (cem) salários mínimos para todos os demais Municípios e respectivas autarquias e fundações de direito público.

§ 4.º Também não se aplica o disposto neste artigo quando a sentença estiver fundada em:

I – súmula de tribunal superior;

II – acórdão proferido pelo Supremo Tribunal Federal ou pelo Superior Tribunal de Justiça em julgamento de recursos repetitivos;

• *Vide* arts. 1.036 a 1.041 do CPC.

III – entendimento firmado em incidente de resolução de demandas repetitivas ou de assunção de competência;

IV – entendimento coincidente com orientação vinculante firmada no âmbito administrativo do próprio ente público, consolidada em manifestação, parecer ou súmula administrativa.

Seção IV
Do Julgamento das Ações Relativas às Prestações de Fazer, de Não Fazer e de Entregar Coisa

Art. 497. Na ação que tenha por objeto a prestação de fazer ou de não fazer, o juiz, se procedente o pedido, concederá a tutela específica ou determinará providências que assegurem a obtenção de tutela pelo resultado prático equivalente.

•• *Vide* art. 513 do CPC.
•• *Vide* Lei n. 9.494, de 10-9-1997 (tutela antecipada contra a Fazenda Pública).

Parágrafo único. Para a concessão da tutela específica destinada a inibir a prática, a reiteração ou a continuação de um ilícito, ou a sua remoção, é irrelevante a demonstração da ocorrência de dano ou da existência de culpa ou dolo.

Art. 498. Na ação que tenha por objeto a entrega de coisa, o juiz, ao conceder a tutela específica, fixará o prazo para o cumprimento da obrigação.

Parágrafo único. Tratando-se de entrega de coisa determinada pelo gênero e pela quantidade, o autor individualizá-la-á na petição inicial, se lhe couber a escolha, ou, se a escolha couber ao réu, este a entregará individualizada, no prazo fixado pelo juiz.

Art. 499. A obrigação somente será convertida em perdas e danos se o autor o requerer ou se impossível a tutela específica ou a obtenção de tutela pelo resultado prático equivalente.

Parágrafo único. Nas hipóteses de responsabilidade contratual previstas nos arts. 441, 618 e 757 da Lei n. 10.406, de 10 de janeiro de 2002 (Código Civil), e de responsabilidade subsidiária e solidária, se requerida a conversão da obrigação em perdas e danos, o juiz concederá, primeiramente, a faculdade para o cumprimento da tutela específica.

•• Parágrafo único acrescentado pela Lei n. 14.833, de 27-3-2024.

Art. 500. A indenização por perdas e danos dar-se-á sem prejuízo da multa fixada periodicamente para compelir o réu ao cumprimento específico da obrigação.

Art. 501. Na ação que tenha por objeto a emissão de declaração de vontade, a sentença que julgar procedente o pedido, uma vez transitada em julgado, produzirá todos os efeitos da declaração não emitida.

Seção V
Da Coisa Julgada

Art. 502. Denomina-se coisa julgada material a autoridade que torna imutável e indiscutível a decisão de mérito não mais sujeita a recurso.

• *Vide* art. 5.º, XXXVI, da CF.
• *Vide* art. 337, § 1.º, do CPC.

Art. 503. A decisão que julgar total ou parcialmente o mérito tem força de lei nos limites da questão principal expressamente decidida.

§ 1.º O disposto no *caput* aplica-se à resolução de questão prejudicial, decidida expressa e incidentemente no processo, se:

•• *Vide* art. 1.054 do CPC.

I – dessa resolução depender o julgamento do mérito;

II – a seu respeito tiver havido contraditório prévio e efetivo, não se aplicando no caso de revelia;

III – o juízo tiver competência em razão da matéria e da pessoa para resolvê-la como questão principal.

§ 2.º A hipótese do § 1.º não se aplica se no processo houver restrições probatórias ou limitações à cognição que impeçam o aprofundamento da análise da questão prejudicial.

Art. 504. Não fazem coisa julgada:

I – os motivos, ainda que importantes para determinar o alcance da parte dispositiva da sentença;

II – a verdade dos fatos, estabelecida como fundamento da sentença.

Art. 505. Nenhum juiz decidirá novamente as questões já decididas relativas à mesma lide, salvo:

I – se, tratando-se de relação jurídica de trato continuado, sobreveio modificação no estado de fato ou de direito, caso em que poderá a parte pedir a revisão do que foi estatuído na sentença;

II – nos demais casos prescritos em lei.

• *Vide* arts. 493 e 494 do CPC.

Art. 506. A sentença faz coisa julgada às partes entre as quais é dada, não prejudicando terceiros.

Art. 507. É vedado à parte discutir no curso do processo as questões já decididas a cujo respeito se operou a preclusão.

Art. 508. Transitada em julgado a decisão de mérito, considerar-se-ão deduzidas e repelidas todas as alegações e as defesas que a parte poderia opor tanto ao acolhimento quanto à rejeição do pedido.

Capítulo XIV
DA LIQUIDAÇÃO DE SENTENÇA

Art. 509. Quando a sentença condenar ao pagamento de quantia ilíquida, proceder-se-á à sua liquidação, a requerimento do credor ou do devedor:

I – por arbitramento, quando determinado pela sentença, convencionado pelas partes ou exigido pela natureza do objeto da liquidação;

II – pelo procedimento comum, quando houver necessidade de alegar e provar fato novo.

§ 1.º Quando na sentença houver uma parte líquida e outra ilíquida, ao credor é lícito promover simultaneamente a execução daquela e, em autos apartados, a liquidação desta.

• Sobre execução: *vide* arts. 778 e s. do CPC.

§ 2.º Quando a apuração do valor depender apenas de cálculo aritmético, o credor poderá promover, desde logo, o cumprimento da sentença.

§ 3.º O Conselho Nacional de Justiça desenvolverá e colocará à disposição dos interessados programa de atualização financeira.

§ 4.º Na liquidação é vedado discutir de novo a lide ou modificar a sentença que a julgou.

Art. 510. Na liquidação por arbitramento, o juiz intimará as partes para a apresentação de pareceres ou documentos elucidativos, no prazo que fixar, e, caso não possa decidir de plano, nomeará perito, observando-se, no que couber, o procedimento da prova pericial.

Art. 511. Na liquidação pelo procedimento comum, o juiz determinará a intimação do requerido, na pessoa de seu advogado ou da sociedade de advogados a que estiver vinculado, para, querendo, apresentar contestação no prazo de 15 (quinze) dias, observando-se, a seguir, no que couber, o disposto no Livro I da Parte Especial deste Código.

Art. 512. A liquidação poderá ser realizada na pendência de recurso, processando-se em autos apartados no juízo de origem, cumprindo ao liquidante instruir o pedido com cópias das peças processuais pertinentes.

Título II
DO CUMPRIMENTO DA SENTENÇA

Capítulo I
DISPOSIÇÕES GERAIS

Art. 513. O cumprimento da sentença será feito segundo as regras deste Título, observando-se, no que couber e conforme a natureza da obrigação, o disposto no Livro II da Parte Especial deste Código.

§ 1.º O cumprimento da sentença que reconhece o dever de pagar quantia, provisório ou definitivo, far-se-á a requerimento do exequente.

§ 2.º O devedor será intimado para cumprir a sentença:

I – pelo *Diário da Justiça*, na pessoa de seu advogado constituído nos autos;

II – por carta com aviso de recebimento, quando representado pela Defensoria Pública ou quando não tiver procurador constituído nos autos, ressalvada a hipótese do inciso IV;

III – por meio eletrônico, quando, no caso do § 1.º do art. 246, não tiver procurador constituído nos autos;

IV – por edital, quando, citado na forma do art. 256, tiver sido revel na fase de conhecimento.

§ 3.º Na hipótese do § 2.º, incisos II e III, considera-se realizada a intimação quando o devedor houver mudado de endereço sem prévia comunicação ao juízo, observado o disposto no parágrafo único do art. 274.

§ 4.º Se o requerimento a que alude o § 1.º for formulado após 1 (um) ano do trânsito em julgado da sentença, a intimação será feita na pessoa do devedor, por meio de carta com aviso de recebimento encaminhada ao endereço constante dos autos, observado o disposto no parágrafo único do art. 274 e no § 3.º deste artigo.

§ 5.º O cumprimento da sentença não poderá ser promovido em face do fiador, do coobrigado ou do corresponsável que não tiver participado da fase de conhecimento.

Art. 514. Quando o juiz decidir relação jurídica sujeita a condição ou termo, o cumprimento da sentença dependerá de demonstração de que se realizou a condição ou de que ocorreu o termo.

•• *Vide* arts. 798 e 803, III, do CPC.

Art. 515. São títulos executivos judiciais, cujo cumprimento dar-se-á de acordo com os artigos previstos neste Título:

I – as decisões proferidas no processo civil que reconheçam a exigibilidade de obrigação de pagar quantia, de fazer, de não fazer ou de entregar coisa;

• *Vide* art. 24 da Lei n. 8.906, de 4-7-1994.

II – a decisão homologatória de autocomposição judicial;

III – a decisão homologatória de autocomposição extrajudicial de qualquer natureza;

IV – o formal e a certidão de partilha, exclusivamente em relação ao inventariante, aos herdeiros e aos sucessores a título singular ou universal;

•• *Vide* art. 655 do CPC.

V – o crédito de auxiliar da justiça, quando as custas, emolumentos ou honorários tiverem sido aprovados por decisão judicial;

VI – a sentença penal condenatória transitada em julgado;

VII – a sentença arbitral;

VIII – a sentença estrangeira homologada pelo Superior Tribunal de Justiça;

IX – a decisão interlocutória estrangeira, após a concessão do *exequatur* à carta rogatória pelo Superior Tribunal de Justiça;

X – (Vetado.)

§ 1.º Nos casos dos incisos VI a IX, o devedor será citado no juízo cível para o cumprimento da sentença ou para a liquidação no prazo de 15 (quinze) dias.

§ 2.º A autocomposição judicial pode envolver sujeito estranho ao processo e versar sobre relação jurídica que não tenha sido deduzida em juízo.

Art. 516. O cumprimento da sentença efetuar-se-á perante:

I – os tribunais, nas causas de sua competência originária;

II – o juízo que decidiu a causa no primeiro grau de jurisdição;

III – o juízo cível competente, quando se tratar de sentença penal condenatória, de sentença arbitral, de sentença estrangeira ou de acórdão proferido pelo Tribunal Marítimo.

Parágrafo único. Nas hipóteses dos incisos II e III, o exequente poderá optar pelo juízo do atual domicílio do executado, pelo juízo do local onde se encontrem os bens sujeitos à execução ou pelo juízo do local onde deva ser executada a obrigação de fazer ou de não fazer, casos em que a remessa dos autos do processo será solicitada ao juízo de origem.

Art. 517. A decisão judicial transitada em julgado poderá ser levada a protesto, nos termos da lei, depois de transcorrido o prazo para pagamento voluntário previsto no art. 523.

§ 1.º Para efetivar o protesto, incumbe ao exequente apresentar certidão de teor da decisão.

§ 2.º A certidão de teor da decisão deverá ser fornecida no prazo de 3 (três) dias e indicará o nome e a qualificação do exequente e do executado, o número do processo, o valor da dívida e a data de decurso do prazo para pagamento voluntário.

§ 3.º O executado que tiver proposto ação rescisória para impugnar a decisão exequenda pode requerer, a suas expensas e sob sua responsabilidade, a anotação da propositura da ação à margem do título protestado.

§ 4.º A requerimento do executado, o protesto será cancelado por determinação do juiz, mediante ofício a ser expedido ao cartório, no prazo de 3 (três) dias, contado da data de protocolo do requerimento, desde que comprovada a satisfação integral da obrigação.

Art. 518. Todas as questões relativas à validade do procedimento de cumprimento da sentença e dos atos executivos subsequentes poderão ser arguidas pelo executado nos próprios autos e nestes serão decididas pelo juiz.

Art. 519. Aplicam-se as disposições relativas ao cumprimento da sentença, provisório ou definitivo, e à liquidação, no que couber, às decisões que concederem tutela provisória.

Capítulo II
DO CUMPRIMENTO PROVISÓRIO DA SENTENÇA QUE RECONHECE A EXIGIBILIDADE DE OBRIGAÇÃO DE PAGAR QUANTIA CERTA

Art. 520. O cumprimento provisório da sentença impugnada por recurso desprovido de efeito suspensivo será realizado da mesma forma que o cumprimento definitivo, sujeitando-se ao seguinte regime:

• Sobre execução: *vide* arts. 566 e s. do CPC.

I – corre por iniciativa e responsabilidade do exequente, que se obriga, se a sentença for reformada, a reparar os danos que o executado haja sofrido;

II – fica sem efeito, sobrevindo decisão que modifique ou anule a sentença objeto da execução, restituindo-se as partes ao estado anterior e liquidando-se eventuais prejuízos nos mesmos autos;

III – se a sentença objeto de cumprimento provisório for modificada ou anulada apenas em parte, somente nesta ficará sem efeito a execução;

IV – o levantamento de depósito em dinheiro e a prática de atos que importem transferência de posse ou alienação de propriedade ou de outro direito real, ou dos quais possa resultar grave dano ao executado, dependem de caução suficiente e idônea, arbitrada de plano pelo juiz e prestada nos próprios autos.

§ 1.º No cumprimento provisório da sentença, o executado poderá apresentar impugnação, se quiser, nos termos do art. 525.

§ 2.º A multa e os honorários a que se refere o § 1.º do art. 523 são devidos no cumprimento provisório de sentença condenatória ao pagamento de quantia certa.

§ 3.º Se o executado comparecer tempestivamente e depositar o valor, com a finalidade de isentar-se da multa, o ato não será havido como incompatível com o recurso por ele interposto.

§ 4.º A restituição ao estado anterior a que se refere o inciso II não implica o desfazimento da transferência de posse ou da alienação de propriedade ou de outro direito real eventualmente já realizada, ressalvado, sempre, o direito à reparação dos prejuízos causados ao executado.

§ 5.º Ao cumprimento provisório de sentença que reconheça obrigação de fazer, de não fazer ou de dar coisa aplica-se, no que couber, o disposto neste Capítulo.

Art. 521. A caução prevista no inciso IV do art. 520 poderá ser dispensada nos casos em que:

I – o crédito for de natureza alimentar, independentemente de sua origem;

II – o credor demonstrar situação de necessidade;

III – pender o agravo do art. 1.042;

•• Inciso III com redação determinada pela Lei n. 13.256, de 4-2-2016.

IV – a sentença a ser provisoriamente cumprida estiver em consonância com súmula da jurisprudência do Supremo Tribunal Federal ou do Superior Tribunal de Justiça ou em conformidade com acórdão proferido no julgamento de casos repetitivos.

Parágrafo único. A exigência de caução será mantida quando da dispensa possa resultar manifesto risco de grave dano de difícil ou incerta reparação.

Art. 522. O cumprimento provisório da sentença será requerido por petição dirigida ao juízo competente.

Parágrafo único. Não sendo eletrônicos os autos, a petição será acompanhada de cópias das seguintes peças do processo, cuja autenticidade poderá ser certificada pelo próprio advogado, sob sua responsabilidade pessoal:

I – decisão exequenda;

II – certidão de interposição do recurso não dotado de efeito suspensivo;

III – procurações outorgadas pelas partes;

IV – decisão de habilitação, se for o caso;

V – facultativamente, outras peças processuais consideradas necessárias para demonstrar a existência do crédito.

Capítulo III
DO CUMPRIMENTO DEFINITIVO DA SENTENÇA QUE RECONHECE A EXIGIBILIDADE DE OBRIGAÇÃO DE PAGAR QUANTIA CERTA

Art. 523. No caso de condenação em quantia certa, ou já fixada em liquidação, e no caso de decisão sobre parcela incontroversa, o cumprimento definitivo da sentença far-se-á a requerimento do exequente, sendo o executado intimado para pagar o débito, no prazo de 15 (quinze) dias, acrescido de custas, se houver.

• Sobre penhora: vide arts. 824 e s. do CPC.

§ 1.º Não ocorrendo pagamento voluntário no prazo do *caput*, o débito será acrescido de multa de dez por cento e, também, de honorários de advogado de dez por cento.

§ 2.º Efetuado o pagamento parcial no prazo previsto no *caput*, a multa e os honorários previstos no § 1.º incidirão sobre o restante.

§ 3.º Não efetuado tempestivamente o pagamento voluntário, será expedido, desde logo, mandado de penhora e avaliação, seguindo-se os atos de expropriação.

• Sobre avaliação: vide arts. 870 e s. do CPC.

Art. 524. O requerimento previsto no art. 523 será instruído com demonstrativo discriminado e atualizado do crédito, devendo a petição conter:

I – o nome completo, o número de inscrição no Cadastro de Pessoas Físicas ou no Cadastro Nacional da Pessoa Jurídica do exequente e do executado, observado o disposto no art. 319, §§ 1.º a 3.º;

II – o índice de correção monetária adotado;

III – os juros aplicados e as respectivas taxas;

IV – o termo inicial e o termo final dos juros e da correção monetária utilizados;

V – a periodicidade da capitalização dos juros, se for o caso;

VI – especificação dos eventuais descontos obrigatórios realizados;

VII – indicação dos bens passíveis de penhora, sempre que possível.

§ 1.º Quando o valor apontado no demonstrativo aparentemente exceder os limites da condenação, a execução será iniciada pelo valor pretendido, mas a penhora terá por base a importância que o juiz entender adequada.

§ 2.º Para a verificação dos cálculos, o juiz poderá valer-se de contabilista do juízo, que terá o prazo máximo de 30 (trinta) dias para efetuá-la, exceto se outro lhe for determinado.

§ 3.º Quando a elaboração do demonstrativo depender de dados em poder de terceiros ou do executado, o juiz poderá requisitá-los, sob cominação do crime de desobediência.

§ 4.º Quando a complementação do demonstrativo depender de dados adicionais em poder do executado, o juiz poderá, a requerimento do exequente, requisitá-los, fixando prazo de até 30 (trinta) dias para o cumprimento da diligência.

§ 5.º Se os dados adicionais a que se refere o § 4.º não forem apresentados pelo executado, sem justificativa, no prazo designado, reputar-se-ão corretos os cálculos apresentados pelo exequente apenas com base nos dados de que dispõe.

Art. 525. Transcorrido o prazo previsto no art. 523 sem o pagamento voluntário, inicia-se o prazo de 15 (quinze) dias para que o executado, independentemente de penhora ou nova intimação, apresente, nos próprios autos, sua impugnação.

§ 1.º Na impugnação, o executado poderá alegar:

I – falta ou nulidade da citação se, na fase de conhecimento, o processo correu à revelia;

II – ilegitimidade de parte;

III – inexequibilidade do título ou inexigibilidade da obrigação;

IV – penhora incorreta ou avaliação errônea;

V – excesso de execução ou cumulação indevida de execuções;

•• Vide art. 917, § 2.º, do CPC.

VI – incompetência absoluta ou relativa do juízo da execução;

VII – qualquer causa modificativa ou extintiva da obrigação, como pagamento, novação, compensação, transação ou prescrição, desde que supervenientes à sentença.

§ 2.º A alegação de impedimento ou suspeição observará o disposto nos arts. 146 e 148.

§ 3.º Aplica-se à impugnação o disposto no art. 229.

§ 4.º Quando o executado alegar que o exequente, em excesso de execução, pleiteia quantia superior à resultante da sentença, cumprir-lhe-á declarar de imediato o valor que entende correto, apresentando demonstrativo discriminado e atualizado de seu cálculo.

• Sobre excesso de execução: vide art. 917, § 2.º, do CPC.

§ 5.º Na hipótese do § 4.º, não apontado o valor correto ou não apresentado o demonstrativo, a impugnação será liminarmente rejeitada, se o excesso de execução for o seu único fundamento, ou, se houver outro, a impugnação será processada, mas o juiz não examinará a alegação de excesso de execução.

• Sobre excesso de execução: vide art. 917, § 2.º, do CPC.

§ 6.º A apresentação de impugnação não impede a prática dos atos executivos, inclusive os de expropriação, podendo o juiz, a requerimento do executado e desde que ga-

rantido o juízo com penhora, caução ou depósito suficientes, atribuir-lhe efeito suspensivo, se seus fundamentos forem relevantes e se o prosseguimento da execução for manifestamente suscetível de causar ao executado grave dano de difícil ou incerta reparação.
• Sobre penhora e depósito: *vide* arts. 831 e s. do CPC.

§ 7.º A concessão de efeito suspensivo a que se refere o § 6.º não impedirá a efetivação dos atos de substituição, de reforço ou de redução da penhora e de avaliação dos bens.

§ 8.º Quando o efeito suspensivo atribuído à impugnação disser respeito apenas a parte do objeto da execução, esta prosseguirá quanto à parte restante.

§ 9.º A concessão de efeito suspensivo à impugnação deduzida por um dos executados não suspenderá a execução contra os que não impugnaram, quando o respectivo fundamento disser respeito exclusivamente ao impugnante.

§ 10. Ainda que atribuído efeito suspensivo à impugnação, é lícito ao exequente requerer o prosseguimento da execução, oferecendo e prestando, nos próprios autos, caução suficiente e idônea a ser arbitrada pelo juiz.

§ 11. As questões relativas a fato superveniente ao término do prazo para apresentação da impugnação, assim como aquelas relativas à validade e à adequação da penhora, da avaliação e dos atos executivos subsequentes, podem ser arguidas por simples petição, tendo o executado, em qualquer dos casos, o prazo de 15 (quinze) dias para formular esta arguição, contado da comprovada ciência do fato ou da intimação do ato.

§ 12. Para efeito do disposto no inciso III do § 1.º deste artigo, considera-se também inexigível a obrigação reconhecida em título executivo judicial fundado em lei ou ato normativo considerado inconstitucional pelo Supremo Tribunal Federal, ou fundado em aplicação ou interpretação da lei ou do ato normativo tido pelo Supremo Tribunal Federal como incompatível com a Constituição Federal, em controle de constitucionalidade concentrado ou difuso.

§ 13. No caso do § 12, os efeitos da decisão do Supremo Tribunal Federal poderão ser modulados no tempo, em atenção à segurança jurídica.
•• *Vide* art. 27 da Lei n. 9.868, de 10-11-1999.

§ 14. A decisão do Supremo Tribunal Federal referida no § 12 deve ser anterior ao trânsito em julgado da decisão exequenda.
•• *Vide* art. 1.057 do CPC.

§ 15. Se a decisão referida no § 12 for proferida após o trânsito em julgado da decisão exequenda, caberá ação rescisória, cujo prazo será contado do trânsito em julgado da decisão proferida pelo Supremo Tribunal Federal.
•• *Vide* art. 1.057 do CPC.

Art. 526. É lícito ao réu, antes de ser intimado para o cumprimento da sentença, comparecer em juízo e oferecer em pagamento o valor que entender devido, apresentando memória discriminada do cálculo.

§ 1.º O autor será ouvido no prazo de 5 (cinco) dias, podendo impugnar o valor depositado, sem prejuízo do levantamento do depósito a título de parcela incontroversa.

§ 2.º Concluindo o juiz pela insuficiência do depósito, sobre a diferença incidirão multa de dez por cento e honorários advocatícios, também fixados em dez por cento, seguindo-se a execução com penhora e atos subsequentes.

§ 3.º Se o autor não se opuser, o juiz declarará satisfeita a obrigação e extinguirá o processo.

Art. 527. Aplicam-se as disposições deste Capítulo ao cumprimento provisório da sentença, no que couber.

Capítulo IV
DO CUMPRIMENTO DE SENTENÇA QUE RECONHEÇA A EXIGIBILIDADE DE OBRIGAÇÃO DE PRESTAR ALIMENTOS

Art. 528. No cumprimento de sentença que condene ao pagamento de prestação alimentícia ou de decisão interlocutória que fixe alimentos, o juiz, a requerimento do exequente, mandará intimar o executado pessoalmente para, em 3 (três) dias, pagar o débito, provar que o fez ou justificar a impossibilidade de efetuá-lo.

§ 1.º Caso o executado, no prazo referido no *caput*, não efetue o pagamento, não prove que o efetuou ou não apresente justificativa da impossibilidade de efetuá-lo, o juiz mandará protestar o pronunciamento judicial, aplicando-se, no que couber, o disposto no art. 517.

§ 2.º Somente a comprovação de fato que gere a impossibilidade absoluta de pagar justificará o inadimplemento.

§ 3.º Se o executado não pagar ou se a justificativa apresentada não for aceita, o juiz, além de mandar protestar o pronunciamento judicial na forma do § 1.º, decretar-lhe-á a prisão pelo prazo de 1 (um) a 3 (três) meses.
•• *Vide* CF, art. 5.º, LXVII (prisão civil por dívida de alimento).
• A Lei n. 14.010, de 10-6-2020, dispõe em seu art. 15: "Art. 15. Até 30 de outubro de 2020, a prisão civil por dívida alimentícia, prevista no art. 528, § 3.º e seguintes da Lei n. 13.105, de 16 de março de 2015 (Código de Processo Civil), deverá ser cumprida exclusivamente sob a modalidade domiciliar, sem prejuízo da exigibilidade das respectivas obrigações".

§ 4.º A prisão será cumprida em regime fechado, devendo o preso ficar separado dos presos comuns.

§ 5.º O cumprimento da pena não exime o executado do pagamento das prestações vencidas e vincendas.

§ 6.º Paga a prestação alimentícia, o juiz suspenderá o cumprimento da ordem de prisão.

§ 7.º O débito alimentar que autoriza a prisão civil do alimentante é o que compreende até as 3 (três) prestações anteriores ao ajuizamento da execução e as que se vencerem no curso do processo.

§ 8.º O exequente pode optar por promover o cumprimento da sentença ou decisão desde logo, nos termos do disposto neste Livro, Título II, Capítulo III, caso em que não será admissível a prisão do executado, e, recaindo a penhora em dinheiro, a concessão de efeito suspensivo à impugnação não obsta a que o exequente levante mensalmente a importância da prestação.

§ 9.º Além das opções previstas no art. 516, parágrafo único, o exequente pode promover o cumprimento da sentença ou decisão que condena ao pagamento de prestação alimentícia no juízo de seu domicílio.

Art. 529. Quando o executado for funcionário público, militar, diretor ou gerente de empresa ou empregado sujeito à legislação do trabalho, o exequente poderá requerer o desconto em folha de pagamento da importância da prestação alimentícia.
•• *Vide* art. 833, IV, do CPC.
• O art. 115, IV, da Lei n. 8.213, de 24-7-1991 (Previdência Social), dispõe que a pensão de alimentos decretada em separação judicial pode ser descontada dos benefícios.
• O art. 462, *caput*, da CLT dispõe que ao empregador é vedado efetuar qualquer desconto nos salários do empregado, salvo quando este resultar de adiantamentos, de dispositivos de lei ou de contrato coletivo.

§ 1.º Ao proferir a decisão, o juiz oficiará à autoridade, à empresa ou ao empregador, determinando, sob pena de crime de desobediência, o desconto a partir da primeira remuneração posterior do executado, a contar do protocolo do ofício.

§ 2.º O ofício conterá o nome e o número de inscrição no Cadastro de Pessoas Físicas do exequente e do executado, a importância a ser descontada mensalmente, o tempo de sua duração e a conta na qual deve ser feito o depósito.

§ 3.º Sem prejuízo do pagamento dos alimentos vincendos, o débito objeto de execução pode ser descontado dos rendimentos ou rendas do executado, de forma parcelada, nos termos do *caput* deste artigo, contanto que, somado à parcela devida, não ultrapasse cinquenta por cento de seus ganhos líquidos.

Art. 530. Não cumprida a obrigação, observar-se-á o disposto nos arts. 831 e seguintes.

Art. 531. O disposto neste Capítulo aplica-se aos alimentos definitivos ou provisórios.

§ 1.º A execução dos alimentos provisórios, bem como a dos alimentos fixados em sentença ainda não transitada em julgado, se processa em autos apartados.

§ 2.º O cumprimento definitivo da obrigação de prestar alimentos será processado nos mesmos autos em que tenha sido proferida a sentença.

Art. 532. Verificada a conduta procrastinatória do executado, o juiz deverá, se for o caso, dar ciência ao Ministério Público dos indícios da prática do crime de abandono material.

Art. 533. Quando a indenização por ato ilícito incluir prestação de alimentos, caberá ao executado, a requerimento do exequente, constituir capital cuja renda assegure o pagamento do valor mensal da pensão.

§ 1.º O capital a que se refere o *caput*, representado por imóveis ou por direitos reais sobre imóveis suscetíveis de alienação, títulos da dívida pública ou aplicações financeiras em banco oficial, será inalienável e impenhorável enquanto durar a obrigação do executado, além de constituir-se em patrimônio de afetação.

§ 2.º O juiz poderá substituir a constituição do capital pela inclusão do exequente em folha de pagamento de pessoa jurídica de notória capacidade econômica ou, a requerimento do executado, por fiança bancária ou garantia real, em valor a ser arbitrado de imediato pelo juiz.

§ 3.º Se sobrevier modificação nas condições econômicas, poderá a parte requerer, conforme as circunstâncias, redução ou aumento da prestação.

§ 4.º A prestação alimentícia poderá ser fixada tomando por base o salário mínimo.

§ 5.º Finda a obrigação de prestar alimentos, o juiz mandará liberar o capital, cessar o desconto em folha ou cancelar as garantias prestadas.

Capítulo V
DO CUMPRIMENTO DE SENTENÇA QUE RECONHEÇA A EXIGIBILIDADE DE OBRIGAÇÃO DE PAGAR QUANTIA CERTA PELA FAZENDA PÚBLICA

Art. 534. No cumprimento de sentença que impuser à Fazenda Pública o dever de pagar quantia certa, o exequente apresentará demonstrativo discriminado e atualizado do crédito contendo:

I – nome completo e o número de inscrição no Cadastro de Pessoas Físicas ou no Cadastro Nacional da Pessoa Jurídica do exequente;

II – o índice de correção monetária adotado;

III – os juros aplicados e as respectivas taxas;

IV – o termo inicial e o termo final dos juros e da correção monetária utilizados;

V – a periodicidade da capitalização dos juros, se for o caso;

VI – a especificação dos eventuais descontos obrigatórios realizados.

§ 1.º Havendo pluralidade de exequentes, cada um deverá apresentar o seu próprio demonstrativo, aplicando-se à hipótese, se for o caso, o disposto nos §§ 1.º e 2.º do art. 113.

§ 2.º A multa prevista no § 1.º do art. 523 não se aplica à Fazenda Pública.

Art. 535. A Fazenda Pública será intimada na pessoa de seu representante judicial, por carga, remessa ou meio eletrônico, para, querendo, no prazo de 30 (trinta) dias e nos próprios autos, impugnar a execução, podendo arguir:

I – falta ou nulidade da citação se, na fase de conhecimento, o processo correu à revelia;

II – ilegitimidade de parte;

III – inexequibilidade do título ou inexigibilidade da obrigação;

IV – excesso de execução ou cumulação indevida de execuções;

V – incompetência absoluta ou relativa do juízo da execução;

VI – qualquer causa modificativa ou extintiva da obrigação, como pagamento, novação, compensação, transação ou prescrição, desde que supervenientes ao trânsito em julgado da sentença.

§ 1.º A alegação de impedimento ou suspeição observará o disposto nos arts. 146 e 148.

§ 2.º Quando se alegar que o exequente, em excesso de execução, pleiteia quantia superior à resultante do título, cumprirá à executada declarar de imediato o valor que entende correto, sob pena de não conhecimento da arguição.

§ 3.º Não impugnada a execução ou rejeitadas as arguições da executada:

I – expedir-se-á, por intermédio do presidente do tribunal competente, precatório em favor do exequente, observando-se o disposto na Constituição Federal;

II – por ordem do juiz, dirigida à autoridade na pessoa de quem o ente público foi citado para o processo, o pagamento de obrigação de pequeno valor será realizado no prazo de 2 (dois) meses contado da entrega da requisição, mediante depósito na agência de banco oficial mais próxima da residência do exequente.

•• O STF julgou parcialmente procedente a ADI n. 5.534, nas sessões virtuais de 11-12-2020 a 18-12-2020 (*DOU* de 8-1-2021), para declarar a constitucionalidade desse inciso II.

•• O STF, nas sessões virtuais de 14-4-2023 a 24-4-2023 (*DOU* de 4-5-2023), julgou parcialmente procedente a ADI n. 5.492 para declarar inconstitucional a expressão "de banco oficial", constante neste inciso II, e "conferir interpretação conforme ao dispositivo para que se entenda que a 'agência' nele referida pode ser de instituição financeira pública ou privada. Para dar cumprimento ao disposto na norma, poderá a administração do tribunal contratar banco oficial ou, caso assim opte, banco privado, hipótese em que serão observadas a realidade do caso concreto, os regramentos legais e princípios constitucionais aplicáveis e as normas do procedimento licitatório, visando à escolha da proposta mais adequada para a administração de tais recursos".

§ 4.º Tratando-se de impugnação parcial, a parte não questionada pela executada será, desde logo, objeto de cumprimento.

•• O STF julgou parcialmente procedente a ADI n. 5.534, nas sessões virtuais de 11-12-2020 a 18-12-2020 (*DOU* de 8-1-2021), para conferir interpretação conforme à Constituição a esse § 4.º, "no sentido de que, para efeito de determinação do regime de pagamento do valor incontroverso, deve ser observado o valor total da condenação".

§ 5.º Para efeito do disposto no inciso III do *caput* deste artigo, considera-se também inexigível a obrigação reconhecida em título executivo judicial fundado em lei ou ato normativo considerado inconstitucional pelo Supremo Tribunal Federal, ou fundado em aplicação ou interpretação da lei ou do ato normativo tido pelo Supremo Tribunal Federal como incompatível com a Constituição Federal, em controle de constitucionalidade concentrado ou difuso.

•• *Vide* Sumula 487 do STJ.

§ 6.º No caso do § 5.º, os efeitos da decisão do Supremo Tribunal Federal poderão ser modulados no tempo, de modo a favorecer a segurança jurídica.

•• *Vide* art. 27 da Lei n. 9.868, de 10-11-1999.

§ 7.º A decisão do Supremo Tribunal Federal referida no § 5.º deve ter sido proferida antes do trânsito em julgado da decisão exequenda.

•• *Vide* art. 1.057 do CPC.

§ 8.º Se a decisão referida no § 5.º for proferida após o trânsito em julgado da decisão exequenda, caberá ação rescisória, cujo prazo será contado do trânsito em julgado da decisão proferida pelo Supremo Tribunal Federal.

•• *Vide* art. 1.057 do CPC.

Capítulo VI
DO CUMPRIMENTO DE SENTENÇA QUE RECONHEÇA A EXIGIBILIDADE DE OBRIGAÇÃO DE FAZER, DE NÃO FAZER OU DE ENTREGAR COISA

Seção I
Do Cumprimento de Sentença que Reconheça a Exigibilidade de Obrigação de Fazer ou de Não Fazer

Art. 536. No cumprimento de sentença que reconheça a exigibilidade de obrigação de fazer ou de não fazer, o juiz poderá, de ofício ou a requerimento, para a efetivação da tutela específica ou a obtenção de tutela pelo resultado prático equivalente, determinar as medidas necessárias à satisfação do exequente.

• *Vide* arts. 814 a 823 do CPC.

• *Vide* Lei n. 9.494, de 10-9-1997 (tutela antecipada contra a Fazenda Pública).

§ 1.º Para atender ao disposto no *caput*, o juiz poderá determinar, entre outras medidas, a imposição de multa, a busca e apreensão, a remoção de pessoas e coisas, o desfazimento de obras e o impedimento de atividade nociva, podendo, caso necessário, requisitar o auxílio de força policial.

• *Vide* art. 519 do CPC.

§ 2.º O mandado de busca e apreensão de pessoas e coisas será cumprido por 2 (dois) oficiais de justiça, observando-se o disposto no art. 846, §§ 1.º a 4.º, se houver necessidade de arrombamento.

§ 3.º O executado incidirá nas penas de litigância de má-fé quando injustificadamente descumprir a ordem judicial, sem prejuízo de sua responsabilização por crime de desobediência.

§ 4.º No cumprimento de sentença que reconheça a exigibilidade de obrigação de fazer ou de não fazer, aplica-se o art. 525, no que couber.

§ 5.º O disposto neste artigo aplica-se, no que couber, ao cumprimento de sentença que reconheça deveres de fazer e de não fazer de natureza não obrigacional.

Art. 537. A multa independe de requerimento da parte e poderá ser aplicada na fase de conhecimento, em tutela provisória ou na sentença, ou na fase de execução, desde que seja suficiente e compatível com a obrigação e que se determine prazo razoável para cumprimento do preceito.

§ 1.º O juiz poderá, de ofício ou a requerimento, modificar o valor ou a periodicidade da multa vincenda ou excluí-la, caso verifique que:

I – se tornou insuficiente ou excessiva;

II – o obrigado demonstrou cumprimento parcial superveniente da obrigação ou justa causa para o descumprimento.

§ 2.º O valor da multa será devido ao exequente.

§ 3.º A decisão que fixa a multa é passível de cumprimento provisório, devendo ser depositada em juízo, permitido o levantamento do valor após o trânsito em julgado da sentença favorável à parte.

• • § 3.º com redação determinada pela Lei n. 13.256, de 4-2-2016.

§ 4.º A multa será devida desde o dia em que se configurar o descumprimento da decisão e incidirá enquanto não for cumprida a decisão que a tiver cominado.

§ 5.º O disposto neste artigo aplica-se, no que couber, ao cumprimento de sentença que reconheça deveres de fazer e de não fazer de natureza não obrigacional.

Seção II
Do Cumprimento de Sentença que Reconheça a Exigibilidade de Obrigação de Entregar Coisa

Art. 538. Não cumprida a obrigação de entregar coisa no prazo estabelecido na sentença, será expedido mandado de busca e apreensão ou de imissão na posse em favor do credor, conforme se tratar de coisa móvel ou imóvel.

• Vide arts. 806 a 813 do CPC.

§ 1.º A existência de benfeitorias deve ser alegada na fase de conhecimento, em contestação, de forma discriminada e com atribuição, sempre que possível e justificadamente, do respectivo valor.

§ 2.º O direito de retenção por benfeitorias deve ser exercido na contestação, na fase de conhecimento.

§ 3.º Aplicam-se ao procedimento previsto neste artigo, no que couber, as disposições sobre o cumprimento de obrigação de fazer ou de não fazer.

Título III
DOS PROCEDIMENTOS ESPECIAIS

Capítulo I
DA AÇÃO DE CONSIGNAÇÃO EM PAGAMENTO

Art. 539. Nos casos previstos em lei, poderá o devedor ou terceiro requerer, com efeito de pagamento, a consignação da quantia ou da coisa devida.

• • Vide art. 164 do CTN.

§ 1.º Tratando-se de obrigação em dinheiro, poderá o valor ser depositado em estabelecimento bancário, oficial onde houver, situado no lugar do pagamento, cientificando-se o credor por carta com aviso de recebimento, assinado o prazo de 10 (dez) dias para a manifestação de recusa.

§ 2.º Decorrido o prazo do § 1.º, contado do retorno do aviso de recebimento, sem a manifestação de recusa, considerar-se-á o devedor liberado da obrigação, ficando à disposição do credor a quantia depositada.

§ 3.º Ocorrendo a recusa, manifestada por escrito ao estabelecimento bancário, poderá ser proposta, dentro de 1 (um) mês, a ação de consignação, instruindo-se a inicial com a prova do depósito e da recusa.

• • Vide art. 542, I, do CPC.

§ 4.º Não proposta a ação no prazo do § 3.º, ficará sem efeito o depósito, podendo levantá-lo o depositante.

Art. 540. Requerer-se-á a consignação no lugar do pagamento, cessando para o devedor, à data do depósito, os juros e os riscos, salvo se a demanda for julgada improcedente.

• Vide art. 53, III, d, do CPC.

Art. 541. Tratando-se de prestações sucessivas, consignada uma delas, pode o devedor continuar a depositar, no mesmo processo e sem mais formalidades, as que se forem vencendo, desde que o faça em até 5 (cinco) dias contados da data do respectivo vencimento.

• • Vide art. 323 do CPC.

Art. 542. Na petição inicial, o autor requererá:

• • Vide art. 292, § 1.º, do CPC.

I – o depósito da quantia ou da coisa devida, a ser efetivado no prazo de 5 (cinco) dias contados do deferimento, ressalvada a hipótese do art. 539, § 3.º;

II – a citação do réu para levantar o depósito ou oferecer contestação.

Parágrafo único. Não realizado o depósito no prazo do inciso I, o processo será extinto sem resolução do mérito.

Art. 543. Se o objeto da prestação for coisa indeterminada e a escolha couber ao credor, será este citado para exercer o direito dentro de 5 (cinco) dias, se outro prazo não constar de lei ou do contrato, ou para aceitar que o devedor a faça, devendo o juiz, ao despachar a petição inicial, fixar lugar, dia e hora em que se fará a entrega, sob pena de depósito.

Art. 544. Na contestação, o réu poderá alegar que:

I – não houve recusa ou mora em receber a quantia ou a coisa devida;

II – foi justa a recusa;

III – o depósito não se efetuou no prazo ou no lugar do pagamento;

IV – o depósito não é integral.

Parágrafo único. No caso do inciso IV, a alegação somente será admissível se o réu indicar o montante que entende devido.

Art. 545. Alegada a insuficiência do depósito, é lícito ao autor completá-lo, em 10 (dez) dias, salvo se corresponder a prestação cujo inadimplemento acarrete a rescisão do contrato.

§ 1.º No caso do *caput*, poderá o réu levantar, desde logo, a quantia ou a coisa depositada, com a consequente liberação parcial do autor, prosseguindo o processo quanto à parcela controvertida.

§ 2.º A sentença que concluir pela insuficiência do depósito determinará, sempre que possível, o montante devido e valerá como título executivo, facultado ao credor promover-lhe o cumprimento nos mesmos autos, após liquidação, se necessária.

Art. 546. Julgado procedente o pedido, o juiz declarará extinta a obrigação e condenará o réu ao pagamento de custas e honorários advocatícios.

Parágrafo único. Proceder-se-á do mesmo modo se o credor receber e der quitação.

Art. 547. Se ocorrer dúvida sobre quem deva legitimamente receber o pagamento, o autor requererá o depósito e a citação dos possíveis titulares do crédito para provarem o seu direito.

Art. 548. No caso do art. 547:

I – não comparecendo pretendente algum, converter-se-á o depósito em arrecadação de coisas vagas;

II – comparecendo apenas um, o juiz decidirá de plano;

III – comparecendo mais de um, o juiz declarará efetuado o depósito e extinta a obrigação, continuando o processo a correr unicamente entre os presuntivos credores, observado o procedimento comum.

Art. 549. Aplica-se o procedimento estabelecido neste Capítulo, no que couber, ao resgate do aforamento.

Capítulo II
DA AÇÃO DE EXIGIR CONTAS

Art. 550. Aquele que afirmar ser titular do direito de exigir contas requererá a citação do réu para que as preste ou ofereça contestação no prazo de 15 (quinze) dias.

§ 1.º Na petição inicial, o autor especificará, detalhadamente, as razões pelas quais exige as contas, instruindo-a com documentos comprobatórios dessa necessidade, se existirem.

§ 2.º Prestadas as contas, o autor terá 15 (quinze) dias para se manifestar, prosseguindo-se o processo na forma do Capítulo X do Título I deste Livro.

§ 3.º A impugnação das contas apresentadas pelo réu deverá ser fundamentada e específica, com referência expressa ao lançamento questionado.

§ 4.º Se o réu não contestar o pedido, observar-se-á o disposto no art. 355.

§ 5.º A decisão que julgar procedente o pedido condenará o réu a prestar as contas no prazo de 15 (quinze) dias, sob pena de não lhe ser lícito impugnar as que o autor apresentar.

§ 6.º Se o réu apresentar as contas no prazo previsto no § 5.º, seguir-se-á o procedimento do § 2.º, caso contrário, o autor apresentá-las-á no prazo de 15 (quinze) dias, podendo o juiz determinar a realização de exame pericial, se necessário.

Art. 551. As contas do réu serão apresentadas na forma adequada, especificando-se as receitas, a aplicação das despesas e os investimentos, se houver.

§ 1.º Havendo impugnação específica e fundamentada pelo autor, o juiz estabelecerá prazo razoável para que o réu apresente os documentos justificativos dos lançamentos individualmente impugnados.

§ 2.º As contas do autor, para os fins do art. 550, § 5.º, serão apresentadas na forma adequada, já instruídas com os documentos justificativos, especificando-se as receitas, a aplicação das despesas e os investimentos, se houver, bem como o respectivo saldo.

Art. 552. A sentença apurará o saldo e constituirá título executivo judicial.

Art. 553. As contas do inventariante, do tutor, do curador, do depositário e de qualquer outro administrador serão prestadas em apenso aos autos do processo em que tiver sido nomeado.

Parágrafo único. Se qualquer dos referidos no *caput* for condenado a pagar o saldo e não o fizer no prazo legal, o juiz poderá destituí-lo, sequestrar os bens sob sua guarda, glosar o prêmio ou a gratificação a que teria direito e determinar as medidas executivas necessárias à recomposição do prejuízo.

Capítulo III
DAS AÇÕES POSSESSÓRIAS

Seção I
Disposições Gerais

Art. 554. A propositura de uma ação possessória em vez de outra não obstará a que o juiz conheça do pedido e outorgue a proteção legal correspondente àquela cujos pressupostos estejam provados.

• • *Vide* arts. 47, § 1.º, e 73, § 2.º, do CPC.
• • *Vide* Súmula 14 do TFR.

§ 1.º No caso de ação possessória em que figure no polo passivo grande número de pessoas, serão feitas a citação pessoal dos ocupantes que forem encontrados no local e a citação por edital dos demais, determinando-se, ainda, a intimação do Ministério Público e, se envolver pessoas em situação de hipossuficiência econômica, da Defensoria Pública.

§ 2.º Para fim da citação pessoal prevista no § 1.º, o oficial de justiça procurará os ocupantes no local por uma vez, citando-se por edital os que não forem encontrados.

§ 3.º O juiz deverá determinar que se dê ampla publicidade da existência da ação prevista no § 1.º e dos respectivos prazos processuais, podendo, para tanto, valer-se de anúncios em jornal ou rádio locais, da publicação de cartazes na região do conflito e de outros meios.

Art. 555. É lícito ao autor cumular ao pedido possessório o de:

I – condenação em perdas e danos;
II – indenização dos frutos.

Parágrafo único. Pode o autor requerer, ainda, imposição de medida necessária e adequada para:

I – evitar nova turbação ou esbulho;
II – cumprir-se a tutela provisória ou final.

Art. 556. É lícito ao réu, na contestação, alegando que foi o ofendido em sua posse, demandar a proteção possessória e a indenização pelos prejuízos resultantes da turbação ou do esbulho cometido pelo autor.

Art. 557. Na pendência de ação possessória é vedado, tanto ao autor quanto ao réu, propor ação de reconhecimento do domínio, exceto se a pretensão for deduzida em face de terceira pessoa.

• • *Vide* Súmula 487 do STF.
• • *Vide* Súmula 637 do STJ.

Parágrafo único. Não obsta à manutenção ou à reintegração de posse a alegação de propriedade ou de outro direito sobre a coisa.

Art. 558. Regem o procedimento de manutenção e de reintegração de posse as normas da *Seção* II deste Capítulo quando a ação for proposta dentro de ano e dia da turbação ou do esbulho afirmado na petição inicial.

Parágrafo único. Passado o prazo referido no *caput*, será comum o procedimento, não perdendo, contudo, o caráter possessório.

Art. 559. Se o réu provar, em qualquer tempo, que o autor provisoriamente mantido ou reintegrado na posse carece de idoneidade financeira para, no caso de sucumbência, responder por perdas e danos, o juiz designar-lhe-á o prazo de 5 (cinco) dias para requerer caução, real ou fidejussória, sob pena de ser depositada a coisa litigiosa, ressalvada a impossibilidade da parte economicamente hipossuficiente.

Seção II
Da Manutenção e da Reintegração de Posse

Art. 560. O possuidor tem direito a ser mantido na posse em caso de turbação e reintegrado em caso de esbulho.

• • *Vide* arts. 47 e 73 do CPC.
• O art. 1.210, *caput*, do CC dispõe sobre os efeitos da posse.
• Usucapião: arts. 183 da CF e 1.238 a 1.244 e 1.379 do CC.

Art. 561. Incumbe ao autor provar:

I – a sua posse;
• *Vide* art. 373, I, do CPC.
II – a turbação ou o esbulho praticado pelo réu;
III – a data da turbação ou do esbulho;
IV – a continuação da posse, embora turbada, na ação de manutenção, ou a perda da posse, na ação de reintegração.

Art. 562. Estando a petição inicial devidamente instruída, o juiz deferirá, sem ouvir o réu, a expedição do mandado liminar de manutenção ou de reintegração, caso contrário, determinará que o autor justifique previamente o alegado, citando-se o réu para comparecer à audiência que for designada.

• *Vide* Súmula 262 do STF.

Parágrafo único. Contra as pessoas jurídicas de direito público não será deferida a manutenção ou a reintegração liminar sem prévia audiência dos respectivos representantes judiciais.

Art. 563. Considerada suficiente a justificação, o juiz fará logo expedir mandado de manutenção ou de reintegração.

Art. 564. Concedido ou não o mandado liminar de manutenção ou de reintegração, o autor promoverá, nos 5 (cinco) dias subsequentes, a citação do réu para, querendo, contestar a ação no prazo de 15 (quinze) dias.

Parágrafo único. Quando for ordenada a justificação prévia, o prazo para contestar será contado da intimação da decisão que deferir ou não a medida liminar.

Art. 565. No litígio coletivo pela posse de imóvel, quando o esbulho ou a turbação afirmado na petição inicial houver ocorrido há mais de ano e dia, o juiz, antes de apreciar o pedido de concessão da medida liminar, deverá designar audiência de mediação, a realizar-se em até 30 (trinta) dias, que observará o disposto nos §§ 2.º e 4.º.

§ 1.º Concedida a liminar, se essa não for executada no prazo de 1 (um) ano, a contar da data de distribuição, caberá ao juiz designar audiência de mediação, nos termos dos §§ 2.º e 4.º deste artigo.

§ 2.º O Ministério Público será intimado para comparecer à audiência, e a Defensoria Pública será intimada sempre que houver parte beneficiária de gratuidade da justiça.

§ 3.º O juiz poderá comparecer à área objeto do litígio quando sua presença se fizer necessária à efetivação da tutela jurisdicional.

§ 4.º Os órgãos responsáveis pela política agrária e pela política urbana da União, de Estado ou do Distrito Federal e de Município onde se situe a área objeto do litígio poderão ser intimados para a audiência, a fim de se manifestarem sobre seu interesse no processo e sobre a existência de possibilidade de solução para o conflito possessório.

§ 5.º Aplica-se o disposto neste artigo ao litígio sobre propriedade de imóvel.

Art. 566. Aplica-se, quanto ao mais, o procedimento comum.

Seção III
Do Interdito Proibitório

Art. 567. O possuidor direto ou indireto que tenha justo receio de ser molestado na posse poderá requerer ao juiz que o segure da turbação ou esbulho iminente, mediante mandado proibitório em que se comine ao réu determinada pena pecuniária caso transgrida o preceito.

•• Vide arts. 47 e 73 do CPC.

Art. 568. Aplica-se ao interdito proibitório o disposto na Seção II deste Capítulo.

Capítulo IV
DA AÇÃO DE DIVISÃO E DA DEMARCAÇÃO DE TERRAS PARTICULARES

Seção I
Disposições Gerais

Art. 569. Cabe:

I – ao proprietário a ação de demarcação, para obrigar o seu confinante a estremar os respectivos prédios, fixando-se novos limites entre eles ou aviventando-se os já apagados;

II – ao condômino a ação de divisão, para obrigar os demais consortes a estremar os quinhões.

•• Vide arts. 47 e 73 do CPC.

Art. 570. É lícita a cumulação dessas ações, caso em que deverá processar-se primeiramente a demarcação total ou parcial da coisa comum, citando-se os confinantes e os condôminos.

Art. 571. A demarcação e a divisão poderão ser realizadas por escritura pública, desde que maiores, capazes e concordes todos os interessados, observando-se, no que couber, os dispositivos deste Capítulo.

Art. 572. Fixados os marcos da linha de demarcação, os confinantes considerar-se-ão terceiros quanto ao processo divisório, ficando-lhes, porém, ressalvado o direito de vindicar os terrenos de que se julguem despojados por invasão das linhas limítrofes constitutivas do perímetro ou de reclamar indenização correspondente ao seu valor.

§ 1.º No caso do *caput*, serão citados para a ação todos os condôminos, se a sentença homologatória da divisão ainda não houver transitado em julgado, e todos os quinhoeiros dos terrenos vindicados, se a ação for proposta posteriormente.

§ 2.º Neste último caso, a sentença que julga procedente a ação, condenando a restituir os terrenos ou a pagar a indenização, valerá como título executivo em favor dos quinhoeiros para haverem dos outros condôminos que forem parte na divisão ou de seus sucessores a título universal, na proporção que lhes tocar, a composição pecuniária do desfalque sofrido.

Art. 573. Tratando-se de imóvel georreferenciado, com averbação no registro de imóveis, pode o juiz dispensar a realização de prova pericial.

Seção II
Da Demarcação

Art. 574. Na petição inicial, instruída com os títulos da propriedade, designar-se-á o imóvel pela situação e pela denominação, descrever-se-ão os limites por constituir, aviventar ou renovar e nomear-se-ão todos os confinantes da linha demarcanda.

•• Vide arts. 47 e 73 do CPC.
• Vide art. 292, IV, do CPC.

Art. 575. Qualquer condômino é parte legítima para promover a demarcação do imóvel comum, requerendo a intimação dos demais para, querendo, intervir no processo.

Art. 576. A citação dos réus será feita por correio, observado o disposto no art. 247.
• Vide art. 589 do CPC.

Parágrafo único. Será publicado edital, nos termos do inciso III do art. 259.

Art. 577. Feitas as citações, terão os réus o prazo comum de 15 (quinze) dias para contestar.
• Vide art. 589 do CPC.

Art. 578. Após o prazo de resposta do réu, observar-se-á o procedimento comum.
• Vide art. 589 do CPC.

Art. 579. Antes de proferir a sentença, o juiz nomeará um ou mais peritos para levantar o traçado da linha demarcanda.

Art. 580. Concluídos os estudos, os peritos apresentarão minucioso laudo sobre o traçado da linha demarcanda, considerando os títulos, os marcos, os rumos, a fama da vizinhança, as informações de antigos moradores do lugar e outros elementos que coligirem.

Art. 581. A sentença que julgar procedente o pedido determinará o traçado da linha demarcanda.

Parágrafo único. A sentença proferida na ação demarcatória determinará a restituição da área invadida, se houver, declarando o domínio ou a posse do prejudicado, ou ambos.

Art. 582. Transitada em julgado a sentença, o perito efetuará a demarcação e colocará os marcos necessários.
• Vide art. 584 do CPC.

Parágrafo único. Todas as operações serão consignadas em planta e memorial descritivo com as referências convenientes para a identificação, em qualquer tempo, dos pontos assinalados, observada a legislação especial que dispõe sobre a identificação do imóvel rural.

Art. 583. As plantas serão acompanhadas das cadernetas de operações de campo e do memorial descritivo, que conterá:

I – o ponto de partida, os rumos seguidos e a aviventação dos antigos com os respectivos cálculos;

II – os acidentes encontrados, as cercas, os valos, os marcos antigos, os córregos, os rios, as lagoas e outros;

III – a indicação minuciosa dos novos marcos cravados, dos antigos aproveitados, das culturas existentes e da sua produção anual;

IV – a composição geológica dos terrenos, bem como a qualidade e a extensão dos campos, das matas e das capoeiras;

V – as vias de comunicação;

VI – as distâncias a pontos de referência, tais como rodovias federais e estaduais, ferrovias, portos, aglomerações urbanas e polos comerciais;

VII – a indicação de tudo o mais que for útil para o levantamento da linha ou para a identificação da linha já levantada.

Art. 584. É obrigatória a colocação de marcos tanto na estação inicial, dita marco primordial, quanto nos vértices dos ângulos, salvo se algum desses últimos pontos for assinalado por acidentes naturais de difícil remoção ou destruição.

•• Vide arts. 582 e 596 do CPC.

Art. 585. A linha será percorrida pelos peritos, que examinarão os marcos e os rumos, consignando em relatório escrito a exatidão do memorial e da planta apresentados pelo agrimensor ou as divergências porventura encontradas.

Art. 586. Juntado aos autos o relatório dos peritos, o juiz determinará que as partes se manifestem sobre ele no prazo comum de 15 (quinze) dias.

Parágrafo único. Executadas as correções e as retificações que o juiz determinar, lavrar-se-á, em seguida, o auto de demarcação em que os limites demarcandos serão minuciosamente descritos de acordo com o memorial e a planta.

Art. 587. Assinado o auto pelo juiz e pelos peritos, será proferida a sentença homologatória da demarcação.

Seção III
Da Divisão

Art. 588. A petição inicial será instruída com os títulos de domínio do promovente e conterá:

•• Vide arts. 47, 73 e 1.320 a 1.332 do CPC.

I – a indicação da origem da comunhão e a denominação, a situação, os limites e as características do imóvel;

II – o nome, o estado civil, a profissão e a residência de todos os condôminos, especificando-se os estabelecidos no imóvel com benfeitorias e culturas;

III – as benfeitorias comuns.
• Vide art. 292, IV, do CPC.

Art. 589. Feitas as citações como preceitua o art. 576, prosseguir-se-á na forma dos arts. 577 e 578.

Art. 590. O juiz nomeará um ou mais peritos para promover a medição do imóvel e as operações de divisão, observada a legislação especial que dispõe sobre a identificação do imóvel rural.

Parágrafo único. O perito deverá indicar as vias de comunicação existentes, as construções e as benfeitorias, com a indicação dos seus valores e dos respectivos proprietários e ocupantes, as águas principais que banham o imóvel e quaisquer outras informações que possam concorrer para facilitar a partilha.

Art. 591. Todos os condôminos serão intimados a apresentar, dentro de 10 (dez) dias, os seus títulos, se ainda não o tiverem feito, e a formular os seus pedidos sobre a constituição dos quinhões.

Art. 592. O juiz ouvirá as partes no prazo comum de 15 (quinze) dias.

§ 1.º Não havendo impugnação, o juiz determinará a divisão geodésica do imóvel.

§ 2.º Havendo impugnação, o juiz proferirá, no prazo de 10 (dez) dias, decisão sobre os pedidos e os títulos que devam ser atendidos na formação dos quinhões.

Art. 593. Se qualquer linha do perímetro atingir benfeitorias permanentes dos confinantes feitas há mais de 1 (um) ano, serão elas respeitadas, bem como os terrenos onde estiverem, os quais não se computarão na área dividenda.

Art. 594. Os confinantes do imóvel dividendo podem demandar a restituição dos terrenos que lhes tenham sido usurpados.

§ 1.º Serão citados para a ação todos os condôminos, se a sentença homologatória da divisão ainda não houver transitado em julgado, e todos os quinhoeiros dos terrenos vindicados, se a ação for proposta posteriormente.

§ 2.º Nesse último caso terão os quinhoeiros o direito, pela mesma sentença que os obrigar à restituição, a haver dos outros condôminos do processo divisório ou de seus sucessores a título universal a composição pecuniária proporcional ao desfalque sofrido.

Art. 595. Os peritos proporão, em laudo fundamentado, a forma da divisão, devendo consultar, quanto possível, a comodidade das partes, respeitar, para adjudicação a cada condômino, a preferência dos terrenos contíguos às suas residências e benfeitorias e evitar o retalhamento dos quinhões em glebas separadas.

Art. 596. Ouvidas as partes, no prazo comum de 15 (quinze) dias, sobre o cálculo e o plano da divisão, o juiz deliberará a partilha.

Parágrafo único. Em cumprimento dessa decisão, o perito procederá à demarcação dos quinhões, observando, além do disposto nos arts. 584 e 585, as seguintes regras:

I – as benfeitorias comuns que não comportarem divisão cômoda serão adjudicadas a um dos condôminos mediante compensação;

II – instituir-se-ão as servidões que forem indispensáveis em favor de uns quinhões sobre os outros, incluindo o respectivo valor no orçamento para que, não se tratando de servidões naturais, seja compensado o condômino aquinhoado com o prédio serviente;

III – as benfeitorias particulares dos condôminos que excederem à área a que têm direito serão adjudicadas ao quinhoeiro vizinho mediante reposição;

IV – se outra coisa não acordarem as partes, as compensações e as reposições serão feitas em dinheiro.

Art. 597. Terminados os trabalhos e desenhados na planta os quinhões e as servidões aparentes, o perito organizará o memorial descritivo.

• Vide art. 89 do CPC.

§ 1.º Cumprido o disposto no art. 586, o escrivão, em seguida, lavrará o auto de divisão, acompanhado de uma folha de pagamento para cada condômino.

• Vide art. 89 do CPC.

§ 2.º Assinado o auto pelo juiz e pelo perito, será proferida sentença homologatória da divisão.

• Vide art. 89 do CPC.

§ 3.º O auto conterá:

I – a confinação e a extensão superficial do imóvel;

II – a classificação das terras com o cálculo das áreas de cada consorte e com a respectiva avaliação ou, quando a homogeneidade das terras não determinar diversidade de valores, a avaliação do imóvel na sua integridade;

III – o valor e a quantidade geométrica que couber a cada condômino, declarando-se as reduções e as compensações resultantes da diversidade de valores das glebas componentes de cada quinhão.

§ 4.º Cada folha de pagamento conterá:

I – a descrição das linhas divisórias do quinhão, mencionadas as confinantes;

II – a relação das benfeitorias e das culturas do próprio quinhoeiro e das que lhe foram adjudicadas por serem comuns ou mediante compensação;

III – a declaração das servidões instituídas, especificados os lugares, a extensão e o modo de exercício.

Art. 598. Aplica-se às divisões o disposto nos arts. 575 a 578.

Capítulo V
DA AÇÃO DE DISSOLUÇÃO PARCIAL DE SOCIEDADE

Art. 599. A ação de dissolução parcial de sociedade pode ter por objeto:

• Sociedades personificadas: arts. 997 e s. do CC.

I – a resolução da sociedade empresária contratual ou simples em relação ao sócio falecido, excluído ou que exerceu o direito de retirada ou recesso; e

II – a apuração dos haveres do sócio falecido, excluído ou que exerceu o direito de retirada ou recesso; ou

III – somente a resolução ou a apuração de haveres.

§ 1.º A petição inicial será necessariamente instruída com o contrato social consolidado.

§ 2.º A ação de dissolução parcial de sociedade pode ter também por objeto a sociedade anônima de capital fechado quando demonstrado, por acionista ou acionistas que representem cinco por cento ou mais do capital social, que não pode preencher o seu fim.

Art. 600. A ação pode ser proposta:

I – pelo espólio do sócio falecido, quando a totalidade dos sucessores não ingressar na sociedade;

II – pelos sucessores, após concluída a partilha do sócio falecido;

III – pela sociedade, se os sócios sobreviventes não admitirem o ingresso do espólio ou dos sucessores do falecido na sociedade, quando esse direito decorrer do contrato social;

IV – pelo sócio que exerceu o direito de retirada ou recesso, se não tiver sido providenciada, pelos demais sócios, a alteração contratual consensual formalizando o desligamento, depois de transcorridos 10 (dez) dias do exercício do direito;

V – pela sociedade, nos casos em que a lei não autoriza a exclusão extrajudicial; ou

VI – pelo sócio excluído.

Parágrafo único. O cônjuge ou companheiro do sócio cujo casamento, união estável ou convivência terminou poderá requerer a apuração de seus haveres na sociedade, que serão pagos à conta da quota social titulada por este sócio.

Art. 601. Os sócios e a sociedade serão citados para, no prazo de 15 (quinze) dias, concordar com o pedido ou apresentar contestação.

Parágrafo único. A sociedade não será citada se todos os seus sócios o forem, mas ficará sujeita aos efeitos da decisão e à coisa julgada.

Art. 602. A sociedade poderá formular pedido de indenização compensável com o valor dos haveres a apurar.

Art. 603. Havendo manifestação expressa e unânime pela concordância da dissolução, o juiz a decretará, passando-se imediatamente à fase de liquidação.

§ 1.º Na hipótese prevista no *caput*, não haverá condenação em honorários advocatícios de nenhuma das partes, e as custas serão rateadas segundo a participação das partes no capital social.

§ 2.º Havendo contestação, observar-se-á o procedimento comum, mas a liquidação da sentença seguirá o disposto neste Capítulo.

Art. 604. Para apuração dos haveres, o juiz:

I – fixará a data da resolução da sociedade;

II – definirá o critério de apuração dos haveres à vista do disposto no contrato social; e

III – nomeará o perito.

§ 1.º O juiz determinará à sociedade ou aos sócios que nela permanecerem que depositem em juízo a parte incontroversa dos haveres devidos.

§ 2.º O depósito poderá ser, desde logo, levantado pelo ex-sócio, pelo espólio ou pelos sucessores.

§ 3.º Se o contrato social estabelecer o pagamento dos haveres, será observado o que nele se dispôs no depósito judicial da parte incontroversa.

Art. 605. A data da resolução da sociedade será:

I – no caso de falecimento do sócio, a do óbito;

II – na retirada imotivada, o sexagésimo dia seguinte ao do recebimento, pela sociedade, da notificação do sócio retirante;

III – no recesso, o dia do recebimento, pela sociedade, da notificação do sócio dissidente; e

IV – na retirada por justa causa de sociedade por prazo determinado e na exclusão judicial de sócio, o do trânsito em julgado da decisão que dissolver a sociedade; e

V – na exclusão extrajudicial, a data da assembleia ou da reunião de sócios que a tiver deliberado.

Art. 606. Em caso de omissão do contrato social, o juiz definirá, como critério de apuração de haveres, o valor patrimonial apurado em balanço de determinação, tomando-se por referência a data da resolução e avaliando-se bens e direitos do ativo, tangíveis e intangíveis, a preço de saída, além do passivo também a ser apurado de igual forma.

Parágrafo único. Em todos os casos em que seja necessária a realização de perícia, a nomeação do perito recairá preferencialmente sobre especialista em avaliação de sociedades.

Art. 607. A data da resolução e o critério de apuração de haveres podem ser revistos pelo juiz, a pedido da parte, a qualquer tempo antes do início da perícia.

Art. 608. Até a data da resolução, integram o valor devido ao ex-sócio, ao espólio ou aos sucessores a participação nos lucros ou os juros sobre o capital próprio declarados pela sociedade e, se for o caso, a remuneração como administrador.

Parágrafo único. Após a data da resolução, o ex-sócio, o espólio ou os sucessores terão direito apenas à correção monetária dos valores apurados e aos juros contratuais ou legais.

Art. 609. Uma vez apurados, os haveres do sócio retirante serão pagos conforme disciplinar o contrato social e, no silêncio deste, nos termos do § 2.º do art. 1.031 da Lei n. 10.406, de 10 de janeiro de 2002 (Código Civil).

Capítulo VI
DO INVENTÁRIO E DA PARTILHA

• *Vide* art. 5.º, XXVII, XXX e XXXI, da CF, sobre herança.

Seção I
Disposições Gerais

Art. 610. Havendo testamento ou interessado incapaz, proceder-se-á ao inventário judicial.

§ 1.º Se todos forem capazes e concordes, o inventário e a partilha poderão ser feitos por escritura pública, a qual constituirá documento hábil para qualquer ato de registro, bem como para levantamento de importância depositada em instituições financeiras.

§ 2.º O tabelião somente lavrará a escritura pública se todas as partes interessadas estiverem assistidas por advogado ou por defensor público, cuja qualificação e assinatura constarão do ato notarial.

•• Os arts. 2.015 e 2.016 do CC dispõem sobre a partilha amigável e judicial respectivamente.

• Dispõe o art. 112 da Lei n. 8.213, de 24-7-1991 (benefícios da Previdência Social): "O valor não recebido em vida pelo segurado só será pago aos seus dependentes habilitados à pensão por morte ou, na falta deles, aos sucessores na forma da lei civil, independentemente de inventário ou arrolamento".

• O Provimento OAB n. 118, de 7-5-2007, disciplina as atividades profissionais dos advogados em escrituras públicas de inventários, partilhas, separações e divórcios.

Art. 611. O processo de inventário e de partilha deve ser instaurado dentro de 2 (dois) meses, a contar da abertura da sucessão, ultimando-se nos 12 (doze) meses subsequentes, podendo o juiz prorrogar esses prazos, de ofício ou a requerimento de parte.

•• A Lei n. 14.010, de 10-6-2020, dispõe em seu art. 16: "Art. 16. O prazo do art. 611 do Código de Processo Civil para sucessões abertas a partir de 1.º de fevereiro de 2020 terá seu termo inicial dilatado para 30 de outubro de 2020. Parágrafo único. O prazo de 12 (doze) meses do art. 611 do Código de Processo Civil, para que seja ultimado o processo de inventário e de partilha, caso iniciado antes de 1.º de fevereiro de 2020, ficará suspenso a partir da entrada em vigor desta Lei até 30 de outubro de 2020".

• *Vide* art. 48 do CPC.

Art. 612. O juiz decidirá todas as questões de direito desde que os fatos relevantes estejam provados por documento, só remetendo para as vias ordinárias as questões que dependerem de outras provas.

Art. 613. Até que o inventariante preste o compromisso, continuará o espólio na posse do administrador provisório.

Art. 614. O administrador provisório representa ativa e passivamente o espólio, é obrigado a trazer ao acervo os frutos que desde a abertura da sucessão percebeu, tem direito ao reembolso das despesas necessárias e úteis que fez e responde pelo dano a que, por dolo ou culpa, der causa.

Seção II
Da Legitimidade para Requerer o Inventário

Art. 615. O requerimento de inventário e de partilha incumbe a quem estiver na posse e na administração do espólio, no prazo estabelecido no art. 611.

Parágrafo único. O requerimento será instruído com a certidão de óbito do autor da herança.

Art. 616. Têm, contudo, legitimidade concorrente:

I – o cônjuge ou companheiro supérstite;

II – o herdeiro;

III – o legatário;

IV – o testamenteiro;

V – o cessionário do herdeiro ou do legatário;

VI – o credor do herdeiro, do legatário ou do autor da herança;

VII – o Ministério Público, havendo herdeiros incapazes;

VIII – a Fazenda Pública, quando tiver interesse;

IX – o administrador judicial da falência do herdeiro, do legatário, do autor da herança ou do cônjuge ou companheiro supérstite.

Seção III
Do Inventariante e das Primeiras Declarações

Art. 617. O juiz nomeará inventariante na seguinte ordem:

I – o cônjuge ou companheiro sobrevivente, desde que estivesse convivendo com o outro ao tempo da morte deste;

II – o herdeiro que se achar na posse e na administração do espólio, se não houver cônjuge ou companheiro sobrevivente ou se estes não puderem ser nomeados;

III – qualquer herdeiro, quando nenhum deles estiver na posse e na administração do espólio;

IV – o herdeiro menor, por seu representante legal;

V – o testamenteiro, se lhe tiver sido confiada a administração do espólio ou se toda a herança estiver distribuída em legados;

VI – o cessionário do herdeiro ou do legatário;

VII – o inventariante judicial, se houver;

VIII – pessoa estranha idônea, quando não houver inventariante judicial.

Parágrafo único. O inventariante, intimado da nomeação, prestará, dentro de 5 (cinco) dias, o compromisso de bem e fielmente desempenhar a função.

Art. 618. Incumbe ao inventariante:

I – representar o espólio ativa e passivamente, em juízo ou fora dele, observando-se, quanto ao dativo, o disposto no art. 75, § 1.º;

II – administrar o espólio, velando-lhe os bens com a mesma diligência que teria se seus fossem;

III – prestar as primeiras e as últimas declarações pessoalmente ou por procurador com poderes especiais;

IV – exibir em cartório, a qualquer tempo, para exame das partes, os documentos relativos ao espólio;

V – juntar aos autos certidão do testamento, se houver;

VI – trazer à colação os bens recebidos pelo herdeiro ausente, renunciante ou excluído;
VII – prestar contas de sua gestão ao deixar o cargo ou sempre que o juiz lhe determinar;
• • Vide art. 622, V, do CPC.
VIII – requerer a declaração de insolvência.
Art. 619. Incumbe ainda ao inventariante, ouvidos os interessados e com autorização do juiz:
I – alienar bens de qualquer espécie;
II – transigir em juízo ou fora dele;
III – pagar dívidas do espólio;
• Vide arts. 134, IV, e 192 do CTN.
IV – fazer as despesas necessárias para a conservação e o melhoramento dos bens do espólio.
Art. 620. Dentro de 20 (vinte) dias contados da data em que prestou o compromisso, o inventariante fará as primeiras declarações, das quais se lavrará termo circunstanciado, assinado pelo juiz, pelo escrivão e pelo inventariante, no qual serão exarados:
I – o nome, o estado, a idade e o domicílio do autor da herança, o dia e o lugar em que faleceu e se deixou testamento;
II – o nome, o estado, a idade, o endereço eletrônico e a residência dos herdeiros e, havendo cônjuge ou companheiro supérstite, além dos respectivos dados pessoais, o regime de bens do casamento ou da união estável;
III – a qualidade dos herdeiros e o grau de parentesco com o inventariado;
IV – a relação completa e individualizada de todos os bens do espólio, inclusive aqueles que devem ser conferidos à colação, e dos bens alheios que nele forem encontrados, descrevendo-se:
• Vide art. 674, *caput*, do CPC.
a) os imóveis, com as suas especificações, nomeadamente local em que se encontram, extensão da área, limites, confrontações, benfeitorias, origem dos títulos, números das matrículas e ônus que os gravam;
b) os móveis, com os sinais característicos;
c) os semoventes, seu número, suas espécies, suas marcas e seus sinais distintivos;
d) o dinheiro, as joias, os objetos de ouro e prata e as pedras preciosas, declarando-se-lhes especificadamente a qualidade, o peso e a importância;
e) os títulos da dívida pública, bem como as ações, as quotas e os títulos de sociedade, mencionando-se-lhes o número, o valor e a data;
f) as dívidas ativas e passivas, indicando-se-lhes as datas, os títulos, a origem da obrigação e os nomes dos credores e dos devedores;
g) direitos e ações;
h) o valor corrente de cada um dos bens do espólio.
§ 1.º O juiz determinará que se proceda:
• • Vide art. 1.003, parágrafo único, do CPC.

I – ao balanço do estabelecimento, se o autor da herança era empresário individual;
II – à apuração de haveres, se o autor da herança era sócio de sociedade que não anônima.
• Vide Súmula 265 do STF.
§ 2.º As declarações podem ser prestadas mediante petição, firmada por procurador com poderes especiais, à qual o termo se reportará.
Art. 621. Só se pode arguir sonegação ao inventariante depois de encerrada a descrição dos bens, com a declaração, por ele feita, de não existirem outros por inventariar.
• • Os arts. 1.992 a 1.996 do CC dispõem sobre os sonegados.
Art. 622. O inventariante será removido de ofício ou a requerimento:
I – se não prestar, no prazo legal, as primeiras ou as últimas declarações;
II – se não der ao inventário andamento regular, se suscitar dúvidas infundadas ou se praticar atos meramente protelatórios;
III – se, por culpa sua, bens do espólio se deteriorarem, forem dilapidados ou sofrerem dano;
IV – se não defender o espólio nas ações em que for citado, se deixar de cobrar dívidas ativas ou se não promover as medidas necessárias para evitar o perecimento de direitos;
V – se não prestar contas ou se as que prestar não forem julgadas boas;
• • Vide art. 553 do CPC.
VI – se sonegar, ocultar ou desviar bens do espólio.
• • Os arts. 1.992 a 1.996 do CC dispõem sobre os sonegados.
Art. 623. Requerida a remoção com fundamento em qualquer dos incisos do art. 622, será intimado o inventariante para, no prazo de 15 (quinze) dias, defender-se e produzir provas.
Parágrafo único. O incidente da remoção correrá em apenso aos autos do inventário.
Art. 624. Decorrido o prazo, com a defesa do inventariante ou sem ela, o juiz decidirá.
Parágrafo único. Se remover o inventariante, o juiz nomeará outro, observada a ordem estabelecida no art. 617.
Art. 625. O inventariante removido entregará imediatamente ao substituto os bens do espólio e, caso deixe de fazê-lo, será compelido mediante mandado de busca e apreensão ou de imissão na posse, conforme se tratar de bem móvel ou imóvel, sem prejuízo da multa a ser fixada pelo juiz em montante não superior a três por cento do valor dos bens inventariados.

Seção IV
Das Citações e das Impugnações

Art. 626. Feitas as primeiras declarações, o juiz mandará citar, para os termos do inventário e da partilha, o cônjuge, o companheiro, os herdeiros e os legatários e intimar a Fazenda Pública, o Ministério Público, se houver herdeiro incapaz ou ausente, e o testamenteiro, se houver testamento.
§ 1.º O cônjuge ou o companheiro, os herdeiros e os legatários serão citados pelo correio, observado o disposto no art. 247, sendo, ainda, publicado edital, nos termos do inciso III do art. 259.
§ 2.º Das primeiras declarações extrair-se-ão tantas cópias quantas forem as partes.
§ 3.º A citação será acompanhada de cópia das primeiras declarações.
§ 4.º Incumbe ao escrivão remeter cópias à Fazenda Pública, ao Ministério Público, ao testamenteiro, se houver, e ao advogado, se a parte já estiver representada nos autos.
Art. 627. Concluídas as citações, abrir-se-á vista às partes, em cartório e pelo prazo comum de 15 (quinze) dias, para que se manifestem sobre as primeiras declarações, incumbindo às partes:
I – arguir erros, omissões e sonegação de bens;
II – reclamar contra a nomeação de inventariante;
III – contestar a qualidade de quem foi incluído no título de herdeiro.
§ 1.º Julgando procedente a impugnação referida no inciso I, o juiz mandará retificar as primeiras declarações.
§ 2.º Se acolher o pedido de que trata o inciso II, o juiz nomeará outro inventariante, observada a preferência legal.
§ 3.º Verificando que a disputa sobre a qualidade de herdeiro a que alude o inciso III demanda produção de provas que não a documental, o juiz remeterá a parte às vias ordinárias e sobrestará, até o julgamento da ação, a entrega do quinhão que na partilha couber ao herdeiro admitido.
Art. 628. Aquele que se julgar preterido poderá demandar sua admissão no inventário, requerendo-a antes da partilha.
§ 1.º Ouvidas as partes no prazo de 15 (quinze) dias, o juiz decidirá.
§ 2.º Se para solução da questão for necessária a produção de provas que não a documental, o juiz remeterá o requerente às vias ordinárias, mandando reservar, em poder do inventariante, o quinhão do herdeiro excluído até que se decida o litígio.
Art. 629. A Fazenda Pública, no prazo de 15 (quinze) dias, após a vista de que trata o art. 627, informará ao juízo, de acordo com os dados que constam de seu cadastro imobiliário, o valor dos bens de raiz descritos nas primeiras declarações.

Seção V
Da Avaliação e do Cálculo do Imposto

Art. 630. Findo o prazo previsto no art. 627 sem impugnação ou decidida a impugnação que houver sido oposta, o juiz nomeará, se for o caso, perito para avaliar os bens do espólio, se não houver na comarca avaliador judicial.
Parágrafo único. Na hipótese prevista no art. 620, § 1.º, o juiz nomeará perito para

avaliação das quotas sociais ou apuração dos haveres.

Art. 631. Ao avaliar os bens do espólio, o perito observará, no que for aplicável, o disposto nos arts. 872 e 873.

Art. 632. Não se expedirá carta precatória para a avaliação de bens situados fora da comarca onde corre o inventário se eles forem de pequeno valor ou perfeitamente conhecidos do perito nomeado.

Art. 633. Sendo capazes todas as partes, não se procederá à avaliação se a Fazenda Pública, intimada pessoalmente, concordar de forma expressa com o valor atribuído, nas primeiras declarações, aos bens do espólio.

Art. 634. Se os herdeiros concordarem com o valor dos bens declarados pela Fazenda Pública, a avaliação cingir-se-á aos demais.

Art. 635. Entregue o laudo de avaliação, o juiz mandará que as partes se manifestem no prazo de 15 (quinze) dias, que correrá em cartório.

§ 1.º Versando a impugnação sobre o valor dado pelo perito, o juiz a decidirá de plano, à vista do que constar dos autos.

§ 2.º Julgando procedente a impugnação, o juiz determinará que o perito retifique a avaliação, observando os fundamentos da decisão.

Art. 636. Aceito o laudo ou resolvidas as impugnações suscitadas a seu respeito, lavrar-se-á em seguida o termo de últimas declarações, no qual o inventariante poderá emendar, aditar ou completar as primeiras.

• Vide art. 622, I, do CPC.

Art. 637. Ouvidas as partes sobre as últimas declarações no prazo comum de 15 (quinze) dias, proceder-se-á ao cálculo do tributo.

•• Vide Súmulas 112, 113, 114, 115 e 116 do STF.

Art. 638. Feito o cálculo, sobre ele serão ouvidas todas as partes no prazo comum de 5 (cinco) dias, que correrá em cartório, e, em seguida, a Fazenda Pública.

§ 1.º Se acolher eventual impugnação, o juiz ordenará nova remessa dos autos ao contabilista, determinando as alterações que devam ser feitas no cálculo.

§ 2.º Cumprido o despacho, o juiz julgará o cálculo do tributo.

Seção VI
Das Colações

•• Os arts. 2.002 a 2.012 do CC dispõem sobre colação.

Art. 639. No prazo estabelecido no art. 627, o herdeiro obrigado à colação conferirá por termo nos autos ou por petição à qual o termo se reportará os bens que recebeu ou, se já não os possuir, trar-lhes-á o valor.

Parágrafo único. Os bens a serem conferidos na partilha, assim como as acessões e as benfeitorias que o donatário fez, calcular-se-ão pelo valor que tiverem ao tempo da abertura da sucessão.

Art. 640. O herdeiro que renunciou à herança ou o que dela foi excluído não se exime, pelo fato da renúncia ou da exclusão, de conferir, para o efeito de repor a parte inoficiosa, as liberalidades que obteve do doador.

§ 1.º É lícito ao donatário escolher, dentre os bens doados, tantos quantos bastem para perfazer a legítima e a metade disponível, entrando na partilha o excedente para ser dividido entre os demais herdeiros.

§ 2.º Se a parte inoficiosa da doação recair sobre bem imóvel que não comporte divisão cômoda, o juiz determinará que sobre ela se proceda a licitação entre os herdeiros.

§ 3.º O donatário poderá concorrer na licitação referida no § 2.º e, em igualdade de condições, terá preferência sobre os herdeiros.

Art. 641. Se o herdeiro negar o recebimento dos bens ou a obrigação de os conferir, o juiz, ouvidas as partes no prazo comum de 15 (quinze) dias, decidirá à vista das alegações e das provas produzidas.

§ 1.º Declarada improcedente a oposição, se o herdeiro, no prazo improrrogável de 15 (quinze) dias, não proceder à conferência, o juiz mandará sequestrar-lhe, para serem inventariados e partilhados, os bens sujeitos à colação ou imputar ao seu quinhão hereditário o valor deles, se já não os possuir.

§ 2.º Se a matéria exigir dilação probatória diversa da documental, o juiz remeterá as partes às vias ordinárias, não podendo o herdeiro receber o seu quinhão hereditário, enquanto pender a demanda, sem prestar caução correspondente ao valor dos bens sobre os quais versar a conferência.

Seção VII
Do Pagamento das Dívidas

Art. 642. Antes da partilha, poderão os credores do espólio requerer ao juízo do inventário o pagamento das dívidas vencidas e exigíveis.

•• Vide art. 4.º da Lei n. 6.830, de 22-9-1980, sobre cobrança judicial da dívida ativa da Fazenda Pública.

• Vide art. 619, III, do CPC.

• O art. 1.997 do CC dispõe que a herança responde pelo pagamento das dívidas do falecido; mas, feita a partilha, só respondem os herdeiros, cada qual em proporção da parte que na herança lhe coube.

• Vide art. 189 do CTN.

§ 1.º A petição, acompanhada de prova literal da dívida, será distribuída por dependência e autuada em apenso aos autos do processo de inventário.

§ 2.º Concordando as partes com o pedido, o juiz, ao declarar habilitado o credor, mandará que se faça a separação de dinheiro ou, em sua falta, de bens suficientes para o pagamento.

§ 3.º Separados os bens, tantos quantos forem necessários para o pagamento dos credores habilitados, o juiz mandará aliená-los, observando-se as disposições deste Código relativas à expropriação.

• Vide art. 647 do CPC.

§ 4.º Se o credor requerer que, em vez de dinheiro, lhe sejam adjudicados, para o seu pagamento, os bens já reservados, o juiz deferir-lhe-á o pedido, concordando todas as partes.

§ 5.º Os donatários serão chamados a pronunciar-se sobre a aprovação das dívidas, sempre que haja possibilidade de resultar delas a redução das liberalidades.

Art. 643. Não havendo concordância de todas as partes sobre o pedido de pagamento feito pelo credor, será o pedido remetido às vias ordinárias.

• Vide art. 668, I, do CPC.

Parágrafo único. O juiz mandará, porém, reservar, em poder do inventariante, bens suficientes para pagar o credor quando a dívida constar de documento que comprove suficientemente a obrigação e a impugnação não se fundar em quitação.

Art. 644. O credor de dívida líquida e certa, ainda não vencida, pode requerer habilitação no inventário.

Parágrafo único. Concordando as partes com o pedido referido no *caput*, o juiz, ao julgar habilitado o crédito, mandará que se faça separação de bens para o futuro pagamento.

Art. 645. O legatário é parte legítima para manifestar-se sobre as dívidas do espólio:

I – quando toda a herança for dividida em legados;

• Os arts. 1.912 a 1.940 do CC dispõem sobre legado.

II – quando o reconhecimento das dívidas importar redução dos legados.

• Os arts. 1.912 a 1.940 do CC dispõem sobre legado.

Art. 646. Sem prejuízo do disposto no art. 860, é lícito aos herdeiros, ao separarem bens para o pagamento de dívidas, autorizar que o inventariante os indique à penhora no processo em que o espólio for executado.

Seção VIII
Da Partilha

Art. 647. Cumprido o disposto no art. 642, § 3.º, o juiz facultará às partes que, no prazo comum de 15 (quinze) dias, formulem o pedido de quinhão e, em seguida, proferirá a decisão de deliberação da partilha, resolvendo os pedidos das partes e designando os bens que devam constituir quinhão de cada herdeiro e legatário.

• Os arts. 2.013 e s. do CC dispõem sobre partilha.

Parágrafo único. O juiz poderá, em decisão fundamentada, deferir antecipadamente a qualquer dos herdeiros o exercício dos direitos de usar e de fruir de determinado bem, com a condição de que, ao término do inventário, tal bem integre a cota desse herdeiro, cabendo a este, desde o deferimento, todos os ônus e bônus decorrentes do exercício daqueles direitos.

Art. 648. Na partilha, serão observadas as seguintes regras:

I – a máxima igualdade possível quanto ao valor, à natureza e à qualidade dos bens;

II – a prevenção de litígios futuros;
III – a máxima comodidade dos coerdeiros, do cônjuge ou do companheiro, se for o caso.

Art. 649. Os bens insuscetíveis de divisão cômoda que não couberem na parte do cônjuge ou companheiro supérstite ou no quinhão de um só herdeiro serão licitados entre os interessados ou vendidos judicialmente, partilhando-se o valor apurado, salvo se houver acordo para que sejam adjudicados a todos.

Art. 650. Se um dos interessados for nascituro, o quinhão que lhe caberá será reservado em poder do inventariante até o seu nascimento.

Art. 651. O partidor organizará o esboço da partilha de acordo com a decisão judicial, observando nos pagamentos a seguinte ordem:
I – dívidas atendidas;
II – meação do cônjuge;
III – meação disponível;
IV – quinhões hereditários, a começar pelo coerdeiro mais velho.

Art. 652. Feito o esboço, as partes manifestar-se-ão sobre esse no prazo comum de 15 (quinze) dias, e, resolvidas as reclamações, a partilha será lançada nos autos.

Art. 653. A partilha constará:
I – de auto de orçamento, que mencionará:
a) os nomes do autor da herança, do inventariante, do cônjuge ou companheiro supérstite, dos herdeiros, dos legatários e dos credores admitidos;
b) o ativo, o passivo e o líquido partível, com as necessárias especificações;
c) o valor de cada quinhão;
II – de folha de pagamento para cada parte, declarando a quota a pagar-lhe, a razão do pagamento e a relação dos bens que lhe compõem o quinhão, as características que os individualizam e os ônus que os gravam.
Parágrafo único. O auto e cada uma das folhas serão assinados pelo juiz e pelo escrivão.

Art. 654. Pago o imposto de transmissão a título de morte e juntada aos autos certidão ou informação negativa de dívida para com a Fazenda Pública, o juiz julgará por sentença a partilha.
• *Vide* art. 192 do CTN.
• Sobre partilha: art. 22, § 2.º, da Lei n. 4.947, de 6-4-1966 (Direito Agrário).
Parágrafo único. A existência de dívida para com a Fazenda Pública não impedirá o julgamento da partilha, desde que o seu pagamento esteja devidamente garantido.

Art. 655. Transitada em julgado a sentença mencionada no art. 654, receberá o herdeiro os bens que lhe tocarem e um formal de partilha, do qual constarão as seguintes peças:
I – termo de inventariante e título de herdeiros;

II – avaliação dos bens que constituíram o quinhão do herdeiro;
III – pagamento do quinhão hereditário;
IV – quitação dos impostos;
V – sentença.
Parágrafo único. O formal de partilha poderá ser substituído por certidão de pagamento do quinhão hereditário quando esse não exceder a 5 (cinco) vezes o salário mínimo, caso em que se transcreverá nela a sentença de partilha transitada em julgado.

Art. 656. A partilha, mesmo depois de transitada em julgado a sentença, pode ser emendada nos mesmos autos do inventário, convindo todas as partes, quando tenha havido erro de fato na descrição dos bens, podendo o juiz, de ofício ou a requerimento da parte, a qualquer tempo, corrigir-lhe as inexatidões materiais.

Art. 657. A partilha amigável, lavrada em instrumento público, reduzida a termo nos autos do inventário ou constante de escrito particular homologado pelo juiz, pode ser anulada por dolo, coação, erro essencial ou intervenção de incapaz, observado o disposto no § 4.º do art. 966.
Parágrafo único. O direito à anulação de partilha amigável extingue-se em 1 (um) ano, contado esse prazo:
I – no caso de coação, do dia em que ela cessou;
II – no caso de erro ou dolo, do dia em que se realizou o ato;
III – quanto ao incapaz, do dia em que cessar a incapacidade.
•• O art. 2.027 do CC dispõe sobre anulação da partilha.
• Os arts. 171 e 2.015 do CC dispõem sobre o ato anulável do negócio jurídico e sobre a partilha amigável respectivamente.

Art. 658. É rescindível a partilha julgada por sentença:
I – nos casos mencionados no art. 657;
II – se feita com preterição de formalidades legais;
III – se preteriu herdeiro ou incluiu quem não o seja.
• *Vide* art. 966 do CPC.

Seção IX
Do Arrolamento

Art. 659. A partilha amigável, celebrada entre partes capazes, nos termos da lei, será homologada de plano pelo juiz, com observância dos arts. 660 a 663.
• A Resolução n. 35, de 24-4-2007, do CNJ, disciplina o disposto neste artigo quanto à partilha feita por escritura pública.
§ 1.º O disposto neste artigo aplica-se, também, ao pedido de adjudicação, quando houver herdeiro único.
§ 2.º Transitada em julgado a sentença de homologação de partilha ou de adjudicação, será lavrado o formal de partilha ou elaborada a carta de adjudicação e, em seguida, serão expedidos os alvarás referentes aos bens e às rendas por ele abrangidos,

intimando-se o fisco para lançamento administrativo do imposto de transmissão e de outros tributos porventura incidentes, conforme dispuser a legislação tributária, nos termos do § 2.º do art. 662.

Art. 660. Na petição de inventário, que se processará na forma de arrolamento sumário, independentemente da lavratura de termos de qualquer espécie, os herdeiros:
I – requererão ao juiz a nomeação do inventariante que designarem;
II – declararão os títulos dos herdeiros e os bens do espólio, observado o disposto no art. 630;
III – atribuirão valor aos bens do espólio, para fins de partilha.

Art. 661. Ressalvada a hipótese prevista no parágrafo único do art. 663, não se procederá à avaliação dos bens do espólio para nenhuma finalidade.

Art. 662. No arrolamento, não serão conhecidas ou apreciadas questões relativas ao lançamento, ao pagamento ou à quitação de taxas judiciárias e de tributos incidentes sobre a transmissão da propriedade dos bens do espólio.
•• *Vide* art. 659, § 2.º, do CPC.
§ 1.º A taxa judiciária, se devida, será calculada com base no valor atribuído pelos herdeiros, cabendo ao fisco, se apurar em processo administrativo valor diverso do estimado, exigir a eventual diferença pelos meios adequados ao lançamento de créditos tributários em geral.
§ 2.º O imposto de transmissão será objeto de lançamento administrativo, conforme dispuser a legislação tributária, não ficando as autoridades fazendárias adstritas aos valores dos bens do espólio atribuídos pelos herdeiros.

Art. 663. A existência de credores do espólio não impedirá a homologação da partilha ou da adjudicação, se forem reservados bens suficientes para o pagamento da dívida.
Parágrafo único. A reserva de bens será realizada pelo valor estimado pelas partes, salvo se o credor, regularmente notificado, impugnar a estimativa, caso em que se promoverá a avaliação dos bens a serem reservados.

Art. 664. Quando o valor dos bens do espólio for igual ou inferior a 1.000 (mil) salários mínimos, o inventário processar-se-á na forma de arrolamento, cabendo ao inventariante nomeado, independentemente de assinatura de termo de compromisso, apresentar, com suas declarações, a atribuição de valor aos bens do espólio e o plano da partilha.
•• Dispõe o art. 112 da Lei n. 8.213, de 24-7-1991: "O valor não recebido em vida pelo segurado só será pago aos dependentes habilitados à pensão por morte ou, na falta deles, aos sucessores na forma da lei civil, independentemente de inventário ou arrolamento".

§ 1.º Se qualquer das partes ou o Ministério Público impugnar a estimativa, o juiz nomeará avaliador, que oferecerá laudo em 10 (dez) dias.

§ 2.º Apresentado o laudo, o juiz, em audiência que designar, deliberará sobre a partilha, decidindo de plano todas as reclamações e mandando pagar as dívidas não impugnadas.

§ 3.º Lavrar-se-á de tudo um só termo, assinado pelo juiz, pelo inventariante e pelas partes presentes ou por seus advogados.

§ 4.º Aplicam-se a essa espécie de arrolamento, no que couber, as disposições do art. 672, relativamente ao lançamento, ao pagamento e à quitação da taxa judiciária e do imposto sobre a transmissão da propriedade dos bens do espólio.

•• Entendemos que a remissão correta seja ao art. 662 do CPC.

§ 5.º Provada a quitação dos tributos relativos aos bens do espólio e às suas rendas, o juiz julgará a partilha.

Art. 665. O inventário processar-se-á também na forma do art. 664, ainda que haja interessado incapaz, desde que concordem todas as partes e o Ministério Público.

Art. 666. Independerá de inventário ou de arrolamento o pagamento dos valores previstos na Lei n. 6.858, de 24 de novembro de 1980.

Art. 667. Aplicam-se subsidiariamente a esta Seção as disposições das Seções VII e VIII deste Capítulo.

Seção X
Disposições Comuns a Todas as Seções

Art. 668. Cessa a eficácia da tutela provisória prevista nas Seções deste Capítulo:
• Vide arts. 308 e 309 do CPC.

I – se a ação não for proposta em 30 (trinta) dias contados da data em que da decisão foi intimado o impugnante, o herdeiro excluído ou o credor não admitido;

II – se o juiz extinguir o processo de inventário com ou sem resolução de mérito.

Art. 669. São sujeitos à sobrepartilha os bens:

I – sonegados;

II – da herança descobertos após a partilha;

III – litigiosos, assim como os de liquidação difícil ou morosa;

IV – situados em lugar remoto da sede do juízo onde se processa o inventário.

Parágrafo único. Os bens mencionados nos incisos III e IV serão reservados à sobrepartilha sob guarda e a administração do mesmo ou de diverso inventariante, a consentimento da maioria dos herdeiros.

Art. 670. Na sobrepartilha dos bens, observar-se-á o processo de inventário e de partilha.

Parágrafo único. A sobrepartilha correrá nos autos do inventário do autor da herança.

Art. 671. O juiz nomeará curador especial:
• Vide art. 72 do CPC.

I – ao ausente, se não o tiver;

II – ao incapaz, se concorrer na partilha com o seu representante, desde que exista colisão de interesses.
•• Vide art. 72 do CPC.
• O art. 1.692 do CC trata do usufruto e da administração dos bens de filhos menores.

Art. 672. É lícita a cumulação de inventários para a partilha de heranças de pessoas diversas quando houver:

I – identidade de pessoas entre as quais devam ser repartidos os bens;

II – heranças deixadas pelos dois cônjuges ou companheiros;

III – dependência de uma das partilhas em relação à outra.

Parágrafo único. No caso previsto no inciso III, se a dependência for parcial, por haver outros bens, o juiz pode ordenar a tramitação separada, se melhor convier ao interesse das partes ou à celeridade processual.

Art. 673. No caso previsto no art. 672, inciso II, prevalecerão as primeiras declarações, assim como o laudo de avaliação, salvo se alterado o valor dos bens.

Capítulo VII
DOS EMBARGOS DE TERCEIRO

• Vide Súmulas 195, 196 e 303 do STJ.

Art. 674. Quem, não sendo parte no processo, sofrer constrição ou ameaça de constrição sobre bens que possua ou sobre os quais tenha direito incompatível com o ato constritivo, poderá requerer seu desfazimento ou sua inibição por meio de embargos de terceiro.
•• Vide Súmula 184 do TFR.

§ 1.º Os embargos podem ser de terceiro proprietário, inclusive fiduciário, ou possuidor.

§ 2.º Considera-se terceiro, para ajuizamento dos embargos:

I – o cônjuge ou companheiro, quando defende a posse de bens próprios ou de sua meação, ressalvado o disposto no art. 843;

II – o adquirente de bens cuja constrição decorreu de decisão que declara a ineficácia da alienação realizada em fraude à execução;

III – quem sofre constrição judicial de seus bens por força de desconsideração da personalidade jurídica, de cujo incidente não fez parte;

IV – o credor com garantia real para obstar expropriação judicial do objeto de direito real de garantia, caso não tenha sido intimado, nos termos legais dos atos expropriatórios respectivos.

Art. 675. Os embargos podem ser opostos a qualquer tempo no processo de conhecimento enquanto não transitada em julgado a sentença e, no cumprimento de sentença ou no processo de execução, até 5 (cinco) dias depois da adjudicação, da alienação por iniciativa particular ou da arrematação, mas sempre antes da assinatura da respectiva carta.

• Vide art. 214, I, do CPC.

Parágrafo único. Caso identifique a existência de terceiro titular de interesse em embargar o ato, o juiz mandará intimá-lo pessoalmente.

Art. 676. Os embargos serão distribuídos por dependência ao juízo que ordenou a constrição e autuados em apartado.
•• Vide art. 914, § 2.º, do CPC.
•• Vide Súmulas 32 e 33 do TFR.

Parágrafo único. Nos casos de ato de constrição realizado por carta, os embargos serão oferecidos no juízo deprecado, salvo se indicado pelo juízo deprecante o bem constrito ou se já devolvida a carta.

Art. 677. Na petição inicial, o embargante fará prova sumária de sua posse ou de seu domínio e da qualidade de terceiro, oferecendo documentos e rol de testemunhas.

§ 1.º É facultada a prova da posse em audiência preliminar designada pelo juiz.

§ 2.º O possuidor direto pode alegar, além da sua posse, o domínio alheio.

§ 3.º A citação será pessoal, se o embargado não tiver procurador constituído nos autos da ação principal.

§ 4.º Será legitimado passivo o sujeito a quem o ato de constrição aproveita, assim como o será seu adversário no processo principal quando for sua a indicação do bem para a constrição judicial.

Art. 678. A decisão que reconhecer suficientemente provado o domínio ou a posse determinará a suspensão das medidas constritivas sobre os bens litigiosos objeto dos embargos, bem como a manutenção ou a reintegração provisória da posse, se o embargante a houver requerido.

Parágrafo único. O juiz poderá condicionar a ordem de manutenção ou de reintegração provisória de posse à prestação de caução pelo requerente, ressalvada a impossibilidade da parte economicamente hipossuficiente.

Art. 679. Os embargos poderão ser contestados no prazo de 15 (quinze) dias, findo o qual se seguirá o procedimento comum.

Art. 680. Contra os embargos do credor com garantia real, o embargado somente poderá alegar que:

I – o devedor comum é insolvente;

II – o título é nulo ou não obriga a terceiro;

III – outra é a coisa dada em garantia.

Art. 681. Acolhido o pedido inicial, o ato de constrição judicial indevida será cancelado, com o reconhecimento do domínio, da manutenção da posse ou da reintegração definitiva do bem ou do direito ao embargante.

Capítulo VIII
DA OPOSIÇÃO

Art. 682. Quem pretender, no todo ou em parte, a coisa ou o direito sobre que controvertem autor e réu poderá, até ser proferida a sentença, oferecer oposição contra ambos.

Art. 683. O oponente deduzirá o pedido em observação aos requisitos exigidos para propositura da ação.

Parágrafo único. Distribuída a oposição por dependência, serão os opostos citados, na pessoa de seus respectivos advogados, para contestar o pedido no prazo comum de 15 (quinze) dias.

Art. 684. Se um dos opostos reconhecer a procedência do pedido, contra o outro prosseguirá o oponente.

Art. 685. Admitido o processamento, a oposição será apensada aos autos e tramitará simultaneamente à ação originária, sendo ambas julgadas pela mesma sentença.

Parágrafo único. Se a oposição for proposta após o início da audiência de instrução, o juiz suspenderá o curso do processo ao fim da produção das provas, salvo se concluir que a unidade da instrução atende melhor ao princípio da duração razoável do processo.

Art. 686. Cabendo ao juiz decidir simultaneamente a ação originária e a oposição, desta conhecerá em primeiro lugar.

Capítulo IX
DA HABILITAÇÃO

Art. 687. A habilitação ocorre quando, por falecimento de qualquer das partes, os interessados houverem de suceder-lhe no processo.

Art. 688. A habilitação pode ser requerida:
I – pela parte, em relação aos sucessores do falecido;
II – pelos sucessores do falecido, em relação à parte.

Art. 689. Proceder-se-á à habilitação nos autos do processo principal, na instância em que estiver, suspendendo-se, a partir de então, o processo.

Art. 690. Recebida a petição, o juiz ordenará a citação dos requeridos para se pronunciarem no prazo de 5 (cinco) dias.

Parágrafo único. A citação será pessoal, se a parte não tiver procurador constituído nos autos.

Art. 691. O juiz decidirá o pedido de habilitação imediatamente, salvo se este for impugnado e houver necessidade de dilação probatória diversa da documental, caso em que determinará que o pedido seja autuado em apartado e disporá sobre a instrução.

Art. 692. Transitada em julgado a sentença de habilitação, o processo principal retomará o seu curso, e cópia da sentença será juntada aos autos respectivos.

Capítulo X
DAS AÇÕES DE FAMÍLIA

Art. 693. As normas deste Capítulo aplicam-se aos processos contenciosos de divórcio, separação, reconhecimento e extinção de união estável, guarda, visitação e filiação.

•• A Emenda Constitucional n. 66, de 13-7-2010, instituiu o divórcio direto.
• Lei do Divórcio: Lei n. 6.515, de 26-12-1977.

• União estável: Leis n. 8.971, de 29-12-1994, e 9.278, de 10-5-1996.

Parágrafo único. A ação de alimentos e a que versar sobre interesse de criança ou de adolescente observarão o procedimento previsto em legislação específica, aplicando-se, no que couber, as disposições deste Capítulo.

•• Vide Lei n. 5.478, de 25-7-1968.

Art. 694. Nas ações de família, todos os esforços serão empreendidos para a solução consensual da controvérsia, devendo o juiz dispor do auxílio de profissionais de outras áreas de conhecimento para a mediação e conciliação.

Parágrafo único. A requerimento das partes, o juiz pode determinar a suspensão do processo enquanto os litigantes se submetem a mediação extrajudicial ou a atendimento multidisciplinar.

Art. 695. Recebida a petição inicial e, se for o caso, tomadas as providências referentes à tutela provisória, o juiz ordenará a citação do réu para comparecer à audiência de mediação e conciliação, observado o disposto no art. 694.

• Vide art. 699-A do CPC.

§ 1.º O mandado de citação conterá apenas os dados necessários à audiência e deverá estar desacompanhado de cópia da petição inicial, assegurado ao réu o direito de examinar seu conteúdo a qualquer tempo.

§ 2.º A citação ocorrerá com antecedência mínima de 15 (quinze) dias da data designada para a audiência.

§ 3.º A citação será feita na pessoa do réu.

§ 4.º Na audiência, as partes deverão estar acompanhadas de seus advogados ou de defensores públicos.

Art. 696. A audiência de mediação e conciliação poderá dividir-se em tantas sessões quantas sejam necessárias para viabilizar a solução consensual, sem prejuízo de providências jurisdicionais para evitar o perecimento do direito.

Art. 697. Não realizado o acordo, passarão a incidir, a partir de então, as normas do procedimento comum, observado o art. 335.

Art. 698. Nas ações de família, o Ministério Público somente intervirá quando houver interesse de incapaz e deverá ser ouvido previamente à homologação de acordo.

Parágrafo único. O Ministério Público intervirá, quando não for parte, nas ações de família em que figure como parte vítima de violência doméstica e familiar, nos termos da Lei n. 11.340, de 7 de agosto de 2006 (Lei Maria da Penha).

•• Parágrafo único acrescentado pela Lei n. 13.894, de 29-10-2019.

Art. 699. Quando o processo envolver discussão sobre fato relacionado a abuso ou a alienação parental, o juiz, ao tomar o depoimento do incapaz, deverá estar acompanhado por especialista.

Art. 699-A. Nas ações de guarda, antes de iniciada a audiência de mediação e conciliação de que trata o art. 695 deste Código, o juiz indagará às partes e ao Ministério Público se há risco de violência doméstica ou familiar, fixando o prazo de 5 (cinco) dias para a apresentação de prova ou de indícios pertinentes.

•• Artigo acrescentado pela Lei n. 14.713, de 30-10-2023.

Capítulo XI
DA AÇÃO MONITÓRIA

Art. 700. A ação monitória pode ser proposta por aquele que afirmar, com base em prova escrita sem eficácia de título executivo, ter direito de exigir do devedor capaz:

• Vide Súmulas 233, 299 e 531 do STJ.

I – o pagamento de quantia em dinheiro;
II – a entrega de coisa fungível ou infungível ou de bem móvel ou imóvel;
III – o adimplemento de obrigação de fazer ou de não fazer.

§ 1.º A prova escrita pode consistir em prova oral documentada, produzida antecipadamente nos termos do art. 381.

§ 2.º Na petição inicial, incumbe ao autor explicitar, conforme o caso:
I – a importância devida, instruindo-a com memória de cálculo;
II – o valor atual da coisa reclamada;
III – o conteúdo patrimonial em discussão ou o proveito econômico perseguido.

§ 3.º O valor da causa deverá corresponder à importância prevista no § 2.º, incisos I a III.

§ 4.º Além das hipóteses do art. 330, a petição inicial será indeferida quando não atendido o disposto no § 2.º deste artigo.

§ 5.º Havendo dúvida quanto à idoneidade de prova documental apresentada pelo autor, o juiz intimá-lo-á para, querendo, emendar a petição inicial, adaptando-a ao procedimento comum.

§ 6.º É admissível ação monitória em face da Fazenda Pública.

§ 7.º Na ação monitória, admite-se citação por qualquer dos meios permitidos para o procedimento comum.

Art. 701. Sendo evidente o direito do autor, o juiz deferirá a expedição de mandado de pagamento, de entrega de coisa ou para execução de obrigação de fazer ou de não fazer, concedendo ao réu prazo de 15 (quinze) dias para o cumprimento e o pagamento de honorários advocatícios de cinco por cento do valor atribuído à causa.

• Vide Súmula 282 do STJ.

§ 1.º O réu será isento do pagamento de custas processuais se cumprir o mandado no prazo.

§ 2.º Constituir-se-á de pleno direito o título executivo judicial, independentemente de qualquer formalidade, se não realizado o pagamento e não apresentados os embargos previstos no art. 702, observando-se, no que couber, o Título II do Livro I da Parte Especial.

§ 3.º É cabível ação rescisória da decisão prevista no *caput* quando ocorrer a hipótese do § 2.º.

§ 4.º Sendo a ré Fazenda Pública, não apresentados os embargos previstos no art. 702, aplicar-se-á o disposto no art. 496, observando-se, a seguir, no que couber, o Título II do Livro I da Parte Especial.

§ 5.º Aplica-se à ação monitória, no que couber, o art. 916.

Art. 702. Independentemente de prévia segurança do juízo, o réu poderá opor, nos próprios autos, no prazo previsto no art. 701, embargos à ação monitória.
- *Vide* Súmula 292 do STJ.

§ 1.º Os embargos podem se fundar em matéria passível de alegação como defesa no procedimento comum.

§ 2.º Quando o réu alegar que o autor pleiteia quantia superior à devida, cumprir-lhe-á declarar de imediato o valor que entende correto, apresentando demonstrativo discriminado e atualizado da dívida.

§ 3.º Não apontado o valor correto ou não apresentado o demonstrativo, os embargos serão liminarmente rejeitados, se esse for o seu único fundamento, e, se houver outro fundamento, os embargos serão processados, mas o juiz deixará de examinar a alegação de excesso.

§ 4.º A oposição dos embargos suspende a eficácia da decisão referida no *caput* do art. 701 até o julgamento em primeiro grau.

§ 5.º O autor será intimado para responder aos embargos no prazo de 15 (quinze) dias.

§ 6.º Na ação monitória admite-se a reconvenção, sendo vedado o oferecimento de reconvenção à reconvenção.
- *Vide* art. 343 do CPC.

§ 7.º A critério do juiz, os embargos serão autuados em apartado, se parciais, constituindo-se de pleno direito o título executivo judicial em relação à parcela incontroversa.

§ 8.º Rejeitados os embargos, constituir-se-á de pleno direito o título executivo judicial, prosseguindo-se o processo em observância ao disposto no Título II do Livro I da Parte Especial, no que for cabível.

§ 9.º Cabe apelação contra a sentença que acolhe ou rejeita os embargos.

§ 10. O juiz condenará o autor de ação monitória proposta indevidamente e de má-fé ao pagamento, em favor do réu, de multa de até dez por cento sobre o valor da causa.

§ 11. O juiz condenará o réu que de má-fé opuser embargos à ação monitória ao pagamento de multa de até dez por cento sobre o valor atribuído à causa, em favor do autor.

Capítulo XII
DA HOMOLOGAÇÃO DO PENHOR LEGAL

•• Os arts. 1.467 a 1.472 do CC dispõem sobre penhor legal.

Art. 703. Tomado o penhor legal nos casos previstos em lei, requererá o credor, ato contínuo, a homologação.

§ 1.º Na petição inicial, instruída com o contrato de locação ou a conta pormenorizada das despesas, a tabela dos preços e a relação dos objetos retidos, o credor pedirá a citação do devedor para pagar ou contestar na audiência preliminar que for designada.

§ 2.º A homologação do penhor legal poderá ser promovida pela via extrajudicial mediante requerimento, que conterá os requisitos previstos no § 1.º deste artigo, do credor a notário de sua livre escolha.

§ 3.º Recebido o requerimento, o notário promoverá a notificação extrajudicial do devedor para, no prazo de 5 (cinco) dias, pagar o débito ou impugnar sua cobrança, alegando por escrito uma das causas previstas no art. 704, hipótese em que o procedimento será encaminhado ao juízo competente para decisão.

§ 4.º Transcorrido o prazo sem manifestação do devedor, o notário formalizará a homologação do penhor legal por escritura pública.

Art. 704. A defesa só pode consistir em:
I – nulidade do processo;
II – extinção da obrigação;
III – não estar a dívida compreendida entre as previstas em lei ou não estarem os bens sujeitos a penhor legal;
IV – alegação de haver sido ofertada caução idônea, rejeitada pelo credor.

Art. 705. A partir da audiência preliminar, observar-se-á o procedimento comum.

Art. 706. Homologado judicialmente o penhor legal, consolidar-se-á a posse do autor sobre o objeto.

§ 1.º Negada a homologação, o objeto será entregue ao réu, ressalvado ao autor o direito de cobrar a dívida pelo procedimento comum, salvo se acolhida a alegação de extinção da obrigação.

§ 2.º Contra a sentença caberá apelação, e, na pendência de recurso, poderá o relator ordenar que a coisa permaneça depositada ou em poder do autor.

Capítulo XIII
DA REGULAÇÃO DE AVARIA GROSSA

Art. 707. Quando inexistir consenso acerca da nomeação de um regulador de avarias, o juiz de direito da comarca do primeiro porto onde o navio houver chegado, provocado por qualquer parte interessada, nomeará um notório conhecimento.

Art. 708. O regulador declarará justificadamente se os danos são passíveis de rateio na forma de avaria grossa e exigirá das partes envolvidas a apresentação de garantias idôneas para que possam ser liberadas as cargas aos consignatários.

§ 1.º A parte que não concordar com o regulador quanto à declaração de abertura da avaria grossa deverá justificar suas razões ao juiz, que decidirá no prazo de 10 (dez) dias.

§ 2.º Se o consignatário não apresentar garantia idônea a critério do regulador, este fixará o valor da contribuição provisória com base nos fatos narrados e nos documentos que instruírem a petição inicial, que deverá ser caucionado sob a forma de depósito judicial ou de garantia bancária.

§ 3.º Recusando-se o consignatário a prestar caução, o regulador requererá ao juiz a alienação judicial de sua carga na forma dos arts. 879 a 903.

§ 4.º É permitido o levantamento, por alvará, das quantias necessárias ao pagamento das despesas da alienação a serem arcadas pelo consignatário, mantendo-se o saldo remanescente em depósito judicial até o encerramento da regulação.

Art. 709. As partes deverão apresentar nos autos os documentos necessários à regulação da avaria grossa em prazo razoável a ser fixado pelo regulador.

Art. 710. O regulador apresentará o regulamento da avaria grossa no prazo de até 12 (doze) meses, contado da data da entrega dos documentos nos autos pelas partes, podendo o prazo ser estendido a critério do juiz.

§ 1.º Oferecido o regulamento da avaria grossa, dele terão vista as partes pelo prazo comum de 15 (quinze) dias, e, não havendo impugnação, o regulamento será homologado por sentença.

§ 2.º Havendo impugnação ao regulamento, o juiz decidirá no prazo de 10 (dez) dias, após a oitiva do regulador.

Art. 711. Aplicam-se ao regulador de avarias os arts. 156 a 158, no que couber.

Capítulo XIV
DA RESTAURAÇÃO DE AUTOS

Art. 712. Verificado o desaparecimento dos autos, eletrônicos ou não, pode o juiz, de ofício, qualquer das partes ou o Ministério Público, se for o caso, promover-lhes a restauração.

Parágrafo único. Havendo autos suplementares, nesses prosseguirá o processo.

Art. 713. Na petição inicial, declarará a parte o estado do processo ao tempo do desaparecimento dos autos, oferecendo:
I – certidões dos atos constantes do protocolo de audiências do cartório por onde haja corrido o processo;
II – cópia das peças que tenha em seu poder;
III – qualquer outro documento que facilite a restauração.

Art. 714. A parte contrária será citada para contestar o pedido no prazo de 5 (cinco) dias, cabendo-lhe exibir as cópias, as contrafés e as reproduções dos atos e dos documentos que estiverem em seu poder.

§ 1.º Se a parte concordar com a restauração, lavrar-se-á o auto que, assinado pelas partes e homologado pelo juiz, suprirá o processo desaparecido.

§ 2.º Se a parte não contestar ou se a concordância for parcial, observar-se-á o procedimento comum.

Art. 715. Se a perda dos autos tiver ocorrido depois da produção das provas em audiência, o juiz, se necessário, mandará repeti-las.

§ 1.º Serão reinquiridas as mesmas testemunhas, que, em caso de impossibilidade, poderão ser substituídas de ofício ou a requerimento.

§ 2.º Não havendo certidão ou cópia do laudo, far-se-á nova perícia, sempre que possível pelo mesmo perito.

§ 3.º Não havendo certidão de documentos, esses serão reconstituídos mediante cópias ou, na falta dessas, pelos meios ordinários de prova.

§ 4.º Os serventuários e os auxiliares da justiça não podem eximir-se de depor como testemunhas a respeito de atos que tenham praticado ou assistido.

§ 5.º Se o juiz houver proferido sentença da qual ele próprio ou o escrivão possua cópia, esta será juntada aos autos e terá a mesma autoridade da original.

Art. 716. Julgada a restauração, seguirá o processo os seus termos.

Parágrafo único. Aparecendo os autos originais, neles se prosseguirá, sendo-lhes apensados os autos da restauração.

Art. 717. Se o desaparecimento dos autos tiver ocorrido no tribunal, o processo de restauração será distribuído, sempre que possível, ao relator do processo.

§ 1.º A restauração far-se-á no juízo de origem quanto aos atos nele realizados.

§ 2.º Remetidos os autos ao tribunal, nele completar-se-á a restauração e proceder-se-á ao julgamento.

Art. 718. Quem houver dado causa ao desaparecimento dos autos responderá pelas custas da restauração e pelos honorários de advogado, sem prejuízo da responsabilidade civil ou penal em que incorrer.

• Vide art. 81 do CPC.

Capítulo XV
DOS PROCEDIMENTOS DE JURISDIÇÃO VOLUNTÁRIA

Seção I
Disposições Gerais

Art. 719. Quando este Código não estabelecer procedimento especial, regem os procedimentos de jurisdição voluntária as disposições constantes desta Seção.

•• Vide art. 215, I, do CPC.

Art. 720. O procedimento terá início por provocação do interessado, do Ministério Público ou da Defensoria Pública, cabendo-lhes formular o pedido devidamente instruído com os documentos necessários e com a indicação da providência judicial.

Art. 721. Serão citados todos os interessados, bem como intimado o Ministério Público, nos casos do art. 178, para que se manifestem, querendo, no prazo de 15 (quinze) dias.

•• Vide art. 279, § 1.º, do CPC.

Art. 722. A Fazenda Pública será sempre ouvida nos casos em que tiver interesse.

Art. 723. O juiz decidirá o pedido no prazo de 10 (dez) dias.

Parágrafo único. O juiz não é obrigado a observar critério de legalidade estrita, podendo adotar em cada caso a solução que considerar mais conveniente ou oportuna.

Art. 724. Da sentença caberá apelação.

Art. 725. Processar-se-á na forma estabelecida nesta Seção o pedido de:
I – emancipação;
II – sub-rogação;
III – alienação, arrendamento ou oneração de bens de crianças ou adolescentes, de órfãos e de interditos;
IV – alienação, locação e administração da coisa comum;
V – alienação de quinhão em coisa comum;
VI – extinção de usufruto, quando não decorrer da morte do usufrutuário, do termo da sua duração ou da consolidação, e de fideicomisso, quando decorrer de renúncia ou quando ocorrer antes do evento que caracterizar a condição resolutória;
VII – expedição de alvará judicial;
VIII – homologação de autocomposição extrajudicial, de qualquer natureza ou valor.

Parágrafo único. As normas desta Seção aplicam-se, no que couber, aos procedimentos regulados nas seções seguintes.

Seção II
Da Notificação e da Interpelação

Art. 726. Quem tiver interesse em manifestar formalmente sua vontade a outrem sobre assunto juridicamente relevante poderá notificar pessoas participantes da mesma relação jurídica para dar-lhes ciência de seu propósito.

§ 1.º Se a pretensão for a de dar conhecimento geral ao público, mediante edital, o juiz só a deferirá se a tiver por fundada e necessária ao resguardo de direito.

§ 2.º Aplica-se o disposto nesta Seção, no que couber, ao protesto judicial.

Art. 727. Também poderá o interessado interpelar o requerido, no caso do art. 726, para que faça ou deixe de fazer o que o requerente entenda ser de seu direito.

Art. 728. O requerido será previamente ouvido antes do deferimento da notificação ou do respectivo edital:
I – se houver suspeita de que o requerente, por meio da notificação ou do edital, pretende alcançar fim ilícito;
II – se tiver sido requerida a averbação da notificação em registro público.

Art. 729. Deferida e realizada a notificação ou interpelação, os autos serão entregues ao requerente.

Seção III
Da Alienação Judicial

Art. 730. Nos casos expressos em lei, não havendo acordo entre os interessados sobre o modo como se deve realizar a alienação do bem, o juiz, de ofício ou a requerimento dos interessados ou do depositário, mandará aliená-lo em leilão, observando-se o disposto na Seção I deste Capítulo e, no que couber, o disposto nos arts. 879 a 903.

Seção IV
Do Divórcio e da Separação Consensuais, da Extinção Consensual de União Estável e da Alteração do Regime de Bens do Matrimônio

Art. 731. A homologação do divórcio ou da separação consensuais, observados os requisitos legais, poderá ser requerida em petição assinada por ambos os cônjuges, da qual constarão:

•• A Emenda Constitucional n. 66, de 13-7-2010, instituiu o divórcio direto.

I – as disposições relativas à descrição e à partilha dos bens comuns;
II – as disposições relativas à pensão alimentícia entre os cônjuges;

•• Vide art. 5.º, I, da CF.

III – o acordo relativo à guarda dos filhos incapazes e ao regime de visitas; e
IV – o valor da contribuição para criar e educar os filhos.

Parágrafo único. Se os cônjuges não acordarem sobre a partilha dos bens, far-se-á esta depois de homologado o divórcio, na forma estabelecida nos arts. 647 a 658.

Art. 732. As disposições relativas ao processo de homologação judicial de divórcio ou de separação consensuais aplicam-se, no que couber, ao processo de homologação da extinção consensual de união estável.

Art. 733. O divórcio consensual, a separação consensual e a extinção consensual de união estável, não havendo nascituro ou filhos incapazes e observados os requisitos legais, poderão ser realizados por escritura pública, da qual constarão as disposições de que trata o art. 731.

•• A Emenda Constitucional n. 66, de 13-7-2010, instituiu o divórcio direto.

§ 1.º A escritura não depende de homologação judicial e constitui título hábil para qualquer ato de registro, bem como para levantamento de importância depositada em instituições financeiras.

§ 2.º O tabelião somente lavrará a escritura se os interessados estiverem assistidos por advogado ou por defensor público, cuja qualificação e assinatura constarão do ato notarial.

• O Provimento OAB n. 118, de 7-5-2007, disciplina as atividades profissionais dos advogados em escrituras públicas de inventários, partilhas e divórcios.

Art. 734. A alteração do regime de bens do casamento, observados os requisitos legais, poderá ser requerida, motivadamente, em petição assinada por ambos os cônjuges, na qual serão expostas as razões que justificam a alteração, ressalvados os direitos de terceiros.

§ 1.º Ao receber a petição inicial, o juiz determinará a intimação do Ministério Público e a publicação de edital que divulgue a pretendida alteração de bens, somente podendo decidir depois de decorrido o prazo de 30 (trinta) dias da publicação do edital.

§ 2.º Os cônjuges, na petição inicial ou em petição avulsa, podem propor ao juiz meio alternativo de divulgação da alteração do regime de bens, a fim de resguardar direitos de terceiros.

§ 3.º Após o trânsito em julgado da sentença, serão expedidos mandados de averbação aos cartórios de registro civil e de imóveis e, caso qualquer dos cônjuges seja empresário, ao Registro Público de Empresas Mercantis e Atividades Afins.

Seção V
Dos Testamentos e dos Codicilos

Art. 735. Recebendo testamento cerrado, o juiz, se não achar vício externo que o torne suspeito de nulidade ou falsidade, o abrirá e mandará que o escrivão o leia em presença do apresentante.
•• Vide art. 214, I, do CPC.

§ 1.º Do termo de abertura constarão o nome do apresentante e como ele obteve o testamento, a data e o lugar do falecimento do testador, com as respectivas provas, e qualquer circunstância digna de nota.

§ 2.º Depois de ouvido o Ministério Público, não havendo dúvidas a serem esclarecidas, o juiz mandará registrar, arquivar e cumprir o testamento.

§ 3.º Feito o registro, será intimado o testamenteiro para assinar o termo da testamentária.

§ 4.º Se não houver testamenteiro nomeado ou se ele estiver ausente ou não aceitar o encargo, o juiz nomeará testamenteiro dativo, observando-se a preferência legal.

§ 5.º O testamenteiro deverá cumprir as disposições testamentárias e prestar contas em juízo do que recebeu e despendeu, observando-se o disposto em lei.

Art. 736. Qualquer interessado, exibindo o traslado ou a certidão de testamento público, poderá requerer ao juiz que ordene o seu cumprimento, observando-se, no que couber, o disposto nos parágrafos do art. 735.

Art. 737. A publicação do testamento particular poderá ser requerida, depois da morte do testador, pelo herdeiro, pelo legatário ou pelo testamenteiro, bem como pelo terceiro detentor do testamento, se impossibilitado de entregá-lo a algum dos outros legitimados para requerê-la.

§ 1.º Serão intimados os herdeiros que não tiverem requerido a publicação do testamento.

§ 2.º Verificando a presença dos requisitos da lei, ouvido o Ministério Público, o juiz confirmará o testamento.

§ 3.º Aplica-se o disposto neste artigo ao codicilo e aos testamentos marítimo, aeronáutico, militar e nuncupativo.

§ 4.º Observar-se-á, no cumprimento do testamento, o disposto nos parágrafos do art. 735.

Seção VI
Da Herança Jacente

Art. 738. Nos casos em que a lei considere jacente a herança, o juiz em cuja comarca tiver domicílio o falecido procederá imediatamente à arrecadação dos respectivos bens.

Art. 739. A herança jacente ficará sob a guarda, a conservação e a administração de um curador até a respectiva entrega ao sucessor legalmente habilitado ou até a declaração de vacância.
•• Vide art. 75, VI, do CPC.

§ 1.º Incumbe ao curador:
•• Vide art. 739 do CPC.

I – representar a herança em juízo ou fora dele, com intervenção do Ministério Público;
•• Vide art. 75, VI, do CPC.

II – ter em boa guarda e conservação os bens arrecadados e promover a arrecadação de outros porventura existentes;

III – executar as medidas conservatórias dos direitos da herança;

IV – apresentar mensalmente ao juiz balancete da receita e da despesa;

V – prestar contas ao final de sua gestão.

§ 2.º Aplica-se ao curador o disposto nos arts. 159 a 161.

Art. 740. O juiz ordenará que o oficial de justiça, acompanhado do escrivão ou do chefe de secretaria e do curador, arrole os bens e descreva-os em auto circunstanciado.

§ 1.º Não podendo comparecer ao local, o juiz requisitará à autoridade policial que proceda à arrecadação e ao arrolamento dos bens, com 2 (duas) testemunhas, que assistirão às diligências.

§ 2.º Não estando ainda nomeado o curador, o juiz designará depositário e lhe entregará os bens, mediante simples termo nos autos, depois de compromissado.

§ 3.º Durante a arrecadação, o juiz ou a autoridade policial inquirirá os moradores da casa e da vizinhança sobre a qualificação do falecido, o paradeiro de seus sucessores e a existência de outros bens, lavrando-se de tudo auto de inquirição e informação.

§ 4.º O juiz examinará reservadamente os papéis, as cartas missivas e os livros domésticos e, verificando que não apresentam interesse, mandará empacotá-los e lacrá-los para serem assim entregues aos sucessores do falecido ou queimados quando os bens forem declarados vacantes.

§ 5.º Se constar ao juiz a existência de bens em outra comarca, mandará expedir carta precatória a fim de serem arrecadados.

§ 6.º Não se fará a arrecadação, ou essa será suspensa, quando, iniciada, apresentarem-se para reclamar os bens o cônjuge ou companheiro, o herdeiro ou o testamenteiro notoriamente reconhecido e não houver oposição motivada do curador, de qualquer interessado, do Ministério Público ou do representante da Fazenda Pública.

Art. 741. Ultimada a arrecadação, o juiz mandará expedir edital, que será publicado na rede mundial de computadores, no sítio do tribunal a que estiver vinculado o juízo e na plataforma de editais do Conselho Nacional de Justiça, onde permanecerá por 3 (três) meses, ou, não havendo sítio, no órgão oficial e na imprensa da comarca, por 3 (três) vezes com intervalos de 1 (um) mês, para que os sucessores do falecido venham a habilitar-se no prazo de 6 (seis) meses contado da primeira publicação.

§ 1.º Verificada a existência de sucessor ou de testamenteiro em lugar certo, far-se-á a sua citação, sem prejuízo do edital.

§ 2.º Quando o falecido for estrangeiro, será também comunicado o fato à autoridade consular.

§ 3.º Julgada a habilitação do herdeiro, reconhecida a qualidade do testamenteiro ou provada a identidade do cônjuge ou companheiro, a arrecadação converter-se-á em inventário.

§ 4.º Os credores da herança poderão habilitar-se como nos inventários ou propor a ação de cobrança.

Art. 742. O juiz poderá autorizar a alienação:
• Vide art. 730 do CPC.

I – de bens móveis, se forem de conservação difícil ou dispendiosa;

II – de semoventes, quando não empregados na exploração de alguma indústria;

III – de títulos e papéis de crédito, havendo fundado receio de depreciação;

IV – de ações de sociedade quando, reclamada a integralização, não dispuser a herança de dinheiro para o pagamento;

V – de bens imóveis:

a) se ameaçarem ruína, não convindo a reparação;

b) se estiverem hipotecados e vencer-se a dívida, não havendo dinheiro para o pagamento.

§ 1.º Não se procederá, entretanto, à venda se a Fazenda Pública ou o habilitando adiantar a importância para as despesas.

§ 2.º Os bens com valor de afeição, como retratos, objetos de uso pessoal, livros e obras de arte, só serão alienados depois de declarada a vacância da herança.

Art. 743. Passado 1 (um) ano da primeira publicação do edital e não havendo herdeiro habilitado nem habilitação pendente, será a herança declarada vacante.

§ 1.º Pendendo habilitação, a vacância será declarada pela mesma sentença que a julgar improcedente, aguardando-se, no caso de serem diversas as habilitações, o julgamento da última.

§ 2.º Transitada em julgado a sentença que declarou a vacância, o cônjuge, o companheiro, os herdeiros e os credores só poderão reclamar o seu direito por ação direta.

Seção VII
Dos Bens dos Ausentes

Art. 744. Declarada a ausência nos casos previstos em lei, o juiz mandará arrecadar os bens do ausente e nomear-lhes-á curador na forma estabelecida na Seção VI, observando-se o disposto em lei.
•• *Vide* art. 71 do CPC.
• A Lei n. 9.140, de 4-12-1995, reconhece como mortas pessoas desaparecidas em razão de participação, ou acusação de participação, em atividades políticas, no período de 2-9-1961 a 5-10-1988.

Art. 745. Feita a arrecadação, o juiz mandará publicar editais na rede mundial de computadores, no sítio do tribunal a que estiver vinculado e na plataforma de editais do Conselho Nacional de Justiça, onde permanecerá por 1 (um) ano, ou, não havendo sítio, no órgão oficial e na imprensa da comarca, durante 1 (um) ano, reproduzida de 2 (dois) em 2 (dois) meses, anunciando a arrecadação e chamando o ausente a entrar na posse de seus bens.

§ 1.º Findo o prazo previsto no edital, poderão os interessados requerer a abertura da sucessão provisória, observando-se o disposto em lei.

§ 2.º O interessado, ao requerer a abertura da sucessão provisória, pedirá a citação pessoal dos herdeiros presentes e do curador e, por editais, a dos ausentes para requererem habilitação, na forma dos arts. 689 a 692.

§ 3.º Presentes os requisitos legais, poderá ser requerida a conversão da sucessão provisória em definitiva.

§ 4.º Regressando o ausente ou algum de seus descendentes ou ascendentes para requerer ao juiz a entrega de bens, serão citados para contestar o pedido os sucessores provisórios ou definitivos, o Ministério Público e o representante da Fazenda Pública, seguindo-se o procedimento comum.

Seção VIII
Das Coisas Vagas

Art. 746. Recebendo do descobridor coisa alheia perdida, o juiz mandará lavrar o respectivo auto, do qual constará a descrição do bem e as declarações do descobridor.

§ 1.º Recebida a coisa por autoridade policial, esta a remeterá em seguida ao juízo competente.

§ 2.º Depositada a coisa, o juiz mandará publicar edital na rede mundial de computadores, no sítio do tribunal a que estiver vinculado e na plataforma de editais do Conselho Nacional de Justiça ou, não havendo sítio, no órgão oficial e na imprensa da comarca, para que o dono ou o legítimo possuidor a reclame, salvo se se tratar de coisa de pequeno valor e não for possível a publicação no sítio do tribunal, caso em que o edital será apenas afixado no átrio do edifício do fórum.

§ 3.º Observar-se-á, quanto ao mais, o disposto em lei.

Seção IX
Da Interdição

Art. 747. A interdição pode ser promovida:
I – pelo cônjuge ou companheiro;
II – pelos parentes ou tutores;
• *Vide* art. 5.º, I, da CF.
III – pelo representante da entidade em que se encontra abrigado o interditando;
IV – pelo Ministério Público.
Parágrafo único. A legitimidade deverá ser comprovada por documentação que acompanhe a petição inicial.

Art. 748. O Ministério Público só promoverá interdição em caso de doença mental grave:
I – se as pessoas designadas nos incisos I, II e III do art. 747 não existirem ou não promoverem a interdição;
II – se, existindo, forem incapazes as pessoas mencionadas nos incisos I e II do art. 747.

Art. 749. Incumbe ao autor, na petição inicial, especificar os fatos que demonstram a incapacidade do interditando para administrar seus bens e, se for o caso, para praticar atos da vida civil, bem como o momento em que a incapacidade se revelou.
Parágrafo único. Justificada a urgência, o juiz pode nomear curador provisório ao interditando para a prática de determinados atos.

Art. 750. O requerente deverá juntar laudo médico para fazer prova de suas alegações ou informar a impossibilidade de fazê-lo.

Art. 751. O interditando será citado para, em dia designado, comparecer perante o juiz, que o entrevistará minuciosamente acerca de sua vida, negócios, bens, vontades, preferências e laços familiares e afetivos e sobre o que mais lhe parecer necessário para convencimento quanto à sua capacidade para praticar atos da vida civil, devendo ser reduzidas a termo as perguntas e respostas.

§ 1.º Não podendo o interditando deslocar-se, o juiz o ouvirá no local onde estiver.

§ 2.º A entrevista poderá ser acompanhada por especialista.

§ 3.º Durante a entrevista, é assegurado o emprego de recursos tecnológicos capazes de permitir ou de auxiliar o interditando a expressar suas vontades e preferências e a responder às perguntas formuladas.

§ 4.º A critério do juiz, poderá ser requisitada a oitiva de parentes e de pessoas próximas.

Art. 752. Dentro do prazo de 15 (quinze) dias contado da entrevista, o interditando poderá impugnar o pedido.

§ 1.º O Ministério Público intervirá como fiscal da ordem jurídica.

§ 2.º O interditando poderá constituir advogado, e, caso não o faça, deverá ser nomeado curador especial.

§ 3.º Caso o interditando não constitua advogado, o seu cônjuge, companheiro ou qualquer parente sucessível poderá intervir como assistente.

Art. 753. Decorrido o prazo previsto no art. 752, o juiz determinará a produção de prova pericial para avaliação da capacidade do interditando para praticar atos da vida civil.

§ 1.º A perícia pode ser realizada por equipe composta por expertos com formação multidisciplinar.

§ 2.º O laudo pericial indicará especificadamente, se for o caso, os atos para os quais haverá necessidade de curatela.

Art. 754. Apresentado o laudo, produzidas as demais provas e ouvidos os interessados, o juiz proferirá sentença.

Art. 755. Na sentença que decretar a interdição, o juiz:
I – nomeará curador, que poderá ser o requerente da interdição, e fixará os limites da curatela, segundo o estado e o desenvolvimento mental do interdito;
II – considerará as características pessoais do interdito, observando suas potencialidades, habilidades, vontades e preferências.

§ 1.º A curatela deve ser atribuída a quem melhor possa atender aos interesses do curatelado.

§ 2.º Havendo, ao tempo da interdição, pessoa incapaz sob a guarda e a responsabilidade do interdito, o juiz atribuirá a curatela a quem melhor puder atender aos interesses do interdito e do incapaz.

§ 3.º A sentença de interdição será inscrita no registro de pessoas naturais e imediatamente publicada na rede mundial de computadores, no sítio do tribunal a que estiver vinculado o juízo e na plataforma de editais do Conselho Nacional de Justiça, onde permanecerá por 6 (seis) meses, na imprensa local, 1 (uma) vez, e no órgão oficial, por 3 (três) vezes, com intervalo de 10 (dez) dias, constando do edital os nomes do interdito e do curador, a causa da interdição, os limites da curatela e, não sendo total a interdição, os atos que o interdito poderá praticar autonomamente.

Art. 756. Levantar-se-á a curatela quando cessar a causa que a determinou.

§ 1.º O pedido de levantamento da curatela poderá ser feito pelo interdito, pelo curador ou pelo Ministério Público e será apensado aos autos da interdição.

§ 2.º O juiz nomeará perito ou equipe multidisciplinar para proceder ao exame do interdito e designará audiência de instrução e julgamento após a apresentação do laudo.

§ 3.º Acolhido o pedido, o juiz decretará o levantamento da interdição e determinará a publicação da sentença, após o trânsito em julgado, na forma do art. 755, § 3.º, ou, não sendo possível, na imprensa local e no órgão oficial, por 3 (três) vezes, com intervalo de 10 (dez) dias, seguindo-se a averbação no registro de pessoas naturais.

§ 4.º A interdição poderá ser levantada parcialmente quando demonstrada a capacidade do interdito para praticar alguns atos da vida civil.

Art. 757. A autoridade do curador estende-se à pessoa e aos bens do incapaz que se encontrar sob a guarda e a responsabilidade do curatelado ao tempo da interdição, salvo se o juiz considerar outra solução como mais conveniente aos interesses do incapaz.

Art. 758. O curador deverá buscar tratamento e apoio apropriados à conquista da autonomia pelo interdito.

Seção X
Disposições Comuns à Tutela e à Curatela

Art. 759. O tutor ou o curador será intimado a prestar compromisso no prazo de 5 (cinco) dias contado da:
I – nomeação feita em conformidade com a lei;
II – intimação do despacho que mandar cumprir o testamento ou o instrumento público que o houver instituído.
§ 1.º O tutor ou o curador prestará o compromisso por termo em livro rubricado pelo juiz.
§ 2.º Prestado o compromisso, o tutor ou o curador assume a administração dos bens do tutelado ou do interditado.

Art. 760. O tutor ou o curador poderá eximir-se do encargo apresentando escusa ao juiz no prazo de 5 (cinco) dias contado:
I – antes de aceitar o encargo, da intimação para prestar compromisso;
II – depois de entrar em exercício, do dia em que sobrevier o motivo da escusa.
§ 1.º Não sendo requerida a escusa no prazo estabelecido neste artigo, considerar-se-á renunciado o direito de alegá-la.
§ 2.º O juiz decidirá de plano o pedido de escusa, e, não o admitindo, exercerá o nomeado a tutela ou a curatela enquanto não for dispensado por sentença transitada em julgado.

Art. 761. Incumbe ao Ministério Público ou a quem tenha legítimo interesse requerer, nos casos previstos em lei, a remoção do tutor ou do curador.
Parágrafo único. O tutor ou o curador será citado para contestar a arguição no prazo de 5 (cinco) dias, findo o qual observar-se-á o procedimento comum.

Art. 762. Em caso de extrema gravidade, o juiz poderá suspender o tutor ou curador do exercício de suas funções, nomeando substituto interino.

Art. 763. Cessando as funções do tutor ou do curador pelo decurso do prazo em que era obrigado a servir, ser-lhe-á lícito requerer a exoneração do encargo.
§ 1.º Caso o tutor ou o curador não requeira a exoneração do encargo dentro dos 10 (dez) dias seguintes à expiração do termo, entender-se-á reconduzido, salvo se o juiz o dispensar.
§ 2.º Cessada a tutela ou a curatela, é indispensável a prestação de contas pelo tutor ou pelo curador, na forma da lei civil.

Seção XI
Da Organização e da Fiscalização das Fundações

Art. 764. O juiz decidirá sobre a aprovação do estatuto das fundações e de suas alterações sempre que o requeira o interessado, quando:
I – ela for negada previamente pelo Ministério Público ou por este forem exigidas modificações com as quais o interessado não concorde;
II – o interessado discordar do estatuto elaborado pelo Ministério Público.
§ 1.º O estatuto das fundações deve observar o disposto na Lei n. 10.406, de 10 de janeiro de 2002 (Código Civil).
§ 2.º Antes de suprir a aprovação, o juiz poderá mandar fazer no estatuto modificações a fim de adaptá-lo ao objetivo do instituidor.

Art. 765. Qualquer interessado ou o Ministério Público promoverá em juízo a extinção da fundação quando:
I – se tornar ilícito o seu objeto;
II – for impossível a sua manutenção;
III – vencer o prazo de sua existência.

Seção XII
Da Ratificação dos Protestos Marítimos e dos Processos Testemunháveis Formados a Bordo

Art. 766. Todos os protestos e os processos testemunháveis formados a bordo e lançados no livro Diário da Navegação deverão ser apresentados pelo comandante ao juiz de direito do primeiro porto, nas primeiras 24 (vinte e quatro) horas de chegada da embarcação, para sua ratificação judicial.

Art. 767. A petição inicial conterá a transcrição dos termos lançados no livro Diário da Navegação e deverá ser instruída com cópias das páginas que contenham os termos que serão ratificados, dos documentos de identificação do comandante e das testemunhas arroladas, do rol de tripulantes, do documento de registro da embarcação e, quando for o caso, do manifesto das cargas sinistradas e a qualificação de seus consignatários, traduzidos, quando for o caso, de forma livre para o português.

Art. 768. A petição inicial deverá ser distribuída com urgência e encaminhada ao juiz, que ouvirá, sob compromisso a ser prestado no mesmo dia, o comandante e as testemunhas em número mínimo de 2 (duas) e máximo de 4 (quatro), que deverão comparecer ao ato independentemente de intimação.
§ 1.º Tratando-se de estrangeiros que não dominem a língua portuguesa, o autor deverá fazer-se acompanhar por tradutor, que prestará compromisso em audiência.
§ 2.º Caso o autor não se faça acompanhar por tradutor, o juiz deverá nomear outro que preste compromisso em audiência.

Art. 769. Aberta a audiência, o juiz mandará apregoar os consignatários das cargas indicados na petição inicial e outros eventuais interessados, nomeando para os ausentes curador para o ato.

Art. 770. Inquiridos o comandante e as testemunhas, o juiz, convencido da veracidade dos termos lançados no Diário da Navegação, ratificará por sentença o protesto ou o processo testemunhável lavrado a bordo, dispensado o relatório.
Parágrafo único. Independentemente do trânsito em julgado, o juiz determinará a entrega dos autos ao autor ou ao seu advogado, mediante a apresentação de traslado.

Livro II
DO PROCESSO DE EXECUÇÃO

Título I
DA EXECUÇÃO EM GERAL

Capítulo I
DISPOSIÇÕES GERAIS

Art. 771. Este Livro regula o procedimento da execução fundada em título extrajudicial, e suas disposições aplicam-se, também, no que couber, aos procedimentos especiais de execução, aos atos executivos realizados no procedimento de cumprimento de sentença, bem como aos efeitos de atos ou fatos processuais a que a lei atribuir força executiva.
•• *Vide arts. 783 a 785 do CPC.*
Parágrafo único. Aplicam-se subsidiariamente à execução as disposições do Livro I da Parte Especial.
• *Vide Súmula 196 do STJ.*

Art. 772. O juiz pode, em qualquer momento do processo:
I – ordenar o comparecimento das partes;
II – advertir o executado de que seu procedimento constitui ato atentatório à dignidade da justiça;
III – determinar que sujeitos indicados pelo exequente forneçam informações em geral relacionadas ao objeto da execução, tais como documentos e dados que tenham em seu poder, assinando-lhes prazo razoável.

Art. 773. O juiz poderá, de ofício ou a requerimento, determinar as medidas necessárias ao cumprimento da ordem de entrega de documentos e dados.
Parágrafo único. Quando, em decorrência do disposto neste artigo, o juízo receber dados sigilosos para os fins da execução, o juiz adotará as medidas necessárias para assegurar a confidencialidade.

Art. 774. Considera-se atentatória à dignidade da justiça a conduta comissiva ou omissiva do executado que:
• *Vide art. 847, § 2.º, do CPC.*
I – fraude a execução;
• *Vide art. 792 do CPC.*
II – se opõe maliciosamente à execução, empregando ardis e meios artificiosos;
III – dificulta ou embaraça a realização da penhora;

IV – resiste injustificadamente às ordens judiciais;
V – intimado, não indica ao juiz quais são e onde estão os bens sujeitos à penhora e os respectivos valores, nem exibe prova de sua propriedade e, se for o caso, certidão negativa de ônus.
Parágrafo único. Nos casos previstos neste artigo, o juiz fixará multa em montante não superior a vinte por cento do valor atualizado do débito em execução, a qual será revertida em proveito do exequente, exigível nos próprios autos do processo, sem prejuízo de outras sanções de natureza processual ou material.
Art. 775. O exequente tem o direito de desistir de toda a execução ou de apenas alguma medida executiva.
•• *Vide* art. 200, parágrafo único, do CPC.
Parágrafo único. Na desistência da execução, observar-se-á o seguinte:
I – serão extintos a impugnação e os embargos que versarem apenas sobre questões processuais, pagando o exequente as custas processuais e os honorários advocatícios;
II – nos demais casos, a extinção dependerá da concordância do impugnante ou do embargante.
Art. 776. O exequente ressarcirá ao executado os danos que este sofreu, quando a sentença, transitada em julgado, declarar inexistente, no todo ou em parte, a obrigação que enseja a execução.
Art. 777. A cobrança de multas ou de indenizações decorrentes de litigância de má-fé ou de prática de ato atentatório à dignidade da justiça será promovida nos próprios autos do processo.

Capítulo II
DAS PARTES

Art. 778. Pode promover a execução forçada o credor a quem a lei confere título executivo.
•• *Vide* arts. 783 a 785 do CPC.
§ 1.º Podem promover a execução forçada ou nela prosseguir, em sucessão ao exequente originário:
I – o Ministério Público, nos casos previstos em lei;
II – o espólio, os herdeiros ou os sucessores do credor, sempre que, por morte deste, lhes for transmitido o direito resultante do título executivo;
III – o cessionário, quando o direito resultante do título executivo lhe for transferido por ato entre vivos;
•• *Vide* art. 109, § 1.º, do CPC.
IV – o sub-rogado, nos casos de sub-rogação legal ou convencional.
•• *Vide* art. 857 do CPC.
§ 2.º A sucessão prevista no § 1.º independe de consentimento do executado.
Art. 779. A execução pode ser promovida contra:
I – o devedor, reconhecido como tal no título executivo;
II – o espólio, os herdeiros ou os sucessores do devedor;
III – o novo devedor que assumiu, com o consentimento do credor, a obrigação resultante do título executivo;
•• *Vide* art. 109, § 1.º, do CPC.
IV – o fiador do débito constante em título extrajudicial;
•• *Vide* art. 794, *caput* e § 1.º, do CPC.
• *Vide* Súmula 268 do STJ.
V – o responsável titular do bem vinculado por garantia real ao pagamento do débito;
VI – o responsável tributário, assim definido em lei.
Art. 780. O exequente pode cumular várias execuções, ainda que fundadas em títulos diferentes, quando o executado for o mesmo e desde que para todas elas seja competente o mesmo juízo e idêntico o procedimento.

Capítulo III
DA COMPETÊNCIA

Art. 781. A execução fundada em título extrajudicial será processada perante o juízo competente, observando-se o seguinte:
I – a execução poderá ser proposta no foro de domicílio do executado, de eleição constante do título ou, ainda, de situação dos bens a ela sujeitos;
II – tendo mais de um domicílio, o executado poderá ser demandado no foro de qualquer deles;
III – sendo incerto ou desconhecido o domicílio do executado, a execução poderá ser proposta no lugar onde for encontrado ou no foro de domicílio do exequente;
IV – havendo mais de um devedor, com diferentes domicílios, a execução será proposta no foro de qualquer deles, à escolha do exequente;
V – a execução poderá ser proposta no foro do lugar em que se praticou o ato ou em que ocorreu o fato que deu origem ao título, mesmo que nele não mais resida o executado.
Art. 782. Não dispondo a lei de modo diverso, o juiz determinará os atos executivos, e o oficial de justiça os cumprirá.
§ 1.º O oficial de justiça poderá cumprir os atos executivos determinados pelo juiz também nas comarcas contíguas, de fácil comunicação, e nas que se situem na mesma região metropolitana.
§ 2.º Sempre que, para efetivar a execução, for necessário o emprego de força policial, o juiz a requisitará.
§ 3.º A requerimento da parte, o juiz pode determinar a inclusão do nome do executado em cadastros de inadimplentes.
§ 4.º A inscrição será cancelada imediatamente se for efetuado o pagamento, se for garantida a execução ou se a execução for extinta por qualquer outro motivo.
§ 5.º O disposto nos §§ 3.º e 4.º aplica-se à execução definitiva de título judicial.

Capítulo IV
DOS REQUISITOS NECESSÁRIOS PARA REALIZAR QUALQUER EXECUÇÃO

Seção I
Do Título Executivo

Art. 783. A execução para cobrança de crédito fundar-se-á sempre em título de obrigação certa, líquida e exigível.
Art. 784. São títulos executivos extrajudiciais:
I – a letra de câmbio, a nota promissória, a duplicata, a debênture e o cheque;
• Decreto n. 2.044, de 31-12-1908, arts. 49, 50, 51 e 56 – letras de câmbio e notas promissórias.
• Lei n. 7.357, de 2-9-1985 – Lei do Cheque.
• Decreto-lei n. 167, de 14-2-1967 – títulos de crédito rural.
• Decreto n. 57.595, de 7-1-1966 – Lei uniforme em matéria de cheque.
• Decreto n. 57.663, de 24-1-1966 – Lei uniforme sobre letras de câmbio e notas promissórias.
• Lei n. 5.474, de 18-7-1968 – Lei de Duplicatas.
• Decreto-lei n. 413, de 9-1-1969 – título de crédito industrial.
• *Vide* Súmula 258 do STJ.
II – a escritura pública ou outro documento público assinado pelo devedor;
• *Vide* arts. 215 e 221 do CC.
• O Decreto-lei n. 1.042, de 21-10-1969, dispõe sobre exigência de escritura pública para confissão de dívida.
• *Vide* Súmula 300 do STJ.
III – o documento particular assinado pelo devedor e por 2 (duas) testemunhas;
IV – o instrumento de transação referendado pelo Ministério Público, pela Defensoria Pública, pela Advocacia Pública, pelos advogados dos transatores ou por conciliador ou mediador credenciado por tribunal;
V – o contrato garantido por hipoteca, penhor, anticrese ou outro direito real de garantia e aquele garantido por caução;
VI – o contrato de seguro de vida em caso de morte;
VII – o crédito decorrente de foro e laudêmio;
VIII – o crédito, documentalmente comprovado, decorrente de aluguel de imóvel, bem como de encargos acessórios, tais como taxas e despesas de condomínio;
• A Lei n. 4.591, de 16-12-1964, dispõe sobre o condomínio em edificações e as incorporações imobiliárias.
IX – a certidão de dívida ativa da Fazenda Pública da União, dos Estados, do Distrito Federal e dos Municípios, correspondente aos créditos inscritos na forma da lei;
• *Vide* Lei n. 6.830, de 22-9-1980 (LEF).
X – o crédito referente às contribuições ordinárias ou extraordinárias de condomínio edilício, previstas na respectiva convenção ou aprovadas em assembleia geral, desde que documentalmente comprovadas;
XI – a certidão expedida por serventia notarial ou de registro relativa a valores de emolumentos e demais despesas devidas

pelos atos por ela praticados, fixados nas tabelas estabelecidas em lei;

XI-A – o contrato de contragarantia ou qualquer outro instrumento que materialize o direito de ressarcimento da seguradora contra tomadores de seguro-garantia e seus garantidores;

•• Inciso XI-A acrescentado pela Lei n. 14.711, de 30-10-2023.

XII – todos os demais títulos aos quais, por disposição expressa, a lei atribuir força executiva.

•• Vide art. 24 da Lei n. 8.906, de 4-7-1994 (EAOAB).
•• Vide art. 142 da Lei n. 11.101, de 9-2-2005 (Lei de Falências e Recuperação de Empresas).
• Vide Súmula 233 do STJ.

§ 1.º A propositura de qualquer ação relativa a débito constante de título executivo não inibe o credor de promover-lhe a execução.

§ 2.º Os títulos executivos extrajudiciais oriundos de país estrangeiro não dependem de homologação para serem executados.

§ 3.º O título estrangeiro só terá eficácia executiva quando satisfeitos os requisitos de formação exigidos pela lei do lugar de sua celebração e quando o Brasil for indicado como o lugar de cumprimento da obrigação.

§ 4.º Nos títulos executivos constituídos ou atestados por meio eletrônico, é admitida qualquer modalidade de assinatura eletrônica prevista em lei, dispensada a assinatura de testemunhas quando sua integridade for conferida por provedor de assinatura.

•• § 4.º acrescentado pela Lei n. 14.620, de 13-7-2023.

Art. 785. A existência de título executivo extrajudicial não impede a parte de optar pelo processo de conhecimento, a fim de obter título executivo judicial.

Seção II
Da Exigibilidade da Obrigação

Art. 786. A execução pode ser instaurada caso o devedor não satisfaça a obrigação certa, líquida e exigível consubstanciada em título executivo.

Parágrafo único. A necessidade de simples operações aritméticas para apurar o crédito exequendo não retira a liquidez da obrigação constante do título.

Art. 787. Se o devedor não for obrigado a satisfazer sua prestação senão mediante a contraprestação do credor, este deverá provar que a adimpliu ao requerer a execução, sob pena de extinção do processo.

•• Vide arts. 799 e 917, § 2.º, IV, do CPC.

Parágrafo único. O executado poderá eximir-se da obrigação, depositando em juízo a prestação ou a coisa, caso em que o juiz não permitirá que o credor a receba sem cumprir a contraprestação que lhe tocar.

Art. 788. O credor não poderá iniciar a execução ou nela prosseguir se o devedor cumprir a obrigação, mas poderá recusar o recebimento da prestação se ela não corresponder ao direito ou à obrigação estabelecidos no título executivo, caso em que poderá requerer a execução forçada, ressalvado ao devedor o direito de embargá-la.

Capítulo V
DA RESPONSABILIDADE PATRIMONIAL

Art. 789. O devedor responde com todos os seus bens presentes e futuros para o cumprimento de suas obrigações, salvo as restrições estabelecidas em lei.

• Vide art. 824 do CPC.

Art. 790. São sujeitos à execução os bens:
I – do sucessor a título singular, tratando-se de execução fundada em direito real ou obrigação reipersecutória;
II – do sócio, nos termos da lei;

• Vide art. 795 do CPC.

III – do devedor, ainda que em poder de terceiros;
IV – do cônjuge ou companheiro, nos casos em que seus bens próprios ou de sua meação respondem pela dívida;
V – alienados ou gravados com ônus real em fraude à execução;
VI – cuja alienação ou gravação com ônus real tenha sido anulada em razão do reconhecimento, em ação autônoma, de fraude contra credores;
VII – do responsável, nos casos de desconsideração da personalidade jurídica.

Art. 791. Se a execução tiver por objeto obrigação de que seja sujeito passivo o proprietário de terreno submetido ao regime do direito de superfície, ou o superficiário, responderá pela dívida, exclusivamente, o direito real do qual é titular o executado, recaindo a penhora ou outros atos de constrição exclusivamente sobre o terreno, no primeiro caso, ou sobre a construção ou a plantação, no segundo caso.

§ 1.º Os atos de constrição a que se refere o *caput* serão averbados separadamente na matrícula do imóvel, com a identificação do executado, do valor do crédito e do objeto sobre o qual recai o gravame, devendo o oficial destacar o bem que responde pela dívida, se o terreno, a construção ou a plantação, de modo a assegurar a publicidade da responsabilidade patrimonial de cada um deles pelas dívidas e pelas obrigações que a eles estão vinculadas.

§ 2.º Aplica-se, no que couber, o disposto neste artigo à enfiteuse, à concessão de uso especial para fins de moradia e à concessão de direito real de uso.

Art. 792. A alienação ou a oneração de bem é considerada fraude à execução:

•• Vide arts. 828, § 4.º, e 856, § 3.º, do CPC.

I – quando sobre o bem pender ação fundada em direito real ou com pretensão reipersecutória, desde que a pendência do processo tenha sido averbada no respectivo registro público, se houver;
II – quando tiver sido averbada, no registro do bem, a pendência do processo de execução, na forma do art. 828;
III – quando tiver sido averbado, no registro do bem, hipoteca judiciária ou outro ato de constrição judicial originário do processo onde foi arguida a fraude;
IV – quando, ao tempo da alienação ou da oneração, tramitava contra o devedor ação capaz de reduzi-lo à insolvência;

• Vide Súmula 375 do STJ.

V – nos demais casos expressos em lei.

•• Vide arts. 774, I, 828, § 4.º, e 856, § 3.º, do CPC.

§ 1.º A alienação em fraude à execução é ineficaz em relação ao exequente.

§ 2.º No caso de aquisição de bem não sujeito a registro, o terceiro adquirente tem o ônus de provar que adotou as cautelas necessárias para a aquisição, mediante a exibição das certidões pertinentes, obtidas no domicílio do vendedor e no local onde se encontra o bem.

§ 3.º Nos casos de desconsideração da personalidade jurídica, a fraude à execução verifica-se a partir da citação da parte cuja personalidade se pretende desconsiderar.

•• Vide arts. 133 a 137 do CPC.

§ 4.º Antes de declarar a fraude à execução, o juiz deverá intimar o terceiro adquirente, que, se quiser, poderá opor embargos de terceiro, no prazo de 15 (quinze) dias.

Art. 793. O exequente que estiver, por direito de retenção, na posse de coisa pertencente ao devedor não poderá promover a execução sobre outros bens senão depois de excutida a coisa que se achar em seu poder.

Art. 794. O fiador, quando executado, tem o direito de exigir que primeiro sejam executados os bens do devedor situados na mesma comarca, livres e desembargados, indicando-os pormenorizadamente à penhora.

§ 1.º Os bens do fiador ficarão sujeitos à execução se os do devedor, situados na mesma comarca que os seus, forem insuficientes à satisfação do direito do credor.

§ 2.º O fiador que pagar a dívida poderá executar o afiançado nos autos do mesmo processo.

§ 3.º O disposto no *caput* não se aplica se o fiador houver renunciado ao benefício de ordem.

Art. 795. Os bens particulares dos sócios não respondem pelas dívidas da sociedade, senão nos casos previstos em lei.

• Vide art. 790, II, do CPC.

§ 1.º O sócio réu, quando responsável pelo pagamento da dívida da sociedade, tem o direito de exigir que primeiro sejam excutidos os bens da sociedade.

• Vide art. 790, II, do CPC.

§ 2.º Incumbe ao sócio que alegar o benefício do § 1.º nomear quantos bens da sociedade situados na mesma comarca, livres e desembargados, bastem para pagar o débito.

§ 3.º O sócio que pagar a dívida poderá executar a sociedade nos autos do mesmo processo.

§ 4.º Para a desconsideração da personalidade jurídica é obrigatória a observância do incidente previsto neste Código.

CPC – Arts. 795 a 805 – Processo de Execução

•• *Vide* arts. 133 a 137 do CPC.

Art. 796. O espólio responde pelas dívidas do falecido, mas, feita a partilha, cada herdeiro responde por elas dentro das forças da herança e na proporção da parte que lhe coube.

Título II
DAS DIVERSAS ESPÉCIES DE EXECUÇÃO

Capítulo I
DISPOSIÇÕES GERAIS

Art. 797. Ressalvado o caso de insolvência do devedor, em que tem lugar o concurso universal, realiza-se a execução no interesse do exequente que adquire, pela penhora, o direito de preferência sobre os bens penhorados.

• *Vide* Súmula 244 do TFR.

Parágrafo único. Recaindo mais de uma penhora sobre o mesmo bem, cada exequente conservará o seu título de preferência.

•• *Vide* art. 187, parágrafo único, do CTN.
•• *Vide* arts. 908 e 909 do CPC.

Art. 798. Ao propor a execução, incumbe ao exequente:

I – instruir a petição inicial com:
a) o título executivo extrajudicial;
b) o demonstrativo do débito atualizado até a data de propositura da ação, quando se tratar de execução por quantia certa;
c) a prova de que se verificou a condição ou ocorreu o termo, se for o caso;
•• *Vide* art. 917, § 2.º, V, do CPC.
d) a prova, se for o caso, de que adimpliu a contraprestação que lhe corresponde ou que lhe assegura o cumprimento, se o executado não for obrigado a satisfazer a sua prestação senão mediante a contraprestação do exequente;
•• *Vide* art. 787 do CPC.

II – indicar:
a) a espécie de execução de sua preferência, quando por mais de um modo puder ser realizada;
•• *Vide* art. 805 do CPC.
b) os nomes completos do exequente e do executado e seus números de inscrição no Cadastro de Pessoas Físicas ou no Cadastro Nacional da Pessoa Jurídica;
c) os bens suscetíveis de penhora, sempre que possível.

Parágrafo único. O demonstrativo do débito deverá conter:

I – o índice de correção monetária adotado;
II – a taxa de juros aplicada;
III – os termos inicial e final de incidência do índice de correção monetária e da taxa de juros utilizados;
IV – a periodicidade da capitalização dos juros, se for o caso;
V – a especificação de desconto obrigatório realizado.

Art. 799. Incumbe ainda ao exequente:

I – requerer a intimação do credor pignoratício, hipotecário, anticrético ou fiduciário, quando a penhora recair sobre bens gravados por penhor, hipoteca, anticrese ou alienação fiduciária;
•• *Vide* art. 804 do CPC.
II – requerer a intimação do titular de usufruto, uso ou habitação, quando a penhora recair sobre bem gravado por usufruto, uso ou habitação;
III – requerer a intimação do promitente comprador, quando a penhora recair sobre bem em relação ao qual haja promessa de compra e venda registrada;
IV – requerer a intimação do promitente vendedor, quando a penhora recair sobre direito aquisitivo derivado de promessa de compra e venda registrada;
V – requerer a intimação do superficiário, enfiteuta ou concessionário, em caso de direito de superfície, enfiteuse, concessão de uso especial para fins de moradia ou concessão de direito real de uso, quando a penhora recair sobre imóvel submetido ao regime do direito de superfície, enfiteuse ou concessão;
VI – requerer a intimação do proprietário de terreno com regime de direito de superfície, enfiteuse, concessão de uso especial para fins de moradia ou concessão de direito real de uso, quando a penhora recair sobre direitos do superficiário, do enfiteuta ou do concessionário;
VII – requerer a intimação da sociedade, no caso de penhora de quota social ou de ação de sociedade anônima fechada, para o fim previsto no art. 876, § 7.º;
VIII – pleitear, se for o caso, medidas urgentes;
IX – proceder à averbação em registro público do ato de propositura da execução e dos atos de constrição realizados, para conhecimento de terceiros;
X – requerer a intimação do titular da construção-base, bem como, se for o caso, do titular de lajes anteriores, quando a penhora recair sobre o direito real de laje;
•• Inciso X acrescentado pela Lei n. 13.465, de 11-7-2017.
XI – requerer a intimação do titular das lajes, quando a penhora recair sobre a construção-base.
•• Inciso XI acrescentado pela Lei n. 13.465, de 11-7-2017.

Art. 800. Nas obrigações alternativas, quando a escolha couber ao devedor, esse será citado para exercer a opção e realizar a prestação dentro de 10 (dez) dias, se outro prazo não lhe foi determinado em lei ou em contrato.

§ 1.º Devolver-se-á ao credor a opção, se o devedor não a exercer no prazo determinado.

§ 2.º A escolha será indicada na petição inicial da execução quando couber ao credor exercê-la.

Art. 801. Verificando que a petição inicial está incompleta ou que não está acompanhada dos documentos indispensáveis à propositura da execução, o juiz determinará que o exequente a corrija, no prazo de 15 (quinze) dias, sob pena de indeferimento.

Art. 802. Na execução, o despacho que ordena a citação, desde que realizada em observância ao disposto no § 2.º do art. 240, interrompe a prescrição, ainda que proferido por juízo incompetente.
•• *Vide* Súmula 150 do STF.

Parágrafo único. A interrupção da prescrição retroagirá à data de propositura da ação.

Art. 803. É nula a execução se:

I – o título executivo extrajudicial não corresponder a obrigação certa, líquida e exigível;
II – o executado não for regularmente citado;
III – for instaurada antes de se verificar a condição ou de ocorrer o termo.

Parágrafo único. A nulidade de que cuida este artigo será pronunciada pelo juiz, de ofício ou a requerimento da parte, independentemente de embargos à execução.

Art. 804. A alienação de bem gravado por penhor, hipoteca ou anticrese será ineficaz em relação ao credor pignoratício, hipotecário ou anticrético não intimado.
• *Vide* art. 799, I, do CPC.

§ 1.º A alienação de bem objeto de promessa de compra e venda ou de cessão registrada será ineficaz em relação ao promitente comprador ou ao cessionário não intimado.

§ 2.º A alienação de bem sobre o qual tenha sido instituído direito de superfície, seja do solo, da plantação ou da construção, será ineficaz em relação ao concedente ou ao concessionário não intimado.

§ 3.º A alienação de direito aquisitivo de bem objeto de promessa de venda, de promessa de cessão ou de alienação fiduciária será ineficaz em relação ao promitente vendedor, ao promitente cedente ou ao proprietário fiduciário não intimado.

§ 4.º A alienação de imóvel sobre o qual tenha sido instituída enfiteuse, concessão de uso especial para fins de moradia ou concessão de direito real de uso será ineficaz em relação ao enfiteuta ou ao concessionário não intimado.

§ 5.º A alienação de direitos do enfiteuta, do concessionário de direito real de uso ou do concessionário de uso especial para fins de moradia será ineficaz em relação ao proprietário do respectivo imóvel não intimado.

§ 6.º A alienação de bem sobre o qual tenha sido instituído usufruto, uso ou habitação será ineficaz em relação ao titular desses direitos reais não intimado.

Art. 805. Quando por vários meios o exequente puder promover a execução, o juiz mandará que se faça pelo modo menos gravoso para o executado.
•• *Vide* arts. 798, II, *a*, 847 e 867 do CPC.
• *Vide* Súmula 417 do STJ.

Parágrafo único. Ao executado que alegar ser a medida executiva mais gravosa incumbe indicar outros meios mais eficazes e menos onerosos, sob pena de manutenção dos atos executivos já determinados.

Capítulo II
DA EXECUÇÃO PARA A ENTREGA DE COISA

Seção I
Da Entrega de Coisa Certa

Art. 806. O devedor de obrigação de entrega de coisa certa, constante de título executivo extrajudicial, será citado para, em 15 (quinze) dias, satisfazer a obrigação.
• *Vide* Súmula 196 do STJ.

§ 1.º Ao despachar a inicial, o juiz poderá fixar multa por dia de atraso no cumprimento da obrigação, ficando o respectivo valor sujeito a alteração, caso se revele insuficiente ou excessivo.

§ 2.º Do mandado de citação constará ordem para imissão na posse ou busca e apreensão, conforme se tratar de bem imóvel ou móvel, cujo cumprimento se dará de imediato, se o executado não satisfizer a obrigação no prazo que lhe foi designado.

Art. 807. Se o executado entregar a coisa, será lavrado o termo respectivo e considerada satisfeita a obrigação, prosseguindo-se a execução para o pagamento de frutos ou o ressarcimento de prejuízos, se houver.
• *Vide* arts. 498 e 806 do CPC.

Art. 808. Alienada a coisa quando já litigiosa, será expedido mandado contra o terceiro adquirente, que somente será ouvido após depositá-la.
• *Vide* art. 674 do CPC.

Art. 809. O exequente tem direito a receber, além de perdas e danos, o valor da coisa, quando essa se deteriorar, não lhe for entregue, não for encontrada ou não for reclamada do poder de terceiro adquirente.

§ 1.º Não constando do título o valor da coisa e sendo impossível sua avaliação, o exequente apresentará estimativa, sujeitando-a ao arbitramento judicial.

§ 2.º Serão apurados em liquidação o valor da coisa e os prejuízos.

Art. 810. Havendo benfeitorias indenizáveis feitas na coisa pelo executado ou por terceiros de cujo poder ela houver sido tirada, a liquidação prévia é obrigatória.

Parágrafo único. Havendo saldo:
I – em favor do executado ou de terceiros, o exequente o depositará ao requerer a entrega da coisa;
II – em favor do exequente, esse poderá cobrá-lo nos autos do mesmo processo.

Seção II
Da Entrega de Coisa Incerta

Art. 811. Quando a execução recair sobre coisa determinada pelo gênero e pela quantidade, o executado será citado para entregá-la individualizada, se lhe couber a escolha.

Parágrafo único. Se a escolha couber ao exequente, esse deverá indicá-la na petição inicial.

Art. 812. Qualquer das partes poderá, no prazo de 15 (quinze) dias, impugnar a escolha feita pela outra, e o juiz decidirá de plano ou, se necessário, ouvindo perito de sua nomeação.

Art. 813. Aplicar-se-ão à execução para entrega de coisa incerta, no que couber, as disposições da Seção I deste Capítulo.

Capítulo III
DA EXECUÇÃO DAS OBRIGAÇÕES DE FAZER OU DE NÃO FAZER

Seção I
Disposições Comuns

Art. 814. Na execução de obrigação de fazer ou de não fazer fundada em título extrajudicial, ao despachar a inicial, o juiz fixará multa por período de atraso no cumprimento da obrigação e a data a partir da qual será devida.
• *Vide* arts. 500 e 537 do CPC.

Parágrafo único. Se o valor da multa estiver previsto no título e for excessivo, o juiz poderá reduzi-lo.

Seção II
Da Obrigação de Fazer

Art. 815. Quando o objeto da execução for obrigação de fazer, o executado será citado para satisfazê-la no prazo que o juiz lhe designar, se outro não estiver determinado no título executivo.

Art. 816. Se o executado não satisfizer a obrigação no prazo designado, é lícito ao exequente, nos próprios autos do processo, requerer a satisfação da obrigação à custa do executado ou perdas e danos, hipótese em que se converterá em indenização.
•• *Vide* art. 249 do CC.

Parágrafo único. O valor das perdas e danos será apurado em liquidação, seguindo-se a execução para cobrança de quantia certa.

Art. 817. Se a obrigação puder ser satisfeita por terceiro, é lícito ao juiz autorizar, a requerimento do exequente, que aquele a satisfaça à custa do executado.

Parágrafo único. O exequente adiantará as quantias previstas na proposta que, ouvidas as partes, o juiz houver aprovado.

Art. 818. Realizada a prestação, o juiz ouvirá as partes no prazo de 10 (dez) dias e, não havendo impugnação, considerará satisfeita a obrigação.

Parágrafo único. Caso haja impugnação, o juiz a decidirá.

Art. 819. Se o terceiro contratado não realizar a prestação no prazo ou se o fizer de modo incompleto ou defeituoso, poderá o exequente requerer ao juiz, no prazo de 15 (quinze) dias, que o autorize a concluí-la ou a repará-la à custa do contratante.

Parágrafo único. Ouvido o contratante no prazo de 15 (quinze) dias, o juiz mandará avaliar o custo das despesas necessárias e o condenará a pagá-lo.

Art. 820. Se o exequente quiser executar ou mandar executar, sob sua direção e vigilância, as obras e os trabalhos necessários à realização da prestação, terá preferência, em igualdade de condições de oferta, em relação ao terceiro.

Parágrafo único. O direito de preferência deverá ser exercido no prazo de 5 (cinco) dias, após aprovada a proposta do terceiro.

Art. 821. Na obrigação de fazer, quando se convencionar que o executado a satisfaça pessoalmente, o exequente poderá requerer ao juiz que lhe assine prazo para cumpri-la.

Parágrafo único. Havendo recusa ou mora do executado, sua obrigação pessoal será convertida em perdas e danos, caso em que se observará o procedimento de execução por quantia certa.

Seção III
Da Obrigação de Não Fazer

Art. 822. Se o executado praticou ato a cuja abstenção estava obrigado por lei ou por contrato, o exequente requererá ao juiz que assine prazo ao executado para desfazê-lo.

Art. 823. Havendo recusa ou mora do executado, o exequente requererá ao juiz que mande desfazer o ato à custa daquele, que responderá por perdas e danos.

Parágrafo único. Não sendo possível desfazer-se o ato, a obrigação resolve-se em perdas e danos, caso em que, após a liquidação, se observará o procedimento de execução por quantia certa.

Capítulo IV
DA EXECUÇÃO POR QUANTIA CERTA

Seção I
Disposições Gerais

Art. 824. A execução por quantia certa realiza-se pela expropriação de bens do executado, ressalvadas as execuções especiais.
• *Vide* art. 792 do CPC.

Art. 825. A expropriação consiste em:
I – adjudicação;
II – alienação;
III – apropriação de frutos e rendimentos de empresa ou de estabelecimentos e de outros bens.
• *Vide* arts. 881 e 886 do CPC.

Art. 826. Antes de adjudicados ou alienados os bens, o executado pode, a todo tempo, remir a execução, pagando ou consignando a importância atualizada da dívida, acrescida de juros, custas e honorários advocatícios.
• *Vide* art. 901 do CPC.

Seção II
Da Citação do Devedor e do Arresto

Art. 827. Ao despachar a inicial, o juiz fixará, de plano, os honorários advocatícios de dez por cento, a serem pagos pelo executado.

§ 1.º No caso de integral pagamento no prazo de 3 (três) dias, o valor dos honorários advocatícios será reduzido pela metade.

§ 2.º O valor dos honorários poderá ser elevado até vinte por cento, quando rejeitados os embargos à execução, podendo a majoração, caso não opostos os embargos, ocorrer ao final do procedimento executivo, levando-se em conta o trabalho realizado pelo advogado do exequente.

Art. 828. O exequente poderá obter certidão de que a execução foi admitida pelo juiz, com identificação das partes e do valor da causa, para fins de averbação no registro de imóveis, de veículos ou de outros bens sujeitos a penhora, arresto ou indisponibilidade.

§ 1.º No prazo de 10 (dez) dias de sua concretização, o exequente deverá comunicar ao juízo as averbações efetivadas.

§ 2.º Formalizada penhora sobre bens suficientes para cobrir o valor da dívida, o exequente providenciará, no prazo de 10 (dez) dias, o cancelamento das averbações relativas àqueles não penhorados.

§ 3.º O juiz determinará o cancelamento das averbações, de ofício ou a requerimento, caso o exequente não o faça no prazo.

§ 4.º Presume-se em fraude à execução a alienação ou a oneração de bens efetuada após a averbação.

§ 5.º O exequente que promover averbação manifestamente indevida ou não cancelar as averbações nos termos do § 2.º indenizará a parte contrária, processando-se o incidente em autos apartados.

Art. 829. O executado será citado para pagar a dívida no prazo de 3 (três) dias, contado da citação.
* Vide arts. 238 e s. do CPC.
* Vide Lei n. 6.899, de 8-4-1981.

§ 1.º Do mandado de citação constarão, também, a ordem de penhora e a avaliação a serem cumpridas pelo oficial de justiça tão logo verificado o não pagamento no prazo assinalado, de tudo lavrando-se auto, com intimação do executado.

§ 2.º A penhora recairá sobre os bens indicados pelo exequente, salvo se outros forem indicados pelo executado e aceitos pelo juiz, mediante demonstração de que a constrição proposta lhe será menos onerosa e não trará prejuízo ao exequente.

Art. 830. Se o oficial de justiça não encontrar o executado, arrestar-lhe-á tantos bens quantos bastem para garantir a execução.

§ 1.º Nos 10 (dez) dias seguintes à efetivação do arresto, o oficial de justiça procurará o executado 2 (duas) vezes em dias distintos e, havendo suspeita de ocultação, realizará a citação com hora certa, certificando pormenorizadamente o ocorrido.

§ 2.º Incumbe ao exequente requerer a citação por edital, uma vez frustradas a pessoal e a com hora certa.

§ 3.º Aperfeiçoada a citação e transcorrido o prazo de pagamento, o arresto converter-se-á em penhora, independentemente de termo.

Seção III
Da Penhora, do Depósito e da Avaliação

Subseção I
Do objeto da penhora

Art. 831. A penhora deverá recair sobre tantos bens quantos bastem para o pagamento do principal atualizado, dos juros, das custas e dos honorários advocatícios.
* Vide arts. 212 e 214 do CPC.

Art. 832. Não estão sujeitos à execução os bens que a lei considera impenhoráveis ou inalienáveis.
* Vide Lei n. 8.009, de 29-3-1990 (Impenhorabilidade do Bem de Família).

Art. 833. São impenhoráveis:
* • Vide art. 4.º da Lei n. 8.009, de 29-3-1990.

I – os bens inalienáveis e os declarados, por ato voluntário, não sujeitos à execução;
* Vide Súmula 205 do STJ.

II – os móveis, os pertences e as utilidades domésticas que guarnecem a residência do executado, salvo os de elevado valor ou os que ultrapassem as necessidades comuns correspondentes a um médio padrão de vida;

III – os vestuários, bem como os pertences de uso pessoal do executado, salvo se de elevado valor;

IV – os vencimentos, os subsídios, os soldos, os salários, as remunerações, os proventos de aposentadoria, as pensões, os pecúlios e os montepios, bem como as quantias recebidas por liberalidade de terceiro e destinadas ao sustento do devedor e de sua família, os ganhos de trabalhador autônomo e os honorários de profissional liberal, ressalvado o § 2.º;
* Vide arts. 529 e 912 do CPC.

V – os livros, as máquinas, as ferramentas, os utensílios, os instrumentos ou outros bens móveis necessários ou úteis ao exercício da profissão do executado;
* Vide Súmula 451 do STJ.

VI – o seguro de vida;

VII – os materiais necessários para obras em andamento, salvo se essas forem penhoradas;

VIII – a pequena propriedade rural, assim definida em lei, desde que trabalhada pela família;

IX – os recursos públicos recebidos por instituições privadas para aplicação compulsória em educação, saúde ou assistência social;

X – a quantia depositada em caderneta de poupança, até o limite de 40 (quarenta) salários mínimos;

XI – os recursos públicos do fundo partidário recebidos por partido político, nos termos da lei;

XII – os créditos oriundos de alienação de unidades imobiliárias, sob regime de incorporação imobiliária, vinculados à execução da obra.

§ 1.º A impenhorabilidade não é oponível à execução de dívida relativa ao próprio bem, inclusive àquela contraída para sua aquisição.

§ 2.º O disposto nos incisos IV e X do caput não se aplica à hipótese de penhora para pagamento de prestação alimentícia, independentemente de sua origem, bem como às importâncias excedentes a 50 (cinquenta) salários mínimos mensais, devendo a constrição observar o disposto no art. 528, § 8.º, e no art. 529, § 3.º.

§ 3.º Incluem-se na impenhorabilidade prevista no inciso V do caput os equipamentos, os implementos e as máquinas agrícolas pertencentes a pessoa física ou a empresa individual produtora rural, exceto quando tais bens tenham sido objeto de financiamento e estejam vinculados em garantia a negócio jurídico ou quando respondam por dívida de natureza alimentar, trabalhista ou previdenciária.

Art. 834. Podem ser penhorados, à falta de outros bens, os frutos e os rendimentos dos bens inalienáveis.

Art. 835. A penhora observará, preferencialmente, a seguinte ordem:
* Vide Súmulas 417 e 656 do STJ.

I – dinheiro, em espécie ou em depósito ou aplicação em instituição financeira;

II – títulos da dívida pública da União, dos Estados e do Distrito Federal com cotação em mercado;

III – títulos e valores mobiliários com cotação em mercado;

IV – veículos de via terrestre;

V – bens imóveis;

VI – bens móveis em geral;

VII – semoventes;

VIII – navios e aeronaves;

IX – ações e quotas de sociedades simples e empresárias;

X – percentual do faturamento de empresa devedora;

XI – pedras e metais preciosos;

XII – direitos aquisitivos derivados de promessa de compra e venda e de alienação fiduciária em garantia;

XIII – outros direitos.

§ 1.º É prioritária a penhora em dinheiro, podendo o juiz, nas demais hipóteses, alterar a ordem prevista no caput de acordo com as circunstâncias do caso concreto.

§ 2.º Para fins de substituição da penhora, equiparam-se a dinheiro a fiança bancária e o seguro garantia judicial, desde que em valor não inferior ao do débito constante da inicial, acrescido de trinta por cento.

§ 3.º Na execução de crédito com garantia real, a penhora recairá sobre a coisa dada em garantia, e, se a coisa pertencer a terceiro garantidor, este também será intimado da penhora.

Art. 836. Não se levará a efeito a penhora quando ficar evidente que o produto da execução dos bens encontrados será totalmente absorvido pelo pagamento das custas da execução.

§ 1.º Quando não encontrar bens penhoráveis, independentemente de determinação judicial expressa, o oficial de justiça descreverá na certidão os bens que guarnecem a residência ou o estabelecimento do executado, quando este for pessoa jurídica.

§ 2.º Elaborada a lista, o executado ou seu representante legal será nomeado depositário provisório de tais bens até ulterior determinação do juiz.

Subseção II
Da documentação da penhora, de seu registro e do depósito

Art. 837. Obedecidas as normas de segurança instituídas sob critérios uniformes pelo Conselho Nacional de Justiça, a penhora de dinheiro e as averbações de penhoras de bens imóveis e móveis podem ser realizadas por meio eletrônico.

•• A Resolução n. 558, de 6-5-2024, do CNJ, estabelece diretrizes para a gestão e destinação de valores e bens oriundos de pena de multa, perda de bens e valores e prestações pecuniárias decorrentes de condenações criminais, colaboração premiada, acordos de leniência e acordos de cooperação internacional no âmbito do Poder Judiciário e dá outras providências.

Art. 838. A penhora será realizada mediante auto ou termo, que conterá:

I – a indicação do dia, do mês, do ano e do lugar em que foi feita;

II – os nomes do exequente e do executado;

III – a descrição dos bens penhorados, com as suas características;

IV – a nomeação do depositário dos bens.

Art. 839. Considerar-se-á feita a penhora mediante a apreensão e o depósito dos bens, lavrando-se um só auto se as diligências forem concluídas no mesmo dia.

Parágrafo único. Havendo mais de uma penhora, serão lavrados autos individuais.

Art. 840. Serão preferencialmente depositados:

I – as quantias em dinheiro, os papéis de crédito e as pedras e os metais preciosos, no Banco do Brasil, na Caixa Econômica Federal ou em banco do qual o Estado ou o Distrito Federal possua mais da metade do capital social integralizado, ou, na falta desses estabelecimentos, em qualquer instituição de crédito designada pelo juiz;

•• O STF, nas sessões virtuais de 14-4-2023 a 24-4-2023 (*DOU* de 4-5-2023), julgou parcialmente procedente a ADI n. 5.492 para declarar inconstitucional a expressão "na falta desses estabelecimentos", constante neste inciso, e "conferir interpretação conforme ao preceito para que se entenda que poderá a administração do tribunal efetuar os depósitos judiciais (a) no Banco do Brasil, na Caixa Econômica Federal ou em banco do qual o Estado ou o Distrito Federal possua mais da metade do capital social integralizado, ou, (b) não aceitando o critério preferencial proposto pelo legislador e observada a realidade do caso concreto, os regramentos legais e os princípios constitucionais aplicáveis, realizar procedimento licitatório visando à escolha da proposta mais adequada para a administração dos recursos dos particulares".

•• *Vide* art. 1.058 do CPC.
• *Vide* art. 32 da LEF.

II – os móveis, os semoventes, os imóveis urbanos e os direitos aquisitivos sobre imóveis urbanos, em poder do depositário judicial;

III – os imóveis rurais, os direitos aquisitivos sobre imóveis rurais, as máquinas, os utensílios e os instrumentos necessários ou úteis à atividade agrícola, mediante caução idônea, em poder do executado.

§ 1.º No caso do inciso II do *caput*, se não houver depositário judicial, os bens ficarão em poder do exequente.

§ 2.º Os bens poderão ser depositados em poder do executado nos casos de difícil remoção ou quando anuir o exequente.

§ 3.º As joias, as pedras e os objetos preciosos deverão ser depositados com registro do valor estimado de resgate.

Art. 841. Formalizada a penhora por qualquer dos meios legais, dela será imediatamente intimado o executado.

§ 1.º A intimação da penhora será feita ao advogado do executado ou à sociedade de advogados a que aquele pertença.

§ 2.º Se não houver constituído advogado nos autos, o executado será intimado pessoalmente, de preferência por via postal.

§ 3.º O disposto no § 1.º não se aplica aos casos de penhora realizada na presença do executado, que se reputa intimado.

§ 4.º Considera-se realizada a intimação a que se refere o § 2.º quando o executado houver mudado de endereço sem prévia comunicação ao juízo, observado o disposto no parágrafo único do art. 274.

Art. 842. Recaindo a penhora sobre bem imóvel ou direito real sobre imóvel, será intimado também o cônjuge do executado, salvo se forem casados em regime de separação absoluta de bens.

Art. 843. Tratando-se de penhora de bem indivisível, o equivalente à quota-parte do coproprietário ou do cônjuge alheio à execução recairá sobre o produto da alienação do bem.

§ 1.º É reservada ao coproprietário ou ao cônjuge não executado a preferência na arrematação do bem em igualdade de condições.

§ 2.º Não será levada a efeito expropriação por preço inferior ao da avaliação na qual o valor auferido seja incapaz de garantir, ao coproprietário ou ao cônjuge alheio à execução, o correspondente à quota-parte calculado sobre o valor da avaliação.

Art. 844. Para presunção absoluta de conhecimento por terceiros, cabe ao exequente providenciar a averbação do arresto ou da penhora no registro competente, mediante apresentação de cópia do auto ou do termo, independentemente de mandado judicial.

• *Vide* Súmula 375 do STJ.

Subseção III
Do lugar de realização da penhora

Art. 845. Efetuar-se-á a penhora onde se encontrem os bens, ainda que sob a posse, a detenção ou a guarda de terceiros.

§ 1.º A penhora de imóveis, independentemente de onde se localizem, quando apresentada certidão da respectiva matrícula, e a penhora de veículos automotores, quando apresentada certidão que ateste a sua existência, serão realizadas por termo nos autos.

§ 2.º Se o executado não tiver bens no foro do processo, não sendo possível a realização da penhora nos termos do § 1.º, a execução será feita por carta, penhorando-se, avaliando-se e alienando-se os bens no foro da situação.

• *Vide* Súmula 46 do STJ.

Art. 846. Se o executado fechar as portas da casa a fim de obstar a penhora dos bens, o oficial de justiça comunicará o fato ao juiz, solicitando-lhe ordem de arrombamento.

•• *Vide* art. 5.º, XI, da CF.
•• *Vide* arts. 212 a 216 do CPC.

§ 1.º Deferido o pedido, 2 (dois) oficiais de justiça cumprirão o mandado, arrombando cômodos e móveis em que se presuma estarem os bens, e lavrarão de tudo auto circunstanciado, que será assinado por 2 (duas) testemunhas presentes à diligência.

§ 2.º Sempre que necessário, o juiz requisitará força policial, a fim de auxiliar os oficiais de justiça na penhora dos bens.

• *Vide* art. 782, § 2.º, do CPC.

§ 3.º Os oficiais de justiça lavrarão em duplicata o auto da ocorrência, entregando uma via ao escrivão ou ao chefe de secretaria, para ser juntada aos autos, e a outra à autoridade policial a quem couber a apuração criminal dos eventuais delitos de desobediência ou de resistência.

§ 4.º Do auto da ocorrência constará o rol de testemunhas, com a respectiva qualificação.

Subseção IV
Das modificações da penhora

Art. 847. O executado pode, no prazo de 10 (dez) dias contado da intimação da penhora, requerer a substituição do bem penhorado, desde que comprove que lhe será menos onerosa e não trará prejuízo ao exequente.

§ 1.º O juiz só autorizará a substituição se o executado:

I – comprovar as respectivas matrículas e os registros por certidão do correspondente ofício, quanto aos bens imóveis;

II – descrever os bens móveis, com todas as suas propriedades e características, bem como o estado deles e o lugar onde se encontram;

III – descrever os semoventes, com indicação de espécie, de número, de marca ou sinal e do local onde se encontram;

IV – identificar os créditos, indicando quem seja o devedor, qual a origem da dívida, o título que a representa e a data do vencimento; e

V – atribuir, em qualquer caso, valor aos bens indicados à penhora, além de especificar os ônus e os encargos a que estejam sujeitos.

§ 2.º Requerida a substituição do bem penhorado, o executado deve indicar onde se encontram os bens sujeitos à execução, exibir a prova de sua propriedade e a certidão negativa ou positiva de ônus, bem como abster-se de qualquer atitude que dificulte ou embarace a realização da penhora.

§ 3.º O executado somente poderá oferecer bem imóvel em substituição caso o requeira com a expressa anuência do cônjuge, salvo se o regime for o de separação absoluta de bens.

§ 4.º O juiz intimará o exequente para manifestar-se sobre o requerimento de substituição do bem penhorado.

Art. 848. As partes poderão requerer a substituição da penhora se:
- •• *Vide* art.15 da LEF.
- • *Vide* Súmula 406 do STJ.

I – ela não obedecer à ordem legal;
II – ela não incidir sobre os bens designados em lei, contrato ou ato judicial para o pagamento;
III – havendo bens no foro da execução, outros tiverem sido penhorados;
IV – havendo bens livres, ela tiver recaído sobre bens já penhorados ou objeto de gravame;
V – ela incidir sobre bens de baixa liquidez;
VI – fracassar a tentativa de alienação judicial do bem; ou
VII – o executado não indicar o valor dos bens ou omitir qualquer das indicações previstas em lei.

Parágrafo único. A penhora pode ser substituída por fiança bancária ou por seguro garantia judicial, em valor não inferior ao do débito constante da inicial, acrescido de trinta por cento.

Art. 849. Sempre que ocorrer a substituição dos bens inicialmente penhorados, será lavrado novo termo.

Art. 850. Será admitida a redução ou a ampliação da penhora, bem como sua transferência para outros bens, se, no curso do processo, o valor de mercado dos bens penhorados sofrer alteração significativa.

Art. 851. Não se procede à segunda penhora, salvo se:
I – a primeira for anulada;
II – executados os bens, o produto da alienação não bastar para o pagamento do exequente;
- *Vide* art. 874, II, do CPC.

III – o exequente desistir da primeira penhora, por serem litigiosos os bens ou por estarem submetidos a constrição judicial.

Art. 852. O juiz determinará a alienação antecipada dos bens penhorados quando:
I – se tratar de veículos automotores, de pedras e metais preciosos e de outros bens móveis sujeitos à depreciação ou à deterioração;
II – houver manifesta vantagem.

Art. 853. Quando uma das partes requerer alguma das medidas previstas nesta Subseção, o juiz ouvirá sempre a outra, no prazo de 3 (três) dias, antes de decidir.

Parágrafo único. O juiz decidirá de plano qualquer questão suscitada.

Subseção V
Da penhora de dinheiro em depósito ou em aplicação financeira

Art. 854. Para possibilitar a penhora de dinheiro em depósito ou em aplicação financeira, o juiz, a requerimento do exequente, sem dar ciência prévia do ato ao executado, determinará às instituições financeiras, por meio de sistema eletrônico gerido pela autoridade supervisora do sistema financeiro nacional, que torne indisponíveis ativos financeiros existentes em nome do executado, limitando-se a indisponibilidade ao valor indicado na execução.

§ 1.º No prazo de 24 (vinte e quatro) horas a contar da resposta, de ofício, o juiz determinará o cancelamento de eventual indisponibilidade excessiva, o que deverá ser cumprido pela instituição financeira em igual prazo.

§ 2.º Tornados indisponíveis os ativos financeiros do executado, este será intimado na pessoa de seu advogado ou, não o tendo, pessoalmente.

§ 3.º Incumbe ao executado, no prazo de 5 (cinco) dias, comprovar que:
I – as quantias tornadas indisponíveis são impenhoráveis;
II – ainda remanesce indisponibilidade excessiva de ativos financeiros.

§ 4.º Acolhida qualquer das arguições dos incisos I e II do § 3.º, o juiz determinará o cancelamento de eventual indisponibilidade irregular ou excessiva, a ser cumprido pela instituição financeira em 24 (vinte e quatro) horas.

§ 5.º Rejeitada ou não apresentada a manifestação do executado, converter-se-á a indisponibilidade em penhora, sem necessidade de lavratura de termo, devendo o juiz da execução determinar à instituição financeira depositária que, no prazo de 24 (vinte e quatro) horas, transfira o montante indisponível para conta vinculada ao juízo da execução.

§ 6.º Realizado o pagamento da dívida por outro meio, o juiz determinará, imediatamente, por sistema eletrônico gerido pela autoridade supervisora do sistema financeiro nacional, a notificação da instituição financeira para que, em até 24 (vinte e quatro) horas, cancele a indisponibilidade.

§ 7.º As transmissões das ordens de indisponibilidade, de seu cancelamento e de determinação de penhora previstas neste artigo far-se-ão por meio de sistema eletrônico gerido pela autoridade supervisora do sistema financeiro nacional.

§ 8.º A instituição financeira será responsável pelos prejuízos causados ao executado em decorrência da indisponibilidade de ativos financeiros em valor superior ao indicado na execução ou pelo juiz, bem como na hipótese de não cancelamento da indisponibilidade no prazo de 24 (vinte e quatro) horas, quando assim determinar o juiz.

§ 9.º Quando se tratar de execução contra partido político, o juiz, a requerimento do exequente, determinará às instituições financeiras, por meio de sistema eletrônico gerido por autoridade supervisora do sistema bancário, que tornem indisponíveis ativos financeiros somente em nome do órgão partidário que tenha contraído a dívida executada ou que tenha dado causa à violação de direito ou ao dano, ao qual cabe exclusivamente a responsabilidade pelos atos praticados, na forma da lei.

Subseção VI
Da penhora de créditos

Art. 855. Quando recair em crédito do executado, enquanto não ocorrer a hipótese prevista no art. 856, considerar-se-á feita a penhora pela intimação:
I – ao terceiro devedor para que não pague ao executado, seu credor;
II – ao executado, credor do terceiro, para que não pratique ato de disposição do crédito.

Art. 856. A penhora de crédito representado por letra de câmbio, nota promissória, duplicata, cheque ou outros títulos far-se-á pela apreensão do documento, esteja ou não este em poder do executado.

§ 1.º Se o título não for apreendido, mas o terceiro confessar a dívida, será este tido como depositário da importância.

§ 2.º O terceiro só se exonerará da obrigação depositando em juízo a importância da dívida.

§ 3.º Se o terceiro negar o débito em conluio com o executado, a quitação que este lhe der caracterizará fraude à execução.
- *Vide* art. 789 do CPC.

§ 4.º A requerimento do exequente, o juiz determinará o comparecimento, em audiência especialmente designada, do executado e do terceiro, a fim de lhes tomar os depoimentos.

Art. 857. Feita a penhora em direito e ação do executado, e não tendo ele oferecido embargos ou sendo estes rejeitados, o exequente ficará sub-rogado nos direitos do executado até a concorrência de seu crédito.

§ 1.º O exequente pode preferir, em vez da sub-rogação, a alienação judicial do direito penhorado, caso em que declarará sua vontade no prazo de 10 (dez) dias contado da realização da penhora.

§ 2.º A sub-rogação não impede o sub-rogado, se não receber o crédito do executado, de prosseguir na execução, nos mesmos autos, penhorando outros bens.

Art. 858. Quando a penhora recair sobre dívidas de dinheiro a juros, de direito a rendas ou de prestações periódicas, o exequente poderá levantar os juros, os rendimentos ou as prestações à medida que forem sendo depositados, abatendo-se do crédito as importâncias recebidas, conforme as regras de imputação do pagamento.

Art. 859. Recaindo a penhora sobre direito a prestação ou a restituição de coisa determinada, o executado será intimado para, no vencimento, depositá-la, correndo sobre ela a execução.

Art. 860. Quando o direito estiver sendo pleiteado em juízo, a penhora que recair sobre ele será averbada, com destaque, nos autos pertinentes ao direito e na ação correspondente à penhora, a fim de que esta seja efetivada nos bens que forem adjudicados ou que vierem a caber ao executado.

• Vide art. 646 do CPC.

Subseção VII
Da penhora das quotas ou das ações de sociedades personificadas

Art. 861. Penhoradas as quotas ou as ações de sócio em sociedade simples ou empresária, o juiz assinará prazo razoável, não superior a 3 (três) meses, para que a sociedade:

I – apresente balanço especial, na forma da lei;

II – ofereça as quotas ou as ações aos demais sócios, observado o direito de preferência legal ou contratual;

III – não havendo interesse dos sócios na aquisição das ações, proceda à liquidação das quotas ou das ações, depositando em juízo o valor apurado, em dinheiro.

§ 1.º Para evitar a liquidação das quotas ou das ações, a sociedade poderá adquiri-las sem redução do capital social e com utilização de reservas, para manutenção em tesouraria.

§ 2.º O disposto no *caput* e no § 1.º não se aplica à sociedade anônima de capital aberto, cujas ações serão adjudicadas ao exequente ou alienadas em bolsa de valores, conforme o caso.

§ 3.º Para os fins da liquidação de que trata o inciso III do *caput*, o juiz poderá, a requerimento do exequente ou da sociedade, nomear administrador, que deverá submeter à aprovação judicial a forma de liquidação.

§ 4.º O prazo previsto no *caput* poderá ser ampliado pelo juiz, se o pagamento das quotas ou das ações liquidadas:

I – superar o valor do saldo de lucros ou reservas, exceto a legal, e sem diminuição do capital social, ou por doação; ou

II – colocar em risco a estabilidade financeira da sociedade simples ou empresária.

§ 5.º Caso não haja interesse dos demais sócios no exercício de direito de preferência, não ocorra a aquisição das quotas ou das ações pela sociedade e a liquidação do inciso III do *caput* seja excessivamente onerosa para a sociedade, o juiz poderá determinar o leilão judicial das quotas ou das ações.

Subseção VIII
Da penhora de empresa, de outros estabelecimentos e de semoventes

Art. 862. Quando a penhora recair em estabelecimento comercial, industrial ou agrícola, bem como em semoventes, plantações ou edifícios em construção, o juiz nomeará administrador-depositário, determinando-lhe que apresente em 10 (dez) dias o plano de administração.

§ 1.º Ouvidas as partes, o juiz decidirá.

§ 2.º É lícito às partes ajustar a forma de administração e escolher o depositário, hipótese em que o juiz homologará por despacho a indicação.

§ 3.º Em relação aos edifícios em construção sob regime de incorporação imobiliária, a penhora somente poderá recair sobre as unidades imobiliárias ainda não comercializadas pelo incorporador.

§ 4.º Sendo necessário afastar o incorporador da administração da incorporação, será ela exercida pela comissão de representantes dos adquirentes ou, se se tratar de construção financiada, por empresa ou profissional indicado pela instituição fornecedora dos recursos para a obra, devendo ser ouvida, neste último caso, a comissão de representantes dos adquirentes.

Art. 863. A penhora de empresa que funcione mediante concessão ou autorização far-se-á, conforme o valor do crédito, sobre a renda, sobre determinados bens ou sobre todo o patrimônio, e o juiz nomeará como depositário, de preferência, um de seus diretores.

• Sociedades dependentes de autorização: arts. 1.123 e s. do CC.

§ 1.º Quando a penhora recair sobre a renda ou sobre determinados bens, o administrador-depositário apresentará a forma de administração e o esquema de pagamento, observando-se, quanto ao mais, o disposto em relação ao regime de penhora de frutos e rendimentos de coisa móvel e imóvel.

§ 2.º Recaindo a penhora sobre todo o patrimônio, prosseguirá a execução em seus ulteriores termos, ouvindo-se, antes da arrematação ou da adjudicação, o ente público que houver outorgado a concessão.

Art. 864. A penhora de navio ou de aeronave não obsta que continuem navegando ou operando até a alienação, mas o juiz, ao conceder a autorização para tanto, não permitirá que saiam do porto ou do aeroporto antes que o executado faça o seguro usual contra riscos.

Art. 865. A penhora de que trata esta Subseção somente será determinada se não houver outro meio eficaz para a efetivação do crédito.

Subseção IX
Da penhora de percentual de faturamento de empresa

Art. 866. Se o executado não tiver outros bens penhoráveis ou se, tendo-os, esses forem de difícil alienação ou insuficientes para saldar o crédito executado, o juiz poderá ordenar a penhora de percentual de faturamento de empresa.

§ 1.º O juiz fixará percentual que propicie a satisfação do crédito exequendo em tempo razoável, mas que não torne inviável o exercício da atividade empresarial.

§ 2.º O juiz nomeará administrador-depositário, o qual submeterá à aprovação judicial a forma de sua atuação e prestará contas mensalmente, entregando em juízo as quantias recebidas, com os respectivos balancetes mensais, a fim de serem imputadas no pagamento da dívida.

§ 3.º Na penhora de percentual de faturamento de empresa, observar-se-á, no que couber, o disposto quanto ao regime de penhora de frutos e rendimentos de coisa móvel e imóvel.

Subseção X
Da penhora de frutos e rendimentos de coisa móvel ou imóvel

Art. 867. O juiz pode ordenar a penhora de frutos e rendimentos de coisa móvel ou imóvel quando a considerar mais eficiente para o recebimento do crédito e menos gravosa ao executado.

• Vide art. 805 do CPC.

Art. 868. Ordenada a penhora de frutos e rendimentos, o juiz nomeará administrador-depositário, que será investido de todos os poderes que concernem à administração do bem e à fruição de seus frutos e utilidades, perdendo o executado o direito de gozo do bem, até que o exequente seja pago do principal, dos juros, das custas e dos honorários advocatícios.

• Vide Lei n. 6.899, de 8-4-1981.

§ 1.º A medida terá eficácia em relação a terceiros a partir da publicação da decisão que a conceda ou de sua averbação no ofício imobiliário, em caso de imóveis.

§ 2.º O exequente providenciará a averbação no ofício imobiliário mediante a apresentação de certidão de inteiro teor do ato, independentemente de mandado judicial.

Art. 869. O juiz poderá nomear administrador-depositário o exequente ou o executado, ouvida a parte contrária, e, não havendo acordo, nomeará profissional qualificado para o desempenho da função.

§ 1.º O administrador submeterá à aprovação judicial a forma de administração e a de prestar contas periodicamente.

§ 2.º Havendo discordância entre as partes ou entre essas e o administrador, o juiz decidirá a melhor forma de administração do bem.

§ 3.º Se o imóvel estiver arrendado, o inquilino pagará o aluguel diretamente ao exequente, salvo se houver administrador.

§ 4.º O exequente ou o administrador poderá celebrar locação do móvel ou do imóvel, ouvido o executado.

§ 5.º As quantias recebidas pelo administrador serão entregues ao exequente, a fim de serem imputadas ao pagamento da dívida.

§ 6.º O exequente dará ao executado, por termo nos autos, quitação das quantias recebidas.

Subseção XI
Da avaliação

Art. 870. A avaliação será feita pelo oficial de justiça.

Parágrafo único. Se forem necessários conhecimentos especializados e o valor da execução o comportar, o juiz nomeará avaliador, fixando-lhe prazo não superior a 10 (dez) dias para entrega do laudo.

Art. 871. Não se procederá à avaliação quando:

I – uma das partes aceitar a estimativa feita pela outra;

II – se tratar de títulos ou de mercadorias que tenham cotação em bolsa, comprovada por certidão ou publicação no órgão oficial;

III – se tratar de títulos da dívida pública, de ações de sociedades e de títulos de crédito negociáveis em bolsa, cujo valor será o da cotação oficial do dia, comprovada por certidão ou publicação no órgão oficial;

IV – se tratar de veículos automotores ou de outros bens cujo preço médio de mercado possa ser conhecido por meio de pesquisas realizadas por órgãos oficiais ou de anúncios de venda divulgados em meios de comunicação, caso em que caberá a quem fizer a nomeação o encargo de comprovar a cotação de mercado.

Parágrafo único. Ocorrendo a hipótese do inciso I deste artigo, a avaliação poderá ser realizada quando houver fundada dúvida do juiz quanto ao real valor do bem.

Art. 872. A avaliação realizada pelo oficial de justiça constará de vistoria e de laudo anexados ao auto de penhora ou, em caso de perícia realizada por avaliador, de laudo apresentado no prazo fixado pelo juiz, devendo-se, em qualquer hipótese, especificar:

I – os bens, com as suas características, e o estado em que se encontram;

II – o valor dos bens.

• *Vide* arts. 631 e 873 do CPC.

§ 1.º Quando o imóvel for suscetível de cômoda divisão, a avaliação, tendo em conta o crédito reclamado, será realizada em partes, sugerindo-se, com a apresentação de memorial descritivo, os possíveis desmembramentos para alienação.

§ 2.º Realizada a avaliação e, sendo o caso, apresentada a proposta de desmembramento, as partes serão ouvidas no prazo de 5 (cinco) dias.

Art. 873. É admitida nova avaliação quando:

I – qualquer das partes arguir, fundamentadamente, a ocorrência de erro na avaliação ou dolo do avaliador;

II – se verificar, posteriormente à avaliação, que houve majoração ou diminuição no valor do bem;

III – o juiz tiver fundada dúvida sobre o valor atribuído ao bem na primeira avaliação.

Parágrafo único. Aplica-se o art. 480 à nova avaliação prevista no inciso III do *caput* deste artigo.

Art. 874. Após a avaliação, o juiz poderá, a requerimento do interessado e ouvida a parte contrária, mandar:

I – reduzir a penhora aos bens suficientes ou transferi-la para outros, se o valor dos bens penhorados for consideravelmente superior ao crédito do exequente e dos acessórios;

II – ampliar a penhora ou transferi-la para outros bens mais valiosos, se o valor dos bens penhorados for inferior ao crédito do exequente.

• *Vide* art. 15, II, da LEF.
• *Vide* Súmula 406 do STJ.

Art. 875. Realizadas a penhora e a avaliação, o juiz dará início aos atos de expropriação do bem.

Seção IV
Da Expropriação de Bens

Subseção I
Da adjudicação

Art. 876. É lícito ao exequente, oferecendo preço não inferior ao da avaliação, requerer que lhe sejam adjudicados os bens penhorados.

§ 1.º Requerida a adjudicação, o executado será intimado do pedido:

I – pelo *Diário da Justiça*, na pessoa de seu advogado constituído nos autos;

II – por carta com aviso de recebimento, quando representado pela Defensoria Pública ou quando não tiver procurador constituído nos autos;

III – por meio eletrônico, quando, sendo o caso do § 1.º do art. 246, não tiver procurador constituído nos autos.

§ 2.º Considera-se realizada a intimação quando o executado houver mudado de endereço sem prévia comunicação ao juízo, observado o disposto no art. 274, parágrafo único.

§ 3.º Se o executado, citado por edital, não tiver procurador constituído nos autos, é dispensável a intimação prevista no § 1.º.

§ 4.º Se o valor do crédito for:

I – inferior ao dos bens, o requerente da adjudicação depositará de imediato a diferença, que ficará à disposição do executado;

II – superior ao dos bens, a execução prosseguirá pelo saldo remanescente.

§ 5.º Idêntico direito pode ser exercido por aqueles indicados no art. 889, incisos II a VIII, pelos credores concorrentes que hajam penhorado o mesmo bem, pelo cônjuge, pelo companheiro, pelos descendentes ou pelos ascendentes do executado.

§ 6.º Se houver mais de um pretendente, proceder-se-á a licitação entre eles, tendo preferência, em caso de igualdade de oferta, o cônjuge, o companheiro, o descendente ou o ascendente, nessa ordem.

§ 7.º No caso de penhora de quota social ou de ação de sociedade anônima fechada realizada em favor de exequente alheio à sociedade, esta será intimada, ficando responsável por informar aos sócios a ocorrência da penhora, assegurando-se a estes a preferência.

Art. 877. Transcorrido o prazo de 5 (cinco) dias, contado da última intimação, e decididas eventuais questões, o juiz ordenará a lavratura do auto de adjudicação.

§ 1.º Considera-se perfeita e acabada a adjudicação com a lavratura e a assinatura do auto pelo juiz, pelo adjudicatário, pelo escrivão ou chefe de secretaria, e, se estiver presente, pelo executado, expedindo-se:

I – a carta de adjudicação e o mandado de imissão na posse, quando se tratar de bem imóvel;

II – a ordem de entrega ao adjudicatário, quando se tratar de bem móvel.

§ 2.º A carta de adjudicação conterá a descrição do imóvel, com remissão à sua matrícula e aos seus registros, a cópia do auto de adjudicação e a prova de quitação do imposto de transmissão.

§ 3.º No caso de penhora de bem hipotecado, o executado poderá remi-lo até a assinatura do auto de adjudicação, oferecendo preço igual ao da avaliação, se não tiver havido licitantes, ou ao do maior lance oferecido.

§ 4.º Na hipótese de falência ou de insolvência do devedor hipotecário, o direito de remição previsto no § 3.º será deferido à massa ou aos credores em concurso, não podendo o exequente recusar o preço da avaliação do imóvel.

Art. 878. Frustradas as tentativas de alienação do bem, será reaberta oportunidade para requerimento de adjudicação, caso em que também se poderá pleitear a realização de nova avaliação.

Subseção II
Da alienação

Art. 879. A alienação far-se-á:

I – por iniciativa particular;

II – em leilão judicial eletrônico ou presencial.

Art. 880. Não efetivada a adjudicação, o exequente poderá requerer a alienação por sua própria iniciativa ou por intermédio de corretor ou leiloeiro público credenciado perante o órgão judiciário.

•• A Resolução n. 160, de 8-11-2011, do CJF, regulamenta o procedimento de alienação por iniciativa particular.

§ 1.º O juiz fixará o prazo em que a alienação deve ser efetivada, a forma de publicidade, o preço mínimo, as condições de pagamento, as garantias e, se for o caso, a comissão de corretagem.

§ 2.º A alienação será formalizada por termo nos autos, com a assinatura do juiz, do exequente, do adquirente e, se estiver presente, do executado, expedindo-se:

I – a carta de alienação e o mandado de imissão na posse, quando se tratar de bem imóvel;

II – a ordem de entrega ao adquirente, quando se tratar de bem móvel.

§ 3.º Os tribunais poderão editar disposições complementares sobre o procedimento da alienação prevista neste artigo, admitindo, quando for o caso, o concurso de meios eletrônicos, e dispor sobre o credenciamento dos corretores e leiloeiros públicos, os quais deverão estar em exercício profissional por não menos que 3 (três) anos.

§ 4.º Nas localidades em que não houver corretor ou leiloeiro público credenciado nos termos do § 3.º, a indicação será de livre escolha do exequente.

Art. 881. A alienação far-se-á em leilão judicial se não efetivada a adjudicação ou a alienação por iniciativa particular.

§ 1.º O leilão do bem penhorado será realizado por leiloeiro público.

• Leiloeiro: Decreto n. 21.981, de 19-10-1932.

§ 2.º Ressalvados os casos de alienação a cargo de corretores de bolsa de valores, todos os demais bens serão alienados em leilão público.

Art. 882. Não sendo possível a sua realização por meio eletrônico, o leilão será presencial.

§ 1.º A alienação judicial por meio eletrônico será realizada, observando-se as garantias processuais das partes, de acordo com regulamentação específica do Conselho Nacional de Justiça.

§ 2.º A alienação judicial por meio eletrônico deverá atender aos requisitos de ampla publicidade, autenticidade e segurança, com observância das regras estabelecidas na legislação sobre certificação digital.

§ 3.º O leilão presencial será realizado no local designado pelo juiz.

Art. 883. Caberá ao juiz a designação do leiloeiro público, que poderá ser indicado pelo exequente.

Art. 884. Incumbe ao leiloeiro público:

I – publicar o edital, anunciando a alienação;

II – realizar o leilão onde se encontrem os bens ou no lugar designado pelo juiz;

III – expor aos pretendentes os bens ou as amostras das mercadorias;

IV – receber e depositar, dentro de 1 (um) dia, à ordem do juiz, o produto da alienação;

V – prestar contas nos 2 (dois) dias subsequentes ao depósito.

Parágrafo único. O leiloeiro tem o direito de receber do arrematante a comissão estabelecida em lei ou arbitrada pelo juiz.

Art. 885. O juiz da execução estabelecerá o preço mínimo, as condições de pagamento e as garantias que poderão ser prestadas pelo arrematante.

Art. 886. O leilão será precedido de publicação de edital, que conterá:

• Vide art. 22 da LEF.

I – a descrição do bem penhorado, com suas características, e, tratando-se de imóvel, sua situação e suas divisas, com remissão à matrícula e aos registros;

II – o valor pelo qual o bem foi avaliado, o preço mínimo pelo qual poderá ser alienado, as condições de pagamento e, se for o caso, a comissão do leiloeiro designado;

III – o lugar onde estiverem os móveis, os veículos e os semoventes e, tratando-se de créditos ou direitos, a identificação dos autos do processo em que foram penhorados;

IV – o sítio, na rede mundial de computadores, e o período em que se realizará o leilão, salvo se este se der de modo presencial, hipótese em que serão indicados o local, o dia e a hora de sua realização;

V – a indicação de local, dia e hora de segundo leilão presencial, para a hipótese de não haver interessado no primeiro;

VI – menção da existência de ônus, recurso ou processo pendente sobre os bens a serem leiloados.

Parágrafo único. No caso de títulos da dívida pública e de títulos negociados em bolsa, constará do edital o valor da última cotação.

Art. 887. O leiloeiro público designado adotará providências para a ampla divulgação da alienação.

§ 1.º A publicação do edital deverá ocorrer pelo menos 5 (cinco) dias antes da data marcada para o leilão.

§ 2.º O edital será publicado na rede mundial de computadores, em sítio designado pelo juízo da execução, e conterá descrição detalhada e, sempre que possível, ilustrada dos bens, informando expressamente se o leilão se realizará de forma eletrônica ou presencial.

§ 3.º Não sendo possível a publicação na rede mundial de computadores ou considerando o juiz, em atenção às condições da sede do juízo, que esse modo de divulgação é insuficiente ou inadequado, o edital será afixado em local de costume e publicado, em resumo, pelo menos uma vez em jornal de ampla circulação local.

§ 4.º Atendendo ao valor dos bens e às condições da sede do juízo, o juiz poderá alterar a forma e a frequência da publicidade na imprensa, mandar publicar o edital em local de ampla circulação de pessoas e divulgar avisos em emissora de rádio ou televisão local, bem como em sítios distintos do indicado no § 2.º.

§ 5.º Os editais de leilão de imóveis e de veículos automotores serão publicados pela imprensa ou por outros meios de divulgação, preferencialmente na seção ou no local reservados à publicidade dos respectivos negócios.

§ 6.º O juiz poderá determinar a reunião de publicações em listas referentes a mais de uma execução.

Art. 888. Não se realizando o leilão por qualquer motivo, o juiz mandará publicar a transferência, observando-se o disposto no art. 887.

Parágrafo único. O escrivão, o chefe de secretaria ou o leiloeiro que culposamente der causa à transferência responde pelas despesas da nova publicação, podendo o juiz aplicar-lhe a pena de suspensão por 5 (cinco) dias a 3 (três) meses, em procedimento administrativo regular.

Art. 889. Serão cientificados da alienação judicial, com pelo menos 5 (cinco) dias de antecedência:

I – o executado, por meio de seu advogado ou, se não tiver procurador constituído nos autos, por carta registrada, mandado, edital ou outro meio idôneo;

• Vide art. 804 do CPC.
• Vide Súmula 121 do STJ.

II – o coproprietário de bem indivisível do qual tenha sido penhorada fração ideal;

III – o titular de usufruto, uso, habitação, enfiteuse, direito de superfície, concessão de uso especial para fins de moradia ou concessão de direito real de uso, quando a penhora recair sobre bem gravado com tais direitos reais;

IV – o proprietário do terreno submetido ao regime de direito de superfície, enfiteuse, concessão de uso especial para fins de moradia ou concessão de direito real de uso, quando a penhora recair sobre tais direitos reais;

V – o credor pignoratício, hipotecário, anticrético, fiduciário ou com penhora anteriormente averbada, quando a penhora recair sobre bens com tais gravames, caso não seja o credor, de qualquer modo, parte na execução;

VI – o promitente comprador, quando a penhora recair sobre bem em relação ao qual haja promessa de compra e venda registrada;

VII – o promitente vendedor, quando a penhora recair sobre direito aquisitivo derivado de promessa de compra e venda registrada;

VIII – a União, o Estado e o Município, no caso de alienação de bem tombado.

Parágrafo único. Se o executado for revel e não tiver advogado constituído, não constando dos autos seu endereço atual ou, ainda, não sendo ele encontrado no endereço constante do processo, a intimação considerar-se-á feita por meio do próprio edital de leilão.

Art. 890. Pode oferecer lance quem estiver na livre administração de seus bens, com exceção:

I – dos tutores, dos curadores, dos testamenteiros, dos administradores ou dos liquidantes, quanto aos bens confiados à sua guarda e à sua responsabilidade;

II – dos mandatários, quanto aos bens de cuja administração ou alienação estejam encarregados;
III – do juiz, do membro do Ministério Público e da Defensoria Pública, do escrivão, do chefe de secretaria e dos demais servidores e auxiliares da justiça, em relação aos bens e direitos objeto de alienação na localidade onde servirem ou a que se estender a sua autoridade;
IV – dos servidores públicos em geral, quanto aos bens ou aos direitos da pessoa jurídica a que servirem ou que estejam sob sua administração direta ou indireta;
V – dos leiloeiros e seus prepostos, quanto aos bens de cuja venda estejam encarregados;
VI – dos advogados de qualquer das partes.
Art. 891. Não será aceito lance que ofereça preço vil.
• Vide Súmula 128 do STJ.
Parágrafo único. Considera-se vil o preço inferior ao mínimo estipulado pelo juiz e constante do edital, e, não tendo sido fixado preço mínimo, considera-se vil o preço inferior a cinquenta por cento do valor da avaliação.
Art. 892. Salvo pronunciamento judicial em sentido diverso, o pagamento deverá ser realizado de imediato pelo arrematante, por depósito judicial ou por meio eletrônico.
§ 1.º Se o exequente arrematar os bens e for o único credor, não estará obrigado a exibir o preço, mas, se o valor dos bens exceder ao seu crédito, depositará, dentro de 3 (três) dias, a diferença, sob pena de tornar-se sem efeito a arrematação, e, nesse caso, realizar-se-á novo leilão, à custa do exequente.
§ 2.º Se houver mais de um pretendente, proceder-se-á entre eles a licitação, e, no caso de igualdade de oferta, terá preferência o cônjuge, o companheiro, o descendente ou o ascendente do executado, nessa ordem.
§ 3.º No caso de leilão de bem tombado, a União, os Estados e os Municípios terão, nessa ordem, o direito de preferência na arrematação, em igualdade de oferta.
Art. 893. Se o leilão for de diversos bens e houver mais de um lançador, terá preferência aquele que se propuser a arrematá-los todos, em conjunto, oferecendo, para os bens que não tiverem lance, preço igual ao da avaliação e, para os demais, preço igual ao do maior lance que, na tentativa de arrematação individualizada, tenha sido oferecido para eles.
• Vide art. 23, § 1.º, da LEF.
Art. 894. Quando o imóvel admitir cômoda divisão, o juiz, a requerimento do executado, ordenará a alienação judicial de parte dele, desde que suficiente para o pagamento do exequente e para a satisfação das despesas da execução.
§ 1.º Não havendo lançador, far-se-á a alienação do imóvel em sua integridade.

§ 2.º A alienação por partes deverá ser requerida a tempo de permitir a avaliação das glebas destacadas e sua inclusão no edital, e, nesse caso, caberá ao executado instruir o requerimento com planta e memorial descritivo subscritos por profissional habilitado.
Art. 895. O interessado em adquirir o bem penhorado em prestações poderá apresentar, por escrito:
I – até o início do primeiro leilão, proposta de aquisição do bem por valor não inferior ao da avaliação;
II – até o início do segundo leilão, proposta de aquisição do bem por valor que não seja considerado vil.
§ 1.º A proposta conterá, em qualquer hipótese, oferta de pagamento de pelo menos vinte e cinco por cento do valor do lance à vista e o restante parcelado em até 30 (trinta) meses, garantido por caução idônea, quando se tratar de móveis, e por hipoteca do próprio bem, quando se tratar de imóveis.
§ 2.º As propostas para aquisição em prestações indicarão o prazo, a modalidade, o indexador de correção monetária e as condições de pagamento do saldo.
§ 3.º (Vetado.)
§ 4.º No caso de atraso no pagamento de qualquer das prestações, incidirá multa de dez por cento sobre a soma da parcela inadimplida com as parcelas vincendas.
§ 5.º O inadimplemento autoriza o exequente a pedir a resolução da arrematação ou promover, em face do arrematante, a execução do valor devido, devendo ambos os pedidos ser formulados nos autos da execução em que se deu a arrematação.
§ 6.º A apresentação da proposta prevista neste artigo não suspende o leilão.
§ 7.º A proposta de pagamento do lance à vista sempre prevalecerá sobre as propostas de pagamento parcelado.
§ 8.º Havendo mais de uma proposta de pagamento parcelado:
I – em diferentes condições, o juiz decidirá pela mais vantajosa, assim compreendida, sempre, a de maior valor;
II – em iguais condições, o juiz decidirá pela formulada em primeiro lugar.
§ 9.º No caso de arrematação a prazo, os pagamentos feitos pelo arrematante pertencerão ao exequente até o limite de seu crédito, e os subsequentes, ao executado.
Art. 896. Quando o imóvel de incapaz não alcançar em leilão pelo menos oitenta por cento do valor da avaliação, o juiz o confiará à guarda e à administração de depositário idôneo, adiando a alienação por prazo não superior a 1 (um) ano.
§ 1.º Se, durante o adiamento, algum pretendente assegurar, mediante caução idônea, o preço da avaliação, o juiz ordenará a alienação em leilão.
§ 2.º Se o pretendente à arrematação se arrepender, o juiz impor-lhe-á multa de vinte por cento sobre o valor da avaliação, em benefício do incapaz, valendo a decisão como título executivo.
§ 3.º Sem prejuízo do disposto nos §§ 1.º e 2.º, o juiz poderá autorizar a locação do imóvel no prazo do adiamento.
§ 4.º Findo o prazo do adiamento, o imóvel será submetido a novo leilão.
Art. 897. Se o arrematante ou seu fiador não pagar o preço no prazo estabelecido, o juiz impor-lhe-á, em favor do exequente, a perda da caução, voltando os bens a novo leilão, do qual não serão admitidos a participar o arrematante e o fiador remissos.
Art. 898. O fiador do arrematante que pagar o valor do lance e a multa poderá requerer que a arrematação lhe seja transferida.
Art. 899. Será suspensa a arrematação logo que o produto da alienação dos bens for suficiente para o pagamento do credor e para a satisfação das despesas da execução.
• Vide Súmula 128 do STJ.
Art. 900. O leilão prosseguirá no dia útil imediato, à mesma hora em que teve início, independentemente de novo edital, se for ultrapassado o horário de expediente forense.
• Vide arts. 212 a 216 do CPC.
Art. 901. A arrematação constará de auto que será lavrado de imediato e poderá abranger bens penhorados em mais de uma execução, nele mencionadas as condições nas quais foi alienado o bem.
§ 1.º A ordem de entrega do bem móvel ou a carta de arrematação do bem imóvel, com o respectivo mandado de imissão na posse, será expedida depois de efetuado o depósito ou prestadas as garantias pelo arrematante, bem como realizado o pagamento da comissão do leiloeiro e das demais despesas da execução.
• Vide art. 826 do CPC.
§ 2.º A carta de arrematação conterá a descrição do imóvel, com remissão à sua matrícula ou individuação e aos seus registros, a cópia do auto de arrematação e a prova de pagamento do imposto de transmissão, além da indicação da existência de eventual ônus real ou gravame.
Art. 902. No caso de leilão de bem hipotecado, o executado poderá remi-lo até a assinatura do auto de arrematação, oferecendo preço igual ao do maior lance oferecido.
Parágrafo único. No caso de falência ou insolvência do devedor hipotecário, o direito de remição previsto no caput deferir-se-á à massa ou aos credores em concurso, não podendo o exequente recusar o preço da avaliação do imóvel.
Art. 903. Qualquer que seja a modalidade de leilão, assinado o auto pelo juiz, pelo arrematante e pelo leiloeiro, a arrematação será considerada perfeita, acabada e irretratável, ainda que venham a ser julgados procedentes os embargos do executado ou a

ação autônoma de que trata o § 4.º deste artigo, assegurada a possibilidade de reparação pelos prejuízos sofridos.

§ 1.º Ressalvadas outras situações previstas neste Código, a arrematação poderá, no entanto, ser:

I – invalidada, quando realizada por preço vil ou com outro vício;

II – considerada ineficaz, se não observado o disposto no art. 804;

III – resolvida, se não for pago o preço ou se não for prestada a caução.

§ 2.º O juiz decidirá acerca das situações referidas no § 1.º, se for provocado em até 10 (dez) dias após o aperfeiçoamento da arrematação.

§ 3.º Passado o prazo previsto no § 2.º sem que tenha havido alegação de qualquer das situações previstas no § 1.º, será expedida a carta de arrematação e, conforme o caso, a ordem de entrega ou mandado de imissão na posse.

§ 4.º Após a expedição da carta de arrematação ou da ordem de entrega, a invalidação da arrematação poderá ser pleiteada por ação autônoma, em cujo processo o arrematante figurará como litisconsorte necessário.

§ 5.º O arrematante poderá desistir da arrematação, sendo-lhe imediatamente devolvido o depósito que tiver feito:

I – se provar, nos 10 (dez) dias seguintes, a existência de ônus real ou gravame não mencionado no edital;

II – se, antes de expedida a carta de arrematação ou a ordem de entrega, o executado alegar alguma das situações previstas no § 1.º;

III – uma vez citado para responder a ação autônoma de que trata o § 4.º deste artigo, desde que apresente a desistência no prazo de que dispõe para responder a essa ação.

§ 6.º Considera-se ato atentatório à dignidade da justiça a suscitação infundada de vício com o objetivo de ensejar a desistência do arrematante, devendo o suscitante ser condenado, sem prejuízo da responsabilidade por perdas e danos, ao pagamento de multa, a ser fixada pelo juiz e devida ao exequente, em montante não superior a vinte por cento do valor atualizado do bem.

Seção V
Da Satisfação do Crédito

Art. 904. A satisfação do crédito exequendo far-se-á:

I – pela entrega do dinheiro;

II – pela adjudicação dos bens penhorados.

Art. 905. O juiz autorizará que o exequente levante, até a satisfação integral de seu crédito, o dinheiro depositado para segurar o juízo ou o produto dos bens alienados, bem como do faturamento de empresa ou de outros frutos e rendimentos de coisas ou empresas penhoradas, quando:

• *Vide* art. 858 do CPC.

I – a execução for movida só a benefício do exequente singular, a quem, por força da penhora, cabe o direito de preferência sobre os bens penhorados e alienados;

II – não houver sobre os bens alienados outros privilégios ou preferências instituídos anteriormente à penhora.

Parágrafo único. Durante o plantão judiciário, veda-se a concessão de pedidos de levantamento de importância em dinheiro ou valores ou de liberação de bens apreendidos.

Art. 906. Ao receber o mandado de levantamento, o exequente dará ao executado, por termo nos autos, quitação da quantia paga.

Parágrafo único. A expedição de mandado de levantamento poderá ser substituída pela transferência eletrônica do valor depositado em conta vinculada ao juízo para outra indicada pelo exequente.

Art. 907. Pago ao exequente o principal, os juros, as custas e os honorários, a importância que sobrar será restituída ao executado.

• Honorários advocatícios: *vide* arts. 22 a 26 do EAOAB.
• *Vide* Lei n. 6.899, de 8-4-1981.
• *Vide* Súmulas 14 e 36 do STJ.

Art. 908. Havendo pluralidade de credores ou exequentes, o dinheiro lhes será distribuído e entregue consoante a ordem das respectivas preferências.

• *Vide* art. 797, parágrafo único, do CPC.
• *Vide* art. 24 do EAOAB.

§ 1.º No caso de adjudicação ou alienação, os créditos que recaem sobre o bem, inclusive os de natureza *propter rem*, sub-rogam-se sobre o respectivo preço, observada a ordem de preferência.

§ 2.º Não havendo título legal à preferência, o dinheiro será distribuído entre os concorrentes, observando-se a anterioridade de cada penhora.

Art. 909. Os exequentes formularão as suas pretensões, que versarão unicamente sobre o direito de preferência e a anterioridade da penhora, e, apresentadas as razões, o juiz decidirá.

Capítulo V
DA EXECUÇÃO CONTRA A FAZENDA PÚBLICA

Art. 910. Na execução fundada em título extrajudicial, a Fazenda Pública será citada para opor embargos em 30 (trinta) dias.

• *Vide* art. 100 da CF.
• *Vide* Súmulas 279 e 339 do STJ.
• A Resolução n. 303, de 18-12-2019, do CNJ, dispõe sobre a gestão dos precatórios e respectivos procedimentos operacionais no âmbito do Poder Judiciário.

§ 1.º Não opostos embargos ou transitada em julgado a decisão que os rejeitar, expedir-se-á precatório ou requisição de pequeno valor em favor do exequente, observando-se o disposto no art. 100 da Constituição Federal.

§ 2.º Nos embargos, a Fazenda Pública poderá alegar qualquer matéria que lhe seria lícito deduzir como defesa no processo de conhecimento.

§ 3.º Aplica-se a este Capítulo, no que couber, o disposto nos arts. 534 e 535.

Capítulo VI
DA EXECUÇÃO DE ALIMENTOS

•• *Vide* art. 5.º, LXVII, da CF (prisão civil por dívida de alimentos).

Art. 911. Na execução fundada em título executivo extrajudicial que contenha obrigação alimentar, o juiz mandará citar o executado para, em 3 (três) dias, efetuar o pagamento das parcelas anteriores ao início da execução e das que se vencerem no seu curso, provar que o fez ou justificar a impossibilidade de fazê-lo.

• *Vide* art. 523, §§ 1.º e 3.º, do CPC.

Parágrafo único. Aplicam-se, no que couber, os §§ 2.º a 7.º do art. 528.

Art. 912. Quando o executado for funcionário público, militar, diretor ou gerente de empresa, bem como empregado sujeito à legislação do trabalho, o exequente poderá requerer o desconto em folha de pagamento de pessoal da importância da prestação alimentícia.

• *Vide* art. 833, IV, do CPC.

§ 1.º Ao despachar a inicial, o juiz oficiará à autoridade, à empresa ou ao empregador, determinando, sob pena de crime de desobediência, o desconto a partir da primeira remuneração posterior do executado, a contar do protocolo do ofício.

§ 2.º O ofício conterá os nomes e o número de inscrição no Cadastro de Pessoas Físicas do exequente e do executado, a importância a ser descontada mensalmente, a conta na qual deve ser feito o depósito e, se for o caso, o tempo de sua duração.

Art. 913. Não requerida a execução nos termos deste Capítulo, observar-se-á o disposto no art. 824 e seguintes, com a ressalva de que, recaindo a penhora em dinheiro, a concessão de efeito suspensivo aos embargos à execução não obsta a que o exequente levante mensalmente a importância da prestação.

TÍTULO III
DOS EMBARGOS À EXECUÇÃO

Art. 914. O executado, independentemente de penhora, depósito ou caução, poderá se opor à execução por meio de embargos.

• *Vide* arts. 535 e 917 do CPC.

§ 1.º Os embargos à execução serão distribuídos por dependência, autuados em apartado e instruídos com cópias das peças processuais relevantes, que poderão ser declaradas autênticas pelo próprio advogado, sob sua responsabilidade pessoal.

§ 2.º Na execução por carta, os embargos serão oferecidos no juízo deprecante ou no juízo deprecado, mas a competência para julgá-los é do juízo deprecante, salvo se versarem unicamente sobre vícios ou defeitos da penhora, da avaliação ou da alienação dos bens efetuadas no juízo deprecado.

Art. 915. Os embargos serão oferecidos no prazo de 15 (quinze) dias, contado, conforme o caso, na forma do art. 231.
• Vide art. 16 da LEF.
• Vide Súmula 394 do STJ.

§ 1.º Quando houver mais de um executado, o prazo para cada um deles embargar conta-se a partir da juntada do respectivo comprovante da citação, salvo no caso de cônjuges ou de companheiros, quando será contado a partir da juntada do último.

§ 2.º Nas execuções por carta, o prazo para embargos será contado:
I – da juntada, na carta, da certificação da citação, quando versarem unicamente sobre vícios ou defeitos da penhora, da avaliação ou da alienação dos bens;
II – da juntada, nos autos de origem, do comunicado de que trata o § 4.º deste artigo ou, não havendo este, da juntada da carta devidamente cumprida, quando versarem sobre questões diversas da prevista no inciso I deste parágrafo.

§ 3.º Em relação ao prazo para oferecimento dos embargos à execução, não se aplica o disposto no art. 229.

§ 4.º Nos atos de comunicação por carta precatória, rogatória ou de ordem, a realização da citação será imediatamente informada, por meio eletrônico, pelo juiz deprecado ao juiz deprecante.

Art. 916. No prazo para embargos, reconhecendo o crédito do exequente e comprovando o depósito de trinta por cento do valor em execução, acrescido de custas e de honorários de advogado, o executado poderá requerer que lhe seja permitido pagar o restante em até 6 (seis) parcelas mensais, acrescidas de correção monetária e de juros de um por cento ao mês.

§ 1.º O exequente será intimado para manifestar-se sobre o preenchimento dos pressupostos do *caput*, e o juiz decidirá o requerimento em 5 (cinco) dias.

§ 2.º Enquanto não apreciado o requerimento, o executado terá de depositar as parcelas vincendas, facultado ao exequente seu levantamento.

§ 3.º Deferida a proposta, o exequente levantará a quantia depositada, e serão suspensos os atos executivos.

§ 4.º Indeferida a proposta, seguir-se-ão os atos executivos, mantido o depósito, que será convertido em penhora.

§ 5.º O não pagamento de qualquer das prestações acarretará cumulativamente:
I – o vencimento das prestações subsequentes e o prosseguimento do processo, com o imediato reinício dos atos executivos;
II – a imposição ao executado de multa de dez por cento sobre o valor das prestações não pagas.

§ 6.º A opção pelo parcelamento de que trata este artigo importa renúncia ao direito de opor embargos.

§ 7.º O disposto neste artigo não se aplica ao cumprimento da sentença.

Art. 917. Nos embargos à execução, o executado poderá alegar:
I – inexequibilidade do título ou inexigibilidade da obrigação;
II – penhora incorreta ou avaliação errônea;
III – excesso de execução ou cumulação indevida de execuções;
• Vide art. 917, §§ 3.º e 4.º, do CPC.
IV – retenção por benfeitorias necessárias ou úteis, nos casos de execução para entrega de coisa certa;
V – incompetência absoluta ou relativa do juízo da execução;
VI – qualquer matéria que lhe seria lícito deduzir como defesa em processo de conhecimento.

§ 1.º A incorreção da penhora ou da avaliação poderá ser impugnada por simples petição, no prazo de 15 (quinze) dias, contado da ciência do ato.

§ 2.º Há excesso de execução quando:
I – o exequente pleiteia quantia superior à do título;
II – ela recai sobre coisa diversa daquela declarada no título;
III – ela se processa de modo diferente do que foi determinado no título;
IV – o exequente, sem cumprir a prestação que lhe corresponde, exige o adimplemento da prestação do executado;
V – o exequente não prova que a condição se realizou.

§ 3.º Quando alegar que o exequente, em excesso de execução, pleiteia quantia superior à do título, o embargante declarará na petição inicial o valor que entende correto, apresentando demonstrativo discriminado e atualizado de seu cálculo.

§ 4.º Não apontado o valor correto ou não apresentado o demonstrativo, os embargos à execução:
I – serão liminarmente rejeitados, sem resolução de mérito, se o excesso de execução for o seu único fundamento;
II – serão processados, se houver outro fundamento, mas o juiz não examinará a alegação de excesso de execução.

§ 5.º Nos embargos de retenção por benfeitorias, o exequente poderá requerer a compensação de seu valor com o dos frutos ou dos danos considerados devidos pelo executado, cumprindo ao juiz, para a apuração dos respectivos valores, nomear perito, observando-se, então, o art. 464.

§ 6.º O exequente poderá a qualquer tempo ser imitido na posse da coisa, prestando caução ou depositando o valor devido pelas benfeitorias ou resultante da compensação.

§ 7.º A arguição de impedimento e suspeição observará o disposto nos arts. 146 e 148.

Art. 918. O juiz rejeitará liminarmente os embargos:
• Vide art. 1.012, § 1.º, III, do CPC.
I – quando intempestivos;
II – nos casos de indeferimento da petição inicial e de improcedência liminar do pedido;
III – manifestamente protelatórios.
Parágrafo único. Considera-se conduta atentatória à dignidade da justiça o oferecimento de embargos manifestamente protelatórios.

Art. 919. Os embargos à execução não terão efeito suspensivo.

§ 1.º O juiz poderá, a requerimento do embargante, atribuir efeito suspensivo aos embargos quando verificados os requisitos para a concessão da tutela provisória e desde que a execução já esteja garantida por penhora, depósito ou caução suficientes.

§ 2.º Cessando as circunstâncias que a motivaram, a decisão relativa aos efeitos dos embargos poderá, a requerimento da parte, ser modificada ou revogada a qualquer tempo, em decisão fundamentada.

§ 3.º Quando o efeito suspensivo atribuído aos embargos disser respeito apenas a parte do objeto da execução, esta prosseguirá quanto à parte restante.

§ 4.º A concessão de efeito suspensivo aos embargos oferecidos por um dos executados não suspenderá a execução contra os que não embargaram quando o respectivo fundamento disser respeito exclusivamente ao embargante.

§ 5.º A concessão de efeito suspensivo não impedirá a efetivação dos atos de substituição, de reforço ou de redução da penhora e de avaliação dos bens.

Art. 920. Recebidos os embargos:
• Vide art. 17 da LEF.
I – o exequente será ouvido no prazo de 15 (quinze) dias;
II – a seguir, o juiz julgará imediatamente o pedido ou designará audiência;
III – encerrada a instrução, o juiz proferirá sentença.

TÍTULO IV
DA SUSPENSÃO E DA EXTINÇÃO DO PROCESSO DE EXECUÇÃO

Capítulo I
DA SUSPENSÃO DO PROCESSO DE EXECUÇÃO

Art. 921. Suspende-se a execução:
I – nas hipóteses dos arts. 313 e 315, no que couber;
II – no todo ou em parte, quando recebidos com efeito suspensivo os embargos à execução;
III – quando não for localizado o executado ou bens penhoráveis;
•• Inciso III com redação determinada pela Lei n. 14.195, de 26-8-2021.
• Vide art. 40 da LEF.

- *Vide* Súmula 314 do STJ.

IV – se a alienação dos bens penhorados não se realizar por falta de licitantes e o exequente, em 15 (quinze) dias, não requerer a adjudicação nem indicar outros bens penhoráveis;

V – quando concedido o parcelamento de que trata o art. 916.

§ 1.º Na hipótese do inciso III, o juiz suspenderá a execução pelo prazo de 1 (um) ano, durante o qual se suspenderá a prescrição.

§ 2.º Decorrido o prazo máximo de 1 (um) ano sem que seja localizado o executado ou que sejam encontrados bens penhoráveis, o juiz ordenará o arquivamento dos autos.

§ 3.º Os autos serão desarquivados para prosseguimento da execução se a qualquer tempo forem encontrados bens penhoráveis.

§ 4.º O termo inicial da prescrição no curso do processo será a ciência da primeira tentativa infrutífera de localização do devedor ou de bens penhoráveis, e será suspensa, por uma única vez, pelo prazo máximo previsto no § 1.º deste artigo.

•• § 4.º com redação determinada pela Lei n. 14.195, de 26-8-2021.

§ 4.º-A. A efetiva citação, intimação do devedor ou constrição de bens penhoráveis interrompe o prazo de prescrição, que não corre pelo tempo necessário à citação e à intimação do devedor, bem como para as formalidades da constrição patrimonial, se necessária, desde que o credor cumpra os prazos previstos na lei processual ou fixados pelo juiz.

•• § 4.º-A acrescentado pela Lei n. 14.195, de 26-8-2021.

§ 5.º O juiz, depois de ouvidas as partes, no prazo de 15 (quinze) dias, poderá, de ofício, reconhecer a prescrição no curso do processo e extingui-lo, sem ônus para as partes.

•• § 5.º com redação determinada pela Lei n. 14.195, de 26-8-2021.

§ 6.º A alegação de nulidade quanto ao procedimento previsto neste artigo somente será conhecida caso demonstrada a ocorrência de efetivo prejuízo, que será presumido apenas em caso de inexistência da intimação de que trata o § 4.º deste artigo.

•• § 6.º acrescentado pela Lei n. 14.195, de 26-8-2021.

§ 7.º Aplica-se o disposto neste artigo ao cumprimento de sentença de que trata o art. 523 deste Código.

•• § 7.º acrescentado pela Lei n. 14.195, de 26-8-2021.

Art. 922. Convindo as partes, o juiz declarará suspensa a execução durante o prazo concedido pelo exequente para que o executado cumpra voluntariamente a obrigação.

Parágrafo único. Findo o prazo sem cumprimento da obrigação, o processo retomará o seu curso.

Art. 923. Suspensa a execução, não serão praticados atos processuais, podendo o juiz, entretanto, salvo no caso de arguição de impedimento ou de suspeição, ordenar providências urgentes.

- *Vide* arts. 221 e 314 do CPC.

Capítulo II
DA EXTINÇÃO DO PROCESSO DE EXECUÇÃO

Art. 924. Extingue-se a execução quando:

I – a petição inicial for indeferida;

II – a obrigação for satisfeita;

- *Vide* art. 807 do CPC.

III – o executado obtiver, por qualquer outro meio, a extinção total da dívida;

- Transação em matéria tributária: *vide* art. 171 do CTN.

IV – o exequente renunciar ao crédito;

- A Lei n. 9.469, de 10-7-1997, dispõe sobre a transação nas causas de interesse da União, suas autarquias, fundações e empresas públicas federais.

V – ocorrer a prescrição intercorrente.

•• *Vide* art. 1.056 do CPC.

Art. 925. A extinção só produz efeito quando declarada por sentença.

Livro III
DOS PROCESSOS NOS TRIBUNAIS E DOS MEIOS DE IMPUGNAÇÃO DAS DECISÕES JUDICIAIS

Título I
DA ORDEM DOS PROCESSOS E DOS PROCESSOS DE COMPETÊNCIA ORIGINÁRIA DOS TRIBUNAIS

Capítulo I
DISPOSIÇÕES GERAIS

Art. 926. Os tribunais devem uniformizar sua jurisprudência e mantê-la estável, íntegra e coerente.

§ 1.º Na forma estabelecida e segundo os pressupostos fixados no regimento interno, os tribunais editarão enunciados de súmula correspondentes a sua jurisprudência dominante.

§ 2.º Ao editar enunciados de súmula, os tribunais devem ater-se às circunstâncias fáticas dos precedentes que motivaram sua criação.

Art. 927. Os juízes e os tribunais observarão:

I – as decisões do Supremo Tribunal Federal em controle concentrado de constitucionalidade;

- *Vide* arts. 102, I, *a*, e 103 da CF.

II – os enunciados de súmula vinculante;

•• *Vide* art. 103-A da CF.

III – os acórdãos em incidente de assunção de competência ou de resolução de demandas repetitivas e em julgamento de recursos extraordinário e especial repetitivos;

- *Vide* arts. 1.036 a 1.041 do CPC.

IV – os enunciados das súmulas do Supremo Tribunal Federal em matéria constitucional e do Superior Tribunal de Justiça em matéria infraconstitucional;

V – a orientação do plenário ou do órgão especial aos quais estiverem vinculados.

§ 1.º Os juízes e os tribunais observarão o disposto no art. 10 e no art. 489, § 1.º, quando decidirem com fundamento neste artigo.

§ 2.º A alteração de tese jurídica adotada em enunciado de súmula ou em julgamento de casos repetitivos poderá ser precedida de audiências públicas e da participação de pessoas, órgãos ou entidades que possam contribuir para a rediscussão da tese.

§ 3.º Na hipótese de alteração de jurisprudência dominante do Supremo Tribunal Federal e dos tribunais superiores ou daquela oriunda de julgamento de casos repetitivos, pode haver modulação dos efeitos da alteração no interesse social e no da segurança jurídica.

§ 4.º A modificação de enunciado de súmula, de jurisprudência pacificada ou de tese adotada em julgamento de casos repetitivos observará a necessidade de fundamentação adequada e específica, considerando os princípios da segurança jurídica, da proteção da confiança e da isonomia.

§ 5.º Os tribunais darão publicidade a seus precedentes, organizando-os por questão jurídica decidida e divulgando-os, preferencialmente, na rede mundial de computadores.

Art. 928. Para os fins deste Código, considera-se julgamento de casos repetitivos a decisão proferida em:

I – incidente de resolução de demandas repetitivas;

- *Vide* arts. 976 a 987 do CPC.

II – recursos especial e extraordinário repetitivos.

- *Vide* arts. 1.036 a 1.041 do CPC.

Parágrafo único. O julgamento de casos repetitivos tem por objeto questão de direito material ou processual.

Capítulo II
DA ORDEM DOS PROCESSOS NO TRIBUNAL

Art. 929. Os autos serão registrados no protocolo do tribunal no dia de sua entrada, cabendo à secretaria ordená-los, com imediata distribuição.

Parágrafo único. A critério do tribunal, os serviços de protocolo poderão ser descentralizados, mediante delegação a ofícios de justiça de primeiro grau.

Art. 930. Far-se-á a distribuição de acordo com o regimento interno do tribunal, observando-se a alternatividade, o sorteio eletrônico e a publicidade.

Parágrafo único. O primeiro recurso protocolado no tribunal tornará prevento o relator para eventual recurso subsequente interposto no mesmo processo ou em processo conexo.

Art. 931. Distribuídos, os autos serão imediatamente conclusos ao relator, que, em 30 (trinta) dias, depois de elaborar o voto, restituí-los-á, com relatório, à secretaria.

Art. 932. Incumbe ao relator:

I – dirigir e ordenar o processo no tribunal, inclusive em relação à produção de prova, bem como, quando for o caso, homologar autocomposição das partes;

II – apreciar o pedido de tutela provisória nos recursos e nos processos de competência originária do tribunal;

III – não conhecer de recurso inadmissível, prejudicado ou que não tenha impugnado especificamente os fundamentos da decisão recorrida;

• Vide Súmula 316 do STJ.

IV – negar provimento a recurso que for contrário a:

a) súmula do Supremo Tribunal Federal, do Superior Tribunal de Justiça ou do próprio tribunal;

b) acórdão proferido pelo Supremo Tribunal Federal ou pelo Superior Tribunal de Justiça em julgamento de recursos repetitivos;

c) entendimento firmado em incidente de resolução de demandas repetitivas ou de assunção de competência;

V – depois de facultada a apresentação de contrarrazões, dar provimento ao recurso se a decisão recorrida for contrária a:

a) súmula do Supremo Tribunal Federal, do Superior Tribunal de Justiça ou do próprio tribunal;

b) acórdão proferido pelo Supremo Tribunal Federal ou pelo Superior Tribunal de Justiça em julgamento de recursos repetitivos;

• Vide arts. 1.036 a 1.041 do CPC.

c) entendimento firmado em incidente de resolução de demandas repetitivas ou de assunção de competência;

• Vide arts. 976 a 987 do CPC.

VI – decidir o incidente de desconsideração da personalidade jurídica, quando este for instaurado originariamente perante o tribunal;

VII – determinar a intimação do Ministério Público, quando for o caso;

VIII – exercer outras atribuições estabelecidas no regimento interno do tribunal.

Parágrafo único. Antes de considerar inadmissível o recurso, o relator concederá o prazo de 5 (cinco) dias ao recorrente para que seja sanado vício ou complementada a documentação exigível.

• Vide Súmula 385 do TST.

Art. 933. Se o relator constatar a ocorrência de fato superveniente à decisão recorrida ou a existência de questão apreciável de ofício ainda não examinada que devam ser considerados no julgamento do recurso, intimará as partes para que se manifestem no prazo de 5 (cinco) dias.

§ 1.º Se a constatação ocorrer durante a sessão de julgamento, esse será imediatamente suspenso a fim de que as partes se manifestem especificamente.

§ 2.º Se a constatação se der em vista dos autos, deverá o juiz que a solicitou encaminhá-los ao relator, que tomará as providências previstas no *caput* e, em seguida, solicitará a inclusão do feito em pauta para prosseguimento do julgamento, com submissão integral da nova questão aos julgadores.

Art. 934. Em seguida, os autos serão apresentados ao presidente, que designará dia para julgamento, ordenando, em todas as hipóteses previstas neste Livro, a publicação da pauta no órgão oficial.

Art. 935. Entre a data de publicação da pauta e a da sessão de julgamento decorrerá, pelo menos, o prazo de 5 (cinco) dias, incluindo-se em nova pauta os processos que não tenham sido julgados, salvo aqueles cujo julgamento tiver sido expressamente adiado para a primeira sessão seguinte.

§ 1.º Às partes será permitida vista dos autos em cartório após a publicação da pauta de julgamento.

§ 2.º Afixar-se-á a pauta na entrada da sala em que se realizar a sessão de julgamento.

Art. 936. Ressalvadas as preferências legais e regimentais, os recursos, a remessa necessária e os processos de competência originária serão julgados na seguinte ordem:

I – aqueles nos quais houver sustentação oral, observada a ordem dos requerimentos;

II – os requerimentos de preferência apresentados até o início da sessão de julgamento;

III – aqueles cujo julgamento tenha iniciado em sessão anterior; e

IV – os demais casos.

Art. 937. Na sessão de julgamento, depois da exposição da causa pelo relator, o presidente dará a palavra, sucessivamente, ao recorrente, ao recorrido e, nos casos de sua intervenção, ao membro do Ministério Público, pelo prazo improrrogável de 15 (quinze) minutos para cada um, a fim de sustentarem suas razões, nas seguintes hipóteses, nos termos da parte final do *caput* do art. 1.021:

I – no recurso de apelação;
• Vide arts. 1.009 a 1.014 do CPC.

II – no recurso ordinário;
• Vide arts. 1.027 e 1.028 do CPC.

III – no recurso especial;
• Vide arts. 1.029 a 1.041 do CPC.

IV – no recurso extraordinário;
• Vide arts. 1.029 a 1.041 do CPC.

V – nos embargos de divergência;
• Vide arts. 1.043 e 1.044 do CPC.

VI – na ação rescisória, no mandado de segurança e na reclamação;
• Vide arts. 966 a 975 e 988 a 993 do CPC.
• Vide Lei n. 12.016, de 7-8-2009.

VII – (*Vetado*.)

VIII – no agravo de instrumento interposto contra decisões interlocutórias que versem sobre tutelas provisórias de urgência ou da evidência;
• Vide arts. 300 a 311 e 1.015 a 1.020 do CPC.

IX – em outras hipóteses previstas em lei ou no regimento interno do tribunal.

§ 1.º A sustentação oral no incidente de resolução de demandas repetitivas observará o disposto no art. 984, no que couber.

§ 2.º O procurador que desejar proferir sustentação oral poderá requerer, até o início da sessão, que o processo seja julgado em primeiro lugar, sem prejuízo das preferências legais.

§ 3.º Nos processos de competência originária previstos no inciso VI, caberá sustentação oral no agravo interno interposto contra decisão de relator que o extinga.

§ 4.º É permitido ao advogado com domicílio profissional em cidade diversa daquela onde está sediado o tribunal realizar sustentação oral por meio de videoconferência ou outro recurso tecnológico de transmissão de sons e imagens em tempo real, desde que o requeira até o dia anterior ao da sessão.

Art. 938. A questão preliminar suscitada no julgamento será decidida antes do mérito, deste não se conhecendo caso seja incompatível com a decisão.

§ 1.º Constatada a ocorrência de vício sanável, inclusive aquele que possa ser conhecido de ofício, o relator determinará a realização ou a renovação do ato processual, no próprio tribunal ou em primeiro grau de jurisdição, intimadas as partes.

§ 2.º Cumprida a diligência de que trata o § 1.º, o relator, sempre que possível, prosseguirá no julgamento do recurso.

§ 3.º Reconhecida a necessidade de produção de prova, o relator converterá o julgamento em diligência, que se realizará no tribunal ou em primeiro grau de jurisdição, decidindo-se o recurso após a conclusão da instrução.

§ 4.º Quando não determinadas pelo relator, as providências indicadas nos §§ 1.º e 3.º poderão ser determinadas pelo órgão competente para julgamento do recurso.

Art. 939. Se a preliminar for rejeitada ou se a apreciação do mérito for com ela compatível, seguir-se-ão a discussão e o julgamento da matéria principal, sobre a qual deverão se pronunciar os juízes vencidos na preliminar.

Art. 940. O relator ou outro juiz que não se considerar habilitado a proferir imediatamente seu voto poderá solicitar vista pelo prazo máximo de 10 (dez) dias, após o qual o recurso será reincluído em pauta para julgamento na sessão seguinte à data da devolução.

• A Resolução CNJ n. 202, de 27-10-2015, regulamenta o prazo para a devolução dos pedidos de vista nos processos jurisdicionais e administrativos no âmbito do Poder Judiciário.

§ 1.º Se os autos não forem devolvidos tempestivamente ou se não for solicitada pelo juiz prorrogação de prazo de no máximo mais 10 (dez) dias, o presidente do órgão fracionário os requisitará para julgamento do recurso na sessão ordinária subsequente, com publicação da pauta em que for incluído.

§ 2.º Quando requisitar os autos na forma do § 1.º, se aquele que fez o pedido de vista ainda não se sentir habilitado a votar, o presidente convocará substituto para proferir voto, na forma estabelecida no regimento interno do tribunal.

Art. 941. Proferidos os votos, o presidente anunciará o resultado do julgamento, designando para redigir o acórdão o relator ou, se vencido este, o autor do primeiro voto vencedor.

§ 1.º O voto poderá ser alterado até o momento da proclamação do resultado pelo presidente, salvo aquele já proferido por juiz afastado ou substituído.

§ 2.º No julgamento de apelação ou de agravo de instrumento, a decisão será tomada, no órgão colegiado, pelo voto de 3 (três) juízes.

§ 3.º O voto vencido será necessariamente declarado e considerado parte integrante do acórdão para todos os fins legais, inclusive de prequestionamento.

Art. 942. Quando o resultado da apelação for não unânime, o julgamento terá prosseguimento em sessão a ser designada com a presença de outros julgadores, que serão convocados nos termos previamente definidos no regimento interno, em número suficiente para garantir a possibilidade de inversão do resultado inicial, assegurado às partes e a eventuais terceiros o direito de sustentar oralmente suas razões perante os novos julgadores.

§ 1.º Sendo possível, o prosseguimento do julgamento dar-se-á na mesma sessão, colhendo-se os votos de outros julgadores que porventura componham o órgão colegiado.

§ 2.º Os julgadores que já tiverem votado poderão rever seus votos por ocasião do prosseguimento do julgamento.

§ 3.º A técnica de julgamento prevista neste artigo aplica-se, igualmente, ao julgamento não unânime proferido em:

I – ação rescisória, quando o resultado for a rescisão da sentença, devendo, nesse caso, seu prosseguimento ocorrer em órgão de maior composição previsto no regimento interno;

II – agravo de instrumento, quando houver reforma da decisão que julgar parcialmente o mérito.

§ 4.º Não se aplica o disposto neste artigo ao julgamento:

I – do incidente de assunção de competência e ao de resolução de demandas repetitivas;

II – da remessa necessária;

III – não unânime proferido, nos tribunais, pelo plenário ou pela corte especial.

Art. 943. Os votos, os acórdãos e os demais atos processuais podem ser registrados em documento eletrônico inviolável e assinados eletronicamente, na forma da lei, devendo ser impressos para juntada aos autos do processo quando este não for eletrônico.

•• *Vide* Lei n. 11.419, de 19-12-2006, que dispõe sobre a informatização do processo judicial.

§ 1.º Todo acórdão conterá ementa.

§ 2.º Lavrado o acórdão, sua ementa será publicada no órgão oficial no prazo de 10 (dez) dias.

Art. 944. Não publicado o acórdão no prazo de 30 (trinta) dias, contado da data da sessão de julgamento, as notas taquigráficas o substituirão, para todos os fins legais, independentemente de revisão.

Parágrafo único. No caso do *caput*, o presidente do tribunal lavrará, de imediato, as conclusões e a ementa e mandará publicar o acórdão.

Art. 945. (*Revogado pela Lei n. 13.256, de 4-2-2016.*)

Art. 946. O agravo de instrumento será julgado antes da apelação interposta no mesmo processo.

Parágrafo único. Se ambos os recursos de que trata o *caput* houverem de ser julgados na mesma sessão, terá precedência o agravo de instrumento.

Capítulo III
DO INCIDENTE DE ASSUNÇÃO DE COMPETÊNCIA

Art. 947. É admissível a assunção de competência quando o julgamento de recurso, de remessa necessária ou de processo de competência originária envolver relevante questão de direito, com grande repercussão social, sem repetição em múltiplos processos.

§ 1.º Ocorrendo a hipótese de assunção de competência, o relator proporá, de ofício ou a requerimento da parte, do Ministério Público ou da Defensoria Pública, que seja o recurso, a remessa necessária ou o processo de competência originária julgado pelo órgão colegiado que o regimento indicar.

§ 2.º O órgão colegiado julgará o recurso, a remessa necessária ou o processo de competência originária se reconhecer interesse público na assunção de competência.

§ 3.º O acórdão proferido em assunção de competência vinculará todos os juízes e órgãos fracionários, exceto se houver revisão de tese.

§ 4.º Aplica-se o disposto neste artigo quando ocorrer relevante questão de direito a respeito da qual seja conveniente a prevenção ou a composição de divergência entre câmaras ou turmas do tribunal.

Capítulo IV
DO INCIDENTE DE ARGUIÇÃO DE INCONSTITUCIONALIDADE

• *Vide* arts. 52, X, 97, 102, I, a, e III, 103, 125 e 129, § 2.º, da CF.

Art. 948. Arguida, em controle difuso, a inconstitucionalidade de lei ou de ato normativo do poder público, o relator, após ouvir o Ministério Público e as partes, submeterá a questão à turma ou à câmara à qual competir o conhecimento do processo.

Art. 949. Se a arguição for:

I – rejeitada, prosseguirá o julgamento;

II – acolhida, a questão será submetida ao plenário do tribunal ou ao seu órgão especial, onde houver.

Parágrafo único. Os órgãos fracionários dos tribunais não submeterão ao plenário ou ao órgão especial a arguição de inconstitucionalidade quando já houver pronunciamento destes ou do plenário do Supremo Tribunal Federal sobre a questão.

Art. 950. Remetida cópia do acórdão a todos os juízes, o presidente do tribunal designará a sessão de julgamento.

§ 1.º As pessoas jurídicas de direito público responsáveis pela edição do ato questionado poderão manifestar-se no incidente de inconstitucionalidade se assim o requererem, observados os prazos e as condições previstos no regimento interno do tribunal.

§ 2.º A parte legitimada à propositura das ações previstas no art. 103 da Constituição Federal poderá manifestar-se, por escrito, sobre a questão constitucional objeto de apreciação, no prazo previsto pelo regimento interno, sendo-lhe assegurado o direito de apresentar memoriais ou de requerer a juntada de documentos.

§ 3.º Considerando a relevância da matéria e a representatividade dos postulantes, o relator poderá admitir, por despacho irrecorrível, a manifestação de outros órgãos ou entidades.

Capítulo V
DO CONFLITO DE COMPETÊNCIA

Art. 951. O conflito de competência pode ser suscitado por qualquer das partes, pelo Ministério Público ou pelo juiz.

Parágrafo único. O Ministério Público somente será ouvido nos conflitos de competência relativos aos processos previstos no art. 178, mas terá qualidade de parte nos conflitos que suscitar.

Art. 952. Não pode suscitar conflito a parte que, no processo, arguiu incompetência relativa.

Parágrafo único. O conflito de competência não obsta, porém, a que a parte que não o arguiu suscite a incompetência.

Art. 953. O conflito será suscitado ao tribunal:

• *Vide* Súmula 59 do STJ.

I – pelo juiz, por ofício;

II – pela parte e pelo Ministério Público, por petição.

Parágrafo único. O ofício e a petição serão instruídos com os documentos necessários à prova do conflito.

Art. 954. Após a distribuição, o relator determinará a oitiva dos juízes em conflito ou, se um deles for suscitante, apenas do suscitado.
Parágrafo único. No prazo designado pelo relator, incumbirá ao juiz ou aos juízes prestar as informações.
Art. 955. O relator poderá, de ofício ou a requerimento de qualquer das partes, determinar, quando o conflito for positivo, o sobrestamento do processo e, nesse caso, bem como no de conflito negativo, designará um dos juízes para resolver, em caráter provisório, as medidas urgentes.
Parágrafo único. O relator poderá julgar de plano o conflito de competência quando sua decisão se fundar em:
I – súmula do Supremo Tribunal Federal, do Superior Tribunal de Justiça ou do próprio tribunal;
II – tese firmada em julgamento de casos repetitivos ou em incidente de assunção de competência.
Art. 956. Decorrido o prazo designado pelo relator, será ouvido o Ministério Público, no prazo de 5 (cinco) dias, ainda que as informações não tenham sido prestadas, e, em seguida, o conflito irá a julgamento.
Art. 957. Ao decidir o conflito, o tribunal declarará qual o juízo competente, pronunciando-se também sobre a validade dos atos do juízo incompetente.
Parágrafo único. Os autos do processo em que se manifestou o conflito serão remetidos ao juiz declarado competente.
Art. 958. No conflito que envolva órgãos fracionários dos tribunais, desembargadores e juízes em exercício no tribunal, observar-se-á o que dispuser o regimento interno do tribunal.
Art. 959. O regimento interno do tribunal regulará o processo e o julgamento do conflito de atribuições entre autoridade judiciária e autoridade administrativa.

Capítulo VI
DA HOMOLOGAÇÃO DE DECISÃO ESTRANGEIRA E DA CONCESSÃO DO *EXEQUATUR* À CARTA ROGATÓRIA

• A Instrução Normativa n. 11, de 11-4-2019, do STJ, regulamenta a disponibilização em meio eletrônico de carta de sentença para cumprimento de decisão estrangeira homologada.

Art. 960. A homologação de decisão estrangeira será requerida por ação de homologação de decisão estrangeira, salvo disposição especial em sentido contrário prevista em tratado.
§ 1.º A decisão interlocutória estrangeira poderá ser executada no Brasil por meio de carta rogatória.
§ 2.º A homologação obedecerá ao que dispuserem os tratados em vigor no Brasil e o Regimento Interno do Superior Tribunal de Justiça.
•• A homologação de sentenças estrangeiras passou a ser do STJ após o advento da EC n. 45, de 8-12-2004, que alterou o art. 105, I, *i*, da CF.

§ 3.º A homologação de decisão arbitral estrangeira obedecerá ao disposto em tratado e em lei, aplicando-se, subsidiariamente, as disposições deste Capítulo.
Art. 961. A decisão estrangeira somente terá eficácia no Brasil após a homologação de sentença estrangeira ou a concessão do *exequatur* às cartas rogatórias, salvo disposição em sentido contrário de lei ou tratado.
§ 1.º É passível de homologação a decisão judicial definitiva, bem como a decisão não judicial que, pela lei brasileira, teria natureza jurisdicional.
§ 2.º A decisão estrangeira poderá ser homologada parcialmente.
§ 3.º A autoridade judiciária brasileira poderá deferir pedidos de urgência e realizar atos de execução provisória no processo de homologação de decisão estrangeira.
§ 4.º Haverá homologação de decisão estrangeira para fins de execução fiscal quando prevista em tratado ou em promessa de reciprocidade apresentada à autoridade brasileira.
§ 5.º A sentença estrangeira de divórcio consensual produz efeitos no Brasil, independentemente de homologação pelo Superior Tribunal de Justiça.
§ 6.º Na hipótese do § 5.º, competirá a qualquer juiz examinar a validade da decisão, em caráter principal ou incidental, quando essa questão for suscitada em processo de sua competência.
Art. 962. É passível de execução a decisão estrangeira concessiva de medida de urgência.
§ 1.º A execução no Brasil de decisão interlocutória estrangeira concessiva de medida de urgência dar-se-á por carta rogatória.
§ 2.º A medida de urgência concedida sem audiência do réu poderá ser executada, desde que garantido o contraditório em momento posterior.
§ 3.º O juízo sobre a urgência da medida compete exclusivamente à autoridade jurisdicional prolatora da decisão estrangeira.
§ 4.º Quando dispensada a homologação para que a sentença estrangeira produza efeitos no Brasil, a decisão concessiva de medida de urgência dependerá, para produzir efeitos, de ter sua validade expressamente reconhecida pelo juiz competente para dar-lhe cumprimento, dispensada a homologação pelo Superior Tribunal de Justiça.
Art. 963. Constituem requisitos indispensáveis à homologação da decisão:
I – ser proferida por autoridade competente;
II – ser precedida de citação regular, ainda que verificada a revelia;
III – ser eficaz no país em que foi proferida;
IV – não ofender a coisa julgada brasileira;
V – estar acompanhada de tradução oficial, salvo disposição que a dispense prevista em tratado;

VI – não conter manifesta ofensa à ordem pública.
Parágrafo único. Para a concessão do *exequatur* às cartas rogatórias, observar-se-ão os pressupostos previstos no *caput* deste artigo e no art. 962, § 2.º.
Art. 964. Não será homologada a decisão estrangeira na hipótese de competência exclusiva da autoridade judiciária brasileira.
Parágrafo único. O dispositivo também se aplica à concessão do *exequatur* à carta rogatória.
Art. 965. O cumprimento de decisão estrangeira far-se-á perante o juízo federal competente, a requerimento da parte, conforme as normas estabelecidas para o cumprimento de decisão nacional.
•• A Instrução Normativa n. 11, de 11-4-2019, do STJ, regulamenta a disponibilização em meio eletrônico de carta de sentença para cumprimento de decisão estrangeira homologada.
•• *Vide* art. 109, X, da CF.

Parágrafo único. O pedido de execução deverá ser instruído com cópia autenticada da decisão homologatória ou do *exequatur*, conforme o caso.

Capítulo VII
DA AÇÃO RESCISÓRIA

•• *Vide* CF, arts. 102, I, *j* (competência do STF para processar e julgar, originariamente, a revisão criminal e a ação rescisória de seus julgados), 105, I, *e* (competência do STJ para processar e julgar, originariamente, as revisões criminais e as ações rescisórias de seus julgados), 108, I, *b* (competência dos TRFs para processar e julgar, originariamente, as revisões criminais e as ações rescisórias de julgados seus ou dos juízes federais da região).

Art. 966. A decisão de mérito, transitada em julgado, pode ser rescindida quando:
I – se verificar que foi proferida por força de prevaricação, concussão ou corrupção do juiz;
II – for proferida por juiz impedido ou por juízo absolutamente incompetente;
III – resultar de dolo ou coação da parte vencedora em detrimento da parte vencida ou, ainda, de simulação ou colusão entre as partes, a fim de fraudar a lei;
IV – ofender a coisa julgada;
• *Vide* arts. 502 e s. do CPC.

V – violar manifestamente norma jurídica;
• *Vide* Súmula 343 do STF.

VI – for fundada em prova cuja falsidade tenha sido apurada em processo criminal ou venha a ser demonstrada na própria ação rescisória;
VII – obtiver o autor, posteriormente ao trânsito em julgado, prova nova cuja existência ignorava ou de que não pôde fazer uso, capaz, por si só, de lhe assegurar pronunciamento favorável;
VIII – for fundada em erro de fato verificável do exame dos autos.
§ 1.º Há erro de fato quando a decisão rescindenda admitir fato inexistente ou quando considerar inexistente fato efetivamente

ocorrido, sendo indispensável, em ambos os casos, que o fato não represente ponto controvertido sobre o qual o juiz deveria ter se pronunciado.

§ 2.º Nas hipóteses previstas nos incisos do *caput*, será rescindível a decisão transitada em julgado que, embora não seja de mérito, impeça:

I – nova propositura da demanda; ou

II – admissibilidade do recurso correspondente.

§ 3.º A ação rescisória pode ter por objeto apenas 1 (um) capítulo da decisão.

§ 4.º Os atos de disposição de direitos, praticados pelas partes ou por outros participantes do processo e homologados pelo juízo, bem como os atos homologatórios praticados no curso da execução, estão sujeitos à anulação, nos termos da lei.

§ 5.º Cabe ação rescisória, com fundamento no inciso V do *caput* deste artigo, contra decisão baseada em enunciado de súmula ou acórdão proferido em julgamento de casos repetitivos que não tenha considerado a existência de distinção entre a questão discutida no processo e o padrão decisório que lhe deu fundamento.

•• § 5.º acrescentado pela Lei n. 13.256, de 4-2-2016.

§ 6.º Quando a ação rescisória fundar-se na hipótese do § 5.º deste artigo, caberá ao autor, sob pena de inépcia, demonstrar, fundamentadamente, tratar-se de situação particularizada por hipótese fática distinta ou de questão jurídica não examinada, a impor outra solução jurídica.

•• § 6.º acrescentado pela Lei n. 13.256, de 4-2-2016.

Art. 967. Têm legitimidade para propor a ação rescisória:

I – quem foi parte no processo ou o seu sucessor a título universal ou singular;

II – o terceiro juridicamente interessado;

III – o Ministério Público:

a) se não foi ouvido no processo em que lhe era obrigatória a intervenção;

b) quando a decisão rescindenda é o efeito de simulação ou de colusão das partes, a fim de fraudar a lei;

c) em outros casos em que se imponha sua atuação;

IV – aquele que não foi ouvido no processo em que lhe era obrigatória a intervenção.

Parágrafo único. Nas hipóteses do art. 178, o Ministério Público será intimado para intervir como fiscal da ordem jurídica quando não for parte.

Art. 968. A petição inicial será elaborada com observância dos requisitos essenciais do art. 319, devendo o autor:

I – cumular ao pedido de rescisão, se for o caso, o de novo julgamento do processo;

II – depositar a importância de cinco por cento sobre o valor da causa, que se converterá em multa caso a ação seja, por unanimidade de votos, declarada inadmissível ou improcedente.

§ 1.º Não se aplica o disposto no inciso II à União, aos Estados, ao Distrito Federal, aos Municípios, às suas respectivas autarquias e fundações de direito público, ao Ministério Público, à Defensoria Pública e aos que tenham obtido o benefício de gratuidade da justiça.

§ 2.º O depósito previsto no inciso II do *caput* deste artigo não será superior a 1.000 (mil) salários mínimos.

§ 3.º Além dos casos previstos no art. 330, a petição inicial será indeferida quando não efetuado o depósito exigido pelo inciso II do *caput* deste artigo.

§ 4.º Aplica-se à ação rescisória o disposto no art. 332.

§ 5.º Reconhecida a incompetência do tribunal para julgar a ação rescisória, o autor será intimado para emendar a petição inicial, a fim de adequar o objeto da ação rescisória, quando a decisão apontada como rescindenda:

I – não tiver apreciado o mérito e não se enquadrar na situação prevista no § 2.º do art. 966;

II – tiver sido substituída por decisão posterior.

§ 6.º Na hipótese do § 5.º, após a emenda da petição inicial, será permitido ao réu complementar os fundamentos de defesa, e, em seguida, os autos serão remetidos ao tribunal competente.

Art. 969. A propositura da ação rescisória não impede o cumprimento da decisão rescindenda, ressalvada a concessão de tutela provisória.

Art. 970. O relator ordenará a citação do réu, designando-lhe prazo nunca inferior a 15 (quinze) dias nem superior a 30 (trinta) dias para, querendo, apresentar resposta, ao fim do qual, com ou sem contestação, observar-se-á, no que couber, o procedimento comum.

Art. 971. Na ação rescisória, devolvidos os autos pelo relator, a secretaria do tribunal expedirá cópias do relatório e as distribuirá entre os juízes que compuserem o órgão competente para o julgamento.

Parágrafo único. A escolha de relator recairá, sempre que possível, em juiz que não haja participado do julgamento rescindendo.

Art. 972. Se os fatos alegados pelas partes dependerem de prova, o relator poderá delegar a competência ao órgão que proferiu a decisão rescindenda, fixando prazo de 1 (um) a 3 (três) meses para a devolução dos autos.

Art. 973. Concluída a instrução, será aberta vista ao autor e ao réu para razões finais, sucessivamente, pelo prazo de 10 (dez) dias.
• Vide Súmula 252 do STF.

Parágrafo único. Em seguida, os autos serão conclusos ao relator, procedendo-se ao julgamento pelo órgão competente.
• Vide Súmulas 249 e 515 do STF.

Art. 974. Julgando procedente o pedido, o tribunal rescindirá a decisão, proferirá, se for o caso, novo julgamento e determinará a restituição do depósito a que se refere o inciso II do art. 968.

Parágrafo único. Considerando, por unanimidade, inadmissível ou improcedente o pedido, o tribunal determinará a reversão, em favor do réu, da importância do depósito, sem prejuízo do disposto no § 2.º do art. 82.

Art. 975. O direito à rescisão se extingue em 2 (dois) anos contados do trânsito em julgado da última decisão proferida no processo.

§ 1.º Prorroga-se até o primeiro dia útil imediatamente subsequente o prazo a que se refere o *caput*, quando expirar durante férias forenses, recesso, feriados ou em dia em que não houver expediente forense.

§ 2.º Se fundada a ação no inciso VII do art. 966, o termo inicial do prazo será a data de descoberta da prova nova, observado o prazo máximo de 5 (cinco) anos, contado do trânsito em julgado da última decisão proferida no processo.

§ 3.º Nas hipóteses de simulação ou de colusão das partes, o prazo começa a contar, para o terceiro prejudicado e para o Ministério Público, que não interveio no processo, a partir do momento em que têm ciência da simulação ou da colusão.

Capítulo VIII
DO INCIDENTE DE RESOLUÇÃO DE DEMANDAS REPETITIVAS

Art. 976. É cabível a instauração do incidente de resolução de demandas repetitivas quando houver, simultaneamente:

I – efetiva repetição de processos que contenham controvérsia sobre a mesma questão unicamente de direito;

II – risco de ofensa à isonomia e à segurança jurídica.

§ 1.º A desistência ou o abandono do processo não impede o exame de mérito do incidente.

§ 2.º Se não for o requerente, o Ministério Público intervirá obrigatoriamente no incidente e deverá assumir sua titularidade em caso de desistência ou de abandono.

§ 3.º A inadmissão do incidente de resolução de demandas repetitivas por ausência de qualquer de seus pressupostos de admissibilidade não impede que, uma vez satisfeito o requisito, seja o incidente novamente suscitado.

§ 4.º É incabível o incidente de resolução de demandas repetitivas quando um dos tribunais superiores, no âmbito de sua respectiva competência, já tiver afetado recurso para definição de tese sobre questão de direito material ou processual repetitiva.

§ 5.º Não serão exigidas custas processuais no incidente de resolução de demandas repetitivas.

Art. 977. O pedido de instauração do incidente será dirigido ao presidente de tribunal:

I – pelo juiz ou relator, por ofício;
II – pelas partes, por petição;
III – pelo Ministério Público ou pela Defensoria Pública, por petição.

Parágrafo único. O ofício ou a petição será instruído com os documentos necessários à demonstração do preenchimento dos pressupostos para a instauração do incidente.

Art. 978. O julgamento do incidente caberá ao órgão indicado pelo regimento interno dentre aqueles responsáveis pela uniformização de jurisprudência do tribunal.

Parágrafo único. O órgão colegiado incumbido de julgar o incidente e de fixar a tese jurídica julgará igualmente o recurso, a remessa necessária ou o processo de competência originária de onde se originou o incidente.

Art. 979. A instauração e o julgamento do incidente serão sucedidos da mais ampla e específica divulgação e publicidade, por meio de registro eletrônico no Conselho Nacional de Justiça.

§ 1.º Os tribunais manterão banco eletrônico de dados atualizados com informações específicas sobre questões de direito submetidas ao incidente, comunicando-o imediatamente ao Conselho Nacional de Justiça para inclusão no cadastro.

§ 2.º Para possibilitar a identificação dos processos abrangidos pela decisão do incidente, o registro eletrônico das teses jurídicas constantes do cadastro conterá, no mínimo, os fundamentos determinantes da decisão e os dispositivos normativos a ela relacionados.

§ 3.º Aplica-se o disposto neste artigo ao julgamento de recursos repetitivos e da repercussão geral em recurso extraordinário.

Art. 980. O incidente será julgado no prazo de 1 (um) ano e terá preferência sobre os demais feitos, ressalvados os que envolvam réu preso e os pedidos de *habeas corpus*.

Parágrafo único. Superado o prazo previsto no *caput*, cessa a suspensão dos processos prevista no art. 982, salvo decisão fundamentada do relator em sentido contrário.

Art. 981. Após a distribuição, o órgão colegiado competente para julgar o incidente procederá ao seu juízo de admissibilidade, considerando a presença dos pressupostos do art. 976.

Art. 982. Admitido o incidente, o relator:
I – suspenderá os processos pendentes, individuais ou coletivos, que tramitam no Estado ou na região, conforme o caso;
II – poderá requisitar informações a órgãos em cujo juízo tramita processo no qual se discute o objeto do incidente, que as prestarão no prazo de 15 (quinze) dias;
III – intimará o Ministério Público para, querendo, manifestar-se no prazo de 15 (quinze) dias.
§ 1.º A suspensão será comunicada aos órgãos jurisdicionais competentes.

§ 2.º Durante a suspensão, o pedido de tutela de urgência deverá ser dirigido ao juízo onde tramita o processo suspenso.

§ 3.º Visando à garantia da segurança jurídica, qualquer legitimado mencionado no art. 977, incisos II e III, poderá requerer, ao tribunal competente para conhecer do recurso extraordinário ou especial, a suspensão de todos os processos individuais ou coletivos em curso no território nacional que versem sobre a questão objeto do incidente já instaurado.

§ 4.º Independentemente dos limites da competência territorial, a parte no processo em curso no qual se discuta a mesma questão objeto do incidente é legitimada para requerer a providência prevista no § 3.º deste artigo.

§ 5.º Cessa a suspensão a que se refere o inciso I do *caput* deste artigo se não for interposto recurso especial ou recurso extraordinário contra a decisão proferida no incidente.

Art. 983. O relator ouvirá as partes e os demais interessados, inclusive pessoas, órgãos e entidades com interesse na controvérsia, que, no prazo comum de 15 (quinze) dias, poderão requerer a juntada de documentos, bem como as diligências necessárias para a elucidação da questão de direito controvertida, e, em seguida, manifestar-se-á o Ministério Público, no mesmo prazo.

§ 1.º Para instruir o incidente, o relator poderá designar data para, em audiência pública, ouvir depoimentos de pessoas com experiência e conhecimento na matéria.

§ 2.º Concluídas as diligências, o relator solicitará dia para o julgamento do incidente.

Art. 984. No julgamento do incidente, observar-se-á a seguinte ordem:
I – o relator fará a exposição do objeto do incidente;
II – poderão sustentar suas razões, sucessivamente:
a) o autor e o réu do processo originário e o Ministério Público, pelo prazo de 30 (trinta) minutos;
b) os demais interessados, no prazo de 30 (trinta) minutos, divididos entre todos, sendo exigida inscrição com 2 (dois) dias de antecedência.
§ 1.º Considerando o número de inscritos, o prazo poderá ser ampliado.
§ 2.º O conteúdo do acórdão abrangerá a análise de todos os fundamentos suscitados concernentes à tese jurídica discutida, sejam favoráveis ou contrários.

Art. 985. Julgado o incidente, a tese jurídica será aplicada:
I – a todos os processos individuais ou coletivos que versem sobre idêntica questão de direito e que tramitem na área de jurisdição do respectivo tribunal, inclusive àqueles que tramitem nos juizados especiais do respectivo Estado ou região;
II – aos casos futuros que versem idêntica questão de direito e que venham a tramitar no território de competência do tribunal, salvo revisão na forma do art. 986.

§ 1.º Não observada a tese adotada no incidente, caberá reclamação.

§ 2.º Se o incidente tiver por objeto questão relativa a prestação de serviço concedido, permitido ou autorizado, o resultado do julgamento será comunicado ao órgão, ao ente ou à agência reguladora competente para fiscalização da efetiva aplicação, por parte dos entes sujeitos a regulação, da tese adotada.

•• O STF, nas sessões virtuais de 14-4-2023 a 24-4-2023 (*DOU* de 4-5-2023), julgou parcialmente procedente a ADI n. 5.492 para declarar constitucional este § 2.º.

Art. 986. A revisão da tese jurídica firmada no incidente far-se-á pelo mesmo tribunal, de ofício ou mediante requerimento dos legitimados mencionados no art. 977, inciso III.

Art. 987. Do julgamento do mérito do incidente caberá recurso extraordinário ou especial, conforme o caso.

§ 1.º O recurso tem efeito suspensivo, presumindo-se a repercussão geral de questão constitucional eventualmente discutida.

§ 2.º Apreciado o mérito do recurso, a tese jurídica adotada pelo Supremo Tribunal Federal ou pelo Superior Tribunal de Justiça será aplicada no território nacional a todos os processos individuais ou coletivos que versem sobre idêntica questão de direito.

Capítulo IX
DA RECLAMAÇÃO

Art. 988. Caberá reclamação da parte interessada ou do Ministério Público para:
• Vide art. 105, I, f, da CF.
I – preservar a competência do tribunal;
II – garantir a autoridade das decisões do tribunal;
III – garantir a observância de enunciado de súmula vinculante e de decisão do Supremo Tribunal Federal em controle concentrado de constitucionalidade;
•• Inciso III com redação determinada pela Lei n. 13.256, de 4-2-2016.
• Vide art. 102, I, a, da CF.
IV – garantir a observância de acórdão proferido em julgamento de incidente de resolução de demandas repetitivas ou de incidente de assunção de competência;
•• Inciso IV com redação determinada pela Lei n. 13.256, de 4-2-2016.
• Vide art. 103-A da CF.

§ 1.º A reclamação pode ser proposta perante qualquer tribunal, e seu julgamento compete ao órgão jurisdicional cuja competência se busca preservar ou cuja autoridade se pretenda garantir.

§ 2.º A reclamação deverá ser instruída com prova documental e dirigida ao presidente do tribunal.

§ 3.º Assim que recebida, a reclamação será autuada e distribuída ao relator do processo principal, sempre que possível.

§ 4.º As hipóteses dos incisos III e IV compreendem a aplicação indevida da tese jurídica e sua não aplicação aos casos que a ela correspondam.

§ 5.º É inadmissível a reclamação:
- •• § 5.º, *caput*, com redação determinada pela Lei n. 13.256, de 4-2-2016.

I – proposta após o trânsito em julgado da decisão reclamada;
- •• Inciso I acrescentado pela Lei n. 13.256, de 4-2-2016.

II – proposta para garantir a observância de acórdão de recurso extraordinário com repercussão geral reconhecida ou de acórdão proferido em julgamento de recursos extraordinário ou especial repetitivos, quando não esgotadas as instâncias ordinárias.
- •• Inciso II acrescentado pela Lei n. 13.256, de 4-2-2016.

§ 6.º A inadmissibilidade ou o julgamento do recurso interposto contra a decisão proferida pelo órgão reclamado não prejudica a reclamação.

Art. 989. Ao despachar a reclamação, o relator:

I – requisitará informações da autoridade a quem for imputada a prática do ato impugnado, que as prestará no prazo de 10 (dez) dias;

II – se necessário, ordenará a suspensão do processo ou do ato impugnado para evitar dano irreparável;

III – determinará a citação do beneficiário da decisão impugnada, que terá prazo de 15 (quinze) dias para apresentar a sua contestação.

Art. 990. Qualquer interessado poderá impugnar o pedido do reclamante.

Art. 991. Na reclamação que não houver formulado, o Ministério Público terá vista do processo por 5 (cinco) dias, após o decurso do prazo para informações e para o oferecimento da contestação pelo beneficiário do ato impugnado.

Art. 992. Julgando procedente a reclamação, o tribunal cassará a decisão exorbitante de seu julgado ou determinará medida adequada à solução da controvérsia.

Art. 993. O presidente do tribunal determinará o imediato cumprimento da decisão, lavrando-se o acórdão posteriormente.

TÍTULO II
DOS RECURSOS

Capítulo I
DISPOSIÇÕES GERAIS

Art. 994. São cabíveis os seguintes recursos:

I – apelação;
- *Vide* arts. 1.009 a 1.014 do CPC.

II – agravo de instrumento;
- *Vide* arts. 1.015 a 1.020 do CPC.

III – agravo interno;
- *Vide* art. 1.021 do CPC.

IV – embargos de declaração;
- *Vide* arts. 1.022 a 1.026 do CPC.

V – recurso ordinário;
- *Vide* arts. 1.027 e 1.028 do CPC.

VI – recurso especial;
- •• *Vide* art. 105, III, da CF.
- *Vide* arts. 1.029 a 1.042 do CPC.

VII – recurso extraordinário;
- *Vide* arts. 1.029 a 1.042 do CPC.

VIII – agravo em recurso especial ou extraordinário;
- *Vide* art. 1.042 do CPC.

IX – embargos de divergência.
- *Vide* arts. 1.043 e 1.044 do CPC.

Art. 995. Os recursos não impedem a eficácia da decisão, salvo disposição legal ou decisão judicial em sentido diverso.
- *Vide* art. 1.030 do CPC.

Parágrafo único. A eficácia da decisão recorrida poderá ser suspensa por decisão do relator, se da imediata produção de seus efeitos houver risco de dano grave, de difícil ou impossível reparação, e ficar demonstrada a probabilidade de provimento do recurso.

Art. 996. O recurso pode ser interposto pela parte vencida, pelo terceiro prejudicado e pelo Ministério Público, como parte ou como fiscal da ordem jurídica.
- *Vide* arts. 177 a 181 do CPC.
- *Vide* Súmulas 99 e 202 do STJ.

Parágrafo único. Cumpre ao terceiro demonstrar a possibilidade de a decisão sobre a relação jurídica submetida à apreciação judicial atingir direito de que se afirme titular ou que possa discutir em juízo como substituto processual.
- *Vide* Súmula 202 do STJ.

Art. 997. Cada parte interporá o recurso independentemente, no prazo e com observância das exigências legais.

§ 1.º Sendo vencidos autor e réu, ao recurso interposto por qualquer deles poderá aderir o outro.

§ 2.º O recurso adesivo fica subordinado ao recurso independente, sendo-lhe aplicáveis as mesmas regras deste quanto aos requisitos de admissibilidade e julgamento no tribunal, salvo disposição legal diversa, observado, ainda, o seguinte:

I – será dirigido ao órgão perante o qual o recurso independente fora interposto, no prazo de que a parte dispõe para responder;

II – será admissível na apelação, no recurso extraordinário e no recurso especial;

III – não será conhecido, se houver desistência do recurso principal ou se for ele considerado inadmissível.

Art. 998. O recorrente poderá, a qualquer tempo, sem a anuência do recorrido ou dos litisconsortes, desistir do recurso.

Parágrafo único. A desistência do recurso não impede a análise de questão cuja repercussão geral já tenha sido reconhecida e daquela objeto de julgamento de recursos extraordinários ou especiais repetitivos.

Art. 999. A renúncia ao direito de recorrer independe da aceitação da outra parte.

Art. 1.000. A parte que aceitar expressa ou tacitamente a decisão não poderá recorrer.

Parágrafo único. Considera-se aceitação tácita a prática, sem nenhuma reserva, de ato incompatível com a vontade de recorrer.

Art. 1.001. Dos despachos não cabe recurso.
- *Vide* arts. 1.022 e s. do CPC.

Art. 1.002. A decisão pode ser impugnada no todo ou em parte.

Art. 1.003. O prazo para interposição de recurso conta-se da data em que os advogados, a sociedade de advogados, a Advocacia Pública, a Defensoria Pública ou o Ministério Público são intimados da decisão.
- *Vide* Súmula 25 do STJ.

§ 1.º Os sujeitos previstos no *caput* considerar-se-ão intimados em audiência quando nesta for proferida a decisão.

§ 2.º Aplica-se o disposto no art. 231, incisos I a VI, ao prazo de interposição de recurso pelo réu contra decisão proferida anteriormente à citação.

§ 3.º No prazo para interposição de recurso, a petição será protocolada em cartório ou conforme as normas de organização judiciária, ressalvado o disposto em regra especial.

§ 4.º Para aferição da tempestividade do recurso remetido pelo correio, será considerada como data de interposição a data de postagem.

§ 5.º Excetuados os embargos de declaração, o prazo para interpor os recursos e para responder-lhes é de 15 (quinze) dias.

§ 6.º O recorrente comprovará a ocorrência de feriado local no ato de interposição do recurso, e, se não o fizer, o tribunal determinará a correção do vício formal, ou poderá desconsiderá-lo caso a informação já conste do processo eletrônico.
- •• § 6.º com redação determinada pela Lei n. 14.939, de 30-7-2024.

Art. 1.004. Se, durante o prazo para a interposição do recurso, sobrevier o falecimento da parte ou de seu advogado ou ocorrer motivo de força maior que suspenda o curso do processo, será tal prazo restituído em proveito da parte, do herdeiro ou do sucessor, contra quem começará a correr novamente depois da intimação.
- *Vide* art. 222 do CPC.

Art. 1.005. O recurso interposto por um dos litisconsortes a todos aproveita, salvo se distintos ou opostos os seus interesses.
- *Vide* arts. 113 a 118 do CPC.

Parágrafo único. Havendo solidariedade passiva, o recurso interposto por um devedor aproveitará aos outros quando as defesas opostas ao credor lhes forem comuns.

Art. 1.006. Certificado o trânsito em julgado, com menção expressa da data de sua ocorrência, o escrivão ou o chefe de secretaria, independentemente de despacho, providenciará a baixa dos autos ao juízo de origem, no prazo de 5 (cinco) dias.

Art. 1.007. No ato de interposição do recurso, o recorrente comprovará, quando exigido pela legislação pertinente, o respectivo preparo, inclusive porte de remessa e de retorno, sob pena de deserção.

• Vide Súmula 187 do STJ.

§ 1.º São dispensados de preparo, inclusive porte de remessa e de retorno, os recursos interpostos pelo Ministério Público, pela União, pelo Distrito Federal, pelos Estados, pelos Municípios, e respectivas autarquias, e pelos que gozam de isenção legal.

§ 2.º A insuficiência no valor do preparo, inclusive porte de remessa e de retorno, implicará deserção se o recorrente, intimado na pessoa de seu advogado, não vier a supri-lo no prazo de 5 (cinco) dias.

§ 3.º É dispensado o recolhimento do porte de remessa e de retorno no processo em autos eletrônicos.

§ 4.º O recorrente que não comprovar, no ato de interposição do recurso, o recolhimento do preparo, inclusive porte de remessa e de retorno, será intimado, na pessoa de seu advogado, para realizar o recolhimento em dobro, sob pena de deserção.

§ 5.º É vedada a complementação se houver insuficiência parcial do preparo, inclusive porte de remessa e de retorno, no recolhimento realizado na forma do § 4.º.

§ 6.º Provando o recorrente justo impedimento, o relator relevará a pena de deserção, por decisão irrecorrível, fixando-lhe prazo de 5 (cinco) dias para efetuar o preparo.

§ 7.º O equívoco no preenchimento da guia de custas não implicará a aplicação da pena de deserção, cabendo ao relator, na hipótese de dúvida quanto ao recolhimento, intimar o recorrente para sanar o vício no prazo de 5 (cinco) dias.

Art. 1.008. O julgamento proferido pelo tribunal substituirá a decisão impugnada no que tiver sido objeto de recurso.

Capítulo II
DA APELAÇÃO

Art. 1.009. Da sentença cabe apelação.

• Vide art. 1.003, § 5.º, do CPC.
• Vide Súmula 216 do STJ.

§ 1.º As questões resolvidas na fase de conhecimento, se a decisão a seu respeito não comportar agravo de instrumento, não são cobertas pela preclusão e devem ser suscitadas em preliminar de apelação, eventualmente interposta contra a decisão final, ou nas contrarrazões.

§ 2.º Se as questões referidas no § 1.º forem suscitadas em contrarrazões, o recorrente será intimado para, em 15 (quinze) dias, manifestar-se a respeito delas.

§ 3.º O disposto no *caput* deste artigo aplica-se mesmo quando as questões mencionadas no art. 1.015 integrarem capítulo da sentença.

Art. 1.010. A apelação, interposta por petição dirigida ao juízo de primeiro grau, conterá:

I – os nomes e a qualificação das partes;
II – a exposição do fato e do direito;
III – as razões do pedido de reforma ou de decretação de nulidade;
IV – o pedido de nova decisão.

§ 1.º O apelado será intimado para apresentar contrarrazões no prazo de 15 (quinze) dias.

§ 2.º Se o apelado interpuser apelação adesiva, o juiz intimará o apelante para apresentar contrarrazões.

§ 3.º Após as formalidades previstas nos §§ 1.º e 2.º, os autos serão remetidos ao tribunal pelo juiz, independentemente de juízo de admissibilidade.

Art. 1.011. Recebido o recurso de apelação no tribunal e distribuído imediatamente, o relator:

I – decidi-lo-á monocraticamente apenas nas hipóteses do art. 932, incisos III a V;
II – se não for o caso de decisão monocrática, elaborará seu voto para julgamento do recurso pelo órgão colegiado.

Art. 1.012. A apelação terá efeito suspensivo.

§ 1.º Além de outras hipóteses previstas em lei, começa a produzir efeitos imediatamente após a sua publicação a sentença que:

I – homologa divisão ou demarcação de terras;
• Vide arts. 569, 570 e 572 do CPC.
II – condena a pagar alimentos;
• Vide arts. 1.694 e s. do CC.
III – extingue sem resolução do mérito ou julga improcedentes os embargos do executado;
• Vide Súmulas 317 e 331 do STJ.
IV – julga procedente o pedido de instituição de arbitragem;
• Lei n. 9.307, de 23-9-1996 (arbitragem).
V – confirma, concede ou revoga tutela provisória;
• Vide arts. 294 e 300 do CPC.
VI – decreta a interdição.

§ 2.º Nos casos do § 1.º, o apelado poderá promover o pedido de cumprimento provisório depois de publicada a sentença.
• Vide art. 520 do CPC.

§ 3.º O pedido de concessão de efeito suspensivo nas hipóteses do § 1.º poderá ser formulado por requerimento dirigido ao:

I – tribunal, no período compreendido entre a interposição da apelação e sua distribuição, ficando o relator designado para seu exame prevento para julgá-la;
II – relator, se já distribuída a apelação.

§ 4.º Nas hipóteses do § 1.º, a eficácia da sentença poderá ser suspensa pelo relator se o apelante demonstrar a probabilidade de provimento do recurso ou se, sendo relevante a fundamentação, houver risco de dano grave ou de difícil reparação.

Art. 1.013. A apelação devolverá ao tribunal o conhecimento da matéria impugnada.

• Vide art. 942 do CPC.

§ 1.º Serão, porém, objeto de apreciação e julgamento pelo tribunal todas as questões suscitadas e discutidas no processo, ainda que não tenham sido solucionadas, desde que relativas ao capítulo impugnado.

§ 2.º Quando o pedido ou a defesa tiver mais de um fundamento e o juiz acolher apenas um deles, a apelação devolverá ao tribunal o conhecimento dos demais.

§ 3.º Se o processo estiver em condições de imediato julgamento, o tribunal deve decidir desde logo o mérito quando:

I – reformar sentença fundada no art. 485;
II – decretar a nulidade da sentença por não ser ela congruente com os limites do pedido ou da causa de pedir;
III – constatar a omissão no exame de um dos pedidos, hipótese em que poderá julgá-lo;
IV – decretar a nulidade de sentença por falta de fundamentação.

§ 4.º Quando reformar sentença que reconheça a decadência ou a prescrição, o tribunal, se possível, julgará o mérito, examinando as demais questões, sem determinar o retorno do processo ao juízo de primeiro grau.

§ 5.º O capítulo da sentença que confirma, concede ou revoga a tutela provisória é impugnável na apelação.

Art. 1.014. As questões de fato não propostas no juízo inferior poderão ser suscitadas na apelação, se a parte provar que deixou de fazê-lo por motivo de força maior.

Capítulo III
DO AGRAVO DE INSTRUMENTO

Art. 1.015. Cabe agravo de instrumento contra as decisões interlocutórias que versarem sobre:

• Vide art. 203 do CPC.
• Vide Súmula 255 do STJ.

I – tutelas provisórias;
II – mérito do processo;
III – rejeição da alegação de convenção de arbitragem;
IV – incidente de desconsideração da personalidade jurídica;
V – rejeição do pedido de gratuidade da justiça ou acolhimento do pedido de sua revogação;
VI – exibição ou posse de documento ou coisa;
VII – exclusão de litisconsorte;
VIII – rejeição do pedido de limitação do litisconsórcio;
IX – admissão ou inadmissão de intervenção de terceiros;
X – concessão, modificação ou revogação do efeito suspensivo aos embargos à execução;
XI – redistribuição do ônus da prova nos termos do art. 373, § 1.º;
XII – (Vetado).

XIII – outros casos expressamente referidos em lei.

Parágrafo único. Também caberá agravo de instrumento contra decisões interlocutórias proferidas na fase de liquidação de sentença ou de cumprimento de sentença, no processo de execução e no processo de inventário.

Art. 1.016. O agravo de instrumento será dirigido diretamente ao tribunal competente, por meio de petição com os seguintes requisitos:
• A Resolução n. 4, de 30-11-2006, do STJ, dispõe sobre o não conhecimento do agravo de instrumento manifestamente inadmissível.

I – os nomes das partes;

II – a exposição do fato e do direito;

III – as razões do pedido de reforma ou de invalidação da decisão e o próprio pedido;
• Vide Súmula 182 do STJ.

IV – o nome e o endereço completo dos advogados constantes do processo.

Art. 1.017. A petição de agravo de instrumento será instruída:

I – obrigatoriamente, com cópias da petição inicial, da contestação, da petição que ensejou a decisão agravada, da própria decisão agravada, da certidão da respectiva intimação ou outro documento oficial que comprove a tempestividade e das procurações outorgadas aos advogados do agravante e do agravado;
• Vide Súmulas 288 e 639 do STF.

II – com declaração de inexistência de qualquer dos documentos referidos no inciso I, feita pelo advogado do agravante, sob pena de sua responsabilidade pessoal;

III – facultativamente, com outras peças que o agravante reputar úteis.

§ 1.º Acompanhará a petição o comprovante do pagamento das respectivas custas e do porte de retorno, quando devidos, conforme tabela publicada pelos tribunais.

§ 2.º No prazo do recurso, o agravo será interposto por:

I – protocolo realizado diretamente no tribunal competente para julgá-lo;

II – protocolo realizado na própria comarca, seção ou subseção judiciárias;

III – postagem, sob registro, com aviso de recebimento;

IV – transmissão de dados tipo fac-símile, nos termos da lei;

V – outra forma prevista em lei.
• Vide art. 1.003 do CPC.

§ 3.º Na falta da cópia de qualquer peça ou no caso de algum outro vício que comprometa a admissibilidade do agravo de instrumento, deve o relator aplicar o disposto no art. 932, parágrafo único.

§ 4.º Se o recurso for interposto por sistema de transmissão de dados tipo fac-símile ou similar, as peças devem ser juntadas no momento de protocolo da petição original.

§ 5.º Sendo eletrônicos os autos do processo, dispensam-se as peças referidas nos incisos I e II do *caput*, facultando-se ao agravante anexar outros documentos que entender úteis para a compreensão da controvérsia.

Art. 1.018. O agravante poderá requerer a juntada, aos autos do processo, de cópia da petição do agravo de instrumento, do comprovante de sua interposição e da relação dos documentos que instruíram o recurso.

§ 1.º Se o juiz comunicar que reformou inteiramente a decisão, o relator considerará prejudicado o agravo de instrumento.

§ 2.º Não sendo eletrônicos os autos, o agravante tomará a providência prevista no *caput*, no prazo de 3 (três) dias a contar da interposição do agravo de instrumento.

§ 3.º O descumprimento da exigência de que trata o § 2.º, desde que arguido e provado pelo agravado, importa inadmissibilidade do agravo de instrumento.

Art. 1.019. Recebido o agravo de instrumento no tribunal e distribuído imediatamente, se não for o caso de aplicação do art. 932, incisos III e IV, o relator, no prazo de 5 (cinco) dias:

I – poderá atribuir efeito suspensivo ao recurso ou deferir, em antecipação de tutela, total ou parcialmente, a pretensão recursal, comunicando ao juiz sua decisão;

II – ordenará a intimação do agravado pessoalmente, por carta com aviso de recebimento, quando não tiver procurador constituído, ou pelo *Diário da Justiça* ou por carta com aviso de recebimento dirigida ao seu advogado, para que responda no prazo de 15 (quinze) dias, facultando-lhe juntar a documentação que entender necessária ao julgamento do recurso;

III – determinará a intimação do Ministério Público, preferencialmente por meio eletrônico, quando for o caso de sua intervenção, para que se manifeste no prazo de 15 (quinze) dias.

Art. 1.020. O relator solicitará dia para julgamento em prazo não superior a 1 (um) mês da intimação do agravado.
• Vide Súmula 640 do STF.

Capítulo IV
DO AGRAVO INTERNO

Art. 1.021. Contra decisão proferida pelo relator caberá agravo interno para o respectivo órgão colegiado, observadas, quanto ao processamento, as regras do regimento interno do tribunal.
•• A Resolução n. 450, de 3-12-2010, do STF, criou a classe processual "Recurso Extraordinário com Agravo - ARE", para o processamento de agravo interposto contra decisão que não admite recurso extraordinário ao STF, em razão da alteração feita pela Lei n 12.322, de 9-9-2010, que extinguiu o Agravo de Instrumento (AI) aplicado nesses casos.
•• A Resolução n. 451, de 3-12-2010, do STF, dispõe sobre a aplicação da Lei n. 12.322, de 9-9-2010, para os Recursos Extraordinários e Agravos sobre matéria penal e processual penal.
•• A Resolução n. 7, de 9-12-2010, do STJ, criou a classe processual de "Agravo em Recurso Especial - AREsp", para o processamento de agravo interposto contra decisão que inadmite recurso especial.

§ 1.º Na petição de agravo interno, o recorrente impugnará especificadamente os fundamentos da decisão agravada.

§ 2.º O agravo será dirigido ao relator, que intimará o agravado para manifestar-se sobre o recurso no prazo de 15 (quinze) dias, ao final do qual, não havendo retratação, o relator levá-lo-á a julgamento pelo órgão colegiado, com inclusão em pauta.

§ 3.º É vedado ao relator limitar-se à reprodução dos fundamentos da decisão agravada para julgar improcedente o agravo interno.

§ 4.º Quando o agravo interno for declarado manifestamente inadmissível ou improcedente em votação unânime, o órgão colegiado, em decisão fundamentada, condenará o agravante a pagar ao agravado multa fixada entre um e cinco por cento do valor atualizado da causa.

§ 5.º A interposição de qualquer outro recurso está condicionada ao depósito prévio do valor da multa prevista no § 4.º, à exceção da Fazenda Pública e do beneficiário de gratuidade da justiça, que farão o pagamento ao final.

Capítulo V
DOS EMBARGOS DE DECLARAÇÃO
• Vide Súmula 98 do STJ.

Art. 1.022. Cabem embargos de declaração contra qualquer decisão judicial para:
• Vide art. 494, II, do CPC.

I – esclarecer obscuridade ou eliminar contradição;

II – suprir omissão de ponto ou questão sobre o qual devia se pronunciar o juiz de ofício ou a requerimento;
• Vide Súmula 211 do STJ.

III – corrigir erro material.

Parágrafo único. Considera-se omissa a decisão que:

I – deixe de se manifestar sobre tese firmada em julgamento de casos repetitivos ou em incidente de assunção de competência aplicável ao caso sob julgamento;

II – incorra em qualquer das condutas descritas no art. 489, § 1.º.

Art. 1.023. Os embargos serão opostos, no prazo de 5 (cinco) dias, em petição dirigida ao juiz, com indicação do erro, obscuridade, contradição ou omissão, e não se sujeitam a preparo.

§ 1.º Aplica-se aos embargos de declaração o art. 229.

§ 2.º O juiz intimará o embargado para, querendo, manifestar-se, no prazo de 5 (cinco) dias, sobre os embargos opostos, caso seu eventual acolhimento implique a modificação da decisão embargada.

Art. 1.024. O juiz julgará os embargos em 5 (cinco) dias.

§ 1.º Nos tribunais, o relator apresentará os embargos em mesa na sessão subsequente, proferindo voto, e, não havendo julgamento nessa sessão, será o recurso incluído em pauta automaticamente.

§ 2.º Quando os embargos de declaração forem opostos contra decisão de relator ou outra decisão unipessoal proferida em tribunal, o órgão prolator da decisão embargada decidi-los-á monocraticamente.

§ 3.º O órgão julgador conhecerá dos embargos de declaração como agravo interno se entender ser este o recurso cabível, desde que determine previamente a intimação do recorrente para, no prazo de 5 (cinco) dias, complementar as razões recursais, de modo a ajustá-las às exigências do art. 1.021, § 1.º.

§ 4.º Caso o acolhimento dos embargos de declaração implique modificação da decisão embargada, o embargado que já tiver interposto outro recurso contra a decisão originária tem o direito de complementar ou alterar suas razões, nos exatos limites da modificação, no prazo de 15 (quinze) dias, contado da intimação da decisão dos embargos de declaração.

§ 5.º Se os embargos de declaração forem rejeitados ou não alterarem a conclusão do julgamento anterior, o recurso interposto pela outra parte antes da publicação do julgamento dos embargos de declaração será processado e julgado independentemente de ratificação.

•• *Vide* Súmula 579 do STJ.

Art. 1.025. Consideram-se incluídos no acórdão os elementos que o embargante suscitou, para fins de prequestionamento, ainda que os embargos de declaração sejam inadmitidos ou rejeitados, caso o tribunal superior considere existentes erro, omissão, contradição ou obscuridade.

Art. 1.026. Os embargos de declaração não possuem efeito suspensivo e interrompem o prazo para a interposição de recurso.

§ 1.º A eficácia da decisão monocrática ou colegiada poderá ser suspensa pelo respectivo juiz ou relator se demonstrada a probabilidade de provimento do recurso ou, sendo relevante a fundamentação, se houver risco de dano grave ou de difícil reparação.

§ 2.º Quando manifestamente protelatórios os embargos de declaração, o juiz ou o tribunal, em decisão fundamentada, condenará o embargante a pagar ao embargado multa não excedente a dois por cento sobre o valor atualizado da causa.

§ 3.º Na reiteração de embargos de declaração manifestamente protelatórios, a multa será elevada a até dez por cento sobre o valor atualizado da causa, e a interposição de qualquer recurso ficará condicionada ao depósito prévio do valor da multa, à exceção da Fazenda Pública e do beneficiário de gratuidade da justiça, que a recolherão ao final.

§ 4.º Não serão admitidos novos embargos de declaração se os 2 (dois) anteriores houverem sido considerados protelatórios.

Capítulo VI
DOS RECURSOS PARA O SUPREMO TRIBUNAL FEDERAL E PARA O SUPERIOR TRIBUNAL DE JUSTIÇA

•• *Vide* CF, arts. 101 a 105, sobre a composição e competência do STF e STJ.

Seção I
Do Recurso Ordinário

Art. 1.027. Serão julgados em recurso ordinário:

I – pelo Supremo Tribunal Federal, os mandados de segurança, os *habeas data* e os mandados de injunção decididos em única instância pelos tribunais superiores, quando denegatória a decisão;

•• *Vide* art. 102, II, da CF.

II – pelo Superior Tribunal de Justiça:

a) os mandados de segurança decididos em única instância pelos tribunais regionais federais ou pelos tribunais de justiça dos Estados e do Distrito Federal e Territórios, quando denegatória a decisão;

•• *Vide* art. 105, II, da CF.

b) os processos em que forem partes, de um lado, Estado estrangeiro ou organismo internacional e, de outro, Município ou pessoa residente ou domiciliada no País.

§ 1.º Nos processos referidos no inciso II, alínea *b*, contra as decisões interlocutórias caberá agravo de instrumento dirigido ao Superior Tribunal de Justiça, nas hipóteses do art. 1.015.

§ 2.º Aplica-se ao recurso ordinário o disposto nos arts. 1.013, § 3.º, e 1.029, § 5.º.

Art. 1.028. Ao recurso mencionado no art. 1.027, inciso II, alínea *b*, aplicam-se, quanto aos requisitos de admissibilidade e ao procedimento, as disposições relativas à apelação e o Regimento Interno do Superior Tribunal de Justiça.

§ 1.º Na hipótese do art. 1.027, § 1.º, aplicam-se as disposições relativas ao agravo de instrumento e o Regimento Interno do Superior Tribunal de Justiça.

§ 2.º O recurso previsto no art. 1.027, incisos I e II, alínea *a*, deve ser interposto perante o tribunal de origem, cabendo ao seu presidente ou vice-presidente determinar a intimação do recorrido para, em 15 (quinze) dias, apresentar as contrarrazões.

§ 3.º Findo o prazo referido no § 2.º, os autos serão remetidos ao respectivo tribunal superior, independentemente de juízo de admissibilidade.

Seção II
Do Recurso Extraordinário e do Recurso Especial

Subseção I
Disposições gerais

Art. 1.029. O recurso extraordinário e o recurso especial, nos casos previstos na Constituição Federal, serão interpostos perante o presidente ou o vice-presidente do tribunal recorrido, em petições distintas que conterão:

•• *Vide* arts. 102, III, e § 3.º, e 105, III, da CF.

I – a exposição do fato e do direito;

II – a demonstração do cabimento do recurso interposto;

III – as razões do pedido de reforma ou de invalidação da decisão recorrida.

§ 1.º Quando o recurso fundar-se em dissídio jurisprudencial, o recorrente fará prova da divergência com a certidão, cópia ou citação do repositório de jurisprudência, oficial ou credenciado, inclusive em mídia eletrônica, em que houver sido publicado o acórdão divergente, ou ainda com a reprodução de julgado disponível na rede mundial de computadores, com indicação da respectiva fonte, devendo-se, em qualquer caso, mencionar as circunstâncias que identifiquem ou assemelhem os casos confrontados.

§ 2.º *(Revogado pela Lei n. 13.256, de 4-2-2016.)*

§ 3.º O Supremo Tribunal Federal ou o Superior Tribunal de Justiça poderá desconsiderar vício formal de recurso tempestivo ou determinar sua correção, desde que não o repute grave.

§ 4.º Quando, por ocasião do processamento do incidente de resolução de demandas repetitivas, o presidente do Supremo Tribunal Federal ou do Superior Tribunal de Justiça receber requerimento de suspensão de processos em que se discuta questão federal constitucional ou infraconstitucional, poderá, considerando razões de segurança jurídica ou de excepcional interesse social, estender a suspensão a todo o território nacional, até ulterior decisão do recurso extraordinário ou do recurso especial a ser interposto.

§ 5.º O pedido de concessão de efeito suspensivo a recurso extraordinário ou a recurso especial poderá ser formulado por requerimento dirigido:

I – ao tribunal superior respectivo, no período compreendido entre a publicação da decisão de admissão do recurso e sua distribuição, ficando o relator designado para seu exame prevento para julgá-lo;

•• Inciso I com redação determinada pela Lei n. 13.256, de 4-2-2016.

II – ao relator, se já distribuído o recurso;

III – ao presidente ou ao vice-presidente do tribunal recorrido, no período compreendido entre a interposição do recurso e a publicação da decisão de admissão do recurso, assim como no caso de o recurso ter sido sobrestado, nos termos do art. 1.037.

•• Inciso III com redação determinada pela Lei n. 13.256, de 4-2-2016.

Art. 1.030. Recebida a petição do recurso pela secretaria do tribunal, o recorrido será intimado para apresentar contrarrazões no prazo de 15 (quinze) dias, findo o qual os autos serão conclusos ao presidente ou ao vice-presidente do tribunal recorrido, que deverá:

•• *Caput* com redação determinada pela Lei n. 13.256, de 4-2-2016.

• *Vide* Súmula 216 do STJ.
I – negar seguimento:
•• Inciso I, *caput*, acrescentado pela Lei n. 13.256, de 4-2-2016.
a) a recurso extraordinário que discuta questão constitucional à qual o Supremo Tribunal Federal não tenha reconhecido a existência de repercussão geral ou a recurso extraordinário interposto contra acórdão que esteja em conformidade com entendimento do Supremo Tribunal Federal exarado no regime de repercussão geral;
•• Alínea *a* acrescentada pela Lei n. 13.256, de 4-2-2016.
b) a recurso extraordinário ou a recurso especial interposto contra acórdão que esteja em conformidade com entendimento do Supremo Tribunal Federal ou do Superior Tribunal de Justiça, respectivamente, exarado no regime de julgamento de recursos repetitivos;
•• Alínea *b* acrescentada pela Lei n. 13.256, de 4-2-2016.
II – encaminhar o processo ao órgão julgador para realização do juízo de retratação, se o acórdão recorrido divergir do entendimento do Supremo Tribunal Federal ou do Superior Tribunal de Justiça exarado, conforme o caso, nos regimes de repercussão geral ou de recursos repetitivos;
•• Inciso II acrescentado pela Lei n. 13.256, de 4-2-2016.
III – sobrestar o recurso que versar sobre controvérsia de caráter repetitivo ainda não decidida pelo Supremo Tribunal Federal ou pelo Superior Tribunal de Justiça, conforme se trate de matéria constitucional ou infraconstitucional;
•• Inciso III acrescentado pela Lei n. 13.256, de 4-2-2016.
IV – selecionar o recurso como representativo de controvérsia constitucional ou infraconstitucional, nos termos do § 6.º do art. 1.036;
•• Inciso IV acrescentado pela Lei n. 13.256, de 4-2-2016.
V – realizar o juízo de admissibilidade e, se positivo, remeter o feito ao Supremo Tribunal Federal ou ao Superior Tribunal de Justiça, desde que:
•• Inciso V, *caput*, acrescentado pela Lei n. 13.256, de 4-2-2016.
a) o recurso ainda não tenha sido submetido ao regime de repercussão geral ou de julgamento de recursos repetitivos;
•• Alínea *a* acrescentada pela Lei n. 13.256, de 4-2-2016.
b) o recurso tenha sido selecionado como representativo da controvérsia; ou
•• Alínea *b* acrescentada pela Lei n. 13.256, de 4-2-2016.
c) o tribunal recorrido tenha refutado o juízo de retratação.
•• Alínea *c* acrescentada pela Lei n. 13.256, de 4-2-2016.
§ 1.º Da decisão de inadmissibilidade proferida com fundamento no inciso V caberá agravo ao tribunal superior, nos termos do art. 1.042.
•• § 1.º acrescentado pela Lei n. 13.256, de 4-2-2016.
§ 2.º Da decisão proferida com fundamento nos incisos I e III caberá agravo interno, nos termos do art. 1.021.
•• § 2.º acrescentado pela Lei n. 13.256, de 4-2-2016.

Art. 1.031. Na hipótese de interposição conjunta de recurso extraordinário e recurso especial, os autos serão remetidos ao Superior Tribunal de Justiça.
§ 1.º Concluído o julgamento do recurso especial, os autos serão remetidos ao Supremo Tribunal Federal para apreciação do recurso extraordinário, se este não estiver prejudicado.
§ 2.º Se o relator do recurso especial considerar prejudicial o recurso extraordinário, em decisão irrecorrível, sobrestará o julgamento e remeterá os autos ao Supremo Tribunal Federal.
§ 3.º Na hipótese do § 2.º, se o relator do recurso extraordinário, em decisão irrecorrível, rejeitar a prejudicialidade, devolverá os autos ao Superior Tribunal de Justiça para o julgamento do recurso especial.

Art. 1.032. Se o relator, no Superior Tribunal de Justiça, entender que o recurso especial versa sobre questão constitucional, deverá conceder prazo de 15 (quinze) dias para que o recorrente demonstre a existência de repercussão geral e se manifeste sobre a questão constitucional.
Parágrafo único. Cumprida a diligência de que trata o *caput*, o relator remeterá o recurso ao Supremo Tribunal Federal, que, em juízo de admissibilidade, poderá devolvê-lo ao Superior Tribunal de Justiça.

Art. 1.033. Se o Supremo Tribunal Federal considerar como reflexa a ofensa à Constituição afirmada no recurso extraordinário, por pressupor a revisão da interpretação de lei federal ou de tratado, remetê-lo-á ao Superior Tribunal de Justiça para julgamento como recurso especial.

Art. 1.034. Admitido o recurso extraordinário ou o recurso especial, o Supremo Tribunal Federal ou o Superior Tribunal de Justiça julgará o processo, aplicando o direito.
Parágrafo único. Admitido o recurso extraordinário ou o recurso especial por um fundamento, devolve-se ao tribunal superior o conhecimento dos demais fundamentos para a solução do capítulo impugnado.

Art. 1.035. O Supremo Tribunal Federal, em decisão irrecorrível, não conhecerá do recurso extraordinário quando a questão constitucional nele versada não tiver repercussão geral, nos termos deste artigo.
§ 1.º Para efeito de repercussão geral, será considerada a existência ou não de questões relevantes do ponto de vista econômico, político, social ou jurídico que ultrapassem os interesses subjetivos do processo.
§ 2.º O recorrente deverá demonstrar a existência de repercussão geral para apreciação exclusiva pelo Supremo Tribunal Federal.
§ 3.º Haverá repercussão geral sempre que o recurso impugnar acórdão que:
I – contrarie súmula ou jurisprudência dominante do Supremo Tribunal Federal;
II – (*Revogado pela Lei n. 13.256, de 4-2-2016.*)
III – tenha reconhecido a inconstitucionalidade de tratado ou de lei federal, nos termos do art. 97 da Constituição Federal.
§ 4.º O relator poderá admitir, na análise da repercussão geral, a manifestação de terceiros, subscrita por procurador habilitado, nos termos do Regimento Interno do Supremo Tribunal Federal.
§ 5.º Reconhecida a repercussão geral, o relator no Supremo Tribunal Federal determinará a suspensão do processamento de todos os processos pendentes, individuais ou coletivos, que versem sobre a questão e tramitem no território nacional.
§ 6.º O interessado pode requerer, ao presidente ou ao vice-presidente do tribunal de origem, que exclua da decisão de sobrestamento e inadmita o recurso extraordinário que tenha sido interposto intempestivamente, tendo o recorrente o prazo de 5 (cinco) dias para manifestar-se sobre esse requerimento.
§ 7.º Da decisão que indeferir o requerimento referido no § 6.º ou que aplicar entendimento firmado em regime de repercussão geral ou em julgamento de recursos repetitivos caberá agravo interno.
•• § 7.º com redação determinada pela Lei n. 13.256, de 4-2-2016.
§ 8.º Negada a repercussão geral, o presidente ou o vice-presidente do tribunal de origem negará seguimento aos recursos extraordinários sobrestados na origem que versem sobre matéria idêntica.
§ 9.º O recurso que tiver a repercussão geral reconhecida deverá ser julgado no prazo de 1 (um) ano e terá preferência sobre os demais feitos, ressalvados os que envolvam réu preso e os pedidos de *habeas corpus*.
§ 10. (*Revogado pela Lei n. 13.256, de 4-2-2016.*)
§ 11. A súmula da decisão sobre a repercussão geral constará de ata, que será publicada no *Diário Oficial* e valerá como acórdão.

Subseção II
Do julgamento dos recursos extraordinário e especial repetitivos

Art. 1.036. Sempre que houver multiplicidade de recursos extraordinários ou especiais com fundamento em idêntica questão de direito, haverá afetação para julgamento de acordo com as disposições desta Subseção, observado o disposto no Regimento Interno do Supremo Tribunal Federal e no do Superior Tribunal de Justiça.
§ 1.º O presidente ou o vice-presidente de tribunal de justiça ou de tribunal regional

federal selecionará 2 (dois) ou mais recursos representativos da controvérsia, que serão encaminhados ao Supremo Tribunal Federal ou ao Superior Tribunal de Justiça para fins de afetação, determinando a suspensão do trâmite de todos os processos pendentes, individuais ou coletivos, que tramitem no Estado ou na região, conforme o caso.

§ 2.º O interessado pode requerer, ao presidente ou ao vice-presidente, que exclua da decisão de sobrestamento e inadmita o recurso especial ou o recurso extraordinário que tenha sido interposto intempestivamente, tendo o recorrente o prazo de 5 (cinco) dias para manifestar-se sobre esse requerimento.

§ 3.º Da decisão que indeferir o requerimento referido no § 2.º caberá apenas agravo interno.

•• § 3.º com redação determinada pela Lei n. 13.256, de 4-2-2016.

§ 4.º A escolha feita pelo presidente ou vice-presidente do tribunal de justiça ou do tribunal regional federal não vinculará o relator no tribunal superior, que poderá selecionar outros recursos representativos da controvérsia.

§ 5.º O relator em tribunal superior também poderá selecionar 2 (dois) ou mais recursos representativos da controvérsia para julgamento sob o regime desse capítulo independentemente da iniciativa do presidente ou do vice-presidente do tribunal de origem.

§ 6.º Somente podem ser selecionados recursos admissíveis que contenham abrangente argumentação e discussão a respeito da questão a ser decidida.

Art. 1.037. Selecionados os recursos, o relator, no tribunal superior, constatando a presença do pressuposto do *caput* do art. 1.036, proferirá decisão de afetação, na qual:

I – identificará com precisão a questão a ser submetida a julgamento;

II – determinará a suspensão do processamento de todos os processos pendentes, individuais ou coletivos, que versem sobre a questão e tramitem no território nacional;

III – poderá requisitar aos presidentes ou aos vice-presidentes dos tribunais de justiça ou dos tribunais regionais federais a remessa de um recurso representativo da controvérsia.

§ 1.º Se, após receber os recursos selecionados pelo presidente ou pelo vice-presidente de tribunal de justiça ou de tribunal regional federal, não se proceder à afetação, o relator, no tribunal superior, comunicará o fato ao presidente ou ao vice-presidente que os houver enviado, para que seja revogada a decisão de suspensão referida no art. 1.036, § 1.º.

§ 2.º *(Revogado pela Lei n. 13.256, de 4-2-2016.)*

§ 3.º Havendo mais de uma afetação, será prevento o relator que primeiro tiver proferido a decisão a que se refere o inciso I do *caput*.

§ 4.º Os recursos afetados deverão ser julgados no prazo de 1 (um) ano e terão preferência sobre os demais feitos, ressalvados os que envolvam réu preso e os pedidos de *habeas corpus*.

§ 5.º *(Revogado pela Lei n. 13.256, de 4-2-2016.)*

§ 6.º Ocorrendo a hipótese do § 5.º, é permitido a outro relator do respectivo tribunal superior afetar 2 (dois) ou mais recursos representativos da controvérsia na forma do art. 1.036.

§ 7.º Quando os recursos requisitados na forma do inciso III do *caput* contiverem outras questões além daquela que é objeto da afetação, caberá ao tribunal decidir esta em primeiro lugar e depois as demais, em acórdão específico para cada processo.

§ 8.º As partes deverão ser intimadas da decisão de suspensão de seu processo, a ser proferida pelo respectivo juiz ou relator quando informado da decisão a que se refere o inciso II do *caput*.

§ 9.º Demonstrando distinção entre a questão a ser decidida no processo e aquela a ser julgada no recurso especial ou extraordinário afetado, a parte poderá requerer o prosseguimento do seu processo.

§ 10. O requerimento a que se refere o § 9.º será dirigido:

I – ao juiz, se o processo sobrestado estiver em primeiro grau;

II – ao relator, se o processo sobrestado estiver no tribunal de origem;

III – ao relator do acórdão recorrido, se for sobrestado recurso especial ou recurso extraordinário no tribunal de origem;

IV – ao relator, no tribunal superior, de recurso especial ou de recurso extraordinário cujo processamento houver sido sobrestado.

§ 11. A outra parte deverá ser ouvida sobre o requerimento a que se refere o § 9.º, no prazo de 5 (cinco) dias.

§ 12. Reconhecida a distinção no caso:

I – dos incisos I, II e IV do § 10, o próprio juiz ou relator dará prosseguimento ao processo;

II – do inciso III do § 10, o relator comunicará a decisão ao presidente ou ao vice-presidente que houver determinado o sobrestamento, para que o recurso especial ou o recurso extraordinário seja encaminhado ao respectivo tribunal superior, na forma do art. 1.030, parágrafo único.

•• Prejudicada a referência ao art. 1.030, parágrafo único, modificado pela Lei n. 13.256, de 4-2-2016.

§ 13. Da decisão que resolver o requerimento a que se refere o § 9.º caberá:

I – agravo de instrumento, se o processo estiver em primeiro grau;

II – agravo interno, se a decisão for de relator.

Art. 1.038. O relator poderá:

I – solicitar ou admitir manifestação de pessoas, órgãos ou entidades com interesse na controvérsia, considerando a relevância da matéria e consoante dispuser o regimento interno;

•• *Vide* art. 138 do CPC.

II – fixar data para, em audiência pública, ouvir depoimentos de pessoas com experiência e conhecimento na matéria, com a finalidade de instruir o procedimento;

III – requisitar informações aos tribunais inferiores a respeito da controvérsia e, cumprida a diligência, intimará o Ministério Público para manifestar-se.

§ 1.º No caso do inciso III, os prazos respectivos são de 15 (quinze) dias, e os atos serão praticados, sempre que possível, por meio eletrônico.

§ 2.º Transcorrido o prazo para o Ministério Público e remetida cópia do relatório aos demais ministros, haverá inclusão em pauta, devendo ocorrer o julgamento com preferência sobre os demais feitos, ressalvados os que envolvam réu preso e os pedidos de *habeas corpus*.

§ 3.º O conteúdo do acórdão abrangerá a análise dos fundamentos relevantes da tese jurídica discutida.

•• § 3.º com redação determinada pela Lei n. 13.256, de 4-2-2016.

Art. 1.039. Decididos os recursos afetados, os órgãos colegiados declararão prejudicados os demais recursos versando sobre idêntica controvérsia ou os decidirão aplicando a tese firmada.

Parágrafo único. Negada a existência de repercussão geral no recurso extraordinário afetado, serão considerados automaticamente inadmitidos os recursos extraordinários cujo processamento tenha sido sobrestado.

Art. 1.040. Publicado o acórdão paradigma:

I – o presidente ou o vice-presidente do tribunal de origem negará seguimento aos recursos especiais ou extraordinários sobrestados na origem, se o acórdão recorrido coincidir com a orientação do tribunal superior;

II – o órgão que proferiu o acórdão recorrido, na origem, reexaminará o processo de competência originária, a remessa necessária ou o recurso anteriormente julgado, se o acórdão recorrido contrariar a orientação do tribunal superior;

III – os processos suspensos em primeiro e segundo graus de jurisdição retomarão o curso para julgamento e aplicação da tese firmada pelo tribunal superior;

IV – se os recursos versarem sobre questão relativa a prestação de serviço público objeto de concessão, permissão ou autorização, o resultado do julgamento será comunicado ao órgão, ao ente ou à agência reguladora competente para fiscalização da efetiva aplicação, por parte dos entes sujeitos a regulação, da tese adotada.

•• O STF, nas sessões virtuais de 14-4-2023 a 24-4-2023 (*DOU* de 4-5-2023), julgou parcialmente procedente a ADI n. 5.492 para declarar constitucional este inciso IV.

§ 1.º A parte poderá desistir da ação em curso no primeiro grau de jurisdição, antes de proferida a sentença, se a questão nela discutida for idêntica à resolvida pelo recurso representativo da controvérsia.

§ 2.º Se a desistência ocorrer antes de oferecida contestação, a parte ficará isenta do pagamento de custas e de honorários de sucumbência.

§ 3.º A desistência apresentada nos termos do § 1.º independe de consentimento do réu, ainda que apresentada contestação.

Art. 1.041. Mantido o acórdão divergente pelo tribunal de origem, o recurso especial ou extraordinário será remetido ao respectivo tribunal superior, na forma do art. 1.036, § 1.º.

§ 1.º Realizado o juízo de retratação, com alteração do acórdão divergente, o tribunal de origem, se for o caso, decidirá as demais questões ainda não decididas cujo enfrentamento se tornou necessário em decorrência da alteração.

§ 2.º Quando ocorrer a hipótese do inciso II do *caput* do art. 1.040 e o recurso versar sobre outras questões, caberá ao presidente ou ao vice-presidente do tribunal recorrido, depois do reexame pelo órgão de origem e independentemente de ratificação do recurso, sendo positivo o juízo de admissibilidade, determinar a remessa do recurso ao tribunal superior para julgamento das demais questões.

•• § 2.º com redação determinada pela Lei n. 13.256, de 4-2-2016.

Seção III
Do Agravo em Recurso Especial e em Recurso Extraordinário

Art. 1.042. Cabe agravo contra decisão do presidente ou do vice-presidente do tribunal recorrido que inadmitir recurso extraordinário ou recurso especial, salvo quando fundada na aplicação de entendimento firmado em regime de repercussão geral ou em julgamento de recursos repetitivos.

•• *Caput* com redação determinada pela Lei n. 13.256, de 4-2-2016.

•• A Resolução n. 450, de 3-12-2010, do STF, criou a classe processual "Recurso Extraordinário com Agravo – ARE", para o processamento de agravo interposto contra decisão que não admite recurso extraordinário ao STF, em razão da alteração feita pela Lei n. 12.322, de 9-9-2010, que extinguiu o Agravo de Instrumento (AI) aplicado nesses casos.

•• A Resolução n. 451, de 3-12-2010, do STF, dispõe sobre a aplicação da Lei n. 12.322, de 9-9-2010, para os Recursos Extraordinários e Agravos sobre matéria penal e processual penal.

•• A Resolução n. 7, de 9-12-2010, do STJ, criou a classe processual "Agravo em Recurso Especial – AREsp", para o processamento de agravo interposto contra decisão que inadmite recurso especial.

•• A Portaria Normativa n. 3, de 17-6-2021, da PGU, regulamenta os critérios para a dispensa da prática de atos e desistência de recursos, bem como procedimentos ligados a execuções e cumprimentos de sentença em face da União.

I a III – (*Revogados pela Lei n. 13.256, de 4-2-2016.*)

§ 1.º (*Revogado pela Lei n. 13.256, de 4-2-2016.*)

§ 2.º A petição de agravo será dirigida ao presidente ou ao vice-presidente do tribunal de origem e independe do pagamento de custas e despesas postais, aplicando-se a ela o regime de repercussão geral e de recursos repetitivos, inclusive quanto à possibilidade de sobrestamento e do juízo de retratação.

•• § 2.º com redação determinada pela Lei n. 13.256, de 4-2-2016.

§ 3.º O agravado será intimado, de imediato, para oferecer resposta no prazo de 15 (quinze) dias.

§ 4.º Após o prazo de resposta, não havendo retratação, o agravo será remetido ao tribunal superior competente.

§ 5.º O agravo poderá ser julgado, conforme o caso, conjuntamente com o recurso especial ou extraordinário, assegurada, neste caso, sustentação oral, observando-se, ainda, o disposto no regimento interno do tribunal respectivo.

§ 6.º Na hipótese de interposição conjunta de recursos extraordinário e especial, o agravante deverá interpor um agravo para cada recurso não admitido.

§ 7.º Havendo apenas um agravo, o recurso será remetido ao tribunal competente, e, havendo interposição conjunta, os autos serão remetidos ao Superior Tribunal de Justiça.

§ 8.º Concluído o julgamento do agravo pelo Superior Tribunal de Justiça e, se for o caso, do recurso especial, independentemente de pedido, os autos serão remetidos ao Supremo Tribunal Federal para apreciação do agravo a ele dirigido, salvo se estiver prejudicado.

Seção IV
Dos Embargos de Divergência

Art. 1.043. É embargável o acórdão de órgão fracionário que:

I – em recurso extraordinário ou em recurso especial, divergir do julgamento de qualquer outro órgão do mesmo tribunal, sendo os acórdãos, embargado e paradigma, de mérito;

II – (*Revogado pela Lei n. 13.256, de 4-2-2016.*)

III – em recurso extraordinário ou em recurso especial, divergir do julgamento de qualquer outro órgão do mesmo tribunal, sendo um acórdão de mérito e outro que não tenha conhecido do recurso, embora tenha apreciado a controvérsia;

IV – (*Revogado pela Lei n. 13.256, de 4-2-2016.*)

§ 1.º Poderão ser confrontadas teses jurídicas contidas em julgamentos de recursos e de ações de competência originária.

§ 2.º A divergência que autoriza a interposição de embargos de divergência pode verificar-se na aplicação do direito material ou do direito processual.

§ 3.º Cabem embargos de divergência quando o acórdão paradigma for da mesma turma que proferiu a decisão embargada, desde que sua composição tenha sofrido alteração em mais da metade de seus membros.

§ 4.º O recorrente provará a divergência com certidão, cópia ou citação de repositório oficial ou credenciado de jurisprudência, inclusive em mídia eletrônica, onde foi publicado o acórdão divergente, ou com a reprodução de julgado disponível na rede mundial de computadores, indicando a respectiva fonte, e mencionará as circunstâncias que identificam ou assemelham os casos confrontados.

§ 5.º (*Revogado pela Lei n. 13.256, de 4-2-2016.*)

Art. 1.044. No recurso de embargos de divergência, será observado o procedimento estabelecido no regimento interno do respectivo tribunal superior.

§ 1.º A interposição de embargos de divergência no Superior Tribunal de Justiça interrompe o prazo para interposição de recurso extraordinário por qualquer das partes.

§ 2.º Se os embargos de divergência forem desprovidos ou não alterarem a conclusão do julgamento anterior, o recurso extraordinário interposto pela outra parte antes da publicação do julgamento dos embargos de divergência será processado e julgado independentemente de ratificação.

Livro Complementar
DISPOSIÇÕES FINAIS E TRANSITÓRIAS

Art. 1.045. Este Código entra em vigor após decorrido 1 (um) ano da data de sua publicação oficial.

Art. 1.046. Ao entrar em vigor este Código, suas disposições se aplicarão desde logo aos processos pendentes, ficando revogada a Lei n. 5.869, de 11 de janeiro de 1973.

§ 1.º As disposições da Lei n. 5.869, de 11 de janeiro de 1973, relativas ao procedimento sumário e aos procedimentos especiais que forem revogadas aplicar-se-ão às ações propostas e não sentenciadas até o início da vigência deste Código.

§ 2.º Permanecem em vigor as disposições especiais dos procedimentos regulados em outras leis, aos quais se aplicará supletivamente este Código.

§ 3.º Os processos mencionados no art. 1.218 da Lei n. 5.869, de 11 de janeiro de 1973, cujo procedimento ainda não tenha sido incorporado por lei submeter-se-á ao procedimento comum previsto neste Código.

§ 4.º As remissões a disposições do Código de Processo Civil revogado, existentes em outras leis, passam a referir-se às que lhes são correspondentes neste Código.

CPC – Arts. 1.046 a 1.067 – Disposições Finais e Transitórias

§ 5.º A primeira lista de processos para julgamento em ordem cronológica observará a antiguidade da distribuição entre os já conclusos na data da entrada em vigor deste Código.

Art. 1.047. As disposições de direito probatório adotadas neste Código aplicam-se apenas às provas requeridas ou determinadas de ofício a partir da data de início de sua vigência.

Art. 1.048. Terão prioridade de tramitação, em qualquer juízo ou tribunal, os procedimentos judiciais:

I – em que figure como parte ou interessado pessoa com idade igual ou superior a 60 (sessenta) anos ou portadora de doença grave, assim compreendida qualquer das enumeradas no art. 6.º, inciso XIV, da Lei n. 7.713, de 22 de dezembro de 1988;

II – regulados pela Lei n. 8.069, de 13 de julho de 1990 (Estatuto da Criança e do Adolescente);

III – em que figure como parte a vítima de violência doméstica e familiar, nos termos da Lei n. 11.340, de 7 de agosto de 2006 (Lei Maria da Penha);

•• Inciso III acrescentado pela Lei n. 13.894, de 29-10-2019.

IV – em que se discuta a aplicação do disposto nas normas gerais de licitação e contratação a que se refere o inciso XXVII do *caput* do art. 22 da Constituição Federal.

•• Inciso IV acrescentado pela Lei n. 14.133, de 1.º-4-2021.

§ 1.º A pessoa interessada na obtenção do benefício, juntando prova de sua condição, deverá requerê-lo à autoridade judiciária competente para decidir o feito, que determinará ao cartório do juízo as providências a serem cumpridas.

§ 2.º Deferida a prioridade, os autos receberão identificação própria que evidencie o regime de tramitação prioritária.

§ 3.º Concedida a prioridade, essa não cessará com a morte do beneficiado, estendendo-se em favor do cônjuge supérstite ou do companheiro em união estável.

§ 4.º A tramitação prioritária independe de deferimento pelo órgão jurisdicional e deverá ser imediatamente concedida diante da prova da condição de beneficiário.

Art. 1.049. Sempre que a lei remeter a procedimento previsto na lei processual sem especificá-lo, será observado o procedimento comum previsto neste Código.

Parágrafo único. Na hipótese de a lei remeter ao procedimento sumário, será observado o procedimento comum previsto neste Código, com as modificações previstas na própria lei especial, se houver.

Art. 1.050. A União, os Estados, o Distrito Federal, os Municípios, suas respectivas entidades da administração indireta, o Ministério Público, a Defensoria Pública e a Advocacia Pública, no prazo de 30 (trinta) dias a contar da data da entrada em vigor deste Código, deverão se cadastrar perante a administração do tribunal no qual atuem para cumprimento do disposto nos arts. 246, § 2.º, e 270, parágrafo único.

Art. 1.051. As empresas públicas e privadas devem cumprir o disposto no art. 246, § 1.º, no prazo de 30 (trinta) dias, a contar da data de inscrição do ato constitutivo da pessoa jurídica, perante o juízo onde tenham sede ou filial.

Parágrafo único. O disposto no *caput* não se aplica às microempresas e às empresas de pequeno porte.

Art. 1.052. Até a edição de lei específica, as execuções contra devedor insolvente, em curso ou que venham a ser propostas, permanecem reguladas pelo Livro II, Título IV, da Lei n. 5.869, de 11 de janeiro de 1973.

Art. 1.053. Os atos processuais praticados por meio eletrônico até a transição definitiva para certificação digital ficam convalidados, ainda que não tenham observado os requisitos mínimos estabelecidos por este Código, desde que tenham atingido sua finalidade e não tenha havido prejuízo à defesa de qualquer das partes.

Art. 1.054. O disposto no art. 503, § 1.º, somente se aplica aos processos iniciados após a vigência deste Código, aplicando-se aos anteriores o disposto nos arts. 5.º, 325 e 470 da Lei n. 5.869, de 11 de janeiro de 1973.

Art. 1.055. (Vetado.)

Art. 1.056. Considerar-se-á como termo inicial do prazo da prescrição prevista no art. 924, inciso V, inclusive para as execuções em curso, a data de vigência deste Código.

Art. 1.057. O disposto no art. 525, §§ 14 e 15, e no art. 535, §§ 7.º e 8.º, aplica-se às decisões transitadas em julgado após a entrada em vigor deste Código, e, às decisões transitadas em julgado anteriormente, aplica-se o disposto no art. 475-L, § 1.º, e no art. 741, parágrafo único, da Lei n. 5.869, de 11 de janeiro de 1973.

Art. 1.058. Em todos os casos em que houver recolhimento de importância em dinheiro, esta será depositada em nome da parte ou do interessado, em conta especial movimentada por ordem do juiz, nos termos do art. 840, inciso I.

Art. 1.059. À tutela provisória requerida contra a Fazenda Pública aplica-se o disposto nos arts. 1.º a 4.º da Lei n. 8.437, de 30 de junho de 1992, e no art. 7.º, § 2.º, da Lei n. 12.016, de 7 de agosto de 2009.

Art. 1.060. O inciso II do art. 14 da Lei n. 9.289, de 4 de julho de 1996, passa a vigorar com a seguinte redação:

"Art. 14..

II – aquele que recorrer da sentença adiantará a outra metade das custas, comprovando o adiantamento no ato de interposição do recurso, sob pena de deserção, observado o disposto nos §§ 1.º a 7.º do art. 1.007 do Código de Processo Civil;

....".

• A Lei n. 9.289, de 4-7-1996, dispõe sobre as custas devidas à União na Justiça Federal de 1.º e 2.º graus e dá outras providências.

Art. 1.061. O § 3.º do art. 33 da Lei n. 9.307, de 23 de setembro de 1996 (Lei de Arbitragem), passa a vigorar com a seguinte redação:

"Art. 33. ....

§ 3.º A decretação da nulidade da sentença arbitral também poderá ser requerida na impugnação ao cumprimento da sentença, nos termos dos arts. 525 e seguintes do Código de Processo Civil, se houver execução judicial".

Art. 1.062. O incidente de desconsideração da personalidade jurídica aplica-se ao processo de competência dos juizados especiais.

•• *Vide* arts. 133 a 137 do CPC.

Art. 1.063. Os juizados especiais cíveis previstos na Lei n. 9.099, de 26 de setembro de 1995, continuam competentes para o processamento e o julgamento das causas previstas no inciso II do art. 275 da Lei n. 5.869, de 11 de janeiro de 1973.

•• Artigo com redação determinada pela Lei n. 14.976, de 18-9-2024.

Art. 1.064. O *caput* do art. 48 da Lei n. 9.099, de 26 de setembro de 1995, passa a vigorar com a seguinte redação:

"Art. 48. Caberão embargos de declaração contra sentença ou acórdão nos casos previstos no Código de Processo Civil.

....".

Art. 1.065. O art. 50 da Lei n. 9.099, de 26 de setembro de 1995, passa a vigorar com a seguinte redação:

"Art. 50. Os embargos de declaração interrompem o prazo para a interposição de recurso".

Art. 1.066. O art. 83 da Lei n. 9.099, de 26 de setembro de 1995, passa a vigorar com a seguinte redação:

•• Alteração já processada no diploma modificado.

Art. 1.067. O art. 275 da Lei n. 4.737, de 15 de julho de 1965 (Código Eleitoral), passa a vigorar com a seguinte redação:

"Art. 275. São admissíveis embargos de declaração nas hipóteses previstas no Código de Processo Civil.

§ 1.º Os embargos de declaração serão opostos no prazo de 3 (três) dias, contado da data de publicação da decisão embargada, em petição dirigida ao juiz ou relator, com a indicação do ponto que lhes deu causa.

§ 2.º Os embargos de declaração não estão sujeitos a preparo.

§ 3.º O juiz julgará os embargos em 5 (cinco) dias.

§ 4.º Nos tribunais:

I – o relator apresentará os embargos em mesa na sessão subsequente, proferindo voto;

II – não havendo julgamento na sessão referida no inciso I, será o recurso incluído em pauta;

III – vencido o relator, outro será designado para lavrar o acórdão.

§ 5.º Os embargos de declaração interrompem o prazo para a interposição de recurso.

§ 6.º Quando manifestamente protelatórios os embargos de declaração, o juiz ou o tribunal, em decisão fundamentada, condenará o embargante a pagar ao embargado multa não excedente a 2 (dois) salários mínimos.

§ 7.º Na reiteração de embargos de declaração manifestamente protelatórios, a multa será elevada a até 10 (dez) salários mínimos".

Art. 1.068. O art. 274 e o *caput* do art. 2.027 da Lei n. 10.406, de 10 de janeiro de 2002 (Código Civil), passam a vigorar com a seguinte redação:

"Art. 274. O julgamento contrário a um dos credores solidários não atinge os demais, mas o julgamento favorável aproveita-lhes, sem prejuízo de exceção pessoal que o devedor tenha direito de invocar em relação a qualquer deles.

....

Art. 2.027. A partilha é anulável pelos vícios e defeitos que invalidam, em geral, os negócios jurídicos.

...."

Art. 1.069. O Conselho Nacional de Justiça promoverá, periodicamente, pesquisas estatísticas para avaliação da efetividade das normas previstas neste Código.

Art. 1.070. É de 15 (quinze) dias o prazo para a interposição de qualquer agravo, previsto em lei ou em regimento interno de tribunal, contra decisão de relator ou outra decisão unipessoal proferida em tribunal.

Art. 1.071. O Capítulo III do Título V da Lei n. 6.015, de 31 de dezembro de 1973 (Lei de Registros Públicos), passa a vigorar acrescida do seguinte art. 216-A:

"Art. 216-A. Sem prejuízo da via jurisdicional, é admitido o pedido de reconhecimento extrajudicial de usucapião, que será processado diretamente perante o cartório do registro de imóveis da comarca em que estiver situado o imóvel usucapiendo, a requerimento do interessado, representado por advogado, instruído com:

I – ata notarial lavrada pelo tabelião, atestando o tempo de posse do requerente e seus antecessores, conforme o caso e suas circunstâncias;

II – planta e memorial descritivo assinado por profissional legalmente habilitado, com prova de anotação de responsabilidade técnica no respectivo conselho de fiscalização profissional, e pelos titulares de direitos reais e de outros direitos registrados ou averbados na matrícula do imóvel usucapiendo e na matrícula dos imóveis confinantes;

III – certidões negativas dos distribuidores da comarca da situação do imóvel e do domicílio do requerente;

IV – justo título ou quaisquer outros documentos que demonstrem a origem, a continuidade, a natureza e o tempo da posse, tais como o pagamento dos impostos e das taxas que incidirem sobre o imóvel.

§ 1.º O pedido será autuado pelo registrador, prorrogando-se o prazo da prenotação até o acolhimento ou a rejeição do pedido.

§ 2.º Se a planta não contiver a assinatura de qualquer um dos titulares de direitos reais e de outros direitos registrados ou averbados na matrícula do imóvel usucapiendo e na matrícula dos imóveis confinantes, esse será notificado pelo registrador competente, pessoalmente ou pelo correio com aviso de recebimento, para manifestar seu consentimento expresso em 15 (quinze) dias, interpretado o seu silêncio como discordância.

§ 3.º O oficial de registro de imóveis dará ciência à União, ao Estado, ao Distrito Federal e ao Município, pessoalmente, por intermédio do oficial de registro de títulos e documentos, ou pelo correio com aviso de recebimento, para que se manifestem, em 15 (quinze) dias, sobre o pedido.

§ 4.º O oficial de registro de imóveis promoverá a publicação de edital em jornal de grande circulação, onde houver, para a ciência de terceiros eventualmente interessados, que poderão se manifestar em 15 (quinze) dias.

§ 5.º Para a elucidação de qualquer ponto de dúvida, poderão ser solicitadas ou realizadas diligências pelo oficial de registro de imóveis.

§ 6.º Transcorrido o prazo de que trata o § 4.º deste artigo, sem pendência de diligências na forma do § 5.º deste artigo e achando-se em ordem a documentação, com inclusão da concordância expressa dos titulares de direitos reais e de outros direitos registrados ou averbados na matrícula do imóvel usucapiendo e na matrícula dos imóveis confinantes, o oficial de registro de imóveis registrará a aquisição do imóvel com as descrições apresentadas, sendo permitida a abertura de matrícula, se for o caso.

§ 7.º Em qualquer caso, é lícito ao interessado suscitar o procedimento de dúvida, nos termos desta Lei.

§ 8.º Ao final das diligências, se a documentação não estiver em ordem, o oficial de registro de imóveis rejeitará o pedido.

§ 9.º A rejeição do pedido extrajudicial não impede o ajuizamento de ação de usucapião.

§ 10. Em caso de impugnação do pedido de reconhecimento extrajudicial de usucapião, apresentada por qualquer um dos titulares de direito reais e de outros direitos registrados ou averbados na matrícula do imóvel usucapiendo e na matrícula dos imóveis confinantes, por algum dos entes públicos ou por algum terceiro interessado, o oficial de registro de imóveis remeterá os autos ao juízo competente da comarca da situação do imóvel, cabendo ao requerente emendar a petição inicial para adequá-la ao procedimento comum".

Art. 1.072. Revogam-se:

I – o art. 22 do Decreto-lei n. 25, de 30 de novembro de 1937;

II – os arts. 227, *caput*, 229, 230, 456, 1.482, 1.483 e 1.768 a 1.773 da Lei n. 10.406, de 10 de janeiro de 2002 (Código Civil);

III – os arts. 2.º, 3.º, 4.º, 6.º, 7.º, 11, 12 e 17 da Lei n. 1.060, de 5 de fevereiro de 1950;

IV – os arts. 13 a 18, 26 a 29 e 38 da Lei n. 8.038, de 28 de maio de 1990;

V – os arts. 16 a 18 da Lei n. 5.478, de 25 de julho de 1968; e

VI – o art. 98, § 4.º, da Lei n. 12.529, de 30 de novembro de 2011.

Brasília, 16 de março de 2015; 194.º da Independência e 127.º da República.

DILMA ROUSSEFF

ÍNDICE ALFABÉTICO-REMISSIVO
DO CÓDIGO DE PROCESSO CIVIL

ABUSO DO DIREITO DE DEFESA
– tutela da evidência: art. 311, I

AÇÃO
– legitimidade: art. 17
– meramente declaratória; admissibilidade: art. 20
– propositura: art. 312
– sobre direito real imobiliário; consentimento do cônjuge: arts. 73 e 74
– substituição processual: art. 18
– valor: arts. 291 a 293

AÇÃO ACESSÓRIA
– juízo competente: art. 61

AÇÃO ANULATÓRIA
– partilha: art. 657, parágrafo único

AÇÃO DE ALIMENTOS
– desconto em folha: art. 912
– foro competente: art. 53, II
– sentença condenatória, efeito suspensivo: art. 1.012, § 1.º, II

AÇÃO DE CONSIGNAÇÃO EM PAGAMENTO
– arts. 539 a 549
– contestação; alegação do réu: art. 544
– conversão do depósito em arrecadação de coisas vagas: art. 548, I
– de coisa indeterminada com escolha do credor: art. 543
– depósito incompleto: art. 545
– depósito, seus efeitos: art. 540
– fundada em dúvida sobre quem deva receber: art. 547
– fundada em dúvida sobre quem deva receber, decisão: art. 548
– insuficiência de depósito: art. 545
– julgamento sumário: art. 546
– onde requerer: art. 540
– o que será requerido na petição inicial: art. 542
– prazo para completar o depósito: art. 545
– prestações periódicas: art. 541
– recebimento pelo credor: art. 546, parágrafo único
– resgate de aforamento: art. 549

AÇÃO DE DEMARCAÇÃO
– auto de demarcação, lavratura e homologação: arts. 586 e 587
– citação: arts. 576 e 577
– colocação dos marcos: arts. 582 e 584
– cumulação com divisão: art. 570
– laudo, elaboração: art. 580
– legitimidade ativa: arts. 569, I, e 575
– peritos: art. 579
– petição inicial: art. 574
– planta, acompanhamento: art. 583
– procedimento comum: art. 578
– sentença: art. 581

– sentença com efeito meramente devolutivo: art. 1.012, § 1.º, I

AÇÃO DE DISSOLUÇÃO PARCIAL DE SOCIEDADE
– arts. 599 a 609
– apuração dos haveres: art. 604
– citação: art. 601
– concordância da dissolução; manifestação expressa e unânime: art. 603, *caput*, e § 1.º
– contestação; procedimento comum: art. 603, § 2.º
– indenização: art. 602
– legitimidade ativa: art. 600
– objeto: art. 599
– omissão do contrato social: art. 606
– resolução da sociedade: art. 605

AÇÃO DE DIVISÃO
– auto de divisão: art. 597
– benfeitorias de confinantes, respeito: art. 593
– citações: arts. 576 e 589
– condôminos, apresentação dos títulos e pedidos de quinhões: art. 591
– confinantes, demanda de restituição de terreno usurpado: art. 594
– cumulação com demarcação: art. 570
– decisão sobre títulos e pedidos: art. 592
– deliberação da partilha: art. 596
– demarcação dos quinhões: art. 596, parágrafo único
– dispensa da realização de prova pericial: art. 573
– laudo fundamentado: art. 595
– peritos: art. 590
– petição inicial: art. 588

AÇÃO DE EXIGIR CONTAS
– apuração de sentença, saldo credor, constituição de título executivo judicial: art. 552
– contas do réu, forma adequada: art. 551
– para exigi-las, procedimento: art. 550

AÇÃO DE REPARAÇÃO DE DANO
– competência do lugar: art. 53, IV, a, e V

AÇÃO DE USUCAPIÃO
– citação: art. 246, § 3.º
– edital: art. 259, I

AÇÃO MONITÓRIA
– arts. 700 a 702
– a quem compete: art. 700
– citação: art. 700, § 7.º
– embargos: art. 702
– expedição do mandado de pagamento ou entrega da coisa; prazo: art. 701
– isenção de custas e honorários advocatícios; disposições: art. 701, § 1.º

AÇÃO PAULIANA
– embargos de terceiro: arts. 674 a 681
– fraude contra credores: art. 792

AÇÃO REGRESSIVA
– do fiador: art. 794, § 2.º
– do sócio: art. 795, § 3.º

AÇÃO RESCISÓRIA
– casos de admissão: art. 966
– decadência: art. 975
– de partilha julgada por sentença: art. 658
– legitimidade ativa: art. 967
– não tem efeito suspensivo da sentença rescindenda; exceções: art. 969
– petição inicial, indeferimento: art. 968, § 3.º
– petição inicial, requisitos: art. 968
– provas, delegação de competência a juiz de direito: art. 972
– razões finais: art. 973
– relatório, cópia aos juízes: art. 971

ACAREAÇÃO
– de testemunhas: art. 461, II

AÇÕES DE FAMÍLIA
– arts. 693 a 699-A
– abuso ou alienação parental: art. 699
– citação do réu: art. 695
– depoimento do incapaz: art. 699
– divórcio, processos contenciosos: art. 693
– guarda: art. 693
– mediação e conciliação: art. 694, *caput*
– mediação extrajudicial: art. 694, parágrafo único
– Ministério Público: art. 698
– reconhecimento e extinção de união estável: art. 693
– solução consensual da controvérsia: art. 694
– suspensão do processo, requerimento das partes: art. 694, parágrafo único
– violência doméstica ou familiar: art. 699-A
– visitação e filiação: art. 693

AÇÕES DE MANUTENÇÃO E REINTEGRAÇÃO DE POSSE
– citação do réu: art. 564
– contra pessoas jurídicas de direito público: art. 562, parágrafo único
– cumulação de pedido: art. 555
– direito do possuidor: art. 560
– esbulho: arts. 555, parágrafo único, I, 556, 558, 560 e 561
– exceção de domínio: art. 557
– indenização dos frutos: art. 555, II
– litígio coletivo pela posse de imóvel: art. 565
– mandado liminar: arts. 562 a 564
– natureza dúplice: art. 556

– perdas e danos: art. 555, I
– procedimento comum: art. 566
– provas que incumbem ao autor para o mandado liminar: art. 561
– turbação: arts. 555, parágrafo único, I, 556, 558, 560 e 561
– tutela provisória: art. 555, parágrafo único, II

AÇÕES IMOBILIÁRIAS
– competência do juiz brasileiro: art. 23

AÇÕES POSSESSÓRIAS
– com rito comum: art. 558, parágrafo único
– contestação, alegação de que é sua a posse ofendida: art. 556
– manutenção provisória, idoneidade financeira do autor: art. 559
– prazo de ano e dia: art. 558
– propositura de uma por outra: art. 554
– reconvenção: art. 556
– reintegração provisória, idoneidade financeira do autor: art. 559

ACÓRDÃO(S)
– definição: art. 204
– embargos declaratórios: art. 1.022
– registrado em arquivo eletrônico: art. 943

ADJUDICAÇÃO
– de bens do devedor, em execução: art. 825, I
– de bens penhorados, pagamento ao credor: art. 904, II
– lavratura do auto de: art. 877
– processamento: art. 876
– requerimento de: art. 878

ADMINISTRADOR
– guarda e conservação de bens: art. 159
– de imóvel ou empresa em usufruto concedido em execução: art. 869
– do espólio: arts. 613 e 614
– prestação de contas, procedimento: art. 553

ADVOCACIA PÚBLICA
– arts. 182 a 184

ADVOGADO
– direitos: art. 107
– falecimento, restituição de prazo para recurso: art. 1.004
– postulação em causa própria: art. 106
– procuração: art. 104
– procuração geral para o foro: art. 105
– público; restituição dos autos; prazo: art. 234
– renúncia de mandato: art. 112
– representação em juízo: art. 103
– sustentação de recurso perante tribunal: art. 937

AERONAVE
– ação de reparação de dano, foro competente: art. 53, V
– penhora, efeitos: art. 835, VIII

AFORAMENTO
– resgate: art. 549

AGRAVO
– cabimento: art. 1.042

AGRAVO DE INSTRUMENTO
– a quem será dirigido: art. 1.016
– cabimento: arts. 994, II, e 1.015
– custas; comprovante de pagamento: art. 1.017, § 1.º
– das decisões interlocutórias; quando é cabível: art. 1.015
– decisão do relator: arts. 1.019 e 932, III
– juntada da cópia de petição; prazo: art. 1.018 e § 2.º
– peças facultativas: art. 1.017, III
– peças obrigatórias: arts. 1.016 e 1.017, I e II
– petição; instrução: art. 1.017
– petição; será protocolada ou postada: art. 1.017, § 2.º
– prejudicado: art. 1.018, § 1.º
– recebido; manifestação do relator: art. 1.019
– requisitos: art. 1.016
– resposta; contrarrazões: art. 1.019, II

AGRAVO INTERNO
– cabimento: art. 994, III
– prazo: art. 1.021, § 2.º

ALIENAÇÕES JUDICIAIS
– leilão: art. 730

ALIMENTOS
– execução: art. 911

AMICUS CURIAE
– art. 138

ANTICRESE
– ineficácia da alienação em execução, relativamente ao credor não intimado: art. 804
– título executivo: art. 784, V

APELAÇÃO
– admite recurso adesivo: arts. 997, § 2.º, II, e 1.010, § 2.º
– de sentença: art. 1.009
– efeito devolutivo: art. 1.013
– efeito suspensivo: art. 1.012
– interposição, requisitos da petição: art. 1.010
– intimação do apelado para contrarrazoar: art. 1.010, § 1.º
– qualificação das partes: art. 1.010, I
– questão de fato não proposta no juízo inferior: art. 1.014
– recebimento: art. 1.011
– resultado não unânime: art. 942

APRECIAÇÃO JURISDICIONAL
– art. 3.º

ARRECADAÇÃO DE BENS
– ausentes: arts. 744 e 745
– coisa vaga: art. 746
– herança jacente: arts. 738 a 743

ARREMATAÇÃO
– auto de arrematação: arts. 901 a 903
– desfazimento; casos: art. 903, § 1.º
– edital de leilão; que deve conter: art. 886
– falta de pagamento, por parte do arrematante e seu fiador, efeitos: art. 897
– lance; preço vil: art. 891
– pagamento; imediato ou mediante caução: art. 895, § 1.º
– preferência ao arrematante da totalidade dos bens: art. 893
– publicidade na imprensa: art. 887, § 4.º
– quando pode desfazer-se: art. 903, § 1.º
– suspensão; momento: art. 899

ARREMATANTE
– remisso, sanções: art. 897

ARRESTO
– arts. 827 a 830

ARROLAMENTO
– arts. 659 a 667
– avaliação dos bens do espólio: art. 661
– credores do espólio e homologação da partilha ou da adjudicação: art. 663
– imposto de transmissão; lançamento: art. 662, § 2.º
– partilha amigável entre capazes; homologação: art. 659, § 2.º
– pedido de adjudicação: art. 659 e § 1.º
– petição de inventário; elementos: art. 660
– taxas judiciárias e tributos: art. 662

ASSISTÊNCIA
– arts. 119 a 124
– admissibilidade: art. 119, parágrafo único
– em litisconsórcio: art. 124
– simples: arts. 121 a 123
– trânsito em julgado da sentença: art. 123

ASTREINTES **– PENA PECUNIÁRIA**
– casos: art. 806, § 1.º

ATOS ATENTATÓRIOS
– à dignidade da justiça: arts. 772, II, e 774

ATOS DO ESCRIVÃO
– como são procedidos: arts. 206 a 211

ATOS EXECUTIVOS
– determinação judicial, cumprimento pelos oficiais de justiça: art. 782

ATOS PROCESSUAIS
– arts. 188 a 293
– comunicação: arts. 236 a 275
– fixação de calendário: art. 191
– lugar: art. 217
– prática eletrônica: arts. 193 a 199
– prazos: arts. 218 a 235
– prioridade na tramitação: art. 1.048
– publicidade: arts. 11 e 189
– tempo: arts. 212 a 216

AUDIÊNCIA
– de conciliação ou mediação: art. 334
– de instrução e julgamento: arts. 358 a 368
– será pública, salvo casos especiais: art. 368
– termo: art. 367
– una e contínua: art. 365

AUTENTICAÇÃO
– de reprodução de documentos: art. 423
AUTORIDADE ADMINISTRATIVA
– conflito de competência com autoridade judiciária: art. 959
AUTOS
– desaparecimento, restauração: art. 718
AUXILIARES DA JUSTIÇA
– arts. 149 a 175
AVALIAÇÃO
– de bens penhorados: arts. 870 a 875
– por oficial de justiça; ressalva: art. 870
AVARIA GROSSA
– arts. 707 a 711
– declaração justificada, danos passíveis de rateio: art. 708
– documentos necessários à regulação de: art. 709
– nomeação de regulador de avarias, inexistência: art. 707
– regulamento da avaria grossa, prazo: art. 710
BENFEITORIAS
– em coisa certa, objeto de execução: art. 810
– indenização: art. 810
BENS
– sujeitos à execução: arts. 789 e 790
BENS DE AUSENTES
– declaração de ausência: art. 744
– regresso do ausente: art. 745, § 4.º
– sucessão definitiva: art. 745, § 3.º
– sucessão provisória; quem pode requerer: art. 745, § 1.º
BENS IMÓVEIS
– divisíveis, arrematação parcial: art. 894
BENS IMPENHORÁVEIS
– enumeração: arts. 833 e 834
BENS INALIENÁVEIS
– frutos, quando são penhoráveis: art. 834
– são impenhoráveis: art. 833, I
BUSCA E APREENSÃO
– mandado, obrigação de entregar coisa no prazo estabelecido na sentença: art. 538
– mandado, entrega de coisa certa: art. 806, § 2.º
CAPACIDADE
– para postular: art. 70
CARTA
– arbitral: art. 237, IV
– de ordem: art. 237, I
– precatória: art. 237, III
– recusa no cumprimento; precatória ou arbitral: art. 267
– requisitos; de ordem, precatória e rogatória: art. 260
– rogatória: art. 237, II
– rogatória; procedimento perante o STJ: art. 36

CARTA PRECATÓRIA
– art. 237, III
– para arrecadação de bens de herança jacente: art. 740, § 5.º
– requisitos: art. 260
CARTA ROGATÓRIA
– art. 36
– requisitos: art. 260
CASAMENTO
– regime de bens, alteração: art. 734
CAUÇÃO
– arrematação: art. 895
– mandado liminar em embargos de terceiro: art. 678
CHAMAMENTO AO PROCESSO
– arts. 130 a 132
CHEQUE
– penhora sobre: art. 856 e parágrafos
CITAÇÃO
– arts. 238 a 259
– de devedor de obrigação de entrega de coisa certa; prazo para apresentar embargos: art. 806
– de opostos: art. 683, parágrafo único
– execução por quantia certa: art. 829
– meios: arts. 246 a 249
– na pessoa do procurador ou representante: art. 242
– por edital: arts. 256 a 259
– por edital, execução por quantia certa: art. 830, § 2.º
– procedimento de jurisdição voluntária: art. 721
– vedações: arts. 244 e 245
COAÇÃO
– confissão: art. 393
– partilha: art. 657
COISA CERTA
– execução para entrega: arts. 806 a 810
COISA INCERTA
– execução para entrega: arts. 811 a 813
COISA JULGADA
– arts. 502 a 508
– ação rescisória: art. 966, IV
– acolhimento da alegação: art. 485, V
– em relação a terceiros: art. 506
– homologação de decisão estrangeira: art. 963, IV
– na tutela antecipada; não faz: art. 304, § 6.º
– quando ocorre: art. 337, §§ 1.º e 4.º
COISAS VAGAS
– edital de chamamento do dono: art. 746, § 2.º
– recebimento por autoridade policial: art. 746, § 1.º
COMPETÊNCIA
– arts. 42 a 66
– ação acessória: art. 61
– ação sobre bens imóveis: art. 47
– ação sobre bens móveis: art. 46

– ações de inventário e partilha: art. 48
– ações em que a União é autora: art. 51
– ações em que o Estado ou Distrito Federal são autores: art. 52
– ajuizamento de ação em juízo aleatório; prática abusiva; declinação de competência de ofício: art. 63, § 5.º
– conflito: art. 66
– continência: art. 56
– determinação: arts. 43 e 44
– em razão da matéria; inderrogabilidade: art. 62
– execução: arts. 781 e 782
– incompetência absoluta ou relativa; alegação: art. 64
– modificação: arts. 54 a 63
– perante a Justiça Federal: art. 45
– prorrogação: art. 65
– relativa; modificação por conexão ou continência: art. 54
– relativa; prorrogação: art. 65
– segundo o foro: art. 53
CONCILIAÇÃO
– e mediadores judiciais: arts. 165 a 175
– impedimento: arts. 170 e 172
– princípios: art. 166
– vide também AUXILIARES DA JUSTIÇA
CONCURSO DE CREDORES
– execução por quantia certa: art. 908
CONEXÃO
– distribuição por dependência: art. 286, I
– litisconsórcio: art. 113, II
– modificação da competência: art. 54
CONFISSÃO
– arts. 389 a 395
– de dívida, título executivo: art. 784, II
CONFLITO DE COMPETÊNCIA
– autoridade judiciária e autoridade administrativa: art. 959
– dirigido ao presidente do tribunal: art. 953
– entre desembargadores e juízes em exercício no tribunal: art. 958
– incompetência relativa: art. 952
– Ministério Público, prazo: art. 956
– procedimento: arts. 954 a 957
– quem pode suscitar: art. 951
– remessa dos autos ao juiz competente: art. 957, parágrafo único
– sobrestamento do processo: art. 955
CÔNJUGES
– necessidade de consentimento para propor ação: arts. 73 e 74
– quando seus bens respondem por dívida: art. 790, IV
CONTESTAÇÃO
– arts. 335 a 342
– alegação de toda a matéria de defesa: art. 336
– novas alegações: art. 342
– prazo para oferecê-lo: art. 335
– preliminares: art. 337

- presume-se verdadeiros os fatos não impugnados: art. 341
- réu, parte ilegítima: arts. 338 e 339

CONTINÊNCIA
- ação continente proposta anteriormente: art. 57
- distribuição por dependência: art. 286, I
- modificação da competência: art. 54
- quando ocorre: art. 56

COOPERAÇÃO JURÍDICA INTERNACIONAL
- arts. 26 a 41
- auxílio direto: arts. 28 a 34
- carta rogatória: art. 36

COOPERAÇÃO JURÍDICA NACIONAL
- arts. 67 a 69

CREDORES
- a execução se faz no seu interesse: art. 797
- com direito de retenção: art. 793
- com garantia real, intimação de penhora: art. 799, I
- com título executivo, legitimidade para a execução: art. 778, § 1.º, II e III
- execução, medidas acautelatórias: art. 799, VIII
- inadimplente, excesso de execução: art. 917, § 2.º, IV
- preferência sobre bens penhorados: art. 797
- sujeito a contraprestação, prova de adimplemento: art. 798, I, *d*
- *vide* também EXEQUENTE

CUMULAÇÃO DE PEDIDOS
- incompetência: art. 45, § 2.º
- valor da causa: art. 292, VI

CURADOR
- contestação do pedido de remoção e dispensa de tutor ou curador: art. 761, parágrafo único
- escusa do encargo: art. 760
- especial; nomeação: art. 72
- nomeação, compromisso: art. 759
- prestação de contas, procedimento: art. 553
- remoção, quem requer: art. 761
- requerimento de exoneração: art. 763
- suspensão, substituto interino: art. 762

CURATELA
- disposições comuns com a tutela: arts. 759 a 763

CURATELA DE INTERDITOS
- arts. 747 a 758
- citação do interditando: art. 751
- impugnação da pretensão: art. 752
- legitimidade para propor: art. 747
- perícia médica: art. 753

DECADÊNCIA
- de ação rescisória: art. 975

DECISÃO
- sem oitiva das partes: art. 9.º
- sem oportunidade de manifestação das partes: art. 10

DECISÃO INTERLOCUTÓRIA
- agravo de instrumento: art. 1.015
- conceito: art. 203, § 2.º
- tutela de urgência: art. 300

DECLARAÇÃO DE INCONSTITUCIONALIDADE
- questão admitida, submissão ao tribunal pleno: art. 949
- questão rejeitada; prosseguimento do julgamento: art. 949
- submissão da questão à turma ou câmara, pelo relator: art. 948

DEFENSORIA PÚBLICA
- arts. 185 a 187
- conceito: art. 185
- dispensa de procuração com a petição inicial: art. 287, parágrafo único, II
- representação contra juiz ou relator; excesso de prazo: art. 235
- restituição dos autos; prazo: art. 234

DENUNCIAÇÃO DA LIDE
- arts. 125 a 129
- citação do denunciado: art. 126
- pelo autor; litisconsorte do denunciado: art. 127
- pelo réu; efeitos: art. 128

DEPOSITÁRIO
- arts. 159 a 161
- guarda e conservação de bens penhorados, arrestados, sequestrados ou arrecadados: art. 159
- prepostos: art. 160, parágrafo único
- prestação de contas: art. 553
- remuneração: art. 160
- responsabilidade por danos: art. 161
- *vide* também AUXILIARES DA JUSTIÇA

DEPÓSITO
- da coisa litigiosa, em ação possessória: art. 559
- da prestação, em execução dependente de contraprestação: art. 787
- de bens penhorados: arts. 838, I, 839 e 840
- de empresa penhorada: art. 851

DESISTÊNCIA
- da ação, extinção do processo: art. 485, VIII
- da ação, não pode ocorrer sem consentimento do réu, oferecida contestação: art. 485, § 4.º
- de ação, a assistência não a impede: art. 122
- de ação, contra réu não citado: art. 335, § 2.º
- de execução, faculdade do credor: art. 775
- de recurso: art. 998
- só produz efeito após homologação judicial: art. 200, parágrafo único

DESPACHO
- conceito: art. 203, § 3.º
- embargos de declaração: art. 1.022
- irrecorribilidade: art. 1.001

DESPESAS JUDICIAIS
- atos adiados ou repetidos, encargo daquele que deu causa: art. 93
- atos processuais praticados a requerimento da Fazenda Pública, do Ministério Público ou da Defensoria Pública: art. 91
- cartas precatórias, de ordem e rogatórias: arts. 266 e 268
- condenação em sentença: art. 82, § 2.º
- distribuição proporcional: art. 86
- em caso de extinção do processo: art. 485, § 2.º
- encargos das partes: art. 82
- honorários de advogado: art. 85, §§ 2.º e 8.º
- juízo divisório. Rateio: art. 89
- justiça gratuita: art. 82
- pagamento, para renovar a ação: art. 486, § 2.º
- procedimentos de jurisdição voluntária, rateio: art. 88
- proporcionalidade entre diversos autores ou diversos réus vencidos: art. 87
- processuais: arts. 82 a 102
- reconvenção: art. 85, § 1.º
- remuneração de perito e de assistente técnico: art. 95
- responsabilidade das partes por danos processuais: arts. 79 a 81
- responsabilidade de advogado que não exibe procuração: art. 104

DEVEDOR
- citação do; obrigação de fazer: art. 815
- cumprimento da obrigação obsta a execução: art. 788
- embargos: art. 914
- insolvente: art. 680, I
- intimação pessoal da realização de praça ou leilão: art. 886
- responde com seus bens pelas obrigações: art. 789
- sucessores, legitimidade passiva em execução: art. 779

DIREITO DE RETENÇÃO
- impede execução sobre outros bens do devedor: art. 793

DISSÍDIO JURISPRUDENCIAL
- prova da divergência: art. 1.029, § 1.º

DISTRIBUIÇÃO
- anotação de intervenção de terceiro, reconvenção ou outra hipótese de ampliação objetiva do processo: art. 286, parágrafo único
- cancelamento de feito não preparado: art. 290
- considera-se proposta a ação: art. 312
- de oposição, por dependência: art. 683, parágrafo único
- de processo no tribunal: art. 930
- de processos, onde houver mais de um juiz: art. 284
- erro, compensação: art. 288

Índice Alfabético-Remissivo do CPC

– fiscalização pela parte, advogado, Ministério Público e Defensoria Pública: art. 289
– petição desacompanhada de procuração: art. 287, parágrafo único
– por dependência: art. 286

DÍVIDA ATIVA
– da Fazenda Pública, certidão, título executivo: art. 784, IX

DIVÓRCIO CONSENSUAL
– realizado por escritura pública: art. 733

DOCUMENTO
– autenticidade; exame: art. 478, *caput*
– autêntico, quando se reputa: art. 411
– certidão textual, força probante: art. 425, I
– cópias reprográficas de peças do processo; força probante: art. 425, IV
– declaração de autenticidade ou falsidade: art. 19, II
– dever de exibição, compete a terceiros: art. 380, II
– em língua estrangeira, nomeação de intérprete ou tradutor: art. 162
– em língua estrangeira, só poderá ser juntado com tradução: art. 192, parágrafo único
– entregue em cartório, recibo: art. 201
– entrelinha, emenda, borrão ou cancelamento: art. 426
– falsidade, cessa a fé: art. 427
– falsidade, perícia: arts. 430 e 432
– feito por oficial incompetente ou sem observância de formalidade, eficácia: art. 407
– força probante do documento público: art. 405
– indispensável, instrui a petição inicial: art. 320
– instrução da petição inicial e da resposta: art. 434
– instrumento público exigido por lei: art. 406
– juntada, deve ser ouvida a parte contrária: art. 437
– novo, juntada em qualquer tempo: art. 435
– obtenção após a sentença; ação rescisória: art. 966, VII
– particular, assinado em branco: art. 428, parágrafo único
– particular, autêntico, prova a declaração: art. 412
– particular, autoria: art. 410
– particular, declaração de ciência de determinado fato: art. 408, parágrafo único
– particular, declarações presumidas verdadeiras em relação ao signatário: art. 408
– particular, nota escrita pelo credor no título da obrigação: art. 416 e parágrafo único
– particular, prova da data: art. 409
– particular, cessa a fé: art. 428
– particular, telegrama e radiograma, presumem-se conforme o original: art. 414
– particular, telegrama, radiograma: art. 413 e parágrafo único
– particular, título executivo extrajudicial: art. 784, II
– produção de prova documental: arts. 434 a 438
– reprodução autenticada: art. 425, III
– reprodução fotográfica, autenticada por escrivão: art. 423
– reprodução mecânica, cinematográfica e fonográfica: arts. 422 e 423
– reproduções digitalizadas; força probante: art. 425, VI
– traslado, força probante: art. 425, II

DOLO
– das partes, ação rescisória: art. 966, III
– de órgão do Ministério Público: art. 181
– por parte do juiz, responsabilidade civil: art. 143
– prova testemunhal: art. 446

DOMICÍLIO
– da mulher, competência para separação e conversão em divórcio, e anulação de casamento: art. 53, I
– do autor da herança, competência territorial: art. 48
– do autor, quando o réu não tiver domicílio no Brasil: art. 46, § 3.º
– do réu, competência territorial: art. 46 e parágrafos
– inviolabilidade: art. 212, § 2.º

DUPLO GRAU
– de jurisdição; casos sujeitos: art. 496

EDITAL(AIS)
– arrematação; prazo para afixação: art. 887
– de citação: arts. 256 e 257

EDITAL DE LEILÃO
– que deve conter: art. 886

ELEIÇÃO DE FORO
– conceito: arts. 62 e 63

EMANCIPAÇÃO
– procedimento de jurisdição voluntária: art. 725, I

EMBARGOS
– devedor de obrigação de entrega de coisa certa; prazo para: art. 806
– na execução por carta; competência: art. 914, § 2.º
– recurso de; procedimento: art. 1.044

EMBARGOS À EXECUÇÃO DE SENTENÇA
– contra a Fazenda Pública; matéria alegável: art. 535
– fundada em título extrajudicial; embargos, matéria alegável: art. 917
– sentença que rejeita, apelação meramente devolutiva: art. 1.012, § 1.º, III

EMBARGOS DE DECLARAÇÃO
– cabimento: art. 1.022
– esclarecer obscuridade ou eliminar contradição: art. 1.022, I
– interrupção para interposição de outros recursos: art. 1.026 § 2.º
– julgamento pelo juiz; prazo: art. 1.024
– manifestamente protelatórios; condenação do embargante: art. 1.026, § 2.º
– prazo em que serão opostos: art. 1.023
– recurso cabível: art. 994, IV

EMBARGOS DE DIVERGÊNCIA
– arts. 1.043 e 1.044
– em recurso especial e em recurso extraordinário: art. 1.043, II
– prazo para interpor e para responder: art. 1.003, § 5.º

EMBARGOS DE TERCEIRO(S)
– arts. 674 a 681
– contestação: arts. 679 e 680
– constrição judicial indevida: art. 681
– distribuição por dependência: art. 676
– do possuidor direto, alegação de domínio alheio: art. 677, § 2.º
– mandado liminar de manutenção na reintegração: art. 678
– não contestado: art. 679
– procedimento: art. 677
– processamento em autos distintos: art. 676
– quando podem ser opostos: art. 675
– quem pode oferecer: art. 674

EMBARGOS DO DEVEDOR
– distribuídos por dependência: art. 914, § 1.º
– efeito suspensivo: art. 919
– prazo para oferecimento: art. 915
– procedimento: art. 920
– rejeição: art. 918, *caput*

ENFITEUSE
– execução, alienação ineficaz em relação ao credor pignoratício não intimado: art. 804

EQUIDADE
– decisão nos casos previstos: art. 140, parágrafo único

ERRO
– prova testemunhal: art. 446
– sentença fundada em erro, ação rescisória: art. 966, II e § 1.º

ESBULHO
– ação de reintegração de posse: arts. 560 a 566

ESCRITURA PÚBLICA
– divórcio, separação, inventário e partilha realizados por via administrativa: arts. 610, 659 e 733
– título executivo extrajudicial: art. 784, II

ESCRIVÃO
– *ad hoc*, nomeado pelo juiz: art. 152, § 2.º
– atribuições legais: art. 152
– autuação: art. 206
– certidões de atos e termos de processo: art. 152, V
– como são procedidos os seus atos: arts. 206 a 211
– distribuição alternada de processos: art. 285

- impedimento, substituição: art. 152, § 2.º
- juntada, vista e conclusão: art. 208
- numeração e rubrica das folhas: art. 207
- responsabilidade civil: art. 155
- responsabilidade pela guarda dos autos: art. 152, IV
- vide também AUXILIARES DA JUSTIÇA

ESPÓLIO
- representação pelo inventariante: art. 75, VII e § 1.º, e art. 618, I
- responde pelas dívidas do falecido: art. 796
- réu, competência territorial: art. 48
- substitui o morto nas ações em que for parte: art. 110

EXCESSO DE EXECUÇÃO
- quando ocorre: art. 917, § 2.º

EXECUÇÃO(ÕES)
- atos atentatórios à dignidade da justiça: art. 774
- base em obrigação líquida, certa e exigível: art. 783
- bens que ficam sujeitos: arts. 789 e 790
- certidão comprobatória do ajuizamento da: art. 828
- citação, interrompe a prescrição: art. 802
- citação irregular, nulidade: art. 803, II
- condição não verificada, nulidade: art. 803, III
- contra a Fazenda Pública: art. 535
- credor com título executivo: art. 778
- cumulação, condições exigidas: art. 780
- da decisão interlocutória estrangeira; carta rogatória: art. 960, § 1.º
- de dívida antes de cumprida a obrigação do credor: art. 787
- de obrigação alternativa, exercício da opção e realização da prestação: art. 800
- de prestação do devedor, antes de adimplida a prestação do credor: art. 917, § 2.º, IV
- de saldo apurado em prestação de contas: art. 552
- depósito de 30% do valor; restante pago em até seis vezes: art. 916
- desistência; o que deve ser observado: art. 775, parágrafo único
- de título extrajudicial: art. 781
- escolha de modo, quando por mais de um pode efetuar-se: art. 798, II, a
- excesso, quando ocorre: art. 917, § 2.º
- extinção, casos, declaração por sentença: arts. 924 e 925
- extinção; efeitos: art. 925
- finda; entrega da coisa certa; termo: art. 807
- instauração; requisitos da obrigação: art. 786
- interesse do credor: art. 797
- intimação do credor pignoratício, hipotecário, anticrético, ou do usufrutuário, quando a penhora recair em bem gravado: art. 799, I
- menos gravosa: arts. 805 e 867
- Ministério Público, legitimação ativa: art. 778, § 1.º, I
- multa: art. 774, parágrafo único
- nulidade, quando ocorre: art. 803
- o cumprimento da obrigação obsta a execução: art. 788
- para entrega de coisa certa; benfeitorias indenizáveis: art. 810
- para entrega de coisa certa; citação para satisfazer o julgado: art. 806
- para entrega de coisa certa; mandado contra terceiro adquirente: art. 808
- para entrega de coisa certa; responsabilidade por danos quando a coisa não for encontrada ou não for reclamada do terceiro adquirente: art. 809
- para entrega de coisa incerta: arts. 811 a 813
- partes: arts. 778 e 779
- petição inicial, documentos que instruem: art. 798, I
- petição inicial, indeferimento: art. 801
- processo, aplicação das disposições do processo de conhecimento: art. 771, parágrafo único
- requisição de força policial: art. 782, § 2.º
- suspensão, casos: arts. 921 e 922
- termo não ocorrido, nulidade: art. 803, III
- vários meios, escolha do menos gravoso: art. 805

EXECUÇÃO DE OBRIGAÇÃO DE FAZER
- citação do executado para satisfazê-lo no prazo: art. 815
- conversão em perdas e danos: art. 816
- embargos do executado: arts. 914 a 920
- exequível por terceiro, realização à custa do devedor: arts. 817, 818 e 820
- obrigação a ser realizada pessoalmente pelo devedor, inadimplemento, perdas e danos: art. 821, parágrafo único
- obrigação executada à custa do devedor: art. 816

EXECUÇÃO DE OBRIGAÇÃO DE NÃO FAZER
- desfazimento à custa do executado: art. 823
- desfazimento impossível, conversão em perdas e danos: art. 823, parágrafo único
- prazo para desfazimento: art. 822

EXECUÇÃO DE SENTENÇA
- carta precatória, embargos: art. 914, § 2.º

EXECUÇÃO POR QUANTIA CERTA
- adjudicação de bens penhorados: art. 904, II
- arresto de bens do devedor: art. 830
- citação do executado: art. 829
- concurso de credores: arts. 908 e 909
- contra a Fazenda Pública: art. 910
- dinheiro que sobrar: art. 907
- embargos do devedor: arts. 914 a 920
- em que consiste: art. 824
- entrega de dinheiro ao credor, autorização do juiz: art. 905
- expropriação de bens, em que consiste: art. 825
- pagamento ao credor, como é feito: art. 904
- penhora de tantos bens quantos bastem: art. 831
- rateio do dinheiro entre os vários credores: art. 908
- remição de execução: art. 826
- usufruto de imóvel ou empresa: art. 867

EXEQUENTE
- a execução se faz no seu interesse: art. 797
- com direito de retenção: art. 793
- execução, medidas urgentes: art. 799, VIII
- inadimplente, excesso de execução: art. 917, § 2.º, IV
- preferência sobre bens penhorados: art. 797
- sujeito a contraprestação, prova de adimplemento: art. 798, I, d
- Vide também CREDORES

EXIBIÇÃO DE DOCUMENTO OU COISA
- arts. 396 a 404
- causas justificativas de recusa: art. 404
- determinação judicial: art. 396
- dever de terceiros: art. 380, II
- negativa de terceiro, audiência para depoimentos: art. 402
- negativa de terceiro, ausência de justo motivo, providências judiciais: art. 365
- parcial, se outra parte não puder ser exibida: art. 404, parágrafo único
- por terceiro, prazo para resposta: art. 401
- recusa, efeitos processuais: art. 400
- recusa, quando não será admitida: art. 399
- requisitos do pedido: art. 397

EXTINÇÃO DO PROCESSO
- arts. 316 e 317
- em razão de litispendência: art. 486, § 1.º
- falta de citação do litisconsorte passivo necessário: art. 115, parágrafo único
- sem julgamento de mérito, casos: art. 485

FAC-SÍMILE
- interposição de apelação: art. 1.010
- oposição de embargos: art. 1.022

FAZENDA PÚBLICA
- ato processual efetuado a seu requerimento, despesas processuais: art. 91
- dispensa de preparo de recurso: art. 1.007, § 1.º
- execução contra, processamento: art. 910
- manifestação em inventário e partilha: art. 616, VIII
- ouvida em processo de jurisdição voluntária: art. 722

FERIADOS
- não se aplicam atos processuais: art. 214
- quais são: art. 216

FÉRIAS
– atos que correm em férias: art. 215
– não se praticam atos processuais: art. 214
– suspensão de prazos: art. 220

FIADOR
– chamamento ao processo, do credor e de outros fiadores: art. 130, I e II
– nomeação à penhora de bens do devedor: art. 794
– que paga a dívida; ação regressiva nos mesmos autos: art. 794, § 2.º
– seus bens ficam sujeitos à execução: art. 794, § 1.º

FIADOR JUDICIAL
– legitimidade passiva em execução: art. 779, IV

FIDEICOMISSO
– extinção, procedimento de jurisdição voluntária: art. 725, VI

FORMA
– erro de forma do processo, efeito: art. 283
– os atos e termos não dependem de forma especial senão quando a lei exigir: art. 188
– prescrita em lei, nulidade processual: art. 276
– validade de ato que por outra forma alcançou sua finalidade: art. 277
– validade quando o ato preencha a finalidade essencial: art. 188

FORMAL DE PARTILHA
– instrumento: art. 655
– título executivo judicial: art. 515, IV

FORO DE ELEIÇÃO
– permissibilidade e efeitos: arts. 62 e 63

FOTOGRAFIA
– admissível como prova: arts. 422 e 423
– eficácia probatória: arts. 423 e 424
– publicada em jornal ou revista: art. 422, § 2.º

FRAUDE
– de órgão do Ministério Público: art. 181
– por parte do juiz, responsabilidade civil: art. 143, I

FRAUDE À EXECUÇÃO
– ato atentatório à dignidade da justiça: art. 774, I
– quando ocorre: art. 792
– terceiro que nega a existência de débito em conluio com o devedor: art. 856, § 3.º

FRUTOS
– de bens inalienáveis, penhora: art. 834

FUNDAÇÕES
– arts. 764 e 765
– aprovação do estatuto: art. 764
– extinção, quem e por que promove: art. 765
– Ministério Público, participa de sua instituição e vida social: art. 765

FUNGIBILIDADE
– possessórias: art. 554

– recursos: art. 994

GRATUIDADE DA JUSTIÇA
– arts. 98 a 102

HABILITAÇÃO
– arts. 687 a 692
– de sucessores, no processo: art. 687
– impugnado, pedido de habilitação: art. 691
– incidente nos autos principais e independentemente de sentença: art. 689
– quando tem lugar: art. 687
– quem pode requerer: art. 688
– processamento: art. 690

HERANÇA JACENTE
– alienação de bens: art. 742 e § 1.º
– arrecadação, como se processa: art. 740
– arrecadação, pela autoridade policial: art. 740, § 1.º
– arrecadação por carta precatória: art. 740, § 5.º
– arrecadação suspensa se aparecer cônjuge, herdeiro ou testamenteiro: art. 740, § 6.º
– conversão em inventário: art. 741, § 3.º
– credores, habilitação de cobrança: art. 741, § 4.º
– curador, atos que lhe incumbem: art. 739, § 1.º
– curador para guarda, conservação e administração: art. 739
– declaração de vacância, efeitos: art. 743, § 2.º
– expedição de edital de convocação de sucessores: art. 741
– inquirição sobre qualificação do falecido, paradeiro dos sucessores e existência de bens: art. 740, § 3.º
– papéis, cartas e livros arrecadados: art. 740, § 4.º

HIPOTECA
– cientificação do credor: art. 889, V
– ineficácia de alienação em execução relativamente ao credor não intimado: art. 804
– título executivo: art. 784, V

HOMOLOGAÇÃO DE PENHOR LEGAL
– arts. 703 a 706
– audiência preliminar: art. 705
– defesa: art. 704
– efeitos: art. 706
– negada: art. 706, § 1.º
– requerimento: art. 703

HOMOLOGAÇÃO DE SENTENÇA ESTRANGEIRA
– competência exclusiva da autoridade judiciária brasileira: art. 964
– eficácia, no Brasil, de sentença estrangeira: arts. 960 e 961
– medida de urgência; execução: art. 962
– requisitos: art. 963

HONORÁRIOS
– na execução: art. 827

– pagamento em processo sem resolução do mérito: art. 92
– pagamento por desistência, renúncia ou reconhecimento do pedido: art. 90
– sentença condenatória: art. 85

IMÓVEL
– rural; pequena propriedade; definição legal; caso de impenhorabilidade absoluta: art. 833, VIII

IMPEDIMENTO
– do juiz: art. 144

IMPENHORABILIDADE
– absoluta: art. 833
– relativa: art. 834

IMPULSO OFICIAL
– no desenvolvimento do processo: art. 2.º

INCAPACIDADE
– processual; suspensão do processo: art. 76

INCAPAZ
– representação ou assistência: art. 71

INCIDENTE DE RESOLUÇÃO DE DEMANDAS REPETITIVAS
– arts. 976 a 987
– *amicus curiae*; recurso contra decisão: art. 138, § 3.º
– cabimento: art. 976
– divulgação e publicidade do: art. 979
– improcedência liminar do pedido: art. 332, III
– pedido de instauração: art. 977
– prazo para julgamento: art. 980
– recurso cabível contra: art. 987
– relator; depoimento dos interessados: art. 983
– requisitos a serem observados no julgamento do: art. 984
– suspensão do processo: art. 313, IV
– tese jurídica; revisão: art. 986

INCOMPETÊNCIA
– conflitos de competência: arts. 951 a 959

INÉPCIA
– da petição inicial: art. 330, § 1.º

INSOLVÊNCIA
– concurso universal: art. 797
– do devedor hipotecário: arts. 877, § 4.º e 902, parágrafo único
– requerida pelo inventariante: art. 618, VIII

INSPEÇÃO JUDICIAL
– arts. 481 a 484

INSTRUMENTO PÚBLICO
– exigido por lei: art. 406

INTERDIÇÃO
– advogado para defesa do interditando: art. 752, §§ 2.º e 3.º
– curador, autoridade: art. 757
– exame pessoal do interditando: art. 751
– impugnação do pedido pelo interditando: art. 752
– intervenção do Ministério Público: art. 752, § 1.º

– levantamento, providências: art. 756
– petição inicial: art. 749
– produção de prova pericial: art. 753
– quem pode promovê-la: arts. 747 e 748
– sentença: arts. 754 e 755

INTERDITO PROIBITÓRIO
– procedimento: arts. 567 e 568

INTERESSE
– do autor; limitação à declaração: art. 19
– em postular; pressuposto: art. 17

INTÉRPRETE
– arts. 162 a 164
– vide também AUXILIARES DA JUSTIÇA

INTERVENÇÃO DE TERCEIROS
– arts. 119 a 138

INTIMAÇÃO
– arts. 269 a 275
– prazo para interposição de recurso a partir da: art. 1.003

INVENTARIANTE
– prestação de contas em autos apensados: art. 553

INVENTÁRIO
– adjudicação de bens para pagamento de dívida: art. 642, § 4.º
– administrador provisório: arts. 613 e 614
– admissão de sucessor preterido: art. 628
– auto de orçamento da partilha: art. 653, I
– avaliação dos bens: arts. 630 a 636
– bens fora da comarca: art. 632
– cálculo dos impostos: art. 637 e 638
– colação, conferência por termo: art. 639
– colação, oposição de herdeiros: art. 641
– colação pelo herdeiro renunciante ou excluído: art. 640
– credor de dívida certa, mas não vencida: art. 644
– cumulação de inventários para partilha: arts. 672 e 673
– curador especial: art. 671
– declaração de insolvência: art. 618, VIII
– de comerciante: arts. 620, § 1.º, e 630, parágrafo único
– dívida impugnada, reserva de bens para pagamento: art. 643, parágrafo único
– emenda da partilha: art. 656
– esboço de partilha: art. 651
– escritura pública; interessados capazes e concordes: art. 610
– herdeiro ausente, curadoria: art. 671, I
– incapaz, colisão de interesses com o representante; curador especial: art. 671, II
– incidente de negativa de colação: art. 641
– incidente de remoção de inventariante: arts. 622 a 625
– inventariante, atribuições: arts. 618 e 619
– inventariante dativo: arts. 75, § 1.º, 617, VIII, e 618, I
– inventariante, nomeação: art. 617
– inventariante, sonegação; quando pode ser arguida: art. 621

– julgamento da partilha: art. 654
– lançamento da partilha: art. 652
– laudo de avaliação, impugnações: art. 635
– legitimidade para requerer: art. 615
– nomeação de bens à penhora: art. 646
– pagamento das dívidas: art. 642
– pagamento de dívida, interesse de legatário: art. 645
– partilha amigável: art. 657
– partilha, deliberação: art. 647
– partilha, folha de pagamento: art. 653, II
– prazo para requerimento e conclusão: art. 611
– primeiras declarações: art. 620
– procedimento judicial: art. 610
– questões que dependam de outras provas: art. 612
– sobrepartilha: arts. 669 e 670
– sonegação: art. 621
– tutela provisória; cessação da eficácia: art. 668
– últimas declarações: art. 637
– valor dos bens, informação da Fazenda Pública: art. 629

IRRETROATIVIDADE
– da norma processual: art. 14

JUIZ
– apreciação da prova pericial: art. 479
– autorizado a deixar a legalidade estrita pela solução oportuna, em procedimento de jurisdição voluntária: art. 723
– decisões de mérito; limites: art. 141
– decisões em caso de litigância de má-fé: art. 142
– determinação de atos executivos: art. 782
– exercício da jurisdição: art. 16
– exercício do poder de polícia: art. 360
– extinção do processo sem resolução do mérito: art. 92
– impedimentos e suspeição: arts. 144 a 148
– incumbências: art. 139
– nomeação de curador: art. 72
– obrigatoriedade de decisão: art. 140
– prazos: art. 226
– prazos excedidos; possibilidade: art. 227
– pronunciamentos: arts. 203 a 205
– responsabilidade: art. 143
– sentenças; ordem cronológica de conclusão: art. 12

JULGAMENTO
– antecipado do mérito: arts. 355 e 356
– audiência de instrução e julgamento: arts. 358 a 368

JULGAMENTO ANTECIPADO
– do mérito: art. 355
– parcial do mérito: art. 356

JUROS LEGAIS
– implícitos no pedido: art. 322, § 1.º

JURISDIÇÃO
– civil; regulamentação: art. 13
– exercício: art. 16

– nacional; limites: arts. 21 a 25

JURISDIÇÃO VOLUNTÁRIA
– citação de todos os interessados: art. 721
– decisão pela solução mais conveniente ou oportuna: art. 723, parágrafo único
– decisão, prazo: art. 723
– disposições gerais: arts. 719 a 725
– iniciativa do procedimento: art. 720
– sentença, recurso de apelação: art. 724

JURISPRUDÊNCIA
– uniformização: art. 926

LEGITIMIDADE
– ativa, para execução: art. 778, § 1.º
– para postular; pressuposto: art. 17
– passiva, para a execução: art. 779

LEILÃO
– adiamento: art. 888
– atribuições do leiloeiro: art. 884
– de bem hipotecado: art. 902
– de bem penhorado: art. 881, § 1.º
– diversos bens; preferência do lançador que arrematar englobadamente: art. 893
– edital: art. 886
– eletrônico: art. 882
– quem não pode lançar: art. 890
– sobrevindo a noite; prosseguimento no dia imediato: art. 900
– transferência culposa; sanção contra o responsável: art. 888, parágrafo único

LIQUIDAÇÃO DE SENTENÇA
– arts. 509 a 512

LITIGÂNCIA DE MÁ-FÉ
– art. 80
– condenação: art. 81
– responsabilidade por perdas e danos: art. 79
– valor das sanções impostas: art. 96

LITISCONSÓRCIO
– arts. 113 a 118
– admissibilidade de assistência: art. 124
– litisconsortes com procuradores diferentes: art. 229
– recurso interposto por litisconsorte aproveita a todos: art. 1.005
– substituição processual: art. 18, parágrafo único

LITISCONSORTE
– legitimidade ativa em ação demarcatória: art. 575

LITISPENDÊNCIA
– acolhimento; extinção do processo: art. 485, V
– conhecimento de ofício: art. 485, § 3.º
– efeito da citação válida: art. 240
– não a induz a ação intentada no estrangeiro: art. 24
– quando ocorre: art. 337, §§ 1.º a 3.º

LUGAR
– dos atos processuais: art. 217

MANDADO
– citação; requisitos: art. 250

Índice Alfabético-Remissivo do CPC

MANDADOS DE INJUNÇÃO
– julgamento pelo Supremo Tribunal Federal: art. 1.027, I

MANDADOS DE SEGURANÇA
– julgamento pelo Superior Tribunal de Justiça: art. 1.027, II
– julgamento pelo Supremo Tribunal Federal: art. 1.027, I

MANDATO
– renúncia do advogado: art. 112

MEMORIAIS – ALEGAÇÕES FINAIS
– debate de questões complexas: art. 950, § 2.º

MINISTÉRIO PÚBLICO
– arts. 176 a 181
– conflito de competência: art. 951
– contagem de prazo; início: art. 230
– dispensa de preparo de recurso: art. 1.007, § 1.º
– iniciativa de procedimento de jurisdição voluntária: art. 720
– interesses de incapaz, ações de família: art. 698
– intimação: art. 178
– intimação; ausência; nulidade do processo: art. 279
– inventário, citação: art. 626
– inventário, interessado incapaz: art. 665
– legitimidade ativa para ação rescisória: art. 967, III
– legitimidade para recorrer: art. 996
– legitimidade para requerer inventário e partilha: art. 616, VII
– ouvido em conflito de competência: art. 956
– representação contra juiz ou relator; excesso de prazo: art. 235
– requerimento de interdição: arts. 747, IV, e 748
– requerimento de remoção de tutor ou curador: art. 761
– restituição dos autos; prazo: art. 234

MORA
– ação de consignação em pagamento, depósito e seus efeitos: art. 540

MORTE
– de parte, suspensão do processo: arts. 313, I, e 1.004

MULTA
– ação rescisória inadmissível ou improcedente: art. 968, II
– ao arrematante que não paga o preço da arrematação: art. 897
– arrematação de bem imóvel de incapaz; arrependimento: art. 896, § 2.º
– embargos manifestamente protelatórios: art. 1.026, § 2.º
– insuficiente ou excessiva; alteração: art. 537, § 1.º, I
– limite para fixação pelo juiz em caso de atentado à dignidade da justiça: art. 774, parágrafo único

NAVIO
– nomeação de bens: art. 835, VIII
– penhora, efeitos: art. 864

NORMA PROCESSUAL
– irretroatividade: art. 14

NOTIFICAÇÃO E INTERPELAÇÃO
– arts. 726 a 729

NULIDADE
– arts. 276 a 283
– de arrematação: art. 903, § 1.º, I
– vício sanável: art. 938, § 1.º

OBRIGAÇÃO
– de fazer, não fazer e de entregar coisa: arts. 497 a 501
– de pagar quantia certa; cumprimento provisório da sentença: arts. 520 a 522

OBRIGAÇÃO ALTERNATIVA
– exercício da opção e realização da prestação: art. 800

OFICIAL DE JUSTIÇA
– art. 151
– citação: art. 249
– cumprimento de mandado executivo: art. 782
– incumbências: art. 154
– incumbências; citação: arts. 251 a 254
– realização de intimação: art. 275
– realização de penhora: art. 846
– vide também AUXILIARES DA JUSTIÇA

ÔNUS DA PROVA
– em matéria de falsidade de documento: art. 429
– incumbência: art. 373

OPOSIÇÃO
– arts. 682 a 686
– distribuição, citação, contestação: art. 683, parágrafo único
– oferecida após o início da audiência: art. 685, parágrafo único
– quem pode oferecer: art. 682
– reconhecimento da procedência por um só dos opostos: art. 684
– seu julgamento prefere o de ação originária: art. 686
– tramitação simultânea com a ação originária: art. 685

PAGAMENTO AO CREDOR
– na execução: art. 904

PARTE
– atos da: arts. 200 a 202
– comparecimento ordenado pelo juiz, na execução: art. 772, I
– da execução: art. 778
– igualdade de tratamento: art. 7.º
– decisão sem oitiva: art. 9.º
– deveres: art. 77
– falecimento, restituição de prazo para recurso: art. 1.004
– morte; sucessão pelo espólio: art. 110
– prioridade na tramitação de procedimentos judiciais: art. 1.048

– sucessão de procuradores e partes: arts. 108 a 112
– vencida, interposição de recurso: art. 996

PARTILHA
– amigável: art. 657
– auto de orçamento: art. 653, I
– bens insuscetíveis de divisão cômoda: art. 649
– esboço, elaboração: art. 651
– escritura pública; interessados capazes e concordes: art. 610
– folha de pagamento: art. 653, II
– julgamento por sentença: art. 654
– nascituro; quinhão do: art. 650
– pedidos de quinhões e deliberação da: art. 647
– regras a serem observadas: art. 648
– rescisão: art. 658

PEDIDO
– arts. 322 a 329
– improcedência liminar: art. 332

PENHORA
– alienação antecipada dos bens penhorados: arts. 852 e 853
– alienação dos bens penhorados em leilão judicial: art. 881
– alienação dos bens penhorados por iniciativa particular: art. 880
– ampliação ou transferência por outros bens: art. 874, II
– arrematação: art. 895
– auto em conjunto com o auto de depósito: art. 839
– auto, o que conterá: art. 838
– avaliação de imóvel divisível: art. 872, § 1.º
– avaliação, oficial de justiça: art. 870
– avaliação, prazo e conteúdo do laudo: art. 872
– avaliação, quando não se procede à: art. 871
– avaliação, quando pode ser repetida: art. 873
– averbada nos autos: art. 860
– de ações de sociedades: art. 861
– de aplicação financeira: art. 854
– de bem indivisível: art. 843
– de créditos: arts. 855 a 860
– de créditos, depoimentos do devedor e de terceiro: art. 856, § 4.º
– de dinheiro em depósito: art. 854
– de direito real sobre imóvel: art. 842
– de empresa concessionária: art. 863
– de estabelecimento: art. 862
– de frutos e rendimentos de coisa móvel ou imóvel: arts. 867 a 869
– de letra de câmbio: art. 856
– de percentual de faturamento de empresa: art. 866
– depositário, quem deve ser: art. 840
– depósito: art. 839

- em bens gravados, intimação do credor pignoratício, hipotecário ou anticrético, e do usufrutuário: art. 799, I
- em direito e ação, sub-rogação do credor: art. 857
- execução, alienação ineficaz em relação ao credor não intimado: art. 804
- incidência: art. 831
- lavratura de novo termo; substituição dos bens: art. 849
- lugar de realização: arts. 845 e 846
- mais de uma, vários credores, concurso de preferência: art. 908
- modificações: arts. 847 a 853
- nomeação de bens pelo inventariante: art. 646
- objeto: art. 831
- ordem a ser obedecida: art. 835
- ordem de arrombamento: art. 846
- por meios eletrônicos: art. 837
- por meios legais, intimação imediata do executado: art. 841
- preferência do credor pelo bem penhorado: art. 797
- quando se considera feita: art. 839
- quotas ou as ações de sócio em sociedade simples ou empresária: art. 861
- redução aos bens suficientes: art. 874, I
- redução ou ampliação: art. 850
- resistência, auto: art. 846, §§ 3.º e 4.º
- resistência, requisição de força: art. 846, § 2.º
- segunda penhora, quando se procede: art. 851
- sobre aeronave: art. 864
- sobre direito que tenha por objeto prestação ou restituição de coisa determinada: art. 859
- sobre dívida de dinheiro a juros: art. 858
- sobre navio: art. 864
- substituição; hipótese: arts. 847, §§ 2.º e 3.º, e 848
- substituição por fiança bancária ou seguro garantia judicial: art. 835, § 2.º
- título executivo extrajudicial: art. 784

PERDAS E DANOS
- litigância de má-fé; responsabilidade: arts. 79 a 81
- obrigação; conversão em: art. 499
- responsabilidade do juiz: art. 143

PEREMPÇÃO
- alegação; réu: art. 337, V
- conhecimento de ofício: art. 485, V e § 3.º

PERITO
- arts. 156 a 158
- nomeação: art. 465
- substituição: art. 468
- vide também AUXILIARES DA JUSTIÇA

PESSOAS JURÍDICAS DE DIREITO PÚBLICO
- ações possessórias: art. 562, parágrafo único

PETIÇÃO INICIAL
- ação de consignação em pagamento: art. 542
- ação de divisão: art. 588
- apresentada com a procuração: art. 287
- de ação demarcatória: art. 574
- de ação rescisória: art. 968
- de execução, indeferimento: art. 801
- de interdição: art. 749
- embargos de terceiro: art. 677
- em execução, documentos que instruem: art. 798, I
- indeferimento: arts. 330 e 331
- oposição, requisitos: art. 683
- protocolo; início da ação: art. 312
- requisitos: arts. 319 a 323
- requerimento de execução, pedido de citação do devedor; instrução da: art. 798
- restauração de autos: art. 713

POSTULAÇÃO EM JUÍZO
- atuação em causa própria: art. 106
- de direito alheio em nome próprio: art. 18
- interesse e legitimidade: art. 17

PRÁTICA ELETRÔNICA
- dos atos processuais: arts. 193 a 199

PRAZO
- agravo das decisões interlocutórias: arts. 1.019 e 1.020
- contagem: art. 219
- de recursos: art. 1.003
- dia do começo: art. 231
- dos atos processuais: arts. 218 a 235
- excedidos pelo juiz; possibilidade: art. 227
- início e vencimento: art. 224
- para afixação do edital em caso de arrematação: art. 887
- para apresentação de contrarrazões em caso de recurso extraordinário ou especial recebidos: art. 1.030, parágrafo único
- para o agravante requerer juntada, aos autos do processo, de cópia da petição do agravo de instrumento e do comprovante da interposição: art. 1.018
- para oferecimento de embargos à execução: art. 915
- para o juiz: art. 226
- para os litisconsortes: art. 229
- para proposição da ação de consignação: art. 539, §§ 3.º e 4.º
- renúncia: art. 225
- suspensão; férias: art. 220
- suspensão; obstáculo criado em detrimento da parte: art. 221

PRECATÓRIO
- execução contra a Fazenda Pública: art. 910, § 1.º

PRECLUSÃO
- consumativa: art. 1.007

PREPARO
- dispensa em favor da Fazenda Pública e autarquias: art. 1.007, § 1.º

PRESCRIÇÃO
- interrupção, citação para execução: art. 802

PRESTAÇÃO ALIMENTÍCIA
- desconto em folha de pagamento: art. 912
- levantamento mensal, penhora recaindo em dinheiro: art. 913

PREVENÇÃO
- do foro; imóvel situado em mais de uma comarca: art. 60
- quando ocorre: arts. 58 e 59

PRINCÍPIOS
- aplicação ao ordenamento jurídico: art. 8.º

PRISÃO
- devedor de prestação alimentícia: art. 528, § 3.º

PROCESSO
- prioridade na tramitação: art. 1.048

PROCESSO CIVIL
- distribuição e registro: arts. 284 a 290
- extinção: arts. 316 e 317
- início: art. 2.º
- normas fundamentais: arts. 1.º a 12
- ordenação, disciplina e interpretação: art. 1.º
- suspensão: arts. 313 a 315

PROCESSO NOS TRIBUNAIS
- acórdão não publicado, prazo: art. 944
- concluso ao relator: art. 931
- dia para julgamento: art. 934
- distribuição, alternatividade, sorteio e publicidade: art. 930
- julgamento, anúncio do resultado: art. 941
- julgamento do mérito: arts. 938 e 939
- ordem de julgamento: art. 936
- pauta de julgamento: arts. 934 e 935
- protocolo e registro: art. 929
- questão preliminar, decisão antes do mérito: art. 938
- relatório: art. 931
- sustentação do recurso: art. 937
- sustentação oral, requerimento de preferência: art. 937, § 2.º
- uniformização da jurisprudência: art. 926

PROCURAÇÃO
- obrigatoriedade para postular: art. 104

PROCURADORES
- arts. 103 a 107
- sucessão de procuradores e partes: arts. 108 a 112

PROTESTO MARÍTIMO
- arts. 766 a 770
- diário da navegação: arts. 766 e s.
- distribuição com urgência, petição inicial: art. 768
- petição inicial: art. 767
- ratificação judicial, prazo: art. 766

PROVAS
- arts. 369 a 484

– documental: arts. 405 a 438
– documentos eletrônicos: arts. 439 a 441
– ônus: art. 373
– pericial: arts. 464 a 480
– produção antecipada: arts. 381 a 383
– produção de prova documental: arts. 434 a 438
– repetição, em restauração de autos: art. 715
– testemunhal: arts. 442 a 463

PUBLICAÇÃO
– edital de leilão: art. 887

PUBLICIDADE
– dos atos processuais: art. 10
– dos julgamentos: art. 11

QUITAÇÃO
– levantamento de dinheiro em execução, termos nos autos: art. 906

RATEIO
– execução por quantia certa, vários credores: art. 908

RECLAMAÇÃO
– arts. 988 a 993
– cabimento: art. 988
– cumprimento da decisão: art. 993
– da parte interessada: art. 988
– despacho: art. 989
– do Ministério Público: art. 988
– impugnação: art. 990
– lavratura do acórdão: art. 993
– Ministério Público, vista do processo: art. 991
– procedência da: art. 992

RECONHECIMENTO DO PEDIDO
– em oposição: art. 684

RECONVENÇÃO
– art. 343
– causa de pedir: art. 329
– honorários: art. 85, § 1.º
– na ação monitória: art. 702, § 6.º
– pedido: art. 324
– valor da causa: art. 292

RECURSO(S)
– adesivo, subordina-se ao principal: art. 997, § 2.º
– adiamento, preferência no julgamento: art. 936, III
– baixa dos autos ao juízo de origem: art. 1.006
– desistência a qualquer tempo: art. 998
– dispensa de preparo, casos: art. 1.007, § 1.º
– especial: arts. 1.029 a 1.042
– extraordinário: arts. 1.029 a 1.042
– impugnação da sentença no todo ou em parte: art. 1.002
– legitimidade para interposição: art. 996
– litisconsorte, aproveita aos demais: art. 1.005
– ordinário: arts. 1.027 e 1.028
– prazo, quando se restitui: art. 1.004
– quais os cabíveis: art. 994
– renúncia do direito de recorrer: art. 999
– seguimento prejudicado; casos: art. 932, III
– solidariedade passiva, interposição por um devedor aproveita aos demais: art. 1.005, parágrafo único
– sustentação perante tribunal: art. 937

RECURSO ESPECIAL
– art. 994, VI
– agravo em: art. 1.042
– admite recurso adesivo: art. 997, § 2.º, II
– conclusão; remessa dos autos ao STF: art. 1.031, § 1.º
– decisão de instância superior durante suspensão do processo: art. 1.041
– disposições gerais: arts. 1.029 a 1.035
– embargos de divergência: art. 1.043
– interposição: art. 1.029
– interposição conjunta de recurso extraordinário: art. 1.031
– julgamento de mérito, incidente de resolução: art. 987
– multiplicidade com fundamento em idêntica questão de direito: art. 1.036
– não impede a eficácia da decisão: art. 995
– prazo para interpor e para responder: art. 1.003, § 5.º
– publicação de acórdão paradigma: art. 1.040
– questão constitucional, prazo: art. 1.032
– recebido; prazo para apresentação de contrarrazões: art. 1.030
– recebimento pelo Tribunal e intimação do recorrido: art. 1.030
– repercussão geral: art. 1.032
– repetitivo; julgamento: arts. 1.036 a 1.041
– requisição de informações aos tribunais inferiores: art. 1.038

RECURSO EXTRAORDINÁRIO
– art. 994, VII
– admite recurso adesivo: art. 997, § 2.º, II
– agravo em: art. 1.042
– apreciação em caso de conclusão do julgamento do recurso especial: art. 1.031, § 1.º
– decisão de instância superior durante suspensão do processo: art. 1.041
– disposições gerais: arts. 1.029 a 1.035
– embargos de divergência: art. 1.043
– interposição: art. 1.029
– interposição conjunta de recurso especial: art. 1.031
– julgamento de mérito, incidente de resolução: art. 987
– não impede a eficácia da sentença: art. 995
– prazo para interpor e para responder: art. 1.003, § 5.º
– prejudicial ao recurso especial; cessação do julgamento e remessa dos autos ao STF: art. 1.031, §§ 2.º e 3.º
– publicação de acórdão paradigma: art. 1.040
– questão constitucional; prazo: art. 1.032
– recebido; prazo para apresentação de contrarrazões: art. 1.030
– recebimento pelo Tribunal e intimação do recorrido: art. 1.030
– repercussão geral: art. 1.035
– repetitivo; julgamento: arts. 1.036 a 1.041
– requisição de informações aos tribunais inferiores: art. 1.038
– questão constitucional, prazo: art. 1.032

RECURSO ORDINÁRIO
– julgamento pelo STJ: art. 1.027, II
– julgamento pelo STF: art. 1.027, I
– prazo para interpor e para responder: art. 1.003, § 5.º

RECURSOS REPETITIVOS
– especial e extraordinário; julgamento: arts. 1.036 a 1.041

REGIME DE BENS
– do casamento; alteração: art. 734

REGIMENTOS INTERNOS DOS TRIBUNAIS
– conflito de competência entre autoridade judiciária e autoridade administrativa: art. 959
– conflito de competência nos tribunais: art. 958
– disposição sobre distribuição de processos: art. 930
– incidente de resolução de demandas repetitivas; julgamento: art. 982

RELATOR
– redação de acórdão: art. 941
– restauração de autos desaparecidos: art. 717

REMIÇÃO
– ação rescisória: art. 966, § 4.º
– antes de adjudicados ou alienados os bens: art. 826

REMISSÃO
– da dívida, extinção da execução: art. 924

RENÚNCIA
– do direito de recorrer: art. 999

REPERCUSSÃO GERAL
– julgamento dos recursos extraordinário e especial repetitivos: arts. 1.036 a 1.041
– multiplicidade de recursos; análise da; procedimento: art. 1.036
– recurso extraordinário; não conhecimento; ausência de: art. 1.035

RESTAURAÇÃO DE AUTOS
– aparecimento dos autos originais: art. 716, parágrafo único
– cópia de sentença: art. 715, § 5.º
– desaparecimento de autos: art. 712
– havendo autos suplementares: art. 712, parágrafo único
– inquirição de serventuários e auxiliares da justiça: art. 715, § 4.º
– manifestação da parte contrária: art. 714

- nos tribunais: art. 717
- petição inicial: art. 713
- repetição das provas: art. 715

RÉU
- alegações: arts. 351 a 353

REVELIA
- arts. 344 a 346
- não incidência: arts. 348 e 349

SANEAMENTO DO PROCESSO
- arts. 347 a 353

SATISFAÇÃO DO CRÉDITO
- arts. 904 a 909

SEGREDO DE JUSTIÇA
- tramitação: art. 189

SENTENÇA
- arts. 485 a 501
- aceitação tácita ou expressa: art. 1.000
- condenação ao pagamento de honorários: art. 85
- cumprimento: arts. 513 a 519
- cumprimento; prestação de alimentos; reconhecimento da exigibilidade de obrigação: arts. 528 a 533
- cumprimento; reconhecimento da exigibilidade de obrigação de fazer e de não fazer: arts. 536 e 537
- cumprimento; reconhecimento da exigibilidade de obrigação de pagar quantia certa pela Fazenda Pública: arts. 534 e 535
- cumprimento definitivo; obrigação de pagar quantia certa: arts. 523 a 527
- cumprimento provisório; obrigação de pagar quantia certa: arts. 520 a 522
- de extinção de execução: art. 925
- em ação demarcatória: art. 581
- entrega da coisa; descumprimento do prazo da obrigação: art. 538
- estrangeira; eficácia: art. 961
- intimação; prazo para interposição de recurso: art. 1.003
- liquidação: arts. 509 a 512
- obedecimento à ordem cronológica de conclusão: art. 12
- procedimento de jurisdição voluntária; prazo: art. 723
- trânsito em julgado; assistência: art. 123

SEPARAÇÃO CONSENSUAL
- arts. 731 a 733

SEQUESTRO
- da coisa litigiosa em ações possessórias: art. 559
- de bem confiado a guarda, quando não aprovadas as contas do administrador: art. 553

SOCIEDADE
- execução sobre bens dos sócios: art. 795

SÓCIO
- bens sujeitos à execução: art. 790, II

SOLDO
- impenhorabilidade: art. 833, IV

SOLIDARIEDADE
- passiva, interposição de recurso por um dos devedores, efeito: art. 1.005, parágrafo único

SUB-ROGAÇÃO
- penhora em direito e ação do devedor: art. 797
- procedimento de jurisdição voluntária: art. 725, II

SUCESSOR
- bens sujeitos à execução: art. 790, I

SÚMULA
- recurso contrário a: art. 932, IV

SUPERIOR TRIBUNAL DE JUSTIÇA
- dos recursos para o: arts. 1.027 a 1.044

SUPREMO TRIBUNAL FEDERAL
- recursos para o: arts. 1.027 a 1.044

SUSPEIÇÃO
- a quem se aplica: art. 148
- do juiz: art. 145
- do juiz; alegação: art. 146

SUSPENSÃO
- da execução: arts. 921 a 923
- do processo; prazo para sanar o vício: art. 76

SUBSIDIARIEDADE
- de normas: art. 15

SUJEITOS PROCESSUAIS
- arts. 70 a 76

TEMPO
- dos atos processuais: arts. 212 a 216

TERCEIRO INTERESSADO
- legitimidade ativa para ação rescisória: art. 967, II

TERCEIRO PREJUDICADO
- interposição de recurso: art. 996

TERCEIROS
- bens do devedor em poder de: art. 790, III
- mandado executivo contra terceiro adquirente de coisa litigiosa: art. 808
- penhora de crédito: art. 856

TERMO
- não ocorrido, nulidade de execução: art. 803, III
- prova de que ocorreu, para o início da execução: art. 798, I

TESTAMENTO
- arts. 735 a 737
- testamento particular, publicação: art. 737
- testamento público, certidão de: art. 736

- traslado: art. 736

TÍTULO
- de crédito, penhora sobre: art. 856
- de obrigação certa, líquida e exigível; base da execução: art. 783
- executivo por força da lei: art. 784, XII

TÍTULO EXECUTIVO
- decisão que aplica multa em arrematação: art. 896, § 2.º
- legitimidade do credor para a execução: art. 778
- legitimidade dos sucessores do credor para a execução: art. 778, § 1.º

TÍTULO EXECUTIVO EXTRAJUDICIAL
- de obrigação certa, líquida e exigível; não correspondência; nulidade da execução: art. 803, I
- enumeração: art. 784
- execução: art. 781

TRADUTOR
- arts. 162 a 164
- vide também AUXILIARES DA JUSTIÇA

TRANSAÇÃO
- por inventariante: art. 619, II

TRASLADOS
- agravo de instrumento: art. 1.016

TUTELA
- antecipada; procedimento: arts. 303 e 304
- cautelar: arts. 305 a 310
- da evidência: art. 311
- da urgência: arts. 300 a 302
- disposições comuns com a curatela: arts. 759 a 763
- provisória: arts. 294 a 311

TUTOR
- prestação de contas, procedimento: art. 553

USUFRUTO
- alienação do bem; ineficácia: art. 804, § 6.º
- eficácia: art. 868, § 1.º
- extinção, procedimento de jurisdição voluntária: art. 725, VI

USUFRUTUÁRIO
- ciência da alienação judicial; prazo: art. 889, III
- não intimado para a execução, ineficácia de alienação: art. 804, § 6.º

VALOR DA CAUSA
- arts. 291 a 293
- impugnação: art. 293

VENCIMENTOS
- impenhorabilidade: art. 833, IV

Legislação Complementar

Legislação
Complementar

LEGISLAÇÃO COMPLEMENTAR

DECRETO-LEI N. 2.848, DE 7 DE DEZEMBRO DE 1940 (*)

Código Penal.

O Presidente da República, usando da atribuição que lhe confere o art. 180 da Constituição, decreta a seguinte Lei:

PARTE ESPECIAL

Título III
DOS CRIMES CONTRA O PATRIMÔNIO

Capítulo V
DA APROPRIAÇÃO INDÉBITA

Apropriação indébita previdenciária

Art. 168-A. Deixar de repassar à previdência social as contribuições recolhidas dos contribuintes, no prazo e forma legal ou convencional:

Pena – reclusão, de 2 (dois) a 5 (cinco) anos, e multa.

•• *Caput* acrescentado pela Lei n. 9.983, de 14-7-2000.
•• *Vide* art. 83 da Lei n. 9.430, de 27-12-1996 (Crimes contra a Ordem Tributária).

§ 1.º Nas mesmas penas incorre quem deixar de:

•• § 1.º, *caput*, acrescentado pela Lei n. 9.983, de 14-7-2000.

I – recolher, no prazo legal, contribuição ou outra importância destinada à previdência social que tenha sido descontada de pagamento efetuado a segurados, a terceiros ou arrecadada do público;

•• Inciso I acrescentado pela Lei n. 9.983, de 14-7-2000.

II – recolher contribuições devidas à previdência social que tenham integrado despesas contábeis ou custos relativos à venda de produtos ou à prestação de serviços;

•• Inciso II acrescentado pela Lei n. 9.983, de 14-7-2000.

III – pagar benefício devido a segurado, quando as respectivas cotas ou valores já tiverem sido reembolsados à empresa pela previdência social.

•• Inciso III acrescentado pela Lei n. 9.983, de 14-7-2000.

§ 2.º É extinta a punibilidade se o agente, espontaneamente, declara, confessa e efetua o pagamento das contribuições, importâncias ou valores e presta as informações devidas à previdência social, na forma definida em lei ou regulamento, antes do início da ação fiscal.

•• § 2.º acrescentado pela Lei n. 9.983, de 14-7-2000.

§ 3.º É facultado ao juiz deixar de aplicar a pena ou aplicar somente a de multa se o agente for primário e de bons antecedentes, desde que:

•• § 3.º, *caput*, acrescentado pela Lei n. 9.983, de 14-7-2000.

I – tenha promovido, após o início da ação fiscal e antes de oferecida a denúncia, o pagamento da contribuição social previdenciária, inclusive acessórios; ou

•• Inciso I acrescentado pela Lei n. 9.983, de 14-7-2000.

II – o valor das contribuições devidas, inclusive acessórios, seja igual ou inferior àquele estabelecido pela previdência social, administrativamente, como sendo o mínimo para o ajuizamento de suas execuções fiscais.

•• Inciso II acrescentado pela Lei n. 9.983, de 14-7-2000.

§ 4.º A faculdade prevista no § 3.º deste artigo não se aplica aos casos de parcelamento de contribuições cujo valor, inclusive dos acessórios, seja superior àquele estabelecido, administrativamente, como sendo o mínimo para o ajuizamento de suas execuções fiscais.

•• § 4.º acrescentado pela Lei n. 13.606, de 9-1-2018.

Capítulo VI
DO ESTELIONATO E OUTRAS FRAUDES

Fraude com a utilização de ativos virtuais, valores mobiliários ou ativos financeiros

•• Rubrica acrescentada pela Lei n. 14.478, de 21-12-2022.

Art. 171-A. Organizar, gerir, ofertar ou distribuir carteiras ou intermediar operações que envolvam ativos virtuais, valores mobiliários ou quaisquer ativos financeiros com o fim de obter vantagem ilícita, em prejuízo alheio, induzindo ou mantendo alguém em erro, mediante artifício, ardil ou qualquer outro meio fraudulento.

Pena – reclusão, de 4 (quatro) a 8 (oito) anos, e multa.

•• Artigo acrescentado pela Lei n. 14.478, de 21-12-2022.

Título X
DOS CRIMES CONTRA A FÉ PÚBLICA

Capítulo II
DA FALSIDADE DE TÍTULOS E OUTROS PAPÉIS PÚBLICOS

Falsificação de papéis públicos

Art. 293. Falsificar, fabricando-os ou alterando-os:

I – selo destinado a controle tributário, papel selado ou qualquer papel de emissão legal destinado à arrecadação de tributo;

•• Inciso I com redação determinada pela Lei n. 11.035, de 22-12-2004.

Pena – reclusão, de 2 (dois) a 8 (oito) anos, e multa.

§ 1.º Incorre na mesma pena quem:

•• § 1.º, *caput*, com redação determinada pela Lei n. 11.035, de 22-12-2004.

I – usa, guarda, possui ou detém qualquer dos papéis falsificados a que se refere este artigo;

•• Inciso I acrescentado pela Lei n. 11.035, de 22-12-2004.

II – importa, exporta, adquire, vende, troca, cede, empresta, guarda, fornece ou restitui à circulação selo falsificado destinado a controle tributário;

•• Inciso II acrescentado pela Lei n. 11.035, de 22-12-2004.

III – importa, exporta, adquire, vende, expõe à venda, mantém em depósito, guarda, troca, cede, empresta, fornece, porta ou, de qualquer forma, utiliza em proveito próprio ou alheio, no exercício de atividade comercial ou industrial, produto ou mercadoria:

a) em que tenha sido aplicado selo que se destine a controle tributário, falsificado;

b) sem selo oficial, nos casos em que a legislação tributária determina a obrigatoriedade de sua aplicação.

•• Inciso III acrescentado pela Lei n. 11.035, de 22-12-2004.

§ 4.º Quem usa ou restitui à circulação, embora recebido de boa-fé, qualquer dos papéis falsificados ou alterados, a que se referem este artigo e o seu § 2.º, depois de conhecer a falsidade ou alteração, incorre na pena de detenção, de 6 (seis) meses a 2 (dois) anos, ou multa.

Título XI
DOS CRIMES CONTRA A ADMINISTRAÇÃO PÚBLICA

Capítulo I
DOS CRIMES PRATICADOS POR FUNCIONÁRIO PÚBLICO CONTRA A ADMINISTRAÇÃO EM GERAL

Concussão

Art. 316. Exigir, para si ou para outrem, direta ou indiretamente, ainda que fora da

---

(*) Publicado no *Diário Oficial da União*, de 31-12-1940, e retificado em 3-1-1941.

função ou antes de assumi-la, mas em razão dela, vantagem indevida:
Pena – reclusão, de 2 (dois) a 12 (doze) anos, e multa.
•• Pena com redação determinada pela Lei n. 13.964, de 24-12-2019.
• Vide art. 1.º da Lei n. 9.613, de 3-3-1998.
• Sobre os crimes de abuso de autoridade: vide Lei n. 13.869, de 5-9-2019.

Excesso de exação
§ 1.º Se o funcionário exige tributo ou contribuição social que sabe ou deveria saber indevido, ou, quando devido, emprega na cobrança meio vexatório ou gravoso, que a lei não autoriza:
Pena – reclusão, de 3 (três) a 8 (oito) anos, e multa.
•• § 1.º com redação determinada pela Lei n. 8.137, de 27-12-1990.

Capítulo II
DOS CRIMES PRATICADOS POR PARTICULAR CONTRA A ADMINISTRAÇÃO EM GERAL

Descaminho
•• Rubrica com redação determinada pela Lei n. 13.008, de 26-6-2014.
Art. 334. Iludir, no todo ou em parte, o pagamento de direito ou imposto devido pela entrada, pela saída ou pelo consumo de mercadoria:
Pena – reclusão, de 1 (um) a 4 (quatro) anos.
• A Portaria n. 1.750, de 12-11-2018, da SRFB, dispõe sobre representação fiscal para fins penais referentes a crimes contra a ordem tributária, contra a previdência social e de contrabando ou descaminho, sobre representação para fins penais referente a crimes contra a Administração Pública Federal, em detrimento da Fazenda Nacional ou contra Administração Pública estrangeira, de falsidade de títulos, papéis e documentos públicos e de "lavagem" ou ocultação de bens, direitos e valores, e sobre representação referente a atos de improbidade administrativa.
•• Caput com redação determinada pela Lei n. 13.008, de 26-6-2014.
§ 1.º Incorre na mesma pena quem:
•• § 1.º com redação determinada pela Lei n. 13.008, de 26-6-2014.
I – pratica navegação de cabotagem, fora dos casos permitidos em lei;
•• Inciso I acrescentado pela Lei n. 13.008, de 26-6-2014.
II – pratica fato assimilado, em lei especial, a descaminho;
•• Inciso II acrescentado pela Lei n. 13.008, de 26-6-2014.
III – vende, expõe à venda, mantém em depósito ou, de qualquer forma, utiliza em proveito próprio ou alheio, no exercício de atividade comercial ou industrial, mercadoria de procedência estrangeira que introduziu clandestinamente no País ou importou fraudulentamente ou que sabe ser produto de introdução clandestina no território nacional ou de importação fraudulenta por parte de outrem;

•• Inciso III acrescentado pela Lei n. 13.008, de 26-6-2014.
IV – adquire, recebe ou oculta, em proveito próprio ou alheio, no exercício de atividade comercial ou industrial, mercadoria de procedência estrangeira, desacompanhada de documentação legal ou acompanhada de documentos que sabe serem falsos.
•• Inciso IV acrescentado pela Lei n. 13.008, de 26-6-2014.
§ 2.º Equipara-se às atividades comerciais, para os efeitos deste artigo, qualquer forma de comércio irregular ou clandestino de mercadorias estrangeiras, inclusive o exercido em residências.
•• § 2.º com redação determinada pela Lei n. 13.008, de 26-6-2014.
§ 3.º A pena aplica-se em dobro se o crime de descaminho é praticado em transporte aéreo, marítimo ou fluvial.
•• § 3.º com redação determinada pela Lei n. 13.008, de 26-6-2014.

Contrabando
•• Rubrica acrescentada pela Lei n. 13.008, de 26-6-2014.
Art. 334-A. Importar ou exportar mercadoria proibida:
Pena – reclusão, de 2 (dois) a 5 (cinco) anos.
•• Caput acrescentado pela Lei n. 13.008, de 26-6-2014.
• A Portaria n. 1.750, de 12-11-2018, da SRFB, dispõe sobre representação fiscal para fins penais referentes a crimes contra a ordem tributária, contra a previdência social e de contrabando ou descaminho, sobre representação para fins penais referente a crimes contra a Administração Pública Federal, em detrimento da Fazenda Nacional ou contra Administração Pública estrangeira, de falsidade de títulos, papéis e documentos públicos e de "lavagem" ou ocultação de bens, direitos e valores, e sobre representação referente a atos de improbidade administrativa.
§ 1.º Incorre na mesma pena quem:
•• § 1.º acrescentado pela Lei n. 13.008, de 26-6-2014.
I – pratica fato assimilado, em lei especial, a contrabando;
•• Inciso I acrescentado pela Lei n. 13.008, de 26-6-2014.
II – importa ou exporta clandestinamente mercadoria que dependa de registro, análise ou autorização de órgão público competente;
•• Inciso II acrescentado pela Lei n. 13.008, de 26-6-2014.
III – reinsere no território nacional mercadoria brasileira destinada à exportação;
•• Inciso III acrescentado pela Lei n. 13.008, de 26-6-2014.
IV – vende, expõe à venda, mantém em depósito ou, de qualquer forma, utiliza em proveito próprio ou alheio, no exercício de atividade comercial ou industrial, mercadoria proibida pela lei brasileira;
•• Inciso IV acrescentado pela Lei n. 13.008, de 26-6-2014.
V – adquire, recebe ou oculta, em proveito próprio ou alheio, no exercício de atividade comercial ou industrial, mercadoria proibida pela lei brasileira.

•• Inciso V acrescentado pela Lei n. 13.008, de 26-6-2014.
§ 2.º Equipara-se às atividades comerciais, para os efeitos deste artigo, qualquer forma de comércio irregular ou clandestino de mercadorias estrangeiras, inclusive o exercido em residências.
•• § 2.º acrescentado pela Lei n. 13.008, de 26-6-2014.
§ 3.º A pena aplica-se em dobro se o crime de contrabando é praticado em transporte aéreo, marítimo ou fluvial.
•• § 3.º acrescentado pela Lei n. 13.008, de 26-6-2014.

Sonegação de contribuição previdenciária
Art. 337-A. Suprimir ou reduzir contribuição social previdenciária e qualquer acessório, mediante as seguintes condutas:
•• Caput acrescentado pela Lei n. 9.983, de 14-7-2000.
•• Vide art. 83 da Lei n. 9.430, de 27-12-1996 (Crimes contra a Ordem Tributária).
•• Vide art. 5.º da Lei n. 13.254, de 13-1-2016.
I – omitir de folha de pagamento da empresa ou de documento de informações previsto pela legislação previdenciária segurados empregado, empresário, trabalhador avulso ou trabalhador autônomo ou a este equiparado que lhe prestem serviços;
•• Inciso I acrescentado pela Lei n. 9.983, de 14-7-2000.
II – deixar de lançar mensalmente nos títulos próprios da contabilidade da empresa as quantias descontadas dos segurados ou as devidas pelo empregador ou pelo tomador de serviços;
•• Inciso II acrescentado pela Lei n. 9.983, de 14-7-2000.
III – omitir, total ou parcialmente, receitas ou lucros auferidos, remunerações pagas ou creditadas e demais fatos geradores de contribuições sociais previdenciárias:
Pena – reclusão, de 2 (dois) a 5 (cinco) anos, e multa.
•• Inciso III acrescentado pela Lei n. 9.983, de 14-7-2000.
§ 1.º É extinta a punibilidade se o agente, espontaneamente, declara e confessa as contribuições, importâncias ou valores e presta as informações devidas à previdência social, na forma definida em lei ou regulamento, antes do início da ação fiscal.
•• § 1.º acrescentado pela Lei n. 9.983, de 14-7-2000.
§ 2.º É facultado ao juiz deixar de aplicar a pena ou aplicar somente a de multa se o agente for primário e de bons antecedentes, desde que:
•• § 2.º acrescentado pela Lei n. 9.983, de 14-7-2000.
I – (Vetado.)
•• Inciso I acrescentado pela Lei n. 9.983, de 14-7-2000.
II – o valor das contribuições devidas, inclusive acessórios, seja igual ou inferior àquele estabelecido pela previdência social, administrativamente, como sendo o mínimo para o ajuizamento de suas execuções fiscais.
•• Inciso II acrescentado pela Lei n. 9.983, de 14-7-2000.

§ 3.º Se o empregador não é pessoa jurídica e sua folha de pagamento mensal não ultrapassa R$ 1.510,00 (um mil, quinhentos e dez reais), o juiz poderá reduzir a pena de um terço até a metade ou aplicar apenas a multa.
•• § 3.º acrescentado pela Lei n. 9.983, de 14-7-2000.
•• A Portaria Interministerial n. 6, de 10-1-2025, dos Ministérios da Previdência Social e da Fazenda, estabelece que, a partir de 1.º de janeiro de 2025, o valor de que trata este parágrafo será de R$ 7.201,70 (sete mil, duzentos e um reais e setenta centavos).

§ 4.º O valor a que se refere o parágrafo anterior será reajustado nas mesmas datas e nos mesmos índices do reajuste dos benefícios da previdência social.
•• § 4.º acrescentado pela Lei n. 9.983, de 14-7-2000.

Capítulo IV
DOS CRIMES CONTRA AS FINANÇAS PÚBLICAS
•• Capítulo IV acrescentado pela Lei n. 10.028, de 19-10-2000.

Contratação de operação de crédito
Art. 359-A. Ordenar, autorizar ou realizar operação de crédito, interno ou externo, sem prévia autorização legislativa:
Pena – reclusão, de 1 (um) a 2 (dois) anos.
•• *Caput* acrescentado pela Lei n. 10.028, de 19-10-2000.

Parágrafo único. Incide na mesma pena quem ordena, autoriza ou realiza operação de crédito, interno ou externo:
•• Parágrafo único, *caput*, acrescentado pela Lei n. 10.028, de 19-10-2000.

I – com inobservância de limite, condição ou montante estabelecido em lei ou em resolução do Senado Federal;
•• Inciso I acrescentado pela Lei n. 10.028, de 19-10-2000.

II – quando o montante da dívida consolidada ultrapassa o limite máximo autorizado por lei.
•• Inciso II acrescentado pela Lei n. 10.028, de 19-10-2000.

Inscrição de despesas não empenhadas em restos a pagar
Art. 359-B. Ordenar ou autorizar a inscrição em restos a pagar, de despesa que não tenha sido previamente empenhada ou que exceda limite estabelecido em lei:
Pena – detenção, de 6 (seis) meses a 2 (dois) anos.
•• Artigo acrescentado pela Lei n. 10.028, de 19-10-2000.

Assunção de obrigação no último ano do mandato ou legislatura
Art. 359-C. Ordenar ou autorizar a assunção de obrigação, nos 2 (dois) últimos quadrimestres do último ano do mandato ou legislatura, cuja despesa não possa ser paga no mesmo exercício financeiro ou, caso reste parcela a ser paga no exercício seguinte, que não tenha contrapartida suficiente de disponibilidade de caixa:
Pena – reclusão, de 1 (um) a 4 (quatro) anos.
•• Artigo acrescentado pela Lei n. 10.028, de 19-10-2000.

Ordenação de despesa não autorizada
Art. 359-D. Ordenar despesa não autorizada por lei:
Pena – reclusão, de 1 (um) a 4 (quatro) anos.
•• Artigo acrescentado pela Lei n. 10.028, de 19-10-2000.
•• *Vide* Súmula 599 do STJ.

Prestação de garantia graciosa
Art. 359-E. Prestar garantia em operação de crédito sem que tenha sido constituída contragarantia em valor igual ou superior ao valor da garantia prestada, na forma da lei:
Pena – detenção, de 3 (três) meses a 1 (um) ano.
•• Artigo acrescentado pela Lei n. 10.028, de 19-10-2000.

Não cancelamento de restos a pagar
Art. 359-F. Deixar de ordenar, de autorizar ou de promover o cancelamento do montante de restos a pagar inscrito em valor superior ao permitido em lei:
Pena – detenção, de 6 (seis) meses a 2 (dois) anos.
•• Artigo acrescentado pela Lei n. 10.028, de 19-10-2000.

Aumento de despesa total com pessoal no último ano do mandato ou legislatura
Art. 359-G. Ordenar, autorizar ou executar ato que acarrete aumento de despesa total com pessoal, nos 180 (cento e oitenta) dias anteriores ao final do mandato ou da legislatura:
Pena – reclusão, de 1 (um) a 4 (quatro) anos.
•• Artigo acrescentado pela Lei n. 10.028, de 19-10-2000.

Oferta pública ou colocação de títulos no mercado
Art. 359-H. Ordenar, autorizar ou promover a oferta pública ou a colocação no mercado financeiro de títulos da dívida pública sem que tenham sido criados por lei ou sem que estejam registrados em sistema centralizado de liquidação e de custódia:
Pena – reclusão, de 1 (um) a 4 (quatro) anos.
•• Artigo acrescentado pela Lei n. 10.028, de 19-10-2000.

DISPOSIÇÕES FINAIS
Art. 360. Ressalvada a legislação especial sobre os crimes contra a existência, a segurança e a integridade do Estado e contra a guarda e o emprego da economia popular, os crimes de imprensa e os de falência, os de responsabilidade do Presidente da República e dos Governadores ou Interventores, e os crimes militares, revogam-se as disposições em contrário.

Art. 361. Este Código entrará em vigor no dia 1.º de janeiro de 1942.

Rio de Janeiro, 7 de dezembro de 1940; 119.º da Independência e 52.º da República.

GETÚLIO VARGAS

DECRETO-LEI N. 4.597, DE 19 DE AGOSTO DE 1942 (*)

Dispõe sobre a prescrição das ações contra a Fazenda Pública e dá outras providências.

O Presidente da República, usando da atribuição que lhe confere o art. 180 da Constituição, decreta:

Art. 1.º Salvo o caso do foro do contrato, compete, à justiça de cada Estado e à do Distrito Federal, processar e julgar as causas em que for interessado, como autor, réu assistente ou oponente, respectivamente, o mesmo Estado ou seus Municípios, e o Distrito Federal.

Parágrafo único. O disposto neste artigo não se aplica às causas já ajuizadas.

Art. 2.º O Decreto n. 20.910, de 6 de janeiro de 1932, que regula a prescrição quinquenal, abrange as dívidas passivas das autarquias, ou entidades e órgãos paraestatais, criados por lei e mantidos mediante impostos, taxas ou quaisquer contribuições exigidas em virtude de lei federal, estadual ou municipal, bem como a todo e qualquer direito e ação contra os mesmos.
• Citado diploma consta nesta obra.
• *Vide* Súmula 39 do STJ.

Art. 3.º A prescrição das dívidas, direitos e ações a que se refere o Decreto n. 20.910, de 6 de janeiro de 1932, somente pode ser interrompida uma vez, e recomeça a correr, pela metade do prazo, da data do ato que a interrompeu, ou do último do processo para interromper; consumar-se-á a prescrição no curso da lide sempre que a partir do último ato ou termo da mesma, inclusive da sentença nela proferida, embora passada em julgado, decorrer o prazo de dois anos e meio.

Art. 4.º As disposições do artigo anterior aplicam-se desde logo a todas as dívidas, direitos e ações a que se referem, ainda não extintos por qualquer causa, ajuizados ou não, devendo a prescrição ser alegada e decretada em qualquer tempo e instância, inclusive nas execuções de sentença.

Art. 5.º Este Decreto-lei entrará em vigor na data de sua publicação, revogadas as disposições em contrário.

Rio de Janeiro, 19 de agosto de 1942; 121.º da Independência e 54.º da República.

GETÚLIO VARGAS

(*) Publicado no *Diário Oficial da União* de 20-8-1942.

DECRETO-LEI N. 4.657, DE 4 DE SETEMBRO DE 1942 (*)

Lei de Introdução às Normas do Direito Brasileiro.

•• Ementa com redação determinada pela Lei n. 12.376, de 30-12-2010.

O Presidente da República, usando da atribuição que lhe confere o art. 180 da Constituição, decreta:

Art. 1.º Salvo disposição contrária, a lei começa a vigorar em todo o País 45 (quarenta e cinco) dias depois de oficialmente publicada.

•• *Vide* art. 62, §§ 3.º, 4.º, 6.º e 7.º, da CF.
•• Os arts. 101 a 104 do CTN dispõem sobre a vigência de leis tributárias, dos atos administrativos e convênios tributários.
• Dispõe o art. 8.º da Lei Complementar n. 95, de 26-2-1998:

"Art. 8.º A vigência da lei será indicada de forma expressa e de modo a contemplar prazo razoável para que dela se tenha amplo conhecimento, reservada a cláusula 'entra em vigor na data de sua publicação' para as leis de pequena repercussão. § 1.º A contagem do prazo para entrada em vigor das leis que estabeleçam período de vacância far-se-á com a inclusão da data da publicação e do último dia do prazo, entrando em vigor no dia subsequente à sua consumação integral. § 2.º As leis que estabeleçam período de vacância deverão utilizar a cláusula 'esta lei entra em vigor após decorridos (o número de) dias de sua publicação oficial'".

§ 1.º Nos Estados estrangeiros, a obrigatoriedade da lei brasileira, quando admitida, se inicia 3 (três) meses depois de oficialmente publicada.

§ 2.º (*Revogado pela Lei n. 12.036, de 1.º-10-2009.*)

§ 3.º Se, antes de entrar a lei em vigor, ocorrer nova publicação de seu texto, destinada à correção, o prazo deste artigo e dos parágrafos anteriores começará a correr da nova publicação.

§ 4.º As correções a texto de lei já em vigor consideram-se lei nova.

Art. 2.º Não se destinando à vigência temporária, a lei terá vigor até que outra a modifique ou revogue.

§ 1.º A lei posterior revoga a anterior quando expressamente o declare, quando seja com ela incompatível ou quando regule inteiramente a matéria de que tratava a lei anterior.

§ 2.º A lei nova, que estabeleça disposições gerais ou especiais a par das já existentes, não revoga nem modifica a lei anterior.

§ 3.º Salvo disposição em contrário, a lei revogada não se restaura por ter a lei revogadora perdido a vigência.

Art. 3.º Ninguém se escusa de cumprir a lei, alegando que não a conhece.

Art. 4.º Quando a lei for omissa, o juiz decidirá o caso de acordo com a analogia, os costumes e os princípios gerais de direito.

• *Vide* arts. 140, 375 e 635 do CPC.
• O art. 8.º da CLT dispõe sobre os meios de decisão das autoridades administrativas e Justiça do Trabalho, na falta de disposições legais ou contratuais.
• Normas complementares das leis tributárias: art. 100 e s. do CTN.
• *Vide* Lei n. 9.307, de 23-9-1996, art. 2.º.

Art. 5.º Na aplicação da lei, o juiz atenderá aos fins sociais a que ela se dirige e às exigências do bem comum.

• *Vide* art. 5.º, LIV, da CF.
• Normas de interpretação das leis tributárias: arts. 107 a 112 do CTN.
• *Vide* art. 6.º da Lei n. 9.099, de 26-9-1995.

Art. 6.º A Lei em vigor terá efeito imediato e geral, respeitados o ato jurídico perfeito, o direito adquirido e a coisa julgada.

•• *Caput* com redação determinada pela Lei n. 3.238, de 1.º-8-1957.
•• *Vide* art. 5.º, XXXVI, da CF.
• Sobre a capacidade para suceder, art. 1.577 do CC.

§ 1.º Reputa-se ato jurídico perfeito o já consumado segundo a lei vigente ao tempo em que se efetuou.

•• § 1.º acrescentado pela Lei n. 3.238, de 1.º-8-1957.

§ 2.º Consideram-se adquiridos assim os direitos que o seu titular, ou alguém por ele, possa exercer, como aqueles cujo começo do exercício tenha termo préfixo, ou condição preestabelecida inalterável, a arbítrio de outrem.

•• § 2.º acrescentado pela Lei n. 3.238, de 1.º-8-1957.

§ 3.º Chama-se coisa julgada ou caso julgado a decisão judicial de que já não caiba recurso.

•• § 3.º acrescentado pela Lei n. 3.238, de 1.º-8-1957.
• *Vide* art. 5.º, XXXVI, da CF.
• Aplicação das leis tributárias: arts. 105 e 106 do CTN.
• *Vide* arts. 337, § 1.º, e 502 do CPC.

Art. 7.º A lei do país em que for domiciliada a pessoa determina as regras sobre o começo e o fim da personalidade, o nome, a capacidade e os direitos de família.

• O Decreto n. 66.605, de 20-5-1970, promulga a Convenção sobre Consentimento para Casamento.
• *Vide* arts. 55 a 58 da LRP.
• A Lei n. 13.445, de 24-5-2017, dispõe sobre o nome de estrangeiro no art. 71.

§ 1.º Realizando-se o casamento no Brasil, será aplicada a lei brasileira quanto aos impedimentos dirimentes e às formalidades da celebração.

• A Lei n. 1.110, de 23-5-1950, regula o reconhecimento dos efeitos civis do casamento religioso.

§ 2.º O casamento de estrangeiros poderá celebrar-se perante autoridades diplomáticas ou consulares do país de ambos os nubentes.

•• § 2.º com redação determinada pela Lei n. 3.238, de 1.º-8-1957.

§ 3.º Tendo os nubentes domicílio diverso, regerá os casos de invalidade do matrimônio a lei do primeiro domicílio conjugal.

§ 4.º O regime de bens, legal ou convencional, obedece à lei do país em que tiverem os nubentes domicílio, e, se este for diverso, à do primeiro domicílio conjugal.

§ 5.º O estrangeiro casado, que se naturalizar brasileiro, pode, mediante expressa anuência de seu cônjuge, requerer ao juiz, no ato de entrega do decreto de naturalização, se apostile ao mesmo a adoção do regime de comunhão parcial de bens, respeitados os direitos de terceiros e dada esta adoção ao competente registro.

•• § 5.º com redação determinada pela Lei n. 6.515, de 26-12-1977.

§ 6.º O divórcio realizado no estrangeiro, se um ou ambos os cônjuges forem brasileiros, só será reconhecido no Brasil depois de 1 (um) ano da data da sentença, salvo se houver sido antecedida de separação judicial por igual prazo, caso em que a homologação produzirá efeito imediato, obedecidas as condições estabelecidas para a eficácia das sentenças estrangeiras no país. O Superior Tribunal de Justiça, na forma de seu regimento interno, poderá reexaminar, a requerimento do interessado, decisões já proferidas em pedidos de homologação de sentenças estrangeiras de divórcio de brasileiros, a fim de que passem a produzir todos os efeitos legais.

•• § 6.º com redação determinada pela Lei n. 12.036, de 1.º-10-2009.
• *Vide* art. 961, § 5.º, do CPC.
• *Vide* art. 226, § 6.º, da CF.
• O Provimento n. 149, de 30-8-2023, da Corregedoria Nacional de Justiça, dispõe sobre a averbação de carta de sentença expedida após homologação de sentença estrangeira relativa a divórcio ou separação judicial.

§ 7.º Salvo o caso de abandono, o domicílio do chefe da família estende-se ao outro cônjuge e aos filhos não emancipados, e o do tutor ou curador aos incapazes sob sua guarda.

•• *Vide* arts. 226, § 5.º, e 227, § 6.º, da CF.

§ 8.º Quando a pessoa não tiver domicílio, considerar-se-á domiciliada no lugar de sua residência ou naquele em que se encontre.

• *Vide* art. 46, § 3.º, do CPC.

Art. 8.º Para qualificar os bens e regular as relações a eles concernentes, aplicar-se-á a lei do país em que estiverem situados.

•• Limites do mar territorial do Brasil: Lei n. 8.617, de 4-1-1993.

§ 1.º Aplicar-se-á a lei do país em que for domiciliado o proprietário, quanto aos bens móveis que ele trouxer ou se destinarem a transporte para outros lugares.

(*) Publicado no *Diário Oficial da União*, de 9-9-1942. Retificado em 8-10-1942 e em 17-6-1943. Entrou em vigor no dia 24-10-1942, por força do disposto no Decreto-lei n. 4.707, de 17-9-1942. A Lei Complementar n. 95, de 26-2-1998, regulamentada pelo Decreto n. 4.176, de 28-3-2002, dispõe sobre a elaboração, a redação, a alteração e a consolidação das leis conforme determina o parágrafo único do art. 59 da Constituição Federal, e estabelece normas para a consolidação dos atos normativos que menciona. *Vide* Decreto n. 9.830, de 10-6-2019, que regulamenta o disposto nos arts. 20 a 30 da LINDB.

§ 2.º O penhor regula-se pela lei do domicílio que tiver a pessoa, em cuja posse se encontre a coisa apenhada.

Art. 9.º Para qualificar e reger as obrigações, aplicar-se-á a lei do país em que se constituírem.

§ 1.º Destinando-se a obrigação a ser executada no Brasil e dependendo de forma essencial, será esta observada, admitidas as peculiaridades da lei estrangeira quanto aos requisitos extrínsecos do ato.

•• O Decreto-lei n. 857, de 11-9-1969, consolida e altera a legislação sobre moeda de pagamento de obrigações exequíveis no Brasil.

§ 2.º A obrigação resultante do contrato reputa-se constituída no lugar em que residir o proponente.

Art. 10. A sucessão por morte ou por ausência obedece à lei do país em que era domiciliado o defunto ou o desaparecido, qualquer que seja a natureza e a situação dos bens.

§ 1.º A sucessão de bens de estrangeiros, situados no País, será regulada pela lei brasileira em benefício do cônjuge ou dos filhos brasileiros, ou de quem os represente, sempre que não lhes seja mais favorável a lei pessoal do *de cujus*.

•• § 1.º com redação determinada pela Lei n. 9.047, de 18-5-1995.
•• *Vide* art. 5.º, XXXI, da CF.
•• O art. 17 do Decreto-lei n. 3.200, de 19-4-1941, determina que à brasileira, casada com estrangeiro sob regime que exclua a comunhão universal, caberá, por morte do marido, o usufruto vitalício de quarta parte dos bens deste, se houver filhos brasileiros do casal ou do marido, e de metade, se não os houver.

§ 2.º A lei do domicílio do herdeiro ou legatário regula a capacidade para suceder.
• *Vide* arts. 23 e 48 do CPC.

Art. 11. As organizações destinadas a fins de interesse coletivo, como as sociedades e as fundações, obedecem à lei do Estado em que se constituírem.
• *Vide* art. 75, § 3.º, do CPC.

§ 1.º Não poderão, entretanto, ter no Brasil filiais, agências ou estabelecimentos antes de serem os atos constitutivos aprovados pelo Governo brasileiro, ficando sujeitas à lei brasileira.

•• Do registro das sociedades no CC: arts. 1.150 a 1.154.
•• Das sociedades estrangeiras no CC: arts. 1.134 a 1.141.
•• *Vide* art. 21, parágrafo único, do CPC.
•• O Decreto n. 24.643, de 10-7-1934, institui o Código de Águas.
•• O Decreto-lei n. 2.980, de 24-1-1941, dispõe sobre loterias.
•• O art. 74 do Decreto-lei n. 73, de 21-11-1966, dispõe sobre autorização para funcionamento de sociedades seguradoras.
•• O Decreto-lei n. 227, de 28-2-1967, estabelece o Código de Mineração.
• *Vide* art. 170, parágrafo único, da CF.

§ 2.º Os governos estrangeiros, bem como as organizações de qualquer natureza, que eles tenham constituído, dirijam ou hajam investido de funções públicas, não poderão adquirir no Brasil bens imóveis ou suscetíveis de desapropriação.

§ 3.º Os governos estrangeiros podem adquirir a propriedade dos prédios necessários à sede dos representantes diplomáticos ou dos agentes consulares.
• A Lei n. 4.331, de 1.º-6-1964, dispõe sobre a aquisição, por governos estrangeiros no Distrito Federal, de imóveis necessários a residência dos agentes diplomáticos.

Art. 12. É competente a autoridade judiciária brasileira, quando for o réu domiciliado no Brasil ou aqui tiver de ser cumprida a obrigação.
• *Vide* arts. 21 a 25 do CPC.

§ 1.º Só à autoridade judiciária brasileira compete conhecer das ações relativas a imóveis situados no Brasil.
•• *Vide* art. 23, I, do CPC.

§ 2.º A autoridade judiciária brasileira cumprirá, concedido o *exequatur* e segundo a forma estabelecida pela lei brasileira, as diligências deprecadas por autoridade estrangeira competente, observando a lei desta, quanto ao objeto das diligências.
•• *Vide* arts. 105, I, *i*, e 109, X, da CF.
•• *Vide* arts. 21, 23, 46, § 3.º, 47, *caput* e § 1.º, 256, § 1.º, 268 e 377 do CPC.

Art. 13. A prova dos fatos ocorridos em país estrangeiro rege-se pela lei que nele vigorar, quanto ao ônus e aos meios de produzir-se, não admitindo os tribunais brasileiros provas que a lei brasileira desconheça.
• *Vide* arts. 369 a 380 do CPC.

Art. 14. Não conhecendo a lei estrangeira, poderá o juiz exigir de quem a invoca prova do texto e da vigência.
•• *Vide* art. 376 do CPC.

Art. 15. Será executada no Brasil a sentença proferida no estrangeiro, que reúna os seguintes requisitos:
• *Vide* arts. 268, 960, § 2.º, 961 e 965 do CPC.
• *Vide* Súmula 381 do STF.

a) haver sido proferida por juiz competente;
b) terem sido as partes citadas ou haver-se legalmente verificado a revelia;
c) ter passado em julgado e estar revestida das formalidades necessárias para a execução no lugar em que foi proferida;
d) estar traduzida por intérprete autorizado;
e) ter sido homologada pelo Supremo Tribunal Federal.
•• Com o advento da Emenda Constitucional n. 45, de 8-12-2004, que alterou o art. 105, I, *i*, da CF, a competência para homologar sentenças estrangeiras passou a ser do STJ.
• *Vide* arts. 960, § 2.º, e 961 do CPC.

Parágrafo único. (*Revogado pela Lei n. 12.036, de 1.º-10-2009.*)

Art. 16. Quando, nos termos dos artigos precedentes, se houver de aplicar a lei estrangeira, ter-se-á em vista a disposição desta, sem considerar-se qualquer remissão por ela feita a outra lei.

Art. 17. As leis, atos e sentenças de outro país, bem como quaisquer declarações de vontade, não terão eficácia no Brasil, quando ofenderem a soberania nacional, a ordem pública e os bons costumes.

Art. 18. Tratando-se de brasileiros, são competentes as autoridades consulares brasileiras para lhes celebrar o casamento e os mais atos de Registro Civil e de tabelionato, inclusive o registro de nascimento e de óbito dos filhos de brasileiro ou brasileira nascidos no país da sede do Consulado.
•• *Caput* com redação determinada pela Lei n. 3.238, de 1.º-8-1957.
•• *Vide* art. 12, I, *c*, da CF.
•• *Vide* art. 32 da LRP.

§ 1.º As autoridades consulares brasileiras também poderão celebrar a separação consensual e o divórcio consensual de brasileiros, não havendo filhos menores ou incapazes do casal e observados os requisitos legais quanto aos prazos, devendo constar da respectiva escritura pública as disposições relativas à descrição e à partilha dos bens comuns e à pensão alimentícia e, ainda, ao acordo quanto à retomada pelo cônjuge de seu nome de solteiro ou à manutenção do nome adotado quando se deu o casamento.
•• § 1.º acrescentado pela Lei n. 12.874, de 29-10-2013.

§ 2.º É indispensável a assistência de advogado, devidamente constituído, que se dará mediante a subscrição de petição, juntamente com ambas as partes, ou com apenas uma delas, caso a outra constitua advogado próprio, não se fazendo necessário que a assinatura do advogado conste da escritura pública.
•• § 2.º acrescentado pela Lei n. 12.874, de 29-10-2013.

Art. 19. Reputam-se válidos todos os atos indicados no artigo anterior e celebrados pelos cônsules brasileiros na vigência do Decreto-lei n. 4.657, de 4 de setembro de 1942, desde que satisfaçam todos os requisitos legais.
•• *Caput* acrescentado pela Lei n. 3.238, de 1.º-8-1957.

Parágrafo único. No caso em que a celebração desses atos tiver sido recusada pelas autoridades consulares, com fundamento no art. 18 do mesmo Decreto-lei, ao interessado é facultado renovar o pedido dentre em 90 (noventa) dias contados da data da publicação desta Lei.
•• Parágrafo único acrescentado pela Lei n. 3.238, de 1.º-8-1957.

Art. 20. Nas esferas administrativa, controladora e judicial, não se decidirá com base em valores jurídicos abstratos sem que sejam consideradas as consequências práticas da decisão.
•• *Caput* acrescentado pela Lei n. 13.655, de 25-4-2018.
•• Artigo regulamentado pelo Decreto n. 9.830, de 10-6-2019.
•• *Vide* art. 3.º do Decreto n. 9.830, de 10-6-2019.

Parágrafo único. A motivação demonstrará a necessidade e a adequação da medida imposta ou da invalidação de ato, contrato, ajuste, processo ou norma administrativa, inclusive em face das possíveis alternativas.

•• Parágrafo único acrescentado pela Lei n. 13.655, de 25-4-2018.

Art. 21. A decisão que, nas esferas administrativa, controladora ou judicial, decretar a invalidação de ato, contrato, ajuste, processo ou norma administrativa deverá indicar de modo expresso suas consequências jurídicas e administrativas.

•• *Caput* acrescentado pela Lei n. 13.655, de 25-4-2018.
•• Artigo regulamentado pelo Decreto n. 9.830, de 10-6-2019.

Parágrafo único. A decisão a que se refere o *caput* deste artigo deverá, quando for o caso, indicar as condições para que a regularização ocorra de modo proporcional e equânime e sem prejuízo aos interesses gerais, não se podendo impor aos sujeitos atingidos ônus ou perdas que, em função das peculiaridades do caso, sejam anormais ou excessivos.

•• Parágrafo único acrescentado pela Lei n. 13.655, de 25-4-2018.

Art. 22. Na interpretação de normas sobre gestão pública, serão considerados os obstáculos e as dificuldades reais do gestor e as exigências das políticas públicas a seu cargo, sem prejuízo dos direitos dos administrados.

•• *Caput* acrescentado pela Lei n. 13.655, de 25-4-2018.
•• Artigo regulamentado pelo Decreto n. 9.830, de 10-6-2019.

§ 1.º Em decisão sobre regularidade de conduta ou validade de ato, contrato, ajuste, processo ou norma administrativa, serão consideradas as circunstâncias práticas que houverem imposto, limitado ou condicionado a ação do agente.

•• § 1.º acrescentado pela Lei n. 13.655, de 25-4-2018.

§ 2.º Na aplicação de sanções, serão consideradas a natureza e a gravidade da infração cometida, os danos que dela provierem para a administração pública, as circunstâncias agravantes ou atenuantes e os antecedentes do agente.

•• § 2.º acrescentado pela Lei n. 13.655, de 25-4-2018.

§ 3.º As sanções aplicadas ao agente serão levadas em conta na dosimetria das demais sanções de mesma natureza e relativas ao mesmo fato.

•• § 3.º acrescentado pela Lei n. 13.655, de 25-4-2018.

Art. 23. A decisão administrativa, controladora ou judicial que estabelecer interpretação ou orientação nova sobre norma de conteúdo indeterminado, impondo novo dever ou novo condicionamento de direito, deverá prever regime de transição quando indispensável para que o novo dever ou condicionamento de direito seja cumprido de modo proporcional, equânime e eficiente e sem prejuízo aos interesses gerais.

•• *Caput* acrescentado pela Lei n. 13.655, de 25-4-2018.
•• Artigo regulamentado pelo Decreto n. 9.830, de 10-6-2019.

Parágrafo único. (*Vetado.*)

•• Parágrafo único acrescentado pela Lei n. 13.655, de 25-4-2018.

Art. 24. A revisão, nas esferas administrativa, controladora ou judicial, quanto à validade de ato, contrato, ajuste, processo ou norma administrativa cuja produção já se houver completado levará em conta as orientações gerais da época, sendo vedado que, com base em mudança posterior de orientação geral, se declarem inválidas situações plenamente constituídas.

•• *Caput* acrescentado pela Lei n. 13.655, de 25-4-2018.
•• Artigo regulamentado pelo Decreto n. 9.830, de 10-6-2019.

Parágrafo único. Consideram-se orientações gerais as interpretações e especificações contidas em atos públicos de caráter geral ou em jurisprudência judicial ou administrativa majoritária, e ainda as adotadas por prática administrativa reiterada e de amplo conhecimento público.

•• Parágrafo único acrescentado pela Lei n. 13.655, de 25-4-2018.

Art. 25. (*Vetado.*)

•• Artigo acrescentado pela Lei n. 13.655, de 25-4-2018.

Art. 26. Para eliminar irregularidade, incerteza jurídica ou situação contenciosa na aplicação do direito público, inclusive no caso de expedição de licença, a autoridade administrativa poderá, após oitiva do órgão jurídico e, quando for o caso, após realização de consulta pública, e presentes razões de relevante interesse geral, celebrar compromisso com os interessados, observada a legislação aplicável, o qual só produzirá efeitos a partir de sua publicação oficial.

•• *Caput* acrescentado pela Lei n. 13.655, de 25-4-2018.
•• Artigo regulamentado pelo Decreto n. 9.830, de 10-6-2019.

§ 1.º O compromisso referido no *caput* deste artigo:

•• § 1.º acrescentado pela Lei n. 13.655, de 25-4-2018.

I – buscará solução jurídica proporcional, equânime, eficiente e compatível com os interesses gerais;

•• Inciso I acrescentado pela Lei n. 13.655, de 25-4-2018.

II – (*Vetado.*)

•• Inciso II acrescentado pela Lei n. 13.655, de 25-4-2018.

III – não poderá conferir desoneração permanente de dever ou condicionamento de direito reconhecidos por orientação geral;

•• Inciso III acrescentado pela Lei n. 13.655, de 25-4-2018.

IV – deverá prever com clareza as obrigações das partes, o prazo para seu cumprimento e as sanções aplicáveis em caso de descumprimento.

•• Inciso IV acrescentado pela Lei n. 13.655, de 25-4-2018.

§ 2.º (*Vetado.*)

•• § 2.º acrescentado pela Lei n. 13.655, de 25-4-2018.

Art. 27. A decisão do processo, nas esferas administrativa, controladora ou judicial, poderá impor compensação por benefícios indevidos ou prejuízos anormais ou injustos resultantes do processo ou da conduta dos envolvidos.

•• *Caput* acrescentado pela Lei n. 13.655, de 25-4-2018.
•• Artigo regulamentado pelo Decreto n. 9.830, de 10-6-2019.

§ 1.º A decisão sobre a compensação será motivada, ouvidas previamente as partes sobre seu cabimento, sua forma e, se for o caso, seu valor.

•• § 1.º acrescentado pela Lei n. 13.655, de 25-4-2018.

§ 2.º Para prevenir ou regular a compensação, poderá ser celebrado compromisso processual entre os envolvidos.

•• § 2.º acrescentado pela Lei n. 13.655, de 25-4-2018.

Art. 28. O agente público responderá pessoalmente por suas decisões ou opiniões técnicas em caso de dolo ou erro grosseiro.

•• *Caput* acrescentado pela Lei n. 13.655, de 25-4-2018.
•• Artigo regulamentado pelo Decreto n. 9.830, de 10-6-2019.
•• *Vide* arts. 12 a 17 do Decreto n. 9.830, de 10-6-2019.
•• O STF, nas ADIs n. 6.421 e 6.428, nas sessões virtuais de 1.º-3-2024 a 8-3-2024 (*DOU* de 14-3-2024), por unanimidade, julgou improcedidas as ações quanto à Medida Provisória n. 966/20 e, no mérito, julgou improcedente o pedido de declaração de inconstitucionalidade do art. 28 da LINDB e dos arts. 12 e 14 do Decreto n. 9.830/19. Foi fixada a seguinte tese de julgamento: "1. Compete ao legislador ordinário dimensionar o conceito de culpa previsto no art. 37, § 6.º, da CF, respeitado o princípio da proporcionalidade, em especial na sua vertente de vedação à proteção insuficiente; 2. Estão abrangidas pela ideia de erro grosseiro as noções de imprudência, negligência e imperícia, quando efetivamente graves".

§§ 1.º a 3.º (*Vetados.*)

•• §§ 1.º a 3.º acrescentados pela Lei n. 13.655, de 25-4-2018.

Art. 29. Em qualquer órgão ou Poder, a edição de atos normativos por autoridade administrativa, salvo os de mera organização interna, poderá ser precedida de consulta pública para manifestação de interessados, preferencialmente por meio eletrônico, a qual será considerada na decisão.

•• *Caput* acrescentado pela Lei n. 13.655, de 25-4-2018.
•• Artigo regulamentado pelo Decreto n. 9.830, de 10-6-2019.

§ 1.º A convocação conterá a minuta do ato normativo e fixará o prazo e demais condições da consulta pública, observadas as normas legais e regulamentares específicas, se houver.

•• § 1.º acrescentado pela Lei n. 13.655, de 25-4-2018.

§ 2.º (Vetado.)
•• § 2.º acrescentado pela Lei n. 13.655, de 25-4-2018.

Art. 30. As autoridades públicas devem atuar para aumentar a segurança jurídica na aplicação das normas, inclusive por meio de regulamentos, súmulas administrativas e respostas a consultas.
•• *Caput* acrescentado pela Lei n. 13.655, de 25-4-2018.
•• Artigo regulamentado pelo Decreto n. 9.830, de 10-6-2019.
•• *Vide* arts. 18 e 19 do Decreto n. 9.830, de 10-6-2019.

Parágrafo único. Os instrumentos previstos no *caput* deste artigo terão caráter vinculante em relação ao órgão ou entidade a que se destinam, até ulterior revisão.
•• Parágrafo único acrescentado pela Lei n. 13.655, de 25-4-2018.

Rio de Janeiro, 4 de setembro de 1942; 121.º da Independência e 54.º da República.

GETÚLIO VARGAS

LEI N. 810, DE 6 DE SETEMBRO DE 1949 (*)

Define o ano civil.

O Presidente da República.
Faço saber que o Congresso Nacional decreta e eu sanciono a seguinte Lei:

Art. 1.º Considera-se ano o período de 12 (doze) meses contado do dia do início ao dia e mês correspondentes do ano seguinte.

Art. 2.º Considera-se mês o período de tempo contado do dia do início ao dia correspondente do mês seguinte.

Art. 3.º Quando no ano ou mês do vencimento não houver o dia correspondente ao do início do prazo, este findará no primeiro dia subsequente.

Art. 4.º Revogam-se as disposições em contrário.

Rio de Janeiro, 6 de setembro de 1949; 128.º da Independência e 61.º da República.

EURICO G. DUTRA

LEI N. 1.408, DE 9 DE AGOSTO DE 1951 (**)

Prorroga vencimentos de prazos judiciais e dá outras providências.

O Presidente da República.
Faço saber que o Congresso Nacional decreta e eu sanciono a seguinte Lei:

Art. 1.º Sempre que, por motivo de ordem pública, se fizer necessário o fechamento do Foro, de edifícios anexos ou de quaisquer dependências do serviço judiciário ou o respectivo expediente tiver de ser encerrado antes da hora legal, observar-se-á o seguinte:
a) os prazos serão restituídos aos interessados na medida em que houverem sido atingidos pela providência tomada;
b) as audiências, que ficarem prejudicadas, serão realizadas em outro dia mediante designação da autoridade competente.

Art. 2.º O fechamento extraordinário do Foro e dos edifícios anexos e as demais medidas, a que se refere o art. 1.º, poderão ser determinados pelo presidente dos Tribunais de Justiça, nas comarcas onde esses tribunais tiverem a sede e pelos juízes de direito nas respectivas comarcas.

Art. 3.º Os prazos judiciais que se iniciarem ou vencerem aos sábados, serão prorrogados por um dia útil.
•• Artigo com redação determinada pela Lei n. 4.674, de 15-6-1965.

Art. 4.º Se o jornal, que divulgar o expediente oficial do Foro, se publicar à tarde, serão dilatados de 1 (um) dia os prazos que devam correr de sua inserção nessa folha e feitas, na véspera da realização do ato oficial, as publicações que devam ser efetuadas no dia fixado para esse ato.

Art. 5.º Não haverá expediente do Foro e nos ofícios de justiça, no "Dia da Justiça", nos feriados nacionais, na terça-feira de Carnaval, na Sexta-feira Santa, e nos dias que a lei estadual designar.

Parágrafo único. Os casamentos e atos de registro civil serão realizados em qualquer dia.

Art. 6.º Esta Lei entrará em vigor na data de sua publicação, revogadas as disposições em contrário.

Rio de Janeiro, 9 de agosto de 1951; 130.º da Independência e 63.º da República.

GETÚLIO VARGAS

LEI N. 4.320, DE 17 DE MARÇO DE 1964 (***)

Estatui normas gerais de direito financeiro para elaboração e controle dos orçamentos e balanços da União, dos Estados, dos Municípios e do Distrito Federal.

DISPOSIÇÃO PRELIMINAR

Art. 1.º Esta Lei estatui normas gerais de direito financeiro para elaboração e controle dos orçamentos e balanços da União, dos Estados, dos Municípios e do Distrito Federal, de acordo com o disposto no art. 5.º, XV, *b*, da Constituição Federal.
•• Refere-se à CF de 1946. *Vide* arts. 24, I e II, 30, II, 165, §§ 5.º e 9.º, e 168 da CF.

(*) Publicada no *Diário Oficial da União*, de 16-9-1949.
(**) Publicada no *Diário Oficial da União*, de 13-8-1951.
(***) Publicada no *Diário Oficial da União*, de 23-3-1964. As partes vetadas pelo Presidente da República e mantidas pelo Congresso Nacional foram publicadas no *Diário Oficial da União*, de 5-5-1964. Os anexos aqui mencionados sofreram sucessivas alterações por atos administrativos. Optamos por não mantê-los na presente edição.

TÍTULO I
DA LEI DE ORÇAMENTO

Capítulo I
DISPOSIÇÕES GERAIS

Art. 2.º A Lei de Orçamento conterá a discriminação da receita e despesa de forma a evidenciar a política econômico-financeira e o programa de trabalho do Governo, obedecidos os princípios de unidade, universalidade e anualidade.
•• *Vide* art. 165, §§ 5.º a 8.º, da CF.

§ 1.º Integrarão a Lei de Orçamento:
I – sumário geral da receita por fontes e da despesa por funções do Governo;
II – quadro demonstrativo da receita e despesa segundo as categorias econômicas, na forma do Anexo n. 1;
III – quadro discriminativo da receita por fontes e respectiva legislação;
IV – quadro das dotações por órgãos do Governo e da Administração.

§ 2.º Acompanharão a Lei de Orçamento:
I – quadros demonstrativos da receita e planos de aplicação dos fundos especiais;
II – quadros demonstrativos da despesa, na forma dos Anexos ns. 6 e 9;
III – quadro demonstrativo do programa anual de trabalho do Governo, em termos de realização de obras e de prestação de serviços.

Art. 3.º A Lei de Orçamento compreenderá todas as receitas, inclusive as de operações de crédito autorizadas em lei.
•• *Vide* arts. 167, III, e 165, § 8.º, da CF.

Parágrafo único. Não se consideram para os fins deste artigo as operações de crédito por antecipação da receita, as emissões de papel-moeda e outras entradas compensatórias no ativo e passivo financeiros.
•• Este parágrafo único foi vetado pelo Presidente e mantido pelo Congresso Nacional.

Art. 4.º A Lei de Orçamento compreenderá todas as despesas próprias dos órgãos do Governo e da Administração centralizada, ou que, por intermédio deles se devam realizar, observado o disposto no art. 2.º.
•• *Vide* art. 165, § 5.º, da CF.

Art. 5.º A Lei de Orçamento não consignará dotações globais destinadas a atender indiferentemente a despesas de pessoal, material, serviços de terceiros, transferências ou quaisquer outras, ressalvado o disposto no art. 20 e seu parágrafo único.

Art. 6.º Todas as receitas e despesas constarão da Lei de Orçamento pelos seus totais, vedadas quaisquer deduções.

§ 1.º As cotas de receitas que uma entidade pública deva transferir a outra incluir-se-ão, como despesa, no orçamento da entidade obrigada à transferência e, como receita, no orçamento da que as deva receber.

§ 2.º Para cumprimento do disposto no parágrafo anterior, o cálculo das cotas terá por base os dados apurados no balanço do exer-

cício anterior àquele em que se elaborar a proposta orçamentária do Governo obrigado à transferência.
•• Este § 2.º foi vetado pelo Presidente e mantido pelo Congresso Nacional.

Art. 7.º A Lei de Orçamento poderá conter autorização ao Executivo para:
•• Vide arts. 165, § 8.º, e 167, III, da CF.

I – abrir créditos suplementares até determinada importância, obedecidas as disposições do art. 43;
•• A expressão "obedecidas as disposições do art. 43" foi vetada pelo Presidente e mantida pelo Congresso Nacional.

II – realizar, em qualquer mês do exercício financeiro, operações de crédito por antecipação da receita, para atender a insuficiências de caixa.

§ 1.º Em casos de *deficit*, a Lei de Orçamento indicará as fontes de recursos que o Poder Executivo fica autorizado a utilizar para atender a sua cobertura.

§ 2.º O produto estimado de operações de crédito e de alienação de bens imóveis somente se incluirá na receita quando umas e outras forem especificamente autorizadas pelo Poder Legislativo em forma que juridicamente possibilite ao Poder Executivo realizá-las no exercício.

§ 3.º A autorização legislativa a que se refere o parágrafo anterior, no tocante a operações de crédito, poderá constar da própria Lei de Orçamento.

Art. 8.º A discriminação da receita geral e da despesa de cada órgão do Governo ou unidade administrativa, a que se refere o art. 2.º, § 1.º, III e IV, obedecerá a forma do Anexo n. 2.

§ 1.º Os itens da discriminação da receita e da despesa, mencionados nos arts. 11, § 4.º, e 13, serão identificados por números de código decimal, na forma dos Anexos ns. 3 e 4.

§ 2.º Completarão os números do código decimal referido no parágrafo anterior os algarismos caracterizadores da classificação funcional da despesa conforme estabelece o Anexo n. 5.

§ 3.º O código geral estabelecido nesta Lei não prejudicará a adoção de códigos locais.

Capítulo II
DA RECEITA

Art. 9.º Tributo é a receita derivada, instituída pelas entidades de direito público, compreendendo os impostos, as taxas e contribuições, nos termos da Constituição e das leis vigentes em matéria financeira, destinando-se o seu produto ao custeio de atividades gerais ou específicas exercidas por essas entidades.
•• Este artigo foi vetado pelo Presidente e mantido pelo Congresso Nacional.
•• Vide art. 167, IV, da CF.

Art. 10. (Vetado.)

Art. 11. A receita classificar-se-á nas seguintes categorias econômicas: Receitas Correntes e Receitas de Capital.

•• *Caput* com redação determinada pelo Decreto-lei n. 1.939, de 20-5-1982.

§ 1.º São Receitas Correntes as receitas tributária, de contribuições, patrimonial, agropecuária, industrial, de serviços e outras e, ainda, as provenientes de recursos financeiros recebidos de outras pessoas de direito público ou privado, quando destinadas a atender despesas classificáveis em Despesas Correntes.
•• § 1.º com redação determinada pelo Decreto-lei n. 1.939, de 20-5-1982.

§ 2.º São Receitas de Capital as provenientes da realização de recursos financeiros oriundos de constituição de dívidas; da conversão, em espécie, de bens e direitos; os recursos recebidos de outras pessoas de direito público ou privado, destinados a atender despesas classificáveis em Despesas de Capital e, ainda, o superávit do Orçamento Corrente.
•• § 2.º com redação determinada pelo Decreto-lei n. 1.939, de 20-5-1982.

§ 3.º O superávit do Orçamento Corrente resultante do balanceamento dos totais das receitas e despesas correntes, apurado na demonstração a que se refere o Anexo n. 1, não constituirá item de receita orçamentária.
•• § 3.º com redação determinada pelo Decreto-lei n. 1.939, de 20-5-1982.

§ 4.º A classificação da receita obedecerá ao seguinte esquema:
Receitas Correntes:
   Receita Tributária:
      Impostos;
      Taxas;
      Contribuições de Melhoria;
   Receita de Contribuições;
   Receita Patrimonial;
   Receita Agropecuária;
   Receita Industrial;
   Receita de Serviços;
   Transferências Correntes.
Receitas de Capital:
   Operações de Crédito;
   Alienação de Bens;
   Amortização de Empréstimos;
   Transferências de Capital;
   Outras Receitas de Capital.
•• § 4.º com redação determinada pelo Decreto-lei n. 1.939, de 20-5-1982.
•• Diz o art. 2.º do Decreto-lei n. 1.939, de 20-5-1982, referindo-se às novas disposições do art. 11, §§ 1.º a 4.º, desta Lei: "As disposições deste Decreto-lei serão aplicadas aos Orçamentos e Balanços a partir do exercício de 1983, inclusive, revogadas as disposições em contrário".

Capítulo III
DA DESPESA

Art. 12. A despesa será classificada nas seguintes categorias econômicas:
•• Vide art. 67 desta Lei.

DESPESAS CORRENTES
Despesas de Custeio.
Transferências Correntes.

DESPESAS DE CAPITAL
Investimentos.
Inversões Financeiras.
Transferências de Capital.

§ 1.º Classificam-se como Despesas de Custeio as dotações para manutenção de serviços anteriormente criados, inclusive as destinadas a atender a obras de conservação e adaptação de bens imóveis.

§ 2.º Classificam-se como Transferências Correntes as dotações para despesas às quais não corresponda contraprestação direta em bens ou serviços, inclusive para contribuições e subvenções destinadas a atender à manifestação de outras entidades de direito público ou privado.
•• Vide arts. 157 a 162 da CF.

§ 3.º Consideram-se subvenções, para os efeitos desta Lei, as transferências destinadas a cobrir despesas de custeio das entidades beneficiadas, distinguindo-se como:
•• Vide Súmula 666 do STJ.

I – subvenções sociais, as que se destinem a instituições públicas ou privadas de caráter assistencial ou cultural, sem finalidade lucrativa;

II – subvenções econômicas, as que se destinem a empresas públicas ou privadas de caráter industrial, comercial, agrícola ou pastoril.

§ 4.º Classificam-se como investimentos as dotações para o planejamento e a execução de obras, inclusive as destinadas à aquisição de imóveis considerados necessários à realização destas últimas, bem como para os programas especiais de trabalho, aquisição de instalações, equipamentos e material permanente e constituição ou aumento do capital de empresas que não sejam de caráter comercial ou financeiro.

§ 5.º Classificam-se como Inversões Financeiras as dotações destinadas a:

I – aquisição de imóveis, ou de bens de capital já em utilização;

II – aquisição de títulos representativos do capital de empresas ou entidades de qualquer espécie, já constituídas, quando a operação não importe aumento do capital;

III – constituição ou aumento do capital de entidades ou empresas que visem a objetivos comerciais ou financeiros, inclusive operações bancárias ou de seguros.

§ 6.º São Transferências de Capital as dotações para investimentos ou inversões financeiras que outras pessoas de direito público ou privado devam realizar, independentemente de contraprestação direta em bens ou serviços, constituindo essas transferências auxílios ou contribuições, segundo derivem diretamente da Lei de Orçamento ou de lei especialmente anterior, bem como as dotações para amortização da dívida pública.

Art. 13. Observadas as categorias econômicas do art. 12, a discriminação ou especificação da despesa por elementos, em cada unidade administrativa ou órgão de governo, obedecerá ao seguinte esquema:

DESPESAS CORRENTES

Despesas de Custeio

Pessoal Civil.
Pessoal Militar.
Material de Consumo.
Serviços de Terceiros.
Encargos Diversos.

Transferências Correntes

Subvenções Sociais.
Subvenções Econômicas.
Inativos.
Pensionistas.
Salário-Família e Abono Familiar.
Juros da Dívida Pública.
Contribuições de Previdência Social.
Diversas Transferências Correntes.

DESPESAS DE CAPITAL

Investimentos

Obras Públicas.
Serviços em Regime de Programação Especial.
Equipamentos e Instalações.
Material Permanente.
Participação em Constituição ou Aumento de Capital de Empresas ou Entidades Industriais ou Agrícolas.

Inversões Financeiras

Aquisição de Imóveis.
Participação em Constituição ou Aumento de Capital de Empresas ou Entidades Comerciais ou Financeiras.
Aquisição de Títulos Representativos de Capital de Empresa em Funcionamento.
Constituição de Fundos Rotativos.
Concessão de Empréstimos.
Diversas Inversões Financeiras.

Transferência de Capital

Amortização da Dívida Pública.
Auxílios para Obras Públicas.
Auxílios para Equipamentos e Instalações.
Auxílios para Inversões Financeiras.
Outras Contribuições.

Art. 14. Constitui unidade orçamentária o agrupamento de serviços subordinados ao mesmo órgão ou repartição a que serão consignadas dotações próprias.

•• A expressão "subordinados ao mesmo órgão ou repartição" foi vetada pelo Presidente e mantida pelo Congresso Nacional.

Parágrafo único. Em casos excepcionais, serão consignadas dotações a unidades administrativas subordinadas ao mesmo órgão.

Art. 15. Na Lei de Orçamento a discriminação da despesa far-se-á, no mínimo, por elementos.

•• A expressão "no mínimo" foi vetada pelo Presidente e mantida pelo Congresso Nacional.

§ 1.º Entende-se por elementos o desdobramento da despesa com pessoal, material, serviços, obras e outros meios de que se serve a administração pública para consecução dos seus fins.

•• Este § 1.º foi vetado pelo Presidente e mantido pelo Congresso Nacional.

§ 2.º Para efeito de classificação da despesa, considera-se material permanente o de duração superior a 2 (dois) anos.

Seção I
Das Despesas Correntes

Subseção Única
Das transferências correntes

I) Das Subvenções Sociais

Art. 16. Fundamentalmente e nos limites das possibilidades financeiras a concessão de subvenções sociais visará a prestação de serviços essenciais de assistência social, médica e educacional, sempre que a suplementação de recursos de origem privada aplicados a esses objetivos revelar-se mais econômica.

Parágrafo único. O valor das subvenções, sempre que possível, será calculado com base em unidades de serviços efetivamente prestados ou postos à disposição dos interessados, obedecidos os padrões mínimos de eficiência previamente fixados.

Art. 17. Somente à instituição cujas condições de funcionamento forem julgadas satisfatórias pelos órgãos oficiais de fiscalização serão concedidas subvenções.

II) Das Subvenções Econômicas

Art. 18. A cobertura dos *deficits* de manutenção das empresas públicas, de natureza autárquica ou não, far-se-á mediante subvenções econômicas expressamente incluídas nas despesas correntes do orçamento da União, do Estado, do Município ou do Distrito Federal.

Parágrafo único. Consideram-se, igualmente, como subvenções econômicas:

a) as dotações destinadas a cobrir a diferença entre os preços de mercado e os preços de revenda, pelo Governo, de gêneros alimentícios ou outros materiais;

b) as dotações destinadas ao pagamento de bonificações a produtores de determinados gêneros ou materiais.

Art. 19. A Lei de Orçamento não consignará ajuda financeira, a qualquer título, a empresa de fins lucrativos, salvo quando se tratar de subvenções cuja concessão tenha sido expressamente autorizada em lei especial.

Seção II
Das Despesas de Capital

Subseção I
Dos investimentos

Art. 20. Os investimentos serão discriminados na Lei de Orçamento segundo os projetos de obras e de outras aplicações.

Parágrafo único. Os programas especiais de trabalho que, por sua natureza, não possam cumprir-se subordinadamente às normas gerais de execução da despesa poderão ser custeados por dotações globais, classificadas entre as Despesas de Capital.

Subseção II
Das transferências de capital

Art. 21. A Lei de Orçamento não consignará auxílio para investimentos que se devam incorporar ao patrimônio das empresas privadas de fins lucrativos.

Parágrafo único. O disposto neste artigo aplica-se às transferências de capital à conta de fundos especiais ou dotações sob regime excepcional de aplicação.

TÍTULO II
DA PROPOSTA ORÇAMENTÁRIA

Capítulo I
CONTEÚDO E FORMA DA PROPOSTA ORÇAMENTÁRIA

Art. 22. A proposta orçamentária que o Poder Executivo encaminhará ao Poder Legislativo, nos prazos estabelecidos nas Constituições e nas Leis Orgânicas dos Municípios, compor-se-á de:

•• *Vide* art. 165 da CF.

I – mensagem, que conterá: exposição circunstanciada da situação econômico-financeira, documentada com demonstração da dívida fundada e flutuante, saldos de créditos especiais, restos a pagar e outros compromissos financeiros exigíveis; exposição e justificação da política econômico-financeira do Governo; justificação da receita e despesa, particularmente no tocante ao orçamento de capital;

II – projeto de Lei de Orçamento;

III – tabelas explicativas, das quais, além das estimativas de receita e despesa, constarão, em colunas distintas e para fins de comparação:

a) a receita arrecadada nos três últimos exercícios anteriores àquele em que se elaborou a proposta;

b) a receita prevista para o exercício em que se elabora a proposta;

c) a receita prevista para o exercício a que se refere a proposta;

d) a despesa realizada no exercício imediatamente anterior;

e) a despesa fixada para o exercício em que se elabora a proposta; e

f) a despesa prevista para o exercício a que se refere a proposta;

IV – especificação dos programas especiais de trabalho custeados por dotações globais, em termos de metas visadas, decompostas em estimativa do custo das obras a realizar e dos serviços a prestar, acompanhadas de justificação econômica, financeira, social e administrativa.

Parágrafo único. Constará da proposta orçamentária, para cada unidade administrativa, descrição sucinta de suas principais finalidades, com indicação da respectiva legislação.

Capítulo II
DA ELABORAÇÃO DA PROPOSTA ORÇAMENTÁRIA

Seção I
Das Previsões Plurianuais

Art. 23. As receitas e despesas de capital serão objeto de um Quadro de Recursos e de Aplicação de Capital, aprovado por decreto do Poder Executivo, abrangendo, no mínimo, um triênio.
•• *Vide* arts. 165 e 167 da CF.

Parágrafo único. O Quadro de Recursos e de Aplicação de Capital será anualmente reajustado acrescentando-se-lhe as previsões de mais um ano, de modo a assegurar a projeção contínua dos períodos.

Art. 24. O Quadro de Recursos e de Aplicação de Capital abrangerá:

I – as despesas e, como couber, também as receitas previstas em planos especiais aprovados em lei e destinados a atender a regiões ou a setores da administração ou da economia;

II – as despesas à conta de fundos especiais e, como couber, as receitas que os constituam;

III – em anexos, as despesas de capital das entidades referidas no Título X desta Lei, com indicação das respectivas receitas, para as quais forem previstas transferências de capital.

Art. 25. Os programas constantes do Quadro de Recursos e de Aplicação de Capital sempre que possível serão correlacionados a metas objetivas em termos de realização de obras e de prestação de serviços.

Parágrafo único. Consideram-se metas os resultados que se pretendem obter com a realização de cada programa.

Art. 26. A proposta orçamentária conterá o programa anual atualizado dos investimentos, inversões financeiras e transferências previstos no Quadro de Recursos e de Aplicação de Capital.

Seção II
Das Previsões Anuais

Art. 27. As propostas parciais de orçamento guardarão estrita conformidade com a política econômico-financeira, o programa anual de trabalho do Governo e, quando fixado, o limite global máximo para o orçamento de cada unidade administrativa.

Art. 28. As propostas parciais das unidades administrativas, organizadas em formulário próprio, serão acompanhadas de:

I – tabelas explicativas da despesa, sob a forma estabelecida no art. 22, III, *d*, *e* e *f*;

II – justificação pormenorizada de cada dotação solicitada, com a indicação dos atos de aprovação de projetos e orçamentos de obras públicas, para cujo início ou prosseguimento ela se destina.

Art. 29. Caberá aos órgãos de contabilidade ou de arrecadação organizar demonstrações mensais da receita arrecadada, segundo as rubricas, para servirem de base a estimativa da receita na proposta orçamentária.

Parágrafo único. Quando houver órgão central de orçamento, essas demonstrações ser-lhe-ão remetidas mensalmente.

Art. 30. A estimativa da receita terá por base as demonstrações a que se refere o artigo anterior à arrecadação dos três últimos exercícios, pelo menos, bem como as circunstâncias de ordem conjuntural e outras, que possam afetar a produtividade de cada fonte de receita.

Art. 31. As propostas orçamentárias parciais serão revistas e coordenadas na proposta geral, considerando-se a receita estimada e as novas circunstâncias.

Título III
DA ELABORAÇÃO DA LEI DE ORÇAMENTO

Art. 32. Se não receber a proposta orçamentária no prazo fixado nas Constituições ou nas Leis Orgânicas dos Municípios, o Poder Legislativo considerará como proposta a Lei de Orçamento vigente.
•• *Vide* arts. 165, § 9.º, e 166, § 8.º, da CF.
•• *Vide* art. 35, § 2.º, do ADCT.

Art. 33. Não se admitirão emendas ao projeto de Lei de Orçamento que visem a:
•• *Vide* art. 166, § 3.º, III, da CF.

a) alterar a dotação solicitada para despesa de custeio, salvo quando provada, nesse ponto, a inexatidão da proposta;

b) conceder dotação para o início de obra cujo projeto não esteja aprovado pelos órgãos competentes;

c) conceder dotação para instalação ou funcionamento de serviço que não esteja anteriormente criado;

d) conceder dotação superior aos quantitativos previamente fixados em resolução do Poder Legislativo para concessão de auxílios e subvenções.

Título IV
DO EXERCÍCIO FINANCEIRO

•• *Vide* art. 165, § 9.º, I, da CF.

Art. 34. O exercício financeiro coincidirá com o ano civil.

Art. 35. Pertencem ao exercício financeiro:

I – as receitas nele arrecadadas;

II – as despesas nele legalmente empenhadas.

Art. 36. Consideram-se Restos a Pagar as despesas empenhadas mas não pagas até o dia 31 de dezembro, distinguindo-se as processadas das não processadas.
•• O Decreto n. 11.380, de 12-1-2023, dispõe sobre a implementação de ações, no âmbito da administração pública direta do Poder Executivo federal, para avaliação quanto à manutenção de saldo de restos a pagar não processados, com vistas a avaliar a pertinência e a adequação da manutenção de tais saldos.

Parágrafo único. Os empenhos que correm à conta de créditos com vigência plurianual, que não tenham sido liquidados, só serão computados como Restos a Pagar no último ano de vigência do crédito.

Art. 37. As despesas de exercícios encerrados, para as quais o orçamento respectivo consignava crédito próprio, com saldo suficiente para atendê-las, que não se tenham processado na época própria, bem como os Restos a Pagar com prescrição interrompida e os compromissos reconhecidos após o encerramento do exercício correspondente poderão ser pagos à conta de dotação específica consignada no orçamento, discriminada por elementos, obedecida, sempre que possível, a ordem cronológica.

Art. 38. Reverte à dotação a importância de despesa anulada no exercício: quando a anulação ocorrer após o encerramento deste considerar-se-á receita do ano em que se efetivar.

Art. 39. Os créditos da Fazenda Pública, de natureza tributária ou não tributária, serão escriturados como receita do exercício em que forem arrecadados, nas respectivas rubricas orçamentárias.
•• *Caput* com redação determinada pelo Decreto-lei n. 1.735, de 20-12-1979.

§ 1.º Os créditos de que trata este artigo, exigíveis pelo transcurso do prazo para pagamento, serão inscritos, na forma da legislação própria, como Dívida Ativa, em registro próprio, após apurada a sua liquidez e certeza, e a respectiva receita será escriturada a esse título.
•• § 1.º com redação determinada pelo Decreto-lei n. 1.735, de 20-12-1979.
•• A Portaria n. 6.155, de 25-5-2021, da PGFN, dispõe sobre o encaminhamento de créditos para inscrição em dívida ativa da União.

§ 2.º Dívida Ativa Tributária é o crédito da Fazenda Pública dessa natureza, proveniente de obrigação legal relativa a tributos e respectivos adicionais e multas, e Dívida Ativa Não Tributária são os demais créditos da Fazenda Pública, tais como os provenientes de empréstimos compulsórios, contribuições estabelecidas em lei, multas de qualquer origem ou natureza, exceto as tributárias, foros, laudêmios, aluguéis ou taxas de ocupação, custas processuais, preços de serviços prestados por estabelecimentos públicos, indenizações, reposições, restituições, alcances dos responsáveis definitivamente julgados, bem assim os créditos decorrentes de obrigações em moeda estrangeira, de sub-rogação de hipoteca, fiança, aval ou outra garantia, de contratos em geral ou de outras obrigações legais.
•• § 2.º com redação determinada pelo Decreto-lei n. 1.735, de 20-12-1979.

§ 3.º O valor do crédito da Fazenda Nacional em moeda estrangeira será convertido ao correspondente valor na moeda nacional à taxa cambial oficial, para compra, na data da notificação ou intimação do devedor, pela autoridade administrativa, ou, à sua falta, na data da inscrição da Dívida Ativa, incidindo, a partir da conversão, a atualização monetária e os juros de mora, de acordo com preceitos legais pertinentes aos débitos tributários.

•• § 3.º com redação determinada pelo Decreto-lei n. 1.735, de 20-12-1979.

§ 4.º A receita da Dívida Ativa abrange os créditos mencionados nos parágrafos anteriores, bem como os valores correspondentes à respectiva atualização monetária, à multa e juros de mora e ao encargo de que tratam o art. 1.º do Decreto-lei n. 1.025, de 21 de outubro de 1969, e o art. 3.º do Decreto-lei n. 1.645, de 11 de dezembro de 1978.

•• § 4.º com redação determinada pelo Decreto-lei n. 1.735, de 20-12-1979.

§ 5.º A Dívida Ativa da União será apurada e inscrita na Procuradoria da Fazenda Nacional.

•• § 5.º com redação determinada pelo Decreto-lei n. 1.735, de 20-12-1979.

Art. 39-A. A União, o Estado, o Distrito Federal ou o Município poderá ceder onerosamente, nos termos desta Lei e de lei específica que o autorize, direitos originados de créditos tributários e não tributários, inclusive quando inscritos em dívida ativa, a pessoas jurídicas de direito privado ou a fundos de investimento regulamentados pela Comissão de Valores Mobiliários (CVM).

•• *Caput* acrescentado pela Lei Complementar n. 208, de 2-7-2024.
•• A Lei Complementar n. 208, de 2-7-2024, dispõe em seu art. 3.º: "Art. 3.º As cessões de direitos creditórios realizadas pela União, pelos Estados, pelo Distrito Federal e pelos Municípios em data anterior à publicação desta Lei Complementar permanecerão regidas pelas respectivas disposições legais e contratuais específicas vigentes à época de sua realização".

§ 1.º Para fins do disposto no *caput*, a cessão dos direitos creditórios deverá:

•• § 1.º, *caput*, acrescentado pela Lei Complementar n. 208, de 2-7-2024.

I – preservar a natureza do crédito de que se tenha originado o direito cedido, mantendo as garantias e os privilégios desse crédito;

•• Inciso I acrescentado pela Lei Complementar n. 208, de 2-7-2024.

II – manter inalterados os critérios de atualização ou correção de valores e os montantes representados pelo principal, os juros e as multas, assim como as condições de pagamento e as datas de vencimento, os prazos e os demais termos avençados originalmente entre a Fazenda Pública ou o órgão da administração pública e o devedor ou contribuinte;

•• Inciso II acrescentado pela Lei Complementar n. 208, de 2-7-2024.

III – assegurar à Fazenda Pública ou ao órgão da administração pública a prerrogativa de cobrança judicial e extrajudicial dos créditos de que se tenham originado os direitos cedidos;

•• Inciso III acrescentado pela Lei Complementar n. 208, de 2-7-2024.

IV – realizar-se mediante operação definitiva, isentando o cedente de responsabilidade, compromisso ou dívida de que decorra obrigação de pagamento perante o cessionário, de modo que a obrigação de pagamento dos direitos creditórios cedidos permaneça, a todo tempo, com o devedor ou contribuinte;

•• Inciso IV acrescentado pela Lei Complementar n. 208, de 2-7-2024.

V – abranger apenas o direito autônomo ao recebimento do crédito, assim como recair somente sobre o produto de créditos já constituídos e reconhecidos pelo devedor ou contribuinte, inclusive mediante a formalização de parcelamento.

•• Inciso V acrescentado pela Lei Complementar n. 208, de 2-7-2024.

VI – ser autorizada, na forma de lei específica do ente, pelo chefe do Poder Executivo ou por autoridade administrativa a quem se faça a delegação dessa competência;

•• Inciso VI acrescentado pela Lei Complementar n. 208, de 2-7-2024.

VII – realizar-se até 90 (noventa) dias antes da data de encerramento do mandato do chefe do Poder Executivo, ressalvado o caso em que o integral pagamento pela cessão dos direitos creditórios ocorra após essa data.

•• Inciso VII acrescentado pela Lei Complementar n. 208, de 2-7-2024.

§ 2.º A cessão de direitos creditórios preservará a base de cálculo das vinculações constitucionais no exercício financeiro em que o contribuinte efetuar o pagamento.

•• § 2.º acrescentado pela Lei Complementar n. 208, de 2-7-2024.

§ 3.º A cessão de direitos creditórios não poderá abranger percentuais do crédito que, por força de regras constitucionais, pertençam a outros entes da Federação.

•• § 3.º acrescentado pela Lei Complementar n. 208, de 2-7-2024.

§ 4.º As cessões de direitos creditórios realizadas nos termos deste artigo não se enquadram nas definições de que tratam os incisos III e IV do art. 29 e o art. 37 da Lei Complementar n. 101, de 4 de maio de 2000 (Lei de Responsabilidade Fiscal), sendo consideradas operação de venda definitiva de patrimônio público.

•• § 4.º acrescentado pela Lei Complementar n. 208, de 2-7-2024.

§ 5.º As cessões de direitos creditórios tributários são consideradas atividades da administração tributária, não se aplicando a vedação constante do inciso IV do art. 167 da Constituição Federal aos créditos originados de impostos, respeitados os §§ 2.º e 3.º deste artigo.

•• § 5.º acrescentado pela Lei Complementar n. 208, de 2-7-2024.

§ 6.º A receita de capital decorrente da venda de ativos de que trata este artigo observará o disposto no art. 44 da Lei Complementar n. 101, de 4 de maio de 2000 (Lei de Responsabilidade Fiscal), devendo-se destinar pelo menos 50% (cinquenta por cento) desse montante a despesas associadas a regime de previdência social, e o restante, a despesas com investimentos.

•• § 6.º acrescentado pela Lei Complementar n. 208, de 2-7-2024.

§ 7.º A cessão de direitos creditórios de que trata este artigo poderá ser realizada por intermédio de sociedade de propósito específico, criada para esse fim pelo ente cedente, dispensada, nessa hipótese, a licitação.

•• § 7.º acrescentado pela Lei Complementar n. 208, de 2-7-2024.

§ 8.º É vedado a instituição financeira controlada pelo ente federado cedente:

•• § 8.º, *caput*, acrescentado pela Lei Complementar n. 208, de 2-7-2024.

I – participar de operação de aquisição primária dos direitos creditórios desse ente;

•• Inciso I acrescentado pela Lei Complementar n. 208, de 2-7-2024.

II – adquirir ou negociar direitos creditórios desse ente em mercado secundário;

•• Inciso II acrescentado pela Lei Complementar n. 208, de 2-7-2024.

III – realizar operação lastreada ou garantida pelos direitos creditórios desse ente.

•• Inciso III acrescentado pela Lei Complementar n. 208, de 2-7-2024.

§ 9.º O disposto no § 8.º deste artigo não impede a instituição financeira pública de participar da estruturação financeira da operação, atuando como prestadora de serviços.

•• § 9.º acrescentado pela Lei Complementar n. 208, de 2-7-2024.

§ 10. A cessão de direitos creditórios originados de parcelamentos administrativos não inscritos em dívida ativa é limitada ao estoque de créditos existentes até a data de publicação da respectiva lei federal, estadual, distrital ou municipal que conceder a autorização legislativa para a operação.

•• § 10 acrescentado pela Lei Complementar n. 208, de 2-7-2024.

Título V
DOS CRÉDITOS ADICIONAIS

Art. 40. São créditos adicionais as autorizações de despesa não computadas ou insuficientemente dotadas na Lei de Orçamento.

Art. 41. Os créditos adicionais classificam-se em:

I – suplementares, os destinados a reforço de dotação orçamentária;

II – especiais, os destinados a despesas para as quais não haja dotação orçamentária específica;

III – extraordinários, os destinados a despesas urgentes e imprevistas, em caso de guerra, comoção intestina ou calamidade pública.

- *Vide* art. 167, § 3.º, da CF.

Art. 42. Os créditos suplementares e especiais serão autorizados por lei e abertos por decreto executivo.

•• *Vide* arts. 165 a 167 da CF.

Art. 43. A abertura dos créditos suplementares e especiais depende da existência de recursos disponíveis para ocorrer à despesa e será precedida de exposição justificativa.

•• *Vide* art. 167, V, da CF.

•• Este artigo e seus parágrafos foram vetados pelo Presidente e mantidos pelo Congresso Nacional.

§ 1.º Consideram-se recursos para o fim deste artigo, desde que não comprometidos:

I – o *superavit* financeiro apurado em balanço patrimonial do exercício anterior;

II – os provenientes de excesso de arrecadação;

III – os resultantes de anulação parcial ou total de dotações orçamentárias ou de créditos adicionais, autorizados em lei;

IV – o produto de operações de crédito autorizadas, em forma que juridicamente possibilite ao Poder Executivo realizá-las.

§ 2.º Entende-se por *superavit* financeiro a diferença positiva entre o ativo financeiro e o passivo financeiro, conjugando-se, ainda, os saldos dos créditos adicionais transferidos e as operações de crédito a eles vinculadas.

§ 3.º Entende-se por excesso de arrecadação, para os fins deste artigo, o saldo positivo das diferenças acumuladas mês a mês, entre a arrecadação prevista e a realizada, considerando-se, ainda, a tendência do exercício.

§ 4.º Para o fim de apurar os recursos utilizáveis, provenientes de excesso de arrecadação, deduzir-se-á a importância dos créditos extraordinários abertos no exercício.

Art. 44. Os créditos extraordinários serão abertos por decreto do Poder Executivo, que deles dará imediato conhecimento ao Poder Legislativo.

Art. 45. Os créditos adicionais terão vigência adstrita ao exercício financeiro em que forem abertos, salvo expressa disposição legal em contrário, quanto aos especiais e extraordinários.

•• *Vide* art. 167, § 2.º, da CF.

Art. 46. O ato que abrir crédito adicional indicará a importância, a espécie do mesmo e a classificação da despesa, até onde for possível.

TÍTULO VI
DA EXECUÇÃO DO ORÇAMENTO

• *Vide* arts. 8.º a 10 da Lei Complementar n. 101, de 4-5-2000.

Capítulo I
DA PROGRAMAÇÃO DA DESPESA

Art. 47. Imediatamente após a promulgação da Lei de Orçamento e com base nos limites nela fixados, o Poder Executivo aprovará um quadro de cotas trimestrais da despesa que cada unidade orçamentária fica autorizada a utilizar.

•• *Vide* art. 168 da CF.

Art. 48. A fixação das cotas a que se refere o artigo anterior atenderá aos seguintes objetivos:

a) assegurar às unidades orçamentárias, em tempo útil, a soma de recursos necessários e suficientes a melhor execução do seu programa anual de trabalho;

b) manter, durante o exercício, na medida do possível o equilíbrio entre a receita arrecadada e a despesa realizada, de modo a reduzir ao mínimo eventuais insuficiências de tesouraria.

Art. 49. A programação da despesa orçamentária, para efeito do disposto no artigo anterior, levará em conta os créditos adicionais e as operações extraorçamentárias.

Art. 50. As cotas trimestrais poderão ser alteradas durante o exercício, observados o limite da dotação e o comportamento da execução orçamentária.

Capítulo II
DA RECEITA

Art. 51. Nenhum tributo será exigido ou aumentado sem que a lei o estabeleça, nenhum será cobrado em cada exercício sem prévia autorização orçamentária, ressalvados a tarifa aduaneira e o imposto lançado por motivo de guerra.

•• *Vide* art. 150, I e III, *b*, da CF.

Art. 52. São objeto de lançamento os impostos diretos e quaisquer outras rendas com vencimento determinado em lei, regulamento ou contrato.

•• O procedimento administrativo do lançamento hoje é tratado nos arts. 142 a 150 da Lei n. 5.172, de 25-10-1966 (CTN).

Art. 53. O lançamento da receita é ato da repartição competente, que verifica a procedência do crédito fiscal e a pessoa que lhe é devedora e inscreve o débito desta.

•• *Vide* nota ao artigo anterior.

Art. 54. Não será admitida a compensação da observação de recolher rendas ou receitas com direito creditório contra a Fazenda Pública.

• *Vide* Súmulas 213 e 464 do STJ.

Art. 55. Os agentes da arrecadação devem fornecer recibos das importâncias que arrecadarem.

§ 1.º Os recibos devem conter o nome da pessoa que paga a soma arrecadada, proveniência e classificação, bem como a data e assinatura do agente arrecadador.

•• Este § 1.º foi vetado pelo Presidente e mantido pelo Congresso Nacional.

§ 2.º Os recibos serão fornecidos em uma única via.

Art. 56. O recolhimento de todas as receitas far-se-á em estrita observância ao princípio de unidade de tesouraria, vedada qualquer fragmentação para criação de caixas especiais.

Art. 57. Ressalvado o disposto no parágrafo único do art. 3.º desta Lei serão classificadas como receita orçamentária, sob as rubricas próprias, todas as receitas arrecadadas, inclusive as provenientes de operações de crédito, ainda que não previstas no Orçamento.

•• A expressão "Ressalvado o disposto no parágrafo único do art. 3.º desta Lei" foi vetada pelo Presidente e mantida pelo Congresso Nacional.

•• *Vide* art. 150, I e III, *a* e *b*, da CF.

Capítulo III
DA DESPESA

Art. 58. O empenho de despesa é o ato emanado de autoridade competente que cria para o Estado obrigação de pagamento pendente ou não de implemento de condição.

•• A expressão "ou não" foi vetada pelo Presidente e mantida pelo Congresso Nacional.

Art. 59. O empenho da despesa não poderá exceder o limite dos créditos concedidos.

•• *Caput* com redação determinada pela Lei n. 6.397, de 10-12-1976.

§ 1.º Ressalvado o disposto no art. 67 da Constituição Federal, é vedado aos Municípios empenhar, no último mês do mandato do prefeito, mais do que o duodécimo da despesa prevista no Orçamento vigente.

•• § 1.º com redação determinada pela Lei n. 6.397, de 10-12-1976.

•• Refere-se à CF de 1946 (iniciativa das Leis).

§ 2.º Fica, também, vedado aos Municípios, no mesmo período, assumir, por qualquer forma, compromissos financeiros para execução depois do término do mandato do prefeito.

•• § 2.º com redação determinada pela Lei n. 6.397, de 10-12-1976.

§ 3.º As disposições dos parágrafos anteriores não se aplicam nos casos comprovados de calamidade pública.

•• § 3.º com redação determinada pela Lei n. 6.397, de 10-12-1976.

§ 4.º Reputam-se nulos e de nenhum efeito os empenhos e atos praticados em desacordo com o disposto nos §§ 1.º e 2.º deste artigo, sem prejuízo da responsabilidade do prefeito nos termos do art. 1.º, V, do Decreto-lei n. 201, de 27 de fevereiro de 1967.

•• § 4.º com redação determinada pela Lei n. 6.397, de 10-12-1976.

Art. 60. É vedada a realização de despesa sem prévio empenho.

§ 1.º Em casos especiais previstos na legislação específica será dispensada a emissão da nota de empenho.

§ 2.º Será feito por estimativa o empenho da despesa cujo montante não se possa determinar.

§ 3.º É permitido o empenho global de despesas contratuais e outras, sujeitas a parcelamento.

Art. 61. Para cada empenho será extraído um documento denominado "nota de empenho" que indicará o nome do credor, a representação e a importância da despesa, bem como a dedução desta do saldo da dotação própria.

Art. 62. O pagamento da despesa só será efetuado quando ordenado após sua regular liquidação.

Art. 63. A liquidação da despesa consiste na verificação do direito adquirido pelo credor tendo por base os títulos e documentos comprobatórios do respectivo crédito.

§ 1.º Essa verificação tem por fim apurar:

I – a origem e o objeto do que se deve pagar;

II – a importância exata a pagar;

III – a quem se deve pagar a importância, para extinguir a obrigação.

§ 2.º A liquidação da despesa por fornecimentos feitos ou serviços prestados terá por base:

I – o contrato, ajuste ou acordo respectivo;

II – a nota de empenho;

III – os comprovantes da entrega de material ou da prestação efetiva do serviço.

Art. 64. A ordem de pagamento é o despacho exarado por autoridade competente, determinando que a despesa seja paga.

Parágrafo único. A ordem de pagamento só poderá ser exarada em documentos processados pelos serviços de contabilidade.

•• Este parágrafo único foi vetado pelo Presidente e mantido pelo Congresso Nacional.

Art. 65. O pagamento da despesa será efetuado por tesouraria ou pagadoria regularmente instituídos por estabelecimentos bancários credenciados e, em casos excepcionais, por meio de adiantamento.

Art. 66. As dotações atribuídas às diversas unidades orçamentárias poderão quando expressamente determinado na Lei de Orçamento ser movimentadas por órgãos centrais de administração geral.

Parágrafo único. É permitida a redistribuição de parcelas das dotações de pessoal, de uma para outra unidade orçamentária, quando considerada indispensável à movimentação de pessoal dentro das tabelas ou quadros comuns às unidades interessadas, a que se realize em obediência à legislação específica.

•• Vide art. 167, VI, da CF.

Art. 67. Os pagamentos devidos pela Fazenda Pública, em virtude de sentença judiciária, far-se-ão na ordem de apresentação dos precatórios e à conta dos créditos respectivos, sendo proibida a designação de casos ou de pessoas nas dotações orçamentárias e nos créditos adicionais abertos para esse fim.

•• Vide Lei n. 6.830, de 22-9-1980, sobre cobrança judicial da Dívida Ativa da Fazenda Pública.

Art. 68. O regime de adiantamento é aplicável aos casos de despesas expressamente definidos em lei e consiste na entrega de numerário a servidor, sempre precedida de empenho na dotação própria para o fim de realizar despesas que não possam subordinar-se ao processo normal de aplicação.

Art. 69. Não se fará adiantamento a servidor em alcance nem a responsável por dois adiantamentos.

•• A expressão "nem a responsável por dois adiantamentos" foi vetada pelo Presidente e mantida pelo Congresso Nacional.

Art. 70. A aquisição de material, o fornecimento e a adjudicação de obras e serviços serão regulados em lei, respeitado o princípio da concorrência.

Título VII
DOS FUNDOS ESPECIAIS

Art. 71. Constitui fundo especial o produto de receitas especificadas que por lei se vinculam à realização de determinados objetivos ou serviços, facultada a adoção de normas peculiares de aplicação.

•• Vide art. 167, IV, da CF e art. 36 do ADCT.
• A Instrução Normativa n. 2.119, de 6-12-2022, da SRFB, determina a obrigatoriedade de inscrição no Cadastro Nacional da Pessoa Jurídica (CNPJ) dos fundos a que se refere este artigo.

Art. 72. A aplicação das receitas orçamentárias vinculadas a fundos especiais far-se-á através de dotação consignada na Lei de Orçamento ou em créditos adicionais.

Art. 73. Salvo determinação em contrário da lei que o instituiu, o saldo positivo do fundo especial apurado em balanço será transferido para o exercício seguinte, a crédito do mesmo fundo.

Art. 74. A lei que instituir fundo especial poderá determinar normas peculiares de controle, prestação e tomada de contas, sem, de qualquer modo, elidir a competência específica do Tribunal de Contas ou órgão equivalente.

Título VIII
DO CONTROLE DA EXECUÇÃO ORÇAMENTÁRIA

▌Capítulo I
DISPOSIÇÕES GERAIS

Art. 75. O controle da execução orçamentária compreenderá:

I – a legalidade dos atos de que resultem a arrecadação da receita ou a realização da despesa, o nascimento ou a extinção de direitos e obrigações;

II – a fidelidade funcional dos agentes da administração, responsáveis por bens e valores públicos;

III – o cumprimento do programa de trabalho expresso em termos monetários e em termos de realização de obras e prestação de serviços.

▌Capítulo II
DO CONTROLE INTERNO

Art. 76. O Poder Executivo exercerá os três tipos de controle a que se refere o art. 75, sem prejuízo das atribuições do Tribunal de Contas ou órgão equivalente.

Art. 77. A verificação da legalidade dos atos de execução orçamentária será prévia, concomitante e subsequente.

Art. 78. Além da prestação ou tomada de contas anual, quando instituída em lei, ou por fim de gestão, poderá haver, a qualquer tempo, levantamento, prestação ou tomada de contas de todos os responsáveis por bens ou valores públicos.

Art. 79. Ao órgão incumbido da elaboração da proposta orçamentária ou a outro indicado na legislação, caberá o controle estabelecido no inciso III do art. 75.

Parágrafo único. Esse controle far-se-á, quando for o caso, em termos de unidades de medida, previamente estabelecidos para cada atividade.

Art. 80. Compete aos serviços de contabilidade ou órgãos equivalentes verificar a exata observância dos limites das cotas trimestrais atribuídas a cada unidade orçamentária, dentro do sistema que for instituído para esse fim.

▌Capítulo III
DO CONTROLE EXTERNO

Art. 81. O controle da execução orçamentária, pelo Poder Legislativo, terá por objetivo verificar a probidade da administração, a guarda e legal emprego dos dinheiros públicos e o cumprimento da Lei de Orçamento.

Art. 82. O Poder Executivo, anualmente, prestará contas ao Poder Legislativo, no prazo estabelecido nas Constituições ou nas Leis Orgânicas dos Municípios.

§ 1.º As contas do Poder Executivo serão submetidas ao Poder Legislativo, com parecer prévio do Tribunal de Contas ou órgão equivalente.

§ 2.º Ressalvada a competência do Tribunal de Contas ou órgão equivalente, a Câmara de Vereadores poderá designar peritos-contadores para verificarem as contas do prefeito e sobre elas emitirem parecer.

Título IX
DA CONTABILIDADE

▌Capítulo I
DISPOSIÇÕES GERAIS

Art. 83. A contabilidade evidenciará perante a Fazenda Pública a situação de todos quantos, de qualquer modo, arrecadem receitas, efetuem despesas, administrem ou guardem bens a ela pertencentes ou confiados.

Art. 84. Ressalvada a competência do Tribunal de Contas ou órgão equivalente, a tomada de contas dos agentes responsáveis por bens ou dinheiros públicos será realizada ou superintendida pelos serviços de contabilidade.

Art. 85. Os serviços de contabilidade serão organizados de forma a permitirem o acompanhamento da execução orçamentária, o conhecimento da composição patrimonial, a determinação dos custos dos serviços industriais, o levantamento dos balanços gerais, a análise e a interpretação dos resultados econômicos e financeiros.

Art. 86. A escrituração sintética das operações financeiras e patrimoniais efetuar-se-á pelo método das partidas dobradas.

Art. 87. Haverá controle contábil dos direitos e obrigações oriundos de ajustes ou contratos em que a administração pública for parte.

Art. 88. Os débitos e créditos serão escriturados com individuação do devedor ou do credor e especificação da natureza, importância e data do vencimento, quando fixada.

Art. 89. A contabilidade evidenciará os fatos ligados à administração orçamentária, financeira, patrimonial e industrial.

Capítulo II
DA CONTABILIDADE ORÇAMENTÁRIA E FINANCEIRA

Art. 90. A contabilidade deverá evidenciar, em seus registros, o montante dos créditos orçamentários vigentes, a despesa empenhada e a despesa realizada, à conta dos mesmos créditos, e às dotações disponíveis.

Art. 91. O registro contábil da receita e da despesa far-se-á de acordo com as especificações constantes da Lei de Orçamento e dos créditos adicionais.

Art. 92. A dívida flutuante compreende:
I – os restos a pagar, excluídos os serviços da dívida;
II – os serviços da dívida a pagar;
III – os depósitos;
IV – os débitos de tesouraria.
Parágrafo único. O registro dos Restos a Pagar far-se-á por exercício e por credor, distinguindo-se as despesas processadas das não processadas.

Art. 93. Todas as operações de que resultem débitos e créditos de natureza financeira, não compreendidas na execução orçamentária, serão também objeto de registro, individuação e controle contábil.

Capítulo III
DA CONTABILIDADE PATRIMONIAL E INDUSTRIAL

Art. 94. Haverá registros analíticos de todos os bens de caráter permanente, com indicação dos elementos necessários para a perfeita caracterização de cada um deles e dos agentes responsáveis pela sua guarda e administração.

Art. 95. A contabilidade manterá registros sintéticos dos bens móveis e imóveis.

Art. 96. O levantamento geral dos bens móveis e imóveis terá por base o inventário analítico de cada unidade administrativa e os elementos da escrituração sintética na contabilidade.

Art. 97. Para fins orçamentários e determinação dos devedores, ter-se-á o registro contábil das receitas patrimoniais, fiscalizando-se sua efetivação.

Art. 98. A dívida fundada compreende os compromissos de exigibilidade superior a 12 (doze) meses, contraídos para atender a desequilíbrio orçamentário ou a financeiro de obras e serviços públicos.

•• Este artigo e seu parágrafo foram vetados pelo Presidente e mantidos pelo Congresso Nacional.

Parágrafo único. A dívida fundada será escriturada com individuação e especificações que permitem verificar, a qualquer momento, a posição dos empréstimos, bem como os respectivos serviços de amortização e juros.

Art. 99. Os serviços públicos industriais, ainda que não organizados como empresa pública ou autárquica, manterão contabilidade especial para determinação dos custos, ingressos e resultados, sem prejuízo da escrituração patrimonial e financeira comum.

Art. 100. As alterações da situação líquida patrimonial, que abrangem os resultados da execução orçamentária, bem como as variações independentes dessa execução e as superveniências e insubsistências ativas e passivas, constituirão elementos da conta patrimonial.

Capítulo IV
DOS BALANÇOS

Art. 101. Os resultados gerais do exercício serão demonstrados no Balanço Orçamentário, no Balanço Financeiro, no Balanço Patrimonial, na Demonstração das Variações Patrimoniais, segundo os Anexos n. 12, 13, 14 e 15 e os quadros demonstrativos constantes dos Anexos n. 1, 6, 7, 8, 9, 10, 11, 16 e 17.

Art. 102. O Balanço Orçamentário demonstrará as receitas e despesas previstas em confronto com as realizadas.

Art. 103. O Balanço Financeiro demonstrará a receita e a despesa orçamentárias, bem como os recebimentos e os pagamentos de natureza extraorçamentária, conjugados com os saldos em espécie provenientes do exercício anterior, e os que se transferem para o exercício seguinte.
Parágrafo único. Os Restos a Pagar do exercício serão computados na receita extraorçamentária para compensar sua inclusão na despesa orçamentária.

Art. 104. A Demonstração das Variações Patrimoniais evidenciará as alterações verificadas no patrimônio, resultantes ou independentes da execução orçamentária, e indicará o resultado patrimonial do exercício.

Art. 105. O Balanço Patrimonial demonstrará:
I – o Ativo Financeiro;
II – o Ativo Permanente;
III – o Passivo Financeiro;
IV – o Passivo Permanente;
V – o Saldo Patrimonial;
VI – as Contas de Compensação.
§ 1.º O Ativo Financeiro compreenderá os créditos e valores realizáveis independentemente de autorização orçamentária e os valores numerários.
§ 2.º O Ativo Permanente compreenderá os bens, créditos e valores, cuja mobilização ou alienação dependa de autorização legislativa.
§ 3.º O Passivo Financeiro compreenderá as dívidas fundadas e outras, cujo pagamento independa de autorização orçamentária.
§ 4.º O Passivo Permanente compreenderá as dívidas fundadas e outras que dependam de autorização legislativa para amortização ou resgate.
§ 5.º Nas contas de compensação serão registrados os bens, valores, obrigações, e situações não compreendidas nos parágrafos anteriores e que, imediata ou indiretamente, possam vir a afetar o patrimônio.

Art. 106. A avaliação dos elementos patrimoniais obedecerá às normas seguintes:
I – os débitos e créditos, bem como os títulos de renda, pelo seu valor nominal, feita a conversão, quando em moeda estrangeira, à taxa de câmbio vigente na data do balanço;
II – os bens móveis e imóveis, pelo valor de aquisição ou pelo custo de produção ou de construção;
III – os bens de almoxarifado, pelo preço médio ponderado das compras.
§ 1.º Os valores em espécie, assim como os débitos e créditos, quando em moeda estrangeira, deverão figurar ao lado das correspondentes importâncias em moeda nacional.
§ 2.º As variações resultantes da conversão dos débitos, créditos e valores em espécie serão levadas à conta patrimonial.
§ 3.º Poderão ser feitas reavaliações dos bens móveis e imóveis.

Título X
DAS AUTARQUIAS E OUTRAS ENTIDADES

Art. 107. As entidades autárquicas ou paraestatais, inclusive de previdência social ou investidas de delegação para arrecadação de contribuições parafiscais da União, dos Estados, dos Municípios e do Distrito Federal, terão seus orçamentos aprovados por decreto do Poder Executivo, salvo se disposição legal expressa determinar que o sejam pelo Poder Legislativo.
Parágrafo único. Compreendem-se nesta disposição as empresas com autonomia financeira e administrativa cujo capital pertencer, integralmente, ao Poder Público.

•• Vide art. 165, § 5.º, da CF.

Art. 108. Os orçamentos das entidades referidas no artigo anterior vincular-se-ão ao orçamento da União, dos Estados, dos Municípios e do Distrito Federal, pela inclusão:
I – como receita, salvo disposição legal em contrário, de saldo positivo previsto entre os totais das receitas e despesas;
II – como subvenção econômica, na receita do orçamento da beneficiária, salvo disposição legal em contrário, do saldo negativo previsto entre os totais das receitas e despesas.

§ 1.º Os investimentos ou inversões financeiras da União, dos Estados, dos Municípios e do Distrito Federal, realizados por intermédio das entidades aludidas no artigo anterior, serão classificados como receita de capital destas e despesa de transferência de capital daqueles.

§ 2.º As previsões para depreciação serão computadas para efeito de apuração do saldo líquido das mencionadas entidades.

Art. 109. Os orçamentos e balanços das entidades compreendidas no art. 107 serão publicados como complemento dos orçamentos e balanços da União, dos Estados, dos Municípios e do Distrito Federal a que estejam vinculados.

Art. 110. Os orçamentos e balanços das entidades já referidas obedecerão aos padrões e normas instituídos por esta Lei, ajustados às respectivas peculiaridades.

Parágrafo único. Dentro do prazo que a legislação fixar, os balanços serão remetidos ao órgão central de contabilidade da União, dos Estados, dos Municípios e do Distrito Federal, para fins de incorporação dos resultados, salvo disposição legal em contrário.

Título XI
DISPOSIÇÕES FINAIS

Art. 111. O Conselho Técnico de Economia e Finanças do Ministério da Fazenda, além de outras apurações, para fins estatísticos, de interesse nacional, organizará e publicará o balanço consolidado das contas da União, Estados, Municípios e Distrito Federal, suas autarquias e outras entidades, bem como um quadro estruturalmente idêntico, baseado em dados orçamentários.

§ 1.º Os quadros referidos neste artigo terão a estrutura do Anexo n. 1.

§ 2.º O quadro baseado nos orçamentos será publicado até o último dia do primeiro semestre do próprio exercício e o baseado nos balanços, até o último dia do segundo semestre do exercício imediato àquele a que se referirem.

Art. 112. Para cumprimento do disposto no artigo precedente, a União, os Estados, os Municípios e o Distrito Federal remeterão ao mencionado órgão, até 30 de abril, os orçamentos do exercício, e até 30 de junho, os balanços do exercício anterior.

Parágrafo único. O pagamento, pela União, de auxílio ou contribuição a Estados, Municípios ou Distrito Federal, cuja concessão não decorra de imperativo constitucional, dependerá de prova do atendimento ao que se determina neste artigo.

Art. 113. Para fiel e uniforme aplicação das presentes normas, o Conselho Técnico de Economia e Finanças do Ministério da Fazenda atenderá a consultas, coligirá elementos, promoverá o intercâmbio de dados informativos, expedirá recomendações técnicas, quando solicitadas, e atualizará, sempre que julgar conveniente, os anexos que integram a presente Lei.

•• Os anexos aqui mencionados sofreram sucessivas alterações por atos administrativos. Optamos por não mantê-los na presente edição.

Parágrafo único. Para os fins previstos neste artigo, poderão ser promovidas, quando necessário, conferências ou reuniões técnicas, com a participação de representantes das entidades abrangidas por estas normas.

Art. 114. Os efeitos desta Lei são contados a partir de 1.º de janeiro de 1964, para o fim da elaboração dos orçamentos, e a partir de 1.º de janeiro de 1965, quanto às demais atividades estatuídas.

•• Artigo com redação determinada pela Lei n. 4.489, de 19-11-1964.

Art. 115. Revogam-se as disposições em contrário.

Brasília, 17 de março de 1964; 143.º da Independência e 76.º da República.

João Goulart

LEI N. 4.729, DE 14 DE JULHO DE 1965 (*)

Define o crime de sonegação fiscal e dá outras providências.

O Presidente da República.

Faço saber que o Congresso Nacional decreta e eu sanciono a seguinte Lei:

Art. 1.º Constitui crime de sonegação fiscal:

•• O art. 34 da Lei n. 9.249, de 26-12-1995, dispõe sobre a extinção da punibilidade dos crimes previstos neste artigo.
•• Vide art. 5.º da Lei n. 13.254, de 13-1-2016.
• Vide Súmula 609 do STF.

I – prestar declaração falsa ou omitir, total ou parcialmente, informação que deva ser produzida a agentes das pessoas jurídicas de direito público interno, com a intenção de eximir-se, total ou parcialmente, do pagamento de tributos, taxas e quaisquer adicionais devidos por lei;

II – inserir elementos inexatos ou omitir rendimentos ou operações de qualquer natureza em documentos ou livros exigidos pelas leis fiscais, com a intenção de exonerar-se do pagamento de tributos devidos à Fazenda Pública;

III – alterar faturas e quaisquer documentos relativos a operações mercantis com o propósito de fraudar a Fazenda Pública;

IV – fornecer ou emitir documentos graciosos ou alterar despesas, majorando-as, com o objetivo de obter dedução de tributos devidos à Fazenda Pública, sem prejuízo das sanções administrativas cabíveis;

V – exigir, pagar ou receber, para si ou para o contribuinte beneficiário da paga, qualquer percentagem sobre a parcela dedutível ou deduzida do Imposto sobre a Renda como incentivo fiscal.

•• Inciso V acrescentado pela Lei n. 5.569, de 25-11-1969.

Pena: Detenção, de 6 (seis) meses a 2 (dois) anos, e multa de 2 (duas) a 5 (cinco) vezes o valor do tributo.

•• A Lei n. 7.209, de 11-7-1984, em seu art. 2.º, cancela, na Parte Especial do CP e em algumas leis especiais, quaisquer referências a valores de multas, substituindo-se a expressão "multa de" por "multa".

§ 1.º Quando se tratar de criminoso primário, a pena será reduzida à multa de 10 (dez) vezes o valor do tributo.

§ 2.º Se o agente cometer o crime prevalecendo-se do cargo público que exerce, a pena será aumentada da sexta parte.

§ 3.º O funcionário público com atribuições de verificação, lançamento ou fiscalização de tributos, que concorrer para a prática do crime de sonegação fiscal, será punido com a pena deste artigo, aumentada da terça parte, com a abertura obrigatória do competente processo administrativo.

Art. 2.º (*Revogado pela Lei n. 8.383, de 30-12-1991.*)

Art. 3.º Somente os atos definidos nesta Lei poderão constituir crime de sonegação fiscal.

Art. 4.º A multa aplicada nos termos desta Lei será computada e recolhida, integralmente, como receita pública extraordinária.

Art. 5.º No art. 334, do Código Penal, substituam-se os §§ 1.º e 2.º pelos seguintes:

•• Alteração já processada no diploma modificado.

Art. 6.º Quando se tratar de pessoa jurídica, a responsabilidade penal pelas infrações previstas nesta Lei será de todos os que, direta ou indiretamente ligados à mesma, de modo permanente ou eventual, tenham praticado ou concorrido para a prática da sonegação fiscal.

Art. 7.º As autoridades administrativas que tiverem conhecimento de crime previsto nesta Lei, inclusive em autos e papéis que conhecerem, sob pena de responsabilidade, remeterão ao Ministério Público os elementos comprobatórios da infração, para instrução do procedimento criminal cabível.

§ 1.º Se os elementos comprobatórios forem suficientes, o Ministério Público oferecerá, desde logo, denúncia.

§ 2.º Sendo necessários esclarecimentos, documentos ou diligências complementares, o Ministério Público os requisitará, na forma estabelecida no Código de Processo Penal.

Art. 8.º Em tudo o mais em que couber e não contrariar os arts. 1.º a 7.º desta Lei, aplicar-se-ão o Código Penal e o Código de Processo Penal.

Art. 9.º (*Revogado pela Lei n. 8.021, de 12-4-1990.*)

(*) Publicada no *Diário Oficial da União*, de 19-7-1965. Vide Lei n. 8.137, de 27-12-1990, que define crimes contra a ordem tributária, econômica e contra as relações de consumo.

Art. 10. O Poder Executivo procederá às alterações do Regulamento do Imposto de Renda decorrentes das modificações constantes desta Lei.

Art. 11. Esta Lei entrará em vigor 60 (sessenta) dias após sua publicação.

Art. 12. Revogam-se as disposições em contrário.

Brasília, em 14 de julho de 1965; 144.º da Independência e 77.º da República.

H. Castello Branco

LEI N. 5.143, DE 20 DE OUTUBRO DE 1966 (*)

Institui o Imposto sobre Operações Financeiras, regula a respectiva cobrança, dispõe sobre a aplicação das reservas monetárias oriundas da sua receita, e dá outras providências.

O Presidente da República.

Faço saber que o Congresso Nacional decreta e eu sanciono a seguinte Lei:

Art. 1.º O Imposto sobre Operações Financeiras incide nas operações de crédito e seguro, realizadas por instituições financeiras e seguradoras, e tem como fato gerador:
•• Regulamento: Decreto n. 6.306, de 14-12-2007.
I – no caso de operações de crédito, a entrega do respectivo valor ou sua colocação à disposição do interessado;
II – no caso de operações de seguro, o recebimento do prêmio.

Art. 2.º Constituirá a base do imposto:
I – nas operações de crédito, o valor global dos saldos das operações de empréstimo de abertura de crédito, e de desconto de títulos, apurados mensalmente;
II – nas operações de seguro, o valor global dos prêmios recebidos em cada mês.

Art. 3.º O imposto será cobrado com as seguintes alíquotas:
I – empréstimos sob qualquer modalidade, as aberturas de crédito, e os descontos de títulos – 0,3%;
II – seguro de vida e congêneres e de acidentes pessoais e do trabalho – 1,0%;
III – seguros de bens, valores, coisas e outros não especificados, excluídos o resseguro, o seguro de crédito à exportação e o de transporte de mercadorias em viagens internacionais – 2,0%.
•• Alteração das alíquotas: Decreto n. 6.306, de 14-12-2007.

Art. 4.º São contribuintes do imposto os tomadores de crédito e os segurados.
•• Artigo com redação determinada pelo Decreto-lei n. 914, de 7-10-1969.

Art. 5.º São responsáveis pela cobrança do imposto e pelo seu recolhimento ao Banco Central do Brasil, ou a quem este determinar, nos prazos fixados pelo Conselho Monetário Nacional:

_____
(*) Publicada no *Diário Oficial da União*, de 24-10-1966.

•• *Caput* com redação determinada pelo Decreto-lei n. 914, de 7-10-1969.
I – nas operações de crédito, as instituições financeiras a que se refere o art. 17 da Lei n. 4.595, de 31 de dezembro de 1964;
•• Inciso I com redação determinada pelo Decreto-lei n. 914, de 7-10-1969.
II – nas operações de seguro, o segurador ou as instituições financeiras a quem este encarregar da cobrança dos prêmios.
•• Inciso II com redação determinada pelo Decreto-lei n. 914, de 7-10-1969.

Art. 6.º Sem prejuízo da pena criminal que couber, serão punidos com:
I – multa de 30% (trinta por cento) a 100% (cem por cento) do valor do imposto devido, a falta de recolhimento do imposto no prazo fixado;
II – multa de valor equivalente a 500 (quinhentas) Obrigações do Tesouro Nacional – OTN: a falsificação ou adulteração de guia, livro ou outro papel necessário ao registro ou ao recolhimento do imposto ou a coautoria na prática de qualquer dessas infrações;
•• Inciso II com redação determinada pelo Decreto-lei n. 2.391, de 18-12-1987.
III – multa de valor equivalente a 350 (trezentas e cinquenta) Obrigações do Tesouro Nacional – OTN: o embaraço ou impedimento da ação fiscalizadora ou a recusa de exibição de livros, guias ou outro papel necessário ao registro ou ao recolhimento do imposto, quando solicitado pela fiscalização;
•• Inciso III com redação determinada pelo Decreto-lei n. 2.391, de 18-12-1987.
•• *Vide* sobre OTN a Nota dos Organizadores (SIGLAS).
IV – multa de valor equivalente a 20 (vinte) Obrigações do Tesouro Nacional – OTN: qualquer outra infração prevista no Regulamento.
•• Inciso IV com redação determinada pelo Decreto-lei n. 2.391, de 18-12-1987.
•• *Vide* sobre OTN a Nota dos Organizadores (SIGLAS).

Parágrafo único. Na hipótese do inciso III será imposta cumulativamente a penalidade que couber, se for apurada a prática de outra infração.

Art. 7.º A instituição financeira ou seguradora, que, antes de qualquer procedimento fiscal, recolher espontaneamente o imposto fora do prazo previsto, ficará sujeita à multa de 20% (vinte por cento) do imposto, a qual será incluída na mesma guia correspondente ao tributo, sem necessidade de autorização ou despacho.
•• *Caput* com redação determinada pelo Decreto-lei n. 914, de 7-10-1969.

Parágrafo único. O pagamento do imposto, sem a multa a que se refere este artigo, importará na aplicação das penalidades do art. 6.º.
•• Parágrafo único com redação determinada pelo Decreto-lei n. 914, de 7-10-1969.

Art. 8.º A fiscalização da aplicação desta Lei caberá ao Banco Central da República do Brasil, que poderá delegá-la, no todo ou em parte, ao Departamento Nacional de Seguros Privados e Capitalização do Ministério da Indústria e do Comércio, no que respeita às operações previstas nos incisos II e III do art. 3.º, ou a outros órgãos ou autoridades em todo o País ou apenas em certas regiões, segundo entenda conveniente.

Art. 9.º O Conselho Monetário Nacional baixará normas para execução do presente Decreto-lei, estabelecendo inclusive o processo fiscal aplicável às controvérsias a respeito do imposto.
•• *Caput* com redação determinada pelo Decreto-lei n. 914, de 7-10-1969.

§ 1.º Enquanto não for expedida a regulamentação de que trata este artigo, aplicar-se-ão as normas de processo fiscal relativas ao Imposto sobre Produtos Industrializados.
•• § 1.º acrescentado pelo Decreto-lei n. 914, de 7-10-1969.

§ 2.º O julgamento dos processos contraditórios caberá:
I – em primeira instância, ao órgão ou autoridade que o Conselho Monetário Nacional designar;
II – em segunda instância, ao Terceiro Conselho de Contribuintes.
•• Primitivo parágrafo único renumerado pelo Decreto-lei n. 914, de 7-10-1969.

Art. 10. O Conselho Monetário Nacional poderá desdobrar as hipóteses de incidência, modificar ou eliminar as alíquotas e alterar as bases de cálculo do imposto, observado no caso de aumento, o limite máximo do dobro daquela que resultar das normas desta Lei.

Art. 11. Do produto da arrecadação do imposto será destacada uma parcela, não superior a 2% (dois por cento), destinada às despesas de custeio do Banco Central da República do Brasil na substituição da taxa de fiscalização referida no § 1.º do art. 16 da Lei n. 4.595, de 31 de dezembro de 1964, que fica extinta.

Art. 12. *(Revogado pela Lei n. 14.007, de 2-6-2020.)*

Art. 13. As vinculações da receita de Imposto de Selo, de que tratam o art. 4.º da Lei n. 3.519, de 30 de dezembro de 1958, e o art. 6.º da Lei n. 3.736, de 22 de março de 1960, passarão a ser feitas com base na arrecadação do Imposto sobre Produtos Industrializados correspondente à posição n. 24.02 da Tabela anexa à Lei n. 4.502, de 30 de novembro de 1964.
•• A Lei n. 3.736, de 22-3-1960, foi revogada pela Lei n. 8.246, de 22-10-1991.

Art. 14. Os casos omissos nesta Lei serão resolvidos pelo Conselho Monetário Nacional.

Art. 15. São revogadas as leis relativas ao Imposto de Selo e as disposições em contrário, e o art. 11 da Lei n. 1.002, de 24 de dezembro de 1949, observado o seguinte:

I – aplicar-se-á a legislação vigente à época em que se constitui a obrigação tributária, no caso de exigência do imposto cujo fato gerador tenha ocorrido até 31 de dezembro de 1966;

II – a complementação periódica ao Imposto de Selo deixará de ser obrigatória a partir de 1.º de janeiro de 1967, ainda que a ocorrência do respectivo fato gerador seja anterior à vigência desta Lei;

III – as sanções previstas na Lei n. 4.505, de 30 de novembro de 1964, regulamentada pelo Decreto n. 55.852, de 22 de março de 1955, aplicam-se às infrações das respectivas normas ocorridas durante a sua vigência, ainda que se relacionem com hipóteses de incidência que esta Lei revoga.

Art. 16. A partir da data da publicação desta Lei, o Ministro da Fazenda, por proposta do Conselho Monetário Nacional, poderá reduzir ou suprimir o Imposto de Selo sobre operações de câmbio.

Art. 17. O Conselho Monetário Nacional poderá permitir que a assinatura no cheque seja impressa, por processo mecânico, atendidas as cautelas que estabelecer.

Art. 18. Esta Lei entrará em vigor no dia 1.º de janeiro de 1967, salvo quanto aos arts. 16 e 17, que vigorarão a partir da data de sua publicação.

Brasília, em 20 de outubro de 1965; 145.º da Independência e 78.º da República.

H. Castello Branco

DECRETO-LEI N. 37, DE 18 DE NOVEMBRO DE 1966 (*)

Dispõe sobre o Imposto de Importação, reorganiza os serviços aduaneiros e dá outras providências.

O Presidente da República, usando da atribuição que lhe confere o art. 31, parágrafo único, do Ato Institucional n. 2, de 27 de outubro de 1965, decreta:

Título I
IMPOSTO DE IMPORTAÇÃO

Capítulo I
INCIDÊNCIA

Art. 1.º O Imposto de Importação incide sobre mercadoria estrangeira e tem como fato gerador sua entrada no território nacional.

•• *Caput com redação determinada pelo Decreto-lei n. 2.472, de 1.º-9-1988.*

§ 1.º Para fins de incidência do imposto, considerar-se-á também estrangeira a mercadoria nacional ou nacionalizada exportada, que retornar ao País, salvo se:

a) enviada em consignação e não vendida no prazo autorizado;

b) devolvida por motivo de defeito técnico, para reparo ou substituição;

c) por motivo de modificações na sistemática de importação por parte do país importador;

d) por motivo de guerra ou calamidade pública;

e) por outros fatores alheios à vontade do exportador.

•• *§ 1.º acrescentado pelo Decreto-lei n. 2.472, de 1.º-9-1988.*

§ 2.º Para efeito de ocorrência do fato gerador, considerar-se-á entrada no território nacional a mercadoria que constar como tendo sido importada e cuja falta venha a ser apurada pela autoridade aduaneira.

•• *§ 2.º acrescentado pelo Decreto-lei n. 2.472, de 1.º-9-1988.*

§ 3.º Para fins de aplicação do disposto no § 2.º deste artigo, o regulamento poderá estabelecer percentuais de tolerância para a falta apurada na importação de granéis que, por sua natureza ou condições de manuseio na descarga, estejam sujeitos a quebra ou decréscimo de quantidade ou peso.

•• *§ 3.º acrescentado pelo Decreto-lei n. 2.472, de 1.º-9-1988.*

§ 4.º O imposto não incide sobre mercadoria estrangeira:

I – destruída sob controle aduaneiro, sem ônus para a Fazenda Nacional, antes de desembaraçada;

•• *Inciso I com redação determinada pela Lei n. 12.350, de 20-12-2010.*

II – em trânsito aduaneiro de passagem, acidentalmente destruída; ou

III – que tenha sido objeto de pena de perdimento, exceto na hipótese em que não seja localizada, tenha sido consumida ou revendida.

•• *§ 4.º acrescentado pela Lei n. 10.833, de 29-12-2003.*

Capítulo II
BASE DE CÁLCULO

Art. 2.º A base de cálculo do imposto é:

I – quando a alíquota for específica, a quantidade de mercadoria, expressa na unidade de medida indicada na tarifa;

II – quando a alíquota for *ad valorem*, o valor aduaneiro apurado segundo normas do art. VII do Acordo Geral sobre Tarifas Aduaneiras e Comércio (GATT).

•• *Artigo com redação determinada pelo Decreto-lei n. 2.472, de 1.º-9-1988.*

Seção V
Similaridade

Art. 17. A isenção do Imposto de Importação somente beneficia produto sem similar nacional, em condições de substituir o importado.

Parágrafo único. Excluem-se do disposto neste artigo:

I – os casos previstos no art. 13 e nos incisos IV a VIII do art. 15 deste Decreto-lei e no art. 4.º da Lei n. 3.244, de 14 de agosto de 1957;

II – as partes, peças, acessórios, ferramentas e utensílios:

a) que, em quantidade normal, acompanham o aparelho, instrumento, máquina ou equipamento;

b) destinados, exclusivamente, na forma do regulamento, ao reparo ou manutenção de aparelho, instrumento, máquina ou equipamento de procedência estrangeira, instalado ou em funcionamento no País;

III – os casos de importações resultando de concorrência com financiamento internacional superior a 15 (quinze) anos, em que tiver sido assegurada a participação da indústria nacional com uma margem de proteção não inferior a 15% (quinze por cento) sobre o preço do CIF, porto de desembarque brasileiro, de equipamento estrangeiro oferecido de acordo com as normas que regulam a matéria;

IV – (*Revogado pelo Decreto-lei n. 2.433, de 19-5-1988.*)

V – bens doados, destinados a fins culturais, científicos e assistenciais, desde que os beneficiários sejam entidades sem fins lucrativos.

•• *Inciso V acrescentado pela Lei n. 10.833, de 29-12-2003.*

Art. 18. O Conselho de Política Aduaneira formulará critérios, gerais ou específicos, para julgamento da similaridade, à vista das condições de oferta do produto nacional, e observadas as seguintes normas básicas:

I – preço não superior ao custo de importação em cruzeiros do similar estrangeiro, calculado com base no preço normal, acrescido dos tributos que incidem sobre a importação, e de outros encargos de efeito equivalente;

II – prazo de entrega normal ou corrente para o mesmo tipo de mercadoria;

III – qualidade equivalente e especificações adequadas.

§ 1.º Ao formular critérios de similaridade, o Conselho de Política Aduaneira considerará a orientação de órgãos governamentais incumbidos da política relativa a produtos ou a setores de produção.

§ 2.º Quando se tratar de projeto de interesse econômico fundamental, financiado por entidade internacional de crédito, poderão ser consideradas, para efeito de aplicação do disposto neste artigo, as condições especiais que regularem a participação da indústria nacional no fornecimento de bens.

§ 3.º Não será aplicável o conceito de similaridade quando importar em fracionamento da peça ou máquina, com prejuízo da garantia em funcionamento ou com retardamento substancial no prazo de entrega ou montagem.

Art. 19. A apuração da similaridade deverá ser feita pelo Conselho de Política Aduaneira, diretamente ou em colaboração com

---
(*) Publicado no *Diário Oficial da União*, de 21-11-1966. *Vide* Súmulas 89, 132, 142, 302 e 577 do STF. *Vide* art. 153, I e § 1.º, da CF.

Decreto-lei n. 37, de 18-11-1966 – Imposto de Importação

outros órgãos governamentais ou entidades de classe, antes da importação.

Parágrafo único. Os critérios de similaridade fixados na forma estabelecida neste Decreto-lei e seu regulamento serão observados pela Carteira de Comércio Exterior, quando do exame dos pedidos de importação.

Art. 20. Independem de apuração, para serem considerados similares, os produtos naturais ou com beneficiamento primário, as matérias-primas e os bens de consumo, de notória produção no País.

Art. 21. No caso das disposições da Tarifa Aduaneira que condicionam a incidência do imposto ou o nível de alíquota à exigência de similar, registrado, o Conselho de Política Aduaneira publicará a relação dos produtos com similar nacional.

Capítulo IV
CÁLCULO E RECOLHIMENTO DO IMPOSTO

Art. 22. O imposto será calculado pela aplicação, das alíquotas previstas na Tarifa Aduaneira, sobre a base de cálculo definida no Capítulo II deste Título.

Art. 23. Quando se tratar de mercadoria despachada para consumo, considera-se ocorrido o fato gerador na data do registro, na repartição aduaneira, da declaração a que se refere o art. 44.

Parágrafo único. A mercadoria ficará sujeita aos tributos vigorantes na data em que a autoridade aduaneira efetuar o correspondente lançamento de ofício no caso de:
•• Parágrafo único, *caput*, com redação determinada pela Lei n. 12.350, de 20-12-2010.
I – falta, na hipótese a que se refere o § 2.º do art. 1.º; e
•• Inciso I acrescentado pela Lei n. 12.350, de 20-12-2010.
II – introdução no País sem o registro de declaração de importação, a que se refere o inciso III do § 4.º do art. 1.º.
•• Inciso II acrescentado pela Lei n. 12.350, de 20-12-2010.

Art. 24. Para efeito de cálculo do imposto, os valores expressos em moeda estrangeira serão convertidos em moeda nacional a taxa de câmbio vigente no momento da ocorrência do fato gerador.

Parágrafo único. A taxa a que se refere este artigo será estabelecida para venda da moeda respectiva no último dia útil de cada semana, para vigência na semana subsequente.
•• Parágrafo único com redação determinada pela Lei n. 7.683, de 2-12-1988.
•• *Vide* art. 106 da Lei n. 8.981, de 20-1-1995.

Art. 25. Na ocorrência de dano casual ou de acidente, o valor aduaneiro da mercadoria será reduzido proporcionalmente ao prejuízo, para efeito de cálculo dos tributos devidos, observado o disposto no art. 60.
•• *Caput* com redação determinada pela Lei n. 12.350, de 20-12-2010.

Parágrafo único. Quando a alíquota for específica, o montante do imposto será reduzido proporcionalmente ao valor do prejuízo apurado.

Art. 26. Na transferência de propriedade ou uso de bens prevista no art. 11, os tributos e gravames cambiais dispensados quando da importação, serão reajustados pela aplicação dos índices de correção monetária fixados pelo Conselho Nacional de Economia e das taxas de depreciação estabelecidas no regulamento.

Art. 27. O recolhimento do imposto será realizado na forma e momento indicados no regulamento.

Capítulo V
RESTITUIÇÃO

Art. 28. Conceder-se-á restituição do imposto, na forma do regulamento:
I – quando apurado excesso no pagamento, decorrente de erro de cálculo ou de aplicação de alíquota;
II – quando houver dano ou avaria, perda ou extravio.

§ 1.º A restituição de tributos independe da iniciativa do contribuinte, podendo processar-se de ofício, como estabelecer o regulamento sempre que se apurar excesso de pagamento na conformidade deste artigo.

§ 2.º As reclamações do importador quanto a erro ou engano, nas declarações, sobre quantidade ou qualidade da mercadoria, ou no caso do inciso II deste artigo, deverão ser apresentadas antes de sua saída de recintos aduaneiros.

Art. 29. A restituição será efetuada, mediante anulação contábil da respectiva receita, pela autoridade incumbida de promover a cobrança originária a qual, ao reconhecer o direito creditório contra a Fazenda Nacional, autorizará a entrega da importância considerada indevida.

§ 1.º Quando a importância a ser restituída for superior a cinco milhões de cruzeiros o chefe da repartição aduaneira recorrerá de ofício para o diretor do Departamento de Rendas Aduaneiras.

§ 2.º Nos casos de que trata o parágrafo anterior, a importância da restituição será classificada em conta de responsáveis, a débito dos beneficiários, até que seja anotada a decisão do diretor do Departamento de Rendas Aduaneiras.

Art. 30. Na restituição de depósitos, que também poderá processar-se de ofício, a importância da correção monetária, de que trata o art. 7.º, § 3.º, da Lei n. 4.357, de 16 de julho de 1964, obedecerá igualmente ao que dispõe o artigo anterior.

Capítulo VI
CONTRIBUINTES E RESPONSÁVEIS

Art. 31. É contribuinte do imposto:
I – o importador, assim considerada qualquer pessoa que promova a entrada de mercadoria estrangeira no território nacional;
II – o destinatário de remessa postal internacional indicado pelo respectivo remetente;
III – o adquirente de mercadoria entrepostada.
•• Artigo com redação determinada pelo Decreto-lei n. 2.472, de 1.º-9-1988.

Art. 32. É responsável pelo imposto:
I – o transportador, quando transportar mercadoria procedente do exterior ou sob controle aduaneiro, inclusive em percurso interno;
II – o depositário, assim considerada qualquer pessoa incumbida da custódia de mercadoria sob controle aduaneiro.
•• *Caput* e incisos com redação determinada pelo Decreto-lei n. 2.472, de 1.º-9-1988.

Parágrafo único. É responsável solidário:
•• Parágrafo único, *caput*, acrescentado pelo Decreto-lei n. 2.472, de 1.º-9-1988.
a) o adquirente ou cessionário de mercadoria beneficiada com isenção ou redução do imposto;
•• Alínea *a* acrescentada pelo Decreto-lei n. 2.472, de 1.º-9-1988.
b) o representante, no País, do transportador estrangeiro;
•• Alínea *b* acrescentada pelo Decreto-lei n. 2.472, de 1.º-9-1988.
c) o adquirente de mercadoria de procedência estrangeira, no caso de importação realizada por sua conta e ordem, por intermédio de pessoa jurídica importadora;
•• Alínea *c* acrescentada pela Lei n. 11.281, de 20-2-2006.
d) o encomendante predeterminado que adquire mercadoria de procedência estrangeira de pessoa jurídica importadora.
•• Alínea *d* acrescentada pela Lei n. 11.281, de 20-2-2006.
•• A Medida Provisória n. 2.158-35, de 24-8-2001, havia transformado as alíneas *a* e *b* em incisos I e II e acrescentado o inciso III a este parágrafo único.

TÍTULO II
CONTROLE ADUANEIRO

Capítulo I
JURISDIÇÃO DOS SERVIÇOS ADUANEIROS

Art. 33. A jurisdição dos serviços aduaneiros se estende por todo o território aduaneiro, e abrange:
I – zona primária – compreendendo as faixas internas de portos e aeroportos, recintos alfandegados e locais habilitados nas fronteiras terrestres, bem como outras áreas nos quais se efetuem operações de carga e descarga de mercadoria, ou embarque e desembarque de passageiros, procedentes do exterior ou a ele destinados;
II – zona secundária – compreendendo a parte restante do território nacional, nela incluídos as águas territoriais e o espaço aéreo correspondente.

Parágrafo único. Para efeito de adoção de medidas de controle fiscal, poderão ser demarcadas, na orla marítima e na faixa de fronteira, zonas de vigilância aduaneira, nas quais a existência e a circulação de mercadoria estarão sujeitas às cautelas fiscais, proibições e restrições que forem prescritas no regulamento.

Art. 34. O regulamento disporá sobre:

I – registro de pessoas que cruzem as fronteiras;

II – apresentação de mercadorias às autoridades aduaneiras da jurisdição dos portos, aeroportos e outros locais de entrada e saída do território aduaneiro;

III – controle de veículos, mercadorias, animais e pessoas, na zona primária e na zona de vigilância aduaneira;

IV – apuração de infrações por descumprimento de medidas de controle estabelecidas pela legislação aduaneira.

Art. 35. Em tudo o que interessar à fiscalização aduaneira, na zona primária, a autoridade aduaneira tem precedência sobre as demais que ali exercem suas atribuições.

Art. 36. A fiscalização aduaneira poderá ser ininterrupta, em horários determinados, ou eventual, nos portos, aeroportos, pontos de fronteira e recintos alfandegados.

•• *Caput* com redação determinada pela Lei n. 10.833, de 29-12-2003.

§ 1.º A administração aduaneira determinará os horários e as condições de realização dos serviços aduaneiros, nos locais referidos no *caput*.

§ 2.º O atendimento em dias e horas fora do expediente normal da repartição aduaneira é considerado serviço extraordinário, caso em que os interessados deverão, na forma estabelecida em regulamento, ressarcir a Administração das despesas decorrentes dos serviços a eles efetivamente prestados, como tais também compreendida a remuneração dos funcionários.

•• § 2.º acrescentado pelo Decreto-lei n. 2.472, de 1.º-9-1988.

Capítulo II
NORMAS GERAIS DO CONTROLE ADUANEIRO DE VEÍCULOS

Art. 37. O transportador deve prestar à Secretaria da Receita Federal, na forma e no prazo por ela estabelecidos, as informações sobre as cargas transportadas, bem como sobre a chegada de veículo procedente do exterior ou a ele destinado.

•• *Caput* com redação determinada pela Lei n. 10.833, de 29-12-2003.

§ 1.º O agente de carga, assim considerada qualquer pessoa que, em nome do importador ou do exportador, contrate o transporte de mercadoria, consolide ou desconsolide cargas e preste serviços conexos, e o operador portuário, também devem prestar as informações sobre as operações que executem e respectivas cargas.

•• § 1.º com redação determinada pela Lei n. 10.833, de 29-12-2003.

§ 2.º Não poderá ser efetuada qualquer operação de carga ou descarga, em embarcações, enquanto não forem prestadas as informações referidas neste artigo.

•• § 2.º com redação determinada pela Lei n. 10.833, de 29-12-2003.

§ 3.º A Secretaria da Receita Federal fica dispensada de participar da visita a embarcações prevista no art. 32 da Lei n. 5.025, de 10 de junho de 1966.

•• § 3.º com redação determinada pela Lei n. 10.833, de 29-12-2003.
•• Citada Lei n. 5.025, de 10-6-1966, dispõe sobre o intercâmbio comercial com o exterior, cria o Conselho Nacional do Comércio Exterior, e dá outras providências.

§ 4.º A autoridade aduaneira poderá proceder às buscas em veículos necessárias para prevenir e reprimir a ocorrência de infração à legislação, inclusive em momento anterior à prestação das informações referidas no *caput*.

•• Anterior parágrafo único renumerado pela Lei n. 10.833, de 29-12-2003.

Seção I
Despacho Aduaneiro

•• Seção I com denominação determinada pelo Decreto-lei n. 2.472, de 1.º-9-1988.

Art. 44. Toda mercadoria procedente do exterior por qualquer via, destinada a consumo ou a outro regime, sujeita ou não ao pagamento do imposto, deverá ser submetida a despacho aduaneiro, que será processado com base em declaração apresentada à repartição aduaneira no prazo e na forma prescritos em regulamento.

•• Artigo com redação determinada pelo Decreto-lei n. 2.472, de 1.º-9-1988.
•• **A Lei Complementar n. 214, de 16-1-2025, acrescenta a este artigo o parágrafo único, com produção de efeitos a partir de 1.º-1-2026:** "Parágrafo único. As informações prestadas pelo sujeito passivo na declaração de importação constituem confissão de dívida pelo contribuinte e instrumento hábil e suficiente para a exigência do valor dos tributos incidentes sobre as operações nela consignadas, restando constituído o crédito tributário".

Art. 45. As declarações do importador subsistem para quaisquer efeitos fiscais, ainda quando o despacho seja interrompido e a mercadoria abandonada.

•• Artigo com redação determinada pelo Decreto-lei n. 2.472, de 1.º-9-1988.

Art. 46. Além da declaração de que trata o art. 44 deste Decreto-lei e de outros documentos previstos em leis ou regulamentos, serão exigidas, para o processamento do despacho aduaneiro, a prova de posse ou propriedade da mercadoria e a fatura comercial, com as exceções que estabelecer o regulamento.

•• *Caput* com redação determinada pelo Decreto-lei n. 2.472, de 1.º-9-1988.

§ 1.º O conhecimento aéreo poderá equiparar-se à fatura comercial, se contiver as indicações de quantidade, espécie e valor das mercadorias que lhe correspondam.

•• § 1.º acrescentado pelo Decreto-lei n. 2.472, de 1.º-9-1988.

§ 2.º O regulamento disporá sobre dispensa de visto consular na fatura.

•• § 2.º acrescentado pelo Decreto-lei n. 2.472, de 1.º-9-1988.

Art. 47. Quando exigível depósito ou pagamento de quaisquer ônus financeiros ou cambiais, a tramitação do despacho aduaneiro ficará sujeita à prévia satisfação da mencionada exigência.

•• Artigo com redação determinada pelo Decreto-lei n. 2.472, de 1.º-9-1988.

Art. 48. Na hipótese de mercadoria, cuja importação esteja sujeita a restrições especiais distintas das de natureza cambial, que chegar ao País com inobservância das formalidades pertinentes, a autoridade aduaneira procederá de acordo com as leis e regulamentos que hajam estabelecido as referidas restrições.

•• Artigo com redação determinada pelo Decreto-lei n. 2.472, de 1.º-9-1988.

Art. 49. O despacho aduaneiro poderá ser efetuado em zona primária ou em outros locais admitidos pela autoridade aduaneira.

•• Artigo com redação determinada pelo Decreto-lei n. 2.472, de 1.º-9-1988.

Art. 50. A verificação de mercadoria, na conferência aduaneira ou em outra ocasião, será realizada por Auditor-Fiscal da Receita Federal do Brasil, sob a sua supervisão, por Analista-Tributário, na presença do viajante, do importador, do exportador ou de seus representantes, podendo ser adotados critérios de seleção e amostragem, de conformidade com o estabelecido pela Secretaria da Receita Federal do Brasil.

•• *Caput* com redação determinada pela Lei n. 12.350, de 20-12-2010.

§ 1.º Na hipótese de mercadoria depositada em recinto alfandegado, a verificação poderá ser realizada na presença do depositário ou de seus prepostos, dispensada a exigência da presença do importador ou do exportador.

•• § 1.º acrescentado pela Lei n. 10.833, de 29-12-2003.

§ 2.º A verificação de bagagem ou de outra mercadoria que esteja sob a responsabilidade do transportador poderá ser realizada na presença deste ou de seus prepostos, dispensada a exigência da presença do viajante, do importador ou do exportador.

•• § 2.º acrescentado pela Lei n. 10.833, de 29-12-2003.

§ 3.º Nas hipóteses dos §§ 1.º e 2.º, o depositário e o transportador, ou seus prepostos, representam o viajante, o importador ou o exportador, para efeitos de identificação, quantificação e descrição da mercadoria verificada.

•• § 3.º acrescentado pela Lei n. 10.833, de 29-12-2003.

Art. 51. Concluída a conferência aduaneira, sem exigência fiscal relativamente a valor aduaneiro, classificação ou outros elementos do despacho, a mercadoria será desembaraçada e posta à disposição do importador.

Decreto-lei n. 37, de 18-11-1966 – Imposto de Importação

•• *Caput* com redação determinada pelo Decreto-lei n. 2.472, de 1.º-9-1988.

§ 1.º Se, no curso da conferência aduaneira, houver exigência fiscal na forma deste artigo, a mercadoria poderá ser desembaraçada, desde que, na forma do regulamento, sejam adotadas as indispensáveis cautelas fiscais.

•• § 1.º acrescentado pelo Decreto-lei n. 2.472, de 1.º-9-1988.

§ 2.º O regulamento disporá sobre os casos em que a mercadoria poderá ser posta à disposição do importador antecipadamente ao desembaraço.

•• § 2.º acrescentado pelo Decreto-lei n. 2.472, de 1.º-9-1988.

Seção II
Conclusão do Despacho

Art. 54. A apuração da regularidade do pagamento do imposto e demais gravames devidos à Fazenda Nacional ou do benefício fiscal aplicado, e da exatidão das informações prestadas pelo importador será realizada na forma que estabelecer o regulamento e processada no prazo de 5 (cinco) anos, contado do registro da declaração de que trata o art. 44 deste Decreto-lei.

•• Artigo com redação determinada pelo Decreto-lei n. 2.472, de 1.º-9-1988.

TÍTULO IV
INFRAÇÕES E PENALIDADES

Capítulo I
INFRAÇÕES

Art. 94. Constitui infração toda ação ou omissão, voluntária ou involuntária, que importe inobservância, por parte da pessoa natural ou jurídica, de norma estabelecida neste Decreto-lei, no seu regulamento ou em ato administrativo de caráter normativo destinado a completá-los.

§ 1.º O regulamento e demais atos administrativos não poderão estabelecer ou disciplinar obrigação, nem definir infração ou cominar penalidade que estejam autorizadas ou previstas em lei.

§ 2.º Salvo disposição expressa em contrário, a responsabilidade por infração independe da intenção do agente ou do responsável e da efetividade, natureza e extensão dos efeitos do ato.

Art. 95. Respondem pela infração:

I – conjunta ou isoladamente, quem quer que, de qualquer forma, concorra para sua prática, ou dela se beneficie;

II – conjunta ou isoladamente, o proprietário e o consignatário do veículo, quanto à que decorrer do exercício de atividade própria do veículo, ou de ação ou omissão de seus tripulantes;

III – o comandante ou condutor de veículo nos casos do inciso anterior, quando o veículo proceder do exterior sem estar consignada a pessoa natural ou jurídica estabelecida no ponto de destino;

IV – a pessoa natural ou jurídica, em razão do despacho que promover, de qualquer mercadoria;

V – conjunta ou isoladamente, o adquirente de mercadoria de procedência estrangeira, no caso da importação realizada por sua conta e ordem, por intermédio de pessoa jurídica importadora;

•• Inciso V acrescentado pela Medida Provisória n. 2.158-35, de 24-8-2001.

VI – conjunta ou isoladamente, o encomendante predeterminado que adquire mercadoria de procedência estrangeira de pessoa jurídica importadora.

•• Inciso VI acrescentado pela Lei n. 11.281, de 20-2-2006.

Capítulo II
PENALIDADES

Seção I
Espécies de Penalidades

Art. 96. As infrações estão sujeitas às seguintes penas, aplicáveis separada ou cumulativamente:

I – perda do veículo transportador;

II – perda da mercadoria;

III – multa;

IV – proibição de transacionar com repartição pública ou autárquica federal, empresa pública e sociedade de economia mista.

Seção II
Aplicação e Graduação das Penalidades

Art. 97. Compete à autoridade julgadora:

I – determinar a pena ou as penas aplicáveis ao infrator ou a quem deva responder pela infração, nos termos da lei;

II – fixar a quantidade da pena, respeitados os limites legais.

Art. 98. Quando a pena de multa for expressa em faixa variável de quantidade, o chefe da repartição aduaneira imporá a pena mínima prevista para a infração, só a majorando em razão de circunstância que demonstre a existência de artifício doloso na prática da infração, ou que importe agravar suas consequências ou retardar seu conhecimento pela autoridade fazendária.

Art. 99. Apurando-se, no mesmo processo, a prática de duas ou mais infrações pela mesma pessoa natural ou jurídica, aplicam-se cumulativamente, no grau correspondente, quando for o caso, as penas a elas cominadas, se as infrações não forem idênticas.

§ 1.º Quando se tratar de infração continuada em relação à qual tenham sido lavrados diversos autos ou representações, serão eles reunidos em um só processo, para imposição da pena.

§ 2.º Não se considera infração continuada a repetição de falta já arrolada em processo fiscal de cuja instauração o infrator tenha sido intimado.

Art. 100. Se do processo se apurar responsabilidade de duas ou mais pessoas, será imposta a cada uma delas a pena relativa à infração que houver cometido.

Art. 101. Não será aplicada penalidade – enquanto prevalecer o entendimento – a quem proceder ou pagar o imposto:

I – de acordo com interpretação fiscal constante de decisão irrecorrível de última instância administrativa, proferida em processo fiscal inclusive de consulta, seja o interessado parte ou não;

II – de acordo com interpretação fiscal constante de decisão de primeira instância proferida em processo fiscal, inclusive de consulta, em que o interessado for parte;

III – de acordo com interpretação fiscal constante de circular, instrução, portaria, ordem de serviço e outros atos interpretativos baixados pela autoridade fazendária competente.

Art. 102. A denúncia espontânea da infração, acompanhada, se for o caso, do pagamento do imposto e dos acréscimos, excluirá a imposição da correspondente penalidade.

•• *Caput* com redação determinada pelo Decreto-lei n. 2.472, de 1.º-9-1988.

§ 1.º Não se considera espontânea a denúncia apresentada:

•• § 1.º, *caput*, acrescentado pelo Decreto-lei n. 2.472, de 1.º-9-1988.

a) no curso do despacho aduaneiro, até o desembaraço da mercadoria;

•• Alínea *a* acrescentada pelo Decreto-lei n. 2.472, de 1.º-9-1988.

b) após o início de qualquer outro procedimento fiscal, mediante ato de ofício, escrito, praticado por servidor competente, tendente a apurar a infração.

•• Alínea *b* acrescentada pelo Decreto-lei n. 2.472, de 1.º-9-1988.

§ 2.º A denúncia espontânea exclui a aplicação de penalidades de natureza tributária ou administrativa, com exceção das penalidades aplicáveis na hipótese de mercadoria sujeita a pena de perdimento.

•• § 2.º com redação determinada pela Lei n. 12.350, de 20-12-2010.

Art. 103. A aplicação da penalidade fiscal, e seu cumprimento, não elidem, em caso algum, o pagamento dos tributos devidos e a regularização cambial nem prejudicam a aplicação das penas cominadas para o mesmo fato pela legislação criminal e especial.

Seção III
Perda do Veículo

Art. 104. Aplica-se a pena de perda do veículo nos seguintes casos:

I – quando o veículo transportador estiver em situação ilegal, quanto às normas que o habilitem a exercer a navegação ou o transporte internacional correspondente à sua espécie;

II – quando o veículo transportador efetuar operação de descarga de mercadoria estrangeira ou a carga de mercadoria nacional ou nacionalizada fora do porto, aeroporto ou outro local para isso habilitado;

Decreto-lei n. 37, de 18-11-1966 – Imposto de Importação

III – quando a embarcação atracar a navio ou quando qualquer veículo, na zona primária, se colocar nas proximidades de outro, vindo um deles do exterior ou a eles destinado, de modo a tornar possível o transbordo de pessoa ou carga, sem observância das normas legais e regulamentares;
IV – quando a embarcação navegar dentro do porto, sem trazer escrito, em tipo destacado e em local visível do casco, seu nome de registro;
V – quando o veículo conduzir mercadoria sujeita a pena de perda, se pertencente ao responsável por infração punível com aquela sanção;
VI – quando o veículo terrestre utilizado no trânsito de mercadoria estrangeira desviar-se de sua rota legal, sem motivo justificado.
Parágrafo único. Aplicam-se cumulativamente:
•• Parágrafo único, *caput*, com redação determinada pela Lei n. 10.833, de 29-12-2003.
I – no caso do inciso II do *caput*, a pena de perdimento da mercadoria;
•• Inciso I com redação determinada pela Lei n. 10.833, de 29-12-2003.
II – no caso do inciso III do *caput*, a multa de R$ 200,00 (duzentos reais) por passageiro ou tripulante conduzido pelo veículo que efetuar a operação proibida, além do perdimento da mercadoria que transportar.
•• Inciso II com redação determinada pela Lei n. 10.833, de 29-12-2003.

Seção IV
Perda da Mercadoria
Art. 105. Aplica-se a pena de perda da mercadoria:
• A Instrução Normativa n. 1.986, de 29-10-2020, da Secretaria Especial da Receita Federal do Brasil, dispõe sobre o procedimento de fiscalização utilizado no combate às fraudes aduaneiras.
I – em operação de carga já carregada, em qualquer veículo ou dele descarregada ou em descarga, sem ordem, despacho ou licença, por escrito da autoridade aduaneira ou não cumprimento de outra formalidade especial estabelecida em texto normativo;
II – incluída em listas de sobressalentes e previsões de bordo quando em desacordo, quantitativo ou qualificativo, com as necessidades do serviço e do custeio do veículo e da manutenção de sua tripulação e passageiros;
III – oculta, a bordo do veículo ou na zona primária, qualquer que seja o processo utilizado;
IV – existente a bordo do veículo, sem registro um manifesto, em documento de efeito equivalente ou em outras declarações;
V – nacional ou nacionalizada em grande quantidade ou de vultoso valor, encontrada na zona de vigilância aduaneira, em circunstâncias que tornem evidente destinar-se a exportação clandestina;
VI – estrangeira ou nacional, na importação ou na exportação, se qualquer documento necessário ao seu embarque ou desembaraço tiver sido falsificado ou adulterado;
VII – nas condições do inciso anterior possuída a qualquer título ou para qualquer fim;
VIII – estrangeira que apresente característica essencial falsificada ou adulterada, que impeça ou dificulte sua identificação, ainda que a falsificação ou a adulteração não influa no seu tratamento tributário ou cambial;
IX – estrangeira, encontrada ao abandono, desacompanhada de prova de pagamento dos tributos aduaneiros, salvo as do art. 58;
X – estrangeira, exposta à venda, depositada ou em circulação comercial no país, se não for feita prova de sua importação regular;
XI – estrangeira, já desembaraçada e cujos tributos aduaneiros tenham sido pagos apenas em parte, mediante artifício doloso;
XII – estrangeira, chegada ao país com falsa declaração de conteúdo;
XIII – transferida a terceiro, sem o pagamento dos tributos aduaneiros e outros gravames, quando desembaraçada nos termos do inciso III do art. 13;
XIV – encontrada em poder de pessoa natural ou jurídica não habilitada, tratando-se de papel com linha ou marca-d'água, inclusive aparas;
XV – constante de remessa postal internacional com falsa declaração de conteúdo;
XVI – fracionada em duas ou mais remessas postais ou encomendas aéreas internacionais visando a elidir, no todo ou em parte, o pagamento dos tributos aduaneiros ou quaisquer normas estabelecidas para o controle das importações ou, ainda, a beneficiar-se de regime de tributação simplificada;
•• Inciso XVI com redação determinada pelo Decreto-lei n. 1.804, de 3-9-1980.
XVII – estrangeira, em trânsito no território aduaneiro, quando o veículo terrestre que a conduzir, desviar-se de sua rota legal, sem motivo justificado;
XVIII – estrangeira, acondicionada sob fundo falso, ou de qualquer modo oculta;
XIX – estrangeira, atentatória à moral, aos bons costumes, à saúde ou ordem públicas.

Seção V
Multas
Art. 106. Aplicam-se as seguintes multas, proporcionais ao valor do imposto incidente sobre a importação da mercadoria ou o que incidiria se não houvesse isenção ou redução:
I – de 100% (cem por cento):
a) pelo não emprego dos bens de qualquer natureza nos fins ou atividades para que foram importados com isenção de tributos;
b) pelo desvio, por qualquer forma, dos bens importados com isenção ou redução de tributos;
c) pelo uso de falsidade nas provas exigidas para obtenção dos benefícios e estímulos previstos neste Decreto;
d) pela não apresentação de mercadoria depositada em entreposto aduaneiro;
II – de 50% (cinquenta por cento):
a) pela transferência, a terceiro, a qualquer título, dos bens importados com isenção de tributos, sem prévia autorização da repartição aduaneira, ressalvado o caso previsto no inciso XIII do art. 105;
b) pelo não retorno ao exterior, no prazo fixado, dos bens importados sob regime de admissão temporária;
c) pela importação, como bagagem de mercadoria que, por sua quantidade e características, revele finalidade comercial;
d) pelo extravio ou falta de mercadoria, inclusive apurado em ato de vistoria aduaneira;
III – de 20% (vinte por cento):
a) (Revogada pela Lei n. 10.833, de 29-12-2003.)
b) pela chegada ao país de bagagem e bens de passageiro fora dos prazos regulamentares, quando se tratar de mercadoria sujeita a tributação;
IV – de 10% (dez por cento):
a) (Revogada pela Lei n. 10.833, de 29-12-2003.)
b) pela apresentação de fatura comercial sem o visto consular, quando exige essa formalidade;
c) pela comprovação, fora do prazo, da chegada da mercadoria no destino, nos casos de reexportação e trânsito;
V – (Revogado pela Lei n. 10.833, de 29-12-2003.)
§ 1.º No caso de papel com linhas ou marcas-d'água, as multas previstas nos incisos I e II serão de 150% e 75%, respectivamente, adotando-se, para calculá-las, a maior alíquota do imposto taxada para papel, similar, destinado a impressão, sem aquelas características.
•• § 1.º acrescentado pelo Decreto-lei n. 751, de 8-8-1969.
§ 2.º Aplicam-se as multas, calculadas pela forma referida no parágrafo anterior, de 75% e 20%, respectivamente, também nos seguintes casos:
•• § 2.º acrescentado pelo Decreto-lei n. 751, de 8-8-1969.
a) venda não faturada de sobra de papel não impresso (mantas, aparas de bobinas e restos de bobinas);
•• Alínea *a* acrescentada pelo Decreto-lei n. 751, de 8-8-1969.
b) venda de sobra de papel não impresso, mantas, aparas de bobinas e restos de bobinas, salvo a editoras ou, como matéria-prima a fábricas.
•• Alínea *b* acrescentada pelo Decreto-lei n. 751, de 8-8-1969.
Art. 107. Aplicam-se ainda as seguintes multas:
•• *Caput* com redação determinada pela Lei n. 10.833, de 29-12-2003.
I – de R$ 50.000,00 (cinquenta mil reais), por contêiner ou qualquer veículo conten-

do mercadoria, inclusive a granel, ingressado em local ou recinto sob controle aduaneiro, que não seja localizado;

•• Inciso I com redação determinada pela Lei n. 10.833, de 29-12-2003.

II – de R$ 15.000,00 (quinze mil reais), por contêiner ou veículo contendo mercadoria, inclusive a granel, no regime de trânsito aduaneiro, que não seja localizado;

•• Inciso II com redação determinada pela Lei n. 10.833, de 29-12-2003.

III – de R$ 10.000,00 (dez mil reais), por desacato à autoridade aduaneira;

•• Inciso III com redação determinada pela Lei n. 10.833, de 29-12-2003.

IV – de R$ 5.000,00 (cinco mil reais):

•• Inciso IV, *caput*, com redação determinada pela Lei n. 10.833, de 29-12-2003.

a) por ponto percentual que ultrapasse a margem de 5% (cinco por cento), na diferença de peso apurada em relação ao manifesto de carga a granel apresentado pelo transportador marítimo, fluvial ou lacustre;

•• Alínea *a* acrescentada pela Lei n. 10.833, de 29-12-2003.

b) por mês-calendário, a quem não apresentar à fiscalização os documentos relativos à operação que realizar ou em que intervier, bem como outros documentos exigidos pela Secretaria da Receita Federal, ou não mantiver os correspondentes arquivos em boa guarda e ordem;

•• Alínea *b* acrescentada pela Lei n. 10.833, de 29-12-2003.

c) a quem, por qualquer meio ou forma, omissiva ou comissiva, embaraçar, dificultar ou impedir ação de fiscalização aduaneira, inclusive no caso de não apresentação de resposta, no prazo estipulado, a intimação em procedimento fiscal;

•• Alínea *c* acrescentada pela Lei n. 10.833, de 29-12-2003.

d) a quem promover a saída de veículo de local ou recinto sob controle aduaneiro, sem autorização prévia da autoridade aduaneira;

•• Alínea *d* acrescentada pela Lei n. 10.833, de 29-12-2003.

e) por deixar de prestar informação sobre veículo ou carga nele transportada, ou sobre as operações que execute, na forma e no prazo estabelecidos pela Secretaria da Receita Federal, aplicada à empresa de transporte internacional, inclusive à prestadora de serviços de transporte internacional expresso porta a porta, ou ao agente de carga; e

•• Alínea *e* acrescentada pela Lei n. 10.833, de 29-12-2003.

f) por deixar de prestar informação sobre carga armazenada, ou sob sua responsabilidade, ou sobre as operações que execute, na forma e no prazo estabelecidos pela Secretaria da Receita Federal, aplicada ao depositário ou ao operador portuário;

•• Alínea *f* acrescentada pela Lei n. 10.833, de 29-12-2003.

V – de R$ 3.000,00 (três mil reais), ao transportador de carga ou de passageiro, pelo descumprimento de exigência estabelecida para a circulação de veículos e mercadorias em zona de vigilância aduaneira;

•• Inciso V com redação determinada pela Lei n. 10.833, de 29-12-2003.

VI – de R$ 2.000,00 (dois mil reais), no caso de violação de volume ou unidade de carga que contenha mercadoria sob controle aduaneiro, ou do dispositivo de segurança;

•• Inciso VI com redação determinada pela Lei n. 10.833, de 29-12-2003.

VII – de R$ 1.000,00 (mil reais):

•• Inciso VII, *caput*, com redação determinada pela Lei n. 10.833, de 29-12-2003.

a) por volume depositado em local ou recinto sob controle aduaneiro, que não seja localizado;

•• Alínea *a* acrescentada pela Lei n. 10.833, de 29-12-2003.

b) pela importação de mercadoria estrangeira atentatória à moral, aos bons costumes, à saúde ou à ordem pública, sem prejuízo da aplicação da pena prevista no inciso XIX do art. 105;

•• Alínea *b* acrescentada pela Lei n. 10.833, de 29-12-2003.

c) pela substituição do veículo transportador, em operação de trânsito aduaneiro, sem autorização prévia da autoridade aduaneira;

•• Alínea *c* acrescentada pela Lei n. 10.833, de 29-12-2003.

d) por dia, pelo descumprimento de condição estabelecida pela administração aduaneira para a prestação de serviços relacionados com o despacho aduaneiro;

•• Alínea *d* acrescentada pela Lei n. 10.833, de 29-12-2003.

e) por dia, pelo descumprimento de requisito, condição ou norma operacional para habilitar-se ou utilizar regime aduaneiro especial ou aplicado em áreas especiais, ou para habilitar-se ou manter recintos nos quais tais regimes sejam aplicados;

•• Alínea *e* acrescentada pela Lei n. 10.833, de 29-12-2003.

f) por dia, pelo descumprimento de requisito, condição ou norma operacional para executar atividades de movimentação e armazenagem de mercadorias sob controle aduaneiro, e serviços conexos; e

•• Alínea *f* acrescentada pela Lei n. 10.833, de 29-12-2003.

g) por dia, pelo descumprimento de condição estabelecida para utilização de procedimento aduaneiro simplificado;

•• Alínea *g* acrescentada pela Lei n. 10.833, de 29-12-2003.

VIII – de R$ 500,00 (quinhentos reais):

•• Inciso VIII acrescentado pela Lei n. 10.833, de 29-12-2003.

a) por ingresso de pessoa em local ou recinto sob controle aduaneiro sem a regular autorização, aplicada ao administrador do local ou recinto;

•• Alínea *a* acrescentada pela Lei n. 10.833, de 29-12-2003.

b) por tonelada de carga a granel depositada em local ou recinto sob controle aduaneiro, que não seja localizada;

•• Alínea *b* acrescentada pela Lei n. 10.833, de 29-12-2003.

c) por dia de atraso ou fração, no caso de veículo que, em operação de trânsito aduaneiro, chegar ao destino fora do prazo estabelecido, sem motivo justificado;

•• Alínea *c* acrescentada pela Lei n. 10.833, de 29-12-2003.

d) por erro ou omissão de informação em declaração relativa ao controle de papel imune; e

•• Alínea *d* acrescentada pela Lei n. 10.833, de 29-12-2003.

e) pela não apresentação do romaneio de carga (*packing-list*) nos documentos de instrução da declaração aduaneira;

•• Alínea *e* acrescentada pela Lei n. 10.833, de 29-12-2003.

IX – de R$ 300,00 (trezentos reais), por volume de mercadoria, em regime de trânsito aduaneiro, que não seja localizado no veículo transportador, limitada ao valor de R$ 15.000,00 (quinze mil reais);

•• Inciso IX acrescentado pela Lei n. 10.833, de 29-12-2003.

X – de R$ 200,00 (duzentos reais):

•• Inciso X, *caput*, acrescentado pela Lei n. 10.833, de 29-12-2003.

a) por tonelada de carga a granel em regime de trânsito aduaneiro que não seja localizada no veículo transportador, limitada ao valor de R$ 15.000,00 (quinze mil reais);

•• Alínea *a* acrescentada pela Lei n. 10.833, de 29-12-2003.

b) para a pessoa que ingressar em local ou recinto sob controle aduaneiro sem a regular autorização; e

•• Alínea *b* acrescentada pela Lei n. 10.833, de 29-12-2003.

c) pela apresentação de fatura comercial em desacordo com uma ou mais de uma das indicações estabelecidas no regulamento; e

•• Alínea *c* acrescentada pela Lei n. 10.833, de 29-12-2003.

XI – de R$ 100,00 (cem reais):

•• Inciso XI, *caput*, acrescentado pela Lei n. 10.833, de 29-12-2003.

a) por volume de carga não manifestada pelo transportador, sem prejuízo da aplicação da pena prevista no inciso IV do art. 105; e

•• Alínea *a* acrescentada pela Lei n. 10.833, de 29-12-2003.

b) por ponto percentual que ultrapasse a margem de 5% (cinco por cento), na diferença de peso apurada em relação ao manifesto de carga a granel apresentado pelo transportador rodoviário ou ferroviário.

•• Alínea *b* acrescentada pela Lei n. 10.833, de 29-12-2003.

§ 1.º O recolhimento das multas previstas nas alíneas *e*, *f* e *g* do inciso VII não garante o direito a regular operação do regime ou do recinto, nem a execução da atividade, do serviço ou do procedimento concedidos a título precário.

•• § 1.º acrescentado pela Lei n. 10.833, de 29-12-2003.

§ 2.º As multas previstas neste artigo não prejudicam a exigência dos impostos incidentes, a aplicação de outras penalidades cabíveis e a representação fiscal para fins penais, quando for o caso.

•• § 2.º acrescentado pela Lei n. 10.833, de 29-12-2003.

Art. 108. Aplica-se a multa de 50% (cinquenta por cento) da diferença de imposto apurada em razão de declaração indevida de mercadoria, ou atribuição de valor ou quantidade diferente do real, quando a diferença do imposto for superior a 10% (dez por cento) quanto ao preço e a 5% (cinco por cento) quanto a quantidade ou peso em relação ao declarado pelo importador.

Parágrafo único. Será de 100% (cem por cento) a multa relativa a falsa declaração correspondente ao valor, à natureza e à quantidade.

Art. 109. (*Revogado pela Lei n. 10.833, de 29-12-2003.*)

Art. 110. Todos os valores expressos em cruzeiros, nesta Lei, serão atualizados anualmente, segundo os índices de correção monetária fixados pelo Conselho Nacional de Economia.

Art. 111. Somente quando procedendo do exterior ou a ele se destinar, é alcançado pelas normas das Seções III, IV e V deste Capítulo, o veículo assim designado e suas operações ali indicadas.

Parágrafo único. Excluem-se da regra deste artigo os casos dos incisos V e VI do art. 104.

Art. 112. No caso de extravio ou falta de mercadoria previsto na alínea *d* do inciso II do art. 106, os tributos e multa serão calculados sobre o valor que constar do manifesto ou outros documentos ou sobre o valor da mercadoria contida em volume idêntico ao do manifesto, quando forem incompletas as declarações relativas ao não descarregado.

Parágrafo único. Se a declaração corresponder mais de uma alíquota da Tarifa Aduaneira, sendo impossível precisar a competente, por ser genérica a declaração, o cálculo se fará pela alíquota mais elevada.

Art. 113. No que couber, aplicam-se as disposições deste Capítulo a qualquer meio de transporte vindo do exterior ou a ele destinado, bem como a seu proprietário, condutor ou responsável, documentação, carga, tripulantes e passageiros.

Art. 114. No caso de o responsável pela infração conformar-se com o procedimento fiscal, poderão ser recolhidas, no prazo de 10 (dez) dias, independentemente do processo, as multas cominadas nos incisos III e V do art.106 bem como no art. 108.

Parágrafo único. Não efetuado o pagamento do débito no prazo fixado, será instaurado processo fiscal, na forma do art.118.

Art. 115. Ao funcionário que houver apontado a infração serão adjudicados 40% (quarenta por cento) da multa aplicada, exceto nos casos dos incisos IV e V do art. 106, quando o produto dela será integralmente recolhido ao Tesouro Nacional, observado o que dispõe o art. 23 da Lei n. 4.863, de 29 de novembro de 1965.

• A Lei n. 4.863, de 29-11-1965, que reajustava os vencimentos dos servidores civis e militares, dispõe em seu art. 23 que o Poder Executivo regulamentará a adjudicação dessa espécie de vantagem.

§ 1.º Quando a infração for apurada mediante denúncia, metade da quota-parte atribuída aos funcionários caberá ao denunciante.

§ 2.º Exclui-se da regra deste artigo a infração prevista no inciso I do art. 107.

Seção VI
Proibição de Transacionar

Art. 116. O devedor, inclusive o fiador, declarado remisso, é proibido de transacionar, a qualquer título, com repartição pública ou autárquica federal, empresa pública e sociedade de economia mista.

§ 1.º A declaração da remissão será feita pelo órgão aduaneiro local, após decorridos trinta dias da data em que se tornar irrecorrível, na esfera administrativa, a decisão condenatória, desde que o devedor não tenha feito prova de pagamento da dívida ou de ter iniciado, perante a autoridade judicial, ação anulatória de ato administrativo, com o depósito da importância em litígio, em dinheiro ou em títulos da dívida pública federal, na repartição competente de seu domicílio fiscal.

§ 2.º No caso do parágrafo anterior, o chefe da repartição fará a declaração nos 15 (quinze) dias seguintes ao término do prazo ali marcado, publicando a decisão no órgão oficial, ou, na sua falta, comunicando-a, para o mesmo fim, ao Departamento de Rendas Aduaneiras, sem prejuízo da sua afixação em lugar visível do prédio da repartição.

Art. 117. No caso de reincidência na fraude punida no parágrafo único do art. 108 e no inciso II do art. 60 da Lei n. 3.244, de 14 de agosto de 1957, com a redação que lhe dá o art. 169 deste Decreto-lei, o Diretor do Departamento de Rendas Aduaneiras:

•• Citado art. 60 da Lei n. 3.244, de 14-8-1957, foi revogado pela Lei n. 6.562, de 18-9-1978.

I – suspenderá, pelo prazo de 1 (um) a 5 (cinco) anos, a aceitação, por repartição aduaneira, de declaração apresentada pelo infrator;

II – aplicará a proibição de transacionar à firma ou sociedade estrangeira que, de qualquer modo, concorrer para a prática do ato.

TÍTULO V
PROCESSO FISCAL

Capítulo I
DISPOSIÇÕES GERAIS

Art. 118. A infração será apurada mediante processo fiscal, que terá por base a representação ou auto lavrado pelo agente fiscal do imposto aduaneiro ou guarda aduaneiro, observadas, quanto a este, as restrições do regulamento.

Parágrafo único. O regulamento definirá os casos em que o processo fiscal terá por base a representação.

Art. 119. São anuláveis:

I – o auto, a representação ou o termo:

a) que não contenha elementos suficientes para determinar a infração e o infrator, ressalvados, quanto à identificação deste, os casos de abandono da mercadoria pelo próprio infrator;

b) lavrado por funcionário diferente do indicado no art. 118;

II – a decisão ou o despacho proferido por autoridade incompetente, ou com preterição do direito de defesa.

Parágrafo único. A nulidade é sanável pela repetição do ato ou suprida pela sua retificação ou complementação, nos termos do regulamento.

Art. 120. A nulidade de qualquer ato não prejudicará senão os posteriores que dele dependam diretamente ou dele sejam consequência.

Art. 121. Nas fases de defesa, recurso e pedido de reconsideração, dar-se-á vista do processo ao sujeito passivo de procedimento fiscal.

Art. 122. Compete o preparo do processo fiscal à repartição aduaneira com jurisdição no local onde se formalizar o procedimento.

Art. 123. O responsável pela infração será intimado a apresentar defesa no prazo de 30 (trinta) dias da ciência do procedimento fiscal, prorrogável por mais 10 (dez) dias, por motivo imperioso, alegado pelo interessado.

Parágrafo único. Se o término do prazo cair em dia em que não haja expediente normal na repartição, considerar-se-á prorrogado o prazo até o primeiro dia útil seguinte.

Art. 124. A intimação a que se refere o artigo anterior, ou para satisfazer qualquer exigência, obedecerá a uma das seguintes formas, como estabelecer o regulamento:

I – pessoalmente;

II – através do Correio, pelo sistema denominado "AR" (Aviso de Recebimento);

III – mediante publicação no *Diário Oficial da União* ou do Estado em que estiver localizada a repartição ou em jornal local de grande circulação;

IV – por edital afixado na portaria da repartição.

§ 1.º Omitida a data no recibo "AR" a que se refere o inciso II deste artigo, dar-se-á por feita a intimação 15 (quinze) dias depois da entrada da carta de notificação no Correio.

Decreto-lei n. 37, de 18-11-1966 – Imposto de Importação

§ 2.º O regulamento estabelecerá os prazos não afixados neste Decreto-lei, para qualquer diligência.

Art. 125. A competência para julgamento do processo fiscal será estabelecida no regulamento.

Art. 126. As inexatidões materiais, devidas a lapso manifesto, e os erros de escrita ou cálculo, existentes na decisão, poderão ser corrigidos por despacho de ofício ou por provocação do interessado ao funcionário.

Art. 127. Proferida a decisão, dela serão cientificadas as partes, na forma do art. 124.

Capítulo II
PEDIDO DE RECONSIDERAÇÃO E RECURSO

Art. 128. Da decisão caberá:

I – em primeira ou segunda instância, pedido de reconsideração apresentado no prazo de 30 (trinta) dias, que fluirá simultaneamente com o da interposição do recurso, quando for o caso;

II – recurso:

a) voluntário, em igual prazo, mediante prévio depósito do valor em litígio ou prestação de fiança idônea, para o Conselho Superior de Tarifa;

b) de ofício, na própria decisão ou posteriormente em novo despacho, quando o litígio, de valor superior a quinhentos mil cruzeiros, for decidido a favor da parte, total ou parcialmente.

Parágrafo único. No caso de restituição de tributo, o recurso será interposto para o diretor do Departamento de Rendas Aduaneiras, impondo-se o de ofício quando o litígio for de valor superior a cinco milhões de cruzeiros.

Art. 129. O recurso terá efeito suspensivo se voluntário, ou sem ele no de ofício.

§ 1.º No caso de apreensão julgada improcedente, a devolução da coisa de valor superior a quinhentos mil cruzeiros, antes do julgamento do recurso de ofício, dependerá de prévia observância da norma prevista no § 2.º do art. 71.

§ 2.º Não interposto o recurso de ofício cabível, cumpre ao funcionário autor do procedimento fiscal representar à autoridade prolatora da decisão, propondo a medida.

Art. 130. Ressalvados os casos de ausência de depósito ou fiança, compete à instância superior julgar a perempção do recurso.

TÍTULO VI
DECADÊNCIA E PRESCRIÇÃO

•• Título VI com denominação determinada pelo Decreto-lei n. 2.472, de 1.º-9-1988.

Capítulo Único
DISPOSIÇÕES GERAIS

Art. 137. (*Revogado pela Lei n. 10.833, de 29-12-2003.*)

Art. 138. O direito de exigir o tributo extingue-se em 5 (cinco) anos, a contar do primeiro dia do exercício seguinte àquele em que poderia ter sido lançado.

•• *Caput* com redação determinada pelo Decreto-lei n. 2.472, de 1.º-9-1988.

Parágrafo único. Tratando-se de exigência de diferença de tributo, contar-se-á o prazo a partir do pagamento efetuado.

•• Parágrafo único com redação determinada pelo Decreto-lei n. 2.472, de 1.º-9-1988.

Art. 139. No mesmo prazo do artigo anterior se extingue o direito de impor penalidade, a contar da data da infração.

Art. 140. Prescreve em 5 (cinco) anos, a contar de sua constituição definitiva, a cobrança do crédito tributário.

•• Artigo com redação determinada pelo Decreto-lei n. 2.472, de 1.º-9-1988.

Art. 141. O prazo a que se refere o artigo anterior não corre:

•• *Caput* com redação determinada pelo Decreto-lei n. 2.472, de 1.º-9-1988.

I – enquanto o processo de cobrança depender de exigência a ser satisfeita pelo contribuinte;

•• Inciso I com redação determinada pelo Decreto-lei n. 2.472, de 1.º-9-1988.

II – até que a autoridade aduaneira seja diretamente informada pelo Juízo de Direito, Tribunal ou órgão do Ministério Público, da revogação de ordem ou decisão judicial que haja suspenso, anulado ou modificado exigência, inclusive no caso de sobrestamento do processo.

•• Inciso II com redação determinada pelo Decreto-lei n. 2.472, de 1.º-9-1988.

TÍTULO VIII
DISPOSIÇÕES FINAIS E TRANSITÓRIAS

Art. 169. Constituem infrações administrativas ao controle das importações:

•• *Caput* com redação determinada pela Lei n. 6.562, de 18-9-1978.

I – importar mercadorias do exterior:

•• Inciso I, *caput*, com redação determinada pela Lei n. 6.562, de 18-9-1978.

a) sem Guia de Importação ou documento equivalente, que implique a falta de depósito ou a falta de pagamento de quaisquer ônus financeiros ou cambiais:

Pena: multa de 100% (cem por cento) do valor da mercadoria.

•• Alínea *a* acrescentada pela Lei n. 6.562, de 18-9-1978.

b) sem Guia de Importação ou documento equivalente, que não implique a falta de depósito ou a falta de pagamento de quaisquer ônus financeiros ou cambiais:

Pena: multa de 30% (trinta por cento) do valor da mercadoria.

•• Alínea *b* acrescentada pela Lei n. 6.562, de 18-9-1978.

II – subfaturar ou superfaturar o preço ou valor da mercadoria:

Pena: multa de 100% (cem por cento) da diferença.

•• Inciso II com redação determinada pela Lei n. 6.562, de 18-9-1978.

III – descumprir outros requisitos de controle da importação, constantes ou não de Guia de Importação ou de documento equivalente:

•• Inciso III, *caput*, acrescentado pela Lei n. 6.562, de 18-9-1978.

a) embarque da mercadoria após vencido o prazo de validade da Guia de Importação respectiva ou do documento equivalente:

•• Alínea *a* acrescentada pela Lei n. 6.562, de 18-9-1978.

1 – até 20 (vinte) dias:

Pena: multa de 10% (dez por cento) do valor da mercadoria.

2 – de mais de 20 (vinte) até 40 (quarenta) dias:

Pena: multa de 20% (vinte por cento) do valor da mercadoria.

b) embarque da mercadoria antes de emitida a Guia de Importação ou documento equivalente:

Pena: multa de 30% (trinta por cento) do valor da mercadoria.

•• Alínea *b* acrescentada pela Lei n. 6.562, de 18-9-1978.

c) não apresentação ao órgão competente de relação discriminatória do material importado ou fazê-la fora do prazo, no caso de Guia de Importação ou de documento equivalente expedidos sob tal cláusula:

Pena: alternativamente, como abaixo indicado, consoante ocorra, respectivamente, uma das figuras do inciso I:

1 – no caso da alínea *a*: multa de 100% (cem por cento) do valor da mercadoria;

2 – no caso da alínea *b*: multa de 30% (trinta por cento) do valor da mercadoria.

•• Alínea *c* acrescentada pela Lei n. 6.562, de 18-9-1978.

d) não compreendidos nas alíneas anteriores:

Pena: multa de 20% (vinte por cento) do valor da mercadoria.

•• Alínea *d* acrescentada pela Lei n. 6.562, de 18-9-1978.

§ 1.º Após o vencimento dos prazos indicados no inciso III, alínea *a*, do *caput* deste artigo, a importação será considerada como tendo sido realizada sem Guia de Importação ou documento equivalente.

•• § 1.º com redação determinada pela Lei n. 10.833, de 29-12-2003.

§ 2.º As multas previstas neste artigo não poderão ser:

•• § 2.º, *caput*, com redação determinada pela Lei n. 10.833, de 29-12-2003.

I – inferiores a R$ 500,00 (quinhentos reais);

•• Inciso I com redação determinada pela Lei n. 10.833, de 29-12-2003.

II – superiores a R$ 5.000,00 (cinco mil reais) nas hipóteses previstas nas alíneas *a*, *b* e *c*, item 2, do inciso III do *caput* deste artigo.

•• Inciso II com redação determinada pela Lei n. 10.833, de 29-12-2003.

§ 3.º Os limites de valor, a que se refere o parágrafo anterior, serão atualizados anual-

mente pelo Secretário da Receita Federal, de acordo com o índice de correção das Obrigações Reajustáveis do Tesouro Nacional, desprezadas, para o limite mínimo, as frações de Cr$ 100,00 (cem cruzeiros) e para o limite máximo as frações de Cr$ 1.000,00 (hum mil cruzeiros).
•• § 3.º com redação determinada pela Lei n. 6.562, de 18-9-1978.

§ 4.º Salvo no caso do inciso II do *caput* deste artigo, na ocorrência simultânea de mais de uma infração, será punida apenas aquela a que for cominada a penalidade mais grave.
•• § 4.º acrescentado pela Lei n. 6.562, de 18-9-1978.

§ 5.º A aplicação das penas previstas neste artigo:
•• § 5.º, *caput*, acrescentado pela Lei n. 6.562, de 18-9-1978.

I – não exclui o pagamento dos tributos devidos, nem a imposição de outras penas, inclusive criminais, previstas em legislação específica;
•• Inciso I acrescentado pela Lei n. 6.562, de 18-9-1978.

II – não prejudica a imunidade e, salvo disposição expressa em contrário, a isenção de impostos, de que goze a importação, em virtude de lei ou de outro ato específico baixado pelo órgão competente;
•• Inciso II acrescentado pela Lei n. 6.562, de 18-9-1978.

III – não elide o depósito ou o pagamento de quaisquer ônus financeiros ou cambiais, quando a importação estiver sujeita ao cumprimento de tais requisitos.
•• Inciso III acrescentado pela Lei n. 6.562, de 18-9-1978.

§ 6.º Para efeito do disposto neste artigo, o valor da mercadoria será aquele obtido segundo a aplicação da legislação relativa à base de cálculo do Imposto sobre a Importação.
•• § 6.º acrescentado pela Lei n. 6.562, de 18-9-1978.

§ 7.º Não constituirão infrações:
•• § 7.º, *caput*, acrescentado pela Lei n. 6.562, de 18-9-1978.

I – a diferença, para mais ou para menos, não superior a 10% (dez por cento) quanto ao preço, e a 5% (cinco por cento) quanto à quantidade ou ao peso, desde que não ocorram concomitantemente;
•• Inciso I acrescentado pela Lei n. 6.562, de 18-9-1978.

II – nos casos do inciso III do *caput* deste artigo, se alterados pelo órgão competente os dados constantes da Guia de Importação ou de documento equivalente;
•• Inciso II acrescentado pela Lei n. 6.562, de 18-9-1978.

III – a importação de máquinas e equipamentos declaradamente originários de determinado país, constituindo um todo integrado, embora contenham partes ou componentes produzidos em outros países que não o indicado na Guia de Importação.
•• Inciso III acrescentado pela Lei n. 6.562, de 18-9-1978.
....

Art. 178. Este Decreto-lei entrará em vigor em 1.º de janeiro de 1967, salvo quanto às disposições que dependam de regulamentação, cuja vigência será fixada no regulamento.

Brasília, 18 de novembro de 1966; 145.º da Independência e 78.º da República.

H. CASTELLO BRANCO

DECRETO-LEI N. 57, DE 18 DE NOVEMBRO DE 1966 (*)

Altera dispositivos sobre lançamento e cobrança do Imposto sobre a Propriedade Territorial Rural, institui normas sobre arrecadação da Dívida Ativa correspondente, e dá outras providências.

O Presidente da República, no uso das atribuições que lhe são conferidas pelo artigo 31, parágrafo único, do Ato Institucional n. 2, de 27 de outubro de 1965, e pelo artigo 2.º do Ato Complementar n. 23, de 20 de outubro de 1996, decreta:

Art. 1.º Os débitos dos contribuintes, relativos ao Imposto sobre a Propriedade Territorial Rural (ITR), Taxas de Serviços Cadastrais e respectivas multas, não liquidados em cada exercício, serão inscritos como dívida ativa, acrescidos da multa de 20% (vinte por cento).

Art. 2.º A dívida ativa de que trata o artigo anterior, enquanto não liquidada, estará sujeita à multa de 20% (vinte por cento) por exercício, devido a partir de primeiro de janeiro de cada ano, sempre sobre o montante do débito de 31 de dezembro do ano anterior.

§ 1.º Os débitos em dívida ativa, na data de primeiro de janeiro de cada exercício subsequente, estarão sujeitos aos juros de mora de 12% a.a. (doze por cento ao ano) e mais correção monetária, aplicados sobre o total da dívida em 31 de dezembro do exercício anterior.

§ 2.º O Conselho Nacional de Economia fixará os índices de correção monetária específicos para o previsto no parágrafo anterior.

Art. 3.º Enquanto não for iniciada a cobrança judicial, os débitos inscritos em dívida ativa poderão ser incluídos na guia de arrecadação do ITR dos exercícios subsequentes, para sua liquidação conjunta.

Parágrafo único. Ressalvada a hipótese prevista neste artigo, não será permitido o pagamento dos tributos referentes a um exercício, sem que o contribuinte comprove a liquidação dos débitos do exercício anterior ou o competente depósito judicial das quantias devidas.

(*) Publicado no *Diário Oficial da União*, de 21-11-1966. Regulamentado pelo Decreto n. 59.900, de 30-12-1966.

Art. 4.º Do produto do ITR e seus acréscidos, cabe ao Instituto Brasileiro de Reforma Agrária (IBRA) a parcela de 20% (vinte por cento) para custeio do respectivo serviço de lançamento e arrecadação.
•• Artigo suspenso pela Resolução do Senado Federal n. 337, de 27-9-1983.

Art. 5.º A taxa de serviços cadastrais cobrada pelo IBRA, pela emissão do Certificado de Cadastro, incide sobre todos os imóveis rurais, ainda que isentos do ITR.
•• O Decreto-lei n. 1.989, de 28-12-1982, dispõe sobre a taxa de serviços cadastrais de que trata este artigo.
•• O Decreto-lei n. 2.377, de 30-11-1987, estabelece em seu art. 1.º que ficam cancelados os débitos correspondentes aos exercícios de 1981 e 1986, concernente a imóveis rurais com área igual ou inferior a três módulos fiscais, relativos à taxa de serviço cadastral, de que trata este artigo.

§§ 1.º e 2.º (*Revogados pela Lei n. 5.868, de 12-12-1972.*)

Art. 6.º As isenções concedidas pelo art. 66 da Lei n. 4.504, de 30 de novembro de 1964, não se referem ao ITR e à Taxa de Serviços Cadastrais.
•• O art. 66 da Lei n. 4.504, de 30-11-1964, dispõe: "Art. 66. Os compradores e promitentes compradores de parcelas resultantes de colonização oficial ou particular, ficam isentos do pagamento dos tributos federais que incidam diretamente sobre o imóvel durante o período de cinco anos, a contar da data da compra ou compromisso. Parágrafo único. O órgão competente firmará convênios com o fim de obter, para os compradores e promitentes compradores, idênticas isenções de tributos estaduais e municipais".

Art. 7.º (*Revogado pela Lei n. 5.868, de 12-12-1972.*)

Art. 8.º Para fins de cadastramento e do lançamento do ITR, a área destinada à exploração mineral, em um imóvel rural, será considerada como inaproveitável, desde que seja comprovado que a mencionada destinação impede a exploração da mesma em atividades agrícolas, pecuária ou agroindustrial e que sejam satisfeitas as exigências estabelecidas na regulamentação deste Decreto-lei.

Art. 9.º Para fins de cadastramento e lançamento do ITR, as empresas industriais situadas em imóvel rural poderão incluir como inaproveitáveis as áreas ocupadas por suas instalações e as não cultivadas necessárias ao seu funcionamento, desde que feita a comprovação, junto ao IBRA, na forma do disposto na regulamentação deste Decreto-lei.

Art. 10. As notificações de lançamento e de cobrança do ITR e da Taxa de Cadastro considerar-se-ão feitas aos contribuintes, pela só publicação dos respectivos editais, no *Diário Oficial da União* e sua afixação na sede das Prefeituras em cujos municípios se localizam os imóveis, devendo os Prefeitos promoverem a mais ampla divulgação desses editais.

Parágrafo único. Até que sejam instalados os equipamentos próprios de computação do IBRA, que permitam a programação das emissões na forma estabelecida no inciso IV do artigo 48 da Lei n. 4.504, de 30 de novembro de 1964, o período de emissão de Guias será de 1.º de abril a 31 de julho de cada exercício.

•• O referido inciso IV determina que as épocas de cobrança do ITR deverão ser fixadas em regulamento, de tal forma que em cada região se ajustem o mais possível aos períodos normais de comercialização da produção.

Art. 11. (*Revogado pela Lei n. 5.868, de 12-12-1972.*)

Art. 12. Os tabeliães e oficiais do Registro de Imóvel franquearão seus livros, registros e demais papéis ao IBRA, por seus representantes devidamente credenciados, para a obtenção de elementos necessários ao Cadastro de Imóveis Rurais.

Art. 13. As terras de empresas organizadas como pessoa jurídica, pública ou privada, somente poderão ser consideradas como terras racionalmente aproveitadas, para os fins de aplicação do § 7.º do art. 50 da Lei n. 4.504, de 30 de novembro de 1964, quando satisfaçam, comprovadamente, junto ao IBRA, as exigências da referida lei e estejam classificadas como empresas de capital aberto, na forma do disposto no art. 59 da Lei n. 4.728, de 14 de julho de 1965.

Art. 14. (*Revogado pela Lei n. 5.868, de 12-12-1972.*)

Art. 15. O disposto no art. 32 da Lei n. 5.172, de 25 de outubro de 1966, não abrange o imóvel de que, comprovadamente, seja utilizado em exploração extrativa vegetal, agrícola, pecuária ou agroindustrial, incidindo assim, sobre o mesmo, o ITR e demais tributos com o mesmo cobrados.

•• A Resolução do Senado Federal n. 9, de 7-6-2005, suspendeu a revogação deste artigo.

Art. 16. Os loteamentos das áreas situadas fora da zona urbana, referidos no § 2.º do art. 32 da Lei n. 5.172, de 25 de outubro de 1966, só serão permitidos quando atendido o disposto no art. 61 da Lei n. 4.504, de 30 de novembro de 1964.

Art. 17. O Poder Executivo baixará dentro do prazo de 30 dias, regulamento sobre a aplicação deste Decreto-lei.

Art. 18. O presente Decreto-lei entra em vigor, na data de sua publicação, revogadas as disposições em contrário.

Brasília, 18 de novembro de 1966; 145.º da Independência e 78.º da República.

H. Castello Branco

DECRETO-LEI N. 195, DE 24 DE FEVEREIRO DE 1967 (*)

Dispõe sobre a cobrança da Contribuição de Melhoria.

O Presidente da República, usando das atribuições que lhe confere o § 2.º do art. 9.º do Ato Institucional n. 4, de 7 de dezembro de 1966, resolve baixar o seguinte Decreto-lei:

Art. 1.º A Contribuição de Melhoria, prevista na Constituição Federal, tem como fato gerador o acréscimo do valor do imóvel localizado nas áreas beneficiadas direta ou indiretamente por obras públicas.

Art. 2.º Será devida a Contribuição de Melhoria, no caso de valorização de imóveis de propriedade privada, em virtude de qualquer das seguintes obras públicas:

I – abertura, alargamento, pavimentação, iluminação, arborização, esgotos pluviais e outros melhoramentos de praças e vias públicas;

II – construção e ampliação de parques, campos de desportos, pontes, túneis e viadutos;

III – construção ou ampliação de sistemas de trânsito rápido, inclusive todas as obras e edificações necessárias ao funcionamento do sistema;

IV – serviços e obras de abastecimento de água potável, esgotos, instalações de redes elétricas, telefônicas, transportes e comunicações em geral ou de suprimento de gás, funiculares, ascensores e instalações de comodidade pública;

V – proteção contra secas, inundações, erosão, ressacas, e de saneamento e drenagem em geral, diques, cais, desobstrução de barras, portos e canais, retificação e regularização de cursos d'água e irrigação;

VI – construção de estradas de ferro e construção, pavimentação e melhoramento de estradas de rodagem;

VII – construção de aeródromos e aeroportos e seus acessos;

VIII – aterros e realizações de embelezamento em geral, inclusive desapropriações em desenvolvimento de plano de aspecto paisagístico.

Art. 3.º A Contribuição de Melhoria a ser exigida pela União, Estados, Distrito Federal e Municípios, para fazer face ao custo das obras públicas, será cobrada pela Unidade administrativa que as realizar, adotando-se como critério o benefício resultante da obra, calculado através de índices cadastrais das respectivas zonas de influência, a serem fixados em regulamentação deste Decreto-lei.

§ 1.º A apuração, dependendo da natureza das obras, far-se-á levando em conta a situação do imóvel na zona de influência, sua testada, área, finalidade de exploração econômica e outros elementos a serem considerados, isolada ou conjuntamente.

§ 2.º A determinação da Contribuição de Melhoria far-se-á rateando, proporcionalmente, o custo parcial ou total das obras, entre todos os imóveis incluídos nas respectivas zonas de influência.

§ 3.º A Contribuição de Melhoria será cobrada dos proprietários de imóveis do domínio privado, situados nas áreas direta e indiretamente beneficiadas pela obra.

§ 4.º Reputam-se feitas pela União as obras executadas pelos Territórios.

Art. 4.º A cobrança da Contribuição de Melhoria terá como limite o custo das obras, computadas as despesas de estudos, projetos, fiscalização, desapropriações, administração, execução e financiamento, inclusive prêmios de reembolso e outras de praxe em financiamento ou empréstimos e terá a sua expressão monetária atualizada na época do lançamento mediante aplicação de coeficientes de correção monetária.

§ 1.º Serão incluídos, nos orçamentos de custo das obras, todos os investimentos necessários para que os benefícios delas decorrentes sejam integralmente alcançados pelos imóveis situados nas respectivas zonas de influência.

§ 2.º A percentagem do custo real a ser cobrada mediante Contribuição de Melhoria será fixada tendo em vista a natureza da obra, os benefícios para os usuários, as atividades econômicas predominantes e o nível de desenvolvimento da região.

Art. 5.º Para cobrança da Contribuição de Melhoria, a Administração competente deverá publicar edital, contendo, entre outros, os seguintes elementos:

I – delimitação das áreas direta e indiretamente beneficiadas e a relação dos imóveis nelas compreendidos;

II – memorial descritivo do projeto;

III – orçamento total ou parcial do custo das obras;

IV – determinação da parcela do custo das obras a ser ressarcida pela contribuição, com o correspondente plano de rateio entre os imóveis beneficiados.

Parágrafo único. O disposto neste artigo aplica-se, também, aos casos de cobrança da Contribuição de Melhoria por obras públicas em execução, constantes de projetos ainda não concluídos.

Art. 6.º Os proprietários de imóveis situados nas zonas beneficiadas pelas obras públicas têm o prazo de 30 (trinta) dias, a começar da data da publicação do edital referido no art. 5.º, para a impugnação de qualquer dos elementos dele constantes, cabendo ao impugnante o ônus da prova.

• Ônus da prova no CPC: *vide* art. 373.

Art. 7.º A impugnação deverá ser dirigida à Administração competente, através de petição, que servirá para o início do processo administrativo conforme venha a ser regulamentado por decreto federal.

Art. 8.º Responde pelo pagamento da Contribuição de Melhoria o proprietário do imóvel ao tempo do seu lançamento, e esta responsabilidade se transmite aos adquirentes e sucessores, a qualquer título, do domínio do imóvel.

§ 1.º No caso de enfiteuse, responde pela Contribuição de Melhoria o enfiteuta.

(*) Publicado no *Diário Oficial da União*, de 27-2-1967. Retificado em 8-3-1967. *Vide* Súmula 129 do STF e art. 145, III, da CF.

§ 2.º No imóvel locado é lícito ao locador exigir aumento de aluguel correspondente a 10% (dez por cento) ao ano da Contribuição de Melhoria efetivamente paga.
- Lei de Locação de Imóveis: Lei n. 8.245, de 18-10-1991.

§ 3.º É nula a cláusula do contrato de locação que atribua ao locatário o pagamento, no todo ou em parte, da Contribuição de Melhoria lançada sobre o imóvel.

§ 4.º Os bens indivisos serão considerados como pertencentes a um só proprietário e aquele que for lançado terá direito de exigir dos condôminos as parcelas que lhes couberem.

Art. 9.º Executada a obra de melhoramento na sua totalidade ou em parte suficiente para beneficiar determinados imóveis, de modo a justificar o início da cobrança da Contribuição de Melhoria, proceder-se-á ao lançamento referente a esses imóveis depois de publicado o respectivo demonstrativo de custos.

Art. 10. O órgão encarregado do lançamento deverá escriturar, em registro próprio, o débito da Contribuição de Melhoria correspondente a cada imóvel, notificando o proprietário, diretamente ou por edital, do:

I – valor da Contribuição de Melhoria lançada;
II – prazo para o seu pagamento, suas prestações e vencimentos;
III – prazo para a impugnação;
IV – local do pagamento.

Parágrafo único. Dentro do prazo que lhe for concedido na notificação do lançamento, que não será inferior a 30 (trinta) dias, o contribuinte poderá reclamar, ao órgão lançador, contra:

I – o erro na localização e dimensões do imóvel;
II – o cálculo dos índices atribuídos;
III – o valor da contribuição;
IV – o número de prestações.

Art. 11. Os requerimentos de impugnação de reclamação, como também quaisquer recursos administrativos, não suspendem o início ou prosseguimento das obras e nem terão efeito de obstar a administração a prática dos atos necessários ao lançamento e cobrança da Contribuição de Melhoria.

Art. 12. A Contribuição de Melhoria será paga pelo contribuinte de forma que a sua parcela anual não exceda a 3% (três por cento) do maior valor fiscal do seu imóvel, atualizado à época da cobrança.

§ 1.º O ato da autoridade que determinar o lançamento poderá fixar descontos para o pagamento à vista, ou em prazos menores do que o lançado.

§ 2.º As prestações da Contribuição de Melhoria serão corrigidas monetariamente, de acordo com os coeficientes aplicáveis na correção dos débitos fiscais.

§ 3.º O atraso no pagamento das prestações fixadas no lançamento sujeitará o contribuinte à multa de mora de 12% (doze por cento) ao ano.

§ 4.º É lícito ao contribuinte liquidar a Contribuição de Melhoria com títulos da dívida pública, emitidos especialmente para financiamento da obra pela qual foi lançado; neste caso, o pagamento será feito pelo valor nominal do título, se o preço do mercado for inferior.

§ 5.º No caso do serviço público concedido, o poder concedente poderá lançar e arrecadar a contribuição.

§ 6.º Mediante convênio, a União poderá legar aos Estados e Municípios, ou ao Distrito Federal, o lançamento e a arrecadação da Contribuição de Melhoria devida por obra pública federal, fixando a percentagem da receita, que caberá ao Estado ou Município que arrecadar a contribuição.

§ 7.º Nas obras federais, quando, por circunstâncias da área a ser lançada ou da natureza da obra, o montante previsto na arrecadação da Contribuição de Melhoria não compensar o lançamento pela União, ou por seus órgãos, o lançamento poderá ser delegado aos municípios interessados e neste caso:

a) caberão aos Municípios o lançamento, arrecadação e as receitas apuradas; e
b) o órgão federal delegante se limitará a fixar os índices e critérios para o lançamento.

Art. 13. A cobrança da Contribuição de Melhoria resultante de obras executadas pela União, situadas em áreas urbanas de um único Município, poderá ser efetuada pelo órgão arrecadador municipal, em convênio com o órgão federal que houver realizado as referidas obras.

Art. 14. A conservação, a operação e a manutenção das obras referidas no artigo anterior, depois de concluídas, constituem encargos do Município em que estiverem situadas.

Art. 15. Os encargos de conservação, operação e manutenção das obras de drenagem e irrigação, não abrangidas pelo art. 13 e implantadas através da Contribuição de Melhoria, serão custeados pelos seus usuários.

Art. 16. Do produto de arrecadação de Contribuição de Melhoria, nas áreas prioritárias para a Reforma Agrária, cobrada pela União e prevista como integrante do Fundo Nacional da Reforma Agrária (art. 28, I, da Lei n. 4.504, de 30-11-1964), o Instituto Brasileiro de Reforma Agrária destinará importância idêntica a recolhida, para ser aplicada em novas obras e projetos de Reforma Agrária pelo mesmo órgão que realizou as obras públicas do que decorreu a contribuição.

- Estatuto da Terra: Lei n. 4.504, de 30-11-1964.

Art. 17. Para efeito do Imposto sobre a Renda, devido sobre a valorização imobiliária resultante de obra pública, deduzir-se-á a importância que o contribuinte houver pago, a título de Contribuição de Melhoria.

Art. 18. A dívida fiscal oriunda da Contribuição de Melhoria terá preferência sobre outras dívidas fiscais quanto ao imóvel beneficiado.

- Vide Lei n. 6.830, de 22-9-1980, que dispõe sobre a cobrança judicial da Dívida Ativa da Fazenda Pública.

Art. 19. Fica revogada a Lei n. 854, de 10 de outubro de 1949, e demais disposições legais em contrário.

Art. 20. Dentro de 90 (noventa) dias o Poder Executivo baixará decreto regulamentando o presente Decreto-lei, que entra em vigor na data de sua publicação.

Brasília, 24 de fevereiro de 1967; 146.º da Independência e 79.º da República.

H. Castello Branco

DECRETO-LEI N. 406, DE 31 DE DEZEMBRO DE 1968 (*)

Estabelece normas gerais de direito financeiro, aplicáveis aos impostos sobre operações relativas à circulação de mercadorias e sobre serviços de qualquer natureza, e dá outras providências.

O Presidente da República, usando das atribuições que lhe confere o § 1.º do art. 2.º do Ato Institucional n. 5, de 13 de dezembro de 1968, resolve baixar o seguinte Decreto-lei:

Art. 1.º O Imposto sobre Operações Relativas à Circulação de Mercadorias tem como fato gerador:

- Vide Súmulas 20, 68, 71, 80, 87, 94, 95, 129, 135, 155, 163, 166, 198, 237, 334, 350, 391, 395, 431, 432 e 433 do STJ.

I – a saída de mercadorias de estabelecimento comercial, industrial ou produtor;
II – a entrada em estabelecimento comercial, industrial ou produtor, de mercadoria importada do Exterior pelo titular do estabelecimento;
III – o fornecimento de alimentação, bebidas e outras mercadorias em restaurantes, bares, cafés e estabelecimentos similares.

- Vide Súmula 163 do STJ.

§ 1.º Equipara-se à saída a transmissão da propriedade de mercadoria, quando esta não transitar pelo estabelecimento do transmitente.

§ 2.º Quando a mercadoria for remetida para armazém geral ou para depósito fechado do próprio contribuinte, no mesmo Estado, a saída considera-se ocorrida no lugar do estabelecimento remetente:

(*) Publicado no *Diário Oficial da União*, de 31-12-1968, retificado em 9-1-1969 e 4-2-1969. **A Lei Complementar 214, de 16-1-2025, revoga este Decreto-lei, a partir de 1.º-1-2033.** Sobre ICM, vide Súmulas 536, 569, 571, 572, 573, 574, 576, 577, 578, 579, 660, 661, 662 e 663 do STF; Súmulas 20, 68, 71, 80, 87, 94, 95, 129, 135, 155, 163, 166, 198, 237, 334, 350, 391, 395, 431, 432 e 433 do STJ; e Lei Complementar n. 24, de 7-1-1975. Sobre ISS, vide Súmulas 588 do STF e 94, 156, 167 e 424 do STJ e, na CF, o art. 156, III e § 3.º, e a Lei Complementar n. 116, de 31-7-2003. Sobre ICMS na CF, vide arts. 155, II e § 2.º, 156, § 3.º, 161, I, e ainda o art. 34, §§ 6.º, 8.º e 9.º, do ADCT.

I – no momento da saída da mercadoria do armazém geral ou do depósito fechado, salvo se para retornar ao estabelecimento de origem;

II – no momento da transmissão de propriedade da mercadoria depositada em armazém geral ou em depósito fechado.
* Vide Súmula 166 do STJ.

§ 3.º O Imposto não incide:

I – sobre a saída de produtos industrializados destinados ao Exterior;

II – sobre a alienação fiduciária em garantia;

•• A Lei n. 5.589, de 3-7-1970, deu a seguinte nova redação ao item II do § 3.º do art. 52 da Lei n. 5.172, de 25-10-1966: "II – sobre a alienação fiduciária em garantia, bem como na operação posterior ao vencimento do contrato de financiamento respectivo, efetuado pelo credor, em razão do inadimplemento do devedor", quando deveria ter alterado o item II do § 3.º do art. 1.º do Decreto-lei n. 406, de 31-12-1968, que revogou o citado art. 52 da Lei n. 5.172/66.

III – sobre a saída de estabelecimento prestador dos serviços a que se refere o art. 8.º, de mercadorias a serem ou que tenham sido utilizadas na prestação de tais serviços, ressalvados os casos de incidência previstos na lista de serviços tributados;

•• Inciso III com redação determinada pelo Decreto-lei n. 834, de 8-9-1969.
•• Referência prejudicada em face da revogação do art. 8.º pela Lei Complementar n. 116, de 31-7-2003, que passou a tratar do assunto.

IV – sobre a saída de estabelecimento de empresa de transporte ou de depósito por conta e ordem desta, de mercadorias de terceiros.

§ 4.º São isentas do imposto:

I – as saídas de vasilhame, recipientes e embalagens, inclusive sacaria, quando não cobrados do destinatário ou não computados no valor das mercadorias que acondicionam e desde que devam retornar ao estabelecimento remetente ou a outro do mesmo titular;

II – as saídas de vasilhame, recipiente e embalagens, inclusive sacaria, em retorno ao estabelecimento remetente ou a outro do mesmo titular ou a depósito em seu nome;

III – a saída de mercadorias destinadas ao mercado interno e produzidas em estabelecimentos industriais como resultado de concorrência internacional, com participação de indústrias do País, contra pagamento com recursos oriundos de divisas conversíveis provenientes de financiamento a longo prazo de instituições financeiras internacionais ou entidades governamentais estrangeiras;

IV – as entradas de mercadorias em estabelecimento do importador, quando importadas do Exterior e destinadas à fabricação de peças, máquinas e equipamentos para o mercado interno como resultado de concorrência internacional com participação da indústria do País, contra pagamento com recursos provenientes de divisas conversíveis provenientes de financiamento a longo prazo de instituições financeiras internacionais ou entidades governamentais estrangeiras;

V – a entrada de mercadorias importadas do Exterior quando destinadas à utilização como matéria-prima em processos de industrialização, em estabelecimento do importador, desde que a saída dos produtos industrializados resultantes fique efetivamente sujeita ao pagamento do imposto;

VI – a entrada de mercadorias cuja importação estiver isenta do imposto, de competência da União, sobre a importação de produtos estrangeiros;

VII – a entrada, em estabelecimento do importador, de mercadorias importadas do Exterior sob o regime de *drawback*;

VIII – a saída, de estabelecimento de empreiteiro de construção civil, obras hidráulicas e outras obras semelhantes, inclusive serviços auxiliares ou complementares, de mercadorias adquiridas de terceiros e destinadas às construções, obras ou serviços referidos a cargo do remetente;

•• Inciso VIII com redação determinada pelo Decreto-lei n. 834, de 8-9-1969.

IX – as saídas de mercadorias de estabelecimento de produtor para estabelecimento de cooperativa de que faça parte, situado no mesmo Estado;

X – as saídas de mercadorias de estabelecimento de cooperativa de produtores para estabelecimentos, no mesmo Estado, da própria cooperativa, de cooperativa central ou de federação de cooperativas de que a cooperativa remetente faça parte.
* Vide Súmula 615 do STF.

§ 5.º O disposto no § 3.º, I, aplica-se também à saída de mercadorias de estabelecimentos, indústrias ou de seus depósitos com destino:

I – a empresas comerciais que operem exclusivamente no comércio de exportação;

II – a armazéns alfandegados e entrepostos aduaneiros.

§ 6.º No caso do § 5.º, a reintrodução da mercadoria no mercado interno tornará exigível o imposto devido pela saída, com destino aos estabelecimentos ali referidos.
* Vide Súmula 166 do STJ.

§ 7.º Os Estados isentarão do Imposto de Circulação de Mercadorias a venda a varejo, diretamente ao consumidor, dos gêneros de primeira necessidade que especificarem, não podendo estabelecer diferença em função dos que participam da operação tributada.

Art. 2.º A base de cálculo do imposto é:

I – o valor da operação de que decorrer a saída da mercadoria;
* Vide Súmulas 395 e 431 do STJ.

II – na falta do valor a que se refere o inciso anterior, o preço corrente da mercadoria, ou sua similar, no mercado atacadista da praça remetente;

III – na falta do valor e na impossibilidade de determinar o preço aludido no inciso anterior:

a) se o remetente for industrial, o preço FOB estabelecimento industrial, à vista;

b) se o remetente for comerciante, o preço FOB estabelecimento comercial, à vista, em vendas a outros comerciantes ou industriais;

IV – no caso do inciso II do art. 1.º, a base de cálculo é o valor constante dos documentos de importação, convertido em cruzeiros à taxa cambial efetivamente aplicada em cada caso e acrescido do valor dos Impostos de Importação e sobre Produtos Industrializados e demais despesas aduaneiras efetivamente pagos.

§ 1.º Nas saídas de mercadorias para estabelecimento em outro Estado, pertencente ao mesmo titular ou seu representante, quando as mercadorias não devam sofrer, no estabelecimento de destino, alteração de qualquer espécie, salvo reacondicionamento e quando a remessa for feita por preço de venda a não contribuinte, uniforme em todo o País, a base de cálculo será equivalente a 75% (setenta e cinco por cento) deste preço.

§ 2.º Na hipótese do inciso III, *b*, deste artigo, se o estabelecimento comercial remetente não efetuar vendas a outros comerciantes ou a industriais, a base de cálculo será equivalente a 75% (setenta e cinco por cento) do preço de venda no estabelecimento remetente, observado o disposto no § 3.º.

§ 3.º Para aplicação do inciso III do *caput* deste artigo, adotar-se-á a média ponderada dos preços efetivamente cobrados pelo estabelecimento remetente, no segundo mês anterior ao da remessa.

§ 4.º Nas operações interestaduais entre estabelecimentos de contribuintes diferentes, quando houver reajuste do valor da operação depois da remessa, a diferença ficará sujeita ao imposto no estabelecimento de origem.

§ 5.º O montante do Imposto sobre Produtos Industrializados não integra a base de cálculo definida neste artigo:

I – quando a operação constitua fato gerador de ambos os tributos;

II – em relação a mercadorias sujeitas ao Imposto sobre Produtos Industrializados com base de cálculo relacionada com o preço máximo de vendas no varejo marcado pelo fabricante.

§ 6.º Nas saídas de mercadorias decorrentes de operações de vendas aos encarregados da execução da política de preços mínimos, a base de cálculo é o preço mínimo fixado pela autoridade federal competente.

§ 7.º O montante do Imposto de Circulação de Mercadorias integra a base de cálculo a que se refere este artigo, constituindo o respectivo destaque mera indicação para fins de controle.
* Vide Súmula 258 do TFR.
* Vide Súmula 68 do STJ.

§ 8.º Na saída de mercadorias para o Exterior ou para os estabelecimentos a que se refere o § 5.º do art. 1.º, a base de cálculo

Decreto-lei n. 406, de 31-12-1968 – ICMS e ISS

será o valor líquido faturado, a ele não se adicionando frete auferido por terceiro, seguro, ou despesas decorrentes do serviço de embarque por via aérea ou marítima.

§ 9.º Quando for atribuída a condição de responsável, ao industrial, ao comerciante atacadista ou ao produtor, relativamente ao imposto devido pelo comerciante varejista, a base de cálculo do imposto será:

a) o valor da operação promovida pelo responsável acrescido da margem estimada de lucro do comerciante varejista obtida mediante aplicação de percentual fixado em lei sobre aquele valor;

b) o valor da operação promovida pelo responsável, acrescido da margem de lucro atribuída ao revendedor, no caso de mercadorias com preço de venda, máximo ou único, marcado pelo fabricante ou fixado pela autoridade competente.

•• § 9.º acrescentado pela Lei Complementar n. 44, de 7-12-1983.

§ 10. Caso a margem de lucro efetiva seja normalmente superior à estimada na forma da alínea *a* do parágrafo anterior, o percentual ali estabelecido será substituído pelo que for determinado em convênio celebrado na forma do disposto no § 6.º do art. 23 da Constituição Federal.

•• § 10 acrescentado pela Lei Complementar n. 44, de 7-12-1983.

Art. 3.º O Imposto sobre Circulação de Mercadorias é não cumulativo, abatendo-se, em cada operação, o montante cobrado nas anteriores, pelo mesmo ou por outro Estado.

• Vide Súmula 129 do STJ.

§ 1.º A lei estadual disporá de forma que o montante devido resulte da diferença a maior, em determinado período, entre o imposto referente às mercadorias saídas do estabelecimento e o pago relativamente às mercadorias nele entradas. O saldo verificado em determinado período a favor do contribuinte transfere-se para o período ou períodos seguintes.

§ 2.º Os Estados poderão facultar aos produtores a opção pelo abatimento de uma percentagem fixa, a título do montante do imposto pago relativamente às mercadorias entradas no respectivo estabelecimento.

§ 3.º Não se exigirá o estorno do imposto relativo às mercadorias entradas para utilização, como matéria-prima ou material secundário, na fabricação e embalagem dos produtos de que tratam o § 3.º, I, e o § 4.º, III, do art. 1.º. O disposto neste parágrafo não se aplica, salvo disposição da legislação estadual em contrário, às matérias-primas de origem animal ou vegetal que representem, individualmente, mais de 50% (cinquenta por cento) do valor do produto resultante de sua industrialização.

§ 4.º As empresas produtoras de discos fonográficos e de outros materiais de gravação de som poderão abater, do montante do Imposto de Circulação de Mercadorias, o valor dos direitos autorais, artísticos e conexos, comprovadamente pagos pela empresa, no mesmo período, aos autores e artistas, nacionais ou domiciliados no País, assim como aos seus herdeiros e sucessores, mesmo através de entidades que os representem.

§ 5.º Para efeito do cálculo a que se refere o § 1.º deste artigo, os Estados podem determinar a exclusão de imposto referente a mercadorias entradas no estabelecimento quando este imposto tiver sido devolvido, no todo ou em parte, ao próprio ou a outros contribuintes, por qualquer entidade tributante, mesmo sob forma de prêmio ou estímulo.

§ 6.º O disposto no parágrafo anterior não se aplica a mercadorias cuja industrialização for objeto de incentivo fiscal, prêmio ou estímulo, resultante de reconhecimento ou concessão por ato administrativo anterior a 31 de dezembro de 1968 e baseada em lei estadual promulgada até a mesma data.

•• § 6.º acrescentado pelo Decreto-lei n. 834, de 8-9-1969.

§ 7.º A lei estadual poderá estabelecer que o montante devido pelo contribuinte, em determinado período, seja calculado com base em valor fixado por estimativa, garantida, ao final do período, a complementação ou a restituição em moeda ou sob a forma de utilização como crédito fiscal, em relação, respectivamente, às quantias pagas com insuficiência ou em excesso.

•• § 7.º acrescentado pela Lei Complementar n. 44, de 7-12-1983.

Art. 4.º Em substituição ao sistema de que trata o artigo anterior, os Estados poderão dispor que o imposto devido resulte da diferença a maior, entre o montante do imposto relativo à operação a tributar e o pago na incidência anterior sobre a mesma mercadoria, nas seguintes hipóteses:

I – saída, de estabelecimentos comerciais atacadistas ou de cooperativas de beneficiamento e venda em comum, de produtos agrícolas *in natura* ou simplesmente beneficiados;

II – operações de vendedores ambulantes e de estabelecimentos de existência transitória.

Art. 5.º A alíquota do Imposto de Circulação de Mercadorias será uniforme para todas as mercadorias; o Senado Federal, através de resolução adotada por iniciativa do Presidente da República, fixará as alíquotas máximas para as operações internas, para as operações interestaduais e para as operações de exportação para o estrangeiro.

Parágrafo único. O limite a que se refere este artigo substituirá a alíquota estadual, quando esta for superior.

Art. 6.º Contribuinte do imposto é o comerciante, industrial ou produtor que promove a saída da mercadoria, o que a importa do Exterior ou que arremata em leilão ou adquire, em concorrência promovida pelo poder público, mercadoria importada e apreendida.

• Vide Súmulas 155 e 198 do STJ.

§ 1.º Consideram-se também contribuintes:

I – as sociedades civis de fins econômicos, inclusive cooperativas que pratiquem com habitualidade operações relativas à circulação de mercadorias;

II – as sociedades civis de fins não econômicos que explorem estabelecimentos industriais ou que pratiquem, com habitualidade, venda de mercadorias que para esse fim adquirem;

III – os órgãos da administração pública direta, as autarquias e empresas públicas, federais, estaduais ou municipais, que vendam, ainda que apenas a compradores de determinada categoria profissional ou funcional, mercadorias que, para esse fim, adquirirem ou produzirem.

§ 2.º Os Estados poderão considerar como contribuinte autônomo cada estabelecimento comercial, industrial ou produtor, permanente ou temporário, do contribuinte, inclusive veículos utilizados por este no comércio ambulante.

• Vide Súmula 166 do STJ.

§ 3.º A lei estadual poderá atribuir a condição de responsável:

a) ao industrial, comerciante ou outra categoria de contribuinte, quanto ao imposto devido na operação ou operações anteriores promovidas com a mercadoria ou seus insumos;

b) ao produtor industrial ou comerciante atacadista, quanto ao imposto devido pelo comerciante varejista;

c) ao produtor ou industrial, quanto ao imposto devido pelo comerciante atacadista e pelo comerciante varejista;

d) aos transportadores, depositários e demais encarregados da guarda ou comercialização de mercadorias.

•• § 3.º acrescentado pela Lei Complementar n. 44, de 7-12-1983.

§ 4.º Caso o responsável e o contribuinte substituído estejam estabelecidos em Estados diversos, a substituição dependerá de convênio entre os Estados interessados.

•• § 4.º acrescentado pela Lei Complementar n. 44, de 7-12-1983.

Art. 7.º Nas remessas de mercadorias para fora do Estado será obrigatória a emissão de documento fiscal, segundo modelo estabelecido em decreto do Poder Executivo federal.

Art. 8.º (*Revogado pela Lei Complementar n. 116, de 31-7-2003.*)

•• Vide Lei Complementar n. 116, de 31-7-2003.

Art. 9.º A base de cálculo do imposto é o preço do serviço.

§ 1.º Quando se tratar de prestação de serviços sob a forma de trabalho pessoal do próprio contribuinte, o imposto será calculado, por meio de alíquotas fixas ou va-

Decreto-lei n. 406, de 31-12-1968 – ICMS e ISS

riáveis, em função da natureza do serviço ou de outros fatores pertinentes, nestes não compreendida a importância paga a título de remuneração do próprio trabalho.
•• *Vide* art. 8.º, II, da Lei Complementar n. 116, de 31-7-2003.
• *Vide* Súmula 663 do STF.

§ 2.º Na prestação dos serviços a que se referem os itens 19 e 20 da lista anexa o imposto será calculado sobre o preço deduzido das parcelas correspondentes:
a) ao valor dos materiais fornecidos pelo prestador dos serviços;
b) ao valor das subempreitadas já tributadas pelo imposto.
•• § 2.º com redação determinada pelo Decreto-lei n. 834, de 8-9-1969.

§ 3.º Quando os serviços a que se referem os itens 1, 4, 8, 25, 52, 88, 89, 90, 91 e 92 da lista anexa forem prestados por sociedades, estas ficarão sujeitas ao imposto na forma do § 1.º, calculado em relação a cada profissional habilitado, sócio, empregado ou não, que preste serviços em nome da sociedade, embora assumindo responsabilidade pessoal, nos termos da lei aplicável.
•• § 3.º com redação dada pela Lei Complementar n. 56, de 15-12-1987.
• *Vide* Súmula 663 do STF.

§ 4.º Na prestação do serviço a que se refere o item 101 da Lista Anexa, o imposto é calculado sobre a parcela do preço correspondente à proporção direta da parcela da extensão da rodovia explorada, no território do Município, ou da metade da extensão de ponte que una dois Municípios.
•• § 4.º acrescentado pela Lei Complementar n. 100, de 22-12-1999.
• *Vide* art. 7.º, § 1.º, da Lei Complementar n. 116, de 31-7-2003.

§ 5.º A base de cálculo apurado nos termos do parágrafo anterior:
I – é reduzida, nos Municípios onde não haja posto de cobrança de pedágio, para 60% (sessenta por cento) de seu valor;
II – é acrescida, nos Municípios onde haja posto de cobrança de pedágio, do complemento necessário à sua integralidade em relação à rodovia explorada.
•• § 5.º acrescentado pela Lei Complementar n. 100, de 22-12-1999.

§ 6.º Para efeitos do disposto nos §§ 4.º e 5.º, considera-se rodovia explorada o trecho limitado pelos pontos equidistantes entre cada posto de cobrança de pedágio ou entre o mais próximo deles e o ponto inicial ou terminal da rodovia.
•• § 6.º acrescentado pela Lei Complementar n. 100, de 22-12-1999.

Arts. 10 a 12. (*Revogados pela Lei Complementar n. 116, de 31-7-2003.*)

Art. 13. Revogam-se os arts. 52, 53, 54, 55, 56, 57, 58, 71, 72 e 73 da Lei n. 5.172, de 25 de outubro de 1966, com suas modificações posteriores, bem como todas as demais disposições em contrário.

Art. 14. Este Decreto-lei entrará em vigor em 1.º de janeiro de 1969.
Brasília, 31 de dezembro de 1968; 147.º da Independência e 80.º da República.

A. Costa e Silva

LISTA DE SERVIÇOS (*)

• *Vide* Súmula 424 do STJ.
Serviços de:
1 – Médicos, inclusive análises clínicas, eletricidade médica, radioterapia, ultrassonografia, radiologia, tomografia e congêneres.
2 – Hospitais, clínicas, sanatórios, laboratórios de análise, ambulatórios, prontos-socorros, manicômios, casas de saúde, de repouso e de recuperação e congêneres.
3 – Bancos de sangue, leite, pele, olhos, sêmen e congêneres.
4 – Enfermeiros, obstetras, ortópticos, fonoaudiólogos, protéticos (prótese dentária).
5 – Assistência médica e congêneres previstos nos itens 1, 2 e 3 desta lista, prestados através de planos de medicina de grupo, convênios, inclusive com empresas para assistência a empregados.
6 – Planos de saúde, prestados por empresa que não esteja incluída no item 5 desta lista e que se cumpram através de serviços prestados por terceiros, contratados pela empresa ou apenas pagos por esta, mediante indicação do beneficiário do plano.
7 – (*Vetado.*)
8 – Médicos veterinários.
9 – Hospitais veterinários, clínicas veterinárias e congêneres.
10 – Guarda, tratamento, amestramento, adestramento, embelezamento, alojamento e congêneres, relativos a animais.
11 – Barbeiros, cabeleireiros, manicuros, pedicuros, tratamento de pele, depilação e congêneres.
12 – Banhos, duchas, sauna, massagens, ginásticas e congêneres.
13 – Varrição, coleta, remoção e incineração de lixo.
14 – Limpeza e dragagem de portos, rios e canais.
15 – Limpeza, manutenção e conservação de imóveis, inclusive vias públicas, parques e jardins.
16 – Desinfecção, imunização, higienização, desratização e congêneres.

(*) Com redação determinada pela Lei Complementar n. 56, de 15-12-1987. *Vide* Lista de Serviços da Lei Complementar n. 116, de 31-7-2003.

17 – Controle e tratamento de efluentes de qualquer natureza e de agentes físicos e biológicos.
18 – Incineração de resíduos quaisquer.
19 – Limpeza de chaminés.
20 – Saneamento ambiental e congêneres.
21 – Assistência técnica (*Vetado*).
22 – Assessoria ou consultoria de qualquer natureza, não contida em outros itens desta lista, organização, programação, planejamento, assessoria, processamento de dados, consultoria técnica, financeira ou administrativa (*Vetado*).
23 – Planejamento, coordenação, programação ou organização técnica, financeira ou administrativa (*Vetado*).
24 – Análises, inclusive de sistemas, exames, pesquisas e informações, coleta e processamento de dados de qualquer natureza.
25 – Contabilidade, auditoria, guarda-livros, técnicos em contabilidade e congêneres.
26 – Perícias, laudos, exames técnicos e análises técnicas.
27 – Traduções e interpretações.
28 – Avaliação de bens.
29 – Datilografia, estenografia, expediente, secretaria em geral e congêneres.
30 – Projetos, cálculos e desenhos técnicos de qualquer natureza.
31 – Aerofotogrametria (inclusive interpretação), mapeamento e topografia.
32 – Execução, por administração, empreitada ou subempreitada, de construção civil, de obras hidráulicas e outras obras semelhantes e respectiva engenharia consultiva, inclusive serviços auxiliares ou complementares (exceto o fornecimento de mercadorias produzidas pelo prestador de serviços, fora do local da prestação dos serviços, que fica sujeito ao ICM).
33 – Demolição.
34 – Reparação, conservação e reforma de edifícios, estradas, pontes, portos e congêneres (exceto o fornecimento de mercadorias produzidas pelo prestador de serviços fora do local da prestação dos serviços, que fica sujeito ao ICM).
35 – Pesquisa, perfuração, cimentação, perfilagem (*Vetado*), estimulação e outros serviços relacionados com a exploração e explotação de petróleo e gás natural.
36 – Florestamento e reflorestamento.
37 – Escoramento e contenção de encostas e serviços congêneres.
38 – Paisagismo, jardinagem e decoração (exceto o fornecimento de mercadorias, que fica sujeito ao ICM).
39 – Raspagem, calafetação, polimento, lustração de pisos, paredes e divisórias.

40 – Ensino, instrução, treinamento, avaliação de conhecimentos, de qualquer grau ou natureza.

41 – Planejamento, organização e administração de feiras, exposições, congressos e congêneres.

42 – Organização de festas e recepções: *buffet* (exceto o fornecimento de alimentação e bebidas, que fica sujeito ao ICM).

43 – Administração de bens e negócios de terceiros e de consórcio (*Vetado*).

44 – Administração de fundos mútuos (exceto a realizada por instituições autorizadas a funcionar pelo Banco Central).

45 – Agenciamento, corretagem ou intermediação de câmbio, de seguros e de planos de previdência privada.

46 – Agenciamento, corretagem ou intermediação de títulos quaisquer (exceto os serviços executados por instituições autorizadas a funcionar pelo Banco Central).

47 – Agenciamento, corretagem ou intermediação de direitos da propriedade industrial, artística ou literária.

48 – Agenciamento, corretagem ou intermediação de contratos de franquia (*franchise*) e de faturação (*factoring*) (excetuam-se os serviços prestados por instituições autorizadas a funcionar pelo Banco Central).

49 – Agenciamento, organização, promoção e execução de programas de turismo, passeios, excursões, guias de turismo e congêneres.

50 – Agenciamento, corretagem ou intermediação de bens móveis e imóveis não abrangidos nos itens 45, 46, 47 e 48.

51 – Despachantes.

52 – Agentes da propriedade industrial.

53 – Agentes da propriedade artística ou literária.

54 – Leilão.

55 – Regulação de sinistros cobertos por contratos de seguros; inspeção e avaliação de riscos para cobertura de contratos de seguros; prevenção e gerência de riscos seguráveis, prestados por quem não seja o próprio segurado ou companhia de seguro.

56 – Armazenamento, depósito, carga, descarga, arrumação e guarda de bens de qualquer espécie (exceto depósitos feitos em instituições financeiras autorizadas a funcionar pelo Banco Central).

57 – Guarda e estacionamento de veículos automotores terrestres.

58 – Vigilância ou segurança de pessoas e bens.

59 – Transporte, coleta, remessa ou entrega de bens ou valores, dentro do território do município.

60 – Diversões públicas:
a) (*Vetado*), cinemas, (*Vetado*), *taxi dancings* e congêneres;
b) bilhares, boliches, corridas de animais e outros jogos;
c) exposições com cobrança de ingresso;
d) bailes, *shows*, festivais, recitais e congêneres, inclusive espetáculos que sejam também transmitidos, mediante compra de direitos para tanto, pela televisão ou pelo rádio;
e) jogos eletrônicos;
f) competições esportivas ou de destreza física ou intelectual, com ou sem a participação do espectador, inclusive a venda de direitos à transmissão pelo rádio ou pela televisão;
g) execução de música, individualmente ou por conjuntos (*Vetado*).

61 – Distribuição e venda de bilhetes de loteria, cartões, pules ou cupons de apostas, sorteios ou prêmios.

62 – Fornecimento de música, mediante transmissão por qualquer processo, para vias públicas ou ambientes fechados (exceto transmissões radiofônicas ou de televisão).

63 – Gravação e distribuição de filmes e *video tapes*.

64 – Fonografia ou gravação de sons ou ruídos, inclusive trucagem, dublagem e mixagem sonora.

65 – Fotografia e cinematografia, inclusive revelação, ampliação, cópia, reprodução e trucagem.

66 – Produção, para terceiros, mediante ou sem encomenda prévia, de espetáculos, entrevistas e congêneres.

67 – Colocação de tapetes e cortinas, com material fornecido pelo usuário final do serviço.

68 – Lubrificação, limpeza e revisão de máquinas, veículos, aparelhos e equipamentos (exceto o fornecimento de peças e partes, que fica sujeito ao ICM).

69 – Conserto, restauração, manutenção e conservação de máquinas, veículos, motores, elevadores ou de qualquer objeto (exceto o fornecimento de peças e partes, que fica sujeito ao ICM).

70 – Recondicionamento de motores (o valor das peças fornecidas pelo prestador do serviço fica sujeito ao ICM).

71 – Recauchutagem ou regeneração de pneus para o usuário final.

72 – Recondicionamento, acondicionamento, pintura, beneficiamento, lavagem, secagem, tingimento, galvanoplastia, anodização, corte, recorte, polimento, plastificação e congêneres, de objetos não destinados à industrialização ou comercialização.

73 – Lustração de bens móveis quando o serviço for prestado para usuário final do objeto lustrado.

74 – Instalação e montagem de aparelhos, máquinas e equipamentos, prestados ao usuário final do serviço, exclusivamente com material por ele fornecido.

75 – Montagem industrial, prestada ao usuário final do serviço, exclusivamente com material por ele fornecido.

76 – Cópia ou reprodução, por quaisquer processos, de documentos e outros papéis, plantas ou desenhos.

77 – Composição gráfica, fotocomposição, clicheria, zincografia, litografia e fotolitografia.

78 – Colocação de molduras e afins, encadernação, gravação e douração de livros, revistas e congêneres.

79 – Locação de bens móveis, inclusive arrendamento mercantil.

80 – Funerais.

81 – Alfaiataria e costura, quando o material for fornecido pelo usuário final, exceto aviamento.

82 – Tinturaria e lavanderia.

83 – Taxidermia.

84 – Recrutamento, agenciamento, seleção, colocação ou fornecimento de mão de obra, mesmo em caráter temporário, inclusive por empregados do prestador do serviço ou por trabalhadores avulsos por ele contratados.

85 – Propaganda e publicidade, inclusive promoção de vendas, planejamento de campanhas ou sistemas de publicidade, elaboração de desenhos, textos e demais materiais publicitários (exceto sua impressão, reprodução ou fabricação).

86 – Veiculação e divulgação de textos, desenhos e outros materiais de publicidade, por qualquer meio (exceto em jornais, periódicos, rádios e televisão).

87 – Serviços portuários e aeroportuários; utilização de porto ou aeroporto; atracação; capatazia; armazenagem interna, externa e especial; suprimento de água, serviços acessórios; movimentação de mercadoria fora do cais.

88 – Advogados.

89 – Engenheiros, arquitetos, urbanistas, agrônomos.

90 – Dentistas.

91 – Economistas.

92 – Psicólogos.

93 – Assistentes sociais.

94 – Relações públicas.

95 – Cobranças e recebimentos por conta de terceiros, inclusive direitos autorais, protestos de títulos, sustação de protestos, devolução de títulos não pagos, manutenção de títulos vencidos, fornecimentos de posição de cobrança ou recebimento e outros serviços correlatos da cobrança ou recebimento (este item abrange também os serviços prestados por instituições autorizadas a funcionar pelo Banco Central).

96 – Instituições financeiras autorizadas a funcionar pelo Banco Central: fornecimento de talão de cheques; emissão de cheques administrativos; transferência de fundos; devolução de cheques; sustação de pagamento de cheques; ordens de pagamento e de créditos, por qualquer meio; emissão e renovação de cartões magnéticos; consultas em terminais eletrônicos; pagamentos por conta de terceiros, inclusive os feitos fora do estabelecimento; elaboração de ficha cadastral; aluguel de cofres; fornecimento de segunda via de avisos de lançamento de extrato de contas; emissão de carnês (neste item não está abrangido o ressarcimento, a instituições financeiras, de gastos com portes do Correio, telegramas, telex e teleprocessamento, necessários à prestação dos serviços).

97 – Transporte de natureza estritamente municipal.

98 – Comunicações telefônicas de um para outro aparelho dentro do mesmo município.

99 – Hospedagem em hotéis, motéis, pensões e congêneres (o valor da alimentação, quando incluído no preço da diária, fica sujeito ao Imposto sobre Serviços).

100 – Distribuição de bens de terceiros em representação de qualquer natureza.

101 – Exploração de rodovia mediante cobrança de preço dos usuários, envolvendo execução de serviços de conservação, manutenção, melhoramentos para adequação de capacidade e segurança de trânsito, operação, monitoração, assistência aos usuários e outros definidos em contratos, atos de concessão ou de permissão ou em normas oficiais.

•• Item 101 acrescentado pela Lei Complementar n. 100, de 22-12-1999.

LEI COMPLEMENTAR N. 7, DE 7 DE SETEMBRO DE 1970 (*)

(*) Publicada no *Diário Oficial da União*, de 8-9-1970. Retificada em 10-9-1970. Regulamentada pelo Decreto n. 4.524, de 17-12-2002. *Vide* Lei Complementar n. 8, de 3-12-1970.
A Lei n. 9.701, de 17-11-1998, dispõe sobre a base de cálculo da contribuição para o PIS.

Institui o Programa de Integração Social e dá outras providências.

O Presidente da República.

Faço saber que o Congresso Nacional decreta e eu sanciono a seguinte Lei Complementar:

Art. 1.º É instituído, na forma prevista nesta Lei, o Programa de Integração Social, destinado a promover a integração do empregado na vida e no desenvolvimento das empresas.

•• *Vide* Decreto n. 4.524, de 17-12-2002.

§ 1.º Para os fins desta Lei, entende-se por empresa a pessoa jurídica, nos termos da legislação do Imposto de Renda, e por empregado todo aquele assim definido pela Legislação Trabalhista.

§ 2.º A participação dos trabalhadores avulsos, assim definidos os que prestam serviços a diversas empresas, sem relação empregatícia, no Programa de Integração Social, far-se-á nos termos do Regulamento a ser baixado, de acordo com o art. 11 desta Lei.

Art. 2.º O Programa de que trata o artigo anterior será executado mediante Fundo de Participação, constituído por depósitos efetuados pelas empresas na Caixa Econômica Federal.

Parágrafo único. A Caixa Econômica Federal poderá celebrar convênios com estabelecimentos da rede bancária nacional, para o fim de receber os depósitos a que se refere este artigo.

Art. 3.º O Fundo de Participação será constituído por duas parcelas:

a) a primeira, mediante dedução do Imposto de Renda devido, na forma estabelecida no § 1.º deste artigo, processando-se o seu recolhimento ao Fundo juntamente com o pagamento do Imposto de Renda;

b) a segunda, com recursos próprios da empresa, calculados com base no faturamento, como segue:

•• *Vide* Lei Complementar n. 17, de 12-12-1973.
•• A Lei Complementar n. 214, de 16-1-2025, revoga esta alínea a partir de 1.º-1-2027.

1) no exercício de 1971, 0,15%;
2) no exercício de 1972, 0,25%;
3) no exercício de 1973, 0,40%;
4) no exercício de 1974 e subsequentes, 0,50%.

§ 1.º A dedução a que se refere a alínea *a* deste artigo será feita sem prejuízo do direito de utilização dos incentivos fiscais previstos na legislação em vigor e calculada

Apuração, cobrança, fiscalização, arrecadação e administração da contribuição para o PIS/PASEP: Instrução Normativa n. 2.121, de 15-12-2022, da SRFB.
A Lei n. 9.715, de 25-11-1998, dispõe sobre as contribuições para os Programas de Integração Social e de Formação do Patrimônio do Servidor Público – PIS/PASEP.
Vide art. 239 da CF e a Lei n. 9.718, de 27-11-1998.

com base no valor do Imposto de Renda devido, nas seguintes proporções:

a) no exercício de 1971: 2%;
b) no exercício de 1972: 3%;
c) no exercício de 1973 e subsequentes: 5%.

§ 2.º As instituições financeiras, sociedades seguradoras e outras empresas que não realizam operações de vendas de mercadorias participarão do Programa de Integração Social com uma contribuição ao Fundo de Participação de recursos próprios de valor idêntico do que for apurado na forma do parágrafo anterior.

§ 3.º As empresas que a título de incentivos fiscais estejam isentas, ou venham a ser isentadas, do pagamento do Imposto de Renda contribuirão para o Fundo de Participação, na base de cálculo como se aquele tributo fosse devido, obedecidas as percentagens previstas neste artigo.

§ 4.º As entidades de fins não lucrativos, que tenham empregados assim definidos pela Legislação Trabalhista, contribuirão para o Fundo na forma da lei.

§ 5.º A Caixa Econômica Federal resolverá os casos omissos de acordo com os critérios fixados pelo Conselho Monetário Nacional.

Art. 4.º O Conselho Monetário Nacional poderá alterar, até 50% (cinquenta por cento), para mais ou para menos, os percentuais de contribuição de que trata o § 2.º do art. 3.º, tendo em vista a proporcionalidade das contribuições.

Art. 5.º A Caixa Econômica Federal emitirá, em nome de cada empregado, uma Caderneta de Participação – Programa de Integração Social – movimentável na forma dos arts. 8.º e 9.º desta Lei.

Art. 6.º A efetivação dos depósitos no Fundo correspondente à contribuição referida na alínea *b* do art. 3.º será processada mensalmente a partir de 1.º de julho de 1971.

Parágrafo único. A contribuição de julho será calculada com base no faturamento de janeiro; a de agosto, com base no faturamento de fevereiro; e assim sucessivamente.

• *Vide* Súmula 468 do STJ.

Art. 7.º A participação do empregado no Fundo far-se-á mediante depósitos efetuados em contas individuais abertas em nome de cada empregado, obedecidos os seguintes critérios:

a) 50% (cinquenta por cento) do valor destinado ao Fundo será dividido em partes proporcionais ao montante de salários recebidos no período;

b) os 50% (cinquenta por cento) restantes serão divididos em partes proporcionais aos quinquênios de serviços prestados pelo empregado.

§ 1.º Para os fins deste artigo, a Caixa Econômica Federal, com base nas informações fornecidas pelas empresas, no prazo de 180 (cento e oitenta) dias, contados da publicação desta Lei, organizará um Cadastro-Geral dos participantes do Fundo, na forma que for estabelecida em regulamento.

§ 2.º A omissão dolosa de nome de empregado entre os participantes do Fundo sujeitará a empresa a multa, em benefício do Fundo, no valor de 10 (dez) meses de salários, devidos ao empregado cujo nome houver sido omitido.

§ 3.º Igual penalidade será aplicada em caso de declaração falsa sobre o valor do salário e do tempo de serviço do empregado na empresa.

Arts. 8.º e 9.º (*Revogados pela Lei Complementar n. 26, de 11-9-1975.*)

Art. 10. As obrigações das empresas, decorrentes desta Lei, são de caráter exclusivamente fiscal, não gerando direitos de natureza trabalhista nem incidência de qualquer contribuição previdenciária em relação a quaisquer prestações devidas, por lei ou por sentença judicial, ao empregado.

Parágrafo único. As importâncias incorporadas ao Fundo não se classificam como rendimento do trabalho, para qualquer efeito da Legislação Trabalhista, de Previdência Social ou Fiscal e não se incorporam aos salários ou gratificações, nem estão sujeitas ao Imposto sobre a Renda e proventos de qualquer natureza.

Art. 11. Dentro de 120 (cento e vinte) dias, a contar da vigência desta Lei, a Caixa Econômica Federal submeterá à aprovação do Conselho Monetário Nacional o regulamento do Fundo, fixando as normas para o recolhimento e a distribuição dos recursos, assim como as diretrizes e os critérios para a sua aplicação.

Parágrafo único. O Conselho Monetário Nacional pronunciar-se-á, no prazo de 60 (sessenta) dias, a contar do seu recebimento, sobre o Projeto de regulamento do Fundo.

Art. 12. As disposições desta Lei não se aplicam a quaisquer entidades integrantes da administração pública federal, estadual ou municipal, dos Territórios e do Distrito Federal, direta ou indireta, adotando-se, em todos os níveis, para efeito de conceituação, como entidades da Administração Indireta, os critérios constantes dos Decretos-leis n. 200, de 25 de fevereiro de 1967, e 900, de 29 de setembro de 1969.

Art. 13. Esta Lei Complementar entrará em vigor na data de sua publicação.

Art. 14. Revogam-se as disposições em contrário.

Brasília, 7 de setembro de 1970; 149.º da Independência e 82.º da República.

EMÍLIO G. MÉDICI

LEI COMPLEMENTAR N. 8, DE 3 DE DEZEMBRO DE 1970 (*)

(*) Publicada no *Diário Oficial da União*, de 4-12-1970. Regulamentada pelo Decreto n. 4.524, de 17-12-2002.

A Lei n. 9.715, de 25-11-1998, dispõe sobre as contribuições para os Programas de Integração Social e de Formação do Patrimônio do Servidor Público – PIS/PASEP.

Apuração, cobrança, fiscalização, arrecadação e administração da contribuição para o PIS/PASEP: Instrução Normativa n. 2.121, de 15-12-2022, da SRFB.

Institui o Programa de Formação do Patrimônio do Servidor Público e dá outras providências.

O Presidente da República.

Faço saber que o Congresso Nacional decreta e eu sanciono a seguinte Lei Complementar:

Art. 1.º É instituído, na forma prevista nesta Lei Complementar, o Programa de Formação do Patrimônio do Servidor Público.

•• *Vide* Emenda Constitucional n. 132, de 20-12-2023 (Reforma Tributária).

Art. 2.º A União, os Estados, os Municípios, o Distrito Federal e os Territórios contribuirão para o Programa, mediante recolhimento mensal ao Banco do Brasil das seguintes parcelas:

I – União:

1% (um por cento) das receitas correntes efetivamente arrecadadas, deduzidas as transferências feitas a outras entidades da Administração Pública, a partir de 1.º de julho de 1971; 1,5% (um e meio por cento) em 1972 e 2% (dois por cento) no ano de 1973 e subsequentes;

II – Estados, Municípios, Distrito Federal e Territórios:

a) 1% (um por cento) das receitas correntes próprias, deduzidas as transferências feitas a outras entidades da Administração Pública, a partir de 1.º de julho de 1971; 1,5% (um e meio por cento) em 1972 e 2% (dois por cento) no ano de 1973 e subsequentes;

b) 2% (dois por cento) das transferências recebidas do Governo da União e dos Estados através do Fundo de Participações dos Estados, Distrito Federal e Municípios, a partir de 1.º de julho de 1971.

Parágrafo único. Não recairá, em nenhuma hipótese, sobre as transferências de que trata este artigo, mais de uma contribuição.

Art. 3.º As autarquias, empresas públicas, sociedades de economia mista e fundações, da União, dos Estados, dos Municípios, do Distrito Federal e dos Territórios contribuirão para o Programa com 0,4% (quatro décimos por cento) da receita orçamentária, inclusive transferências e receita operacional, a partir de 1.º de julho de 1971; 0,6% (seis décimos por cento) em 1972 e 0,8% (oito décimos por cento) no ano de 1973 e subsequentes.

Art. 4.º As contribuições recebidas pelo Banco do Brasil serão distribuídas entre todos os servidores em atividades, civis e militares, da União, dos Estados, Municípios, Distrito Federal e Territórios, bem como das suas entidades da administração indireta e fundações, observados os seguintes critérios:

a) 50% (cinquenta por cento) proporcionais ao montante da remuneração percebida pelo servidor, no período;

b) 50% (cinquenta por cento) em partes proporcionais aos quinquênios de serviços prestados pelo servidor.

Parágrafo único. A distribuição de que trata este artigo somente beneficiará os titulares, nas entidades mencionadas nesta Lei Complementar, de cargo ou função de provimento efetivo ou que possam adquirir estabilidade, ou de emprego de natureza não eventual, regido pela legislação trabalhista.

Art. 5.º O Banco do Brasil S.A., ao qual competirá a administração do Programa, manterá contas individualizadas para cada servidor e cobrará uma comissão de serviço, tudo na forma que for estipulada pelo Conselho Monetário Nacional.

§ 1.º Os depósitos a que se refere este artigo não estão sujeitos a Imposto de Renda ou contribuição previdenciária, nem se incorporam, para qualquer fim, à remuneração do cargo, função ou emprego.

§§ 2.º a 5.º (*Revogados pela Lei Complementar n. 26, de 11-9-1975.*)

§ 6.º O Banco do Brasil S.A. organizará o cadastro geral dos beneficiários desta Lei Complementar.

Art. 6.º (*Revogado pela Lei Complementar n. 19, de 25-6-1974.*)

Art. 7.º As importâncias creditadas nas contas do Programa de Formação do Patrimônio do Servidor Público e do Programa de Integração Social são inalienáveis e impenhoráveis, e serão obrigatoriamente transferidas de um para outro, no caso de passar o servidor, pela alteração da relação de emprego, do setor público para o privado, e vice-versa.

Art. 8.º A aplicação do disposto nesta Lei Complementar aos Estados e Municípios, às suas entidades da administração indireta e fundações, bem como aos seus servidores, dependerá de norma legislativa estadual ou municipal.

Art. 9.º Esta Lei Complementar entrará em vigor na data de sua publicação, revogadas as disposições em contrário.

Brasília, 3 de dezembro de 1970; 149.º da Independência e 82.º da República.

EMÍLIO G. MÉDICI

DECRETO N. 70.235, DE 6 DE MARÇO DE 1972 (**)

Dispõe sobre o processo administrativo fiscal e dá outras providências.

O Presidente da República, usando das atribuições que lhe confere o art. 81, III, da Constituição e tendo em vista o disposto no

---

(**) Publicado no *Diário Oficial da União*, de 7-3-1972. O Decreto n. 7.574, de 29-9-2011, regulamenta o processo de determinação e exigência de créditos tributários da União, o processo de consulta sobre a aperçação da legislação tributária federal e outros processos que específica, sobre matérias administradas pela Secretaria da Receita Federal do Brasil.

art. 2.º do Decreto-lei n. 822, de 5 de setembro de 1969, decreta:

DISPOSIÇÃO PRELIMINAR

Art. 1.º Este Decreto rege o processo administrativo de determinação e exigência dos créditos tributários da União e o de consulta sobre a aplicação da legislação tributária federal.

Capítulo I
DO PROCESSO FISCAL

Seção I
Dos Atos e Termos Processuais

Art. 2.º Os atos e termos processuais, quando a lei não prescrever forma determinada, conterão somente o indispensável à sua finalidade, sem espaço em branco, e sem entrelinhas, rasuras ou emendas não ressalvadas.

Parágrafo único. Os atos e termos processuais poderão ser formalizados, tramitados, comunicados e transmitidos em formato digital, conforme disciplinado em ato da administração tributária.

•• Parágrafo único com redação determinada pela Lei n. 12.865, de 9-10-2013.

Art. 3.º A autoridade local fará realizar, no prazo de 30 (trinta) dias, os atos processuais que devam ser praticados em sua jurisdição, por solicitação de outra autoridade preparadora ou julgadora.

Art. 4.º Salvo disposição em contrário, o servidor executará os atos processuais no prazo de 8 (oito) dias.

Seção II
Dos Prazos

Art. 5.º Os prazos serão contínuos, excluindo-se na sua contagem o dia do início e incluindo-se o do vencimento.

Parágrafo único. Os prazos só se iniciam ou vencem no dia de expediente normal no órgão em que corra o processo ou deva ser praticado o ato.

Art. 6.º (*Revogado pela Lei n. 8.748, de 9-12-1993.*)

Seção III
Do Procedimento

Art. 7.º O procedimento fiscal tem início com:

I – o primeiro ato de ofício, escrito, praticado por servidor competente, cientificado o sujeito passivo da obrigação tributária ou seu preposto;

II – a apreensão de mercadorias, documentos ou livros;

III – o começo do despacho aduaneiro de mercadoria importada.

§ 1.º O início do procedimento exclui a espontaneidade do sujeito passivo em relação aos atos anteriores e, independentemente de intimação, a dos demais envolvidos nas infrações verificadas.

§ 2.º Para os efeitos do disposto no § 1.º, os atos referidos nos incisos I e II valerão pelo prazo de 60 (sessenta) dias, prorrogável, sucessivamente, por igual período com qualquer outro ato escrito que indique o prosseguimento dos trabalhos.

•• *Vide* art. 6.º da Lei Complementar n. 105, de 10-1-2001, regulamentado pelo Decreto n. 3.724, de 10-1-2001.

Art. 8.º Os termos decorrentes de atividade fiscalizadora serão lavrados, sempre que possível, em livro fiscal, extraindo-se cópia para anexação ao processo; quando não lavrados em livro, entregar-se-á cópia autenticada à pessoa sob fiscalização.

Art. 9.º A exigência do crédito tributário e a aplicação de penalidade isolada serão formalizados em autos de infração ou notificações de lançamento, distintos para cada tributo ou penalidade, os quais deverão estar instruídos com todos os termos, depoimentos, laudos e demais elementos de prova indispensáveis à comprovação do ilícito.

•• *Caput* com redação determinada pela Lei n. 11.941, de 27-5-2009.

§ 1.º Os autos de infração e as notificações de lançamento de que trata o *caput* deste artigo, formalizados em relação ao mesmo sujeito passivo, podem ser objeto de um único processo, quando a comprovação dos ilícitos depender dos mesmos elementos de prova.

•• § 1.º com redação determinada pela Lei n. 11.196, de 21-11-2005.

§ 2.º Os procedimentos de que tratam este artigo e o art. 7.º serão válidos, mesmo que formalizados por servidor competente de jurisdição diversa da do domicílio tributário do sujeito passivo.

•• § 2.º com redação determinada pela Lei n. 8.748, de 9-12-1993.

§ 3.º A formalização da exigência, nos termos do parágrafo anterior, previne a jurisdição e prorroga a competência da autoridade que dela primeiro conhecer.

•• § 3.º com redação determinada pela Lei n. 8.748, de 9-12-1993.

§ 4.º O disposto no *caput* deste artigo aplica-se também nas hipóteses em que, constatada infração à legislação tributária, dela não resulte exigência de crédito tributário.

•• § 4.º acrescentado pela Lei n. 11.941, de 27-5-2009.

§ 5.º Os autos de infração e as notificações de lançamento de que trata o *caput* deste artigo, formalizados em decorrência de fiscalização relacionada a regime especial unificado de arrecadação de tributos, poderão conter lançamento único para todos os tributos por eles abrangidos.

•• § 5.º acrescentado pela Lei n. 11.941, de 27-5-2009.

§ 6.º O disposto no *caput* deste artigo não se aplica às contribuições de que trata o art. 3.º da Lei n. 11.457, de 16 de março de 2007.

•• § 6.º acrescentado pela Lei n. 11.941, de 27-5-2009.

Art. 10. O auto de infração será lavrado por servidor competente, no local da verificação da falta, e conterá obrigatoriamente:

I – a qualificação do autuado;

II – o local, a data e a hora da lavratura;

III – a descrição do fato;

IV – a disposição legal infringida e a penalidade aplicável;

V – a determinação da exigência e a intimação para cumpri-la ou impugná-la no prazo de 30 (trinta) dias;

VI – a assinatura do autuante e a indicação de seu cargo ou função e o número de matrícula.

Art. 11. A notificação de lançamento será expedida pelo órgão que administra o tributo e conterá obrigatoriamente:

I – a qualificação do notificado;

II – o valor do crédito tributário e o prazo para recolhimento ou impugnação;

III – a disposição legal infringida, se for o caso;

IV – a assinatura do chefe do órgão expedidor ou de outro servidor autorizado e a indicação de seu cargo ou função e o número de matrícula.

Parágrafo único. Prescinde de assinatura a notificação de lançamento emitida por processo eletrônico.

Art. 12. O servidor que verificar a ocorrência de infração à legislação tributária federal e não for competente para formalizar a exigência comunicará o fato, em representação circunstanciada, a seu chefe imediato, que adotará as providências necessárias.

Art. 13. A autoridade preparadora determinará que seja informado, no processo, se o infrator é reincidente, conforme definição da lei específica, se essa circunstância não tiver sido declarada na formalização da exigência.

Art. 14. A impugnação da exigência instaura a fase litigiosa do procedimento.

Art. 14-A. No caso de determinação e exigência de créditos tributários da União cujo sujeito passivo seja órgão ou entidade de direito público da administração pública federal, a submissão do litígio à composição extrajudicial pela Advocacia-Geral da União é considerada reclamação, para fins do disposto no inciso III do art. 151 da Lei n. 5.172, de 25 de outubro de 1966 – Código Tributário Nacional.

•• Artigo acrescentado pela Lei n. 13.140, de 26-6-2015.

Art. 14-B. (*Vetado.*)

•• Artigo acrescentado pela Lei n. 14.689, de 20-9-2023.

Art. 15. A impugnação, formalizada por escrito e instruída com os documentos em que se fundamentar, será apresentada ao órgão preparador no prazo de 30 (trinta) dias, contados da data em que for feita a intimação da exigência.

Parágrafo único. (*Revogado pela Lei n. 11.941, de 27-5-2009.*)

Art. 16. A impugnação mencionará:

I – a autoridade julgadora a quem é dirigida;

II – a qualificação do impugnante;

III – os motivos de fato e de direito em que se fundamenta, os pontos de discordância e as razões e provas que possuir;
•• Inciso III com redação determinada pela Lei n. 8.748, de 9-12-1993.

IV – as diligências, ou perícias que o impugnante pretenda sejam efetuadas, expostos os motivos que as justifiquem, com a formulação dos quesitos referentes aos exames desejados, assim como, no caso de perícia, o nome, o endereço e a qualificação profissional do seu perito;
•• Inciso IV com redação determinada pela Lei n. 8.748, de 9-12-1993.

V – se a matéria impugnada foi submetida à apreciação judicial, devendo ser juntada cópia da petição.
•• Inciso V acrescentado pela Lei n. 11.196, de 21-11-2005.

§ 1.º Considerar-se-á não formulado o pedido de diligência ou perícia que deixar de atender aos requisitos previstos no inciso IV do art. 16.
•• § 1.º acrescentado pela Lei n. 8.748, de 9-12-1993.

§ 2.º É defeso ao impugnante, ou a seu representante legal, empregar expressões injuriosas nos escritos apresentados no processo, cabendo ao julgador, de ofício ou a requerimento do ofendido, mandar riscá-las.
•• § 2.º acrescentado pela Lei n. 8.748, de 9-12-1993.

§ 3.º Quando o impugnante alegar direito municipal, estadual ou estrangeiro, provar-lhe-á o teor e a vigência, se assim o determinar o julgador.
•• § 3.º acrescentado pela Lei n. 8.748, de 9-12-1993.

§ 4.º A prova documental será apresentada na impugnação, precluindo o direito de o impugnante fazê-lo em outro momento processual, a menos que:
a) fique demonstrada a impossibilidade de sua apresentação oportuna, por motivo de força maior;
b) refira-se a fato ou a direito superveniente;
c) destine-se a contrapor fatos ou razões posteriormente trazidas aos autos.
•• § 4.º acrescentado pela Lei n. 9.532, de 10-12-1997.

§ 5.º A juntada de documentos após a impugnação deverá ser requerida à autoridade julgadora, mediante petição em que se demonstre, com fundamentos, a ocorrência de uma das condições previstas nas alíneas do parágrafo anterior.
•• § 5.º acrescentado pela Lei n. 9.532, de 10-12-1997.

§ 6.º Caso já tenha sido proferida a decisão, os documentos apresentados permanecerão nos autos para, se for interposto recurso, serem apreciados pela autoridade julgadora de segunda instância.
•• § 6.º acrescentado pela Lei n. 9.532, de 10-12-1997.

Art. 17. Considerar-se-á não impugnada a matéria que não tenha sido expressamente contestada pelo impugnante.
•• Artigo com redação determinada pela Lei n. 9.532, de 10-12-1997.

Art. 18. A autoridade julgadora de primeira instância determinará, de ofício ou a requerimento do impugnante, a realização de diligências ou perícias, quando entendê-las necessárias, indeferindo as que considerar prescindíveis ou impraticáveis, observando o disposto no art. 28, *in fine*.
•• *Caput* com redação determinada pela Lei n. 8.748, de 9-12-1993.

§ 1.º Deferido o pedido de perícia, ou determinada de ofício sua realização, a autoridade designará servidor para, como perito da União, a ela proceder e intimará o perito do sujeito passivo a realizar o exame requerido, cabendo a ambos apresentar os respectivos laudos em prazo que será fixado segundo o grau de complexidade dos trabalhos a serem executados.
•• § 1.º com redação determinada pela Lei n. 8.748, de 9-12-1993.

§ 2.º Os prazos para realização de diligência ou perícia poderão ser prorrogados, a juízo da autoridade.
•• § 2.º com redação determinada pela Lei n. 8.748, de 9-12-1993.

§ 3.º Quando, em exames posteriores, diligências ou perícias, realizados no curso do processo, forem verificadas incorreções, omissões ou inexatidões de que resultem agravamento da exigência inicial, inovação ou alteração da fundamentação legal da exigência, será lavrado auto de infração ou emitida notificação de lançamento complementar, devolvendo-se, ao sujeito passivo, prazo para impugnação no concernente à matéria modificada.
•• § 3.º com redação determinada pela Lei n. 8.748, de 9-12-1993.

Art. 19. (*Revogado pela Lei n. 8.748, de 9-12-1993.*)

Art. 20. No âmbito da Secretaria da Receita Federal, a designação de servidor para proceder aos exames relativos a diligências ou perícias recairá sobre Auditor-Fiscal do Tesouro Nacional.
•• Artigo com redação determinada pela Lei n. 8.748, de 9-12-1993.
•• A Secretaria da Receita Federal passa a denominar-se Secretaria da Receita Federal do Brasil, por força da Lei n. 11.457, de 16-3-2007.

Art. 21. Não sendo cumprida nem impugnada a exigência, a autoridade preparadora declarará a revelia, permanecendo o processo no órgão preparador, pelo prazo de 30 (trinta) dias, para cobrança amigável.
•• *Caput* com redação determinada pela Lei n. 8.748, de 9-12-1993.

§ 1.º No caso de impugnação parcial, não cumprida a exigência relativa à parte não litigiosa do crédito, o órgão preparador, antes da remessa dos autos a julgamento, providenciará a formação de autos apartados para a imediata cobrança da parte não contestada, consignando essa circunstância no processo original.
•• § 1.º com redação determinada pela Lei n. 8.748, de 9-12-1993.

§ 2.º A autoridade preparadora, após a declaração de revelia e findo o prazo previsto no *caput* deste artigo, procederá, em relação às mercadorias e outros bens perdidos em razão de exigência não impugnada, na forma do art. 63.
•• § 2.º com redação determinada pela Lei n. 8.748, de 9-12-1993.

§ 3.º Esgotado o prazo de cobrança amigável sem que tenha sido pago o crédito tributário, o órgão preparador declarará o sujeito passivo devedor remisso e encaminhará o processo à autoridade competente para promover a cobrança executiva.
•• *Vide* Decreto-lei n. 1.715, de 22-11-1979, art. 5.º (extinção da declaração de devedor remisso).

§ 4.º O disposto no parágrafo anterior aplicar-se-á aos casos em que o sujeito passivo não cumprir as condições estabelecidas para a concessão de moratória.

§ 5.º A autoridade preparadora, após a declaração de revelia e findo o prazo previsto no *caput* deste artigo, procederá, em relação às mercadorias e outros bens perdidos em razão de exigência não impugnada, na forma do art. 63.

Art. 22. O processo será organizado em ordem cronológica e terá suas folhas numeradas e rubricadas.

Seção IV
Da Intimação

Art. 23. Far-se-á a intimação:

I – pessoal, pelo autor do procedimento ou por agente do órgão preparador, na repartição ou fora dela, provada com a assinatura do sujeito passivo, seu mandatário ou preposto, ou, no caso de recusa, com declaração escrita de quem o intimar;
•• Inciso I com redação determinada pela Lei n. 9.532, de 10-12-1997.

II – por via postal, telegráfica ou por qualquer outro meio ou via com prova de recebimento no domicílio tributário eleito pelo sujeito passivo;
•• Inciso II com redação determinada pela Lei n. 9.532, de 10-12-1997.

III – por meio eletrônico, com prova de recebimento, mediante:
a) envio ao domicílio tributário do sujeito passivo; ou
b) registro em meio magnético ou equivalente utilizado pelo sujeito passivo.
•• Inciso III com redação determinada pela Lei n. 11.196, de 21-11-2005.

§ 1.º Quando resultar improfícuo um dos meios previstos no *caput* deste artigo ou quando o sujeito passivo tiver sua inscrição declarada inapta perante o cadastro fiscal, a intimação poderá ser feita por edital publicado:
•• § 1.º, *caput*, com redação determinada pela Lei n. 11.941, de 27-5-2009.

I – no endereço da administração tributária na internet;
•• Inciso I acrescentado pela Lei n. 11.196, de 21-11-2005.

II – em dependência, franqueada ao público, do órgão encarregado da intimação; ou
•• Inciso II acrescentado pela Lei n. 11.196, de 21-11-2005.

III – uma única vez, em órgão da imprensa oficial local.
•• Inciso III acrescentado pela Lei n. 11.196, de 21-11-2005.

§ 2.º Considera-se feita a intimação:

I – na data da ciência do intimado ou da declaração de quem fizer a intimação, se pessoal;

II – no caso do inciso II do *caput* deste artigo, na data do recebimento ou, se omitida, 15 (quinze) dias após a data da expedição da intimação;
•• Inciso II com redação determinada pela Lei n. 9.532, de 10-12-1997.

III – se por meio eletrônico:
•• Inciso III, *caput*, com redação determinada pela Lei n. 12.844, de 19-7-2013.

a) 15 (quinze) dias contados da data registrada no comprovante de entrega no domicílio tributário do sujeito passivo;
•• Alínea *a* com redação determinada pela Lei n. 12.844, de 19-7-2013.

b) na data em que o sujeito passivo efetuar consulta no endereço eletrônico a ele atribuído pela administração tributária, se ocorrida antes do prazo previsto na alínea *a*; ou
•• Alínea *b* com redação determinada pela Lei n. 12.844, de 19-7-2013.

c) na data registrada no meio magnético ou equivalente utilizado pelo sujeito passivo;
•• Alínea *c* acrescentada pela Lei n. 12.844, de 19-7-2013.

IV – 15 (quinze) dias após a publicação do edital, se este for o meio utilizado.
•• Inciso IV acrescentado pela Lei n. 11.196, de 21-11-2005.

§ 3.º Os meios de intimação previstos nos incisos do *caput* deste artigo não estão sujeitos a ordem de preferência.
•• § 3.º com redação determinada pela Lei n. 11.196, de 21-11-2005.

§ 4.º Para fins de intimação, considera-se domicílio tributário do sujeito passivo:
•• § 4.º, *caput*, com redação determinada pela Lei n. 11.196, de 21-11-2005.

I – o endereço postal por ele fornecido, para fins cadastrais, à administração tributária; e
•• Inciso I acrescentado pela Lei n. 11.196, de 21-11-2005.

II – o endereço eletrônico a ele atribuído pela administração tributária, desde que autorizado pelo sujeito passivo.
•• Inciso II acrescentado pela Lei n. 11.196, de 21-11-2005.

§ 5.º O endereço eletrônico de que trata este artigo somente será implementado com expresso consentimento do sujeito passivo, e a administração tributária informar-lhe-á as normas e condições de sua utilização e manutenção.
•• § 5.º acrescentado pela Lei n. 11.196, de 21-11-2005.

§ 6.º As alterações efetuadas por este artigo serão disciplinadas em ato da administração tributária.
•• § 6.º acrescentado pela Lei n. 11.196, de 21-11-2005.

§ 7.º Os Procuradores da Fazenda Nacional serão intimados pessoalmente das decisões do Conselho de Contribuintes e da Câmara Superior de Recursos Fiscais, do Ministério da Fazenda na sessão das respectivas câmaras subsequente à formalização do acórdão.
•• § 7.º acrescentado pela Lei n. 11.457, de 16-3-2007.
•• A Lei n. 11.941, de 27-5-2009, em seu art. 48, determina que, a partir de sua publicação, os Conselhos de Contribuintes e a Câmara Superior de Recursos Fiscais ficam unificados em um órgão, denominado "Conselho Administrativo de Recursos Fiscais", com competência para julgar recursos de ofício e voluntários de decisão de primeira instância, bem como recursos especiais, sobre a aplicação da legislação referente a tributos administrados pela Secretaria da Receita Federal do Brasil.

§ 8.º Se os Procuradores da Fazenda Nacional não tiverem sido intimados pessoalmente em até 40 (quarenta) dias contados da formalização do acórdão do Conselho de Contribuintes ou da Câmara Superior de Recursos Fiscais, do Ministério da Fazenda, os respectivos autos serão remetidos e entregues, mediante protocolo, à Procuradoria da Fazenda Nacional, para fins de intimação.
•• § 8.º acrescentado pela Lei n. 11.457, de 16-3-2007.
•• Vide nota ao § 7.º deste artigo.

§ 9.º Os Procuradores da Fazenda Nacional serão considerados intimados pessoalmente das decisões do Conselho de Contribuintes e da Câmara Superior de Recursos Fiscais, do Ministério da Fazenda, com o término do prazo de 30 (trinta) dias contados da data em que os respectivos autos forem entregues à Procuradoria na forma do § 8.º deste artigo.
•• § 9.º acrescentado pela Lei n. 11.457, de 16-3-2007.
•• Vide nota ao § 7.º deste artigo.

Seção V
Da Competência

Art. 24. O preparo do processo compete à autoridade local do órgão encarregado da administração do tributo.

Parágrafo único. Quando o ato for praticado por meio eletrônico, a administração tributária poderá atribuir o preparo do processo a unidade da administração tributária diversa da prevista no *caput* deste artigo.
•• Parágrafo único acrescentado pela Lei n. 11.941, de 27-5-2009.

Art. 25. O julgamento do processo de exigência de tributos ou contribuições administrados pela Secretaria da Receita Federal compete:
•• *Caput* com redação determinada pela Medida Provisória n. 2.158-35, de 24-8-2001.

I – em primeira instância, às Delegacias da Receita Federal de Julgamento, órgãos de deliberação interna e natureza colegiada da Secretaria da Receita Federal;
•• Inciso I com redação determinada pela Medida Provisória n. 2.158-35, de 24-8-2001.

II – em segunda instância, ao Conselho Administrativo de Recursos Fiscais, órgão colegiado, paritário, integrante da estrutura do Ministério da Fazenda, com atribuição de julgar recursos de ofício e voluntários de decisão de primeira instância, bem como recursos de natureza especial.
•• Inciso II com redação determinada pela Lei n. 11.941, de 27-5-2009.

§ 1.º O Conselho Administrativo de Recursos Fiscais será constituído por seções e pela Câmara Superior de Recursos Fiscais.
•• § 1.º com redação determinada pela Lei n. 11.941, de 27-5-2009.

§ 2.º As seções serão especializadas por matéria e constituídas por câmaras.
•• § 2.º com redação determinada pela Lei n. 11.941, de 27-5-2009.

§ 3.º A Câmara Superior de Recursos Fiscais será constituída por turmas, compostas pelos Presidentes e Vice-Presidentes das câmaras.
•• § 3.º com redação determinada pela Lei n. 11.941, de 27-5-2009.

§ 4.º As câmaras poderão ser divididas em turmas.
•• § 4.º com redação determinada pela Lei n. 11.941, de 27-5-2009.

§ 5.º O Ministro de Estado da Fazenda poderá criar, nas seções, turmas especiais, de caráter temporário, com competência para julgamento de processos que envolvam valores reduzidos, que poderão funcionar nas cidades onde estão localizadas as Superintendências Regionais da Receita Federal do Brasil.
•• § 5.º com redação determinada pela Lei n. 11.941, de 27-5-2009.

§ 6.º (*Vetado*.)
•• § 6.º acrescentado pela Lei n. 11.941, de 27-5-2009.

§ 7.º As turmas da Câmara Superior de Recursos Fiscais serão constituídas pelo Presidente do Conselho Administrativo de Recursos Fiscais, pelo Vice-Presidente, pelos Presidentes e pelos Vice-Presidentes das câmaras, respeitada a paridade.
•• § 7.º acrescentado pela Lei n. 11.941, de 27-5-2009.

§ 8.º A presidência das turmas da Câmara Superior de Recursos Fiscais será exercida pelo Presidente do Conselho Administrativo de Recursos Fiscais e a vice-presidência, por conselheiro representante dos contribuintes.
•• § 8.º acrescentado pela Lei n. 11.941, de 27-5-2009.

§ 9.º Os cargos de Presidente das Turmas da Câmara Superior de Recursos Fiscais, das câmaras, das suas turmas e das turmas especiais serão ocupados por conselheiros representantes da Fazenda Nacional, que, em caso de empate, terão o voto de qualidade, e os cargos de Vice-Presidente, por representantes dos contribuintes.
•• § 9.º acrescentado pela Lei n. 11.941, de 27-5-2009.
•• Vide art. 16 da Lei n. 14.689, de 20-9-2023.

§ 9.º-A. Ficam excluídas as multas e cancelada a representação fiscal para os fins penais de que trata o art. 83 da Lei n. 9.430, de 27 de dezembro de 1996, na hipótese de julgamento de processo administrativo fiscal resolvido favoravelmente à Fazenda Pública pelo voto de qualidade previsto no § 9.º deste artigo.
•• § 9.º-A acrescentado pela Lei n. 14.689, de 20-9-2023.
• *Vide* arts. 15 e 16 da Lei n. 14.689, de 20-9-2023.
•• A Instrução Normativa n. 2.205, de 22-7-2024, da RFB, dispõe sobre a exclusão de multas e o cancelamento da representação fiscal para fins penais de que trata este § 9.º-A.

§ 10. Os conselheiros serão designados pelo Ministro de Estado da Fazenda para mandato, limitando-se as reconduções, na forma e no prazo estabelecidos no regimento interno.
•• § 10 acrescentado pela Lei n. 11.941, de 27-5-2009.

§ 11. O Ministro de Estado da Fazenda, observado o devido processo legal, decidirá sobre a perda do mandato dos conselheiros que incorrerem em falta grave, definida no regimento interno.
•• § 11 acrescentado pela Lei n. 11.941, de 27-5-2009.

§ 12. Nos julgamentos realizados pelos órgãos colegiados referidos nos incisos I e II do *caput* deste artigo, é assegurada ao procurador do sujeito passivo a realização de sustentação oral, na forma do regulamento.
•• § 12 acrescentado pela Lei n. 14.689, de 20-9-2023.

§ 13. Os órgãos julgadores referidos nos incisos I e II do *caput* deste artigo observarão as súmulas de jurisprudência publicadas pelo Conselho Administrativo de Recursos Fiscais.
•• § 13 acrescentado pela Lei n. 14.689, de 20-9-2023.

Art. 25-A. Na hipótese de julgamento de processo administrativo fiscal resolvido definitivamente a favor da Fazenda Pública pelo voto de qualidade previsto no § 9.º do art. 25 deste Decreto, e desde que haja a efetiva manifestação do contribuinte para pagamento no prazo de 90 (noventa) dias, serão excluídos, até a data do acordo para pagamento, os juros de mora de que trata o art. 13 da Lei n. 9.065, de 20 de junho de 1995.
•• *Caput* acrescentado pela Lei n. 14.689, de 20-9-2023.
•• A Instrução Normativa n. 2.205, de 22-7-2024, da RFB, dispõe a regularização dos débitos tributários de que trata este artigo.

§ 1.º O pagamento referido no *caput* deste artigo poderá ser realizado em até 12 (doze) parcelas, mensais e sucessivas, corrigidas nos termos do art. 13 da Lei n. 9.065, de 20 de junho de 1995, e abrangerá o montante principal do crédito tributário.
•• § 1.º acrescentado pela Lei n. 14.689, de 20-9-2023.

§ 2.º No caso de não pagamento nos termos do *caput* ou de inadimplemento de qualquer das parcelas previstas no § 1.º deste artigo, serão retomados os juros de mora de que trata o art. 13 da Lei n. 9.065, de 20 de junho de 1995.
•• § 2.º acrescentado pela Lei n. 14.689, de 20-9-2023.

§ 3.º Para efeito do disposto no § 1.º deste artigo, admite-se a utilização de créditos de prejuízo fiscal e de base de cálculo negativa da Contribuição Social sobre o Lucro Líquido (CSLL) de titularidade do sujeito passivo, de pessoa jurídica controladora ou controlada, de forma direta ou indireta, ou de sociedades que sejam controladas direta ou indiretamente por uma mesma pessoa jurídica, apurados e declarados à Secretaria Especial da Receita Federal do Brasil, independentemente do ramo de atividade.
•• § 3.º acrescentado pela Lei n. 14.689, de 20-9-2023.

§ 4.º O valor dos créditos a que se refere o § 3.º deste artigo será determinado, na forma da regulamentação:
•• § 4.º, *caput*, acrescentado pela Lei n. 14.689, de 20-9-2023.

I – por meio da aplicação das alíquotas do imposto de renda previstas no art. 3.º da Lei n. 9.249, de 26 de dezembro de 1995, sobre o montante do prejuízo fiscal; e
•• Inciso I acrescentado pela Lei n. 14.689, de 20-9-2023.

II – por meio da aplicação das alíquotas da CSLL previstas no art. 3.º da Lei n. 7.689, de 15 de dezembro de 1988, sobre o montante da base de cálculo negativa da contribuição.
•• Inciso II acrescentado pela Lei n. 14.689, de 20-9-2023.

§ 5.º A utilização dos créditos a que se refere o § 3.º deste artigo extingue os débitos sob condição resolutória de sua ulterior homologação.
•• § 5.º acrescentado pela Lei n. 14.689, de 20-9-2023.

§ 6.º A Secretaria Especial da Receita Federal do Brasil dispõe do prazo de 5 (cinco) anos para a análise dos créditos utilizados na forma do § 3.º deste artigo.
•• § 6.º acrescentado pela Lei n. 14.689, de 20-9-2023.

§ 7.º O disposto no *caput* deste artigo aplica-se exclusivamente à parcela controvertida, resolvida pelo voto de qualidade previsto no § 9.º do art. 25 deste Decreto, no âmbito do Conselho Administrativo de Recursos Fiscais.
•• § 7.º acrescentado pela Lei n. 14.689, de 20-9-2023.

§ 8.º Se não houver opção pelo pagamento na forma deste artigo, os créditos definitivamente constituídos serão encaminhados para inscrição em dívida ativa da União em até 90 (noventa) dias e:
•• § 8.º, *caput*, acrescentado pela Lei n. 14.689, de 20-9-2023.

I – não incidirá o encargo de que trata o art. 1.º do Decreto-Lei n. 1.025, de 21 de outubro de 1969; e
•• Inciso I acrescentado pela Lei n. 14.689, de 20-9-2023.

II – será aplicado o disposto no § 9.º-A do art. 25 deste Decreto.
•• Inciso II acrescentado pela Lei n. 14.689, de 20-9-2023.

§ 9.º No curso do prazo previsto no *caput* deste artigo, os créditos tributários objeto de negociação não serão óbice à emissão de certidão de regularidade fiscal, nos termos do art. 206 da Lei n. 5.172, de 25 de outubro de 1966 (Código Tributário Nacional).
•• § 9.º acrescentado pela Lei n. 14.689, de 20-9-2023.

§ 10. O pagamento referido no § 1.º deste artigo compreende o uso de precatórios para amortização ou liquidação do remanescente, na forma do § 11 do art. 100 da Constituição Federal.
•• § 10 acrescentado pela Lei n. 14.689, de 20-9-2023.

Art. 26. Compete ao Ministro da Fazenda, em instância especial:

I – julgar recursos de decisões dos Conselhos de Contribuintes, interpostos pelos procuradores representantes da Fazenda junto aos mesmos Conselhos;

II – decidir sobre as propostas de aplicação de equidade apresentadas pelos Conselhos de Contribuintes.

Art. 26-A. No âmbito do processo administrativo fiscal, fica vedado aos órgãos de julgamento afastar a aplicação ou deixar de observar tratado, acordo internacional, lei ou decreto, sob fundamento de inconstitucionalidade.
•• *Caput* com redação determinada pela Lei n. 11.941, de 27-5-2009.

§§ 1.º a 5.º (*Revogados pela Lei n. 11.941, de 27-5-2009.*)

§ 6.º O disposto no *caput* deste artigo não se aplica aos casos de tratado, acordo internacional, lei ou ato normativo:
•• § 6.º, *caput*, acrescentado pela Lei n. 11.941, de 27-5-2009.

I – que já tenha sido declarado inconstitucional por decisão definitiva plenária do Supremo Tribunal Federal;
•• Inciso I acrescentado pela Lei n. 11.941, de 27-5-2009.

II – que fundamente crédito tributário objeto de:
•• Inciso II, *caput*, acrescentado pela Lei n. 11.941, de 27-5-2009.

a) dispensa legal de constituição ou de ato declaratório do Procurador-Geral da Fazenda Nacional, na forma dos arts. 18 e 19 da Lei n. 10.522, de 19 de julho de 2002;
•• Alínea *a* acrescentada pela Lei n. 11.941, de 27-5-2009.

b) súmula da Advocacia-Geral da União, na forma do art. 43 da Lei Complementar n. 73, de 10 de fevereiro de 1993; ou
•• Alínea *b* acrescentada pela Lei n. 11.941, de 27-5-2009.

c) pareceres do Advogado-Geral da União aprovados pelo Presidente da República, na forma do art. 40 da Lei Complementar n. 73, de 10 de fevereiro de 1993.

•• Alínea c acrescentada pela Lei n. 11.941, de 27-5-2009.

Seção VI
Do Julgamento em Primeira Instância

Art. 27. Os processos remetidos para apreciação da autoridade julgadora de primeira instância deverão ser qualificados e identificados, tendo prioridade no julgamento aqueles em que estiverem presentes as circunstâncias de crime contra a ordem tributária ou de elevado valor, este definido em ato do Ministro de Estado da Fazenda.
•• Caput com redação determinada pela Lei n. 9.532, de 10-12-1997.

Parágrafo único. Os processos serão julgados na ordem e nos prazos estabelecidos em ato do Secretário da Receita Federal, observada a prioridade de que trata o caput deste artigo.
•• Parágrafo único acrescentado pela Lei n. 9.532, de 10-12-1997.

Art. 28. Na decisão em que for julgada questão preliminar será também julgado o mérito, salvo quando incompatíveis, e dela constará o indeferimento fundamentado do pedido de diligência ou perícia, se for o caso.
•• Artigo com redação determinada pela Lei n. 8.748, de 9-12-1993.

Art. 29. Na apreciação da prova, a autoridade julgadora formará livremente sua convicção, podendo determinar as diligências que entender necessárias.

Art. 30. Os laudos ou pareceres do Laboratório Nacional de Análises, do Instituto Nacional de Tecnologia e de outros órgãos federais congêneres serão adotados nos aspectos técnicos de sua competência, salvo se comprovada a improcedência desses laudos ou pareceres.

§ 1.º Não se considera como aspecto técnico a classificação fiscal de produtos.

§ 2.º A existência no processo de laudos ou pareceres técnicos não impede a autoridade julgadora de solicitar outros a qualquer dos órgãos referidos neste artigo.

§ 3.º Atribuir-se-á eficácia aos laudos e pareceres técnicos sobre produtos, exarados em outros processos administrativos fiscais e transladados mediante certidão de inteiro teor ou cópia fiel, nos seguintes casos:
•• § 3.º, caput, acrescentado pela Lei n. 9.532, de 10-12-1997.

a) quando tratarem de produtos originários do mesmo fabricante, com igual denominação, marca e especificação;
•• Alínea a acrescentada pela Lei n. 9.532, de 10-12-1997.

b) quando tratarem de máquinas, aparelhos, equipamentos, veículos e outros produtos complexos de fabricação em série, do mesmo fabricante, com iguais especificações, marca e modelo.
•• Alínea b acrescentada pela Lei n. 9.532, de 10-12-1997.

Art. 31. A decisão conterá relatório resumido do processo, fundamentos legais, conclusão e ordem de intimação, devendo referir-se, expressamente, a todos os autos de infração e notificações de lançamento objeto do processo, bem como às razões de defesa suscitadas pelo impugnante contra todas as exigências.
•• Artigo com redação determinada pela Lei n. 8.748, de 9-12-1993.

Art. 32. As inexatidões materiais devidas a lapso manifesto e os erros de escrita ou de cálculos existentes na decisão poderão ser corrigidos de ofício ou a requerimento do sujeito passivo.

Art. 33. Da decisão caberá recurso voluntário, total ou parcial, com efeito suspensivo, dentro dos 30 (trinta) dias seguintes à ciência da decisão.

§ 1.º (Revogado pela Lei n. 12.096, de 24-11-2009.)

§ 2.º Em qualquer caso, o recurso voluntário somente terá seguimento se o recorrente arrolar bens e direitos de valor equivalente a 30% (trinta por cento) da exigência fiscal definida na decisão, limitado o arrolamento, sem prejuízo do seguimento do recurso, ao total do ativo permanente se pessoa jurídica ou ao patrimônio se pessoa física.
•• § 2.º com redação determinada pela Lei n. 10.522, de 19-7-2002.

§ 3.º O arrolamento de que trata o § 2.º será realizado preferencialmente sobre bens imóveis.
•• § 3.º acrescentado pela Lei n. 10.522, de 19-7-2002.
•• O STF, na ADIn n. 1.976-7, de 28-3-2007, declara a inconstitucionalidade do art. 32 da Medida Provisória n. 1.699-41, de 27-10-1998, convertida na Lei n. 10.522, de 19-7-2002, que deu nova redação para este parágrafo.

§ 4.º O Poder Executivo editará as normas regulamentares necessárias à operacionalização do arrolamento previsto no § 2.º.
•• § 4.º acrescentado pela Lei n. 10.522, de 19-7-2002.
•• Regulamentação: vide Decreto n. 4.523, de 17-12-2002.

Art. 34. Autoridade de primeira instância recorrerá de ofício sempre que a decisão:

I – exonerar o sujeito passivo do pagamento de tributo e encargos de multa de valor total (lançamento principal e decorrentes) a ser fixado em ato do Ministro de Estado da Fazenda;
•• Inciso I com redação determinada pela Lei n. 9.532, de 10-12-1997.

II – deixar de aplicar pena de perda de mercadorias ou outros bens cominada à infração denunciada na formalização da exigência.

§ 1.º O recurso será interposto mediante declaração na própria decisão.

§ 2.º Não sendo interposto o recurso, o servidor que verificar o fato representará à autoridade julgadora, por intermédio de seu chefe imediato, no sentido de que seja observada aquela formalidade.

Art. 35. O recurso, mesmo peremptо, será encaminhado ao órgão de segunda instância, que julgará a perempção.

Art. 36. Da decisão de primeira instância não cabe pedido de reconsideração.

Seção VII
Do Julgamento em Segunda Instância

Art. 37. O julgamento no Conselho Administrativo de Recursos Fiscais far-se-á conforme dispuser o regimento interno.
•• Caput com redação determinada pela Lei n. 11.941, de 27-5-2009.

§ 1.º (Revogado pelo Decreto n. 83.304, de 28-3-1979.)

§ 2.º Caberá recurso especial à Câmara Superior de Recursos Fiscais, no prazo de 15 (quinze) dias da ciência do acórdão ao interessado:
•• § 2.º, caput, com redação determinada pela Lei n. 11.941, de 27-5-2009.

I – (Vetado.)
•• Inciso I acrescentado pela Lei n. 11.941, de 27-5-2009.

II – de decisão que der à lei tributária interpretação divergente da que lhe tenha dado outra Câmara, turma de Câmara, turma especial ou a própria Câmara Superior de Recursos Fiscais.
•• Inciso II acrescentado pela Lei n. 11.941, de 27-5-2009.

§ 3.º Caberá pedido de reconsideração, com efeito suspensivo, no prazo de 30 (trinta) dias, contados da ciência:
•• A Lei n. 11.941, de 27-5-2009, propôs nova redação para o caput deste § 3.º, mas o texto foi vetado.

I e II – (Revogados pela Lei n. 11.941, de 27-5-2009.)

Art. 38. O julgamento em outros órgãos da administração federal far-se-á de acordo com a legislação própria, ou, na sua falta, conforme dispuser o órgão que administra o tributo.

Seção VIII
Do Julgamento em Instância Especial

Art. 39. Não cabe pedido de reconsideração de ato do Ministro da Fazenda que julgar ou decidir as matérias de sua competência.

Art. 40. As propostas de aplicação de equidade apresentadas pelos Conselhos de Contribuintes atenderão às características pessoais ou materiais da espécie julgada e serão restritas à dispensa total ou parcial de penalidade pecuniária, nos casos em que não houver reincidência nem sonegação, fraude ou conluio.

Art. 41. O órgão preparador dará ciência ao sujeito passivo da decisão do Ministro da Fazenda, intimando-o, quando for o caso, a cumpri-la, no prazo de 30 (trinta) dias.

Seção IX
Da Eficácia e Execução das Decisões

Art. 42. São definitivas as decisões:

I – de primeira instância, esgotado o prazo para recurso voluntário sem que este tenha sido interposto;

II – de segunda instância, de que não caiba recurso ou, se cabível, quando decorrido o prazo sem sua interposição;
III – de instância especial.
Parágrafo único. Serão também definitivas as decisões de primeira instância na parte que não for objeto de recurso voluntário ou não estiver sujeita a recurso de ofício.
• Vide arts. 33 e 34 deste Decreto.
Art. 43. A decisão definitiva contrária ao sujeito passivo será cumprida no prazo para cobrança amigável fixado no art. 21, aplicando-se, no caso de descumprimento, o disposto no § 3.º do mesmo artigo.
§ 1.º A quantia depositada para evitar a correção monetária do crédito tributário ou para liberar mercadoria será convertida em renda se o sujeito passivo não comprovar, no prazo legal, a propositura de ação judicial.
§ 2.º Se o valor depositado não for suficiente para cobrir o crédito tributário, aplicar-se-á à cobrança do restante o disposto no *caput* deste artigo; se exceder o exigido, a autoridade promoverá a restituição da quantia excedente, na forma da legislação específica.
Art. 44. A decisão que declarar a perda de mercadoria ou outros bens será executada pelo órgão preparador, findo o prazo previsto no art. 21, segundo dispuser a legislação aplicável.
Art. 45. No caso de decisão definitiva favorável ao sujeito passivo, cumpre à autoridade preparadora exonerá-lo, de ofício, dos gravames decorrentes do litígio.

Capítulo II
DO PROCESSO DA CONSULTA

•• Processo administrativo de consulta: Lei n. 9.430, de 27-12-1996, arts. 48 a 50.
Art. 46. O sujeito passivo poderá formular consulta sobre dispositivos da legislação tributária aplicáveis a fato determinado.
Parágrafo único. Os órgãos da administração pública e as entidades representativas de categorias econômicas ou profissionais também poderão formular consulta.
Art. 47. A consulta deverá ser apresentada por escrito, no domicílio tributário do consulente, ao órgão local da entidade incumbida de administrar o tributo sobre que versa.
Art. 48. Salvo o disposto no artigo seguinte, nenhum procedimento fiscal será instaurado contra o sujeito passivo relativamente à espécie consultada, a partir da apresentação da consulta até o trigésimo dia subsequente à data da ciência:
I – de decisão de primeira instância da qual não haja sido interposto recurso;
II – de decisão de segunda instância.
Art. 49. A consulta não suspende o prazo para recolhimento de tributo, retido na fonte ou autolançado antes ou depois de sua apresentação, nem o prazo para apresentação de declaração de rendimentos.
Art. 50. A decisão de segunda instância não obriga ao recolhimento de tributo que deixou de ser retido ou autolançado após a decisão reformada e de acordo com a orientação desta, no período compreendido entre as datas de ciência das duas decisões.
Art. 51. No caso de consulta formulada por entidade representativa de categoria econômica ou profissional, os efeitos referidos no art. 48 só alcançam seus associados ou filiados depois de cientificado o consulente da decisão.
Art. 52. Não produzirá efeito a consulta formulada:
I – em desacordo com os arts. 46 e 47;
II – por quem tiver sido intimado a cumprir obrigação relativa ao fato objeto da consulta;
III – por quem estiver sob procedimento fiscal iniciado para apurar fatos que se relacionem com a matéria consultada;
IV – quando o fato já houver sido objeto de decisão anterior, ainda não modificada, proferida em consulta ou litígio em que tenha sido parte o consulente;
V – quando o fato estiver disciplinado em ato normativo, publicado antes de sua apresentação;
VI – quando o fato estiver definido ou declarado em disposição literal da lei;
VII – quando o fato for definido como crime ou contravenção penal;
VIII – quando não descrever, completa ou exatamente, a hipótese a que se referir, ou não contiver os elementos necessários à sua solução, salvo se a inexatidão ou omissão for escusável, a critério da autoridade julgadora.
Art. 53. O preparo do processo compete ao órgão local da entidade encarregada da administração do tributo.
Art. 54. O julgamento compete:
I – em primeira instância:
a) aos superintendentes regionais da Receita Federal, quanto aos tributos administrados pela Secretaria da Receita Federal, atendida, no julgamento, a orientação emanada dos atos normativos da Coordenação do Sistema de Tributação;
•• A Secretaria da Receita Federal passa a denominar-se Secretaria da Receita Federal do Brasil, por força da Lei n. 11.457, de 16-3-2007.
b) às autoridades referidas na alínea *b* do inciso I do art. 25;
II – em segunda instância:
a) ao coordenador do Sistema de Tributação da Secretaria da Receita Federal, salvo quanto aos tributos incluídos na competência julgadora de outro órgão da administração federal;
b) à autoridade mencionada na legislação dos tributos ressalvados na alínea precedente ou, na falta dessa indicação, à que for designada pela entidade que administra o tributo;
III – em instância única, ao coordenador do Sistema de Tributação, quanto às consultas relativas aos tributos administrados pela Secretaria da Receita Federal e formuladas:
a) sobre classificação fiscal de mercadorias;
b) pelos órgãos centrais da administração pública;
c) por entidades representativas de categorias econômicas ou profissionais, de âmbito nacional.
Art. 55. Compete à autoridade julgadora declarar a ineficácia da consulta.
Art. 56. Cabe recurso voluntário, com efeito suspensivo, de decisão de primeira instância, dentro de 30 (trinta) dias, contados da ciência.
Art. 57. A autoridade de primeira instância recorrerá de ofício de decisão favorável ao consulente.
Art. 58. Não cabe pedido de reconsideração de decisão proferida em processo de consulta, inclusive da que declarar a sua ineficácia.

Capítulo III
DAS NULIDADES

Art. 59. São nulos:
I – os atos e termos lavrados por pessoa incompetente;
II – os despachos e decisões proferidos por autoridade incompetente ou com preterição do direito de defesa.
§ 1.º A nulidade de qualquer ato só prejudica os posteriores que dele diretamente dependam ou sejam consequência.
§ 2.º Na declaração de nulidade, a autoridade dirá os atos alcançados e determinará as providências necessárias ao prosseguimento ou solução do processo.
§ 3.º Quando puder decidir do mérito a favor do sujeito passivo a quem aproveitaria a declaração de nulidade, a autoridade julgadora não a pronunciará nem mandará repetir o ato ou suprir-lhe a falta.
•• § 3.º acrescentado pela Lei n. 8.748, de 9-12-1993.
Art. 60. As irregularidades, incorreções e omissões diferentes das referidas no artigo anterior não importarão em nulidade e serão sanadas quando resultarem em prejuízo para o sujeito passivo, salvo se este lhes houver dado causa, ou quando não influírem na solução do litígio.
Art. 61. A nulidade será declarada pela autoridade competente para praticar o ato ou julgar a sua legitimidade.

Capítulo IV
DISPOSIÇÕES FINAIS E TRANSITÓRIAS

Art. 62. Durante a vigência de medida judicial que determinar a suspensão da cobrança do tributo não será instaurado procedimento fiscal contra o sujeito passivo favorecido pela decisão, relativamente à matéria sobre que versar a ordem de suspensão.
Parágrafo único. Se a medida referir-se à matéria objeto de processo fiscal, o curso deste não será suspenso exceto quanto aos atos executórios.

Art. 63. A destinação de mercadorias ou outros bens apreendidos ou dados em garantia de pagamento do crédito tributário obedecerá às normas estabelecidas na legislação aplicável.

Art. 64. Os documentos que instruem o processo poderão ser restituídos, em qualquer fase, a requerimento do sujeito passivo, desde que a medida não prejudique a instrução e deles fique cópia autenticada no processo.

Art. 64-A. Os documentos que instruem o processo poderão ser objeto de digitalização, observado o disposto nos arts. 1.º e 3.º da Lei n. 12.682, de 9 de julho de 2012.
•• Artigo acrescentado pela Lei n. 12.865, de 9-10-2013.

Art. 64-B. No processo eletrônico, os atos, documentos e termos que o instruem poderão ser natos digitais ou produzidos por meio de digitalização, observado o disposto na Medida Provisória n. 2.200-2, de 24 de agosto de 2001.
•• Caput acrescentado pela Lei n. 12.865, de 9-10-2013.

§ 1.º Os atos, termos e documentos submetidos a digitalização pela administração tributária e armazenados eletronicamente possuem o mesmo valor probante de seus originais.
•• § 1.º acrescentado pela Lei n. 12.865, de 9-10-2013.

§ 2.º Os autos de processos eletrônicos, ou parte deles, que tiverem de ser remetidos a órgãos ou entidades que não disponham de sistema compatível de armazenagem e tramitação poderão ser encaminhados impressos em papel ou por meio digital, conforme disciplinado em ato da administração tributária.
•• § 2.º acrescentado pela Lei n. 12.865, de 9-10-2013.

§ 3.º As matrizes físicas dos atos, dos termos e dos documentos digitalizados e armazenados eletronicamente, nos termos do § 1.º, poderão ser descartadas, conforme regulamento.
•• § 3.º acrescentado pela Lei n. 13.097, de 19-1-2015.

Art. 65. O disposto neste Decreto não prejudicará a validade dos atos praticados na vigência da legislação anterior.

§ 1.º O preparo dos processos em curso, até a decisão de primeira instância, continuará regido pela legislação precedente.

§ 2.º Não se modificarão os prazos iniciados antes da entrada em vigor deste Decreto.

Art. 66. O Conselho Superior de Tarifa passa a denominar-se 4.º Conselho de Contribuintes.
•• O 4.º Conselho de Contribuintes passou, por determinação do art. 2.º do Decreto n. 79.630, de 29-4-1977, a denominar-se 3.º Conselho de Contribuintes.

Art. 67. Os Conselhos de Contribuintes, no prazo de 90 (noventa) dias, adaptarão seus regimentos internos às disposições deste Decreto.

Art. 68. Revogam-se as disposições em contrário.
Brasília, 6 de março de 1972; 151.º da Independência e 84.º da República.

EMÍLIO G. MÉDICI

LEI COMPLEMENTAR N. 17, DE 12 DE DEZEMBRO DE 1973 (*)

Dispõe sobre o Programa de Integração Social de que trata a Lei Complementar n. 7, de 7 de setembro de 1970, e dá outras providências.

O Presidente da República.
Faço saber que o Congresso Nacional decreta e eu sanciono a seguinte Lei:
Art. 1.º A parcela destinada ao Fundo de Participação do Programa de Integração Social, relativa à contribuição com recursos próprios da empresa, de que trata o art. 3.º, letra *b*, da Lei Complementar n. 7, de 7 de setembro de 1970, é acrescida de um adicional a partir do exercício financeiro de 1975.
•• A Lei Complementar n. 214, de 16-1-2025, revoga este artigo a partir de 1.º-1-2027.
•• Vide Lei Complementar n. 7, de 7-9-1970.

Parágrafo único. O adicional de que trata este artigo será calculado com base no faturamento da empresa, como segue:
a) no exercício de 1975 – 0,125%;
b) no exercício de 1976 e subsequentes – 0,25%.

Art. 2.º O adicional a que se refere o artigo anterior será incorporado ao Fundo de Participação, aplicando-se os recursos de sua arrecadação, preferencialmente, na concessão de financiamentos aos Estados, mediante garantia de obrigações do Tesouro estadual, reajustáveis.

Art. 3.º O Conselho Monetário Nacional poderá autorizar, para efeito dos recolhimentos devidos, o ajustamento das alíquotas indicadas nos artigos 2.º e 3.º da Lei Complementar n. 8, de 3 de dezembro de 1970, para o fim de equiparar as contribuições das empresas públicas e sociedades de economia mista às das empresas privadas.
•• Citados dispositivos constam na obra.

Art. 4.º Esta Lei Complementar entrará em vigor na data de sua publicação, revogadas as disposições em contrário.
Brasília, 12 de dezembro de 1973; 152.º da Independência e 85.º da República.

EMÍLIO G. MÉDICI

LEI N. 6.099, DE 12 DE SETEMBRO DE 1974 (**)

Dispõe sobre o tratamento tributário das operações de arrendamento mercantil, e dá outras providências.

(*) Publicada no *Diário Oficial da União*, de 14-12-1973.

(**) Publicada no *Diário Oficial da União*, de 13-9-1974, e retificada em 20-9-1974. A Lei n. 11.649, de 4-4-2008, dispõe sobre arrendamento mercantil de veículo automotor.

O Presidente da República.
Faço saber que o Congresso Nacional decreta e eu sanciono a seguinte Lei:
Art. 1.º O tratamento tributário das operações de arrendamento mercantil reger-se-á pelas disposições desta Lei.
•• Vide art. 49 da Lei n. 12.973, de 13-5-2014.
•• A Resolução n. 4.977, de 16-12-2021, do Conselho Monetário Nacional, disciplina as operações de arrendamento mercantil com o tratamento tributário previsto nesta Lei.
• Vide Súmula 138 do STJ.

Parágrafo único. Considera-se arrendamento mercantil, para os efeitos desta Lei, o negócio jurídico realizado entre pessoa jurídica, na qualidade de arrendadora, e pessoa física ou jurídica, na qualidade de arrendatária, e que tenha por objeto o arrendamento de bens adquiridos pela arrendadora, segundo especificações da arrendatária e para uso próprio desta.
•• Parágrafo único com redação determinada pela Lei n. 7.132, de 26-10-1983.
•• Vide Súmula 564 do STJ.

Art. 2.º Não terá o tratamento previsto nesta Lei o arrendamento de bens contratado entre pessoas jurídicas direta ou indiretamente coligadas ou interdependentes, assim como o contratado com o próprio fabricante.

§ 1.º O Conselho Monetário Nacional especificará em regulamento os casos de coligação e interdependência.

§ 2.º Somente farão jus ao tratamento previsto nesta Lei as operações realizadas ou por empresas arrendadoras que fizerem dessa operação o objeto principal de sua atividade ou que centralizarem tais operações em um departamento especializado com escrituração própria.

Art. 3.º Serão escriturados em conta especial do ativo imobilizado da arrendadora os bens destinados a arrendamento mercantil.

Art. 4.º A pessoa jurídica arrendadora manterá registro individualizado que permita a verificação do fator determinante da receita e do tempo efetivo de arrendamento.

Art. 5.º Os contratos de arrendamento mercantil conterão as seguintes disposições:
a) prazo do contrato;
b) valor de cada contraprestação por períodos determinados, não superiores a 1 (um) semestre;
c) opção de compra ou renovação de contrato, como faculdade do arrendatário;
d) preço para opção de compra ou critério para sua fixação, quando for estipulada esta cláusula.

Parágrafo único. Poderá o Conselho Monetário Nacional, nas operações que venha a definir, estabelecer que as contraprestações sejam estipuladas por períodos superiores aos previstos na alínea *b* deste artigo.
•• Parágrafo único acrescentado pela Lei n. 7.132, de 26-10-1983.

Art. 6.º O Conselho Monetário Nacional poderá estabelecer índices máximos para a soma das contraprestações, acrescidas do preço para exercício da opção da compra nas operações de arrendamento mercantil.

§ 1.º Ficam sujeitas à regra deste artigo as prorrogações do arrendamento nele referido.

§ 2.º Os índices de que trata este artigo serão fixados, considerando o custo do arrendamento em relação ao do financiamento da compra e venda.

Art. 7.º Todas as operações de arrendamento mercantil subordinam-se ao controle e fiscalização do Banco Central do Brasil, segundo normas estabelecidas pelo Conselho Monetário Nacional, a elas se aplicando, no que couber, as disposições da Lei n. 4.595, de 31 de dezembro de 1964, e legislação posterior relativa ao Sistema Financeiro Nacional.

Art. 8.º O Conselho Monetário Nacional poderá baixar resolução disciplinando as condições segundo as quais as instituições financeiras poderão financiar suas controladas, coligadas ou interdependentes que se especializarem em operações de arrendamento mercantil.

•• *Caput* com redação determinada pela Lei n. 11.882, de 23-12-2008.

Parágrafo único. A aquisição de debêntures emitidas por sociedades de arrendamento mercantil, em mercado primário ou secundário, constitui obrigação de natureza cambiária, não caracterizando operação de empréstimo ou adiantamento.

•• Parágrafo único acrescentado pela Lei n. 11.882, de 23-12-2008.

Art. 9.º As operações de arrendamento mercantil contratadas com o próprio vendedor do bem ou com pessoas jurídicas a ele vinculadas, mediante quaisquer das relações previstas no art. 2.º desta Lei, poderão também ser realizadas por instituições financeiras expressamente autorizadas pelo Conselho Monetário Nacional, que estabelecerá as condições para a realização das operações previstas neste artigo.

•• *Caput* com redação determinada pela Lei n. 7.132, de 26-10-1983.

Parágrafo único. Nos casos deste artigo, o prejuízo decorrente da venda do bem não será dedutível na determinação do lucro real.

•• Parágrafo único com redação determinada pela Lei n. 7.132, de 26-10-1983.

Art. 10. Somente poderão ser objeto de arrendamento mercantil os bens de produção estrangeira que forem enumerados pelo Conselho Monetário Nacional, que poderá, também, estabelecer condições para seu arrendamento a empresas cujo controle acionário pertencer a pessoas residentes no Exterior.

Art. 11. Serão considerados como custo ou despesa operacional da pessoa jurídica arrendatária as contraprestações pagas ou creditadas por força do contrato de arrendamento mercantil.

§ 1.º A aquisição pelo arrendatário de bens arrendados em desacordo com as disposições desta Lei será considerada operação de compra e venda a prestação.

• Vide Súmula 293 do STJ.

§ 2.º O preço de compra e venda, no caso do parágrafo anterior, será o total das contraprestações pagas durante a vigência do arrendamento, acrescido da parcela paga a título de preço de aquisição.

§ 3.º Na hipótese prevista no § 1.º deste artigo, as importâncias já deduzidas, como custo ou despesa operacional pela adquirente, acrescerão ao lucro tributável pelo Imposto sobre a Renda, no exercício correspondente à respectiva dedução.

§ 4.º O imposto não recolhido, na hipótese do parágrafo anterior, será devido com acréscimo de juros e correção monetária, multa e demais penalidades legais.

Art. 12. Serão admitidas como custos das pessoas jurídicas arrendadoras as cotas de depreciação do preço de aquisição de bem arrendado, calculadas de acordo com a vida útil do bem.

§ 1.º Entende-se por vida útil do bem o prazo durante o qual se possa esperar a sua efetiva utilização econômica.

§ 2.º A Secretaria da Receita Federal publicará periodicamente o prazo de vida útil admissível, em condições normais, para cada espécie de bem.

•• A Secretaria da Receita Federal passa a denominar-se Secretaria da Receita Federal do Brasil, por força da Lei n. 11.457, de 16-3-2007.

§ 3.º Enquanto não forem publicados os prazos de vida útil de que trata o parágrafo anterior, a sua determinação se fará segundo as normas previstas pela legislação do Imposto sobre a Renda para fixação da taxa de depreciação.

Art. 13. Nos casos de operações de vendas de bens que tenham sido objeto de arrendamento mercantil, o saldo não depreciado será admitido como custo para efeito de apuração do lucro tributável pelo Imposto sobre a Renda.

Art. 14. Não será dedutível, para fins de apuração do lucro tributável pelo Imposto sobre a Renda, a diferença a menor entre o valor contábil residual do bem arrendado e o seu preço de venda, quando do exercício da opção de compra.

Art. 15. (*Revogado pela Lei n. 12.973, de 13-5-2014.*)

Art. 16. (*Revogado pela Lei n. 14.286, de 29-12-2021.*)

§ 1.º O Conselho Monetário Nacional estabelecerá as normas para a concessão do registro a que se refere este artigo, observando as seguintes condições:

a) razoabilidade da contraprestação e de sua composição;

b) critérios para fixação do prazo de vida útil do bem;

c) compatibilidade do prazo de arrendamento do bem com a sua vida útil;

d) relação entre o preço internacional do bem e o custo total do arrendamento;

e) cláusula de opção de compra ou renovação do contrato;

f) outras cautelas ditadas pela política econômico-financeira nacional.

•• § 1.º com redação determinada pela Lei n. 7.132, de 26-10-1983.

§ 2.º Mediante prévia autorização do Banco Central do Brasil, segundo normas para este fim expedidas pelo Conselho Monetário Nacional, os bens objeto das operações de que trata este artigo poderão ser arrendados a sociedades arrendadoras domiciliadas no País, para o fim de subarrendamento.

•• § 2.º com redação determinada pela Lei n. 7.132, de 26-10-1983.

§ 3.º Estender-se-ão ao subarrendamento as normas aplicáveis aos contratos de arrendamento mercantil celebrados com entidades domiciliadas no Exterior.

•• § 3.º acrescentado pela Lei n. 7.132, de 26-10-1983.

§ 4.º No subarrendamento poderá haver vínculo de coligação ou de interdependência entre a entidade domiciliada no Exterior e a sociedade arrendatária subarrendadora, domiciliada no País.

•• § 4.º acrescentado pela Lei n. 7.132, de 26-10-1983.

§ 5.º Mediante as condições que estabelecer, o Conselho Monetário Nacional poderá autorizar o registro de contratos sem cláusula de opção de compra, bem como fixar prazos mínimos para as operações previstas neste artigo.

•• § 5.º acrescentado pela Lei n. 7.132, de 26-10-1983.

Art. 17. A entrada no território nacional dos bens objeto de arrendamento mercantil, contratado com entidades arrendadoras domiciliadas no Exterior, não se confunde com o regime de admissão temporária de que trata o Decreto-lei n. 37, de 18 de novembro de 1966, e se sujeitará a todas as normas legais que regem a importação.

•• Artigo com redação determinada pela Lei n. 7.132, de 26-10-1983.

Art. 18. A base de cálculo, para efeito do Imposto sobre Produtos Industrializados, do fato gerador que ocorrer por ocasião da remessa de bens importados ao estabelecimento da empresa arrendatária, corresponderá ao preço atacado desse bem na praça em que a empresa arrendadora estiver domiciliada.

•• *Caput* com redação determinada pela Lei n. 7.132, de 26-10-1983.

§ 1.º (*Revogado pela Lei n. 9.532, de 10-12-1997.*)

§ 2.º Nas hipóteses em que o preço dos bens importados para o fim de arrendamento for igual ou superior ao que seria pago pelo arrendatário se os importasse diretamente, a base de cálculo mencionada no *caput* deste artigo será o valor que servir de base para o recolhimento do Imposto sobre Produtos Industrializados, por ocasião do desembaraço alfandegário desses bens.

Art. 19. Fica equiparada à exportação a compra e venda de bens no mercado interno, para o fim específico de arrendamento pelo comprador a arrendatário domiciliado no Exterior.

Art. 20. São assegurados ao vendedor dos bens de que trata o artigo anterior todos os benefícios fiscais concedidos por lei para incentivo à exportação, observadas as condições de qualidade da pessoa do vendedor e outras exigidas para os casos de exportação direta ou indireta.

§ 1.º Os benefícios fiscais de que trata este artigo serão concedidos sobre o equivalente em moeda nacional de garantia irrevogável do pagamento das contraprestações do arrendamento contratado, limitada a base de cálculo ao preço da compra e venda.

§ 2.º Para os fins do disposto no § 1.º, a equivalência em moeda nacional será determinada pela maior taxa de câmbio do dia da utilização dos benefícios fiscais, quando o pagamento das contraprestações do arrendamento contratado for efetivado em moeda estrangeira de livre conversibilidade.

•• § 2.º com redação determinada pela Lei n. 12.024, de 27-8-2009.

Art. 21. O Ministro da Fazenda poderá estender aos arrendatários de máquinas, aparelhos e equipamentos de produção nacional, objeto de arrendamento mercantil, os benefícios de que trata o Decreto-lei n. 1.136, de 7 de dezembro de 1970.

Art. 22. As pessoas jurídicas que estiverem operando com arrendamento de bens, e que se ajustarem às disposições desta Lei dentro de 180 (cento e oitenta) dias, a contar da sua vigência, terão as suas operações regidas por este Diploma legal, desde que ajustem convenientemente os seus contratos, mediante instrumentos de aditamento.

Art. 23. Fica o Conselho Monetário Nacional autorizado a:

a) expedir normas que visem a estabelecer mecanismos reguladores das atividades previstas nesta Lei, inclusive excluir modalidades de operações do tratamento nela previsto e limitar ou proibir sua prática por determinadas categorias de pessoas físicas ou jurídicas;

•• Alínea *a* com redação determinada pela Lei n. 7.132, de 26-10-1983.

b) enumerar restritivamente os bens que não poderão ser objeto de arrendamento mercantil, tendo em vista a política econômico-financeira do País.

Art. 24. (*Revogado pela Lei n. 14.286, de 29-12-2021.*)

Art. 25. Esta Lei entrará em vigor na data de sua publicação, revogadas as disposições em contrário.

•• Primitivo art. 24 renumerado pela Lei n. 7.132, de 26-10-1983.

Brasília, 12 de setembro de 1974; 153.º da Independência e 86.º da República.

ERNESTO GEISEL

LEI COMPLEMENTAR N. 24, DE 7 DE JANEIRO DE 1975 (*)

Dispõe sobre os convênios para a concessão de isenções do imposto sobre operações relativas à circulação de mercadorias e dá outras providências.

O Presidente da República.
Faço saber que o Congresso Nacional decreta e eu sanciono a seguinte Lei Complementar:

Art. 1.º As isenções do imposto sobre operações relativas à circulação de mercadorias serão concedidas ou revogadas nos termos de convênios celebrados e ratificados pelos Estados e pelo Distrito Federal, segundo esta Lei.

• *Vide* Lei Complementar n. 160, de 7-8-2017, que dispõe sobre convênio que permite aos Estados e ao Distrito Federal deliberar sobre remissão de créditos tributários, isenções, incentivos e benefícios fiscais.

Parágrafo único. O disposto neste artigo também se aplica:

I – à redução da base de cálculo;

II – à devolução total ou parcial, direta ou indireta, condicionada ou não, do tributo, ao contribuinte, a responsável ou a terceiros;

III – à concessão de créditos presumidos;

IV – a quaisquer outros incentivos ou favores fiscais ou financeiro-fiscais, concedidos com base no Imposto de Circulação de Mercadorias, dos quais resulte redução ou eliminação, direta ou indireta, do respectivo ônus;

V – às prorrogações e às extensões das isenções vigentes nesta data.

Art. 2.º Os convênios a que alude o art. 1.º serão celebrados em reuniões para as quais tenham sido convocados representantes de todos os Estados e do Distrito Federal, sob a presidência de representantes do Governo Federal.

§ 1.º As reuniões se realizarão com a presença de representantes da maioria das Unidades da Federação.

§ 2.º A concessão de benefícios dependerá sempre de decisão unânime dos Estados representados; a sua revogação total ou parcial dependerá de aprovação de 4/5 (quatro quintos), pelo menos, dos representantes presentes.

§ 3.º Dentro de 10 (dez) dias, contados da data final da reunião a que se refere este artigo, a resolução nela adotada será publicada no *Diário Oficial da União*.

Art. 3.º Os convênios podem dispor que a aplicação de qualquer de suas cláusulas seja limitada a uma ou a algumas Unidades da Federação.

Art. 4.º Dentro do prazo de 15 (quinze) dias contados da publicação dos convênios no *Diário Oficial da União*, e independentemente de qualquer outra comunicação, o Poder Executivo de cada Unidade da Federação publicará decreto ratificando ou não os convênios celebrados, considerando-se ratificação tácita dos convênios a falta de manifestação no prazo assinalado neste artigo.

§ 1.º O disposto neste artigo aplica-se também às Unidades da Federação cujos representantes não tenham comparecido à reunião em que hajam sido celebrados os convênios.

§ 2.º Considerar-se-á rejeitado o convênio que não for expressa ou tacitamente ratificado pelo Poder Executivo de todas as Unidades da Federação ou, nos casos de revogação a que se refere o art. 2.º, § 2.º, desta Lei, pelo Poder Executivo de, no mínimo, 4/5 (quatro quintos) das Unidades da Federação.

Art. 5.º Até 10 (dez) dias depois de findo o prazo de ratificação dos convênios, promover-se-á, segundo o disposto em Regimento, a publicação relativa à ratificação ou à rejeição no *Diário Oficial da União*.

Art. 6.º Os convênios entrarão em vigor no trigésimo dia após a publicação a que se refere o art. 5.º, salvo disposição em contrário.

Art. 7.º Os convênios ratificados obrigam todas as Unidades da Federação inclusive as que, regularmente convocadas, não se tenham feito representar na reunião.

Art. 8.º A inobservância dos dispositivos desta Lei acarretará, cumulativamente:

• *Vide* art. 5.º da Lei Complementar n. 160, de 7-8-2017.

I – a nulidade do ato e a ineficácia do crédito fiscal atribuído ao estabelecimento recebedor da mercadoria;

II – a exigibilidade do imposto não pago ou devolvido e a ineficácia da lei ou ato que conceda remissão do débito correspondente.

Parágrafo único. As sanções previstas neste artigo poder-se-ão acrescer a presunção de irregularidade das contas correspondentes ao exercício, a juízo do Tribunal de Contas da União, e a suspensão do pagamento das quotas referentes ao Fundo de Participação, ao Fundo Especial e aos impostos referidos nos itens VIII e IX do art. 21 da Constituição Federal.

•• Referência à CF de 1969.

Art. 9.º É vedado aos Municípios, sob pena das sanções previstas no artigo anterior, concederem qualquer dos benefícios relacionados no art. 1.º no que se refere à sua parcela na receita do imposto de circulação de mercadorias.

Art. 10. Os convênios definirão as condições gerais em que se poderão conceder, unilateralmente, anistia, remissão, transação, moratória, parcelamento de débitos fiscais e ampliação do prazo de recolhimento do imposto de circulação de mercadorias.

(*) Publicada no *Diário Oficial da União*, de 9-1-1975. **A Lei Complementar n. 214, de 16-1-2025, revoga os arts. 1.º a 12, 14 e 15, desta lei complementar, a partir de 1.º-1-2033.**

Art. 11. O Regimento das reuniões de representantes das Unidades da Federação será aprovado em convênio.

Art. 12. São mantidos os benefícios fiscais decorrentes de convênios regionais e nacionais vigentes à data desta Lei, até que revogados ou alterados por outro.

§ 1.º Continuam em vigor os benefícios fiscais ressalvados pelo § 6.º do art. 3.º do Decreto-lei n. 406, de 31 de dezembro de 1968, com a redação que lhe deu o art. 5.º do Decreto-lei n. 834, de 8 de setembro de 1969, até o vencimento do prazo ou cumprimento das condições correspondentes.

§ 2.º Quaisquer outros benefícios fiscais concedidos pela legislação estadual considerar-se-ão revogados se não forem convalidados pelo primeiro convênio que se realizar na forma desta Lei, ressalvados os concedidos por prazo certo ou em função de determinadas condições que já tenham sido incorporadas ao patrimônio jurídico de contribuinte. O prazo para a celebração deste convênio será de 90 (noventa) dias a contar da data da publicação desta Lei.

§ 3.º A convalidação de que trata o parágrafo anterior se fará pela aprovação de 2/3 (dois terços) dos representantes presentes, observando-se, na respectiva ratificação, este *quorum* e o mesmo processo do disposto no art. 4.º.

Art. 13. O art. 178 do Código Tributário Nacional (Lei n. 5.172, de 25-10-1966) passa a vigorar com a seguinte redação:

•• Alteração já processada no diploma modificado.

Art. 14. Sairão com suspensão do Imposto de Circulação de Mercadorias:

I – as mercadorias remetidas pelo estabelecimento do produtor para estabelecimento de Cooperativa de que faça parte, situada no mesmo Estado;

II – as mercadorias remetidas pelo estabelecimento de Cooperativa de Produtores, para estabelecimento, no mesmo Estado, da própria Cooperativa, de Cooperativa Central ou de Federação de Cooperativas de que a Cooperativa remetente faça parte.

§ 1.º O imposto devido pelas saídas mencionadas nos incisos I e II será recolhido pelo destinatário quando da saída subsequente, esteja esta sujeita ou não ao pagamento do tributo.

§ 2.º Ficam revogados os incisos IX e X do art. 1.º da Lei Complementar n. 4, de 2 de dezembro de 1969.

Art. 15. O disposto nesta Lei não se aplica às indústrias instaladas ou que vierem a instalar-se na Zona Franca de Manaus, sendo vedado às demais Unidades da Federação determinar a exclusão de incentivo fiscal, prêmio ou estímulo concedido pelo Estado do Amazonas.

Art. 16. Esta Lei entrará em vigor na data de sua publicação, revogadas as disposições em contrário.

Brasília, em 7 de janeiro de 1975; 154.º da Independência e 87.º da República.

Ernesto Geisel

DECRETO-LEI N. 1.578, DE 11 DE OUTUBRO DE 1977 (*)

Dispõe sobre o Imposto sobre a Exportação, e dá outras providências.

O Presidente da República, no uso das atribuições que lhe confere o art. 55, II, da Constituição, decreta:

Art. 1.º O Imposto sobre a Exportação, para o estrangeiro, de produto nacional ou nacionalizado tem como fato gerador a saída deste do território nacional.

§ 1.º Considera-se ocorrido o fato gerador no momento da expedição da Guia de Exportação ou documento equivalente.

§ 2.º (*Revogado pela Lei n. 9.019, de 30-3-1995.*)

§ 3.º O Poder Executivo relacionará os produtos sujeitos ao imposto.

•• § 3.º acrescentado pela Lei n. 9.716, de 26-11-1998.

Art. 2.º A base de cálculo do imposto é o preço normal que o produto, ou seu similar, alcançaria, ao tempo da exportação, em uma venda em condições de livre concorrência no mercado internacional, observadas as normas expedidas pelo Poder Executivo, mediante ato da CAMEX – Câmara de Comércio Exterior.

•• *Caput* com redação determinada pela Medida Provisória n. 2.158-35, de 24-8-2001.

§ 1.º O preço à vista do produto, FOB ou posto na fronteira, é indicativo do preço normal.

§ 2.º Quando o preço do produto for de difícil apuração ou for susceptível de oscilações bruscas no mercado internacional, o Poder Executivo, mediante ato da CAMEX, fixará critérios específicos ou estabelecerá pauta de valor mínimo, para apuração de base de cálculo.

•• § 2.º com redação determinada pela Medida Provisória n. 2.158-35, de 24-8-2001.

§ 3.º Para efeito de determinação da base de cálculo do imposto, o preço de venda das mercadorias exportadas não poderá ser inferior ao seu custo de aquisição ou produção, acrescido dos impostos e das contribuições incidentes e de margem de lucro de 15% (quinze por cento) sobre a soma dos custos, mais impostos e contribuições.

•• § 3.º acrescentado pela Lei n. 9.716, de 26-11-1998.

Art. 3.º A alíquota do imposto é de 30% (trinta por cento), facultado ao Poder Executivo reduzi-la ou aumentá-la, para atender aos objetivos da política cambial e do comércio exterior.

•• *Caput* com redação determinada pela Lei n. 9.716, de 26-11-1998.

Parágrafo único. Em caso de elevação, a alíquota do imposto não poderá ser superior a 5 (cinco) vezes o percentual fixado neste artigo.

•• Parágrafo único com redação determinada pela Lei n. 9.716, de 26-11-1998.

Art. 4.º O pagamento do imposto será realizado na forma e no momento fixados pelo Ministro da Fazenda, que poderá determinar sua exigibilidade antes da efetiva saída do produto a ser exportado.

Parágrafo único. Poderá ser dispensada a cobrança do imposto em função do destino da mercadoria exportada, observadas normas editadas pelo Ministro de Estado da Fazenda.

•• Parágrafo único acrescentado pela Lei n. 9.716, de 26-11-1998.

Art. 5.º O contribuinte do imposto é o exportador, assim considerado qualquer pessoa que promova a saída do produto do território nacional.

Art. 6.º Não efetivada a exportação do produto ou ocorrendo o seu retorno na forma do art. 11 do Decreto-lei n. 491, de 5 de março de 1969, a quantia paga a título de imposto será restituída a requerimento do interessado acompanhado da respectiva documentação comprobatória.

Art. 7.º (*Revogado pela Lei n. 10.833, de 29-12-2003.*)

Art. 8.º No que couber, aplicar-se-á, subsidiariamente, ao Imposto sobre a Exportação a legislação relativa ao Imposto sobre a Importação.

Art. 9.º O produto da arrecadação do Imposto sobre a Exportação constituirá reserva monetária, a crédito do Banco Central do Brasil, a qual só poderá ser aplicada na forma estabelecida pelo Conselho Monetário Nacional.

Art. 10. A CAMEX expedirá normas complementares a este Decreto-lei, respeitado o disposto no § 2.º do art. 1.º, *caput* e § 2.º do art. 2.º, e arts. 3.º e 9.º.

•• Artigo com redação determinada pela Medida Provisória n. 2.158-35, de 24-8-2001.

Art. 11. Este Decreto-lei entrará em vigor na data de sua publicação, revogadas a Lei n. 5.072, de 12 de agosto de 1966, e demais disposições em contrário.

Brasília, 11 de outubro de 1977; 156.º da Independência e 89.º da República.

Ernesto Geisel

DECRETO-LEI N. 1.715, DE 22 DE NOVEMBRO DE 1979 (**)

Regula a expedição de certidão de quitação de tributos federais e extingue a declaração de devedor remisso.

O Presidente da República, usando da atribuição que lhe confere o inciso II do art. 55 da Constituição e tendo em vista o disposto no Decreto n. 83.740, de 18 de julho de 1979, que instituiu o Programa Nacional de Desburocratização, decreta:

(*) Publicado no *Diário Oficial da União*, de 12-10-1977.

(**) Publicado no *Diário Oficial da União*, de 23-11-1979. Aprovado pelo Decreto Legislativo n. 20, de 6-5-1980.

352 Decreto-lei n. 1.755, de 31-12-1979 – Arrecadação e Restituição das Receitas Federais

Art. 1.º A prova de quitação de tributos, multas e outros encargos fiscais, cuja administração seja da competência do Ministério da Fazenda, será exigida nas seguintes hipóteses:

I – concessão de concordata e declaração de extinção das obrigações do falido;

II – celebração de contrato com quaisquer órgãos da Administração Federal Direta e Autarquias da União e participação em concorrência pública promovida por esses órgãos e entidades, observado, nesta última hipótese, o disposto no art. 3.º;

III – transferência de residência para o Exterior;

IV – venda de estabelecimentos comerciais ou industriais por intermédio de leiloeiros;

V – registro ou arquivamento de distrato, alterações contratuais e outros atos perante o registro público competente, desde que importem na extinção de sociedade ou baixa de firma individual ou na redução de capital das mesmas, exceto no caso de falência;

VI – outros casos que venham a ser estabelecidos pelo Poder Executivo.

§ 1.º A prova de quitação prevista neste artigo será feita por meio de certidão ou outro documento hábil, na forma e prazo determinados pelo Ministro da Fazenda.

- De acordo com o art. 1.º, II, da Lei n. 11.882, de 23-12-2008, o Conselho Monetário Nacional, com o propósito de assegurar níveis adequados de liquidez no sistema financeiro, poderá afastar, nas operações de redesconto e empréstimo realizadas pelo Banco Central do Brasil, as exigências de regularidade fiscal previstas neste parágrafo.

§ 2.º A certidão de quitação será eficaz, dentro do seu prazo de validade e para o fim a que se destina, perante qualquer órgão ou entidade da Administração Federal, Estadual e Municipal, Direta ou Indireta.

§ 3.º Para efeito do julgamento de partilha ou de adjudicação, relativamente aos bens do espólio ou às suas rendas, o Ministério da Fazenda prestará ao juízo as informações que forem solicitadas.

Art. 2.º É vedado aos órgãos e entidades da Administração Federal, Direta ou Indireta, exigir a prova de quitação de que trata este Decreto-lei, salvo nas hipóteses previstas no art. 1.º.

Art. 3.º O Poder Executivo estabelecerá as condições de dispensa de apresentação da prova de quitação, de que trata o art. 1.º, na habilitação em licitações para compras, obras e serviços no âmbito da Administração Federal, Estadual ou Municipal.

Art. 4.º É facultado às empresas públicas, sociedades de economia mista e fundações, criadas, instituídas ou mantidas pela União, deixarem de contratar com pessoas que se encontrem em débito com a Fazenda Nacional.

Parágrafo único. Para os efeitos previstos neste artigo, será divulgada, periodicamente, relação de devedores por créditos tributários devidos à Fazenda Nacional, na forma e condições estabelecidas pelo Ministro da Fazenda.

Art. 5.º Fica extinta, para todos os efeitos legais, a declaração de devedor remisso à Fazenda Nacional.

Art. 6.º Este Decreto-lei entrará em vigor na data de sua publicação, revogadas as disposições em contrário.

Brasília, 22 de novembro de 1979; 158.º da Independência e 91.º da República.

JOÃO FIGUEIREDO

DECRETO-LEI N. 1.755, DE 31 DE DEZEMBRO DE 1979 (*)

Dispõe sobre a arrecadação e restituição das receitas federais, e dá outras providências.

O Presidente da República, no uso das atribuições conferidas pelo art. 55, II, da Constituição Federal, decreta:

Art. 1.º A arrecadação de todas as receitas da União far-se-á na forma estabelecida pelo Ministério da Fazenda, devendo o seu produto ser obrigatoriamente recolhido à conta do Tesouro Nacional.

Art. 2.º (*Revogado pelo Decreto-lei n. 2.312, de 23-12-1986.*)

Art. 3.º (*Revogado pelo Decreto-lei n. 1.805, de 1.º-10-1980.*)

Art. 4.º Os órgãos autônomos da Administração Federal Direta promoverão o recolhimento de suas receitas próprias ao Banco do Brasil S.A., à conta do Tesouro Nacional, observando-se o disposto no art. 2.º deste Decreto-lei.

Parágrafo único. A receita própria de órgãos autônomos corresponde àquela gerada nas atividades de pesquisa ou ensino ou de caráter industrial, comercial ou agrícola, nos termos do Decreto-lei n. 200, de 25 de fevereiro de 1967, com a redação dada pelo Decreto-lei n. 900, de 29 de setembro de 1969, bem como nas relativas prestações de serviços de qualquer natureza.

Art. 5.º A restituição de receitas federais e o ressarcimento em espécie, a título de incentivo ou benefício fiscal, dedutíveis da arrecadação, mediante anulação de receita, serão efetuados através de documento próprio a ser instituído pelo Ministério da Fazenda.

Art. 6.º A Secretaria de Planejamento da Presidência da República e o Ministério da Fazenda baixarão as normas complementares necessárias à implementação do disposto neste Decreto-lei.

Art. 7.º Este Decreto-lei entrará em vigor na data de sua publicação, ficando extintas todas as formas de arrecadação das receitas federais que não estejam de acordo com o disposto no presente Decreto-lei, revogando-se ainda as demais disposições em contrário.

Brasília, 31 de dezembro de 1979; 158.º da Independência e 91.º da República.

JOÃO FIGUEIREDO

DECRETO-LEI N. 1.783, DE 18 DE ABRIL DE 1980 (**)

Dispõe sobre o Imposto sobre Operações de Crédito, Câmbio e Seguro, e sobre Operações relativas a Títulos e Valores Mobiliários.

O Presidente da República, no uso de suas atribuições, tendo em vista o art. 55, item II, da Constituição e os arts. 63 a 67 do Código Tributário Nacional, decreta:

Art. 1.º O imposto incidente, nos termos do art. 63 do Código Tributário Nacional, sobre operações de crédito, câmbio e seguro, e sobre operações relativas a títulos e valores mobiliários será cobrado às seguintes alíquotas:

I – empréstimos sob qualquer modalidade, aberturas de crédito e descontos de títulos: 0,5% ao mês sobre o valor da operação ou percentual proporcionalmente equivalente quando for cobrado de uma só vez;

II – seguros de vida e congêneres e de acidentes pessoais e do trabalho: 2% sobre o valor dos prêmios pagos;

III – seguros de bens, valores, coisas e outros não especificados: 4% sobre o valor dos prêmios pagos;

IV – operações de câmbio: 130% sobre o valor da operação;

•• Inciso IV com redação determinada pelo Decreto-lei n. 2.303, de 21-11-1986.

V – operações relativas a títulos e valores mobiliários: 10% sobre o valor da operação.

•• Vide art. 153, V da CF.

Art. 2.º São contribuintes do imposto os tomadores do crédito, os segurados, os compradores de moeda estrangeira e os adquirentes de títulos e valores mobiliários.

Art. 3.º São responsáveis pela cobrança do imposto e pelo seu recolhimento ao Tesouro Nacional, nos prazos e condições fixados pela Secretaria da Receita Federal:

•• § 3.º com redação determinada pelo Decreto-lei n. 2.471, de 1.º-9-1988.

O Decreto n. 84.702, de 13-5-1980, simplifica a prova de quitação de tributos, contribuições, anuidades e outros encargos, e restringe a exigência de certidões no âmbito da Administração Federal.

(*) Publicado no *Diário Oficial da União*, de 31-12-1979. Texto aprovado pelo Decreto Legislativo n. 69, de 15-8-1980. *Vide* Lei n. 8.022, de 12-4-1990, que dispõe sobre o sistema de administração das receitas federais.

(**) Publicado no *Diário Oficial da União*, de 22-4-1980. *Vide* Decreto n. 6.306, de 14-12-2007, que regulamenta o IOF.

I – nas operações de crédito, as instituições financeiras;
II – nas operações de seguro, o segurador ou as instituições financeiras a quem este encarregar da cobrança do prêmio;
III – nas operações de câmbio, as instituições autorizadas a operar em câmbio;
IV – nas operações relativas a títulos ou valores mobiliários, as instituições autorizadas a operar na compra e venda de títulos e valores mobiliários e, nas operações de contratos derivativos, as entidades autorizadas a registrar os referidos contratos.
•• Inciso IV com redação determinada pela Lei n. 12.543, de 8-12-2011.

Art. 4.º Este Decreto-lei entrará em vigor na data de sua publicação, revogados o artigo 2.º do Decreto-lei n. 914, de 7 de outubro de 1969, e as disposições em contrário.
Brasília, em 18 de abril de 1980; 159.º da Independência e 92.º da República.

JOÃO FIGUEIREDO

LEI N. 6.822, DE 22 DE SETEMBRO DE 1980 (*)

Dispõe sobre a cobrança executiva dos débitos fixados em acórdãos do Tribunal de Contas da União, e dá outras providências.

O Presidente da República.
Faço saber que o Congresso Nacional decreta e eu sanciono a seguinte Lei:
Art. 1.º As decisões do Tribunal de Contas da União condenatórias de responsáveis em débito para com a Fazenda Pública tornam a dívida líquida e certa e têm força executiva, cumprindo ao Ministério Público federal, ou, nos Estados e Municípios, a quem dele as vezes fizer, ou aos procuradores das entidades da administração indireta, promover a sua cobrança executiva, independentemente de quaisquer outras formalidades, na forma do disposto na alínea *c* do art. 50 do Decreto-lei n. 199, de 25 de fevereiro de 1967.
•• O Decreto-lei n. 199/67 foi revogado pela Lei n. 8.443, de 16-7-1992.

Art. 2.º Incluem-se entre os responsáveis mencionados no artigo anterior os da administração indireta, os das fundações instituídas ou mantidas pela União, e os abrangidos pelos arts. 31, X, e 43 do Decreto-lei n. 199, de 25 de fevereiro de 1967, e pelo art. 183 do Decreto-lei n. 200, de 25 de fevereiro de 1967, bem como os administradores de quaisquer recursos originários de transferências federais.
Art. 3.º As multas impostas pelo Tribunal de Contas da União, nos casos previstos no art. 53 do Decreto-lei n. 199, de 25 de fevereiro de 1967, após fixadas em decisão definitiva, serão, também, objeto de cobrança executiva, na forma estabelecida no artigo anterior.

Art. 4.º Esta Lei entrará em vigor na data de sua publicação, revogadas as disposições em contrário.
Brasília, em 22 de setembro de 1980; 159.º da Independência e 92.º da República.

JOÃO FIGUEIREDO

LEI N. 6.830, DE 22 DE SETEMBRO DE 1980 (**)

Dispõe sobre a cobrança judicial da Dívida Ativa da Fazenda Pública e dá outras providências.

O Presidente da República.
Faço saber que o Congresso Nacional decreta e eu sanciono a seguinte Lei:
Art. 1.º A execução judicial para cobrança da Dívida Ativa da União, dos Estados, do Distrito Federal, dos Municípios e respectivas autarquias será regida por esta Lei e, subsidiariamente, pelo Código de Processo Civil.
• *Vide* Súmulas 121, 128, 153 e 521 do STJ.
• A Resolução n. 547, de 22-2-2024, do CNJ, institui medidas de tratamento racional e eficiente na tramitação das execuções fiscais pendentes no Poder Judiciário.

Art. 2.º Constitui Dívida Ativa da Fazenda Pública aquela definida como tributária ou não tributária na Lei n. 4.320, de 17 de março de 1964, com as alterações posteriores, que estatui normas gerais de direito financeiro para elaboração e controle dos orçamentos e balanços da União, dos Estados, dos Municípios e do Distrito Federal.
§ 1.º Qualquer valor, cuja cobrança seja atribuída por lei às entidades de que trata o art. 1.º, será considerado Dívida Ativa da Fazenda Pública.
• A Portaria n. 75, de 22-3-2012, do Ministério da Fazenda, dispõe sobre a inscrição de débitos na Dívida Ativa da União e o ajuizamento de execuções fiscais pela Procuradoria-Geral da Fazenda Nacional.

§ 2.º A Dívida Ativa da Fazenda Pública, compreendendo a tributária e a não tributária, abrange atualização monetária, juros e multa de mora e demais encargos previstos em lei ou contrato.
§ 3.º A inscrição, que se constitui no ato de controle administrativo da legalidade, será feita pelo órgão competente para apurar a liquidez e certeza do crédito e suspenderá a prescrição, para todos os efeitos de direito, por 180 (cento e oitenta) dias ou até a distribuição da execução fiscal, se esta ocorrer antes de findo aquele prazo.
§ 4.º A Dívida Ativa da União será apurada e inscrita na Procuradoria da Fazenda Nacional.
• *Vide* Súmula 139 do STJ.

§ 5.º O Termo de Inscrição de Dívida Ativa deverá conter:
I – o nome do devedor, dos corresponsáveis e, sempre que conhecido, o domicílio ou residência de um e de outros;
II – o valor originário da dívida, bem como o termo inicial e a forma de calcular os juros de mora e demais encargos previstos em lei ou contrato;
III – a origem, a natureza e o fundamento legal ou contratual da dívida;
IV – a indicação, se for o caso, de estar a dívida sujeita à atualização monetária, bem como o respectivo fundamento legal e o termo inicial para o cálculo;
V – a data e o número da inscrição, no Registro de Dívida Ativa; e
VI – o número do processo administrativo ou do auto de infração, se neles estiver apurado o valor da dívida.
§ 6.º A Certidão de Dívida Ativa conterá os mesmos elementos do Termo de Inscrição e será autenticada pela autoridade competente.
§ 7.º O Termo de Inscrição e a Certidão de Dívida Ativa poderão ser preparados e numerados por processo manual, mecânico ou eletrônico.
§ 8.º Até a decisão de primeira instância, a Certidão de Dívida Ativa poderá ser emendada ou substituída, assegurada ao executado a devolução do prazo para embargos.
• *Vide* Súmula 392 do STJ.
§ 9.º O prazo para a cobrança das contribuições previdenciárias continua a ser o estabelecido no art. 144 da Lei n. 3.807, de 26 de agosto de 1960.
•• Atualmente a Lei n. 8.212, de 24-7-1991, dispõe sobre a Organização da Seguridade Social.
• *Vide* Súmula 210 do STJ.

Art. 3.º A Dívida Ativa regularmente inscrita goza da presunção de certeza e liquidez.
• *Vide* Súmulas 279 e 673 do STJ.
Parágrafo único. A presunção a que se refere este artigo é relativa e pode ser ilidida por prova inequívoca, a cargo do executado ou de terceiro, a quem aproveite.

Art. 4.º A execução fiscal poderá ser promovida contra:
I – o devedor;
II – o fiador;
III – o espólio;
IV – a massa;
V – o responsável, nos termos da lei, por dívidas, tributárias ou não, de pessoas físicas ou pessoas jurídicas de direito privado; e
VI – os sucessores a qualquer título.
§ 1.º Ressalvado o disposto no art. 31, o síndico, o comissário, o liquidante, o inventariante e o administrador, nos casos de falência, concordata, liquidação, inventário, insolvência ou concurso de credores, se, antes de garantidos os créditos da Fazenda Pública, alienarem ou derem em garantia quaisquer dos bens administrados, respondem, solidariamente, pelo valor desses bens.
§ 2.º À Dívida Ativa da Fazenda Pública, de qualquer natureza, aplicam-se as normas

---
(*) Publicada no *Diário Oficial da União*, de 23 e retificada em 29-9-1980.
(**) Publicada no *Diário Oficial da União*, de 24-9-1980.

relativas à responsabilidade prevista na legislação tributária, civil e comercial.
• Vide Súmula 189 do STJ.

§ 3.º Os responsáveis, inclusive as pessoas indicadas no § 1.º deste artigo, poderão nomear bens livres e desembaraçados do devedor, tantos quantos bastem para pagar a dívida. Os bens dos responsáveis ficarão, porém, sujeitos à execução, se os do devedor forem insuficientes à satisfação da dívida.

§ 4.º Aplica-se à Dívida Ativa da Fazenda Pública de natureza não tributária o disposto nos arts. 186 e 188 a 192 do Código Tributário Nacional.

Art. 5.º A competência para processar e julgar a execução da Dívida Ativa da Fazenda Pública exclui a de qualquer outro juízo, inclusive o da falência, da concordata, da liquidação, da insolvência ou do inventário.

Art. 6.º A petição inicial indicará apenas:
I – o juiz a quem é dirigida;
II – o pedido; e
III – o requerimento para a citação.
•• Vide Súmulas 558 e 559 do STJ.

§ 1.º A petição inicial será instruída com a Certidão da Dívida Ativa, que dela fará parte integrante, como se estivesse transcrita.

§ 2.º A petição inicial e a Certidão de Dívida Ativa poderão constituir um único documento, preparado inclusive por processo eletrônico.

§ 3.º A produção de provas pela Fazenda Pública independe de requerimento na petição inicial.

§ 4.º O valor da causa será o da dívida constante da certidão, com os encargos legais.

Art. 7.º O despacho do juiz que deferir a inicial importa em ordem para:
I – citação, pelas sucessivas modalidades previstas no art. 8.º;
II – penhora, se não for paga a dívida, nem garantida a execução, por meio de depósito, fiança ou seguro-garantia;
•• Inciso II com redação determinada pela Lei n. 13.043, de 13-11-2014.
III – arresto, se o executado não tiver domicílio ou dele se ocultar;
IV – registro da penhora ou do arresto, independentemente do pagamento de custas ou outras despesas, observado o disposto no art. 14; e
V – avaliação dos bens penhorados ou arrestados.

Art. 8.º O executado será citado para, no prazo de 5 (cinco) dias, pagar a dívida com os juros e multa de mora e encargos indicados na Certidão de Dívida Ativa, ou garantir a execução, observadas as seguintes normas:
I – a citação será feita pelo correio, com aviso de recepção, se a Fazenda Pública não a requerer por outra forma;
II – a citação pelo correio considera-se feita na data da entrega da carta no endereço do executado; ou, se a data for omitida, no aviso de recepção, 10 (dez) dias após a entrega da carta à agência postal;
III – se o aviso de recepção não retornar no prazo de 15 (quinze) dias da entrega da carta à agência postal, a citação será feita por oficial de justiça ou por edital;
• Vide Súmulas 190 e 414 do STJ.
IV – o edital de citação será afixado na sede do juízo, publicado uma só vez no órgão oficial, gratuitamente, como expediente judiciário, com o prazo de 30 (trinta) dias, e conterá, apenas, a indicação da exequente, o nome do devedor e dos corresponsáveis, a quantia devida, a natureza da dívida, a data e o número da inscrição no Registro da Dívida Ativa, o prazo e o endereço da sede do juízo.
• Vide Súmula 210 do TFR.

§ 1.º O executado ausente do País será citado por edital, com prazo de 60 (sessenta) dias.

§ 2.º O despacho do juiz, que ordenar a citação, interrompe a prescrição.

Art. 9.º Em garantia da execução, pelo valor da dívida, juros e multa de mora e encargos indicados na Certidão da Dívida Ativa, o executado poderá:
I – efetuar depósito em dinheiro, à ordem do juízo em estabelecimento oficial de crédito, que assegure atualização monetária;
II – oferecer fiança bancária ou seguro-garantia;
•• Inciso II com redação determinada pela Lei n. 13.043, de 13-11-2014.
III – nomear bens à penhora, observada a ordem do art. 11; ou
IV – indicar à penhora bens oferecidos por terceiros e aceitos pela Fazenda Pública.

§ 1.º O executado só poderá indicar e o terceiro oferecer bem imóvel à penhora com o consentimento expresso do respectivo cônjuge.

§ 2.º Juntar-se-á aos autos a prova do depósito, da fiança bancária, do seguro-garantia ou da penhora dos bens do executado ou de terceiros.
•• § 2.º com redação determinada pela Lei n. 13.043, de 13-11-2014.

§ 3.º A garantia da execução, por meio de depósito em dinheiro, fiança bancária ou seguro-garantia, produz os mesmos efeitos da penhora.
•• § 3.º com redação determinada pela Lei n. 13.043, de 13-11-2014.

§ 4.º Somente o depósito em dinheiro, na forma do art. 32, faz cessar a responsabilidade pela atualização monetária e juros de mora.
• Vide Súmula 112 do STJ.

§ 5.º A fiança bancária prevista no inciso II obedecerá às condições preestabelecidas pelo Conselho Monetário Nacional.

§ 6.º O executado poderá pagar parcela da dívida, que julgar incontroversa, e garantir a execução do saldo devedor.

§ 7.º As garantias apresentadas na forma do inciso II do *caput* deste artigo somente serão liquidadas, no todo ou parcialmente, após o trânsito em julgado de decisão de mérito em desfavor do contribuinte, vedada a sua liquidação antecipada.
•• § 7.º acrescentado pela Lei n. 14.689, de 20-9-2023, originalmente vetado, todavia promulgado em 22-12-2023.

Art. 10. Não ocorrendo o pagamento, nem a garantia da execução de que trata o art. 9.º, a penhora poderá recair em qualquer bem do executado, exceto os que a lei declare absolutamente impenhoráveis.

Art. 11. A penhora ou arresto de bens obedecerá à seguinte ordem:
• Vide Súmulas 406 e 417 do STJ.
I – dinheiro;
II – título da dívida pública, bem como título de crédito, que tenham cotação em Bolsa;
III – pedras e metais preciosos;
IV – imóveis;
V – navios e aeronaves;
VI – veículos;
VII – móveis ou semoventes; e
VIII – direitos e ações.

§ 1.º Excepcionalmente, a penhora poderá recair sobre estabelecimento comercial, industrial ou agrícola, bem como em plantações ou edifícios em construção.
• Vide Súmula 451 do STJ.

§ 2.º A penhora efetuada em dinheiro será convertida no depósito de que trata o inciso I do art. 9.º.

§ 3.º O juiz ordenará a remoção do bem penhorado para depósito judicial, particularmente da Fazenda Pública exequente, sempre que esta o requerer, em qualquer fase do processo.
• Vide art. 18 da Lei n. 9.393, de 19-12-1996, acerca da preferência da penhora ou arresto sobre imóvel rural, na execução de dívida ativa decorrente de crédito tributário do ITR.

Art. 12. Na execução fiscal, far-se-á a intimação da penhora ao executado, mediante publicação, no órgão oficial, do ato de juntada do termo ou do auto de penhora.
• Vide Súmula 190 do TFR.

§ 1.º Nas comarcas do interior dos Estados, a intimação poderá ser feita pela remessa de cópia do termo ou do auto de penhora, pelo correio, na forma estabelecida no art. 8.º, I e II, para a citação.

§ 2.º Se a penhora recair sobre imóvel, far-se-á a intimação ao cônjuge, observadas as normas previstas para a citação.

§ 3.º Far-se-á a intimação da penhora pessoalmente ao executado se, na citação feita pelo correio, o aviso de recepção não contiver a assinatura do próprio executado, ou de seu representante legal.

Art. 13. O termo ou auto de penhora conterá, também, a avaliação dos bens penhorados, efetuada por quem o lavrar.

§ 1.º Impugnada a avaliação, pelo executado, ou pela Fazenda Pública, antes de publicado o edital de leilão, o juiz, ouvida a outra parte, nomeará avaliador oficial para proceder a nova avaliação dos bens penhorados.

§ 2.º Se não houver, na comarca, avaliador oficial ou este não puder apresentar o laudo de avaliação no prazo de 15 (quinze) dias, será nomeada pessoa ou entidade habilitada, a critério do juiz.

§ 3.º Apresentado o laudo, o juiz decidirá de plano sobre a avaliação.

Art. 14. O oficial de justiça entregará contrafé e cópia do termo ou do auto de penhora ou arresto, com a ordem de registro de que trata o art. 7.º, IV:

I – no ofício próprio, se o bem for imóvel ou a ele equiparado;

II – na repartição competente para emissão de certificado de registro, se for veículo;

III – na Junta Comercial, na Bolsa de Valores, e na sociedade comercial, se forem ações, debênture, parte beneficiária, cota ou qualquer outro título, crédito ou direito societário nominativo.

Art. 15. Em qualquer fase do processo, será deferida pelo juiz:

I – ao executado, a substituição da penhora por depósito em dinheiro, fiança bancária ou seguro-garantia; e

•• *Inciso I com redação determinada pela Lei n. 13.043, de 13-11-2014.*

II – à Fazenda Pública, a substituição dos bens penhorados por outros, independentemente da ordem enumerada no art. 11, bem como o reforço da penhora insuficiente.

• *Vide Súmula 406 do STJ.*

Art. 16. O executado oferecerá embargos, no prazo de 30 (trinta) dias, contados:

•• *Vide art. 219 do CPC.*

I – do depósito;

II – da juntada da prova da fiança bancária ou do seguro-garantia;

•• *Inciso II com redação determinada pela Lei n. 13.043, de 13-11-2014.*

III – da intimação da penhora.

§ 1.º Não são admissíveis embargos do executado antes de garantida a execução.

§ 2.º No prazo dos embargos, o executado deverá alegar toda matéria útil à defesa, requerer provas e juntar aos autos os documentos e rol de testemunhas, até três, ou, a critério do juiz, até o dobro desse limite.

§ 3.º Não será admitida reconvenção, nem compensação, e as exceções, salvo as de suspeição, incompetência e impedimento, serão arguidas como matéria preliminar e serão processadas e julgadas com os embargos.

• *Vide Súmula 394 do STJ.*

Art. 17. Recebidos os embargos, o juiz mandará intimar a Fazenda, para impugná-los no prazo de 30 (trinta) dias, designando, em seguida, audiência de instrução e julgamento.

Parágrafo único. Não se realizará audiência, se os embargos versarem sobre matéria de direito ou, sendo de direito e de fato, a prova for exclusivamente documental, caso em que o juiz proferirá a sentença no prazo de 30 (trinta) dias.

Art. 18. Caso não sejam oferecidos os embargos, a Fazenda Pública manifestar-se-á sobre a garantia da execução.

Art. 19. Não sendo embargada a execução ou sendo rejeitados os embargos, no caso de garantia prestada por terceiro, será este intimado, sob pena de contra ele prosseguir a execução nos próprios autos, para, no prazo de 15 (quinze) dias:

I – remir o bem, se a garantia for real; ou

II – pagar o valor da dívida, juros e multa de mora e demais encargos, indicados na Certidão de Dívida Ativa, pelos quais se obrigou, se a garantia for fidejussória.

Art. 20. Na execução por carta, os embargos do executado serão oferecidos no juízo deprecado, que os remeterá ao juízo deprecante, para instrução e julgamento.

• *Vide Súmula 46 do STJ.*

Parágrafo único. Quando os embargos tiverem por objeto vícios ou irregularidades de atos do próprio juízo deprecado, caber-lhe-á unicamente o julgamento dessa matéria.

Art. 21. Na hipótese de alienação antecipada dos bens penhorados, o produto será depositado em garantia da execução, nos termos previstos no art. 9.º, I.

Art. 22. A arrematação será precedida de edital, afixado no local do costume, na sede do juízo, e publicado, em resumo, uma só vez, gratuitamente, como expediente judiciário, no órgão oficial.

§ 1.º O prazo entre as datas de publicação do edital e do leilão não poderá ser superior a 30 (trinta), nem inferior a 10 (dez) dias.

§ 2.º O representante judicial da Fazenda Pública será intimado, pessoalmente, da realização do leilão, com a antecedência prevista no parágrafo anterior.

Art. 23. A alienação de quaisquer bens penhorados será feita em leilão público, no lugar designado pelo juiz.

• *Vide Súmula 128 do STJ.*

§ 1.º A Fazenda Pública e o executado poderão requerer que os bens sejam leiloados englobadamente ou em lotes que indicarem.

§ 2.º Cabe ao arrematante o pagamento da comissão do leiloeiro e demais despesas indicadas no edital.

Art. 24. A Fazenda Pública poderá adjudicar os bens penhorados:

I – antes do leilão, pelo preço da avaliação, se a execução não for embargada ou se rejeitados os embargos;

II – findo o leilão:

a) se não houver licitante, pelo preço da avaliação;

b) havendo licitantes, com preferência, em igualdade de condições com a melhor oferta, no prazo de 30 (trinta) dias.

Parágrafo único. Se o preço da avaliação ou o valor da melhor oferta for superior ao dos créditos da Fazenda Pública, a adjudicação somente será deferida pelo juiz se a diferença for depositada, pela exequente, à ordem do juízo, no prazo de 30 (trinta) dias.

• *Vide art. 18, § 3.º, da Lei n. 9.393, de 19-12-1996, que faculta o depósito da diferença em Títulos da Dívida Agrária, até o montante equivalente ao VTN declarado, na execução de dívida ativa decorrente de crédito tributário do ITR.*

Art. 25. Na execução fiscal, qualquer intimação ao representante judicial da Fazenda Pública será feita pessoalmente.

• *Vide Súmulas 117 e 240 do TFR.*

Parágrafo único. A intimação de que trata este artigo poderá ser feita mediante vista dos autos, com imediata remessa ao representante judicial da Fazenda Pública, pelo cartório ou secretaria.

Art. 26. Se, antes da decisão de primeira instância, a inscrição de Dívida Ativa for, a qualquer título, cancelada, a execução fiscal será extinta, sem qualquer ônus para as partes.

• *Vide Súmula 153 do STJ.*

Art. 27. As publicações de atos processuais poderão ser feitas resumidamente ou reunir num só texto os de diferentes processos.

Parágrafo único. As publicações farão sempre referência ao número do processo no respectivo juízo e ao número da correspondente inscrição de Dívida Ativa, bem como ao nome das partes e de seus advogados, suficientes para a sua identificação.

Art. 28. O juiz, a requerimento das partes, poderá, por conveniência da unidade da garantia da execução, ordenar a reunião de processos contra o mesmo devedor.

Parágrafo único. Na hipótese deste artigo, os processos serão redistribuídos ao juízo da primeira distribuição.

Art. 29. A cobrança judicial da Dívida Ativa da Fazenda Pública não é sujeita a concurso de credores ou habilitação em falência, concordata, liquidação, inventário ou arrolamento.

• *Vide Súmula 244 do TFR.*

Parágrafo único. O concurso de preferência somente se verifica entre pessoas jurídicas de direito público, na seguinte ordem:

•• *O STF, no julgamento da ADPF n. 357, por maioria, julgou procedente o pedido formulado para declarar a não recepção, pela Constituição da República de 1988, da norma prevista neste parágrafo único, na sessão por videoconferência de 24-6-2021 (DOU de 6-7-2021).*

I – União e suas autarquias;

II – Estados, Distrito Federal e Territórios e suas autarquias, conjuntamente e *pro rata*;

III – Municípios e suas autarquias, conjuntamente e *pro rata*.

Art. 30. Sem prejuízo dos privilégios especiais sobre determinados bens, que sejam previstos em lei, responde pelo pagamento da Dívida Ativa da Fazenda Pública a totalidade dos bens e das rendas, de qualquer origem ou natureza, do sujeito passivo, seu espólio ou sua massa, inclusive os gravados por ônus real ou cláusula de inalienabilidade ou impenhorabilidade, seja qual for a data da constituição do ônus ou da cláusula, excetuados unicamente os bens e rendas que a lei declara absolutamente impenhoráveis.

Art. 31. Nos processos de falência, concordata, liquidação, inventário, arrolamento ou concurso de credores, nenhuma alienação será judicialmente autorizada sem a prova de quitação da Dívida Ativa ou a concordância da Fazenda Pública.

Art. 32. Os depósitos judiciais em dinheiro serão obrigatoriamente feitos:
- Vide Súmula 112 do STJ.

I – na Caixa Econômica Federal, de acordo com o Decreto-lei n. 1.737, de 20 de dezembro de 1979, quando relacionados com a execução fiscal proposta pela União ou suas autarquias;
- • O Decreto-lei n. 1.737, de 20-12-1979, foi revogado pela Lei n. 14.793, de 16-9-2024.

II – na Caixa Econômica ou no banco oficial da unidade federativa ou, à sua falta, na Caixa Econômica Federal, quando relacionados com execução fiscal proposta pelo Estado, Distrito Federal, Municípios e suas autarquias.

§ 1.º Os depósitos de que trata este artigo estão sujeitos à atualização monetária, segundo os índices estabelecidos para os débitos tributários federais.

§ 2.º Após o trânsito em julgado da decisão, o depósito, monetariamente atualizado, será devolvido ao depositante ou entregue à Fazenda Pública, mediante ordem do juízo competente.

Art. 33. O juízo, de ofício, comunicará à repartição competente da Fazenda Pública, para fins de averbação no Registro da Dívida Ativa, a decisão final, transitada em julgado, que der por improcedente a execução, total ou parcialmente.

Art. 34. Das sentenças de primeira instância proferidas em execuções de valor igual ou inferior a 50 (cinquenta) Obrigações do Tesouro Nacional – OTN, só se admitirão embargos infringentes e de declaração.
- • Extinção da OTN: Lei n. 7.730, de 31-1-1989. Vide a Nota dos Organizadores (SIGLAS).
- Vide Súmula 640 do STF.

§ 1.º Para os efeitos deste artigo, considerar-se-á o valor da dívida monetariamente atualizado e acrescido de multa e juros de mora e demais encargos legais, na data da distribuição.

§ 2.º Os embargos infringentes, instruídos, ou não, com documentos novos, serão deduzidos, no prazo de 10 (dez) dias perante o mesmo juízo, em petição fundamentada.

§ 3.º Ouvido o embargado, no prazo de 10 (dez) dias, serão os autos conclusos ao juiz, que, dentro de 20 (vinte) dias, os rejeitará ou reformará a sentença.

Art. 35. Nos processos regulados por esta Lei, poderá ser dispensada a audiência de revisor, no julgamento das apelações.

Art. 36. Compete à Fazenda Pública baixar normas sobre o recolhimento da Dívida Ativa respectiva, em juízo ou fora dele, e aprovar, inclusive, os modelos de documentos de arrecadação.

Art. 37. O auxiliar de justiça que, por ação ou omissão, culposa ou dolosa, prejudicar a execução, será responsabilizado, civil, penal e administrativamente.

Parágrafo único. O oficial de justiça deverá efetuar, em 10 (dez) dias, as diligências que lhe forem ordenadas, salvo motivo de força maior devidamente justificado perante o juízo.

Art. 38. A discussão judicial da Dívida Ativa da Fazenda Pública só é admissível em execução, na forma desta Lei, salvo as hipóteses de mandado de segurança, ação de repetição do indébito ou ação anulatória do ato declarativo da dívida, esta precedida do depósito preparatório do valor do débito, monetariamente corrigido e acrescido dos juros e multa de mora e demais encargos.
- Vide Súmula 247 do TFR.

Parágrafo único. A propositura, pelo contribuinte, da ação prevista neste artigo importa em renúncia ao poder de recorrer na esfera administrativa e desistência do recurso acaso interposto.

Art. 39. A Fazenda Pública não está sujeita ao pagamento de custas e emolumentos. A prática dos atos judiciais de seu interesse independerá de preparo ou de prévio depósito.

Parágrafo único. Se vencida, a Fazenda Pública ressarcirá o valor das despesas feitas pela parte contrária.

Art. 40. O juiz suspenderá o curso da execução, enquanto não for localizado o devedor ou encontrados bens sobre os quais possa recair a penhora, e, nesses casos, não correrá o prazo de prescrição.
- • Vide Súmula 314 do STJ.

§ 1.º Suspenso o curso da execução, será aberta vista dos autos ao representante judicial da Fazenda Pública.

§ 2.º Decorrido o prazo máximo de 1 (um) ano, sem que seja localizado o devedor ou encontrados bens penhoráveis, o juiz ordenará o arquivamento dos autos.

§ 3.º Encontrados que sejam, a qualquer tempo, o devedor ou os bens, serão desarquivados os autos para prosseguimento da execução.

§ 4.º Se da decisão que ordenar o arquivamento tiver decorrido o prazo prescricional, o juiz, depois de ouvida a Fazenda Pública, poderá, de ofício, reconhecer a prescrição intercorrente e decretá-la de imediato.
- • Vide Súmula 314 do STJ.
- • § 4.º acrescentado pela Lei n. 11.051, de 29-12-2004.

§ 5.º A manifestação prévia da Fazenda Pública prevista no § 4.º deste artigo será dispensada no caso de cobranças judiciais cujo valor seja inferior ao mínimo fixado por ato do Ministro de Estado da Fazenda.
- • § 5.º acrescentado pela Lei n. 11.960, de 29-6-2009.

Art. 41. O processo administrativo correspondente à inscrição de Dívida Ativa, à execução fiscal ou à ação proposta contra a Fazenda Pública será mantido na repartição competente, dele se extraindo as cópias autenticadas ou certidões, que forem requeridas pelas partes ou requisitadas pelo juiz ou pelo Ministério Público.

Parágrafo único. Mediante requisição do juiz à repartição competente, com dia e hora previamente marcados, poderá o processo administrativo ser exibido, na sede do juízo, pelo funcionário para esse fim designado, lavrando o serventuário termo da ocorrência, com indicação, se for o caso, das peças a serem trasladadas.

Art. 42. Revogadas as disposições em contrário, esta Lei entrará em vigor 90 (noventa) dias após a data de sua publicação.

Brasília, em 22 de setembro de 1980; 159.º da Independência e 92.º da República.

João Figueiredo

LEI N. 6.899, DE 8 DE ABRIL DE 1981 (*)

Determina a aplicação da correção monetária nos débitos oriundos de decisão judicial e dá outras providências.

O Presidente da República:
Faço saber que o Congresso Nacional decreta e eu sanciono a seguinte Lei:

Art. 1.º A correção monetária incide sobre qualquer débito resultante de decisão judicial, inclusive sobre custas e honorários advocatícios.
- Vide Súmula 36 do STJ.

§ 1.º Nas execuções de títulos de dívida líquida e certa, a correção será calculada a contar do respectivo vencimento.
- Vide Súmula 14 do STJ.

§ 2.º Nos demais casos, o cálculo far-se-á a partir do ajuizamento da ação.
- Vide Súmula 14 do STJ.

Art. 2.º O Poder Executivo, no prazo de 60 (sessenta) dias, regulamentará a forma pela qual será efetuado o cálculo da correção monetária.

Art. 3.º O disposto nesta Lei aplica-se a todas as causas pendentes de julgamento.

Art. 4.º Esta Lei entrará em vigor na data de sua publicação.

Art. 5.º Revogam-se as disposições em contrário.

Brasília, em 8 de abril de 1981; 160.º da Independência e 93.º da República.

João Figueiredo

DECRETO-LEI N. 1.881, DE 27 DE AGOSTO DE 1981 (**)

Altera a Lei n. 5.172, de 25 de outubro de 1966, cria a Reserva do Fundo de Participação dos Municípios – FPM, e dá outras providências.

(*) Publicada no *Diário Oficial da União*, de 9-4-1981. Regulamentada pelo Decreto n. 86.649, de 25-11-1981.

(**) Publicado no *Diário Oficial da União*, de 28-8-1981.

O Presidente da República, no uso da atribuição que lhe confere o art. 55, II, da Constituição, decreta:

Art. 1.º Os §§ 2.º e 4.º do art. 91 da Lei n. 5.172, de 25 de outubro de 1966, com a redação estabelecida pelo Ato Complementar n. 35, de 28 de fevereiro de 1967, passam a vigorar com a seguinte redação:

•• Alterações já processadas no diploma modificado.

Art. 2.º Fica criada a Reserva do Fundo de Participação dos Municípios – FPM, destinada, exclusivamente, aos Municípios que se enquadrem no coeficiente individual de participação 4,0 (quatro), conforme definido no art. 91 da Lei n. 5.172, de 25 de outubro de 1966, com a redação alterada pelo Ato Complementar n. 35, de 28 de fevereiro de 1967.

Parágrafo único. Os Municípios que participarem dos recursos da Reserva ora criada não sofrerão prejuízo quanto ao recebimento da parcela prevista no § 2.º do art. 91 da Lei n. 5.172, de 25 de outubro de 1966, com a redação dada pelo Ato Complementar n. 35, de 28 de fevereiro de 1967.

Art. 3.º A Reserva referida no artigo anterior será constituída por 4,0% (quatro por cento) dos recursos resultantes do disposto no item II do art. 91 da Lei n. 5.172, de 25 de outubro de 1966, com a redação dada pelo Ato Complementar n. 35, de 28 de fevereiro de 1967.

Parágrafo único. A sua distribuição será proporcionalmente a um coeficiente individual de participação, resultante do produto dos seguintes fatores:

a) fator representativo da população, assim estabelecido:

Percentual da população de cada Município beneficiário em relação à do conjunto	Fator
Até 2%	2
Mais de 2% até 5%:	
Pelos primeiros 2%	2
Cada 0,5% ou fração excedente, mais	0,5
Mais de 5%	5

b) fator representativo do inverso da renda *per capita* do respectivo Estado, de conformidade com o disposto no art. 90 da Lei n. 5.172, de 25 de outubro de 1966.

Art. 4.º Este Decreto-lei entrará em vigor na data de sua publicação, com efeitos a partir de 1982, revogadas as disposições em contrário.

Brasília, em 27 de agosto de 1981; 160.º da Independência e 93.º da República.

JOÃO FIGUEIREDO

DECRETO-LEI N. 1.940, DE 25 DE MAIO DE 1982 (*)

Institui contribuição social, cria o Fundo de Investimento Social (FINSOCIAL) e dá outras providências.

O Presidente da República, no uso da atribuição que lhe confere o inciso II do artigo 55, e tendo em vista o disposto no parágrafo 2.º do artigo 21 da Constituição, decreta:

Art. 1.º Fica instituída, na forma prevista neste decreto-lei, contribuição social, destinada a custear investimentos de caráter assistencial em alimentação, habitação popular, saúde, educação, justiça e amparo ao pequeno agricultor.

•• *Caput* com redação determinada pela Lei n. 7.611, de 8-7-1987.

§ 1.º A contribuição social de que trata este artigo será de 0,5% (meio por cento) e incidirá mensalmente sobre:

•• § 1.º, *caput*, com redação determinada pelo Decreto-lei n. 2.397, de 21-12-1987.

a) a receita bruta das vendas de mercadorias e de mercadorias e serviços, de qualquer natureza, das empresas públicas ou privadas definidas como pessoa jurídica ou a elas equiparadas pela legislação do Imposto de Renda;

•• Alínea *a* acrescentada pelo Decreto-lei n. 2.397, de 21-12-1987.

b) as rendas e receitas operacionais das instituições financeiras e entidades a elas equiparadas, permitidas as seguintes exclusões: encargos com obrigações por refinanciamentos e repasse de recursos de órgãos oficiais e do exterior; despesas de captação de títulos de renda fixa no mercado aberto, em valor limitado aos das rendas obtidas nessas operações; juros e correção monetária passiva decorrentes de empréstimos efetuados ao Sistema Financeiro de Habitação; variação monetária passiva dos recursos captados do público; despesas com recursos, em moeda estrangeira, de debêntures e de arrendamento; e despesas com cessão de créditos com coobrigação, em valor limitado ao das rendas obtidas nessas operações, somente no caso das instituições cedentes;

•• Alínea *b* acrescentada pelo Decreto-lei n. 2.397, de 21-12-1987.

c) as receitas operacionais e patrimoniais das sociedades seguradoras e entidades a elas equiparadas.

•• Alínea *c* acrescentada pelo Decreto-lei n. 2.397, de 21-12-1987.

§ 2.º Para as empresas públicas e privadas que realizam exclusivamente venda de serviços, a contribuição será de 5% (cinco por cento) e incidirá sobre o valor do imposto de renda devido, ou como se devido fosse.

§ 3.º A contribuição não incidirá sobre a venda de mercadorias ou serviços destinados ao exterior, nas condições estabelecidas em Portaria do Ministro da Fazenda.

(*) Publicado no *Diário oficial da União*, de 26-5-1982.

§ 4.º Não integra as rendas e receitas de que trata o § 1.º deste artigo, para efeito de determinação da base de cálculo da contribuição, conforme o caso, o valor:

•• § 4.º, *caput*, acrescentado pelo Decreto-lei n. 2.397, de 21-12-1987.

a) do Imposto sobre Produtos Industrializados (IPI), do Imposto sobre Transportes (IST), do Imposto Único sobre Lubrificantes e Combustíveis Líquidos e Gasosos (IULCLG), do Imposto Único sobre Minerais (IUM), e do Imposto Único sobre Energia Elétrica (IUEE), quando destacados em separado no documento fiscal pelos respectivos contribuintes;

•• Alínea *a* acrescentada pelo Decreto-lei n. 2.397, de 21-12-1987.

b) dos empréstimos compulsórios:

•• Alínea *b* acrescentada pelo Decreto-lei n. 2.397, de 21-12-1987.

c) das vendas canceladas, das devolvidas e dos descontos a qualquer título concedidos incondicionalmente;

•• Alínea *c* acrescentada pelo Decreto-lei n. 2.397, de 21-12-1987.

d) das receitas de Certificados de Depósitos Interfinanceiros.

•• Alínea *d* acrescentada pelo Decreto-lei n. 2.397, de 21-12-1987.

§ 5.º Em relação aos fatos geradores ocorridos no ano de 1988, a alíquota de que trata o § 1.º deste artigo será acrescida de 0,1% (um décimo por cento). O acréscimo de receita correspondente à elevação da alíquota será destinado a fundo especial com a finalidade de fornecer recursos para financiamento da reforma agrária.

•• § 5.º acrescentado pelo Decreto-lei n. 2.397, de 21-12-1987.

Art. 2.º A arrecadação da contribuição será feita pelo Banco do Brasil S.A. e pela Caixa Econômica Federal e seus agentes, na forma disciplinada em Portaria do Ministro da Fazenda.

Art. 3.º (*Revogado pelo Decreto-lei n. 2.463, de 30-8-1988.*)

Art. 4.º Constituem recursos do FINSOCIAL:

I – o produto da arrecadação da contribuição instituída pelo artigo 1.º deste Decreto-lei;

II – recursos de dotações orçamentárias da União;

III – retornos de suas aplicações;

IV – outros recursos de origem interna ou externa, compreendendo repasses e financiamentos.

Art. 5.º O Banco Nacional do Desenvolvimento Econômico (BNDE) passa a denominar-se, Banco Nacional de Desenvolvimento Econômico e Social (BNDES).

§ 1.º Sem prejuízo de sua subordinação técnica à autoridade monetária, o Banco Nacional de Desenvolvimento Econômico e Social fica vinculado administrativamente à Secretaria de Planejamento da Presidência da República (SEPLAN).

§ 2.º O Ministro-Chefe da Secretaria de Planejamento da Presidência da República e o

Ministro da Indústria e do Comércio adotará as providências necessárias ao cumprimento do disposto neste artigo, no prazo de 30 (trinta) dias.

Art. 6.º O Fundo de Investimento Social (FINSOCIAL) será administrado pelo Banco Nacional de Desenvolvimento Econômico e Social (BNDES), que aplicará os recursos disponíveis em programas e projetos elaborados segundo diretrizes estabelecidas pelo Presidente da República.

Parágrafo único. A execução desses programas e projetos dependerá de aprovação do Presidente da República.

Art. 7.º Este Decreto-lei entrará em vigor na data de sua publicação e produzirá efeitos a partir de 1.º de junho de 1982.

Brasília, em 25 de maio de 1982; 161.º da Independência e 94.º da República.

JOÃO FIGUEIREDO

LEI N. 7.115, DE 29 DE AGOSTO DE 1983 (*)

Dispõe sobre prova documental nos casos que indica e dá outras providências.

O Presidente da República.

Faço saber que o Congresso Nacional decreta e eu sanciono a seguinte Lei:

Art. 1.º A declaração destinada a fazer prova de vida, residência, pobreza, dependência econômica, homonímia ou bons antecedentes, quando firmada pelo próprio interessado ou por procurador bastante, e sob as penas da lei, presume-se verdadeira.

Parágrafo único. O disposto neste artigo não se aplica para fins de prova em processo penal.

Art. 2.º Se comprovadamente falsa a declaração, sujeitar-se-á o declarante às sanções civis, administrativas e criminais previstas na legislação aplicável.

Art. 3.º A declaração mencionará expressamente a responsabilidade do declarante.

Art. 4.º Esta Lei entra em vigor na data de sua publicação.

Art. 5.º Revogam-se as disposições em contrário.

Brasília, em 29 de agosto de 1983; 162.º da Independência e 95.º da República.

JOÃO FIGUEIREDO

DECRETO-LEI N. 2.472, DE 1.º DE SETEMBRO DE 1988 (**)

Altera disposições da legislação aduaneira, consubstanciada no Decreto-lei n. 37, de 18 de novembro de 1966, e dá outras providências.

O Presidente da República, no uso da atribuição que lhe confere o art. 55, II, da Constituição, decreta:

_____
(*) Publicada no *DOU*, de 30-8-1983.
(**) Publicado no *DOU*, de 2-9-1988.

....

Art. 5.º A designação do representante do importador e do exportador poderá recair em despachante aduaneiro, relativamente ao despacho aduaneiro de mercadorias importadas e exportadas e em toda e qualquer outra operação de comércio exterior, realizada por qualquer via, inclusive no despacho de bagagem de viajante.

• O Decreto n. 6.759, de 5-2-2009, regulamenta a administração das atividades aduaneiras e a fiscalização, o controle e a tributação das operações de comércio exterior.

§ 1.º Nas operações a que se refere este artigo, o processamento, em todos os trâmites, junto aos órgãos competentes, poderá ser feito:

a) se pessoa jurídica de direito privado, somente por intermédio de dirigente, ou empregado com vínculo empregatício exclusivo com o interessado, munido de mandato que lhe outorgue plenos poderes para o mister, sem cláusulas excludentes da responsabilidade do outorgante mediante ato ou omissão do outorgado, ou por despachante aduaneiro;

b) se pessoa física, somente por ela própria ou por despachante aduaneiro;

c) se órgão da administração pública direta ou autárquica, federal, estadual ou municipal, missão diplomática ou repartição consular de país estrangeiro ou representação de órgãos internacionais, por intermédio de funcionário ou servidor, especialmente designado, ou por despachante aduaneiro.

§ 2.º Na execução dos serviços referidos neste artigo, o despachante aduaneiro poderá contratar livremente seus honorários profissionais, que serão recolhidos por intermédio da entidade de classe com jurisdição em sua região de trabalho, a qual processará o correspondente recolhimento do imposto de renda na fonte.

§ 3.º Para a execução das atividades de que trata este artigo, o Poder Executivo disporá sobre a forma de investidura na função de Despachante Aduaneiro, mediante ingresso como Ajudante de Despachante Aduaneiro, e sobre os requisitos que serão exigidos das demais pessoas para serem admitidas como representantes das partes interessadas.

Art. 6.º Considerar-se-á exportada para o exterior, para todos os efeitos fiscais, creditícios e cambiais, a mercadoria em regime de depósito alfandegado certificado, como previsto em regulamento.

• O Decreto n. 6.759, de 5-2-2009, que regulamenta a administração das atividades aduaneiras e a fiscalização, o controle e a tributação das operações de comércio exterior, dispõe sobre depósito alfandegado certificado em seus arts. 493 a 498.

• A Instrução Normativa n. 266, de 23-12-2002, da Secretaria da Receita Federal, dispõe sobre o regime de Depósito Alfandegado Certificado (DAC).

Art. 7.º Em local habilitado de fronteira terrestre, a autoridade aduaneira poderá determinar que o controle de veículos e a verificação de mercadorias em despacho aduaneiro sejam efetuados em recinto por ela designado, localizado convenientemente em relação ao tráfego e ao controle aduaneiro, e para isso alfandegado.

§ 1.º A tarifa referente aos serviços prestados no recinto alfandegado referido neste artigo será paga pelo usuário, na forma prescrita em regulamento, segundo tabela aprovada pelo Ministro da Fazenda.

§ 2.º A administração do recinto alfandegado previsto neste artigo poderá ser concedida pela autoridade aduaneira a empresa devidamente habilitada na forma da legislação pertinente.

Art. 8.º Os custos administrativos do despacho aduaneiro de mercadorias importadas serão ressarcidos, pelo importador, mediante contribuição ao Fundo Especial de Desenvolvimento e Aperfeiçoamento das Atividades de Fiscalização (FUNDAF), criado pelo Decreto-lei n. 1.437, de 17 de novembro de 1975, não superior a 0,5% (meio por cento) do valor aduaneiro da mercadoria, conforme dispuser o regulamento.

Art. 9.º As despesas realizadas pelos órgãos aduaneiros da Secretaria da Receita Federal, com a aplicação de elementos de segurança em volumes, veículos e unidades de carga, deverão ser ressarcidas pelos interessados, na forma estabelecida em regulamento.

•• A Secretaria da Receita Federal passa a denominar-se Secretaria da Receita Federal do Brasil, por força da Lei n. 11.457, de 16-3-2007.

Art. 10. O regulamento fixará percentuais de tolerância para exclusão da responsabilidade tributária em casos de perda inevitável de mercadoria em operação, sob controle aduaneiro, de transporte, carga e descarga, armazenagem, industrialização ou qualquer manipulação.

Art. 11. É concedida isenção de imposto de importação às mercadorias destinadas a consumo, no recinto de feiras e exposições internacionais, a título de promoção ou degustação, de montagem, decoração ou conservação de *stands*, ou de demonstração de equipamentos em exposição.

§ 1.º É condição, para gozo da isenção prevista neste artigo, que nenhum pagamento seja feito ao exterior, a qualquer título.

§ 2.º As mercadorias de que trata este artigo são dispensadas de guia de importação, sujeitando-se a limites de quantidade e valor, além de outros requisitos estabelecidos pelo Ministro da Fazenda.

Art. 12. Nos casos e na forma previstos em regulamento, o Ministro da Fazenda poderá autorizar o desembaraço aduaneiro, com suspensão de tributos, de mercadoria objeto de isenção ou de redução do imposto de importação concedida por órgão governamental ou decorrente de acordo internacional, quando o benefício estiver pendente de aprovação ou de publicação do respectivo ato.

Art. 13. Este Decreto-lei entra em vigor na data de sua publicação.

Art. 14. Revogam-se as disposições em contrário, especialmente os arts. 3.º a 6.º do Decreto-lei n. 37, de 18 de novembro de 1966; e o art. 1.º da Lei n. 6.562, de 18 de setembro de 1978.

•• Alterações já processadas no texto do Decreto-lei n. 37, de 18-11-1966.

Brasília, 1.º de setembro de 1988; 167.º da Independência e 100.º da República.

José Sarney

LEI N. 7.689, DE 15 DE DEZEMBRO DE 1988 (*)

Institui contribuição social sobre o lucro das pessoas jurídicas, e dá outras providências.

Faço saber que o Presidente da República adotou a Medida Provisória n. 22, de 6 de dezembro de 1988, que o Congresso Nacional aprovou, e eu, Humberto Lucena, Presidente do Senado Federal, para os efeitos do disposto no parágrafo único do art. 62 da Constituição Federal, promulgo a seguinte Lei:

Art. 1.º Fica instituída contribuição social sobre o lucro das pessoas jurídicas, destinada ao financiamento da seguridade social.

Art. 2.º A base de cálculo da contribuição é o valor do resultado do exercício, antes da provisão para o Imposto sobre a Renda.

§ 1.º Para efeito do disposto neste artigo:

a) será considerado o resultado do período-base encerrado em 31 de dezembro de cada ano;

b) no caso de incorporação, fusão, cisão ou encerramento de atividades, a base de cálculo é o resultado apurado no respectivo balanço;

c) o resultado do período-base, apurado com observância da legislação comercial, será ajustado pela:

•• Alínea c, caput, com redação determinada pela Lei n. 8.034, de 12-4-1990.

1 – adição do resultado negativo da avaliação de investimentos pelo valor de patrimônio líquido;

•• Item 1 com redação determinada pela Lei n. 8.034, de 12-4-1990.

2 – adição do valor de reserva de reavaliação, baixado durante o período-base, cuja contrapartida não tenha sido computada no resultado do período-base;

•• Item 2 com redação determinada pela Lei n. 8.034, de 12-4-1990.

___

(*) Publicada no *Diário Oficial da União*, de 16-12-1988. Sobre OTN, *vide* Nota dos Organizadores. *Vide* Lei n. 8.981, de 20-1-1995, arts. 57 a 59, e art. 18, I, da Lei n. 10.522, de 19-7-2002.

3 – adição do valor das provisões não dedutíveis da determinação do lucro real, exceto a provisão para o imposto de renda;

•• Item 3 com redação determinada pela Lei n. 8.034, de 12-4-1990.

4 – exclusão do resultado positivo da avaliação de investimentos pelo valor de patrimônio líquido;

•• Item 4 com redação determinada pela Lei n. 8.034, de 12-4-1990;

5 – exclusão dos lucros e dividendos derivados de participações societárias em pessoas jurídicas domiciliadas no Brasil que tenham sido computados como receita;

•• Item 5 com redação determinada pela Lei n. 12.973, de 13-5-2014.

6 – exclusão do valor, corrigido monetariamente, das provisões adicionadas na forma do item 3, que tenham sido baixadas no curso de período-base.

•• Item 6 acrescentado pela Lei n. 8.034, de 12-4-1990.

§ 2.º No caso de pessoa jurídica desobrigada de escrituração contábil, a base de cálculo da contribuição corresponderá a 10% (dez por cento) da receita bruta auferida no período de 1.º de janeiro a 31 de dezembro de cada ano, ressalvado o disposto na alínea *b* do parágrafo anterior.

•• *Vide* art. 20 da Lei n. 9.249, de 26-12-1995 (mudança da base de cálculo).

•• *Vide* arts. 28 a 30 da Lei n. 9.430, de 27-12-1996.

Art. 3.º A alíquota da contribuição é de:

•• *Caput* com redação determinada pela Lei n. 11.727, de 23-6-2008.

•• *Vide* art. 41, II, da Lei n. 11.727, de 23-6-2008.

I – 20% (vinte por cento) até o dia 31 de dezembro de 2021 e 15% (quinze por cento) a partir de 1.º de janeiro de 2022, no caso das pessoas jurídicas de seguros privados, das de capitalização e das referidas nos incisos II, III, IV, V, VI, VII, IX e X do § 1.º do art. 1.º da Lei Complementar n. 105, de 10 de janeiro de 2001;

•• Inciso I com redação determinada pela Lei n. 14.183, de 14-7-2021.

II – (*Revogado pela Lei n. 14.183, de 14-7-2021.*)

II-A – 25% (vinte e cinco por cento) até o dia 31 de dezembro de 2021 e 20% (vinte por cento) a partir de 1.º de janeiro de 2022, no caso das pessoas jurídicas referidas no inciso I do § 1.º do art. 1.º da Lei Complementar n. 105, de 10 de janeiro de 2001; e

•• Inciso II-A acrescentado pela Lei n. 14.183, de 14-7-2021.

III – 9% (nove por cento), no caso das demais pessoas jurídicas.

•• Inciso III acrescentado pela Lei n. 13.169, de 6-10-2015.

Parágrafo único. As alíquotas da contribuição de que tratam os incisos I e II-A do caput deste artigo serão de 16% (dezesseis por cento) e de 21% (vinte e um por cento), respectivamente, até 31 de dezembro de 2022.

•• Parágrafo único acrescentado pela Lei n. 14.446, de 2-9-2022.

Art. 4.º São contribuintes as pessoas jurídicas estabelecidas no País e as que lhe são equiparadas pela legislação tributária, ressalvadas as vedadas na alínea *b* do inciso VI do *caput* do art. 150 da Constituição Federal, na forma restritiva prevista no § 4.º do mesmo artigo.

•• *Caput* com redação determinada pela Lei n. 14.057, de 24-9-2020, originalmente vetado, todavia promulgado em 26-3-2021.

Parágrafo único. Conforme previsto nos arts. 106 e 110 da Lei n. 5.172, de 25 de outubro de 1966 (Código Tributário Nacional), passam a ser consideradas nulas as autuações feitas em descumprimento do previsto no *caput* deste artigo, em desrespeito ao disposto na alínea *b* do inciso VI do *caput* do art. 150 da Constituição Federal, na forma restritiva prevista no § 4.º do mesmo artigo.

•• Parágrafo único acrescentado pela Lei n. 14.057, de 24-9-2020, originalmente vetado, todavia promulgado em 26-3-2021.

Art. 5.º A contribuição social será convertida em número de Obrigações do Tesouro Nacional – OTN, mediante a divisão de seu valor em cruzados pelo valor de uma OTN, vigente no mês de encerramento do período-base de sua apuração.

§ 1.º A contribuição será paga em 6 (seis) prestações mensais iguais e consecutivas, expressas em número de OTN, vencíveis no último dia útil de abril a setembro de cada exercício financeiro.

§ 2.º No caso do art. 2.º, § 1.º, alínea *b*, a contribuição social deverá ser paga até o último dia útil do mês subsequente ao da incorporação, fusão, cisão ou encerramento de atividades.

§ 3.º Os valores da contribuição social e de cada parcela serão expressos em número de OTN até a 2.ª (segunda) casa decimal quando resultarem fracionários, abandonando-se as demais.

§ 4.º Nenhuma parcela, exceto parcela única, será inferior ao valor de 10 (dez) OTN.

§ 5.º O valor em cruzados de cada parcela será determinado mediante a multiplicação de seu valor, expresso em número de OTN, pelo valor da OTN no mês de seu pagamento.

Art. 6.º A administração e fiscalização da contribuição social de que trata esta Lei compete à Secretaria da Receita Federal.

Parágrafo único. Aplicam-se à contribuição social, no que couber, as disposições da legislação do Imposto sobre a Renda referentes à administração, ao lançamento, à consulta, à cobrança, às penalidades, às garantias e ao processo administrativo.

Art. 7.º Os órgãos da Secretaria da Receita Federal enviarão às Procuradorias da Fazenda Nacional os demonstrativos de débitos da contribuição de que trata esta Lei, para fins de apuração e inscrição em Dívida Ativa da União.

§ 1.º Os débitos de que trata este artigo poderão, sem prejuízo da respectiva liquidez e certeza, ser inscritos em Dívida Ativa pelo valor expresso em OTN.

§ 2.º Far-se-á a conversão do débito na forma prevista no parágrafo anterior com base no valor da OTN no mês de seu vencimento.

Art. 8.º A contribuição social será devida a partir do resultado apurado no período-base a ser encerrado em 31 de dezembro de 1988.

•• A Resolução n. 11, de 4-4-1995, do Senado Federal, suspendeu a execução do disposto neste artigo.
•• O STF, na ADIn n. 15-2, de 14-6-2007, declara a inconstitucionalidade deste artigo.

Art. 9.º Ficam mantidas as contribuições previstas na legislação em vigor, incidentes sobre a folha de salários e a de que trata o Decreto-lei n. 1.940, de 25 de maio de 1982, e alterações posteriores, incidente sobre o faturamento das empresas, com fundamento no art. 195, I, da Constituição Federal.

•• O STF, na ADIn n. 15-2, de 14-6-2007, declara a inconstitucionalidade deste artigo.

Art. 12. Esta Lei entra em vigor na data de sua publicação.

Art. 13. Revogam-se as disposições em contrário.

Senado Federal, em 15 de dezembro de 1988; 167.º da Independência e 100.º da República.

HUMBERTO LUCENA

LEI N. 7.711, DE 22 DE DEZEMBRO DE 1988 (*)

Dispõe sobre formas de melhoria da administração tributária, e dá outras providências.

O Presidente da República.

Faço saber que o Congresso Nacional decreta e eu sanciono a seguinte Lei:

Art. 1.º Sem prejuízo do disposto em leis especiais, a quitação de créditos tributários exigíveis, que tenham por objeto tributos e penalidades pecuniárias, bem como contribuições federais e outras imposições pecuniárias compulsórias, será comprovada nas seguintes hipóteses:

I – transferência de domicílio para o exterior;

•• O STF, nas ADIns n. 173-6 e 394-1 (*DOU* de 15-10-2008), declarou a inconstitucionalidade deste inciso.

II – habilitação e licitação promovida por órgão da Administração Federal Direta, Indireta ou fundacional ou por entidade controlada direta ou indiretamente pela União;

•• O STF, nas ADIns n. 173-6 e 394-1 (*DOU* de 15-10-2008), que declararam a inconstitucionalidade dos incisos I, III e IV, e §§ 1.º, 2.º e 3.º deste artigo, explicitou a revogação deste inciso pela Lei n. 8.666, de 21-6-1993, no que concerne à regularidade fiscal.

(*) Publicada no *Diário Oficial da União*, de 23-12-1988. Sobre OTN, *vide* Nota dos Organizadores.

III – registro ou arquivamento de contrato social, alteração contratual e distrato social perante o registro público competente, exceto quando praticado por microempresa, conforme definida na legislação de regência;

•• O STF, nas ADIns n. 173-6 e 394-1 (*DOU* de 15-10-2008), declarou a inconstitucionalidade deste inciso.

IV – quando o valor da operação for igual ou superior ao equivalente a 5.000 (cinco mil) Obrigações do Tesouro Nacional – OTN:

•• O STF, nas ADIns n. 173-6 e 394-1 (*DOU* de 15-10-2008), declarou a inconstitucionalidade deste inciso.

a) registro de contrato ou outros documentos em Cartórios de Registro de Títulos e Documentos;

b) registro em Cartório de Registro de Imóveis;

c) operação de empréstimo e de financiamento junto à instituição financeira, exceto quando destinada a saldar dívidas para com as Fazendas Nacional, Estaduais ou Municipais.

§ 1.º Nos casos das alíneas *a* e *b* do inciso IV, a exigência deste artigo é aplicável às partes intervenientes.

•• O STF, nas ADIns n. 173-6 e 394-1 (*DOU* de 15-10-2008), declarou a inconstitucionalidade deste parágrafo.

§ 2.º Para os fins de que trata este artigo, a Secretaria da Receita Federal, segundo normas a serem dispostas em Regulamento, remeterá periodicamente aos órgãos ou entidades sob a responsabilidade das quais se realizarem os atos mencionados nos incisos III e IV relação dos contribuintes com débitos que se tornarem definitivos na instância administrativa, procedendo às competentes exclusões, nos casos de quitação ou garantia da dívida.

•• O STF, nas ADIns n. 173-6 e 394-1 (*DOU* de 15-10-2008), declarou a inconstitucionalidade deste parágrafo.
•• A Secretaria da Receita Federal passa a denominar-se Secretaria da Receita Federal do Brasil, por força da Lei n. 11.457, de 16-3-2007.

§ 3.º A prova de quitação prevista neste artigo será feita por meio de certidão ou outro documento hábil, emitido pelo órgão competente.

•• O STF, nas ADIns n. 173-6 e 394-1 (*DOU* de 15-10-2008), declarou a inconstitucionalidade deste parágrafo.

Art. 2.º Fica autorizado o Ministério da Fazenda a estabelecer convênio com as Fazendas Estaduais e Municipais para extensão àquelas esferas de governo das hipóteses previstas no art. 1.º desta Lei.

Art. 3.º A partir do exercício de 1989 fica instituído programa de trabalho de "Incentivo à Arrecadação da Dívida Ativa da União", constituído de projetos destinados ao incentivo da arrecadação, administrativa ou judicial, de receitas inscritas como Dívida Ativa da União, à implementação, desenvolvimento e modernização de redes e sistemas de processamento de dados, no custeio de taxas, custas e emolumentos relacionados com a execução fiscal e a defesa judicial da Fazenda Nacional e sua representação em Juízo, em causas de natureza fiscal, bem assim diligências, publicações, *pro labore* de peritos técnicos, de êxito, inclusive a seus procuradores e ao Ministério Público Estadual e de avaliadores e contadores, e aos serviços relativos à penhora de bens e à remoção e depósito de bens penhorados ou adjudicados à Fazenda Nacional.

•• *Caput* regulamentado pelo Decreto n. 98.135, de 12-9-1989.

Art. 4.º A partir do exercício de 1989, o produto da arrecadação de multas, inclusive as que fazem parte do valor pago por execução da Dívida Ativa e de sua respectiva correção monetária, incidentes sobre os tributos e contribuições administrados pela Secretaria da Receita Federal e próprios da União, constituirá receita do Fundo instituído pelo Decreto-lei n. 1.437, de 17 de dezembro de 1975, excluídas as transferências tributárias constitucionais para Estados, Distrito Federal e Municípios.

•• *Vide* nota ao art. 1.º, § 2.º, desta Lei.
• O Decreto-lei n. 1.437, de 17-12-1975, instituiu o Fundo Especial de Desenvolvimento e Aperfeiçoamento das Atividades de Fiscalização - Fundaf.

Art. 7.º A receita proveniente de multas, bem assim de juros de mora, relativa aos impostos constitutivos dos Fundos de Participação de Estados, Distrito Federal e Municípios, são partes integrantes deles na proporção estabelecida na Constituição Federal.

Art. 9.º Esta Lei entra em vigor na data de sua publicação.

Art. 10. Revogam-se o inciso II do art. 8.º do Decreto-lei n. 1.437, de 17 de dezembro de 1975, e demais disposições em contrário.

Brasília, 22 de dezembro de 1988; 167.º da Independência e 100.º da República.

JOSÉ SARNEY

LEI N. 7.713, DE 22 DE DEZEMBRO DE 1988 (**)

Altera a legislação do Imposto sobre a Renda, e dá outras providências.

O Presidente da República.

Faço saber que o Congresso Nacional decreta e eu sanciono a seguinte Lei:

(**) Publicada no *Diário Oficial da União*, de 23-12-1988. Sobre OTN, *vide* Nota dos Organizadores.

Lei n. 7.713, de 22-12-1988 – Imposto de Renda

Art. 1.º Os rendimentos e ganhos de capital percebidos a partir de 1.º de janeiro de 1989, por pessoas físicas residentes ou domiciliadas no Brasil, serão tributados pelo Imposto sobre a Renda na forma da legislação vigente, com as modificações introduzidas por esta Lei.

Art. 2.º O Imposto sobre a Renda das pessoas físicas será devido, mensalmente, à medida em que os rendimentos e ganhos de capital forem percebidos.

Art. 3.º O imposto incidirá sobre o rendimento bruto, sem qualquer dedução, ressalvado o disposto nos arts. 9.º a 14 desta Lei.

§ 1.º Constituem rendimento bruto todo o produto do capital, do trabalho ou da combinação de ambos, os alimentos e pensões percebidos em dinheiro, e ainda os proventos de qualquer natureza, assim também entendidos os acréscimos patrimoniais não correspondentes aos rendimentos declarados.

•• O STF, na ADI n. 5.422, nas sessões virtuais de 27-5-2022 a 3-6-2022 (*DOU* de 9-6-2022), por maioria, conheceu, em parte, da ação direta e, quanto à parte conhecida, julgou procedente o pedido formulado, de modo a dar a este § 1.º interpretação conforme à Constituição Federal, para se afastar a incidência do imposto de renda sobre valores decorrentes do direito de família percebidos pelos alimentados a título de alimentos ou de pensões alimentícias.

§ 2.º Integrará o rendimento bruto, como ganho de capital, o resultado da soma dos ganhos auferidos no mês, decorrentes de alienação de bens ou direitos de qualquer natureza, considerando-se como ganho a diferença positiva entre o valor de transmissão do bem ou direito e o respectivo custo de aquisição corrigido monetariamente, observado o disposto nos arts. 15 a 22 desta Lei.

§ 3.º Na apuração do ganho de capital serão consideradas as operações que importem alienação, a qualquer título, de bens ou direitos ou cessão ou promessa de cessão de direitos à sua aquisição, tais como as realizadas por compra e venda, permuta, adjudicação, desapropriação, dação em pagamento, doação, procuração em causa própria, promessa de compra e venda, cessão de direitos ou promessa de cessão de direitos e contratos afins.

§ 4.º A tributação independe da denominação dos rendimentos, títulos ou direitos, da localização, condição jurídica ou nacionalidade da fonte, da origem dos bens produtores da renda, e da forma de percepção das rendas ou proventos, bastando, para a incidência do imposto, o benefício do contribuinte por qualquer forma e a qualquer título.

• *Vide* Súmula 125 do STJ.

§ 5.º Ficam revogados todos os dispositivos legais concessivos de isenção ou exclusão, da base de cálculo do Imposto sobre a Renda das pessoas físicas, de rendimentos e proventos de qualquer natureza, bem como os que autorizam redução do imposto por investimento de interesse econômico ou social.

§ 6.º Ficam revogados todos os dispositivos legais que autorizam deduções cedulares ou abatimentos da renda bruta do contribuinte, para efeito de incidência do Imposto sobre a Renda.

Art. 4.º Fica suprimida a classificação por cédulas dos rendimentos e ganhos de capital percebidos pelas pessoas físicas.

Art. 5.º Salvo disposição em contrário, o imposto retido na fonte sobre rendimentos e ganhos de capital percebidos por pessoas físicas será considerado redução do apurado na forma dos arts. 23 e 24 desta Lei.

Art. 6.º Ficam isentos do Imposto sobre a Renda os seguintes rendimentos percebidos por pessoas físicas:

I – a alimentação, o transporte e os uniformes ou vestimentas especiais de trabalho, fornecidos gratuitamente pelo empregador a seus empregados, ou a diferença entre o preço cobrado e o valor de mercado;

II – as diárias destinadas, exclusivamente, ao pagamento de despesas de alimentação e pousada, por serviço eventual realizado em município diferente do da sede de trabalho;

III – o valor locativo do prédio construído, quando ocupado por seu proprietário ou cedido gratuitamente para uso do cônjuge ou de parentes de primeiro grau;

IV – as indenizações por acidentes de trabalho;

• *Vide* Súmula 125 do STJ.

V – a indenização e o aviso prévio pagos por despedida ou rescisão de contrato de trabalho, até o limite garantido por lei, bem como o montante recebido pelos empregados e diretores, ou respectivos beneficiários, referente aos depósitos, juros e correção monetária creditados em contas vinculadas, nos termos da legislação do Fundo de Garantia do Tempo de Serviço;

• *Vide* Súmula 125 do STJ.

VI – o montante dos depósitos, juros, correção monetária e quotas-partes creditados em contas individuais pelo Programa de Integração Social e pelo Programa de Formação do Patrimônio do Servidor Público;

VII – os seguros recebidos de entidades de previdência privada decorrentes de morte ou invalidez permanente do participante;

•• Inciso VII com redação determinada pela Lei n. 9.250, de 26-12-1995.

VIII – as contribuições pagas pelos empregadores relativas a programas de previdência privada em favor de seus empregados e dirigentes;

IX – os valores resgatados dos Planos de Poupança e Investimento – PAIT, de que trata o Decreto-lei n. 2.292, de 21 de novembro de 1986, relativamente à parcela correspondente às contribuições efetuadas pelo participante;

• O Decreto-lei n. 2.292, de 21-11-1986, dispõe sobre a instituição, em benefício do trabalhador, de Planos de Poupança e Investimento – PAIT.

X – as contribuições empresariais a Plano de Poupança e Investimento – PAIT, a que se refere o art. 5.º, § 2.º, do Decreto-lei n. 2.292, de 21 de novembro de 1986;

XI – o pecúlio recebido pelos aposentados que voltam a trabalhar em atividade sujeita ao regime previdenciário, quando dela se afastarem, e pelos trabalhadores que ingressarem nesse regime após completarem 60 (sessenta) anos de idade, pago pelo Instituto Nacional de Previdência Social ao segurado ou a seus dependentes, após sua morte, nos termos do art. 1.º da Lei n. 6.243, de 24 de setembro de 1975;

XII – as pensões e os proventos concedidos de acordo com os Decretos-leis n. 8.794 e 8.795, de 23 de janeiro de 1946, e Lei n. 2.579, de 23 de agosto de 1955, e art. 30 da Lei n. 4.242, de 17 de julho de 1963, em decorrência de reforma ou falecimento de ex-combatente da Força Expedicionária Brasileira;

XIII – capital das apólices de seguro ou pecúlio pago por morte do segurado, bem como os prêmios de seguro restituídos em qualquer caso, inclusive no de renúncia do contrato;

XIV – os proventos de aposentadoria ou reforma motivada por acidente em serviço e os percebidos pelos portadores de moléstia profissional, tuberculose ativa, alienação mental, esclerose múltipla, neoplasia maligna, cegueira, hanseníase, paralisia irreversível e incapacitante, cardiopatia grave, doença de Parkinson, espondiloartrose anquilosante, nefropatia grave, hepatopatia grave, estados avançados da doença de Paget (osteíte deformante), contaminação por radiação, síndrome da imunodeficiência adquirida, com base em conclusão da medicina especializada, mesmo que a doença tenha sido contraída depois da aposentadoria ou reforma;

•• Inciso XIV com redação determinada pela Lei n. 11.052, de 29-12-2004.
•• *Vide* art. 30 da Lei n. 9.250, de 26-12-1995.
•• *Vide* Súmula 627 do STJ.

XV – os rendimentos provenientes de aposentadoria e pensão, de transferência para a reserva remunerada ou de reforma pagos pela Previdência Social da União, dos Estados, do Distrito Federal e dos Municípios, por qualquer pessoa jurídica de direito público interno ou por entidade de previdência privada, a partir do mês em que o contribuinte completar 65 (sessenta e cinco) anos de idade, sem prejuízo da parcela isenta prevista na tabela de incidência mensal do imposto, até o valor de:

•• Inciso XV, *caput*, com redação determinada pela Lei n. 11.482, de 31-5-2007.

• O Ato Declaratório Interpretativo n. 2, de 2-9-2024, da RFB, dispõe sobre a aplicação da isenção fiscal do imposto de renda incidente sobre rendimentos provenientes de aposentadoria e pensão, transferência para a reserva remunerada ou reforma, pagos por instituição domiciliada no exterior equivalente a pessoa jurídica de direito público interno, prevista neste inciso.

a) R$ 1.313,69 (mil, trezentos e treze reais e sessenta e nove centavos), por mês, para o ano-calendário de 2007;

•• Alínea *a* acrescentada pela Lei n. 11.482, de 31-5-2007.

b) R$ 1.372,81 (mil, trezentos e setenta e dois reais e oitenta e um centavos), por mês, para o ano-calendário de 2008;

•• Alínea *b* acrescentada pela Lei n. 11.482, de 31-5-2007.

c) R$ 1.434,59 (mil, quatrocentos e trinta e quatro reais e cinquenta e nove centavos), por mês, para o ano-calendário de 2009;

•• Alínea *c* acrescentada pela Lei n. 11.482, de 31-5-2007.

d) R$ 1.499,15 (mil, quatrocentos e noventa e nove reais e quinze centavos), por mês, para o ano-calendário de 2010;

•• Alínea *d* com redação determinada pela Lei n. 12.469, de 26-8-2011.

e) R$ 1.566,61 (mil, quinhentos e sessenta e seis reais e sessenta e um centavos), por mês, para o ano-calendário de 2011;

•• Alínea *e* acrescentada pela Lei n. 12.469, de 26-8-2011.

f) R$ 1.637,11 (mil, seiscentos e trinta e sete reais e onze centavos), por mês, para o ano-calendário de 2012;

•• Alínea *f* acrescentada pela Lei n. 12.469, de 26-8-2011.

g) R$ 1.710,78 (mil, setecentos e dez reais e setenta e oito centavos), por mês, para o ano-calendário de 2013;

•• Alínea *g* acrescentada pela Lei n. 12.469, de 26-8-2011.

h) R$ 1.787,77 (mil, setecentos e oitenta e sete reais e setenta e sete centavos), por mês, para o ano-calendário de 2014 e nos meses de janeiro a março do ano-calendário de 2015; e

•• Alínea *h* com redação determinada pela Lei n. 13.149, de 21-7-2015.

i) R$ 1.903,98 (mil, novecentos e três reais e noventa e oito centavos), por mês, a partir do mês de abril do ano-calendário de 2015;

•• Alínea *i* acrescentada pela Lei n. 13.149, de 21-7-2015.

XVI – o valor dos bens adquiridos por doação ou herança;

XVII – os valores decorrentes de aumento de capital:

a) mediante a incorporação de reservas ou lucros que tenham sido tributados na forma do art. 36 desta Lei;

b) efetuado com observância do disposto no art. 63 do Decreto-lei n. 1.598, de 26 de dezembro de 1977, relativamente aos lucros apurados em períodos-base encerrados anteriormente à vigência desta Lei;

• O Decreto-lei n. 1.598, de 26-12-1977, em seu art. 63, *caput*, dispõe: "Os aumentos de capital das pessoas jurídicas mediante incorporação de lucros ou reservas não sofrerão tributação do Imposto sobre a Renda".

XVIII – a correção monetária de investimentos, calculada aos mesmos índices aprovados para os Bônus do Tesouro Nacional – BTN, e desde que seu pagamento ou crédito ocorra em intervalos não inferiores a 30 (trinta) dias;

•• Inciso XVIII com redação determinada pela Lei n. 7.799, de 10-7-1989.

XIX – a diferença entre o valor de aplicação e o de resgate de quotas de fundos de aplicações de curto prazo;

XX – ajuda de custo destinada a atender às despesas com transporte, frete e locomoção do beneficiado e seus familiares, em caso de remoção de um município para outro, sujeita à comprovação posterior pelo contribuinte;

XXI – os valores recebidos a título de pensão quando o beneficiário desse rendimento for portador das doenças relacionadas no inciso XIV deste artigo, exceto as decorrentes de moléstia profissional, com base em conclusão da medicina especializada, mesmo que a doença tenha sido contraída após a concessão da pensão;

•• Inciso XXI acrescentado pela Lei n. 8.541, de 23-12-1992.
•• *Vide* art. 30 da Lei n. 9.250, de 26-12-1995.
•• *Vide* Súmula 627 do STJ.

XXII – os valores pagos em espécie pelos Estados, Distrito Federal e Municípios, relativos ao Imposto sobre Operações relativas à Circulação de Mercadorias e sobre Prestações de Serviços de Transporte Interestadual e Intermunicipal e de Comunicação – ICMS e ao Imposto sobre Serviços de Qualquer Natureza – ISS, no âmbito de programas de concessão de crédito voltados ao estímulo à solicitação de documento fiscal na aquisição de mercadorias e serviços;

•• Inciso XXII acrescentado pela Lei n. 11.945, de 4-6-2009.

XXIII – o valor recebido a título de vale-cultura.

•• Inciso XXIII acrescentado pela Lei n. 12.761, de 27-12-2012.

Parágrafo único. O disposto no inciso XXII do *caput* deste artigo não se aplica aos prêmios recebidos por meio de sorteios, em espécie, bens ou serviços, no âmbito dos referidos programas.

•• Parágrafo único acrescentado pela Lei n. 11.945, de 4-6-2009.

Art. 7.º Ficam sujeitos à incidência do Imposto sobre a Renda na fonte, calculado de acordo com o disposto no art. 25 desta Lei:

•• *Vide* art. 1.º da Lei n. 11.482, de 31-5-2007.

I – os rendimentos do trabalho assalariado, pagos ou creditados por pessoas físicas ou jurídicas;

II – os demais rendimentos percebidos por pessoas físicas, que não estejam sujeitos à tributação exclusiva na fonte, pagos ou creditados por pessoas jurídicas.

§ 1.º O imposto a que se refere este artigo será retido por ocasião de cada pagamento ou crédito e, se houver mais de um pagamento ou crédito, pela mesma fonte pagadora, aplicar-se-á a alíquota correspondente à soma dos rendimentos pagos ou creditados à pessoa física no mês, a qualquer título.

§ 2.º (*Revogado pela Lei n. 8.218, de 29-8-1991.*)

§ 3.º (*Vetado.*)

Art. 8.º Fica sujeita ao pagamento do Imposto sobre a Renda, calculado de acordo com o disposto no art. 25 desta Lei, a pessoa física que receber de outra pessoa física, ou de fontes situadas no exterior, rendimentos e ganhos de capital que não tenham sido tributados na fonte, no País.

•• *Vide* art. 1.º da Lei n. 11.482, de 31-5-2007.

§ 1.º O disposto neste artigo se aplica, também, aos emolumentos e custas dos serventuários da Justiça, como tabeliães, notários, oficiais públicos e outros, quando não forem remunerados exclusivamente pelos cofres públicos.

§ 2.º O imposto de que trata este artigo deverá ser pago até o último dia útil da 1.ª (primeira) quinzena do mês subsequente ao da percepção dos rendimentos.

Art. 9.º Quando o contribuinte auferir rendimentos da prestação de serviços de transporte, em veículo próprio locado, ou adquirido com reservas de domínio ou alienação fiduciária, o Imposto sobre a Renda incidirá sobre:

I – 10% (dez por cento) do rendimento bruto, decorrente do transporte de carga;

•• Inciso I com redação determinada pela Lei n. 12.794, de 2-4-2013, em vigor a partir de 1.º-1-2013.

II – 60% (sessenta por cento) do rendimento bruto, decorrente do transporte de passageiros.

Parágrafo único. O percentual referido no item I deste artigo aplica-se também sobre o rendimento bruto da prestação de serviços com trator, máquina de terraplenagem, colheitadeira e assemelhados.

Art. 10. O imposto incidirá sobre 10% (dez por cento) do rendimento bruto auferido pelos garimpeiros matriculados nos termos do art. 73 do Decreto-lei n. 227, de 28 de fevereiro de 1967, renumerado pelo art. 2.º do Decreto-lei n. 318, de 14 de março de 1967, na venda a empresas legalmente habilitadas de metais preciosos, pedras preciosas e semipreciosas por eles extraídos.

Parágrafo único. A prova de origem dos rendimentos de que trata este artigo far-se-á com base na via da nota de aquisição destinada ao garimpeiro pela empresa compradora.

Art. 11. Os titulares dos serviços notariais e de registro a que se refere o art. 236 da Constituição da República, desde que mantenham escrituração das receitas e das despesas, poderão deduzir dos emolumentos recebidos, para efeito da incidência do imposto:

Lei n. 7.713, de 22-12-1988 – Imposto de Renda

I – a remuneração paga a terceiros, desde que com vínculo empregatício, inclusive encargos trabalhistas e previdenciários;

II – os emolumentos pagos a terceiros;

III – as despesas de custeio necessárias à manutenção dos serviços notariais e de registro.

•• *Vide* art. 236 da CF.

§ 1.º Fica ainda assegurada aos odontólogos a faculdade de deduzir, da receita decorrente do exercício da respectiva profissão, as despesas com a aquisição do material odontológico por eles aplicadas nos serviços prestados aos seus pacientes, assim como as despesas com o pagamento dos profissionais dedicados à prótese e à anestesia, eventualmente utilizados na prestação dos serviços, desde que, em qualquer caso, mantenham escrituração das receitas e despesas realizadas.

•• § 1.º acrescentado pela Lei n. 7.975, de 26-12-1989.

§ 2.º (Vetado.)

•• § 2.º acrescentado pela Lei n. 7.975, de 26-12-1989.

Art. 12. (*Revogado pela Lei n. 13.149, de 21-7-2015.*)

Art. 12-A. Os rendimentos recebidos acumuladamente e submetidos à incidência do imposto sobre a renda com base na tabela progressiva, quando correspondentes a anos-calendário anteriores ao do recebimento, serão tributados exclusivamente na fonte, no mês do recebimento ou crédito, em separado dos demais rendimentos recebidos no mês.

•• *Caput* com redação determinada pela Lei n. 13.149, de 21-7-2015.

•• A Instrução Normativa n. 1.500, de 29-10-2014, da Secretaria da Receita Federal do Brasil, dispõe sobre normas gerais de tributação relativas ao Imposto sobre a Renda das Pessoas Físicas.

§ 1.º O imposto será retido, pela pessoa física ou jurídica obrigada ao pagamento ou pela instituição financeira depositária do crédito, e calculado sobre o montante dos rendimentos pagos, mediante a utilização de tabela progressiva resultante da multiplicação da quantidade de meses a que se refiram os rendimentos pelos valores constantes da tabela progressiva mensal correspondente ao mês do recebimento ou crédito.

•• § 1.º acrescentado pela Lei n. 12.350, de 20-12-2010.

§ 2.º Poderão ser excluídas as despesas, relativas ao montante dos rendimentos tributáveis, com ação judicial necessárias ao seu recebimento, inclusive de advogados, se tiverem sido pagas pelo contribuinte, sem indenização.

•• § 2.º acrescentado pela Lei n. 12.350, de 20-12-2010.

§ 3.º A base de cálculo será determinada mediante a dedução das seguintes despesas relativas ao montante dos rendimentos tributáveis:

•• § 3.º, *caput*, acrescentado pela Lei n. 12.350, de 20-12-2010.

I – importâncias pagas em dinheiro a título de pensão alimentícia em face das normas do Direito de Família, quando em cumprimento de decisão judicial, de acordo homologado judicialmente ou de separação ou divórcio consensual realizado por escritura pública; e

•• Inciso I acrescentado pela Lei n. 12.350, de 20-12-2010.

II – contribuições para a Previdência Social da União, dos Estados, do Distrito Federal e dos Municípios.

•• Inciso II acrescentado pela Lei n. 12.350, de 20-12-2010.

§ 4.º Não se aplica ao disposto neste artigo o constante no art. 27 da Lei n. 10.833, de 29 de dezembro de 2003, salvo o previsto nos seus §§ 1.º e 3.º.

•• § 4.º acrescentado pela Lei n. 12.350, de 20-12-2010.

§ 5.º O total dos rendimentos de que trata o *caput*, observado o disposto no § 2.º, poderá integrar a base de cálculo do Imposto sobre a Renda na Declaração de Ajuste Anual do ano-calendário do recebimento, à opção irretratável do contribuinte.

•• § 5.º acrescentado pela Lei n. 12.350, de 20-12-2010.

§ 6.º Na hipótese do § 5.º, o Imposto sobre a Renda Retido na Fonte será considerado antecipação do imposto devido apurado na Declaração de Ajuste Anual.

•• § 6.º acrescentado pela Lei n. 12.350, de 20-12-2010.

§ 7.º Os rendimentos de que trata o *caput*, recebidos entre 1.º de janeiro de 2010 e o dia anterior ao da publicação da Lei resultante da conversão da Medida Provisória n. 497, de 27 de julho de 2010, poderão ser tributados na forma deste artigo, devendo ser informados na Declaração de Ajuste Anual referente ao ano-calendário de 2010.

•• § 7.º acrescentado pela Lei n. 12.350, de 20-12-2010.

§ 8.º (*Vetado.*)

•• § 8.º acrescentado pela Lei n. 12.350, de 20-12-2010.

§ 9.º A Secretaria da Receita Federal do Brasil disciplinará o disposto neste artigo.

•• § 9.º acrescentado pela Lei n. 12.350, de 20-12-2010.

Art. 12-B. Os rendimentos recebidos acumuladamente, quando correspondentes ao ano-calendário em curso, serão tributados, no mês do recebimento ou crédito, sobre o total dos rendimentos, diminuídos do valor das despesas com ação judicial necessárias ao seu recebimento, inclusive de advogados, se tiverem sido pagas pelo contribuinte, sem indenização.

•• Artigo acrescentado pela Lei n. 13.149, de 21-7-2015.

Arts. 13 e 14. (*Revogados pela Lei n. 8.383, de 30-12-1991.*)

Art. 15. (*Revogado pela Lei n. 7.774, de 8-6-1989.*)

Art. 16. O custo de aquisição dos bens e direitos será o preço ou valor pago, e, na ausência deste, conforme o caso:

I – o valor atribuído para efeito de pagamento do Imposto sobre a Transmissão;

II – o valor que tenha servido de base para o cálculo do Imposto sobre a Importação acrescido do valor dos tributos e das despesas de desembaraço aduaneiro;

III – o valor da avaliação no inventário ou arrolamento;

IV – o valor de transmissão utilizado, na aquisição, para cálculo do ganho de capital do alienante;

V – seu valor corrente, na data da aquisição.

§ 1.º O valor da contribuição de melhoria integra o custo do imóvel.

§ 2.º O custo de aquisição de títulos e valores mobiliários, de quotas de capital e dos bens fungíveis será a média ponderada dos custos unitários, por espécie, desses bens.

§ 3.º No caso de participações societárias resultantes de aumento de capital por incorporação de lucros e reservas, que tenham sido tributados na forma do art. 36 desta Lei, o custo de aquisição é igual à parcela do lucro ou reserva capitalizado, que corresponder ao sócio ou acionista beneficiário.

§ 4.º O custo é considerado igual a 0 (zero) no caso das participações societárias resultantes de aumento de capital por incorporação de lucros e reservas, no caso de partes beneficiárias adquiridas gratuitamente, assim como de qualquer bem cujo valor não possa ser determinado nos termos previstos neste artigo.

Art. 17. O valor de aquisição de cada bem ou direito, expresso em cruzados novos, apurado de acordo com o artigo anterior, deverá ser corrigido monetariamente, a partir da data do pagamento, da seguinte forma:

•• *Caput* com redação determinada pela Lei n. 7.959, de 21-12-1989.

I – até janeiro de 1989, pela variação da OTN;

•• Inciso I com redação determinada pela Lei n. 7.959, de 21-12-1989.

II – nos meses de fevereiro a abril de 1989, pelas seguintes variações: em fevereiro, 31,2025%; em março, 30,5774%; em abril, 9,2415%;

•• Inciso II com redação determinada pela Lei n. 7.959, de 21-12-1989.

III – a partir de maio de 1989, pela variação do BTN.

•• Inciso III com redação determinada pela Lei n. 7.959, de 21-12-1989.

§ 1.º Na falta de documento que comprove a data do pagamento, no caso de bens e direitos adquiridos até 31 de dezembro de 1988, a conversão poderá ser feita pelo valor da OTN no mês de dezembro do ano em que este tiver constado pela primeira vez na declaração de bens.

•• § 1.º com redação determinada pela Lei n. 7.799, de 10-7-1989.

§ 2.º Os bens ou direitos da mesma espécie, pagos em datas diferentes, mas que constem agrupadamente na declaração de bens, poderão ser convertidos na forma do parágrafo anterior, desde que tomados isoladamente em relação ao ano da aquisição.

§ 3.º No caso do parágrafo anterior, não sendo possível identificar o ano dos pagamentos, a conversão será efetuada tomando-se por base o ano da aquisição mais recente.

§ 4.º No caso de aquisição com pagamento parcelado, a correção monetária será efetivada em relação a cada parcela.

•• § 4.º com redação determinada pela Lei n. 7.799, de 10-7-1989.

Art. 18. Para apuração do valor a ser tributado, no caso de alienação de bens imóveis, poderá ser aplicado um percentual de redução sobre o ganho de capital apurado, segundo o ano de aquisição ou incorporação do bem, de acordo com a seguinte Tabela:

Ano de Aquisição ou Incorporação	Percentual de Redução %	Ano de Aquisição ou Incorporação	Percentual de Redução %
Até 1969	100	1979	50
1970	95	1980	45
1971	90	1981	40
1972	85	1982	35
1973	80	1983	30
1974	75	1984	25
1975	70	1985	20
1976	65	1986	15
1977	60	1987	10
1978	55	1988	5

Parágrafo único. Não haverá redução, relativamente aos imóveis cuja aquisição venha a ocorrer a partir de 1.º de janeiro de 1989.

Art. 19. Valor da transmissão é o preço efetivo da operação de venda ou da cessão de direitos, ressalvado o disposto no art. 20 desta Lei.

Parágrafo único. Nas operações em que o valor não se expressar em dinheiro, o valor da transmissão será arbitrado segundo o valor de mercado.

Art. 20. A autoridade lançadora, mediante processo regular, arbitrará o valor ou preço, sempre que não mereça fé, por notoriamente diferente do de mercado, o valor ou preço informado pelo contribuinte, ressalvada em caso de contestação, avaliação contraditória, administrativa ou judicial.

Parágrafo único. (Vetado.)

Art. 21. Nas alienações a prazo, o ganho de capital será tributado na proporção das parcelas recebidas em cada mês, considerando-se a respectiva atualização monetária, se houver.

Art. 22. Na determinação do ganho de capital serão excluídos:

I – o ganho de capital decorrente da alienação do único imóvel que o titular possua, desde que não tenha realizado outra operação nos últimos 5 (cinco) anos e o valor da alienação não seja superior ao equivalente a setenta milhões de cruzeiros no mês da operação;

•• Inciso I com redação determinada pela Lei n. 8.134, de 27-12-1990, corrigido pela Lei n. 8.218, de 29-8-1991.

II – (Revogado pela Lei n. 8.014, de 6-4-1990.)

III – as transferências causa mortis e as doações em adiantamento da legítima;

IV – o ganho de capital auferido na alienação de bens de pequeno valor, definido pelo Poder Executivo.

Parágrafo único. Não se considera ganho de capital o valor decorrente de indenização por desapropriação para fins de reforma agrária, conforme o disposto no § 5.º do art. 184 da Constituição Federal, e de liquidação de sinistro, furto ou roubo, relativo a objeto segurado.

Arts. 23 e 24. (Revogados pela Lei n. 8.134, de 27-12-1990.)

Art. 25. O imposto será calculado, observado o seguinte:

•• Caput com redação determinada pela Lei n. 8.269, de 16-12-1991.
•• Vide Lei n. 11.482, de 31-5-2007.

I – se o rendimento mensal for de até Cr$ 750.000,00, será deduzida uma parcela correspondente a Cr$ 250.000,00 e, sobre o saldo remanescente incidirá alíquota de 10% (dez por cento);

•• Inciso I com redação determinada pela Lei n. 8.269, de 16-12-1991.

II – se o rendimento mensal for superior a Cr$ 750.000,00, será deduzida uma parcela correspondente a Cr$ 550.000,00 e, sobre o saldo remanescente incidirá alíquota de 25% (vinte e cinco por cento).

•• Inciso II com redação determinada pela Lei n. 8.269, de 16-12-1991.

§ 1.º Na determinação da base de cálculo sujeita a incidência do imposto poderão ser deduzidos:

•• § 1.º, caput, com redação determinada pela Lei n. 7.959, de 21-12-1989.

a) Cr$ 20.000,00 por dependente, até o limite de 5 (cinco) dependentes;

•• Alínea a com redação determinada pela Lei n. 7.959, de 21-12-1989.

b) Cr$ 250.000,00 correspondentes à parcela isenta dos rendimentos provenientes de aposentadoria e pensão, transferência para reserva remunerada ou reforma pagos pela Previdência Social da União, dos Estados, do Distrito Federal e dos Municípios, ou por qualquer pessoa jurídica de direito público interno, a partir do mês em que o contribuinte completar 65 (sessenta e cinco) anos de idade;

•• Alínea b com redação determinada pela Lei n. 7.959, de 21-12-1989.

c) o valor da contribuição paga, no mês, para a previdência social da União, dos Estados, do Distrito Federal e dos Municípios;

•• Alínea c com redação determinada pela Lei n. 7.959, de 21-12-1989.

d) o valor da pensão judicial paga.

•• Alínea d com redação determinada pela Lei n. 7.959, de 21-12-1989.

§ 2.º As disposições deste artigo aplicam-se aos pagamentos efetuados a partir de 1.º de dezembro de 1991.

•• § 2.º com redação determinada pela Lei n. 8.269, de 16-12-1991.

Art. 26. O valor da gratificação de Natal (13.º salário) a que se referem as Leis n. 4.090, de 13 de julho de 1962, e n. 4.281, de 8 de novembro de 1963, e o art. 10 do Decreto-lei n. 2.413, de 10 de fevereiro de 1988, será tributado à mesma alíquota (art. 25) a que estiver sujeito o rendimento mensal do contribuinte, antes de sua inclusão.

- A Lei n. 4.090, de 13-7-1962, instituiu a gratificação de Natal para os trabalhadores.
- A Lei n. 4.281, de 8-11-1963, instituiu abono especial, em caráter permanente, para aposentados de institutos de previdência.

Art. 27. (Revogado pela Lei n. 9.250, de 26-12-1995.)

Arts. 28 e 29. (Revogados pela Lei n. 8.134, de 27-12-1990.)

Art. 30. Permanecem em vigor as isenções de que tratam os arts. 3.º a 7.º do Decreto-lei n. 1.380, de 23 de dezembro de 1974, e o art. 5.º da Lei n. 4.506, de 30 de novembro de 1964.

•• O Decreto-lei n. 1.380, de 23-12-1974, foi revogado pela Lei n. 9.250, de 26-12-1995.

Art. 31. Ficam sujeitos à incidência do Imposto sobre a Renda na fonte, calculado de acordo com o disposto no art. 25 desta Lei, relativamente à parcela correspondente às contribuições cujo ônus não tenha sido do beneficiário ou quando os rendimentos e ganhos de capital produzidos pelo patrimônio da entidade de previdência não tenham sido tributados na fonte:

•• Caput com redação determinada pela Lei n. 7.751, de 14-4-1989.

I – as importâncias pagas ou creditadas a pessoas físicas, sob a forma de resgate, pecúlio ou renda periódica, pelas entidades de previdência privada;

II – os valores resgatados dos Planos de Poupança e Investimento – PAIT de que trata o Decreto-lei n. 2.292, de 21 de novembro de 1986.

§ 1.º O imposto será retido por ocasião do pagamento ou crédito, pela entidade de previdência privada, no caso do inciso I, e pelo administrador da carteira, fundo ou clube PAIT, no caso do inciso II.

§ 2.º (Vetado.)

Art. 32. Ficam sujeitos à incidência do Imposto sobre a Renda na fonte, à alíquota de 25% (vinte e cinco por cento):

I – os benefícios líquidos resultantes da amortização antecipada, mediante sorteio, dos títulos de economia denominados capitalização;

II – os benefícios atribuídos aos portadores de títulos de capitalização nos lucros da empresa emitente.

§ 1.º A alíquota prevista neste artigo será de 15% (quinze por cento) em relação aos prê-

Lei n. 7.713, de 22-12-1988 – Imposto de Renda

mios pagos aos proprietários e criadores de cavalos de corrida.

§ 2.º O imposto de que trata este artigo será considerado:

a) antecipação do devido na declaração de rendimentos, quando o beneficiário for pessoa jurídica tributada com base no lucro real;

b) devido exclusivamente na fonte, nos demais casos, inclusive quando o beneficiário for pessoa jurídica isenta.

§ 3.º (*Vetado*.)

Art. 33. Ressalvado o disposto em normas especiais, no caso de ganho de capital auferido por residente ou domiciliado no exterior, o imposto será devido, à alíquota de 25% (vinte e cinco por cento), no momento da alienação do bem ou direito.

Parágrafo único. O imposto deverá ser pago no prazo de 15 (quinze) dias contados da realização da operação ou por ocasião da remessa, sempre que esta ocorrer antes desse prazo.

Art. 34. Na inexistência de outros bens sujeitos a inventário ou arrolamento, os valores relativos ao Imposto sobre a Renda e outros tributos administrados pela Secretaria da Receita Federal, bem como o resgate de quotas dos fundos fiscais criados pelos Decretos-leis ns. 157, de 10 de fevereiro de 1967, e 880, de 18 de setembro de 1969, não recebidos em vida pelos respectivos titulares, poderão ser restituídos ao cônjuge, filho e demais dependentes do contribuinte falecido, inexigível a apresentação de alvará judicial.

•• A Secretaria da Receita Federal passa a denominar-se Secretaria da Receita Federal do Brasil, por força da Lei n. 11.457, de 16-3-2007.

• O Decreto-lei n. 157, de 10-2-1967, concede estímulos fiscais à capitalização das empresas, reforça os incentivos à compra de ações e facilita o pagamento dos débitos fiscais.

Parágrafo único. Existindo outros bens sujeitos a inventário ou arrolamento, a restituição ao meeiro, herdeiros ou sucessores, far-se-á na forma e condições do alvará expedido pela autoridade judicial para essa finalidade.

Art. 35. O sócio-quotista, o acionista ou o titular da empresa individual ficará sujeito ao Imposto sobre a Renda na fonte, à alíquota de 8% (oito por cento), calculado com base no lucro líquido apurado pelas pessoas jurídicas na data do encerramento do período-base.

•• A Resolução n. 82, de 18-11-1996, do Senado Federal, suspende, em parte, a execução da Lei n. 7.713, de 22-12-1988, no que diz respeito à expressão *o acionista* contida neste artigo.

§ 1.º Para efeito da incidência de que trata este artigo, o lucro líquido do período-base apurado com observância da legislação comercial, será ajustado pela:

a) adição do valor das provisões não dedutíveis na determinação do lucro real, exceto a provisão para o Imposto sobre a Renda;

b) adição do valor da reserva de reavaliação, baixado no curso do período-base, que não tenha sido computado no lucro líquido;

c) exclusão do valor, corrigido monetariamente, das provisões adicionadas, na forma da alínea *a*, que tenham sido baixadas no curso do período-base, utilizando-se a variação do BTN Fiscal;

•• Alínea *c* com redação determinada pela Lei n. 7.799, de 10-7-1989.

d) compensação de prejuízos contábeis apurados em balanço de encerramento de período-base anterior, desde que tenham sido compensados contabilmente, ressalvado o disposto no § 2.º deste artigo;

e) exclusão do resultado positivo da avaliação de investimentos pelo valor de patrimônio líquido;

f) exclusão dos lucros e dividendos derivados de investimentos avaliados pelo custo de aquisição, que tenham sido computados como receita;

g) adição do resultado negativo da avaliação de investimentos pelo valor de patrimônio líquido.

•• Alíneas *e*, *f* e *g* acrescentadas pela Lei n. 7.959, de 21-12-1989.

§ 2.º Não poderão ser compensados os prejuízos:

a) que absorverem lucros ou reservas que não tenham sido tributados na forma deste artigo;

b) absorvidos na redução de capital que tenha sido aumentado com os benefícios do art. 63 do Decreto-lei n. 1.598, de 26 de dezembro de 1977.

§ 3.º O disposto nas alíneas *a* e *c* do § 1.º não se aplica em relação às provisões admitidas pela Comissão de Valores Mobiliários, Banco Central do Brasil e Superintendência de Seguros Privados, quando constituídas por pessoas jurídicas submetidas à orientação normativa dessas entidades.

§ 4.º O imposto de que trata este artigo:

a) será considerado devido exclusivamente na fonte, quando o beneficiário do lucro for pessoa física;

b) (*Revogada pela Lei n. 7.959, de 21-12-1989.*)

c) poderá ser compensado com o imposto incidente na fonte sobre a parcela dos lucros apurados pelas pessoas jurídicas, que corresponder à participação de beneficiário, pessoa física ou jurídica, residente ou domiciliado no exterior.

§ 5.º É dispensada a retenção na fonte do imposto a que se refere este artigo sobre a parcela do lucro líquido que corresponder à participação de pessoa jurídica imune ou isenta do imposto de renda.

•• § 5.º com redação determinada pela Lei n. 7.730, de 31-1-1989.

§ 6.º O disposto neste artigo se aplica em relação ao lucro líquido apurado nos períodos-base encerrados a partir da data da vigência desta Lei.

Art. 36. Os lucros que forem tributados na forma do artigo anterior, quando distribuídos, não estarão sujeitos à incidência do Imposto sobre a Renda na fonte.

Parágrafo único. Incide, entretanto, o Imposto sobre a Renda na fonte:

a) em relação aos lucros que não tenham sido tributados na forma do artigo anterior;

b) no caso de pagamento, crédito, entrega, emprego ou remessa de lucros, quando o beneficiário for residente ou domiciliado no exterior.

Art. 37. O imposto a que se refere o art. 36 desta Lei será convertido em número de OTN, pelo valor desta no mês de encerramento do período-base e deverá ser pago até o último dia útil do 4.º (quarto) mês subsequente ao do encerramento do período-base.

Art. 38. O disposto no art. 63 do Decreto-lei n. 1.598, de 26 de dezembro de 1977, somente se aplicará aos lucros e reservas relativos a resultados de períodos-base encerrados anteriormente à data da vigência desta Lei.

Art. 39. O disposto no art. 36 desta Lei não se aplicará às sociedades civis de que trata o art. 1.º do Decreto-lei n. 2.397, de 21 de dezembro de 1987.

•• O art. 1.º do Decreto-lei n. 2.397 foi revogado pela Lei n. 9.430, de 27-12-1996.

Art. 40. Fica sujeita ao pagamento do Imposto sobre a Renda à alíquota de 10% (dez por cento), a pessoa física que auferir ganhos líquidos nas operações realizadas nas Bolsas de Valores, de Mercadorias, de Futuros e Assemelhadas, ressalvado o disposto no inciso II do art. 22 desta Lei.

•• *Caput* com redação determinada pela Lei n. 7.751, de 14-4-1989.

§ 1.º Considera-se ganho líquido o resultado positivo auferido nas operações ou contratos liquidados em cada mês, admitida a dedução dos custos e despesas efetivamente incorridos, necessários à realização das operações, e à compensação das perdas efetivas ocorridas no mesmo período.

§ 2.º O ganho líquido será constituído:

a) no caso dos mercados à vista, pela diferença positiva entre o valor de transmissão do ativo e o custo de aquisição do mesmo;

b) no caso do mercado de opções:

1 – nas operações tendo por objeto a opção, a diferença positiva apurada entre o valor das posições encerradas ou não exercidas até o vencimento da opção;

2 – nas operações de exercício, a diferença positiva apurada entre o valor de venda à vista ou o preço médio à vista na data do exercício e o preço fixado para o exercício, ou a diferença positiva entre o preço do exercício acrescido do prêmio e o custo de aquisição;

•• Alíneas *a* e *b* com redação determinada pela Lei n. 7.730, de 31-1-1989.

c) no caso dos mercados a termo, a diferença positiva apurada entre o valor da venda a vista ou o preço médio a vista na data da liquidação do contrato a termo e o preço neste estabelecido;

d) no caso dos mercados futuros, o resultado líquido positivo dos ajustes diários apurados no período.

§ 3.º Se o contribuinte apurar resultado negativo no mês será admitida a sua apropriação nos meses subsequentes.

•• § 3.º com redação determinada pela Lei n. 7.730, de 31-1-1989.

§ 4.º O imposto deverá ser pago até o último dia útil da 1.ª (primeira) quinzena do mês subsequente ao da percepção dos rendimentos.

§ 5.º *(Revogado pela Lei n. 8.014, de 6-4-1990.)*

§ 6.º O Poder Executivo poderá baixar normas para apuração e demonstração de ganhos líquidos, bem como autorizar a compensação de perdas entre dois ou mais mercados ou modalidades operacionais, previstos neste artigo.

Art. 41. As deduções de despesas, bem como a compensação de perdas previstas no artigo anterior, serão admitidas exclusivamente para as operações realizadas em mercados organizados, geridos ou sob a responsabilidade de instituição credenciada pelo Poder Executivo e com objetivos semelhantes aos das Bolsas de Valores, de mercadorias ou de futuros.

Art. 42. *(Revogado pela Lei n. 8.134, de 27-12-1990.)*

Art. 43. Fica sujeito à incidência do Imposto sobre a Renda na fonte, à alíquota de 7,5% (sete inteiros e cinco décimos por cento), o rendimento bruto produzido por quaisquer aplicações financeiras.

•• *Caput* com redação determinada pela Lei n. 7.738, de 9-3-1989.

§ 1.º O disposto neste artigo aplica-se, também, às operações de financiamento realizadas em Bolsas de Valores, de mercadorias, de futuros ou assemelhadas.

•• § 1.º com redação determinada pela Lei n. 7.738, de 9-3-1989.

§ 2.º O disposto neste artigo não se aplica ao rendimento bruto auferido:

a) em aplicações em fundos de curto prazo, tributados nos termos do Decreto-lei n. 2.458, de 25 de agosto de 1988;

• O Decreto-lei n. 2.458, de 25-8-1988, a partir de 1.º-9-1988, determina que os rendimentos e ganhos de capital auferidos pelos fundos de aplicação de curto prazo estão sujeitos, exclusivamente, ao imposto de renda retido na fonte.

b) em operações financeiras de curto prazo, assim consideradas as de prazo inferior a 90 (noventa) dias, que serão tributadas às seguintes alíquotas, sobre o rendimento bruto:

1 – quando a operação se iniciar e encerrar no mesmo dia, 40% (quarenta por cento);

2 – nas demais operações, 10% (dez por cento), quando o beneficiário se identificar e 30% (trinta por cento), quando o beneficiário não se identificar.

•• § 2.º com redação determinada pela Lei n. 7.738, de 9-3-1989.

§ 3.º Nas operações tendo por objeto Letras Financeiras do Tesouro – LFT ou títulos estaduais e municipais a elas equiparados, o Imposto sobre a Renda na fonte será calculado à alíquota de:

a) 40% (quarenta por cento), em se tratando de operação de curto prazo; e

b) 25% (vinte e cinco por cento), quando o prazo da operação for igual ou superior a 90 (noventa) dias.

•• § 3.º com redação determinada pela Lei n. 7.738, de 9-3-1989.

§ 4.º A base de cálculo do Imposto sobre a Renda na fonte sobre as operações de que trata o § 3.º será constituída pelo rendimento que exceder à remuneração calculada com base na taxa referencial acumulada da Letra Financeira do Tesouro no período, divulgada pelo Banco Central do Brasil.

•• § 4.º com redação determinada pela Lei n. 7.738, de 9-3-1989.

§ 5.º O Imposto sobre a Renda será retido pela fonte pagadora:

a) em relação aos juros de depósitos em cadernetas de poupança, na data do crédito ou pagamento;

b) em relação às operações de financiamento realizadas em bolsas de valores, de mercadorias, de futuros e assemelhadas, na liquidação;

c) nos demais casos, na data da cessão, liquidação ou resgate, ou nos pagamentos periódicos de rendimentos.

•• § 5.º com redação determinada pela Lei n. 7.738, de 9-3-1989.

§ 6.º Nas aplicações em fundos em condomínio, exceto os de curto prazo, ou clubes de investimentos, efetuadas até 31 de dezembro de 1988, o rendimento real será determinado tomando-se por base o valor da quota em 1.º de janeiro de 1989, facultado à administradora optar pela tributação do rendimento no ato da liquidação ou resgate do título ou aplicação, em substituição à tributação quando do resgate das quotas.

•• § 6.º com redação determinada pela Lei n. 7.738, de 9-3-1989.

§ 7.º A alíquota de que trata o *caput* aplicar-se-á aos rendimentos de títulos, obrigações ou aplicações produzidas a partir do período iniciado em 16 de janeiro de 1989, mesmo quando adquiridos ou efetuadas anteriormente a esta data.

•• § 7.º com redação determinada pela Lei n. 7.738, de 9-3-1989.

§ 8.º As alíquotas de que tratam os §§ 2.º e 3.º, incidentes sobre rendimentos auferidos em operações de curto prazo, são aplicáveis às operações iniciadas a partir de 13 de fevereiro de 1989.

•• § 8.º com redação determinada pela Lei n. 7.738, de 9-3-1989.

Art. 44. O imposto de que trata o artigo anterior será considerado:

I – antecipação do devido na declaração de rendimentos, quando o beneficiário for pessoa jurídica tributada com base no lucro real;

II – devido exclusivamente na fonte nos demais casos, inclusive quando o beneficiário for pessoa jurídica isenta, observado o disposto no art. 47 desta Lei.

Art. 45. *(Revogado pela Lei n. 8.134, de 27-12-1990.)*

Art. 46. *(Revogado pela Lei n. 7.730, de 31-1-1989.)*

Art. 47. Fica sujeito à incidência do Imposto sobre a Renda exclusivamente na fonte, à alíquota de 30% (trinta por cento), todo rendimento real ou ganho de capital pago a beneficiário não identificado.

Art. 48. A tributação de que tratam os arts. 7.º, 8.º e 23 não se aplica aos rendimentos e ganhos de capital tributados na forma dos arts. 41 e 47 desta Lei.

Art. 49. O disposto nesta Lei não se aplica aos rendimentos da atividade agrícola e pastoril, que serão tributados na forma da legislação específica.

Art. 50. *(Vetado.)*

Art. 51. A isenção do Imposto sobre a Renda de que trata o art. 11, item I, da Lei n. 7.256, de 27 de novembro de 1984, não se aplica à empresa que se encontre nas situações previstas no art. 3.º, itens I a V, da referida lei, nem às empresas que prestem serviços profissionais de corretor, despachante, ator, empresário e produtor de espetáculos públicos, cantor, músico, médico, dentista, enfermeiro, engenheiro, físico, químico, economista, contador, auditor, estatístico, administrador, programador, analista de sistema, advogado, psicólogo, professor, jornalista, publicitário, ou assemelhados, e qualquer outra profissão cujo exercício dependa de habilitação profissional legalmente exigida.

•• A Lei n. 7.256, de 27-11-1984, foi expressamente revogada pela Lei n. 9.841, de 5-10-1999, que passou a dispor sobre as microempresas – ME e as empresas de pequeno porte – EPP (a Lei Complementar n. 123, de 14-12-2006, dispõe atualmente sobre a matéria).

Art. 52. A falta ou insuficiência de recolhimento do imposto ou de quota deste, nos prazos fixados nesta Lei, apresentada ou não a declaração, sujeitará o contribuinte às multas e acréscimos previstos na legislação do Imposto sobre a Renda.

Art. 53. Os juros e as multas serão calculados sobre o imposto ou quota, observado o seguinte:

a) quando expresso em BTN, serão convertidos em cruzados novos pelo valor do BTN no mês do pagamento;

b) quando expresso em BTN Fiscal, serão convertidos em cruzados novos pelo valor do BTN Fiscal no dia do pagamento.

•• Artigo com redação determinada pela Lei n. 7.799, de 10-7-1989.

Art. 54. Fica o Poder Executivo autorizado a implantar medidas de estímulo à eficiência da atividade fiscal em programas especiais de fiscalização.

Art. 55. Fica reduzida para 1% (um por cento) a alíquota aplicável às importâncias pagas ou creditadas, a partir do mês de janeiro de 1989, a pessoas jurídicas, civis ou mercantis, pela prestação de serviços de limpeza, conservação, segurança, vigilância e por locação de mão de obra, de que trata o art. 3.º do Decreto-lei n. 2.462, de 30 de agosto de 1988.

Art. 56. (Revogado pela Lei n. 9.430, de 27-12-1996.)

Art. 57. Esta Lei entra em vigor em 1.º de janeiro de 1989.

Art. 58. Revogam-se o art. 50 da Lei n. 4.862, de 29 de novembro de 1965, os arts. 1.º a 9.º do Decreto-lei n. 1.510, de 27 de dezembro de 1976, os arts. 65 e 66 do Decreto-lei n. 1.598, de 26 de dezembro de 1977, os arts. 1.º a 4.º do Decreto-lei n. 1.641, de 7 de dezembro de 1978, os arts. 12 e 13 do Decreto-lei n. 1.950, de 14 de julho de 1982, os arts. 15 e 100 da Lei n. 7.450, de 23 de dezembro de 1985, o art. 18 do Decreto-lei n. 2.287, de 23 de julho de 1986, o item IV e o parágrafo único, do art. 12, do Decreto-lei n. 2.292, de 21 de novembro de 1986, o item III, do art. 2.º, do Decreto-lei n. 2.301, de 21 de novembro de 1986, o item III, do art. 7.º, do Decreto-lei n. 2.394, de 21 de dezembro de 1987, e demais disposições em contrário.

Brasília, 22 de dezembro de 1988; 167.º da Independência e 100.º da República.

José Sarney

LEI N. 7.766, DE 11 DE MAIO DE 1989 (*)

Dispõe sobre o ouro, ativo financeiro e sobre seu tratamento tributário.

O Presidente da República.
Faço saber que o Congresso Nacional decreta e eu sanciono a seguinte Lei:

Art. 1.º O ouro em qualquer estado de pureza, em bruto ou refinado, quando destinado ao mercado financeiro ou à execução da política cambial do País, em operações realizadas com a interveniência de instituições integrantes do Sistema Financeiro Nacional, na forma e condições autorizadas pelo Banco Central do Brasil, será, desde a extração, inclusive, considerado ativo financeiro ou instrumento cambial.

§ 1.º Enquadra-se na definição deste artigo:

I – o ouro envolvido em operações de tratamento, refino, transporte, depósito ou custódia, desde que formalizado compromisso de destiná-lo ao Banco Central do Brasil ou à instituição por ele autorizada;

II – as operações praticadas nas regiões de garimpo onde o ouro é extraído, desde que o ouro na saída do município tenha o mesmo destino a que se refere o inciso I deste parágrafo.

§ 2.º As negociações com o ouro, ativo financeiro, de que trata este artigo, efetuadas nos pregões das Bolsas de Valores, de Mercadorias, de Futuros ou assemelhadas, ou no Mercado de Balcão com a interveniência de instituição financeira autorizada, serão consideradas operações financeiras.

Art. 2.º Para os efeitos desta Lei, as cooperativas ou associações de garimpeiros, desde que regularmente constituídas, serão autorizadas pelo Banco Central do Brasil a operarem com ouro.

Parágrafo único. As operações com ouro, facultadas às cooperativas ou associações de garimpeiros, restringem-se, exclusivamente, à sua compra na origem e à venda ao Banco Central do Brasil, ou à instituição por ele autorizada.

Art. 3.º A destinação e as operações a que se referem os arts. 1.º e 2.º desta Lei serão comprovadas mediante notas fiscais ou documentos que identifiquem tais operações.

§ 1.º O transporte do ouro, ativo financeiro, para qualquer parte do Território Nacional, será acobertado exclusivamente por nota fiscal integrante da documentação fiscal mencionada.

§ 2.º O ouro acompanhado por documentação fiscal irregular será objeto de apreensão pela Secretaria da Receita Federal.

•• A Secretaria da Receita Federal passa a denominar-se Secretaria da Receita Federal do Brasil, por força da Lei n. 11.457, de 16-3-2007.

Art. 4.º O ouro destinado ao mercado financeiro sujeita-se, desde sua extração inclusive, exclusivamente, à incidência do Imposto sobre Operações de Crédito, Câmbio e Seguro, ou Relativas a Títulos ou Valores Mobiliários.

•• Vide Decreto n. 6.306, de 14-12-2007, arts. 36 a 40.

Parágrafo único. A alíquota desse imposto será de 1% (um por cento), assegurada a transferência do montante arrecadado, nos termos do art. 153, § 5.º, incisos I e II, da Constituição Federal.

Art. 5.º (Vetado.)

Art. 6.º Tratando-se de ouro oriundo do exterior, considera-se Município e Estado de origem o de ingresso do ouro no País.

Art. 7.º A pessoa jurídica adquirente fará constar, da nota de aquisição, o Estado, o Distrito Federal, ou o Território e o Município de origem do ouro.

Art. 8.º O fato gerador do imposto é a primeira aquisição do ouro, ativo financeiro, efetuada por instituição autorizada, integrante do Sistema Financeiro Nacional.

Parágrafo único. Tratando-se de ouro físico oriundo do exterior, ingressado no País, o fato gerador é o seu desembaraço aduaneiro.

Art. 9.º A base de cálculo do imposto é o preço de aquisição do ouro, desde que dentro dos limites de variação da cotação vigente no mercado doméstico, no dia da operação.

Parágrafo único. Tratando-se de ouro físico oriundo do exterior, o preço de aquisição, em moeda nacional, será determinado com base no valor de mercado doméstico na data do desembaraço aduaneiro.

Art. 10. Contribuinte do imposto é a instituição autorizada que efetuar a primeira aquisição do ouro, ativo financeiro.

Art. 11. O imposto será pago até o último dia útil da 1.ª (primeira) quinzena do mês subsequente ao da ocorrência do fato gerador.

Parágrafo único. A entidade arrecadadora repassará ao Estado, Distrito Federal ou Município, conforme a origem do ouro, o produto da arrecadação, na proporção do estabelecido no § 5.º, do art. 153, da Constituição Federal, no prazo de 30 (trinta) dias, encaminhando uma cópia dos documentos de arrecadação ao Departamento Nacional de Produção Mineral.

Art. 12. O recolhimento do imposto será efetuado no município produtor ou no município em que estiver localizado o estabelecimento-matriz do contribuinte, devendo ser indicado, no documento de arrecadação, o Estado, o Território ou o Distrito Federal e o Município, conforme a origem do ouro.

Art. 13. Os rendimentos e ganhos de capital decorrentes de operações com ouro, ativo financeiro, sujeitam-se às mesmas normas de incidência do Imposto sobre a Renda aplicáveis aos demais rendimentos e ganhos de capital resultantes de operações no mercado financeiro.

Parágrafo único. O ganho de capital em operações com ouro não considerado ativo financeiro será determinado segundo o disposto no art. 3.º, § 2.º, da Lei n. 7.713, de 22 de dezembro de 1988.

Art. 14. Esta Lei entra em vigor na data de sua publicação.

Art. 15. Revogam-se as disposições em contrário.

Brasília, 11 de maio de 1989; 168.º da Independência e 101.º da República.

José Sarney

LEI N. 7.940, DE 20 DE DEZEMBRO DE 1989 (**)

Institui a Taxa de Fiscalização dos mercados de títulos e valores mobiliários e dá outras providencias.

(*) Publicada no DOU, de 12-5-1989.

(**) Publicada no *Diário Oficial da União*, de 21-12-1989. Deixamos de publicar os Anexos desta Lei por não atenderem ao propósito da obra. Vide art. 31, I, da Lei n. 10.522, de 19-7-2002. A Resolução n. 54, de 20-10-2021, da CVM, dispõe sobre a Taxa de Fiscalização do mercado de valores mobiliários, instituída por esta Lei.

Lei n. 7.940, de 20-12-1989 – Taxa de Fiscalização

O Presidente da República.
Faço saber que o Congresso Nacional decreta e eu sanciono a seguinte Lei:

Art. 1.º Fica instituída a Taxa de Fiscalização do mercado de valores mobiliários.
•• *Vide* Súmula 665 do STF sobre a constitucionalidade da taxa instituída por esta Lei.

Art. 2.º Constitui fato gerador da Taxa o exercício do poder de polícia legalmente atribuído à Comissão de Valores Mobiliários – CVM.
Parágrafo único. A CVM, no âmbito de suas competências, poderá editar atos normativos para disciplinar a aplicabilidade da Taxa de Fiscalização prevista nesta Lei.
•• Parágrafo único acrescentado pela Lei n. 14.317, de 29-3-2022.

Art. 3.º São contribuintes da Taxa:
•• *Caput* com redação determinada pela Lei n. 14.317, de 29-3-2022.

I – as pessoas naturais e jurídicas que integram o sistema de distribuição de valores mobiliários;
•• Inciso I acrescentado pela Lei n. 14.317, de 29-3-2022.

II – as companhias abertas nacionais e as companhias estrangeiras sujeitas a registro na CVM;
•• Inciso II acrescentado pela Lei n. 14.317, de 29-3-2022.

III – as companhias securitizadoras;
•• Inciso III acrescentado pela Lei n. 14.317, de 29-3-2022.

IV – os fundos de investimento, independentemente dos ativos que componham sua carteira;
•• Inciso IV acrescentado pela Lei n. 14.317, de 29-3-2022.

V – os administradores de carteira de valores mobiliários;
•• Inciso V acrescentado pela Lei n. 14.317, de 29-3-2022.

VI – os auditores independentes sujeitos a registro na CVM;
•• Inciso VI acrescentado pela Lei n. 14.317, de 29-3-2022.

VII – os assessores de investimento;
•• Inciso VII acrescentado pela Lei n. 14.317, de 29-3-2022.

VIII – os analistas e os consultores de valores mobiliários;
•• Inciso VIII acrescentado pela Lei n. 14.317, de 29-3-2022.

IX – as sociedades beneficiárias de recursos oriundos de incentivos fiscais registradas na CVM;
•• Inciso IX acrescentado pela Lei n. 14.317, de 29-3-2022.

X – as entidades administradoras de mercados organizados de valores mobiliários;
•• Inciso X acrescentado pela Lei n. 14.317, de 29-3-2022.

XI – as centrais depositárias de valores mobiliários e as demais instituições operadoras de infraestruturas de mercado;
•• Inciso XI acrescentado pela Lei n. 14.317, de 29-3-2022.

XII – as plataformas eletrônicas de investimento coletivo e as pessoas jurídicas, com sede no País ou no exterior, participantes de ambiente regulatório experimental no âmbito da CVM;
•• Inciso XII acrescentado pela Lei n. 14.317, de 29-3-2022.

XIII – o investidor, individual ou coletivo, pessoa natural ou jurídica, fundo ou outra entidade de investimento coletivo, com residência, sede ou domicílio no exterior, registrado na CVM como titular de conta própria ou de carteira coletiva;
•• Inciso XIII acrescentado pela Lei n. 14.317, de 29-3-2022.

XIV – as agências de classificação de risco;
•• Inciso XIV acrescentado pela Lei n. 14.317, de 29-3-2022.

XV – os agentes fiduciários;
•• Inciso XV acrescentado pela Lei n. 14.317, de 29-3-2022.

XVI – os prestadores de serviços de escrituração e custódia de valores mobiliários e os emissores de certificados de depósito de valores mobiliários; e
•• Inciso XVI acrescentado pela Lei n. 14.317, de 29-3-2022.

XVII – os ofertantes de valores mobiliários no âmbito da realização da oferta pública de valores mobiliários, sujeita a registro ou dispensada de registro pela CVM.
•• Inciso XVII acrescentado pela Lei n. 14.317, de 29-3-2022.

§ 1.º Os analistas de valores mobiliários não sujeitos a registro na CVM são isentos do pagamento da Taxa.
•• § 1.º acrescentado pela Lei n. 14.317, de 29-3-2022.

§ 2.º O representante legal, registrado na CVM, dos contribuintes que tenham sede, residência ou domicílio no exterior é responsável pelo recolhimento da Taxa.
•• § 2.º acrescentado pela Lei n. 14.317, de 29-3-2022.

Art. 4.º A Taxa é devida:
I e II – (*Revogados pela Lei n. 14.317, de 29-3-2022.*)

III – anualmente e paga integralmente com relação a todo o ano a que se refere, de acordo com os valores expressos em real e estabelecidos nos Anexos I, II e III desta Lei, inadmitido o pagamento *pro rata*;
•• Inciso III acrescentado pela Lei n. 14.317, de 29-3-2022.

IV – por ocasião da realização de oferta pública de valores mobiliários, sujeita a registro ou dispensada de registro pela CVM, com incidência sobre o valor da operação, conforme estabelecido no Anexo IV desta Lei; e
•• Inciso IV acrescentado pela Lei n. 14.317, de 29-3-2022.

V – por ocasião do pedido de registro inicial como participante do mercado de valores mobiliários, conforme o disposto nesta Lei, ou da emissão de ato autorizativo equivalente, na hipótese prevista no Anexo V desta Lei, inadmitido o pagamento *pro rata* e com pagamento integral da Taxa independentemente da data do pedido.
•• Inciso V acrescentado pela Lei n. 14.317, de 29-3-2022.

§ 1.º O valor da Taxa devido pelos fundos de investimento é o somatório dos valores indicados na faixa 5 do Anexo I desta Lei, de acordo com o patrimônio líquido de cada classe de cota ou, exclusivamente no caso de subdivisão de classe de cota, de cada subdivisão de classe prevista no regulamento do fundo.
•• § 1.º acrescentado pela Lei n. 14.317, de 29-3-2022.

§ 2.º O valor da Taxa devido pelos fundos de investimento que não apresentem diferentes classes de cotas é aquele indicado na faixa 5 do Anexo I desta Lei, de acordo com o seu patrimônio líquido.
•• § 2.º acrescentado pela Lei n. 14.317, de 29-3-2022.

§ 3.º O valor do patrimônio líquido a que se referem os §§ 1.º e 2.º deste artigo é calculado da seguinte forma:
•• § 3.º, *caput*, acrescentado pela Lei n. 14.317, de 29-3-2022.

I – pela média aritmética dos patrimônios líquidos diários apurados no primeiro quadrimestre do ano civil; ou
•• Inciso I acrescentado pela Lei n. 14.317, de 29-3-2022.

II – com base no valor calculado no último dia útil do primeiro quadrimestre do ano para aqueles que não apuraram diariamente o valor de seu patrimônio líquido.
•• Inciso II acrescentado pela Lei n. 14.317, de 29-3-2022.

§ 4.º O valor da Taxa devido pelos contribuintes das demais faixas previstas nos Anexos I e V desta Lei é indicado:
•• § 4.º, *caput*, acrescentado pela Lei n. 14.317, de 29-3-2022.

I – de acordo com o patrimônio líquido do contribuinte em 31 de dezembro do ano anterior; ou
•• Inciso I acrescentado pela Lei n. 14.317, de 29-3-2022.

II – pelo menor valor de taxa previsto na faixa aplicável ao contribuinte, na hipótese de participante constituído posteriormente.
•• Inciso II acrescentado pela Lei n. 14.317, de 29-3-2022.

§ 5.º Nas hipóteses previstas no Anexo II desta Lei, o recolhimento inicial deve ocorrer no prazo de 30 (trinta) dias, contado da data do registro na CVM.
•• § 5.º acrescentado pela Lei n. 14.317, de 29-3-2022.

§ 6.º Nas hipóteses previstas no Anexo III desta Lei, o valor da Taxa é calculado de acordo com o número de estabelecimentos do contribuinte.
•• § 6.º acrescentado pela Lei n. 14.317, de 29-3-2022.

§ 7.º Nas hipóteses previstas no Anexo IV desta Lei, o valor da Taxa é calculado em função do valor da oferta pública expresso em real.

• § 7.º acrescentado pela Lei n. 14.317, de 29-3-2022.

§ 8.º Na hipótese de uma mesma pessoa jurídica obter mais de um registro nos termos previstos nos Anexos I, II ou III desta Lei, é devido o valor da Taxa para cada registro concedido ao contribuinte.

• § 8.º acrescentado pela Lei n. 14.317, de 29-3-2022.

§ 9.º Não haverá sobreposição ou dupla cobrança da Taxa na hipótese de oferta pública de valores mobiliários concomitante ao pedido de registro inicial como emissor de valores mobiliários, situação na qual haverá incidência de taxa apenas nos termos do Anexo IV desta Lei.

• § 9.º acrescentado pela Lei n. 14.317, de 29-3-2022.

Art. 5.º A Taxa deve ser recolhida:

• *Caput* com redação determinada pela Lei n. 14.317, de 29-3-2022.

I – nas hipóteses previstas nos Anexos I, II e III desta Lei, até o último dia útil do primeiro decêndio do mês de maio de cada ano;

• Inciso I com redação determinada pela Lei n. 14.317, de 29-3-2022.

II – nas hipóteses previstas no Anexo IV desta Lei:

• Inciso II, *caput*, com redação determinada pela Lei n. 14.317, de 29-3-2022.

a) com a protocolização do pedido de registro na CVM, no caso de oferta pública sujeita a registro; ou

• Alínea *a* acrescentada pela Lei n. 14.317, de 29-3-2022.

b) com o encerramento com êxito da oferta pública de valores mobiliários ao mercado, no caso de oferta dispensada de registro; e

• Alínea *b* acrescentada pela Lei n. 14.317, de 29-3-2022.

III – na hipótese prevista no Anexo V desta Lei, com a protocolização do pedido de registro inicial na CVM como participante ou a emissão de ato autorizativo equivalente.

• Inciso III acrescentado pela Lei n. 14.317, de 29-3-2022.

§ 1.º A Taxa não recolhida no prazo estabelecido será atualizada na data do efetivo pagamento com os seguintes acréscimos:

• § 1.º, *caput*, com redação determinada pela Lei n. 14.317, de 29-3-2022.

a) a **c)** (*Revogadas pela Lei n. 14.317, de 29-3-2022.*)

I – juros de mora equivalentes à taxa referencial do Sistema Especial de Liquidação e de Custódia (Selic), na via administrativa ou judicial, contados do mês seguinte ao do vencimento e calculados na forma da legislação aplicável aos tributos federais;

• Inciso I acrescentado pela Lei n. 14.317, de 29-3-2022.

II – multa de mora, calculada nos termos e na forma da legislação aplicável aos tributos federais; e

• Inciso II acrescentado pela Lei n. 14.317, de 29-3-2022.

III – encargos de 20% (vinte por cento), substitutivos da condenação do devedor em honorários advocatícios e calculados sobre o total do débito inscrito como dívida ativa, que serão reduzidos para 10% (dez por cento) se o pagamento for efetuado antes do ajuizamento da execução.

• Inciso III acrescentado pela Lei n. 14.317, de 29-3-2022.

§ 2.º Os juros de mora não incidem sobre o valor da multa de mora.

§ 3.º São devidos na integralidade os valores estabelecidos nos Anexos I, II e III desta Lei pelos contribuintes registrados na CVM por período inferior a 365 (trezentos e sessenta e cinco) dias no ano de competência do tributo.

• § 3.º acrescentado pela Lei n. 14.317, de 29-3-2022.

§ 4.º No caso das ofertas referidas na alínea *a* do inciso II do caput deste artigo:

• § 4.º, *caput*, acrescentado pela Lei n. 14.317, de 29-3-2022.

I – quando o valor da operação depender de procedimento de precificação, a Taxa deve ser recolhida com base no montante previsto para a captação que orientou a decisão pela realização da oferta, e deve ser recolhido eventual complemento da Taxa, por ocasião do registro da oferta, caso o valor da operação supere a previsão; e

• Inciso I acrescentado pela Lei n. 14.317, de 29-3-2022.

II – não cabe ressarcimento da Taxa na hipótese de desistência da oferta.

• Inciso II acrescentado pela Lei n. 14.317, de 29-3-2022.

Art. 6.º Os débitos referentes à Taxa, sem prejuízo da respectiva liquidez e certeza, podem ser inscritos em dívida ativa com os acréscimos de que trata o art. 5.º desta Lei.

• Artigo com redação determinada pela Lei n. 14.317, de 29-3-2022.

Art. 7.º Os débitos relativos à Taxa podem ser parcelados pela CVM, de acordo com os critérios fixados na legislação tributária.

• Artigo com redação determinada pela Lei n. 14.317, de 29-3-2022.

Art. 8.º A Taxa será recolhida ao Tesouro Nacional, em conta vinculada à Comissão de Valores Mobiliários – CVM, por intermédio de estabelecimento bancário integrante da rede credenciada.

Art. 9.º A Taxa será cobrada a partir de 1.º de janeiro de 1990.

Art. 10. Esta Lei entra em vigor na data de sua publicação.

Art. 11. Revogam-se as disposições em contrário.

Brasília, em 20 de dezembro de 1989; 168.º da Independência e 101.º da República.

JOSÉ SARNEY

TABELA "A" (*Revogada pela Lei n. 14.317, de 29-3-2022.*)

TABELA "B" (*Revogada pela Lei n. 14.317, de 29-3-2022.*)

TABELA "C" (*Revogada pela Lei n. 14.317, de 29-3-2022.*)

TABELA "D" (*Revogada pela Lei n. 14.317, de 29-3-2022.*)

LEI COMPLEMENTAR N. 61, DE 26 DE DEZEMBRO DE 1989 (*)

Estabelece normas para a participação dos Estados e do Distrito Federal no produto da arrecadação do Imposto sobre Produtos Industrializados – IPI, relativamente às exportações.

O Presidente da República.

Faço saber que o Congresso Nacional decreta e eu sanciono a seguinte Lei:

Art. 1.º A União entregará, do produto da arrecadação do Imposto sobre Produtos Industrializados – IPI, 10% (dez por cento) aos Estados e ao Distrito Federal, proporcionalmente ao valor das respectivas exportações de produtos industrializados, nos termos do inciso II e do § 2.º do art. 159 da Constituição Federal.

§ 1.º Para efeito de cálculo das parcelas pertencentes a cada unidade federada, considerar-se-ão:

I – as origens indicadas nas respectivas guias de exportação ou em outros documentos que identifiquem a unidade federada exportadora;

II – o conceito de produtos industrializados adotados pela legislação federal referente ao IPI.

§ 2.º Para os fins do inciso I do § 1.º desta lei complementar, na hipótese de a operação interestadual anterior à exportação ter sido realizada ao abrigo de isenção, total ou parcial, do imposto de que trata a alínea *b* do inciso I do art. 155 da Constituição Federal, será considerada a unidade federada de origem, ou seja, aquela onde teve início a referida operação interestadual.

§ 3.º Os coeficientes de rateio serão calculados para aplicação no ano-calendário, tomando-se como base o valor em dólar norte-americano das exportações ocorridas nos 12 (doze) meses antecedentes a primeiro de julho do ano imediatamente anterior.

§ 4.º Sempre que a participação de qualquer unidade federada ultrapassar o limite de 20% (vinte por cento) do montante a que se refere o *caput* deste artigo, o eventual excedente será distribuído entre as demais, na proporção de suas respectivas participações relativas.

§ 5.º O órgão encarregado do controle das exportações fornecerá ao Tribunal de Contas da União, de forma consolidada, até 25

(*) Publicada no *DOU*, de 27-12-1989. *Vide* Lei n. 8.016, de 8-4-1990. O Decreto n. 7.212, de 15-6-2010, regulamenta a cobrança, fiscalização, arrecadação e administração do Imposto sobre Produtos Industrializados – IPI.

do mês de julho de cada ano, o valor total em dólares das exportações do período a que se refere o § 3.º deste artigo.

Art. 2.º Os coeficientes individuais de participação, calculados na forma do artigo anterior, deverão ser apurados e publicados no *Diário Oficial da União* pelo Tribunal de Contas da União até o último dia útil do mês de julho de cada ano.

§ 1.º As unidades federadas disporão de 30 (trinta) dias, a partir da publicação referida no *caput* deste artigo, para apresentar contestação, juntando desde logo as provas em que se fundamentar.

§ 2.º O Tribunal de Contas da União, no prazo de 30 (trinta) dias contados do recebimento da contestação mencionada no parágrafo anterior, deverá manifestar-se sobre a mesma.

Art. 3.º As quotas das unidades da federação serão determinadas de acordo com os coeficientes individuais da participação a que se refere o artigo anterior.

§ 1.º (*Vetado*).

§ 2.º O cumprimento do disposto neste artigo será comunicado pelo Ministério da Fazenda ao Tribunal de Contas da União, discriminadamente por unidade federada, até o último dia útil do mês em que o crédito tiver sido lançado.

Art. 4.º O Ministério da Fazenda publicará, até o último dia do mês subsequente ao da arrecadação, o montante do IPI arrecadado, bem como as parcelas distribuídas a cada unidade da federação.

Parágrafo único. Cada unidade federada poderá contestar os valores distribuídos, devendo tal contestação ser objeto de manifestação pelo órgão competente, no prazo de 30 (trinta) dias.

Art. 5.º Os Estados entregarão aos seus respectivos Municípios 25% (vinte e cinco por cento) dos recursos que nos termos desta lei complementar receberem, observando-se para tanto os mesmos critérios, forma e prazos estabelecidos para o repasse da parcela do ICMS que a Constituição Federal assegura às municipalidades.

Art. 6.º Para efeitos de apuração dos coeficientes a serem aplicados no período de 1.º de março a 31 de dezembro de 1989, adotar-se-ão os critérios previstos nesta lei complementar.

Art. 7.º (*Vetado*).

Art. 8.º Esta lei complementar entra em vigor na data de sua publicação, retroagindo seus efeitos a 1.º de março de 1989.

Art. 9.º Revogam-se as disposições em contrário.

Brasília, em 26 de dezembro de 1989; 168.º da Independência e 101.º da República.

JOSÉ SARNEY

LEI COMPLEMENTAR N. 62, DE 28 DE DEZEMBRO DE 1989 (*)

Estabelece normas sobre o cálculo, a entrega e o controle das liberações dos recursos dos Fundos de Participação e dá outras providências.

O Presidente da República.

Faço saber que o Congresso Nacional decreta e eu sanciono a seguinte Lei Complementar:

Art. 1.º O cálculo, a entrega e o controle das liberações dos recursos do Fundo de Participação dos Estados e do Distrito Federal – FPE e do Fundo de Participação dos Municípios – FPM, de que tratam as alíneas a e b do inciso I do art. 159 da Constituição, far-se-ão nos termos desta Lei Complementar, consoante o disposto nos incisos II e III do art. 161 da Constituição.

Parágrafo único. Para fins do disposto neste artigo, integrarão a base de cálculo das transferências, além do montante dos impostos nele referidos, inclusive os extintos por compensação ou dação, os respectivos adicionais, juros e multa moratória, cobrados administrativa ou judicialmente, com a correspondente atualização monetária paga.

Art. 2.º Os recursos do Fundo de Participação dos Estados e do Distrito Federal (FPE), observado o disposto no art. 4.º, serão entregues da seguinte forma:

•• *Caput* com redação determinada pela Lei Complementar n. 143, de 17-7-2013.

I – os coeficientes individuais de participação dos Estados e do Distrito Federal no FPE a serem aplicados até 31 de dezembro de 2015 são os constantes do Anexo Único desta Lei Complementar;

•• Inciso I com redação determinada pela Lei Complementar n. 143, de 17-7-2013.

II – a partir de 1.º de janeiro de 2016, cada entidade beneficiária receberá valor igual ao que foi distribuído no correspondente decêndio do exercício de 2015, corrigido pela variação acumulada do Índice Nacional de Preços ao Consumidor Amplo (IPCA) ou outro que vier a substituí-lo e pelo percentual equivalente a 75% (setenta e cinco por cento) da variação real do Produto Interno Bruto nacional do ano anterior ao ano considerado para base de cálculo;

•• Inciso II com redação determinada pela Lei Complementar n. 143, de 17-7-2013.

•• O STF, na ADI n. 5.069, nas sessões virtuais de 9-6-2023 a 16-6-2023 (*DOU* de 23-6-2023), por maioria, julgou procedente o pedido para reconhecer a inconstitucionalidade deste inciso II, alterado pela Lei Complementar n. 143/2013, "sem pronúncia de nulidade, mantendo-se a aplicação desses dispositivos legais até 31-12-2022 ou até a superveniência de nova legislação sobre a matéria".

•• O STF, nos Embargos de Declaração na ADI n. 5.069, nas sessões virtuais de 1.º-9-2023 a 11-9-2023 (*DOU* de 19-9-2023), por unanimidade, acolheu em parte os embargos de declaração, sem efeitos infringentes, "para esclarecer ser a data de 31-12-2025 o termo final da vigência das normas cuja inconstitucionalidade foi reconhecida por este Supremo Tribunal e para corrigir erro material constante do acórdão e da ementa do julgado embargado".

III – também a partir de 1.º de janeiro de 2016, a parcela que superar o montante especificado no inciso II será distribuída proporcionalmente a coeficientes individuais de participação obtidos a partir da combinação de fatores representativos da população e do inverso da renda domiciliar *per capita* da entidade beneficiária, assim definidos:

•• Inciso III, *caput*, acrescentado pela Lei Complementar n. 143, de 17-7-2013.

•• O STF, na ADI n. 5.069, nas sessões virtuais de 9-6-2023 a 16-6-2023 (*DOU* de 23-6-2023), por maioria, julgou procedente o pedido para reconhecer a inconstitucionalidade deste inciso III, alterado pela Lei Complementar n. 143/2013, "sem pronúncia de nulidade, mantendo-se a aplicação desses dispositivos legais até 31-12-2022 ou até a superveniência de nova legislação sobre a matéria".

•• O STF, nos Embargos de Declaração na ADI n. 5.069, nas sessões virtuais de 1.º-9-2023 a 11-9-2023 (*DOU* de 19-9-2023), por unanimidade, acolheu em parte os embargos de declaração, sem efeitos infringentes, "para esclarecer ser a data de 31-12-2025 o termo final da vigência das normas cuja inconstitucionalidade foi reconhecida por este Supremo Tribunal e para corrigir erro material constante do acórdão e da ementa do julgado embargado".

a) o fator representativo da população corresponderá à participação relativa da população da entidade beneficiária na população do País, observados os limites superior e inferior de, respectivamente, 0,07 (sete centésimos) e 0,012 (doze milésimos), que incidirão uma única vez nos cálculos requeridos;

•• Alínea a acrescentada pela Lei Complementar n. 143, de 17-7-2013.

b) o fator representativo do inverso da renda domiciliar *per capita* corresponderá à participação relativa do inverso da renda domiciliar *per capita* da entidade beneficiária na soma dos inversos da renda domiciliar *per capita* de todas as entidades.

•• Alínea b acrescentada pela Lei Complementar n. 143, de 17-7-2013.

§ 1.º Em relação à parcela de que trata o inciso III do *caput*, serão observados os seguintes procedimentos:

•• § 1.º, *caput*, com redação determinada pela Lei Complementar n. 143, de 17-7-2013.

I – a soma dos fatores representativos da população e a dos fatores representativos do inverso da renda domiciliar *per capita* deverão ser ambas iguais a 0,5 (cinco décimos), ajustando-se proporcionalmente, para esse efeito, os fatores das entidades beneficiárias;

•• Inciso I acrescentado pela Lei Complementar n. 143, de 17-7-2013.

II – o coeficiente individual de participação será a soma dos fatores representativos da

---

(*) Publicada no *DOU*, de 29-12-1989. Deixamos de publicar o Anexo desta Lei por não atender ao propósito da obra.

população e do inverso da renda domiciliar *per capita* da entidade beneficiária, observados os ajustes previstos nos incisos III e IV deste parágrafo;

•• Inciso II acrescentado pela Lei Complementar n. 143, de 17-7-2013.

III – os coeficientes individuais de participação das entidades beneficiárias cujas rendas domiciliares *per capita* excederem valor de referência correspondente a 72% (setenta e dois por cento) da renda domiciliar *per capita* nacional serão reduzidos proporcionalmente à razão entre o excesso da renda domiciliar *per capita* da entidade beneficiária e o valor de referência, observado que nenhuma entidade beneficiária poderá ter coeficiente individual de participação inferior a 0,005 (cinco milésimos);

•• Inciso III acrescentado pela Lei Complementar n. 143, de 17-7-2013.

IV – em virtude da aplicação do disposto no inciso III deste parágrafo, os coeficientes individuais de participação de todas as entidades beneficiárias deverão ser ajustados proporcionalmente, de modo que resultem em soma igual a 1 (um).

•• Inciso IV acrescentado pela Lei Complementar n. 143, de 17-7-2013.

§ 2.º Caso a soma dos valores a serem distribuídos, nos termos do inciso II do *caput*, seja igual ou superior ao montante a ser distribuído, a partilha dos recursos será feita exclusivamente de acordo com o referido inciso, ajustando-se proporcionalmente os valores.

•• § 2.º com redação determinada pela Lei Complementar n. 143, de 17-7-2013.
•• O STF, na ADI n. 5.069, nas sessões virtuais de 9-6-2023 a 16-6-2023 (*DOU* de 23-6-2023), por maioria, julgou procedente o pedido para reconhecer a inconstitucionalidade deste § 2.º, alterado pela Lei Complementar n. 143/2013, "sem pronúncia de nulidade, mantendo-se a aplicação desses dispositivos legais até 31-12-.2022 ou até a superveniência de nova legislação sobre a matéria".
•• O STF, nos Embargos de Declaração na ADI n. 5.069, nas sessões virtuais de 1.º-9-2023 a 11-9-2023 (*DOU* de 19-9-2023), por unanimidade, acolheu em parte os embargos de declaração, sem efeitos infringentes, "para esclarecer ser a data de 31-12-2025 o termo final da vigência das normas cuja inconstitucionalidade foi reconhecida por este Supremo Tribunal e para corrigir erro material constante do acórdão e da ementa do julgado embargado".

§ 3.º Para efeito do disposto neste artigo, serão considerados os valores censitários ou as estimativas mais recentes da população e da renda domiciliar *per capita* publicados pela entidade federal competente.

•• § 3.º com redação determinada pela Lei Complementar n. 143, de 17-7-2013.

Art. 3.º Ficam mantidos os atuais critérios de distribuição dos recursos do Fundo de Participação dos Municípios até que lei específica sobre eles disponha, com base no resultado do Censo de 1991, realizado pela Fundação IBGE.

•• Artigo com redação determinada pela Lei Complementar n. 71, de 3-9-1992.

Art. 4.º A União observará, a partir de março de 1990, os seguintes prazos máximos na entrega, através de créditos em contas individuais dos Estados e Municípios, dos recursos do Fundo de Participação:

I – recursos arrecadados do primeiro ao décimo dia de cada mês: até o vigésimo dia;

II – recursos arrecadados do décimo primeiro ao vigésimo dia de cada mês: até o trigésimo dia;

III – recursos arrecadados do vigésimo primeiro dia ao final de cada mês: até o décimo dia do mês subsequente.

§ 1.º Até a data prevista no *caput* deste artigo, a União observará os seguintes prazos máximos:

I – recursos arrecadados do primeiro ao vigésimo dia de cada mês: até o décimo quinto dia do mês subsequente;

II – recursos arrecadados do vigésimo primeiro dia ao final de cada mês: até o vigésimo dia do mês subsequente.

§ 2.º Ficam sujeitos a correção monetária, com base na variação do Bônus do Tesouro Nacional Fiscal, os recursos não liberados nos prazos previstos neste artigo.

Art. 5.º O Tribunal de Contas da União efetuará o cálculo das quotas referentes aos Fundos de Participação e acompanhará, junto aos órgãos competentes da União, a classificação das receitas que lhes dão origem.

Parágrafo único. No caso de criação e instalação de Município, o Tribunal de Contas da União fará revisão dos coeficientes individuais de participação dos demais Municípios do Estado a que pertence, reduzindo proporcionalmente as parcelas que a estes couberam, de modo a lhe assegurar recursos do Fundo de Participação dos Municípios – FPM.

Art. 6.º A União divulgará mensalmente os montantes dos impostos arrecadados e classificados para efeitos de distribuição através dos Fundos de Participação e os valores das liberações por Estado e Município, além da previsão do comportamento dessas variáveis nos 3 (três) meses seguintes ao da divulgação.

Art. 7.º A União, através do Ministério da Fazenda, e o Tribunal de Contas da União baixarão, nas suas respectivas áreas de competência, as normas e instrução complementares necessárias ao pleno cumprimento do disposto nesta Lei Complementar.

Art. 8.º Esta Lei Complementar entra em vigor a partir do primeiro mês subsequente ao de sua publicação.

Art. 9.º Revogam-se as disposições em contrário.

Brasília, em 28 de dezembro de 1989; 168.º da Independência e 101.º da República.

JOSÉ SARNEY

LEI COMPLEMENTAR N. 63, DE 11 DE JANEIRO DE 1990 (*)

Dispõe sobre critérios e prazos de crédito das parcelas do produto da arrecadação de impostos de competência dos Estados e de transferências por estes recebidas, pertencentes aos Municípios, e dá outras providências.

O Presidente da República.

Faço saber que o Congresso Nacional decreta e eu sanciono a seguinte Lei:

Art. 1.º As parcelas pertencentes aos Municípios do produto da arrecadação de impostos de competência dos Estados e de transferências por estes recebidas, conforme os incisos III e IV do art. 158 e inciso II e § 3.º do art. 159 da Constituição Federal, serão creditadas segundo os critérios e prazos previstos nesta Lei Complementar.

Parágrafo único. As parcelas de que trata o *caput* deste artigo compreendem os juros, a multa moratória e a correção monetária, quando arrecadados como acréscimos dos impostos nele referidos.

Art. 2.º 50% (cinquenta por cento) do produto da arrecadação do Imposto sobre a Propriedade de Veículos Automotores licenciados no território de cada Município serão imediatamente creditados a este, através do próprio documento de arrecadação, no montante em que esta estiver sendo realizada.

Art. 3.º 25% (vinte e cinco por cento) do produto da arrecadação do Imposto sobre Operações relativas à Circulação de Mercadorias e sobre Prestação de Serviços de Transporte Interestadual e Intermunicipal e de Comunicação serão creditados, pelos Estados, aos respectivos Municípios, conforme os seguintes critérios:

I – 3/4 (três quartos), no mínimo, na proporção do valor adicionado nas operações relativas à circulação de mercadorias e nas prestações de serviços, realizadas em seus territórios;

II – até 1/4 (um quarto), de acordo com o que dispuser lei estadual ou, no caso dos territórios, lei federal.

§ 1.º O valor adicionado corresponderá, para cada Município:

•• § 1.º, *caput*, com redação determinada pela Lei Complementar n. 123, de 14-12-2006.

I – ao valor das mercadorias saídas, acrescido do valor das prestações de serviços, no seu território, deduzido o valor das mercadorias entradas, em cada ano civil;

•• Inciso I acrescentado pela Lei Complementar n. 123, de 14-12-2006.

II – nas hipóteses de tributação simplificada a que se refere o parágrafo único do art. 146 da Constituição Federal, e, em outras situações, em que se dispensem os controles de entrada, considerar-se-á como valor

(*) Publicada no *Diário Oficial da União*, de 12-1-1990.

adicionado o percentual de 32% (trinta e dois por cento) da receita bruta.

•• Inciso II acrescentado pela Lei Complementar n. 123, de 14-12-2006.

§ 1.º-A. Na hipótese de pessoa jurídica promover saídas de mercadorias por estabelecimento diverso daquele no qual as transações comerciais são realizadas, excluídas as transações comerciais não presenciais, o valor adicionado deverá ser computado em favor do Município onde ocorreu a transação comercial, desde que ambos os estabelecimentos estejam localizados no mesmo Estado ou no Distrito Federal.

•• § 1.º-A acrescentado pela Lei Complementar n. 157, de 29-12-2016.

§ 1.º-B. No caso do disposto no § 1.º-A deste artigo, deverá constar no documento fiscal correspondente a identificação do estabelecimento no qual a transação comercial foi realizada.

•• § 1.º-B acrescentado pela Lei Complementar n. 157, de 29-12-2016.

§ 2.º Para efeito de cálculo do valor adicionado serão computadas:

I – as operações e prestações que constituam fato gerador do imposto, mesmo quando o pagamento for antecipado ou diferido, ou quando o crédito tributário for diferido, reduzido ou excluído em virtude de isenção ou outros benefícios, incentivos ou favores fiscais;

II – as operações imunes do imposto, conforme as alíneas *a* e *b* do inciso X do § 2.º do art. 155, e a alínea *d* do inciso VI do art. 150 da Constituição Federal.

§ 3.º O Estado apurará a relação percentual entre o valor adicionado em cada Município e o valor total do Estado, devendo este índice ser aplicado para a entrega das parcelas dos Municípios a partir do primeiro dia do ano imediatamente seguinte ao da apuração.

§ 4.º O índice referido no parágrafo anterior corresponderá à média dos índices apurados nos dois anos civis imediatamente anteriores ao da apuração.

§ 5.º Os Prefeitos Municipais, as associações de Municípios e seus representantes terão livre acesso às informações e documentos utilizados pelos Estados no cálculo do valor adicionado, sendo vedado, a estes, omitir quaisquer dados ou critérios, ou dificultar ou impedir aqueles no acompanhamento dos cálculos.

§ 6.º Para efeito de entrega das parcelas de um determinado ano, o Estado fará publicar, no seu órgão oficial, até o dia 30 de junho do ano da apuração, o valor adicionado em cada Município, além dos índices percentuais referidos nos §§ 3.º e 4.º deste artigo.

§ 7.º Os Prefeitos Municipais e as associações de Municípios, ou seus representantes, poderão impugnar, no prazo de 30 (trinta) dias corridos contados da sua publicação, os dados e os índices de que trata o parágrafo anterior, sem prejuízo das ações cíveis e criminais cabíveis.

§ 8.º No prazo de 60 (sessenta) dias corridos, contados da data da primeira publicação, os Estados deverão julgar e publicar as impugnações mencionadas no parágrafo anterior, bem como os índices definitivos de cada Município.

§ 9.º Quando decorrentes de ordem judicial, as correções de índices deverão ser publicadas até o dia 15 (quinze) do mês seguinte ao da data do ato que as determinar.

§ 10. Os Estados manterão um sistema de informações baseadas em documentos fiscais obrigatórios, capaz de apurar, com precisão, o valor adicionado de cada Município.

§ 11. O valor adicionado relativo a operações constatadas em ação fiscal será considerado no ano em que o resultado desta se tornar definitivo, em virtude da decisão administrativa irrecorrível.

§ 12. O valor adicionado relativo a operações ou prestações espontaneamente confessadas pelo contribuinte será considerado no período em que ocorrer a confissão.

§ 13. A lei estadual que criar, desmembrar, fundir ou incorporar Municípios levará em conta, no ano em que ocorrer, o valor adicionado de cada área abrangida.

§ 14. O valor da produção de energia proveniente de usina hidrelétrica, para fins da apuração do valor mencionado no inciso I do § 1.º, corresponderá à quantidade de energia produzida, multiplicada pelo preço médio da energia hidráulica comprada das geradoras pelas distribuidoras, calculado pela Agência Nacional de Energia Elétrica (Aneel).

•• § 14 acrescentado pela Lei Complementar n. 158, de 23-2-2017.

Art. 4.º Do produto da arrecadação do imposto de que trata o artigo anterior, 25% (vinte e cinco por cento) serão depositados ou remetidos no momento em que a arrecadação estiver sendo realizada à "conta de participação dos Municípios no Imposto sobre Operações relativas à Circulação de Mercadorias e sobre Prestações de Serviços de Transporte Interestadual e Intermunicipal e de Comunicações", aberta em estabelecimento oficial de crédito e de que são titulares, conjuntos, todos os Municípios do Estado.

§ 1.º Na hipótese de ser o crédito relativo ao Imposto sobre Operações relativas à Circulação de Mercadorias e sobre Prestações de Serviços de Transporte Interestadual e Intermunicipal e de Comunicação extinto por compensação ou transação, a repartição estadual deverá, no mesmo ato, efetuar o depósito ou a remessa dos 25% (vinte e cinco por cento) pertencentes aos Municípios na conta de que trata este artigo.

§ 2.º Os agentes arrecadadores farão os depósitos e remessas a que alude este artigo independentemente de ordem das autoridades superiores, sob pena de responsabilidade pessoal.

Art. 5.º Até o segundo dia útil de cada semana, o estabelecimento oficial de crédito entregará, a cada Município, mediante crédito em conta individual ou pagamento em dinheiro, à conveniência do beneficiário, a parcela que a este pertencer, do valor dos depósitos ou remessas feitos, na semana imediatamente anterior, na conta a que se refere o artigo anterior.

Art. 6.º Os Municípios poderão verificar os documentos fiscais que, nos termos da lei federal ou estadual, devam acompanhar as mercadorias, em operações de que participem produtores, industriais e comerciantes estabelecidos em seus territórios; apurada qualquer irregularidade, os agentes municipais deverão comunicá-la à repartição estadual incumbida do cálculo do índice de que tratam os §§ 3.º e 4.º do art. 3.º desta Lei Complementar, assim como à autoridade competente.

§ 1.º Sem prejuízo do cumprimento de outras obrigações a que estiverem sujeitos por lei federal ou estadual, os produtores serão obrigados, quando solicitados, a informar, às autoridades municipais, o valor e o destino das mercadorias que tiverem produzido.

§ 2.º Fica vedado aos Municípios apreender mercadorias ou documentos, impor penalidades ou cobrar quaisquer taxas ou emolumentos em razão da verificação de que trata este artigo.

§ 3.º Sempre que solicitado pelos Municípios, ficam os Estados obrigados a autorizá-los a promover a verificação de que tratam o *caput* e o § 1.º deste artigo, em estabelecimentos situados fora de seus territórios.

§ 4.º O disposto no parágrafo anterior não prejudica a celebração, entre os Estados e seus Municípios e entre estes, de convênios para assistência mútua na fiscalização dos tributos e permuta de informações.

Art. 7.º Dos recursos recebidos na forma do inciso II do art. 159 da Constituição Federal, os Estados entregarão, imediatamente, 25% (vinte e cinco por cento) aos respectivos Municípios, observados os critérios e a forma estabelecidos nos arts. 3.º e 4.º desta Lei Complementar.

Art. 8.º Mensalmente, os Estados publicarão no seu órgão oficial a arrecadação total dos impostos a que se referem os arts. 2.º e 3.º desta Lei Complementar e o valor total dos recursos de que trata o art. 7.º, arrecadados ou transferidos no mês anterior, discriminadas as parcelas entregues a cada Município.

Parágrafo único. A falta ou a incorreção da publicação de que trata este artigo implica a presunção da falta de entrega, aos Municípios, das receitas tributárias que lhes pertencem, salvo erro devidamente justificado e publicado até 15 (quinze) dias após a data da publicação incorreta.

Art. 9.º O estabelecimento oficial de crédito que não entregar, no prazo, a qualquer

Município, na forma desta Lei Complementar, as importâncias que lhes pertencem ficará sujeito às sanções aplicáveis aos estabelecimentos bancários que deixam de cumprir saques de depositantes.

§ 1.º Sem prejuízo do disposto no *caput* deste artigo, o estabelecimento oficial de crédito será, em qualquer hipótese, proibido de receber as remessas e os depósitos mencionados no art. 4.º desta Lei Complementar, por determinação do Banco Central do Brasil, a requerimento do Município.

§ 2.º A proibição vigorará por prazo não inferior a 2 (dois) nem superior a 4 (quatro) anos, a critério do Banco Central do Brasil.

§ 3.º Enquanto durar a proibição, os depósitos e as remessas serão obrigatoriamente feitos ao Banco do Brasil S/A, para o qual deve ser imediatamente transferido saldo em poder do estabelecimento infrator.

§ 4.º O Banco do Brasil S/A observará os prazos previstos nesta Lei Complementar, sob pena de responsabilidade de seus dirigentes.

§ 5.º Findo o prazo da proibição, o estabelecimento infrator poderá tornar a receber os depósitos e remessas, se escolhido pelo Poder Executivo Estadual, ao qual será facultado eleger qualquer outro estabelecimento oficial de crédito.

Art. 10. A falta de entrega, total ou parcial, aos Municípios, dos recursos que lhes pertencem na forma e nos prazos previstos nesta Lei Complementar, sujeita o Estado faltoso à intervenção, nos termos do disposto na alínea *b* do inciso V do art. 34 da Constituição Federal.

Parágrafo único. Independentemente da aplicação do disposto no *caput* deste artigo, o pagamento dos recursos pertencentes aos Municípios, fora dos prazos estabelecidos nesta Lei Complementar, ficará sujeito à atualização monetária de seu valor e a juros de mora de 1% (um por cento) por mês ou fração de atraso.

Art. 11. Esta Lei Complementar entra em vigor na data de sua publicação.

Art. 12. Revogam-se as disposições em contrário, especialmente o Decreto-lei n. 1.216, de 9 de maio de 1972.

Brasília, em 11 de janeiro de 1990; 169.º da Independência e 102.º da República.

José Sarney

LEI N. 8.009, DE 29 DE MARÇO DE 1990 (*)

Dispõe sobre a impenhorabilidade do bem de família.

Faço saber que o Presidente da República adotou a Medida Provisória n. 143, de 1990, que o Congresso Nacional aprovou, e eu, Nelson Carneiro, Presidente do Senado Federal, para os efeitos do disposto no parágrafo único do art. 62 da Constituição Federal, promulgo a seguinte Lei:

Art. 1.º O imóvel residencial próprio do casal, ou da entidade familiar, é impenhorável e não responderá por qualquer tipo de dívida civil, comercial, fiscal, previdenciária ou de outra natureza, contraída pelos cônjuges ou pelos pais ou filhos que sejam seus proprietários e nele residam, salvo nas hipóteses previstas nesta Lei.

• *Vide* Súmula 449 do STJ.

Parágrafo único. A impenhorabilidade compreende o imóvel sobre o qual se assentam a construção, as plantações, as benfeitorias de qualquer natureza e todos os equipamentos, inclusive os de uso profissional, ou móveis que guarnecem a casa, desde que quitados.

Art. 2.º Excluem-se da impenhorabilidade os veículos de transporte, obras de arte e adornos suntuosos.

Parágrafo único. No caso de imóvel locado, a impenhorabilidade aplica-se aos bens móveis quitados que guarneçam a residência e que sejam de propriedade do locatário, observado o disposto neste artigo.

Art. 3.º A impenhorabilidade é oponível em qualquer processo de execução civil, fiscal, previdenciária, trabalhista ou de outra natureza, salvo se movido:

•• *Vide* Súmula 205 do STJ.

I – (*Revogado pela Lei Complementar n. 150, de 1.º-6-2015.*)

II – pelo titular do crédito decorrente do financiamento destinado à construção ou à aquisição do imóvel, no limite dos créditos e acréscimos constituídos em função do respectivo contrato;

III – pelo credor da pensão alimentícia, resguardados os direitos, sobre o bem, do seu coproprietário que, com o devedor, integre união estável ou conjugal, observadas as hipóteses em que ambos responderão pela dívida;

•• Inciso III com redação determinada pela Lei n. 13.144, de 6-7-2015.

IV – para cobrança de impostos, predial ou territorial, taxas e contribuições devidas em função do imóvel familiar;

V – para execução de hipoteca sobre o imóvel oferecido como garantia real pelo casal ou pela entidade familiar;

VI – por ter sido adquirido com produto de crime ou para execução de sentença penal condenatória a ressarcimento, indenização ou perdimento de bens;

VII – por obrigação decorrente de fiança concedida em contrato de locação.

•• Inciso VII acrescentado pela Lei n. 8.245, de 18-10-1991.

Art. 4.º Não se beneficiará do disposto nesta Lei aquele que, sabendo-se insolvente, adquire de má-fé imóvel mais valioso para transferir a residência familiar, desfazendo-se ou não da moradia antiga.

§ 1.º Neste caso poderá o juiz, na respectiva ação do credor, transferir a impenhorabilidade para a moradia familiar anterior, ou anular-lhe a venda, liberando a mais valiosa para execução ou concurso, conforme a hipótese.

§ 2.º Quando a residência familiar constituir-se em imóvel rural, a impenhorabilidade restringir-se-á à sede de moradia, com os respectivos bens móveis, e, nos casos do art. 5.º, inciso XXVI, da Constituição, à área limitada como pequena propriedade rural.

Art. 5.º Para os efeitos de impenhorabilidade, de que trata esta Lei, considera-se residência um único imóvel utilizado pelo casal ou pela entidade familiar para moradia permanente.

• *Vide* Súmula 486 do STJ.

Parágrafo único. Na hipótese de o casal, ou entidade familiar, ser possuidor de vários imóveis utilizados como residência, a impenhorabilidade recairá sobre o de menor valor, salvo se outro tiver sido registrado, para esse fim, no Registro de Imóveis e na forma do art. 70 do Código Civil.

Art. 6.º São canceladas as execuções suspensas pela Medida Provisória n. 143, de 8 de março de 1990, que deu origem a esta Lei.

Art. 7.º Esta Lei entra em vigor na data de sua publicação.

Art. 8.º Revogam-se as disposições em contrário.

Senado Federal, em 29 de março de 1990; 169.º da Independência e 102.º da República.

Nelson Carneiro

LEI N. 8.016, DE 8 DE ABRIL DE 1990 (**)

Dispõe sobre a entrega das quotas de Participação dos Estados e do Distrito Federal na arrecadação do Imposto sobre Produtos Industrializados de que trata o inciso II do art. 159 da Constituição Federal.

Faço saber que o Presidente da República adotou a Medida Provisória n. 145, de 1990, que o Congresso Nacional aprovou, e eu, Nelson Carneiro, Presidente do Senado Federal, para os efeitos do disposto no parágrafo único do art. 62 da Constituição, promulgo a seguinte Lei:

Art. 1.º As quotas de Participação dos Estados e do Distrito Federal no produto da arrecadação do Imposto sobre Produtos Industrializados – IPI, de que trata a Lei Complementar n. 61, de 26 de dezembro de 1989, serão creditadas em contas especiais abertas pelas Unidades da Federação, em seus respectivos bancos oficiais ou, na falta destes, em estabelecimentos por elas indicados, nos mesmos prazos de repasse das

---

(*) Publicada no *Diário Oficial da União*, de 30-3-1990.

(**) Publicada no *Diário Oficial da União*, de 10-4-1990. O Decreto n. 7.212, de 15-6-2010, regulamenta a cobrança, fiscalização, arrecadação e administração do Imposto sobre Produtos Industrializados – IPI.

quotas do Fundo de Participação dos Estados e Municípios.

Art. 2.º Os recursos já existentes relativos à arrecadação do IPI no período compreendido entre 1.º de março e 31 de dezembro de 1989 serão creditados até o 5.º (quinto) dia útil subsequente à publicação da Medida Provisória que deu origem a esta Lei, tomando-se como base para o cálculo dos coeficientes de rateio o valor em dólar americano das exportações de produtos industrializados, ocorridas nos Estados no período de janeiro a novembro de 1989, informadas pela Carteira de Comércio Exterior do Banco do Brasil S.A. – CACEX.

§ 1.º Até a publicação dos coeficientes individuais de participação calculados pelo Tribunal de Contas da União – TCU, de que trata o art. 2.º da Lei Complementar n. 61, de 26 de dezembro de 1989, os recursos relativos a arrecadação do IPI, a partir do mês de janeiro de 1990, serão creditados aos beneficiários com base nos mesmos coeficientes de rateio definidos neste artigo.

§ 2.º Na programação orçamentária dos excessos de arrecadação de 1990, priorizar-se-á dotação para o pagamento da correção monetária dos recursos a que se refere este artigo, a ser calculada com base na variação mensal do valor do Bônus do Tesouro Nacional, a partir da data da classificação da receita, ressalvada a prioridade dos pagamentos de pessoal e dos serviços da dívida.

Art. 3.º O Tribunal de Contas da União determinará os ajustes a serem procedidos em razão de diferenças que venham a ocorrer entre as quotas de participação calculadas com base nos critérios estabelecidos no art. 2.º desta Lei e aquelas definidas em conformidade com a Lei Complementar n. 61, de 26 de dezembro de 1989.

Art. 4.º Esta Lei entra em vigor na data de sua publicação.

Art. 5.º Revogam-se as disposições em contrário.

Senado Federal, em 8 de abril de 1990; 169.º da Independência e 102.º da República.

NELSON CARNEIRO

LEI N. 8.021, DE 12 DE ABRIL DE 1990 (*)

Dispõe sobre a identificação dos contribuintes para fins fiscais e dá outras providências.

(*) Publicada no *Diário Oficial da União*, de 13-4-1990. Retificada no *Diário Oficial da União*, de 23-4-1990. Sobre BTN Fiscal, *vide* Nota dos Organizadores. A Lei n. 8.749, de 10-12-1993, dispõe sobre os recursos não reclamados correspondentes a aplicações em fundos de curto prazo emitidas sob a forma ao portador de que trata esta Lei.

O Presidente da República.

Faço saber que o Congresso Nacional decreta e eu sanciono a seguinte Lei:

Art. 1.º A partir da vigência desta Lei, fica vedado o pagamento ou resgate de qualquer título ou aplicação, bem como dos seus rendimentos ou ganhos, a beneficiário não identificado.

Parágrafo único. O descumprimento do disposto neste artigo sujeitará o responsável pelo pagamento ou resgate a multa igual ao valor da operação, corrigido monetariamente a partir da data da operação até o dia do seu efetivo pagamento.

Art. 2.º A partir da data de publicação desta Lei fica vedada:

I – a emissão de quotas ao portador ou nominativas-endossáveis, pelos fundos em condomínio;

II – a emissão de títulos e a captação de depósitos ou aplicações ao portador ou nominativos-endossáveis;

• O CC dispõe sobre títulos ao portador em seus arts. 904 a 909.

III – (*Revogado pela Lei n. 9.069, de 29-6-1995.*)

Parágrafo único. Os cheques emitidos em desacordo com o estabelecido no inciso III deste artigo não serão compensáveis por meio do Serviço de Compensação de Cheques e outros Papéis.

•• Parágrafo único prejudicado pela revogação do inciso III deste artigo, pela Lei n. 9.069, de 29-6-1995.

Art. 3.º O contribuinte que receber o resgate de quotas de fundos ao portador e de títulos ou aplicações de renda fixa ao portador ou nominativos-endossáveis, existentes em 16 de março de 1990, ficará sujeito à retenção de imposto de renda na fonte, à alíquota de 25% (vinte e cinco por cento), calculado sobre o valor do resgate recebido.

§ 1.º O imposto será retido pela instituição que efetuar o pagamento dos títulos e aplicações e seu recolhimento deverá ser efetuado de conformidade com as normas aplicáveis ao imposto de renda retido na fonte.

§ 2.º O valor sobre o qual for calculado o imposto, diminuído deste, será computado como rendimento líquido, para efeito de justificar acréscimo patrimonial na declaração de bens (Lei n. 4.069, de 11-6-1962, art. 51) a ser apresentada no exercício financeiro subsequente.

§ 3.º A retenção do imposto, prevista neste artigo, não exclui a incidência do imposto de renda na fonte sobre os rendimentos produzidos pelos respectivos títulos ou aplicações.

§ 4.º A retenção do imposto, prevista neste artigo, será dispensada caso o contribuinte comprove, perante o Departamento da Receita Federal, que o valor resgatado tem origem em rendimentos próprios, declarados na forma da legislação do imposto de renda.

§ 5.º A liberação dos recursos sem a observância do disposto no parágrafo anterior sujeitará a instituição financeira à multa de 25% (vinte e cinco por cento) sobre o valor do resgate dos títulos ou aplicações, corrigido monetariamente a partir da data do resgate até a data do seu efetivo recolhimento.

Art. 4.º O art. 20 da Lei n. 6.404, de 15 de dezembro de 1976, passa a vigorar com a seguinte redação:

"Art. 20. As ações devem ser nominativas".

Art. 5.º As sociedades por ações terão um prazo de 2 (dois) anos para adaptar seus estatutos ao disposto no artigo anterior.

§ 1.º No prazo a que se refere este artigo, as operações com ações, ao portador ou endossáveis, existentes na data da publicação desta Lei, emitidas pelas sociedades por ações, somente poderão ser efetuadas quando atenderem, cumulativamente, às seguintes condições:

a) estiverem as ações sob custódia de instituição financeira ou de bolsa de valores, autorizada a operar por ato da Comissão de Valores Mobiliários – CVM ou do Banco Central do Brasil, no âmbito de sua competência;

b) houver a identificação do vendedor e do comprador.

§ 2.º As ações mencionadas neste artigo somente poderão ser retiradas da custódia mediante a identificação do proprietário.

§ 3.º A instituição financeira ou bolsa custodiante deverá enviar ao Departamento da Receita Federal, até o dia 15 de cada mês, comunicação que identifique o proprietário, a quantidade, a espécie e o valor de aquisição das ações que houverem sido retiradas de sua custódia no mês anterior.

§ 4.º A inobservância do disposto no parágrafo anterior sujeitará a instituição financeira ou bolsa custodiante à multa de 25% (vinte e cinco por cento) do valor das ações, corrigido monetariamente a partir do vencimento do prazo para a comunicação até a data do seu efetivo pagamento.

§ 5.º Para efeito do disposto no parágrafo anterior, considera-se valor da ação o preço médio de negociação em pregão de Bolsas de Valores no dia da retirada da ação ou, na falta deste, o preço médio da ação da última negociação em pregão da Bolsa de Valores, corrigido pelo BTN Fiscal até o dia da retirada da ação.

§ 6.º Para as ações não admitidas à negociação em Bolsas de Valores, considera-se o valor patrimonial da ação corrigido pelo BTN Fiscal desde a data do último balanço até a data de sua retirada da custódia.

Art. 6.º O lançamento de ofício, além dos casos já especificados em lei, far-se-á arbitrando-se os rendimentos com base na renda presumida, mediante utilização dos sinais exteriores de riqueza.

§ 1.º Considera-se sinal exterior de riqueza a realização de gastos incompatíveis com a renda disponível do contribuinte.

§ 2.º Constitui renda disponível a receita auferida pelo contribuinte, diminuída dos abatimentos e deduções admitidos pela legislação do imposto de renda em vigor e do imposto de renda pago pelo contribuinte.

§ 3.º Ocorrendo a hipótese prevista neste artigo, o contribuinte será notificado para o devido procedimento fiscal de arbitramento.

§ 4.º No arbitramento tomar-se-ão como base os preços de mercado vigentes à época da ocorrência dos fatos ou eventos, podendo, para tanto, ser adotados índices ou indicadores econômicos oficiais ou publicações técnicas especializadas.

§ 5.º *(Revogado pela Lei n. 9.430, de 27-12-1996.)*

§ 6.º Qualquer que seja a modalidade escolhida para o arbitramento, será sempre levada a efeito aquela que mais favorecer o contribuinte.

Art. 7.º A autoridade fiscal do Ministério da Economia, Fazenda e Planejamento poderá proceder a exames de documentos, livros e registros das bolsas de valores, de mercadorias, de futuros e assemelhadas, bem como solicitar a prestação de esclarecimentos e informações a respeito de operações por elas praticadas, inclusive em relação a terceiros.

§ 1.º As informações deverão ser prestadas no prazo máximo de dez dias úteis contados da data da solicitação. O não cumprimento desse prazo sujeitará a instituição a multa de valor equivalente a mil BTN Fiscais por dia útil de atraso.

§ 2.º As informações obtidas com base neste artigo somente poderão ser utilizadas para efeito de verificação do cumprimento de obrigações tributárias.

§ 3.º O servidor que revelar informações que tiver obtido na forma deste artigo estará sujeito às penas previstas no art. 325 do Código Penal brasileiro.

Art. 8.º Iniciado o procedimento fiscal, a autoridade fiscal poderá solicitar informações sobre operações realizadas pelo contribuinte em instituições financeiras, inclusive extratos de contas bancárias, não se aplicando, nesta hipótese, o disposto no art. 38 da Lei n. 4.595, de 31 de dezembro de 1964.

Parágrafo único. As informações, que obedecerão às normas regulamentares expedidas pelo Ministério da Economia, Fazenda e Planejamento, deverão ser prestadas no prazo máximo de 10 (dez) dias úteis contados da data da solicitação, aplicando-se, no caso de descumprimento desse prazo, a penalidade prevista no § 1.º do art. 7.º.

Art. 9.º *(Revogado pela Lei n. 14.286, de 29-12-2021.)*

Art. 10. Fica o Poder Executivo autorizado a celebrar convênios com outros países para repatriar bens de qualquer natureza, inclusive financeiros e títulos de valores mobiliários, pertencentes a empresas brasileiras e pessoas físicas residentes e domiciliadas no País.

Parágrafo único. Os valores repatriados ficarão sujeitos ao imposto de renda à alíquota de 25% (vinte e cinco por cento).

Art. 11. O Poder Executivo regulamentará o disposto nesta Lei.

Art. 12. Esta Lei entra em vigor na data de sua publicação.

Art. 13. Revogam-se o art. 9.º da Lei n. 4.729, de 14 de julho de 1965, os arts. 32 e 33 da Lei n. 6.404, de 15 de dezembro de 1976, e demais disposições em contrário.

Brasília, em 12 de abril de 1990; 169.º da Independência e 102.º da República.

Fernando Collor

LEI N. 8.022, DE 12 DE ABRIL DE 1990 (*)

Altera o sistema de administração das receitas federais, e dá outras providências.

O Presidente da República.

Faço saber que o Congresso Nacional decreta e eu sanciono a seguinte lei:

Art. 1.º É transferida para a Secretaria da Receita Federal a competência de administração das receitas arrecadadas pelo Instituto Nacional de Colonização e Reforma Agrária – INCRA, e para a Procuradoria-Geral da Fazenda Nacional a competência para a apuração, inscrição e cobrança da respectiva dívida ativa.

§ 1.º A competência transferida neste artigo à Secretaria da Receita Federal compreende as atividades de tributação, arrecadação, fiscalização e cadastramento.

§ 2.º O Incra manterá seu cadastramento para o atendimento de suas outras funções, conforme o estabelecido no art. 2.º do Decreto n. 72.106, de 18 de abril de 1973, que regulamentou a Lei n. 5.868, de 12 de dezembro de 1972.

§ 3.º No exercício de suas funções, poderá a Secretaria da Receita Federal realizar diligências nas propriedades rurais para confrontar as informações cadastrais prestadas pelos proprietários com as reais condições de exploração do imóvel.

§ 4.º Caberá ao Poder Executivo, no prazo de cento e vinte dias a contar da vigência desta lei, regulamentar os dispositivos relativos ao Sistema Nacional de Cadastro Rural, promovendo as alterações decorrentes da transferência da administração do Imposto Territorial Rural à Secretaria da Receita Federal.

_____
(*) Publicada no *Diário Oficial da União*, de 13-4-1990. *Vide* Decreto-Lei n. 1.755, de 31-12-1979 que dispõe sobre arrecadação e restituição de receitas federais.

Art. 2.º As receitas de que trata o art. 1.º desta lei, quando não recolhidas nos prazos fixados, serão atualizadas monetariamente, na data do efetivo pagamento, nos termos do art. 61 da Lei n. 7.799, de 10 de julho de 1989, e cobradas pela União com os seguintes acréscimos:

I – juros de mora, na via administrativa ou judicial, contados do mês seguinte ao do vencimento, à razão de 1% (um por cento) ao mês e calculados sobre o valor atualizado, monetariamente, na forma da legislação em vigor;

II – multa de mora de 20% (vinte por cento) sobre o valor atualizado, monetariamente, sendo reduzida a 10% (dez por cento) se o pagamento for efetuado até o último dia útil do mês subseqüente àquele em que deveria ter sido pago;

III – encargo legal de cobrança da Dívida Ativa de que trata o art. 1.º do Decreto-Lei n. 1.025, de 21 de outubro de 1969, e o art. 3.º do Decreto-Lei n. 1.645, de 11 de dezembro de 1978, quando for o caso.

Parágrafo único. Os juros de mora não incidem sobre o valor da multa de mora.

Art. 3.º Aplica-se aos parcelamentos de débitos das receitas referidas no art. 1.º desta lei, concedidos administrativamente, a legislação prevista para o parcelamento de débitos de qualquer natureza para com a Fazenda Nacional.

Parágrafo único. O disposto neste artigo aplica-se, também, aos parcelamentos de débitos relativos às contribuições de que tratam os Decretos-Leis n. 308, de 28 de fevereiro de 1967, e 1.712, de 14 de novembro de 1979, e do adicional previsto no Decreto-Lei n. 1.952, de 15 de julho de 1982.

Art. 4.º Os procedimentos administrativos de determinação e a exigência das receitas referidas no art. 1.º desta lei, bem como os de consulta sobre a aplicação da respectiva legislação, serão regidos, no que couber, pelas normas expedidas nos termos do art. 2.º do Decreto-Lei n.º 822, de 5 de setembro de 1969, e convalidadas pelo § 3.º do art. 16 da Lei n. 7.739, de 16 de março de 1989.

§ 1.º O disposto neste artigo aplica-se aos procedimentos em curso relativos aos créditos constituídos anteriormente à vigência da Medida Provisória n. 166, de 15 de março de 1990.

§ 2.º Os órgãos do Departamento da Receita Federal enviarão às Procuradorias da Fazenda Nacional os demonstrativos de débitos das receitas a que se refere o art. 1.º desta lei para fins de apuração e inscrição na Dívida Ativa da União.

Art. 5.º A Secretaria da Administração Federal, em conjunto com o Ministério da Economia, Fazenda e Planejamento e o da Agricultura, estabelecerão as formas e condições para a realocação do pessoal, assim como a adaptação de cargos e funções de confiança decorrentes do que dispõe esta lei.

Art. 6.º Esta lei entra em vigor na data de sua publicação.
Art. 7.º Revogam-se as disposições em contrário.
Brasília, 12 de abril de 1990; 169.º da Independência e 102.º da República.

FERNANDO COLLOR

LEI N. 8.032, DE 12 DE ABRIL DE 1990 (*)

Dispõe sobre a isenção ou redução de impostos de importação e dá outras providências.

O Presidente da República.
Faço saber que o Congresso Nacional decreta e eu sanciono a seguinte Lei:
Art. 1.º Ficam revogadas as isenções e reduções do Imposto de Importação e do Imposto sobre Produtos Industrializados, de caráter geral ou especial, que beneficiem bens de procedência estrangeira, ressalvadas as hipóteses previstas nos arts. 2.º a 6.º desta Lei.
Parágrafo único. As ressalvas estabelecidas no *caput* deste artigo aplicam-se às importações realizadas nas situações relacionadas no inciso I do art. 2.º.
•• Parágrafo único com redação determinada pela Lei n. 13.243, de 11-1-2016.

Art. 2.º As isenções e reduções do Imposto de Importação ficam limitadas, exclusivamente:
I – às importações realizadas:
a) pela União, pelos Estados, pelo Distrito Federal, pelos Territórios, pelos Municípios e pelas respectivas autarquias;
b) pelos partidos políticos e pelas instituições de educação ou de assistência social;
c) pelas Missões Diplomáticas e Repartições Consulares de caráter permanente e pelos respectivos integrantes;
d) pelas representações de organismos internacionais de caráter permanente, inclusive os de âmbito regional, dos quais o Brasil seja membro, e pelos respectivos integrantes;
e) por Instituições Científica, Tecnológica e de novação (ICTs), definidas pela Lei n. 10.973, de 2 de dezembro de 2004;
•• Alínea *e* com redação determinada pela Lei n. 13.243, de 11-1-2016.
f) por cientistas e pesquisadores, nos termos do § 2.º do art. 1.º da Lei n. 8.010, de 29 de março de 1990;
•• Alínea *f* acrescentada pela Lei n. 10.964, de 28-10-2004.
g) por empresas, na execução de projetos de pesquisa, desenvolvimento e inovação, cujos critérios e habilitação serão estabelecidos pelo poder público, na forma de regulamento;
•• Alínea *g* acrescentada pela Lei n. 13.243, de 11-1-2016.

• O Decreto n. 9.283, de 7-2-2018, regulamenta o disposto nesta alínea, para estabelecer medidas de incentivo à inovação e a pesquisa científica e tecnológica no ambiente produtivo.
II – aos casos de:
a) importação de livros, jornais, periódicos e do papel destinado à sua reprodução;
b) amostras e remessas postais internacionais, sem valor comercial;
c) remessas postais e encomendas aéreas internacionais destinadas a pessoa física;
d) bagagem de viajantes procedentes do exterior ou da Zona Franca de Manaus;
e) bens adquiridos em Loja Franca, no País;
f) bens trazidos do exterior, referidos na alínea *b* do § 2.º do art. 1.º do Decreto-lei n. 2.120, de 14 de maio de 1984;
g) bens importados sob o regime aduaneiro especial de que trata o inciso III do art. 78 do Decreto-lei n. 37, de 18 de novembro de 1966;
h) gêneros alimentícios de primeira necessidade, fertilizantes e defensivos para aplicação na agricultura ou pecuária, bem assim matérias-primas para sua produção no País, importados ao amparo do art. 4.º da Lei n. 3.244, de 14 de agosto de 1957, com a redação dada pelo art. 7.º do Decreto-lei n. 63, de 21 de novembro de 1966;
i) bens importados ao amparo da Lei n. 7.232, de 29 de outubro de 1984;
j) partes, peças e componentes destinados ao reparo, revisão e manutenção de aeronaves e embarcações;
• *Vide* art. 60, § 1.º, I, da Lei n. 10.833, de 29-12-2003.
l) importação de medicamentos destinados ao tratamento de aidéticos, bem como de instrumental científico destinado à pesquisa da Síndrome da Deficiência Imunológica Adquirida, sem similar nacional, os quais ficarão isentos, também, dos tributos internos;
m) bens importados pelas áreas de livre comércio;
n) bens adquiridos para industrialização nas Zonas de Processamento de Exportações (ZPEs).
§ 1.º As isenções referidas neste artigo serão concedidas com observância da legislação respectiva.
•• § 1.º renumerado pela Lei n. 13.243, de 11-1-2016.
§ 2.º (*Vetado.*)
•• § 2.º acrescentado pela Lei n. 13.243, de 11-1-2016.
Art. 3.º Fica assegurada a isenção ou redução do Imposto sobre Produtos Industrializados, conforme o caso:
I – nas hipóteses previstas no art. 2.º desta Lei, desde que satisfeitos os requisitos e condições exigidos para a concessão do benefício análogo relativo ao Imposto de Importação;
• *Vide* art. 60, § 1.º, I, da Lei n. 10.833, de 29-12-2003.
II – nas hipóteses de tributação especial de bagagem ou de tributação simplificada de remessas postais e encomendas aéreas internacionais.

Art. 4.º Fica igualmente assegurado às importações efetuadas para a Zona Franca de Manaus e Amazônia Ocidental o tratamento tributário previsto nos arts. 3.º e 7.º do Decreto-lei n. 288, de 28 de fevereiro de 1967, e no art. 2.º do Decreto-lei n. 356, de 15 de agosto de 1968, com a redação dada pelo art. 3.º do Decreto-lei n. 1.435, de 16 de dezembro de 1975.
Art. 5.º O regime aduaneiro especial de que trata o inciso II do art. 78 do Decreto-lei n. 37, de 18 de novembro de 1966, poderá ser aplicado à importação de matérias-primas, produtos intermediários e componentes destinados à fabricação, no País, de máquinas e equipamentos a serem fornecidos no mercado interno, em decorrência de licitação internacional, contra pagamento em moeda conversível proveniente de financiamento concedido por instituição financeira internacional, da qual o Brasil participe, ou por entidade governamental estrangeira ou, ainda, pelo Banco Nacional de Desenvolvimento Econômico e Social (BNDES), com recursos captados no exterior.
•• Artigo com redação determinada pela Lei n. 10.184, de 12-2-2001.
• A Lei n. 11.732, de 30-6-2008, determina, em seu art. 3.º, que, para efeito de interpretação deste art. 5.º, licitação internacional é aquela promovida tanto por pessoas jurídicas de direito público como por pessoas jurídicas de direito privado do setor público e do setor privado.

Art. 6.º Os bens objeto de isenção ou redução do Imposto de Importação, em decorrência de acordos internacionais firmados pelo Brasil, terão o tratamento tributário neles previsto.
Art. 7.º Os bens importados com alíquota 0 (zero) do Imposto de Importação estão sujeitos aos tributos internos, nos termos das respectivas legislações.
Art. 8.º (*Revogado pela Lei n. 8.085, de 23-10-1990.*)
Art. 9.º (*Revogado pela Lei n. 10.206, de 23-3-2001.*)
§ 1.º (*Vetado.*)
§ 2.º É vedada a concessão de recursos do Fundo da Marinha Mercante a fundo perdido, ressalvadas as operações já autorizadas na data da publicação desta Lei.
§ 3.º O produto da arrecadação do Adicional de Tarifa Portuária – ATP (Lei n. 7.700, de 21-12-1988) passa a ser aplicado, a partir de 1.º de janeiro de 1991, pelo Banco Nacional do Desenvolvimento Econômico e Social de acordo com normas baixadas pelos Ministérios da Infraestrutura e da Economia, Fazenda e Planejamento.
Art. 10. O disposto no art. 1.º desta Lei não se aplica:
I – às isenções e reduções comprovadamente concedidas nos termos da legislação respectiva até a data da entrada em vigor desta Lei;

(*) Publicada no *Diário Oficial da União*, de 12-4-1990.

Lei n. 8.137, de 27-12-1990 – Crimes contra a Ordem Tributária

II – aos bens importados, a título definitivo, amparados por isenção ou redução na forma da legislação anterior, cujas guias de importação tenham sido emitidas até a data da entrada em vigor desta Lei;
III – (Vetado.)
Art. 11. Ficam suspensas por 180 (cento e oitenta) dias a criação e implantação de Zonas de Processamento de Exportações (ZPEs) a que se refere o Decreto-lei n. 2.452, de 29 de julho de 1988, e aprovação de projetos industriais, e instalação de empresas nas já criadas.
Art. 12. Esta Lei entra em vigor na data de sua publicação.
Art. 13. Revogam-se o Decreto-lei n. 1.953, de 3 de agosto de 1982, e demais disposições em contrário.
Brasília, em 12 de abril de 1990; 169.º da Independência e 102.º da República.

Fernando Collor

LEI N. 8.137, DE 27 DE DEZEMBRO DE 1990 (*)

Define crimes contra a ordem tributária, econômica e contra as relações de consumo, e dá outras providências.

O Presidente da República.
Faço saber que o Congresso Nacional decreta e eu sanciono a seguinte Lei:

Capítulo I
DOS CRIMES CONTRA A ORDEM TRIBUTÁRIA

•• O art. 87 da Lei n. 12.529, de 30-11-2011, estabelece que, nos crimes contra a ordem tributária tipificados nesta Lei, e nos demais crimes diretamente relacionados à prática de cartel, a celebração do acordo de leniência determina a suspensão do curso do prazo prescricional e impede o oferecimento da denúncia com relação ao agente beneficiário da leniência.

Seção I
Dos Crimes Praticados por Particulares

Art. 1.º Constitui crime contra a ordem tributária suprimir ou reduzir tributo, ou contribuição social e qualquer acessório, mediante as seguintes condutas:
•• Sobre suspensão da pretensão punitiva do Estado e extinção da punibilidade dos crimes previstos neste artigo, tratam as Leis n. 9.249, de 26-12-1995, art. 34, n. 9.964, de 10-4-2000, art. 15, e n. 10.684, de 30-5-2003, art. 9.º.
•• Vide Lei n. 13.254, de 13-1-2016.
•• Vide art. 83 da Lei n. 9.430, de 27-12-1996.
I – omitir informação, ou prestar declaração falsa às autoridades fazendárias;
•• Vide Súmula Vinculante 24.
II – fraudar a fiscalização tributária, inserindo elementos inexatos, ou omitindo operação de qualquer natureza, em documento ou livro exigido pela lei fiscal;
III – falsificar ou alterar nota fiscal, fatura, duplicata, nota de venda, ou qualquer outro documento relativo à operação tributável;
IV – elaborar, distribuir, fornecer, emitir ou utilizar documento que saiba ou deva saber falso ou inexato;
•• Vide Súmula Vinculante 24.
V – negar ou deixar de fornecer, quando obrigatório, nota fiscal ou documento equivalente, relativa a venda de mercadoria ou prestação de serviço, efetivamente realizada, ou fornecê-la em desacordo com a legislação.
Pena – reclusão, de 2 (dois) a 5 (cinco) anos, e multa.
Parágrafo único. A falta de atendimento da exigência da autoridade, no prazo de 10 (dez) dias, que poderá ser convertido em horas em razão da maior ou menor complexidade da matéria ou da dificuldade quanto ao atendimento da exigência, caracteriza a infração prevista no inciso V.
Art. 2.º Constitui crime da mesma natureza:
•• Sobre suspensão da pretensão punitiva do Estado e extinção da punibilidade dos crimes previstos neste artigo, tratam as Leis n. 9.249, de 26-12-1995, art. 34, n. 9.964, de 10-4-2000, art. 15, e n. 10.684, de 30-5-2003, art. 9.º.
•• Vide art. 83 da Lei n. 9.430, de 27-12-1996.
I – fazer declaração falsa ou omitir declaração sobre rendas, bens ou fatos, ou empregar outra fraude, para eximir-se, total ou parcialmente, de pagamento de tributo;
•• Vide art. 5.º da Lei n. 13.254, de 13-1-2016.
II – deixar de recolher, no prazo legal, valor de tributo ou de contribuição social, descontado ou cobrado, na qualidade de sujeito passivo de obrigação e que deveria recolher aos cofres públicos;
•• Vide art. 5.º da Lei n. 13.254, de 13-1-2016.
•• Vide Súmula 658 do STJ.
III – exigir, pagar ou receber, para si ou para o contribuinte beneficiário, qualquer percentagem sobre a parcela dedutível ou deduzida de imposto ou de contribuição como incentivo fiscal;
IV – deixar de aplicar, ou aplicar em desacordo com o estatuído, incentivo fiscal ou parcelas de imposto liberadas por órgão ou entidade de desenvolvimento;
•• Vide art. 5.º da Lei n. 13.254, de 13-1-2016.
V – utilizar ou divulgar programa de processamento de dados que permita ao sujeito passivo da obrigação tributária possuir informação contábil diversa daquela que é, por lei, fornecida à Fazenda Pública.
Pena – detenção, de 6 (seis) meses a 2 (dois) anos, e multa.

Seção II
Dos Crimes Praticados por Funcionários Públicos

Art. 3.º Constitui crime funcional contra a ordem tributária, além dos previstos no Decreto-lei n. 2.848, de 7 de dezembro de 1940 – Código Penal (Título XI, Capítulo I):
•• O art. 34 da Lei n. 9.249, de 26-12-1995, dispõe sobre a extinção da punibilidade dos crimes previstos neste artigo.
•• Vide Decreto n. 325, de 1.º-11-1991, disciplina a comunicação ao Ministério Público Federal, da prática de ilícitos penais previstos na legislação tributária e de crime funcional contra a ordem tributária e dá outras providências.
I – extraviar livro oficial, processo fiscal ou qualquer documento, de que tenha a guarda em razão da função; sonegá-lo, ou inutilizá-lo, total ou parcialmente, acarretando pagamento indevido ou inexato de tributo ou contribuição social;
II – exigir, solicitar ou receber, para si ou para outrem, direta ou indiretamente, ainda que fora da função ou antes de iniciar seu exercício, mas em razão dela, vantagem indevida; ou aceitar promessa de tal vantagem, para deixar de lançar ou cobrar tributo ou contribuição social, ou cobrá-los parcialmente;
Pena – reclusão, de 3 (três) a 8 (oito) anos, e multa.
III – patrocinar, direta ou indiretamente, interesse privado perante a administração fazendária, valendo-se da qualidade de funcionário público.
Pena – reclusão, de 1 (um) a 4 (quatro) anos, e multa.

Capítulo II
DOS CRIMES CONTRA A ORDEM ECONÔMICA E AS RELAÇÕES DE CONSUMO

• CDC: Lei n. 8.078, de 11-9-1990.
Art. 4.º Constitui crime contra a ordem econômica:
•• O art. 34 da Lei n. 9.249, de 26-12-1995, dispõe sobre a extinção da punibilidade dos crimes previstos neste artigo.
I – abusar do poder econômico, dominando o mercado ou eliminando, total ou parcialmente, a concorrência mediante qualquer forma de ajuste ou acordo de empresas;
•• Inciso I com redação determinada pela Lei n. 12.529, de 30-11-2011.
a) a f) *(Revogadas pela Lei n. 12.529, de 30-11-2011.)*
II – formar acordo, convênio, ajuste ou aliança entre ofertantes, visando:
•• Inciso II, *caput*, com redação determinada pela Lei n. 12.529, de 30-11-2011.
a) à fixação artificial de preços ou quantidades vendidas ou produzidas;
•• Alínea *a* com redação determinada pela Lei n. 12.529, de 30-11-2011.
b) ao controle regionalizado do mercado por empresa ou grupo de empresas;
•• Alínea *b* com redação determinada pela Lei n. 12.529, de 30-11-2011.
c) ao controle, em detrimento da concorrência, de rede de distribuição ou de fornecedores.
•• Alínea *c* com redação determinada pela Lei n. 12.529, de 30-11-2011.

(*) Publicada no *Diário Oficial da União*, de 28-12-1990. A Medida Provisória n. 2.172-32, de 23-8-2001, estabelece a nulidade para as disposições contratuais com estipulações usurárias.

Pena – reclusão, de 2 (dois) a 5 (cinco) anos e multa.

III a VII – (Revogados pela Lei n. 12.529, de 30-11-2011.)

Arts. 5.º e 6.º (Revogados pela Lei n. 12.529, de 30-11-2011.)

Art. 7.º Constitui crime contra as relações de consumo:

•• O art. 34 da Lei n. 9.249, de 26-12-1995, dispõe sobre a extinção da punibilidade dos crimes previstos neste artigo.

I – favorecer ou preferir, sem justa causa, comprador ou freguês, ressalvados os sistemas de entrega ao consumo por intermédio de distribuidores ou revendedores;

II – vender ou expor à venda mercadoria cuja embalagem, tipo, especificação, peso ou composição esteja em desacordo com as prescrições legais, ou que não corresponda à respectiva classificação oficial;

III – misturar gêneros e mercadorias de espécies diferentes, para vendê-los ou expô-los à venda como puros; misturar gêneros e mercadorias de qualidades desiguais para vendê-los ou expô-los à venda por preço estabelecido para os de mais alto custo;

IV – fraudar preços por meio de:

a) alteração, sem modificação essencial ou de qualidade, de elementos tais como denominação, sinal externo, marca, embalagem, especificação técnica, descrição, volume, peso, pintura ou acabamento de bem ou serviço;

b) divisão em partes de bem ou serviço, habitualmente oferecido à venda em conjunto;

c) junção de bens ou serviços, comumente oferecidos à venda em separado;

d) aviso de inclusão de insumo não empregado na produção do bem ou na prestação dos serviços;

V – elevar o valor cobrado nas vendas a prazo de bens ou serviços, mediante a exigência de comissão ou de taxa de juros ilegais;

VI – sonegar insumos ou bens, recusando-se a vendê-los a quem pretenda comprá-los nas condições publicamente ofertadas, ou retê-los para o fim de especulação;

VII – induzir o consumidor ou usuário a erro, por via de indicação ou afirmação falsa ou enganosa sobre a natureza, qualidade de bem ou serviço, utilizando-se de qualquer meio, inclusive a veiculação ou divulgação publicitária;

VIII – destruir, inutilizar ou danificar matéria-prima ou mercadoria, com o fim de provocar alta de preço, em proveito próprio ou de terceiros;

IX – vender, ter em depósito para vender ou expor à venda ou, de qualquer forma, entregar matéria-prima ou mercadoria, em condições impróprias ao consumo.

Pena – detenção, de 2 (dois) a 5 (cinco) anos, ou multa.

Parágrafo único. Nas hipóteses dos incisos II, III e IX pune-se a modalidade culposa, reduzindo-se a pena e a detenção de 1/3 (um terço) ou a de multa à quinta parte.

Capítulo III
DAS MULTAS

Art. 8.º Nos crimes definidos nos arts. 1.º a 3.º desta Lei, a pena de multa será fixada entre 10 (dez) e 360 (trezentos e sessenta) dias-multa, conforme seja necessário e suficiente para reprovação e prevenção do crime.

Parágrafo único. O dia-multa será fixado pelo juiz em valor não inferior a 14 (quatorze) nem superior a 200 (duzentos) Bônus do Tesouro Nacional – BTN.

Art. 9.º A pena de detenção ou reclusão poderá ser convertida em multa de valor equivalente a:

I – 200.000 (duzentos mil) até 5.000.000 (cinco milhões) de BTN, nos crimes definidos no art. 4.º;

II – 5.000 (cinco mil) até 200.000 (duzentos mil) BTN, nos crimes definidos nos arts. 5.º e 6.º;

III – 50.000 (cinquenta mil) até 1.000.000 (um milhão) de BTN, nos crimes definidos no art. 7.º.

•• Sobre valores, *vide* Nota dos Organizadores.

Art. 10. Caso o juiz, considerado o ganho ilícito e a situação econômica do réu, verifique a insuficiência ou excessiva onerosidade das penas pecuniárias previstas nesta Lei, poderá diminuí-las até a 10.ª (décima) parte ou elevá-las ao décuplo.

Capítulo IV
DAS DISPOSIÇÕES GERAIS

Art. 11. Quem, de qualquer modo, inclusive por meio de pessoa jurídica, concorre para os crimes definidos nesta Lei, incide nas penas a estes cominadas, na medida de sua culpabilidade.

Parágrafo único. Quando a venda ao consumidor for efetuada por sistema de entrega ao consumo ou por intermédio de distribuidor ou revendedor, seja em regime de concessão comercial ou outro em que o preço ao consumidor é estabelecido ou sugerido pelo fabricante ou concedente, o ato por este praticado não alcança o distribuidor ou revendedor.

Art. 12. São circunstâncias que podem agravar de 1/3 (um terço) até a metade as penas previstas nos arts. 1.º, 2.º e 4.º a 7.º:

I – ocasionar grave dano à coletividade;

II – ser o crime cometido por servidor público no exercício de suas funções;

III – ser o crime praticado em relação à prestação de serviços ou ao comércio de bens essenciais à vida ou à saúde.

Art. 13. (Vetado.)

Art. 14. (Revogado pela Lei n. 8.383, de 30-12-1991.)

Art. 15. Os crimes previstos nesta Lei são de ação penal pública, aplicando-se-lhes o disposto no art. 100 do Decreto-lei n. 2.848, de 7 de dezembro de 1940 – Código Penal.

Art. 16. Qualquer pessoa poderá provocar a iniciativa do Ministério Público nos crimes descritos nesta Lei, fornecendo-lhe por escrito informações sobre o fato e a autoria, bem como indicando o tempo, o lugar e os elementos de convicção.

Parágrafo único. Nos crimes previstos nesta Lei, cometidos em quadrilha ou coautoria, o coautor ou partícipe que através de confissão espontânea revelar à autoridade policial ou judicial toda a trama delituosa terá a sua pena reduzida de 1 (um) a 2/3 (dois terços).

•• Parágrafo único acrescentado pela Lei n. 9.080, de 19-7-1995.

Art. 17. Compete ao Departamento Nacional de Abastecimento e Preços, quando e se necessário, providenciar a desapropriação de estoques, a fim de evitar crise no mercado ou colapso no abastecimento.

Art. 18. (Revogado pela Lei n. 8.176, de 8-2-1991.)

Art. 22. Esta Lei entra em vigor na data de sua publicação.

Art. 23. Revogam-se as disposições em contrário e, em especial, o art. 279 do Decreto-lei n. 2.848, de 7 de dezembro de 1940 – Código Penal.

Brasília, 27 de dezembro de 1990; 169.º da Independência e 102.º da República.

FERNANDO COLLOR

LEI N. 8.212, DE 24 DE JULHO DE 1991 (*)

Dispõe sobre a organização da Seguridade Social, institui Plano de Custeio, e dá outras providências.

O Presidente da República.

Faço saber que o Congresso Nacional decreta e eu sanciono a seguinte Lei:

LEI ORGÂNICA DA SEGURIDADE SOCIAL

TÍTULO I
CONCEITUAÇÃO E PRINCÍPIOS CONSTITUCIONAIS

Art. 1.º A Seguridade Social compreende um conjunto integrado de ações de iniciativa dos poderes públicos e da sociedade, destinado a assegurar o direito relativo à saúde, à previdência e à assistência social.

Parágrafo único. A Seguridade Social obedecerá aos seguintes princípios e diretrizes:

a) universalidade da cobertura e do atendimento;

(*) Publicada no *Diário Oficial da União*, de 25-7-1991. Republicada em 11-4-1996 e 14-8-1998. Regulamentada pelo Decreto n. 3.048, de 6-5-1999.

b) uniformidade e equivalência dos benefícios e serviços às populações urbanas e rurais;
c) seletividade e distributividade na prestação dos benefícios e serviços;
d) irredutibilidade do valor dos benefícios;
e) equidade na forma de participação no custeio;
f) diversidade da base de financiamento;
g) caráter democrático e descentralizado da gestão administrativa com a participação da comunidade, em especial de trabalhadores, empresários e aposentados.

TÍTULO II
DA SAÚDE

Art. 2.º A Saúde é direito de todos e dever do Estado, garantido mediante políticas sociais e econômicas que visem à redução do risco de doença e de outros agravos e ao acesso universal e igualitário às ações e serviços para sua promoção, proteção e recuperação.
Parágrafo único. As atividades de saúde são de relevância pública e sua organização obedecerá aos seguintes princípios e diretrizes:
a) acesso universal e igualitário;
b) provimento das ações e serviços através de rede regionalizada e hierarquizada, integrados em sistema único;
c) descentralização, com direção única em cada esfera de governo;
d) atendimento integral, com prioridade para as atividades preventivas;
e) participação da comunidade na gestão, fiscalização e acompanhamento das ações e serviços de saúde;
f) participação da iniciativa privada na assistência à saúde, obedecidos os preceitos constitucionais.

TÍTULO III
DA PREVIDÊNCIA SOCIAL

Art. 3.º A Previdência Social tem por fim assegurar aos seus beneficiários meios indispensáveis de manutenção, por motivo de incapacidade, idade avançada, tempo de serviço, desemprego involuntário, encargos de família e reclusão ou morte daqueles de quem dependiam economicamente.
Parágrafo único. A organização da Previdência Social obedecerá aos seguintes princípios e diretrizes:
a) universalidade de participação nos planos previdenciários, mediante contribuição;
b) valor da renda mensal dos benefícios, substitutos do salário de contribuição ou de rendimento do trabalho do segurado, não inferior ao do salário mínimo;
c) cálculo dos benefícios considerando-se os salários de contribuição, corrigidos monetariamente;
d) preservação do valor real dos benefícios;
e) previdência complementar facultativa, custeada por contribuição adicional.

TÍTULO IV
DA ASSISTÊNCIA SOCIAL

• A Lei n. 8.742, de 7-12-1993, dispõe sobre a organização da Assistência Social.

Art. 4.º A Assistência Social é a política social que provê o atendimento das necessidades básicas, traduzidas em proteção à família, à maternidade, à infância, à adolescência, à velhice e à pessoa portadora de deficiência, independentemente de contribuição à Seguridade Social.
Parágrafo único. A organização da Assistência Social obedecerá às seguintes diretrizes:
a) descentralização político-administrativa;
b) participação da população na formulação e controle das ações em todos os níveis.

TÍTULO V
DA ORGANIZAÇÃO DA SEGURIDADE SOCIAL

Art. 5.º As ações nas áreas de Saúde, Previdência Social e Assistência Social, conforme o disposto no Capítulo II do Título VIII da Constituição Federal, serão organizadas em Sistema Nacional de Seguridade Social, na forma desta Lei.
Arts. 6.º e 7.º *(Revogados pela Medida Provisória n. 2.216-37, de 31-8-2001.)*
Art. 8.º As propostas orçamentárias anuais ou plurianuais da Seguridade Social serão elaboradas por Comissão integrada por 3 (três) representantes, sendo 1 (um) da área da saúde, 1 (um) da área da previdência social e 1 (um) da área de assistência social.
Art. 9.º As áreas de Saúde, Previdência Social e Assistência Social são objeto de leis específicas, que regulamentarão sua organização e funcionamento.

TÍTULO VI
DO FINANCIAMENTO DA SEGURIDADE SOCIAL

Introdução

Art. 10. A Seguridade Social será financiada por toda sociedade, de forma direta e indireta, nos termos do art. 195 da Constituição Federal e desta Lei, mediante recursos provenientes da União, dos Estados, do Distrito Federal, dos Municípios e de contribuições sociais.
Art. 11. No âmbito federal, o orçamento da Seguridade Social é composto das seguintes receitas:
I – receitas da União;
II – receitas das contribuições sociais;
III – receitas de outras fontes.
Parágrafo único. Constituem contribuições sociais:
a) as das empresas, incidentes sobre a remuneração paga ou creditada aos segurados a seu serviço;
•• Alínea *a* regulamentada pelo Decreto n. 6.922, de 5-8-2009.
•• *Vide* Súmulas 458 e 666 do STJ.
b) as dos empregadores domésticos;
•• Alínea *b* regulamentada pelo Decreto n. 6.922, de 5-8-2009.
•• *Vide* Súmula 666 do STJ.
c) as dos trabalhadores, incidentes sobre o seu salário de contribuição;
•• *Vide* Súmula 666 do STJ.
d) as das empresas, incidentes sobre faturamento e lucro;
e) as incidentes sobre a receita de concursos de prognósticos.

Capítulo I
DOS CONTRIBUINTES

Seção I
Dos Segurados

Art. 12. São segurados obrigatórios da Previdência Social as seguintes pessoas físicas:
I – como empregado:
a) aquele que presta serviço de natureza urbana ou rural à empresa, em caráter não eventual, sob sua subordinação e mediante remuneração, inclusive como diretor empregado;
b) aquele que, contratado por empresa de trabalho temporário, definida em legislação específica, presta serviço para atender a necessidade transitória de substituição de pessoal regular e permanente ou a acréscimo extraordinário de serviços de outras empresas;
c) o brasileiro ou estrangeiro domiciliado e contratado no Brasil para trabalhar como empregado em sucursal ou agência de empresa nacional no exterior;
d) aquele que presta serviço no Brasil a missão diplomática ou a repartição consular de carreira estrangeira e a órgãos a ela subordinados, ou a membros dessas missões e repartições, excluídos o não brasileiro sem residência permanente no Brasil e o brasileiro amparado pela legislação previdenciária do país da respectiva missão diplomática ou repartição consular;
e) o brasileiro civil que trabalha para a União, no exterior, em organismos oficiais brasileiros ou internacionais dos quais o Brasil seja membro efetivo, ainda que lá domiciliado e contratado, salvo se segurado na forma da legislação vigente do país do domicílio;
f) o brasileiro ou estrangeiro domiciliado e contratado no Brasil para trabalhar como empregado em empresa domiciliada no exterior, cuja maioria do capital votante pertença a empresa brasileira de capital nacional;
g) o servidor público ocupante de cargo em comissão, sem vínculo efetivo com a União, Autarquias, inclusive em regime especial, e Fundações Públicas Federais;
•• Alínea *g* acrescentada pela Lei n. 8.647, de 13-4-1993.
h) o exercente de mandato eletivo federal, estadual ou municipal, desde que não

vinculado a regime próprio de previdência social;
- • Alínea *h* acrescentada pela Lei n. 9.506, de 30-10-1997.
- • A Resolução n. 26, de 21-6-2005, do Senado Federal, suspendeu a execução desta alínea em virtude da declaração de sua inconstitucionalidade em decisão definitiva pelo STF.

i) o empregado de organismo oficial internacional ou estrangeiro em funcionamento no Brasil, salvo quando coberto por regime próprio de previdência social;
- • Alínea *i* acrescentada pela Lei n. 9.876, de 26-11-1999.

j) o exercente de mandato eletivo federal, estadual ou municipal, desde que não vinculado a regime próprio de previdência social;
- • Alínea *j* acrescentada pela Lei n. 10.887, de 18-6-2004.
- • *Vide* nota na alínea *h* do inciso I deste artigo.

II – como empregado doméstico: aquele que presta serviço de natureza contínua a pessoa ou família, no âmbito residencial desta, em atividades sem fins lucrativos;

III e IV – (*Revogados pela Lei n. 9.876, de 26-11-1999.*)

V – como contribuinte individual:
- • Inciso V, *caput*, com redação determinada pela Lei n. 9.876, de 26-11-1999.

a) a pessoa física, proprietária ou não, que explora atividade agropecuária, a qualquer título, em caráter permanente ou temporário, em área superior a 4 (quatro) módulos fiscais; ou, quando em área igual ou inferior a 4 (quatro) módulos fiscais ou atividade de pesqueira, com auxílio de empregados ou por intermédio de prepostos; ou ainda nas hipóteses dos §§ 10 e 11 deste artigo;
- • Alínea *a* com redação determinada pela Lei n. 11.718, de 20-6-2008.

b) a pessoa física, proprietária ou não, que explora atividade de extração mineral – garimpo, em caráter permanente ou temporário, diretamente ou por intermédio de prepostos, com ou sem o auxílio de empregados, utilizados a qualquer título, ainda que de forma não contínua;
- • Alínea *b* com redação determinada pela Lei n. 9.876, de 26-11-1999.

c) o ministro de confissão religiosa e o membro de instituto de vida consagrada, de congregação ou de ordem religiosa;
- • Alínea *c* com redação determinada pela Lei n. 10.403, de 8-1-2002.

d) (*Revogada pela Lei n. 9.876, de 26-11-1999.*)

e) o brasileiro civil que trabalha no exterior para organismo oficial internacional do qual o Brasil é membro efetivo, ainda que lá domiciliado e contratado, salvo quando coberto por regime próprio de previdência social;
- • Alínea *e* com redação determinada pela Lei n. 9.876, de 26-11-1999.

f) o titular de firma individual urbana ou rural, o diretor não empregado e o membro de conselho de administração de sociedade anônima, o sócio solidário, o sócio de indústria, o sócio gerente e o sócio cotista que recebam remuneração decorrente de seu trabalho em empresa urbana ou rural, e o associado eleito para cargo de direção em cooperativa, associação ou entidade de qualquer natureza ou finalidade, bem como o síndico ou administrador eleito para exercer atividade de direção condominial, desde que recebam remuneração;
- • Alínea *f* acrescentada pela Lei n. 9.876, de 26-11-1999.

g) quem presta serviço de natureza urbana ou rural, em caráter eventual, a uma ou mais empresas, sem relação de emprego;
- • Alínea *g* acrescentada pela Lei n. 9.876, de 26-11-1999.

h) a pessoa física que exerce, por conta própria, atividade econômica de natureza urbana, com fins lucrativos ou não;
- • Alínea *h* acrescentada pela Lei n. 9.876, de 26-11-1999.

VI – como trabalhador avulso: quem presta, a diversas empresas, sem vínculo empregatício, serviços de natureza urbana ou rural definidos no regulamento;

VII – como segurado especial: a pessoa física residente no imóvel rural ou em aglomerado urbano ou rural próximo a ele que, individualmente ou em regime de economia familiar, ainda que com o auxílio eventual de terceiros a título de mútua colaboração, na condição de:
- • Inciso VII, *caput*, com redação determinada pela Lei n. 11.718, de 20-6-2008.
- • A Resolução n. 15, de 12-9-2017, do Senado Federal, suspende a execução deste inciso VII.

a) produtor, seja proprietário, usufrutuário, possuidor, assentado, parceiro ou meeiro outorgados, comodatário ou arrendatário rurais, que explore atividade:
- • *Vide* nota ao *caput* deste inciso.

1. agropecuária em área de até 4 (quatro) módulos fiscais; ou

2. de seringueiro ou extrativista vegetal que exerça suas atividades nos termos do inciso XII do *caput* do art. 2.º da Lei n. 9.985, de 18 de julho de 2000, e faça dessas atividades o principal meio de vida;
- • Alínea *a* acrescentada pela Lei n. 11.718, de 20-6-2008.

b) pescador artesanal ou a este assemelhado, que faça da pesca profissão habitual ou principal meio de vida; e
- • Alínea *b* acrescentada pela Lei n. 11.718, de 20-6-2008.
- • *Vide* nota ao *caput* deste inciso.

c) cônjuge ou companheiro, bem como filho maior de 16 (dezesseis) anos de idade ou a este equiparado, do segurado que tratam as alíneas *a* e *b* deste inciso, que, comprovadamente, trabalhem com o grupo familiar respectivo.
- • Alínea *c* acrescentada pela Lei n. 11.718, de 20-6-2008.
- • *Vide* nota ao *caput* deste inciso.

§ 1.º Entende-se como regime de economia familiar a atividade em que o trabalho dos membros da família é indispensável à própria subsistência e ao desenvolvimento socioeconômico do núcleo familiar e é exercido em condições de mútua dependência e colaboração, sem a utilização de empregados permanentes.
- • § 1.º com redação determinada pela Lei n. 11.718, de 20-6-2008.

§ 2.º Todo aquele que exercer, concomitantemente, mais de uma atividade remunerada sujeita ao Regime Geral de Previdência Social é obrigatoriamente filiado em relação a cada uma delas.

§ 3.º (*Revogado pela Lei n. 11.718, de 20-6-2008.*)

§ 4.º O aposentado pelo Regime Geral de Previdência Social – RGPS que estiver exercendo ou que voltar a exercer atividade abrangida por este Regime é segurado obrigatório em relação a essa atividade, ficando sujeito às contribuições de que trata esta Lei, para fins de custeio da Seguridade Social.
- • § 4.º com redação determinada pela Lei n. 9.032, de 28-4-1995.

§ 5.º O dirigente sindical mantém, durante o exercício do mandato eletivo, o mesmo enquadramento no Regime Geral de Previdência Social — RGPS de antes da investidura.
- • § 5.º acrescentado pela Lei n. 9.528, de 10-12-1997.

§ 6.º Aplica-se o disposto na alínea *g* do inciso I do *caput* ao ocupante de cargo de Ministro de Estado, de Secretário Estadual, Distrital ou Municipal, sem vínculo efetivo com a União, Estados, Distrito Federal e Municípios, suas autarquias, ainda que em regime especial, e fundações.
- • § 6.º acrescentado pela Lei n. 9.876, de 26-11-1999.

§ 7.º Para serem considerados segurados especiais, o cônjuge ou companheiro e os filhos maiores de 16 (dezesseis) anos ou os a estes equiparados deverão ter participação ativa nas atividades rurais do grupo familiar.
- • § 7.º acrescentado pela Lei n. 11.718, de 20-6-2008.

§ 8.º O grupo familiar poderá utilizar-se de empregados contratados por prazo determinado ou trabalhador de que trata a alínea *g* do inciso V do *caput*, à razão de no máximo cento e vinte pessoas/dia no ano civil, em períodos corridos ou intercalados ou, ainda, por tempo equivalente em horas de trabalho, não sendo computado nesse prazo o período de afastamento em decorrência da percepção de auxílio-doença.
- • § 8.º com redação determinada pela Lei n. 12.873, de 24-10-2013.

§ 9.º Não descaracteriza a condição de segurado especial:
- • § 9.º, *caput*, acrescentado pela Lei n. 11.718, de 20-6-2008.

I – a outorga, por meio de contrato escrito de parceria, meação ou comodato, de até 50% (cinquenta por cento) de imóvel rural cuja área total não seja superior a 4 (qua-

tro) módulos fiscais, desde que outorgante e outorgado continuem a exercer a respectiva atividade, individualmente ou em regime de economia familiar;
•• Inciso I acrescentado pela Lei n. 11.718, de 20-6-2008.

II – a exploração da atividade turística da propriedade rural, inclusive com hospedagem, por não mais de 120 (cento e vinte) dias ao ano;
•• Inciso II acrescentado pela Lei n. 11.718, de 20-6-2008.

III – a participação em plano de previdência complementar instituído por entidade classista a que seja associado, em razão da condição de trabalhador rural ou de produtor rural em regime de economia familiar;
•• Inciso III acrescentado pela Lei n. 11.718, de 20-6-2008.

IV – ser beneficiário ou fazer parte de grupo familiar que tem algum componente que seja beneficiário de programa assistencial oficial de governo;
•• Inciso IV acrescentado pela Lei n. 11.718, de 20-6-2008.

V – a utilização pelo próprio grupo familiar, na exploração da atividade, de processo de beneficiamento ou industrialização artesanal, na forma do § 11 do art. 25 desta Lei;
•• Inciso V acrescentado pela Lei n. 11.718, de 20-6-2008.

VI – a associação, exceto em cooperativa de trabalho, conforme regulamento:
•• Inciso VI, *caput*, com redação determinada pela Lei n. 15.072, de 26-12-2024.

a) em cooperativa que tenha atuação vinculada às atividades previstas no inciso VII do *caput* deste artigo, conforme previsão em seu objeto social ou autorização da autoridade competente;
•• Alínea a acrescentada pela Lei n. 15.072, de 26-12-2024.

b) (Vetado).
•• Alínea b acrescentada pela Lei n. 15.072, de 26-12-2024.

VII – a incidência do Imposto Sobre Produtos Industrializados – IPI sobre o produto das atividades desenvolvidas nos termos do § 14;
•• Inciso VII acrescentado pela Lei n. 12.873, de 24-10-2013.

VIII – a participação em programas e ações de pagamento por serviços ambientais.
•• Inciso VIII acrescentado pela Lei n. 14.119, de 13-1-2021.

§ 10. Não é segurado especial o membro de grupo familiar que possuir outra fonte de rendimento, exceto se decorrente de:
•• § 10, *caput*, acrescentado pela Lei n. 11.718, de 20-6-2008.

I – benefício de pensão por morte, auxílio-acidente ou auxílio-reclusão, cujo valor não supere o do menor benefício de prestação continuada da Previdência Social;
•• Inciso I acrescentado pela Lei n. 11.718, de 20-6-2008.

II – benefício previdenciário pela participação em plano de previdência complementar instituído nos termos do inciso IV do § 9.º deste artigo;
•• Inciso II acrescentado pela Lei n. 11.718, de 20-6-2008.

III – exercício de atividade remunerada em período não superior a cento e vinte dias, corridos ou intercalados, no ano civil, observado o disposto no § 13;
•• Inciso III com redação determinada pela Lei n. 12.873, de 24-10-2013.

IV – exercício de mandato eletivo de dirigente sindical de organização da categoria de trabalhadores rurais;
•• Inciso IV acrescentado pela Lei n. 11.718, de 20-6-2008.

V – exercício de:
•• Inciso V, *caput*, com redação determinada pela Lei n. 15.072, de 26-12-2024.

a) mandato de vereador do Município em que desenvolve a atividade rural;
•• Alínea a acrescentada pela Lei n. 15.072, de 26-12-2024.

b) atividade remunerada, sem dedicação exclusiva ou regime integral de trabalho, derivada de mandato eletivo:
•• Alínea b, *caput*, acrescentada pela Lei n. 15.072, de 26-12-2024.

1. em cooperativa, exceto cooperativa de trabalho, que tenha atuação vinculada às atividades previstas no inciso VII do *caput* deste artigo, conforme previsão em seu objeto social ou autorização da autoridade competente, de acordo com regulamento e observado o disposto no § 13 deste artigo;
•• Item 1 acrescentado pela Lei n. 15.072, de 26-12-2024.

2. (Vetado).
•• Item 2 acrescentado pela Lei n. 15.072, de 26-12-2024.

VI – parceria ou meação outorgada na forma e condições estabelecidas no inciso I do § 9.º deste artigo;
•• Inciso VI acrescentado pela Lei n. 11.718, de 20-6-2008.

VII – atividade artesanal desenvolvida com matéria-prima produzida pelo respectivo grupo familiar, podendo ser utilizada matéria-prima de outra origem, desde que a renda mensal obtida na atividade não exceda ao menor benefício de prestação continuada da Previdência Social; e
•• Inciso VII acrescentado pela Lei n. 11.718, de 20-6-2008.

VIII – atividade artística, desde que em valor mensal inferior ao menor benefício de prestação continuada da Previdência Social.
•• Inciso VIII acrescentado pela Lei n. 11.718, de 20-6-2008.

§ 11. O segurado especial fica excluído dessa categoria:
•• § 11, *caput*, acrescentado pela Lei n. 11.718, de 20-6-2008.

I – a contar do primeiro dia do mês em que:

•• Inciso I, *caput*, acrescentado pela Lei n. 11.718, de 20-6-2008.

a) deixar de satisfazer as condições estabelecidas no inciso VII do *caput* deste artigo, sem prejuízo do disposto no art. 15 da Lei n. 8.213, de 24 de julho de 1991, ou exceder qualquer dos limites estabelecidos no inciso I do § 9.º deste artigo;
•• Alínea a acrescentada pela Lei n. 11.718, de 20-6-2008.

b) se enquadrar em qualquer outra categoria de segurado obrigatório do Regime Geral de Previdência Social, ressalvado o disposto nos incisos III, V, VII e VIII do § 10 e no § 14, sem prejuízo do disposto no art. 15 da Lei n. 8.213, de 24 de julho de 1991;
•• Alínea b com redação determinada pela Lei n. 12.873, de 24-10-2013.

c) se tornar segurado obrigatório de outro regime previdenciário; e
•• Alínea c com redação determinada pela Lei n. 12.873, de 24-10-2013.

d) participar de sociedade empresária, de sociedade simples, como empresário individual ou como titular de empresa individual de responsabilidade limitada em desacordo com as limitações impostas pelo § 14 deste artigo;
•• Alínea d acrescentada pela Lei n. 12.873, de 24-10-2013.

II – a contar do primeiro dia do mês subsequente ao da ocorrência, quando o grupo familiar a que pertence exceder o limite de:

a) utilização de trabalhadores nos termos do § 8.º deste artigo;

b) dias em atividade remunerada estabelecidos no inciso III do § 10 deste artigo; e

c) dias de hospedagem a que se refere o inciso II do § 9.º deste artigo.
•• Inciso II acrescentado pela Lei n. 11.718, de 20-6-2008.

§ 12. Aplica-se o disposto na alínea *a* do inciso V do *caput* deste artigo ao cônjuge ou companheiro do produtor que participe da atividade rural por este explorada.
•• § 12 acrescentado pela Lei n. 11.718, de 20-6-2008.

§ 13. O disposto nos incisos III e V do § 10 e no § 14 não dispensa o recolhimento da contribuição devida em relação ao exercício das atividades de que tratam os referidos dispositivos.
•• § 13 com redação determinada pela Lei n. 12.873, de 24-10-2013.

§ 14. A participação do segurado especial em sociedade empresária, em sociedade simples, como empresário individual ou como titular de empresa individual de responsabilidade limitada de objeto ou âmbito agrícola, agroindustrial ou agroturístico, considerada microempresa nos termos da Lei Complementar n. 123, de 14 de dezembro de 2006, não o exclui de tal categoria previdenciária, desde que, mantido o exercício da sua atividade rural na forma do inciso VII do *caput* e do § 1.º, a pessoa jurídica componha-se apenas de segurados de igual natureza e sedie-se no mesmo Muni-

cípio ou em Município limítrofe àquele em que eles desenvolvam suas atividades.
•• § 14 acrescentado pela Lei n. 12.873, de 24-10-2013.

§ 15. (Vetado.)
•• § 15 acrescentado pela Lei n. 12.873, de 24-10-2013.

Art. 13. O servidor civil ocupante de cargo efetivo ou o militar da União, dos Estados, do Distrito Federal ou dos Municípios, bem como o das respectivas autarquias e fundações, são excluídos do Regime Geral de Previdência Social consubstanciado nesta Lei, desde que amparados por regime próprio de previdência social.
•• Caput com redação determinada pela Lei n. 9.876, de 26-11-1999.

§ 1.º Caso o servidor ou o militar venham a exercer, concomitantemente, uma ou mais atividades abrangidas pelo Regime Geral de Previdência Social, tornar-se-ão segurados obrigatórios em relação a essas atividades.
•• § 1.º com redação determinada pela Lei n. 9.876, de 26-11-1999.

§ 2.º Caso o servidor ou o militar, amparados por regime próprio de previdência social, sejam requisitados para outro órgão ou entidade cujo regime previdenciário não permita a filiação nessa condição, permanecerão vinculados ao regime de origem, obedecidas as regras que cada ente estabeleça acerca de sua contribuição.
•• § 2.º com redação determinada pela Lei n. 9.876, de 26-11-1999.

Art. 14. É segurado facultativo o maior de 14 (quatorze) anos de idade que se filiar ao Regime Geral de Previdência Social, mediante contribuição, na forma do art. 21, desde que não incluído nas disposições do art. 12.

Seção II
Da Empresa e do Empregador Doméstico

Art. 15. Considera-se:
I – empresa: a firma individual ou sociedade que assume o risco de atividade econômica urbana ou rural, com fins lucrativos ou não, bem como os órgãos e entidades da administração pública direta, indireta e fundacional;
II – empregador doméstico: a pessoa ou família que admite a seu serviço, sem finalidade lucrativa, empregado doméstico.
Parágrafo único. Equiparam-se a empresa, para os efeitos desta Lei, o contribuinte individual e a pessoa física na condição de proprietário ou dono de obra de construção civil, em relação a segurado que lhe presta serviço, bem como a cooperativa, a associação ou a entidade de qualquer natureza ou finalidade, a missão diplomática e a repartição consular de carreira estrangeiras.
•• Parágrafo único com redação determinada pela Lei n. 13.202, de 8-12-2015.

Capítulo II
DA CONTRIBUIÇÃO DA UNIÃO

Art. 16. A contribuição da União é constituída de recursos adicionais do Orçamento Fiscal, fixados obrigatoriamente na lei orçamentária anual.
Parágrafo único. A União é responsável pela cobertura de eventuais insuficiências financeiras da Seguridade Social, quando decorrentes do pagamento de benefícios de prestação continuada da Previdência Social, na forma da Lei Orçamentária Anual.

Art. 17. Para pagamento dos encargos previdenciários da União, poderão contribuir os recursos da Seguridade Social referidos na alínea d do parágrafo único do art. 11 desta Lei, na forma da Lei Orçamentária anual, assegurada a destinação de recursos para as ações de Saúde e Assistência Social.
•• Artigo com redação determinada pela Lei n. 9.711, de 20-11-1998.

Art. 18. Os recursos da Seguridade Social referidos nas alíneas a, b, c e d do parágrafo único do art. 11 desta Lei poderão contribuir, a partir do exercício de 1992, para o financiamento das despesas com pessoal e administração geral apenas do Instituto Nacional do Seguro Social – INSS, do Instituto Nacional de Assistência Médica da Previdência Social – INAMPS, da Fundação Legião Brasileira de Assistência – LBA e da Fundação Centro Brasileiro para Infância e Adolescência.
• A Lei n. 9.649, de 27-5-1998, extinguiu as Fundações Legião Brasileira de Assistência (LBA) e Centro Brasileiro para a Infância e Adolescência (CBIA).

Art. 19. O Tesouro Nacional repassará mensalmente recursos referentes às contribuições mencionadas nas alíneas d e e do parágrafo único do art. 11 desta Lei, destinados à execução do Orçamento da Seguridade Social.
•• Artigo com redação determinada pela Lei n. 9.711, de 20-11-1998.

Capítulo III
DA CONTRIBUIÇÃO DO SEGURADO

Seção I
Da Contribuição dos Segurados Empregado, Empregado Doméstico e Trabalhador Avulso

•• Vide art. 28 da Emenda Constitucional n. 103, de 12-11-2019.

Art. 20. A contribuição do empregado, inclusive o doméstico, e a do trabalhador avulso é calculada mediante a aplicação da correspondente alíquota sobre o seu salário de contribuição mensal, de forma não cumulativa, observado o disposto no art. 28, de acordo com a seguinte tabela:
•• Caput com redação determinada pela Lei n. 9.032, de 28-4-1995.

Salário de contribuição (R$)	Alíquota progressiva para fins de recolhimento ao INSS
até 1.518,00	7,5%
de 1.518,01 até 2.793,88	9%
de 2.793,89 até 4.190,83	12%
de 4.190,84 até 8.157,41	14%

•• Valores atualizados de acordo com a Portaria Interministerial n. 6, de 10-1-2025, dos Ministérios da Previdência Social e da Fazenda, válidos a partir de 1.º-1-2025.

§ 1.º Os valores do salário de contribuição serão reajustados, a partir da data de entrada em vigor desta Lei, na mesma época e com os mesmos índices que os do reajustamento dos benefícios de prestação continuada da Previdência Social.
•• § 1.º com redação determinada pela Lei n. 8.620, de 5-1-1993.

§ 2.º O disposto neste artigo aplica-se também aos segurados empregados e trabalhadores avulsos que prestem serviços a microempresas.
•• § 2.º com redação determinada pela Lei n. 8.620, de 5-1-1993.

Seção II
Da Contribuição dos Segurados Contribuinte Individual e Facultativo

•• Seção II com denominação determinada pela Lei n. 9.876, de 26-11-1999.

Art. 21. A alíquota de contribuição dos segurados contribuinte individual e facultativo será de 20% (vinte por cento) sobre o respectivo salário de contribuição.
•• Caput com redação determinada pela Lei n. 9.876, de 26-11-1999.

I e II – (Revogados pela Lei n. 9.876, de 26-11-1999.)

§ 1.º Os valores do salário de contribuição serão reajustados, a partir da data de entrada em vigor desta Lei, na mesma época e com os mesmos índices que os do reajustamento dos benefícios de prestação continuada da Previdência Social.
•• Primitivo parágrafo único com redação determinada pela Lei n. 9.711, de 20-11-1998, e renumerado pela Lei Complementar n. 123, de 14-12-2006.

§ 2.º No caso de opção pela exclusão do direito ao benefício de aposentadoria por tempo de contribuição, a alíquota de contribuição incidente sobre o limite mínimo mensal do salário de contribuição será de:
•• § 2.º, caput, com redação determinada pela Lei n. 12.470, de 31-8-2011.

I – 11% (onze por cento), no caso do segurado contribuinte individual, ressalvado o disposto no inciso II, que trabalhe por conta própria, sem relação de trabalho com empresa ou equiparado e do segurado facultativo, observado o disposto na alínea b do inciso II deste parágrafo;
•• Inciso I acrescentado pela Lei n. 12.470, de 31-8-2011.

II – 5% (cinco por cento):
•• Inciso II, caput, acrescentado pela Lei n. 12.470, de 31-8-2011.

a) no caso do microempreendedor individual, de que trata o art. 18-A da Lei Complementar n. 123, de 14 de dezembro de 2006; e
•• Alínea a acrescentada pela Lei n. 12.470, de 31-8-2011.

b) do segurado facultativo sem renda própria que se dedique exclusivamente ao trabalho doméstico no âmbito de sua residên-

cia, desde que pertencente a família de baixa renda.
•• Alínea *b* acrescentada pela Lei n. 12.470, de 31-8-2011.

§ 3.º O segurado que tenha contribuído na forma do § 2.º deste artigo e pretenda contar o tempo de contribuição correspondente para fins de obtenção da aposentadoria por tempo de contribuição ou da contagem recíproca do tempo de contribuição a que se refere o art. 94 da Lei n. 8.213, de 24 de julho de 1991, deverá complementar a contribuição mensal mediante recolhimento, sobre o valor correspondente ao limite mínimo mensal do salário de contribuição em vigor na competência a ser complementada, da diferença entre o percentual pago e o de 20% (vinte por cento), acrescido dos juros moratórios de que trata o § 3.º do art. 5.º da Lei n. 9.430, de 27 de dezembro de 1996.
•• § 3.º com redação determinada pela Lei n. 12.470, de 31-8-2011.

§ 4.º Considera-se de baixa renda, para os fins do disposto na alínea *b* do inciso II do § 2.º deste artigo, a família inscrita no Cadastro Único para Programas Sociais do Governo Federal – CadÚnico cuja renda mensal seja de até 2 (dois) salários mínimos.
•• § 4.º acrescentada pela Lei n. 12.470, de 31-8-2011.

§ 5.º A contribuição complementar a que se refere o § 3.º deste artigo será exigida a qualquer tempo, sob pena de indeferimento do benefício.
•• § 5.º acrescentado pela Lei n. 12.507, de 11-10-2011.

Capítulo IV
DA CONTRIBUIÇÃO DA EMPRESA

Art. 22. A contribuição a cargo da empresa, destinada à Seguridade Social, além do disposto no art. 23, é de:
• A Lei Complementar n. 123, de 14-12-2006, dispõe sobre o tratamento diferenciado e favorecido dispensado às microempresas e empresas de pequeno porte.

I – 20% (vinte por cento) sobre o total das remunerações pagas, devidas ou creditadas a qualquer título, durante o mês, aos segurados empregados e trabalhadores avulsos que lhe prestem serviços, destinadas a retribuir o trabalho, qualquer que seja a sua forma, inclusive as gorjetas, os ganhos habituais sob a forma de utilidades e os adiantamentos decorrentes de reajuste salarial, quer pelos serviços efetivamente prestados, quer pelo tempo à disposição do empregador ou tomador de serviços, nos termos da lei ou do contrato ou, ainda, de convenção ou acordo coletivo de trabalho ou sentença normativa;
•• Inciso I com redação determinada pela Lei n. 9.876, de 26-11-1999.
• *Vide* arts. 22-A e 22-B desta Lei.

II – para o financiamento do benefício previsto nos arts. 57 e 58 da Lei n. 8.213, de 24 de julho de 1991, e daqueles concedidos em razão do grau de incidência de incapacidade laborativa decorrente dos riscos ambientais do trabalho, sobre o total das remunerações pagas ou creditadas, no decorrer do mês, aos segurados empregados e trabalhadores avulsos:
• A alíquota de contribuição de um, dois ou três por cento, destinada ao financiamento do benefício de aposentadoria especial ou daqueles concedidos em razão do grau de incidência de incapacidade laborativa decorrente dos riscos ambientais do trabalho, de que trata este inciso, poderá ser reduzida, em até cinquenta por cento, ou aumentada, em até cem por cento, conforme dispuser o regulamento, em razão do desempenho da empresa em relação à respectiva atividade econômica, apurado em conformidade com os resultados obtidos a partir dos índices de frequência, gravidade e custo, calculados segundo metodologia aprovada pelo Conselho Nacional de Previdência Social, por força do art. 10 da Lei n. 10.666, de 8-5-2003.

a) 1% (um por cento) para as empresas em cuja atividade preponderante o risco de acidentes do trabalho seja considerado leve;

b) 2% (dois por cento) para as empresas em cuja atividade preponderante esse risco seja considerado médio;

c) 3% (três por cento) para as empresas em cuja atividade preponderante esse risco seja considerado grave;
•• Inciso II com redação determinada pela Lei n. 9.732, de 11-12-1998.
• *Vide* arts. 22-A e 22-B desta Lei.

III – 20% (vinte por cento) sobre o total das remunerações pagas ou creditadas a qualquer título, no decorrer do mês, aos segurados contribuintes individuais que lhe prestem serviços;
•• Inciso III acrescentado pela Lei n. 9.876, de 26-11-1999.

IV – 15% (quinze por cento) sobre o valor bruto da nota fiscal ou fatura de prestação de serviços, relativamente a serviços que lhe são prestados por cooperados por intermédio de cooperativas de trabalho.
•• Inciso IV acrescentado pela Lei n. 9.876, de 26-11-1999.
•• A Resolução n. 10, de 30-3-2016, do Senado Federal, suspende a execução deste inciso IV.

§ 1.º No caso de bancos comerciais, bancos de investimentos, bancos de desenvolvimento, caixas econômicas, sociedades de crédito, financiamento e investimento, sociedades de crédito imobiliário, sociedades corretoras, distribuidoras de títulos e valores mobiliários, empresas de arrendamento mercantil, cooperativas de crédito, empresas de seguros privados e de capitalização, agentes autônomos de seguros privados e de crédito e entidades de previdência privada abertas e fechadas, além das contribuições referidas neste artigo e no art. 23, é devida a contribuição adicional de 2,5% (dois vírgula cinco por cento) sobre a base de cálculo definida nos incisos I e III deste artigo.
•• § 1.º com redação determinada pela Lei n. 9.876, de 26-11-1999.
•• A Medida Provisória n. 2.158-35, de 24-8-2001, reduziu a alíquota para 0,65% (sessenta e cinco centésimos por cento) em relação aos fatos geradores ocorridos a partir de 1.º-2-1999, para as pessoas jurídicas de que trata este parágrafo.
•• *Vide* Súmula 584 do STJ.
• A Instrução Normativa n. 2.121, de 15-12-2022, dispõe sobre a incidência da Contribuição para PIS/Pasep e da COFINS devidas pelas pessoas jurídicas elencadas neste § 1.º.

§ 2.º Não integram a remuneração as parcelas de que trata o § 9.º do art. 28.

§ 3.º O Ministério do Trabalho e da Previdência Social poderá alterar, com base nas estatísticas de acidentes do trabalho, apuradas em inspeção, o enquadramento de empresas para efeito da contribuição a que se refere o inciso II deste artigo, a fim de estimular investimentos em prevenção de acidentes.

§ 4.º O Poder Executivo estabelecerá, na forma da lei, ouvido o Conselho Nacional da Seguridade Social, mecanismos de estímulo às empresas que se utilizem de empregados portadores de deficiências física, sensorial e/ou mental com desvio do padrão médio.

§ 5.º (*Revogado pela Lei n. 10.256, de 9-7-2001.*)

§ 6.º A contribuição empresarial da associação desportiva que mantém equipe de futebol profissional destinada à Seguridade Social, em substituição à prevista nos incisos I e II deste artigo, corresponde a 5% (cinco por cento) da receita bruta, decorrente dos espetáculos desportivos de que participem em todo território nacional em qualquer modalidade desportiva, inclusive jogos internacionais, e de qualquer forma de patrocínio, licenciamento de uso de marcas e símbolos, publicidade, propaganda e de transmissão de espetáculos desportivos.
•• § 6.º acrescentado pela Lei n. 9.528, de 10-12-1997.

§ 7.º Caberá à entidade promotora do espetáculo a responsabilidade de efetuar o desconto de 5% (cinco por cento) da receita bruta decorrente dos espetáculos desportivos e o respectivo recolhimento ao Instituto Nacional do Seguro Social, no prazo de até 2 (dois) dias úteis após a realização do evento.
•• § 7.º acrescentado pela Lei n. 9.528, de 10-12-1997.

§ 8.º Caberá à associação desportiva que mantém equipe de futebol profissional informar à entidade promotora do espetáculo desportivo todas as receitas auferidas no evento, discriminando-as detalhadamente.
•• § 8.º acrescentado pela Lei n. 9.528, de 10-12-1997.

§ 9.º No caso de a associação desportiva que mantém equipe de futebol profissional receber recursos de empresa ou entidade, a título de patrocínio, licenciamento de uso de marcas e símbolos, publicidade, propaganda e transmissão de espetáculos, esta última ficará com a responsabilidade de reter e recolher o percentual de 5% (cinco por cento) da receita bruta decorrente do evento, inadmitida qualquer dedução, no prazo

estabelecido na alínea *b*, inciso I, do art. 30 desta Lei.
•• § 9.º acrescentado pela Lei n. 9.528, de 10-12-1997.

§ 10. Não se aplica o disposto nos §§ 6.º ao 9.º às demais associações desportivas, que devem contribuir na forma dos incisos I e II deste artigo e do art. 23 desta Lei.
•• § 10 acrescentado pela Lei n. 9.528, de 10-12-1997.

§ 11. O disposto nos §§ 6.º ao 9.º deste artigo aplica-se à associação desportiva que mantenha equipe de futebol profissional e atividade econômica organizada para a produção e circulação de bens e serviços e que se organize regularmente, segundo um dos tipos regulados nos arts. 1.039 a 1.092 da Lei n. 10.406, de 10 de janeiro de 2002 – Código Civil.
•• § 11 com redação determinada pela Lei n. 11.345, de 14-9-2006.
•• A Lei n. 13.155, de 4-8-2015, propôs nova redação para esse parágrafo, todavia teve o seu texto vetado.

§ 11-A. O disposto no § 11 deste artigo aplica-se apenas às atividades diretamente relacionadas com a manutenção e administração de equipe profissional de futebol, não se estendendo às outras atividades econômicas exercidas pelas referidas sociedades empresariais beneficiárias.
•• § 11-A acrescentado pela Lei n. 11.505, de 18-7-2007.

§ 12. (*Vetado.*)
•• § 12 acrescentado pela Lei n. 10.170, de 29-12-2000.

§ 13. Não se considera como remuneração direta ou indireta, para os efeitos desta Lei, os valores despendidos pelas entidades religiosas e instituições de ensino vocacional com ministro de confissão religiosa, membros de instituto de vida consagrada, de congregação ou de ordem religiosa em face do seu mister religioso ou para sua subsistência desde que fornecidos em condições que independam da natureza e da quantidade do trabalho executado.
•• § 13 acrescentado pela Lei n. 10.170, de 29-12-2000.

§ 14. Para efeito de interpretação do § 13 deste artigo:
•• § 14, *caput*, acrescentado pela Lei n. 13.137, de 19-6-2015.

I – os critérios informadores dos valores despendidos pelas entidades religiosas e instituições de ensino vocacional aos ministros de confissão religiosa, membros de vida consagrada, de congregação ou de ordem religiosa não são taxativos e sim exemplificativos;
•• Inciso I acrescentado pela Lei n. 13.137, de 19-6-2015.

II – os valores despendidos, ainda que pagos de forma e montante diferenciados, em pecúnia ou a título de ajuda de custo de moradia, transporte, formação educacional, vinculados exclusivamente à atividade religiosa não configuram remuneração direta ou indireta.
•• Inciso II acrescentado pela Lei n. 13.137, de 19-6-2015.

§ 15. Na contratação de serviços de transporte rodoviário de carga ou de passageiro, de serviços prestados com a utilização de trator, máquina de terraplenagem, colheitadeira e assemelhados, a base de cálculo da contribuição da empresa corresponde a 20% (vinte por cento) do valor da nota fiscal, fatura ou recibo, quando esses serviços forem prestados por condutor autônomo de veículo rodoviário, auxiliar de condutor autônomo de veículo rodoviário, bem como por operador de máquinas.
•• § 15 acrescentado pela Lei n. 13.202, de 8-12-2015.

§ 16. Conforme previsto nos arts. 106 e 110 da Lei n. 5.172, de 25 de outubro de 1966 (Código Tributário Nacional), o disposto no § 14 deste artigo aplica-se aos fatos geradores anteriores à data de vigência da Lei n. 13.137, de 19 de junho de 2015, consideradas nulas as autuações emitidas em desrespeito ao previsto no respectivo diploma legal.
•• § 16 acrescentado pela Lei n. 14.057, de 11-9-2020.

§ 17. A alíquota da contribuição prevista no inciso I do *caput* deste artigo, para os Municípios enquadrados nos coeficientes inferiores a 4,0 (quatro inteiros) da tabela de faixas de habitantes do § 2.º do art. 91 da Lei n. 5.172, de 25 de outubro de 1966, será de:
•• § 17, *caput*, com redação determinada pela Lei n. 14.973, de 16-9-2024.

I – 8% (oito por cento) até 31 de dezembro de 2024;
•• Inciso I acrescentado pela Lei n. 14.973, de 16-9-2024.

II – 12% (doze por cento) em 2025;
•• Inciso II acrescentado pela Lei n. 14.973, de 16-9-2024.

III – 16% (dezesseis por cento) em 2026; e
•• Inciso III acrescentado pela Lei n. 14.973, de 16-9-2024.

IV – 20% (vinte por cento) a partir de 1.º de janeiro de 2027.
•• Inciso IV acrescentado pela Lei n. 14.973, de 16-9-2024.

§ 18. Para fins de aproveitamento das alíquotas reduzidas de que trata o § 17, o Município deverá estar em situação de regularidade quanto ao disposto no art. 60 da Lei n. 9.069, de 29 de junho de 1995.
•• § 18 acrescentado pela Lei n. 14.973, de 16-9-2024.

Art. 22-A. A contribuição devida pela agroindústria, definida, para os efeitos desta Lei, como sendo o produtor rural pessoa jurídica cuja atividade econômica seja a industrialização de produção própria ou de produção própria e adquirida de terceiros, incidente sobre o valor da receita bruta proveniente da comercialização da produção, em substituição às previstas nos incisos I e II do art. 22 desta Lei, é de:
•• *Caput* acrescentado pela Lei n. 10.256, de 9-7-2001.

• Dispõe o art. 5.º da Lei n. 10.256, de 9-7-2001, que acrescentou este artigo:
"Art. 5.º Esta Lei entra em vigor na data de sua publicação produzindo efeitos, quanto ao disposto no art. 22-A da Lei n. 8.212, de 24-7-1991, com a redação dada por esta Lei, a partir do dia 1.º (primeiro) do mês seguinte ao 90.º (nonagésimo) dia daquela publicação, sendo mantida, até essa data, a obrigatoriedade dos recolhimentos praticados na forma da legislação anterior".

I – 2,5% (dois vírgula cinco por cento) destinados à Seguridade Social;
•• Inciso I acrescentado pela Lei n. 10.256, de 9-7-2001.

II – 0,1% (zero vírgula um por cento) para o financiamento do benefício previsto nos arts. 57 e 58 da Lei n. 8.213, de 24 de julho de 1991, e daqueles concedidos em razão do grau de incidência de incapacidade para o trabalho decorrente dos riscos ambientais da atividade.
•• Inciso II acrescentado pela Lei n. 10.256, de 9-7-2001.
• Vide Súmula 351 do STJ.

§ 1.º (*Vetado.*)
•• § 1.º acrescentado pela Lei n. 10.256, de 9-7-2001.

§ 2.º O disposto neste artigo não se aplica às operações relativas à prestação de serviços a terceiros, cujas contribuições previdenciárias continuam sendo devidas na forma do art. 22 desta Lei.
•• § 2.º acrescentado pela Lei n. 10.256, de 9-7-2001.

§ 3.º Na hipótese do § 2.º, a receita bruta correspondente aos serviços prestados a terceiros será excluída da base de cálculo da contribuição de que trata o *caput*.
•• § 3.º acrescentado pela Lei n. 10.256, de 9-7-2001.

§ 4.º O disposto neste artigo não se aplica às sociedades cooperativas e às agroindústrias de piscicultura, carcinicultura, suinocultura e avicultura.
•• § 4.º acrescentado pela Lei n. 10.256, de 9-7-2001.

§ 5.º O disposto no inciso I do art. 3.º da Lei n. 8.315, de 23 de dezembro de 1991, não se aplica ao empregador de que trata este artigo, que contribuirá com o adicional de 0,25% (zero vírgula vinte e cinco por cento) da receita bruta proveniente da comercialização da produção, destinado ao Serviço Nacional de Aprendizagem Rural (SENAR).
•• § 5.º acrescentado pela Lei n. 10.256, de 9-7-2001.

§ 6.º Não se aplica o regime substitutivo de que trata este artigo à pessoa jurídica que, relativamente à atividade rural, se dedique apenas ao florestamento e reflorestamento como fonte de matéria-prima para industrialização própria mediante a utilização de processo industrial que modifique a natureza química da madeira ou a transforme em pasta celulósica.
•• § 6.º acrescentado pela Lei n. 10.684, de 30-5-2003.

§ 7.º Aplica-se o disposto no § 6.º ainda que a pessoa jurídica comercialize resíduos vegetais ou sobras ou partes da produção, desde que a receita bruta decorrente dessa comercialização represente menos de um por cento de sua receita bruta proveniente da comercialização da produção.
•• § 7.º acrescentado pela Lei n. 10.684, de 30-5-2003.

Art. 22-B. As contribuições de que tratam os incisos I e II do art. 22 desta Lei são substituídas, em relação à remuneração paga, devida ou creditada ao trabalhador rural contratado pelo consórcio simplificado de produtores rurais de que trata o art. 25-A, pela contribuição dos respectivos produtores rurais, calculada na forma do art. 25 desta Lei.
•• Artigo acrescentado pela Lei n. 10.256, de 9-7-2001.

Art. 23. As contribuições a cargo da empresa provenientes do faturamento e do lucro, destinadas à Seguridade Social, além do disposto no art. 22, são calculadas mediante a aplicação das seguintes alíquotas:
I – 2% (dois por cento) sobre sua receita bruta, estabelecida segundo o disposto no § 1.º do art. 1.º do Decreto-lei n. 1.940, de 25 de maio de 1982, com a redação dada pelo art. 22, do Decreto-lei n. 2.397, de 21 de dezembro de 1987, e alterações posteriores;
•• Esta alíquota, a partir de 1.º-4-1992, por força da Lei Complementar n. 70, de 30-12-1991, passou a incidir sobre o faturamento mensal.

II – 10% (dez por cento) sobre o lucro líquido do período-base, antes da provisão para o Imposto de Renda, ajustado na forma do art. 2.º da Lei n. 8.034, de 12 de abril de 1990.
•• A Lei n. 9.249, de 26-12-1995, alterou a contribuição sobre o lucro líquido, passando a alíquota a ser de 8% (oito por cento).

§ 1.º No caso das instituições citadas no § 1.º do art. 22 desta Lei, a alíquota da contribuição prevista no inciso II é de 15% (quinze por cento).
•• Alíquota elevada em mais 8% (oito por cento) pela Lei Complementar n. 70, de 30-12-1991, e posteriormente reduzida para 18% (dezoito por cento) por força da Lei n. 9.249, de 26-12-1995.

§ 2.º O disposto neste artigo não se aplica às pessoas de que trata o art. 25.

Capítulo V
DA CONTRIBUIÇÃO DO EMPREGADOR DOMÉSTICO

Art. 24. A contribuição do empregador doméstico incidente sobre o salário de contribuição do empregado doméstico a seu serviço é de:
•• *Caput* com redação determinada pela Lei n. 13.202, de 8-12-2015.

I – 8% (oito por cento); e
•• Inciso I acrescentado pela Lei n. 13.202, de 8-12-2015.

II – 0,8% (oito décimos por cento) para o financiamento do seguro contra acidentes de trabalho.
•• Inciso II acrescentado pela Lei n. 13.202, de 8-12-2015.

Parágrafo único. Presentes os elementos da relação de emprego doméstico, o empregador doméstico não poderá contratar microempreendedor individual de que trata o art. 18-A da Lei Complementar n.123, de 14 de dezembro de 2006, sob pena de ficar sujeito a todas as obrigações dela decorrentes, inclusive trabalhistas, tributárias e previdenciárias.
•• Parágrafo único acrescentado pela Lei n. 12.470, de 31-8-2011.

Capítulo VI
DA CONTRIBUIÇÃO DO PRODUTOR RURAL E DO PESCADOR

•• Capítulo VI com denominação determinada pela Lei n. 8.398, de 7-1-1992.

Art. 25. A contribuição do empregador rural pessoa física, em substituição à contribuição de que tratam os incisos I e II do art. 22, e a do segurado especial, referidos, respectivamente, na alínea *a* do inciso V e no inciso VII do art. 12 desta Lei, destinada à Seguridade Social, é de:
•• *Caput* com redação determinada pela Lei n. 10.256, de 9-7-2001.

I – 1,2% (um inteiro e dois décimos por cento) da receita bruta proveniente da comercialização da sua produção;
•• Inciso I com redação determinada pela Lei n. 13.606, de 9-1-2018.
•• A Resolução n. 15, de 13-9-2017, do Senado Federal, suspende a execução deste inciso I.

II – 0,1% (um décimo por cento) da receita bruta proveniente da comercialização da sua produção para financiamento das prestações por acidente do trabalho.
•• Inciso II com redação determinada pela Lei n. 9.528, de 10-12-1997.
•• A Resolução n. 15, de 13-9-2017, do Senado Federal, suspende a execução deste inciso II.

§ 1.º O segurado especial de que trata este artigo, além da contribuição obrigatória referida no *caput*, poderá contribuir, facultativamente, na forma do art. 21 desta Lei.
•• § 1.º com redação determinada pela Lei n. 8.540, de 22-12-1992.

§ 2.º A pessoa física de que trata a alínea *a* do inciso V do art. 12 contribui, também, obrigatoriamente, na forma do art. 21 desta Lei.
•• § 2.º com redação determinada pela Lei n. 8.540, de 22-12-1992.

§ 3.º Integram a produção, para os efeitos deste artigo, os produtos de origem animal ou vegetal, em estado natural ou submetidos a processos de beneficiamento ou industrialização rudimentar, assim compreendidos, entre outros, os processos de lavagem, limpeza, descaroçamento, pilagem, descascamento, lenhamento, pasteurização, resfriamento, secagem, fermentação, embalagem, cristalização, fundição, carvoejamento, cozimento, destilação, moagem e torrefação, bem como os subprodutos e os resíduos obtidos por meio desses processos, exceto, no caso de sociedades cooperativas, a parcela de produção que não seja objeto de repasse ao cooperado por meio de fixação de preço.
•• § 3.º com redação determinada pela Lei n. 13.986, de 7-4-2020, originalmente vetado, todavia promulgado em 20-8-2020.

§ 4.º *(Revogado pela Lei n. 11.718, de 20-6-2008.)*

§ 5.º *(Vetado.)*
•• § 5.º acrescentado pela Lei n. 8.540, de 22-12-1992.

§§ 6.º a 8.º *(Revogados pela Lei n. 10.256, de 9-7-2001.)*

§ 9.º *(Vetado.)*
•• § 9.º acrescentado pela Lei n. 10.256, de 9-7-2001.

§ 10. Integra a receita bruta de que trata este artigo, além dos valores decorrentes da comercialização da produção relativa aos produtos a que se refere o § 3.º deste artigo, a receita proveniente:
•• § 10, *caput*, acrescentado pela Lei n. 11.718, de 20-6-2008.

I – da comercialização da produção obtida em razão de contrato de parceria ou meação de parte do imóvel rural;
•• Inciso I acrescentado pela Lei n. 11.718, de 20-6-2008.

II – da comercialização de artigos de artesanato de que trata o inciso VII do § 10 do art. 12 desta Lei;
•• Inciso II acrescentado pela Lei n. 11.718, de 20-6-2008.

III – de serviços prestados, de equipamentos utilizados e de produtos comercializados no imóvel rural, desde que em atividades turística e de entretenimento desenvolvidas no próprio imóvel, inclusive hospedagem, alimentação, recepção, recreação e atividades pedagógicas, bem como taxa de visitação e serviços especiais;
•• Inciso III acrescentado pela Lei n. 11.718, de 20-6-2008.

IV – do valor de mercado da produção rural dada em pagamento ou que tiver sido trocada por outra, qualquer que seja o motivo ou finalidade; e
•• Inciso IV acrescentado pela Lei n. 11.718, de 20-6-2008.

V – de atividade artística de que trata o inciso VIII do § 10 do art. 12 desta Lei.
•• Inciso V acrescentado pela Lei n. 11.718, de 20-6-2008.

§ 11. Considera-se processo de beneficiamento ou industrialização artesanal aquele realizado diretamente pelo próprio produtor rural pessoa física, desde que não esteja sujeito à incidência do Imposto Sobre Produtos Industrializados – IPI.
•• § 11 acrescentado pela Lei n. 11.718, de 20-6-2008.

§ 12. Não integra a base de cálculo da contribuição de que trata o *caput* deste artigo a produção rural destinada ao plantio ou reflorestamento, nem o produto animal destinado à reprodução ou criação pecuária ou granjeira e à utilização como cobaia para fins de pesquisas científicas, quando vendido pelo próprio produtor e por quem a uti-

lize diretamente com essas finalidades e, no caso de produto vegetal, por pessoa ou entidade registrada no Ministério da Agricultura, Pecuária e Abastecimento que se dedique ao comércio de sementes e mudas no País.
- •• § 12 com redação determinada pela Lei n. 13.606, de 9-1-2018, originalmente vetado, todavia promulgado em 18-4-2018.

§ 13. O produtor rural pessoa física poderá optar por contribuir na forma prevista no *caput* deste artigo ou na forma dos incisos I e II do *caput* do art. 22 desta Lei, manifestando sua opção mediante o pagamento da contribuição incidente sobre a folha de salários relativa a janeiro de cada ano, ou à primeira competência subsequente ao início da atividade rural, e será irretratável para todo o ano-calendário.
- •• § 13 acrescentado pela Lei n. 13.606, de 9-1-2018.

§ 14. Considera-se receita bruta proveniente da comercialização da produção o valor da fixação de preço repassado ao cooperado pela cooperativa ao qual esteja associado, por ocasião da realização do ato cooperativo de que trata o art. 79 da Lei n. 5.764, de 16 de dezembro de 1971, não compreendidos valores pagos, creditados ou capitalizados a título de sobras, os quais não representam preço ou complemento de preço.
- •• § 14 acrescentado pela Lei n. 13.986, de 7-4-2020, originalmente vetado, todavia promulgado em 20-8-2020.

§ 15. Não se considera receita bruta, para fins de base de cálculo das contribuições sociais devidas pelo produtor rural cooperado, a entrega ou o retorno de produção para a cooperativa nas operações em que não ocorra repasse pela cooperativa a título de fixação de preço, não podendo o mero retorno caracterizar permuta, compensação, dação em pagamento ou ressarcimento que represente valor, preço ou complemento de preço.
- •• § 15 acrescentado pela Lei n. 13.986, de 7-4-2020, originalmente vetado, todavia promulgado em 20-8-2020.

§ 16. Aplica-se ao disposto no *caput* e nos §§ 3.º, 14 e 15 deste artigo o caráter interpretativo de que trata o art. 106 da Lei n. 5.172, de 25 de outubro de 1966 (Código Tributário Nacional).
- •• § 16 acrescentado pela Lei n. 13.986, de 7-4-2020, originalmente vetado, todavia promulgado em 20-8-2020.

Art. 25-A. Equipara-se ao empregador rural pessoa física o consórcio simplificado de produtores rurais, formado pela união de produtores rurais pessoas físicas, que outorgar a um deles poderes para contratar, gerir e demitir trabalhadores para prestação de serviços, exclusivamente, aos seus integrantes, mediante documento registrado em cartório de títulos e documentos.
- •• *Caput* acrescentado pela Lei n. 10.256, de 9-7-2001.

§ 1.º O documento de que trata o *caput* deverá conter a identificação de cada produtor, seu endereço pessoal e o de sua propriedade rural, bem como o respectivo registro no Instituto Nacional de Colonização e Reforma Agrária – INCRA ou informações relativas a parceria, arrendamento ou equivalente e a matrícula no Instituto Nacional do Seguro Social – INSS de cada um dos produtores rurais.
- •• § 1.º acrescentado pela Lei n. 10.256, de 9-7-2001.

§ 2.º O consórcio deverá ser matriculado no INSS em nome do empregador a quem hajam sido outorgados os poderes, na forma do regulamento.
- •• § 2.º acrescentado pela Lei n. 10.256, de 9-7-2001.

§ 3.º Os produtores rurais integrantes do consórcio de que trata o *caput* serão responsáveis solidários em relação às obrigações previdenciárias.
- •• § 3.º acrescentado pela Lei n. 10.256, de 9-7-2001.

§ 4.º (*Vetado*.)
- •• § 4.º acrescentado pela Lei n. 10.256, de 9-7-2001.

Capítulo VII
DA CONTRIBUIÇÃO SOBRE A RECEITA DE CONCURSOS DE PROGNÓSTICOS

Art. 26. Constitui receita da Seguridade Social a contribuição social sobre a receita de concursos de prognósticos a que se refere o inciso III do *caput* do art. 195 da Constituição Federal.
- •• *Caput* com redação determinada pela Lei n. 13.756, de 12-12-2018.

§§ 1.º a 3.º (*Revogados pela Lei n. 13.756, de 12-12-2018.*)

§ 4.º O produto da arrecadação da contribuição será destinado ao financiamento da Seguridade Social.
- •• § 4.º acrescentado pela Lei n. 13.756, de 12-12-2018.

§ 5.º A base de cálculo da contribuição equivale à receita auferida nos concursos de prognósticos, sorteios e loterias.
- •• § 5.º acrescentado pela Lei n. 13.756, de 12-12-2018.

§ 6.º A alíquota da contribuição corresponde ao percentual vinculado à Seguridade Social em cada modalidade lotérica, conforme previsto em lei.
- •• § 6.º acrescentado pela Lei n. 13.756, de 12-12-2018.

Capítulo VIII
DAS OUTRAS RECEITAS

Art. 27. Constituem outras receitas da Seguridade Social:
I – as multas, a atualização monetária e os juros moratórios;
II – a remuneração recebida por serviços de arrecadação, fiscalização e cobrança prestados a terceiros;
III – as receitas provenientes de prestação de outros serviços e de fornecimento ou arrendamento de bens;
IV – as demais receitas patrimoniais, industriais e financeiras;
V – as doações, legados, subvenções e outras receitas eventuais;
VI – 50% (cinquenta por cento) dos valores obtidos e aplicados na forma do parágrafo único do art. 243 da Constituição Federal;
- O mencionado parágrafo único dispõe sobre valores econômicos apreendidos em decorrência do tráfico ilícito de entorpecentes e drogas afins.

VII – 40% (quarenta por cento) do resultado dos leilões dos bens apreendidos pelo Departamento da Receita Federal;
VIII – outras receitas previstas em legislação específica.

Parágrafo único. O agente operador do Seguro Obrigatório para Proteção de Vítimas de Acidentes de Trânsito (SPVAT) poderá repassar à Seguridade Social percentual, a ser estabelecido em decreto do Presidente da República, de até 40% (quarenta por cento) do valor total do prêmio recolhido e destinado ao Sistema Único de Saúde (SUS), para custeio da assistência médico-hospitalar dos segurados vitimados em acidentes de trânsito.
- •• Parágrafo único com redação determinada pela Lei Complementar n. 207, de 16-5-2024.

Capítulo IX
DO SALÁRIO DE CONTRIBUIÇÃO

Art. 28. Entende-se por salário de contribuição:
I – para o empregado e trabalhador avulso: a remuneração auferida em uma ou mais empresas, assim entendida a totalidade dos rendimentos pagos, devidos ou creditados a qualquer título, durante o mês, destinados a retribuir o trabalho, qualquer que seja a sua forma, inclusive as gorjetas, os ganhos habituais sob a forma de utilidades e os adiantamentos decorrentes de reajuste salarial, quer pelos serviços efetivamente prestados, quer pelo tempo à disposição do empregador ou tomador de serviços nos termos da lei ou do contrato ou, ainda, de convenção ou acordo coletivo de trabalho ou sentença normativa;
- •• Inciso I com redação determinada pela Lei n. 9.528, de 10-12-1997.

II – para o empregado doméstico: a remuneração registrada na Carteira de Trabalho e Previdência Social, observadas as normas a serem estabelecidas em regulamento para comprovação do vínculo empregatício e do valor da remuneração;

III – para o contribuinte individual: a remuneração auferida em uma ou mais empresas ou pelo exercício de sua atividade por conta própria, durante o mês, observado o limite máximo a que se refere o § 5.º;
- •• Inciso III com redação determinada pela Lei n. 9.876, de 26-11-1999.

IV – para o segurado facultativo: o valor por ele declarado, observado o limite máximo a que se refere o § 5.º.
- •• Inciso IV acrescentado pela Lei n. 9.876, de 26-11-1999.

§ 1.º Quando a admissão, a dispensa, o afastamento ou a falta do empregado ocorrer no curso do mês, o salário de contribuição será proporcional ao número de dias de trabalho efetivo, na forma estabelecida em regulamento.

§ 2.º O salário-maternidade é considerado salário de contribuição.

§ 3.º O limite mínimo do salário de contribuição corresponde ao piso salarial, legal ou normativo, da categoria ou, inexistindo este, ao salário mínimo, tomado no seu valor mensal, diário ou horário, conforme o ajustado e o tempo de trabalho efetivo durante o mês.

•• § 3.º com redação determinada pela Lei n. 9.528, de 10-12-1997.

§ 4.º O limite mínimo do salário de contribuição do menor aprendiz corresponde à sua remuneração mínima definida em lei.

§ 5.º O limite máximo do salário de contribuição é de Cr$ 170.000,00 (cento e setenta mil cruzeiros), reajustado a partir da data da entrada em vigor desta Lei, na mesma época e com os mesmos índices que os do reajustamento dos benefícios de prestação continuada da Previdência Social.

•• Valor atualizado, a partir de 1.º-1-2025, pela Portaria Interministerial n. 6, de 10-1-2025, dos Ministérios da Previdência Social e da Fazenda, para R$ 8.157,41 (oito mil, cento e cinquenta e sete reais e quarenta e um centavos).

§ 6.º No prazo de 180 (cento e oitenta) dias, a contar da data de publicação desta Lei, o Poder Executivo encaminhará ao Congresso Nacional projeto de lei estabelecendo a previdência complementar, pública e privada, em especial para os que possam contribuir acima do limite máximo estipulado no parágrafo anterior deste artigo.

§ 7.º O décimo terceiro salário (gratificação natalina) integra o salário de contribuição, exceto para o cálculo de benefício, na forma estabelecida em regulamento.

•• § 7.º com redação determinada pela Lei n. 8.870, de 15-4-1994.
•• Vide Súmula 83 dos JEFs.

§ 8.º (Revogado pela Lei n. 13.467, de 13-7-2017.)

§ 9.º Não integram o salário de contribuição para os fins desta Lei, exclusivamente:

•• § 9.º, caput, com redação determinada pela Lei n. 9.528, de 10-12-1997.
•• Vide Súmula 646 do STJ.

a) os benefícios da previdência social, nos termos e limites legais, salvo o salário-maternidade;

•• Alínea a com redação determinada pela Lei n. 9.528, de 10-12-1997.

aa) os valores recebidos a título de bolsa-atleta, em conformidade com a Lei n. 10.891, de 9 de julho de 2004.

•• Alínea aa acrescentada pela Lei n. 13.756, de 12-12-2018.

b) as ajudas de custo e o adicional mensal recebidos pelo aeronauta nos termos da Lei n. 5.929, de 30 de outubro de 1973;

c) a parcela in natura recebida de acordo com os programas de alimentação aprovados pelo Ministério do Trabalho e da Previdência Social nos termos da Lei n. 6.321, de 14 de abril de 1976;

d) as importâncias recebidas a título de férias indenizadas e respectivo adicional constitucional, inclusive o valor correspondente à dobra da remuneração de férias de que trata o art. 137 da Consolidação das Leis do Trabalho – CLT;

•• Alínea d com redação determinada pela Lei n. 9.528, de 10-12-1997.

e) as importâncias:

•• Alínea e, caput, com redação determinada pela Lei n. 9.528, de 10-12-1997.

1 – previstas no inciso I do art. 10 do Ato das Disposições Constitucionais Transitórias;

2 – relativas à indenização por tempo de serviço, anterior a 5-10-1988, do empregado não optante pelo Fundo de Garantia do Tempo de Serviço – FGTS;

3 – recebidas a título da indenização de que trata o art. 479 da CLT;

4 – recebidas a título da indenização de que trata o art. 14 da Lei n. 5.889, de 8-6-1973;

5 – recebidas a título de incentivo à demissão;

6 – recebidas a título de abono de férias na forma dos arts. 143 e 144 da CLT;

7 – recebidas a título de ganhos eventuais e os abonos expressamente desvinculados do salário;

8 – recebidas a título de licença-prêmio indenizada;

9 – recebidas a título da indenização de que trata o art. 9.º da Lei n. 7.238, de 29-10-1984;

•• Itens de 1 a 5 acrescentados pela Lei n. 9.528, de 10-12-1997, e itens de 6 a 9 acrescentados pela Lei n. 9.711, de 20-11-1998.

f) a parcela recebida a título de vale-transporte, na forma da legislação própria;

g) a ajuda de custo, em parcela única, recebida exclusivamente em decorrência de mudança de local de trabalho do empregado, na forma do art. 470 da CLT;

•• Alínea g com redação determinada pela Lei n. 9.528, de 10-12-1997.

h) as diárias para viagens;

•• Alínea h com redação determinada pela Lei n. 13.467, de 13-7-2017.

i) a importância recebida a título de bolsa de complementação educacional de estagiário, quando paga nos termos da Lei n. 6.494, de 7 de dezembro de 1977;

j) a participação nos lucros ou resultados da empresa, quando paga ou creditada de acordo com lei específica;

l) o abono do Programa de Integração Social – PIS e do Programa de Assistência ao Servidor Público – PASEP;

•• Alínea l acrescentada pela Lei n. 9.528, de 10-12-1997.

m) os valores correspondentes a transporte, alimentação e habitação fornecidos pela empresa ao empregado contratado para trabalhar em localidade distante da sua residência, em canteiro de obras ou local que, por força da atividade, exija deslocamento e estada, observadas as normas de proteção estabelecidas pelo Ministério do Trabalho;

•• Alínea m acrescentada pela Lei n. 9.528, de 10-12-1997.

n) a importância paga ao empregado a título de complementação ao valor do auxílio-doença, desde que este direito seja extensivo à totalidade dos empregados da empresa;

•• Alínea n acrescentada pela Lei n. 9.528, de 10-12-1997.

o) as parcelas destinadas à assistência ao trabalhador da agroindústria canavieira, de que trata o art. 36 da Lei n. 4.870, de 1.º de dezembro de 1965;

•• Alínea o acrescentada pela Lei n. 9.528, de 10-12-1997.

p) o valor das contribuições efetivamente pago pela pessoa jurídica relativo a programa de previdência complementar, aberto ou fechado, desde que disponível à totalidade de seus empregados e dirigentes, observados, no que couber, os arts. 9.º e 468 da CLT;

•• Alínea p acrescentada pela Lei n. 9.528, de 10-12-1997.

q) o valor relativo à assistência prestada por serviço médico ou odontológico, próprio da empresa ou por ela conveniado, inclusive o reembolso de despesas com medicamentos, óculos, aparelhos ortopédicos, próteses, órteses, despesas médico-hospitalares e outras similares;

•• Alínea q com redação determinada pela Lei n. 13.467, de 13-7-2017.

r) o valor correspondente a vestuários, equipamentos e outros acessórios fornecidos ao empregado e utilizados no local do trabalho para prestação dos respectivos serviços;

•• Alínea r acrescentada pela Lei n. 9.528, de 10-12-1997.

s) o ressarcimento de despesas pelo uso de veículo do empregado e o reembolso creche pago em conformidade com a legislação trabalhista, observado o limite máximo de 6 (seis) anos de idade, quando devidamente comprovadas as despesas realizadas;

•• Alínea s acrescentada pela Lei n. 9.528, de 10-12-1997.

t) o valor relativo a plano educacional, ou bolsa de estudo, que vise à educação básica de empregados e seus dependentes e, desde que vinculada às atividades desenvolvidas pela empresa, à educação profissional e tecnológica de empregados, nos termos da Lei n. 9.394, de 20 de dezembro de 1996, e:

•• Alínea t, caput, com redação determinada pela Lei n. 12.513, de 26-10-2011.

1 – não seja utilizado em substituição de parcela salarial; e

•• Item 1 acrescentado pela Lei n. 12.513, de 26-10-2011.

2 – o valor mensal do plano educacional ou bolsa de estudo, considerado individualmente, não ultrapasse 5% (cinco por cento) da remuneração do segurado a que se destina ou o valor correspondente a uma vez e

meia o valor do limite mínimo mensal do salário de contribuição, o que for maior;
- • Item 2 acrescentado pela Lei n. 12.513, de 26-10-2011.
- • A Lei n. 12.816, de 5-6-2013, propôs nova redação para esta alínea *t*, porém teve seu texto vetado.

u) a importância recebida a título de bolsa de aprendizagem garantida ao adolescente até 14 (quatorze) anos de idade, de acordo com o disposto no art. 64 da Lei n. 8.069, de 13 de julho de 1990;
- • Alínea *u* acrescentada pela Lei n. 9.528, de 10-12-1997.

v) os valores recebidos em decorrência da cessão de direitos autorais;
- • Alínea *v* acrescentada pela Lei n. 9.528, de 10-12-1997.

x) o valor da multa prevista no § 8.º do art. 477 da CLT;
- • Alínea *x* acrescentada pela Lei n. 9.528, de 10-12-1997.

y) o valor correspondente ao vale-cultura;
- • Alínea *y* acrescentada pela Lei n. 12.761, de 27-12-2012.

z) os prêmios e os abonos.
- • Alínea *z* acrescentada pela Lei n. 13.467, de 13-7-2017.

§ 10. Considera-se salário de contribuição, para o segurado empregado e trabalhador avulso, na condição prevista no § 5.º do art. 12, a remuneração efetivamente auferida na entidade sindical ou empresa de origem.
- • § 10 acrescentado pela Lei n. 9.528, de 10-12-1997.

§ 11. Considera-se remuneração do contribuinte individual que trabalha como condutor autônomo de veículo rodoviário, como auxiliar de condutor autônomo de veículo rodoviário, em automóvel cedido em regime de colaboração, nos termos da Lei n. 6.094, de 30 de agosto de 1974, como operador de trator, máquina de terraplenagem, colheitadeira e assemelhados, o montante correspondente a 20% (vinte por cento) do valor bruto do frete, carreto, transporte de passageiros ou do serviço prestado, observado o limite máximo a que se refere o § 5.º.
- • § 11 acrescentado pela Lei n. 13.202, de 8-12-2015.

Art. 29. (*Revogado pela Lei n. 9.876, de 26-11-1999.*)

Capítulo X
DA ARRECADAÇÃO E RECOLHIMENTO DAS CONTRIBUIÇÕES

Art. 30. A arrecadação e o recolhimento das contribuições ou de outras importâncias devidas à Seguridade Social obedecem às seguintes normas:
- • *Caput* com redação determinada pela Lei n. 8.620, de 5-1-1993.

I – a empresa é obrigada a:

a) arrecadar as contribuições dos segurados empregados e trabalhadores avulsos a seu serviço, descontando-as da respectiva remuneração;

b) recolher os valores arrecadados na forma da alínea *a* deste inciso, a contribuição a que se refere o inciso IV do art. 22 desta Lei, assim como as contribuições a seu cargo incidentes sobre as remunerações pagas, devidas ou creditadas, a qualquer título, aos segurados empregados, trabalhadores avulsos e contribuintes individuais a seu serviço até o dia 20 (vinte) do mês subsequente ao da competência;
- • Alínea *b* com redação determinada pela Lei n. 11.933, de 28-4-2009.

c) recolher as contribuições de que tratam os incisos I e II do art. 23, na forma e prazos definidos pela legislação tributária federal vigente;

II – os segurados contribuinte individual e facultativo estão obrigados a recolher sua contribuição por iniciativa própria, até o dia quinze do mês seguinte ao da competência;
- • Inciso II com redação determinada pela Lei n. 9.876, de 26-11-1999.

III – a empresa adquirente, consumidora ou consignatária ou a cooperativa são obrigadas a recolher a contribuição de que trata o art. 25 até o dia 20 (vinte) do mês subsequente ao da operação de venda ou consignação da produção, independentemente de essas operações terem sido realizadas diretamente com o produtor ou com intermediário pessoa física, na forma estabelecida em regulamento;
- • Inciso III com redação determinada pela Lei n. 11.933, de 28-4-2009.

IV – a empresa adquirente, consumidora ou consignatária ou a cooperativa ficam sub-rogadas nas obrigações da pessoa física de que trata a alínea *a* do inciso V do art. 12 e do segurado especial pelo cumprimento das obrigações do art. 25 desta Lei, independentemente de as operações de venda ou consignação terem sido realizadas diretamente com o produtor ou com intermediário pessoa física, exceto no caso do inciso X deste artigo, na forma estabelecida em regulamento;
- • Inciso IV com redação determinada pela Lei n. 9.528, de 10-12-1997.
- • A Resolução n. 15, de 13-9-2017, do Senado Federal, suspende a execução deste inciso IV.

V – o empregador doméstico fica obrigado a arrecadar e a recolher a contribuição do segurado empregado a seu serviço e a parcela a seu cargo, até o vigésimo dia do mês seguinte ao da competência;
- • Inciso V com redação determinada pela Lei n. 14.438, de 24-8-2022.
- • O art. 19, I, da Lei n. 14.438, de 24-8-2022, trata sobre a produção de efeitos deste dispositivo.

VI – o proprietário, o incorporador definido na Lei n. 4.591, de 16 de dezembro de 1964, o dono da obra ou condômino da unidade imobiliária, qualquer que seja a forma de contratação da construção, reforma ou acréscimo, são solidários com o construtor, e estes com a subempreiteira, pelo cumprimento das obrigações para com a Seguridade Social, ressalvado o seu direito regressivo contra o executor ou contratante da obra e admitida a retenção de importância a este devida para garantia do cumprimento dessas obrigações, não se aplicando, em qualquer hipótese, o benefício de ordem;
- • Inciso VI com redação determinada pela Lei n. 9.528, de 10-12-1997.

VII – exclui-se da responsabilidade solidária perante a Seguridade Social o adquirente do prédio ou unidade imobiliária que realizar a operação com empresa de comercialização ou incorporador de imóveis, ficando estes solidariamente responsáveis com o construtor;

VIII – nenhuma contribuição à Seguridade Social é devida se a construção residencial unifamiliar, destinada ao uso próprio, de tipo econômico, for executada sem mão de obra assalariada, observadas as exigências do regulamento;

IX – as empresas que integram grupo econômico de qualquer natureza respondem entre si, solidariamente, pelas obrigações decorrentes desta Lei;

X – a pessoa física de que trata a alínea *a* do inciso V do art. 12 e o segurado especial são obrigados a recolher a contribuição de que trata o art. 25 desta Lei no prazo estabelecido no inciso III deste artigo, caso comercializem a sua produção:
- • Inciso X, *caput*, com redação determinada pela Lei n. 9.528, de 10-12-1997.

a) no exterior;
- • Alínea *a* acrescentada pela Lei n. 9.528, de 10-12-1997.

b) diretamente, no varejo, ao consumidor pessoa física;
- • Alínea *b* acrescentada pela Lei n. 9.528, de 10-12-1997.

c) à pessoa física de que trata a alínea *a* do inciso V do art. 12;
- • Alínea *c* acrescentada pela Lei n. 9.528, de 10-12-1997.

d) ao segurado especial;
- • Alínea *d* acrescentada pela Lei n. 9.528, de 10-12-1997.

XI – aplica-se o disposto nos incisos III e IV deste artigo à pessoa física não produtor rural que adquire produção para venda no varejo a consumidor pessoa física;
- • Inciso XI acrescentado pela Lei n. 9.528, de 10-12-1997.

XII – sem prejuízo do disposto no inciso X do *caput* deste artigo, o produtor rural pessoa física e o segurado especial são obrigados a recolher, diretamente, a contribuição incidente sobre a receita bruta proveniente:

a) da comercialização de artigos de artesanato elaborados com matéria-prima produzida pelo respectivo grupo familiar;

b) de comercialização de artesanato ou do exercício de atividade artística, observado o disposto nos incisos VII e VIII do § 10 do art. 12 desta Lei; e

c) de serviços prestados, de equipamentos utilizados e de produtos comercializados

no imóvel rural, desde que em atividades turística e de entretenimento desenvolvidas no próprio imóvel, inclusive hospedagem, alimentação, recepção, recreação e atividades pedagógicas, bem como taxa de visitação e serviços especiais;
•• Inciso XII acrescentado pela Lei n. 11.718, de 20-6-2008.

XIII – o segurado especial é obrigado a arrecadar a contribuição de trabalhadores a seu serviço e a recolhê-la no prazo referido na alínea *b* do inciso I do *caput* deste artigo;
•• Inciso XIII acrescentado pela Lei n. 11.718, de 20-6-2008.

§ 1.º (*Revogado pela Lei n. 9.032, de 28-4-1995.*)

§ 2.º Se não houver expediente bancário nas datas indicadas:
•• § 2.º, *caput*, com redação determinada pela Lei n. 11.933, de 28-4-2009.

I – no inciso II do *caput*, o recolhimento deverá ser efetuado até o dia útil imediatamente posterior; e
•• Inciso I com redação determinada pela Lei n. 13.202, de 8-12-2015.

II – na alínea *b* do inciso I e nos incisos III, V, X e XIII do *caput*, até o dia útil imediatamente anterior.
•• Inciso II com redação determinada pela Lei n. 13.202, de 8-12-2015.

§ 3.º Aplica-se à entidade sindical e à empresa de origem o disposto nas alíneas *a* e *b* do inciso I, relativamente à remuneração do segurado referido no § 5.º do art. 12.
•• § 3.º acrescentado pela Lei n. 9.528, de 10-12-1997.

§ 4.º Na hipótese de o contribuinte individual prestar serviço a uma ou mais empresas, poderá deduzir, da sua contribuição mensal, 45% (quarenta e cinco por cento) da contribuição da empresa, efetivamente recolhida ou declarada, incidente sobre a remuneração que esta lhe tenha pago ou creditado, limitada a dedução a 9% (nove por cento) do respectivo salário de contribuição.
•• § 4.º acrescentado pela Lei n. 9.876, de 26-11-1999.

§ 5.º Aplica-se o disposto no § 4.º ao cooperado que prestar serviço a empresa por intermédio de cooperativa de trabalho.
•• § 5.º acrescentado pela Lei n. 9.876, de 26-11-1999.

§ 6.º (*Revogado pela Lei n. 13.202, de 8-12-2015.*)

§ 7.º A empresa ou cooperativa adquirente, consumidora ou consignatária da produção fica obrigada a fornecer ao segurado especial cópia do documento fiscal de entrada da mercadoria, para fins de comprovação da operação e da respectiva contribuição previdenciária.
•• § 7.º acrescentado pela Lei n. 11.718, de 20-6-2008.

§ 8.º Quando o grupo familiar a que o segurado especial estiver vinculado não tiver obtido, no ano, por qualquer motivo, receita proveniente de comercialização de produção deverá comunicar a ocorrência à Previdência Social, na forma do regulamento.
•• § 8.º acrescentado pela Lei n. 11.718, de 20-6-2008.

§ 9.º Quando o segurado especial tiver comercializado sua produção do ano anterior exclusivamente com empresa adquirente, consignatária ou cooperativa, tal fato deverá ser comunicado à Previdência Social pelo respectivo grupo familiar.
•• § 9.º acrescentado pela Lei n. 11.718, de 20-6-2008.

Art. 31. A empresa contratante de serviços executados mediante cessão de mão de obra, inclusive em regime de trabalho temporário, deverá reter 11% (onze por cento) do valor bruto da nota fiscal ou fatura de prestação de serviços e recolher, em nome da empresa cedente da mão de obra, a importância retida até o dia 20 (vinte) do mês subsequente ao da emissão da respectiva nota fiscal ou fatura, ou até o dia útil imediatamente anterior se não houver expediente bancário naquele dia, observado o disposto no § 5.º do art. 33 desta Lei.
•• *Caput* com redação determinada pela Lei n. 11.933, de 28-4-2009.
•• *Vide* art. 5.º-A, § 5.º, da Lei n. 6.019, de 3-1-1974.
•• *Vide* Súmula 425 do STJ.

§ 1.º O valor retido de que trata o *caput* deste artigo, que deverá ser destacado na nota fiscal ou fatura de prestação de serviços, poderá ser compensado por qualquer estabelecimento da empresa cedente da mão de obra, por ocasião do recolhimento das contribuições destinadas à Seguridade Social devidas sobre a folha de pagamento dos seus segurados.
•• § 1.º com redação determinada pela Lei n. 11.941, de 27-5-2009.

§ 2.º Na impossibilidade de haver compensação integral na forma do parágrafo anterior, o saldo remanescente será objeto de restituição.
•• § 2.º com redação determinada pela Lei n. 9.711, de 20-11-1998.

§ 3.º Para os fins desta Lei, entende-se como cessão de mão de obra a colocação à disposição do contratante, em suas dependências ou nas de terceiros, de segurados que realizem serviços contínuos, relacionados ou não com a atividade-fim da empresa, quaisquer que sejam a natureza e a forma de contratação.
•• § 3.º com redação determinada pela Lei n. 9.711, de 20-11-1998.

§ 4.º Enquadram-se na situação prevista no parágrafo anterior, além de outros estabelecidos em regulamento, os seguintes serviços:
I – limpeza, conservação e zeladoria;
II – vigilância e segurança;
III – empreitada de mão de obra;
IV – contratação de trabalho temporário na forma da Lei n. 6.019, de 3 de janeiro de 1974.
•• § 4.º com redação determinada pela Lei n. 9.711, de 20-11-1998.

§ 5.º O cedente da mão de obra deverá elaborar folhas de pagamento distintas para cada contratante.
•• § 5.º acrescentado pela Lei n. 9.711, de 20-11-1998.

§ 6.º Em se tratando de retenção e recolhimento realizados na forma do *caput* deste artigo, em nome de consórcio, de que tratam os arts. 278 e 279 da Lei n. 6.404, de 15 de dezembro de 1976, aplica-se o disposto em todo este artigo, observada a participação de cada uma das empresas consorciadas, na forma do respectivo ato constitutivo.
•• § 6.º acrescentado pela Lei n. 11.941, de 27-5-2009.

Art. 32. A empresa é também obrigada a:
I – preparar folhas de pagamento das remunerações pagas ou creditadas a todos os segurados a seu serviço, de acordo com os padrões e normas estabelecidos pelo órgão competente da Seguridade Social;
II – lançar mensalmente em títulos próprios de sua contabilidade, de forma discriminada, os fatos geradores de todas as contribuições, o montante das quantias descontadas, as contribuições da empresa e os totais recolhidos;
III – prestar à Secretaria da Receita Federal do Brasil todas as informações cadastrais, financeiras e contábeis de seu interesse, na forma por ela estabelecida, bem como os esclarecimentos necessários à fiscalização;
•• Inciso III com redação determinada pela Lei n. 11.941, de 27-5-2009.

IV – declarar à Secretaria da Receita Federal do Brasil e ao Conselho Curador do Fundo de Garantia do Tempo de Serviço – FGTS, na forma, prazo e condições estabelecidos por esses órgãos, dados relacionados a fatos geradores, base de cálculo e valores devidos da contribuição previdenciária e outras informações de interesse do INSS ou do Conselho Curador do FGTS;
•• Inciso IV com redação determinada pela Lei n. 11.941, de 27-5-2009.

V – (*Vetado.*)
•• Inciso V acrescentado pela Lei n. 10.403, de 8-1-2002.

VI – comunicar, mensalmente, aos empregados, por intermédio de documento a ser definido em regulamento, os valores recolhidos sobre o total de sua remuneração ao INSS.
•• Inciso VI acrescentado pela Lei n. 12.692, de 24-7-2012.

§ 1.º (*Revogado pela Lei n. 11.941, de 27-5-2009.*)

§ 2.º A declaração de que trata o inciso IV do *caput* deste artigo constitui instrumento hábil e suficiente para a exigência do crédito tributário, e suas informações comporão a base de dados para fins de cálculo e concessão dos benefícios previdenciários.
•• § 2.º com redação determinada pela Lei n. 11.941, de 27-5-2009.

§§ 3.º a 8.º (Revogados pela Lei n. 11.941, de 27-5-2009.)

§ 9.º A empresa deverá apresentar o documento a que se refere o inciso IV do *caput* deste artigo ainda que não ocorram fatos geradores de contribuição previdenciária, aplicando-se, quando couber, a penalidade prevista no art. 32-A desta Lei.
•• § 9.º com redação determinada pela Lei n. 11.941, de 27-5-2009.

§ 10. O descumprimento do disposto no inciso IV do *caput* deste artigo impede a expedição da certidão de prova de regularidade fiscal perante a Fazenda Nacional.
•• § 10 com redação determinada pela Lei n. 11.941, de 27-5-2009.

§ 11. Em relação aos créditos tributários, os documentos comprobatórios do cumprimento das obrigações de que trata este artigo devem ficar arquivados na empresa até que ocorra a prescrição relativa aos créditos decorrentes das operações a que se refiram.
•• § 11 com redação determinada pela Lei n. 11.941, de 27-5-2009.

§ 12. (Vetado.)
•• § 12 acrescentado pela Lei n. 12.692, de 24-7-2012.

Art. 32-A. O contribuinte que deixar de apresentar a declaração de que trata o inciso IV do *caput* do art. 32 desta Lei no prazo fixado ou que a apresentar com incorreções ou omissões será intimado a apresentá-la ou a prestar esclarecimentos e sujeitar-se-á às seguintes multas:
•• *Caput* acrescentado pela Lei n. 11.941, de 27-5-2009.

I – de R$ 20,00 (vinte reais) para cada grupo de 10 (dez) informações incorretas ou omitidas; e
•• Inciso I acrescentado pela Lei n. 11.941, de 27-5-2009.

II – de 2% (dois por cento) ao mês-calendário ou fração, incidentes sobre o montante das contribuições informadas, ainda que integralmente pagas, no caso de falta de entrega da declaração ou entrega após o prazo, limitada a 20% (vinte por cento), observado o disposto no § 3.º deste artigo.
•• Inciso II acrescentado pela Lei n. 11.941, de 27-5-2009.

§ 1.º Para efeito de aplicação da multa prevista no inciso II do *caput* deste artigo, será considerado como termo inicial o dia seguinte ao término do prazo fixado para entrega da declaração e como termo final a data da efetiva entrega ou, no caso de não apresentação, a data da lavratura do auto de infração ou da notificação de lançamento.
•• § 1.º acrescentado pela Lei n. 11.941, de 27-5-2009.

§ 2.º Observado o disposto no § 3.º deste artigo, as multas serão reduzidas:
•• § 2.º, *caput*, acrescentado pela Lei n. 11.941, de 27-5-2009.

I – à metade, quando a declaração for apresentada após o prazo, mas antes de qualquer procedimento de ofício; ou
•• Inciso I acrescentado pela Lei n. 11.941, de 27-5-2009.

II – a 75% (setenta e cinco por cento), se houver apresentação da declaração no prazo fixado em intimação.
•• Inciso II acrescentado pela Lei n. 11.941, de 27-5-2009.

§ 3.º A multa mínima a ser aplicada será de:
•• § 3.º, *caput*, acrescentado pela Lei n. 11.941, de 27-5-2009.

I – R$ 200,00 (duzentos reais), tratando-se de omissão de declaração sem ocorrência de fatos geradores de contribuição previdenciária; e
•• Inciso I acrescentado pela Lei n. 11.941, de 27-5-2009.

II – R$ 500,00 (quinhentos reais), nos demais casos.
•• Inciso II acrescentado pela Lei n. 11.941, de 27-5-2009.

Art. 32-B. Os órgãos da administração direta, as autarquias, as fundações e as empresas públicas da União, dos Estados, do Distrito Federal e dos Municípios, cujas Normas Gerais de Direito Financeiro para elaboração e controle dos orçamentos estão definidas pela Lei n. 4.320, de 17 de março de 1964, e pela Lei Complementar n. 101, de 4 de maio de 2000, ficam obrigados, na forma estabelecida pela Secretaria da Receita Federal do Brasil do Ministério da Fazenda, a apresentar:
•• *Caput* acrescentado pela Lei n. 12.810, de 15-5-2013.

I – a contabilidade entregue ao Tribunal de Controle Externo; e
•• Inciso I acrescentado pela Lei n. 12.810, de 15-5-2013.

II – a folha de pagamento.
•• Inciso II acrescentado pela Lei n. 12.810, de 15-5-2013.

Parágrafo único. As informações de que trata o *caput* deverão ser apresentadas até o dia 30 de abril do ano seguinte ao encerramento do exercício.
•• Parágrafo único acrescentado pela Lei n. 12.810, de 15-5-2013.

Art. 32-C. O segurado especial responsável pelo grupo familiar que contratar na forma do § 8.º do art. 12 apresentará as informações relacionadas ao registro de trabalhadores, aos fatos geradores, à base de cálculo e aos valores das contribuições devidas à Previdência Social e ao Fundo de Garantia do Tempo de Serviço – FGTS e outras informações de interesse da Secretaria da Receita Federal do Brasil, do Ministério da Previdência Social, do Ministério do Trabalho e Emprego e do Conselho Curador do FGTS, por meio de sistema eletrônico com entrada única de dados, e efetuará os recolhimentos por meio de documento único de arrecadação.
•• *Caput* acrescentado pela Lei n. 12.873, de 24-10-2013.

§ 1.º Os Ministros de Estado da Fazenda, da Previdência Social e do Trabalho e Emprego disporão, em ato conjunto, sobre a prestação das informações, a apuração, o recolhimento e a distribuição dos recursos recolhidos e sobre as informações geradas por meio do sistema eletrônico e da guia de recolhimento de que trata o *caput*.
•• § 1.º acrescentado pela Lei n. 12.873, de 24-10-2013.

§ 2.º As informações prestadas no sistema eletrônico de que trata o *caput* têm caráter declaratório, constituem instrumento hábil e suficiente para a exigência dos tributos e encargos apurados e substituirão, na forma regulamentada pelo ato conjunto que prevê o § 1.º, a obrigatoriedade de entrega de todas as informações, formulários e declarações a que está sujeito o grupo familiar, inclusive as relativas ao recolhimento do FGTS.
•• § 2.º acrescentado pela Lei n. 12.873, de 24-10-2013.

§ 3.º O segurado especial de que trata o *caput* deste artigo fica obrigado a arrecadar, até o vigésimo dia do mês seguinte ao da competência:
•• § 3.º, *caput*, com redação determinada pela Lei n. 14.438, de 24-8-2022.
•• O art. 19, I, da Lei n. 14.438, de 24-8-2022, trata sobre a produção de efeitos deste dispositivo.

I – as contribuições previstas nos incisos X, XII e XIII do caput do art. 30 desta Lei;
•• Inciso I acrescentado pela Lei n. 14.438, de 24-8-2022.
•• O art. 19, I, da Lei n. 14.438, de 24-8-2022, trata sobre a produção de efeitos deste dispositivo.

II – os valores referentes ao FGTS; e
•• Inciso II acrescentado pela Lei n. 14.438, de 24-8-2022.
•• O art. 19, I, da Lei n. 14.438, de 24-8-2022, trata sobre a produção de efeitos deste dispositivo.

III – os encargos trabalhistas sob a sua responsabilidade.
•• Inciso III acrescentado pela Lei n. 14.438, de 24-8-2022.
•• O art. 19, I, da Lei n. 14.438, de 24-8-2022, trata sobre a produção de efeitos deste dispositivo.

§ 4.º Os recolhimentos devidos, nos termos do § 3.º, deverão ser pagos por meio de documento único de arrecadação.
•• § 4.º acrescentado pela Lei n. 12.873, de 24-10-2013.

§ 5.º Se não houver expediente bancário na data indicada no § 3.º, o recolhimento deverá ser antecipado para o dia útil imediatamente anterior.
•• § 5.º acrescentado pela Lei n. 12.873, de 24-10-2013.

§ 6.º Os valores não pagos até a data do vencimento sujeitar-se-ão à incidência de acréscimos e encargos legais na forma prevista na legislação do Imposto sobre a Renda e Proventos de Qualquer Natureza para as contribuições de caráter tributário, e conforme o art. 22 da Lei n. 8.036, de 11 de maio de 1990, para os depósitos do FGTS, inclusive no que se refere às multas por atraso.
•• § 6.º acrescentado pela Lei n. 12.873, de 24-10-2013.

§ 7.º O recolhimento do valor do FGTS na forma deste artigo será creditado diretamente em conta vinculada do trabalhador, assegurada a transferência dos elementos identificadores do recolhimento ao agente operador do fundo.
•• § 7.º acrescentado pela Lei n. 12.873, de 24-10-2013.

§ 8.º O ato de que trata o § 1.º regulará a compensação e a restituição dos valores dos tributos e dos encargos trabalhistas recolhidos, no documento único de arrecadação, indevidamente ou em montante superior ao devido.
•• § 8.º acrescentado pela Lei n. 12.873, de 24-10-2013.

§ 9.º A devolução de valores do FGTS, depositados na conta vinculada do trabalhador, será objeto de norma regulamentar do Conselho Curador e do Agente Operador do Fundo de Garantia do Tempo de Serviço.
•• § 9.º acrescentado pela Lei n. 12.873, de 24-10-2013.

§ 10. O produto da arrecadação de que trata o § 3.º será centralizado na Caixa Econômica Federal.
•• § 10 acrescentado pela Lei n. 12.873, de 24-10-2013.

§ 11. A Caixa Econômica Federal, com base nos elementos identificadores do recolhimento, disponíveis no sistema de que trata o *caput* deste artigo, transferirá para a Conta Única do Tesouro Nacional os valores arrecadados dos tributos e das contribuições previstas nos incisos X, XII e XIII do *caput* do art. 30.
•• § 11 acrescentado pela Lei n. 12.873, de 24-10-2013.

§ 12. A impossibilidade de utilização do sistema eletrônico referido no *caput* será objeto de regulamento, a ser editado pelo Ministério da Fazenda e pelo Agente Operador do FGTS.
•• § 12 acrescentado pela Lei n. 12.873, de 24-10-2013.

§ 13. A sistemática de entrega das informações e recolhimentos de que trata o *caput* poderá ser estendida pelas autoridades previstas no § 1.º para o produtor rural pessoa física de que trata a alínea *a* do inciso V do *caput* do art. 12.
•• § 13 acrescentado pela Lei n. 12.873, de 24-10-2013.

§ 14. Aplica-se às informações entregues na forma deste artigo o disposto no § 2.º do art. 32 e no art. 32-A.
•• § 14 acrescentado pela Lei n. 12.873, de 24-10-2013.

Art. 33. À Secretaria da Receita Federal do Brasil compete planejar, executar, acompanhar e avaliar as atividades relativas à tributação, à fiscalização, à arrecadação, à cobrança e ao recolhimento das contribuições sociais previstas no parágrafo único do art. 11 desta Lei, das contribuições incidentes a título de substituição e das devidas a outras entidades e fundos.
•• *Caput* com redação determinada pela Lei n. 11.941, de 27-5-2009.

§ 1.º É prerrogativa da Secretaria da Receita Federal do Brasil, por intermédio dos Auditores-Fiscais da Receita Federal do Brasil, o exame da contabilidade das empresas, ficando obrigados a prestar todos os esclarecimentos e informações solicitados o segurado e os terceiros responsáveis pelo recolhimento das contribuições previdenciárias e das contribuições devidas a outras entidades e fundos.
•• § 1.º com redação determinada pela Lei n. 11.941, de 27-5-2009.

§ 2.º A empresa, o segurado da Previdência Social, o serventuário da Justiça, o síndico ou seu representante, o comissário e o liquidante de empresa em liquidação judicial ou extrajudicial são obrigados a exibir todos os documentos e livros relacionados com as contribuições previstas nesta Lei.
•• § 2.º com redação determinada pela Lei n. 11.941, de 27-5-2009.

§ 3.º Ocorrendo recusa ou sonegação de qualquer documento ou informação, ou sua apresentação deficiente, a Secretaria da Receita Federal do Brasil pode, sem prejuízo da penalidade cabível, lançar de ofício a importância devida.
•• § 3.º com redação determinada pela Lei n. 11.941, de 27-5-2009.

§ 4.º Na falta de prova regular e formalizada pelo sujeito passivo, o montante dos salários pagos pela execução de obra de construção civil pode ser obtido mediante cálculo da mão de obra empregada, proporcional à área construída, de acordo com critérios estabelecidos pela Secretaria da Receita Federal do Brasil, cabendo ao proprietário, dono da obra, condômino da unidade imobiliária ou empresa corresponsável o ônus da prova em contrário.
•• § 4.º com redação determinada pela Lei n. 11.941, de 27-5-2009.

§ 5.º O desconto de contribuição e de consignação legalmente autorizadas sempre se presume feito oportuna e regularmente pela empresa a isso obrigada, não lhe sendo lícito alegar omissão para se eximir do recolhimento, ficando diretamente responsável pela importância que deixou de receber ou arrecadou em desacordo com o disposto nesta Lei.

§ 6.º Se, no exame da escrituração contábil e de qualquer outro documento da empresa, a fiscalização constatar que a contabilidade não registra o movimento real de remuneração dos segurados a seu serviço, do faturamento e do lucro, serão apuradas, por aferição indireta, as contribuições efetivamente devidas, cabendo à empresa o ônus da prova em contrário.

§ 7.º O crédito da seguridade social é constituído por meio de notificação de lançamento, de auto de infração e de confissão de valores devidos e não recolhidos pelo contribuinte.
•• § 7.º com redação determinada pela Lei n. 11.941, de 27-5-2009.

§ 8.º Aplicam-se às contribuições sociais mencionadas neste artigo as presunções legais de omissão de receita previstas nos §§ 2.º e 3.º do art. 12 do Decreto-lei n. 1.598, de 26 de dezembro de 1977, e nos arts. 40, 41 e 42 da Lei n. 9.430, de 27 de dezembro de 1996.
•• § 8.º acrescentado pela Lei n. 11.941, de 27-5-2009.

Art. 34. (*Revogado pela Lei n. 11.941, de 27-5-2009.*)

Art. 35. Os débitos com a União decorrentes das contribuições sociais previstas nas alíneas *a*, *b* e *c* do parágrafo único do art. 11 desta Lei, das contribuições instituídas a título de substituição e das contribuições devidas a terceiros, assim entendidas outras entidades e fundos, não pagos nos prazos previstos em legislação, serão acrescidos de multa de mora e juros de mora, nos termos do art. 61 da Lei n. 9.430, de 27 de dezembro de 1996.
•• *Caput* com redação determinada pela Lei n. 11.941, de 27-5-2009.
•• A aplicação do disposto neste artigo às prestações de parcelamento e aos demais débitos não pagos até 3-12-2008, inscritos ou não em Dívida Ativa, cobrados por meio de processo ainda não definitivamente julgado, observará o disposto na Portaria Conjunta n. 14, de 4-12-2009, da Procuradoria-Geral da Fazenda Nacional e da Secretaria da Receita Federal do Brasil.

§§ 1.º a 4.º (*Revogados pela Lei n. 11.941, de 27-5-2009.*)

Art. 35-A. Nos casos de lançamento de ofício relativos às contribuições referidas no art. 35 desta Lei, aplica-se o disposto no art. 44 da Lei n. 9.430, de 27 de dezembro de 1996.
•• Artigo acrescentado pela Lei n. 11.941, de 27-5-2009.
•• *Vide* nota ao art. 35 desta Lei.

Art. 36. (*Revogado pela Lei n. 8.218, de 29-8-1991.*)

Art. 37. Constatado o não recolhimento total ou parcial das contribuições tratadas nesta Lei, não declaradas na forma do art. 32 desta Lei, a falta de pagamento de benefício reembolsado ou o descumprimento de obrigação acessória, será lavrado auto de infração ou notificação de lançamento.
•• *Caput* com redação determinada pela Lei n. 11.941, de 27-5-2009.

§§ 1.º e 2.º (*Revogados pela Lei n. 11.941, de 27-5-2009.*)

Art. 38. (*Revogado pela Lei n. 11.941, de 27-5-2009.*)

Art. 39. O débito original e seus acréscimos legais, bem como outras multas previstas em lei, constituem dívida ativa da União, promovendo-se a inscrição em livro próprio daquela resultante das contribuições de que tratam as alíneas *a*, *b* e *c* do parágrafo único do art. 11 desta Lei.
•• *Caput* com redação determinada pela Lei n. 11.457, de 16-3-2007.

§ 1.º (*Revogado pela Lei n. 11.501, de 11-7-2007.*)

§ 2.º É facultado aos órgãos competentes, antes de ajuizar a cobrança da dívida ativa de que trata o *caput* deste artigo, promover o protesto de título dado em garantia, que será recebido *pro solvendo*.
•• § 2.º com redação determinada pela Lei n. 11.457, de 16-3-2007.

§ 3.º Serão inscritas como dívida ativa da União as contribuições que não tenham sido recolhidas ou parceladas resultantes das informações prestadas no documento a que se refere o inciso IV do art. 32 desta Lei.
•• § 3.º com redação determinada pela Lei n. 11.457, de 16-3-2007.

Art. 40. (Vetado.)

Art. 41. (*Revogado pela Lei n. 11.941, de 27-5-2009.*)

Art. 42. Os administradores de autarquias e fundações públicas, criadas e mantidas pelo Poder Público, de empresas públicas e de sociedades de economia mista sujeitas ao controle da União, dos Estados, do Distrito Federal ou dos Municípios, que se encontrarem em mora, por mais de 30 (trinta) dias, no recolhimento das contribuições previstas nesta Lei, tornam-se solidariamente responsáveis pelo respectivo pagamento, ficando ainda sujeitos às proibições do art. 1.º e às sanções dos arts. 4.º e 7.º do Decreto-lei n. 368, de 19 de dezembro de 1968.

Art. 43. Nas ações trabalhistas de que resultar o pagamento de direitos sujeitos à incidência de contribuição previdenciária, o juiz, sob pena de responsabilidade, determinará o imediato recolhimento das importâncias devidas à Seguridade Social.
•• *Caput* com redação determinada pela Lei n. 8.620, de 5-1-1993.

§ 1.º Nas sentenças judiciais ou nos acordos homologados em que não figurarem, discriminadamente, as parcelas legais relativas às contribuições sociais, estas incidirão sobre o valor total apurado em liquidação de sentença ou sobre o valor do acordo homologado.
•• § 1.º acrescentado pela Lei n. 11.941, de 27-5-2009.

§ 2.º Considera-se ocorrido o fato gerador das contribuições sociais na data da prestação do serviço.
•• § 2.º acrescentado pela Lei n. 11.941, de 27-5-2009.

§ 3.º As contribuições sociais serão apuradas mês a mês, com referência ao período da prestação de serviços, mediante a aplicação de alíquotas, limites máximos do salário de contribuição e acréscimos legais moratórios vigentes relativamente a cada uma das competências abrangidas, devendo o recolhimento ser efetuado no mesmo prazo em que devam ser pagos os créditos encontrados em liquidação de sentença ou em acordo homologado, sendo que nesse último caso o recolhimento será feito em tantas parcelas quantas as previstas no acordo, nas mesmas datas em que sejam exigíveis e proporcionalmente a cada uma delas.

•• § 3.º acrescentado pela Lei n. 11.941, de 27-5-2009.

§ 4.º No caso de reconhecimento judicial da prestação de serviços em condições que permitam a aposentadoria especial após 15 (quinze), 20 (vinte) ou 25 (vinte e cinco) anos de contribuição, serão devidos os acréscimos de contribuição de que trata o § 6.º do art. 57 da Lei n. 8.213, de 24 de julho de 1991.
•• § 4.º acrescentado pela Lei n. 11.941, de 27-5-2009.

§ 5.º Na hipótese de acordo celebrado após ter sido proferida decisão de mérito, a contribuição será calculada com base no valor do acordo.
•• § 5.º acrescentado pela Lei n. 11.941, de 27-5-2009.

§ 6.º Aplica-se o disposto neste artigo aos valores devidos ou pagos nas Comissões de Conciliação Prévia de que trata a Lei n. 9.958, de 12 de janeiro de 2000.
•• § 6.º acrescentado pela Lei n. 11.941, de 27-5-2009.

Art. 44. (*Revogado pela Lei n. 11.501, de 11-7-2007.*)

Art. 45. (*Revogado pela Lei Complementar n. 128, de 19-12-2008.*)

Art. 45-A. O contribuinte individual que pretenda contar como tempo de contribuição, para fins de obtenção de benefício no Regime Geral de Previdência Social ou de contagem recíproca do tempo de contribuição, período de atividade remunerada alcançada pela decadência deverá indenizar o INSS.
•• *Caput* acrescentado pela Lei Complementar n. 128, de 19-12-2008.

§ 1.º O valor da indenização a que se refere o *caput* deste artigo e o § 1.º do art. 55 da Lei n. 8.213, de 24 de julho de 1991, corresponderá a 20% (vinte por cento):

I – da média aritmética simples dos maiores salários de contribuição, reajustados, correspondentes a 80% (oitenta por cento) de todo o período contributivo decorrido desde a competência julho de 1994; ou

II – da remuneração sobre a qual incidem as contribuições para o regime próprio de previdência social a que estiver filiado o interessado, no caso de indenização para fins da contagem recíproca de que tratam os arts. 94 a 99 da Lei n. 8.213, de 24 de julho de 1991, observados o limite máximo previsto no art. 28 e o disposto em regulamento.
•• § 1.º acrescentado pela Lei Complementar n. 128, de 19-12-2008.

§ 2.º Sobre os valores apurados na forma do § 1.º deste artigo incidirão juros moratórios de 0,5% (cinco décimos por cento) ao mês, capitalizados anualmente, limitados ao percentual máximo de 50% (cinquenta por cento), e multa de 10% (dez por cento).
•• § 2.º acrescentado pela Lei Complementar n. 128, de 19-12-2008.

§ 3.º O disposto no § 1.º deste artigo não se aplica aos casos de contribuições em atraso não alcançadas pela decadência do direito de a Previdência constituir o respectivo crédito, obedecendo-se, em relação a elas, as disposições aplicadas às empresas em geral.
•• § 3.º acrescentado pela Lei Complementar n. 128, de 19-12-2008.

Art. 46. (*Revogado pela Lei Complementar n. 128, de 19-12-2008.*)

Capítulo XI
DA PROVA DE INEXISTÊNCIA DE DÉBITO

Art. 47. É exigida Certidão Negativa de Débito – CND, fornecida pelo órgão competente, nos seguintes casos:
•• *Caput* com redação determinada pela Lei n. 9.032, de 28-4-1995.

I – da empresa:

a) na contratação com o Poder Público e no recebimento de benefícios ou incentivo fiscal ou creditício concedido por ele;
•• *Vide* art. 7.º, § 1.º, IV, da Lei n. 14.043, de 19-8-2020.

b) na alienação ou oneração, a qualquer título, de bem imóvel ou direito a ele relativo;

c) na alienação ou oneração, a qualquer título, de bem móvel de valor superior a Cr$ 2.500.000,00 (dois milhões e quinhentos mil cruzeiros) incorporado ao ativo permanente da empresa;
•• Valor atualizado, a partir de 1.º-1-2025, pela Portaria Interministerial n. 6, de 10-1-2025, dos Ministérios da Previdência Social e da Fazenda, para R$ 84.209,56 (oitenta e quatro mil, duzentos e nove reais e cinquenta e seis centavos).

d) no registro ou arquivamento, no órgão próprio, de ato relativo a baixa ou redução de capital de firma individual, redução de capital social, cisão total ou parcial, transformação ou extinção de entidade ou sociedade comercial ou civil e transferência de controle de cotas de sociedades de responsabilidade limitada;
•• Alínea *d* com redação determinada pela Lei n. 9.528, de 10-12-1997.
•• A Lei Complementar n. 155, de 27-10-2016, propôs a revogação desta alínea *d*, porém teve o texto vetado.

II – do proprietário, pessoa física ou jurídica, de obra de construção civil, quando de sua averbação no registro de imóveis, salvo no caso do inciso VIII do art. 30.

§ 1.º A prova de inexistência de débito deve ser exigida da empresa em relação a todas as suas dependências, estabelecimentos e obras de construção civil, independentemente do local onde se encontrem, ressalvado aos órgãos competentes o direito de cobrança de qualquer débito apurado posteriormente.

§ 2.º A prova de inexistência de débito, quando exigível ao incorporador, independe da apresentada no registro de imóveis por ocasião da inscrição do memorial de incorporação.

§ 3.º Fica dispensada a transcrição, em instrumento público ou particular, do inteiro teor do documento comprobatório de inexistência de débito, bastando a referência ao seu número de série e data da emissão, bem como a guarda do documento comprobatório à disposição dos órgãos competentes.

§ 4.º O documento comprobatório de inexistência de débito poderá ser apresentado por cópia autenticada, dispensada a indicação de sua finalidade, exceto no caso do inciso II deste artigo.

§ 5.º O prazo de validade da certidão expedida conjuntamente pela Secretaria Especial da Receita Federal do Brasil e pela Procuradoria-Geral da Fazenda Nacional do Ministério da Economia, referente aos tributos federais e à dívida ativa da União por elas administrados, será de até 180 (cento e oitenta) dias, contado da data de emissão da certidão, prorrogável, excepcionalmente, pelo prazo determinado em ato conjunto dos referidos órgãos.

•• § 5.º com redação determinada pela Lei n. 14.148, de 3-5-2021.

§ 6.º Independe de prova de inexistência de débito:

a) a lavratura ou assinatura de instrumento, ato ou contrato que constitua retificação, ratificação ou efetivação de outro anterior para o qual já foi feita a prova;

b) a constituição de garantia para concessão de crédito rural, em qualquer de suas modalidades, por instituição de crédito pública ou privada desde que o contribuinte referido no art. 25 não seja responsável direto pelo recolhimento de contribuições sobre a sua produção para a Seguridade Social;

c) a averbação prevista no inciso II deste artigo, relativa a imóvel cuja construção tenha sido concluída antes de 22 de novembro de 1966;

d) o recebimento pelos Municípios de transferência de recursos destinados a ações de assistência social, educação, saúde e em caso de calamidade pública;

•• Alínea *d* acrescentada pela Lei n. 11.960, de 29-6-2009.

e) a averbação da construção civil localizada em área objeto de regularização fundiária de interesse social, na forma da Lei n. 11.977, de 7 de julho de 2009.

•• Alínea *e* acrescentada pela Lei n. 12.424, de 16-6-2011.

§ 7.º O condômino adquirente de unidades imobiliárias de obra de construção civil não incorporada na forma da Lei n. 4.591, de 16 de dezembro de 1964 poderá obter documento comprobatório de inexistência de débito, desde que comprove o pagamento das contribuições relativas à sua unidade, conforme dispuser o regulamento.

§ 8.º (*Revogado pela Lei n. 11.941, de 27-5-2009.*)

Art. 48. A prática de ato com inobservância do disposto no artigo anterior, ou o seu registro, acarretará a responsabilidade solidária dos contratantes e do oficial que lavrar ou registrar o instrumento, sendo o ato nulo para todos os efeitos.

§ 1.º Os órgãos competentes podem intervir em instrumento que depender de prova de inexistência de débito, a fim de autorizar sua lavratura, desde que o débito seja pago no ato ou o seu pagamento fique assegurado mediante confissão de dívida fiscal com o oferecimento de garantias reais suficientes, na forma estabelecida em regulamento.

§ 2.º Em se tratando de alienação de bens do ativo de empresa em regime de liquidação extrajudicial, visando à obtenção de recursos necessários ao pagamento dos credores, independentemente do pagamento ou da confissão de dívida fiscal, o Instituto Nacional do Seguro Social – INSS poderá autorizar a lavratura do respectivo instrumento, desde que o valor do crédito previdenciário conste, regularmente, do quadro geral de credores, observada a ordem de preferência legal.

•• § 2.º acrescentado pela Lei n. 9.639, de 25-5-1998.

§ 3.º O servidor, o serventuário da Justiça, o titular de serventia extrajudicial e a autoridade ou órgão que infringirem o disposto no artigo anterior incorrerão em multa aplicada na forma estabelecida no art. 92 sem prejuízo da responsabilidade administrativa e penal cabível.

•• § 3.º renumerado e com redação determinada pela Lei n. 9.639, de 25-5-1998.

Título VII
DAS DISPOSIÇÕES GERAIS

Art. 49. A matrícula da empresa será efetuada nos termos e condições estabelecidos pela Secretaria da Receita Federal do Brasil.

•• *Caput* com redação determinada pela Lei n. 11.941, de 27-5-2009.

§ 1.º No caso de obra de construção civil, a matrícula deverá ser efetuada mediante comunicação obrigatória do responsável por sua execução, no prazo de 30 (trinta) dias, contado do início de suas atividades, quando obterá número cadastral básico, de caráter permanente.

•• § 1.º com redação determinada pela Lei n. 11.941, de 27-5-2009.

§ 2.º (*Revogado pela Lei n. 11.941, de 27-5-2009.*)

§ 3.º O não cumprimento do disposto no § 1.º deste artigo sujeita o responsável a multa na forma estabelecida no art. 92 desta Lei.

•• § 3.º com redação determinada pela Lei n. 11.941, de 27-5-2009.

§ 4.º O Departamento Nacional de Registro do Comércio (DNRC), por intermédio das Juntas Comerciais, e os Cartórios de Registro Civil de Pessoas Jurídicas prestarão, obrigatoriamente, ao Ministério da Economia, ao INSS e à Secretaria da Receita Federal do Brasil todas as informações referentes aos atos constitutivos e alterações posteriores relativos a empresas e entidades neles registradas.

•• § 4.º com redação determinada pela Lei n. 13.846, de 18-6-2019.

§ 5.º A matrícula atribuída pela Secretaria da Receita Federal do Brasil ao produtor rural pessoa física ou segurado especial é o documento de inscrição do contribuinte, em substituição à inscrição no Cadastro Nacional de Pessoa Jurídica – CNPJ, a ser apresentado em suas relações com o Poder Público, inclusive para licenciamento sanitário de produtos de origem animal ou vegetal submetidos a processos de beneficiamento ou industrialização artesanal, com as instituições financeiras, para fins de contratação de operações de crédito, e com os adquirentes de sua produção ou fornecedores de sementes, insumos, ferramentas e demais implementos agrícolas.

•• § 5.º acrescentado pela Lei n. 11.718, de 20-6-2008.

§ 6.º O disposto no § 5.º deste artigo não se aplica ao licenciamento sanitário de produtos sujeitos à incidência de Imposto sobre Produtos Industrializados ou ao contribuinte cuja inscrição no Cadastro Nacional de Pessoa Jurídica – CNPJ seja obrigatória.

•• § 6.º acrescentado pela Lei n. 11.718, de 20-6-2008.

Art. 50. Para fins de fiscalização do INSS, o Município, por intermédio do órgão competente, fornecerá relação de alvarás para construção civil e documentos de "habite-se" concedidos.

•• Artigo com redação determinada pela Lei n. 9.476, de 23-7-1997.

•• A Lei n. 11.941, de 27-5-2009, propôs nova redação para este artigo, mas teve seu texto vetado.

Art. 51. O crédito relativo a contribuições, cotas e respectivos adicionais ou acréscimos de qualquer natureza arrecadados pelos órgãos competentes, bem como a atualização monetária e os juros de mora, estão sujeitos, nos processos de falência, concordata ou concurso de credores, às disposições atinentes aos créditos da União, aos quais são equiparados.

Parágrafo único. O Instituto Nacional do Seguro Social – INSS reivindicará os valores descontados pela empresa de seus empregados e ainda não recolhidos.

Art. 52. Às empresas, enquanto estiverem em débito não garantido com a União, aplica-se o disposto no art. 32 da Lei n. 4.357, de 16 de julho de 1964.

•• *Caput* com redação determinada pela Lei n. 11.941, de 27-5-2009.

Parágrafo único. (*Revogado pela Lei n. 11.941, de 27-5-2009.*)

Art. 53. Na execução judicial da dívida ativa da União, suas autarquias e fundações públicas, será facultado ao exequente indicar bens à penhora, a qual será efetivada concomitantemente com a citação inicial do devedor.

§ 1.º Os bens penhorados nos termos deste artigo ficam desde logo indisponíveis.

§ 2.º Efetuado o pagamento integral da dívida executada, com seus acréscimos legais, no prazo de 2 (dois) dias úteis contados da citação, independentemente da juntada aos autos do respectivo mandado, poderá ser liberada a penhora, desde que não haja outra execução pendente.

§ 3.º O disposto neste artigo aplica-se também às execuções já processadas.

§ 4.º Não sendo opostos embargos, no caso legal, ou sendo eles julgados improcedentes, os autos serão conclusos ao juiz do feito, para determinar o prosseguimento da execução.

Art. 54. Os órgãos competentes estabelecerão critério para a dispensa de constituição ou exigência de crédito de valor inferior ao custo dessa medida.

Art. 55. (*Revogado pela Lei n. 12.101, de 27-11-2009.*)

Art. 56. A inexistência de débitos em relação às contribuições devidas ao Instituto Nacional do Seguro Social – INSS, a partir da publicação desta Lei, é condição necessária para que os Estados, o Distrito Federal e os Municípios possam receber as transferências dos recursos do Fundo de Participação dos Estados e do Distrito Federal – FPE e do Fundo de Participação dos Municípios – FPM, celebrar acordos, contratos, convênios ou ajustes, bem como receber empréstimos, financiamentos, avais e subvenções em geral de órgãos ou entidades da administração direta e indireta da União.

§ 1.º (*Revogado pela Medida Provisória n. 2.187-13, de 24-8-2001.*)

§ 2.º Os recursos do FPE e do FPM não transferidos em decorrência da aplicação do *caput* deste artigo poderão ser utilizados para quitação, total ou parcial, dos débitos relativos às contribuições de que tratam as alíneas a e c do parágrafo único do art. 11 desta Lei, a pedido do representante legal do Estado, Distrito Federal ou Município.

•• § 2.º acrescentado pela Lei n. 12.810, de 15-5-2013.

Art. 57. Os Estados, o Distrito Federal e os Municípios serão, igualmente, obrigados a apresentar, a partir de 1.º de junho de 1992, para os fins do disposto no artigo anterior, comprovação de pagamento da parcela mensal referente aos débitos com o Instituto Nacional do Seguro Social – INSS, existentes até 1.º de setembro de 1991, renegociados nos termos desta Lei.

Art. 58. Os débitos dos Estados, do Distrito Federal e dos Municípios para com o Instituto Nacional do Seguro Social – INSS, existentes até 1.º de setembro de 1991, poderão ser liquidados em até 240 (duzentos e quarenta) parcelas mensais.

§ 1.º Para apuração dos débitos será considerado o valor original atualizado pelo índice oficial utilizado pela Seguridade Social para correção de seus créditos.

•• Primitivo parágrafo único renumerado para § 1.º por determinação da Lei n. 8.444, de 20-7-1992.

§ 2.º As contribuições descontadas até 30 de junho de 1992 dos segurados que tenham prestado serviços aos Estados, ao Distrito Federal e aos Municípios poderão ser objeto de acordo para parcelamento em até 12 (doze) meses, não se lhes aplicando o disposto no § 1.º do art. 38 desta Lei.

•• § 2.º acrescentado pela Lei n. 8.444, de 20-7-1992.

Art. 59. O Instituto Nacional do Seguro Social – INSS implantará, no prazo de 90 (noventa) dias a contar da data da publicação desta Lei, sistema próprio e informatizado de cadastro dos pagamentos e débitos dos Governos Estaduais, do Distrito Federal e das Prefeituras Municipais, que viabilize o permanente acompanhamento e fiscalização do disposto nos arts. 56, 57 e 58 e permita a divulgação periódica dos devedores da Previdência Social.

Art. 60. O pagamento dos benefícios da Seguridade Social será realizado por intermédio da rede bancária ou por outras formas definidas pelo Ministério da Previdência Social.

•• *Caput* com redação determinada pela Lei n. 11.941, de 27-5-2009.

Parágrafo único. (*Revogado pela Medida Provisória n. 2.170-36, de 23-8-2001.*)

Art. 61. As receitas provenientes da cobrança de débitos dos Estados e Municípios e da alienação, arrendamento ou locação de bens móveis ou imóveis pertencentes ao patrimônio do Instituto Nacional do Seguro Social – INSS, deverão constituir reserva técnica, de longo prazo, que garantirá o seguro social estabelecido no Plano de Benefícios da Previdência Social.

Parágrafo único. É vedada a utilização dos recursos de que trata este artigo, para cobrir despesas de custeio em geral, inclusive as decorrentes de criação, majoração ou extensão dos benefícios ou serviços da Previdência Social, admitindo-se sua utilização, excepcionalmente, em despesas de capital, na forma da lei de orçamento.

Art. 62. A contribuição estabelecida na Lei n. 5.161, de 21 de outubro de 1966, em favor da Fundação Jorge Duprat Figueiredo de Segurança e Medicina do Trabalho – FUNDACENTRO, será de 2% (dois por cento) da receita proveniente da contribuição a cargo da empresa, a título de financiamento da complementação das prestações por acidente do trabalho, estabelecida no inciso II do art. 22.

Parágrafo único. Os recursos referidos neste artigo poderão contribuir para o financiamento das despesas com pessoal e administração geral da Fundação Jorge Duprat Figueiredo de Segurança e Medicina do Trabalho – FUNDACENTRO.

•• Parágrafo único acrescentado pela Lei n. 9.639, de 25-5-1998.

TÍTULO VIII
DAS DISPOSIÇÕES FINAIS E TRANSITÓRIAS

Capítulo I
DA MODERNIZAÇÃO DA PREVIDÊNCIA SOCIAL

Arts. 63 a 66. (*Revogados pela Medida Provisória n. 2.216-37, de 31-8-2001.*)

Art. 67. Até que seja implantado o Cadastro Nacional do Trabalhador – CNT, as instituições e órgãos federais, estaduais, do Distrito Federal e municipais, detentores de cadastros de empresas e de contribuintes em geral, deverão colocar à disposição do Instituto Nacional do Seguro Social – INSS, mediante a realização de convênios, todos os dados necessários à permanente atualização dos cadastros da Previdência Social.

Art. 68. O Titular do Cartório de Registro Civil de Pessoas Naturais remeterá ao INSS, em até 1 (um) dia útil, pelo Sistema Nacional de Informações de Registro Civil (Sirc) ou por outro meio que venha a substituí-lo, a relação dos nascimentos, dos natimortos, dos casamentos, dos óbitos, das averbações, das anotações e das retificações registradas na serventia.

•• *Caput* com redação determinada pela Lei n. 13.846, de 18-6-2019.

•• A Instrução Normativa n. 116, de 5-5-2021, do INSS, disciplina o procedimento relativo à apuração de descumprimento de qualquer obrigação imposta por este artigo, assim como o fornecimento de informação inexata pelos Titulares de Cartórios de Registro Civil de Pessoas Naturais, para fins de aplicação de multa e proposição de ação regressiva.

§ 1.º Para os Municípios que não dispõem de provedor de conexão à internet ou de qualquer meio de acesso à internet, fica autorizada a remessa da relação em até 5 (cinco) dias úteis.

•• § 1.º com redação determinada pela Lei n. 13.846, de 18-6-2019.

§ 2.º Para os registros de nascimento e de natimorto, constarão das informações, obrigatoriamente, a inscrição no Cadastro de Pessoas Físicas (CPF), o sexo, a data e o local de nascimento do registrado, bem como o nome completo, o sexo, a data e o local de nascimento e a inscrição no CPF da filiação.

•• § 2.º com redação determinada pela Lei n. 13.846, de 18-6-2019.

§ 3.º Para os registros de casamento e de óbito, constarão das informações, obrigatoriamente, a inscrição no CPF, o sexo, a data e o local de nascimento do registrado, bem como, acaso disponíveis, os seguintes dados:

•• § 3.º, *caput*, com redação determinada pela Lei n. 13.846, de 18-6-2019.

I – número do cadastro perante o Programa de Integração Social (PIS) ou o Programa de Formação do Patrimônio do Servidor Público (Pasep);

•• Inciso I acrescentado pela Lei n. 13.846, de 18-6-2019.

II – Número de Identificação do Trabalhador (NIT);
•• Inciso II acrescentado pela Lei n. 13.846, de 18-6-2019.

III – número de benefício previdenciário ou assistencial, se a pessoa falecida for titular de qualquer benefício pago pelo INSS;
•• Inciso III acrescentado pela Lei n. 13.846, de 18-6-2019.

IV – número de registro da Carteira de Identidade e respectivo órgão emissor;
•• Inciso IV acrescentado pela Lei n. 13.846, de 18-6-2019.

V – número do título de eleitor;
•• Inciso V acrescentado pela Lei n. 13.846, de 18-6-2019.

VI – número e série da Carteira de Trabalho e Previdência Social (CTPS).
•• Inciso VI acrescentado pela Lei n. 13.846, de 18-6-2019.

§ 4.º No caso de não haver sido registrado nenhum nascimento, natimorto, casamento, óbito ou averbações, anotações e retificações no mês, deverá o Titular do Cartório de Registro Civil de Pessoas Naturais comunicar este fato ao INSS até o 5.º (quinto) dia útil do mês subsequente.
•• § 4.º com redação determinada pela Lei n. 13.846, de 18-6-2019.

§ 5.º O descumprimento de qualquer obrigação imposta neste artigo e o fornecimento de informação inexata sujeitarão o Titular do Cartório de Registro Civil de Pessoas Naturais, além de outras penalidades previstas, à penalidade prevista no art. 92 desta Lei e à ação regressiva proposta pelo INSS, em razão dos danos sofridos.
•• § 5.º acrescentado pela Lei n. 13.846, de 18-6-2019.

Art. 68-A. A lavratura de procuração pública e a emissão de sua primeira via para fins exclusivos de recebimento de benefícios previdenciários ou assistenciais administrados pelo INSS são isentas do pagamento das custas e dos emolumentos.
•• Artigo acrescentado pela Lei n. 14.199, de 2-9-2021.

Art. 69. O INSS manterá programa permanente de revisão da concessão e da manutenção dos benefícios por ele administrados, a fim de apurar irregularidades ou erros materiais.
•• Caput com redação determinada pela Lei n. 13.846, de 18-6-2019.

§ 1.º Na hipótese de haver indícios de irregularidade ou erros materiais na concessão, na manutenção ou na revisão do benefício, o INSS notificará o beneficiário, o seu representante legal ou o seu procurador para apresentar defesa, provas ou documentos dos quais dispuser, no prazo de:
•• § 1.º, caput, com redação determinada pela Lei n. 13.846, de 18-6-2019.

I – 30 (trinta) dias, no caso de trabalhador urbano;
•• Inciso I acrescentado pela Lei n. 13.846, de 18-6-2019.

II – 60 (sessenta) dias, no caso de trabalhador rural individual e avulso, agricultor familiar ou segurado especial.
•• Inciso II acrescentado pela Lei n. 13.846, de 18-6-2019.

§ 2.º A notificação a que se refere o § 1.º deste artigo será feita:
•• § 2.º, caput, com redação determinada pela Lei n. 13.846, de 18-6-2019.

I – preferencialmente por rede bancária ou por meio eletrônico, conforme previsto em regulamento;
•• Inciso I acrescentado pela Lei n. 13.846, de 18-6-2019.

II – (Revogado pela Lei n. 14.973, de 16-9-2024.)

III – pessoalmente, quando entregue ao interessado em mãos; ou
•• Inciso III acrescentado pela Lei n. 13.846, de 18-6-2019.

IV – (Revogado pela Lei n. 14.973, de 16-9-2024.)

§ 2.º-A. Na ausência de ciência, em até 30 (trinta) dias, da notificação de que trata o § 1.º, o valor referente ao benefício será bloqueado, nos termos de ato do Poder Executivo.
•• § 2.º-A acrescentado pela Lei n. 14.973, de 16-9-2024.

§ 3.º A defesa poderá ser apresentada pelo canal de atendimento eletrônico do INSS ou na Agência da Previdência Social do domicílio do beneficiário, na forma do regulamento.
•• § 3.º com redação determinada pela Lei n. 13.846, de 18-6-2019.

§ 4.º O benefício será suspenso nas seguintes hipóteses:
•• § 4.º com redação determinada pela Lei n. 13.846, de 18-6-2019.

I – não apresentação da defesa no prazo estabelecido no § 1.º deste artigo;
•• Inciso I acrescentado pela Lei n. 13.846, de 18-6-2019.

II – defesa considerada insuficiente ou improcedente pelo INSS;
•• Inciso II acrescentado pela Lei n. 13.846, de 18-6-2019.

III – ausência de ciência de que trata o § 2.º-A, nos termos de ato do Poder Executivo.
•• Inciso III acrescentado pela Lei n. 14.973, de 16-9-2024.

§ 5.º O INSS deverá notificar o beneficiário quanto à suspensão do benefício de que trata o § 4.º deste artigo e conceder-lhe prazo de 30 (trinta) dias para interposição de recurso.
•• § 5.º acrescentado pela Lei n. 13.846, de 18-6-2019.

§ 6.º Decorrido o prazo de 30 (trinta) dias após a suspensão a que se refere o § 4.º deste artigo, sem que o beneficiário, o seu representante legal ou o seu procurador apresente recurso administrativo aos canais de atendimento do INSS ou a outros canais autorizados, o benefício será cessado.

•• § 6.º acrescentado pela Lei n. 13.846, de 18-6-2019.

§ 7.º Para fins do disposto no caput deste artigo, o INSS poderá realizar recenseamento para atualização do cadastro dos beneficiários, abrangidos os benefícios administrados pelo INSS, observado o disposto no § 8.º deste artigo.
•• § 7.º com redação determinada pela Lei n. 14.199, de 2-9-2021.

§ 8.º Aquele que receber benefício realizará anualmente, no mês de aniversário do titular do benefício, a comprovação de vida, preferencialmente por meio de atendimento eletrônico com uso de biometria, ou outro meio definido pelo INSS que assegure a identificação inequívoca do beneficiário, implementado pelas instituições financeiras pagadoras dos benefícios, observadas as seguintes disposições:
•• § 8.º, caput, com redação determinada pela Lei n. 14.199, de 2-9-2021.
•• As Portarias n. 220, de 2-2-2022, do Ministério do Trabalho e Previdência, e 1.408, de 2-2-2022, do INSS, disciplinam os procedimentos referentes à comprovação de vida anual dos beneficiários INSS.

I – a prova de vida e a renovação de senha serão efetuadas pelo beneficiário, preferencialmente no mesmo ato, mediante identificação por funcionário da instituição financeira responsável pelo pagamento, quando não realizadas por atendimento eletrônico com uso de biometria;
•• Inciso I com redação determinada pela Lei n. 14.199, de 2-9-2021.

II – a prova de vida poderá ser realizada por representante legal ou por procurador do beneficiário, legalmente cadastrado no INSS;
•• Inciso II com redação determinada pela Lei n. 14.199, de 2-9-2021.

III – (Revogado pela Lei n. 14.199, de 2-9-2021.)

IV – os órgãos competentes deverão dispor de meios alternativos que garantam a realização da prova de vida do beneficiário com idade igual ou superior a 80 (oitenta) anos ou com dificuldade de locomoção, inclusive por meio de atendimento domiciliar quando necessário;
•• Inciso IV com redação determinada pela Lei n. 14.199, de 2-9-2021.

IV-A – as instituições financeiras deverão, obrigatoriamente, envidar esforços a fim de facilitar e auxiliar o beneficiário com idade igual ou superior a 80 (oitenta) anos ou com dificuldade de locomoção, de forma a evitar ao máximo o seu deslocamento até a agência bancária e, caso isso ocorra, dar-lhe preferência máxima de atendimento, para diminuir o tempo de permanência do idoso no recinto e evitar sua exposição a aglomeração;
•• Inciso IV-A acrescentado pela Lei n. 14.199, de 2-9-2021.

IV-B – a instituição financeira, quando a prova de vida for nela realizada, deverá enviar as informações ao INSS, bem como divulgar aos beneficiários, de forma ampla, todos os meios existentes para efetuar o procedimento, especialmente os remotos, a fim de evitar o deslocamento dos beneficiários; e

●● Inciso IV-B acrescentado pela Lei n. 14.199, de 2-9-2021.

V – o INSS poderá bloquear o pagamento do benefício encaminhado às instituições financeiras até que o beneficiário realize a prova de vida, permitida a liberação do pagamento automaticamente pela instituição financeira.

●● Inciso V com redação determinada pela Lei n. 14.199, de 2-9-2021.

§ 9.º O recurso de que trata o § 5º deste artigo não terá efeito suspensivo.

●● § 9.º acrescentado pela Lei n. 13.846, de 18-6-2019.

§ 10. Apurada irregularidade recorrente ou fragilidade nos procedimentos, reconhecida na forma prevista no *caput* deste artigo ou pelos órgãos de controle, os procedimentos de análise e concessão de benefícios serão revistos, de modo a reduzir o risco de fraude e concessão irregular.

●● § 10 acrescentado pela Lei n. 13.846, de 18-6-2019.

§ 11. Para fins do disposto no § 8.º deste artigo, preservados a integridade dos dados e o sigilo eventualmente existente, o INSS:

●● § 11, *caput*, acrescentado pela Lei n. 13.846, de 18-6-2019.

I – terá acesso a todos os dados biométricos mantidos e administrados pelos órgãos públicos federais; e

●● Inciso I acrescentado pela Lei n. 13.846, de 18-6-2019.

II – poderá ter, por meio de convênio, acesso aos dados biométricos:

●● Inciso II, *caput*, acrescentado pela Lei n. 13.846, de 18-6-2019.

a) da Justiça Eleitoral; e

●● Alínea *a* acrescentada pela Lei n. 13.846, de 18-6-2019.

b) de outros entes federativos.

●● Alínea *b* acrescentada pela Lei n. 13.846, de 18-6-2019.

Art. 70. Os beneficiários da Previdência Social, aposentados por invalidez, ficam obrigados, sob pena de sustação do pagamento do benefício, a submeterem-se a exames médico-periciais, estabelecidos na forma do regulamento, que definirá sua periodicidade e os mecanismos de fiscalização e auditoria.

Art. 71. O Instituto Nacional do Seguro Social – INSS deverá rever os benefícios, inclusive os concedidos por acidente do trabalho, ainda que concedidos judicialmente, para avaliar a persistência, atenuação ou agravamento da incapacidade para o trabalho alegada como causa para a sua concessão.

Parágrafo único. Será cabível a concessão de liminar nas ações rescisórias e revisional, para suspender a execução do julgado rescindendo ou revisando, em caso de fraude ou erro material comprovado.

●● Parágrafo único acrescentado pela Lei n. 9.032, de 28-4-1995.

Art. 72. O Instituto Nacional do Seguro Social – INSS promoverá, no prazo de 180 (cento e oitenta) dias a contar da publicação desta Lei, a revisão das indenizações associadas a benefícios por acidentes do trabalho, cujos valores excedam a Cr$ 1.700.000,00 (um milhão e setecentos mil cruzeiros).

Art. 73. O setor encarregado pela área de benefícios no âmbito do Instituto Nacional do Seguro Social – INSS deverá estabelecer indicadores qualitativos e quantitativos para acompanhamento e avaliação das concessões de benefícios realizadas pelos órgãos locais de atendimento.

Art. 74. Os postos de benefícios deverão adotar como prática o cruzamento das informações declaradas pelos segurados com os dados de cadastros de empresas e de contribuintes em geral quando da concessão de benefícios.

Art. 75. (*Revogado pela Lei n. 9.711, de 20-11-1998.*)

Art. 76. O Instituto Nacional do Seguro Social – INSS deverá proceder ao recadastramento de todos aqueles que, por intermédio de procuração, recebem benefícios da Previdência Social.

§ 1.º O documento de procuração deverá ser revalidado, anualmente, nos termos de norma definida pelo INSS.

●● Parágrafo único renumerado pela Lei n. 14.199, de 2-9-2021.

§ 2.º Na hipótese de pagamento indevido de benefício a pessoa não autorizada, ou após o óbito do titular do benefício, a instituição financeira é responsável pela devolução dos valores ao INSS, em razão do descumprimento das obrigações a ela impostas por lei ou por força contratual.

●● § 2.º acrescentado pela Lei n. 14.199, de 2-9-2021.

Art. 77. (*Revogado pela Medida Provisória n. 2.216-37, de 31-8-2001.*)

Art. 78. O Instituto Nacional do Seguro Social – INSS, na forma da legislação específica, fica autorizado a contratar auditorias externas, periodicamente, para analisar e emitir parecer sobre demonstrativos econômico-financeiros e contábeis, arrecadação, cobrança e fiscalização das contribuições, bem como pagamento dos benefícios, submetendo os resultados obtidos à apreciação do Conselho Nacional da Seguridade Social.

Art. 79. (*Revogado pela Lei n. 9.711, de 20-11-1998.*)

Art. 80. Fica o Instituto Nacional do Seguro Social – INSS obrigado a:

I – enviar às empresas e aos seus segurados, quando solicitado, extrato relativo ao recolhimento das suas contribuições;

●● Inciso I com redação determinada pela Lei n. 12.692, de 24-7-2012.

II – (*Revogado pela Lei n. 11.941, de 27-5-2009.*)

III – emitir e enviar aos beneficiários o Aviso de Concessão de Benefício, além da memória de cálculo do valor dos benefícios concedidos;

IV – reeditar versão atualizada, nos termos do Plano de Benefícios, da Carta dos Direitos dos Segurados;

V – divulgar, com a devida antecedência, através dos meios de comunicação, alterações porventura realizadas na forma de contribuição das empresas e segurados em geral;

VI – descentralizar, progressivamente, o processamento eletrônico das informações, mediante extensão dos programas de informatização de postos de atendimento e de Regiões Fiscais;

VII – disponibilizará ao público, inclusive por meio de rede pública de transmissão de dados, informações atualizadas sobre as receitas e despesas do Regime Geral de Previdência Social, bem como os critérios e parâmetros adotados para garantir o equilíbrio financeiro e atuarial do regime.

●● Inciso VII acrescentado pela Lei n. 10.887, de 18-6-2004.

§ 1.º O Ministério do Trabalho e Previdência divulgará, mensalmente, o resultado financeiro do Regime Geral de Previdência Social, no qual considerará:

●● § 1.º, *caput*, acrescentado pela Lei n. 14.360, de 1.º-6-2022.

I – para fins de aferição do equilíbrio financeiro do regime, as renúncias previdenciárias em adição às receitas realizadas; e

●● Inciso I acrescentado pela Lei n. 14.360, de 1.º-6-2022.

II – para os demais fins, apenas as receitas efetivamente arrecadadas e as despesas orçamentárias e financeiras efetivamente liquidadas e pagas.

●● Inciso II acrescentado pela Lei n. 14.360, de 1.º-6-2022.

§ 2.º Para fins de apuração das renúncias previdenciárias de que trata o inciso I do § 1.º deste artigo, serão considerados as informações prestadas pela Secretaria Especial da Receita Federal do Brasil do Ministério da Economia.

●● § 2.º acrescentado pela Lei n. 14.360, de 1.º-6-2022.

Art. 81. (*Revogado pela Lei n. 11.941, de 27-5-2009.*)

Art. 82. A Auditoria e a Procuradoria do Instituto Nacional do Seguro Social – INSS deverão, a cada trimestre, elaborar relação das auditorias realizadas e dos trabalhos executados, bem como dos resultados obtidos, enviando-a à apreciação do Conselho Nacional da Seguridade Social.

Art. 83. O Instituto Nacional do Seguro Social – INSS deverá implantar um programa de qualificação e treinamento sistemático de pessoal, bem como promover a reciclagem e redistribuição de funcionários conforme as demandas dos órgãos regionais e locais, visando a melhoria da qualidade do atendimento e o controle e a eficiência dos sistemas de arrecadação e fiscalização de contribuições, bem como de pagamento de benefícios.

Art. 84. (Revogado pela Medida Provisória n. 2.216-37, de 31-8-2001.)

Capítulo II
DAS DEMAIS DISPOSIÇÕES

Art. 85. O Conselho Nacional da Seguridade Social será instalado no prazo de 30 (trinta) dias após a promulgação desta Lei.

Art. 85-A. Os tratados, convenções e outros acordos internacionais de que Estado estrangeiro ou organismo internacional e o Brasil sejam partes, e que versem sobre matéria previdenciária, serão interpretados como lei especial.

•• Artigo acrescentado pela Lei n. 9.876, de 26-11-1999.

Art. 86. (Revogado pela Medida Provisória n. 2.216-37, de 31-8-2001.)

Art. 87. Os orçamentos das pessoas jurídicas de direito público e das entidades da administração pública indireta devem consignar as dotações necessárias ao pagamento das contribuições da Seguridade Social, de modo a assegurar a sua regular liquidação dentro do exercício.

Art. 88. Os prazos de prescrição de que goza a União aplicam-se à Seguridade Social, ressalvado o disposto no art. 46.

Art. 89. As contribuições sociais previstas nas alíneas a, b e c do parágrafo único do art. 11 desta Lei, as contribuições instituídas a título de substituição e as contribuições devidas a terceiros somente poderão ser restituídas ou compensadas nas hipóteses de pagamento ou recolhimento indevido ou maior que o devido, nos termos e condições estabelecidos pela Secretaria da Receita Federal do Brasil.

•• Caput com redação determinada pela Lei n. 11.941, de 27-5-2009.
•• Vide Súmula 666 do STJ.

§§ 1.º a 3.º (Revogados pela Medida Provisória n. 2.216-37, de 31-8-2001.)

§ 4.º O valor a ser restituído ou compensado será acrescido de juros obtidos pela aplicação da taxa referencial do Sistema Especial de Liquidação e de Custódia – SELIC para títulos federais, acumulada mensalmente, a partir do mês subsequente ao do pagamento indevido ou a maior que o devido até o mês anterior ao da compensação ou restituição e de 1% (um por cento) relativamente ao mês em que estiver sendo efetuada.

•• § 4.º com redação determinada pela Lei n. 11.941, de 27-5-2009.

§§ 5.º a 7.º (Revogados pela Medida Provisória n. 2.216-37, de 31-8-2001.)

§ 8.º Verificada a existência de débito em nome do sujeito passivo, o valor da restituição será utilizado para extingui-lo, total ou parcialmente, mediante compensação.

•• § 8.º acrescentado pela Lei n. 11.196, de 21-11-2005.

§ 9.º Os valores compensados indevidamente serão exigidos com os acréscimos moratórios de que trata o art. 35 desta Lei.

•• § 9.º acrescentado pela Lei n. 11.941, de 27-5-2009.

§ 10. Na hipótese de compensação indevida, quando se comprove falsidade da declaração apresentada pelo sujeito passivo, o contribuinte estará sujeito à multa isolada aplicada no percentual previsto no inciso I do caput do art. 44 da Lei n. 9.430, de 27 de dezembro de 1996, aplicado em dobro, e terá como base de cálculo o valor total do débito indevidamente compensado.

•• § 10 acrescentado pela Lei n. 11.941, de 27-5-2009.

§ 11. Aplica-se aos processos de restituição das contribuições de que trata este artigo e de reembolso de salário-família e salário-maternidade o rito previsto no Decreto n. 70.235, de 6 de março de 1972.

•• § 11 acrescentado pela Lei n. 11.941, de 27-5-2009.

§ 12. O disposto no § 10 deste artigo não se aplica à compensação efetuada nos termos do art. 74 da Lei n. 9.430, de 27 de dezembro de 1996.

•• § 12 acrescentado pela Lei n. 13.670, de 30-5-2018.

Art. 90. O Conselho Nacional da Seguridade Social, dentro de 180 (cento e oitenta) dias da sua instalação, adotará as providências necessárias ao levantamento das dívidas da União para com a Seguridade Social.

Art. 91. Mediante requisição da Seguridade Social, a empresa é obrigada a descontar, da remuneração paga aos segurados a seu serviço, a importância proveniente de dívida ou responsabilidade por eles contraída junto à Seguridade Social, relativa a benefícios pagos indevidamente.

Art. 92. A infração de qualquer dispositivo desta Lei para a qual não haja penalidade expressamente cominada sujeita o responsável, conforme a gravidade da infração, a multa variável de Cr$ 100.000,00 (cem mil cruzeiros) a Cr$ 10.000.000,00 (dez milhões de cruzeiros), conforme dispuser o regulamento.

•• Valores atualizados, a partir de 1.º-1-2025, pela Portaria Interministerial n. 6, de 10-1-2025, dos Ministérios da Previdência Social e da Fazenda, para, respectivamente, de R$ 3.368,43 (três mil, trezentos e sessenta e oito reais e quarenta e três centavos) a R$ 336.841,70 (trezentos e trinta e seis mil, oitocentos e quarenta e um reais e setenta centavos).

Art. 93. (Revogado pela Lei n. 9.639, de 25-5-1998.)

Parágrafo único. (Revogado pela Lei n. 11.941, de 27-5-2009.)

Art. 94. (Revogado pela Lei n. 11.501, de 11-7-2007.)

Art. 95. (Caput e alíneas a a j revogados pela Lei n. 9.983, de 14-7-2000.)

§ 1.º (Revogado pela Lei n. 9.983, de 14-7-2000.)

§ 2.º A empresa que transgredir as normas desta Lei, além das outras sanções previstas, sujeitar-se-á, nas condições em que dispuser o regulamento:

a) à suspensão de empréstimos e financiamentos, por instituições financeiras oficiais;
b) à revisão de incentivos fiscais de tratamento tributário especial;
c) à inabilitação para licitar e contratar com qualquer órgão ou entidade da administração pública direta ou indireta federal, estadual, do Distrito Federal ou municipal;
d) à interdição para o exercício do comércio, se for sociedade mercantil ou comerciante individual;
e) à desqualificação para impetrar concordata;
f) à cassação de autorização para funcionar no país, quando for o caso.

§§ 3.º a 5.º (Revogados pela Lei n. 9.983, de 14-7-2000.)

Art. 96. O Poder Executivo enviará ao Congresso Nacional, anualmente, acompanhando a Proposta Orçamentária da Seguridade Social, projeções atuariais relativas à Seguridade Social, abrangendo um horizonte temporal de, no mínimo, 20 (vinte) anos, considerando hipóteses alternativas quanto às variáveis demográficas, econômicas e institucionais relevantes.

Art. 97. Fica o Instituto Nacional do Seguro Social – INSS autorizado a proceder a alienação ou permuta, por ato da autoridade competente, de bens imóveis de sua propriedade considerados desnecessários ou não vinculados às suas atividades operacionais.

•• Caput com redação determinada pela Lei n. 9.528, de 10-12-1997.

§ 1.º Na alienação a que se refere este artigo será observado o disposto no art. 18 e nos incisos I, II e III do art. 19, da Lei n. 8.666, de 21 de junho de 1993, alterada pelas Leis n. 8.883, de 8 de junho de 1994, e 9.032, de 28 de abril de 1995.

•• Primitivo parágrafo único renumerado para § 1.º pela Lei n. 9.528, de 10-12-1997.

§ 2.º (Vetado.)

•• § 2.º acrescentado pela Lei n. 9.528, de 10-12-1997.

Art. 98. Nas execuções fiscais da dívida ativa do INSS, o leilão judicial dos bens penhorados realizar-se-á por leiloeiro oficial, indicado pelo credor, que procederá à hasta pública:

•• Caput com redação determinada pela Lei n. 9.528, de 10-12-1997.

I – no primeiro leilão, pelo valor do maior lance, que não poderá ser inferior ao da avaliação;

•• Inciso I com redação determinada pela Lei n. 9.528, de 10-12-1997.

II – no segundo leilão, por qualquer valor, excetuado o vil.

•• Inciso II com redação determinada pela Lei n. 9.528, de 10-12-1997.

§ 1.º Poderá o juiz, a requerimento do credor, autorizar seja parcelado o pagamento do valor da arrematação, na forma prevista para os parcelamentos administrativos de débitos previdenciários.

•• § 1.º com redação determinada pela Lei n. 9.528, de 10-12-1997.
§ 2.º Todas as condições do parcelamento deverão constar do edital de leilão.
•• § 2.º com redação determinada pela Lei n. 9.528, de 10-12-1997.
§ 3.º O débito do executado será quitado na proporção do valor de arrematação.
•• § 3.º com redação determinada pela Lei n. 9.528, de 10-12-1997.
§ 4.º O arrematante deverá depositar, no ato, o valor da primeira parcela.
•• § 4.º com redação determinada pela Lei n. 9.528, de 10-12-1997.
§ 5.º Realizado o depósito, será expedida carta de arrematação, contendo as seguintes disposições:
•• § 5.º, *caput*, com redação determinada pela Lei n. 9.528, de 10-12-1997.
a) valor da arrematação, valor e número de parcelas mensais em que será pago;
•• Alínea *a* com redação determinada pela Lei n. 9.528, de 10-12-1997.
b) constituição de hipoteca do bem adquirido, ou de penhor, em favor do credor, servindo a carta de título hábil para registro da garantia;
•• Alínea *b* com redação determinada pela Lei n. 9.528, de 10-12-1997.
c) indicação do arrematante como fiel depositário do bem móvel, quando constituído penhor;
•• Alínea *c* com redação determinada pela Lei n. 9.528, de 10-12-1997.
d) especificação dos critérios de reajustamento do saldo e das parcelas, que será sempre o mesmo vigente para os parcelamentos de débitos previdenciários.
•• Alínea *d* com redação determinada pela Lei n. 9.528, de 10-12-1997.
§ 6.º Se o arrematante não pagar, no vencimento, qualquer das parcelas mensais, o saldo devedor remanescente vencerá antecipadamente, que será acrescido em 50% (cinquenta por cento) de seu valor a título de multa, e, imediatamente inscrito em dívida ativa e executado.
•• § 6.º com redação determinada pela Lei n. 9.528, de 10-12-1997.
§ 7.º Se no primeiro ou no segundo leilões a que se refere o *caput* não houver licitante, o INSS poderá adjudicar o bem por 50% (cinquenta por cento) do valor da avaliação.
•• § 7.º com redação determinada pela Lei n. 9.528, de 10-12-1997.
§ 8.º Se o bem adjudicado não puder ser utilizado pelo INSS, e for de difícil venda, poderá ser negociado ou doado a outro órgão ou entidade pública que demonstre interesse na sua utilização.
•• § 8.º com redação determinada pela Lei n. 9.528, de 10-12-1997.
§ 9.º Não havendo interesse na adjudicação, poderá o juiz do feito, de ofício ou a requerimento do credor, determinar sucessivas repetições da hasta pública.
•• § 9.º com redação determinada pela Lei n. 9.528, de 10-12-1997.

§ 10. O leiloeiro oficial, a pedido do credor, poderá ficar como fiel depositário dos bens penhorados e realizar a respectiva remoção.
•• § 10 com redação determinada pela Lei n. 9.528, de 10-12-1997.
§ 11. O disposto neste artigo aplica-se às execuções fiscais da Dívida Ativa da União.
•• § 11 acrescentado pela Lei n. 10.522, de 19-7-2002.
Art. 99. O Instituto Nacional do Seguro Social – INSS poderá contratar leiloeiros oficiais para promover a venda administrativa dos bens, adjudicados judicialmente ou que receber em dação de pagamento.
•• *Caput* com redação determinada pela Lei n. 9.528, de 10-12-1997.
Parágrafo único. O INSS, no prazo de 60 (sessenta) dias, providenciará alienação do bem por intermédio do leiloeiro oficial.
•• Parágrafo único acrescentado pela Lei n. 9.528, de 10-12-1997.
Art. 100. (*Revogado pela Lei n. 9.528, de 10-12-1997.*)
Art. 101. (*Revogado pela Medida Provisória n. 2.187-13, de 24-8-2001.*)
Art. 102. Os valores expressos em moeda corrente nesta Lei serão reajustados nas mesmas épocas e com os mesmos índices utilizados para o reajustamento dos benefícios de prestação continuada da Previdência Social.
•• *Caput* com redação determinada pela Medida Provisória n. 2.187-13, de 24-8-2001.
§ 1.º O disposto neste artigo não se aplica às penalidades previstas no art. 32-A desta Lei.
•• § 1.º com redação determinada pela Lei n. 11.941, de 27-5-2009.
§ 2.º O reajuste dos valores dos salários de contribuição em decorrência da alteração do salário mínimo será descontado por ocasião da aplicação dos índices a que se refere o *caput* deste artigo.
•• § 2.º acrescentado pela Lei n. 11.941, de 27-5-2009.
Art. 103. O Poder Executivo regulamentará esta Lei no prazo de 60 (sessenta) dias a partir da data de sua publicação.
Art. 104. Esta Lei entrará em vigor na data de sua publicação.
Art. 105. Revogam-se as disposições em contrário.
Brasília, 24 de julho de 1991; 170.º da Independência e 103.º da República.

FERNANDO COLLOR

DECRETO N. 325, DE 1.º DE NOVEMBRO DE 1991 (*)

Disciplina a comunicação, ao Ministério Público Federal, da prática de ilícitos penais previstos na legislação tributária e de crime funcional contra a ordem tributária e dá outras providências.

(*) Publicado no *Diário Oficial da União*, de 4-11-1991.

O Presidente da República, no uso das atribuições que lhe confere o art. 84, IV e VI, da Constituição, e tendo em vista o disposto nas Leis n. 4.357, de 16 de julho de 1964, 4.729, de 14 de julho de 1965, e 8.137, de 27 de dezembro de 1990, decreta:
Art. 1.º (*Revogado pelo Decreto n. 982, de 12-11-1993.*)
Art. 2.º Os servidores que tiverem conhecimento da prática de crime funcional contra a ordem tributária (Lei n. 8.137, de 1990, art. 3.º), representarão perante o titular da unidade administrativa do Ministério da Economia, Fazenda e Planejamento onde o representado tiver exercício.
§ 1.º O titular da unidade administrativa providenciará a formação de processo administrativo correspondente à representação, que conterá:
a) exposição circunstanciada dos fatos;
b) elementos comprobatórios do ilícito;
c) identificação do representado e do representante e, se houver, o rol das testemunhas.
§ 2.º Havendo na representação elementos suficientes à caracterização do ilícito, o titular da unidade administrativa determinará a imediata instauração de comissão destinada a apurar a responsabilidade do servidor, procedendo ao seu afastamento preventivo (arts. 147 a 152 da Lei n. 8.112, de 11-12-1990), sem prejuízo do encaminhamento de cópia da representação ao Superintendente da Receita Federal.
§ 3.º A representação formulada em desacordo com o disposto nos parágrafos precedentes será objeto de diligências complementares visando à sua adequada instrução.
Art. 3.º O Superintendente da Receita Federal remeterá os autos (art. 1.º) ou as cópias (art. 2.º), no prazo de 10 (dez) dias contados do respectivo recebimento, ao Diretor da Receita Federal que, em igual prazo, os encaminhará, mediante ofício, ao Procurador-Geral da República, com cópia ao Procurador-Geral da Fazenda Nacional.
Parágrafo único. A medida de que trata este artigo será efetivada sem prejuízo e independentemente da remessa do processo administrativo fiscal à Procuradoria da Fazenda Nacional, na forma da legislação pertinente, para fins de apuração, inscrição e cobrança da Dívida Ativa da União.
Art. 4.º O eventual pagamento do tributo ou contribuição social, inclusive acessórios, bem assim a conclusão da comissão instituída para a apuração da responsabilidade do servidor (art. 2.º, § 2.º) serão igualmente comunicados, ao titular do Ministério Público Federal, na forma prevista no artigo precedente.
Art. 5.º (*Revogado pelo Decreto n. 2.331, de 1.º-10-1997.*)
Art. 6.º O Ministro da Economia, Fazenda e Planejamento expedirá as instruções necessárias à fiel execução do disposto neste Decreto.

Art. 7.º Este Decreto entra em vigor na data de sua publicação.

Brasília, 1.º de novembro de 1991; 170.º da Independência e 103.º da República.

FERNANDO COLLOR

LEI N. 8.383, DE 30 DE DEZEMBRO DE 1991 (*)

Institui a Unidade Fiscal de Referência, altera a legislação do imposto de renda, e dá outras providências.

O Presidente da República.
Faço saber que o Congresso Nacional decreta e eu sanciono a seguinte Lei:

Capítulo I
DA UNIDADE DE REFERÊNCIA – UFIR

Art. 1.º Fica instituída a Unidade Fiscal de Referência – UFIR, como medida de valor e parâmetro de atualização monetária de tributos e de valores expressos em cruzeiros na legislação tributária federal, bem como os relativos a multas e penalidades de qualquer natureza.

•• *Vide* art. 29, § 3.º, da Lei n. 10.522, de 19-7-2002.

§ 1.º O disposto neste Capítulo aplica-se a tributos e contribuições sociais, inclusive previdenciárias, de intervenção no domínio econômico e de interesse de categorias profissionais ou econômicas.

§ 2.º É vedada a utilização da UFIR em negócio jurídico como referencial de correção monetária do preço de bens ou serviços e de salários, aluguéis ou *royalties*.

Art. 2.º A expressão monetária da UFIR mensal será fixa em cada mês-calendário; e da UFIR diária ficará sujeita a variação em cada dia e a do primeiro dia do mês será igual à da UFIR do mesmo mês.

•• *Vide* art. 43 da Lei n. 9.069, de 29-6-1995, que declara extinta, a partir de 1.º-9-1994, a UFIR diária de que trata esta Lei.

•• *Vide* art. 1.º da Lei n. 8.981, de 20-1-1995.

•• *Vide*, sobre UFIR, Nota dos Organizadores.

§ 1.º O Ministério da Economia, Fazenda e Planejamento, por intermédio do Departamento da Receita Federal, divulgará a expressão monetária da UFIR mensal:

a) até o dia 1.º de janeiro de 1992, para esse mês, mediante a aplicação, sobre Cr$ 126,8621, do Índice Nacional de Preços ao Consumidor – INPC acumulado desde fevereiro até novembro de 1991, e do Índice de Preços ao Consumidor Ampliado – IPCA, de dezembro de 1991, apurados pelo Instituto Brasileiro de Geografia e Estatística (IBGE);

b) até o primeiro dia de cada mês, a partir de 1.º de fevereiro de 1992, com base no IPCA.

(*) Publicada no *Diário Oficial da União*, de 31-12-1991. Sobre UFIR, *vide* Nota dos Organizadores. *Vide* Lei n. 9.069, de 29-6-1995 (Plano Real).

§ 2.º O IPCA, a que se refere o parágrafo anterior, será constituído por série especial cuja apuração compreenderá o período entre o dia 16 do mês anterior e o dia 15 do mês de referência.

§ 3.º Interrompida a apuração ou divulgação da série especial do IPCA, a expressão monetária da UFIR será estabelecida com base nos indicadores disponíveis, observada precedência em relação àqueles apurados por instituições oficiais de pesquisa.

§ 4.º No caso do parágrafo anterior, o Departamento da Receita Federal divulgará a metodologia adotada para a determinação da expressão monetária da UFIR.

§ 5.º (*Revogado pela Lei n. 9.069, de 29-6-1995.*)

§ 6.º A expressão monetária do Fator de Atualização Patrimonial – FAP, instituído em decorrência da Lei n. 8.200, de 28 de junho de 1991, será igual, no mês de dezembro de 1991, à expressão monetária da UFIR apurada conforme a alínea *a* do § 1.º deste artigo.

§ 7.º A expressão monetária do coeficiente utilizado na apuração do ganho de capital, de que trata a Lei n. 8.218, de 29 de agosto de 1991, corresponderá, a partir de janeiro de 1992, à expressão monetária da UFIR mensal.

Art. 3.º Os valores expressos em cruzeiros na legislação tributária ficam convertidos em quantidade de UFIR, utilizando-se como divisores:

I – o valor de Cr$ 215,6656, se relativos a multas e penalidades de qualquer natureza;

II – o valor de Cr$ 126,8621, nos demais casos.

• *Vide* Lei n. 9.069, de 29-6-1995 (Plano Real).

Capítulo II
DO IMPOSTO DE RENDA DAS PESSOAS FÍSICAS

Art. 4.º A renda e os proventos de qualquer natureza, inclusive os rendimentos e ganhos de capital, percebidos por pessoas físicas residentes ou domiciliadas no Brasil, serão tributados pelo imposto de renda na forma da legislação vigente, com as modificações introduzidas por esta Lei.

Art. 5.º A partir de 1.º de janeiro do ano-calendário de 1992, o imposto de renda incidente sobre os rendimentos de que tratam os arts. 7.º, 8.º e 12 da Lei n. 7.713, de 22 de dezembro de 1988, será calculado de acordo com a seguinte tabela progressiva:

Base de cálculo (em UFIR)	Parcela a deduzir da base de cálculo (em UFIR)	Alíquota
Até 1.000	–	isento
Acima de 1.000 até 1.950	1.000	15%
Acima de 1.950	1.380	25%

•• *Vide* art. 1.º da Lei n. 11.482, de 31-5-2007.

Parágrafo único. O imposto de que trata este artigo será calculado sobre os rendimentos efetivamente recebidos em cada mês.

Art. 6.º O imposto sobre os rendimentos de que trata o art. 8.º da Lei n. 7.713, de 1988:

I – será convertido em quantidade de UFIR pelo valor desta no mês em que os rendimentos forem recebidos;

II – deverá ser pago até o último dia útil do mês subsequente ao da percepção dos rendimentos.

Parágrafo único. A quantidade de UFIR de que trata o inciso I será reconvertida em cruzeiros pelo valor de UFIR no mês do pagamento do imposto.

Art. 7.º Sem prejuízo dos pagamentos obrigatórios estabelecidos na legislação, fica facultado ao contribuinte efetuar, no curso do ano, complementação do imposto que for devido sobre os rendimentos recebidos.

Art. 8.º O imposto retido na fonte ou pago pelo contribuinte, salvo disposição em contrário, será deduzido do apurado na forma do inciso I do art. 15 desta Lei.

Parágrafo único. Para efeito da redução, o imposto retido ou pago será convertido em quantidade de UFIR pelo valor desta:

a) no mês em que os rendimentos forem pagos ao beneficiário, no caso de imposto retido na fonte;

b) no mês do pagamento do imposto, nos demais casos.

Art. 9.º As receitas e despesas a que se refere o art. 6.º da Lei n. 8.134, de 27 de dezembro de 1990, serão convertidas em quantidade de UFIR pelo valor desta no mês em que forem recebidas ou pagas, respectivamente.

Art. 10. Na determinação da base de cálculo sujeita à incidência mensal do imposto de renda poderão ser deduzidas:

I – a soma dos valores referidos nos incisos do art. 6.º da Lei n. 8.134, de 1990;

II – as importâncias pagas em dinheiro a título de alimentos ou pensões, em cumprimento de acordo ou decisão judicial, inclusive a prestação de alimentos provisionais;

III – a quantia equivalente a cem UFIR por dependente;

•• Inciso III com redação determinada pela Lei n. 9.069, de 29-6-1995.

• *Vide* art. 83, parágrafo único, I, da Lei n. 9.069, de 29-6-1995.

IV – as contribuições para a Previdência Social da União, dos Estados, do Distrito Federal e dos Municípios;

V – o valor de 1.000 (mil) UFIR, correspondente à parcela isenta dos rendimentos provenientes de aposentadoria e pensão, transferência para reserva remunerada ou reforma pagas pela Previdência Social da União, dos Estados, do Distrito Federal e dos Municípios, ou por qualquer pessoa jurídica de direito público interno, a partir do mês em que o contribuinte completar sessenta e cinco anos de idade.

Art. 11. Na declaração de ajuste anual (art. 12) poderão ser deduzidos:

I – os pagamentos feitos, no ano-calendário, a médicos, dentistas, psicólogos, fisioterapeutas, fonoaudiólogos, terapeutas ocupacionais e hospitais, bem como as despesas provenientes de exames laboratoriais e serviços radiológicos;

II – as contribuições e doações efetuadas a entidades de que trata o art. 1.º da Lei n. 3.830, de 25 de novembro de 1960, observadas as condições estabelecidas no art. 2.º da mesma Lei;

III – as doações de que trata o art. 260 da Lei n. 8.069, de 13 de julho de 1990;

IV – a soma dos valores referidos no art. 10 desta Lei;

V – as despesas feitas com instrução do contribuinte e seus dependentes até o limite anual individual de 650 (seiscentos e cinquenta) UFIR.

§ 1.º O disposto no inciso I:

a) aplica-se, também, aos pagamentos feitos a empresas brasileiras ou autorizadas a funcionar no País, destinados à cobertura de despesas com hospitalização e cuidados médicos e dentários, bem como a entidades que assegurem direito de atendimento ou ressarcimento de despesas de natureza médica, odontológica e hospitalar;

b) restringe-se aos pagamentos feitos pelo contribuinte, relativos ao seu próprio tratamento e ao de seus dependentes;

c) é condicionado a que os pagamentos sejam especificados e comprovados, com indicação do nome, endereço e número de inscrição no Cadastro de Pessoas Físicas ou no Cadastro de Pessoas Jurídicas de quem os recebeu, podendo, na falta de documentação, ser feita indicação do cheque nominativo pelo qual foi efetuado o pagamento.

§ 2.º Não se incluem entre as deduções de que trata o inciso I deste artigo as despesas ressarcidas por entidade de qualquer espécie.

§ 3.º A soma das deduções previstas nos incisos II e III está limitada a 10% (dez por cento) da base de cálculo do imposto, na declaração de ajuste anual.

§ 4.º As deduções de que trata este artigo serão convertidas em quantidade de UFIR pelo valor desta no mês do pagamento ou no mês em que tiverem sido consideradas na base de cálculo sujeita à incidência mensal do imposto.

Art. 12. As pessoas físicas deverão apresentar anualmente declaração de ajuste, na qual se determinará o saldo do imposto a pagar ou valor a ser restituído.

§ 1.º Os ganhos a que se referem o art. 26 desta Lei e o inciso I do art. 18 da Lei n. 8.134, de 1990, serão apurados e tributados em separado, não integrarão a base de cálculo do imposto na declaração de ajuste anual e o imposto pago não poderá ser deduzido na declaração.

§ 2.º A declaração de ajuste anual, em modelo aprovado pelo Departamento da Receita Federal, deverá ser apresentada até o último dia útil do mês de abril do ano subsequente ao da percepção dos rendimentos ou ganhos de capital.

§ 3.º Ficam dispensadas da apresentação de declaração:

a) as pessoas físicas cujos rendimentos do trabalho assalariado, no ano-calendário, inclusive Gratificação de Natal ou Gratificação Natalina, conforme o caso, acrescidos dos demais rendimentos recebidos, exceto os não tributados ou tributados exclusivamente na fonte, sejam iguais ou inferiores a 13.000 (treze mil) UFIR;

b) os aposentados, inativos e pensionistas da Previdência Social da União, dos Estados, do Distrito Federal e dos Municípios ou dos respectivos Tesouros, cujos proventos e pensões no ano-calendário, acrescidos dos demais rendimentos recebidos, exceto os não tributados ou tributados exclusivamente na fonte, sejam iguais ou inferiores a 13.000 (treze mil) UFIR;

c) outras pessoas físicas declaradas em ato do Ministro da Economia, Fazenda e Planejamento, cuja qualificação fiscal assegure a preservação dos controles fiscais pela administração tributária.

Art. 13. Para efeito de cálculo do imposto a pagar ou do valor a ser restituído, os rendimentos serão convertidos em quantidade de UFIR pelo valor desta no mês em que forem recebidos pelo beneficiado.

Parágrafo único. A base de cálculo do imposto, na declaração de ajuste anual, será a diferença entre as somas, em quantidade de UFIR:

a) de todos os rendimentos percebidos durante o ano-calendário, exceto os isentos, os não tributáveis e os tributados exclusivamente na fonte; e

b) das deduções de que trata o art. 11 desta Lei.

Art. 14. O resultado da atividade rural será apurado segundo o disposto na Lei n. 8.023, de 12 de abril de 1990, e, quando positivo, integrará a base de cálculo do imposto definida no artigo anterior.

§ 1.º O resultado da atividade rural e a base de cálculo do imposto serão expressos em quantidade de UFIR.

§ 2.º As receitas, despesas e demais valores, que integram o resultado e a base de cálculo, serão convertidos em UFIR pelo valor desta no mês do efetivo pagamento ou recebimento.

Art. 15. O saldo do imposto a pagar ou o valor a ser restituído na declaração de ajuste anual (art. 12) será determinado com observância das seguintes normas:

I – será calculado o imposto progressivo de acordo com a tabela (art. 16);

II – será deduzido o imposto pago ou retido na fonte, correspondente a rendimentos incluídos na base de cálculo;

III – o montante assim determinado, expresso em quantidade de UFIR, constituirá, se positivo, o saldo do imposto a pagar e, se negativo, o valor a ser restituído.

Art. 16. Para fins do ajuste de que trata o artigo anterior, o imposto de renda progressivo será calculado de acordo com a seguinte tabela:

Base de cálculo (em UFIR)	Parcela a deduzir da base de cálculo (em UFIR)	Alíquota
Até 12.000	–	isento
Acima de 12.000 até 23.400	12.000	15%
Acima de 23.400	16.560	25%

•• *Vide* art. 1.º da Lei n. 11.482, de 31-5-2007.

Art. 17. O saldo do imposto (art. 15, III) poderá ser pago em até 6 (seis) quotas iguais, mensais e sucessivas, observado o seguinte:

I – nenhuma quota será inferior a 50 (cinquenta) UFIR e o imposto de valor inferior a 100 (cem) UFIR será pago de uma só vez;

II – a primeira quota ou quota única deverá ser paga no mês de abril do ano subsequente ao da percepção dos rendimentos;

III – as quotas vencerão no último dia útil de cada mês;

IV – é facultado ao contribuinte antecipar, total ou parcialmente, o pagamento do imposto ou das quotas.

Parágrafo único. A quantidade de UFIR será reconvertida em cruzeiros pelo valor da UFIR no mês do pagamento do imposto ou da respectiva quota.

Art. 18. Para cálculo do imposto, os valores da tabela progressiva anual (art. 16) serão divididos proporcionalmente ao número de meses do período abrangido pela tributação, em relação ao ano-calendário, nos casos de declaração apresentada:

I – em nome do espólio, no exercício em que for homologada a partilha ou feita a adjudicação dos bens;

II – pelo contribuinte, residente ou domiciliado no Brasil, que se retirar em caráter definitivo do território nacional.

Art. 19. As pessoas físicas ou jurídicas que efetuarem pagamentos com retenção do imposto de renda na fonte deverão fornecer à pessoa física beneficiária, até o dia 28 de fevereiro, documento comprobatório, em 2 (duas) vias, com indicação da natureza e do montante do pagamento, das deduções e do imposto de renda retido no ano anterior.

§ 1.º Tratando-se de rendimentos pagos por pessoas jurídicas, quando não tenha havido retenção do imposto de renda na fonte, o comprovante deverá ser fornecido no mesmo prazo ao contribuinte que o tenha solicitado até o dia 15 de janeiro do ano subsequente.

§ 2.º No documento de que trata este artigo, o imposto retido na fonte, as deduções e os rendimentos deverão ser informados por seus valores em cruzeiros e em quantidade de UFIR, convertidos segundo o disposto na alínea a do parágrafo único do art. 8.º, no § 4.º do art. 11 e no art. 13 desta Lei.

§ 3.º As pessoas físicas ou jurídicas que deixarem de fornecer aos beneficiários, dentro do prazo, ou fornecerem com inexatidão, o documento a que se refere este artigo ficarão sujeitas ao pagamento de multa de 35 (trinta e cinco) UFIR por documento.

§ 4.º À fonte pagadora que prestar informação falsa sobre rendimentos pagos, deduções, ou imposto retido na fonte, será aplicada a multa de 150% (cento e cinquenta por cento) sobre o valor que for indevidamente utilizável como redução do imposto de renda devido, independentemente de outras penalidades administrativas ou criminais.

§ 5.º Na mesma penalidade incorrerá aquele que se beneficiar da informação sabendo ou devendo saber da falsidade.

Capítulo III
DA TRIBUTAÇÃO DAS OPERAÇÕES FINANCEIRAS

Art. 20. O rendimento produzido por aplicação financeira de renda fixa iniciada a partir de 1.º de janeiro de 1992, auferido por qualquer beneficiário, inclusive pessoa jurídica isenta, sujeita-se à incidência do imposto sobre a renda na fonte às alíquotas seguintes:

I – (Revogado pela Lei n. 8.541, de 23-12-1992.)

II – demais operações: 30% (trinta por cento).

§ 1.º O disposto neste artigo aplica-se, inclusive, às operações de financiamento realizadas em bolsas de valores, de mercadorias, de futuros e assemelhadas, na forma da legislação em vigor.

§ 2.º Fica dispensada a retenção do imposto de renda na fonte em relação à operação iniciada e encerrada no mesmo dia quando o alienante for instituição financeira, sociedade de arrendamento mercantil, sociedade corretora de títulos e valores mobiliários ou sociedade distribuidora de títulos e valores mobiliários.

§ 3.º A base de cálculo do imposto é constituída pela diferença positiva entre o valor da alienação, líquido do imposto sobre operações de crédito, câmbio e seguro, e sobre operações relativas a títulos e valores mobiliários – IOF (art. 18 da Lei n. 8.088, de 31-10-1990) e o valor da aplicação financeira de renda fixa, atualizado com base na variação acumulada da UFIR diária, desde a data inicial da operação até a da alienação.

§ 4.º Serão adicionados ao valor de alienação, para fins de composição da base de cálculo do imposto, os rendimentos periódicos produzidos pelo título ou aplicação, bem como qualquer remuneração adicional aos rendimentos prefixados, pagos ou creditados ao alienante e não submetidos à incidência do imposto de renda na fonte, atualizados com base na variação acumulada da UFIR diária, desde a data do crédito ou pagamento até a da alienação.

§ 5.º Para fins da incidência do imposto de renda na fonte, a alienação compreende qualquer forma de transmissão da propriedade, bem como a liquidação, resgate ou repactuação do título ou aplicação.

§ 6.º (Revogado pela Lei n. 14.317, de 29-3-2022.)

Art. 21. Nas aplicações em fundos de renda fixa, resgatadas a partir de 1.º de janeiro de 1992, a base de cálculo do imposto de renda na fonte será constituída pela diferença positiva entre o valor do resgate, líquido do IOF, e o custo de aquisição da quota, atualizado com base na variação acumulada da UFIR diária, desde a data da conversão da aplicação em quotas até a da reconversão das quotas em cruzeiros.

§ 1.º Na determinação do custo de aquisição da quota, quando atribuída a remuneração ao valor resgatado, observar-se-á a precedência segundo a ordem sequencial direta das aplicações realizadas pelo beneficiário.

§ 2.º (Revogado pela Lei n. 8.894, de 21-6-1994.)

§ 3.º O imposto de renda na fonte, calculado à alíquota de 30% (trinta por cento), e o IOF serão retidos pelo administrador do fundo de renda fixa na data do resgate.

§ 4.º Excluem-se do disposto neste artigo as aplicações em Fundo de Aplicação Financeira – FAF, que continuam sujeitas à tributação pelo imposto de renda na fonte à alíquota de 5% (cinco por cento) sobre o rendimento bruto apropriado diariamente ao quotista.

• Vide art. 53, § 1.º, da Lei n. 9.069, de 29-6-1995.

§ 5.º Na determinação da base de cálculo do imposto em relação ao resgate de quota existente em 31 de dezembro de 1991, adotar-se-á, a título de custo de aquisição, o valor da quota na mesma data.

Art. 22. São isentos do imposto de renda na fonte:

I – os rendimentos creditados ao quotista pelo Fundo de Investimento em Quotas de Fundos de Aplicação, correspondente aos créditos apropriados por FAF;

• Vide art. 53, § 3.º, da Lei n. 9.069, de 29-6-1995.

II – os rendimentos auferidos por FAF, tributados quando da apropriação ao quotista.

Art. 23. A operação de mútuo e a operação de compra vinculada à revenda, no mercado secundário, tendo por objeto ouro, ativo financeiro, iniciadas a partir de 1.º de janeiro de 1992, ficam equiparadas à operação de renda fixa para fins de incidência do imposto de renda na fonte.

§ 1.º Constitui fato gerador do imposto a liquidação da operação de mútuo ou a revenda de ouro, ativo financeiro.

§ 2.º A base de cálculo do imposto nas operações de mútuo será constituída:

a) pelo valor do rendimento em moeda corrente, atualizado entre a data do recebimento e a data de liquidação do contrato; ou

b) quando o rendimento for fixado em quantidade de ouro, pelo valor da conversão do ouro em moeda corrente, estabelecido com base nos preços médios das operações realizadas no mercado à vista da bolsa em que ocorrer o maior volume de ouro transacionado na data de liquidação do contrato.

§ 3.º A base de cálculo nas operações de revenda e de compra de ouro, quando vinculadas, será constituída pela diferença positiva entre o valor de revenda e o de compra do ouro, atualizada com base na variação acumulada da UFIR diária, entre a data de início e de encerramento da operação.

§ 4.º O valor da operação de que trata a alínea a do § 2.º será atualizado com base na UFIR diária.

§ 5.º O imposto de renda na fonte será calculado aplicando-se alíquotas previstas no art. 20, de acordo com o prazo de operação.

§ 6.º Fica o Poder Executivo autorizado a baixar normas com vistas a definir as características da operação de compra vinculada à revenda, bem como a equiparar às operações de que trata este artigo outras que, pelas suas características, produzam os mesmos efeitos das operações indicadas.

§ 7.º O Conselho Monetário Nacional poderá estabelecer prazo mínimo para as operações de que trata este artigo.

Art. 24. (Revogado pela Lei n. 8.541, de 23-12-1992.)

Art. 25. O rendimento auferido no resgate, a partir de 1.º de janeiro de 1992, de quota de fundo mútuo de ações, clube de investimento e outros fundos da espécie, inclusive Plano de Poupança e Investimentos – PAIT, de que trata o Decreto-lei n. 2.292, de 21 de novembro de 1986, constituídos segundo a legislação aplicável, quando o beneficiário for pessoa física ou pessoa jurídica não tributada com base no lucro real, inclusive isenta, sujeita-se à incidência do imposto de renda na fonte à alíquota de 25% (vinte e cinco por cento).

§ 1.º A base de cálculo do imposto é constituída pela diferença positiva entre o valor de resgate e o custo médio de aquisição da quota, atualizado com base na variação acumulada da UFIR diária da data da conversão em quotas até a de reconversão das quotas em cruzeiros.

§ 2.º Os ganhos líquidos a que se refere o artigo seguinte e os rendimentos produzidos por aplicações financeiras de renda fixa, auferidos por fundo mútuo de ações, clube de investimentos e outros fundos da espécie, não estão sujeitos à incidência do imposto de renda na fonte.

§ 3.º O imposto será retido pelo administrador do fundo ou clube de investimento na data do resgate.

§ 4.º Fica o Poder Executivo autorizado a permitir a compensação de perdas ocorridas em aplicações de que trata este artigo.

Art. 26. Ficam sujeitas ao pagamento do imposto de renda, à alíquota de vinte e cinco por cento, a pessoa física e a pessoa jurídica não tributada com base no lucro real, inclusive isenta, que auferirem ganhos líquidos nas operações realizadas nas bolsas de valores, de mercadorias, de futuros e assemelhadas, encerradas a partir de 1.º de janeiro de 1992.

§ 1.º Os custos de aquisição, os preços de exercício e os prêmios serão considerados pelos valores médios pagos, atualizados com base na variação acumulada da UFIR diária da data da aquisição até a data da alienação do ativo.

§ 2.º O Poder Executivo poderá baixar normas para apuração e demonstração dos ganhos líquidos, bem como autorizar a compensação de perdas em um mesmo ou entre dois ou mais mercados ou modalidades operacionais, previstos neste artigo, ressalvado o disposto no art. 28 desta Lei.

§ 3.º O disposto neste artigo aplica-se, também, aos ganhos líquidos decorrentes da alienação de ouro, ativo financeiro, fora da bolsa, com a interveniência de instituições integrantes do Sistema Financeiro Nacional.

§ 4.º O imposto de que trata este artigo será apurado mensalmente.

Art. 27. As deduções de despesas, bem como a compensação de perdas na forma prevista no § 2.º do artigo precedente, são admitidas exclusivamente para as operações realizadas nos mercados organizados, geridos ou sob responsabilidade de instituição credenciada pelo Poder Executivo e com objetivos semelhantes aos das bolsas de valores, de mercadorias ou de futuros.

Art. 28. Os prejuízos decorrentes de operações financeiras de compra e subsequente venda ou de venda e subsequente compra, realizadas no mesmo dia (*day-trade*), tendo por objeto ativo, título, valor mobiliário ou direito de natureza e características semelhantes, somente podem ser compensados com ganhos auferidos em operações da mesma espécie ou em operações de cobertura (*hedge*) à qual estejam vinculadas nos termos admitidos pelo Poder Executivo.

§ 1.º O ganho líquido mensal correspondente às operações *day-trade*, quando auferido por beneficiário dentre os referidos no art. 26, integra a base de cálculo do imposto de renda de que trata o mesmo artigo.

§ 2.º Os prejuízos decorrentes de operações realizadas fora de mercados organizados, geridos ou sob responsabilidade de instituição credenciada pelo Poder Público, não podem ser deduzidos da base de cálculo do imposto de renda e da apuração do ganho líquido de que trata o art. 26, bem como não podem ser compensados com ganhos auferidos em operações de espécie, realizadas em qualquer mercado.

Art. 29. Os residentes ou domiciliados no exterior sujeitam-se às mesmas normas de tributação pelo imposto de renda, previstas para os residentes ou domiciliados no País, em relação aos:
•• *Caput* com redação determinada pela Lei n. 8.849, de 28-1-1994.

I – rendimentos decorrentes de aplicações financeiras de renda fixa;
•• Inciso I com redação determinada pela Lei n. 8.849, de 28-1-1994.

II – ganhos líquidos auferidos em operações realizadas em bolsas de valores, de mercadorias, de futuros e assemelhadas;
•• Inciso II com redação determinada pela Lei n. 8.849, de 28-1-1994.

III – rendimentos obtidos em aplicações em fundos e clubes de investimentos de renda variável.
•• Inciso III com redação determinada pela Lei n. 8.849, de 28-1-1994.

Parágrafo único. Sujeitam-se à tributação pelo imposto de renda, nos termos dos arts. 31 a 33, os rendimentos e ganhos de capital decorrentes de aplicações financeiras, auferidos por fundos, sociedades de investimento e carteiras de valores mobiliários de que participem, exclusivamente, pessoas físicas ou jurídicas, fundos ou outras entidades de investimento coletivo residentes, domiciliadas ou com sede no exterior.
•• Parágrafo único com redação determinada pela Lei n. 8.849, de 28-1-1994.

Art. 30. O investimento estrangeiro nos mercados financeiros e de valores mobiliários somente poderá ser realizado no País por intermédio de representante legal, previamente designado dentre as instituições autorizadas pelo Poder Executivo a prestar tal serviço e que será responsável, nos termos do art. 128 do Código Tributário Nacional (Lei n. 5.172, de 25-10-1966), pelo cumprimento das obrigações tributárias decorrentes das operações que realizar por conta e ordem do representado.
•• *Caput* com redação determinada pela Lei n. 8.849, de 28-1-1994.

§ 1.º O representante legal não será responsável pela retenção e recolhimento do imposto de renda na fonte sobre aplicações financeiras quando, nos termos da legislação pertinente, tal responsabilidade for atribuída a terceiro.
•• § 1.º com redação determinada pela Lei n. 8.849, de 28-1-1994.

§ 2.º O Poder Executivo poderá excluir determinadas categorias de investidores da obrigatoriedade prevista neste artigo.
•• § 2.º com redação determinada pela Lei n. 8.849, de 28-1-1994.

Art. 31. Sujeitam-se à tributação pelo imposto de renda, à alíquota de 25% (vinte e cinco por cento), os rendimentos e ganhos de capital auferidos no resgate pelo quotista, quando distribuídos, sob qualquer forma e a qualquer título, por fundos em condomínio, a que se refere o art. 50 da Lei n. 4.728, de 14 de julho de 1965, constituídos na forma prescrita pelo Conselho Monetário Nacional e mantidos com recursos provenientes de conversão de débitos externos brasileiros, e de que participem, exclusivamente, pessoas físicas ou jurídicas, fundos ou outras entidades de investimentos coletivos, residentes, domiciliados, ou com sede no exterior.
•• *Caput* com redação determinada pela Lei n. 8.849, de 28-1-1994.

§ 1.º A base de cálculo do imposto é constituída pela diferença positiva entre o valor de resgate e o custo médio de aquisição da quota, atualizados com base na variação acumulada da UFIR diária da data da aplicação até a data da distribuição ao exterior.
•• § 1.º com redação determinada pela Lei n. 8.849, de 28-1-1994.

§ 2.º Os rendimentos e ganhos de capital auferidos pelas carteiras dos fundos em condomínio de que trata este artigo, ficam excluídos da retenção do imposto de renda na fonte e do imposto de renda sobre o ganho líquido mensal.
•• § 2.º com redação determinada pela Lei n. 8.849, de 28-1-1994.

Art. 32. Ressalvados os rendimentos de Fundos de Aplicação Financeira – FAF, que continuam tributados de acordo com o disposto no art. 21, § 4.º, ficam sujeitos ao imposto de renda na fonte, à alíquota de 15% (quinze por cento), os rendimentos auferidos:

I – pelas entidades mencionadas nos arts. 1.º e 2.º do Decreto-lei n. 2.285, de 23 de julho de 1986;

II – pelas sociedades de investimento a que se refere o art. 49 da Lei n. 4.728, de 1965, de que participem investidores estrangeiros;

III – pelas carteiras de valores mobiliários, inclusive vinculadas à emissão, no exterior, de certificados representativos de ações, mantidas por investidores estrangeiros.
•• *Caput* e incisos com redação determinada pela Lei n. 8.849, de 28-1-1994.

§ 1.º Os ganhos de capital ficam excluídos da incidência do imposto de renda quando auferidos e distribuídos, sob qualquer forma e a qualquer título, inclusive em decorrência de liquidação parcial ou total do investimento pelos fundos, sociedades ou carteiras referidos no *caput* deste artigo.
•• § 1.º com redação determinada pela Lei n. 8.849, de 28-1-1994.

§ 2.º Para os efeitos deste artigo, consideram-se:

a) rendimentos: quaisquer valores que constituam remuneração de capital aplicado, inclusive aquela produzida por títulos de renda variável, tais como juros, prêmios, comissões, ágio, deságio, dividendos, bonificações em dinheiro e participações nos lucros, bem como os resultados positivos auferidos em aplicações nos fundos e clubes de investimento de que trata o art. 25;

b) ganhos de capital, os resultados positivos auferidos:

b.1) nas operações realizadas em bolsas de valores, de mercadorias, de futuros e assemelhadas;

b. 2) nas operações com ouro, ativo financeiro, fora de bolsa, intermediadas por instituições integrantes do Sistema Financeiro Nacional.

•• § 2.º com redação determinada pela Lei n. 8.849, de 28-1-1994.

§ 3.º A base de cálculo do imposto de renda sobre os rendimentos auferidos pelas entidades de que trata este artigo será apurada:

a) de acordo com os critérios previstos no § 3.º do art. 20 e no art. 21, no caso de aplicações de renda fixa;

b) de acordo com o tratamento previsto no § 4.º do art. 20, no caso de rendimentos periódicos ou qualquer remuneração adicional não submetidos à incidência do imposto de renda na fonte;

c) pelo valor do respectivo rendimento ou resultado positivo nos demais casos.

•• § 3.º com redação determinada pela Lei n. 8.849, de 28-1-1994.

§ 4.º Na apuração do imposto de que trata este artigo serão indedutíveis os prejuízos apurados em operações de renda fixa e de renda variável.

•• § 4.º com redação determinada pela Lei n. 8.849, de 28-1-1994.

§ 5.º O disposto neste artigo alcança, exclusivamente, as entidades que atenderem às normas e condições estabelecidas pelo Conselho Monetário Nacional, não se aplicando, entretanto, aos fundos em condomínio referidos no art. 31.

•• § 5.º com redação determinada pela Lei n. 8.849, de 28-1-1994.

Art. 33. O imposto de renda na fonte sobre os rendimentos auferidos pelas entidades de que trata o art. 32, será devido por ocasião da cessão, resgate, repactuação ou liquidação de cada operação de renda fixa, ou do recebimento ou crédito, o que primeiro ocorrer, de outros rendimentos, inclusive dividendos e bonificações em dinheiro.

•• *Caput* com redação determinada pela Lei n. 8.849, de 28-1-1994.

§ 1.º Com exceção do imposto sobre aplicações no FAF, o imposto sobre os demais rendimentos será retido pela instituição administradora do fundo, sociedade de investimento ou carteira, e pelo banco custodiante, no caso de certificados representativos de ações, sendo considerado, mesmo no caso do FAF, como exclusivo de fonte.

•• § 1.º com redação determinada pela Lei n. 8.849, de 28-1-1994.

§ 2.º No caso de rendimentos auferidos em operações realizadas antes de 1.º de janeiro de 1994 e ainda não distribuídos, a base de cálculo do imposto de renda de que trata este artigo será determinada de acordo com as normas da legislação aplicável às operações de renda fixa realizadas por residentes no País, ressalvado o disposto no art. 34, devendo o imposto ser calculado à alíquota de 15% (quinze por cento) e recolhido pelos administradores dos fundos, sociedades ou carteiras até 31 de janeiro de 1994 ou na data da distribuição dos rendimentos, se ocorrer primeiro, sem atualização monetária.

•• § 2.º com redação determinada pela Lei n. 8.849, de 28-1-1994.

§ 3.º Os dividendos que foram atribuídos às ações integrantes do patrimônio do fundo, sociedade ou carteira, serão registrados, na data em que as ações foram cotadas sem os respectivos direitos (ex-dividendos), em conta representativa de rendimentos a receber, em contrapartida à diminuição de idêntico valor da parcela do ativo correspondente às ações as quais se vinculam, acompanhados de transferência para a receita de dividendos de igual valor a débito da conta de resultado de variação da carteira de ações.

•• § 3.º com redação determinada pela Lei n. 8.849, de 28-1-1994.

§ 4.º Os rendimentos submetidos à sistemática de tributação de que trata este artigo não se sujeitam à nova incidência do imposto de renda quando distribuídos.

•• § 4.º com redação determinada pela Lei n. 8.849, de 28-1-1994.

§ 5.º O imposto deverá ser convertido em quantidade de UFIR diária pelo valor desta no dia da ocorrência do fato gerador, e pago no prazo previsto no art. 52, inciso II, alínea *d*.

•• § 5.º com redação determinada pela Lei n. 8.849, de 28-1-1994.

Art. 34. As disposições dos arts. 31 a 33 desta Lei abrangem as operações compreendidas no período entre 15 de junho de 1989, inclusive, e 1.º de janeiro de 1992, exceto em relação ao imposto de que trata o art. 3.º do Decreto-lei n. 1.986, de 28 de dezembro de 1982, vedada a restituição ou compensação de imposto pago no mesmo período.

Art. 35. Na cessão, liquidação ou resgate, será apresentada a nota de aquisição do título ou o documento relativo à aplicação, que identifique as partes envolvidas na operação.

§ 1.º Quando não apresentado o documento de que trata este artigo, considerar-se-á como preço de aquisição o valor da emissão ou o da primeira colocação do título, prevalecendo o menor.

§ 2.º Não comprovado o valor a que se refere o § 1.º, a base de cálculo do imposto de renda na fonte será arbitrada em 50% (cinquenta por cento) do valor bruto da alienação.

§ 3.º Fica dispensada a exigência prevista neste artigo relativamente a título ou aplicação revestidos, exclusivamente, da forma escritural.

Art. 36. O imposto de renda retido na fonte sobre aplicações financeiras ou pago sobre ganhos líquidos mensais de que trata o art. 26 será considerado:

I – se o beneficiário for pessoa jurídica tributada com base no lucro real: antecipação do devido na declaração;

II – se o beneficiário for pessoa física ou pessoa jurídica não tributada com base no lucro real, inclusive isenta: tributação definitiva, vedada a compensação na declaração de ajuste anual.

Art. 37. A alíquota do imposto de renda na fonte sobre rendimentos produzidos por títulos ou aplicações integrantes do patrimônio do fundo de renda fixa de que trata o art. 21 desta Lei será de 25% (vinte e cinco por cento) e na base de cálculo será considerado como valor de alienação aquele pelo qual o título ou aplicação constar da carteira no dia 31 de dezembro de 1991.

Parágrafo único. O recolhimento do imposto será efetuado pelo administrador do fundo, sem correção monetária, até o dia seguinte ao da alienação do título ou resgate da aplicação.

Capítulo IV
DO IMPOSTO DE RENDA DAS PESSOAS JURÍDICAS

Art. 38. A partir do mês de janeiro de 1992, o imposto de renda das pessoas jurídicas será devido mensalmente, à medida que os lucros forem auferidos.

§ 1.º Para efeito do disposto neste artigo, as pessoas jurídicas deverão apurar, mensalmente, a base de cálculo do imposto e o imposto devido.

§ 2.º A base de cálculo do imposto será convertida em quantidade de UFIR diária pelo valor desta no último dia do mês a que corresponder.

§ 3.º O imposto devido será calculado mediante a aplicação da alíquota sobre a base de cálculo expressa em UFIR.

§ 4.º Do imposto apurado na forma do parágrafo anterior a pessoa jurídica poderá diminuir:

a) os incentivos fiscais de dedução do imposto devido, podendo o valor excedente ser compensado nos meses subsequentes, observados os limites e prazos fixados na legislação específica;

b) os incentivos fiscais de redução e isenção do imposto, calculados com base no lucro da exploração apurado mensalmente;

c) o imposto de renda retido na fonte sobre receitas computadas na base de cálculo do imposto.

§ 5.º Os valores de que tratam as alíneas do parágrafo anterior serão convertidos em quantidade de UFIR diária pelo valor desta no último dia do mês a que corresponderem.

§ 6.º O saldo do imposto devido em cada mês será pago até o último dia útil do mês subsequente.

§ 7.º O prejuízo apurado na demonstração do lucro real em um mês poderá ser compensado com o lucro real dos meses subsequentes.

§ 8.º Para efeito de compensação, o prejuízo será corrigido monetariamente com base na variação acumulada da UFIR diária.

§ 9.º Os resultados apurados em cada mês serão corrigidos monetariamente (Lei n. 8.200, de 1991).

Art. 39. As pessoas jurídicas tributadas com base no lucro real poderão optar pelo pagamento, até o último dia útil do mês subsequente, do imposto devido mensalmente, calculado por estimativa, observado o seguinte:

I – nos meses de janeiro a abril, o imposto estimado corresponderá, em cada mês, a um duodécimo do imposto e adicional apurados em balanço ou balancete anual levantado em 31 de dezembro do ano anterior ou, na inexistência deste, a um sexto do imposto e adicional apurados no balanço ou balancete semestral levantado em 30 de junho do ano anterior;

II – nos meses de maio a agosto, o imposto estimado corresponderá, em cada mês, a um duodécimo do imposto e adicional apurados no balanço anual de 31 de dezembro do ano anterior;

III – nos meses de setembro a dezembro, o imposto estimado corresponderá, em cada mês, a um sexto do imposto e adicional apurados em balanço ou balancete semestral levantado em 30 de junho do ano em curso.

§ 1.º A opção será efetuada na data do pagamento do imposto correspondente ao mês de janeiro e só poderá ser alterada em relação ao imposto referente aos meses do ano subsequente.

§ 2.º A pessoa jurídica poderá suspender ou reduzir o pagamento do imposto mensal estimado, enquanto balanços ou balancetes mensais demonstrarem que o valor acumulado já pago excede o valor do imposto calculado com base no lucro real do período em curso.

§ 3.º O imposto apurado nos balanços ou balancetes será convertido em quantidade de UFIR diária pelo valor desta no último dia do mês a que se referir.

§ 4.º O imposto de renda retido na fonte sobre rendimentos computados na determinação do lucro real poderá ser deduzido do imposto estimado de cada mês.

§ 5.º A diferença entre o imposto devido, apurado na declaração de ajuste anual (art. 43), e a importância paga nos termos deste artigo será:

a) paga em quota única, até a data fixada para a entrega da declaração de ajuste anual, se positiva;

b) compensada, corrigida monetariamente, com o imposto mensal a ser pago nos meses subsequentes ao fixado para a entrega da declaração de ajuste anual, se negativa, assegurada a alternativa de requerer a restituição do montante pago indevidamente.

Art. 40. (*Revogado pela Lei n. 8.541, de 23-12-1992.*)

Art. 41. A tributação com base no lucro arbitrado somente será admitida em caso de lançamento de ofício, observadas a legislação vigente e as alterações introduzidas por esta Lei.

§ 1.º O lucro arbitrado e a contribuição social serão apurados mensalmente.

§ 2.º O lucro arbitrado, diminuído do imposto de renda da pessoa jurídica e da contribuição social, será considerado distribuído aos sócios ou ao titular da empresa e tributado exclusivamente na fonte à alíquota de 25% (vinte e cinco por cento).

§ 3.º A contribuição social sobre o lucro das pessoas jurídicas tributadas com base no lucro arbitrado será devida mensalmente.

Art. 42. (*Revogado pela Lei n. 9.317, de 5-12-1996.*)

Art. 43. As pessoas jurídicas deverão apresentar, em cada ano, declaração de ajuste anual consolidando os resultados mensais auferidos nos meses de janeiro a dezembro do ano anterior, nos seguintes prazos:

I – até o último dia útil do mês de março, as tributadas com base no lucro presumido;

II – até o último dia útil do mês de abril, as tributadas com base no lucro real;

III – até o último dia útil do mês de junho, as demais.

Parágrafo único. Os resultados mensais serão apurados, ainda que a pessoa jurídica tenha optado pela forma de pagamento do imposto e adicional referida no art. 39.

Art. 44. Aplicam-se à contribuição social sobre o lucro (Lei n. 7.689, de 1988) e ao imposto incidente na fonte sobre o lucro líquido (Lei n. 7.713, de 1988, art. 35) as mesmas normas de pagamento estabelecidas para o imposto de renda das pessoas jurídicas.

Parágrafo único. (*Revogado pela Lei n. 8.981, de 20-1-1995.*)

Art. 45. O valor em cruzeiros do imposto ou contribuição será determinado mediante a multiplicação da sua quantidade em UFIR pelo valor da UFIR diária na data do pagamento.

Art. 46. As pessoas jurídicas tributadas com base no lucro real poderão depreciar, em 24 (vinte e quatro) quotas mensais, o custo de aquisição ou construção de máquinas e equipamentos novos, adquiridos entre 1.º de janeiro de 1992 e 31 de dezembro de 1994, utilizados em processo industrial do adquirente.

•• *Caput* com redação determinada pela Lei n. 8.643, de 31-3-1993.

§ 1.º A parcela da depreciação acelerada que exceder à depreciação normal constituirá exclusão do lucro líquido e será escriturada no livro de apuração do lucro real.

§ 2.º O total da depreciação acumulada, incluída a normal e a parcela excedente, não poderá ultrapassar o custo de aquisição do bem, corrigido monetariamente.

§ 3.º A partir do mês em que for atingido o limite de que trata o parágrafo anterior, a depreciação normal, corrigida monetariamente, registrada na escrituração comercial, deverá ser adicionada ao lucro líquido para determinar o lucro real.

§ 4.º Para efeito do disposto nos §§ 2.º e 3.º deste artigo, a conta de depreciação excedente à normal, registrada no livro de apuração do lucro real, será corrigida monetariamente.

§ 5.º As disposições contidas neste artigo aplicam-se às máquinas e equipamentos objeto de contratos de arrendamento mercantil.

Art. 47. (*Revogado pela Lei n. 8.981, de 20-1-1995.*)

Art. 48. A partir de 1.º de janeiro de 1992, a correção monetária das demonstrações financeiras será efetuada com base na UFIR diária.

Art. 49. A partir do mês de janeiro de 1992, o adicional de que trata o art. 25 da Lei n. 7.450, de 23 de dezembro de 1985, incidirá à alíquota de 10% (dez por cento) sobre a parcela do lucro real ou arbitrado, apurado mensalmente, que exceder a 25.000 (vinte e cinco mil) UFIR.

Parágrafo único. A alíquota será de 15% (quinze por cento) para os bancos comerciais, bancos de investimento, bancos de desenvolvimento, caixas econômicas, sociedades de crédito, financiamento e investimento, sociedades de crédito imobiliário, sociedades corretoras, distribuidora de títulos e valores mobiliários e empresas de arrendamento mercantil.

Art. 50. (*Revogado pela Lei n. 14.596, de 14-6-2023.*)

•• *Vide* art. 45 da Lei n. 14.596, de 14-6-2023.

Parágrafo único. (*Revogado pela Lei n. 14.286, de 29-12-2021.*)

Art. 51. Os balanços ou balancetes referidos nesta Lei deverão ser levantados com observância das leis comerciais e fiscais e transcritos no Diário ou no Livro de Apuração do Lucro Real.

Capítulo V
DA ATUALIZAÇÃO E DO PAGAMENTO DE IMPOSTOS E CONTRIBUIÇÕES

Art. 52. Em relação aos fatos geradores que vierem a ocorrer a partir de 1.º de novembro de 1993, os pagamentos dos impostos e contribuições relacionados a seguir deverão ser efetuados nos seguintes prazos:

•• *Caput* com redação determinada pela Lei n. 8.850, de 28-1-1994.

I – Imposto sobre Produtos Industrializados – IPI:

•• *Inciso I, caput*, com redação determinada pela Lei n. 11.774, de 17-9-2008.
•• *Vide* art. 1.º da Lei n. 8.850, de 28-1-1994.
•• *Vide* art. 93, III, da Lei n. 10.833, de 29-12-2003.

a) no caso dos produtos classificados no código 2402.20.00, da Nomenclatura Comum do Mercosul – NCM, até o 10.º (décimo) dia do mês subsequente ao mês de ocorrência dos fatos geradores, observado o disposto no § 4.º deste artigo;
•• Alínea *a* com redação determinada pela Lei n. 11.933, de 28-4-2009.

b) (Revogada pela Lei n. 11.774, de 17-9-2008.)

c) no caso dos demais produtos, até o 25.º (vigésimo quinto) dia do mês subsequente ao mês de ocorrência dos fatos geradores, pelas demais pessoas jurídicas, observado o disposto no § 4.º deste artigo;
•• Alínea *c* com redação determinada pela Lei n. 11.933, de 28-4-2009.

II – Imposto de Renda na Fonte – IRF:
•• Inciso II, *caput*, com redação determinada pela Lei n. 8.850, de 28-1-1994.

a) até o último dia útil do mês subsequente ao de ocorrência do fato gerador ou na data da remessa, quando esta for efetuada antes, no caso de lucro de filiais, sucursais, agências ou representações, no País, de pessoas jurídicas com sede no exterior;
•• Alínea *a* com redação determinada pela Lei n. 8.850, de 28-1-1994.

b) na data da ocorrência do fato gerador, nos casos dos demais rendimentos atribuídos a residentes ou domiciliados no exterior;
•• Alínea *b* com redação determinada pela Lei n. 8.850, de 28-1-1994.

c) até o último dia útil do mês subsequente ao da distribuição automática dos lucros, no caso de que trata o art. 1.º do Decreto-lei n. 2.397, de 21 de dezembro de 1987;
•• Alínea *c* com redação determinada pela Lei n. 8.850, de 28-1-1994.

d) até o terceiro dia útil da quinzena subsequente à de ocorrência dos fatos geradores, nos demais casos;
•• Alínea *d* com redação determinada pela Lei n. 8.850, de 28-1-1994.

III – imposto sobre operações de crédito, câmbio e seguro e sobre operações relativas a títulos e valores mobiliários – IOF:
•• Inciso III, *caput*, com redação determinada pela Lei n. 8.850, de 28-1-1994.

a) até o terceiro dia útil da quinzena subsequente à de ocorrência dos fatos geradores, no caso de aquisição de ouro, ativo financeiro, bem assim nos de que tratam os incisos II a IV do art. 1.º da Lei n. 8.033, de 12 de abril de 1990;
•• Alínea *a* com redação determinada pela Lei n. 8.850, de 28-1-1994.

b) até o terceiro dia útil do decêndio subsequente ao da cobrança ou registro contábil do imposto, nos demais casos;
•• Alínea *b* com redação determinada pela Lei n. 8.850, de 28-1-1994.

IV – contribuição para financiamento da Seguridade Social (COFINS), instituída pela Lei Complementar n. 70, de 30 de setembro de 1991, e contribuições para o Programa de Integração Social e para o Programa de Formação do Patrimônio do Servidor Público (PIS/PASEP), até o quinto dia útil do mês subsequente ao de ocorrência dos fatos geradores.
•• Inciso IV com redação determinada pela Lei n. 8.850, de 28-1-1994.
•• *Vide* Decreto n. 4.524, de 17-12-2002, regulamenta a Contribuição para o Financiamento da Seguridade Social - COFINS, instituída pela Lei Complementar citada.

§ 1.º O imposto incidente sobre ganhos de capital na alienação de bens ou direitos (Lei n. 8.134, de 27-12-1990, art. 18) deverá ser pago até o último dia útil do mês subsequente àquele em que os ganhos houverem sido percebidos.
•• § 1.º com redação determinada pela Lei n. 8.850, de 28-1-1994.

§ 2.º O imposto, apurado mensalmente, sobre os ganhos líquidos auferidos em operações realizadas em bolsas de valores, de mercadorias, de futuros e assemelhadas, será pago até o último dia útil do mês subsequente àquele em que os ganhos houverem sido percebidos.
•• § 2.º com redação determinada pela Lei n. 8.850, de 28-1-1994.

§ 3.º O disposto no inciso I do *caput* deste artigo não se aplica ao IPI incidente no desembaraço aduaneiro dos produtos importados.
•• § 3.º acrescentado pela Lei n. 11.774, de 17-9-2008.

§ 4.º Se o dia do vencimento de que tratam as alíneas *a* e *c* do inciso I do *caput* deste artigo não for dia útil, considerar-se-á antecipado o prazo para o primeiro dia útil que o anteceder.
•• § 4.º com redação determinada pela Lei n. 11.933, de 28-4-2009.

Art. 53. Os tributos e contribuições relacionados a seguir serão convertidos em quantidade de UFIR diária pelo valor desta:
•• *Caput* com redação determinada pela Lei n. 8.850, de 28-1-1994.

I – IPI, no último dia do decêndio de ocorrência dos fatos geradores;
•• Inciso I com redação determinada pela Lei n. 8.850, de 28-1-1994.

II – IRF, no dia da ocorrência do fato gerador;
•• Inciso II com redação determinada pela Lei n. 8.850, de 28-1-1994.

III – IOF:
•• Inciso III com redação determinada pela Lei n. 8.850, de 28-1-1994.

a) no último dia da quinzena de ocorrência dos fatos geradores, na hipótese de aquisição de ouro, ativo financeiro;

b) no dia da ocorrência dos fatos geradores, ou da apuração da base de cálculo, nos demais casos;

IV – contribuição para o financiamento da Seguridade Social (COFINS), instituída pela Lei Complementar n. 70, de 1991, e contribuições para o Programa de Integração Social e para o Programa de Formação do Patrimônio do Servidor Público (PIS/PASEP), no último dia do mês de ocorrência dos fatos geradores;
•• Inciso IV com redação determinada pela Lei n. 8.850, de 28-1-1994.

V – demais tributos, contribuições e receitas da União, arrecadados pela Secretaria da Receita Federal, não referidos nesta Lei, nas datas dos respectivos vencimentos;
•• Inciso V com redação determinada pela Lei n. 8.850, de 28-1-1994.

VI – contribuições previdenciárias, no primeiro dia do mês subsequente ao de competência.
•• Inciso VI com redação determinada pela Lei n. 8.850, de 28-1-1994.

Parágrafo único. O imposto de que tratam os parágrafos do artigo anterior será convertido em quantidade de UFIR pelo valor desta no mês do recebimento ou ganho.
•• Parágrafo único com redação determinada pela Lei n. 8.850, de 28-1-1994.

Capítulo VI
DA ATUALIZAÇÃO DE DÉBITOS FISCAIS

Art. 54. Os débitos de qualquer natureza para com a Fazenda Nacional e os decorrentes de contribuições arrecadadas pela União, constituídos ou não, vencidos até 31 de dezembro de 1991 e não pagos até 2 de janeiro de 1992, serão atualizados monetariamente com base na legislação aplicável e convertidos, nessa data, em quantidade de UFIR diária.

§ 1.º Os juros de mora calculados até 2 de janeiro de 1992 serão, também, convertidos em quantidade de UFIR, na mesma data.

§ 2.º Sobre a parcela correspondente ao tributo ou contribuição, convertida em quantidade de UFIR, incidirão juros moratórios à razão de 1% (um por cento), por mês-calendário ou fração, a partir de fevereiro de 1992, inclusive, além da multa de mora ou de ofício.

§ 3.º O valor a ser recolhido será obtido multiplicando-se a correspondente quantidade de UFIR pelo valor diário desta na data do pagamento.

Art. 55. Os débitos que forem objeto de parcelamento serão consolidados na data da concessão e expressos em quantidade de UFIR diária.

§ 1.º O valor do débito consolidado, expresso em quantidade de UFIR, será dividido pelo número de parcelas mensais concedidas.

§ 2.º O valor de cada parcela mensal, por ocasião do pagamento, será acrescido de juros na forma da legislação pertinente.

§ 3.º Para efeito de pagamento, o valor em cruzeiros de cada parcela mensal será determinado mediante a multiplicação de seu valor, expresso em quantidade de UFIR, pelo valor desta no dia do pagamento.

Art. 56. No caso de parcelamento concedido administrativamente até o dia 31 de dezembro de 1991, o saldo devedor, a partir de 1.º de janeiro de 1992, será expresso em quantidade de UFIR diária mediante a divisão do débito, atualizado monetariamente, pelo valor da UFIR diária no dia 1.º de janeiro de 1992.

Parágrafo único. O valor em cruzeiros do débito ou da parcela será determinado mediante a multiplicação da respectiva quantidade de UFIR pelo valor diário desta na data do pagamento.

Art. 57. Os débitos de qualquer natureza para com a Fazenda Nacional, bem como os decorrentes de contribuições arrecadadas pela União, poderão, sem prejuízo da respectiva liquidez e certeza, ser inscritos como Dívida Ativa da União, pelo valor expresso em quantidade de UFIR.

§ 1.º Os débitos de que trata este artigo, que forem objeto de parcelamento, serão consolidados na data de sua concessão e expressos em quantidade de UFIR.

§ 2.º O encargo referido no art. 1.º do Decreto-lei n. 1.025, de 21 de outubro de 1969, modificado pelo art. 3.º do Decreto-lei n. 1.569, de 8 de agosto de 1977, e art. 3.º do Decreto-lei n. 1.645, de 11 de dezembro de 1978, será calculado sobre o montante do débito, inclusive multas, atualizado monetariamente e acrescido de juros e multa de mora.

Art. 58. No caso de lançamento de ofício, a base de cálculo, o imposto, as contribuições arrecadadas pela União e os acréscimos legais serão expressos em UFIR diária ou mensal, conforme a legislação de regência do tributo ou contribuição.

Parágrafo único. Os juros e a multa de lançamento de ofício serão calculados com base no imposto ou contribuição expresso em quantidade de UFIR.

Capítulo VII
DAS MULTAS E DOS JUROS DE MORA

Art. 59. Os tributos e contribuições administrados pelo Departamento da Receita Federal, que não forem pagos até a data do vencimento, ficarão sujeitos à multa de mora de 20% (vinte por cento) e a juros de mora de 1% (um por cento) ao mês-calendário ou fração, calculados sobre o valor do tributo ou contribuição corrigido monetariamente.

§ 1.º A multa de mora será reduzida a 10% (dez por cento), quando o débito for pago até o último dia útil do mês subsequente ao do vencimento.

§ 2.º A multa incidirá a partir do primeiro dia após o vencimento do débito; os juros, a partir do primeiro dia do mês subsequente.

Art. 60. (*Revogado pela Lei n. 11.941, de 27-5-2009.*)

Art. 61. As contribuições previdenciárias arrecadadas pelo Instituto Nacional de Seguro Social – INSS ficarão sujeitas à multa variável, de caráter não relevável, nos seguintes percentuais, incidentes sobre os valores atualizados monetariamente até a data do pagamento:

I – 10% (dez por cento) sobre os valores das contribuições em atraso que, até a data do pagamento, não tenham sido incluídas em notificação de débito;

II – 20% (vinte por cento) sobre os valores pagos dentro de 15 (quinze) dias contados da data do recebimento da correspondente notificação de débito;

III – 30% (trinta por cento) sobre todos os valores pagos mediante parcelamento, desde que requerido no prazo do inciso anterior;

IV – 60% (sessenta por cento) sobre os valores pagos em quaisquer outros casos, inclusive por falta de cumprimento de acordo para o parcelamento.

Parágrafo único. É facultada a realização de depósito, à disposição da Seguridade Social, sujeito aos mesmos percentuais dos incisos I e II, conforme o caso, para apresentação de defesa.

Capítulo VIII
DAS DISPOSIÇÕES FINAIS E TRANSITÓRIAS

Art. 63. (*Revogado pela Lei n. 11.033, de 21-12-2004.*)

Art. 64. Responderão como coautores de crime de falsidade o gerente e o administrador de instituição financeira ou assemelhadas que concorrerem para que seja aberta conta ou movimentados recursos sob nome:

I – falso;

II – de pessoa física ou de pessoa jurídica inexistente;

III – de pessoa jurídica liquidada de fato ou sem representação regular.

Parágrafo único. É facultado às instituições financeiras e às assemelhadas solicitar ao Departamento da Receita Federal a confirmação do número de inscrição no Cadastro de Pessoas Físicas ou no Cadastro Geral de Contribuintes.

Art. 65. Terá o tratamento de permuta a entrega, pelo licitante vencedor, de títulos da dívida pública federal ou de outros créditos contra a União, como contrapartida à aquisição das ações ou quotas leiloadas no âmbito do Programa Nacional de Desestatização.

• *Vide* art. 2.º da Medida Provisória n. 2.159-70, de 24-8-2001.

§ 1.º Na hipótese de adquirente pessoa física, deverá ser considerado como custo de aquisição das ações ou quotas da empresa privatizável o custo de aquisição dos direitos contra a União, corrigido monetariamente até a data da permuta.

§ 2.º Na hipótese de pessoa jurídica não tributada com base no lucro real, o custo de aquisição será apurado na forma do parágrafo anterior.

§ 3.º No caso de pessoa jurídica tributada com base no lucro real, o custo de aquisição das ações ou quotas leiloadas será igual ao valor contábil dos títulos ou créditos entregues pelo adquirente na data da operação.

§ 4.º Quando se configurar, na aquisição, investimento relevante em coligada ou controlada, avaliável pelo valor do patrimônio líquido, a adquirente deverá registrar o valor da equivalência no patrimônio adquirido, em conta própria de investimentos, e o valor do ágio ou deságio na aquisição em subconta do mesmo investimento, que deverá ser computado na determinação do lucro real do mês de realização do investimento, a qualquer título.

Art. 66. Nos casos de pagamento indevido ou a maior de tributos, contribuições federais, inclusive previdenciárias, e receitas patrimoniais, mesmo quando resultante de reforma, anulação, revogação, ou rescisão de decisão condenatória, o contribuinte poderá efetuar a compensação desse valor no recolhimento de importância correspondente a período subsequente.

•• *Caput* com redação determinada pela Lei n. 9.069, de 29-6-1995.

•• Sobre a compensação de que trata este artigo, *vide* art. 39 e § 4.º da Lei n. 9.250, de 26-12-1995.

•• *Vide* Súmula 625 do STJ.

§ 1.º A compensação só poderá ser efetuada entre tributos, contribuições e receitas da mesma espécie.

•• § 1.º com redação determinada pela Lei n. 9.069, de 29-6-1995.

• *Vide* Súmulas 213 e 464 do STJ.

§ 2.º É facultado ao contribuinte optar pelo pedido de restituição.

• *Vide* Súmula 461 do STJ.

§ 3.º A compensação ou restituição será efetuada pelo valor do tributo ou contribuição ou receita corrigido monetariamente com base na variação da UFIR.

•• § 3.º com redação determinada pela Lei n. 9.069, de 29-6-1995.

§ 4.º As Secretarias da Receita Federal e do Patrimônio da União e o Instituto Nacional de Seguro Social – INSS expedirão as instruções necessárias ao cumprimento do disposto neste artigo.

•• § 4.º com redação determinada pela Lei n. 9.069, de 29-6-1995.

Art. 67. A competência de que trata o art. 1.º da Lei n. 8.022, de 12 de abril de 1990, relativa à apuração, inscrição e cobrança da Dívida Ativa oriunda das receitas arrecadadas pelo Instituto Nacional de Colonização e Reforma Agrária – INCRA, bem como a representação judicial nas respectivas execuções fiscais, cabe à Procuradoria-Geral da Fazenda Nacional.

• *Vide* Súmula 139 do STJ.

Art. 68. O Anexo I do Decreto-lei n. 2.225, de 10 de janeiro de 1985, passa a vigorar na forma do Anexo I a esta Lei.

Parágrafo único. Fica igualmente aprovado o Anexo II a esta Lei, que altera a composição prevista no Decreto-lei n. 2.192, de 26 de dezembro de 1984.

•• Os anexos previstos no *caput* e no parágrafo único deste artigo deixam de ser publicados, por não interessarem à obra.

Art. 69. O produto da arrecadação de multas, inclusive as que fazem parte do valor pago por execução da Dívida Ativa e de sua respectiva correção monetária, incidentes sobre tributos e contribuições administrados pelo Departamento da Receita Federal e próprios da União, bem como daquelas aplicadas à rede arrecadadora de receitas federais, constituirá receita do Fundo instituído pelo Decreto-lei n. 1.437, de 17 de dezembro de 1975, sem prejuízo do disposto na legislação pertinente, excluídas as transferências constitucionais para os Estados, o Distrito Federal e os Municípios.

Art. 70. Ficam isentas dos tributos incidentes sobre a importação as mercadorias destinadas a consumo no recinto de congressos, feiras e exposições internacionais, e eventos assemelhados, a título de promoção ou degustação, de montagem ou conservação de estandes, ou de demonstração de equipamentos em exposição.

§ 1.º A isenção não se aplica a mercadorias destinadas à montagem de estandes, susceptíveis de serem aproveitadas após o evento.

§ 2.º É condição para gozo da isenção que nenhum pagamento, a qualquer título, seja efetuado ao exterior, em relação às mercadorias mencionadas no *caput* deste artigo.

§ 3.º A importação das mercadorias objeto da isenção fica dispensada da Guia de Importação mas sujeita-se a limites de quantidade e valor, além de outros requisitos estabelecidos pelo Ministro da Economia, Fazenda e Planejamento.

Art. 71. As pessoas jurídicas de que trata o art. 1.º do Decreto-lei n. 2.397, de 21 de dezembro de 1987, que preencham os requisitos dos incisos I e II do art. 40, poderão optar pela tributação com base no lucro presumido.

Parágrafo único. Em caso de opção, a pessoa jurídica pagará o imposto correspondente ao ano-calendário de 1992, obedecendo ao disposto no art. 40, sem prejuízo do pagamento do imposto devido por seus sócios no exercício de 1992, ano-base de 1991.

Art. 72. Ficam isentas do IOF as operações de financiamento para a aquisição de automóveis de passageiros de fabricação nacional de até 127 HP de potência bruta (SAE), quando adquiridos por:

•• A Lei n. 13.755, de 10-12-2018, propôs nova redação para este *caput*, porém teve seu texto vetado.

I – motoristas profissionais que, na data da publicação desta Lei, exerçam comprovadamente em veículo de sua propriedade a atividade de condutor autônomo de passageiros, na condição de titular de autorização, permissão ou concessão do poder concedente e que destinem o automóvel à utilização na categoria de aluguel (táxi);

II – motoristas profissionais autônomos titulares de autorização, permissão ou concessão para exploração do serviço de transporte individual de passageiros (táxi), impedidos de continuar exercendo essa atividade em virtude de destruição completa, furto ou roubo do veículo, desde que destinem o veículo adquirido à utilização na categoria de aluguel (táxi);

III – cooperativas de trabalho que sejam permissionárias ou concessionárias de transporte público de passageiros, na categoria de aluguel (táxi), desde que tais veículos se destinem à utilização nessa atividade;

IV – pessoas portadoras de deficiência física, atestada pelo Departamento de Trânsito do Estado onde residirem em caráter permanente, cujo laudo de perícia médica especifique:

a) o tipo de defeito físico e a total incapacidade do requerente para dirigir automóveis convencionais;

b) a habilitação do requerente para dirigir veículo com adaptações especiais, descritas no referido laudo;

V – trabalhador desempregado ou subempregado, titular de financiamento do denominado Projeto Balcão de Ferramentas, destinado à aquisição de maquinário, equipamentos e ferramentas que possibilitem a aquisição de bens e a prestação de serviços à comunidade.

§ 1.º O benefício previsto neste artigo:

a) poderá ser utilizado uma única vez;

b) será reconhecido pelo Departamento da Receita Federal mediante prévia verificação de que o adquirente possui os requisitos.

§ 2.º Na hipótese do inciso V, o reconhecimento ficará adstrito aos tomadores residentes na área de atuação do Projeto, os quais serão indicados pelos Governos Estaduais, mediante convênio celebrado com a Caixa Econômica Federal.

§ 3.º A alienação do veículo antes de 3 (três) anos contados da data de sua aquisição, a pessoas que não satisfaçam as condições e os requisitos, acarretará o pagamento, pelo alienante, da importância correspondente à diferença da alíquota aplicável à operação e a de que trata este artigo, calculada sobre o valor do financiamento, sem prejuízo da incidência dos demais encargos previstos na legislação tributária.

....

Art. 74. Integrarão a remuneração dos beneficiários:

I – a contraprestação de arrendamento mercantil ou o aluguel ou, quando for o caso, os respectivos encargos de depreciação, atualizados monetariamente até a data do balanço:

a) de veículo utilizado no transporte de administradores, diretores, gerentes e seus assessores ou de terceiros em relação à pessoa jurídica;

b) de imóvel cedido para uso de qualquer pessoa dentre as referidas na alínea precedente;

II – as despesas com benefícios e vantagens concedidos pela empresa a administradores, diretores, gerentes e seus assessores, pagos diretamente ou através da contratação de terceiros, tais como:

a) a aquisição de alimentos ou quaisquer outros bens para utilização pelo beneficiário fora do estabelecimento da empresa;

b) os pagamentos relativos a clubes e assemelhados;

c) o salário e respectivos encargos sociais de empregados postos à disposição ou cedidos, pela empresa, a administradores, diretores, gerentes e seus assessores ou de terceiros;

d) a conservação, o custeio e a manutenção dos bens referidos no item I.

§ 1.º A empresa identificará os beneficiários das despesas e adicionará aos respectivos salários os valores a elas correspondentes.

§ 2.º A inobservância do disposto neste artigo implicará a tributação dos respectivos valores, exclusivamente na fonte, à alíquota de 33% (trinta e três por cento).

• *Vide* art. 61 da Lei n. 8.981, de 20-1-1995.

Art. 75. Sobre os lucros apurados a partir de 1.º de janeiro de 1993 não incidirá o imposto de renda na fonte sobre o lucro líquido, de que trata o art. 35 da Lei n. 7.713, de 1988, permanecendo em vigor a não incidência do imposto sobre o que for distribuído a pessoas físicas ou jurídicas, residentes ou domiciliadas no País.

Parágrafo único. (*Vetado.*)

Art. 76. Não mais será exigido o imposto suplementar de renda de que trata o art. 43 da Lei n. 4.131, de 3 de setembro de 1962, com a redação dada pelo art. 1.º do Decreto-lei n. 2.073, de 20 de junho de 1983, relativamente aos triênios encerrados posteriormente a 31 de dezembro de 1991.

Art. 77. A partir de 1.º de janeiro de 1993, a alíquota do imposto de renda incidente na fonte sobre lucros e dividendos de que trata o art. 97 do Decreto-lei n. 5.844, de 23 de setembro de 1943, com as modificações posteriormente introduzidas, passará a ser de 15% (quinze por cento).

Art. 78. Relativamente ao exercício financeiro de 1992, ano-base de 1991, o saldo do imposto a pagar ou o valor a ser restituído, apurado pelas pessoas físicas de acordo com a Lei n. 8.134, de 1990, será convertido em quantidade de UFIR pelo valor desta no mês de janeiro de 1992.

§ 1.º O saldo do imposto devido será pago nos prazos e condições fixados na legislação vigente.

§ 2.º Os valores em cruzeiros do imposto ou de quota deste, bem assim o do saldo a ser restituído, serão determinados mediante a multiplicação de seu valor, expresso em quantidade de UFIR, pelo valor desta no mês de pagamento.

Art. 79. O valor do imposto de renda incidente sobre o lucro real, presumido ou arbitrado, da contribuição social sobre o lucro (Lei n. 7.689, de 1988) e do imposto sobre o lucro líquido (Lei n. 7.713, de 1988, art. 35), relativos ao exercício financeiro de 1992, período-base de 1991, será convertido em quantidade de UFIR diária, segundo o valor desta no dia 1.º de janeiro de 1992.

Parágrafo único. Os impostos e a contribuição social, bem como cada duodécimo ou quota destes, serão reconvertidos em cruzeiros mediante a multiplicação da quantidade de UFIR diária pelo valor dela na data do pagamento.

Art. 80. Fica autorizada a compensação do valor pago ou recolhido a título de encargo relativo à Taxa Referencial Diária – TRD acumulada entre a data da ocorrência do fato gerador e a do vencimento dos tributos e contribuições federais, inclusive previdenciárias, pagos ou recolhidos a partir de 4 de fevereiro de 1991.

Art. 81. A compensação dos valores de que trata o artigo precedente, pagos pelas pessoas jurídicas, dar-se-á na forma a seguir:

I – os valores referentes à TRD pagos em relação a parcelas do imposto de renda das pessoas jurídicas, imposto de renda na fonte sobre o lucro líquido (Lei n. 7.713, de 1988, art. 35), bem como correspondentes a recolhimento do imposto de renda retido na fonte sobre rendimentos de qualquer espécie poderão ser compensados com impostos da mesma espécie ou entre si, dentre os referidos neste inciso, inclusive com os valores a recolher a título de parcela estimada do imposto de renda;

II – os valores referentes à TRD pagos em relação às parcelas da contribuição social sobre o lucro (Lei n. 7.689, de 1988), do FINSOCIAL e do PIS/PASEP, somente poderão ser compensados com as parcelas a pagar de contribuições da mesma espécie;

III – os valores referentes à TRD recolhidos em relação a parcelas do Imposto sobre Produtos Industrializados – IPI e os pagos em relação às parcelas dos demais tributos ou contribuições somente poderão ser compensados com parcelas de tributos e contribuições da mesma espécie.

Art. 82. Fica a pessoa física autorizada a compensar os valores referentes à TRD, pagos sobre as parcelas de imposto de renda por ela devidas, relacionadas a seguir:

I – quotas do imposto de renda das pessoas físicas;

II – parcelas devidas a título de "carnê-leão";

III – imposto de renda sobre ganho de capital na alienação de bens móveis ou imóveis;

IV – imposto de renda sobre ganhos líquidos apurados no mercado de renda variável.

Art. 83. Na impossibilidade da compensação total ou parcial dos valores referentes à TRD, o saldo não compensado terá o tratamento de crédito de imposto de renda, que poderá ser compensado com o imposto apurado na declaração de ajuste anual da pessoa jurídica ou física, a ser apresentada a partir do exercício financeiro de 1992.

Art. 84. Alternativamente ao procedimento autorizado no artigo anterior, o contribuinte poderá pleitear a restituição do valor referente à TRD mediante processo regular apresentado na repartição do Departamento da Receita Federal do seu domicílio fiscal, observando as exigências de comprovação do valor a ser restituído.

Art. 85. Ficam convalidados os procedimentos de compensação de valores referentes à TRD pagos ou recolhidos e efetuados antes da vigência desta Lei, desde que tenham sido observadas as normas e condições da mesma.

Art. 86. As pessoas jurídicas de que trata o art. 3.º do Decreto-lei n. 2.354, de 24 de agosto de 1987, deverão pagar o imposto de renda relativo ao período-base encerrado em 31 de dezembro de 1991 e o relativo aos meses dos anos-calendário de 1992 e 1993, da seguinte forma:

I – o do período-base encerrado em 31 de dezembro de 1991:

a) nos meses de janeiro a março, em duodécimos mensais, na forma do referido Decreto-lei;

b) nos meses de abril a junho, em quotas mensais, iguais e sucessivas, vencendo-se cada uma no último dia útil dos mesmos meses;

II – o dos meses do ano-calendário de 1992, em nove parcelas mensais e sucessivas, vencíveis, cada uma, no último dia útil a partir do mês de julho, observado o seguinte:

a) em julho de 1992, o referente aos meses de janeiro e fevereiro;

b) em agosto de 1992, o referente aos meses de março e abril;

c) em setembro de 1992, o referente aos meses de maio e junho;

d) em outubro de 1992, o referente ao mês de julho;

e) em novembro de 1992, o referente ao mês de agosto;

f) em dezembro de 1992, o referente ao mês de setembro;

g) em janeiro de 1993, o referente ao mês de outubro;

h) em fevereiro de 1993, o referente ao mês de novembro; e,

i) em março de 1993, o referente ao mês de dezembro.

III – *(Revogado pela Lei n. 8.541, de 23-12-1992.)*

§ 1.º Ressalvado o disposto no § 2.º, as pessoas jurídicas de que trata este artigo poderão optar pelo pagamento do imposto correspondente aos meses do ano-calendário de 1992, calculado por estimativa, da seguinte forma:

a) nos meses de julho, agosto e setembro de 1992, no último dia útil de cada um, dois duodécimos do imposto e adicional apurados no balanço anual levantado em 31 de dezembro de 1991;

b) nos meses de outubro de 1992 a março de 1993, no último dia útil de cada um, um sexto do imposto e adicional apurados em balanço ou balancete semestral levantado em 30 de junho de 1992.

§ 2.º No ano-calendário de 1992, não poderá optar pelo pagamento do imposto calculado por estimativa a pessoa jurídica que, no exercício de 1992, período-base de 1991, apresentou prejuízo fiscal.

§ 3.º *(Revogado pela Lei n. 8.541, de 23-12-1992.)*

§ 4.º As pessoas jurídicas que exercerem a opção prevista nos parágrafos anteriores deverão observar o disposto nos §§ 4.º e 5.º do art. 39.

§ 5.º As disposições deste artigo aplicam-se também ao pagamento da contribuição social sobre o lucro (Lei n. 7.689, de 1988) e do imposto de renda incidente na fonte sobre o lucro líquido (Lei n. 7.713, de 1988, art. 35), correspondente ao período-base encerrado em 31 de dezembro de 1991 e ao ano-calendário de 1992.

§ 6.º O imposto de renda e a contribuição social serão convertidos em quantidade de UFIR diária pelo valor desta no último dia do mês a que corresponderem.

§ 7.º É facultado à pessoa jurídica pagar antecipadamente o imposto, duodécimo ou quota.

§ 8.º *(Revogado pela Lei n. 8.541, de 23-12-1992.)*

Art. 87. As pessoas jurídicas tributadas com base no lucro real, não submetidas ao disposto no artigo anterior, deverão pagar o imposto de renda relativo ao período-base encerrado em 31 de dezembro de 1991 e o relativo aos meses dos anos-calendário de 1992 e 1993, da seguinte forma:

I – o do período-base encerrado em 31 de dezembro de 1991, em seis quotas mensais, iguais e sucessivas, vencíveis no último dia útil dos meses de abril a setembro de 1992;

II – o dos meses do ano-calendário de 1992, em 6 (seis) quotas mensais e sucessivas, vencíveis no último dia útil, a partir do mês de outubro de 1992, observado o seguinte:

a) em outubro de 1992, o imposto referente aos meses de janeiro e fevereiro;

b) em novembro de 1992, o imposto referente aos meses de março e abril;

c) em dezembro de 1992, o imposto referente aos meses de maio e junho;

d) em janeiro de 1993, o imposto referente aos meses de julho e agosto;

e) em fevereiro de 1993, o imposto referente aos meses de setembro e outubro;

f) em março de 1993, o imposto referente aos meses de novembro e dezembro;

III – *(Revogado pela Lei n. 8.541, de 23-12-1992.)*

§ 1.º As pessoas jurídicas de que trata este artigo poderão optar pelo pagamento do imposto correspondente aos meses dos anos-calendário de 1992 e 1993, calculado por estimativa, da seguinte forma:

I – o relativo ao ano-calendário de 1992, nos meses de outubro de 1992 a março de 1993, no último dia útil de cada um, dois sextos do imposto e adicional apurados em balanço ou balancete semestral levantado em 30 de junho de 1992;

II – (*Revogado pela Lei n. 8.541, de 23-12-1992.*)

§ 2.º As disposições deste artigo aplicam-se também ao pagamento da contribuição social sobre o lucro (Lei n. 7.689, de 1988), correspondente ao período-base encerrado em 31 de dezembro de 1991 e aos anos-calendário de 1992 e 1993, estendendo-se o mesmo regime ao imposto sobre o lucro líquido (Lei n. 7.713, de 1988, art. 35), enquanto este vigorar.

§ 3.º O imposto de renda e a contribuição social serão convertidos em quantidade de UFIR diária pelo valor desta no último dia do mês a que corresponder.

§ 4.º É facultado à pessoa jurídica pagar antecipadamente o imposto, duodécimo ou quota.

§ 5.º A partir do mês de fevereiro de 1994, as pessoas jurídicas de que trata este artigo iniciarão o pagamento do imposto referente aos meses do ano em curso.

Art. 88. (*Revogado pela Lei n. 8.541, de 23-12-1992.*)

Art. 89. As empresas que optarem pela tributação com base no lucro presumido deverão pagar o imposto de renda da pessoa jurídica e a contribuição social sobre o lucro (Lei n. 7.689, de 1988):

I – relativos ao período-base de 1991, nos prazos fixados na legislação em vigor, sem as modificações introduzidas por esta Lei;

II – a partir do ano-calendário de 1992, segundo o disposto no art. 40.

•• Citado dispositivo encontra-se revogado pela Lei n. 8.541, de 23-12-1992.

Art. 90. A pessoa jurídica que, no ano-calendário de 1991, tiver auferido receita bruta total igual ou inferior a um bilhão de cruzeiros poderá optar pela tributação com base no lucro presumido no ano-calendário de 1992.

Art. 91. As parcelas de antecipação do imposto de renda e da contribuição social sobre o lucro, relativas ao exercício financeiro de 1992, pagas no ano de 1991, serão corrigidas monetariamente com base na variação acumulada no INPC desde o mês do pagamento até dezembro de 1991.

Parágrafo único. A contrapartida do registro da correção monetária referida neste artigo será escriturada como variação monetária ativa, na data do balanço.

Art. 92. (*Revogado pela Lei n. 9.430, de 27-12-1996.*)

Art. 93. O art. 1.º e o art. 2.º do Decreto-lei n. 1.804, de 3 de setembro de 1980, passam a vigorar com as seguintes modificações:

•• Alteração no art. 1.º prejudicada em face de posterior revogação de seu § 3.º pela Lei n. 9.001, de 16-3-1995.

Art. 94. O Ministro da Economia, Fazenda e Planejamento expedirá os atos necessários à execução do disposto nesta Lei, observados os princípios e as diretrizes nela estabelecidos, objetivando, especialmente, a simplificação e a desburocratização dos procedimentos.

Parágrafo único. (*Revogado pela Lei n. 8.541, de 23-12-1992.*)

Art. 95. O Ministro da Economia, Fazenda e Planejamento poderá, em 1992 e 1993, alongar o prazo de pagamento dos impostos e da contribuição social sobre o lucro, se a conjuntura econômica assim o exigir.

Art. 96. No exercício financeiro de 1992, ano-calendário de 1991, o contribuinte apresentará declaração de bens na qual os bens e direitos serão individualmente avaliados a valor de mercado no dia 31 de dezembro de 1991, e convertidos em quantidade de UFIR pelo valor desta no mês de janeiro de 1992.

§ 1.º A diferença entre o valor de mercado referido neste artigo e o constante de declarações de exercícios anteriores será considerada rendimento isento.

§ 2.º A apresentação da declaração de bens com estes avaliados em valores de mercado não exime os declarantes de manter e apresentar elementos que permitam a identificação de seus custos de aquisição.

§ 3.º A autoridade lançadora, mediante processo regular, arbitrará o valor informado, sempre que este não mereça fé, por notoriamente diferente do de mercado, ressalvada, em caso de contestação, avaliação contraditória administrativa ou judicial.

§ 4.º Todos e quaisquer bens e direitos adquiridos, a partir de 1.º de janeiro de 1992, serão informados, nas declarações de bens de exercícios posteriores, pelos respectivos valores em UFIR, convertidos com base no valor desta no mês de aquisição.

§ 5.º Na apuração de ganhos de capital na alienação dos bens e direitos de que trata este artigo será considerado custo de aquisição o valor em UFIR:

a) constante da declaração relativa ao exercício financeiro de 1992, relativamente aos bens e direitos adquiridos até 31 de dezembro de 1991;

b) determinado na forma do parágrafo anterior, relativamente aos bens e direitos adquiridos a partir de 1.º de janeiro de 1992.

§ 6.º A conversão, em quantidade de UFIR, das aplicações financeiras em títulos e valores mobiliários de renda variável, bem como em ouro ou certificados representativos de ouro, ativo financeiro, será realizada adotando-se o maior dentre os seguintes valores:

a) de aquisição, acrescido da correção monetária e da variação da Taxa Referencial Diária – TRD até 31 de dezembro de 1991, nos termos admitidos em lei;

b) de mercado, assim entendido o preço médio ponderado das negociações do ativo, ocorridas na última quinzena do mês de dezembro de 1991, em bolsas do País, desde que reflitam condições regulares de oferta e procura, ou o valor da quota resultante da avaliação da carteira do fundo mútuo de ações ou clube de investimento, exceto Plano de Poupança e Investimento – PAIT, em 31 de dezembro de 1991, mediante aplicação dos preços médios ponderados.

§ 7.º Excluem-se do disposto neste artigo os direitos ou créditos relativos a operações financeiras de renda fixa, que serão informados pelos valores de aquisição ou aplicação, em cruzeiros.

§ 8.º A isenção de que trata o § 1.º não alcança:

a) os direitos ou créditos de que trata o parágrafo precedente;

b) os bens adquiridos até 31 de dezembro de 1990, não relacionados na declaração de bens relativa ao exercício de 1991.

§ 9.º Os bens adquiridos no ano-calendário de 1991 serão declarados em moeda corrente nacional, pelo valor de aquisição, e em UFIR, pelo valor de mercado em 31 de dezembro de 1991.

§ 10. O Poder Executivo fica autorizado a baixar as instruções necessárias à aplicação deste artigo, bem como a estabelecer critério alternativo para determinação do valor de mercado de títulos e valores mobiliários, se não ocorrerem negociações nos termos do § 6.º.

Art. 97. Esta Lei entra em vigor na data de sua publicação e produzirá efeitos a partir de 1.º de janeiro de 1992.

Art. 98. Revogam-se o art. 44 da Lei n. 4.131, de 3 de setembro de 1962, os §§ 1.º e 2.º do art. 11 da Lei n. 4.357, de 16 de julho de 1964, o art. 2.º da Lei n. 4.729, de 14 de julho de 1965, o art. 5.º do Decreto-lei n. 1.060, de 21 de outubro de 1969, os arts. 13 e 14 da Lei n. 7.713, de 1988, os incisos III e IV e os §§ 1.º e 2.º do art. 7.º e o art. 10 da Lei n. 8.023, de 1990, o inciso III e parágrafo único do art. 11 da Lei n. 8.134, de 27 de dezembro de 1990 e o art. 14 da Lei n. 8.137, de 27 de dezembro de 1990.

Brasília, 30 de dezembro de 1991; 170.º da Independência e 103.º da República.

FERNANDO COLLOR

LEI COMPLEMENTAR N. 70, DE 30 DE DEZEMBRO DE 1991 (*)

Institui contribuição para financiamento da Seguridade Social, eleva a alíquota da contribuição social sobre o lucro das instituições financeiras, e dá outras providências.

(*) Publicada no *Diário Oficial da União*, de 31-12-1991.

Apuração, cobrança, fiscalização, arrecadação e administração da contribuição da Cofins: Instrução Normativa n. 2.121, de 15-12-2022, da SRFB.

O Presidente da República.

Faço saber que o Congresso Nacional decreta e eu sanciono a seguinte Lei Complementar:

Art. 1.º Sem prejuízo da cobrança das contribuições para o Programa de Integração Social – PIS e para o Programa de Formação do Patrimônio do Servidor Público – PASEP, fica instituída contribuição social para financiamento da Seguridade Social, nos termos do inciso I do art. 195 da Constituição Federal, devida pelas pessoas jurídicas, inclusive as a elas equiparadas pela legislação do Imposto sobre a Renda, destinadas exclusivamente às despesas com atividades-fins das áreas de saúde, previdência e assistência social.

•• A Lei Complementar n. 214, de 16-1-2025, revoga este artigo a partir de 1.º-1-2027.
•• Vide Decreto n. 4.524, de 17-12-2002, regulamenta a Contribuição para o Financiamento da Seguridade Social – COFINS, instituída por esta Lei Complementar.
• Vide Súmula 659 do STF.
• Vide Súmula 423 do STJ.

Art. 2.º A contribuição de que trata o artigo anterior será de 2% (dois por cento) e incidirá sobre o faturamento mensal, assim considerado a receita bruta das vendas de mercadorias, de mercadorias e serviços e de serviço de qualquer natureza.

•• A Lei Complementar n. 214, de 16-1-2025, revoga este artigo a partir de 1.º-1-2027.
• Vide Súmula 423 do STJ.

Parágrafo único. Não integra a receita de que trata este artigo, para efeito de determinação da base de cálculo da contribuição, o valor:

a) do imposto sobre produtos industrializados, quando destacado em separado no documento fiscal;
b) das vendas canceladas, das devolvidas e dos descontos a qualquer título concedidos incondicionalmente.

Art. 3.º A base de cálculo da contribuição mensal devida pelos fabricantes de cigarros, na condição de contribuintes e de substitutos dos comerciantes varejistas, será obtida multiplicando-se o preço de venda do produto no varejo por 118% (cento e dezoito por cento).

•• A Lei Complementar n. 214, de 16-1-2025, revoga este artigo a partir de 1.º-1-2027.
•• A Lei n. 11.196, de 21-11-2005, com redação determinada pela Lei n. 12.024, de 27-8-2009, altera o percentual multiplicador a que se refere este artigo para 291,69% (duzentos e noventa e um inteiros e sessenta e nove centésimos por cento).
• Vide art. 29 da Lei n. 10.865, de 30-4-2004.

Art. 4.º A contribuição mensal devida pelos distribuidores de derivados de petróleo e álcool etílico hidratado para fins carburantes, na condição de substitutos dos comerciantes varejistas, será calculada sobre o menor valor, no País, constante da tabela de preços máximos fixados para venda a varejo, sem prejuízo da contribuição incidente sobre suas próprias vendas.

•• A Lei Complementar n. 214, de 16-1-2025, revoga este artigo a partir de 1.º-1-2027.

Art. 5.º A contribuição será convertida, no primeiro dia do mês subsequente ao de ocorrência do fato gerador, pela medida de valor e parâmetro de atualização monetária diária utilizada para os tributos federais, e paga até o dia vinte do mesmo mês.

•• A Lei Complementar n. 214, de 16-1-2025, revoga este artigo a partir de 1.º-1-2027.

Art. 6.º São isentas da contribuição:

•• A Lei Complementar n. 214, de 16-1-2025, revoga este artigo a partir de 1.º-1-2027.

I – (Revogado pela Medida Provisória n. 2.158-35, de 24-8-2001.)

II – as sociedades civis de que trata o art. 1.º do Decreto-lei n. 2.397, de 21 de dezembro de 1987;

•• Vide Súmula 508 do STJ.
•• Vide art. 56 da Lei n. 9.430, de 27-12-1996.
•• Vide Súmula Vinculante 62.

III – (Revogado pela Medida Provisória n. 2.158-35, de 24-8-2001.);

IV – a Academia Brasileira de Letras, a Associação Brasileira de Imprensa e o Instituto Histórico e Geográfico Brasileiro.

•• Inciso IV acrescentado pela Lei n. 13.353, de 3-11-2016.

Art. 7.º (Revogado pela Medida Provisória n. 2.158-35, de 24-8-2001.)

Art. 8.º (Vetado.)

Art. 9.º A contribuição social sobre o faturamento de que trata esta Lei Complementar não extingue as atuais fontes de custeio da Seguridade Social, salvo a prevista no art. 23, I, da Lei n. 8.212, de 24 de julho de 1991, a qual deixará de ser cobrada a partir da data em que for exigível a contribuição ora instituída.

•• A Lei Complementar n. 214, de 16-1-2025, revoga este artigo a partir de 1.º-1-2027.

Art. 10. O produto da arrecadação da contribuição social sobre o faturamento, instituída por esta Lei Complementar, observado o disposto na segunda parte do art. 33 da Lei n. 8.212, de 24 de julho de 1991, integrará o Orçamento da Seguridade Social.

•• A Lei Complementar n. 214, de 16-1-2025, revoga este artigo a partir de 1.º-1-2027.

Parágrafo único. À contribuição referida neste artigo aplicam-se as normas relativas ao processo administrativo-fiscal de determinação e exigência de créditos tributários federais, bem como, subsidiariamente e no que couber, as disposições referentes ao Imposto sobre a Renda, especialmente quanto a atraso de pagamento e quanto a penalidades.

Art. 11. Fica elevada em 8 (oito) pontos percentuais a alíquota referida no § 1.º do art. 23 da Lei n. 8.212, de 24 de julho de 1991, relativa à contribuição social sobre o lucro das instituições a que se refere o § 1.º do art. 22 da mesma lei, mantidas as demais normas da Lei n. 7.689, de 15 de dezembro de 1988, com as alterações posteriormente introduzidas.

Parágrafo único. As pessoas jurídicas sujeitas ao disposto neste artigo ficam excluídas do pagamento da contribuição social sobre o faturamento, instituída pelo art. 1.º desta Lei Complementar.

Art. 12. Sem prejuízo do disposto na legislação em vigor, as instituições financeiras, as sociedades corretoras e distribuidoras de títulos e valores mobiliários, as sociedades de investimento e as de arrendamento mercantil, os agentes do Sistema Financeiro da Habitação, as bolsas de valores, de mercadorias, de futuros e instituições assemelhadas e seus associados, e as empresas administradoras de cartões de crédito fornecerão à Receita Federal, nos termos estabelecidos pelo Ministro da Economia, Fazenda e Planejamento, informações cadastrais sobre os usuários dos respectivos serviços, relativas ao nome, à filiação, ao endereço e ao número de inscrição do cliente no Cadastro de Pessoas Físicas – CPF ou no Cadastro Geral de Contribuintes – CGC.

•• A Secretaria da Receita Federal passa a denominar-se Secretaria da Receita Federal do Brasil, por força da Lei n. 11.457, de 16-3-2007.

§ 1.º Às informações recebidas nos termos deste artigo aplica-se o disposto no § 7.º do art. 38 da Lei n. 4.595, de 31 de dezembro de 1964.

§ 2.º As informações de que trata o caput deste artigo serão prestadas a partir das relações de usuários constantes dos registros relativos ao ano-calendário de 1992.

§ 3.º A não observância do disposto neste artigo sujeitará o infrator, independentemente de outras penalidades administrativas, à multa equivalente a trinta e cinco unidades de valor referidas no art. 5.º desta Lei Complementar, por usuário omitido.

Art. 13. Esta Lei Complementar entra em vigor na data de sua publicação, produzindo efeitos a partir do primeiro dia do mês seguinte aos 90 (noventa) dias posteriores àquela publicação, mantidos, até essa data, o Decreto-lei n. 1.940, de 25 de maio de 1982 e alterações posteriores, a alíquota fixada no art. 11 da Lei n. 8.114, de 12 de dezembro de 1990.

• O Decreto n. 8.114, de 12-12-1990, foi revogado pelo Decreto n. 9.921, de 18-7-2019.

Art. 14. Revoga-se o art. 2.º do Decreto-lei n. 326, de 8 de maio de 1967 e demais disposições em contrário.

Brasília, 30 de dezembro de 1991; 170.º da Independência e 103.º da República.

Fernando Collor

LEI N. 8.397, DE 6 DE JANEIRO DE 1992 (*)

Institui medida cautelar fiscal e dá outras providências.

(*) Publicada no Diário Oficial da União, de 7-1-1992 e retificada em 16-1-1992. A Instrução Normativa n. 2.091, de 22-6-2022, da Secretaria da Receita Federal do Brasil, estabelece requisitos para arrolamento de bens e direitos e define procedimentos para a formalização de representação para propositura de medida cautelar fiscal.

Lei n. 8.397, de 6-1-1992 – Medida Cautelar Fiscal

O Presidente da República.
Faço saber que o Congresso Nacional decreta e eu sanciono a seguinte Lei:

Art. 1.º O procedimento cautelar fiscal poderá ser instaurado após a constituição do crédito, inclusive no curso da execução judicial da Dívida Ativa da União, dos Estados, do Distrito Federal, dos Municípios e respectivas autarquias.
•• *Caput* com redação determinada pela Lei n. 9.532, de 10-12-1997.

Parágrafo único. O requerimento da medida cautelar, na hipótese dos incisos V, *b*, e VII, do art. 2.º, independe da prévia constituição do crédito tributário.
•• Parágrafo único acrescentado pela Lei n. 9.532, de 10-12-1997.

Art. 2.º A medida cautelar fiscal poderá ser requerida contra o sujeito passivo de crédito tributário ou não tributário, quando o devedor:
•• *Caput* com redação determinada pela Lei n. 9.532, de 10-12-1997.

I – sem domicílio certo, intenta ausentar-se ou alienar bens que possui ou deixa de pagar a obrigação no prazo fixado;

II – tendo domicílio certo, ausenta-se ou tenta se ausentar, visando a elidir o adimplemento da obrigação;

III – caindo em insolvência, aliena ou tenta alienar bens;
•• Inciso III com redação determinada pela Lei n. 9.532, de 10-12-1997.

IV – contrai ou tenta contrair dívidas que comprometam a liquidez do seu patrimônio;
•• Inciso IV com redação determinada pela Lei n. 9.532, de 10-12-1997.

V – notificado pela Fazenda Pública para que proceda ao recolhimento do crédito fiscal:
a) deixa de pagá-lo no prazo legal, salvo se suspensa sua exigibilidade;
b) põe ou tenta pôr seus bens em nome de terceiros;
•• Inciso V com redação determinada pela Lei n. 9.532, de 10-12-1997.

VI – possui débitos, inscritos ou não em Dívida Ativa, que somados ultrapassem 30% (trinta por cento) do seu patrimônio conhecido;
•• Inciso VI acrescentado pela Lei n. 9.532, de 10-12-1997.

VII – aliena bens ou direitos sem proceder à devida comunicação ao órgão da Fazenda Pública competente, quando exigível em virtude de lei;
•• Inciso VII acrescentado pela Lei n. 9.532, de 10-12-1997.

VIII – tem sua inscrição no cadastro de contribuintes declarada inapta, pelo órgão fazendário;
•• Inciso VIII acrescentado pela Lei n. 9.532, de 10-12-1997.

IX – pratica outros atos que dificultem ou impeçam a satisfação do crédito.
•• Inciso IX acrescentado pela Lei n. 9.532, de 10-12-1997.

Art. 3.º Para a concessão da medida cautelar fiscal é essencial:
I – prova literal da constituição do crédito fiscal;
II – prova documental de algum dos casos mencionados no artigo antecedente.

Art. 4.º A decretação da medida cautelar fiscal produzirá, de imediato, a indisponibilidade dos bens do requerido, até o limite da satisfação da obrigação.

§ 1.º Na hipótese de pessoa jurídica, a indisponibilidade recairá somente sobre os bens do ativo permanente, podendo, ainda, ser estendida aos bens do acionista controlador e aos dos que em razão do contrato social ou estatuto tenham poderes para fazer a empresa cumprir suas obrigações fiscais, ao tempo:
a) do fato gerador, nos casos de lançamento de ofício;
b) do inadimplemento da obrigação fiscal, nos demais casos.

§ 2.º A indisponibilidade patrimonial poderá ser estendida em relação aos bens adquiridos a qualquer título do requerido ou daqueles que estejam ou tenham estado na função de administrador (§ 1.º), desde que seja capaz de frustrar a pretensão da Fazenda Pública.

§ 3.º Decretada a medida cautelar fiscal, será comunicada imediatamente ao registro público de imóveis, ao Banco Central do Brasil, à Comissão de Valores Mobiliários e às demais repartições que processem registros de transferência de bens, a fim de que, no âmbito de suas atribuições, façam cumprir a constrição judicial.

Art. 5.º A medida cautelar fiscal será requerida ao juiz competente para a execução judicial da Dívida Ativa da Fazenda Pública.

Parágrafo único. Se a execução judicial estiver em Tribunal, será competente o relator do recurso.

Art. 6.º A Fazenda Pública pleiteará a medida cautelar fiscal em petição devidamente fundamentada, que indicará:
I – o juiz a quem é dirigida;
II – a qualificação e o endereço, se conhecido, do requerido;
III – as provas que serão produzidas;
IV – o requerimento para citação.

Art. 7.º O juiz concederá liminarmente a medida cautelar fiscal, dispensada a Fazenda Pública de justificação prévia e de prestação de caução.

Parágrafo único. Do despacho que conceder liminarmente a medida cautelar caberá agravo de instrumento.

Art. 8.º O requerido será citado para, no prazo de 15 (quinze) dias, contestar o pedido, indicando as provas que pretenda produzir.

Parágrafo único. Conta-se o prazo da juntada aos autos do mandado:
a) de citação, devidamente cumprido;
b) da execução da medida cautelar fiscal, quando concedida liminarmente.

Art. 9.º Não sendo contestado o pedido, presumir-se-ão aceitos pelo requerido, como verdadeiros, os fatos alegados pela Fazenda Pública, caso em que o juiz decidirá em 10 (dez) dias.

Parágrafo único. Se o requerido contestar no prazo legal, o juiz designará audiência de instrução e julgamento, havendo prova a ser nela produzida.

Art. 10. A medida cautelar fiscal decretada poderá ser substituída, a qualquer tempo, pela prestação de garantia correspondente ao valor da pretensão da Fazenda Pública, na forma do art. 9.º da Lei n. 6.830, de 22 de setembro de 1980.

Parágrafo único. A Fazenda Pública será ouvida necessariamente sobre o pedido de substituição, no prazo de 5 (cinco) dias, presumindo-se da omissão a sua aquiescência.

Art. 11. Quando a medida cautelar fiscal for concedida em procedimento preparatório, deverá a Fazenda Pública propor a execução judicial da Dívida Ativa no prazo de 60 (sessenta) dias, contados da data em que a exigência se tornar irrecorrível na esfera administrativa.

Art. 12. A medida cautelar fiscal conserva a sua eficácia no prazo do artigo antecedente e na pendência do processo de execução judicial da Dívida Ativa, mas pode, a qualquer tempo, ser revogada ou modificada.

Parágrafo único. Salvo decisão em contrário, a medida cautelar fiscal conservará sua eficácia durante o período de suspensão do crédito tributário ou não tributário.

Art. 13. Cessa a eficácia da medida cautelar fiscal:
I – se a Fazenda Pública não propuser a execução judicial da Dívida Ativa no prazo fixado no art. 11 desta Lei;
II – se não for executada dentro de 30 (trinta) dias;
III – se for julgada extinta a execução judicial da Dívida Ativa da Fazenda Pública;
IV – se o requerido promover a quitação do débito que está sendo executado.

Parágrafo único. Se, por qualquer motivo, cessar a eficácia da medida, é defeso à Fazenda Pública repetir o pedido pelo mesmo fundamento.

Art. 14. Os autos do procedimento cautelar fiscal serão apensados aos do processo de execução judicial da Dívida Ativa da Fazenda Pública.

Art. 15. O indeferimento da medida cautelar fiscal não obsta a que a Fazenda Pública intente a execução judicial da Dívida Ativa, nem influi no julgamento desta, salvo se o juiz, no procedimento cautelar fiscal, acolher alegação de pagamento, de compensação, de transação, de remissão, de prescrição ou decadência, de conversão do depósito em renda, ou qualquer outra modalidade de extinção da pretensão deduzida.

Art. 16. Ressalvado o disposto no art. 15, a sentença proferida na medida cautelar fiscal não faz coisa julgada, relativamente à execução judicial da Dívida Ativa da Fazenda Pública.

Art. 17. Da sentença que decretar a medida cautelar fiscal caberá apelação, sem efeito suspensivo, salvo se o requerido oferecer garantia na forma do art. 10 desta Lei.

Art. 18. As disposições desta Lei aplicam-se, também, ao crédito proveniente das contribuições sociais previstas no art. 195 da Constituição Federal.

Art. 19. Esta Lei entra em vigor na data de sua publicação.

Art. 20. Revogam-se as disposições em contrário.

Brasília, 6 de janeiro de 1992; 171.º da Independência e 104.º da República.

FERNANDO COLLOR

LEI N. 8.437, DE 30 DE JUNHO DE 1992 (*)

Dispõe sobre a concessão de medidas cautelares contra atos do Poder Público e dá outras providências.

O Presidente da República.

Faço saber que o Congresso Nacional decreta e eu sanciono a seguinte lei:

Art. 1.º Não será cabível medida liminar contra atos do Poder Público, no procedimento cautelar ou em quaisquer outras ações de natureza cautelar ou preventiva, toda vez que providência semelhante não puder ser concedida em ações de mandado de segurança, em virtude de vedação legal.

• Vide Lei n. 9.494, de 10-9-1997.

§ 1.º Não será cabível, no juízo de primeiro grau, medida cautelar inominada ou a sua liminar, quando impugnado ato de autoridade sujeita, na via de mandado de segurança, à competência originária de tribunal.

§ 2.º O disposto no parágrafo anterior não se aplica aos processos de ação popular e de ação civil pública.

§ 3.º Não será cabível medida liminar que esgote, no todo ou em parte, o objeto da ação.

§ 4.º Nos casos em que cabível medida liminar, sem prejuízo da comunicação ao dirigente do órgão ou entidade, o respectivo representante judicial dela será imediatamente intimado.

•• § 4.º acrescentado pela Medida Provisória n. 2.180-35, de 24-8-2001.

§ 5.º Não será cabível medida liminar que defira compensação de créditos tributários ou previdenciários.

•• § 5.º acrescentado pela Medida Provisória n. 2.180-35, de 24-8-2001.

Art. 2.º No mandado de segurança coletivo e na ação civil pública, a liminar será concedida, quando cabível, após a audiência do representante judicial da pessoa jurídica de direito público, que deverá se pronunciar no prazo de setenta e duas horas.

Art. 3.º O recurso voluntário ou ex officio, interposto contra sentença em processo cautelar, proferida contra pessoa jurídica de direito público ou seus agentes, que importe em outorga ou adição de vencimentos ou de reclassificação funcional, terá efeito suspensivo.

• Vide Lei n. 9.494, de 10-9-1997.

Art. 4.º Compete ao presidente do tribunal, ao qual couber o conhecimento do respectivo recurso, suspender, em despacho fundamentado, a execução da liminar nas ações movidas contra o Poder Público ou seus agentes, a requerimento do Ministério Público ou da pessoa jurídica de direito público interessada, em caso de manifesto interesse público ou de flagrante ilegitimidade, e para evitar grave lesão à ordem, à saúde, à segurança e à economia públicas.

• Vide Lei n. 9.494, de 10-9-1997.

§ 1.º Aplica-se o disposto neste artigo à sentença proferida em processo de ação cautelar inominada, no processo de ação popular e na ação civil pública, enquanto não transitada em julgado.

§ 2.º O Presidente do Tribunal poderá ouvir o autor e o Ministério Público, em setenta e duas horas.

•• § 2.º com redação determinada pela Medida Provisória n. 2.180-35, de 24-8-2001.

§ 3.º Do despacho que conceder ou negar a suspensão, caberá agravo, no prazo de cinco dias, que será levado a julgamento na sessão seguinte a sua interposição.

•• § 3.º com redação determinada pela Medida Provisória n. 2.180-35, de 24-8-2001.

§ 4.º Se do julgamento do agravo de que trata o § 3.º resultar a manutenção ou o restabelecimento da decisão que se pretende suspender, caberá novo pedido de suspensão ao Presidente do Tribunal competente para conhecer de eventual recurso especial ou extraordinário.

•• § 4.º acrescentado pela Medida Provisória n. 2.180-35, de 24-8-2001.

§ 5.º É cabível também o pedido de suspensão a que se refere o § 4.º, quando negado provimento a agravo de instrumento interposto contra a liminar a que se refere este artigo.

•• § 5.º acrescentado pela Medida Provisória n. 2.180-35, de 24-8-2001.

§ 6.º A interposição do agravo de instrumento contra liminar concedida nas ações movidas contra o Poder Público e seus agentes não prejudica nem condiciona o julgamento do pedido de suspensão a que se refere este artigo.

•• § 6.º acrescentado pela Medida Provisória n. 2.180-35, de 24-8-2001.

§ 7.º O Presidente do Tribunal poderá conferir ao pedido efeito suspensivo liminar, se constatar, em juízo prévio, a plausibilidade do direito invocado e a urgência na concessão da medida.

•• § 7.º acrescentado pela Medida Provisória n. 2.180-35, de 24-8-2001.

§ 8.º As liminares cujo objeto seja idêntico poderão ser suspensas em uma única decisão, podendo o Presidente do Tribunal estender os efeitos da suspensão a liminares supervenientes, mediante simples aditamento do pedido original.

•• § 8.º acrescentado pela Medida Provisória n. 2.180-35, de 24-8-2001.

§ 9.º A suspensão deferida pelo Presidente do Tribunal vigorará até o trânsito em julgado da decisão de mérito na ação principal.

•• § 9.º acrescentado pela Medida Provisória n. 2.180-35, de 24-8-2001.

Art. 5.º Esta Lei entra em vigor na data de sua publicação.

Art. 6.º Revogam-se as disposições em contrário.

Brasília, 30 de junho de 1992; 171.º da Independência e 104.º da República.

FERNANDO COLLOR

LEI N. 8.748, DE 9 DE DEZEMBRO DE 1993 (**)

Altera a legislação reguladora do processo administrativo de determinação e exigência de créditos tributários da União e dá outras providências.

O Presidente da República.

Faço saber que o Congresso Nacional decreta e eu sanciono a seguinte Lei:

Art. 1.º Os dispositivos a seguir, do Decreto n. 70.235, de 6 de março de 1972, que, por delegação do Decreto-lei n. 822, de 5 de setembro de 1969, regula o processo administrativo de determinação e exigência de créditos tributários da União, passam a vigorar com a seguinte redação:

•• Alterações já processadas no texto do diploma modificado.

Art. 2.º São criadas 18 (dezoito) Delegacias da Receita Federal especializadas nas atividades concernentes ao julgamento de processos relativos a tributos e contribuições federais administrados pela Secretaria da Receita Federal, sendo de competência dos respectivos Delegados o julgamento, em primeira instância, daqueles processos.

•• A Secretaria da Receita Federal passa a denominar-se Secretaria da Receita Federal do Brasil, por força da Lei n. 11.457, de 16-3-2007.

§ 1.º As Delegacias a que se refere este artigo serão instaladas, no prazo de 120 (cento e vinte) dias, por ato do Ministro da Fazenda, que fixará a lotação de cada unidade, mediante aproveitamento de cargos e funções existentes, ou que venham a ser criados, na Secretaria da Receita Federal.

§ 2.º Até que sejam instaladas as Delegacias de que trata o *caput* deste artigo, o julgamento nele referido continuará sendo de competência dos Delegados da Receita Federal.

(*) Publicada no *Diário Oficial da União* de 1.º-7-1992.

(**) Publicada no *Diário Oficial da União*, de 10-12-1993.

Art. 3.º Compete aos Conselhos de Contribuintes, observada sua competência por matéria e dentro de limites de alçada fixados pelo Ministro da Fazenda:

I – julgar os recursos de ofício e voluntário de decisão de primeira instância, nos processos a que se refere o art. 1.º desta Lei;

II – julgar recurso voluntário de decisão de primeira instância nos processos relativos a restituição de impostos e contribuições e a ressarcimento de créditos do Imposto sobre Produtos Industrializados.

•• Inciso II com redação determinada pela Lei n. 10.522, de 19-7-2002.

Art. 4.º O Ministro da Fazenda expedirá as instruções necessárias à aplicação do disposto nesta Lei, inclusive à adequação dos Regimentos Internos dos Conselhos de Contribuintes e da Câmara Superior de Recursos Fiscais.

Art. 5.º As despesas decorrentes desta Lei correrão à conta das dotações orçamentárias próprias do Ministério da Fazenda.

Art. 6.º Esta Lei entra em vigor na data de sua publicação.

Art. 7.º Revogam-se os arts. 6.º e 19 do Decreto n. 70.235, de 1972.

Brasília, 9 de dezembro de 1993; 172.º da Independência e 105.º da República.

ITAMAR FRANCO

LEI N. 8.846, DE 21 DE JANEIRO DE 1994 (*)

Dispõe sobre a emissão de documentos fiscais e o arbitramento da receita mínima para efeitos tributários, e dá outras providências.

O Presidente da República.

Faço saber que o Congresso Nacional decreta e eu sanciono a seguinte Lei:

Art. 1.º A emissão de nota fiscal, recibo ou documento equivalente, relativo à venda de mercadorias, prestação de serviços ou operações de alienação de bens móveis, deverá ser efetuada, para efeito da legislação do imposto sobre a renda e proventos de qualquer natureza, no momento da efetivação da operação.

§ 1.º O disposto neste artigo também alcança:

a) a locação de bens móveis e imóveis;

b) quaisquer outras transações realizadas com bens e serviços, praticadas por pessoas físicas ou jurídicas.

§ 2.º O Ministro da Fazenda estabelecerá, para efeito da legislação do imposto sobre a renda e proventos de qualquer natureza, os documentos equivalentes a nota fiscal ou recibo podendo dispensá-los quando os considerar desnecessários.

(*) Publicada no *Diário Oficial da União*, de 24-1-1994. Sobre UFIR, *vide* Nota dos Organizadores. *Vide* art. 59 da Lei n. 9.069, de 29-6-1995.

Art. 2.º Caracteriza omissão de receita ou de rendimentos, inclusive ganhos de capital para efeito do imposto sobre a renda e proventos de qualquer natureza e das contribuições sociais, incidentes sobre o lucro e o faturamento, a falta de emissão da nota fiscal, recibo ou documento equivalente, no momento da efetivação das operações a que se refere o artigo anterior, bem como a sua emissão com valor inferior ao da operação.

Arts. 3.º e 4.º (*Revogados pela Lei n. 9.532, de 10-12-1997.*)

Art. 5.º Em todo local onde se proceda à venda de bens ou à prestação de serviços, deverão ser afixados, em lugar visível e de fácil leitura, o teor dos arts. 1.º a 4.º desta Lei, além de cartazes informativos elaborados pela Secretaria da Receita Federal.

•• A Secretaria da Receita Federal passa a denominar-se Secretaria da Receita Federal do Brasil, por força da Lei n. 11.457, de 16-3-2007.

§ 1.º A pessoa física ou jurídica que descumprir o disposto neste artigo ficará sujeita à multa correspondente a CR$ 200.000,00 (duzentos mil cruzeiros reais), atualizados monetariamente pela variação da Unidade Fiscal de Referência – UFIR mensal, a ser aplicada pelos órgãos de proteção ao direito do consumidor, vinculados ao Ministério da Justiça.

§ 2.º A multa será reaplicada a cada 10 (dez) dias se não atendida a exigência a que se refere o *caput* deste artigo.

Art. 6.º Verificada por indícios a omissão de receita, a autoridade tributária poderá, para efeito de determinação da base de cálculo sujeita à incidência dos impostos federais e contribuições sociais, arbitrar a receita do contribuinte, tomando por base as receitas, apuradas em procedimento fiscal, correspondentes ao movimento diário das vendas, da prestação de serviços e de quaisquer outras operações.

§ 1.º Para efeito de arbitramento da receita mínima do mês, serão identificados pela autoridade tributária os valores efetivos das receitas auferidas pelo contribuinte em 3 (três) dias alternados desse mesmo mês, necessariamente representativos das variações de funcionamento do estabelecimento ou da atividade.

§ 2.º A renda mensal arbitrada corresponderá à multiplicação do valor correspondente à média das receitas apuradas na forma do § 1.º pelo número de dias de funcionamento do estabelecimento naquele mês.

§ 3.º O critério estabelecido no § 1.º poderá ser aplicado a pelo menos 3 (três) meses do mesmo ano-calendário.

§ 4.º No caso do parágrafo anterior, a receita média mensal das vendas, da prestação de serviços e de outras operações correspondentes aos meses arbitrados será considerada suficientemente representativa das receitas auferidas pelo contribuinte naquele estabelecimento, podendo ser utilizada,

para efeitos fiscais, por até 12 (doze) meses contados a partir do último mês submetido às disposições previstas no § 1.º.

§ 5.º A receita arbitrada a ser considerada nos meses subsequentes deverá ser atualizada monetariamente com base na variação da UFIR.

§ 6.º A diferença positiva entre a receita arbitrada e a escriturada no mês será considerada na determinação da base de cálculo dos impostos federais e contribuições sociais.

§ 7.º O disposto neste artigo não dispensa o contribuinte da emissão de documentário fiscal, bem como da escrituração a que estiver obrigado pela legislação comercial e fiscal.

§ 8.º A diferença positiva a que se refere o § 6.º não integrará a base de cálculo de quaisquer incentivos fiscais previstos na legislação tributária.

Art. 7.º Presumem-se rendimentos pagos aos sócios, acionistas ou titular de firma individual as importâncias tributadas na forma do artigo anterior, deduzidas dos tributos e das contribuições sociais sobre elas incidentes.

§ 1.º Os rendimentos referidos neste artigo, determinados mês a mês, submetem-se à incidência do imposto sobre a renda e proventos de qualquer natureza, exclusivamente na fonte, à alíquota de 25% (vinte e cinco por cento).

§ 2.º O imposto incidente na fonte deverá ser pago até o terceiro dia útil do mês subsequente àquele em que os rendimentos forem considerados pagos.

§ 3.º Para os efeitos do parágrafo anterior, o imposto será convertido em quantidade de UFIR diária pelo valor desta no último dia do mês a que corresponder o rendimento e reconvertido para cruzeiros reais na data do pagamento.

Art. 8.º É facultado à autoridade tributária utilizar, para efeito de arbitramento a que se refere o art. 6.º, outros métodos de determinação da receita quando constatado qualquer artifício utilizado pelo contribuinte visando a frustrar a apuração da receita efetiva do seu estabelecimento.

Art. 9.º O contribuinte que detiver a posse ou propriedade de bens que, por sua natureza, revelem sinais exteriores de riqueza, deverá comprovar, mediante documentação hábil e idônea, os gastos realizados a título de despesas com tributos, guarda, manutenção, conservação e demais gastos indispensáveis à utilização desses bens.

§ 1.º Consideram-se bens representativos de sinais exteriores de riqueza, para os efeitos deste artigo, automóveis, iates, imóveis, cavalos de raça, aeronaves e outros bens que demandem gastos para sua utilização.

§ 2.º A falta de comprovação dos gastos a que se refere este artigo ou a verificação de indícios de realização de gastos não comprovados, autorizará o arbitramento dos dispêndios em valor equivalente a até 10% (dez por cento) do valor de mercado do respectivo bem, observada necessariamente a sua natureza, para cobertura de despesas realizadas durante cada ano-calendário em que o contribuinte tenha detido a sua posse ou propriedade.

§ 3.º O valor arbitrado na forma do parágrafo anterior, deduzido dos gastos efetivamente comprovados, será considerado renda presumida nos anos-calendário relativos ao arbitramento.

§ 4.º A diferença positiva, apurada entre a renda arbitrada e a renda disponível declarada pelo contribuinte, será considerada omissão de rendimentos e comporá a base de cálculo mensal do imposto de renda da pessoa física.

§ 5.º No caso de pessoa jurídica, a diferença positiva entre a renda arbitrada e os gastos efetivamente comprovados será tributada na forma dos arts. 43 e 44 da Lei n. 8.541, de 23 de dezembro de 1992.

§ 6.º No arbitramento, tomar-se-ão como base os preços de mercado vigentes em qualquer mês do ano-calendário a que se referir o arbitramento, convertidos em UFIR pelo valor do mês da avaliação.

§ 7.º Fica autorizado o Poder Executivo a baixar tabela dos limites percentuais máximos relativos a cada um dos bens ou atividades evidenciadoras de sinais exteriores de riqueza, observados os critérios estabelecidos neste artigo.

Art. 10. Ficam convalidados os atos praticados com base nas Medidas Provisórias n. 374, de 22 de novembro de 1993, e n. 391, de 23 de dezembro de 1993.

Art. 11. Esta Lei entra em vigor na data de sua publicação.

Brasília, 21 de janeiro de 1994; 173.º da Independência e 106.º da República.

ITAMAR FRANCO

LEI N. 8.850, DE 28 DE JANEIRO DE 1994 (*)

Altera a Lei n. 8.383, de 30 de dezembro de 1991, e dá outras providências.

O Congresso Nacional decreta:

Art. 1.º O período de apuração do Imposto sobre Produtos Industrializados – IPI, incidente na saída dos produtos dos estabelecimentos industriais ou equiparados a industrial, passa a ser mensal.
•• *Caput* com redação determinada pela Lei n. 11.774, de 17-9-2008.

§ 2.º O disposto neste artigo não se aplica ao IPI incidente no desembaraço aduaneiro dos produtos importados.

_____
(*) Publicada no *Diário Oficial da União*, de 29-1-1994.

•• § 2.º acrescentado pela Lei n. 11.774, de 17-9-2008.

Art. 2.º Os arts. 52 e 53 da Lei n. 8.383, de 30 de dezembro de 1991, passam a vigorar com a seguinte redação:
•• Alterações já processadas no texto do diploma modificado.

Art. 3.º O valor em cruzeiros reais do tributo ou contribuição a pagar será determinado mediante a multiplicação da quantidade de UFIR pelo valor desta na data do pagamento.
• Vide Nota dos Organizadores: VALORES.

Parágrafo único. O disposto neste artigo aplica-se, também, ao recolhimento do imposto de renda e da contribuição social sobre o lucro das pessoas jurídicas de que trata a Lei n. 8.541, de 23 de dezembro de 1992.

Art. 4.º O fato gerador do Imposto sobre a Propriedade Territorial Rural – ITR ocorre no dia 1.º de janeiro de cada exercício.
•• Vide Lei n. 9.393, de 19-12-1996.

Art. 5.º (*Revogado pela Lei n. 8.981, de 20-1-1995.*)

Art. 6.º O valor do ITR, apurado em UFIR, poderá ser pago em até 6 (seis) quotas iguais, mensais e sucessivas, a partir da notificação, em data a ser fixada pela Secretaria da Receita Federal:
•• A Secretaria da Receita Federal passa a denominar-se Secretaria da Receita Federal do Brasil, por força da Lei n. 11.457, de 16-3-2007.

I – nenhuma quota será inferior a 50 (cinquenta) UFIR e o imposto de valor inferior a 100 (cem) UFIR será pago de uma só vez;

II – é facultado ao contribuinte antecipar, total ou parcialmente, o pagamento do imposto ou das quotas;

III – o valor em cruzeiros reais de cada quota será determinado mediante a multiplicação do seu valor, expresso em quantidade de UFIR, pelo valor desta no mês do efetivo pagamento.
•• Vide Lei n. 9.393, de 19-12-1996.

Art. 7.º Ficam convalidados os atos praticados com base na Medida Provisória n. 380, de 1.º de dezembro de 1993.

Art. 8.º Esta Lei entra em vigor na data de sua publicação.

Art. 9.º Revoga-se o art. 1.º do Decreto-lei n. 2.450, de 29 de julho de 1988, com alteração do art. 14 da Lei n. 7.798, de 10 de julho de 1989.

Senado Federal, em 28 de janeiro de 1994; 173.º da Independência e 106.º da República.

SENADOR CHAGAS RODRIGUES

LEI N. 8.906, DE 4 DE JULHO DE 1994 (**)

_____
(**) Publicada no *Diário Oficial da União*, de 5-7-1994. A Lei n. 13.688, de 3-7-2018, instituiu o Diário Eletrônico da Ordem dos Advogados do Brasil.

Dispõe sobre o Estatuto da Advocacia e a Ordem dos Advogados do Brasil – OAB.

O Presidente da República.
Faço saber que o Congresso Nacional decreta e eu sanciono a seguinte Lei:

TÍTULO I
DA ADVOCACIA

Capítulo I
DA ATIVIDADE DE ADVOCACIA

Art. 1.º São atividades privativas de advocacia:

I – a postulação a qualquer órgão do Poder Judiciário e aos juizados especiais;
•• O STF, na ADI n. 1.127-8 , de 17-5-2006 (*DOU* de 26-5-2006), declarou a inconstitucionalidade da expressão "qualquer" constante deste inciso.

II – as atividades de consultoria, assessoria e direção jurídicas.

§ 1.º Não se inclui na atividade privativa de advocacia a impetração de *habeas corpus* em qualquer instância ou tribunal.

§ 2.º Os atos e contratos constitutivos de pessoas jurídicas, sob pena de nulidade, só podem ser admitidos a registro, nos órgãos competentes, quando visados por advogados.
•• De acordo com o art. 9.º, § 2.º, da Lei Complementar n. 123, de 14-12-2006, não se aplica às microempresas e empresas de pequeno porte o disposto neste parágrafo.

§ 3.º É vedada a divulgação de advocacia em conjunto com outra atividade.

Art. 2.º O advogado é indispensável à administração da justiça.
•• O Provimento n. 219, de 22-5-2023, do CFOAB, disciplina o funcionamento do Sistema Nacional de Defesa das Prerrogativas e Valorização da Advocacia no âmbito da Ordem dos Advogados do Brasil.

§ 1.º No seu ministério privado, o advogado presta serviço público e exerce função social.

§ 2.º No processo judicial, o advogado contribui, na postulação de decisão favorável ao seu constituinte, ao convencimento do julgador, e seus atos constituem múnus público.

§ 2.º-A. No processo administrativo, o advogado contribui com a postulação de decisão favorável ao seu constituinte, e os seus atos constituem múnus público.
•• § 2.º-A acrescentado pela Lei n. 14.365, de 2-6-2022.

§ 3.º No exercício da profissão, o advogado é inviolável por seus atos e manifestações, nos limites desta Lei.

Art. 2.º-A. O advogado pode contribuir com o processo legislativo e com a elaboração de normas jurídicas, no âmbito dos Poderes da República.
•• Artigo acrescentado pela Lei n. 14.365, de 2-6-2022.

Art. 3.º O exercício da atividade de advocacia no território brasileiro e a denominação de advogado são privativos dos inscritos na Ordem dos Advogados do Brasil – OAB.

§ 1.º Exercem atividade de advocacia, sujeitando-se ao regime desta Lei, além do regime próprio a que se subordinem, os integrantes da Advocacia-Geral da União, da Procuradoria da Fazenda Nacional, da Defensoria Pública e das Procuradorias e Consultorias Jurídicas dos Estados, do Distrito Federal, dos Municípios e das respectivas entidades de administração indireta e fundacional.

•• A Resolução n. 55, de 3-10-2011, do Conselho Superior da Defensoria Pública da União, dispõe, em seu art. 1.º, que "a capacidade postulatória dos membros da Defensoria Pública da União decorre exclusivamente de sua nomeação e posse no cargo público, sendo prescindível a inscrição na Ordem dos Advogados do Brasil para o exercício de suas atribuições institucionais e legais (Lei Complementar n. 80, art. 4.º, § 6.º)".

•• O STF, por maioria, julgou improcedente a ADI n. 4.636, nas sessões virtuais de 22-10-2021 a 3-11-2021, e conferiu, ainda, interpretação conforme à Constituição a este § 1.º, declarando ser inconstitucional qualquer interpretação que resulte no condicionamento da capacidade postulatória dos membros da Defensoria Pública à inscrição dos Defensores Públicos na Ordem dos Advogados do Brasil (*DOU* de 12-11-2021).

§ 2.º O estagiário de advocacia, regularmente inscrito, pode praticar os atos previstos no art. 1.º, na forma do Regulamento Geral, em conjunto com advogado e sob responsabilidade deste.

Art. 3.º-A Os serviços profissionais de advogado são, por sua natureza, técnicos e singulares, quando comprovada sua notória especialização, nos termos da lei.

•• *Caput* acrescentado pela Lei n. 14.039, de 17-8-2020.

Parágrafo único. Considera-se notória especialização o profissional ou a sociedade de advogados cujo conceito no campo de sua especialidade, decorrente de desempenho anterior, estudos, experiências, publicações, organização, aparelhamento, equipe técnica ou de outros requisitos relacionados com suas atividades, permita inferir que o seu trabalho é essencial e indiscutivelmente o mais adequado à plena satisfação do objeto do contrato.

•• Parágrafo único acrescentado pela Lei n. 14.039, de 17-8-2020.

Art. 4.º São nulos os atos privativos de advogado praticados por pessoa não inscrita na OAB, sem prejuízo das sanções civis, penais e administrativas.

Parágrafo único. São também nulos os atos praticados por advogado impedido – no âmbito do impedimento – suspenso, licenciado ou que passar a exercer atividade incompatível com a advocacia.

Art. 5.º O advogado postula, em juízo ou fora dele, fazendo prova do mandato.

§ 1.º O advogado, afirmando urgência, pode atuar sem procuração, obrigando-se a apresentá-la no prazo de quinze dias, prorrogável por igual período.

§ 2.º A procuração para o foro em geral habilita o advogado a praticar todos os atos judiciais, em qualquer juízo ou instância, salvo os que exijam poderes especiais.

§ 3.º O advogado que renunciar ao mandato continuará, durante os dez dias seguintes à notificação da renúncia, a representar o mandante, salvo se for substituído antes do término desse prazo.

§ 4.º As atividades de consultoria e assessoria jurídicas podem ser exercidas de modo verbal ou por escrito, a critério do advogado e do cliente, e independem de outorga de mandato ou de formalização por contrato de honorários.

•• § 4.º acrescentado pela Lei n. 14.365, de 2-6-2022.

Capítulo II
DOS DIREITOS DO ADVOGADO

•• O Provimento n. 219, de 22-5-2023, do CFOAB, disciplina o funcionamento do Sistema Nacional de Defesa das Prerrogativas e Valorização da Advocacia no âmbito da Ordem dos Advogados do Brasil.

Art. 6.º Não há hierarquia nem subordinação entre advogados, magistrados e membros do Ministério Público, devendo todos tratar-se com consideração e respeito recíprocos.

§ 1.º As autoridades e os servidores públicos dos Poderes da República, os serventuários da Justiça e os membros do Ministério Público devem dispensar ao advogado, no exercício da profissão, tratamento compatível com a dignidade da advocacia e condições adequadas a seu desempenho, preservando e resguardando, de ofício, a imagem, a reputação e a integridade do advogado nos termos desta Lei.

•• Parágrafo único renumerado pela Lei n. 14.508, de 27-12-2022.

§ 2.º Durante as audiências de instrução e julgamento realizadas no Poder Judiciário, nos procedimentos de jurisdição contenciosa ou voluntária, os advogados do autor e do requerido devem permanecer no mesmo plano topográfico e em posição equidistante em relação ao magistrado que as presidir.

•• § 2.º acrescentado pela Lei n. 14.508, de 27-12-2022.

Art. 7.º São direitos do advogado:

•• O Provimento n. 207, de 24-8-2021, da OAB, regulamenta o disposto neste art. 7.º, definindo as prerrogativas dos advogados que atuam em empresas públicas, privadas ou paraestatais, notadamente aqueles que ocupam cargos de gerência e diretoria jurídica.

I – exercer, com liberdade, a profissão em todo o território nacional;

II – a inviolabilidade de seu escritório ou local de trabalho, bem como de seus instrumentos de trabalho, de sua correspondência escrita, eletrônica, telefônica e telemática, desde que relativas ao exercício da advocacia;

•• Inciso II com redação determinada pela Lei n. 11.767, de 7-8-2008.

•• O Provimento OAB n. 127, de 7-12-2008, dispõe sobre a participação da OAB no cumprimento da decisão judicial que determinar a quebra da inviolabilidade de que trata este inciso.

III – comunicar-se com seus clientes, pessoal e reservadamente, mesmo sem procuração, quando estes se acharem presos, detidos ou recolhidos em estabelecimentos civis ou militares, ainda que considerados incomunicáveis;

IV – ter a presença de representante da OAB, quando preso em flagrante, por motivo ligado ao exercício da advocacia, para lavratura do auto respectivo, sob pena de nulidade e, nos demais casos, a comunicação expressa à seccional da OAB;

V – não ser recolhido preso, antes de sentença transitada em julgado, senão em sala de Estado Maior, com instalações e comodidades condignas, assim reconhecidas pela OAB, e, na sua falta, em prisão domiciliar;

•• O STF, na ADI n. 1.127-8, de 17-5-2006 (*DOU* de 26-5-2006), declarou a inconstitucionalidade da expressão "assim reconhecidas pela OAB" constante deste inciso.

VI – ingressar livremente:

a) nas salas de sessões dos tribunais, mesmo além dos cancelos que separam a parte reservada aos magistrados;

b) nas salas e dependências de audiência, secretarias, cartórios, ofícios de justiça, serviços notariais e de registro, e, no caso de delegacias e prisões, mesmo fora da hora de expediente e independentemente da presença de seus titulares;

c) em qualquer edifício ou recinto em que funcione repartição judicial ou outro serviço público onde o advogado deva praticar ato ou colher prova ou informação útil ao exercício da atividade profissional, dentro do expediente ou fora dele, e ser atendido, desde que se ache presente qualquer servidor ou empregado;

d) em qualquer Assembleia ou reunião de que participe ou possa participar o seu cliente, ou perante a qual este deva comparecer, desde que munido de poderes especiais;

VII – permanecer sentado ou em pé e retirar-se de quaisquer locais indicados no inciso anterior, independentemente de licença;

VIII – dirigir-se diretamente aos magistrados nas salas e gabinetes de trabalho, independentemente de horário previamente marcado ou outra condição, observando-se a ordem de chegada;

IX – sustentar oralmente as razões de qualquer recurso ou processo, nas sessões de julgamento, após o voto do relator, em instância judicial ou administrativa, pelo prazo de quinze minutos, salvo se prazo maior for concedido;

•• O STF, nas ADIs n. 1.105-7 e 1.127-8, de 17-5-2006 (*DOU* de 26-5-2006), declarou a inconstitucionalidade deste inciso.

IX-A – (*Vetado*.)

•• Inciso IX-A acrescentado pela Lei n. 14.365, de 2-6-2022.

X – usar da palavra, pela ordem, em qualquer tribunal judicial ou administrativo, órgão de deliberação coletiva da administração pública ou comissão parlamentar de inquérito, mediante intervenção pontual e sumária, para esclarecer equívoco ou dúvida surgida em relação a fatos, a documentos ou a afirmações que influam na decisão;

•• Inciso X com redação determinada pela Lei n. 14.365, de 2-6-2022.

XI – reclamar, verbalmente ou por escrito, perante qualquer juízo, tribunal ou autoridade, contra a inobservância de preceito de lei, regulamento ou regimento;

XII – falar, sentado ou em pé, em juízo, tribunal ou órgão de deliberação coletiva da Administração Pública ou do Poder Legislativo;

XIII – examinar, em qualquer órgão dos Poderes Judiciário e Legislativo, ou da Administração Pública em geral, autos de processos findos ou em andamento, mesmo sem procuração, quando não estiverem sujeitos a sigilo ou segredo de justiça, assegurada a obtenção de cópias, com possibilidade de tomar apontamentos;

•• Inciso XIII com redação determinada pela Lei n. 13.793, de 3-1-2019.

XIV – examinar, em qualquer instituição responsável por conduzir investigação, mesmo sem procuração, autos de flagrante e de investigações de qualquer natureza, findos ou em andamento, ainda que conclusos à autoridade, podendo copiar peças e tomar apontamentos, em meio físico ou digital;

•• Inciso XIV com redação determinada pela Lei n. 13.245, de 12-1-2016.

XV – ter vista dos processos judiciais ou administrativos de qualquer natureza, em cartório ou na repartição competente, ou retirá-los pelos prazos legais;

XVI – retirar autos de processos findos, mesmo sem procuração, pelo prazo de dez dias;

XVII – ser publicamente desagravado, quando ofendido no exercício da profissão ou em razão dela;

XVIII – usar os símbolos privativos da profissão de advogado;

XIX – recusar-se a depor como testemunha em processo no qual funcionou ou deva funcionar, ou sobre fato relacionado com pessoa de quem seja ou foi advogado, mesmo quando autorizado ou solicitado pelo constituinte, bem como sobre fato que constitua sigilo profissional;

XX – retirar-se do recinto onde se encontre aguardando pregão para ato judicial, após trinta minutos do horário designado e ao qual ainda não tenha comparecido a autoridade que deva presidir a ele, mediante comunicação protocolizada em juízo;

XXI – assistir a seus clientes investigados durante a apuração de infrações, sob pena de nulidade absoluta do respectivo interrogatório ou depoimento e, subsequentemente, de todos os elementos investigatórios e probatórios dele decorrentes ou derivados, direta ou indiretamente, podendo, inclusive, no curso da respectiva apuração:

•• Inciso XXI, *caput*, acrescentado pela Lei n. 13.245, de 12-1-2016.

a) apresentar razões e quesitos;

•• Alínea *a* acrescentada pela Lei n. 13.245, de 12-1-2016.

b) (Vetado.)

•• Alínea *b* acrescentada pela Lei n. 13.245, de 12-1-2016.

§ 1.º Não se aplica o disposto nos incisos XV e XVI:

1) aos processos sob regime de segredo de justiça;

2) quando existirem nos autos documentos originais de difícil restauração ou ocorrer circunstância relevante que justifique a permanência dos autos no cartório, secretaria ou repartição, reconhecida pela autoridade em despacho motivado, proferido de ofício, mediante representação ou a requerimento da parte interessada;

3) até o encerramento do processo, ao advogado que houver deixado de devolver os respectivos autos no prazo legal, e só o fizer depois de intimado.

•• Mantivemos o texto deste § 1.º, embora, por uma falha na técnica legislativa, tenha sido revogado pela Lei n. 14.365, de 2-6-2022 (*DOU* de 3-6-2022). Até a data de fechamento desta edição, essa lei não havia sido republicada para correção.

§ 2.º O advogado tem imunidade profissional, não constituindo injúria, difamação ou desacato puníveis qualquer manifestação de sua parte, no exercício de sua atividade, em juízo ou fora dele, sem prejuízo das sanções disciplinares perante a OAB, pelos excessos que cometer.

•• Mantivemos o texto deste § 2.º, embora, por uma falha na técnica legislativa, tenha sido revogado pela Lei n. 14.365, de 2-6-2022 (*DOU* de 3-6-2022). Até a data de fechamento desta edição, essa lei não havia sido republicada para correção.

•• O STF, na ADI n. 1.127-8, de 17-5-2006 (*DOU* de 26-5-2006), declarou a inconstitucionalidade da expressão "ou desacato" constante deste parágrafo.

§ 2.º-A. (Vetado.)

•• § 2.º-A acrescentado pela Lei n. 14.365, de 2-6-2022.

§ 2.º-B. Poderá o advogado realizar a sustentação oral no recurso interposto contra a decisão monocrática de relator que julgar o mérito ou não conhecer dos seguintes recursos ou ações:

•• § 2.º-B, *caput*, acrescentado pela Lei n. 14.365, de 2-6-2022.

I – recurso de apelação;

•• Inciso I acrescentado pela Lei n. 14.365, de 2-6-2022.

II – recurso ordinário;

•• Inciso II acrescentado pela Lei n. 14.365, de 2-6-2022.

III – recurso especial;

•• Inciso III acrescentado pela Lei n. 14.365, de 2-6-2022.

IV – recurso extraordinário;

•• Inciso IV acrescentado pela Lei n. 14.365, de 2-6-2022.

V – embargos de divergência;

•• Inciso V acrescentado pela Lei n. 14.365, de 2-6-2022.

VI – ação rescisória, mandado de segurança, reclamação, *habeas corpus* e outras ações de competência originária.

•• Inciso VI acrescentado pela Lei n. 14.365, de 2-6-2022.

§ 3.º O advogado somente poderá ser preso em flagrante, por motivo de exercício da profissão, em caso de crime inafiançável, observado o disposto no inciso IV deste artigo.

§ 4.º O Poder Judiciário e o Poder Executivo devem instalar, em todos os juizados, fóruns, tribunais, delegacias de polícia e presídios, salas especiais permanentes para os advogados, com uso e controle assegurados à OAB.

•• O STF, na ADI n. 1.127-8, de 17-5-2006 (*DOU* de 26-5-2006), declarou a inconstitucionalidade da expressão "e controle" constante deste parágrafo.

§ 5.º No caso de ofensa a inscrito na OAB, no exercício da profissão ou de cargo ou função de órgão da OAB, o conselho competente deve promover o desagravo público do ofendido, sem prejuízo da responsabilidade criminal em que incorrer o infrator.

•• A Lei n. 11.767, de 7-8-2008, propôs nova redação para este § 5.º, mas teve seu texto vetado.

§ 6.º Presentes indícios de autoria e materialidade da prática de crime por parte de advogado, a autoridade judiciária competente poderá decretar a quebra da inviolabilidade de que trata o inciso II do *caput* deste artigo, em decisão motivada, expedindo mandado de busca e apreensão, específico e pormenorizado, a ser cumprido na presença de representante da OAB, sendo, em qualquer hipótese, vedada a utilização dos documentos, das mídias e dos objetos pertencentes a clientes do advogado averiguado, bem como dos demais instrumentos de trabalho que contenham informações sobre clientes.

•• § 6.º acrescentado pela Lei n. 11.767, de 7-8-2008.

§ 6.º-A. A medida judicial cautelar que importe na violação do escritório ou do local de trabalho do advogado será determinada em hipótese excepcional, desde que exista fundamento em indício, pelo órgão acusatório.

•• § 6.º-A acrescentado pela Lei n. 14.365, de 2-6-2022, originalmente vetado, todavia promulgado em 8-7-2022.

§ 6.º-B. É vedada a determinação da medida cautelar prevista no § 6.º-A deste artigo se fundada exclusivamente em elementos produzidos em declarações do colaborador sem confirmação por outros meios de prova.

•• § 6.º-B acrescentado pela Lei n. 14.365, de 2-6-2022, originalmente vetado, todavia promulgado em 8-7-2022.

§ 6.º-C. O representante da OAB referido no § 6.º deste artigo tem o direito a ser respeitado pelos agentes responsáveis pelo cumprimento do mandado de busca e apreensão, sob pena de abuso de autoridade, e o dever de zelar pelo fiel cumprimento do objeto da investigação, bem como de impedir que documentos, mídias e objetos não relacionados à investigação, especialmente de outros processos do mesmo cliente ou de outros clientes que não sejam pertinentes à persecução penal, sejam analisados, fotografados, filmados, retirados ou apreendidos do escritório de advocacia.
•• § 6.º-C acrescentado pela Lei n. 14.365, de 2-6-2022, originalmente vetado, todavia promulgado em 8-7-2022.

§ 6.º-D. No caso de inviabilidade técnica quanto à segregação da documentação, da mídia ou dos objetos não relacionados à investigação, em razão da sua natureza ou volume, no momento da execução da decisão judicial de apreensão ou de retirada do material, a cadeia de custódia preservará o sigilo do seu conteúdo, assegurada a presença do representante da OAB, nos termos dos §§ 6.º-F e 6.º-G deste artigo.
•• § 6.º-D acrescentado pela Lei n. 14.365, de 2-6-2022.

§ 6.º-E. Na hipótese de inobservância do § 6.º-D deste artigo pelo agente público responsável pelo cumprimento do mandado de busca e apreensão, o representante da OAB fará o relatório do fato ocorrido, com a inclusão dos nomes dos servidores, dará conhecimento à autoridade judiciária e o encaminhará à OAB para a elaboração de notícia-crime.
•• § 6.º-E acrescentado pela Lei n. 14.365, de 2-6-2022.

§ 6.º-F. É garantido o direito de acompanhamento por representante da OAB e pelo profissional investigado durante a análise dos documentos e dos dispositivos de armazenamento de informação pertencentes a advogado, apreendidos ou interceptados, em todos os atos, para assegurar o cumprimento do disposto no inciso II do caput deste artigo.
•• § 6.º-F acrescentado pela Lei n. 14.365, de 2-6-2022, originalmente vetado, todavia promulgado em 8-7-2022.

§ 6.º-G. A autoridade responsável informará, com antecedência mínima de 24 (vinte e quatro) horas, à seccional da OAB a data, o horário e o local em que serão analisados os documentos e os equipamentos apreendidos, garantido o direito de acompanhamento, em todos os atos, pelo representante da OAB e pelo profissional investigado para assegurar o disposto no § 6º-C deste artigo.
•• § 6.º-G acrescentado pela Lei n. 14.365, de 2-6-2022, originalmente vetado, todavia promulgado em 8-7-2022.

§ 6.º-H. Em casos de urgência devidamente fundamentada pelo juiz, a análise dos documentos e dos equipamentos apreendidos poderá acontecer em prazo inferior a 24 (vinte e quatro) horas, garantido o direito de acompanhamento, em todos os atos, pelo representante da OAB e pelo profissional investigado para assegurar o disposto no § 6.º-C deste artigo.
•• § 6.º-H acrescentado pela Lei n. 14.365, de 2-6-2022, originalmente vetado, todavia promulgado em 8-7-2022.

§ 6.º-I. É vedado ao advogado efetuar colaboração premiada contra quem seja ou tenha sido seu cliente, e a inobservância disso importará em processo disciplinar, que poderá culminar com a aplicação do disposto no inciso III do caput do art. 35 desta Lei, sem prejuízo das penas previstas no art. 154 do Decreto-lei n. 2.848, de 7 de dezembro de 1940 (Código Penal).
•• § 6.º-I acrescentado pela Lei n. 14.365, de 2-6-2022.

§ 7.º A ressalva constante do § 6.º deste artigo não se estende a clientes do advogado averiguado que estejam sendo formalmente investigados como seus partícipes ou coautores pela prática do mesmo crime que deu causa à quebra da inviolabilidade.
•• § 7.º acrescentado pela Lei n. 11.767, de 7-8-2008.

§ 8.º (Vetado.)
•• § 8.º acrescentado pela Lei n. 11.767, de 7-8-2008.

§ 9.º (Vetado.)
•• § 9.º acrescentado pela Lei n. 11.767, de 7-8-2008.

§ 10. Nos autos sujeitos a sigilo, deve o advogado apresentar procuração para o exercício dos direitos de que trata o inciso XIV.
•• § 10 acrescentado pela Lei n. 13.245, de 12-1-2016.

§ 11. No caso previsto no inciso XIV, a autoridade competente poderá delimitar o acesso do advogado aos elementos de prova relacionados a diligências em andamento e ainda não documentados nos autos, quando houver risco de comprometimento da eficiência, da eficácia ou da finalidade das diligências.
•• § 11 acrescentado pela Lei n. 13.245, de 12-1-2016.

§ 12. A inobservância aos direitos estabelecidos no inciso XIV, o fornecimento incompleto de autos ou o fornecimento de autos em que houve a retirada de peças já incluídas no caderno investigativo implicará responsabilização criminal e funcional por abuso de autoridade do responsável que impedir o acesso do advogado com o intuito de prejudicar o exercício da defesa, sem prejuízo do direito subjetivo do advogado de requerer acesso aos autos ao juiz competente.
•• § 12 acrescentado pela Lei n. 13.245, de 12-1-2016.

§ 13. O disposto nos incisos XIII e XIV do caput deste artigo aplica-se integralmente a processos e a procedimentos eletrônicos, ressalvado o disposto nos §§ 10 e 11 deste artigo.
•• § 13 acrescentado pela Lei n. 13.793, de 3-1-2019.

§ 14. Cabe, privativamente, ao Conselho Federal da OAB, em processo disciplinar próprio, dispor, analisar e decidir sobre a prestação efetiva do serviço jurídico realizado pelo advogado.
•• § 14 acrescentado pela Lei n. 14.365, de 2-6-2022.

§ 15. Cabe ao Conselho Federal da OAB dispor, analisar e decidir sobre os honorários advocatícios dos serviços jurídicos realizados pelo advogado, resguardado o sigilo, nos termos do Capítulo VI desta Lei, e observado o disposto no inciso XXXV do caput do art. 5.º da Constituição Federal.
•• § 15 acrescentado pela Lei n. 14.365, de 2-6-2022.

§ 16. É nulo, em qualquer esfera de responsabilização, o ato praticado com violação da competência privativa do Conselho Federal da OAB prevista no § 14 deste artigo.
•• § 16 acrescentado pela Lei n. 14.365, de 2-6-2022.

Art. 7.º-A. São direitos da advogada:
•• Caput acrescentado pela Lei n. 13.363, de 25-11-2016.

I – gestante:
•• Inciso I, caput, acrescentado pela Lei n. 13.363, de 25-11-2016.

a) entrada em tribunais sem ser submetida a detectores de metais e aparelhos de raios X;
•• Alínea a acrescentada pela Lei n. 13.363, de 25-11-2016.

b) reserva de vaga em garagens dos fóruns dos tribunais;
•• Alínea b acrescentada pela Lei n. 13.363, de 25-11-2016.

II – lactante, adotante ou que der à luz, acesso a creche, onde houver, ou a local adequado ao atendimento das necessidades do bebê;
•• Inciso II acrescentado pela Lei n. 13.363, de 25-11-2016.

III – gestante, lactante, adotante ou que der à luz, preferência na ordem das sustentações orais e das audiências a serem realizadas a cada dia, mediante comprovação de sua condição;
•• Inciso III acrescentado pela Lei n. 13.363, de 25-11-2016.

IV – adotante ou que der à luz, suspensão de prazos processuais quando for a única patrona da causa, desde que haja notificação por escrito ao cliente.
•• Inciso IV acrescentado pela Lei n. 13.363, de 25-11-2016.

§ 1.º Os direitos previstos à advogada gestante ou lactante aplicam-se enquanto perdurar, respectivamente, o estado gravídico ou o período de amamentação.
•• § 1.º acrescentado pela Lei n. 13.363, de 25-11-2016.

§ 2.º Os direitos assegurados nos incisos II e III deste artigo à advogada adotante ou que der à luz serão concedidos pelo prazo previsto no art. 392 do Decreto-lei n. 5.452, de 1.º de maio de 1943 (Consolidação das Leis do Trabalho).

•• § 2.º acrescentado pela Lei n. 13.363, de 25-11-2016.

§ 3.º O direito assegurado no inciso IV deste artigo à advogada adotante ou que der à luz será concedido pelo prazo previsto no § 6.º do art. 313 da Lei n. 13.105, de 16 de março de 2015 (Código de Processo Civil).
•• § 3.º acrescentado pela Lei n. 13.363, de 25-11-2016.

Art. 7.º-B Constitui crime violar direito ou prerrogativa de advogado previstos nos incisos II, III, IV e V do *caput* do art. 7.º desta Lei:
•• *Caput* acrescentado pela Lei n. 13.869, de 5-9-2019, originalmente vetado, todavia promulgado em 27-9-2019.
•• O Provimento n. 201, de 27-10-2020, da OAB, dispõe sobre a participação da OAB no cumprimento do disposto neste art. 7.º-B.

Pena – detenção, de 2 (dois) a 4 (quatro) anos, e multa.
•• Pena com redação determinada pela Lei n. 14.365, de 2-6-2022.

Capítulo III
DA INSCRIÇÃO

Art. 8.º Para inscrição como advogado é necessário:
I – capacidade civil;
II – diploma ou certidão de graduação em direito, obtido em instituição de ensino oficialmente autorizada e credenciada;
III – título de eleitor e quitação do serviço militar, se brasileiro;
IV – aprovação em Exame de Ordem;
V – não exercer atividade incompatível com a advocacia;
VI – idoneidade moral;
VII – prestar compromisso perante o Conselho.

§ 1.º O Exame de Ordem é regulamentado em provimento do Conselho Federal da OAB.

§ 2.º O estrangeiro ou brasileiro, quando não graduado em direito no Brasil, deve fazer prova do título de graduação, obtido em instituição estrangeira, devidamente revalidado, além de atender aos demais requisitos previstos neste artigo.

§ 3.º A inidoneidade moral, suscitada por qualquer pessoa, deve ser declarada mediante decisão que obtenha no mínimo dois terços dos votos de todos os membros do conselho competente, em procedimento que observe os termos do processo disciplinar.

§ 4.º Não atende ao requisito de idoneidade moral aquele que tiver sido condenado por crime infamante, salvo reabilitação judicial.

Art. 9.º Para inscrição como estagiário é necessário:
• O Provimento n. 217, de 22-5-2023, da OAB, regulamenta o estágio profissional de advocacia e unifica o procedimento para credenciamento/convênio entre a OAB e as Instituições interessadas em realizar o estágio profissional, com o objetivo de promover o desenvolvimento de práticas jurídicas.

I – preencher os requisitos mencionados nos incisos I, III, V, VI e VII do art. 8.º;
II – ter sido admitido em estágio profissional de advocacia.

§ 1.º O estágio profissional de advocacia, com duração de dois anos, realizado nos últimos anos do curso jurídico, pode ser mantido pelas respectivas instituições de ensino superior, pelos Conselhos da OAB, ou por setores, órgãos jurídicos e escritórios de advocacia credenciados pela OAB, sendo obrigatório o estudo deste Estatuto e do Código de Ética e Disciplina.

§ 2.º A inscrição do estagiário é feita no Conselho Seccional em cujo território se localize seu curso jurídico.

§ 3.º O aluno de curso jurídico que exerça atividade incompatível com a advocacia pode frequentar o estágio ministrado pela respectiva instituição de ensino superior, para fins de aprendizagem, vedada a inscrição na OAB.

§ 4.º O estágio profissional poderá ser cumprido por bacharel em Direito que queira se inscrever na Ordem.

§ 5.º Em caso de pandemia ou em outras situações excepcionais que impossibilitem as atividades presenciais, declaradas pelo poder público, o estágio profissional poderá ser realizado no regime de teletrabalho ou de trabalho a distância em sistema remoto ou não, por qualquer meio telemático, sem configurar vínculo de emprego a adoção de qualquer uma dessas modalidades.
•• § 5.º acrescentado pela Lei n. 14.365, de 2-6-2022.

§ 6.º Se houver concessão, pela parte contratante ou conveniada, de equipamentos, sistemas e materiais ou reembolso de despesas de infraestrutura ou instalação, todos destinados a viabilizar a realização da atividade de estágio prevista no § 5.º deste artigo, essa informação deverá constar, expressamente, do convênio de estágio e do termo de estágio.
•• § 6.º acrescentado pela Lei n. 14.365, de 2-6-2022.

Art. 10. A inscrição principal do advogado deve ser feita no Conselho Seccional em cujo território pretende estabelecer o seu domicílio profissional, na forma do Regulamento Geral.

§ 1.º Considera-se domicílio profissional a sede principal da atividade de advocacia, prevalecendo, na dúvida, o domicílio da pessoa física do advogado.

§ 2.º Além da principal, o advogado deve promover a inscrição suplementar nos Conselhos Seccionais em cujos territórios passar a exercer habitualmente a profissão, considerando-se habitualidade a intervenção judicial que exceder de cinco causas por ano.

§ 3.º No caso de mudança efetiva de domicílio profissional para outra unidade federativa, deve o advogado requerer a transferência de sua inscrição para o Conselho Seccional correspondente.

§ 4.º O Conselho Seccional deve suspender o pedido de transferência ou de inscrição suplementar, ao verificar a existência de vício ou ilegalidade na inscrição principal, contra ela representando ao Conselho Federal.

Art. 11. Cancela-se a inscrição do profissional que:
I – assim o requerer;
II – sofrer penalidade de exclusão;
III – falecer;
IV – passar a exercer, em caráter definitivo, atividade incompatível com a advocacia;
V – perder qualquer um dos requisitos necessários para inscrição.

§ 1.º Ocorrendo uma das hipóteses dos incisos II, III e IV, o cancelamento deve ser promovido, de ofício, pelo Conselho competente ou em virtude de comunicação por qualquer pessoa.

§ 2.º Na hipótese de novo pedido de inscrição – que não restaura o número de inscrição anterior – deve o interessado fazer prova dos requisitos dos incisos I, V, VI e VII do art. 8.º.

§ 3.º Na hipótese do inciso II deste artigo, o novo pedido de inscrição também deve ser acompanhado de provas de reabilitação.

Art. 12. Licencia-se o profissional que:
I – assim o requerer, por motivo justificado;
II – passar a exercer, em caráter temporário, atividade incompatível com o exercício da advocacia;
III – sofrer doença mental considerada curável.

Art. 13. O documento de identidade profissional, na forma prevista no Regulamento Geral, é de uso obrigatório no exercício da atividade de advogado ou de estagiário e constitui prova de identidade civil para todos os fins legais.

Art. 14. É obrigatória a indicação do nome e do número de inscrição em todos os documentos assinados pelo advogado, no exercício de sua atividade.

Parágrafo único. É vedado anunciar ou divulgar qualquer atividade relacionada com o exercício da advocacia ou o uso da expressão "escritório de advocacia", sem indicação expressa do nome e do número de inscrição dos advogados que o integrem ou o número de registro da sociedade de advogados na OAB.

Capítulo IV
DA SOCIEDADE DE ADVOGADOS

• O Provimento n. 112, de 10-9-2006, do Conselho Federal da OAB, dispõe sobre as Sociedades de Advogados.
• O Provimento OAB n. 170, de 24-2-2016, dispõe sobre as sociedades unipessoais de advocacia.

Art. 15. Os advogados podem reunir-se em sociedade simples de prestação de serviços de advocacia ou constituir sociedade unipessoal de advocacia, na forma disciplinada nesta Lei e no regulamento geral.
•• *Caput* com redação determinada pela Lei n. 13.247, de 12-1-2016.

§ 1.º A sociedade de advogados e a sociedade unipessoal de advocacia adquirem personalidade jurídica com o registro aprovado dos seus atos constitutivos no Conselho Seccional da OAB em cuja base territorial tiver sede.
•• § 1.º com redação determinada pela Lei n. 13.247, de 12-1-2016.

§ 2.º Aplica-se à sociedade de advogados e à sociedade unipessoal de advocacia o Código de Ética e Disciplina, no que couber.
•• § 2.º com redação determinada pela Lei n. 13.247, de 12-1-2016.

§ 3.º As procurações devem ser outorgadas individualmente aos advogados e indicar a sociedade de que façam parte.

§ 4.º Nenhum advogado pode integrar mais de uma sociedade de advogados, constituir mais de uma sociedade unipessoal de advocacia, ou integrar, simultaneamente, uma sociedade de advogados e uma sociedade unipessoal de advocacia, com sede ou filial na mesma área territorial do respectivo Conselho Seccional.
•• § 4.º com redação determinada pela Lei n. 13.247, de 12-1-2016.

§ 5.º O ato de constituição de filial deve ser averbado no registro da sociedade e arquivado no Conselho Seccional onde se instalar, ficando os sócios, inclusive o titular da sociedade unipessoal de advocacia, obrigados à inscrição suplementar.
•• § 5.º com redação determinada pela Lei n. 13.247, de 12-1-2016.

§ 6.º Os advogados sócios de uma mesma sociedade profissional não podem representar em juízo clientes de interesses opostos.

§ 7.º A sociedade unipessoal de advocacia pode resultar da concentração por um advogado das quotas de uma sociedade de advogados, independentemente das razões que motivaram tal concentração.
•• § 7.º acrescentado pela Lei n. 13.247, de 12-1-2016.

§ 8.º Nas sociedades de advogados, a escolha do sócio-administrador poderá recair sobre advogado que atue como servidor da administração direta, indireta e fundacional, desde que não esteja sujeito ao regime de dedicação exclusiva, não lhe sendo aplicável o disposto no inciso X do caput do art. 117 da Lei n. 8.112, de 11 de dezembro de 1990, no que se refere à sociedade de advogados.
•• § 8.º acrescentado pela Lei n. 14.365, de 2-6-2022, originalmente vetado, todavia promulgado em 8-7-2022.

§ 9.º A sociedade de advogados e a sociedade unipessoal de advocacia deverão recolher seus tributos sobre a parcela da receita que efetivamente lhes couber, com a exclusão da receita que for transferida a outros advogados ou a sociedades que atuem em forma de parceria para o atendimento do cliente.
•• § 9.º acrescentado pela Lei n. 14.365, de 2-6-2022, originalmente vetado, todavia promulgado em 8-7-2022.

§ 10. Cabem ao Conselho Federal da OAB a fiscalização, o acompanhamento e a definição de parâmetros e de diretrizes da relação jurídica mantida entre advogados e sociedades de advogados ou entre escritório de advogados sócios e advogado associado, inclusive no que se refere ao cumprimento dos requisitos norteadores da associação sem vínculo empregatício autorizada expressamente neste artigo.
•• § 10 acrescentado pela Lei n. 14.365, de 2-6-2022.

§ 11. Não será admitida a averbação do contrato de associação que contenha, em conjunto, os elementos caracterizadores de relação de emprego previstos na Consolidação das Leis do Trabalho (CLT), aprovada pelo Decreto-lei n. 5.452, de 1.º de maio de 1943.
•• § 11 acrescentado pela Lei n. 14.365, de 2-6-2022.

§ 12. A sociedade de advogados e a sociedade unipessoal de advocacia podem ter como sede, filial ou local de trabalho espaço de uso individual ou compartilhado com outros escritórios de advocacia ou empresas, desde que respeitadas as hipóteses de sigilo previstas nesta Lei e no Código de Ética e Disciplina.
•• § 12 acrescentado pela Lei n. 14.365, de 2-6-2022.

Art. 16. Não são admitidas a registro nem podem funcionar todas as espécies de sociedades de advogados que apresentem forma ou características de sociedade empresária, que adotem denominação de fantasia, que realizem atividades estranhas à advocacia, que incluam como sócio ou titular de sociedade unipessoal de advocacia pessoa não inscrita como advogado ou totalmente proibida de advogar.
•• *Caput* com redação determinada pela Lei n. 13.247, de 12-1-2016.

§ 1.º A razão social deve ter, obrigatoriamente, o nome de, pelo menos, um advogado responsável pela sociedade, podendo permanecer o de sócio falecido, desde que prevista tal possibilidade no ato constitutivo.

§ 2.º O impedimento ou a incompatibilidade em caráter temporário do advogado não o exclui da sociedade de advogados à qual pertença e deve ser averbado no registro da sociedade, observado o disposto nos arts. 27, 28, 29 e 30 desta Lei e proibida, em qualquer hipótese, a exploração de seu nome e de sua imagem em favor da sociedade.
•• § 2.º com redação determinada pela Lei n. 14.365, de 2-6-2022.

§ 3.º É proibido o registro, nos cartórios de registro civil de pessoas jurídicas e nas juntas comerciais, de sociedade que inclua, entre outras finalidades, a atividade de advocacia.

§ 4.º A denominação da sociedade unipessoal de advocacia deve ser obrigatoriamente formada pelo nome do seu titular, completo ou parcial, com a expressão "Sociedade Individual de Advocacia".

•• § 4.º acrescentado pela Lei n. 13.247, de 12-1-2016.

Art. 17. Além da sociedade, o sócio e o titular da sociedade individual de advocacia respondem subsidiária e ilimitadamente pelos danos causados aos clientes por ação ou omissão no exercício da advocacia, sem prejuízo da responsabilidade disciplinar em que possam incorrer.
•• Artigo com redação determinada pela Lei n. 13.247, de 12-1-2016.

Art. 17-A. O advogado poderá associar-se a uma ou mais sociedades de advogados ou sociedades unipessoais de advocacia, sem que estejam presentes os requisitos legais de vínculo empregatício, para prestação de serviços e participação nos resultados, na forma do Regulamento Geral e de Provimentos do Conselho Federal da OAB.
•• Artigo acrescentado pela Lei n. 14.365, de 2-6-2022.

Art. 17-B. A associação de que trata o art. 17-A desta Lei dar-se-á por meio de pactuação de contrato próprio, que poderá ser de caráter geral ou restringir-se a determinada causa ou trabalho e que deverá ser registrado no Conselho Seccional da OAB em cuja base territorial tiver sede a sociedade de advogados que dele tomar parte.
•• *Caput* acrescentado pela Lei n. 14.365, de 2-6-2022.

Parágrafo único. No contrato de associação, o advogado sócio ou associado e a sociedade pactuarão as condições para o desempenho da atividade advocatícia e estipularão livremente os critérios para a partilha dos resultados dela decorrentes, devendo o contrato conter, no mínimo:
•• Parágrafo único, *caput*, acrescentado pela Lei n. 14.365, de 2-6-2022.

I – qualificação das partes, com referência expressa à inscrição no Conselho Seccional da OAB competente;
•• Inciso I acrescentado pela Lei n. 14.365, de 2-6-2022.

II – especificação e delimitação do serviço a ser prestado;
•• Inciso II acrescentado pela Lei n. 14.365, de 2-6-2022.

III – forma de repartição dos riscos e das receitas entre as partes, vedada a atribuição da totalidade dos riscos ou das receitas exclusivamente a uma delas;
•• Inciso III acrescentado pela Lei n. 14.365, de 2-6-2022.

IV – responsabilidade pelo fornecimento de condições materiais e pelo custeio das despesas necessárias à execução dos serviços;
•• Inciso IV acrescentado pela Lei n. 14.365, de 2-6-2022.

V – prazo de duração do contrato.
•• Inciso V acrescentado pela Lei n. 14.365, de 2-6-2022.

Capítulo V
DO ADVOGADO EMPREGADO

Art. 18. A relação de emprego, na qualidade de advogado, não retira a isenção técnica nem reduz a independência profissional inerentes à advocacia.

§ 1.º O advogado empregado não está obrigado à prestação de serviços profissionais de interesse pessoal dos empregadores, fora da relação de emprego.
•• Parágrafo único renumerado pela Lei n. 14.365, de 2-6-2022.

§ 2.º As atividades do advogado empregado poderão ser realizadas, a critério do empregador, em qualquer um dos seguintes regimes:
•• § 2.º, *caput*, acrescentado pela Lei n. 14.365, de 2-6-2022.

I – exclusivamente presencial: modalidade na qual o advogado empregado, desde o início da contratação, realizará o trabalho nas dependências ou locais indicados pelo empregador;
•• Inciso I acrescentado pela Lei n. 14.365, de 2-6-2022.

II – não presencial, teletrabalho ou trabalho a distância: modalidade na qual, desde o início da contratação, o trabalho será preponderantemente realizado fora das dependências do empregador, observado que o comparecimento nas dependências de forma não permanente, variável ou para participação em reuniões ou em eventos presenciais não descaracterizará o regime não presencial;
•• Inciso II acrescentado pela Lei n. 14.365, de 2-6-2022.

III – misto: modalidade na qual as atividades do advogado poderão ser presenciais, no estabelecimento do contratante ou neste indicar, ou não presenciais, conforme as condições definidas pelo empregador em seu regulamento empresarial, independentemente de preponderância ou não.
•• Inciso III acrescentado pela Lei n. 14.365, de 2-6-2022.

§ 3.º Na vigência da relação de emprego, as partes poderão pactuar, por acordo individual simples, a alteração de um regime para outro.
•• § 3.º acrescentado pela Lei n. 14.365, de 2-6-2022.

Art. 19. O salário mínimo profissional do advogado será fixado em sentença normativa, salvo se ajustado em acordo ou convenção coletiva de trabalho.

Art. 20. A jornada de trabalho do advogado empregado, quando prestar serviço para empresas, não poderá exceder a duração diária de 8 (oito) horas contínuas e a de 40 (quarenta) horas semanais.
•• *Caput* com redação determinada pela Lei n. 14.365, de 2-6-2022.

§ 1.º Para efeitos deste artigo, considera-se como período de trabalho o tempo em que o advogado estiver à disposição do empregador, aguardando ou executando ordens, no seu escritório ou em atividades externas, sendo-lhe reembolsadas as despesas feitas com transporte, hospedagem e alimentação.

§ 2.º As horas trabalhadas que excederem a jornada normal são remuneradas por um adicional não inferior a cem por cento sobre o valor da hora normal, mesmo havendo contrato escrito.

§ 3.º As horas trabalhadas no período das vinte horas de um dia até as cinco horas do dia seguinte são remuneradas como noturnas, acrescidas do adicional de vinte e cinco por cento.

Art. 21. Nas causas em que for parte o empregador, ou pessoa por este representada, os honorários de sucumbência são devidos aos advogados empregados.
•• O STF julgou parcialmente procedente, em 20-5-2020, a ADI n. 1.194-4 (*DOU* de 28-9-2009), para dar interpretação conforme a CF, estabelecendo que os honorários de sucumbência podem ser tanto do advogado quanto da sociedade ou de ambos, dependendo de disposição contratual.

Parágrafo único. Os honorários de sucumbência, percebidos por advogado empregado de sociedade de advogados são partilhados entre ele e a empregadora, na forma estabelecida em acordo.

Capítulo VI
DOS HONORÁRIOS ADVOCATÍCIOS
•• O Provimento n. 219, de 22-5-2023, do CFOAB, disciplina o funcionamento do Sistema Nacional de Defesa das Prerrogativas e Valorização da Advocacia no âmbito da Ordem dos Advogados do Brasil.

Art. 22. A prestação de serviço profissional assegura aos inscritos na OAB o direito aos honorários convencionados, aos fixados por arbitramento judicial e aos de sucumbência.

§ 1.º O advogado, quando indicado para patrocinar causa de juridicamente necessitado, no caso de impossibilidade da Defensoria Pública no local da prestação de serviço, tem direito aos honorários fixados pelo juiz, segundo tabela organizada pelo Conselho Seccional da OAB, e pagos pelo Estado.

§ 2.º Na falta de estipulação ou de acordo, os honorários são fixados por arbitramento judicial, em remuneração compatível com o trabalho e o valor econômico da questão, observado obrigatoriamente o disposto nos §§ 2.º, 3.º, 4.º, 5.º, 6.º, 6.º-A, 8.º, 8.º-A, 9.º e 10 do art. 85 da Lei n. 13.105, de 16 de março de 2015 (Código de Processo Civil).
•• § 2.º com redação determinada pela Lei n. 14.365, de 2-6-2022.

§ 3.º Salvo estipulação em contrário, 1/3 (um terço) dos honorários é devido no início do serviço, outro terço até a decisão de primeira instância e o restante no final.

§ 4.º Se o advogado fizer juntar aos autos o seu contrato de honorários antes de expedir-se o mandado de levantamento ou precatório, o juiz deve determinar que lhe sejam pagos diretamente, por dedução da quantia a ser recebida pelo constituinte, salvo se este provar que já os pagou.
•• *Vide* Súmula Vinculante 47.

§ 5.º O disposto neste artigo não se aplica quando se tratar de mandato outorgado por advogado para defesa em processo oriundo de ato ou omissão praticada no exercício da profissão.

§ 6.º O disposto neste artigo aplica-se aos honorários assistenciais, compreendidos como os fixados em ações coletivas propostas por entidades de classe em substituição processual, sem prejuízo aos honorários convencionais.
•• § 6.º acrescentado pela Lei n. 13.725, de 4-10-2018.

§ 7.º Os honorários convencionados com entidades de classe para atuação em substituição processual poderão prever a faculdade de indicar os beneficiários que, ao optarem por adquirir os direitos, assumirão as obrigações decorrentes do contrato originário a partir do momento em que este foi celebrado, sem a necessidade de mais formalidades.
•• § 7.º acrescentado pela Lei n. 13.725, de 4-10-2018.

§ 8.º Consideram-se também honorários convencionados aqueles decorrentes da indicação de cliente entre advogados ou sociedade de advogados, aplicada a regra prevista no § 9.º do art. 15 desta Lei.
•• § 8.º acrescentado pela Lei n. 14.365, de 2-6-2022.

Art. 22-A. Fica permitida a dedução de honorários advocatícios contratuais dos valores acrescidos, a título de juros de mora, ao montante repassado aos Estados e aos Municípios na forma de precatórios, como complementação de fundos constitucionais.
•• *Caput* acrescentado pela Lei n. 14.365, de 2-6-2022.

Parágrafo único. A dedução a que se refere o caput deste artigo não será permitida aos advogados nas causas que decorram da execução de título judicial constituído em ação civil pública ajuizada pelo Ministério Público Federal.
•• Parágrafo único acrescentado pela Lei n. 14.365, de 2-6-2022, originalmente vetado, todavia promulgado em 8-7-2022.

Art. 23. Os honorários incluídos na condenação, por arbitramento ou sucumbência, pertencem ao advogado, tendo este direito autônomo para executar a sentença nesta parte, podendo requerer que o precatório, quando necessário, seja expedido em seu favor.
•• O STF, na ADI n. 6.053, por maioria, "declarou a constitucionalidade da percepção de honorários de sucumbência pelos advogados públicos e julgou parcialmente procedente o pedido formulado na ação direta para, conferindo interpretação conforme à Constituição a este art. 23, estabelecer que a somatória dos subsídios e honorários de sucumbência percebidos mensalmente pelos advogados públicos não poderá exceder ao teto dos Ministros do Supremo Tribunal Federal, conforme o que dispõe o art. 37, XI, da Constituição Federal", na sessão virtual de 12-6-2020 a 19-6-2020 (*DOU* de 1.º-7-2020).
•• *Vide* Súmula Vinculante 47.
• *Vide* Súmula 306 do STJ.

Art. 24. A decisão judicial que fixar ou arbitrar honorários e o contrato escrito que os estipular são títulos executivos e constituem crédito privilegiado na falência, concordata, concurso de credores, insolvência civil e liquidação extrajudicial.

§ 1.º A execução dos honorários pode ser promovida nos mesmos autos da ação em que tenha atuado o advogado, se assim lhe convier.

§ 2.º Na hipótese de falecimento ou incapacidade civil do advogado, os honorários de sucumbência, proporcionais ao trabalho realizado, são recebidos por seus sucessores ou representantes legais.

§ 3.º É nula qualquer disposição, cláusula, regulamento ou convenção individual ou coletiva que retire do advogado o direito ao recebimento dos honorários de sucumbência.

•• O STF, em 20-5-2009, na ADI n. 1.194-4, de 20-5-2009 (*DOU* de 28-9-2009), declarou a inconstitucionalidade deste parágrafo.

§ 3.º-A. Nos casos judiciais e administrativos, as disposições, as cláusulas, os regulamentos ou as convenções individuais ou coletivas que retirem do sócio o direito ao recebimento dos honorários de sucumbência serão válidos somente após o protocolo de petição que revogue os poderes que lhe foram outorgados ou que noticie a renúncia a eles, e os honorários serão devidos proporcionalmente ao trabalho realizado nos processos.

•• § 3.º-A acrescentado pela Lei n. 14.365, de 2-6-2022.

§ 4.º O acordo feito pelo cliente do advogado e a parte contrária, salvo aquiescência do profissional, não lhe prejudica os honorários, quer os convencionados, quer os concedidos por sentença.

§ 5.º Salvo renúncia expressa do advogado aos honorários pactuados na hipótese de encerramento da relação contratual com o cliente, o advogado mantém o direito aos honorários proporcionais ao trabalho realizado nos processos judiciais e administrativos em que tenha atuado, nos exatos termos do contrato celebrado, inclusive em relação aos eventos de sucesso que porventura venham a ocorrer após o encerramento da relação contratual.

•• § 5.º acrescentado pela Lei n. 14.365, de 2-6-2022.

§ 6.º O distrato e a rescisão do contrato de prestação de serviços advocatícios, mesmo que formalmente celebrados, não configuram renúncia expressa aos honorários pactuados.

•• § 6.º acrescentado pela Lei n. 14.365, de 2-6-2022.

§ 7.º Na ausência do contrato referido no § 6.º deste artigo, os honorários advocatícios serão arbitrados conforme o disposto no art. 22 desta Lei.

•• § 7.º acrescentado pela Lei n. 14.365, de 2-6-2022.

Art. 24-A. No caso de bloqueio universal do patrimônio do cliente por decisão judicial, garantir-se-á ao advogado a liberação de até 20% (vinte por cento) dos bens bloqueados para fins de recebimento de honorários e reembolso de gastos com a defesa, ressalvadas as causas relacionadas aos crimes previstos na Lei n. 11.343, de 23 de agosto de 2006 (Lei de Drogas), e observado o disposto no parágrafo único do art. 243 da Constituição Federal.

•• *Caput* acrescentado pela Lei n. 14.365, de 2-6-2022.

§ 1.º O pedido de desbloqueio de bens será feito em autos apartados, que permanecerão em sigilo, mediante a apresentação do respectivo contrato.

•• § 1.º acrescentado pela Lei n. 14.365, de 2-6-2022.

§ 2.º O desbloqueio de bens observará, preferencialmente, a ordem estabelecida no art. 835 da Lei n. 13.105, de 16 de março de 2015 (Código de Processo Civil).

•• § 2.º acrescentado pela Lei n. 14.365, de 2-6-2022.

§ 3.º Quando se tratar de dinheiro em espécie, de depósito ou de aplicação em instituição financeira, os valores serão transferidos diretamente para a conta do advogado ou do escritório de advocacia responsável pela defesa.

•• § 3.º acrescentado pela Lei n. 14.365, de 2-6-2022.

§ 4.º Nos demais casos, o advogado poderá optar pela adjudicação do próprio bem ou por sua venda em hasta pública para satisfação dos honorários devidos, nos termos do art. 879 e seguintes da Lei n. 13.105, de 16 de março de 2015 (Código de Processo Civil).

•• § 4.º acrescentado pela Lei n. 14.365, de 2-6-2022.

§ 5.º O valor excedente deverá ser depositado em conta vinculada ao processo judicial.

•• § 5.º acrescentado pela Lei n. 14.365, de 2-6-2022.

Art. 25. Prescreve em 5 (cinco) anos a ação de cobrança de honorários de advogado, contado o prazo:

I – do vencimento do contrato, se houver;
II – do trânsito em julgado da decisão que os fixar;
III – da ultimação do serviço extrajudicial;
IV – da desistência ou transação;
V – da renúncia ou revogação do mandato.

Art. 25-A. Prescreve em cinco anos a ação de prestação de contas pelas quantias recebidas pelo advogado de seu cliente, ou de terceiros por conta dele.

•• Artigo acrescentado pela Lei n. 11.902, de 12-1-2009.

Art. 26. O advogado substabelecido, com reserva de poderes, não pode cobrar honorários sem a intervenção daquele que lhe conferiu o substabelecimento.

Parágrafo único. O disposto no caput deste artigo não se aplica na hipótese de o advogado substabelecido, com reservas de poderes, possuir contrato celebrado com o cliente.

•• Parágrafo único acrescentado pela Lei n. 14.365, de 2-6-2022.

Capítulo VII
DAS INCOMPATIBILIDADES E IMPEDIMENTOS

Art. 27. A incompatibilidade determina a proibição total, e o impedimento, a proibição parcial do exercício da advocacia.

Art. 28. A advocacia é incompatível, mesmo em causa própria, com as seguintes atividades:

I – chefe do Poder Executivo e membros da Mesa do Poder Legislativo e seus substitutos legais;

II – membros de órgãos do Poder Judiciário, do Ministério Público, dos tribunais e conselhos de contas, dos juizados especiais, da justiça de paz, juízes classistas, bem como de todos os que exerçam função de julgamento em órgãos de deliberação coletiva da administração pública direta ou indireta;

•• O STF, na ADI n. 1.127-8, de 17-5-2006 (*DOU* de 26-5-2006), determina que sejam excluídos da abrangência deste inciso os juízes eleitorais e seus suplentes.

III – ocupantes de cargos ou funções de direção em órgãos da Administração Pública direta ou indireta, em suas fundações e em suas empresas controladas ou concessionárias de serviço público;

IV – ocupantes de cargos ou funções vinculados direta ou indiretamente a qualquer órgão do Poder Judiciário e os que exercem serviços notariais e de registro;

V – ocupantes de cargos ou funções vinculados direta ou indiretamente a atividade policial de qualquer natureza;

VI – militares de qualquer natureza, na ativa;

VII – ocupantes de cargos ou funções que tenham competência de lançamento, arrecadação ou fiscalização de tributos e contribuições parafiscais;

VIII – ocupantes de funções de direção e gerência em instituições financeiras, inclusive privadas.

§ 1.º A incompatibilidade permanece mesmo que o ocupante do cargo ou função deixe de exercê-lo temporariamente.

§ 2.º Não se incluem nas hipóteses do inciso III os que não detenham poder de decisão relevante sobre interesses de terceiro, a juízo do Conselho competente da OAB, bem como a administração acadêmica diretamente relacionada ao magistério jurídico.

§ 3.º As causas de incompatibilidade previstas nas hipóteses dos incisos V e VI do caput deste artigo não se aplicam ao exercício da advocacia em causa própria, estritamente para fins de defesa e tutela de direitos pessoais, desde que mediante inscrição especial na OAB, vedada a participação em sociedade de advogados.

•• § 3.º acrescentado pela Lei n. 14.365, de 2-6-2022.

•• O STF, na ADI n. 7.227, nas sessões virtuais de 10-3-2023 a 17-3-2023 (*DOU* de 27-3-2023), por unanimidade, declarou a inconstitucionalidade deste § 3.º.

§ 4.º A inscrição especial a que se refere o § 3.º deste artigo deverá constar do documento profissional de registro na OAB e não isenta o profissional do pagamento da contribuição anual, de multas e de preços de serviços devidos à OAB, na forma por ela estabelecida, vedada cobrança em valor superior ao exigido para os demais membros inscritos.

•• § 4.º acrescentado pela Lei n. 14.365, de 2-6-2022.

•• O STF, na ADI n. 7.227, nas sessões virtuais de 10-3-2023 a 17-3-2023 (*DOU* de 27-3-2023), por unanimidade, declarou a inconstitucionalidade deste § 4.º.

Art. 29. Os Procuradores Gerais, Advogados Gerais, Defensores Gerais e dirigentes de órgãos jurídicos da Administração Pública direta, indireta e fundacional são exclusivamente legitimados para o exercício da advocacia vinculada à função que exerçam, durante o período da investidura.

Art. 30. São impedidos de exercer a advocacia:

I – os servidores da administração direta, indireta e fundacional, contra a Fazenda Pública que os remunere ou à qual seja vinculada a entidade empregadora;

• O Provimento n. 114, de 10-10-2006, do Conselho Federal da OAB, determina que a aposentadoria do advogado público faz cessar o impedimento de que trata este inciso.

II – os membros do Poder Legislativo, em seus diferentes níveis, contra ou a favor das pessoas jurídicas de direito público, empresas públicas, sociedades de economia mista, fundações públicas, entidades paraestatais ou empresas concessionárias ou permissionárias de serviço público.

Parágrafo único. Não se incluem nas hipóteses do inciso I os docentes dos cursos jurídicos.

Capítulo VIII
DA ÉTICA DO ADVOGADO

Art. 31. O advogado deve proceder de forma que o torne merecedor de respeito e que contribua para o prestígio da classe e da advocacia.

§ 1.º O advogado, no exercício da profissão, deve manter independência em qualquer circunstância.

§ 2.º Nenhum receio de desagradar a magistrado ou a qualquer autoridade, nem de incorrer em impopularidade, deve deter o advogado no exercício da profissão.

Art. 32. O advogado é responsável pelos atos que, no exercício profissional, praticar com dolo ou culpa.

Parágrafo único. Em caso de lide temerária, o advogado será solidariamente responsável com seu cliente, desde que coligado com este para lesar a parte contrária, o que será apurado em ação própria.

Art. 33. O advogado obriga-se a cumprir rigorosamente os deveres consignados no Código de Ética e Disciplina.

Parágrafo único. O Código de Ética e Disciplina regula os deveres do advogado para com a comunidade, o cliente, o outro profissional e, ainda, a publicidade, a recusa do patrocínio, o dever de assistência jurídica, o dever geral de urbanidade e os respectivos procedimentos disciplinares.

Capítulo IX
DAS INFRAÇÕES E SANÇÕES DISCIPLINARES

Art. 34. Constitui infração disciplinar:

I – exercer a profissão, quando impedido de fazê-lo, ou facilitar, por qualquer meio, o seu exercício aos não inscritos, proibidos ou impedidos;

II – manter sociedade profissional fora das normas e preceitos estabelecidos nesta Lei;

III – valer-se de agenciador de causas, mediante participação nos honorários a receber;

IV – angariar ou captar causas, com ou sem a intervenção de terceiros;

V – assinar qualquer escrito destinado a processo judicial ou para fim extrajudicial que não tenha feito, ou em que não tenha colaborado;

VI – advogar contra literal disposição de lei, presumindo-se a boa-fé quando fundamentado na inconstitucionalidade, na injustiça da lei ou em pronunciamento judicial anterior;

VII – violar, sem justa causa, sigilo profissional;

VIII – estabelecer entendimento com a parte adversa sem autorização do cliente ou ciência do advogado contrário;

IX – prejudicar, por culpa grave, interesse confiado ao seu patrocínio;

X – acarretar, conscientemente, por ato próprio, a anulação ou a nulidade do processo em que funcione;

XI – abandonar a causa sem justo motivo ou antes de decorridos 10 (dez) dias da comunicação da renúncia;

XII – recusar-se a prestar, sem justo motivo, assistência jurídica, quando nomeado em virtude de impossibilidade da Defensoria Pública;

XIII – fazer publicar na imprensa, desnecessária e habitualmente, alegações forenses ou relativas a causas pendentes;

XIV – deturpar o teor de dispositivo de lei, de citação doutrinária ou de julgado, bem como de depoimentos, documentos e alegações da parte contrária, para confundir o adversário ou iludir o juiz da causa;

XV – fazer, em nome do constituinte, sem autorização escrita deste, imputação a terceiro de fato definido como crime;

XVI – deixar de cumprir, no prazo estabelecido, determinação emanada do órgão ou autoridade da Ordem, em matéria da competência desta, depois de regularmente notificado;

XVII – prestar concurso a clientes ou a terceiros para realização de ato contrário à lei ou destinado a fraudá-la;

XVIII – solicitar ou receber de constituinte qualquer importância para aplicação ilícita ou desonesta;

XIX – receber valores, da parte contrária ou de terceiro, relacionados com o objeto do mandato, sem expressa autorização do constituinte;

XX – locupletar-se, por qualquer forma, à custa do cliente ou da parte adversa, por si ou interposta pessoa;

XXI – recusar-se, injustificadamente, a prestar contas ao cliente de quantias recebidas dele ou de terceiros por conta dele;

XXII – reter, abusivamente, ou extraviar autos recebidos com vista ou em confiança;

XXIII – deixar de pagar as contribuições, multas e preços de serviços devidos à OAB, depois de regularmente notificado a fazê-lo;

•• O STF, na ADI n. 7.020, nas sessões virtuais de 9-12-2022 a 16-12-2022 (*DOU* de 10-1-2023), por unanimidade, declarou a inconstitucionalidade deste inciso XXIII.

•• O STF, por unanimidade, acolheu parcialmente aos embargos de declaração na ADI n. 7.020, nas sessões virtuais de 6-10-2023 a 17-10-2023 (*DOU* de 26-10-2023), apenas para modular os efeitos da declaração de inconstitucionalidade tão somente em relação à devolução de valores constantes de processos sancionatórios que já tenham transitado em julgado.

XXIV – incidir em erros reiterados que evidenciem inépcia profissional;

XXV – manter conduta incompatível com a advocacia;

XXVI – fazer falsa prova de qualquer dos requisitos para inscrição na OAB;

XXVII – tornar-se moralmente inidôneo para o exercício da advocacia;

• O Provimento n. 223, de 26-2-2024, da OAB, instituiu o Banco de Dados Nacional de Inidoneidade de Moral, no âmbito da OAB.

XXVIII – praticar crime infamante;

XXIX – praticar, o estagiário, ato excedente de sua habilitação;

XXX – praticar assédio moral, assédio sexual ou discriminação.

•• Inciso XXX acrescentado pela Lei n. 14.612, de 3-7-2023.

§ 1.º. Inclui-se na conduta incompatível:

•• Parágrafo único, *caput*, renumerado pela Lei n. 14.612, de 3-7-2023.

a) prática reiterada de jogo de azar, não autorizado por lei;

b) incontinência pública e escandalosa;

c) embriaguez ou toxicomania habituais.

§ 2.º Para os fins desta Lei, considera-se:

•• § 2.º, *caput*, acrescentado pela Lei n. 14.612, de 3-7-2023.

I – assédio moral: a conduta praticada no exercício profissional ou em razão dele, por meio da repetição deliberada de gestos, palavras faladas ou escritas ou comportamentos que exponham o estagiário, o advogado ou qualquer outro profissional que esteja prestando seus serviços a situações humilhantes e constrangedoras, capazes de lhes causar ofensa à personalidade, à dignidade e à integridade psíquica ou física, com o objetivo de excluí-los das suas funções ou de desestabilizá-los emocionalmente, deteriorando o ambiente profissional;

•• Inciso I acrescentado pela Lei n. 14.612, de 3-7-2023.

II – assédio sexual: a conduta de conotação sexual praticada no exercício profissional ou em razão dele, manifestada fisicamente ou por palavras, gestos ou outros meios, proposta ou imposta à pessoa contra sua vontade, causando-lhe constrangimento e violando a sua liberdade sexual;

•• Inciso II acrescentado pela Lei n. 14.612, de 3-7-2023.

III – discriminação: a conduta comissiva ou omissiva que dispense tratamento constrangedor ou humilhante a pessoa ou grupo de pessoas, em razão de sua deficiência, pertença a determinada raça, cor ou sexo, procedência nacional ou regional, origem étnica, condição de gestante, lactante ou nutriz, faixa etária, religião ou outro fator.

•• Inciso III acrescentado pela Lei n. 14.612, de 3-7-2023.

Art. 35. As sanções disciplinares consistem em:
I – censura;
II – suspensão;
III – exclusão;
IV – multa.

Parágrafo único. As sanções devem constar dos assentamentos do inscrito, após o trânsito em julgado da decisão, não podendo ser objeto de publicidade a de censura.

Art. 36. A censura é aplicável nos casos de:
I – infrações definidas nos incisos I a XVI e XXIX do art. 34;
II – violação a preceito do Código de Ética e Disciplina;
III – violação a preceito desta Lei, quando para a infração não se tenha estabelecido sanção mais grave.

Parágrafo único. A censura pode ser convertida em advertência, em ofício reservado, sem registro nos assentamentos do inscrito, quando presente circunstância atenuante.

Art. 37. A suspensão é aplicável nos casos de:
•• O STF, na ADI n. 7.020, nas sessões virtuais de 9-12-2022 a 16-12-2022 (*DOU* de 10-1-2023), por unanimidade, deu interpretação conforme à Constituição a este artigo, "de modo a que a sanção de interdição de exercício profissional não seja aplicável à hipótese prevista no art. 34, XXIII, do mesmo diploma".

I – infrações definidas nos incisos XVII a XXV e XXX do *caput* do art. 34 desta Lei;

•• Inciso I com redação determinada pela Lei n. 14.612, de 3-7-2023.

II – reincidência em infração disciplinar.

§ 1.º A suspensão acarreta ao infrator a interdição do exercício profissional, em todo o território nacional, pelo prazo de trinta dias a doze meses, de acordo com os critérios de individualização previstos neste capítulo.

§ 2.º Nas hipóteses dos incisos XXI e XXIII do art. 34, a suspensão perdura até que satisfaça integralmente a dívida, inclusive com correção monetária.

§ 3.º Na hipótese do inciso XXIV do art. 34, a suspensão perdura até que preste novas provas de habilitação.

Art. 38. A exclusão é aplicável nos casos de:
I – aplicação, por três vezes, de suspensão;
II – infrações definidas nos incisos XXVI a XXVIII do art. 34.

Parágrafo único. Para a aplicação da sanção disciplinar de exclusão é necessária a manifestação favorável de dois terços dos membros do Conselho Seccional competente.

Art. 39. A multa, variável entre o mínimo correspondente ao valor de uma anuidade e o máximo de seu décuplo, é aplicável cumulativamente com a censura ou suspensão, em havendo circunstâncias agravantes.

Art. 40. Na aplicação das sanções disciplinares são consideradas, para fins de atenuação, as seguintes circunstâncias, entre outras:
I – falta cometida na defesa de prerrogativa profissional;
II – ausência de punição disciplinar anterior;
III – exercício assíduo e proficiente de mandato ou cargo em qualquer órgão da OAB;
IV – prestação de relevantes serviços à advocacia ou à causa pública.

Parágrafo único. Os antecedentes profissionais do inscrito, as atenuantes, o grau de culpa por ele revelada, as circunstâncias e as consequências da infração são considerados para o fim de decidir:
a) sobre a conveniência da aplicação cumulativa da multa e de outra sanção disciplinar;
b) sobre o tempo de suspensão e o valor da multa aplicáveis.

Art. 41. É permitido ao que tenha sofrido qualquer sanção disciplinar requerer, um ano após seu cumprimento, a reabilitação, em face de provas efetivas de bom comportamento.

Parágrafo único. Quando a sanção disciplinar resultar da prática de crime, o pedido de reabilitação depende também da correspondente reabilitação criminal.

Art. 42. Fica impedido de exercer o mandato o profissional a quem forem aplicadas as sanções disciplinares de suspensão ou exclusão.

Art. 43. A pretensão à punibilidade das infrações disciplinares prescreve em cinco anos, contados da data da constatação oficial do fato.

§ 1.º Aplica-se a prescrição a todo processo disciplinar paralisado por mais de três anos, pendente de despacho ou julgamento, devendo ser arquivado de ofício, ou a requerimento da parte interessada, sem prejuízo de serem apuradas as responsabilidades pela paralisação.

§ 2.º A prescrição interrompe-se:
I – pela instauração de processo disciplinar ou pela notificação válida feita diretamente ao representado;
II – pela decisão condenatória recorrível de qualquer órgão julgador da OAB.

TÍTULO II
DA ORDEM DOS ADVOGADOS DO BRASIL

Capítulo I
DOS FINS E DA ORGANIZAÇÃO

Art. 44. A Ordem dos Advogados do Brasil – OAB, serviço público, dotada de personalidade jurídica e forma federativa, tem por finalidade:
I – defender a Constituição, a ordem jurídica do Estado democrático de direito, os direitos humanos, a justiça social, e pugnar pela boa aplicação das leis, pela rápida administração da justiça e pelo aperfeiçoamento da cultura e das instituições jurídicas;
II – promover, com exclusividade, a representação, a defesa, a seleção e a disciplina dos advogados em toda a República Federativa do Brasil.

§ 1.º A OAB não mantém com órgãos da Administração Pública qualquer vínculo funcional ou hierárquico.

§ 2.º O uso da sigla "OAB" é privativo da Ordem dos Advogados do Brasil.

Art. 45. São órgãos da OAB:
I – o Conselho Federal;
II – os Conselhos Seccionais;
III – as Subseções;
IV – as Caixas de Assistência dos Advogados.

§ 1.º O Conselho Federal, dotado de personalidade jurídica própria, com sede na capital da República, é o órgão supremo da OAB.

§ 2.º Os Conselhos Seccionais, dotados de personalidade jurídica própria, têm jurisdição sobre os respectivos territórios dos Estados-membros, do Distrito Federal e dos Territórios.

§ 3.º As Subseções são partes autônomas do Conselho Seccional, na forma desta Lei e de seu ato constitutivo.

§ 4.º As Caixas de Assistência dos Advogados, dotadas de personalidade jurídica própria, são criadas pelos Conselhos Seccionais, quando estes contarem com mais de mil e quinhentos inscritos.

§ 5.º A OAB, por constituir serviço público, goza de imunidade tributária total em relação a seus bens, rendas e serviços.

§ 6.º Os atos, as notificações e as decisões dos órgãos da OAB, salvo quando reservados ou de administração interna, serão publicados no Diário Eletrônico da Ordem dos Advogados do Brasil, a ser disponibilizado na internet, podendo ser afixados no fórum local, na íntegra ou em resumo.

•• § 6.º com redação determinada pela Lei n. 13.688, de 3-7-2018.

•• O Provimento n. 182, de 2-10-2018, do Conselho Federal da OAB, regulamenta o Diário Eletrônico da Ordem dos Advogados do Brasil - DEOAB.

Art. 46. Compete à OAB fixar e cobrar, de seus inscritos, contribuições, preços de serviços e multas.

Parágrafo único. Constitui título executivo extrajudicial a certidão passada pela diretoria do Conselho competente, relativa a crédito previsto neste artigo.

Art. 47. O pagamento da contribuição anual à OAB isenta os inscritos nos seus quadros do pagamento obrigatório da contribuição sindical.

Art. 48. O cargo de conselheiro ou de membro de diretoria de órgão da OAB é de exercício gratuito e obrigatório, considerado serviço público relevante, inclusive para fins de disponibilidade e aposentadoria.

Art. 49. Os Presidentes dos Conselhos e das Subseções da OAB têm legitimidade para agir, judicial e extrajudicialmente, contra qualquer pessoa que infringir as disposições ou os fins desta Lei.

Parágrafo único. As autoridades mencionadas no *caput* deste artigo têm, ainda, legitimidade para intervir, inclusive como assistentes, nos inquéritos e processos em que sejam indiciados, acusados ou ofendidos os inscritos na OAB.

Art. 50. Para os fins desta Lei, os Presidentes dos Conselhos da OAB e das Subseções podem requisitar cópias de peças de autos e documentos a qualquer tribunal, magistrado, cartório e órgão da Administração Pública direta, indireta e fundacional.

•• O STF, na ADI n. 1.127-8, de 17-5-2006 (*DOU* de 26-5-2006), dá interpretação a este artigo, sem redução de texto, nos seguintes termos: "de modo a fazer compreender a palavra 'requisitar' como dependente de motivação, compatibilização com as finalidades da lei e atendimento de custos desta requisição. Ficam ressalvados, desde já, os documentos cobertos por sigilo".

Capítulo II
DO CONSELHO FEDERAL

Art. 51. O Conselho Federal compõe-se:
I – dos conselheiros federais, integrantes das delegações de cada unidade federativa;
II – dos seus ex-presidentes, na qualidade de membros honorários vitalícios.
§ 1.º Cada delegação é formada por três conselheiros federais.
§ 2.º Os ex-presidentes têm direito apenas a voz nas sessões.
§ 3.º O Instituto dos Advogados Brasileiros e a Federação Nacional dos Institutos dos Advogados do Brasil são membros honorários, somente com direito a voz nas sessões do Conselho Federal.

•• § 3.º acrescentado pela Lei n. 14.365, de 2-6-2022, originariamente vetado, todavia promulgado em 8-7-2022.

Art. 52. Os presidentes dos Conselhos Seccionais, nas sessões do Conselho Federal, têm lugar reservado junto à delegação respectiva e direito somente a voz.

Art. 53. O Conselho Federal tem sua estrutura e funcionamento definidos no Regulamento Geral da OAB.
§ 1.º O Presidente, nas deliberações do Conselho, tem apenas o voto de qualidade.
§ 2.º O voto é tomado por delegação, e não pode ser exercido nas matérias de interesse da unidade que represente.
§ 3.º Na eleição para a escolha da Diretoria do Conselho Federal, cada membro da delegação terá direito a 1 (um) voto, vedado aos membros honorários vitalícios.

•• § 3.º acrescentado pela Lei n. 11.179, de 22-9-2005.

Art. 54. Compete ao Conselho Federal:
I – dar cumprimento efetivo às finalidades da OAB;
II – representar, em juízo ou fora dele, os interesses coletivos ou individuais dos advogados;
III – velar pela dignidade, independência, prerrogativas e valorização da advocacia;
IV – representar, com exclusividade, os advogados brasileiros nos órgãos e eventos internacionais da advocacia;
V – editar e alterar o Regulamento Geral, o Código de Ética e Disciplina, e os Provimentos que julgar necessários;
VI – adotar medidas para assegurar o regular funcionamento dos Conselhos Seccionais;
VII – intervir nos Conselhos Seccionais, onde e quando constatar grave violação desta Lei ou do Regulamento Geral;
VIII – cassar ou modificar, de ofício ou mediante representação, qualquer ato, de órgão ou autoridade da OAB, contrário a esta Lei, ao Regulamento Geral, ao Código de Ética e Disciplina, e aos Provimentos, ouvida a autoridade ou o órgão em causa;
IX – julgar, em grau de recurso, as questões decididas pelos Conselhos Seccionais, nos casos previstos neste Estatuto e no Regulamento Geral;
X – dispor sobre a identificação dos inscritos na OAB e sobre os respectivos símbolos privativos;
XI – apreciar o relatório anual e deliberar sobre o balanço e as contas de sua diretoria;
XII – homologar ou mandar suprir relatório anual, o balanço e as contas dos Conselhos Seccionais;
XIII – elaborar as listas constitucionalmente previstas, para o preenchimento dos cargos nos tribunais judiciários de âmbito nacional ou interestadual, com advogados que estejam em pleno exercício da profissão, vedada a inclusão de nome de membro do próprio Conselho ou de outro órgão da OAB;
• O Provimento OAB n. 102, de 9-3-2004, dispõe sobre a indicação em lista sêxtupla de advogados que devam integrar os tribunais judiciários e administrativos.
XIV – ajuizar ação direta de inconstitucionalidade de normas legais e atos normativos, ação civil pública, mandado de segurança coletivo, mandado de injunção e demais ações cuja legitimação lhe seja outorgada por lei;

•• *Vide* Lei n. 13.300, de 23-6-2016, que disciplina o processo e o julgamento dos mandados de injunção individual e coletivo.

XV – colaborar com o aperfeiçoamento dos cursos jurídicos, e opinar, previamente, nos pedidos apresentados aos órgãos competentes para criação, reconhecimento ou credenciamento desses cursos;
XVI – autorizar, pela maioria absoluta das delegações, a oneração ou alienação de seus bens imóveis;
XVII – participar de concursos públicos, nos casos previstos na Constituição e na lei, em todas as suas fases, quando tiverem abrangência nacional ou interestadual;
XVIII – resolver os casos omissos neste Estatuto;
XIX – fiscalizar, acompanhar e definir parâmetros e diretrizes da relação jurídica mantida entre advogados e sociedades de advogados ou entre escritório de advogados sócios e advogado associado, inclusive no que se refere ao cumprimento dos requisitos norteadores da associação sem vínculo empregatício;

•• Inciso XIX acrescentado pela Lei n. 14.365, de 2-6-2022.

XX – promover, por intermédio da Câmara de Mediação e Arbitragem, a solução sobre questões atinentes à relação entre advogados sócios ou associados e homologar, caso necessário, quitações de honorários entre advogados e sociedades de advogados, observado o disposto no inciso XXXV do caput do art. 5.º da Constituição Federal.

•• Inciso XX acrescentado pela Lei n. 14.365, de 2-6-2022.

Parágrafo único. A intervenção referida no inciso VII deste artigo depende de prévia aprovação por dois terços das delegações, garantido o amplo direito de defesa do Conselho Seccional respectivo, nomeando-se diretoria provisória para o prazo que se fixar.

Art. 55. A diretoria do Conselho Federal é composta de um Presidente, de um Vice-Presidente, de um Secretário-Geral, de um Secretário-Geral Adjunto e de um Tesoureiro.
§ 1.º O Presidente exerce a representação nacional e internacional da OAB, competindo-lhe convocar o Conselho Federal, presidi-lo, representá-lo ativa e passivamente, em juízo ou fora dele, promover-lhe a administração patrimonial e dar execução às suas decisões.
§ 2.º O Regulamento Geral define as atribuições dos membros da Diretoria e a ordem de substituição em caso de vacância, licença, falta ou impedimento.
§ 3.º Nas deliberações do Conselho Federal, os membros da diretoria votam como membros de suas delegações, cabendo ao Presidente, apenas, o voto de qualidade e

o direito de embargar a decisão, se esta não for unânime.

Capítulo III
DO CONSELHO SECCIONAL

Art. 56. O Conselho Seccional compõe-se de conselheiros em número proporcional ao de seus inscritos, segundo critérios estabelecidos no Regulamento Geral.

§ 1.º São membros honorários vitalícios os seus ex-presidentes, somente com direito a voz em suas sessões.

§ 2.º O Presidente do Instituto dos Advogados local é membro honorário, somente com direito a voz nas sessões do Conselho.

§ 3.º Quando presentes às sessões do Conselho Seccional, o Presidente do Conselho Federal, os Conselheiros Federais integrantes da respectiva delegação, o Presidente da Caixa de Assistência dos Advogados e os Presidentes das Subseções, têm direito a voz.

Art. 57. O Conselho Seccional exerce e observa, no respectivo território, as competências, vedações e funções atribuídas ao Conselho Federal, no que couber e no âmbito de sua competência material e territorial, e as normas gerais estabelecidas nesta Lei, no Regulamento Geral, no Código de Ética e Disciplina, e nos Provimentos.

Art. 58. Compete privativamente ao Conselho Seccional:

I – editar seu Regimento Interno e Resoluções;

II – criar as Subseções e a Caixa de Assistência dos Advogados;

III – julgar, em grau de recurso, as questões decididas por seu Presidente, por sua diretoria, pelo Tribunal de Ética e Disciplina, pelas diretorias das Subseções e da Caixa de Assistência dos Advogados;

IV – fiscalizar a aplicação da receita, apreciar o relatório anual e deliberar sobre o balanço e as contas de sua diretoria, das diretorias das Subseções e da Caixa de Assistência dos Advogados;

V – fixar a tabela de honorários, válida para todo o território estadual;

VI – realizar o Exame de Ordem;

VII – decidir os pedidos de inscrição nos quadros de advogados e estagiários;

VIII – manter cadastro de seus inscritos;

IX – fixar, alterar e receber contribuições obrigatórias, preços de serviços e multas;

X – participar da elaboração dos concursos públicos, em todas as suas fases, nos casos previstos na Constituição e nas leis, no âmbito do seu território;

XI – determinar, com exclusividade, critérios para o traje dos advogados, no exercício profissional;

XII – aprovar e modificar seu orçamento anual;

XIII – definir a composição e o funcionamento do Tribunal de Ética e Disciplina, e escolher seus membros;

XIV – eleger as listas, constitucionalmente previstas, para preenchimento dos cargos nos tribunais judiciários, no âmbito de sua competência e na forma do Provimento do Conselho Federal, vedada a inclusão de membros do próprio Conselho e de qualquer órgão da OAB;

XV – intervir nas Subseções e na Caixa de Assistência dos Advogados;

XVI – desempenhar outras atribuições previstas no Regulamento Geral;

XVII – fiscalizar, por designação expressa do Conselho Federal da OAB, a relação jurídica mantida entre advogados e sociedades de advogados e o advogado associado em atividade na circunscrição territorial de cada seccional, inclusive no que se refere ao cumprimento dos requisitos norteadores da associação sem vínculo empregatício;

•• Inciso XVII acrescentado pela Lei n. 14.365, de 2-6-2022.

XVIII – promover, por intermédio da Câmara de Mediação e Arbitragem, por designação do Conselho Federal da OAB, a solução sobre questões atinentes à relação entre advogados sócios ou associados e os escritórios de advocacia sediados na base da seccional e homologar, caso necessário, quitações de honorários entre advogados e sociedades de advogados, observado o disposto no inciso XXXV do caput do art. 5.º da Constituição Federal.

•• Inciso XVIII acrescentado pela Lei n. 14.365, de 2-6-2022.

Art. 59. A diretoria do Conselho Seccional tem composição idêntica e atribuições equivalentes às do Conselho Federal, na forma do Regimento Interno daquele.

Capítulo IV
DA SUBSEÇÃO

Art. 60. A Subseção pode ser criada pelo Conselho Seccional, que fixa sua área territorial e seus limites de competência e autonomia.

§ 1.º A área territorial da Subseção pode abranger um ou mais municípios, ou parte de município, inclusive da capital do Estado, contando com um mínimo de quinze advogados, nela profissionalmente domiciliados.

§ 2.º A Subseção é administrada por uma diretoria, com atribuições e composição equivalentes às da diretoria do Conselho Seccional.

§ 3.º Havendo mais de cem advogados, a Subseção pode ser integrada, também, por um Conselho em número de membros fixado pelo Conselho Seccional.

§ 4.º Os quantitativos referidos nos parágrafos primeiro e terceiro deste artigo podem ser ampliados, na forma do Regimento Interno do Conselho Seccional.

§ 5.º Cabe ao Conselho Seccional fixar, em seu orçamento, dotações específicas destinadas à manutenção das Subseções.

§ 6.º O Conselho Seccional, mediante o voto de dois terços de seus membros, pode intervir nas Subseções, onde constatar grave violação desta Lei ou do Regimento Interno daquele.

Art. 61. Compete à Subseção, no âmbito de seu território:

I – dar cumprimento efetivo às finalidades da OAB;

II – velar pela dignidade, independência e valorização da advocacia, e fazer valer as prerrogativas do advogado;

III – representar a OAB perante os poderes constituídos;

IV – desempenhar as atribuições previstas no Regulamento Geral ou por delegação de competência do Conselho Seccional.

Parágrafo único. Ao Conselho da Subseção, quando houver, compete exercer as funções e atribuições do Conselho Seccional, na forma do Regimento Interno deste, e ainda:

a) editar seu Regimento Interno, a ser referendado pelo Conselho Seccional;

b) editar resoluções, no âmbito de sua competência;

c) instaurar e instruir processos disciplinares, para julgamento pelo Tribunal de Ética e Disciplina;

d) receber pedido de inscrição nos quadros de advogado e estagiário, instruindo e emitindo parecer prévio, para decisão do Conselho Seccional.

Capítulo V
DA CAIXA DE ASSISTÊNCIA DOS ADVOGADOS

Art. 62. A Caixa de Assistência dos Advogados, com personalidade jurídica própria, destina-se a prestar assistência aos inscritos no Conselho Seccional a que se vincule.

§ 1.º A Caixa é criada e adquire personalidade jurídica com a aprovação e registro de seu Estatuto pelo respectivo Conselho Seccional da OAB, na forma do Regulamento Geral.

§ 2.º A Caixa pode, em benefício dos advogados, promover a seguridade complementar.

§ 3.º Compete ao Conselho Seccional fixar contribuição obrigatória devida por seus inscritos, destinada à manutenção do disposto no parágrafo anterior, incidente sobre atos decorrentes do efetivo exercício da advocacia.

§ 4.º A diretoria da Caixa é composta de cinco membros, com atribuições definidas no seu Regimento Interno.

§ 5.º Cabe à Caixa a metade da receita das anuidades recebidas pelo Conselho Seccional, considerado o valor resultante após as deduções regulamentares obrigatórias.

§ 6.º Em caso de extinção ou desativação da Caixa, seu patrimônio se incorpora ao do Conselho Seccional respectivo.

§ 7.º O Conselho Seccional, mediante voto de dois terços de seus membros, pode intervir na Caixa de Assistência dos Advogados, no caso de descumprimento de suas finalidades, designando diretoria provisória, enquanto durar a intervenção.

Capítulo VI
DAS ELEIÇÕES E DOS MANDATOS

Art. 63. A eleição dos membros de todos os órgãos da OAB será realizada na segunda quinzena do mês de novembro, do último ano do mandato, mediante cédula única e votação direta dos advogados regularmente inscritos.

§ 1.º A eleição, na forma e segundo os critérios e procedimentos estabelecidos no Regulamento Geral, é de comparecimento obrigatório para todos os advogados inscritos na OAB.

§ 2.º O candidato deve comprovar situação regular perante a OAB, não ocupar cargo exonerável *ad nutum*, não ter sido condenado por infração disciplinar, salvo reabilitação, e exercer efetivamente a profissão há mais de 3 (três) anos, nas eleições para os cargos de Conselheiro Seccional e das Subseções, quando houver, e há mais de 5 (cinco) anos, nas eleições para os demais cargos.

•• § 2.º com redação determinada pela Lei n. 13.875, de 20-9-2019.

Art. 64. Consideram-se eleitos os candidatos integrantes da chapa que obtiver a maioria dos votos válidos.

§ 1.º A chapa para o Conselho Seccional deve ser composta dos candidatos ao Conselho e à sua Diretoria e, ainda, à delegação ao Conselho Federal e à Diretoria da Caixa de Assistência dos Advogados para eleição conjunta.

§ 2.º A chapa para a Subseção deve ser composta com os candidatos à diretoria, e de seu Conselho quando houver.

Art. 65. O mandato em qualquer órgão da OAB é de três anos, iniciando-se em primeiro de janeiro do ano seguinte ao da eleição, salvo o Conselho Federal.

Parágrafo único. Os conselheiros federais eleitos iniciam seus mandatos em primeiro de fevereiro do ano seguinte ao da eleição.

Art. 66. Extingue-se o mandato automaticamente, antes do seu término, quando:

I – ocorrer qualquer hipótese de cancelamento de inscrição ou de licenciamento do profissional;

II – o titular sofrer condenação disciplinar;

III – o titular faltar, sem motivo justificado, a três reuniões ordinárias consecutivas de cada órgão deliberativo do Conselho ou da diretoria da Subseção ou da Caixa de Assistência dos Advogados, não podendo ser reconduzido no mesmo período de mandato.

Parágrafo único. Extinto qualquer mandato, nas hipóteses deste artigo, cabe ao Conselho Seccional escolher o substituto, caso não haja suplente.

Art. 67. A eleição da Diretoria do Conselho Federal, que tomará posse no dia 1.º de fevereiro, obedecerá às seguintes regras:

I – será admitido registro, junto ao Conselho Federal, de candidatura à presidência, desde seis meses até um mês antes da eleição;

II – o requerimento de registro deverá vir acompanhado do apoiamento de, no mínimo, seis Conselhos Seccionais;

III – até um mês antes das eleições, deverá ser requerido o registro da chapa completa, sob pena de cancelamento da candidatura respectiva;

IV – no dia 31 de janeiro do ano seguinte ao da eleição, o Conselho Federal elegerá, em reunião presidida pelo conselheiro mais antigo, por voto secreto e para mandato de 3 (três) anos, sua diretoria, que tomará posse no dia seguinte;

•• Inciso IV com redação determinada pela Lei n. 11.179, de 22-9-2005.

V – será considerada eleita a chapa que obtiver maioria simples dos votos dos Conselheiros Federais, presente a metade mais 1 (um) de seus membros.

•• Inciso V com redação determinada pela Lei n. 11.179, de 22-9-2005.

Parágrafo único. Com exceção do candidato a Presidente, os demais integrantes da chapa deverão ser conselheiros federais eleitos.

TÍTULO III
DO PROCESSO NA OAB

Capítulo I
DISPOSIÇÕES GERAIS

Art. 68. Salvo disposição em contrário, aplicam-se subsidiariamente ao processo disciplinar as regras da legislação processual penal comum e, aos demais processos, as regras gerais do procedimento administrativo comum e da legislação processual civil, nessa ordem.

Art. 69. Todos os prazos necessários à manifestação de advogados, estagiários e terceiros, nos processos em geral da OAB, são de quinze dias, inclusive para interposição de recursos.

§ 1.º Nos casos de comunicação por ofício reservado ou de notificação pessoal, considera-se dia do começo do prazo o primeiro dia útil imediato ao da juntada aos autos do respectivo aviso de recebimento.

•• § 1.º com redação determinada pela Lei n. 14.365, de 2-6-2022.

§ 2.º No caso de atos, notificações e decisões divulgados por meio do Diário Eletrônico da Ordem dos Advogados do Brasil, o prazo terá início no primeiro dia útil seguinte à publicação, assim considerada o primeiro dia útil seguinte ao da disponibilização da informação no Diário.

•• § 2.º com redação determinada pela Lei n. 13.688, de 3-7-2018.

•• O Provimento n. 182, de 2-10-2018, do Conselho Federal da OAB, regulamenta o Diário Eletrônico da Ordem dos Advogados do Brasil - DEOAB.

Capítulo II
DO PROCESSO DISCIPLINAR

•• *Vide*, neste volume, Código de Ética e Disciplina da OAB.

Art. 70. O poder de punir disciplinarmente os inscritos na OAB compete exclusivamente ao Conselho Seccional em cuja base territorial tenha ocorrido a infração, salvo se a falta for cometida perante o Conselho Federal.

•• *Vide* arts. 51 e 52 do Código de Ética da OAB.

• A Resolução n. 1, de 20-9-2011, determina que compete às Turmas da Segunda Câmara processar e julgar, originariamente, os processos ético-disciplinares instaurados em virtude de falta cometida perante o Conselho Federal.

§ 1.º Cabe ao Tribunal de Ética e Disciplina, do Conselho Seccional competente, julgar os processos disciplinares, instruídos pelas Subseções ou por relatores do próprio Conselho.

§ 2.º A decisão condenatória irrecorrível deve ser imediatamente comunicada ao Conselho Seccional onde o representado tenha inscrição principal, para constar dos respectivos assentamentos.

§ 3.º O Tribunal de Ética e Disciplina do Conselho onde o acusado tenha inscrição principal pode suspendê-lo preventivamente, em caso de repercussão prejudicial à dignidade da advocacia, depois de ouvi-lo em sessão especial para a qual deve ser notificado a comparecer, salvo se não atender à notificação. Neste caso, o processo disciplinar deve ser concluído no prazo máximo de noventa dias.

Art. 71. A jurisdição disciplinar não exclui a comum e, quando o fato constituir crime ou contravenção, deve ser comunicado às autoridades competentes.

Art. 72. O processo disciplinar instaura-se de ofício ou mediante representação de qualquer autoridade ou pessoa interessada.

§ 1.º O Código de Ética e Disciplina estabelece os critérios de admissibilidade da representação e os procedimentos disciplinares.

§ 2.º O processo disciplinar tramita em sigilo, até o seu término, só tendo acesso às suas informações as partes, seus defensores e a autoridade judiciária competente.

Art. 73. Recebida a representação, o Presidente deve designar relator, a quem compete a instrução do processo e o oferecimento de parecer preliminar a ser submetido ao Tribunal de Ética e Disciplina.

§ 1.º Ao representado deve ser assegurado amplo direito de defesa, podendo acompanhar o processo em todos os termos, pessoalmente ou por intermédio de procurador, oferecendo defesa prévia após ser notificado, razões finais após a instrução e defesa oral perante o Tribunal de Ética e Disciplina, por ocasião do julgamento.

§ 2.º Se, após a defesa prévia, o relator se manifestar pelo indeferimento liminar da representação, este deve ser decidido pelo

Presidente do Conselho Seccional, para determinar seu arquivamento.

§ 3.º O prazo para defesa prévia pode ser prorrogado por motivo relevante, a juízo do relator.

§ 4.º Se o representado não for encontrado, ou for revel, o Presidente do Conselho ou da Subseção deve designar-lhe defensor dativo.

§ 5.º É também permitida a revisão do processo disciplinar, por erro de julgamento ou por condenação baseada em falsa prova.

Art. 74. O Conselho Seccional pode adotar as medidas administrativas e judiciais pertinentes, objetivando a que o profissional suspenso ou excluído devolva os documentos de identificação.

Capítulo III
DOS RECURSOS

Art. 75. Cabe recurso ao Conselho Federal de todas as decisões definitivas proferidas pelo Conselho Seccional, quando não tenham sido unânimes ou, sendo unânimes, contrariem esta Lei, decisão do Conselho Federal ou de outro Conselho Seccional e, ainda, o Regulamento Geral, o Código de Ética e Disciplina e os Provimentos.

Parágrafo único. Além dos interessados, o Presidente do Conselho Seccional é legitimado a interpor o recurso referido neste artigo.

Art. 76. Cabe recurso ao Conselho Seccional de todas as decisões proferidas por seu Presidente, pelo Tribunal de Ética e Disciplina, ou pela diretoria da Subseção ou da Caixa de Assistência dos Advogados.

Art. 77. Todos os recursos têm efeito suspensivo, exceto quando tratarem de eleições (arts. 63 e seguintes), de suspensão preventiva decidida pelo Tribunal de Ética e Disciplina, e de cancelamento da inscrição obtida com falsa prova.

Parágrafo único. O Regulamento Geral disciplina o cabimento de recursos específicos, no âmbito de cada órgão julgador.

TÍTULO IV
DAS DISPOSIÇÕES GERAIS E TRANSITÓRIAS

Art. 78. Cabe ao Conselho Federal da OAB, por deliberação de dois terços, pelo menos, das delegações, editar o Regulamento Geral deste Estatuto, no prazo de seis meses, contados da publicação desta Lei.

Art. 79. Aos servidores da OAB, aplica-se o regime trabalhista.

§ 1.º Aos servidores da OAB, sujeitos ao regime da Lei n. 8.112, de 11 de dezembro de 1990, é concedido o direito de opção pelo regime trabalhista, no prazo de noventa dias a partir da vigência desta Lei, sendo assegurado aos optantes o pagamento de indenização, quando da aposentadoria, correspondente a cinco vezes o valor da última remuneração.

§ 2.º Os servidores que não optarem pelo regime trabalhista serão posicionados no quadro em extinção, assegurado o direito adquirido ao regime legal anterior.

Art. 80. Os Conselhos Federal e Seccionais devem promover trienalmente as respectivas Conferências, em data não coincidente com o ano eleitoral, e, periodicamente, reunião do colégio de presidentes a eles vinculados, com finalidade consultiva.

Art. 81. Não se aplicam aos que tenham assumido originariamente o cargo de Presidente do Conselho Federal ou dos Conselhos Seccionais, até a data da publicação desta Lei, as normas contidas no Título II, acerca da composição desses Conselhos, ficando assegurado o pleno direito de voz e voto em suas sessões.

Art. 82. Aplicam-se as alterações previstas nesta Lei, quanto a mandatos, eleições, composição e atribuições dos órgãos da OAB, a partir do término do mandato dos atuais membros, devendo os Conselhos Federal e Seccionais disciplinarem os respectivos procedimentos de adaptação.

Parágrafo único. Os mandatos dos membros dos órgãos da OAB, eleitos na primeira eleição sob a vigência desta Lei, e na forma do Capítulo VI do Título II, terão início no dia seguinte ao término dos atuais mandatos, encerrando-se em 31 de dezembro do terceiro ano do mandato e em 31 de janeiro do terceiro ano do mandato, neste caso com relação ao Conselho Federal.

Art. 83. Não se aplica o disposto no art. 28, inciso II, desta Lei, aos membros do Ministério Público que, na data de promulgação da Constituição, se incluam na previsão do art. 29, § 3.º, do seu Ato das Disposições Constitucionais Transitórias.

Art. 84. O estagiário, inscrito no respectivo quadro, fica dispensado do Exame de Ordem, desde que comprove, em até dois anos da promulgação desta Lei, o exercício e resultado do estágio profissional ou a conclusão, com aproveitamento, do estágio de "Prática Forense e Organização Judiciária", realizado junto à respectiva faculdade, na forma da legislação em vigor.

Art. 85. O Instituto dos Advogados Brasileiros, a Federação Nacional dos Institutos dos Advogados do Brasil e as instituições a eles filiadas têm qualidade para promover perante a OAB o que julgarem do interesse dos advogados em geral ou de qualquer de seus membros.

•• Artigo com redação determinada pela Lei n. 14.365, de 2-6-2022.

Art. 86. Esta Lei entra em vigor na data de sua publicação.

Art. 87. Revogam-se as disposições em contrário, especialmente a Lei n. 4.215, de 27 de abril de 1963, a Lei n. 5.390, de 23 de fevereiro de 1968, o Decreto-lei n. 505, de 18 de março de 1969, a Lei n. 5.681, de 20 de julho de 1971, a Lei n. 5.842, de 6 de dezembro de 1972, a Lei n. 5.960, de 10 de dezembro de 1973, a Lei n. 6.743, de 5 de dezembro de 1979, a Lei n. 6.884, de 9 de dezembro de 1980, a Lei n. 6.994, de 26 de maio de 1982, mantidos os efeitos da Lei n. 7.346, de 22 de julho de 1985. Brasília, 4 de julho de 1994; 173.º da Independência e 106.º da República.

ITAMAR FRANCO

CÓDIGO DE ÉTICA E DISCIPLINA DA ORDEM DOS ADVOGADOS DO BRASIL – OAB (*)

O Conselho Federal da Ordem dos Advogados do Brasil, ao instituir o Código de Ética e Disciplina, norteou-se por princípios que formam a consciência profissional do advogado e representam imperativos de sua conduta, os quais se traduzem nos seguintes mandamentos: lutar sem receio pelo primado da Justiça; pugnar pelo cumprimento da Constituição e pelo respeito à Lei, fazendo com que o ordenamento jurídico seja interpretado com retidão, em perfeita sintonia com os fins sociais a que se dirige e as exigências do bem comum; ser fiel à verdade para poder servir à Justiça como um de seus elementos essenciais; proceder com lealdade e boa-fé em suas relações profissionais e em todos os atos do seu ofício; empenhar-se na defesa das causas confiadas ao seu patrocínio, dando ao constituinte o amparo do Direito, e proporcionando-lhe a realização prática de seus legítimos interesses; comportar-se, nesse mister, com independência e altivez, defendendo com o mesmo denodo humildes e poderosos; exercer a advocacia com o indispensável senso profissional, mas também com desprendimento, jamais permitindo que o anseio de ganho material sobreleve a finalidade social do seu trabalho; aprimorar-se no culto dos princípios éticos e no domínio da ciência jurídica, de modo a tornar-se merecedor da confiança do cliente e da sociedade como um todo, pelos atributos intelectuais e pela probidade pessoal; agir, em suma, com a dignidade e a correção dos profissionais que honram e engrandecem a sua classe.

Inspirado nesses postulados, o Conselho Federal da Ordem dos Advogados do Brasil, no uso das atribuições que lhe são conferidas pelos arts. 33 e 54, V, da Lei n. 8.906, de 4 de julho de 1994, aprova e edita este Código, exortando os advogados brasileiros à sua fiel observância.

TÍTULO I
DA ÉTICA DO ADVOGADO

Capítulo I
DOS PRINCÍPIOS FUNDAMENTAIS

Art. 1.º O exercício da advocacia exige conduta compatível com os preceitos des-

(*) Aprovado pela Resolução n. 2, de 19-10-2015, do CFOAB. Publicado no *Diário Oficial da União*, de 4-11-2015.

te Código, do Estatuto, do Regulamento Geral, dos Provimentos e com os princípios da moral individual, social e profissional.

Art. 2.º O advogado, indispensável à administração da Justiça, é defensor do Estado Democrático de Direito, dos direitos humanos e garantias fundamentais, da cidadania, da moralidade, da Justiça e da paz social, cumprindo-lhe exercer o seu ministério em consonância com a sua elevada função pública e com os valores que lhe são inerentes.

Parágrafo único. São deveres do advogado:

I – preservar, em sua conduta, a honra, a nobreza e a dignidade da profissão, zelando pelo caráter de essencialidade e indispensabilidade da advocacia;

II – atuar com destemor, independência, honestidade, decoro, veracidade, lealdade, dignidade e boa-fé;

III – velar por sua reputação pessoal e profissional;

IV – empenhar-se, permanentemente, no aperfeiçoamento pessoal e profissional;

V – contribuir para o aprimoramento das instituições, do Direito e das leis;

VI – estimular, a qualquer tempo, a conciliação e a mediação entre os litigantes, prevenindo, sempre que possível, a instauração de litígios;

VII – desaconselhar lides temerárias, a partir de um juízo preliminar de viabilidade jurídica;

VIII – abster-se de:

a) utilizar de influência indevida, em seu benefício ou do cliente;

b) vincular seu nome ou nome social a empreendimentos sabidamente escusos;

•• Alínea b com redação determinada pela Resolução n. 7, de 7-6-2016.

c) emprestar concurso aos que atentem contra a ética, a moral, a honestidade e a dignidade da pessoa humana;

d) entender-se diretamente com a parte adversa que tenha patrono constituído, sem o assentimento deste;

e) ingressar ou atuar em pleitos administrativos ou judiciais perante autoridades com as quais tenha vínculos negociais ou familiares;

f) contratar honorários advocatícios em valores aviltantes;

IX – pugnar pela solução dos problemas da cidadania e pela efetivação dos direitos individuais, coletivos e difusos;

X – adotar conduta consentânea com o papel de elemento indispensável à administração da Justiça;

XI – cumprir os encargos assumidos no âmbito da Ordem dos Advogados do Brasil ou na representação da classe;

XII – zelar pelos valores institucionais da OAB e da advocacia;

XIII – ater-se, quando no exercício da função de defensor público, à defesa dos necessitados.

Art. 3.º O advogado deve ter consciência de que o Direito é um meio de mitigar as desigualdades para o encontro de soluções justas e que a lei é um instrumento para garantir a igualdade de todos.

Art. 3.º-A. O advogado e a advogada devem atuar com perspectiva interseccional de gênero e raça em todas as etapas dos procedimentos judicial, administrativo e disciplinar, afastando estereótipos, preconceitos e problemas estruturais que possam causar indevido desequilíbrio na relação entre os sujeitos.

•• Artigo acrescentado pela Resolução n. 5, de 19-8-2024.
•• Artigo regulamentado pelo Provimento n. 228, de 19-8-2024, da OAB.

Art. 4.º O advogado, ainda que vinculado ao cliente ou constituinte, mediante relação empregatícia ou por contrato de prestação permanente de serviços, ou como integrante de departamento jurídico, ou de órgão de assessoria jurídica, público ou privado, deve zelar pela sua liberdade e independência.

Parágrafo único. É legítima a recusa, pelo advogado, do patrocínio de causa e de manifestação, no âmbito consultivo, de pretensão concernente a direito que também lhe seja aplicável ou contrarie orientação que tenha manifestado anteriormente.

Art. 5.º O exercício da advocacia é incompatível com qualquer procedimento de mercantilização.

Art. 6.º É defeso ao advogado expor os fatos em Juízo ou na via administrativa falseando deliberadamente a verdade e utilizando de má-fé.

Art. 7.º É vedado o oferecimento de serviços profissionais que implique, direta ou indiretamente, angariar ou captar clientela.

Capítulo II
DA ADVOCACIA PÚBLICA

Art. 8.º As disposições deste Código obrigam igualmente os órgãos de advocacia pública, e advogados públicos, incluindo aqueles que ocupem posição de chefia e direção jurídica.

§ 1.º O advogado público exercerá suas funções com independência técnica, contribuindo para a solução ou redução de litigiosidade, sempre que possível.

§ 2.º O advogado público, inclusive o que exerce cargo de chefia ou direção jurídica, observará nas relações com os colegas, autoridades, servidores e o público em geral, o dever de urbanidade, tratando a todos com respeito e consideração, ao mesmo tempo em que preservará suas prerrogativas e o direito de receber igual tratamento das pessoas com as quais se relacione.

Capítulo III
DAS RELAÇÕES COM O CLIENTE

Art. 9.º O advogado deve informar o cliente, de modo claro e inequívoco, quanto a eventuais riscos da sua pretensão, e das consequências que poderão advir da demanda. Deve, igualmente, denunciar, desde logo, a quem lhe solicite parecer ou patrocínio, qualquer circunstância que possa influir na resolução de submeter-lhe a consulta ou confiar-lhe a causa.

Art. 10. As relações entre advogado e cliente baseiam-se na confiança recíproca. Sentindo o advogado que essa confiança lhe falta, é recomendável que externe ao cliente sua impressão e, não se dissipando as dúvidas existentes, promova, em seguida, o substabelecimento do mandato ou a ele renuncie.

Art. 11. O advogado, no exercício do mandato, atua como patrono da parte, cumprindo-lhe, por isso, imprimir à causa orientação que lhe pareça mais adequada, sem se subordinar a intenções contrárias do cliente, mas, antes, procurando esclarecê-lo quanto à estratégia traçada.

Art. 12. A conclusão ou desistência da causa, tenha havido, ou não, extinção do mandato, obriga o advogado a devolver ao cliente bens, valores e documentos que lhe hajam sido confiados e ainda estejam em seu poder, bem como a prestar-lhe contas, pormenorizadamente, sem prejuízo de esclarecimentos complementares que se mostrem pertinentes e necessários.

Parágrafo único. A parcela dos honorários paga pelos serviços até então prestados não se inclui entre os valores a ser devolvidos.

Art. 13. Concluída a causa ou arquivado o processo, presume-se cumprido e extinto o mandato.

Art. 14. O advogado não deve aceitar procuração de quem já tenha patrono constituído, sem prévio conhecimento deste, salvo por motivo plenamente justificável ou para adoção de medidas judiciais urgentes e inadiáveis.

Art. 15. O advogado não deve deixar ao abandono ou ao desamparo as causas sob seu patrocínio, sendo recomendável que, em face de dificuldades insuperáveis ou inércia do cliente quanto a providências que lhe tenham sido solicitadas, renuncie ao mandato.

Art. 16. A renúncia ao patrocínio deve ser feita sem menção do motivo que a determinou, fazendo cessar a responsabilidade profissional pelo acompanhamento da causa, uma vez decorrido o prazo previsto em lei (EAOAB, art. 5.º, § 3.º).

§ 1.º A renúncia ao mandato não exclui responsabilidade por danos eventualmente causados ao cliente ou a terceiros.

§ 2.º O advogado não será responsabilizado por omissão do cliente quanto a documento ou informação que lhe devesse fornecer para a prática oportuna de ato processual do seu interesse.

Art. 17. A revogação do mandato judicial por vontade do cliente não o desobriga do pagamento das verbas honorárias contratadas, assim como não retira o direito do advogado de receber o quanto lhe seja devido em eventual verba honorária de sucumbência, calculada proporcionalmente em face do serviço efetivamente prestado.

Art. 18. O mandato judicial ou extrajudicial não se extingue pelo decurso de tempo, salvo se o contrário for consignado no respectivo instrumento.

Art. 19. Os advogados integrantes da mesma sociedade profissional, ou reunidos em caráter permanente para cooperação recíproca, não podem representar, em juízo ou fora dele, clientes com interesses opostos.

Art. 20. Sobrevindo conflitos de interesse entre seus constituintes e não conseguindo o advogado harmonizá-los, caber-lhe-á optar, com prudência e discrição, por um dos mandatos, renunciando aos demais, resguardado sempre o sigilo profissional.

Art. 21. O advogado, ao postular em nome de terceiros, contra ex-cliente ou ex-empregador, judicial e extrajudicialmente, deve resguardar o sigilo profissional.

Art. 22. Ao advogado cumpre abster-se de patrocinar causa contrária à validade ou legitimidade de ato jurídico em cuja formação haja colaborado ou intervindo de qualquer maneira; da mesma forma, deve declinar seu impedimento ou o da sociedade que integre quando houver conflito de interesses motivado por intervenção anterior no trato de assunto que se prenda ao patrocínio solicitado.

Art. 23. É direito e dever do advogado assumir a defesa criminal, sem considerar sua própria opinião sobre a culpa do acusado.

Parágrafo único. Não há causa criminal indigna de defesa, cumprindo ao advogado agir, como defensor, no sentido de que a todos seja concedido tratamento condizente com a dignidade da pessoa humana, sob a égide das garantias constitucionais.

Art. 24. O advogado não se sujeita à imposição do cliente que pretenda ver com ele atuando outros advogados, nem fica na contingência de aceitar a indicação de outro profissional para com ele trabalhar no processo.

Art. 25. É defeso ao advogado funcionar no mesmo processo, simultaneamente, como patrono e preposto do empregador ou cliente.

Art. 26. O substabelecimento do mandato, com reserva de poderes, é ato pessoal do advogado da causa.

§ 1.º O substabelecimento do mandato sem reserva de poderes exige o prévio e inequívoco conhecimento do cliente.

§ 2.º O substabelecido com reserva de poderes deve ajustar antecipadamente seus honorários com o substabelecente.

Capítulo IV
DAS RELAÇÕES COM OS COLEGAS, AGENTES POLÍTICOS, AUTORIDADES, SERVIDORES PÚBLICOS E TERCEIROS

Art. 27. O advogado observará, nas suas relações com os colegas de profissão, agentes políticos, autoridades, servidores públicos e terceiros em geral, o dever de urbanidade, tratando a todos com respeito e consideração, ao mesmo tempo em que preservará seus direitos e prerrogativas, devendo exigir igual tratamento de todos com quem se relacione.

§ 1.º O dever de urbanidade há de ser observado, da mesma forma, nos atos e manifestações relacionados aos pleitos eleitorais no âmbito da Ordem dos Advogados do Brasil.

§ 2.º No caso de ofensa à honra do advogado ou à imagem da instituição, adotar-se-ão as medidas cabíveis, instaurando-se processo ético-disciplinar e dando-se ciência às autoridades competentes para apuração de eventual ilícito penal.

Art. 28. Consideram-se imperativos de uma correta atuação profissional o emprego de linguagem escorreita e polida, bem como a observância da boa técnica jurídica.

Art. 29. O advogado que se valer do concurso de colegas na prestação de serviços advocatícios, seja em caráter individual, seja no âmbito de sociedade de advogados ou de empresa ou entidade em que trabalhe, dispensar-lhes-á tratamento condigno, que não os torne subalternos seus nem lhes avilte os serviços prestados mediante remuneração incompatível com a natureza do trabalho profissional ou inferior ao mínimo fixado pela Tabela de Honorários que for aplicável.

Parágrafo único. Quando o aviltamento de honorários for praticado por empresas ou entidades públicas ou privadas, os advogados responsáveis pelo respectivo departamento ou gerência jurídica serão instados a corrigir o abuso, inclusive intervindo junto aos demais órgãos competentes e com poder de decisão da pessoa jurídica de que se trate, sem prejuízo das providências que a Ordem dos Advogados do Brasil possa adotar com o mesmo objetivo.

Capítulo V
DA ADVOCACIA *PRO BONO*

- O Provimento OAB n. 166, de 9-11-2015, dispõe sobre a advocacia *pro bono*.

Art. 30. No exercício da advocacia *pro bono*, e ao atuar como defensor nomeado, conveniado ou dativo, o advogado empregará o zelo e a dedicação habituais, de forma que a parte por ele assistida se sinta amparada e confie no seu patrocínio.

§ 1.º Considera-se advocacia *pro bono* a prestação gratuita, eventual e voluntária de serviços jurídicos em favor de instituições sociais sem fins econômicos e aos seus assistidos, sempre que os beneficiários não dispuserem de recursos para a contratação de profissional.

§ 2.º A advocacia *pro bono* pode ser exercida em favor de pessoas naturais que, igualmente, não dispuserem de recursos para, sem prejuízo do próprio sustento, contratar advogado.

§ 3.º A advocacia *pro bono* não pode ser utilizada para fins político-partidários ou eleitorais, nem beneficiar instituições que visem a tais objetivos, ou como instrumento de publicidade para captação de clientela.

Capítulo VI
DO EXERCÍCIO DE CARGOS E FUNÇÕES NA OAB E NA REPRESENTAÇÃO DA CLASSE

Art. 31. O advogado, no exercício de cargos ou funções em órgãos da Ordem dos Advogados do Brasil ou na representação da classe junto a quaisquer instituições, órgãos ou comissões, públicos ou privados, manterá conduta consentânea com as disposições deste Código e que revele plena lealdade aos interesses, direitos e prerrogativas da classe dos advogados que representa.

Art. 32. Não poderá o advogado, enquanto exercer cargos ou funções em órgãos da OAB ou representar a classe junto a quaisquer instituições, órgãos ou comissões, públicos ou privados, firmar contrato oneroso de prestação de serviços ou fornecimento de produtos com tais entidades nem adquirir bens imóveis ou móveis infungíveis de quaisquer órgãos da OAB, ou a estes aliená-los.

•• *Caput* com redação determinada pela Resolução n. 4, de 7-6-2016.

Parágrafo único. Não há impedimento ao exercício remunerado de atividade de magistério na Escola Nacional de Advocacia – ENA, nas Escolas de Advocacia – ESAs e nas Bancas do Exame de Ordem, observados os princípios da moralidade e da modicidade dos valores estabelecidos a título de remuneração.

•• Parágrafo único acrescentado pela Resolução n. 4, de 7-6-2016.

Art. 33. Salvo em causa própria, não poderá o advogado, enquanto exercer cargos ou funções em órgãos da OAB ou tiver assento, em qualquer condição, nos seus Conselhos, atuar em processos que tramitem perante a entidade nem oferecer pareceres destinados a instruí-los.

Parágrafo único. A vedação estabelecida neste artigo não se aplica aos dirigentes de Seccionais quando atuem, nessa qualidade, como legitimados a recorrer nos processos em trâmite perante os órgãos da OAB.

Art. 34. Ao submeter seu nome à apreciação do Conselho Federal ou dos Conselhos Seccionais com vistas à inclusão em listas destinadas ao provimento de vagas reservadas à classe nos tribunais, no Conselho Nacional de Justiça, no Conselho Nacional do Ministério Público e em outros colegiados, o candidato assumirá o compromisso de respeitar os direitos e prerrogativas do advogado, não praticar nepotismo nem agir em desacordo com a moralidade administrativa e com os princípios deste Código, no exercício de seu mister.

Capítulo VII
DO SIGILO PROFISSIONAL

Art. 35. O advogado tem o dever de guardar sigilo dos fatos de que tome conhecimento no exercício da profissão.

Parágrafo único. O sigilo profissional abrange os fatos de que o advogado tenha tido conhecimento em virtude de funções desempenhadas na Ordem dos Advogados do Brasil.

Art. 36. O sigilo profissional é de ordem pública, independendo de solicitação de reserva que lhe seja feita pelo cliente.

§ 1.º Presumem-se confidenciais as comunicações de qualquer natureza entre advogado e cliente.

§ 2.º O advogado, quando no exercício das funções de mediador, conciliador e árbitro, se submete às regras de sigilo profissional.

Art. 37. O sigilo profissional cederá em face de circunstâncias excepcionais que configurem justa causa, como nos casos de grave ameaça ao direito à vida e à honra ou que envolvam defesa própria.

Art. 38. O advogado não é obrigado a depor, em processo ou procedimento judicial, administrativo ou arbitral, sobre fatos a cujo respeito deva guardar sigilo profissional.

Capítulo VIII
DA PUBLICIDADE PROFISSIONAL

•• O Provimento n. 94, de 5-9-2000, da Ordem dos Advogados do Brasil, dispõe sobre a publicidade, a propaganda e a informação da advocacia.
• Vide art. 1.º, § 3.º, da Lei n. 8.906, de 4-7-1994.

Art. 39. A publicidade profissional do advogado tem caráter meramente informativo e deve primar pela discrição e sobriedade, não podendo configurar captação de clientela ou mercantilização da profissão.

Art. 40. Os meios utilizados para a publicidade profissional hão de ser compatíveis com a diretriz estabelecida no artigo anterior, sendo vedados:

I – a veiculação da publicidade por meio de rádio, cinema e televisão;

II – o uso de *outdoors*, painéis luminosos ou formas assemelhadas de publicidade;

III – as inscrições em muros, paredes, veículos, elevadores ou em qualquer espaço público;

IV – a divulgação de serviços de advocacia juntamente com a de outras atividades ou a indicação de vínculos entre uns e outras;

V – o fornecimento de dados de contato, como endereço e telefone, em colunas ou artigos literários, culturais, acadêmicos ou jurídicos, publicados na imprensa, bem assim quando de eventual participação em programas de rádio ou televisão, ou em veiculação de matérias pela internet, sendo permitida a referência a *e-mail*;

VI – a utilização de mala direta, a distribuição de panfletos ou formas assemelhadas de publicidade, com o intuito de captação de clientela.

Parágrafo único. Exclusivamente para fins de identificação dos escritórios de advocacia, é permitida a utilização de placas, painéis luminosos e inscrições em suas fachadas, desde que respeitadas as diretrizes previstas no art. 39.

Art. 41. As colunas que o advogado mantiver nos meios de comunicação social ou os textos que por meio deles divulgar não deverão induzir o leitor a litigar nem promover, dessa forma, captação de clientela.

Art. 42. É vedado ao advogado:

I – responder com habitualidade a consulta sobre matéria jurídica, nos meios de comunicação social;

II – debater, em qualquer meio de comunicação, causa sob o patrocínio de outro advogado;

III – abordar tema de modo a comprometer a dignidade da profissão e da instituição que o congrega;

IV – divulgar ou deixar que sejam divulgadas listas de clientes e demandas;

V – insinuar-se para reportagens e declarações públicas.

Art. 43. O advogado que eventualmente participar de programa de televisão ou de rádio, de entrevista na imprensa, de reportagem televisionada ou veiculada por qualquer outro meio, para manifestação profissional, deve visar a objetivos exclusivamente ilustrativos, educacionais e instrutivos, sem propósito de promoção pessoal ou profissional, vedados pronunciamentos sobre métodos de trabalho usados por seus colegas de profissão.

Parágrafo único. Quando convidado para manifestação pública, por qualquer modo e forma, visando ao esclarecimento de tema jurídico de interesse geral, deve o advogado evitar insinuações com o sentido de promoção pessoal ou profissional, bem como o debate de caráter sensacionalista.

Art. 44. Na publicidade profissional que promover ou nos cartões e material de escritório de que se utilizar, o advogado fará constar seu nome, nome social ou o da sociedade de advogados, o número ou os números de inscrição na OAB.

•• *Caput* com redação determinada pela Resolução n. 7, de 7-6-2016.

§ 1.º Poderão ser referidos apenas os títulos acadêmicos do advogado e as distinções honoríficas relacionadas à vida profissional, bem como as instituições jurídicas de que faça parte, e as especialidades a que se dedicar, o endereço, *e-mail*, *site*, página eletrônica, QR *code*, logotipo e a fotografia do escritório, o horário de atendimento e os idiomas em que o cliente poderá ser atendido.

§ 2.º É vedada a inclusão de fotografias pessoais ou de terceiros nos cartões de visitas do advogado, bem como menção a qualquer emprego, cargo ou função ocupado, atual ou pretérito, em qualquer órgão ou instituição, salvo o de professor universitário.

Art. 45. São admissíveis como formas de publicidade o patrocínio de eventos ou publicações de caráter científico ou cultural, assim como a divulgação de boletins, por meio físico ou eletrônico, sobre matéria cultural de interesse dos advogados, desde que sua circulação fique adstrita a clientes e a interessados do meio jurídico.

Art. 46. A publicidade veiculada pela internet ou por outros meios eletrônicos deverá observar as diretrizes estabelecidas neste capítulo.

Parágrafo único. A telefonia e a internet podem ser utilizadas como veículo de publicidade, inclusive para o envio de mensagens a destinatários certos, desde que estas não impliquem o oferecimento de serviços ou representem forma de captação de clientela.

Art. 47. As normas sobre publicidade profissional constantes deste capítulo poderão ser complementadas por outras que o Conselho Federal aprovar, observadas as diretrizes do presente Código.

Art. 47-A. Será admitida a celebração de termo de ajustamento de conduta no âmbito dos Conselhos Seccionais e do Conselho Federal para fazer cessar a publicidade irregular praticada por advogados e estagiários.

•• *Caput* acrescentado pela Resolução n. 4, de 27-10-2020.
•• O Provimento n. 200, de 27-10-2020, da OAB, regulamenta este art. 47-A.

Parágrafo único. O termo previsto neste artigo será regulamentado mediante edição de provimento do Conselho Federal, que estabelecerá seus requisitos e condições.

•• Parágrafo único acrescentado pela Resolução n. 4, de 27-10-2020.

Capítulo IX
DOS HONORÁRIOS PROFISSIONAIS

•• Honorários advocatícios: *vide* arts. 21 a 26 e 34, III, da Lei n. 8.906, de 4-7-1994.
• *Vide* Súmula 201 do STJ.

Art. 48. A prestação de serviços profissionais por advogado, individualmente ou integrado em sociedades, será contratada, preferentemente, por escrito.

•• O Provimento n. 204, de 13-4-2021, do Conselho Federal da OAB, regulamenta a forma de comprovação da prestação de serviços advocatícios por advogados e sociedades de advogados.

§ 1.º O contrato de prestação de serviços de advocacia não exige forma especial, devendo estabelecer, porém, com clareza e precisão, o seu objeto, os honorários ajustados, a forma de pagamento, a extensão do patrocínio, esclarecendo se este abrangerá todos os atos do processo ou limitar-se-á a determinado grau de jurisdição, além de dispor sobre a hipótese de a causa encerrar-se mediante transação ou acordo.

§ 2.º A compensação de créditos, pelo advogado, de importâncias devidas ao cliente, somente será admissível quando o contrato de prestação de serviços a autorizar ou quando houver autorização especial do cliente para esse fim, por este firmada.

§ 3.º O contrato de prestação de serviços poderá dispor sobre a forma de contratação de profissionais para serviços auxiliares, bem como sobre o pagamento de custas e emolumentos, os quais, na ausência de disposição em contrário, presumem-se devam ser atendidos pelo cliente. Caso o contrato preveja que o advogado antecipe tais despesas, ser-lhe-á lícito reter o respectivo valor atualizado, no ato de prestação de contas, mediante comprovação documental.

§ 4.º As disposições deste capítulo aplicam-se à mediação, à conciliação, à arbitragem ou a qualquer outro método adequado de solução dos conflitos.

§ 5.º É vedada, em qualquer hipótese, a diminuição dos honorários contratados em decorrência da solução do litígio por qualquer mecanismo adequado de solução extrajudicial.

§ 6.º Deverá o advogado observar o valor mínimo da Tabela de Honorários instituída pelo respectivo Conselho Seccional onde for realizado o serviço, inclusive aquele referente às diligências, sob pena de caracterizar-se aviltamento de honorários.

§ 7.º O advogado promoverá, preferencialmente, de forma destacada a execução dos honorários contratuais ou sucumbenciais.

Art. 49. Os honorários profissionais devem ser fixados com moderação, atendidos os elementos seguintes:

I – a relevância, o vulto, a complexidade e a dificuldade das questões versadas;

II – o trabalho e o tempo a ser empregados;

III – a possibilidade de ficar o advogado impedido de intervir em outros casos, ou de se desavir com outros clientes ou terceiros;

IV – o valor da causa, a condição econômica do cliente e o proveito para este resultante do serviço profissional;

V – o caráter da intervenção, conforme se trate de serviço a cliente eventual, frequente ou constante;

VI – o lugar da prestação dos serviços, conforme se trate do domicílio do advogado ou de outro;

VII – a competência do profissional;

VIII – a praxe do foro sobre trabalhos análogos.

Art. 50. Na hipótese da adoção de cláusula *quota litis*, os honorários devem ser necessariamente representados por pecúnia e, quando acrescidos dos honorários da sucumbência, não podem ser superiores às vantagens advindas a favor do cliente.

§ 1.º A participação do advogado em bens particulares do cliente só é admitida em caráter excepcional, quando esse, comprovadamente, não tiver condições pecuniárias de satisfazer o débito de honorários e ajustar com o seu patrono, em instrumento contratual, tal forma de pagamento.

§ 2.º Quando o objeto do serviço jurídico versar sobre prestações vencidas e vincendas, os honorários advocatícios poderão incidir sobre o valor de umas e outras, atendidos os requisitos da moderação e da razoabilidade.

Art. 51. Os honorários da sucumbência e os honorários contratuais, pertencendo ao advogado que houver atuado na causa, poderão ser por ele executados, assistindo-lhe direito autônomo para promover a execução do capítulo da sentença que os estabelecer ou para postular, quando for o caso, a expedição de precatório ou requisição de pequeno valor em seu favor.

§ 1.º No caso de substabelecimento, a verba correspondente aos honorários da sucumbência será repartida entre o substabelecente e o substabelecido, proporcionalmente à atuação de cada um no processo ou conforme haja sido entre eles ajustado.

§ 2.º Quando for o caso, a Ordem dos Advogados do Brasil ou os seus Tribunais de Ética e Disciplina poderão ser solicitados a indicar mediador que contribua no sentido de que a distribuição dos honorários da sucumbência, entre advogados, se faça segundo o critério estabelecido no § 1.º.

§ 3.º Nos processos disciplinares que envolverem divergência sobre a percepção de honorários da sucumbência, entre advogados, deverá ser tentada a conciliação destes, preliminarmente, pelo relator.

Art. 52. O crédito por honorários advocatícios, seja do advogado autônomo, seja de sociedade de advogados, não autoriza o saque de duplicatas ou qualquer outro título de crédito de natureza mercantil, podendo, apenas, ser emitida fatura, quando o cliente assim pretender, com fundamento no contrato de prestação de serviços, a qual, porém, não poderá ser levada a protesto.

Parágrafo único. Pode, todavia, ser levado a protesto o cheque ou a nota promissória emitido pelo cliente em favor do advogado, depois de frustrada a tentativa de recebimento amigável.

Art. 53. É lícito ao advogado ou à sociedade de advogados empregar, para o recebimento de honorários, sistema de cartão de crédito, mediante credenciamento junto a empresa operadora do ramo.

Parágrafo único. Eventuais ajustes com a empresa operadora que impliquem pagamento antecipado não afetarão da responsabilidade do advogado perante o cliente, em caso de rescisão do contrato de prestação de serviços, devendo ser observadas as disposições deste quanto a hipótese.

Art. 54. Havendo necessidade de promover arbitramento ou cobrança judicial de honorários, deve o advogado renunciar previamente ao mandato que recebera do cliente em débito.

TÍTULO II
DO PROCESSO DISCIPLINAR

Capítulo I
DOS PROCEDIMENTOS

Art. 55. O processo disciplinar instaura-se de ofício ou mediante representação do interessado.

§ 1.º A instauração, de ofício, do processo disciplinar dar-se-á em função do conhecimento do fato, quando obtido por meio de fonte idônea ou em virtude de comunicação da autoridade competente.

§ 2.º Não se considera fonte idônea a que consistir em denúncia anônima.

Art. 55-A. Os procedimentos na OAB observarão a tramitação e o julgamento com perspectiva de gênero e raça, a ser reconhecida de ofício ou por solicitação da parte interessada.

•• *Caput* acrescentado pela Resolução n. 5, de 19-8-2024.
•• Artigo regulamentado pelo Provimento n. 228, de 19-8-2024, da OAB.

Parágrafo único. O Conselho Federal regulamentará o disposto no *caput* do presente artigo, mediante edição de Provimento.

•• Parágrafo único acrescentado pela Resolução n. 5, de 19-8-2024.

Art. 56. A representação será formulada ao Presidente do Conselho Seccional ou ao Presidente da Subseção, por escrito ou verbalmente, devendo, neste último caso, ser reduzida a termo.

Parágrafo único. Nas Seccionais cujos Regimentos Internos atribuírem competência ao Tribunal de Ética e Disciplina para instaurar o processo ético disciplinar, a representação poderá ser dirigida ao seu Presidente ou será a este encaminhada por qualquer dos dirigentes referidos no *caput* deste artigo que a houver recebido.

Art. 57. A representação deverá conter:

I – a identificação do representante, com a sua qualificação civil e endereço;

II – a narração dos fatos que a motivam, de forma que permita verificar a existência, em tese, de infração disciplinar;

III – os documentos que eventualmente a instruam e a indicação de outras provas a ser produzidas, bem como, se for o caso, o rol de testemunhas, até o máximo de cinco;

IV – a assinatura do representante ou a certificação de quem a tomou por termo, na impossibilidade de obtê-la.

Art. 58. Recebida a representação, o Presidente do Conselho Seccional ou o da Subseção, quando esta dispuser de Conselho, designa relator, por sorteio, um de seus integrantes, para presidir a instrução processual.

§ 1.º Os atos de instrução processual podem ser delegados ao Tribunal de Ética e Disciplina, conforme dispuser o regimento interno do Conselho Seccional, caso em que caberá ao seu Presidente, por sorteio, designar relator.

§ 2.º Antes do encaminhamento dos autos ao relator, serão juntadas a ficha cadastral do representado e certidão negativa ou positiva sobre a existência de punições anteriores, com menção das faltas atribuídas. Será providenciada, ainda, certidão sobre a existência ou não de representações em andamento, a qual, se positiva, será acompanhada da informação sobre as faltas imputadas.

• A Resolução n. 1, de 6-6-2016, da OAB, institui o modelo de certidão de representações em andamento.

§ 3.º O relator, atendendo aos critérios de admissibilidade, emitirá parecer propondo a instauração de processo disciplinar ou o arquivamento liminar da representação, no prazo de 30 (trinta) dias, sob pena de redistribuição do feito pelo Presidente do Conselho Seccional ou da Subseção para outro relator, observando-se o mesmo prazo.

§ 4.º O Presidente do Conselho competente ou, conforme o caso, o do Tribunal de Ética e Disciplina, proferirá despacho declarando instaurado o processo disciplinar ou determinando o arquivamento da representação, nos termos do parecer do relator ou segundo os fundamentos que adotar.

§ 5.º A representação contra membros do Conselho Federal e Presidentes de Conselhos Seccionais é processada e julgada pelo Conselho Federal, sendo competente a Segunda Câmara reunida em sessão plenária. A representação contra membros da diretoria do Conselho Federal, Membros Honorários Vitalícios e detentores da Medalha Rui Barbosa será processada e julgada pelo Conselho Federal, sendo competente o Conselho Pleno.

§ 6.º A representação contra dirigente de Subseção é processada e julgada pelo Conselho Seccional.

§ 7.º Os Conselhos Seccionais poderão instituir Comissões de Admissibilidade no âmbito dos Tribunais de Ética e Disciplina, compostas por seus membros ou por Conselheiros Seccionais, com atribuição de análise prévia dos pressupostos de admissibilidade das representações ético-disciplinares, podendo propor seu arquivamento liminar.

•• § 7.º acrescentado pela Resolução n. 4, de 7-6-2016.

Art. 58-A. Nos casos de infração ético-disciplinar punível com censura, será admissível a celebração de termo de ajustamento de conduta, se o fato apurado não tiver gerado repercussão negativa à advocacia.

•• *Caput* acrescentado pela Resolução n. 4, de 27-10-2020.
•• O Provimento n. 200, de 27-10-2020, da OAB, regulamenta este art. 58-A.

Parágrafo único. O termo de ajustamento de conduta previsto neste artigo será regulamentado em provimento do Conselho Federal da OAB.

•• Parágrafo único acrescentado pela Resolução n. 4, de 27-10-2020.

Art. 59. Compete ao relator do processo disciplinar determinar a notificação dos interessados para prestar esclarecimentos ou a do representado para apresentar defesa prévia, no prazo de 15 (quinze) dias, em qualquer caso.

• A Resolução n. 1, de 20-9-2011, da OAB, determina em seu art. 1.º que compete às Turmas da Segunda Câmara processar e julgar, originariamente, os processos ético-disciplinares em casos de falta perante o Conselho Federal.

§ 1.º A notificação será expedida para o endereço constante do cadastro de inscritos do Conselho Seccional, observando-se, quanto ao mais, o disposto no Regulamento Geral.

§ 2.º Se o representado não for encontrado ou ficar revel, o Presidente do Conselho competente ou, conforme o caso, o do Tribunal de Ética e Disciplina designar-lhe-á defensor dativo.

§ 3.º Oferecida a defesa prévia, que deve ser acompanhada dos documentos que possam instruí-la e do rol de testemunhas, até o limite de 5 (cinco), será proferido despacho saneador e, ressalvada a hipótese do § 2.º do art. 73 do EAOAB, designada, se for o caso, audiência para oitiva do representante, do representado e das testemunhas.

§ 4.º O representante e o representado incumbir-se-ão do comparecimento de suas testemunhas, salvo se, ao apresentarem o respectivo rol, requererem, por motivo justificado, sejam elas notificadas a comparecer à audiência de instrução do processo.

§ 5.º O relator pode determinar a realização de diligências que julgar convenientes, cumprindo-lhe dar andamento ao processo, de modo que este se desenvolva por impulso oficial.

§ 6.º O relator somente indeferirá a produção de determinado meio de prova quando esse for ilícito, impertinente, desnecessário ou protelatório, devendo fazê-lo fundamentadamente.

§ 7.º Concluída a instrução, o relator proferirá parecer preliminar fundamentado, a ser submetido ao Tribunal de Ética e Disciplina, dando enquadramento legal aos fatos imputados ao representado.

•• § 7.º com redação determinada pela Resolução n. 2, de 19-9-2022.

§ 8.º Abre-se, em seguida, prazo sucessivo de 15 (quinze) dias, ao interessado e ao representado, para apresentação de razões finais.

•• § 8.º com redação determinada pela Resolução n. 9, de 9-11-2021.

Art. 60. O Presidente do Tribunal de Ética e Disciplina, após o recebimento do processo, devidamente instruído, designa, por sorteio, relator para proferir voto.

§ 1.º Se o processo já estiver tramitando perante o Tribunal de Ética e Disciplina ou perante o Conselho competente, o relator não será o mesmo designado na fase de instrução.

§ 2.º O processo será incluído em pauta na primeira sessão de julgamentos após a distribuição ao relator.

•• § 2.º com redação determinada pela Resolução n. 1, de 24-2-2016.

§ 3.º O representante e o representado são notificados pela Secretaria do Tribunal, com 15 (quinze) dias de antecedência, para comparecerem à sessão de julgamento.

§ 4.º Na sessão de julgamento, após o voto do relator, é facultada a sustentação oral pelo tempo de 15 (quinze) minutos, primeiro pelo representante e, em seguida, pelo representado.

Art. 61. Do julgamento do processo disciplinar lavrar-se-á acórdão, do qual constarão, quando procedente a representação, o enquadramento legal da infração, a sanção aplicada, o quórum de instalação e o de deliberação, a indicação de haver sido esta adotada com base no voto do relator ou em voto divergente, bem como as circunstâncias agravantes ou atenuantes consideradas e as razões determinantes de eventual conversão da censura aplicada em advertência sem registro nos assentamentos do inscrito.

Art. 62. Nos acórdãos serão observadas, ainda, as seguintes regras:

§ 1.º O acórdão trará sempre a ementa, contendo a essência da decisão.

§ 2.º O autor do voto divergente que tenha prevalecido figurará como redator para o acórdão.

§ 3.º O voto condutor da decisão deverá ser lançado nos autos, com os seus fundamentos.

§ 4.º O voto divergente, ainda que vencido, deverá ter seus fundamentos lançados nos autos, em voto escrito ou em transcrição na ata de julgamento do voto oral proferido, com seus fundamentos.

§ 5.º Será atualizado nos autos o relatório de antecedentes do representado, sempre que o relator o determinar.

Art. 63. Na hipótese prevista no art. 70, § 3.º, do EAOAB, em sessão especial designada pelo Presidente do Tribunal, serão facultadas ao representado ou ao seu defensor a apresentação de defesa, a produção de prova e a sustentação oral.

Art. 64. As consultas submetidas ao Tribunal de Ética e Disciplina receberão autuação própria, sendo designado relator, por sorteio, para o seu exame, podendo o Presidente, em face da complexidade da questão, designar, subsequentemente, revisor.

Parágrafo único. O relator e o revisor têm prazo de 10 (dez) dias cada um para elaboração de seus pareceres, apresentando-os na primeira sessão seguinte, para deliberação.

Art. 65. As sessões do Tribunal de Ética e Disciplina obedecerão ao disposto no respectivo Regimento Interno, aplicando-se-lhes, subsidiariamente, o do Conselho Seccional.

Art. 66. A conduta dos interessados, no processo disciplinar, que se revele temerária ou caracterize a intenção de alterar a verdade dos fatos, assim como a interposição de recursos com intuito manifestamente protelatório, contrariam os princípios deste Código, sujeitando os responsáveis à correspondente sanção.

Art. 67. Os recursos contra decisões do Tribunal de Ética e Disciplina, ao Conselho Seccional, regem-se pelas disposições do Estatuto da Advocacia e da Ordem dos Advogados do Brasil, do Regulamento Geral e do Regimento Interno do Conselho Seccional.

Parágrafo único. O Tribunal dará conhecimento de todas as suas decisões ao Conselho Seccional, para que determine periodicamente a publicação de seus julgados.

Art. 68. Cabe revisão do processo disciplinar, na forma prevista no Estatuto da Advocacia e da Ordem dos Advogados do Brasil (art. 73, § 5.º).

§ 1.º Tem legitimidade para requerer a revisão o advogado punido com a sanção disciplinar.

§ 2.º A competência para processar e julgar o processo de revisão é do órgão de que emanou a condenação final.

§ 3.º Quando o órgão competente for o Conselho Federal, a revisão processar-se-á perante a Segunda Câmara, reunida em sessão plenária.

§ 4.º Observar-se-á, na revisão, o procedimento do processo disciplinar, no que couber.

§ 5.º O pedido de revisão terá autuação própria, devendo os autos respectivos ser apensados aos do processo disciplinar a que se refira.

§ 6.º O pedido de revisão não suspende os efeitos da decisão condenatória, salvo quando o relator, ante a relevância dos fundamentos e o risco de consequências irreparáveis para o requerente, conceder tutela cautelar para que se suspenda a execução.

•• § 6.º acrescentado pela Resolução n. 4, de 7-6-2016.

§ 7.º A parte representante somente será notificada para integrar o processo de revisão quando o relator entender que deste poderá resultar dano ao interesse jurídico que haja motivado a representação.

•• § 7.º acrescentado pela Resolução n. 4, de 7-6-2016.

Art. 69. O advogado que tenha sofrido sanção disciplinar poderá requerer reabilitação, no prazo e nas condições previstos no Estatuto da Advocacia e da Ordem dos Advogados do Brasil (art. 41).

§ 1.º A competência para processar e julgar o pedido de reabilitação é do Conselho Seccional em que tenha sido aplicada a sanção disciplinar. Nos casos de competência originária do Conselho Federal, perante este tramitará o pedido de reabilitação.

§ 2.º Observar-se-á, no pedido de reabilitação, o procedimento do processo disciplinar, no que couber.

§ 3.º O pedido de reabilitação terá autuação própria, devendo os autos respectivos ser apensados aos do processo disciplinar a que se refira.

§ 4.º O pedido de reabilitação será instruído com provas de bom comportamento, no exercício da advocacia e na vida social, cumprindo à Secretaria do Conselho competente certificar, nos autos, o efetivo cumprimento da sanção disciplinar pelo requerente.

§ 5.º Quando o pedido não estiver suficientemente instruído, o relator assinará prazo ao requerente para que complemente a documentação; não cumprida a determinação, o pedido será liminarmente arquivado.

Capítulo II
DOS ÓRGÃOS DISCIPLINARES

Seção I
Dos Tribunais de Ética e Disciplina

• Vide arts. 58, III, parágrafo único, c, 68 e 70 a 74 da Lei n. 8.906, de 4-7-1994.

Art. 70. O Tribunal de Ética e Disciplina poderá funcionar dividido em órgãos fracionários, de acordo com seu regimento interno.

Art. 71. Compete aos Tribunais de Ética e Disciplina:

I – julgar, em primeiro grau, os processos ético-disciplinares;

II – responder a consultas formuladas, em tese, sobre matéria ético-disciplinar;

III – exercer as competências que lhe sejam conferidas pelo Regimento Interno da Seccional ou por este Código para a instauração, instrução e julgamento de processos ético-disciplinares;

IV – suspender, preventivamente, o acusado, em caso de conduta suscetível de acarretar repercussão prejudicial à advocacia, nos termos do Estatuto da Advocacia e da Ordem dos Advogados do Brasil;

V – organizar, promover e ministrar cursos, palestras, seminários e outros eventos da mesma natureza acerca da ética profissional do advogado ou estabelecer parcerias com as Escolas de Advocacia, com o mesmo objetivo;

VI – atuar como órgão mediador ou conciliador nas questões que envolvam:

a) dúvidas e pendências entre advogados;

• O Provimento OAB n. 83, de 17-6-1996, dispõe sobre processos éticos de representação por advogado contra advogado.

b) partilha de honorários contratados em conjunto ou decorrentes de substabelecimento, bem como os que resultem de sucumbência, nas mesmas hipóteses;

c) controvérsias surgidas quando da dissolução de sociedade de advogados;

VII – em conjunto com o Conselho Federal e o Comitê de Acompanhamento e Capacitação sobre Julgamento com Perspectiva de Gênero e Raça, organizar, promover e desenvolver cursos, palestras, seminários e discussões a respeito de Julgamento com Perspectiva de Gênero e Raça, visando à formação da consciência dos julgadores, Conselheiros(as), servidores(as) e membros para afastar estereótipos, preconceitos e problemas estruturais que possam causar indevido desequilíbrio na relação entre os sujeitos.

•• Inciso VII acrescentado pela Resolução n. 5, de 19-8-2024.
•• Inciso VII regulamentado pelo Provimento n. 228, de 19-8-2024, da OAB.

Seção II
Das Corregedorias-Gerais

Art. 72. As Corregedorias-Gerais integram o sistema disciplinar da Ordem dos Advogados do Brasil.

§ 1.º O Secretário-Geral Adjunto exerce, no âmbito do Conselho Federal, as funções de Corregedor-Geral, cuja competência é definida em Provimento.

§ 2.º Nos Conselhos Seccionais, as Corregedorias-Gerais terão atribuições da mesma natureza, observando, no que couber, Provimento do Conselho Federal sobre a matéria.

§ 3.º A Corregedoria-Geral do Processo Disciplinar coordenará ações do Conselho Federal e dos Conselhos Seccionais voltadas para o objetivo de reduzir a ocorrência das infrações disciplinares mais frequentes.

TÍTULO III
DAS DISPOSIÇÕES GERAIS E TRANSITÓRIAS

Art. 73. O Conselho Seccional deve oferecer os meios e o suporte de apoio material, logístico, de informática e de pessoal necessários ao pleno funcionamento e ao desenvolvimento das atividades do Tribunal de Ética e Disciplina.

§ 1.º Os Conselhos Seccionais divulgarão, trimestralmente, na internet, a quantidade de processos ético-disciplinares em andamento e as punições decididas em caráter definitivo, preservadas as regras de sigilo.

§ 2.º A divulgação das punições referidas no parágrafo anterior destacará cada infração tipificada no art. 34 da Lei n. 8.906/94.

Art. 74. Em até 180 (cento e oitenta) dias após o início da vigência do presente Código de Ética e Disciplina da OAB, os Conselhos Seccionais e os Tribunais de Ética e Disciplina deverão elaborar ou rever seus Regimentos Internos, adaptando-os às novas regras e disposições deste Código. No caso dos Tribunais de Ética e Disciplina, os Regimentos Internos serão submetidos à aprovação do respectivo Conselho Seccional e, subsequentemente, do Conselho Federal.

Art. 75. A pauta de julgamentos do Tribunal é publicada no Diário Eletrônico da OAB e no quadro de avisos gerais, na sede do Conselho Seccional, com antecedência de 15 (quinze) dias, devendo ser dada prioridade, nos julgamentos, aos processos cujos interessados estiverem presentes à respectiva sessão.

•• Artigo com redação determinada pela Resolução n. 5, de 2-10-2018.

Art. 76. As disposições deste Código obrigam igualmente às sociedades de advogados, os consultores e as sociedades consultoras em direito estrangeiro e os estagiários, no que lhes forem aplicáveis.

Art. 77. As disposições deste Código aplicam-se, no que couber, à mediação, à conciliação e à arbitragem, quando exercidas por advogados.

Art. 78. Os autos do processo disciplinar podem ter caráter virtual, mediante adoção de processo eletrônico.

Parágrafo único. O Conselho Federal da OAB regulamentará em Provimento o processo ético-disciplinar por meio eletrônico.

•• O Provimento OAB n. 176, 27-6-2017, regulamenta o processo ético-disciplinar em meio eletrônico na OAB, nos termos deste parágrafo único.

Art. 79. Este Código entra em vigor a 1.º de setembro de 2016, cabendo ao Conselho Federal e aos Conselhos Seccionais, bem como às Subseções da OAB, promover-lhe ampla divulgação.

•• Artigo com redação determinada pela Resolução n. 3, de 12-4-2016.

Art. 80. Fica revogado o Código de Ética e Disciplina editado em 13 de fevereiro de 1995, bem como as demais disposições em contrário.

Brasília, 19 de outubro de 2015.

Marcus Vinícius Furtado Coêlho

LEI N. 8.981, DE 20 DE JANEIRO DE 1995 (*)

Altera a legislação tributária federal e dá outras providências.

Faço saber que o Presidente da República adotou a Medida Provisória n. 812, de 1994, que o Congresso Nacional aprovou, e eu, Humberto Lucena, Presidente do Senado Federal, para os efeitos do disposto no parágrafo único do art. 62 da Constituição Federal, promulgo a seguinte Lei:

Capítulo I
DISPOSIÇÕES GERAIS

Art. 1.º A partir do ano-calendário de 1995 a expressão monetária da Unidade Fiscal de Referência – UFIR será fixa por períodos trimestrais.

(*) Publicada no *Diário Oficial da União*, de 23-1-1995. *Vide* Lei n. 9.430, de 27-12-1996.

§ 1.º O Ministério da Fazenda divulgará a expressão monetária da UFIR trimestral com base no IPCA – Série Especial de que trata o art. 2.º da Lei n. 8.383, de 30 de dezembro de 1991.

§ 2.º O IPCA – Série Especial será apurado a partir do período de apuração iniciado em 16 de dezembro de 1994 e divulgado trimestralmente pela Fundação Instituto Brasileiro de Geografia e Estatística (FIBGE).

§ 3.º A expressão monetária da UFIR referente ao primeiro trimestre de 1995 é de R$ 0,6767.

•• *Vide*, sobre UFIR, Nota dos Organizadores.

Art. 2.º Para efeito de aplicação dos limites, bem como dos demais valores expressos em UFIR na legislação federal, a conversão dos valores em Reais para UFIR será efetuada utilizando-se o valor da UFIR vigente no trimestre de referência.

Art. 3.º A base de cálculo e o imposto de renda das pessoas jurídicas tributadas com base no lucro real, presumido ou arbitrado, correspondentes aos períodos-base encerrados no ano-calendário de 1994, serão expressos em quantidade de UFIR, observada a legislação então vigente.

Art. 4.º O imposto de renda devido pelas pessoas físicas, correspondente ao ano-calendário de 1994, será expresso em quantidade de UFIR, observada a legislação então vigente.

Art. 5.º Os débitos de qualquer natureza para com a Fazenda Nacional e os decorrentes de contribuições arrecadadas pela União, constituídos ou não, cujos fatos geradores ocorrerem até 31 de dezembro de 1994, inclusive os que foram objeto de parcelamento, expressos em quantidade de UFIR, serão reconvertidos para Real com base no valor desta fixado para o trimestre do pagamento.

Parágrafo único. O disposto neste artigo se aplica também às contribuições sociais arrecadadas pelo Instituto Nacional de Seguro Social – INSS, relativas a períodos de competência anteriores a 1.º de janeiro de 1995.

Art. 6.º Os tributos e contribuições sociais, cujos fatos geradores vierem a ocorrer a partir de 1.º de janeiro de 1995, serão apurados em Reais.

Capítulo II
DO IMPOSTO DE RENDA DAS PESSOAS FÍSICAS

Seção I
Disposições Gerais

Art. 7.º A partir de 1.º de janeiro de 1995, a renda e os proventos de qualquer natureza, inclusive os rendimentos e ganhos de capital, percebidos por pessoas físicas residentes ou domiciliadas no Brasil, serão tributados pelo imposto de renda na forma da legislação vigente, com as modificações introduzidas por esta Lei.

Seção II
Da Incidência Mensal do Imposto

Arts. 8.º a 10. (*Revogados pela Lei n. 9.250, de 26-12-1995.*)

Seção III
Da Declaração de Rendimentos

Arts. 11 a 20. (*Revogados pela Lei n. 9.250, de 26-12-1995.*)

Seção IV
Tributação dos Ganhos de Capital das Pessoas Físicas

Art. 21. O ganho de capital percebido por pessoa física em decorrência da alienação de bens e direitos de qualquer natureza sujeita-se à incidência do imposto sobre a renda, com as seguintes alíquotas:

•• *Caput* com redação determinada pela Lei n. 13.259, de 16-3-2016.

•• O art. 2.º da Lei n. 13.259, de 16-3-2016, dispõe: "Art. 2.º O ganho de capital percebido por pessoa jurídica em decorrência da alienação de bens e direitos do ativo não circulante sujeita-se à incidência do imposto sobre a renda, com a aplicação das alíquotas previstas no *caput* do art. 21 da Lei n. 8.981, de 20 de janeiro de 1995, e do disposto nos §§ 1.º, 3.º e 4.º do referido artigo, exceto para as pessoas jurídicas tributadas com base no lucro real, presumido ou arbitrado".

I – 15% (quinze por cento) sobre a parcela dos ganhos que não ultrapassar R$ 5.000.000,00 (cinco milhões de reais);

•• Inciso I acrescentado pela Lei n. 13.259, de 16-3-2016.

II – 17,5% (dezessete inteiros e cinco décimos por cento) sobre a parcela dos ganhos que exceder R$ 5.000.000,00 (cinco milhões de reais) e não ultrapassar R$ 10.000.000,00 (dez milhões de reais);

•• Inciso II acrescentado pela Lei n. 13.259, de 16-3-2016.

III – 20% (vinte por cento) sobre a parcela dos ganhos que exceder R$ 10.000.000,00 (dez milhões de reais) e não ultrapassar R$ 30.000.000,00 (trinta milhões de reais); e

•• Inciso III acrescentado pela Lei n. 13.259, de 16-3-2016.

IV – 22,5% (vinte e dois inteiros e cinco décimos por cento) sobre a parcela dos ganhos que ultrapassar R$ 30.000.000,00 (trinta milhões de reais).

•• Inciso IV acrescentado pela Lei n. 13.259, de 16-3-2016.

§ 1.º O imposto de que trata este artigo deverá ser pago até o último dia útil do mês subsequente ao da percepção dos ganhos.

§ 2.º Os ganhos a que se refere este artigo serão apurados e tributados em separado e não integrarão a base de cálculo do imposto de renda na declaração de ajuste anual, e o imposto pago não poderá ser deduzido do devido na declaração.

§ 3.º Na hipótese de alienação em partes do mesmo bem ou direito, a partir da segunda operação, desde que realizada até o final do ano-calendário seguinte ao da primeira operação, o ganho de capital deve ser somado aos ganhos auferidos nas operações anteriores, para fins da apuração do imposto na forma do *caput*, deduzindo-se o montante do imposto pago nas operações anteriores.

•• § 3.º acrescentado pela Lei n. 13.259, de 16-3-2016.

§ 4.º Para fins do disposto neste artigo, considera-se integrante do mesmo bem ou direito o conjunto de ações ou quotas de uma mesma pessoa jurídica.

•• § 4.º acrescentado pela Lei n. 13.259, de 16-3-2016.

§ 5.º (*Vetado.*)

•• § 5.º acrescentado pela Lei n. 13.259, de 16-3-2016.

Art. 22. Na apuração dos ganhos de capital na alienação de bens e direitos será considerado como custo de aquisição:

I – no caso de bens e direitos adquiridos até 31 de dezembro de 1994, o valor em UFIR, apurado na forma da legislação então vigente;

II – no caso de bens e direitos adquiridos a partir de 1.º de janeiro de 1995, o valor pago convertido em UFIR com base no valor desta fixado para o trimestre de aquisição ou de cada pagamento, quando se tratar de pagamento parcelado.

Parágrafo único. O custo de aquisição em UFIR será reconvertido para Reais com base no valor da UFIR vigente no trimestre em que ocorrer a alienação.

Art. 23. (*Revogado pela Lei n. 9.250, de 26-12-1995.*)

Seção V
Declaração de Bens e Direitos

Art. 24. A partir do exercício financeiro de 1996, a pessoa física deverá apresentar relação pormenorizada de todos os bens e direitos, em Reais, que, no país ou no exterior, constituam, em 31 de dezembro do ano-calendário anterior, seu patrimônio e o de seus dependentes.

Parágrafo único. Os valores dos bens e direitos adquiridos até 31 de dezembro de 1994, declarados em UFIR, serão reconvertidos para Reais, para efeito de preenchimento da declaração de bens e direitos a partir do ano-calendário de 1995, exercício de 1996, com base no valor da UFIR vigente no primeiro trimestre do ano-calendário de 1995.

Capítulo III
DO IMPOSTO DE RENDA DAS PESSOAS JURÍDICAS

Seção I
Normas Gerais

Art. 25. A partir de 1.º de janeiro de 1995, o imposto de renda das pessoas jurídicas, inclusive das equiparadas, será devido à medida em que os rendimentos, ganhos e lucros forem sendo auferidos.

Art. 26. As pessoas jurídicas determinarão o imposto de renda segundo as regras aplicáveis ao regime de tributação com base no lucro real, presumido ou arbitrado.

§ 1.º É facultado às sociedades civis de prestação de serviços relativos às profissões regulamentadas (art. 1.º do Decreto-lei n. 2.397, de 21-12-1987) optarem pelo regime de tributação com base no lucro real ou presumido.

§ 2.º Na hipótese do parágrafo anterior, a opção, de caráter irretratável, se fará mediante o pagamento do imposto correspondente ao mês de janeiro do ano-calendário da opção ou do mês de início da atividade.

Seção II
Do Pagamento Mensal do Imposto

• Vide art. 20 da Lei n. 9.249, de 26-12-1995.

Art. 27. Para efeito de apuração do imposto de renda, relativo aos fatos geradores ocorridos em cada mês, a pessoa jurídica determinará a base de cálculo mensalmente, de acordo com as regras previstas nesta Seção, sem prejuízo do ajuste previsto no art. 37.

• Vide art. 20 da Lei n. 9.249, de 26-12-1995.
• Vide art. 14, I, da Lei n. 10.522, de 19-7-2002 (veda o parcelamento de débito).

Art. 28. (*Revogado pela Lei n. 9.249, de 26-12-1995.*)

Art. 29. No caso das pessoas jurídicas a que se refere o art. 36, inciso III, desta Lei, a base de cálculo do imposto será determinada mediante a aplicação do percentual de 9% (nove por cento) sobre a receita bruta.

•• Vide art. 20 da Lei n. 9.249, de 26-12-1995.

§ 1.º Poderão ser deduzidas da receita bruta:

a) no caso das instituições financeiras, sociedades corretoras de títulos, valores mobiliários e câmbio, e sociedades distribuidoras de títulos e valores mobiliários:

a.1) as despesas incorridas na captação de recursos de terceiros;

a.2) as despesas com obrigações por refinanciamentos, empréstimos e repasses de recursos de órgãos e instituições oficiais e do exterior;

a.3) as despesas de cessão de créditos;

a.4) as despesas de câmbio;

a.5) as perdas com títulos e aplicações financeiras de renda fixa;

a.6) as perdas nas operações de renda variável previstas no inciso III do art. 77;

b) no caso de empresas de seguros privados: o cosseguro e resseguro cedidos, os valores referentes a cancelamentos e restituições de prêmios e a parcela dos prêmios destinada à constituição de provisões ou reservas técnicas;

c) no caso de entidades de previdência privada abertas e de empresas de capitalização: a parcela das contribuições e prêmios, respectivamente, destinada à constituição de provisões ou reservas técnicas;

d) no caso de operadoras de planos de assistência à saúde: as corresponsabilidades cedidas e a parcela das contraprestações pecuniárias destinada à constituição de provisões técnicas.

•• Alínea *d* acrescentada pela Medida Provisória n. 2.158-35, de 24-8-2001.

§ 2.º É vedada a dedução de qualquer despesa administrativa.

Art. 30. As pessoas jurídicas que explorem atividades imobiliárias relativas a loteamento de terrenos, incorporação imobiliária, construção de prédios destinados à venda, bem como a venda de imóveis construídos ou adquiridos para revenda, deverão considerar como receita bruta o montante efetivamente recebido, relativo às unidades imobiliárias vendidas.

Parágrafo único. O disposto neste artigo aplica-se, inclusive, aos casos de empreitada ou fornecimento contratado nas condições do art. 10 do Decreto-lei n. 1.598, de 26 de dezembro de 1977, com pessoa jurídica de direito público, ou empresa sob seu controle, empresa pública, sociedade de economia mista ou sua subsidiária.

•• Parágrafo único acrescentado pela Lei n. 9.065, de 20-6-1995.

•• Vide arts. 15 e 20 da Lei n. 9.249, de 26-12-1995.

Art. 31. (*Revogado pela Lei n. 12.973, de 13-5-2014.*)

Art. 32. Os ganhos de capital, demais receitas e os resultados positivos decorrentes de receitas não abrangidas pelo artigo anterior, serão acrescidos à base de cálculo determinada na forma dos arts. 28 ou 29, para efeito de incidência do imposto de renda de que trata esta Seção.

• Citado art. 28 encontra-se revogado pela Lei n. 9.249, de 26-12-1995.

§ 1.º O disposto neste artigo não se aplica aos rendimentos tributados na forma dos arts. 65, 66, 67, 70, 72, 73 e 74, decorrentes das operações ali mencionadas, bem como aos lucros, dividendos ou resultado positivo decorrente da avaliação de investimentos pela equivalência patrimonial.

§ 2.º O ganho de capital nas alienações de bens ou direitos classificados como investimento, imobilizado ou intangível e de aplicações em ouro, não tributadas na forma do art. 72, corresponderá à diferença positiva verificada entre o valor da alienação e o respectivo valor contábil.

•• § 2.º com redação determinada pela Lei n. 12.973, de 13-5-2014.

§ 3.º Na apuração dos valores de que trata o *caput*, deverão ser considerados os respectivos valores decorrentes do ajuste a valor presente de que trata o inciso VIII do *caput* do art. 183 da Lei n. 6.404, de 15 de dezembro de 1976.

•• § 3.º acrescentado pela Lei n. 12.973, de 13-5-2014.

§ 4.º Para fins do disposto no § 2.º, poderão ser considerados no valor contábil, e na proporção deste, os respectivos valores decorrentes dos efeitos do ajuste a valor presente de que trata o inciso III do *caput* do art. 184 da Lei n. 6.404, de 15 de dezembro de 1976.

•• § 4.º acrescentado pela Lei n. 12.973, de 13-5-2014.

§ 5.º Os ganhos decorrentes de avaliação de ativo ou passivo com base no valor justo não integrarão a base de cálculo do imposto, no momento em que forem apurados.

•• § 5.º acrescentado pela Lei n. 12.973, de 13-5-2014.

§ 6.º Para fins do disposto no *caput*, os ganhos e perdas decorrentes de avaliação do ativo com base em valor justo não serão considerados como parte integrante do valor contábil.

•• § 6.º acrescentado pela Lei n. 12.973, de 13-5-2014.

§ 7.º O disposto no § 6.º não se aplica aos ganhos que tenham sido anteriormente computados na base de cálculo do imposto.

•• § 7.º acrescentado pela Lei n. 12.973, de 13-5-2014.

Art. 33. (*Revogado pela Lei n. 9.430, de 27-12-1996.*)

Art. 34. Para efeito de pagamento, a pessoa jurídica poderá deduzir, do imposto apurado no mês, o imposto de renda pago ou retido na fonte sobre as receitas que integraram a base de cálculo correspondente (arts. 28 ou 29), bem como os incentivos de dedução do imposto, relativos ao Programa de Alimentação do Trabalhador, Vale-Transporte, Doações aos Fundos da Criança e do Adolescente, Atividades Culturais ou Artísticas e Atividade Audiovisual, observados os limites e prazos previstos na legislação vigente.

•• Artigo com redação determinada pela Lei n. 9.065, de 20-6-1995.

•• Vide arts. 15 e 20 da Lei n. 9.249, de 26-12-1995.

Art. 35. A pessoa jurídica poderá suspender ou reduzir o pagamento do imposto devido em cada mês, desde que demonstre, através de balanços ou balancetes mensais, que o valor acumulado já pago excede o valor do imposto, inclusive adicional, calculado com base no lucro real do período em curso.

•• Vide art. 35, parágrafo único, da Lei n. 12.973, de 13-5-2014.

§ 1.º Os balanços ou balancetes de que trata este artigo:

a) deverão ser levantados com observância das leis comerciais e fiscais e transcritos no livro Diário;

b) somente produzirão efeitos para determinação da parcela do imposto de renda e da contribuição social sobre o lucro devidos no decorrer do ano-calendário.

§ 2.º Estão dispensadas do pagamento de que tratam os arts. 28 e 29 as pessoas jurídicas que, através de balanço ou balancetes mensais, demonstrarem a existência de prejuízos fiscais apurados a partir do mês de janeiro do ano-calendário.

•• § 2.º com redação determinada pela Lei n. 9.065, de 20-6-1995.

§ 3.º O pagamento mensal, relativo ao mês de janeiro do ano-calendário, poderá ser efetuado com base em balanço ou balancete mensal, desde que neste fique demonstrado que o imposto devido no período é inferior ao calculado com base no disposto nos arts. 28 e 29.

•• § 3.º acrescentado pela Lei n. 9.065, de 20-6-1995.

§ 4.º O Poder Executivo poderá baixar instruções para a aplicação do disposto neste artigo.

•• § 4.º acrescentado pela Lei n. 9.065, de 20-6-1995.

•• Vide art. 15 da Lei n. 9.249, de 26-12-1995.

Seção III
Do Regime de Tributação com Base no Lucro Real

Art. 36. (*Revogado pela Lei n. 9.718, de 27-11-1998.*)

Art. 37. Sem prejuízo dos pagamentos mensais do imposto, as pessoas jurídicas obrigadas ao regime de tributação com base no lucro real (art. 36) e as pessoas jurídicas que não optarem pelo regime de tributação com base no lucro presumido (art. 44) deverão, para efeito de determinação do saldo de imposto a pagar ou a ser compensado, apurar o lucro real em 31 de dezembro de cada ano-calendário ou na data da extinção.

§ 1.º A determinação do lucro real será precedida da apuração do lucro líquido com observância das disposições das leis comerciais.

§ 2.º Sobre o lucro real será aplicada a alíquota de 25% (vinte e cinco por cento), sem prejuízo do disposto no art. 39.

§ 3.º Para efeito de determinação do saldo do imposto a pagar ou a ser compensado, a pessoa jurídica poderá deduzir do imposto devido o valor:

a) dos incentivos fiscais de dedução do imposto, observados os limites e prazos fixados na legislação vigente, bem como o disposto no § 2.º do art. 39;

•• A Lei n. 13.840, de 5-6-2019, propôs nova redação para esta alínea, porém teve seu texto vetado.

b) dos incentivos fiscais de redução e isenção do imposto, calculados com base no lucro da exploração;

c) do imposto de renda pago ou retido na fonte, incidentes sobre receitas computadas na determinação do lucro real;

d) do imposto de renda calculado na forma dos arts. 27 a 35 desta Lei, pago mensalmente.

§ 4.º (*Revogado pela Lei n. 9.430, de 27-12-1996.*)

§ 5.º O disposto no *caput* somente alcança as pessoas jurídicas que:

a) efetuaram o pagamento do imposto de renda e da contribuição social sobre o lucro, devidos no curso do ano-calendário, com base nas regras previstas nos arts. 27 a 34;

b) demonstrarem, através de balanços ou balancetes mensais (art. 35):

*b.*1) que o valor pago a menor decorreu da apuração do lucro real e da base de cálculo da contribuição social sobre o lucro, na forma da legislação comercial e fiscal; ou

*b.*2) a existência de prejuízos fiscais, a partir do mês de janeiro do referido ano-calendário.

•• Alínea *b* com redação determinada pela Lei n. 9.065, de 20-6-1995.

§ 6.º As pessoas jurídicas não enquadradas nas disposições contidas no § 5.º deverão determinar, mensalmente, o lucro real e a base de cálculo da contribuição social sobre o lucro, de acordo com a legislação comercial e fiscal.

•• Vide art. 3.º, parágrafo único, da Lei n. 9.065, de 20-6-1995.

§ 7.º Na hipótese do parágrafo anterior o imposto e a contribuição social sobre o lucro devidos terão por vencimento o último dia útil do mês subsequente ao de encerramento do período mensal.

Art. 38. (*Revogado pela Lei n. 9.430, de 27-12-1996.*)

Art. 39. O lucro real ou arbitrado da pessoa jurídica estará sujeito a um adicional do imposto de renda à alíquota de:

I – 12% (doze por cento) sobre a parcela do lucro real que ultrapassar R$ 180.000,00 até R$ 780.000,00;

II – 18% (dezoito por cento) sobre a parcela do lucro real que ultrapassar R$ 780.000,00;

III – 12% (doze por cento) sobre a parcela do lucro arbitrado que ultrapassar R$ 15.000,00 até R$ 65.000,00;

IV – 18% (dezoito por cento) sobre a parcela do lucro arbitrado que ultrapassar R$ 65.000,00.

§ 1.º Os limites previstos nos incisos I e II serão proporcionais ao número de meses transcorridos do ano-calendário, quando o período de apuração for inferior a doze meses.

§ 2.º O valor do adicional será recolhido integralmente, não sendo permitidas quaisquer deduções.

Art. 40. (*Revogado pela Lei n. 9.430, de 27-12-1996.*)

Subseção I
Das alterações na apuração do lucro real

Art. 41. Os tributos e contribuições são dedutíveis, na determinação do lucro real, segundo o regime de competência.

§ 1.º O disposto neste artigo não se aplica aos tributos e contribuições cuja exigibilidade esteja suspensa, nos termos dos incisos II a IV do art. 151 da Lei n. 5.172, de 25 de outubro de 1966, haja ou não depósito judicial.

§ 2.º Na determinação do lucro real, a pessoa jurídica não poderá deduzir como custo ou despesa o imposto de renda de que for sujeito passivo como contribuinte ou responsável em substituição ao contribuinte.

§ 3.º A dedutibilidade, como custo ou despesa, de rendimentos pagos ou creditados a terceiros abrange o imposto sobre os rendimentos que o contribuinte, como fonte pagadora, tiver o dever legal de reter e recolher, ainda que assuma o ônus do imposto.

§ 4.º Os impostos pagos pela pessoa jurídica na aquisição de bens do ativo permanente poderão, a seu critério, ser registrados como custo de aquisição ou deduzidos como despesas operacionais, salvo os pagos na importação de bens que se acrescerão ao custo de aquisição.

§ 5.º Não são dedutíveis como custo ou despesas operacionais as multas por infrações fiscais, salvo as de natureza compensatória e as impostas por infrações de que não resultem falta ou insuficiência de pagamento de tributo.

§ 6.º As contribuições sociais incidentes sobre o faturamento ou receita bruta e sobre o valor das importações, pagas pela pessoa jurídica na aquisição de bens destinados ao ativo permanente, serão acrescidas ao custo de aquisição.

•• § 6.º acrescentado pela Lei n. 10.865, de 30-4-2004.

Art. 42. A partir de 1.º de janeiro de 1995, para efeito de determinar o lucro real, o lucro líquido ajustado pelas adições e exclusões previstas ou autorizadas pela legislação do imposto de renda poderá ser reduzido em no máximo 30% (trinta por cento).

Parágrafo único. A parcela dos prejuízos fiscais apurados até 31 de dezembro de 1994, não compensada em razão do disposto no *caput* deste artigo poderá ser utilizada nos anos-calendário subsequentes.

Art. 43. *(Revogado pela Lei n. 9.430, de 27-12-1996.)*

Seção IV
Do Regime de Tributação com Base no Lucro Presumido

Art. 44. As pessoas jurídicas, cuja receita total, no ano-calendário anterior, tenha sido igual ou inferior a R$ 12.000.000,00 (doze milhões de reais), poderão optar, por ocasião da entrega da declaração de rendimentos, pelo regime de tributação com base no lucro presumido.

•• *Caput* com redação determinada pela Lei n. 9.065, de 20-6-1995. Valor corrigido pela Lei n. 9.249, de 26-12-1995.

§ 1.º O limite previsto neste artigo será proporcional ao número de meses do ano-calendário, no caso de início de atividade.

§ 2.º Na hipótese deste artigo, o imposto de renda devido, relativo aos fatos geradores ocorridos em cada mês (arts. 27 a 32) será considerado definitivo.

§ 3.º *(Revogado pela Lei n. 9.065, de 20-6-1995.)*

Art. 45. A pessoa jurídica habilitada à opção pelo regime de tributação com base no lucro presumido deverá manter:

I – escrituração contábil nos termos da legislação comercial;

II – Livro Registro de Inventário, no qual deverão constar registrados os estoques existentes no término do ano-calendário abrangido pelo regime de tributação simplificada;

III – em boa guarda e ordem, enquanto não decorrido o prazo decadencial e não prescritas eventuais ações que lhes sejam pertinentes, todos os livros de escrituração obrigatórios por legislação fiscal específica, bem como os documentos e demais papéis que serviram de base para escrituração comercial e fiscal.

Parágrafo único. O disposto no inciso I deste artigo não se aplica à pessoa jurídica que, no decorrer do ano-calendário, mantiver livro Caixa, no qual deverá estar escriturado toda a movimentação financeira, inclusive bancária.

Art. 46. *(Revogado pela Lei n. 9.249, de 26-12-1995.)*

Seção V
Do Regime de Tributação com Base no Lucro Arbitrado

Art. 47. O lucro da pessoa jurídica será arbitrado quando:

I – o contribuinte, obrigado à tributação com base no lucro real ou submetido ao regime de tributação de que trata o Decreto-lei n. 2.397, de 1987, não mantiver escrituração na forma das leis comerciais e fiscais, ou deixar de elaborar as demonstrações financeiras exigidas pela legislação fiscal;

II – a escrituração a que estiver obrigado o contribuinte revelar evidentes indícios de fraude ou contiver vícios, erros ou deficiências que a tornem imprestável para:

a) identificar a efetiva movimentação financeira, inclusive bancária; ou

b) determinar o lucro real;

III – o contribuinte deixar de apresentar à autoridade tributária os livros e documentos da escrituração comercial e fiscal, ou o livro Caixa, na hipótese de que trata o art. 45, parágrafo único;

IV – o contribuinte optar indevidamente pela tributação com base no lucro presumido;

V – o comissário ou representante da pessoa jurídica estrangeira deixar de cumprir o disposto no § 1.º do art. 76 da Lei n. 3.470, de 28 de novembro de 1958;

VI – *(Revogado pela Lei n. 9.718, de 27-11-1998.)*

VII – o contribuinte não mantiver, em boa ordem e segundo as normas contábeis recomendadas, livro Razão ou fichas utilizados para resumir e totalizar, por conta ou subconta, os lançamentos efetuados no Diário;

VIII – o contribuinte não escriturar ou deixar de apresentar à autoridade tributária os livros ou registros auxiliares de que trata o § 2.º do art. 177 da Lei n. 6.404, de 15 de dezembro de 1976, e § 2.º do art. 8.º do Decreto-lei n. 1.598, de 26 de dezembro de 1977.

•• Inciso VIII acrescentado pela Lei n. 11.941, de 27-5-2009.

§ 1.º Quando conhecida a receita bruta, o contribuinte poderá efetuar o pagamento do imposto de renda correspondente com base nas regras previstas nesta Seção.

§ 2.º Na hipótese do parágrafo anterior:

a) a apuração do imposto de renda com base no lucro arbitrado abrangerá todo o ano-calendário, assegurada a tributação com base no lucro real relativa aos meses não submetidos ao arbitramento, se a pessoa jurídica dispuser de escrituração exigida pela legislação comercial e fiscal que demonstre o lucro real dos períodos não abrangidos por aquela modalidade de tributação, observado o disposto no § 5.º do art. 37;

b) o imposto apurado com base no lucro real, na forma da alínea anterior, terá por vencimento o último dia útil do mês subsequente ao de encerramento do referido período.

Art. 48. *(Revogado pela Lei n. 9.249, de 26-12-1995.)*

Art. 49. As pessoas jurídicas que se dedicarem à venda de imóveis construídos ou adquiridos para revenda, ao loteamento de terrenos e à incorporação de prédios em condomínio terão seus lucros arbitrados deduzindo-se da receita bruta o custo do imóvel devidamente comprovado.

Parágrafo único. O lucro arbitrado será tributado na proporção da receita recebida ou cujo recebimento esteja previsto para o próprio mês.

Art. 50. *(Revogado pela Lei n. 9.430, de 27-12-1996.)*

Art. 51. O lucro arbitrado das pessoas jurídicas, quando não conhecida a receita bruta, será determinado através de procedimento de ofício, mediante a utilização de uma das seguintes alternativas de cálculo:

I – 1,5 (um inteiro e cinco décimos) do lucro real referente ao último período em que pessoa jurídica manteve escrituração de acordo com as leis comerciais e fiscais, atualizado monetariamente;

II – 0,04 (quatro centésimos) da soma dos valores do ativo circulante, realizável a longo prazo e permanente, existentes no último balanço patrimonial conhecido, atualizado monetariamente;

III – 0,07 (sete centésimos) do valor do capital, inclusive a sua correção monetária contabilizada como reserva de capital, constante do último balanço patrimonial conhecido ou registrado nos atos de constituição ou alteração da sociedade, atualizado monetariamente;

IV – 0,05 (cinco centésimos) do valor do patrimônio líquido constante do último balanço patrimonial conhecido, atualizado monetariamente;

V – 0,4 (quatro décimos) do valor das compras de mercadorias efetuadas no mês;

VI – 0,4 (quatro décimos) da soma, em cada mês, dos valores da folha de pagamento dos empregados e das compras de matérias-primas, produtos intermediários e materiais de embalagem;

VII – 0,8 (oito décimos) da soma dos valores devidos no mês a empregados;

VIII – 0,9 (nove décimos) do valor mensal do aluguel devido.

§ 1.º As alternativas previstas nos incisos V, VI e VII, a critério da autoridade lançadora, poderão ter sua aplicação limitada, respectivamente, às atividades comerciais, industriais e de prestação de serviços e, no caso de empresas com atividade mista, ser adotados isoladamente em cada atividade.

§ 2.º Para os efeitos da aplicação do disposto no inciso I, quando o lucro real for decorrente de período-base anual, o valor que servirá de base ao arbitramento será proporcional ao número de meses do período-base considerado.

§ 3.º Para cálculo da atualização monetária a que se referem os incisos deste artigo, serão adotados os índices utilizados para fins de correção monetária das demonstrações financeiras, tomando-se como termo inicial a data do encerramento do período-base utilizado, e, como termo final, o mês a que se referir o arbitramento.

§ 4.º Nas alternativas previstas nos incisos V e VI do *caput*, as compras serão consideradas pelos valores totais das operações, devendo ser incluídos os valores decorrentes do ajuste a valor presente de que trata o inciso III do art. 184 da Lei n. 6.404, de 15 de dezembro de 1976.

•• § 4.º acrescentado pela Lei n. 12.973, de 13-5-2014.

Arts. 52 e 53. (*Revogados pela Lei n. 9.430, de 27-12-1996.*)

Art. 54. (*Revogado pela Lei n. 9.249, de 26-12-1995.*)

Art. 55. O lucro arbitrado na forma do art. 51 constituirá também base de cálculo da contribuição social sobre o lucro, de que trata a Lei n. 7.689, de 15 de dezembro de 1988.

Seção VI
Da Declaração de Rendimentos das Pessoas Jurídicas

Art. 56. As pessoas jurídicas deverão apresentar, até o último dia útil do mês de março, declaração de rendimentos demonstrando os resultados auferidos no ano-calendário anterior.

•• *Caput* com redação determinada pela Lei n. 9.065, de 20-6-1995.

§ 1.º A declaração de rendimentos será entregue na unidade local da Secretaria da Receita Federal que jurisdicionar o declarante ou nos estabelecimentos bancários autorizados, localizados na mesma jurisdição.

•• A Secretaria da Receita Federal passa a denominar-se Secretaria da Receita Federal do Brasil, por força da Lei n. 11.457, de 16-3-2007.

§ 2.º No caso de encerramento de atividades, a declaração de rendimentos deverá ser entregue até o último dia útil do mês subsequente ao da extinção.

§ 3.º A declaração de rendimentos das pessoas jurídicas deverá ser apresentada em meio magnético, ressalvado o disposto no parágrafo subsequente.

•• § 3.º com redação determinada pela Lei n. 9.532, de 10-12-1997.

§ 4.º O Ministro de Estado da Fazenda poderá permitir que as empresas de que trata a Lei n. 9.317, de 5 de dezembro de 1996, optantes pelo SIMPLES, apresentem suas declarações por meio de formulários.

•• § 4.º com redação determinada pela Lei n. 9.532, de 10-12-1997.

Capítulo IV
DA CONTRIBUIÇÃO SOCIAL SOBRE O LUCRO

Art. 57. Aplicam-se à Contribuição Social sobre o Lucro (Lei n. 7.689, de 1988) as mesmas normas de apuração e de pagamento estabelecidas para o imposto de renda das pessoas jurídicas, inclusive no que se refere ao disposto no art. 38, mantidas a base de cálculo e as alíquotas previstas na legislação em vigor, com as alterações introduzidas por esta Lei.

•• *Caput* com redação determinada pela Lei n. 9.065, de 20-6-1995.

• O art. 38 encontra-se revogado pela Lei n. 9.430, de 27-12-1996.

§ 1.º Para efeito de pagamento mensal, a base de cálculo da contribuição social será o valor correspondente a 10% (dez por cento) do somatório:

a) da receita bruta mensal;

b) das demais receitas e ganhos de capital;

c) dos ganhos líquidos obtidos em operações realizadas nos mercados de renda variável;

d) dos rendimentos produzidos por aplicações financeiras de renda fixa.

§ 2.º No caso das pessoas jurídicas de que trata o inciso III do art. 36, a base de cálculo da contribuição social corresponderá ao valor decorrente da aplicação do percentual de 9% (nove por cento) sobre a receita bruta ajustada, quando for o caso, pelo valor das deduções previstas no art. 29.

•• § 2.º com redação determinada pela Lei n. 9.065, de 20-6-1995.

§ 3.º A pessoa jurídica que determinar o imposto de renda a ser pago em cada mês com base no lucro real (art. 35), deverá efetuar o pagamento da contribuição social sobre o lucro, calculando-a com base no lucro líquido apurado em cada mês.

§ 4.º No caso de pessoa jurídica submetida ao regime de tributação com base no lucro real, a contribuição determinada na forma dos §§ 1.º a 3.º será deduzida da contribuição apurada no encerramento do período de apuração.

Art. 58. Para efeito de determinação da base de cálculo da contribuição social sobre o lucro, o lucro líquido ajustado poderá ser reduzido por compensação da base de cálculo negativa, apurada em períodos-base anteriores em, no máximo, 30% (trinta por cento).

Art. 59. A contribuição social sobre o lucro das sociedades civis, submetidas ao regime de tributação de que trata o art. 1.º do Decreto-lei n. 2.397, de 1987, deverá ser paga até o último dia útil do mês de janeiro de cada ano-calendário.

Capítulo V
DA TRIBUTAÇÃO DO IMPOSTO DE RENDA NA FONTE

Art. 60. Estão sujeitas ao desconto do imposto de renda na fonte, à alíquota de 5% (cinco por cento), as importâncias pagas às pessoas jurídicas:

I – a título de juros e de indenizações por lucros cessantes, decorrentes de sentença judicial;

II – (*Revogado pela Lei n. 9.249, de 26-12-1995.*)

Parágrafo único. O imposto descontado na forma deste artigo será deduzido do imposto devido apurado no encerramento do período-base.

Art. 61. Fica sujeito à incidência do imposto de renda exclusivamente na fonte, à alíquota de 35% (trinta e cinco por cento), todo pagamento efetuado pelas pessoas jurídicas a beneficiário não identificado, ressalvado o disposto em normas especiais.

§ 1.º A incidência prevista no *caput* aplica-se, também, aos pagamentos efetuados ou aos recursos entregues a terceiros ou sócios, acionistas ou titular, contabilizados ou não, quando não for comprovada a operação ou a sua causa, bem como à hipótese de que trata o § 2.º, do art. 74 da Lei n. 8.383, de 1991.

§ 2.º Considera-se vencido o imposto de renda na fonte no dia do pagamento da referida importância.

§ 3.º O rendimento de que trata este artigo será considerado líquido, cabendo o reajustamento do respectivo rendimento bruto sobre o qual recairá o imposto.

Art. 62. A partir de 1.º de janeiro de 1995, a alíquota do imposto de renda na fonte de que trata o art. 44 da Lei n. 8.541, de 1992, será de 35% (trinta e cinco por cento).

Art. 63. Os prêmios distribuídos sob a forma de bens e serviços, através de concursos e sorteios de qualquer espécie, estão sujeitos à incidência do imposto, à alíquota de 20% (vinte por cento), exclusivamente na fonte.

•• *Caput* com redação determinada pela Lei n. 9.065, de 20-6-1995, e retificado em 3-7-1995.

§ 1.º O imposto de que trata este artigo incidirá sobre o valor de mercado do prêmio, na data da distribuição.

•• § 1.º com redação determinada pela Lei n. 11.196, de 21-11-2005.

•• *Vide* art. 132, IV, *b*, da Lei n. 11.196, de 21-11-2005.

§ 2.º Compete à pessoa jurídica que proceder à distribuição de prêmios, efetuar o pagamento do imposto correspondente, não se aplicando o reajustamento da base de cálculo.

§ 3.º O disposto neste artigo não se aplica aos prêmios em dinheiro, que continuam sujeitos à tributação na forma do art. 14 da Lei n. 4.506, de 30 de novembro de 1964.

Art. 64. O art. 45 da Lei n. 8.541, de 1992, passa a ter a seguinte redação:

•• Alteração já processada no texto da referida Lei.

Capítulo VI
DA TRIBUTAÇÃO DAS OPERAÇÕES FINANCEIRAS

Seção I
Do Mercado de Renda Fixa

Art. 65. O rendimento produzido por aplicação financeira de renda fixa, auferido por qualquer beneficiário, inclusive pessoa jurídica isenta, a partir de 1.º de janeiro de 1995, sujeita-se à incidência do imposto de renda na fonte à alíquota de 10% (dez por cento).

§ 1.º A base de cálculo do imposto é constituída pela diferença positiva entre o valor da alienação, líquido do imposto sobre operações de crédito, câmbio e seguro, e sobre operações relativas a títulos ou valores mobiliários – IOF, de que trata a Lei n. 8.894, de 21 de junho de 1994, e o valor da aplicação financeira.

§ 2.º Para fins de incidência do imposto de renda na fonte, a alienação compreende qualquer forma de transmissão da propriedade, bem como a liquidação, resgate, cessão ou repactuação do título ou aplicação.

§ 3.º Os rendimentos periódicos produzidos por título ou aplicação, bem como qualquer remuneração adicional aos rendimentos prefixados, serão submetidos à incidência do imposto de renda na fonte por ocasião de sua percepção.

•• O art. 5.º da Lei n. 12.431, de 24-6-2011, dispõe: "Art. 5.º O Imposto sobre a Renda incidente sobre os rendimentos periódicos a que se refere o § 3.º do art. 65 da Lei n. 8.981, de 1995, incidirá, *pro rata tempore*, sobre a parcela do rendimento produzido entre a data de aquisição ou a data do pagamento periódico anterior e a data de sua percepção, podendo ser deduzida da base de cálculo a parcela dos rendimentos correspondente ao período entre a data do pagamento do rendimento periódico anterior e a data de aquisição do título. § 1.º Ocorrido o primeiro pagamento periódico de rendimentos após a aquisição do título sem alienação pelo adquirente, a parcela do rendimento não submetida à incidência do imposto sobre a renda na fonte deverá ser deduzida do custo de aquisição para fins de apuração da base de cálculo do imposto, quando de sua alienação. § 2.º As instituições intervenientes deverão manter registro que permitam verificar a correta apuração da base de cálculo do imposto de que trata este artigo, na forma regulamentada pela Secretaria da Receita Federal do Brasil".

§ 4.º O disposto neste artigo aplica-se também:

a) às operações conjugadas que permitam a obtenção de rendimentos predeterminados, realizadas nas bolsas de valores, de mercadorias, de futuros e assemelhadas, bem como no mercado de balcão;

b) às operações de transferência de dívidas realizadas com instituição financeira, demais instituições autorizadas a funcionar pelo Banco Central do Brasil ou com pessoa jurídica não financeira;

c) aos rendimentos auferidos pela entrega de recursos a pessoa jurídica, sob qualquer forma e a qualquer título, independentemente de ser ou não a fonte pagadora instituição autorizada a funcionar pelo Banco Central do Brasil.

§ 5.º Em relação às operações de que tratam as alíneas *a* e *b* do § 4.º, a base de cálculo do imposto será:

a) o resultado positivo auferido no encerramento ou liquidação das operações conjugadas;

b) a diferença positiva entre o valor da dívida e o valor entregue à pessoa jurídica responsável pelo pagamento da obrigação, acrescida do respectivo imposto de renda retido.

§ 6.º Fica o Poder Executivo autorizado a baixar normas com vistas a definir as características das operações de que tratam as alíneas *a* e *b* do § 4.º.

§ 7.º O imposto de que trata este artigo será retido:

a) por ocasião do recebimento dos recursos destinados ao pagamento de dívidas, no caso de que trata a alínea *b* do § 4.º;

b) por ocasião do pagamento dos rendimentos, ou da alienação do título ou da aplicação, nos demais casos.

§ 8.º É responsável pela retenção do imposto a pessoa jurídica que receber os recursos, no caso de operações de transferência de dívidas, e a pessoa jurídica que efetuar o pagamento do rendimento, nos demais casos.

Art. 66. Nas aplicações em fundos de renda fixa, inclusive em Fundo de Aplicação Financeira – FAF, resgatadas a partir de 1.º de janeiro de 1995, a base de cálculo do imposto sobre a renda na fonte será constituída pela diferença positiva entre o valor do resgate, líquido de IOF, e o valor de aquisição da quota.

Parágrafo único. O imposto, calculado à alíquota de 10% (dez por cento), será retido pelo administrador do fundo na data do resgate.

Art. 67. As aplicações financeiras de que tratam os arts. 65, 66 e 70, existentes em 31 de dezembro de 1994, terão os respectivos rendimentos apropriados *pro rata tempore* até aquela data e tributados nos termos da legislação à época vigente.

§ 1.º O imposto apurado nos termos deste artigo será adicionado àquele devido por ocasião da alienação ou resgate do título ou aplicação.

§ 2.º Para efeitos de apuração da base de cálculo do imposto quando da alienação ou resgate, o valor dos rendimentos, apropriado nos termos deste artigo, será acrescido ao valor de aquisição da aplicação financeira.

§ 3.º O valor de aquisição existente em 31 de dezembro de 1994, expresso em quantidade de UFIR, será convertido em Real, pelo valor de R$ 0,6767.

§ 4.º Excluem-se do disposto neste artigo as aplicações em Fundo de Aplicação Financeira – FAF existentes em 31 de dezembro de 1994, cujo valor de aquisição será apurado com base no valor da quota na referida data.

§ 5.º Os rendimentos das aplicações financeiras de que trata este artigo, produzidos a partir de 1.º de janeiro de 1995, poderão ser excluídos do lucro real, para efeito de incidência do adicional do imposto de renda de que trata o art. 39.

§ 6.º A faculdade prevista no parágrafo anterior não se aplica aos rendimentos das aplicações financeiras auferidos por instituição financeira, sociedade corretora de títulos e valores mobiliários, sociedade distribuidora de títulos e valores mobiliários, sociedades de seguro, previdência e capitalização.

Art. 68. São isentos do imposto de renda:

I – os rendimentos auferidos pelas carteiras dos fundos de renda fixa;

II – os rendimentos auferidos nos resgates de quotas de fundos de investimentos, de titularidade de fundos cujos recursos sejam aplicados na aquisição de quotas de fundos de investimentos;

III – os rendimentos auferidos por pessoa física em contas de depósitos de poupança, de Depósitos Especiais Remunerados – DER e sobre os juros produzidos por letras hipotecárias.

Art. 69. Ficam revogadas as isenções previstas na legislação do imposto de renda sobre os rendimentos auferidos por pessoas jurídicas em contas de depósitos de poupança, de Depósitos Especiais Remunerados – DER e sobre os juros produzidos por letras hipotecárias.

Parágrafo único. O imposto devido sobre os rendimentos de que trata este artigo será retido por ocasião do crédito ou pagamento do rendimento.

Art. 70. As operações de mútuo e de compra vinculada à revenda, no mercado secundário, tendo por objeto ouro, ativo financeiro, continuam equiparadas às operações de renda fixa para fins de incidência do imposto de renda na fonte.

§ 1.º Constitui fato gerador do imposto:

a) na operação de mútuo, o pagamento ou crédito do rendimento ao mutuante;

b) na operação de compra vinculada à revenda, a operação de revenda do ouro.

§ 2.º A base de cálculo do imposto será constituída:

a) na operação de mútuo, pelo valor do rendimento pago ou creditado ao mutuante;

b) na operação de compra vinculada à revenda, pela diferença positiva entre o valor de revenda e o de compra do ouro.

§ 3.º A base de cálculo do imposto, em Reais, na operação de mútuo, quando o rendimento for fixado em quantidade de ouro, será apurada com base no preço médio verificado no mercado à vista da bolsa em que ocorrer o maior volume de operações com ouro, na data da liquidação do contrato, acrescida do imposto de renda retido na fonte.

§ 4.º No caso de pessoa jurídica tributada com base no lucro real deverão ser ainda observados que:

a) a diferença positiva entre o valor de mercado, na data do mútuo, e o custo de aquisição do ouro será incluída pelo mutuante na apuração do ganho líquido de que trata o art. 72;

b) as alterações no preço do ouro durante o decurso do prazo do contrato de mútuo, em relação ao preço verificado na data de realização do contrato, serão reconhecidas pelo mutuante e pelo mutuário como receita ou despesa, segundo o regime de competência;

c) para efeito do disposto na alínea *b* será considerado o preço médio do ouro verificado no mercado à vista da bolsa em que ocorrer o maior volume de operações, na data do registro da variação.

§ 5.º O imposto de renda na fonte será calculado aplicando-se a alíquota prevista no art. 65.

§ 6.º Fica o Poder Executivo autorizado a baixar normas com vistas a definir as características da operação de compra vinculada à revenda de que trata este artigo.

Art. 71. Fica dispensada a retenção do imposto de renda na fonte sobre rendimentos de aplicações financeiras de renda fixa ou de renda variável quando o beneficiário do rendimento declarar à fonte pagadora, por escrito, sua condição de entidade imune.

•• Artigo com redação determinada pela Lei n. 9.065, de 20-6-1995.

Seção II
Do Mercado de Renda Variável

Art. 72. Os ganhos líquidos auferidos, a partir de 1.º de janeiro de 1995, por qualquer beneficiário, inclusive pessoa jurídica isenta, em operações realizadas nas bolsas de valores, de mercadorias, de futuros e assemelhadas, serão tributados pelo imposto de renda na forma da legislação vigente, com as alterações introduzidas por esta Lei.

§ 1.º A alíquota do imposto será de 10% (dez por cento), aplicável sobre os ganhos líquidos apurados mensalmente.

§ 2.º Os custos de aquisição dos ativos objeto das operações de que trata este artigo serão:

a) considerados pela média ponderada dos custos unitários;

b) convertidos em Real pelo valor de R$ 0,6767, no caso de ativos existentes em 31 de dezembro de 1994, expressos em quantidade de UFIR.

§ 3.º O disposto neste artigo aplica-se também:

a) aos ganhos líquidos auferidos por qualquer beneficiário, na alienação de ouro, ativo financeiro, fora de bolsa;

b) aos ganhos líquidos auferidos pelas pessoas jurídicas na alienação de participações societárias, fora de bolsa.

§ 4.º As perdas apuradas nas operações de que trata este artigo poderão ser compensadas com os ganhos líquidos auferidos nos meses subsequentes, em operações da mesma natureza.

§§ 5.º e 6.º (*Revogados pela Lei n. 9.959, de 27-1-2000.*)

§ 7.º O disposto nos §§ 4.º e 5.º aplica-se, inclusive, às perdas existentes em 31 de dezembro de 1994.

§ 8.º Ficam isentos do imposto de renda os ganhos líquidos auferidos por pessoa física em operações no mercado à vista de ações nas bolsas de valores e em operações com ouro, ativo financeiro, cujo valor das alienações realizadas em cada mês seja igual ou inferior a 5.000,00 UFIR, para o conjunto de ações e para o ouro, ativo financeiro, respectivamente.

Art. 73. O rendimento auferido no resgate de quota de fundo de ações, de *commodities*, de investimento no exterior, clube de investimento e outros fundos da espécie, por qualquer beneficiário, inclusive pessoa jurídica isenta, sujeita-se à incidência do imposto de renda na fonte à alíquota de 10% (dez por cento).

§ 1.º A base de cálculo do imposto é constituída pela diferença positiva entre o valor de resgate, líquido de IOF, e o valor de aquisição da quota.

§ 2.º Os ganhos líquidos previstos nos arts. 72 a 74 e os rendimentos produzidos por aplicações financeiras de renda fixa auferidos pelas carteiras dos fundos e clubes de que trata este artigo são isentos de imposto de renda.

§ 3.º O imposto de que trata este artigo será retido pelo administrador do fundo ou clube na data do resgate.

§ 4.º As aplicações nos fundos e clubes de que trata este artigo, existentes em 31 de dezembro de 1994, terão os respectivos rendimentos apropriados *pro rata tempore* até aquela data.

§ 5.º No resgate de quotas, existentes em 31 de dezembro de 1994, deverão ser observados os seguintes procedimentos:

a) se o valor de aquisição da aplicação, calculado segundo o disposto no § 2.º do art. 67, for inferior ao valor de resgate, o imposto devido será acrescido do imposto apurado nos termos daquele artigo;

b) em qualquer outro caso, a base de cálculo do imposto no resgate das quotas será a diferença positiva entre o valor de resgate, líquido do IOF, e o valor original de aquisição, aplicando-se a alíquota vigente em 31 de dezembro de 1994.

§ 6.º Para efeito da apuração prevista na alínea *b* do § 5.º, o valor original de aquisição em 31 de dezembro de 1994, expresso em quantidade de UFIR, será convertido em Real pelo valor de R$ 0,6767.

§ 7.º Os rendimentos produzidos a partir de 1.º de janeiro de 1995, referentes a aplicações existentes em 31 de dezembro de 1994 nos fundos e clubes de que trata este artigo, poderão ser excluídos do lucro real para efeito de incidência do adicional do imposto de renda de que trata o art. 39.

Art. 74. Ficam sujeitos à incidência do imposto de renda na fonte, à alíquota de 10% (dez por cento), os rendimentos auferidos em operações de *swap*.

§ 1.º A base de cálculo do imposto das operações de que trata este artigo será o resultado positivo auferido na liquidação do contrato de *swap*.

§ 2.º O imposto será retido pela pessoa jurídica que efetuar o pagamento do rendimento, na data da liquidação do respectivo contrato.

§ 3.º Somente será admitido o reconhecimento de perdas em operações de *swap* registradas nos termos da legislação vigente.

Art. 75. Ressalvado o disposto no § 3.º do art. 74, fica o Poder Executivo autorizado a permitir a compensação dos resultados apurados nas operações de que tratam os arts. 73 e 74, definindo as condições para a sua realização.

Seção III
Das Disposições Comuns à Tributação das Operações Financeiras

Art. 76. O imposto de renda retido na fonte sobre os rendimentos de aplicações financeiras de renda fixa e de renda variável, ou pago sobre os ganhos líquidos mensais, será:

•• *Caput* com redação determinada pela Lei n. 9.065, de 20-6-1995.

I – deduzido do apurado no encerramento do período ou na data da extinção, no caso de pessoa jurídica submetida ao regime de tributação com base no lucro real;

II – definitivo, no caso de pessoa jurídica não submetida ao regime de tributação com base no lucro real, inclusive isenta, e de pessoa física.

§ 1.º No caso de sociedade civil de prestação de serviços, submetida ao regime de tributação de que trata o art. 1.º do Decreto-lei n. 2.397, de 1987, o imposto poderá ser compensado com o imposto retido por ocasião do pagamento dos rendimentos aos sócios beneficiários.

§ 2.º Os rendimentos de aplicações financeiras de renda fixa e de renda variável e os ganhos líquidos produzidos a partir de 1.º de janeiro de 1995 integrarão o lucro real.

§ 3.º As perdas incorridas em operações iniciadas e encerradas no mesmo dia (*day-trade*), realizadas em mercado de renda fixa ou de renda variável, não serão dedutíveis na apuração do lucro real.

§ 4.º Ressalvado o disposto no parágrafo anterior, as perdas apuradas nas operações de que tratam os arts. 72 a 74 somente serão dedutíveis na determinação do lucro real até o limite dos ganhos auferidos em operações previstas naqueles artigos.

§ 5.º Na hipótese do § 4.º, a parcela das perdas adicionadas poderá, nos anos-calendário subsequentes, ser excluída na determinação do lucro real, até o limite correspondente à diferença positiva apurada em cada ano, entre os ganhos e perdas decorrentes das operações realizadas.

•• § 5.º com redação determinada pela Lei n. 9.065, de 20-6-1995.

§ 6.º Fica reduzida a zero a alíquota do IOF incidente sobre operações com títulos e valores mobiliários de renda fixa e de renda variável.

§ 7.º O disposto no § 6.º não elide a faculdade do Poder Executivo alterar a alíquota daquele imposto, conforme previsto no § 1.º do art. 153 da Constituição Federal e no parágrafo único do art. 1.º da Lei n. 8.894, de 21 de junho de 1994.

Art. 77. O regime de tributação previsto neste Capítulo não se aplica aos rendimentos ou ganhos líquidos:

•• *Caput* com redação determinada pela Lei n. 9.065, de 20-6-1995.

I – em aplicações financeiras de renda fixa de titularidade de instituição financeira, inclusive sociedade de seguro, previdência e capitalização, sociedade corretora de títulos, valores mobiliários e câmbio, sociedade distribuidora de títulos e valores mobiliários ou sociedade de arrendamento mercantil;

•• Inciso I com redação determinada pela Lei n. 9.065, de 20-6-1995.

II – (*Revogado pela Lei n. 10.833, de 29-12-2003.*)

III – nas operações de renda variável realizadas em bolsa, no mercado de balcão organizado, autorizado pelo órgão competente, ou através de fundos de investimento, para a carteira própria das entidades citadas no inciso I;

•• Inciso III com redação determinada pela Lei n. 9.249, de 26-12-1995.

IV – na alienação de participações societárias permanentes em sociedades coligadas e controladas, e de participações societárias que permaneceram no ativo da pessoa jurídica até o término do ano-calendário seguinte ao de suas aquisições;

V – em operações de cobertura (*hedge*) realizadas em bolsa de valores, de mercadoria e de futuros ou no mercado de balcão.

§ 1.º Para efeito do disposto no inciso V, consideram-se de cobertura (*hedge*) as operações destinadas, exclusivamente, à proteção contra riscos inerentes às oscilações de preço ou de taxas, quando o objeto do contrato negociado:

a) estiver relacionado com as atividades operacionais da pessoa jurídica;

b) destinar-se à proteção de direitos ou obrigações da pessoa jurídica.

§ 2.º O Poder Executivo poderá definir requisitos adicionais para a caracterização das operações de que trata o parágrafo anterior, bem como estabelecer procedimentos para registro e apuração dos ajustes diários incorridos nessas operações.

§ 3.º Os rendimentos e ganhos líquidos de que trata este artigo deverão compor a base de cálculo prevista nos arts. 28 ou 29 e o lucro real.

§ 4.º Para as associações de poupança e empréstimo, os rendimentos e ganhos líquidos auferidos nas aplicações financeiras serão tributados de forma definitiva, à alíquota de 25% (vinte e cinco por cento) sobre a base de cálculo prevista no art. 29.

•• § 4.º com redação determinada pela Lei n. 9.065, de 20-6-1995.

Seção IV
Da Tributação das Operações Financeiras Realizadas por Residentes ou Domiciliados no Exterior

Art. 78. Os residentes ou domiciliados no exterior sujeitam-se às mesmas normas de tributação pelo imposto de renda, previstas para os residentes ou domiciliados no país, em relação aos:

I – rendimentos decorrentes de aplicações financeiras de renda fixa;

II – ganhos líquidos auferidos em operações realizadas em bolsas de valores, de mercadorias, de futuros e assemelhadas;

III – rendimentos obtidos em aplicações em fundos de renda fixa e de renda variável e em clubes de investimentos.

Parágrafo único. Sujeitam-se à tributação pelo imposto de renda, nos termos dos arts. 80 a 82, os rendimentos e ganhos de capital decorrentes de aplicações financeiras, auferidos por fundos, sociedades de investimento e carteiras de valores mobiliários de que participem, exclusivamente, pessoas físicas ou jurídicas, fundos ou outras entidades de investimento coletivo residentes, domiciliados ou com sede no exterior.

Art. 79. O investimento estrangeiro nos mercados financeiros e de valores mobiliários somente poderá ser realizado no país por intermédio de representante legal, previamente designado dentre as instituições autorizadas pelo Poder Executivo a prestar tal serviço e que será responsável, nos termos do art. 128 do Código Tributário Nacional (Lei n. 5.172, de 25-10-1966) pelo cumprimento das obrigações tributárias decorrentes das operações que realizar por conta e ordem do representado.

§ 1.º O representante legal não será responsável pela retenção e recolhimento do imposto de renda na fonte sobre aplicações financeiras quando, nos termos da legislação pertinente tal responsabilidade for atribuída a terceiro.

§ 2.º O Poder Executivo poderá excluir determinadas categorias de investidores da obrigatoriedade prevista neste artigo.

Art. 80. Sujeitam-se à tributação pelo imposto de renda, à alíquota de 10% (dez por cento), os rendimentos e ganhos de capital auferidos no resgate pelo quotista, quando distribuídos, sob qualquer forma e a qualquer título, por fundos em condomínio, a que se refere o art. 50 da Lei n. 4.728, de 14 de julho de 1965, constituídos na forma prescrita pelo Conselho Monetário Nacional e mantidos com recursos provenientes de conversão de débitos externos brasileiros, e de que participem, exclusivamente, pessoas físicas ou jurídicas, fundos ou outras entidades de investimentos coletivos, residentes, domiciliados, ou com sede no exterior.

§ 1.º A base de cálculo do imposto é constituída pela diferença positiva entre o valor de resgate e o custo de aquisição da quota.

§ 2.º Os rendimentos e ganhos de capital auferidos pelas carteiras dos fundos de que trata este artigo, são isentos de imposto de renda.

Art. 81. Ficam sujeitos ao imposto de renda na fonte, à alíquota de 10% (dez por cento), os rendimentos auferidos:

I – pelas entidades mencionadas nos arts. 1.º e 2.º do Decreto-lei n. 2.285, de 23 de julho de 1986;

II – pelas sociedades de investimento a que se refere o art. 49 da Lei n. 4.728, de 1965, de que participem, exclusivamente, investidores estrangeiros;

III – pelas carteiras de valores mobiliários, inclusive vinculadas à emissão, no exterior, de certificados representativos de ações, mantidas, exclusivamente, por investidores estrangeiros.

§ 1.º Os ganhos de capital ficam excluídos da incidência do imposto de renda quando auferidos e distribuídos, sob qualquer forma e a qualquer título, inclusive em decorrência de liquidação parcial ou total do investimento pelos fundos, sociedades ou carteiras referidos no *caput* deste artigo.

§ 2.º Para os efeitos deste artigo, consideram-se:

a) rendimentos: quaisquer valores que constituam remuneração de capital aplicado, inclusive aquela produzida por títulos de renda variável, tais como juros, prêmios, comissões, ágio, deságio e participações nos lucros, bem como os resultados positivos auferidos em aplicações nos fundos e clubes de investimento de que trata o art. 73;

•• O caput do art. 1.º da Lei n. 12.431, de 24-6-2011, dispõe: "Art. 1.º Fica reduzida a 0 (zero) a alíquota do imposto sobre a renda incidente sobre os rendimentos definidos nos termos da alínea *a* do § 2.º do art. 81 da Lei n. 8.981, de 20 de janeiro de 1995, quando pagos, creditados, entregues ou remetidos a beneficiário residente ou domiciliado no exterior, exceto em país que não tribute a renda ou que a tribute à alíquota máxima inferior a 20% (vinte por cento), produzidos por: I - títulos ou valores mobiliários adquiridos a partir de 1.º de janeiro de 2011, objeto de distribuição pública, de emissão de pessoas jurídicas de direito privado não classificadas como instituições financeiras; ou II - fundos de investimento em direitos creditórios constituídos sob a forma de condomínio fechado, regulamentados pela Comissão de Valores Mobiliários - CVM, cujo originador ou cedente da carteira de direitos creditórios não seja instituição financeira".

b) ganhos de capital, os resultados positivos auferidos:

*b.*1) nas operações realizadas em bolsas de valores, de mercadorias, de futuros e assemelhadas, com exceção das operações conjugadas de que trata a alínea *a* do § 4.º do art. 65;

*b.*2) nas operações com ouro, ativo financeiro, fora de bolsa.

§ 3.º A base de cálculo do imposto de renda sobre os rendimentos auferidos pelas entidades de que trata este artigo será apurada:

a) de acordo com os critérios previstos nos arts. 65 a 67 no caso de aplicações de renda fixa;

b) de acordo com o tratamento previsto no § 3.º do art. 65 no caso de rendimentos periódicos;

c) pelo valor do respectivo rendimento ou resultado positivo, nos demais casos.

§ 4.º Na apuração do imposto de que trata este artigo serão indedutíveis os prejuízos apurados em operações de renda fixa e de renda variável.

§ 5.º O disposto neste artigo alcança, exclusivamente, as entidades que atenderem às normas e condições estabelecidas pelo Conselho Monetário Nacional, não se aplicando, entretanto, aos fundos em condomínio referidos no art. 80.

§ 6.º Os dividendos e as bonificações em dinheiro estão sujeitos ao imposto de renda à alíquota de 15% (quinze por cento).

Art. 82. O imposto de renda na fonte sobre os rendimentos auferidos pelas entidades de que trata o art. 81, será devido por ocasião da cessão, resgate, repactuação ou liquidação de cada operação de renda fixa, ou do recebimento ou crédito, o que primeiro ocorrer, de outros rendimentos, inclusive dividendos e bonificações em dinheiro.

§ 1.º *(Revogado pela Lei n. 9.430, de 27-12-1996.)*

§ 2.º Os dividendos que forem atribuídos às ações integrantes do patrimônio do fundo, sociedade ou carteira, serão registrados, na data em que as ações forem cotadas sem os respectivos direitos (ex-dividendos), em conta representativa de rendimentos a receber, em contrapartida à diminuição de idêntico valor da parcela do ativo correspondente às ações às quais se vinculam, acompanhados de transferência para a receita de dividendos de igual valor a débito da conta de resultado de variação da carteira de ações.

§ 3.º Os rendimentos submetidos à sistemática de tributação de que trata este artigo não se sujeitam a nova incidência do imposto de renda quando distribuídos.

§ 4.º *(Revogado pela Lei n. 11.196, de 21-11-2005.)*

Capítulo VII
DOS PRAZOS DE RECOLHIMENTO

Art. 83. Em relação aos fatos geradores cuja ocorrência se verifique a partir de 1.º de janeiro de 1995, os pagamentos do imposto de renda retido na fonte, do imposto sobre operações de crédito, câmbio e seguro e sobre operações relativas a títulos e valores mobiliários e da contribuição para o Programa de Integração Social – PIS/PASEP deverão ser efetuados nos seguintes prazos:

I e II – *(Revogados pela Lei n. 11.196, de 21-11-2005.)*

III – Contribuição para o Programa de Integração Social e para o Programa de Formação do Patrimônio do Servidor Público (PIS/PASEP): até o último dia útil da quinzena subsequente ao mês de ocorrência dos fatos geradores.

Capítulo VIII
DAS PENALIDADES E DOS ACRÉSCIMOS MORATÓRIOS

Art. 84. Os tributos e contribuições sociais arrecadados pela Secretaria da Receita Federal, cujos fatos geradores vierem a ocorrer a partir de 1.º de janeiro de 1995, não pagos nos prazos previstos na legislação tributária serão acrescidos de:

•• A Secretaria da Receita Federal passa a denominar-se Secretaria da Receita Federal do Brasil, por força da Lei n. 11.457, de 16-3-2007.

I – juros de mora, equivalentes à taxa média mensal de captação do Tesouro Nacional relativa à Dívida Mobiliária Federal Interna;

II – multa de mora aplicada da seguinte forma:

a) 10% (dez por cento), se o pagamento se verificar no próprio mês do vencimento;

b) 20% (vinte por cento), quando o pagamento ocorrer no mês seguinte ao do vencimento;

c) 30% (trinta por cento), quando o pagamento for efetuado a partir do segundo mês subsequente ao do vencimento.

§ 1.º Os juros de mora incidirão a partir do primeiro dia do mês subsequente ao do vencimento, e a multa de mora, a partir do primeiro dia após o vencimento do débito.

§ 2.º O percentual dos juros de mora relativo ao mês em que o pagamento estiver sendo efetuado será de 1% (um por cento).

§ 3.º Em nenhuma hipótese os juros de mora previstos no inciso I, deste artigo, poderão ser inferiores à taxa de juros estabelecida no art. 161, § 1.º, da Lei n. 5.172, de 25 de outubro de 1966, no art. 59 da Lei n. 8.383, de 1991, e no art. 3.º da Lei n. 8.620, de 5 de janeiro de 1993.

•• Referido art. 3.º da Lei n. 8.620, de 5-1-1993, encontra-se revogado por força da Lei n. 9.528, de 10-12-1997.

•• *Vide* Lei n. 9.430, de 27-12-1996, art. 61.

§ 4.º Os juros de mora de que trata o inciso I, deste artigo, serão aplicados também às contribuições sociais arrecadadas pelo INSS e aos débitos para com o patrimônio imobiliário, quando não recolhidos nos prazos previstos na legislação específica.

§ 5.º Em relação aos débitos referidos no art. 5.º desta Lei incidirão, a partir de 1.º de janeiro de 1995, juros de mora de 1% (um por cento) ao mês-calendário ou fração.

§ 6.º O disposto no § 2.º aplica-se, inclusive, às hipóteses de pagamento parcelado de tributos e contribuições sociais, previstos nesta Lei.

§ 7.º A Secretaria do Tesouro Nacional divulgará mensalmente a taxa a que se refere o inciso I deste artigo.

§ 8.º O disposto neste artigo aplica-se aos demais créditos da Fazenda Nacional, cuja inscrição e cobrança como Dívida Ativa da União seja da competência da Procuradoria-Geral da Fazenda Nacional.

•• § 8.º acrescentado pela Lei n. 10.522, de 19-7-2002.

Art. 85. O produto da arrecadação dos juros de mora, no que diz respeito aos tributos e contribuições, exceto as contribuições arrecadadas pelo INSS, integra os recursos referidos nos arts. 3.º, parágrafo único, 4.º e 5.º, § 1.º, da Lei n. 7.711, de 22 de dezembro de 1988, e no art. 69 da Lei n. 8.383, de 1991, até o limite de juros previstos no art. 161, § 1.º, da Lei n. 5.172, de 25 de outubro de 1966.

Art. 86. As pessoas físicas ou jurídicas que efetuarem pagamentos com retenção do imposto de renda na fonte, deverão fornecer à pessoa física ou jurídica beneficiária, até o dia 31 de janeiro, documento comprobatório, em duas vias, com indicação da natureza e do montante do pagamento, das deduções e do imposto de renda retido no ano-calendário anterior, quando for o caso.

§ 1.º No documento de que trata este artigo, o imposto retido na fonte, as deduções e os rendimentos, deverão ser informados por seus valores em Reais.

§ 2.º As pessoas físicas ou jurídicas que deixarem de fornecer aos beneficiários, dentro do prazo, ou fornecerem com inexatidão, o documento a que se refere este artigo, ficarão sujeitas ao pagamento de multa de 50 (cinquenta) UFIR por documento.

§ 3.º À fonte pagadora que prestar informação falsa sobre rendimentos pagos, deduções ou imposto retido na fonte, será aplicada multa de 300% (trezentos por cento) sobre o valor que for indevidamente utilizável, como redução do imposto de renda a pagar ou aumento do imposto a restituir ou compensar, independentemente de outras penalidades administrativas ou criminais.

§ 4.º Na mesma penalidade incorrerá aquele que se beneficiar da informação, sabendo ou devendo saber da sua falsidade.

Art. 87. Aplicar-se-ão às microempresas, as mesmas penalidades previstas na legislação do imposto de renda para as demais pessoas jurídicas.

Art. 88. A falta de apresentação da declaração de rendimentos ou a sua apresentação fora do prazo fixado, sujeitará a pessoa física ou jurídica:

I – à multa de mora de 1% (um por cento) ao mês ou fração sobre o imposto de renda devido, ainda que integralmente pago;

II – à multa de 200 (duzentas) UFIR a 8.000 (oito mil) UFIR, no caso de declaração de que não resulte imposto devido.

§ 1.º O valor mínimo a ser aplicado será:
a) de 200 (duzentas) UFIR, para as pessoas físicas;
b) de 500 (quinhentas) UFIR, para as pessoas jurídicas.

§ 2.º A não regularização no prazo previsto na intimação, ou em caso de reincidência, acarretará o agravamento da multa em 100% (cem por cento) sobre o valor anteriormente aplicado.

§ 3.º As reduções previstas no art. 6.º da Lei n. 8.218, de 29 de agosto de 1991 e art. 60 da Lei n. 8.383, de 1991, não se aplicam às multas previstas neste artigo.

§ 4.º *(Revogado pela Lei n. 9.065, de 20-6-1995.)*

Art. 89. *(Revogado pela Lei n. 9.430, de 27-12-1996.)*

Art. 90. O art. 14 da Lei n. 8.847, de 28 de janeiro de 1994, com a redação dada pelo art. 6.º da Lei n. 8.850, de 28 de janeiro de 1994, passa a vigorar com a seguinte redação:
•• Alteração prejudicada em face da posterior revogação do artigo citado pela Lei n. 9.393, de 19-12-1996.

Capítulo IX
DO PARCELAMENTO DE DÉBITOS

Art. 91. *(Revogado pela Lei n. 10.522, de 19-7-2002.)*

Art. 92. Os débitos vencidos até 31 de outubro de 1994 poderão ser parcelados em até 60 (sessenta) prestações, desde que os pedidos sejam apresentados na unidade da Secretaria da Receita Federal da jurisdição do contribuinte até 31 de março de 1995.
•• A Secretaria da Receita Federal passa a denominar-se Secretaria da Receita Federal do Brasil, por força da Lei n. 11.457, de 16-3-2007.

Parágrafo único. Sobre os débitos parcelados nos termos deste artigo, não incidirá o encargo adicional de que trata a alínea *b.1* do parágrafo único do art. 91.

Arts. 93 e 94. *(Revogados pela Lei n. 10.522, de 19-7-2002.)*

Capítulo X
DAS DISPOSIÇÕES FINAIS

Art. 95. As empresas industriais titulares de Programas Especiais de Exportação aprovados até 3 de junho de 1993, pela Comissão para Concessão de Benefícios Fiscais a Programas Especiais de Exportação – BEFIEX, poderão compensar o prejuízo fiscal verificado em um período-base com o lucro real determinado nos seis anos-calendário subsequentes, independentemente da distribuição de lucros ou dividendos a seus sócios ou acionistas.
•• Artigo com redação determinada pela Lei n. 9.065, de 20-6-1995.

Art. 96. A opção de que trata o § 4.º do art. 31 da Lei n. 8.541, de 1992, relativo ao imposto incidente sobre o lucro inflacionário acumulado realizado no mês de dezembro de 1994, será manifestada pelo pagamento até o vencimento da 1.ª quota ou quota única do respectivo tributo.

Art. 97. A falta ou insuficiência de pagamento do imposto de renda e da contribuição social sobre o lucro está sujeita aos acréscimos legais previstos na legislação tributária federal.

Parágrafo único. No caso de lançamento de ofício, no decorrer do ano-calendário, será observada a forma de apuração da base de cálculo do imposto adotada pela pessoa jurídica.

Art. 98. *(Revogado pela Lei n. 9.430, de 27-12-1996.)*

Art. 99. No caso de lançamento de ofício, as penalidades previstas na legislação tributária federal, expressas em UFIR, serão reconvertidas para Reais, quando aplicadas a infrações cometidas a partir de 1.º de janeiro de 1995.

Art. 100. Poderão ser excluídos do lucro líquido, para determinação do lucro real e da base de cálculo da contribuição social sobre o lucro, os juros reais produzidos por Notas do Tesouro Nacional – NTN, emitidas para troca compulsória no âmbito do Programa Nacional de Privatização – PND.

Parágrafo único. O valor excluído será controlado na parte *B* do Livro de Apuração do Lucro Real – LALUR, e computado na determinação do lucro real e da contribuição social sobre o lucro no período do seu recebimento.

Art. 102. O disposto nos arts. 100 e 101 aplica-se, inclusive, em relação ao ano-calendário de 1994.

Art. 103. As pessoas jurídicas que explorarem atividade comercial de vendas de produtos e serviços poderão promover depreciação acelerada dos equipamentos Emissores de Cupom Fiscal – ECF novos, que vierem a ser adquiridos no período compreendido entre 1.º de janeiro de 1995 a 31 de dezembro de 1995.

§ 1.º A depreciação acelerada de que trata este artigo será calculada pela aplicação da taxa de depreciação usualmente admitida, sem prejuízo da depreciação normal.

§ 2.º O total acumulado da depreciação, inclusive a normal, não poderá ultrapassar o custo de aquisição do bem.

§ 3.º O disposto neste artigo somente alcança os equipamentos:
a) que identifiquem no cupom fiscal emitido os produtos ou serviços vendidos; e
b) cuja utilização tenha sido autorizada pelo órgão competente dos Estados, do Distrito Federal ou dos Municípios.

Arts. 104 e 105. *(Revogados pela Lei n. 9.065, de 20-6-1995.)*

Art. 106. Fica o Poder Executivo autorizado a alterar a forma de fixação da taxa de câmbio, para cálculo dos impostos incidentes na importação, de que trata o parágrafo único do art. 24 do Decreto-lei n. 37, de 18 de novembro de 1966, com a redação dada pelo art. 1.º da Lei n. 7.683, de 2 de dezembro de 1988.

Art. 114. O lucro inflacionário acumulado existente em 31 de dezembro de 1994, continua submetido aos critérios de realização previstos na Lei n. 7.799, de 10 de julho de 1989, observado o disposto no art. 32, da Lei n. 8.541, de 1992.

Art. 115. O disposto nos arts. 48 a 51, 53, 55 e 56 da Medida Provisória n. 785, de 23 de dezembro de 1994, aplica-se somente aos fatos geradores ocorridos até 31 de dezembro de 1994.

Art. 116. Esta Lei entra em vigor na data de sua publicação, produzindo efeitos a partir de 1.º de janeiro de 1995.

Art. 117. Revogam-se as disposições em contrário, e, especificamente:

I – os arts. 12 e 21, e o parágrafo único do art. 42 da Lei n. 8.541, de 23 de dezembro de 1992;

II – o parágrafo único do art. 44 e o art. 47 da Lei n. 8.383, de 30 de dezembro de 1991;

III – o art. 8.º do Decreto-lei n. 2.287, de 23 de julho de 1986;

IV – o § 3.º do art. 3.º da Lei n. 8.847, de 28 de janeiro de 1994;

V – o art. 5.º da Lei n. 8.850, de 28 de janeiro de 1994;

VI – o art. 6.º da Lei n. 7.965, de 22 de dezembro de 1989.

Senado Federal, em 20 de janeiro de 1995.

Humberto Lucena

Lei n. 9.051, de 18-5-1995 – Certidões

LEI N. 9.051, DE 18 DE MAIO DE 1995 (*)

Dispõe sobre a expedição de certidões para a defesa de direitos e esclarecimentos de situações.

O Presidente da República.
Faço saber que o Congresso Nacional decreta e eu sanciono a seguinte Lei:

Art. 1.º As certidões para a defesa de direitos e esclarecimentos de situações, requeridas aos órgãos da administração centralizada ou autárquica, às empresas públicas, às sociedades de economia mista e às fundações públicas da União, dos Estados, do Distrito Federal e dos Municípios, deverão ser expedidas no prazo improrrogável de 15 (quinze) dias, contado do registro do pedido no órgão expedidor.

* A Lei n. 11.971, de 6-7-2009, dispõe sobre as certidões expedidas pelos Ofícios do Registro de Distribuição e Distribuidores Judiciais.

Art. 2.º Nos requerimentos que objetivam a obtenção das certidões a que se refere esta Lei, deverão os interessados fazer constar esclarecimentos relativos aos fins e razões do pedido.

Art. 3.º (Vetado.)

Art. 4.º Esta Lei entra em vigor na data de sua publicação.

Art. 5.º Revogam-se as disposições em contrário.

Brasília, 18 de maio de 1995; 174.º da Independência e 107.º da República.

FERNANDO HENRIQUE CARDOSO

LEI N. 9.065, DE 20 DE JUNHO DE 1995 (**)

Dá nova redação a dispositivos da Lei n. 8.981, de 20 de janeiro de 1995, que altera a legislação tributária federal, e dá outras providências.

O Presidente da República.
Faço saber que o Congresso Nacional decreta e eu sanciono a seguinte Lei:

Art. 1.º Os dispositivos da Lei n. 8.981, de 20 de janeiro de 1995, adiante indicados, passam a vigorar com a seguinte redação:

•• Alterações já processadas no texto da referida Lei.

Art. 2.º O disposto na alínea *b* do § 3.º do art. 43 da Lei n. 8.981, de 1995, somente se aplica aos créditos relativos a:

I – operações de empréstimos, ou qualquer forma de adiantamento de recursos;

II – aquisição de títulos e valores mobiliários de renda fixa, cujo devedor ou emitente seja pessoa jurídica de direito público ou empresa sob o seu controle, empresa pública, sociedade de economia mista, ou sua subsidiária;

(*) Publicada no *Diário Oficial da União*, de 19-5-1995.
(**) Publicada no *Diário Oficial da União*, de 21-6-1995, e retificada em 3-7-1995.

III – fundos administrados por qualquer das pessoas jurídicas referidas no inciso II.

Parágrafo único. Está também abrangida pelo disposto na alínea *b* do § 3.º do art. 43 da Lei n. 8.981, de 1995, a parcela de crédito correspondente ao lucro diferido nos termos do art. 10 do Decreto-lei n. 1.598, de 26 de dezembro de 1977.

Art. 3.º O saldo credor da conta de correção monetária de que trata o inciso II do art. 4.º da Lei n. 7.799, de 10 de julho de 1989, apurado a partir do encerramento do ano-calendário de 1995, será computado na determinação do lucro real, podendo o contribuinte diferir, com observância do disposto nos arts. 4.º e 8.º desta Lei, a tributação do lucro inflacionário não realizado.

Parágrafo único. O disposto neste artigo aplica-se, também, às pessoas jurídicas a que se refere o § 6.º do art. 37 da Lei n. 8.981, de 1995.

Art. 4.º Considera-se lucro inflacionário, em cada ano-calendário, o saldo credor da conta de correção monetária, ajustado pela diminuição das variações monetárias e das receitas e despesas financeiras computadas na determinação do lucro líquido do ano-calendário.

§ 1.º Proceder-se-á ao ajuste mediante a dedução, do saldo credor da conta de correção monetária, de valor correspondente à diferença positiva entre a soma das despesas financeiras com as variações monetárias passivas e a soma das receitas financeiras com as variações monetárias ativas.

§ 2.º O lucro inflacionário a tributar será registrado em conta especial do Livro de Apuração do Lucro Real, e o saldo transferido do ano-calendário anterior será corrigido, monetariamente, com base na variação do valor da UFIR verificada entre o primeiro dia seguinte ao do balanço de encerramento do ano-calendário anterior e o dia seguinte ao do balanço do exercício da correção.

Art. 5.º Em cada ano-calendário considerar-se-á realizada parte do lucro inflacionário proporcional ao valor, realizado no mesmo período, dos bens e direitos do ativo sujeitos à correção monetária.

§ 1.º O lucro inflacionário realizado em cada ano-calendário será calculado de acordo com as seguintes regras:

a) será determinada a relação percentual entre o valor dos bens e direitos do ativo sujeitos à correção monetária, realizado no ano-calendário, e a soma dos seguintes valores:

a.1) a média do valor contábil do ativo permanente no início e no final do ano-calendário;

a.2) a média dos saldos, no início e no fim do ano-calendário, das contas representativas do custo dos imóveis não classificados no ativo permanente, das contas representativas das aplicações em ouro, das contas representativas de adiantamentos a fornecedores de bens sujeitos à correção monetária, salvo se o contrato previr a indexação do crédito, e de outras contas que venham a ser determinadas pelo Poder Executivo, considerada a natureza dos bens ou valores que representem;

b) o valor dos bens e direitos do ativo sujeitos à correção monetária, realizado no ano-calendário, será a soma dos seguintes valores:

b.1) custo contábil dos imóveis existentes no estoque no início do ano-calendário e baixados no curso deste;

b.2) valor contábil, corrigido monetariamente até a data da baixa, dos demais bens e direitos do ativo sujeitos à correção monetária, baixados no curso do ano-calendário;

b.3) quotas de depreciação, amortização e exaustão, computadas como custo ou despesa operacional do ano-calendário;

b.4) lucros ou dividendos, recebidos no ano-calendário, de quaisquer participações societárias registradas como investimento;

c) o montante do lucro inflacionário realizado do ano-calendário será determinado mediante a aplicação da percentagem de que trata a alínea *a* sobre o lucro inflacionário do mesmo ano-calendário;

d) a percentagem de que trata a alínea *a* será também aplicada, em cada ano, sobre o lucro inflacionário, apurado nos anos-calendário anteriores, excetuado o lucro inflacionário acumulado, existente em 31 de dezembro de 1994.

§ 2.º O contribuinte que optar pelo diferimento da tributação do lucro inflacionário não realizado deverá computar na determinação do lucro real o montante do lucro inflacionário realizado (§ 1.º) ou o valor determinado de acordo com o disposto no art. 6.º, e excluir do lucro líquido do ano-calendário o montante do lucro inflacionário do próprio ano-calendário.

Art. 6.º A pessoa jurídica deverá considerar realizado em cada ano-calendário, no mínimo, 10% (dez por cento) do lucro inflacionário, quando o valor, assim determinado, resultar superior ao apurado na forma do § 1.º do art. 5.º.

Parágrafo único. A realização de que trata este artigo aplica-se, inclusive, ao valor do lucro inflacionário apurado no próprio ano-calendário.

Art. 7.º Nos casos de incorporação, fusão, cisão total ou encerramento de atividades, a pessoa jurídica incorporada, fusionada, cindida ou que encerrar atividades deverá considerar integralmente realizado o lucro inflacionário acumulado.

§ 1.º Na cisão parcial, a realização será proporcional à parcela do ativo, sujeito à correção monetária, que tiver sido vertida.

§ 2.º Para os efeitos deste artigo, considera-se lucro inflacionário acumulado a soma do lucro inflacionário de anos-calendário anteriores, corrigido monetariamente, deduzida das parcelas realizadas.

Art. 8.º A partir de 1.º de janeiro de 1996, a pessoa jurídica deverá considerar realizado mensalmente, no mínimo, 1/120 do lucro inflacionário, corrigido monetariamente, apurado em cada ano-calendário anterior.

Parágrafo único. A parcela realizada na forma deste artigo integrará a base de cálculo do imposto de renda devido mensalmente.

Art. 9.º A pessoa jurídica que tiver saldo de lucro inflacionário a tributar e que vier a ser tributada pelo lucro arbitrado deverá adicionar esse saldo, corrigido monetariamente, à base de cálculo do imposto de renda.

Art. 10. (*Revogado pela Lei n. 9.249, de 26-12-1995.*)

Art. 11. O lucro real ou arbitrado da pessoa jurídica estará sujeito a um adicional do imposto de renda à alíquota de:

I – 10% (dez por cento) sobre a parcela do lucro real que ultrapassar R$ 180.000,00 até R$ 780.000,00;

II – 15% (quinze por cento) sobre a parcela do lucro real que ultrapassar R$ 780.000,00;

III – 10% (dez por cento) sobre a parcela do lucro arbitrado que ultrapassar R$ 15.000,00 até R$ 65.000,00;

IV – 15% (quinze por cento) sobre a parcela do lucro arbitrado que ultrapassar R$ 65.000,00.

§ 1.º Os limites previstos nos incisos I e II serão proporcionais ao número de meses transcorridos do ano-calendário, quando o período de apuração for inferior a 12 (doze) meses.

§ 2.º O valor do adicional será recolhido integralmente, não sendo permitidas quaisquer deduções.

Art. 12. O disposto nos arts. 42 e 58 da Lei n. 8.981, de 1995, vigorará até 31 de dezembro de 1995.

Art. 13. A partir de 1.º de abril de 1995, os juros de que tratam a alínea *c* do parágrafo único do art. 14 da Lei n. 8.847, de 28 de janeiro de 1994, com a redação dada pelo art. 6.º da Lei n. 8.850, de 28 de janeiro de 1994, e pelo art. 90 da Lei n. 8.981, de 1995, o art. 84, inciso I, e o art. 91, parágrafo único, alínea *a.2*, da Lei n. 8.981, de 1995, serão equivalentes à taxa referencial do Sistema Especial de Liquidação e de Custódia – SELIC para títulos federais, acumulada mensalmente.

Art. 14. Os rendimentos e ganhos de capital distribuídos, a partir de 1.º de julho de 1995, pelos Fundos de Investimento Imobiliário e Fundos de Investimento Cultural e Artístico – FICART, sob qualquer forma e qualquer que seja o beneficiário, sujeitam-se à incidência do imposto de renda na fonte à alíquota de 10% (dez por cento).

Parágrafo único. Ao imposto retido nos termos deste artigo aplica-se o disposto no art. 76 da Lei n. 8.981, de 1995.

Art. 15. O prejuízo fiscal apurado a partir do encerramento do ano-calendário de 1995 poderá ser compensado, cumulativamente com os prejuízos fiscais apurados até 31 de dezembro de 1994, com o lucro líquido ajustado pelas adições e exclusões previstas na legislação do imposto de renda, observado o limite máximo, para a compensação, de 30% (trinta por cento) do referido lucro líquido ajustado.

• *Vide* art. 31 da Lei n. 9.249, de 26-12-1995.

Parágrafo único. O disposto neste artigo somente se aplica às pessoas jurídicas que mantiverem os livros e documentos, exigidos pela legislação fiscal, comprobatórios do montante do prejuízo fiscal utilizado para a compensação.

Art. 16. A base de cálculo da contribuição social sobre o lucro, quando negativa, apurada a partir do encerramento do ano-calendário de 1995, poderá ser compensada, cumulativamente com a base de cálculo negativa apurada até 31 de dezembro de 1994, com o resultado do período de apuração ajustado pelas adições e exclusões previstas na legislação da referida contribuição social, determinado em anos-calendário subsequentes, observado o limite máximo de redução de 30% (trinta por cento), previsto no art. 58 da Lei n. 8.981, de 1995.

Parágrafo único. O disposto neste artigo somente se aplica às pessoas jurídicas que mantiverem os livros e documentos, exigidos pela legislação fiscal, comprobatórios da base de cálculo negativa utilizada para a compensação.

Art. 17. O pagamento da Contribuição para o Programa de Integração Social e para o Programa de Formação do Patrimônio do Servidor Público (PIS/PASEP) deverá ser efetuado até o último dia útil da quinzena subsequente ao mês de ocorrência dos fatos geradores.

Art. 18. Esta Lei entra em vigor na data de sua publicação, produzindo efeitos a partir de 1.º de janeiro de 1995, exceto os arts. 10, 11, 15 e 16, que produzirão efeitos a partir de 1.º de janeiro de 1996, e os arts. 13 e 14, com efeitos, respectivamente, a partir de 1.º de abril e 1.º de julho de 1995.

Art. 19. Revogam-se as disposições em contrário e, especificamente, o § 3.º do art. 44, o § 4.º do art. 88, e os arts. 104, 105, 107 e 113 da Lei n. 8.981, de 1995, bem como o inciso IV do § 2.º do art. 7.º das Leis ns. 8.256, de 25 de novembro de 1991, e 8.857, de 8 de março de 1994, o inciso IV do § 2.º do art. 6.º da Lei n. 8.210, de 19 de julho de 1991, e a alínea *d* do § 2.º do art. 4.º da Lei n. 7.965, de 22 de dezembro de 1989.

Brasília, 20 de junho de 1995; 174.º da Independência e 107.º da República.

FERNANDO HENRIQUE CARDOSO

LEI N. 9.069, DE 29 DE JUNHO DE 1995 (*)

Dispõe sobre o Plano Real, o Sistema Monetário Nacional, estabelece as regras e condições de emissão do REAL e os critérios para conversão das obrigações para o REAL, e dá outras providências.

O Presidente da República.

Faço saber que o Congresso Nacional decreta e eu sanciono a seguinte Lei:

Capítulo I
DO SISTEMA MONETÁRIO NACIONAL

Art. 1.º A partir de 1.º de julho de 1994, a unidade do Sistema Monetário Nacional passa a ser o REAL (art. 2.º da Lei n. 8.880, de 27-5-1994), que terá curso legal em todo o território nacional.

• A Lei n. 8.880, de 27-5-1994, dispõe sobre o programa de estabilização econômica e o Sistema Monetário Nacional, institui a URV e dá outras providências.

§ 1.º As importâncias em dinheiro serão grafadas precedidas do símbolo R$.

§ 2.º A centésima parte do REAL, denominada *centavo*, será escrita sob a forma decimal, precedida da vírgula que segue a unidade.

§ 3.º A paridade entre o REAL e o Cruzeiro Real, a partir de 1.º de julho de 1994, será igual à paridade entre a Unidade Real de Valor – URV e o Cruzeiro Real fixada pelo Banco Central do Brasil para o dia 30 de junho de 1994.

§ 4.º A paridade de que trata o parágrafo anterior permanecerá fixa para os fins previstos no art. 3.º, § 3.º, da Lei n. 8.880, de 27 de maio de 1994, e no art. 2.º desta Lei.

§ 5.º Admitir-se-á fracionamento especial da unidade monetária nos mercados de valores mobiliários e de títulos da dívida pública, na cotação de moedas estrangeiras, na Unidade Fiscal de Referência – UFIR e na determinação da expressão monetária de outros valores que necessitem da avaliação de grandezas inferiores ao centavo, sendo as frações resultantes desprezadas ao final dos cálculos.

•• *Vide*, sobre UFIR, Nota dos Organizadores.

Art. 2.º O Cruzeiro Real, a partir de 1.º de julho de 1994, deixa de integrar o Sistema Monetário Nacional, permanecendo em circulação como meio de pagamento as cédulas e moedas dele representativas, pelo prazo de 30 (trinta) dias, na forma prevista nos §§ 3.º e 4.º do art. 3.º da Lei n. 8.880, de 1994.

§ 1.º Até o último dia útil de julho de 1994, os cheques ainda emitidos com indicação de valor em Cruzeiros Reais serão acolhidos pelas instituições financeiras e pelos serviços de compensação, sem prejuízo do

---

(*) Publicada no *Diário Oficial da União*, de 30-6-1995. A Lei n. 10.192, de 14-2-2001, dispõe sobre medidas complementares ao Plano Real.

direito ao crédito, nos termos da legislação pertinente.

§ 2.º Os prazos previstos neste artigo poderão ser prorrogados pelo Banco Central do Brasil.

§ 3.º Os documentos de que trata o § 1.º serão acolhidos e contabilizados com a paridade fixada, na forma do § 3.º do art. 1.º, para o dia 1.º de julho de 1994.

Arts. 3.º e 4.º (*Revogados pela Lei n. 13.820, de 2-5-2019.*)

Art. 5.º Serão grafadas em REAL, a partir de 1.º de julho de 1994, as demonstrações contábeis e financeiras, os balanços, os cheques, os títulos, os preços, os precatórios, os valores de contratos e todas as demais expressões pecuniárias que se possam traduzir em moeda nacional.

Capítulo III
DAS CONVERSÕES PARA REAL

Art. 12. Na operação de conversão de Cruzeiros Reais para REAL, serão adotadas 4 (quatro) casas decimais no quociente da divisão.

§ 1.º Em todos os pagamentos ou liquidações de soma a receber ou a pagar e registros contábeis, serão desprezados, para todos os efeitos legais, os valores inferiores ao correspondente a 1 (um) centavo de REAL.

§ 2.º Nas instituições financeiras e nas demais entidades autorizadas a funcionar pelo Banco Central do Brasil a soma das parcelas desprezadas, na forma do parágrafo anterior, será recolhida e creditada ao Tesouro Nacional, no prazo a ser fixado pelo Poder Executivo, para ser utilizada em programas emergenciais contra a fome e a miséria, conforme regulamentação a ser baixada pelo Poder Executivo.

Art. 13. A partir de 1.º de julho de 1994, todos os valores expressos em URV passam a ser expressos, de pleno direito, em igual número de REAIS.

Art. 14. As obrigações pecuniárias expressas em Cruzeiros Reais que não tenham sido convertidas em URV até 30 de junho de 1994, inclusive, serão, em 1.º de julho de 1994, obrigatoriamente convertidas em REAL, de acordo com as normas desta Lei.

Parágrafo único. O disposto no *caput* deste artigo aplica-se às obrigações que tenham sido mantidas em Cruzeiros Reais por força do contido na Lei n. 8.880, de 27 de maio de 1994, inclusive em seu art. 16.

Art. 15. Serão convertidos em REAL, em 1.º de julho de 1994, segundo a paridade fixada para aquela data:

I – as contas correntes;
II – os depósitos à vista nas instituições financeiras;
III – os depósitos compulsórios em espécie sobre depósitos à vista, mantidos pelo sistema bancário junto ao Banco Central do Brasil.

Art. 16. Observado o disposto nos parágrafos deste artigo, serão igualmente convertidos em REAL, em 1.º de julho de 1994, de acordo com a paridade fixada para aquela data:

I – os saldos das cadernetas de poupança;
II – os depósitos compulsórios e voluntários mantidos junto ao Banco Central do Brasil, com recursos originários da captação de cadernetas de poupança;
III – os saldos das contas do Fundo de Garantia do Tempo de Serviço – FGTS, do Fundo de Participação PIS/PASEP e do Fundo de Amparo ao Trabalhador – FAT;
IV – as operações de crédito rural;
V – as operações ativas e passivas dos Sistemas Financeiro da Habitação e do Saneamento (SFH e SFS), observado o disposto nos arts. 20 e 21 desta Lei;
VI – as operações de seguro, de previdência privada e de capitalização;
VII – as demais operações contratadas com base na Taxa Referencial – TR ou no índice de remuneração básica dos depósitos de poupança; e
VIII – as demais operações da mesma natureza, não compreendidas nos incisos anteriores.

§ 1.º A conversão de que trata este artigo será precedida de atualização *pro rata tempore*, desde a data do último aniversário até 30 de junho de 1994, inclusive, mediante a aplicação da Taxa Referencial – TR ou do referencial legal ou contratual pertinente, na forma da legislação vigente.

§ 2.º Na data de aniversário no mês de julho, incidirá, *pro rata tempore*, desde a data de conversão, sobre o valor convertido, a Taxa Referencial – TR ou o referencial legal ou contratual pertinente e juros, na forma da legislação vigente.

§ 3.º O crédito da remuneração básica e dos juros, no que diz respeito às cadernetas de poupança, ocorrerá somente nas datas de aniversário, que são mantidas para todos os efeitos.

§ 4.º Observadas as diretrizes estabelecidas pelo Presidente da República, o Ministro de Estado da Fazenda, o Conselho Monetário Nacional, o Conselho de Gestão da Previdência Complementar e o Conselho Nacional de Seguros Privados, dentro de suas respectivas competências, regulamentarão o disposto neste artigo.

Art. 17. Os valores das prestações de financiamentos habitacionais firmados com entidades integrantes do Sistema Financeiro da Habitação – SFH, e entidades de previdência privada, quando em condições análogas às utilizadas no Sistema Financeiro da Habitação, expressos em Cruzeiros Reais, no mês de junho de 1994, serão convertidos em REAL, no dia 1.º de julho de 1994, observada a paridade entre o Cruzeiro Real e o Real fixada para aquela data.

Parágrafo único. São mantidos o índice de reajuste e a periodicidade contratualmente estabelecidos para atualização das prestações de que trata este artigo.

Art. 18. Os depósitos da União no Banco Central do Brasil e nas instituições financeiras terão seu saldo atualizado, pela taxa média referencial do Sistema Especial de Liquidação e de Custódia – SELIC, até 30 de junho de 1994, e convertidos para REAL, em 1.º de julho de 1994, observada a paridade fixada para aquela data.

Art. 19. As obrigações pecuniárias em Cruzeiros Reais, sem cláusula de correção monetária ou com cláusula de correção monetária prefixada, serão convertidas em REAL, no dia 1.º de julho de 1994, observada a paridade entre o Cruzeiro Real e o Real fixada para aquela data.

Art. 20. As obrigações pecuniárias em Cruzeiros Reais, com cláusula de correção monetária baseada em índices de preços, em que a periodicidade de reajuste pleno é igual ou menor que a periodicidade de pagamento, serão convertidas em REAL, no dia 1.º de julho de 1994, observada a paridade fixada para aquela data, reajustando-se *pro rata tempore* os valores contratuais expressos em Cruzeiros Reais desde o último aniversário até o dia 30 de junho de 1994, inclusive, de acordo com o índice constante do contrato.

Art. 21. As obrigações pecuniárias em Cruzeiros Reais, com cláusula de correção monetária baseada em índices de preços, em que a periodicidade de reajuste pleno é maior que a periodicidade de pagamento, serão convertidas em REAL, no dia 1.º de julho de 1994, de acordo com as disposições abaixo:

I – dividindo-se o valor em Cruzeiros Reais da obrigação vigente no dia do aniversário em cada um dos meses imediatamente anteriores, em número igual aos do último período de reajuste pleno, pelo valor em Cruzeiros Reais do equivalente em URV nesses mesmos dias;
II – extraindo-se a média aritmética dos valores resultantes do inciso anterior;
III – reconvertendo-se, em Cruzeiros Reais, o valor encontrado pela URV do dia do aniversário em junho de 1994;
IV – aplicando-se, *pro rata tempore*, sobre o valor em Cruzeiros Reais de que trata o inciso anterior, o índice contratual ou legal até 30 de junho de 1994; e
V – convertendo-se em REAL o valor corrigido na forma do inciso anterior pela paridade fixada para aquela data.

§ 1.º O cálculo da média a que se refere este artigo será feito com base nos preços unitários, nos casos dos contratos para aquisição ou produção de bens para entrega futura, execução de obras, prestação de serviços, locação, uso e arrendamento, quando as quantidades de bens e serviços, a cada mês, forem variáveis.

§ 2.º No caso de obrigações em que tenha transcorrido um número de meses menor que o da periodicidade de reajuste pleno, a conversão será feita, na forma do *caput* deste artigo, levando-se em conta apenas os valores referentes aos meses a partir da contratação.

§ 3.º No caso dos contratos de locação residencial com cláusula de reajuste superior a 6 (seis) meses, as disposições do *caput* deste artigo serão aplicadas tomando em conta apenas os aluguéis dos primeiros 6 (seis) meses do último período de reajuste pleno.

§ 4.º Em caso de desequilíbrio econômico-financeiro, os contratos de locação residencial, inclusive os convertidos anteriormente, poderão ser revistos, a partir de 1.º de janeiro de 1995, através de livre negociação entre as partes, ou judicialmente, a fim de adequá-los aos preços de mercado, sem prejuízo do direito à ação revisional prevista na Lei n. 8.245, de 1991.

§ 5.º Efetivada a revisão, o novo valor do aluguel residencial vigorará pelo prazo mínimo de 1 (um) ano.

Art. 22. Para os efeitos desta Lei, *dia de aniversário, data de aniversário* e *aniversário* correspondem:

I – no caso de obrigações pecuniárias em Cruzeiros Reais com cláusula de correção monetária por índice de preço, ao dia do vencimento; na falta deste, ao dia do último reajuste; e, na falta deste, ao dia do surgimento, em qualquer mês, da obrigação, do título, do contrato ou da parcela contratual;

II – no caso de contratos que tenham por objeto a aquisição ou produção de bens para entrega futura, a execução de obras ou a prestação de serviços, e que tenham cláusulas de reajuste de preços por índices de preços setoriais, regionais ou específicos, ou, ainda, que reflitam a variação ponderada dos custos dos insumos utilizados, ao último dia de validade dos preços contratuais em cada período de reajuste.

Art. 23. As disposições desta Lei, sobre conversões, aplicam-se aos contratos de que trata o art. 15 da Lei n. 8.880, de 27 de maio de 1994, e sua regulamentação.

§ 1.º Na conversão para REAL dos contratos que não contiverem cláusula de atualização monetária entre a data final do período de adimplemento da obrigação e a data da exigibilidade do pagamento, será deduzida a expectativa de inflação considerada no contrato relativamente a este prazo, devendo, quando o contrato não mencionar explicitamente a expectativa inflacionária, ser adotada, para a dedução, a variação do Índice Geral de Preços – Disponibilidade Interna – IGP/DI, da Fundação Getúlio Vargas – FGV, no mês de apresentação da proposta ou do orçamento a que esta se referir, aplicado *pro rata tempore* relativamente ao prazo previsto para o pagamento.

§ 2.º Nos casos em que houver cláusula de atualização monetária decorrente de atraso de pagamento, corrigido também o período decorrido entre a data do adimplemento da obrigação e da exigibilidade do pagamento, aplica-se a este período a dedução referida no parágrafo anterior, segundo os critérios nele estabelecidos.

§ 3.º O Poder Executivo regulamentará o disposto neste artigo.

Art. 24. Nas obrigações convertidas em REAL na forma dos arts. 20 e 21, o cálculo da correção monetária, a partir de 1.º de julho de 1994, somente é válido quando baseado em índice de preços calculado na forma do art. 38 da Lei n. 8.880, de 27 de maio de 1994.

§ 1.º O cálculo dos índices de correção monetária de obrigações a que se refere o *caput* deste artigo tomará por base preços em REAL, o equivalente em URV dos preços em Cruzeiros Reais, e os preços nominados ou convertidos em URV dos meses anteriores.

§ 2.º Observado o disposto no art. 28, sobre os valores convertidos em REAL, na forma dos arts. 20 e 21, serão aplicados *pro rata tempore*, da data da conversão até a data do aniversário, os índices de correção monetária a que estiverem sujeitos, calculados de conformidade com o art. 38 da Lei n. 8.880, de 27 de maio de 1994, de acordo com as respectivas disposições legais, regulamentares, contratuais, ou decisões judiciais com base nas quais tiverem sido constituídos.

§ 3.º No cálculo dos índices de que trata este artigo, os preços em Cruzeiros Reais deverão ser convertidos em URV do dia de sua coleta.

§ 4.º Caso o índice de preços constante do contrato não esteja disponível na forma do *caput* deste artigo, será utilizado, para os fins do disposto no art. 38 da Lei n. 8.880, de 27 de maio de 1994, e nesta Lei, índice equivalente substituto, na forma da regulamentação a ser baixada pelo Poder Executivo.

§ 5.º É nula de pleno direito e não surtirá nenhum efeito a aplicação de índice, para fins de correção monetária, calculado de forma diferente da estabelecida neste artigo.

Art. 25. As dotações constantes da proposta de Orçamento Geral da União enviada ao Congresso Nacional, com as modificações propostas nos termos do art. 166, § 5.º, da Constituição Federal, serão corrigidas para preços médios de 1994, mediante a aplicação, sobre os valores expressos a preços de abril de 1993, do multiplicador de 66,8402, sendo então convertidos em 1.º de julho de 1994 em REAIS pela paridade fixada para aquela data.

§ 1.º Serão também convertidos em REAL em 1.º de julho de 1994, pela paridade fixada para aquela data, todos os valores expressos em Cruzeiros Reais em 30 de junho de 1994, constantes de balanços e de todos os atos e fatos relacionados com a gestão orçamentária, financeira, patrimonial e contábil.

§ 2.º No caso do parágrafo anterior, se resultarem valores inferiores a R$ 0,01 (um centavo de REAL), os mesmos serão representados por este valor (R$ 0,01).

Art. 26. Como forma de garantir o equilíbrio econômico-financeiro na conversão dos contratos relativos à atividade agrícola, ficam asseguradas as condições de equivalência constantes nos contratos de financiamento de custeio e de comercialização para produtos contemplados na safra 1993/94 e na safra 1994 com *preços mínimos de garantia* dentro da Política de Garantia de Preços Mínimos – PGPM.

Capítulo VI
DAS DISPOSIÇÕES TRIBUTÁRIAS

Art. 36. A partir de 1.º de julho de 1994, ficará interrompida, até 31 de dezembro de 1994, a aplicação da Unidade Fiscal de Referência – UFIR, exclusivamente para efeito de atualização dos tributos, contribuições federais e receitas patrimoniais, desde que os respectivos créditos sejam pagos nos prazos originais previstos na legislação.

§ 1.º No caso de tributos e contribuições apurados em declaração de rendimentos, a interrupção da UFIR abrangerá o período compreendido entre a data de encerramento do período de apuração e a data de vencimento.

§ 2.º Para os efeitos da interrupção de que trata o *caput* deste artigo, a reconversão para REAL será efetuada com base no valor da UFIR utilizada para a respectiva conversão.

§ 3.º Aos créditos tributários não pagos nos prazos previstos na legislação tributária aplica-se a atualização monetária pela variação da UFIR, a partir do mês de ocorrência do fato gerador, ou, quando for o caso, a partir do mês correspondente ao término do período de apuração, nos termos da legislação pertinente, sem prejuízo da multa e de acréscimos legais pertinentes.

§ 4.º Aos débitos com origem no patrimônio imobiliário da União não pagos nos prazos previstos na legislação patrimonial, ou à diferença de valor recolhido a menor, aplica-se a atualização monetária pela variação da UFIR entre o mês do vencimento, ou da ocorrência do fato gerador, e o mês do efetivo pagamento, além da multa de que trata o art. 59 da Lei n. 8.383, de 30 de dezembro de 1991, e de acréscimos legais pertinentes.

§ 5.º Às contribuições sociais arrecadadas pelo Instituto Nacional do Seguro Social – INSS, quando não recolhidas nos prazos previstos na legislação específica, aplica-se a atualização monetária pela variação da UFIR entre o mês subsequente ao de competência e o mês do efetivo recolhimento, sem prejuízo da multa e de acréscimos legais pertinentes.

§ 6.º O disposto no *caput* deste artigo não se aplica aos débitos incluídos em parcelamento.

Art. 37. No caso de tributos, contribuições e outros débitos para com a Fazenda Nacional pagos indevidamente, dentro do prazo previsto no art. 36 desta Lei, a compensação ou restituição será efetuada com base na variação da UFIR calculada a partir do mês seguinte ao pagamento.

Art. 38. Nas situações de que tratam os §§ 3.º, 4.º e 5.º do art. 36 desta Lei, os juros de mora serão equivalentes, a partir de 1.º de julho de 1994, ao excedente da variação acumulada da Taxa Referencial – TR em relação à variação da UFIR no mesmo período.

§ 1.º Em nenhuma hipótese os juros de mora previstos no *caput* deste artigo poderão ser inferiores à taxa de juros estabelecida no art. 161, § 1.º, da Lei n. 5.172, de 25 de outubro de 1966, no art. 59 da Lei n. 8.383, de 1991, e no art. 3.º da Lei n. 8.620, de 5 de janeiro de 1993.

• • Referido art. 3.º da Lei n. 8.620, de 5-1-1993, encontra-se revogado por força da Lei n. 9.528, de 10-12-1997.

• • *Vide* Lei n. 9.430, de 27-12-1996, art. 61.

§ 2.º O disposto no *caput* deste artigo não se aplica aos débitos incluídos em parcelamento concedido anteriormente à data de entrada em vigor desta Lei.

• *Vide* art. 83, parágrafo único, II, desta Lei.

Art. 39. O imposto sobre rendimentos de que trata o art. 8.º da Lei n. 7.713, de 22 de dezembro de 1988, pago na forma do art. 36 desta Lei, será, para efeito de redução do imposto devido na declaração de ajuste anual, convertido em quantidade de UFIR pelo valor desta no mês em que os rendimentos forem recebidos.

Art. 40. O produto da arrecadação dos juros de mora de que trata o art. 38 desta Lei, no que diz respeito aos tributos e contribuições, exceto as contribuições sociais arrecadadas pelo INSS, integra os recursos referidos nos arts. 3.º, parágrafo único, 4.º e 5.º, § 1.º, da Lei n. 7.711, de 22 de dezembro de 1988, e no art. 69 da Lei n. 8.383, de 1991, até o limite de juros previsto no art. 161, § 1.º, da Lei n. 5.172, de 25 de outubro de 1966.

Art. 41. A restituição do imposto de renda da pessoa física, apurada na declaração de rendimentos relativa ao exercício financeiro de 1995, será reconvertida em REAL com base no valor da UFIR no mês do recebimento.

Art. 42. As pessoas jurídicas farão levantamento de demonstrações contábeis e financeiras extraordinárias, com vistas à adaptação dos respectivos lançamentos aos preceitos desta Lei.

Parágrafo único. O Poder Executivo regulamentará o disposto neste artigo.

Art. 43. Fica extinta, a partir de 1.º de setembro de 1994, a UFIR diária de que trata a Lei n. 8.383, de 30 de dezembro de 1991.

Art. 44. A correção monetária das unidades fiscais estaduais e municipais será feita pelos mesmos índices e com a mesma periodicidade com que será corrigida a Unidade Fiscal de Referência – UFIR, de que trata a Lei n. 8.383, de 30 de dezembro de 1991.

....

Art. 46. Os valores constantes da legislação tributária, expressos ou com referencial em UFIR diária serão, a partir de 1.º de setembro de 1994, expressos ou referenciados em UFIR.

Parágrafo único. Para efeito de aplicação dos limites previstos na legislação tributária federal, a conversão dos valores em REAL para UFIR será efetuada com base na UFIR vigente no mês de referência.

Art. 47. A partir de 1.º de setembro de 1994, a correção monetária das demonstrações financeiras será efetuada com base na UFIR.

Parágrafo único. O período da correção será o compreendido entre o último balanço corrigido e o primeiro dia do mês seguinte àquele em que o balanço deverá ser corrigido.

Art. 48. A partir de 1.º de setembro de 1994, a base de cálculo do imposto de renda das pessoas jurídicas será convertida em quantidade de UFIR, mediante a divisão do valor do lucro real, presumido ou arbitrado, pelo valor da UFIR vigente no mês subsequente ao de encerramento do período-base de sua apuração.

• *Vide* art. 83, parágrafo único, II, desta Lei.

§ 1.º O disposto neste artigo aplica-se também à base de cálculo do imposto de renda mensal determinada com base nas regras de estimativa e à tributação dos demais resultados e ganhos de capital (art. 17 da Lei n. 8.541, de 23 de dezembro de 1992).

§ 2.º Na hipótese de incorporação, fusão, cisão ou extinção da pessoa jurídica, no curso do período-base, a base de cálculo do imposto será convertida em quantidade de UFIR, com base no valor desta vigente no mês de encerramento do período-base.

Art. 49. O imposto de renda da pessoa jurídica será calculado mediante a aplicação da alíquota sobre a base de cálculo expressa em UFIR.

• *Vide* art. 83, parágrafo único, II, desta Lei.

Art. 50. Aplicam-se à Contribuição Social sobre o Lucro (Lei n. 7.689, de 15 de dezembro de 1988) as mesmas normas de conversão em UFIR da base de cálculo e de pagamento estabelecidas por esta Lei para o imposto de renda das pessoas jurídicas.

• *Vide* art. 83, parágrafo único, II, desta Lei.

Art. 51. O imposto de renda retido na fonte ou pago pelo contribuinte relativo a fatos geradores ocorridos a partir de 1.º de setembro de 1994, incidente sobre receitas computadas na base de cálculo do imposto de renda da pessoa jurídica será, para efeito de compensação, convertido em quantidade de UFIR, tomando por base o valor desta no mês subsequente ao da retenção.

• *Vide* art. 83, parágrafo único, II, desta Lei.

Parágrafo único. A conversão em quantidade de UFIR prevista neste artigo aplica-se, também, aos incentivos fiscais de dedução do imposto e de redução e isenção calculados com base no lucro da exploração.

Art. 52. São dedutíveis, na determinação do lucro real e da base de cálculo da Contribuição Social sobre o Lucro, segundo o regime de competência, as contrapartidas de variação monetária de obrigações, inclusive de tributos e contribuições, ainda que não pagos, e perdas cambiais e monetárias na realização de créditos.

Art. 53. Os rendimentos das aplicações financeiras de renda fixa e os ganhos líquidos nos mercados de renda variável continuam apurados e tributados na forma da legislação vigente, com as seguintes alterações:

• *Vide* art. 83, parágrafo único, II, desta Lei.

I – a partir de 1.º de setembro de 1994, o valor aplicado e o custo de aquisição serão convertidos em UFIR pelo valor desta no mês da aplicação ou aquisição, e reconvertidos em REAL pelo valor da UFIR do mês do resgate ou da liquidação da operação;

II – o valor das aplicações financeiras e do custo dos ativos existentes em 31 de agosto de 1994, expresso em quantidade de UFIR, será reconvertido em REAL na forma prevista na alínea anterior.

§ 1.º O disposto neste artigo aplica-se também aos rendimentos auferidos no resgate de quotas de fundos e clubes de investimento, excetuados os rendimentos do fundo de que trata o § 4.º do art. 21 da Lei n. 8.383, de 30 de dezembro de 1991.

§ 2.º São isentos do imposto de renda os rendimentos auferidos nos resgates de quotas de fundos de investimento, de titularidade de fundos cujos recursos sejam aplicados na aquisição de quotas de fundos de investimento.

§ 3.º Fica mantido, em relação ao Fundo de Investimento em Quotas de Fundos de Aplicação Financeira, o disposto no art. 22, inciso I, da Lei n. 8.383, de 30 de dezembro de 1991.

Art. 54. Constituem aplicações financeiras de renda fixa, para os efeitos da legislação tributária, as operações de transferência de dívidas realizadas com instituições financeiras e demais instituições autorizadas a funcionar pelo Banco Central do Brasil.

Parágrafo único. Para os efeitos do art. 18 da Lei Complementar n. 77, de 13 de julho de 1993, o cedente da dívida é titular da aplicação e beneficiário da liquidação da operação.

Art. 55. Em relação aos fatos geradores que vierem a ocorrer a partir de 1.º de setembro de 1994, os tributos e contribuições arrecadados pela Secretaria da Receita Federal serão convertidos em quantidade de UFIR com base no valor desta no mês em que ocorrer o fato gerador ou no mês em que se encerrar o período de apuração.
•• A Secretaria da Receita Federal passa a denominar-se Secretaria da Receita Federal do Brasil, por força da Lei n. 11.457, de 16-3-2007.
• Vide art. 83, parágrafo único, II, desta Lei.
§ 1.º Para efeito de pagamento, a reconversão para REAL far-se-á mediante a multiplicação da respectiva quantidade de UFIR pelo valor desta vigente no mês do pagamento, observado o disposto no art. 36 desta Lei.
§ 2.º A reconversão para REAL, nos termos do parágrafo anterior, aplica-se, inclusive, aos tributos e contribuições relativos a fatos geradores anteriores a 1.º de setembro de 1994, expressos em UFIR, diária ou mensal, conforme a legislação de regência.
Art. 56. A partir da competência setembro de 1994, as contribuições sociais arrecadadas pelo INSS serão convertidas em UFIR com base no valor desta no mês subsequente ao de competência.
• Vide art. 83, parágrafo único, II, desta Lei.
Parágrafo único. Aplica-se às contribuições de que trata este artigo o disposto nos §§ 1.º e 2.º do artigo anterior.
Art. 57. Em relação aos fatos geradores cuja ocorrência se verifique a partir de 1.º de agosto de 1994, o pagamento da Contribuição para o Financiamento da Seguridade Social – COFINS, instituída pela Lei Complementar n. 70, de 30 de dezembro de 1991, e das contribuições para o Programa de Integração Social e para o Programa de Formação do Patrimônio do Servidor Público – PIS/PASEP deverá ser efetuado até o último dia útil do primeiro decêndio subsequente ao mês de ocorrência dos fatos geradores.
• Vide art. 83, parágrafo único, II, desta Lei.
Art. 58. O inciso III do art. 10 e o art. 66 da Lei n. 8.383, de 30 de dezembro de 1991, passam a vigorar com a seguinte redação:
•• Alterações já processadas no texto da referida Lei.
Art. 59. A prática de atos que configurem crimes contra a ordem tributária (Lei n. 8.137, de 27 de dezembro de 1990), bem assim a falta de emissão de notas fiscais, nos termos da Lei n. 8.846, de 21 de janeiro de 1994, acarretarão à pessoa jurídica infratora a perda, no ano-calendário correspondente, dos incentivos e benefícios de redução ou isenção previstos na legislação tributária.
Art. 60. A concessão ou reconhecimento de qualquer incentivo ou benefício fiscal, relativos a tributos e contribuições administrados pela Secretaria da Receita Federal, fica condicionada à comprovação pelo contribuinte, pessoa física ou jurídica, da quitação de tributos e contribuições federais.
•• Vide nota ao art. 55, caput, desta Lei.
• O Ato Declaratório Interpretativo n. 12, de 20-8-2002, da Secretaria da Receita Federal, dispõe sobre a concessão de regimes especiais de emissão de documentos e escrituração de livros fiscais, em relação à aplicação do disposto neste artigo.
Art. 61. A partir de 1.º de setembro de 1994, os débitos de qualquer natureza para com a Fazenda Nacional e os decorrentes de contribuições arrecadadas pela União, constituídos ou não, cujos fatos geradores ocorrerem até 31 de agosto de 1994, expressos em UFIR, serão convertidos para REAL com base no valor desta no mês do pagamento.
Art. 62. Os débitos de qualquer natureza para com a Fazenda Nacional e os decorrentes de contribuições arrecadadas pela União, constituídos ou não, cujos fatos geradores ocorram a partir de 1.º de setembro de 1994, serão convertidos em quantidade de UFIR, com base no valor desta no mês da ocorrência do fato gerador, e reconvertidos para REAL mediante a multiplicação da quantidade de UFIR pelo valor desta vigente no mês do pagamento.
Parágrafo único. No caso das contribuições sociais arrecadadas pelo INSS, a conversão dos débitos para UFIR terá por base o valor desta no mês subsequente ao de competência da contribuição.
Art. 63. No caso de parcelamento concedido administrativamente até o dia 31 de agosto de 1994, o valor do débito ou da parcela a pagar será determinado mediante a multiplicação da respectiva quantidade de UFIR pelo valor desta no mês do pagamento.
Art. 64. No caso de parcelamento concedido administrativamente a partir de 1.º de setembro de 1994, o valor do débito será consolidado em UFIR, conforme a legislação aplicável, e reconvertido para REAL mediante a multiplicação da quantidade de UFIR pelo valor desta vigente no mês do pagamento.

Capítulo VII
DISPOSIÇÕES ESPECIAIS

Art. 65. (Revogado pela Lei n. 14.286, de 29-12-2021.)
Art. 66. As instituições financeiras e as demais instituições autorizadas a funcionar pelo Banco Central do Brasil que apresentem insuficiência nos recolhimentos compulsórios ou efetuem saques a descoberto na conta Reservas Bancárias estão sujeitas aos custos financeiros estabelecidos pelo Banco Central do Brasil.
•• Caput com redação determinada pela Lei n.13.506, de 13-11-2017.
• A Resolução n. 189, de 23-2-2022, do BCB, define e consolida as regras do recolhimento compulsório sobre recursos à vista e incorpora regras do recolhimento compulsório sobre recursos de depósitos e de garantias realizadas.

Parágrafo único. Os custos financeiros corresponderão, no mínimo, aos da linha de empréstimo de liquidez.
Art. 67. (Revogado pela Lei n.13.506, de 13-11-2017.)
Art. 68. Os depósitos das instituições financeiras bancárias mantidos no Banco Central do Brasil e contabilizados na conta Reservas Bancárias são impenhoráveis e não responderão por qualquer tipo de dívida civil, comercial, fiscal, previdenciária, trabalhista ou de outra natureza, contraída por essas instituições ou quaisquer outras a elas ligadas.
• Vide Súmula 328 do STJ.
Parágrafo único. A impenhorabilidade de que trata o caput deste artigo não se aplica aos débitos contratuais efetuados pelo Banco Central do Brasil e aos decorrentes das relações das instituições financeiras com o Banco Central do Brasil.
Art. 69. A partir de 1.º de julho de 1994, fica vedada a emissão, pagamento e compensação de cheque de valor superior a R$ 100,00 (cem reais), sem identificação do beneficiário.
Parágrafo único. O Conselho Monetário Nacional regulamentará o disposto neste artigo.
Art. 70. A partir de 1.º de julho de 1994, o reajuste e a revisão dos preços públicos e das tarifas de serviços públicos far-se-ão:
I – conforme atos, normas e critérios a serem fixados pelo Ministro da Fazenda; e
II – anualmente.
§ 1.º O Poder Executivo poderá reduzir o prazo previsto no inciso II deste artigo.
§ 2.º O disposto neste artigo aplica-se, inclusive, à fixação dos níveis das tarifas para o serviço público de energia elétrica, reajustes e revisões de que trata a Lei n. 8.631, de 4 de março de 1993.
Art. 71. Ficam suspensas, até 30 de junho de 1995:
I – a concessão de avais e quaisquer outras garantias, para qualquer fim, pelo Tesouro Nacional ou em seu nome;
II – a abertura de créditos especiais no Orçamento Geral da União;
III – a colocação, por parte dos Órgãos Autônomos, Autarquias, Empresas Públicas, Sociedades de Economia Mista e Fundações da União, e demais entidades, controladas direta ou indiretamente pela União, de qualquer título ou obrigação no exterior, exceto quando vinculado à amortização de principal corrigido de dívida interna ou externa;
IV – a contratação, por parte dos órgãos e entidades mencionados no inciso anterior, de novas operações de crédito interno ou externo, exceto quando vinculada à amortização de principal corrigido de dívida interna ou externa, quando referente a operações mercantis ou quando relativa a cré-

ditos externos de entidades oficiais de financiamentos de projetos públicos;

V – a conversão, em títulos públicos federais, de créditos oriundos da Conta de Resultados a Compensar – CRC, objeto da Lei n. 8.631, de 1993, com as alterações da Lei n. 8.724, de 28 de outubro de 1993.

§ 1.º O Poder Executivo poderá prorrogar o prazo de que trata o *caput* deste artigo.

§ 2.º Durante o prazo de que trata o *caput* deste artigo, qualquer pedido de crédito adicional suplementar ao Orçamento Geral da União deverá ser previamente apreciado pela Junta de Conciliação Orçamentária e Financeira de que trata o Decreto de 19 de março de 1993, para fins de compatibilização com os recursos orçamentários.

§ 3.º O disposto nos incisos I, IV e V deste artigo não se aplica ao Banco Central do Brasil e às instituições financeiras públicas federais.

§ 4.º Em casos excepcionais, e desde que de acordo com as metas de emissão de moeda constantes desta Lei, o Presidente da República, por proposta do Ministro de Estado da Fazenda, poderá afastar a suspensão de que trata este artigo.

Capítulo VIII
DAS DISPOSIÇÕES FINAIS

Art. 83. Observado o disposto no § 3.º do art. 23 desta Lei, ficam revogadas as Leis n. 5.601, de 26 de agosto de 1970, e n. 8.646, de 7 de abril de 1993, o inciso III do art. 2.º da Lei n. 8.021, de 12 de abril de 1990, o parágrafo único do art. 10 da Lei n. 8.177, de 1.º de março de 1991, acrescentado pelo art. 27 da Lei n. 8.178, de 1.º de março de 1991, o art. 16 da Lei n. 8.178, de 1.º de março de 1991, o § 5.º do art. 2.º da Lei n. 8.383, de 30 de dezembro de 1991, a alínea *a* do art. 24 da Lei n. 8.541, de 23 de dezembro de 1992, o art. 11 da Lei n. 8.631, de 4 de março de 1993, o § 1.º do art. 65 da Lei n. 8.694, de 12 de agosto de 1993, o art. 11 da Lei n. 8.880, de 27 de maio de 1994, o art. 59 da Lei n. 8.884, de 11 de junho de 1994, e demais disposições em contrário.

Parágrafo único. Aplicam-se somente aos fatos geradores ocorridos até 31 de dezembro de 1994 os seguintes dispositivos:

I – art. 10, inciso III, da Lei n. 8.383, de 1991, com a redação dada pelo art. 58 desta Lei;

II – arts. 38, 48 a 51, 53, 55 a 57 desta Lei, este último no que diz respeito apenas às Contribuições para o Programa de Integração Social e para o Programa de Formação do Patrimônio do Servidor Público – PIS/PASEP.

Art. 84. Ficam convalidados os atos praticados com base nas Medidas Provisórias n. 542, de 30 de junho de 1994; n. 566, de 29 de julho de 1994; n. 596, de 26 de agosto de 1994; n. 635, de 27 de setembro de 1994; n. 681, de 27 de outubro de 1994; n. 731, de 25 de novembro de 1994; n. 785, de 23 de dezembro de 1994; n. 851, de 20 de janeiro de 1995; n. 911, de 21 de fevereiro de 1995; n. 953, de 23 de março de 1995; n. 978, de 20 de abril de 1995; n. 1.004, de 19 de maio de 1995; e n. 1.027, de 20 de junho de 1995.

Art. 85. Esta Lei entra em vigor na data de sua publicação.

Brasília, 29 de junho de 1995; 174.º da Independência e 107.º da República.

Fernando Henrique Cardoso

LEI N. 9.099, DE 26 DE SETEMBRO DE 1995 (*)

Dispõe sobre os Juizados Especiais Cíveis e Criminais e dá outras providências.

O Presidente da República
Faço saber que o Congresso Nacional decreta e eu sanciono a seguinte Lei:

Capítulo I
DISPOSIÇÕES GERAIS

Art. 1.º Os Juizados Especiais Cíveis e Criminais, órgãos da Justiça Ordinária, serão criados pela União, no Distrito Federal e nos Territórios, e pelos Estados, para conciliação, processo, julgamento e execução, nas causas de sua competência.

• Da criação dos Juizados Especiais Cíveis e Criminais: art. 98, I, da CF.

Art. 2.º O processo orientar-se-á pelos critérios da oralidade, simplicidade, informalidade, economia processual e celeridade, buscando, sempre que possível, a conciliação ou a transação.

Capítulo II
DOS JUIZADOS ESPECIAIS CÍVEIS

•• *Vide* art. 1.063 do CPC.

Seção I
Da Competência

Art. 3.º O Juizado Especial Cível tem competência para conciliação, processo e julgamento das causas cíveis de menor complexidade, assim consideradas:

I – as causas cujo valor não exceda a 40 (quarenta) vezes o salário mínimo;

•• O Decreto n. 12.342, de 30-12-2024, estabelece que, a partir de 1.º-1-2025, o salário mínimo será de R$ 1.518,00 (mil quinhentos e dezoito reais).

II – as enumeradas no art. 275, inciso II, do Código de Processo Civil;

•• A referência é feita a dispositivo do CPC de 1973, sem correspondência no CPC de 2015.

III – a ação de despejo para uso próprio;

IV – as ações possessórias sobre bens imóveis de valor não excedente ao fixado no inciso I deste artigo.

§ 1.º Compete ao Juizado Especial promover a execução:

I – dos seus julgados;

_____
(*) Publicada no *Diário Oficial da União*, de 27-9-1995.

II – dos títulos executivos extrajudiciais, no valor de até 40 (quarenta) vezes o salário mínimo, observado o disposto no § 1.º do art. 8.º desta Lei.

§ 2.º Ficam excluídas da competência do Juizado Especial as causas de natureza alimentar, falimentar, fiscal e de interesse da Fazenda Pública, e também as relativas a acidentes de trabalho, a resíduos e ao estado e capacidade das pessoas, ainda que de cunho patrimonial.

§ 3.º A opção pelo procedimento previsto nesta Lei importará em renúncia ao crédito excedente ao limite estabelecido neste artigo, excetuada a hipótese de conciliação.

Capítulo III
DOS JUIZADOS ESPECIAIS CRIMINAIS
DISPOSIÇÕES GERAIS

Art. 60. O Juizado Especial Criminal, provido por juízes togados ou togados e leigos, tem competência para a conciliação, o julgamento e a execução das infrações penais de menor potencial ofensivo, respeitadas as regras de conexão e continência.

•• *Caput* com redação determinada pela Lei n. 11.313, de 28-6-2006.

Parágrafo único. Na reunião de processos, perante o juízo comum ou o tribunal do júri, decorrentes da aplicação das regras de conexão e continência, observar-se-ão os institutos da transação penal e da composição dos danos civis.

•• Parágrafo único acrescentado pela Lei n. 11.313, de 28-6-2006.

Art. 61. Consideram-se infrações penais de menor potencial ofensivo, para os efeitos desta Lei, as contravenções penais e os crimes a que a lei comine pena máxima não superior a 2 (dois) anos, cumulada ou não com multa.

•• Artigo com redação determinada pela Lei n. 11.313, de 28-6-2006.

Art. 62. O processo perante o Juizado Especial orientar-se-á pelos critérios da oralidade, simplicidade, informalidade, economia processual e celeridade, objetivando, sempre que possível, a reparação dos danos sofridos pela vítima e a aplicação de pena não privativa de liberdade.

•• Artigo com redação determinada pela Lei n. 13.603, de 9-1-2018.

Seção I
Da Competência e dos Atos Processuais

Art. 63. A competência do Juizado será determinada pelo lugar em que foi praticada a infração penal.

Art. 64. Os atos processuais serão públicos e poderão realizar-se em horário noturno e em qualquer dia da semana, conforme dispuserem as normas de organização judiciária.

Art. 65. Os atos processuais serão válidos sempre que preencherem as finalidades para as quais foram realizados, atendidos os critérios indicados no art. 62 desta Lei.

§ 1.º Não se pronunciará qualquer nulidade sem que tenha havido prejuízo.

§ 2.º A prática de atos processuais em outras comarcas poderá ser solicitada por qualquer meio hábil de comunicação.

§ 3.º Serão objeto de registro escrito exclusivamente os atos havidos por essenciais. Os atos realizados em audiência de instrução e julgamento poderão ser gravados em fita magnética ou equivalente.

Art. 66. A citação será pessoal e far-se-á no próprio Juizado, sempre que possível, ou por mandado.

Parágrafo único. Não encontrado o acusado para ser citado, o juiz encaminhará as peças existentes ao juízo comum para adoção do procedimento previsto em lei.

Art. 67. A intimação far-se-á por correspondência, com aviso de recebimento pessoal ou, tratando-se de pessoa jurídica ou firma individual, mediante entrega ao encarregado da recepção, que será obrigatoriamente identificado, ou, sendo necessário, por oficial de justiça, independentemente de mandado ou carta precatória, ou ainda por qualquer meio idôneo de comunicação.

Parágrafo único. Dos atos praticados em audiência considerar-se-ão desde logo cientes as partes, os interessados e defensores.

Art. 68. Do ato de intimação do autor do fato e do mandado de citação do acusado, constará a necessidade de seu comparecimento acompanhado de advogado, com a advertência de que, na sua falta, ser-lhe-á designado defensor público.

Seção II
Da Fase Preliminar

Art. 69. A autoridade policial que tomar conhecimento da ocorrência lavrará termo circunstanciado e o encaminhará imediatamente ao Juizado, com o autor do fato e a vítima, providenciando-se as requisições dos exames periciais necessários.

Parágrafo único. Ao autor do fato que, após a lavratura do termo, for imediatamente encaminhado ao juizado ou assumir o compromisso de a ele comparecer, não se imporá prisão em flagrante, nem se exigirá fiança. Em caso de violência doméstica, o juiz poderá determinar, como medida de cautela, seu afastamento do lar, domicílio ou local de convivência com a vítima.

•• Parágrafo único com redação determinada pela Lei n. 10.455, de 13-5-2002.

Art. 70. Comparecendo o autor do fato e a vítima, e não sendo possível a realização imediata da audiência preliminar, será designada data próxima, da qual ambos sairão cientes.

Art. 71. Na falta do comparecimento de qualquer dos envolvidos, a Secretaria providenciará sua intimação e, se for o caso, a do responsável civil, na forma dos arts. 67 e 68 desta Lei.

• Sobre responsável civil no CC: art. 932.

Art. 72. Na audiência preliminar, presente o representante do Ministério Público, o autor do fato e a vítima e, se possível, o responsável civil, acompanhados por seus advogados, o juiz esclarecerá sobre a possibilidade da composição dos danos e da aceitação da proposta de aplicação imediata de pena não privativa de liberdade.

Art. 73. A conciliação será conduzida pelo juiz ou por conciliador sob sua orientação.

Parágrafo único. Os conciliadores são auxiliares da Justiça, recrutados, na forma da lei local, preferencialmente entre bacharéis em Direito, excluídos os que exerçam funções na administração da Justiça Criminal.

Art. 74. A composição dos danos civis será reduzida a escrito e, homologada pelo juiz mediante sentença irrecorrível, terá eficácia de título a ser executado no juízo civil competente.

Parágrafo único. Tratando-se de ação penal de iniciativa privada ou de ação penal pública condicionada à representação, o acordo homologado acarreta a renúncia ao direito de queixa ou representação.

Art. 75. Não obtida a composição dos danos civis, será dada imediatamente ao ofendido a oportunidade de exercer o direito de representação verbal, que será reduzida a termo.

Parágrafo único. O não oferecimento da representação na audiência preliminar não implica decadência do direito, que poderá ser exercido no prazo previsto em lei.

• Sobre prazo decadencial no CPP (Decreto-lei n. 3.689, de 3-10-1941): art. 38.

Art. 76. Havendo representação ou tratando-se de crime de ação penal pública incondicionada, não sendo caso de arquivamento, o Ministério Público poderá propor a aplicação imediata de pena restritiva de direitos ou multas, a ser especificada na proposta.

• Sobre pena de multa no CP (Decreto-lei n. 2.848, de 7-12-1940): arts. 49 a 52.

§ 1.º Nas hipóteses de ser a pena de multa a única aplicável, o juiz poderá reduzi-la até a metade.

§ 2.º Não se admitirá a proposta se ficar comprovado:

I – ter sido o autor da infração condenado, pela prática de crime, à pena privativa de liberdade, por sentença definitiva;

II – ter sido o agente beneficiado anteriormente, no prazo de 5 (cinco) anos, pela aplicação de pena restritiva ou multa, nos termos deste artigo;

III – não indicarem os antecedentes, a conduta social e a personalidade do agente, bem como os motivos e as circunstâncias, ser necessária e suficiente a adoção da medida.

§ 3.º Aceita a proposta pelo autor da infração e seu defensor, será submetida à apreciação do juiz.

§ 4.º Acolhendo a proposta do Ministério Público aceita pelo autor da infração, o juiz aplicará a pena restritiva de direitos ou multa, que não importará em reincidência, sendo registrada apenas para impedir novamente o mesmo benefício no prazo de 5 (cinco) anos.

§ 5.º Da sentença prevista no parágrafo anterior caberá a apelação referida no art. 82 desta Lei.

§ 6.º A imposição da sanção de que trata o § 4.º deste artigo não constará de certidão de antecedentes criminais, salvo para os fins previstos no mesmo dispositivo, e não terá efeitos civis, cabendo aos interessados propor ação cabível no juízo cível.

Seção III
Do Procedimento Sumariíssimo

Art. 77. Na ação penal de iniciativa pública, quando não houver aplicação de pena, pela ausência do autor do fato, ou pela não ocorrência da hipótese prevista no art. 76 desta Lei, o Ministério Público oferecerá ao juiz, de imediato, denúncia oral, se não houver necessidade de diligências imprescindíveis.

§ 1.º Para o oferecimento da denúncia, que será elaborada com base no termo de ocorrência referido no art. 69 desta Lei, com dispensa do inquérito policial, prescindir-se-á do exame do corpo de delito quando a materialidade do crime estiver aferida por boletim médico ou prova equivalente.

§ 2.º Se a complexidade ou circunstâncias do caso não permitirem a formulação da denúncia, o Ministério Público poderá requerer ao juiz o encaminhamento das peças existentes, na forma do parágrafo único do art. 66 desta Lei.

§ 3.º Na ação penal de iniciativa do ofendido poderá ser oferecida queixa oral, cabendo ao juiz verificar se a complexidade e as circunstâncias do caso determinam a adoção das providências previstas no parágrafo único do art. 66 desta Lei.

Art. 78. Oferecida a denúncia ou queixa, será reduzida a termo, entregando-se cópia ao acusado, que com ela ficará citado e imediatamente cientificado da designação de dia e hora para a audiência de instrução e julgamento, da qual também tomarão ciência o Ministério Público, o ofendido, o responsável civil e seus advogados.

§ 1.º Se o acusado não estiver presente, será citado na forma dos arts. 66 e 68 desta Lei e cientificado da data da audiência de instrução e julgamento, devendo a ela trazer suas testemunhas ou apresentar requerimento para intimação, no mínimo 5 (cinco) dias antes de sua realização.

§ 2.º Não estando presentes o ofendido e o responsável civil, serão intimados nos termos do art. 67 desta Lei para comparecerem à audiência de instrução e julgamento.

§ 3.º As testemunhas arroladas serão intimadas na forma prevista no art. 67 desta Lei.

Art. 79. No dia e hora designados para a audiência de instrução e julgamento, se na fase preliminar não tiver havido possibilidade de tentativa de conciliação e de oferecimento de proposta pelo Ministério Público, proceder-se-á nos termos dos arts. 72, 73, 74 e 75 desta Lei.

Art. 80. Nenhum ato será adiado, determinando o juiz, quando imprescindível, a condução coercitiva de quem deva comparecer.

Art. 81. Aberta a audiência, será dada a palavra ao defensor para responder à acusação, após o que o juiz receberá, ou não, a denúncia ou queixa; havendo recebimento, serão ouvidas a vítima e as testemunhas de acusação e defesa, interrogando-se a seguir o acusado, se presente, passando-se imediatamente aos debates orais e à prolação da sentença.

§ 1.º Todas as provas serão produzidas na audiência de instrução e julgamento, podendo o juiz limitar ou excluir as que considerar excessivas, impertinentes ou protelatórias.

§ 1.º-A. Durante a audiência, todas as partes e demais sujeitos processuais presentes no ato deverão respeitar a dignidade da vítima, sob pena de responsabilização civil, penal e administrativa, cabendo ao juiz garantir o cumprimento do disposto neste artigo, vedadas:

•• § 1.º-A, *caput*, acrescentado pela Lei n. 14.245, de 22-11-2021.

I – a manifestação sobre circunstâncias ou elementos alheios aos fatos objeto de apuração nos autos;

• Inciso I acrescentado pela Lei n. 14.245, de 22-11-2021.

II – a utilização de linguagem, de informações ou de material que ofendam a dignidade da vítima ou de testemunhas.

•• Inciso II acrescentado pela Lei n. 14.245, de 22-11-2021.

§ 2.º De todo o ocorrido na audiência será lavrado termo, assinado pelo juiz e pelas partes, contendo breve resumo dos fatos relevantes ocorridos em audiência e a sentença.

§ 3.º A sentença, dispensado o relatório, mencionará os elementos de convicção do juiz.

Art. 82. Da decisão de rejeição da denúncia ou queixa e da sentença caberá apelação, que poderá ser julgada por turma composta de 3 (três) juízes em exercício no primeiro grau de jurisdição, reunidos na sede do Juizado.

§ 1.º A apelação será interposta no prazo de 10 (dez) dias, contados da ciência da sentença pelo Ministério Público, pelo réu e seu defensor, por petição escrita, da qual constarão as razões e o pedido do recorrente.

§ 2.º O recorrido será intimado para oferecer resposta escrita no prazo de 10 (dez) dias.

§ 3.º As partes poderão requerer a transcrição da gravação da fita magnética a que alude o § 3.º do art. 65 desta Lei.

§ 4.º As partes serão intimadas da data da sessão de julgamento pela imprensa.

§ 5.º Se a sentença for confirmada pelos próprios fundamentos, a súmula do julgamento servirá de acórdão.

Art. 83. Cabem embargos de declaração quando, em sentença ou acórdão, houver obscuridade, contradição ou omissão.

•• *Caput* com redação determinada pela Lei n. 13.105, de 16-3-2015.

§ 1.º Os embargos de declaração serão opostos por escrito ou oralmente, no prazo de 5 (cinco) dias, contados da ciência da decisão.

§ 2.º Os embargos de declaração interrompem o prazo para a interposição de recurso.

•• § 2.º com redação determinada pela Lei n. 13.105, de 16-3-2015.

§ 3.º Os erros materiais podem ser corrigidos de ofício.

Seção IV
Da Execução

Art. 84. Aplicada exclusivamente pena de multa, seu cumprimento far-se-á mediante pagamento na Secretaria do Juizado.

Parágrafo único. Efetuado o pagamento, o juiz declarará extinta a punibilidade, determinando que a condenação não fique constando dos registros criminais, exceto para fins de requisição judicial.

Art. 85. Não efetuado o pagamento de multa, será feita a conversão em pena privativa de liberdade, ou restritiva de direitos, nos termos previstos em lei.

•• Dispõe o *caput* do art. 51 do CP (Decreto-lei n. 2.848, de 7-12-1940): "Transitada em julgado a sentença condenatória, a multa será considerada dívida de valor, aplicando-se-lhe as normas da legislação relativa à dívida ativa da Fazenda Pública, inclusive no que concerne às causas interruptivas e suspensivas da prescrição".

Art. 86. A execução das penas privativas de liberdade e restritivas de direitos, ou de multa cumulada com estas, será processada perante o órgão competente, nos termos da lei.

Seção V
Das Despesas Processuais

Art. 87. Nos casos de homologação do acordo civil e aplicação de pena restritiva de direitos ou multa (arts. 74 e 76, § 4.º), as despesas processuais serão reduzidas, conforme dispuser lei estadual.

Seção VI
Disposições Finais

Art. 88. Além das hipóteses do Código Penal e da legislação especial, dependerá de representação a ação penal relativa aos crimes de lesões corporais leves e lesões culposas.

Art. 89. Nos crimes em que a pena mínima cominada for igual ou inferior a 1 (um) ano, abrangidas ou não por esta Lei, o Ministério Público, ao oferecer a denúncia, poderá propor a suspensão do processo, por 2 (dois) a 4 (quatro) anos, desde que o acusado não esteja sendo processado ou não tenha sido condenado por outro crime, presentes os demais requisitos que autorizariam a suspensão condicional da pena (art. 77 do Código Penal).

•• *Vide* Súmulas 243, 337, 536 e 667 do STJ.
• *Vide* Súmulas 696 e 723 do STF.

§ 1.º Aceita a proposta pelo acusado e seu defensor, na presença do juiz, este, recebendo a denúncia, poderá suspender o processo, submetendo o acusado a período de prova, sob as seguintes condições:

I – reparação do dano, salvo impossibilidade de fazê-lo;

II – proibição de frequentar determinados lugares;

III – proibição de ausentar-se da comarca onde reside, sem autorização do juiz;

IV – comparecimento pessoal e obrigatório a juízo, mensalmente, para informar e justificar suas atividades.

§ 2.º O juiz poderá especificar outras condições a que fica subordinada a suspensão, desde que adequadas ao fato e à situação pessoal do acusado.

§ 3.º A suspensão será revogada se, no curso do prazo, o beneficiário vier a ser processado por outro crime ou não efetuar, sem motivo justificado, a reparação do dano.

§ 4.º A suspensão poderá ser revogada se o acusado vier a ser processado, no curso do prazo, por contravenção, ou descumprir qualquer outra condição imposta.

§ 5.º Expirado o prazo sem revogação, o juiz declarará extinta a punibilidade.

§ 6.º Não correrá a prescrição durante o prazo de suspensão do processo.

§ 7.º Se o acusado não aceitar a proposta prevista neste artigo, o processo prosseguirá em seus ulteriores termos.

Art. 90. As disposições desta Lei não se aplicam aos processos penais cuja instrução já estiver iniciada.

•• O STF na ADI n. 1.719-9, de 18-6-2007 (*DJ* de 3-8-2007), exclui da abrangência deste artigo as normas de direito penal mais favoráveis ao réu, contidas nesta Lei.

Art. 90-A. As disposições desta Lei não se aplicam no âmbito da Justiça Militar.

•• Artigo acrescentado pela Lei n. 9.839, de 27-9-1999.

Art. 91. Nos casos em que esta Lei passa a exigir representação para a propositura da ação penal pública, o ofendido ou seu representante legal será intimado para oferecê-la no prazo de 30 (trinta) dias, sob pena de decadência.

Art. 92. Aplicam-se subsidiariamente as disposições dos Códigos Penal e de Processo Penal, no que não forem incompatíveis com esta Lei.

Capítulo IV
DISPOSIÇÕES FINAIS COMUNS

Art. 93. Lei Estadual disporá sobre o Sistema de Juizados Especiais Cíveis e Criminais, sua organização, composição e competência.

Lei n. 9.249, de 26-12-1995 – Imposto de Renda

Art. 94. Os serviços de cartório poderão ser prestados, e as audiências realizadas fora da sede da Comarca, em bairros ou cidades a ela pertencentes, ocupando instalações de prédios públicos, de acordo com audiências previamente anunciadas.

Art. 95. Os Estados, Distrito Federal e Territórios criarão e instalarão os Juizados Especiais no prazo de 6 (seis) meses, a contar da vigência desta Lei.

Parágrafo único. No prazo de 6 (seis) meses, contado da publicação desta Lei, serão criados e instalados os Juizados Especiais Itinerantes, que deverão dirimir, prioritariamente, os conflitos existentes nas áreas rurais ou nos locais de menor concentração populacional.

•• Parágrafo único com redação determinada pela Lei n. 12.726, de 16-10-2012.

•• A Resolução n. 460, de 6-5-2022, do CNJ, dispõe sobre a instalação, implementação e aperfeiçoamento da Justiça Itinerante, no âmbito dos TRTs, TRFs e Tribunais de Justiça.

Art. 96. Esta Lei entra em vigor no prazo de 60 (sessenta) dias após a sua publicação.

Art. 97. Ficam revogadas a Lei n. 4.611, de 2 de abril de 1965, e a Lei n. 7.244, de 7 de novembro de 1984.

Brasília, 26 de setembro de 1995; 174.º da Independência e 107.º da República.

Fernando Henrique Cardoso

LEI N. 9.249, DE 26 DE DEZEMBRO DE 1995 (*)

Altera a legislação do Imposto sobre a Renda das pessoas jurídicas, bem como da contribuição social sobre o lucro líquido, e dá outras providências.

O Presidente da República.

Faço saber que o Congresso Nacional decreta e eu sanciono a seguinte Lei:

Art. 1.º As bases de cálculo e o valor dos tributos e contribuições federais serão expressos em Reais.

Art. 2.º O Imposto sobre a Renda das pessoas jurídicas e a contribuição social sobre o lucro líquido serão determinados segundo as normas da legislação vigente, com as alterações desta Lei.

Art. 3.º A alíquota do Imposto sobre a Renda das pessoas jurídicas é de 15% (quinze por cento).

§ 1.º A parcela do lucro real, presumido ou arbitrado, que exceder o valor resultante da multiplicação de R$ 20.000,00 (vinte mil reais) pelo número de meses do respectivo período de apuração, sujeita-se à incidência de adicional de imposto de renda à alíquota de 10% (dez por cento).

•• § 1.º com redação determinada pela Lei n. 9.430, de 27-12-1996.

(*) Publicada no *Diário Oficial da União*, de 27-12-1995. *Vide* Lei n. 9.430, de 27-12-1996.

§ 2.º O disposto no parágrafo anterior aplica-se, inclusive, nos casos de incorporação, fusão ou cisão e de extinção de pessoa jurídica pelo encerramento da liquidação.

•• § 2.º com redação determinada pela Lei n. 9.430, de 27-12-1996.

§ 3.º O disposto neste artigo aplica-se, inclusive, à pessoa jurídica que explore atividade rural de que trata a Lei n. 8.023, de 12 de abril de 1990.

§ 4.º O valor do adicional será recolhido integralmente, não sendo permitidas quaisquer deduções.

• *Vide* arts. 5.º e 6.º da Lei n. 9.532, de 10-12-1997.

Art. 4.º Fica revogada a correção monetária das demonstrações financeiras de que tratam a Lei n. 7.799, de 10 de julho de 1989, e o art. 1.º da Lei n. 8.200, de 28 de junho de 1991.

Parágrafo único. Fica vedada a utilização de qualquer sistema de correção monetária de demonstrações financeiras, inclusive para fins societários.

....

Art. 6.º Os valores controlados na parte "B" do Livro de Apuração do Lucro Real existentes em 31 de dezembro de 1995, somente serão corrigidos monetariamente até essa data, observada a legislação então vigente, ainda que venham a ser adicionados, excluídos ou compensados em períodos-base posteriores.

Parágrafo único. A correção dos valores referidos neste artigo será efetuada tomando-se por base o valor da UFIR vigente em 1.º de janeiro de 1996.

Art. 7.º O saldo do lucro inflacionário acumulado, remanescente em 31 de dezembro de 1995, corrigido monetariamente até essa data, será realizado de acordo com as regras da legislação então vigente.

§ 1.º Para fins do cálculo do lucro inflacionário realizado nos períodos-base posteriores, os valores dos ativos que estavam sujeitos a correção monetária, existentes em 31 de dezembro de 1995, deverão ser registrados destacadamente na contabilidade da pessoa jurídica.

§ 2.º O disposto no parágrafo único do art. 6.º aplica-se à correção dos valores de que trata este artigo.

§ 3.º À opção da pessoa jurídica, o lucro inflacionário acumulado existente em 31 de dezembro de 1995, corrigido monetariamente até essa data, com base no parágrafo único do art. 6.º, poderá ser considerado realizado integralmente e tributado à alíquota de 10% (dez por cento).

§ 4.º A opção de que trata o parágrafo anterior, que deverá ser feita até 31 de dezembro de 1996, será irretratável e manifestada através do pagamento do imposto em cota única, podendo alcançar também o saldo do lucro inflacionário a realizar relativo a opção prevista no art. 31 da Lei n. 8.541, de 23 de dezembro de 1992.

§ 5.º O imposto de que trata o § 3.º será considerado como de tributação exclusiva.

Art. 8.º Permanecem em vigor as normas aplicáveis às contrapartidas de variações monetárias dos direitos de crédito e das obrigações do contribuinte em função da taxa de câmbio ou de índices ou coeficientes aplicáveis por disposição legal ou contratual.

Art. 9.º A pessoa jurídica poderá deduzir, para efeitos da apuração do lucro real, os juros pagos ou creditados individualizadamente a titular, sócios ou acionistas, a título de remuneração do capital próprio, calculados sobre as contas do patrimônio líquido e limitados à variação, *pro rata* dia, da Taxa de Juros de Longo Prazo – TJLP.

§ 1.º O efetivo pagamento ou crédito dos juros fica condicionado à existência de lucros, computados antes da dedução dos juros, ou de lucros acumulados e reservas de lucros, em montante igual ou superior ao valor de 2 (duas) vezes os juros a serem pagos ou creditados.

•• § 1.º com redação determinada pela Lei n. 9.430, de 27-12-1996.

§ 2.º Os juros ficarão sujeitos à incidência do Imposto sobre a Renda na fonte à alíquota de 15% (quinze por cento), na data do pagamento ou crédito ao beneficiário.

§ 3.º O imposto retido na fonte será considerado:

I – antecipação do devido na declaração de rendimentos, no caso de beneficiário pessoa jurídica tributada com base no lucro real;

II – tributação definitiva, no caso de beneficiário pessoa física ou pessoa jurídica não tributada com base no lucro real, inclusive isenta, ressalvado o disposto no § 4.º.

§ 4.º (*Revogado pela Lei n. 9.430, de 27-12-1996.*)

§ 5.º No caso de beneficiário sociedade civil de prestação de serviços, submetida ao regime de tributação de que trata o art. 1.º do Decreto-lei n. 2.397, de 21 de dezembro de 1987, o imposto poderá ser compensado com o retido por ocasião do pagamento dos rendimentos aos sócios beneficiários.

§ 6.º No caso de beneficiário pessoa jurídica tributada com base no lucro real, o imposto de que trata o § 2.º poderá ainda ser compensado com o retido por ocasião do pagamento ou crédito de juros, a título de remuneração de capital próprio, a seu titular, sócios ou acionistas.

§ 7.º O valor dos juros pagos ou creditados pela pessoa jurídica, a título de remuneração do capital próprio, poderá ser imputado ao valor dos dividendos de que trata o art. 202 da Lei n. 6.404, de 15 de dezembro de 1976, sem prejuízo do disposto no § 2.º.

§ 8.º Para fins de cálculo da remuneração prevista neste artigo, serão consideradas exclusivamente as seguintes contas do patrimônio líquido:

•• § 8.º, *caput*, com redação determinada pela Lei n. 12.973, de 13-5-2014.

I – capital social integralizado;
•• Inciso I com redação determinada pela Lei n. 14.789, de 29-12-2023.

II – reservas de capital de que tratam o § 2.º do art. 13 e o parágrafo único do art. 14 da Lei n. 6.404, de 15 de dezembro de 1976;
•• Inciso II com redação determinada pela Lei n. 14.789, de 29-12-2023.

III – reservas de lucros, exceto a reserva de incentivo fiscal de que trata o art. 195-A da Lei n. 6.404, de 15 de dezembro de 1976;
•• Inciso III com redação determinada pela Lei n. 14.789, de 29-12-2023.

IV – ações em tesouraria; e
•• Inciso IV acrescentado pela Lei n. 12.973, de 13-5-2014.

V – lucros ou prejuízos acumulados.
•• Inciso V com redação determinada pela Lei n. 14.789, de 29-12-2023.

§ 8.º-A. Para fins de apuração da base de cálculo dos juros sobre capital próprio:
•• § 8.º-A, *caput*, acrescentado pela Lei n. 14.789, de 29-12-2023.

I – não serão consideradas as variações positivas no patrimônio líquido decorrentes de atos societários entre partes dependentes que não envolvam efetivo ingresso de ativos à pessoa jurídica, com aumento patrimonial em caráter definitivo, independentemente do disposto nas normas contábeis; e
•• Inciso I acrescentado pela Lei n. 14.789, de 29-12-2023.

II – deverão ser consideradas, salvo os casos em que for aplicado o disposto no inciso I deste parágrafo:
•• Inciso II, *caput*, acrescentado pela Lei n. 14.789, de 29-12-2023.

a) eventuais lançamentos contábeis redutores efetuados em rubricas de patrimônio líquido que não estiverem previstas no § 8.º deste artigo, quando decorrerem dos mesmos fatos que deram origem a lançamentos contábeis positivos efetuados em rubricas previstas no referido parágrafo; e
•• Alínea *a* acrescentada pela Lei n. 14.789, de 29-12-2023.

b) valores negativos registrados em conta de ajuste de avaliação patrimonial decorrentes de atos societários entre partes dependentes.
•• Alínea *b* acrescentada pela Lei n. 14.789, de 29-12-2023.

§ 8.º-B. Para fins do disposto no § 8.º-A deste artigo, aplicar-se-á a definição de parte dependente prevista nos incisos I e II do *caput* do art. 25 da Lei n. 12.973, de 13 de maio de 2014.
•• § 8.º-B acrescentado pela Lei n. 14.789, de 29-12-2023.

§ 8.º-C. O disposto nos §§ 8.º, 8.º-A e 8.º-B deste artigo aplicar-se-á ao cômputo da base de cálculo dos juros sobre capital próprio a partir de 1.º de janeiro de 2024.
•• § 8.º-C acrescentado pela Lei n. 14.789, de 29-12-2023.

§§ 9.º e 10. (*Revogados pela Lei n. 9.430, de 27-12-1996.*)

§ 11. O disposto neste artigo aplica-se à Contribuição Social sobre o Lucro Líquido.
•• § 11 acrescentado pela Lei n. 12.973, de 13-5-2014.

§ 12. Para fins de cálculo da remuneração prevista neste artigo, a conta capital social, prevista no inciso I do § 8.º deste artigo, inclui todas as espécies de ações previstas no art. 15 da Lei n. 6.404, de 15 de dezembro de 1976, ainda que classificadas em contas de passivo na escrituração comercial.
•• § 12 acrescentado pela Lei n. 12.973, de 13-5-2014.

Art. 10. Os lucros ou dividendos calculados com base nos resultados apurados a partir do mês de janeiro de 1996, pagos ou creditados pelas pessoas jurídicas tributadas com base no lucro real, presumido ou arbitrado, não ficarão sujeitos à incidência do Imposto sobre a Renda na fonte, nem integrarão a base de cálculo de Imposto sobre a Renda do beneficiário, pessoa física ou jurídica, domiciliado no País ou no exterior.

§ 1.º No caso de quotas ou ações distribuídas em decorrência de aumento de capital por incorporação de lucros apurados, a partir do mês de janeiro de 1996, ou de reservas constituídas com esses lucros, o custo de aquisição será igual à parcela do lucro ou reserva capitalizado, que corresponder ao sócio ou acionista.
•• § 1.º renumerado pela Lei n. 12.973, de 13-5-2014.

§ 2.º A não incidência prevista no *caput* inclui os lucros ou dividendos pagos ou creditados a beneficiários de todas as espécies de ações previstas no art. 15 da Lei n. 6.404, de 15 de dezembro de 1976, ainda que a ação seja classificada em conta de passivo ou que a remuneração seja classificada como despesa financeira na escrituração comercial.
•• § 2.º acrescentado pela Lei n. 12.973, de 13-5-2014.

§ 3.º Não são dedutíveis na apuração do lucro real e da base de cálculo da CSLL os lucros ou dividendos pagos ou creditados a beneficiários de qualquer espécie de ação prevista no art. 15 da Lei n. 6.404, de 15 de dezembro de 1976, ainda que classificados como despesa financeira na escrituração comercial.
•• § 3.º acrescentado pela Lei n. 12.973, de 13-5-2014.

Art. 11. Os rendimentos produzidos por aplicação financeira de renda fixa, auferidos por qualquer beneficiário, inclusive pessoa jurídica isenta, sujeitam-se à incidência do Imposto sobre a Renda à alíquota de 15% (quinze por cento).

§ 1.º Os rendimentos de que trata este artigo serão apropriados *pro rata tempore* até 31 de dezembro de 1995 e tributados, no que se refere à parcela relativa a 1995, nos termos da legislação então vigente.

§ 2.º (*Revogado pela Lei n. 9.430, de 27-12-1996.*)

§ 3.º O disposto neste artigo não elide as regras previstas nos arts. 76 e 77 da Lei n. 8.981, de 20 de janeiro de 1995.

Art. 12. O inciso III do art. 77 da Lei n. 8.981, de 20 de janeiro de 1995, passa a vigorar com a seguinte redação:
•• Alteração já processada no texto da Lei modificada.

Art. 13. Para efeito de apuração do lucro real e da base de cálculo da contribuição social sobre o lucro líquido, são vedadas as seguintes deduções independentemente do disposto no art. 47 da Lei n. 4.506, de 30 de novembro de 1964:

I – de qualquer provisão, exceto as constituídas para o pagamento de férias de empregados e de décimo terceiro salário, de que trata o art. 43 da Lei n. 8.981, de 20 de janeiro de 1995, com as alterações da Lei n. 9.065, de 20 de junho de 1995, e as provisões técnicas das companhias de seguro e de capitalização, bem como das entidades de previdência privada, cuja constituição é exigida pela legislação especial a elas aplicável;
•• Vide art. 14 da Lei n. 9.430, de 27-12-1996.

II – das contraprestações de arrendamento mercantil e do aluguel de bens móveis ou imóveis, exceto quando relacionados intrinsecamente com a produção ou comercialização dos bens e serviços;

III – de despesas de depreciação, amortização, manutenção, reparo, conservação, impostos, taxas, seguros e quaisquer outros gastos com bens móveis ou imóveis, exceto se intrinsecamente relacionados com a produção ou comercialização dos bens e serviços;

IV – das despesas com alimentação de sócios, acionistas e administradores;

V – das contribuições não compulsórias, exceto as destinadas a custear seguros e planos de saúde, e benefícios complementares assemelhados aos da previdência social, instituídos em favor dos empregados e dirigentes da pessoa jurídica;
• Vide art. 11, § 2.º, da Lei n. 9.532, de 10-12-1997.

VI – das doações, exceto as referidas no § 2.º;

VII – das despesas com brindes;

VIII – de despesas de depreciação, amortização e exaustão geradas por bem objeto de arrendamento mercantil pela arrendatária, na hipótese em que esta reconheça contabilmente o encargo.
•• Inciso VIII acrescentado pela Lei n. 12.973, de 13-5-2014.

§ 1.º Admitir-se-ão como dedutíveis as despesas com alimentação fornecida pela pessoa jurídica, indistintamente, a todos os seus empregados.

§ 2.º Poderão ser deduzidas as seguintes doações:

I – as de que trata a Lei n. 8.313, de 23 de dezembro de 1991;

II – as efetuadas às instituições de ensino e pesquisa cuja criação tenha sido autorizada por lei federal e que preencham os requisitos dos incisos I e II do art. 213 da Constituição Federal, até o limite de 1,5% (um e meio por cento) do lucro operacional, antes de computada a sua dedução e a de que trata o inciso seguinte;

III – as doações, até o limite de 2% (dois por cento) do lucro operacional da pessoa jurídica, antes de computada a sua dedução, efetuadas a entidades civis, legalmente constituídas no Brasil, sem fins lucrativos, que prestem serviços gratuitos em benefício de empregados da pessoa jurídica doadora, e respectivos dependentes, ou em benefício da comunidade onde atuem, observadas as seguintes regras:

a) as doações, quando em dinheiro, serão feitas mediante crédito em conta corrente bancária diretamente em nome da entidade beneficiária;

b) a pessoa jurídica doadora manterá em arquivo, à disposição da fiscalização, declaração, segundo modelo aprovado pela Secretaria da Receita Federal, fornecida pela entidade beneficiária, em que esta se compromete a aplicar integralmente os recursos recebidos na realização de seus objetivos sociais, com identificação da pessoa física responsável pelo seu cumprimento, e a não distribuir lucros, bonificações ou vantagens a dirigentes, mantenedores ou associados, sob nenhuma forma ou pretexto;

•• A Secretaria da Receita Federal passa a denominar-se Secretaria da Receita Federal do Brasil, por força da Lei n. 11.457, de 16-3-2007.

c) a entidade beneficiária deverá ser organização da sociedade civil, conforme a Lei n. 13.019, de 31 de julho de 2014, desde que cumpridos os requisitos previstos nos arts. 3.º e 16 da Lei n. 9.790, de 23 de março de 1999, independentemente de certificação.

•• Alínea *c* com redação determinada pela Lei n. 13.204, de 14-12-2015.

•• A Lei n. 13.169, de 6-10-2015, propôs o acréscimo do art. 13-A a esta Lei, todavia a alteração sofreu veto presidencial.

§ 3.º Para fins de interpretação, na forma do inciso I do *caput* do art. 106 da Lei n. 5.172, de 25 de outubro de 1966 (Código Tributário Nacional), e de apuração do lucro tributável da pessoa jurídica que atua na multiplicação de sementes, os limites de dedutibilidade previstos no art. 74 da Lei n. 3.470, de 28 de novembro de 1958, e no art. 12 da Lei n. 4.131, de 3 de setembro de 1962, não se aplicam aos casos de pagamentos ou de repasses efetuados a pessoa jurídica não ligada, nos termos do § 3.º do art. 60 do Decreto-Lei n. 1.598, de 26 de dezembro de 1977, domiciliada no País, pela exploração ou pelo uso de tecnologia de transgenia ou de licença de cultivares por terceiros, dispensada a exigência de registro dos contratos referentes a essas operações nos órgãos de fiscalização ou nas agências reguladoras para esse fim específico.

•• § 3.º acrescentado pela Lei n. 14.689, de 20-9-2023.

Art. 14. Para efeito de apuração do lucro real, fica vedada a exclusão, do lucro líquido do exercício, do valor do lucro da exploração de atividades monopolizadas de que tratam o § 2.º do art. 2.º da Lei n. 6.264, de 18 de novembro de 1975, e o § 2.º do art. 19 do Decreto-lei n. 1.598, de 26 de dezembro de 1977, com a redação dada pelo Decreto-lei n. 1.730, de 17 de dezembro de 1979.

Art. 15. A base de cálculo do imposto, em cada mês, será determinada mediante a aplicação do percentual de 8% (oito por cento) sobre a receita bruta auferida mensalmente, observado o disposto no art. 12 do Decreto-lei n. 1.598, de 26 de dezembro de 1977, deduzida das devoluções, vendas canceladas e dos descontos incondicionais concedidos, sem prejuízo do disposto nos arts. 30, 32, 34 e 35 da Lei n. 8.981, de 20 de janeiro de 1995.

•• *Caput* com redação determinada pela Lei n. 12.973, de 13-5-2014.

§ 1.º Nas seguintes atividades, o percentual de que trata este artigo será de:

I – 1,6% (um inteiro e seis décimos por cento), para a atividade de revenda, para consumo de combustível derivado de petróleo, álcool etílico carburante e gás natural;

II – 16% (dezesseis por cento):

a) para a atividade de prestação de serviços de transporte, exceto o de carga, para o qual se aplicará o percentual previsto no *caput* deste artigo;

b) para as pessoas jurídicas a que se refere o inciso III do art. 36 da Lei n. 8.981, de 20 de janeiro de 1995, observado o disposto nos §§ 1.º e 2.º do art. 29 da referida lei;

III – 32% (trinta e dois por cento), para as atividades de:

a) prestação de serviços em geral, exceto a de serviços hospitalares e de auxílio diagnóstico e terapia, patologia clínica, imagenologia, anatomia patológica e citopatologia, medicina nuclear e análises e patologias clínicas, desde que a prestadora destes serviços seja organizada sob a forma de sociedade empresária e atenda às normas da Agência Nacional de Vigilância Sanitária – Anvisa;

•• Alínea *a* com redação determinada pela Lei n. 11.727, de 23-6-2008.

•• *Vide* art. 41, VI, da Lei n. 11.727, de 23-6-2008.

b) intermediação de negócios;

c) administração, locação ou cessão de bens imóveis, móveis e direitos de qualquer natureza;

d) prestação cumulativa e contínua de serviços de assessoria creditícia, mercadológica, gestão de crédito, seleção de riscos, administração de contas a pagar e a receber, compra de direitos creditórios resultantes de vendas mercantis a prazo ou de prestação de serviços (*factoring*);

e) prestação de serviços de construção, recuperação, reforma, ampliação ou melhoramento de infraestrutura vinculados a contrato de concessão de serviço público;

•• Alínea *e* acrescentada pela Lei n. 12.973, de 13-5-2014.

IV – 38,4% (trinta e oito inteiros e quatro décimos por cento), para as atividades de operação de empréstimo, de financiamento e de desconto de títulos de crédito realizadas por Empresa Simples de Crédito (ESC).

•• Inciso IV acrescentado pela Lei Complementar n. 167, de 24-4-2019.

§ 2.º No caso de atividades diversificadas será aplicado o percentual correspondente a cada atividade.

§ 3.º As receitas provenientes de atividade incentivada não comporão a base de cálculo do imposto, na proporção do benefício a que a pessoa jurídica, submetida ao regime de tributação com base no lucro real, fizer jus.

§ 4.º O percentual de que trata este artigo também será aplicado sobre a receita financeira da pessoa jurídica que explore atividades imobiliárias relativas a loteamento de terrenos, incorporação imobiliária, construção de prédios destinados à venda, bem como a venda de imóveis construídos ou adquiridos para a revenda, quando decorrente da comercialização de imóveis e for apurada por meio de índices ou coeficientes previstos em contrato.

•• § 4.º acrescentado pela Lei n. 11.196, de 21-11-2005.

•• *Vide* art. 132, IV, *b*, da Lei n. 11.196, de 21-11-2005.

Art. 16. O lucro arbitrado das pessoas jurídicas será determinado mediante aplicação, sobre a receita bruta, quando conhecida, dos percentuais fixados no art. 15, acrescidos de 20% (vinte por cento).

Parágrafo único. No caso das instituições a que se refere o inciso III do art. 36 da Lei n. 8.981, de 20 de janeiro de 1995, o percentual para determinação do lucro arbitrado será de 45% (quarenta e cinco por cento).

Art. 17. Para os fins de apuração do ganho de capital, as pessoas físicas e as pessoas jurídicas não tributadas com base no lucro real observarão os seguintes procedimentos:

• *Vide* arts. 17, § 1.º, e 24 da Lei n. 9.532, de 10-12-1997.

I – tratando-se de bens e direitos cuja aquisição tenha ocorrido até o final de 1995, o custo de aquisição poderá ser corrigido monetariamente até 31 de dezembro desse ano, tomando-se por base o valor da UFIR vigente em 1.º de janeiro de 1996, não se lhe aplicando qualquer correção monetária a partir dessa data;

II – tratando-se de bens e direitos adquiridos após 31 de dezembro de 1995, ao custo de aquisição dos bens e direitos não será atribuída qualquer correção monetária.

Art. 18. O ganho de capital auferido por residente ou domiciliado no exterior será apurado e tributado de acordo com as regras aplicáveis aos residentes no País.

Art. 19. A partir de 1.º de janeiro de 1996, a alíquota da contribuição social sobre o lucro líquido, de que trata a Lei n. 7.689, de 15 de dezembro de 1988, passa a ser de 8% (oito por cento).

Parágrafo único. O disposto neste artigo não se aplica às instituições a que se refere o § 1.º do art. 22 da Lei n. 8.212, de 24 de julho de 1991, para as quais a alíquota da contribuição social será de 18% (dezoito por cento).

Base de cálculo da CSLL – Estimativa e Presumido

Art. 20. A base de cálculo da Contribuição Social sobre o Lucro Líquido (CSLL) devida pelas pessoas jurídicas que efetuarem o pagamento mensal ou trimestral a que se referem os arts. 2.º, 25 e 27 da Lei n. 9.430, de 27 de dezembro de 1996, corresponderá aos seguintes percentuais aplicados sobre a receita bruta definida pelo art. 12 do Decreto-Lei n. 1.598, de 26 de dezembro de 1977, auferida no período, deduzida das devoluções, das vendas canceladas e dos descontos incondicionais concedidos:

•• *Caput* com redação determinada pela Lei Complementar n. 167, de 24-4-2019.

I – 32% (trinta e dois por cento) para a receita bruta decorrente das atividades previstas no inciso III do § 1.º do art. 15 desta Lei;

•• Inciso I acrescentado pela Lei Complementar n. 167, de 24-4-2019.

II – 38,4% (trinta e oito inteiros e quatro décimos por cento) para a receita bruta decorrente das atividades previstas no inciso IV do § 1.º do art. 15 desta Lei; e

•• Inciso II acrescentado pela Lei Complementar n. 167, de 24-4-2019.

III – 12% (doze por cento) para as demais receitas brutas.

•• Inciso III acrescentado pela Lei Complementar n. 167, de 24-4-2019.

§ 1.º A pessoa jurídica submetida ao lucro presumido poderá, excepcionalmente, em relação ao 4.º (quarto) trimestre-calendário de 2003, optar pelo lucro real, sendo definitiva a tributação pelo lucro presumido relativa aos 3 (três) primeiros trimestres.

•• § 1.º acrescentado pela Lei n. 11.196, de 21-11-2005.
•• *Vide* art. 132, IV, *b*, da Lei n. 11.196, de 21-11-2005.

§ 2.º O percentual de que trata o *caput* deste artigo também será aplicado sobre a receita financeira de que trata o § 4.º do art. 15 desta Lei.

•• § 2.º acrescentado pela Lei n. 11.196, de 21-11-2005.
•• *Vide* art. 132, IV, *b*, da Lei n. 11.196, de 21-11-2005.

Incorporação, Fusão e Cisão

Art. 21. A pessoa jurídica que tiver parte ou todo o seu patrimônio absorvido em virtude de incorporação, fusão ou cisão deverá levantar balanço específico para esse fim, observada a legislação comercial.

•• *Caput* com redação determinada pela Lei n. 12.973, de 13-5-2014.

§ 1.º O balanço a que se refere este artigo deverá ser levantado até 30 (trinta) dias antes do evento.

§§ 2.º e 3.º (*Revogados pela Lei n. 12.973, de 13-5-2014.*)

§ 4.º A pessoa jurídica incorporada, fusionada ou cindida deverá apresentar declaração de rendimentos correspondente ao período transcorrido durante o ano-calendário em seu próprio nome, até o último dia útil do mês subsequente ao do evento.

Art. 22. Os bens e direitos do ativo da pessoa jurídica, que forem entregues ao titular ou a sócio ou acionista a título de devolução de sua participação no capital social, poderão ser avaliados pelo valor contábil ou de mercado.

§ 1.º No caso de a devolução realizar-se pelo valor de mercado, a diferença entre este e o valor contábil dos bens ou direitos entregues será considerada ganho de capital, que será computado nos resultados da pessoa jurídica tributada com base no lucro real ou na base de cálculo do Imposto sobre a Renda e da contribuição social sobre o lucro líquido devidos pela pessoa jurídica tributada com base no lucro presumido ou arbitrado.

§ 2.º Para o titular, sócio ou acionista, pessoa jurídica, os bens ou direitos recebidos em devolução de sua participação no capital serão registrados pelo valor contábil da participação ou pelo valor de mercado, conforme avaliado pela pessoa jurídica que esteja devolvendo capital.

§ 3.º Para o titular, sócio ou acionista, pessoa física, os bens ou direitos recebidos em devolução de sua participação no capital serão informados, na declaração de bens correspondente à declaração de rendimentos do respectivo ano-base, pelo valor contábil ou de mercado, conforme avaliado pela pessoa jurídica.

§ 4.º A diferença entre o valor de mercado e o valor constante da declaração de bens, no caso de pessoa física, ou o valor contábil, no caso de pessoa jurídica, não será computada, pelo titular, sócio ou acionista, na base de cálculo do Imposto sobre a Renda ou da contribuição social sobre o lucro líquido.

Art. 23. As pessoas físicas poderão transferir a pessoas jurídicas, a título de integralização de capital, bens e direitos pelo valor constante da respectiva declaração de bens ou pelo valor de mercado.

§ 1.º Se a entrega for feita pelo valor constante da declaração de bens, as pessoas físicas deverão lançar nesta declaração as ações ou quotas subscritas pelo mesmo valor dos bens ou direitos transferidos, não se aplicando o disposto no art. 60 do Decreto-lei n. 1.598, de 26 de dezembro de 1977, e no art. 20, II, do Decreto-lei n. 2.065, de 26 de outubro de 1983.

§ 2.º Se a transferência não se fizer pelo valor constante da declaração de bens, a diferença a maior será tributável como ganho de capital.

Art. 24. Verificada a omissão de receita, a autoridade tributária determinará o valor do imposto e do adicional a serem lançados de acordo com o regime de tributação a que estiver submetida a pessoa jurídica no período-base a que corresponder a omissão.

§ 1.º No caso de pessoa jurídica com atividades diversificadas tributadas com base no lucro presumido ou arbitrado, não sendo possível a identificação da atividade a que se refere a receita omitida, esta será adicionada àquela a que corresponder o percentual mais elevado.

§ 2.º O valor da receita omitida será considerado na determinação da base de cálculo para o lançamento da Contribuição Social sobre o Lucro Líquido – CSLL, da Contribuição para o Financiamento da Seguridade Social – COFINS, da Contribuição para o PIS/Pasep e das contribuições previdenciárias incidentes sobre a receita.

•• § 2.º com redação determinada pela Lei n. 11.941, de 27-5-2009.

§ 3.º (*Revogado pela Lei n. 9.430, de 27-12-1996.*)

§ 4.º Para a determinação do valor da Contribuição para o Financiamento da Seguridade Social – COFINS e da Contribuição para o PIS/Pasep, na hipótese de a pessoa jurídica auferir receitas sujeitas a alíquotas diversas, não sendo possível identificar a alíquota aplicável à receita omitida, aplicar-se-á a esta a alíquota mais elevada entre aquelas previstas para as receitas auferidas pela pessoa jurídica.

•• § 4.º acrescentado pela Lei n. 11.941, de 27-5-2009.

§ 5.º Na hipótese de a pessoa jurídica sujeitar-se ao recolhimento da COFINS e da Contribuição para o PIS/Pasep, calculadas por unidade de medida de produto, não sendo possível identificar qual o produto vendido ou a quantidade que se refere à receita omitida, a contribuição será determinada com base na alíquota *ad valorem* mais elevada entre aquelas previstas para as receitas auferidas pela pessoa jurídica.

•• § 5.º acrescentado pela Lei n. 11.941, de 27-5-2009.

§ 6.º Na determinação da alíquota mais elevada, considerar-se-ão:

•• § 6.º, *caput*, acrescentado pela Lei n. 11.941, de 27-5-2009.

I – para efeito do disposto nos §§ 4.º e 5.º deste artigo, as alíquotas aplicáveis às receitas auferidas pela pessoa jurídica no ano-calendário em que ocorreu a omissão;

•• Inciso I acrescentado pela Lei n. 11.941, de 27-5-2009.

II – para efeito do disposto no § 5.º deste artigo, as alíquotas *ad valorem* correspondentes àquelas fixadas por unidade de medida do produto, bem como as alíquotas

aplicáveis às demais receitas auferidas pela pessoa jurídica.
•• Inciso II acrescentado pela Lei n. 11.941, de 27-5-2009.

Art. 25. Os lucros, rendimentos e ganhos de capital auferidos no exterior serão computados na determinação do lucro real das pessoas jurídicas correspondente ao balanço levantado em 31 de dezembro de cada ano.

§ 1.º Os rendimentos e ganhos de capital auferidos no exterior serão computados na apuração do lucro líquido das pessoas jurídicas com observância do seguinte:

I – os rendimentos e ganhos de capital serão convertidos em Reais de acordo com a taxa de câmbio, para venda, na data em que forem contabilizados no Brasil;

II – caso a moeda em que for auferido o rendimento ou ganho de capital não tiver cotação no Brasil, será ela convertida em dólares norte-americanos e, em seguida, em Reais.

§ 2.º Os lucros auferidos por filiais, sucursais ou controladas, no exterior, de pessoas jurídicas domiciliadas no Brasil serão computados na apuração do lucro real com observância do seguinte:

I – as filiais, sucursais e controladas deverão demonstrar a apuração dos lucros que auferirem em cada um de seus exercícios fiscais, segundo as normas da legislação brasileira;

II – os lucros a que se refere o inciso I serão adicionados ao lucro líquido da matriz ou controladora, na proporção de sua participação acionária, para apuração do lucro real;

III – se a pessoa jurídica se extinguir no curso do exercício, deverá adicionar ao seu lucro líquido os lucros auferidos por filiais, sucursais ou controladas, até a data do balanço de encerramento;

IV – as demonstrações financeiras das filiais, sucursais e controladas que embasarem as demonstrações em Reais deverão ser mantidas no Brasil pelo prazo previsto no art. 173 da Lei n. 5.172, de 25 de outubro de 1966.

§ 3.º Os lucros auferidos no exterior por coligadas de pessoas jurídicas domiciliadas no Brasil serão computados na apuração do lucro real com observância do seguinte:

I – os lucros realizados pela coligada serão adicionados ao lucro líquido, na proporção da participação da pessoa jurídica no capital da coligada;

II – os lucros a serem computados na apuração do lucro real são apurados no balanço ou balanços levantados pela coligada no curso do período-base da pessoa jurídica;

III – se a pessoa jurídica se extinguir no curso do exercício, deverá adicionar ao seu lucro líquido, para apuração do lucro real, sua participação nos lucros da coligada apurados por esta em balanços levantados até a data do balanço de encerramento da pessoa jurídica;

IV – a pessoa jurídica deverá conservar em seu poder cópia das demonstrações financeiras da coligada.

§ 4.º Os lucros a que se referem os §§ 2.º e 3.º serão convertidos em Reais pela taxa de câmbio, para venda, do dia das demonstrações financeiras em que tenham sido apurados os lucros da filial, sucursal, controlada ou coligada.

§ 5.º Os prejuízos e perdas decorrentes das operações referidas neste artigo não serão compensados com lucros auferidos no Brasil.

§ 6.º Os resultados da avaliação dos investimentos no exterior, pelo método da equivalência patrimonial, continuarão a ter o tratamento previsto na legislação vigente, sem prejuízo do disposto nos §§ 1.º, 2.º e 3.º.

§ 7.º Os lucros serão apurados segundo as normas da legislação comercial do país de domicílio.
•• § 7.º acrescentado pela Lei n. 12.973, de 13-5-2014.

Art. 26. A pessoa jurídica poderá compensar o Imposto sobre a Renda incidente, no exterior, sobre os lucros, rendimentos e ganhos de capital computados no lucro real, até o limite do Imposto sobre a Renda incidente, no Brasil, sobre os referidos lucros, rendimentos ou ganhos de capital.

§ 1.º Para efeito de determinação do limite do *caput*, o imposto incidente, no Brasil, correspondente aos lucros, rendimentos ou ganhos de capital auferidos no exterior, será proporcional ao total do imposto e adicional devidos pela pessoa jurídica no Brasil.

§ 2.º Para fins de compensação, o documento relativo ao Imposto sobre a Renda incidente no exterior deverá ser reconhecido pelo respectivo órgão arrecadador e pelo Consulado da Embaixada Brasileira no país em que for devido o imposto.

§ 3.º O Imposto sobre a Renda a ser compensado será convertido em quantidade de Reais de acordo com a taxa de câmbio, para venda, na data em que o imposto foi pago; caso a moeda em que o imposto foi pago não tiver cotação no Brasil, será ela convertida em dólares norte-americanos e, em seguida, em Reais.

Art. 27. As pessoas jurídicas que tiverem lucros, rendimentos ou ganhos de capital oriundos do exterior estão obrigadas ao regime de tributação com base no lucro real.

Art. 28. A alíquota do Imposto sobre a Renda de que tratam o art. 77 da Lei n. 3.470, de 28 de novembro de 1958, e o art. 100 do Decreto-lei n. 5.844, de 23 de setembro de 1943, com as modificações posteriormente introduzidas, passa, a partir de 1.º de janeiro de 1996, a ser de 15% (quinze por cento).

Art. 29. Os limites a que se referem os arts. 36, I, e 44, da Lei n. 8.981, de 20 de janeiro de 1995, com a redação dada pela Lei n. 9.065, de 20 de junho de 1995, passam a ser de R$ 12.000.000,00 (doze milhões de reais).

Art. 30. Os valores constantes da legislação tributária, expressos em quantidade de UFIR, serão convertidos em Reais pelo valor da UFIR vigente em 1.º de janeiro de 1996.

Art. 31. (*Revogado pela Lei n. 12.973, de 13-5-2014.*)

Arts. 32 e 33. (*Vetados.*)

Art. 34. Extingue-se a punibilidade dos crimes definidos na Lei n. 8.137, de 27 de dezembro de 1990, e na Lei n. 4.729, de 14 de julho de 1965, quando o agente promover o pagamento do tributo ou contribuição social, inclusive acessórios, antes do recebimento da denúncia.
•• Vide art. 83, § 6.º, da Lei n. 9.430, de 27-12-1996.

§§ 1.º e 2.º (*Vetados.*)

Art. 35. Esta Lei entra em vigor na data de sua publicação, produzindo efeitos a partir de 1.º de janeiro de 1996.

Art. 36. Ficam revogadas as disposições em contrário, especialmente:

I – o Decreto-lei n. 1.215, de 4 de maio de 1972, observado o disposto no art. 178 da Lei n. 5.172, de 25 de outubro de 1966;

II – os arts. 2.º a 19 da Lei n. 7.799, de 10 de julho de 1989;

III – os arts. 9.º e 12 da Lei n. 8.023, de 12 de abril de 1990;

IV – os arts. 43 e 44 da Lei n. 8.541, de 23 de dezembro de 1992;

V – o art. 28 e os incisos VI, XI e XII, e o parágrafo único do art. 36, os arts. 46, 48 e 54, e o inciso II do art. 60, todos da Lei n. 8.981, de 20 de janeiro de 1995, alterada pela Lei n. 9.065, de 20 de junho de 1995, e o art. 10 da Lei n. 9.065, de 20 de junho de 1995.

Brasília, 26 de dezembro de 1995; 174.º da Independência e 107.º da República.

FERNANDO HENRIQUE CARDOSO

LEI N. 9.250, DE 26 DE DEZEMBRO DE 1995 (*)

Altera a legislação do Imposto sobre a Renda das pessoas físicas, e dá outras providências.

O Presidente da República.

Faço saber que o Congresso Nacional decreta e eu sanciono a seguinte Lei:

Capítulo I
DISPOSIÇÕES PRELIMINARES

Art. 1.º A partir de 1.º de janeiro de 1996 o Imposto sobre a Renda das pessoas físicas será determinado segundo as normas da legislação vigente, com as alterações desta Lei.

(*) Publicada no *Diário Oficial da União*, de 27-12-1995.

Lei n. 9.250, de 26-12-1995 – Imposto de Renda

Art. 2.º Os valores expressos em UFIR na legislação do Imposto sobre a Renda das pessoas físicas ficam convertidos em Reais, tomando-se por base o valor da UFIR vigente em 1.º de janeiro de 1996.

Capítulo II
DA INCIDÊNCIA MENSAL DO IMPOSTO

Art. 3.º O Imposto sobre a Renda incidente sobre os rendimentos de que tratam os arts. 7.º, 8.º e 12 da Lei n. 7.713, de 22 de dezembro de 1988, será calculado de acordo com a seguinte tabela progressiva em Reais:

Base de Cálculo em R$	Alíquota %	Parcela a Deduzir do Imposto em R$
até 900,00	–	isento
acima de 900,00 até 1.800,00	15	135
acima de 1.800	25	315

•• *Vide* art. 1.º da Lei n. 11.482, de 31-5-2007.

Parágrafo único. O imposto de que trata este artigo será calculado sobre os rendimentos efetivamente recebidos em cada mês.

Art. 4.º Na determinação da base de cálculo sujeita à incidência mensal do Imposto sobre a Renda poderão ser deduzidas:

I – a soma dos valores referidos no art. 6.º da Lei n. 8.134, de 27 de dezembro de 1990;

•• Dispõe citado artigo: "Art. 6.º O contribuinte que perceber rendimentos do trabalho não assalariado, inclusive os titulares dos serviços notariais e de registro, a que se refere o art. 236 da Constituição, e os leiloeiros, poderão deduzir, da receita decorrente do exercício da respectiva atividade: I – a remuneração paga a terceiros, desde que com vínculo empregatício, e os encargos trabalhistas e previdenciários; II – os emolumentos pagos a terceiros; III – as despesas de custeio pagas, necessárias à percepção da receita e à manutenção da fonte produtora (...)".

II – as importâncias pagas a título de pensão alimentícia em face das normas do Direito de Família, quando em cumprimento de decisão judicial, inclusive a prestação de alimentos provisionais, de acordo homologado judicialmente, ou de escritura pública a que se refere o art. 1.124-A da Lei n. 5.869, de 11 de janeiro de 1973 – Código de Processo Civil;

•• Inciso II com redação determinada pela Lei n. 11.727, de 23-6-2008.

•• A referência é feita ao CPC de 1973. *Vide* art. 733 do CPC de 2015.

•• *Vide* art. 41, V, da Lei n. 11.727, de 23-6-2008.

III – a quantia, por dependente, de:

•• Inciso III, *caput*, com redação determinada pela Lei n. 11.482, de 31-5-2007.

a) R$ 132,05 (cento e trinta e dois reais e cinco centavos), para o ano-calendário de 2007;

•• Alínea *a* acrescentada pela Lei n. 11.482, de 31-5-2007.

b) R$ 137,99 (cento e trinta e sete reais e noventa e nove centavos), para o ano-calendário de 2008;

•• Alínea *b* acrescentada pela Lei n. 11.482, de 31-5-2007.

c) R$ 144,20 (cento e quarenta e quatro reais e vinte centavos), para o ano-calendário de 2009;

•• Alínea *c* acrescentada pela Lei n. 11.482, de 31-5-2007.

d) R$ 150,69 (cento e cinquenta reais e sessenta e nove centavos), para o ano-calendário de 2010;

•• Alínea *d* com redação determinada pela Lei n. 12.469, de 26-8-2011.

e) R$ 157,47 (cento e cinquenta e sete reais e quarenta e sete centavos), para o ano-calendário de 2011;

•• Alínea *e* acrescentada pela Lei n. 12.469, de 26-8-2011.

f) R$ 164,56 (cento e sessenta e quatro reais e cinquenta e seis centavos), para o ano-calendário de 2012;

•• Alínea *f* acrescentada pela Lei n. 12.469, de 26-8-2011.

g) R$ 171,97 (cento e setenta e um reais e noventa e sete centavos), para o ano-calendário de 2013;

•• Alínea *g* acrescentada pela Lei n. 12.469, de 26-8-2011.

h) R$ 179,71 (cento e setenta e nove reais e setenta e um centavos), para o ano-calendário de 2014 e nos meses de janeiro a março do ano-calendário de 2015; e

•• Alínea *h* com redação determinada pela Lei n. 13.149, de 21-7-2015.

i) R$ 189,59 (cento e oitenta e nove reais e cinquenta e nove centavos), a partir do mês de abril do ano-calendário de 2015;

•• Alínea *i* acrescentada pela Lei n. 13.149, de 21-7-2015.

IV – as contribuições para a Previdência Social da União, dos Estados, do Distrito Federal e dos Municípios;

V – as contribuições para as entidades de previdência privada domiciliadas no País, cujo ônus tenha sido do contribuinte, destinadas a custear benefícios complementares assemelhados aos da Previdência Social;

VI – a quantia, correspondente à parcela isenta dos rendimentos provenientes de aposentadoria e pensão, transferência para a reserva remunerada ou reforma, pagos pela Previdência Social da União, dos Estados, do Distrito Federal e dos Municípios, por qualquer pessoa jurídica de direito público interno ou por entidade de previdência privada, a partir do mês em que o contribuinte completar 65 (sessenta e cinco) anos de idade, de:

•• Inciso VI, *caput*, com redação determinada pela Lei n. 11.482, de 31-5-2007.

a) R$ 1.313,69 (mil, trezentos e treze reais e sessenta e nove centavos), por mês, para o ano-calendário de 2007;

•• Alínea *a* acrescentada pela Lei n. 11.482, de 31-5-2007.

b) R$ 1.372,81 (mil, trezentos e setenta e dois reais e oitenta e um centavos), por mês, para o ano-calendário de 2008;

•• Alínea *b* acrescentada pela Lei n. 11.482, de 31-5-2007.

c) R$ 1.434,59 (mil, quatrocentos e trinta e quatro reais e cinquenta e nove centavos), por mês, para o ano-calendário de 2009;

•• Alínea *c* acrescentada pela Lei n. 11.482, de 31-5-2007.

d) R$ 1.499,15 (mil, quatrocentos e noventa e nove reais e quinze centavos), por mês, para o ano-calendário de 2010;

•• Alínea *d* com redação determinada pela Lei n. 12.469, de 26-8-2011.

e) R$ 1.566,61 (mil, quinhentos e sessenta e seis reais e sessenta e um centavos), por mês, para o ano-calendário de 2011;

•• Alínea *e* acrescentada pela Lei n. 12.469, de 26-8-2011.

f) R$ 1.637,11 (mil, seiscentos e trinta e sete reais e onze centavos), por mês, para o ano-calendário de 2012;

•• Alínea *f* acrescentada pela Lei n. 12.469, de 26-8-2011.

g) R$ 1.710,78 (mil, setecentos e dez reais e setenta e oito centavos), por mês, para o ano-calendário de 2013;

•• Alínea *g* acrescentada pela Lei n. 12.469, de 26-8-2011.

h) R$ 1.787,77 (mil, setecentos e oitenta e sete reais e setenta e sete centavos), por mês, para o ano-calendário de 2014 e nos meses de janeiro a março do ano-calendário de 2015; e

•• Alínea *h* com redação determinada pela Lei n. 13.149, de 21-7-2015.

i) R$ 1.903,98 (mil, novecentos e três reais e noventa e oito centavos), por mês, a partir do mês de abril do ano-calendário de 2015;

•• Alínea *i* acrescentada pela Lei n. 13.149, de 21-7-2015.

VII – as contribuições para as entidades fechadas de previdência complementar de que trata o § 15 do art. 40 da Constituição Federal, cujo ônus tenha sido do contribuinte, destinadas a custear benefícios complementares assemelhados aos da Previdência Social.

•• Inciso VII com redação determinada pela Lei n. 14.463, de 26-10-2022.

§ 1.º A dedução permitida pelo inciso V aplica-se exclusivamente à base de cálculo relativa aos seguintes rendimentos, assegurada, nos demais casos, a dedução dos valores pagos a esse título, por ocasião da apuração da base de cálculo do imposto devido no ano-calendário, conforme disposto na alínea *e* do inciso II do art. 8.º desta Lei:

•• Parágrafo único, *caput*, renumerado pela Lei n. 14.663, de 28-8-2023.

I – do trabalho com vínculo empregatício ou de administradores; e

•• Inciso I acrescentado pela Lei n. 13.202, de 8-12-2015.

II – proventos de aposentados e pensionistas, quando a fonte pagadora for responsável pelo desconto e respectivo pagamento das contribuições previdenciárias.

•• Inciso II acrescentado pela Lei n. 13.202, de 8-12-2015.

§ 2.º Alternativamente às deduções de que trata o *caput* deste artigo, poderá ser utili-

zado desconto simplificado mensal, correspondente a 25% (vinte e cinco por cento) do valor máximo da faixa com alíquota zero da tabela progressiva mensal, caso seja mais benéfico ao contribuinte, dispensadas a comprovação da despesa e a indicação de sua espécie.
•• § 2.º acrescentado pela Lei n. 14.663, de 28-8-2023.

Art. 5.º As pessoas físicas residentes ou domiciliadas no Brasil que recebam rendimentos de trabalho assalariado, em moeda estrangeira, de autarquias ou repartições do Governo brasileiro, situadas no exterior, estão sujeitas ao Imposto sobre a Renda na fonte incidente sobre a base de cálculo de que trata o art. 4.º, mediante utilização da tabela progressiva de que trata o art. 3.º.

§ 1.º Os rendimentos em moeda estrangeira serão convertidos em Reais, mediante utilização do valor do dólar dos Estados Unidos da América fixado para compra pelo Banco Central do Brasil para o último dia útil da primeira quinzena do mês anterior ao do pagamento do rendimento.

§ 2.º As deduções de que tratam os incisos II, IV e V do art. 4.º serão convertidas em Reais, mediante utilização do valor do dólar dos Estados Unidos da América fixado para venda pelo Banco Central do Brasil para o último dia útil da primeira quinzena do mês anterior ao do pagamento do rendimento.

§ 3.º As pessoas físicas computarão, na determinação da base de cálculo de que trata o art. 4.º e na declaração de rendimentos, 25% (vinte e cinco por cento) do total dos rendimentos do trabalho assalariado recebidos nas condições referidas neste artigo.

Art. 6.º Os rendimentos recebidos de fontes situadas no exterior, sujeitos à tributação no Brasil, bem como o imposto pago no exterior, serão convertidos em Reais mediante utilização do valor do dólar dos Estados Unidos da América fixado para compra pelo Banco Central do Brasil para o último dia útil da primeira quinzena do mês anterior ao do recebimento do rendimento.

Capítulo III
DA DECLARAÇÃO DE RENDIMENTOS

Art. 7.º A pessoa física deverá apurar o saldo em Reais do imposto a pagar ou o valor a ser restituído, relativamente aos rendimentos percebidos no ano-calendário, e apresentar anualmente, até o último dia útil do mês de abril do ano-calendário subsequente, declaração de rendimentos em modelo aprovado pela Secretaria da Receita Federal.
•• A Secretaria da Receita Federal passa a denominar-se Secretaria da Receita Federal do Brasil, por força da Lei n. 11.457, de 16-3-2007.

§ 1.º O prazo de que trata este artigo aplica-se inclusive à declaração de rendimentos relativa ao exercício de 1996, ano-calendário de 1995.

§ 2.º O Ministro de Estado da Fazenda poderá estabelecer limites e condições para dispensar pessoas físicas da obrigação de apresentar declaração de rendimentos.
•• § 2.º com redação determinada pela Lei n. 9.532, de 10-12-1997.

§ 3.º Fica o Ministro da Fazenda autorizado a prorrogar o prazo para a apresentação da declaração, dentro do exercício financeiro.

§ 4.º Homologada a partilha ou feita a adjudicação dos bens, deverá ser apresentada pelo inventariante, dentro de 30 (trinta) dias contados da data em que transitar em julgado a sentença respectiva, declaração dos rendimentos correspondentes ao período de 1.º de janeiro até a data da homologação ou adjudicação.

§ 5.º Se a homologação ou adjudicação ocorrer antes do prazo anualmente fixado para a entrega das declarações de rendimentos, juntamente com a declaração referida no parágrafo anterior deverá ser entregue a declaração dos rendimentos correspondente ao ano-calendário anterior.

Art. 8.º A base de cálculo do imposto devido no ano-calendário será a diferença entre as somas:

I – de todos os rendimentos percebidos durante o ano-calendário, exceto os isentos, os não tributáveis, os tributáveis exclusivamente na fonte e os sujeitos à tributação definitiva;

II – das deduções relativas:

a) aos pagamentos efetuados, no ano-calendário, a médicos, dentistas, psicólogos, fisioterapeutas, fonoaudiólogos, terapeutas ocupacionais e hospitais, bem como as despesas com exames laboratoriais, serviços radiológicos, aparelhos ortopédicos e próteses ortopédicas e dentárias;

b) a pagamentos de despesas com instrução do contribuinte e de seus dependentes, efetuados a estabelecimentos de ensino, relativamente à educação infantil, compreendendo as creches e as pré-escolas; ao ensino fundamental; ao ensino médio; à educação superior, compreendendo os cursos de graduação e de pós-graduação (mestrado, doutorado e especialização); e à educação profissional, compreendendo o ensino técnico e o tecnológico, até o limite anual individual de:
•• Alínea b, caput, com redação determinada pela Lei n. 11.482, de 31-5-2007.

1. R$ 2.480,66 (dois mil, quatrocentos e oitenta reais e sessenta e seis centavos) para o ano-calendário de 2007;
•• Item 1 com redação determinada pela Lei n. 11.482, de 31-5-2007.

2. R$ 2.592,29 (dois mil, quinhentos e noventa e dois reais e vinte e nove centavos) para o ano-calendário de 2008;
•• Item 2 com redação determinada pela Lei n. 11.482, de 31-5-2007.

3. R$ 2.708,94 (dois mil, setecentos e oito reais e noventa e quatro centavos) para o ano-calendário de 2009;

•• Item 3 com redação determinada pela Lei n. 11.482, de 31-5-2007.

4. R$ 2.830,84 (dois mil, oitocentos e trinta reais e oitenta e quatro centavos) para o ano-calendário de 2010;
•• Item 4 com redação determinada pela Lei n. 12.469, de 26-8-2011.

5. (Revogado pela Lei n. 11.482, de 31-5-2007.)

6. R$ 2.958,23 (dois mil, novecentos e cinquenta e oito reais e vinte e três centavos) para o ano-calendário de 2011;
•• Item 6 acrescentado pela Lei n. 12.469, de 26-8-2011.

7. R$ 3.091,35 (três mil, noventa e um reais e trinta e cinco centavos) para o ano-calendário de 2012;
•• Item 7 acrescentado pela Lei n. 12.469, de 26-8-2011.

8. R$ 3.230,46 (três mil, duzentos e trinta reais e quarenta e seis centavos) para o ano-calendário de 2013;
•• Item 8 acrescentado pela Lei n. 12.469, de 26-8-2011.

9. R$ 3.375,83 (três mil, trezentos e setenta e cinco reais e oitenta e três centavos) para o ano-calendário de 2014; e
•• Item 9 com redação determinada pela Lei n. 13.149, de 21-7-2015.

10. R$ 3.561,50 (três mil, quinhentos e sessenta e um reais e cinquenta centavos), a partir do ano-calendário de 2015;
•• Item 10 acrescentado pela Lei n. 13.149, de 21-7-2015.

c) à quantia, por dependente, de:
•• Alínea c, caput, com redação determinada pela Lei n. 11.482, de 31-5-2007.

1. R$ 1.584,60 (mil, quinhentos e oitenta e quatro reais e sessenta centavos) para o ano-calendário de 2007;
•• Item 1 com redação determinada pela Lei n. 11.482, de 31-5-2007.

2. R$ 1.655,88 (mil, seiscentos e cinquenta e cinco reais e oitenta e oito centavos) para o ano-calendário de 2008;
•• Item 2 com redação determinada pela Lei n. 11.482, de 31-5-2007.

3. R$ 1.730,40 (mil, setecentos e trinta reais e quarenta centavos) para o ano-calendário de 2009;
•• Item 3 com redação determinada pela Lei n. 11.482, de 31-5-2007.

4. R$ 1.808,28 (mil, oitocentos e oito reais e vinte e oito centavos) para o ano-calendário de 2010;
•• Item 4 com redação determinada pela Lei n. 12.469, de 26-8-2011.

5. R$ 1.889,64 (mil, oitocentos e oitenta e nove reais e sessenta e quatro centavos) para o ano-calendário de 2011;
•• Item 5 acrescentado pela Lei n. 12.469, de 26-8-2011.

6. R$ 1.974,72 (mil, novecentos e setenta e quatro reais e setenta e dois centavos) para o ano-calendário de 2012;
•• Item 6 acrescentado pela Lei n. 12.469, de 26-8-2011.

7. R$ 2.063,64 (dois mil, sessenta e três reais e sessenta e quatro centavos) para o ano-calendário de 2013;

•• Item 7 acrescentado pela Lei n. 12.469, de 26-8-2011.

8. R$ 2.156,52 (dois mil, cento e cinquenta e seis reais e cinquenta e dois centavos) para o ano-calendário de 2014; e

•• Item 8 com redação determinada pela Lei n. 13.149, de 21-7-2015.

9. R$ 2.275,08 (dois mil, duzentos e setenta e cinco reais e oito centavos) a partir do ano-calendário de 2015;

•• Item 9 acrescentado pela Lei n. 13.149, de 21-7-2015.

d) às contribuições para a Previdência Social da União, dos Estados, do Distrito Federal e dos Municípios;

e) às contribuições para as entidades de previdência privada domiciliadas no País, cujo ônus tenha sido do contribuinte, destinadas a custear benefícios complementares assemelhados aos da Previdência Social;

• Vide art. 11, §§ 1.º e 2.º, da Lei n. 9.532, de 10-12-1997.

f) às importâncias pagas a título de pensão alimentícia em face das normas do Direito de Família, quando em cumprimento de decisão judicial, inclusive a prestação de alimentos provisionais, de acordo homologado judicialmente, ou de escritura pública a que se refere o art. 1.124-A da Lei n. 5.869, de 11 de janeiro de 1973 – Código de Processo Civil;

•• Alínea f com redação determinada pela Lei n. 11.727, de 23-6-2008.
•• A referência é feita ao CPC de 1973. Vide art. 733 do CPC de 2015.
•• Vide art. 41, V, da Lei n. 11.727, de 23-6-2008.
• Vide nota ao art. 4.º, II, desta Lei.

g) às despesas escrituradas no Livro Caixa, previstas nos incisos I a III do art. 6.º da Lei n. 8.134, de 27 de dezembro de 1990, no caso de trabalho não assalariado, inclusive dos leiloeiros e dos titulares de serviços notariais e de registro;

h) (Vetada.)

•• Alínea h acrescentada pela Lei n. 12.469, de 26-8-2011.

i) às contribuições para as entidades fechadas de previdência complementar de que trata o § 15 do art. 40 da Constituição Federal, cujo ônus tenha sido do contribuinte, destinadas a custear benefícios complementares assemelhados aos da Previdência Social.

•• Alínea i com redação determinada pela Lei n. 14.463, de 26-10-2022.
• A Lei n. 13.149, de 21-7-2015 propôs o acréscimo da alínea j a este inciso, porém a alteração foi vetada.

§ 1.º A quantia correspondente à parcela isenta dos rendimentos provenientes de aposentadoria e pensão, transferência para a reserva remunerada ou reforma, pagos pela Previdência Social da União, dos Estados, do Distrito Federal e dos Municípios, por qualquer pessoa jurídica de direito público interno, ou por entidade de previdência privada, representada pela soma dos valores mensais computados a partir do mês em que o contribuinte completar 65 (sessenta e cinco) anos de idade, não integrará a soma de que trata o inciso I.

§ 2.º O disposto na alínea a do inciso II:

I – aplica-se, também, aos pagamentos efetuados a empresas domiciliadas no País, destinados à cobertura de despesas com hospitalização, médicas e odontológicas, bem como a entidades que assegurem direito de atendimento ou ressarcimento de despesas da mesma natureza;

II – restringe-se aos pagamentos efetuados pelo contribuinte, relativos ao próprio tratamento e ao de seus dependentes;

III – limita-se a pagamentos especificados e comprovados, com indicação do nome, endereço e número de inscrição no Cadastro de Pessoas Físicas – CPF ou no Cadastro Geral de Contribuintes – CGC de quem os recebeu, podendo, na falta de documentação, ser feita indicação do cheque nominativo pelo qual foi efetuado o pagamento;

IV – não se aplica às despesas ressarcidas por entidade de qualquer espécie ou cobertas por contrato de seguro;

V – no caso de despesas com aparelhos ortopédicos e próteses ortopédicas e dentárias, exige-se a comprovação com receituário médico e nota fiscal em nome do beneficiário.

§ 3.º As despesas médicas e de educação dos alimentandos, quando realizadas pelo alimentante em virtude de cumprimento de decisão judicial, de acordo homologado judicialmente ou de escritura pública a que se refere o art. 1.124-A da Lei n. 5.869, de 11 de janeiro de 1973 – Código de Processo Civil, poderão ser deduzidas pelo alimentante na determinação da base de cálculo do imposto de renda na declaração, observado, no caso de despesas de educação, o limite previsto na alínea b do inciso II do *caput* deste artigo.

•• § 3.º com redação determinada pela Lei n. 11.727, de 23-6-2008.
•• A referência é feita ao CPC de 1973. Vide art. 733 do CPC de 2015.
•• Vide art. 41, V, da Lei n. 11.727, de 23-6-2008.
• Vide nota ao art. 4.º, II, desta Lei.

§ 4.º (Vetado.)

•• § 4.º acrescentado pela Lei n. 12.469, de 26-8-2011.

Art. 9.º O resultado da atividade rural, apurado na forma da Lei n. 8.023, de 12 de abril de 1990, com as alterações posteriores, quando positivo, integrará a base de cálculo do imposto, definida no artigo anterior.

Art. 10. O contribuinte poderá optar por desconto simplificado, que substituirá todas as deduções admitidas na legislação, correspondente à dedução de 20% (vinte por cento) do valor dos rendimentos tributáveis na Declaração de Ajuste Anual, independentemente do montante desses rendimentos, dispensadas a comprovação da despesa e a indicação de sua espécie, limitada a:

•• *Caput* com redação determinada pela Lei n. 11.482, de 31-5-2007.

I – R$ 11.669,72 (onze mil, seiscentos e sessenta e nove reais e setenta e dois centavos) para o ano-calendário de 2007;

•• Inciso I acrescentado pela Lei n. 11.482, de 31-5-2007.

II – R$ 12.194,86 (doze mil, cento e noventa e quatro reais e oitenta e seis centavos) para o ano-calendário de 2008;

•• Inciso II acrescentado pela Lei n. 11.482, de 31-5-2007.

III – R$ 12.743,63 (doze mil, setecentos e quarenta e três reais e sessenta e três centavos) para o ano-calendário de 2009;

•• Inciso III acrescentado pela Lei n. 11.482, de 31-5-2007.

IV – R$ 13.317,09 (treze mil, trezentos e dezessete reais e nove centavos) para o ano-calendário de 2010;

•• Inciso IV com redação determinada pela Lei n. 12.469, de 26-8-2011.

V – R$ 13.916,36 (treze mil, novecentos e dezesseis reais e trinta e seis centavos) para o ano-calendário de 2011;

•• Inciso V acrescentado pela Lei n. 12.469, de 26-8-2011.

VI – R$ 14.542,60 (quatorze mil, quinhentos e quarenta e dois reais e sessenta centavos) para o ano-calendário de 2012;

•• Inciso VI acrescentado pela Lei n. 12.469, de 26-8-2011.

VII – R$ 15.197,02 (quinze mil, cento e noventa e sete reais e dois centavos) para o ano-calendário de 2013;

•• Inciso VII acrescentado pela Lei n. 12.469, de 26-8-2011.

VIII – R$ 15.880,89 (quinze mil, oitocentos e oitenta reais e oitenta e nove centavos) para o ano-calendário de 2014; e

•• Inciso VIII com redação determinada pela Lei n. 13.149, de 21-7-2015.

IX – R$ 16.754,34 (dezesseis mil, setecentos e cinquenta e quatro reais e trinta e quatro centavos) a partir do ano-calendário de 2015.

•• Inciso IX acrescentado pela Lei n. 13.149, de 21-7-2015.

Parágrafo único. O valor deduzido não poderá ser utilizado para comprovação de acréscimo patrimonial, sendo considerado rendimento consumido.

•• Parágrafo único com redação determinada pela Lei n. 11.482, de 31-5-2007.

Art. 11. O Imposto sobre a Renda devido na declaração será calculado mediante utilização da seguinte tabela:

Base de Cálculo em R$	Alíquota %	Parcela a Deduzir do Imposto em R$
até 10.800,00	–	–
acima de 10.800,00 até 21.600,00	15	1.620,00
acima de 21.600	25	3.780,00

•• *Vide* art. 1.º da Lei n. 11.482, de 31-5-2007.

Art. 12. Do imposto apurado na forma do artigo anterior, poderão ser deduzidos:

I – as contribuições feitas aos Fundos controlados pelos Conselhos Municipais, Estaduais e Nacional dos Direitos da Criança e do Adolescente e pelos Conselhos Municipais, Estaduais e Nacional do Idoso;

•• Inciso I com redação determinada pela Lei n. 12.213, de 20-1-2010.

•• A Lei n. 13.840, de 5-6-2019, propôs nova redação para este inciso, porém teve seu texto vetado.

II – as contribuições efetivamente realizadas em favor de projetos culturais, aprovadas na forma da regulamentação do Programa Nacional de Apoio à Cultura – PRONAC, instituído pelo art. 1.º da Lei n. 8.313, de 23 de dezembro de 1991;

• Vide art. 22 da Lei n. 9.532, de 10-12-1997.

III – os investimentos feitos a título de incentivo às atividades audiovisuais, na forma e condições previstas nos arts. 1.º e 4.º da Lei n. 8.685, de 20 de julho de 1993;

• Vide art. 22 da Lei n. 9.532, de 10-12-1997.

IV – (Vetado.)

V – o imposto retido na fonte ou o pago, inclusive a título de recolhimento complementar, correspondente aos rendimentos incluídos na base de cálculo;

VI – o imposto pago no exterior de acordo com o previsto no art. 5.º da Lei n. 4.862, de 29 de novembro de 1965;

VII – até o exercício de 2019, ano-calendário de 2018, a contribuição patronal paga à Previdência Social pelo empregador doméstico incidente sobre o valor da remuneração do empregado; e

•• Inciso VII com redação determinada pela Lei n. 13.097, de 19-1-2015.

VIII – doações e patrocínios diretamente efetuados por pessoas físicas e jurídicas no âmbito do Programa Nacional de Apoio à Atenção Oncológica – PRONON e do Programa Nacional de Apoio à Atenção da Saúde da Pessoa com Deficiência – PRONAS/PCD, previamente aprovados pelo Ministério da Saúde.

•• Inciso VIII acrescentado pela Lei n. 12.715, de 17-9-2012.

•• A Lei n. 13.840, de 5-6-2019, propôs nova redação para este inciso, porém teve seu texto vetado.

§ 1.º A soma das deduções a que se referem os incisos I a IV não poderá reduzir o imposto devido em mais de 12% (doze por cento).

•• A Lei n. 13.840, de 5-6-2019, propôs nova redação para este § 1.º, mas teve seu texto vetado.

§ 2.º (Vetado.)

§ 3.º A dedução de que trata o inciso VII do caput deste artigo:

•• § 3.º, caput, acrescentado pela Lei n. 11.324, de 19-7-2006.

I – está limitada:

•• Inciso I, caput, acrescentado pela Lei n. 11.324, de 19-7-2006.

a) a 1 (um) empregado doméstico por declaração, inclusive no caso da declaração em conjunto;

•• Alínea a acrescentada pela Lei n. 11.324, de 19-7-2006.

b) ao valor recolhido no ano-calendário a que se referir a declaração;

•• Alínea b acrescentada pela Lei n. 11.324, de 19-7-2006.

II – aplica-se somente ao modelo completo de Declaração de Ajuste Anual;

•• Inciso II acrescentado pela Lei n. 11.324, de 19-7-2006.

III – não poderá exceder:

•• Inciso III, caput, acrescentado pela Lei n. 11.324, de 19-7-2006.

a) ao valor da contribuição patronal calculada sobre 1 (um) salário mínimo mensal, sobre o 13.º (décimo terceiro) salário e sobre a remuneração adicional de férias, referidos também a 1 (um) salário mínimo;

•• Alínea a acrescentada pela Lei n. 11.324, de 19-7-2006.

•• O art. 8.º da Lei n. 11.324, de 19-7-2006, estabelece que, em relação às contribuições patronais pagas, esta Lei produz efeitos a partir do mês de janeiro de 2006.

b) ao valor do imposto apurado na forma do art. 11 desta Lei, deduzidos os valores de que tratam os incisos I a III do caput deste artigo;

•• Alínea b acrescentada pela Lei n. 11.324, de 19-7-2006.

IV – fica condicionada à comprovação da regularidade do empregador doméstico perante o regime geral de previdência social quando se tratar de contribuinte individual.

•• Inciso IV acrescentado pela Lei n. 11.324, de 19-7-2006.

Art. 13. O montante determinado na forma do artigo anterior constituirá, se positivo, saldo do imposto a pagar e, se negativo, valor a ser restituído.

Parágrafo único. Quando positivo, o saldo do imposto deverá ser pago até o último dia útil do mês fixado para a entrega da declaração de rendimentos.

Art. 14. À opção do contribuinte, o saldo do imposto a pagar poderá ser parcelado em até 8 (oito) quotas iguais, mensais e sucessivas, observado o seguinte:

•• Caput com redação determinada pela Lei n. 11.311, de 13-6-2006.

I – nenhuma quota será inferior a R$ 50,00 (cinquenta reais), e o imposto de valor inferior a R$ 100,00 (cem reais) será pago de uma só vez;

II – a primeira quota deverá ser paga no mês fixado para a entrega da declaração de rendimentos;

III – as demais quotas, acrescidas de juros equivalentes à taxa referencial do Sistema Especial de Liquidação e de Custódia – SELIC para títulos federais, acumulada mensalmente, calculados a partir da data prevista para a entrega da declaração de rendimentos até o mês anterior ao do pagamento e de 1% (um por cento) no mês do pagamento, vencerão no último dia útil de cada mês;

•• Vide art. 62 da Lei n. 9.430, de 27-12-1996.

IV – é facultado ao contribuinte antecipar, total ou parcialmente, o pagamento do imposto ou das quotas.

Art. 15. Nos casos de encerramento de espólio e de saída definitiva do território nacional, o imposto de renda devido será calculado mediante a utilização dos valores correspondentes à soma das tabelas progressivas mensais relativas aos meses do período abrangido pela tributação no ano-calendário.

•• Artigo com redação determinada pela Lei n. 11.311, de 13-6-2006.

Art. 16. O valor da restituição do Imposto sobre a Renda da pessoa física, apurado em declaração de rendimentos, será acrescido de juros equivalentes à taxa referencial do Sistema Especial de Liquidação e de Custódia – SELIC para títulos federais, acumulada mensalmente, calculados a partir da data prevista para a entrega da declaração de rendimentos até o mês anterior ao da liberação da restituição e de 1% (um por cento) no mês em que o recurso for colocado no banco à disposição do contribuinte.

•• Vide art. 62 da Lei n. 9.430, de 27-12-1996.

Parágrafo único. Será obedecida a seguinte ordem de prioridade para o recebimento da restituição do imposto de renda:

•• Parágrafo único, caput, acrescentado pela Lei n. 13.498, de 26-10-2017.

I – idosos, nos termos definidos pelo inciso IX do § 1.º do art. 3.º da Lei n. 10.741, de 1.º de outubro de 2003;

•• Inciso I acrescentado pela Lei n. 13.498, de 26-10-2017.

II – contribuintes cuja maior fonte de renda seja o magistério;

••Inciso II acrescentado pela Lei n. 13.498, de 26-10-2017.

III – demais contribuintes.

••Inciso III acrescentado pela Lei n. 13.498, de 26-10-2017.

Capítulo IV
TRIBUTAÇÃO DA ATIVIDADE RURAL

Art. 17. O art. 2.º da Lei n. 8.023, de 12 de abril de 1990, passa a vigorar com a seguinte redação:

•• Alteração já processada no texto da Lei modificada.

Art. 18. O resultado da exploração da atividade rural apurado pela pessoas físicas, a partir do ano-calendário de 1996, será apurado mediante escrituração do Livro Caixa, que deverá abranger as receitas, as despesas de custeio, os investimentos e demais valores que integram a atividade.

§ 1.º O contribuinte deverá comprovar a veracidade das receitas e das despesas escrituradas no Livro Caixa, mediante documentação idônea que identifique o adquirente ou beneficiário, o valor e a data da operação, a qual será mantida em seu poder à disposição da fiscalização, enquanto não ocorrer a decadência ou prescrição.

§ 2.º A falta da escrituração prevista neste artigo implicará arbitramento da base de cálculo à razão de 20% (vinte por cento) da receita bruta do ano-calendário.

§ 3.º Aos contribuintes que tenham auferido receitas anuais até o valor de R$ 56.000,00 (cinquenta e seis mil reais) faculta-se apurar o resultado da exploração da atividade rural, mediante prova documental, dispensado o registro do Livro Caixa.

Art. 19. O resultado positivo obtido na exploração da atividade rural pela pessoa física poderá ser compensado com prejuízos apurados em anos-calendário anteriores.

Parágrafo único. A pessoa física fica obrigada à conservação e guarda do Livro Caixa e dos documentos fiscais que demonstram a apuração do prejuízo a compensar.

Art. 20. O resultado decorrente da atividade rural, exercida no Brasil por residente ou domiciliado no exterior, apurado por ocasião do encerramento do ano-calendário, constituirá a base de cálculo do imposto e será tributado à alíquota de 15% (quinze por cento).

§ 1.º Na hipótese de que trata este artigo, a apuração do resultado deverá ser feita por procurador, a quem compete reter e recolher o imposto devido, não sendo permitidas a opção pelo arbitramento de 20% (vinte por cento) da receita bruta e a compensação de prejuízos apurados.

§ 2.º O imposto apurado deverá ser pago na data da ocorrência do fato gerador.

§ 3.º Ocorrendo remessa de lucros antes do encerramento do ano-calendário, o imposto deverá ser recolhido no ato sobre o valor remetido por ocasião do evento, exceto no caso de devolução de capital.

Art. 21. O resultado da atividade rural exercida no exterior, por residentes e domiciliados no Brasil, convertido em Reais mediante utilização do valor do dólar dos Estados Unidos da América fixado para compra pelo Banco Central do Brasil, para o último dia do ano-calendário a que se refere o resultado, sujeita-se ao mesmo tratamento tributário previsto no art. 9.º, vedada a compensação de resultado positivo obtido no exterior, com resultado negativo obtido no País.

Capítulo V
TRIBUTAÇÃO DOS GANHOS DE CAPITAL DAS PESSOAS FÍSICAS

Art. 22. Fica isento do imposto de renda o ganho de capital auferido na alienação de bens e direitos de pequeno valor, cujo preço unitário de alienação, no mês em que esta se realizar, seja igual ou inferior a:
- •• *Caput* com redação determinada pela Lei n. 11.196, de 21-11-2005.
- •• *Vide* art. 132, II, *d*, da Lei n. 11.196, de 21-11-2005.

I – R$ 20.000,00 (vinte mil reais), no caso de alienação de ações negociadas no mercado de balcão;
- •• Inciso I acrescentado pela Lei n. 11.196, de 21-11-2005.
- •• *Vide* art. 132, II, *d*, da Lei n. 11.196, de 21-11-2005.

II – R$ 35.000,00 (trinta e cinco mil reais), nos demais casos.
- •• Inciso II acrescentado pela Lei n. 11.196, de 21-11-2005.
- •• *Vide* art. 132, II, *d*, da Lei n. 11.196, de 21-11-2005.

Parágrafo único. No caso de alienação de diversos bens ou direitos da mesma natureza, será considerado, para os efeitos deste artigo, o valor do conjunto dos bens alienados no mês.

Art. 23. Fica isento do Imposto sobre a Renda o ganho de capital auferido na alienação do único imóvel que o titular possua, cujo valor de alienação seja de até R$ 440.000,00 (quatrocentos e quarenta mil reais), desde que não tenha sido realizada qualquer outra alienação nos últimos 5 (cinco) anos.

Art. 24. Na apuração do ganho de capital de bens adquiridos por meio de arrendamento mercantil, será considerado custo de aquisição o valor residual do bem acrescido dos valores pagos a título de arrendamento.

Capítulo VI
DA DECLARAÇÃO DE BENS E DIREITOS

Art. 25. Como parte integrante da declaração de rendimentos, a pessoa física apresentará relação pormenorizada dos bens imóveis e móveis e direitos que, no País ou no exterior, constituam ou seu patrimônio e o de seus dependentes, em 31 de dezembro do ano-calendário, bem como os bens e direitos adquiridos e alienados no mesmo ano.

§ 1.º Devem ser declarados:

I – os bens imóveis, os veículos automotores, as embarcações e as aeronaves, independentemente do valor de aquisição;

II – os demais bens móveis, tais como antiguidades, obras de arte, objetos de uso pessoal e utensílios, adquiridos a partir do ano-calendário de 1996, cujo valor de aquisição unitário seja igual ou superior a R$ 5.000,00 (cinco mil reais);

III – os saldos de aplicações financeiras e de conta corrente bancária cujo valor individual, em 31 de dezembro do ano-calendário, exceda a R$ 140,00 (cento e quarenta reais);

IV – os investimentos em participações societárias, em ações negociadas ou não em bolsa de valores e em ouro, ativo financeiro, adquiridos a partir do ano-calendário de 1996, cujo valor de aquisição unitário seja igual ou superior a R$ 1.000,00 (um mil reais).

§ 2.º Os bens serão declarados discriminadamente pelos valores de aquisição em Reais, constantes dos respectivos instrumentos de transferência de propriedade ou da nota fiscal.

§ 3.º Os bens existentes no exterior devem ser declarados pelos valores de aquisição constantes dos respectivos instrumentos de transferência de propriedade, segundo a moeda do país em que estiverem situados, convertidos em Reais pela cotação cambial de venda do dia da transmissão da propriedade.

§ 4.º (*Revogado pela Lei n. 14.754, de 12-12-2023.*)

§ 5.º Na declaração de bens e direitos, também deverão ser consignados os ônus reais e obrigações da pessoa física e de seus dependentes, em 31 de dezembro do ano-calendário, cujo valor seja superior a R$ 5.000,00 (cinco mil reais).

§ 6.º O disposto nos incisos II e IV do § 1.º poderá ser observado na declaração de bens referente ao ano-calendário de 1995, com relação aos bens móveis e aos investimentos adquiridos anteriormente a 1996.

Capítulo VII
DISPOSIÇÕES GERAIS

Art. 26. Ficam isentas do Imposto sobre a Renda as bolsas de estudo e de pesquisa caracterizadas como doação, quando recebidas exclusivamente para proceder a estudos ou pesquisas e desde que os resultados dessas atividades não representem vantagem para o doador, nem importem contraprestação de serviços.

Parágrafo único. Não caracterizam contraprestação de serviços nem vantagem para o doador, para efeito da isenção referida no *caput*, as bolsas de estudo recebidas pelos médicos residentes, nem as bolsas recebidas pelos servidores das redes públicas de educação profissional, científica e tecnológica que participem das atividades do Pronatec, nos termos do § 1.º do art. 9.º da Lei n. 12.513, de 26 de outubro de 2011.
- •• Parágrafo único com redação determinada pela Lei n. 12.816, de 5-6-2013.

Art. 28. O inciso XV do art. 6.º da Lei n. 7.713, de 22 de dezembro de 1988, passa a vigorar com a seguinte redação:
- •• Alteração prejudicada em face de posterior modificação do dispositivo pela Lei n. 11.482, de 31-5-2007.

Art. 29. Estão isentos do Imposto sobre a Renda na fonte os rendimentos pagos a pessoa física, residente ou domiciliada no exterior, por autarquias ou repartições do Governo brasileiro situadas fora do Território Nacional e que correspondam a serviços prestados a esses órgãos.

Art. 30. A partir de 1.º de janeiro de 1996, para efeito do reconhecimento de novas isenções de que tratam os incisos XIV e XXI do art. 6.º da Lei n. 7.713, de 22 de dezembro de 1988, com a redação dada pelo art. 47 da Lei n. 8.541, de 23 de dezembro de 1992, a moléstia deverá ser comprovada mediante laudo pericial emitido por serviço médico oficial, da União, dos Estados, do Distrito Federal e dos Municípios.
- •• *Vide* Súmulas 598 e 627 do STJ.

§ 1.º O serviço médico oficial fixará o prazo de validade do laudo pericial, no caso de moléstias passíveis de controle.

§ 2.º Na relação das moléstias a que se refere o inciso XIV do art. 6.º da Lei n. 7.713, de 22 de dezembro de 1988, com a redação dada pelo art. 47 da Lei n. 8.541, de 23 de dezembro de 1992, fica incluída a fibrose cística (mucoviscidose).

Art. 31. (Vetado.)

•• **A Lei Complementar n. 214, de 16-1-2025, acrescenta este artigo, com produção de efeitos a partir de 1.º-1-2026:** "Art. 31-A. Em relação aos fatos geradores ocorridos de 1.º de janeiro de 2029 a 31 de dezembro de 2032, as alíquotas do imposto serão reduzidas nas seguintes proporções das alíquotas previstas nas legislações dos Estados ou do Distrito Federal, vigentes em 31 de dezembro de 2028: I – 10% (dez por cento), em 2029; II – 20% (vinte por cento), em 2030; III – 30% (trinta por cento), em 2031; e IV – 40% (quarenta por cento), em 2032. § 1.º O disposto no caput aplica-se a todas as operações e prestações tributadas pelo imposto, inclusive: I – aos combustíveis sobre os quais a incidência ocorre uma única vez, a que se refere a Lei Complementar n. 192, de 11 de março de 2022; II – às alíquotas estabelecidas na Resolução n. 22, de 19 de maio de 1989, e na Resolução n. 13, de 25 de abril de 2012, ambas do Senado Federal. § 2.º No período de que trata o caput, os benefícios ou os incentivos fiscais ou financeiros relativos ao imposto serão reduzidos na mesma proporção da redução das alíquotas prevista nos incisos do caput. § 3.º Para os fins de aplicação do disposto no § 2.º, os percentuais e outros parâmetros utilizados para calcular os benefícios ou incentivos fiscais ou financeiros relativos ao imposto serão reduzidos na mesma proporção da redução das alíquotas, em decorrência do disposto no caput deste artigo. § 4.º O disposto no § 3.º não se aplica caso os benefícios ou os incentivos fiscais ou financeiros relativos ao imposto já tenham sido reduzidos proporcionalmente por força da redução das alíquotas em decorrência do disposto nos termos do caput deste artigo. § 5.º Compete ao Conselho Nacional de Política Fazendária (Confaz) estabelecer a disciplina a ser observada na hipótese a que se refere o § 3.º. § 6.º Para fins do disposto no § 5.º, as deliberações serão aprovadas por maioria simples dos votos. § 7.º Os benefícios e incentivos fiscais ou financeiros referidos no art. 3.º da Lei Complementar n. 160, de 7 de agosto de 2017, serão reduzidos na forma deste artigo, não se aplicando a redução prevista no § 2.º-A do art. 3.º da referida Lei Complementar".

Art. 32. O inciso VII do art. 6.º da Lei n. 7.713, de 22 de dezembro de 1988, passa a vigorar com a seguinte redação:

•• Alteração já processada no texto da Lei modificada.

Art. 33. Sujeitam-se à incidência do Imposto sobre a Renda na fonte e na declaração de ajuste anual os benefícios recebidos de entidade de previdência privada, bem como as importâncias correspondentes ao resgate de contribuições.

• Vide art. 11, §§ 1.º e 2.º, da Lei n. 9.532, de 10-12-1997.

Parágrafo único. (Vetado.)

Art. 35. Para efeito do disposto nos arts. 4.º, III, e 8.º, II, alínea c, poderão ser considerados como dependentes:

I – o cônjuge;

II – o companheiro ou a companheira, desde que haja vida em comum por mais de 5 (cinco) anos, ou por período menor, se da união resultou filho;

III – a filha, o filho, a enteada ou o enteado, até 21 (vinte e um) anos, ou de qualquer idade quando incapacitado física ou mentalmente para o trabalho;

•• O STF julgou parcialmente procedente a ADI n. 5.583, nas sessões virtuais de 7-5-2021 a 14-5-2021 (DOU de 25-5-2021), para conferir interpretação conforme à Constituição a esse inciso III, estabelecendo que, na apuração do imposto sobre a renda de pessoa física, a pessoa com deficiência que supere o limite etário e seja capacitada para o trabalho pode ser considerada como dependente quando a sua remuneração não exceder as deduções autorizadas por lei. Foi fixada a seguinte tese de julgamento: "Na apuração do imposto sobre a renda de pessoa física, a pessoa com deficiência que supere o limite etário e seja capacitada para o trabalho pode ser considerada como dependente quando a sua remuneração não exceder as deduções autorizadas por lei".

IV – o menor pobre, até 21 (vinte e um) anos, que o contribuinte crie e eduque e do qual detenha a guarda judicial;

V – o irmão, o neto ou o bisneto, sem arrimo dos pais, até 21 (vinte e um) anos, desde que o contribuinte detenha a guarda judicial, ou de qualquer idade quando incapacitado física ou mentalmente para o trabalho;

•• O STF julgou parcialmente procedente a ADI n. 5.583, nas sessões virtuais de 7-5-2021 a 14-5-2021 (DOU de 25-5-2021), para conferir interpretação conforme à Constituição a esse inciso V, estabelecendo que, na apuração do imposto sobre a renda de pessoa física, a pessoa com deficiência que supere o limite etário e seja capacitada para o trabalho pode ser considerada como dependente quando a sua remuneração não exceder as deduções autorizadas por lei. Foi fixada a seguinte tese de julgamento: "Na apuração do imposto sobre a renda de pessoa física, a pessoa com deficiência que supere o limite etário e seja capacitada para o trabalho pode ser considerada como dependente quando a sua remuneração não exceder as deduções autorizadas por lei".

VI – os pais, os avós ou os bisavós, desde que não aufiram rendimentos, tributáveis ou não, superiores ao limite de isenção mensal;

VII – o absolutamente incapaz, do qual o contribuinte seja tutor ou curador.

§ 1.º Os dependentes a que se referem os incisos III e V deste artigo poderão ser assim considerados quando maiores até 24 (vinte e quatro) anos de idade, se ainda estiverem cursando estabelecimento de ensino superior ou escola técnica de segundo grau.

§ 2.º Os dependentes comuns poderão, opcionalmente, ser considerados por qualquer um dos cônjuges.

§ 3.º No caso de filhos de pais separados, poderão ser considerados dependentes os que ficarem sob a guarda do contribuinte, em cumprimento de decisão judicial ou acordo homologado judicialmente.

§ 4.º É vedada a dedução concomitante do montante referente a um mesmo dependente, na determinação da base de cálculo do imposto, por mais de um contribuinte.

§ 5.º Sem prejuízo do disposto no inciso IX do parágrafo único do art. 3.º da Lei n. 10.741, de 1.º de outubro de 2003, a pessoa com deficiência, ou o contribuinte que tenha dependente nessa condição, tem preferência na restituição referida no inciso III do art. 4.º e na alínea c do inciso II do art. 8.º.

•• § 5.º acrescentado pela Lei n. 13.146, de 6-7-2015.

Capítulo VIII
DISPOSIÇÕES FINAIS E TRANSITÓRIAS

Art. 36. O contribuinte que no ano-calendário de 1995 tiver auferido rendimentos tributáveis até o limite de R$ 21.458,00 (vinte e um mil, quatrocentos e cinquenta e oito reais) poderá optar pelo regime de tributação simplificada de que trata o art. 10.

Art. 37. Fica a Secretaria da Receita Federal autorizada a:

•• A Secretaria da Receita Federal passa a denominar-se Secretaria da Receita Federal do Brasil, por força da Lei n. 11.457, de 16-3-2007.

I – instituir modelo de documento fiscal a ser emitido por profissionais liberais;

II – celebrar, em nome da União, convênio com os Estados, Distrito Federal e Municípios, objetivando instituir cadastro único de contribuintes, em substituição aos cadastros federal, estaduais e municipais.

• A Instrução Normativa n. 2.119, de 6-12-2022, da SRFB, dispõe sobre o cadastro nacional da pessoa jurídica (CNPJ).

Art. 38. Os processos fiscais relativos a tributos e contribuições federais e a penalidades isoladas e as declarações não poderão sair dos órgãos da Secretaria da Receita Federal, salvo quando se tratar de:

•• A Secretaria da Receita Federal passa a denominar-se Secretaria da Receita Federal do Brasil, por força da Lei n. 11.457, de 16-3-2007.

I – encaminhamento de recursos à instância superior;

II – restituições de autos aos órgãos de origem;

III – encaminhamento de documentos para fins de processamento de dados.

§ 1.º Nos casos a que se referem os incisos I e II deverá ficar cópia autenticada dos documentos essenciais na repartição.

§ 2.º É facultado o fornecimento de cópia do processo ao sujeito passivo ou a seu mandatário.

Art. 39. A compensação de que trata o art. 66 da Lei n. 8.383, de 30 de dezembro de 1991, com a redação dada pelo art. 58 da Lei n. 9.069, de 29 de junho de 1995, somente poderá ser efetuada com o recolhimento de importância correspondente a imposto, taxa, contribuição federal ou receitas patrimoniais de mesma espécie e destinação constitucional, apurado em períodos subsequentes.

- *Vide* o Decreto n. 2.138, de 29-1-1997, que dispõe sobre a compensação de créditos tributários com créditos do sujeito passivo decorrentes de restituição ou ressarcimento de tributos ou contribuições.
- *Vide* art. 38, § 2.º, da Lei n. 10.833, de 29-12-2003.

§§ 1.º a 3.º (*Vetados.*)

§ 4.º A partir de 1.º de janeiro de 1996, a compensação ou restituição será acrescida de juros equivalentes à taxa referencial do Sistema Especial de Liquidação e de Custódia – SELIC para títulos federais, acumulada mensalmente, calculados a partir da data do pagamento indevido ou a maior até o mês anterior ao da compensação ou restituição e de 1% (um por cento) relativamente ao mês em que estiver sendo efetuada.

- *Vide* art. 73 da Lei n. 9.532, de 10-12-1997.
- *Vide* Súmula 523 do STJ.

Art. 40. A base de cálculo mensal do Imposto sobre a Renda das pessoas jurídicas prestadoras de serviços em geral, cuja receita bruta anual seja de até R$ 120.000,00 (cento e vinte mil reais), será determinada mediante a aplicação do percentual de 16% (dezesseis por cento) sobre a receita bruta auferida mensalmente, observado o disposto nos arts. 30 a 35 da Lei n. 8.981, de 20 de janeiro de 1995.

Parágrafo único. O disposto neste artigo não se aplica às pessoas jurídicas que prestam serviços hospitalares e de transporte, bem como às sociedades prestadoras de serviços de profissões legalmente regulamentadas.

Art. 41. Esta Lei entra em vigor na data de sua publicação.

Art. 42. Revogam-se as disposições em contrário e, especialmente, o Decreto-lei n. 1.380, de 23 de dezembro de 1974, o art. 27 da Lei n. 7.713, de 22 de dezembro de 1988, o art. 26 da Lei n. 8.218, de 29 de agosto de 1991, e os arts. 8.º a 20 e 23 da Lei n. 8.981, de 20 de janeiro de 1995.

Brasília, 26 de dezembro de 1995; 174.º da Independência e 107.º da República.

Fernando Henrique Cardoso

LEI N. 9.265, DE 12 DE FEVEREIRO DE 1996 (*)

Regulamenta o inciso LXXVII do art. 5.º da Constituição, dispondo sobre a gratuidade dos atos necessários ao exercício da cidadania.

O Presidente da República.

Faço saber que o Congresso Nacional decreta e eu sanciono a seguinte Lei:

Art. 1.º São gratuitos os atos necessários ao exercício da cidadania, assim considerados:

(*) Publicada no *Diário Oficial da União* de 13-2-1996. A Lei n. 10.317, de 6-12-2001, altera a Lei n. 1.060, de 5-2-1950 (assistência judiciária aos necessitados), para conceder a gratuidade do exame de DNA nos casos que especifica.

I – os que capacitam o cidadão ao exercício da soberania popular, a que se reporta o art. 14 da Constituição;

- • O STF declarou a constitucionalidade deste inciso na ADC n. 5-2 (*DOU* de 22-10-2007).

II – aqueles referentes ao alistamento militar;

III – os pedidos de informações ao Poder Público, em todos os seus âmbitos, objetivando a instrução de defesa ou a denúncia de irregularidades administrativas na órbita pública;

IV – as ações de impugnação de mandato eletivo por abuso do poder econômico, corrupção ou fraude;

V – quaisquer requerimentos ou petições que visem as garantias individuais e a defesa do interesse público;

VI – o registro civil de nascimento e o assento de óbito, bem como a primeira certidão respectiva;

- • Inciso VI acrescentado pela Lei n. 9.534, de 10-12-1997.
- • O STF, na Ação Declaratória de Constitucionalidade n. 5-2, de 11-6-2007, declara a constitucionalidade do disposto neste inciso.

VII – o requerimento e a emissão de documento de identificação específico, ou segunda via, para pessoa com transtorno do espectro autista.

- • Inciso VII acrescentado pela Lei n. 13.977, de 8-1-2020.

Art. 2.º Esta Lei entra em vigor na data de sua publicação.

Art. 3.º Revogam-se as disposições em contrário.

Brasília, 12 de fevereiro de 1996; 175.º da Independência e 108.º da República.

Fernando Henrique Cardoso

LEI COMPLEMENTAR N. 87, DE 13 DE SETEMBRO DE 1996 (**)

Dispõe sobre o imposto dos Estados e do Distrito Federal sobre operações relativas à circulação de mercadorias e sobre prestações de serviços de transporte interestadual e intermunicipal e de comunicação, e dá outras providências.

O Presidente da República.

Faço saber que o Congresso Nacional decreta e eu sanciono a seguinte Lei:

Art. 1.º Compete aos Estados e ao Distrito Federal instituir o imposto sobre operações relativas à circulação de mercadorias e sobre prestações de serviços de transporte interestadual e intermunicipal e de comunicação, ainda que as operações e as prestações se iniciem no exterior.

- *Vide* Emenda Constitucional n. 132, de 20-12-2023 (Reforma Tributária).

Art. 2.º O imposto incide sobre:

(**) Publicada no *Diário Oficial da União*, de 16-9-1996. Esta norma é correntemente denominada Lei Kandir. **A Lei Complementar n. 214, de 16-1-2025, revoga esta lei complementar a partir de 1.º-1-2033.**

I – operações relativas à circulação de mercadorias, inclusive o fornecimento de alimentação e bebidas em bares, restaurantes e estabelecimentos similares;

II – prestações de serviços de transporte interestadual e intermunicipal, por qualquer via, de pessoas, bens, mercadorias ou valores;

III – prestações onerosas de serviços de comunicação, por qualquer meio, inclusive a geração, a emissão, a recepção, a transmissão, a retransmissão, a repetição e a ampliação de comunicação de qualquer natureza;

- *Vide* Súmula 350 do STJ.

IV – fornecimento de mercadorias com prestação de serviços não compreendidos na competência tributária dos Municípios;

V – fornecimento de mercadorias com prestação de serviços sujeitos ao imposto sobre serviços, de competência dos Municípios, quando a lei complementar aplicável expressamente o sujeitar à incidência do imposto estadual.

§ 1.º O imposto incide também:

I – sobre a entrada de mercadoria ou bem importados do exterior, por pessoa física ou jurídica, ainda que não seja contribuinte habitual do imposto, qualquer que seja sua finalidade;

- • Inciso I com redação determinada pela Lei Complementar n. 114, de 16-12-2002.

II – sobre o serviço prestado no exterior ou cuja prestação se tenha iniciado no exterior;

III – sobre a entrada, no território do Estado destinatário, de petróleo, inclusive lubrificantes e combustíveis líquidos e gasosos dele derivados, e de energia elétrica, quando não destinados à comercialização ou à industrialização, decorrentes de operações interestaduais, cabendo o imposto ao Estado onde estiver localizado o adquirente.

§ 2.º A caracterização do fato gerador independe da natureza jurídica da operação que o constitua.

Art. 3.º O imposto não incide sobre:

I – operações com livros, jornais, periódicos e o papel destinado a sua impressão;

II – operações e prestações que destinem ao exterior mercadorias, inclusive produtos primários e produtos industrializados semielaborados, ou serviços;

- • *Vide* art. 155, X, *a*, da CF.

III – operações interestaduais relativas a energia elétrica e petróleo, inclusive lubrificantes e combustíveis líquidos e gasosos dele derivados, quando destinados à industrialização ou à comercialização;

IV – operações com ouro, quando definido em lei como ativo financeiro ou instrumento cambial;

V – operações relativas a mercadorias que tenham sido ou que se destinem a ser utilizadas na prestação, pelo próprio autor da saída, de serviço de qualquer natureza definido em lei complementar como sujeito ao imposto sobre serviços, de competência dos Municípios, ressalvadas as hipóteses previstas na mesma lei complementar;

VI – operações de qualquer natureza de que decorra a transferência de propriedade de estabelecimento industrial, comercial ou de outra espécie;

VII – operações decorrentes de alienação fiduciária em garantia, inclusive a operação efetuada pelo credor em decorrência do inadimplemento do devedor;

VIII – operações de arrendamento mercantil, não compreendida a venda do bem arrendado ao arrendatário;

IX – operações de qualquer natureza de que decorra a transferência de bens móveis salvados de sinistro para companhias seguradoras; e

•• Inciso IX com redação determinada pela Lei Complementar n. 194, de 23-6-2022.

X – serviços de transmissão e distribuição e encargos setoriais vinculados às operações com energia elétrica.

•• Inciso X acrescentado pela Lei Complementar n. 194, de 23-6-2022.

Parágrafo único. Equipara-se às operações de que trata o inciso II a saída de mercadoria realizada com o fim específico de exportação para o exterior, destinada a:

I – empresa comercial exportadora, inclusive *tradings* ou outro estabelecimento da mesma empresa;

II – armazém alfandegado ou entreposto aduaneiro.

Art. 4.º Contribuinte é qualquer pessoa, física ou jurídica, que realize, com habitualidade ou em volume que caracterize intuito comercial, operações de circulação de mercadoria ou prestações de serviços de transporte interestadual e intermunicipal e de comunicação, ainda que as operações e as prestações se iniciem no exterior.

§ 1.º É também contribuinte a pessoa física ou jurídica que, mesmo sem habitualidade ou intuito comercial:

•• Parágrafo único, *caput*, renumerado pela Lei Complementar n. 190, de 4-1-2022.
•• Sobre produção de efeitos, *vide* art. 150, III, c, da CF.

I – importe mercadorias ou bens do exterior, qualquer que seja a sua finalidade;

•• Inciso I com redação determinada pela Lei Complementar n. 114, de 16-12-2002.

II – seja destinatária de serviço prestado no exterior ou cuja prestação se tenha iniciado no exterior;

III – adquira em licitação de mercadorias ou bens apreendidos ou abandonados;

•• Inciso III com redação determinada pela Lei Complementar n. 114, de 16-12-2002.

IV – adquira lubrificantes e combustíveis líquidos e gasosos derivados de petróleo e energia elétrica oriundos de outro Estado, quando não destinados à comercialização ou à industrialização.

•• Inciso IV com redação determinada pela Lei Complementar n. 102, de 11-7-2000.

§ 2.º É ainda contribuinte do imposto nas operações ou prestações que destinem mercadorias, bens e serviços a consumidor final não domiciliado ou estabelecido em outro Estado, em relação à diferença entre a alíquota interna do Estado de destino e a alíquota interestadual:

•• § 2.º, *caput*, acrescentado pela Lei Complementar n. 190, de 4-1-2022.
•• Sobre produção de efeitos, *vide* art. 150, III, c, da CF.

I – o destinatário da mercadoria, bem ou serviço, na hipótese de contribuinte do imposto;

•• Inciso I acrescentado pela Lei Complementar n. 190, de 4-1-2022.
•• Sobre produção de efeitos, *vide* art. 150, III, c, da CF.

II – o remetente da mercadoria ou bem ou o prestador de serviço, na hipótese de o destinatário não ser contribuinte do imposto.

•• Inciso II acrescentado pela Lei Complementar n. 190, de 4-1-2022.
•• Sobre produção de efeitos, *vide* art. 150, III, c, da CF.

Art. 5.º Lei poderá atribuir a terceiros a responsabilidade pelo pagamento do imposto e acréscimos devidos pelo contribuinte ou responsável, quando os atos ou omissões daqueles concorrerem para o não recolhimento do tributo.

Art. 6.º Lei estadual poderá atribuir a contribuinte do imposto ou a depositário a qualquer título a responsabilidade pelo seu pagamento, hipótese em que assumirá a condição de substituto tributário.

•• *Caput* com redação determinada pela Lei Complementar n. 114, de 16-12-2002.

§ 1.º A responsabilidade poderá ser atribuída em relação ao imposto incidente sobre uma ou mais operações ou prestações, sejam antecedentes, concomitantes ou subsequentes, inclusive ao valor decorrente da diferença entre alíquotas interna e interestadual nas operações e prestações que destinem bens e serviços a consumidor final localizado em outro Estado, que seja contribuinte do imposto.

§ 2.º A atribuição de responsabilidade dar-se-á em relação a mercadorias, bens ou serviços previstos em lei de cada Estado.

•• § 2.º com redação determinada pela Lei Complementar n. 114, de 16-12-2002.

Art. 7.º Para efeito de exigência do imposto por substituição tributária, inclui-se, também, como fato gerador do imposto, a entrada de mercadoria ou bem no estabelecimento do adquirente ou em outro por ele indicado.

Art. 8.º A base de cálculo, para fins de substituição tributária, será:

I – em relação às operações ou prestações antecedentes ou concomitantes, o valor da operação ou prestação praticado pelo contribuinte substituído;

II – em relação às operações ou prestações subsequentes, obtida pelo somatório das parcelas seguintes:

a) o valor da operação ou prestação própria realizada pelo substituto tributário ou pelo substituído intermediário;

b) o montante dos valores de seguro, de frete e de outros encargos cobrados ou transferíveis aos adquirentes ou tomadores de serviço;

c) a margem de valor agregado, inclusive lucro, relativa às operações ou prestações subsequentes.

§ 1.º Na hipótese de responsabilidade tributária em relação às operações ou prestações antecedentes, o imposto devido pelas referidas operações ou prestações será pago pelo responsável, quando:

I – da entrada ou recebimento da mercadoria, do bem ou do serviço;

•• Inciso I com redação determinada pela Lei Complementar n. 114, de 16-12-2002.

II – da saída subsequente por ele promovida, ainda que isenta ou não tributada;

III – ocorrer qualquer saída ou evento que impossibilite a ocorrência do fato determinante do pagamento do imposto.

§ 2.º Tratando-se de mercadoria ou serviço cujo preço final a consumidor, único ou máximo, seja fixado por órgão público competente, a base de cálculo do imposto, para fins de substituição tributária, é o referido preço por ele estabelecido.

§ 3.º Existindo preço final a consumidor sugerido pelo fabricante ou importador, poderá a lei estabelecer como base de cálculo este preço.

§ 4.º A margem a que se refere a alínea *c* do inciso II do *caput* será estabelecida com base em preços usualmente praticados no mercado considerado, obtidos por levantamento, ainda que por amostragem ou através de informações e outros elementos fornecidos por entidades representativas dos respectivos setores, adotando-se a média ponderada dos preços coletados, devendo os critérios para sua fixação ser previstos em lei.

§ 5.º O imposto a ser pago por substituição tributária, na hipótese do inciso II do *caput*, corresponderá à diferença entre o valor resultante da aplicação da alíquota prevista para as operações ou prestações internas do Estado de destino sobre a respectiva base de cálculo e o valor do imposto devido pela operação ou prestação própria do substituto.

§ 6.º Em substituição ao disposto no inciso II do *caput*, a base de cálculo em relação às operações ou prestações subsequentes poderá ser o preço a consumidor final usualmente praticado no mercado considerado, relativamente ao serviço, à mercadoria ou sua similar, em condições de livre concorrência, adotando-se para sua apuração as regras estabelecidas no § 4.º deste artigo.

•• § 6.º acrescentado pela Lei Complementar n. 114, de 16-12-2002.

Art. 9.º A adoção do regime de substituição tributária em operações interestaduais dependerá de acordo específico celebrado pelos Estados interessados.

§ 1.º A responsabilidade a que se refere o art. 6.º poderá ser atribuída:

I – ao contribuinte que realizar operação interestadual com petróleo, inclusive lubrificantes, combustíveis líquidos e gasosos dele derivados, em relação às operações subsequentes;

II – às empresas geradoras ou distribuidoras de energia elétrica, nas operações internas e interestaduais, na condição de contribuinte ou de substituto tributário, pelo pagamento do imposto, desde a produção ou importação até a última operação, sendo seu cálculo efetuado sobre o preço praticado na operação final, assegurado seu recolhimento ao Estado onde deva ocorrer essa operação.

§ 2.º Nas operações interestaduais com as mercadorias de que tratam os incisos I e II do parágrafo anterior, que tenham como destinatário consumidor final, o imposto incidente na operação será devido ao Estado onde estiver localizado o adquirente e será pago pelo remetente.

Art. 10. É assegurado ao contribuinte substituído o direito à restituição do valor do imposto pago por força da substituição tributária, correspondente ao fato gerador presumido que não se realizar.

§ 1.º Formulado o pedido de restituição e não havendo deliberação no prazo de 90 (noventa) dias, o contribuinte substituído poderá se creditar, em sua escrita fiscal, do valor objeto do pedido, devidamente atualizado segundo os mesmos critérios aplicáveis ao tributo.

§ 2.º Na hipótese do parágrafo anterior, sobrevindo decisão contrária irrecorrível, o contribuinte substituído, no prazo de 15 (quinze) dias da respectiva notificação, procederá ao estorno dos créditos lançados, também devidamente atualizados, com o pagamento dos acréscimos legais cabíveis.

Art. 11. O local da operação ou da prestação, para os efeitos da cobrança do imposto e definição do estabelecimento responsável, é:

I – tratando-se de mercadoria ou bem:

a) o do estabelecimento onde se encontre, no momento da ocorrência do fato gerador;

b) onde se encontre, quando em situação irregular pela falta de documentação fiscal ou quando acompanhado de documentação inidônea, como dispuser a legislação tributária;

c) o do estabelecimento que transfira a propriedade, ou o título que a represente, de mercadoria por ele adquirida no País e que por ele não tenha transitado;

d) importado do exterior, o do estabelecimento onde ocorrer a entrada física;

e) importado do exterior, o do domicílio do adquirente, quando não estabelecido;

f) aquele onde seja realizada a licitação, no caso de arrematação de mercadoria ou bem importados do exterior e apreendidos ou abandonados;

•• Alínea *f* com redação determinada pela Lei Complementar n. 114, de 16-12-2002.

g) o do Estado onde estiver localizado o adquirente, inclusive consumidor final, nas operações interestaduais com energia elétrica e petróleo, lubrificantes e combustíveis dele derivados, quando não destinados à industrialização ou à comercialização;

h) o do Estado de onde o ouro tenha sido extraído, quando não considerado como ativo financeiro ou instrumento cambial;

i) o de desembarque do produto, na hipótese de captura de peixes, crustáceos e moluscos;

II – tratando-se de prestação de serviço de transporte:

a) onde tenha início a prestação;

b) onde se encontre o transportador, quando em situação irregular pela falta de documentação fiscal ou quando acompanhada de documentação inidônea, como dispuser a legislação tributária;

c) *(Revogada pela Lei Complementar n. 190, de 4-1-2022.)*

•• Sobre produção de efeitos, *vide* art. 150, III, *c*, da CF.

III – tratando-se de prestação onerosa de serviço de comunicação:

a) o da prestação do serviço de radiodifusão sonora e de som e imagem, assim entendido o da geração, emissão, transmissão e retransmissão, repetição, ampliação e recepção;

b) o do estabelecimento da concessionária ou da permissionária que forneça ficha, cartão, ou assemelhados com que o serviço é pago;

c) o do estabelecimento destinatário do serviço, na hipótese e para os efeitos do inciso XIII do art. 12;

c-1) o do estabelecimento ou domicílio do tomador do serviço, quando prestado por meio de satélite;

•• Alínea *c-1* acrescentada pela Lei Complementar n. 102, de 11-7-2000.

d) onde seja cobrado o serviço, nos demais casos;

IV – tratando-se de serviços prestados ou iniciados no exterior, o do estabelecimento ou do domicílio do destinatário;

V – tratando-se de operações ou prestações interestaduais destinadas a consumidor final, em relação à diferença entre a alíquota interna do Estado de destino e a alíquota interestadual:

•• Inciso V, *caput*, acrescentado pela Lei Complementar n. 190, de 4-1-2022.

•• Sobre produção de efeitos, *vide* art. 150, III, *c*, da CF.

a) o do estabelecimento do destinatário, quando o destinatário ou o tomador for contribuinte do imposto;

•• Alínea *a* acrescentada pela Lei Complementar n. 190, de 4-1-2022.

•• Sobre produção de efeitos, *vide* art. 150, III, *c*, da CF.

b) o do estabelecimento do remetente ou onde tiver início a prestação, quando o destinatário ou tomador não for contribuinte do imposto.

•• Alínea *b* acrescentada pela Lei Complementar n. 190, de 4-1-2022.

•• Sobre produção de efeitos, *vide* art. 150, III, *c*, da CF.

§ 1.º O disposto na alínea *c* do inciso I não se aplica às mercadorias recebidas em regime de depósito de contribuinte de Estado que não o do depositário.

§ 2.º Para os efeitos da alínea *h* do inciso I, o ouro, quando definido como ativo financeiro ou instrumento cambial, deve ter sua origem identificada.

§ 3.º Para efeito desta Lei Complementar, estabelecimento é o local, privado ou público, edificado ou não, próprio ou de terceiro, onde pessoas físicas ou jurídicas exerçam suas atividades em caráter temporário ou permanente, bem como onde se encontrem armazenadas mercadorias, observado, ainda, o seguinte:

I – na impossibilidade de determinação do estabelecimento, considera-se como tal o local em que tenha sido efetuada a operação ou prestação, encontrada a mercadoria ou constatada a prestação;

II – é autônomo cada estabelecimento do mesmo titular;

III – considera-se também estabelecimento autônomo o veículo usado no comércio ambulante e na captura de pescado;

IV – respondem pelo crédito tributário todos os estabelecimentos do mesmo titular.

§ 4.º *(Vetado.)*

§ 5.º Quando a mercadoria for remetida para armazém geral ou para depósito fechado do próprio contribuinte, no mesmo Estado, a posterior saída considerar-se-á ocorrida no estabelecimento do depositante, salvo se para retornar ao estabelecimento remetente.

§ 6.º Na hipótese do inciso III do *caput* deste artigo, tratando-se de serviços não medidos, que envolvam localidades situadas em diferentes unidades da Federação e cujo preço seja cobrado por períodos definidos, o imposto devido será recolhido em partes iguais para as unidades da Federação onde estiverem localizados o prestador e o tomador.

•• § 6.º acrescentado pela Lei Complementar n. 102, de 11-7-2000.

§ 7.º Na hipótese da alínea *b* do inciso V do *caput* deste artigo, quando o destino final da mercadoria, bem ou serviço ocorrer em Estado diferente daquele em que estiver domiciliado ou estabelecido o adquirente ou o tomador, o imposto correspondente à diferença entre a alíquota interna e a interestadual será devido ao Estado no qual efetivamente ocorrer a entrada física da mercadoria ou bem ou o fim da prestação do serviço.

•• § 7.º acrescentado pela Lei Complementar n. 190, de 4-1-2022.

•• O STF, na ADI n. 7.158, por unanimidade, nas sessões virtuais de 16-12-2022 a 6-2-2023 (*DOU* de 9-2-2023), julgou improcedentes os pedidos formulados na ação direta, para reconhecer a constitucionalidade do § 7.º do art. 11 da Lei Complementar n. 87/96, na redação dada pela Lei

Complementar n. 190/2022, fixando a seguinte tese: "É constitucional o critério previsto no § 7.º do art. 11 da Lei Complementar n. 87/96, na redação dada pela Lei Complementar n. 190/2022, que considera como Estado destinatário, para efeito do recolhimento do diferencial de alíquota do ICMS, aquele em que efetivamente ocorrer a entrada física da mercadoria ou o fim da prestação do serviço, uma vez que conforme a Emenda Constitucional n. 87/2015".
•• Sobre produção de efeitos, vide art. 150, III, c, da CF.

§ 8.º Na hipótese de serviço de transporte interestadual de passageiros cujo tomador não seja contribuinte do imposto:
•• § 8.º, caput, acrescentado pela Lei Complementar n. 190, de 4-1-2022.
•• Sobre produção de efeitos, vide art. 150, III, c, da CF.

I – o passageiro será considerado o consumidor final do serviço, e o fato gerador considerar-se-á ocorrido no Estado referido nas alíneas a ou b do inciso II do caput deste artigo, conforme o caso, não se aplicando o disposto no inciso V do caput e no § 7.º deste artigo; e
•• Inciso I acrescentado pela Lei Complementar n. 190, de 4-1-2022.
•• Sobre produção de efeitos, vide art. 150, III, c, da CF.

II – o destinatário do serviço considerar-se-á localizado no Estado da ocorrência do fato gerador, e a prestação ficará sujeita à tributação pela sua alíquota interna.
•• Inciso II acrescentado pela Lei Complementar n. 190, de 4-1-2022.
•• Sobre produção de efeitos, vide art. 150, III, c, da CF.

Art. 12. Considera-se ocorrido o fato gerador do imposto no momento:
I – da saída de mercadoria de estabelecimento de contribuinte;
•• Inciso I com redação determinada pela Lei Complementar n. 204, de 28-12-2023.

II – do fornecimento de alimentação, bebidas e outras mercadorias por qualquer estabelecimento;
III – da transmissão a terceiro de mercadoria depositada em armazém geral ou em depósito fechado, no Estado do transmitente;
IV – da transmissão de propriedade de mercadoria, ou de título que a represente, quando a mercadoria não tiver transitado pelo estabelecimento transmitente;
V – do início da prestação de serviços de transporte interestadual e intermunicipal, de qualquer natureza;
VI – do ato final do transporte iniciado no exterior;
VII – das prestações onerosas de serviços de comunicação, feita por qualquer meio, inclusive a geração, a emissão, a recepção, a transmissão, a retransmissão, a repetição e a ampliação de comunicação de qualquer natureza;
VIII – do fornecimento de mercadoria com prestação de serviços:
a) não compreendidos na competência tributária dos Municípios;
b) compreendidos na competência tributária dos Municípios e com indicação expressa de incidência do imposto de competência estadual, como definido na lei complementar aplicável;
IX – do desembaraço aduaneiro de mercadorias ou bens importados do exterior;
•• Inciso IX com redação determinada pela Lei Complementar n. 114, de 16-12-2002.

X – do recebimento, pelo destinatário, de serviço prestado no exterior;
XI – da aquisição em licitação pública de mercadorias ou bens importados do exterior e apreendidos ou abandonados;
•• Inciso XI com redação determinada pela Lei Complementar n. 114, de 16-12-2002.

XII – da entrada no território do Estado de lubrificantes e combustíveis líquidos e gasosos derivados de petróleo e energia elétrica oriundos de outro Estado, quando não destinados à comercialização ou à industrialização;
•• Inciso XII com redação determinada pela Lei Complementar n. 102, de 11-7-2000.

XIII – da utilização, por contribuinte, de serviço cuja prestação se tenha iniciado em outro Estado e não esteja vinculada a operação ou prestação subsequente;
XIV – do início da prestação de serviço de transporte interestadual, nas prestações não vinculadas a operação ou prestação subsequente, cujo tomador não seja contribuinte do imposto domiciliado ou estabelecido no Estado de destino;
•• Inciso XIV acrescentado pela Lei Complementar n. 190, de 4-1-2022.
•• Sobre produção de efeitos, vide art. 150, III, c, da CF.

XV – da entrada no território do Estado de bem ou mercadoria oriundos de outro Estado adquiridos por contribuinte do imposto e destinados ao seu uso ou consumo ou à integração ao seu ativo imobilizado;
•• Inciso XV acrescentado pela Lei Complementar n. 190, de 4-1-2022.
•• Sobre produção de efeitos, vide art. 150, III, c, da CF.

XVI – da saída, de estabelecimento de contribuinte, de bem ou mercadoria destinados a consumidor final não contribuinte do imposto domiciliado ou estabelecido em outro Estado.
•• Inciso XVI acrescentado pela Lei Complementar n. 190, de 4-1-2022.
•• Sobre produção de efeitos, vide art. 150, III, c, da CF.

§ 1.º Na hipótese do inciso VII, quando o serviço for prestado mediante pagamento em ficha, cartão ou assemelhados, considera-se ocorrido o fato gerador do imposto quando do fornecimento desses instrumentos ao usuário.

§ 2.º Na hipótese do inciso IX, após o desembaraço aduaneiro, a entrega, pelo depositário, de mercadoria ou bem importados do exterior deverá ser autorizada pelo órgão responsável pelo seu desembaraço, que somente se fará mediante a exibição do comprovante de pagamento do imposto incidente no ato do despacho aduaneiro, salvo disposição em contrário.

§ 3.º Na hipótese de entrega de mercadoria ou bem importados do exterior antes do desembaraço aduaneiro, considera-se ocorrido o fato gerador neste momento, devendo a autoridade responsável, salvo disposição em contrário, exigir a comprovação do pagamento do imposto.
•• § 3.º acrescentado pela Lei Complementar n. 114, de 16-12-2002.

§ 4.º Não se considera ocorrido o fato gerador do imposto na saída de mercadoria de estabelecimento para outro de mesma titularidade, mantendo-se o crédito relativo às operações e prestações anteriores em favor do contribuinte, inclusive nas hipóteses de transferências interestaduais em que os créditos serão assegurados:
•• § 4.º, caput, acrescentado pela Lei Complementar n. 204, de 28-12-2023.

I – pela unidade federada de destino, por meio de transferência de crédito, limitados aos percentuais estabelecidos nos termos do inciso IV do § 2.º do art. 155 da Constituição Federal, aplicados sobre o valor atribuído à operação de transferência realizada;
•• Inciso I acrescentado pela Lei Complementar n. 204, de 28-12-2023.

II – pela unidade federada de origem, em caso de diferença positiva entre os créditos pertinentes às operações e prestações anteriores e o transferido na forma do inciso I deste parágrafo.
•• Inciso II acrescentado pela Lei Complementar n. 204, de 28-12-2023.

§ 5.º Alternativamente ao disposto no § 4.º deste artigo, por opção do contribuinte, a transferência de mercadoria para estabelecimento pertencente ao mesmo titular poderá ser equiparada a operação sujeita à ocorrência do fato gerador de imposto, hipótese em que serão observadas:
•• § 5.º, caput, acrescentado pela Lei Complementar n. 204, de 28-12-2023, originalmente vetado, todavia promulgado em 13-6-2024.

I – nas operações internas, as alíquotas estabelecidas na legislação;
•• Inciso I acrescentado pela Lei Complementar n. 204, de 28-12-2023, originalmente vetado, todavia promulgado em 13-6-2024.

II – nas operações interestaduais, as alíquotas fixadas nos termos do inciso IV do § 2.º do art. 155 da Constituição Federal.
•• Inciso II acrescentado pela Lei Complementar n. 204, de 28-12-2023, originalmente vetado, todavia promulgado em 13-6-2024.

Art. 13. A base de cálculo do imposto é:
• Vide Súmula 457 do STJ.

I – na saída de mercadoria prevista nos incisos I, III e IV do art. 12, o valor da operação;
II – na hipótese do inciso II do art. 12, o valor da operação, compreendendo mercadoria e serviço;
III – na prestação de serviço de transporte interestadual e intermunicipal e de comunicação, o preço do serviço;

IV – no fornecimento de que trata o inciso VIII do art. 12:

a) o valor da operação, na hipótese da alínea *a*;

b) o preço corrente da mercadoria fornecida ou empregada, na hipótese da alínea *b*;

V – na hipótese do inciso IX do art. 12, a soma das seguintes parcelas:

a) o valor da mercadoria ou bem constante dos documentos de importação, observado o disposto no art. 14;

b) imposto de importação;

c) imposto sobre produtos industrializados;

d) imposto sobre operações de câmbio;

e) quaisquer outros impostos, taxas, contribuições e despesas aduaneiras;

•• Alínea *e* com redação determinada pela Lei Complementar n. 114, de 16-12-2002.

VI – na hipótese do inciso X do art. 12, o valor da prestação do serviço, acrescido, se for o caso, de todos os encargos relacionados com a sua utilização;

VII – no caso do inciso XI do art. 12, o valor da operação acrescido do valor dos impostos de importação e sobre produtos industrializados e de todas as despesas cobradas ou debitadas ao adquirente;

VIII – na hipótese do inciso XII do art. 12, o valor da operação de que decorrer a entrada;

IX – nas hipóteses dos incisos XIII e XV do *caput* do art. 12 desta Lei Complementar:

•• Inciso IX, *caput*, com redação determinada pela Lei Complementar n. 190, de 4-1-2022.

•• Sobre produção de efeitos, *vide* art. 150, III, *c*, da CF.

a) o valor da operação ou prestação no Estado de origem, para o cálculo do imposto devido a esse Estado;

•• Alínea *a* acrescentada pela Lei Complementar n. 190, de 4-1-2022.

•• Sobre produção de efeitos, *vide* art. 150, III, *c*, da CF.

b) o valor da operação ou prestação no Estado de destino, para o cálculo do imposto devido a esse Estado;

•• Alínea *b* acrescentada pela Lei Complementar n. 190, de 4-1-2022.

•• Sobre produção de efeitos, *vide* art. 150, III, *c*, da CF.

X – nas hipóteses dos incisos XIV e XVI do *caput* do art. 12 desta Lei Complementar, o valor da operação ou o preço do serviço, para o cálculo do imposto devido ao Estado de origem e ao de destino.

•• Inciso X acrescentado pela Lei Complementar n. 190, de 4-1-2022.

•• Sobre produção de efeitos, *vide* art. 150, III, *c*, da CF.

§ 1.º Integra a base de cálculo do imposto, inclusive nas hipóteses dos incisos V, IX e X do *caput* deste artigo:

•• § 1.º, *caput*, com redação determinada pela Lei Complementar n. 190, de 4-1-2022.

•• Sobre produção de efeitos, *vide* art. 150, III, *c*, da CF.

I – o montante do próprio imposto, constituindo o respectivo destaque mera indicação para fins de controle;

II – o valor correspondente a:

a) seguros, juros e demais importâncias pagas, recebidas ou debitadas, bem como descontos concedidos sob condição;

b) frete, caso o transporte seja efetuado pelo próprio remetente ou por sua conta e ordem e seja cobrado em separado.

§ 2.º Não integra a base de cálculo do imposto o montante do Imposto sobre Produtos Industrializados, quando a operação, realizada entre contribuintes e relativa a produto destinado à industrialização ou à comercialização, configurar fato gerador de ambos os impostos.

§ 3.º No caso da alínea *b* do inciso IX e do inciso X do *caput* deste artigo, o imposto a pagar ao Estado de destino será o valor correspondente à diferença entre a alíquota interna do Estado de destino e a interestadual.

•• § 3.º com redação determinada pela Lei Complementar n. 190, de 4-1-2022.

•• Sobre produção de efeitos, *vide* art. 150, III, *c*, da CF.

§ 4.º (*Revogado pela Lei Complementar n. 204, de 28-12-2023.*)

§ 5.º Nas operações e prestações interestaduais entre estabelecimentos de contribuintes diferentes, caso haja reajuste do valor depois da remessa ou da prestação, a diferença fica sujeita ao imposto no estabelecimento do remetente ou do prestador.

§ 6.º Utilizar-se-á, para os efeitos do inciso IX do *caput* deste artigo:

•• § 6.º, *caput*, acrescentado pela Lei Complementar n. 190, de 4-1-2022.

•• Sobre produção de efeitos, *vide* art. 150, III, *c*, da CF.

I – a alíquota prevista para a operação ou prestação interestadual, para estabelecer a base de cálculo da operação ou prestação no Estado de origem;

•• Inciso I acrescentado pela Lei Complementar n. 190, de 4-1-2022.

•• Sobre produção de efeitos, *vide* art. 150, III, *c*, da CF.

II – a alíquota prevista para a operação ou prestação interna, para estabelecer a base de cálculo da operação ou prestação no Estado de destino.

•• Inciso II acrescentado pela Lei Complementar n. 190, de 4-1-2022.

•• Sobre produção de efeitos, *vide* art. 150, III, *c*, da CF.

§ 7.º Utilizar-se-á, para os efeitos do inciso X do *caput* deste artigo, a alíquota prevista para a operação ou prestação interna no Estado de destino para estabelecer a base de cálculo da operação ou prestação.

•• § 7.º acrescentado pela Lei Complementar n. 190, de 4-1-2022.

•• Sobre produção de efeitos, *vide* art. 150, III, *c*, da CF.

Art. 14. O preço de importação expresso em moeda estrangeira será convertido em moeda nacional pela mesma taxa de câmbio utilizada no cálculo do imposto de importação, sem qualquer acréscimo ou devolução posterior se houver variação da taxa de câmbio até o pagamento efetivo do preço.

Parágrafo único. O valor fixado pela autoridade aduaneira para base de cálculo do imposto de importação, nos termos da lei aplicável, substituirá o preço declarado.

Art. 15. Na falta do valor a que se referem os incisos I e VIII do art. 13, a base de cálculo do imposto é:

I – o preço corrente da mercadoria, ou de seu similar, no mercado atacadista do local da operação ou, na sua falta, no mercado atacadista regional, caso o remetente seja produtor, extrator ou gerador, inclusive de energia;

II – o preço FOB estabelecimento industrial à vista, caso o remetente seja industrial;

III – o preço FOB estabelecimento comercial à vista, na venda a outros comerciantes ou industriais, caso o remetente seja comerciante.

§ 1.º Para aplicação dos incisos II e III do *caput*, adotar-se-á sucessivamente:

I – o preço efetivamente cobrado pelo estabelecimento remetente na operação mais recente;

II – caso o remetente não tenha efetuado venda de mercadoria, o preço corrente da mercadoria ou de seu similar no mercado atacadista do local da operação ou, na falta deste, no mercado atacadista regional.

§ 2.º Na hipótese do inciso III do *caput*, se o estabelecimento remetente não efetue vendas a outros comerciantes ou industriais ou, em qualquer caso, se não houver mercadoria similar, a base de cálculo será equivalente a 75% (setenta e cinco por cento) do preço de venda corrente no varejo.

Art. 16. Nas prestações sem preço determinado, a base de cálculo do imposto é o valor corrente do serviço, no local da prestação.

Art. 17. Quando o valor do frete, cobrado por estabelecimento pertencente ao mesmo titular da mercadoria ou por outro estabelecimento de empresa que com aquele mantenha relação de interdependência, exceder os níveis normais de preços em vigor, no mercado local, para serviço semelhante, constantes de tabelas elaboradas pelos órgãos competentes, o valor excedente será havido como parte do preço da mercadoria.

Parágrafo único. Considerar-se-ão interdependentes duas empresas quando:

I – uma delas, por si, seus sócios ou acionistas, e respectivos cônjuges ou filhos menores, for titular de mais de 50% (cinquenta por cento) do capital da outra;

II – uma mesma pessoa fizer parte de ambas, na qualidade de diretor, ou sócio com funções de gerência, ainda que exercidas sob outra denominação;

III – uma delas locar ou transferir a outra, a qualquer título, veículo destinado ao transporte de mercadorias.

Art. 18. Quando o cálculo do tributo tenha por base, ou tome em consideração, o valor ou o preço de mercadorias, bens, serviços ou direitos, a autoridade lançadora, mediante processo regular, arbitrará aquele valor ou preço, sempre que sejam omissos ou não mereçam fé as declarações ou os esclarecimentos prestados, ou os documentos expedidos pelo sujeito passivo ou pelo terceiro legalmente obrigado, ressalvada, em caso de contestação, avaliação contraditória, administrativa ou judicial.

Art. 19. O imposto é não cumulativo, compensando-se o que for devido em cada operação relativa à circulação de mercadorias ou prestação de serviços de transporte interestadual e intermunicipal e de comunicação com o montante cobrado nas anteriores pelo mesmo ou por outro Estado.

Art. 20. Para a compensação a que se refere o artigo anterior, é assegurado ao sujeito passivo o direito de creditar-se do imposto anteriormente cobrado em operações de que tenha resultado a entrada de mercadoria, real ou simbólica, no estabelecimento, inclusive a destinada ao seu uso ou consumo ou ao ativo permanente, ou o recebimento de serviços de transporte interestadual e intermunicipal ou de comunicação.

§ 1.º Não dão direito a crédito as entradas de mercadorias ou utilização de serviços resultantes de operações ou prestações isentas ou não tributadas, ou que se refiram a mercadorias ou serviços alheios à atividade do estabelecimento.

§ 2.º Salvo prova em contrário, presumem-se alheios à atividade do estabelecimento os veículos de transporte pessoal.

§ 3.º É vedado o crédito relativo a mercadoria entrada no estabelecimento ou a prestação de serviços a ele feita:

I – para integração ou consumo em processo de industrialização ou produção rural, quando a saída do produto resultante não for tributada ou estiver isenta do imposto, exceto se tratar-se de saída para o exterior;

II – para comercialização ou prestação de serviço, quando a saída ou a prestação subsequente não forem tributadas ou estiverem isentas do imposto, exceto as destinadas ao exterior.

§ 4.º Deliberação dos Estados, na forma do art. 28, poderá dispor que não se aplique, no todo ou em parte, a vedação prevista no parágrafo anterior.

§ 5.º Para efeito do disposto no *caput* deste artigo, relativamente aos créditos decorrentes de entrada de mercadorias no estabelecimento destinadas ao ativo permanente, deverá ser observado:

•• § 5.º, *caput*, com redação determinada pela Lei Complementar n. 102, de 11-7-2000.
•• O STF, na ADI n. 2.325-0, em medida liminar concedida aos 23-9-2004 (*DJ* de 4-10-2004), determinou para este dispositivo eficácia a partir de 1.º-1-2001, vigência consentânea com o dispositivo constitucional da anterioridade.

I – a apropriação será feita à razão de 1/48 (um quarenta e oito avos) por mês, devendo a primeira fração ser apropriada no mês em que ocorrer a entrada no estabelecimento;

•• Inciso I acrescentado pela Lei Complementar n. 102, de 11-7-2000.

II – em cada período de apuração do imposto, não será admitido o creditamento de que trata o inciso I, em relação à proporção das operações de saídas ou prestações isentas ou não tributadas sobre o total das operações de saídas ou prestações efetuadas no mesmo período;

•• Inciso II acrescentado pela Lei Complementar n. 102, de 11-7-2000.

III – para aplicação do disposto nos incisos I e II deste parágrafo, o montante do crédito a ser apropriado será o obtido multiplicando-se o valor total do respectivo crédito pelo fator igual a 1/48 (um quarenta e oito avos) da relação entre o valor das operações de saídas e prestações tributadas e o total das operações de saídas e prestações do período, equiparando-se às tributadas, para fins deste inciso, as saídas e prestações com destino ao exterior ou saídas de papel destinado à impressão de livros, jornais e periódicos;

•• Inciso III com redação determinada pela Lei Complementar n. 120, de 29-12-2005.

IV – o quociente de 1/48 (um quarenta e oito avos) será proporcionalmente aumentado ou diminuído, *pro rata die*, caso o período de apuração seja superior ou inferior a um mês;

•• Inciso IV acrescentado pela Lei Complementar n. 102, de 11-7-2000.

V – na hipótese de alienação dos bens do ativo permanente, antes de decorrido o prazo de 4 (quatro) anos contado da data de sua aquisição, não será admitido, a partir da data da alienação, o creditamento de que trata este parágrafo em relação à fração que corresponderia ao restante do quadriênio;

•• Inciso V acrescentado pela Lei Complementar n. 102, de 11-7-2000.

VI – serão objeto de outro lançamento, além do lançamento em conjunto com os demais créditos, para efeito da compensação prevista neste artigo e no art. 19, em livro próprio ou de outra forma que a legislação determinar, para aplicação do disposto nos incisos I a V deste parágrafo; e

•• Inciso VI acrescentado pela Lei Complementar n. 102, de 11-7-2000.

VII – ao final do quadragésimo oitavo mês contado da data da entrada do bem no estabelecimento, o saldo remanescente do crédito será cancelado.

•• Inciso VII acrescentado pela Lei Complementar n. 102, de 11-7-2000.
•• O STF, na ADI n. 2.325-0, em medida liminar concedida em 23-9-2004 (*DJ* de 4-10-2004), determinou para este dispositivo eficácia a partir de 1.º-1-2001, vigência consentânea com o dispositivo constitucional da anterioridade.

§ 6.º Operações tributadas, posteriores a saídas de que trata o § 3.º, dão ao estabelecimento que as praticar direito a creditar-se do imposto cobrado nas operações anteriores às isentas ou não tributadas sempre que a saída isenta ou não tributada seja relativa a:

I – produtos agropecuários;

II – quando autorizado em lei estadual, outras mercadorias.

Art. 20-A. Nas hipóteses dos incisos XIV e XVI do *caput* do art. 12 desta Lei Complementar, o crédito relativo às operações e prestações anteriores deve ser deduzido apenas do débito correspondente ao imposto devido à unidade federada de origem.

•• Artigo acrescentado pela Lei Complementar n. 190, de 4-1-2022.
•• Sobre produção de efeitos, *vide* art. 150, III, *c*, da CF.

Art. 21. O sujeito passivo deverá efetuar o estorno do imposto de que se tiver creditado sempre que o serviço tomado ou a mercadoria entrada no estabelecimento:

I – for objeto de saída ou prestação de serviço não tributada ou isenta, sendo esta circunstância imprevisível na data da entrada da mercadoria ou da utilização do serviço;

II – for integrada ou consumida em processo de industrialização, quando a saída do produto resultante não for tributada ou estiver isenta do imposto;

III – vier a ser utilizada em fim alheio à atividade do estabelecimento;

IV – vier a perecer, deteriorar-se ou extraviar-se.

§ 1.º (*Revogado pela Lei Complementar n. 102, de 11-7-2000.*)

§ 2.º Não se estornam créditos referentes a mercadorias e serviços que venham a ser objeto de operações ou prestações destinadas ao exterior ou de operações com o papel destinado à impressão de livros, jornais e periódicos.

•• § 2.º com redação determinada pela Lei Complementar n. 120, de 29-12-2005.

§ 3.º O não creditamento ou o estorno a que se referem o § 3.º do art. 20 e o *caput* deste artigo não impedem a utilização dos mesmos créditos em operações posteriores, sujeitas ao imposto, com a mesma mercadoria.

§§ 4.º a 8.º (*Revogados pela Lei Complementar n. 102, de 11-7-2000.*)

Art. 22. (*Vetado.*)

Art. 23. O direito de crédito, para efeito de compensação com débito do imposto, reconhecido ao estabelecimento que tenha recebido as mercadorias ou para o qual tenham sido prestados os serviços, está condicionado à idoneidade da documentação e, se for o caso, à escrituração nos prazos e condições estabelecidos na legislação.

•• *Vide* Súmula 509 do STJ.

Parágrafo único. O direito de utilizar o crédito extingue-se depois de decorridos 5 (cinco) anos contados da data de emissão do documento.

Art. 24. A legislação tributária estadual disporá sobre o período de apuração do imposto. As obrigações consideram-se vencidas na data em que termina o período de apuração e são liquidadas por compensação ou mediante pagamento em dinheiro como disposto neste artigo:

I – as obrigações consideram-se liquidadas por compensação até o montante dos créditos escriturados no mesmo período mais o saldo credor de período ou períodos anteriores, se for o caso;

II – se o montante dos débitos do período superar o dos créditos, a diferença será liquidada dentro do prazo fixado pelo Estado;

III – se o montante dos créditos superar os dos débitos, a diferença será transportada para o período seguinte.

Art. 24-A. Os Estados e o Distrito Federal divulgarão, em portal próprio, as informações necessárias ao cumprimento das obrigações tributárias, principais e acessórias, nas operações e prestações interestaduais, conforme o tipo.

•• *Caput* acrescentado pela Lei Complementar n. 190, de 4-1-2022.
•• Sobre produção de efeitos, *vide* art. 150, III, *c*, da CF.

§ 1.º O portal de que trata o *caput* deste artigo deverá conter, inclusive:

•• § 1.º, *caput*, acrescentado pela Lei Complementar n. 190, de 4-1-2022.
•• Sobre produção de efeitos, *vide* art. 150, III, *c*, da CF.

I – a legislação aplicável à operação ou prestação específica, incluídas soluções de consulta e decisões em processo administrativo fiscal de caráter vinculante;

•• Inciso I acrescentado pela Lei Complementar n. 190, de 4-1-2022.
•• Sobre produção de efeitos, *vide* art. 150, III, *c*, da CF.

II – as alíquotas interestadual e interna aplicáveis à operação ou prestação;

•• Inciso II acrescentado pela Lei Complementar n. 190, de 4-1-2022.
•• Sobre produção de efeitos, *vide* art. 150, III, *c*, da CF.

III – as informações sobre benefícios fiscais ou financeiros e regimes especiais que possam alterar o valor a ser recolhido do imposto; e

•• Inciso III acrescentado pela Lei Complementar n. 190, de 4-1-2022.
•• Sobre produção de efeitos, *vide* art. 150, III, *c*, da CF.

IV – as obrigações acessórias a serem cumpridas em razão da operação ou prestação realizada.

•• Inciso IV acrescentado pela Lei Complementar n. 190, de 4-1-2022.
•• Sobre produção de efeitos, *vide* art. 150, III, *c*, da CF.

§ 2.º O portal referido no *caput* deste artigo conterá ferramenta que permita a apuração centralizada do imposto pelo contribuinte definido no inciso II do § 2.º do art. 4.º desta Lei Complementar, e a emissão das guias de recolhimento, para cada ente da Federação, da diferença entre a alíquota interna do Estado de destino e a alíquota interestadual da operação.

•• § 2.º acrescentado pela Lei Complementar n. 190, de 4-1-2022.
•• Sobre produção de efeitos, *vide* art. 150, III, *c*, da CF.

§ 3.º Para o cumprimento da obrigação principal e da acessória disposta no § 2.º deste artigo, os Estados e o Distrito Federal definirão em conjunto os critérios técnicos necessários para a integração e a unificação dos portais das respectivas secretarias de fazenda dos Estados e do Distrito Federal.

•• § 3.º acrescentado pela Lei Complementar n. 190, de 4-1-2022.
•• Sobre produção de efeitos, *vide* art. 150, III, *c*, da CF.

§ 4.º Para a adaptação tecnológica do contribuinte, o inciso II do § 2.º do art. 4.º, a alínea *b* do inciso V do *caput* do art. 11 e o inciso XVI do *caput* do art. 12 desta Lei Complementar somente produzirão efeito no primeiro dia útil do terceiro mês subsequente ao da disponibilização do portal de que trata o *caput* deste artigo.

•• § 4.º acrescentado pela Lei Complementar n. 190, de 4-1-2022.
•• Sobre produção de efeitos, *vide* art. 150, III, *c*, da CF.

§ 5.º A apuração e o recolhimento do imposto devido nas operações e prestações interestaduais de que trata a alínea *b* do inciso V do *caput* do art. 11 desta Lei Complementar observarão o definido em convênio celebrado nos termos da Lei Complementar n. 24, de 7 de janeiro de 1975, e, naquilo que não lhe for contrário, nas respectivas legislações tributárias estaduais.

•• § 5.º acrescentado pela Lei Complementar n. 190, de 4-1-2022.
•• Sobre produção de efeitos, *vide* art. 150, III, *c*, da CF.

Art. 25. Para efeito de aplicação do disposto no art. 24, os débitos e créditos devem ser apurados em cada estabelecimento, compensando-se os saldos credores e devedores entre os estabelecimentos do mesmo sujeito passivo localizados no Estado.

•• *Caput* com redação determinada pela Lei Complementar n. 102, de 11-7-2000.

§ 1.º Saldos credores acumulados a partir da data de publicação desta Lei Complementar por estabelecimentos que realizem operações e prestações de que tratam o inciso II do art. 3.º e seu parágrafo único podem ser, na proporção que estas saídas representem do total das saídas realizadas pelo estabelecimento:

I – imputados pelo sujeito passivo a qualquer estabelecimento seu no Estado;

II – havendo saldo remanescente, transferidos pelo sujeito passivo a outros contribuintes do mesmo Estado, mediante a emissão pela autoridade competente de documento que reconheça o crédito.

§ 2.º Lei estadual poderá, nos demais casos de saldos credores acumulados a partir da vigência desta Lei Complementar, permitir que:

I – sejam imputados pelo sujeito passivo a qualquer estabelecimento seu no Estado;

II – sejam transferidos, nas condições que definir, a outros contribuintes do mesmo Estado.

Art. 26. Em substituição ao regime de apuração mencionado nos arts. 24 e 25, a lei estadual poderá estabelecer:

I – que o cotejo entre créditos e débitos se faça por mercadoria ou serviço dentro de determinado período;

II – que o cotejo entre créditos e débitos se faça por mercadoria ou serviço em cada operação;

III – que, em função do porte ou da atividade do estabelecimento, o imposto seja pago em parcelas periódicas e calculado por estimativa, para um determinado período, assegurado ao sujeito passivo o direito de impugná-la e instaurar processo contraditório.

§ 1.º Na hipótese do inciso III, ao fim do período, será feito o ajuste com base na escrituração regular do contribuinte, que pagará a diferença apurada, se positiva; caso contrário, a diferença será compensada com o pagamento referente ao período ou períodos imediatamente seguintes.

§ 2.º A inclusão de estabelecimento no regime de que trata o inciso III não dispensa o sujeito passivo do cumprimento de obrigações acessórias.

Arts. 27 a 30. (*Vetados.*)

Art. 31. Nos exercícios financeiros de 2003 a 2006 a União entregará mensalmente recursos aos Estados e seus Municípios, obedecidos os montantes, os critérios, os prazos e as demais condições fixados no Anexo desta Lei Complementar.

•• *Caput* com redação determinada pela Lei Complementar n. 115, de 26-12-2002.
•• *Vide* art. 91, § 3.º, do ADCT.

§ 1.º Do montante de recursos que couber a cada Estado, a União entregará, diretamente:

•• § 1.º, *caput*, com redação determinada pela Lei Complementar n. 115, de 26-12-2002.

I – 75% (setenta e cinco por cento) ao próprio Estado; e

II – 25% (vinte e cinco por cento) aos respectivos Municípios, de acordo com os critérios previstos no parágrafo único do art. 158 da Constituição Federal.

§ 2.º Para atender ao disposto no *caput* os recursos do Tesouro Nacional serão provenientes:

•• § 2.º, *caput*, com redação determinada pela Lei Complementar n. 115, de 26-12-2002.

I – da emissão de títulos de sua responsabilidade, ficando autorizada, desde já, a inclusão nas leis orçamentárias anuais de estimativa de receita decorrente dessas emissões, bem como de dotação até os montantes anuais previstos no Anexo, não se aplicando neste caso, desde que atendidas as condições e os limites globais fixados pelo Senado Federal, quaisquer restrições ao acréscimo que acarretará no endividamento da União;

II – de outras fontes de recursos.

§ 3.º A entrega dos recursos a cada unidade federada, na forma e condições detalhadas no Anexo, especialmente no seu item 3, será satisfeita, primeiro, para efeito de pagamento ou compensação da dívida da respectiva unidade, inclusive de sua administração indireta, vencida e não paga junto à União, bem como para o ressarcimento à União de despesas decorrentes de eventuais garantias honradas de operações de crédito externas. O saldo remanescente, se houver, será creditado em moeda corrente.

•• § 3.º com redação determinada pela Lei Complementar n. 115, de 26-12-2002.

§ 4.º A entrega dos recursos a cada unidade federada, na forma e condições detalhadas no Anexo, subordina-se à existência de disponibilidades orçamentárias consignadas a essa finalidade na respectiva Lei Orçamentária Anual da União, inclusive eventuais créditos adicionais.

•• § 4.º com redação determinada pela Lei Complementar n. 115, de 26-12-2002.

§ 4.º-A. *(Revogado pela Lei Complementar n. 115, de 26-12-2002.)*

§ 5.º Para efeito da apuração de que trata o art. 4.º da Lei Complementar n. 65, de 15 de abril de 1991, será considerado o valor das respectivas exportações de produtos industrializados, inclusive de semielaborados, não submetidas à incidência do imposto sobre operações relativas à circulação de mercadorias e sobre prestações de serviços de transporte interestadual e intermunicipal e de comunicação, em 31 de julho de 1996.

•• § 5.º com redação determinada pela Lei Complementar n. 102, de 11-7-2000.

•• **A Lei Complementar n. 214, de 16-1-2025, acrescenta este artigo, com produção de efeitos a partir de 1.º-1-2026:** "Art. 31-A. Em relação aos fatos geradores ocorridos de 1.º de janeiro de 2029 a 31 de dezembro de 2032, as alíquotas do imposto serão reduzidas nas seguintes proporções das alíquotas previstas nas legislações dos Estados ou do Distrito Federal, vigentes em 31 de dezembro de 2028: I – 10% (dez por cento), em 2029; II – 20% (vinte por cento), em 2030; III – 30% (trinta por cento), em 2031; e IV – 40% (quarenta por cento), em 2032. § 1.º O disposto no *caput* aplica-se a todas as operações e prestações tributadas pelo imposto, inclusive: I – aos combustíveis sobre os quais a incidência ocorre uma única vez, a que se refere a Lei Complementar n. 192, de 11 de março de 2022; II – às alíquotas estabelecidas na Resolução n. 22, de 19 de maio de 1989, e na Resolução n. 13, de 25 de abril de 2012, ambas do Senado Federal. § 2.º No período de que trata o *caput*, os benefícios ou os incentivos fiscais ou financeiros relativos ao imposto serão reduzidos na mesma proporção da redução das alíquotas prevista nos incisos do *caput*. § 3.º Para os fins da aplicação do disposto no § 2.º, os percentuais e outros parâmetros utilizados para calcular os benefícios ou incentivos fiscais ou financeiros relativos ao imposto serão reduzidos na mesma proporção da redução das alíquotas, em decorrência do disposto no *caput* deste artigo. § 4.º O disposto no § 3.º não se aplica caso os benefícios ou os incentivos fiscais ou financeiros relativos ao imposto já tenham sido reduzidos proporcionalmente por força da redução das alíquotas em decorrência do disposto nos termos do *caput* deste artigo. § 5.º Compete ao Conselho Nacional de Política Fazendária (Confaz) estabelecer a disciplina a ser observada na hipótese a que se refere o § 3.º. § 6.º Para fins do disposto no § 5.º, as deliberações serão aprovadas por maioria simples dos votos. § 7.º Os benefícios e incentivos fiscais ou financeiros referidos no art. 3.º da Lei Complementar n. 160, de 7 de agosto de 2017, serão reduzidos na forma deste artigo, não se aplicando a redução prevista no § 2.º-A do art. 3.º da referida Lei Complementar".

Art. 32. A partir da data de publicação desta Lei Complementar:

I – o imposto não incidirá sobre operações que destinem ao exterior mercadorias, inclusive produtos primários e produtos industrializados semielaborados, bem como sobre prestações de serviços para o exterior;

II – darão direito de crédito, que não será objeto de estorno, as mercadorias entradas no estabelecimento para integração ou consumo em processo de produção de mercadorias industrializadas, inclusive semielaboradas, destinadas ao exterior;

III – entra em vigor o disposto no Anexo integrante desta Lei Complementar.

Art. 32-A. As operações relativas aos combustíveis, ao gás natural, à energia elétrica, às comunicações e ao transporte coletivo, para fins de incidência de imposto de que trata esta Lei Complementar, são consideradas operações de bens e serviços essenciais e indispensáveis, que não podem ser tratados como supérfluos.

•• *Caput* acrescentado pela Lei Complementar n. 194, de 23-6-2022.

§ 1.º Para efeito do disposto neste artigo:

•• § 1.º, *caput*, acrescentado pela Lei Complementar n. 194, de 23-6-2022.

I – é vedada a fixação de alíquotas sobre as operações referidas no *caput* deste artigo em patamar superior ao das operações em geral, considerada a essencialidade dos bens e serviços;

•• Inciso I acrescentado pela Lei Complementar n. 194, de 23-6-2022.

II – é facultada ao ente federativo competente a aplicação de alíquotas reduzidas em relação aos bens referidos no *caput* deste artigo, como forma de beneficiar os consumidores em geral; e

•• Inciso II acrescentado pela Lei Complementar n. 194, de 23-6-2022.

III – *(Revogado pela Lei Complementar n. 201, de 24-10-2023.)*

§ 2.º No que se refere aos combustíveis, a alíquota definida conforme o disposto no § 1.º deste artigo servirá como limite máximo para a definição das alíquotas específicas (*ad rem*) a que se refere a alínea *b* do inciso V do *caput* do art. 3.º da Lei Complementar n. 192, de 11 de março de 2022.

•• § 2.º acrescentado pela Lei Complementar n. 194, de 23-6-2022.

Art. 33. Na aplicação do art. 20 observar-se-á o seguinte:

I – somente darão direito de crédito as mercadorias destinadas ao uso ou consumo do estabelecimento nele entradas a partir de 1.º de janeiro de 2033;

•• Inciso I com redação determinada pela Lei Complementar n. 171, de 27-12-2019.

II – somente dará direito a crédito a entrada de energia elétrica no estabelecimento:

•• Inciso II, *caput*, com redação determinada pela Lei Complementar n. 102, de 11-7-2000.
•• O STF, na ADI n. 2.325-0, em medida liminar concedida aos 23-9-2004 (*DJ* de 4-10-2004), determinou para este dispositivo eficácia a partir de 1.º-1-2001, vigência consentânea com o dispositivo constitucional da anterioridade.

a) quando for objeto de operação de saída de energia elétrica;

•• Alínea *a* com redação determinada pela Lei Complementar n. 102, de 11-7-2000.

b) quando consumida no processo de industrialização;

•• Alínea *b* com redação determinada pela Lei Complementar n. 102, de 11-7-2000.

c) quando seu consumo resultar em operação de saída ou prestação para o exterior, na proporção destas sobre as saídas ou prestações totais; e

•• Alínea *c* com redação determinada pela Lei Complementar n. 102, de 11-7-2000.

d) a partir de 1.º de janeiro de 2033, nas demais hipóteses;

•• Alínea *d* com redação determinada pela Lei Complementar n. 171, de 27-12-2019.

III – somente darão direito de crédito as mercadorias destinadas ao ativo permanente do estabelecimento, nele entradas a partir da data da entrada desta Lei Complementar em vigor;

IV – somente dará direito a crédito o recebimento de serviços de comunicação utilizados pelo estabelecimento:

•• Inciso IV, *caput*, acrescentado pela Lei Complementar n. 102, de 11-7-2000.

a) ao qual tenham sido prestados na execução de serviços da mesma natureza;

•• Alínea *a* acrescentada pela Lei Complementar n. 102, de 11-7-2000.

b) quando sua utilização resultar em operação de saída ou prestação para o exterior, na proporção desta sobre as saídas ou prestações totais; e

•• Alínea *b* acrescentada pela Lei Complementar n. 102, de 11-7-2000.

c) a partir de 1.º de janeiro de 2033, nas demais hipóteses.

•• Alínea *c* com redação determinada pela Lei Complementar n. 171, de 27-12-2019.

Art. 34. *(Vetado.)*

Art. 35. As referências feitas aos Estados nesta Lei Complementar entendem-se feitas também ao Distrito Federal.

Art. 36. Esta Lei Complementar entra em vigor no primeiro dia do segundo mês seguinte ao da sua publicação, observado o disposto nos arts. 32 e 33 e no Anexo integrante desta Lei Complementar.

Brasília, 13 de setembro de 1996; 175.º da Independência e 108.º da República.

Fernando Henrique Cardoso

Anexo

•• Anexo com redação determinada pela Lei Complementar n. 115, de 26-12-2002.
•• *Vide* art. 91, § 3.º, do ADCT.

Lei n. 9.316, de 22-11-1996 – Imposto de Renda

1. A entrega de recursos a que se refere o art. 31 da Lei Complementar n. 87, de 13 de setembro de 1996, será realizada da seguinte forma:
1.1. a União entregará aos Estados e aos seus Municípios, no exercício financeiro de 2003, o valor de até R$ 3.900.000.000,00 (três bilhões e novecentos milhões de reais), desde que respeitada a dotação consignada da Lei Orçamentária Anual da União de 2003 e eventuais créditos adicionais;
1.2. nos exercícios financeiros de 2004 a 2006, a União entregará aos Estados e aos seus Municípios os montantes consignados a essa finalidade nas correspondentes Leis Orçamentárias Anuais da União;
1.3. a cada mês, o valor a ser entregue aos Estados e aos seus Municípios corresponderá ao montante do saldo orçamentário existente no dia 1.º, dividido pelo número de meses remanescentes no ano;
1.3.1. nos meses de janeiro e fevereiro de 2003, o saldo orçamentário, para efeito do cálculo da parcela pertencente a cada Estado e a seus Municípios, segundo os coeficientes individuais de participação definidos no item 1.5 deste Anexo, corresponderá ao montante remanescente após a dedução dos valores de entrega mencionados no art. 3.º desta Lei Complementar;
1.3.1.1. nesses meses, a parcela pertencente aos Estados que fizerem jus ao disposto no art. 3.º desta Lei Complementar corresponderá ao somatório dos montantes derivados da aplicação do referido artigo e dos coeficientes individuais de participação definidos no item 1.5 deste Anexo;
1.3.2. no mês de dezembro, o valor de entrega corresponderá ao saldo orçamentário existente no dia 15.
1.4. Os recursos serão entregues aos Estados e aos seus respectivos Municípios no último dia útil de cada mês.
1.5. A parcela pertencente a cada Estado, incluídas as parcelas de seus Municípios, será proporcional aos seguintes coeficientes individuais de participação:

AC	0,09104%	PB	0,28750%
AL	0,84022%	PR	10,08256%
AP	0,40648%	PE	1,48565%
AM	1,00788%	PI	0,30165%
BA	3,71666%	RJ	5,86503%
CE	1,62881%	RN	0,36214%
DF	0,80975%	RS	10,04446%
ES	4,26332%	RO	0,24939%
GO	1,33472%	RR	0,03824%
MA	1,67880%	SC	3,59131%
MT	1,94087%	SP	31,14180%
MS	1,23465%	SE	0,25049%
MG	12,90414%	TO	0,07873%
PA	4,36371%	TOTAL	100,00000%

2. Caberá ao Ministério da Fazenda apurar o montante mensal a ser entregue aos Estados e aos seus Municípios.
2.1. O Ministério da Fazenda publicará no Diário Oficial da União, até cinco dias úteis antes da data prevista para a efetiva entrega dos recursos, o resultado do cálculo do montante a ser entregue aos Estados e aos seus Municípios, o qual, juntamente com o detalhamento da memória de cálculo, será remetido, no mesmo prazo, ao Tribunal de Contas da União.
2.2. Do montante dos recursos que cabe a cada Estado, a União entregará, diretamente ao próprio Estado, setenta e cinco por cento, e aos seus Municípios, vinte e cinco por cento, distribuídos segundo os mesmos critérios de rateio aplicados às parcelas de receita que lhes cabem do ICMS.
2.3. Antes do início de cada exercício financeiro, o Estado comunicará ao Ministério da Fazenda os coeficientes de participação dos respectivos Municípios no rateio da parcela do ICMS a serem aplicados no correspondente exercício, observado o seguinte:
2.3.1. o atraso na comunicação dos coeficientes acarretará a suspensão da transferência dos recursos ao Estado e aos respectivos Municípios até que seja regularizada a entrega das informações;
2.3.1.1. os recursos em atraso e os do mês em que ocorrer o fornecimento das informações serão entregues no último dia útil do mês seguinte à regularização, se esta ocorrer após o décimo quinto dia; caso contrário, a entrega dos recursos ocorrerá no último dia útil do próprio mês da regularização.
3. A forma de entrega dos recursos a cada Estado e a cada Município observará o disposto neste item.
3.1. Para efeito de entrega dos recursos à unidade federada e por uma das duas formas previstas no subitem 3.3 serão obrigatoriamente considerados, pela ordem e até o montante total da entrega apurado no respectivo período, os valores das seguintes dívidas:
3.1.1. contraídas junto ao Tesouro Nacional pela unidade federada vencidas e não pagas, computadas primeiro as da administração direta e depois as da administração indireta;
3.1.2. contraídas pela unidade federada com garantia da União, inclusive dívida externa, vencidas e não pagas, sempre computadas inicialmente as da administração direta e posteriormente as da administração indireta;
3.1.3. contraídas pela unidade federada junto aos demais entes da administração federal, direta e indireta, vencidas e não pagas, sempre computadas inicialmente as da administração direta e posteriormente as da administração indireta.
3.2. Para efeito do disposto no subitem 3.1.3, ato do Poder Executivo Federal poderá autorizar:
3.2.1. a inclusão, como mais uma opção para efeito da entrega dos recursos, e na ordem que determinar, do valor correspondente a título da respectiva unidade federada na carteira da União, inclusive entes de sua administração indireta, primeiro relativamente aos valores vencidos e não pagos e, depois, aos vincendos no mês seguinte àquele em que serão entregues os recursos;
3.2.2. a suspensão temporária da dedução de dívida compreendida pelo subitem 3.1.3, quando não estiverem disponíveis, no prazo devido, as necessárias informações.
3.3. Os recursos a serem entregues mensalmente à unidade federada, equivalentes ao montante das dívidas apurado na forma do subitem 3.1, e do anterior, serão satisfeitos pela União por uma das seguintes formas:
3.3.1. entrega de obrigações do Tesouro Nacional, de série especial, inalienáveis, com vencimento não inferior a dez anos, remunerados por taxa igual ao custo médio das dívidas da respectiva unidade federada junto ao Tesouro Nacional, com poder liberatório para pagamento das referidas dívidas; ou
3.3.2. correspondente compensação.
3.4. Os recursos a serem entregues mensalmente à unidade federada equivalentes à diferença positiva entre o valor total que lhe cabe e o valor da dívida apurada nos termos dos subitens 3.1 e 3.2, e liquidada na forma do subitem anterior, serão satisfeitos por meio de crédito, em moeda corrente, à conta bancária do beneficiário.
4. As referências deste Anexo feitas aos Estados entendem-se também feitas ao Distrito Federal.

LEI N. 9.316, DE 22 DE NOVEMBRO DE 1996 (*)

Altera a legislação do imposto de renda e da contribuição social sobre o lucro líquido.

Faço saber que o Presidente Da República adotou a Medida Provisória n. 1.516-2, de 1996, que o Congresso Nacional aprovou, e eu, Ronaldo Perim, Primeiro Vice-Presidente da Mesa do Congresso Nacional, no exercício da Presidência, para os efeitos do disposto no parágrafo único do art. 62 da Constituição Federal, promulgo a seguinte Lei:
Art. 1.º O valor da contribuição social sobre o lucro líquido não poderá ser deduzido para efeito de determinação do lucro real, nem de sua própria base de cálculo.
Parágrafo único. Os valores da contribuição social a que se refere este artigo, registrados como custo ou despesa, deverão ser adicionados ao lucro líquido do respectivo período de apuração para efeito de determinação do lucro real e de sua própria base de cálculo.
Art. 2.º A contribuição social sobre o lucro líquido, devida pelas instituições a que se refere o § 1.º do art. 22 da Lei n. 8.212, de 24 de julho de 1991, será calculada à alíquota de dezoito por cento.
Art. 3.º Ficam convalidados os atos praticados com base na Medida Provisória n. 1.516-2, de 24 de outubro de 1996.

(*) Publicada no Diário oficial da União, de 23-11-1996.

Art. 4.º Esta Lei entra em vigor na data de sua publicação, produzindo efeitos em relação aos períodos de apuração iniciados a partir de 1.º de janeiro de 1997.

Senado Federal, em 22 de novembro de 1996; 175.º da Independência e 108.º da República.

DEPUTADO RONALDO PERIM
PRIMEIRO VICE-PRESIDENTE DA MESA DO
CONGRESSO NACIONAL, NO EXERCÍCIO DA
PRESIDÊNCIA

LEI N. 9.363, DE 13 DE DEZEMBRO DE 1996 (*)

Dispõe sobre a instituição de crédito presumido do Imposto sobre Produtos Industrializados, para ressarcimento do valor do PIS/PASEP e COFINS nos casos que especifica, e dá outras providências.

Faço saber que o Presidente da República adotou a Medida Provisória n. 1.484-27, de 1996, que o Congresso Nacional aprovou, e eu, José Sarney, Presidente, para os efeitos do disposto no parágrafo único do art. 62 da Constituição Federal, promulgo a seguinte Lei:

Art. 1.º A empresa produtora e exportadora de mercadorias nacionais fará jus a crédito presumido do Imposto sobre Produtos Industrializados, como ressarcimento das contribuições de que tratam as Leis Complementares n. 7, de 7 de setembro de 1970, 8, de 3 de dezembro de 1970, e 70, de 30 de dezembro de 1991, incidentes sobre as respectivas aquisições, no mercado interno, de matérias-primas, produtos intermediários e material de embalagem, para utilização no processo produtivo.

Parágrafo único. O disposto neste artigo aplica-se, inclusive, nos casos de venda a empresa comercial exportadora com o fim específico de exportação para o exterior.

Art. 2.º A base de cálculo do crédito presumido será determinada mediante a aplicação, sobre o valor total das aquisições de matérias-primas, produtos intermediários e material de embalagem referidos no artigo anterior, do percentual correspondente à relação entre a receita de exportação e a receita operacional bruta do produtor exportador.

§ 1.º O crédito fiscal será o resultado da aplicação do percentual de 5,37% sobre a base de cálculo definida neste artigo.

§ 2.º No caso de empresa com mais de um estabelecimento produtor exportador, a apuração do crédito presumido poderá ser centralizada na matriz.

§ 3.º O crédito presumido, apurado na forma do parágrafo anterior, poderá ser transferido para qualquer estabelecimento da empresa para efeito de compensação com o Imposto sobre Produtos Industrializados, observadas as normas expedidas pela Secretaria da Receita Federal.

§ 4.º A empresa comercial exportadora que, no prazo de 180 dias, contado da data da emissão da nota fiscal de venda pela empresa produtora, não houver efetuado a exportação dos produtos para o exterior, fica obrigada ao pagamento das contribuições para o PIS/PASEP e COFINS relativamente aos produtos adquiridos e não exportados, bem assim de valor correspondente ao do crédito presumido atribuído à empresa produtora vendedora.

§ 5.º Na hipótese do parágrafo anterior, o valor a ser pago, correspondente ao crédito presumido, será determinado mediante a aplicação do percentual de 5,37% sobre sessenta por cento do preço de aquisição dos produtos adquiridos e não exportados.

§ 6.º Se a empresa comercial exportadora revender, no mercado interno, os produtos adquiridos para exportação, sobre o valor de revenda serão devidas as contribuições para o PIS/PASEP e COFINS, sem prejuízo do disposto no § 4.º.

§ 7.º O pagamento dos valores referidos nos §§ 4.º e 5.º deverá ser efetuado até o décimo dia subsequente ao do vencimento do prazo estabelecido para a efetivação da exportação, acrescido de multa de mora e de juros equivalentes à taxa referencial do Sistema Especial de Liquidação e Custódia – SELIC, para títulos federais, acumulada mensalmente, calculados a partir do primeiro dia do mês subsequente ao da emissão da nota fiscal de venda dos produtos para a empresa comercial exportadora até o último dia do mês anterior ao do pagamento e de um por cento no mês do pagamento.

Art. 3.º Para os efeitos desta Lei, a apuração do montante da receita operacional bruta, da receita de exportação e do valor das matérias-primas, produtos intermediários e material de embalagem será efetuada nos termos das normas que regem a incidência das contribuições referidas no art. 1.º, tendo em vista o valor constante da respectiva nota fiscal de venda emitida pelo fornecedor ao produtor exportador.

Parágrafo único. Utilizar-se-á, subsidiariamente, a legislação do Imposto de Renda e do Imposto sobre Produtos Industrializados para o estabelecimento, respectivamente, dos conceitos de receita operacional bruta e de produção, matéria-prima, produtos intermediários e material de embalagem.

Art. 4.º Em caso de comprovada impossibilidade de utilização do crédito presumido em compensação do Imposto sobre Produtos Industrializados devido, pelo produtor exportador, nas operações de venda no mercado interno, far-se-á o ressarcimento em moeda corrente.

Parágrafo único. Na hipótese de crédito presumido apurado na forma do § 2.º do art. 2.º, o ressarcimento em moeda corrente será efetuado ao estabelecimento matriz da pessoa jurídica.

Art. 5.º A eventual restituição, ao fornecedor, das importâncias recolhidas em pagamento das contribuições referidas no art. 1.º, bem assim a compensação mediante crédito, implica imediato estorno, pelo produtor exportador, do valor correspondente.

Art. 6.º O Ministro de Estado da Fazenda expedirá as instruções necessárias ao cumprimento do disposto nesta Lei, inclusive quanto aos requisitos e periodicidade para apuração e para fruição do crédito presumido e respectivo ressarcimento, à definição de receita de exportação e aos documentos fiscais comprobatórios dos lançamentos, a esse título, efetuados pelo produtor exportador.

Art. 7.º O Poder Executivo, no prazo de noventa dias, encaminhará ao Congresso Nacional projeto de lei cancelando dotação orçamentária para compensar o acréscimo de renúncia tributária decorrente desta Lei.

Art. 8.º São declarados insubsistentes os atos praticados com base na Medida Provisória n. 905, de 21 de fevereiro de 1995.

Art. 9.º Ficam convalidados os atos praticados com base na Medida Provisória n. 1.484-27, de 22 de novembro de 1996.

Art. 10. Esta Lei entra em vigor na data de sua publicação.

Senado Federal, em 13 de dezembro de 1996; 175.º da Independência e 108.º da República.

SENADOR JOSÉ SARNEY

LEI N. 9.393, DE 19 DE DEZEMBRO DE 1996 (**)

Dispõe sobre o Imposto sobre a Propriedade Territorial Rural – ITR, sobre o pagamento da dívida representada por Títulos da Dívida Agrária, e dá outras providências.

O Presidente da República.

Faço saber que o Congresso Nacional decreta e eu sanciono a seguinte Lei:

Capítulo I
DO IMPOSTO SOBRE A PROPRIEDADE TERRITORIAL RURAL – ITR

Seção I
Do Fato Gerador do ITR

Definição

Art. 1.º O Imposto sobre a Propriedade Territorial Rural – ITR, de apuração anual, tem como fato gerador a propriedade, o domínio útil ou a posse de imóvel por natureza, localizado fora da zona urbana do município, em 1.º de janeiro de cada ano.

§ 1.º O ITR incide inclusive sobre o imóvel declarado de interesse social para fins de reforma agrária, enquanto não transferida a propriedade, exceto se houver imissão prévia na posse.

§ 2.º Para os efeitos desta Lei, considera-se imóvel rural a área contínua, formada de

---

(*) Publicada no *Diário Oficial da União*, de 17-12-1996. A Lei Complementar n. 214, de 16-1-2025, revoga esta lei a partir de 1.º-1-2027.

(**) Publicada no *Diário Oficial da União*, de 20-12-1996. Regulamentada pelo Decreto n. 4.382, de 19-9-2002. Vide Decreto-lei n. 57, de 18-11-1966.

uma ou mais parcelas de terras, localizada na zona rural do município.

§ 3.º O imóvel que pertencer a mais de um município deverá ser enquadrado no município onde fique a sede do imóvel e, se esta não existir, será enquadrado no município onde se localize a maior parte do imóvel.

Imunidade

Art. 2.º Nos termos do art. 153, § 4.º, *in fine*, da Constituição, o imposto não incide sobre pequenas glebas rurais, quando as explore, só ou com sua família, o proprietário que não possua outro imóvel.

Parágrafo único. Para os efeitos deste artigo, pequenas glebas rurais são os imóveis com área igual ou inferior a:

I – 100 ha, se localizado em município compreendido na Amazônia Ocidental ou no Pantanal mato-grossense e sul-mato-grossense;

II – 50 ha, se localizado em município compreendido no Polígono das Secas ou na Amazônia Oriental;

III – 30 ha, se localizado em qualquer outro município.

Seção II
Da Isenção

Art. 3.º São isentos do imposto:

I – o imóvel rural compreendido em programa oficial de reforma agrária, caracterizado pelas autoridades competentes como assentamento, que, cumulativamente, atenda aos seguintes requisitos:

a) seja explorado por associação ou cooperativa de produção;

b) a fração ideal por família assentada não ultrapasse os limites estabelecidos no artigo anterior;

c) o assentado não possua outro imóvel;

II – o conjunto de imóveis rurais de um mesmo proprietário, cuja área total observe os limites fixados no parágrafo único do artigo anterior, desde que, cumulativamente, o proprietário:

a) o explore só ou com sua família, admitida ajuda eventual de terceiros;

b) não possua imóvel urbano.

Art. 3.º-A. Os imóveis rurais oficialmente reconhecidos como áreas ocupadas por remanescentes de comunidades de quilombos que estejam sob a ocupação direta e sejam explorados, individual ou coletivamente, pelos membros destas comunidades são isentos do Imposto sobre a Propriedade Territorial Rural – ITR.

•• *Caput* acrescentado pela Lei n. 13.043, de 13-11-2014.

§ 1.º Ficam dispensados a constituição de créditos da Fazenda Nacional, a inscrição na Dívida Ativa da União e o ajuizamento da respectiva execução fiscal, e cancelados o lançamento e a inscrição relativos ao ITR referentes aos imóveis rurais de que trata o *caput* a partir da data do registro do título de domínio previsto no art. 68 do Ato das Disposições Constitucionais Transitórias.

•• § 1.º acrescentado pela Lei n. 13.043, de 13-11-2014.

§ 2.º Observada a data prevista no § 1.º, não serão aplicadas as penalidades estabelecidas nos arts. 7.º e 9.º para fatos geradores ocorridos até a data de publicação da lei decorrente da conversão da Medida Provisória n. 651, de 9 de julho de 2014, e ficam anistiados os valores decorrentes de multas lançadas pela apresentação da declaração do ITR fora do prazo.

•• § 2.º acrescentado pela Lei n. 13.043, de 13-11-2014.

Seção III
Do Contribuinte e do Responsável

Contribuinte

Art. 4.º Contribuinte do ITR é o proprietário de imóvel rural, o titular de seu domínio útil ou o seu possuidor a qualquer título.

Parágrafo único. O domicílio tributário do contribuinte é o município de localização do imóvel, vedada a eleição de qualquer outro.

Responsável

Art. 5.º É responsável pelo crédito tributário o sucessor, a qualquer título, nos termos dos arts. 128 a 133 da Lei n. 5.172, de 25 de outubro de 1966 (Código Tributário Nacional).

Seção IV
Das Informações Cadastrais

Entrega do DIAC

Art. 6.º O contribuinte ou o seu sucessor comunicará ao órgão local da Secretaria da Receita Federal, por meio do Documento de Informação e Atualização Cadastral do ITR – DIAC, as informações cadastrais correspondentes a cada imóvel, bem como qualquer alteração ocorrida, na forma estabelecida pela Secretaria da Receita Federal.

•• A Secretaria da Receita Federal passa a denominar-se Secretaria da Receita Federal do Brasil, por força da Lei n. 11.457, de 16-3-2007.

•• A Instrução Normativa n. 2.008, de 18-2-2021, da RFB, dispõe sobre o Cadastro de Imóveis Rurais (Cafir).

§ 1.º É obrigatória, no prazo de 60 (sessenta) dias, contado de sua ocorrência, a comunicação das seguintes alterações:

I – desmembramento;

II – anexação;

III – transmissão, por alienação da propriedade ou dos direitos a ela inerentes, a qualquer título;

IV – sucessão *causa mortis*;

V – cessão de direitos;

VI – constituição de reservas ou usufruto.

§ 2.º As informações cadastrais integrarão o Cadastro de Imóveis Rurais – CAFIR, administrado pela Secretaria da Receita Federal, que poderá, a qualquer tempo, solicitar informações visando à sua atualização.

• A Instrução Normativa n. 2.008, de 18-2-2021, da Secretaria da Receita Federal do Brasil, dispõe sobre o Cadastro de Imóveis Rurais (Cafir).

§ 3.º Sem prejuízo do disposto no parágrafo único do art. 4.º, o contribuinte poderá indicar no DIAC, somente para fins de intimação, endereço diferente daquele constante do domicílio tributário, que valerá para esse efeito até ulterior alteração.

Entrega do DIAC Fora do Prazo

Art. 7.º No caso de apresentação espontânea do DIAC fora do prazo estabelecido pela Secretaria da Receita Federal, será cobrada multa de 1% (um por cento) ao mês ou fração sobre o imposto devido não inferior a R$ 50,00 (cinquenta reais), sem prejuízo da multa e dos juros de mora pela falta ou insuficiência de recolhimento do imposto ou quota.

•• A Secretaria da Receita Federal passa a denominar-se Secretaria da Receita Federal do Brasil, por força da Lei n. 11.457, de 16-3-2007.

Seção V
Da Declaração Anual

Art. 8.º O contribuinte do ITR entregará, obrigatoriamente, em cada ano, o Documento de Informação e Apuração do ITR – DIAT, correspondente a cada imóvel, observadas data e condições fixadas pela Secretaria da Receita Federal.

•• A Secretaria da Receita Federal passa a denominar-se Secretaria da Receita Federal do Brasil, por força da Lei n. 11.457, de 16-3-2007.

§ 1.º O contribuinte declarará, no DIAT, o Valor da Terra Nua – VTN correspondente ao imóvel.

§ 2.º O VTN refletirá o preço de mercado de terras, apurado em 1.º de janeiro do ano a que se referir o DIAT, e será considerado autoavaliação da terra nua a preço de mercado.

§ 3.º O contribuinte cujo imóvel se enquadre nas hipóteses estabelecidas nos arts. 2.º, 3.º e 3.º-A fica dispensado da apresentação do DIAT.

•• § 3.º com redação determinada pela Lei n. 13.043, de 13-11-2014.

Entrega do DIAT Fora do Prazo

Art. 9.º A entrega do DIAT fora do prazo estabelecido sujeitará o contribuinte à multa de que trata o art. 7.º, sem prejuízo da multa e dos juros de mora pela falta ou insuficiência de recolhimento do imposto ou quota.

Seção VI
Da Apuração e do Pagamento

Subseção I
Da apuração

Apuração pelo Contribuinte

Art. 10. A apuração e o pagamento do ITR serão efetuados pelo contribuinte, independentemente de prévio procedimento da administração tributária, nos prazos e condições estabelecidos pela Secretaria da Receita Federal, sujeitando-se a homologação posterior.

•• *Vide* nota ao art. 6.º, *caput*, desta Lei.

§ 1.º Para os efeitos de apuração do ITR, considerar-se-á:

I – VTN, o valor do imóvel, excluídos os valores relativos a:

a) construções, instalações e benfeitorias;

b) culturas permanentes e temporárias;
c) pastagens cultivadas e melhoradas;
d) florestas plantadas;
II – área tributável, a área total do imóvel, menos as áreas:
a) de preservação permanente e de reserva legal, previstas na Lei n. 12.651, de 25 de maio de 2012;
•• Alínea *a* com redação determinada pela Lei n. 12.844, de 19-7-2013.
b) de interesse ecológico para a proteção dos ecossistemas, assim declaradas mediante ato do órgão competente, federal ou estadual, e que ampliem as restrições de uso previstas na alínea anterior;
c) comprovadamente imprestáveis para qualquer exploração agrícola, pecuária, granjeira, aquícola, ou florestal, declaradas de interesse ecológico mediante ato do órgão competente, federal ou estadual;
d) sob regime de servidão ambiental;
•• Alínea *d* com redação determinada pela Lei n. 12.651, de 25-5-2012.
e) cobertas por florestas nativas, primárias ou secundárias em estágio médio ou avançado de regeneração;
•• Alínea *e* acrescentada pela Lei n. 11.428, de 22-12-2006.
f) alagadas para fins de constituição de reservatório de usinas hidrelétricas autorizada pelo poder público;
•• Alínea *f* acrescentada pela Lei n. 11.727, de 23-6-2008.
III – VNTt, o valor da terra nua tributável, obtido pela multiplicação do VTN pelo quociente entre a área tributável e a área total;
IV – área aproveitável, a que for passível de exploração agrícola, pecuária, granjeira, aquícola ou florestal, excluídas as áreas:
a) ocupadas por benfeitorias úteis e necessárias;
b) de que tratam as alíneas do inciso II deste parágrafo;
•• Alínea *b* com redação determinada pela Lei n. 11.428, de 22-12-2006.
V – área efetivamente utilizada, a porção do imóvel que no ano anterior tenha:
a) sido plantada com produtos vegetais;
b) servido de pastagem, nativa ou plantada, observados índices de lotação por zona de pecuária;
c) sido objeto de exploração extrativa, observados os índices de rendimento por produto e a legislação ambiental;
d) servido para exploração de atividades granjeira e aquícola;
e) sido o objeto de implantação de projeto técnico, nos termos do art. 7.º da Lei n. 8.629, de 25 de fevereiro de 1993;
VI – Grau de Utilização – GU, a relação percentual entre a área efetivamente utilizada e a área aproveitável.
§ 2.º As informações que permitam determinar o GU deverão constar do DIAT.
§ 3.º Os índices a que se referem as alíneas *b* e *c* do inciso V do § 1.º, serão fixados, ouvido o Conselho Nacional de Política Agrícola, pela Secretaria da Receita Federal que dispensará da sua aplicação os imóveis com área inferior a:
a) 1.000 ha, se localizados em municípios compreendidos na Amazônia Ocidental ou no Pantanal mato-grossense e sul-mato-grossense;
b) 500 ha, se localizados em municípios compreendidos no Polígono das Secas ou na Amazônia Oriental;
c) 200 ha, se localizados em qualquer outro município.
§ 4.º Para os fins do inciso V do § 1.º, o contribuinte poderá valer-se dos dados sobre a área utilizada e respectiva produção, fornecidos pelo arrendatário ou parceiro, quando o imóvel, ou parte dele, estiver sendo explorado em regime de arrendamento ou parceria.
§ 5.º Na hipótese de que trata a alínea *c* do inciso V do § 1.º, será considerada a área total objeto de plano de manejo sustentado, desde que aprovado pelo órgão competente, e cujo cronograma esteja sendo cumprido pelo contribuinte.
§ 6.º Será considerada como efetivamente utilizada a área dos imóveis rurais que, no ano anterior, estejam:
I – comprovadamente situados em área de ocorrência de calamidade pública decretada pelo Poder Público, de que resulte frustração de safras ou destruição de pastagens;
II – oficialmente destinados à execução de atividades de pesquisa e experimentação que objetivem o avanço tecnológico da agricultura.
§ 7.º A declaração para fim de isenção do ITR relativa às áreas de que tratam as alíneas *a* e *d* do inciso II, § 1.º, deste artigo, não está sujeita à prévia comprovação por parte do declarante, ficando o mesmo responsável pelo pagamento do imposto correspondente, com juros e multa previstos nesta Lei, caso fique comprovado que a sua declaração não é verdadeira, sem prejuízo de outras sanções aplicáveis.
•• § 7.º acrescentado pela Medida Provisória n. 2.166-67, de 24-8-2001.

Valor do Imposto

Art. 11. O valor do imposto será apurado aplicando-se sobre o Valor da Terra Nua Tributável – VTNt a alíquota correspondente, prevista no Anexo desta Lei, considerados a área total do imóvel e o Grau de Utilização – GU.
§ 1.º Na hipótese de inexistir área aproveitável após efetuadas as exclusões previstas no art. 10, § 1.º, inciso IV, serão aplicadas as alíquotas correspondentes aos imóveis com grau de utilização superior a 80% (oitenta por cento), observada a área total do imóvel.
§ 2.º Em nenhuma hipótese o valor do imposto devido será inferior a R$ 10,00 (dez reais).

Subseção II
Do pagamento

Prazo

Art. 12. O imposto deverá ser pago até o último dia útil do mês fixado para a entrega do DIAT.
Parágrafo único. À opção do contribuinte, o imposto a pagar poderá ser parcelado em até 3 (três) quotas iguais, mensais e consecutivas, observando-se que:
I – nenhuma quota será inferior a R$ 50,00 (cinquenta reais);
II – a primeira quota ou quota única deverá ser paga até a data fixada no *caput*;
III – as demais quotas, acrescidas de juros equivalentes à taxa referencial do Sistema de Liquidação e de Custódia (SELIC) para títulos federais, acumulada mensalmente, calculados a partir do primeiro dia do mês subsequente à data fixada no *caput* até o último dia do mês anterior ao do pagamento, e de 1% (um por cento) no mês do pagamento, vencerão no último dia útil de cada mês;
IV – é facultado ao contribuinte antecipar, total ou parcialmente, o pagamento do imposto ou das quotas.

Pagamento Fora do Prazo

Art. 13. O pagamento do ITR fora dos prazos previstos nesta Lei será acrescido de:
I – multa de mora calculada à taxa de 0,33%, por dia de atraso, não podendo ultrapassar 20% (vinte por cento), calculada a partir do primeiro dia subsequente ao do vencimento do prazo previsto para o pagamento do imposto até o dia em que ocorrer o seu pagamento;
II – juros de mora calculados à taxa a que se refere o art. 12, parágrafo único, inciso III, a partir do primeiro dia do mês subsequente ao vencimento do prazo até o mês anterior ao do pagamento, e de 1% (um por cento) no mês do pagamento.

Seção VII
Dos Procedimentos de Ofício

Art. 14. No caso de falta de entrega do DIAC ou do DIAT, bem assim de subavaliação ou prestação de informações inexatas, incorretas ou fraudulentas, a Secretaria da Receita Federal procederá à determinação e ao lançamento de ofício do imposto, considerando informações sobre preços de terras, constantes de sistema a ser por ela instituído, e os dados de área total, área tributável e grau de utilização do imóvel, apurados em procedimentos de fiscalização.
•• A Secretaria da Receita Federal passa a denominar-se Secretaria da Receita Federal do Brasil, por força da Lei n. 11.457, de 16-3-2007.
§ 1.º As informações sobre preços de terra observarão os critérios estabelecidos no art. 12, § 1.º, II, da Lei n. 8.629, de 25 de fevereiro de 1993, e considerarão levantamentos realizados pelas Secretarias de Agricultura das Unidades Federadas ou dos Municípios.

•• A Medida Provisória n. 2.183-56, de 24-8-2001, alterou a redação do referido § 1.º do art. 12 da Lei n. 8.629, de 25-2-1993.

§ 2.º As multas cobradas em virtude do disposto neste artigo serão aquelas aplicáveis aos demais tributos federais.

Seção VIII
Da Administração do Imposto

•• A Secretaria da Receita Federal passa a denominar-se Secretaria da Receita Federal do Brasil, por força da Lei n. 11.457, de 16-3-2007.

Competência da Secretaria da Receita Federal

Art. 15. Compete à Secretaria da Receita Federal a administração do ITR, incluídas as atividades de arrecadação, tributação e fiscalização.

Parágrafo único. No processo administrativo fiscal, compreendendo os procedimentos destinados à determinação e exigência do imposto, imposição de penalidades, repetição de indébito e solução de consultas, bem assim na compensação do imposto, observar-se-á a legislação prevista para os demais tributos federais.

• *Vide* o Decreto n. 2.138, de 29-1-1997, que dispõe sobre a compensação de créditos tributários com créditos do sujeito passivo decorrentes de restituição ou ressarcimento de tributos ou contribuições.

Convênios de Cooperação

Art. 16. A Secretaria da Receita Federal poderá celebrar convênio com o Instituto Nacional de Colonização e Reforma Agrária – INCRA, com a finalidade de delegar as atividades de fiscalização das informações sobre os imóveis rurais, contidas no DIAC e no DIAT.

§ 1.º No exercício da delegação a que se refere este artigo, o INCRA poderá celebrar convênios de cooperação com o Instituto Brasileiro do Meio Ambiente e dos Recursos Naturais Renováveis – IBAMA, Fundação Nacional do Índio – FUNAI e Secretarias Estaduais de Agricultura.

§ 2.º No uso de suas atribuições, os agentes do INCRA terão acesso ao imóvel de propriedade particular, para levantamento de dados e informações.

§ 3.º A Secretaria da Receita Federal, com o apoio do INCRA, administrará o CAFIR e colocará as informações nele contidas à disposição daquela Autarquia, para fins de levantamento e pesquisa de dados e de proposição de ações administrativas e judiciais.

•• § 3.º com redação determinada pela Lei n. 10.267, de 28-8-2001.

§ 4.º Às informações a que se refere o § 3.º aplica-se o disposto no art. 198 da Lei n. 5.172, de 25 de outubro de 1966.

•• § 4.º com redação determinada pela Lei n. 10.267, de 28-8-2001.

Art. 17. A Secretaria da Receita Federal poderá, também, celebrar convênios com:

I – órgãos da administração tributária das unidades federadas, visando delegar competência para a cobrança e o lançamento do ITR;

II – a Confederação Nacional da Agricultura – CNA e a Confederação Nacional dos Trabalhadores na Agricultura – CONTAG, com a finalidade de fornecer dados cadastrais de imóveis rurais que possibilitem a cobrança das contribuições sindicais devidas àquelas entidades.

Seção IX
Das Disposições Gerais

Dívida Ativa – Penhora ou Arresto

Art. 18. Na execução de dívida ativa, decorrente de crédito tributário do ITR, na hipótese de penhora ou arresto de bens, previstos no art. 11 da Lei n. 6.830, de 22 de setembro de 1980, será penhorado ou arrestado, preferencialmente, imóvel rural, não tendo recaído a penhora ou o arresto sobre dinheiro.

§ 1.º No caso de imóvel rural penhorado ou arrestado, na lavratura do termo ou auto de penhora, deverá ser observado, para efeito de avaliação, o VTN declarado e o disposto no art. 14.

§ 2.º A Fazenda Pública poderá, ouvido o INCRA, adjudicar, para fins fundiários, o imóvel rural penhorado, se a execução não for embargada ou se rejeitados os embargos.

•• A Portaria n. 514, de 9-11-2011, da Advocacia-Geral da União, regulamenta o procedimento de adjudicação de bens imóveis em ações judiciais propostas pela União e pelas autarquias e fundações públicas federais.

§ 3.º O depósito da diferença de que trata o parágrafo único do art. 24 da Lei n. 6.830, de 22 de setembro de 1980, poderá ser feito em Títulos da Dívida Agrária, até o montante equivalente ao VTN declarado.

§ 4.º Na hipótese do § 2.º, o imóvel passará a integrar o patrimônio do INCRA, e a carta de adjudicação e o registro imobiliário serão expedidos em seu nome.

Valores para Apuração de Ganho de Capital

Art. 19. A partir do dia 1.º de janeiro de 1997, para fins de apuração de ganho de capital, nos termos da legislação do imposto de renda, considera-se custo de aquisição e valor da venda do imóvel rural o VTN declarado, na forma do art. 8.º, observado o disposto no art. 14, respectivamente, nos anos da ocorrência de sua aquisição e de sua alienação.

Parágrafo único. Na apuração de ganho de capital correspondente a imóvel rural adquirido anteriormente à data a que se refere este artigo, será considerado custo de aquisição o valor constante da escritura pública, observado o disposto no art. 17 da Lei n. 9.249, de 26 de dezembro de 1995.

Incentivos Fiscais e Crédito Rural

Art. 20. A concessão de incentivos fiscais e de crédito rural, em todas as suas modalidades, bem assim a constituição das respectivas contrapartidas ou garantias, ficam condicionadas à comprovação do recolhimento do ITR, relativo ao imóvel rural, correspondente aos últimos 5 (cinco) exercícios, ressalvados os casos em que a exigibilidade do imposto esteja suspensa, ou em curso de cobrança executiva em que tenha sido efetivada a penhora.

•• *Vide* art. 7.º, § 1.º, VII, da Lei n. 14.043, de 19-8-2020.

• A Lei n. 10.696, de 2-7-2003, dispõe sobre a repactuação e o alongamento de dívidas oriundas de operações de crédito rural, e dá outras providências.

Parágrafo único. É dispensada a comprovação de regularidade do recolhimento do imposto relativo ao imóvel rural, para efeito de concessão de financiamento ao amparo do Programa Nacional de Fortalecimento da Agricultura Familiar – PRONAF.

Registro Público

Art. 21. É obrigatória a comprovação do pagamento do ITR, referente aos 5 (cinco) últimos exercícios, para serem praticados quaisquer dos atos previstos nos arts. 167 e 168 da Lei n. 6.015, de 31 de dezembro de 1973 (Lei dos Registros Públicos), observada a ressalva prevista no *caput* do artigo anterior, *in fine*.

Parágrafo único. São solidariamente responsáveis pelo imposto e pelos acréscimos legais, nos termos do art. 134 da Lei n. 5.172, de 25 de outubro de 1966 – Código Tributário Nacional, os serventuários do registro de imóveis que descumprirem o disposto neste artigo, sem prejuízo de outras sanções legais.

Depósito Judicial na Desapropriação

Art. 22. O valor da terra nua para fins do depósito judicial, a que se refere o inciso I do art. 6.º da Lei Complementar n. 76, de 6 de julho de 1993, na hipótese de desapropriação do imóvel rural de que trata o art. 184 da Constituição, não poderá ser superior ao VTN declarado, observado o disposto no art. 14.

Parágrafo único. A desapropriação por valor inferior ao declarado não autorizará a redução de imposto a ser pago, nem a restituição de quaisquer importâncias já recolhidas.

Capítulo II
DAS DISPOSIÇÕES FINAIS

Art. 23. Esta Lei entra em vigor na data de sua publicação, produzindo efeitos, quanto aos arts. 1.º a 22, a partir de 1.º de janeiro de 1997.

Art. 24. Revogam-se os arts. 1.º a 22 e 25 da Lei n. 8.847, de 28 de janeiro de 1994. Brasília, 19 de dezembro de 1996; 175.º da Independência e 108.º da República.

FERNANDO HENRIQUE CARDOSO

Anexo
TABELA DE ALÍQUOTAS
(Art. 11)

Área total do imóvel (em hectares)	Grau de Utilização – GU (em %)			
	Maior que 80	Maior que 65 até 80	Maior que 50 até 65	Maior que 30 até 50	Até 30
Até 50	0,03	0,20	0,40	0,70	1,00
Maior que 50 até 200	0,07	0,40	0,80	1,40	2,00
Maior que 200 até 500	0,10	0,60	1,30	2,30	3,30
Mais que 500 até 1.000	0,15	0,85	1,90	3,30	4,70
Maior que 1.000 até 5.000	0,30	1,60	3,40	6,00	8,60
Acima de 5.000	0,45	3,00	6,40	12,00	20,00

LEI N. 9.430, DE 27 DE DEZEMBRO DE 1996 (*)

Dispõe sobre a legislação tributária federal, as contribuições para a seguridade social, o processo administrativo de consulta e dá outras providências.

O Presidente da República.
Faço saber que o Congresso Nacional decreta e eu sanciono a seguinte Lei:

Capítulo I
IMPOSTO DE RENDA - PESSOA JURÍDICA

Seção I
Apuração da Base de Cálculo

Período de Apuração Trimestral

Art. 1.º A partir do ano-calendário de 1997, o imposto de renda das pessoas jurídicas será determinado com base no lucro real, presumido, ou arbitrado, por períodos de apuração trimestrais, encerrados nos dias 31 de março, 30 de junho, 30 de setembro e 31 de dezembro de cada ano-calendário, observada a legislação vigente, com as alterações desta Lei.

§ 1.º Nos casos de incorporação, fusão ou cisão, a apuração da base de cálculo e do imposto de renda devido será efetuada na data do evento, observado o disposto no art. 21 da Lei n. 9.249, de 26 de dezembro de 1995.

§ 2.º Na extinção da pessoa jurídica, pelo encerramento da liquidação, a apuração da base de cálculo e do imposto devido será efetuada na data desse evento.

Pagamento por Estimativa

Art. 2.º A pessoa jurídica sujeita a tributação com base no lucro real poderá optar pelo pagamento do imposto, em cada mês, determinado sobre base de cálculo estimada, mediante a aplicação dos percentuais de que trata o art. 15 da Lei n. 9.249, de 26

(*) Publicada no *Diário Oficial da União*, de 30-12-1996. *Vide* Lei n. 9.532, de 10-12-1997.

de dezembro de 1995, sobre a receita bruta definida pelo art. 12 do Decreto-lei n. 1.598, de 26 de dezembro de 1977, auferida mensalmente, deduzida das devoluções, vendas canceladas e dos descontos incondicionais concedidos, observado o disposto nos §§ 1.º e 2.º do art. 29 e nos arts. 30, 32, 34 e 35 da Lei n. 8.981, de 20 de janeiro de 1995.

•• *Caput* com redação determinada pela Lei n. 12.973, de 13-5-2014.
•• *Vide* art. 35, parágrafo único, da Lei n. 12.973, de 13-5-2014.
•• *Vide* Lei n. 9.718, de 27-11-1998.

§ 1.º O imposto a ser pago mensalmente na forma deste artigo será determinado mediante a aplicação, sobre a base de cálculo, da alíquota de 15% (quinze por cento).

§ 2.º A parcela da base de cálculo, apurada mensalmente, que exceder a R$ 20.000,00 (vinte mil reais) ficará sujeita à incidência de adicional de imposto de renda à alíquota de 10% (dez por cento).

§ 3.º A pessoa jurídica que optar pelo pagamento do imposto na forma deste artigo deverá apurar o lucro real em 31 de dezembro de cada ano, exceto nas hipóteses de que tratam os §§ 1.º e 2.º do artigo anterior.

§ 4.º Para efeito de determinação do saldo de imposto a pagar ou a ser compensado, a pessoa jurídica poderá deduzir do imposto devido o valor:

I – dos incentivos fiscais de dedução do imposto, observados os limites e prazos fixados na legislação vigente, bem como o disposto no § 4.º do art. 3.º da Lei n. 9.249, de 26 de dezembro de 1995;

II – dos incentivos fiscais de redução e isenção do imposto, calculados com base no lucro da exploração;

III – do imposto de renda pago ou retido na fonte, incidente sobre receitas computadas na determinação do lucro real;

IV – do imposto de renda pago na forma deste artigo.

Seção II
Pagamento do Imposto

Escolha da Forma de Pagamento

Art. 3.º A adoção da forma de pagamento do imposto prevista no art. 1.º, pelas pessoas jurídicas sujeitas ao regime do lucro real, ou a opção pela forma do art. 2.º será irretratável para todo o ano-calendário.

Parágrafo único. A opção pela forma estabelecida no art. 2.º será manifestada com o pagamento do imposto correspondente ao mês de janeiro ou de início de atividade.

Adicional do Imposto de Renda

Art. 4.º Os §§ 1.º e 2.º do art. 3.º da Lei n. 9.249, de 26 de dezembro de 1995, passam a vigorar com a seguinte redação:

•• Alteração já processada na norma modificada.

Imposto Correspondente a Período Trimestral

Art. 5.º O imposto de renda devido, apurado na forma do art. 1.º, será pago em quota única, até o último dia útil do mês subsequente ao do encerramento do período de apuração.

§ 1.º À opção da pessoa jurídica, o imposto devido poderá ser pago em até 3 (três) quotas mensais, iguais e sucessivas, vencíveis no último dia útil dos 3 (três) meses subsequentes ao do encerramento do período de apuração a que corresponder.

§ 2.º Nenhuma quota poderá ter valor inferior a R$ 1.000,00 (mil reais) e o imposto de valor inferior a R$ 2.000,00 (dois mil reais) será pago em quota única, até o último dia útil do mês subsequente ao do encerramento do período de apuração.

§ 3.º As quotas do imposto serão acrescidas de juros equivalentes à taxa referencial do Sistema Especial de Liquidação e Custódia – SELIC, para títulos federais, acumulada mensalmente, calculados a partir do primeiro dia do segundo mês subsequente ao do encerramento do período de apuração até o último dia do mês anterior ao do pagamento e de 1% (um por cento) no mês do pagamento.

§ 4.º Nos casos de incorporação, fusão ou cisão e de extinção da pessoa jurídica pelo encerramento da liquidação, o imposto devido deverá ser pago até o último dia útil do mês subsequente ao do evento, não se lhes aplicando a opção prevista no § 1.º.

Pagamento por Estimativa

Art. 6.º O imposto devido, apurado na forma do art. 2.º, deverá ser pago até o último dia útil do mês subsequente àquele a que se referir.

§ 1.º O saldo do imposto apurado em 31 de dezembro receberá o seguinte tratamento:

•• § 1.º, *caput*, com redação determinada pela Lei n. 12.844, de 19-7-2013.

I – se positivo, será pago em quota única, até o último dia útil do mês de março do ano subsequente, observado o disposto no § 2.º; ou

•• Inciso I com redação determinada pela Lei n. 12.844, de 19-7-2013.

II – se negativo, poderá ser objeto de restituição ou de compensação nos termos do art. 74.

•• Inciso II com redação determinada pela Lei n. 12.844, de 19-7-2013.

§ 2.º O saldo do imposto a pagar de que trata o inciso I do parágrafo anterior será acrescido de juros calculados à taxa a que se refere o § 3.º do art. 5.º, a partir de 1.º de fevereiro até o último dia do mês anterior ao do pagamento e de 1% (um por cento) no mês do pagamento.

§ 3.º O prazo a que se refere o inciso I do § 1.º não se aplica ao imposto relativo ao mês de dezembro, que deverá ser pago até o último dia útil do mês de janeiro do ano subsequente.

Disposições Transitórias

Art. 7.º Alternativamente ao disposto no art. 40 da Lei n. 8.981, de 20 de janeiro de

1995, com as alterações da Lei n. 9.065, de 20 de junho de 1995, a pessoa jurídica tributada com base no lucro real ou presumido poderá efetuar o pagamento do saldo do imposto devido, apurado em 31 de dezembro de 1996, em até 4 (quatro) quotas mensais, iguais e sucessivas, devendo a primeira ser paga até o último dia útil do mês de março de 1997 e as demais no último dia útil dos meses subsequentes.

• O art. 40 da Lei n. 8.981, de 20-1-1995, encontra-se revogado pela Lei n. 9.430, de 27-12-1996.

§ 1.º Nenhuma quota poderá ter valor inferior a R$ 1.000,00 (mil reais) e o imposto de valor inferior a R$ 2.000,00 (dois mil reais) será pago em quota única, até o último dia útil do mês de março de 1997.

§ 2.º As quotas do imposto serão acrescidas de juros calculados à taxa a que se refere o § 3.º do art. 5.º, a partir de 1.º de abril de 1997 até o último dia do mês anterior ao do pagamento e de 1% (um por cento) no mês do pagamento.

§ 3.º Havendo saldo de imposto pago a maior, a pessoa jurídica poderá compensá-lo com o imposto devido, correspondente aos períodos de apuração subsequentes, facultado o pedido de restituição.

Art. 8.º As pessoas jurídicas, mesmo as que não tenham optado pela forma de pagamento do art. 2.º, deverão calcular e pagar o imposto de renda relativo aos meses de janeiro e fevereiro de 1997 de conformidade com o referido dispositivo.

Parágrafo único. Para as empresas submetidas às normas do art. 1.º o imposto pago com base na receita bruta auferida nos meses de janeiro e fevereiro de 1997 será deduzido do que for devido em relação ao período de apuração encerrado no dia 31 de março de 1997.

Seção III
Perdas no Recebimento de Créditos

Dedução

Art. 9.º As perdas no recebimento de créditos decorrentes das atividades da pessoa jurídica poderão ser deduzidas como despesas, para determinação do lucro real, observado o disposto neste artigo.

§ 1.º Poderão ser registrados como perda os créditos:

I – em relação aos quais tenha havido a declaração de insolvência do devedor, em sentença emanada do Poder Judiciário;

II – sem garantia, de valor:

a) até R$ 5.000,00 (cinco mil reais), por operação, vencidos há mais de 6 (seis) meses, independentemente de iniciados os procedimentos judiciais para o seu recebimento;

b) acima de R$ 5.000,00 (cinco mil reais) até R$ 30.000,00 (trinta mil reais), por operação, vencidos há mais de 1 (um) ano, independentemente de iniciados os procedimentos judiciais para o seu recebimento, porém, mantida a cobrança administrativa;

c) superior a R$ 30.000,00 (trinta mil reais), vencidos há mais de 1 (um) ano, desde que iniciados e mantidos os procedimentos judiciais para o seu recebimento;

III – com garantia, vencidos há mais de 2 (dois) anos, desde que iniciados e mantidos os procedimentos judiciais para o seu recebimento ou o arresto das garantias;

IV – contra devedor declarado falido ou pessoa jurídica em concordata ou recuperação judicial, relativamente à parcela que exceder o valor que esta tenha se comprometido a pagar, observado o disposto no § 5.º.

•• Inciso IV com redação determinada pela Lei n. 13.097, de 19-1-2015.

§ 2.º No caso de contrato de crédito em que o não pagamento de uma ou mais parcelas implique o vencimento automático de todas as demais parcelas vincendas, os limites a que se referem as alíneas *a* e *b* do inciso II do § 1.º e as alíneas *a* e *b* do inciso II do § 7.º serão considerados em relação ao total dos créditos, por operação, com o mesmo devedor.

•• § 2.º com redação determinada pela Lei n. 13.097, de 19-1-2015.

§ 3.º Para os fins desta Lei, considera-se crédito garantido o proveniente de vendas com reserva de domínio, de alienação fiduciária em garantia ou de operações com outras garantias reais.

§ 4.º No caso de crédito com pessoa jurídica em processo falimentar, em concordata ou em recuperação judicial, a dedução da perda será admitida a partir da data da decretação da falência ou do deferimento do processamento da concordata ou recuperação judicial, desde que a credora tenha adotado os procedimentos judiciais necessários para o recebimento do crédito.

•• § 4.º com redação determinada pela Lei n. 13.097, de 19-1-2015.

§ 5.º A parcela do crédito cujo compromisso de pagar não houver sido honrado pela pessoa jurídica em concordata ou recuperação judicial poderá, também, ser deduzida como perda, observadas as condições previstas neste artigo.

•• § 5.º com redação determinada pela Lei n. 13.097, de 19-1-2015.

§ 6.º Não será admitida a dedução de perda no recebimento de créditos com pessoa jurídica que seja controladora, controlada, coligada ou interligada, bem como com pessoa física que seja acionista controlador, sócio, titular ou administrador da pessoa jurídica credora, ou parente até o terceiro grau dessas pessoas físicas.

§ 7.º Para os contratos inadimplidos a partir da data de publicação da Medida Provisória n. 656, de 7 de outubro de 2014, poderão ser registrados como perda os créditos:

•• § 7.º, *caput*, acrescentado pela Lei n. 13.097, de 19-1-2015.

I – em relação aos quais tenha havido a declaração de insolvência do devedor, em sentença emanada do Poder Judiciário;

•• Inciso I acrescentado pela Lei n. 13.097, de 19-1-2015.

II – sem garantia, de valor:

•• Inciso II, *caput*, acrescentado pela Lei n. 13.097, de 19-1-2015.

a) até R$ 15.000,00 (quinze mil reais), por operação, vencidos há mais de seis meses, independentemente de iniciados os procedimentos judiciais para o seu recebimento;

•• Alínea *a* acrescentada pela Lei n. 13.097, de 19-1-2015.

b) acima de R$ 15.000,00 (quinze mil reais) até R$ 100.000,00 (cem mil reais), por operação, vencidos há mais de um ano, independentemente de iniciados os procedimentos judiciais para o seu recebimento, mantida a cobrança administrativa; e

•• Alínea *b* acrescentada pela Lei n. 13.097, de 19-1-2015.

c) superior a R$ 100.000,00 (cem mil reais), vencidos há mais de um ano, desde que iniciados e mantidos os procedimentos judiciais para o seu recebimento;

•• Alínea *c* acrescentada pela Lei n. 13.097, de 19-1-2015.

III – com garantia, vencidos há mais de dois anos, de valor:

•• Inciso III, *caput*, acrescentado pela Lei n. 13.097, de 19-1-2015.

a) até R$ 50.000,00 (cinquenta mil reais), independentemente de iniciados os procedimentos judiciais para o seu recebimento ou o arresto das garantias; e

•• Alínea *a* acrescentada pela Lei n. 13.097, de 19-1-2015.

b) superior a R$ 50.000,00 (cinquenta mil reais), desde que iniciados e mantidos os procedimentos judiciais para o seu recebimento ou o arresto das garantias; e

•• Alínea *b* acrescentada pela Lei n. 13.097, de 19-1-2015.

IV – contra devedor declarado falido ou pessoa jurídica em concordata ou recuperação judicial, relativamente à parcela que exceder o valor que esta tenha se comprometido a pagar, observado o disposto no § 5.º.

•• Inciso IV acrescentado pela Lei n. 13.097, de 19-1-2015.

Art. 9.º-A. Na hipótese de inadimplência do débito, as exigências de judicialização de que tratam a alínea *c* do inciso II e a alínea *b* do inciso III do § 7.º do art. 9.º e o art. 11 desta Lei poderão ser substituídas pelo instrumento de que trata a Lei n. 9.492, de 10 de setembro de 1997, e os credores deverão arcar, nesse caso, com o pagamento antecipado de taxas, de emolumentos, de acréscimos legais e de demais despesas por ocasião da protocolização e dos demais atos.

•• Artigo acrescentado pela Lei n. 14.043, de 19-8-2020.

Registro Contábil das Perdas

Art. 10. Os registros contábeis das perdas admitidas nesta Lei serão efetuados a débito de conta de resultado e a crédito:

I – da conta que registra o crédito de que trata a alínea *a* do inciso II do § 1.º do art. 9.º e a alínea *a* do inciso II do § 7.º do art. 9.º;

•• Inciso I acrescentado pela Lei n. 13.097, de 19-1-2015.

II – de conta redutora do crédito, nas demais hipóteses.

§ 1.º Ocorrendo a desistência da cobrança pela via judicial, antes de decorridos 5 (cinco) anos do vencimento do crédito, a perda eventualmente registrada deverá ser estornada ou adicionada ao lucro líquido, para determinação do lucro real correspondente ao período de apuração em que se der a desistência.

§ 2.º Na hipótese do parágrafo anterior, o imposto será considerado como postergado desde o período de apuração em que tenha sido reconhecida a perda.

§ 3.º Se a solução da cobrança se der em virtude de acordo homologado por sentença judicial, o valor da perda a ser estornado ou adicionado ao lucro líquido para determinação do lucro real será igual à soma da quantia recebida com o saldo a receber renegociado, não sendo aplicável o disposto no parágrafo anterior.

§ 4.º Os valores registrados na conta redutora do crédito referida no inciso II do *caput* poderão ser baixados definitivamente em contrapartida à conta que registre o crédito, a partir do período de apuração em que se completar 5 (cinco) anos do vencimento do crédito sem que o mesmo tenha sido liquidado pelo devedor.

Encargos Financeiros de Créditos Vencidos

Art. 11. Após 2 (dois) meses do vencimento do crédito, sem que tenha havido o seu recebimento, a pessoa jurídica credora poderá excluir do lucro líquido, para determinação do lucro real, o valor dos encargos financeiros incidentes sobre o crédito, contabilizado como receita, auferido a partir do prazo definido neste artigo.

§ 1.º Ressalvadas as hipóteses das alíneas *a* e *b* do inciso II do § 1.º do art. 9.º, das alíneas *a* e *b* do inciso II do § 7.º do art. 9.º e da alínea *a* do inciso III do § 7.º do art. 9.º, o disposto neste artigo somente se aplica quando a pessoa jurídica houver tomado as providências de caráter judicial necessárias ao recebimento do crédito.

•• § 1.º com redação determinada pela Lei n. 13.097, de 19-1-2015.

§ 2.º Os valores excluídos deverão ser adicionados no período de apuração em que, para os fins legais, se tornarem disponíveis para a pessoa jurídica credora ou em que reconhecida a respectiva perda.

§ 3.º A partir da citação inicial para o pagamento do débito, a pessoa jurídica devedora deverá adicionar ao lucro líquido, para determinação do lucro real, os encargos incidentes sobre o débito vencido e não pago que tenham sido deduzidos como despesa ou custo, incorridos a partir daquela data.

§ 4.º Os valores adicionados a que se refere o parágrafo anterior poderão ser excluídos do lucro líquido, para determinação do lucro real, no período de apuração em que ocorra a quitação do débito por qualquer forma.

Créditos Recuperados

Art. 12. Deverá ser computado na determinação do lucro real o montante dos créditos deduzidos que tenham sido recuperados, em qualquer época ou a qualquer título, inclusive nos casos de novação da dívida ou do arresto dos bens recebidos em garantia real.

§ 1.º Os bens recebidos a título de quitação do débito serão escriturados pelo valor do crédito ou avaliados pelo valor definido na decisão judicial que tenha determinado sua incorporação ao patrimônio do credor.

•• Primitivo parágrafo único renumerado pela Lei n. 12.431, de 24-6-2011.

§ 2.º Nas operações de crédito realizadas por instituições financeiras autorizadas a funcionar pelo Banco Central do Brasil, nos casos de renegociação de dívida, o reconhecimento da receita para fins de incidência de imposto sobre a renda e da Contribuição Social sobre o Lucro Líquido ocorrerá no momento do efetivo recebimento do crédito.

•• § 2.º com redação determinada pela Lei n. 12.715, de 17-9-2012.

Disposição Transitória

Art. 13. No balanço levantado para determinação do lucro real em 31 de dezembro de 1996, a pessoa jurídica poderá optar pela constituição de provisão para créditos de liquidação duvidosa na forma do art. 43 da Lei n. 8.981, de 20 de janeiro de 1995, com as alterações da Lei n. 9.065, de 20 de junho de 1995, ou pelos critérios de perdas a que se referem os arts. 9.º a 12.

Saldo de Provisões Existentes em 31-12-1996

Art. 14. A partir do ano-calendário de 1997, ficam revogadas as normas previstas no art. 43 da Lei n. 8.981, de 20 de janeiro de 1995, com as alterações da Lei n. 9.065, de 20 de junho de 1995, bem como a autorização para a constituição de provisão nos termos dos artigos citados, contida no inciso I do art. 13 da Lei n. 9.249, de 26 de dezembro de 1995.

§ 1.º A pessoa jurídica que, no balanço de 31 de dezembro de 1996, optar pelos critérios de dedução de perdas de que tratam os arts. 9.º a 12 deverá, nesse mesmo balanço, reverter os saldos das provisões para créditos de liquidação duvidosa, constituídas na forma do art. 43 da Lei n. 8.981, de 20 de janeiro de 1995, com as alterações da Lei n. 9.065, de 20 de junho de 1995.

§ 2.º Para a pessoa jurídica que, no balanço de 31 de dezembro de 1996, optar pela constituição de provisão na forma do art. 43 da Lei n. 8.981, de 20 de janeiro de 1995, com as alterações da Lei n. 9.065, de 20 de junho de 1995, a reversão a que se refere o parágrafo anterior será efetuada no balanço correspondente ao primeiro período de apuração encerrado em 1997, se houver adotado o regime de apuração trimestral, ou no balanço de 31 de dezembro de 1997 ou da data da extinção, se houver optado pelo pagamento mensal de que trata o art. 2.º.

§ 3.º Nos casos de incorporação, fusão ou cisão, a reversão de que trata o parágrafo anterior será efetuada no balanço que servir de base à apuração do lucro real correspondente.

Seção IV
Rendimentos do Exterior

Compensação de Imposto Pago

Art. 15. A pessoa jurídica domiciliada no Brasil que auferir, de fonte no exterior, receita decorrente da prestação de serviços efetuada diretamente poderá compensar o imposto pago no país de domicílio da pessoa física ou jurídica contratante, observado o disposto no art. 26 da Lei n. 9.249, de 26 de dezembro de 1995.

Lucros e Rendimentos

Art. 16. Sem prejuízo do disposto nos arts. 25, 26 e 27 da Lei n. 9.249, de 26 de dezembro de 1995, os lucros auferidos por filiais, sucursais, controladas e coligadas, no exterior, serão:

I – considerados de forma individualizada, por filial, sucursal, controlada ou coligada;

II – arbitrados, os lucros das filiais, sucursais e controladas, quando não for possível a determinação de seus resultados, com observância das mesmas normas aplicáveis às pessoas jurídicas domiciliadas no Brasil e computados na determinação do lucro real.

§ 1.º Os resultados decorrentes de aplicações financeiras de renda variável no exterior, em um mesmo país, poderão ser consolidados para efeito de cômputo do ganho, na determinação do lucro real.

§ 2.º Para efeito da compensação de imposto pago no exterior, a pessoa jurídica:

I – com relação aos lucros, deverá apresentar as demonstrações financeiras correspondentes, exceto na hipótese do inciso II do *caput* deste artigo;

II – fica dispensada da obrigação a que se refere o § 2.º do art. 26 da Lei n. 9.249, de 26 de dezembro de 1995, quando comprovar que a legislação do país de origem do lucro, rendimento ou ganho de capital prevê a incidência do imposto de renda que houver sido pago, por meio do documento de arrecadação apresentado.

§ 3.º Na hipótese de arbitramento do lucro da pessoa jurídica domiciliada no Brasil, os lucros, rendimentos e ganhos de capital oriundos do exterior serão adicionados ao lucro arbitrado para determinação da base de cálculo do imposto.

§ 4.º Do imposto devido correspondente a lucros, rendimentos ou ganhos de capital oriundos do exterior não será admitida qualquer destinação ou dedução a título de incentivo fiscal.

Operações de Cobertura em Bolsa do Exterior

Art. 17. Serão computados na determinação do lucro real os resultados líquidos, positivos ou negativos, obtidos em operações de cobertura (*hedge*) realizadas em mercados de liquidação futura, diretamente pela empresa brasileira, em bolsas no exterior.

Parágrafo único. A Secretaria da Receita Federal e o Banco Central do Brasil expedirão instruções para a apuração do resultado líquido, sobre a movimentação de divisas relacionadas com essas operações, e outras que se fizerem necessárias à execução do disposto neste artigo.

•• Parágrafo único acrescentado pela Lei n. 11.033, de 21-12-2004.
•• A Secretaria da Receita Federal passa a denominar-se Secretaria da Receita Federal do Brasil, por força da Lei n. 11.457, de 16-3-2007.

Seção V
Preços de Transferência

Bens, Serviços e Direitos Adquiridos no Exterior

Art. 18. (*Revogado pela Lei n. 14.596, de 14-6-2023.*)
•• *Vide* art. 45 da Lei n. 14.596, de 14-6-2023.

Art. 18-A. (*Revogado pela Lei n. 14.596, de 14-6-2023.*)
•• *Vide* art. 45 da Lei n. 14.596, de 14-6-2023.

Receitas Oriundas de Exportações para o Exterior

Art. 19. (*Revogado pela Lei n. 14.596, de 14-6-2023.*)
•• *Vide* art. 45 da Lei n. 14.596, de 14-6-2023.

Art. 19-A. (*Revogado pela Lei n. 14.596, de 14-6-2023.*)
•• *Vide* art. 45 da Lei n. 14.596, de 14-6-2023.

Art. 20. (*Revogado pela Lei n. 14.596, de 14-6-2023.*)
•• *Vide* art. 45 da Lei n. 14.596, de 14-6-2023.

Art. 20-A. (*Revogado pela Lei n. 14.596, de 14-6-2023.*)
•• *Vide* art. 45 da Lei n. 14.596, de 14-6-2023.

Art. 20-B. (*Revogado pela Lei n. 14.596, de 14-6-2023.*)
•• *Vide* art. 45 da Lei n. 14.596, de 14-6-2023.

Apuração dos Preços Médios

Art. 21. (*Revogado pela Lei n. 14.596, de 14-6-2023.*)
•• *Vide* art. 45 da Lei n. 14.596, de 14-6-2023.

Juros

Art. 22. (*Revogado pela Lei n. 14.596, de 14-6-2023.*)
•• *Vide* art. 45 da Lei n. 14.596, de 14-6-2023.

Pessoa Vinculada – Conceito

Art. 23. (*Revogado pela Lei n. 14.596, de 14-6-2023.*)
•• *Vide* art. 45 da Lei n. 14.596, de 14-6-2023.

Países com Tributação Favorecida

Art. 24. As disposições previstas nos arts. 1.º a 37 da lei decorrente da conversão da Medida Provisória n. 1.152, de 28 de dezembro de 2022, aplicam-se também às transações efetuadas por pessoa física ou jurídica residente ou domiciliada no Brasil com qualquer entidade, ainda que parte não relacionada, residente ou domiciliada em país que não tribute a renda ou que a tribute a alíquota máxima inferior a 17% (dezessete por cento).

•• *Caput* com redação determinada pela Lei n. 14.596, de 14-6-2023.
•• *Vide* art. 45 da Lei n. 14.596, de 14-6-2023.

§ 1.º Para efeito do disposto na parte final deste artigo, será considerada a legislação tributária do referido país, aplicável às pessoas físicas ou às pessoas jurídicas, conforme a natureza do ente com o qual houver sido praticada a operação.

§ 2.º (*Revogado pela Lei n. 14.596, de 14-6-2023.*)
•• *Vide* art. 45 da Lei n. 14.596, de 14-6-2023.

§ 3.º Para os fins do disposto neste artigo, considerar-se-á separadamente a tributação do trabalho e do capital, bem como as dependências do país de residência ou domicílio.

•• § 3.º acrescentado pela Lei n. 10.451, de 10-5-2002.

§ 4.º Considera-se também país ou dependência com tributação favorecida aquele cuja legislação não permita o acesso a informações relativas à composição societária de pessoas jurídicas, à sua titularidade ou à identificação do beneficiário efetivo de rendimentos atribuídos a não residentes.

•• § 4.º acrescentado pela Lei n. 11.727, de 23-6-2008.
•• *Vide* art. 41, VI, da Lei n. 11.727, de 23-6-2008.

Art. 24-A. As disposições previstas nos arts. 1.º a 37 da lei decorrente da conversão da Medida Provisória n. 1.152, de 28 de dezembro de 2022, aplicam-se também às transações efetuadas por pessoa física ou jurídica residente ou domiciliada no Brasil com qualquer entidade residente ou domiciliada no exterior que seja beneficiária de regime fiscal privilegiado, inclusive na hipótese de parte não relacionada.

•• *Caput* com redação determinada pela Lei n. 14.596, de 14-6-2023.
•• *Vide* art. 45 da Lei n. 14.596, de 14-6-2023.

Parágrafo único. Para fins do disposto neste artigo, considera-se regime fiscal privilegiado aquele que apresentar, no mínimo, uma das seguintes características:

•• Parágrafo único, *caput*, com redação determinada pela Lei n. 14.596, de 14-6-2023.
•• *Vide* art. 45 da Lei n. 14.596, de 14-6-2023.

I – não tribute a renda ou que o faça a alíquota máxima inferior a 17% (dezessete por cento);

•• Inciso I com redação determinada pela Lei n. 14.596, de 14-6-2023.
•• *Vide* art. 45 da Lei n. 14.596, de 14-6-2023.

II – conceda vantagem de natureza fiscal a pessoa física ou jurídica não residente:
a) sem exigência de realização de atividade econômica substantiva no país ou dependência;
b) condicionada ao não exercício de atividade econômica substantiva no país ou dependência;

•• Inciso II acrescentado pela Lei n. 11.727, de 23-6-2008.

III – não tribute os rendimentos auferidos fora de seu território ou o faça a alíquota máxima inferior a 17% (dezessete por cento);

•• Inciso III com redação determinada pela Lei n. 14.596, de 14-6-2023.
•• *Vide* art. 45 da Lei n. 14.596, de 14-6-2023.

IV – não permita o acesso a informações relativas à composição societária, titularidade de bens ou direitos ou às operações econômicas realizadas.

•• Inciso IV acrescentado pela Lei n. 11.727, de 23-6-2008.

Art. 24-B. O Poder Executivo poderá reduzir ou restabelecer os percentuais de que tratam o *caput* do art. 24 e os incisos I e III do parágrafo único do art. 24-A, ambos desta Lei.

•• *Caput* acrescentado pela Lei n. 11.727, de 23-6-2008.
•• *Vide* art. 41, VI, da Lei n. 11.727, de 23-6-2008.

Parágrafo único. O uso da faculdade prevista no *caput* deste artigo poderá também ser aplicado, de forma excepcional e restrita, a países que componham blocos econômicos dos quais o País participe.

•• Parágrafo único acrescentado pela Lei n. 11.727, de 23-6-2008.

Art. 24-C. A qualificação de país ou dependência com tributação favorecida ou de regime fiscal privilegiado prevista, respectivamente, nos arts. 24 e 24-A desta Lei, que decorra exclusivamente da não tributação da renda à alíquota máxima de 17% (dezessete por cento), poderá ser afastada excepcionalmente para países que fomentem de forma relevante o desenvolvimento nacional por meio de investimentos significativos no Brasil.

•• *Caput* acrescentado pela Lei n. 15.079, de 27-12-2024.

Parágrafo único. O Poder Executivo federal disciplinará o disposto no *caput* deste artigo, inclusive os investimentos que poderão ser considerados, seus patamares, critérios e periodicidade.

•• Parágrafo único acrescentado pela Lei n. 15.079, de 27-12-2024.

Seção VI
Lucro Presumido

Determinação

Art. 25. O lucro presumido será o montante determinado pela soma das seguintes parcelas:

I – o valor resultante da aplicação dos percentuais de que trata o art. 15 da Lei n. 9.249, de 26 de dezembro de 1995, sobre a receita bruta definida pelo art. 12 do Decreto-lei n. 1.598, de 26 de dezembro de 1977, auferida no período de apuração de que trata o art. 1.º, deduzida das devoluções e vendas canceladas e dos descontos incondicionais concedidos; e

•• Inciso I com redação determinada pela Lei n. 12.973, de 13-5-2014.

II – os ganhos de capital, os rendimentos e ganhos líquidos auferidos em aplicações financeiras, as demais receitas, os resultados positivos decorrentes de receitas não abrangidas pelo inciso I, com os respectivos valores decorrentes do ajuste a valor presente de que trata o inciso VIII do *caput* do art. 183 da Lei n. 6.404, de 15 de

dezembro de 1976, e demais valores determinados nesta Lei, auferidos naquele mesmo período.
•• Inciso II com redação determinada pela Lei n. 12.973, de 13-5-2014.
•• Vide art. 7.º, caput, da Lei n. 12.973, de 13-5-2014.
§ 1.º O ganho de capital nas alienações de investimentos, imobilizados e intangíveis corresponderá à diferença positiva entre o valor da alienação e o respectivo valor contábil.
•• § 1.º acrescentado pela Lei n. 12.973, de 13-5-2014.
§ 2.º Para fins do disposto no § 1.º, poderão ser considerados no valor contábil, e na proporção deste, os respectivos valores decorrentes dos efeitos do ajuste a valor presente de que trata o inciso III do *caput* do art. 184 da Lei n. 6.404, de 15 de dezembro de 1976.
•• § 2.º acrescentado pela Lei n. 12.973, de 13-5-2014.
§ 3.º Os ganhos decorrentes de avaliação de ativo ou passivo com base no valor justo não integrarão a base de cálculo do imposto, no momento em que forem apurados.
•• § 3.º acrescentado pela Lei n. 12.973, de 13-5-2014.
§ 4.º Para fins do disposto no inciso II do *caput*, os ganhos e perdas decorrentes de avaliação do ativo com base em valor justo não serão considerados como parte integrante do valor contábil.
•• § 4.º acrescentado pela Lei n. 12.973, de 13-5-2014.
§ 5.º O disposto no § 4.º não se aplica aos ganhos que tenham sido anteriormente computados na base de cálculo do imposto.
•• § 5.º acrescentado pela Lei n. 12.973, de 13-5-2014.

Opção
Art. 26. A opção pela tributação com base no lucro presumido será aplicada em relação a todo o período de atividade da empresa em cada ano-calendário.
§ 1.º A opção de que trata este artigo será manifestada com o pagamento da primeira ou única quota do imposto devido correspondente ao primeiro período de apuração de cada ano-calendário.
§ 2.º A pessoa jurídica que houver iniciado atividade a partir do segundo trimestre manifestará a opção de que trata este artigo com o pagamento da primeira ou única quota do imposto devido relativa ao período de apuração do início de atividade.
§ 3.º A pessoa jurídica que houver pago o imposto com base no lucro presumido e que, em relação ao mesmo ano-calendário, alterar a opção, passando a ser tributada com base no lucro real, ficará sujeita ao pagamento de multa e juros moratórios sobre a diferença de imposto paga a menor.
§ 4.º A mudança de opção a que se refere o parágrafo anterior somente será admitida quando formalizada até a entrega da correspondente declaração de rendimentos e antes de iniciado procedimento de ofício relativo a qualquer dos períodos de apuração do respectivo ano-calendário.

Seção VII
Lucro Arbitrado

Determinação
Art. 27. O lucro arbitrado será o montante determinado pela soma das seguintes parcelas:
I – o valor resultante da aplicação dos percentuais de que trata o art. 16 da Lei n. 9.249, de 26 de dezembro de 1995, sobre a receita bruta definida pelo art. 12 do Decreto-lei n. 1.598, de 26 de dezembro de 1977, auferida no período de apuração de que trata o art. 1.º, deduzida das devoluções e vendas canceladas e dos descontos incondicionais concedidos; e
•• Inciso I com redação determinada pela Lei n. 12.973, de 13-5-2014.
II – os ganhos de capital, os rendimentos e ganhos líquidos auferidos em aplicações financeiras, as demais receitas, os resultados positivos decorrentes de receitas não abrangidas pelo inciso I do *caput*, com os respectivos valores decorrentes do ajuste a valor presente de que trata o inciso VIII do *caput* do art. 183 da Lei n. 6.404, de 15 de dezembro de 1976, e demais valores determinados nesta Lei, auferidos naquele mesmo período.
•• Inciso II com redação determinada pela Lei n. 12.973, de 13-5-2014.
•• Vide art. 7.º, parágrafo único, da Lei n. 12.973, de 13-5-2014.
§ 1.º Na apuração do lucro arbitrado, quando não conhecida a receita bruta, os coeficientes de que tratam os incisos II, III e IV do art. 51 da Lei n. 8.981, de 20 de janeiro de 1995, deverão ser multiplicados pelo número de meses do período de apuração.
§ 2.º Na hipótese de utilização das alternativas de cálculo previstas nos incisos V a VIII do art. 51 da Lei n. 8.981, de 20 de janeiro de 1995, o lucro arbitrado será o valor resultante da soma dos valores apurados para cada mês do período de apuração.
§ 3.º O ganho de capital nas alienações de investimentos, imobilizados e intangíveis corresponderá à diferença positiva entre o valor da alienação e o respectivo valor contábil.
•• § 3.º acrescentado pela Lei n. 12.973, de 13-5-2014.
§ 4.º Para fins do disposto no § 3.º, poderão ser considerados no valor contábil, e na proporção deste, os respectivos valores decorrentes dos efeitos do ajuste a valor presente de que trata o inciso III do *caput* do art. 184 da Lei n. 6.404, de 15 de dezembro de 1976.
•• § 4.º acrescentado pela Lei n. 12.973, de 13-5-2014.
§ 5.º Os ganhos decorrentes de avaliação de ativo ou passivo com base no valor justo não integrarão a base de cálculo do imposto, no momento em que forem apurados.
•• § 5.º acrescentado pela Lei n. 12.973, de 13-5-2014.
§ 6.º Para fins do disposto no inciso II do *caput*, os ganhos e perdas decorrentes de avaliação do ativo com base em valor justo não serão considerados como parte integrante do valor contábil.
•• § 6.º acrescentado pela Lei n. 12.973, de 13-5-2014.

§ 7.º O disposto no § 6.º não se aplica aos ganhos que tenham sido anteriormente computados na base de cálculo do imposto.
•• § 7.º acrescentado pela Lei n. 12.973, de 13-5-2014.

Capítulo II
CONTRIBUIÇÃO SOCIAL SOBRE O LUCRO LÍQUIDO

Seção I
Apuração da Base de Cálculo e Pagamento

Normas Aplicáveis
Art. 28. Aplicam-se à apuração da base de cálculo e ao pagamento da contribuição social sobre o lucro líquido as normas da legislação vigente e as correspondentes aos arts. 1.º a 3.º, 5.º a 14, 17 a 24-B, 26, 55 e 71.
•• Artigo com redação determinada pela Lei n. 12.715, de 17-9-2012.

Empresas sem Escrituração Contábil
Art. 29. A base de cálculo da contribuição social sobre o lucro líquido, devida pelas pessoas jurídicas tributadas com base no lucro presumido ou arbitrado e pelas demais empresas dispensadas de escrituração contábil, corresponderá à soma dos valores:
I – de que trata o art. 20 da Lei n. 9.249, de 26 de dezembro de 1995;
II – os ganhos de capital, os rendimentos e ganhos líquidos auferidos em aplicações financeiras, as demais receitas, os resultados positivos decorrentes de receitas não abrangidas pelo inciso I do *caput*, com os respectivos valores decorrentes do ajuste a valor presente de que trata o inciso VIII do *caput* do art. 183 da Lei n. 6.404, de 15 de dezembro de 1976, e demais valores determinados nesta Lei, auferidos naquele mesmo período.
•• Inciso II com redação determinada pela Lei n. 12.973, de 13-5-2014.
•• Vide art. 7.º, parágrafo único, da Lei n. 12.973, de 13-5-2014.

Pagamento Mensal Estimado
Art. 30. A pessoa jurídica que houver optado pelo pagamento do imposto de renda na forma do art. 2.º fica, também, sujeita ao pagamento mensal da contribuição social sobre o lucro líquido, determinada mediante a aplicação da alíquota a que estiver sujeita sobre a base de cálculo apurada na forma dos incisos I e II do artigo anterior.

Capítulo III
IMPOSTO SOBRE PRODUTOS INDUSTRIALIZADOS

Contribuinte Substituto
Art. 31. O art. 35 da Lei n. 4.502, de 30 de novembro de 1964, passa a vigorar com a seguinte redação:
"Art. 35. ....
....
II – como contribuinte substituto:
....

c) o industrial ou equiparado, mediante requerimento, nas operações anteriores, concomitantes ou posteriores às saídas que promover, nas hipóteses e condições estabelecidas pela Secretaria da Receita Federal.

•• A Secretaria da Receita Federal passa a denominar-se Secretaria da Receita Federal do Brasil, por força da Lei n. 11.457, de 16-3-2007.

§ 1.º Nos casos das alíneas a e b do inciso II deste artigo, o pagamento do imposto não exclui a responsabilidade por infração do contribuinte originário quando este for identificado, e será considerado como efetuado fora do prazo, para todos os efeitos legais.

§ 2.º Para implementar o disposto na alínea c do inciso II, a Secretaria da Receita Federal poderá instituir regime especial de suspensão do imposto.

•• A Secretaria da Receita Federal passa a denominar-se Secretaria da Receita Federal do Brasil, por força da Lei n. 11.457, de 16-3-2007".

Capítulo IV
PROCEDIMENTOS DE FISCALIZAÇÃO

Seção I
Suspensão da Imunidade e da Isenção

Art. 32. A suspensão da imunidade tributária, em virtude de falta de observância de requisitos legais, deve ser procedida de conformidade com o disposto neste artigo.

§ 1.º Constatado que entidade beneficiária de imunidade de tributos federais de que trata a alínea c do inciso VI do art. 150 da Constituição Federal não está observando requisito ou condição previstos nos arts. 9.º, § 1.º, e 14, da Lei n. 5.172, de 25 de outubro de 1966 – Código Tributário Nacional, a fiscalização tributária expedirá notificação fiscal, na qual relatará os fatos que determinam a suspensão do benefício, indicando inclusive a data da ocorrência da infração.

§ 2.º A entidade poderá, no prazo de 30 (trinta) dias da ciência da notificação, apresentar as alegações e provas que entender necessárias.

§ 3.º O Delegado ou Inspetor da Receita Federal decidirá sobre a procedência das alegações, expedindo o ato declaratório suspensivo do benefício, no caso de improcedência, dando, de sua decisão, ciência à entidade.

§ 4.º Será igualmente expedido o ato suspensivo se decorrido o prazo previsto no § 2.º sem qualquer manifestação da parte interessada.

§ 5.º A suspensão da imunidade terá como termo inicial a data da prática da infração.

§ 6.º Efetivada a suspensão da imunidade:

I – a entidade interessada poderá, no prazo de 30 (trinta) dias da ciência, apresentar impugnação ao ato declaratório, a qual será objeto de decisão pela Delegacia da Receita Federal de Julgamento competente;

II – a fiscalização de tributos federais lavrará auto de infração, se for o caso.

§ 7.º A impugnação relativa à suspensão da imunidade obedecerá às demais normas reguladoras do processo administrativo fiscal.

§ 8.º A impugnação e o recurso apresentados pela entidade não terão efeito suspensivo em relação ao ato declaratório contestado.

§ 9.º Caso seja lavrado auto de infração, as impugnações contra o ato declaratório e contra a exigência de crédito tributário serão reunidas em um único processo, para serem decididas simultaneamente.

§ 10. Os procedimentos estabelecidos neste artigo aplicam-se, também, às hipóteses de suspensão de isenções condicionadas, quando a entidade beneficiária estiver descumprindo as condições ou requisitos impostos pela legislação de regência.

§ 11. (Revogado pela Lei n. 13.165, de 29-9-2015.)

§ 12. A entidade interessada disporá de todos os meios legais para impugnar os fatos que determinam a suspensão do benefício.

•• § 12 acrescentado pela Lei n. 11.941, de 27-5-2009.

Seção II
Regimes Especiais de Fiscalização

Art. 33. A Secretaria da Receita Federal pode determinar regime especial para cumprimento de obrigações, pelo sujeito passivo, nas seguintes hipóteses:

•• A Secretaria da Receita Federal passa a denominar-se Secretaria da Receita Federal do Brasil, por força da Lei n. 11.457, de 16-3-2007.
• A Instrução Normativa n. 979, de 16-12-2009, da Secretaria da Receita Federal do Brasil, dispõe sobre o Regime Especial de Fiscalização (REF) de que trata este artigo.

I – embaraço à fiscalização, caracterizado pela negativa não justificada de exibição de livros e documentos em que se assente a escrituração das atividades do sujeito passivo, bem como pelo não fornecimento de informações sobre bens, movimentação financeira, negócio ou atividade, próprios ou de terceiros, quando intimado, e demais hipóteses que autorizam a requisição do auxílio da força pública, nos termos do art. 200 da Lei n. 5.172, de 25 de outubro de 1966;

II – resistência à fiscalização, caracterizada pela negativa de acesso ao estabelecimento, ao domicílio fiscal ou a qualquer outro local onde se desenvolvam as atividades do sujeito passivo, ou se encontrem bens de sua posse ou propriedade;

III – evidências de que a pessoa jurídica esteja constituída por interpostas pessoas que não sejam os verdadeiros sócios ou acionistas, ou o titular, no caso de firma individual;

IV – realização de operações sujeitas à incidência tributária, sem a devida inscrição no cadastro de contribuintes apropriado;

V – prática reiterada de infração da legislação tributária;

VI – comercialização de mercadorias com evidências de contrabando ou descaminho;

VII – incidência em conduta que enseje representação criminal, nos termos da legislação que rege os crimes contra a ordem tributária.

§ 1.º O regime especial de fiscalização será aplicado em virtude de ato do Secretário da Receita Federal.

§ 2.º O regime especial pode consistir, inclusive, em:

I – manutenção de fiscalização ininterrupta no estabelecimento do sujeito passivo;

II – redução, à metade, dos períodos de apuração e dos prazos de recolhimento dos tributos;

III – utilização compulsória de controle eletrônico das operações realizadas e recolhimento diário dos respectivos tributos;

IV – exigência de comprovação sistemática do cumprimento das obrigações tributárias;

V – controle especial da impressão e emissão de documentos comerciais e fiscais e da movimentação financeira.

§ 3.º As medidas previstas neste artigo poderão ser aplicadas isolada ou cumulativamente, por tempo suficiente à normalização do cumprimento das obrigações tributárias.

§ 4.º A imposição do regime especial não elide a aplicação de penalidades previstas na legislação tributária.

§ 5.º Às infrações cometidas pelo contribuinte durante o período em que estiver submetido a regime especial de fiscalização será aplicada a multa de que trata o inciso I do caput do art. 44 desta Lei, duplicando-se o seu percentual.

•• § 5.º com redação determinada pela Lei n. 11.488, de 15-6-2007.

Seção III
Documentação Fiscal

Acesso à Documentação

Art. 34. São também passíveis de exame os documentos do sujeito passivo, mantidos em arquivos magnéticos ou assemelhados, encontrados no local da verificação, que tenham relação direta ou indireta com a atividade por ele exercida.

Retenção de Livros e Documentos

Art. 35. Os livros e documentos poderão ser examinados fora do estabelecimento do sujeito passivo, desde que lavrado termo escrito de retenção pela autoridade fiscal, em que se especifiquem a quantidade, espécie, natureza e condições dos livros e documentos retidos.

§ 1.º Constituindo os livros ou documentos prova da prática de ilícito penal ou tributário, os originais retidos não serão devolvidos, extraindo-se cópia para entrega ao interessado.

§ 2.º Excetuado o disposto no parágrafo anterior, devem ser devolvidos os originais dos documentos retidos para exame, mediante recibo.

Lacração de Arquivos
Art. 36. A autoridade fiscal encarregada de diligência ou fiscalização poderá promover a lacração de móveis, caixas, cofres ou depósitos onde se encontram arquivos e documentos, toda vez que ficar caracterizada a resistência ou o embaraço à fiscalização, ou ainda quando as circunstâncias ou a quantidade de documentos não permitirem sua identificação e conferência no local ou no momento em que foram encontrados.

Parágrafo único. O sujeito passivo e demais responsáveis serão previamente notificados para acompanharem o procedimento de rompimento do lacre e identificação dos elementos de interesse da fiscalização.

Guarda de Documentos
Art. 37. Os comprovantes da escrituração da pessoa jurídica, relativos a fatos que repercutam em lançamentos contábeis de exercícios futuros, serão conservados até que se opere a decadência do direito de a Fazenda Pública constituir os créditos tributários relativos a esses exercícios.

Arquivos Magnéticos
Art. 38. O sujeito passivo usuário de sistema de processamento de dados deverá manter documentação técnica completa e atualizada do sistema, suficiente para possibilitar a sua auditoria, facultada a manutenção em meio magnético, sem prejuízo da sua emissão gráfica, quando solicitada.

Extravio de Livros e Documentos
Art. 39. (*Revogado pela Lei n. 9.532, de 10-12-1997.*)

Seção IV
Omissão de Receita

Falta de Escrituração de Pagamentos
Art. 40. A falta de escrituração de pagamentos efetuados pela pessoa jurídica, assim como a manutenção, no passivo, de obrigações cuja exigibilidade não seja comprovada, caracterizam, também, omissão de receita.

Levantamento Quantitativo por Espécie
Art. 41. A omissão de receita poderá, também, ser determinada a partir de levantamento por espécie das quantidades de matérias-primas e produtos intermediários utilizados no processo produtivo da pessoa jurídica.

§ 1.º Para os fins deste artigo, apurar-se-á a diferença, positiva ou negativa, entre a soma das quantidades de produtos em estoque no início do período com a quantidade de produtos fabricados com as matérias-primas e produtos intermediários utilizados e a soma das quantidades de produtos cuja venda houver sido registrada na escrituração contábil da empresa com as quantidades em estoque, no final do período de apuração, constantes do livro de Inventário.

§ 2.º Considera-se receita omitida, nesse caso, o valor resultante da multiplicação das diferenças de quantidades de produtos ou de matérias-primas e produtos intermediários pelos respectivos preços médios de venda ou de compra, conforme o caso, em cada período de apuração abrangido pelo levantamento.

§ 3.º Os critérios de apuração de receita omitida de que trata este artigo aplicam-se, também, às empresas comerciais, relativamente às mercadorias adquiridas para revenda.

Depósitos Bancários
Art. 42. Caracterizam-se também omissão de receita ou de rendimento os valores creditados em conta de depósito ou de investimento mantida junto a instituição financeira, em relação aos quais o titular, pessoa física ou jurídica, regularmente intimado, não comprove, mediante documentação hábil e idônea, a origem dos recursos utilizados nessas operações.

§ 1.º O valor das receitas ou dos rendimentos omitido será considerado auferido ou recebido no mês do crédito efetuado pela instituição financeira.

§ 2.º Os valores cuja origem houver sido comprovada, que não houverem sido computados na base de cálculo dos impostos e contribuições a que estiverem sujeitos, submeter-se-ão às normas de tributação específicas, previstas na legislação vigente à época em que auferidos ou recebidos.

§ 3.º Para efeito de determinação da receita omitida, os créditos serão analisados individualizadamente, observado que não serão considerados:

I – os decorrentes de transferências de outras contas da própria pessoa física ou jurídica;

II – no caso de pessoa física, sem prejuízo do disposto no inciso anterior, os de valor individual igual ou inferior a R$ 1.000,00 (mil reais), desde que o seu somatório, dentro do ano-calendário, não ultrapasse o valor de R$ 12.000,00 (doze mil reais).

§ 4.º Tratando-se de pessoa física, os rendimentos omitidos serão tributados no mês em que considerados recebidos, com base na tabela progressiva vigente à época em que tenha sido efetuado o crédito pela instituição financeira.

§ 5.º Quando provado que os valores creditados na conta de depósito ou de investimento pertencem a terceiro, evidenciando interposição de pessoa, a determinação dos rendimentos ou receitas será efetuada em relação ao terceiro, na condição de efetivo titular da conta de depósito ou de investimento.

•• § 5.º acrescentado pela Lei n. 10.637, de 30-12-2002.

§ 6.º Na hipótese de contas de depósito ou de investimento mantidas em conjunto, cuja declaração de rendimentos ou de informações dos titulares tenham sido apresentadas em separado, e não havendo comprovação da origem dos recursos nos termos deste artigo, o valor dos rendimentos ou receitas será imputado a cada titular mediante divisão entre o total dos rendimentos ou receitas pela quantidade de titulares.

•• § 6.º acrescentado pela Lei n. 10.637, de 30-12-2002.

Seção V
Normas sobre o Lançamento de Tributos e Contribuições

Auto de Infração sem Tributo
Art. 43. Poderá ser formalizada exigência de crédito tributário correspondente exclusivamente a multa ou a juros de mora, isolada ou conjuntamente.

Parágrafo único. Sobre o crédito constituído na forma deste artigo, não pago no respectivo vencimento, incidirão juros de mora, calculados à taxa a que se refere o § 3.º do art. 5.º, a partir do primeiro dia do mês subsequente ao vencimento do prazo até o mês anterior ao do pagamento e de 1% (um por cento) no mês de pagamento.

Multas de Lançamento de Ofício
Art. 44. Nos casos de lançamento de ofício, serão aplicadas as seguintes multas:

•• *Caput* com redação determinada pela Lei n. 11.488, de 15-6-2007.

I – de 75% (setenta e cinco por cento) sobre a totalidade ou diferença de imposto ou contribuição nos casos de falta de pagamento ou recolhimento, de falta de declaração e nos de declaração inexata;

•• Inciso I com redação determinada pela Lei n. 11.488, de 15-6-2007.

II – de 50% (cinquenta por cento), exigida isoladamente, sobre o valor do pagamento mensal:

•• Inciso II, *caput*, com redação determinada pela Lei n. 11.488, de 15-6-2007.

a) na forma do art. 8.º da Lei n. 7.713, de 22 de dezembro de 1988, que deixar de ser efetuado, ainda que não tenha sido apurado imposto a pagar na declaração de ajuste, no caso de pessoa física;

•• Alínea *a* acrescentada pela Lei n. 11.488, de 15-6-2007.

b) na forma do art. 2.º desta Lei, que deixar de ser efetuado, ainda que tenha sido apurado prejuízo fiscal ou base de cálculo negativa para a contribuição social sobre o lucro líquido, no ano-calendário correspondente, no caso de pessoa jurídica.

•• Alínea *b* acrescentada pela Lei n. 11.488, de 15-6-2007.

§ 1.º O percentual de multa de que trata o inciso I do *caput* deste artigo será majorado nos casos previstos nos arts. 71, 72 e 73 da Lei n. 4.502, de 30 de novembro de 1964, independentemente de outras penalidades administrativas ou criminais cabíveis, e passará a ser de:

•• § 1.º, *caput*, com redação determinada pela Lei n. 14.689, de 20-9-2023.

I a IV – (*Revogados pela Lei n. 11.488, de 15-6-2007.*)

V – (*Revogado pela Lei n. 9.716, de 26-11-1998.*)

VI – 100% (cem por cento) sobre a totalidade ou a diferença de imposto ou de contribuição objeto do lançamento de ofício;

•• Inciso VI acrescentado pela Lei n. 14.689, de 20-9-2023.

VII – 150% (cento e cinquenta por cento) sobre a totalidade ou a diferença de imposto ou de contribuição objeto do lançamento de ofício, nos casos em que verificada a reincidência do sujeito passivo.

•• Inciso VII acrescentado pela Lei n. 14.689, de 20-9-2023.

§ 1.º-A. Verifica-se a reincidência prevista no inciso VII do § 1.º deste artigo quando, no prazo de 2 (dois) anos, contado do ato de lançamento em que tiver sido imputada a ação ou omissão tipificada nos arts. 71, 72 e 73 da Lei n. 4.502, de 30 de novembro de 1964, ficar comprovado que o sujeito passivo incorreu novamente em qualquer uma dessas ações ou omissões.

•• § 1.º-A acrescentado pela Lei n. 14.689, de 20-9-2023.

§ 1.º-B. (*Vetado*.)

•• § 1.º-B acrescentado pela Lei n. 14.689, de 20-9-2023.

§ 1.º-C. A qualificação da multa prevista no § 1.º deste artigo não se aplica quando:

•• § 1.º-C, *caput*, acrescentado pela Lei n. 14.689, de 20-9-2023.

I – não restar configurada, individualizada e comprovada a conduta dolosa a que se referem os arts. 71, 72 e 73 da Lei n. 4.502, de 30 de novembro de 1964;

•• Inciso I acrescentado pela Lei n. 14.689, de 20-9-2023.

II – houver sentença penal de absolvição com apreciação de mérito em processo do qual decorra imputação criminal do sujeito passivo; e

•• Inciso II acrescentado pela Lei n. 14.689, de 20-9-2023.

III – (*Vetado*.)

•• Inciso III acrescentado pela Lei n. 14.689, de 20-9-2023.

§ 1.º-D. (*Vetado*.)

•• § 1.º-D acrescentado pela Lei n. 14.689, de 20-9-2023.

§ 2.º Os percentuais de multa a que se referem o inciso I do *caput* e o § 1.º deste artigo serão aumentados de metade, nos casos de não atendimento pelo sujeito passivo, no prazo marcado, de intimação para:

•• § 2.º, *caput*, com redação determinada pela Lei n. 11.488, de 15-6-2007.
•• A Lei n. 14.689, de 20-9-2023, propôs a revogação deste § 2.º, todavia teve o seu texto vetado.

I – prestar esclarecimentos;

•• Inciso I acrescentado pela Lei n. 11.488, de 15-6-2007.

II – apresentar os arquivos ou sistemas de que tratam os arts. 11 a 13 da Lei n. 8.218, de 29 de agosto de 1991;

•• Inciso II acrescentado pela Lei n. 11.488, de 15-6-2007.

III – apresentar a documentação técnica de que trata o art. 38 desta Lei.

•• Inciso III acrescentado pela Lei n. 11.488, de 15-6-2007.

§ 3.º Aplicam-se às multas de que trata este artigo as reduções previstas no art. 6.º da Lei n. 8.218, de 29 de agosto de 1991, e no art. 60 da Lei n. 8.383, de 30 de dezembro de 1991.

§ 4.º As disposições deste artigo aplicam-se, inclusive, aos contribuintes que derem causa a ressarcimento indevido de tributo ou contribuição decorrente de qualquer incentivo ou benefício fiscal.

§ 5.º Aplica-se também, no caso de que seja comprovadamente constatado dolo ou má-fé do contribuinte, a multa de que trata o inciso I do *caput* sobre:

•• § 5.º, *caput*, acrescentado pela Lei n. 12.249, de 11-6-2010.

I – a parcela do imposto a restituir informado pelo contribuinte pessoa física, na Declaração de Ajuste Anual, que deixar de ser restituída por infração à legislação tributária; e

•• Inciso I acrescentado pela Lei n. 12.249, de 11-6-2010.

II – (*Vetado*.)

•• Inciso II acrescentado pela Lei n. 12.249, de 11-6-2010.

§ 6.º. (*Vetado*.)

•• § 6.º acrescentado pela Lei n. 14.689, de 20-9-2023.

§ 7.º. (*Vetado*.)

•• § 7.º acrescentado pela Lei n. 14.689, de 20-9-2023.

Arts. 45 e 46. (*Revogados pela Lei n. 11.488, de 15-6-2007.*)

Seção VI
Aplicação de Acréscimos de Procedimento Espontâneo

Art. 47. A pessoa física ou jurídica submetida a ação fiscal por parte da Secretaria da Receita Federal poderá pagar, até o 20.º (vigésimo) dia subsequente à data de recebimento do termo de início de fiscalização, os tributos e contribuições já declarados, de que for sujeito passivo como contribuinte ou responsável, com os acréscimos legais aplicáveis nos casos de procedimento espontâneo.

•• Artigo com redação determinada pela Lei n. 9.532, de 10-12-1997.
•• A Secretaria da Receita Federal passa a denominar-se Secretaria da Receita Federal do Brasil, por força da Lei n. 11.457, de 16-3-2007.

Capítulo V
DISPOSIÇÕES GERAIS

Seção I
Processo Administrativo de Consulta

Art. 48. No âmbito da Secretaria da Receita Federal, os processos administrativos de consulta serão solucionados em instância única.

•• *Vide* nota ao art. 47 desta Lei.
•• O Ato Declaratório Interpretativo n. 5, de 29-11-2022, da Secretaria Especial da Receita Federal do Brasil, dispõe sobre os efeitos da solução de consulta sobre a interpretação da legislação tributária e aduaneira.

§ 1.º A competência para solucionar a consulta ou declarar sua ineficácia, na forma disciplinada pela Secretaria da Receita Federal do Brasil, poderá ser atribuída:

•• § 1.º, *caput*, com redação determinada pela Lei n. 12.788, de 14-1-2013.

I – a unidade central; ou

•• Inciso I com redação determinada pela Lei n. 12.788, de 14-1-2013.

II – a unidade descentralizada.

•• Inciso II com redação determinada pela Lei n. 12.788, de 14-1-2013.

§ 2.º Os atos normativos expedidos pelas autoridades competentes serão observados quando da solução da consulta.

§ 3.º Não cabe recurso nem pedido de reconsideração da solução da consulta ou do despacho que declarar sua ineficácia.

§ 4.º As soluções das consultas serão publicadas pela imprensa oficial, na forma disposta em ato normativo emitido pela Secretaria da Receita Federal.

§ 5.º Havendo diferença de conclusões entre soluções de consultas relativas a uma mesma matéria, fundada em idêntica norma jurídica, cabe recurso especial, sem efeito suspensivo, para o órgão de que trata o inciso I do § 1.º.

§ 6.º O recurso de que trata o parágrafo anterior pode ser interposto pelo destinatário da solução divergente, no prazo de 30 (trinta) dias, contados da ciência da solução.

§ 7.º Cabe a quem interpuser o recurso comprovar a existência das soluções divergentes sobre idênticas situações.

§ 8.º O juízo de admissibilidade do recurso será realizado na forma disciplinada pela Secretaria da Receita Federal do Brasil.

•• § 8.º com redação determinada pela Lei n. 12.788, de 14-1-2013.

§ 9.º Qualquer servidor da administração tributária deverá, a qualquer tempo, formular representação ao órgão que houver proferido a decisão, encaminhando as soluções divergentes sobre a mesma matéria, de que tenha conhecimento.

§ 10. O sujeito passivo que tiver conhecimento de solução divergente daquela que esteja observando em decorrência de resposta a consulta anteriormente formulada, sobre idêntica matéria, poderá adotar o procedimento previsto no § 5.º, no prazo de 30 (trinta) dias contados da respectiva publicação.

§ 11. A solução da divergência acarretará, em qualquer hipótese, a edição de ato específico, uniformizando o entendimento, com imediata ciência ao destinatário da solução reformada, aplicando-se seus efeitos a partir da data da ciência.

§ 12. Se, após a resposta à consulta, a administração alterar o entendimento nela expresso, a nova orientação atingirá, apenas, os fatos geradores que ocorram após dado ciência ao consulente ou após a sua publicação pela imprensa oficial.

§ 13. A partir de 1.º de janeiro de 1997, cessarão todos os efeitos decorrentes de consultas não solucionadas definitivamente, ficando assegurado aos consulentes, até 31 de janeiro de 1997:

I – a não instauração de procedimento de fiscalização em relação à matéria consultada;

II – a renovação da consulta anteriormente formulada, à qual serão aplicadas as normas previstas nesta Lei.

§ 14. A consulta poderá ser formulada por meio eletrônico, na forma disciplinada pela Secretaria da Receita Federal do Brasil.

•• § 14 acrescentado pela Lei n. 12.788, de 14-1-2013.

§ 15. O Poder Executivo regulamentará prazo para solução das consultas de que trata este artigo.

•• § 15 acrescentado pela Lei n. 12.788, de 14-1-2013.

Art. 49. Não se aplicam aos processos de consulta no âmbito da Secretaria da Receita Federal as disposições dos arts. 54 a 58 do Decreto n. 70.235, de 6 de março de 1972.

•• Vide nota ao art. 47 desta Lei.

Art. 50. Aplicam-se aos processos de consulta relativos à classificação de mercadorias as disposições dos arts. 46 a 53 do Decreto n. 70.235, de 6 de março de 1972, e do art. 48 desta Lei.

§ 1.º O órgão de que trata o inciso I do § 1.º do art. 48 poderá alterar ou reformar, de ofício, as decisões proferidas nos processos relativos à classificação de mercadorias.

§ 2.º Da alteração ou reforma mencionada no parágrafo anterior, deverá ser dada ciência ao consulente.

§ 3.º Em relação aos atos praticados até a data da ciência ao consulente, nos casos de que trata o § 1.º deste artigo, aplicam-se as conclusões da decisão proferida pelo órgão regional da Secretaria da Receita Federal.

•• Vide nota ao art. 47 desta Lei.

§ 4.º O envio de conclusões decorrentes de decisões proferidas em processos de consulta sobre classificação de mercadorias, para órgãos do Mercado Comum do Sul – MERCOSUL, será efetuado exclusivamente pelo órgão de que trata o inciso I do § 1.º do art. 48.

Seção II
Normas sobre o Lucro Presumido e Arbitrado

Art. 51. Os juros de que trata o art. 9.º da Lei n. 9.249, de 26 de dezembro de 1995, bem como os rendimentos e ganhos líquidos decorrentes de quaisquer operações financeiras, serão adicionados ao lucro presumido ou arbitrado, para efeito de determinação do imposto de renda devido.

Parágrafo único. O imposto de renda incidente na fonte sobre os rendimentos de que trata este artigo será considerado como antecipação do devido na declaração de rendimentos.

Art. 52. Na apuração de ganho de capital de pessoa jurídica tributada pelo lucro presumido ou arbitrado, os valores acrescidos em virtude de reavaliação somente poderão ser computados como parte integrante dos custos de aquisição dos bens e direitos se a empresa comprovar que os valores acrescidos foram computados na determinação da base de cálculo do imposto de renda.

Art. 53. Os valores recuperados, correspondentes a custos e despesas, inclusive com perdas no recebimento de créditos, deverão ser adicionados ao lucro presumido ou arbitrado para determinação do imposto de renda, salvo se o contribuinte comprovar não os ter deduzido em período anterior no qual tenha se submetido ao regime de tributação com base no lucro real ou que se refiram a período no qual tenha se submetido ao regime de tributação com base no lucro presumido ou arbitrado.

Art. 54. A pessoa jurídica que, até o ano-calendário anterior, houver sido tributada com base no lucro real deverá adicionar à base de cálculo do imposto de renda, correspondente ao primeiro período de apuração no qual houver optado pela tributação com base no lucro presumido ou for tributada com base no lucro arbitrado, os saldos dos valores cuja tributação havia diferido, independentemente da necessidade de controle no livro de que trata o inciso I do *caput* do art. 8.º do Decreto-lei n. 1.598, de 26 de dezembro de 1977.

•• Artigo com redação determinada pela Lei n. 12.973, de 13-5-2014.

Seção III
Normas Aplicáveis a Atividades Especiais

Sociedades Civis

Art. 55. As sociedades civis de prestação de serviços profissionais relativos ao exercício de profissão legalmente regulamentada de que trata o art. 1.º do Decreto-lei n. 2.397, de 21 de dezembro de 1987, passam, em relação aos resultados auferidos a partir de 1.º de janeiro de 1997, a ser tributadas pelo imposto de renda de conformidade com as normas aplicáveis às demais pessoas jurídicas.

Art. 56. As sociedades civis de prestação de serviços de profissão legalmente regulamentada passam a contribuir para a seguridade social com base na receita bruta da prestação de serviços, observadas as normas da Lei Complementar n. 70, de 30 de dezembro de 1991.

•• Vide Súmula 508 do STJ.

•• Vide art. 6.º, II, da Lei Complementar n. 70, de 30-12-1991.

•• Vide Súmula Vinculante 62.

Parágrafo único. Para efeito da incidência da contribuição de que trata este artigo, serão consideradas as receitas auferidas a partir do mês de abril de 1997.

Art. 56-A. A entidade privada de abrangência nacional e sem fins lucrativos, constituída pelo conjunto das cooperativas de crédito e dos bancos cooperativos, na forma da legislação e regulamentação próprias, destinada a administrar mecanismo de proteção a titulares de créditos contra essas instituições e a contribuir para a manutenção da estabilidade e a prevenção de insolvência e de outros riscos dessas instituições, é isenta do imposto de renda, inclusive do incidente sobre ganhos líquidos mensais e do retido na fonte sobre os rendimentos de aplicação financeira de renda fixa e de renda variável, bem como da contribuição social sobre o lucro líquido.

•• *Caput* acrescentado pela Lei n. 12.873, de 24-10-2013.

§ 1.º Para efeito de gozo da isenção, a referida entidade deverá ter seu estatuto e seu regulamento aprovados pelo Conselho Monetário Nacional.

•• § 1.º acrescentado pela Lei n. 12.873, de 24-10-2013.

§ 2.º Ficam autorizadas as transferências, para a entidade mencionada no *caput*, de recursos oriundos de recolhimentos realizados pelas cooperativas de crédito e bancos cooperativos, de forma direta ou indireta, ao Fundo Garantidor de Crédito de que trata o art. 4.º da Lei n. 9.710, de 19 de novembro de 1998.

•• § 2.º acrescentado pela Lei n. 12.873, de 24-10-2013.

§ 3.º As transferências dos recursos de que trata o § 2.º não serão tributadas, nos termos deste artigo.

•• § 3.º acrescentado pela Lei n. 12.873, de 24-10-2013.

§ 4.º Em caso de dissolução, por qualquer motivo, da entidade de que trata o *caput*, os recursos eventualmente devolvidos às associadas estarão sujeitos à tributação na instituição recebedora, na forma da legislação vigente.

•• § 4.º acrescentado pela Lei n. 12.873, de 24-10-2013.

§ 5.º O disposto neste artigo entra em vigor no dia seguinte ao da aprovação pelo Conselho Monetário Nacional do estatuto e do regulamento da entidade de que trata o *caput*.

•• § 5.º acrescentado pela Lei n. 12.873, de 24-10-2013.

Associações de Poupança e Empréstimo

Art. 57. As Associações de Poupança e Empréstimo pagarão o imposto de renda correspondente aos rendimentos e ganhos líquidos, auferidos em aplicações financeiras, à alíquota de 15% (quinze por cento), calculado sobre 28% (vinte e oito por cento) do valor dos referidos rendimentos e ganhos líquidos.

Parágrafo único. O imposto incidente na forma deste artigo será considerado tributação definitiva.

Empresas de *Factoring*

Art. 58. Fica incluído no art. 36 da Lei n. 8.981, de 20 de janeiro de 1995, com as alterações da Lei n. 9.065, de 20 de junho de 1995, o seguinte inciso XV:

•• Alteração prejudicada em face da revogação do art. 36 pela Lei n. 9.718, de 27-11-1998.

Atividade Florestal
Art. 59. Considera-se, também, como atividade rural o cultivo de florestas que se destinem ao corte para comercialização, consumo ou industrialização.

Liquidação Extrajudicial e Falência
Art. 60. As entidades submetidas aos regimes de liquidação extrajudicial e de falência sujeitam-se às normas de incidência dos impostos e contribuições de competência da União aplicáveis às pessoas jurídicas, em relação às operações praticadas durante o período em que perdurarem os procedimentos para a realização de seu ativo e o pagamento do passivo.

Seção IV
Acréscimos Moratórios

Multas e Juros
Art. 61. Os débitos para com a União, decorrentes de tributos e contribuições administrados pela Secretaria da Receita Federal, cujos fatos geradores ocorrerem a partir de 1.º de janeiro de 1997, não pagos nos prazos previstos na legislação específica, serão acrescidos de multa de mora, calculada à taxa de 0,33% (trinta e três centésimos por cento), por dia de atraso.

•• A Secretaria da Receita Federal passa a denominar-se Secretaria da Receita Federal do Brasil, por força da Lei n. 11.457, de 16-3-2007.

§ 1.º A multa de que trata este artigo será calculada a partir do 1.º (primeiro) dia subsequente ao do vencimento do prazo previsto para o pagamento do tributo ou da contribuição até o dia em que ocorrer o seu pagamento.

§ 2.º O percentual de multa a ser aplicado fica limitado a 20% (vinte por cento).

§ 3.º Sobre os débitos a que se refere este artigo incidirão juros de mora calculados à taxa a que se refere o § 3.º do art. 5.º, a partir do 1.º (primeiro) dia do mês subsequente ao vencimento do prazo até o mês anterior ao do pagamento e de 1% (um por cento) no mês de pagamento.

• Vide art. 4.º da Lei n. 9.716, de 26-11-1998.

Pagamento em Quotas-Juros
Art. 62. Os juros a que se referem o inciso III do art. 14 e o art. 16, ambos da Lei n. 9.250, de 26 de dezembro de 1995, serão calculados à taxa a que se refere o § 3.º do art. 5.º, a partir do 1.º (primeiro) dia do mês subsequente ao previsto para a entrega tempestiva da declaração de rendimentos.

Parágrafo único. As quotas do imposto sobre a propriedade territorial rural a que se refere a alínea *c* do parágrafo único do art. 14 da Lei n. 8.847, de 28 de janeiro de 1994, serão acrescidas de juros calculados à taxa a que se refere o § 3.º do art. 5.º, a partir do 1.º (primeiro) dia do mês subsequente àquele em que o contribuinte for notificado até o último dia do mês anterior ao do pagamento e de 1% (um por cento) no mês do pagamento.

•• O art. 14 da Lei n. 8.847, de 28-1-1994, foi revogado pela Lei n. 9.393, de 19-12-1996.

Débitos com Exigibilidade Suspensa
Art. 63. Na constituição de crédito tributário destinada a prevenir a decadência, relativo a tributo de competência da União, cuja exigibilidade houver sido suspensa na forma dos incisos IV e V do art. 151 da Lei n. 5.172, de 25 de outubro de 1966, não caberá lançamento de multa de ofício.

•• *Caput* com redação determinada pela Medida Provisória n. 2.158-35, de 24-8-2001.

§ 1.º O disposto neste artigo aplica-se, exclusivamente, aos casos em que a suspensão da exigibilidade do débito tenha ocorrido antes do início de qualquer procedimento de ofício a ele relativo.

§ 2.º A interposição da ação judicial favorecida com a medida liminar interrompe a incidência da multa de mora, desde a concessão da medida judicial, até 30 (trinta) dias após a data da publicação da decisão judicial que considerar devido o tributo ou contribuição.

•• O Ato Declaratório Executivo CORAT n. 3, de 17-3-2023, dispõe sobre a aplicação do disposto neste § 2.º para fins de recolhimento de tributo cuja exigibilidade estava suspensa por decisão liminar ou tutela antecipada, nos termos do art. 151 do CTN.

Seção V
Arrecadação de Tributos e Contribuições

Retenção de Tributos e Contribuições
Art. 64. Os pagamentos efetuados por órgãos, autarquias e fundações da administração pública federal a pessoas jurídicas, pelo fornecimento de bens ou prestação de serviços, estão sujeitos à incidência, na fonte, do imposto sobre a renda, da contribuição social sobre o lucro líquido, da contribuição para seguridade social – COFINS e da contribuição para o PIS/PASEP.

•• **A Lei Complementar n. 214, de 16-1-2025, deu nova redação a este *caput*, com produção de efeitos a partir de 1.º-1-2027:** "Art. 64. Os pagamentos efetuados por órgãos, autarquias e fundações da administração pública federal a pessoas jurídicas, pelo fornecimento de bens ou prestação de serviços, estão sujeitos à incidência, na fonte, do imposto sobre a renda e da Contribuição Social sobre o Lucro Líquido".

• Vide arts. 30 a 36 da Lei n. 10.833, de 29-12-2003.

• A Instrução Normativa n. 1.234, de 11-1-2012, da Secretaria da Receita Federal do Brasil, dispõe sobre a retenção de tributos nos pagamentos efetuados pelos órgãos da administração pública federal direta, autarquias e fundações federais, empresas públicas, sociedades de economia mista e demais pessoas jurídicas que menciona a outras pessoas jurídicas pelo fornecimento de bens e serviços.

§ 1.º A obrigação pela retenção é do órgão ou entidade que efetuar o pagamento.

§ 2.º O valor retido, correspondente a cada tributo ou contribuição, será levado a crédito da respectiva conta de receita da União.

§ 3.º O valor do imposto e das contribuições sociais retido será considerado como antecipação do que for devido pelo contribuinte em relação ao mesmo imposto e às mesmas contribuições.

§ 4.º O valor retido correspondente ao imposto de renda e a cada contribuição social somente poderá ser compensado com o que for devido em relação à mesma espécie de imposto ou contribuição.

§ 5.º O imposto de renda a ser retido será determinado mediante a aplicação da alíquota de 15% (quinze por cento) sobre o resultado da multiplicação do valor a ser pago pelo percentual de que trata o art. 15 da Lei n. 9.249, de 26 de dezembro de 1995, aplicável à espécie de receita correspondente ao tipo de bem fornecido ou de serviço prestado.

§ 6.º O valor da contribuição social sobre o lucro líquido, a ser retido, será determinado mediante a aplicação da alíquota de 1% (um por cento), sobre o montante a ser pago.

§ 7.º O valor da contribuição para a seguridade social – COFINS, a ser retido, será determinado mediante a aplicação da alíquota respectiva sobre o montante a ser pago.

•• A Lei Complementar n. 214, de 16-1-2025, revoga este § 7.º a partir de 1.º-1-2027.

§ 8.º O valor da contribuição para o PIS/PASEP, a ser retido, será determinado mediante a aplicação da alíquota respectiva sobre o montante a ser pago.

•• A Lei Complementar n. 214, de 16-1-2025, revoga este § 8.º a partir de 1.º-1-2027.

§ 9.º Até 31 de dezembro de 2017, fica dispensada a retenção dos tributos na fonte de que trata o *caput* sobre os pagamentos efetuados por órgãos ou entidades da administração pública federal, mediante a utilização do Cartão de Pagamento do Governo Federal – CPGF, no caso de compra de passagens aéreas diretamente das companhias aéreas prestadoras de serviços de transporte aéreo.

•• § 9.º acrescentado pela Lei n. 13.043, de 13-11-2014.

Art. 65. O Banco do Brasil S.A. deverá reter, no ato do pagamento ou crédito, a contribuição para o PIS/PASEP incidente nas transferências voluntárias da União para suas autarquias e fundações e para os Estados, Distrito Federal e Municípios, suas autarquias e fundações.

Art. 66. As cooperativas que se dedicam a vendas em comum, referidas no art. 82 da Lei n. 5.764, de 16 de dezembro de 1971, que recebam para comercialização a produção de suas associadas, são responsáveis pelo recolhimento da Contribuição para o Financiamento da Seguridade Social – COFINS, instituída pela Lei Complementar n. 70, de 30 de dezembro de 1991 e da Contribuição para o Programa de Integração Social – PIS, criada pela Lei Complementar n. 7, de 7 de setembro de 1970, com suas posteriores modificações.

•• A Lei Complementar n. 214, de 16-1-2025, revoga este artigo a partir de 1.º-1-2027.

§ 1.º O valor das contribuições recolhidas pelas cooperativas mencionadas no *caput* deste artigo, deverá ser por elas informado, individualizadamente, às suas filiadas, juntamente com o montante do faturamento relativo às vendas dos produtos de cada uma delas, com vistas a atender aos procedimentos contábeis exigidos pela legislação.

§ 2.º O disposto neste artigo aplica-se a procedimento idêntico que, eventualmente, tenha sido anteriormente adotado pelas cooperativas centralizadoras de vendas, inclusive quanto ao recolhimento da Contribuição para o Fundo de Investimento Social – FINSOCIAL, criada pelo Decreto-lei n. 1.940, de 25 de maio de 1982, com suas posteriores modificações.

§ 3.º A Secretaria da Receita Federal poderá baixar as normas necessárias ao cumprimento e controle das disposições contidas neste artigo.

•• A Secretaria da Receita Federal passa a denominar-se Secretaria da Receita Federal do Brasil, por força da Lei n. 11.457, de 16-3-2007.

Dispensa de Retenção de Imposto de Renda

Art. 67. Fica dispensada a retenção de imposto de renda, de valor igual ou inferior a R$ 10,00 (dez reais), incidente na fonte sobre rendimentos que devam integrar a base de cálculo do imposto devido na declaração de ajuste anual.

Utilização de DARF

Art. 68. É vedada a utilização de Documento de Arrecadação de Receitas Federais para o pagamento de tributos e contribuições de valor inferior a R$ 10,00 (dez reais).

§ 1.º O imposto ou contribuição administrado pela Secretaria da Receita Federal, arrecadado sob um determinado código de receita, que, no período de apuração, resultar inferior a R$ 10,00 (dez reais), deverá ser adicionado ao imposto ou contribuição de mesmo código, correspondente aos períodos subsequentes, até que o total seja igual ou superior a R$ 10,00 (dez reais), quando, então, será pago ou recolhido no prazo estabelecido na legislação para este último período de apuração.

•• *Vide* nota ao art. 66, § 3.º, desta Lei.

§ 2.º O critério a que se refere o parágrafo anterior aplica-se, também, ao imposto sobre operações de crédito, câmbio e seguro e sobre operações relativas a títulos e valores mobiliários – IOF.

Art. 68-A. O Poder Executivo poderá elevar para até R$ 100,00 (cem reais) os limites e valores de que tratam os arts. 67 e 68 desta Lei, inclusive de forma diferenciada por tributo, regime de tributação ou de incidência, relativos à utilização do Documento de Arrecadação de Receitas Federais, podendo reduzir ou restabelecer os limites e valores que vier a fixar.

•• Artigo acrescentado pela Lei n. 11.941, de 27-5-2009.

Imposto Retido na Fonte – Responsabilidade

Art. 69. É responsável pela retenção e recolhimento do imposto de renda na fonte, incidente sobre os rendimentos auferidos pelos fundos, sociedades de investimentos e carteiras de que trata o art. 81 da Lei n. 8.981, de 20 de janeiro de 1995, a pessoa jurídica que efetuar o pagamento dos rendimentos.

Seção VI
Casos Especiais de Tributação

Multas por Rescisão de Contrato

Art. 70. A multa ou qualquer outra vantagem paga ou creditada por pessoa jurídica, ainda que a título de indenização, a beneficiária pessoa física ou jurídica, inclusive isenta, em virtude de rescisão de contrato, sujeitam-se à incidência do imposto de renda na fonte à alíquota de 15% (quinze por cento).

§ 1.º A responsabilidade pela retenção e recolhimento do imposto de renda é da pessoa jurídica que efetuar o pagamento ou crédito da multa ou vantagem.

§ 2.º O imposto será retido na data do pagamento ou crédito da multa ou vantagem.

•• § 2.º com redação determinada pela Lei n. 11.196, de 21-11-2005.
• *Vide* art. 132, IV, *b*, da Lei n. 11.196, de 21-11-2005.

§ 3.º O valor da multa ou vantagem será:
I – computado na apuração da base de cálculo do imposto devido na declaração de ajuste anual da pessoa física;
II – computado como receita, na determinação do lucro real;
III – acrescido ao lucro presumido ou arbitrado, para determinação da base de cálculo do imposto devido pela pessoa jurídica.

§ 4.º O imposto retido na fonte, na forma deste artigo, será considerado como antecipação do devido em cada período de apuração, nas hipóteses referidas no parágrafo anterior, ou como tributação definitiva, no caso de pessoa jurídica isenta.

§ 5.º O disposto neste artigo não se aplica às indenizações pagas ou creditadas em conformidade com a legislação trabalhista e àquelas destinadas a reparar danos patrimoniais.

Ganhos em Mercado de Balcão

Art. 71. Sem prejuízo do disposto no art. 74 da Lei n. 8.981, de 20 de janeiro de 1995, os ganhos auferidos por qualquer beneficiário, inclusive pessoa jurídica isenta, nas demais operações realizadas em mercados de liquidação futura, fora de bolsa, serão tributados de acordo com as normas aplicáveis aos ganhos líquidos auferidos em operações de natureza semelhante realizadas em bolsa.

§ 1.º Não se aplica aos ganhos auferidos nas operações de que trata este artigo o disposto no § 1.º do art. 81 da Lei n. 8.981, de 20 de janeiro de 1995.

§ 2.º Somente será admitido o reconhecimento de perdas nas operações registradas nos termos da legislação vigente.

•• § 2.º com redação determinada pela Lei n. 10.833, de 29-12-2003.

Remuneração de Direitos

Art. 72. Estão sujeitas à incidência do imposto na fonte, à alíquota de 15% (quinze por cento), as importâncias pagas, creditadas, entregues, empregadas ou remetidas para o exterior pela aquisição ou pela remuneração, a qualquer título, de qualquer forma de direito, inclusive à transmissão, por meio de rádio ou televisão ou por qualquer outro meio, de quaisquer filmes ou eventos, mesmo os de competições desportivas das quais faça parte representação brasileira.

• *Vide* art. 49 da Medida Provisória n. 2.228-1, de 6-9-2001.

Seção VII
Restituição e Compensação de Tributos e Contribuições

Art. 73. A restituição e o ressarcimento de tributos administrados pela Secretaria da Receita Federal do Brasil ou a restituição de pagamentos efetuados mediante DARF e GPS cuja receita não seja administrada pela Secretaria da Receita Federal do Brasil será efetuada depois de verificada a ausência de débitos em nome do sujeito passivo credor perante a Fazenda Nacional.

•• *Caput* com redação determinada pela Lei n. 12.844, de 19-7-2013.
• *Vide* art. 11 da Lei n. 9.779, de 19-1-1999.
• *Vide* art. 66 do Decreto n. 4.382, de 19-9-2002.

I e II – (*Revogados pela Lei n. 12.844, de 19-7-2013.*)

Parágrafo único. Existindo débitos, não parcelados ou parcelados sem garantia, inclusive inscritos em Dívida Ativa da União, os créditos serão utilizados para quitação desses débitos, observado o seguinte:

•• Parágrafo único, *caput*, acrescentado pela Lei n. 12.844, de 19-7-2013.

I – o valor bruto da restituição ou do ressarcimento será debitado à conta do tributo a que se referir;

•• Inciso I acrescentado pela Lei n. 12.844, de 19-7-2013.

II – a parcela utilizada para a quitação de débitos do contribuinte ou responsável será creditada à conta do respectivo tributo.

•• Inciso II acrescentado pela Lei n. 12.844, de 19-7-2013.

Art. 74. O sujeito passivo que apurar crédito, inclusive os judiciais com trânsito em julgado, relativo a tributo ou contribuição administrado pela Secretaria da Receita Federal, passível de restituição ou de ressarcimento, poderá utilizá-lo na compensação de débitos próprios relativos a quaisquer tributos e contribuições administrados por aquele Órgão.

•• *Caput* com redação determinada pela Lei n. 10.637, de 30-12-2002.
•• A Secretaria da Receita Federal passa a denominar-se Secretaria da Receita Federal do Brasil, por força da Lei n. 11.457, de 16-3-2007.
•• *Vide* art. 26-A da Lei n. 11.457, de 16-3-2007.
•• *Vide* Súmula 625 do STJ.
• *Vide* art. 11 da Lei n. 9.779, de 19-1-1999.
• *Vide* art. 65 do Decreto n. 4.382, de 19-9-2002.

§ 1.º A compensação de que trata o *caput* será efetuada mediante a entrega, pelo sujeito passivo, de declaração na qual constarão informações relativas aos créditos utilizados e aos respectivos débitos compensados.
•• § 1.º acrescentado pela Lei n. 10.637, de 30-12-2002.

§ 2.º A compensação declarada à Secretaria da Receita Federal extingue o crédito tributário, sob condição resolutória de sua ulterior homologação.
•• § 2.º acrescentado pela Lei n. 10.637, de 30-12-2002.

§ 3.º Além das hipóteses previstas nas leis específicas de cada tributo ou contribuição, não poderão ser objeto de compensação mediante entrega, pelo sujeito passivo, da declaração referida no § 1.º:
•• § 3.º, *caput*, com redação determinada pela Lei n. 10.833, de 29-12-2003.

I – o saldo a restituir apurado na Declaração de Ajuste Anual do Imposto de Renda da Pessoa Física;
•• Inciso I com redação determinada pela Lei n. 10.637, de 30-12-2002.

II – os débitos relativos a tributos e contribuições devidos no registro da Declaração de Importação;
•• Inciso II com redação determinada pela Lei n. 10.637, de 30-12-2002.

III – os débitos relativos a tributos e contribuições administrados pela Secretaria da Receita Federal que já tenham sido encaminhados à Procuradoria-Geral da Fazenda Nacional para inscrição em Dívida Ativa da União;
•• Inciso III acrescentado pela Lei n. 10.833, de 29-12-2003.

IV – o débito consolidado em qualquer modalidade de parcelamento concedido pela Secretaria da Receita Federal – SRF;
•• Inciso IV com redação determinada pela Lei n. 11.051, de 29-12-2004.
•• A Secretaria da Receita Federal passa a denominar-se Secretaria da Receita Federal do Brasil, por força da Lei n. 11.457, de 16-3-2007.

V – o débito que já tenha sido objeto de compensação não homologada, ainda que a compensação se encontre pendente de decisão definitiva na esfera administrativa;
•• Inciso V com redação determinada pela Lei n. 13.670, de 30-5-2018.

VI – o valor objeto de pedido de restituição ou de ressarcimento já indeferido pela autoridade competente da Secretaria da Receita Federal do Brasil, ainda que o pedido se encontre pendente de decisão definitiva na esfera administrativa;
•• Inciso VI com redação determinada pela Lei n. 13.670, de 30-5-2018.

VII – o crédito objeto de pedido de restituição ou ressarcimento e o crédito informado em declaração de compensação cuja confirmação de liquidez e certeza esteja sob procedimento fiscal;
•• Inciso VII acrescentado pela Lei n. 13.670, de 30-5-2018.

VIII – os valores de quotas de salário-família e salário-maternidade;
•• Inciso VIII acrescentado pela Lei n. 13.670, de 30-5-2018.

IX – os débitos relativos ao recolhimento mensal por estimativa do Imposto sobre a Renda das Pessoas Jurídicas (IRPJ) e da Contribuição Social sobre o Lucro Líquido (CSLL) apurados na forma do art. 2.º desta Lei;
•• Inciso IX acrescentado pela Lei n. 13.670, de 30-5-2018.

X – o valor do crédito utilizado na compensação que superar o limite mensal de que trata o art. 74-A desta Lei.
•• Inciso X acrescentado pela Lei n. 14.873, de 28-5-2024.

§ 4.º Os pedidos de compensação pendentes de apreciação pela autoridade administrativa serão considerados declaração de compensação, desde o seu protocolo, para os efeitos previstos neste artigo.
•• § 4.º acrescentado pela Lei n. 10.637, de 30-12-2002.

§ 5.º O prazo para homologação da compensação declarada pelo sujeito passivo será de 5 (cinco) anos, contado da data da entrega da declaração de compensação.
•• § 5.º com redação determinada pela Lei n. 10.833, de 29-12-2003.

§ 6.º A declaração de compensação constitui confissão de dívida e instrumento hábil e suficiente para a exigência dos débitos indevidamente compensados.
•• § 6.º acrescentado pela Lei n. 10.833, de 29-12-2003.

§ 7.º Não homologada a compensação, a autoridade administrativa deverá cientificar o sujeito passivo e intimá-lo a efetuar, no prazo de 30 (trinta) dias, contado da ciência do ato que não a homologou, o pagamento dos débitos indevidamente compensados.
•• § 7.º acrescentado pela Lei n. 10.833, de 29-12-2003.

§ 8.º Não efetuado o pagamento no prazo previsto no § 7.º, o débito será encaminhado à Procuradoria-Geral da Fazenda Nacional para inscrição em Dívida Ativa da União, ressalvado o disposto no § 9.º.
•• § 8.º acrescentado pela Lei n. 10.833, de 29-12-2003.

§ 9.º É facultado ao sujeito passivo, no prazo referido no § 7.º, apresentar manifestação de inconformidade contra a não homologação da compensação.
•• § 9.º acrescentado pela Lei n. 10.833, de 29-12-2003.

§ 10. Da decisão que julgar improcedente a manifestação de inconformidade caberá recurso ao Conselho de Contribuintes.
•• § 10 acrescentado pela Lei n. 10.833, de 29-12-2003.

§ 11. A manifestação de inconformidade e o recurso de que tratam os §§ 9.º e 10 obedecerão ao rito processual do Decreto n. 70.235, de 6 de março de 1972, e enquadram-se no disposto no inciso III do art. 151 da Lei n. 5.172, de 25 de outubro de 1966 – Código Tributário Nacional, relativamente ao débito objeto da compensação.
•• § 11 acrescentado pela Lei n. 10.833, de 29-12-2003.

§ 12. Será considerada não declarada a compensação nas hipóteses:
•• § 12, *caput*, com redação determinada pela Lei n. 11.051, de 29-12-2004.
• *Vide* Súmula 464 do STJ.

I – previstas no § 3.º deste artigo;
•• Inciso I acrescentado pela Lei n. 11.051, de 29-12-2004.

II – em que o crédito:
•• Inciso II, *caput*, acrescentado pela Lei n. 11.051, de 29-12-2004.

a) seja de terceiros;
•• Alínea *a* acrescentada pela Lei n. 11.051, de 29-12-2004.

b) refira-se a "crédito-prêmio" instituído pelo art. 1.º do Decreto-lei n. 491, de 5 de março de 1969;
•• Alínea *b* acrescentada pela Lei n. 11.051, de 29-12-2004.

c) refira-se a título público;
•• Alínea *c* acrescentada pela Lei n. 11.051, de 29-12-2004.

d) seja decorrente de decisão judicial não transitada em julgado; ou
•• Alínea *d* acrescentada pela Lei n. 11.051, de 29-12-2004.

e) não se refira a tributos e contribuições administrados pela Secretaria da Receita Federal – SRF;
•• Alínea *e* acrescentada pela Lei n. 11.051, de 29-12-2004.

f) tiver como fundamento a alegação de inconstitucionalidade de lei, exceto nos casos em que a lei:
•• Alínea *f*, *caput*, acrescentada pela Lei n. 11.941, de 27-5-2009.

1 – tenha sido declarada inconstitucional pelo Supremo Tribunal Federal em ação direta de inconstitucionalidade ou em ação declaratória de constitucionalidade;
•• Item 1 acrescentado pela Lei n. 11.941, de 27-5-2009.

2 – tenha tido sua execução suspensa pelo Senado Federal;
•• Item 2 acrescentado pela Lei n. 11.941, de 27-5-2009.

3 – tenha sido julgada inconstitucional em sentença judicial transitada em julgado a favor do contribuinte; ou
•• Item 3 acrescentado pela Lei n. 11.941, de 27-5-2009.

4 – seja objeto de súmula vinculante aprovada pelo Supremo Tribunal Federal nos termos do art. 103-A da Constituição Federal.
•• Item 4 acrescentado pela Lei n. 11.941, de 27-5-2009.

§ 13. O disposto nos §§ 2.º e 5.º a 11 deste artigo não se aplica às hipóteses previstas no § 12 deste artigo.
•• § 13 acrescentado pela Lei n. 11.051, de 29-12-2004.

§ 14. A Secretaria da Receita Federal – SRF disciplinará o disposto neste artigo, inclusive quanto à fixação de critérios de prioridade para apreciação de processos de restituição, de ressarcimento e de compensação.
•• § 14 acrescentado pela Lei n. 11.051, de 29-12-2004.

§§ 15 e 16. (*Revogados pela Lei n. 13.137, de 19-6-2015.*)

§ 17. Será aplicada multa isolada de 50% (cinquenta por cento) sobre o valor do débito objeto de declaração de compensação não homologada, salvo no caso de falsidade da declaração apresentada pelo sujeito passivo.
•• § 17 com redação determinada pela Lei n. 13.097, de 19-1-2015.
•• O STF julgou procedente a ADI n. 4.905, nas sessões virtuais de 10-3-2023 a 17-3-2023 (*DOU* de 27-3-2023), para declarar a inconstitucionalidade deste § 17.

§ 18. No caso de apresentação de manifestação de inconformidade contra a não homologação da compensação, fica suspensa a exigibilidade da multa de ofício de que trata o § 17, ainda que não impugnada essa exigência, enquadrando-se no disposto no inciso III do art. 151 da Lei n. 5.172, de 25 de outubro de 1966 – Código Tributário Nacional.
•• § 18 acrescentado pela Lei n. 12.844, de 19-7-2013.

Art. 74-A. A compensação de crédito decorrente de decisão judicial transitada em julgado observará o limite mensal estabelecido em ato do Ministro de Estado da Fazenda.
•• *Caput* acrescentado pela Lei n. 14.873, de 28-5-2024.
•• A Portaria Normativa n. 14, de 5-1-2024, do MF, estabelece limites para utilização de créditos decorrentes de decisão judicial transitada em julgado para compensação de débitos relativos a tributos administrados pela Secretaria Especial da Receita Federal do Brasil.

§ 1.º O limite mensal a que se refere o *caput* deste artigo:
•• § 1.º, *caput*, acrescentado pela Lei n. 14.873, de 28-5-2024.

I – será graduado em função do valor total do crédito decorrente de decisão judicial transitada em julgado;
•• Inciso I acrescentado pela Lei n. 14.873, de 28-5-2024.

II – não poderá ser inferior a 1/60 (um sessenta avos) do valor total do crédito decorrente de decisão judicial transitada em julgado, demonstrado e atualizado na data da entrega da primeira declaração de compensação; e
•• Inciso II acrescentado pela Lei n. 14.873, de 28-5-2024.

III – não poderá ser estabelecido para crédito decorrente de decisão judicial transitada em julgado cujo valor total seja inferior a R$ 10.000.000,00 (dez milhões de reais).
•• Inciso III acrescentado pela Lei n. 14.873, de 28-5-2024.

§ 2.º Para fins do disposto neste artigo, a primeira declaração de compensação deverá ser apresentada no prazo de até 5 (cinco) anos, contado da data do trânsito em julgado da decisão ou da homologação da desistência da execução do título judicial.
•• § 2.º acrescentado pela Lei n. 14.873, de 28-5-2024.

Seção VIII
Unidade Fiscal de Referência – UFIR

Art. 75. A partir de 1.º de janeiro de 1997, a atualização do valor da Unidade Fiscal de Referência – UFIR, de que trata o art. 1.º da Lei n. 8.383, de 30 de dezembro de 1991, com as alterações posteriores, será efetuada por períodos anuais, em 1.º de janeiro.
• Vide Nota dos Organizadores.

Parágrafo único. No âmbito da legislação tributária federal, a UFIR será utilizada exclusivamente para a atualização dos créditos tributários da União, objeto de parcelamento concedido até 31 de dezembro de 1994.

Seção IX
Competências dos Conselhos de Contribuintes

Art. 76. Fica o Poder Executivo autorizado a alterar as competências relativas às matérias objeto de julgamento pelos Conselhos de Contribuintes do Ministério da Fazenda.

Seção X
Dispositivo Declarado Inconstitucional

Art. 77. Fica o Poder Executivo autorizado a disciplinar as hipóteses em que a administração tributária federal, relativamente aos créditos tributários baseados em dispositivo declarado inconstitucional por decisão definitiva do Supremo Tribunal Federal, possa:

I – abster-se de constituí-los;

II – retificar o seu valor ou declará-los extintos, de ofício, quando houverem sido constituídos anteriormente, ainda que inscritos em dívida ativa;

III – formular desistência de ações de execução fiscal já ajuizadas, bem como deixar de interpor recursos de decisões judiciais.

Seção XI
Juros sobre o Capital Próprio

Art. 78. O § 1.º do art. 9.º da Lei n. 9.249, de 26 de dezembro de 1995, passa a vigorar com a seguinte redação:
•• Alteração já processada na norma modificada.

Seção XII
Admissão Temporária

Art. 79. Os bens admitidos temporariamente no País, para utilização econômica, ficam sujeitos ao pagamento dos impostos incidentes na importação proporcionalmente ao tempo de sua permanência em território nacional, nos termos e condições estabelecidos em regulamento.

Parágrafo único. O Poder Executivo poderá excepcionar, em caráter temporário, a aplicação do disposto neste artigo em relação a determinados bens.
•• Parágrafo único acrescentado pela Medida Provisória n. 2.189-49, de 23-8-2001.

Capítulo VI
DISPOSIÇÕES FINAIS

Empresa Inidônea

Art. 80. As inscrições no Cadastro Nacional da Pessoa Jurídica (CNPJ) serão suspensas quando se enquadrarem nas hipóteses de suspensão definidas pela Secretaria Especial da Receita Federal do Brasil.
•• *Caput* com redação determinada pela Lei n. 14.195, de 26-8-2021.

§§ 1.º a 4.º (*Revogados pela Lei n. 14.195, de 26-8-2021.*)

Arts. 80-A a 80-C. (*Revogados pela Lei n. 14.195, de 26-8-2021.*)

Art. 81. As inscrições no CNPJ serão declaradas inaptas, nos termos e nas condições definidos pela Secretaria Especial da Receita Federal do Brasil, quando a pessoa jurídica:
•• *Caput* com redação determinada pela Lei n. 14.195, de 26-8-2021.

I – deixar de apresentar obrigações acessórias, por, no mínimo, 90 (noventa) dias a contar da omissão;
•• Inciso I acrescentado pela Lei n. 14.195, de 26-8-2021.

II – não comprovar a origem, a disponibilidade e a efetiva transferência, se for o caso, dos recursos empregados em operações de comércio exterior;
•• Inciso II acrescentado pela Lei n. 14.195, de 26-8-2021.

III – for inexistente de fato, assim considerada a entidade que:
•• Inciso III, *caput*, acrescentado pela Lei n. 14.195, de 26-8-2021.

a) não dispuser de patrimônio ou de capacidade operacional necessários à realização de seu objeto, inclusive a que não comprovar o capital social integralizado;
•• Alínea *a* acrescentada pela Lei n. 14.195, de 26-8-2021.

b) não for localizada no endereço informado no CNPJ;
•• Alínea *b* acrescentada pela Lei n. 14.195, de 26-8-2021.

c) quando intimado, o seu representante legal:
•• Alínea *c*, *caput*, acrescentada pela Lei n. 14.195, de 26-8-2021.

1. não for localizado ou alegar falsidade ou simulação de sua participação na referida entidade ou não comprovar legitimidade para representá-la; ou
•• Item 1 acrescentado pela Lei n. 14.195, de 26-8-2021.

2. não indicar, depois de intimado, seu novo domicílio tributário;

•• Item 2 acrescentado pela Lei n. 14.195, de 26-8-2021.

d) for domiciliada no exterior e não tiver indicado seu procurador ou seu representante legalmente constituído no CNPJ ou, se indicado, não tiver sido localizado; ou

•• Alínea *d* acrescentada pela Lei n. 14.195, de 26-8-2021.

e) encontrar-se com as atividades paralisadas, salvo quando a paralisação for comunicada;

•• Alínea *e* acrescentada pela Lei n. 14.195, de 26-8-2021.

IV – realizar operações de terceiros, com intuito de acobertar seus reais beneficiários;

•• Inciso IV acrescentado pela Lei n. 14.195, de 26-8-2021.

V – tiver participado, segundo evidências, de organização constituída com o propósito de não recolher tributos ou de burlar os mecanismos de cobrança de débitos fiscais, inclusive por meio de emissão de documentos fiscais que relatem operações fictícias ou cessão de créditos inexistentes ou de terceiros;

•• Inciso V acrescentado pela Lei n. 14.195, de 26-8-2021.

VI – tiver sido constituída, segundo evidências, para a prática de fraude fiscal estruturada, inclusive em proveito de terceiras empresas; ou

•• Inciso VI acrescentado pela Lei n. 14.195, de 26-8-2021.

VII – encontrar-se suspensa por, no mínimo, 1 (um) ano.

•• Inciso VII acrescentado pela Lei n. 14.195, de 26-8-2021.

§ 1.º (*Revogado pela Lei n. 14.195, de 26-8-2021.*)

§ 2.º Para fins do disposto no inciso II do *caput* deste artigo, a comprovação da origem de recursos provenientes do exterior dar-se-á mediante, cumulativamente:

•• § 2.º, *caput*, com redação determinada pela Lei n. 14.195, de 26-8-2021.

I – prova do regular fechamento da operação de câmbio, inclusive com a identificação da instituição financeira no exterior encarregada da remessa dos recursos para o País;

•• Inciso I acrescentado pela Lei n. 10.637, de 30-12-2002.

II – identificação do remetente dos recursos, assim entendido como a pessoa física ou jurídica titular dos recursos remetidos.

•• Inciso II acrescentado pela Lei n. 10.637, de 30-12-2002.

§ 3.º No caso de o remetente referido no inciso II do § 2.º ser pessoa jurídica deverão ser também identificados os integrantes de seus quadros societário e gerencial.

•• § 3.º acrescentado pela Lei n. 10.637, de 30-12-2002.

§ 4.º O disposto nos §§ 2.º e 3.º aplica-se, também, na hipótese de que trata o § 2.º do art. 23 do Decreto-lei n. 1.455, de 7 de abril de 1976.

•• § 4.º acrescentado pela Lei n. 10.637, de 30-12-2002.

§ 5.º (*Revogado pela Lei n. 14.195, de 26-8-2021.*)

Art. 81-A. As inscrições no CNPJ serão declaradas baixadas após 180 (cento e oitenta) dias contados da declaração de inaptidão.

•• *Caput* acrescentado pela Lei n. 14.195, de 26-8-2021.

§ 1.º Poderão ainda ter a inscrição no CNPJ baixada as pessoas jurídicas que estejam extintas, canceladas ou baixadas nos respectivos órgãos de registro.

•• § 1.º acrescentado pela Lei n. 14.195, de 26-8-2021.

§ 2.º O ato de baixa da inscrição no CNPJ não impede que, posteriormente, sejam lançados ou cobrados os débitos de natureza tributária da pessoa jurídica.

•• § 2.º acrescentado pela Lei n. 14.195, de 26-8-2021.

§ 3.º Mediante solicitação da pessoa jurídica, poderá ser restabelecida a inscrição no CNPJ, observados os termos e as condições definidos pela Secretaria Especial da Receita Federal do Brasil.

•• § 3.º acrescentado pela Lei n. 14.195, de 26-8-2021.

Art. 82. Além das demais hipóteses de inidoneidade de documentos previstas na legislação, não produzirá efeitos tributários em favor de terceiros interessados o documento emitido por pessoa jurídica cuja inscrição no CNPJ tenha sido considerada ou declarada inapta.

•• *Caput* com redação determinada pela Lei n. 14.195, de 26-8-2021.

Parágrafo único. O disposto neste artigo não se aplica aos casos em que o adquirente de bens, direitos e mercadorias ou o tomador de serviços comprovarem a efetivação do pagamento do preço respectivo e o recebimento dos bens, direitos e mercadorias ou utilização dos serviços.

Crime contra a Ordem Tributária

Art. 83. A representação fiscal para fins penais relativa aos crimes contra a ordem tributária previstos nos arts. 1.º e 2.º da Lei n. 8.137, de 27 de dezembro de 1990, e aos crimes contra a Previdência Social, previstos nos arts. 168-A e 337-A do Decreto-lei n. 2.848, de 7 de dezembro de 1940 (Código Penal), será encaminhada ao Ministério Público depois de proferida a decisão final, na esfera administrativa, sobre a exigência fiscal do crédito tributário correspondente.

•• *Caput* com redação determinada pela Lei n. 12.350, de 20-12-2010.

• A Portaria n. 12.072, de 7-10-2021, da PGFN, estabelece os procedimentos de envio das representações para fins penais aos órgãos de persecução penal e dispõe sobre a atuação na esfera penal, da Procuradoria-Geral da Fazenda Nacional, no âmbito do Sistema de Recuperação de Créditos.

§ 1.º Na hipótese de concessão de parcelamento do crédito tributário, a representação fiscal para fins penais somente será encaminhada ao Ministério Público após a exclusão da pessoa física ou jurídica do parcelamento.

•• § 1.º acrescentado pela Lei n. 12.382, de 25-2-2011.

•• *Vide* Súmula Vinculante 24.

§ 2.º É suspensa a pretensão punitiva do Estado referente aos crimes previstos no *caput*, durante o período em que a pessoa física ou a pessoa jurídica relacionada com o agente dos aludidos crimes estiver incluída no parcelamento, desde que o pedido de parcelamento tenha sido formalizado antes do recebimento da denúncia criminal.

•• § 2.º acrescentado pela Lei n. 12.382, de 25-2-2011.
•• *Vide* art. 34 da Lei n. 9.249, de 26-12-1995.
•• *Vide* art. 9.º da Lei n. 10.684, de 30-5-2003.

§ 3.º A prescrição criminal não corre durante o período de suspensão da pretensão punitiva.

•• § 3.º acrescentado pela Lei n. 12.382, de 25-2-2011.

§ 4.º Extingue-se a punibilidade dos crimes referidos no *caput* quando a pessoa física ou a pessoa jurídica relacionada com o agente efetuar o pagamento integral dos débitos oriundos de tributos, inclusive acessórios, que tiverem sido objeto de concessão de parcelamento.

•• § 4.º acrescentado pela Lei n. 12.382, de 25-2-2011.

§ 5.º O disposto nos §§ 1.º a 4.º não se aplica nas hipóteses de vedação legal de parcelamento.

•• § 5.º acrescentado pela Lei n. 12.382, de 25-2-2011.

§ 6.º As disposições contidas no *caput* do art. 34 da Lei n. 9.249, de 26 de dezembro de 1995, aplicam-se aos processos administrativos e aos inquéritos e processos em curso, desde que não recebida a denúncia pelo juiz.

•• Primitivo parágrafo único renumerado pela Lei n. 12.382, de 25-2-2011.
• Citado dispositivo consta deste volume.

Art. 84. Nos casos de incorporação, fusão ou cisão de empresa incluída no Programa Nacional de Desestatização, bem como nos programas de desestatização das Unidades Federadas e dos Municípios, não ocorrerá a realização do lucro inflacionário acumulado relativamente à parcela do ativo sujeito a correção monetária até 31 de dezembro de 1995, que houver sido vertida.

§ 1.º O lucro inflacionário acumulado da empresa sucedida, correspondente aos ativos vertidos sujeitos a correção monetária até 31 de dezembro de 1995, será integralmente transferido para a sucessora, nos casos de incorporação e fusão.

§ 2.º No caso de cisão, o lucro inflacionário acumulado será transferido, para a pessoa jurídica que absorver o patrimônio da empresa cindida, na proporção das contas do ativo, sujeitas a correção monetária até 31 de dezembro de 1995, que houverem sido vertidas.

§ 3.º O lucro inflacionário transferido na forma deste artigo será realizado e submetido a tributação, na pessoa jurídica sucessora, com observância do disposto na legislação vigente.

Fretes Internacionais
Art. 85. Ficam sujeitos ao imposto de renda na fonte, à alíquota de 15% (quinze por cento), os rendimentos recebidos por companhias de navegação aérea e marítima, domiciliadas no exterior, de pessoas físicas ou jurídicas residentes ou domiciliadas no Brasil.
Parágrafo único. O imposto de que trata este artigo não será exigido das companhias aéreas e marítimas domiciliadas em países que não tributam, em decorrência da legislação interna ou de acordos internacionais, os rendimentos auferidos por empresas brasileiras que exercem o mesmo tipo de atividade.
Art. 86. Nos casos de pagamento de contraprestação de arrendamento mercantil, do tipo financeiro, a beneficiária pessoa jurídica domiciliada no exterior, a Secretaria da Receita Federal expedirá normas para excluir da base de cálculo do imposto de renda incidente na fonte a parcela remetida que corresponder ao valor do bem arrendado.

Vigência
Art. 87. Esta Lei entra em vigor na data da sua publicação, produzindo efeitos financeiros a partir de 1.º de janeiro de 1997.

Revogação
Art. 88. Revogam-se:
I – o § 2.º do art. 97 do Decreto-lei n. 5.844, de 23 de setembro de 1943, o Decreto-lei n. 7.885, de 21 de agosto de 1945, o art. 46 da Lei n. 4.862, de 29 de novembro de 1965 e o art. 56 da Lei n. 7.713, de 22 de dezembro de 1988;
II – o Decreto-lei n. 165, de 13 de fevereiro de 1967;
III – o § 3.º do art. 21 do Decreto-lei n. 401, de 30 de dezembro de 1968;
IV – o Decreto-lei n. 716, de 30 de julho de 1969;
V – o Decreto-lei n. 815, de 4 de setembro de 1969, o Decreto-lei n. 1.139, de 21 de dezembro de 1970, o art. 87 da Lei n. 7.450, de 23 de dezembro de 1985 e os arts. 11 e 12 do Decreto-lei n. 2.303, de 21 de novembro de 1986;
VI – o art. 3.º do Decreto-lei n. 1.118, de 10 de agosto de 1970, o art. 6.º do Decreto-lei n. 1.189, de 24 de setembro de 1971 e o inciso IX do art. 1.º da Lei n. 8.402, de 8 de janeiro de 1992;
VII – o art. 9.º do Decreto-lei n. 1.351, de 24 de outubro de 1974, o Decreto-lei n. 1.411, de 31 de julho de 1975 e o Decreto-lei n. 1.725, de 7 de dezembro de 1979;
VIII – o art. 9.º do Decreto-lei n. 1.633, de 9 de agosto de 1978;
IX – o número 4 da alínea *b* do § 1.º do art. 35 do Decreto-lei n. 1.598, de 26 de dezembro de 1977, com a redação dada pelo inciso VI do art. 1.º do Decreto-lei n. 1.730, de 17 de dezembro de 1979;
X – o Decreto-lei n. 1.811, de 27 de outubro de 1980, e o art. 3.º da Lei n. 7.132, de 26 de outubro de 1983;
XI – o art. 7.º do Decreto-lei n. 1.814, de 28 de novembro de 1980;
XII – o Decreto-lei n. 2.227, de 16 de janeiro de 1985;
XIII – os arts. 29 e 30 do Decreto-lei n. 2.341, de 29 de junho de 1987;
XIV – os arts. 1.º e 2.º do Decreto-lei n. 2.397, de 21 de dezembro de 1987;
XV – o art. 8.º do Decreto-lei n. 2.429, de 14 de abril de 1988;
XVI – (*Revogado pela Lei n. 11.508, de 20-7-2007.*)
XVII – o art. 40 da Lei n. 7.799, de 10 de julho de 1989;
XVIII – o § 5.º do art. 6.º da Lei n. 8.021, de 12 de abril de 1990;
XIX – o art. 22 da Lei n. 8.218, de 29 de agosto de 1991;
XX – o art. 92 da Lei n. 8.383, de 30 de dezembro de 1991;
XXI – o art. 6.º da Lei n. 8.661, de 2 de junho de 1993;
XXII – o art. 1.º da Lei n. 8.696, de 26 de agosto de 1993;
XXIII – o parágrafo único do art. 3.º da Lei n. 8.846, de 21 de janeiro de 1994;
XXIV – o art. 33, o § 4.º do art. 37 e os arts. 38, 50, 52 e 53, o § 1.º do art. 82 e art. 98, todos da Lei n. 8.981, de 20 de janeiro de 1995;
XXV – o art. 89 da Lei n. 8.981, de 20 de janeiro de 1995, com a redação dada pela Lei n. 9.065, de 20 de junho de 1995;
XXVI – os §§ 4.º, 9.º e 10 do art. 9.º, o § 2.º do art. 11, e o § 3.º do art. 24, todos da Lei n. 9.249, de 26 de dezembro de 1995;
XXVII – a partir de 1.º de abril de 1997, o art. 40 da Lei n. 8.981, de 1995, com as alterações introduzidas pela Lei n. 9.065, de 20 de junho de 1995.

Brasília, 27 de dezembro de 1996; 175.º da Independência e 108.º da República.

Fernando Henrique Cardoso

DECRETO N. 2.138, DE 29 DE JANEIRO DE 1997 (*)

Dispõe sobre a compensação de créditos tributários com créditos do sujeito passivo decorrentes de restituição ou ressarcimento de tributos ou contribuições, a ser efetuada pela Secretaria da Receita Federal.

O Presidente da República, no uso das atribuições que lhe confere o art. 84, IV, da Constituição, e tendo em vista o disposto

---
(*) Publicado no *Diário Oficial da União*, de 30-1-1997. A Secretaria da Receita Federal passa a denominar-se Secretaria da Receita Federal do Brasil, por força da Lei n. 11.457, de 16-3-2007.

nos arts. 73 e 74 da Lei n. 9.430, de 27 de dezembro de 1996, decreta:
Art. 1.º É admitida a compensação de créditos do sujeito passivo perante a Secretaria da Receita Federal, decorrentes de restituição ou ressarcimento, com seus débitos tributários relativos a quaisquer tributos ou contribuições sob administração da mesma Secretaria, ainda que não sejam da mesma espécie nem tenham a mesma destinação constitucional.
•• *Vide* Súmula 213 do STJ.
Parágrafo único. A compensação será efetuada pela Secretaria da Receita Federal, a requerimento do contribuinte ou de ofício, mediante procedimento interno, observado o disposto neste Decreto.
Art. 2.º O sujeito passivo, que pleitear a restituição ou ressarcimento de tributos ou contribuições, pode requerer que a Secretaria da Receita Federal efetue a compensação do valor do seu crédito com débito de sua responsabilidade.
Art. 3.º A Secretaria da Receita Federal, ao reconhecer o direito de crédito do sujeito passivo para restituição ou ressarcimento de tributo ou contribuição, mediante exames fiscais para cada caso, se verificar a existência de débito do requerente, compensará os dois valores.
Parágrafo único. Na compensação será observado o seguinte:
a) o valor bruto da restituição ou do ressarcimento será debitado à conta do tributo ou da contribuição respectiva;
b) o montante utilizado para a quitação de débitos será creditado à conta do tributo ou da contribuição devida.
Art. 4.º Quando o montante da restituição ou do ressarcimento for superior ao do débito, a Secretaria da Receita Federal efetuará o pagamento da diferença ao sujeito passivo.
Parágrafo único. Caso a quantia a ser restituída ou ressarcida seja inferior aos valores dos débitos, o correspondente crédito tributário é extinto no montante equivalente à compensação, cabendo à Secretaria da Receita Federal adotar as providências cabíveis para a cobrança do saldo remanescente.
Art. 5.º A unidade da SRF que efetuar a compensação observará o seguinte:
I – certificará:
a) no processo de restituição ou ressarcimento, qual o valor utilizado na quitação de débitos e, se for o caso, o valor do saldo a ser restituído ou ressarcido;
b) no processo de cobrança, qual o montante do crédito tributário extinto pela compensação e, sendo o caso, o valor do saldo remanescente do débito;
II – emitirá documento comprobatório de compensação, que indicará todos os dados relativos ao sujeito passivo e aos tributos e contribuições objeto da compensação necessários para o registro do crédito e do débito de que trata o parágrafo único do art. 3.º;

III – expedirá ordem bancária, na hipótese de saldo a restituir ou ressarcir, ou aviso de cobrança, no caso de saldo do débito;

IV – efetuará os ajustes necessários nos dados e informações dos controles internos do contribuinte.

Art. 6.º A compensação poderá ser efetuada de ofício, nos termos do art. 7.º do Decreto-lei n. 2.287, de 23 de julho de 1986, sempre que a Secretaria da Receita Federal verificar que o titular do direito à restituição ou ao ressarcimento tem débito vencido relativo a qualquer tributo ou contribuição sob sua administração.

§ 1.º A compensação de ofício será precedida de notificação ao sujeito passivo para que se manifeste sobre o procedimento, no prazo de 15 (quinze) dias, sendo o seu silêncio considerado como aquiescência.

§ 2.º Havendo concordância do sujeito passivo, expressa ou tácita, a Unidade da Secretaria da Receita Federal efetuará a compensação, com observância do procedimento estabelecido no art. 5.º.

§ 3.º No caso de discordância do sujeito passivo, a Unidade da Secretaria da Receita Federal reterá o valor da restituição ou do ressarcimento até que o débito seja liquidado.

Art. 7.º O Secretário da Receita Federal baixará as normas necessárias à execução deste Decreto.

Art. 8.º Este Decreto entra em vigor na data de sua publicação.

Brasília, 29 de janeiro de 1997; 176.º da Independência e 109.º da República.

Fernando Henrique Cardoso

LEI N. 9.494, DE 10 DE SETEMBRO DE 1997 (*)

Disciplina a aplicação da tutela antecipada contra a Fazenda Pública, altera a Lei n. 7.347, de 24 de julho de 1985, e dá outras providências.

Faço saber que o Presidente da República adotou a Medida Provisória n. 1.570-5, de 1997, que o Congresso Nacional aprovou, e eu, Antonio Carlos Magalhães, Presidente, para os efeitos do disposto no parágrafo único do art. 62 da Constituição Federal, promulgo a seguinte Lei:

Art. 1.º Aplica-se à tutela antecipada prevista nos arts. 273 e 461 do Código de Processo Civil o disposto nos arts. 5.º e seu parágrafo único e 7.º da Lei n. 4.348, de 26 de junho de 1964, no art. 1.º e seu § 4.º da Lei n. 5.021, de 9 de junho de 1966, e nos arts. 1.º, 3.º e 4.º da Lei n. 8.437, de 30 de junho de 1992.

•• O STF, na ADC n. 4, de 1.º-10-2008 (*DOU* de 11-11-2014), declarou a constitucionalidade deste artigo.

•• *Vide* arts. 294, 300 e 497 do CPC.

Art. 1.º-A. Estão dispensadas de depósito prévio, para interposição de recurso, as pessoas jurídicas de direito público federais, estaduais, distritais e municipais.

•• Artigo acrescentado pela Medida Provisória n. 2.180-35, de 24-8-2001.

Art. 1.º-B. O prazo a que se refere o *caput* dos arts. 730 do Código de Processo Civil, e 884 da Consolidação das Leis do Trabalho, aprovada pelo Decreto-lei n. 5.452, de 1.º de maio de 1943, passa a ser de 30 (trinta) dias.

•• Artigo acrescentado pela Medida Provisória n. 2.180-35, de 24-8-2001.

•• *Vide* art. 910 do CPC.

Art. 1.º-C. Prescreverá em 5 (cinco) anos o direito de obter indenização dos danos causados por agentes de pessoas jurídicas de direito público e de pessoas jurídicas de direito privado prestadoras de serviços públicos.

•• Artigo acrescentado pela Medida Provisória n. 2.180-35, de 24-8-2001.

Art. 1.º-D. Não serão devidos honorários advocatícios pela Fazenda Pública nas execuções não embargadas.

•• Artigo acrescentado pela Medida Provisória n. 2.180-35, de 24-8-2001.

•• *Vide* Súmula 345 do STJ.

Art. 1.º-E. São passíveis de revisão, pelo Presidente do Tribunal, de ofício ou a requerimento das partes, as contas elaboradas para aferir o valor dos precatórios antes de seu pagamento ao credor.

•• Artigo acrescentado pela Medida Provisória n. 2.180-35, de 24-8-2001.

Art. 1.º-F. Nas condenações impostas à Fazenda Pública, independentemente de sua natureza e para fins de atualização monetária, remuneração do capital e compensação da mora, haverá a incidência uma única vez, até o efetivo pagamento, dos índices oficiais de remuneração básica e juros aplicados à caderneta de poupança.

•• Artigo com redação determinada pela Lei n. 11.960, de 29-6-2009.

•• O STF, no julgamento das ADIs n. 4.425, de 14-3-2013 (*DJE* de 19-12-2013), e n. 5.348, de 8-11-2019 (*DOU* de 21-11-2019), julgou procedente a ação para declarar a inconstitucionalidade deste artigo, na parte em que se estabelece a aplicação dos índices da caderneta de poupança como critério de atualização monetária nas condenações da Fazenda Pública.

Art. 2.º O art. 16 da Lei n. 7.347, de 24 de julho de 1985, passa a vigorar com a seguinte redação:

•• Alteração já processada no texto do diploma modificado.

Art. 2.º-A. A sentença civil prolatada em ação de caráter coletivo proposta por entidade associativa, na defesa dos interesses e direitos dos seus associados, abrangerá apenas os substituídos que tenham na data da propositura da ação, domicílio no âmbito da competência territorial do órgão prolator.

•• *Caput* acrescentado pela Medida Provisória n. 2.180-35, de 24-8-2001.

Parágrafo único. Nas ações coletivas propostas contra a União, os Estados, o Distrito Federal, os Municípios e suas autarquias e fundações, a petição inicial deverá obrigatoriamente estar instruída com a ata da assembleia da entidade associativa que a autorizou, acompanhada da relação nominal dos seus associados e indicação dos respectivos endereços.

•• Parágrafo único acrescentado pela Medida Provisória n. 2.180-35, de 24-8-2001.

Art. 2.º-B. A sentença que tenha por objeto a liberação de recurso, inclusão em folha de pagamento, reclassificação, equiparação, concessão de aumento ou extensão de vantagens a servidores da União, dos Estados, do Distrito Federal e dos Municípios, inclusive de suas autarquias e fundações, somente poderá ser executada após seu trânsito em julgado.

•• Artigo acrescentado pela Medida Provisória n. 2.180-35, de 24-8-2001.

Art. 3.º Ficam convalidados os atos praticados com base na Medida Provisória n. 1.570-4, de 22 de julho de 1997.

Art. 4.º Esta Lei entra em vigor na data de sua publicação.

Congresso Nacional, em 10 de setembro de 1997; 176.º da Independência e 109.º da República.

Antonio Carlos Magalhães

LEI N. 9.507, DE 12 DE NOVEMBRO DE 1997 (**)

Regula o direito de acesso a informações e disciplina o rito processual do habeas data.

O Presidente da República.

Faço saber que o Congresso Nacional decreta e eu sanciono a seguinte Lei:

Art. 1.º (*Vetado.*)

Parágrafo único. Considera-se de caráter público todo registro ou banco de dados contendo informações que sejam ou que possam ser transmitidas a terceiros ou que não sejam de uso privativo do órgão ou entidade produtora ou depositária das informações.

Art. 2.º O requerimento será apresentado ao órgão ou entidade depositária do registro ou banco de dados e será deferido ou indeferido no prazo de 48 (quarenta e oito) horas.

Parágrafo único. A decisão será comunicada ao requerente em 24 (vinte e quatro) horas.

Art. 3.º Ao deferir o pedido, o depositário do registro ou do banco de dados marcará dia e hora para que o requerente tome conhecimento das informações.

Parágrafo único. (*Vetado.*)

Art. 4.º Constatada a inexatidão de qualquer dado a seu respeito, o interessado, em

---

(*) Publicada no *Diário Oficial da União*, de 11-9-1997.

(**) Publicada no *Diário Oficial da União*, de 13-11-1997. *Vide* Lei n. 12.527, de 18-11-2011, que regula o acesso a informações previsto nos arts. 5.º, XXXIII, 37, § 3.º, II, e 216, § 2.º, da CF.

petição acompanhada de documentos comprobatórios, poderá requerer sua retificação.

§ 1.º Feita a retificação em, no máximo, 10 (dez) dias após a entrada do requerimento, a entidade ou órgão depositário do registro ou da informação dará ciência ao interessado.

§ 2.º Ainda que não se constate a inexatidão do dado, se o interessado apresentar explicação ou contestação sobre o mesmo, justificando possível pendência sobre o fato objeto do dado, tal explicação será anotada no cadastro do interessado.

Arts. 5.º e 6.º (*Vetados.*)

Art. 7.º Conceder-se-á *habeas data*:
- Vide Súmula 2 do STJ.

I – para assegurar o conhecimento de informações relativas à pessoa do impetrante, constantes de registro ou banco de dados de entidades governamentais ou de caráter público;

II – para a retificação de dados, quando não se prefira fazê-lo por processo sigiloso, judicial ou administrativo;

III – para a anotação nos assenta51mentos do interessado, de contestação ou explicação sobre dado verdadeiro mas justificável e que esteja sob pendência judicial ou amigável.

Art. 8.º A petição inicial, que deverá preencher os requisitos dos arts. 282 a 285 do Código de Processo Civil, será apresentada em 2 (duas) vias, e os documentos que instruírem a primeira serão reproduzidos por cópia na segunda.
- Vide arts. 319 e s. do CPC (requisitos da petição inicial).

Parágrafo único. A petição inicial deverá ser instruída com prova:

I – da recusa ao acesso às informações ou do decurso de mais de 10 (dez) dias sem decisão;

II – da recusa em fazer-se a retificação ou do decurso de mais de 15 (quinze) dias, sem decisão; ou

III – da recusa em fazer-se a anotação a que se refere o § 2.º do art. 4.º ou do decurso de mais de 15 (quinze) dias sem decisão.

Art. 9.º Ao despachar a inicial, o juiz ordenará que se notifique o coator do conteúdo da petição, entregando-lhe a segunda via apresentada pelo impetrante, com as cópias dos documentos, a fim de que, no prazo de 10 (dez) dias, preste as informações que julgar necessárias.

Art. 10. A inicial será desde logo indeferida, quando não for o caso de *habeas data*, ou se lhe faltar algum dos requisitos previstos nesta Lei.

Parágrafo único. Do despacho de indeferimento caberá recurso previsto no art. 15.

Art. 11. Feita a notificação, o serventuário em cujo cartório corra o feito, juntará aos autos cópia autêntica do ofício endereçado ao coator, bem como a prova da sua entrega a este ou da recusa, seja de recebê-lo, seja de dar recibo.

Art. 12. Findo o prazo a que se refere o art. 9.º, e ouvido o representante do Ministério Público dentro de 5 (cinco) dias, os autos serão conclusos ao juiz para decisão a ser proferida em 5 (cinco) dias.

Art. 13. Na decisão, se julgar procedente o pedido, o juiz marcará data e horário para que o coator:

I – apresente ao impetrante as informações a seu respeito, constantes de registros ou bancos de dados; ou

II – apresente em juízo a prova da retificação ou da anotação feita nos assentamentos do impetrante.

Art. 14. A decisão será comunicada ao coator, por correio, com aviso de recebimento, ou por telegrama, radiograma ou telefonema, conforme o requerer o impetrante.

Parágrafo único. Os originais, no caso de transmissão telegráfica, radiofônica ou telefônica deverão ser apresentados à agência expedidora, com a firma do juiz devidamente reconhecida.

Art. 15. Da sentença que conceder ou negar o *habeas data* cabe apelação.

Parágrafo único. Quando a sentença conceder o *habeas data*, o recurso terá efeito meramente devolutivo.

Art. 16. Quando o *habeas data* for concedido e o Presidente do Tribunal ao qual competir o conhecimento do recurso ordenar ao juiz a suspensão da execução da sentença, desse seu ato caberá agravo para o Tribunal a que presida.

Art. 17. Nos casos de competência do Supremo Tribunal Federal e dos demais Tribunais caberá ao relator a instrução do processo.

Art. 18. O pedido de *habeas data* poderá ser renovado se a decisão denegatória não lhe houver apreciado o mérito.

Art. 19. Os processos de *habeas data* terão prioridade sobre todos os atos judiciais, exceto *habeas corpus* e mandado de segurança. Na instância superior, deverão ser levados a julgamento na primeira sessão que se seguir à data em que, feita a distribuição, forem conclusos ao relator.

Parágrafo único. O prazo para a conclusão não poderá exceder de 24 (vinte e quatro) horas, a contar da distribuição.

Art. 20. O julgamento do *habeas data* compete:

I – originariamente:

a) ao Supremo Tribunal Federal, contra atos do Presidente da República, das Mesas da Câmara dos Deputados e do Senado Federal, do Tribunal de Contas da União, do Procurador-Geral da República e do próprio Supremo Tribunal Federal;

b) ao Superior Tribunal de Justiça, contra atos de Ministro de Estado ou do próprio Tribunal;

c) aos Tribunais Regionais Federais contra atos do próprio Tribunal ou de juiz federal;

d) a juiz federal, contra ato de autoridade federal, excetuados os casos de competência dos tribunais federais;

e) a tribunais estaduais, segundo o disposto na Constituição do Estado;

f) a juiz estadual, nos demais casos;

II – em grau de recurso:

a) ao Supremo Tribunal Federal, quando a decisão denegatória for proferida em única instância pelos Tribunais Superiores;

b) ao Superior Tribunal de Justiça, quando a decisão for proferida em única instância pelos Tribunais Regionais Federais;

c) aos Tribunais Regionais Federais, quando a decisão for proferida por juiz federal;

d) aos Tribunais Estaduais e ao do Distrito Federal e Territórios, conforme dispuserem a respectiva Constituição e a lei que organizar a Justiça do Distrito Federal;

III – mediante recurso extraordinário ao Supremo Tribunal Federal, nos casos previstos na Constituição.

Art. 21. São gratuitos o procedimento administrativo para acesso a informações e retificação de dados e para anotação de justificação, bem como a ação de *habeas data*.

Art. 22. Esta Lei entra em vigor na data de sua publicação.

Art. 23. Revogam-se as disposições em contrário.

Brasília, 12 de novembro de 1997; 176.º da Independência e 109.º da República.

FERNANDO HENRIQUE CARDOSO

LEI N. 9.532, DE 10 DE DEZEMBRO DE 1997 (*)

Altera a Legislação Tributária Federal e dá outras providências.

O Presidente da República.

Faço saber que o Congresso Nacional decreta e eu sanciono a seguinte Lei:

Art. 1.º Os lucros auferidos no exterior, por intermédio de filiais, sucursais, controladas ou coligadas serão adicionados ao lucro líquido, para determinação do lucro real correspondente ao balanço levantado no dia 31 de dezembro do ano-calendário em que tiverem sido disponibilizados para a pessoa jurídica domiciliada no Brasil.

§ 1.º Para efeito do disposto neste artigo, os lucros serão considerados disponibilizados para a empresa no Brasil:

a) no caso de filial ou sucursal, na data do balanço no qual tiverem sido apurados;

b) (*Revogada pela Lei n. 12.973, de 13-5-2014.*)

c) na hipótese de contratação de operações de mútuo, se a mutuante, coligada ou controlada, possuir lucros ou reservas de lucros;
•• *Alínea c acrescentada pela Lei n. 9.959, de 27-1-2000.*

d) na hipótese de adiantamento de recursos, efetuado pela coligada ou controlada, por conta de venda futura, cuja liquidação, pela remessa do bem ou serviço vendido,

---

(*) Publicada no *Diário Oficial da União*, de 11-12-1997.

ocorra em prazo superior ao ciclo de produção do bem ou serviço.
•• Alínea d acrescentada pela Lei n. 9.959, de 27-1-2000.

§ 2.º (Revogado pela Lei n. 12.973, de 13-5-2014.)

§ 3.º Não serão dedutíveis na determinação do lucro real e da base de cálculo da Contribuição Social sobre o Lucro Líquido os juros, relativos a empréstimos, pagos ou creditados a empresa controlada ou coligada, independente do local de seu domicílio, incidentes sobre valor equivalente aos lucros não disponibilizados por empresas controladas, domiciliadas no exterior.
•• § 3.º com redação determinada pela Medida Provisória n. 2.158-35, de 24-8-2001.

§ 4.º (Revogado pela Lei n. 12.973, de 13-5-2014.)

§ 5.º Relativamente aos lucros apurados nos anos de 1996 e 1997, considerar-se-á vencido o prazo a que se refere o parágrafo anterior no dia 31 de dezembro de 1999.

§ 6.º Nas hipóteses das alíneas c e d do § 1.º o valor considerado disponibilizado será o mutuado ou adiantado, limitado ao montante dos lucros e reservas de lucros passíveis de distribuição, proporcional à participação societária da empresa no País na data da disponibilização.
•• § 6.º acrescentado pela Lei n. 9.959, de 27-1-2000.

§ 7.º Considerar-se-á disponibilizado o lucro:
a) na hipótese da alínea c do § 1.º:
1. na data da contratação da operação, relativamente a lucros já apurados pela controlada ou coligada;
2. na data da apuração do lucro, na coligada ou controlada, relativamente a operações de mútuo anteriormente contratadas;
b) na hipótese da alínea d do § 1.º, em 31 de dezembro do ano-calendário em que tenha sido encerrado o ciclo de produção sem que haja ocorrido a liquidação.
•• § 7.º acrescentado pela Lei n. 9.959, de 27-1-2000.

Art. 2.º Os percentuais dos benefícios fiscais referidos no inciso I e no § 3.º do art. 11 do Decreto-lei n. 1.376, de 12 de dezembro de 1974, com as posteriores alterações, nos arts. 1.º, II, 19 e 23, da Lei n. 8.167, de 16 de janeiro de 1991, e no art. 4.º, V, da Lei n. 8.661, de 2 de junho de 1993, ficam reduzidos para:
I – 30% (trinta por cento), relativamente aos períodos de apuração encerrados a partir de 1.º de janeiro de 1998 até 31 de dezembro de 2003;
II – 20% (vinte por cento), relativamente aos períodos de apuração encerrados a partir de 1.º de janeiro de 2004 até 31 de dezembro de 2008;
III – 10% (dez por cento), relativamente aos períodos de apuração encerrados a partir de 1.º de janeiro de 2009 até 31 de dezembro de 2013.

§ 1.º (Revogado pela Medida Provisória n. 2.156-5, de 24-8-2001.)

§ 2.º Ficam extintos, relativamente aos períodos de apuração encerrados a partir de 1.º de janeiro de 2014, os benefícios fiscais de que trata este artigo.

Art. 3.º Os benefícios fiscais de isenção, de que tratam o art. 13 da Lei n. 4.239, de 27 de junho de 1963, o art. 23 do Decreto-lei n. 756, de 11 de agosto de 1969, com a redação do art. 1.º do Decreto-lei n. 1.564, de 29 de julho de 1977, e o inciso VIII do art. 1.º da Lei n. 9.440, de 14 de março de 1997, para os projetos de instalação, modernização, ampliação ou diversificação, aprovados pelo órgão competente, a partir de 1.º de janeiro de 1998, observadas as demais normas em vigor, aplicáveis à matéria, passam a ser de redução do imposto de renda e adicionais não restituíveis, observados os seguintes percentuais:
I – 75% (setenta e cinco por cento), a partir de 1.º de janeiro de 1998 até 31 de dezembro de 2003;
II – 50% (cinquenta por cento), a partir de 1.º de janeiro de 2004 até 31 de dezembro de 2008;
III – 25% (vinte e cinco por cento), a partir de 1.º de janeiro de 2009 até 31 de dezembro de 2013.

§ 1.º O disposto no caput não se aplica a projetos aprovados ou protocolizados até 14 de novembro de 1997, no órgão competente, para os quais prevalece o benefício de isenção até o término do prazo de concessão do benefício.

§ 2.º Os benefícios fiscais de redução do imposto de renda e adicionais não restituíveis, de que tratam o art. 14 da Lei n. 4.239, de 1963, e o art. 22 do Decreto-lei n. 756, de 11 de agosto de 1969, observadas as demais normas em vigor, aplicáveis à matéria, passam a ser calculados segundo os seguintes percentuais:
I – 37,5% (trinta e sete inteiros e cinco décimos por cento), a partir de 1.º de janeiro de 1998 até 31 de dezembro de 2003;
II – 25% (vinte e cinco por cento), a partir de 1.º de janeiro de 2004 até 31 de dezembro de 2008;
III – 12,5% (doze inteiros e cinco décimos por cento), a partir de 1.º de janeiro de 2009 até 31 de dezembro de 2013.

§ 3.º Ficam extintos, relativamente aos períodos de apuração encerrados a partir de 1.º de janeiro de 2014, os benefícios fiscais de que trata este artigo.

Art. 4.º (Revogado pela Medida Provisória n. 2.199-14, de 24-8-2001.)

Art. 5.º A dedução do imposto de renda relativa aos incentivos fiscais previstos no art. 1.º da Lei n. 6.321, de 14 de abril de 1976, no art. 26 da Lei n. 8.313, de 23 de dezembro de 1991, no inciso I do art. 4.º da Lei n. 8.661, de 2 de junho de 1993, e a de doações ou patrocínios no apoio a projetos aprovados pelo órgão competente relacionados à atenção a usuários de drogas não poderá exceder, quando considerados isoladamente, a 4% (quatro por cento) do imposto de renda devido, observado o disposto no § 4.º do art. 3.º da Lei n. 9.249, de 26 de dezembro de 1995.
•• A Lei n. 13.840, de 5-6-2019, propôs nova redação para este artigo, porém teve seu texto vetado.

Art. 6.º Observados os limites específicos de cada incentivo e o disposto no § 4.º do art. 3.º da Lei n. 9.249, de 1995, o total das deduções de que tratam:
I – o art. 1.º da Lei n. 6.321, de 1976 e o inciso I do art. 4.º da Lei n. 8.661, de 1993, não poderá exceder a 4% (quatro por cento) do imposto de renda devido;
II – o art. 26 da Lei n. 8.313, de 23 de dezembro de 1991, o art. 1.º da Lei n. 8.685, de 20 de julho de 1993, e o § 6.º do art. 1.º da Lei n. 11.438, de 29 de dezembro de 2006, não poderá exceder a 4% (quatro por cento) do imposto de renda devido.
•• Inciso II com redação determinada pela Lei n. 14.439, de 24-8-2022, produzindo efeitos a partir de 1.º-1-2023.

Art. 7.º A pessoa jurídica que absorver patrimônio de outra, em virtude de incorporação, fusão ou cisão, na qual detenha participação societária adquirida com ágio ou deságio, apurado segundo o disposto no art. 20 do Decreto-lei n. 1.598, de 26 de dezembro de 1977:
I – deverá registrar o valor do ágio ou deságio cujo fundamento seja o de que trata a alínea a do § 2.º do art. 20 do Decreto-lei n. 1.598, de 1977, em contrapartida à conta que registre o bem ou direito que lhe deu causa;
II – deverá registrar o valor do ágio cujo fundamento seja o de que trata a alínea c do § 2.º do art. 20 do Decreto-lei n. 1.598, de 1977, em contrapartida a conta de ativo permanente, não sujeita a amortização;
III – poderá amortizar o valor do ágio cujo fundamento seja o de que trata a alínea b do § 2.º do art. 20 do Decreto-lei n. 1.598, de 1977, nos balanços correspondentes à apuração de lucro real, levantados posteriormente à incorporação, fusão ou cisão, à razão de 1/60 (um sessenta avos), no máximo, para cada mês do período de apuração;
•• Inciso III com redação determinada pela Lei n. 9.718, de 27-11-1998.

IV – deverá amortizar o valor do deságio cujo fundamento seja o de que trata a alínea b do § 2.º do art. 20 do Decreto-lei n. 1.598, de 1977, nos balanços correspondentes à apuração de lucro real, levantados durante os 5 (cinco) anos-calendários subsequentes à incorporação, fusão ou cisão, à razão de 1/60 (um sessenta avos), no mínimo, para cada mês do período de apuração.

§ 1.º O valor registrado na forma do inciso I integrará o custo do bem ou direito para efeito de apuração de ganho ou perda de capital e de depreciação, amortização ou exaustão.

§ 2.º Se o bem que deu causa ao ágio ou deságio não houver sido transferido, na hipótese de cisão, para o patrimônio da sucessora, esta deverá registrar:

a) o ágio, em conta de ativo diferido, para amortização na forma prevista no inciso III;

b) o deságio, em conta de receita diferida, para amortização na forma prevista no inciso IV.

§ 3.º O valor registrado na forma do inciso II do *caput*:

a) será considerado custo de aquisição, para efeito de apuração de ganho ou perda de capital na alienação do direito que lhe deu causa ou na sua transferência para sócio ou acionista, na hipótese de devolução de capital;

b) poderá ser deduzido como perda, no encerramento das atividades da empresa, se comprovada, nessa data, a inexistência do fundo de comércio ou do intangível que lhe deu causa.

§ 4.º Na hipótese da alínea *b* do parágrafo anterior, a posterior utilização econômica do fundo de comércio ou intangível sujeitará a pessoa física ou jurídica usuária ao pagamento dos tributos e contribuições que deixaram de ser pagos, acrescidos de juros de mora e multa, calculados de conformidade com a legislação vigente.

§ 5.º O valor que servir de base de cálculo dos tributos e contribuições a que se refere o parágrafo anterior poderá ser registrado em conta do ativo, como custo do direito.

Art. 8.º O disposto no artigo anterior aplica-se, inclusive, quando:

a) o investimento não for, obrigatoriamente, avaliado pelo valor de patrimônio líquido;

b) a empresa incorporada, fusionada ou cindida for aquela que detinha a propriedade da participação societária.

Art. 9.º À opção da pessoa jurídica, o saldo do lucro inflacionário acumulado, existente no último dia útil dos meses de novembro e dezembro de 1997, poderá ser considerado realizado integralmente e tributado à alíquota de 10% (dez por cento).

§ 1.º Se a opção se referir a saldo de lucro inflacionário tributado na forma do art. 28 da Lei n. 7.730, de 31 de janeiro de 1989, a alíquota a ser aplicada será de 3% (três por cento).

§ 2.º A opção a que se refere este artigo será irretratável e manifestada mediante o pagamento do imposto, em quota única, na data da opção.

- Dispõe a Medida Provisória n. 2.158-35, de 24-8-2001, em seu art. 62: "A opção pela liquidação antecipada do saldo do lucro inflacionário, na forma prevista no art. 9.º da Lei n. 9.532, de 10-12-1997, deverá ser formalizada até 30-6-2001".

Art. 10. Do imposto apurado com base no lucro arbitrado ou no lucro presumido não será permitida qualquer dedução a título de incentivo fiscal.

Art. 11. As deduções relativas às contribuições para entidades de previdência privada, a que se refere a alínea *e* do inciso II do art. 8.º da Lei n. 9.250, de 26 de dezembro de 1995, e às contribuições para o Fundo de Aposentadoria Programada Individual – Fapi, a que se refere a Lei n. 9.477, de 24 de julho de 1997, cujo ônus seja da própria pessoa física, ficam condicionadas ao recolhimento, também, de contribuições para o regime geral de previdência social ou, quando for o caso, para regime próprio de previdência social dos servidores titulares de cargo efetivo da União, dos Estados, do Distrito Federal ou dos Municípios, observada a contribuição mínima, e limitadas a 12% (doze por cento) do total dos rendimentos computados na determinação da base de cálculo do imposto devido na declaração de rendimentos.

•• *Caput* com redação determinada pela Lei n. 10.887, de 18-6-2004.

§ 1.º Aos resgates efetuados pelos quotistas de Fundo de Aposentadoria Programada Individual – Fapi aplicam-se, também, as normas de incidência do imposto de renda de que trata o art. 33 da Lei n. 9.250, de 26 de dezembro de 1995.

•• § 1.º com redação determinada pela Lei n. 10.887, de 18-6-2004.

§ 2.º Na determinação do lucro real e da base de cálculo da contribuição social sobre o lucro líquido, o valor das despesas com contribuições para a previdência privada, a que se refere o inciso V do art. 13 da Lei n. 9.249, de 26 de dezembro de 1995, e para os Fundos de Aposentadoria Programada Individual – Fapi, a que se refere a Lei n. 9.477, de 24 de julho de 1997, cujo ônus seja da pessoa jurídica, não poderá exceder, em cada período de apuração, a 20% (vinte por cento) do total dos salários dos empregados e da remuneração dos dirigentes da empresa, vinculados ao referido plano.

•• § 2.º com redação determinada pela Lei n. 10.887, de 18-6-2004.

§ 3.º O somatório das contribuições que exceder o valor a que se refere o § 2.º deste artigo deverá ser adicionado ao lucro líquido para efeito de determinação do lucro real e da base de cálculo da contribuição social sobre o lucro líquido.

•• § 3.º com redação determinada pela Lei n. 10.887, de 18-6-2004.

§ 4.º O disposto neste artigo não elide a observância das normas do art. 7.º da Lei n. 9.477, de 24 de julho de 1997.

•• § 4.º com redação determinada pela Lei n. 10.887, de 18-6-2004.

§ 5.º Excetuam-se da condição de que trata o *caput* deste artigo os beneficiários de aposentadoria ou pensão concedidas por regime próprio de previdência ou pelo regime geral de previdência social.

•• § 5.º acrescentado pela Lei n. 10.887, de 18-6-2004.

§ 6.º As deduções relativas às contribuições para entidades de previdência complementar a que se referem o inciso VII do art. 4.º e a alínea *i* do inciso II do art. 8.º da Lei n. 9.250, de 26 de dezembro de 1995, desde que limitadas à alíquota de contribuição do ente público patrocinador, não se sujeitam ao limite previsto no *caput*.

•• § 6.º acrescentado pela Lei n. 13.043, de 13-11-2014.

§ 7.º Os valores de contribuição excedentes ao disposto no § 6.º poderão ser deduzidos desde que seja observado o limite conjunto de dedução previsto no *caput*.

•• § 7.º acrescentado pela Lei n. 13.043, de 13-11-2014.

Art. 12. Para efeito do disposto no art. 150, VI, c, da Constituição, considera-se imune a instituição de educação ou de assistência social que preste os serviços para os quais houver sido instituída e os coloque à disposição da população em geral, em caráter complementar às atividades do Estado, sem fins lucrativos.

§ 1.º Não estão abrangidos pela imunidade os rendimentos e ganhos de capital auferidos em aplicações financeiras de renda fixa ou de renda variável.

•• O STF, na ADI n. 1.802, de 12-4-2018 (*DOU* de 16-5-2018), julgou parcialmente procedente a ação para declarar a inconstitucionalidade formal e material deste § 1.º.

§ 2.º Para o gozo da imunidade, as instituições a que se refere este artigo, estão obrigadas a atender aos seguintes requisitos:

a) não remunerar, por qualquer forma, seus dirigentes pelos serviços prestados, exceto no caso de associações, fundações ou organizações da sociedade civil, sem fins lucrativos, cujos dirigentes poderão ser remunerados, desde que atuem efetivamente na gestão executiva e desde que cumpridos os requisitos previstos nos arts. 3.º e 16 da Lei n. 9.790, de 23 de março de 1999, respeitados como limites máximos os valores praticados pelo mercado na região correspondente à sua área de atuação, devendo seu valor ser fixado pelo órgão de deliberação superior da entidade, registrado em ata, com comunicação ao Ministério Público, no caso das fundações;

•• Alínea *a* com redação determinada pela Lei n. 13.204, de 14-12-2015.

b) aplicar integralmente seus recursos na manutenção e desenvolvimento dos seus objetivos sociais;

c) manter escrituração completa de suas receitas e despesas em livros revestidos das formalidades que assegurem a respectiva exatidão;

d) conservar em boa ordem, pelo prazo de 5 (cinco) anos, contado da data da emissão, os documentos que comprovem a origem de suas receitas e a efetivação de suas despesas, bem assim a realização de quaisquer outros atos ou operações que venham a modificar sua situação patrimonial;

e) apresentar, anualmente, Declaração de Rendimentos, em conformidade com o disposto em ato da Secretaria da Receita Federal;

•• A Secretaria da Receita Federal passa a denominar-se Secretaria da Receita Federal do Brasil, por força da Lei n. 11.457, de 16-3-2007.

f) recolher os tributos retidos sobre os rendimentos por elas pagos ou creditados e a contribuição para a seguridade social relativa aos empregados, bem assim cumprir as obrigações acessórias daí decorrentes;

•• O STF, na ADI n. 1.802, de 12-4-2018 (*DOU* de 16-5-2018), julgou parcialmente procedente a ação para declarar a inconstitucionalidade formal desta alínea.

g) assegurar a destinação de seu patrimônio a outra instituição que atenda às condições para gozo da imunidade, no caso de incorporação, fusão, cisão ou de encerramento de suas atividades, ou a órgão público;

h) outros requisitos, estabelecidos em lei específica, relacionados com o funcionamento das entidades a que se refere este artigo.

§ 3.º Considera-se entidade sem fins lucrativos a que não apresente superávit em suas contas ou, caso o apresente em determinado exercício, destine referido resultado, integralmente, à manutenção e ao desenvolvimento dos seus objetivos sociais.

•• § 3.º com redação determinada pela Lei n. 9.718, de 27-11-1998.

§ 4.º A exigência a que se refere a alínea *a* do § 2.º não impede:

•• § 4.º, *caput*, acrescentado pela Lei n. 12.868, de 15-10-2013.

I – a remuneração aos diretores não estatutários que tenham vínculo empregatício; e

•• Inciso I acrescentado pela Lei n. 12.868, de 15-10-2013.

II – a remuneração aos dirigentes estatutários, desde que recebam remuneração inferior, em seu valor bruto, a 70% (setenta por cento) do limite estabelecido para a remuneração de servidores do Poder Executivo federal.

•• Inciso II acrescentado pela Lei n. 12.868, de 15-10-2013.

§ 5.º A remuneração dos dirigentes estatutários referidos no inciso II do § 4.º deverá obedecer às seguintes condições:

•• § 5.º, *caput*, acrescentado pela Lei n. 12.868, de 15-10-2013.

I – nenhum dirigente remunerado poderá ser cônjuge ou parente até 3.º (terceiro) grau, inclusive afim, de instituidores, sócios, diretores, conselheiros, benfeitores ou equivalentes da instituição de que trata o *caput* deste artigo; e

•• Inciso I acrescentado pela Lei n. 12.868, de 15-10-2013.

II – o total pago a título de remuneração para dirigentes, pelo exercício das atribuições estatutárias, deve ser inferior a 5 (cinco) vezes o valor correspondente ao limite individual estabelecido neste parágrafo.

•• Inciso II acrescentado pela Lei n. 12.868, de 15-10-2013.

§ 6.º O disposto nos §§ 4.º e 5.º não impede a remuneração da pessoa do dirigente estatutário ou diretor que, cumulativamente, tenha vínculo estatutário e empregatício, exceto se houver incompatibilidade de jornadas de trabalho.

•• § 6.º acrescentado pela Lei n. 12.868, de 15-10-2013.

Art. 13. Sem prejuízo das demais penalidades previstas na lei, a Secretaria da Receita Federal suspenderá o gozo da imunidade a que se refere o artigo anterior, relativamente aos anos-calendários em que a pessoa jurídica houver praticado ou, por qualquer forma, houver contribuído para a prática de ato que constitua infração a dispositivo da legislação tributária, especialmente no caso de informar ou declarar falsamente, omitir ou simular o recebimento de doações em bens ou em dinheiro, ou de qualquer forma cooperar para que terceiro sonegue tributos ou pratique ilícitos fiscais.

•• O STF, na ADI n. 1.802, de 12-4-2018 (*DOU* de 16-5-2018), julgou parcialmente procedente a ação para declarar a inconstitucionalidade formal deste *caput*.

•• A Secretaria da Receita Federal passa a denominar-se Secretaria da Receita Federal do Brasil, por força da Lei n. 11.457, de 16-3-2007.

Parágrafo único. Considera-se, também, infração a dispositivo da legislação tributária o pagamento, pela instituição imune, em favor de seus associados ou dirigentes, ou, ainda, em favor de sócios, acionistas ou dirigentes de pessoa jurídica a ela associada por qualquer forma, de despesas consideradas indedutíveis na determinação da base de cálculo do imposto sobre a renda ou da contribuição social sobre o lucro líquido.

Art. 14. A suspensão do gozo da imunidade aplica-se o disposto no art. 32 da Lei n. 9.430, de 1996.

•• O STF, na ADI n. 1.802, de 12-4-2018 (*DOU* de 16-5-2018), julgou parcialmente procedente a ação para declarar a inconstitucionalidade formal deste artigo.

Art. 15. Consideram-se isentas as instituições de caráter filantrópico, recreativo, cultural e científico e as associações civis que prestem os serviços para os quais houverem sido instituídas e os coloquem à disposição do grupo de pessoas a que se destinam, sem fins lucrativos.

• De acordo com o art. 13 da Lei n. 11.345, de 14-9-2006, fica assegurada por cinco anos, a partir de 15-9-2006, a isenção prevista neste artigo às entidades desportivas da modalidade futebol cujas atividades profissionais sejam administradas por pessoa jurídica regularmente constituída.

§ 1.º A isenção a que se refere este artigo aplica-se, exclusivamente, em relação ao imposto de renda da pessoa jurídica e à contribuição social sobre o lucro líquido, observado o disposto no parágrafo subsequente.

§ 2.º Não estão abrangidos pela isenção do imposto de renda os rendimentos e ganhos de capital auferidos em aplicações financeiras de renda fixa ou de renda variável.

§ 3.º Às instituições isentas aplicam-se as disposições do art. 12, § 2.º, *a a e e* § 3.º e dos arts. 13 e 14.

§ 4.º (*Revogado pela Lei n. 9.718, de 27-11-1998.*)

§ 5.º O disposto no § 2.º não se aplica aos rendimentos e ganhos de capital auferidos pela Academia Brasileira de Letras, pela Associação Brasileira de Imprensa e pelo Instituto Histórico e Geográfico Brasileiro.

•• § 5.º acrescentado pela Lei n. 13.353, de 3-11-2016.

Art. 16. Aplicam-se à entrega de bens e direitos para a formação do patrimônio das instituições isentas as disposições do art. 23 da Lei n. 9.249, de 1995.

Parágrafo único. A transferência de bens e direitos do patrimônio das entidades isentas para o patrimônio de outra pessoa jurídica, em virtude de incorporação, fusão ou cisão, deverá ser efetuada pelo valor de sua aquisição ou pelo valor atribuído, no caso de doação.

Art. 17. Sujeita-se à incidência do imposto de renda à alíquota de 15% (quinze por cento) a diferença entre o valor em dinheiro ou o valor dos bens e direitos recebidos de instituição isenta, por pessoa física, a título de devolução de patrimônio, e o valor em dinheiro ou o valor dos bens e direitos que houver entregue para a formação do referido patrimônio.

§ 1.º Aos valores entregues até o final do ano de 1995 aplicam-se as normas do inciso I do art. 17 da Lei n. 9.249, de 1995.

§ 2.º O imposto de que trata este artigo será:

a) considerado tributação exclusiva;

b) pago pelo beneficiário até o último dia útil do mês subsequente ao recebimento dos valores.

§ 3.º Quando a destinatária dos valores em dinheiro ou dos bens e direitos devolvidos for pessoa jurídica, a diferença a que se refere o *caput* será computada na determinação do lucro real ou adicionada ao lucro presumido ou arbitrado, conforme seja a forma de tributação a que estiver sujeita.

§ 4.º Na hipótese do parágrafo anterior, para a determinação da base de cálculo da contribuição social sobre o lucro líquido a pessoa jurídica deverá computar:

a) a diferença a que se refere o *caput*, se sujeita ao pagamento do imposto de renda com base no lucro real;

b) o valor em dinheiro ou o valor dos bens e direitos recebidos, se tributada com base no lucro presumido ou arbitrado.

Art. 18. Fica revogada a isenção concedida em virtude do art. 30 da Lei n. 4.506, de 1964, e alterações posteriores, às entidades que se dediquem às seguintes atividades:

I – educacionais;

II – de assistência à saúde;

III – de administração de planos de saúde;

IV – de prática desportiva, de caráter profissional;

V – de administração do desporto.

Parágrafo único. O disposto neste artigo não elide a fruição, conforme o caso, de imunidade ou isenção por entidade que se enquadrar nas condições do art. 12 ou do art. 15.

....

Art. 21. Relativamente aos fatos geradores ocorridos durante os anos-calendário de 1998 a 2003, a alíquota de 25% (vinte e cinco por cento), constante das tabelas de que tratam os arts. 3.º e 11 da Lei n. 9.250, de 26 de dezembro de 1995, e as correspondentes parcelas a deduzir, passam a ser, respectivamente, de 27,5% (vinte e sete inteiros e cinco décimos por cento), e as parcelas a deduzir, até 31 de dezembro de 2001, de R$ 360,00 (trezentos e sessenta reais) e R$ 4.320,00 (quatro mil, trezentos e vinte reais), e a partir de 1.º de janeiro de 2002, aquelas determinadas pelo art. 1.º da Lei n. 10.451, de 10 de maio de 2002, a saber, de R$ 423,08 (quatrocentos e vinte e três reais e oito centavos) e R$ 5.076,90 (cinco mil e setenta e seis reais e noventa centavos).

•• *Caput* com redação determinada pela Lei n. 10.637, de 30-12-2002.

Parágrafo único. (*Revogado pela Lei n. 10.828, de 23-12-2003.*)

Art. 22. A soma das deduções a que se referem os incisos I a III do art. 12 da Lei n. 9.250, de 1995, fica limitada a 6% (seis por cento) do valor do imposto devido, não sendo aplicáveis limites específicos a quaisquer dessas deduções.

Art. 23. Na transferência de direito de propriedade por sucessão, nos casos de herança, legado ou por doação em adiantamento da legítima, os bens e direitos poderão ser avaliados a valor de mercado ou pelo valor constante da declaração de bens do *de cujus* ou do doador.

§ 1.º Se a transferência for efetuada a valor de mercado, a diferença a maior entre esse e o valor pelo qual constavam da declaração de bens do *de cujus* ou do doador sujeitar-se-á à incidência de imposto de renda à alíquota de 15% (quinze por cento).

§ 2.º O imposto a que se referem os §§ 1.º e 5.º deverá ser pago:

I – pelo inventariante, até a data prevista para entrega da declaração final de espólio, nas transmissões *mortis causa*, observado o disposto no art. 7.º, § 4.º, da Lei n. 9.250, de 26 de dezembro de 1995;

II – pelo doador, até o último dia útil do mês-calendário subsequente ao da doação, no caso de doação em adiantamento da legítima;

III – pelo ex-cônjuge a quem for atribuído o bem ou direito, até o último dia útil do mês subsequente à data da sentença homologatória do formal de partilha, no caso de dissolução da sociedade conjugal ou da unidade familiar.

•• § 2.º com redação determinada pela Lei n. 9.779, de 19-1-1999.

§ 3.º O herdeiro, o legatário ou o donatário deverá incluir os bens ou direitos, na sua declaração de bens correspondente à declaração de rendimentos do ano-calendário da homologação da partilha ou do recebimento da doação, pelo valor pelo qual houver sido efetuada a transferência.

§ 4.º Para efeito de apuração de ganho de capital relativo aos bens e direitos de que trata este artigo, será considerado como custo de aquisição o valor pelo qual houverem sido transferidos.

§ 5.º As disposições deste artigo aplicam-se, também, aos bens ou direitos atribuídos a cada cônjuge, na hipótese de dissolução da sociedade conjugal ou da unidade familiar.

Art. 24. Na declaração de bens correspondente à declaração de rendimentos das pessoas físicas, relativa ao ano-calendário de 1997, a ser apresentada em 1998, os bens adquiridos até 31 de dezembro de 1995 deverão ser informados pelos valores apurados com observância do disposto no art. 17 da Lei n. 9.249, de 1995.

Parágrafo único. A Secretaria da Receita Federal expedirá as normas necessárias à aplicação do disposto neste artigo.

•• A Secretaria da Receita Federal passa a denominar-se Secretaria da Receita Federal do Brasil, por força da Lei n. 11.457, de 16-3-2007.

Art. 25. O § 2.º do art. 7.º da Lei n. 9.250, de 1995, passa a vigorar com a seguinte redação:

•• Alteração já processada no diploma modificado.

Art. 26. Os §§ 3.º e 4.º do art. 56 da Lei n. 8.981, de 1995, com as alterações da Lei n. 9.065, de 1995, passam a vigorar com a seguinte redação:

•• Alteração já processada no diploma modificado.

Art. 27. A multa a que se refere o inciso I do art. 88 da Lei n. 8.981, de 1995, é limitada a 20% (vinte por cento) do imposto de renda devido, respeitado o valor mínimo de que trata o § 1.º do referido art. 88, convertido em reais de acordo com o disposto no art. 30 da Lei n. 9.249, de 26 de dezembro de 1995.

Parágrafo único. A multa a que se refere o art. 88 da Lei n. 8.981, de 1995, será:

a) deduzida do imposto a ser restituído ao contribuinte, se este tiver direito à restituição;

b) exigida por meio de lançamento efetuado pela Secretaria da Receita Federal, notificado ao contribuinte.

•• *Vide* nota ao art. 24, parágrafo único, desta Lei.

Arts. 28 a 35. (*Revogados pela Lei n. 14.754, de 12-12-2023.*)

Art. 36. Os rendimentos decorrentes das operações de *swap*, de que trata o art. 74 da Lei n. 8.981, de 1995, passam a ser tributados à mesma alíquota incidente sobre os rendimentos de aplicações financeiras de renda fixa.

Parágrafo único. Quando a operação de *swap* tiver por objeto taxa baseada na remuneração dos depósitos de poupança, esta remuneração será adicionada à base de cálculo do imposto de que trata este artigo.

....

Art. 39. Poderão sair do estabelecimento industrial, com suspensão do IPI, os produtos destinados à exportação, quando:

I – adquiridos por empresa comercial exportadora, com o fim específico de exportação;

• A Instrução Normativa n. 1.152, de 10-5-2011, da Secretaria da Receita Federal do Brasil, dispõe sobre a suspensão do Imposto sobre Produtos Industrializados (IPI) e a não incidência da contribuição para o PIS/PASEP e da Contribuição para o Financiamento da Seguridade Social (COFINS) na exportação de mercadorias.

II – remetidos a recintos alfandegados ou a outros locais onde se processe o despacho aduaneiro de exportação.

§ 1.º Fica assegurada a manutenção e utilização do crédito do IPI relativo às matérias-primas, produtos intermediários e material de embalagem utilizados na industrialização dos produtos a que se refere este artigo.

§ 2.º Consideram-se adquiridos com o fim específico de exportação os produtos remetidos diretamente do estabelecimento industrial para embarque de exportação ou para recintos alfandegados, por conta e ordem da empresa comercial exportadora.

§ 3.º A empresa comercial exportadora fica obrigada ao pagamento do IPI que deixou de ser pago na saída dos produtos do estabelecimento industrial, nas seguintes hipóteses:

a) transcorridos 180 (cento e oitenta) dias da data da emissão da nota fiscal de venda pelo estabelecimento industrial, não houver sido efetivada a exportação;

b) os produtos forem revendidos no mercado interno;

c) ocorrer a destruição, o furto ou roubo dos produtos.

§ 4.º Para efeito do parágrafo anterior, considera-se ocorrido o fato gerador e devido o IPI na data da emissão da nota fiscal pelo estabelecimento industrial.

§ 5.º O valor a ser pago nas hipóteses do § 3.º ficará sujeito à incidência:

a) de juros equivalentes à taxa referencial do Sistema Especial de Liquidação e Custódia – SELIC, para títulos federais, acumulada mensalmente, calculados a partir do primeiro dia do mês subsequente ao da emissão da nota fiscal, referida no § 4.º, até o mês anterior ao do pagamento e de 1% (um por cento) no mês do pagamento;

b) da multa a que se refere o art. 61 da Lei n. 9.430, de 1996, calculada a partir do dia subsequente ao da emissão da referida nota fiscal.

§ 6.º O imposto de que trata este artigo, não recolhido espontaneamente, será exigido em procedimento de ofício, pela Secretaria da Receita Federal, com os acréscimos aplicáveis na espécie.

•• A Secretaria da Receita Federal passa a denominar-se Secretaria da Receita Federal do Brasil, por força da Lei n. 11.457, de 16-3-2007.

Art. 40. Considera-se ocorrido o fato gerador e devido o IPI, no início do consumo ou da utilização do papel destinado à impressão de livros, jornais e periódicos a que se refere a alínea *d* do inciso VI do art. 150 da Constituição, em finalidade diferente destas ou na sua saída do fabricante, do importador ou de seus estabelecimentos distribuidores, para pessoas que não sejam empresas jornalísticas ou editoras.

Parágrafo único. Responde solidariamente pelo imposto e acréscimos legais a pessoa física ou jurídica que não seja empresa jornalística ou editora, em cuja posse for encontrado o papel a que se refere este artigo.

....

Art. 57. A apresentação de declaração de bagagem falsa ou inexata sujeita o viajante a multa correspondente a 50% (cinquenta por cento) do valor excedente ao limite de isenção, sem prejuízo do imposto devido.

Art. 58. A pessoa física ou jurídica que alienar, à empresa que exercer as atividades relacionadas na alínea *d* do inciso III do § 1.º do art. 15 da Lei n. 9.249, de 1995 (*factoring*), direitos creditórios resultantes de vendas a prazo, sujeita-se à incidência do imposto sobre operações de crédito, câmbio e seguro ou relativas a títulos e valores mobiliários – IOF às mesmas alíquotas aplicáveis às operações de financiamento e empréstimo praticadas pelas instituições financeiras.

§ 1.º O responsável pela cobrança e recolhimento do IOF de que trata este artigo é a empresa de *factoring* adquirente do direito creditório.

• Regulamenta o IOF: Decreto n. 6.306, de 14-12-2007.

§ 2.º O imposto cobrado na hipótese deste artigo deverá ser recolhido até o terceiro dia útil da semana subsequente à da ocorrência do fato gerador.

Art. 59. A redução do IOF de que trata o inciso V do art. 4.º da Lei n. 8.661, de 1993, passará a ser de 25% (vinte e cinco por cento).

Art. 60. O valor dos lucros distribuídos disfarçadamente, de que tratam os arts. 60 a 62 do Decreto-lei n. 1.598, de 1977, com as alterações do art. 20 do Decreto-lei n. 2.065, de 26 de outubro de 1983, serão, também, adicionados ao lucro líquido para efeito de determinação da base de cálculo da contribuição social sobre o lucro líquido.

Art. 61. As empresas que exercem a atividade de venda ou revenda de bens a varejo e as empresas prestadoras de serviços estão obrigadas ao uso de equipamento Emissor de Cupom Fiscal – ECF.

§ 1.º Para efeito de comprovação de custos e despesas operacionais, no âmbito da legislação do imposto de renda e da contribuição social sobre o lucro líquido, os documentos emitidos pelo ECF devem conter, em relação à pessoa física ou jurídica compradora, no mínimo:

a) a sua identificação, mediante a indicação do número de inscrição no Cadastro de Pessoas Físicas – CPF, se pessoa física, ou no Cadastro Geral de Contribuintes – CGC, se pessoa jurídica, ambos do Ministério da Fazenda;

b) a descrição dos bens ou serviços objeto da operação, ainda que resumida ou por códigos;

c) a data e o valor da operação.

§ 2.º Qualquer outro meio de emissão de nota fiscal, inclusive o manual, somente poderá ser utilizado com autorização específica da unidade da Secretaria de Estado da Fazenda com jurisdição sobre o domicílio fiscal da empresa interessada.

Art. 62. A utilização, no recinto de atendimento ao público, de equipamento que possibilite o registro ou o processamento de dados relativos a operações com mercadorias ou com a prestação de serviços somente será admitida quando estiver autorizada, pela unidade da Secretaria de Estado da Fazenda, com jurisdição sobre o domicílio fiscal da empresa, a integrar o ECF.

Parágrafo único. O equipamento em uso, sem a autorização a que se refere o *caput* deste artigo ou que não satisfaça os requisitos deste artigo, poderá ser apreendido pela Secretaria da Receita Federal do Brasil ou pela Secretaria de Fazenda da Unidade Federada e utilizado como prova de qualquer infração à legislação tributária, decorrente de seu uso.

•• Parágrafo único com redação determinada pela Lei n. 11.941, de 27-5-2009.

Art. 63. O disposto nos arts. 61 e 62 observará convênio a ser celebrado entre a União, representada pela Secretaria da Receita Federal, e as Unidades Federadas, representadas no Conselho de Política Fazendária – CONFAZ pelas respectivas Secretarias de Fazenda.

Art. 64. A autoridade fiscal competente procederá ao arrolamento de bens e direitos do sujeito passivo sempre que o valor dos créditos tributários de sua responsabilidade for superior a 30% (trinta por cento) do seu patrimônio conhecido.

• A Instrução Normativa n. 2.091, de 22-6-2022, da Secretaria da Receita Federal do Brasil, estabelece requisitos para arrolamento de bens e direitos e define procedimentos para a formalização de representação para propositura de medida cautelar fiscal.

§ 1.º Se o crédito tributário for formalizado contra pessoa física, no arrolamento devem ser identificados, inclusive, os bens e direitos em nome do cônjuge, não gravados com a cláusula de incomunicabilidade.

§ 2.º Na falta de outros elementos indicativos, considera-se patrimônio conhecido, o valor constante da última declaração de rendimentos apresentada.

§ 3.º A partir da data da notificação do ato de arrolamento, mediante entrega de cópia do respectivo termo, o proprietário dos bens e direitos arrolados, ao transferi-los, aliená-los ou onerá-los, deve comunicar o fato à unidade do órgão fazendário que jurisdiciona o domicílio tributário do sujeito passivo.

§ 4.º A alienação, oneração ou transferência, a qualquer título, dos bens e direitos arrolados, sem o cumprimento da formalidade prevista no parágrafo anterior, autoriza o requerimento de medida cautelar fiscal contra o sujeito passivo.

§ 5.º O termo de arrolamento de que trata este artigo será registrado independentemente de pagamento de custas ou emolumentos:

I – no competente registro imobiliário, relativamente aos bens imóveis;

II – nos órgãos ou entidades, onde, por força de lei, os bens móveis ou direitos sejam registrados ou controlados;

III – no Cartório de Títulos e Documentos e Registros Especiais do domicílio tributário do sujeito passivo, relativamente aos demais bens e direitos.

§ 6.º As certidões de regularidade fiscal expedidas deverão conter informações quanto à existência de arrolamento.

§ 7.º O disposto neste artigo só se aplica a soma de créditos de valor superior a R$ 500.000,00 (quinhentos mil reais).

•• O Decreto n. 7.573, de 29-9-2011, altera para R$ 2.000.000,00 (dois milhões de reais) o limite de que trata este § 7.º.

§ 8.º Liquidado, antes do seu encaminhamento para inscrição em Dívida Ativa, o crédito tributário que tenha motivado o arrolamento, a autoridade competente da Secretaria da Receita Federal comunicará o fato ao registro imobiliário, cartório, órgão ou entidade competente de registro e controle, em que o termo de arrolamento tenha sido registrado, nos termos do § 5.º, para que sejam anulados os efeitos do arrolamento.

§ 9.º Liquidado ou garantido, nos termos da Lei n. 6.830, de 22 de setembro de 1980, o crédito tributário que tenha motivado o arrolamento, após seu encaminhamento para inscrição em Dívida Ativa, a comunicação de que trata o parágrafo anterior será feita pela autoridade competente da Procuradoria da Fazenda Nacional.

§ 10. Fica o Poder Executivo autorizado a aumentar ou restabelecer o limite de que trata o § 7.º deste artigo.

•• § 10 acrescentado pela Lei n. 11.941, de 27-5-2009.

§ 11. Os órgãos de registro público onde os bens e direitos foram arrolados possuem o prazo de 30 (trinta) dias para liberá-los, contados a partir do protocolo de cópia do documento comprobatório da comunicação aos órgãos fazendários, referido no § 3.º deste artigo.

•• § 11 acrescentado pela Lei n. 12.973, de 13-5-2014.

§ 12. A autoridade fiscal competente poderá, a requerimento do sujeito passivo, substituir bem ou direito arrolado por outro que seja de valor igual ou superior, desde que respeitada a ordem de prioridade de bens a serem arrolados definida pela Secretaria da Receita Federal do Brasil, e seja realizada a avaliação do bem arrolado e do bem a ser substituído nos termos do § 2.º do art. 64-A.

•• § 12 acrescentado pela Lei n. 13.043, de 13-11-2014.

§ 13. No caso de fundações que prevejam em seu estatuto social que a alienação de imóveis depende de autorização do Ministério Público, serão contabilizados no limite de que trata o *caput* deste artigo apenas os créditos tributários inscritos em dívida ativa.

•• § 13 acrescentado pela Lei Complementar n. 187, de 17-12-2021.

Art. 64-A. O arrolamento de que trata o art. 64 recairá sobre bens e direitos suscetíveis de registro público, com prioridade aos imóveis, e em valor suficiente para cobrir o montante do crédito tributário de responsabilidade do sujeito passivo.

•• *Caput* acrescentado pela Medida Provisória n. 2.158-35, de 24-8-2001.
• A Instrução Normativa n. 2.091, de 22-6-2022, da Secretaria da Receita Federal do Brasil, estabelece requisitos para arrolamento de bens e direitos e define procedimentos para a formalização de representação para propositura de medida cautelar fiscal.

§ 1.º O arrolamento somente poderá alcançar outros bens e direitos para fins de complementar o valor referido no *caput*.

•• § 1.º renumerado pela Lei n. 12.973, de 13-5-2014.

§ 2.º Fica a critério do sujeito passivo, a expensas dele, requerer, anualmente, aos órgãos de registro público onde os bens e direitos estiverem arrolados, por petição fundamentada, avaliação dos referidos ativos, por perito indicado pelo próprio órgão de registro, a identificar o valor justo dos bens e direitos arrolados e evitar, deste modo, excesso de garantia.

•• § 2.º acrescentado pela Lei n. 12.973, de 13-5-2014.

Art. 65. Os arts. 1.º e 2.º da Lei n. 8.397, de 6 de janeiro de 1992, passam a vigorar com as seguintes alterações:

•• Alterações já processadas no diploma modificado.

Art. 66. O órgão competente do Ministério da Fazenda poderá intervir em instrumento ou negócio jurídico que depender de prova de inexistência de débito, para autorizar sua lavratura ou realização, desde que o débito seja pago por ocasião da lavratura do instrumento ou realização do negócio, ou seja oferecida garantia real suficiente, na forma estabelecida em ato do Ministro de Estado da Fazenda.

Art. 67. O Decreto n. 70.235, de 6 de março de 1972, que, por delegação do Decreto-lei n. 822, de 5 de setembro de 1969, regula o processo administrativo de determinação e exigência de créditos tributários da União, passa a vigorar com as seguintes alterações:

•• Alterações já processadas no diploma modificado.

Art. 68. Os processos em que estiverem presentes as circunstâncias de que trata o art. 27 do Decreto n. 70.235, de 1972, terão prioridade de tratamento, na forma estabelecida em ato do Ministro de Estado da Fazenda, na cobrança administrativa, no encaminhamento para inscrição em Dívida Ativa, na efetivação da inscrição e no ajuizamento das respectivas execuções fiscais.

Art. 69. As sociedades cooperativas de consumo, que tenham por objeto a compra e fornecimento de bens aos consumidores, sujeitam-se às mesmas normas de incidência dos impostos e contribuições de competência da União, aplicáveis às demais pessoas jurídicas.

Art. 70. Os dispositivos abaixo enumerados, da Lei n. 9.430, de 1996, passam a vigorar com a seguinte redação:

•• Alteração já processada no diploma modificado.
....

Art. 73. O termo inicial para cálculo dos juros de que trata o § 4.º do art. 39 da Lei n. 9.250, de 1995, é o mês subsequente ao do pagamento indevido ou a maior que o devido.

Art. 74. O art. 6.º do Decreto-lei n. 1.437, de 17 de dezembro de 1975, passa a vigorar com a seguinte alteração:

"Art. 6.º Fica instituído, no Ministério da Fazenda, o Fundo Especial de Desenvolvimento e Aperfeiçoamento das Atividades de Fiscalização – FUNDAF, destinado a fornecer recursos para financiar o reaparelhamento e reequipamento da Secretaria da Receita Federal, a atender aos demais encargos específicos inerentes ao desenvolvimento e aperfeiçoamento das atividades de fiscalização dos tributos federais e, especialmente, a intensificar a repressão às infrações relativas a mercadorias estrangeiras e a outras modalidades de fraude fiscal ou cambial, inclusive mediante a instituição de sistemas especiais de controle do valor externo de mercadorias e de exames laboratoriais. Parágrafo único. O FUNDAF destinar-se-á, também, a fornecer recursos para custear: a) o funcionamento dos Conselhos de Contribuintes e da Câmara Superior de Recursos Fiscais do Ministério da Fazenda, inclusive o pagamento de despesas com diárias e passagens referentes aos deslocamentos de Conselheiros e da gratificação de presença de que trata o parágrafo único do art. 1.º da Lei n. 5.708, de 4 de outubro de 1971; b) projetos e atividades de interesse ou a cargo da Secretaria da Receita Federal, inclusive quando desenvolvidos por pessoa jurídica de direito público interno, organismo internacional ou administração fiscal estrangeira".

Art. 75. (*Revogado pela Lei n. 10.833, de 29-12-2003.*)

Art. 76. O disposto nos arts. 43, 55 e 56 não se aplica a projetos aprovados ou protocolizados no órgão competente para a sua apreciação, até 14 de novembro de 1997.

§ 1.º O disposto no art. 55 não se aplica a projetos de empresas a que se refere o art. 1.º, § 1.º, *h*, da Lei n. 9.449, de 14 de março de 1997, cuja produção seja destinada totalmente à exportação até 31 de dezembro de 2002.

•• § 1.º acrescentado pela Lei n. 10.184, de 12-2-2001.

§ 2.º A empresa que usar do benefício previsto no parágrafo anterior e deixar de exportar a totalidade de sua produção no prazo ali estabelecido estará sujeita à multa de 70% (setenta por cento) aplicada sobre o valor FOB do total de importações realizadas nos termos dos incisos I e II do art. 1.º da Lei n. 9.449, de 1997.

•• § 2.º acrescentado pela Lei n. 10.184, de 12-2-2001.

Art. 77. A aprovação de novos projetos, inclusive de expansão, beneficiados com qualquer dos incentivos fiscais a que se referem o Decreto-lei n. 288, de 28 de fevereiro de 1967, com as posteriores alterações, o Decreto-lei n. 356, de 15 de agosto de 1968, o Decreto-lei n. 1.435, de 16 de dezembro de 1975, e a Lei n. 8.387, de 30 de dezembro de 1991, fica condicionada à vigência de:

I – lei complementar que institua contribuição social de intervenção no domínio econômico, incidente sobre produtos importados do exterior pelos respectivos estabelecimentos beneficiados; e

II – lei específica, que disponha sobre critérios de aprovação de novos projetos, visando aos seguintes objetivos:

a) estímulo à produção de bens que utilizem, predominantemente, matérias-primas produzidas na Amazônia Ocidental;

b) prioridade à produção de partes, peças, componentes e matérias-primas, necessários para aumentar a integração da cadeia produtiva dos bens finais fabricados na Zona Franca de Manaus;

c) maior integração com o parque produtivo instalado em outros pontos do território nacional;

d) capacidade de inserção internacional do parque produtivo;

e) maior geração de emprego por unidade de renúncia fiscal estimada;

f) elevação dos níveis mínimos de agregação dos produtos oriundos de estabelecimentos localizados na Zona Franca de Manaus ou da Amazônia Ocidental.

§ 1.º O disposto no *caput* deste artigo deixará de produzir efeitos se o Poder Executivo não encaminhar ao Congresso Nacional, até 15 de março de 1998, os projetos de lei de que trata este artigo.

§ 2.º Ficam extintos, a partir de 1.º de janeiro de 2074, os benefícios fiscais a que se referem os dispositivos legais mencionados no *caput* deste artigo.

•• § 2.º com redação determinada pela Lei n. 14.788, de 28-12-2023.

Art. 78. As obras fonográficas sujeitar-se-ão a selos e sinais de controle, sem ônus para o consumidor, com o fim de identificar a legítima origem e reprimir a produção e importação ilegais e a comercialização de contrafações, sob qualquer pretexto, observado para esse efeito o disposto em regulamento.

Art. 79. Os ganhos de capital na alienação de participações acionárias de propriedade de sociedades criadas pelos Estados, Municípios ou Distrito Federal, com o propósito específico de contribuir para o saneamento das finanças dos respectivos controladores, no âmbito de Programas de Privatização, ficam isentos do imposto sobre renda e proventos de qualquer natureza.

Parágrafo único. A isenção de que trata este artigo fica condicionada à aplicação exclusiva do produto da alienação das participações acionárias no pagamento de dívidas dos Estados, Municípios ou Distrito Federal.

Art. 80. Aos atos praticados com base na Medida Provisória n. 1.602, de 14 de novembro de 1997, e aos fatos jurídicos dela decorrentes, aplicam-se as disposições nela contidas.

Art. 81. Esta Lei entra em vigor na data de sua publicação, produzindo efeitos:

I – nessa data, em relação aos arts. 9.º, 37 a 42, 44 a 54, 64 a 68, 74 e 75;

II – a partir de 1.º de janeiro de 1998, em relação aos demais dispositivos dela constantes.

Art. 82. Ficam revogados:

I – a partir da data de publicação desta Lei:

a) os seguintes dispositivos da Lei n. 4.502, de 1964:

1. o inciso IV acrescentado ao art. 4.º pelo Decreto-lei n. 1.199, de 27 de dezembro de 1971, art. 5.º, alteração 1.ª;

2. os incisos X, XIV e XX do art. 7.º;

3. os incisos XI, XIII, XXI, XXII, XXV, XXVII, XXIX, XXX, XXXI, XXXII, XXXIII, XXXIV e XXXV do art. 7.º, com as alterações do Decreto-lei n. 34, de 1966, art. 2.º, alteração 3.ª;

4. o parágrafo único do art. 15, acrescentado pelo art. 2.º, alteração sexta, do Decreto-lei n. 34, de 1966;

5. o § 3.º do art. 83, acrescentado pelo art. 1.º, alteração terceira, do Decreto-lei n. 400, de 1968;

6. o § 2.º do art. 84, renumerado pelo art. 2.º, alteração vigésima-quarta, do Decreto-lei n. 34, de 1966;

b) o art. 58 da Lei n. 5.227, de 18 de janeiro de 1967;

c) o art. 1.º do Decreto-lei n. 1.276, de 1.º de junho de 1973;

d) o § 1.º do art. 18 da Lei n. 6.099, de 12 de setembro de 1974;

e) o art. 7.º do Decreto-lei n. 1.455, de 7 de abril de 1976;

f) o Decreto-lei n. 1.568, de 2 de agosto de 1977;

g) os incisos IV e V do art. 4.º, o art. 5.º, o art. 10 e os incisos II, III, VI e VIII do art. 19, todos do Decreto-lei n. 1.593, de 21 de dezembro de 1977;

h) o Decreto-lei n. 1.622, de 18 de abril de 1978;

i) o art. 2.º da Lei n. 8.393, de 30 de dezembro de 1991;

j) o inciso VII do art. 1.º da Lei n. 8.402, de 1992;

l) o art. 4.º da Lei n. 8.541, de 23 de dezembro de 1992;

m) os arts. 3.º e 4.º da Lei n. 8.846, de 21 de janeiro de 1994;

n) o art. 39 da Lei n. 9.430, de 1996;

II – a partir de 1.º de janeiro de 1998:

a) o art. 28 do Decreto-lei n. 5.844, de 23 de setembro de 1943;

b) o art. 30 da Lei n. 4.506, de 30 de novembro de 1964;

c) o § 1.º do art. 260, da Lei n. 8.069, de 13 de julho de 1990;

d) os §§ 1.º a 4.º do art. 40 da Lei n. 8.672, de 6 de julho de 1993;

e) o art. 10 da Lei n. 9.477, de 1997;

f) o art. 3.º da Lei n. 7.418, de 16 de dezembro de 1985, renumerado pelo art. 1.º da Lei n. 7.619, de 30 de setembro de 1987.

•• Alínea *f* com redação determinada pela Medida Provisória n. 2.189-49, de 23-8-2001.

Brasília, 10 de dezembro de 1997; 176.º da Independência e 109.º da República.

FERNANDO HENRIQUE CARDOSO

LEI COMPLEMENTAR N. 91, DE 22 DE DEZEMBRO DE 1997 (*)

Dispõe sobre a fixação dos coeficientes do Fundo de Participação dos Municípios.

O Presidente da República.

Faço saber que o Congresso Nacional decreta e eu sanciono a seguinte Lei Complementar:

Art. 1.º Fica atribuído aos municípios, exceto os de Capital, coeficiente individual no Fundo de Participação dos Municípios – FPM, segundo seu número de habitantes, conforme estabelecido no § 2.º do art. 91 da Lei n. 5.172, de 25 de outubro de 1966, com a redação dada pelo Decreto-lei n. 1.881, de 27 de agosto de 1981.

§ 1.º Para os efeitos deste artigo, consideram-se os municípios regularmente instalados, fazendo-se a revisão de suas quotas anualmente, com base nos dados oficiais de população produzidos pela Fundação Instituto Brasileiro de Geografia e Estatística – IBGE, nos termos do § 2.º, do art. 102 da Lei n. 8.443, de 16 de julho de 1992.

§ 2.º Ficam mantidos, a partir do exercício de 1998, os coeficientes do Fundo de Participação dos Municípios – FPM atribuídos em 1997 aos municípios que apresentarem

(*) Publicada no *DOU*, de 23-12-1997.

redução de seus coeficientes pela aplicação do disposto no *caput* deste artigo.

Art. 2.º A partir de 1.º de janeiro de 1999, os ganhos adicionais em cada exercício, decorrentes do disposto no § 2.º do art. 1.º desta Lei Complementar, terão aplicação de redutor financeiro para redistribuição automática aos demais participantes do Fundo de Participação dos Municípios – FPM, na forma do que dispõe o § 2.º do art. 91 da Lei n. 5.172, de 25 de outubro de 1966, com a redação dada pelo Decreto-lei n. 1.881, de 27 de agosto de 1981.

§ 1.º O redutor financeiro a que se refere o *caput* deste artigo será de:

I – 20% (vinte por cento) no exercício de 1999;

II – 40% (quarenta por cento) no exercício de 2000;

•• A Lei Complementar n. 106, de 23-3-2001, propôs nova redação para este inciso, porém teve seu texto vetado.

III – trinta pontos percentuais no exercício financeiro de 2001;

•• Inciso III com redação determinada pela Lei Complementar n. 106, de 23-3-2001.

IV – quarenta pontos percentuais no exercício financeiro de 2002;

•• Inciso IV com redação determinada pela Lei Complementar n. 106, de 23-3-2001.

V – cinquenta pontos percentuais no exercício financeiro de 2003;

•• Inciso V acrescentado pela Lei Complementar n. 106, de 23-3-2001.

VI – sessenta pontos percentuais no exercício financeiro de 2004;

•• Inciso VI acrescentado pela Lei Complementar n. 106, de 23-3-2001.

VII – setenta pontos percentuais no exercício financeiro de 2005;

•• Inciso VII acrescentado pela Lei Complementar n. 106, de 23-3-2001.

VIII – oitenta pontos percentuais no exercício financeiro de 2006;

•• Inciso VIII acrescentado pela Lei Complementar n. 106, de 23-3-2001.

IX – noventa pontos percentuais no exercício financeiro de 2007.

•• Inciso IX acrescentado pela Lei Complementar n. 106, de 23-3-2001.

§ 2.º A partir de 1.º de janeiro de 2008, os Municípios a que se refere o § 2.º do art. 1.º desta Lei Complementar terão seus coeficientes individuais no Fundo de Participação dos Municípios – FPM fixados em conformidade com o que dispõe o *caput* do art. 1.º.

•• § 2.º com redação determinada pela Lei Complementar n. 106, de 23-3-2001.

§ 3.º A partir de 1.º de janeiro de 2019, até que sejam atualizados com base em novo censo demográfico, ficam mantidos, em relação aos Municípios que apresentem redução de seus coeficientes decorrente de estimativa anual do IBGE, os coeficientes de distribuição do FPM utilizados no exercício de 2018.

•• § 3.º acrescentado pela Lei Complementar n. 165, de 3-1-2019.

Art. 3.º Os Municípios que se enquadrarem no coeficiente três inteiros e oito décimos passam, a partir de 1.º de janeiro de 1999, a participar da Reserva do Fundo de Participação dos Municípios – FPM, prevista no art. 2.º do Decreto-lei n. 1.881, de 27 de agosto de 1981.

§ 1.º Aos Municípios que se enquadrarem nos coeficientes três inteiros e oito décimos e quatro no Fundo de Participação dos Municípios – FPM será atribuído coeficiente de participação conforme estabelecido no parágrafo único do art. 3.º do Decreto-lei n. 1.881, de 27 de agosto de 1981.

§ 2.º Aplica-se aos Municípios participantes da Reserva de que trata o *caput* deste artigo o disposto no § 2.º do art. 1.º e no art. 2.º desta Lei Complementar.

Art. 4.º Aos Municípios das capitais dos Estados, inclusive a Capital Federal, será atribuído coeficiente individual de participação conforme estabelecido no § 1.º do art. 91 da Lei n. 5.172, de 25 de outubro de 1966.

Parágrafo único. Aplica-se aos Municípios de que trata o *caput* o disposto no § 2.º do art. 1.º e no art. 2.º desta Lei Complementar.

Art. 5.º Compete à Fundação Instituto Brasileiro de Geografia e Estatística – IBGE apurar a renda *per capita* para os efeitos desta Lei Complementar.

Art. 5.º-A. A partir de 1.º de janeiro do ano subsequente à publicação da contagem populacional do censo demográfico, realizado pelo IBGE, ficam mantidos os coeficientes do FPM atribuídos no ano anterior aos Municípios que apresentarem redução de seus coeficientes pela aplicação do disposto no *caput* do art. 1.º desta Lei Complementar.

•• *Caput* acrescentado pela Lei Complementar n. 198, de 28-6-2023.

§ 1.º Os ganhos adicionais em cada exercício decorrentes do disposto no *caput* deste artigo sofrerão aplicação de redutor financeiro para redistribuição automática aos demais participantes do FPM, na forma do § 2.º do art. 91 da Lei n. 5.172, de 25 de outubro de 1966 (Código Tributário Nacional).

•• § 1.º acrescentado pela Lei Complementar n. 198, de 28-6-2023.

§ 2.º O redutor financeiro a que se refere o § 1.º deste artigo será de:

•• § 2.º, *caput*, acrescentado pela Lei Complementar n. 198, de 28-6-2023.

I – 10% (dez por cento) no exercício seguinte ao da publicação da contagem populacional do censo demográfico, realizado pelo IBGE;

•• Inciso I acrescentado pela Lei Complementar n. 198, de 28-6-2023.

II – 20% (vinte por cento) no segundo exercício seguinte ao da publicação da contagem populacional do censo demográfico, realizado pelo IBGE;

•• Inciso II acrescentado pela Lei Complementar n. 198, de 28-6-2023.

III – 30% (trinta por cento) no terceiro exercício seguinte ao da publicação da contagem populacional do censo demográfico, realizado pelo IBGE;

•• Inciso III acrescentado pela Lei Complementar n. 198, de 28-6-2023.

IV – 40% (quarenta por cento) no quarto exercício seguinte ao da publicação da contagem populacional do censo demográfico, realizado pelo IBGE;

•• Inciso IV acrescentado pela Lei Complementar n. 198, de 28-6-2023.

V – 50% (cinquenta por cento) no quinto exercício seguinte ao da publicação da contagem populacional do censo demográfico, realizado pelo IBGE;

•• Inciso V acrescentado pela Lei Complementar n. 198, de 28-6-2023.

VI – 60% (sessenta por cento) no sexto exercício seguinte ao da publicação da contagem populacional do censo demográfico, realizado pelo IBGE;

•• Inciso VI acrescentado pela Lei Complementar n. 198, de 28-6-2023.

VII – 70% (setenta por cento) no sétimo exercício seguinte ao da publicação da contagem populacional do censo demográfico, realizado pelo IBGE;

•• Inciso VII acrescentado pela Lei Complementar n. 198, de 28-6-2023.

VIII – 80% (oitenta por cento) no oitavo exercício seguinte ao da publicação da contagem populacional do censo demográfico, realizado pelo IBGE;

•• Inciso VIII acrescentado pela Lei Complementar n. 198, de 28-6-2023.

IX – 90% (noventa por cento) no nono exercício seguinte ao da publicação da contagem populacional do censo demográfico, realizado pelo IBGE.

•• Inciso IX acrescentado pela Lei Complementar n. 198, de 28-6-2023.

§ 3.º A partir de 1.º de janeiro do décimo exercício seguinte ao da publicação da contagem populacional do censo demográfico, realizado pelo IBGE, os Municípios a que se refere o *caput* deste artigo terão seus coeficientes individuais no FPM fixados em conformidade com o que dispõe o *caput* do art. 1.º desta Lei Complementar.

•• § 3.º acrescentado pela Lei Complementar n. 198, de 28-6-2023.

§ 4.º Caso ocorra a publicação da contagem populacional de um novo censo demográfico, realizado pelo IBGE, em período subsequente, a garantia de que trata o *caput* deste artigo referente ao censo anterior será suspensa e passará a ser aferida exclusivamente pelo novo censo.

•• § 4.º acrescentado pela Lei Complementar n. 198, de 28-6-2023.

Art. 6.º Esta Lei Complementar entra em vigor na data de sua publicação, produzindo efeitos a partir de 1.º de janeiro de 1998.

Art. 7.º Revogam-se as disposições em contrário, em especial a Lei Complementar n. 71, de 3 de setembro de 1992; a Lei Complementar n. 74, de 30 de abril de 1993, os §§ 4.º e 5.º do art. 91 da Lei n. 5.172, de 25 de outubro de 1966.

Brasília, 22 de dezembro de 1997; 176.º da Independência e 109.º da República.

Fernando Henrique Cardoso

LEI N. 9.613, DE 3 DE MARÇO DE 1998 (*)

Dispõe sobre os crimes de "lavagem" ou ocultação de bens, direitos e valores, a prevenção da utilização do sistema financeiro para os ilícitos previstos nesta Lei, cria o Conselho de Controle de Atividades Financeiras – COAF, e dá outras providências.

O Presidente da República.
Faço saber que o Congresso Nacional decreta e eu sanciono a seguinte Lei:

Capítulo I
DOS CRIMES DE "LAVAGEM" OU OCULTAÇÃO DE BENS, DIREITOS E VALORES

• A Circular n. 612, de 18-8-2020, da SUSEP, dispõe sobre a política, os procedimentos e os controles internos destinados especificamente à prevenção e combate aos crimes de "lavagem" ou ocultação de bens, direitos e valores, ou aos crimes que com eles possam relacionar-se, bem como à prevenção e coibição do financiamento do terrorismo.

• A Carta-Circular n. 4.001, de 29-1-2020, do Banco Central do Brasil, divulga relação de operações e situações que podem configurar indícios de ocorrência dos crimes previstos nesta Lei, passíveis de comunicação ao COAF.

Art. 1.º Ocultar ou dissimular a natureza, origem, localização, disposição, movimentação ou propriedade de bens, direitos ou valores provenientes, direta ou indiretamente, de infração penal.

•• *Caput* com redação determinada pela Lei n. 12.683, de 9-7-2012.

I a VIII – *(Revogados pela Lei n. 12.683, de 9-7-2012.)*

Pena: reclusão, de 3 (três) a 10 (dez) anos, e multa.

§ 1.º Incorre na mesma pena quem, para ocultar ou dissimular a utilização de bens,

---

(*) Publicada no *Diário Oficial da União*, de 4-3-1998. A Circular n. 3.978, de 23-1-2020, do Banco Central do Brasil, consolida as regras sobre os procedimentos a serem adotados na prevenção e combate às atividades relacionadas com os crimes previstos nesta Lei. A Carta-Circular n. 3.542, de 12-3-2012, do Banco Central do Brasil, divulga relação de operações e situações que podem configurar indícios de ocorrências dos crimes previstos nesta Lei. A Instrução Normativa n. 132, de 14-11-2018, do DPF, estabelece o procedimento de comunicação de operações de transporte ou guarda de bens, valores ou numerários suspeitos ou que contenham indícios de crimes de lavagem de dinheiro ou de financiamento ao terrorismo a ser efetuado por empresas de transporte de valores. O Decreto n. 9.663, de 1.º-1-2019, aprova o estatuto do COAF.

direitos ou valores provenientes de infração penal:

•• § 1.º, *caput*, com redação determinada pela Lei n. 12.683, de 9-7-2012.

I – os converte em ativos lícitos;

II – os adquire, recebe, troca, negocia, dá ou recebe em garantia, guarda, tem em depósito, movimenta ou transfere;

III – importa ou exporta bens com valores não correspondentes aos verdadeiros.

§ 2.º Incorre, ainda, na mesma pena quem:

•• § 2.º, *caput*, com redação determinada pela Lei n. 12.683, de 9-7- 2012.

I – utiliza, na atividade econômica ou financeira, bens, direitos ou valores provenientes de infração penal;

•• Inciso I com redação determinada pela Lei n. 12.683, de 9-7-2012.

II – participa de grupo, associação ou escritório tendo conhecimento de que sua atividade principal ou secundária é dirigida à prática de crimes previstos nesta Lei.

§ 3.º A tentativa é punida nos termos do parágrafo único do art. 14 do Código Penal.

§ 4.º A pena será aumentada de 1/3 (um terço) a 2/3 (dois terços) se os crimes definidos nesta Lei forem cometidos de forma reiterada, por intermédio de organização criminosa ou por meio da utilização de ativo virtual.

•• § 4.º com redação determinada pela Lei n. 14.478, de 21-12-2022.

§ 5.º A pena poderá ser reduzida de um a dois terços e ser cumprida em regime aberto ou semiaberto, facultando-se ao juiz deixar de aplicá-la ou substituí-la, a qualquer tempo, por pena restritiva de direitos, se o autor, coautor ou partícipe colaborar espontaneamente com as autoridades, prestando esclarecimentos que conduzam à apuração das infrações penais, à identificação dos autores, coautores e partícipes, ou à localização dos bens, direitos ou valores objeto do crime.

•• § 5.º com redação determinada pela Lei n. 12.683, de 9-7-2012.

§ 6.º Para a apuração do crime de que trata este artigo, admite-se a utilização da ação controlada e da infiltração de agentes.

•• § 6.º acrescentado pela Lei n. 13.964, de 24-12-2019.

Capítulo II
DISPOSIÇÕES PROCESSUAIS ESPECIAIS

Art. 2.º O processo e julgamento dos crimes previstos nesta Lei:

I – obedecem às disposições relativas ao procedimento comum dos crimes punidos com reclusão, da competência do juiz singular;

II – independem do processo e julgamento das infrações penais antecedentes, ainda que praticados em outro país, cabendo ao juiz competente para os crimes previstos nesta Lei a decisão sobre a unidade de processo e julgamento;

•• Inciso II com redação determinada pela Lei n. 12.683, de 9-7-2012.

III – são da competência da Justiça Federal:

a) quando praticados contra o sistema financeiro e a ordem econômico-financeira, ou em detrimento de bens, serviços ou interesses da União, ou de suas entidades autárquicas ou empresas públicas;

b) quando a infração penal antecedente for de competência da Justiça Federal.

•• Alínea *b* com redação determinada pela Lei n. 12.683, de 9-7-2012.

§ 1.º A denúncia será instruída com indícios suficientes da existência da infração penal antecedente, sendo puníveis os fatos previstos nesta Lei, ainda que desconhecido ou isento de pena o autor, ou extinta a punibilidade da infração penal antecedente.

•• § 1.º com redação determinada pela Lei n. 12.683, de 9-7-2012.

§ 2.º No processo por crime previsto nesta Lei, não se aplica o disposto no art. 366 do Decreto-lei n. 3.689, de 3 de outubro de 1941 (Código de Processo Penal), devendo o acusado que não comparecer nem constituir advogado ser citado por edital, prosseguindo o feito até o julgamento, com a nomeação de defensor dativo.

•• § 2.º com redação determinada pela Lei n. 12.683, de 9-7-2012.

•• Dispõe o art. 366 do CPP: "Art. 366. Se o acusado, citado por edital, não comparecer, nem constituir advogado, ficarão suspensos o processo e o curso do prazo prescricional, podendo o juiz determinar a produção antecipada das provas consideradas urgentes e, se for o caso, decretar prisão preventiva, nos termos do disposto no art. 312".

Art. 3.º *(Revogado pela Lei n. 12.683, de 9-7-2012.)*

Art. 4.º O juiz, de ofício, a requerimento do Ministério Público ou mediante representação do delegado de polícia, ouvido o Ministério Público em 24 (vinte e quatro) horas, havendo indícios suficientes de infração penal, poderá decretar medidas assecuratórias de bens, direitos ou valores do investigado ou acusado, ou existentes em nome de interpostas pessoas, que sejam instrumento, produto ou proveito dos crimes previstos nesta Lei ou das infrações penais antecedentes.

•• *Caput* com redação determinada pela Lei n. 12.683, de 9-7-2012.

§ 1.º Proceder-se-á à alienação antecipada para preservação do valor dos bens sempre que estiverem sujeitos a qualquer grau de deterioração ou depreciação, ou quando houver dificuldade para sua manutenção.

•• § 1.º com redação determinada pela Lei n. 12.683, de 9-7-2012.

§ 2.º O juiz determinará a liberação total ou parcial dos bens, direitos e valores quando comprovada a licitude de sua origem, mantendo-se a constrição dos bens, direitos e valores necessários e suficientes à reparação dos danos e ao pagamento de prestações pecuniárias, multas e custas decorrentes da infração penal.

•• § 2.º com redação determinada pela Lei n. 12.683, de 9-7-2012.

§ 3.º Nenhum pedido de liberação será conhecido sem o comparecimento pessoal do acusado ou de interposta pessoa a que se refere o *caput* deste artigo, podendo o juiz determinar a prática de atos necessários à conservação de bens, direitos ou valores, sem prejuízo do disposto no § 1.º.

•• § 3.º com redação determinada pela Lei n. 12.683, de 9-7-2012.

§ 4.º Poderão ser decretadas medidas assecuratórias sobre bens, direitos ou valores para reparação do dano decorrente da infração penal antecedente ou da prevista nesta Lei ou para pagamento de prestação pecuniária, multa e custas.

•• § 4.º com redação determinada pela Lei n. 12.683, de 9-7-2012.

Art. 4.º-A. A alienação antecipada para preservação de valor de bens sob constrição será decretada pelo juiz, de ofício, a requerimento do Ministério Público ou por solicitação da parte interessada, mediante petição autônoma, que será autuada em apartado e cujos autos terão tramitação em separado em relação ao processo principal.

•• *Caput* acrescentado pela Lei n. 12.683, de 9-7-2012.

§ 1.º O requerimento de alienação deverá conter a relação de todos os demais bens, com a descrição e a especificação de cada um deles, e informações sobre quem os detém e local onde se encontram.

•• § 1.º acrescentado pela Lei n. 12.683, de 9-7-2012.

§ 2.º O juiz determinará a avaliação dos bens, nos autos apartados, e intimará o Ministério Público.

•• § 2.º acrescentado pela Lei n. 12.683, de 9-7-2012.

§ 3.º Feita a avaliação e dirimidas eventuais divergências sobre o respectivo laudo, o juiz, por sentença, homologará o valor atribuído aos bens e determinará sejam alienados em leilão ou pregão, preferencialmente eletrônico, por valor não inferior a 75% (setenta e cinco por cento) da avaliação.

•• § 3.º acrescentado pela Lei n. 12.683, de 9-7-2012.

§ 4.º Realizado o leilão, a quantia apurada será depositada em conta judicial remunerada, adotando-se a seguinte disciplina:

•• § 4.º, *caput*, acrescentado pela Lei n. 12.683, de 9-7-2012.

I – nos processos de competência da Justiça Federal e da Justiça do Distrito Federal:

•• Inciso I, *caput*, acrescentado pela Lei n. 12.683, de 9-7-2012.

a) os depósitos serão efetuados na Caixa Econômica Federal ou em instituição financeira pública, mediante documento adequado para essa finalidade;

•• Alínea *a* acrescentada pela Lei n. 12.683, de 9-7-2012.

b) os depósitos serão repassados pela Caixa Econômica Federal ou por outra instituição financeira pública para a Conta Única do Tesouro Nacional, independentemente de qualquer formalidade, no prazo de 24 (vinte e quatro) horas; e

•• Alínea *b* acrescentada pela Lei n. 12.683, de 9-7-2012.

c) os valores devolvidos pela Caixa Econômica Federal ou por instituição financeira pública serão debitados à Conta Única do Tesouro Nacional, em subconta de restituição;

•• Alínea *c* acrescentada pela Lei n. 12.683, de 9-7-2012.

II – nos processos de competência da Justiça dos Estados:

•• Inciso II, *caput*, acrescentado pela Lei n. 12.683, de 9-7-2012.

a) os depósitos serão efetuados em instituição financeira designada em lei, preferencialmente pública, de cada Estado ou, na sua ausência, em instituição financeira pública da União;

•• Alínea *a* acrescentada pela Lei n. 12.683, de 9-7-2012.

b) os depósitos serão repassados para a conta única de cada Estado, na forma da respectiva legislação.

•• Alínea *b* acrescentada pela Lei n. 12.683, de 9-7-2012.

§ 5.º Mediante ordem da autoridade judicial, o valor do depósito, após o trânsito em julgado da sentença proferida na ação penal, será:

•• § 5.º, *caput*, acrescentado pela Lei n. 12.683, de 9-7-2012.

I – em caso de sentença condenatória, nos processos de competência da Justiça Federal e da Justiça do Distrito Federal, incorporado definitivamente ao patrimônio da União, e, nos processos de competência da Justiça Estadual, incorporado ao patrimônio do Estado respectivo;

•• Inciso I acrescentado pela Lei n. 12.683, de 9-7-2012.

II – em caso de sentença absolutória extintiva de punibilidade, colocado à disposição do réu pela instituição financeira, acrescido da remuneração da conta judicial.

•• Inciso II acrescentado pela Lei n. 12.683, de 9-7-2012.

§ 6.º A instituição financeira depositária manterá controle dos valores depositados ou devolvidos.

•• § 6.º acrescentado pela Lei n. 12.683, de 9-7-2012.

§ 7.º Serão deduzidos da quantia apurada no leilão todos os tributos e multas incidentes sobre o bem alienado, sem prejuízo de iniciativas que, no âmbito da competência de cada ente da Federação, venham a desonerar bens sob constrição judicial daqueles ônus.

•• § 7.º acrescentado pela Lei n. 12.683, de 9-7-2012.

§ 8.º Feito o depósito a que se refere o § 4.º deste artigo, os autos da alienação serão apensados aos do processo principal.

•• § 8.º acrescentado pela Lei n. 12.683, de 9-7-2012.

§ 9.º Terão apenas efeito devolutivo os recursos interpostos contra as decisões proferidas no curso do procedimento previsto neste artigo.

•• § 9.º acrescentado pela Lei n. 12.683, de 9-7-2012.

§ 10. Sobrevindo o trânsito em julgado de sentença penal condenatória, o juiz decretará, em favor, conforme o caso, da União ou do Estado:

•• § 10, *caput*, acrescentado pela Lei n. 12.683, de 9-7-2012.

I – a perda dos valores depositados na conta remunerada e da fiança;

•• Inciso I acrescentado pela Lei n. 12.683, de 9-7-2012.

II – a perda dos bens não alienados antecipadamente e daqueles aos quais não foi dada destinação prévia; e

•• Inciso II acrescentado pela Lei n. 12.683, de 9-7-2012.

III – a perda dos bens não reclamados no prazo de 90 (noventa) dias após o trânsito em julgado da sentença condenatória, ressalvado o direito de lesado ou terceiro de boa-fé.

•• Inciso III acrescentado pela Lei n. 12.683, de 9-7-2012.

§ 11. Os bens a que se referem os incisos II e III do § 10 deste artigo serão adjudicados ou levados a leilão, depositando-se o saldo na conta única do respectivo ente.

•• § 11 acrescentado pela Lei n. 12.683, de 9-7-2012.

§ 12. O juiz determinará ao registro público competente que emita documento de habilitação à circulação e utilização dos bens colocados sob o uso e custódia das entidades a que se refere o *caput* deste artigo.

•• § 12 acrescentado pela Lei n. 12.683, de 9-7-2012.

§ 13. Os recursos decorrentes da alienação antecipada de bens, direitos e valores oriundos do crime de tráfico ilícito de drogas e que tenham sido objeto de dissimulação e ocultação nos termos desta Lei permanecem submetidos à disciplina definida em lei específica.

•• § 13 acrescentado pela Lei n. 12.683, de 9-7-2012.

Art. 4.º-B. A ordem de prisão de pessoas ou as medidas assecuratórias de bens, direitos ou valores poderão ser suspensas pelo juiz, ouvido o Ministério Público, quando a sua execução imediata puder comprometer as investigações.

•• Artigo acrescentado pela Lei n. 12.683, de 9-7-2012.

Art. 5.º Quando as circunstâncias o aconselharem, o juiz, ouvido o Ministério Público, nomeará pessoa física ou jurídica qualificada para a administração dos bens, direitos ou valores sujeitos a medidas assecuratórias, mediante termo de compromisso.

•• Artigo com redação determinada pela Lei n. 12.683, de 9-7-2012.

Art. 6.º A pessoa responsável pela administração dos bens:

•• *Caput* com redação determinada pela Lei n. 12.683, de 9-7-2012.

I – fará jus a uma remuneração, fixada pelo juiz, que será satisfeita com o produto dos bens objeto da administração;

II – prestará, por determinação judicial, informações periódicas da situação dos bens sob sua administração, bem como explicações e detalhamentos sobre investimentos e reinvestimentos realizados.

Parágrafo único. Os atos relativos à administração dos bens sujeitos a medidas assecuratórias serão levados ao conhecimento do Ministério Público, que requererá o que entender cabível.

•• Parágrafo único com redação determinada pela Lei n. 12.683, de 9-7-2012.

Capítulo III
DOS EFEITOS DA CONDENAÇÃO

Art. 7.º São efeitos da condenação, além dos previstos no Código Penal:

I – a perda, em favor da União – e dos Estados, nos casos de competência da Justiça Estadual –, de todos os bens, direitos e valores relacionados, direta ou indiretamente, à prática dos crimes previstos nesta Lei, inclusive aqueles utilizados para prestar a fiança, ressalvado o direito do lesado ou de terceiro de boa-fé;

•• Inciso I com redação determinada pela Lei n. 12.683, de 9-7-2012.
•• O STF, na ADPF n. 569, nas sessões virtuais de 10-5-2024 a 17-5-2024 (*DOU* de 22-5-2024), por unanimidade, conheceu parcialmente da presente arguição e, na parte conhecida, confirmou a medida cautelar concedida e julgou parcialmente procedente o pedido formulado na inicial para, conferindo interpretação conforme a este inciso I, assentar que, não havendo previsão legal específica acerca da destinação de receitas derivadas provenientes de sistemas normativos de responsabilização pessoal, a qual vincula os órgãos jurisdicionais no emprego de tais recursos, tais ingressos, como aqueles originados de acordos de colaboração premiada, devem observar os estritos termos do art. 91 do Código Penal, sendo destinados, à míngua de lesados e de terceiros de boa-fé, à União para sujeitarem-se à apropriação somente após o devido processo orçamentário constitucional, vedando-se sua distribuição de maneira diversa, seja por determinação ou acordo firmado pelo Ministério Público, seja por ordem judicial, excetuadas as previsões legais específicas.
•• O Decreto n. 11.008, de 25-3-2022, regulamenta este § 1.º para estabelecer a destinação de bens, direitos e valores cuja perda tenha sido declarada em processos de competência da justiça federal nos crimes de "lavagem" ou ocultação de bens, direitos e valores.
•• A Resolução n. 587, de 30-9-2019, do CJF, dispõe sobre a destinação de valores em procedimento penal, a título de reparação de danos a pessoas jurídicas de direito público, de perdimento de instrumentos, de produto ou de proveito de crime, de valores relacionados à lavagem de dinheiro, de valores não reclamados, de confisco em decorrência do tráfico de drogas e da exploração do trabalho escravo, ou de qualquer outra forma de perdimento ou de confisco, e de reparação de danos a pessoas naturais e jurídicas de direito privado, no âmbito da Justiça Federal.

II – a interdição do exercício de cargo ou função pública de qualquer natureza e de diretor, de membro de conselho de administração ou de gerência das pessoas jurídicas referidas no art. 9.º, pelo dobro do tempo da pena privativa de liberdade aplicada.

§ 1.º A União e os Estados, no âmbito de suas competências, regulamentarão a forma de destinação dos bens, direitos e valores cuja perda houver sido declarada, assegurada, quanto aos processos de competência da Justiça Federal, a sua utilização pelos órgãos federais encarregados da prevenção, do combate, da ação penal e do julgamento dos crimes previstos nesta Lei, e, quanto aos processos de competência da Justiça Estadual, a preferência dos órgãos locais com idêntica função.

●● § 1.º acrescentado pela Lei n. 12.683, de 9-7-2012.

●● O STF, na ADPF n. 569, nas sessões virtuais de 10-5-2024 a 17-5-2024 (*DOU* de 22-5-2024), por unanimidade, conheceu parcialmente da presente arguição e, na parte conhecida, confirmou a medida cautelar concedida e julgou parcialmente procedente o pedido formulado na inicial para, conferindo interpretação conforme a este § 1.º, assentar que, não havendo previsão legal específica acerca da destinação de receitas derivadas provenientes de sistemas normativos de responsabilização pessoal, a qual vincula os órgãos jurisdicionais no emprego de tais recursos, tais ingressos, como aqueles originados de acordos de colaboração premiada, devem observar os estritos termos do art. 91 do Código Penal, sendo destinados, à míngua de lesados e de terceiros de boa-fé, à União para sujeitarem-se à apropriação somente após o devido processo orçamentário constitucional, vedando-se sua distribuição de maneira diversa, seja por determinação ou acordo firmado pelo Ministério Público, seja por ordem judicial, excetuadas as previsões legais específicas.

●● A Resolução n. 587, de 30-9-2019, do CJF, dispõe sobre a destinação de valores em procedimento penal, a título de reparação de danos a pessoas jurídicas de direito público, de perdimento de instrumentos, de produto ou de proveito de crime, de valores relacionados a lavagem de dinheiro, de valores não reclamados, de confisco em decorrência do tráfico de drogas e da exploração do trabalho escravo, ou de qualquer outra forma de perdimento ou de confisco, e de reparação de danos a pessoas naturais e jurídicas de direito privado, no âmbito da Justiça Federal.

§ 2.º Os instrumentos do crime sem valor econômico cuja perda em favor da União ou do Estado for decretada serão inutilizados ou doados a museu criminal ou a entidade pública, se houver interesse na sua conservação.

●● § 2.º acrescentado pela Lei n. 12.683, de 9-7-2012.

Capítulo IV
DOS BENS, DIREITOS OU VALORES ORIUNDOS DE CRIMES PRATICADOS NO ESTRANGEIRO

Art. 8.º O juiz determinará, na hipótese de existência de tratado ou convenção internacional e por solicitação de autoridade estrangeira competente, medidas assecuratórias sobre bens, direitos ou valores oriundos de crimes descritos no art. 1.º praticados no estrangeiro.

●● *Caput* com redação determinada pela Lei n. 12.683, de 9-7-2012.

§ 1.º Aplica-se o disposto neste artigo, independentemente de tratado ou convenção internacional, quando o governo do país da autoridade solicitante prometer reciprocidade ao Brasil.

§ 2.º Na falta de tratado ou convenção, os bens, direitos ou valores privados sujeitos a medidas assecuratórias por solicitação de autoridade estrangeira competente ou os recursos provenientes da sua alienação serão repartidos entre o Estado requerente e o Brasil, na proporção pela metade, ressalvado o direito do lesado ou de terceiro de boa-fé.

●● § 2.º com redação determinada pela Lei n. 12.683, de 9-7-2012.

Capítulo V
DAS PESSOAS SUJEITAS AO MECANISMO DE CONTROLE

●● Capítulo com redação determinada pela Lei n. 12.683, de 9-7-2012.

• A Instrução Normativa n. 76, de 9-3-2020, do DREI, dispõe sobre a política, os procedimentos e os controles a serem adotados no âmbito das Juntas Comerciais para o cumprimento das disposições da Lei n. 9.613, de 3-3-1998, relativas à prevenção de atividades de lavagem de dinheiro, ou a ela relacionadas, e financiamento do terrorismo; e da Lei n. 13.810, de 8-3-2019, relativas ao cumprimento de determinações do Conselho de Segurança das Nações Unidas acerca da indisponibilidade de ativos.

• A Instrução Normativa n. 34, de 28-10-2020, da PREVIC, dispõe sobre a política, os procedimentos e os controles internos a serem adotados pelas entidades fechadas de previdência complementar visando à prevenção da utilização do regime para a prática dos crimes de "lavagem" ou ocultação de bens, direitos e valores, de que trata a Lei n. 9.613, de 3-3-1998, e de financiamento do terrorismo, previsto na Lei n. 13.260, de 16-3-2016, observando também aos dispositivos da Lei n. 13.709, de 14-8-2018, Lei Geral de Proteção de Dados.

Art. 9.º Sujeitam-se às obrigações referidas nos arts. 10 e 11 as pessoas físicas e jurídicas que tenham, em caráter permanente ou eventual, como atividade principal ou acessória, cumulativamente ou não:

●● *Caput* com redação determinada pela Lei n. 12.683, de 9-7-2012.

• *Vide* art. 12-A, § 2.º, desta Lei.

• *Vide* nota ao art. 14, § 1.º, desta Lei.

●● A Resolução n. 40, de 22-11-2021, do COAF, dispõe sobre os procedimentos a serem observados, em relação a pessoas expostas politicamente, por aqueles que se sujeitam à supervisão do Conselho de Controle de Atividades Financeiras - COAF.

I – a captação, intermediação e aplicação de recursos financeiros de terceiros, em moeda nacional ou estrangeira;

II – a compra e venda de moeda estrangeira ou ouro como ativo financeiro ou instrumento cambial;

III – a custódia, emissão, distribuição, liquidação, negociação, intermediação ou administração de títulos ou valores mobiliários.

Parágrafo único. Sujeitam-se às mesmas obrigações:

I – as bolsas de valores, as bolsas de mercadorias ou futuros e os sistemas de negociação do mercado de balcão organizado;

●● Inciso I com redação determinada pela Lei n. 12.683, de 9-7-2012.

II – as seguradoras, as corretoras de seguros e as entidades de previdência complementar ou de capitalização;

III – as administradoras de cartões de credenciamento ou cartões de crédito, bem como as administradoras de consórcios para aquisição de bens ou serviços;

IV – as administradoras ou empresas que se utilizem de cartão ou qualquer outro meio eletrônico, magnético ou equivalente, que permita a transferência de fundos;

V – as empresas de arrendamento mercantil (*leasing*), as empresas de fomento comercial (*factoring*) e as Empresas Simples de Crédito (ESC);

●● Inciso V com redação determinada pela Lei Complementar n. 167, de 24-4-2019.

VI – as sociedades que, mediante sorteio, método assemelhado, exploração de loterias, inclusive de apostas de quota fixa, ou outras sistemáticas de captação de apostas com pagamento de prêmios, realizem distribuição de dinheiro, de bens móveis, de bens imóveis e de outras mercadorias ou serviços, bem como concedam descontos na sua aquisição ou contratação;

●● Inciso VI com redação determinada pela Lei n. 14.183, de 14-7-2021.

VII – as filiais ou representações de entes estrangeiros que exerçam no Brasil qualquer das atividades listadas neste artigo, ainda que de forma eventual;

VIII – as demais entidades cujo funcionamento dependa de autorização de órgão regulador dos mercados financeiro, de câmbio, de capitais e de seguros;

IX – as pessoas físicas ou jurídicas, nacionais ou estrangeiras, que operem no Brasil como agentes, dirigentes, procuradores, comissionárias ou por qualquer forma representem interesses de ente estrangeiro que exerça qualquer das atividades referidas neste artigo;

X – as pessoas físicas ou jurídicas que exerçam atividades de promoção imobiliária ou compra e venda de imóveis;

●● Inciso X com redação determinada pela Lei n. 12.683, de 9-7-2012.

XI – as pessoas físicas ou jurídicas que comercializem joias, pedras e metais preciosos, objetos de arte e antiguidades.

XII – as pessoas físicas ou jurídicas que comercializem bens de luxo ou de alto valor, intermedeiem a sua comercialização ou exerçam atividades que envolvam grande volume de recursos em espécie;

●● Inciso XII com redação determinada pela Lei n. 12.683, de 9-7-2012.

XIII – as juntas comerciais e os registros públicos;

•• Inciso XIII acrescentado pela Lei n. 12.683, de 9-7-2012.

XIV – as pessoas físicas ou jurídicas que prestem, mesmo que eventualmente, serviços de assessoria, consultoria, contadoria, auditoria, aconselhamento ou assistência, de qualquer natureza, em operações:

•• Inciso XIV, *caput*, acrescentado pela Lei n. 12.683, de 9-7-2012.

a) de compra e venda de imóveis, estabelecimentos comerciais ou industriais ou participações societárias de qualquer natureza;

•• Alínea *a* acrescentada pela Lei n. 12.683, de 9-7-2012.

b) de gestão de fundos, valores mobiliários ou outros ativos;

•• Alínea *b* acrescentada pela Lei n. 12.683, de 9-7-2012.

c) de abertura ou gestão de contas bancárias, de poupança, investimento ou de valores mobiliários;

•• Alínea *c* acrescentada pela Lei n. 12.683, de 9-7-2012.

d) de criação, exploração ou gestão de sociedades de qualquer natureza, fundações, fundos fiduciários ou estruturas análogas;

•• Alínea *d* acrescentada pela Lei n. 12.683, de 9-7-2012.

e) financeiras, societárias ou imobiliárias; e

•• Alínea *e* acrescentada pela Lei n. 12.683, de 9-7-2012.

f) de alienação ou aquisição de direitos sobre contratos relacionados a atividades desportivas ou artísticas profissionais;

•• Alínea *f* acrescentada pela Lei n. 12.683, de 9-7-2012.

XV – pessoas físicas ou jurídicas que atuem na promoção, intermediação, comercialização, agenciamento ou negociação de direitos de transferência de atletas, artistas ou feiras, exposições ou eventos similares;

•• Inciso XV acrescentado pela Lei n. 12.683, de 9-7-2012.

XVI – as empresas de transporte e guarda de valores;

•• Inciso XVI acrescentado pela Lei n. 12.683, de 9-7-2012.

XVII – as pessoas físicas ou jurídicas que comercializem bens de alto valor de origem rural ou animal ou intermedeiem a sua comercialização;

•• Inciso XVII acrescentado pela Lei n. 12.683, de 9-7-2012.

XVIII – as dependências no exterior das entidades mencionadas neste artigo, por meio de sua matriz no Brasil, relativamente a residentes no País; e

•• Inciso XVIII acrescentado pela Lei n. 12.683, de 9-7-2012.

•• A Lei Complementar n. 155, de 27-10-2016, propôs o acréscimo de um inciso XIX para este parágrafo único, porém teve o texto vetado.

XIX – as prestadoras de serviços de ativos virtuais.

•• Inciso XIX acrescentado pela Lei n. 14.478, de 21-12-2022.

Capítulo VI
DA IDENTIFICAÇÃO DOS CLIENTES E MANUTENÇÃO DE REGISTROS

•• A Instrução Normativa n. 196, de 29-3-2021, da Polícia Federal, normatiza o procedimento de comunicação de operações de transporte ou guarda de bens, valores ou numerário suspeitos ou que contenham indícios de crimes de lavagem de dinheiro ou de financiamento ao terrorismo efetuadas por empresas de transporte de valores.

Art. 10. As pessoas referidas no art. 9.º:

I – identificarão seus clientes e manterão cadastro atualizado, nos termos de instruções emanadas das autoridades competentes;

II – manterão registro de toda transação em moeda nacional ou estrangeira, títulos e valores mobiliários, títulos de crédito, metais, ativos virtuais, ou qualquer ativo passível de ser convertido em dinheiro, que ultrapassar limite fixado pela autoridade competente e nos termos de instruções por esta expedidas;

•• Inciso II com redação determinada pela Lei n. 14.478, de 21-12-2022, em vigor após decorridos 180 dias de sua publicação (*DOU* de 22-12-2022).

III – deverão adotar políticas, procedimentos e controles internos, compatíveis com seu porte e volume de operações, que lhes permitam atender ao disposto neste artigo e no art. 11, na forma disciplinada pelos órgãos competentes;

•• Inciso III com redação determinada pela Lei n. 12.683, de 9-7-2012.

•• A Resolução n. 36, de 10-3-2021, do COAF, disciplina, na forma do estabelecido neste inciso III, a adoção de políticas, procedimentos e controles internos de prevenção à lavagem de dinheiro, ao financiamento do terrorismo e ao financiamento da proliferação de armas de destruição em massa.

IV – deverão cadastrar-se e manter seu cadastro atualizado no órgão regulador ou fiscalizador e, na falta deste, no Conselho de Controle de Atividades Financeiras (Coaf), na forma e condições por eles estabelecidas;

•• Inciso IV acrescentado pela Lei n. 12.683, de 9-7-2012.

V – deverão atender às requisições formuladas pelo Coaf na periodicidade, forma e condições por ele estabelecidas, cabendo-lhe preservar, nos termos da lei, o sigilo das informações prestadas.

•• Inciso V acrescentado pela Lei n. 12.683, de 9-7-2012.

§ 1.º Na hipótese de o cliente constituir-se em pessoa jurídica, a identificação referida no inciso I deste artigo deverá abranger as pessoas físicas autorizadas a representá-la, bem como seus proprietários.

§ 2.º Os cadastros e registros referidos nos incisos I e II deste artigo deverão ser conservados durante o período mínimo de 5 (cinco) anos a partir do encerramento da conta ou da conclusão da transação, prazo este que poderá ser ampliado pela autoridade competente.

§ 3.º O registro referido no inciso II deste artigo será efetuado também quando a pessoa física ou jurídica, seus entes ligados, houver realizado, em um mesmo mês-calendário, operações com uma mesma pessoa, conglomerado ou grupo que, em seu conjunto, ultrapassem o limite fixado pela autoridade competente.

Art. 10-A. O Banco Central manterá registro centralizado formando o cadastro geral de correntistas e clientes de instituições financeiras, bem como de seus procuradores.

•• Artigo acrescentado pela Lei n. 10.701, de 9-7-2003.

Capítulo VII
DA COMUNICAÇÃO DE OPERAÇÕES FINANCEIRAS

•• *Vide* art. 2.º, § 6.º, da Lei Complementar n. 105, de 10-1-2001.

•• A Instrução Normativa n. 196, de 29-3-2021, da Polícia Federal, normatiza o procedimento de comunicação de operações de transporte ou guarda de bens, valores ou numerário suspeitos ou que contenham indícios de crimes de lavagem de dinheiro ou de financiamento ao terrorismo efetuadas por empresas de transporte de valores.

Art. 11. As pessoas referidas no art. 9.º:

I – dispensarão especial atenção às operações que, nos termos de instruções emanadas das autoridades competentes, possam constituir-se em sérios indícios dos crimes previstos nesta Lei, ou com eles relacionar-se;

II – deverão comunicar ao Coaf, abstendo-se de dar ciência de tal ato a qualquer pessoa, inclusive àquela à qual se refira a informação, no prazo de 24 (vinte e quatro) horas, a proposta ou realização:

•• Inciso II, *caput*, com redação determinada pela Lei n. 12.683, de 9-7-2012.

a) de todas as transações referidas no inciso II do art. 10, acompanhadas da identificação de que trata o inciso I do mencionado artigo; e

•• Alínea *a* com redação determinada pela Lei n. 12.683, de 9-7-2012.

b) das operações referidas no inciso I;

•• Alínea *b* com redação determinada pela Lei n. 12.683, de 9-7-2012.

III – deverão comunicar ao órgão regulador ou fiscalizador da sua atividade ou, na sua falta, ao Coaf, na periodicidade, forma e condições por eles estabelecidas, a não ocorrência de propostas, transações ou operações passíveis de serem comunicadas nos termos do inciso II.

•• Inciso III acrescentado pela Lei n. 12.683, de 9-7-2012.

§ 1.º As autoridades competentes, nas instruções referidas no inciso I deste artigo, elaborarão relação de operações que, por suas características, no que se refere às partes envolvidas, valores, forma de realização, instrumentos utilizados, ou pela falta de fundamento econômico ou legal, possam configurar a hipótese nele prevista.

§ 2.º As comunicações de boa-fé, feitas na forma prevista neste artigo, não acarretarão responsabilidade civil ou administrativa.

§ 3.º O Coaf disponibilizará as comunicações recebidas com base no inciso II do *caput* aos respectivos órgãos responsáveis pela regulação ou fiscalização das pessoas a que se refere o art. 9.º.

•• § 3.º com redação determinada pela Lei n. 12.683, de 9-7-2012.

Art. 11-A. As transferências internacionais e os saques em espécie deverão ser previamente comunicados à instituição financeira, nos termos, limites, prazos e condições fixados pelo Banco Central do Brasil.

•• Artigo acrescentado pela Lei n. 12.683, de 9-7-2012.

Capítulo VIII
DA RESPONSABILIDADE ADMINISTRATIVA

Art. 12. Às pessoas referidas no art. 9.º, bem como aos administradores das pessoas jurídicas, que deixem de cumprir as obrigações previstas nos arts. 10 e 11 serão aplicadas, cumulativamente ou não, pelas autoridades competentes, as seguintes sanções:

I – advertência;

II – multa pecuniária variável não superior:

•• Inciso II, *caput*, com redação determinada pela Lei n. 12.683, de 9-7-2012.

a) ao dobro do valor da operação;

•• Alínea *a* acrescentada pela Lei n. 12.683, de 9-7-2012.

b) ao dobro do lucro real obtido ou que presumivelmente seria obtido pela realização da operação; ou

•• Alínea *b* acrescentada pela Lei n. 12.683, de 9-7-2012.

c) ao valor de R$ 20.000.000,00 (vinte milhões de reais);

•• Alínea *c* acrescentada pela Lei n. 12.683, de 9-7-2012.

III – inabilitação temporária, pelo prazo de até 10 (dez) anos, para o exercício do cargo de administrador das pessoas jurídicas referidas no art. 9.º;

IV – cassação ou suspensão da autorização para o exercício de atividade, operação ou funcionamento.

•• Inciso IV com redação determinada pela Lei n. 12.683, de 9-7-2012.

§ 1.º A pena de advertência será aplicada por irregularidade no cumprimento das instruções referidas nos incisos I e II do art. 10.

§ 2.º A multa será aplicada sempre que as pessoas referidas no art. 9.º, por culpa ou dolo:

•• § 2.º, *caput*, com redação determinada pela Lei n. 12.683, de 9-7-2012.

I – deixarem de sanar as irregularidades objeto de advertência, no prazo assinalado pela autoridade competente;

II – não cumprirem o disposto nos incisos I a IV do art. 10;

•• Inciso II com redação determinada pela Lei n. 12.683, de 9-7-2012.

III – deixarem de atender, no prazo estabelecido, a requisição formulada nos termos do inciso V do art. 10;

•• Inciso III com redação determinada pela Lei n. 12.683, de 9-7-2012.

IV – descumprirem a vedação ou deixarem de fazer a comunicação a que se refere o art. 11.

§ 3.º A inabilitação temporária será aplicada quando forem verificadas infrações graves quanto ao cumprimento das obrigações constantes desta Lei ou quando ocorrer reincidência específica, devidamente caracterizada em transgressões anteriormente punidas com multa.

§ 4.º A cassação da autorização será aplicada nos casos de reincidência específica de infrações anteriormente punidas com a pena prevista no inciso III do *caput* deste artigo.

Art. 12-A. Ato do Poder Executivo federal regulamentará a disciplina e o funcionamento do Cadastro Nacional de Pessoas Expostas Politicamente (CNPEP), disponibilizado pelo Portal da Transparência.

•• *Caput* acrescentado pela Lei n. 14.478, de 21-12-2022, em vigor após decorridos 180 dias de sua publicação (*DOU* de 22-12-2022).

§ 1.º Os órgãos e as entidades de quaisquer Poderes da União, dos Estados, do Distrito Federal e dos Municípios deverão encaminhar ao gestor CNPEP, na forma e na periodicidade definidas no regulamento de que trata o caput deste artigo, informações atualizadas sobre seus integrantes ou ex-integrantes classificados como pessoas expostas politicamente (PEPs) na legislação e regulação vigentes.

•• § 1.º acrescentado pela Lei n. 14.478, de 21-12-2022, em vigor após decorridos 180 dias de sua publicação (*DOU* de 22-12-2022).

§ 2.º As pessoas referidas no art. 9.º desta Lei incluirão consulta ao CNPEP entre seus procedimentos para cumprimento das obrigações previstas nos arts. 10 e 11 desta Lei, sem prejuízo de outras diligências exigidas na forma da legislação.

•• § 2.º acrescentado pela Lei n. 14.478, de 21-12-2022, em vigor após decorridos 180 dias de sua publicação (*DOU* de 22-12-2022).

§ 3.º O órgão gestor do CNPEP indicará em transparência ativa, pela internet, órgãos e entidades que deixem de cumprir a obrigação prevista no § 1.º deste artigo.

•• § 3.º acrescentado pela Lei n. 14.478, de 21-12-2022, em vigor após decorridos 180 dias de sua publicação (*DOU* de 22-12-2022).

Art. 13. (*Revogado pela Lei n. 13.974, de 7-1-2020.*)

Capítulo IX
DO CONSELHO DE CONTROLE DE ATIVIDADES FINANCEIRAS

•• A Lei n. 13.974, de 7-1-2020, dispõe sobre o Conselho de Controle de Atividades Financeiras (Coaf).

Art. 14. É criado, no âmbito do Ministério da Fazenda, o Conselho de Controle de Atividades Financeiras – COAF, com a finalidade de disciplinar, aplicar penas administrativas, receber, examinar e identificar as ocorrências suspeitas de atividades ilícitas previstas nesta Lei, sem prejuízo da competência de outros órgãos e entidades.

§ 1.º As instruções referidas no art. 10 destinadas às pessoas mencionadas no art. 9.º, para as quais não exista órgão próprio fiscalizador ou regulador serão expedidas pelo COAF, competindo-lhe, para esses casos, a definição das pessoas abrangidas e a aplicação das sanções enumeradas no art. 12.

•• A Resolução n. 31, de 7-6-2019, do COAF, estabelece, na forma deste § 1.º, orientações a serem observadas pelas pessoas físicas e jurídicas que exercem as atividades listadas no art. 9.º desta Lei.

•• A Resolução n. 40, de 22-11-2021, do COAF, dispõe sobre os procedimentos a serem observados, em relação a pessoas expostas politicamente, por aqueles que se sujeitam à supervisão do Conselho de Controle de Atividades Financeiras - COAF.

§ 2.º O COAF deverá, ainda, coordenar e propor mecanismos de cooperação e de troca de informações que viabilizem ações rápidas e eficientes no combate à ocultação ou dissimulação de bens, direitos e valores.

• *Vide* art. 2.º, § 6.º, da Lei Complementar n. 105, de 10-1-2001.

§ 3.º O COAF poderá requerer aos órgãos da Administração Pública as informações cadastrais bancárias e financeiras de pessoas envolvidas em atividades suspeitas.

•• § 3.º acrescentado pela Lei n. 10.701, de 9-7-2003.

Art. 15. O COAF comunicará às autoridades competentes para a instauração dos procedimentos cabíveis, quando concluir pela existência de crimes previstos nesta Lei, de fundados indícios de sua prática, ou de qualquer outro ilícito.

Arts. 16 e 17. (*Revogados pela Lei n. 13.974, de 7-1-2020.*)

Capítulo X
DISPOSIÇÕES GERAIS

•• Capítulo acrescentado pela Lei n. 12.683, de 9-7-2012.

Art. 17-A. Aplicam-se, subsidiariamente, as disposições do Decreto-lei n. 3.689, de 3 de outubro de 1941 (Código de Processo Penal), no que não forem incompatíveis com esta Lei.

•• Artigo acrescentado pela Lei n. 12.683, de 9-7-2012.

Art. 17-B. A autoridade policial e o Ministério Público terão acesso, exclusivamente, aos dados cadastrais do investigado que informam qualificação pessoal, filiação e endereço, independentemente de autorização judicial, mantidos pela Justiça Eleitoral, pelas empresas telefônicas, pelas instituições financeiras, pelos provedores de internet e pelas administradoras de cartão de crédito.

•• Artigo acrescentado pela Lei n. 12.683, de 9-7-2012.

•• O STF, na ADI n. 4.906, no plenário de 11-9-2024, por maioria, conheceu em parte da ação direta e, nessa extensão, julgou improcedente o pedido formulado, nos termos da tese de julgamento assim formulada: "É constitucional norma que permite o acesso, por autoridades policiais e pelo Ministério Público, a dados cadastrais de pessoas investigadas independentemente de autorização judicial, excluído do âmbito de incidência da norma a possibilidade de requisição de qualquer outro dado cadastral além daqueles referentes à qualificação pessoal, filiação e endereço (art. 5.º, X e LXXIX, da CF)".

Art. 17-C. Os encaminhamentos das instituições financeiras e tributárias em resposta às ordens judiciais de quebra ou transferência de sigilo deverão ser, sempre que determinado, em meio informático, e apresentados em arquivos que possibilitem a migração de informações para os autos do processo sem redigitação.

•• Artigo acrescentado pela Lei n. 12.683, de 9-7-2012.

Art. 17-D. Em caso de indiciamento de servidor público, este será afastado, sem prejuízo de remuneração e demais direitos previstos em lei, até que o juiz competente autorize, em decisão fundamentada, o seu retorno.

•• Artigo acrescentado pela Lei n. 12.683, de 9-7-2012.

Art. 17-E. A Secretaria da Receita Federal do Brasil conservará os dados fiscais dos contribuintes pelo prazo mínimo de 5 (cinco) anos, contado a partir do início do exercício seguinte ao da declaração de renda respectiva ou ao do pagamento do tributo.

•• Artigo acrescentado pela Lei n. 12.683, de 9-7-2012.

Art. 18. Esta Lei entra em vigor na data de sua publicação.

Brasília, 3 de março de 1998; 177.º da Independência e 110.º da República.

FERNANDO HENRIQUE CARDOSO

LEI N. 9.716, DE 26 DE NOVEMBRO DE 1998 (*)

Dá nova redação aos arts. 1.º, 2.º, 3.º e 4.º do Decreto-lei n. 1.578, de 11 de outubro de 1977, que dispõe sobre o imposto de exportação, e dá outras providências.

Faço saber que o Presidente da República adotou a Medida Provisória n. 1.725, de 1998, que o Congresso Nacional aprovou, e eu, Antonio Carlos Magalhães, Presidente, para os efeitos do disposto no parágrafo único do art. 62 da Constituição Federal, promulgo a seguinte Lei:

Art. 1.º Os arts. 1.º, 2.º, 3.º e 4.º do Decreto-lei n. 1.578, de 11 de outubro de 1977, passam a vigorar com a seguinte redação:

•• Alterações já processadas no texto do diploma citado.

Art. 2.º Na hipótese em que a saída do produto industrializado for beneficiada com isenção em virtude de incentivo fiscal, o crédito do IPI poderá ser:

I – utilizado para compensação com o incidente na saída de outros produtos industrializados pela mesma pessoa jurídica;

II – objeto de pedido de restituição, em espécie, ou para compensação com outros tributos e contribuições administrados pela Secretaria da Receita Federal, observadas normas por esta editadas.

•• A Secretaria da Receita Federal passa a denominar-se Secretaria da Receita Federal do Brasil, por força da Lei n. 11.457, de 16-3-2007.

Art. 3.º Fica instituída a Taxa de Utilização do Sistema Integrado de Comércio Exterior – SISCOMEX, administrada pela Secretaria da Receita Federal do Ministério da Fazenda.

•• *Vide* nota ao artigo anterior.

§ 1.º A taxa a que se refere este artigo será devida no Registro da Declaração de Importação, à razão de:

I – R$ 30,00 (trinta reais) por Declaração de Importação;

II – R$ 10,00 (dez reais) para cada adição de mercadorias à Declaração de Importação, observado limite fixado pela Secretaria da Receita Federal.

§ 2.º Os valores de que trata o parágrafo anterior poderão ser reajustados, anualmente, mediante ato do Ministro de Estado da Fazenda, conforme a variação dos custos de operação e dos investimentos no SISCOMEX.

§ 3.º Aplicam-se à cobrança da taxa de que trata este artigo as normas referentes ao Imposto de Importação.

§ 4.º O produto da arrecadação da taxa a que se refere este artigo fica vinculado ao Fundo Especial de Desenvolvimento e Aperfeiçoamento das Atividades de Fiscalização – FUNDAF, instituído pelo art. 6.º do Decreto-lei n. 1.437, de 17 de dezembro de 1975.

§ 5.º O disposto neste artigo aplica-se em relação às importações registradas a partir de 1.º de janeiro de 1999.

Art. 4.º Fica restabelecida a destinação, ao FUNDAF, da receita de que trata o § 3.º do art. 61 da Lei n. 9.430, de 27 de dezembro de 1996.

Art. 5.º As pessoas jurídicas que tenham como objeto social, declarado em seus atos constitutivos, a compra e venda de veículos automotores poderão equiparar, para efeitos tributários, como operação de consignação, as operações de venda de veículos usados, adquiridos para revenda, bem assim dos recebidos como parte do preço da venda de veículos novos ou usados.

•• *Vide* art. 10, VII, c, da Lei n. 10.833, de 29-12-2003.

•• *Vide* art. 8.º, VII, c, da Lei n. 10.637, de 30-12-2002.

Parágrafo único. Os veículos usados, referidos neste artigo, serão objeto de Nota Fiscal de Entrada e, quando da venda, de Nota Fiscal de Saída, sujeitando-se ao respectivo regime fiscal aplicável às operações de consignação.

Art. 6.º Esta Lei entra em vigor na data de sua publicação.

Art. 7.º Fica revogado o inciso V do § 1.º do art. 44 da Lei n. 9.430, de 27 de dezembro de 1996.

Congresso Nacional, em 26 de novembro de 1998; 177.º da Independência e 110.º da República.

ANTONIO CARLOS MAGALHÃES

LEI N. 9.718, DE 27 DE NOVEMBRO DE 1998 (**)

Altera a Legislação Tributária Federal.

O Presidente da República.

Faço saber que o Congresso Nacional decreta e eu sanciono a seguinte Lei:

Art. 1.º Esta Lei aplica-se no âmbito da legislação tributária federal, relativamente às contribuições para os Programas de Integração Social e de Formação do Patrimônio do Servidor Público – PIS/PASEP e à Contribuição para o Financiamento da Seguridade Social – COFINS, de que tratam o art. 239 da Constituição e a Lei Complementar n. 70, de 30 de dezembro de 1991, ao Imposto sobre a Renda e ao Imposto sobre Operações de Crédito, Câmbio e Seguro, ou relativos a Títulos ou Valores Mobiliários – IOF.

Capítulo I
DA CONTRIBUIÇÃO PARA O PIS/PASEP E COFINS

•• **A Lei Complementar n. 214, de 16-1-2025, revoga os arts. 2.º a 8.º-B deste capítulo a partir de 1.º-1-2027.**

• Regulamento: *vide* Decreto n. 4.524, de 17-12-

Art. 2.º As contribuições para o PIS/PASEP e a COFINS, devidas pelas pessoas jurídicas de direito privado, serão calculadas com base no seu faturamento, observadas a legislação vigente e as alterações introduzidas por esta Lei.

•• Artigo com redação determinada pela Medida Provisória n. 2.158-35, de 24-8-2001.

Art. 3.º O faturamento a que se refere o art. 2.º compreende a receita bruta de que trata o art. 12 do Decreto-lei n. 1.598, de 26 de dezembro de 1977.

•• *Caput* com redação determinada pela Lei n. 12.973, de 13-5-2014.

(*) Publicada no *Diário Oficial da União*, de 27-11-1998.

(**) Publicada no *Diário Oficial da União*, de 28-11-1998.

§ 1.º (Revogado pela Lei n. 11.941, de 27-5-2009.)

§ 2.º Para fins de determinação da base de cálculo das contribuições a que se refere o art. 2.º, excluem-se da receita bruta:

I – as vendas canceladas e os descontos incondicionais concedidos;

•• Inciso I com redação determinada pela Lei n. 12.973, de 13-5-2014.

II – as reversões de provisões e recuperações de créditos baixados como perda, que não representem ingresso de novas receitas, o resultado positivo da avaliação de investimento pelo valor do patrimônio líquido e os lucros e dividendos derivados de participações societárias, que tenham sido computados como receita bruta;

•• Inciso II com redação determinada pela Lei n. 12.973, de 13-5-2014.

III – (Revogado pela Medida Provisória n. 2.158-35, de 24-8-2001.)

IV – as receitas de que trata o inciso IV do caput do art. 187 da Lei n. 6.404, de 15 de dezembro de 1976, decorrentes da venda de bens do ativo não circulante, classificado como investimento, imobilizado ou intangível; e

•• Inciso IV com redação determinada pela Lei n. 13.043, de 13-11-2014.

V – (Revogado pela Lei n. 12.973, de 13-5-2014.)

VI – a receita reconhecida pela construção, recuperação, ampliação ou melhoramento da infraestrutura, cuja contrapartida seja ativo intangível representativo de direito de exploração, no caso de contratos de concessão de serviços públicos.

•• Inciso VI acrescentado pela Lei n. 12.973, de 13-5-2014.

§ 3.º (Revogado pela Lei n. 11.051, de 29-12-2004.)

§ 4.º Nas operações de câmbio, realizadas por instituição autorizada pelo Banco Central do Brasil, considera-se receita bruta a diferença positiva entre o preço de venda e o preço de compra da moeda estrangeira.

§ 5.º Na hipótese das pessoas jurídicas referidas no § 1.º do art. 22 da Lei n. 8.212, de 24 de julho de 1991, serão admitidas, para os efeitos da COFINS, as mesmas exclusões e deduções facultadas para fins de determinação da base de cálculo da contribuição para o PIS/PASEP.

§ 6.º Na determinação da base de cálculo das contribuições para o PIS/PASEP e COFINS, as pessoas jurídicas referidas no § 1.º do art. 22 da Lei n. 8.212, de 1991, além das exclusões e deduções mencionadas no § 5.º, poderão excluir ou deduzir:

•• Vide art. 8.º, I, da Lei n. 10.637, de 30-12-2002.
•• O art. 18 da Lei n. 10.684, de 30-5-2003, estabelece que fica elevada para quatro por cento a alíquota da Contribuição para o Financiamento da Seguridade Social – COFINS devida pelas pessoas jurídicas referidas neste parágrafo.
•• Vide art. 10, I, da Lei n. 10.833, de 29-12-2003.

I – no caso de bancos comerciais, bancos de investimentos, bancos de desenvolvimento, caixas econômicas, sociedades de crédito, financiamento e investimento, sociedades de crédito imobiliário, sociedades corretoras, distribuidoras de títulos e valores mobiliários, empresas de arrendamento mercantil e cooperativas de crédito:

a) despesas incorridas nas operações de intermediação financeira;

b) despesas de obrigações por empréstimos, para repasse, de recursos de instituições de direito privado;

c) deságio na colocação de títulos;

d) perdas com títulos de renda fixa e variável, exceto com ações;

e) perdas com ativos financeiros e mercadorias, em operações de *hedge*;

II – no caso de empresas de seguros privados, o valor referente às indenizações correspondentes aos sinistros ocorridos, efetivamente pago, deduzido das importâncias recebidas a título de cosseguro e resseguro, salvados e outros ressarcimentos;

III – no caso de entidades de previdência privada, abertas e fechadas, os rendimentos auferidos nas aplicações financeiras destinadas ao pagamento de benefícios de aposentadoria, pensão, pecúlio e de resgates;

IV – no caso de empresas de capitalização, os rendimentos auferidos nas aplicações financeiras destinadas ao pagamento de resgate de títulos.

•• § 6.º acrescentado pela Medida Provisória n. 2.158-35, de 24-8-2001.

§ 7.º As exclusões previstas nos incisos III e IV do § 6.º restringem-se aos rendimentos de aplicações financeiras proporcionados pelos ativos garantidores das provisões técnicas, limitados esses ativos ao montante das referidas provisões.

•• § 7.º acrescentado pela Medida Provisória n. 2.158-35, de 24-8-2001.

§ 8.º Na determinação da base de cálculo da Contribuição para o PIS/Pasep e a Cofins, poderão ser deduzidas as despesas de captação de recursos incorridas pelas pessoas jurídicas que tenham por objeto a securitização de créditos.

•• § 8.º, *caput*, com redação determinada pela Lei n. 14.430, de 3-8-2022.

I – (Revogado pela Lei n. 14.430, de 3-8-2022.)

II – (Revogado pela Lei n. 14.430, de 3-8-2022.)

III – (Revogado pela Lei n. 14.430, de 3-8-2022.)

§ 9.º Na determinação da base de cálculo da contribuição para o PIS/PASEP e COFINS, as operadoras de planos de assistência à saúde poderão deduzir:

I – corresponsabilidades cedidas;

II – a parcela das contraprestações pecuniárias destinada à constituição de provisões técnicas;

III – o valor referente às indenizações correspondentes aos eventos ocorridos, efetivamente pago, deduzido das importâncias recebidas a título de transferência de responsabilidades.

•• § 9.º acrescentado pela Medida Provisória n. 2.158-35, de 24-8-2001.
•• Dispõe o art. 92 da Medida Provisória n. 2.158-35, de 24-8-2001: "Art. 92. Esta Medida Provisória entra em vigor na data de sua publicação, produzindo efeitos: (..) IV – relativamente aos fatos geradores ocorridos a partir de: a) 1.º-12-2001, relativamente ao disposto no § 9.º do art. 3.º de Lei n. 9.718, de 1998;".
•• Vide art. 8.º, I, da Lei n. 10.637, de 30-12-2002.
•• Vide art. 10, I, da Lei n. 10.833, de 29-12-2003.

§ 9.º-A. Para efeito de interpretação, o valor referente às indenizações correspondentes aos eventos ocorridos de que trata o inciso III do § 9.º entende-se o total dos custos assistenciais decorrentes da utilização pelos beneficiários da cobertura oferecida pelos planos de saúde, incluindo-se neste total os custos de beneficiários da própria operadora e os beneficiários de outra operadora atendidos a título de transferência de responsabilidade assumida.

•• § 9.º-A acrescentado pela Lei n. 12.873, de 24-10-2013.

§ 9.º-B. Para efeitos de interpretação do *caput*, não são considerados receita bruta das administradoras de benefícios os valores devidos a outras operadoras de planos de assistência à saúde.

•• § 9.º-B acrescentado pela Lei n. 12.995, de 18-6-2014.

§ 10. Em substituição à remuneração por meio do pagamento de tarifas, as pessoas jurídicas que prestem serviços de arrecadação de receitas federais poderão excluir da base de cálculo da Cofins o valor a elas devido em cada período de apuração como remuneração por esses serviços, dividido pela alíquota referida no art. 18 da Lei n. 10.684, de 30 de maio de 2003.

•• § 10 acrescentado pela Lei n. 12.844, de 19-7-2013.

§ 11. Caso não seja possível fazer a exclusão de que trata o § 10 na base de cálculo da Cofins referente ao período em que auferida remuneração, o montante excedente poderá ser excluído da base de cálculo da Cofins dos períodos subsequentes.

•• § 11 acrescentado pela Lei n. 12.844, de 19-7-2013.

§ 12. A Secretaria da Receita Federal do Brasil do Ministério da Fazenda disciplinará o disposto nos §§ 10 e 11, inclusive quanto à definição do valor devido como remuneração dos serviços de arrecadação de receitas federais.

•• § 12 acrescentado pela Lei n. 12.844, de 19-7-2013.

§ 13. A contribuição incidente na hipótese de contratos, com prazo de execução superior a 1 (um) ano, de construção por empreitada ou de fornecimento, a preço predeterminado, de bens ou serviços a serem produzidos será calculada sobre a receita apurada de acordo com os critérios de reconhecimento adotados pela legislação do imposto sobre a renda, previstos para a espécie de operação.

•• § 13 acrescentado pela Lei n. 12.973, de 13-5-2014.

§ 14. A pessoa jurídica poderá excluir da base de cálculo da Contribuição para o PIS/Pasep e da Cofins incidentes sobre a receita decorrente da alienação de participação societária o valor despendido para aquisição dessa participação, desde que a receita de alienação não tenha sido excluída da base de cálculo das mencionadas contribuições na forma do inciso IV do § 2.º do art. 3.º.

•• § 14 acrescentado pela Lei n. 13.043, de 13-11-2014.

Art. 4.º As contribuições para os Programas de Integração Social e de Formação do Patrimônio do Servidor Público – PIS/PASEP e para o Financiamento da Seguridade Social – COFINS devidas pelos produtores e importadores de derivados de petróleo serão calculadas, respectivamente, com base nas seguintes alíquotas:

•• *Caput* com redação determinada pela Lei n. 10.865, de 30-4-2004.

I – 5,08% (cinco inteiros e oito centésimos por cento) e 23,44% (vinte e três inteiros e quarenta e quatro centésimos por cento), incidentes sobre a receita bruta decorrente da venda de gasolinas e suas correntes, exceto gasolina de aviação;

•• Inciso I com redação determinada pela Lei n. 10.865, de 30-4-2004.
•• *Vide* art. 23, I e § 5.º, da Lei n. 10.865, de 30-4-2004, que dispõe sobre a opção pelo regime especial de apuração e pagamento da contribuição para o PIS/PASEP e da COFINS.

II – 4,21% (quatro inteiros e vinte e um centésimos por cento) e 19,42% (dezenove inteiros e quarenta e dois centésimos por cento), incidentes sobre a receita bruta decorrente da venda de óleo diesel e suas correntes;

•• Inciso II com redação determinada pela Lei n. 10.865, de 30-4-2004.
•• *Vide* art. 23, II e § 5.º, da Lei n. 10.865, de 30-4-2004.

III – 10,2% (dez inteiros e dois décimos por cento) e 47,4% (quarenta e sete inteiros e quatro décimos por cento) incidentes sobre a receita bruta decorrente da venda de gás liquefeito de petróleo – GLP derivado de petróleo e de gás natural;

•• Inciso III com redação determinada pela Lei n. 11.051, de 29-12-2004.
•• *Vide* art. 23, III e § 5.º, da Lei n. 10.865, de 30-4-2004.

IV – 0,65% (sessenta e cinco centésimos por cento) e 3% (três por cento) incidentes sobre a receita bruta decorrente das demais atividades.

•• Inciso IV acrescentado pela Lei n. 9.990, de 21-7-2000.

Parágrafo único. (*Revogado pela Lei n. 9.990, de 21-7-2000.*)

Art. 5.º A Contribuição para o PIS/Pasep e a Cofins incidentes sobre a receita bruta auferida na venda de álcool, inclusive para fins carburantes, serão calculadas com base nas alíquotas, respectivamente, de:

•• *Caput* com redação determinada pela Lei n. 11.727, de 23-6-2008.
•• **A Lei Complementar n. 214, de 16-1-2025, deu nova redação a este *caput*, com produção de efeitos a partir do primeiro dia do quarto mês subsequente ao da sua publicação (*DOU* de 16-1-2025):** "Art. 5.º A Contribuição para o PIS/Pasep e a Cofins incidentes sobre a receita bruta auferida pelo produtor ou importador nas operações com etanol, inclusive para fins carburantes, serão calculadas com base nas alíquotas, respectivamente, de 5,25% (cinco inteiros e vinte e cinco centésimos por cento) e 24,15% (vinte e quatro inteiros e quinze centésimos por cento)".
•• *Vide* art. 41, IV, da Lei n. 11.727, de 23-6-2008.

I – 1,5% (um inteiro e cinco décimos por cento) e 6,9% (seis inteiros e nove décimos por cento), no caso de produtor ou importador; e

•• Inciso I com redação determinada pela Lei n. 11.727, de 23-6-2008.
•• **A Lei Complementar n. 214, de 16-1-2025, revoga este inciso I, com produção de efeitos a partir do primeiro dia do quarto mês subsequente ao da sua publicação (*DOU* de 16-1-2025).**

II – 3,75% (três inteiros e setenta e cinco centésimos por cento) e 17,25% (dezessete inteiros e vinte e cinco centésimos por cento), no caso de distribuidor.

•• Inciso II com redação determinada pela Lei n. 11.727, de 23-6-2008.
•• **A Lei Complementar n. 214, de 16-1-2025, revoga este inciso I, com produção de efeitos a partir do primeiro dia do quarto mês subsequente ao da sua publicação (*DOU* de 16-1-2025).**

§ 1.º Ficam reduzidas a 0% (zero por cento) as alíquotas da Contribuição para o PIS/Pasep e da Cofins incidentes sobre a receita bruta de venda de álcool, inclusive para fins carburantes, quando auferida:

•• § 1.º, *caput*, acrescentado pela Lei n. 11.727, de 23-6-2008.

I – (*Revogado pela Lei n. 14.292, de 3-1-2022.*)

II – por comerciante varejista, exceto na hipótese prevista no inciso II do § 4.º-B deste artigo; e

•• Inciso II com redação determinada pela Lei n. 14.292, de 3-1-2022.

III – nas operações realizadas em bolsa de mercadorias e futuros.

•• Inciso III acrescentado pela Lei n. 11.727, de 23-6-2008.
•• **A Lei Complementar n. 214, de 16-1-2025, acrescenta a este § 1.º o inciso IV, com produção de efeitos a partir do primeiro dia do quarto mês subsequente ao da sua publicação (*DOU* de 16-1-2025):** "IV – por distribuidor, no caso de venda de etanol combustível".

§ 2.º A redução a 0 (zero) das alíquotas previstas no inciso III do § 1.º deste artigo não se aplica às operações em que ocorra liquidação física do contrato.

•• § 2.º acrescentado pela Lei n. 11.727, de 23-6-2008.

§ 3.º (*Revogado pela Lei n. 14.292, de 3-1-2022.*)

§ 4.º O produtor, o importador e o distribuidor de que trata o *caput* deste artigo poderão optar por regime especial de apuração e pagamento da Contribuição para o PIS/Pasep e da Cofins, no qual as alíquotas específicas das contribuições são fixadas, respectivamente, em:

•• § 4.º, *caput*, acrescentado pela Lei n. 11.727, de 23-6-2008.
•• **A Lei Complementar n. 214, de 16-1-2025, deu nova redação a este § 4.º, *caput*, com produção de efeitos a partir do primeiro dia do quarto mês subsequente ao da sua publicação (*DOU* de 16-1-2025):** "§ 4.º O produtor e o importador de que trata o *caput* deste artigo poderão optar por regime especial de apuração e pagamento da Contribuição para o PIS/Pasep e da Cofins, com incidência única, no qual as alíquotas específicas das contribuições são fixadas, respectivamente, em R$ 34,33 (trinta e quatro reais e trinta e três centavos) e R$ 157,87 (cento e cinquenta e sete reais e oitenta e sete centavos) por metro cúbico de etanol combustível".
•• *Vide* art. 8.º da Lei n. 11.727, de 23-6-2008.

I – R$ 23,38 (vinte e três reais e trinta e oito centavos) e R$ 107,52 (cento e sete reais e cinquenta e dois centavos) por metro cúbico de álcool, no caso de venda realizada por produtor ou importador;

•• Inciso I acrescentado pela Lei n. 11.727, de 23-6-2008.
•• **A Lei Complementar n. 214, de 16-1-2025, revoga este inciso I, com produção de efeitos a partir do primeiro dia do quarto mês subsequente ao da sua publicação (*DOU* de 16-1-2025).**
•• O Decreto n. 6.573, de 19-9-2008, reduz as alíquotas previstas neste inciso para R$ 23,38 (vinte e três reais e trinta e oito centavos) e R$ 107,52 (cento e sete reais e cinquenta e dois centavos) por metro cúbico de álcool, no caso de venda realizada por produtor ou importador.
•• *Vide* nota ao § 8.º deste artigo.

II – R$ 58,45 (cinquenta e oito reais e quarenta e cinco centavos) e R$ 268,80 (duzentos e sessenta e oito reais e oitenta centavos) por metro cúbico de álcool, no caso de venda realizada por distribuidor.

•• Inciso II acrescentado pela Lei n. 11.727, de 23-6-2008.
•• **A Lei Complementar n. 214, de 16-1-2025, revoga este inciso II, com produção de efeitos a partir do primeiro dia do quarto mês subsequente ao da sua publicação (*DOU* de 16-1-2025).**
•• *Vide* art. 8.º da Lei n. 11.727, de 23-6-2008.
•• O Decreto n. 6.573, de 19-9-2008, reduz as alíquotas previstas neste inciso para R$ 21,43 (vinte e um reais e quarenta e três centavos) e R$ 98,57 (noventa e oito reais e cinquenta e sete centavos) por metro cúbico de álcool, no caso de venda realizada por distribuidor.
•• *Vide* nota ao § 8.º deste artigo.

§ 4.º-A. Na hipótese de venda efetuada diretamente do produtor ou do importador para as pessoas jurídicas comerciantes varejistas, a alíquota aplicável, conforme o caso, será aquela resultante do somatório das alíquotas previstas:

•• § 4.º-A, *caput*, com redação determinada pela Lei n. 14.367, de 14-6-2022.

I – nos incisos I e II do *caput* deste artigo; ou
•• Inciso I acrescentado pela Lei n. 14.292, de 3-1-2022.
•• A Lei Complementar n. 214, de 16-1-2025, revoga este inciso II, com produção de efeitos a partir do primeiro dia do quarto mês subsequente ao da sua publicação (*DOU* de 16-1-2025).

II – nos incisos I e II do § 4.º, observado o disposto no § 8.º deste artigo.
•• Inciso II acrescentado pela Lei n. 14.292, de 3-1-2022.
•• A Lei Complementar n. 214, de 16-1-2025, revoga este inciso II, com produção de efeitos a partir do primeiro dia do quarto mês subsequente ao da sua publicação (*DOU* de 16-1-2025).

§ 4.º-B. As alíquotas de que trata o § 4.º-A deste artigo aplicam-se, também, nas seguintes hipóteses:
•• § 4.º-B, *caput*, acrescentado pela Lei n. 14.292, de 3-1-2022.

I – de o importador exercer também a função de distribuidor;
•• Inciso I acrescentado pela Lei n. 14.292, de 3-1-2022.

II – de as vendas serem efetuadas pelas pessoas jurídicas comerciantes varejistas, quando elas efetuarem a importação; e
•• Inciso II com redação determinada pela Lei n. 14.367, de 14-6-2022.

III – de as vendas serem efetuadas pelas demais pessoas jurídicas não enquadradas como produtor, importador, distribuidor ou varejista.
•• Inciso III acrescentado pela Lei n. 14.292, de 3-1-2022.

§ 4.º-C. Na hipótese de venda de gasolina pelo distribuidor, em relação ao percentual de álcool anidro a ela adicionado, a incidência da Contribuição para o PIS/Pasep e da Cofins ocorrerá, conforme o caso, pela aplicação das alíquotas previstas:
•• § 4.º-C, *caput*, acrescentado pela Lei n. 14.292, de 3-1-2022.
•• A Lei Complementar n. 214, de 16-1-2025, deu nova redação a este § 4.º, *caput*, com produção de efeitos a partir do primeiro dia do quarto mês subsequente ao da sua publicação (*DOU* de 16-1-2025): "§ 4.º-C. Na hipótese de venda de gasolina pelo distribuidor, em relação ao percentual de álcool anidro a ela adicionado, ficam reduzidas a zero as alíquotas da Contribuição para o PIS/Pasep e da Cofins".

I – no inciso I do *caput* deste artigo; ou
•• Inciso I acrescentado pela Lei n. 14.292, de 3-1-2022.
•• A Lei Complementar n. 214, de 16-1-2025, revoga este inciso I, com produção de efeitos a partir do primeiro dia do quarto mês subsequente ao da sua publicação (*DOU* de 16-1-2025).

II – no inciso I do § 4.º, observado o disposto no § 8.º deste artigo.
•• Inciso II acrescentado pela Lei n. 14.292, de 3-1-2022.
•• A Lei Complementar n. 214, de 16-1-2025, revoga este inciso II, com produção de efeitos a partir do primeiro dia do quarto mês subsequente ao da sua publicação (*DOU* de 16-1-2025).

§ 4.º-D. Na hipótese de venda de etanol hidratado combustível efetuada diretamente de cooperativa para as pessoas jurídicas comerciantes varejistas:
•• § 4.º-D, *caput*, acrescentado pela Lei n. 14.367, de 14-6-2022.

I – no caso de cooperativa não optante pelo regime especial de que trata o § 4.º deste artigo, os valores da Contribuição para o PIS/Pasep e da Cofins devidos serão obtidos pelo somatório de 2 (duas) parcelas, calculadas mediante a aplicação das alíquotas:
•• Inciso I, *caput*, acrescentado pela Lei n. 14.367, de 14-6-2022.
•• A Lei Complementar n. 214, de 16-1-2025, deu nova redação a este inciso I, com produção de efeitos a partir do primeiro dia do quarto mês subsequente ao da sua publicação (*DOU* de 16-1-2025): "I – no caso de cooperativa não optante pelo regime especial de que trata o § 4.º deste artigo, os valores da Contribuição para o PIS/Pasep e da Cofins devidos serão obtidos pela aplicação da alíquota prevista no *caput* do art. 5.º".

a) de que trata o inciso I do *caput* deste artigo sobre a receita auferida na venda de etanol hidratado combustível, respectivamente; e
•• Alínea a acrescentada pela Lei n. 14.367, de 14-6-2022.

b) de R$ 19,81 (dezenove reais e oitenta e um centavos) e de R$ 91,10 (noventa e um reais e dez centavos) por metro cúbico de etanol hidratado combustível, respectivamente; e
•• Alínea b acrescentada pela Lei n. 14.367, de 14-6-2022.

II – no caso de cooperativa optante pelo regime especial de que trata o § 4.º deste artigo, será aplicado o disposto no inciso II do § 4.º-A deste artigo.
•• Inciso II acrescentado pela Lei n. 14.367, de 14-6-2022.
•• A Lei Complementar n.214, de 16-1-2025, revoga este inciso II, com produção de efeitos a partir do primeiro dia do quarto mês subsequente ao da sua publicação (*DOU* de 16-1-2025).

§ 5.º A opção prevista no § 4.º deste artigo será exercida, segundo normas e condições estabelecidas pela Secretaria da Receita Federal do Brasil, até o último dia útil do mês de novembro de cada ano-calendário, produzindo efeitos, de forma irretratável, durante todo o ano-calendário subsequente ao da opção.
•• § 5.º acrescentado pela Lei n. 11.727, de 23-6-2008.

§ 6.º No caso da opção efetuada nos termos dos §§ 4.º e 5.º deste artigo, a Secretaria da Receita Federal do Brasil divulgará o nome da pessoa jurídica optante e a data de início da opção.
•• § 6.º acrescentado pela Lei n. 11.727, de 23-6-2008.

§ 7.º A opção a que se refere este artigo será automaticamente prorrogada para o ano-calendário seguinte, salvo se a pessoa jurídica dela desistir, nos termos e condições estabelecidos pela Secretaria da Receita Federal do Brasil, até o último dia útil do mês de novembro do ano-calendário, hipótese em que a produção de efeitos se dará a partir do dia 1.º de janeiro do ano-calendário subsequente.
•• § 7.º acrescentado pela Lei n. 11.727, de 23-6-2008.

§ 8.º Fica o Poder Executivo autorizado a fixar coeficientes para redução das alíquotas previstas no *caput* e no § 4.º deste artigo, as quais poderão ser alteradas, para mais ou para menos, em relação a classe de produtores, produtos ou sua utilização.
•• § 8.º acrescentado pela Lei n. 11.727, de 23-6-2008.
•• O STF julgou parcialmente procedente a ADI n. 5.277, na sessão virtual de 10-12-2020 (*DOU* de 1.º-2-2021), para conferir interpretação conforme à Constituição Federal a esse § 8.º, estabelecendo que as normas editadas pelo Poder Executivo com base nesse parágrafo deve observar a anterioridade nonagesimal prevista no art. 150, III, c, do texto constitucional.
•• O Decreto n. 6.573, de 19-9-2008, fixa em 0,6333 o coeficiente de redução das alíquotas da Contribuição para o PIS/PASEP e da COFINS, de que trata este parágrafo, aplicável às alíquotas específicas de que trata o § 4.º deste artigo.

§ 9.º Na hipótese do § 8.º deste artigo, os coeficientes estabelecidos para o produtor e o importador poderão ser diferentes daqueles estabelecidos para o distribuidor.
•• § 9.º acrescentado pela Lei n. 11.727, de 23-6-2008.
•• A Lei Complementar n. 214, de 16-1-2025, revoga este § 9.º, com produção de efeitos a partir do primeiro dia do quarto mês subsequente ao da sua publicação (*DOU* de 16-1-2025).
•• O STF julgou parcialmente procedente a ADI n. 5.277, na sessão virtual de 10-12-2020 (*DOU* de 1.º-2-2021), para conferir interpretação conforme à Constituição Federal a esse § 9.º, estabelecendo que as normas editadas pelo Poder Executivo com base nesse parágrafo deve observar a anterioridade nonagesimal prevista no art. 150, III, c, do texto constitucional.

§ 10. A aplicação dos coeficientes de que tratam os §§ 8.º e 9.º deste artigo não poderá resultar em alíquotas da Contribuição para o PIS/Pasep e da Cofins superiores a, respectivamente, 1,65% (um inteiro e sessenta e cinco centésimos por cento) e 7,6% (sete inteiros e seis décimos por cento) do preço médio de venda no varejo.
•• § 10 acrescentado pela Lei n. 11.727, de 23-6-2008.
•• A Lei Complementar n. 214, de 16-1-2025, deu nova redação a este § 10, com produção de efeitos a partir do primeiro dia do quarto mês subsequente ao da sua publicação (*DOU* de 16-1-2025): "§ 10. A aplicação dos coeficientes de que trata o § 8.º deste artigo não poderá resultar em alíquotas da Contribuição para o PIS/Pasep e da Cofins superiores a, respectivamente, a 1,65% (um inteiro e sessenta e cinco centésimos por cento) e 7,6% (sete inteiros e seis décimos por cento) do preço médio de venda no varejo".

§ 11. O preço médio a que se refere o § 10 deste artigo será determinado a partir de da-

dos colhidos por instituição idônea, de forma ponderada com base nos volumes de álcool comercializados nos Estados e no Distrito Federal nos 12 (doze) meses anteriores ao da fixação dos coeficientes de que tratam os §§ 8.º e 9.º deste artigo.
•• § 11 acrescentado pela Lei n. 11.727, de 23-6-2008.
•• A Lei Complementar n. 214, de 16-1-2025, deu nova redação a este § 11, com produção de efeitos a partir do primeiro dia do quarto mês subsequente ao da sua publicação (*DOU* de 16-1-2025): "§ 11. O preço médio a que se refere o § 10 deste artigo será determinado a partir de dados colhidos por instituições idônea, de forma ponderada com base nos volumes de etanol comercializados nos Estados e no Distrito Federal nos 12 (doze) meses anteriores ao da fixação dos coeficientes de trata o § 8.º deste artigo".

§ 12. No ano-calendário em que a pessoa jurídica iniciar atividades de produção, importação ou distribuição de álcool, a opção pelo regime especial poderá ser exercida em qualquer data, produzindo efeitos a partir do primeiro dia do mês em que for exercida.
•• § 12 acrescentado pela Lei n. 11.727, de 23-6-2008.
•• A Lei Complementar n. 214, de 16-1-2025, deu nova redação a este § 12, com produção de efeitos a partir do primeiro dia do quarto mês subsequente ao da sua publicação (*DOU* de 16-1-2025): "§ 12. No ano-calendário em que a pessoa jurídica iniciar atividades de produção, importação de álcool a opção pelo regime especial poderá ser exercida em qualquer data, produzindo efeitos a partir do primeiro dia do mês em que for exercida".

§ 13. O produtor e o importador de álcool, inclusive para fins carburantes, sujeito ao regime de apuração não cumulativa da Contribuição para o PIS/PASEP e da COFINS podem descontar créditos relativos à aquisição do produto para revenda de outro produtor ou de outro importador.
•• § 13 com redação determinada pela Lei n. 12.859, de 10-9-2013.

§ 13-A. O distribuidor sujeito ao regime de apuração não cumulativa da Contribuição para o PIS/Pasep e da Cofins poderá descontar créditos relativos à aquisição, no mercado interno, de álcool anidro para adição à gasolina.
•• § 13-A acrescentado pela Lei n. 14.292, de 3-1-2022.
•• A Lei Complementar n. 214, de 16-1-2025, revoga este § 13-A, com produção de efeitos a partir do primeiro dia do quarto mês subsequente ao da sua publicação (*DOU* de 16-1-2025).

§ 14. Os créditos de que trata o § 13 deste artigo correspondem aos valores da Contribuição para o PIS/Pasep e da Cofins devidos pelo vendedor em decorrência da operação.
•• § 14 acrescentado pela Lei n. 11.727, de 23-6-2008.

§ 14-A. Os créditos de que trata o § 13-A deste artigo correspondem aos valores da Contribuição para o PIS/Pasep e da Cofins que incidiram sobre a operação de aquisição.

•• § 14-A acrescentado pela Lei n. 14.292, de 3-1-2022.
•• A Lei Complementar n. 214, de 16-1-2025, revoga este § 14-A, com produção de efeitos a partir do primeiro dia do quarto mês subsequente ao da sua publicação (*DOU* de 16-1-2025).

§ 15. (*Revogado pela Lei n. 14.292, de 3-1-2022.*)

§ 16. Observado o disposto nos §§ 14 e 14-A deste artigo, não se aplica às aquisições de que tratam os §§ 13 e 13-A deste artigo o disposto na alínea *b* do inciso I do *caput* do art. 3.º da Lei n. 10.637, de 30 de dezembro de 2002, e na alínea *b* do inciso I do *caput* do art. 3.º da Lei n. 10.833, de 29 de dezembro de 2003.
•• § 16 com redação determinada pela Lei n. 14.292, de 3-1-2022.

§ 17. Na hipótese de o produtor ou importador efetuar a venda de álcool, inclusive para fins carburantes, para pessoa jurídica com a qual mantenha relação de interdependência, o valor tributável não poderá ser inferior a 32,43% (trinta e dois inteiros e quarenta e três centésimos por cento) do preço corrente de venda desse produto aos consumidores na praça desse produtor ou importador.
•• § 17 acrescentado pela Lei n. 11.727, de 23-6-2008.
•• A Lei n. 12.350, de 20-12-2010, propôs a revogação deste parágrafo, mas teve seu texto vetado.

§ 18. Para os efeitos do § 17 deste artigo, na verificação da existência de interdependência entre 2 (duas) pessoas jurídicas, aplicar-se-ão as disposições do art. 42 da Lei n. 4.502, de 30 de novembro de 1964.
•• § 18 acrescentado pela Lei n. 11.727, de 23-6-2008.
•• A Lei n. 12.350, de 20-12-2010, propôs a revogação deste parágrafo, mas teve seu texto vetado.

§ 19. (*Revogado pela Lei n. 14.292, de 3-1-2022.*)

§ 20. A cooperativa de produção ou comercialização de etanol e a pessoa jurídica comercializadora de etanol controlada por produtores de etanol ou interligada a produtores de etanol, diretamente ou por intermédio de cooperativas de produtores, ficam sujeitas às disposições da legislação da Contribuição para o PIS/Pasep e da Cofins aplicáveis à pessoa jurídica produtora, observadas as disposições dos arts. 15 e 16 da Medida Provisória n. 2.158-35, de 24 de agosto de 2001.
•• § 20 acrescentado pela Lei n. 14.292, de 3-1-2022.

§ 21. O transportador-revendedor-retalhista fica sujeito às disposições da legislação da Contribuição para o PIS/Pasep e da Cofins aplicáveis à pessoa jurídica comerciante varejista.
•• § 21 acrescentado pela Lei n. 14.367, de 14-6-2022.
•• A Lei Complementar n. 214, de 16-1-2025, revoga este § 21, com produção de efeitos a partir do primeiro dia do quarto mês subsequente ao da sua publicação (*DOU* de 16-1-2025).

•• A Lei Complementar n. 214, de 16-1-2025, revoga este § 22, com produção de efeitos a partir do primeiro dia do quarto mês subsequente ao da sua publicação (*DOU* de 16-1-2025).

Art. 6.º O disposto no art. 4.º desta Lei aplica-se, também, aos demais produtores e importadores dos produtos ali referidos.
•• *Caput* com redação determinada pela Lei n. 9.990, de 21-7-2000.

Parágrafo único. (*Revogado pela Lei n. 11.727, de 23-6-2008.*)

Art. 7.º No caso de construção por empreitada ou de fornecimento a preço predeterminado de bens ou serviços, contratados por pessoa jurídica de direito público, empresa pública, sociedade de economia mista ou suas subsidiárias, o pagamento das contribuições de que trata o art. 2.º desta Lei poderá ser diferido, pelo contratado, até a data do recebimento do preço.
• *Vide* art. 7.º da Lei n. 10.833, de 29-12-2003.

Parágrafo único. A utilização do tratamento tributário previsto no *caput* deste artigo é facultada ao subempreiteiro ou subcontratado, na hipótese de subcontratação parcial ou total da empreitada ou do fornecimento.

Art. 8.º Fica elevada para 3% (três por cento) a alíquota da COFINS.

§§ 1.º a 4.º (*Revogados pela Medida Provisória n. 2.158-35, de 24-8-2001.*)

Art. 8.º-A. Fica elevada para 4% (quatro por cento) a alíquota da Contribuição para o Financiamento da Seguridade Social – COFINS devida pelas pessoas jurídicas referidas no § 9.º do art. 3.º desta Lei, observada a norma de interpretação do § 9.º-A, produzindo efeitos a partir do 1.º (primeiro) dia do 4.º (quarto) mês subsequente ao da publicação da lei decorrente da conversão da Medida Provisória n. 619, de 6 de junho de 2013, exclusivamente quanto à alíquota.
•• Artigo acrescentado pela Lei n. 12.873, de 24-10-2013.

Art. 8.º-B. A Cofins incidente sobre as receitas decorrentes da alienação de participações societárias deve ser apurada mediante a aplicação da alíquota de 4% (quatro por cento).
•• Artigo acrescentado pela Lei n. 13.043, de 13-11-2014.

Capítulo II
DO IMPOSTO SOBRE A RENDA

Art. 9.º As variações monetárias dos direitos de crédito e das obrigações do contribuinte, em função da taxa de câmbio ou de índices ou coeficientes aplicáveis por disposição legal ou contratual serão consideradas, para efeitos da legislação do imposto de renda, da contribuição social sobre o lucro líquido, da contribuição PIS/PASEP e da COFINS, como receitas ou despesas financeiras, conforme o caso.
•• A Lei Complementar n. 214, de 16-1-2025, deu nova redação a este artigo, com produção de efeitos a partir de 1.º-1-2027: "Art. 9.º As variações

monetárias dos direitos de crédito e das obrigações do contribuinte, em função da taxa de câmbio ou de índices ou coeficientes aplicáveis por disposição legal ou contratual serão consideradas, para efeitos da legislação do imposto sobre a renda e da Contribuição Social sobre o Lucro Líquido, como receitas ou despesas financeiras, conforme o caso".

Art. 10. Os dispositivos abaixo enumerados da Lei n. 9.532, de 10 de dezembro de 1997, passam a vigorar com a seguinte redação:

•• Alterações já processadas no diploma modificado.

Art. 11. Sem prejuízo do disposto nos incisos III e IV do art. 7.º da Lei n. 9.532, de 1997, a pessoa jurídica sucessora poderá classificar, no patrimônio líquido, alternativamente ao disposto no § 2.º do mencionado artigo, a conta que registrar o ágio ou deságio nele mencionado.

Parágrafo único. O disposto neste artigo aplica-se aos fatos geradores ocorridos a partir de 1.º de janeiro de 1998.

•• **A Lei Complementar n. 214, de 16-1-2025, acrescenta a este artigo o parágrafo único, com produção de efeitos a partir de 1.º-1-2027:** "Parágrafo único. O disposto no *caput* também se aplica caso a matéria-prima, produto intermediário e material de embalagem seja utilizado em produto sujeito ao Imposto Seletivo".

Art. 12. Sem prejuízo das normas de tributação aplicáveis aos não residentes no País, sujeitar-se-á à tributação pelo imposto de renda, como residente, a pessoa física que ingressar no Brasil:

I – com visto temporário:

a) para trabalhar com vínculo empregatício, em relação aos fatos geradores ocorridos a partir da data de sua chegada;

b) por qualquer outro motivo, e permanecer por período superior a 183 (cento e oitenta e três) dias, consecutivos ou não, contado, dentro de um intervalo de 12 (doze) meses, da data de qualquer chegada, em relação aos fatos geradores ocorridos a partir do dia subsequente àquele em que se completar referido período de permanência;

II – com visto permanente, em relação aos fatos geradores ocorridos a partir de sua chegada.

Parágrafo único. A Secretaria da Receita Federal expedirá normas quanto às obrigações acessórias decorrentes da aplicação do disposto neste artigo.

•• A Secretaria da Receita Federal passa a denominar-se Secretaria da Receita Federal do Brasil, por força da Lei n. 11.457, de 16-3-2007.

Art. 13. A pessoa jurídica cuja receita bruta total no ano-calendário anterior tenha sido igual ou inferior a R$ 78.000.000,00 (setenta e oito milhões de reais) ou a R$ 6.500.000,00 (seis milhões e quinhentos mil reais) multiplicado pelo número de meses de atividade do ano-calendário anterior, quando inferior a 12 (doze) meses, poderá optar pelo regime de tributação com base no lucro presumido.

•• *Caput* com redação determinada pela Lei n. 12.814, de 16-5-2013.

§ 1.º A opção pela tributação com base no lucro presumido será definitiva em relação a todo o ano-calendário.

§ 2.º Relativamente aos limites estabelecidos neste artigo, a receita bruta auferida no ano anterior será considerada segundo o regime de competência ou de caixa, observado o critério adotado pela pessoa jurídica, caso tenha, naquele ano, optado pela tributação com base no lucro presumido.

Art. 14. Estão obrigadas à apuração do lucro real as pessoas jurídicas:

I – cuja receita total no ano-calendário anterior seja superior ao limite de R$ 78.000.000,00 (setenta e oito milhões de reais) ou proporcional ao número de meses do período, quando inferior a 12 (doze) meses;

•• Inciso I com redação determinada pela Lei n. 12.814, de 16-5-2013.

• *Vide* art. 4.º da Lei n. 9.964, de 10-4-2000.

II – cujas atividades sejam de bancos comerciais, bancos de investimentos, bancos de desenvolvimento, caixas econômicas, sociedades de crédito, financiamento e investimento, sociedades de crédito imobiliário, sociedades corretoras de títulos, valores mobiliários e câmbio, distribuidoras de títulos e valores mobiliários, empresas de arrendamento mercantil, cooperativas de crédito, empresas de seguros privados e de capitalização e entidades de previdência privada aberta;

III – que tiverem lucros, rendimentos ou ganhos de capital oriundos do exterior;

• *Vide* art. 4.º da Lei n. 9.964, de 10-4-2000.

IV – que, autorizadas pela legislação tributária, usufruam de benefícios fiscais relativos à isenção ou redução do imposto;

• *Vide* art. 4.º da Lei n. 9.964, de 10-4-2000.

V – que, no decorrer do ano-calendário, tenham efetuado pagamento mensal pelo regime de estimativa, na forma do art. 2.º da Lei n. 9.430, de 1996;

• *Vide* art. 4.º da Lei n. 9.964, de 10-4-2000.

VI – que explorem as atividades de prestação cumulativa e contínua de serviços de assessoria creditícia, mercadológica, gestão de crédito, seleção e riscos, administração de contas a pagar e a receber, compras de direitos creditórios resultantes de vendas mercantis a prazo ou de prestação de serviços (*factoring*);

VII – que explorem as atividades de securitização de crédito.

•• Inciso VII com redação determinada pela Lei n. 14.430, de 3-8-2022.

Capítulo III
DO IMPOSTO SOBRE OPERAÇÕES DE CRÉDITO, CÂMBIO E SEGURO, OU RELATIVAS A TÍTULOS OU VALORES MOBILIÁRIOS

•• Regulamento: Decreto n. 6.306, de 14-12-2007.

Art. 15. A alíquota do Imposto sobre Operações de Crédito, Câmbio e Seguro, ou relativas a Títulos ou Valores Mobiliários – IOF nas operações de seguro será de 25% (vinte e cinco por cento).

Capítulo IV
DAS DISPOSIÇÕES GERAIS E FINAIS

Art. 16. A pessoa jurídica que, obrigada a apresentar, à Secretaria da Receita Federal, declaração de informações, deixar de fazê-lo ou fizer após o prazo fixado para sua apresentação, sujeitar-se-á à multa de 1% (um por cento) ao mês ou fração, incidente sobre o imposto de renda devido, ainda que integralmente pago, relativo ao ano-calendário a que corresponderem as respectivas informações.

•• A Secretaria da Receita Federal passa a denominar-se Secretaria da Receita Federal do Brasil, por força da Lei n. 11.457, de 16-3-2007.

Parágrafo único. Ao disposto neste artigo aplicam-se as normas constantes dos §§ 1.º a 3.º do art. 88 da Lei n. 8.981, de 20 de janeiro de 1995, e do art. 27 da Lei n. 9.532, de 1997.

Art. 17. Esta Lei entra em vigor na data de sua publicação, produzindo efeitos:

I – em relação aos arts. 2.º a 8.º, para os fatos geradores ocorridos a partir de 1.º de fevereiro de 1999;

II – em relação aos arts. 9.º e 12 a 15, a partir de 1.º de janeiro de 1999.

Art. 18. Ficam revogados, a partir de 1.º de janeiro de 1999:

I – o § 2.º do art. 1.º do Decreto-lei n. 1.330, de 13 de maio de 1974;

II – o § 2.º do art. 4.º do Decreto-lei n. 1.506, de 23 de dezembro de 1976;

III – o art. 36 e o inciso VI do art. 47 da Lei n. 8.981, de 1995;

IV – o § 4.º do art. 15 da Lei n. 9.532, de 1997.

Brasília, 27 de novembro de 1998; 177.º da Independência e 110.º da República.

Fernando Henrique Cardoso

LEI N. 9.766, DE 18 DE DEZEMBRO DE 1998 (*)

Altera a legislação que rege o Salário-Educação, e dá outras providências.

O Presidente da República.

Faço saber que o Congresso Nacional decreta e eu sanciono a seguinte Lei:

Art. 1.º A contribuição social do Salário-Educação, a que se refere o art. 15 da Lei n. 9.424, de 24 de dezembro de 1996, obedecerá aos mesmos prazos e condições, e sujeitar-se-á às mesmas sanções administrativas ou penais e outras normas relativas às

(*) Publicada no *DOU*, de 19-12-1998. Regulamentada pelo Decreto n. 6.003, de 28-12-2006.

contribuições sociais e demais importâncias devidas à Seguridade Social, ressalvada a competência do Fundo Nacional de Desenvolvimento da Educação – FNDE, sobre a matéria.

§ 1.º Estão isentas do recolhimento da contribuição social do Salário-Educação:

I – a União, os Estados, o Distrito Federal e os Municípios, bem como suas respectivas autarquias e fundações;

II – as instituições públicas de ensino de qualquer grau;

III – as escolas comunitárias, confessionais ou filantrópicas, devidamente registradas e reconhecidas pelo competente órgão de educação, que atendam ao disposto no inciso II do art. 55 da Lei n. 8.212, de 24 de julho de 1991;

IV – as organizações de fins culturais que, para este fim, vierem a ser definidas em regulamento;

V – as organizações hospitalares e de assistência social, desde que atendam, cumulativamente, aos requisitos estabelecidos nos incisos I a V do art. 55 da Lei n. 8.212, de 1991.

§ 2.º Integram a receita do Salário-Educação os acréscimos legais a que estão sujeitos os contribuintes em atraso.

§ 3.º Entende-se por empresa, para fins de incidência da contribuição social do Salário-Educação, qualquer firma individual ou sociedade que assume o risco de atividade econômica, urbana ou rural, com fins lucrativos ou não, bem como as empresas e demais entidades públicas ou privadas, vinculadas à Seguridade Social.

Art. 2.º A Quota Estadual e Municipal do Salário-Educação, de que trata o § 1.º e seu inciso II do art. 15 da Lei n. 9.424, de 24 de dezembro de 1996, será integralmente redistribuída entre o Estado e seus Municípios de forma proporcional ao número de alunos matriculados no ensino fundamental nas respectivas redes de ensino, conforme apurado pelo censo educacional realizado pelo Ministério da Educação.

•• Artigo com redação determinada pela Lei n. 10.832, de 29-12-2003.

Art. 3.º O Salário-Educação não tem caráter remuneratório na relação de emprego e não se vincula, para nenhum efeito, ao salário ou à remuneração percebida pelos empregados das empresas contribuintes.

Art. 4.º A contribuição do Salário-Educação será recolhida ao Instituto Nacional do Seguro Social – INSS ou ao FNDE.

• A Resolução n. 1, de 19-2-2003, da Secretaria Executiva do Fundo Nacional de Desenvolvimento da Educação – FNDE, dispõe sobre a inclusão da Secretaria do Tesouro Nacional – STN na rede arrecadadora de contribuições do Salário-Educação administradas pelo Fundo Nacional de Desenvolvimento da Educação - FNDE.

Parágrafo único. O INSS reterá, do montante por ele arrecadado, a importância equivalente a 1% (um por cento), a título de taxa de administração, creditando o restante no Banco do Brasil S.A., em favor do FNDE, para os fins previstos no art. 15, § 1.º, da Lei n. 9.424, de 1996.

Art. 5.º A fiscalização da arrecadação do Salário-Educação será realizada pelo INSS, ressalvada a competência do FNDE sobre a matéria.

Parágrafo único. Para efeito da fiscalização prevista neste artigo, seja por parte do INSS, seja por parte do FNDE, não se aplicam as disposições legais excludentes ou limitativas do direito de examinar livros, arquivos, documentos, papéis e efeitos comerciais ou fiscais, dos comerciantes, empresários, industriais ou produtores, ou da obrigação destes de exibi-los.

Art. 6.º As disponibilidades financeiras dos recursos gerenciados pelo FNDE, inclusive os arrecadados à conta do Salário-Educação, poderão ser aplicados por intermédio de instituição financeira pública federal, na forma que vier a ser estabelecida pelo seu Conselho Deliberativo.

Art. 7.º O Ministério da Educação e do Desporto fiscalizará, por intermédio do FNDE, a aplicação dos recursos provenientes do Salário-Educação, na forma do regulamento e das instruções que para este fim forem baixadas por aquela autarquia, vedada sua destinação ao pagamento de pessoal.

Art. 8.º Os recursos do Salário-Educação podem ser aplicados na educação especial, desde que vinculada ao ensino fundamental público.

Art. 9.º O Poder Executivo regulamentará esta Lei no prazo de 60 (sessenta) dias da data de sua publicação.

Art. 10. Ficam convalidados os atos praticados com base na Medida Provisória n. 1.607-24, de 19 de novembro de 1998.

Art. 11. Esta Lei entra em vigor na data de sua publicação.

Art. 12. Revoga-se a Lei n. 8.150, de 28 de dezembro de 1990.

Brasília, 18 de dezembro de 1998; 177.º da Independência e 110.º da República.

Fernando Henrique Cardoso

LEI N. 9.779, DE 19 DE JANEIRO DE 1999 (*)

Altera a legislação do Imposto sobre a Renda, relativamente à tributação dos Fundos de Investimento Imobiliário e dos rendimentos auferidos em aplicação ou operação financeira de renda fixa ou variável, ao Sistema Integrado de Pagamento de Impostos e Contribuições das Microempresas e das Empresas de Pequeno Porte – SIMPLES, à incidência sobre rendimentos de beneficiários no exterior, bem assim a legislação do Imposto sobre Produtos Industrializados – IPI, relativamente ao aproveitamento de créditos e à equiparação de atacadista a estabelecimento industrial, do Imposto sobre Operações de Crédito, Câmbio e Seguros ou relativas a Títulos e Valores Mobiliários – IOF, relativamente às operações de mútuo, e da Contribuição Social sobre o Lucro Líquido, relativamente às despesas financeiras, e dá outras providências.

(*) Publicada no *Diário Oficial da União*, de 20-1-1999.

Faço saber que o Presidente da República adotou a Medida Provisória n. 1.788, de 29 de dezembro de 1998, que o Congresso Nacional aprovou, e eu, Antonio Carlos Magalhães, Presidente, para os efeitos do disposto no parágrafo único do art. 62 da Constituição Federal, promulgo a seguinte Lei:

....

Art. 3.º Os lucros acumulados até 31 de dezembro de 1998 pelos Fundos de Investimento Imobiliário constituídos antes da publicação desta Lei, que forem distribuídos até 31 de janeiro de 1999, sujeitar-se-ão à incidência do imposto de renda na fonte à alíquota de 20% (vinte por cento).

Parágrafo único. Os lucros a que se refere este artigo, distribuídos após 31 de janeiro de 1999, sujeitar-se-ão à incidência do imposto de renda na fonte à alíquota de 25% (vinte e cinco por cento).

Art. 4.º Ressalvada a responsabilidade da fonte pagadora pela retenção do imposto sobre os rendimentos de que trata o art. 16-A da Lei n. 8.668, de 1993, com a redação dada por esta Lei, fica a instituição administradora do Fundo de Investimento Imobiliário responsável pelo cumprimento das demais obrigações tributárias, inclusive acessórias, do Fundo.

• Dispõe citado dispositivo:

"Art. 16-A. Os rendimentos e ganhos líquidos auferidos pelos Fundos de Investimento Imobiliário, em aplicações financeiras de renda fixa ou de renda variável, sujeitam-se à incidência do imposto de renda na fonte, observadas as mesmas normas aplicáveis às pessoas jurídicas submetidas a esta forma de tributação. § 1.º Não estão sujeitas à incidência do imposto de renda na fonte prevista no *caput* as aplicações efetuadas pelos Fundos de Investimento Imobiliário nos ativos de que tratam os incisos II e III do art. 3.º da Lei n. 11.033, de 21 de dezembro de 2004. § 2.º O imposto de que trata o *caput* poderá ser compensado com o retido na fonte pelo Fundo de Investimento Imobiliário, por ocasião da distribuição de rendimentos e ganhos de capital. § 3.º A compensação de que trata o § 2.º será efetuada proporcionalmente à participação do cotista pessoa jurídica ou pessoa física não sujeita à isenção prevista no inciso III do art. 3.º da Lei n. 11.033, de 21 de dezembro de 2004. § 4.º A parcela do imposto não compensada relativa à pessoa física sujeita à isenção nos termos do inciso III do art. 3.º da Lei n. 11.033, de 21 de dezembro de 2004, será considerada exclusiva de fonte".

Art. 5.º Os rendimentos auferidos em qualquer aplicação ou operação financeira de renda fixa ou de renda variável sujeitam-se à incidência do imposto de renda na fonte, mesmo no caso das operações de cobertura (*hedge*), realizadas por meio de operações de *swap* e outras, nos mercados de derivativos.

Parágrafo único. A retenção na fonte de que trata este artigo não se aplica no caso de beneficiário referido no inciso I do art. 77 da Lei n. 8.981, de 20 de janeiro de 1995, com redação dada pela Lei n. 9.065, de 20 de junho de 1995.

....

Art. 7.º Os rendimentos do trabalho, com ou sem vínculo empregatício, e os da prestação de serviços, pagos, creditados, entregues, empregados ou remetidos a residentes ou domiciliados no exterior, sujeitam-se à incidência do imposto de renda na fonte à alíquota de 25% (vinte e cinco por cento).

Art. 8.º Ressalvadas as hipóteses a que se referem os incisos V, VIII, IX, X e XI do art. 1.º da Lei n. 9.481, de 13 de agosto de 1997, os rendimentos decorrentes de qualquer operação, em que o beneficiário seja residente ou domiciliado em país que não tribute a renda ou que a tribute à alíquota máxima inferior a 20% (vinte por cento), a que se refere o art. 24 da Lei n. 9.430, de 27 de dezembro de 1996, sujeitam-se à incidência do imposto de renda na fonte à alíquota de 25% (vinte e cinco por cento).

Art. 9.º Os juros e comissões correspondentes à parcela dos créditos de que trata o inciso XI do art. 1.º da Lei n. 9.481, de 1997, não aplicada no financiamento de exportações, sujeita-se à incidência do imposto de renda na fonte à alíquota de 25% (vinte e cinco por cento).

Parágrafo único. O imposto a que se refere este artigo será recolhido até o último dia útil do 1.º (primeiro) decêndio do mês subsequente ao de apuração dos referidos juros e comissões.

•• Parágrafo único com redação determinada pela Lei n. 11.488, de 15-6-2007.

Art. 10. O § 2.º do art. 23 da Lei n. 9.532, de 10 de dezembro de 1997, passa a vigorar com a seguinte redação:

•• Alteração já processada no texto do dispositivo citado.

Art. 11. O saldo credor do Imposto sobre Produtos Industrializados – IPI, acumulado em cada trimestre-calendário, decorrente de aquisição de matéria-prima, produto intermediário e material de embalagem, aplicados na industrialização, inclusive de produto isento ou tributado à alíquota zero, que o contribuinte não puder compensar com o IPI devido na saída de outros produtos, poderá ser utilizado de conformidade com o disposto nos arts. 73 e 74 da Lei n. 9.430, de 1996, observadas normas expedidas pela Secretaria da Receita Federal – SRF, do Ministério da Fazenda.

•• **A Lei Complementar n. 214, de 16-1-2025, acrescenta a este artigo o parágrafo único, com produção de efeitos a partir de 1.º-1-2027:** "Parágrafo único. O disposto no *caput* também se aplica caso a matéria-prima, produto intermediário e material de embalagem seja utilizado em produto sujeito ao Imposto Seletivo".

•• A Secretaria da Receita Federal passa a denominar-se Secretaria da Receita Federal do Brasil, por força da Lei n. 11.457, de 16-3-2007.

• O Ato Declaratório Interpretativo n. 5, de 17-4-2006, da Secretaria da Receita Federal, dispõe sobre a aplicação deste artigo.

....

Art. 13. As operações de crédito correspondentes a mútuo de recursos financeiros entre pessoas jurídicas ou entre pessoa jurídica e pessoa física sujeitam-se à incidência do IOF segundo as mesmas normas aplicáveis às operações de financiamento e empréstimos praticadas pelas instituições financeiras.

§ 1.º Considera-se ocorrido o fato gerador do IOF, na hipótese deste artigo, na data da concessão do crédito.

§ 2.º Responsável pela cobrança e recolhimento do IOF de que trata este artigo é a pessoa jurídica que conceder o crédito.

§ 3.º O imposto cobrado na hipótese deste artigo deverá ser recolhido até o terceiro dia útil da semana subsequente à da ocorrência do fato gerador.

•• Regulamenta a cobrança do IOF o Decreto n. 6.306, de 14-12-2007.

....

Art. 15. Serão efetuados, de forma centralizada, pelo estabelecimento matriz da pessoa jurídica:

I – o recolhimento do imposto de renda retido na fonte sobre quaisquer rendimentos;

II – a apuração do crédito presumido do Imposto sobre Produtos Industrializados – IPI de que trata a Lei n. 9.363, de 13 de dezembro de 1996;

III – a apuração e o pagamento das contribuições para o Programa de Integração Social e para o Programa de Formação do Patrimônio do Servidor Público – PIS/PASEP e para o Financiamento da Seguridade Social – COFINS;

IV – a apresentação das declarações de débitos e créditos de tributos e contribuições federais e as declarações de informações, observadas normas estabelecidas pela Secretaria da Receita Federal.

•• A Secretaria da Receita Federal passa a denominar-se Secretaria da Receita Federal do Brasil, por força da Lei n. 11.457, de 16-3-2007.

Art. 16. Compete à Secretaria da Receita Federal dispor sobre as obrigações acessórias relativas aos impostos e contribuições por ela administrados, estabelecendo, inclusive, forma, prazo e condições para o seu cumprimento e o respectivo responsável.

•• *Vide* nota ao art. 15, IV, desta Lei.

Art. 17. Fica concedido ao contribuinte ou responsável exonerado do pagamento de tributo ou contribuição por decisão judicial proferida, em qualquer grau de jurisdição, com fundamento em inconstitucionalidade de lei, que houver sido declarada constitucional pelo Supremo Tribunal Federal, em ação direta de constitucionalidade ou inconstitucionalidade, o prazo até o último dia útil do mês de janeiro de 1999 para o pagamento, isento de multa e juros de mora, da exação alcançada pela decisão declaratória, cujo fato gerador tenha ocorrido posteriormente à data de publicação do pertinente acórdão do Supremo Tribunal Federal.

•• A Medida Provisória n. 2.158-35, de 24-8-2001, prorrogou o prazo previsto neste artigo para o último dia útil do mês de fevereiro de 1999. Relativamente às contribuições arrecadadas pelo INSS, o prazo fica prorrogado para o último dia útil do mês de abril de 1999.

§ 1.º O disposto neste artigo estende-se:

I – aos casos em que a declaração de constitucionalidade tenha sido proferida pelo Supremo Tribunal Federal, em recurso extraordinário;

II – a contribuinte ou responsável favorecido por decisão judicial definitiva em matéria tributária, proferida sob qualquer fundamento, em qualquer grau de jurisdição;

III – aos processos judiciais ajuizados até 31 de dezembro de 1998, exceto os relativos à execução da Dívida Ativa da União.

•• § 1.º acrescentado pela Medida Provisória n. 2.158-35, de 24-8-2001.

§ 2.º O pagamento na forma do *caput* deste artigo aplica-se à exação relativa a fato gerador:

I – ocorrido a partir da data da publicação do primeiro Acórdão do Tribunal Pleno do Supremo Tribunal Federal, na hipótese do inciso I do § 1.º;

II – ocorrido a partir da data da publicação da decisão judicial, na hipótese do inciso II do § 1.º;

III – alcançado pelo pedido, na hipótese do inciso III do § 1.º.

•• § 2.º acrescentado pela Medida Provisória n. 2.158-35, de 24-8-2001.

§ 3.º O pagamento referido neste artigo:

I – importa em confissão irretratável da dívida;

II – constitui confissão extrajudicial, nos termos dos arts. 348, 353 e 354 do Código de Processo Civil;

•• *Vide* nota ao art. 15, IV, desta Lei.

III – poderá ser parcelado em até 6 (seis) parcelas iguais, mensais e sucessivas, vencendo-se a primeira no mesmo prazo estabelecido no *caput* para o pagamento integral e as demais no último dia útil dos meses subsequentes;

IV – relativamente aos tributos e contribuições administrados pela Secretaria da Receita Federal, poderá ser efetuado em quota única, até o último dia útil do mês de julho de 1999.

Lei n. 9.784, de 29-1-1999 – Processo Administrativo

•• § 3.º acrescentado pela Medida Provisória n. 2.158-35, de 24-8-2001.
•• Vide nota ao art. 15, IV, desta Lei.

§ 4.º As prestações do parcelamento referido no inciso III do § 3.º serão acrescidas de juros equivalentes à taxa referencial do Sistema Especial de Liquidação e de Custódia – SELIC, para títulos federais, acumulada mensalmente, calculados a partir do mês de vencimento da primeira parcela até o mês anterior ao pagamento e de um por cento no mês do pagamento.

•• § 4.º acrescentado pela Medida Provisória n. 2.158-35, de 24-8-2001.

§ 5.º Na hipótese do inciso IV do § 3.º, os juros a que se refere o § 4.º serão calculados a partir do mês de fevereiro de 1999.

•• § 5.º acrescentado pela Medida Provisória n. 2.158-35, de 24-8-2001.

§ 6.º O pagamento nas condições deste artigo poderá ser parcial, referente apenas a determinado objeto da ação judicial, quando esta envolver mais de um objeto.

•• § 6.º acrescentado pela Medida Provisória n. 2.158-35, de 24-8-2001.

§ 7.º No caso de pagamento parcial, o disposto nos incisos I e II do § 3.º alcança exclusivamente os valores pagos.

•• § 7.º acrescentado pela Medida Provisória n. 2.158-35, de 24-8-2001.

§ 8.º Aplica-se o disposto neste artigo às contribuições arrecadadas pelo Instituto Nacional do Seguro Social – INSS.

•• § 8.º acrescentado pela Medida Provisória n. 2.158-35, de 24-8-2001.

Art. 18. O importador, antes de aplicada a pena de perdimento da mercadoria na hipótese a que se refere o inciso II do art. 23 do Decreto-lei n. 1.455, de 7 de abril de 1976, poderá iniciar o respectivo despacho aduaneiro, mediante o cumprimento das formalidades exigidas e o pagamento dos tributos incidentes na importação, acrescidos dos juros e da multa de que trata o art. 61 da Lei n. 9.430, de 1996, e das despesas decorrentes da permanência da mercadoria em recinto alfandegado.

•• O inciso II do art. 23 do Decreto-lei n. 1.455, de 7-4-1976, dispõe sobre mercadorias importadas consideradas abandonadas pelo decurso do prazo de permanência em recintos alfandegados.

Parágrafo único. Para efeito do disposto neste artigo, considera-se ocorrido o fato gerador, e devidos os tributos incidentes na importação, na data do vencimento do prazo de permanência da mercadoria no recinto alfandegado.

Art. 19. A pena de perdimento, aplicada na hipótese a que se refere o *caput* do art. 18, poderá ser convertida, a requerimento do importador, antes de ocorrida a destinação, em multa equivalente ao valor aduaneiro da mercadoria.

Parágrafo único. A entrega da mercadoria ao importador, em conformidade com o disposto neste artigo, fica condicionada à comprovação do pagamento da multa e ao atendimento das normas de controle administrativo.

Art. 20. A SRF expedirá os atos necessários à aplicação do disposto nos arts. 18 e 19.

Art. 21. Esta Lei entra em vigor na data de sua publicação.

Art. 22. Ficam revogados:
I – a partir da publicação desta Lei, o art. 19 da Lei n. 9.532, de 1997;
II – a partir de 1.º de janeiro de 1999:
a) o art. 13 da Lei n. 8.218, de 29 de agosto de 1991, com redação dada pela Lei n. 8.383, de 30 de dezembro de 1991;
b) o art. 42 da Lei n. 9.532, de 1997.

Congresso Nacional, em 19 de janeiro de 1999; 178.º da Independência e 111.º da República.

Antonio Carlos Magalhães

LEI N. 9.784, DE 29 DE JANEIRO DE 1999 (*)

Regula o processo administrativo no âmbito da Administração Pública Federal.

O Presidente da República.
Faço saber que o Congresso Nacional decreta e eu sanciono a seguinte Lei:

Capítulo I
DAS DISPOSIÇÕES GERAIS

Art. 1.º Esta Lei estabelece normas básicas sobre o processo administrativo no âmbito da Administração Federal direta e indireta, visando, em especial, à proteção dos direitos dos administrados e ao melhor cumprimento dos fins da Administração.

§ 1.º Os preceitos desta Lei também se aplicam aos órgãos dos Poderes Legislativo e Judiciário da União, quando no desempenho de função administrativa.

§ 2.º Para os fins desta Lei, consideram-se:
I – órgão – a unidade de atuação integrante da estrutura da Administração direta e da estrutura da Administração indireta;
II – entidade – a unidade de atuação dotada de personalidade jurídica;
III – autoridade – o servidor ou agente público dotado de poder de decisão.

Art. 2.º A Administração Pública obedecerá, dentre outros, aos princípios da legalidade, finalidade, motivação, razoabilidade, proporcionalidade, moralidade, ampla defesa, contraditório, segurança jurídica, interesse público e eficiência.

•• Vide Súmulas 312 e 611 do STJ.
• Vide art. 37 da CF.
• Vide Súmula Vinculante 3 do STF.
• Vide Súmulas 20 e 21 do STF.

Parágrafo único. Nos processos administrativos serão observados, entre outros, os critérios de:

(*) Publicada no *Diário Oficial da União*, de 1.º-2-1999, e retificada em 11-3-1999.

I – atuação conforme a lei e o Direito;
II – atendimento a fins de interesse geral, vedada a renúncia total ou parcial de poderes ou competências, salvo autorização em lei;
III – objetividade no atendimento do interesse público, vedada a promoção pessoal de agentes ou autoridades;
• Vide art. 37, § 1.º, da CF.
• A Lei n. 8.429, de 2-6-1992, dispõe sobre as sanções aplicáveis aos agentes públicos nos casos de cometimento de improbidade administrativa.
IV – atuação segundo padrões éticos de probidade, decoro e boa-fé;
• Vide art. 37, § 4.º, da CF.
V – divulgação oficial dos atos administrativos, ressalvadas as hipóteses de sigilo previstas na Constituição;
• Vide art. 5.º, X, XXXI e LX, da CF.
• A Lei n. 12.527, de 18-11-2011, regula o acesso a informações previsto no inciso XXXIII do art. 5.º, no inciso II do § 3.º do art. 37 e no § 2.º do art. 216 da CF.
• Vide Súmula Vinculante 14 do STF.
VI – adequação entre meios e fins, vedada a imposição de obrigações, restrições e sanções em medida superior àquelas estritamente necessárias ao atendimento do interesse público;
VII – indicação dos pressupostos de fato e de direito que determinarem a decisão;
• Vide art. 50 da Lei n. 9.784, de 29-1-1999.
VIII – observância das formalidades essenciais à garantia dos direitos dos administrados;
IX – adoção de formas simples, suficientes para propiciar adequado grau de certeza, segurança e respeito aos direitos dos administrados;
X – garantia dos direitos à comunicação, à apresentação de alegações finais, à produção de provas e à interposição de recursos, nos processos de que possam resultar sanções e nas situações de litígio;
• Vide art. 5.º, LV, da CF.
• Vide art. 3.º da Lei n. 9.784, de 29-1-1999.
• Vide Súmulas Vinculantes 3, 5, 21 e 23 do STF.
XI – proibição de cobrança de despesas processuais, ressalvadas as previstas em lei;
• Vide Súmulas Vinculantes 21 e 23 do STF.
XII – impulsão, de ofício, do processo administrativo, sem prejuízo da atuação dos interessados;
XIII – interpretação da norma administrativa da forma que melhor garanta o atendimento do fim público a que se dirige, vedada aplicação retroativa de nova interpretação.

Capítulo II
DOS DIREITOS DOS ADMINISTRADOS

Art. 3.º O administrado tem os seguintes direitos perante a Administração, sem prejuízo de outros que lhe sejam assegurados:
I – ser tratado com respeito pelas autoridades e servidores, que deverão facilitar o

exercício de seus direitos e o cumprimento de suas obrigações;

II – ter ciência da tramitação dos processos administrativos em que tenha a condição de interessado, ter vista dos autos, obter cópias de documentos neles contidos e conhecer as decisões proferidas;

III – formular alegações e apresentar documentos antes da decisão, os quais serão objeto de consideração pelo órgão competente;

IV – fazer-se assistir, facultativamente, por advogado, salvo quando obrigatória a representação, por força de lei.

Capítulo III
DOS DEVERES DO ADMINISTRADO

Art. 4.º São deveres do administrado perante a Administração, sem prejuízo de outros previstos em ato normativo:

I – expor os fatos conforme a verdade;

II – proceder com lealdade, urbanidade e boa-fé;

III – não agir de modo temerário;

IV – prestar as informações que lhe forem solicitadas e colaborar para o esclarecimento dos fatos.

Capítulo IV
DO INÍCIO DO PROCESSO

Art. 5.º O processo administrativo pode iniciar-se de ofício ou a pedido de interessado.
•• *Vide* Súmula 611 do STJ.

Art. 6.º O requerimento inicial do interessado, salvo casos em que for admitida solicitação oral, deve ser formulado por escrito e conter os seguintes dados:

I – órgão ou autoridade administrativa a que se dirige;

II – identificação do interessado ou de quem o represente;

III – domicílio do requerente ou local para recebimento de comunicações;

IV – formulação do pedido, com exposição dos fatos e de seus fundamentos;

V – data e assinatura do requerente ou de seu representante.

Parágrafo único. É vedada à Administração a recusa imotivada de recebimento de documentos, devendo o servidor orientar o interessado quanto ao suprimento de eventuais falhas.

Art. 7.º Os órgãos e entidades administrativas deverão elaborar modelos ou formulários padronizados para assuntos que importem pretensões equivalentes.

Art. 8.º Quando os pedidos de uma pluralidade de interessados tiverem conteúdo e fundamentos idênticos, poderão ser formulados em um único requerimento, salvo preceito legal em contrário.

Capítulo V
DOS INTERESSADOS

Art. 9.º São legitimados como interessados no processo administrativo:

I – pessoas físicas ou jurídicas que o iniciem como titulares de direitos ou interesses individuais ou no exercício do direito de representação;

II – aqueles que, sem terem iniciado o processo, têm direitos ou interesses que possam ser afetados pela decisão a ser adotada;

III – as organizações e associações representativas, no tocante a direitos e interesses coletivos;

IV – as pessoas ou as associações legalmente constituídas quanto a direitos ou interesses difusos.

Art. 10. São capazes, para fins de processo administrativo, os maiores de dezoito anos, ressalvada previsão especial em ato normativo próprio.

Capítulo VI
DA COMPETÊNCIA

Art. 11. A competência é irrenunciável e se exerce pelos órgãos administrativos a que foi atribuída como própria, salvo os casos de delegação e avocação legalmente admitidos.

Art. 12. Um órgão administrativo e seu titular poderão, se não houver impedimento legal, delegar parte da sua competência a outros órgãos ou titulares, ainda que estes não lhe sejam hierarquicamente subordinados, quando for conveniente, em razão de circunstâncias de índole técnica, social, econômica, jurídica ou territorial.

Parágrafo único. O disposto no *caput* deste artigo aplica-se à delegação de competência dos órgãos colegiados aos respectivos presidentes.

Art. 13. Não podem ser objeto de delegação:

I – a edição de atos de caráter normativo;

II – a decisão de recursos administrativos;

III – as matérias de competência exclusiva do órgão ou autoridade.

Art. 14. O ato de delegação e sua revogação deverão ser publicados no meio oficial.

§ 1.º O ato de delegação especificará as matérias e poderes transferidos, os limites da atuação do delegado, a duração e os objetivos da delegação e o recurso cabível, podendo conter ressalva de exercício da atribuição delegada.

§ 2.º O ato de delegação é revogável a qualquer tempo pela autoridade delegante.

§ 3.º As decisões adotadas por delegação devem mencionar explicitamente esta qualidade e considerar-se-ão editadas pelo delegado.

Art. 15. Será permitida, em caráter excepcional e por motivos relevantes devidamente justificados, a avocação temporária de competência atribuída a órgão hierarquicamente inferior.

Art. 16. Os órgãos e entidades administrativas divulgarão publicamente os locais das respectivas sedes e, quando conveniente, a unidade fundacional competente em matéria de interesse especial.

Art. 17. Inexistindo competência legal específica, o processo administrativo deverá ser iniciado perante a autoridade de menor grau hierárquico para decidir.

Capítulo VII
DOS IMPEDIMENTOS E DA SUSPEIÇÃO

Art. 18. É impedido de atuar em processo administrativo o servidor ou autoridade que:

I – tenha interesse direto ou indireto na matéria;

II – tenha participado ou venha a participar como perito, testemunha ou representante, ou se tais situações ocorrem quanto ao cônjuge, companheiro ou parente e afins até o terceiro grau;

III – esteja litigando judicial ou administrativamente com o interessado ou respectivo cônjuge ou companheiro.

Art. 19. A autoridade ou servidor que incorrer em impedimento deve comunicar o fato à autoridade competente, abstendo-se de atuar.

Parágrafo único. A omissão do dever de comunicar o impedimento constitui falta grave, para efeitos disciplinares.

Art. 20. Pode ser arguida a suspeição de autoridade ou servidor que tenha amizade íntima ou inimizade notória com algum dos interessados ou com os respectivos cônjuges, companheiros, parentes e afins até o terceiro grau.

Art. 21. O indeferimento de alegação de suspeição poderá ser objeto de recurso, sem efeito suspensivo.

Capítulo VIII
DA FORMA, TEMPO E LUGAR DOS ATOS DO PROCESSO

Art. 22. Os atos do processo administrativo não dependem de forma determinada senão quando a lei expressamente a exigir.

§ 1.º Os atos do processo devem ser produzidos por escrito, em vernáculo, com a data e o local de sua realização e a assinatura da autoridade responsável.

§ 2.º Salvo imposição legal, o reconhecimento de firma somente será exigido quando houver dúvida de autenticidade.

§ 3.º A autenticação de documentos exigidos em cópia poderá ser feita pelo órgão administrativo.

§ 4.º O processo deverá ter suas páginas numeradas sequencialmente e rubricadas.

Art. 23. Os atos do processo devem realizar-se em dias úteis, no horário normal de funcionamento da repartição na qual tramitar o processo.

Parágrafo único. Serão concluídos depois do horário normal os atos já iniciados, cujo adiamento prejudique o curso regular do procedimento ou cause dano ao interessado ou à Administração.

Art. 24. Inexistindo disposição específica, os atos do órgão ou autoridade responsável pelo processo e dos administrados que dele participem devem ser praticados no prazo de cinco dias, salvo motivo de força maior.
Parágrafo único. O prazo previsto neste artigo pode ser dilatado até o dobro, mediante comprovada justificação.
Art. 25. Os atos do processo devem realizar-se preferencialmente na sede do órgão, cientificando-se o interessado se outro for o local de realização.

Capítulo IX
DA COMUNICAÇÃO DOS ATOS

Art. 26. O órgão competente perante o qual tramita o processo administrativo determinará a intimação do interessado para ciência de decisão ou a efetivação de diligências.
§ 1.º A intimação deverá conter:
I – identificação do intimado e nome do órgão ou entidade administrativa;
II – finalidade da intimação;
III – data, hora e local em que deve comparecer;
IV – se o intimado deve comparecer pessoalmente, ou fazer-se representar;
V – informação da continuidade do processo independentemente do seu comparecimento;
VI – indicação dos fatos e fundamentos legais pertinentes.
§ 2.º A intimação observará a antecedência mínima de três dias úteis quanto à data de comparecimento.
§ 3.º A intimação pode ser efetuada por ciência no processo, por via postal com aviso de recebimento, por telegrama ou outro meio que assegure a certeza da ciência do interessado.
§ 4.º No caso de interessados indeterminados, desconhecidos ou com domicílio indefinido, a intimação deve ser efetuada por meio de publicação oficial.
§ 5.º As intimações serão nulas quando feitas sem observância das prescrições legais, mas o comparecimento do administrado supre sua falta ou irregularidade.
Art. 27. O desatendimento da intimação não importa o reconhecimento da verdade dos fatos, nem a renúncia a direito pelo administrado.
Parágrafo único. No prosseguimento do processo, será garantido direito de ampla defesa ao interessado.
Art. 28. Devem ser objeto de intimação os atos do processo que resultem para o interessado em imposição de deveres, ônus, sanções ou restrição ao exercício de direitos e atividades e os atos de outra natureza, de seu interesse.

Capítulo X
DA INSTRUÇÃO

Art. 29. As atividades de instrução destinadas a averiguar e comprovar os dados necessários à tomada de decisão realizam-se de ofício ou mediante impulsão do órgão responsável pelo processo, sem prejuízo do direito dos interessados de propor atuações probatórias.
•• Vide Súmula 611 do STJ.
§ 1.º O órgão competente para a instrução fará constar dos autos os dados necessários à decisão do processo.
§ 2.º Os atos de instrução que exijam a atuação dos interessados devem realizar-se do modo menos oneroso para estes.
Art. 30. São inadmissíveis no processo administrativo as provas obtidas por meios ilícitos.
Art. 31. Quando a matéria do processo envolver assunto de interesse geral, o órgão competente poderá, mediante despacho motivado, abrir período de consulta pública para manifestação de terceiros, antes da decisão do pedido, se não houver prejuízo para a parte interessada.
§ 1.º A abertura da consulta pública será objeto de divulgação pelos meios oficiais, a fim de que pessoas físicas ou jurídicas possam examinar os autos, fixando-se prazo para oferecimento de alegações escritas.
§ 2.º O comparecimento à consulta pública não confere, por si, a condição de interessado do processo, mas confere o direito de obter da Administração resposta fundamentada, que poderá ser comum a todas as alegações substancialmente iguais.
Art. 32. Antes da tomada de decisão, a juízo da autoridade, diante da relevância da questão, poderá ser realizada audiência pública para debates sobre a matéria do processo.
Art. 33. Os órgãos e entidades administrativas, em matéria relevante, poderão estabelecer outros meios de participação de administrados, diretamente ou por meio de organizações e associações legalmente reconhecidas.
Art. 34. Os resultados da consulta e audiência pública e de outros meios de participação de administrados deverão ser apresentados com a indicação do procedimento adotado.
Art. 35. Quando necessária à instrução do processo, a audiência de outros órgãos ou entidades administrativas poderá ser realizada em reunião conjunta, com a participação de titulares ou representantes dos órgãos competentes, lavrando-se a respectiva ata, a ser juntada aos autos.
Art. 36. Cabe ao interessado a prova dos fatos que tenha alegado, sem prejuízo do dever atribuído ao órgão competente para a instrução e do disposto no art. 37 desta Lei.
Art. 37. Quando o interessado declarar que fatos e dados estão registrados em documentos existentes na própria Administração responsável pelo processo ou em outro órgão administrativo, o órgão competente para a instrução proverá, de ofício, à obtenção dos documentos ou das respectivas cópias.
Art. 38. O interessado poderá, na fase instrutória e antes da tomada da decisão, juntar documentos e pareceres, requerer diligências e perícias, bem como aduzir alegações referentes à matéria objeto do processo.
§ 1.º Os elementos probatórios deverão ser considerados na motivação do relatório e da decisão.
§ 2.º Somente poderão ser recusadas, mediante decisão fundamentada, as provas propostas pelos interessados quando sejam ilícitas, impertinentes, desnecessárias ou protelatórias.
Art. 39. Quando for necessária a prestação de informações ou a apresentação de provas pelos interessados ou terceiros, serão expedidas intimações para esse fim, mencionando-se data, prazo, forma e condições de atendimento.
Parágrafo único. Não sendo atendida a intimação, poderá o órgão competente, se entender relevante a matéria, suprir de ofício a omissão, não se eximindo de proferir a decisão.
Art. 40. Quando dados, atuações ou documentos solicitados ao interessado forem necessários à apreciação de pedido formulado, o não atendimento no prazo fixado pela Administração para a respectiva apresentação implicará arquivamento do processo.
Art. 41. Os interessados serão intimados de prova ou diligência ordenada, com antecedência mínima de três dias úteis, mencionando-se data, hora e local de realização.
Art. 42. Quando deva ser obrigatoriamente ouvido um órgão consultivo, o parecer deverá ser emitido no prazo máximo de quinze dias, salvo norma especial ou comprovada necessidade de maior prazo.
§ 1.º Se um parecer obrigatório e vinculante deixar de ser emitido no prazo fixado, o processo não terá seguimento até a respectiva apresentação, responsabilizando-se quem der causa ao atraso.
§ 2.º Se um parecer obrigatório e não vinculante deixar de ser emitido no prazo fixado, o processo poderá ter prosseguimento e ser decidido com sua dispensa, sem prejuízo da responsabilidade de quem se omitiu no atendimento.
Art. 43. Quando por disposição de ato normativo devam ser previamente obtidos laudos técnicos de órgãos administrativos e estes não cumprirem o encargo no prazo assinalado, o órgão responsável pela instrução deverá solicitar laudo técnico de outro

órgão dotado de qualificação e capacidade técnica equivalentes.

Art. 44. Encerrada a instrução, o interessado terá o direito de manifestar-se no prazo máximo de dez dias, salvo se outro prazo for legalmente fixado.

Art. 45. Em caso de risco iminente, a Administração Pública poderá motivadamente adotar providências acauteladoras sem a prévia manifestação do interessado.

Art. 46. Os interessados têm direito à vista do processo e a obter certidões ou cópias reprográficas dos dados e documentos que o integram, ressalvados os dados e documentos de terceiros protegidos por sigilo ou pelo direito à privacidade, à honra e à imagem.

Art. 47. O órgão de instrução que não for competente para emitir a decisão final elaborará relatório indicando o pedido inicial, o conteúdo das fases do procedimento e formulará proposta de decisão, objetivamente justificada, encaminhando o processo à autoridade competente.

Capítulo XI
DO DEVER DE DECIDIR

Art. 48. A Administração tem o dever de explicitamente emitir decisão nos processos administrativos e sobre solicitações ou reclamações, em matéria de sua competência.

Art. 49. Concluída a instrução de processo administrativo, a Administração tem o prazo de até trinta dias para decidir, salvo prorrogação por igual período expressamente motivada.

Capítulo XI-A
DA DECISÃO COORDENADA

•• Capítulo XI-A acrescentado pela Lei n. 14.210, de 30-9-2021.

Art. 49-A. No âmbito da Administração Pública federal, as decisões administrativas que exijam a participação de 3 (três) ou mais setores, órgãos ou entidades poderão ser tomadas mediante decisão coordenada, sempre que:

•• *Caput* acrescentado pela Lei n. 14.210, de 30-9-2021.

I – for justificável pela relevância da matéria; e

•• Inciso I acrescentado pela Lei n. 14.210, de 30-9-2021.

II – houver discordância que prejudique a celeridade do processo administrativo decisório.

•• Inciso II acrescentado pela Lei n. 14.210, de 30-9-2021.

§ 1.º Para os fins desta Lei, considera-se decisão coordenada a instância de natureza interinstitucional ou intersetorial que atua de forma compartilhada com a finalidade de simplificar o processo administrativo mediante participação concomitante de todas as autoridades e agentes decisórios e dos responsáveis pela instrução técnico-jurídica, observada a natureza do objeto e a compatibilidade do procedimento e de sua formalização com a legislação pertinente.

•• § 1.º acrescentado pela Lei n. 14.210, de 30-9-2021.

§ 2.º (*Vetado*.)

•• § 2.º acrescentado pela Lei n. 14.210, de 30-9-2021.

§ 3.º (*Vetado*.)

•• § 3.º acrescentado pela Lei n. 14.210, de 30-9-2021.

§ 4.º A decisão coordenada não exclui a responsabilidade originária de cada órgão ou autoridade envolvida.

•• § 4.º acrescentado pela Lei n. 14.210, de 30-9-2021.

§ 5.º A decisão coordenada obedecerá aos princípios da legalidade, da eficiência e da transparência, com utilização, sempre que necessário, da simplificação do procedimento e da concentração das instâncias decisórias.

•• § 5.º acrescentado pela Lei n. 14.210, de 30-9-2021.

§ 6.º Não se aplica a decisão coordenada aos processos administrativos:

•• § 6.º, *caput*, acrescentado pela Lei n. 14.210, de 30-9-2021.

I – de licitação;

•• Inciso I acrescentado pela Lei n. 14.210, de 30-9-2021.

II – relacionados ao poder sancionador; ou

•• Inciso II acrescentado pela Lei n. 14.210, de 30-9-2021.

III – em que estejam envolvidas autoridades de Poderes distintos.

•• Inciso III acrescentado pela Lei n. 14.210, de 30-9-2021.

Art. 49-B. Poderão habilitar-se a participar da decisão coordenada, na qualidade de ouvintes, os interessados de que trata o art. 9.º desta Lei.

•• *Caput* acrescentado pela Lei n. 14.210, de 30-9-2021.

Parágrafo único. A participação na reunião, que poderá incluir direito a voz, será deferida por decisão irrecorrível da autoridade responsável pela convocação da decisão coordenada.

•• Parágrafo único acrescentado pela Lei n. 14.210, de 30-9-2021.

Art. 49-C. (*Vetado*.)

•• Artigo acrescentado pela Lei n. 14.210, de 30-9-2021.

Art. 49-D. Os participantes da decisão coordenada deverão ser intimados na forma do art. 26 desta Lei.

•• Artigo acrescentado pela Lei n. 14.210, de 30-9-2021.

Art. 49-E. Cada órgão ou entidade participante é responsável pela elaboração de documento específico sobre o tema atinente à respectiva competência, a fim de subsidiar os trabalhos e integrar o processo da decisão coordenada.

•• *Caput* acrescentado pela Lei n. 14.210, de 30-9-2021.

Parágrafo único. O documento previsto no *caput* deste artigo abordará a questão objeto da decisão coordenada e eventuais precedentes.

•• Parágrafo único acrescentado pela Lei n. 14.210, de 30-9-2021.

Art. 49-F. Eventual dissenso na solução do objeto da decisão coordenada deverá ser manifestado durante as reuniões, de forma fundamentada, acompanhado das propostas de solução e de alteração necessárias para a resolução da questão.

•• *Caput* acrescentado pela Lei n. 14.210, de 30-9-2021.

Parágrafo único. Não poderá ser arguida matéria estranha ao objeto da convocação.

•• Parágrafo único acrescentado pela Lei n. 14.210, de 30-9-2021.

Art. 49-G. A conclusão dos trabalhos da decisão coordenada será consolidada em ata, que conterá as seguintes informações:

•• *Caput* acrescentado pela Lei n. 14.210, de 30-9-2021.

I – relato sobre os itens da pauta;

•• Inciso I acrescentado pela Lei n. 14.210, de 30-9-2021.

II – síntese dos fundamentos aduzidos;

•• Inciso II acrescentado pela Lei n. 14.210, de 30-9-2021.

III – síntese das teses pertinentes ao objeto da convocação;

•• Inciso III acrescentado pela Lei n. 14.210, de 30-9-2021.

IV – registro das orientações, das diretrizes, das soluções ou das propostas de atos governamentais relativos ao objeto da convocação;

•• Inciso IV acrescentado pela Lei n. 14.210, de 30-9-2021.

V – posicionamento dos participantes para subsidiar futura atuação governamental em matéria idêntica ou similar; e

•• Inciso V acrescentado pela Lei n. 14.210, de 30-9-2021.

VI – decisão de cada órgão ou entidade relativa à matéria sujeita à sua competência.

•• Inciso VI acrescentado pela Lei n. 14.210, de 30-9-2021.

§ 1.º Até a assinatura da ata, poderá ser complementada a fundamentação da decisão da autoridade ou do agente a respeito de matéria de competência do órgão ou da entidade representada.

•• § 1.º acrescentado pela Lei n. 14.210, de 30-9-2021.

§ 2.º (*Vetado*.)

•• § 2.º acrescentado pela Lei n. 14.210, de 30-9-2021.

§ 3.º A ata será publicada por extrato no Diário Oficial da União, do qual deverão constar, além do registro referido no inciso IV do *caput* deste artigo, os dados identificadores da decisão coordenada e o órgão e o local em que se encontra a ata em seu inteiro teor, para conhecimento dos interessados.

•• § 3.º acrescentado pela Lei n. 14.210, de 30-9-2021.

Capítulo XII
DA MOTIVAÇÃO

Art. 50. Os atos administrativos deverão ser motivados, com indicação dos fatos e dos fundamentos jurídicos, quando:

I – neguem, limitem ou afetem direitos ou interesses;

II – imponham ou agravem deveres, encargos ou sanções;
- • Vide Súmula 674 do STJ.

III – decidam processos administrativos de concurso ou seleção pública;
- Vide art. 37, II, da CF.
- Vide Súmulas 683 a 685 do STF sobre concursos públicos.

IV – dispensem ou declarem a inexigibilidade de processo licitatório;
- Vide art. 37, XXI, da CF.

V – decidam recursos administrativos;

VI – decorram de reexame de ofício;

VII – deixem de aplicar jurisprudência firmada sobre a questão ou discrepem de pareceres, laudos, propostas e relatórios oficiais;

VIII – importem anulação, revogação, suspensão ou convalidação de ato administrativo.

§ 1.º A motivação deve ser explícita, clara e congruente, podendo consistir em declaração de concordância com fundamentos de anteriores pareceres, informações, decisões ou propostas, que, neste caso, serão parte integrante do ato.
- • Vide Súmula 674 do STJ.

§ 2.º Na solução de vários assuntos da mesma natureza, pode ser utilizado meio mecânico que reproduza os fundamentos das decisões, desde que não prejudique direito ou garantia dos interessados.

§ 3.º A motivação das decisões de órgãos colegiados e comissões ou de decisões orais constará da respectiva ata ou de termo escrito.

Capítulo XIII
DA DESISTÊNCIA E OUTROS CASOS DE EXTINÇÃO DO PROCESSO

Art. 51. O interessado poderá, mediante manifestação escrita, desistir total ou parcialmente do pedido formulado ou, ainda, renunciar a direitos disponíveis.

§ 1.º Havendo vários interessados, a desistência ou renúncia atinge somente quem a tenha formulado.

§ 2.º A desistência ou renúncia do interessado, conforme o caso, não prejudica o prosseguimento do processo, se a Administração considerar que o interesse público assim o exige.

Art. 52. O órgão competente poderá declarar extinto o processo quando exaurida sua finalidade ou o objeto da decisão se tornar impossível, inútil ou prejudicado por fato superveniente.
- Vide Súmula 473 do STF.

Capítulo XIV
DA ANULAÇÃO, REVOGAÇÃO E CONVALIDAÇÃO

Art. 53. A Administração deve anular seus próprios atos, quando eivados de vício de legalidade, e pode revogá-los por motivo de conveniência ou oportunidade, respeitados os direitos adquiridos.
- Vide Súmula 473 do STF.

Art. 54. O direito da Administração de anular os atos administrativos de que decorram efeitos favoráveis para os destinatários decai em cinco anos, contados da data em que foram praticados, salvo comprovada má-fé.
- Vide Súmulas 346 e 473 do STF.

§ 1.º No caso de efeitos patrimoniais contínuos, o prazo de decadência contar-se-á da percepção do primeiro pagamento.

§ 2.º Considera-se exercício do direito de anular qualquer medida de autoridade administrativa que importe impugnação à validade do ato.

Art. 55. Em decisão na qual se evidencie não acarretarem lesão ao interesse público nem prejuízo a terceiros, os atos que apresentarem defeitos sanáveis poderão ser convalidados pela própria Administração.

Capítulo XV
DO RECURSO ADMINISTRATIVO E DA REVISÃO

Art. 56. Das decisões administrativas cabe recurso, em face de razões de legalidade e de mérito.

§ 1.º O recurso será dirigido à autoridade que proferiu a decisão, a qual, se não a reconsiderar no prazo de cinco dias, o encaminhará à autoridade superior.
- Vide art. 106 da Lei n. 8.112, de 11-12-1990.
- Vide Súmula Vinculante 21 do STF.
- Vide Súmula 373 do STJ.

§ 2.º Salvo exigência legal, a interposição de recurso administrativo independe de caução.

§ 3.º Se o recorrente alegar que a decisão administrativa contraria enunciado da súmula vinculante, caberá à autoridade prolatora da decisão impugnada, se não a reconsiderar, explicitar, antes de encaminhar o recurso à autoridade superior, as razões da aplicabilidade ou inaplicabilidade da súmula, conforme o caso.
- •• § 3.º acrescentado pela Lei n. 11.417, de 19-12-2006.

Art. 57. O recurso administrativo tramitará no máximo por três instâncias administrativas, salvo disposição legal diversa.

Art. 58. Têm legitimidade para interpor recurso administrativo:

I – os titulares de direitos e interesses que forem parte no processo;

II – aqueles cujos direitos ou interesses forem indiretamente afetados pela decisão recorrida;

III – as organizações e associações representativas, no tocante a direitos e interesses coletivos;

IV – os cidadãos ou associações, quanto a direitos ou interesses difusos.

Art. 59. Salvo disposição legal específica, é de dez dias o prazo para interposição de recurso administrativo, contado a partir da ciência ou divulgação oficial da decisão recorrida.

§ 1.º Quando a lei não fixar prazo diferente, o recurso administrativo deverá ser decidido no prazo máximo de trinta dias, a partir do recebimento dos autos pelo órgão competente.

§ 2.º O prazo mencionado no parágrafo anterior poderá ser prorrogado por igual período, ante justificativa explícita.

Art. 60. O recurso interpõe-se por meio de requerimento no qual o recorrente deverá expor os fundamentos do pedido de reexame, podendo juntar os documentos que julgar convenientes.

Art. 61. Salvo disposição legal em contrário, o recurso não tem efeito suspensivo.

Parágrafo único. Havendo justo receio de prejuízo de difícil ou incerta reparação decorrente da execução, a autoridade recorrida ou a imediatamente superior poderá, de ofício ou a pedido, dar efeito suspensivo ao recurso.

Art. 62. Interposto o recurso, o órgão competente para dele conhecer deverá intimar os demais interessados para que, no prazo de cinco dias úteis, apresentem alegações.

Art. 63. O recurso não será conhecido quando interposto:

I – fora do prazo;

II – perante órgão incompetente;

III – por quem não seja legitimado;

IV – após exaurida a esfera administrativa.

§ 1.º Na hipótese do inciso II, será indicada ao recorrente a autoridade competente, sendo-lhe devolvido o prazo para recurso.

§ 2.º O não conhecimento do recurso não impede a Administração de rever de ofício o ato ilegal, desde que não ocorrida preclusão administrativa.

Art. 64. O órgão competente para decidir o recurso poderá confirmar, modificar, anular ou revogar, total ou parcialmente, a decisão recorrida, se a matéria for de sua competência.

Parágrafo único. Se da aplicação do disposto neste artigo puder decorrer gravame à situação do recorrente, este deverá ser cientificado para que formule suas alegações antes da decisão.

Art. 64-A. Se o recorrente alegar violação de enunciado da súmula vinculante, o órgão competente para decidir o recurso explicitará as razões da aplicabilidade ou inaplicabilidade da súmula, conforme o caso.
- •• Artigo acrescentado pela Lei n. 11.417, de 19-12-2006.

Art. 64-B. Acolhida pelo Supremo Tribunal Federal a reclamação fundada em violação de enunciado da súmula vinculante, dar-se-á ciência à autoridade prolatora e ao órgão competente para o julgamento do recurso, que deverão adequar as futuras decisões administrativas em casos semelhantes, sob pena de responsabilização pessoal nas esferas cível, administrativa e penal.
•• Artigo acrescentado pela Lei n. 11.417, de 19-12-2006.

Art. 65. Os processos administrativos de que resultem sanções poderão ser revistos, a qualquer tempo, a pedido ou de ofício, quando surgirem fatos novos ou circunstâncias relevantes suscetíveis de justificar a inadequação da sanção aplicada.
• Vide arts. 174 a 182 da Lei n. 8.112, de 11-12-1990.

Parágrafo único. Da revisão do processo não poderá resultar agravamento da sanção.

Capítulo XVI
DOS PRAZOS

Art. 66. Os prazos começam a correr a partir da data da cientificação oficial, excluindo-se da contagem o dia do começo e incluindo-se o do vencimento.

§ 1.º Considera-se prorrogado o prazo até o primeiro dia útil seguinte se o vencimento cair em dia em que não houver expediente ou este for encerrado antes da hora normal.

§ 2.º Os prazos expressos em dias contam-se de modo contínuo.

§ 3.º Os prazos fixados em meses ou anos contam-se de data a data. Se no mês do vencimento não houver o dia equivalente àquele do início do prazo, tem-se como termo o último dia do mês.

Art. 67. Salvo motivo de força maior devidamente comprovado, os prazos processuais não se suspendem.

Capítulo XVII
DAS SANÇÕES

Art. 68. As sanções, a serem aplicadas por autoridade competente, terão natureza pecuniária ou consistirão em obrigação de fazer ou de não fazer, assegurado sempre o direito de defesa.
• Vide art. 5.º, LV, da CF.

Capítulo XVIII
DAS DISPOSIÇÕES FINAIS

Art. 69. Os processos administrativos específicos continuarão a reger-se por lei própria, aplicando-se-lhes apenas subsidiariamente os preceitos desta Lei.

Art. 69-A. Terão prioridade na tramitação, em qualquer órgão ou instância, os procedimentos administrativos em que figure como parte ou interessado:
•• Caput acrescentado pela Lei n. 12.008, de 29-7-2009.

I – pessoa com idade igual ou superior a 60 (sessenta) anos;

•• Inciso I acrescentado pela Lei n. 12.008, de 29-7-2009.

II – pessoa portadora de deficiência, física ou mental;
•• Inciso II acrescentado pela Lei n. 12.008, de 29-7-2009.

III – (Vetado).
•• Inciso III acrescentado pela Lei n. 12.008, de 29-7-2009.

IV – pessoa portadora de tuberculose ativa, esclerose múltipla, neoplasia maligna, hanseníase, paralisia irreversível e incapacitante, cardiopatia grave, doença de Parkinson, espondiloartrose anquilosante, nefropatia grave, hepatopatia grave, estados avançados da doença de Paget (osteíte deformante), contaminação por radiação, síndrome de imunodeficiência adquirida, ou outra doença grave, com base em conclusão da medicina especializada, mesmo que a doença tenha sido contraída após o início do processo.
•• Inciso IV acrescentado pela Lei n. 12.008, de 29-7-2009.

§ 1.º A pessoa interessada na obtenção do benefício, juntando prova de sua condição, deverá requerê-lo à autoridade administrativa competente, que determinará as providências a serem cumpridas.
•• § 1.º acrescentado pela Lei n. 12.008, de 29-7-2009.

§ 2.º Deferida a prioridade, os autos receberão identificação própria que evidencie o regime de tramitação prioritária.
•• § 2.º acrescentado pela Lei n. 12.008, de 29-7-2009.

§ 3.º (Vetado).
•• § 3.º acrescentado pela Lei n. 12.008, de 29-7-2009.

§ 4.º (Vetado).
•• § 4.º acrescentado pela Lei n. 12.008, de 29-7-2009.

Art. 70. Esta Lei entra em vigor na data de sua publicação.

Brasília, 29 de janeiro de 1999; 178.º da Independência e 111.º da República.

FERNANDO HENRIQUE CARDOSO

LEI N. 9.868, DE 10 DE NOVEMBRO DE 1999 (*)

Dispõe sobre o processo e julgamento da ação direta de inconstitucionalidade e da ação declaratória de constitucionalidade perante o Supremo Tribunal Federal.

O Presidente da República.
Faço saber que o Congresso Nacional decreta e eu sanciono a seguinte Lei:

Capítulo I
DA AÇÃO DIRETA DE INCONSTITUCIONALIDADE E DA AÇÃO DECLARATÓRIA DE CONSTITUCIONALIDADE

(*) Publicada no *Diário Oficial da União*, de 11-11-1999. Vide arts. 102 e 103 da CF.

Art. 1.º Esta Lei dispõe sobre o processo e julgamento da ação direta de inconstitucionalidade e da ação declaratória de constitucionalidade perante o Supremo Tribunal Federal.

Capítulo II
DA AÇÃO DIRETA DE INCONSTITUCIONALIDADE

Seção I
Da Admissibilidade e do Procedimento da Ação Direta de Inconstitucionalidade

Art. 2.º Podem propor a ação direta de inconstitucionalidade:
•• Vide art. 103 da CF.
• Vide arts. 12-A e 13 desta Lei.

I – o Presidente da República;
II – a Mesa do Senado Federal;
III – a Mesa da Câmara dos Deputados;
IV – a Mesa de Assembleia Legislativa ou a Mesa da Câmara Legislativa do Distrito Federal;
V – o Governador de Estado ou o Governador do Distrito Federal;
VI – o Procurador-Geral da República;
VII – o Conselho Federal da Ordem dos Advogados do Brasil;
VIII – partido político com representação no Congresso Nacional;
IX – confederação sindical ou entidade de classe de âmbito nacional.

Parágrafo único. (Vetado).

Art. 3.º A petição indicará:
I – o dispositivo da lei ou do ato normativo impugnado e os fundamentos jurídicos do pedido em relação a cada uma das impugnações;
II – o pedido, com suas especificações.

Parágrafo único. A petição inicial, acompanhada de instrumento de procuração, quando subscrita por advogado, será apresentada em duas vias, devendo conter cópias da lei ou do ato normativo impugnado e dos documentos necessários para comprovar a impugnação.

Art. 4.º A petição inicial inepta, não fundamentada e a manifestamente improcedente serão liminarmente indeferidas pelo relator.

Parágrafo único. Cabe agravo da decisão que indeferir a petição inicial.

Art. 5.º Proposta a ação direta, não se admitirá desistência.

Parágrafo único. (Vetado).

Art. 6.º O relator pedirá informações aos órgãos ou às autoridades das quais emanou a lei ou o ato normativo impugnado.

Parágrafo único. As informações serão prestadas no prazo de 30 (trinta) dias contado do recebimento do pedido.

Art. 7.º Não se admitirá intervenção de terceiros no processo de ação direta de inconstitucionalidade.

§ 1.º (Vetado).

§ 2.º O relator, considerando a relevância da matéria e a representatividade dos postulantes, poderá, por despacho irrecorrível, admitir, observado o prazo fixado no parágrafo anterior, a manifestação de outros órgãos ou entidades.

Art. 8.º Decorrido o prazo das informações, serão ouvidos, sucessivamente, o Advogado-Geral da União e o Procurador-Geral da República, que deverão manifestar-se, cada qual, no prazo de 15 (quinze) dias.

Art. 9.º Vencidos os prazos do artigo anterior, o relator lançará o relatório, com cópia a todos os Ministros, e pedirá dia para julgamento.

§ 1.º Em caso de necessidade de esclarecimento de matéria ou circunstância de fato ou de notória insuficiência das informações existentes nos autos, poderá o relator requisitar informações adicionais, designar perito ou comissão de peritos para que emita parecer sobre a questão, ou fixar data para, em audiência pública, ouvir depoimentos de pessoas com experiência e autoridade na matéria.

§ 2.º O relator poderá, ainda, solicitar informações aos Tribunais Superiores, aos Tribunais federais e aos Tribunais estaduais acerca da aplicação da norma impugnada no âmbito de sua jurisdição.

§ 3.º As informações, perícias e audiências a que se referem os parágrafos anteriores serão realizadas no prazo de 30 (trinta) dias, contado da solicitação do relator.

Seção II
Da Medida Cautelar em Ação Direta de Inconstitucionalidade

• *Vide* art. 102, I, p, da CF.

Art. 10. Salvo no período de recesso, a medida cautelar na ação direta será concedida por decisão da maioria absoluta dos membros do Tribunal, observado o disposto no art. 22, após a audiência dos órgãos ou autoridades dos quais emanou a lei ou o ato normativo impugnado, que deverão pronunciar-se no prazo de 5 (cinco) dias.

§ 1.º O relator, julgando indispensável, ouvirá o Advogado-Geral da União e o Procurador-Geral da República, no prazo de 3 (três) dias.

§ 2.º No julgamento do pedido de medida cautelar, será facultada sustentação oral aos representantes judiciais do requerente e das autoridades ou órgãos responsáveis pela expedição do ato, na forma estabelecida no Regimento do Tribunal.

§ 3.º Em caso de excepcional urgência, o Tribunal poderá deferir a medida cautelar sem a audiência dos órgãos ou das autoridades das quais emanou a lei ou o ato normativo impugnado.

Art. 11. Concedida a medida cautelar, o Supremo Tribunal Federal fará publicar em seção especial do *Diário Oficial da União* e do *Diário da Justiça da União* a parte dispositiva da decisão, no prazo de 10 (dez) dias, devendo solicitar as informações à autoridade da qual tiver emanado o ato, observando-se, no que couber, o procedimento estabelecido na Seção I deste Capítulo.

§ 1.º A medida cautelar, dotada de eficácia contra todos, será concedida com efeito ex *nunc*, salvo se o Tribunal entender que deva conceder-lhe eficácia retroativa.

§ 2.º A concessão da medida cautelar torna aplicável a legislação anterior acaso existente, salvo expressa manifestação em sentido contrário.

Art. 12. Havendo pedido de medida cautelar, o relator, em face da relevância da matéria e de seu especial significado para a ordem social e a segurança jurídica, poderá, após a prestação das informações, no prazo de 10 (dez) dias, e a manifestação do Advogado-Geral da União e do Procurador-Geral da República, sucessivamente, no prazo de 5 (cinco) dias, submeter o processo diretamente ao Tribunal, que terá a faculdade de julgar definitivamente a ação.

Capítulo II-A
DA AÇÃO DIRETA DE INCONSTITUCIONALIDADE POR OMISSÃO

•• Capítulo II-A acrescentado pela Lei n. 12.063, de 27-10-2009.

Seção I
Da Admissibilidade e do Procedimento da Ação Direta de Inconstitucionalidade por Omissão

•• Seção I acrescentada pela Lei n. 12.063, de 27-10-2009.

Art. 12-A. Podem propor a ação direta de inconstitucionalidade por omissão os legitimados à propositura da ação direta de inconstitucionalidade e da ação declaratória de constitucionalidade.

•• Artigo acrescentado pela Lei n. 12.063, de 27-10-2009.

Art. 12-B. A petição indicará:

•• *Caput* acrescentado pela Lei n. 12.063, de 27-10-2009.

I – a omissão inconstitucional total ou parcial quanto ao cumprimento de dever constitucional de legislar ou quanto à adoção de providência de índole administrativa;

•• Inciso I acrescentado pela Lei n. 12.063, de 27-10-2009.

II – o pedido, com suas especificações.

•• Inciso II acrescentado pela Lei n. 12.063, de 27-10-2009.

Parágrafo único. A petição inicial, acompanhada de instrumento de procuração, se for o caso, será apresentada em 2 (duas) vias, devendo conter cópias dos documentos necessários para comprovar a alegação de omissão.

•• Parágrafo único acrescentado pela Lei n. 12.063, de 27-10-2009.

Art. 12-C. A petição inicial inepta, não fundamentada, e a manifestação improcedente serão liminarmente indeferidas pelo relator.

•• *Caput* acrescentado pela Lei n. 12.063, de 27-10-2009.

Parágrafo único. Cabe agravo da decisão que indeferir a petição inicial.

•• Parágrafo único acrescentado pela Lei n. 12.063, de 27-10-2009.

Art. 12-D. Proposta a ação direta de inconstitucionalidade por omissão, não se admitirá desistência.

•• Artigo acrescentado pela Lei n. 12.063, de 27-10-2009.

Art. 12-E. Aplicam-se ao procedimento da ação direta de inconstitucionalidade por omissão, no que couber, as disposições constantes da Seção I do Capítulo II desta Lei.

•• *Caput* acrescentado pela Lei n. 12.063, de 27-10-2009.

§ 1.º Os demais titulares referidos no art. 2.º desta Lei poderão manifestar-se, por escrito, sobre o objeto da ação e pedir a juntada de documentos reputados úteis para o exame da matéria, no prazo das informações, bem como apresentar memoriais.

•• § 1.º acrescentado pela Lei n. 12.063, de 27-10-2009.

§ 2.º O relator poderá solicitar a manifestação do Advogado-Geral da União, que deverá ser encaminhada no prazo de 15 (quinze) dias.

•• § 2.º acrescentado pela Lei n. 12.063, de 27-10-2009.

§ 3.º O Procurador-Geral da República, nas ações em que não for autor, terá vista do processo, por 15 (quinze) dias, após o decurso do prazo para informações.

•• § 3.º acrescentado pela Lei n. 12.063, de 27-10-2009.

Seção II
Da Medida Cautelar em Ação Direta de Inconstitucionalidade por Omissão

•• Seção II acrescentada pela Lei n. 12.063, de 27-10-2009.

Art. 12-F. Em caso de excepcional urgência e relevância da matéria, o Tribunal, por decisão da maioria absoluta de seus membros, observado o disposto no art. 22, poderá conceder medida cautelar, após a audiência dos órgãos ou autoridades responsáveis pela omissão inconstitucional, que deverão pronunciar-se no prazo de 5 (cinco) dias.

•• *Caput* acrescentado pela Lei n. 12.063, de 27-10-2009.

§ 1.º A medida cautelar poderá consistir na suspensão da aplicação da lei ou do ato normativo questionado, no caso de omissão parcial, bem como na suspensão de processos judiciais ou de procedimentos administrativos, ou ainda em outra providência a ser fixada pelo Tribunal.

•• § 1.º acrescentado pela Lei n. 12.063, de 27-10-2009.

§ 2.º O relator, julgando indispensável, ouvirá o Procurador-Geral da República, no prazo de 3 (três) dias.

•• § 2.º acrescentado pela Lei n. 12.063, de 27-10-2009.

§ 3.º No julgamento do pedido de medida cautelar, será facultada sustentação oral aos representantes judiciais do requerente e das autoridades ou órgãos responsáveis pela omissão inconstitucional, na forma estabelecida no Regimento do Tribunal.

•• § 3.º acrescentado pela Lei n. 12.063, de 27-10-2009.

Art. 12-G. Concedida a medida cautelar, o Supremo Tribunal Federal fará publicar, em seção especial do *Diário Oficial da União* e do *Diário da Justiça da União*, a parte dispositiva da decisão no prazo de 10 (dez) dias, devendo solicitar as informações à autoridade ou ao órgão responsável pela omissão inconstitucional, observando-se, no que couber, o procedimento estabelecido na Seção I do Capítulo II desta Lei.

•• Artigo acrescentado pela Lei n. 12.063, de 27-10-2009.

Seção III
Da Decisão na Ação Direta de Inconstitucionalidade por Omissão

•• Seção III acrescentada pela Lei n. 12.063, de 27-10-2009.

Art. 12-H. Declarada a inconstitucionalidade por omissão, com observância do disposto no art. 22, será dada ciência ao Poder competente para a adoção das providências necessárias.

•• *Caput* acrescentado pela Lei n. 12.063, de 27-10-2009.

§ 1.º Em caso de omissão imputável a órgão administrativo, as providências deverão ser adotadas no prazo de 30 (trinta) dias, ou em prazo razoável a ser estipulado excepcionalmente pelo Tribunal, tendo em vista as circunstâncias específicas do caso e o interesse público envolvido.

•• § 1.º acrescentado pela Lei n. 12.063, de 27-10-2009.

§ 2.º Aplica-se à decisão da ação direta de inconstitucionalidade por omissão, no que couber, o disposto no Capítulo IV desta Lei.

•• § 2.º acrescentado pela Lei n. 12.063, de 27-10-2009.

Capítulo III
DA AÇÃO DECLARATÓRIA DE CONSTITUCIONALIDADE

Seção I
Da Admissibilidade e do Procedimento da Ação Declaratória de Constitucionalidade

Art. 13. Podem propor a ação declaratória de constitucionalidade de lei ou ato normativo federal:

•• *Vide* art. 103, da CF, que apresenta os legitimados a propor ADI e ADC.

I – o Presidente da República;
II – a Mesa da Câmara dos Deputados;
III – a Mesa do Senado Federal;
IV – o Procurador-Geral da República.

Art. 14. A petição inicial indicará:

I – o dispositivo da lei ou do ato normativo questionado e os fundamentos jurídicos do pedido;
II – o pedido, com suas especificações;
III – a existência de controvérsia judicial relevante sobre a aplicação da disposição objeto da ação declaratória.

Parágrafo único. A petição inicial, acompanhada de instrumento de procuração, quando subscrita por advogado, será apresentada em duas vias, devendo conter cópias do ato normativo questionado e dos documentos necessários para comprovar a procedência do pedido de declaração de constitucionalidade.

Art. 15. A petição inicial inepta, não fundamentada e a manifestamente improcedente serão liminarmente indeferidas pelo relator.

Parágrafo único. Cabe agravo da decisão que indeferir a petição inicial.

Art. 16. Proposta a ação declaratória, não se admitirá desistência.

Art. 17. (*Vetado.*)

Art. 18. Não se admitirá intervenção de terceiros no processo de ação declaratória de constitucionalidade.

§§ 1.º e 2.º (*Vetados.*)

Art. 19. Decorrido o prazo do artigo anterior, será aberta vista ao Procurador-Geral da República, que deverá pronunciar-se no prazo de 15 (quinze) dias.

Art. 20. Vencido o prazo do artigo anterior, o relator lançará o relatório, com cópia a todos os Ministros, e pedirá dia para julgamento.

§ 1.º Em caso de necessidade de esclarecimento de matéria ou circunstância de fato ou de notória insuficiência das informações existentes nos autos, poderá o relator requisitar informações adicionais, designar perito ou comissão de peritos para que emita parecer sobre a questão ou fixar data para, em audiência pública, ouvir depoimentos de pessoas com experiência e autoridade na matéria.

§ 2.º O relator poderá solicitar, ainda, informações aos Tribunais Superiores, aos Tribunais federais e aos Tribunais estaduais acerca da aplicação da norma questionada no âmbito de sua jurisdição.

§ 3.º As informações, perícias e audiências a que se referem os parágrafos anteriores serão realizadas no prazo de 30 (trinta) dias, contado da solicitação do relator.

Seção II
Da Medida Cautelar em Ação Declaratória de Constitucionalidade

Art. 21. O Supremo Tribunal Federal, por decisão da maioria absoluta de seus membros, poderá deferir pedido de medida cautelar na ação declaratória de constitucionalidade, consistente na determinação de que os juízes e os Tribunais suspendam o julgamento dos processos que envolvam a aplicação da lei ou do ato normativo objeto da ação até seu julgamento definitivo.

Parágrafo único. Concedida a medida cautelar, o Supremo Tribunal Federal fará publicar em seção especial do *Diário Oficial da União* a parte dispositiva da decisão, no prazo de 10 (dez) dias, devendo o Tribunal proceder ao julgamento da ação no prazo de 180 (cento e oitenta) dias, sob pena de perda de sua eficácia.

Capítulo IV
DA DECISÃO NA AÇÃO DIRETA DE INCONSTITUCIONALIDADE E NA AÇÃO DECLARATÓRIA DE CONSTITUCIONALIDADE

Art. 22. A decisão sobre a constitucionalidade ou a inconstitucionalidade da lei ou do ato normativo somente será tomada se presentes na sessão pelo menos oito Ministros.

Art. 23. Efetuado o julgamento, proclamar-se-á a constitucionalidade ou a inconstitucionalidade da disposição ou da norma impugnada se num ou noutro sentido se tiverem manifestado pelo menos seis Ministros, quer se trate de ação direta de inconstitucionalidade ou de ação declaratória de constitucionalidade.

Parágrafo único. Se não for alcançada a maioria necessária à declaração de constitucionalidade ou de inconstitucionalidade, estando ausentes Ministros em número que possa influir no julgamento, este será suspenso a fim de aguardar-se o comparecimento dos Ministros ausentes, até que se atinja o número necessário para prolação da decisão num ou noutro sentido.

Art. 24. Proclamada a constitucionalidade, julgar-se-á improcedente a ação direta ou procedente eventual ação declaratória; e, proclamada a inconstitucionalidade, julgar-se-á procedente a ação direta ou improcedente eventual ação declaratória.

Art. 25. Julgada a ação, far-se-á a comunicação à autoridade ou ao órgão responsável pela expedição do ato.

Art. 26. A decisão que declara a constitucionalidade ou a inconstitucionalidade da lei ou do ato normativo em ação direta ou em ação declaratória é irrecorrível, ressalvada a interposição de embargos declaratórios, não podendo, igualmente, ser objeto de ação rescisória.

Art. 27. Ao declarar a inconstitucionalidade de lei ou ato normativo, e tendo em vista razões de segurança jurídica ou de excepcional interesse social, poderá o Supremo Tribunal Federal, por maioria de dois terços de seus membros, restringir os efeitos daquela declaração ou decidir que ela só tenha eficácia a partir de seu trânsito em julgado ou de outro momento que venha a ser fixado.

Art. 28. Dentro do prazo de 10 (dez) dias após o trânsito em julgado da decisão, o Supremo Tribunal Federal fará publicar em seção especial do *Diário da Justiça* e do *Diário Oficial da União* a parte dispositiva do acórdão.

Parágrafo único. A declaração de constitucionalidade ou de inconstitucionalidade, inclusive a interpretação conforme a Constituição e a declaração parcial de inconstitucionalidade sem redução de texto, têm eficácia contra todos e efeito vinculante em relação aos órgãos do Poder Judiciário e à Administração Pública federal, estadual e municipal.

Capítulo V
DAS DISPOSIÇÕES GERAIS E FINAIS

Art. 31. Esta Lei entra em vigor na data de sua publicação.

Brasília, 10 de novembro de 1999; 178.º da Independência e 111.º da República.

FERNANDO HENRIQUE CARDOSO

LEI N. 9.873, DE 23 DE NOVEMBRO DE 1999 (*)

Estabelece prazo de prescrição para o exercício de ação punitiva pela Administração Pública Federal, direta e indireta, e dá outras providências.

Faço saber que o Presidente da República adotou a Medida Provisória n. 1.859-17, de 1999, que o Congresso Nacional aprovou, e eu, Antonio Carlos Magalhães, Presidente, para os efeitos do disposto no parágrafo único do art. 62 da Constituição Federal, promulgo a seguinte Lei:

Art. 1.º Prescreve em 5 (cinco) anos a ação punitiva da Administração Pública Federal, direta e indireta, no exercício do poder de polícia, objetivando apurar infração à legislação em vigor, contados da data da prática do ato ou, no caso de infração permanente ou continuada, do dia em que tiver cessado.

§ 1.º Incide a prescrição no procedimento administrativo paralisado por mais de 3 (três) anos, pendente de julgamento ou despacho, cujos autos serão arquivados de ofício ou mediante requerimento da parte interessada, sem prejuízo da apuração da responsabilidade funcional decorrente da paralisação, se for o caso.

§ 2.º Quando o fato objeto da ação punitiva da Administração também constituir crime, a prescrição reger-se-á pelo prazo previsto na lei penal.

Art. 1.º-A. Constituído definitivamente o crédito não tributário, após o término regular do processo administrativo, prescreve em 5 (cinco) anos a ação de execução da administração pública federal relativa a crédito decorrente da aplicação de multa por infração à legislação em vigor.

•• Artigo acrescentado pela Lei n. 11.941, de 27-5-2009.

Art. 2.º Interrompe-se a prescrição da ação punitiva:

•• *Caput* com redação determinada pela Lei n. 11.941, de 27-5-2009.

I – pela notificação ou citação do indiciado ou acusado, inclusive por meio de edital;

•• Inciso I com redação determinada pela Lei n. 11.941, de 27-5-2009.

II – por qualquer ato inequívoco, que importe apuração do fato;

III – pela decisão condenatória recorrível;

IV – por qualquer ato inequívoco que importe em manifestação expressa de tentativa de solução conciliatória no âmbito interno da administração pública federal.

•• Inciso IV acrescentado pela Lei n. 11.941, de 27-5-2009.

Art. 2.º-A. Interrompe-se o prazo prescricional da ação executória:

•• *Caput* acrescentado pela Lei n. 11.941, de 27-5-2009.

I – pelo despacho do juiz que ordenar a citação em execução fiscal;

•• Inciso I acrescentado pela Lei n. 11.941, de 27-5-2009.

II – pelo protesto judicial;

•• Inciso II acrescentado pela Lei n. 11.941, de 27-5-2009.

III – por qualquer ato judicial que constitua em mora o devedor;

•• Inciso III acrescentado pela Lei n. 11.941, de 27-5-2009.

IV – por qualquer ato inequívoco, ainda que extrajudicial, que importe em reconhecimento do débito pelo devedor;

•• Inciso IV acrescentado pela Lei n. 11.941, de 27-5-2009.

V – por qualquer ato inequívoco que importe em manifestação expressa de tentativa de solução conciliatória no âmbito interno da administração pública federal.

•• Inciso V acrescentado pela Lei n. 11.941, de 27-5-2009.

Art. 3.º Suspende-se a prescrição durante a vigência:

I – dos compromissos de cessação ou de desempenho, respectivamente, previstos nos arts. 53 e 58 da Lei n. 8.884, de 11 de junho de 1994;

II – (*Revogado pela Lei n. 13.506, de 13-11-2017.*)

Art. 4.º Ressalvadas as hipóteses de interrupção previstas no art. 2.º, para as infrações ocorridas há mais de 3 (três) anos, contados do dia 1.º de julho de 1998, a prescrição operará em 2 (dois) anos, a partir dessa data.

Art. 5.º O disposto nesta Lei não se aplica às infrações de natureza funcional e aos processos e procedimentos de natureza tributária.

Art. 6.º Ficam convalidados os atos praticados com base na Medida Provisória n. 1.859-16, de 24 de setembro de 1999.

Art. 7.º Esta Lei entra em vigor na data de sua publicação.

Art. 8.º Ficam revogados o art. 33 da Lei n. 6.385, de 1976, com a redação dada pela Lei n. 9.457, de 1997, o art. 28 da Lei n. 8.884, de 1994, e demais disposições em contrário, ainda que constantes de lei especial.

Congresso Nacional, em 23 de novembro de 1999; 178.º da Independência e 111.º da República.

ANTONIO CARLOS MAGALHÃES

LEI N. 9.882, DE 3 DE DEZEMBRO DE 1999 (**)

Dispõe sobre o processo e julgamento da arguição de descumprimento de preceito fundamental, nos termos do § 1.º do art. 102 da Constituição Federal.

O Presidente da República.

Faço saber que o Congresso Nacional decreta e eu sanciono a seguinte Lei:

Art. 1.º A arguição prevista no § 1.º do art. 102 da Constituição Federal será proposta perante o Supremo Tribunal Federal, e terá por objeto evitar ou reparar lesão a preceito fundamental, resultante de ato do Poder Público.

Parágrafo único. Caberá também arguição de descumprimento de preceito fundamental:

I – quando for relevante o fundamento da controvérsia constitucional sobre lei ou ato normativo federal, estadual ou municipal, incluídos os anteriores à Constituição;

II – (*Vetado*).

Art. 2.º Podem propor arguição de descumprimento de preceito fundamental:

I – os legitimados para a ação direta de inconstitucionalidade;

II – (*Vetado*).

§ 1.º Na hipótese do inciso II, faculta-se ao interessado, mediante representação, solicitar a propositura de arguição de descumprimento de preceito fundamental ao Procurador-Geral da República, que, examinando os fundamentos jurídicos do pedido, decidirá do cabimento do seu ingresso em juízo.

§ 2.º (*Vetado*).

Art. 3.º A petição inicial deverá conter:

I – a indicação do preceito fundamental que se considera violado;

II – a indicação do ato questionado;

III – a prova da violação do preceito fundamental;

IV – o pedido, com suas especificações;

V – se for o caso, a comprovação da existência de controvérsia judicial relevante sobre a aplicação do preceito fundamental que se considera violado.

Parágrafo único. A petição inicial, acompanhada de instrumento de mandato, se for o caso, será apresentada em duas vias, de-

---

(*) Publicada no *Diário Oficial da União*, de 24-11-1999.

(**) Publicada no *Diário Oficial da União*, de 6-12-1999.

vendo conter cópias do ato questionado e dos documentos necessários para comprovar a impugnação.

Art. 4.º A petição inicial será indeferida liminarmente, pelo relator, quando não for o caso de arguição de descumprimento de preceito fundamental, faltar algum dos requisitos prescritos nesta Lei ou for inepta.

§ 1.º Não será admitida arguição de descumprimento de preceito fundamental quando houver qualquer outro meio eficaz de sanar a lesividade.

§ 2.º Da decisão de indeferimento da petição inicial caberá agravo, no prazo de 5 (cinco) dias.

Art. 5.º O Supremo Tribunal Federal, por decisão da maioria absoluta de seus membros, poderá deferir pedido de medida liminar na arguição de descumprimento de preceito fundamental.

§ 1.º Em caso de extrema urgência ou perigo de lesão grave, ou ainda, em período de recesso, poderá o relator conceder a liminar, *ad referendum* do Tribunal Pleno.

§ 2.º O relator poderá ouvir os órgãos ou autoridades responsáveis pelo ato questionado, bem como o Advogado-Geral da União ou o Procurador-Geral da República, no prazo comum de 5 (cinco) dias.

§ 3.º A liminar poderá consistir na determinação de que juízes e tribunais suspendam o andamento de processo ou os efeitos de decisões judiciais, ou de qualquer outra medida que apresente relação com a matéria objeto da arguição de descumprimento de preceito fundamental, salvo se decorrentes da coisa julgada.

•• O STF, em liminar concedida aos 5-12-2001, na ADI n. 2.231-8 (*DOU* de 17-12-2001), suspendeu a eficácia deste parágrafo.

§ 4.º (*Vetado*.)

Art. 6.º Apreciado o pedido de liminar, o relator solicitará as informações às autoridades responsáveis pela prática do ato questionado, no prazo de 10 (dez) dias.

§ 1.º Se entender necessário, poderá o relator ouvir as partes nos processos que ensejaram a arguição, requisitar informações adicionais, designar perito ou comissão de peritos para que emita parecer sobre a questão, ou ainda, fixar data para declarações, em audiência pública, de pessoas com experiência e autoridade na matéria.

§ 2.º Poderão ser autorizadas, a critério do relator, sustentação oral e juntada de memoriais, por requerimento dos interessados no processo.

Art. 7.º Decorrido o prazo das informações, o relator lançará o relatório, com cópia a todos os ministros, e pedirá dia para julgamento.

Parágrafo único. O Ministério Público, nas arguições que não houver formulado, terá vista do processo, por 5 (cinco) dias, após o decurso do prazo para informações.

Art. 8.º A decisão sobre a arguição de descumprimento de preceito fundamental somente será tomada se presentes na sessão pelo menos 2/3 (dois terços) dos Ministros.

§§ 1.º e 2.º (*Vetados*.)

Art. 9.º (*Vetado*.)

Art. 10. Julgada a ação, far-se-á comunicação às autoridades ou órgãos responsáveis pela prática dos atos questionados, fixando-se as condições e o modo de interpretação e aplicação do preceito fundamental.

§ 1.º O presidente do Tribunal determinará o imediato cumprimento da decisão, lavrando-se o acórdão posteriormente.

§ 2.º Dentro do prazo de 10 (dez) dias contado a partir do trânsito em julgado da decisão, sua parte dispositiva será publicada em seção especial do *Diário da Justiça* e do *Diário Oficial da União*.

§ 3.º A decisão terá eficácia contra todos e efeito vinculante relativamente aos demais órgãos do Poder Público.

Art. 11. Ao declarar a inconstitucionalidade de lei ou ato normativo, no processo de arguição de descumprimento de preceito fundamental, e tendo em vista razões de segurança jurídica ou de excepcional interesse social, poderá o Supremo Tribunal Federal, por maioria de 2/3 (dois terços) de seus membros, restringir os efeitos daquela declaração ou decidir que ela só tenha eficácia a partir de seu trânsito em julgado ou de outro momento que venha a ser fixado.

Art. 12. A decisão que julgar procedente ou improcedente o pedido em arguição de descumprimento de preceito fundamental é irrecorrível, não podendo ser objeto de ação rescisória.

Art. 13. Caberá reclamação contra o descumprimento da decisão proferida pelo Supremo Tribunal Federal, na forma do seu Regimento Interno.

Art. 14. Esta Lei entra em vigor na data de sua publicação.

Brasília, 3 de dezembro de 1999; 178.º da Independência e 111.º da República.

Fernando Henrique Cardoso

LEI N. 9.959, DE 27 DE JANEIRO DE 2000 (*)

Altera a legislação tributária federal e dá outras providências.

Faço saber que o Presidente da República adotou a Medida Provisória n. 2.013-4, de 1999, que o Congresso Nacional aprovou, e eu, Heráclito Fortes, Primeiro Vice-Presidente da Mesa do Congresso Nacional, no exercício da Presidência, para os efeitos do disposto no parágrafo único do art. 62 da Constituição Federal, promulgo a seguinte Lei:

Art. 1.º Relativamente aos fatos geradores ocorridos a partir de 1.º de janeiro de 2000,

---

(*) Publicada no *Diário Oficial da União*, de 28-1-2000.

a alíquota do imposto de renda na fonte incidente sobre os rendimentos auferidos no País, por residentes e domiciliados no exterior, nas hipóteses previstas nos incisos III e V a IX do art. 1.º da Lei n. 9.481, de 13 de agosto de 1997, com a redação dada pelo art. 20 da Lei n. 9.532, de 10 de dezembro de 1997, será de 15% (quinze por cento), observado, em relação aos incisos VI e VII, o disposto no art. 8.º da Lei n. 9.779, de 19 de janeiro de 1999.

•• A Lei n. 10.560, de 13-11-2002, dispondo sobre o tratamento tributário dispensado às empresas de transporte aéreo, estabelece em seu art. 1.º: "Fica suspensa, em relação aos fatos geradores ocorridos até 31-12-2003, a aplicação da alíquota do imposto de renda na fonte de que trata o art. 1.º da Lei n. 9.959, de 27 de janeiro de 2000, incidente nas operações de que trata o inciso V do art. 1.º da Lei n. 9.481, de 13-8-1997, na hipótese de pagamentos de contraprestação de arrendamento mercantil de bens de capital arrendados por empresa de transporte aéreo de cargas ou de passageiros. Parágrafo único. O disposto neste artigo aplica-se independentemente da data de celebração do contrato de arrendamento".

• A Instrução Normativa n. 1.455, de 6-3-2014, da Secretaria da Receita Federal do Brasil, dispõe sobre a incidência do imposto de renda na fonte sobre rendimentos pagos, creditados, empregados, entregues ou remetidos para pessoas jurídicas domiciliadas no exterior.

§ 1.º Aos contratos em vigor em 31 de dezembro de 1999, relativos às operações mencionadas neste artigo, fica garantido o tratamento tributário a eles aplicável nessa data.

§ 2.º Relativamente a qualquer das hipóteses referidas no *caput*, a alíquota de 15% (quinze por cento) poderá ser reduzida, por prazo certo, pelo Poder Executivo, alcançando, exclusivamente, os contratos celebrados durante o período em que vigorar a redução.

Art. 2.º A alínea *d* do inciso II do art. 18 da Lei n. 9.430, de 27 de dezembro de 1996, passa a vigorar com a seguinte redação:

•• Alteração já processada no diploma modificado.

Art. 3.º O art. 1.º da Lei n. 9.532, de 1997, passa a vigorar com a seguinte redação:

•• Alteração já processada no diploma modificado.

Art. 4.º A contrapartida da reavaliação de quaisquer bens da pessoa jurídica somente poderá ser computada em conta de resultado ou na determinação do lucro real e da base de cálculo da contribuição social sobre o lucro líquido quando ocorrer a efetiva realização do bem reavaliado.

Art. 5.º Aplica-se à pessoa jurídica incorporadora o disposto no art. 21 da Lei n. 9.249, de 26 de dezembro de 1995, e no § 1.º do art. 1.º da Lei n. 9.430, de 1996, salvo nos casos em que as pessoas jurídicas, incorporadora e incorporada, estivessem sob o mesmo controle societário desde o ano-calendário anterior ao do evento.

Art. 6.º A alíquota de que trata o art. 72 da Lei n. 8.981, de 20 de janeiro de 1995, é fixada em percentual igual ao estabelecido para os rendimentos produzidos por aplicações financeiras de renda fixa:

I – a partir do ano-calendário de 2001, no caso de ganhos líquidos auferidos em operações realizadas em bolsas de valores, de mercadorias, de futuros, assemelhadas e no mercado de balcão, ressalvado o disposto no inciso II;

II – a partir do ano-calendário de 2002, no caso de ganhos líquidos auferidos nos mercados à vista de ações negociadas em bolsas de valores e de rendimentos produzidos pelos fundos de investimento previstos no § 6.º do art. 28 da Lei n. 9.532, de 1997, com as alterações introduzidas pelos arts. 1.º e 2.º da Medida Provisória n. 1.990-26, de 14 de dezembro de 1999.

Parágrafo único. Aos ganhos líquidos a que se refere o inciso I aplicar-se-á, no ano-calendário de 2000, a alíquota de 15% (quinze por cento).

Art. 7.º O regime de tributação previsto no art. 81 da Lei n. 8.981, de 1995, com a alteração introduzida pelo art. 11 da Lei n. 9.249, de 1995, não se aplica a investimento estrangeiro oriundo de país que tribute a renda à alíquota inferior a 20% (vinte por cento), o qual sujeitar-se-á às mesmas regras estabelecidas para os residentes ou domiciliados no País.

• Vide notas ao art. 1.º desta Lei.

Art. 8.º Os rendimentos auferidos em operações de day trade realizadas em bolsas de valores, de mercadorias, de futuros e assemelhadas, por qualquer beneficiário, inclusive pessoa jurídica isenta, sujeitam-se à incidência do imposto de renda na fonte à alíquota de 1% (um por cento).

§ 1.º Para efeito do disposto neste artigo:

I – considera-se:

a) day trade: a operação ou a conjugação de operações iniciadas e encerradas em um mesmo dia, com o mesmo ativo, em uma mesma instituição intermediadora, em que a quantidade negociada tenha sido liquidada, total ou parcialmente;

•• Alínea a com redação determinada pela Lei n. 12.350, de 20-12-2010.

b) rendimento: o resultado positivo apurado no encerramento das operações de day trade;

II – não será considerado valor ou quantidade de estoque do ativo existente em data anterior.

§ 2.º Será admitida a compensação de perdas incorridas em operações de day trade realizadas no mesmo dia.

•• § 2.º com redação determinada pela Lei n. 12.350, de 20-12-2010.

§ 3.º O responsável pela retenção e recolhimento do imposto de que trata este artigo é a instituição intermediadora da operação de day trade que receber, diretamente, a ordem do cliente.

•• § 3.º com redação determinada pela Lei n. 12.350, de 20-12-2010.

§ 4.º O valor do imposto retido na fonte sobre operações de day trade poderá ser:

I – deduzido do imposto incidente sobre ganhos líquidos apurados no mês;

II – compensado com o imposto incidente sobre ganhos líquidos apurado nos meses subsequentes, se, após a dedução de que trata o inciso anterior, houver saldo de imposto retido.

§ 5.º Se, ao término de cada ano-calendário, houver saldo de imposto retido na fonte a compensar, fica facultado à pessoa física ou às pessoas jurídicas de que trata o inciso II do § 8.º, pedido de restituição, na forma e condições estabelecidas pela Secretaria da Receita Federal.

•• A Secretaria da Receita Federal passa a denominar-se Secretaria da Receita Federal do Brasil, por força da Lei n. 11.457, de 16-3-2007.

§ 6.º As perdas incorridas em operações de day trade somente poderão ser compensadas com os rendimentos auferidos em operações de mesma espécie (day trade), realizadas no mês, observado o disposto no parágrafo seguinte.

§ 7.º O resultado mensal da compensação referida no parágrafo anterior:

I – se positivo, integrará a base de cálculo do imposto referente aos ganhos líquidos;

II – se negativo, poderá ser compensado com os resultados positivos de operações de day trade apurados nos meses subsequentes.

§ 8.º Sem prejuízo do disposto no § 4.º, o imposto de renda retido na fonte em operações de day trade será:

I – deduzido do devido no encerramento de cada período de apuração ou na data de extinção, no caso de pessoa jurídica tributada com base no lucro real, presumido ou arbitrado;

II – definitivo, no caso de pessoa física e de pessoa jurídica isenta, bem assim a sujeita ao tratamento previsto na Lei n. 9.317, de 5 de dezembro de 1996.

Art. 9.º O disposto nos arts. 6.º e 8.º não se aplica aos rendimentos e ganhos líquidos auferidos pelas pessoas jurídicas de que trata o inciso I, do art. 77 da Lei n. 8.981, de 1995, que continuam sujeitos às normas previstas na legislação vigente.

Art. 10. Fica prorrogado, até 1.º de março de 2000, o prazo de que trata o art. 4.º da Lei n. 8.248, de 23 de outubro de 1991.

Art. 11. Ficam convalidados os atos praticados com base na Medida Provisória n. 2.005-3, de 14 de dezembro de 1999.

Art. 12. Esta Lei entra em vigor na data de sua publicação, produzindo efeitos a partir de 1.º de janeiro de 2000.

Art. 13. Ficam revogados:

I – a partir de 1.º de janeiro de 2000, os §§ 5.º e 6.º do art. 72 da Lei n. 8.981, de 1995, e o § 2.º do art. 1.º da Lei n. 9.481, de 13 de agosto de 1997, introduzido pelo art. 11 da Medida Provisória n. 1.990-26, de 14 de dezembro de 1999;

II – a Medida Provisória n. 2.005-3, de 14 de dezembro de 1999.

Congresso Nacional, em 27 de janeiro de 2000; 179.º da Independência e 112.º da República.

Heráclito Fortes

LEI N. 9.964, DE 10 DE ABRIL DE 2000 (*)

Institui o Programa de Recuperação Fiscal – Refis e dá outras providências, e altera as Leis n. 8.036, de 11 de maio de 1990, e 8.844, de 20 de janeiro de 1994.

O Presidente da República.

Faço saber que o Congresso Nacional decreta e eu sanciono a seguinte Lei:

Art. 1.º É instituído o Programa de Recuperação Fiscal – Refis, destinado a promover a regularização de créditos da União, decorrentes de débitos de pessoas jurídicas, relativos a tributos e contribuições, administrados pela Secretaria da Receita Federal e pelo Instituto Nacional do Seguro Social – INSS, com vencimento até 29 de fevereiro de 2000, constituídos ou não, inscritos ou não em dívida ativa, ajuizados ou a ajuizar, com exigibilidade suspensa ou não, inclusive os decorrentes de falta de recolhimento de valores retidos.

•• A Secretaria da Receita Federal passa a denominar-se Secretaria da Receita Federal do Brasil, por força da Lei n. 11.457, de 16-3-2007.

• Vide art. 2.º da Lei n. 10.684, de 30-5-2003.

§ 1.º O Refis será administrado por um Comitê Gestor, com competência para implementar os procedimentos necessários à execução do Programa, observado o disposto no regulamento.

§ 2.º O Comitê Gestor será integrado por um representante de cada órgão a seguir indicado, designados por seus respectivos titulares:

I – Ministério da Fazenda:

a) Secretaria da Receita Federal, que o presidirá;

b) Procuradoria-Geral da Fazenda Nacional;

II – (Revogado pela Lei n. 11.941, de 27-5-2009.)

§ 3.º O Refis não alcança débitos:

I – de órgãos da administração pública direta, das fundações instituídas e mantidas pelo poder público e das autarquias;

II – relativos ao Imposto sobre a Propriedade Territorial Rural – ITR;

III – relativos a pessoa jurídica cindida a partir de 1.º de outubro de 1999.

Art. 2.º O ingresso no Refis dar-se-á por opção da pessoa jurídica, que fará jus a regime especial de consolidação e parcela-

---

(*) Publicada no *Diário Oficial da União*, de 11-4-2000. Regulamentada pelos Decretos n. 3.431, de 24-4-2000, e n. 3.712, de 27-12-2000. *Vide* Lei n. 10.189, de 14-2-2001, sobre vedações e parcelamentos.

mento dos débitos fiscais a que se refere o art. 1.º.

§ 1.º A opção poderá ser formalizada até o último dia útil do mês de abril de 2000.

§ 2.º Os débitos existentes em nome da optante serão consolidados tendo por base a data da formalização do pedido de ingresso no Refis.

§ 3.º A consolidação abrangerá todos os débitos existentes em nome da pessoa jurídica, na condição de contribuinte ou responsável, constituídos ou não, inclusive os acréscimos legais relativos a multa, de mora ou de ofício, a juros moratórios e demais encargos, determinados nos termos da legislação vigente à época da ocorrência dos respectivos fatos geradores.

§ 4.º O débito consolidado na forma deste artigo:

I – independentemente da data de formalização da opção, sujeitar-se-á, a partir de 1.º de março de 2000, a juros correspondentes à variação mensal da Taxa de Juros de Longo Prazo – TJLP, vedada a imposição de qualquer outro acréscimo;

•• Inciso I com redação determinada pela Lei n. 10.189, de 14-2-2001.

II – será pago em parcelas mensais e sucessivas, vencíveis no último dia útil de cada mês, sendo o valor de cada parcela determinado em função de percentual da receita bruta do mês imediatamente anterior, apurada na forma do art. 31 e parágrafo único da Lei n. 8.981, de 20 de janeiro de 1995, não inferior a:

a) 0,3% (três décimos por cento), no caso de pessoa jurídica optante pelo Sistema Integrado de Pagamento de Impostos e Contribuições das Microempresas e Empresas de Pequeno Porte – Simples e de entidade imune ou isenta por finalidade ou objeto;

b) 0,6% (seis décimos por cento), no caso de pessoa jurídica submetida ao regime de tributação com base no lucro presumido;

c) 1,2% (um inteiro e dois décimos por cento), no caso de pessoa jurídica submetida ao regime de tributação com base no lucro real, relativamente às receitas decorrentes das atividades comerciais, industriais, médico-hospitalares, de transporte, de ensino e de construção civil;

d) 1,5% (um inteiro e cinco décimos por cento), nos demais casos.

§ 5.º No caso de sociedade em conta de participação, os débitos e as receitas brutas serão considerados individualizadamente, por sociedade.

§ 6.º Na hipótese de crédito com exigibilidade suspensa por força do disposto no inciso IV do art. 151 da Lei n. 5.172, de 25 de outubro de 1966, a inclusão, no Refis, dos respectivos débitos, implicará dispensa dos juros de mora incidentes até a data de opção, condicionada ao encerramento do feito por desistência expressa e irrevogável da respectiva ação judicial e de qualquer outra, bem assim à renúncia do direito, sobre os mesmos débitos, sobre o qual se funda a ação.

§ 7.º Os valores correspondentes a multa, de mora ou de ofício, e a juros moratórios, inclusive as relativas a débitos inscritos em dívida ativa, poderão ser liquidados, observadas as normas constitucionais referentes à vinculação e à partilha de receitas, mediante:

I – compensação de créditos, próprios ou de terceiros, relativos a tributo ou contribuição incluído no âmbito do Refis;

II – a utilização de prejuízo fiscal e de base de cálculo negativa da contribuição social sobre o lucro líquido, próprios ou de terceiros, estes declarados à Secretaria da Receita Federal até 31 de outubro de 1999.

•• A Secretaria da Receita Federal passa a denominar-se Secretaria da Receita Federal do Brasil, por força da Lei n. 11.457, de 16-3-2007.

§ 8.º Na hipótese do inciso II do § 7.º, o valor a ser utilizado será determinado mediante a aplicação, sobre o montante do prejuízo fiscal e da base de cálculo negativa, das alíquotas de 15% (quinze por cento) e de 8% (oito por cento), respectivamente.

§ 9.º Ao disposto neste artigo aplica-se a redução de multa a que se refere o art. 60 da Lei n. 8.383, de 30 de dezembro de 1991.

§ 10. A multa de mora incidente sobre os débitos relativos às contribuições administradas pelo INSS, incluídas no Refis em virtude de confissão espontânea, sujeita-se ao limite estabelecido no art. 61 da Lei n. 9.430, de 27 de dezembro de 1996.

Art. 3.º A opção pelo Refis sujeita a pessoa jurídica a:

I – confissão irrevogável e irretratável dos débitos referidos no art. 2.º;

II – autorização de acesso irrestrito, pela Secretaria da Receita Federal, às informações relativas à sua movimentação financeira, ocorrida a partir da data de opção pelo Refis;

•• *Vide* nota ao art. 2.º, § 7.º, II, desta Lei.

III – acompanhamento fiscal específico, com fornecimento periódico, em meio magnético, de dados, inclusive os indiciários de receitas;

IV – aceitação plena e irretratável de todas as condições estabelecidas;

V – cumprimento regular das obrigações para com o Fundo de Garantia do Tempo de Serviço – FGTS e para com o ITR;

VI – pagamento regular das parcelas do débito consolidado, bem assim dos tributos e das contribuições com vencimento posterior a 29 de fevereiro de 2000.

§ 1.º A opção pelo Refis exclui qualquer outra forma de parcelamento de débitos relativos aos tributos e às contribuições referidos no art. 1.º.

§ 2.º O disposto nos incisos II e III do *caput* aplica-se, exclusivamente, ao período em que a pessoa jurídica permanecer no Refis.

§ 3.º A opção implica manutenção automática dos gravames decorrentes de medida cautelar fiscal e das garantias prestadas nas ações de execução fiscal.

§ 4.º Ressalvado o disposto no § 3.º, a homologação da opção pelo Refis é condicionada à prestação de garantia ou, a critério da pessoa jurídica, ao arrolamento dos bens integrantes do seu patrimônio, na forma do art. 64 da Lei n. 9.532, de 10 de dezembro de 1997.

• *Vide* Súmula 437 do STJ.

§ 5.º São dispensadas das exigências referidas no § 4.º as pessoas jurídicas optantes pelo Simples e aquelas cujo débito consolidado seja inferior a R$ 500.000,00 (quinhentos mil reais).

• *Vide* Súmula 437 do STJ.

§ 6.º Não poderão optar pelo Refis as pessoas jurídicas de que tratam os incisos II e VI do art. 14 da Lei n. 9.718, de 27 de novembro de 1998.

Art. 4.º As pessoas jurídicas de que tratam os incisos I e III a V do art. 14 da Lei n. 9.718, de 1998, poderão optar, durante o período em que submetidas ao Refis, pelo regime de tributação com base no lucro presumido.

•• Artigo regulamentado pela Instrução Normativa n. 16, da Secretaria da Receita Federal, de 15-2-2001.

Parágrafo único. Na hipótese deste artigo, as pessoas jurídicas referidas no inciso III do art. 14 da Lei n. 9.718, de 1998, deverão adicionar os lucros, rendimentos e ganhos de capital oriundos do exterior ao lucro presumido e à base de cálculo da contribuição social sobre o lucro líquido.

Art. 5.º A pessoa jurídica optante pelo Refis será dele excluída nas seguintes hipóteses, mediante ato do Comitê Gestor:

•• O STF, na ADI n. 7.370, nas sessões virtuais de 14-6-2024 a 21-6-2024 (*DOU* de 1.º-7-2024), por maioria, referendou a decisão que concedeu a medida cautelar requerida, para conferir interpretação conforme à Constituição a este art. 5.º da Lei n. 9.964/2000 e, assim, afirmar que é vedada a exclusão, com fundamento na tese das parcelas ínfimas ou impagáveis, de contribuintes do Refis I, os quais, aceitos no parcelamento, vinham adimplindo o em estrita conformidade com as normas existentes do programa, até o definitivo julgamento desta ação, determinando a reinclusão dos contribuintes adimplentes e de boa-fé, que desde a adesão ao referido parcelamento permaneceram apurando e recolhendo aos cofres públicos os valores devidos, até o exame do mérito.

I – inobservância de qualquer das exigências estabelecidas nos incisos I a V do *caput* do art. 3.º;

II – inadimplência, por 3 (três) meses consecutivos ou 6 (seis) meses alternados, o que primeiro ocorrer, relativamente a qualquer dos tributos e das contribuições abrangidos pelo Refis, inclusive os com vencimento após 29 de fevereiro de 2000;

III – constatação, caracterizada por lançamento de ofício, de débito correspondente a tributo ou contribuição abrangidos pelo Refis e não incluídos na confissão a que se refere o inciso I do *caput* do art. 3.º, salvo se integralmente pago no prazo de 30 (trinta) dias, contado da ciência do lançamento ou da decisão definitiva na esfera administrativa ou judicial;

IV – compensação ou utilização indevida de créditos, prejuízo fiscal ou base de cálculo negativa referidos nos §§ 7.º e 8.º do art. 2.º;

V – decretação de falência, extinção, pela liquidação, ou cisão da pessoa jurídica;

VI – concessão de medida cautelar fiscal, nos termos da Lei n. 8.397, de 6 de janeiro de 1992;

VII – prática de qualquer procedimento tendente a subtrair receita da optante, mediante simulação de ato;

VIII – declaração de inaptidão da inscrição no Cadastro Nacional da Pessoa Jurídica, nos termos dos arts. 80 e 81 da Lei n. 9.430, de 1996;

IX – decisão definitiva, na esfera judicial, total ou parcialmente desfavorável à pessoa jurídica, relativa ao débito referido no § 6.º do art. 2.º e não incluído no Refis, salvo se integralmente pago no prazo de 30 (trinta) dias, contado da ciência da referida decisão;

X – arbitramento do lucro da pessoa jurídica, nos casos de determinação da base de cálculo do imposto de renda por critério diferente do da receita bruta;

XI – suspensão de suas atividades relativas a seu objeto social ou não auferimento de receita bruta por 9 (nove) meses consecutivos.

§ 1.º A exclusão da pessoa jurídica do Refis implicará exigibilidade imediata da totalidade do crédito confessado e ainda não pago e automática execução da garantia prestada, restabelecendo-se, em relação ao montante não pago, os acréscimos legais na forma da legislação aplicável à época da ocorrência dos respectivos fatos geradores;

§ 2.º A exclusão, nas hipóteses dos incisos I, II e III deste artigo, produzirá efeitos a partir do mês subsequente àquele em que for cientificado o contribuinte.

§ 3.º Na hipótese do inciso III, e observado o disposto no § 2.º, a exclusão dar-se-á, na data da decisão definitiva, na esfera administrativa ou judicial, quando houver sido contestado o lançamento.

....

Art. 7.º Na hipótese de quitação integral dos débitos para com o FGTS, referente a competências anteriores a janeiro de 2000, incidirá, sobre o valor acrescido da TR, o percentual de multa de 5% (cinco por cento) e de juros de mora de 0,25% (vinte e cinco centésimos por cento), por mês de atraso, desde que o pagamento seja efetuado até 30 de junho de 2000.

Parágrafo único. O disposto neste artigo aplica-se aos débitos em cobrança administrativa ou judicial, notificados ou não, ainda que amparados por acordo de parcelamento.

....

Art. 9.º O Poder Executivo editará as normas regulamentares necessárias à execução do Refis, especialmente em relação:

•• O STF, na ADI n. 7.370, nas sessões virtuais de 14-6-2024 a 21-6-2024 (*DOU* de 1.º-7-2024), por maioria, referendou a decisão que concedeu a medida cautelar requerida, para conferir interpretação conforme à Constituição a este art. 9.º da Lei n. 9.964/2000 e, assim, afirmar que é vedada a exclusão, com fundamento na tese das parcelas ínfimas ou impagáveis, de contribuintes do Refis I, os quais, aceitos no parcelamento, vinham adimplindo-o em estrita conformidade com as normas existentes do programa, até o definitivo julgamento desta ação, determinando a reinclusão dos contribuintes adimplentes e de boa-fé, que desde a adesão ao referido parcelamento permaneceram apurando e recolhendo aos cofres públicos os valores devidos, até o exame do mérito.

I – às modalidades de garantia passíveis de aceitação;

II – à fixação do percentual da receita bruta a ser utilizado para determinação das parcelas mensais, que poderá ser diferenciado em função da atividade econômica desenvolvida pela pessoa jurídica;

III – às formas de homologação da opção e de exclusão da pessoa jurídica do Refis, bem assim às suas consequências;

• *Vide* Súmula 355 do STJ.

IV – à forma de realização do acompanhamento fiscal específico;

V – às exigências para fins de liquidação na forma prevista nos §§ 7.º e 8.º do art. 2.º.

Art. 10. O tratamento tributário simplificado e favorecido das microempresas e das empresas de pequeno porte é o estabelecido pela Lei n. 9.317, de 5 de dezembro de 1996, e alterações posteriores, não se aplicando, para esse efeito, as normas constantes da Lei n. 9.841, de 5 de outubro de 1999.

•• As Leis n. 9.317, de 5-12-1996, e 9.841, de 5-10-1999, foram revogadas pela Lei Complementar n. 123, de 14-12-2006, que institui o Estatuto Nacional das Microempresas e Empresas de Pequeno Porte.

Art. 11. Os pagamentos efetuados no âmbito do Refis serão alocados proporcionalmente, para fins de amortização do débito consolidado, tendo por base a relação existente, na data-base da consolidação, entre o valor consolidado de cada tributo e contribuição, incluído no Programa, e o valor total parcelado.

Art. 12. Alternativamente ao ingresso no Refis, a pessoa jurídica poderá optar pelo parcelamento, em até 60 (sessenta) parcelas mensais, iguais e sucessivas, dos débitos referidos no art. 1.º, observadas todas as demais regras aplicáveis àquele Programa.

•• *Vide* art. 23 da Lei n. 10.637, de 30-12-2002.

§ 1.º O valor de cada parcela não poderá ser inferior a:

I – R$ 300,00 (trezentos reais), no caso de pessoa jurídica optante pelo Simples;

II – R$ 1.000,00 (um mil reais), no caso de pessoa jurídica submetida ao regime de tributação com base no lucro presumido;

III – R$ 3.000,00 (três mil reais), nos demais casos.

§ 2.º Ao disposto neste artigo não se aplica a restrição de que trata o inciso II do § 3.º do art. 1.º.

Art. 13. Os débitos não tributários inscritos em dívida ativa, com vencimento até 29 de fevereiro de 2000, poderão ser parcelados em até 60 (sessenta) parcelas mensais, iguais e sucessivas, perante a Procuradoria-Geral da Fazenda Nacional, observadas as demais regras aplicáveis ao parcelamento de que trata o art. 12.

§ 1.º Para débitos não tributários inscritos, sujeitos ao parcelamento simplificado ou para os quais não se exige garantia no parcelamento ordinário, não se aplica a vedação de novos parcelamentos.

§ 2.º Para os débitos não tributários inscritos, não alcançados pelo disposto no § 1.º, admitir-se-á o reparcelamento, desde que requerido até o último dia útil do mês de abril de 2000.

§ 3.º O disposto neste artigo aplica-se à verba de sucumbência devida por desistência de ação judicial para fins de inclusão dos respectivos débitos, inclusive no âmbito do INSS, no Refis ou no parcelamento alternativo a que se refere o art. 2.º.

§ 4.º Na hipótese do § 3.º, o parcelamento deverá ser solicitado pela pessoa jurídica no prazo de 30 (trinta) dias, contado da data em que efetivada a desistência, na forma e condições a serem estabelecidas pelos órgãos competentes.

Art. 14. As obrigações decorrentes dos débitos incluídos no Refis ou nos parcelamentos referidos nos arts. 12 e 13 não serão consideradas para fins de determinação de índices econômicos vinculados a licitações promovidas pela administração pública direta ou indireta, bem assim a operações de financiamentos realizadas por instituições financeiras oficiais federais.

Art. 15. É suspensa a pretensão punitiva do Estado, referente aos crimes previstos nos arts. 1.º e 2.º da Lei n. 8.137, de 27 de dezembro de 1990, e no art. 95 da Lei n. 8.212, de 24 de julho de 1991, durante o período em que a pessoa jurídica relacionada com o agente dos aludidos crimes estiver incluída no Refis, desde que a inclusão no referido Programa tenha ocorrido antes do recebimento da denúncia criminal.

§ 1.º A prescrição criminal não corre durante o período de suspensão da pretensão punitiva.

§ 2.º O disposto neste artigo aplica-se, também:

I – a programas de recuperação fiscal instituídos pelos Estados, pelo Distrito Federal

e pelos Municípios, que adotem, no que couber, normas estabelecidas nesta Lei;
II – aos parcelamentos referidos nos arts. 12 e 13.

§ 3.º Extingue-se a punibilidade dos crimes referidos neste artigo quando a pessoa jurídica relacionada com o agente efetuar o pagamento integral dos débitos oriundos de tributos e contribuições sociais, inclusive acessórios, que tiverem sido objeto de concessão de parcelamento antes do recebimento da denúncia criminal.

Art. 16. Na hipótese de novação ou repactuação de débitos de responsabilidade de pessoas jurídicas optantes pelo Refis ou pelo parcelamento alternativo a que se refere o art. 12, a recuperação de créditos anteriormente deduzidos como perda, até 31 de dezembro de 1999, será, para fins do disposto no art. 12 da Lei n. 9.430, de 1996, computada na determinação do lucro real e da base de cálculo da contribuição social sobre o lucro líquido, pelas pessoas jurídicas de que trata o inciso II do art. 14 da Lei n. 9.718, de 1998, à medida do efetivo recebimento, na forma a ser estabelecida pela Secretaria da Receita Federal.

•• A Secretaria da Receita Federal passa a denominar-se Secretaria da Receita Federal do Brasil, por força da Lei n. 11.457, de 16-3-2007.

Parágrafo único. O disposto neste artigo aplica-se aos débitos vinculados ao Programa de Revitalização de Cooperativas de Produção Agropecuária – Recoop, instituído pela Medida Provisória n. 1.961-20, de 2 de março de 2000, ainda que a pessoa jurídica devedora não seja optante por qualquer das formas de parcelamento referida no *caput*.

Art. 17. São convalidados os atos praticados com base na Medida Provisória n. 2.004-5, de 11 de fevereiro de 2000.

Art. 18. Esta Lei entra em vigor na data de sua publicação.
Brasília, 10 de abril de 2000; 179.º da Independência e 112.º da República.

FERNANDO HENRIQUE CARDOSO

LEI COMPLEMENTAR N. 101, DE 4 DE MAIO DE 2000 (*)

Estabelece normas de finanças públicas voltadas para a responsabilidade na gestão fiscal e dá outras providências.

O Presidente da República.
Faço saber que o Congresso Nacional decreta e eu sanciono a seguinte Lei Complementar:

Capítulo I
DISPOSIÇÕES PRELIMINARES

(*) Publicada no *Diário Oficial da União*, de 5-5-2000. Os arts. 359-A a 359-H do CP dispõem sobre os crimes contra as finanças públicas.

Art. 1.º Esta Lei Complementar estabelece normas de finanças públicas voltadas para a responsabilidade na gestão fiscal, com amparo no Capítulo II do Título VI da Constituição.
• *Vide* art. 165, § 9.º, da CF.

§ 1.º A responsabilidade na gestão fiscal pressupõe a ação planejada e transparente, em que se previnem riscos e corrigem desvios capazes de afetar o equilíbrio das contas públicas, mediante o cumprimento de metas de resultados entre receitas e despesas e a obediência a limites e condições no que tange a renúncia de receita, geração de despesas com pessoal, da seguridade social e outras, dívidas consolidada e mobiliária, operações de crédito, inclusive por antecipação de receita, concessão de garantia e inscrição em Restos a Pagar.
• *Vide* art. 8.º do CTN.

§ 2.º As disposições desta Lei Complementar obrigam a União, os Estados, o Distrito Federal e os Municípios.
• *Vide* art. 24, §§ 3.º e 4.º, da CF.

§ 3.º Nas referências:
I – à União, aos Estados, ao Distrito Federal e aos Municípios, estão compreendidos:
a) o Poder Executivo, o Poder Legislativo, neste abrangidos os Tribunais de Contas, o Poder Judiciário e o Ministério Público;
b) as respectivas administrações diretas, fundos, autarquias, fundações e empresas estatais dependentes;
II – a Estados entende-se considerado o Distrito Federal;
III – a Tribunais de Contas estão incluídos: Tribunal de Contas da União, Tribunal de Contas do Estado e, quando houver, Tribunal de Contas dos Municípios e Tribunal de Contas do Município.

Art. 2.º Para os efeitos desta Lei Complementar, entende-se como:
I – ente da Federação: a União, cada Estado, o Distrito Federal e cada Município;
II – empresa controlada: sociedade cuja maioria do capital social com direito a voto pertença, direta ou indiretamente, a ente da Federação;
III – empresa estatal dependente: empresa controlada que receba do ente controlador recursos financeiros para pagamento de despesas com pessoal ou de custeio em geral ou de capital, excluídos, no último caso, aqueles provenientes de aumento de participação acionária;
IV – receita corrente líquida: somatório das receitas tributárias, de contribuições, patrimoniais, industriais, agropecuárias, de serviços, transferências correntes e outras receitas também correntes, deduzidos:
a) na União, os valores transferidos aos Estados e Municípios por determinação constitucional ou legal, e as contribuições mencionadas na alínea a do inciso I e no inciso II do art. 195, e no art. 239 da Constituição;

•• **A Lei Complementar n. 214, de 16-1-2025, deu nova redação a esta alínea a, com produção de efeitos a partir de 1.º-1-2026:** "*a)* na União, os valores transferidos aos Estados, Distrito Federal e Municípios por determinação constitucional ou legal, inclusive os valores entregues aos Estados e ao Distrito Federal por meio do Fundo instituído pelo art. 159-A da Constituição, e as contribuições mencionadas na alínea *a*, do inciso I e no inciso II do art. 195, e no art. 239 da Constituição".

b) nos Estados, as parcelas entregues aos Municípios por determinação constitucional;
c) na União, nos Estados e nos Municípios, a contribuição dos servidores para o custeio do seu sistema de previdência e assistência social e as receitas provenientes da compensação financeira citada no § 9.º do art. 201 da Constituição.

§ 1.º Serão computados no cálculo da receita corrente líquida os valores pagos e recebidos em decorrência da Lei Complementar n. 87, de 13 de setembro de 1996, e do fundo previsto pelo art. 60 do Ato das Disposições Constitucionais Transitórias.

§ 2.º Não serão considerados na receita corrente líquida do Distrito Federal e dos Estados do Amapá e de Roraima os recursos recebidos da União para atendimento das despesas de que trata o inciso V do § 1.º do art. 19.

§ 3.º A receita corrente líquida será apurada somando-se as receitas arrecadadas no mês em referência e nos onze anteriores, excluídas as duplicidades.

Capítulo II
DO PLANEJAMENTO

Seção I
Do Plano Plurianual

Art. 3.º (*Vetado.*)

Seção II
Da Lei de Diretrizes Orçamentárias

Art. 4.º A lei de diretrizes orçamentárias atenderá o disposto no § 2.º do art. 165 da Constituição e:
I – disporá também sobre:
a) equilíbrio entre receitas e despesas;
b) critérios e forma de limitação de empenho, a ser efetivada nas hipóteses previstas na alínea b do inciso II deste artigo, no art. 9.º e no inciso II do § 1.º do art. 31;
c) e d) (*Vetados.*)
e) normas relativas ao controle de custos e à avaliação dos resultados dos programas financiados com recursos dos orçamentos;
f) demais condições e exigências para transferências de recursos a entidades públicas e privadas;
II e II – (*Vetados.*)

§ 1.º Integrará o projeto de lei de diretrizes orçamentárias Anexo de Metas Fiscais, em que serão estabelecidas metas anuais, em valores correntes e constantes, relativas a receitas, despesas, resultados nominal e primário e montante da dívida pública, para o exercício a que se referirem e para os dois seguintes.

§ 2.º O Anexo conterá, ainda:

I – avaliação do cumprimento das metas relativas ao ano anterior;

II – demonstrativo das metas anuais, instruído com memória e metodologia de cálculo que justifiquem os resultados pretendidos, comparando-as com as fixadas nos três exercícios anteriores, e evidenciando a consistência delas com as premissas e os objetivos da política econômica nacional;

III – evolução do patrimônio líquido, também nos últimos três exercícios, destacando a origem e a aplicação dos recursos obtidos com a alienação de ativos;

IV – avaliação da situação financeira e atuarial:

a) dos regimes geral de previdência social e próprio dos servidores públicos e do Fundo de Amparo ao Trabalhador;

b) dos demais fundos públicos e programas estatais de natureza atuarial;

V – demonstrativo da estimativa e compensação da renúncia de receita e da margem de expansão das despesas obrigatórias de caráter continuado;

VI – quadro demonstrativo do cálculo da meta do resultado primário de que trata o § 1.º deste artigo, que evidencie os principais agregados de receitas e despesas, os resultados, comparando-os com os valores programados para o exercício em curso e os realizados nos 2 (dois) exercícios anteriores, e as estimativas para o exercício a que se refere a lei de diretrizes orçamentárias e para os subsequentes.

•• Inciso VI acrescentado pela Lei Complementar n. 200, de 30-8-2023.

§ 3.º A lei de diretrizes orçamentárias conterá Anexo de Riscos Fiscais, onde serão avaliados os passivos contingentes e outros riscos capazes de afetar as contas públicas, informando as providências a serem tomadas, caso se concretizem.

§ 4.º A mensagem que encaminhar o projeto da União apresentará, em anexo específico, os objetivos das políticas monetária, creditícia e cambial, bem como os parâmetros e as projeções para seus principais agregados e variáveis, e ainda as metas de inflação, para o exercício subsequente.

§ 5.º No caso da União, o Anexo de Metas Fiscais do projeto de lei de diretrizes orçamentárias conterá também:

•• § 5.º, *caput*, acrescentado pela Lei Complementar n. 200, de 30-8-2023.

I – as metas anuais para o exercício a que se referir e para os 3 (três) seguintes, com o objetivo de garantir sustentabilidade à trajetória da dívida pública;

•• Inciso I acrescentado pela Lei Complementar n. 200, de 30-8-2023.

II – o marco fiscal de médio prazo, com projeções para os principais agregados fiscais que compõem os cenários de referência, distinguindo-se as despesas primárias das financeiras e as obrigatórias daquelas discricionárias;

•• Inciso II acrescentado pela Lei Complementar n. 200, de 30-8-2023.

III – o efeito esperado e a compatibilidade, no período de 10 (dez) anos, do cumprimento das metas de resultado primário sobre a trajetória de convergência da dívida pública, evidenciando o nível de resultados fiscais consistentes com a estabilização da Dívida Bruta do Governo Geral (DBGG) em relação ao Produto Interno Bruto (PIB);

•• Inciso III acrescentado pela Lei Complementar n. 200, de 30-8-2023.

IV – os intervalos de tolerância para verificação do cumprimento das metas anuais de resultado primário, convertido em valores correntes, de menos 0,25 p.p. (vinte e cinco centésimos ponto percentual) e de mais 0,25 p.p. (vinte e cinco centésimos ponto percentual) do PIB previsto no respectivo projeto de lei de diretrizes orçamentárias;

•• Inciso IV acrescentado pela Lei Complementar n. 200, de 30-8-2023.

V – os limites e os parâmetros orçamentários dos Poderes e órgãos autônomos compatíveis com as disposições estabelecidas na lei complementar prevista no inciso VIII do *caput* do art. 163 da Constituição Federal e no art. 6.º da Emenda Constitucional n. 126, de 21 de dezembro de 2022;

•• Inciso V acrescentado pela Lei Complementar n. 200, de 30-8-2023.

VI – a estimativa do impacto fiscal, quando couber, das recomendações resultantes da avaliação das políticas públicas previstas no § 16 do art. 37 da Constituição Federal.

•• Inciso VI acrescentado pela Lei Complementar n. 200, de 30-8-2023.

§ 6.º Os Estados, o Distrito Federal e os Municípios poderão adotar, total ou parcialmente, no que couber, o disposto no § 5.º deste artigo.

•• § 6.º acrescentado pela Lei Complementar n. 200, de 30-8-2023.

§ 7.º A lei de diretrizes orçamentárias não poderá dispor sobre a exclusão de quaisquer despesas primárias da apuração da meta de resultado primário dos orçamentos fiscal e da seguridade social.

•• § 7.º acrescentado pela Lei Complementar n. 200, de 30-8-2023, originalmente vetado, todavia promulgado em 22-12-2023.

Seção III
Da Lei Orçamentária Anual

Art. 5.º O projeto de lei orçamentária anual, elaborado de forma compatível com o plano plurianual, com a lei de diretrizes orçamentárias e com as normas desta Lei Complementar:

• Vide art. 167, I, da CF.

I – conterá, em anexo, demonstrativo da compatibilidade da programação dos orçamentos com os objetivos e metas constantes do documento de que trata o § 1.º do art. 4.º;

II – será acompanhado do documento a que se refere o § 6.º do art. 165 da Constituição, bem como das medidas de compensação a renúncias de receita e ao aumento de despesas obrigatórias de caráter continuado;

III – conterá reserva de contingência, cuja forma de utilização e montante, definido com base na receita corrente líquida, serão estabelecidos na lei de diretrizes orçamentárias, destinada ao:

a) (Vetado.)

b) atendimento de passivos contingentes e outros riscos e eventos fiscais imprevistos.

§ 1.º Todas as despesas relativas à dívida pública, mobiliária ou contratual, e as receitas que as atenderão, constarão da lei orçamentária anual.

§ 2.º O refinanciamento da dívida pública constará separadamente na lei orçamentária e nas de crédito adicional.

§ 3.º A atualização monetária do principal da dívida mobiliária refinanciada não poderá superar a variação do índice de preços previsto na lei de diretrizes orçamentárias, ou em legislação específica.

§ 4.º É vedado consignar na lei orçamentária crédito com finalidade imprecisa ou com dotação ilimitada.

• Vide art. 167, IV e XI, da CF.

§ 5.º A lei orçamentária não consignará dotação para investimento com duração superior a um exercício financeiro que não esteja previsto no plano plurianual ou em lei que autorize a sua inclusão, conforme disposto no § 1.º do art. 167 da Constituição.

§ 6.º Integrarão as despesas da União, e serão incluídas na lei orçamentária, as do Banco Central do Brasil relativas a pessoal e encargos sociais, custeio administrativo, inclusive os destinados a benefícios e assistência aos servidores, e a investimentos.

§ 7.º (Vetado.)

Art. 6.º (Vetado.)

Art. 7.º O resultado do Banco Central do Brasil, apurado após a constituição ou reversão de reservas, constitui receita do Tesouro Nacional, e será transferido até o décimo dia útil subsequente à aprovação dos balanços semestrais.

§ 1.º O resultado negativo constituirá obrigação do Tesouro para com o Banco Central do Brasil e será consignado em dotação específica no orçamento.

§ 2.º O impacto e o custo fiscal das operações realizadas pelo Banco Central do Brasil serão demonstrados trimestralmente, nos termos em que dispuser a lei de diretrizes orçamentárias da União.

§ 3.º Os balanços trimestrais do Banco Central do Brasil conterão notas explicativas sobre os custos da remuneração das disponibilidades do Tesouro Nacional e da manutenção das reservas cambiais e a rentabilidade de sua carteira de títulos, destacando os de emissão da União.

Seção IV
Da Execução Orçamentária
e do Cumprimento das Metas

• Vide arts. 47 a 68 da Lei n. 4.320, de 16-3-1964.

Art. 8.º Até 30 (trinta) dias após a publicação dos orçamentos, nos termos em que dispuser a lei de diretrizes orçamentárias e observado o disposto na alínea c do inciso I do art. 4.º, o Poder Executivo estabelecerá a programação financeira e o cronograma de execução mensal de desembolso.

Parágrafo único. Os recursos legalmente vinculados a finalidade específica serão utilizados exclusivamente para atender ao objeto de sua vinculação, ainda que em exercício diverso daquele em que ocorrer o ingresso.

Art. 9.º Se verificado, ao final de um bimestre, que a realização da receita poderá não comportar o cumprimento das metas de resultado primário ou nominal estabelecidas no Anexo de Metas Fiscais, os Poderes e o Ministério Público promoverão, por ato próprio e nos montantes necessários, nos 30 (trinta) dias subsequentes, limitação de empenho e movimentação financeira, segundo os critérios fixados pela lei de diretrizes orçamentárias.

§ 1.º No caso de restabelecimento da receita prevista, ainda que parcial, a recomposição das dotações cujos empenhos foram limitados dar-se-á de forma proporcional às reduções efetivadas.

§ 2.º Não serão objeto de limitação as despesas que constituam obrigações constitucionais e legais do ente, inclusive aquelas destinadas ao pagamento do serviço da dívida, as relativas à inovação e ao desenvolvimento científico e tecnológico custeadas por fundo criado para tal finalidade e as ressalvadas pela lei de diretrizes orçamentárias.

•• § 2.º com redação determinada pela Lei Complementar n. 177, de 12-1-2021.

§ 3.º No caso de os Poderes Legislativo e Judiciário e o Ministério Público não promoverem a limitação no prazo estabelecido no caput, é o Poder Executivo autorizado a limitar os valores financeiros segundo os critérios fixados pela lei de diretrizes orçamentárias.

•• O STF, na ADI n. 2.238, de 24-6-2020 (DOU de 13-8-2020), por maioria, julgou procedente o pedido formulado na ação direta para declarar a inconstitucionalidade deste parágrafo.

§ 4.º Até o final dos meses de maio, setembro e fevereiro, o Ministro ou Secretário de Estado da Fazenda demonstrará e avaliará o cumprimento das metas fiscais de cada quadrimestre e a trajetória da dívida, em audiência pública na comissão referida no § 1.º do art. 166 da Constituição Federal ou conjunta com as comissões temáticas do Congresso Nacional ou equivalente nas Casas Legislativas estaduais e municipais.

•• § 4.º com redação determinada pela Lei Complementar n. 200, de 30-8-2023.

§ 5.º No prazo de 90 (noventa) dias após o encerramento de cada semestre, o Banco Central do Brasil apresentará, em reunião conjunta das comissões temáticas pertinentes do Congresso Nacional, avaliação do cumprimento dos objetivos e metas das políticas monetária, creditícia e cambial, evidenciando o impacto e o custo fiscal de suas operações e os resultados demonstrados nos balanços.

Art. 10. A execução orçamentária e financeira identificará os beneficiários de pagamento de sentenças judiciais, por meio de sistema de contabilidade e administração financeira, para fins de observância da ordem cronológica determinada no art. 100 da Constituição.

Capítulo III
DA RECEITA PÚBLICA

Seção I
Da Previsão e da Arrecadação

Art. 11. Constituem requisitos essenciais da responsabilidade na gestão fiscal a instituição, previsão e efetiva arrecadação de todos os tributos da competência constitucional do ente da Federação.

• Vide art. 153, VII, da CF.

Parágrafo único. É vedada a realização de transferências voluntárias para o ente que não observe o disposto no caput, no que se refere aos impostos.

Art. 12. As previsões de receita observarão as normas técnicas e legais, considerarão os efeitos das alterações na legislação, da variação do índice de preços, do crescimento econômico ou de qualquer outro fator relevante e serão acompanhadas de demonstrativo de sua evolução nos últimos três anos, da projeção para os dois seguintes àquele a que se referirem, e da metodologia de cálculo e premissas utilizadas.

§ 1.º Reestimativa de receita por parte do Poder Legislativo só será admitida se comprovado erro ou omissão de ordem técnica ou legal.

§ 2.º O montante previsto para as receitas de operações de crédito não poderá ser superior ao das despesas de capital constantes do projeto de lei orçamentária.

•• O STF, na ADI n. 2.238, de 24-6-2020 (DOU de 13-8-2020), por maioria, julgou parcialmente procedente a ação em relação a este parágrafo, "conferindo interpretação conforme ao dispositivo para o fim de explicitar que a proibição não abrange operações de crédito autorizadas mediante créditos suplementares ou especiais com finalidade precisa, aprovados pelo Poder Legislativo".

§ 3.º O Poder Executivo de cada ente colocará à disposição dos demais Poderes e do Ministério Público, no mínimo 30 (trinta) dias antes do prazo final para encaminhamento de suas propostas orçamentárias, os estudos e as estimativas das receitas para o exercício subsequente, inclusive da corrente líquida, e as respectivas memórias de cálculo.

Art. 13. No prazo previsto no art. 8.º, as receitas previstas serão desdobradas, pelo Poder Executivo, em metas bimestrais de arrecadação, com a especificação, em separado, quando cabível, das medidas de combate à evasão e à sonegação, da quantidade e de valores de ações ajuizadas para cobrança da dívida ativa, bem como da evolução do montante dos créditos tributários passíveis de cobrança administrativa.

Seção II
Da Renúncia de Receita

Art. 14. A concessão ou ampliação de incentivo ou benefício de natureza tributária da qual decorra renúncia doe receita deverá estar acompanhada de estimativa do impacto orçamentário-financeiro no exercício em que deva iniciar sua vigência e nos dois seguintes, atender ao disposto na lei de diretrizes orçamentárias e a pelo menos uma das seguintes condições:

•• A Lei Complementar n. 148, de 25-11-2014, propôs nova redação para este artigo, porém teve o texto vetado.
• A Portaria n. 453, de 8-8-2013, do Ministério da Fazenda, regulamenta o cálculo do impacto fiscal e o controle de renúncia da receita, nos termos deste artigo.
• Vide art. 4.º da Lei Complementar n. 160, de 7-8-2017.

I – demonstração pelo proponente de que a renúncia foi considerada na estimativa de receita da lei orçamentária, na forma do art. 12, e de que não afetará as metas de resultados fiscais previstas no anexo próprio da lei de diretrizes orçamentárias;

II – estar acompanhada de medidas de compensação, no período mencionado no caput, por meio do aumento de receita, proveniente da elevação de alíquotas, ampliação da base de cálculo, majoração ou criação de tributo ou contribuição.

§ 1.º A renúncia compreende anistia, remissão, subsídio, crédito presumido, concessão de isenção em caráter não geral, alteração de alíquota ou modificação de base de cálculo que implique redução discriminada de tributos ou contribuições, e outros benefícios que correspondam a tratamento diferenciado.

• Vide art. 150, § 6.º, da CF.

§ 2.º Se o ato de concessão ou ampliação do incentivo ou benefício de que trata o caput deste artigo decorrer da condição contida no inciso II, o benefício só entrará em vigor quando implementadas as medidas referidas no mencionado inciso.

§ 3.º O disposto neste artigo não se aplica:
I – às alterações das alíquotas dos impostos previstos nos incisos I, II, IV e V do art. 153 da Constituição, na forma do seu § 1.º;

II – ao cancelamento de débito cujo montante seja inferior ao dos respectivos custos de cobrança.

Capítulo IV
DA DESPESA PÚBLICA

Seção I
Da Geração da Despesa

Art. 15. Serão consideradas não autorizadas, irregulares e lesivas ao patrimônio público a geração de despesa ou assunção de obrigação que não atendam o disposto nos arts. 16 e 17.

Art. 16. A criação, expansão ou aperfeiçoamento de ação governamental que acarrete aumento da despesa será acompanhado de:

I – estimativa do impacto orçamentário-financeiro no exercício em que deva entrar em vigor e nos dois subsequentes;

II – declaração do ordenador da despesa de que o aumento tem adequação orçamentária e financeira com a lei orçamentária anual e compatibilidade com o plano plurianual e com a lei de diretrizes orçamentárias.

§ 1.º Para os fins desta Lei Complementar, considera-se:

I – adequada com a lei orçamentária anual, a despesa objeto de dotação específica e suficiente, ou que esteja abrangida por crédito genérico, de forma que somadas todas as despesas da mesma espécie, realizadas e a realizar, previstas no programa de trabalho, não sejam ultrapassados os limites estabelecidos para o exercício;

II – compatível com o plano plurianual e a lei de diretrizes orçamentárias, a despesa que se conforme com as diretrizes, objetivos, prioridades e metas previstos nesses instrumentos e não infrinja qualquer de suas disposições.

§ 2.º A estimativa de que trata o inciso I do *caput* será acompanhada das premissas e metodologia de cálculo utilizadas.

§ 3.º Ressalva-se do disposto neste artigo a despesa considerada irrelevante, nos termos em que dispuser a lei de diretrizes orçamentárias.

§ 4.º As normas do *caput* constituem condição prévia para:

I – empenho e licitação de serviços, fornecimento de bens ou execução de obras;

II – desapropriação de imóveis urbanos a que se refere o § 3.º do art. 182 da Constituição.

Subseção I
Da despesa obrigatória de caráter continuado

Art. 17. Considera-se obrigatória de caráter continuado a despesa corrente derivada de lei, medida provisória ou ato administrativo normativo que fixem para o ente a obrigação legal de sua execução por um período superior a dois exercícios.

§ 1.º Os atos que criarem ou aumentarem despesa de que trata o *caput* deverão ser instruídos com a estimativa prevista no inciso I do art. 16 e demonstrar a origem dos recursos para seu custeio.

§ 2.º Para efeito do atendimento do § 1.º, o ato será acompanhado de comprovação de que a despesa criada ou aumentada não afetará as metas de resultados fiscais previstas no anexo referido no § 1.º do art. 4.º, devendo seus efeitos financeiros, nos períodos seguintes, ser compensados pelo aumento permanente de receita ou pela redução permanente de despesa.

§ 3.º Para efeito do § 2.º, considera-se aumento permanente de receita o proveniente da elevação de alíquotas, ampliação da base de cálculo, majoração ou criação de tributo ou contribuição.

§ 4.º A comprovação referida no § 2.º, apresentada pelo proponente, conterá as premissas e metodologia de cálculo utilizadas, sem prejuízo do exame de compatibilidade da despesa com as demais normas do plano plurianual e da lei de diretrizes orçamentárias.

§ 5.º A despesa de que trata este artigo não será executada antes da implementação das medidas referidas no § 2.º, as quais integrarão o instrumento que a criar ou aumentar.

§ 6.º O disposto no § 1.º não se aplica às despesas destinadas ao serviço da dívida nem ao reajustamento de remuneração de pessoal de que trata o inciso X do art. 37 da Constituição.

§ 7.º Considera-se aumento de despesa a prorrogação daquela criada por prazo determinado.

Seção II
Das Despesas com Pessoal

Subseção I
Definições e limites

Art. 18. Para os efeitos desta Lei Complementar, entende-se como despesa total com pessoal: o somatório dos gastos do ente da Federação com os ativos, os inativos e os pensionistas, relativos a mandatos eletivos, cargos, funções ou empregos, civis, militares e de membros de Poder, com quaisquer espécies remuneratórias, tais como vencimentos e vantagens, fixas e variáveis, subsídios, proventos da aposentadoria, reformas e pensões, inclusive adicionais, gratificações, horas extras e vantagens pessoais de qualquer natureza, bem como encargos sociais e contribuições recolhidas pelo ente às entidades de previdência.

•• O STF, na ADC n. 69, nas sessões virtuais de 23-6-2023 a 30-6-2023 (*DOU* de 12-7-2023), por unanimidade, converteu o julgamento da cautelar em deliberação de mérito, para declarar a constitucionalidade do *caput* deste artigo.

§ 1.º Os valores dos contratos de terceirização de mão de obra que se referem à substituição de servidores e empregados públicos serão contabilizados como "Outras Despesas de Pessoal".

§ 2.º A despesa total com pessoal será apurada somando-se a realizada no mês em referência com as dos 11 (onze) imediatamente anteriores, adotando-se o regime de competência, independentemente de empenho.

•• § 2.º com redação determinada pela Lei Complementar n. 178, de 13-1-2021.

§ 3.º Para a apuração da despesa total com pessoal, será observada a remuneração bruta do servidor, sem qualquer dedução ou retenção, ressalvada a redução para atendimento ao disposto no art. 37, inciso XI, da Constituição Federal.

•• § 3.º acrescentado pela Lei Complementar n. 178, de 13-1-2021.

Art. 19. Para os fins do disposto no *caput* do art. 169 da Constituição, a despesa total com pessoal, em cada período de apuração e em cada ente da Federação, não poderá exceder os percentuais da receita corrente líquida, a seguir discriminados:

•• O STF, na ADC n. 69, nas sessões virtuais de 23-6-2023 a 30-6-2023 (*DOU* de 12-7-2023), por unanimidade, converteu o julgamento da cautelar em deliberação de mérito, para declarar a constitucionalidade do *caput* deste artigo.

I – União: 50% (cinquenta por cento);

II – Estados: 60% (sessenta por cento);

III – Municípios: 60% (sessenta por cento).

§ 1.º Na verificação do atendimento dos limites definidos neste artigo, não serão computadas as despesas:

•• O STF, na ADC n. 69, nas sessões virtuais de 23-6-2023 a 30-6-2023 (*DOU* de 12-7-2023), por unanimidade, converteu o julgamento da cautelar em deliberação de mérito, para declarar a constitucionalidade deste § 1.º.

I – de indenização por demissão de servidores ou empregados;

II – relativas a incentivos à demissão voluntária;

III – derivadas da aplicação do disposto no inciso II do § 6.º do art. 57 da Constituição;

IV – decorrentes de decisão judicial e da competência de período anterior ao da apuração a que se refere o § 2.º do art. 18;

V – com pessoal, do Distrito Federal e dos Estados do Amapá e Roraima, custeadas com recursos transferidos pela União na forma dos incisos XIII e XIV do art. 21 da Constituição e do art. 31 da Emenda Constitucional n. 19;

VI – com inativos e pensionistas, ainda que pagas por intermédio de unidade gestora única ou fundo previsto no art. 249 da Constituição Federal, quanto à parcela custeada por recursos provenientes:

•• Inciso VI, *caput*, com redação determinada pela Lei Complementar n. 178, de 13-1-2021.

a) da arrecadação de contribuições dos segurados;

b) da compensação financeira de que trata o § 9.º do art. 201 da Constituição;

c) de transferências destinadas a promover o equilíbrio atuarial do regime de previdência, na forma definida pelo órgão do Poder Executivo federal responsável pela orientação, pela supervisão e pelo acompanhamento dos regimes próprios de previdência social dos servidores públicos.

•• Alínea *c* com redação determinada pela Lei Complementar n. 178, de 13-1-2021.

§ 2.º Observado o disposto no inciso IV do § 1.º, as despesas com pessoal decorrentes de sentenças judiciais serão incluídas no limite do respectivo Poder ou órgão referido no art. 20.

•• O STF, na ADC n. 69, nas sessões virtuais de 23-6-2023 a 30-6-2023 (*DOU* de 12-7-2023), por unanimidade, converteu o julgamento da cautelar em deliberação de mérito, para declarar a constitucionalidade deste § 2.º.

§ 3.º Na verificação do atendimento dos limites definidos neste artigo, é vedada a dedução da parcela custeada com recursos aportados para a cobertura do déficit financeiro dos regimes de previdência.

•• § 3.º acrescentado pela Lei Complementar n. 178, de 13-1-2021.

Art. 20. A repartição dos limites globais do art. 19 não poderá exceder os seguintes percentuais:

I – na esfera federal:

a) 2,5% (dois inteiros e cinco décimos por cento) para o Legislativo, incluído o Tribunal de Contas da União;

b) 6% (seis por cento) para o Judiciário;

c) 40,9% (quarenta inteiros e nove décimos por cento) para o Executivo, destacando-se 3% (três por cento) para as despesas com pessoal decorrentes do que dispõem os incisos XIII e XIV do art. 21 da Constituição e o art. 31 da Emenda Constitucional n. 19, repartidos de forma proporcional à média das despesas relativas a cada um destes dispositivos, em percentual da receita corrente líquida, verificadas nos três exercícios financeiros imediatamente anteriores ao da publicação desta Lei Complementar;

d) 0,6% (seis décimos por cento) para o Ministério Público da União;

II – na esfera estadual:

a) 3% (três por cento) para o Legislativo, incluído o Tribunal de Contas do Estado;

b) 6% (seis por cento) para o Judiciário;

c) 49% (quarenta e nove por cento) para o Executivo;

d) 2% (dois por cento) para o Ministério Público dos Estados;

III – na esfera municipal:

a) 6% (seis por cento) para o Legislativo, incluído o Tribunal de Contas do Município, quando houver;

b) 54% (cinquenta e quatro por cento) para o Executivo.

§ 1.º Nos Poderes Legislativo e Judiciário de cada esfera, os limites serão repartidos entre seus órgãos de forma proporcional à média das despesas com pessoal, em percentual da receita corrente líquida, verificadas nos três exercícios financeiros imediatamente anteriores ao da publicação desta Lei Complementar.

§ 2.º Para efeito deste artigo entende-se como órgão:

I – o Ministério Público;

II – no Poder Legislativo:

a) Federal, as respectivas Casas e o Tribunal de Contas da União;

b) Estadual, a Assembleia Legislativa e os Tribunais de Contas;

c) do Distrito Federal, a Câmara Legislativa e o Tribunal de Contas do Distrito Federal;

d) Municipal, a Câmara de Vereadores e o Tribunal de Contas do Município, quando houver;

III – no Poder Judiciário:

a) Federal, os tribunais referidos no art. 92 da Constituição;

b) Estadual, o Tribunal de Justiça e outros, quando houver.

§ 3.º Os limites para as despesas com pessoal do Poder Judiciário, a cargo da União por força do inciso XIII do art. 21 da Constituição, serão estabelecidos mediante aplicação da regra do § 1.º.

§ 4.º Nos Estados em que houver Tribunal de Contas dos Municípios, os percentuais definidos nas alíneas *a* e *c* do inciso II do *caput* serão, respectivamente, acrescidos e reduzidos em 0,4% (quatro décimos por cento).

§ 5.º Para os fins previstos no art. 168 da Constituição, a entrega dos recursos financeiros correspondentes à despesa total com pessoal por Poder e órgão será a resultante da aplicação dos percentuais definidos neste artigo, ou aqueles fixados na lei de diretrizes orçamentárias.

§ 6.º (Vetado.)

§ 7.º Os Poderes e órgãos referidos neste artigo deverão apurar, de forma segregada para aplicação dos limites de que trata este artigo, a integralidade das despesas com pessoal dos respectivos servidores inativos e pensionistas, mesmo que o custeio dessas despesas esteja a cargo de outro Poder ou órgão.

•• § 7.º acrescentado pela Lei Complementar n. 178, de 13-1-2021.

Subseção II
Do controle da despesa total com pessoal

• Vide art. 169, §§ 2.ª a 7.º, da CF.

Art. 21. É nulo de pleno direito:

•• *Caput* com redação determinada pela Lei Complementar n. 173, de 27-5-2020.

• Vide art. 169, § 1.º, da CF.

I – o ato que provoque aumento da despesa com pessoal e não atenda:

•• Inciso I, *caput*, com redação determinada pela Lei Complementar n. 173, de 27-5-2020.

a) às exigências dos arts. 16 e 17 desta Lei Complementar e o disposto no inciso XIII do *caput* do art. 37 e no § 1.º do art. 169 da Constituição Federal; e

•• Alínea *a* acrescentada pela Lei Complementar n. 173, de 27-5-2020.

b) ao limite legal de comprometimento aplicado às despesas com pessoal inativo;

•• Alínea *b* acrescentada pela Lei Complementar n. 173, de 27-5-2020.

II – o ato de que resulte aumento da despesa com pessoal nos 180 (cento e oitenta) dias anteriores ao final do mandato do titular de Poder ou órgão referido no art. 20;

•• Inciso II com redação determinada pela Lei Complementar n. 173, de 27-5-2020.

• O STF, na ADI n. 2.238, de 24-6-2020 (DOU de 13-8-2020), por maioria, julgou parcialmente procedente a ação em relação a este inciso, "para conferir interpretação conforme, no sentido de que se entenda como limite legal o previsto em lei complementar".

III – o ato de que resulte aumento da despesa com pessoal que preveja parcelas a serem implementadas em períodos posteriores ao final do mandato do titular de Poder ou órgão referido no art. 20;

•• Inciso III acrescentado pela Lei Complementar n. 173, de 27-5-2020.

IV – a aprovação, a edição ou a sanção, por Chefe do Poder Executivo, por Presidente e demais membros da Mesa ou órgão decisório equivalente do Poder Legislativo, por Presidente de Tribunal do Poder Judiciário e pelo Chefe do Ministério Público, da União e dos Estados, de norma legal contendo plano de alteração, reajuste e reestruturação de carreiras do setor público, ou a edição de ato, por esses agentes, para nomeação de aprovados em concurso público, quando:

•• Inciso IV, *caput*, acrescentado pela lei Complementar n. 173, de 27-5-2020.

a) resultar em aumento da despesa com pessoal nos 180 (cento e oitenta) dias anteriores ao final do mandato do titular do Poder Executivo; ou

•• Alínea *a* acrescentada pela Lei Complementar n. 173, de 27-5-2020.

b) resultar em aumento da despesa com pessoal que preveja parcelas a serem implementadas em períodos posteriores ao final do mandato do titular do Poder Executivo.

•• Alínea *b* acrescentada pela Lei Complementar n. 173, de 27-5-2020.

§ 1.º As restrições de que tratam os incisos II, III e IV:

•• § 1.º, *caput*, acrescentado pela Lei Complementar n. 173, de 27-5-2020.

I – devem ser aplicadas inclusive durante o período de recondução ou reeleição para o cargo de titular do Poder ou órgão autônomo; e

•• Inciso I acrescentado pela Lei Complementar n. 173, de 27-5-2020.

II – aplicam-se somente aos titulares ocupantes de cargo eletivo dos Poderes referidos no art. 20.

•• Inciso II acrescentado pela Lei Complementar n. 173, de 27-5-2020.

§ 2.º Para fins do disposto neste artigo, serão considerados atos de nomeação ou de provimento de cargo público aqueles referidos no § 1.º do art. 169 da Constituição Federal ou aqueles que, de qualquer modo, acarretem a criação ou o aumento de despesa obrigatória.

•• § 2.º acrescentado pela Lei Complementar n. 173, de 27-5-2020.

Art. 22. A verificação do cumprimento dos limites estabelecidos nos arts. 19 e 20 será realizada ao final de cada quadrimestre.

Parágrafo único. Se a despesa total com pessoal exceder a 95% (noventa e cinco por cento) do limite, são vedados ao Poder ou órgão referido no art. 20 que houver incorrido no excesso:

I – concessão de vantagem, aumento, reajuste ou adequação de remuneração a qualquer título, salvo os derivados de sentença judicial ou de determinação legal ou contratual, ressalvada a revisão prevista no inciso X do art. 37 da Constituição;

II – criação de cargo, emprego ou função;

III – alteração de estrutura de carreira que implique aumento de despesa;

IV – provimento de cargo público, admissão ou contratação de pessoal a qualquer título, ressalvada a reposição decorrente de aposentadoria ou falecimento de servidores das áreas de educação, saúde e segurança;

V – contratação de hora extra, salvo no caso do disposto no inciso II do § 6.º do art. 57 da Constituição e as situações previstas na lei de diretrizes orçamentárias.

Art. 23. Se a despesa total com pessoal, do Poder ou órgão referido no art. 20, ultrapassar os limites definidos no mesmo artigo, sem prejuízo das medidas previstas no art. 22, o percentual excedente terá de ser eliminado nos dois quadrimestres seguintes, sendo pelo menos 1/3 (um terço) no primeiro, adotando-se, entre outras, as providências previstas nos §§ 3.º e 4.º do art. 169 da Constituição.

•• A Lei Complementar n. 178, de 13-1-2021, dispõe em seu art. 15: "Art. 15. O Poder ou órgão cuja despesa total com pessoal ao término do exercício financeiro da publicação desta Lei Complementar estiver acima de seu respectivo limite estabelecido no art. 20 da Lei Complementar n. 101, de 4 de maio de 2000, deverá eliminar o excesso à razão de, pelo menos, 10% (dez por cento) a cada exercício a partir de 2023, por meio da adoção, entre outras, das medidas previstas nos arts. 22 e 23 daquela Lei Complementar, de forma a se enquadrar no respectivo limite até o término do exercício de 2032. § 1.º A inobservância do disposto no *caput* no prazo fixado sujeita o ente às restrições previstas no § 3.º do art. 23 da Lei Complementar n. 101, de 4 de maio de 2000. § 2.º A comprovação acerca do cumprimento da regra de eliminação do excesso de despesas com pessoal prevista no *caput* deverá ser feita no último quadrimestre de cada exercício, observado o art. 18 da Lei Complementar n. 101, de 4 de maio de 2000. § 3.º Ficam suspensas as contagens de prazo e as disposições do art. 23 da Lei Complementar n. 101, de 4 de maio de 2000, no exercício financeiro de publicação desta Lei Complementar. § 4.º Até o encerramento do prazo a que se refere o *caput*, será considerado cumprido o disposto no art. 23 da Lei Complementar n. 101, de 4 de maio de 2000, pelo Poder ou órgão referido no art. 20 daquela Lei Complementar que atender ao estabelecido neste artigo".

§ 1.º No caso do inciso I do § 3.º do art. 169 da Constituição, o objetivo poderá ser alcançado tanto pela extinção de cargos e funções quanto pela redução dos valores a eles atribuídos.

•• O STF, na ADI n. 2.238, de 24-6-2020 (*DOU* de 13-8-2020), por maioria, julgou procedente o pedido para declarar, parcialmente, a inconstitucionalidade, sem redução de texto, deste § 1.º, "de modo a obstar interpretação segundo a qual é possível reduzir valores de função ou cargo que estiver provido".

• *Vide* art. 169, §§ 3.º, 4.º e 6.º, da CF.

§ 2.º É facultada a redução temporária da jornada de trabalho com adequação dos vencimentos à nova carga horária.

•• O STF, na ADI n. 2.238, de 24-6-2020 (*DOU* de 13-8-2020), por maioria, julgou procedente o pedido formulado na ação direta para declarar a inconstitucionalidade deste § 2.º.

• *Vide* art. 169, §§ 3.º, 4.º e 6.º, da CF.

§ 3.º Não alcançada a redução no prazo estabelecido e enquanto perdurar o excesso, o Poder ou órgão referido no art. 20 não poderá:

•• § 3.º, *caput*, com redação determinada pela Lei Complementar n. 178, de 13-1-2021.

• *Vide* art. 169, § 2.º, da CF.

I – receber transferências voluntárias;

II – obter garantia, direta ou indireta, de outro ente;

III – contratar operações de crédito, ressalvadas as destinadas ao pagamento da dívida mobiliária e as que visem à redução das despesas com pessoal.

•• Inciso III com redação determinada pela Lei Complementar n. 178, de 13-1-2021.

§ 4.º As restrições do § 3.º aplicam-se imediatamente se a despesa total com pessoal exceder o limite no primeiro quadrimestre do último ano do mandato dos titulares de Poder ou órgão referidos no art. 20.

§ 5.º As restrições previstas no § 3.º não se aplicam ao Município em caso de queda de receita real superior a 10% (dez por cento), em comparação ao correspondente quadrimestre do exercício financeiro anterior, devido a:

•• § 5.º, *caput*, acrescentado pela Lei Complementar n. 164, de 18-12-2018.

I – diminuição das transferências recebidas do Fundo de Participação dos Municípios decorrente de concessão de isenções tributárias pela União; e

•• Inciso I acrescentado pela Lei Complementar n. 164, de 18-12-2018.

II – diminuição das receitas recebidas de *royalties* e participações especiais.

•• Inciso II acrescentado pela Lei Complementar n. 164, de 18-12-2018.

§ 6.º O disposto no § 5.º só se aplica caso a despesa total com pessoal do quadrimestre vigente não ultrapasse o limite percentual previsto no art. 19, considerada, para este cálculo, a receita corrente líquida do quadrimestre correspondente do ano anterior atualizada monetariamente.

•• § 6.º acrescentado pela Lei Complementar n. 164, de 18-12-2018.

Seção III
Das Despesas com a Seguridade Social

Art. 24. Nenhum benefício ou serviço relativo à seguridade social poderá ser criado, majorado ou estendido sem a indicação da fonte de custeio total, nos termos do § 5.º do art. 195 da Constituição, atendidas ainda as exigências do art. 17.

§ 1.º É dispensada da compensação referida no art. 17 o aumento de despesa decorrente de:

I – concessão de benefício a quem satisfaça as condições de habilitação prevista na legislação pertinente;

II – expansão quantitativa do atendimento e dos serviços prestados;

III – reajustamento de valor do benefício ou serviço, a fim de preservar o seu valor real.

§ 2.º O disposto neste artigo aplica-se a benefício ou serviço de saúde, previdência e assistência social, inclusive os destinados aos servidores públicos e militares, ativos e inativos, e aos pensionistas.

Capítulo V
DAS TRANSFERÊNCIAS VOLUNTÁRIAS

Art. 25. Para efeito desta Lei Complementar, entende-se por transferência voluntária a entrega de recursos correntes ou de capital a outro ente da Federação, a título de cooperação, auxílio ou assistência financeira, que não decorra de determinação constitucional, legal ou os destinados ao Sistema Único de Saúde.

• *Vide* arts. 157 a 162 da CF.

• *Vide* art. 11 da Lei n. 4.320, de 16-3-1964.

§ 1.º São exigências para a realização de transferência voluntária, além das estabelecidas na lei de diretrizes orçamentárias:

I – existência de dotação específica;

II – (*Vetado*.)

III – observância do disposto no inciso X do art. 167 da Constituição;

IV – comprovação, por parte do beneficiário, de:

a) que se acha em dia quanto ao pagamento de tributos, empréstimos e financiamentos devidos ao ente transferidor, bem como quanto à prestação de contas de recursos anteriormente dele recebidos;

b) cumprimento dos limites constitucionais relativos à educação e à saúde;

c) observância dos limites das dívidas consolidada e mobiliária, de operações de crédito, inclusive por antecipação de receita, de inscrição em Restos a Pagar e de despesa total com pessoal;

d) previsão orçamentária de contrapartida.

§ 2.º É vedada a utilização de recursos transferidos em finalidade diversa da pactuada.

§ 3.º Para fins da aplicação das sanções de suspensão de transferências voluntárias constantes desta Lei Complementar, excetuam-se aquelas relativas a ações de educação, saúde e assistência social.

Capítulo VI
DA DESTINAÇÃO DE RECURSOS PÚBLICOS PARA O SETOR PRIVADO

Art. 26. A destinação de recursos para, direta ou indiretamente, cobrir necessidades de pessoas físicas ou déficits de pessoas jurídicas deverá ser autorizada por lei específica, atender às condições estabelecidas na lei de diretrizes orçamentárias e estar prevista no orçamento ou em seus créditos adicionais.

§ 1.º O disposto no *caput* aplica-se a toda a administração indireta, inclusive fundações públicas e empresas estatais, exceto, no exercício de suas atribuições precípuas, as instituições financeiras e o Banco Central do Brasil.

§ 2.º Compreende-se incluída a concessão de empréstimos, financiamentos e refinanciamentos, inclusive as respectivas prorrogações e a composição de dívidas, a concessão de subvenções e a participação em constituição ou aumento de capital.

Art. 27. Na concessão de crédito por ente da Federação a pessoa física, ou jurídica que não esteja sob seu controle direto ou indireto, os encargos financeiros, comissões e despesas congêneres não serão inferiores aos definidos em lei ou ao custo de captação.

Parágrafo único. Dependem de autorização em lei específica as prorrogações e composições de dívidas decorrentes de operações de crédito, bem como a concessão de empréstimos ou financiamentos em desacordo com o *caput*, sendo o subsídio correspondente consignado na lei orçamentária.

Art. 28. Salvo mediante lei específica, não poderão ser utilizados recursos públicos, inclusive de operações de crédito, para socorrer instituições do Sistema Financeiro Nacional, ainda que mediante a concessão de empréstimos de recuperação ou financiamentos para mudança de controle acionário.

§ 1.º A prevenção de insolvência e outros riscos ficará a cargo de fundos, e outros mecanismos, constituídos pelas instituições do Sistema Financeiro Nacional, na forma da lei.

§ 2.º O disposto no *caput* não proíbe o Banco Central do Brasil de conceder às instituições financeiras operações de redesconto e de empréstimos de prazo inferior a 360 (trezentos e sessenta) dias.

Capítulo VII
DA DÍVIDA E DO ENDIVIDAMENTO

Seção I
Definições Básicas

Art. 29. Para os efeitos desta Lei Complementar, são adotadas as seguintes definições:

I – dívida pública consolidada ou fundada: montante total, apurado sem duplicidade, das obrigações financeiras do ente da Federação, assumidas em virtude de leis, contratos, convênios ou tratados e da realização de operações de crédito, para amortização em prazo superior a 12 (doze) meses;

II – dívida pública mobiliária: dívida pública representada por títulos emitidos pela União, inclusive os do Banco Central do Brasil, Estados e Municípios;

• Vide art. 151, II, da CF.

III – operação de crédito: compromisso financeiro assumido em razão de mútuo, abertura de crédito, emissão e aceite de título, aquisição financiada de bens, recebimento antecipado de valores provenientes da venda a termo de bens e serviços, arrendamento mercantil e outras operações assemelhadas, inclusive com o uso de derivativos financeiros;

•• Vide art. 39-A, § 4.º, da Lei n. 4.320, de 17-3-1964.

IV – concessão de garantia: compromisso de adimplência de obrigação financeira ou contratual assumida por ente da Federação ou entidade a ele vinculada;

•• Vide art. 39-A, § 4.º, da Lei n. 4.320, de 17-3-1964.

V – refinanciamento da dívida mobiliária: emissão de títulos para pagamento do principal acrescido da atualização monetária.

§ 1.º Equipara-se a operação de crédito a assunção, o reconhecimento ou a confissão de dívidas pelo ente da Federação, sem prejuízo do cumprimento das exigências dos arts. 15 e 16.

§ 2.º Será incluída na dívida pública consolidada da União a relativa à emissão de títulos de responsabilidade do Banco Central do Brasil.

§ 3.º Também integram a dívida pública consolidada as operações de crédito de prazo inferior a 12 (doze) meses cujas receitas tenham constado do orçamento.

§ 4.º O refinanciamento do principal da dívida mobiliária não excederá, ao término de cada exercício financeiro, o montante do final do exercício anterior, somado ao das operações de crédito autorizadas no orçamento para este efeito e efetivamente realizadas, acrescido de atualização monetária.

Seção II
Dos Limites da Dívida Pública e das Operações de Crédito

Art. 30. No prazo de 90 (noventa) dias após a publicação desta Lei Complementar, o Presidente da República submeterá ao:

I – Senado Federal: proposta de limites globais para o montante da dívida consolidada da União, Estados e Municípios, cumprindo o que estabelece o inciso VI do art. 52 da Constituição, bem como de limites e condições relativos aos incisos VII, VIII e IX do mesmo artigo;

II – Congresso Nacional: projeto de lei que estabeleça limites para o montante da dívida mobiliária federal a que se refere o inciso XIV do art. 48 da Constituição, acompanhado da demonstração de sua adequação aos limites fixados para a dívida consolidada da União, atendido o disposto no inciso I do § 1.º deste artigo.

§ 1.º As propostas referidas nos incisos I e II do *caput* e suas alterações conterão:

I – demonstração de que os limites e condições guardam coerência com as normas estabelecidas nesta Lei Complementar e com os objetivos da política fiscal;

II – estimativas do impacto da aplicação dos limites a cada uma das três esferas de governo;

III – razões de eventual proposição de limites diferenciados por esfera de governo;

IV – metodologia de apuração dos resultados primário e nominal.

§ 2.º As propostas mencionadas nos incisos I e II do *caput* também poderão ser apresentadas em termos de dívida líquida, evidenciando a forma e a metodologia de sua apuração.

§ 3.º Os limites de que tratam os incisos I e II do *caput* serão fixados em percentual da receita corrente líquida para cada esfera de governo e aplicados igualmente a todos os entes da Federação que a integrem, constituindo, para cada um deles, limites máximos.

§ 4.º Para fins de verificação do atendimento do limite, a apuração do montante da dívida consolidada será efetuada ao final de cada quadrimestre.

§ 5.º No prazo previsto no art. 5.º, o Presidente da República enviará ao Senado Federal ou ao Congresso Nacional, conforme o caso, proposta de manutenção ou alteração dos limites e condições previstos nos incisos I e II do *caput*.

§ 6.º Sempre que alterados os fundamentos das propostas de que trata este artigo, em razão de instabilidade econômica ou alterações nas políticas monetária ou cambial, o Presidente da República poderá encaminhar ao Senado Federal ou ao Congresso Nacional solicitação de revisão dos limites.

§ 7.º Os precatórios judiciais não pagos durante a execução do orçamento em que houverem sido incluídos integram a dívida consolidada, para fins de aplicação dos limites.

Seção III
Da Recondução da Dívida aos Limites

Art. 31. Se a dívida consolidada de um ente da Federação ultrapassar o respectivo limite ao final de um quadrimestre, deverá ser a ele reconduzida até o término dos três subsequentes, reduzindo o excedente em pelo menos 25% (vinte e cinco por cento) no primeiro.

§ 1.º Enquanto perdurar o excesso, o ente que nele houver incorrido:

I – estará proibido de realizar operação de crédito interna ou externa, inclusive por antecipação de receita, ressalvadas as para pagamento de dívidas mobiliárias;

•• Inciso I com redação determinada pela Lei Complementar n. 178, de 13-1-2021.

II – obterá resultado primário necessário à recondução da dívida ao limite, promovendo, entre outras medidas, limitação de empenho, na forma do art. 9.º.

§ 2.º Vencido o prazo para retorno da dívida ao limite, e enquanto perdurar o excesso, o ente ficará também impedido de receber transferências voluntárias da União ou do Estado.

§ 3.º As restrições do § 1.º aplicam-se imediatamente se o montante da dívida exceder o limite no primeiro quadrimestre do último ano do mandato do Chefe do Poder Executivo.

§ 4.º O Ministério da Fazenda divulgará, mensalmente, a relação dos entes que tenham ultrapassado os limites das dívidas consolidada e mobiliária.

§ 5.º As normas deste artigo serão observadas nos casos de descumprimento dos limites da dívida mobiliária e das operações de crédito internas e externas.

Seção IV
Das Operações de Crédito

Subseção I
Da contratação

•• A Portaria n. 9, de 5-1-2017, do Ministério da Fazenda, regulamenta os procedimentos e as competências no âmbito da Secretaria do Tesouro Nacional para fins de verificação de cumprimento de limites e condições para a contratação de operações de crédito externo ou interno, para a concessão de garantias pelos Estados, Distrito Federal e Municípios, incluindo seus fundos, autarquias, fundações e empresas estatais dependentes e para a análise da concessão de garantias da União a Estados, Distrito Federal e Municípios, compreendendo suas autarquias, fundações e empresas estatais dependentes.

Art. 32. O Ministério da Fazenda verificará o cumprimento dos limites e condições relativos à realização de operações de crédito de cada ente da Federação, inclusive das empresas por eles controladas, direta ou indiretamente.

§ 1.º O ente interessado formalizará seu pleito fundamentando-o em parecer de seus órgãos técnicos e jurídicos, demonstrando a relação custo-benefício, o interesse econômico e social da operação e o atendimento das seguintes condições:

I – existência de prévia e expressa autorização para a contratação, no texto da lei orçamentária, em créditos adicionais ou lei específica;

II – inclusão no orçamento ou em créditos adicionais dos recursos provenientes da operação, exceto no caso de operações por antecipação de receita;

III – observância dos limites e condições fixados pelo Senado Federal;

IV – autorização específica do Senado Federal, quando se tratar de operação de crédito externo;

V – atendimento do disposto no inciso III do art. 167 da Constituição;

VI – observância das demais restrições estabelecidas nesta Lei Complementar.

§ 2.º As operações relativas à dívida mobiliária federal autorizadas, no texto da lei orçamentária ou créditos adicionais, serão objeto de processo simplificado que atenda às suas especificidades.

§ 3.º Para fins do disposto no inciso V do § 1.º, considerar-se-á, em cada exercício financeiro, o total dos recursos de operações de crédito nele ingressados e o das despesas de capital executadas, observado o seguinte:

I – não serão computadas nas despesas de capital as realizadas sob a forma de empréstimo ou financiamento a contribuinte, com o intuito de promover incentivo fiscal, tendo por base tributo de competência do ente da Federação, se resultar a diminuição, direta ou indireta, do ônus deste;

II – se o empréstimo ou financiamento a que se refere o inciso I for concedido por instituição financeira controlada pelo ente da Federação, o valor da operação será deduzido das despesas de capital;

III – (Vetado.)

§ 4.º Sem prejuízo das atribuições próprias do Senado Federal e do Banco Central do Brasil, o Ministério da Fazenda efetuará o registro eletrônico centralizado e atualizado das dívidas públicas interna e externa, garantido o acesso público às informações, que incluirão:

• A Portaria n. 1.350, de 8-4-2022, da Secretaria do Tesouro Nacional, institui o Cadastro da Dívida Pública (CDP) como registro eletrônico centralizado e atualizado das dívidas públicas interna e externa a que se refere § 4.º.

I – encargos e condições de contratação;

II – saldos atualizados e limites relativos às dívidas consolidada e mobiliária, operações de crédito e concessão de garantias.

§ 5.º Os contratos de operação de crédito externo não conterão cláusula que importe na compensação automática de débitos e créditos.

§ 6.º O prazo de validade da verificação dos limites e das condições de que trata este artigo e da análise realizada para a concessão de garantia pela União será de, no mínimo, 90 (noventa) dias e, no máximo, 270 (duzentos e setenta) dias, a critério do Ministério da Fazenda.

•• § 6.º acrescentado pela Lei Complementar n. 159, de 19-5-2017.

•• A Portaria Normativa n. 500, de 2-6-2023, do MF, regulamenta os prazos de validade da verificação do cumprimento de limites e de condições de que trata este § 6.º.

§ 7.º Poderá haver alteração da finalidade de operação de crédito de Estados, do Distrito Federal e de Municípios sem a necessidade de nova verificação pelo Ministério da Economia, desde que haja prévia e expressa autorização para tanto, no texto da lei orçamentária, em créditos adicionais ou em lei específica, que se demonstre a relação custo-benefício e o interesse econômico e social da operação e que não configure infração a dispositivo desta Lei Complementar.

•• § 7.º acrescentado pela Lei Complementar n. 178, de 13-1-2021.

Art. 33. A instituição financeira que contratar operação de crédito com ente da Federação, exceto quando relativa à dívida mobiliária ou à externa, deverá exigir comprovação de que a operação atende às condições e limites estabelecidos.

• A Resolução n. 4.940, de 26-8-2021, do Banco Central do Brasil, define procedimentos de salvaguarda às instituições financeiras, bem como procedimentos para exigir comprovação de cumprimento dos limites e condições para a contratação de operações de crédito.

§ 1.º A operação realizada com infração do disposto nesta Lei Complementar será considerada nula, procedendo-se ao seu cancelamento, mediante a devolução do principal, vedados o pagamento de juros e demais encargos financeiros.

§ 2.º Se a devolução não for efetuada no exercício de ingresso dos recursos, será consignada reserva específica na lei orçamentária para o exercício seguinte.

§ 3.º Enquanto não for efetuado o cancelamento ou a amortização ou constituída a reserva de que trata o § 2.º, aplicam-se ao ente as restrições previstas no § 3.º do art. 23.

•• § 3.º com redação determinada pela Lei Complementar n. 178, de 13-1-2021.

§ 4.º Também se constituirá reserva, no montante equivalente ao excesso, se não atendido o disposto no inciso III do art. 167 da Constituição, consideradas as disposições do § 3.º do art. 32.

Subseção II
Das vedações

Art. 34. O Banco Central do Brasil não emitirá títulos da dívida pública a partir de 2 (dois) anos após a publicação desta Lei Complementar.

Art. 35. É vedada a realização de operação de crédito entre um ente da Federação, diretamente ou por intermédio de fundo, autarquia, fundação ou empresa estatal dependente, e outro, inclusive suas entidades da administração indireta, ainda que sob a forma de novação, refinanciamento ou postergação de dívida contraída anteriormente.

• Vide art. 165, § 9.º, II, da CF.

§ 1.º Excetuam-se da vedação a que se refere o *caput* as operações entre instituição financeira estatal e outro ente da Federação, inclusive suas entidades da administração indireta, que não se destinem a:

I – financiar, direta ou indiretamente, despesas correntes, ressalvadas as operações destinadas a financiar a estruturação de projetos ou a garantir contraprestações em contratos de parceria público-privada ou de concessão;

•• Inciso I com redação determinada pela Lei Complementar n. 212, de 13-1-2025.

II – refinanciar dívidas não contraídas junto à própria instituição concedente.

§ 2.º O disposto no *caput* não impede Estados e Municípios de comprar títulos da dívida da União como aplicação de suas disponibilidades.

Art. 36. É proibida a operação de crédito entre uma instituição financeira estatal e o ente da Federação que a controle, na qualidade de beneficiário do empréstimo.

Parágrafo único. O disposto no *caput* não proíbe instituição financeira controlada de adquirir, no mercado, títulos da dívida pública para atender investimento de seus clientes, ou títulos da dívida de emissão da União para aplicação de recursos próprios.

Art. 37. Equiparam-se a operações de crédito e estão vedados:

•• Vide art. 39-A, § 4.º, da Lei n. 4.320, de 17-3-1964.

I – captação de recursos a título de antecipação de receita de tributo ou contribuição cujo fato gerador ainda não tenha ocorrido, sem prejuízo do disposto no § 7.º do art. 150 da Constituição;
• Vide art. 128 do CTN.
II – recebimento antecipado de valores de empresa em que o Poder Público detenha, direta ou indiretamente, a maioria do capital social com direito a voto, salvo lucros e dividendos, na forma da legislação;
III – assunção direta de compromisso, confissão de dívida ou operação assemelhada, com fornecedor de bens, mercadorias ou serviços, mediante emissão, aceite ou aval de título de crédito, não se aplicando esta vedação a empresas estatais dependentes;
IV – assunção de obrigação, sem autorização orçamentária, com fornecedores para pagamento a posteriori de bens e serviços.

Subseção III
Das operações de crédito por antecipação de receita orçamentária

Art. 38. A operação de crédito por antecipação de receita destina-se a atender insuficiência de caixa durante o exercício financeiro e cumprirá as exigências mencionadas no art. 32 e mais as seguintes:
I – realizar-se-á somente a partir do décimo dia do início do exercício;
II – deverá ser liquidada, com juros e outros encargos incidentes, até o dia dez de dezembro de cada ano;
III – não será autorizada se forem cobrados outros encargos que não a taxa de juros da operação, obrigatoriamente prefixada ou indexada à taxa básica financeira, ou à que vier a esta substituir;
IV – estará proibida:
a) enquanto existir operação anterior da mesma natureza não integralmente resgatada;
b) no último ano de mandato do Presidente, Governador ou Prefeito Municipal.
§ 1.º As operações de que trata este artigo não serão computadas para efeito do que dispõe o inciso III do art. 167 da Constituição, desde que liquidadas no prazo definido no inciso II do *caput*.
§ 2.º As operações de crédito por antecipação de receita realizadas por Estados ou Municípios serão efetuadas mediante abertura de crédito junto à instituição financeira vencedora em processo competitivo eletrônico promovido pelo Banco Central do Brasil.
§ 3.º O Banco Central do Brasil manterá sistema de acompanhamento e controle do saldo do crédito aberto e, no caso de inobservância dos limites, aplicará as sanções cabíveis à instituição credora.

Subseção IV
Das operações com o Banco Central do Brasil

Art. 39. Nas suas relações com ente da Federação, o Banco Central do Brasil está sujeito às vedações constantes do art. 35 e mais as seguintes:

I – compra de título da dívida, na data de sua colocação no mercado, ressalvado o disposto no § 2.º deste artigo;
II – permuta, ainda que temporária, por intermédio de instituição financeira ou não, de título da dívida de ente da Federação por título da dívida pública federal, bem como a operação de compra e venda, a termo, daquele título, cujo efeito final seja semelhante à permuta;
III – concessão de garantia.
§ 1.º O disposto no inciso II, *in fine*, não se aplica ao estoque de Letras do Banco Central do Brasil, Série Especial, existente na carteira das instituições financeiras, que pode ser refinanciado mediante novas operações de venda a termo.
§ 2.º O Banco Central do Brasil só poderá comprar diretamente títulos emitidos pela União para refinanciar a dívida mobiliária federal que estiver vencendo na sua carteira.
§ 3.º A operação mencionada no § 2.º deverá ser realizada à taxa média e condições alcançadas no dia, em leilão público.
§ 4.º É vedado ao Tesouro Nacional adquirir títulos da dívida pública federal existentes na carteira do Banco Central do Brasil, ainda que com cláusula de reversão, salvo para reduzir a dívida mobiliária.

Seção V
Da Garantia e da Contragarantia

• A Lei n. 10.552, de 13-11-2002, dispõe em seu art. 1.º: "Observada a competência do Senado Federal constante do art. 52, VI a VIII, da Constituição e obedecidos os requisitos da legislação em vigor, fica o Poder Executivo autorizado, a critério do Ministério da Fazenda, a: I – contratar em nome da União operação de crédito interno; e II – conceder garantia da União às entidades da administração pública federal indireta, inclusive suas controladas, e aos Estados, ao Distrito Federal, aos Municípios e às suas entidades da administração pública indireta, inclusive suas controladas, em operação de crédito interno, observados os requisitos, limites, condições e normas da legislação em vigor, em especial o disposto nos arts. 29 a 40 da Lei Complementar n. 101, de 4 de maio de 2000".

Art. 40. Os entes poderão conceder garantia em operações de crédito internas ou externas, observados o disposto neste artigo, as normas do art. 32 e, no caso da União, também os limites e as condições estabelecidos pelo Senado Federal e as normas emitidas pelo Ministério da Economia acerca da classificação de capacidade de pagamento dos mutuários.
•• *Caput* com redação determinada pela Lei Complementar n. 178, de 13-1-2021.
§ 1.º A garantia estará condicionada ao oferecimento de contragarantia, em valor igual ou superior ao da garantia a ser concedida, e à adimplência da entidade que a pleitear relativamente a suas obrigações junto ao garantidor e às entidades por este controladas, observado o seguinte:
I – não será exigida contragarantia de órgãos e entidades do próprio ente;

II – a contragarantia exigida pela União a Estado ou Município, ou pelos Estados aos Municípios, poderá consistir na vinculação de receitas tributárias diretamente arrecadadas e provenientes de transferências constitucionais, com outorga de poderes ao garantidor para retê-las e empregar o respectivo valor na liquidação da dívida vencida.
§ 2.º No caso de operação de crédito junto a organismo financeiro internacional, ou a instituição federal de crédito e fomento para o repasse de recursos externos, a União só prestará garantia a ente que atenda, além do disposto no § 1.º, as exigências legais para o recebimento de transferências voluntárias.
§§ 3.º e 4.º (*Vetados.*)
§ 5.º É nula a garantia concedida acima dos limites fixados pelo Senado Federal.
§ 6.º É vedado às entidades da administração indireta, inclusive suas empresas controladas e subsidiárias, conceder garantia, ainda que com recursos de fundos.
§ 7.º O disposto no § 6.º não se aplica à concessão de garantia por:
I – empresa controlada a subsidiária ou controlada sua, nem à prestação de contragarantia nas mesmas condições;
II – instituição financeira a empresa nacional, nos termos da lei.
§ 8.º Excetua-se do disposto neste artigo a garantia prestada:
I – por instituições financeiras estatais, que se submeterão às normas aplicáveis às instituições financeiras privadas, de acordo com a legislação pertinente;
II – pela União, na forma de lei federal, a empresas de natureza financeira por ela controladas, direta e indiretamente, quanto às operações de seguro de crédito à exportação.
§ 9.º Quando honrarem dívida de outro ente, em razão de garantia prestada, a União e os Estados poderão condicionar as transferências constitucionais ao ressarcimento daquele pagamento.
§ 10. O ente da Federação cuja dívida tiver sido honrada pela União ou por Estado, em decorrência de garantia prestada em operação de crédito, terá suspenso o acesso a novos créditos ou financiamentos até a total liquidação da mencionada dívida.
§ 11. A alteração da metodologia utilizada para fins de classificação da capacidade de pagamento de Estados e Municípios deverá ser precedida de consulta pública, assegurada a manifestação destes entes.
•• § 11 acrescentado pela Lei Complementar n. 178, de 13-1-2021.

Seção VI
Dos Restos a Pagar

Art. 41. (*Vetado.*)

Art. 41-A. A partir de 1.º de janeiro de 2027, se verificado, ao final de um exercício, que a disponibilidade de caixa não é suficiente para honrar os compromissos com Restos a Pagar processados e não pro-

cessados inscritos e com as demais obrigações financeiras, aplica-se imediatamente ao respectivo Poder ou órgão referido no art. 20, até a próxima apuração anual, a vedação à concessão ou à ampliação de incentivo ou benefício de natureza tributária.
•• *Caput* acrescentado pela Lei Complementar n. 212, de 13-1-2025.

Parágrafo único. Se verificado que a insuficiência de que trata o *caput* perdura por 2 (dois) anos consecutivos, aplicam-se imediatamente ao respectivo Poder ou órgão, enquanto perdurar a insuficiência, as vedações previstas nos incisos I, II e III do parágrafo único do art. 22, bem como a vedação à concessão ou à ampliação de incentivo ou benefício de natureza tributária.
•• Parágrafo único acrescentado pela Lei Complementar n. 212, de 13-1-2025.

Art. 42. É vedado ao titular de Poder ou órgão referido no art. 20, nos últimos dois quadrimestres do seu mandato, contrair obrigação de despesa que não possa ser cumprida integralmente dentro dele, ou que tenha parcelas a serem pagas no exercício seguinte sem que haja suficiente disponibilidade de caixa para este efeito.
A Lei Complementar n. 178, de 13-1-2021, propôs nova redação para este artigo, a partir de 2023, porém teve seu texto vetado.

Parágrafo único. Na determinação da disponibilidade de caixa serão considerados os encargos e despesas compromissadas a pagar até o final do exercício.

Capítulo VIII
DA GESTÃO PATRIMONIAL

Seção I
Das Disponibilidades de Caixa

Art. 43. As disponibilidades de caixa dos entes da Federação serão depositadas conforme estabelece o § 3.º do art. 164 da Constituição.

§ 1.º As disponibilidades de caixa dos regimes de previdência social, geral e próprio dos servidores públicos, ainda que vinculadas a fundos específicos a que se referem os arts. 249 e 250 da Constituição, ficarão depositadas em conta separada das demais disponibilidades de cada ente e aplicadas nas condições de mercado, com observância dos limites e condições de proteção e prudência financeira.

§ 2.º É vedada a aplicação das disponibilidades de que trata o § 1.º em:

I – títulos da dívida pública estadual e municipal, bem como em ações e outros papéis relativos às empresas controladas pelo respectivo ente da Federação;

II – empréstimos, de qualquer natureza, aos segurados e ao Poder Público, inclusive a suas empresas controladas.

Seção II
Da Preservação do Patrimônio Público

Art. 44. É vedada a aplicação da receita de capital derivada da alienação de bens e direitos que integram o patrimônio público para o financiamento de despesa corrente, salvo se destinada por lei aos regimes de previdência social, geral e próprio dos servidores públicos.

Art. 45. Observado o disposto no § 5.º do art. 5.º, a lei orçamentária e as de créditos adicionais só incluirão novos projetos após adequadamente atendidos os em andamento e contempladas as despesas de conservação do patrimônio público, nos termos em que dispuser a lei de diretrizes orçamentárias.

Parágrafo único. O Poder Executivo de cada ente encaminhará ao Legislativo, até a data do envio do projeto de lei de diretrizes orçamentárias, relatório com as informações necessárias ao cumprimento do disposto neste artigo, ao qual será dada ampla divulgação.

Art. 46. É nulo de pleno direito ato de desapropriação de imóvel urbano expedido sem o atendimento do disposto no § 3.º do art. 182 da Constituição, ou prévio depósito judicial do valor da indenização.

Seção III
Das Empresas Controladas pelo Setor Público

Art. 47. A empresa controlada que firmar contrato de gestão em que se estabeleçam objetivos e metas de desempenho, na forma da lei, disporá de autonomia gerencial, orçamentária e financeira, sem prejuízo do disposto no inciso II do § 5.º do art. 165 da Constituição.

Parágrafo único. A empresa controlada incluirá em seus balanços trimestrais nota explicativa em que informará:

I – fornecimento de bens e serviços ao controlador, com respectivos preços e condições, comparando-os com os praticados no mercado;

II – recursos recebidos do controlador, a qualquer título, especificando valor, fonte e destinação;

III – venda de bens, prestação de serviços ou concessão de empréstimos e financiamentos com preços, taxas, prazos ou condições diferentes dos vigentes no mercado.

Capítulo IX
DA TRANSPARÊNCIA, CONTROLE E FISCALIZAÇÃO

Seção I
Da Transparência da Gestão Fiscal

Art. 48. São instrumentos de transparência da gestão fiscal, aos quais será dada ampla divulgação, inclusive em meios eletrônicos de acesso público: os planos, orçamentos e leis de diretrizes orçamentárias; as prestações de contas e o respectivo parecer prévio; o Relatório Resumido da Execução Orçamentária e o Relatório de Gestão Fiscal; e as versões simplificadas desses documentos.

§ 1.º A transparência será assegurada também mediante:

•• Parágrafo único renumerado pela Lei Complementar n. 156, de 28-12-2016.

I – incentivo à participação popular e realização de audiências públicas, durante os processos de elaboração e discussão dos planos, lei de diretrizes orçamentárias e orçamentos;
•• Inciso I acrescentado pela Lei Complementar n. 131, de 27-5-2009.

II – liberação ao pleno conhecimento e acompanhamento da sociedade, em tempo real, de informações pormenorizadas sobre a execução orçamentária e financeira, em meios eletrônicos de acesso público; e
•• Inciso II com redação determinada pela Lei Complementar n. 156, de 28-12-2016.

III – adoção de sistema integrado de administração financeira e controle, que atenda a padrão mínimo de qualidade estabelecido pelo Poder Executivo da União e ao disposto no art. 48-A.
•• Inciso III acrescentado pela Lei Complementar n. 131, de 27-5-2009.
•• O Decreto n. 10.540, de 5-11-2020, dispõe sobre o padrão mínimo de qualidade do Sistema Único e Integrado de Execução Orçamentária, Administração Financeira e Controle.

§ 2.º A União, os Estados, o Distrito Federal e os Municípios disponibilizarão suas informações e dados contábeis, orçamentários e fiscais conforme periodicidade, formato e sistema estabelecidos pelo órgão central de contabilidade da União, os quais deverão ser divulgados em meio eletrônico de amplo acesso público.
•• § 2.º acrescentado pela Lei Complementar n. 156, de 28-12-2016.

§ 3.º Os Estados, o Distrito Federal e os Municípios encaminharão ao Ministério da Fazenda, nos termos e na periodicidade a serem definidos em instrução específica deste órgão, as informações necessárias para a constituição do registro eletrônico centralizado e atualizado das dívidas públicas interna e externa, de que trata o § 4.º do art. 32.
•• § 3.º acrescentado pela Lei Complementar n. 156, de 28-12-2016.

§ 4.º A inobservância do disposto nos §§ 2.º e 3.º ensejará as penalidades previstas no § 2.º do art. 51.
•• § 4.º acrescentado pela Lei Complementar n. 156, de 28-12-2016.

§ 5.º Nos casos de envio conforme disposto no § 2.º, para todos os efeitos, a União, os Estados, o Distrito Federal e os Municípios cumprem o dever de ampla divulgação a que se refere o *caput*.
•• § 5.º acrescentado pela Lei Complementar n. 156, de 28-12-2016.

§ 6.º Todos os Poderes e órgãos referidos no art. 20, incluídos autarquias, fundações públicas, empresas estatais dependentes e fundos, do ente da Federação devem utilizar sistemas únicos de execução orçamentária e financeira, mantidos e gerenciados pelo Poder Executivo, resguardada a autonomia.
•• § 6.º acrescentado pela Lei Complementar n. 156, de 28-12-2016.

Art. 48-A. Para os fins a que se refere o inciso II do parágrafo único do art. 48, os entes da Federação disponibilizarão a qualquer pessoa física ou jurídica o acesso a informações referentes a:

•• *Caput* acrescentado pela Lei Complementar n. 131, de 27-5-2009.

I – quanto à despesa: todos os atos praticados pelas unidades gestoras no decorrer da execução da despesa, no momento de sua realização, com a disponibilização mínima dos dados referentes ao número do correspondente processo, ao bem fornecido ou ao serviço prestado, à pessoa física ou jurídica beneficiária do pagamento e, quando for o caso, ao procedimento licitatório realizado;

•• Inciso I acrescentado pela Lei Complementar n. 131, de 27-5-2009.

II – quanto à receita: o lançamento e o recebimento de toda a receita das unidades gestoras, inclusive referente a recursos extraordinários.

•• Inciso II acrescentado pela Lei Complementar n. 131, de 27-5-2009.

Art. 49. As contas apresentadas pelo Chefe do Poder Executivo ficarão disponíveis, durante todo o exercício, no respectivo Poder Legislativo e no órgão técnico responsável pela sua elaboração, para consulta e apreciação pelos cidadãos e instituições da sociedade.

Parágrafo único. A prestação de contas da União conterá demonstrativos do Tesouro Nacional e das agências financeiras oficiais de fomento, incluído o Banco Nacional de Desenvolvimento Econômico e Social, especificando os empréstimos e financiamentos concedidos com recursos oriundos dos orçamentos fiscal e da seguridade social e, no caso das agências financeiras, avaliação circunstanciada do impacto fiscal de suas atividades no exercício.

Seção II
Da Escrituração e Consolidação das Contas

Art. 50. Além de obedecer às demais normas de contabilidade pública, a escrituração das contas públicas observará as seguintes:

I – a disponibilidade de caixa constará de registro próprio, de modo que os recursos vinculados a órgão, fundo ou despesa obrigatória fiquem identificados e escriturados de forma individualizada;

II – a despesa e a assunção de compromisso serão registradas segundo o regime de competência, apurando-se, em caráter complementar, o resultado dos fluxos financeiros pelo regime de caixa;

III – as demonstrações contábeis compreenderão, isolada e conjuntamente, as transações e operações de cada órgão, fundo ou entidade da administração direta, autárquica e fundacional, inclusive empresa estatal dependente;

IV – as receitas e despesas previdenciárias serão apresentadas em demonstrativos financeiros e orçamentários específicos;

V – as operações de crédito, as inscrições em Restos a Pagar e as demais formas de financiamento ou assunção de compromissos junto a terceiros, deverão ser escrituradas de modo a evidenciar o montante e a variação da dívida pública no período, detalhando, pelo menos, a natureza e o tipo de credor;

VI – a demonstração das variações patrimoniais dará destaque à origem e ao destino dos recursos provenientes da alienação de ativos.

§ 1.º No caso das demonstrações conjuntas, excluir-se-ão as operações intragovernamentais.

§ 2.º A edição de normas gerais para consolidação das contas públicas caberá ao órgão central de contabilidade da União, enquanto não implantado o conselho de que trata o art. 67.

§ 3.º A Administração Pública manterá sistema de custos que permita a avaliação e o acompanhamento da gestão orçamentária, financeira e patrimonial.

Art. 51. O Poder Executivo da União promoverá, até o dia trinta de junho, a consolidação, nacional e por esfera de governo, das contas dos entes da Federação relativas ao exercício anterior, e a sua divulgação, inclusive por meio eletrônico de acesso público.

§ 1.º Os Estados e os Municípios encaminharão suas contas ao Poder Executivo da União até 30 de abril.

•• § 1.º com redação determinada pela Lei Complementar n. 178, de 13-1-2021.

§ 2.º O descumprimento dos prazos previstos neste artigo impedirá, até que a situação seja regularizada, que o Poder ou órgão referido no art. 20 receba transferências voluntárias e contrate operações de crédito, exceto as destinadas ao pagamento da dívida imobiliária.

•• § 2.º com redação determinada pela Lei Complementar n. 178, de 13-1-2021.

Seção III
Do Relatório Resumido da Execução Orçamentária

Art. 52. O relatório a que se refere o § 3.º do art. 165 da Constituição abrangerá todos os Poderes e o Ministério Público, será publicado até 30 (trinta) dias após o encerramento de cada bimestre e composto de:

I – balanço orçamentário, que especificará, por categoria econômica, as:

a) receitas por fonte, informando as realizadas e a realizar, bem como a previsão atualizada;

b) despesas por grupo de natureza, discriminando a dotação para o exercício, a despesa liquidada e o saldo;

II – demonstrativos da execução das:

a) receitas, por categoria econômica e fonte, especificando a previsão inicial, a previsão atualizada para o exercício, a receita realizada no bimestre, a realizada no exercício e a previsão a realizar;

b) despesas, por categoria econômica e grupo de natureza da despesa, discriminando dotação inicial, dotação para o exercício, despesas empenhada e liquidada, no bimestre e no exercício;

c) despesas, por função e subfunção.

§ 1.º Os valores referentes ao refinanciamento da dívida mobiliária constarão destacadamente nas receitas de operações de crédito e nas despesas com amortização da dívida.

§ 2.º O descumprimento do prazo previsto neste artigo sujeita o ente às sanções previstas no § 2.º do art. 51.

Art. 53. Acompanharão o Relatório Resumido demonstrativos relativos a:

I – apuração da receita corrente líquida, na forma definida no inciso IV do art. 2.º, sua evolução, assim como a previsão de seu desempenho até o final do exercício;

II – receitas e despesas previdenciárias a que se refere o inciso IV do art. 50;

III – resultados nominal e primário;

IV – despesas com juros, na forma do inciso II do art. 4.º;

V – Restos a Pagar, detalhando, por Poder e órgão referido no art. 20, os valores inscritos, os pagamentos realizados e o montante a pagar.

§ 1.º O relatório referente ao último bimestre do exercício será acompanhado também de demonstrativos:

I – do atendimento do disposto no inciso III do art. 167 da Constituição, conforme o § 3.º do art. 32;

II – das projeções atuariais dos regimes de previdência social, geral e próprio dos servidores públicos;

III – da variação patrimonial, evidenciando a alienação de ativos e a aplicação dos recursos dela decorrentes.

§ 2.º Quando for o caso, serão apresentadas justificativas:

I – da limitação de empenho;

II – da frustração de receitas, especificando as medidas de combate à sonegação e à evasão fiscal, adotadas e a adotar, e as ações de fiscalização e cobrança.

Seção IV
Do Relatório de Gestão Fiscal

Art. 54. Ao final de cada quadrimestre será emitido pelos titulares dos Poderes e órgãos referidos no art. 20 Relatório de Gestão Fiscal, assinado pelo:

I – Chefe do Poder Executivo;

II – Presidente e demais membros da Mesa Diretora ou órgão decisório equivalente, conforme regimentos internos dos órgãos do Poder Legislativo;

III – Presidente de Tribunal e demais membros de Conselho de Administração ou órgão decisório equivalente, conforme regi-

mentos internos dos órgãos do Poder Judiciário;
IV – Chefe do Ministério Público, da União e dos Estados.
Parágrafo único. O relatório também será assinado pelas autoridades responsáveis pela administração financeira e pelo controle interno, bem como por outras definidas por ato próprio de cada Poder ou órgão referido no art. 20.
Art. 55. O relatório conterá:
I – comparativo com os limites de que trata esta Lei Complementar, dos seguintes montantes:
a) despesa total com pessoal, distinguindo-a com inativos e pensionistas;
b) dívidas consolidada e mobiliária;
c) concessão de garantias;
d) operações de crédito, inclusive por antecipação de receita;
e) despesas de que trata o inciso II do art. 4.º;
II – indicação das medidas corretivas adotadas ou a adotar, se ultrapassado qualquer dos limites;
III – demonstrativos, no último quadrimestre:
a) do montante das disponibilidades de caixa em trinta e um de dezembro;
b) da inscrição em Restos a Pagar, das despesas:
1) liquidadas;
2) empenhadas e não liquidadas, inscritas por atenderem a uma das condições do inciso II do art. 41;
3) empenhadas e não liquidadas, inscritas até o limite do saldo da disponibilidade de caixa;
4) não inscritas por falta de disponibilidade de caixa e cujos empenhos foram cancelados;
c) do cumprimento do disposto no inciso II e na alínea *b* do inciso IV do art. 38.
§ 1.º O relatório dos titulares dos órgãos mencionados nos incisos II, III e IV do art. 54 conterá apenas as informações relativas à alínea *a* do inciso I, e os documentos referidos nos incisos II e III.
§ 2.º O relatório será publicado até 30 (trinta) dias após o encerramento do período a que corresponder, com amplo acesso ao público, inclusive por meio eletrônico.
§ 3.º O descumprimento do prazo a que se refere o § 2.º sujeita o ente à sanção prevista no § 2.º do art. 51.
§ 4.º Os relatórios referidos nos arts. 52 e 54 deverão ser elaborados de forma padronizada, segundo modelos que poderão ser atualizados pelo conselho de que trata o art. 67.

Seção V
Das Prestações de Contas

Art. 56. As contas prestadas pelos Chefes do Poder Executivo incluirão, além das suas próprias, as dos Presidentes dos órgãos dos Poderes Legislativo e Judiciário e do Chefe do Ministério Público, referidos no art. 20, as quais receberão parecer prévio, separadamente, do respectivo Tribunal de Contas.
•• O STF, na ADI n. 2.324 (*DOU* de 23-9-2020), por maioria, suspendeu a eficácia deste artigo.
• *Vide* art. 71 da CF.
§ 1.º As contas do Poder Judiciário serão apresentadas no âmbito:
I – da União, pelos Presidentes do Supremo Tribunal Federal e dos Tribunais Superiores, consolidando as dos respectivos tribunais;
II – dos Estados, pelos Presidentes dos Tribunais de Justiça, consolidando as dos demais tribunais.
§ 2.º O parecer sobre as contas dos Tribunais de Contas será proferido no prazo previsto no art. 57 pela comissão mista permanente referida no § 1.º do art. 166 da Constituição ou equivalente das Casas Legislativas estaduais e municipais.
§ 3.º Será dada ampla divulgação dos resultados da apreciação das contas, julgadas ou tomadas.
Art. 57. Os Tribunais de Contas emitirão parecer prévio conclusivo sobre as contas no prazo de 60 (sessenta) dias do recebimento, se outro não estiver estabelecido nas constituições estaduais ou nas leis orgânicas municipais.
•• O STF, na ADI n. 2.238-5 (*DOU* de 17-8-2007), concedeu medida cautelar em 8-8-2007, para suspender a eficácia deste artigo.
§ 1.º No caso de Municípios que não sejam capitais e que tenham menos de 200.000 (duzentos mil) habitantes o prazo será de 180 (cento e oitenta) dias.
§ 2.º Os Tribunais de Contas não entrarão em recesso enquanto existirem contas de Poder, ou órgão referido no art. 20, pendentes de parecer prévio.
Art. 58. A prestação de contas evidenciará o desempenho da arrecadação em relação à previsão, destacando as providências adotadas no âmbito da fiscalização das receitas e combate à sonegação, as ações de recuperação de créditos nas instâncias administrativa e judicial, bem como as demais medidas para incremento das receitas tributárias e de contribuições.
• *Vide* art. 2.º, § 2.º, da Lei n. 11.457, de 16-3-2007.

Seção VI
Da Fiscalização da Gestão Fiscal

Art. 59. O Poder Legislativo, diretamente ou com o auxílio dos Tribunais de Contas, e o sistema de controle interno de cada Poder e do Ministério Público fiscalizarão o cumprimento desta Lei Complementar, consideradas as normas de padronização metodológica editadas pelo conselho de que trata o art. 67, com ênfase no que se refere a:
•• *Caput* com redação determinada pela Lei Complementar n. 178, de 13-1-2021.
I – atingimento das metas estabelecidas na lei de diretrizes orçamentárias;
II – limites e condições para realização de operações de crédito e inscrição em Restos a Pagar;
III – medidas adotadas para o retorno da despesa total com pessoal ao respectivo limite, nos termos dos arts. 22 e 23;
IV – providências tomadas, conforme o disposto no art. 31, para recondução dos montantes das dívidas consolidada e mobiliária aos respectivos limites;
V – destinação de recursos obtidos com a alienação de ativos, tendo em vista as restrições constitucionais e as desta Lei Complementar;
VI – cumprimento do limite de gastos totais dos legislativos municipais, quando houver.
§ 1.º Os Tribunais de Contas alertarão os Poderes ou órgãos referidos no art. 20 quando constatarem:
I – a possibilidade de ocorrência das situações previstas no inciso II do art. 4.º e no art. 9.º;
II – que o montante da despesa total com pessoal ultrapassou 90% (noventa por cento) do limite;
III – que os montantes das dívidas consolidada e mobiliária, das operações de crédito e da concessão de garantia se encontram acima de 90% (noventa por cento) dos respectivos limites;
IV – que os gastos com inativos e pensionistas se encontram acima do limite definido em lei;
V – fatos que comprometam os custos ou os resultados dos programas ou indícios de irregularidades na gestão orçamentária.
§ 2.º Compete ainda aos Tribunais de Contas verificar os cálculos dos limites da despesa total com pessoal de cada Poder e órgão referido no art. 20.
§ 3.º O Tribunal de Contas da União acompanhará o cumprimento do disposto nos §§ 2.º, 3.º e 4.º do art. 39.

Capítulo X
DISPOSIÇÕES FINAIS E TRANSITÓRIAS

Art. 60. Lei estadual ou municipal poderá fixar limites inferiores àqueles previstos nesta Lei Complementar para as dívidas consolidada e mobiliária, operações de crédito e concessão de garantias.
Art. 61. Os títulos da dívida pública, desde que devidamente escriturados em sistema centralizado de liquidação e custódia, poderão ser oferecidos em caução para garantia de empréstimos, ou em outras transações previstas em lei, pelo seu valor econômico, conforme definido pelo Ministério da Fazenda.
Art. 62. Os Municípios só contribuirão para o custeio de despesas de competência de outros entes da Federação se houver:
I – autorização na lei de diretrizes orçamentárias e na lei orçamentária anual;
II – convênio, acordo, ajuste ou congênere, conforme sua legislação.

Art. 63. É facultado aos Municípios com população inferior a 50.000 (cinquenta mil) habitantes optar por:

I – aplicar o disposto no art. 22 e no § 4.º do art. 30 ao final do semestre;

II – divulgar semestralmente:

a) (Vetada.)

b) o Relatório de Gestão Fiscal;

c) os demonstrativos de que trata o art. 53;

III – elaborar o Anexo de Política Fiscal do plano plurianual, o Anexo de Metas Fiscais e o Anexo de Riscos Fiscais da lei de diretrizes orçamentárias e o anexo de que trata o inciso I do art. 5.º a partir do quinto exercício seguinte ao da publicação desta Lei Complementar.

§ 1.º A divulgação dos relatórios e demonstrativos deverá ser realizada em até 30 (trinta) dias após o encerramento do semestre.

§ 2.º Se ultrapassados os limites relativos à despesa total com pessoal ou à dívida consolidada, enquanto perdurar esta situação, o Município ficará sujeito aos mesmos prazos de verificação e de retorno ao limite definidos para os demais entes.

Art. 64. A União prestará assistência técnica e cooperação financeira aos Municípios para a modernização das respectivas administrações tributária, financeira, patrimonial e previdenciária, com vistas ao cumprimento das normas desta Lei Complementar.

§ 1.º A assistência técnica consistirá no treinamento e desenvolvimento de recursos humanos e na transferência de tecnologia, bem como no apoio à divulgação dos instrumentos de que trata o art. 48 em meio eletrônico de amplo acesso público.

§ 2.º A cooperação financeira compreenderá a doação de bens e valores, o financiamento por intermédio das instituições financeiras federais e o repasse de recursos oriundos de operações externas.

§ 3.º A assistência técnica e a cooperação financeira a que se refere o *caput* poderão ser prestadas para a modernização da gestão educacional dos Estados e Municípios.

•• § 3.º acrescentado pela Lei Complementar n. 212, de 13-1-2025.

Art. 65. Na ocorrência de calamidade pública reconhecida pelo Congresso Nacional, no caso da União, ou pelas Assembleias Legislativas, na hipótese dos Estados e Municípios, enquanto perdurar a situação:

•• A Lei Complementar n. 206, de 16-5-2024, autoriza a União a postergar o pagamento da dívida de entes federativos afetados por calamidade pública reconhecida pelo Congresso Nacional, mediante proposta do Poder Executivo federal, e a reduzir a taxa de juros dos contratos de dívida dos referidos entes com a União.

•• A Portaria n. 817, de 20-5-2024, do MF, regulamenta a análise de operações de crédito com a garantia da União que se enquadrem no disposto nos §§ 1.º, 2.º e 3.º deste artigo.

•• Resolução n. 4.940, de 26-8-2021, do Banco Central do Brasil, define procedimentos a serem observados para operações realizadas pelas instituições financeiras ao amparo dos §§ 1.º, 2.º e 3.º desse artigo.

• Vide art. 148, I, da CF.

• A Resolução n. 5 de 16-6-2020, do Senado Federal, disciplina o tratamento a ser dispensado às operações realizadas de acordo com os §§ 1.º, 2.º e 3.º desse artigo, no que tange às contratações dessas operações e às concessões de garantia pela União.

I – serão suspensas a contagem dos prazos e as disposições estabelecidas nos arts. 23, 31 e 70;

II – serão dispensados o atingimento dos resultados fiscais e a limitação de empenho prevista no art. 9.º.

§ 1.º Na ocorrência de calamidade pública reconhecida pelo Congresso Nacional, nos termos de decreto legislativo, em parte ou na integralidade do território nacional e enquanto perdurar a situação, além do previsto nos incisos I e II do *caput*:

•• § 1.º, *caput*, acrescentado pela Lei Complementar n. 173, de 27-5-2020.

I – serão dispensados os limites, condições e demais restrições aplicáveis à União, aos Estados, ao Distrito Federal e aos Municípios, bem como sua verificação, para:

•• Inciso I, *caput*, acrescentado pela Lei Complementar n. 173, de 27-5-2020.

a) contratação e aditamento de operações de crédito;

•• Alínea *a* acrescentada pela Lei Complementar n. 173, de 27-5-2020.

b) concessão de garantias;

•• Alínea *b* acrescentada pela Lei Complementar n. 173, de 27-5-2020.

c) contratação entre entes da Federação; e

•• Alínea *c* acrescentada pela Lei Complementar n. 173, de 27-5-2020.

d) recebimento de transferências voluntárias;

•• Alínea *d* acrescentada pela Lei Complementar n. 173, de 27-5-2020.

II – serão dispensados os limites e afastadas as vedações e sanções previstas e decorrentes dos arts. 35, 37 e 42, bem como será dispensado o cumprimento do disposto no parágrafo único do art. 8.º desta Lei Complementar, desde que os recursos arrecadados sejam destinados ao combate à calamidade pública;

•• Inciso II acrescentado pela Lei Complementar n. 173, de 27-5-2020.

III – serão afastadas as condições e as vedações previstas nos arts. 14, 16 e 17 desta Lei Complementar, desde que o incentivo ou benefício e a criação ou o aumento da despesa sejam destinados ao combate à calamidade pública.

•• Inciso III acrescentado pela Lei Complementar n. 173, de 27-5-2020.

§ 2.º O disposto no § 1.º deste artigo, observados os termos estabelecidos no decreto legislativo que reconhecer o estado de calamidade pública:

•• § 2.º, *caput*, acrescentado pela Lei Complementar n. 173, de 27-5-2020.

I – aplicar-se-á exclusivamente:

•• Inciso I, *caput*, acrescentado pela Lei Complementar n. 173, de 27-5-2020.

a) às unidades da Federação atingidas e localizadas no território em que for reconhecido o estado de calamidade pública pelo Congresso Nacional e enquanto perdurar o referido estado de calamidade;

•• Alínea *a* acrescentada pela Lei Complementar n. 173, de 27-5-2020.

b) aos atos de gestão orçamentária e financeira necessários ao atendimento de despesas relacionadas ao cumprimento do decreto legislativo;

•• Alínea *b* acrescentada pela Lei Complementar n. 173, de 27-5-2020.

II – não afasta as disposições relativas a transparência, controle e fiscalização.

•• Inciso II, acrescentado pela Lei Complementar n. 173, de 27-5-2020.

§ 3.º No caso de aditamento de operações de crédito garantidas pela União com amparo no disposto no § 1.º deste artigo, a garantia será mantida, não sendo necessária a alteração dos contratos de garantia e de contragarantia vigentes.

•• § 3.º acrescentado pela Lei Complementar n. 173, de 27-5-2020.

Art. 65-A. Não serão contabilizadas na meta de resultado primário, para efeito do disposto no art. 9.º desta Lei Complementar, as transferências federais aos demais entes da Federação, devidamente identificadas, para enfrentamento das consequências sociais e econômicas no setor cultural decorrentes de calamidades públicas ou pandemias, desde que sejam autorizadas em acréscimo aos valores inicialmente previstos pelo Congresso Nacional na lei orçamentária anual.

•• Artigo acrescentado pela Lei Complementar n. 195, de 8-7-2022.

Art. 66. Os prazos estabelecidos nos arts. 23, 31 e 70 serão duplicados no caso de crescimento real baixo ou negativo do Produto Interno Bruto (PIB) nacional, regional ou estadual por período igual ou superior a 4 (quatro) trimestres.

§ 1.º Entende-se por baixo crescimento a taxa de variação real acumulada do Produto Interno Bruto inferior a 1% (um por cento), no período correspondente aos 4 (quatro) últimos trimestres.

§ 2.º A taxa de variação será aquela apurada pela Fundação Instituto Brasileiro de Geografia e Estatística ou outro órgão que vier a substituí-la, adotada a mesma metodologia para apuração dos PIB nacional, estadual e regional.

§ 3.º Na hipótese do *caput*, continuarão a ser adotadas as medidas previstas no art. 22.

§ 4.º Na hipótese de se verificarem mudanças drásticas na condução das políticas monetária e cambial, reconhecidas pelo Senado Federal, o prazo referido no *caput* do art. 31 poderá ser ampliado em até 4 (quatro) quadrimestres.

Art. 67. O acompanhamento e a avaliação, de forma permanente, da política e da operacionalidade da gestão fiscal serão realizados por conselho de gestão fiscal, constituído por representantes de todos os Poderes e esferas de Governo, do Ministério Público e de entidades técnicas representativas da sociedade, visando a:

I – harmonização e coordenação entre os entes da Federação;

II – disseminação de práticas que resultem em maior eficiência na alocação e execução do gasto público, na arrecadação de receitas, no controle do endividamento e na transparência da gestão fiscal;

III – adoção de normas de consolidação das contas públicas, padronização das prestações de contas e dos relatórios e demonstrativos de gestão fiscal de que trata esta Lei Complementar, normas e padrões mais simples para os pequenos Municípios, bem como outros, necessários ao controle social;

IV – divulgação de análises, estudos e diagnósticos.

§ 1.º O conselho a que se refere o *caput* instituirá formas de premiação e reconhecimento público aos titulares de Poder que alcançarem resultados meritórios em suas políticas de desenvolvimento social, conjugados com a prática de uma gestão fiscal pautada pelas normas desta Lei Complementar.

§ 2.º Lei disporá sobre a composição e a forma de funcionamento do conselho.

Art. 68. Na forma do art. 250 da Constituição, é criado o Fundo do Regime Geral de Previdência Social, vinculado ao Ministério da Previdência e Assistência Social, com a finalidade de prover recursos para o pagamento dos benefícios do regime geral da previdência social.

• *Vide* art. 2.º, § 1.º, da Lei n. 11.457, de 16-3-2007.

§ 1.º O Fundo será constituído de:

I – bens móveis e imóveis, valores e rendas do Instituto Nacional do Seguro Social não utilizados na operacionalização deste;

II – bens e direitos que, a qualquer título, lhe sejam adjudicados ou que lhe vierem a ser vinculados por força de lei;

III – receita das contribuições sociais para a seguridade social, previstas na alínea *a* do inciso I e no inciso II do art. 195 da Constituição;

IV – produto da liquidação de bens e ativos de pessoa física ou jurídica em débito com a Previdência Social;

V – resultado da aplicação financeira de seus ativos;

VI – recursos provenientes do orçamento da União.

§ 2.º O Fundo será gerido pelo Instituto Nacional do Seguro Social, na forma da lei.

Art. 69. O ente da Federação que mantiver ou vier a instituir regime próprio de previdência social para seus servidores conferir-lhe-á caráter contributivo e o organizará com base em normas de contabilidade e atuária que preservem seu equilíbrio financeiro e atuarial.

• *Vide* art. 149, § 1.º, da CF.

Art. 70. O Poder ou órgão referido no art. 20 cuja despesa total com pessoal no exercício anterior ao da publicação desta Lei Complementar estiver acima dos limites estabelecidos nos arts. 19 e 20 deverá enquadrar-se no respectivo limite em até dois exercícios, eliminando o excesso, gradualmente, à razão de, pelo menos, 50% a.a. (cinquenta por cento ao ano), mediante a adoção, entre outras, das medidas previstas nos arts. 22 e 23.

Parágrafo único. A inobservância do disposto no *caput*, no prazo fixado, sujeita o ente às sanções previstas no § 3.º do art. 23.

Art. 71. Ressalvada a hipótese do inciso X do art. 37 da Constituição, até o término do terceiro exercício financeiro seguinte à entrada em vigor desta Lei Complementar, a despesa total com pessoal dos Poderes e órgãos referidos no art. 20 não ultrapassará, em percentual da receita corrente líquida, a despesa verificada no exercício imediatamente anterior, acrescida de até 10% (dez por cento), se esta for inferior ao limite definido na forma do art. 20.

Art. 72. A despesa com serviços de terceiros dos Poderes e órgãos referidos no art. 20 não poderá exceder, em percentual da receita corrente líquida, a do exercício anterior à entrada em vigor desta Lei Complementar, até o término do terceiro exercício seguinte.

•• O STF, na ADIn n. 2.238-5, concedeu medida cautelar em 12-2-2003, conferindo interpretação conforme à CF, para que se entenda como serviços de terceiros os serviços permanentes.

Art. 73. As infrações dos dispositivos desta Lei Complementar serão punidas segundo o Decreto-lei n. 2.848, de 7 de dezembro de 1940 (Código Penal); a Lei n. 1.079, de 10 de abril de 1950; o Decreto-lei n. 201, de 27 de fevereiro de 1967; a Lei n. 8.429, de 2 de junho de 1992; e demais normas da legislação pertinente.

Art. 73-A. Qualquer cidadão, partido político, associação ou sindicato é parte legítima para denunciar ao respectivo Tribunal de Contas e ao órgão competente do Ministério Público o descumprimento das prescrições estabelecidas nesta Lei Complementar.

•• Artigo acrescentado pela Lei Complementar n. 131, de 27-5-2009.

Art. 73-B. Ficam estabelecidos os seguintes prazos para o cumprimento das determinações dispostas nos incisos II e III do parágrafo único do art. 48 e do art. 48-A:

•• *Caput* acrescentado pela Lei Complementar n. 131, de 27-5-2009.

I – 1 (um) ano para a União, os Estados, o Distrito Federal e os Municípios com mais de 100.000 (cem mil) habitantes;

•• Inciso I acrescentado pela Lei Complementar n. 131, de 27-5-2009.

II – 2 (dois) anos para os Municípios que tenham entre 50.000 (cinquenta mil) e 100.000 (cem mil) habitantes;

•• Inciso II acrescentado pela Lei Complementar n. 131, de 27-5-2009.

III – 4 (quatro) anos para os Municípios que tenham até 50.000 (cinquenta mil) habitantes.

•• Inciso III acrescentado pela Lei Complementar n. 131, de 27-5-2009.

Parágrafo único. Os prazos estabelecidos neste artigo serão contados a partir da data de publicação da lei complementar que introduziu os dispositivos referidos no *caput* deste artigo.

•• Parágrafo único acrescentado pela Lei Complementar n. 131, de 27-5-2009.

Art. 73-C. O não atendimento, até o encerramento dos prazos previstos no art. 73-B, das determinações contidas nos incisos II e III do parágrafo único do art. 48 e no art. 48-A sujeita o ente à sanção prevista no inciso I do § 3.º do art. 23.

•• Artigo acrescentado pela Lei Complementar n. 131, de 27-5-2009.

Art. 74. Esta Lei Complementar entra em vigor na data da sua publicação.

Art. 75. Revoga-se a Lei Complementar n. 96, de 31 de maio de 1999.

Brasília, 4 de maio de 2000; 179.º da Independência e 112.º da República.

FERNANDO HENRIQUE CARDOSO

DECRETO N. 3.724, DE 10 DE JANEIRO DE 2001 (*)

Regulamenta o art. 6.º da Lei Complementar n. 105, de 10 de janeiro de 2001, relativamente à requisição, acesso e uso, pela Secretaria da Receita Federal, de informações referentes a operações e serviços das instituições financeiras e das entidades a elas equiparadas.

O Presidente da República, no uso da atribuição que lhe confere o art. 84, IV, da Constituição, e tendo em vista o disposto na Lei Complementar n. 105, de 10 de janeiro de 2001, decreta:

Art. 1.º Este Decreto dispõe, nos termos do art. 6.º da Lei Complementar n. 105, de 10 de janeiro de 2001, sobre requisição, acesso e uso, pela Secretaria da Receita Federal e seus agentes, de informações referentes a operações e serviços das instituições financeiras e das entidades a elas equiparadas, em conformidade com o art. 1.º, §§ 1.º e 2.º, da mencionada Lei, bem assim estabelece procedimentos para preservar o sigilo das informações obtidas.

Art. 2.º Os procedimentos fiscais relativos a tributos e contribuições administrados pela Secretaria da Receita Federal do Brasil – RFB serão executados por ocupante do cargo efetivo de Auditor-Fiscal da Receita

(*) Publicado no *Diário Oficial da União*, de 11-1-2001. A Secretaria da Receita Federal passa a denominar-se Secretaria da Receita Federal do Brasil, por força da Lei n. 11.457, de 16-3-2007.

Federal do Brasil e terão início mediante expedição prévia de Termo de Distribuição do Procedimento Fiscal – TDPF, conforme procedimento a ser estabelecido em ato do Secretário da Receita Federal do Brasil.
•• *Caput* com redação determinada pelo Decreto n. 8.303, de 4-9-2014.

§ 1.º Nos casos de flagrante constatação de contrabando, descaminho ou de qualquer outra prática de infração à legislação tributária, em que o retardamento do início do procedimento fiscal coloque em risco os interesses da Fazenda Nacional, pela possibilidade de subtração de prova, o Auditor-Fiscal da Receita Federal do Brasil deverá iniciar imediatamente o procedimento fiscal e, no prazo de cinco dias, contado da data de seu início, será expedido TDPF especial, do qual será dada ciência ao sujeito passivo.
•• § 1.º com redação determinada pelo Decreto n. 8.303, de 4-9- 2014.

§ 2.º Entende-se por procedimento de fiscalização a modalidade de procedimento fiscal a que se referem o art. 7.º e seguintes do Decreto n. 70.235, de 6 de março de 1972.
•• § 2.º com redação determinada pelo Decreto n. 6.104, de 30-4-2007.

§ 3.º O TDPF não será exigido nas hipóteses de procedimento de fiscalização:
•• § 3.º, *caput*, com redação determinada pelo Decreto n. 8.303, de 4-9-2014.

I – realizado no curso do despacho aduaneiro;
•• Inciso I acrescentado pelo Decreto n. 6.104, de 30-4-2007.

II – interno, de revisão aduaneira;
•• Inciso II acrescentado pelo Decreto n. 6.104, de 30-4-2007.

III – de vigilância e repressão ao contrabando e descaminho, realizado em operação ostensiva;
•• Inciso III acrescentado pelo Decreto n. 6.104, de 30-4-2007.

IV – relativo ao tratamento automático das declarações (malhas fiscais).
•• Inciso IV acrescentado pelo Decreto n. 6.104, de 30-4-2007.

§ 4.º O Secretário da Receita Federal do Brasil estabelecerá os modelos e as informações constantes do TDPF, os prazos para sua execução, as autoridades fiscais competentes para sua expedição, bem como demais hipóteses de dispensa ou situações em que seja necessário o início do procedimento antes da expedição do TDPF, nos casos em que haja risco aos interesses da Fazenda Nacional.
•• § 4.º com redação determinada pelo Decreto n. 8.303, de 4-9-2014.

§ 5.º A Secretaria da Receita Federal do Brasil, por intermédio de servidor ocupante do cargo de Auditor-Fiscal da Receita Federal do Brasil, somente poderá examinar informações relativas a terceiros, constantes de documentos, livros e registros de instituições financeiras e de entidades a elas equiparadas, inclusive os referentes a contas de depósitos e de aplicações financeiras, quando houver procedimento de fiscalização em curso e tais exames forem considerados indispensáveis.
•• § 5.º com redação determinada pelo Decreto n. 6.104, de 30-4-2007.

§ 6.º A Secretaria da Receita Federal do Brasil, por intermédio de seus administradores, garantirá o pleno e inviolável exercício das atribuições do Auditor-Fiscal da Receita Federal do Brasil responsável pela execução do procedimento fiscal.
•• § 6.º com redação determinada pelo Decreto n. 6.104, de 30-4-2007.

Art. 3.º Os exames referidos no § 5.º do art. 2.º somente serão considerados indispensáveis nas seguintes hipóteses:
•• *Caput* com redação determinada pelo Decreto n. 6.104, de 30-4-2007.

I – subavaliação de valores de operação, inclusive de comércio exterior, de aquisição ou alienação de bens ou direitos, tendo por base os correspondentes valores de mercado;

II – obtenção de empréstimos de pessoas jurídicas não financeiras ou de pessoas físicas, quando o sujeito passivo deixar de comprovar o efetivo recebimento dos recursos;

III – prática de qualquer operação com pessoa física ou jurídica residente ou domiciliada em país com tributação favorecida ou beneficiária de regime fiscal de que tratam os art. 24 e art. 24-A da Lei n. 9.430, de 27 de dezembro de 1996;
•• Inciso III com redação determinada pelo Decreto n. 8.303, de 4-9-2014.

IV – omissão de rendimentos ou ganhos líquidos, decorrentes de aplicações financeiras de renda fixa ou variável;

V – realização de gastos ou investimentos em valor superior à renda disponível;

VI – remessa, a qualquer título, para o exterior, por intermédio de conta de não residente, de valores incompatíveis com as disponibilidades declaradas;

VII – previstas no art. 33 da Lei n. 9.430, de 1996;

VIII – pessoa jurídica enquadrada, no Cadastro Nacional da Pessoa Jurídica (CNPJ), nas seguintes situações cadastrais:
a) cancelada;
b) inapta, nos casos previstos no art. 81 da Lei n. 9.430, de 1996;

IX – pessoa física sem inscrição no Cadastro de Pessoas Físicas (CPF) ou com inscrição cancelada;

X – negativa, pelo titular de direito da conta, da titularidade de fato ou da responsabilidade pela movimentação financeira;

XI – presença de indício de que o titular de direito é interposta pessoa do titular de fato; e
•• Inciso XI com redação determinada pelo Decreto n. 8.303, de 4-9-2014.

XII – intercâmbio de informações, com fundamento em tratados, acordos ou convênios internacionais, para fins de arrecadação e fiscalização de tributos.
•• Inciso XII acrescentado pelo Decreto n. 8.303, de 4-9-2014.

§ 1.º Não se aplica o disposto nos incisos I a VI, quando as diferenças apuradas não excedam a dez por cento dos valores de mercado ou declarados, conforme o caso.

§ 2.º Considera-se indício de interposição de pessoa, para os fins do inciso XI deste artigo, quando:

I – as informações disponíveis, relativas ao sujeito passivo, indicarem movimentação financeira superior a 10 (dez) vezes a renda disponível declarada ou, na ausência de Declaração de Ajuste Anual do Imposto de Renda, o montante anual da movimentação for superior ao estabelecido no inciso II do § 3.º do art. 42 da Lei n. 9.430, de 1996;

II – a ficha cadastral do sujeito passivo, na instituição financeira, ou equiparada, contenha:
a) informações falsas quanto a endereço, rendimentos ou patrimônio; ou
b) rendimento inferior a dez por cento do montante anual da movimentação.

Art. 4.º Poderão requisitar as informações referidas no § 5.º do art. 2.º as autoridades competentes para expedir o TDPF.
•• *Caput* com redação determinada pelo Decreto n. 8.303, de 4-9-2014.

§ 1.º A requisição referida neste artigo será formalizada mediante documento denominado Requisição de Informações sobre Movimentação Financeira (RMF) e será dirigida, conforme o caso, ao:

I – Presidente do Banco Central do Brasil, ou a seu preposto;

II – Presidente da Comissão de Valores Mobiliários, ou a seu preposto;

III – presidente de instituição financeira, ou entidade a ela equiparada, ou a seu preposto;

IV – gerente de agência.

§ 2.º A RMF será precedida de intimação ao sujeito passivo para apresentação de informações sobre movimentação financeira, necessárias à execução do procedimento fiscal.
•• § 2.º com redação determinada pelo Decreto n. 8.303, de 4-9-2014.

§ 3.º O sujeito passivo poderá atender a intimação a que se refere o § 2.º por meio de:
•• § 3.º, *caput*, com redação determinada pelo Decreto n. 8.303, de 4-9-2014.

I – autorização expressa do acesso direto às informações sobre movimentação financeira por parte da autoridade fiscal; ou
•• Inciso I acrescentado pelo Decreto n. 8.303, de 4-9-2014.

II – apresentação das informações sobre movimentação financeira, hipótese em que responde por sua veracidade e integridade, observada a legislação penal aplicável.
•• Inciso II acrescentado pelo Decreto n. 8.303, de 4-9-2014.

§ 4.º As informações prestadas pelo sujeito passivo poderão ser objeto de verificação nas instituições de que trata o art. 1.º, inclusive por intermédio do Banco Central do Brasil ou da Comissão de Valores Mobiliários, bem assim de cotejo com outras informações disponíveis na Secretaria da Receita Federal.

§ 5.º A RMF será expedida com base em relatório circunstanciado, elaborado pelo Auditor-Fiscal da Receita Federal do Brasil encarregado da execução do procedimento fiscal ou pela chefia imediata.

•• § 5.º com redação determinada pelo Decreto n. 8.303, de 4-9-2014.

§ 6.º No relatório referido no parágrafo anterior, deverá constar a motivação da proposta de expedição da RMF, que demonstre, com precisão e clareza, tratar-se de situação enquadrada em hipótese de indispensabilidade prevista no artigo anterior, observado o princípio da razoabilidade.

§ 7.º Na RMF deverão constar, no mínimo, o seguinte:

I – nome ou razão social do sujeito passivo, endereço e número de inscrição no CPF ou no CNPJ;

II – número de identificação do TDPF a que se vincular;

•• Inciso II com redação determinada pelo Decreto n. 8.303, de 4-9-2014.

III – as informações requisitadas e o período a que se refere a requisição;

IV – nome, matrícula e assinatura da autoridade que a expediu;

V – nome, matrícula e endereço funcional dos Auditores-Fiscais da Receita Federal do Brasil responsáveis pela execução do procedimento fiscal;

•• Inciso V com redação determinada pelo Decreto n. 8.303, de 4-9-2014.

VI – forma de apresentação das informações (em papel ou em meio magnético);

VII – prazo para entrega das informações, na forma da legislação aplicável;

VIII – endereço para entrega das informações;

IX – código de acesso à Internet que permitirá à instituição requisitada identificar a RMF.

§ 8.º A expedição da RMF presume indispensabilidade das informações requisitadas, nos termos deste Decreto.

Art. 5.º As informações requisitadas na forma do artigo anterior:

I – compreendem:

a) dados constantes da ficha cadastral do sujeito passivo;

b) valores, individualizados, dos débitos e créditos efetuados no período;

II – deverão:

a) ser apresentadas, no prazo estabelecido na RMF, à autoridade que a expediu ou aos Auditores-Fiscais da Receita Federal do Brasil responsáveis pela execução do procedimento fiscal correspondente;

•• Alínea a com redação determinada pelo Decreto n. 8.303, de 4-9-2014.

b) subsidiar o procedimento de fiscalização em curso, observado o disposto no art. 42 da Lei n. 9.430, de 1996;

c) integrar o processo administrativo fiscal instaurado, quando interessarem à prova do lançamento de ofício.

§ 1.º Somente poderão ser solicitados, por cópia autêntica, os documentos relativos aos débitos e aos créditos, nos casos previstos nos incisos VII a XI do art. 3.º.

§ 2.º As informações não utilizadas no processo administrativo fiscal deverão, nos termos de ato da Secretaria da Receita Federal, ser entregues ao sujeito passivo, destruídas ou inutilizadas.

§ 3.º Quem omitir, retardar injustificadamente ou prestar falsamente à Secretaria da Receita Federal as informações a que se refere este artigo ficará sujeito às sanções de que trata o art. 10, *caput*, da Lei Complementar n. 105, de 2001, sem prejuízo das penalidades cabíveis nos termos da legislação tributária ou disciplinar, conforme o caso.

Art. 6.º De conformidade com o disposto no art. 9.º da Lei Complementar n. 105, de 2001, o Banco Central do Brasil e a Comissão de Valores Mobiliários, por seus respectivos Presidentes ou servidores que receberem delegação de competência para a finalidade específica, deverão comunicar, de ofício, à Secretaria da Receita Federal, no prazo máximo de quinze dias, as irregularidades e os ilícitos administrativos de que tenham conhecimento, ou indícios de sua prática, anexando os documentos pertinentes, sempre que tais fatos puderem configurar qualquer infração à legislação tributária federal.

Parágrafo único. A violação do disposto neste artigo constitui infração administrativo-disciplinar do dirigente ou servidor que a ela der causa, sem prejuízo da aplicação do disposto no art. 10, *caput*, da Lei Complementar n. 105, de 2001, e demais sanções civis e penais cabíveis.

Art. 7.º As informações, os resultados dos exames fiscais e os documentos obtidos em função do disposto neste Decreto serão mantidos sob sigilo fiscal, na forma da legislação pertinente.

§ 1.º A Secretaria da Receita Federal deverá manter controle de acesso ao processo administrativo fiscal, ficando sempre registrado o responsável pelo recebimento, nos casos de movimentação.

§ 2.º Na expedição e tramitação das informações deverá ser observado o seguinte:

I – as informações serão enviadas em dois envelopes lacrados:

a) um externo, que conterá apenas o nome ou a função do destinatário e seu endereço, sem qualquer anotação que indique o grau de sigilo do conteúdo;

b) um interno, no qual serão inscritos o nome e a função do destinatário, seu endereço, o número do TDPF ou do processo administrativo fiscal e, claramente indicada, observação de que se trata de matéria sigilosa;

•• Alínea b com redação determinada pelo Decreto n. 8.303, de 4-9-2014.

II – o envelope interno será lacrado e sua expedição será acompanhada de recibo;

III – o recibo destinado ao controle da custódia das informações conterá, necessariamente, indicações sobre o remetente, o destinatário e o número do TDPF ou do processo administrativo fiscal.

•• Inciso III com redação determinada pelo Decreto n. 8.303, de 4-9-2014.

§ 3.º Aos responsáveis pelo recebimento de documentos sigilosos incumbe:

I – verificar e registrar, se for o caso, indícios de qualquer violação ou irregularidade na correspondência recebida, dando ciência do fato ao destinatário, o qual informará ao remetente;

II – assinar e datar o respectivo recibo, se for o caso;

III – proceder ao registro do documento e ao controle de sua tramitação.

§ 4.º O envelope interno somente será aberto pelo destinatário ou por seu representante autorizado.

§ 5.º O destinatário do documento sigiloso comunicará ao remetente qualquer indício de violação, tais como rasuras, irregularidades de impressão ou de paginação.

§ 6.º Os documentos sigilosos serão guardados em condições especiais de segurança.

§ 7.º As informações enviadas por meio eletrônico serão obrigatoriamente criptografadas.

Art. 8.º O servidor que utilizar ou viabilizar a utilização de qualquer informação obtida nos termos deste Decreto, em finalidade ou hipótese diversa da prevista em lei, regulamento ou ato administrativo, será responsabilizado administrativamente por descumprimento do dever funcional de observar normas legais ou regulamentares, de que trata o art. 116, inciso III, da Lei n. 8.112, de 11 de dezembro de 1990, se o fato não configurar infração mais grave, sem prejuízo de sua responsabilização em ação regressiva própria e da responsabilidade penal cabível.

Art. 9.º O servidor que divulgar, revelar ou facilitar a divulgação ou revelação de qualquer informação de que trata este Decreto, constante de sistemas informatizados, arquivos de documentos ou autos de processos protegidos por sigilo fiscal, com infração ao disposto no art. 198 da Lei n. 5.172, de 25 de outubro de 1966 (Código Tributário Nacional), ou no art. 116, inciso VIII, da Lei n. 8.112, de 1990, ficará sujeito à penalidade de demissão, prevista no art. 132, inciso IX, da citada Lei n. 8.112, sem prejuízo das sanções civis e penais cabíveis.

Art. 10. O servidor que permitir ou facilitar, mediante atribuição, fornecimento ou empréstimo de senha ou qualquer outra forma, o acesso de pessoas não autorizadas a sistemas de informações, banco de dados, arquivos ou a autos de processos que contenham informações mencionadas neste Decreto, será responsabilizado administrativamente, nos termos da legislação específica, sem prejuízo das sanções civis e penais cabíveis.

Parágrafo único. O disposto neste artigo também se aplica no caso de o servidor utilizar-se, indevidamente, do acesso restrito.

Art. 11. Configura infração do servidor aos deveres funcionais de exercer com zelo e dedicação as atribuições do cargo e de observar normas legais e regulamentares, nos termos do art. 116, incisos I e III, da Lei n. 8.112, de 1990, sem prejuízo da responsabilidade penal e civil cabível, na forma dos arts. 121 a 125 daquela Lei, se o fato não configurar infração mais grave:

I – não proceder com o devido cuidado na guarda e utilização de sua senha ou emprestá-la a outro servidor, ainda que habilitado;

II – acessar imotivadamente sistemas informatizados da Secretaria da Receita Federal, arquivos de documentos ou autos de processos, que contenham informações protegidas por sigilo fiscal.

Art. 12. O sujeito passivo que se considerar prejudicado por uso indevido das informações requisitadas, nos termos deste Decreto, ou por abuso da autoridade requisitante, poderá dirigir representação ao Corregedor-Geral da Secretaria da Receita Federal, com vistas à apuração do fato e, se for o caso, à aplicação de penalidades cabíveis ao servidor responsável pela infração.

Art. 13. A Secretaria da Receita Federal editará instruções necessárias à execução do disposto neste Decreto.

Art. 14. Este Decreto entra em vigor na data de sua publicação.

Brasília, 10 de janeiro de 2001; 180.º da Independência e 113.º da República.

FERNANDO HENRIQUE CARDOSO

LEI COMPLEMENTAR N. 105, DE 10 DE JANEIRO DE 2001 (*)

Dispõe sobre o sigilo das operações de instituições financeiras e dá outras providências.

O Presidente da República.

Faço saber que o Congresso Nacional decreta e eu sanciono a seguinte Lei Complementar:

Art. 1.º As instituições financeiras conservarão sigilo em suas operações ativas e passivas e serviços prestados.

(*) Publicada no *Diário Oficial da União*, de 11-1-2001.

§ 1.º São consideradas instituições financeiras, para os efeitos desta Lei Complementar:

I – os bancos de qualquer espécie;

II – distribuidoras de valores mobiliários;

III – corretoras de câmbio e de valores mobiliários;

IV – sociedades de crédito, financiamento e investimentos;

V – sociedades de crédito imobiliário;

VI – administradoras de cartões de crédito;

VII – sociedades de arrendamento mercantil;

VIII – administradoras de mercado de balcão organizado;

IX – cooperativas de crédito;

X – associações de poupança e empréstimo;

XI – bolsas de valores e de mercadorias e futuros;

XII – entidades de liquidação e compensação;

XIII – outras sociedades que, em razão da natureza de suas operações, assim venham a ser consideradas pelo Conselho Monetário Nacional.

§ 2.º As empresas de fomento comercial ou *factoring*, para os efeitos desta Lei Complementar, obedecerão às normas aplicáveis às instituições financeiras previstas no § 1.º.

§ 3.º Não constitui violação do dever de sigilo:

I – a troca de informações entre instituições financeiras, para fins cadastrais, inclusive por intermédio de centrais de risco, observadas as normas baixadas pelo Conselho Monetário Nacional e pelo Banco Central do Brasil;

II – o fornecimento de informações constantes de cadastro de emitentes de cheques sem provisão de fundos e de devedores inadimplentes, a entidades de proteção ao crédito, observadas as normas baixadas pelo Conselho Monetário Nacional e pelo Banco Central do Brasil;

III – o fornecimento das informações de que trata o § 2.º do art. 11 da Lei n. 9.311, de 24 de outubro de 1996;

•• A Lei n. 9.311, de 24-10-1996, que instituiu a Contribuição Provisória sobre Movimentação Financeira (CPMF), vigorou até 31-12-2007.

IV – a comunicação, às autoridades competentes, da prática de ilícitos penais ou administrativos, abrangendo o fornecimento de informações sobre operações que envolvam recursos provenientes de qualquer prática criminosa;

V – a revelação de informações sigilosas com o consentimento expresso dos interessados;

VI – a prestação de informações nos termos e condições estabelecidos nos arts. 2.º, 3.º, 4.º, 5.º, 6.º, 7.º e 9.º desta Lei Complementar;

VII – o fornecimento de dados financeiros e de pagamentos, relativos a operações de crédito e obrigações de pagamento adimplidas ou em andamento de pessoas naturais ou jurídicas, a gestores de bancos de dados, para formação de histórico de crédito, nos termos de lei específica.

•• Inciso VII acrescentado pela Lei Complementar n. 166, de 8-4-2019.

§ 4.º A quebra de sigilo poderá ser decretada, quando necessária para apuração de ocorrência de qualquer ilícito, em qualquer fase do inquérito ou do processo judicial, e especialmente nos seguintes crimes:

I – de terrorismo;

II – de tráfico ilícito de substâncias entorpecentes ou drogas afins;

III – de contrabando ou tráfico de armas, munições ou material destinado a sua produção;

IV – de extorsão mediante sequestro;

V – contra o sistema financeiro nacional;

VI – contra a Administração Pública;

VII – contra a ordem tributária e a previdência social;

VIII – lavagem de dinheiro ou ocultação de bens, direitos e valores;

IX – praticado por organização criminosa.

Art. 2.º O dever de sigilo é extensivo ao Banco Central do Brasil, em relação às operações que realizar e às informações que obtiver no exercício de suas atribuições.

§ 1.º O sigilo, inclusive quanto a contas de depósitos, aplicações e investimentos mantidos em instituições financeiras, não pode ser oposto ao Banco Central do Brasil:

I – no desempenho de suas funções de fiscalização, compreendendo a apuração, a qualquer tempo, de ilícitos praticados por controladores, administradores, membros de conselhos estatutários, gerentes, mandatários e prepostos de instituições financeiras;

II – ao proceder a inquérito em instituição financeira submetida a regime especial.

§ 2.º As comissões encarregadas dos inquéritos a que se refere o inciso II do § 1.º poderão examinar quaisquer documentos relativos a bens, direitos e obrigações das instituições financeiras, de seus controladores, administradores, membros de conselhos estatutários, gerentes, mandatários e prepostos, inclusive contas correntes e operações com outras instituições financeiras.

§ 3.º O disposto neste artigo aplica-se à Comissão de Valores Mobiliários, quando se tratar de fiscalização de operações e serviços no mercado de valores mobiliários, inclusive nas instituições financeiras que sejam companhias abertas.

§ 4.º O Banco Central do Brasil e a Comissão de Valores Mobiliários, em suas áreas de competência, poderão firmar convênios:

I – com outros órgãos públicos fiscalizadores de instituições financeiras, objetivando a realização de fiscalizações conjuntas, observadas as respectivas competências;

II – com bancos centrais ou entidades fiscalizadoras de outros países, objetivando:
a) a fiscalização de filiais e subsidiárias de instituições financeiras estrangeiras, em funcionamento no Brasil e de filiais e subsidiárias, no exterior, de instituições financeiras brasileiras;
b) a cooperação mútua e o intercâmbio de informações para a investigação de atividades ou operações que impliquem aplicação, negociação, ocultação ou transferência de ativos financeiros e de valores mobiliários relacionados com a prática de condutas ilícitas.
§ 5.º O dever de sigilo de que trata esta Lei Complementar estende-se aos órgãos fiscalizadores mencionados no § 4.º e a seus agentes.
§ 6.º O Banco Central do Brasil, a Comissão de Valores Mobiliários e os demais órgãos de fiscalização, nas áreas de suas atribuições, fornecerão ao Conselho de Controle de Atividades Financeiras – COAF, de que trata o art. 14 da Lei n. 9.613, de 3 de março de 1998, as informações cadastrais e de movimento de valores relativos às operações previstas no inciso I do art. 11 da referida Lei.
Art. 3.º Serão prestadas pelo Banco Central do Brasil, pela Comissão de Valores Mobiliários e pelas instituições financeiras as informações ordenadas pelo Poder Judiciário, preservado o seu caráter sigiloso mediante acesso restrito às partes, que delas não poderão servir-se para fins estranhos à lide.
§ 1.º Dependem de prévia autorização do Poder Judiciário a prestação de informações e o fornecimento de documentos sigilosos solicitados por comissão de inquérito administrativo destinada a apurar responsabilidade de servidor público por infração praticada no exercício de suas atribuições, ou que tenha relação com as atribuições do cargo em que se encontre investido.
§ 2.º Nas hipóteses do § 1.º, o requerimento de quebra de sigilo independe da existência de processo judicial em curso.
§ 3.º Além dos casos previstos neste artigo o Banco Central do Brasil e a Comissão de Valores Mobiliários fornecerão à Advocacia-Geral da União as informações e os documentos necessários à defesa da União nas ações em que seja parte.
Art. 4.º O Banco Central do Brasil e a Comissão de Valores Mobiliários, nas áreas de suas atribuições, e as instituições financeiras fornecerão ao Poder Legislativo Federal as informações e os documentos sigilosos que, fundamentadamente, se fizerem necessários ao exercício de suas respectivas competências constitucionais e legais.
§ 1.º As comissões parlamentares de inquérito, no exercício de sua competência constitucional e legal de ampla investigação, obterão as informações e documentos sigilosos de que necessitarem, diretamente das instituições financeiras, ou por intermédio do Banco Central do Brasil ou da Comissão de Valores Mobiliários.
§ 2.º As solicitações de que trata este artigo deverão ser previamente aprovadas pelo Plenário da Câmara dos Deputados, do Senado Federal, ou do plenário de suas respectivas comissões parlamentares de inquérito.
Art. 5.º O Poder Executivo disciplinará, inclusive quanto à periodicidade e aos limites de valor, os critérios segundo os quais as instituições financeiras informarão à administração tributária da União, as operações financeiras efetuadas pelos usuários de seus serviços.
•• O Decreto n. 4.489, de 28-11-2002, regulamenta este artigo.
• A falta de prestação das informações a que se refere este artigo ou sua apresentação de forma inexata ou incompleta, sujeita a pessoa jurídica às penalidades previstas nos arts. 30 e 31 da Lei n. 10.637, de 30-12-2002.
§ 1.º Consideram-se operações financeiras, para os efeitos deste artigo:
I – depósitos à vista e a prazo, inclusive em conta de poupança;
II – pagamentos efetuados em moeda corrente ou em cheques;
III – emissão de ordens de crédito ou documentos assemelhados;
IV – resgates em contas de depósitos à vista ou a prazo, inclusive de poupança;
V – contratos de mútuo;
VI – descontos de duplicatas, notas promissórias e outros títulos de crédito;
VII – aquisições e vendas de títulos de renda fixa ou variável;
VIII – aplicações em fundos de investimentos;
IX – aquisições de moeda estrangeira;
X – conversões de moeda estrangeira em moeda nacional;
XI – transferências de moeda e outros valores para o exterior;
XII – operações com ouro, ativo financeiro;
XIII – operações com cartão de crédito;
XIV – operações de arrendamento mercantil; e
XV – quaisquer outras operações de natureza semelhante que venham a ser autorizadas pelo Banco Central do Brasil, Comissão de Valores Mobiliários ou outro órgão competente.
§ 2.º As informações transferidas na forma do *caput* deste artigo restringir-se-ão a informes relacionados com a identificação dos titulares das operações e os montantes globais mensalmente movimentados, vedada a inserção de qualquer elemento que permita identificar a sua origem ou a natureza dos gastos a partir deles efetuados.
§ 3.º Não se incluem entre as informações de que trata este artigo as operações financeiras efetuadas pelas administrações direta e indireta da União, dos Estados, do Distrito Federal e dos Municípios.
§ 4.º Recebidas as informações de que trata este artigo, se detectados indícios de falhas, incorreções ou omissões, ou de cometimento de ilícito fiscal, a autoridade interessada poderá requisitar as informações e os documentos de que necessitar, bem como realizar fiscalização ou auditoria para a adequada apuração dos fatos.
§ 5.º As informações a que se refere este artigo serão conservadas sob sigilo fiscal, na forma da legislação em vigor.
Art. 6.º As autoridades e os agentes fiscais tributários da União, dos Estados, do Distrito Federal e dos Municípios somente poderão examinar documentos, livros e registros de instituições financeiras, inclusive os referentes a contas de depósitos e aplicações financeiras, quando houver processo administrativo instaurado ou procedimento fiscal em curso e tais exames sejam considerados indispensáveis pela autoridade administrativa competente.
•• Artigo regulamentado pelo Decreto n. 3.724, de 10-1-2001.
Parágrafo único. O resultado dos exames, as informações e os documentos a que se refere este artigo serão conservados em sigilo, observada a legislação tributária.
Art. 7.º Sem prejuízo do disposto no § 3.º do art. 2.º, a Comissão de Valores Mobiliários, instaurado inquérito administrativo, poderá solicitar à autoridade judiciária competente o levantamento do sigilo junto às instituições financeiras de informações e documentos relativos a bens, direitos e obrigações de pessoa física ou jurídica submetida ao seu poder disciplinar.
Parágrafo único. O Banco Central do Brasil e a Comissão de Valores Mobiliários, manterão permanente intercâmbio de informações acerca dos resultados das inspeções que realizarem, dos inquéritos que instaurarem e das penalidades que aplicarem, sempre que as informações forem necessárias ao desempenho de suas atividades.
Art. 8.º O cumprimento das exigências e formalidades previstas nos arts. 4.º, 6.º e 7.º, será expressamente declarado pelas autoridades competentes nas solicitações dirigidas ao Banco Central do Brasil, à Comissão de Valores Mobiliários ou às instituições financeiras.
Art. 9.º Quando, no exercício de suas atribuições, o Banco Central do Brasil e a Comissão de Valores Mobiliários verificarem a ocorrência de crime definido em lei como de ação pública, ou indícios da prática de tais crimes, informarão ao Ministério Público, juntando à comunicação os documentos necessários à apuração ou comprovação dos fatos.
§ 1.º A comunicação de que trata este artigo será efetuada pelos Presidentes do Banco Central do Brasil e da Comissão de Valores Mobiliários, admitida delegação de competência, no prazo máximo de 15 (quinze) dias, a contar do recebimento do

processo, com manifestação dos respectivos serviços jurídicos.

§ 2.º Independentemente do disposto no *caput* deste artigo, o Banco Central do Brasil e a Comissão de Valores Mobiliários comunicarão aos órgãos públicos competentes as irregularidades e os ilícitos administrativos de que tenham conhecimento, ou indícios de sua prática, anexando os documentos pertinentes.

Art. 10. A quebra de sigilo, fora das hipóteses autorizadas nesta Lei Complementar, constitui crime e sujeita os responsáveis à pena de reclusão, de um a quatro anos, e multa, aplicando-se, no que couber, o Código Penal, sem prejuízo de outras sanções cabíveis.

Parágrafo único. Incorre nas mesmas penas quem omitir, retardar injustificadamente ou prestar falsamente as informações requeridas nos termos desta Lei Complementar.

Art. 11. O servidor público que utilizar ou viabilizar a utilização de qualquer informação obtida em decorrência da quebra de sigilo de que trata esta Lei Complementar responde pessoal e diretamente pelos danos decorrentes, sem prejuízo da responsabilidade objetiva da entidade pública, quando comprovado que o servidor agiu de acordo com orientação oficial.

Art. 12. Esta Lei Complementar entra em vigor na data de sua publicação.

Art. 13. Revoga-se o art. 38 da Lei n. 4.595, de 31 de dezembro de 1964.

Brasília, 10 de janeiro de 2001; 180.º da Independência e 113.º da República.

Fernando Henrique Cardoso

LEI N. 10.189, DE 14 DE FEVEREIRO DE 2001 (*)

Dispõe sobre o Programa de Recuperação Fiscal – Refis.

Faço saber que o Presidente da República adotou a Medida Provisória n. 2.061-4, de 2001, que o Congresso Nacional aprovou, e eu, Antonio Carlos Magalhães, Presidente, para os efeitos do disposto no parágrafo único do art. 62 da Constituição Federal, promulgo a seguinte Lei:

Art. 1.º O inciso I do § 4.º do art. 2.º da Lei n. 9.964, de 10 de abril de 2000, passa a vigorar com a seguinte redação:

•• Alteração já processada no diploma modificado.

Art. 2.º As pessoas jurídicas optantes pelo Refis ou pelo parcelamento a ele alternativo poderão, excepcionalmente, parcelar os débitos relativos aos tributos e às contribuições referidos no art. 1.º da Lei n. 9.964, de 2000, com vencimento entre 1.º de março e 15 de setembro de 2000, em até seis parcelas mensais, iguais e sucessivas.

(*) Publicada no *Diário Oficial da União*, de 16-2-2001. *Vide* Lei n. 9.964, de 10-4-2000.

§ 1.º O parcelamento de que trata este artigo será requerido junto ao órgão a que estiver vinculado o débito, até o último dia útil do mês de novembro de 2000.

§ 2.º O débito objeto do parcelamento será consolidado na data da concessão.

§ 3.º O valor de cada prestação não poderá ser inferior a R$ 50,00 (cinquenta reais).

§ 4.º O valor de cada prestação mensal, por ocasião do pagamento, será acrescido de juros equivalentes à Taxa Referencial do Sistema Especial de Liquidação e Custódia (SELIC), para títulos federais, acumulada mensalmente, calculados a partir da data do deferimento até o mês anterior ao do pagamento, e de um por cento relativamente ao mês em que o pagamento estiver sendo efetuado.

§ 5.º O pagamento da primeira parcela deverá ser efetuado no mês em que for protocolizado o pedido de parcelamento, vencendo-se as demais parcelas até o último dia útil de cada mês subsequente.

§ 6.º A falta de pagamento de duas prestações implicará a rescisão do parcelamento e a exclusão da pessoa jurídica do Refis.

§ 7.º Relativamente aos débitos parcelados na forma deste artigo não será exigida garantia ou arrolamento de bens, observado o disposto no § 3.º do art. 3.º da Lei n. 9.964, de 2000.

Art. 3.º Na hipótese de opções formalizadas com base na Lei n. 10.002, de 14 de setembro de 2000, a pessoa jurídica optante deverá adotar, para fins de determinação da parcela mensal, nos seis primeiros meses do parcelamento, o dobro do percentual a que estiver sujeito, nos termos estabelecidos no inciso II do § 4.º do art. 2.º da Lei n. 9.964, de 2000.

§ 1.º Na hipótese de opção pelo parcelamento alternativo ao Refis, a pessoa jurídica deverá pagar, nos primeiros seis meses, duas parcelas a cada mês.

§ 2.º A formalização da opção referida no *caput* dar-se-á pela postagem do respectivo termo nas agências da Empresa Brasileira de Correios e Telégrafos – ECT ou, nas hipóteses estabelecidas pelo Poder Executivo, inclusive por intermédio do Comitê Gestor do Refis, nas unidades da Secretaria da Receita Federal, da Procuradoria-Geral da Fazenda Nacional e do Instituto Nacional do Seguro Social – INSS.

Art. 4.º Não se aplica o disposto no inciso V do art. 5.º da Lei n. 9.964, de 2000, na hipótese de cisão de pessoa jurídica optante pelo Refis, desde que, cumulativamente:

I – o débito consolidado seja atribuído integralmente a uma única pessoa jurídica;

II – as pessoas jurídicas que absorverem o patrimônio vertido assumam, de forma expressa, irrevogável e irretratável, entre si e, no caso de cisão parcial, com a própria cindida, a condição de responsáveis solidários pela totalidade do débito consolidado, independentemente da proporção do patrimônio vertido.

§ 1.º O disposto no inciso V do art. 5.º da Lei n. 9.964, de 2000, também não se aplica na hipótese de cisão de pessoa jurídica optante pelo parcelamento alternativo ao Refis.

§ 2.º Na hipótese do *caput* deste artigo:

I – a pessoa jurídica a quem for atribuído o débito consolidado, independentemente da data da cisão, será considerada optante pelo Refis, observadas as demais normas e condições estabelecidas para o Programa;

II – a assunção da responsabilidade solidária estabelecida no inciso II do *caput* será comunicada ao Comitê Gestor;

III – as parcelas mensais serão determinadas com base no somatório das receitas brutas das pessoas jurídicas que absorveram patrimônio vertido e, no caso de cisão parcial, da própria cindida;

IV – as garantias apresentadas ou o arrolamento de bens serão mantidos integralmente.

Art. 5.º Aplica-se às formas de parcelamento referidas nos arts. 12 e 13 da Lei n. 9.964, de 2000, o prazo de opção estabelecido pelo parágrafo único do art. 1.º da Lei n. 10.002, de 2000.

•• A Lei n. 10.002, de 14-9-2000, publicada no *DOU*, de 15-9-2000, dispôs, no parágrafo único do art. 1.º, que "a opção ao REFIS poderá ser formalizada até 90 (noventa) dias, contados a partir da data de publicação desta Lei".

§ 1.º Poderão, também, ser parcelados, em até sessenta parcelas mensais e sucessivas, observadas as demais normas estabelecidas para o parcelamento a que se refere o art. 13 da Lei n. 9.964, de 2000, os débitos de natureza não tributária não inscritos em dívida ativa.

§ 2.º O parcelamento de que trata o parágrafo anterior deverá ser requerido no prazo referido no *caput*, perante órgão encarregado da administração do respectivo débito.

§ 3.º Na hipótese do § 3.º do art. 13 da Lei n. 9.964, de 2000, o valor da verba de sucumbência será de até um por cento do valor do débito consolidado, incluído no Refis ou no parcelamento alternativo a que se refere o art. 12 da referida Lei, decorrente da desistência da respectiva ação judicial.

Art. 6.º Ficam convalidados os atos praticados com base na Medida Provisória n. 2.061-3, de 27 de dezembro de 2000.

Art. 7.º Esta Lei entra em vigor na data de sua publicação, aplicando-se, no que couber, às opções efetuadas até o último dia útil do mês de abril de 2000.

Congresso Nacional, em 14 de fevereiro de 2001; 180.º da Independência e 113.º da República.

Antonio Carlos Magalhães

LEI COMPLEMENTAR N. 110, DE 29 DE JUNHO DE 2001 (*)

Institui contribuições sociais, autoriza créditos de complementos de atualização monetária em contas vinculadas do Fundo de Garantia do Tempo de Serviço – FGTS, e dá outras providências.

O Presidente da República.

Faço saber que o Congresso Nacional decreta e eu sanciono a seguinte Lei Complementar:

Art. 1.º Fica instituída contribuição social devida pelos empregadores em caso de despedida de empregado sem justa causa, à alíquota de dez por cento sobre o montante de todos os depósitos devidos, referentes ao Fundo de Garantia do Tempo de Serviço – FGTS, durante a vigência do contrato de trabalho, acrescido das remunerações aplicáveis às contas vinculadas.

•• A Portaria Conjunta n. 5, de 8-11-2021, regulamenta a remessa de créditos de autos de infração e de notificações de débito de FGTS, lavrados por Auditores-Fiscais do Trabalho às unidades da Procuradoria-Geral da Fazenda Nacional.

Parágrafo único. Ficam isentos da contribuição social instituída neste artigo os empregadores domésticos.

•• Artigo regulamentado pelo Decreto n. 3.914, de 11-9-2001.

Art. 2.º Fica instituída contribuição social devida pelos empregadores, à alíquota de cinco décimos por cento sobre a remuneração devida, no mês anterior, a cada trabalhador, incluídas as parcelas de que trata o art. 15 da Lei n. 8.036, de 11 de maio de 1990.

§ 1.º Ficam isentas da contribuição social instituída neste artigo:

I – as empresas inscritas no Sistema Integrado de Pagamento de Impostos e Contribuições das Microempresas e Empresas de Pequeno Porte – SIMPLES, desde que o faturamento anual não ultrapasse o limite de R$ 1.200.000,00 (um milhão e duzentos mil reais);

II – as pessoas físicas, em relação à remuneração de empregados domésticos; e

III – as pessoas físicas, em relação à remuneração de empregados rurais, desde que sua receita bruta anual não ultrapasse o limite de R$ 1.200.000,00 (um milhão e duzentos mil reais).

§ 2.º A contribuição será devida pelo prazo de 60 (sessenta) meses, a contar de sua exigibilidade.

•• Artigo regulamentado pelo Decreto n. 3.914, de 11-9-2001.

─────────

(*) Publicada no *Diário Oficial da União*, de 30-6-2001. *Vide* Decreto n. 3.914, de 11-9-2001, que regulamenta o disposto nesta Lei Complementar. A Portaria n. 568, de 9-8-2011, do Ministério da Fazenda, dispõe sobre o parcelamento de débitos relativos às contribuições sociais instituídas por esta Lei Complementar, inscritos em Dívida Ativa da União, ajuizados ou não. *Vide* Súmula Vinculante 1.

Art. 3.º Às contribuições sociais de que tratam os arts. 1.º e 2.º aplicam-se as disposições da Lei n. 8.036, de 11 de maio de 1990, e da Lei n. 8.844, de 20 de janeiro de 1994, inclusive quanto a sujeição passiva e equiparações, prazo de recolhimento, administração, fiscalização, lançamento, consulta, cobrança, garantias, processo administrativo de determinação e exigência de créditos tributários federais.

§ 1.º As contribuições sociais serão recolhidas na rede arrecadadora e transferidas à Caixa Econômica Federal, na forma do art. 11 da Lei n. 8.036, de 11 de maio de 1990, e as respectivas receitas serão incorporadas ao FGTS.

§ 2.º A falta de recolhimento ou o recolhimento após o vencimento do prazo sem os acréscimos previstos no art. 22 da Lei n. 8.036, de 11 de maio de 1990, sujeitarão o infrator à multa de setenta e cinco por cento, calculada sobre a totalidade ou a diferença da contribuição devida.

§ 3.º A multa será duplicada na ocorrência das hipóteses previstas no art. 23, § 3.º, da Lei n. 8.036, de 11 de maio de 1990, sem prejuízo das demais cominações legais.

Art. 4.º Fica a Caixa Econômica Federal autorizada a creditar nas contas vinculadas do FGTS, a expensas do próprio Fundo, o complemento de atualização monetária resultante da aplicação, cumulativa, dos percentuais de dezesseis inteiros e sessenta e quatro centésimos por cento e de quarenta e quatro inteiros e oito décimos por cento, sobre os saldos das contas mantidas, respectivamente, no período de 1.º de dezembro de 1988 a 28 de fevereiro de 1989 e durante o mês de abril de 1990, desde que:

•• Dispõe a Lei n. 10.555, de 13-11-2002, em seu art. 1.º, *caput*: "Fica a Caixa Econômica Federal autorizada a creditar em contas vinculadas específicas do Fundo de Garantia do Tempo de Serviço – FGTS, a expensas do próprio Fundo, os valores do complemento de atualização monetária de que trata o art. 4.º da Lei Complementar n. 110, de 29-6-2001, cuja importância, em 10-7-2001, seja igual ou inferior a R$ 100,00 (cem reais)".

I – o titular da conta vinculada firme o Termo de Adesão de que trata esta Lei Complementar;

II – até o sexagésimo terceiro mês a partir da data de publicação desta Lei Complementar, estejam em vigor as contribuições sociais de que tratam os arts. 1.º e 2.º; e

III – a partir do sexagésimo quarto mês da publicação desta Lei Complementar, permaneça em vigor a contribuição social de que trata o art. 1.º.

Parágrafo único. O disposto nos arts. 9.º, II, e 22, § 2.º, da Lei n. 8.036, de 11 de maio de 1990, não se aplica, em qualquer hipótese, como decorrência da efetivação do crédito de complemento de atualização monetária de que trata o *caput* deste artigo.

Art. 5.º O complemento de que trata o art. 4.º será remunerado até o dia 10 do mês subsequente ao da publicação desta Lei Complementar, com base nos mesmos critérios de remuneração utilizados para as contas vinculadas.

Parágrafo único. O montante apurado na data a que se refere o *caput* será remunerado, a partir do dia 11 do mês subsequente ao da publicação desta Lei Complementar, com base na Taxa Referencial – TR, até que seja creditado na conta vinculada do trabalhador.

Art. 6.º O Termo de Adesão a que se refere o inciso I do art. 4.º, a ser firmado no prazo e na forma definidos em Regulamento, conterá:

•• Dispõe a Lei n. 10.555, de 13-11-2002, em seu art. 2.º: "O titular de conta vinculada do FGTS, com idade igual ou superior a sessenta anos ou que vier a completar essa idade a qualquer tempo, fará jus ao crédito do complemento de atualização monetária de que trata a Lei Complementar n. 110, de 2001, com a redução nela prevista, em parcela única, desde que tenha firmado o termo de adesão de que trata o art. 6.º da mencionada Lei Complementar".

I – a expressa concordância do titular da conta vinculada com a redução do complemento de que trata o art. 4.º, acrescido da remuneração prevista no *caput* do art. 5.º, nas seguintes proporções:

a) zero por cento sobre o total do complemento de atualização monetária de valor até R$ 2.000,00 (dois mil reais);

b) oito por cento sobre o total do complemento de atualização monetária de valor de R$ 2.000,01 (dois mil reais e um centavo) a R$ 5.000,00 (cinco mil reais);

c) doze por cento sobre o total do complemento de atualização monetária de valor de R$ 5.000,01 (cinco mil reais e um centavo) a R$ 8.000,00 (oito mil reais);

d) quinze por cento sobre o total do complemento de atualização monetária de valor acima de R$ 8.000,00 (oito mil reais);

II – a expressa concordância do titular da conta vinculada com a forma e os prazos do crédito na conta vinculada, especificados a seguir:

a) complemento de atualização monetária no valor total de R$ 1.000,00 (um mil reais), até junho de 2002, em uma única parcela, para os titulares de contas vinculadas que tenham firmado o Termo de Adesão até o último dia útil do mês imediatamente anterior;

b) complemento de atualização monetária no valor total de R$ 1.000,01 (um mil reais e um centavo) a R$ 2.000,00 (dois mil reais), em duas parcelas semestrais, com o primeiro crédito em julho de 2002, sendo a primeira parcela de R$ 1.000,00 (um mil reais), para os titulares de contas vinculadas que tenham firmado o Termo de Adesão até o último dia útil do mês imediatamente anterior;

c) complemento de atualização monetária no valor total de R$ 2.000,01 (dois mil reais e um centavo) a R$ 5.000,00 (cinco mil reais), em cinco parcelas semestrais, com o primeiro crédito em janeiro de 2003, para os titulares de contas vinculadas que tenham firmado o Termo de Adesão até o último dia útil do mês imediatamente anterior;

d) complemento de atualização monetária no valor total de R$ 5.000,01 (cinco mil reais e um centavo) a R$ 8.000,00 (oito mil reais), em sete parcelas semestrais, com o primeiro crédito em julho de 2003, para os titulares de contas vinculadas que tenham firmado o Termo de Adesão até o último dia útil do mês imediatamente anterior;

e) complemento de atualização monetária no valor total acima de R$ 8.000,00 (oito mil reais), em sete parcelas semestrais, com o primeiro crédito em janeiro de 2004, para os titulares de contas vinculadas que tenham firmado o Termo de Adesão até o último dia útil do mês imediatamente anterior; e

III – declaração do titular da conta vinculada, sob as penas da lei, de que não está nem ingressará em juízo discutindo os complementos de atualização monetária relativos a junho de 1987, ao período de 1.º de dezembro de 1988 a 28 de fevereiro de 1989, a abril e maio de 1990 e a fevereiro de 1991.

§ 1.º No caso da alínea b do inciso I, será creditado valor de R$ 2.000,00 (dois mil reais), quando a aplicação do percentual de redução resultar em quantia inferior a este.

§ 2.º No caso da alínea c do inciso I, será creditado valor de R$ 4.600,00 (quatro mil e seiscentos reais), quando a aplicação do percentual de redução resultar em quantia inferior a este.

§ 3.º No caso da alínea d do inciso I será creditado valor de R$ 7.040,00 (sete mil e quarenta reais), quando a aplicação do percentual de redução resultar em quantia inferior a este.

§ 4.º Para os trabalhadores que vierem a firmar seus termos de adesão após as datas previstas nas alíneas a a d do inciso II, os créditos em suas contas vinculadas iniciar-se-ão no mês subsequente ao da assinatura do Termo de Adesão, observadas as demais regras constantes nesses dispositivos, quanto a valores, número e periodicidade de pagamento de parcelas.

§ 5.º As faixas de valores mencionadas no inciso II do caput serão definidas pelos complementos a que se refere o art. 4.º, acrescidos da remuneração prevista no caput do art. 5.º, antes das deduções de que tratam o inciso I do caput e os §§ 1.º e 2.º.

§ 6.º O titular da conta vinculada fará jus ao crédito de que trata o inciso II do caput deste artigo, em uma única parcela, até junho de 2002, disponível para imediata movimentação a partir desse mês, nas seguintes situações:

I – na hipótese de o titular ou qualquer de seus dependentes for acometido de neoplasia maligna, nos termos do inciso XI do art. 20 da Lei n. 8.036, de 11 de maio de 1990;

II – quando o titular ou qualquer de seus dependentes for portador do vírus HIV;

III – se o trabalhador, com crédito de até R$ 2.000,00 (dois mil reais), for aposentado por invalidez, em função de acidente do trabalho ou doença profissional, ou aposentado maior de 65 (sessenta e cinco) anos de idade;

IV – quando o titular ou qualquer de seus dependentes for acometido de doença terminal.

§ 7.º O complemento de atualização monetária de valor total acima de R$ 2.000,00 (dois mil reais) poderá, a critério do titular da conta vinculada, ser resgatado mediante entrega, em julho de 2002, ou nos 6 (seis) meses seguintes, no caso de adesões que se efetuarem até dezembro de 2002, de documento de quitação com o FGTS autorizando a compra de título, lastreado nas receitas decorrentes das contribuições instituídas pelos arts. 1.º e 2.º desta Lei Complementar, de valor de face equivalente ao valor do referido complemento nos termos e condições estabelecidas pelo Conselho Monetário Nacional – CMN.

Art. 7.º Ao titular da conta vinculada que se encontre em litígio judicial visando ao pagamento dos complementos de atualização monetária relativos a junho de 1987, dezembro de 1988 a fevereiro de 1989, abril e maio de 1990 e fevereiro de 1991, é facultado receber, na forma do art. 4.º, os créditos de que trata o art. 6.º, firmando transação a ser homologada no juízo competente.

Art. 8.º A movimentação da conta vinculada, no que se refere ao crédito do complemento de atualização monetária, observará as condições previstas no art. 20 da Lei n. 8.036, de 11 de maio de 1990, inclusive nos casos em que o direito do titular à movimentação da conta tenha sido implementado em data anterior à da publicação desta Lei Complementar.

Art. 9.º As despesas com as obrigações decorrentes dos montantes creditados na forma do art. 6.º poderão ser diferidas contabilmente, para apropriação no resultado do balanço do FGTS, no prazo de até 15 (quinze) anos, a contar da publicação desta Lei Complementar.

Art. 10. Os bancos que, no período de dezembro de 1988 a março de 1989 e nos meses de abril e maio de 1990, eram depositários das contas vinculadas do FGTS, ou seus sucessores, repassarão à Caixa Econômica Federal, até 31 de janeiro de 2002, as informações cadastrais e financeiras necessárias ao cálculo do complemento de atualização monetária de que trata o art. 4.º.

§ 1.º A Caixa Econômica Federal estabelecerá a forma e o cronograma dos repasses das informações de que trata o caput deste artigo.

§ 2.º Pelo descumprimento dos prazos e das demais obrigações estipuladas com base neste artigo, os bancos de que trata o caput sujeitam-se ao pagamento de multa equivalente a dez por cento do somatório dos saldos das contas das quais eram depositários, remunerados segundo os mesmos critérios previstos no art. 5.º.

§ 3.º Os órgãos responsáveis pela auditoria integrada do FGTS examinarão e homologarão, no prazo de 60 (sessenta) dias, a contar da publicação desta Lei Complementar, o aplicativo a ser utilizado na validação das informações de que trata este artigo.

Art. 11. A Caixa Econômica Federal, até 30 de abril de 2002, divulgará aos titulares de contas vinculadas os respectivos valores dos complementos de atualização monetária a que têm direito, com base nas informações cadastrais e financeiras de que trata o art. 10.

Art. 12. O Tesouro Nacional fica subsidiariamente obrigado à liquidação dos valores a que se refere o art. 4.º, nos prazos e nas condições estabelecidos nos arts. 5.º e 6.º, até o montante da diferença porventura ocorrida entre o valor arrecadado pelas contribuições sociais de que tratam os arts. 1.º e 2.º e aquele necessário ao resgate dos compromissos assumidos.

Art. 13. As leis orçamentárias anuais referentes aos exercícios de 2001, 2002 e 2003 assegurarão destinação integral ao FGTS de valor equivalente à arrecadação das contribuições de que tratam os arts. 1.º e 2.º desta Lei Complementar.

Art. 14. Esta Lei Complementar entra em vigor na data de sua publicação, produzindo efeitos:

•• O STF, nas ADIns n. 2.556 e 2.568, julgou parcialmente procedente a ação, para declarar a inconstitucionalidade deste caput, no que se refere à expressão "produzindo efeitos".

I – noventa dias a partir da data inicial de sua vigência, relativamente à contribuição social de que trata o art. 1.º; e

•• O STF, nas ADIns n. 2.556 e 2.568, julgou parcialmente procedente a ação para declarar a inconstitucionalidade deste inciso.

II – a partir do primeiro dia do mês seguinte ao nonagésimo dia da data de início de sua vigência, no tocante à contribuição social de que trata o art. 2.º.

•• O STF, nas ADIns n. 2.556 e 2.568, julgou parcialmente procedente a ação para declarar a inconstitucionalidade deste inciso.

Brasília, 29 de junho de 2001; 180.º da Independência e 113.º da República.

Fernando Henrique Cardoso

LEI N. 10.259, DE 12 DE JULHO DE 2001 (*)

Dispõe sobre a instituição dos Juizados Especiais Cíveis e Criminais no âmbito da Justiça Federal.

(*) Publicada no *Diário Oficial da União*, de 13-7-2001. A Lei n. 12.665, de 13-6-2012, dispõe sobre a criação de estrutura permanente para as Turmas Recursais dos Juizados Especiais Federais e cria os respectivos cargos de Juízes Federais.

Lei n. 10.259, de 12-7-2001 – Juizados Especiais

O Presidente da República.
Faço saber que o Congresso Nacional decreta e eu sanciono a seguinte Lei:

Art. 1.º São instituídos os Juizados Especiais Cíveis e Criminais da Justiça Federal, aos quais se aplica, no que não conflitar com esta Lei, o disposto na Lei n. 9.099, de 26 de setembro de 1995.
- Da criação dos Juizados Especiais Cíveis e Criminais da Justiça Federal: vide art. 98, § 1.º, da CF.

Art. 2.º Compete ao Juizado Especial Federal Criminal processar e julgar os feitos de competência da Justiça Federal relativos às infrações de menor potencial ofensivo, respeitadas as regras de conexão e continência.
•• *Caput* com redação determinada pela Lei n. 11.313, de 28-6-2006.
•• *Vide* Lei n. 61 da Lei n. 9.099, de 26-9-1995.

Parágrafo único. Na reunião de processos, perante o juízo comum ou o tribunal do júri, decorrente da aplicação das regras de conexão e continência, observar-se-ão os institutos da transação penal e da composição dos danos civis.
•• Parágrafo único com redação determinada pela Lei n. 11.313, de 28-6-2006.

Art. 3.º Compete ao Juizado Especial Federal Cível processar, conciliar e julgar causas de competência da Justiça Federal até o valor de 60 (sessenta) salários mínimos, bem como executar as suas sentenças.
•• O Decreto n. 12.342, de 30-12-2024, estabelece que, a partir de 1.º-1-2025, o salário mínimo será de R$ 1.518,00 (mil quinhentos e dezoito reais).

§ 1.º Não se incluem na competência do Juizado Especial Cível as causas:
- *Vide* Súmula 376 do STJ.

I – referidas no art. 109, incisos II, III e XI, da Constituição Federal, as ações de mandado de segurança, de desapropriação, de divisão e demarcação, populares, execuções fiscais e por improbidade administrativa e as demandas sobre direitos ou interesses difusos, coletivos ou individuais homogêneos;
- LEF: *vide* Lei n. 6.830, de 22-9-1980.

II – sobre bens imóveis da União, autarquias e fundações públicas federais;

III – para a anulação ou cancelamento de ato administrativo federal, salvo o de natureza previdenciária e o de lançamento fiscal;
- Lançamento: *vide* arts. 142 a 150 do CTN.

IV – que tenham como objeto a impugnação da pena de demissão imposta a servidores públicos civis ou de sanções disciplinares aplicadas a militares.

§ 2.º Quando a pretensão versar sobre obrigações vincendas, para fins de competência do Juizado Especial, a soma de 12 (doze) parcelas não poderá exceder o valor referido no art. 3.º, *caput*.

§ 3.º No foro onde estiver instalada Vara do Juizado Especial, a sua competência é absoluta.

Art. 4.º O Juiz poderá, de ofício ou a requerimento das partes, deferir medidas cautelares no curso do processo, para evitar dano de difícil reparação.

Art. 5.º Exceto nos casos do art. 4.º, somente será admitido recurso de sentença definitiva.

Art. 6.º Podem ser partes no Juizado Especial Federal Cível:

I – como autores, as pessoas físicas e as microempresas e empresas de pequeno porte, assim definidas na Lei n. 9.317, de 5 de dezembro de 1996;
•• A Lei n. 9.317, de 5-12-1996, foi revogada pela Lei Complementar n. 123, de 14-12-2006, que institui em seu art. 12 o Regime Especial Unificado de Arrecadação de Tributo e Contribuições devidos pelas Microempresas e Empresas de Pequeno Porte - Simples Nacional.

II – como rés, a União, autarquias, fundações e empresas públicas federais.

Art. 7.º As citações e intimações da União serão feitas na forma prevista nos arts. 35 a 38 da Lei Complementar n. 73, de 10 de fevereiro de 1993.

Parágrafo único. A citação das autarquias, fundações e empresas públicas será feita na pessoa do representante máximo da entidade, no local onde proposta a causa, quando ali instalado seu escritório ou representação; se não, na sede da entidade.

Art. 8.º As partes serão intimadas da sentença, quando não proferida esta na audiência em que estiver presente seu representante, por ARMP (aviso de recebimento em mão própria).

§ 1.º As demais intimações das partes serão feitas na pessoa dos advogados ou dos Procuradores que oficiem nos respectivos autos, pessoalmente ou por via postal.

§ 2.º Os tribunais poderão organizar serviço de intimação das partes e de recepção de petições por meio eletrônico.
- A Resolução n. 28, de 13-10-2008, do Conselho da Justiça Federal, dispõe sobre a intimação eletrônica das partes, Ministério Público, Procuradores, Advogados e Defensores Públicos no âmbito dos Juizados Especiais Federais.

Art. 9.º Não haverá prazo diferenciado para a prática de qualquer ato processual pelas pessoas jurídicas de direito público, inclusive a interposição de recursos, devendo a citação para audiência de conciliação ser efetuada com antecedência mínima de 30 (trinta) dias.

Art. 10. As partes poderão designar, por escrito, representantes para a causa, advogado ou não.
•• O STF, na ADI n. 3.168-6, de 8-6-2006 (*DOU* de 17-8-2007), afasta a inconstitucionalidade deste dispositivo, "desde que excluídos os feitos criminais e respeitado o teto estabelecido no art. 3.º, e sem prejuízo da aplicação subsidiária integral dos parágrafos do art. 9.º da Lei n. 9.099, de 26-9-1995".

Parágrafo único. Os representantes judiciais da União, autarquias, fundações e empresas públicas federais, bem como os indicados na forma do *caput*, ficam autorizados a conciliar, transigir ou desistir, nos processos da competência dos Juizados Especiais Federais.
•• Artigo regulamentado pelo Decreto n. 4.250, de 27-5-2002, constante deste volume.

Art. 11. A entidade pública ré deverá fornecer ao Juizado a documentação de que disponha para o esclarecimento da causa, apresentando-a até a instalação da audiência de conciliação.

Parágrafo único. Para a audiência de composição dos danos resultantes de ilícito criminal (arts. 71, 72 e 74 da Lei n. 9.099, de 26 de setembro de 1995), o representante da entidade que comparecer terá poderes para acordar, desistir ou transigir, na forma do art. 10.

Art. 12. Para efetuar o exame técnico necessário à conciliação ou ao julgamento da causa, o Juiz nomeará pessoa habilitada, que apresentará o laudo até 5 (cinco) dias antes da audiência, independentemente de intimação das partes.

§ 1.º Os honorários do técnico serão antecipados à conta de verba orçamentária do respectivo Tribunal e, quando vencida na causa a entidade pública, seu valor será incluído na ordem de pagamento a ser feita em favor do Tribunal.

§ 2.º Nas ações previdenciárias e relativas à assistência social, havendo designação de exame, serão as partes intimadas para, em 10 (dez) dias, apresentar quesitos e indicar assistentes.

Art. 13. Nas causas de que trata esta Lei, não haverá reexame necessário.

Art. 14. Caberá pedido de uniformização de interpretação de lei federal quando houver divergência entre decisões sobre questões de direito material proferidas por Turmas Recursais na interpretação da lei.
- A Resolução n. 586, de 30-9-2019, do STJ, dispõe sobre o Regimento Interno da Turma Nacional de Uniformização de Jurisprudência dos Juizados Especiais Federais.

§ 1.º O pedido fundado em divergência entre Turmas da mesma Região será julgado em reunião conjunta das Turmas em conflito, sob a presidência do Juiz Coordenador.

§ 2.º O pedido fundado em divergência entre decisões de turmas de diferentes regiões ou da proferida em contrariedade a súmula ou jurisprudência dominante do STJ será julgado por Turma de Uniformização, integrada por juízes de Turmas Recursais, sob a presidência do Coordenador da Justiça Federal.

§ 3.º A reunião de juízes domiciliados em cidades diversas será feita pela via eletrônica.
- A Portaria Conjunta n. 202, de 30-4-2020, da Corregedoria-Geral da Justiça Federal e da Presidência da Turma Nacional de Uniformização dos Juizados Especiais Federais, dispõe sobre o julgamento de processos judiciais em sessões em ambiente eletrônico.

§ 4.º Quando a orientação acolhida pela Turma de Uniformização, em questões de direito material, contrariar súmula ou jurisprudência dominante no Superior Tribunal de Justiça – STJ, a parte interessada poderá provocar a manifestação deste, que dirimirá a divergência.

§ 5.º No caso do § 4.º, presente a plausibilidade do direito invocado e havendo fundado receio de dano de difícil reparação, poderá o relator conceder, de ofício ou a requerimento do interessado, medida liminar determinando a suspensão dos processos nos quais a controvérsia esteja estabelecida.

§ 6.º Eventuais pedidos de uniformização idênticos, recebidos subsequentemente em quaisquer Turmas Recursais, ficarão retidos nos autos, aguardando-se pronunciamento do Superior Tribunal de Justiça.

§ 7.º Se necessário, o relator pedirá informações ao Presidente da Turma Recursal ou Coordenador da Turma de Uniformização e ouvirá o Ministério Público, no prazo de 5 (cinco) dias. Eventuais interessados, ainda que não sejam partes no processo, poderão se manifestar, no prazo de 30 (trinta) dias.

§ 8.º Decorridos os prazos referidos no § 7.º, o relator incluirá o pedido em pauta na Seção, com preferência sobre todos os demais feitos, ressalvados os processos com réus presos, os *habeas corpus* e os mandados de segurança.

§ 9.º Publicado o acórdão respectivo, os pedidos retidos referidos no § 6.º serão apreciados pelas Turmas Recursais, que poderão exercer juízo de retratação ou declará-los prejudicados, se veicularem tese não acolhida pelo Superior Tribunal de Justiça.

§ 10. Os Tribunais Regionais, o Superior Tribunal de Justiça e o Supremo Tribunal Federal, no âmbito de suas competências, expedirão normas regulamentando a composição dos órgãos e os procedimentos a serem adotados para o processamento e o julgamento do pedido de uniformização e do recurso extraordinário.

Art. 15. O recurso extraordinário, para os efeitos desta Lei, será processado e julgado segundo o estabelecido nos §§ 4.º a 9.º do art. 14, além da observância das normas do Regimento.

Art. 16. O cumprimento do acordo ou da sentença, com trânsito em julgado, que imponham obrigação de fazer, não fazer ou entrega de coisa certa, será efetuado mediante ofício do Juiz à autoridade citada para a causa, com cópia da sentença ou do acordo.

Art. 17. Tratando-se de obrigação de pagar quantia certa, após o trânsito em julgado da decisão, o pagamento será efetuado no prazo de 60 (sessenta) dias, contados da entrega da requisição, por ordem do Juiz, à autoridade citada para a causa, na agência mais próxima da Caixa Econômica Federal ou do Banco do Brasil, independentemente de precatório.

§ 1.º Para os efeitos do § 3.º do art. 100 da Constituição Federal, as obrigações ali definidas como de pequeno valor, a serem pagas independentemente de precatório, terão como limite o mesmo valor estabelecido nesta Lei para a competência do Juizado Especial Federal Cível (art. 3.º, *caput*).

§ 2.º Desatendida a requisição judicial, o Juiz determinará o sequestro do numerário suficiente ao cumprimento da decisão.

§ 3.º São vedados o fracionamento, repartição ou quebra do valor da execução, de modo que o pagamento se faça, em parte, na forma estabelecida no § 1.º deste artigo, e, em parte, mediante expedição do precatório, e a expedição de precatório complementar ou suplementar do valor pago.

§ 4.º Se o valor da execução ultrapassar o estabelecido no § 1.º, o pagamento far-se-á, sempre, por meio do precatório, sendo facultado à parte exequente a renúncia ao crédito do valor excedente, para que possa optar pelo pagamento do saldo sem o precatório, da forma lá prevista.

Art. 18. Os Juizados Especiais serão instalados por decisão do Tribunal Regional Federal. O Juiz presidente do Juizado designará os conciliadores pelo período de 2 (dois) anos, admitida a recondução. O exercício dessas funções será gratuito, assegurados os direitos e prerrogativas do jurado (art. 437 do Código de Processo Penal).

•• Com o advento da Reforma do CPP pela Lei n. 11.689, de 9-6-2008, o disposto no art. 437 passou a ser tratado no art. 439, atualmente com a seguinte redação: "O exercício efetivo da função de jurado constituirá serviço público relevante e estabelecerá presunção de idoneidade moral".

Parágrafo único. Serão instalados Juizados Especiais Adjuntos nas localidades cujo movimento forense não justifique a existência de Juizado Especial, cabendo ao Tribunal designar a Vara onde funcionará.

Art. 19. No prazo de 6 (seis) meses, a contar da publicação desta Lei, deverão ser instalados os Juizados Especiais nas capitais dos Estados e no Distrito Federal.

Parágrafo único. Na capital dos Estados, no Distrito Federal e em outras cidades onde for necessário, neste último caso, por decisão do Tribunal Regional Federal, serão instalados Juizados com competência exclusiva para ações previdenciárias.

Art. 20. Onde não houver Vara Federal, a causa poderá ser proposta no Juizado Especial Federal mais próximo do foro definido no art. 4.º da Lei n. 9.099, de 26 de setembro de 1995, vedada a aplicação desta Lei no juízo estadual.

Art. 21. As Turmas Recursais serão instituídas por decisão do Tribunal Regional Federal, que definirá sua composição e área de competência, podendo abranger mais de uma seção.

§§ 1.º e 2.º (*Revogados pela Lei n. 12.665, de 13-6-2012.*)

Art. 22. Os Juizados Especiais serão coordenados por Juiz do respectivo Tribunal Regional, escolhido por seus pares, com mandato de 2 (dois) anos.

Parágrafo único. O Juiz Federal, quando o exigirem as circunstâncias, poderá determinar o funcionamento do Juizado Especial em caráter itinerante, mediante autorização prévia do Tribunal Regional Federal, com antecedência de 10 (dez) dias.

•• A Resolução n. 460, de 6-5-2022, do CNJ, dispõe sobre a instalação, implementação e aperfeiçoamento da Justiça Itinerante, no âmbito dos TRTs, TRFs e Tribunais de Justiça.

Art. 23. O Conselho da Justiça Federal poderá limitar, por até 3 (três) anos, contados a partir da publicação desta Lei, a competência dos Juizados Especiais Cíveis, atendendo à necessidade da organização dos serviços judiciários ou administrativos.

Art. 24. O Centro de Estudos Judiciários do Conselho da Justiça Federal e as Escolas de Magistratura dos Tribunais Regionais Federais criarão programas de informática necessários para subsidiar a instrução das causas submetidas aos Juizados e promoverão cursos de aperfeiçoamento destinados aos seus magistrados e servidores.

Art. 25. Não serão remetidas aos Juizados Especiais as demandas ajuizadas até a data de sua instalação.

Art. 26. Competirá aos Tribunais Regionais Federais prestar o suporte administrativo necessário ao funcionamento dos Juizados Especiais.

Art. 27. Esta Lei entra em vigor 6 (seis) meses após a data de sua publicação.

Brasília, 12 de julho de 2001; 180.º da Independência e 113.º da República.

FERNANDO HENRIQUE CARDOSO

MEDIDA PROVISÓRIA N. 2.159-70, DE 24 DE AGOSTO DE 2001 (*)

Altera a legislação do imposto de renda e dá outras providências.

O Presidente da República, no uso da atribuição que lhe confere o art. 62 da Constituição, adota a seguinte Medida Provisória, com força de lei:

Art. 1.º A pessoa jurídica, cujos créditos com pessoa jurídica de direito público ou com empresa sob seu controle, empresa pública, sociedade de economia mista ou sua subsidiária, decorrentes de construção por empreitada, de fornecimento de bens ou de prestação de serviços, forem quitados pelo Poder Público com títulos de sua emissão, inclusive com Certificados de Securitização, emitidos especificamente para essa finalidade, poderá computar a parcela do lucro, correspondente a esses créditos, que houver sido diferida na forma do disposto nos §§ 3.º e 4.º do art. 10 do Decreto-lei n. 1.598, de 26 de dezembro de 1977, na determinação do lucro real do período-base

(*) Publicada no *DOU*, de 27-8-2001.

do resgate dos títulos ou de sua alienação sob qualquer forma.

Art. 2.º O disposto no art. 65 da Lei n. 8.383, de 30 de dezembro de 1991, aplica-se, também, nos casos de entrega, pelo licitante vencedor, de títulos da dívida pública do Estado, do Distrito Federal ou do Município, como contrapartida à aquisição de ações ou quotas de empresa sob controle direto ou indireto das referidas pessoas jurídicas de direito público, nos casos de desestatização por elas promovidas.

Art. 3.º Fica reduzida para quinze por cento a alíquota do imposto de renda incidente na fonte sobre as importâncias pagas, creditadas, entregues, empregadas ou remetidas ao exterior a título de remuneração de serviços técnicos e de assistência técnica, e a título de *royalties*, de qualquer natureza, a partir do início da cobrança da contribuição instituída pela Lei n. 10.168, de 29 de dezembro de 2000.

- A Lei n. 10.168, de 29-12-2000, regulamentada pelo Decreto n. 4.195, de 11-4-2002, institui contribuição de intervenção de domínio econômico destinado a financiar o Programa de Estímulo à interação Universidade-Empresa para o Apoio à Inovação e dá outras providências.

Art. 4.º É concedido crédito incidente sobre a Contribuição de Intervenção no Domínio Econômico, instituída pela Lei n. 10.168, de 2000, aplicável às importâncias pagas, creditadas, entregues, empregadas ou remetidas para o exterior a título de róialties referentes a contratos de exploração de patentes e de uso de marcas.

- *Vide nota ao artigo anterior.*

§ 1.º O crédito referido no *caput*:

I – será determinado com base na contribuição devida, incidente sobre pagamentos, créditos, entregas, emprego ou remessa ao exterior a título de róialties de que trata o *caput* deste artigo, mediante utilização dos seguintes percentuais:

a) cem por cento, relativamente aos períodos de apuração encerrados a partir de 1.º de janeiro de 2001 até 31 de dezembro de 2003;

b) setenta por cento, relativamente aos períodos de apuração encerrados a partir de 1.º de janeiro de 2004 até 31 de dezembro de 2008;

c) trinta por cento, relativamente aos períodos de apuração encerrados a partir de 1.º de janeiro de 2009 até 31 de dezembro de 2013;

II – será utilizado, exclusivamente, para fins de dedução da contribuição incidente em operações posteriores, relativas a *royalties* previstos no *caput* deste artigo.

§ 2.º O Comitê Gestor definido no art. 5.º da Lei n. 10.168, de 2000, será composto por representantes do Governo Federal, do setor industrial e do segmento acadêmico-científico.

Art. 5.º Não incidirá o imposto de renda na fonte sobre os rendimentos pagos ou creditados a empresa domiciliada no exterior, pela contraprestação de serviços de telecomunicações, por empresa de telecomunicação que centralize, no Brasil, a prestação de serviços de rede corporativa de pessoas jurídicas.

Parágrafo único. Para efeitos deste artigo, considera-se rede corporativa a rede de telecomunicações privativa de uma empresa ou entidade, a qual interliga seus vários pontos de operações no Brasil e no exterior.

Art. 6.º Os bens do ativo permanente imobilizado, exceto a terra nua, adquiridos por pessoa jurídica que explore a atividade rural, para uso nessa atividade, poderão ser depreciados integralmente no próprio ano da aquisição.

Art. 7.º Exclui-se a incidência do imposto de renda na fonte e na declaração de rendimentos o valor do resgate de contribuições de previdência privada, cujo ônus tenha sido da pessoa física, recebido por ocasião de seu desligamento do plano de benefícios da entidade, que corresponder às parcelas de contribuições efetuadas no período de 1.º de janeiro de 1989 a 31 de dezembro de 1995.

Art. 8.º Serão admitidos como despesas com instrução, previstas no art. 8.º, II, *b*, da Lei n. 9.250, de 26 de dezembro de 1995, os pagamentos efetuados a creches.

Art. 9.º Fica reduzida a zero, relativamente aos fatos geradores ocorridos a partir de 1.º de janeiro de 2001, a alíquota do imposto de renda incidente sobre remessas, para o exterior, destinadas exclusivamente ao pagamento de despesas relacionadas com pesquisa de mercado para produtos brasileiros de exportação, bem como aquelas decorrentes de participação em exposições, feiras e eventos semelhantes, inclusive aluguéis e arrendamentos de estandes e locais de exposição, vinculadas à promoção de produtos brasileiros, bem assim de despesas com propaganda realizadas no âmbito desses eventos.

- O Decreto n. 6.761, de 5-2-2009, dispõe sobre a aplicação da redução a zero da alíquota do imposto sobre a renda incidente sobre os rendimentos de beneficiários residentes ou domiciliados no exterior.

§ 1.º O Poder Executivo estabelecerá as condições e as exigências para a aplicação do disposto neste artigo.

§ 2.º Relativamente ao período de 1.º de janeiro de 2001 a 31 de dezembro de 2003, a renúncia anual de receita decorrente da redução de alíquota referida no *caput* será apurada, pelo Poder Executivo, mediante projeção da renúncia efetiva verificada no primeiro semestre.

§ 3.º Para os fins do disposto no art. 14 da Lei Complementar n. 101, de 4 de maio de 2000, o montante anual da renúncia, apurado na forma do § 2.º, nos meses de setembro de cada ano, será custeado à conta de fontes financiadoras da reserva de contingência, salvo se verificado excesso de arrecadação, apurado também na forma do § 2.º, em relação à previsão de receitas, para o mesmo período, deduzido o valor da renúncia.

§ 4.º O excesso de arrecadação porventura apurado nos termos do § 3.º, *in fine*, será utilizado para compensação do montante da renúncia.

§ 5.º A alíquota referida no caput, na hipótese de pagamentos a residente ou domiciliados em países que não tribute a renda ou que a tribute à alíquota máxima inferior a 20% (vinte por cento), a que se refere o art. 24 da Lei n. 9.430, de 27 de dezembro de 1996, será de 25% (vinte e cinco por cento).

Art. 10. Ficam convalidados os atos praticados com base na Medida Provisória n. 2.159-69, de 27 de julho de 2001.

Art. 11. Esta Medida Provisória entra em vigor na data de sua publicação.

Brasília, 24 de agosto de 2001; 180.º da Independência e 113.º da República.

Fernando Henrique Cardoso

MEDIDA PROVISÓRIA N. 2.228-1, DE 6 DE SETEMBRO DE 2001 (*)

Estabelece princípios gerais da Política Nacional do Cinema, cria o Conselho Superior do Cinema e a Agência Nacional do Cinema – ANCINE, institui o Programa de Apoio ao Desenvolvimento do Cinema Nacional – PRODECINE, autoriza a criação de Fundos de Financiamento da Indústria Cinematográfica Nacional – FUNCINES, altera a legislação sobre a Contribuição para o Desenvolvimento da Indústria Cinematográfica Nacional e dá outras providências.

O Presidente da República, no uso da atribuição que lhe confere o art. 62 da Constituição, adota a seguinte Medida Provisória, com força de lei:

....

Capítulo VI
DA CONTRIBUIÇÃO PARA O DESENVOLVIMENTO DA INDÚSTRIA CINEMATOGRÁFICA NACIONAL – CONDECINE

Art. 32. A Contribuição para o Desenvolvimento da Indústria Cinematográfica Nacional – CONDECINE terá por fato gerador:

•• *Caput* com redação determinada pela Lei n. 12.485, de 12-9-2011.

I – a veiculação, a produção, o licenciamento e a distribuição de obras cinematográficas e videofonográficas com fins comerciais, por segmento de mercado a que forem destinadas;

•• Inciso I acrescentado pela Lei n. 12.485, de 12-9-2011.

(*) Publicada no *DOU*, de 10-9-2001. O Decreto n. 8.283, de 3-7-2014, aprova a Estrutura Regimental e o Quadro Demonstrativo dos Cargos Comissionados e dos Quadros Comissionados Técnicos da Agência Nacional de Cinema – ANCINE.

II – a prestação de serviços que se utilizem de meios que possam, efetiva ou potencialmente, distribuir conteúdos audiovisuais nos termos da lei que dispõe sobre a comunicação audiovisual de acesso condicionado, listados no Anexo I desta Medida Provisória;
- • Inciso II acrescentado pela Lei n. 12.485, de 12-9-2011.
- • Inciso II regulamentado pela Instrução Normativa n. 96, de 15-12-2011, da ANCINE.

III – a veiculação ou distribuição de obra audiovisual publicitária incluída em programação internacional, nos termos do inciso XIV do art. 1.º desta Medida Provisória, nos casos em que existir participação direta de agência de publicidade nacional, sendo tributada nos mesmos valores atribuídos quando da veiculação incluída em programação nacional.
- • Inciso III acrescentado pela Lei n. 12.485, de 12-9-2011.

Parágrafo único. A CONDECINE também incidirá sobre o pagamento, o crédito, o emprego, a remessa ou a entrega, aos produtores, distribuidores ou intermediários no exterior, de importâncias relativas a rendimento decorrente da exploração de obras cinematográficas e videofonográficas ou por sua aquisição ou importação, a preço fixo.
- • A Lei n. 10.454, de 13-5-2002, dispõe sobre remissão da Contribuição para o Desenvolvimento da Indústria Cinematográfica – CONDECINE, de que trata esta Medida Provisória.
- Vide notas ao art. 39, X, desta Medida Provisória.
- O Ato Declaratório Interpretativo n. 11, de 20-8-2002, da Secretaria da Receita Federal, dispõe que a incidência da Contribuição para o Desenvolvimento da Indústria Cinematográfica Nacional – CONDECINE de que trata este parágrafo aplica-se a todas as hipóteses de exploração de obras cinematográficas e videofonográficas, alcançando as decorrentes de aquisição ou relativas a remuneração, a qualquer título, de qualquer forma de direito, inclusive a transmissão de filmes.

Art. 33. A CONDECINE será devida para cada segmento de mercado, por:
- • Caput com redação determinada pela Lei n. 12.485, de 12-9-2011.

I – título ou capítulo de obra cinematográfica ou videofonográfica destinada aos seguintes segmentos de mercado:
- A Súmula 4, de 8-12-2011, da ANCINE, dispõe sobre a verificação de possível não incidência da CONDECINE, prevista neste inciso.

a) salas de exibição;
b) vídeo doméstico, em qualquer suporte;
c) serviço de radiodifusão de sons e imagens;
d) serviços de comunicação eletrônica de massa por assinatura;
e) outros mercados, conforme anexo;
- Deixamos de publicar o Anexo por não atender à proposta da obra.

II – título de obra publicitária cinematográfica ou videofonográfica, para cada segmento dos mercados previstos nas alíneas *a* a *e* do inciso I a que se destinar;
- • Inciso II com redação determinada pela Lei n. 12.485, de 12-9-2011.

III – prestadores dos serviços constantes do Anexo I desta Medida Provisória, a que se refere o inciso II do art. 32 desta Medida Provisória.
- • Inciso III acrescentado pela Lei n. 12.485, de 12-9-2011.

§ 1.º A CONDECINE corresponderá aos valores das tabelas constantes do Anexo I a esta Medida Provisória.
- Deixamos de publicar o Anexo por não atender ao espírito desta obra.

§ 2.º Na hipótese do parágrafo único do art. 32, a CONDECINE será determinada mediante a aplicação de alíquota de 11% (onze por cento) sobre as importâncias ali referidas.
- Vide art. 49, parágrafo único, desta Medida Provisória.

§ 3.º A CONDECINE será devida:
- • § 3.º, caput, com redação determinada pela Lei n. 12.485, de 12-9-2011.

I – uma única vez a cada 5 (cinco) anos, para as obras a que se refere o inciso I do *caput* deste artigo;
- • Inciso I acrescentado pela Lei n. 12.485, de 12-9-2011.

II – a cada 12 (doze) meses, para cada segmento de mercado em que a obra seja efetivamente veiculada, para as obras a que se refere o inciso II do *caput* deste artigo;
- • Inciso II acrescentado pela Lei n. 12.485, de 12-9-2011.

III – a cada ano, para os serviços a que se refere o inciso III do *caput* deste artigo.
- • Inciso III acrescentado pela Lei n. 12.485, de 12-9-2011.

§ 4.º Na ocorrência de modalidades de serviços qualificadas na forma do inciso II do art. 32 não presentes no Anexo I desta Medida Provisória, será devida pela prestadora a Contribuição referente ao item *a* do Anexo I, até que lei fixe seu valor.
- • § 4.º acrescentado pela Lei n. 12.485, de 12-9-2011.

§ 5.º Os valores da CONDECINE poderão ser atualizados monetariamente pelo Poder Executivo federal, até o limite do valor acumulado do Índice Nacional de Preços ao Consumidor Amplo (IPCA) correspondente ao período entre a sua última atualização e a data de publicação da lei de conversão da Medida Provisória n. 687, de 17 de agosto de 2015, na forma do regulamento.
- • § 5.º acrescentado pela Lei n. 13.196, de 1.º-12-2015.
- • O Decreto n. 8.510, de 31-8-2015, regulamenta o disposto neste parágrafo.

Art. 33-A. Para efeito de interpretação da alínea *e* do inciso I do *caput* do art. 33 desta Medida Provisória, a oferta de vídeo por demanda, independentemente da tecnologia utilizada, a partir da vigência da contribuição de que trata o inciso I do *caput* do art. 32 desta Medida Provisória, não se inclui na definição de "outros mercados".
- • Artigo acrescentado pela Lei n. 14.173, de 15-6-2021, originalmente vetado, todavia promulgado em 8-10-2021.

Art. 34. O produto da arrecadação da Condecine será destinado ao Fundo Nacional da Cultura – FNC e alocado em categoria de programação específica denominada Fundo Setorial do Audiovisual, para aplicação nas atividades de fomento relativas aos Programas de que trata o art. 47 desta Medida Provisória.
- • Caput com redação determinada pela Lei n. 11.437, de 28-12-2006.

I a III – (Revogados pela Lei n. 11.437, de 28-12-2006.)

Art. 35. A CONDECINE será devida pelos seguintes sujeitos passivos:

I – detentor dos direitos de exploração comercial ou de licenciamento no País, conforme o caso, para os segmentos de mercado previstos nas alíneas *a* a *e* do inciso I do art. 33;

II – empresa produtora, no caso de obra nacional, ou detentor do licenciamento para exibição, no caso de obra estrangeira, na hipótese do inciso II do art. 33;

III – o responsável pelo pagamento, crédito, emprego, remessa ou entrega das importâncias referidas no parágrafo único do art. 32;
- • Inciso III com redação determinada pela Lei n. 12.485, de 12-9-2011.

IV – as concessionárias, permissionárias e autorizadas de serviços de telecomunicações, relativamente ao disposto no inciso II do art. 32;
- • Inciso IV acrescentado pela Lei n. 12.485, de 12-9-2011.

V – o representante legal e obrigatório da programadora estrangeira no País, na hipótese do inciso III do art. 32.
- • Inciso V acrescentado pela Lei n. 12.485, de 12-9-2011.

Art. 37. O não recolhimento da CONDECINE no prazo sujeitará o contribuinte às penalidades e acréscimos moratórios previstos nos arts. 44 e 61 da Lei n. 9.430, de 27 de dezembro de 1996.
- • A Instrução Normativa n. 60, de 17-4-2007, da Agência Nacional do Cinema – ANCINE, regulamenta este artigo.

§ 1.º A pessoa física ou jurídica que promover a exibição, transmissão, difusão ou veiculação de obra cinematográfica ou videofonográfica que não tenha sido objeto do recolhimento da CONDECINE responde solidariamente por essa contribuição.
- • § 1.º com redação determinada pela Lei n. 10.454, de 13-5-2002.

§ 2.º A solidariedade de que trata o § 1.º não se aplica à hipótese prevista no parágrafo único do art. 32.
- • § 2.º acrescentado pela Lei n. 10.454, de 13-5-2002.

Art. 38. A administração da CONDECINE, inclusive as atividades de arrecadação, tributação e fiscalização, compete à:
- • Caput com redação determinada pela Lei n. 10.454, de 13-5-2002.

I – Secretaria da Receita Federal, na hipótese do parágrafo único do art. 32;
•• Inciso I acrescentado pela Lei n. 10.454, de 13-5-2002.
•• A Secretaria da Receita Federal passa a denominar-se Secretaria da Receita Federal do Brasil, por força da Lei n. 11.457, de 16-3-2007.

II – ANCINE, nos demais casos.
•• Inciso II acrescentado pela Lei n. 10.454, de 13-5-2002.

§ 1.º Aplicam-se à CONDECINE, na hipótese de que trata o inciso I do *caput*, as normas do Decreto n. 70.235, de 6 de março de 1972.
•• Anterior parágrafo único renumerado pela Lei n. 12.485, de 12-9-2011.

§ 2.º A ANCINE e a Agência Nacional de Telecomunicações – ANATEL exercerão as atividades de regulamentação e fiscalização no âmbito de suas competências e poderão definir o recolhimento conjunto da parcela da Condecine devida referente ao inciso III do *caput* do art. 33 e das taxas de fiscalização de que trata a Lei n. 5.070, de 7 de julho de 1966, que cria o Fundo de Fiscalização das Telecomunicações.
•• § 2.º acrescentado pela Lei n. 12.485, de 12-9-2011.

Art. 39. São isentos da CONDECINE:
I – a obra cinematográfica e videofonográfica destinada à exibição exclusiva em festivais e mostras, desde que previamente autorizada pela ANCINE;
II – a obra cinematográfica e videofonográfica jornalística, bem assim os eventos esportivos;
III – as chamadas dos programas e a publicidade de obras cinematográficas e videofonográficas veiculadas nos serviços de radiodifusão de sons e imagens, nos serviços de comunicação eletrônica de massa por assinatura e nos segmentos de mercado de salas de exibição e de vídeo doméstico em qualquer suporte;
•• Inciso III com redação determinada pela Lei n. 12.599, de 23-3-2012.

IV – as obras cinematográficas ou videonográficas publicitárias veiculadas em Municípios que totalizem um número de habitantes a ser definido em regulamento;
•• Inciso IV com redação determinada pela Lei n. 10.454, de 13-5-2002.

V – a exportação de obras cinematográficas e videofonográficas brasileiras e a programação brasileira transmitida para o exterior;
VI – as obras audiovisuais brasileiras, produzidas pelas empresas de serviços de radiodifusão de sons e imagens e empresas de serviços de comunicação eletrônica de massa por assinatura, para exibição no seu próprio segmento de mercado ou quando transmitida por força de lei ou regulamento em outro segmento de mercado, observado o disposto no parágrafo único, exceto as obras audiovisuais publicitárias;
•• Inciso VI com redação determinada pela Lei n. 10.454, de 13-5-2002.

VII – o pagamento, o crédito, o emprego, a remessa ou a entrega aos produtores, distribuidores ou intermediários no exterior, das importâncias relativas a rendimentos decorrentes da exploração de obras cinematográficas ou videofonográficas ou por sua aquisição ou importação a preço fixo, bem como qualquer montante referente a aquisição ou licenciamento de qualquer forma de direitos, referentes à programação, conforme definição constante do inciso XV do art. 1.º;
•• Inciso VII acrescentado pela Lei n. 10.454, de 13-5-2002.

VIII – obras cinematográficas e videofonográficas publicitárias brasileiras de caráter beneficente, filantrópico e de propaganda política;
•• Inciso VIII acrescentado pela Lei n. 10.454, de 13-5-2002.

IX – as obras cinematográficas e videofonográficas incluídas na programação internacional de que trata o inciso XIV do art. 1.º, quanto à CONDECINE prevista no inciso I, *d*, do art. 33;
•• Inciso IX acrescentado pela Lei n. 10.454, de 13-5-2002.

X – a CONDECINE de que trata o parágrafo único do art. 32, referente à programação internacional, de que trata o inciso XIV do art. 1.º, desde que a programadora beneficiária desta isenção opte por aplicar o valor correspondente a 3% (três por cento) do valor do pagamento, do crédito, do emprego, da remessa ou da entrega aos produtores, distribuidores ou intermediários no exterior, das importâncias relativas a rendimentos ou remuneração decorrentes da exploração de obras cinematográficas ou videofonográficas ou por sua aquisição ou importação a preço fixo, bem como qualquer montante referente a aquisição ou licenciamento de qualquer forma de direitos, em projetos de produção de obras cinematográficas e videofonográficas brasileiras de longa, média e curta metragens de produção independente, de coprodução de obras cinematográficas e videofonográficas brasileiras de produção independente, de telefilmes, minisséries, documentais, ficcionais, animações e de programas de televisão de caráter educativo e cultural, brasileiros de produção independente, aprovados pela ANCINE;
•• Inciso X acrescentado pela Lei n. 10.454, de 13-5-2002.

XI – a Anatel, as Forças Armadas, a Polícia Federal, as Polícias Militares, a Polícia Rodoviária Federal, as Polícias Civis e os Corpos de Bombeiros Militares;
•• Inciso XI acrescentado pela Lei n. 12.485, de 12-9-2011.

XII – as hipóteses previstas pelo inciso III do art. 32, quando ocorrer o fato gerador de que trata o inciso I do mesmo artigo, em relação à mesma obra audiovisual publicitária, para o segmento de mercado de comunicação eletrônica de massa por assinatura.
•• Inciso XII acrescentado pela Lei n. 12.599, de 23-3-2012.

§ 1.º As obras audiovisuais brasileiras, produzidas pelas empresas de serviços de radiodifusão de sons e imagens e empresas de serviços de comunicação eletrônica de massa por assinatura, estarão sujeitas ao pagamento da CONDECINE, se vierem a ser comercializadas em outros segmentos de mercado.
•• Primitivo parágrafo único renumerado pela Lei n. 10.454, de 13-5-2002.

§ 2.º Os valores correspondentes aos 3% (três por cento) previstos no inciso X do *caput* deste artigo deverão ser depositados na data do pagamento, do crédito, do emprego, da remessa ou da entrega aos produtores, distribuidores ou intermediários no exterior das importâncias relativas a rendimentos decorrentes da exploração de obras cinematográficas e videofonográficas ou por sua aquisição ou importação a preço fixo, em conta de aplicação financeira especial em instituição financeira pública, em nome do contribuinte.
•• § 2.º com redação determinada pela Lei n. 11.437, de 28-12-2006.

§ 3.º Os valores não aplicados na forma do inciso X do *caput* deste artigo, após 270 (duzentos e setenta) dias de seu depósito na conta de que trata o § 2.º deste artigo, destinar-se-ão ao FNC e serão alocados em categoria de programação específica denominada Fundo Setorial do Audiovisual.
•• § 3.º com redação determinada pela Lei n. 11.437, de 28-12-2006.

§ 4.º Os valores previstos no inciso X do *caput* deste artigo não poderão ser aplicados em obras audiovisuais de natureza publicitária.
•• § 4.º com redação determinada pela Lei n. 11.437, de 28-12-2006.

§ 5.º A liberação dos valores depositados na conta de aplicação financeira especial fica condicionada à integralização de pelo menos 50% (cinquenta por cento) dos recursos aprovados para a realização do projeto.
•• § 5.º acrescentado pela Lei n. 10.454, de 13-5-2002.

§ 6.º Os projetos produzidos com os recursos de que trata o inciso X do *caput* deste artigo poderão utilizar-se dos incentivos previstos na Lei n. 8.685, de 20 de julho de 1993, e na Lei n. 8.313, de 23 de dezembro de 1991, limitados a 95% (noventa e cinco por cento) do total do orçamento aprovado pela Ancine para o projeto.
•• § 6.º com redação determinada pela Lei n. 11.437, de 28-12-2006.

Art. 40. Os valores da CONDECINE ficam reduzidos a:
I – 20% (vinte por cento), quando se tratar de obra cinematográfica ou videofonográfica não publicitária brasileira;
II – 20% (vinte por cento), quando se tratar de:

•• Inciso II, *caput*, com redação determinada pela Lei n. 13.196, de 1.º-12-2015.

a) obras audiovisuais destinadas ao segmento de mercado de salas de exibição que sejam exploradas com até 6 (seis) cópias;

•• Alínea *a* com redação determinada pela Lei n. 10.454, de 13-5-2002.

b) obras cinematográficas e videofonográficas destinadas à veiculação em serviços de radiodifusão de sons e imagens e cuja produção tenha sido realizada mais de 20 (vinte) anos antes do registro do contrato no ANCINE;

c) obras cinematográficas destinadas à veiculação em serviços de radiodifusão de sons e imagens e de comunicação eletrônica de massa por assinatura, quando tenham sido previamente exploradas em salas de exibição com até 6 (seis) cópias ou quando tenham sido exibidas em festivais ou mostras, com autorização prévia da ANCINE, e não tenham sido exploradas em salas de exibição com mais de 6 (seis) cópias;

•• Alínea *c* acrescentada pela Lei n. 13.196, de 1.º-12-2015.

d) (Vetada.)

•• Alínea *d* acrescentada pela Lei n. 13.196, de 1.º-12-2015.

III – (*Revogado pela Lei n. 10.454, de 13-5-2002.*)

IV – 10% (dez por cento), quando se tratar de obra publicitária brasileira realizada por microempresa ou empresa de pequeno porte, segundo as definições do art. 3.º da Lei Complementar n. 123, de 14 de dezembro de 2006, com custo não superior a R$ 10.000,00 (dez mil reais), conforme regulamento da Ancine.

•• Inciso IV acrescentado pela Lei n. 12.599, de 23-3-2012.

Capítulo VII
DOS FUNDOS DE FINANCIAMENTO DA INDÚSTRIA CINEMATOGRÁFICA NACIONAL – FUNCINES

Art. 41. Os Fundos de Financiamento da Indústria Cinematográfica Nacional – Funcines serão constituídos sob a forma de condomínio fechado, sem personalidade jurídica, e administrados por instituição financeira autorizada a funcionar pelo Banco Central do Brasil ou por agências e bancos de desenvolvimento.

•• *Caput* com redação determinada pela Lei n. 11.437, de 28-12-2006.

§ 1.º O patrimônio dos Funcines será representado por quotas emitidas sob a forma escritural, alienadas ao público com a intermediação da instituição administradora do Fundo.

§ 2.º A administradora será responsável por todas as obrigações do Fundo, inclusive as de caráter tributário.

Art. 44. Até o período de apuração relativo ao ano-calendário de 2029, inclusive, as pessoas físicas e jurídicas tributadas pelo lucro real poderão deduzir do imposto de renda devido as quantias aplicadas na aquisição de cotas dos Funcines.

•• *Caput* com redação determinada pela Medida Provisória n. 1.280, de 23-12-2024.

O texto anterior dizia: "Art. 44. Até o período de apuração relativo ao ano-calendário de 2024, inclusive, as pessoas físicas e jurídicas tributadas pelo lucro real poderão deduzir do imposto de renda devido as quantias aplicadas na aquisição de cotas dos Funcines. •• *Caput* com redação determinada pela Lei n. 14.044, de 19-8-2020".

§ 1.º A dedução referida no *caput* deste artigo pode ser utilizada de forma alternativa ou conjunta com a referida nos arts. 1.º e 1.º-A da Lei n. 8.685, de 20 de julho de 1993.

•• § 1.º acrescentado pela Lei n. 11.437, de 28-12-2006.

§ 2.º No caso das pessoas físicas, a dedução prevista no *caput* deste artigo fica sujeita ao limite de 6% (seis por cento) conjuntamente com as deduções de que trata o art. 22 da Lei n. 9.532, de 10 de dezembro de 1997.

•• § 2.º acrescentado pela Lei n. 11.437, de 28-12-2006.

§ 3.º Somente são dedutíveis do imposto devido as quantias aplicadas na aquisição de cotas dos Funcines:

•• § 3.º, *caput*, acrescentado pela Lei n. 11.437, de 28-12-2006.

I – pela pessoa física, no ano-calendário a que se referir a declaração de ajuste anual;

•• Inciso I acrescentado pela Lei n. 11.437, de 28-12-2006.

II – pela pessoa jurídica, no respectivo período de apuração de imposto.

•• Inciso II acrescentado pela Lei n. 11.437, de 28-12-2006.

Art. 45. A dedução de que trata o art. 44 incidirá sobre o imposto devido:

I – no trimestre a que se referirem os investimentos, para as pessoas jurídicas que apuram o lucro real trimestral;

II – no ano-calendário, para as pessoas jurídicas que, tendo optado pelo recolhimento do imposto por estimativa, apuram o lucro real anual;

III – no ano-calendário, conforme ajuste em declaração anual de rendimentos para a pessoa física.

•• Inciso III acrescentado pela Lei n. 11.437, de 28-12-2006.

§ 1.º Em qualquer hipótese, não será dedutível a perda apurada na alienação das cotas dos Funcines.

•• § 1.º com redação determinada pela Lei n. 11.437, de 28-12-2006.

§ 2.º A dedução prevista neste artigo está limitada a 3% (três por cento) do imposto devido pelas pessoas jurídicas e deverá observar o limite previsto no inciso II do *caput* do art. 6.º da Lei n. 9.532, de 10 de dezembro de 1997.

•• § 2.º com redação determinada pela Lei n. 11.437, de 28-12-2006.

§ 3.º (*Revogado pela Lei n. 11.437, de 28-12-2006.*)

§ 4.º A pessoa jurídica que alienar as cotas dos Funcines somente poderá considerar como custo de aquisição, na determinação do ganho de capital, os valores deduzidos na forma do *caput* deste artigo na hipótese em que a alienação ocorra após 5 (cinco) anos da data de sua aquisição.

•• § 4.º com redação determinada pela Lei n. 11.437, de 28-12-2006.

§ 5.º Em qualquer hipótese, não será dedutível a perda apurada na alienação das quotas dos Funcines.

§ 6.º (*Revogado pela Lei n. 11.437, de 28-12-2006.*)

Art. 46. Os rendimentos e ganhos líquidos e de capital auferidos pela carteira de Funcines ficam isentos do imposto de renda.

§ 1.º Os rendimentos, os ganhos de capital e os ganhos líquidos decorrentes de aplicação em Funcines sujeitam-se às normas tributárias aplicáveis aos demais valores mobiliários no mercado de capitais.

§ 2.º Ocorrendo resgate de quotas de Funcines, em decorrência do término do prazo de duração ou da liquidação do fundo, sobre o rendimento do quotista, constituído pela diferença positiva entre o valor de resgate e o custo de aquisição das quotas, incidirá imposto de renda na fonte à alíquota de 20% (vinte por cento).

Capítulo VIII
DOS DEMAIS INCENTIVOS

Art. 49. O abatimento do imposto de renda na fonte, de que trata o art. 3.º da Lei n. 8.685, de 1993, aplicar-se-á, exclusivamente, a projetos previamente aprovados pela ANCINE, na forma do regulamento, observado o disposto no art. 67.

• O Ato Declaratório Interpretativo n. 11, de 20-8-2002, da Secretaria da Receita Federal, estabelece que o disposto neste artigo não se aplica às hipóteses de que trata o art. 72 da Lei n. 9.430, de 27-12-1996.

Parágrafo único. A opção pelo benefício previsto no *caput* afasta a incidência do disposto no § 2.º do art. 33 desta Medida Provisória.

Art. 50. As deduções previstas no art. 1.º da Lei n. 8.685, de 20 de julho de 1993, são prorrogadas até o exercício de 2017, inclusive, devendo os projetos que serão beneficiados por esses incentivos ser previamente aprovados pela ANCINE.

•• Artigo com redação determinada pela Lei n. 13.196, de 1.º-12-2015.

Capítulo X
DISPOSIÇÕES TRANSITÓRIAS

Art. 67. No prazo máximo de 1 (um) ano, contado a partir de 5 de setembro de 2001, deverá ser editado regulamento dispondo sobre a forma de transferência para a AN-

CINE, dos processos relativos à aprovação de projetos com base nas Lei n. 8.685, de 1993, e Lei n. 8.313, de 1991, inclusive os já aprovados.

•• Regulamento: Decreto n. 4.456, de 4-11-2002.

Capítulo XI
DISPOSIÇÕES GERAIS E FINAIS

Art. 75. Esta Medida Provisória será regulamentada pelo Poder Executivo.

Art. 76. Ficam convalidados os atos praticados com base na Medida Provisória n. 2.219, de 4 de setembro de 2001.

Art. 77. Ficam revogados o inciso II do art. 11 do Decreto-lei n. 43, de 18 de novembro de 1966, o Decreto-lei n. 1.900, de 21 de dezembro de 1981, a Lei n. 8.401, de 8 de janeiro de 1992, e a Medida Provisória n. 2.219, de 4 de setembro de 2001.

Art. 78. Esta Medida Provisória entra em vigor na data de sua publicação.
Brasília, 6 de setembro de 2001; 180.º da Independência e 113.º da República.

FERNANDO HENRIQUE CARDOSO

DECRETO N. 3.914, DE 11 DE SETEMBRO DE 2001 (*)

Dispõe sobre a regulamentação das contribuições sociais instituídas pela Lei Complementar n. 110, de 29 de junho de 2001.

O Presidente da República, no uso da atribuição que lhe confere o art. 84, IV, da Constituição, decreta:

Art. 1.º Este Decreto dispõe sobre a regulamentação da contribuição social devida por despedida de empregado sem justa causa e da contribuição social incidente sobre a remuneração mensal do trabalhador, instituídas pelos arts. 1.º e 2.º da Lei Complementar n. 110, de 29 de junho de 2001.

Art. 2.º A contribuição social que tem por fato gerador a despedida de empregado sem justa causa é devida em relação às despedidas que ocorrerem a partir de 28 de setembro de 2001, inclusive.

§ 1.º A base de cálculo da contribuição é o montante dos depósitos do Fundo de Garantia do Tempo de Serviço – FGTS, acrescidos das remunerações previstas no art. 13 da Lei n. 8.036, de 11 de maio de 1990, bem como nos arts. 11 da Lei n. 7.839, de 12 de outubro de 1989, e 3.º e 4.º da Lei n. 5.107, de 13 de setembro de 1966, enquanto vigentes, devidos durante a vigência do contrato de trabalho.

- As Leis n. 5.107, de 13-9-1966, e 7.839, de 12-10-1989, que dispunham sobre o FGTS, estão revogadas. Atualmente a matéria é tratada pela Lei n. 8.036, de 11-5-1990.

§ 2.º O valor do complemento de atualização monetária de que trata o art. 4.º, com a remuneração prevista no art. 5.º e com a redução cabível especificada no inciso I do art. 6.º, todos da Lei Complementar n. 110, de 2001, que esteja registrado, na data da rescisão do contrato de trabalho, na conta vinculada do trabalhador que tenha firmado o Termo de Adesão a que se refere o art. 4.º, I, da mesma Lei Complementar, integra a base de cálculo da contribuição de que trata este artigo.

§ 3.º O valor da contribuição será determinado pela aplicação da alíquota de 10% (dez por cento) sobre o valor da base de cálculo especificada nos §§ 1.º e 2.º.

§ 4.º A contribuição deve ser paga nos seguintes prazos:

I – até o primeiro dia útil imediato ao término do contrato, no caso em que o empregador concede o aviso-prévio nos termos do art. 487 da Consolidação das Leis do Trabalho – CLT; ou

II – até o décimo dia, contado da data da notificação da demissão, quando da ausência do aviso prévio, indenização do mesmo ou dispensa de seu cumprimento.

§ 5.º Os empregadores domésticos ficam isentos da contribuição social de que trata este artigo.

Art. 3.º A contribuição social incidente sobre a remuneração do trabalhador é devida a partir da remuneração relativa ao mês de outubro de 2001 até a remuneração relativa ao mês de setembro de 2006.

§ 1.º A contribuição incide sobre a remuneração paga ou devida, no mês anterior, a cada trabalhador.

§ 2.º A base de cálculo da contribuição é o valor da remuneração paga ou devida a cada trabalhador, computadas as parcelas de que trata o art. 15 da Lei n. 8.036, de 1990.

§ 3.º O valor do pagamento antecipado de remuneração ou de gratificação de Natal integra a base de cálculo da contribuição social relativa ao mês em que ocorrer o pagamento antecipado.

§ 4.º O valor da contribuição será determinado pela aplicação da alíquota de 0,5% (cinco décimos por cento) sobre a base de cálculo especificada nos §§ 2.º e 3.º.

§ 5.º A contribuição incidente sobre a remuneração paga ou devida em cada mês deve ser paga até o dia 7 do mês subsequente ou, não havendo expediente bancário no dia 7, até o último dia útil que o anteceder.

§ 6.º Ficam isentas da contribuição social de que trata este artigo:

I – as empresas inscritas no Sistema Integrado de Pagamento de Impostos e Contribuições das Microempresas e Empresas de Pequeno Porte – SIMPLES, desde que o faturamento anual não ultrapasse o limite de R$ 1.200.000,00 (um milhão e duzentos mil reais);

• *Vide Lei Complementar n. 123, de 14-12-2006.*

II – as pessoas físicas, em relação à remuneração de empregados domésticos; e

III – as pessoas físicas, em relação à remuneração de empregados rurais, desde que sua receita bruta anual não ultrapasse o limite de R$ 1.200.000,00 (um milhão e duzentos mil reais).

§ 7.º Para os fins do disposto no § 6.º, poderão ser utilizadas informações constantes dos cadastros administrados pela Secretaria da Receita Federal, na forma estabelecida em convênio.

•• A Secretaria da Receita Federal passa a denominar-se Secretaria da Receita Federal do Brasil, por força da Lei n. 11.457, de 16-3-2007.

Art. 4.º O sujeito passivo das contribuições sociais de que trata este Decreto é o empregador, considerado como tal a pessoa física ou a pessoa jurídica de direito privado ou de direito público, da administração pública direta, indireta ou fundacional de qualquer dos Poderes, da União, dos Estados, do Distrito Federal e dos Municípios, que admitir trabalhadores a seu serviço, bem assim aquele que, regido por legislação especial, encontrar-se nessa condição ou figurar como fornecedor ou tomador de mão de obra, independente da responsabilidade solidária ou subsidiária a que eventualmente venha obrigar-se.

Parágrafo único. Para os efeitos deste Decreto, considera-se empregado ou trabalhador toda pessoa física que prestar serviços a empregador, a locador ou tomador de mão de obra, excluídos os eventuais, os autônomos e os servidores públicos civis e militares sujeitos a regime jurídico próprio.

Art. 5.º O pagamento das contribuições sociais de que trata este Decreto fora dos prazos estabelecidos sujeita o infrator aos acréscimos previstos no art. 22 da Lei n. 8.036, de 1990, e nos §§ 2.º e 3.º do art. 3.º da Lei Complementar n. 110, de 2001.

Art. 6.º A exigência fiscal da contribuição social, que não tenha sido paga por iniciativa do contribuinte, será formalizada em notificação de débito, lavrada por Auditor-Fiscal do Trabalho ou pela Repartição competente do Ministério do Trabalho e Emprego, nos termos de ato normativo do Ministro do Trabalho e Emprego.

Art. 7.º As contribuições sociais de que trata este Decreto, inclusive os acréscimos legais correspondentes, serão pagos na rede bancária arrecadadora do FGTS, na forma a ser estabelecida pelo Agente Operador do FGTS.

§ 1.º Os valores recolhidos pela rede bancária serão transferidos à Caixa Econômica Federal no segundo dia útil subsequente à data em que tenham sido recolhidos.

§ 2.º A Caixa Econômica Federal procederá ao registro das receitas, relativas às contribuições sociais que lhe forem transferidas pela rede bancária, no Sistema Integrado de Administração Financeira do Governo Federal – SIAFI, na forma regulada pelo Ministério da Fazenda.

(*) Publicado no *DOU*, de 12-9-2001.

Art. 8.º A falta de pagamento das contribuições de que trata este Decreto resultará no impedimento da emissão, pela Caixa Econômica Federal, do Certificado de Regularidade do FGTS, sem prejuízo das demais cominações legais cabíveis.

Art. 9.º O Ministério do Trabalho e Emprego expedirá as normas para disciplinar os procedimentos de administração das contribuições sociais de que trata este Decreto.

Art. 10. Este Decreto entra em vigor na data de sua publicação.

Brasília, 11 de setembro de 2001; 180.º da Independência e 113.º da República.

FERNANDO HENRIQUE CARDOSO

LEI N. 10.336, DE 19 DE DEZEMBRO DE 2001 (*)

Institui Contribuição de Intervenção no Domínio Econômico incidente sobre a importação e a comercialização de petróleo e seus derivados, gás natural e seus derivados, e álcool etílico combustível (Cide), e dá outras providências.

O Presidente da República.

Faço saber que o Congresso Nacional decreta e eu sanciono a seguinte Lei:

Art. 1.º Fica instituída a Contribuição de Intervenção no Domínio Econômico incidente sobre a importação e a comercialização de petróleo e seus derivados, gás natural e seus derivados, e álcool etílico combustível (Cide), a que se refere os arts. 149 e 177 da Constituição Federal, com a redação dada pela Emenda Constitucional n. 33, de 11 de dezembro de 2001.

§ 1.º O produto da arrecadação da Cide será destinado, na forma da lei orçamentária, ao:

I – pagamento de subsídios a preços ou transporte de álcool combustível, de gás natural e seus derivados e de derivados de petróleo;

II – financiamento de projetos ambientais relacionados com a indústria do petróleo e do gás;

•• Inciso II com redação determinada pela Lei n. 14.237, de 19-11-2021, em vigor na data de sua publicação e por 5 (cinco) anos, produzindo efeitos desde a abertura dos créditos orçamentários necessários à sua execução.

III – financiamento de programas de infraestrutura de transportes; e

•• Inciso III com redação determinada pela Lei n. 14.237, de 19-11-2021, em vigor na data de sua publicação e por 5 (cinco) anos, produzindo efeitos desde a abertura dos créditos orçamentários necessários à sua execução.

IV – financiamento do auxílio destinado a mitigar o efeito do preço do gás liquefeito de petróleo sobre o orçamento das famílias de baixa renda.

•• Inciso IV acrescentado pela Lei n. 14.237, de 19-11-2021, em vigor na data de sua publicação e por 5 (cinco) anos, produzindo efeitos desde a abertura dos créditos orçamentários necessários à sua execução.

§ 2.º Durante o ano de 2002, será avaliada a efetiva utilização dos recursos obtidos da Cide, e, a partir de 2003, os critérios e diretrizes serão previstos em lei específica.

Art. 1.º-A. A União entregará aos Estados e ao Distrito Federal, para ser aplicado, obrigatoriamente, no financiamento de programas de infraestrutura de transportes, o percentual a que se refere o art. 159, III, da Constituição Federal, calculado sobre a arrecadação da contribuição prevista no art. 1.º desta Lei, inclusive os respectivos adicionais, juros e multas moratórias cobrados, administrativa ou judicialmente, deduzidos os valores previstos no art. 8.º desta Lei e a parcela desvinculada nos termos do art. 76 do Ato das Disposições Constitucionais Transitórias.

•• *Caput* acrescentado pela Lei n. 10.866, de 4-5-2004.

•• O STF, na ADI n. 5.628, por maioria, "converteu o referendo de medida cautelar em julgamento definitivo de mérito, confirmou a medida cautelar concedida monocraticamente e julgou parcialmente procedente o pedido formulado na ação direta, para declarar inconstitucional a parte final deste art. 1.º-A, com a redação da Lei n. 10.866/2004", na sessão virtual de 14-8-2020 a 21-8-2020 (DOU de 9-9-2020).

•• A Lei n. 10.890, de 2-7-2004, autoriza, em caráter excepcional, a antecipação da transferência de recursos prevista neste artigo, nas condições que especifica.

§ 1.º Os recursos serão distribuídos pela União aos Estados e ao Distrito Federal, trimestralmente, até o 8.º (oitavo) dia útil do mês subsequente ao do encerramento de cada trimestre, mediante crédito em conta vinculada aberta para essa finalidade no Banco do Brasil S.A. ou em outra instituição financeira que venha a ser indicada pelo Poder Executivo federal.

•• § 1.º acrescentado pela Lei n. 10.866, de 4-5-2004.

§ 2.º A distribuição a que se refere o § 1.º deste artigo observará os seguintes critérios:

I – 40% (quarenta por cento) proporcionalmente à extensão da malha viária federal e estadual pavimentada existente em cada Estado e no Distrito Federal, conforme estatísticas elaboradas pelo Departamento Nacional de Infraestrutura de Transportes – DNIT;

II – 30% (trinta por cento) proporcionalmente ao consumo, em cada Estado e no Distrito Federal, dos combustíveis a que a Cide se aplica, conforme estatísticas elaboradas pela Agência Nacional do Petróleo – ANP;

III – 20% (vinte por cento) proporcionalmente à população, conforme apurada pela Fundação Instituto Brasileiro de Geografia e Estatística – IBGE;

IV – 10% (dez por cento) distribuídos em parcelas iguais entre os Estados e o Distrito Federal.

•• § 2.º acrescentado pela Lei n. 10.866, de 4-5-2004.

§ 4.º A partir do exercício de 2005, os percentuais individuais de participação dos Estados e do Distrito Federal serão calculados pelo Tribunal de Contas da União na forma do § 2.º deste artigo, com base nas estatísticas referentes ao ano imediatamente anterior, observado o seguinte cronograma:

I – até o último dia útil de janeiro, os órgãos indicados nos incisos I a III do § 2.º deste artigo enviarão as informações necessárias ao Tribunal de Contas da União;

II – até 15 de fevereiro, o Tribunal de Contas da União publicará os percentuais individuais de que trata o *caput* deste parágrafo;

III – até o último dia útil de março, o Tribunal de Contas da União republicará os percentuais com as eventuais alterações decorrentes da aceitação do recurso a que se refere o § 5.º deste artigo.

•• § 4.º acrescentado pela Lei n. 10.866, de 4-5-2004.

§ 5.º Os Estados e o Distrito Federal poderão apresentar recurso para retificação dos percentuais publicados, observados a regulamentação e os prazos estabelecidos pelo Tribunal de Contas da União.

•• § 5.º acrescentado pela Lei n. 10.866, de 4-5-2004.

§ 6.º Os repasses aos Estados e ao Distrito Federal serão realizados com base nos percentuais republicados pelo Tribunal de Contas da União, efetuando-se eventuais ajustes quando do julgamento definitivo dos recursos a que se refere o § 5.º deste artigo.

•• § 6.º acrescentado pela Lei n. 10.866, de 4-5-2004.

§ 7.º Os Estados e o Distrito Federal deverão encaminhar ao Ministério dos Transportes, até o último dia útil de outubro, proposta de programa de trabalho para utilização dos recursos mencionados no *caput* deste artigo, a serem recebidos no exercício subsequente, contendo a descrição dos projetos de infraestrutura de transportes, os respectivos custos unitários e totais e os cronogramas financeiros correlatos.

•• § 7.º acrescentado pela Lei n. 10.866, de 4-5-2004.

§ 8.º Caberá ao Ministério dos Transportes:

I – publicar no *Diário Oficial da União*, até o último dia útil do ano, os programas de trabalho referidos no § 7.º deste artigo, inclusive os custos unitários e totais e os cronogramas financeiros correlatos;

II – receber as eventuais alterações dos programas de trabalho enviados pelos Estados ou pelo Distrito Federal e publicá-las no *Diário Oficial da União*, em até 15 (quinze) dias após o recebimento.

•• § 8.º acrescentado pela Lei n. 10.866, de 4-5-2004.

§ 9.º É vedada a alteração que implique convalidação de ato já praticado em desacordo com o programa de trabalho vigente.

•• § 9.º acrescentado pela Lei n. 10.866, de 4-5-2004.

(*) Publicada no *Diário Oficial da União*, de 20-12-2001.

§ 10. Os saques das contas vinculadas referidas no § 1.º deste artigo ficam condicionados à inclusão das receitas e à previsão das despesas na lei orçamentária estadual ou do Distrito Federal e limitados ao pagamento das despesas constantes dos programas de trabalho referidos no § 7.º deste artigo.
•• § 10 acrescentado pela Lei n. 10.866, de 4-5-2004.

§ 11. Sem prejuízo do controle exercido pelos órgãos competentes, os Estados e o Distrito Federal deverão encaminhar ao Ministério dos Transportes, até o último dia útil de fevereiro, relatório contendo demonstrativos da execução orçamentária e financeira dos respectivos programas de trabalho e o saldo das contas vinculadas mencionadas no § 1.º deste artigo em 31 de dezembro do ano imediatamente anterior.
•• § 11 acrescentado pela Lei n. 10.866, de 4-5-2004.

§ 13. No caso de descumprimento do programa de trabalho a que se refere o § 7.º deste artigo, o Poder Executivo federal poderá determinar à instituição financeira referida no § 1.º deste artigo a suspensão do saque dos valores da conta vinculada da respectiva unidade da federação até a regularização da pendência.
•• § 13 acrescentado pela Lei n. 10.866, de 4-5-2004.

§ 14. Os registros contábeis e os demonstrativos gerenciais, mensais e atualizados, relativos aos recursos recebidos nos termos deste artigo ficarão à disposição dos órgãos federais e estaduais de controle interno e externo.
•• § 14 acrescentado pela Lei n. 10.866, de 4-5-2004.

§ 15. Na definição dos programas de trabalho a serem realizados com os recursos recebidos nos termos deste artigo, a União, por intermédio dos Ministérios dos Transportes, das Cidades, e do Planejamento, Orçamento e Gestão, os Estados e o Distrito Federal atuarão de forma conjunta, visando a garantir a eficiente integração dos respectivos sistemas de transportes, a compatibilização das ações dos respectivos planos plurianuais e o alcance dos objetivos previstos no art. 6.º da Lei n. 10.636, de 30 de dezembro de 2002.
•• § 15 acrescentado pela Lei n. 10.866, de 4-5-2004.

§ 16. Os programas de infraestrutura de que tratam o caput deste artigo e o inciso III do § 1.º do art. 1.º desta Lei compreenderão projetos de infraestrutura fixa ou rodante, incluídos os de renovação de frota circulante.
•• § 16 acrescentado pela Lei n. 14.440, de 2-9-2022.

Art. 1.º-B. Do montante dos recursos que cabe a cada Estado, com base no caput do art. 1.º-A desta Lei, 25% (vinte e cinco por cento) serão destinados aos seus Municípios para serem aplicados no financiamento de programas de infraestrutura de transportes.
•• Caput acrescentado pela Lei n. 10.866, de 4-5-2004.

§ 1.º Enquanto não for sancionada a lei federal a que se refere o art. 159, § 4.º, da Constituição Federal, a distribuição entre os Municípios observará os seguintes critérios:
I – 50% (cinquenta por cento) proporcionalmente aos mesmos critérios previstos na regulamentação da distribuição dos recursos do Fundo de que tratam os arts. 159, I, b, e 161, II, da Constituição Federal; e
II – 50% (cinquenta por cento) proporcionalmente à população, conforme apurada pela Fundação Instituto Brasileiro de Geografia e Estatística – IBGE.
•• § 1.º acrescentado pela Lei n. 10.866, de 4-5-2004.

§ 2.º Os percentuais individuais de participação dos Municípios serão calculados pelo Tribunal de Contas da União na forma do § 1.º deste artigo, observado, no que couber, o disposto nos §§ 4.º, 5.º e 6.º do art. 1.º-A desta Lei.
•• § 2.º acrescentado pela Lei n. 10.866, de 4-5-2004.

§ 3.º (Vetado.)
•• § 3.º acrescentado pela Lei n. 10.866, de 4-5-2004.

§ 4.º Os saques das contas vinculadas referidas no § 3.º deste artigo ficam condicionados à inclusão das receitas e à previsão das despesas na lei orçamentária municipal.
•• § 4.º acrescentado pela Lei n. 10.866, de 4-5-2004.

§ 5.º Aplicam-se aos Municípios as determinações contidas nos §§ 14 e 15 do art. 1.º-A desta Lei.
•• § 5.º acrescentado pela Lei n. 10.866, de 4-5-2004.

Art. 2.º São contribuintes da Cide o produtor, o formulador e o importador, pessoa física ou jurídica, dos combustíveis líquidos relacionados no art. 3.º.

Parágrafo único. Para efeitos deste artigo, considera-se formulador de combustível líquido, derivados de petróleo e derivados de gás natural, a pessoa jurídica, conforme definido pela Agência Nacional do Petróleo (ANP) autorizada a exercer, em Plantas de Formulação de Combustíveis, as seguintes atividades:
I – aquisição de correntes de hidrocarbonetos líquidos;
II – mistura mecânica de correntes de hidrocarbonetos líquidos, com o objetivo de obter gasolinas e diesel;
III – armazenamento de matérias-primas, de correntes intermediárias e de combustíveis formulados;
IV – comercialização de gasolinas e de diesel; e
V – comercialização de sobras de correntes.

Art. 3.º A Cide tem como fatos geradores as operações, realizadas pelos contribuintes referidos no art. 2.º, de importação e de comercialização no mercado interno de:
I – gasolinas e suas correntes;
II – diesel e suas correntes;
III – querosene de aviação e outros querosenes;
IV – óleos combustíveis (fuel-oil);
V – gás liquefeito de petróleo, inclusive o derivado de gás natural e de nafta; e
VI – álcool etílico combustível.

§ 1.º Para efeitos dos incisos I e II deste artigo, consideram-se correntes os hidrocarbonetos líquidos derivados de petróleo e os hidrocarbonetos líquidos derivados de gás natural utilizados em mistura mecânica para a produção de gasolinas ou de diesel, de conformidade com as normas estabelecidas pela ANP.

§ 2.º A Cide não incidirá sobre as receitas de exportação, para o exterior, dos produtos relacionados no caput deste artigo.

Art. 4.º A base de cálculo da Cide é a unidade de medida adotada nesta Lei para os produtos de que trata o art. 3.º, na importação e na comercialização no mercado interno.

Art. 5.º A Cide terá, na importação e na comercialização no mercado interno, as seguintes alíquotas específicas:
I – gasolinas, R$ 860,00 por m³;
II – diesel, R$ 390,00 por m³;
III – querosene de aviação, R$ 92,10 por m³;
IV – outros querosenes, R$ 92,10 por m³;
V – óleos combustíveis com alto teor de enxofre, R$ 40,90 por t;
VI – óleos combustíveis com baixo teor de enxofre, R$ 40,90 por t;
VII – gás liquefeito de petróleo, inclusive o derivado de gás natural e de nafta, R$ 250,00 por t;
VIII – álcool etílico combustível, R$ 37,20 por m³.
•• Caput e incisos I a VIII com redação determinada pela Lei n. 10.636, de 30-12-2002.
•• O Decreto n. 5.060, de 30-4-2004, alterado pelo Decreto n. 8.395, de 28-1-2015, dispõe:

"Art. 1.º As alíquotas específicas da Contribuição de Intervenção no Domínio Econômico incidente sobre a importação e a comercialização de petróleo e seus derivados, gás natural e seus derivados e álcool etílico combustível – Cide, previstas no art. 5.º da Lei n. 10.336, de 19 de dezembro de 2001, ficam reduzidas para:
I – R$ 100,00 (cem reais) por metro cúbico de gasolinas e suas correntes; e
Parágrafo único. Ficam reduzidas a zero as alíquotas de que trata o caput para os seguintes produtos:
I – querosene de aviação;
II – demais querosenes;
III – óleos combustíveis com alto teor de enxofre;
IV – óleos combustíveis com baixo teor de enxofre;
V – gás liquefeito de petróleo, inclusive o derivado de gás natural e de nafta;

VI – álcool etílico combustível; e
VII – óleo diesel e suas corrente".
§ 1.º Aplicam-se às correntes de hidrocarbonetos líquidos que, pelas suas características físico-químicas, possam ser utilizadas exclusivamente para a formulação de diesel, as mesmas alíquotas específicas fixadas para o produto.
§ 2.º Aplicam-se às correntes de hidrocarbonetos líquidos as mesmas alíquotas específicas fixadas para gasolinas.
•• § 2.º com redação determinada pela Lei n. 10.833, de 29-12-2003.
§ 3.º O Poder Executivo poderá dispensar o pagamento da Cide incidente sobre as correntes de hidrocarbonetos líquidos não destinados à formulação de gasolina ou diesel, nos termos e condições que estabelecer, inclusive de registro especial do produtor, formulador, importador e adquirente.
•• § 3.º com redação determinada pela Lei n. 10.833, de 29-12-2003.
§ 4.º Os hidrocarbonetos líquidos de que trata o § 3.º serão identificados mediante marcação, nos termos e condições estabelecidos pela ANP.
•• § 4.º com redação determinada pela Lei n. 10.833, de 29-12-2003.
§§ 5.º e 6.º (*Revogados pela Lei n. 10.833, de 29-12-2003.*)
§ 7.º A Cide devida na comercialização dos produtos referidos no *caput* integra a receita bruta do vendedor.
Art. 6.º Na hipótese de importação, o pagamento da Cide deve ser efetuado na data do registro da Declaração de Importação.
Parágrafo único. No caso de comercialização, no mercado interno, a Cide devida será apurada mensalmente e será paga até o último dia útil da primeira quinzena do mês subsequente ao de ocorrência do fato gerador.
Art. 7.º Do valor da Cide incidente na comercialização, no mercado interno, dos produtos referidos no art. 5.º poderá ser deduzido o valor da Cide:
I – pago na importação daqueles produtos;
II – incidente quando da aquisição daqueles produtos de outro contribuinte.
Parágrafo único. A dedução de que trata este artigo será efetuada pelo valor global da Cide pago nas importações realizadas no mês, considerado o conjunto de produtos importados e comercializados, sendo desnecessária a segregação por espécie de produto.
Art. 8.º O contribuinte poderá, ainda, deduzir o valor da Cide, pago na importação ou na comercialização, no mercado interno, dos valores da contribuição para o PIS/Pasep e da Cofins devidos na comercialização, no mercado interno, dos produtos referidos no art. 5.º, até o limite de, respectivamente:
•• A Lei Complementar n. 214, de 16-1-2025, revoga este artigo a partir de 1.º-1-2027.

I – R$ 49,90 e R$ 230,10 por m³, no caso de gasolinas;
II – R$ 30,30 e R$ 139,70 por m³, no caso de diesel;
III – R$ 16,30 e R$ 75,80 por m³, no caso de querosene de aviação;
IV – R$ 16,30 e R$ 75,80 por m³, no caso dos demais querosenes;
V – R$ 14,50 e R$ 26,40 por t, no caso de óleos combustíveis com alto teor de enxofre;
VI – R$ 14,50 e R$ 26,40 por t, no caso de óleos combustíveis com baixo teor de enxofre;
VII – R$ 44,40 e R$ 205,60 por t, no caso de gás liquefeito de petróleo, inclusive derivado de gás natural e de nafta;
VIII – R$ 13,20 e R$ 24,00 por m³, no caso de álcool etílico combustível.
•• *Caput* e incisos com redação determinada pela Lei n. 10.636, de 30-12-2002.
•• O Decreto n. 5.060, de 30-4-2004, que produz efeitos em relação aos fatos geradores ocorridos a partir de 1.º-5-2004, dispõe: "Art. 2.º Ficam reduzidas a zero os limites de dedução da contribuição para o PIS/PASEP e da COFINS a que se refere o art. 8.º da Lei n. 10.336, de 2001".
•• A Lei n. 10.560, de 13-11-2002, dispondo sobre o tratamento tributário dispensado às empresas de transporte aéreo, estabelece:
  "Art. 2.º A contribuição para o PIS/PASEP e a COFINS, relativamente à receita bruta decorrente da venda de querosene de aviação, incidirá uma única vez, nas vendas realizadas pelo produtor ou importador, às alíquotas de 5% (cinco por cento) e 23,2% (vinte e três inteiros e dois décimos por cento), respectivamente".
§ 1.º A dedução a que se refere este artigo aplica-se às contribuições relativas a um mesmo período de apuração ou posteriores.
§ 2.º As parcelas da Cide deduzidas na forma deste artigo serão contabilizadas, no âmbito do Tesouro Nacional, a crédito da contribuição para o PIS/Pasep e da Cofins e a débito da própria Cide, conforme normas estabelecidas pela Secretaria da Receita Federal.
Art. 8.º-A. O valor da Cide-Combustíveis pago pelo vendedor de hidrocarbonetos líquidos não destinados à formulação de gasolina ou diesel poderá ser deduzido dos valores devidos pela pessoa jurídica adquirente desses produtos, relativamente a tributos ou contribuições administradas pela Receita Federal do Brasil, nos termos, limites e condições estabelecidos em regulamento.
•• *Caput* com redação determinada pela Lei n. 11.196, de 21-11-2005.
•• *Vide* art. 132, II, *d*, da Lei n. 11.196, de 21-11-2005.
§ 1.º A pessoa jurídica importadora dos produtos de que trata o *caput* deste artigo não destinados à formulação de gasolina ou diesel poderá deduzir dos valores dos tributos ou contribuições administrados pela Receita Federal do Brasil, nos termos, limites e condições estabelecidos em regulamento,

o valor da Cide-Combustíveis pago na importação.
•• § 1.º acrescentado pela Lei n. 11.196, de 21-11-2005.
•• *Vide* art. 132, II, *d*, da Lei n. 11.196, de 21-11-2005.
§ 2.º Aplica-se o disposto neste artigo somente aos hidrocarbonetos líquidos utilizados como insumo pela pessoa jurídica adquirente.
•• § 2.º acrescentado pela Lei n. 11.196, de 21-11-2005.
•• *Vide* art. 132, II, *d*, da Lei n. 11.196, de 21-11-2005.
Art. 9.º O Poder Executivo poderá reduzir as alíquotas específicas de cada produto, bem assim restabelecê-las até o valor fixado no art. 5.º.
§ 1.º O Poder Executivo poderá, também, reduzir e restabelecer os limites de dedução referidos no art. 8.º.
§ 2.º Observado o valor limite fixado no art. 5.º, o Poder Executivo poderá estabelecer alíquotas específicas diversas para o diesel, conforme o teor de enxofre do produto, de acordo com classificação estabelecida pela ANP.
Art. 10. São isentos da Cide os produtos, referidos no art. 3.º, vendidos à empresa comercial exportadora, conforme definida pela ANP, com o fim específico de exportação para o exterior.
§ 1.º A empresa comercial exportadora que no prazo de 180 (cento e oitenta) dias, contado da data de aquisição, não houver efetuado a exportação dos produtos para o exterior, fica obrigada ao pagamento da Cide de que trata esta Lei, relativamente aos produtos adquiridos e não exportados.
§ 2.º Na hipótese do § 1.º, o valor a ser pago será determinado mediante a aplicação das alíquotas específicas aos produtos adquiridos e não exportados.
§ 3.º O pagamento do valor referido no § 2.º deverá ser efetuado até o décimo dia subsequente ao do vencimento do prazo estabelecido para a empresa comercial exportadora efetivar a exportação, acrescido de:
I – multa de mora, apurada na forma do *caput* e do § 2.º do art. 61 da Lei n. 9.430, de 27 de dezembro de 1996, calculada a partir do primeiro dia do mês subsequente ao de aquisição dos produtos; e
II – juros equivalentes à taxa referencial do Sistema Especial de Liquidação e Custódia – Selic, para títulos federais, acumulada mensalmente, calculados a partir do primeiro dia do mês subsequente ao de aquisição dos produtos, até o último dia do mês anterior ao do pagamento, e de 1% (um por cento) no mês do pagamento.
§ 4.º A empresa comercial exportadora que alterar a destinação do produto adquirido com o fim específico de exportação, ficará sujeita ao pagamento da Cide objeto da isenção na aquisição.
§ 5.º O pagamento do valor referido no § 4.º deverá ser efetuado até o último dia útil

da primeira quinzena do mês subsequente ao de ocorrência da revenda no mercado interno, acrescido de:

I – multa de mora, apurada na forma do *caput* e do § 2.º do art. 61 da Lei n. 9.430, de 1996, calculada a partir do primeiro dia do mês subsequente ao de aquisição do produto pela empresa comercial exportadora; e

II – juros equivalentes à taxa referencial do Sistema Especial de Liquidação e Custódia – Selic, para títulos federais, acumulada mensalmente, calculados a partir do primeiro dia do mês subsequente ao de aquisição dos produtos pela empresa comercial exportadora, até o último dia do mês anterior ao do pagamento, e de 1% (um por cento) no mês do pagamento.

Art. 11. É responsável solidário pela Cide o adquirente de mercadoria de procedência estrangeira, no caso de importação realizada por sua conta e ordem, por intermédio de pessoa jurídica importadora.

Art. 12. Respondem pela infração, conjunta ou isoladamente, relativamente à Cide, o adquirente de mercadoria de procedência estrangeira, no caso de importação realizada por sua conta e ordem, por intermédio de pessoa jurídica importadora.

Art. 13. A administração e a fiscalização da Cide compete à Secretaria da Receita Federal.

Parágrafo único. A Cide sujeita-se às normas relativas ao processo administrativo fiscal de determinação e exigência de créditos tributários federais e de consulta, previstas no Decreto n. 70.235, de 6 de março de 1972, bem assim, subsidiariamente e no que couber, às disposições da legislação do imposto de renda, especialmente quanto às penalidades e aos demais acréscimos aplicáveis.

Art. 14. Aplicam-se à nafta petroquímica destinada à produção ou formulação de gasolina ou diesel as disposições do art. 4.º da Lei n. 9.718, de 27 de novembro de 1998, e dos arts. 22 e 23 da Lei n. 10.865, de 30 de abril de 2004, incidindo as alíquotas específicas:

•• *Caput* com redação determinada pela Lei n. 11.196, de 21-11-2005.
•• A Lei Complementar n. 214, de 16-1-2025, revoga este artigo a partir de 1.º-1-2027.

I – fixadas para o óleo diesel, quando a nafta petroquímica for destinada à produção ou formulação exclusivamente de óleo diesel; ou
•• Inciso I acrescentado pela Lei n. 11.196, de 21-11-2005.

II – fixadas para a gasolina, quando a nafta petroquímica for destinada à produção ou formulação de óleo diesel ou gasolina.
•• Inciso II acrescentado pela Lei n. 11.196, de 21-11-2005.

§§ 1.º a 3.º (*Revogados pela Lei n. 11.196, de 21-11-2005.*)

Art. 15. Os Ministérios da Fazenda e de Minas e Energia e a ANP poderão editar os atos necessários ao cumprimento das disposições contidas nesta Lei.

Art. 16. Esta Lei entrará em vigor na data de sua publicação, produzindo efeitos a partir de 1.º de janeiro de 2002, ressalvado o disposto no art. 14.

Brasília, 19 de dezembro de 2001; 180.º da Independência e 113.º da República.

Fernando Henrique Cardoso

LEI N. 10.426, DE 24 DE ABRIL DE 2002 (*)

Altera a legislação tributária federal e dá outras providências.

Faço saber que o Presidente da República adotou a Medida Provisória n. 16, de 2001, que o Congresso Nacional aprovou, e eu, Ramez Tebet, Presidente da Mesa do Congresso Nacional, para os efeitos do disposto no art. 62 da Constituição Federal, com a redação dada pela Emenda Constitucional n. 32, de 2001, promulgo a seguinte Lei:

Art. 1.º Em relação ao estoque de ações existente em 31 de dezembro de 2001, fica facultado à pessoa física e à pessoa jurídica isenta ou sujeita ao regime de tributação de que trata a Lei n. 9.317, de 5 de dezembro de 1996, efetuar o pagamento do imposto de renda incidente sobre ganhos líquidos em operações realizadas no mercado à vista de bolsa de valores, sem alienar a ação, à alíquota de 10% (dez por cento).

§ 1.º O imposto de que trata este artigo:

I – terá como base de cálculo a diferença positiva entre o preço médio ponderado da ação verificado na Bolsa de Valores de São Paulo, no mês de dezembro de 2001, ou no mês anterior mais próximo, caso não tenha havido negócios com a ação naquele mês, e o seu custo médio de aquisição;

II – será pago pelo contribuinte de forma definitiva, sem direito a qualquer restituição ou compensação, até 31 de janeiro de 2002;

III – abrangerá a totalidade de ações de uma mesma companhia, pertencentes à optante, por espécie e classe.

§ 2.º O preço médio ponderado de que trata o § 1.º:

I – constituirá o novo custo de aquisição, para efeito de apuração do imposto quando da efetiva alienação da ação;

II – será divulgado por meio de relação editada pela Secretaria da Receita Federal.

•• A Secretaria da Receita Federal passa a denominar-se Secretaria da Receita Federal do Brasil, por força da Lei n. 11.457, de 16-3-2007.

Art. 2.º O disposto no art. 1.º aplica-se também no caso de ações negociadas à vista em mercado de balcão organizado, mantido por entidade cujo objeto social seja análogo ao das bolsas de valores e que funcione sob a supervisão e fiscalização da Comissão de Valores Mobiliários.

Parágrafo único. A Secretaria da Receita Federal divulgará também relação contendo os preços das ações negociadas na entidade de que trata este artigo, que serão avaliadas pelo mesmo critério previsto no inciso I do § 1.º do art. 1.º.

•• A Secretaria da Receita Federal passa a denominar-se Secretaria da Receita Federal do Brasil, por força da Lei n. 11.457, de 16-3-2007.

Art. 3.º (*Revogado pela Lei n. 14.754, de 12-12-2023.*)

Art. 4.º (*Revogado pela Lei n. 11.053, de 29-12-2004.*)

Art. 5.º As entidades fechadas de previdência complementar ficam isentas da Contribuição Social sobre o Lucro Líquido (CSLL), relativamente aos fatos geradores ocorridos a partir de 1.º de janeiro de 2002.

Art. 6.º (*Revogado pela Lei n. 14.754, de 12-12-2023.*)

Art. 7.º O sujeito passivo que deixar de apresentar Declaração de Informações Econômico-Fiscais da Pessoa Jurídica – DIPJ, Declaração de Débitos e Créditos Tributários Federais – DCTF, Declaração Simplificada da Pessoa Jurídica, Declaração de Imposto de Renda Retido na Fonte – DIRF e Demonstrativo de Apuração de Contribuições Sociais – Dacon, nos prazos fixados, ou que as apresentar com incorreções ou omissões, será intimado a apresentar declaração original, no caso de não apresentação, ou a prestar esclarecimentos, nos demais casos, no prazo estipulado pela Secretaria da Receita Federal – SRF, e sujeitar-se-á às seguintes multas:

•• *Caput* com redação determinada pela Lei n. 11.051, de 29-12-2004.
•• A Secretaria da Receita Federal passa a denominar-se Secretaria da Receita Federal do Brasil, por força da Lei n. 11.457, de 16-3-2007.
• O Ato Declaratório Interpretativo n. 10, de 20-8-2002, da Secretaria da Receita Federal, dispõe que as multas previstas neste artigo serão aplicadas retroativamente aos atos ou fatos pretéritos não definitivamente julgados quando forem mais benéficas ao sujeito passivo.

I – de 2% (dois por cento) ao mês-calendário ou fração, incidente sobre o montante do imposto de renda da pessoa jurídica informado na DIPJ, ainda que integralmente pago, no caso de falta de entrega desta Declaração ou entrega após o prazo, limitada a 20% (vinte por cento), observado o disposto no § 3.º;

II – de 2% (dois por cento) ao mês-calendário ou fração, incidente sobre o montante dos tributos e contribuições informados na DCTF, na Declaração Simplificada da Pessoa Jurídica ou na DIRF, ainda que integralmente pago, no caso de falta de entrega destas Declarações ou entrega após o prazo, limitada a 20% (vinte por cento), observado o disposto no § 3.º;

(*) Publicada no *Diário Oficial da União*, de 25-4-2002.

III – de 2% (dois por cento) ao mês-calendário ou fração, incidente sobre o montante da Cofins, ou, na sua falta, da contribuição para o PIS/Pasep, informado no Dacon, ainda que integralmente pago, no caso de falta de entrega desta Declaração ou entrega após o prazo, limitada a 20% (vinte por cento), observado o disposto no § 3.º deste artigo; e

•• Inciso III com redação determinada pela Lei n. 11.051, de 29-12-2004.

IV – de R$ 20,00 (vinte reais) para cada grupo de 10 (dez) informações incorretas ou omitidas.

•• Inciso IV acrescentado pela Lei n. 11.051, de 29-12-2004.

§ 1.º Para efeito de aplicação das multas previstas nos incisos I, II e III do *caput* deste artigo, será considerado como termo inicial o dia seguinte ao término do prazo originalmente fixado para a entrega da declaração e como termo final a data da efetiva entrega ou, no caso de não apresentação, da lavratura do auto de infração.

•• § 1.º com redação determinada pela Lei n. 11.051, de 29-12-2004.

§ 2.º Observado o disposto no § 3.º, as multas serão reduzidas:

I – à metade, quando a declaração for apresentada após o prazo, mas antes de qualquer procedimento de ofício;

II – a 75% (setenta e cinco por cento), se houver a apresentação da declaração no prazo fixado em intimação.

§ 3.º A multa mínima a ser aplicada será de:

•• A Lei n. 11.727, de 23-6-2008, determina que até 31-12-2008 a multa a que se refere este parágrafo, quando aplicada a associação sem fins lucrativos que tenha observado o disposto em um dos incisos do § 2.º deste artigo, será reduzida a 10% (dez por cento).

I – R$ 200,00 (duzentos reais), tratando-se de pessoa física, pessoa jurídica inativa e pessoa jurídica optante pelo regime de tributação previsto na Lei n. 9.317, de 5 de dezembro de 1996;

II – R$ 500,00 (quinhentos reais), nos demais casos.

§ 4.º Considerar-se-á não entregue a declaração que não atender às especificações técnicas estabelecidas pela Secretaria da Receita Federal.

§ 5.º Na hipótese do § 4.º, o sujeito passivo será intimado a apresentar nova declaração, no prazo de 10 (dez) dias, contado da ciência da intimação, e sujeitar-se-á à multa prevista no inciso I do *caput*, observado o disposto nos §§ 1.º a 3.º.

§ 6.º No caso de a obrigação acessória referente ao Demonstrativo de Apuração de Contribuições Sociais – DACON ter periodicidade semestral, a multa de que trata o inciso III do *caput* deste artigo será calculada com base nos valores da Contribuição para o Financiamento da Seguridade Social – COFINS ou da Contribuição para o PIS/PASEP, informados nos demonstrativos mensais entregues após o prazo.

•• § 6.º acrescentado pela Lei n. 11.941, de 27-5-2009.

Art. 8.º Os serventuários da Justiça deverão informar as operações imobiliárias anotadas, averbadas, lavradas, matriculadas ou registradas nos Cartórios de Notas ou de Registro de Imóveis, Títulos e Documentos sob sua responsabilidade, mediante a apresentação de Declaração sobre Operações Imobiliárias (DOI), em meio magnético, nos termos estabelecidos pela Secretaria da Receita Federal.

•• *Vide* nota ao art. 2.º, parágrafo único, desta Lei.

§ 1.º A cada operação imobiliária corresponderá uma DOI, que deverá ser apresentada até o último dia útil do mês subsequente ao da anotação, averbação, lavratura, matrícula ou registro da respectiva operação, sujeitando-se o responsável, no caso de falta de apresentação, ou apresentação da declaração após o prazo fixado, à multa de 0,1% (zero vírgula um por cento) ao mês-calendário ou fração, sobre o valor da operação, limitada a 1% (um por cento), observado o disposto no inciso III do § 2.º.

§ 2.º A multa de que trata o § 1.º:

I – terá como termo inicial o dia seguinte ao término do prazo originalmente fixado para a entrega da declaração e como termo final a data da efetiva entrega ou, no caso de não apresentação, da lavratura do auto de infração;

II – será reduzida:

a) à metade, caso a declaração seja apresentada antes de qualquer procedimento de ofício;

b) a 75% (setenta e cinco por cento), caso a declaração seja apresentada no prazo fixado em intimação;

III – será de, no mínimo, R$ 20,00 (vinte reais).

•• Inciso III com redação determinada pela Lei n. 10.865, de 30-4-2004.

§ 3.º O responsável que apresentar DOI com incorreções ou omissões será intimado a apresentar declaração retificadora, no prazo estabelecido pela Secretaria da Receita Federal, e sujeitar-se-á à multa de R$ 50,00 (cinquenta reais) por informação inexata, incompleta ou omitida, que será reduzida em 50% (cinquenta por cento), caso a retificadora seja apresentada no prazo fixado.

Art. 9.º Sujeita-se à multa de que trata o inciso I do *caput* do art. 44 da Lei n. 9.430, de 27 de dezembro de 1996, duplicada na forma de seu § 1.º, quando for o caso, a fonte pagadora obrigada a reter imposto ou contribuição no caso de falta de retenção ou recolhimento, independentemente de outras penalidades administrativas ou criminais cabíveis.

•• *Caput* com redação determinada pela Lei n. 11.488, de 15-6-2007.

Parágrafo único. As multas de que trata este artigo serão calculadas sobre a totalidade ou diferença de tributo ou contribuição que deixar de ser retida ou recolhida, ou que for recolhido após o prazo fixado.

Art. 10. Esta Lei entra em vigor na data de sua publicação.

Congresso Nacional, em 24 de abril de 2002; 181.º da Independência e 114.º da República.

RAMEZ TEBET

LEI N. 10.451, DE 10 DE MAIO DE 2002 (*)

Altera a legislação tributária federal e dá outras providências.

O Presidente da República.

Faço saber que o Congresso Nacional decreta e eu sanciono a seguinte Lei:

Art. 1.º O Imposto de Renda incidente sobre os rendimentos de pessoas físicas será calculado de acordo com as seguintes tabelas progressivas mensal e anual, em reais:

Tabela Progressiva Mensal

Base de Cálculo em R$	Alíquota %	Parcela a Deduzir do Imposto em R$
Até 1.058,00	–	–
De 1.058,01 até 2.115,00	15	158,70
Acima de 2.115,00	27,5	423,08

Tabela Progressiva Anual

Base de Cálculo em R$	Alíquota %	Parcela a Deduzir do Imposto em R$
Até 12.696,00	–	–
De 12.696,01 até 25.380,00	15	1.904,40
Acima de 25.380,00	27,5	5.076,90

•• A Lei n. 11.452, de 27-2-2007, propôs a inclusão de um § 4.º, mas teve o seu texto vetado.

•• *Vide* art. 1.º da Lei n. 10.996, de 15-12-2004.

Art. 2.º Os arts. 4.º, 8.º e 10 da Lei n. 9.250, de 26 de dezembro de 1995, passam a vigorar com a seguinte redação:

•• Alterações prejudicadas em face de modificações posteriores.

Art. 3.º O art. 24 da Lei n. 9.430, de 27 de dezembro de 1996, passa a vigorar acrescido do seguinte § 3.º:

•• Alteração já processada no diploma modificado.

Art. 4.º As disposições relativas a preços, custos e taxas de juros, constantes dos arts. 18 a 22 da Lei n. 9.430, de 27 de dezembro de 1996, aplicam-se, também, às ope-

---

(*) Publicada no *Diário Oficial da União*, de 13-5-2002.

rações efetuadas por pessoa física ou jurídica residente ou domiciliada no Brasil, com qualquer pessoa física ou jurídica, ainda que não vinculada, residente ou domiciliada em país ou dependência cuja legislação interna oponha sigilo relativo à composição societária de pessoas jurídicas ou à sua titularidade.

* A Instrução Normativa n. 2.161, de 28-9-2024, da Secretaria da Receita Federal do Brasil, dispõe sobre os preços de transferência a serem praticados nas transações efetuadas por pessoa jurídica domiciliadas no Brasil com partes relacionadas no exterior.

Art. 5.º Na hipótese de doação de livros, objetos fonográficos ou iconográficos, obras audiovisuais e obras de arte, para os quais seja atribuído valor de mercado, efetuada por pessoa física a órgãos públicos, autarquias, fundações públicas ou entidades civis sem fins lucrativos, desde que os bens doados sejam incorporados ao acervo de museus, bibliotecas ou centros de pesquisa ou ensino, no Brasil, com acesso franqueado ao público em geral:

I – o doador deverá considerar como valor de alienação o constante em sua declaração de bens;

II – o donatário registrará os bens recebidos pelo valor atribuído no documento de doação.

Parágrafo único. No caso de alienação dos bens recebidos em doação, será considerado, para efeito de apuração de ganho de capital, custo de aquisição igual a zero.

Art. 6.º O campo de incidência do Imposto sobre Produtos Industrializados (IPI) abrange todos os produtos com alíquota, ainda que zero, relacionados na Tabela de Incidência do Imposto sobre Produtos Industrializados (TIPI), aprovada pelo Decreto n. 4.070, de 28 de dezembro de 2001, observadas as disposições contidas nas respectivas notas complementares, excluídos aqueles a que corresponde a notação "NT" (não tributado).

Art. 7.º Para efeito do disposto no art. 4.º, I e II, do Decreto-lei n. 1.199, de 27 de dezembro de 1971, o percentual de incidência é o constante da TIPI, aprovada pelo Decreto n. 4.070, de 28 de dezembro de 2001.

* A referência ao Decreto n. 4.070, de 28-12-2001, encontra-se prejudicada pela revogação expressa determinada pelo Decreto n. 4.542, de 26-12-2002. O Decreto n. 8.950, de 29-12-2016, aprovou a TIPI vigente.

Art. 8.º Até 31 de dezembro de 2015, é concedida isenção do Imposto de Importação e do Imposto sobre Produtos Industrializados incidentes na importação de equipamentos ou materiais esportivos destinados às competições, ao treinamento e à preparação de atletas e equipes brasileiras.

* *Caput* com redação determinada pela Lei n. 12.649, de 17-5-2012.
* A Lei n. 13.265, de 1.º-4-2016, propôs nova redação para este *caput*, porém teve seu texto vetado.

§ 1.º A isenção de que trata o *caput* aplica-se exclusivamente às competições desportivas em jogos olímpicos, paraolímpicos, pan-americanos, parapan-americanos, nacionais e mundiais.

* § 1.º com redação determinada pela Lei n. 12.649, de 17-5-2012.

§ 2.º A isenção aplica-se a equipamento ou material esportivo, sem similar nacional, homologado pela entidade desportiva internacional da respectiva modalidade esportiva, para as competições a que se refere o § 1.º.

* § 2.º com redação determinada pela Lei n. 12.649, de 17-5-2012.

§ 3.º Quando fabricados no Brasil, os materiais e equipamentos de que trata o *caput* deste artigo são isentos do Imposto sobre Produtos Industrializados.

* § 3.º acrescentado pela Lei n. 12.649, de 17-5-2012.

Art. 9.º São beneficiários da isenção de que trata o art. 8.º desta Lei os órgãos da União, dos Estados, do Distrito Federal e dos Municípios e suas respectivas autarquias e fundações, os atletas das modalidades olímpicas e paraolímpicas e os das competições mundiais, o Comitê Olímpico Brasileiro (COB) e o Comitê Paraolímpico Brasileiro (CPB), bem como as entidades nacionais de administração do desporto que lhes sejam filiadas ou vinculadas.

* Artigo com redação determinada pela Lei n. 11.827, de 20-11-2008.

Art. 10. O direito à fruição do benefício fiscal de que trata o art. 8.º fica condicionado:

I – à comprovação da regularidade fiscal do beneficiário, relativamente aos tributos e contribuições federais;

II – à manifestação do Ministério do Esporte sobre:

* Inciso II com redação determinada pela Lei n. 11.116, de 18-5-2005.

a) o atendimento do requisito estabelecido no § 1.º do art. 8.º;

b) a condição de beneficiário da isenção ou da alíquota zero, do importador ou adquirente, nos termos do art. 9.º desta Lei; e

* Alínea *b* com redação determinada pela Lei n. 11.827, de 20-11-2008.

c) a adequação dos equipamentos e materiais importados ou adquiridos no mercado interno, quanto à sua natureza, quantidade e qualidade, ao desenvolvimento do programa de trabalho do atleta ou da entidade do desporto a que se destinem.

Parágrafo único. Tratando-se de produtos destinados à modalidade de tiro esportivo, a manifestação quanto ao disposto nas alíneas *a* e *c* do inciso II será do órgão competente do Ministério da Defesa.

Art. 11. Os produtos importados ou adquiridos no mercado interno na forma do art. 8.º desta Lei poderão ser transferidos pelo valor de aquisição, sem o pagamento dos respectivos impostos:

* *Caput* com redação determinada pela Lei n. 11.827, de 20-11-2008.

I – para qualquer pessoa e a qualquer título, após o decurso do prazo de 4 (quatro) anos, contado da data do registro da Declaração de Importação ou da emissão da Nota Fiscal de aquisição do fabricante nacional; ou

II – a qualquer tempo e qualquer título, para pessoa física ou jurídica que atenda às condições estabelecidas nos arts. 8.º a 10 desta Lei, desde que a transferência seja previamente aprovada pela Secretaria da Receita Federal do Brasil.

* Inciso II com redação determinada pela Lei n. 11.827, de 20-11-2008.

§ 1.º As transferências, a qualquer título, que não atendam às condições estabelecidas nos incisos I e II do *caput* sujeitarão o beneficiário importador ou adquirente ao pagamento dos impostos que deixaram de ser pagos por ocasião da importação ou da aquisição no mercado interno, com acréscimo de juros e de multa de mora ou de ofício.

§ 2.º Na hipótese do § 1.º deste artigo, o adquirente, a qualquer título, de produto beneficiado com a isenção ou alíquota zero é responsável solidário pelo pagamento dos impostos e respectivos acréscimos.

* § 2.º com redação determinada pela Lei n. 11.827, de 20-11-2008.

Art. 12. (*Revogado pela Lei n. 11.827, de 20-11-2008.*)

Art. 13. O Poder Executivo regulamentará o disposto nos arts. 8.º a 11 desta Lei.

* Artigo com redação determinada pela Lei n. 11.827, de 20-11-2008.

Art. 14. Ficam revogados os arts. 13 e 15 da Lei n. 9.493, de 10 de setembro de 1997.

Art. 15. Esta Lei entra em vigor na data de sua publicação, produzindo efeitos, no caso dos arts. 1.º e 2.º, em relação aos fatos geradores ocorridos a partir de 1.º de janeiro de 2002, observado o disposto no art. 1.º da Lei n. 9.887, de 7 de dezembro de 1999.

* Artigo com redação determinada pela Lei n. 10.637, de 30-12-2002.

Brasília, 10 de maio de 2002; 181.º da Independência e 114.º da República.

Fernando Henrique Cardoso

LEI N. 10.522, DE 19 DE JULHO DE 2002 (*)

Dispõe sobre o Cadastro Informativo dos créditos não quitados de órgãos e entidades federais e dá outras providências.

(*) Publicada no *DOU*, de 22-7-2002.

A Portaria n. 819, de 27-7-2023, da Procuradoria-Geral da Fazenda Nacional, dispõe acerca da inclusão, suspensão, exclusão e consulta de registros no Cadastro Informativo de créditos não quitados do setor público federal (Cadin), instituído por esta lei.

Lei n. 10.522, de 19-7-2002 – Cadin

O Presidente da República.
Faço saber que o Congresso Nacional decreta e eu sanciono a seguinte Lei:

Art. 1.º O Cadastro Informativo de créditos não quitados do setor público federal (Cadin) passa a ser regulado por esta Lei.

Art. 2.º O Cadin conterá relação das pessoas físicas e jurídicas que:

I – sejam responsáveis por obrigações pecuniárias vencidas e não pagas, para com órgãos e entidades da Administração Pública Federal, direta e indireta;

II – estejam com a inscrição nos cadastros indicados, do Ministério da Fazenda, em uma das seguintes situações:

a) cancelada no Cadastro de Pessoas Físicas – CPF;

•• Alínea *a* com redação determinada pela Lei n. 11.941, de 27-5-2009.

b) declarada inapta perante o Cadastro Geral de Contribuintes – CGC;

• A Instrução Normativa n. 2.119, de 6-12-2022, da Secretaria da Receita Federal do Brasil, dispõe sobre o Cadastro Nacional da Pessoa Jurídica (CNPJ).

III – estejam inscritas na dívida dos Estados, do Distrito Federal e dos Municípios, conforme convênio firmado com a União, representada pela Procuradoria-Geral da Fazenda Nacional, nesse sentido;

•• Inciso III acrescentado pela Lei n. 14.973, de 16-9-2024.

IV – estejam inscritas na dívida ativa de autarquias profissionais e conselhos de classe;

•• Inciso IV acrescentado pela Lei n. 14.973, de 16-9-2024.

V – estejam irregulares perante o Fundo de Garantia do Tempo de Serviço (FGTS).

•• Inciso V acrescentado pela Lei n. 14.973, de 16-9-2024.

§ 1.º Os órgãos e as entidades a que se refere o inciso I procederão, segundo normas próprias e sob sua exclusiva responsabilidade, às inclusões no Cadin, de pessoas físicas ou jurídicas que se enquadrem nas hipóteses previstas neste artigo.

§ 2.º A inclusão no Cadin far-se-á em até 30 (trinta) dias após a comunicação ao devedor da existência do débito passível de inscrição naquele Cadastro, fornecendo-se todas as informações pertinentes ao débito.

•• § 2.º com redação determinada pela Lei n. 14.973, de 16-9-2024.

§ 3.º Tratando-se de comunicação expedida por via postal ou telegráfica, para o endereço indicado no instrumento que deu origem ao débito, considerar-se-á entregue após 15 (quinze) dias da respectiva expedição.

§ 4.º A notificação expedida pela Secretaria da Receita Federal do Brasil, pela Procuradoria-Geral da Fazenda Nacional ou pela Procuradoria-Geral Federal, dando conhecimento ao devedor da existência do débito ou da sua inscrição em Dívida Ativa atenderá ao disposto no § 2.º deste artigo.

•• § 4.º com redação determinada pela Lei n. 11.941, de 27-5-2009.

§ 5.º Comprovado ter sido regularizada a situação que deu causa à inclusão no Cadin, o órgão ou a entidade responsável pelo registro procederá, no prazo de 5 (cinco) dias úteis, à respectiva baixa.

§ 6.º Na impossibilidade de a baixa ser efetuada no prazo indicado no § 5.º, o órgão ou a entidade credora fornecerá a certidão de regularidade do débito, caso não haja outros pendentes de regularização.

§ 7.º A inclusão no Cadin sem a expedição da comunicação ou da notificação de que tratam os §§ 2.º e 4.º, ou a não exclusão, nas condições e no prazo previstos no § 5.º, sujeitará o responsável às penalidades cominadas pela Lei n. 8.112, de 11 de dezembro de 1990, e pelo Decreto-lei n. 5.452, de 1.º de maio de 1943 (Consolidação das Leis do Trabalho).

§ 8.º O disposto neste artigo não se aplica aos débitos referentes a preços de serviços públicos ou a operações financeiras que não envolvam recursos orçamentários.

§ 9.º Convênio entre a União, representada pela Procuradoria-Geral da Fazenda Nacional, e os titulares dos créditos previstos nos incisos III e IV do *caput* deste artigo poderá estabelecer regras de cooperação que favoreçam a recuperação desses ativos.

•• § 9.º acrescentado pela Lei n. 14.973, de 16-9-2024.

Art. 3.º As informações fornecidas pelos órgãos e pelas entidades integrantes do Cadin serão centralizadas em um sistema de informações gerido pela Procuradoria-Geral da Fazenda Nacional, e será de sua atribuição a expedição de orientações de natureza normativa, inclusive quanto ao disciplinamento das respectivas inclusões e exclusões no sistema.

•• *Caput* com redação determinada pela Lei n. 14.195, de 26-8-2021.

Parágrafo único. As pessoas físicas e jurídicas incluídas no Cadin terão acesso às informações a elas referentes, diretamente junto ao órgão ou entidade responsável pelo registro, ou, mediante autorização, por intermédio de qualquer outro órgão ou entidade integrante do Cadin.

Art. 4.º A inexistência de registro no Cadin não implica reconhecimento de regularidade de situação, nem elide a apresentação dos documentos exigidos em lei, decreto ou demais atos normativos.

§ 1.º No caso de operações de crédito contratadas por instituições financeiras, no âmbito de programas oficiais de apoio à microempresa e empresa de pequeno porte, ficam as mutuárias, no caso de não estarem inscritas no Cadin, dispensadas da apresentação, inclusive aos cartórios, quando do registro dos instrumentos de crédito e respectivas garantias, de quaisquer certidões exigidas em lei, decreto ou demais atos normativos, comprobatórias da quitação de quaisquer tributos e contribuições federais.

§ 2.º O disposto no § 1.º deste artigo aplica-se:

•• § 2.º, *caput*, com redação determinada pela Lei n. 14.690, de 3-10-2023.

I – aos mini e pequenos produtores rurais;

•• Inciso I acrescentado pela Lei n. 14.690, de 3-10-2023.

II – aos agricultores familiares, aos empreendedores familiares rurais e aos demais beneficiários da Política Nacional da Agricultura Familiar e Empreendimentos Familiares Rurais, bem como às cooperativas e associações da agricultura familiar de que trata o § 4.º do art. 3.º da Lei n. 11.326, de 24 de julho de 2006; e

•• Inciso II acrescentado pela Lei n. 14.690, de 3-10-2023.

III – às pessoas naturais que exerçam atividade econômica e que aufiram, em cada ano-calendário, receita ou renda bruta igual ou inferior à máxima permitida para enquadramento como empresas de pequeno porte nos termos do inciso II do *caput* do art. 3.º da Lei Complementar n. 123, de 14 de dezembro de 2006.

•• Inciso III acrescentado pela Lei n. 14.690, de 3-10-2023.

§ 3.º A dispensa de que trata o § 1.º deste artigo terá validade de 60 (sessenta) dias contados da data da consulta de inexistência de registro no Cadin.

•• § 3.º com redação determinada pela Lei n. 14.973, de 16-9-2024.

Art. 5.º O Cadin conterá as seguintes informações:

I – nome e número de inscrição no Cadastro Geral de Contribuintes – CGC ou no Cadastro de Pessoas Físicas – CPF, do responsável pelas obrigações de que trata o art. 2.º, I;

II – nome e outros dados identificadores das pessoas jurídicas ou físicas que estejam na situação prevista no art. 2.º, II, inclusive a indicação do número da inscrição suspensa ou cancelada;

III – nome e número de inscrição no Cadastro Geral de Contribuintes – CGC, endereço e telefone do respectivo credor ou do órgão responsável pela inclusão;

IV – data do registro.

Parágrafo único. Cada órgão ou entidade a que se refere o inciso I do art. 2.º manterá, sob sua responsabilidade, cadastro contendo informações detalhadas sobre as operações ou situações que tenham registrado no Cadin, inclusive para atender ao que dispõe o parágrafo único do art. 3.º.

Art. 6.º É obrigatória a consulta prévia ao Cadin, pelos órgãos e entidades da Admi-

nistração Pública Federal, direta e indireta, para:
•• *Vide* art. 7.º, § 1.º, VIII, da Lei n. 14.043, de 19-8-2020.

I – realização de operações de crédito que envolvam a utilização de recursos públicos;
II – concessão de incentivos fiscais e financeiros;
III – celebração de convênios, acordos, ajustes ou contratos que envolvam desembolso, a qualquer título, de recursos públicos, e respectivos aditamentos.

Parágrafo único. O disposto neste artigo não se aplica:
I – à concessão de auxílios a Municípios atingidos por calamidade pública reconhecida pelo Governo Federal;
II – às operações destinadas à composição e regularização dos créditos e obrigações objeto de registro no Cadin, sem desembolso de recursos por parte do órgão ou entidade credora;
III – às operações relativas ao crédito educativo e ao penhor civil de bens de uso pessoal ou doméstico.

Art. 6.º-A. A existência de registro no Cadin, quando da consulta prévia de que trata o art. 6.º, constitui fator impeditivo para a realização de qualquer dos atos previstos nos incisos I, II e III do *caput* do art. 6.º
•• Artigo acrescentado pela Lei n. 14.973, de 16-9-2024.

Art. 7.º Será suspenso o registro no Cadin quando o devedor comprove que:
I – tenha ajuizado ação, com o objetivo de discutir a natureza da obrigação ou o seu valor, com o oferecimento de garantia idônea e suficiente ao Juízo, na forma da lei;
II – esteja suspensa a exigibilidade do crédito objeto do registro, nos termos da lei.

Art. 7.º-A. No caso de estado de calamidade pública reconhecido pelo governo federal, o Procurador-Geral da Fazenda Nacional e o Procurador-Geral Federal, nos limites de suas competências, poderão, em favor das pessoas físicas e jurídicas domiciliadas em área atingida:
•• *Caput* acrescentado pela Lei n. 14.973, de 16-9-2024.

I – suspender os prazos de inclusão de novos registros no Cadin;
•• Inciso I acrescentado pela Lei n. 14.973, de 16-9-2024.

II – prorrogar a dispensa de que trata o § 3.º do art. 4.º;
•• Inciso II acrescentado pela Lei n. 14.973, de 16-9-2024.

III – dispensar, nos termos do art. 6.º, a consulta prévia ao Cadin em relação a auxílios e financiamentos relacionados aos esforços de superação da crise.
•• Inciso III acrescentado pela Lei n. 14.973, de 16-9-2024.

Art. 8.º A não observância do disposto no § 1.º do art. 2.º e nos arts. 6.º e 7.º desta Lei sujeita os responsáveis às sanções da Lei n. 8.112, de 1990, e do Decreto-lei n. 5.452, de 1943.

Art. 9.º Fica suspensa, até 31 de dezembro de 1999, a aplicação do disposto no *caput* do art. 22, e no seu § 2.º, do Decreto-lei n. 147, de 3 de fevereiro de 1967, na redação que lhes deram o art. 4.º do Decreto-lei n. 1.687, de 18 de julho de 1979, e o art. 10 do Decreto-lei n. 2.163, de 19 de setembro de 1984.

Parágrafo único. O Ministro de Estado da Fazenda estabelecerá cronograma, prioridades e condições para a remessa, às unidades da Procuradoria-Geral da Fazenda Nacional, dos débitos passíveis de inscrição em Dívida Ativa da União e cobrança judicial.

Art. 10. Os débitos de qualquer natureza para com a Fazenda Nacional poderão ser parcelados em até sessenta parcelas mensais, a exclusivo critério da autoridade fazendária, na forma e condições previstas nesta Lei.
•• *Caput* com redação determinada pela Lei n. 10.637, de 30-12-2002.
• A Instrução Normativa n. 2.063, de 27-1-2022, da SRFB, dispõe sobre o parcelamento de débitos perante a Secretaria Especial da Receita Federal do Brasil.

Parágrafo único. (Revogado *pela Lei n. 11.941, de 27-5-2009.*)

Art. 10-A. O empresário ou a sociedade empresária que pleitear ou tiver deferido o processamento da recuperação judicial, nos termos dos arts. 51, 52 e 70 da Lei n. 11.101, de 9 de fevereiro de 2005, poderá liquidar os seus débitos para com a Fazenda Nacional existentes, ainda que não vencidos até a data do protocolo da petição inicial da recuperação judicial, de natureza tributária ou não tributária, constituídos ou não, inscritos ou não em dívida ativa, mediante a opção por uma das seguintes modalidades:
•• *Caput* com redação determinada pela Lei n. 14.112, de 24-12-2020.
•• A Portaria n. 2.382, de 26-2-2021, da Procuradoria-Geral da Fazenda Nacional, disciplina os instrumentos de negociação de débitos inscritos em dívida ativa da União e do FGTS de responsabilidade de contribuintes em processo de recuperação judicial.

I a IV – (*Revogados pela Lei n. 14.112, de 24-12-2020.*)

V – parcelamento da dívida consolidada em até 120 (cento e vinte) prestações mensais e sucessivas, calculadas de modo a observar os seguintes percentuais mínimos, aplicados sobre o valor da dívida consolidada no parcelamento:
•• Inciso V, *caput*, acrescentado pela Lei n. 14.112, de 24-12-2020.

a) da primeira à décima segunda prestação: 0,5% (cinco décimos por cento);
•• Alínea *a* acrescentada pela Lei n. 14.112, de 24-12-2020.

b) da décima terceira à vigésima quarta prestação: 0,6% (seis décimos por cento);
•• Alínea *b* acrescentada pela Lei n. 14.112, de 24-12-2020.

c) da vigésima quinta prestação em diante: percentual correspondente ao saldo remanescente, em até 96 (noventa e seis) prestações mensais e sucessivas; ou
•• Alínea *c* acrescentada pela Lei n. 14.112, de 24-12-2020.

VI – em relação aos débitos administrados pela Secretaria Especial da Receita Federal do Brasil, liquidação de até 30% (trinta por cento) da dívida consolidada no parcelamento com a utilização de créditos decorrentes de prejuízo fiscal e de base de cálculo negativa da Contribuição Social sobre o Lucro Líquido (CSLL) ou com outros créditos próprios relativos aos tributos administrados pela Secretaria Especial da Receita Federal do Brasil, hipótese em que o restante poderá ser parcelado em até 84 (oitenta e quatro) parcelas, calculadas de modo a observar os seguintes percentuais mínimos, aplicados sobre o saldo da dívida consolidada:
•• Inciso VI, *caput*, acrescentado pela Lei n. 14.112, de 24-12-2020.

a) da primeira à décima segunda prestação: 0,5% (cinco décimos por cento);
•• Alínea *a* acrescentada pela Lei n. 14.112, de 24-12-2020.

b) da décima terceira à vigésima quarta prestação: 0,6% (seis décimos por cento);
•• Alínea *b* acrescentada pela Lei n. 14.112, de 24-12-2020.

c) da vigésima quinta prestação em diante: percentual correspondente ao saldo remanescente, em até 60 (sessenta) prestações mensais e sucessivas.
•• Alínea *c* acrescentada pela Lei n. 14.112, de 24-12-2020.

§ 1.º (*Revogado pela Lei n. 14.112, de 24-12-2020.*)

§ 1.º-A. As opções previstas nos incisos V e VI do *caput* deste artigo não impedem que o empresário ou a sociedade empresária que pleitear ou tiver deferido o processamento da recuperação judicial, nos termos estabelecidos nos arts. 51, 52 e 70 da Lei n. 11.101, de 9 de fevereiro de 2005, opte por liquidar os referidos débitos para com a Fazenda Nacional por meio de outra modalidade de parcelamento instituído por lei federal, desde que atendidas as condições previstas na lei, hipótese em que será firmado ou mantido o termo de compromisso a que se refere o § 2.º-A deste artigo, sob pena de indeferimento ou de exclusão do parcelamento, conforme o caso.
•• § 1.º-A acrescentado pela Lei n. 14.112, de 24-12-2020.

§ 1.º-B. O valor do crédito de que trata o inciso VI do *caput* deste artigo, decorrente de prejuízo fiscal e de base de cálculo negativa da CSLL, será determinado por meio da aplicação das seguintes alíquotas:

•• § 1.º-B, *caput*, acrescentado pela Lei n. 14.112, de 24-12-2020.

I – 25% (vinte e cinco por cento) sobre o montante do prejuízo fiscal;
•• Inciso I acrescentado pela Lei n. 14.112, de 24-12-2020.

II – 20% (vinte por cento) sobre a base de cálculo negativa da CSLL, no caso das pessoas jurídicas de seguros privados, das pessoas jurídicas de capitalização e das pessoas jurídicas referidas nos incisos I, II, III, IV, V, VI, VII e X do § 1.º do art. 1.º da Lei Complementar n. 105, de 10 de janeiro de 2001;
•• Inciso II acrescentado pela Lei n. 14.112, de 24-12-2020.

III – 17% (dezessete por cento) sobre a base de cálculo negativa da CSLL, no caso das pessoas jurídicas referidas no inciso IX do § 1.º do art. 10 da Lei Complementar n. 105, de 10 de janeiro de 2001;
•• Inciso III acrescentado pela Lei n. 14.112, de 24-12-2020.

IV – 9% (nove por cento) sobre a base de cálculo negativa da CSLL, no caso das demais pessoas jurídicas.
•• Inciso IV acrescentado pela Lei n. 14.112, de 24-12-2020.

§ 1.º-C. A adesão ao parcelamento abrangerá a totalidade dos débitos exigíveis em nome do sujeito passivo, observadas as seguintes condições e ressalvas:
•• § 1.º-C, *caput*, acrescentado pela Lei n. 14.112, de 24-12-2020.

I – os débitos sujeitos a outros parcelamentos ou que comprovadamente sejam objeto de discussão judicial poderão ser excluídos, estes últimos mediante:
•• Inciso I, *caput*, acrescentado pela Lei n. 14.112, de 24-12-2020.

a) o oferecimento de garantia idônea e suficiente, aceita pela Fazenda Nacional em juízo; ou
•• Alínea a acrescentada pela Lei n. 14.112, de 24-12-2020.

b) a apresentação de decisão judicial em vigor e eficaz que determine a suspensão de sua exigibilidade;
•• Alínea b acrescentada pela Lei n. 14.112, de 24-12-2020.

II – a garantia prevista na alínea a do inciso I deste parágrafo não poderá ser incluída no plano de recuperação judicial, permitida a sua execução regular, inclusive por meio da expropriação, se não houver a suspensão da exigibilidade ou a extinção do crédito em discussão judicial;
•• Inciso II acrescentado pela Lei n. 14.112, de 24-12-2020.

III – o disposto no inciso II deste § 1.º-C também se aplica aos depósitos judiciais regidos pela Lei n. 9.703, de 17 de novembro de 1998, e pela Lei n. 12.099, de 27 de novembro de 2009.
•• Inciso III acrescentado pela Lei n. 14.112, de 24-12-2020.
•• As Leis n. 9.703, de 17-11-1998, e 12.099, de 27-11-2009, foram revogadas pela Lei n. 14.793, de 16-9-2024.

§ 2.º Na hipótese de o sujeito passivo optar pela inclusão, no parcelamento de que trata este artigo, de débitos que se encontrem sob discussão administrativa ou judicial, submetidos ou não a causa legal de suspensão de exigibilidade, deverá ele comprovar que desistiu expressamente e de forma irrevogável da impugnação ou do recurso interposto, ou da ação judicial e, cumulativamente, que renunciou às alegações de direito sobre as quais se fundam a ação judicial e o recurso administrativo.
•• § 2.º com redação determinada pela Lei n. 14.112, de 24-12-2020.

§ 2.º-A. Para aderir ao parcelamento de que trata este artigo, o sujeito passivo firmará termo de compromisso, no qual estará previsto:
•• § 2.º-A, *caput*, acrescentado pela Lei n. 14.112, de 24-12-2020.

I – o fornecimento à Secretaria Especial da Receita Federal do Brasil e à Procuradoria-Geral da Fazenda Nacional de informações bancárias, incluídas aquelas sobre extratos de fundos ou aplicações financeiras e sobre eventual comprometimento de recebíveis e demais ativos futuros;
•• Inciso I acrescentado pela Lei n. 14.112, de 24-12-2020.

II – o dever de amortizar o saldo devedor do parcelamento de que trata este artigo com percentual do produto de cada alienação de bens e direitos integrantes do ativo não circulante realizada durante o período de vigência do plano de recuperação judicial, sem prejuízo do disposto no inciso III do § 4.º deste artigo;
•• Inciso II acrescentado pela Lei n. 14.112, de 24-12-2020.

III – o dever de manter a regularidade fiscal;
•• Inciso III acrescentado pela Lei n. 14.112, de 24-12-2020.

IV – o cumprimento regular das obrigações para com o Fundo de Garantia do Tempo de Serviço (FGTS).
•• Inciso IV acrescentado pela Lei n. 14.112, de 24-12-2020.

§ 2.º-B. Para fins do disposto no inciso II do § 2.º-A deste artigo:
•• § 2.º-B, *caput*, acrescentado pela Lei n. 14.112, de 24-12-2020.

I – a amortização do saldo devedor implicará redução proporcional da quantidade de parcelas vincendas;
•• Inciso I acrescentado pela Lei n. 14.112, de 24-12-2020.

II – observado o limite máximo de 30% (trinta por cento) do produto da alienação, o percentual a ser destinado para a amortização do parcelamento corresponderá à razão entre o valor total do passivo fiscal e o valor total de dívidas do devedor, na data do pedido de recuperação judicial.
•• Inciso II acrescentado pela Lei n. 14.112, de 24-12-2020.

§ 3.º O empresário ou a sociedade empresária poderá, a seu critério, desistir dos parcelamentos em curso, independentemente da modalidade, e solicitar o parcelamento nos termos estabelecidos neste artigo.
•• § 3.º com redação determinada pela Lei n. 14.112, de 24-12-2020.

§ 4.º Implicará a exclusão do sujeito passivo do parcelamento:
•• § 4.º, *caput*, com redação determinada pela Lei n. 14.112, de 24-12-2020.

I – a falta de pagamento de 6 (seis) parcelas consecutivas ou de 9 (nove) parcelas alternadas;
•• Inciso I acrescentado pela Lei n. 14.112, de 24-12-2020.

II – a falta de pagamento de 1 (uma) até 5 (cinco) parcelas, conforme o caso, se todas as demais estiverem pagas;
•• Inciso II acrescentado pela Lei n. 14.112, de 24-12-2020.

III – a constatação, pela Secretaria Especial da Receita Federal do Brasil ou pela Procuradoria-Geral da Fazenda Nacional, de qualquer ato tendente ao esvaziamento patrimonial do sujeito passivo como forma de fraudar o cumprimento do parcelamento, observado, no que couber, o disposto no inciso II do § 2.º-A deste artigo;
•• Inciso III acrescentado pela Lei n. 14.112, de 24-12-2020.

IV – a decretação de falência ou extinção, pela liquidação, da pessoa jurídica optante;
•• Inciso IV acrescentado pela Lei n. 14.112, de 24-12-2020.

V – a concessão de medida cautelar fiscal, nos termos da Lei n. 8.397, de 6 de janeiro de 1992;
•• Inciso V acrescentado pela Lei n. 14.112, de 24-12-2020.

VI – a declaração de inaptidão da inscrição no Cadastro Nacional da Pessoa Jurídica (CNPJ), nos termos dos arts. 80 e 81 da Lei n. 9.430, de 27 de dezembro de 1996;
•• Inciso VI acrescentado pela Lei n. 14.112, de 24-12-2020.

VII – a extinção sem resolução do mérito ou a não concessão da recuperação judicial, bem como a convolação desta em falência; ou
•• Inciso VII acrescentado pela Lei n. 14.112, de 24-12-2020.

VIII – o descumprimento de quaisquer das condições previstas neste artigo, inclusive quanto ao disposto no § 2.º-A deste artigo.
•• Inciso VIII acrescentado pela Lei n. 14.112, de 24-12-2020.

§ 4.º-A. São consequências da exclusão prevista no § 4.º deste artigo:
•• § 4.º-A, *caput*, acrescentado pela Lei n. 14.112, de 24-12-2020.

I – a exigibilidade imediata da totalidade do débito confessado e ainda não pago, com o prosseguimento das execuções fiscais relacionadas aos créditos cuja exigibilidade estava suspensa, inclusive com a possibilidade de prática de atos de constrição e de

alienação pelos juízos que as processam, ressalvada a hipótese prevista no inciso IV deste parágrafo;
•• Inciso I acrescentado pela Lei n. 14.112, de 24-12-2020.

II – a execução automática das garantias;
•• Inciso II acrescentado pela Lei n. 14.112, de 24-12-2020.

III – o restabelecimento em cobrança dos valores liquidados com os créditos, na hipótese de parcelamento na modalidade prevista no inciso VI do *caput* deste artigo;
•• Inciso III acrescentado pela Lei n. 14.112, de 24-12-2020.

IV – a faculdade de a Fazenda Nacional requerer a convolação da recuperação judicial em falência.
•• Inciso IV acrescentado pela Lei n. 14.112, de 24-12-2020.

§ 5.º O empresário ou a sociedade empresária poderá ter apenas 1 (um) parcelamento perante a Fazenda Nacional, cujos débitos constituídos, inscritos ou não em dívida ativa da União, poderão ser incluídos até a data do pedido de parcelamento.
•• § 5.º com redação determinada pela Lei n. 14.112, de 24-12-2020.

§ 6.º A concessão do parcelamento não implica a liberação dos bens e dos direitos do devedor ou de seus responsáveis que tenham sido constituídos em garantia dos créditos.
•• § 6.º com redação determinada pela Lei n. 14.112, de 24-12-2020.

§ 7.º O parcelamento referido nos incisos V e VI do *caput* deste artigo observará as demais condições previstas nesta Lei, ressalvado o disposto nos seguintes dispositivos:
•• § 7.º, *caput*, com redação determinada pela Lei n. 14.112, de 24-12-2020.

I – § 1.º do art. 11;
•• Inciso I acrescentado pela Lei n. 14.112, de 24-12-2020.

II – inciso II do § 1.º do art. 12;
•• Inciso II acrescentado pela Lei n. 14.112, de 24-12-2020.

III – inciso VIII do *caput* do art. 14;
•• Inciso III acrescentado pela Lei n. 14.112, de 24-12-2020.

IV – § 2.º do art. 14-A.
•• Inciso IV acrescentado pela Lei n. 14.112, de 24-12-2020.

§ 7.º-A. As microempresas e as empresas de pequeno porte farão jus a prazos 20% (vinte por cento) superiores àqueles regularmente concedidos às demais empresas.
•• § 7.º-A acrescentado pela Lei n. 14.112, de 24-12-2020.

§ 8.º O disposto neste artigo aplica-se, no que couber, aos créditos de qualquer natureza das autarquias e das fundações públicas federais, ressalvada a modalidade de parcelamento de que trata o inciso VI do *caput* deste artigo.
•• § 8.º com redação determinada pela Lei n. 14.112, de 24-12-2020.

Art. 10-B. O empresário ou a sociedade empresária que pleitear ou tiver deferido o processamento da recuperação judicial, nos termos dos arts. 51, 52 e 70 da Lei n. 11.101, de 9 de fevereiro de 2005, poderá parcelar os seus débitos para com a Fazenda Nacional existentes, ainda que não vencidos até a data do protocolo da petição inicial da recuperação judicial, relativos aos tributos previstos nos incisos I e II do *caput* do art. 14 desta Lei, constituídos ou não, inscritos ou não em dívida ativa, em até 24 (vinte e quatro) parcelas mensais e consecutivas, calculadas de modo a observar os seguintes percentuais mínimos, aplicados sobre o valor da dívida consolidada:
•• *Caput* acrescentado pela Lei n. 14.112, de 24-12-2020.
•• A Portaria n. 2.382, de 26-2-2021, da Procuradoria-Geral da Fazenda Nacional, disciplina os instrumentos de negociação de débitos inscritos em dívida ativa da União e do FGTS de responsabilidade de contribuintes em processo de recuperação judicial.

I – da primeira à sexta prestação: 3% (três por cento);
•• Inciso I acrescentado pela Lei n. 14.112, de 24-12-2020.

II – da sétima à décima segunda prestação: 6% (seis por cento);
•• Inciso II acrescentado pela Lei n. 14.112, de 24-12-2020.

III – da décima terceira prestação em diante: percentual correspondente ao saldo remanescente, em até 12 (doze) prestações mensais e sucessivas.
•• Inciso III acrescentado pela Lei n. 14.112, de 24-12-2020.

§ 1.º O disposto no art. 10-A desta Lei, exceto quanto aos incisos V e VI do *caput*, ao § 1.º-B e ao inciso III do § 4.º-A, aplica-se ao parcelamento de que trata este artigo.
•• § 1.º acrescentado pela Lei n. 14.112, de 24-12-2020.

§ 2.º As microempresas e as empresas de pequeno porte farão jus a prazos 20% (vinte por cento) superiores àqueles regularmente concedidos às demais empresas.
•• § 2.º acrescentado pela Lei n. 14.112, de 24-12-2020.

Art. 10-C. Alternativamente ao parcelamento de que trata o art. 10-A desta Lei e às demais modalidades de parcelamento instituídas por lei federal porventura aplicáveis, o empresário ou a sociedade empresária que tiver o processamento da recuperação judicial deferido poderá, até o momento referido no art. 57 da Lei n. 11.101, de 9 de fevereiro de 2005, submeter à Procuradoria-Geral da Fazenda Nacional proposta de transação relativa a créditos inscritos em dívida ativa da União, nos termos da Lei n. 13.988, de 14 de abril de 2020, observado que:
•• *Caput* acrescentado pela Lei n. 14.112, de 24-12-2020.

I – o prazo máximo para quitação será de até 120 (cento e vinte) meses, observado, no que couber, o disposto no § 3.º do art. 11 da Lei n. 13.988, de 14 de abril de 2020;
•• Inciso I acrescentado pela Lei n. 14.112, de 24-12-2020.

II – o limite máximo para reduções será de até 70% (setenta por cento);
•• Inciso II acrescentado pela Lei n. 14.112, de 24-12-2020.

III – a apresentação de proposta ou a análise de proposta de transação formulada pelo devedor caberá à Procuradoria-Geral da Fazenda Nacional, em juízo de conveniência e oportunidade, obedecidos os requisitos previstos nesta Lei e em atos regulamentares, de forma motivada, observados o interesse público e os princípios da isonomia, da capacidade contributiva, da transparência, da moralidade, da livre concorrência, da preservação da atividade empresarial, da razoável duração dos processos e da eficiência, e utilizados como parâmetros, entre outros:
•• Inciso III, *caput*, acrescentado pela Lei n. 14.112, de 24-12-2020.

a) a recuperabilidade do crédito, inclusive considerando eventual prognóstico em caso de falência;
•• Alínea *a* acrescentada pela Lei n. 14.112, de 24-12-2020.

b) a proporção entre o passivo fiscal e o restante das dívidas do sujeito passivo; e
•• Alínea *b* acrescentada pela Lei n. 14.112, de 24-12-2020.

c) o porte e a quantidade de vínculos empregatícios mantidos pela pessoa jurídica;
•• Alínea *c* acrescentada pela Lei n. 14.112, de 24-12-2020.

IV – a cópia integral do processo administrativo de análise da proposta de transação, ainda que esta tenha sido rejeitada, será encaminhada ao juízo da recuperação judicial;
•• Inciso IV acrescentado pela Lei n. 14.112, de 24-12-2020.

V – os seguintes compromissos adicionais serão exigidos do proponente, sem prejuízo do disposto no art. 3.º da Lei n. 13.988, de 14 de abril de 2020:
•• Inciso V, *caput*, acrescentado pela Lei n. 14.112, de 24-12-2020.

a) fornecer à Procuradoria-Geral da Fazenda Nacional informações bancárias e empresariais, incluídas aquelas sobre extratos de fundos ou aplicações financeiras e sobre eventual comprometimento de recebíveis e demais ativos futuros;
•• Alínea *a* acrescentada pela Lei n. 14.112, de 24-12-2020.

b) manter regularidade fiscal perante a União;
•• Alínea *b* acrescentada pela Lei n. 14.112, de 24-12-2020.

c) manter o Certificado de Regularidade do FGTS;
•• Alínea *c* acrescentada pela Lei n. 14.112, de 24-12-2020.

d) demonstrar a ausência de prejuízo decorrente do cumprimento das obrigações contraídas com a celebração da transação em caso de alienação ou de oneração de bens ou direitos integrantes do respectivo ativo não circulante;

Lei n. 10.522, de 19-7-2002 – Cadin

•• Alínea *d* acrescentada pela Lei n. 14.112, de 24-12-2020.

VI – a apresentação da proposta de transação suspenderá o andamento das execuções fiscais, salvo oposição justificada por parte da Procuradoria-Geral da Fazenda Nacional, a ser apreciada pelo respectivo juízo; e

•• Inciso VI acrescentado pela Lei n. 14.112, de 24-12-2020.

VII – a rescisão da transação por inadimplemento de parcelas somente ocorrerá nas seguintes hipóteses:

•• Inciso VII, *caput*, acrescentado pela Lei n. 14.112, de 24-12-2020.

a) falta de pagamento de 6 (seis) parcelas consecutivas ou de 9 (nove) parcelas alternadas; e

•• Alínea *a* acrescentada pela Lei n. 14.112, de 24-12-2020.

b) falta de pagamento de 1 (uma) até 5 (cinco) parcelas, conforme o caso, se todas as demais estiverem pagas.

•• Alínea *b* acrescentada pela Lei n. 14.112, de 24-12-2020.

§ 1.º O limite de que trata o inciso I do *caput* deste artigo poderá ser ampliado em até 12 (doze) meses adicionais quando constatado que o devedor em recuperação judicial desenvolve projetos sociais, nos termos da regulamentação a que se refere a Lei n. 13.988, de 14 de abril de 2020.

•• § 1.º acrescentado pela Lei n. 14.112, de 24-12-2020.

§ 2.º O disposto neste artigo aplica-se, no que couber, aos créditos de qualquer natureza das autarquias e das fundações públicas federais.

•• § 2.º acrescentado pela Lei n. 14.112, de 24-12-2020.

§ 3.º Na hipótese de os créditos referidos no § 2.º deste artigo consistirem em multa decorrente do exercício de poder de polícia, não será aplicável o disposto no inciso I do § 2.º do art. 11 da Lei n. 13.988, de 14 de abril de 2020.

•• § 3.º acrescentado pela Lei n. 14.112, de 24-12-2020.

§ 4.º Os Estados, o Distrito Federal e os Municípios poderão, por lei de iniciativa própria, autorizar que o disposto neste artigo seja aplicado a seus créditos.

•• § 4.º acrescentado pela Lei n. 14.112, de 24-12-2020.

Art. 11. O parcelamento terá sua formalização condicionada ao prévio pagamento da primeira prestação, conforme o montante do débito e o prazo solicitado, observado o disposto no § 1.º do art. 13 desta Lei.

•• *Caput* com redação determinada pela Lei n. 11.941, de 27-5-2009.

§ 1.º Observados os limites e as condições estabelecidos em portaria do Ministro de Estado da Fazenda, em se tratando de débitos inscritos em Dívida Ativa, a concessão do parcelamento fica condicionada à apresentação, pelo devedor, de garantia real ou fidejussória, inclusive fiança bancária, idônea e suficiente para o pagamento do débito, exceto quando se tratar de microempresas e empresas de pequeno porte optantes pela inscrição no Sistema Integrado de Pagamento de Impostos e Contribuições das Microempresas e das Empresas de Pequeno Porte – Simples, de que trata a Lei n. 9.317, de 5 de dezembro de 1996.

•• A Lei n. 9.317, de 5-12-1996, foi revogada pela Lei Complementar n. 123, de 14-12-2006.

§ 2.º Enquanto não deferido o pedido, o devedor fica obrigado a recolher, a cada mês, como antecipação, valor correspondente a uma parcela.

§ 3.º O não cumprimento do disposto neste artigo implicará o indeferimento do pedido.

§§ 4.º a 9.º (*Revogados pela Lei n. 11.941, de 27-5-2009.*)

Art. 12. O pedido de parcelamento deferido constitui confissão de dívida e instrumento hábil e suficiente para a exigência do crédito tributário, podendo a exatidão dos valores parcelados ser objeto de verificação.

•• *Caput* com redação determinada pela Lei n. 11.941, de 27-5-2009.

§ 1.º Cumpridas as condições estabelecidas no art. 11 desta Lei, o parcelamento será:

•• § 1.º, *caput*, acrescentado pela Lei n. 11.941, de 27-5-2009.

I – consolidado na data do pedido; e

•• Inciso I acrescentado pela Lei n. 11.941, de 27-5-2009.

II – considerado automaticamente deferido quando decorrido o prazo de 90 (noventa) dias, contado da data do pedido de parcelamento sem que a Fazenda Nacional tenha se pronunciado.

•• Inciso II acrescentado pela Lei n. 11.941, de 27-5-2009.

§ 2.º Enquanto não deferido o pedido, o devedor fica obrigado a recolher, a cada mês, como antecipação, valor correspondente a uma parcela.

•• § 2.º acrescentado pela Lei n. 11.941, de 27-5-2009.

Art. 13. O valor de cada prestação mensal, por ocasião do pagamento, será acrescido de juros equivalentes à taxa referencial do Sistema Especial de Liquidação e de Custódia – SELIC para títulos federais, acumulada mensalmente, calculados a partir do mês subsequente ao da consolidação até o mês anterior ao do pagamento, e de 1% (um por cento) relativamente ao mês em que o pagamento estiver sendo efetuado.

•• *Caput* com redação determinada pela Lei n. 11.941, de 27-5-2009.

§ 1.º O valor mínimo de cada prestação será fixado em ato conjunto do Secretário da Receita Federal do Brasil e do Procurador-Geral da Fazenda Nacional.

•• § 1.º com redação determinada pela Lei n. 11.941, de 27-5-2009.

§ 2.º No caso de parcelamento de débito inscrito em Dívida Ativa da União, o devedor pagará custas, emolumentos e demais encargos legais.

•• § 2.º com redação determinada pela Lei n. 11.941, de 27-5-2009.

Art. 13-A. O parcelamento dos débitos decorrentes das contribuições sociais instituídas pelos arts. 1.º e 2.º da Lei Complementar n. 110, de 29 de junho de 2001, será requerido perante a Caixa Econômica Federal, aplicando-se-lhe o disposto no *caput* do art. 10, nos arts. 11 e 12, no § 2.º do art. 13 e nos arts. 14 e 14-B desta Lei.

•• *Caput* com redação determinada pela Lei n. 11.941, de 27-5-2009.

§ 1.º O valor da parcela será determinado pela divisão do montante do débito consolidado pelo número de parcelas.

•• § 1.º acrescentado pela Lei n. 11.345, de 14-9-2006.

§ 2.º Para fins do disposto no § 1.º deste artigo, o montante do débito será atualizado e acrescido dos encargos previstos na Lei n. 8.036, de 11 de maio de 1990, e, se for o caso, no Decreto-lei n. 1.025, de 21 de outubro de 1969.

•• § 2.º acrescentado pela Lei n. 11.345, de 14-9-2006.

§ 3.º O Ministro de Estado da Fazenda poderá, nos limites do disposto neste artigo, delegar competência para regulamentar e autorizar o parcelamento dos débitos não inscritos em dívida ativa da União.

•• § 3.º acrescentado pela Lei n. 11.345, de 14-9-2006.

§ 4.º A concessão do parcelamento dos débitos a que se refere este artigo inscritos em dívida ativa da União compete privativamente à Procuradoria-Geral da Fazenda Nacional.

•• § 4.º acrescentado pela Lei n. 11.345, de 14-9-2006.

§ 5.º É vedado o reparcelamento de débitos a que se refere o *caput*, exceto quando inscritos em Dívida Ativa da União.

•• § 5.º acrescentado pela Lei n. 11.941, de 27-5-2009.

Art. 14. É vedada a concessão de parcelamento de débitos relativos a:

I – tributos passíveis de retenção na fonte, de desconto de terceiros ou de sub-rogação;

•• Inciso I com redação determinada pela Lei n. 11.941, de 27-5-2009.

II – Imposto sobre Operações de Crédito, Câmbio e Seguro e sobre Operações relativas a Títulos e Valores Mobiliários – IOF, retido e não recolhido ao Tesouro Nacional;

• O Decreto n. 6.306, de 14-12-2007, regulamenta o IOF.

III – valores recebidos pelos agentes arrecadadores não recolhidos aos cofres públicos;

IV – tributos devidos no registro da Declaração de Importação;

•• Inciso IV acrescentado pela Lei n. 11.941, de 27-5-2009.

V – incentivos fiscais devidos ao Fundo de Investimento do Nordeste – FINOR, Fundo de Investimento da Amazônia – FINAM e Fundo de Recuperação do Estado do Espírito Santo – FUNRES;

•• Inciso V acrescentado pela Lei n. 11.941, de 27-5-2009.

VI – pagamento mensal por estimativa do Imposto sobre a Renda da Pessoa Jurídica – IRPJ e da Contribuição Social sobre o Lucro Líquido – CSLL, na forma do art. 2.º da Lei n. 9.430, de 27 de dezembro de 1996;

•• Inciso VI acrescentado pela Lei n. 11.941, de 27-5-2009.

VII – recolhimento mensal obrigatório da pessoa física relativo a rendimentos de que trata o art. 8.º da Lei n. 7.713, de 22 de dezembro de 1988;

•• Inciso VII acrescentado pela Lei n. 11.941, de 27-5-2009.

VIII – tributo ou outra exação qualquer, enquanto não integralmente pago parcelamento anterior relativo ao mesmo tributo ou exação, salvo nas hipóteses previstas no art. 14-A desta Lei;

•• Inciso VIII acrescentado pela Lei n. 11.941, de 27-5-2009.

IX – tributos devidos por pessoa jurídica com falência decretada ou por pessoa física com insolvência civil decretada; e

•• Inciso IX acrescentado pela Lei n. 11.941, de 27-5-2009.

X – créditos tributários devidos na forma do art. 4.º da Lei n. 10.931, de 2 de agosto de 2004, pela incorporadora optante do Regime Especial Tributário do Patrimônio de Afetação.

•• Inciso X acrescentado pela Lei n. 11.941, de 27-5-2009.

Parágrafo único. (*Revogado pela Lei n. 11.941, de 27-5-2009.*)

Art. 14-A. Observadas as condições previstas neste artigo, será admitido reparcelamento de débitos constantes de parcelamento em andamento ou que tenha sido rescindido.

•• *Caput* acrescentado pela Lei n. 11.941, de 27-5-2009.

§ 1.º No reparcelamento de que trata o *caput* deste artigo poderão ser incluídos novos débitos.

•• § 1.º acrescentado pela Lei n. 11.941, de 27-5-2009.

§ 2.º A formalização do pedido de reparcelamento previsto neste artigo fica condicionada ao recolhimento da primeira parcela em valor correspondente a:

•• § 2.º, *caput*, acrescentado pela Lei n. 11.941, de 27-5-2009.

I – 10% (dez por cento) do total dos débitos consolidados; ou

•• Inciso I acrescentado pela Lei n. 11.941, de 27-5-2009.

II – 20% (vinte por cento) do total dos débitos consolidados, caso haja débito com histórico de reparcelamento anterior.

•• Inciso II acrescentado pela Lei n. 11.941, de 27-5-2009.

§ 3.º Aplicam-se subsidiariamente aos pedidos de que trata este artigo as demais disposições relativas ao parcelamento previstas nesta Lei.

•• § 3.º acrescentado pela Lei n. 11.941, de 27-5-2009.

Art. 14-B. Implicará imediata rescisão do parcelamento e remessa do débito para inscrição em Dívida Ativa da União ou prosseguimento da execução, conforme o caso, a falta de pagamento:

•• *Caput* acrescentado pela Lei n. 11.941, de 27-5-2009.

I – de 3 (três) parcelas, consecutivas ou não; ou

•• Inciso I acrescentado pela Lei n. 11.941, de 27-5-2009.

II – de 1 (uma) parcela, estando pagas todas as demais.

•• Inciso II acrescentado pela Lei n. 11.941, de 27-5-2009.

Art. 14-C. Poderá ser concedido, de ofício ou a pedido, parcelamento simplificado, importando o pagamento da primeira prestação em confissão de dívida e instrumento hábil e suficiente para a exigência do crédito tributário.

•• *Caput* acrescentado pela Lei n. 11.941, de 27-5-2009.

Parágrafo único. Ao parcelamento de que trata o *caput* deste artigo não se aplicam as vedações estabelecidas no art. 14 desta Lei.

•• Parágrafo único acrescentado pela Lei n. 11.941, de 27-5-2009.

Art. 14-D. Os parcelamentos concedidos a Estados, Distrito Federal ou Municípios conterão cláusulas em que estes autorizem a retenção do Fundo de Participação dos Estados – FPE ou do Fundo de Participação dos Municípios – FPM.

•• *Caput* acrescentado pela Lei n. 11.941, de 27-5-2009.

Parágrafo único. O valor mensal das obrigações previdenciárias correntes, para efeito deste artigo, será apurado com base na respectiva Guia de Recolhimento do Fundo de Garantia do Tempo de Serviço e de Informações à Previdência Social – GFIP ou, no caso de sua não apresentação no prazo legal, estimado, utilizando-se a média das últimas 12 (doze) competências recolhidas anteriores ao mês da retenção prevista no *caput* deste artigo, sem prejuízo da cobrança ou restituição ou compensação de eventuais diferenças.

•• Parágrafo único acrescentado pela Lei n. 11.941, de 27-5-2009.

Art. 14-E. Mensalmente, a Secretaria da Receita Federal do Brasil e a Procuradoria-Geral da Fazenda Nacional divulgarão, em seus sítios na internet, demonstrativos dos parcelamentos concedidos no âmbito de suas competências.

•• Artigo acrescentado pela Lei n. 11.941, de 27-5-2009.

Art. 14-F. A Secretaria da Receita Federal do Brasil e a Procuradoria-Geral da Fazenda Nacional, no âmbito de suas competências, editarão atos necessários à execução do parcelamento de que trata esta Lei.

•• Artigo acrescentado pela Lei n. 11.941, de 27-5-2009.

Art. 15. Observados os requisitos e as condições estabelecidos nesta Lei, os parcelamentos de débitos vencidos até 31 de julho de 1998 poderão ser efetuados em até:

I – 96 (noventa e seis) prestações, se solicitados até 31 de outubro de 1998;

II – 72 (setenta e duas) prestações, se solicitados até 30 de novembro de 1998;

III – 60 (sessenta) prestações, se solicitados até 31 de dezembro de 1998.

§ 1.º O disposto neste artigo aplica-se aos débitos de qualquer natureza para com a Fazenda Nacional, inscritos ou não como Dívida Ativa, mesmo em fase de execução fiscal já ajuizada, ou que tenham sido objeto de parcelamento anterior, não integralmente quitado, ainda que cancelado por falta de pagamento.

§ 2.º A vedação de que trata o art. 14, na hipótese a que se refere este artigo, não se aplica a entidades esportivas e entidades assistenciais, sem fins lucrativos.

§ 3.º Ao parcelamento previsto neste artigo, inclusive os requeridos e já concedidos, a partir de 29 de junho de 1998, aplicam-se os juros de que trata o art. 13.

§ 4.º Constitui condição para o deferimento do pedido de parcelamento e sua manutenção a inexistência de débitos em situação irregular, de tributos e contribuições federais de responsabilidade do sujeito passivo, vencidos posteriormente a 31 de dezembro de 1997.

§ 5.º O Ministro de Estado da Fazenda fixará requisitos e condições especiais para o parcelamento previsto no *caput* deste artigo.

Art. 16. Os débitos para com a Fazenda Nacional, decorrentes de avais e outras garantias honradas em operações externas e internas e os de natureza financeira transferidos à União por força da extinção de entidades públicas federais, existentes em 30 de setembro de 1996, incluindo eventuais repactuações, poderão ser parcelados com prazo de até 72 (setenta e dois) meses, desde que os pedidos de parcelamento sejam protocolizados até 15 de abril de 1997, obedecidos aos requisitos e demais condições estabelecidos nesta Lei.

§ 1.º O saldo devedor da dívida será atualizado no primeiro dia útil de cada mês, de acordo com a variação da Taxa Referencial – TR, ocorrida no mês anterior, acrescida de 12% a.a. (doze por cento ao ano), mais 0,5% a.a. (cinco décimos por cento ao ano) sobre o saldo devedor destinado à administração do crédito pelo agente financeiro.

§ 2.º O parcelamento será formalizado, mediante a celebração de contrato de confissão, consolidação e parcelamento de dívida, sem implicar novação, junto ao Banco do Brasil S.A., na qualidade de agente financeiro do Tesouro Nacional.

§ 3.º Os contratos de parcelamento das dívidas decorrentes de honra de aval em operações externas incluirão, obrigatoriamente, cláusula que autorize o bloqueio de recursos na rede bancária, à falta de pagamento de qualquer parcela, decorridos 30 (trinta) dias do vencimento.

Art. 17. Fica acrescentado o seguinte parágrafo ao art. 84 da Lei n. 8.981, de 20 de janeiro de 1995:

•• Alteração já processada no diploma modificado.

Art. 18. Ficam dispensados a constituição de créditos da Fazenda Nacional, a inscrição como Dívida Ativa da União, o ajuizamento da respectiva execução fiscal, bem assim cancelados o lançamento e a inscrição, relativamente:

•• O Decreto n. 7.574, de 29-9-2011, regulamenta o processo de determinação e exigência de créditos tributários da União, o processo de consulta sobre a aplicação da legislação tributária federal e outros processos que especifica, sobre matérias administradas pela Secretaria da Receita Federal do Brasil.

I – à contribuição de que trata a Lei n. 7.689, de 15 de dezembro de 1988, incidente sobre o resultado apurado no período-base encerrado em 31 de dezembro de 1988;

II – ao empréstimo compulsório instituído pelo Decreto-lei n. 2.288, de 23 de julho de 1986, sobre a aquisição de veículos automotores e de combustível;

III – à contribuição ao Fundo de Investimento Social – Finsocial, exigida das empresas exclusivamente vendedoras de mercadorias e mistas, com fundamento no art. 9.º da Lei n. 7.689, de 1988, na alíquota superior a 0,5% (cinco décimos por cento), conforme Leis n. 7.787, de 30 de junho de 1989, 7.894, de 24 de novembro de 1989, e 8.147, de 28 de dezembro de 1990, acrescida do adicional de 0,1% (um décimo por cento) sobre os fatos geradores relativos ao exercício de 1988, nos termos do art. 22 do Decreto-lei n. 2.397, de 21 de dezembro de 1987;

IV – ao imposto provisório sobre a movimentação ou a transmissão de valores e de créditos e direitos de natureza financeira – IPMF, instituído pela Lei Complementar n. 77, de 13 de julho de 1993, relativo ao ano-base 1993, e às imunidades previstas no art. 150, VI, a, b, c e d, da Constituição;

V – à taxa de licenciamento de importação, exigida nos termos do art. 10 da Lei n. 2.145, de 29 de dezembro de 1953, com a redação da Lei n. 7.690, de 15 de dezembro de 1988;

VI – à sobretarifa ao Fundo Nacional de Telecomunicações;

VII – ao adicional de tarifa portuária, salvo em se tratando de operações de importação e exportação de mercadorias quando objeto de comércio de navegação de longo curso;

• A Lei n. 9.309, de 2-10-1996, extinguiu o Adicional de Tarifa Portuária – ATP.

VIII – à parcela da contribuição ao Programa de Integração Social exigida na forma do Decreto-lei n. 2.445, de 29 de junho de 1988, e do Decreto-lei n. 2.449, de 21 de julho de 1988, na parte que exceda o valor devido com fulcro na Lei Complementar n. 7, de 7 de setembro de 1970, e alterações posteriores;

IX – à contribuição para o financiamento da seguridade social – Cofins, nos termos do art. 7.º da Lei Complementar n. 70, de 30 de dezembro de 1991, com a redação dada pelo art. 1.º da Lei Complementar n. 85, de 15 de fevereiro de 1996;

....

§ 1.º Ficam cancelados os débitos inscritos em Dívida Ativa da União, de valor consolidado igual ou inferior a R$ 100,00 (cem reais).

§ 2.º Os autos das execuções fiscais dos débitos de que trata este artigo serão arquivados mediante despacho do juiz, ciente o Procurador da Fazenda Nacional, salvo a existência de valor remanescente relativo a débitos legalmente exigíveis.

§ 3.º O disposto neste artigo não implicará restituição ex officio de quantia paga.

Art. 18-A. Comitê formado de integrantes do Conselho Administrativo de Recursos Fiscais, da Secretaria Especial da Receita Federal do Brasil do Ministério da Economia e da Procuradoria-Geral da Fazenda Nacional editará enunciados de súmula da administração tributária federal, conforme o disposto em ato do Ministro de Estado da Economia, que deverão ser observados nos atos administrativos, normativos e decisórios praticados pelos referidos órgãos.

•• Artigo acrescentado pela Lei n. 13.874, de 20-9-2019.

Art. 19. Fica a Procuradoria-Geral da Fazenda Nacional dispensada de contestar, de oferecer contrarrazões e de interpor recursos, e fica autorizada a desistir de recursos já interpostos, desde que inexista outro fundamento relevante, na hipótese em que a ação ou a decisão judicial ou administrativa versar sobre:

•• Caput com redação determinada pela Lei n. 13.874, de 20-9-2019.

I – matérias de que trata o art. 18;

II – tema que seja objeto de parecer, vigente e aprovado, pelo Procurador-Geral da Fazenda Nacional, que conclua no mesmo sentido do pleito do particular;

•• Inciso II com redação determinada pela Lei n. 13.874, de 20-9-2019.

III – (Vetado.)

•• Inciso III acrescentado pela Lei n. 12.788, de 14-1-2013.

IV – tema sobre o qual exista súmula ou parecer do Advogado-Geral da União que conclua no mesmo sentido do pleito do particular;

•• Inciso IV com redação determinada pela Lei n. 13.874, de 20-9-2019.

V – tema fundado em dispositivo legal que tenha sido declarado inconstitucional pelo Supremo Tribunal Federal em sede de controle difuso e tenha tido sua execução suspensa por resolução do Senado Federal, ou tema sobre o qual exista enunciado de súmula vinculante ou que tenha sido definido pelo Supremo Tribunal Federal em sentido desfavorável à Fazenda Nacional em sede de controle concentrado de constitucionalidade;

•• Inciso V com redação determinada pela Lei n. 13.874, de 20-9-2019.

VI – tema decidido pelo Supremo Tribunal Federal, em matéria constitucional, ou pelo Superior Tribunal de Justiça, pelo Tribunal Superior do Trabalho, pelo Tribunal Superior Eleitoral ou pela Turma Nacional de Uniformização de Jurisprudência, no âmbito de suas competências, quando:

•• Inciso VI, caput, acrescentado pela Lei n. 13.874, de 20-9-2019.

a) for definido em sede de repercussão geral ou recurso repetitivo; ou

•• Alínea a acrescentada pela Lei n. 13.874, de 20-9-2019.

b) não houver viabilidade de reversão da tese firmada em sentido desfavorável à Fazenda Nacional, conforme critérios definidos em ato do Procurador-Geral da Fazenda Nacional; e

•• Alínea b acrescentada pela Lei n. 13.874, de 20-9-2019.

VII – tema que seja objeto de súmula da administração tributária federal de que trata o art. 18-A desta Lei.

•• Inciso VII acrescentado pela Lei n. 13.874, de 20-9-2019.

§ 1.º Nas matérias de que trata este artigo, o Procurador da Fazenda Nacional que atuar no feito deverá, expressamente:

•• § 1.º, caput, com redação determinada pela Lei n. 12.844, de 19-7-2013.

I – reconhecer a procedência do pedido, quando citado para apresentar resposta, inclusive em embargos à execução fiscal e exceções de pré-executividade, hipóteses em que não haverá condenação em honorários; ou

•• Inciso I acrescentado pela Lei n. 12.844, de 19-7-2013.

II – manifestar o seu desinteresse em recorrer, quando intimado da decisão judicial.

•• Inciso II acrescentado pela Lei n. 12.844, de 19-7-2013.

§ 2.º A sentença, ocorrendo a hipótese do § 1.º, não se subordinará ao duplo grau de jurisdição obrigatório.

§§ 3.º a 5.º (Revogados pela Lei n. 13.874, de 20-9-2019.)

§ 6.º (Vetado.)

•• § 6.º acrescentado pela Lei n. 12.788, de 14-1-2013.

§ 7.º (Revogado pela Lei n. 13.874, de 20-9-2019.)

§ 8.º O parecer da Procuradoria-Geral da Fazenda Nacional que examina a juridicidade de proposições normativas não se enquadra no disposto no inciso II do caput deste artigo.

•• § 8.º acrescentado pela Lei n. 13.874, de 20-9-2019.

§ 9.º A dispensa de que tratam os incisos V e VI do caput deste artigo poderá ser esten-

dida a tema não abrangido pelo julgado, quando a ele forem aplicáveis os fundamentos determinantes extraídos do julgamento paradigma ou da jurisprudência consolidada, desde que inexista outro fundamento relevante que justifique a impugnação em juízo.
•• § 9.º acrescentado pela Lei n. 13.874, de 20-9-2019.

§ 10. O disposto neste artigo estende-se, no que couber, aos demais meios de impugnação às decisões judiciais.
•• § 10 acrescentado pela Lei n. 13.874, de 20-9-2019.

§ 11. O disposto neste artigo aplica-se a todas as causas em que as unidades da Procuradoria-Geral da Fazenda Nacional devam atuar na qualidade de representante judicial ou da autoridade coatora.
•• § 11 acrescentado pela Lei n. 13.874, de 20-9-2019.

§ 12. Os órgãos do Poder Judiciário e as unidades da Procuradoria-Geral da Fazenda Nacional poderão, de comum acordo, realizar mutirões para análise do enquadramento de processos ou de recursos nas hipóteses previstas neste artigo e celebrar negócios processuais com fundamento no disposto no art. 190 da Lei n. 13.105, de 16 de março de 2015 (Código de Processo Civil).
•• § 12 acrescentado pela Lei n. 13.874, de 20-9-2019.

§ 13. Sem prejuízo do disposto no § 12 deste artigo, a Procuradoria-Geral da Fazenda Nacional regulamentará a celebração de negócios jurídicos processuais em seu âmbito de atuação, inclusive na cobrança administrativa ou judicial da dívida ativa da União.
•• § 13 acrescentado pela Lei n. 13.874, de 20-9-2019.

Art. 19-A. Os Auditores-Fiscais da Secretaria Especial da Receita Federal do Brasil não constituirão os créditos tributários relativos aos temas de que trata o art. 19 desta Lei, observado:
•• *Caput* acrescentado pela Lei n. 13.874, de 20-9-2019.

I – o disposto no parecer a que se refere o inciso II do *caput* do art. 19 desta Lei, que será aprovado na forma do art. 42 da Lei Complementar n. 73, de 10 de fevereiro de 1993, ou que terá concordância com a sua aplicação pela Secretaria Especial da Receita Federal do Brasil do Ministério da Economia;
•• Inciso I acrescentado pela Lei n. 13.874, de 20-9-2019.

II – o parecer a que se refere o inciso IV do *caput* do art. 19 desta Lei, que será aprovado na forma do disposto no art. 40 da Lei Complementar n. 73, de 10 de fevereiro de 1993, ou que, quando não aprovado por despacho do Presidente da República, terá concordância com a sua aplicação pelo Ministro de Estado da Economia; ou
•• Inciso II acrescentado pela Lei n. 13.874, de 20-9-2019.

III – nas hipóteses de que tratam o inciso VI do *caput* e o § 9.º do art. 19 desta Lei, a Procuradoria-Geral da Fazenda Nacional deverá manifestar-se sobre as matérias abrangidas por esses dispositivos.
•• Inciso III acrescentado pela Lei n. 13.874, de 20-9-2019.

§ 1.º Os Auditores-Fiscais da Secretaria Especial da Receita Federal do Brasil do Ministério da Economia adotarão, em suas decisões, o entendimento a que estiverem vinculados, inclusive para fins de revisão de ofício do lançamento e de repetição de indébito administrativa.
•• § 1.º acrescentado pela Lei n. 13.874, de 20-9-2019.

§ 2.º O disposto neste artigo aplica-se, no que couber, aos responsáveis pela retenção de tributos e, ao emitirem laudos periciais para atestar a existência de condições que gerem isenção de tributos, aos serviços médicos oficiais.
•• § 2.º acrescentado pela Lei n. 13.874, de 20-9-2019.

Art. 19-B. Os demais órgãos da administração pública que administrem créditos tributários e não tributários passíveis de inscrição e de cobrança pela Procuradoria-Geral da Fazenda Nacional encontram-se dispensados de constituir e de promover a cobrança com fundamento nas hipóteses de dispensa de que trata o art. 19 desta Lei.
•• *Caput* acrescentado pela Lei n. 13.874, de 20-9-2019.

Parágrafo único. A aplicação do disposto no *caput* deste artigo observará, no que couber, as disposições do art. 19-A desta Lei.
•• Parágrafo único acrescentado pela Lei n. 13.874, de 20-9-2019.

Art. 19-C. A Procuradoria-Geral da Fazenda Nacional poderá dispensar a prática de atos processuais, inclusive poderá desistir de recursos interpostos, e autorizar a realização de acordos em fase de cumprimento de sentença, a fim de atender a critérios de racionalidade, de economicidade e de eficiência.
•• *Caput* com redação determinada pela Lei n. 14.195, de 26-8-2021.
•• A Portaria Normativa n. 3, de 17-6-2021, da PGU, regulamenta os critérios para a dispensa da prática de atos e desistência de recursos, bem como procedimentos ligados a execuções e cumprimentos de sentença em face da União.

§ 1.º O disposto no *caput* deste artigo inclui o estabelecimento de parâmetros de valor para a dispensa da prática de atos processuais.
•• § 1.º acrescentado pela Lei n. 13.874, de 20-9-2019.

§ 2.º A aplicação do disposto neste artigo não implicará o reconhecimento da procedência do pedido formulado pelo autor.
•• § 2.º acrescentado pela Lei n. 13.874, de 20-9-2019.

§ 3.º O disposto neste artigo aplica-se, inclusive, à atuação da Procuradoria-Geral da Fazenda Nacional no âmbito do contencioso administrativo fiscal.

•• § 3.º acrescentado pela Lei n. 13.874, de 20-9-2019.
•• A Portaria Conjunta n. 13, de 19-8-2019, da AGU, disciplina a aplicação deste artigo, no âmbito da delegação prevista no inciso II do § 3.º do art. 16 da Lei n. 11.457, de 16-3-2007.

Art. 19-D. O disposto nos arts. 19, 19-B, 19-C, 19-F, 20-A, 20-B, 20-C e 20-D desta Lei e nos arts. 17 e 18 da Lei n. 14.195, de 26 de agosto de 2021, aplica-se, no que couber, à Procuradoria-Geral da União, à Procuradoria-Geral Federal e à Procuradoria-Geral do Banco Central do Brasil, sem prejuízo do disposto na Lei n. 9.469, de 10 de julho de 1997.
•• *Caput* com redação determinada pela Lei n. 14.375, de 21-6-2022.
•• Artigo regulamentado pela Portaria Normativa n. 90, de 8-5-2023, da Advocacia Geral da União.
•• A Portaria Normativa n. 3, de 17-6-2021, da PGU, regulamenta os critérios para a dispensa da prática de atos e desistência de recursos, bem como procedimentos ligados a execuções e cumprimentos de sentença em face da União.

§ 1.º Aos órgãos da administração pública federal direta, representados pela Procuradoria-Geral da União, e às autarquias e fundações públicas, representadas pela Procuradoria-Geral Federal ou pela Procuradoria-Geral do Banco Central do Brasil, aplica-se, no que couber, o disposto no art. 19-B desta Lei.
•• § 1.º acrescentado pela Lei n. 13.874, de 20-9-2019.

§ 2.º Ato do Advogado-Geral da União disciplinará o disposto neste artigo.
•• § 2.º acrescentado pela Lei n. 13.874, de 20-9-2019.

Art. 19-E. (*Revogado pela Lei n. 14.689, de 20-9-2023.*)

Art. 19-F. A Procuradoria-Geral da Fazenda Nacional poderá contratar, por meio de processo licitatório ou credenciamento, serviços de terceiros para auxiliar sua atividade de cobrança.
•• *Caput* acrescentado pela Lei n. 14.195, de 26-8-2021.

§ 1.º Os serviços referidos no *caput* deste artigo restringem-se à execução de atos relacionados à cobrança administrativa da dívida ativa que prescindam da utilização de informações protegidas por sigilo fiscal, tais como o contato com os devedores por via telefônica ou por meios digitais, e à administração de bens oferecidos em garantia administrativa ou judicial ou penhorados em execuções fiscais, incluídas atividades de depósito, de guarda, de transporte, de conservação e de alienação desses bens.
•• § 1.º acrescentado pela Lei n. 14.195, de 26-8-2021.

§ 2.º O órgão responsável, no âmbito de suas competências, deverá regulamentar o disposto neste artigo e definir os requisitos para contratação ou credenciamento, os critérios para seleção das dívidas, o valor máximo admissível e a forma de remuneração do contratado, que poderá ser por taxa de êxito, desde que demonstrada a sua maior

adequação ao interesse público e às práticas usuais de mercado.
•• § 2.º acrescentado pela Lei n. 14.195, de 26-8-2021.

Art. 20. Serão arquivados, sem baixa na distribuição, por meio de requerimento do Procurador da Fazenda Nacional, os autos das execuções fiscais de débitos inscritos em dívida ativa da União pela Procuradoria-Geral da Fazenda Nacional ou por ela cobrados, de valor consolidado igual ou inferior àquele estabelecido em ato do Procurador-Geral da Fazenda Nacional.
•• *Caput* com redação determinada pela Lei n. 13.874, de 20-9-2019.

§ 1.º Os autos de execução a que se refere este artigo serão reativados quando os valores dos débitos ultrapassarem os limites indicados.

§ 2.º Serão extintas, mediante requerimento do Procurador da Fazenda Nacional, as execuções que versem exclusivamente sobre honorários devidos à Fazenda Nacional de valor igual ou inferior a R$ 1.000,00 (mil reais).
•• § 2.º com redação determinada pela Lei n. 11.033, de 21-12-2004.

§ 3.º *(Revogado pela Lei n. 13.043, de 13-11-2014.)*

§ 4.º No caso de reunião de processos contra o mesmo devedor, na forma do art. 28 da Lei n. 6.830, de 22 de setembro de 1980, para os fins de que trata o limite indicado no *caput* deste artigo, será considerada a soma dos débitos consolidados das inscrições reunidas.
•• § 4.º acrescentado pela Lei n. 11.033, de 21-12-2004.

Art. 20-A. Nos casos de execução contra a Fazenda Nacional, é a Procuradoria-Geral da Fazenda Nacional autorizada a não opor embargos, quando o valor pleiteado pelo exequente for inferior àquele fixado em ato do Ministro da Fazenda.
•• Artigo acrescentado pela Lei n. 12.649, de 17-5-2012.

Art. 20-B. Inscrito o crédito em dívida ativa da União, o devedor será notificado para, em até cinco dias, efetuar o pagamento do valor atualizado monetariamente, acrescido de juros, multa e demais encargos nela indicados
•• *Caput* acrescentado pela Lei n. 13.606, de 9-1-2018.

§ 1.º A notificação será expedida por via eletrônica ou postal para o endereço do devedor e será considerada entregue depois de decorridos quinze dias da respectiva expedição.
•• § 1.º acrescentado pela Lei n. 13.606, de 9-1-2018.

§ 2.º Presume-se válida a notificação expedida para o endereço informado pelo contribuinte ou responsável à Fazenda Pública.
•• § 2.º acrescentado pela Lei n. 13.606, de 9-1-2018.

§ 3.º Não pago o débito no prazo fixado no *caput* deste artigo, a Fazenda Pública poderá:

•• § 3.º, *caput*, acrescentado pela Lei n. 13.606, de 9-1-2018.

I – comunicar a inscrição em dívida ativa aos órgãos que operam bancos de dados e cadastros relativos a consumidores e aos serviços de proteção ao crédito e congêneres; e
•• Inciso I acrescentado pela Lei n. 13.606, de 9-1-2018.

II – averbar, inclusive por meio eletrônico, a certidão de dívida ativa nos órgãos de registro de bens e direitos sujeitos a arresto ou penhora, tornando-os indisponíveis.
•• Inciso II acrescentado pela Lei n. 13.606, de 9-1-2018.
•• O STF, na ADIs n. 5.881, 5.886, 5.890, 5.925, 5.931 e 5.932 na sessão virtual de 9-12-2020, (*DOU* de 17-12-2020), julgou parcialmente procedentes os pedidos formulados na ação direta, para considerar inconstitucional a parte final desse inciso II, onde se lê "tornando-os indisponíveis", na redação dada pela Lei n. 13.606/2018.

Art. 20-C. A Procuradoria-Geral da Fazenda Nacional poderá condicionar o ajuizamento de execuções fiscais à verificação de indícios de bens, direitos ou atividade econômica dos devedores ou corresponsáveis, desde que úteis à satisfação integral ou parcial dos débitos a serem executados.
•• *Caput* acrescentado pela Lei n. 13.606, de 9-1-2018.

Parágrafo único. Compete ao Procurador-Geral da Fazenda Nacional definir os limites, critérios e parâmetros para o ajuizamento da ação de que trata o *caput* deste artigo, observados os critérios de racionalidade, economicidade e eficiência.
•• Parágrafo único acrescentado pela Lei n. 13.606, de 9-1-2018.

Art. 20-D. Sem prejuízo da utilização das medidas judicias para recuperação e acautelamento dos créditos inscritos, se houver indícios da prática de ato ilícito previsto na legislação tributária, civil e empresarial como causa de responsabilidade de terceiros por parte do contribuinte, sócios, administradores, pessoas relacionadas e demais responsáveis, a Procuradoria-Geral da Fazenda Nacional poderá, a critério exclusivo da autoridade fazendária:
•• *Caput* acrescentado pela Lei n. 13.606, de 9-1-2018, originariamente vetado, todavia promulgado em 18-4-2018.

I – notificar as pessoas de que trata o *caput* deste artigo ou terceiros para prestar depoimentos ou esclarecimentos;
•• Inciso I acrescentado pela Lei n. 13.606, de 9-1-2018, originariamente vetado, todavia promulgado em 18-4-2018.

II – requisitar informações, exames periciais e documentos de autoridades federais, estaduais e municipais, bem como dos órgãos e entidades da Administração Pública direta, indireta ou fundacional, de qualquer dos Poderes da União, dos Estados, do Distrito Federal e dos Municípios;
•• Inciso II acrescentado pela Lei n. 13.606, de 9-1-2018, originariamente vetado, todavia promulgado em 18-4-2018.

III – instaurar procedimento administrativo para apuração de responsabilidade por débito inscrito em dívida ativa da União, ajuizado ou não, observadas, no que couber, as disposições da Lei n. 9.784, de 29 de janeiro de 1999.
•• Inciso III acrescentado pela Lei n. 13.606, de 9-1-2018, originariamente vetado, todavia promulgado em 18-4-2018.

Art. 20-E. A Procuradoria-Geral da Fazenda Nacional editará atos complementares para o fiel cumprimento do disposto nos arts. 20-B, 20-C e 20-D desta Lei.
•• Artigo acrescentado pela Lei n. 13.606, de 9-1-2018.

Art. 21. Fica isento do pagamento dos honorários de sucumbência o autor da demanda de natureza tributária, proposta contra a União (Fazenda Nacional), que desistir da ação e renunciar ao direito sobre que ela se funda, desde que:

I – a decisão proferida no processo de conhecimento não tenha transitado em julgado;

II – a renúncia e o pedido de conversão dos depósitos judiciais em renda da União sejam protocolizados até 15 de setembro de 1997.

Art. 22. O pedido poderá ser homologado pelo juiz, pelo relator do recurso, ou pelo presidente do tribunal, ficando extinto o crédito tributário, até o limite dos depósitos convertidos.

§ 1.º Na hipótese a homologação ser da competência do relator ou do presidente do tribunal, incumbirá ao autor peticionar ao juiz de primeiro grau que houver apreciado o feito, informando a homologação da renúncia para que este determine, de imediato, a conversão dos depósitos em renda da União, independentemente do retorno dos autos do processo ou da respectiva ação cautelar à vara de origem.

§ 2.º A petição de que trata o § 1.º deverá conter o número da conta a que os depósitos estejam vinculados e virá acompanhada de cópia da página do órgão oficial onde tiver sido publicado o ato homologatório.

§ 3.º Com a renúncia da ação principal deverão ser extintas todas as ações cautelares a ela vinculadas, nas quais não será devida verba de sucumbência.

Art. 23. O ofício para que o depositário proceda à conversão de depósito em renda deverá ser expedido no prazo máximo de 15 (quinze) dias, contado da data do despacho judicial que acolher a petição.

Art. 24. As pessoas jurídicas de direito público são dispensadas de autenticar as cópias reprográficas de quaisquer documentos que apresentem em juízo.

Art. 25. O termo de inscrição em Dívida Ativa da União, bem como o das autarquias e fundações públicas federais, a Certidão de Dívida Ativa dele extraída e a petição inicial em processo de execução fiscal poderão ser subscritos manualmente, ou por

chancela mecânica ou eletrônica, observadas as disposições legais.
•• *Caput* com redação determinada pela Lei n. 11.941, de 27-5-2009.

Parágrafo único. O disposto no *caput* deste artigo aplica-se, também, à inscrição em Dívida Ativa e à cobrança judicial da contribuição, multas e demais encargos previstos na legislação respectiva, relativos ao Fundo de Garantia do Tempo de Serviço.

Art. 26. Fica suspensa a restrição para transferência de recursos federais a Estados, Distrito Federal e Municípios destinados à execução de ações sociais ou ações em faixa de fronteira, em decorrência de inadimplementos objetos de registro no Cadin e no Sistema Integrado de Administração Financeira do Governo Federal – SIAFI.
•• Artigo com redação determinada pela Lei n. 12.810, de 15-5-2013.

Art. 26-A. O órgão ou entidade que receber recursos para execução de convênios, contratos de repasse e termos de parcerias na forma estabelecida pela legislação federal estará sujeito a prestar contas da sua boa e regular aplicação, observando-se o disposto nos §§ 1.º a 10 deste artigo.
•• *Caput* acrescentado pela Lei n. 12.810, de 15-5-2013.

§ 1.º Norma específica disporá sobre o prazo para prestação de contas e instauração de tomada de contas especial, se for o caso.
•• § 1.º acrescentado pela Lei n. 12.810, de 15-5-2013.

§ 2.º Quando a prestação de contas não for encaminhada no prazo estabelecido, será concedido o prazo máximo de 30 (trinta) dias para sua apresentação, ou recolhimento dos recursos, incluídos os rendimentos da aplicação no mercado financeiro, atualizados monetariamente e acrescidos de juros de mora, na forma da lei.
•• § 2.º acrescentado pela Lei n. 12.810, de 15-5-2013.

§ 3.º Para os convênios em que não tenha havido qualquer execução física nem utilização dos recursos, o recolhimento à conta única do Tesouro deverá ocorrer sem a incidência de juros de mora, mas com os rendimentos da aplicação financeira.
•• § 3.º acrescentado pela Lei n. 12.810, de 15-5-2013.

§ 4.º Apresentada a prestação de contas, o concedente deverá apreciá-la aprovando ou rejeitando, total ou parcialmente, as contas, de forma motivada.
•• § 4.º acrescentado pela Lei n. 12.810, de 15-5-2013.

§ 5.º Na ocorrência de uma das hipóteses de inadimplência previstas nos §§ 1.º a 4.º, ou no caso de as contas prestadas serem rejeitadas total ou parcialmente, o concedente registrará a inadimplência no sistema de gestão do instrumento e comunicará o fato ao órgão de contabilidade analítica a que estiver vinculado, para fins de instauração de tomada de contas especial, ou outro procedimento de apuração no qual sejam garantidos oportunizados o contraditório e a ampla defesa das partes envolvidas.
•• § 5.º acrescentado pela Lei n. 12.810, de 15-5-2013.

§ 6.º Confirmada a existência de prejuízo ao erário ou desvio dos recursos na forma do § 5.º, serão implementadas medidas administrativas ou judiciais para recuperação dos valores, sob pena de responsabilização solidária.
•• § 6.º acrescentado pela Lei n. 12.810, de 15-5-2013.

§ 7.º Cabe ao prefeito e ao governador sucessores prestarem contas dos recursos provenientes de convênios, contratos de repasse e termos de parcerias firmados pelos seus antecessores.
•• § 7.º acrescentado pela Lei n. 12.810, de 15-5-2013.

§ 8.º Na impossibilidade de atender ao disposto no § 7.º, deverão ser apresentadas ao concedente justificativas que demonstrem o impedimento de prestar contas e solicitação de instauração de tomada de contas especial.
•• § 8.º acrescentado pela Lei n. 12.810, de 15-5-2013.

§ 9.º Adotada a providência prevista no § 8.º, o registro de inadimplência do órgão ou entidade será suspenso, no prazo de até 48 (quarenta e oito) horas, pelo concedente.
•• § 9.º acrescentado pela Lei n. 12.810, de 15-5-2013.

§ 10. Norma específica disporá sobre o prazo para registro de inadimplência no sistema de gestão do instrumento e a forma de notificação prévia com os referidos prazos.
•• § 10 acrescentado pela Lei n. 12.810, de 15-5-2013.

Art. 27. Não cabe recurso de ofício das decisões prolatadas pela Secretaria da Receita Federal do Brasil, em processos relativos a tributos administrados por esse órgão:
•• *Caput* com redação determinada pela Lei n. 12.788, de 14-1-2013.

I – quando se tratar de pedido de restituição de tributos;
•• Inciso I acrescentado pela Lei n. 12.788, de 14-1-2013.

II – quando se tratar de ressarcimento de créditos do Imposto sobre Produtos Industrializados – IPI, da Contribuição para o PIS/Pasep e da Contribuição para o Financiamento da Seguridade Social – COFINS;
•• Inciso II acrescentado pela Lei n. 12.788, de 14-1-2013.

III – quando se tratar de reembolso do salário-família e do salário-maternidade;
•• Inciso III acrescentado pela Lei n. 12.788, de 14-1-2013.

IV – quando se tratar de homologação de compensação;
•• Inciso IV acrescentado pela Lei n. 12.788, de 14-1-2013.

V – nos casos de redução de penalidade por retroatividade benigna; e
•• Inciso V acrescentado pela Lei n. 12.788, de 14-1-2013.

VI – nas hipóteses em que a decisão estiver fundamentada em decisão proferida em ação direta de inconstitucionalidade, em súmula vinculante proferida pelo Supremo Tribunal Federal e no disposto no § 6.º do art. 19.
•• Inciso VI acrescentado pela Lei n. 12.788, de 14-1-2013.

Art. 28. O inciso II do art. 3.º da Lei n. 8.748, de 9 de dezembro de 1993, passa a ter a seguinte redação:
•• Alteração já processada no diploma modificado.

Art. 29. Os débitos de qualquer natureza para com a Fazenda Nacional e os decorrentes de contribuições arrecadadas pela União, constituídos ou não, cujos fatos geradores tenham ocorrido até 31 de dezembro de 1994, que não hajam sido objeto de parcelamento requerido até 31 de agosto de 1995, expressos em quantidade de UFIR, serão reconvertidos para real, com base no valor daquela fixado para 1.º de janeiro de 1997.

§ 1.º A partir de 1.º de janeiro de 1997, os créditos apurados serão lançados em reais.

§ 2.º Para fins de inscrição dos débitos referidos neste artigo em Dívida Ativa da União, deverá ser informado à Procuradoria-Geral da Fazenda Nacional o valor originário dos mesmos, na moeda vigente à época da ocorrência do fato gerador da obrigação.

§ 3.º Observado o disposto neste artigo, bem assim a atualização efetuada para o ano de 2000, nos termos do art. 75 da Lei n. 9.430, de 27 de dezembro de 1996, fica extinta a Unidade de Referência Fiscal – UFIR, instituída pelo art. 1.º da Lei n. 8.383, de 30 de dezembro de 1991.

Art. 30. Em relação aos débitos referidos no art. 29, bem como aos inscritos em Dívida Ativa da União, passam a incidir, a partir de 1.º de janeiro de 1997, juros de mora equivalentes à taxa referencial do Sistema Especial de Liquidação e de Custódia – Selic para títulos federais, acumulada mensalmente, até o último dia do mês anterior ao do pagamento, e de 1% (um por cento) no mês de pagamento.

Art. 31. Ficam dispensados a constituição de créditos da Comissão de Valores Mobiliários – CVM, a inscrição na sua Dívida Ativa e o ajuizamento da respectiva execução fiscal, bem assim cancelados o lançamento e a inscrição relativamente:

I – a taxa de fiscalização e seus acréscimos, de que trata a Lei n. 7.940, de 20 de dezembro de 1989, devida a partir de 1.º de janeiro de 1990 àquela autarquia, pelas companhias fechadas beneficiárias de incentivos fiscais;

II – às multas cominatórias que tiverem sido aplicadas a essas companhias nos termos da Instrução CVM n. 92, de 8 de dezembro de 1988.

§ 1.º O disposto neste artigo somente se aplica àquelas companhias que tenham patrimônio líquido igual ou inferior a

R$ 10.000.000,00 (dez milhões de reais), conforme demonstrações financeiras do último exercício social, devidamente auditadas por auditor independente registrado na CVM e procedam ao cancelamento do seu registro na CVM, mediante oferta pública de aquisição da totalidade desses títulos, nos termos do art. 20 e seguintes da Instrução CVM n. 265, de 18 de julho de 1997, caso tenham ações disseminadas no mercado, em 31 de outubro de 1997.

§ 2.º Os autos das execuções fiscais dos débitos de que trata este artigo serão arquivados mediante despacho do juiz, ciente o Procurador da CVM, salvo a existência de valor remanescente relativo a débitos legalmente exigíveis.

§ 3.º O disposto neste artigo não implicará restituição de quantias pagas.

Art. 32. O art. 33 do Decreto n. 70.235, de 6 de março de 1972, que, por delegação do Decreto-lei n. 822, de 5 de setembro de 1969, regula o processo administrativo de determinação e exigência de créditos tributários da União, passa a vigorar com a seguinte alteração:

•• Alteração já processada no diploma modificado.

....

Art. 35. As certidões expedidas pelos órgãos da administração fiscal e tributária poderão ser emitidas pela internet (rede mundial de computadores) com as seguintes características:

I – serão válidas independentemente de assinatura ou chancela de servidor dos órgãos emissores;

II – serão instituídas pelo órgão emissor mediante ato específico publicado no Diário Oficial da União onde conste o modelo do documento.

....

Art. 37. Os créditos do Banco Central do Brasil passíveis de inscrição e cobrança como Dívida Ativa e não pagos nos prazos previstos serão acrescidos de:

•• Caput com redação determinada pela Lei n. 12.548, de 15-12-2011.

I – juros de mora, contados do primeiro dia do mês subsequente ao do vencimento, equivalentes à taxa referencial do Sistema Especial de Liquidação e de Custódia – SELIC para os títulos federais, acumulada mensalmente, até o último dia do mês anterior ao do pagamento, e de 1% (um por cento) no mês do pagamento;

•• Inciso I com redação determinada pela Lei n. 12.548, de 15-12-2011.

II – multa de mora de 2% (dois por cento), a partir do primeiro dia após o vencimento do débito, acrescida, a cada 30 (trinta) dias, de igual percentual, até o limite de 20% (vinte por cento), incidente sobre o valor atualizado na forma do inciso I do caput deste artigo.

•• Inciso II com redação determinada pela Lei n. 12.548, de 15-12-2011.

§ 1.º Os juros de mora incidentes sobre os créditos provenientes de multas impostas em processo administrativo punitivo que, em razão de recurso, tenham sido confirmadas pela instância superior contam-se do primeiro dia do mês subsequente ao do vencimento, previsto na intimação da decisão de primeira instância.

•• § 1.º com redação determinada pela Lei n. 12.548, de 15-12-2011.

§ 2.º Os créditos referidos no caput deste artigo poderão ser parcelados em até 30 (trinta) parcelas mensais, a exclusivo critério do Banco Central do Brasil, na forma e condições por ele estabelecidas, incidindo sobre cada parcela a pagar os juros de mora previstos neste artigo.

•• § 2.º com redação determinada pela Lei n. 12.548, de 15-12-2011.

Art. 37-A. Os créditos das autarquias e fundações públicas federais, de qualquer natureza, não pagos nos prazos previstos na legislação, serão acrescidos de juros e multa de mora, calculados nos termos e na forma da legislação aplicável aos tributos federais.

•• Caput acrescentado pela Lei n. 11.941, de 27-5-2009.

§ 1.º Os créditos inscritos em Dívida Ativa serão acrescidos de encargo legal, substitutivo da condenação do devedor em honorários advocatícios, calculado nos termos e na forma da legislação aplicável à Dívida Ativa da União.

•• § 1.º acrescentado pela Lei n. 11.941, de 27-5-2009.

§ 2.º O disposto neste artigo não se aplica aos créditos do Banco Central do Brasil.

•• § 2.º acrescentado pela Lei n. 11.941, de 27-5-2009.

Art. 37-B. Os créditos das autarquias e fundações públicas federais, de qualquer natureza, poderão ser parcelados em até 60 (sessenta) prestações mensais.

•• Caput acrescentado pela Lei n. 11.941, de 27-5-2009.

•• A Portaria n. 419, de 10-7-2013, da Procuradoria-Geral Federal, regulamenta o parcelamento extrajudicial de que trata este artigo.

§ 1.º O disposto neste artigo somente se aplica aos créditos inscritos em Dívida Ativa e centralizados nas Procuradorias Regionais Federais, Procuradorias Federais nos Estados e Procuradorias Seccionais Federais, nos termos dos §§ 11 e 12 do art. 10 da Lei n. 10.480, de 2 de julho de 2002, e do art. 22 da Lei n. 11.457, de 16 de março de 2007.

•• § 1.º acrescentado pela Lei n. 11.941, de 27-5-2009.

§ 2.º O parcelamento terá sua formalização condicionada ao prévio pagamento da primeira prestação, conforme o montante do débito e o prazo solicitado, observado o disposto no § 9.º deste artigo.

•• § 2.º acrescentado pela Lei n. 11.941, de 27-5-2009.

§ 3.º Enquanto não deferido o pedido, o devedor fica obrigado a recolher, a cada mês, o valor correspondente a uma prestação.

•• § 3.º acrescentado pela Lei n. 11.941, de 27-5-2009.

§ 4.º O não cumprimento do disposto neste artigo implicará o indeferimento do pedido.

•• § 4.º acrescentado pela Lei n. 11.941, de 27-5-2009.

§ 5.º Considerar-se-á automaticamente deferido o parcelamento, em caso de não manifestação da autoridade competente no prazo de 90 (noventa) dias, contado da data da protocolização do pedido.

•• § 5.º acrescentado pela Lei n. 11.941, de 27-5-2009.

§ 6.º O pedido de parcelamento deferido constitui confissão de dívida e instrumento hábil e suficiente para exigência do crédito, podendo a exatidão dos valores parcelados ser objeto de verificação.

•• § 6.º acrescentado pela Lei n. 11.941, de 27-5-2009.

§ 7.º O débito objeto de parcelamento será consolidado na data do pedido.

•• § 7.º acrescentado pela Lei n. 11.941, de 27-5-2009.

•• Vide art. 104 da Lei n. 12.973, de 13-5-2014.

§ 8.º O devedor pagará as custas, emolumentos e demais encargos legais.

•• § 8.º acrescentado pela Lei n. 11.941, de 27-5-2009.

§ 9.º O valor mínimo de cada prestação mensal será definido por ato do Procurador-Geral Federal.

•• § 9.º acrescentado pela Lei n. 11.941, de 27-5-2009.

§ 10. O valor de cada prestação men sal, por ocasião do pagamento, será acrescido de juros equivalentes à taxa referencial do Sistema Especial de Liquidação e de Custódia – SELIC para títulos federais, acumulada mensalmente, calculados a partir do mês subsequente ao da consolidação até o mês anterior ao do pagamento, e de 1% (um por cento) relativamente ao mês em que o pagamento estiver sendo efetuado.

•• § 10 acrescentado pela Lei n. 11.941, de 27-5-2009.

§ 11. A falta de pagamento de 3 (três) parcelas, consecutivas ou não, ou de uma parcela, estando pagas todas as demais, implicará a imediata rescisão do parcelamento e, conforme o caso, o prosseguimento da cobrança.

•• § 11 acrescentado pela Lei n. 11.941, de 27-5-2009.

§ 12. Atendendo ao princípio da economicidade, observados os termos, os limites e as condições estabelecidos em ato do Procurador-Geral Federal, poderá ser concedido, de ofício ou a pedido, parcelamento simplificado, importando o pagamento da primeira prestação em confissão de dívida e instrumento hábil e suficiente para a exigência do crédito.

•• § 12 acrescentado pela Lei n. 11.941, de 27-5-2009.

• A Portaria Normativa n. 35, de 7-11-2022, da PGFN, dispõe sobre o parcelamento extrajudicial simplificado de que trata este § 12.

§ 13. Observadas as condições previstas neste artigo, será admitido reparcelamento dos débitos, inscritos em Dívida Ativa das autarquias e fundações públicas federais, constantes de parcelamento em andamento ou que tenha sido rescindido.

•• § 13 acrescentado pela Lei n. 11.941, de 27-5-2009.

§ 14. A formalização do pedido de reparcelamento fica condicionada ao recolhimento da primeira parcela em valor correspondente a:

•• § 14, *caput*, acrescentado pela Lei n. 11.941, de 27-5-2009.

I – 10% (dez por cento) do total dos débitos consolidados; ou

•• Inciso I acrescentado pela Lei n. 11.941, de 27-5-2009.

II – 20% (vinte por cento) do total dos débitos consolidados, caso haja débito com histórico de reparcelamento anterior.

•• Inciso II acrescentado pela Lei n. 11.941, de 27-5-2009.

§ 15. Aplicam-se subsidiariamente aos pedidos de reparcelamento, naquilo que não os contrariar, as demais disposições relativas ao parcelamento previstas neste artigo.

•• § 15 acrescentado pela Lei n. 11.941, de 27-5-2009.

§ 16. O parcelamento de que trata este artigo será requerido exclusivamente perante as Procuradorias Regionais Federais, as Procuradorias Federais nos Estados e as Procuradorias Seccionais Federais.

•• § 16 acrescentado pela Lei n. 11.941, de 27-5-2009.

§ 17. A concessão do parcelamento dos débitos a que se refere este artigo compete privativamente às Procuradorias Regionais Federais, às Procuradorias Federais nos Estados e às Procuradorias Seccionais Federais.

•• § 17 acrescentado pela Lei n. 11.941, de 27-5-2009.

§ 18. A Procuradoria-Geral Federal editará atos necessários à execução do parcelamento de que trata este artigo.

•• § 18 acrescentado pela Lei n. 11.941, de 27-5-2009.

§ 19. Mensalmente, a Procuradoria-Geral Federal divulgará, no sítio da Advocacia-Geral da União, demonstrativos dos parcelamentos concedidos no âmbito de sua competência.

•• § 19 acrescentado pela Lei n. 11.941, de 27-5-2009.

§ 20. Ao disposto neste artigo aplicam-se subsidiariamente as regras previstas nesta Lei para o parcelamento dos créditos da Fazenda Nacional.

•• § 20 acrescentado pela Lei n. 11.941, de 27-5-2009.

Art. 37-C. A Advocacia-Geral da União poderá celebrar os convênios de que trata o art. 46 da Lei n. 11.457, de 16 de março de 2007, em relação às informações de pessoas físicas ou jurídicas que tenham débito inscrito em Dívida Ativa das autarquias e fundações públicas federais.

•• Artigo acrescentado pela Lei n. 11.941, de 27-5-2009.

Art. 38. Ficam convalidados os atos praticados com base na Medida Provisória n. 2.176-79, de 23 de agosto de 2001.

Art. 39. Ficam revogados o art. 11 do Decreto-lei n. 352, de 17 de junho de 1968, e alterações posteriores; o art. 10 do Decreto-lei n. 2.049, de 1.º de agosto de 1983; o art. 11 do Decreto-lei n. 2.052, de 3 de agosto de 1983; o art. 11 do Decreto-lei n. 2.163, de 19 de setembro de 1984; os arts. 91, 93 e 94 da Lei n. 8.981, de 20 de janeiro de 1995.

Art. 40. Esta Lei entra em vigor na data de sua publicação.

Brasília, 19 de julho de 2002; 181.º da Independência e 114.º da República.

FERNANDO HENRIQUE CARDOSO

DECRETO N. 4.382, DE 19 DE SETEMBRO DE 2002 (*)

Regulamenta a tributação, fiscalização, arrecadação e administração do Imposto sobre a Propriedade Territorial Rural – ITR.

O Presidente da República, no uso da atribuição que lhe confere o art. 84, IV, da Constituição, decreta:

Art. 1.º O Imposto sobre a Propriedade Territorial Rural – ITR será cobrado e fiscalizado em conformidade com o disposto neste Decreto.

Livro I
DA TRIBUTAÇÃO

Título I
DA INCIDÊNCIA

Art. 2.º O Imposto sobre a Propriedade Territorial Rural, de apuração anual, tem como fato gerador a propriedade, o domínio útil ou a posse de imóvel por natureza, localizado fora da zona urbana do município, em 1.º de janeiro de cada ano (Lei n. 9.393, de 19 de dezembro de 1996, art. 1.º).

§ 1.º O ITR incide sobre a propriedade rural declarada de utilidade ou necessidade pública, ou interesse social, inclusive para fins de reforma agrária:

I – até a data da perda da posse pela imissão prévia do Poder Público na posse;

II – até a data da perda do direito de propriedade pela transferência ou pela incorporação do imóvel ao patrimônio do Poder Público.

§ 2.º A desapropriação promovida por pessoa jurídica de direito privado delegatária ou concessionária de serviço público não exclui a incidência do ITR sobre o imóvel rural expropriado.

_____
(*) Publicado no *Diário Oficial da União*, de 20-9-2002.

Título II
DA IMUNIDADE

Art. 3.º São imunes do ITR:

I – a pequena gleba rural, desde que o seu proprietário a explore só ou com sua família, e não possua outro imóvel (CF, art. 153, § 4.º; Lei n. 9.393, de 1996, arts. 2.º e 4.º);

II – os imóveis rurais da União, dos Estados, do Distrito Federal e dos Municípios (CF, art. 150, VI, *a*);

III – os imóveis rurais de autarquias e fundações instituídas e mantidas pelo Poder Público, desde que vinculados às suas finalidades essenciais ou às delas decorrentes (CF, art. 150, VI, *a* e § 2.º);

IV – os imóveis rurais de instituições de educação e de assistência social, sem fins lucrativos, relacionados às suas finalidades essenciais (CF, art. 150, VI, *c* e § 4.º).

§ 1.º Pequena gleba rural é o imóvel com área igual ou inferior a (Lei n. 9.393, de 1996, art. 2.º, parágrafo único):

I – cem hectares, se localizado em município compreendido na Amazônia Ocidental ou no Pantanal mato-grossense e sul-mato-grossense;

II – cinquenta hectares, se localizado em município compreendido no Polígono das Secas ou na Amazônia Oriental;

III – trinta hectares, se localizado em qualquer outro município.

§ 2.º Para o gozo da imunidade, as instituições de educação ou de assistência social devem prestar os serviços para os quais houverem sido instituídas e os colocar à disposição da população em geral, em caráter complementar às atividades do Estado, sem fins lucrativos, e atender aos seguintes requisitos (Lei n. 5.172, de 25 de outubro de 1966 – Código Tributário Nacional, art. 14, com a redação dada pela Lei Complementar n. 104, de 10 de janeiro de 2001, art. 1.º; Lei n. 9.532, de 10 de dezembro de 1997, art. 12):

I – não distribuir qualquer parcela de seu patrimônio ou de suas rendas, a qualquer título;

II – aplicar integralmente, no País, seus recursos na manutenção e desenvolvimento dos seus objetivos institucionais;

III – não remunerar, por qualquer forma, seus dirigentes pelos serviços prestados;

IV – manter escrituração completa de suas receitas e despesas em livros revestidos das formalidades que assegurem a respectiva exatidão;

V – conservar em boa ordem, pelo prazo de cinco anos, contado da data da emissão, os documentos que comprovem a origem de suas receitas e a efetivação de suas despesas, bem assim a realização de quaisquer outros atos ou operações que venham a modificar sua situação patrimonial;

VI – apresentar, anualmente, declaração de rendimentos, em conformidade com o disposto em ato da Secretaria da Receita Federal;

•• A Secretaria da Receita Federal passa a denominar-se Secretaria da Receita Federal do Brasil, por força da Lei n. 11.457, de 16-3-2007.

VII – assegurar a destinação de seu patrimônio a outra instituição que atenda às condições para o gozo da imunidade, no caso de incorporação, fusão, cisão ou de encerramento de suas atividades, ou a órgão público;

VIII – outros requisitos, estabelecidos em lei específica, relacionados com o funcionamento das entidades a que se refere este parágrafo.

TÍTULO III
DA ISENÇÃO

Art. 4.º São isentos do imposto (Lei n. 9.393, de 1996, art. 3.º):

I – o imóvel rural compreendido em programa oficial de reforma agrária, caracterizado pelas autoridades competentes como assentamento, que, cumulativamente, atenda aos seguintes requisitos (Lei n. 9.393, de 1996, art. 3.º, I):

a) seja explorado por associação ou cooperativa de produção;

b) a fração ideal por família assentada não ultrapasse os limites da pequena gleba rural, fixados no § 1.º do art. 3.º;

c) o assentado não possua outro imóvel;

II – o conjunto de imóveis rurais de um mesmo proprietário, cuja área total em cada região observe o respectivo limite da pequena gleba rural, fixado no § 1.º do art. 3.º, desde que, cumulativamente, o proprietário (Lei n. 9.393, de 1996, art. 3.º, II):

a) o explore só ou com sua família, admitida ajuda eventual de terceiros;

b) não possua imóvel urbano.

§ 1.º Entende-se por ajuda eventual de terceiros o trabalho, remunerado ou não, de natureza eventual ou temporária, realizado nas épocas de maiores serviços.

§ 2.º Para fins do disposto no inciso II do caput deste artigo, deve ser considerado o somatório das áreas dos imóveis rurais por região em que se localizem, o qual não poderá suplantar o limite da pequena gleba rural da respectiva região.

TÍTULO IV
DO SUJEITO PASSIVO DA OBRIGAÇÃO TRIBUTÁRIA

Capítulo I
DO CONTRIBUINTE

Art. 5.º Contribuinte do ITR é o proprietário de imóvel rural, o titular de seu domínio útil ou o seu possuidor a qualquer título (Lei n. 5.172, de 1966, art. 31; Lei n. 9.393, de 1996, art. 4.º).

Capítulo II
DO RESPONSÁVEL

Art. 6.º É responsável pelo crédito tributário o sucessor, a qualquer título, nos termos dos arts. 128 a 133 da Lei n. 5.172, de 1966 – Código Tributário Nacional (Lei n. 9.393, de 1996, art. 5.º).

TÍTULO V
DO DOMICÍLIO TRIBUTÁRIO

Art. 7.º Para efeito da legislação do ITR, o domicílio tributário do contribuinte ou responsável é o município de localização do imóvel rural, vedada a eleição de qualquer outro (Lei n. 9.393, de 1996, art. 4.º, parágrafo único).

§ 1.º O imóvel rural cuja área estenda-se a mais de um município deve ser enquadrado no município em que se localize sua sede ou, se esta não existir, no município onde se encontre a maior parte da área do imóvel (Lei n. 9.393, de 1996, art. 1.º, § 3.º).

§ 2.º Sem prejuízo do disposto no caput deste artigo e no inciso II do art. 53, o sujeito passivo pode informar à Secretaria da Receita Federal endereço, localizado ou não em seu domicílio tributário, que constará no Cadastro de Imóveis Rurais – CAFIR e valerá, até ulterior alteração, somente para fins de intimação (Lei n. 9.393, de 1996, art. 6.º, § 3.º).

•• A Secretaria da Receita Federal passa a denominar-se Secretaria da Receita Federal do Brasil, por força da Lei n. 11.457, de 16-3-2007.

TÍTULO VI
DA APURAÇÃO DO IMPOSTO

Capítulo I
DISPOSIÇÃO PRELIMINAR

Art. 8.º A apuração e o pagamento do ITR devem ser efetuados pelo contribuinte ou responsável, independentemente de prévio procedimento da administração tributária, nos prazos e condições estabelecidos pela Secretaria da Receita Federal, sujeitando-se a homologação posterior (Lei n. 9.393, de 1996, art. 10).

•• Vide nota ao art. 7.º, § 2.º, deste Decreto.

Capítulo II
DA DETERMINAÇÃO DA BASE DE CÁLCULO

Seção I
Do Imóvel Rural

Art. 9.º Para efeito de determinação da base de cálculo do ITR, considera-se imóvel rural a área contínua, formada de uma ou mais parcelas de terras, localizada na zona rural do município, ainda que, em relação a alguma parte do imóvel, o sujeito passivo detenha apenas a posse (Lei n. 9.393, de 1996, art. 1.º, § 2.º).

Parágrafo único. Considera-se área contínua a área total do prédio rústico, mesmo que fisicamente dividida por ruas, estradas, rodovias, ferrovias, ou por canais ou cursos de água.

Seção II
Da Área Tributável

Art. 10. Área tributável é a área total do imóvel, excluídas as áreas (Lei n. 9.393, de 1996, art. 10, § 1.º, II):

I – de preservação permanente (Lei n. 4.771, de 15-9-1965 – Código Florestal, arts. 2.º e 3.º, com a redação dada pela Lei n. 7.803, de 18-7-1989, art. 1.º);

•• A Lei n. 4.771, de 15-9-1965, foi revogada pela Lei n. 12.651, de 25-5-2012 – Novo Código Florestal.

II – de reserva legal (Lei n. 4.771, de 1965, art. 16, com a redação dada pela Medida Provisória n. 2.166-67, de 24-8-2001, art. 1.º);

III – de reserva particular do patrimônio natural (Lei n. 9.985, de 18-7-2000, art. 21; Decreto n. 1.922, de 5-6-1996);

IV – de servidão florestal (Lei n. 4.771, de 1965, art. 44-A, acrescentado pela Medida Provisória n. 2.166-67, de 2001);

•• Vide nota ao inciso I deste artigo.

V – de interesse ecológico para a proteção dos ecossistemas, assim declaradas mediante ato do órgão competente, federal ou estadual, e que ampliem as restrições de uso previstas nos incisos I e II do caput deste artigo (Lei n. 9.393, de 1996, art. 10, § 1.º, II, b);

VI – comprovadamente imprestáveis para a atividade rural, declaradas de interesse ecológico mediante ato do órgão competente, federal ou estadual (Lei n. 9.393, de 1996, art. 10, § 1.º, II, c).

§ 1.º A área do imóvel rural que se enquadrar, ainda que parcialmente, em mais de uma das hipóteses previstas no caput deverá ser excluída uma única vez da área total do imóvel, para fins de apuração da área tributável.

§ 2.º A área total do imóvel deve se referir à situação existente na data da efetiva entrega da Declaração do Imposto sobre a Propriedade Territorial Rural – DITR.

§ 3.º Para fins de exclusão da área tributável, as áreas do imóvel rural a que se refere o caput deverão:

I – ser obrigatoriamente informadas em Ato Declaratório Ambiental – ADA, protocolado pelo sujeito passivo no Instituto Brasileiro do Meio Ambiente e dos Recursos Naturais Renováveis – IBAMA, nos prazos e condições fixados em ato normativo (Lei n. 6.938, de 31 de agosto de 1981, art. 17-O, § 5.º, com a redação dada pelo art. 1.º da Lei n. 10.165, de 27-12-2000); e

II – estar enquadradas nas hipóteses previstas nos incisos I a VI em 1.º de janeiro do ano de ocorrência do fato gerador do ITR.

§ 4.º O IBAMA realizará vistoria por amostragem nos imóveis rurais que tenham utilizado o ADA para os efeitos previstos no § 3.º e, caso os dados constantes no Ato não coincidam com os efetivamente levantados por seus técnicos, estes lavrarão, de ofício, novo ADA, contendo os dados reais, o qual

será encaminhado à Secretaria da Receita Federal, que apurará o ITR efetivamente devido e efetuará, de ofício, o lançamento da diferença de imposto com os acréscimos legais cabíveis (Lei n. 6.938, de 1981, art. 17-O, § 5.º, com a redação dada pelo art. 1.º da Lei n. 10.165, de 2000).
- • A Secretaria da Receita Federal passa a denominar-se Secretaria da Receita Federal do Brasil, por força da Lei n. 11.457, de 16-3-2007.

Seção III
Da Área Não Tributável
Subseção I
Das áreas de preservação permanente

Art. 11. Consideram-se de preservação permanente (Lei n. 4.771, de 1965, arts. 2.º e 3.º, com a redação dada pelas Leis n. 7.511, de 7-9-1986, art. 1.º, e 7.803, de 18-9-1989, art. 1.º):
- • A Lei n. 4.771, de 15-9-1965, foi revogada pela Lei n. 12.651, de 25-5-2012 – Novo Código Florestal.

I – as florestas e demais formas de vegetação natural situadas:

a) ao longo dos rios ou de qualquer curso d'água desde o seu nível mais alto em faixa marginal cuja largura mínima será:

1. de trinta metros para os cursos d'água de menos de dez metros de largura;
2. de cinquenta metros para os cursos d'água que tenham de dez a cinquenta metros de largura;
3. de cem metros para os cursos d'água que tenham de cinquenta a duzentos metros de largura;
4. de duzentos metros para os cursos d'água que tenham de duzentos a seiscentos metros de largura;
5. de quinhentos metros para os cursos d'água que tenham largura superior a seiscentos metros;

b) ao redor das lagoas, lagos ou reservatórios d'água naturais ou artificiais;

c) nas nascentes, ainda que intermitentes e nos chamados "olhos d'água", qualquer que seja a sua situação topográfica, num raio mínimo de cinquenta metros de largura;

d) no topo de morros, montes, montanhas e serras;

e) nas encostas ou partes destas, com declividade superior a quarenta e cinco graus, equivalente a cem por cento na linha de maior declive;

f) nas restingas, como fixadoras de dunas ou estabilizadoras de mangues;

g) nas bordas dos tabuleiros ou chapadas, a partir da linha de ruptura do relevo, em faixa nunca inferior a cem metros em projeções horizontais;

h) em altitude superior a mil e oitocentos metros, qualquer que seja a vegetação;

II – as florestas e demais formas de vegetação natural, declaradas de preservação permanente por ato do Poder Público, quando destinadas:

a) a atenuar a erosão das terras;

b) a fixar as dunas;

c) a formar faixas de proteção ao longo de rodovias e ferrovias;

d) a auxiliar a defesa do território nacional a critério das autoridades militares;

e) a proteger sítios de excepcional beleza ou de valor científico ou histórico;

f) a asilar exemplares da fauna ou flora ameaçados de extinção;

g) a manter o ambiente necessário à vida das populações silvícolas;

h) a assegurar condições de bem-estar público.

§ 1.º A supressão total ou parcial de florestas de preservação permanente só será admitida com prévia autorização do Poder Executivo Federal, quando for necessária à execução de obras, planos, atividades ou projetos de utilidade pública ou interesse social.

§ 2.º As florestas que integram o Patrimônio Indígena ficam sujeitas ao regime de preservação permanente, nos termos da alínea g do inciso II do *caput* deste artigo.

Subseção II
Das áreas de reserva legal

Art. 12. São áreas de reserva legal aquelas averbadas à margem da inscrição de matrícula do imóvel, no registro de imóveis competente, nas quais é vedada a supressão da cobertura vegetal, admitindo-se apenas sua utilização sob regime de manejo florestal sustentável (Lei n. 4.771, de 1965, art. 16, com a redação dada pela Medida Provisória n. 2.166-67, de 2001).
- • Vide nota ao art. 11 desta Lei.

§ 1.º Para efeito da legislação do ITR, as áreas a que se refere o *caput* deste artigo devem estar averbadas na data de ocorrência do respectivo fato gerador.

§ 2.º Na posse, a reserva legal é assegurada por Termo de Ajustamento de Conduta, firmado pelo possuidor com o órgão ambiental estadual ou federal competente, com força de título executivo e contendo, no mínimo, a localização da reserva legal, as suas características ecológicas básicas e a proibição de supressão de sua vegetação (Lei n. 4.771, de 1965, art. 16, § 10, acrescentado pela Medida Provisória n. 2.166-67, de 2001, art. 1.º).

Subseção III
Das áreas de reserva particular do patrimônio natural

Art. 13. Consideram-se de reserva particular do patrimônio natural as áreas privadas gravadas com perpetuidade, averbadas à margem da inscrição de matrícula do imóvel, no registro de imóveis competente, destinadas à conservação da diversidade biológica, nas quais somente poderão ser permitidas a pesquisa científica e a visitação com objetivos turísticos, recreativos e educacionais, reconhecidas pelo IBAMA (Lei n. 9.985, de 18-7-2000, art. 21).

Parágrafo único. Para efeito da legislação do ITR, as áreas a que se refere o *caput* deste artigo devem estar averbadas na data de ocorrência do respectivo fato gerador.

Subseção IV
Das áreas de servidão florestal

Art. 14. São áreas de servidão florestal aquelas averbadas à margem da inscrição de matrícula do imóvel, no registro de imóveis competente, nas quais o proprietário voluntariamente renuncia, em caráter permanente ou temporário, a direitos de supressão ou exploração da vegetação nativa, localizadas fora das áreas de reserva legal e de preservação permanente (Lei n. 4.771, de 1965, art. 44-A, acrescentado pela Medida Provisória n. 2.166-67, de 2001, art. 2.º).
- • Vide nota ao art. 11 desta Lei.

Parágrafo único. Para efeito da legislação do ITR, as áreas a que se refere o *caput* deste artigo devem estar averbadas na data de ocorrência do respectivo fato gerador.

Subseção V
Das áreas de interesse ecológico

Art. 15. São áreas de interesse ecológico aquelas assim declaradas mediante ato do órgão competente, federal ou estadual, que (Lei n. 9.393, de 1996, art. 10, § 1.º, II, *b* e *c*):

I – se destinem à proteção dos ecossistemas e ampliem as restrições de uso previstas nos incisos I e II do *caput* do art. 10; ou

II – sejam comprovadamente imprestáveis para a atividade rural.

Seção IV
Da Área Aproveitável

Art. 16. Área aproveitável, passível de exploração agrícola, pecuária, granjeira, aquícola ou florestal, é a área total do imóvel, excluídas (Lei n. 9.393, de 1996, art. 10, § 1.º, IV):

I – as áreas não tributáveis a que se referem os incisos I a VI do art. 10;

II – as áreas ocupadas com benfeitorias úteis e necessárias.

Benfeitorias Úteis e Necessárias

Art. 17. Para fins do disposto no inciso II do art. 16, consideram-se ocupadas por benfeitorias úteis e necessárias (Lei n. 3.071, de 1.º-1-1916 – Código Civil, art. 63):
- • A Lei n. 10.406, de 10-1-2002 (CC), revoga expressamente a Lei n. 3.071, de 1916, e passa a tratar sobre benfeitorias úteis e necessárias em seu art. 96.

I – as áreas com casas de moradia, galpões para armazenamento da produção, banheiros para gado, valas, silos, currais, açudes e estradas internas e de acesso;

II – as áreas com edificações e instalações destinadas a atividades educacionais, recreativas e de assistência à saúde dos trabalhadores rurais;

III – as áreas com instalações de beneficiamento ou transformação da produção agropecuária e de seu armazenamento;

IV – outras instalações que se destinem a aumentar ou facilitar o uso do imóvel rural, bem assim a conservá-lo ou evitar que ele se deteriore.

Seção V
Da Área Utilizada

Subseção I
Das disposições gerais

Art. 18. Área efetivamente utilizada pela atividade rural é a porção da área aproveitável do imóvel rural que, no ano anterior ao de ocorrência do fato gerador do ITR, tenha (Lei n. 9.393, de 1996, art. 10, § 1.º, V, e § 6.º):

I – sido plantada com produtos vegetais;
II – servido de pastagem, nativa ou plantada, observados, quando aplicáveis, os índices de lotação por zona de pecuária a que se refere o art. 24;
III – sido objeto de exploração extrativa, observados, quando aplicáveis, os índices de rendimento por produto a que se refere o art. 27 e a legislação ambiental;
IV – servido para a exploração de atividade granjeira ou aquícola;
V – sido objeto de implantação de projeto técnico, nos termos do art. 7.º da Lei n. 8.629, de 25 de fevereiro de 1993.

§ 1.º Consideram-se utilizadas para a exploração de atividade granjeira ou aquícola as áreas ocupadas com benfeitorias, construções e instalações para a criação, dentre outros, de suínos, coelhos, bichos-da-seda, abelhas, aves, peixes, crustáceos, répteis e anfíbios.

§ 2.º Considera-se como efetivamente utilizada a área do imóvel rural que, no ano anterior, esteja:

I – comprovadamente situado em área de ocorrência de calamidade pública decretada pelo Poder Público, de que resulte frustração de safras ou destruição de pastagens;
II – oficialmente destinado à execução de atividades de pesquisa e experimentação que objetivem o avanço tecnológico da agricultura.

Art. 19. Para fins de enquadramento nas hipóteses previstas no art. 18, o contribuinte poderá valer-se dos dados sobre a área utilizada e respectiva produção, fornecidos pelo arrendatário ou parceiro, quando o imóvel, ou parte dele, estiver sendo explorado em regime de arrendamento ou parceria (Lei n. 9.393, de 1996, art. 10, § 4.º).

Art. 20. Caso haja anexação de área entre 1.º de janeiro e a data da efetiva entrega da DITR, o adquirente deve informar na sua declaração os dados relativos à utilização da área incorporada no ano anterior ao de ocorrência do fato gerador.

Art. 21. No caso de consórcio ou intercalação de culturas, considera-se efetivamente utilizada a área total do consórcio ou intercalação (Lei n. 8.629, de 25-2-1993, art. 6.º, § 4.º).

Art. 22. No caso de mais de um cultivo no ano, com um ou mais produtos, na mesma área, considera-se efetivamente utilizada a maior área cultivada no ano considerado (Lei n. 8.629, de 1993, art. 6.º, § 5.º).

Subseção II
Da área plantada com produtos vegetais

Art. 23. Área plantada com produtos vegetais é a porção do imóvel explorada com culturas temporárias ou permanentes, inclusive com reflorestamentos de essências exóticas ou nativas, destinadas a consumo próprio ou comércio, considerando-se:

I – essências exóticas as espécies florestais originárias de região fitogeográfica diversa daquela em que se localiza o imóvel rural;
II – essências nativas as espécies florestais originárias da região fitogeográfica em que se localiza o imóvel rural.

Parágrafo único. Considera-se área plantada com produtos vegetais a área efetivamente utilizada com a produção de forrageira de corte destinada a alimentação de animais de outro imóvel rural.

Subseção III
Da área servida de pastagem

Art. 24. Para fins do disposto no inciso II do art. 18, área servida de pastagem é aquela ocupada por pastos naturais, melhorados ou plantados e por forrageiras de corte que tenha, efetivamente, sido utilizada para alimentação de animais de grande e médio porte, observados os índices de lotação por zona de pecuária, estabelecidos em ato da Secretaria da Receita Federal, ouvido o Conselho Nacional de Política Agrícola (Lei n. 9.393, de 1996, art. 10, § 1.º, V, b, e § 3.º).

•• A Secretaria da Receita Federal passa a denominar-se Secretaria da Receita Federal do Brasil, por força da Lei n. 11.457, de 16-3-2007.

Parágrafo único. Estão dispensados da aplicação dos índices de lotação por zona de pecuária os imóveis rurais com área inferior a (Lei n. 9.393, de 1996, art. 10, § 3.º):
I – mil hectares, se localizados em municípios compreendidos na Amazônia Ocidental ou no Pantanal mato-grossense e sul-mato-grossense;
II – quinhentos hectares, se localizados em municípios compreendidos no Polígono das Secas ou na Amazônia Oriental;
III – duzentos hectares, se localizados em qualquer outro município.

Art. 25. Para fins de cálculo do grau de utilização do imóvel rural, considera-se área servida de pastagem a menor entre a declarada pelo contribuinte e a obtida pelo quociente entre a quantidade de cabeças do rebanho ajustada e o índice de lotação por zona de pecuária.

Parágrafo único. Consideram-se, dentre outros, animais de médio porte os ovinos e caprinos e animais de grande porte os bovinos, bufalinos, equinos, asininos e muares, independentemente de idade ou sexo.

Art. 26. Caso o imóvel rural esteja dispensado da aplicação de índices de lotação por zona de pecuária a que se refere o *caput* do art. 24, considera-se área servida de pastagem a área efetivamente utilizada pelo contribuinte para tais fins.

Subseção IV
Da área objeto de exploração extrativa

Art. 27. Área objeto de exploração extrativa é aquela servida para a atividade de extração e coleta de produtos vegetais nativos, não plantados, inclusive a exploração madeireira de florestas nativas, observados a legislação ambiental e os índices de rendimento por produto estabelecidos em ato da Secretaria da Receita Federal, ouvido o Conselho Nacional de Política Agrícola (Lei n. 9.393, de 1996, art. 10, § 1.º, V, c, e § 3.º).

•• Vide nota ao art. 24, *caput*, deste Decreto.

Parágrafo único. Estão dispensados da aplicação dos índices de rendimento por produto os imóveis rurais com área inferior a (Lei n. 9.393, de 1996, art. 10, § 3.º):
I – mil hectares, se localizados em municípios compreendidos na Amazônia Ocidental ou no Pantanal mato-grossense e sul-mato-grossense;
II – quinhentos hectares, se localizados em municípios compreendidos no Polígono das Secas ou na Amazônia Oriental;
III – duzentos hectares, se localizados em qualquer outro município.

Art. 28. Para fins de cálculo do grau de utilização do imóvel rural, considera-se área objeto de exploração extrativa a menor entre o somatório das áreas declaradas com cada produto da atividade extrativa e o somatório dos quocientes entre a quantidade extraída de cada produto declarado e o respectivo índice de rendimento mínimo por hectare.

§ 1.º Na ausência de índice de rendimento para determinado produto vegetal ou florestal extrativo, considera-se área objeto de exploração extrativa, para fins de cálculo do grau de utilização, a área efetivamente utilizada pelo contribuinte nesta atividade (Lei n. 8.629, de 1993, art. 6.º, § 6.º).

§ 2.º Estão dispensadas da aplicação dos índices de rendimento mínimo para produtos vegetais e florestais as áreas do imóvel exploradas com produtos vegetais extrativos, mediante plano de manejo sustentado, desde que aprovado pelo IBAMA até 31 de dezembro do ano anterior ao de ocorrência do fato gerador do ITR, e cujo cronograma esteja sendo cumprido pelo contribuinte (Lei n. 9.393, de 1996, art. 10, § 5.º).

Seção VI
Da Área Não Utilizada

Art. 29. A área não utilizada pela atividade rural é composta pelas parcelas da área aproveitável do imóvel que, no ano anterior ao de ocorrência do fato gerador do ITR, não tenham sido objeto de qualquer exploração ou tenham sido utilizadas para fins diversos da atividade rural, tais como:

I – áreas ocupadas por benfeitorias não abrangidas pelo disposto no art. 17;

II – a área correspondente à diferença entre as áreas declaradas como servidas de pastagem e as áreas servidas de pastagem utilizadas para o cálculo do grau de utilização do imóvel rural, observado o disposto nos arts. 24 a 26;

III – a área correspondente à diferença entre as áreas declaradas de exploração extrativa e as áreas de exploração extrativa utilizadas para o cálculo do grau de utilização do imóvel rural, observado o disposto nos arts. 27 e 28.

Parágrafo único. As áreas não utilizadas pela atividade rural, anexadas após 1.º de janeiro até a data da efetiva entrega da DITR, devem ser declaradas conforme sua situação no ano anterior ao de ocorrência do fato gerador.

Cálculo da Área Não Utilizada pela Atividade Rural

Art. 30. A área não utilizada pela atividade rural é obtida pela soma das áreas mencionadas no art. 29.

Seção VII
Do Cálculo do Imposto

Subseção I
Do grau de utilização

Art. 31. Grau de utilização é a relação percentual entre a área efetivamente utilizada pela atividade rural e a área aproveitável do imóvel, constituindo critério, juntamente com a área total do imóvel rural, para a determinação das alíquotas do ITR, conforme descrito no art. 34 (Lei n. 9.393, de 1996, art. 10, § 1.º, VI).

Subseção II
Da base de cálculo

Valor da Terra Nua

Art. 32. O Valor da Terra Nua – VTN é o valor de mercado do imóvel, excluídos os valores de mercado relativos a (Lei n. 9.393, de 1996, art. 8.º, § 2.º, art. 10, § 1.º, I):

I – construções, instalações e benfeitorias;
II – culturas permanentes e temporárias;
III – pastagens cultivadas e melhoradas;
IV – florestas plantadas.

§ 1.º O VTN refletirá o preço de mercado de terras, apurado em 1.º de janeiro do ano de ocorrência do fato gerador, e será considerado autoavaliação da terra nua a preço de mercado (Lei n. 9.393, de 1996, art. 8.º, § 2.º).

§ 2.º Incluem-se no conceito de construções, instalações e benfeitorias, os prédios, depósitos, galpões, casas de trabalhadores, estábulos, currais, mangueiras, aviários, pocilgas e outras instalações para abrigo ou tratamento de animais, terreiros e similares para secagem de produtos agrícolas, eletricidade rural, colocação de água subterrâ-nea, abastecimento ou distribuição de águas, barragens, represas, tanques, cercas e, ainda, as benfeitorias não relacionadas com a atividade rural.

Valor da Terra Nua Tributável

Art. 33. O Valor da Terra Nua Tributável – VTNT é obtido mediante a multiplicação do VTN pelo quociente entre a área tributável, definida no art. 10, e a área total do imóvel (Lei n. 9.393, de 1996, art. 10, § 1.º, III).

Subseção III
Das alíquotas

Art. 34. A alíquota utilizada para cálculo do ITR é estabelecida para cada imóvel rural, com base em sua área total e no respectivo grau de utilização, conforme a tabela seguinte (Lei n. 9.393, de 1996, art. 11 e Anexo):

ÁREA TOTAL DO IMÓVEL (em hectares)	GRAU DE UTILIZAÇÃO (em %)				
	Maior que 80	Maior que 65 até 80	Maior que 50 até 65	Maior que 30 até 50	Até 30
Até 50	0,03	0,20	0,40	0,70	1,00
Maior que 50 até 200	0,07	0,40	0,80	1,40	2,00
Maior que 200 até 500	0,10	0,60	1,30	2,30	3,30
Maior que 500 até 1.000	0,15	0,85	1,90	3,30	4,70
Maior que 1.000 até 5.000	0,30	1,60	3,40	6,00	8,60
Acima de 5.000	0,45	3,0	6,40	12,00	20,00

Subseção IV
Do cálculo do valor do imposto

Art. 35. O valor do imposto a ser pago é obtido mediante a multiplicação do VTNT pela alíquota correspondente, obtida nos termos do art. 34, considerados a área total e o grau de utilização do imóvel rural (Lei n. 9.393, de 1996, art. 11).

§ 1.º Na hipótese de inexistir área aproveitável após as exclusões previstas nos incisos I e II do art. 16, serão aplicadas as alíquotas correspondentes aos imóveis rurais com grau de utilização superior a oitenta por cento, observada a área total do imóvel (Lei n. 9.393, de 1996, art. 11, § 1.º).

§ 2.º Em nenhuma hipótese o valor do imposto devido será inferior a R$ 10,00 (dez reais) (Lei n. 9.393, de 1996, art. 11, § 2.º).

Livro II
DA ADMINISTRAÇÃO DO IMPOSTO

Título I
DO LANÇAMENTO

Capítulo I
DA DECLARAÇÃO

Seção I
Da Composição

Art. 36. A DITR correspondente a cada imóvel rural é composta pelos seguintes documentos:

I – Documento de Informação e Atualização Cadastral do ITR – DIAC, destinado à coleta de informações cadastrais do imóvel rural e de seu titular (Lei n. 9.393, de 1996, art. 6.º);

II – Documento de Informação e Apuração do ITR – DIAT, destinado à apuração do imposto (Lei n. 9.393, de 1996, art. 8.º).

Seção II
Dos Meios de Apresentação

Art. 37. A DITR obedecerá ao modelo aprovado pela Secretaria da Receita Federal e, nos termos do art. 44, poderá ser apresentada:

•• A Secretaria da Receita Federal passa a denominar-se Secretaria da Receita Federal do Brasil, por força da Lei n. 11.457, de 16-3-2007.

I – em meio eletrônico, observado o disposto no art. 11 da Medida Provisória n. 2.200-2, de 24 de agosto de 2001;

II – em formulário.

Parágrafo único. A declaração em formulário deverá ser apresentada em duas vias e será assinada pelo sujeito passivo ou seu representante legal, declarando este que o faz em nome daquele.

Seção III
Da Obrigatoriedade de Entrega

Subseção I
Das disposições gerais

Espólio

Art. 38. O imóvel rural que, na data da efetiva entrega da DITR, pertencer a espólio deve ser declarado em nome deste pelo inventariante ou, se este ainda não houver sido nomeado, pelo cônjuge meeiro, companheiro ou sucessor a qualquer título.

Parágrafo único. As declarações não entregues pelo *de cujus* são apresentadas em nome do espólio.

Condomínio

Art. 39. Deve ser declarado em sua totalidade o imóvel rural que for titulado a várias pessoas, enquanto este for mantido indiviso (Lei n. 5.172, de 1966, art. 124, I).

Documentos Comprobatórios

Art. 40. Os documentos que comprovem as informações prestadas na DITR não devem ser anexados à declaração, devendo ser mantidos em boa guarda à disposição da Secretaria da Receita Federal, até que ocorra a prescrição dos créditos tributários relativos às situações e aos fatos a que se refiram (Lei n. 5.172, de 1966, art. 195, parágrafo único).

•• *Vide* nota ao art. 37, *caput*, deste Decreto.

Subseção II
Do documento de informação e atualização cadastral do ITR - DIAC

Art. 41. O contribuinte ou o seu sucessor deve comunicar anualmente à Secretaria da Receita Federal, por meio do preenchimento do DIAC, integrante da DITR, as informações cadastrais correspondentes a cada imóvel rural e a seu titular (Lei n. 9.393, de 1996, art. 6.º).
•• *Vide* nota ao art. 37, *caput*, deste Decreto.
Parágrafo único. As informações de que trata o *caput* deste artigo integrarão o CAFIR, cuja administração caberá à Secretaria da Receita Federal, que poderá, a qualquer tempo, solicitar informações visando à sua atualização (Lei n. 9.393, de 1996, art. 6.º, § 2.º).
•• *Vide* nota ao art. 37, *caput*, deste Decreto.

Alterações Cadastrais
Art. 42. Devem ser obrigatoriamente comunicadas à Secretaria da Receita Federal as seguintes alterações relativas ao imóvel rural (Lei n. 9.393, de 1996, art. 6.º, § 1.º):
•• *Vide* nota ao art. 37, *caput*, deste Decreto.
I – desmembramento;
II – anexação;
III – transmissão, por alienação da propriedade ou dos direitos a ela inerentes, a qualquer título;
IV – sucessão *causa mortis*;
V – cessão de direitos;
VI – constituição de reservas ou usufruto.
Parágrafo único. A comunicação de que trata o *caput* deste artigo deve ser feita no prazo de sessenta dias, contado da data da ocorrência da alteração (Lei n. 9.393, de 1996, art. 6.º, § 1.º).

Subseção III
Do documento de informação e apuração do ITR - DIAT

Art. 43. O contribuinte deve prestar anualmente à Secretaria da Receita Federal as informações necessárias ao cálculo do ITR e apurar o valor do imposto correspondente a cada imóvel rural, por meio do preenchimento do DIAT, integrante da DITR (Lei n. 9.393, de 1996, art. 8.º).
•• *Vide* nota ao art. 37, *caput*, deste Decreto.
Parágrafo único. As pessoas isentas do pagamento ou imunes do ITR estão dispensadas de preencher o DIAT (Lei n. 9.393, de 1996, art. 8.º, § 3.º).

Seção IV
Dos Termos, Locais, Formas, Prazos e Condições para a Apresentação da DITR

Art. 44. A Secretaria da Receita Federal disporá sobre os termos, locais, formas, prazos e condições para a apresentação da DITR (Lei n. 9.393, de 1996, arts. 6.º e 8.º).
•• *Vide* nota ao art. 37, *caput*, deste Decreto.

Capítulo II
DA RETIFICAÇÃO DA DECLARAÇÃO

Seção I
Da Retificação Antes de Iniciada a Fiscalização

Art. 45. A retificação da DITR, antes de iniciado o procedimento de lançamento de ofício, terá a mesma natureza da declaração originariamente apresentada e não depende de autorização da autoridade administrativa (Medida Provisória n. 2.189-49, de 23-8-2001, art. 18).
Parágrafo único. A Secretaria da Receita Federal estabelecerá as hipóteses de admissibilidade e os procedimentos aplicáveis à retificação da declaração (Medida Provisória n. 2.189-49, de 2001, art. 18, parágrafo único).
•• *Vide* nota ao art. 37, *caput*, deste Decreto.

Seção II
Da Retificação Após Iniciada a Fiscalização

Art. 46. O sujeito passivo que, depois de iniciado o procedimento de lançamento de ofício, requerer a retificação da DITR não se eximirá, por isso, das penalidades previstas na legislação tributária (Lei n. 5.172, de 1966, art. 138; Decreto n. 70.235, de 6-3-1972, art. 7.º, § 1.º).

Capítulo III
DA REVISÃO DA DECLARAÇÃO

Art. 47. A DITR está sujeita a revisão pela Secretaria da Receita Federal, que, se for o caso, pode exigir do sujeito passivo a apresentação dos comprovantes necessários à verificação da autenticidade das informações prestadas.
•• *Vide* nota ao art. 37, *caput*, deste Decreto.
§ 1.º A revisão é feita com elementos de que dispuser a Secretaria da Receita Federal, esclarecimentos verbais ou escritos solicitados ao contribuinte ou por outros meios previstos na legislação.
•• *Vide* nota ao art. 37, *caput*, deste Decreto.
§ 2.º O contribuinte que deixar de atender ao pedido de esclarecimentos ficará sujeito ao lançamento de ofício de que tratam os arts. 50 e 51 (Lei n. 5.172, de 1966, art. 149, III).

Capítulo IV
DO LANÇAMENTO DO IMPOSTO

Seção I
Da Disposição Preliminar

Art. 48. O lançamento do ITR é procedimento de competência privativa da autoridade administrativa, que se opera de ofício ou por homologação, destinado à constituição do crédito tributário (Lei n. 5.172, de 1966, art. 142; Lei n. 9.393, de 1996, arts. 10 e 14).
Parágrafo único. A atividade administrativa de lançamento é vinculada e obrigatória, sob pena de responsabilidade funcional (Lei n. 5.172, de 1966, art. 142, parágrafo único).

Seção II
Do Lançamento por Homologação

Art. 49. O lançamento por homologação pressupõe a atribuição ao sujeito passivo do dever de antecipar o pagamento do imposto sem prévio exame da autoridade administrativa, e opera-se pelo ato em que a referida autoridade, tomando conhecimento da atividade assim exercida pelo obrigado, expressamente a homologa (Lei n. 5.172, de 1966, art. 150, *caput*).
§ 1.º O pagamento antecipado pelo obrigado nos termos deste artigo extingue o crédito, sob condição resolutória da ulterior homologação ao lançamento (Lei n. 5.172, de 1966, art. 150, § 1.º).
§ 2.º Não influem sobre a obrigação tributária quaisquer atos anteriores à homologação, praticados pelo sujeito passivo ou por terceiro, visando à extinção total ou parcial do crédito (Lei n. 5.172, de 1966, art. 150, § 2.º).
§ 3.º Os atos a que se refere o § 2.º serão, porém, considerados na apuração do saldo porventura devido e, sendo o caso, na imposição de penalidade, ou sua graduação (Lei n. 5.172, de 1966, art. 150, § 3.º).
§ 4.º Se a lei não fixar prazo para a homologação, será ele de cinco anos, a contar da ocorrência do fato gerador; expirado esse prazo sem que a Fazenda Pública se tenha pronunciado, considera-se homologado o lançamento e definitivamente extinto o crédito, salvo se comprovada a ocorrência de dolo, fraude ou simulação (Lei n. 5.172, de 1966, art. 150, § 4.º).

Seção III
Do Lançamento de Ofício

Subseção I
Das disposições gerais

Art. 50. Caso o sujeito passivo deixe de tomar as iniciativas necessárias ao lançamento por homologação pela Fazenda Pública, esta deve proceder à determinação e ao lançamento de ofício do crédito tributário (Lei n. 5.172, de 1966, art. 149, V; Lei n. 9.393, de 1996, art. 14).
Art. 51. O lançamento será efetuado de ofício quando o sujeito passivo (Lei n. 5.172, de 1966, art. 149; Lei n. 9.393, de 1996, art. 14):
I – não apresentar a DITR;
II – deixar de atender aos pedidos de esclarecimentos que lhe forem dirigidos, recusar-se a prestá-los ou não os prestar satisfatoriamente no tempo aprazado;
III – apresentar declaração inexata, considerando-se como tal a que contiver ou omitir qualquer elemento que implique redução do imposto a pagar;
IV – não efetuar ou efetuar com inexatidão o pagamento do imposto devido;
V – estiver sujeito, por ação ou omissão, à aplicação de penalidade pecuniária.
Parágrafo único. O crédito tributário também deve ser lançado de ofício nos casos

em que o sujeito passivo tenha informado o enquadramento em hipóteses de imunidade, isenção ou redução do imposto, mas não tenha cumprido ou tenha deixado de cumprir, na data de ocorrência do fato gerador, os requisitos necessários.

Subseção II
Do sistema de preços de terras

Art. 52. No caso de falta de entrega do DIAC ou do DIAT, bem assim de subavaliação ou prestação de informações inexatas, incorretas ou fraudulentas, a Secretaria da Receita Federal procederá à determinação e ao lançamento de ofício do imposto, considerando as informações sobre preços de terras constantes em sistema a ser por ela instituído, e os dados de área total, área tributável e grau de utilização do imóvel rural apurados em procedimentos de fiscalização (Lei n. 9.393, de 1996, art. 14).

•• A Secretaria da Receita Federal passa a denominar-se Secretaria da Receita Federal do Brasil, por força da Lei n. 11.457, de 16-3-2007.

§ 1.º As informações sobre preços de terras observarão os critérios legalmente estabelecidos e considerarão levantamentos realizados pelas Secretarias de Agricultura das Unidades Federadas ou dos Municípios (Lei n. 9.393, de 1996, art. 14, § 1.º).

§ 2.º As multas cobradas em virtude do disposto neste artigo serão aquelas aplicáveis aos demais tributos federais (Lei n. 9.393, de 1996, art. 14, § 2.º).

Subseção III
Da intimação

Art. 53. O sujeito passivo deve ser intimado do início do procedimento, do pedido de esclarecimentos ou da lavratura do auto de infração (Decreto n. 70.235, de 1972, art. 23, com a redação dada pelo art. 67 da Lei n. 9.532, de 1997):

I – pessoalmente, pelo autor do procedimento ou por agente do órgão preparador, na repartição ou fora dela, provada a intimação com a assinatura do sujeito passivo, seu mandatário ou preposto, ou, no caso de recusa, com declaração escrita de quem o intimar;

II – por via postal, telegráfica ou por qualquer outro meio ou via, com prova de recebimento, no endereço informado para tal fim, conforme previsto no § 2.º do art. 7.º, ou no domicílio tributário do sujeito passivo;

III – por edital, quando resultarem improfícuos os meios referidos nos incisos I e II.

§ 1.º O edital deve ser publicado, uma única vez, em órgão de imprensa oficial local, ou afixado em dependência, franqueada ao público, do órgão encarregado da intimação (Decreto n. 70.235, de 1972, art. 23, § 1.º).

§ 2.º Considera-se feita a intimação (Decreto n. 70.235, de 1972, art. 23, § 2.º):

I – na data da ciência do intimado ou da declaração de quem fizer a intimação, se pessoal;

II – no caso do inciso II do *caput* deste artigo, na data do recebimento ou, se omitida, quinze dias após a data da expedição da intimação;

III – quinze dias após a publicação ou afixação do edital, se este for o meio utilizado.

§ 3.º Os meios de intimação previstos nos incisos I e II do *caput* deste artigo não estão sujeitos a ordem de preferência (Decreto n. 70.235, de 1972, art. 23, § 3.º).

Seção IV
Da Decadência

Art. 54. O direito de a Secretaria da Receita Federal constituir o crédito tributário extingue-se após cinco anos, contados (Lei n. 5.172, de 1966, art. 173):

•• *Vide* nota ao art. 52, *caput*, deste Decreto.

I – do primeiro dia do exercício seguinte àquele em que o lançamento poderia ter sido efetuado;

II – da data em que se tornar definitiva a decisão que houver anulado, por vício formal, o lançamento anteriormente efetuado.

Parágrafo único. O direito a que se refere este artigo extingue-se definitivamente com o decurso do prazo nele previsto, contado da data em que tenha sido iniciada a constituição do crédito tributário pela notificação, ao sujeito passivo, de qualquer medida preparatória indispensável ao lançamento (Lei n. 5.172, de 1966, art. 173, parágrafo único).

TÍTULO II
DO PAGAMENTO, DA COMPENSAÇÃO E DA RESTITUIÇÃO DO IMPOSTO

Capítulo I
DO PAGAMENTO

Seção I
Das Disposições Preliminares

Art. 55. O pagamento deve ser feito por meio de Documento de Arrecadação de Receitas Federais – DARF, devendo o seu produto ser obrigatoriamente recolhido à conta do Tesouro Nacional.

Art. 56. O DARF obedecerá ao modelo aprovado pela Secretaria da Receita Federal e sua utilização pelo sujeito passivo far-se-á de acordo com instruções específicas.

•• *Vide* nota ao art. 52, *caput*, deste Decreto.

§ 1.º Nos documentos de arrecadação, o sujeito passivo deve indicar o código do tributo, o número de inscrição no Cadastro de Pessoas Físicas – CPF ou no Cadastro Nacional da Pessoa Jurídica – CNPJ, conforme o caso, o número do imóvel rural, além de outros elementos qualificativos ou informativos.

§ 2.º É vedada a utilização de DARF para o pagamento de imposto de valor inferior a R$ 10,00 (dez reais) (Lei n. 9.430, de 27-12-1996, art. 68).

Utilização de TDA

Art. 57. É facultado ao sujeito passivo o pagamento de até cinquenta por cento do valor original do ITR com Títulos da Dívida Agrária – TDA (Lei n. 4.504, de 30 de novembro de 1964, art. 105, § 1.º, a).

Seção II
Do Prazo para Pagamento

Art. 58. O imposto deve ser pago até o último dia útil do mês fixado para a entrega da DITR (Lei n. 9.393, de 1996, art. 12).

Seção III
Do Pagamento em Quotas

Art. 59. À opção do contribuinte, o imposto a pagar pode ser parcelado em até três quotas iguais, mensais e consecutivas, observando-se que (Lei n. 9.393, de 1996, art. 12, parágrafo único):

I – nenhuma quota será inferior a R$ 50,00 (cinquenta reais);

II – a primeira quota deve ser paga no prazo estabelecido pelo art. 58;

III – as demais quotas, acrescidas de juros equivalentes à taxa referencial do Sistema de Liquidação e de Custódia – SELIC para títulos federais, acumulada mensalmente, calculados a partir do primeiro dia do mês subsequente ao prazo estabelecido pelo art. 58 até o último dia do mês anterior ao do pagamento, e de um por cento no mês do pagamento, vencerão no último dia útil de cada mês;

IV – é facultado ao contribuinte antecipar, total ou parcialmente, o pagamento do imposto ou das quotas.

Seção IV
Do Pagamento Fora do Prazo

Art. 60. A falta ou insuficiência de pagamento do imposto, no prazo previsto, sujeita o contribuinte ao pagamento do valor que deixou de ser pago, acrescido de (Lei n. 9.393, de 1996, art. 13).

I – multa de mora calculada à taxa de trinta e três centésimos por cento, por dia de atraso, não podendo ultrapassar a vinte por cento, calculada a partir do primeiro dia útil subsequente ao do vencimento do prazo previsto para pagamento do imposto até o dia em que ocorrer o seu pagamento;

II – juros de mora equivalentes à taxa referencial SELIC para títulos federais, acumulada mensalmente, calculados a partir do primeiro dia do mês subsequente ao vencimento do prazo para pagamento até o mês anterior ao do pagamento, e de um por cento no mês do efetivo pagamento.

Seção V
Da Prova de Quitação

Art. 61. A prova de quitação do crédito tributário será feita por meio de certidão emitida, no âmbito de suas atribuições, pela Secretaria da Receita Federal ou pela Procuradoria-Geral da Fazenda Nacional (Lei n. 7.711, de 22-12-1988, art. 1.º, § 3.º).

•• *Vide* nota ao art. 52, *caput*, deste Decreto.

§ 1.º A certidão será eficaz, dentro do seu prazo de validade e para o fim a que se destina, perante qualquer órgão ou entidade da Administração Federal, Estadual e Municipal, direta ou indireta (Decreto-lei n. 1.715, de 22-11-1979, art. 1.º, § 2.º).

§ 2.º Tem os mesmos efeitos previstos neste artigo a certidão de que conste a existência de créditos não vencidos, em curso de cobrança executiva em que tenha sido efetivada a penhora, ou cuja exigibilidade esteja suspensa (Lei n. 5.172, de 1966, art. 206).

Incentivos Fiscais e Crédito Rural

Art. 62. A concessão de incentivos fiscais e de crédito rural, em todas as suas modalidades, bem assim a constituição das respectivas contrapartidas ou garantias, ficam condicionadas à comprovação do pagamento do ITR relativo ao imóvel rural, correspondente aos últimos cinco exercícios, ressalvados os casos em que a exigibilidade do imposto esteja suspensa, ou em curso de cobrança executiva em que tenha sido efetivada a penhora (Lei n. 9.393, de 1996, art. 20).

Parágrafo único. É dispensada a comprovação de regularidade de pagamento do imposto relativo ao imóvel rural para efeito de concessão de financiamento ao amparo do Programa Nacional de Fortalecimento da Agricultura Familiar – PRONAF (Lei n. 9.393, de 1996, art. 20, parágrafo único).

Registro Público

Art. 63. É obrigatória a comprovação do pagamento do ITR, referente aos cinco últimos exercícios, para serem praticados quaisquer dos atos previstos nos arts. 167 e 168 da Lei n. 6.015, de 31 de dezembro de 1973 – Lei dos Registros Públicos, observada a ressalva prevista no *caput* do art. 62 (Lei n. 9.393, de 1996, art. 21).

Parágrafo único. São solidariamente responsáveis pelo imposto e pelos acréscimos legais, nos termos do art. 134 da Lei n. 5.172, de 1966, os serventuários do registro de imóveis que descumprirem o disposto neste artigo, sem prejuízo de outras sanções legais (Lei n. 9.393, de 1996, art. 21, parágrafo único).

Capítulo II
DA COMPENSAÇÃO

Seção I
Compensação Espontânea pelo Contribuinte

Art. 64. Nos casos de pagamento indevido ou a maior de ITR, mesmo quando resultante de reforma, anulação, revogação ou rescisão de decisão condenatória, o contribuinte poderá efetuar a compensação desse valor no recolhimento de importância correspondente a ITR apurado em período subsequente (Lei n. 8.383, de 30-12-1991, art. 66, com a redação dada pela Lei n. 9.069, de 29-6-1995, art. 58).

§ 1.º Entende-se por recolhimento ou pagamento indevido ou a maior aquele proveniente de (Lei n. 5.172, de 1966, art. 165):

I – cobrança ou pagamento espontâneo de imposto, quando efetuado por erro, ou em duplicidade, ou sem que haja débito a liquidar, em face da legislação tributária aplicável, ou da natureza ou circunstâncias materiais do fato gerador efetivamente ocorrido;

II – erro na identificação do sujeito passivo, na determinação da alíquota aplicável, no cálculo do montante do débito ou na elaboração ou conferência de qualquer documento relativo ao recolhimento ou pagamento;

III – reforma, anulação, revogação ou rescisão de decisão condenatória.

§ 2.º É facultado ao contribuinte optar pelo pedido de restituição (Lei n. 8.383, de 1991, art. 66, § 2.º, com a redação dada pela Lei n. 9.069, de 1995, art. 58).

§ 3.º A compensação somente poderá ser efetuada pelo contribuinte titular do crédito oriundo do recolhimento ou pagamento indevido ou a maior.

§ 4.º A Secretaria da Receita Federal expedirá as instruções necessárias ao cumprimento do disposto neste artigo (Lei n. 8.383, de 1991, art. 66, § 4.º, com a redação dada pela Lei n. 9.069, de 1995, art. 58).

•• Vide nota ao art. 52, *caput*, deste Decreto.

Seção II
Compensação Requerida pelo Contribuinte

Art. 65. A Secretaria da Receita Federal, atendendo a requerimento do contribuinte, poderá autorizar a utilização de créditos a serem a ele restituídos ou ressarcidos para a quitação de quaisquer tributos ou contribuições sob sua administração, ainda que não sejam da mesma espécie nem tenham a mesma destinação constitucional (Lei n. 9.430, de 1996, art. 74).

•• A Secretaria da Receita Federal passa a denominar-se Secretaria da Receita Federal do Brasil, por força da Lei n. 11.457, de 16-3-2007.

Seção III
Compensação pela Autoridade Administrativa

Art. 66. Os créditos do sujeito passivo constantes em pedidos de restituição ou ressarcimento de imposto serão utilizados para quitação de seus débitos em procedimentos internos da Secretaria da Receita Federal, observado o seguinte (Lei n. 9.430, de 1996, art. 73):

•• Vide nota ao art. 65 deste Decreto.

I – o valor bruto da restituição ou ressarcimento será debitado à conta do tributo ou da contribuição a que se referir;

II – a parcela utilizada para a quitação de débitos do contribuinte ou responsável será creditada à conta do ITR.

§ 1.º A compensação de ofício será precedida de notificação ao sujeito passivo para que se manifeste sobre o procedimento, no prazo de quinze dias, sendo o seu silêncio considerado como aquiescência.

§ 2.º No caso de discordância do sujeito passivo, a Secretaria da Receita Federal reterá o valor da restituição até que o débito seja liquidado.

§ 3.º A Secretaria da Receita Federal, reconhecendo o direito de crédito do sujeito passivo para restituição, compensará este crédito com eventuais débitos do requerente.

§ 4.º Quando o montante da restituição for superior ao do débito, a Secretaria da Receita Federal efetuará o pagamento da diferença ao sujeito passivo.

§ 5.º Caso a quantia a ser restituída seja inferior ao valor dos débitos, o correspondente crédito tributário é extinto no montante equivalente à compensação, cabendo à Secretaria da Receita Federal adotar as providências para cobrança do saldo remanescente.

Seção IV
Acréscimo de Juros

Art. 67. O valor a ser utilizado na compensação será acrescido de juros obtidos pela aplicação da taxa referencial SELIC para títulos federais, acumulada mensalmente a partir do mês subsequente ao do pagamento indevido ou a maior até o mês anterior ao da compensação, e de um por cento relativamente ao mês em que estiver sendo efetuada (Lei n. 9.250, de 1995, art. 39, § 4.º; Lei n. 9.532, de 1997, art. 73).

Capítulo III
DA RESTITUIÇÃO

Art. 68. Nos casos de pagamento indevido ou a maior de ITR, mesmo quando resultante de reforma, anulação, revogação ou rescisão de decisão condenatória, o contribuinte poderá optar pelo pedido de restituição do valor pago indevidamente ou a maior, observado o disposto nos arts. 66 e 69 (Lei n. 8.383, de 1991, art. 66, § 2.º, com a redação dada pela Lei n. 9.069, de 1995, art. 58).

§ 1.º Entende-se por recolhimento ou pagamento indevido ou a maior aquele proveniente de (Lei n. 5.172, de 1966, art. 165):

I – cobrança ou pagamento espontâneo de imposto, quando efetuado por erro, ou em duplicidade, ou sem que haja débito a liquidar, em face da legislação tributária aplicável, ou da natureza ou circunstâncias materiais do fato gerador efetivamente ocorrido;

II – erro na identificação do sujeito passivo, na determinação da alíquota aplicável, no cálculo do montante do débito ou na elaboração ou conferência de qualquer documento relativo ao recolhimento ou pagamento;

III – reforma, anulação, revogação ou rescisão de decisão condenatória.

§ 2.º O valor da restituição será acrescido de juros obtidos pela aplicação da taxa referencial SELIC para títulos federais, acumulada mensalmente a partir do mês subsequente ao do pagamento indevido ou a maior até o mês anterior ao da compensação ou restituição, e de um por cento relativamente ao mês em que estiver sendo efetuada (Lei n. 9.250, de 1995, art. 39, § 4.º; Lei n. 9.532, de 1997, art. 73).

§ 3.º A Secretaria da Receita Federal expedirá as instruções necessárias ao cumprimento do disposto neste artigo (Lei n. 8.383, de 1991, art. 66, § 4.º, com a redação dada pela Lei n. 9.069, de 1995, art. 58).

•• *Vide* nota ao art. 65 deste Decreto.

Direito de Pleitear a Restituição

Art. 69. O direito de pleitear a restituição do imposto extingue-se com o decurso do prazo de cinco anos, contados (Lei n. 5.172, de 1966, art. 168):

I – da data do pagamento indevido;

II – da data em que se tornar definitiva a decisão administrativa ou passar em julgado a decisão judicial que tenha reformado, anulado, revogado ou rescindido a decisão condenatória.

Parágrafo único. O pedido de restituição, dirigido à autoridade competente, suspende o prazo previsto no *caput* deste artigo até que seja proferida decisão final na órbita administrativa (Decreto-lei n. 5.844, de 23-9-1943, art. 170, § 4.º, acrescentado pela Lei n. 154, de 25-11-1947, art. 1.º).

TÍTULO III
DA PRESCRIÇÃO

Art. 70. A ação para cobrança do crédito tributário prescreve em cinco anos, contados da data da sua constituição definitiva (Lei n. 5.172, de 1966, art. 174).

§ 1.º A prescrição se interrompe (Lei n. 5.172, de 1966, art. 174, parágrafo único):

I – pela citação pessoal feita ao devedor;

II – pelo protesto judicial;

III – por qualquer ato judicial que constitua em mora o devedor;

IV – por qualquer ato inequívoco, ainda que extrajudicial, que importe reconhecimento do débito pelo devedor.

§ 2.º A inscrição do débito como Dívida Ativa, pelo órgão competente, suspenderá a fluência do prazo prescricional, para todos os efeitos de direito, por cento e oitenta dias ou até a distribuição da execução fiscal, se esta ocorrer antes de findo aquele prazo (Lei n. 6.830, de 22-9-1980, art. 2.º, § 3.º).

§ 3.º O despacho do juiz, que ordenar a citação do executado, interrompe a fluência do prazo prescricional (Lei n. 6.830, de 1980, art. 8.º, § 2.º).

TÍTULO IV
DA FISCALIZAÇÃO

Art. 71. A legislação tributária que trata da competência e dos poderes das autoridades administrativas em matéria de fiscalização aplica-se às pessoas naturais ou jurídicas, contribuintes ou não, inclusive às que gozam de imunidade tributária ou de isenção (Lei n. 5.172, de 1966, art. 194).

Art. 72. Para os efeitos da legislação tributária, não têm aplicação quaisquer disposições legais excludentes ou limitativas do direito de examinar mercadorias, livros, arquivos, documentos, papéis e efeitos comerciais ou fiscais, dos comerciantes, industriais ou produtores, ou da obrigação destes de exibi-los (Lei n. 5.172, de 1966, art. 195).

Parágrafo único. Os livros obrigatórios de escrituração comercial e fiscal e os comprovantes dos lançamentos neles efetuados serão conservados até que ocorra a prescrição dos créditos tributários decorrentes das operações a que se refiram (Lei n. 5.172, de 1966, art. 195, parágrafo único).

Convênios

Art. 73. A Secretaria da Receita Federal poderá celebrar convênio com o Instituto Nacional de Colonização e Reforma Agrária – INCRA, com a finalidade de delegar as atividades de fiscalização das informações sobre os imóveis rurais, contidas no DIAC e no DIAT (Lei n. 9.393, de 1996, art. 16).

•• *Vide* nota ao art. 65 deste Decreto.

§ 1.º No exercício da delegação a que se refere este artigo, o INCRA poderá celebrar convênios de cooperação com o IBAMA, a Fundação Nacional do Índio – FUNAI e as Secretarias Estaduais de Agricultura (Lei n. 9.393, de 1996, art. 16, § 1.º).

§ 2.º No uso de suas atribuições, os agentes do INCRA terão acesso ao imóvel de propriedade particular, para levantamento de dados e informações (Lei n. 9.393, de 1996, art. 16, § 2.º).

§ 3.º A Secretaria da Receita Federal, com o apoio do INCRA, administrará o CAFIR e colocará as informações nele contidas à disposição daquela Autarquia, para fins de levantamento e pesquisa de dados e de proposição de ações administrativas e judiciais (Lei n. 9.393, de 1996, art. 16, § 3.º, com a redação dada pela Lei n. 10.267, de 28-8-2001, art. 5.º).

•• *Vide* nota ao art. 65 deste Decreto.

§ 4.º Às informações a que se refere o § 3.º aplica-se o disposto no art. 198 da Lei n. 5.172, de 1966 (Lei n. 9.393, de 1996, art. 16, § 4.º, com a redação dada pela Lei n. 10.267, de 28-8-2001, art. 5.º).

Art. 74. A Secretaria da Receita Federal poderá, também, celebrar convênios com (Lei n. 9.393, de 1996, art. 17):

•• *Vide* nota ao art. 65 deste Decreto.

I – órgãos da administração tributária das unidades federadas, visando delegar competência para a cobrança e o lançamento do ITR;

II – a Confederação Nacional da Agricultura – CNA e a Confederação Nacional dos Trabalhadores na Agricultura – CONTAG, com a finalidade de fornecer dados cadastrais de imóveis rurais que possibilitem a cobrança das contribuições sindicais devidas àquelas entidades.

TÍTULO V
DAS PENALIDADES

Capítulo I
DA MULTA POR ATRASO NA ENTREGA DA DECLARAÇÃO

Art. 75. No caso de apresentação espontânea da DITR fora do prazo estabelecido pela Secretaria da Receita Federal, será cobrada multa de um por cento ao mês-calendário ou fração sobre o imposto devido, sem prejuízo da multa e dos juros de mora pela falta ou insuficiência de recolhimento do imposto ou quota (Lei n. 9.393, de 1996, arts. 7.º e 9.º).

•• *Vide* nota ao art. 65 deste Decreto.

Parágrafo único. Em nenhuma hipótese o valor da multa de que trata o *caput* deste artigo será inferior a R$ 50,00 (cinquenta reais) (Lei n. 9.393, de 1996, art. 11, § 2.º).

Capítulo II
DAS MULTAS DE LANÇAMENTO DE OFÍCIO

Art. 76. Nos casos de lançamento de ofício, serão aplicadas as seguintes multas, calculadas sobre a totalidade ou diferença do ITR (Lei n. 9.393, de 1996, art. 14, § 2.º; Lei n. 9.430, de 1996, art. 44):

I – de setenta e cinco por cento, nos casos de falta de pagamento, de pagamento após o vencimento do prazo, sem o acréscimo de multa moratória, de falta de declaração e nos de declaração inexata, excetuada a hipótese do inciso seguinte;

II – cento e cinquenta por cento, nos casos de evidente intuito de sonegação, fraude ou conluio, independentemente de outras penalidades administrativas ou criminais cabíveis.

§ 1.º As multas de que trata este artigo serão exigidas (Lei n. 9.430, de 1996, art. 44, § 1.º):

I – juntamente com o ITR, quando não houver sido anteriormente pago;

II – isoladamente, quando o ITR houver sido pago após o vencimento do prazo previsto, mas sem o acréscimo de multa de mora.

§ 2.º As multas a que se referem os incisos I e II do *caput* deste artigo passarão a ser de 112,5% (cento e doze inteiros e cinco décimos por cento) e 225% (duzentos e vinte e cinco por cento), respectivamente, nos casos de não atendimento pelo sujeito passivo, no prazo marcado, de intimação para (Lei n. 9.430, de 1996, art. 44, § 2.º, com a redação dada pela Lei n. 9.532, de 1997, art. 70):

I – prestar esclarecimentos;

II – apresentar os arquivos digitais ou sistemas de processamento eletrônico de dados utilizados para registrar negócios e atividades econômicas ou financeiras, escriturar livros ou elaborar documentos de natureza contábil ou fiscal;

III – apresentar a documentação técnica e atualizada sobre o sistema de processamento de dados por ele utilizado, suficiente para possibilitar a sua auditoria (Lei n. 9.430, de 1996, art. 38).

§ 3.º Será concedida redução de cinquenta por cento da multa de lançamento de ofício ao contribuinte que, notificado, efetuar o pagamento do débito no prazo legal de impugnação (Lei n. 8.218, de 29-8-1991, art. 6.º; Lei n. 9.430, de 1996, art. 44, § 3.º).

§ 4.º Se houver impugnação tempestiva, a redução será de trinta por cento se o pagamento do débito for efetuado dentro de trinta dias da ciência da decisão de primeira instância (Lei n. 8.218, de 1991, art. 6.º, parágrafo único; Lei n. 9.430, de 1996, art. 44, § 3.º).

§ 5.º Será concedida redução de quarenta por cento da multa de lançamento de ofício ao contribuinte que, notificado, requerer o parcelamento do débito no prazo legal de impugnação (Lei n. 8.383, de 1991, art. 60; Lei n. 9.430, de 1996, art. 44, § 3.º).

§ 6.º Havendo impugnação tempestiva, a redução será de vinte por cento, se o parcelamento for requerido dentro de trinta dias da ciência da decisão de primeira instância (Lei n. 8.383, de 1991, art. 60, § 1.º; Lei n. 9.430, de 1996, art. 44, § 3.º).

§ 7.º A rescisão do parcelamento, motivada pelo descumprimento das normas que o regulam, implicará restabelecimento do montante da multa proporcionalmente ao valor da receita não satisfeito (Lei n. 8.383, de 1991, art. 60, § 2.º; Lei n. 9.430, de 1996, art. 44, § 3.º).

Sonegação

Art. 77. Sonegação é toda ação ou omissão dolosa tendente a impedir ou retardar, total ou parcialmente, o conhecimento por parte da autoridade administrativa (Lei n. 4.502, de 30-11-1964, art. 71):

I – da ocorrência do fato gerador da obrigação tributária principal, sua natureza ou circunstâncias materiais;

II – das condições pessoais do contribuinte, suscetíveis de afetar a obrigação tributária principal ou o crédito tributário correspondente.

Fraude

Art. 78. Fraude é toda ação ou omissão dolosa tendente a impedir ou retardar, total ou parcialmente, a ocorrência do fato gerador da obrigação tributária principal, ou a excluir ou modificar as suas características essenciais, de modo a reduzir o montante do imposto devido ou a evitar ou diferir o seu pagamento (Lei n. 4.502, de 1964, art. 72).

Conluio

Art. 79. Conluio é o ajuste doloso entre duas ou mais pessoas naturais ou jurídicas, visando a qualquer dos efeitos referidos nos arts. 77 e 78 (Lei n. 4.502, de 1964, art. 73).

Título VI
DAS DISPOSIÇÕES GERAIS

Art. 80. Compete à Secretaria da Receita Federal a administração do ITR, incluídas as atividades de arrecadação, tributação e fiscalização (Lei n. 9.393, de 1996, art. 15).

•• A Secretaria da Receita Federal passa a denominar-se Secretaria da Receita Federal do Brasil, por força da Lei n. 11.457, de 16-3-2007.

Parágrafo único. No processo administrativo fiscal, compreendendo os procedimentos destinados a determinação e exigência do imposto, imposição de penalidades, repetição de indébito e solução de consultas, bem assim a compensação do imposto, observar-se-á a legislação prevista para os demais tributos federais (Lei n. 9.393, de 1996, art. 15, parágrafo único).

Art. 81. Os prazos fixados neste Decreto serão contínuos, excluindo-se, em sua contagem, o dia de início e incluindo-se o de vencimento (Lei n. 5.172, de 1966, art. 210).

Parágrafo único. Os prazos só se iniciam ou vencem em dia de expediente normal na repartição em que corra o processo ou deva ser praticado o ato (Lei n. 5.172, de 1966, art. 210, parágrafo único).

Art. 82. Este Decreto entra em vigor na data de sua publicação.

Brasília, 19 de setembro de 2002; 181.º da Independência e 114.º da República.

Fernando Henrique Cardoso

DECRETO N. 4.523, DE 17 DE DEZEMBRO DE 2002 (*)

Regulamenta o arrolamento de bens para interposição de recurso voluntário no processo administrativo de determinação e exigência de créditos tributários da União.

O Presidente da República, no uso da atribuição que lhe confere o art. 84, IV, da Constituição, e tendo em vista o disposto nos §§ 2.º a 4.º do art. 33 do Decreto n. 70.235, de 6 de março de 1972, decreta:

Art. 1.º O arrolamento de bens e direitos para fins de seguimento do recurso voluntário interposto contra decisão proferida nos processos de determinação e exigência de créditos tributários da União será efetuado em conformidade com as disposições deste Decreto.

Art. 2.º O recorrente deverá arrolar, por sua iniciativa, bens e direitos de valor equivalente a trinta por cento da exigência fiscal definida na decisão, aplicando-se o disposto nos §§ 2.º, 3.º, 5.º e 8.º do art. 64 da Lei n. 9.532, de 10 de dezembro de 1997.

§ 1.º Deverão ser arrolados, preferencialmente, bens imóveis da pessoa física ou jurídica recorrente, integrantes de seu patrimônio, classificados, no caso de pessoa jurídica, em conta integrante do ativo permanente, segundo as normas fiscais e comerciais.

§ 2.º Caso a pessoa física não possua imóveis passíveis de arrolamento, deverão ser arrolados bens móveis ou direitos constantes de seu patrimônio.

§ 3.º Caso a pessoa jurídica não possua imóveis passíveis de arrolamento, segundo o disposto no § 1.º, deverão ser arrolados outros bens integrantes de seu ativo permanente.

Art. 3.º Sem prejuízo do seguimento do recurso voluntário, o arrolamento de bens e direitos será limitado ao total do ativo permanente da pessoa jurídica ou ao patrimônio da pessoa física, avaliados pelo valor constante da contabilidade ou da última declaração de rendimentos apresentada pelo sujeito passivo.

Art. 4.º Na hipótese em que a autoridade fiscal competente tenha procedido o arrolamento de bens e direitos nos termos preconizados pelo art. 64 da Lei n. 9.532, de 1997, fica o recorrente dispensado da adoção dessa providência.

Art. 5.º A Secretaria da Receita Federal do Ministério da Fazenda expedirá normas complementares para a aplicação do disposto neste Decreto.

•• A Secretaria da Receita Federal passa a denominar-se Secretaria da Receita Federal do Brasil, por força da Lei n. 11.457, de 16-3-2007.

Art. 6.º Este Decreto entra em vigor na data de sua publicação.

Art. 7.º Fica revogado o Decreto n. 3.717, de 3 de janeiro de 2001.

Brasília, 17 de dezembro de 2002; 181.º da Independência e 114.º da República.

Fernando Henrique Cardoso

DECRETO N. 4.524, DE 17 DE DEZEMBRO DE 2002 (**)

Regulamenta a Contribuição para o PIS/Pasep e a Cofins devidas pelas pessoas jurídicas em geral.

O Presidente da República, no uso das atribuições que lhe confere o art. 84, inciso IV, da Constituição, decreta:

Art. 1.º A Contribuição para o PIS/Pasep (PIS/Pasep), instituída pelas Leis Complementares n. 7, de 7 de setembro de 1970, e n. 8, de 3 de dezembro de 1970, e a Contribuição para o Financiamento da Seguridade Social (Cofins), instituída pela Lei Complementar n. 70, de 30 de dezembro de 1991, serão cobradas e fiscalizadas de conformidade com o disposto neste Decreto.

(*) Publicado no *Diário Oficial da União*, de 18-12-2002.

(**) Publicado no *Diário Oficial da União*, de 18-12-2002. Vide Lei n. 10.637, de 30-12-2002.

Livro I
PESSOAS JURÍDICAS DE DIREITO PRIVADO

Título I
FATO GERADOR

Art. 2.º As contribuições de que trata este Decreto têm como fatos geradores (Lei n. 9.718, de 27 de novembro de 1998, art. 2.º, e Medida Provisória n. 2.158-35, de 24 de agosto de 2001, art. 13):

I – na hipótese do PIS/Pasep:

a) o auferimento de receita pela pessoa jurídica de direito privado; e

b) a folha de salários das entidades relacionadas no art. 9.º; e

II – na hipótese da Cofins, o auferimento de receita pela pessoa jurídica de direito privado.

Parágrafo único. Para efeito do disposto na alínea a do inciso I e no inciso II, compreende-se como receita a totalidade das receitas auferidas, independentemente da atividade exercida pela pessoa jurídica e da classificação contábil adotada para sua escrituração.

Título II
CONTRIBUINTES E RESPONSÁVEIS

Capítulo I
CONTRIBUIÇÕES INCIDENTES SOBRE O FATURAMENTO

Seção I
Contribuintes

Art. 3.º São contribuintes do PIS/Pasep e da Cofins incidentes sobre o faturamento as pessoas jurídicas de direito privado e as que lhes são equiparadas pela legislação do Imposto de Renda, observado o disposto no art. 9.º (Lei Complementar n. 70, de 1991, art. 1.º, Lei n. 9.430, de 27 de dezembro de 1996, art. 60, Lei n. 9.701, de 17 de novembro de 1998, art. 1.º, Lei n. 9.715, de 25 de novembro de 1998, art. 2.º, Lei n. 9.718, de 1998, art. 2.º, e Lei n. 10.431, de 24 de abril de 2002, art. 6.º, inciso II).

§ 1.º As entidades fechadas e abertas de previdência complementar são contribuintes do PIS/Pasep e da Cofins na modalidade de incidência prevista neste artigo, sendo irrelevante a forma de sua constituição.

§ 2.º As entidades submetidas aos regimes de liquidação extrajudicial e de falência, em relação às operações praticadas durante o período em que perdurarem os procedimentos para a realização de seu ativo e o pagamento do passivo, sujeitam-se às disposições deste Decreto.

Seção II
Responsáveis

Art. 4.º Os fabricantes e os importadores de cigarros são contribuintes e responsáveis, na condição de substitutos, pelo recolhimento do PIS/Pasep e da Cofins devidos pelos comerciantes varejistas, nos termos do art. 47 (Lei Complementar n. 70, de 1991, art. 3.º, Lei n. 9.532, de 10 de dezembro de 1997, art. 53, e Lei n. 9.715, de 25 de novembro de 1998, art. 5.º).

Parágrafo único. A substituição prevista neste artigo não alcança o comerciante atacadista de cigarros, que está obrigado ao pagamento das contribuições incidentes sobre a sua receita de comercialização desse produto.

Art. 5.º Os fabricantes e os importadores dos veículos classificados nos códigos 84.32, 84.33 e 87.01, 87.02, 87.03, 87.11, e nas subposições 8704.2 e 8704.3, da Tabela de Incidência do Imposto sobre Produtos Industrializados, aprovada pelo Decreto n. 4.070, de 28 de dezembro de 2001, são responsáveis, na condição de substitutos, pelo recolhimento das contribuições devidas pelos comerciantes varejistas, nos termos do art. 48 deste Decreto (Medida Provisória n. 2.158-35, de 2001, art. 43, e Medida Provisória n. 75, de 24 de outubro de 2002, art. 18).

§ 1.º O disposto neste artigo não exime o fabricante ou importador da obrigação do pagamento das contribuições na condição de contribuinte.

§ 2.º A substituição prevista neste artigo não se aplica às vendas efetuadas a comerciantes atacadistas de veículos, hipótese em que as contribuições são devidas em cada uma das sucessivas operações de venda do produto.

§ 3.º A partir de 1.º de novembro de 2002, relativamente aos produtos classificados nas posições 84.32 e 84.33, o disposto neste artigo alcança apenas os veículos autopropulsados descritos nos Códigos 8432.20, 8432.40.00, 8432.80.00 (exceto rolos para gramados ou campo de esporte), 8433.20, 8433.30.00, 8433.40.00 e 8433.5.

Art. 6.º Os órgãos da administração federal direta, as autarquias e as fundações federais, nos pagamentos que efetuarem pela aquisição de bens ou pelo recebimento de serviços em geral, devem reter e recolher o PIS/Pasep e a Cofins, referentes a estas operações, devidos pelos fornecedores dos bens ou prestadores dos serviços, na forma do inciso I do art. 49 (Lei n. 9.430, de 1996, art. 64).

Parágrafo único. A retenção prevista no caput não se aplica aos pagamentos pela aquisição dos produtos sujeitos às alíquotas previstas no inciso I do art. 54 que gerem direito ao crédito presumido de que trata o art. 61.

Art. 7.º As sociedades cooperativas que realizam venda de produtos entregues para comercialização por suas associadas pessoas jurídicas são responsáveis pela retenção e recolhimento das contribuições por estas devidas, na forma do inciso II do art. 49 (Medida Provisória n. 2.158-35, de 2001, art. 16, e Lei n. 9.430, de 1996, art. 66).

Parágrafo único. As sociedades cooperativas continuam responsáveis pela retenção e recolhimento das contribuições devidas por suas associadas, pessoas jurídicas, quando entregarem a produção destas associadas à central de cooperativas para revenda.

Art. 8.º As pessoas jurídicas que administram jogos de bingo são responsáveis pelo pagamento das contribuições incidentes sobre as respectivas receitas geradas com essa atividade, na forma do inciso III do art. 49 (Lei n. 9.981, de 14 de julho de 2000, art. 4.º).

Parágrafo único. O disposto neste artigo não exime a pessoa jurídica administradora da obrigação do pagamento das contribuições na condição de contribuinte.

Capítulo II
CONTRIBUIÇÃO INCIDENTE SOBRE A FOLHA DE SALÁRIOS

Art. 9.º São contribuintes do PIS/Pasep incidente sobre a folha de salários as seguintes entidades (Medida Provisória n. 2.158-35, de 2001, art. 13):

I – templos de qualquer culto;

I – partidos políticos;

III – instituições de educação e de assistência social que preencham as condições e requisitos do art. 12 da Lei n. 9.532, de 1997;

IV – instituições de caráter filantrópico, recreativo, cultural, científico e as associações, que preencham as condições e requisitos do art. 15 da Lei n. 9.532, de 1997;

V – sindicatos, federações e confederações;

VI – serviços sociais autônomos, criados ou autorizados por lei;

VII – conselhos de fiscalização de profissões regulamentadas;

VIII – fundações de direito privado;

X – condomínios de proprietários de imóveis residenciais ou comerciais; e

•• Numeração conforme publicação oficial.

IX – Organização das Cooperativas Brasileiras (OCB) e as organizações estaduais de cooperativas previstas no art. 105 e seu § 1.º da Lei n. 5.764, de 16 de dezembro de 1971.

•• Numeração conforme publicação oficial.

Título III
BASE DE CÁLCULO

Capítulo I
CONTRIBUIÇÕES INCIDENTES SOBRE O FATURAMENTO

Seção I
Faturamento e Receita Bruta

Art. 10. As pessoas jurídicas de direito privado e as que lhes são equiparadas pela legislação do Imposto de Renda, observado o disposto no art. 9.º, têm como base de cálculo do PIS/Pasep e da Cofins o valor do faturamento, que corresponde à receita bruta, assim entendida a totalidade das receitas auferidas, independentemente da atividade por elas exercidas e da classificação contábil adotada para a escrituração das receitas (Lei Complementar n. 70, de 1991, art. 1.º, Lei n. 9.701, de 1998, art. 1.º, Lei n. 9.715, de 1998, art. 2.º, Lei n. 9.716, de 26 de novembro de 1998, art. 5.º, e Lei n. 9.718, de 1998, arts. 2.º e 3.º).

§ 1.º Nas operações realizadas em mercados futuros, considera-se receita bruta o resultado positivo dos ajustes diários ocorridos no mês.

§ 2.º Nas operações de câmbio, realizadas por instituições autorizadas pelo Banco Central do Brasil:

I – considera-se receita bruta a diferença positiva entre o preço da venda e o preço da compra da moeda estrangeira; e

II – a diferença negativa não poderá ser utilizada para a dedução da base de cálculo destas contribuições.

§ 3.º Nas aquisições de direitos creditórios, resultantes de vendas mercantis a prazo ou de prestação de serviços, efetuadas por empresas de fomento comercial (*Factoring*), a receita bruta corresponde à diferença verificada entre o valor de aquisição e o valor de face do título ou direito creditório adquirido.

§ 4.º A pessoa jurídica que tenha como objeto social, declarado em seus atos constitutivos, a compra e venda de veículos automotores deve apurar o valor da base de cálculo nas operações de venda de veículos usados adquiridos para revenda, inclusive quando recebidos como parte do pagamento do preço de venda de veículos novos ou usados, segundo o regime aplicável às operações de consignação.

§ 5.º Na determinação da base de cálculo de que trata o § 4.º será computada a diferença entre o valor pelo qual o veículo usado houver sido alienado, constante da nota fiscal de venda, e o seu custo de aquisição, constante da nota fiscal de entrada.

§ 6.º O custo de aquisição de veículo usado, nas operações de que tratam os §§ 4.º e 5.º, é o preço ajustado entre as partes.

Art. 11. O valor auferido de fundo de compensação tarifária, criado ou aprovado pelo Poder Público Concedente ou Permissório, integra a receita bruta das empresas concessionárias ou permissionárias de serviço público de transporte urbano de passageiros (Lei n. 9.718, de 1998, arts. 2.º e 3.º).

Art. 12. Na hipótese de importação efetuada por pessoa jurídica importadora, por conta e ordem de terceiros, a receita bruta para efeito de incidência das contribuições corresponde ao valor (Medida Provisória n. 2.158-35, de 2001, art. 81, e Medida Provisória n. 66, de 29 de agosto de 2002, art. 29):

I – dos serviços prestados ao adquirente, na hipótese da pessoa jurídica importadora contratada; e

II – da receita auferida com a comercialização da mercadoria importada, na hipótese do adquirente por encomenda.

§ 1.º Para os efeitos deste artigo:

I – entende-se por importador por conta e ordem de terceiros a pessoa jurídica que promover, em seu nome, o despacho aduaneiro de importação de mercadoria adquirida por outra, em razão de contrato previamente firmado, que poderá compreender, ainda, a prestação de outros serviços relacionados com a transação comercial, como a realização de cotação de preços e a intermediação comercial;

II – entende-se por adquirente a pessoa jurídica encomendante da mercadoria importada; e

III – a operação de comércio exterior realizada mediante a utilização de recursos de terceiros presume-se por conta e ordem destes.

§ 2.º As normas de incidência, inclusive nas hipóteses de alíquotas diferenciadas, aplicáveis à receita bruta de importador, aplicar-se-ão à receita bruta do adquirente, decorrente da venda de mercadoria importada na forma deste artigo.

Art. 13. As variações monetárias ativas dos direitos de crédito e das obrigações do contribuinte, em função de taxa de câmbio, ou de índices ou coeficientes aplicáveis por disposição legal ou contratual, são consideradas, para efeitos da incidência das contribuições, como receitas financeiras (Lei n. 9.718, de 1998, art. 9.º, e Medida Provisória n. 2.158-35, de 2001, art. 30).

§ 1.º As variações monetárias em função da taxa de câmbio, a que se refere o *caput*, serão consideradas, para efeito de determinação da base de cálculo das contribuições, quando da liquidação da correspondente operação.

§ 2.º À opção da pessoa jurídica, as variações monetárias de que trata o § 1.º poderão ser consideradas na determinação da base de cálculo das contribuições segundo o regime de competência.

§ 3.º A opção prevista no § 2.º aplicar-se-á a todo o ano-calendário.

§ 4.º A alteração no critério de reconhecimento das receitas de variação monetária deverá observar normas a serem expedidas pela Secretaria da Receita Federal (SRF).

Art. 14. As pessoas jurídicas optantes pelo regime de tributação do Imposto de Renda com base no lucro presumido poderão adotar o regime de caixa para fins da incidência do PIS/Pasep e da Cofins (Medida Provisória n. 2.158-35, de 2001, art. 20).

Parágrafo único. A adoção do regime de caixa, de acordo com o *caput*, está condicionada à utilização do mesmo critério em relação ao Imposto de Renda e à Contribuição Social sobre o Lucro Líquido (CSLL).

Art. 15. No caso de construção por empreitada ou de fornecimento a preço predeterminado de bens ou serviços à pessoa jurídica de direito público, empresa pública, sociedade de economia mista ou suas subsidiárias, a pessoa jurídica contratada, ou subcontratada, que diferir o pagamento das contribuições na forma do art. 24, incluirá o valor das parcelas na base de cálculo do mês do seu efetivo recebimento (Lei n. 9.718, de 1998, art. 7.º).

Art. 16. Na hipótese de atividade imobiliária relativa a loteamento de terrenos, incorporação imobiliária, construção de prédios destinados à venda, bem assim a venda de imóveis construídos ou adquiridos para revenda, a receita bruta corresponde ao valor efetivamente recebido pela venda da unidade imobiliária, de acordo com o regime de reconhecimento de receitas previsto, para o caso, pela legislação do Imposto de Renda (Medida Provisória n. 2.221, de 4 de setembro de 2001, art. 2.º, e Lei n. 8.981, de 20 de janeiro de 1995, art. 30).

Parágrafo único. O disposto neste artigo alcança também o valor dos juros e das variações monetárias, em função da taxa de câmbio ou de índice ou coeficiente aplicáveis por disposição legal ou contratual, que venham a integrar os valores efetivamente recebidos pela venda de unidades imobiliárias.

Art. 17. Na apuração da base de cálculo de que trata este capítulo, não integram a receita bruta:

I – do doador ou patrocinador, o valor das receitas correspondentes a doações e patrocínios, realizados sob a forma de prestação de serviços ou de fornecimento de material de consumo para projetos culturais, amparados pela Lei n. 8.313, de 23 de dezembro de 1991, computado a preço de mercado para fins de dedução do imposto de renda; e

II – a contrapartida do aumento do ativo da pessoa jurídica, em decorrência da atualização do valor dos estoques de produtos agrícolas, animais e extrativos, tanto em virtude do registro no estoque de crias nascidas no período, como pela avaliação do estoque a preço de mercado.

Art. 18. Não integram a base de cálculo do PIS/Pasep apurado na forma do art. 59, as receitas (Medida Provisória n. 66, de 29 de agosto de 2002, art. 1.º, § 3.º):

I – isentas da contribuição ou sujeitas a alíquota zero;

II – decorrentes da venda de bens do ativo imobilizado;

III – auferidas pela pessoa jurídica substituída, na revenda de mercadorias em relação às quais a contribuição seja exigida da empresa vendedora, na condição de substituta e tributária; e

IV – de venda dos produtos de que tratam as Leis n. 9.990, de 2000, n. 10.147, de 21 de dezembro de 2000; alterada pela Lei n. 10.548, de 13 de novembro de 2002; e n. 10.485, de 2002, ou quaisquer outras receitas submetidas à incidência monofásica da contribuição para o PIS/Pasep.

Art. 19. A base de cálculo das contribuições incidentes sobre as receitas auferidas pelas pessoas jurídicas fabricantes e pelas importadoras dos produtos de que trata o art. 55 fica reduzida (Lei n. 10.485, de 3 de julho de 2002, art. 1.º, §§ 2.º e 3.º, Medida Provisória n. 2.189-49, de 23 de agosto de 2001, art. 17, § 5.º):

I – em 30,2% (trinta inteiros e dois décimos por cento), no caso da venda de caminhões chassi com carga útil igual ou superior a 1.800 kg e caminhão monobloco com carga útil igual ou superior a 1.500 kg, classificados na posição 87.04 da Tipi, observadas as especificações estabelecidas pela SRF; e

II – em 48,1% (quarenta e oito inteiros e um décimo por cento), no caso de venda de produtos classificados nos seguintes códigos da Tipi: 84.29, 8432.40.00, 8432.80.00, 8433.20, 8433.30.00, 8433.40.00, 8433.5, 87.01, 8702.10.00 Ex 02, 8702.90.90 Ex 02, 8704.10.00, 87.05 e 8706.00.10 Ex 01 (somente os destinados aos produtos classificados nos Ex 02 dos códigos 8702.10.00 e 8702.90.90).

Parágrafo único. O disposto neste artigo aplica-se, inclusive, à empresa comercial atacadista adquirente dos produtos resultantes da industrialização por encomenda, equiparada a industrial na forma do § 5.º do art. 17 da Medida Provisória n. 2.189-49, de 23 de agosto de 2001.

Art. 20. Na apuração da base de cálculo, as pessoas jurídicas integrantes do Mercado Atacadista de Energia Elétrica (MAE), instituído pela Lei n. 10.433, de 24 de abril de 2002, optantes pelo regime especial de tributação de que trata o art. 32 da Medida Provisória n. 66, de 2002, devem considerar como receita bruta, nas operações de compra e venda de energia elétrica realizadas na forma da regulamentação prevista no art. 14 da Lei n. 9.648, de 27 de maio de 1998, com a redação dada pelo art. 5.º da Lei n. 10.433, de 24 de abril de 2002, os resultados positivos apurados mensalmente (Lei n. 10.433, de 2002, art. 1.º, e Medida Provisória n. 66, de 2002, art. 32, § 2.º).

Parágrafo único. As operações de compra e venda de que trata o *caput* são aquelas realizadas a preços regulamentados, conforme a Convenção e as Regras de Mercado.

Art. 21. A receita decorrente da avaliação de títulos e valores mobiliários, instrumentos financeiros derivativos e itens objeto de *hedge*, registrada pelas instituições financeiras e demais entidades autorizadas a funcionar pelo Banco Central do Brasil ou pela Superintendência de Seguros Privados (Susep), em decorrência da valoração a preço de mercado no que exceder ao rendimento produzido até a referida data, somente será computada na base de cálculo do PIS/Pasep e da Cofins quando da alienação dos respectivos ativos (Medida Provisória n. 66, de 2002, art. 38, e Medida Provisória n. 75, de 2002, art. 37).

Parágrafo único. Para fins do disposto neste artigo, considera-se alienação qualquer forma de transmissão da propriedade, bem assim a liquidação, o resgate e a cessão dos referidos títulos e valores mobiliários, instrumentos financeiros derivativos e itens objeto de *hedge*.

Seção II
Exclusões e Deduções

Subseção I
Exclusões e deduções gerais

Art. 22. Para efeito de apuração da base de cálculo de que trata este capítulo, observado o disposto no art. 23, podem ser excluídos ou deduzidos da receita bruta, quando a tenham integrado, os valores (Lei n. 9.718, de 1998, art. 3.º):

I – das vendas canceladas;

II – dos descontos incondicionais concedidos;

III – do Imposto sobre Produtos Industrializados (IPI);

IV – do Imposto sobre Operações relativas à Circulação de Mercadorias e sobre Prestações de Serviços de Transporte Interestadual e Intermunicipal e de Comunicação (ICMS), quando destacado em nota fiscal e cobrado pelo vendedor dos bens ou prestador dos serviços na condição de substituto tributário;

V – das reversões de provisões;

VI – das recuperações de créditos baixados como perdas, limitados aos valores efetivamente baixados, que não representem ingresso de novas receitas;

VII – dos resultados positivos da avaliação de investimentos pelo valor do patrimônio líquido e dos lucros e dividendos derivados de investimentos avaliados pelo custo de aquisição, que tenham sido computados como receita, inclusive os derivados de empreendimento objeto de Sociedade em Conta de Participação (SCP); e

VIII – das receitas decorrentes das vendas de bens do ativo permanente.

§ 1.º Não se aplica a exclusão prevista no inciso V na hipótese de provisão que tenha sido deduzida da base de cálculo quando de sua constituição.

§ 2.º Na hipótese de o valor das vendas canceladas superar o valor da receita bruta do mês, o saldo poderá ser compensado nos meses subsequentes.

Art. 23. Para efeito de cálculo do PIS/Pasep não cumulativo, com a alíquota prevista no art. 59, podem ser excluídos da receita bruta, quando a tenham integrado, os valores (Medida Provisória n. 66, de 2002, art. 1.º, § 3.º, inciso V, e Medida Provisória n. 75, de 2002, art. 36):

I – das vendas canceladas;

II – dos descontos incondicionais concedidos;

III – do IPI;

IV – do ICMS, quando destacado em nota fiscal e cobrado pelo vendedor dos bens ou prestador dos serviços na condição de substituto tributário;

V – das reversões de provisões;

VI – das recuperações de créditos baixados como perdas, que não representem ingresso de novas receitas; e

VII – dos resultados positivos da avaliação de investimentos pelo valor do patrimônio líquido e dos lucros e dividendos derivados de investimentos avaliados pelo custo de aquisição, que tenham sido computados como receita.

Subseção II
Exclusões e deduções específicas

Art. 24. No caso de construção por empreitada ou de fornecimento a preço predeterminado de bens ou serviços à pessoa jurídica de direito público, empresa pública, sociedade de economia mista ou suas subsidiárias, a pessoa jurídica contratada pode diferir o pagamento das contribuições, excluindo da base de cálculo do mês do auferimento da receita o valor da parcela ainda não recebida para adicioná-la à base de cálculo do mês do seu efetivo recebimento, de acordo com o art. 15 (Lei n. 9.718, de 1998, art. 7.º).

Parágrafo único. A utilização do tratamento tributário previsto neste artigo é facultada ao subempreiteiro ou subcontratado, na hipótese de subcontratação parcial ou total da empreitada ou do fornecimento.

Art. 25. As operadoras de planos de assistência à saúde, para efeito de apuração da base de cálculo das contribuições, podem excluir ou deduzir da receita bruta o valor (Lei n. 9.718, de 1998, art. 3.º, § 9.º, com a redação da Medida Provisória n. 2.158-35, de 2001, art. 2.º):

I – das corresponsabilidades cedidas;

II – da parcela das contraprestações pecuniárias destinada à constituição de provisões técnicas; e

III – referente às indenizações correspondentes aos eventos ocorridos, efetivamente pago, deduzido das importâncias recebidas a título de transferência de responsabilidades.

Art. 26. Os bancos comerciais, bancos de investimento, bancos de desenvolvimento, caixas econômicas, sociedades de crédito, financiamento e investimento, sociedades de crédito imobiliário, sociedades corretoras, distribuidoras de títulos e valores mobiliários, empresas de arrendamento mercantil, cooperativas de crédito e associações de poupança e empréstimo, para efeito da apuração da base de cálculo das contribuições, podem deduzir da receita bruta o valor (Lei n. 9.701, de 17 de novembro de 1998, art. 1.º, inciso III, e Lei n. 9.718, de 1998, art. 3.º, §§ 4.º e 5.º e inciso I do § 6.º, com a redação da Medida Provisória n. 2.158-35, de 2001, art. 2.º):

I – das despesas incorridas nas operações de intermediação financeira;

II – dos encargos com obrigações por refinanciamentos, empréstimos e repasses de recursos de órgãos e instituições oficiais ou de direito privado;

III – das despesas de câmbio, observado o disposto no § 2.º do art. 10;

IV – das despesas de arrendamento mercantil, restritas a empresas e instituições arrendadoras;

V – das despesas de operações especiais por conta e ordem do Tesouro Nacional;

VI – do deságio na colocação de títulos;

VII – das perdas com títulos de renda fixa e variável, exceto com ações; e

VIII – das perdas com ativos financeiros e mercadorias, em operações de *hedge*.

Parágrafo único. A vedação do reconhecimento de perdas de que trata o inciso VII aplica-se às operações com ações realizadas nos mercados à vista e de derivativos (futuro, opção, termo, *swap* e outros) que não sejam de *hedge*.

Art. 27. As empresas de seguros privados, para efeito de apuração da base de cálculo das contribuições, podem excluir ou deduzir da receita bruta o valor (Lei n. 9.701, de 1998, art. 1.º, inciso IV, e Lei n. 9.718, de 1998, art. 3.º, §§ 5.º e 6.º, inciso II, com a redação da Medida Provisória n. 2.158-35, de 2001, art. 2.º):

I – do cosseguro e resseguro cedidos;

II – referente a cancelamentos e restituições de prêmios que houverem sido computados como receitas;

III – da parcela dos prêmios destinada à constituição de provisões ou reservas técnicas; e

IV – referente às indenizações correspondentes aos sinistros ocorridos, efetivamente pagos, após subtraídas as importâncias recebidas a título de cosseguros e ressegurros, salvados e outros ressarcimentos.

Parágrafo único. A dedução de que trata o inciso IV aplica-se somente às indenizações referentes a seguros de ramos elementares e a seguros de vida sem cláusula de cobertura por sobrevivência.

Art. 28. As entidades fechadas e abertas de previdência complementar, para efeito de apuração da base de cálculo das contribuições, podem excluir ou deduzir da receita bruta o valor (Lei n. 9.701, de 1998, art. 1.º, inciso V, Lei n. 9.718, de 1998, art. 3.º, § 5.º, e 6.º, inciso III, e § 7.º, com a redação dada pela Medida Provisória n. 2.158-35, de 2001, art. 2.º, e Medida Provisória n. 66, de 2002, art. 35):

I – da parcela das contribuições destinada à constituição de provisões ou reservas técnicas; e

II – dos rendimentos auferidos nas aplicações de recursos financeiros destinados ao pagamento de benefícios de aposentadoria, pensão, pecúlio e de resgates.

§ 1.º A dedução prevista no inciso II do *caput*:

I – restringe-se aos rendimentos de aplicações financeiras proporcionados pelos ativos garantidores das provisões técnicas, limitados esses ativos ao montante das referidas provisões; e

II – aplica-se também aos rendimentos dos ativos financeiros garantidores das provisões técnicas de empresas de seguros privados destinadas exclusivamente a planos de benefícios de caráter previdenciário e a seguros de vida com cláusula de cobertura por sobrevivência.

§ 2.º A partir de 30 de agosto de 2002, além das exclusões previstas no *caput*, as entidades fechadas de previdência complementar podem excluir os valores referentes a:

I – rendimentos relativos a receitas de aluguel, destinados ao pagamento de benefícios de aposentadoria, pensão, pecúlio e resgates;

II – receita decorrente da venda de bens imóveis, destinada ao pagamento de benefícios de aposentadoria, pensão, pecúlio e resgates; e

III – o resultado positivo, auferido na reavaliação da carteira de investimentos imobiliários referida nos incisos I e II deste parágrafo.

Art. 29. As empresas de capitalização, para efeito de apuração da base de cálculo das contribuições, podem excluir ou deduzir da receita bruta o valor (Lei n. 9.701, de 1998, art. 1.º, inciso VI, e Lei n. 9.718, de 1998, art. 3.º, § 5.º, § 6.º, inciso IV, e § 7.º, com a redação dada pela Medida Provisória n. 2.158-35, de 2001, art. 2.º):

I – da parcela dos prêmios destinada à constituição de provisões ou reservas técnicas; e

II – dos rendimentos auferidos nas aplicações financeiras destinadas ao pagamento de resgate de títulos.

Parágrafo único. A dedução prevista no inciso II restringe-se aos rendimentos de aplicações financeiras proporcionados pelos ativos garantidores das provisões técnicas, limitados esses ativos ao montante das referidas provisões.

Art. 30. As deduções e exclusões facultadas às pessoas jurídicas referidas nos arts. 26 a 29 restringem-se a operações autorizadas por órgão governamental, desde que realizadas dentro dos limites operacionais previstos na legislação pertinente, vedada a dedução de qualquer despesa administrativa (Lei n. 9.701, de 1998, art. 1.º, §§ 1.º e 3.º).

Parágrafo único. As pessoas jurídicas de que trata este artigo poderão, ainda, excluir da receita bruta os valores correspondentes às diferenças positivas decorrentes de variação nos ativos objeto dos contratos, no caso de operações de *swap* não liquidadas.

Art. 31. As pessoas jurídicas que tenham por objeto a securitização de créditos imobiliários, nos termos da Lei n. 9.514, de 20 de novembro de 1997, e financeiros, observada regulamentação editada pelo Conselho Monetário Nacional, para efeito de apuração da base de cálculo das contribuições, podem deduzir o valor das despesas incorridas na captação de recursos (Lei n. 9.718, de 1998, art. 3.º, § 8.º, com a redação dada pela Medida Provisória n. 2.158-35, de 2001, art. 2.º).

Art. 32. As sociedades cooperativas, para efeito de apuração da base de cálculo das contribuições, podem excluir da receita bruta o valor (Medida Provisória n. 2.158-35, de 2001, art. 15, e Medida Provisória n. 66, de 2002, art. 36):

I – repassado ao associado, decorrente da comercialização, no mercado interno, de produtos por eles entregues à cooperativa, observado o disposto no § 1.º;

II – das receitas de venda de bens e mercadorias a associados;

III – das receitas decorrentes da prestação, aos associados, de serviços especializados, aplicáveis na atividade rural, relativos a assistência técnica, extensão rural, formação profissional e assemelhadas;

IV – das receitas decorrentes do beneficiamento, armazenamento e industrialização de produção do associado;

V – das receitas financeiras decorrentes de repasse de empréstimos rurais contraídos junto a instituições financeiras, até o limite dos encargos a estas devidos; e

VI – das sobras apuradas na Demonstração do Resultado do Exercício, antes da destinação para a constituição do Fundo de Reserva e do Fundo de Assistência Técnica, Educacional e Social, previstos no art. 28 da Lei n. 5.764, de 1971.

§ 1.º Para fins do disposto no inciso I do *caput*:

I – na comercialização de produtos agropecuários realizada a prazo, a cooperativa poderá excluir da receita bruta mensal o valor correspondente ao repasse a ser efetuado ao associado; e

II – os adiantamentos efetuados aos associados, relativos a produção entregue, somente poderão ser excluídos quando da comercialização dos referidos produtos.

§ 2.º Para os fins do disposto no inciso II do *caput*, a exclusão alcançará somente as receitas decorrentes da venda de bens e mercadorias vinculadas diretamente à atividade econômica desenvolvida pelo associado e que seja objeto da cooperativa.

§ 3.º Relativamente às exclusões previstas nos incisos I a V do *caput*, as operações serão contabilizadas destacadamente, sujeitas à comprovação mediante documentação hábil e idônea, com a identificação do associado, do valor da operação, da espécie e quantidade dos bens ou mercadorias vendidos.

§ 4.º A cooperativa que fizer uso de qualquer das exclusões previstas neste artigo contribuirá, cumulativamente, para o PIS/Pasep incidente sobre a folha de salários.

§ 5.º As sobras líquidas, apuradas após a destinação para constituição dos Fundos referidos no inciso VI do *caput*, somente serão computadas na receita bruta da atividade rural do cooperado quando a este creditadas, distribuídas ou capitalizadas.

§ 6.º A entrega de produção à cooperativa, para fins de beneficiamento, armazenamento, industrialização ou comercialização, não configura receita do associado.

Art. 33. As empresas concessionárias ou permissionárias de serviço público de transporte urbano de passageiros, subordinadas ao sistema de compensação tarifária, para efeito da apuração da base de cálculo das contribuições, podem excluir da receita bruta o valor recebido que deva ser repassado a outras empresas do mesmo ramo, por meio de fundo de compensação criado ou aprovado pelo Poder Público Concedente ou Permissório.

Art. 34. As empresas transportadoras de carga, para efeito da apuração da base de cálculo das contribuições, podem excluir da receita bruta o valor recebido a título de Vale-Pedágio, quando destacado em campo específico no documento comprobatório do transporte (Lei n. 10.209, de 23 de março de 2001, art. 2.º, alterado pelo art. 1.º da Lei n. 10.561, de 13 de novembro de 2002).

Parágrafo único. As empresas devem manter em boa guarda, à disposição da SRF, os comprovantes de pagamento dos pedágios cujos valores foram excluídos da base de cálculo.

Art. 35. As pessoas jurídicas permissionárias de Lojas Francas, para efeito da apuração da base de cálculo das contribuições, podem excluir da receita bruta o valor da venda de mercadoria nacional ou estrangeira (Medida Provisória n. 2.158-35, de 2001, art. 14):

I – a passageiros de viagens internacionais, na saída do país; e

II – para uso ou consumo de bordo em embarcações e aeronaves em tráfego internacional.

Parágrafo único. O disposto neste artigo aplica-se somente quando o pagamento for efetuado em cheque de viagem ou em moeda estrangeira conversível.

Art. 36. O fabricante ou importador, nas vendas diretas ao consumidor final dos veículos classificados nas posições 87.03 e 87.04 da Tipi, efetuadas por conta e ordem dos concessionários de que trata a Lei n. 6.729, de 28 de novembro de 1979, poderá excluir (Lei n. 10.485, de 2002, art. 2.º):

I – os valores devidos aos concessionários, pela intermediação ou entrega dos veículos; e

II – o ICMS incidente sobre valores de que trata o inciso I, nos termos estabelecidos nos respectivos contratos de concessão.

§ 1.º Não serão objeto da exclusão prevista neste artigo os valores referidos nos incisos I e II do art. 19.

§ 2.º Os valores referidos nos incisos I e II do *caput* não poderão exceder a 9% (nove por cento) do valor total da operação.

Art. 37. Os comerciantes varejistas de cigarros, em decorrência da substituição a que estão sujeitos na forma do *caput* do art. 4.º, para efeito da apuração da base de cálculo das contribuições, podem excluir da receita bruta o valor das vendas desse produto, desde que a substituição tenha sido efetuada na aquisição (Lei Complementar n. 70, de 1991, art. 3.º, Lei n. 9.715, de 25 de novembro de 1998, art. 5.º, Lei n. 9.317, de 5 de dezembro de 1996, art. 5.º, § 5.º, e Lei n. 9.532, de 10 de dezembro de 1997, art. 53).

Parágrafo único. O disposto neste artigo não alcança os comerciantes varejistas optantes pelo Sistema Integrado de Pagamento de Tributos e Contribuições das Microempresas e Empresas de Pequeno Porte (Simples).

Art. 38. Os comerciantes varejistas de veículos sujeitos ao regime de substituição na forma do *caput* do art. 5.º, para efeito da apuração da base de cálculo das contribuições, podem excluir da receita bruta o valor das vendas desses produtos, desde que a substituição tenha sido efetuada na aquisição.

§ 1.º O valor a ser excluído da base de cálculo não compreende o preço de vendas das peças, acessórios e serviços incorporados aos produtos pelo comerciante varejista.

§ 2.º O disposto neste artigo não alcança os comerciantes varejistas optantes pelo Simples.

Art. 39. As pessoas jurídicas que adquirirem, para industrialização de produto que gere direito ao crédito presumido de que trata o art. 61, produto classificado nas posições 30.01 e 30.03, exceto no código 3003.90.56, nos itens 3002.10.1, 3002.10.2, 3002.10.3, 3002.20.1, 3002.20.2, 3006.30.1 e 3006.30.2 e nos códigos 3002.90.20, 3002.90.92, 3002.90.99, 3005.10.10 e 3006.60.00, todos da Tipi, tributado na forma do inciso I do art. 54, para efeito da apuração da base de cálculo das contribuições, poderão deduzir da receita bruta o respectivo valor de aquisição (Lei n. 10.147, de 2000, art. 1.º, § 4.º, com a redação dada pela Lei n. 10.548, de 2002).

Art. 40. As pessoas jurídicas de que trata o art. 20, podem deduzir os valores devidos, correspondentes a ajustes de contabilizações encerradas de operações de compra e venda de energia elétrica, realizadas no âmbito do MAE, quando decorrentes de (Lei n. 10.433, de 2002, art. 1.º, e Medida Provisória n. 66, de 2002, art. 32, §§ 3.º e 4.º):

I – decisão proferida em processo de solução de conflitos, no âmbito do MAE, da Agência Nacional de Energia Elétrica (Aneel) ou em processo de arbitragem, na forma prevista no § 3.º do art. 2.º da Lei 10.433, de 2002;

II – resolução da Aneel; e

III – decisão proferida no âmbito do Poder Judiciário, transitada em julgado.

Parágrafo único. A dedução de que trata este artigo é permitida somente na hipótese em que o ajuste de contabilização caracterize anulação de receita sujeita à incidência do PIS/Pasep e da Cofins.

Art. 41. Sem prejuízo do disposto no art. 40, as geradoras de energia elétrica, optantes pelo regime especial de tributação a que se refere o art. 20, podem excluir da base de cálculo do PIS/Pasep e da Cofins o valor da receita auferida com a venda compulsória de energia elétrica por meio do Mecanismo de Realocação de Energia, de que trata a alínea *b* do parágrafo único do art. 14 da Lei n. 9.648, de 1998, com a redação dada pela Lei n. 10.433, de 2002 (Medida Provisória n. 66, de 2002, art. 32, § 5.º).

Art. 42. As pessoas jurídicas de que tratam os arts. 24 a 41, na apuração das bases de cálculo, conforme o caso, podem utilizar as deduções e exclusões previstas nos arts. 22 e 23.

Seção III
Não Incidências

Art. 43. As contribuições não incidem (art. XII, alínea *b*, do Tratado entre o Brasil e o Paraguai, de 26 de abril de 1973, aprovado pelo Decreto Legislativo n. 23, de 30 de maio de 1973, promulgado pelo Decreto n. 72.707, de 28 de agosto de 1973, e Lei n. 10.560, de 13 de novembro de 2002, art. 2.º):

I – sobre o faturamento correspondente a vendas de materiais e equipamentos, bem assim da prestação de serviços decorrentes dessas operações, efetuadas diretamente a Itaipu Binacional; e

II – a partir de 10 de dezembro de 2002, sobre a receita de venda de querosene de aviação, quando auferida por pessoa jurídica não enquadrada na condição de importadora ou produtora.

Art. 44. O PIS/Pasep não cumulativo não incide sobre as receitas decorrentes das operações de (Medida Provisória n. 66, de 2002, art. 5.º):

I – exportação de mercadorias para o exterior;

II – prestação de serviços para pessoa física ou jurídica domiciliada no exterior, com pagamento em moeda conversível; e

III – vendas a empresa comercial exportadora com o fim específico de exportação.

Seção IV
Isenções

Art. 45. São isentas do PIS/Pasep e da Cofins as receitas (Medida Provisória n. 2.158-35, de 2001, art. 14, Lei n. 9.532, de 1997, art. 39, § 2.º, e Lei n. 10.560, de 2002, art. 3.º, e Medida Provisória n. 75, de 2002, art. 7.º):

I – dos recursos recebidos a título de repasse, oriundos do Orçamento Geral da União, dos Estados, do Distrito Federal e dos Municípios, pelas empresas públicas e sociedades de economia mista;
II – da exportação de mercadorias para o exterior;
III – dos serviços prestados a pessoa física ou jurídica residentes ou domiciliadas no exterior, cujo pagamento represente ingresso de divisas;
IV – do fornecimento de mercadorias ou serviços para uso ou consumo de bordo em embarcações e aeronaves em tráfego internacional, quando o pagamento for efetuado em moeda conversível, observado o disposto no § 3.º;
V – do transporte internacional de cargas ou passageiro;
VI – auferidas pelos estaleiros navais brasileiros nas atividades de construção, conservação, modernização, conversão e reparo de embarcações pré-registradas ou registradas no Registro Especial Brasileiro (REB), instituído pela Lei n. 9.432, de 8 de janeiro de 1997;
VII – de frete de mercadorias transportadas entre o País e o exterior pelas embarcações registradas no REB, de que trata o art. 11 da Lei n. 9.432, de 1997;
VIII – de vendas realizadas pelo produtor-vendedor às empresas comerciais exportadoras nos termos do Decreto-lei n. 1.248, de 29 de novembro de 1972, e alterações posteriores, desde que destinadas ao fim específico de exportação para o exterior; e
IX – de vendas, com fim específico de exportação para o exterior, a empresas exportadoras registradas na Secretaria de Comércio Exterior do Ministério do Desenvolvimento, Indústria e Comércio Exterior.
§ 1.º Consideram-se adquiridos com o fim específico de exportação os produtos remetidos diretamente do estabelecimento industrial para embarque de exportação ou para recintos alfandegados, por conta e ordem da empresa comercial exportadora.
§ 2.º As isenções previstas neste artigo não alcançam as receitas de vendas efetuadas:
I – a empresa estabelecida na Amazônia Ocidental ou em área de livre comércio;
II – a empresa estabelecida em zona de processamento de exportação; e
III – a estabelecimento industrial, para industrialização de produtos destinados a exportação, ao amparo do art. 3.º da Lei n. 8.402, de 8 de janeiro de 1992.
§ 3.º A partir de 10 de dezembro de 2002, o disposto no inciso IV do *caput* não se aplica à hipótese de fornecimento de querosene de aviação.
§ 4.º O disposto nos incisos I e II do § 2.º não se aplica às vendas realizadas às empresas referidas nos incisos VIII e IX do *caput*.

Art. 46. As entidades relacionadas no art. 9.º deste Decreto (Constituição Federal, art. 195, § 7.º, e Medida Provisória n. 2.158-35, de 2001, art. 13, art. 14, inciso X, e art. 17):
I – não contribuem para o PIS/Pasep incidente sobre o faturamento; e
II – são isentas da Cofins com relação às receitas derivadas de suas atividades próprias.
Parágrafo único. Para efeito de fruição dos benefícios fiscais previstos neste artigo, as entidades de educação, assistência social e de caráter filantrópico devem possuir o Certificado de Entidade Beneficente de Assistência Social expedido pelo Conselho Nacional de Assistência Social, renovado a cada três anos, de acordo com o disposto no art. 55 da Lei n. 8.212, de 1991.

Seção V
Regime de Substituição

Art. 47. A contribuição mensal devida pelos fabricantes e importadores de cigarros, na condição de contribuintes e de substitutos dos comerciantes varejistas, será calculada sobre o preço de venda no varejo, multiplicado por (Lei Complementar n. 70, de 1991, art. 3.º, Lei n. 9.532, de 1997, art. 53, e Lei n. 9.715, de 1998, art. 5.º):
I – 1,38 (um vírgula trinta e oito), para o PIS/Pasep; e
II – 1,18 (um vírgula dezoito), para a Cofins.
Art. 48. A base de cálculo da substituição prevista no art. 5.º corresponde ao preço de venda do fabricante ou importador de veículos (Medida Provisória n. 2.158-35, de 2001, art. 43).
§ 1.º Considera-se preço de venda o valor do produto acrescido do IPI incidente na operação.
§ 2.º Os valores das contribuições objeto de substituição não integram a receita bruta do fabricante ou importador.
§ 3.º Na determinação da base de cálculo, o fabricante ou importador poderá excluir o valor referente ao cancelamento de vendas ou devolução de produtos que tenham sido objeto da substituição de que trata este artigo.

Seção VI
Retenção na Fonte

Art. 49. A base de cálculo das contribuições a serem retidas corresponde ao valor (Lei n. 9.430, de 1996, arts. 64 e 66, Lei n. 9.981, de 14 de julho de 2000, art. 4.º, e Medida Provisória n. 2.158-35, de 2001, art. 16):
I – dos serviços e dos bens adquiridos por órgãos públicos, na hipótese do art. 6.º;
II – da venda dos produtos entregues à cooperativa para comercialização, pela associada pessoa jurídica, na hipótese do art. 7.º; e
III – da receita de terceiros auferida com a administração de jogos de bingo, na hipótese do art. 8.º.

Capítulo II
CONTRIBUIÇÃO INCIDENTE SOBRE A FOLHA DE SALÁRIOS

Art. 50. A base de cálculo do PIS/Pasep incidente sobre a folha de salários mensal, das entidades relacionadas no art. 9.º, corresponde à remuneração paga, devida ou creditada a empregados.
Parágrafo único. Não integram a base de cálculo o salário-família, o aviso prévio indenizado, o Fundo de Garantia por Tempo de Serviço (FGTS) pago diretamente ao empregado na rescisão contratual e a indenização por dispensa, desde que dentro dos limites legais.

TÍTULO IV
ALÍQUOTAS

Capítulo I
INCIDÊNCIA SOBRE O FATURAMENTO

Seção I
PIS/Pasep e Cofins

Art. 51. As alíquotas do PIS/Pasep e da Cofins aplicáveis sobre o faturamento são de 0,65% (sessenta e cinco centésimos por cento) e de 3% (três por cento), respectivamente, e as diferenciadas previstas nos arts. 52 a 59 (Lei n. 9.715, de 1998, art. 8.º, Medida Provisória n. 2.158-35, de 2001, art. 1.º, e Lei n. 9.718, de 1998, art. 8.º).
Art. 52. As alíquotas do PIS/Pasep e da Cofins fixadas para refinarias de petróleo, demais produtores e importadores de combustíveis são, respectivamente, de (Lei n. 9.718, de 1998, arts. 4.º e 6.º, com a redação dada pela Lei n. 9.990, de 21 de julho de 2000, e Lei n. 10.560, de 2002, art. 2.º):
I – 2,7% (dois inteiros e sete décimos por cento) e 12,45% (doze inteiros e quarenta e cinco centésimos por cento), quando se tratar de receita bruta decorrente da venda de gasolinas, exceto gasolina de aviação;
II – 2,23% (dois inteiros e vinte e três centésimos por cento) e 10,29% (dez inteiros e vinte e nove centésimos por cento), quando se tratar de receita bruta decorrente da venda de óleo diesel;
III – 2,56% (dois inteiros e cinquenta e seis centésimos por cento) e 11,84% (onze inteiros e oitenta e quatro centésimos por cento), quando se tratar de receita bruta decorrente da venda de gás liquefeito de petróleo;
IV – 1,25% (um inteiro e vinte e cinco centésimos por cento) e 5,8% (cinco inteiros e oito décimos por cento), quando se tratar de receita bruta decorrente da venda de querosene de aviação efetuada a partir de 10 de dezembro de 2002; e
V – 0,65% (sessenta e cinco centésimos por cento) e 3% (três por cento), quando se tratar de receita bruta decorrente das demais atividades.
Art. 53. As alíquotas do PIS/PASEP e da Cofins fixadas para distribuidoras de álcool

para fins carburantes são, respectivamente, de (Lei n. 9.718, de 1998, arts. 5.º e 6.º, com a redação dada pelo art. 3.º da Lei n. 9.990, de 2000):

I – 1,46% (um inteiro e quarenta e seis centésimos por cento) e 6,74% (seis inteiros e setenta e quatro centésimos por cento), quando se tratar de receita bruta decorrente da venda de álcool para fins carburantes, exceto quando adicionado à gasolina; e

II – 0,65% (sessenta e cinco centésimos por cento) e 3% (três por cento), quando se tratar de receita bruta decorrente das demais atividades.

Parágrafo único. Na hipótese de importação de álcool para fins carburantes, a incidência referida neste artigo dar-se-á na forma:

I – do inciso I do *caput*, quando realizada por distribuidora do produto; e

II – do inciso II do *caput*, nos demais casos.

Art. 54. As alíquotas do PIS/Pasep e da Cofins fixadas para pessoas jurídicas que procedam à industrialização ou à importação dos produtos classificados nas posições 30.01, 30.03, exceto no código 3003.90.56, 3004, exceto no código 3004.90.46, e 3303.00 a 3307, nos itens 3002.10.1, 3002.10.2, 3002.10.3, 3002.20.1, 3002.20.2, 3006.30.1 e 3006.30.2 e nos códigos 3002.90.20, 3002.90.92, 3002.90.99, 3005.10.10, 3006.60.00, 3401.11.90, 3401.20.10 e 9603.21.00, todos da Tipi, são, respectivamente, de (Lei n. 10.147, de 2000, art. 1.º, com a redação dada pela Lei n. 10.548, de 2002):

I – 2,2% (dois inteiros e dois décimos por cento) e 10,3% (dez inteiros e três décimos por cento), quando se tratar de receita bruta decorrente da venda dos produtos mencionados no *caput*; e

II – 0,65% (sessenta e cinco centésimos por cento) e 3% (três por cento), quando se tratar de receita bruta decorrente das demais atividades.

§ 1.º Para os efeitos do disposto neste artigo, aplica-se o conceito de industrialização estabelecido na legislação do IPI.

§ 2.º A alíquota estabelecida no inciso II será aplicada sobre a receita bruta decorrente da venda de produtos que vierem a ser excluídos da incidência determinada em conformidade com o inciso I.

Art. 55. As alíquotas do PIS/Pasep e da Cofins fixadas para as pessoas jurídicas fabricantes e as importadoras dos produtos classificados nos códigos 84.29, 8432.40.00, 84.32.80.00, 8433.20, 8433.30.00, 8433.40.00, 8433.5, 87.01, 87.02, 87.03, 87.04, 87.05 e 87.06, da Tipi, relativamente à receita bruta decorrente da venda desses produtos, são de 1,47% (um inteiro e quarenta e sete centésimos por cento) e 6,79% (seis inteiros e setenta e nove centésimos por cento), respectivamente (Lei n. 10.485, de 2002, art. 1.º, e Medida Provisória n. 2.189-49, de 2001).

Parágrafo único. O disposto neste artigo aplica-se:

I – exclusivamente aos produtos autopropulsados, relativamente aos produtos classificados no Capítulo 84 da Tipi; e

II – inclusive à empresa comercial atacadista adquirente dos produtos resultantes da industrialização por encomenda, equiparada a industrial na forma do § 5.º do art. 17 da Medida Provisória n. 2.189-49, de 2001.

Art. 56. As pessoas jurídicas fabricantes e as importadoras dos produtos classificados nas posições 40.11 (pneus novos de borracha) e 40.13 (câmaras de ar de borracha), da Tipi, relativamente à receita bruta decorrente da venda desses produtos, ficam sujeitas ao pagamento do PIS/Pasep e da Cofins às alíquotas de 1,43% (um inteiro e quarenta e três centésimos por cento) e 6,6% (seis inteiros e seis décimos por cento), respectivamente (Lei n. 10.485, de 2002, art. 5.º).

Art. 57. Na hipótese de importação efetuada na forma do art. 12, aplica-se ao adquirente as alíquotas diferenciadas previstas nos arts. 52 a 56, com relação à receita decorrente da venda da mercadoria importada (Medida Provisória n. 2.158-35, de 2001, art. 81).

Art. 58. As alíquotas do PIS/Pasep e da Cofins estão reduzidas a zero quando aplicáveis sobre a receita bruta decorrente (Medida Provisória n. 2.158-35, de 2001, art. 42, Lei n. 9.718, de 1998, art. 6.º, parágrafo único, com a redação dada pela Lei n. 9.990, de 2000, Lei n. 10.147, de 2000, art. 2.º, Lei n. 10.312, de 27 de novembro de 2001, Lei n. 10.336, de 19 de dezembro de 2001, art. 14, Lei n. 10.485, de 2002, arts. 2.º, 3.º e 5.º, Medida Provisória n. 2.189-49, de 23 de agosto de 2001):

I – da venda de gasolinas, exceto gasolina de aviação, óleo diesel e gás liquefeito de petróleo, por distribuidores e comerciantes varejistas;

II – da venda de álcool para fins carburantes, quando adicionado à gasolina, por distribuidores;

III – da venda de álcool para fins carburantes, por comerciantes varejistas;

IV – da venda dos produtos farmacêuticos de higiene pessoal sujeitos à incidência na forma do inciso I do art. 54, pelas pessoas jurídicas não enquadradas na condição de industrial ou importador;

V – da venda dos produtos a que se refere o art. 55, por comerciantes atacadistas e varejistas, exceto pela empresa comercial atacadista adquirente dos produtos resultantes da industrialização por encomenda, equiparada a industrial na forma do § 5.º do art. 17 da Medida Provisória n. 2.189-49, de 2001;

VI – da venda dos produtos de que trata o art. 56, por pessoas jurídicas comerciantes varejistas e atacadistas;

VII – da venda de nafta petroquímica às centrais petroquímicas;

VIII – da venda dos produtos relacionados nos Anexos I e II à Lei n. 10.485, de 2002;

IX – da venda de gás natural canalizado, destinado à produção de energia elétrica pelas usinas integrantes do Programa Prioritário de Termoeletricidade, nos termos e condições estabelecidos em ato conjunto dos Ministros de Estado da Fazenda e de Minas e Energia;

•• Inciso IX com redação determinada pelo Decreto n. 8.082, de 26-8-2013.

X – do recebimento dos valores de que trata o inciso I do art. 36, pelos concessionários de que trata a Lei n. 6.729, de 1979;

XI – da venda de carvão mineral destinado à geração de energia elétrica.

•• Inciso XI acrescentado pelo Decreto n. 8.082, de 26-8-2013.

§ 1.º O disposto no inciso I deste artigo não se aplica às hipóteses de venda de produtos importados, que se sujeitam ao disposto no art. 52.

§ 2.º O disposto neste artigo não se aplica às pessoas jurídicas optantes pelo Simples.

Seção II
PIS/Pasep não Cumulativo

Art. 59. A alíquota do PIS/Pasep não cumulativo incidente sobre a receita auferida pelas pessoas jurídicas de direito privado e as que lhes são equiparadas pela legislação do imposto de renda, tributadas com base no lucro real, será de 1,65% (um inteiro e sessenta e cinco centésimos por cento), a partir de 1.º de dezembro de 2002 (Lei n. 9.715, de 1998, art. 2.º, inciso I, e Medida Provisória n. 66, de 2002, arts. 2.º e 8.º).

Parágrafo único. O disposto no *caput* não se aplica:

I – a cooperativas;

II – a bancos comerciais, bancos de investimentos, bancos de desenvolvimento, caixas econômicas, sociedades de crédito, financiamento e investimento, sociedades de crédito imobiliário, sociedades corretoras, distribuidoras de títulos e valores mobiliários, empresas de arrendamento mercantil, cooperativas de crédito, empresas de seguros privados e de capitalização, agentes autônomos de seguros privados e de crédito, entidades de previdência complementar abertas e fechadas e associações de poupança e empréstimo;

III – a pessoas jurídicas que tenham por objeto a securitização de créditos imobiliários, nos termos da Lei n. 9.514, de 20 de novembro de 1997, e financeiros;

IV – a operadoras de planos de assistência à saúde;

V – a receitas de venda dos produtos de que trata a Lei n. 9.990, de 2000, a Lei n. 10.147, de 2000, alterada pela Lei n. 10.548, de 2002, e a Lei n. 10.485, de 2002, ou quaisquer outras submetidas à incidência monofásica da contribuição para o PIS/Pasep; e

VI – a receitas sujeitas à substituição tributária da contribuição para o PIS/Pasep;

VII – as receitas de que tratam os arts. 20, 40 e 41.

Capítulo II
INCIDÊNCIA SOBRE A FOLHA DE SALÁRIOS

Art. 60. A alíquota do PIS/Pasep é de 1% (um por cento), quando aplicável sobre a folha de salários (Medida Provisória n. 2.158-35, de 2001, art. 13).

TÍTULO V
APURAÇÃO DE CRÉDITOS DEDUTÍVEIS

Capítulo I
PRODUTOS FARMACÊUTICOS

Art. 61. O regime especial de crédito presumido de que trata o art. 3.º da Lei n. 10.147, de 2000, com a redação dada pela Lei n. 10.548, de 2002, será concedido às pessoas jurídicas que procedam à industrialização ou à importação de produtos farmacêuticos classificados:

I – nas posições 30.03, exceto no código 3003.90.56, nos itens 3002.10.1, 3002.10.2, 3002.10.3, 3002.20.1, 3002.20.2, 3006.30.1 e 3006.30.2 e nos códigos 3001.20.90, 3001.90.10, 3001.90.90, 3002.90.20, 3002.90.92, 3002.90.99, 3005.10.10 e 3006.60.00, todos da Tipi, tributados na forma do inciso I do art. 54; e

II – na posição 30.04, exceto no código 3004.90.46 da Tipi.

§ 1.º Para efeitos do *caput* e visando assegurar a repercussão nos preços ao consumidor da redução da carga tributária, em virtude do disposto neste artigo, a pessoa jurídica deve:

I – firmar, com a União, compromisso de ajustamento de conduta, nos termos do § 6.º do art. 5.º da Lei n. 7.347, de 24 de julho de 1985, com a redação dada pelo art. 113 da Lei n. 8.078, de 11 de setembro de 1990; ou

II – cumprir a sistemática estabelecida pela Câmara de Medicamentos para utilização do crédito presumido, na forma determinada pela Lei n. 10.213, de 27 de março de 2001.

§ 2.º O crédito presumido a que se refere este artigo será determinado mediante a aplicação, sobre a receita bruta decorrente da venda de produtos farmacêuticos, sujeitos à prescrição médica e identificados por tarja vermelha ou preta, relacionados pelo poder executivo, das alíquotas mencionadas no inciso I do art. 54.

§ 3.º O crédito presumido somente será concedido na hipótese em que o compromisso de ajustamento de conduta ou a sistemática estabelecida pela Câmara de Medicamentos, de que tratam os incisos I e II do § 1.º, inclua todos os produtos industrializados ou importados pela pessoa jurídica, constantes da relação referida no § 2.º.

Art. 62. A concessão do regime especial de crédito presumido dependerá de habilitação perante a Câmara de Medicamentos, criada pela Lei n. 10.213, de 27 de março de 2001, e a SRF (Lei n. 10.147, de 2000, art. 3.º, incisos I e II, com a redação dada pela Lei n. 10.548, de 2002, Lei n. 9.069, de 29 de junho de 1995, art. 60).

§ 1.º Inicialmente o pedido de habilitação será encaminhado à Câmara de Medicamentos que, na hipótese de deferimento, o encaminhará à SRF.

§ 2.º O regime especial de crédito presumido poderá ser utilizado a partir da data de protocolização do pedido, ou de sua renovação perante a Câmara de Medicamentos, observado o disposto na Lei n. 10.147, de 2000, e na Lei n. 10.213, de 2001.

§ 3.º No caso de indeferimento do pedido, serão devidas as contribuições que deixaram de ser pagas, com acréscimo de juros de mora e de multa, de mora ou de ofício, conforme o caso, nos termos da legislação tributária, a contar do início da utilização do regime.

Capítulo II
PIS/PASEP NÃO CUMULATIVO

Seção I
Cálculo do Crédito

Art. 63. A pessoa jurídica pode descontar, do PIS/Pasep não cumulativo apurado com a alíquota prevista no art. 59, créditos calculados mediante a aplicação da mesma alíquota, sobre os valores (Medida Provisória n. 66, de 2002, art. 3.º,*caput* e §§ 1.º, 2.º e 4.º):

I – das aquisições efetuadas no mês:

a) de bens para revenda, exceto em relação às mercadorias e aos produtos referidos nos incisos III e IV do art. 18;

b) de bens e serviços utilizados como insumos na fabricação de produtos destinados à venda ou na prestação de serviços, inclusive combustíveis e lubrificantes;

II – das despesas e custos incorridos no mês, relativos a:

a) energia elétrica consumida nos estabelecimentos da pessoa jurídica;

b) aluguéis de prédios, máquinas e equipamentos, pagos à pessoa jurídica, utilizados nas atividades da empresa;

c) despesas financeiras decorrentes de empréstimos e financiamento tomado de pessoa jurídica, exceto quando esta for optante pelo Simples;

III – dos encargos de depreciação e amortização, incorridos no mês, relativos a:

a) máquinas e equipamentos adquiridos para utilização na fabricação de produtos destinados à venda, bem assim a outros bens incorporados ao ativo imobilizado;

b) edificações e benfeitorias em imóveis de terceiros, quando o custo, inclusive de mão de obra, tenha sido suportado pela locatária; e

IV – relativos aos bens recebidos em devolução, no mês, cuja receita de venda tenha integrado o faturamento do mês ou de mês anterior, e tenha sido tributada na forma do art. 59.

§ 1.º Não gera direito ao crédito o valor da mão de obra paga a pessoa física.

§ 2.º O crédito não aproveitado em determinado mês pode ser utilizado nos meses subsequentes.

Art. 64. O direito ao crédito de que trata o art. 63 aplica-se, exclusivamente, em relação (Medida Provisória n. 66, de 2002, art. 3.º, § 3.º):

I – aos bens e serviços adquiridos de pessoa jurídica domiciliada no País;

II – aos custos e despesas incorridos, pagos ou creditados a pessoa jurídica domiciliada no País; e

III – aos bens e serviços adquiridos e os custos e despesas e encargos incorridos a partir de 1.º de dezembro de 2002.

Parágrafo único. Para efeito do disposto neste artigo, a pessoa jurídica deve contabilizar os bens adquiridos e os custos e despesas incorridos, pagos ou creditados a pessoas jurídicas domiciliadas no País, separadamente daqueles efetuados a pessoas jurídicas domiciliadas no exterior.

Seção II
Cálculo do Crédito Presumido

Art. 65. Sem prejuízo do aproveitamento dos créditos apurados na forma do art. 63, as pessoas jurídicas que produzam mercadorias de origem animal ou vegetal classificadas nos capítulos 2 a 4, 8 a 11, e nos códigos 0504.00, 07.10, 07.12 a 07.14, 15.07 a 15.13, 15.17 e 2209.00.00, todos da Tipi, destinados à alimentação humana ou animal, poderão deduzir da contribuição para o PIS/Pasep, devida em cada período de apuração, crédito presumido, calculado sobre o valor dos bens e serviços referidos na alínea *b* do inciso I do art. 63, adquiridos, no mesmo período, de pessoas físicas residentes no País (Medida Provisória n. 66, de 2002, art. 3.º, §§ 5.º e 6.º).

§ 1.º Na apuração do crédito presumido de que trata este artigo:

I – aplicar-se-á, sobre o valor das mencionadas aquisições, a alíquota correspondente a setenta por cento daquela prevista no art. 59; e

II – o valor das aquisições não poderá ser superior ao que vier a ser fixado, por espécie de bem ou serviço, pela SRF.

§ 2.º Para efeito do disposto neste artigo, a pessoa jurídica deve contabilizar o valor dos bens e serviços utilizados como insumos, adquiridos de pessoas físicas residentes no País, separadamente das aquisições efetuadas de pessoas físicas residentes no exterior.

Seção III
Cálculo do Crédito de Estoques

Art. 66. A pessoa jurídica que, tributada com base no lucro presumido, passar a adotar o regime de tributação com base no lucro real, terá, na hipótese de, em decorrência dessa opção, sujeitar-se à incidência não cumulativa da contribuição para o PIS/Pasep, direito a desconto correspondente ao estoque de abertura dos bens que, na forma da legislação que rege a matéria, geram direito ao aproveitamento de crédito, adquiridos para revenda ou utilizados como insumo na fabricação de produtos destinados à venda ou na prestação de serviços (Medida Provisória n. 75, de 2002, art. 11).

§ 1.º O montante de crédito presumido será igual ao resultado da aplicação do percentual de 0,65% (sessenta e cinco centésimos por cento) sobre o valor do estoque.

§ 2.º O crédito presumido calculado segundo o § 1.º será utilizado em doze parcelas mensais, iguais e sucessivas, a partir da data em que for adotado o lucro real.

Livro II
PESSOAS JURÍDICAS DE DIREITO PÚBLICO INTERNO

Título I
CONTRIBUINTES E RESPONSÁVEIS

Capítulo I
CONTRIBUIÇÃO INCIDENTE SOBRE RECEITAS E TRANSFERÊNCIAS

Seção I
Contribuintes

Art. 67. A União, os Estados, o Distrito Federal, os Municípios e suas autarquias são contribuintes do PIS/Pasep incidente sobre as receitas correntes arrecadadas e transferências correntes e de capital recebidas (Lei n. 9.715, de 1998, art. 2.º, inciso III).

Parágrafo único. A contribuição é obrigatória e independe de ato de adesão ao Programa de Integração Social e de Formação do Patrimônio de Servidor Público.

Seção II
Responsáveis

Art. 68. A Secretaria do Tesouro Nacional efetuará a retenção do PIS/Pasep incidente sobre o valor das transferências correntes e de capital efetuadas para as pessoas jurídicas de direito público interno, excetuada a hipótese de transferências para as fundações públicas (Lei n. 9.715, de 1998, art. 2.º, § 6.º, com a redação dada pela Medida Provisória n. 2.158-35, de 2001, art. 19, e Lei Complementar n. 8, de 1970, art. 2.º, parágrafo único).

Parágrafo único. Não incidirá, em nenhuma hipótese, sobre as transferências de que trata este artigo, mais de uma contribuição.

Capítulo II
CONTRIBUIÇÃO INCIDENTE SOBRE A FOLHA DE SALÁRIOS

Art. 69. As fundações públicas contribuem para o PIS/Pasep com base na folha de salários (Medida Provisória n. 2.158-35, de 2001, art. 13, inciso VIII).

Título II
BASE DE CÁLCULO

Capítulo I
CONTRIBUIÇÃO INCIDENTE SOBRE RECEITAS E TRANSFERÊNCIAS

Art. 70. As pessoas jurídicas de direito público interno, observado o disposto nos arts. 71 e 72, devem apurar a contribuição para o PIS/Pasep com base nas receitas arrecadadas e nas transferências correntes e de capital recebidas (Lei n. 9.715, de 1998, art. 2.º, inciso III, § 3.º, e art. 7.º).

§ 1.º Não se incluem, entre as receitas das autarquias, os recursos classificados como receitas do Tesouro Nacional nos Orçamentos Fiscal e da Seguridade Social da União.

§ 2.º Para os efeitos deste artigo, nas receitas correntes serão incluídas quaisquer receitas tributárias, ainda que arrecadadas, no todo ou em parte, por outra entidade da Administração Pública, e deduzidas as transferências efetuadas a outras entidades de direito público interno.

Art. 71. O Banco Central do Brasil deve apurar a contribuição para o PIS/Pasep com base no total das receitas correntes arrecadadas e consideradas como fonte para atender às suas dotações constantes do Orçamento Fiscal da União (Lei n. 9.715, de 1998, art. 15).

Capítulo II
CONTRIBUIÇÃO INCIDENTE SOBRE A FOLHA DE SALÁRIOS

Art. 72. A base de cálculo do PIS/Pasep incidente sobre a folha de salários, na forma do art. 69, corresponde à remuneração paga, devida ou creditada (Lei n. 8.112, de 11 de dezembro de 1990, art. 41).

Título III
ALÍQUOTA

Art. 73. A alíquota do PIS/Pasep é de 1% (um por cento), quando aplicável sobre a folha de salários e sobre as receitas arrecadadas e as transferências recebidas (Medida Provisória n. 2.158-35, de 2001, art. 13, e Lei n. 9.715, de 1998, art. 8.º, inciso III).

Livro III
ADMINISTRAÇÃO DAS CONTRIBUIÇÕES

Título I
APURAÇÃO E PAGAMENTO

Capítulo I
PERÍODO DE APURAÇÃO

Art. 74. O período de apuração do PIS/Pasep e da Cofins é mensal (Lei Complementar n. 70, de 1991, art. 2.º, e Lei n. 9.715, de 1998, art. 2.º).

Parágrafo único. Excetuam-se da regra deste artigo as hipóteses previstas nos arts. 76 e 77.

Capítulo II
CENTRALIZAÇÃO DO RECOLHIMENTO

Art. 75. Serão efetuados de forma centralizada pelo estabelecimento matriz da pessoa jurídica de direito privado a apuração e o pagamento do PIS/Pasep e da Cofins (Lei n. 9.779, de 19 de janeiro de 1999, art. 15, inciso III).

Capítulo III
DEDUÇÕES PERMITIDAS SOBRE O VALOR APURADO

Seção I
Tratamento da Antecipação

Art. 76. A pessoa jurídica poderá deduzir, do valor a pagar, a importância referente às contribuições efetivamente retidas na fonte, na forma dos arts. 6.º e 7.º, até o mês imediatamente anterior ao do vencimento.

Seção II
Dedução Permitida ao Contribuinte da Cide-Combustíveis

Art. 77. A pessoa jurídica sujeita à Contribuição de Intervenção no Domínio Econômico instituída pela Lei n. 10.336, de 19 de dezembro de 2001, Cide-combustíveis, poderá deduzir do valor da Cide paga, até o limite estabelecido no art. 8.º da referida Lei, observado o disposto no art. 2.º do Decreto n. 4.066, de 27 de dezembro de 2001, o valor do PIS/Pasep e da Cofins devidos em relação à receita da comercialização, no mercado interno, dos seguintes produtos (Lei n. 10.336, de 2001, art. 8.º, e Decreto n. 4.066, de 27 de dezembro de 2001, art. 2.º e Medida Provisória n. 75, de 2002, art. 33):

I – gasolinas;
II – diesel;
III – querosene de aviação;
IV – demais querosenes;
V – óleos combustíveis *(fuel oil)*;
VI – gás liquefeito de petróleo, inclusive derivado de gás natural e de nafta, classificado nos códigos 2711.12.10, 2711.12.90, 2711.13.00, 2711.14.00, 2711.19.10 e 2711.19.90 da Tipi; e
VII – álcool etílico combustível.

§ 1.º A dedução a que se refere este artigo aplica-se às contribuições relativas a um mesmo período de apuração ou posteriores.

§ 2.º As parcelas da Cide-combustíveis deduzidas na forma deste artigo serão contabilizadas, no âmbito do Tesouro Nacional, a crédito da contribuição para o PIS/Pasep e da Cofins e a débito da própria Cide-combustíveis, conforme normas estabelecidas pela SRF.

§ 3.º Somente poderão ser deduzidos os valores efetivamente pagos a título de Cide-combustíveis.

Seção III
Produtos Farmacêuticos – Dedução do Crédito Presumido

Art. 78. O crédito presumido apurado na forma do art. 61 será deduzido do montante devido a título de PIS/Pasep e de Cofins, no período em que a pessoa jurídica estiver submetida ao regime especial (Lei n. 10.147, de 2000, art. 3.º, inciso II e § 3.º).

§ 1.º É vedada qualquer outra forma de utilização ou compensação do crédito presumido, inclusive sua restituição.

§ 2.º Na hipótese de o valor do crédito presumido apurado ser superior ao montante devido de PIS/Pasep e de Cofins, num mesmo período de apuração, o saldo remanescente deve ser transferido para o período seguinte.

Seção IV
PIS/Pasep Não Cumulativo – Desconto dos Créditos

Art. 79. Do valor do PIS/Pasep não cumulativo apurado com a alíquota prevista no art. 59, a pessoa jurídica pode descontar créditos apurados na forma dos arts. 63, 65 e 66 deste Decreto (Medida Provisória n. 66, de 2002, art. 3.º).

Art. 80. Na hipótese do art. 44, a pessoa jurídica vendedora pode utilizar os créditos, apurados na forma dos arts. 63, 65 e 66, para fins de dedução do valor da contribuição a recolher, decorrente das demais operações no mercado interno (Medida Provisória n. 66, de 2002, art. 5.º, §§ 1.º e 2.º).

Capítulo IV
SOCIEDADE EM CONTA DE PARTICIPAÇÃO (SCP)

Art. 81. O sócio ostensivo da sociedade em conta de participação (SCP) deve efetuar o pagamento das contribuições incidentes sobre a receita bruta do empreendimento, não sendo permitida a exclusão de valores devidos a sócios ocultos (Decreto-lei n. 2.303, de 21 de novembro de 1986, art. 7.º).

Capítulo V
PRAZO DE PAGAMENTO

Art. 82. O pagamento das contribuições deverá ser efetuado até o último dia útil da primeira quinzena do mês subsequente (Medida Provisória n. 2.158-35, de 2001, art. 18):

I – ao de ocorrência do fato gerador, na hipótese do art. 2.º; e

II – ao da venda dos produtos ou mercadorias pelo contribuinte substituto, no regime de substituição previsto nos arts. 4.º e 5.º.

Art. 83. No caso de importação de cigarros, o pagamento das contribuições deve ser efetuado na data do registro da Declaração de Importação no Sistema Integrado de Comércio Exterior – Siscomex (Lei n. 9.532, de 1997, art. 54).

Art. 84. A empresa comercial exportadora que não efetuar a exportação dos produtos no prazo de 180 (cento e oitenta) dias, contado da data da emissão da nota fiscal de venda pela empresa produtora, deve realizar o pagamento previsto no inciso I do *caput* do art. 89 até (Lei n. 9.363, de 16 de dezembro de 1996, art. 2.º, § 7.º):

I – a data de vencimento desse prazo, na hipótese do PIS/Pasep não recolhido em decorrência das disposições do inciso III do art. 44; e

II – o décimo dia subsequente ao do vencimento desse prazo, na hipótese de contribuições não recolhidas em decorrência das disposições dos incisos VIII e IX do art. 45.

Parágrafo único. Na hipótese da empresa comercial exportadora revender, no mercado interno, produtos adquiridos com o fim específico de exportação, deve efetuar, no prazo estabelecido no art. 82, o pagamento das contribuições previstas no inciso II do *caput* do art. 89.

TÍTULO II
COMPENSAÇÃO E RESTITUIÇÃO

Capítulo I
PIS/PASEP NÃO CUMULATIVO

Art. 85. Na hipótese da não incidência de que trata o art. 44, a pessoa jurídica vendedora pode utilizar os créditos, apurados na forma dos arts. 63, 65 e 66, para fins de compensação com débitos próprios, vencidos ou vincendos, relativos a tributos e contribuições administrados pela SRF, observada a legislação específica aplicável à matéria (Medida Provisória n. 66, de 2002, art. 5.º, § 1.º, inciso II, e § 2.º).

Parágrafo único. A pessoa jurídica que, até o final de cada trimestre do ano-calendário, não conseguir utilizar o crédito por qualquer das formas previstas no art. 79 e no *caput* deste artigo, poderá solicitar o seu ressarcimento em dinheiro, observada a legislação específica aplicável à matéria.

Capítulo II
NÃO OCORRÊNCIA DO FATO GERADOR PRESUMIDO

Art. 86. Será assegurada a imediata e preferencial compensação ou restituição do valor das contribuições cobradas e recolhidas pelo fabricante ou importador, quando comprovada a impossibilidade de ocorrência do fato gerador presumido, na hipótese do regime de substituição disciplinado no art. 5.º, em decorrência de (Constituição Federal de 1988, art. 150, § 7.º):

I – incorporação do bem ao ativo permanente do comerciante varejista; ou

II – furto, roubo ou destruição de bem, que não seja objeto de indenização.

TÍTULO III
OBRIGAÇÕES ACESSÓRIAS RELATIVAS A SITUAÇÕES ESPECIAIS

Capítulo I
RETENÇÃO NA FONTE

Art. 87. O valor das contribuições retidas e recolhidas pelas cooperativas, em conformidade com o art. 7.º, deverá ser por elas informado, individualizadamente, às suas associadas, juntamente com o montante do faturamento relativo às vendas dos produtos de cada uma delas, para atender aos procedimentos contábeis exigidos pela legislação (Lei n. 9.430, de 1996, art. 66, § 1.º).

Capítulo II
REGIME DE SUBSTITUIÇÃO NA COMERCIALIZAÇÃO DE VEÍCULOS

Art. 88. Os valores das contribuições recolhidas no regime de substituição pelos fabricantes e importadores de veículos, na forma do art. 5.º, devem ser informados, juntamente com as respectivas bases de cálculo, na correspondente nota fiscal de venda.

Capítulo III
PRODUTOS NÃO EXPORTADOS – EMPRESA COMERCIAL EXPORTADORA

Art. 89. A empresa comercial exportadora que utilizar ou revender no mercado interno produtos adquiridos com o fim específico de exportação, ou que no prazo de 180 (cento e oitenta) dias, contado da data da emissão da nota fiscal de venda pela empresa vendedora, não efetuar a exportação dos referidos produtos para o exterior, fica obrigada, cumulativamente, ao pagamento (Lei n. 9.363, de 1996, art. 2.º, §§ 4.º a 7.º, e Medida Provisória n. 66, de 2002, art. 7.º):

I – das contribuições não recolhidas em decorrência do disposto no inciso III do art. 44 e nos incisos VIII e IX do art. 45, incidentes sobre o valor de aquisição dos produtos adquiridos e não exportados; e

II – das contribuições incidentes sobre o seu faturamento, na hipótese de revenda no mercado interno.

§ 1.º Os pagamentos a que se refere o *caput* serão efetuados com os acréscimos de juros de mora e multa, de mora ou de ofício, calculados na forma da legislação que rege a cobrança das contribuições não pagas.

§ 2.º Na hipótese do PIS/Pasep apurado com a alíquota prevista no art. 59:

I – não poderá ser efetuada qualquer dedução, a título de contribuição para o PIS/Pasep, decorrente da aquisição das mercadorias e serviços objeto da incidência; e

II – para a contribuição devida de acordo com o inciso I do *caput*, a multa e os juros de que trata o § 1.º serão calculados a partir da data em que a empresa vendedora deveria efetuar o pagamento das contribuições, caso a venda para a empresa comercial exportadora não houvesse sido realizada com o fim específico de exportação.

§ 3.º Para as contribuições devidas na forma do inciso I do *caput*, não alcançadas pelo disposto no § 2.º, a multa e os juros serão calculados a partir do primeiro dia do mês subsequente ao da emissão da nota fiscal correspondente à aquisição realizada pela empresa comercial exportadora.

Capítulo IV
PIS/PASEP NÃO CUMULATIVO - INCIDÊNCIA PARCIAL

Art. 90. Na hipótese de a pessoa jurídica sujeitar-se à incidência não cumulativa do PIS/Pasep de que trata o art. 59, em relação apenas a parte de suas receitas, o crédito será apurado, exclusivamente, em relação aos custos, despesas e encargos vinculados a essas receitas (Medida Provisória n. 75, de 2002, art. 10).

§ 1.º Para efeitos do disposto neste artigo, a pessoa jurídica deverá alocar, a cada mês, separadamente para a modalidade de incidência referida no *caput* e para aquelas submetidas ao regime de incidência cumulativa dessa contribuição, as parcelas:

I – dos custos, das despesas e dos encargos de que tratam os incisos I a IV do art. 63, observado o disposto no art. 64; e

II – do custo de aquisição dos bens e serviços de que trata a alínea *b* do inciso I do art. 63, adquiridos de pessoas físicas, observado o disposto no art. 65.

§ 2.º Para cumprir o disposto no § 1.º, o valor a ser alocado será determinado, a critério da pessoa jurídica, pelo método de:

I – apropriação direta, inclusive, em relação aos custos, por meio de sistema de contabilidade de custos integrada e coordenada com a escrituração; ou

II – rateio proporcional, aplicando-se aos custos, despesas e encargos comuns a relação percentual existente entre a receita bruta sujeita à incidência não cumulativa e a receita bruta total, auferidas em cada mês.

§ 3.º O método eleito pela pessoa jurídica será aplicado consistentemente por todo o ano-calendário, observadas as normas a serem editadas pela Secretaria da Receita Federal.

TÍTULO IV
DISPOSIÇÕES GERAIS

Capítulo I
ARBITRAMENTO DE BASE DE CÁLCULO

Art. 91. Verificada a omissão de receita ou a necessidade de seu arbitramento, a autoridade tributária determinará o valor das contribuições, com os acréscimos a serem lançados, em conformidade com a legislação do Imposto de Renda (Lei n. 8.212, de 1991, art. 33, *caput* e §§ 3.º e 6.º, Lei Complementar n. 70, de 1991, art. 10, parágrafo único, Lei n. 9.715, de 1998, arts. 9.º e 11, e Lei n. 9.249, de 26 de dezembro de 1995, art. 24).

Capítulo II
PROCESSO ADMINISTRATIVO DE EXIGÊNCIA DAS CONTRIBUIÇÕES

Art. 92. O processo administrativo de determinação e exigência das contribuições, bem assim o de consulta sobre a aplicação da respectiva legislação, serão regidos pelas normas do processo administrativo de determinação e exigência dos créditos tributários da União (Lei Complementar n. 70, de 1991, art. 10, parágrafo único, e Lei n. 9.715, de 1998, art. 11).

Capítulo III
INFRAÇÕES E PENALIDADES

Art. 93. Ao PIS/Pasep e à Cofins aplicam-se, subsidiariamente e no que couber, as penalidades e demais acréscimos previstos na legislação do imposto de renda (Lei Complementar n. 70, de 1991, art. 10, parágrafo único, e Lei n. 9.715, de 1998, art. 9.º, Medida Provisória n. 75, de 2002, art. 32).

Parágrafo único. Não constitui infração à legislação do PIS/Pasep e da Cofins o contribuinte imputar ao preço de seus produtos os valores já descontados da parcela da Cide-Combustíveis compensável nos termos do art. 77.

Capítulo IV
GUARDA DE LIVROS E DOCUMENTOS FISCAIS

Art. 94. A pessoa jurídica deve manter durante o prazo de 10 (dez) anos, em boa guarda, à disposição da SRF, os livros e documentos necessários à apuração e ao recolhimento destas contribuições (Decreto-lei n. 486, de 3 de março de 1969, art. 4.º, Decreto-lei n. 2.052, de 3 de agosto de 1983, art. 3.º, e Lei n. 8.212, de 1991, art. 45).

Capítulo V
DECADÊNCIA E PRESCRIÇÃO

Seção I
Decadência

Art. 95. O prazo para a constituição de créditos do PIS/Pasep e da Cofins extingue-se após 10 (dez) anos, contados (Lei n. 8.212, de 1991, art. 45):

I – do primeiro dia do exercício seguinte àquele em que o crédito poderia ter sido constituído; ou

II – da data em que se tornar definitiva a decisão que houver anulado por vício formal o lançamento do crédito tributário anteriormente efetuado.

Seção II
Prescrição

Art. 96. A ação para a cobrança de créditos das contribuições prescreve em 10 (dez) anos contados da data da sua constituição definitiva (Decreto-lei n. 2.052, de 1983, art. 10, e Lei n. 8.212, de 1991, art. 46).

TÍTULO V
DISPOSIÇÕES FINAIS

Art. 97. Este Decreto entra em vigor na data de sua publicação.

Brasília, 17 de dezembro de 2002; 181.º da Independência e 114.º da República.

FERNANDO HENRIQUE CARDOSO

LEI N. 10.637, DE 30 DE DEZEMBRO DE 2002 (*)

Dispõe sobre a não cumulatividade na cobrança da contribuição para os Programas de Integração Social (PIS) e de Formação do Patrimônio do Servidor Público (Pasep), nos casos que especifica; sobre o pagamento e o parcelamento de débitos tributários federais, a compensação de créditos fiscais, a declaração de inaptidão de inscrição de pessoas jurídicas, a legislação aduaneira, e dá outras providências.

O Presidente da República.

Faço saber que o Congresso Nacional decreta e eu sanciono a seguinte Lei:

Capítulo I
COBRANÇA NÃO CUMULATIVA DO PIS E DO PASEP

•• *Vide* arts. 15 e 16 da Lei n. 10.833, de 29-12-2003.

Art. 1.º A Contribuição para o PIS/Pasep, com a incidência não cumulativa, incide sobre o total das receitas auferidas no mês pela pessoa jurídica, independentemente de sua denominação ou classificação contábil.

•• *Caput* com redação determinada pela Lei n. 12.973, de 13-5-2014.

§ 1.º Para efeito do disposto neste artigo, o total das receitas compreende a receita bruta de que trata o art. 12 do Decreto-lei n. 1.598, de 26 de dezembro de 1977, e todas as demais receitas auferidas pela pessoa jurídica com os respectivos valores decorrentes do ajuste a valor presente de que trata o inciso VIII do *caput* do art. 183 da Lei n. 6.404, de 15 de dezembro de 1976.

•• § 1.º com redação determinada pela Lei n. 12.973, de 13-5-2014.

§ 2.º A base de cálculo da Contribuição para o PIS/Pasep é o total das receitas auferidas pela pessoa jurídica, conforme definido no *caput* e no § 1.º.

•• § 2.º com redação determinada pela Lei n. 12.973, de 13-5-2014.

§ 3.º Não integram a base de cálculo a que se refere este artigo, as receitas:

I – decorrentes de saídas isentas da contribuição ou sujeitas à alíquota zero;

II – (*Vetado*).

(*) Publicada no *Diário Oficial da União*, de 31-12-2002, edição extra. A Secretaria da Receita Federal passa a denominar-se Secretaria da Receita Federal do Brasil, por força da Lei n. 11.457, de 16-3-2007. **A Lei Complementar n. 214, de 16-1-2025, revoga os arts. 1.º a 5.º-A, 7.º, 8.º, 10 a 12, 32 e 47, desta lei a partir de 1.º-1-2027.**

III – auferidas pela pessoa jurídica revendedora, na revenda de mercadorias em relação às quais a contribuição seja exigida da empresa vendedora, na condição de substituta tributária;

IV – (Revogado pela Lei n. 11.727, de 23-6-2008.)

V – referentes a:

a) vendas canceladas e aos descontos incondicionais concedidos;

b) reversões de provisões e recuperações de créditos baixados como perda, que não representem ingresso de novas receitas, o resultado positivo da avaliação de investimentos pelo valor do patrimônio líquido e os lucros e dividendos derivados de participações societárias, que tenham sido computados como receita;

•• Alínea b com redação determinada pela Lei n. 12.973, de 13-5-2014.

VI – de que trata o inciso IV do caput do art. 187 da Lei n. 6.404, de 15 de dezembro de 1976, decorrentes da venda de bens do ativo não circulante, classificado como investimento, imobilizado ou intangível;

•• Inciso VI com redação determinada pela Lei n. 12.973, de 13-5-2014.

VII – decorrentes de transferência onerosa a outros contribuintes do Imposto sobre Operações relativas à Circulação de Mercadorias e sobre Prestações de Serviços de Transporte Interestadual e Intermunicipal e de Comunicação – ICMS de créditos de ICMS originados de operações de exportação, conforme o disposto no inciso II do § 1.º do art. 25 da Lei Complementar n. 87, de 13 de setembro de 1996;

•• Inciso VII acrescentado pela Lei n. 11.945, de 4-6-2009.

VIII – financeiras decorrentes do ajuste a valor presente de que trata o inciso VIII do caput do art. 183 da Lei n. 6.404, de 15 de dezembro de 1976, referentes a receitas excluídas da base de cálculo da Contribuição para o PIS/PASEP;

•• Inciso VIII acrescentado pela Lei n. 12.973, de 13-5-2014.

IX – relativas aos ganhos decorrentes de avaliação de ativo e passivo com base no valor justo;

•• Inciso IX acrescentado pela Lei n. 12.973, de 13-5-2014.

X – (Revogado pela Lei n. 14.789, de 29-12-2023.)

XI – reconhecidas pela construção, recuperação, reforma, ampliação ou melhoramento da infraestrutura, cuja contrapartida seja ativo intangível representativo de direito de exploração, no caso de contratos de concessão de serviços públicos;

•• Inciso XI acrescentado pela Lei n. 12.973, de 13-5-2014.

XII – relativas ao valor do imposto que deixar de ser pago em virtude das isenções e reduções de que tratam as alíneas a, b, c e e do § 1.º do art. 19 do Decreto-lei n. 1.598, de 26 de dezembro de 1977;

•• Inciso XII com redação determinada pela Lei n. 14.592, de 30-5-2023.

XIII – relativas ao prêmio na emissão de debêntures; e

•• Inciso XIII com redação determinada pela Lei n. 14.592, de 30-5-2023.

XIV – relativas ao valor do ICMS que tenha incidido sobre a operação.

•• Inciso XIV acrescentado pela Lei n. 14.592, de 30-5-2023.

Art. 2.º Para determinação do valor da contribuição para o PIS/Pasep aplicar-se-á, sobre a base de cálculo apurada conforme o disposto no art. 1.º, a alíquota de 1,65% (um inteiro e sessenta e cinco centésimos por cento).

•• Vide arts. 14 a 16 da Lei n. 10.833, de 29-12-2003.

§ 1.º Excetua-se do disposto no caput a receita bruta auferida pelos produtores ou importadores, que devem aplicar as alíquotas previstas:

•• § 1.º, caput, acrescentado pela Lei n. 10.865, de 30-4-2004.

•• Vide art. 46, IV, da Lei n. 10.865, de 30-4-2004.

I – nos incisos I a III do art. 4.º da Lei n. 9.718, de 27 de novembro de 1998, e alterações posteriores, no caso de venda de gasolinas e suas correntes, exceto gasolina de aviação, óleo diesel e suas correntes e gás liquefeito de petróleo – GLP derivado de petróleo e de gás natural;

•• Inciso I com redação determinada pela Lei n. 10.925, de 23-7-2004.

....

§ 1.º-A. Excetua-se do disposto no caput deste artigo a receita bruta auferida pelos produtores, importadores ou distribuidores com a venda de álcool, inclusive para fins carburantes, à qual se aplicam as alíquotas previstas no caput e no § 4.º do art. 5.º da Lei n. 9.718, de 27 de novembro de 1998.

•• § 1.º-A acrescentado pela Lei n. 11.727, de 23-6-2008.

•• **A Lei Complementar n. 214, de 16-1-2025, deu nova redação a este § 1.º-A, com produção de efeitos a partir do primeiro dia do quarto mês subsequente ao da sua publicação (DOU de 16-1-2025):** "§ 1.º-A. Excetua-se do disposto no caput deste artigo a receita bruta auferida com a venda de etanol, inclusive para fins carburantes, à qual se aplicam as alíquotas previstas, conforme o caso, no art. 5.º da Lei n. 9.718, de 27 de novembro de 1998".

•• Vide art. 41, IV, da Lei n. 11.727, de 23-6-2008.

§ 2.º Excetua-se do disposto no caput deste artigo a receita bruta decorrente da venda de papel imune a impostos de que trata o art. 150, VI, d, da Constituição Federal, quando destinado à impressão de periódicos, que fica sujeita à alíquota de 0,8% (oito décimos por cento).

•• § 2.º acrescentado pela Lei n. 10.865, de 30-4-2004.

•• Vide art. 46, IV, da Lei n. 10.865, de 30-4-2004.

....

§ 4.º Excetua-se do disposto no caput deste artigo a receita bruta auferida por pessoa jurídica industrial estabelecida na Zona Franca de Manaus, decorrente da venda de produção própria, consoante projeto aprovado pelo Conselho de Administração da Superintendência da Zona Franca de Manaus – SUFRAMA, que fica sujeita, ressalvado o disposto nos §§ 1.º a 3.º deste artigo, às alíquotas de:

•• § 4.º, caput, acrescentado pela Lei n. 10.996, de 15-12-2004.

I – 0,65% (sessenta e cinco centésimos por cento), no caso de venda efetuada a pessoa jurídica estabelecida:

a) na Zona Franca de Manaus; e

b) fora da Zona Franca de Manaus, que apure a Contribuição para o PIS/PASEP no regime de não cumulatividade;

•• Inciso I e alíneas acrescentados pela Lei n. 10.996, de 15-12-2004.

II – 1,3% (um inteiro e três décimos por cento), no caso de venda efetuada a:

a) pessoa jurídica estabelecida fora da Zona Franca de Manaus, que apure o imposto de renda com base no lucro presumido;

b) pessoa jurídica estabelecida fora da Zona Franca de Manaus, que apure o imposto de renda com base no lucro real e que tenha sua receita, total ou parcialmente, excluída do regime de incidência não cumulativa da Contribuição para o PIS/PASEP;

c) pessoa jurídica estabelecida fora da Zona Franca de Manaus e que seja optante pelo Sistema Integrado de Pagamento de Impostos e Contribuições – SIMPLES; e

d) órgãos da administração federal, estadual, distrital e municipal.

•• Inciso II e alíneas acrescentados pela Lei n. 10.996, de 15-12-2004.

§ 5.º O disposto no § 4.º também se aplica à receita bruta auferida por pessoa jurídica industrial ou comercial estabelecida nas Áreas de Livre Comércio de que tratam as Leis n. 7.965, de 22 de dezembro de 1989, 8.210, de 19 de julho de 1991, e 8.256, de 25 de novembro de 1991, o art. 11 da Lei n. 8.387, de 30 de dezembro de 1991, e a Lei n. 8.857, de 8 de março de 1994.

•• § 5.º acrescentado pela Lei n. 11.945, de 4-6-2009.

§ 6.º A exigência prevista no § 4.º deste artigo relativa ao projeto aprovado não se aplica às pessoas jurídicas comerciais referidas no § 5.º deste artigo.

•• § 6.º acrescentado pela Lei n. 11.945, de 4-6-2009.

Art. 3.º Do valor apurado na forma do art. 2.º a pessoa jurídica poderá descontar créditos calculados em relação a:

• Vide art. 30 da Lei n. 10.865, de 30-4-2004.

I – bens adquiridos para revenda, exceto em relação às mercadorias e aos produtos referidos:

•• Inciso I, caput, com redação determinada pela Lei n. 10.865, de 30-4-2004.

a) no inciso III do § 3.º do art. 1.º desta Lei; e

•• Alínea a com redação determinada pela Lei n. 11.727, de 23-6-2008.

•• Vide art. 41, IV, da Lei n. 11.727, de 23-6-2008.

b) nos §§ 1.º e 1.º-A do art. 2.º desta Lei;
•• Alínea *b* com redação determinada pela Lei n. 11.787, de 25-9-2008.

....

IV – aluguéis de prédios, máquinas e equipamentos, pagos a pessoa jurídica, utilizados nas atividades da empresa;
V – valor das contraprestações de operações de arrendamento mercantil de pessoa jurídica, exceto de optante pelo Sistema Integrado de Pagamento de Impostos e Contribuições das Microempresas e das Empresas de Pequeno Porte – SIMPLES;
•• Inciso V com redação determinada pela Lei n. 10.865, de 30-4-2004.
•• *Vide* art. 46, IV, da Lei n. 10.865, de 30-4-2004.
VI – máquinas, equipamentos e outros bens incorporados ao ativo imobilizado, adquiridos ou fabricados para locação a terceiros ou para utilização na produção de bens destinados à venda ou na prestação de serviços.
•• Inciso VI com redação determinada pela Lei n. 11.196, de 21-11-2005.
•• *Vide* art. 132, III, *d*, da Lei n. 11.196, de 21-11-2005.
VII – edificações e benfeitorias em imóveis de terceiros, quando o custo, inclusive de mão de obra, tenha sido suportado pela locatária;
VIII – bens recebidos em devolução, cuja receita de venda tenha integrado faturamento do mês ou de mês anterior, e tributada conforme o disposto nesta Lei;
IX – energia elétrica e energia térmica, inclusive sob a forma de vapor, consumidas nos estabelecimentos da pessoa jurídica.
•• Inciso IX com redação determinada pela Lei n. 11.488, de 15-6-2007.
X – vale-transporte, vale-refeição ou vale-alimentação, fardamento ou uniforme fornecidos aos empregados por pessoa jurídica que explore as atividades de prestação de serviços de limpeza, conservação e manutenção.
•• Inciso X acrescentado pela Lei n. 11.898, de 8-1-2009.
XI – bens incorporados ao ativo intangível, adquiridos para utilização na produção de bens destinados a venda ou na prestação de serviços.
•• Inciso XI acrescentado pela Lei n. 12.973, de 13-5-2014.
§ 1.º O crédito será determinado mediante a aplicação da alíquota prevista no *caput* do art. 2.º desta Lei sobre o valor:
•• § 1.º, *caput*, com redação determinada pela Lei n. 10.865, de 30-4-2004.
•• *Vide* art. 46, IV, da Lei n. 10.865, de 30-4-2004.
I – dos itens mencionados nos incisos I e II do *caput*, adquiridos no mês;
II – dos itens mencionados nos incisos IV, V e IX do *caput*, incorridos no mês;
•• Inciso II com redação determinada pela Lei n. 10.684, de 30-5-2003.
III – dos encargos de depreciação e amortização dos bens mencionados nos incisos VI, VII e XI do *caput*, incorridos no mês;
•• Inciso III com redação determinada pela Lei n. 12.973, de 13-5-2014.
IV – dos bens mencionados no inciso VIII do *caput*, devolvidos no mês.
§ 2.º Não dará direito a crédito o valor:
•• § 2.º, *caput*, com redação determinada pela Lei n. 10.865, de 30-4-2004.
I – de mão de obra paga a pessoa física;
•• Inciso I com redação determinada pela Lei n. 14.592, de 30-5-2023.
II – da aquisição de bens ou serviços não sujeitos ao pagamento da contribuição, inclusive no caso de isenção, esse último quando revendidos ou utilizados como insumo em produtos ou serviços sujeitos à alíquota 0 (zero), isentos ou não alcançados pela contribuição; e
•• Inciso II com redação determinada pela Lei n. 14.592, de 30-5-2023.
III – do ICMS que tenha incidido sobre a operação de aquisição.
•• Inciso III acrescentado pela Lei n. 14.592, de 30-5-2023.
§ 3.º O direito ao crédito aplica-se, exclusivamente, em relação:
I – aos bens e serviços adquiridos de pessoa jurídica domiciliada no País;
II – aos custos e despesas incorridos, pagos ou creditados a pessoa jurídica domiciliada no País;
III – aos bens e serviços adquiridos e aos custos e despesas incorridos a partir do mês em que se iniciar a aplicação do disposto nesta Lei.
§ 4.º O crédito não aproveitado em determinado mês poderá sê-lo nos meses subsequentes.
§§ 5.º e **6.º** (*Vetados*.)
§ 7.º Na hipótese de a pessoa jurídica sujeitar-se à incidência não cumulativa da contribuição para o PIS/Pasep, em relação apenas a parte de suas receitas, o crédito será apurado, exclusivamente, em relação aos custos, despesas e encargos vinculados a essas receitas.
§ 8.º Observadas as normas a serem editadas pela Secretaria da Receita Federal, no caso de custos, despesas e encargos vinculados às receitas referidas no § 7.º e àquelas submetidas ao regime de incidência cumulativa dessa contribuição, o crédito será determinado, a critério da pessoa jurídica, pelo método de:
I – apropriação direta, inclusive em relação aos custos, por meio de sistema de contabilidade de custos integrada e coordenada com a escrituração; ou
II – rateio proporcional, aplicando-se aos custos, despesas e encargos comuns a relação percentual existente entre a receita bruta sujeita à incidência não cumulativa e a receita bruta total, auferidas em cada mês.
§ 9.º O método eleito pela pessoa jurídica será aplicado consistentemente por todo o ano-calendário, observadas as normas a serem editadas pela Secretaria da Receita Federal.

§§ 10 e **11.** (*Revogados pela Lei n. 10.925, de 23-7-2004.*)

§ 12. Ressalvado o disposto no § 2.º deste artigo e nos §§ 1.º a 3.º do art. 2.º desta Lei, na aquisição de mercadoria produzida por pessoa jurídica estabelecida na Zona Franca de Manaus, consoante projeto aprovado pelo Conselho de Administração da Superintendência da Zona Franca de Manaus – SUFRAMA, o crédito será determinado mediante a aplicação da alíquota de 1% (um por cento) e, na situação de que trata a alínea *b* do inciso II do § 4.º do art. 2.º desta Lei, mediante a aplicação da alíquota de 1,65% (um inteiro e sessenta e cinco centésimos por cento).
•• § 12 com redação determinada pela Lei n. 11.307, de 19-5-2006.

§ 13. Não integram o valor das máquinas, equipamentos e outros bens fabricados para incorporação ao ativo imobilizado na forma do inciso VI do *caput* deste artigo os custos de que tratam os incisos do § 2.º deste artigo.
•• § 13 acrescentado pela Lei n. 11.196, de 21-11-2005.
•• *Vide* art. 132, III, *d*, da Lei n. 11.196, de 21-11-2005.
•• Havia aqui um § 14, acrescentado pela Medida Provisória n. 413, de 3-1-2008, não representado na sua conversão na Lei n. 11.727, de 23-6-2008.

§ 15. O disposto no § 12 deste artigo também se aplica na hipótese de aquisição de mercadoria produzida por pessoa jurídica estabelecida nas Áreas de Livre Comércio de que tratam as Leis n. 7.965, de 22 de dezembro de 1989, 8.210, de 19 de julho de 1991, e 8.256, de 25 de novembro de 1991, o art. 11 da Lei n. 8.387, de 30 de dezembro de 1991, e a Lei n. 8.857, de 8 de março de 1994.
•• § 15 acrescentado pela Lei n. 11.945, de 4-6-2009.

§ 16. Ressalvado o disposto no § 2.º deste artigo e nos §§ 1.º a 3.º do art. 2.º desta Lei, na hipótese de aquisição de mercadoria revendida por pessoa jurídica comercial estabelecida nas Áreas de Livre Comércio referidas no § 15, o crédito será determinado mediante a aplicação da alíquota de 0,65% (sessenta e cinco centésimos por cento).
•• § 16 acrescentado pela Lei n. 11.945, de 4-6-2009.

§ 17. No cálculo do crédito de que tratam os incisos do *caput*, poderão ser considerados os valores decorrentes do ajuste a valor presente de que trata o inciso III do *caput* do art. 184 da Lei n. 6.404, de 15 de dezembro de 1976.
•• § 17 acrescentado pela Lei n. 12.973, de 13-5-2014.

§ 18. O disposto nos incisos VI e VII do *caput* não se aplica no caso de bem objeto de arrendamento mercantil, na pessoa jurídica arrendatária.
•• § 18 acrescentado pela Lei n. 12.973, de 13-5-2014.

§ 19. Para fins do disposto nos incisos VI e VII do *caput*, fica vedado o desconto de quaisquer créditos calculados em relação a:

• • § 19, *caput*, acrescentado pela Lei n. 12.973, de 13-5-2014.

I – encargos associados a empréstimos registrados como custo na forma da alínea *b* do § 1.º do art. 17 do Decreto-lei n. 1.598, de 26 de dezembro de 1977; e

• • Inciso I acrescentado pela Lei n. 12.973, de 13-5-2014.

II – custos estimados de desmontagem e remoção do imobilizado e de restauração do local em que estiver situado.

• • Inciso II acrescentado pela Lei n. 12.973, de 13-5-2014.

§ 20. No cálculo dos créditos a que se referem os incisos VI e VII do *caput*, não serão computados os ganhos e perdas decorrentes de avaliação de ativo com base no valor justo.

• • § 20 acrescentado pela Lei n. 12.973, de 13-5-2014.

• • Sobre a vigência desta alteração, *vide* art. 119 da Lei n. 12.973, de 13-5-2014.

§ 21. Na execução de contratos de concessão de serviços públicos, os créditos gerados pelos serviços de construção, recuperação, reforma, ampliação ou melhoramento de infraestrutura, quando a receita correspondente tiver contrapartida em ativo intangível, representativo de direito de exploração, ou em ativo financeiro, somente poderão ser aproveitados, no caso do ativo intangível, à medida que este for amortizado e, no caso do ativo financeiro, na proporção de seu recebimento, excetuado, para ambos os casos, o crédito previsto no inciso VI do *caput*.

• • § 21 acrescentado pela Lei n. 12.973, de 13-5-2014.

§ 22. O disposto no inciso XI do *caput* não se aplica ao ativo intangível referido no § 21.

• • § 22 acrescentado pela Lei n. 12.973, de 13-5-2014.

• • A Lei n. 13.097, de 19-1-2015, propôs o acréscimo do § 23, todavia a alteração sofreu veto presidencial.

Art. 4.º O contribuinte da contribuição para o PIS/Pasep é a pessoa jurídica que auferir as receitas a que se refere o art. 1.º.

Art. 5.º A contribuição para o PIS/Pasep não incidirá sobre as receitas decorrentes das operações de:

I – exportação de mercadorias para o exterior;

II – prestação de serviços para pessoa física ou jurídica residente ou domiciliada no exterior, cujo pagamento represente ingresso de divisas;

• • Inciso II com redação determinada pela Lei n. 10.865, de 30-4-2004.

• Vide art. 10 da Lei n. 11.371, de 28-11-2006.

III – vendas a empresa comercial exportadora com o fim específico de exportação.

• • A Lei n. 13.169, de 6-10-2015, propôs o acréscimo do inciso IV ao *caput* deste artigo, todavia a alteração sofreu veto presidencial.

§ 1.º Na hipótese deste artigo, a pessoa jurídica vendedora poderá utilizar o crédito apurado na forma do art. 3.º para fins de:

I – dedução do valor da contribuição a recolher, decorrente das demais operações no mercado interno;

II – compensação com débitos próprios, vencidos ou vincendos, relativos a tributos e contribuições administrados pela Secretaria da Receita Federal, observada a legislação específica aplicável à matéria.

§ 2.º A pessoa jurídica que, até o final de cada trimestre do ano civil, não conseguir utilizar o crédito por qualquer das formas previstas no § 1.º, poderá solicitar o seu ressarcimento em dinheiro, observada a legislação específica aplicável à matéria.

• • A Lei n. 13.169, de 6-10-2015, propôs o acréscimo do § 3.º a este artigo, todavia a alteração sofreu veto presidencial.

Art. 5.º-A. Ficam reduzidas a 0 (zero) as alíquotas da contribuição para o PIS/PASEP e da COFINS incidentes sobre as receitas decorrentes da comercialização de matérias-primas, produtos intermediários e materiais de embalagem, produzidos na Zona Franca de Manaus para emprego em processo de industrialização por estabelecimentos industriais ali instalados e consoante projetos aprovados pelo Conselho de Administração da Superintendência da Zona Franca de Manaus – SUFRAMA.

• • Artigo com redação determinada pela Lei n. 10.865, de 30-4-2004.

• • A Lei n. 10.925, de 23-7-2004, propôs nova redação para este artigo, porém teve o seu texto vetado.

Art. 6.º (*Revogado pela Lei n. 10.833, de 29-12-2003.*)

Art. 7.º A empresa comercial exportadora que houver adquirido mercadorias de outra pessoa jurídica, com o fim específico de exportação para o exterior, que, no prazo de 180 (cento e oitenta) dias, contado da data da emissão da nota fiscal pela vendedora, não comprovar o seu embarque para o exterior, ficará sujeita ao pagamento de todos os impostos e contribuições que deixaram de ser pagos pela empresa vendedora, acrescidos de juros de mora e multa, de mora ou de ofício, calculados na forma da legislação que rege a cobrança do tributo não pago.

§ 1.º Para efeito do disposto neste artigo, considera-se vencido o prazo para o pagamento na data em que a empresa vendedora deveria fazê-lo, caso a venda houvesse sido efetuada para o mercado interno.

§ 2.º No pagamento dos referidos tributos, a empresa comercial exportadora não poderá deduzir, do montante devido, qualquer valor a título de crédito de Imposto sobre Produtos Industrializados (IPI) ou de contribuição para o PIS/Pasep, decorrente da aquisição das mercadorias e serviços objeto da incidência.

§ 3.º A empresa deverá pagar, também, os impostos e contribuições devidos nas vendas para o mercado interno, caso, por qualquer forma, tenha alienado ou utilizado as mercadorias.

Art. 8.º Permanecem sujeitas às normas da legislação da contribuição para o PIS/Pasep, vigentes anteriormente a esta Lei, não se lhes aplicando as disposições dos arts. 1.º a 6.º:

I – as pessoas jurídicas referidas nos §§ 6.º, 8.º e 9.º do art. 3.º da Lei n. 9.718, de 27 de novembro de 1998, e na Lei que institui o Estatuto da Segurança Privada e da Segurança das Instituições Financeiras;

• • Inciso I com redação determinada pela Lei n. 14.967, de 9-9-2024.

• A Lei n. 14.967, de 9-9-2024, institui o Estatuto da Segurança Privada e da Segurança das Instituições Financeiras.

II – as pessoas jurídicas tributadas pelo imposto de renda com base no lucro presumido ou arbitrado;

III – as pessoas jurídicas optantes pelo SIMPLES;

IV – as pessoas jurídicas imunes a impostos;

V – os órgãos públicos, as autarquias e fundações públicas federais, estaduais e municipais, e as fundações cuja criação tenha sido autorizada por lei, referidas no art. 61 do Ato das Disposições Constitucionais Transitórias da Constituição de 1988;

VI – (*Vetado.*)

VII – as receitas decorrentes das operações:

a) (*Revogada pela Lei n. 11.727, de 23-6-2008.*)

b) sujeitas à substituição tributária da contribuição para o PIS/Pasep;

c) referidas no art. 5.º da Lei n. 9.716, de 26 de novembro de 1998;

VIII – as receitas decorrentes de prestação de serviços de telecomunicações;

IX – (*Vetado.*)

X – as sociedades cooperativas;

• • Inciso X acrescentado pela Lei n. 10.684, de 30-5-2003.

• • A Lei n. 12.973, de 13-5-2014, propôs nova redação para este inciso, mas teve seu texto vetado.

XI – as receitas decorrentes de prestação de serviços das empresas jornalísticas e de radiodifusão sonora e de sons e imagens;

• • Inciso XI acrescentado pela Lei n. 10.684, de 30-5-2003.

XII – as receitas decorrentes de operações de comercialização de pedra britada, de areia para construção civil e de areia de brita.

• • Inciso XII acrescentado pela Lei n. 12.693, de 24-7-2012.

• • A Lei n. 12.715, de 17-9-2012, propôs nova redação para este inciso XII, porém teve seu texto vetado.

XIII – as receitas decorrentes da alienação de participações societárias.

• • Inciso XIII acrescentado pela Lei n. 13.043, de 13-11-2014.

Art. 9.º (*Vetado.*)

Art. 10. A contribuição de que trata o art. 1.º desta Lei deverá ser paga até o 25.º (vigésimo quinto) dia do mês subsequente ao de ocorrência do fato gerador.
•• *Caput* com redação determinada pela Lei n. 11.933, de 28-4-2009.

Parágrafo único. Se o dia do vencimento de que trata o *caput* deste artigo não for dia útil, considerar-se-á antecipado o prazo para o primeiro dia útil que o anteceder.
•• Parágrafo único acrescentado pela Lei n. 11.933, de 28-4-2009.

Art. 11. A pessoa jurídica contribuinte do PIS/Pasep, submetida à apuração do valor devido na forma do art. 3.º, terá direito a desconto correspondente ao estoque de abertura dos bens de que tratam os incisos I e II desse artigo, adquiridos de pessoa jurídica domiciliada no País, existentes em 1.º de dezembro de 2002.

§ 1.º O montante de crédito presumido será igual ao resultado da aplicação do percentual de 0,65% (sessenta e cinco centésimos por cento) sobre o valor do estoque.

§ 2.º O crédito presumido calculado segundo os §§ 1.º e 7.º será utilizado em 12 (doze) parcelas mensais, iguais e sucessivas, a partir da data a que se refere o *caput* deste artigo.
•• § 2.º com redação determinada pela Lei n. 10.865, de 30-4-2004.
•• *Vide* art. 46, IV, da Lei n. 10.865, de 30-4-2004.

§ 3.º A pessoa jurídica que, tributada com base no lucro presumido, passar a adotar o regime de tributação com base no lucro real, terá, na hipótese de, em decorrência dessa opção, sujeitar-se à incidência não cumulativa da contribuição para o PIS/PASEP, direito a desconto correspondente ao estoque de abertura dos bens e ao aproveitamento do crédito presumido na forma prevista neste artigo.

§ 4.º O disposto no *caput* aplica-se também aos estoques de produtos acabados e em elaboração.
•• § 4.º acrescentado pela Lei n. 10.684, de 30-5-2003.

§ 5.º O disposto neste artigo aplica-se, também, aos estoques de produtos que não geraram crédito na aquisição, em decorrência do disposto nos §§ 7.º a 9.º do art. 3.º desta Lei, destinados à fabricação dos produtos de que tratam as Leis n. 9.990, de 21 de julho de 2000, 10.147, de 21 de dezembro de 2000, 10.485, de 3 de julho de 2002, e 10.560, de 13 de novembro de 2002, ou quaisquer outros submetidos à incidência monofásica da contribuição.
•• § 5.º acrescentado pela Lei n. 10.865, de 30-4-2004.
•• *Vide* art. 46, IV, da Lei n. 10.865, de 30-4-2004.

§ 6.º As disposições do § 5.º não se aplicam aos estoques de produtos adquiridos a alíquota 0 (zero), isentos ou não alcançados pela incidência da contribuição.
•• § 6.º acrescentado pela Lei n. 10.865, de 30-4-2004.
•• *Vide* art. 46, IV, da Lei n. 10.865, de 30-4-2004.

§ 7.º O montante do crédito presumido de que trata o § 5.º deste artigo será igual ao resultado da aplicação da alíquota de 1,65% (um inteiro e sessenta e cinco centésimos por cento) sobre o valor do estoque, inclusive para as pessoas jurídicas fabricantes dos produtos referidos no art. 51 da Lei n. 10.833, de 29 de dezembro de 2003.
•• § 7.º com redação determinada pela Lei n. 10.925, de 23-7-2004.

Art. 12. Até 31 de dezembro de 2003, o Poder Executivo submeterá ao Congresso Nacional projeto de lei tornando não cumulativa a cobrança da Contribuição para o Financiamento da Seguridade Social (Cofins).

Parágrafo único. O projeto conterá também a modificação, se necessária, da alíquota da contribuição para o PIS/Pasep, com a finalidade de manter constante, em relação a períodos anteriores, a parcela da arrecadação afetada pelas alterações introduzidas por esta Lei.

Capítulo II
DAS OUTRAS DISPOSIÇÕES RELATIVAS À LEGISLAÇÃO TRIBUTÁRIA E ADUANEIRA

Art. 13. Poderão ser pagos até o último dia útil de janeiro de 2003, em parcela única, os débitos a que se refere o art. 11 da Medida Provisória n. 2.158-35, de 24 de agosto de 2001, vinculados ou não a qualquer ação judicial, relativos a fatos geradores ocorridos até 30 de abril de 2002.
•• A Medida Provisória n. 2.158-35, de 24-8-2001, altera a legislação das Contribuições para a Seguridade Social – Cofins, para os Programas de Integração Social e de Formação do Patrimônio do Servidor Público – PIS/Pasep e do Imposto sobre a Renda, e dá outras providências.

§ 1.º Para os efeitos deste artigo, a pessoa jurídica deverá comprovar a desistência expressa e irrevogável de todas as ações judiciais que tenham por objeto os tributos a serem pagos e renunciar a qualquer alegação de direito sobre a qual se fundam as referidas ações.

§ 2.º Na hipótese de que trata este artigo, serão dispensados os juros de mora devidos até janeiro de 1999, sendo exigido esse encargo, na forma do § 4.º do art. 17 da Lei n. 9.779, de 19 de janeiro de 1999, acrescido pela Medida Provisória n. 2.158-35, de 24 de agosto de 2001, a partir do mês:

I – de fevereiro do referido ano, no caso de fatos geradores ocorridos até janeiro de 1999;

II – seguinte ao da ocorrência do fato gerador, nos demais casos.

§ 3.º Na hipótese deste artigo, a multa, de mora ou de ofício, incidente sobre o débito constituído ou não, será reduzida no percentual fixado no *caput* do art. 6.º da Lei n. 8.218, de 29 de agosto de 1991.
• A Lei n. 8.218, de 29-8-1981, dispõe sobre impostos e contribuições federais e disciplina a utilização de cruzados novos.

§ 4.º Para efeito do disposto no *caput*, se os débitos forem decorrentes de lançamento de ofício e se encontrarem com exigibilidade suspensa por força do inciso III do art. 151 da Lei n. 5.172, de 25 de outubro de 1966, o sujeito passivo deverá desistir expressamente e de forma irrevogável da impugnação ou do recurso interposto.

Art. 14. Os débitos de que trata o art. 13, relativos a fatos geradores vinculados a ações judiciais propostas pelo sujeito passivo contra exigência de imposto ou contribuição instituído após 1.º de janeiro de 1999 ou contra majoração, após aquela data, de tributo ou contribuição anteriormente instituído, poderão ser pagos em parcela única até o último dia útil de janeiro de 2003 com a dispensa de multas moratória e punitivas.

§ 1.º Para efeito deste artigo, o contribuinte ou o responsável deverá comprovar a desistência expressa e irrevogável de todas as ações judiciais que tenham por objeto os tributos a serem pagos na forma do *caput*, e renunciar a qualquer alegação de direito sobre as quais se fundam as referidas ações.

§ 2.º O benefício de que trata este artigo somente poderá ser usufruído caso o contribuinte ou o responsável pague integralmente, no mesmo prazo estabelecido no *caput*, os débitos nele referidos, relativos a fatos geradores ocorridos de maio de 2002 até o mês anterior ao do pagamento.

§ 3.º Na hipótese deste artigo, os juros de mora devidos serão determinados pela variação mensal da Taxa de Juros de Longo Prazo (TJLP).

Art. 15. Relativamente aos tributos e contribuições administrados pela Secretaria da Receita Federal, o contribuinte ou o responsável que, a partir de 15 de maio de 2002, tenha efetuado pagamento de débitos, em conformidade com norma de caráter exonerativo, e divergir em relação ao valor de débito constituído de ofício, poderá impugnar, com base nas normas estabelecidas no Decreto n. 70.235, de 6 de março de 1972, a parcela não reconhecida como devida, desde que a impugnação:

I – seja apresentada juntamente com o pagamento do valor reconhecido como devido;

II – verse, exclusivamente, sobre a divergência de valor, vedada a inclusão de quaisquer outras matérias, em especial as de direito em que se fundaram as respectivas ações judiciais ou impugnações e recursos anteriormente apresentados contra o mesmo lançamento;

III – seja precedida do depósito da parcela não reconhecida como devida, determinada de conformidade com o disposto na Lei n. 9.703, de 17 de novembro de 1998.
•• A Lei n. 9.703, de 17-11-1998, foi revogada pela Lei n. 14.793, de 16-9-2024.

§ 1.º Da decisão proferida em relação à impugnação de que trata este artigo caberá recurso nos termos do Decreto n. 70.235, de 6 de março de 1972.

§ 2.º A conclusão do processo administrativo-fiscal, por decisão definitiva em sua esfera ou desistência do sujeito passivo, implicará a imediata conversão em renda do depósito efetuado, na parte favorável à Fazenda Nacional, transformando-se em pagamento definitivo.

§ 3.º A parcela depositada nos termos do inciso III do *caput* que venha a ser considerada indevida por força da decisão referida no § 2.º sujeitar-se-á ao disposto na Lei n. 9.703, de 17 de novembro de 1998.

•• A Lei n. 9.703, de 17-11-1998, foi revogada pela Lei n. 14.793, de 16-9-2024.

§ 4.º O disposto neste artigo também se aplica a majoração ou a agravamento de multa de ofício, na hipótese do art. 13.

Art. 16. Aplica-se o disposto nos arts. 13 e 14 às contribuições arrecadadas pelo Instituto Nacional do Seguro Social (INSS), observada regulamentação editada por esse órgão, em especial quanto aos procedimentos no âmbito de seu contencioso administrativo.

Art. 17. A opção pela modalidade de pagamento de débitos prevista no *caput* do art. 5.º da Medida Provisória n. 2.222, de 4 de setembro de 2001, poderá ser exercida até o último dia útil do mês de janeiro de 2003, desde que o pagamento seja efetuado em parcela única até essa data.

•• A Lei n. 11.053, de 29-12-2004, revogou, a partir de 1.º-1-2005, a Medida Provisória n. 2.222, de 4-9-2001.

Parágrafo único. Os débitos a serem pagos em decorrência do disposto no *caput* serão acrescidos de juros equivalentes à taxa do Sistema Especial de Liquidação e Custódia (SELIC) para títulos federais, acumulada mensalmente, calculados a partir do mês de janeiro de 2002 até o mês anterior ao do pagamento, e adicionados de 1% (um por cento) relativamente ao mês em que o pagamento estiver sendo feito.

Art. 18. Os débitos relativos à contribuição para o Programa de Formação do Patrimônio do Servidor Público (Pasep) dos Estados, do Distrito Federal e dos Municípios, bem como de suas autarquias e fundações públicas, sem exigibilidade suspensa, correspondentes a fato gerador ocorrido até 30 de abril de 2002, poderão ser pagos mediante regime especial de parcelamento, por opção da pessoa jurídica de direito público interno devedora.

Parágrafo único. A opção referida no *caput* deverá ser formalizada até o último dia útil do mês de setembro de 2002, nos termos e condições estabelecidos pela Secretaria da Receita Federal.

Art. 19. O regime especial de parcelamento referido no art. 18 implica a consolidação dos débitos na data da opção e abrangerá a totalidade dos débitos existentes em nome do optante, constituídos ou não, inclusive os juros de mora incidentes até a data de opção.

Parágrafo único. O débito consolidado na forma deste artigo:

I – sujeitar-se-á, a partir da data da consolidação, a juros equivalentes à taxa do SELIC para títulos federais, acumulada mensalmente, calculados a partir da data de deferimento do pedido até o mês anterior ao do pagamento, e adicionados de 1% (um por cento) relativamente ao mês em que o pagamento estiver sendo feito;

II – será pago mensalmente, até o último dia útil da primeira quinzena de cada mês, no valor equivalente a 5% (cinco por cento) do valor devido no mesmo mês pela optante, relativo ao Pasep correspondente ao fato gerador ocorrido no mês imediatamente anterior, até a liquidação total do débito;

III – a última parcela será paga pelo valor residual do débito, quando inferior ao referido no inciso II.

Art. 20. A opção pelo regime especial de parcelamento referido no art. 18 sujeita a pessoa jurídica:

I – à confissão irrevogável e irretratável dos débitos referidos no art. 19;

II – ao pagamento regular das parcelas do débito consolidado, bem como dos valores devidos relativos ao Pasep decorrentes de fatos geradores ocorridos posteriormente a 30 de abril de 2002.

Parágrafo único. A opção pelo regime especial exclui qualquer outra forma de parcelamento de débitos relativos ao Pasep.

Art. 21. A pessoa jurídica optante pelo regime especial de parcelamento referido no art. 18 será dele excluída nas seguintes hipóteses:

I – inobservância da exigência estabelecida no inciso I do art. 20;

II – inadimplência, por 2 (dois) meses consecutivos ou 6 (seis) alternados, relativamente ao Pasep, inclusive decorrente de fatos geradores ocorridos posteriormente a 30 de abril de 2002.

§ 1.º A exclusão da pessoa jurídica do regime especial implicará exigibilidade imediata da totalidade do crédito confessado e ainda não pago.

§ 2.º A exclusão será formalizada por meio de ato da Secretaria da Receita Federal e produzirá efeitos a partir do mês subsequente àquele em que a pessoa jurídica optante for cientificada.

Art. 22. (Vetado.)

Art. 23. A opção pelo parcelamento alternativo ao REFIS de que trata o art. 12 da Lei n. 9.964, de 10 de abril de 2000, regularmente efetuada, poderá ser convertida em opção pelo REFIS, e vice-versa, na hipótese de erro de fato cometido por ocasião do primeiro pagamento efetuado, observadas as normas estabelecidas pelo Comitê Gestor do referido Programa.

§ 1.º A mudança de opção referida neste artigo deverá ser solicitada até o último dia útil do mês de janeiro de 2003.

§ 2.º A pessoa jurídica excluída do parcelamento alternativo ao REFIS em razão de pagamento de parcela em valor inferior ao fixado no art. 12, § 1.º, da Lei n. 9.964, de 10 de abril de 2000, acrescido de juros correspondentes à variação mensal da Taxa de Juros de Longo Prazo (TJLP), poderá ter sua opção restabelecida, observado o disposto no *caput*.

§ 3.º A conversão da opção nos termos deste artigo não implica restituição ou compensação de valores já pagos.

....

Art. 25. Relativamente aos tributos e contribuições administrados pela Secretaria da Receita Federal, na hipótese de, na data do pagamento realizado de conformidade com norma de caráter exonerativo, o contribuinte ou o responsável estiver sob ação de fiscalização relativamente à matéria a ser objeto desse pagamento, a parcela não reconhecida como devida poderá ser impugnada no prazo fixado na intimação constante do auto de infração ou da notificação de lançamento, nas condições estabelecidas pela referida norma, inclusive em relação ao depósito da respectiva parcela dentro do prazo previsto para o pagamento do valor reconhecido como devido.

Art. 26. Poderão optar pelo Sistema Integrado de Pagamento de Impostos e Contribuições das Microempresas e das Empresas de Pequeno Porte (Simples), nas condições estabelecidas pela Lei n. 9.317, de 5 de dezembro de 1996, as pessoas jurídicas que se dediquem exclusivamente às atividades de:

I – agência de viagem e turismo;

II a IX – (*Vetados*.)

Art. 27. A operação de comércio exterior realizada mediante utilização de recursos de terceiro presume-se por conta e ordem deste, para fins de aplicação do disposto nos arts. 77 a 81 da Medida Provisória n. 2.158-35, de 24 de agosto de 2001.

Art. 28. As empresas de transporte internacional que operem em linha regular, por via aérea ou marítima, deverão prestar informações sobre tripulantes e passageiros, na forma e no prazo estabelecidos pela Secretaria da Receita Federal.

Parágrafo único. O descumprimento do disposto neste artigo ensejará a aplicação de multa no valor de:

I – R$ 5.000,00 (cinco mil reais) por veículo cujas informações não sejam prestadas; ou

II – R$ 200,00 (duzentos reais) por informação omitida, limitado ao valor de R$ 5.000,00 (cinco mil reais) por veículo.

....

Art. 30. A falta de prestação das informações a que se refere o art. 5.º da Lei Complementar n. 105, de 10 de janeiro de 2001, ou sua apresentação de forma inexata ou incompleta, sujeita a pessoa jurídica às seguintes penalidades:

I – R$ 50,00 (cinquenta reais) por grupo de cinco informações inexatas, incompletas ou omitidas;

II – R$ 5.000,00 (cinco mil reais) por mês-calendário ou fração, independentemente da sanção prevista no inciso I, na hipótese de atraso na entrega da declaração que venha a ser instituída para o fim de apresentação das informações.

§ 1.º O disposto no inciso II do *caput* aplica-se também à declaração que não atenda às especificações que forem estabelecidas pela Secretaria da Receita Federal, inclusive quando exigida em meio digital.

§ 2.º As multas de que trata este artigo serão:

I – apuradas considerando o período compreendido entre o dia seguinte ao término do prazo fixado para a entrega da declaração até a data da efetiva entrega;

II – majoradas em 100% (cem por cento), na hipótese de lavratura de auto de infração.

§ 3.º Na hipótese de lavratura de auto de infração, caso a pessoa jurídica não apresente a declaração, serão lavrados autos de infração complementares até a sua efetiva entrega.

Art. 31. A falta de apresentação dos elementos a que se refere o art. 6.º da Lei Complementar n. 105, de 10 de janeiro de 2001, ou sua apresentação de forma inexata ou incompleta, sujeita a pessoa jurídica à multa equivalente a 2% (dois por cento) do valor das operações objeto da requisição, apurado por meio de procedimento fiscal junto à própria pessoa jurídica ou ao titular da conta de depósito ou da aplicação financeira, bem como a terceiros, por mês-calendário ou fração de atraso, limitado a 10% (dez por cento), observado o valor mínimo de R$ 50.000,00 (cinquenta mil reais).

Parágrafo único. À multa de que trata este artigo aplica-se o disposto nos §§ 2.º e 3.º do art. 30.

Art. 32. As entidades fechadas de previdência complementar poderão excluir da base de cálculo da contribuição para o PIS/Pasep e da Cofins, além dos valores já previstos na legislação vigente, os referentes a:

I – rendimentos relativos a receitas de aluguel, destinados ao pagamento de benefícios de aposentadoria, pensão, pecúlio e resgates;

II – receita decorrente da venda de bens imóveis, destinada ao pagamento de benefícios de aposentadoria, pensão, pecúlio e resgates;

III – o resultado positivo auferido na reavaliação da carteira de investimentos imobiliários referida nos incisos I e II.

Parágrafo único. As entidades de que trata o *caput* poderão pagar em parcela única, até o último dia útil do mês de novembro de 2002, com dispensa de juros e multa, os débitos relativos à contribuição para o PIS/PASEP e à COFINS, constituídos ou não, inscritos ou não em Dívida Ativa, ajuizados ou a ajuizar, referentes a fatos geradores ocorridos até 31 de julho de 2002 e decorrentes de:

I – rendimentos relativos a receitas de aluguel, destinados ao pagamento de benefícios de aposentadoria, pensão, pecúlio e resgates;

II – receita decorrente da venda de bens imóveis, destinada ao pagamento de benefícios de aposentadoria, pensão, pecúlio e resgates;

III – resultado positivo auferido na reavaliação da carteira de investimentos imobiliários referida nos incisos I e II.

Art. 33. (*Vetado*.)

Art. 34. A condição e a vedação estabelecidas, respectivamente, no art. 13, § 2.º, III, b, da Lei n. 9.249, de 26 de dezembro de 1995, e no art. 12, § 2.º, a, da Lei n. 9.532, de 10 de dezembro de 1997, não alcançam a hipótese de remuneração de dirigente, em decorrência de vínculo empregatício, pelas Organizações da Sociedade Civil de Interesse Público (OSCIP), qualificadas segundo as normas estabelecidas na Lei n. 9.790, de 23 de março de 1999, e pelas Organizações Sociais (OS), qualificadas consoante os dispositivos da Lei n. 9.637, de 15 de maio de 1998.

Parágrafo único. O disposto neste artigo aplica-se somente à remuneração não superior, em seu valor bruto, ao limite estabelecido para a remuneração de servidores do Poder Executivo Federal.

Art. 35. A receita decorrente da avaliação de títulos e valores mobiliários, instrumentos financeiros, derivativos e itens objeto de *hedge*, registrada pelas instituições financeiras e demais entidades autorizadas a funcionar pelo Banco Central do Brasil, instituições autorizadas a operar pela Superintendência de Seguros Privados – Susep e sociedades autorizadas a operar em seguros ou resseguros em decorrência da valoração a preço de mercado no que exceder ao rendimento produzido até a referida data somente será computada na base de cálculo do Imposto de Renda das Pessoas Jurídicas, da Contribuição Social sobre o Lucro Líquido, da Contribuição para o Financiamento da Seguridade Social (Cofins) e da contribuição para o PIS/Pasep quando da alienação dos respectivos ativos.

•• **A Lei Complementar n. 214, de 16-1-2025, deu nova redação a este *caput*, com produção de efeitos a partir de 1.º-1-2027:** "Art. 35. A receita decorrente da avaliação de títulos e valores mobiliários, instrumentos financeiros, derivativos e itens objeto de *hedge*, registrada pelas instituições financeiras e demais entidades autorizadas a funcionar pelo Banco Central do Brasil, instituições autorizadas a operar pela Superintendência de Seguros Privados - Susep e sociedades autorizadas a operar em seguros ou resseguros em decorrência da valoração a preço de mercado no que exceder ao rendimento produzido até a referida data será computada na base de cálculo do Imposto sobre a Renda das Pessoas Jurídicas e da Contribuição Social sobre o Lucro Líquido somente quando da alienação dos respectivos ativos".

§ 1.º Na hipótese de desvalorização decorrente da avaliação mencionada no *caput*, o reconhecimento da perda para efeito do Imposto de Renda das Pessoas Jurídicas e da Contribuição Social sobre o Lucro Líquido será computada também quando da alienação.

§ 2.º Para fins do disposto neste artigo, considera-se alienação qualquer forma de transmissão da propriedade, bem como a liquidação, o resgate e a cessão dos referidos títulos e valores mobiliários, instrumentos financeiros derivativos e itens objeto de *hedge*.

§ 3.º Os registros contábeis de que trata este artigo serão efetuados em contrapartida à conta de ajustes específica para esse fim, na forma a ser estabelecida pela Secretaria da Receita Federal.

§ 4.º Ficam convalidados os procedimentos efetuados anteriormente à vigência desta Lei, no curso do ano-calendário de 2002, desde que observado o disposto neste artigo.

Art. 36. (*Revogado pela Lei n. 11.196, de 21-11-2005.*)

Art. 37. (*Revogado pela Lei n. 11.727, de 23-6-2008.*)

Art. 38. Fica instituído, em relação aos tributos e contribuições administrados pela Secretaria da Receita Federal, bônus de adimplência fiscal, aplicável às pessoas jurídicas submetidas ao regime de tributação com base no lucro real ou presumido.

§ 1.º O bônus referido no *caput*:

I – corresponde a 1% (um por cento) da base de cálculo da CSLL determinada segundo as normas estabelecidas para as pessoas jurídicas submetidas ao regime de apuração com base no lucro presumido;

II – será calculado com relação à base de cálculo referida no inciso I, relativamente ao ano-calendário em que permitido seu aproveitamento.

§ 2.º Na hipótese de período de apuração trimestral, o bônus será calculado em relação aos 4 (quatro) trimestres do ano-calendário e poderá ser deduzido da CSLL devida correspondente ao último trimestre.

§ 3.º Não fará jus ao bônus a pessoa jurídica que, nos últimos 5 (cinco) anos-calendário, se enquadre em qualquer das seguintes hipóteses, em relação a tributos e contribuições administrados pela Secretaria da Receita Federal:

I – lançamento de ofício;

II – débitos com exigibilidade suspensa;

III – inscrição em dívida ativa;

IV – recolhimentos ou pagamentos em atraso;

V – falta ou atraso no cumprimento de obrigação acessória.

§ 4.º Na hipótese de decisão definitiva, na esfera administrativa ou judicial, que implique desoneração integral da pessoa jurídica, as restrições referidas nos incisos I e II do § 3.º serão desconsideradas desde a origem.

§ 5.º O período de 5 (cinco) anos-calendário será computado por ano completo, inclusive aquele em relação ao qual dar-se-á o aproveitamento do bônus.

§ 6.º A dedução do bônus dar-se-á em relação à CSLL devida no ano-calendário.

§ 7.º A parcela do bônus que não puder ser aproveitada em determinado período poderá sê-lo em períodos posteriores, vedado o ressarcimento ou a compensação distinta da referida neste artigo.

§ 8.º A utilização indevida do bônus instituído por este artigo implica a imposição da multa de que trata o inciso I do *caput* do art. 44 da Lei n. 9.430, de 27 de dezembro de 1996, duplicando-se o seu percentual, sem prejuízo do disposto no § 2.º.

•• § 8.º com redação determinada pela Lei n. 11.488, de 15-6-2007.

§ 9.º O bônus será registrado na contabilidade da pessoa jurídica beneficiária:

I – na aquisição do direito, a débito de conta de Ativo Circulante e a crédito de Lucro ou Prejuízos Acumulados;

II – na utilização, a débito da provisão para pagamento da CSLL e a crédito da conta de Ativo Circulante referida no inciso I.

§ 10. A Secretaria da Receita Federal estabelecerá as normas necessárias à aplicação deste artigo.

Arts. 39 e 40. (*Revogados pela Lei n. 11.196, de 21-11-2005.*)

Art. 41. (*Vetado.*)

Arts. 42 e 43. (*Revogados pela Lei n. 11.196, de 21-11-2005.*)

Art. 44. (*Vetado.*)

Art. 45. (*Revogado pela Lei n. 14.596, de 14-6-2023.*)

•• *Vide art. 45 da Lei n. 14.596, de 14-6-2023.*

Art. 46. O art. 13, *caput*, e o art. 14, I, da Lei n. 9.718, de 27 de novembro de 1998, passam a vigorar com a seguinte redação:

•• Alteração já processada no diploma modificado.

Art. 47. A pessoa jurídica integrante do Mercado Atacadista de Energia Elétrica (MAE), instituído pela Lei n. 10.433, de 24 de abril de 2002, poderá optar por regime especial de tributação, relativamente à contribuição para o Programa de Integração Social e de Formação do Patrimônio do Servidor Público (PIS/PASEP) e à Contribuição para o Financiamento da Seguridade Social (Cofins).

•• *Vide art. 10, X, da Lei n. 10.833, de 29-12-2003.*

§ 1.º A opção pelo regime especial referido no *caput*:

I – será exercida mediante simples comunicado, nos termos e condições estabelecidos pela Secretaria da Receita Federal;

II – produzirá efeitos em relação aos fatos geradores ocorridos a partir do mês subsequente ao do exercício da opção.

§ 2.º Para os fins do regime especial referido no *caput*, considera-se receita bruta auferida nas operações de compra e venda de energia elétrica realizadas na forma da regulamentação de que trata o art. 14 da Lei n. 9.648, de 27 de maio de 1998, com a redação dada pela Lei n. 10.433, de 24 de abril de 2002, para efeitos de incidência da contribuição para o PIS/PASEP e da Cofins, os resultados positivos apurados mensalmente pela pessoa jurídica optante.

§ 3.º Na determinação da base de cálculo da contribuição para o PIS/PASEP e da Cofins, a pessoa jurídica optante poderá deduzir os valores devidos, correspondentes a ajustes de contabilizações encerradas de operações de compra e venda de energia elétrica, realizadas no âmbito do MAE, quando decorrentes de:

I – decisão proferida em processo de solução de conflitos, no âmbito do MAE, da Agência Nacional de Energia Elétrica (Aneel) ou em processo de arbitragem, na forma prevista no § 3.º do art. 2.º da Lei n. 10.433, de 24 de abril de 2002;

II – resolução da Aneel;

III – decisão proferida no âmbito do Poder Judiciário, transitada em julgado; e

IV – (*Vetado.*)

§ 4.º A dedução de que trata o § 3.º é permitida somente na hipótese em que o ajuste de contabilização caracterize anulação de receita sujeita à incidência do PIS/PASEP e da Cofins, na forma estabelecida pela Secretaria da Receita Federal.

§ 5.º Sem prejuízo do disposto nos §§ 3.º e 4.º, geradoras de energia elétrica optantes poderão excluir da base de cálculo da contribuição para o PIS/PASEP e da Cofins o valor da receita auferida com a venda compulsória de energia elétrica por meio do Mecanismo de Realocação de Energia, de que trata a alínea *b* do parágrafo único do art. 14 da Lei n. 9.648, de 27 de maio de 1998, introduzida pela Lei n. 10.433, de 24 de abril de 2002.

§ 6.º Aplicam-se ao regime especial de que trata este artigo as demais normas aplicáveis às contribuições referidas no *caput*, observado o que se segue:

I – em relação ao PIS/PASEP, não se aplica o disposto nos arts. 1.º a 6.º;

II – em relação aos fatos geradores ocorridos até 31 de agosto de 2002, o pagamento dos valores devidos correspondentes à Cofins e ao PIS/PASEP poderá ser feito com dispensa de multa e de juros moratórios, desde que efetuado em parcela única, até o último dia útil do mês de setembro de 2002.

§ 7.º (*Vetado.*)

Art. 48. (*Vetado.*)

Art. 49. O art. 74 da Lei n. 9.430, de 27 de dezembro de 1996, passa a vigorar com a seguinte redação:

•• Alteração já processada no diploma modificado.

Art. 57. O encargo de que trata o art. 1.º do Decreto-lei n. 1.025, de 21 de outubro de 1969, inclusive na condição de que trata o art. 3.º do Decreto-lei n. 1.569, de 8 de agosto de 1977, nos pagamentos de débitos relativos a tributos e contribuições administrados pela Secretaria da Receita Federal, inscritos na Dívida Ativa da União, e efetuados a partir de 15 de maio de 2002, em virtude de norma de caráter exonerativo, inclusive nas hipóteses de que tratam os arts. 13 e 14 desta Lei, será calculado sobre os valores originariamente devidos, limitado ao valor correspondente à multa calculada nos termos do § 3.º do art. 13.

• O Decreto-lei n. 1.025, de 21-10-1969, declara extinta a participação de servidores públicos na cobrança da Dívida Ativa da União e dá outras providências.

Art. 58. O art. 42 da Lei n. 9.430, de 27 de dezembro de 1996, passa a vigorar acrescido dos seguintes §§ 5.º e 6.º:

•• Alteração já processada no diploma modificado.

Art. 60. O art. 81 da Lei n. 9.430, de 27 de dezembro de 1996, passa a vigorar com as seguintes alterações:

•• Alteração já processada no diploma modificado.

Art. 62. O art. 15 da Lei n. 10.451, de 10 de maio de 2002, passa a vigorar com a seguinte redação:

•• Alteração já processada no diploma modificado.

Art. 63. O art. 21 da Lei n. 9.532, de 10 de dezembro de 1997, alterada pela Lei n. 9.887, de 7 de dezembro de 1999, passa a vigorar com a seguinte redação:

•• Alteração já processada no diploma modificado.

Capítulo III
DAS DISPOSIÇÕES FINAIS

Art. 66. A Secretaria da Receita Federal e a Procuradoria-Geral da Fazenda Nacional editarão, no âmbito de suas respectivas competências, as normas necessárias à aplicação do disposto nesta Lei.

Art. 67. (*Vetado.*)

Art. 68. Esta Lei entra em vigor na data de sua publicação, produzindo efeitos:

I – a partir de 1.º de outubro de 2002, em relação aos arts. 29 e 49;

II – a partir de 1.º de dezembro de 2002, em relação aos arts. 1.º a 6.º e 8.º a 11;

III – a partir de 1.º de janeiro de 2003, em relação aos arts. 34, 37 a 44, 46 e 48;

IV – a partir da data da publicação desta Lei, em relação aos demais artigos.

Brasília, 30 de dezembro de 2002; 181.º da Independência e 114.º da República.

FERNANDO HENRIQUE CARDOSO

LEI N. 10.684, DE 30 DE MAIO DE 2003 (*)

Altera a legislação tributária, dispõe sobre parcelamento de débitos junto à Secretaria da Receita Federal, à Procuradoria-Geral da

---

(*) Publicada no *Diário Oficial da União*, de 31-5-2003, edição extra. Retificada em 6 e 9-6-2003. A Secretaria da Receita Federal passa a denominar-se Secretaria da Receita Federal do Brasil, por força da Lei n. 11.457, de 16-3-2007.

Lei n. 10.684, de 30-5-2003 – Parcelamento de Débitos

Fazenda Nacional e ao Instituto Nacional do Seguro Social e dá outras providências.

O Presidente da República.
Faço saber que o Congresso Nacional decreta e eu sanciono a seguinte Lei:

Art. 1.º Os débitos junto à Secretaria da Receita Federal ou à Procuradoria-Geral da Fazenda Nacional, com vencimento até 28 de fevereiro de 2003, poderão ser parcelados em até cento e oitenta prestações mensais e sucessivas.

§ 1.º O disposto neste artigo aplica-se aos débitos constituídos ou não, inscritos ou não como Dívida Ativa, mesmo em fase de execução fiscal já ajuizada, ou que tenham sido objeto de parcelamento anterior, não integralmente quitado, ainda que cancelado por falta de pagamento.

§ 2.º Os débitos ainda não constituídos deverão ser confessados, de forma irretratável e irrevogável.

§ 3.º O débito objeto do parcelamento será consolidado no mês do pedido e será dividido pelo número de prestações, sendo que o montante de cada parcela mensal não poderá ser inferior a:

I – um inteiro e cinco décimos por cento da receita bruta auferida, pela pessoa jurídica, no mês imediatamente anterior ao do vencimento da parcela, exceto em relação às optantes pelo Sistema Simplificado de Pagamento de Impostos e Contribuições das Microempresas e das Empresas de Pequeno Porte – SIMPLES, instituído pela Lei n. 9.317, de 5 de dezembro de 1996, e às microempresas e empresas de pequeno porte enquadradas no disposto no art. 2.º da Lei n. 9.841, de 5 de outubro de 1999, observado o disposto no art. 8.º desta Lei, salvo na hipótese do inciso II deste parágrafo, o prazo mínimo de cento e vinte meses;

•• *Vide* Lei Complementar n. 123, de 14-12-2006, que instituiu o Estatuto Nacional da Microempresa e da Empresa de Pequeno Porte.

II – dois mil reais, considerado cumulativamente com o limite estabelecido no inciso I, no caso das pessoas jurídicas ali referidas;

III – cinquenta reais, no caso de pessoas físicas.

§ 4.º Relativamente às pessoas jurídicas optantes pelo SIMPLES e às microempresas e empresas de pequeno porte, enquadradas no disposto no art. 2.º da Lei n. 9.841, de 5 de outubro de 1999, o valor da parcela mínima mensal corresponderá a um cento e oitenta avos do total do débito ou a três décimos por cento da receita bruta auferida no mês imediatamente anterior ao do vencimento da parcela, o que for menor, não podendo ser inferior a:

•• *Vide* Lei Complementar n. 123, de 14-12-2006, que instituiu o Estatuto Nacional da Microempresa e da Empresa de Pequeno Porte.

I – cem reais, se enquadrada na condição de microempresa;

II – duzentos reais, se enquadrada na condição de empresa de pequeno porte.

§ 5.º Aplica-se o disposto no § 4.º às pessoas jurídicas que foram excluídas ou impedidas de ingressar no SIMPLES exclusivamente em decorrência do disposto no inciso XV do art. 9.º da Lei n. 9.317, de 5 de dezembro de 1996, desde que a pessoa jurídica exerça a opção pelo SIMPLES até o último dia útil de 2003, com efeitos a partir de 1.º de janeiro de 2004, nos termos e condições definidos pela Secretaria da Receita Federal.

•• *Vide* Lei Complementar n. 123, de 14-12-2006, que instituiu o Estatuto Nacional da Microempresa e da Empresa de Pequeno Porte.

§ 6.º O valor de cada uma das parcelas, determinado na forma dos §§ 3.º e 4.º, será acrescido de juros correspondentes à variação mensal da Taxa de Juros de Longo Prazo – TJLP, a partir do mês subsequente ao da consolidação, até o mês do pagamento.

§ 7.º Para os fins da consolidação referida no § 3.º, os valores correspondentes à multa, de mora ou de ofício, serão reduzidos em cinquenta por cento.

§ 8.º A redução prevista no § 7.º não será cumulativa com qualquer outra redução admitida em lei, ressalvado o disposto no § 11.

§ 9.º Na hipótese de anterior concessão de redução de multa em percentual diverso de cinquenta por cento, prevalecerá o percentual referido no § 7.º, determinado sobre o valor original da multa.

§ 10. A opção pelo parcelamento de que trata este artigo exclui a concessão de qualquer outro, extinguindo os parcelamentos anteriormente concedidos, admitida a transferência de seus saldos para a modalidade desta Lei.

§ 11. O sujeito passivo fará jus a redução adicional da multa, após a redução referida no § 7.º, à razão de vinte e cinco centésimos por cento sobre o valor remanescente para cada ponto percentual do saldo do débito que for liquidado até a data prevista para o requerimento do parcelamento referido neste artigo, após deduzida a primeira parcela determinada nos termos do § 3.º ou 4.º.

Art. 2.º Os débitos incluídos no Programa de Recuperação Fiscal – REFIS, de que trata a Lei n. 9.964, de 10 de abril de 2000, ou no parcelamento a ele alternativo, poderão, a critério da pessoa jurídica, ser parcelados nas condições previstas no art. 1.º, nos termos a serem estabelecidos pelo Comitê Gestor do mencionado Programa.

Parágrafo único. Na hipótese deste artigo:

I – a opção pelo parcelamento na forma deste artigo implica desistência compulsória e definitiva do REFIS ou do parcelamento a ele alternativo;

II – as contribuições arrecadadas pelo Instituto Nacional do Seguro Social – INSS retornarão à administração daquele órgão, sujeitando-se à legislação específica a elas aplicável;

III – será objeto do parcelamento nos termos do art. 1.º o saldo devedor dos débitos relativos aos tributos administrados pela Secretaria da Receita Federal.

Art. 3.º Ressalvado o disposto no art. 2.º, não será concedido o parcelamento de que trata o art. 1.º na hipótese de existência de parcelamentos concedidos sob outras modalidades, admitida a transferência dos saldos remanescentes para a modalidade prevista nesta Lei, mediante requerimento do sujeito passivo.

Art. 4.º O parcelamento a que se refere o art. 1.º:

I – deverá ser requerido, inclusive na hipótese de transferência de que tratam os arts. 2.º e 3.º, até o último dia útil do segundo mês subsequente ao da publicação desta Lei, perante a unidade da Secretaria da Receita Federal ou da Procuradoria-Geral da Fazenda Nacional, responsável pela cobrança do respectivo débito;

•• O art. 13 da Lei n. 10.743, de 9-10-2003, prorroga o prazo previsto neste inciso para até 31-8-2003, observadas as demais normas constantes desta Lei.

II – somente alcançará débitos que se encontrarem com exigibilidade suspensa por força dos incisos III a V do art. 151 da Lei n. 5.172, de 25 de outubro de 1966, no caso de o sujeito passivo desistir expressamente e de forma irrevogável da impugnação ou do recurso interposto, ou da ação judicial proposta, e renunciar a quaisquer alegações de direito sobre as quais se fundam os referidos processos administrativos e ações judiciais, relativamente à matéria cujo respectivo débito queira parcelar;

III – reger-se-á pelas disposições da Lei n. 10.522, de 19 de julho de 2002, ressalvado o disposto no seu art. 14;

IV – aplica-se, inclusive, à totalidade dos débitos apurados segundo o SIMPLES;

V – independerá de apresentação de garantia ou de arrolamento de bens, mantidas aquelas decorrentes de débitos transferidos de outras modalidades de parcelamento ou de execução fiscal.

Parágrafo único. Na hipótese do inciso II, o valor da verba de sucumbência será de um por cento do valor do débito consolidado decorrente da desistência da respectiva ação judicial.

Art. 5.º Os débitos junto ao Instituto Nacional do Seguro Social – INSS, oriundos de contribuições patronais, com vencimento até 28 de fevereiro de 2003, serão objeto de acordo para pagamento parcelado em até cento e oitenta prestações mensais, observadas as condições fixadas neste artigo, desde que requerido até o último dia útil do segundo mês subsequente ao da publicação desta Lei.

•• O art. 13 da Lei n. 10.743, de 9-10-2003, prorroga o prazo previsto neste artigo para até 31-8-2003, observadas as demais normas constantes desta Lei.

Lei n. 10.684, de 30-5-2003 – Parcelamento de Débitos

§ 1.º Aplica-se ao parcelamento de que trata este artigo o disposto nos §§ 1.º a 11 do art. 1.º, observado o disposto no art. 8.º.

§ 2.º (*Vetado.*)

§ 3.º A concessão do parcelamento independerá de apresentação de garantias ou de arrolamento de bens, mantidas aquelas decorrentes de débitos transferidos de outras modalidades de parcelamento ou de execução fiscal.

Art. 6.º Os depósitos existentes, vinculados aos débitos a serem parcelados nos termos dos arts. 1.º e 5.º, serão automaticamente convertidos em renda da União ou da Seguridade Social ou do Instituto Nacional do Seguro Social – INSS, conforme o caso, concedendo-se o parcelamento sobre o saldo remanescente.

Art. 7.º O sujeito passivo será excluído dos parcelamentos a que se refere esta Lei na hipótese de inadimplência, por três meses consecutivos ou seis meses alternados, o que primeiro ocorrer, relativamente a qualquer dos tributos e das contribuições referidos nos arts. 1.º e 5.º, inclusive os com vencimento após 28 de fevereiro de 2003.

Art. 8.º Na hipótese de a pessoa jurídica manter parcelamentos de débitos com base no art. 1.º e no art. 5.º, simultaneamente, o percentual a que se refere o inciso I do § 3.º do art. 1.º será reduzido para setenta e cinco centésimos por cento.

§ 1.º Caberá à pessoa jurídica requerer a redução referida no *caput* até o prazo fixado no inciso I do art. 4.º e no *caput* do art. 5.º.

§ 2.º Ocorrendo liquidação, rescisão ou extinção de um dos parcelamentos, inclusive por exclusão do sujeito passivo, nos termos do art. 7.º, aplica-se o percentual fixado no inciso I do § 3.º do art. 1.º ao parcelamento remanescente, a partir do mês subsequente ao da ocorrência da liquidação, extinção ou rescisão do parcelamento obtido junto ao outro órgão.

§ 3.º A pessoa jurídica deverá informar a liquidação, rescisão ou extinção do parcelamento ao órgão responsável pelo parcelamento remanescente, até o último dia útil do mês subsequente ao da ocorrência do evento, bem como efetuar o recolhimento da parcela referente àquele mês observando o percentual fixado no inciso I do § 3.º do art. 1.º.

§ 4.º O desatendimento do disposto nos parágrafos anteriores implicará a exclusão do sujeito passivo do parcelamento remanescente e a aplicação do disposto no art. 11.

Art. 9.º É suspensa a pretensão punitiva do Estado, referente aos crimes previstos nos arts. 1.º e 2.º da Lei n. 8.137, de 27 de dezembro de 1990, e nos arts. 168-A e 337-A do Decreto-lei n. 2.848, de 7 de dezembro de 1940 – Código Penal, durante o período em que a pessoa jurídica relacionada com o agente dos aludidos crimes estiver incluída no regime de parcelamento.

•• O art. 168-A do Decreto-lei n. 2.848, de 7-12-1940, dispõe sobre o crime de apropriação indébita. O art. 337-A do mesmo decreto dispõe sobre o crime de sonegação de contribuição previdenciária.

•• *Vide* art. 83 da Lei n. 9.430, de 27-12-1996.

§ 1.º A prescrição criminal não corre durante o período de suspensão da pretensão punitiva.

§ 2.º Extingue-se a punibilidade dos crimes referidos neste artigo quando a pessoa jurídica relacionada com o agente efetuar o pagamento integral dos débitos oriundos de tributos e contribuições sociais, inclusive acessórios.

Art. 10. A Secretaria da Receita Federal, a Procuradoria-Geral da Fazenda Nacional e o Instituto Nacional do Seguro Social – INSS expedirão, no âmbito de suas respectivas competências, os atos necessários à execução desta Lei.

Parágrafo único. Serão consolidados, por sujeito passivo, os débitos perante a Secretaria da Receita Federal e a Procuradoria-Geral da Fazenda Nacional.

Art. 11. Ao sujeito passivo que, optando por parcelamento a que se referem os arts. 1.º e 5.º, dele for excluído, será vedada a concessão de qualquer outra modalidade de parcelamento até 31 de dezembro de 2006.

Art. 12. A exclusão do sujeito passivo do parcelamento a que se refere esta Lei, inclusive a prevista no § 4.º do art. 8.º, independerá de notificação prévia e implicará exigibilidade imediata da totalidade do crédito confessado e ainda não pago e automática execução da garantia prestada, quando existente, restabelecendo-se, em relação ao montante não pago, os acréscimos legais na forma da legislação aplicável à época da ocorrência dos respectivos fatos geradores.

Art. 13. Os débitos relativos à contribuição para o Programa de Formação do Patrimônio do Servidor Público (PASEP) dos Estados, do Distrito Federal e dos Municípios, bem como de suas autarquias e fundações públicas, com vencimento até 31 de dezembro de 2002, poderão ser pagos mediante regime especial de parcelamento, por opção da pessoa jurídica de direito público interno devedora.

Parágrafo único. A opção referida no *caput* deverá ser formalizada até o último dia útil do segundo mês subsequente ao da publicação desta Lei, nos termos e condições estabelecidos pela Secretaria da Receita Federal.

Art. 14. O regime especial de parcelamento referido no art. 13 implica a consolidação dos débitos na data da opção e abrangerá a totalidade dos débitos existentes em nome do optante, constituídos ou não, inclusive os juros de mora incidentes até a data de opção.

Parágrafo único. O débito consolidado na forma deste artigo:

I – sujeitar-se-á, a partir da data da consolidação, a juros equivalentes à taxa referencial do Sistema Especial de Liquidação e de Custódia – SELIC para títulos federais, acumulada mensalmente, calculados a partir da data de deferimento do pedido até o mês anterior ao do pagamento, e adicionados de um por cento relativamente ao mês em que o pagamento estiver sendo feito;

II – será pago mensalmente, até o último dia útil da primeira quinzena de cada mês, no valor equivalente a, no mínimo, um cento e vinte avos do total do débito consolidado;

III – o valor de cada parcela não poderá ser inferior a dois mil reais.

Art. 15. A opção pelo regime especial de parcelamento referido no art. 13 sujeita a pessoa jurídica optante:

I – à confissão irrevogável e irretratável dos débitos referidos no art. 14;

II – ao pagamento regular das parcelas do débito consolidado, bem como dos valores devidos relativos ao PASEP com vencimento após dezembro de 2002.

Parágrafo único. A opção pelo regime especial exclui qualquer outra forma de parcelamento de débitos relativos ao PASEP.

Art. 16. A pessoa jurídica optante pelo regime especial de parcelamento referido no art. 13 será dele excluída nas seguintes hipóteses:

I – inobservância da exigência estabelecida no art. 15;

II – inadimplência, por dois meses consecutivos ou seis alternados, relativamente ao PASEP, inclusive aqueles com vencimento após dezembro de 2002.

§ 1.º A exclusão da pessoa jurídica do regime especial implicará exigibilidade imediata da totalidade do crédito confessado e ainda não pago.

§ 2.º A exclusão será formalizada por meio de ato da Secretaria da Receita Federal e produzirá efeitos a partir do mês subsequente àquele em que a pessoa jurídica optante for cientificada.

Art. 17. Sem prejuízo do disposto no art. 15 da Medida Provisória n. 2.158-35, de 24 de agosto de 2001, e no art. 1.º da Medida Provisória n. 101, de 30 de dezembro de 2002, as sociedades cooperativas de produção agropecuária e de eletrificação rural poderão excluir da base de cálculo da contribuição para o Programa de Integração Social e de Formação do Patrimônio do Servidor Público – PIS/PASEP e da Contribuição Social para o Financiamento da Seguridade Social – COFINS os custos agregados ao produto agropecuário dos associados, quando da sua comercialização e os valores dos serviços prestados pelas cooperativas de eletrificação rural a seus associados.

•• A Lei Complementar n. 214, de 16-1-2025, revoga este artigo a partir de 1.º-1-2027.

•• A Medida Provisória n. 101, de 30-12-2002, foi convertida na Lei n. 10.676, de 22-5-2003.

Parágrafo único. O disposto neste artigo alcança os fatos geradores ocorridos a partir da vigência da Medida Provisória n. 1.858-10, de 26 de outubro de 1999.
•• Vide art. 29 desta Lei.

Art. 18. Fica elevada para quatro por cento a alíquota da Contribuição para o Financiamento da Seguridade Social – COFINS devida pelas pessoas jurídicas referidas nos §§ 6.º e 8.º do art. 3.º da Lei n. 9.718, de 27 de novembro de 1998.
•• A Lei Complementar n. 214, de 16-1-2025, revoga este artigo a partir de 1.º-1-2027.
•• Vide art. 29 desta Lei.
....

Art. 22. O art. 20 da Lei n. 9.249, de 26 de dezembro de 1995, passa a vigorar com a seguinte redação:
•• Alteração já processada no diploma modificado.
•• Vide art. 29 desta Lei.

Art. 23. O art. 9.º da Lei n. 9.317, de 5 de dezembro de 1996, passa a vigorar acrescido do seguinte parágrafo:
•• Alteração já processada no diploma modificado.
....

Art. 25. Os arts. 1.º, 3.º, 5.º, 8.º, 11 e 29 da Lei n. 10.637, de 30 de dezembro de 2002, passam a vigorar com a seguinte redação:
•• Alterações já processadas no diploma modificado.
•• Vide art. 29 desta Lei.
....

Art. 27. (Vetado.)

Art. 28. Fica o Poder Executivo autorizado a emitir títulos da dívida pública atualizados de acordo com as disposições do inciso I do § 4.º do art. 2.º da Lei n. 9.964, de 10 de abril de 2000, com prazo de vencimento determinado em função do prazo médio estimado da carteira de recebíveis do Programa de Recuperação Fiscal – REFIS, instituído pela referida Lei, os quais terão poder liberatório perante a Secretaria da Receita Federal e o Instituto Nacional do Seguro Social quanto às dívidas inscritas no referido programa, diferindo-se os efeitos tributários de sua utilização, em função do prazo médio da dívida do contribuinte.

Art. 29. Esta Lei entra em vigor na data de sua publicação, produzindo efeitos:
I – em relação ao art. 17, a partir de 1.º de janeiro de 2003;
II – em relação ao art. 25, a partir de 1.º de fevereiro de 2003;
III – em relação aos arts. 18, 19, 20 e 22, a partir do mês subsequente ao do termo final do prazo nonagesimal, a que refere o § 6.º do art. 195 da Constituição Federal.

Brasília, 30 de maio de 2003; 182.º da Independência e 115.º da República.

LUIZ INÁCIO LULA DA SILVA

LEI COMPLEMENTAR N. 116, DE 31 DE JULHO DE 2003 (*)

Dispõe sobre o Imposto Sobre Serviços de Qualquer Natureza, de competência dos Municípios e do Distrito Federal, e dá outras providências.

O Presidente da República.

Faço saber que o Congresso Nacional decreta e eu sanciono a seguinte Lei Complementar:

Art. 1.º O Imposto Sobre Serviços de Qualquer Natureza, de competência dos Municípios e do Distrito Federal, tem como fato gerador a prestação de serviços constantes da lista anexa, ainda que esses não se constituam como atividade preponderante do prestador.
•• A Lei Complementar n. 175, de 23-9-2020, dispõe sobre o padrão nacional de obrigação acessória do ISSQN, de competência dos Municípios e do Distrito Federal, incidente sobre os serviços previstos nos subitens 4.22, 4.23, 5.09, 15.01 e 15.09 da lista de serviços anexa à Lei Complementar n. 116, de 31-7-2003, e prevê regra de transição para a partilha do produto da arrecadação do ISSQN entre o Município do local do estabelecimento prestador e o Município do domicílio do tomador relativamente aos serviços de que trata.
• Vide Emenda Constitucional n. 132, de 20-12-2023 (Reforma Tributária).

§ 1.º O imposto incide também sobre o serviço proveniente do exterior do País ou cuja prestação se tenha iniciado no exterior do País.

§ 2.º Ressalvadas as exceções expressas na lista anexa, os serviços nela mencionados não ficam sujeitos ao Imposto Sobre Operações Relativas à Circulação de Mercadorias e Prestações de Serviços de Transporte Interestadual e Intermunicipal e de Comunicação – ICMS, ainda que sua prestação envolva fornecimento de mercadorias.

§ 3.º O imposto de que trata esta Lei Complementar incide ainda sobre os serviços prestados mediante a utilização de bens e serviços públicos explorados economicamente mediante autorização, permissão ou concessão, com o pagamento de tarifa, preço ou pedágio pelo usuário final do serviço.

§ 4.º A incidência do imposto não depende da denominação dada ao serviço prestado.

Art. 2.º O imposto não incide sobre:
I – as exportações de serviços para o exterior do País;
II – a prestação de serviços em relação de emprego, dos trabalhadores avulsos, dos diretores e membros de conselho consultivo ou de conselho fiscal de sociedades e fundações, bem como dos sócios-gerentes e dos gerentes-delegados;

(*) Publicada no *Diário Oficial da União*, de 1.º-8-2003. **A Lei Complementar n. 214, de 16-1-2025, revoga esta lei complementar a partir de 1.º-1-2033.**

III – o valor intermediado no mercado de títulos e valores mobiliários, o valor dos depósitos bancários, o principal, juros e acréscimos moratórios relativos a operações de crédito realizadas por instituições financeiras.

Parágrafo único. Não se enquadram no disposto no inciso I os serviços desenvolvidos no Brasil, cujo resultado aqui se verifique, ainda que o pagamento seja feito por residente no exterior.

Art. 3.º O serviço considera-se prestado, e o imposto, devido, no local do estabelecimento prestador ou, na falta do estabelecimento, no local do domicílio do prestador, exceto nas hipóteses previstas nos incisos I a XXV, quando o imposto será devido no local:
•• *Caput* com redação determinada pela Lei Complementar n. 157, de 29-12-2016.
•• O STF, nas ADIs n. 5.835 e 5.862 e ADPF n. 499, nas sessões virtuais de 26-5-2023 a 2-6-2023 (*DOU* de 14-6-2023), julgou procedente o pedido para declarar a inconstitucionalidade do art. 1.º da Lei Complementar n. 157/2016, que alterou a redação deste *caput*.

I – do estabelecimento do tomador ou intermediário do serviço ou, na falta de estabelecimento, onde ele estiver domiciliado, na hipótese do § 1.º do art. 1.º desta Lei Complementar;
II – da instalação dos andaimes, palcos, coberturas e outras estruturas, no caso dos serviços descritos no subitem 3.05 da lista anexa;
III – da execução da obra, no caso dos serviços descritos no subitem 7.02 e 7.19 da lista anexa;
IV – da demolição, no caso dos serviços descritos no subitem 7.04 da lista anexa;
V – das edificações em geral, estradas, pontes, portos e congêneres, no caso dos serviços descritos no subitem 7.05 da lista anexa;
VI – da execução da varrição, coleta, remoção, incineração, tratamento, reciclagem, separação e destinação final de lixo, rejeitos e outros resíduos quaisquer, no caso dos serviços descritos no subitem 7.09 da lista anexa;
VII – da execução da limpeza, manutenção e conservação de vias e logradouros públicos, imóveis, chaminés, piscinas, parques, jardins e congêneres, no caso dos serviços descritos no subitem 7.10 da lista anexa;
VIII – da execução da decoração e jardinagem, do corte e poda de árvores, no caso dos serviços descritos no subitem 7.11 da lista anexa;
IX – do controle e tratamento do efluente de qualquer natureza e de agentes físicos, químicos e biológicos, no caso dos serviços descritos no subitem 7.12 da lista anexa;
X e XI – (*Vetados.*)
XII – do florestamento, reflorestamento, semeadura, adubação, reparação de solo, plantio, silagem, colheita, corte, descasca-

mento de árvores, silvicultura, exploração florestal e serviços congêneres indissociáveis da formação, manutenção e colheita de florestas para quaisquer fins e por quaisquer meios;

•• Inciso XII com redação determinada pela Lei Complementar n. 157, de 29-12-2016.

•• O STF, nas ADIs n. 5.835 e 5.862 e ADPF n. 499, nas sessões virtuais de 26-5-2023 a 2-6-2023 (*DOU* de 14-6-2023), julgou procedente o pedido para declarar a inconstitucionalidade do art. 1.º da Lei Complementar n. 157/2016, que alterou a redação deste inciso XII.

XIII – da execução dos serviços de escoramento, contenção de encostas e congêneres, no caso dos serviços descritos no subitem 7.17 da lista anexa;

XIV – da limpeza e dragagem, no caso dos serviços descritos no subitem 7.18 da lista anexa;

XV – onde o bem estiver guardado ou estacionado, no caso dos serviços descritos no subitem 11.01 da lista anexa;

XVI – dos bens, dos semoventes ou do domicílio das pessoas vigiados, segurados ou monitorados, no caso dos serviços descritos no subitem 11.02 da lista anexa;

• Inciso XVI com redação determinada pela Lei Complementar n. 157, de 29-12-2016.

•• O STF, nas ADIs n. 5.835 e 5.862 e ADPF n. 499, nas sessões virtuais de 26-5-2023 a 2-6-2023 (*DOU* de 14-6-2023), julgou procedente o pedido para declarar a inconstitucionalidade do art. 1.º da Lei Complementar n. 157/2016, que alterou a redação deste inciso XVI.

XVII – do armazenamento, depósito, carga, descarga, arrumação e guarda do bem, no caso dos serviços descritos no subitem 11.04 da lista anexa;

XVIII – da execução dos serviços de diversão, lazer, entretenimento e congêneres, no caso dos serviços descritos nos subitens do item 12, exceto o 12.13, da lista anexa;

XIX – do Município onde está sendo executado o transporte, no caso dos serviços descritos pelo item 16 da lista anexa;

•• Inciso XIX com redação determinada pela Lei Complementar n. 157, de 29-12-2016.

•• O STF, nas ADIs n. 5.835 e 5.862 e ADPF n. 499, nas sessões virtuais de 26-5-2023 a 2-6-2023 (*DOU* de 14-6-2023), julgou procedente o pedido para declarar a inconstitucionalidade do art. 1.º da Lei Complementar n. 157/2016, que alterou a redação deste inciso XIX.

XX – do estabelecimento do tomador da mão de obra ou, na falta de estabelecimento, onde ele estiver domiciliado, no caso dos serviços descritos pelo subitem 17.05 da lista anexa;

XXI – da feira, exposição, congresso ou congênere a que se referir o planejamento, organização e administração, no caso dos serviços descritos pelo subitem 17.10 da lista anexa;

XXII – do porto, aeroporto, ferroporto, terminal rodoviário, ferroviário ou metroviário, no caso dos serviços descritos pelo item 20 da lista anexa;

XXIII – do domicílio do tomador dos serviços dos subitens 4.22, 4.23 e 5.09;

•• Inciso XXIII acrescentado pela Lei Complementar n. 157, de 29-12-2016, originariamente vetado, todavia promulgado em 1.º-6-2017.

•• O STF, nas ADIs n. 5.835 e 5.862 e ADPF n. 499, nas sessões virtuais de 26-5-2023 a 2-6-2023 (*DOU* de 14-6-2023), julgou procedente o pedido para declarar a inconstitucionalidade do art. 1.º da Lei Complementar n. 157/2016, que acrescentou este inciso XXIII.

XXIV – do domicílio do tomador do serviço no caso dos serviços prestados pelas administradoras de cartão de crédito ou débito e demais descritos no subitem 15.01;

• Inciso XXIV acrescentado pela Lei Complementar n. 157, de 29-12-2016, originariamente vetado, todavia promulgado em 1.º-6-2017.

•• O STF, nas ADIs n. 5.835 e 5.862 e ADPF n. 499, nas sessões virtuais de 26-5-2023 a 2-6-2023 (*DOU* de 14-6-2023), julgou procedente o pedido para declarar a inconstitucionalidade do art. 1.º da Lei Complementar n. 157/2016, que acrescentou este inciso XXIV.

XXV – do domicílio do tomador do serviço do subitem 15.09.

•• Inciso XXV com redação determinada pela Lei Complementar n. 175, de 23-9-2020.

•• O STF, nas ADIs n. 5.835 e 5.862 e ADPF n. 499, nas sessões virtuais de 26-5-2023 a 2-6-2023 (*DOU* de 14-6-2023), julgou procedente o pedido para declarar a inconstitucionalidade do art. 14 da Lei Complementar n. 175/2020, que alterou a redação deste inciso XXV.

§ 1.º No caso dos serviços a que se refere o subitem 3.04 da lista anexa, considera-se ocorrido o fato gerador e devido o imposto em cada Município em cujo território haja extensão de ferrovia, rodovia, postes, cabos, dutos e condutos de qualquer natureza, objetos de locação, sublocação, arrendamento, direito de passagem ou permissão de uso, compartilhado ou não.

§ 2.º No caso dos serviços a que se refere o subitem 22.01 da lista anexa, considera-se ocorrido o fato gerador e devido o imposto em cada Município em cujo território haja extensão de rodovia explorada.

§ 3.º Considera-se ocorrido o fato gerador do imposto no local do estabelecimento prestador nos serviços executados em águas marítimas, excetuados os serviços descritos no subitem 20.01.

§ 4.º Na hipótese de descumprimento do disposto no *caput* ou no § 1.º, ambos do art. 8.º-A desta Lei Complementar, o imposto será devido no local do estabelecimento do tomador ou intermediário do serviço ou, na falta de estabelecimento, onde ele estiver domiciliado.

•• § 4.º acrescentado pela Lei Complementar n. 157, de 29-12-2016, originariamente vetado, todavia promulgado em 1.º-6-2017.

•• O STF, nas ADIs n. 5.835 e 5.862 e ADPF n. 499, nas sessões virtuais de 26-5-2023 a 2-6-2023 (*DOU* de 14-6-2023), julgou procedente o pedido para declarar a inconstitucionalidade do art. 1.º da Lei Complementar n. 157/2016, que acrescentou este § 4.º.

§ 5.º Ressalvadas as exceções e especificações estabelecidas nos §§ 6.º a 12 deste artigo, considera-se tomador dos serviços referidos nos incisos XXIII, XXIV e XXV do *caput* deste artigo o contratante do serviço e, no caso de negócio jurídico que envolva estipulação em favor de unidade da pessoa jurídica contratante, a unidade em favor da qual o serviço foi estipulado, sendo irrelevantes para caracterizá-la as denominações de sede, filial, agência, posto de atendimento, sucursal, escritório de representação ou contato ou quaisquer outras que venham a ser utilizadas.

•• § 5.º acrescentado pela Lei Complementar n. 175, de 23-9-2020.

•• O STF, nas ADIs n. 5.835 e 5.862 e ADPF n. 499, nas sessões virtuais de 26-5-2023 a 2-6-2023 (*DOU* de 14-6-2023), julgou procedente o pedido para declarar a inconstitucionalidade do art. 14 da Lei Complementar n. 175/2020, que acrescentou este § 5.º.

§ 6.º No caso dos serviços de planos de saúde ou de medicina e congêneres, referidos nos subitens 4.22 e 4.23 da lista de serviços anexa a esta Lei Complementar, o tomador do serviço é a pessoa física beneficiária vinculada à operadora por meio de convênio ou contrato de plano de saúde individual, familiar, coletivo empresarial ou coletivo por adesão.

•• § 6.º acrescentado pela Lei Complementar n. 175, de 23-9-2020.

•• O STF, nas ADIs n. 5.835 e 5.862 e ADPF n. 499, nas sessões virtuais de 26-5-2023 a 2-6-2023 (*DOU* de 14-6-2023), julgou procedente o pedido para declarar a inconstitucionalidade do art. 14 da Lei Complementar n. 175/2020, que acrescentou este § 6.º.

§ 7.º Nos casos em que houver dependentes vinculados ao titular do plano, será considerado apenas o domicílio do titular para fins do disposto no § 6.º deste artigo.

•• § 7.º acrescentado pela Lei Complementar n. 175, de 23-9-2020.

•• O STF, nas ADIs n. 5.835 e 5.862 e ADPF n. 499, nas sessões virtuais de 26-5-2023 a 2-6-2023 (*DOU* de 14-6-2023), julgou procedente o pedido para declarar a inconstitucionalidade do art. 14 da Lei Complementar n. 175/2020, que acrescentou este § 7.º.

§ 8.º No caso dos serviços de administração de cartão de crédito ou débito e congêneres, referidos no subitem 15.01 da lista de serviços anexa a esta Lei Complementar, prestados diretamente aos portadores de cartões de crédito ou débito e congêneres, o tomador é o primeiro titular do cartão.

•• § 8.º acrescentado pela Lei Complementar n. 175, de 23-9-2020.

•• O STF, nas ADIs n. 5.835 e 5.862 e ADPF n. 499, nas sessões virtuais de 26-5-2023 a 2-6-2023 (*DOU* de 14-6-2023), julgou procedente o pedido para declarar a inconstitucionalidade do art. 14 da Lei Complementar n. 175/2020, que acrescentou este § 8.º.

§ 9.º O local do estabelecimento credenciado é considerado o domicílio do tomador dos demais serviços referidos no subitem 15.01 da lista de serviços anexa a esta Lei Complementar relativos às transferências realizadas por meio de cartão de crédito ou débito, ou a eles conexos, que sejam prestados ao tomador, direta ou indiretamente, por:

•• § 9.º, *caput*, acrescentado pela Lei Complementar n. 175, de 23-9-2020.
•• O STF, nas ADIs n. 5.835 e 5.862 e ADPF n. 499, nas sessões virtuais de 26-5-2023 a 2-6-2023 (*DOU* de 14-6-2023), julgou procedente o pedido para declarar a inconstitucionalidade do art. 14 da Lei Complementar n. 175/2020, que acrescentou este § 9.º.

I – bandeiras;
•• Inciso I acrescentado pela Lei Complementar n. 175, de 23-9-2020.
•• *Vide* nota ao *caput* deste § 9.º.

II – credenciadoras; ou
•• Inciso II acrescentado pela Lei Complementar n. 175, de 23-9-2020.
•• *Vide* nota ao *caput* deste § 9.º.

III – emissoras de cartões de crédito e débito.
•• Inciso III acrescentado pela Lei Complementar n. 175, de 23-9-2020.
•• *Vide* nota ao *caput* deste § 9.º.

§ 10. No caso dos serviços de administração de carteira de valores mobiliários e dos serviços de administração e gestão de fundos e clubes de investimento, referidos no subitem 15.01 da lista de serviços anexa a esta Lei Complementar, o tomador é o cotista.
•• § 10 acrescentado pela Lei Complementar n. 175, de 23-9-2020.
•• O STF, nas ADIs n. 5.835 e 5.862 e ADPF n. 499, nas sessões virtuais de 26-5-2023 a 2-6-2023 (*DOU* de 14-6-2023), julgou procedente o pedido para declarar a inconstitucionalidade do art. 14 da Lei Complementar n. 175/2020, que acrescentou este § 10.

§ 11. No caso dos serviços de administração de consórcios, o tomador de serviço é o consorciado.
•• § 11 acrescentado pela Lei Complementar n. 175, de 23-9-2020.
•• O STF, nas ADIs n. 5.835 e 5.862 e ADPF n. 499, nas sessões virtuais de 26-5-2023 a 2-6-2023 (*DOU* de 14-6-2023), julgou procedente o pedido para declarar a inconstitucionalidade do art. 14 da Lei Complementar n. 175/2020, que acrescentou este § 11.

§ 12. No caso dos serviços de arrendamento mercantil, o tomador do serviço é o arrendatário, pessoa física ou a unidade beneficiária da pessoa jurídica, domiciliado no País, e, no caso de arrendatário não domiciliado no País, o tomador é o beneficiário do serviço no País.
•• § 12 acrescentado pela Lei Complementar n. 175, de 23-9-2020.
•• O STF, nas ADIs n. 5.835 e 5.862 e ADPF n. 499, nas sessões virtuais de 26-5-2023 a 2-6-2023 (*DOU* de 14-6-2023), julgou procedente o pedido para declarar a inconstitucionalidade do art. 14 da Lei Complementar n. 175/2020, que acrescentou este § 12.

Art. 4.º Considera-se estabelecimento prestador o local onde o contribuinte desenvolva a atividade de prestar serviços, de modo permanente ou temporário, e que configure unidade econômica ou profissional, sendo irrelevantes para caracterizá-lo as denominações de sede, filial, agência, posto de atendimento, sucursal, escritório de representação ou contato ou quaisquer outras que venham a ser utilizadas.

Art. 5.º Contribuinte é o prestador do serviço.

Art. 6.º Os Municípios e o Distrito Federal, mediante lei, poderão atribuir de modo expresso a responsabilidade pelo crédito tributário a terceira pessoa, vinculada ao fato gerador da respectiva obrigação, excluindo a responsabilidade do contribuinte ou atribuindo-a a este em caráter supletivo do cumprimento total ou parcial da referida obrigação, inclusive no que se refere à multa e aos acréscimos legais.

§ 1.º Os responsáveis a que se refere este artigo estão obrigados ao recolhimento integral do imposto devido, multa e acréscimos legais, independentemente de ter sido efetuada sua retenção na fonte.

§ 2.º Sem prejuízo do disposto no *caput* e no § 1.º deste artigo, são responsáveis:

I – o tomador ou intermediário de serviço proveniente do exterior do País ou cuja prestação se tenha iniciado no exterior do País;

II – a pessoa jurídica, ainda que imune ou isenta, tomadora ou intermediária dos serviços descritos nos subitens 3.05, 7.02, 7.04, 7.05, 7.09, 7.10, 7.12, 7.16, 7.17, 7.19, 11.02, 17.05 e 17.10 da lista anexa a esta Lei Complementar, exceto na hipótese dos serviços do subitem 11.05, relacionados ao monitoramento e rastreamento a distância, em qualquer via ou local, de veículos, cargas, pessoas e semoventes em circulação ou movimento, realizados por meio de telefonia móvel, transmissão de satélites, rádio ou qualquer outro meio, inclusive pelas empresas de Tecnologia da Informação Veicular, independentemente de o prestador de serviços ser proprietário ou não da infraestrutura de telecomunicações que utiliza;
•• Inciso II com redação determinada pela Lei Complementar n. 183, de 22-9-2021.

III – a pessoa jurídica tomadora ou intermediária de serviços, ainda que imune ou isenta, na hipótese prevista no § 4.º do art. 3.º desta Lei Complementar.
•• Inciso III acrescentado pela Lei Complementar n. 157, de 29-12-2016.
•• Inciso III originalmente vetado, todavia promulgado em 1.º-6-2017.
•• O STF, nas ADIs n. 5.835 e 5.862 e ADPF n. 499, nas sessões virtuais de 26-5-2023 a 2-6-2023 (*DOU* de 14-6-2023), julgou procedente o pedido para declarar a inconstitucionalidade do art. 1.º da Lei Complementar n. 157/2016, que acrescentou este inciso III.

IV – as pessoas referidas nos incisos II ou III do § 9.º do art. 3.º desta Lei Complementar, pelo imposto devido pelas pessoas a que se refere o inciso I do mesmo parágrafo, em decorrência dos serviços prestados na forma do subitem 15.01 da lista de serviços anexa a esta Lei Complementar.
•• Inciso IV acrescentado pela Lei Complementar n. 175, de 23-9-2020.
•• O STF, nas ADIs n. 5.835 e 5.862 e ADPF n. 499, nas sessões virtuais de 26-5-2023 a 2-6-2023 (*DOU* de 14-6-2023), julgou procedente o pedido para declarar a inconstitucionalidade do art. 14 da Lei Complementar n. 175/2020, que acrescentou este inciso IV.

§ 3.º (*Revogado pela Lei Complementar n. 175, de 23-9-2020.*)
•• O STF, nas ADIs n. 5.835 e 5.862 e ADPF n. 499, nas sessões virtuais de 26-5-2023 a 2-6-2023 (*DOU* de 14-6-2023), julgou procedente o pedido para declarar a inconstitucionalidade do art. 14 da Lei Complementar n. 175/2020, que determinou a revogação deste § 3.º.

§ 4.º No caso dos serviços prestados pelas administradoras de cartão de crédito e débito, descritos no subitem 15.01, os terminais eletrônicos ou as máquinas das operações efetivadas deverão ser registrados no local do domicílio do tomador do serviço.
•• § 4.º acrescentado pela Lei Complementar n. 157, de 29-12-2016.
•• § 4.º originalmente vetado, todavia promulgado em 1.º-6-2017.
•• O STF, nas ADIs n. 5.835 e 5.862 e ADPF n. 499, nas sessões virtuais de 26-5-2023 a 2-6-2023 (*DOU* de 14-6-2023), julgou procedente o pedido para declarar a inconstitucionalidade do art. 1.º da Lei Complementar n. 157/2016, que acrescentou este § 4.º.

Art. 7.º A base de cálculo do imposto é o preço do serviço.

§ 1.º Quando os serviços descritos pelo subitem 3.04 da lista anexa forem prestados no território de mais de um Município, a base de cálculo será proporcional, conforme o caso, à extensão da ferrovia, rodovia, dutos e condutos de qualquer natureza, cabos de qualquer natureza, ou ao número de postes, existentes em cada Município.

§ 2.º Não se incluem na base de cálculo do Imposto Sobre Serviços de Qualquer Natureza:

I – o valor dos materiais fornecidos pelo prestador dos serviços previstos nos itens 7.02 e 7.05 da lista de serviços anexa a esta Lei Complementar;

II – (*Vetado.*)

§ 3.º (*Vetado.*)

Art. 8.º As alíquotas máximas do Imposto Sobre Serviços de Qualquer Natureza são as seguintes:

I – (*Vetado.*)

II – demais serviços, 5% (cinco por cento).

Art. 8.º-A. A alíquota mínima do Imposto sobre Serviços de Qualquer Natureza é de 2% (dois por cento).
•• *Caput* acrescentado pela Lei Complementar n. 157, de 29-12-2016.

§ 1.º O imposto não será objeto de concessão de isenções, incentivos ou benefícios tributários ou financeiros, inclusive de redução de base de cálculo ou de crédito presumido ou outorgado, ou sob qualquer outra forma que resulte, direta ou indiretamente, em carga tributária menor que a decorrente da aplicação da alíquota mínima estabelecida no *caput*, exceto para os serviços a que

se referem os subitens 7.02, 7.05 e 16.01 da lista anexa a esta Lei Complementar.
•• § 1.º acrescentado pela Lei Complementar n. 157, de 29-12-2016.

§ 2.º É nula a lei ou o ato do Município ou do Distrito Federal que não respeite as disposições relativas à alíquota mínima previstas neste artigo no caso de serviço prestado a tomador ou intermediário localizado em Município diverso daquele onde está localizado o prestador do serviço.
•• § 2.º acrescentado pela Lei Complementar n. 157, de 29-12-2016.

§ 3.º A nulidade a que se refere o § 2.º deste artigo gera, para o prestador do serviço, perante o Município ou o Distrito Federal que não respeitar as disposições deste artigo, o direito à restituição do valor efetivamente pago do Imposto sobre Serviços de Qualquer Natureza calculado sob a égide da lei nula.
•• § 3.º acrescentado pela Lei Complementar n. 157, de 29-12-2016.
•• **A Lei Complementar n. 214, de 16-1-2025, acrescenta este artigo, com produção de efeitos a partir de 1.º-1-2026:** "Art. 8.º-B. Em relação aos fatos geradores ocorridos de 1.º de janeiro de 2029 a 31 de dezembro de 2032, as alíquotas do imposto serão reduzidas nas seguintes proporções das alíquotas previstas nas legislações dos Municípios ou do Distrito Federal, vigentes em 31 de dezembro de 2028: I – 10% (dez por cento), em 2029; II – 20% (vinte por cento), em 2030; III – 30% (trinta por cento), em 2031; e IV – 40% (quarenta por cento), em 2032. § 1.º No período de que trata o *caput*, os benefícios ou os incentivos fiscais ou financeiros relativos ao imposto serão reduzidos na mesma proporção da redução das alíquotas prevista nos incisos do *caput*. § 2.º Para os fins da aplicação do disposto no § 1.º, os percentuais e outros parâmetros utilizados para calcular os benefícios ou os incentivos fiscais ou financeiros relativos ao imposto serão reduzidos na mesma proporção da redução das alíquotas, em decorrência do disposto no *caput* deste artigo. § 3.º O disposto no § 2.º não se aplica, caso os benefícios ou os incentivos fiscais ou financeiros relativos ao imposto já tenham sido reduzidos proporcionalmente por força da redução das alíquotas nos termos do *caput* deste artigo".

Art. 9.º Esta Lei Complementar entra em vigor na data de sua publicação.

Art. 10. Ficam revogados os arts. 8.º, 10, 11 e 12 do Decreto-lei n. 406, de 31 de dezembro de 1968; os incisos III, IV, V e VII do art. 3.º do Decreto-lei n. 834, de 8 de setembro de 1969; a Lei Complementar n. 22, de 9 de dezembro de 1974; a Lei n. 7.192, de 5 de junho de 1984; a Lei Complementar n. 56, de 15 de dezembro de 1987; e a Lei Complementar n. 100, de 22 de dezembro de 1999.

Brasília, 31 de julho de 2003; 182.º da Independência e 115.º da República.

LUIZ INÁCIO LULA DA SILVA

LISTA DE SERVIÇOS ANEXA À LEI COMPLEMENTAR N. 116, DE 31 DE JULHO DE 2003
•• *Vide* Lista de serviços anexa ao Decreto-lei n. 406, de 31-12-1968.

1 – Serviços de informática e congêneres.
1.01 – Análise e desenvolvimento de sistemas.
1.02 – Programação.
1.03 – Processamento, armazenamento ou hospedagem de dados, textos, imagens, vídeos, páginas eletrônicas, aplicativos e sistemas de informação, entre outros formatos, e congêneres.
•• Item 1.03 com redação determinada pela Lei Complementar n. 157, de 29-12-2016.
1.04 – Elaboração de programas de computadores, inclusive de jogos eletrônicos, independentemente da arquitetura construtiva da máquina em que o programa será executado, incluindo *tablets*, *smartphones* e congêneres.
•• Item 1.04 com redação determinada pela Lei Complementar n. 157, de 29-12-2016.
1.05 – Licenciamento ou cessão de direito de uso de programas de computação.
1.06 – Assessoria e consultoria em informática.
1.07 – Suporte técnico em informática, inclusive instalação, configuração e manutenção de programas de computação e bancos de dados.
1.08 – Planejamento, confecção, manutenção e atualização de páginas eletrônicas.
1.09 – Disponibilização, sem cessão definitiva, de conteúdos de áudio, vídeo, imagem e texto por meio da internet, respeitada a imunidade de livros, jornais e periódicos (exceto a distribuição de conteúdos pelas prestadoras de Serviço de Acesso Condicionado, de que trata a Lei n. 12.485, de 12 de setembro de 2011, sujeita ao ICMS).
•• Item 1.09 acrescentado pela Lei Complementar n. 157, de 29-12-2016.

2 – Serviços de pesquisas e desenvolvimento de qualquer natureza.
2.01 – Serviços de pesquisas e desenvolvimento de qualquer natureza.

3 – Serviços prestados mediante locação, cessão de direito de uso e congêneres.
3.01 – (Vetado.)
3.02 – Cessão de direito de uso de marcas e de sinais de propaganda.
3.03 – Exploração de salões de festas, centro de convenções, escritórios virtuais, *stands*, quadras esportivas, estádios, ginásios, auditórios, casas de espetáculos, parques de diversões, canchas e congêneres, para realização de eventos ou negócios de qualquer natureza.
3.04 – Locação, sublocação, arrendamento, direito de passagem ou permissão de uso, compartilhado ou não, de ferrovia, rodovia, postes, cabos, dutos e condutos de qualquer natureza.
•• O STF julgou parcialmente procedente a ADI n. 3.142, nas sessões virtuais de 26-6-2020 a 4-8-2020 (*DOU* de 19-8-2020), para dar interpretação conforme à CF a este subitem 3.04, "a fim de admitir a cobrança do ISS nos casos em que as situações nele descritas integrem relação mista ou complexa em que não seja possível claramente segmentá-las de uma obrigação de fazer, seja no que diz com o seu objeto, seja no que concerne ao valor específico da contrapartida financeira".
3.05 – Cessão de andaimes, palcos, coberturas e outras estruturas de uso temporário.

4 – Serviços de saúde, assistência médica e congêneres.
4.01 – Medicina e biomedicina.
4.02 – Análises clínicas, patologia, eletricidade médica, radioterapia, quimioterapia, ultrassonografia, ressonância magnética, radiologia, tomografia e congêneres.
4.03 – Hospitais, clínicas, laboratórios, sanatórios, manicômios, casas de saúde, prontos-socorros, ambulatórios e congêneres.
4.04 – Instrumentação cirúrgica.
4.05 – Acupuntura.
4.06 – Enfermagem, inclusive serviços auxiliares.
4.07 – Serviços farmacêuticos.
4.08 – Terapia ocupacional, fisioterapia e fonoaudiologia.
4.09 – Terapias de qualquer espécie destinadas ao tratamento físico, orgânico e mental.
4.10 – Nutrição.
4.11 – Obstetrícia.
4.12 – Odontologia.
4.13 – Ortóptica.
4.14 – Próteses sob encomenda.
4.15 – Psicanálise.
4.16 – Psicologia.
4.17 – Casas de repouso e de recuperação, creches, asilos e congêneres.
4.18 – Inseminação artificial, fertilização *in vitro* e congêneres.
4.19 – Bancos de sangue, leite, pele, olhos, óvulos, sêmen e congêneres.
4.20 – Coleta de sangue, leite, tecidos, sêmen, órgãos e materiais biológicos de qualquer espécie.
4.21 – Unidade de atendimento, assistência ou tratamento móvel e congêneres.
4.22 – Planos de medicina de grupo ou individual e convênios para prestação de assistência médica, hospitalar, odontológica e congêneres.
•• *Vide* Lei Complementar n. 175, de 23-9-2020.
4.23 – Outros planos de saúde que se cumpram através de serviços de terceiros contratados, credenciados, cooperados ou apenas pagos pelo operador do plano mediante indicação do beneficiário.
•• *Vide* Lei Complementar n. 175, de 23-9-2020.

5 – Serviços de medicina e assistência veterinária e congêneres.
5.01 – Medicina veterinária e zootecnia.
5.02 – Hospitais, clínicas, ambulatórios, prontos-socorros e congêneres, na área veterinária.
5.03 – Laboratórios de análise na área veterinária.
5.04 – Inseminação artificial, fertilização *in vitro* e congêneres.
5.05 – Bancos de sangue e de órgãos e congêneres.

5.06 – Coleta de sangue, leite, tecidos, sêmen, órgãos e materiais biológicos de qualquer espécie.
5.07 – Unidade de atendimento, assistência ou tratamento móvel e congêneres.
5.08 – Guarda, tratamento, amestramento, embelezamento, alojamento e congêneres.
5.09 – Planos de atendimento e assistência médico-veterinária.
•• *Vide* Lei Complementar n. 175, de 23-9-2020.
6 – Serviços de cuidados pessoais, estética, atividades físicas e congêneres.
6.01 – Barbearia, cabeleireiros, manicuros, pedicuros e congêneres.
6.02 – Esteticistas, tratamento de pele, depilação e congêneres.
6.03 – Banhos, duchas, sauna, massagens e congêneres.
6.04 – Ginástica, dança, esportes, natação, artes marciais e demais atividades físicas.
6.05 – Centros de emagrecimento, *spa* e congêneres.
6.06 – Aplicação de tatuagens, *piercings* e congêneres.
•• Item 6.06 acrescentado pela Lei Complementar n. 157, de 29-12-2016.
7 – Serviços relativos a engenharia, arquitetura, geologia, urbanismo, construção civil, manutenção, limpeza, meio ambiente, saneamento e congêneres.
7.01 – Engenharia, agronomia, agrimensura, arquitetura, geologia, urbanismo, paisagismo e congêneres.
7.02 – Execução, por administração, empreitada ou subempreitada, de obras de construção civil, hidráulica ou elétrica e de outras obras semelhantes, inclusive sondagem, perfuração de poços, escavação, drenagem e irrigação, terraplanagem, pavimentação, concretagem e a instalação e montagem de produtos, peças e equipamentos (exceto o fornecimento de mercadorias produzidas pelo prestador de serviços fora do local da prestação dos serviços, que fica sujeito ao ICMS).
7.03 – Elaboração de planos diretores, estudos de viabilidade, estudos organizacionais e outros, relacionados com obras e serviços de engenharia; elaboração de anteprojetos, projetos básicos e projetos executivos para trabalhos de engenharia.
7.04 – Demolição.
7.05 – Reparação, conservação e reforma de edifícios, estradas, pontes, portos e congêneres (exceto o fornecimento de mercadorias produzidas pelo prestador dos serviços, fora do local da prestação dos serviços, que fica sujeito ao ICMS).
7.06 – Colocação e instalação de tapetes, carpetes, assoalhos, cortinas, revestimentos de parede, vidros, divisórias, placas de gesso e congêneres, com material fornecido pelo tomador do serviço.
7.07 – Recuperação, raspagem, polimento e lustração de pisos e congêneres.
7.08 – Calafetação.
7.09 – Varrição, coleta, remoção, incineração, tratamento, reciclagem, separação e destinação final de lixo, rejeitos e outros resíduos quaisquer.
7.10 – Limpeza, manutenção e conservação de vias e logradouros públicos, imóveis, chaminés, piscinas, parques, jardins e congêneres.
7.11 – Decoração e jardinagem, inclusive corte e poda de árvores.
7.12 – Controle e tratamento de efluentes de qualquer natureza e de agentes físicos, químicos e biológicos.
7.13 – Dedetização, desinfecção, desinsetização, imunização, higienização, desratização, pulverização e congêneres.
7.14 e 7.15 – (*Vetados*.)
7.16 – Florestamento, reflorestamento, semeadura, adubação, reparação de solo, plantio, silagem, colheita, corte e descascamento de árvores, silvicultura, exploração florestal e dos serviços congêneres indissociáveis da formação, manutenção e colheita de florestas, para quaisquer fins e por quaisquer meios.
•• Item 7.16 com redação determinada pela Lei Complementar n. 157, de 29-12-2016.
7.17 – Escoramento, contenção de encostas e serviços congêneres.
7.18 – Limpeza e dragagem de rios, portos, canais, baías, lagos, lagoas, represas, açudes e congêneres.
7.19 – Acompanhamento e fiscalização da execução de obras de engenharia, arquitetura e urbanismo.
7.20 – Aerofotogrametria (inclusive interpretação), cartografia, mapeamento, levantamentos topográficos, batimétricos, geográficos, geodésicos, geológicos, geofísicos e congêneres.
7.21 – Pesquisa, perfuração, cimentação, mergulho, perfilagem, concretação, testemunhagem, pescaria, estimulação e outros serviços relacionados com a exploração e explotação de petróleo, gás natural e de outros recursos minerais.
7.22 – Nucleação e bombardeamento de nuvens e congêneres.
8 – Serviços de educação, ensino, orientação pedagógica e educacional, instrução, treinamento e avaliação pessoal de qualquer grau ou natureza.
8.01 – Ensino regular pré-escolar, fundamental, médio e superior.
8.02 – Instrução, treinamento, orientação pedagógica e educacional, avaliação de conhecimentos de qualquer natureza.
9 – Serviços relativos a hospedagem, turismo, viagens e congêneres.
9.01 – Hospedagem de qualquer natureza em hotéis, *apart-service* condominiais, *flat*, *apart-hotéis*, hotéis residência, *residence-service*, *suite service*, hotelaria marítima, motéis, pensões e congêneres; ocupação por temporada com fornecimento de serviço (o valor da alimentação e gorjeta, quando incluído no preço da diária, fica sujeito ao Imposto Sobre Serviços).
9.02 – Agenciamento, organização, promoção, intermediação e execução de programas de turismo, passeios, viagens, excursões, hospedagens e congêneres.
9.03 – Guias de turismo.
10 – Serviços de intermediação e congêneres.
10.01 – Agenciamento, corretagem ou intermediação de câmbio, de seguros, de cartões de crédito, de planos de saúde e de planos de previdência privada.
10.02 – Agenciamento, corretagem ou intermediação de títulos em geral, valores mobiliários e contratos quaisquer.
10.03 – Agenciamento, corretagem ou intermediação de direitos de propriedade industrial, artística ou literária.
10.04 – Agenciamento, corretagem ou intermediação de contratos de arrendamento mercantil (*leasing*), de franquia (*franchising*) e de faturização (*factoring*).
10.05 – Agenciamento, corretagem ou intermediação de bens móveis ou imóveis, não abrangidos em outros itens ou subitens, inclusive aqueles realizados no âmbito de Bolsas de Mercadorias e Futuros, por quaisquer meios.
10.06 – Agenciamento marítimo.
10.07 – Agenciamento de notícias.
10.08 – Agenciamento de publicidade e propaganda, inclusive o agenciamento de veiculação por quaisquer meios.
10.09 – Representação de qualquer natureza, inclusive comercial.
10.10 – Distribuição de bens de terceiros.
11 – Serviços de guarda, estacionamento, armazenamento, vigilância e congêneres.
11.01 – Guarda e estacionamento de veículos terrestres automotores, de aeronaves e de embarcações.
11.02 – Vigilância, segurança ou monitoramento de bens, pessoas e semoventes.
•• Item 11.02 com redação determinada pela Lei Complementar n. 157, de 29-12-2016.
11.03 – Escolta, inclusive de veículos e cargas.
11.04 – Armazenamento, depósito, carga, descarga, arrumação e guarda de bens de qualquer espécie.
11.05 – Serviços relacionados ao monitoramento e rastreamento a distância, em qualquer via ou local, de veículos, cargas, pessoas e semoventes em circulação ou movimento, realizados por meio de telefonia móvel, transmissão de satélites, rádio ou qualquer outro meio, inclusive pelas empresas de Tecnologia da Informação Veicular, independentemente de o prestador de serviços ser proprietário ou não da infraestrutura de telecomunicações que utiliza.
•• Item 11.05 acrescentado pela Lei Complementar n. 183, de 22-9-2021.
12 – Serviços de diversões, lazer, entretenimento e congêneres.
12.01 – Espetáculos teatrais.

12.02 – Exibições cinematográficas.
12.03 – Espetáculos circenses.
12.04 – Programas de auditório.
12.05 – Parques de diversões, centros de lazer e congêneres.
12.06 – Boates, *taxi-dancing* e congêneres.
12.07 – *Shows, ballet*, danças, desfiles, bailes, óperas, concertos, recitais, festivais e congêneres.
12.08 – Feiras, exposições, congressos e congêneres.
12.09 – Bilhares, boliches e diversões eletrônicas ou não.
12.10 – Corridas e competições de animais.
12.11 – Competições esportivas ou de destreza física ou intelectual, com ou sem a participação do espectador.
12.12 – Execução de música.
12.13 – Produção, mediante ou sem encomenda prévia, de eventos, espetáculos, entrevistas, *shows, ballet*, danças, desfiles, bailes, teatros, óperas, concertos, recitais, festivais e congêneres.
12.14 – Fornecimento de música para ambientes fechados ou não, mediante transmissão por qualquer processo.
12.15 – Desfiles de blocos carnavalescos ou folclóricos, trios elétricos e congêneres.
12.16 – Exibição de filmes, entrevistas, musicais, espetáculos, *shows*, concertos, desfiles, óperas, competições esportivas, de destreza intelectual ou congêneres.
12.17 – Recreação e animação, inclusive em festas e eventos de qualquer natureza.
13 – Serviços relativos a fonografia, fotografia, cinematografia e reprografia.
13.01 – (*Vetado*.)
13.02 – Fonografia ou gravação de sons, inclusive trucagem, dublagem, mixagem e congêneres.
13.03 – Fotografia e cinematografia, inclusive revelação, ampliação, cópia, reprodução, trucagem e congêneres.
13.04 – Reprografia, microfilmagem e digitalização.
13.05 – Composição gráfica, inclusive confecção de impressos gráficos, fotocomposição, clicheria, zincografia, litografia e fotolitografia, exceto se destinados a posterior operação de comercialização ou industrialização, ainda que incorporados, de qualquer forma, a outra mercadoria que deva ser objeto de posterior circulação, tais como bulas, rótulos, etiquetas, caixas, cartuchos, embalagens e manuais técnicos e de instrução, quando ficarão sujeitos ao ICMS.
•• Item 13.05 com redação determinada pela Lei Complementar n. 157, de 29-12-2016.
14 – Serviços relativos a bens de terceiros.
14.01 – Lubrificação, limpeza, lustração, revisão, carga e recarga, conserto, restauração, blindagem, manutenção e conservação de máquinas, veículos, aparelhos, equipamentos, motores, elevadores ou de qualquer objeto (exceto peças e partes empregadas, que ficam sujeitas ao ICMS).

14.02 – Assistência técnica.
14.03 – Recondicionamento de motores (exceto peças e partes empregadas, que ficam sujeitas ao ICMS).
14.04 – Recauchutagem ou regeneração de pneus.
14.05 – Restauração, recondicionamento, acondicionamento, pintura, beneficiamento, lavagem, secagem, tingimento, galvanoplastia, anodização, corte, recorte, plastificação, costura, acabamento, polimento e congêneres de objetos quaisquer.
•• Item 14.05 com redação determinada pela Lei Complementar n. 157, de 29-12-2016.
14.06 – Instalação e montagem de aparelhos, máquinas e equipamentos, inclusive montagem industrial, prestados ao usuário final, exclusivamente com material por ele fornecido.
14.07 – Colocação de molduras e congêneres.
14.08 – Encadernação, gravação e douração de livros, revistas e congêneres.
14.09 – Alfaiataria e costura, quando o material for fornecido pelo usuário final, exceto aviamento.
14.10 – Tinturaria e lavanderia.
14.11 – Tapeçaria e reforma de estofamentos em geral.
14.12 – Funilaria e lanternagem.
14.13 – Carpintaria e serralheria.
14.14 – Guincho intramunicipal, guindaste e içamento.
•• Item 14.14 acrescentado pela Lei Complementar n. 157, de 29-12-2016.
15 – Serviços relacionados ao setor bancário ou financeiro, inclusive aqueles prestados por instituições financeiras autorizadas a funcionar pela União ou por quem de direito.
15.01 – Administração de fundos quaisquer, de consórcio, de cartão de crédito ou débito e congêneres, de carteira de clientes, de cheques pré-datados e congêneres.
•• *Vide* Lei Complementar n. 175, de 23-9-2020.
15.02 – Abertura de contas em geral, inclusive conta corrente, conta de investimentos e aplicação e caderneta de poupança, no País e no exterior, bem como a manutenção das referidas contas ativas e inativas.
15.03 – Locação e manutenção de cofres particulares, de terminais eletrônicos, de terminais de atendimento e de bens e equipamentos em geral.
15.04 – Fornecimento ou emissão de atestados em geral, inclusive atestado de idoneidade, atestado de capacidade financeira e congêneres.
15.05 – Cadastro, elaboração de ficha cadastral, renovação cadastral e congêneres, inclusão ou exclusão no Cadastro de Emitentes de Cheques sem Fundos – CCF ou em quaisquer outros bancos cadastrais.
15.06 – Emissão, reemissão e fornecimento de avisos, comprovantes e documentos em geral; abono de firmas; coleta e entrega de documentos, bens e valores; comunicação com outra agência ou com a administração central; licenciamento eletrônico de veículos; transferência de veículos; agenciamento fiduciário ou depositário; devolução de bens em custódia.
15.07 – Acesso, movimentação, atendimento e consulta a contas em geral, por qualquer meio ou processo, inclusive por telefone, fac-símile, internet e telex, acesso a terminais de atendimento, inclusive vinte e quatro horas; acesso a outro banco e a rede compartilhada; fornecimento de saldo, extrato e demais informações relativas a contas em geral, por qualquer meio ou processo.
15.08 – Emissão, reemissão, alteração, cessão, substituição, cancelamento e registro de contrato de crédito; estudo, análise e avaliação de operações de crédito; emissão, concessão, alteração ou contratação de aval, fiança, anuência e congêneres; serviços relativos a abertura de crédito, para quaisquer fins.
15.09 – Arrendamento mercantil (*leasing*) de quaisquer bens, inclusive cessão de direitos e obrigações, substituição de garantia, alteração, cancelamento e registro de contrato, e demais serviços relacionados ao arrendamento mercantil (*leasing*).
•• *Vide* Lei Complementar n. 175, de 23-9-2020.
15.10 – Serviços relacionados a cobranças, recebimentos ou pagamentos em geral, de títulos quaisquer, de contas ou carnês, de câmbio, de tributos e por conta de terceiros, inclusive os efetuados por meio eletrônico, automático ou por máquinas de atendimento; fornecimento de posição de cobrança, recebimento ou pagamento; emissão de carnês, fichas de compensação, impressos e documentos em geral.
15.11 – Devolução de títulos, protesto de títulos, sustação de protesto, manutenção de títulos, reapresentação de títulos, e demais serviços a eles relacionados.
15.12 – Custódia em geral, inclusive de títulos e valores mobiliários.
15.13 – Serviços relacionados a operações de câmbio em geral, edição, alteração, prorrogação, cancelamento e baixa de contrato de câmbio; emissão de registro de exportação ou de crédito; cobrança ou depósito no exterior; emissão, fornecimento e cancelamento de cheques de viagem; fornecimento, transferência, cancelamento e demais serviços relativos a carta de crédito de importação, exportação e garantias recebidas; envio e recebimento de mensagens em geral relacionadas a operações de câmbio.
15.14 – Fornecimento, emissão, reemissão, renovação e manutenção de cartão magnético, cartão de crédito, cartão de débito, cartão salário e congêneres.
15.15 – Compensação de cheques e títulos quaisquer; serviços relacionados a depósito, inclusive depósito identificado, a saque

de contas quaisquer, por qualquer meio ou processo, inclusive em terminais eletrônicos e de atendimento.

15.16 – Emissão, reemissão, liquidação, alteração, cancelamento e baixa de ordens de pagamento, ordens de crédito e similares, por qualquer meio ou processo; serviços relacionados à transferência de valores, dados, fundos, pagamentos e similares, inclusive entre contas em geral.

15.17 – Emissão, fornecimento, devolução, sustação, cancelamento e oposição de cheques quaisquer, avulso ou por talão.

15.18 – Serviços relacionados a crédito imobiliário, avaliação e vistoria de imóvel ou obra, análise técnica e jurídica, emissão, reemissão, alteração, transferência e renegociação de contrato, emissão e reemissão do termo de quitação e demais serviços relacionados a crédito imobiliário.

16 – Serviços de transporte de natureza municipal.

16.01 – Serviços de transporte coletivo municipal rodoviário, metroviário, ferroviário e aquaviário de passageiros.

•• Item 16.01 com redação determinada pela Lei Complementar n. 157, de 29-12-2016.

16.02 – Outros serviços de transporte de natureza municipal.

•• Item 16.02 acrescentado pela Lei Complementar n. 157, de 29-12-2016.

17 – Serviços de apoio técnico, administrativo, jurídico, contábil, comercial e congêneres.

17.01 – Assessoria ou consultoria de qualquer natureza, não contida em outros itens desta lista; análise, exame, pesquisa, coleta, compilação e fornecimento de dados e informações de qualquer natureza, inclusive cadastro e similares.

17.02 – Datilografia, digitação, estenografia, expediente, secretaria em geral, resposta audível, redação, edição, interpretação, revisão, tradução, apoio e infraestrutura administrativa e congêneres.

17.03 – Planejamento, coordenação, programação ou organização técnica, financeira ou administrativa.

17.04 – Recrutamento, agenciamento, seleção e colocação de mão de obra.

17.05 – Fornecimento de mão de obra, mesmo em caráter temporário, inclusive de empregados ou trabalhadores, avulsos ou temporários, contratados pelo prestador de serviço.

17.06 – Propaganda e publicidade, inclusive promoção de vendas, planejamento de campanhas ou sistemas de publicidade, elaboração de desenhos, textos e demais materiais publicitários.

17.07 – (Vetado.)

17.08 – Franquia (*franchising*).

•• O STF, na ADI n. 4.784, nas sessões virtuais de 1-9-2023 a 11-9-2023 (*DOU* de 19-9-2023), por maioria, julgou improcedente o pedido, para declarar a constitucionalidade deste item 17.08, e fixou a seguinte tese de julgamento: "É constitucional a cobrança do Imposto sobre Serviços de Qualquer Natureza (ISS) sobre a franquia postal".

•• O STF, por unanimidade, acolheu os embargos de declaração na ADI n. 4.784, nas sessões virtuais de 2-8-2024 a 9-8-2024 (*DOU* de 31-10-2024), com efeitos modificativos, para, sanando a obscuridade no julgado, explicitar que o ISSQN sobre "serviços de coleta, remessa ou entrega de correspondências, documentos, objetos, bens ou valores", referidos no item 26 e no subitem 26.01 da lista de serviço da Lei Complementar n. 116/2003, incide somente sobre as atividades que não sejam consideradas serviços postais, ou seja, sobre os serviços considerados como atividades auxiliares.

17.09 – Perícias, laudos, exames técnicos e análises técnicas.

17.10 – Planejamento, organização e administração de feiras, exposições, congressos e congêneres.

17.11 – Organização de festas e recepções; bufê (exceto o fornecimento de alimentação e bebidas, que fica sujeito ao ICMS).

17.12 – Administração em geral, inclusive de bens e negócios de terceiros.

17.13 – Leilão e congêneres.

17.14 – Advocacia.

17.15 – Arbitragem de qualquer espécie, inclusive jurídica.

17.16 – Auditoria.

17.17 – Análise de Organização e Métodos.

17.18 – Atuária e cálculos técnicos de qualquer natureza.

17.19 – Contabilidade, inclusive serviços técnicos e auxiliares.

17.20 – Consultoria e assessoria econômica ou financeira.

17.21 – Estatística.

17.22 – Cobrança em geral.

17.23 – Assessoria, análise, avaliação, atendimento, consulta, cadastro, seleção, gerenciamento de informações, administração de contas a receber ou a pagar e em geral, relacionadas a operações de faturização (*factoring*).

17.24 – Apresentação de palestras, conferências, seminários e congêneres.

17.25 – Inserção de textos, desenhos e outros materiais de propaganda e publicidade, em qualquer meio (exceto em livros, jornais, periódicos e nas modalidades de serviços de radiodifusão sonora e de sons e imagens de recepção livre e gratuita).

•• Item 17.25 acrescentado pela Lei Complementar n. 157, de 29-12-2016.

•• O STF, na ADI n. 6.034, por unanimidade, nas sessões virtuais de 25-2-2023 a 8-3-2023 (*DOU* de 24-4-2023), julgou improcedente o pedido formulado na ação direta de inconstitucionalidade e fixou a seguinte tese de julgamento: "É constitucional o subitem 17.25 da lista anexa à LC n. 116/2003, incluído pela LC n. 157/2016, no que propicia a incidência do ISS, afastando-o do ICMS, sobre a prestação de serviço de inserção de textos, desenhos e outros materiais de propaganda e publicidade em qualquer meio (exceto em livros, jornais, periódicos e nas modalidades de serviços de radiodifusão sonora e de sons e imagens de recepção livre e gratuita)".

18 – Serviços de regulação de sinistros vinculados a contratos de seguros; inspeção e avaliação de riscos para cobertura de contratos de seguros; prevenção e gerência de riscos seguráveis e congêneres.

18.01 – Serviços de regulação de sinistros vinculados a contratos de seguros; inspeção e avaliação de riscos para cobertura de contratos de seguros; prevenção e gerência de riscos seguráveis e congêneres.

19 – Serviços de distribuição e venda de bilhetes e demais produtos de loteria, bingos, cartões, pules ou cupons de apostas, sorteios, prêmios, inclusive os decorrentes de títulos de capitalização e congêneres.

19.01 – Serviços de distribuição e venda de bilhetes e demais produtos de loteria, bingos, cartões, pules ou cupons de apostas, sorteios, prêmios, inclusive os decorrentes de títulos de capitalização e congêneres.

20 – Serviços portuários, aeroportuários, ferroportuários, de terminais rodoviários, ferroviários e metroviários.

20.01 – Serviços portuários, ferroportuários, utilização de porto, movimentação de passageiros, reboque de embarcações, rebocador escoteiro, atracação, desatracação, serviços de praticagem, capatazia, armazenagem de qualquer natureza, serviços acessórios, movimentação de mercadorias, serviços de apoio marítimo, de movimentação ao largo, serviços de armadores, estiva, conferência, logística e congêneres.

20.02 – Serviços aeroportuários, utilização de aeroporto, movimentação de passageiros, armazenagem de qualquer natureza, capatazia, movimentação de aeronaves, serviços de apoio aeroportuários, serviços acessórios, movimentação de mercadorias, logística e congêneres.

20.03 – Serviços de terminais rodoviários, ferroviários, metroviários, movimentação de passageiros, mercadorias, inclusive suas operações, logística e congêneres.

21 – Serviços de registros públicos, cartorários e notariais.

21.01 – Serviços de registros públicos, cartorários e notariais.

22 – Serviços de exploração de rodovia.

22.01 – Serviços de exploração de rodovia mediante cobrança de preço ou pedágio dos usuários, envolvendo execução de serviços de conservação, manutenção, melhoramentos para adequação de capacidade e segurança de trânsito, operação, monitoração, assistência aos usuários e outros serviços definidos em contratos, atos de concessão ou de permissão ou em normas oficiais.

23 – Serviços de programação e comunicação visual, desenho industrial e congêneres.

23.01 – Serviços de programação e comunicação visual, desenho industrial e congêneres.

24 – Serviços de chaveiros, confecção de carimbos, placas, sinalização visual, *banners*, adesivos e congêneres.

24.01 – Serviços de chaveiros, confecção de carimbos, placas, sinalização visual, *banners*, adesivos e congêneres.

25 – Serviços funerários.
25.01 – Funerais, inclusive fornecimento de caixão, urna ou esquifes; aluguel de capela; transporte do corpo cadavérico; fornecimento de flores, coroas e outros paramentos; desembaraço de certidão de óbito; fornecimento de véu, essa e outros adornos; embalsamamento, embelezamento, conservação ou restauração de cadáveres.
25.02 – Translado intramunicipal e cremação de corpos e partes de corpos cadavéricos.
•• Item 25.02 com redação determinada pela Lei Complementar n. 157, de 29-12-2016.
25.03 – Planos ou convênio funerários.
25.04 – Manutenção e conservação de jazigos e cemitérios.
25.05 – Cessão de uso de espaços em cemitérios para sepultamento.
•• Item 25.05 acrescentado pela Lei Complementar n. 157, de 29-12-2016.
26 – Serviços de coleta, remessa ou entrega de correspondências, documentos, objetos, bens ou valores, inclusive pelos correios e suas agências franqueadas; *courrier* e congêneres.
• *Vide* notas ao item 17.08 desta lista.
26.01 – Serviços de coleta, remessa ou entrega de correspondências, documentos, objetos, bens ou valores, inclusive pelos correios e suas agências franqueadas; *courrier* e congêneres.
• *Vide* notas ao item 17.08 desta lista.
27 – Serviços de assistência social.
27.01 – Serviços de assistência social.
28 – Serviços de avaliação de bens e serviços de qualquer natureza.
28.01 – Serviços de avaliação de bens e serviços de qualquer natureza.
29 – Serviços de biblioteconomia.
29.01 – Serviços de biblioteconomia.
30 – Serviços de biologia, biotecnologia e química.
30.01 – Serviços de biologia, biotecnologia e química.
31 – Serviços técnicos em edificações, eletrônica, eletrotécnica, mecânica, telecomunicações e congêneres.
31.01 – Serviços técnicos em edificações, eletrônica, eletrotécnica, mecânica, telecomunicações e congêneres.
32 – Serviços de desenhos técnicos.
32.01 – Serviços de desenhos técnicos.
33 – Serviços de desembaraço aduaneiro, comissários, despachantes e congêneres.
33.01 – Serviços de desembaraço aduaneiro, comissários, despachantes e congêneres.
34 – Serviços de investigações particulares, detetives e congêneres.
34.01 – Serviços de investigações particulares, detetives e congêneres.
35 – Serviços de reportagem, assessoria de imprensa, jornalismo e relações públicas.
35.01 – Serviços de reportagem, assessoria de imprensa, jornalismo e relações públicas.
36 – Serviços de meteorologia.
36.01 – Serviços de meteorologia.
37 – Serviços de artistas, atletas, modelos e manequins.
37.01 – Serviços de artistas, atletas, modelos e manequins.
38 – Serviços de museologia.
38.01 – Serviços de museologia.
39 – Serviços de ourivesaria e lapidação.
39.01 – Serviços de ourivesaria e lapidação (quando o material for fornecido pelo tomador do serviço).
40 – Serviços relativos a obras de arte sob encomenda.
40.01 – Obras de arte sob encomenda.

LEI N. 10.755, DE 3 DE NOVEMBRO DE 2003 (*)

Estabelece multa em operações de importação, e dá outras providências.

O Vice-Presidente da República, no exercício do cargo de Presidente da República.
Faço saber que o Congresso Nacional decreta e eu sanciono a seguinte Lei:
Art. 1.º Fica o importador sujeito ao pagamento de multa a ser recolhida ao Banco Central do Brasil nas importações com Declaração de Importação – DI, registrada no Sistema Integrado de Comércio Exterior – Siscomex, quando:
I – contratar operação de câmbio ou efetuar pagamento em reais sem observância dos prazos e das demais condições estabelecidas pelo Banco Central do Brasil;
II – não efetuar o pagamento de importação até cento e oitenta dias a partir do primeiro dia do mês subsequente ao previsto para pagamento da importação, conforme consignado na DI ou no Registro de Operações Financeiras – ROF, quando financiadas.
§ 1.º O disposto neste artigo aplica-se também às irregularidades previstas na legislação anterior, desde que pendentes de julgamento definitivo nas instâncias administrativas.
•• § 1.º com redação determinada pela Lei n. 11.196, de 21-11-2005.
§ 2.º A multa de que trata o *caput* será aplicada pelo Banco Central do Brasil na forma, no prazo, no percentual e nas demais condições que vier a fixar, limitada a cem por cento do valor equivalente em reais da respectiva importação, e será apurada e devida:
I – na data da contratação do câmbio ou do pagamento em reais, nas situações objeto do inciso I do *caput* deste artigo;
II – no centésimo octogésimo primeiro dia a partir do primeiro dia do mês subsequente ao previsto para pagamento da importação, nas situações objeto do inciso II do *caput* deste artigo.

(*) Publicada no *DOU*, de 4-11-2003.

§ 3.º No caso de importação realizada por conta e ordem de terceiro, o adquirente da mercadoria indicado na Declaração de Importação é responsável solidário pelo pagamento da multa de que trata o *caput*.
Art. 2.º A multa de que trata esta Lei não se aplica:
•• O art. 6.º da Lei n. 11.371, de 28-11-2006, dispõe: "A multa de que trata a Lei n. 10.755, de 3-11-2003, não se aplica às importações: I – cujo vencimento ocorra a partir de 4-8-2006; ou II – cujo termo final para a liquidação do contrato de câmbio de importação, na forma do inciso II do art. 1.º da Lei n. 10.755, de 2003, não tenha transcorrido até 4 de agosto de 2006".

I – aos pagamentos de mercadorias embarcadas no exterior até o dia 31 de março de 1997, inclusive;
II – aos pagamentos de importações de petróleo e derivados especificados pelo Banco Central do Brasil;
III – aos pagamentos de importações efetuadas sob o regime de *drawback* e outros estabelecidos em ato do Ministro de Estado da Fazenda;
IV – às importações cujo saldo para pagamento seja inferior a US$ 10,000.00 (dez mil dólares norte-americanos) ou o seu equivalente em outras moedas;
V – aos pagamentos de importações de produtos de consumo alimentar básico, visando ao atendimento de aspectos conjunturais do abastecimento, conforme dispuser ato do Ministro de Estado da Fazenda;
VI – às importações, financiadas ou não, cujo pagamento seja de responsabilidade da União, dos Estados, dos Municípios e do Distrito Federal, suas fundações e autarquias, inclusive aquelas importações efetuadas em data anterior à publicação desta Lei;
VII – aos valores apurados na forma desta Lei inferiores a R$ 1.000,00 (um mil reais).
Art. 3.º São responsáveis pelo recolhimento da multa de que trata esta Lei:
I – o banco vendedor da moeda estrangeira, nas importações pagas em moeda estrangeira;
II – o banco onde os reais tenham sido creditados para o pagamento da importação, nas importações pagas em reais;
III – o importador, nas demais situações.
Art. 4.º (*Revogado pela Lei n. 11.196, de 21-11-2005.*)
Art. 5.º O Banco Central do Brasil baixará as normas necessárias à execução do disposto nesta Lei.
Art. 6.º Esta Lei entra em vigor na data de sua publicação.
Art. 7.º Fica revogada a Lei n. 9.817, de 23 de agosto de 1999.
Brasília, 3 de novembro de 2003; 182.º da Independência e 115.º da República.

José Alencar Gomes da Silva

LEI N. 10.833, DE 29 DE DEZEMBRO DE 2003 (*)

Altera a Legislação Tributária Federal e dá outras providências.

O Presidente da República.
Faço saber que o Congresso Nacional decreta e eu sanciono a seguinte Lei:

Capítulo I
DA COBRANÇA NÃO CUMULATIVA DA COFINS

•• A Lei Complementar n. 214, de 16-1-2025, revoga os arts. 1.º a 16 deste Capítulo a partir de 1.º-1-2027.

Art. 1.º A Contribuição para o Financiamento da Seguridade Social – Cofins, com a incidência não cumulativa, incide sobre o total das receitas auferidas no mês pela pessoa jurídica, independentemente de sua denominação ou classificação contábil.

•• *Caput* com redação determinada pela Lei n. 12.973, de 13-5-2014.

§ 1.º Para efeito do disposto neste artigo, o total das receitas compreende a receita bruta de que trata o art. 12 do Decreto-lei n. 1.598, de 26 de dezembro de 1977, e todas as demais receitas auferidas pela pessoa jurídica com os seus respectivos valores decorrentes do ajuste a valor presente de que trata o inciso VIII do *caput* do art. 183 da Lei n. 6.404, de 15 de dezembro de 1976.

•• § 1.º com redação determinada pela Lei n. 12.973, de 13-5-2014.

§ 2.º A base de cálculo da Cofins é o total das receitas auferidas pela pessoa jurídica, conforme definido no *caput* e no § 1.º.

•• § 2.º com redação determinada pela Lei n. 12.973, de 13-5-2014.

§ 3.º Não integram a base de cálculo a que se refere este artigo as receitas:

I – isentas ou não alcançadas pela incidência da contribuição ou sujeitas à alíquota 0 (zero);

• *Vide* art. 15 desta Lei.

II – de que trata o inciso IV do *caput* do art. 187 da Lei n. 6.404, de 15 de dezembro de 1976, decorrentes da venda de bens do ativo não circulante, classificado como investimento, imobilizado ou intangível;

•• Inciso II com redação determinada pela Lei n. 12.973, de 13-5-2014.

III – auferidas pela pessoa jurídica revendedora, na revenda de mercadorias em relação às quais a contribuição seja exigida da empresa vendedora, na condição de substituta tributária;

IV – (Revogado pela Lei n. 11.727, de 23-6-2008.)

(*) Publicada no *Diário Oficial da União*, de 30-12-2003. O Anexo Único desta Lei foi revogado pela Lei n. 10.925, de 23-7-2004. A Secretaria da Receita Federal passa a denominar-se Secretaria da Receita Federal do Brasil, por força da Lei n. 11.457, de 16-3-2007.

V – referentes a:

a) vendas canceladas e aos descontos incondicionais concedidos;

b) reversões de provisões e recuperações de créditos baixados como perda que não representem ingresso de novas receitas, o resultado positivo da avaliação de investimentos pelo valor do patrimônio líquido e os lucros e dividendos derivados de participações societárias, que tenham sido computados como receita;

•• Alínea *b* com redação determinada pela Lei n. 12.973, de 13-5-2014.
•• *Vide* art. 93, I, desta Lei.

VI – decorrentes de transferência onerosa a outros contribuintes do Imposto sobre Operações relativas à Circulação de Mercadorias e sobre Prestações de Serviços de Transporte Interestadual e Intermunicipal e de Comunicação – ICMS de créditos de ICMS originados de operações de exportação, conforme o disposto no inciso II do § 1.º do art. 25 da Lei Complementar n. 87, de 13 de setembro de 1996;

•• Inciso VI acrescentado pela Lei n. 11.945, de 4-6-2009.

VII – financeiras decorrentes do ajuste a valor presente de que trata o inciso VIII do *caput* do art. 183 da Lei n. 6.404, de 15 de dezembro de 1976, referentes a receitas excluídas da base de cálculo da Cofins;

•• Inciso VII acrescentado pela Lei n. 12.973, de 13-5-2014.

VIII – relativas aos ganhos decorrentes de avaliação do ativo e passivo com base no valor justo;

•• Inciso VIII acrescentado pela Lei n. 12.973, de 13-5-2014.

IX – (Revogado pela Lei n. 14.789, de 29-12-2023.)

X – reconhecidas pela construção, recuperação, reforma, ampliação ou melhoramento da infraestrutura, cuja contrapartida seja ativo intangível representativo de direito de exploração, no caso de contratos de concessão de serviços públicos;

•• Inciso X acrescentado pela Lei n. 12.973, de 13-5-2014.

XI – relativas ao valor do imposto que deixar de ser pago em virtude das isenções e reduções de que tratam as alíneas *a*, *b*, *c* e *d* do § 1.º do art. 19 do Decreto-lei n. 1.598, de 26 de dezembro de 1977;

•• Inciso XI com redação determinada pela Lei n. 14.592, de 30-5-2023.

XII – relativas ao prêmio na emissão de debêntures; e

•• Inciso XII com redação determinada pela Lei n. 14.592, de 30-5-2023.

XIII – relativas ao valor do ICMS que tenha incidido sobre a operação.

•• Inciso XIII acrescentado pela Lei n. 14.592, de 30-5-2023.

Art. 2.º Para determinação do valor da COFINS aplicar-se-á, sobre a base de cálculo apurada conforme o disposto no art. 1.º, a alíquota de 7,6% (sete inteiros e seis décimos por cento).

•• *Vide* art. 93, I, desta Lei.

§ 1.º Excetua-se do disposto no *caput* deste artigo a receita bruta auferida pelos produtores ou importadores, que devem aplicar as alíquotas previstas:

•• § 1.º, *caput*, acrescentado pela Lei n. 10.865, de 30-4-2004.

I – nos incisos I a III do art. 4.º da Lei n. 9.718, de 27 de novembro de 1998, e alterações posteriores, no caso de venda de gasolinas e suas correntes, exceto gasolina de aviação, óleo diesel e suas correntes e gás liquefeito de petróleo – GLP derivado de petróleo e de gás natural;

•• Inciso I com redação determinada pela Lei n. 10.925, de 23-7-2004.

II – no inciso I do art. 1.º da Lei n. 10.147, de 21 de dezembro de 2000, e alterações posteriores, no caso de venda de produtos farmacêuticos, de perfumaria, de toucador ou de higiene pessoal, nele relacionados;

•• Inciso II acrescentado pela Lei n. 10.865, de 30-4-2004.

III – no art. 1.º da Lei n. 10.485, de 3 de julho de 2002, e alterações posteriores, no caso de venda de máquinas e veículos classificados nos códigos 84.29, 8432.40.00, 84.32.80.00, 8433.20, 8433.30.00, 8433.40.00, 8433.5, 87.01, 87.02, 87.03, 87.04, 87.05 e 87.06, da TIPI;

•• Inciso III acrescentado pela Lei n. 10.865, de 30-4-2004.

IV – no inciso II do art. 3.º da Lei n. 10.485, de 3 de julho de 2002, no caso de vendas, para comerciante atacadista ou varejista ou para consumidores, das autopeças relacionadas nos Anexos I e II da mesma Lei;

•• Inciso IV acrescentado pela Lei n. 10.865, de 30-4-2004.

V – no *caput* do art. 5.º da Lei n. 10.485, de 3 de julho de 2002, e alterações posteriores, no caso de venda dos produtos classificados nas posições 40.11 (pneus novos de borracha) e 40.13 (câmaras de ar de borracha), da TIPI;

•• Inciso V acrescentado pela Lei n. 10.865, de 30-4-2004.

VI – no art. 2.º da Lei n. 10.560, de 13 de novembro de 2002, e alterações posteriores, no caso de venda de querosene de aviação;

•• Inciso VI acrescentado pela Lei n. 10.865, de 30-4-2004.

VII a IX – (Revogados pela Lei n. 13.097, de 19-1-2015.)

X – no art. 23 da Lei n. 10.865, de 30 de abril de 2004, no caso de venda de gasolinas e suas correntes, exceto gasolina de aviação, óleo diesel e suas correntes, querosene de aviação, gás liquefeito de petróleo – GLP derivado de petróleo e de gás natural.

•• Inciso X acrescentado pela Lei n. 10.925, de 23-7-2004.

§ 1.º-A. Excetua-se do disposto no *caput* deste artigo a receita bruta auferida pelos produtores, importadores ou distribuidores com a venda de álcool, inclusive para fins carburantes, à qual se aplicam as alíquotas

previstas no *caput* e no § 4.º do art. 5.º da Lei n. 9.718, de 27 de novembro de 1998.
•• § 1.º-A acrescentado pela Lei n. 11.727, de 23-6-2008.
•• **A Lei Complementar n. 214, de 16-1-2025, deu nova redação a este § 1.º-A, com produção de efeitos a partir do primeiro dia do quarto mês subsequente ao da sua publicação (*DOU* de 16-1-2025):** "§ 1.º-A. Excetua-se do disposto no *caput* deste artigo a receita bruta auferida com a venda de etanol, inclusive para fins carburantes, à qual se aplicam as alíquotas previstas, conforme o caso, no art. 5.º da Lei n. 9.718, de 27 de novembro de 1998".
•• *Vide* art. 41, IV, da Lei n. 11.727, de 23-6-2008.
§ 2.º Excetua-se do disposto no *caput* deste artigo a receita bruta decorrente da venda de papel imune a impostos de que trata o art. 150, VI, *d*, da Constituição Federal, quando destinado à impressão de periódicos, que fica sujeita à alíquota de 3,2% (três inteiros e dois décimos por cento).
•• § 2.º acrescentado pela Lei n. 10.865, de 30-4-2004.
§ 3.º Fica o Poder Executivo autorizado a reduzir a 0 (zero) e a restabelecer a alíquota incidente sobre receita bruta decorrente da venda de produtos químicos e farmacêuticos, classificados nos Capítulos 29 e 30, sobre produtos destinados ao uso em hospitais, clínicas e consultórios médicos e odontológicos, campanhas de saúde realizadas pelo Poder Público, laboratório de anatomia patológica, citológica ou de análises clínicas, classificados nas posições 30.02, 30.06, 39.26, 40.15 e 90.18, e sobre sêmens e embriões da posição 05.11, todos da TIPI.
•• § 3.º com redação determinada pela Lei n. 11.196, de 21-11-2005.
§ 4.º Fica reduzida a 0 (zero) a alíquota da COFINS incidente sobre a receita de venda de livros técnicos e científicos, na forma estabelecida em ato conjunto do Ministério da Educação e da Secretaria da Receita Federal.
•• § 4.º acrescentado pela Lei n. 10.925, de 23-7-2004.
§ 5.º Excetua-se do disposto no *caput* deste artigo a receita bruta auferida por pessoa jurídica industrial estabelecida na Zona Franca de Manaus, decorrente da venda de produção própria, consoante projeto aprovado pelo Conselho de Administração da Superintendência da Zona Franca de Manaus – SUFRAMA, que fica sujeita, ressalvado o disposto nos §§ 1.º a 4.º deste artigo, às alíquotas de:
•• § 5.º, *caput*, acrescentado pela Lei n. 10.996, de 15-12-2004.
I – 3% (três por cento), no caso de venda efetuada a pessoa jurídica estabelecida:
•• Inciso I, *caput*, acrescentado pela Lei n. 10.996, de 15-12-2004.
a) na Zona Franca de Manaus; e
•• Alínea *a* acrescentada pela Lei n. 10.996, de 15-12-2004.
b) fora da Zona Franca de Manaus, que apure a COFINS no regime de não cumulatividade;

•• Alínea *b* acrescentada pela Lei n. 10.996, de 15-12-2004.
II – 6% (seis por cento), no caso de venda efetuada a:
•• Inciso II, *caput*, acrescentado pela Lei n. 10.996, de 15-12-2004.
a) pessoa jurídica estabelecida fora da Zona Franca de Manaus, que apure o imposto de renda com base no lucro presumido;
•• Alínea *a* acrescentada pela Lei n. 10.996, de 15-12-2004.
b) pessoa jurídica estabelecida fora da Zona Franca de Manaus, que apure o imposto de renda com base no lucro real e que tenha sua receita, total ou parcialmente, excluída do regime de incidência não cumulativa da COFINS;
•• Alínea *b* acrescentada pela Lei n. 10.996, de 15-12-2004.
c) pessoa jurídica estabelecida fora da Zona Franca de Manaus e que seja optante pelo Sistema Integrado de Pagamento de Impostos e Contribuições – SIMPLES; e
•• Alínea *c* acrescentada pela Lei n. 10.996, de 15-12-2004.
d) órgãos da administração federal, estadual, distrital e municipal.
•• Alínea *d* acrescentada pela Lei n. 10.996, de 15-12-2004.
§ 6.º O disposto no § 5.º também se aplica à receita bruta auferida por pessoa jurídica industrial ou comercial estabelecida nas Áreas de Livre Comércio de que tratam as Leis n. 7.965, de 22 de dezembro de 1989, 8.210, de 19 de julho de 1991, e 8.256, de 25 de novembro de 1991, o art. 11 da Lei n. 8.387, de 30 de dezembro de 1991, e a Lei n. 8.857, de 8 de março de 1994.
•• § 6.º acrescentado pela Lei n. 11.945, de 4-6-2009.
§ 7.º A exigência prevista no § 5.º deste artigo relativa ao projeto aprovado não se aplica às pessoas jurídicas comerciais referidas no § 6.º deste artigo.
•• § 7.º acrescentado pela Lei n. 11.945, de 4-6-2009.
Art. 3.º Do valor apurado na forma do art. 2.º a pessoa jurídica poderá descontar créditos calculados em relação a:
• *Vide* art. 30 da Lei n. 10.865, de 30-4-2004.
I – bens adquiridos para revenda, exceto em relação às mercadorias e aos produtos referidos:
•• Inciso I, *caput*, com redação determinada pela Lei n. 10.865, de 30-4-2004.
a) no inciso III do § 3.º do art. 1.º desta Lei; e
•• Alínea *a* com redação determinada pela Lei n. 11.727, de 23-6-2008.
•• *Vide* art. 41, IV, da Lei n. 11.727, de 23-6-2008.
b) nos §§ 1.º e 1.º-A do art. 2.º desta Lei;
•• Alínea *b* com redação determinada pela Lei n. 11.787, de 25-9-2008.
II – bens e serviços, utilizados como insumo na prestação de serviços e na produção ou fabricação de bens ou produtos destinados à venda, inclusive combustíveis e lubrificantes, exceto em relação ao pagamento de que trata o art. 2.º da Lei n. 10.485, de 3 de julho de 2002, devido pelo fabricante ou importador, ao concessionário, pela in-

termediação ou entrega dos veículos classificados nas posições 87.03 e 87.04 da TIPI;
•• Inciso II com redação determinada pela Lei n. 10.865, de 30-4-2004.
III – energia elétrica e energia térmica, inclusive sob a forma de vapor, consumidas nos estabelecimentos da pessoa jurídica;
•• Inciso III com redação determinada pela Lei n. 11.488, de 15-6-2007.
IV – aluguéis de prédios, máquinas e equipamentos, pagos a pessoa jurídica, utilizados nas atividades da empresa;
V – valor das contraprestações de operações de arrendamento mercantil de pessoa jurídica, exceto de optante pelo Sistema Integrado de Pagamento de Impostos e Contribuições das Microempresas e das Empresas de Pequeno Porte – SIMPLES;
•• Inciso V com redação determinada pela Lei n. 10.865, de 30-4-2004.
VI – máquinas, equipamentos e outros bens incorporados ao ativo imobilizado, adquiridos ou fabricados para locação a terceiros, ou para utilização na produção de bens destinados à venda ou na prestação de serviços;
•• Inciso VI com redação determinada pela Lei n. 11.196, de 21-11-2005.
•• *Vide* art. 132, III, *c*, da Lei n. 11.196, de 21-11-2005.
VII – edificações e benfeitorias em imóveis próprios ou de terceiros, utilizados nas atividades da empresa;
VIII – bens recebidos em devolução cuja receita de venda tenha integrado faturamento do mês ou de mês anterior, e tributada conforme o disposto nesta Lei;
IX – armazenagem de mercadoria e frete na operação de venda, nos casos dos incisos I e II, quando o ônus for suportado pelo vendedor;
X – vale-transporte, vale-refeição ou vale-alimentação, fardamento ou uniforme fornecidos aos empregados por pessoa jurídica que explore as atividades de prestação de serviços de limpeza, conservação e manutenção;
•• Inciso X acrescentado pela Lei n. 11.898, de 8-1-2009.
XI – bens incorporados ao ativo intangível, adquiridos para utilização na produção de bens destinados a venda ou na prestação de serviços.
•• Inciso XI acrescentado pela Lei n. 12.973, de 13-5-2014.
§ 1.º Observado o disposto no § 15 deste artigo, o crédito será determinado mediante a aplicação da alíquota prevista no *caput* do art. 2.º desta Lei sobre o valor:
•• § 1.º, *caput*, com redação determinada pela Lei n. 11.727, de 23-6-2008.
•• *Vide* art. 41, VII, da Lei n. 11.727, de 23-6-2008.
I – dos itens mencionados nos incisos I e II do *caput*, adquiridos no mês;
II – dos itens mencionados nos incisos III a V e IX do *caput*, incorridos no mês;
III – dos encargos de depreciação e amortização dos bens mencionados nos incisos VI, VII e XI do *caput*, incorridos no mês;

Lei n. 10.833, de 29-12-2003 – Legislação Tributária

•• Inciso III com redação determinada pela Lei n. 12.973, de 13-5-2014.

IV – dos bens mencionados no inciso VIII do *caput*, devolvidos no mês.

§ 2.º Não dará direito a crédito o valor:

•• § 2.º, *caput*, com redação determinada pela Lei n. 10.865, de 30-4-2004.

I – de mão de obra paga a pessoa física;

•• Inciso I com redação determinada pela Lei n. 14.592, de 30-5-2023.

II – da aquisição de bens ou serviços não sujeitos ao pagamento da contribuição, inclusive no caso de isenção, esse último quando revendidos ou utilizados como insumo em produtos ou serviços sujeitos à alíquota 0 (zero), isentos ou não alcançados pela contribuição; e

•• Inciso II com redação determinada pela Lei n. 14.592, de 30-5-2023.

III – do ICMS que tenha incidido sobre a operação de aquisição.

•• Inciso III acrescentado pela Lei n. 14.592, de 30-5-2023.

§ 3.º O direito ao crédito aplica-se, exclusivamente, em relação:

I – aos bens e serviços adquiridos de pessoa jurídica domiciliada no País;

II – aos custos e despesas incorridos, pagos ou creditados a pessoa jurídica domiciliada no País;

III – aos bens e serviços adquiridos e aos custos e despesas incorridos a partir do mês em que se iniciar a aplicação do disposto nesta Lei.

§ 4.º O crédito não aproveitado em determinado mês poderá sê-lo nos meses subsequentes.

§§ 5.º e 6.º (*Revogados pela Lei n. 10.925, de 23-7-2004.*)

§ 7.º Na hipótese de a pessoa jurídica sujeitar-se à incidência não cumulativa da COFINS, em relação apenas à parte de suas receitas, o crédito será apurado, exclusivamente, em relação aos custos, despesas e encargos vinculados a essas receitas.

§ 8.º Observadas as normas a serem editadas pela Secretaria da Receita Federal, no caso de custos, despesas e encargos vinculados às receitas referidas no § 7.º e àquelas submetidas ao regime de incidência cumulativa dessa contribuição, o crédito será determinado, a critério da pessoa jurídica, pelo método de:

I – apropriação direta, inclusive em relação aos custos, por meio de sistema de contabilidade de custos integrada e coordenada com a escrituração; ou

II – rateio proporcional, aplicando-se aos custos, despesas e encargos comuns a relação percentual existente entre a receita bruta sujeita à incidência não cumulativa e a receita bruta total, auferidas em cada mês.

§ 9.º O método eleito pela pessoa jurídica para determinação do crédito, na forma do § 8.º, será aplicado consistentemente por todo o ano-calendário e, igualmente, adotado na apuração do crédito relativo à contribuição para o PIS/PASEP não cumulativa, observadas as normas a serem editadas pela Secretaria da Receita Federal.

§ 10. O valor dos créditos apurados de acordo com este artigo não constitui receita bruta da pessoa jurídica, servindo somente para dedução do valor devido da contribuição.

§§ 11 e 12. (*Revogados pela Lei n. 10.925, de 23-7-2004.*)

§ 13. Deverá ser estornado o crédito da COFINS relativo a bens adquiridos para revenda ou utilizados como insumos na prestação de serviços e na produção ou fabricação de bens ou produtos destinados à venda, que tenham sido furtados ou roubados, inutilizados ou deteriorados, destruídos em sinistro ou, ainda, empregados em outros produtos que tenham tido a mesma destinação.

•• § 13 acrescentado pela Lei n. 10.865, de 30-4-2004.

§ 14. Opcionalmente, o contribuinte poderá calcular o crédito de que trata o inciso III do § 1.º deste artigo, relativo à aquisição de máquinas e equipamentos destinados ao ativo imobilizado, no prazo de 4 (quatro) anos, mediante a aplicação, a cada mês, das alíquotas referidas no *caput* do art. 2.º desta Lei sobre o valor correspondente a 1/48 (um quarenta e oito avos) do valor de aquisição do bem, de acordo com regulamentação da Secretaria da Receita Federal.

•• § 14 acrescentado pela Lei n. 10.865, de 30-4-2004.

§ 15. O crédito, na hipótese de aquisição, para revenda, de papel imune a impostos de que trata o art. 150, VI, *d* da Constituição Federal, quando destinado à impressão de periódicos, será determinado mediante a aplicação da alíquota prevista no § 2.º do art. 2.º desta Lei.

•• § 15 acrescentado pela Lei n. 10.865, de 30-4-2004.

§ 16. Opcionalmente, o sujeito passivo poderá calcular o crédito de que trata o inciso III do § 1.º deste artigo, relativo à aquisição de embalagens de vidro retornáveis classificadas no código 7010.90.21 da Tipi, destinadas ao ativo imobilizado, de acordo com regulamentação da Secretaria da Receita Federal do Brasil, no prazo de 12 (doze) meses, à razão de 1/12 (um doze avos).

•• § 16 com redação determinada pela Lei n. 13.097, de 19-1-2015.

I e II – (*Revogados pela Lei n. 13.097, de 19-1-2015.*)

§ 17. Ressalvado o disposto no § 2.º deste artigo e nos §§ 1.º a 3.º do art. 2.º desta Lei, na aquisição de mercadoria produzida por pessoa jurídica estabelecida na Zona Franca de Manaus, consoante projeto aprovado pelo Conselho de Administração da Superintendência da Zona Franca de Manaus (Suframa), o crédito será determinado mediante a aplicação da alíquota:

•• § 17, *caput*, com redação determinada pela Lei n. 12.507, de 11-10-2011.

I – de 5,60% (cinco inteiros e sessenta centésimos por cento), nas operações com os bens referidos no inciso VI do art. 28 da Lei n. 11.196, de 21 de novembro de 2005;

•• Inciso I acrescentado pela Lei n. 12.507, de 11-10-2011.

II – de 7,60% (sete inteiros e sessenta centésimos por cento), na situação de que trata a alínea *b* do inciso II do § 5.º do art. 2.º desta Lei; e

•• Inciso II acrescentado pela Lei n. 12.507, de 11-10-2011.

III – de 4,60% (quatro inteiros e sessenta centésimos por cento), nos demais casos.

•• Inciso III acrescentado pela Lei n. 12.507, de 11-10-2011.

§ 18. No caso de devolução de vendas efetuadas em períodos anteriores, o crédito calculado mediante a aplicação da alíquota incidente na venda será apropriado no mês do recebimento da devolução.

•• § 18 com redação determinada pela Lei n. 11.727, de 23-6-2008.

•• Vide art. 41, IV, da Lei n. 11.727, de 23-6-2008.

§ 19. As pessoas jurídicas que contratem serviço de transporte de carga prestado por:

•• § 19, *caput*, com redação determinada pela Lei n. 14.440, de 2-9-2022, originariamente vetado, todavia promulgado em 22-12-2022.

I – pessoa física, transportador autônomo, poderá descontar, da Cofins devida em cada período de apuração, crédito presumido calculado sobre o valor dos pagamentos efetuados por esses serviços;

•• Inciso I acrescentado pela Lei n. 11.051, de 29-12-2004.

II – pessoa jurídica transportadora, optante pelo SIMPLES, poderá descontar, da Cofins devida em cada período de apuração, crédito calculado sobre o valor dos pagamentos efetuados por esses serviços.

•• Inciso II acrescentado pela Lei n. 11.051, de 29-12-2004.

§ 20. Relativamente aos créditos referidos no § 19 deste artigo, seu montante será determinado mediante aplicação, sobre o valor dos mencionados pagamentos, de alíquota correspondente a 75% (setenta e cinco por cento) daquela constante do art. 2.º desta Lei.

•• § 20 acrescentado pela Lei n. 11.051, de 29-12-2004.

§ 21. Não integram o valor das máquinas, equipamentos e outros bens fabricados para incorporação ao ativo imobilizado na forma do inciso VI do *caput* deste artigo os custos de que tratam os incisos do § 2.º deste artigo.

•• § 21 acrescentado pela Lei n. 11.196, de 21-11-2005.

•• Vide art. 132, III, *c*, da Lei n. 11.196, de 21-11-2005.

•• A Medida Provisória n. 413, de 3-1-2008, acrescentou o § 22 a este artigo. A sua conversão na Lei n. 11.727, de 23-6-2008, não dispõe sobre esse acréscimo.

§ 23. O disposto no § 17 deste artigo também se aplica na hipótese de aquisição de mercadoria produzida por pessoa jurídica estabelecida nas Áreas de Livre Comércio de que tratam as Leis n. 7.965, de 22 de dezembro de 1989, 8.210, de 19 de julho de 1991, e

8.256, de 25 de novembro de 1991, o art. 11 da Lei n. 8.387, de 30 de dezembro de 1991, e a Lei n. 8.857, de 8 de março de 1994.
•• § 23 acrescentado pela Lei n. 11.945, de 4-6-2009.
• Numeração conforme publicação oficial.

§ 24. Ressalvado o disposto no § 2.º deste artigo e nos §§ 1.º a 3.º do art. 2.º desta Lei, na hipótese de aquisição de mercadoria revendida por pessoa jurídica comercial estabelecida nas Áreas de Livre Comércio referidas no § 23 deste artigo, o crédito será determinado mediante a aplicação da alíquota de 3% (três por cento).
•• § 24 acrescentado pela Lei n. 11.945, de 4-6-2009.
• Numeração conforme publicação oficial.

§ 25. No cálculo do crédito de que tratam os incisos do *caput*, poderão ser considerados os valores decorrentes do ajuste a valor presente de que trata o inciso III do *caput* do art. 184 da Lei n. 6.404, de 15 de dezembro de 1976.
•• § 25 acrescentado pela Lei n. 12.973, de 13-5-2014.

§ 26. O disposto nos incisos VI e VII do *caput* não se aplica no caso de bem objeto de arrendamento mercantil, na pessoa jurídica arrendatária.
•• § 26 acrescentado pela Lei n. 12.973, de 13-5-2014.

§ 27. Para fins do disposto nos incisos VI e VII do *caput*, fica vedado o desconto de quaisquer créditos calculados em relação a:
•• § 27, *caput*, acrescentado pela Lei n. 12.973, de 13-5-2014.

I – encargos associados a empréstimos registrados como custo na forma da alínea *b* do § 1.º do art. 17 do Decreto-lei n. 1.598, de 26 de dezembro de 1977; e
•• Inciso I acrescentado pela Lei n. 12.973, de 13-5-2014.

II – custos estimados de desmontagem e remoção do imobilizado e de restauração do local em que estiver situado.
•• Inciso II acrescentado pela Lei n. 12.973, de 13-5-2014.

§ 28. No cálculo dos créditos a que se referem os incisos VI e VII do *caput*, não serão computados os ganhos e perdas decorrentes de avaliação de ativo com base no valor justo.
•• § 28 acrescentado pela Lei n. 12.973, de 13-5-2014.

§ 29. Na execução de contratos de concessão de serviços públicos, os créditos gerados pelos serviços de construção, recuperação, reforma, ampliação ou melhoramento de infraestrutura, quando a receita correspondente tiver contrapartida em ativo intangível, representativo de direito de exploração, ou em ativo financeiro, somente poderão ser aproveitados, no caso do ativo intangível, à medida que este for amortizado e, no caso do ativo financeiro, na proporção de seu recebimento, excetuado, para ambos os casos, o crédito previsto no inciso VI do *caput*.

•• § 29 acrescentado pela Lei n. 12.973, de 13-5-2014.

§ 30. O disposto no inciso XI do *caput* não se aplica ao ativo intangível referido no § 29.
•• § 30 acrescentado pela Lei n. 12.973, de 13-5-2014.
•• A Lei n. 13.097, de 19-1-2015, propôs o acréscimo do § 31, todavia a alteração sofreu veto presidencial.

Art. 4.º A pessoa jurídica que adquirir imóvel para venda ou promover empreendimento de desmembramento ou loteamento de terrenos, incorporação imobiliária ou construção de prédio destinado a venda, utilizará o crédito referente aos custos vinculados à unidade construída ou em construção, a ser descontado na forma do art. 3.º, somente a partir da efetivação da venda.

§ 1.º Na hipótese de venda de unidade imobiliária não concluída, a pessoa jurídica poderá utilizar crédito presumido, em relação ao custo orçado de que trata a legislação do imposto de renda.

§ 2.º O crédito presumido será calculado mediante a aplicação da alíquota de que trata o art. 2.º sobre o valor do custo orçado para conclusão da obra ou melhoramento, ajustado pela exclusão dos valores a serem pagos a pessoa física, encargos trabalhistas, sociais e previdenciários, e dos bens e serviços, acrescidos dos tributos incidentes na importação, adquiridos de pessoa física ou jurídica residente ou domiciliada no exterior.

§ 3.º O crédito a ser descontado na forma do *caput* e o crédito presumido apurado na forma do § 2.º deverão ser utilizados na proporção da receita relativa à venda da unidade imobiliária, à medida do recebimento.

§ 4.º Ocorrendo modificação do valor do custo orçado, antes do término da obra ou melhoramento, nas hipóteses previstas na legislação do imposto de renda, o novo valor orçado deverá ser considerado para efeito do disposto nos §§ 2.º e 3.º.

§ 5.º A pessoa jurídica que utilizar o crédito presumido de que trata este artigo determinará, na data da conclusão da obra ou melhoramento, a diferença entre o custo orçado e o efetivamente realizado, apurados na forma da legislação do imposto de renda, com os ajustes previstos no § 2.º:

I – se o custo realizado for inferior ao custo orçado, em mais de 15% (quinze por cento) deste, considerar-se-á como postergada a contribuição incidente sobre a diferença;

II – se o custo realizado for inferior ao custo orçado, em até 15% (quinze por cento) deste, a contribuição incidente sobre a diferença será devida a partir da data da conclusão, sem acréscimos legais;

III – se o custo realizado for superior ao custo orçado, a pessoa jurídica terá direito ao crédito correspondente à diferença, no período de apuração em que ocorrer a conclusão, sem acréscimos.

§ 6.º A diferença de custo a que se refere o § 5.º será, no período de apuração em que ocorrer a conclusão da obra ou melhoramento, adicionada ou subtraída, conforme o caso, no cálculo do crédito a ser descontado na forma do art. 3.º, devendo ainda, em relação à contribuição considerada postergada, de acordo com o inciso I, ser recolhidos os acréscimos referentes a juros de mora e multa, de mora ou de ofício, calculados na forma da legislação que rege a cobrança da contribuição não paga.

§ 7.º Se a venda de unidade imobiliária não concluída ocorrer antes de iniciada a apuração da COFINS na forma do art. 2.º, o custo orçado poderá ser calculado na data de início dessa apuração, para efeito do disposto nos §§ 2.º e 3.º, observado, quanto aos custos incorridos até essa data, o disposto no § 4.º do art. 12.

§ 8.º O disposto neste artigo não se aplica às vendas anteriores à vigência da Medida Provisória n. 2.221, de 4 de setembro de 2001.
•• Citada Medida Provisória foi revogada pela Lei n. 10.931, de 2-8-2004, constante neste volume.

§ 9.º Os créditos referentes a unidades imobiliárias recebidas em devolução, calculados com observância do disposto neste artigo, serão estornados na data do desfazimento do negócio.
•• *Vide* art. 93, I, desta Lei.

Art. 5.º O contribuinte da COFINS é a pessoa jurídica que auferir as receitas a que se refere o art. 1.º.
•• *Vide* art. 93, I, desta Lei.

Art. 6.º A COFINS não incidirá sobre as receitas decorrentes das operações de:

I – exportação de mercadorias para o exterior;

II – prestação de serviços para pessoa física ou jurídica residente ou domiciliada no exterior, cujo pagamento represente ingresso de divisas;
•• Inciso II com redação determinada pela Lei n. 10.865, de 30-4-2004.
• *Vide* art. 10 da Lei n. 11.371, de 28-11-2006.

III – vendas a empresa comercial exportadora com o fim específico de exportação.
•• A Lei n. 13.169, de 6-10-2015, propôs o acréscimo do inciso IV ao *caput* deste artigo, todavia a alteração sofreu veto presidencial.

§ 1.º Na hipótese deste artigo, a pessoa jurídica vendedora poderá utilizar o crédito apurado na forma do art. 3.º, para fins de:

I – dedução do valor da contribuição a recolher, decorrente das demais operações no mercado interno;

II – compensação com débitos próprios, vencidos ou vincendos, relativos a tributos e contribuições administrados pela Secretaria da Receita Federal, observada a legislação específica aplicável à matéria.

§ 2.º A pessoa jurídica que, até o final de cada trimestre do ano civil, não conseguir utilizar o crédito por qualquer das formas previstas no § 1.º poderá solicitar o seu ressarcimento em dinheiro, observada a legislação específica aplicável à matéria.

§ 3.º O disposto nos §§ 1.º e 2.º aplica-se somente aos créditos apurados em relação a custos, despesas e encargos vinculados à receita de exportação, observado o disposto nos §§ 8.º e 9.º do art. 3.º.

§ 4.º O direito de utilizar o crédito de acordo com o § 1.º não beneficia a empresa comercial exportadora que tenha adquirido mercadorias com o fim previsto no inciso III do *caput*, ficando vedada, nesta hipótese, a apuração de créditos vinculados à receita de exportação.

•• *Vide* art. 93, I, desta Lei.

•• A Lei n. 13.169, de 6-10-2015, propôs o acréscimo do § 5.º a este artigo, todavia a alteração sofreu veto presidencial.

Art. 7.º No caso de construção por empreitada ou de fornecimento a preço predeterminado de bens ou serviços, contratados por pessoa jurídica de direito público, empresa pública, sociedade de economia mista ou suas subsidiárias, a pessoa jurídica optante pelo regime previsto no art. 7.º da Lei n. 9.718, de 27 de novembro de 1998, somente poderá utilizar o crédito a ser descontado na forma do art. 3.º, na proporção das receitas efetivamente recebidas.

•• *Vide* art. 93, I, desta Lei.

Art. 8.º A contribuição incidente na hipótese de contratos, com prazo de execução superior a 1 (um) ano, de construção por empreitada ou de fornecimento, a preço predeterminado, de bens ou serviços a serem produzidos, será calculada sobre a receita apurada de acordo com os critérios de reconhecimento adotados pela legislação do imposto de renda, previstos para a espécie de operação.

Parágrafo único. O crédito a ser descontado na forma do art. 3.º somente poderá ser utilizado na proporção das receitas reconhecidas nos termos do *caput*.

•• *Vide* art. 93, I, desta Lei.

Art. 9.º A empresa comercial exportadora que houver adquirido mercadorias de outra pessoa jurídica, com o fim específico de exportação para o exterior, que, no prazo de 180 (cento e oitenta) dias, contados da data da emissão da nota fiscal pela vendedora, não comprovar o seu embarque para o exterior, ficará sujeita ao pagamento de todos os impostos e contribuições que deixaram de ser pagos pela empresa vendedora, acrescidos de juros de mora e multa, de mora ou de ofício, calculados na forma da legislação que rege a cobrança do tributo não pago.

§ 1.º Para efeito do disposto neste artigo, considera-se vencido o prazo para o pagamento na data em que a empresa vendedora deveria fazê-lo, caso a venda houvesse sido efetuada para o mercado interno.

§ 2.º No pagamento dos referidos tributos, a empresa comercial exportadora não poderá deduzir, do montante devido, qualquer valor a título de crédito de Imposto sobre Produtos Industrializados – IPI, ou da COFINS, decorrente da aquisição das mercadorias e serviços objeto da incidência.

§ 3.º A empresa deverá pagar, também, os impostos e contribuições devidos nas vendas para o mercado interno, caso, por qualquer forma, tenha alienado ou utilizado as mercadorias.

•• *Vide* art. 93, I, desta Lei.

Art. 10. Permanecem sujeitas às normas da legislação da COFINS, vigentes anteriormente a esta Lei, não se lhes aplicando as disposições dos arts. 1.º a 8.º:

I – as pessoas jurídicas referidas nos §§ 6.º, 8.º e 9.º do art. 3.º da Lei n. 9.718, de 27 de novembro de 1998, e na Lei que institui o Estatuto da Segurança Privada e da Segurança das Instituições Financeiras;

• Inciso I com redação determinada pela Lei n. 14.967, de 9-9-2024.
• A Lei n. 14.967, de 9-9-2024, institui o Estatuto da Segurança Privada e da Segurança das Instituições Financeiras.

II – as pessoas jurídicas tributadas pelo imposto de renda com base no lucro presumido ou arbitrado;

III – as pessoas jurídicas optantes pelo SIMPLES;

IV – as pessoas jurídicas imunes a impostos;

V – os órgãos públicos, as autarquias e fundações públicas federais, estaduais e municipais, e as fundações cuja criação tenha sido autorizada por lei, referidas no art. 61 do Ato das Disposições Constitucionais Transitórias da Constituição;

VI – sociedades cooperativas, exceto as de produção agropecuária, sem prejuízo das deduções de que trata o art. 15 da Medida Provisória n. 2.158-35, de 24 de agosto de 2001, e o art. 17 da Lei n. 10.684, de 30 de maio de 2003, não lhes aplicando as disposições do § 7.º do art. 3.º das Leis n. 10.637, de 30 de dezembro de 2002, e 10.833, de 29 de dezembro de 2003, e as de consumo;

•• Inciso VI com redação determinada pela Lei n. 10.865, de 30-4-2004.

VII – as receitas decorrentes das operações:

a) (*Revogada pela Lei n. 11.727, de 23-6-2008.*)

b) sujeitas à substituição tributária da COFINS;

c) referidas no art. 5.º da Lei n. 9.716, de 26 de novembro de 1998;

VIII – as receitas decorrentes de prestação de serviços de telecomunicações;

IX – as receitas decorrentes de venda de jornais e periódicos e de prestação de serviços das empresas jornalísticas e de radiodifusão sonora e de sons e imagens;

•• Inciso IX com redação determinada pela Lei n. 10.865, de 30-4-2004.

X – as receitas submetidas ao regime especial de tributação previsto no art. 47 da Lei n. 10.637, de 30 de dezembro de 2002;

XI – as receitas relativas a contratos firmados anteriormente a 31 de outubro de 2003:

a) com prazo superior a 1 (um) ano, de administradoras de planos de consórcios de bens móveis e imóveis, regularmente autorizadas a funcionar pelo Banco Central;

b) com prazo superior a 1 (um) ano, de construção por empreitada ou de fornecimento, a preço predeterminado, de bens ou serviços;

c) de construção por empreitada ou de fornecimento, a preço predeterminado, de bens ou serviços contratados com pessoa jurídica de direito público, empresa pública, sociedade de economia mista ou suas subsidiárias, bem como os contratos posteriormente firmados decorrentes de propostas apresentadas, em processo licitatório, até aquela data;

XII – as receitas decorrentes de prestação de serviços de transporte coletivo rodoviário, metroviário, ferroviário e aquaviário de passageiros;

XIII – as receitas decorrentes de serviços:

•• Inciso XIII, *caput*, com redação determinada pela Lei n. 10.865, de 30-4-2004.

a) prestados por hospital, pronto-socorro, clínica médica, odontológica, de fisioterapia e de fonoaudiologia, e laboratório de anatomia patológica, citológica ou de análises clínicas; e

•• Alínea *a* acrescentada pela Lei n. 10.865, de 30-4-2004.
•• A Lei n. 12.973, de 13-5-2014, propôs nova redação para esta alínea, porém teve seu texto vetado.

b) de diálise, raios X, radiodiagnóstico e radioterapia, quimioterapia e de banco de sangue;

•• Alínea *b* acrescentada pela Lei n. 10.865, de 30-4-2004.

XIV – as receitas decorrentes de prestação de serviços de educação infantil, ensinos fundamental e médio e educação superior;

XV – as receitas decorrentes de vendas de mercadorias realizadas pelas pessoas jurídicas referidas no art. 15 do Decreto-lei n. 1.455, de 7 de abril de 1976;

•• Inciso XV acrescentado pela Lei n. 10.865, de 30-4-2004.

XVI – as receitas decorrentes de prestação de serviço de transporte coletivo de passageiros, efetuado por empresas regulares de linhas aéreas domésticas, e as decorrentes da prestação de serviço de transporte de pessoas por empresas de táxi aéreo;

•• Inciso XVI acrescentado pela Lei n. 10.865, de 30-4-2004.

XVII – as receitas auferidas por pessoas jurídicas, decorrentes da edição de periódicos e de informações neles contidas, que sejam relativas aos assinantes dos serviços públicos de telefonia;

•• Inciso XVII acrescentado pela Lei n. 10.865, de 30-4-2004.

XVIII – as receitas decorrentes de prestação de serviços com aeronaves de uso agrícola inscritas no Registro Aeronáutico Brasileiro (RAB);

•• Inciso XVIII acrescentado pela Lei n. 10.865, de 30-4-2004.

XIX – as receitas decorrentes de prestação de serviços das empresas de *call center*, *telemarketing*, telecobrança e de teleatendimento em geral;

•• Inciso XIX acrescentado pela Lei n. 10.865, de 30-4-2004.

XX – as receitas decorrentes da execução por administração, empreitada ou subempreitada, de obras de construção civil;

•• Inciso XX acrescentado pela Lei n. 13.043, de 13-11-2014.

XXI – as receitas auferidas por parques temáticos, e as decorrentes de serviços de hotelaria e de organização de feiras e eventos, conforme definido em ato conjunto dos Ministérios da Fazenda e do Turismo;

•• Inciso XXI acrescentado pela Lei n. 10.865, de 30-4-2004.

XXII – as receitas decorrentes da prestação de serviços postais e telegráficos prestados pela Empresa Brasileira de Correios e Telégrafos;

•• Inciso XXII acrescentado pela Lei n. 10.925, de 23-7-2004.

XXIII – as receitas decorrentes de prestação de serviços públicos de concessionárias operadoras de rodovias;

•• Inciso XXIII acrescentado pela Lei n. 10.925, de 23-7-2004.

XXIV – as receitas decorrentes da prestação de serviços das agências de viagem e de viagens e turismo;

•• Inciso XXIV acrescentado pela Lei n. 10.925, de 23-7-2004.

XXV – as receitas auferidas por empresas de serviços de informática, decorrentes das atividades de desenvolvimento de *software* e o seu licenciamento ou cessão de direito de uso, bem como de análise, programação, instalação, configuração, assessoria, consultoria, suporte técnico e manutenção ou atualização de *software*, compreendidas ainda como *softwares* as páginas eletrônicas;

•• Inciso XXV acrescentado pela Lei n. 11.051, de 29-12-2004.

XXVI – as receitas relativas às atividades de revenda de imóveis, desmembramento ou loteamento de terrenos, incorporação imobiliária e construção de prédio destinado à venda, quando decorrentes de contratos de longo prazo firmados antes de 31 de outubro de 2003;

•• Inciso XXVI acrescentado pela Lei n. 11.196, de 21-11-2005.
•• *Vide* art. 132, II, *b*, da Lei n. 11.196, de 21-11-2005.

XXVII – (Vetado.)

•• Inciso XXVII acrescentado pela Lei n. 11.196, de 21-11-2005.

XXVIII – (*Vetado*.)

•• Inciso XXVIII acrescentado pela Lei n. 12.766, de 27-12-2012.

XXIX – as receitas decorrentes de operações de comercialização de pedra britada, de areia para construção civil e de areia de brita;

•• Inciso XXIX acrescentado pela Lei n. 12.766, de 27-12-2012.

XXX – as receitas decorrentes da alienação de participações societárias.

•• Inciso XXX acrescentado pela Lei n. 13.043, de 13-11-2014

§ 1.º Ficam convalidados os recolhimentos efetuados de acordo com a atual redação do inciso IX deste artigo.

•• Primitivo parágrafo único renumerado pela Lei n. 11.051, de 29-12-2004.

§ 2.º O disposto no inciso XXV do *caput* deste artigo não alcança a comercialização, licenciamento ou cessão de direito de uso de *software* importado.

•• § 2.º acrescentado pela Lei n. 11.051, de 29-12-2004.

Art. 11. A contribuição de que trata o art. 1.º desta Lei deverá ser paga até o 25.º (vigésimo quinto) dia do mês subsequente ao de ocorrência do fato gerador.

•• *Caput* com redação determinada pela Lei n. 11.933, de 28-4-2009.

Parágrafo único. Se o dia do vencimento de que trata o *caput* deste artigo não for dia útil, considerar-se-á antecipado o prazo para o primeiro dia útil que o anteceder.

•• Parágrafo único acrescentado pela Lei n. 11.933, de 28-4-2009.

Art. 12. A pessoa jurídica contribuinte da COFINS, submetida à apuração do valor devido na forma do art. 3.º, terá direito a desconto correspondente ao estoque de abertura dos bens de que tratam os incisos I e II daquele mesmo artigo, adquiridos de pessoa jurídica domiciliada no País, existentes na data de início da incidência desta contribuição de acordo com esta Lei.

§ 1.º O montante de crédito presumido será igual ao resultado da aplicação do percentual de 3% (três por cento) sobre o valor do estoque.

§ 2.º O crédito presumido calculado segundo os §§ 1.º, 9.º e 10 deste artigo será utilizado em 12 (doze) parcelas mensais, iguais e sucessivas, a partir da data a que se refere o *caput* deste artigo.

•• § 2.º com redação determinada pela Lei n. 10.925, de 23-7-2004.

§ 3.º O disposto no *caput* aplica-se também aos estoques de produtos acabados e em elaboração.

§ 4.º A pessoa jurídica referida no art. 4.º que, antes da data de início da vigência da incidência não cumulativa da COFINS, tenha incorrido em custos com unidade imobiliária construída ou em construção poderá calcular crédito presumido, naquela data, observado:

I – no cálculo do crédito será aplicado o percentual previsto no § 1.º sobre o valor dos bens e dos serviços, inclusive combustíveis e lubrificantes, adquiridos de pessoas jurídicas domiciliadas no País, utilizados como insumo na construção;

II – o valor do crédito presumido apurado na forma deste parágrafo deverá ser utilizado na proporção da receita relativa à venda da unidade imobiliária, à medida do recebimento.

§ 5.º A pessoa jurídica que, tributada com base no lucro presumido ou optante pelo SIMPLES, passar a ser tributada com base no lucro real, na hipótese de sujeitar-se à incidência não cumulativa da COFINS, terá direito ao aproveitamento do crédito presumido na forma prevista neste artigo, calculado sobre o estoque de abertura, devidamente comprovado, na data da mudança do regime de tributação adotado para fins do imposto de renda.

§ 6.º Os bens recebidos em devolução, tributados antes do início da aplicação desta Lei, ou da mudança do regime de tributação de que trata o § 5.º, serão considerados como integrantes do estoque de abertura referido no *caput*, devendo o crédito ser utilizado na forma do § 2.º a partir da data da devolução.

•• *Vide* art. 93, I, desta Lei.

§ 7.º O disposto neste artigo aplica-se, também, aos estoques de produtos que não geraram crédito na aquisição, em decorrência do disposto nos §§ 7.º a 9.º do art. 3.º desta Lei, destinados à fabricação dos produtos de que tratam as Leis n. 9.990, de 21 de julho de 2000, 10.147, de 21 de dezembro de 2000, 10.485, de 3 de julho de 2002, e 10.560, de 13 de novembro de 2002, ou quaisquer outros submetidos à incidência monofásica da contribuição.

•• § 7.º acrescentado pela Lei n. 10.865, de 30-4-2004.
•• *Vide* art. 46, I, da Lei n. 10.865, de 30-4-2004.

§ 8.º As disposições do § 7.º deste artigo não se aplicam aos estoques de produtos adquiridos à alíquota 0 (zero), isentos ou não alcançados pela incidência da contribuição.

•• § 8.º acrescentado pela Lei n. 10.865, de 30-4-2004.
•• *Vide* art. 46, I, da Lei n. 10.865, de 30-4-2004.

§ 9.º O montante do crédito presumido de que trata o § 7.º deste artigo será igual ao resultado da aplicação do percentual de 7,6% (sete inteiros e seis décimos por cento) sobre o valor do estoque.

•• § 9.º acrescentado pela Lei n. 10.865, de 30-4-2004.
•• *Vide* art. 46, I, da Lei n. 10.865, de 30-4-2004.

§ 10. O montante do crédito presumido de que trata o § 7.º deste artigo, relativo às pessoas jurídicas referidas no art. 51 desta Lei, será igual ao resultado da aplicação da alíquota de 3% (três por cento) sobre o valor dos bens em estoque adquiridos até 31 de janeiro de 2004, e de 7,6% (sete inteiros e seis décimos por cento) sobre o valor dos bens em estoque adquiridos a partir de 1.º de fevereiro de 2004.

•• § 10 com redação determinada pela Lei n. 10.925, de 23-7-2004.

Art. 13. O aproveitamento de crédito na forma do § 4.º do art. 3.º, do art. 4.º e dos §§ 1.º e 2.º do art. 6.º, bem como do § 2.º e inciso II do § 4.º e § 5.º do art. 12, não en-

sejará atualização monetária ou incidência de juros sobre os respectivos valores.
•• Vide art. 93, I, desta Lei.

Art. 14. O disposto nas Leis n. 9.363, de 13 de dezembro de 1996, e 10.276, de 10 de setembro de 2001, não se aplica à pessoa jurídica submetida à apuração do valor devido na forma dos arts. 2.º e 3.º desta Lei e dos arts. 2.º e 3.º da Lei n. 10.637, de 30 de dezembro de 2002.
•• Vide art. 93, I, desta Lei.

Art. 15. Aplica-se à contribuição para o PIS/PASEP não cumulativa de que trata a Lei n. 10.637, de 30 de dezembro de 2002, o disposto:
•• Caput com redação determinada pela Lei n. 10.865, de 30-4-2004.

I – nos incisos I e II do § 3.º do art. 1.º desta Lei;
•• Inciso I acrescentado pela Lei n. 10.865, de 30-4-2004.

II – nos incisos VI, VII e IX do caput e nos §§ 1.º e 10 a 20 do art. 3.º desta Lei;
•• Inciso II com redação determinada pela Lei n. 11.051, de 29-12-2004.

III – nos §§ 3.º e 4.º do art. 6.º desta Lei;
•• Inciso III acrescentado pela Lei n. 10.865, de 30-4-2004.

IV – nos arts. 7.º e 8.º desta Lei;
•• Inciso IV acrescentado pela Lei n. 10.865, de 30-4-2004.

V – nos incisos VI, IX a XXVII do caput e nos §§ 1.º e 2.º do art. 10 desta Lei;
•• Inciso V com redação determinada pela Lei n. 11.196, de 21-11-2005.
•• Vide art. 132, II, b, da Lei n. 11.196, de 21-11-2005.

VI – no art. 13 desta Lei.
•• Inciso VI acrescentado pela Lei n. 10.865, de 30-4-2004.

Art. 16. O disposto no art. 4.º e no § 4.º do art. 12 aplica-se, a partir de 1.º de janeiro de 2003, à contribuição para o PIS/PASEP não cumulativa, de que trata a Lei n. 10.637, de 30 de dezembro de 2002, com observância das alíquotas de 1,65% (um inteiro e sessenta e cinco centésimos por cento) e de 0,65% (sessenta e cinco centésimos por cento) em relação à apuração na forma dos referidos artigos, respectivamente.

Parágrafo único. O tratamento previsto no inciso II do caput do art. 3.º e nos §§ 5.º e 6.º do art. 12 aplica-se também à contribuição para o PIS/PASEP não cumulativa na forma e a partir da data prevista no caput.

Capítulo II
DAS OUTRAS DISPOSIÇÕES RELATIVAS À LEGISLAÇÃO TRIBUTÁRIA

Art. 17. O art. 74 da Lei n. 9.430, de 27 de dezembro de 1996, alterado pelo art. 49 da Lei n. 10.637, de 30 de dezembro de 2002, passa a vigorar com a seguinte redação:
•• Alteração já processada no diploma modificado.

Art. 18. O lançamento de ofício de que trata o art. 90 da Medida Provisória n. 2.158-35, de 24 de agosto de 2001, limitar-se-á à imposição de multa isolada em razão de não homologação da compensação quando se comprove falsidade da declaração apresentada pelo sujeito passivo.
•• Caput com redação determinada pela Lei n. 11.488, de 15-6-2007.
• Dispõe o art. 90 da Medida Provisória n. 2.158-35, de 24-8-2001: "Serão objeto de lançamento de ofício as diferenças apuradas, em declaração prestada pelo sujeito passivo, decorrentes de pagamento, parcelamento, compensação ou suspensão de exigibilidade, indevidos ou não comprovados, relativamente aos tributos e às contribuições administrados pela Secretaria da Receita Federal".

§ 1.º Nas hipóteses de que trata o caput, aplica-se ao débito indevidamente compensado o disposto nos §§ 6.º a 11 do art. 74 da Lei n. 9.430, de 27 de dezembro de 1996.

§ 2.º A multa isolada a que se refere o caput deste artigo será aplicada no percentual previsto no inciso I do caput do art. 44 da Lei n. 9.430, de 27 de dezembro de 1996, aplicado em dobro, e terá como base de cálculo o valor total do débito indevidamente compensado.
•• § 2.º com redação determinada pela Lei n. 11.488, de 15-6-2007.

§ 3.º Ocorrendo manifestação de inconformidade contra a não homologação da compensação e impugnação quanto ao lançamento das multas a que se refere este artigo, as peças serão reunidas em um único processo para serem decididas simultaneamente.

§ 4.º Será também exigida multa isolada sobre o valor total do débito indevidamente compensado quando a compensação for considerada não declarada nas hipóteses do inciso II do § 12 do art. 74 da Lei n. 9.430, de 27 de dezembro de 1996, aplicando-se o percentual previsto no inciso I do caput do art. 44 da Lei n. 9.430, de 27 de dezembro de 1996, duplicado na forma de seu § 1.º, quando for o caso.
•• § 4.º com redação determinada pela Lei n. 11.488, de 15-6-2007.

§ 5.º Aplica-se o disposto no § 2.º do art. 44 da Lei n. 9.430, de 27 de dezembro de 1996, às hipóteses previstas nos §§ 2.º e 4.º deste artigo.
•• § 5.º com redação determinada pela Lei n. 11.488, de 15-6-2007.

§ 6.º O disposto neste artigo aplica-se, inclusive, à compensação de que trata o inciso I do caput do art. 26-A da Lei n. 11.457, de 16 de março de 2007.
•• § 6.º acrescentado pela Lei n. 13.670, de 30-5-2018.

Art. 19. O art. 8.º da Lei n. 9.317, de 5 de dezembro de 1996, passa a vigorar acrescido do seguinte § 6.º:
•• Alteração prejudicada pela revogação da Lei n. 9.317, de 5-12-1996, pela Lei Complementar n. 123, de 14-12-2006.

....

Art. 22. As sociedades cooperativas que se dedicam a vendas em comum, referidas no art. 82 da Lei n. 5.764, de 16 de dezembro de 1971, e que recebam para comercialização a produção de seus associados, são responsáveis pelo recolhimento da Contribuição de Intervenção no Domínio Econômico – CIDE, incidente sobre a comercialização de álcool etílico combustível, observadas as normas estabelecidas na Lei n. 10.336, de 19 de dezembro de 2001.
• O art. 82 da Lei n. 5.764, de 16-12-1971, dispõe sobre o sistema operacional das cooperativas.

Art. 23. A incidência da CIDE, nos termos do art. 3.º, V, da Lei n. 10.336, de 19 de dezembro de 2001, da contribuição para o PIS/PASEP e da COFINS, nos termos do art. 4.º, III, e art. 6.º, caput, da Lei n. 9.718, de 27 de novembro de 1998, com a redação dada pela Lei n. 9.990, de 21 de julho de 2000, sobre os gases liquefeitos de petróleo, classificados na subposição 2711.1 da NCM, não alcança os produtos classificados no código 2711.11.00.
•• **A Lei Complementar n. 214, de 16-1-2025, deu nova redação a este artigo, com produção de efeitos a partir de 1.º-1-2027:** "Art. 23. A incidência da CIDE, nos termos do inciso V do art. 3.º da Lei n. 10.336, de 19 de dezembro de 2001, sobre os gases liquefeitos de petróleo, classificados na subposição 2711.1 da Nomenclatura Comum do Mercosul - NCM, não alcança os produtos classificados no código 2711.11.00".

Art. 24. O disposto no § 2.º, I e II, do art. 14 da Medida Provisória n. 2.158-35, de 24 de agosto de 2001, não se aplica às vendas enquadradas nas hipóteses previstas nos incisos IV, VI, VIII e IX de seu caput.

Art. 25. A pessoa jurídica encomendante, no caso de industrialização por encomenda, sujeita-se, conforme o caso, às alíquotas previstas nas alíneas a ou b do inciso I do art. 1.º da Lei n. 10.147, de 21 de dezembro de 2000, e alterações posteriores, incidentes sobre a receita bruta decorrente da venda dos produtos nelas referidos.
•• Caput com redação determinada pela Lei n. 10.865, de 30-4-2004.
•• A Lei Complementar n. 214, de 16-1-2025, revoga este artigo a partir de 1.º-1-2027.

Parágrafo único. Na hipótese a que se refere o caput:

I – as alíquotas da contribuição para o PIS/PASEP e da COFINS aplicáveis à pessoa jurídica executora da encomenda ficam reduzidas a 0 (zero); e

II – o crédito presumido de que trata o art. 3.º da Lei n. 10.147, de 21 de dezembro de 2000, quando for o caso, será atribuído à pessoa jurídica encomendante.

Art. 26. O adquirente, pessoa física ou jurídica residente ou domiciliada no Brasil, ou o procurador, quando o adquirente for residente ou domiciliado no exterior, fica responsável pela retenção e recolhimento do imposto de renda incidente sobre o ganho de capital a que se refere o art. 18 da Lei n. 9.249, de 26 de dezembro de 1995, auferido por pessoa física ou jurídica residente ou domiciliada no exterior que alienar bens localizados no Brasil.

•• *Vide* art. 93, II, desta Lei.

Art. 27. O imposto de renda sobre os rendimentos pagos, em cumprimento de decisão da Justiça Federal, mediante precatório ou requisição de pequeno valor, será retido na fonte pela instituição financeira responsável pelo pagamento e incidirá à alíquota de 3% (três por cento) sobre o montante pago, sem quaisquer deduções, no momento do pagamento ao beneficiário ou seu representante legal.

§ 1.º Fica dispensada a retenção do imposto quando o beneficiário declarar à instituição financeira responsável pelo pagamento que os rendimentos recebidos são isentos ou não tributáveis, ou que, em se tratando de pessoa jurídica, esteja inscrita no SIMPLES.

§ 2.º O imposto retido na fonte de acordo com o *caput* será:

I – considerado antecipação do imposto apurado na declaração de ajuste anual das pessoas físicas; ou

II – deduzido do apurado no encerramento do período de apuração ou na data da extinção, no caso de beneficiário pessoa jurídica.

§ 3.º A instituição financeira deverá, na forma, prazo e condições estabelecidas pela Secretaria da Receita Federal, fornecer à pessoa física ou jurídica beneficiária o Comprovante de Rendimentos Pagos e de Retenção do Imposto de Renda na Fonte, bem como apresentar à Secretaria da Receita Federal declaração contendo informações sobre:

•• § 3.º, *caput*, com redação determinada pela Lei n. 10.865, de 30-4-2004.

I – os pagamentos efetuados à pessoa física ou jurídica beneficiária e o respectivo imposto de renda retido na fonte;

•• Inciso I acrescentado pela Lei n. 10.865, de 30-4-2004.

II – os honorários pagos a perito e o respectivo imposto de renda retido na fonte;

•• Inciso II acrescentado pela Lei n. 10.865, de 30-4-2004.

III – a indicação do advogado da pessoa física ou jurídica beneficiária.

•• Inciso III acrescentado pela Lei n. 10.865, de 30-4-2004.

§ 4.º O disposto neste artigo não se aplica aos depósitos efetuados pelos Tribunais Regionais Federais antes de 1.º de fevereiro de 2004.

•• § 4.º com redação determinada pela Lei n. 10.865, de 30-4-2004.

Art. 28. Cabe à fonte pagadora, no prazo de 15 (quinze) dias da data da retenção de que trata o *caput* do art. 46 da Lei n. 8.541, de 23 de dezembro de 1992, comprovar, nos respectivos autos, o recolhimento do imposto de renda na fonte incidente sobre os rendimentos pagos em cumprimento de decisões da Justiça do Trabalho.

§ 1.º Na hipótese de omissão da fonte pagadora relativamente à comprovação de que trata o *caput*, e nos pagamentos de honorários periciais, competirá ao Juízo do Trabalho calcular o imposto de renda na fonte e determinar o seu recolhimento à instituição financeira depositária do crédito.

§ 2.º A não indicação pela fonte pagadora da natureza jurídica das parcelas objeto de acordo homologado perante a Justiça do Trabalho acarretará a incidência do imposto de renda na fonte sobre o valor total da avença.

§ 3.º A instituição financeira deverá, na forma, prazo e condições estabelecidas pela Secretaria da Receita Federal, fornecer à pessoa física beneficiária o Comprovante de Rendimentos Pagos e de Retenção do Imposto de Renda na Fonte, bem como apresentar à Secretaria da Receita Federal declaração contendo informações sobre:

•• A Secretaria da Receita Federal passa a denominar-se Secretaria da Receita Federal do Brasil, por força da Lei n. 11.457, de 16-3-2007.

I – os pagamentos efetuados à reclamante e o respectivo imposto de renda retido na fonte, na hipótese do § 1.º;

II – os honorários pagos a perito e o respectivo imposto de renda retido na fonte;

III – as importâncias pagas a título de honorários assistenciais de que trata o art. 16 da Lei n. 5.584, de 26 de junho de 1970;

IV – a indicação do advogado da reclamante.

Art. 29. Sujeitam-se ao desconto do imposto de renda, à alíquota de 1,5% (um inteiro e cinco décimos por cento), que será deduzido do apurado no encerramento do período de apuração, as importâncias pagas ou creditadas por pessoas jurídicas a título de prestação de serviços a outras pessoas jurídicas que explorem as atividades de prestação de serviços de assessoria creditícia, mercadológica, gestão de crédito, seleção e riscos, administração de contas a pagar e a receber.

•• *Vide* art. 93, II, desta Lei.

Art. 30. Os pagamentos efetuados pelas pessoas jurídicas a outras pessoas jurídicas de direito privado, pela prestação de serviços de limpeza, conservação, manutenção, segurança, vigilância, transporte de valores e locação de mão de obra, pela prestação de serviços de assessoria creditícia, mercadológica, gestão de crédito, seleção e riscos, administração de contas a pagar e a receber, bem como pela remuneração de serviços profissionais, estão sujeitos a retenção na fonte da Contribuição Social sobre o Lucro Líquido – CSLL, da COFINS e da contribuição para o PIS/PASEP.

•• **A Lei Complementar n. 214, de 16-1-2025, deu nova redação a este *caput*, com produção de efeitos a partir de 1.º-1-2027:** "Art. 30. Os pagamentos efetuados pelas pessoas jurídicas a outras pessoas jurídicas de direito privado, pela prestação de serviços de limpeza, conservação, manutenção, segurança, vigilância, transporte de valores e locação de mão de obra, pela prestação de serviços de assessoria creditícia, mercadológica, gestão de crédito, seleção e riscos, administração de contas a pagar e a receber, bem como pela remuneração de serviços profissionais, estão sujeitos à retenção na fonte da Contribuição Social sobre o Lucro Líquido – CSLL".

§ 1.º O disposto neste artigo aplica-se inclusive aos pagamentos efetuados por:

I – associações, inclusive entidades sindicais, federações, confederações, centrais sindicais e serviços sociais autônomos;

II – sociedades simples, inclusive sociedades cooperativas;

III – fundações de direito privado; ou

IV – condomínios edilícios.

§ 2.º Não estão obrigadas a efetuar a retenção a que se refere o *caput* as pessoas jurídicas optantes pelo SIMPLES.

§ 3.º As retenções de que trata o *caput* serão efetuadas sem prejuízo da retenção do imposto de renda na fonte das pessoas jurídicas sujeitas a alíquotas específicas previstas na legislação do imposto de renda.

•• *Vide* art. 93, II, desta Lei.

Art. 31. O valor da CSLL, da COFINS e da contribuição para o PIS/PASEP, de que trata o art. 30, será determinado mediante a aplicação, sobre o montante a ser pago, do percentual de 4,65% (quatro inteiros e sessenta e cinco centésimos por cento), correspondente à soma das alíquotas de 1% (um por cento), 3% (três por cento) e 0,65% (sessenta e cinco centésimos por cento), respectivamente.

•• **A Lei Complementar n. 214, de 16-1-2025, deu nova redação a este *caput*, com produção de efeitos a partir de 1.º-1-2027:** "Art. 31. O valor da CSLL de que trata o art. 30 será determinado mediante a aplicação, sobre o montante a ser pago, do percentual de 1% (um por cento)".

§ 1.º As alíquotas de 0,65% (sessenta e cinco centésimos por cento) e 3% (três por cento) aplicam-se inclusive na hipótese de a prestadora do serviço enquadrar-se no regime de não cumulatividade na cobrança da contribuição para o PIS/PASEP e da COFINS.

•• A Lei Complementar n. 214, de 16-1-2025, revoga este § 1.º a partir de 1.º-1-2027.

§ 2.º No caso de pessoa jurídica beneficiária de isenção, na forma da legislação específica, de uma ou mais das contribuições de que trata este artigo, a retenção dar-se-á mediante a aplicação da alíquota específica correspondente às contribuições não alcançadas pela isenção.

§ 3.º Fica dispensada a retenção de valor igual ou inferior a R$ 10,00 (dez reais), exceto na hipótese de Documento de Arrecadação de Receitas Federais – DARF eletrônico efetuado por meio do Siafi.

•• § 3.º com redação determinada pela Lei n. 13.137, de 19-6-2015.

§ 4.º (*Revogado pela Lei n. 13.137, de 19-6-2015.*)

Art. 32. A retenção de que trata o art. 30 não será exigida na hipótese de pagamentos efetuados a:

I – cooperativas, relativamente à CSLL;

•• Inciso I com redação determinada pela Lei n. 10.865, de 30-4-2004.

II – empresas estrangeiras de transporte de valores;

•• Inciso II com redação determinada pela Lei n. 10.865, de 30-4-2004.

III – pessoas jurídicas optantes pelo SIMPLES.

Parágrafo único. A retenção da CONFINS e da contribuição para o PIS/PASEP não será exigida, cabendo somente, a retenção da CSLL nos pagamentos:

•• **A Lei Complementar n. 214, de 16-1-2025, deu nova redação a este parágrafo único, com produção de efeitos a partir de 1.º-1-2027:** "Parágrafo único. Será exigida a retenção da CSLL nos pagamentos:".

I – a título de transporte internacional de valores efetuados por empresa nacional;

•• Inciso I com redação determinada pela Lei n. 10.865, de 30-4-2004.

II – aos estaleiros navais brasileiros nas atividades de conservação, modernização, conversão e reparo de embarcações, pré-registradas ou registradas no Registro Especial Brasileiro – REB, instituído pela Lei n. 9.432, de 8 de janeiro de 1997.

• A Lei n. 9.432, de 8-1-1997, regulamentada pelo Decreto n. 2.256, de 17-6-1997, dispõe sobre a ordenação do transporte aquaviário.

Art. 33. A União, por intermédio da Secretaria da Receita Federal, poderá celebrar convênios com os Estados, Distrito Federal e Municípios, para estabelecer a responsabilidade pela retenção na fonte da CSLL, da COFINS e da contribuição para o PIS/PASEP, mediante a aplicação das alíquotas previstas no art. 31, nos pagamentos efetuados por órgãos, autarquias e fundações dessas administrações públicas às pessoas jurídicas de direito privado, pelo fornecimento de bens ou pela prestação de serviços em geral.

•• **A Lei Complementar n. 214, de 16-1-2025, deu nova redação a este artigo, com produção de efeitos a partir de 1.º-1-2027:** "Art. 33. A União, por intermédio da Secretaria da Receita Federal, poderá celebrar convênios com os Estados, Distrito Federal e Municípios, para estabelecer a responsabilidade pela retenção na fonte da CSLL, mediante a aplicação da alíquota prevista no art. 31, nos pagamentos efetuados por órgãos, autarquias e fundações dessas administrações públicas às pessoas jurídicas de direito privado, pelo fornecimento de bens ou pela prestação de serviços em geral".

Art. 34. Ficam obrigadas a efetuar as retenções na fonte do imposto de renda, da CSLL, da COFINS e da contribuição para o PIS/PASEP, a que se refere o art. 64 da Lei n. 9.430, de 27 de dezembro de 1996, as seguintes entidades da administração pública federal:

•• **A Lei Complementar n. 214, de 16-1-2025, deu nova redação a este *caput*, com produção de efeitos a partir de 1.º-1-2027:** "Art. 34. Ficam obrigadas a efetuar as retenções na fonte do imposto sobre a renda e da CSLL, a que se refere o art. 64 da Lei n. 9.430, de 27 de dezembro de 1996, as seguintes entidades da administração pública federal:".

I – empresas públicas;

II – sociedades de economia mista; e

III – demais entidades em que a União, direta ou indiretamente, detenha a maioria do capital social com direito a voto, e que dela recebam recursos do Tesouro Nacional e estejam obrigadas a registrar sua execução orçamentária e financeira na modalidade total no Sistema Integrado de Administração Financeira do Governo Federal – SIAFI.

•• *Vide* art. 93, II, desta Lei.

Parágrafo único. A retenção a que se refere o *caput* deste artigo não se aplica na hipótese de pagamentos relativos à aquisição de:

• Parágrafo único, *caput*, com redação determinada pela Lei n. 11.727, de 23-6-2008.

I – petróleo, gasolina, gás natural, óleo diesel, gás liquefeito de petróleo, querosene de aviação e demais derivados de petróleo e gás natural;

•• Inciso I acrescentado pela Lei n. 11.727, de 23-6-2008.

II – álcool, biodiesel e demais biocombustíveis.

•• Inciso II acrescentado pela Lei n. 11.727, de 23-6-2008.

Art. 35. Os valores retidos no mês, na forma dos arts. 30, 33 e 34 desta Lei, deverão ser recolhidos ao Tesouro Nacional pelo órgão público que efetuar a retenção ou, de forma centralizada, pelo estabelecimento matriz da pessoa jurídica, até o último dia útil do segundo decêndio do mês subsequente àquele mês em que tiver ocorrido o pagamento à pessoa jurídica fornecedora dos bens ou prestadora do serviço.

•• Artigo com redação determinada pela Lei n. 13.137, de 19-6-2015.

Art. 36. Os valores retidos na forma dos arts. 30, 33 e 34 serão considerados como antecipação do que for devido pelo contribuinte que sofreu a retenção, em relação ao imposto de renda e às respectivas contribuições.

Art. 37. Relativamente aos investimentos existentes em 31 de outubro de 2003, fica facultado ao investidor estrangeiro antecipar o pagamento da Contribuição Provisória sobre Movimentação ou Transmissão de Valores e de Créditos e Direitos de Natureza Financeira – CPMF, que seria devida por ocasião da remessa, para o exterior, de recursos financeiros apurados na liquidação de operações com ações ou opções de ações adquiridas em bolsa de valores ou em mercado de balcão organizado.

§ 1.º A antecipação do pagamento da CPMF aplica-se a recursos financeiros não empregados exclusivamente, e por todo tempo de permanência no País, em ações ou contratos referenciados em ações ou índices de ações, negociados nos mercados referidos no *caput* ou em bolsa de mercadorias e de futuros, desde que na data do pagamento da contribuição estejam investidos nesses valores mobiliários.

•• *Vide* arts. 84 e 90 do ADCT sobre a extinção da CPMF.

§ 2.º A CPMF de que trata este artigo:

•• *Vide* arts. 84 e 90 do ADCT sobre a extinção da CPMF.

I – será apurada mediante lançamento a débito, precedido de lançamento a crédito no mesmo valor, em conta corrente de depósito do investidor estrangeiro;

II – terá como base de cálculo o valor correspondente à multiplicação da quantidade de ações ou de opções:

a) pelo preço médio ponderado da ação verificado na Bolsa de Valores de São Paulo ou em mercado de balcão organizado, no mês anterior ao do pagamento;

b) pelo preço médio da opção verificado na Bolsa referida na alínea *a*, no mês anterior ao do pagamento da CPMF;

III – será retida pela instituição financeira onde é mantida a conta corrente de que trata o inciso I até o dia 1.º de dezembro de 2003, e recolhida até o 3.º (terceiro) dia útil da semana subsequente à da retenção.

§ 3.º O pagamento da CPMF, nos termos previstos neste artigo, dispensa nova incidência da contribuição quando da remessa para o exterior dos recursos apurados na efetiva liquidação das operações.

Art. 38. O pagamento indevido ou maior que o devido efetuado no âmbito do Programa de Recuperação Fiscal – REFIS, ou do parcelamento a ele alternativo será restituído a pedido do sujeito passivo.

§ 1.º Na hipótese de existência de débitos do sujeito passivo relativos a tributos e contribuições perante a Secretaria da Receita Federal, a Procuradoria-Geral da Fazenda Nacional ou o Instituto Nacional do Seguro Social – INSS, inclusive inscritos em dívida ativa, o valor da restituição deverá ser utilizado para quitá-los, mediante compensação em procedimento de ofício.

§ 2.º A restituição e a compensação de que trata este artigo serão efetuadas pela Secretaria da Receita Federal, aplicando-se o disposto no art. 39 da Lei n. 9.250, de 26 de dezembro de 1995, alterado pelo art. 73 da Lei n. 9.532, de 10 de dezembro de 1997, observadas as normas estabelecidas pelo Comitê Gestor do REFIS.

Art. 39. (*Revogado pela Lei n. 12.350, de 20-12-2010.*)

Art. 43. O inciso I do art. 52 da Lei n. 8.383, de 30 de dezembro de 1991, passa a vigorar com a seguinte redação:

•• Alteração já processada no diploma modificado.

Art. 45. (*Revogado pela Lei n. 14.596, de 14-6-2023.*)

•• *Vide* art. 45 da Lei n. 14.596, de 14-6-2023.

Art. 46. (*Vetado.*)

Art. 47. Sem prejuízo do disposto no art. 10 da Lei n. 9.249, de 26 de dezembro de 1995, e no art. 7.º da Lei n. 9.959, de 27 de janeiro de 2000, o ganho de capital decorrente de operação, em que o beneficiário seja residente ou domiciliado em país ou dependência com tributação favorecida, a que se refere o art. 24 da Lei n. 9.430, de 27 de dezembro de 1996, sujeita-se à incidência do imposto de renda na fonte à alíquota de 25% (vinte e cinco por cento).

Art. 48. O art. 71 da Lei n. 9.430, de 27 de dezembro de 1996, passa a vigorar com a seguinte redação:
•• Alteração já processada no diploma modificado.

Arts. 49 e 50. (*Revogados pela Lei n. 11.727, de 23-6-2008.*)

Art. 51. (*Revogado pela Lei n. 13.097, de 19-1-2015.*)

Art. 52. (*Revogado pela Lei n. 11.727, de 23-6-2008.*)

Arts. 53 e 54. (*Revogados pela Lei n. 13.097, de 19-1-2015.*)

Art. 55. (*Revogado pela Lei n. 11.727, de 23-6-2008.*)

Art. 56. (*Revogado pela Lei n. 10.925, de 23-7-2004.*)

Arts. 57 e 58. (*Revogados pela Lei n. 11.727, de 23-6-2008.*)

Arts. 58-A a 58-V. (*Revogados pela Lei n. 13.097, de 19-1-2015.*)

Capítulo III
DAS DISPOSIÇÕES RELATIVAS À LEGISLAÇÃO ADUANEIRA
•• Regulamento Aduaneiro: Decreto n. 6.759, de 5-2-2009.

Art. 59. O beneficiário de regime aduaneiro suspensivo, destinado à industrialização para exportação, responde solidariamente pelas obrigações tributárias decorrentes da admissão de mercadoria no regime por outro beneficiário, mediante sua anuência, com vistas na execução de etapa da cadeia industrial do produto a ser exportado.

§ 1.º Na hipótese do *caput,* a aquisição de mercadoria nacional por qualquer dos beneficiários do regime, para ser incorporada ao produto a ser exportado, será realizada com suspensão dos tributos incidentes.

§ 2.º Compete à Secretaria da Receita Federal disciplinar a aplicação dos regimes aduaneiros suspensivos de que trata o *caput* e estabelecer os requisitos, as condições e a forma de registro da anuência prevista para a admissão de mercadoria, nacional ou importada, no regime.

Art. 60. Extinguem os regimes de admissão temporária, de admissão temporária para aperfeiçoamento ativo, de exportação temporária e de exportação temporária para aperfeiçoamento passivo, aplicados a produto, parte, peça ou componente recebido do exterior ou a ele enviado para substituição em decorrência de garantia ou, ainda, para reparo, revisão, manutenção, renovação ou recondicionamento, respectivamente, a exportação ou a importação de produto equivalente àquele submetido ao regime.

§ 1.º O disposto neste artigo aplica-se, exclusivamente, aos seguintes bens:

I – partes, peças e componentes de aeronave, objeto das isenções previstas na alínea *j* do inciso II do art. 2.º e no inciso I do art. 3.º da Lei n. 8.032, de 12 de abril de 1990;

II – produtos nacionais exportados definitivamente, ou suas partes e peças, que retornem ao País, mediante admissão temporária, ou admissão temporária para aperfeiçoamento ativo, para reparo ou substituição em virtude de defeito técnico que exija sua devolução; e

III – produtos nacionais, ou suas partes e peças, remetidos ao exterior mediante exportação temporária, para substituição de outro anteriormente exportado definitivamente, que deva retornar ao País para reparo ou substituição, em virtude de defeito técnico que exija sua devolução.

§ 2.º A Secretaria da Receita Federal disciplinará os procedimentos para a aplicação do disposto neste artigo e os requisitos para reconhecimento da equivalência entre os produtos importados e exportados.

Art. 61. Nas operações de exportação sem saída do produto do território nacional, com pagamento a prazo, os efeitos fiscais e cambiais, quando reconhecidos pela legislação vigente, serão produzidos no momento da contratação, sob condição resolutória, aperfeiçoando-se pelo recebimento integral em moeda nacional ou estrangeira de livre conversibilidade.
•• *Caput* com redação determinada pela Lei n. 12.024, de 27-8-2009.

§ 1.º O disposto neste artigo aplica-se também ao produto exportado sem saída do território nacional, na forma disciplinada pela Secretaria da Receita Federal do Brasil do Ministério da Economia, para ser:
•• Parágrafo único, *caput*, renumerado pela Lei n. 14.368, de 14-6-2022.

I – totalmente incorporado a bem que se encontre no País, de propriedade do comprador estrangeiro, inclusive em regime de admissão temporária sob a responsabilidade de terceiro;

II – entregue a órgão da administração direta, autárquica ou fundacional da União, dos Estados, do Distrito Federal ou dos Municípios, em cumprimento de contrato decorrente de licitação internacional;

III – entregue, em consignação, a empresa nacional autorizada a operar o regime de loja franca;

IV – entregue, no País, a subsidiária ou coligada, para distribuição sob a forma de brinde a fornecedores e clientes;

V – entregue a terceiro, no País, em substituição de produto anteriormente exportado e que tenha se mostrado, após o despacho aduaneiro de importação, defeituoso ou imprestável para o fim a que se destinava;

VI – entregue, no País, a missão diplomática, repartição consular de caráter permanente ou organismo internacional de que o Brasil seja membro, ou a seu integrante, estrangeiro; ou

VII – entregue, no País, para ser incorporado à plataforma destinada à pesquisa e lavra de jazidas de petróleo e gás natural em construção ou conversão contratada por empresa sediada no exterior, ou a seus módulos;

VIII – entregue no País:
•• Inciso VIII, *caput*, acrescentado pela Lei n. 12.767, de 27-12-2012.

a) para ser incorporado a produto do setor aeronáutico industrializado no território nacional, na hipótese de industrialização por encomenda de empresa estrangeira do bem a ser incorporado; ou
•• Alínea *a* acrescentada pela Lei n. 12.767, de 27-12-2012.

b) em regime de admissão temporária, por conta do comprador estrangeiro, sob a responsabilidade de terceiro, no caso de aeronaves;
•• Alínea *b* acrescentada pela Lei n. 12.767, de 27-12-2012.

IX – entregue no País a órgão do Ministério da Defesa, para ser incorporado a produto de interesse da defesa nacional em construção ou fabricação no território nacional, em decorrência de acordo internacional.
•• Inciso IX acrescentado pela Lei n. 12.767, de 27-12-2012.

§ 2.º O disposto no caput deste artigo também se aplica às aeronaves industrializadas no País e entregues a prestador de serviços de transporte aéreo regular sediado no território nacional, de propriedade do comprador estrangeiro, na forma disciplinada pela Secretaria Especial da Receita Federal do Brasil.
•• § 2.º acrescentado pela Lei n. 14.368, de 14-6-2022.

Art. 62. O regime de entreposto aduaneiro de que tratam os arts. 9.º e 10 do Decreto-lei n. 1.455, de 7 de abril de 1976, com a redação dada pelo art. 69 da Medida Provisória n. 2.158-35, de 24 de agosto de 2001, poderá, mediante autorização da Secretaria da Receita Federal, observados os requisitos e condições estabelecidos na legislação específica, ser também operado em:
• O Decreto n. 8.138, de 6-11-2013, dispõe sobre os bens destinados à pesquisa e à lavra de jazidas de petróleo e gás natural passíveis de serem submetidos ao regime de entreposto aduaneiro.

I – instalações portuárias previstas no inciso III do art. 2.º da Lei n. 12.815, de 5 de junho de 2013;
•• Inciso I com redação determinada pela Lei n. 12.844, de 19-7-2013.

II – bens destinados à pesquisa e lavra de jazidas de petróleo e gás natural em construção ou conversão no País, contratados por empresas sediadas no exterior e relacionados em ato do Poder Executivo.
•• Inciso II com redação determinada pela Lei n. 12.844, de 19-7-2013.

Parágrafo único. No caso do inciso II, o beneficiário do regime será o contratado pela empresa sediada no exterior e o regime poderá ser operado também em estaleiros navais ou em outras instalações industriais, destinadas à construção dos bens de que trata aquele inciso.

•• Parágrafo único com redação determinada pela Lei n. 12.844, de 19-7-2013.

Art. 63. A Secretaria da Receita Federal fica autorizada a estabelecer:

I – hipóteses em que, na substituição de beneficiário de regime aduaneiro suspensivo, o termo inicial para o cálculo de juros e multa de mora relativos aos tributos suspensos passe a ser a data da transferência da mercadoria; e

II – os serviços permitidos no regime de entreposto aduaneiro na importação e na exportação.

Art. 64. Os documentos instrutivos de declaração aduaneira ou necessários ao controle aduaneiro podem ser emitidos, transmitidos e recepcionados eletronicamente, na forma e nos prazos estabelecidos pela Secretaria da Receita Federal.

§ 1.º A outorga de poderes a representante legal, inclusive quando residente no Brasil, para emitir e firmar os documentos referidos no *caput* deste artigo, também pode ser realizada por documento emitido e assinado eletronicamente.

•• § 1.º acrescentado pela Lei n. 11.452, de 27-2-2007.

§ 2.º Os documentos eletrônicos referidos no *caput* deste artigo e no § 1.º deste artigo são válidos para os efeitos fiscais e de controle aduaneiro, observado o disposto na legislação sobre certificação digital e atendidos os requisitos estabelecidos pela Secretaria da Receita Federal.

•• § 2.º acrescentado pela Lei n. 11.452, de 27-2-2007.

Art. 65. A Secretaria da Receita Federal poderá adotar nomenclatura simplificada para a classificação de mercadorias apreendidas, na lavratura do correspondente auto de infração para a aplicação da pena de perdimento, bem como aplicar alíquotas de 50% (cinquenta por cento) sobre o valor arbitrado dessas mercadorias, para o cálculo do valor estimado do Imposto de Importação e do Imposto sobre Produtos Industrializados que seriam devidos na importação, para efeitos de controle patrimonial, elaboração de estatísticas, formalização de processo administrativo fiscal e representação fiscal para fins penais.

Art. 66. As diferenças percentuais de mercadoria a granel, apuradas em conferência física nos despachos aduaneiros, não serão consideradas para efeitos de exigência dos impostos incidentes, até o limite de 1% (um por cento), conforme dispuser o Poder Executivo.

Art. 67. Na impossibilidade de identificação da mercadoria importada, em razão de seu extravio ou consumo, e de descrição genérica nos documentos comerciais e de transporte disponíveis, será aplicada, para fins de determinação dos impostos e dos direitos incidentes na importação, alíquota única de 80% (oitenta por cento) em regime de tributação simplificada relativa ao Imposto de Importação – II, ao Imposto sobre Produtos Industrializados – IPI, à Contribuição para os Programas de Integração Social e de Formação do Patrimônio do Servidor Público – PIS/Pasep, à Contribuição Social para o Financiamento da Seguridade Social – COFINS e ao Adicional ao Frete para a Renovação da Marinha Mercante – AFRMM.

•• *Caput* com redação determinada pela Lei n. 13.043, de 13-11-2014.

•• **A Lei Complementar n. 214, de 16-1-2025, deu nova redação a este *caput*, com produção de efeitos a partir de 1.º-1-2027:** "Art. 67. Na impossibilidade de identificação da mercadoria importada, em razão de seu extravio ou consumo, e de descrição genérica nos documentos comerciais e de transporte disponíveis, será aplicada, para fins de determinação dos impostos incidentes na importação, alíquota única de 70% (setenta por cento) relativa ao Imposto de Importação e ao Imposto sobre Produtos Industrializados – IPI".

§ 1.º A base de cálculo da tributação simplificada prevista neste artigo será arbitrada em valor equivalente à mediana dos valores por quilograma de todas as mercadorias importadas a título definitivo, pela mesma via de transporte internacional, constantes de declarações registradas no semestre anterior, incluídas as despesas de frete e seguro internacionais.

•• § 1.º com redação determinada pela Lei n. 13.043, de 13-11-2014.

§ 2.º Na falta de informação sobre o peso da mercadoria, adotar-se-á o peso líquido admitido na unidade de carga utilizada no seu transporte.

•• **A Lei Complementar n. 214, de 16-1-2025, acrescenta a este artigo o § 3.º, com produção de efeitos a partir de 1.º-1-2027:** "§ 3.º A alíquota de que trata o *caput* será distribuída nos seguintes percentuais: I – 35% (trinta e cinco por cento), a título de alíquota do Imposto de Importação; e II – 35% (trinta e cinco por cento), a título de alíquota do IPI".

Art. 68. As mercadorias descritas de forma semelhante em diferentes declarações aduaneiras do mesmo contribuinte, salvo prova em contrário, são presumidas idênticas para fins de determinação do tratamento tributário ou aduaneiro.

Parágrafo único. Para efeito do disposto no *caput*, a identificação das mercadorias poderá ser realizada no curso do despacho aduaneiro ou em outro momento, com base em informações coligidas em documentos, obtidos inclusive junto a clientes ou a fornecedores, ou no processo produtivo em que tenham sido ou venham a ser utilizadas.

Art. 69. A multa prevista no art. 84 da Medida Provisória n. 2.158-35, de 24 de agosto de 2001, não poderá ser superior a 10% (dez por cento) do valor total das mercadorias constantes da declaração de importação.

• Dispõe citado artigo: "Art. 84. Aplica-se a multa de um por cento sobre o valor aduaneiro da mercadoria: I – classificada incorretamente na Nomenclatura Comum do Mercosul, nas nomenclaturas complementares ou em outros detalhamentos instituídos para a identificação da mercadoria; ou II – quantificada incorretamente na unidade de medida estatística estabelecida pela Secretaria da Receita Federal. § 1.º O valor da multa prevista neste artigo será de R$ 500,00 (quinhentos reais), quando do seu cálculo resultar valor inferior. § 2.º A aplicação da multa prevista neste artigo não prejudica a exigência dos impostos, da multa por declaração inexata prevista no art. 44 da Lei n. 9.430, de 1996, e de outras penalidades administrativas, bem assim dos acréscimos legais cabíveis".

§ 1.º A multa a que se refere o *caput* aplica-se também ao importador, exportador ou beneficiário de regime aduaneiro que omitir ou prestar de forma inexata ou incompleta informação de natureza administrativo-tributária, cambial ou comercial necessária à determinação do procedimento de controle aduaneiro apropriado.

§ 2.º As informações referidas no § 1.º, sem prejuízo de outras que venham a ser estabelecidas em ato normativo da Secretaria da Receita Federal, compreendem a descrição detalhada da operação, incluindo:

I – identificação completa e endereço das pessoas envolvidas na transação: importador/exportador; adquirente (comprador)/fornecedor (vendedor), fabricante, agente de compra ou de venda e representante comercial;

II – destinação da mercadoria importada: industrialização ou consumo, incorporação ao ativo, revenda ou outra finalidade;

III – descrição completa da mercadoria: todas as características necessárias à classificação fiscal, espécie, marca comercial, modelo, nome comercial ou científico e outros atributos estabelecidos pela Secretaria da Receita Federal que confiram sua identidade comercial;

IV – países de origem, de procedência e de aquisição; e

V – portos de embarque e de desembarque.

§ 3.º Quando aplicada sobre a exportação, a multa prevista neste artigo incidirá sobre o preço normal definido no art. 2.º do Decreto-lei n. 1.578, de 11 de outubro de 1977.

•• § 3.º acrescentado pela Lei n. 13.043, de 13-11-2014.

Art. 70. O descumprimento pelo importador, exportador ou adquirente de mercadoria importada por sua conta e ordem, da obrigação de manter, em boa guarda e ordem, os documentos relativos às transações que realizarem, pelo prazo decadencial estabelecido na legislação tributária a que estão submetidos, ou da obrigação de os apresentar à fiscalização aduaneira quando exigidos, implicará:

I – se relativo aos documentos comprobatórios da transação comercial ou os respectivos registros contábeis:

a) a apuração do valor aduaneiro com base em método substitutivo ao valor de transação, caso exista dúvida quanto ao valor aduaneiro declarado; e

b) o não reconhecimento de tratamento mais benéfico de natureza tarifária, tributária ou aduaneira eventualmente concedido, com efeitos retroativos à data do fato gerador, caso não sejam apresentadas provas do regular cumprimento das condições previstas na legislação específica para obtê-lo;

II – se relativo aos documentos obrigatórios de instrução das declarações aduaneiras:

a) o arbitramento do preço da mercadoria para fins de determinação da base de cálculo, conforme os critérios definidos no art. 88 da Medida Provisória n. 2.158-35, de 24 de agosto de 2001, se existir dúvida quanto ao preço efetivamente praticado; e

- Dispõe citado artigo: "Art. 88. No caso de fraude, sonegação ou conluio, em que não seja possível a apuração do preço efetivamente praticado na importação, a base de cálculo dos tributos e demais direitos incidentes será determinada mediante arbitramento do preço da mercadoria, em conformidade com um dos seguintes critérios, observada a ordem sequencial: I – preço de exportação para o País, de mercadoria idêntica ou similar; II – preço no mercado internacional, apurado: *a)* em cotação de bolsa de mercadoria ou em publicação especializada; *b)* de acordo com o método previsto no art. 7.º do Acordo para Implementação do Artigo VII do GATT/1994, aprovado pelo Decreto Legislativo n. 30, de 15-12-1994, e promulgado pelo Decreto n. 1.355, de 30-12-1994, observados os dados disponíveis e o princípio da razoabilidade; ou *c)* mediante laudo expedido por entidade ou técnico especializado. Parágrafo único. Aplica-se a multa administrativa de cem por cento sobre a diferença entre o preço declarado e o preço efetivamente praticado na importação ou entre o preço declarado e o preço arbitrado, sem prejuízo da exigência dos impostos, da multa de ofício prevista no art. 44 da Lei n. 9.430, de 1996, e dos acréscimos legais cabíveis".

b) a aplicação cumulativa das multas:
•• *Vide* art. 81 desta Lei.

1. 5% (cinco por cento) do valor aduaneiro das mercadorias importadas; e

2. 100% (cem por cento) sobre a diferença entre o preço declarado e o preço efetivamente praticado na importação ou entre o preço declarado e o preço arbitrado.

§ 1.º Os documentos de que trata o *caput* compreendem os documentos de instrução das declarações aduaneiras, a correspondência comercial, incluídos os documentos de negociação e cotação de preços, os instrumentos de contrato comercial, financeiro e cambial, de transporte e seguro das mercadorias, os registros contábeis e os correspondentes documentos fiscais, bem como outros que a Secretaria da Receita Federal venha a exigir em ato normativo.

§ 2.º Nas hipóteses de incêndio, furto, roubo, extravio ou qualquer outro sinistro que provoque a perda ou deterioração dos documentos a que se refere o § 1.º, deverá ser feita comunicação, por escrito, no prazo de 48 (quarenta e oito) horas do sinistro, à unidade de fiscalização aduaneira da Secretaria da Receita Federal que jurisdicione o domicílio matriz do sujeito passivo.

§ 3.º As multas previstas no inciso II do *caput* não se aplicam no caso de regular comunicação da ocorrência de um dos eventos previstos no § 2.º.

§ 4.º Somente produzirá efeitos a comunicação realizada dentro do prazo referido no § 2.º e instruída com os documentos que comprovem o registro da ocorrência junto à autoridade competente para apurar o fato.

§ 5.º No caso de encerramento das atividades da pessoa jurídica, a guarda dos documentos referidos no *caput* será atribuída à pessoa responsável pela guarda dos demais documentos fiscais, nos termos da legislação específica.

§ 6.º A aplicação do disposto neste artigo não prejudica a aplicação das multas previstas no art. 107 do Decreto-lei n. 37, de 18 de novembro de 1966, com a redação dada pelo art. 77 desta Lei, nem a aplicação de outras penalidades cabíveis.

Art. 71. O despachante aduaneiro, o transportador, o agente de carga, o depositário e os demais intervenientes em operação de comércio exterior ficam obrigados a manter em boa guarda e ordem, e a apresentar à fiscalização aduaneira, quando exigidos, os documentos e registros relativos às transações em que intervierem, ou outros definidos em ato normativo da Secretaria da Receita Federal, na forma e nos prazos por ela estabelecidos.

Art. 72. Aplica-se a multa de:
•• *Vide* art. 81 desta Lei.

I – 10% (dez por cento) do valor aduaneiro da mercadoria submetida ao regime aduaneiro especial de admissão temporária, ou de admissão temporária para aperfeiçoamento ativo, pelo descumprimento de condições, requisitos ou prazos estabelecidos para aplicação do regime; e

II – 5% (cinco por cento) do preço normal da mercadoria submetida ao regime aduaneiro especial de exportação temporária, ou de exportação temporária para aperfeiçoamento passivo, pelo descumprimento de condições, requisitos ou prazos estabelecidos para aplicação do regime.

§ 1.º O valor da multa prevista neste artigo será de R$ 500,00 (quinhentos reais), quando do seu cálculo resultar valor inferior.

§ 2.º A multa aplicada na forma deste artigo não prejudica a exigência dos impostos incidentes, a aplicação de outras penalidades cabíveis e a representação fiscal para fins penais, quando for o caso.

Art. 73. Verificada a impossibilidade de apreensão da mercadoria sujeita a pena de perdimento, em razão de sua não localização ou consumo, extinguir-se-á o processo administrativo instaurado para apuração da infração capitulada como dano ao Erário.

§ 1.º Na hipótese prevista no *caput*, será instaurado processo administrativo para aplicação da multa prevista no § 3.º do art. 23 do Decreto-lei n. 1.455, de 7 de abril de 1976, com a redação dada pelo art. 59 da Lei n. 10.637, de 30 de dezembro de 2002.

§ 2.º A multa a que se refere o § 1.º será exigida mediante lançamento de ofício, que será processado e julgado nos termos da legislação que rege a determinação e exigência dos demais créditos tributários da União.

Art. 74. O transportador de passageiros, em viagem internacional, ou que transite por zona de vigilância aduaneira, fica obrigado a identificar os volumes transportados como bagagem em compartimento isolado dos viajantes, e seus respectivos proprietários.

§ 1.º No caso de transporte terrestre de passageiros, a identificação referida no *caput* também se aplica aos volumes portados pelos passageiros no interior do veículo.

§ 2.º As mercadorias transportadas no compartimento comum de bagagens ou de carga do veículo, que não constituam bagagem identificada dos passageiros, devem estar acompanhadas do respectivo conhecimento de transporte.

§ 3.º Presume-se de propriedade do transportador, para efeitos fiscais, a mercadoria transportada sem a identificação do respectivo proprietário, na forma estabelecida no *caput* ou nos §§ 1.º e 2.º deste artigo.

§ 4.º Compete à Secretaria da Receita Federal disciplinar os procedimentos necessários para fins de cumprimento do previsto neste artigo.

Art. 75. Aplica-se a multa de R$ 15.000,00 (quinze mil reais) ao transportador, de passageiros ou de carga, em viagem doméstica ou internacional que transportar mercadoria sujeita a pena de perdimento:
•• *Vide* art. 81 desta Lei.

I – sem identificação do proprietário ou possuidor; ou

II – ainda que identificado o proprietário ou possuidor, as características ou a quantidade dos volumes transportados evidenciarem tratar-se de mercadoria sujeita à referida pena.

§ 1.º Na hipótese de transporte rodoviário, o veículo será retido, na forma estabelecida pela Secretaria Especial da Receita Federal do Brasil do Ministério da Fazenda, até o recolhimento da multa ou o deferimento da impugnação ou do recurso.
•• § 1.º com redação determinada pela Lei n. 14.651, de 23-8-2023.

§ 2.º A retenção prevista no § 1.º será efetuada ainda que o infrator não seja o proprietário do veículo, cabendo a este adotar as ações necessárias contra o primeiro para se ressarcir dos prejuízos eventualmente incorridos.

§ 3.º Caberá impugnação, a ser apresentada no prazo de 20 (vinte) dias, contado da data da ciência da multa a que se refere o *caput* deste artigo.
•• § 3.º com redação determinada pela Lei n. 14.651, de 23-8-2023.
•• A Lei n. 14.651, de 23-8-2023 (*DOU* de 24-8-2023), dispõe em seu art. 4.º: "Art. 4.º As disposições desta Lei aplicam-se aos procedimentos de aplicação e julgamento das penas de perdi-

mento de mercadoria, de veículo e de moeda pendentes de decisão definitiva. § 1.º O disposto nesta Lei não prejudicará a validade dos atos praticados durante a vigência da legislação anterior. § 2.º A competência para a aplicação das penalidades cujos autos de infração tenham sido formalizados até a data de entrada em vigor desta Lei permanecerá regida pela legislação anterior."

§ 3.º-A. Apresentada a impugnação na forma prevista no § 3.º deste artigo, o processo será encaminhado para julgamento em primeira instância.
• • § 3.º-A acrescentado pela Lei n. 14.651, de 23-8-2023.
• • *Vide* nota ao § 3.º deste artigo.

§ 3.º-B. O veículo de que trata o § 1.º deste artigo permanecerá retido até ser proferida a decisão final.
• • § 3.º-B acrescentado pela Lei n. 14.651, de 23-8-2023.
• • *Vide* nota ao § 3.º deste artigo.

§ 3.º-C. Se o autuado não apresentar impugnação no prazo previsto no § 3.º deste artigo, será considerado revel.
• • § 3.º-C acrescentado pela Lei n. 14.651, de 23-8-2023.
• • *Vide* nota ao § 3.º deste artigo.

§ 3.º-D. Na hipótese de decisão de primeira instância desfavorável ao autuado, caberá interposição de recurso à segunda instância no prazo de 20 (vinte) dias, contado da data da ciência do autuado.
• • § 3.º-D acrescentado pela Lei n. 14.651, de 23-8-2023.
• • *Vide* nota ao § 3.º deste artigo.

§ 3.º-E. São definitivas as decisões:
• • § 3.º-E, *caput*, acrescentado pela Lei n. 14.651, de 23-8-2023.
• • *Vide* nota ao § 3.º deste artigo.

I – de primeira instância, quando decorrido o prazo previsto no § 3.º-D sem que haja interposição de recurso; e
• • Inciso I acrescentado pela Lei n. 14.651, de 23-8-2023.

II – de segunda instância.
• • Inciso II acrescentado pela Lei n. 14.651, de 23-8-2023.

§ 3.º-F. O Ministro de Estado da Fazenda regulamentará o rito administrativo de aplicação e as competências de julgamento da multa de que trata este artigo.
• • § 3.º-F acrescentado pela Lei n. 14.651, de 23-8-2023.
• • A Portaria Normativa n. 1.005, de 28-8-2023, do Ministério da Fazenda, dispõe sobre a multa de que trata este artigo.
• • *Vide* nota ao § 3.º deste artigo.

§ 4.º Decorrido o prazo de 45 (quarenta e cinco) dias, contado da data da aplicação da multa, ou da data da ciência da decisão desfavorável definitiva na esfera administrativa, e não recolhida a multa prevista, fica caracterizado o dano ao erário, hipótese em que a multa será convertida em pena de perdimento do veículo.
• • § 4.º com redação determinada pela Lei n. 14.651, de 23-8-2023.
• • *Vide* nota ao § 3.º deste artigo.

§ 5.º A multa a ser aplicada será de R$ 30.000,00 (trinta mil reais) na hipótese de:

I – reincidência da infração prevista no *caput*, envolvendo o mesmo veículo transportador; ou

II – modificações da estrutura ou das características do veículo, com a finalidade de efetuar o transporte de mercadorias ou permitir a sua ocultação.

§ 6.º O disposto neste artigo não se aplica nas hipóteses em que o veículo estiver sujeito à pena de perdimento prevista no inciso V do art. 104 do Decreto-lei n. 37, de 18 de novembro de 1966, nem prejudica a aplicação de outras penalidades estabelecidas.

§ 7.º Enquanto não consumada a destinação do veículo, a pena de perdimento prevista no § 4.º poderá ser relevada à vista de requerimento do interessado, desde que haja o recolhimento de 2 (duas) vezes o valor da multa aplicada.

§ 8.º A Secretaria da Receita Federal deverá representar o transportador que incorrer na infração prevista no *caput* ou que seja submetido à aplicação da pena de perdimento de veículo à autoridade competente para fiscalizar o transporte terrestre.

§ 9.º Na hipótese do § 8.º, as correspondentes autorizações de viagens internacionais ou por zonas de vigilância aduaneira do transportador representado serão canceladas, ficando vedada a expedição de novas autorizações pelo prazo de 2 (dois) anos.

Art. 76. Os intervenientes nas operações de comércio exterior ficam sujeitos às seguintes sanções:

I – advertência, na hipótese de:

a) e b) (*Revogadas pela Lei n. 13.043, de 13-11-2014.*)

c) atraso, de forma contumaz, na chegada ao destino de veículo conduzindo mercadoria submetida ao regime de trânsito aduaneiro;

d) emissão de documento de identificação ou quantificação de mercadoria sob controle aduaneiro em desacordo com o previsto em ato normativo, relativamente a sua efetiva qualidade ou quantidade;
• • Alínea *d* com redação determinada pela Lei n. 13.043, de 13-11-2014.

e) prática de ato que prejudique a identificação ou quantificação de mercadoria sob controle aduaneiro;
• • Alínea *e* com redação determinada pela Lei n. 13.043, de 13-11-2014.

f) (*Revogada pela Lei n. 13.043, de 13-11-2014.*)

g) consolidação ou desconsolidação de carga efetuada em desacordo com disposição estabelecida em ato normativo e que altere o tratamento tributário ou aduaneiro da mercadoria;
• • Alínea *g* com redação determinada pela Lei n. 13.043, de 13-11-2014.

h) atraso, por mais de 3 (três) vezes, em um mesmo mês, na prestação de informações sobre carga e descarga de veículos, ou movimentação e armazenagem de mercadorias sob controle aduaneiro;

i) descumprimento de requisito, condição ou norma operacional para habilitar-se ou utilizar regime aduaneiro especial ou aplicado em áreas especiais, ou para habilitar-se ou manter recintos nos quais tais regimes sejam aplicados;

j) descumprimento de obrigação de apresentar à fiscalização, em boa ordem, os documentos relativos à operação em que realizar ou em que intervier, bem como outros documentos exigidos pela Secretaria da Receita Federal do Brasil; ou
• • Alínea *j* com redação determinada pela Lei n. 13.043, de 13-11-2014.

k) descumprimento de determinação legal ou de outras obrigações relativas ao controle aduaneiro previstas em ato normativo não referidas às alíneas *c* a *j*;
• • Alínea *k* acrescentada pela Lei n. 13.043, de 13-11-2014.

II – suspensão, pelo prazo de até 12 (doze) meses, do registro, licença, autorização, credenciamento ou habilitação para utilização de regime aduaneiro ou de procedimento simplificado, exercício de atividades relacionadas com o despacho aduaneiro, ou com a movimentação e armazenagem de mercadorias sob controle aduaneiro, e serviços conexos, na hipótese de:

a) reincidência em conduta já sancionada com advertência;

b) atuação em nome de pessoa que esteja cumprindo suspensão, ou no interesse desta;

c) (*Revogada pela Lei n. 13.043, de 13-11-2014.*)

d) delegação de atribuição privativa a pessoa não credenciada ou habilitada;
• • Alínea *d* com redação determinada pela Lei n. 13.043, de 13-11-2014.

e) prática de qualquer outra conduta sancionada com suspensão de registro, licença, autorização, credenciamento ou habilitação, nos termos de legislação específica; ou
• • Alínea *e* com redação determinada pela Lei n. 13.043, de 13-11-2014.

f) agressão ou desacato à autoridade aduaneira no exercício da função;
• • Alínea *f* acrescentada pela Lei n. 13.043, de 13-11-2014.

III – cancelamento ou cassação do registro, licença, autorização, credenciamento ou habilitação para utilização de regime aduaneiro ou de procedimento simplificado, exercício de atividades relacionadas com o despacho aduaneiro, ou com a movimentação e armazenagem de mercadorias sob controle aduaneiro, e serviços conexos, na hipótese de:

a) acúmulo, em período de 3 (três) anos, de suspensão cujo prazo total supere 12 (doze) meses;

b) atuação em nome de pessoa cujo registro, licença, autorização, credenciamento ou habilitação tenha sido objeto de cancelamento ou cassação, ou no interesse desta;

c) exercício, por pessoa credenciada ou habilitada, de atividade ou cargo vedados na legislação específica;

d) prática de ato que embarace, dificulte ou impeça a ação da fiscalização aduaneira, para benefício próprio ou de terceiros;

•• Alínea *d* com redação determinada pela Lei n. 13.043, de 13-11-2014.

e) (*Revogada pela Lei n. 13.043, de 13-11-2014.*)

f) sentença condenatória, transitada em julgado, por participação, direta ou indireta, na prática de crime contra a administração pública ou contra a ordem tributária;

g) ação ou omissão dolosa tendente a subtrair ao controle aduaneiro, ou dele ocultar, a importação ou a exportação de bens ou de mercadorias; ou

h) prática de qualquer outra conduta sancionada com cancelamento ou cassação de registro, licença, autorização, credenciamento ou habilitação, nos termos de legislação específica.

§ 1.º A aplicação das sanções previstas neste artigo será anotada no registro do infrator pela administração aduaneira, após a decisão definitiva na esfera administrativa, devendo a anotação ser cancelada após o decurso de 5 (cinco) anos de sua efetivação.

•• § 1.º com redação determinada pela Lei n. 13.043, de 13-11-2014.

§ 2.º Para os efeitos do disposto neste artigo, consideram-se intervenientes o importador, o exportador, o beneficiário de regime aduaneiro ou de procedimento simplificado, o despachante aduaneiro e seus ajudantes, o transportador, o agente de carga, o operador de transporte multimodal, o operador portuário, o depositário, o administrador de recinto alfandegado, o perito ou qualquer outra pessoa que tenha relação, direta ou indireta, com a operação de comércio exterior.

•• § 2.º com redação determinada pela Lei n. 13.043, de 13-11-2014.

§ 3.º Para efeitos do disposto na alínea *c* do inciso I do *caput*, considera-se contumaz o atraso sem motivo justificado ocorrido em mais de 20% (vinte por cento) das operações de trânsito aduaneiro realizadas no mês, se superior a 5 (cinco) o número total de operações.

§ 4.º Na aplicação da sanção prevista no inciso I do *caput* e na determinação do prazo para a aplicação das sanções previstas no inciso II do *caput* serão considerados:

•• § 4.º, *caput*, com redação determinada pela Lei n. 13.043, de 13-11-2014.

I – a natureza e a gravidade da infração cometida;

•• Inciso I acrescentado pela Lei n. 13.043, de 13-11-2014.

II – os danos que dela provierem; e

•• Inciso II acrescentado pela Lei n. 13.043, de 13-11-2014.

III – os antecedentes do infrator, inclusive quanto à proporção das irregularidades no conjunto das operações por ele realizadas e seus esforços para melhorar a conformidade à legislação, segundo os critérios estabelecidos pela Secretaria da Receita Federal do Brasil.

•• Inciso III acrescentado pela Lei n. 13.043, de 13-11-2014.

§ 5.º Para os fins do disposto na alínea *a* do inciso II do *caput* deste artigo, será considerado reincidente o infrator que:

•• § 5.º, *caput*, com redação determinada pela Lei n. 13.043, de 13-11-2014.

I – cometer nova infração pela mesma conduta já sancionada com advertência, no período de 365 (trezentos e sessenta e cinco) dias, contado da data da aplicação da sanção; ou

•• Inciso I acrescentado pela Lei n. 13.043, de 13-11-2014.

II – não sanar a irregularidade que ensejou a aplicação da advertência, depois de um mês de sua aplicação, quando se tratar de conduta passível de regularização.

•• Inciso II acrescentado pela Lei n. 13.043, de 13-11-2014.

§ 5.º-A. Para os efeitos do § 5.º, no caso de operadores que realizam grande quantidade de operações, poderá ser observada a proporção de erros e omissões em razão da quantidade de documentos, declarações e informações a serem prestadas, nos termos, limites e condições disciplinados pelo Poder Executivo.

•• § 5.º-A acrescentado pela Lei n. 13.043, de 13-11-2014.

§ 6.º Na hipótese de cassação ou cancelamento, a reinscrição para a atividade que exercia ou a inscrição para exercer outra atividade sujeita a controle aduaneiro só poderá ser solicitada depois de transcorridos 2 (dois) anos da data de aplicação da sanção, devendo ser cumpridas todas as exigências e formalidades previstas para a inscrição.

§ 7.º Ao sancionado com suspensão, cassação ou cancelamento, enquanto perdurarem os efeitos da sanção, é vedado o ingresso em local sob controle aduaneiro, sem autorização do titular da unidade jurisdicionante.

§ 8.º Compete a aplicação das sanções:

I – ao titular da unidade da Secretaria da Receita Federal responsável pela apuração da infração, nos casos de advertência ou suspensão; ou

II – à autoridade competente para habilitar ou autorizar a utilização de procedimento simplificado, de regime aduaneiro, ou o exercício de atividades relacionadas com o despacho aduaneiro, ou com a movimentação e armazenagem de mercadorias sob controle aduaneiro, e serviços conexos, nos casos de cancelamento ou cassação.

§ 9.º As sanções previstas neste artigo serão aplicadas mediante processo administrativo próprio, instaurado com a lavratura de auto de infração, acompanhado de termo de constatação de hipótese referida nos incisos I a III do *caput*.

§ 10. Feita a intimação, a não apresentação de impugnação no prazo de 20 (vinte) dias implicará revelia, cabendo a imediata aplicação da penalidade.

•• § 10 acrescentado pela Lei n. 13.043, de 13-11-2014.

§ 10-A. A intimação a que se refere o § 10 deste artigo será:

•• § 10-A, *caput*, acrescentado pela Lei n. 13.043, de 13-11-2014.

I – pessoal, pelo autor do procedimento ou por agente preparador, na repartição ou fora dela, produzindo efeitos com a assinatura do sujeito passivo, seu mandatário ou preposto, ou, no caso de recusa, com declaração escrita de quem o intimar;

•• Inciso I acrescentado pela Lei n. 13.043, de 13-11-2014.

II – por via postal, telegráfica ou por qualquer outro meio ou via, produzindo efeitos com o recebimento no domicílio indicado à Secretaria da Receita Federal do Brasil pelo interveniente na operação de comércio exterior ou, se omitida a data do recebimento, com o decurso de 15 (quinze) dias da expedição da intimação ao referido endereço;

•• Inciso II acrescentado pela Lei n. 13.043, de 13-11-2014.

III – por meio eletrônico, com prova de recebimento, mediante envio ao domicílio tributário do sujeito passivo ou registro em meio magnético ou equivalente utilizado pelo sujeito passivo, produzindo efeitos:

•• Inciso III, *caput*, acrescentado pela Lei n. 13.043, de 13-11-2014.

a) 15 (quinze) dias contados da data registrada no comprovante de entrega no domicílio tributário do sujeito passivo;

•• Alínea *a* acrescentada pela Lei n. 13.043, de 13-11-2014.

b) na data em que o sujeito passivo efetuar consulta ao endereço eletrônico a ele atribuído pela administração tributária, se ocorrida antes do prazo previsto na alínea *a* deste inciso; ou

•• Alínea *b* acrescentada pela Lei n. 13.043, de 13-11-2014.

c) na data registrada no meio magnético ou equivalente utilizado pelo sujeito passivo; ou

•• Alínea *c* acrescentada pela Lei n. 13.043, de 13-11-2014.

IV – por edital, quando resultarem infrutíferos os meios previstos nos incisos I a III deste parágrafo, ou no caso de pessoa jurídica declarada inapta perante o Cadastro Nacional de Pessoas Jurídicas – CNPJ, produzindo efeitos com o decurso de 15 (quinze) dias da publicação ou com qualquer manifestação do interessado no mesmo período.

•• Inciso IV acrescentado pela Lei n. 13.043, de 13-11-2014.

§ 11. Apresentada a impugnação, a autoridade preparadora terá prazo de 15 (quinze) dias para remessa do processo a julgamento.

§ 12. O prazo a que se refere o § 11 poderá ser prorrogado quando for necessária a realização de diligências ou perícias.

§ 13. Da decisão que aplicar a sanção cabe recurso, a ser apresentado em 30 (trinta) dias, à autoridade imediatamente superior, que o julgará em instância final administrativa.

§ 14. O rito processual a que se referem os §§ 9.º a 13 aplica-se também aos processos ainda não conclusos para julgamento em 1.ª (primeira) instância julgados na esfera administrativa, relativos a sanções administrativas de advertência, suspensão, cassação ou cancelamento.

§ 15. As sanções previstas neste artigo não prejudicam a exigência dos impostos incidentes, a aplicação de outras penalidades cabíveis e a representação fiscal para fins penais, quando for o caso.

Art. 77. Os arts. 1.º, 17, 36, 37, 50, 104, 107 e 169 do Decreto-lei n. 37, de 18 de novembro de 1966, passam a vigorar com as seguintes alterações:

•• Alterações já processadas no diploma modificado.

Art. 81. A redução da multa de lançamento de ofício prevista no art. 6.º da Lei n. 8.218, de 29 de agosto de 1991, não se aplica:

I – às multas previstas nos arts. 70, 72 e 75 desta Lei;

II – às multas previstas no art. 107 do Decreto-lei n. 37, de 18 de novembro de 1966, com a redação dada pelo art. 77 desta Lei;

III – à multa prevista no § 3.º do art. 23 do Decreto-lei n. 1.455, de 7 de abril de 1976, com a redação dada pelo art. 59 da Lei n. 10.637, de 30 de dezembro de 2002;

IV – às multas previstas nos arts. 67 e 84 da Medida Provisória n. 2.158-35, de 24 de agosto de 2001;

V – à multa prevista no inciso I do art. 83 da Lei n. 4.502, de 30 de novembro de 1964, com a redação dada pelo art. 1.º do Decreto-lei n. 400, de 3 de dezembro de 1968; e

VI – à multa prevista no art. 19 da Lei n. 9.779, de 19 de janeiro de 1999.

Capítulo IV
DISPOSIÇÕES FINAIS

Art. 82. O art. 2.º da Lei n. 10.034, de 24 de outubro de 2000, passa vigorar com a seguinte redação:

"Art. 2.º Ficam acrescidos de 50% (cinquenta por cento) os percentuais referidos no art. 5.º da Lei n. 9.317, de 5 de dezembro de 1996, alterado pela Lei n. 9.732, de 11 de dezembro de 1998, em relação às atividades relacionadas nos incisos II a IV do art. 1.º desta Lei e às pessoas jurídicas que auferiram receita bruta decorrente da prestação de serviços em montante igual ou superior a 30% (trinta por cento) da receita bruta total.

Parágrafo único. O produto da arrecadação proporcionado pelo disposto no *caput* será destinado integralmente às contribuições de que trata a alínea *f* do § 1.º do art. 3.º da Lei n. 9.317, de 5 de dezembro de 1996".

•• Alteração prejudicada em face da revogação da Lei n. 9.317, de 5-12-1996, pela Lei Complementar n. 123, de 14-12-2006, constante neste volume.

Art. 83. O não cumprimento das obrigações previstas nos arts. 11 e 19 da Lei n. 9.311, de 24 de outubro de 1996, sujeita as cooperativas de crédito às multas de:

•• Apesar de não expressamente revogada, a Lei n. 9.311, de 24-10-2006, encontra-se sem aplicação, já que a contribuição instituída por ela, a CPMF, foi extinta pelo art. 90 do ADCT da CF.

I – R$ 5,00 (cinco reais) por grupo de 5 (cinco) informações inexatas, incompletas ou omitidas;

II – R$ 200,00 (duzentos reais) ao mês-calendário ou fração, independentemente da sanção prevista no inciso I, se o formulário ou outro meio de informação padronizado for apresentado fora do período determinado.

Parágrafo único. Apresentada a informação, fora do prazo, mas antes de qualquer procedimento de ofício, ou se, após a intimação, houver a apresentação dentro do prazo nesta fixado, as multas serão reduzidas à metade.

Art. 84. (*Revogado pela Lei n. 11.051, de 29-12-2004.*)

Art. 85. A Lei n. 10.753, de 31 de outubro de 2003, passa a vigorar com as seguintes alterações:

"Art. 4.º É permitida a entrada no País de livros em língua estrangeira ou portuguesa, imunes de impostos nos termos do art. 150, inciso VI, alínea *d*, da Constituição, e nos termos do regulamento, de tarifas alfandegárias prévias, sem prejuízo dos controles aduaneiros e de suas taxas".

"Art. 8.º As pessoas jurídicas que exerçam as atividades descritas nos incisos II a IV do art. 5.º poderão constituir provisão para perda de estoques, calculada no último dia de cada período de apuração do imposto de renda e da contribuição social sobre o lucro líquido, correspondente a 1/3 (um terço) do valor do estoque existente naquela data, na forma que dispuser o regulamento, inclusive em relação ao tratamento contábil e fiscal a ser dispensado às reversões dessa provisão."

"Art. 9.º A provisão referida no art. 8.º será dedutível para fins de determinação do lucro real e da base de cálculo da contribuição social sobre o lucro líquido".

Art. 87. Os §§ 2.º, 3.º e 4.º do art. 5.º da Lei n. 10.336, de 19 de dezembro de 2001, passam a vigorar com a seguinte redação:

•• Alterações já processadas no diploma modificado.

Art. 88. A Lei n. 10.336, de 19 de dezembro de 2001, fica acrescida do art. 8.º-A:

•• Alteração já processada no diploma modificado.

Art. 89. No prazo de 120 (cento e vinte) dias contados a partir da publicação desta Lei, o Poder Executivo encaminhará Projeto de Lei ao Congresso Nacional prevendo a substituição parcial da contribuição a cargo da empresa, destinada à Seguridade Social, incidente sobre a folha de salários e demais rendimentos do trabalho, prevista no art. 22 da Lei n. 8.212, de 24 de julho de 1991, em Contribuição Social incidente sobre a receita bruta, observado o princípio da não cumulatividade.

•• A Lei n. 10.999, de 15-12-2004, prorroga até 31-7-2005 o prazo de que trata este artigo.

Art. 90. (*Revogado pela Lei n. 11.051, de 29-12-2004.*)

Art. 91. Serão reduzidas a 0 (zero) as alíquotas da contribuição para o PIS/PASEP e da COFINS incidentes sobre a receita bruta decorrente da venda de álcool etílico hidratado carburante, realizada por distribuidor e revendedor varejista, desde que atendidas as condições estabelecidas pelo Poder Executivo.

•• A Lei Complementar n. 214, de 16-1-2025, revoga este artigo a partir de 1.º-1-2027.

Parágrafo único. A redução de alíquotas referidas no *caput* somente será aplicável a partir do mês subsequente ao da edição do decreto que estabeleça as condições requeridas.

Art. 92. A Secretaria da Receita Federal editará, no âmbito de sua competência, as normas necessárias à aplicação do disposto nesta Lei.

Art. 93. Esta Lei entra em vigor na data de sua publicação, produzindo efeitos, em relação:

I – aos arts. 1.º a 15 e 25, a partir de 1.º de fevereiro de 2004;

II – aos arts. 26, 27, 29, 30 e 34 desta Lei, a partir de 1.º de fevereiro de 2004;

III – ao art. 1.º da Lei n. 8.850, de 28 de janeiro de 1994, e ao inciso I do art. 52 da Lei n. 8.383, de 30 de dezembro de 1991, com a redação dada pelos arts. 42 e 43, a partir de 1.º de janeiro de 2004;

IV – aos arts. 49 a 51 e 53 a 58 desta Lei, a partir do 1.º dia do quarto mês subsequente ao de sua publicação;

V – ao art. 52 desta Lei, a partir do 1.º dia do segundo mês subsequente ao de publicação desta Lei;

VI – aos demais artigos, a partir da data da publicação desta Lei.

Art. 94. Ficam revogados:

I – as alíneas *a* dos incisos III e IV e o inciso V do art. 106, o art. 109 e o art. 137 do

Decreto-lei n. 37, de 1966, este com a redação dada pelo art. 4.º do Decreto-lei n. 2.472, de 1988;

II – o art. 7.º do Decreto-lei n. 1.578, de 11 de outubro de 1977;

III – o inciso II do art. 77 da Lei n. 8.981, de 20 de janeiro de 1995;

IV – o art. 75 da Lei n. 9.532, de 10 de dezembro de 1997;

V – os §§ 5.º e 6.º do art. 5.º da Lei n. 10.336, de 28 de dezembro de 2001; e

VI – o art. 6.º da Lei n. 10.637, de 30 de dezembro de 2002, a partir da data de início dos efeitos desta Lei.

Brasília, 29 de dezembro de 2003; 182.º da Independência e 115.º da República.

LUIZ INÁCIO LULA DA SILVA

LEI N. 10.865, DE 30 DE ABRIL DE 2004 (*)

Dispõe sobre a Contribuição para os Programas de Integração Social e de Formação do Patrimônio do Servidor Público e a Contribuição para o Financiamento da Seguridade Social incidentes sobre a importação de bens e serviços e dá outras providências.

O Presidente da República.
Faço saber que o Congresso Nacional decreta e eu sanciono a seguinte Lei:

Capítulo I
DA INCIDÊNCIA

Art. 1.º Ficam instituídas a Contribuição para os Programas de Integração Social e de Formação do Patrimônio do Servidor Público incidente na Importação de Produtos Estrangeiros ou Serviços – PIS/PASEP-Importação e a Contribuição Social para o Financiamento da Seguridade Social devida pelo Importador de Bens Estrangeiros ou Serviços do Exterior – COFINS-Importação, com base nos arts. 149, § 2.º, II, e 195, IV, da Constituição Federal, observado o disposto no seu art. 195, § 6.º.

§ 1.º Os serviços a que se refere o *caput* deste artigo são os provenientes do exterior prestados por pessoa física ou pessoa jurídica residente ou domiciliada no exterior, nas seguintes hipóteses:

I – executados no País; ou

II – executados no exterior, cujo resultado se verifique no País.

§ 2.º Consideram-se também estrangeiros:

I – bens nacionais ou nacionalizados exportados, que retornem ao País, salvo se:

a) enviados em consignação e não vendidos no prazo autorizado;

b) devolvidos por motivo de defeito técnico para reparo ou para substituição;

c) por motivo de modificações na sistemática de importação por parte do país importador;

d) por motivo de guerra ou de calamidade pública; ou

e) por outros fatores alheios à vontade do exportador;

II – os equipamentos, as máquinas, os veículos, os aparelhos e os instrumentos, bem como as partes, as peças, os acessórios e os componentes, de fabricação nacional, adquiridos no mercado interno pelas empresas nacionais de engenharia e exportados para a execução de obras contratadas no exterior, na hipótese de retornarem ao País.

Art. 2.º As contribuições instituídas no art. 1.º desta Lei não incidem sobre:

I – bens estrangeiros que, corretamente descritos nos documentos de transporte, chegarem ao País por erro inequívoco ou comprovado de expedição e que forem redestinados ou devolvidos para o exterior;

II – bens estrangeiros idênticos, em igual quantidade e valor, e que se destinem à reposição de outros anteriormente importados que se tenham revelado, após o desembaraço aduaneiro, defeituosos ou imprestáveis para o fim a que se destinavam, observada a regulamentação do Ministério da Fazenda;

III – bens estrangeiros que tenham sido objeto de pena de perdimento, exceto nas hipóteses em que não sejam localizados, tenham sido consumidos ou revendidos;

IV – bens estrangeiros devolvidos para o exterior antes do registro da declaração de importação, observada a regulamentação do Ministério da Fazenda;

V – pescado capturado fora das águas territoriais do País por empresa localizada no seu território, desde que satisfeitas as exigências que regulam a atividade pesqueira;

VI – bens aos quais tenha sido aplicado o regime de exportação temporária;

VII – bens ou serviços importados pelas entidades beneficentes de assistência social, nos termos do § 7.º do art. 195 da Constituição Federal, observado o disposto no art. 10 desta Lei;

VIII – bens em trânsito aduaneiro de passagem, acidentalmente destruídos;

IX – bens avariados ou que se revelem imprestáveis para os fins a que se destinavam, desde que destruídos, sob controle aduaneiro, antes de despachados para consumo, sem ônus para a Fazenda Nacional; e

X – o custo do transporte internacional e de outros serviços, que tiverem sido computados no valor aduaneiro que serviu de base de cálculo da contribuição;

XI – valor pago, creditado, entregue, empregado ou remetido à pessoa física ou jurídica a título de remuneração de serviços vinculados aos processos de avaliação da conformidade, metrologia, normalização, inspeção sanitária e fitossanitária, homologação, registros e outros procedimentos exigidos pelo país importador sob o resguardo dos acordos sobre medidas sanitárias e fitossanitárias (SPS) e sobre barreiras técnicas ao comércio (TBT), ambos do âmbito da Organização Mundial do Comércio – OMC.

•• Inciso XI acrescentado pela Lei n. 12.249, de 11-6-2010.

Parágrafo único. O disposto no inciso XI não se aplica à remuneração de serviços prestados por pessoa física ou jurídica residente ou domiciliada em país ou dependência com tributação favorecida ou beneficiada por regime fiscal privilegiado, de que tratam os arts. 24 e 24-A da Lei n. 9.430, de 27 de dezembro de 1996.

•• Parágrafo único acrescentado pela Lei n. 12.249, de 11-6-2010.

Capítulo II
DO FATO GERADOR

Art. 3.º O fato gerador será:

I – a entrada de bens estrangeiros no território nacional; ou

II – o pagamento, o crédito, a entrega, o emprego ou a remessa de valores a residentes ou domiciliados no exterior como contraprestação por serviço prestado.

§ 1.º Para efeito do inciso I do *caput* deste artigo, consideram-se entrados no território nacional os bens que constem como tendo sido importados e cujo extravio venha a ser apurado pela administração aduaneira.

§ 2.º O disposto no § 1.º deste artigo não se aplica:

I – às malas e às remessas postais internacionais; e

II – à mercadoria importada a granel que, por sua natureza ou condições de manuseio na descarga, esteja sujeita a quebra ou a decréscimo, desde que o extravio não seja superior a 1% (um por cento).

§ 3.º Na hipótese de ocorrer quebra ou decréscimo em percentual superior ao fixado no inciso II do § 2.º deste artigo, serão exigidas as contribuições somente em relação ao que exceder a 1% (um por cento).

Art. 4.º Para efeito de cálculo das contribuições, considera-se ocorrido o fato gerador:

I – na data do registro da declaração de importação de bens submetidos a despacho para consumo;

II – no dia do lançamento do correspondente crédito tributário, quando se tratar de bens constantes de manifesto ou de outras declarações de efeito equivalente, cujo extravio ou avaria for apurado pela autoridade aduaneira;

III – na data do vencimento do prazo de permanência dos bens em recinto alfandegado, se iniciado o respectivo despacho

---

(*) Publicada no *Diário Oficial da União*, de 30-4-2004, edição extra. **A Lei Complementar n. 214, de 16-1-2025, revoga os arts. 1.º a 20, 22, 23, 27 a 31 e 37 desta lei a partir de 1.º-1-2027.**

Apuração, cobrança, fiscalização, arrecadação e administração da contribuição para o PIS/Pasep-Importação e da Cofins-Importação: Instrução Normativa n. 2.121, de 15-12-2022, da SRFB.

aduaneiro antes de aplicada a pena de perdimento, na situação prevista pelo art. 18 da Lei n. 9.779, de 19 de janeiro de 1999;
IV – na data do pagamento, do crédito, da entrega, do emprego ou da remessa de valores na hipótese de que trata o inciso II do *caput* do art. 3.º desta Lei.
Parágrafo único. O disposto no inciso I do *caput* deste artigo aplica-se, inclusive, no caso de despacho para consumo de bens importados sob regime suspensivo de tributação do imposto de importação.

Capítulo III
DO SUJEITO PASSIVO

Art. 5.º São contribuintes:
I – o importador, assim considerada a pessoa física ou jurídica que promova a entrada de bens estrangeiros no território nacional;
II – a pessoa física ou jurídica contratante de serviços de residente ou domiciliado no exterior; e
III – o beneficiário do serviço, na hipótese em que o contratante também seja residente ou domiciliado no exterior.
Parágrafo único. Equiparam-se ao importador o destinatário de remessa postal internacional indicado pelo respectivo remetente e o adquirente de mercadoria entrepostada.
Art. 6.º São responsáveis solidários:
I – o adquirente de bens estrangeiros, no caso de importação realizada por sua conta e ordem, por intermédio de pessoa jurídica importadora;
II – o transportador, quando transportar bens procedentes do exterior ou sob controle aduaneiro, inclusive em percurso interno;
III – o representante, no País, do transportador estrangeiro;
IV – o depositário, assim considerado qualquer pessoa incumbida da custódia de bem sob controle aduaneiro; e
V – o expedidor, o operador de transporte multimodal ou qualquer subcontratado para a realização do transporte multimodal.

Capítulo IV
DA BASE DE CÁLCULO

Art. 7.º A base de cálculo será:
I – o valor aduaneiro, na hipótese do inciso I do *caput* do art. 3.º desta Lei; ou
•• Inciso I com redação determinada pela Lei n. 12.865, de 9-10-2013.

II – o valor pago, creditado, entregue, empregado ou remetido para o exterior, antes da retenção do imposto de renda, acrescido do Imposto sobre Serviços de qualquer Natureza – ISS e do valor das próprias contribuições, na hipótese do inciso II do *caput* do art. 3.º desta Lei.
§ 1.º A base de cálculo das contribuições incidentes sobre prêmios de resseguro cedidos ao exterior é de 15% (quinze por cento) do valor pago, creditado, entregue, empregado ou remetido.
•• § 1.º com redação determinada pela Lei n. 12.249, de 11-6-2010.

§ 2.º O disposto no § 1.º deste artigo aplica-se aos prêmios de seguros não enquadrados no disposto no inciso X do art. 2.º desta Lei.

§§ 4.º e 5.º (*Revogados pela Lei n. 12.865, de 9-10-2013.*)

Capítulo V
DAS ALÍQUOTAS

Art. 8.º As contribuições serão calculadas mediante aplicação, sobre a base de cálculo de que trata o art. 7.º desta Lei, das alíquotas:
•• *Caput* com redação determinada pela Lei n. 13.137, de 19-6-2015.

I – na hipótese do inciso I do *caput* do art. 3.º, de:
•• Inciso I, *caput*, com redação determinada pela Lei n. 13.137, de 19-6-2015.

a) 2,1% (dois inteiros e um décimo por cento), para a Contribuição para o PIS/Pasep-Importação; e
•• Alínea *a* acrescentada pela Lei n. 13.137, de 19-6-2015.

b) 9,65% (nove inteiros e sessenta e cinco centésimos por cento), para a Cofins-Importação; e
•• Alínea *b* acrescentada pela Lei n. 13.137, de 19-6-2015.

II – na hipótese do inciso II do *caput* do art. 3.º, de:
•• Inciso II, *caput*, com redação determinada pela Lei n. 13.137, de 19-6-2015.

a) 1,65% (um inteiro e sessenta e cinco centésimos por cento), para a Contribuição para o PIS/Pasep-Importação; e
•• Alínea *a* acrescentada pela Lei n. 13.137, de 19-6-2015.

b) 7,6% (sete inteiros e seis décimos por cento), para a Cofins-Importação.
•• Alínea *b* acrescentada pela Lei n. 13.137, de 19-6-2015.

§ 8.º A importação de gasolinas e suas correntes, exceto de aviação e óleo diesel e suas correntes, gás liquefeito de petróleo (GLP) derivado de petróleo e gás natural e querosene de aviação fica sujeita à incidência da contribuição para o PIS/PASEP e da COFINS, fixadas por unidade de volume do produto, às alíquotas previstas no art. 23 desta Lei, independentemente de o importador haver optado pelo regime especial de apuração e pagamento ali referido.

§ 12. Ficam reduzidas a 0 (zero) as alíquotas das contribuições, nas hipóteses de importação de:
•• § 12 regulamentado pelo Decreto n. 5.171, de 6-8-2004.

III – papel destinado à impressão de jornais, pelo prazo de 4 (quatro) anos a contar da data de vigência desta Lei, ou até que a produção nacional atenda 80% (oitenta por cento) do consumo interno;

•• A Lei n. 12.649, de 17-5-2012, prorroga os prazos previstos neste inciso até 30-4-2016.
•• *Vide* art. 18 da Lei n. 11.727, de 23-6-2008.

XII – livros, conforme definido no art. 2.º da Lei n. 10.753, de 30 de outubro de 2003.
•• Inciso XII com redação determinada pela Lei n. 11.033, de 21-12-2004.
• A Lei n. 10.753, de 30-10-2003, institui a Política Nacional do Livro.

§ 14. Ficam reduzidas a 0 (zero) as alíquotas das contribuições incidentes sobre o valor pago, creditado, entregue, empregado ou remetido à pessoa física ou jurídica residente ou domiciliada no exterior, referente a aluguéis e contraprestações de arrendamento mercantil de máquinas e equipamentos, embarcações e aeronaves utilizados na atividade da empresa.
•• § 14 acrescentado pela Lei n. 10.925, de 23-7-2004.

§ 17. O disposto no § 14 deste artigo não se aplica aos valores pagos, creditados, entregues, empregados ou remetidos, por fonte situada no País, à pessoa física ou jurídica residente ou domiciliada no exterior, em decorrência da prestação de serviços de frete, afretamento, arrendamento ou aluguel de embarcações marítimas ou fluviais destinadas ao transporte de pessoas para fins turísticos.
•• § 17 acrescentado pela Lei n. 11.727, de 23-6-2008.
•• *Vide* art. 41, II, da Lei n. 11.727, de 23-6-2008.

§ 18. O disposto no § 17 deste artigo aplicar-se-á também à hipótese de contratação ou utilização da embarcação em atividade mista de transporte de cargas e de pessoas para fins turísticos, independentemente da preponderância da atividade.
•• § 18 acrescentado pela Lei n. 11.727, de 23-6-2008.
•• *Vide* art. 41, II, da Lei n. 11.727, de 23-6-2008.

Capítulo VI
DA ISENÇÃO

Art. 9.º São isentas das contribuições de que trata o art. 1.º desta Lei:
I – as importações realizadas:
a) pela União, Estados, Distrito Federal e Municípios, suas autarquias e fundações instituídas e mantidas pelo poder público;
b) pelas Missões Diplomáticas e Repartições Consulares de caráter permanente e pelos respectivos integrantes;
c) pelas representações de organismos internacionais de caráter permanente, inclusive os de âmbito regional, dos quais o Brasil seja membro, e pelos respectivos integrantes;
II – as hipóteses de:
a) amostras e remessas postais internacionais, sem valor comercial;

b) remessas postais e encomendas aéreas internacionais, destinadas a pessoa física;
c) bagagem de viajantes procedentes do exterior e bens importados a que se apliquem os regimes de tributação simplificada ou especial;
d) bens adquiridos em loja franca no País;
e) bens trazidos do exterior, no comércio característico das cidades situadas nas fronteiras terrestres, destinados à subsistência da unidade familiar de residentes nas cidades fronteiriças brasileiras;
f) bens importados sob o regime aduaneiro especial de *drawback*, na modalidade de isenção;
....
h) máquinas, equipamentos, aparelhos e instrumentos, e suas partes e peças de reposição, acessórios, matérias-primas e produtos intermediários, importados por instituições científicas e tecnológicas e por cientistas e pesquisadores, conforme o disposto na Lei n. 8.010, de 29 de março de 1990.
III – (Vetado).
•• Inciso III acrescentado pela Lei n. 10.925, de 23-7-2004.

§ 1.º As isenções de que tratam os incisos I e II deste artigo somente serão concedidas se satisfeitos os requisitos e condições exigidos para o reconhecimento de isenção do Imposto sobre Produtos Industrializados – IPI.
•• § 1.º acrescentado pela Lei n. 10.925, de 23-7-2004.

§ 2.º (Vetado).
•• § 2.º acrescentado pela Lei n. 10.925, de 23-7-2004.

Art. 10. Quando a isenção for vinculada à qualidade do importador, a transferência de propriedade ou a cessão de uso dos bens, a qualquer título, obriga ao prévio pagamento das contribuições de que trata esta Lei.
Parágrafo único. O disposto no *caput* deste artigo não se aplica aos bens transferidos ou cedidos:
I – a pessoa ou a entidade que goze de igual tratamento tributário, mediante prévia decisão da autoridade administrativa da Secretaria da Receita Federal;
•• A Secretaria da Receita Federal passa a denominar-se Secretaria da Receita Federal do Brasil, por força da Lei n. 11.457, de 16-3-2007.

II – após o decurso do prazo de 3 (três) anos, contado da data do registro da declaração de importação; e
III – a entidades beneficentes, reconhecidas como de utilidade pública, para serem vendidos em feiras, bazares e eventos semelhantes, desde que recebidos em doação de representações diplomáticas estrangeiras sediadas no País.

Art. 11. A isenção das contribuições, quando vinculada à destinação dos bens, ficará condicionada à comprovação posterior do seu efetivo emprego nas finalidades que motivaram a concessão.

Art. 12. Desde que mantidas as finalidades que motivaram a concessão e mediante prévia decisão da autoridade administrativa da Secretaria da Receita Federal, poderá ser transferida a propriedade ou cedido o uso dos bens antes de decorrido o prazo de 3 (três) anos a que se refere o inciso II do parágrafo único do art. 10 desta Lei, contado da data do registro da correspondente declaração de importação.
•• A Secretaria da Receita Federal passa a denominar-se Secretaria da Receita Federal do Brasil, por força da Lei n. 11.457, de 16-3-2007.

Capítulo VII
DO PRAZO DE RECOLHIMENTO

Art. 13. As contribuições de que trata o art. 1.º desta Lei serão pagas:
I – na data do registro da declaração de importação, na hipótese do inciso I do *caput* do art. 3.º desta Lei;
II – na data do pagamento, crédito, entrega, emprego ou remessa, na hipótese do inciso II do *caput* do art. 3.º desta Lei;
III – na data do vencimento do prazo de permanência do bem no recinto alfandegado, na hipótese do inciso III do *caput* do art. 4.º desta Lei.

Capítulo VIII
DOS REGIMES ADUANEIROS ESPECIAIS

Art. 14. As normas relativas à suspensão do pagamento do imposto de importação ou do IPI vinculado à importação, relativas aos regimes aduaneiros especiais, aplicam-se também às contribuições de que trata o art. 1.º desta Lei.
§ 1.º O disposto no *caput* deste artigo aplica-se também às importações, efetuadas por empresas localizadas na Zona Franca de Manaus, de bens a serem empregados na elaboração de matérias-primas, produtos intermediários e materiais de embalagem destinados a emprego em processo de industrialização por estabelecimentos ali instalados, consoante projeto aprovado pelo Conselho de Administração da Superintendência da Zona Franca de Manaus – SUFRAMA, de que trata o art. 5.º-A da Lei n. 10.637, de 30 de dezembro de 2002.
•• *Vide* art. 5.º da Lei n. 10.996, de 15-12-2004.

§ 2.º A Secretaria da Receita Federal estabelecerá os requisitos necessários para a suspensão de que trata o § 1.º deste artigo.
•• A Secretaria da Receita Federal passa a denominar-se Secretaria da Receita Federal do Brasil, por força da Lei n. 11.457, de 16-3-2007.

Art. 14-A. Fica suspensa a exigência das contribuições de que trata o art. 1.º desta Lei nas importações efetuadas por empresas localizadas na Zona Franca de Manaus de matérias-primas, produtos intermediários e materiais de embalagem para emprego em processo de industrialização por estabelecimentos industriais instalados na Zona Franca de Manaus e consoante projetos aprovados pelo Conselho de Administração da Superintendência da Zona Franca de Manaus – SUFRAMA.
•• Artigo acrescentado pela Lei n. 10.925, de 23-7-2004.
•• *Vide* art. 5.º da Lei n. 10.996, de 15-12-2004.

Capítulo IX
DO CRÉDITO

Art. 15. As pessoas jurídicas sujeitas à apuração da contribuição para o PIS/PASEP e da COFINS, nos termos dos arts. 2.º e 3.º das Leis n. 10.637, de 30 de dezembro de 2002, e 10.833, de 29 de dezembro de 2003, poderão descontar crédito, para fins de determinação dessas contribuições, em relação às importações sujeitas ao pagamento das contribuições de que trata o art. 1.º desta Lei, nas seguintes hipóteses:
I – bens adquiridos para revenda;
II – bens e serviços utilizados como insumo na prestação de serviços e na produção ou fabricação de bens ou produtos destinados à venda, inclusive combustível e lubrificantes;
III – energia elétrica consumida nos estabelecimentos da pessoa jurídica;
IV – aluguéis e contraprestações de arrendamento mercantil de prédios, máquinas e equipamentos, embarcações e aeronaves, utilizados na atividade da empresa;
V – máquinas, equipamentos e outros bens incorporados ao ativo imobilizado, adquiridos para locação a terceiros ou para utilização na produção de bens destinados à venda ou na prestação de serviços.
•• Inciso V com redação determinada pela Lei n. 11.196, de 21-11-2005.
•• *Vide* art. 132, III, *b*, da Lei n. 11.196, de 21-11-2005.

§ 1.º O direito ao crédito de que trata este artigo e o art. 17 desta Lei aplica-se em relação às contribuições efetivamente pagas na importação de bens e serviços a partir da produção dos efeitos desta Lei.
....
§ 2.º O crédito não aproveitado em determinado mês poderá sê-lo nos meses subsequentes.

§ 2.º-A. A partir de 1.º de janeiro de 2023, na hipótese de ocorrência de acúmulo de crédito remanescente, resultante da diferença da alíquota aplicada na importação do bem e da alíquota aplicada na sua revenda no mercado interno, conforme apuração prevista neste artigo e no art. 17 desta Lei, a pessoa jurídica importadora poderá utilizar o referido crédito remanescente para fins de restituição, ressarcimento ou compensação com débitos próprios, vencidos ou vincendos, relativos a tributos e a contribuições administrados pela Secretaria Especial da Receita Federal do Brasil, observada a legislação específica aplicável à matéria.
•• § 2-A acrescentado pela Lei n. 14.440, de 2-9-2022, originalmente vetado, todavia promulgado em 22-12-2022.

§ 3.º O crédito de que trata o *caput* será apurado mediante a aplicação das alíquotas previstas no art. 8.º sobre o valor que serviu de base de cálculo das contribuições, na forma do art. 7.º, acrescido do valor do IPI vinculado à importação, quando integrante do custo de aquisição.
•• § 3.º com redação determinada pela Lei n. 13.137, de 19-6-2015.

§ 4.º Na hipótese do inciso V do *caput* deste artigo, o crédito será determinado mediante a aplicação das alíquotas referidas no § 3.º deste artigo sobre o valor da depreciação ou amortização contabilizada a cada mês.

§ 5.º Para os efeitos deste artigo, aplicam-se, no que couber, as disposições dos §§ 7.º e 9.º do art. 3.º das Leis n. 10.637, de 30 de dezembro de 2002, e 10.833, de 29 de dezembro de 2003.

§ 6.º O disposto no inciso II do *caput* deste artigo alcança os direitos autorais pagos pela indústria fonográfica desde que esses direitos tenham se sujeitado ao pagamento das contribuições de que trata esta Lei.

§ 7.º Opcionalmente, o contribuinte poderá descontar o crédito de que trata o § 4.º deste artigo, relativo à importação de máquinas e equipamentos destinados ao ativo imobilizado, no prazo de 4 (quatro) anos, mediante a aplicação, a cada mês, das alíquotas referidas no § 3.º deste artigo sobre o valor correspondente a 1/48 (um quarenta e oito avos) do valor de aquisição do bem, de acordo com regulamentação da Secretaria da Receita Federal.
•• A Secretaria da Receita Federal passa a denominar-se Secretaria da Receita Federal do Brasil, por força da Lei n. 11.457, de 16-3-2007.

§§ 11 e 12. (*Revogados pela Lei n. 13.097, de 19-1-2015.*)

§ 13. No cálculo do crédito de que trata o inciso V do *caput*:
•• § 13, *caput*, acrescentado pela Lei n. 12.973, de 13-5-2014.

I – os valores decorrentes do ajuste a valor presente de que trata o inciso III do *caput* do art. 184 da Lei n. 6.404, de 15 de dezembro de 1976, poderão ser considerados como parte integrante do custo ou valor de aquisição; e
•• Inciso I acrescentado pela Lei n. 12.973, de 13-5-2014.

II – não serão computados os ganhos e perdas decorrentes de avaliação de ativo com base no valor justo.
•• Inciso II acrescentado pela Lei n. 12.973, de 13-5-2014.

§ 14. O disposto no inciso V do *caput* não se aplica no caso de bem objeto de arrendamento mercantil, na pessoa jurídica arrendatária.
•• § 14 acrescentado pela Lei n. 12.973, de 13-5-2014.

Art. 16. É vedada a utilização do crédito de que trata o art. 15 desta Lei nas hipóteses referidas nos incisos III e IV do § 3.º do art. 1.º e no art. 8.º da Lei n. 10.637, de 30 de dezembro de 2002, e nos incisos III e IV do § 3.º do art. 1.º e no art. 10 da Lei n. 10.833, de 29 de dezembro de 2003.

§ 1.º Gera direito aos créditos de que tratam os arts. 15 e 17 desta Lei a importação efetuada com isenção, exceto na hipótese de os produtos serem revendidos ou utilizados como insumo em produtos sujeitos à alíquota zero, isentos ou não alcançados pela contribuição.
•• § 1.º com redação determinada pela Lei n. 11.945, de 4-6-2009.

§ 2.º A importação efetuada na forma da alínea *f* do inciso II do art. 9.º desta Lei não dará direito a crédito, em qualquer caso.
•• § 2.º acrescentado pela Lei n. 11.945, de 4-6-2009.

Capítulo X
DO LANÇAMENTO DE OFÍCIO

Art. 19. Nos casos de lançamentos de ofício, serão aplicadas, no que couber, as disposições dos arts. 43 e 44 da Lei n. 9.430, de 27 de dezembro de 1996.

Capítulo XI
DA ADMINISTRAÇÃO DO TRIBUTO

Art. 20. Compete à Secretaria da Receita Federal a administração e a fiscalização das contribuições de que trata esta Lei.
•• A Secretaria da Receita Federal passa a denominar-se Secretaria da Receita Federal do Brasil, por força da Lei n. 11.457, de 16-3-2007.

§ 1.º As contribuições sujeitam-se às normas relativas ao processo administrativo fiscal de determinação e exigência do crédito tributário e de consulta de que trata o Decreto n. 70.235, de 6 de março de 1972, bem como, no que couber, às disposições da legislação do imposto de renda, do imposto de importação, especialmente quanto à valoração aduaneira, e da contribuição para o PIS/PASEP e da COFINS.

§ 2.º A Secretaria da Receita Federal editará, no âmbito de sua competência, as normas necessárias à aplicação do disposto nesta Lei.

Capítulo XII
DISPOSIÇÕES GERAIS

Art. 21. Os arts. 1.º, 2.º, 3.º, 6.º, 10, 12, 15, 25, 27, 32, 34, 49, 50, 51, 52, 53, 56 e 90 da Lei n. 10.833, de 29 de dezembro de 2003, passam a vigorar com a seguinte redação:
•• Alterações já processadas no diploma modificado.

Art. 22. Os dispositivos legais a seguir passam a vigorar com a seguinte redação:
I – art. 4.º da Lei n. 9.718, de 27 de novembro de 1998:
•• Alterações já processadas no diploma modificado.

Art. 23. O importador ou fabricante dos produtos referidos nos incisos I a III do art. 4.º da Lei n. 9.718, de 27 de novembro de 1998, e no art. 2.º da Lei n. 10.560, de 13 de novembro de 2002, poderá optar por regime especial de apuração e pagamento da contribuição para o PIS/PASEP e da COFINS, no qual os valores das contribuições são fixados, respectivamente, em:

I – R$ 141,10 (cento e quarenta e um reais e dez centavos) e R$ 651,40 (seiscentos e cinquenta e um reais e quarenta centavos), por metro cúbico de gasolinas e suas correntes, exceto gasolina de aviação;

II – R$ 82,20 (oitenta e dois reais e vinte centavos) e R$ 379,30 (trezentos e setenta e nove reais e trinta centavos), por metro cúbico de óleo diesel e suas correntes;

III – R$ 119,40 (cento e dezenove reais e quarenta centavos) e R$ 551,40 (quinhentos e cinquenta e um reais e quarenta centavos), por tonelada de gás liquefeito de petróleo – GLP, derivado de petróleo e de gás natural;
•• Inciso III com redação determinada pela Lei n. 11.051, de 31-12-2004.

IV – R$ 48,90 (quarenta e oito reais e noventa centavos) e R$ 225,50 (duzentos e vinte e cinco reais e cinquenta centavos), por metro cúbico de querosene de aviação.

§ 1.º A opção prevista neste artigo será exercida, segundo normas e condições estabelecidas pela Secretaria da Receita Federal, até o último dia útil do mês de novembro de cada ano-calendário, produzindo efeitos, de forma irretratável, durante todo o ano-calendário subsequente ao da opção.
•• A Secretaria da Receita Federal passa a denominar-se Secretaria da Receita Federal do Brasil, por força da Lei n. 11.457, de 16-3-2007.

§ 2.º Excepcionalmente para o ano-calendário de 2004, a opção poderá ser exercida até o último dia útil do mês de maio, produzindo efeitos, de forma irretratável, a partir do dia 1.º de maio.

§ 3.º No caso da opção efetuada nos termos dos §§ 1.º e 2.º deste artigo, a Secretaria da Receita Federal divulgará o nome da pessoa jurídica optante e a data de início da opção.
•• *Vide* nota ao § 1.º deste artigo.

§ 4.º A opção a que se refere este artigo será automaticamente prorrogada para o ano-calendário seguinte, salvo se a pessoa jurídica dela desistir, nos termos e condições estabelecidos pela Secretaria da Receita Federal, até o último dia útil do mês de outubro do ano-calendário, hipótese em que a produção de efeitos se dará a partir do dia 1.º de janeiro do ano-calendário subsequente.
•• *Vide* nota ao § 1.º deste artigo.

§ 5.º Fica o Poder Executivo autorizado a fixar coeficientes para redução das alíquotas previstas neste artigo, os quais poderão ser alterados, para mais ou para menos, ou extintos, em relação aos produtos ou sua utilização, a qualquer tempo.

Art. 25. O disposto no art. 9.º da Medida Provisória n. 2.159-70, de 24 de agosto de 2001, aplica-se, também, relativamente aos fatos geradores ocorridos a partir de 1.º de abril de 2004, às remessas para o exterior vinculadas ao pagamento de despesas relacionadas com a promoção de destinos turísticos brasileiros.

Parágrafo único. Para os fins do disposto no *caput* deste artigo, entende-se por despesas vinculadas à promoção de destinos turísticos brasileiros aquelas decorrentes de pesquisa de mercado, participação em exposições, feiras e eventos semelhantes, inclusive aluguéis e arrendamentos de estandes e locais de exposição.

Art. 26. (*Revogado pela Lei n. 10.925, de 23-7-2004.*)

Art. 27. O Poder Executivo poderá autorizar o desconto de crédito nos percentuais que estabelecer e para os fins referidos no art. 3.º das Leis n. 10.637, de 30 de dezembro de 2002, e 10.833, de 29 de dezembro de 2003, relativamente às despesas financeiras decorrentes de empréstimos e financiamentos, inclusive pagos ou creditados a residentes ou domiciliados no exterior.

§ 1.º Poderão ser estabelecidos percentuais diferenciados no caso de pagamentos ou créditos a residentes ou domiciliados em país com tributação favorecida ou com sigilo societário.

§ 2.º O Poder Executivo poderá, também, reduzir e restabelecer, até os percentuais de que tratam os incisos I e II do *caput* do art. 8.º desta Lei, as alíquotas da contribuição para o PIS/PASEP e da COFINS incidentes sobre as receitas financeiras auferidas pelas pessoas jurídicas sujeitas ao regime de não cumulatividade das referidas contribuições, nas hipóteses que fixar.

§ 3.º O disposto no § 2.º não se aplica aos valores decorrentes do ajuste a valor presente de que trata o inciso VIII do *caput* do art. 183 da Lei n. 6.404, de 15 de dezembro de 1976.

•• § 3.º acrescentado pela Lei n. 12.973, de 13-5-2014.

....

Art. 29. As disposições do art. 3.º da Lei Complementar n. 70, de 30 de dezembro de 1991, do art. 5.º da Lei n. 9.715, de 25 de novembro de 1998, e do art. 53 da Lei n. 9.532, de 10 de dezembro de 1997, alcançam também o comerciante atacadista.

Art. 30. Considera-se aquisição, para fins do desconto do crédito previsto nos arts. 3.º das Leis n. 10.637, de 30 de dezembro de 2002, e 10.833, de 29 de dezembro de 2003, a versão de bens e direitos neles referidos, em decorrência de fusão, incorporação e cisão de pessoa jurídica domiciliada no País.

§ 1.º O disposto neste artigo aplica-se somente nas hipóteses em que fosse admitido o desconto do crédito pela pessoa jurídica fusionada, incorporada ou cindida.

§ 2.º Aplica-se o disposto neste artigo a partir da data de produção de efeitos do art. 3.º das Leis n. 10.637, de 30 de dezembro de 2002, e 10.833, de 29 de dezembro de 2003, conforme o caso.

Art. 31. É vedado, a partir do último dia do terceiro mês subsequente ao da publicação desta Lei, o desconto de créditos apurados na forma do inciso III do § 1.º do art. 3.º das Leis n. 10.637, de 30 de dezembro de 2002, e 10.833, de 29 de dezembro de 2003, relativos à depreciação ou amortização de bens e direitos de ativos imobilizados adquiridos até 30 de abril de 2004.

§ 1.º Poderão ser aproveitados os créditos referidos no inciso III do § 1.º do art. 3.º das Leis ns. 10.637, de 30 de dezembro de 2002, e 10.833, de 29 de dezembro de 2003, apurados sobre a depreciação ou amortização de bens e direitos de ativo imobilizado adquiridos a partir de 1.º de maio.

§ 2.º O direito ao desconto de créditos de que trata o § 1.º deste artigo não se aplica ao valor decorrente da reavaliação de bens e direitos do ativo permanente.

§ 3.º É também vedado, a partir da data a que se refere o *caput*, o crédito relativo a aluguel e contraprestação de arrendamento mercantil de bens que já tenham integrado o patrimônio da pessoa jurídica.

Art. 32. O art. 41 da Lei n. 8.981, de 20 de janeiro de 1995, passa a vigorar com a seguinte redação:

•• Alteração já processada no diploma modificado.

....

Art. 37. Os arts. 1.º, 2.º, 3.º, 5.º, 5.º-A e 11 da Lei n. 10.637, de 30 de dezembro de 2002, passam a vigorar com a seguinte redação:

•• Alterações já processadas no diploma modificado.

....

Art. 39. As sociedades cooperativas que obedecerem ao disposto na legislação específica, relativamente aos atos cooperativos, ficam isentas da Contribuição Social sobre o Lucro Líquido – CSLL.

Parágrafo único. O disposto no *caput* deste artigo não se aplica às sociedades cooperativas de consumo de que trata o art. 69 da Lei n. 9.532, de 10 de dezembro de 1997.

....

Art. 43. (*Revogado pela Lei n. 10.999, de 15-12-2004.*)

....

Art. 45. Produzem efeitos a partir do primeiro dia do 4.º (quarto) mês subsequente ao da publicação desta Lei, quanto às alterações efetuadas em relação à Medida Provisória n. 164, de 29 de janeiro de 2004, as disposições constantes desta Lei:

•• A Medida Provisória n. 164, de 29-1-2004, foi convalidada na Lei n. 10.865, de 30-4-2004.

....

II – no art. 16;

IV – no art. 22.

Parágrafo único. As disposições de que tratam os incisos I a IV do *caput* deste artigo, na redação original da Medida Provisória n. 164, de 29 de janeiro de 2004, produzem efeitos a partir de 1.º de maio de 2004.

•• Vide nota ao *caput* deste artigo.

Art. 46. Produz efeitos a partir do 1.º (primeiro) dia do 4.º (quarto) mês subsequente ao de publicação desta Lei o disposto:

I – nos arts. 1.º, 12, 50 e art. 51, II e IV, da Lei n. 10.833, de 29 de dezembro de 2003, com a redação dada pelo art. 21 desta Lei;

....

IV – nos arts. 1.º, 2.º, 3.º e 11 da Lei n. 10.637, de 30 de dezembro de 2002, com a redação dada pelo art. 37 desta Lei.

....

Art. 48. Produz efeitos a partir de 1.º de janeiro de 2005 o disposto no art. 39 desta Lei.

Art. 49. Os arts. 55 a 58 da Lei n. 10.833, de 29 de dezembro de 2003, produzem efeitos a partir de 1.º de fevereiro de 2004, relativamente à hipótese de que trata o seu art. 52.

Art. 50. Os arts. 49 e 51 da Lei n. 10.833, de 29 de dezembro de 2003, em relação às alterações introduzidas pelo art. 21 desta Lei, produzem efeitos a partir de 1.º de maio de 2004.

Art. 51. O disposto no art. 53 da Lei n. 10.833, de 29 de dezembro de 2003, com a alteração introduzida pelo art. 21 desta Lei, produz efeito a partir de 29 de janeiro de 2004.

Art. 52. Excepcionalmente para o ano-calendário de 2004, a opção pelo regime especial de que trata o art. 52 da Lei n. 10.833, de 29 de dezembro de 2003, poderá ser exercida até o último dia útil do mês subsequente ao da publicação desta Lei, produzindo efeitos de forma irretratável, a partir do mês subsequente ao da opção, até 31 de dezembro de 2004.

Art. 53. Esta Lei entra em vigor na data de sua publicação, produzindo efeitos a partir do dia 1.º de maio de 2004, ressalvadas as disposições contidas nos artigos anteriores.

Brasília, 30 de abril de 2004; 183.º da Independência e 116.º da República.

Luiz Inácio Lula da Silva

LEI N. 10.931, DE 2 DE AGOSTO DE 2004 (*)

Dispõe sobre o patrimônio de afetação de incorporações imobiliárias, Letra de Crédito Imobiliário, Cédula de Crédito Imobiliário, Cédula de Crédito Bancário, altera o Decreto-lei n. 911, de 1.º de outubro de 1969, as Leis n. 4.591, de 16 de dezembro de 1964, n. 4.728, de 14 de julho de 1965, e n. 10.406, de 10 de janeiro de 2002, e dá outras providências.

....

(*) Publicada no *Diário Oficial da União*, de 3-8-2004.

O Presidente da República.
Faço saber que o Congresso Nacional decreta e eu sanciono a seguinte Lei:

Capítulo I
DO REGIME ESPECIAL TRIBUTÁRIO DO PATRIMÔNIO DE AFETAÇÃO

* A Instrução Normativa n. 2.179, de 5-3-2024, da RFB, dispõe sobre os regimes especiais de tributação e pagamento unificado de tributos aplicáveis às incorporações imobiliárias e às construções de unidades habitacionais contratadas no âmbito dos Programas Minha Casa, Minha Vida – PMCMV e Casa Verde e Amarela.

Art. 1.º Fica instituído o regime especial de tributação aplicável às incorporações imobiliárias, em caráter opcional e irretratável enquanto perdurarem direitos de crédito ou obrigações do incorporador junto aos adquirentes dos imóveis que compõem a incorporação.

Art. 2.º A opção pelo regime especial de tributação de que trata o art. 1.º será efetivada quando atendidos os seguintes requisitos:

I – entrega do termo de opção ao regime especial de tributação na unidade competente da Secretaria da Receita Federal, conforme regulamentação a ser estabelecida; e

•• A Secretaria da Receita Federal passa a denominar-se Secretaria da Receita Federal do Brasil, por força da Lei n. 11.457, de 16-3-2007.

II – afetação do terreno e das acessões objeto da incorporação imobiliária, conforme disposto nos arts. 31-A a 31-E da Lei n. 4.591, de 16 de dezembro de 1964.

* A Lei n. 4.591, de 16-12-1964, que dispõe sobre o Condomínio em Edificações e as Incorporações Imobiliárias, trata do patrimônio de afetação em seus arts. 31-A a 31-E.

Art. 3.º O terreno e as acessões objeto da incorporação imobiliária sujeitas ao regime especial de tributação, bem como os demais bens e direitos a ela vinculados, não responderão por dívidas tributárias da incorporadora relativas ao Imposto de Renda das Pessoas Jurídicas – IRPJ, à Contribuição Social sobre o Lucro Líquido – CSLL, à Contribuição para o Financiamento da Seguridade Social – COFINS e à Contribuição para os Programas de Integração Social e de Formação do Patrimônio do Servidor Público – PIS/PASEP, exceto aquelas calculadas na forma do art. 4.º sobre as receitas auferidas no âmbito da respectiva incorporação.

•• A Lei Complementar n. 214, de 16-1-2025, deu nova redação a este *caput*, com produção de efeitos a partir de 1.º-1-2026: "Art. 3.º O terreno e as acessões objeto da incorporação imobiliária sujeitas ao regime especial de tributação, bem como os demais bens e direitos a ela vinculados, não responderão por dívidas tributárias da incorporadora relativas ao Imposto sobre a Renda das Pessoas Jurídicas – IRPJ, à Contribuição Social sobre o Lucro Líquido – CSLL, à Contribuição para o Financiamento da Seguridade Social – COFINS, à Contribuição para os Programas de Integração Social e de Formação do Patrimônio do Servidor Público – PIS/PASEP, à Contribuição sobre Bens e Serviços – CBS e ao Imposto sobre Bens e Serviços – IBS, exceto aquelas calculadas na forma do art. 4.º sobre as receitas auferidas no âmbito da respectiva incorporação".

Parágrafo único. O patrimônio da incorporadora responderá pelas dívidas tributárias da incorporação afetada.

Art. 4.º Para cada incorporação submetida ao regime especial de tributação, a incorporadora ficará sujeita ao pagamento equivalente a 4% (quatro por cento) da receita mensal recebida, o qual corresponderá ao pagamento mensal unificado do seguinte imposto e contribuições:

•• *Caput* com redação determinada pela Lei n. 12.844, de 19-7-2013.

•• A Lei Complementar n. 214, de 16-1-2025, deu nova redação a este *caput*, com produção de efeitos a partir de 1.º-1-2027: "Art. 4.º Para cada incorporação submetida ao regime especial de tributação, a incorporadora ficará sujeita ao pagamento equivalente a 1,92% (um inteiro e noventa e dois centésimos por cento) da receita mensal recebida, o qual corresponderá ao pagamento mensal unificado do seguinte imposto e contribuições".

I – Imposto de Renda das Pessoas Jurídicas – IRPJ;

II – Contribuição para os Programas de Integração Social e de Formação do Patrimônio do Servidor Público – PIS/PASEP;

•• A Lei Complementar n. 214, de 16-1-2025, revoga este inciso a partir de 1.º-1-2027.

III – Contribuição Social sobre o Lucro Líquido – CSLL; e

IV – Contribuição para Financiamento da Seguridade Social – COFINS.

•• A Lei Complementar n. 214, de 16-1-2025, revoga este inciso a partir de 1.º-1-2027.

§ 1.º Para fins do disposto no *caput*, considera-se receita mensal a totalidade das receitas auferidas pela incorporadora na venda das unidades imobiliárias que compõem a incorporação, bem como as receitas financeiras e variações monetárias decorrentes desta operação.

§ 2.º O pagamento dos tributos e contribuições na forma do disposto no *caput* deste artigo será considerado definitivo, não gerando, em qualquer hipótese, direito à restituição ou à compensação com o que for apurado pela incorporadora.

•• § 2.º com redação determinada pela Lei n. 11.196, de 21-11-2005.

•• *Vide* art. 132, II, *d*, da Lei n. 11.196, de 21-11-2005.

§ 3.º As receitas, custos e despesas próprios da incorporação sujeita a tributação na forma deste artigo não deverão ser computados na apuração das bases de cálculo dos tributos e contribuições de que trata o *caput* deste artigo devidos pela incorporadora em virtude de suas outras atividades empresariais, inclusive incorporações não afetadas.

•• § 3.º com redação determinada pela Lei n. 11.196, de 21-11-2005.

•• *Vide* art. 132, II, *d*, da Lei n. 11.196, de 21-11-2005.

§ 4.º Para fins do disposto no § 3.º deste artigo, os custos e despesas indiretos pagos pela incorporadora no mês serão apropriados a cada incorporação na mesma proporção representada pelos custos diretos próprios da incorporação, em relação ao custo direto total da incorporadora, assim entendido como a soma de todos os custos diretos de todas as incorporações e de outras atividades exercidas pela incorporadora.

•• § 4.º com redação determinada pela Lei n. 11.196, de 21-11-2005.

•• *Vide* art. 132, II, *d*, da Lei n. 11.196, de 21-11-2005.

§ 5.º A opção pelo regime especial de tributação obriga o contribuinte a fazer o recolhimento dos tributos, na forma do *caput* deste artigo, a partir do mês da opção.

•• § 5.º acrescentado pela Lei n. 11.196, de 21-11-2005.

•• *Vide* art. 132, II, *d*, da Lei n. 11.196, de 21-11-2005.

§ 6.º Para os projetos de incorporação de imóveis residenciais de interesse social cuja construção tenha sido iniciada ou contratada a partir de 31 de março de 2009, o percentual correspondente ao pagamento unificado dos tributos de que trata o *caput* deste artigo será equivalente a 1% (um por cento) da receita mensal recebida, desde que, até 31 de dezembro de 2018, a incorporação tenha sido registrada no cartório de imóveis competente ou tenha sido assinado o contrato de construção.

•• § 6.º com redação determinada pela Lei n. 13.970, de 27-12-2019.

•• A Lei Complementar n. 214, de 16-1-2025, deu nova redação a este § 6.º, com produção de efeitos a partir de 1.º-1-2027: "§ 6.º Para os projetos de incorporação de imóveis residenciais de interesse social cuja construção tenha sido iniciada ou contratada a partir de 31 de março de 2009, o percentual correspondente ao pagamento unificado dos tributos de que trata o *caput* deste artigo será equivalente a 0,47% (quarenta e sete centésimos por cento) da receita mensal recebida, desde que, até 31 de dezembro de 2018, a incorporação tenha sido registrada no cartório de imóveis competente ou tenha sido assinado o contrato de construção".

§ 7.º Para efeito do disposto no § 6.º, consideram-se projetos de incorporação de imóveis de interesse social os destinados à construção de unidades residenciais de valor de até R$ 100.000,00 (cem mil reais) no âmbito do Programa Minha Casa, Minha Vida, de que trata a Lei n. 11.977, de 7 de julho de 2009.

•• § 7.º com redação determinada pela Lei n. 12.767, de 27-12-2012.

§ 8.º Para os projetos de construção e incorporação de imóveis residenciais de interesse social, o percentual correspondente ao pagamento unificado dos tributos de que trata o *caput* deste artigo será equivalente a 1% (um por cento) da receita mensal recebida, conforme regulamentação da Secretaria Especial da Receita Federal do Brasil.

•• § 8.º com redação determinada pela Lei n. 14.620, de 13-7-2023.

•• A Lei Complementar n. 214, de 16-1-2025, deu nova redação a este § 8.º, com produção de efeitos a partir de 1.º-1-2027: "§ 8.º Para os projetos de construção e incorporação de imóveis residenciais de interesse social, o percentual correspondente ao pagamento unificado dos tributos de que trata o *caput* deste artigo será equivalente a 0,47% (quarenta e sete centésimos por cento) da receita mensal recebida, conforme regulamentação da Secretaria Especial da Receita Federal do Brasil".

§ 9.º Para efeito do disposto no § 8.º, consideram-se projetos de incorporação de imóveis residenciais de interesse social aqueles destinados a famílias cuja renda se enquadre na Faixa Urbano 1, independentemente do valor da unidade, no âmbito do Programa Minha Casa, Minha Vida, sendo que a existência de unidades destinadas às outras faixas de renda no empreendimento não obstará a fruição do regime especial de tributação de que trata o § 8.º.

•• § 9.º acrescentado pela Lei n. 14.620, de 13-7-2023.

§ 10. As condições para utilização dos benefícios de que tratam os §§ 6.º e 8.º serão definidas em regulamento.

•• § 10 acrescentado pela Lei n. 14.620, de 13-7-2023.

§ 11. (*Vetado.*)

•• § 11 acrescentado pela Lei n. 14.620, de 13-7-2023.

Art. 5.º O pagamento unificado de impostos e contribuições efetuado na forma do art. 4.º deverá ser feito até o 20.º (vigésimo) dia do mês subsequente àquele em que houver sido auferida a receita.

•• *Caput* com redação determinada pela Lei n. 12.024, de 27-8-2009.

Parágrafo único. Para fins do disposto no *caput*, a incorporadora deverá utilizar, no Documento de Arrecadação de Receitas Federais – DARF, o número específico de inscrição da incorporação no Cadastro Nacional das Pessoas Jurídicas – CNPJ e código de arrecadação próprio.

Art. 6.º Os créditos tributários devidos pela incorporadora na forma do disposto no art. 4.º não poderão ser objeto de parcelamento.

Art. 7.º O incorporador fica obrigado a manter escrituração contábil segregada para cada incorporação submetida ao regime especial de tributação.

Art. 8.º Para fins de repartição de receita tributária e do disposto no § 2.º do art. 4.º, o percentual de 4% (quatro por cento) de que trata o *caput* do art. 4.º será considerado:

•• *Caput* com redação determinada pela Lei n. 12.844, de 19-7-2013.

•• **A Lei Complementar n. 214, de 16-1-2025, deu nova redação a este *caput*, com produção de efeitos a partir de 1.º-1-2027:** "Art. 8.º Para fins de repartição de receita tributária e do disposto no § 2.º do art. 4.º, o percentual de 1,92% (um inteiro e noventa e dois centésimos por cento) de que trata o *caput* do art. 4.º será considerado:".

I – 1,71% (um inteiro e setenta e um centésimos por cento) como COFINS;

•• Inciso I com redação determinada pela Lei n. 12.844, de 19-7-2013.

•• A Lei Complementar n. 214, de 16-1-2025, revoga este inciso a partir de 1.º-1-2027.

II – 0,37% (trinta e sete centésimos por cento) como Contribuição para o PIS/PASEP;

•• Inciso II com redação determinada pela Lei n. 12.844, de 19-7-2013.

•• A Lei Complementar n. 214, de 16-1-2025, revoga este inciso a partir de 1.º-1-2027.

III – 1,26% (um inteiro e vinte e seis centésimos por cento) como IRPJ; e

•• Inciso III com redação determinada pela Lei n. 12.844, de 19-7-2013.

IV – 0,66% (sessenta e seis centésimos por cento) como CSLL.

•• Inciso IV com redação determinada pela Lei n. 12.844, de 19-7-2013.

Parágrafo único. O percentual de 1% (um por cento) de que trata o § 6.º do art. 4.º será considerado para os fins do *caput*:

•• Parágrafo único, *caput*, acrescentado pela Lei n. 12.024, de 27-8-2009.

•• **A Lei Complementar n. 214, de 16-1-2025, deu nova redação a este parágrafo único, com produção de efeitos a partir de 1.º-1-2027:** "Parágrafo único. O percentual de 0,47% (quarenta e sete centésimos por cento) de que trata o § 6.º do art. 4.º será considerado para os fins do *caput*:".

I – 0,44% (quarenta e quatro centésimos por cento) como Cofins;

•• Inciso I acrescentado pela Lei n. 12.024, de 27-8-2009.

•• A Lei Complementar n. 214, de 16-1-2025, revoga este inciso a partir de 1.º-1-2027.

II – 0,09% (nove centésimos por cento) como Contribuição para o PIS/Pasep;

•• Inciso II acrescentado pela Lei n. 12.024, de 27-8-2009.

•• A Lei Complementar n. 214, de 16-1-2025, revoga este inciso a partir de 1.º-1-2027.

III – 0,31% (trinta e um centésimos por cento) como IRPJ; e

•• Inciso III acrescentado pela Lei n. 12.024, de 27-8-2009.

IV – 0,16% (dezesseis centésimos por cento) como CSLL.

•• Inciso IV acrescentado pela Lei n. 12.024, de 27-8-2009.

Art. 9.º Perde eficácia a deliberação pela continuação da obra a que se refere o § 1.º do art. 31-F da Lei n. 4.591, de 1964, bem como os efeitos do regime de afetação instituídos por esta Lei, caso não se verifique o pagamento das obrigações tributárias, previdenciárias e trabalhistas, vinculadas ao respectivo patrimônio de afetação, cujos fatos geradores tenham ocorrido até a data da decretação da falência, ou insolvência do incorporador, as quais deverão ser pagas pelos adquirentes em até um ano daquela deliberação, ou até a data da concessão do habite-se, se esta ocorrer em prazo inferior.

Art. 10. O disposto no art. 76 da Medida Provisória n. 2.158-35, de 24 de agosto de 2001, não se aplica ao patrimônio de afetação de incorporações imobiliárias definido pela Lei n. 4.591, de 1964.

Art. 11. (*Revogado pela Lei n. 11.196, de 21-11-2005.*)

Art. 11-A. O regime especial de tributação previsto nesta Lei será aplicado até o recebimento integral do valor das vendas de todas as unidades que compõem o memorial de incorporação registrado no cartório de imóveis competente, independentemente da data de sua comercialização, e, no caso de contratos de construção, até o recebimento integral do valor do respectivo contrato.

•• Artigo acrescentado pela Lei n. 13.970, de 27-12-2019.

Capítulo VI
DISPOSIÇÕES FINAIS

Normas complementares a esta Lei

Art. 65. O Conselho Monetário Nacional e a Secretaria da Receita Federal, no âmbito das suas respectivas atribuições, expedirão as instruções que se fizerem necessárias à execução das disposições desta Lei.

•• A Secretaria da Receita Federal passa a denominar-se Secretaria da Receita Federal do Brasil, por força da Lei n. 11.457, de 16-3-2007.

Vigência

Art. 66. Esta Lei entra em vigor na data de sua publicação.

Revogações

Art. 67. Ficam revogadas as Medidas Provisórias ns. 2.160-25, de 23 de agosto de 2001, 2.221, de 4 de setembro de 2001, e 2.223, de 4 de setembro de 2001, e os arts. 66 e 66-A da Lei n. 4.728, de 14 de julho de 1965.

Brasília, 2 de agosto de 2004; 183.º da Independência e 116.º da República.

LUIZ INÁCIO LULA DA SILVA

LEI N. 10.996, DE 15 DE DEZEMBRO DE 2004 (*)

Altera a legislação tributária federal e as Leis n. 10.637, de 30 de dezembro de 2002, e 10.833, de 29 de dezembro de 2003.

O Presidente da República.

Faço saber que o Congresso Nacional decreta e eu sanciono a seguinte Lei:

Art. 1.º Fica excluída, para fins de incidência na fonte e no ajuste anual do imposto de renda da pessoa física, a quantia de R$ 100,00 (cem reais) mensais do total dos rendimentos tributáveis provenientes do trabalho assalariado pagos nos meses de agosto a dezembro do ano-calendário de 2004.

Parágrafo único. O disposto no *caput* deste artigo aplica-se, também, ao 13.º (décimo terceiro) salário para fins de incidência do imposto de renda na fonte.

Art. 2.º Ficam reduzidas a 0 (zero) as alíquotas da Contribuição para o PIS/PASEP e da Contribuição para o Financiamento

---

(*) Publicada no *Diário Oficial da União*, de 16-12-2004. **A Lei Complementar n. 214, de 16-1-2025, revoga os arts. 2.º a 5.º desta Lei a partir de 1.º-1-2027.**

da Seguridade Social – COFINS incidentes sobre as receitas de vendas de mercadorias destinadas ao consumo ou à industrialização na Zona Franca de Manaus – ZFM, por pessoa jurídica estabelecida fora da ZFM.

•• O Decreto n. 5.310, de 15-12-2004, dispõe sobre a incidência da Contribuição para o PIS/PASEP e da COFINS sobre as operações de venda efetuadas na Zona Franca de Manaus - ZFM.

§ 1.º Para os efeitos deste artigo, entendem-se como vendas de mercadorias de consumo na Zona Franca de Manaus – ZFM as que tenham como destinatárias pessoas jurídicas que as venham utilizar diretamente ou para comercialização por atacado ou a varejo.

§ 2.º Aplicam-se às operações de que trata o caput deste artigo as disposições do inciso II do § 2.º do art. 3.º da Lei n. 10.637, de 30 de dezembro de 2002, e do inciso II do § 2.º do art. 3.º da Lei n. 10.833, de 29 de dezembro de 2003.

§ 3.º As disposições deste artigo aplicam-se às vendas de mercadorias destinadas ao consumo ou à industrialização nas Áreas de Livre Comércio de que tratam as Leis n. 7.965, de 22 de dezembro de 1989, 8.210, de 19 de julho de 1991, e 8.256, de 25 de novembro de 1991, o art. 11 da Lei n. 8.387, de 30 de dezembro de 1991, e a Lei n. 8.857, de 8 de março de 1994, por pessoa jurídica estabelecida fora dessas áreas.

•• § 3.º acrescentado pela Lei n. 11.945, de 4-6-2009.

§ 4.º Não se aplica o disposto neste artigo às vendas de mercadorias que tenham como destinatárias pessoas jurídicas atacadistas e varejistas, sujeitas ao regime de apuração não cumulativa da Contribuição para o PIS/Pasep e da Cofins, estabelecidas nas Áreas de Livre Comércio referidas no § 3.º.

•• § 4.º acrescentado pela Lei n. 12.350, de 20-12-2010.

§ 5.º Nas notas fiscais relativas à venda de que trata o caput deste artigo, deverá constar a expressão "Venda de mercadoria efetuada com alíquota zero da Contribuição para o PIS/Pasep e da Cofins", com a especificação do dispositivo legal correspondente.

•• § 5.º acrescentado pela Lei n. 12.350, de 20-12-2010.

§ 6.º O disposto neste artigo não se aplica aos produtos de que trata o art. 14 da Lei n. 13.097, de 19 de janeiro de 2015.

•• § 6.º acrescentado pela Lei n. 13.137, de 19-6-2015.

Art. 3.º Os arts. 2.º e 3.º da Lei n. 10.637, de 30 de dezembro de 2002, passam a vigorar com a seguinte redação:

•• Alterações já processadas no diploma modificado.

Art. 4.º Os arts. 2.º e 3.º da Lei n. 10.833, de 29 de dezembro de 2003, passam a vigorar com a seguinte redação:

•• Alterações já processadas no diploma modificado.

Art. 5.º A suspensão da exigibilidade da Contribuição para o PIS/PASEP incidente na importação de produtos estrangeiros ou serviços e da COFINS devida pelo importador de bens estrangeiros ou serviços do exterior, prevista nos arts. 14, § 1.º, e 14-A da Lei n. 10.865, de 30 de abril de 2004, será resolvida mediante a aplicação de alíquota 0 (zero), quando as mercadorias importadas forem utilizadas em processo de fabricação de matérias-primas, produtos industrializados finais, por estabelecimentos situados na Zona Franca de Manaus – ZFM, consoante projeto aprovado pelo Conselho de Administração da Superintendência da Zona Franca de Manaus – SUFRAMA.

Art. 6.º Esta Lei entra em vigor na data de sua publicação.

Brasília, 15 de dezembro de 2004; 183.º da Independência e 116.º da República.

LUIZ INÁCIO LULA DA SILVA

LEI N. 11.033, DE 21 DE DEZEMBRO DE 2004 (*)

Altera a tributação do mercado financeiro e de capitais; institui o Regime Tributário para Incentivo à Modernização e à Ampliação da Estrutura Portuária – REPORTO; altera as Leis n. 10.865, de 30 de abril de 2004, 8.850, de 28 de janeiro de 1994, 8.383, de 30 de dezembro de 1991, 10.522, de 19 de julho de 2002, 9.430, de 27 de dezembro de 1996, e 10.925, de 23 de julho de 2004; e dá outras providências.

O Presidente da República.

Faço saber que o Congresso Nacional decreta e eu sanciono a seguinte Lei:

Art. 1.º Os rendimentos de que trata o art. 5.º da Lei n. 9.779, de 19 de janeiro de 1999, relativamente às aplicações e operações realizadas a partir de 1.º de janeiro de 2005, sujeitam-se à incidência do imposto de renda na fonte, às seguintes alíquotas:

•• Vide art. 23.º desta Lei.

•• Vide art. 6.º da Lei n. 11.053, de 29-12-2004.

I – 22,5% (vinte e dois inteiros e cinco décimos por cento), em aplicações com prazo de até 180 (cento e oitenta) dias;

II – 20% (vinte por cento), em aplicações com prazo de 181 (cento e oitenta e um) dias até 360 (trezentos e sessenta) dias;

III – 17,5% (dezessete inteiros e cinco décimos por cento), em aplicações com prazo de 361 (trezentos e sessenta e um) dias até 720 (setecentos e vinte) dias;

IV – 15% (quinze por cento), em aplicações com prazo acima de 720 (setecentos e vinte) dias.

§ 1.º No caso de aplicações existentes em 31 de dezembro de 2004:

I – os rendimentos produzidos até essa data serão tributados nos termos da legislação então vigente;

(*) Publicada no Diário Oficial da União, de 22-12-2004.

II – em relação aos rendimentos produzidos em 2005, os prazos a que se referem os incisos I a IV do caput deste artigo serão contados a partir:

a) de 1.º de julho de 2004, no caso de aplicação efetuada até a data da publicação desta Lei; e

b) da data da aplicação, no caso de aplicação efetuada após a data da publicação desta Lei.

§§ 2.º a 7.º (Revogados pela Lei n. 14.754, de 12-12-2023.)

Art. 2.º O disposto no art. 1.º desta Lei não se aplica aos ganhos líquidos auferidos em operações realizadas em bolsas de valores, de mercadorias, de futuros, e assemelhadas, inclusive day trade, que permanecem sujeitos à legislação vigente e serão tributados às seguintes alíquotas:

• Vide art. 23 desta Lei.

I – 20% (vinte por cento), no caso de operação day trade;

II – 15% (quinze por cento), nas demais hipóteses.

§ 1.º As operações a que se refere o caput deste artigo, exceto day trade, sujeitam-se à incidência do imposto de renda na fonte, à alíquota de 0,005% (cinco milésimos por cento) sobre os seguintes valores:

I – nos mercados futuros, a soma algébrica dos ajustes diários, se positiva, apurada por ocasião do encerramento da posição, antecipadamente ou no seu vencimento;

II – nos mercados de opções, o resultado, se positivo, da soma algébrica dos prêmios pagos e recebidos no mesmo dia;

III – nos contratos a termo:

a) quando houver a previsão de entrega do ativo objeto na data do seu vencimento, a diferença, se positiva, entre o preço a termo e o preço à vista na data da liquidação;

b) com liquidação exclusivamente financeira, o valor da liquidação financeira prevista no contrato;

IV – nos mercados à vista, o valor da alienação, nas operações com ações, ouro ativo financeiro e outros valores mobiliários neles negociados.

§ 2.º O disposto no § 1.º deste artigo:

I – não se aplica às operações de exercício de opção;

II – aplica-se às operações realizadas no mercado de balcão, com intermediação, tendo por objeto os valores mobiliários e ativos referidos no inciso IV do § 1.º deste artigo, bem como às operações realizadas em mercados de liquidação futura fora de bolsa.

§ 3.º As operações day trade permanecem tributadas, na fonte, nos termos da legislação vigente.

§ 4.º Fica dispensada a retenção do imposto de que trata o § 1.º deste artigo cujo valor seja igual ou inferior a R$ 1,00 (um real).

§ 5.º Ocorrendo mais de uma operação no mesmo mês, realizada por uma mesma pessoa, física ou jurídica, deverá ser efetuada a soma dos valores de imposto incidente sobre todas as operações realizadas no mês, para efeito de cálculo do limite de retenção previsto no § 4.º deste artigo.

§ 6.º Fica responsável pela retenção do imposto de que tratam o § 1.º e o inciso II do § 2.º deste artigo a instituição intermediadora que receber diretamente a ordem do cliente, a bolsa que registrou as operações ou entidade responsável pela liquidação e compensação das operações, na forma regulamentada pela Secretaria da Receita Federal do Ministério da Fazenda.

•• A Secretaria da Receita Federal passa a denominar-se Secretaria da Receita Federal do Brasil, por força da Lei n. 11.457, de 16-3-2007.

§ 7.º O valor do imposto retido na fonte a que se refere o § 1.º deste artigo poderá ser:
I – deduzido do imposto sobre ganhos líquidos apurados no mês;
II – compensado com o imposto incidente sobre ganhos líquidos apurados nos meses subsequentes;
III – compensado na declaração de ajuste se, após a dedução de que tratam os incisos I e II deste parágrafo, houver saldo de imposto retido;
IV – compensado com o imposto devido sobre o ganho de capital na alienação de ações.

§ 8.º O imposto de renda retido na forma do § 1.º deste artigo deverá ser recolhido ao Tesouro Nacional até o 3.º (terceiro) dia útil da semana subsequente à data da retenção.

Art. 3.º Ficam isentos do imposto de renda:

•• Vide art. 23.º desta Lei.

I – os ganhos líquidos auferidos por pessoa física em operações no mercado à vista de ações nas bolsas de valores e em operações com ouro ativo financeiro cujo valor das alienações, realizadas em cada mês, seja igual ou inferior a R$ 20.000,00 (vinte mil reais), para o conjunto de ações e para o ouro ativo financeiro respectivamente;
II – na fonte e na declaração de ajuste anual das pessoas físicas, a remuneração produzida por letras hipotecárias, certificados de recebíveis imobiliários e letras de crédito imobiliário;
III – na fonte e na declaração de ajuste anual das pessoas físicas, os rendimentos distribuídos pelos Fundos de Investimento Imobiliário e pelos Fundos de Investimento nas Cadeias Produtivas Agroindustriais (Fiagro) cujas cotas sejam admitidas à negociação exclusivamente em bolsas de valores ou no mercado de balcão organizado;

•• Inciso III com redação determinada pela Lei n. 14.130, de 29-3-2021, originalmente vetado, todavia promulgado em 10-6-2021.

IV – na fonte e na declaração de ajuste anual das pessoas físicas, a remuneração produzida por Certificado de Depósito Agropecuário – CDA, *Warrant* Agropecuário – WA, Certificado de Direitos Creditórios do Agronegócio – CDCA, Letra de Crédito do Agronegócio – LCA e Certificado de Recebíveis do Agronegócio – CRA, instituídos pelos arts. 1.º e 23 da Lei n. 11.076, de 30 de dezembro de 2004;

•• Inciso IV acrescentado pela Lei n. 11.311, de 13-6-2006.

V – na fonte e na declaração de ajuste anual das pessoas físicas, a remuneração produzida pela Cédula de Produto Rural – CPR, com liquidação financeira, instituída pela Lei n. 8.929, de 22 de agosto de 1994, alterada pela Lei n. 10.200, de 14 de fevereiro de 2001, desde que negociada no mercado financeiro.

•• Inciso V acrescentado pela Lei n. 11.311, de 13-6-2006.

§ 1.º O benefício disposto no inciso III do *caput* deste artigo:

•• Parágrafo único, *caput*, renumerado pela Lei n. 14.754, de 12-12-2023.

I – será concedido somente nos casos em que os Fundos de Investimento Imobiliário ou os Fiagro possuam, no mínimo, 100 (cem) cotistas;

•• Inciso I com redação determinada pela Lei n. 14.754, de 12-12-2023.

II – não será concedido ao cotista pessoa física titular de cotas que representem 10% (dez por cento) ou mais da totalidade das cotas emitidas pelo Fundo de Investimento Imobiliário ou pelos Fiagro, ou ainda cujas cotas lhe derem direito ao recebimento de rendimento superior a 10% (dez por cento) do total de rendimentos auferidos pelo fundo;

•• Inciso II com redação determinada pela Lei n. 14.130, de 29-3-2021, originalmente vetado, todavia promulgado em 10-6-2021.

III – não será concedido ao conjunto de cotistas pessoas físicas ligadas, definidas na forma da alínea a do inciso I do parágrafo único do art. 2.º da Lei n. 9.779, de 19 de janeiro de 1999, titulares de cotas que representem 30% (trinta por cento) ou mais da totalidade das cotas emitidas pelos Fundos de Investimento Imobiliário ou pelos Fiagro, ou ainda cujas cotas lhes derem direito ao recebimento de rendimento superior a 30% (trinta por cento) do total de rendimentos auferidos pelo fundo.

•• Inciso III acrescentado pela Lei n. 14.754, de 12-12-2023.

§ 2.º O fundo de investimento terá prazo de até 180 (cento e oitenta) dias, contado da data da primeira integralização de cotas, para se enquadrar no disposto no inciso I do § 1.º deste artigo.

•• § 2.º acrescentado pela Lei n. 14.754, de 12-12-2023.

§ 3.º O fundo de investimento já constituído em 31 de dezembro de 2023 terá prazo até o dia 30 de junho de 2024 para se enquadrar no disposto no inciso I do § 1.º deste artigo.

•• § 3.º acrescentado pela Lei n. 14.754, de 12-12-2023.

§ 4.º Caso o fundo deixe de se enquadrar no disposto no inciso I do § 1.º deste artigo, o fundo poderá manter o tratamento tributário deste artigo desde que retome a quantidade mínima de cotistas dentro de 30 (trinta) dias.

•• § 4.º acrescentado pela Lei n. 14.754, de 12-12-2023.

Art. 4.º Não se aplica o disposto nos arts. 1.º e 2.º desta Lei às pessoas jurídicas de que trata o art. 77, inciso I, da Lei n. 8.981, de 20 de janeiro de 1995, aos investidores estrangeiros referidos no art. 16 da Medida Provisória n. 2.189-49, de 23 de agosto de 2001, e às entidades ou fundos optantes pelo regime especial de que trata o art. 2.º da Medida Provisória n. 2.222, de 4 de setembro de 2001, que permanecem sujeitos às normas previstas na legislação vigente.

•• Vide art. 23 desta Lei.

•• A Lei n. 11.053, de 29-12-2004, revoga, a partir de 1.º-1-2005, a Medida Provisória n. 2.222, de 4-9-2001.

Art. 5.º Na transferência de titularidade de ações negociadas fora de bolsa, sem intermediação, a entidade encarregada de seu registro deverá exigir o documento de arrecadação de receitas federais que comprove o pagamento do imposto de renda sobre o ganho de capital incidente na alienação ou declaração do alienante sobre a inexistência de imposto devido, observadas as normas estabelecidas pela Secretaria da Receita Federal.

•• A Secretaria da Receita Federal passa a denominar-se Secretaria da Receita Federal do Brasil, por força da Lei n. 11.457, de 16-3-2007.

•• Vide art. 23 desta Lei.

§ 1.º Quando a transferência for efetuada antes do vencimento do prazo legal para pagamento do imposto devido, a comprovação de que trata o *caput* deste artigo deverá ocorrer em até 15 (quinze) dias após o vencimento do referido prazo, ao final do qual, caso não tenha sido realizada, a entidade deverá comunicar o fato à Secretaria da Receita Federal na forma e prazo por ela regulamentados.

§ 2.º O descumprimento do disposto neste artigo sujeita a entidade à multa de 30% (trinta por cento) do valor do imposto devido.

Art. 7.º As pessoas jurídicas que aufiram as receitas de que trata o inciso XXIII do art. 10 da Lei n. 10.833, de 29 de dezembro de 2003, são obrigadas a instalar equipamento emissor de cupom fiscal em seus estabelecimentos, ou outro sistema equivalente para controle de receitas, na forma disciplinada pela Secretaria da Receita Federal do Brasil.

•• Artigo com redação determinada pela Lei n. 12.546, de 14-12-2011.

•• Vide nota ao art. 5.º, *caput*, desta Lei.

•• Vide art. 23 desta Lei.

Art. 8.º A pessoa jurídica submetida ao lucro presumido poderá, excepcionalmente, em relação ao 3.º (terceiro) e 4.º (quarto) trimestres-calendário de 2004, apurar o Imposto de Renda com base no lucro real trimestral, sendo definitiva a tributação pelo lucro presumido relativa aos 2 (dois) primeiros trimestres, observadas as normas estabelecidas pela Secretaria da Receita Federal.

•• *Vide* nota ao art. 5.º, *caput*, desta Lei.

....

Art. 22. O art. 17 da Lei n. 9.430, de 27 de dezembro de 1996, passa a vigorar com a seguinte redação:

•• Alterações já processadas no diploma modificado.

Art. 23. Esta Lei entra em vigor na data de sua publicação, produzindo efeitos:

I – na hipótese dos arts. 1.º a 5.º e 7.º, a partir de 1.º de janeiro de 2005;

II – na hipótese do art. 11, a partir de 1.o de outubro de 2004;

III – na data de sua publicação, nas demais hipóteses.

Art. 24. Ficam revogados o art. 63 da Lei n. 8.383, de 30 de dezembro de 1991, a partir de 1.º de janeiro de 2005, e o § 2.º do art. 10 da Lei n. 10.925, de 23 de julho de 2004.

Brasília, 21 de dezembro de 2004; 183.o da Independência e 116.º da República.

Luiz Inácio Lula da Silva

LEI N. 11.053, DE 29 DE DEZEMBRO DE 2004 (*)

Dispõe sobre a tributação dos planos de benefícios de caráter previdenciário e dá outras providências.

O Presidente da República.

Faço saber que o Congresso Nacional decreta e eu sanciono a seguinte Lei:

Art. 1.º É facultada aos participantes que ingressarem a partir de 1.º de janeiro de 2005 em planos de benefícios de caráter previdenciário, estruturados nas modalidades de contribuição definida ou contribuição variável, das entidades de previdência complementar e das sociedades seguradoras, a opção por regime de tributação no qual os valores pagos aos próprios participantes ou aos assistidos, a título de benefícios ou resgates de valores acumulados, sujeitam-se à incidência de imposto de renda na fonte às seguintes alíquotas:

I – 35% (trinta e cinco por cento), para recursos com prazo de acumulação inferior ou igual a 2 (dois) anos;

II – 30% (trinta por cento), para recursos com prazo de acumulação superior a 2 (dois) anos e inferior ou igual a 4 (quatro) anos;

III – 25% (vinte e cinco por cento), para recursos com prazo de acumulação superior a 4 (quatro) anos e inferior ou igual a 6 (seis) anos;

IV – 20% (vinte por cento), para recursos com prazo de acumulação superior a 6 (seis) anos e inferior ou igual a 8 (oito) anos;

V – 15% (quinze por cento), para recursos com prazo de acumulação superior a 8 (oito) anos e inferior ou igual a 10 (dez) anos; e

VI – 10% (dez por cento), para recursos com prazo de acumulação superior a 10 (dez) anos.

§ 1.º O disposto neste artigo aplica-se:

I – aos quotistas que ingressarem em Fundo de Aposentadoria Programada Individual – FAPI a partir de 1.º de janeiro de 2005;

II – aos segurados que ingressarem a partir de 1.º de janeiro de 2005 em planos de seguro de vida com cláusula de cobertura por sobrevivência em relação aos rendimentos recebidos a qualquer título pelo beneficiário.

§ 2.º O imposto de renda retido na fonte de que trata o *caput* deste artigo será definitivo.

§ 3.º Para fins do disposto neste artigo, prazo de acumulação é o tempo decorrido entre o aporte de recursos no plano de benefícios mantido por entidade de previdência complementar, por sociedade seguradora ou em FAPI e o pagamento relativo ao resgate ou ao benefício, calculado na forma a ser disciplinada em ato conjunto da Secretaria da Receita Federal e do respectivo órgão fiscalizador das entidades de previdência complementar, sociedades seguradoras e FAPI, considerando-se o tempo de permanência, a forma e o prazo de recebimento e os valores aportados.

•• A Secretaria da Receita Federal passa a denominar-se Secretaria da Receita Federal do Brasil, por força da Lei n. 11.457, de 16-3-2007.

§ 4.º Nos casos de portabilidade de recursos e de transferência de participantes e respectivas reservas entre planos de benefícios de que trata o *caput* deste artigo, o prazo de acumulação do participante que, no plano originário, tenha optado pelo regime de tributação previsto neste artigo será computado no plano receptor.

§ 5.º As opções de que tratam o *caput* e o § 1.º deste artigo serão exercidas pelos participantes e comunicadas pelas entidades de previdência complementar, sociedades seguradoras e pelos administradores de FAPI à Secretaria da Receita Federal na forma por ela disciplinada.

§ 6.º A opção de que trata o *caput* deste artigo poderá ser exercida até o momento da obtenção do benefício ou da requisição do primeiro resgate referente aos valores acumulados em planos de benefícios operados por entidade de previdência complementar ou por sociedade seguradora ou em Fapi e será irretratável.

•• § 6.º com redação determinada pela Lei n. 14.803, de 10-1-2024.

§ 7.º (*Revogado pela Lei n. 14.803, de 10-1-2024.*)

§ 8.º Caso os participantes não tenham exercido a opção pelo novo regime tributário de que trata este artigo, poderão os assistidos, os beneficiários ou seus representantes legais fazê-lo, desde que atendidos os requisitos necessários para a obtenção do benefício ou do resgate.

•• § 8.º acrescentado pela Lei n. 14.803, de 10-1-2024.

Art. 2.º É facultada aos participantes que ingressarem até 1.º de janeiro de 2005 em planos de benefícios de caráter previdenciário estruturados nas modalidades de contribuição definida ou contribuição variável, a opção pelo regime de tributação de que trata o art. 1.º desta Lei.

§ 1.º O disposto neste artigo aplica-se:

I – aos quotistas de Fundo de Aposentadoria Programada Individual – FAPI que ingressarem até 1.º de janeiro de 2005; e

II – aos segurados que ingressarem até 1.º de janeiro de 2005 em planos de seguro de vida com cláusula de cobertura por sobrevivência em relação aos rendimentos recebidos a qualquer título pelo beneficiário.

§ 2.º (*Revogado pela Lei n. 14.803, de 10-1-2024.*)

§ 3.º Os prazos de acumulação mencionados nos incisos I a VI do art. 1.º desta Lei serão contados a partir:

I – de 1.º de janeiro de 2005, no caso de aportes de recursos realizados até 31 de dezembro de 2004; e

II – da data do aporte, no caso de aportes de recursos realizados a partir de 1.º de janeiro de 2005.

§ 4.º Aplica-se às opções realizadas na forma deste artigo o disposto nos §§ 2.º a 6.º do art. 1.º desta Lei.

§ 5.º Os valores pagos aos próprios participantes ou aos assistidos, a título de benefícios ou resgates de valores acumulados, antes da formalização da opção referida no § 2.º deste artigo, sujeitam-se à incidência de imposto de renda com base na legislação vigente antes da edição desta Lei.

Art. 3.º A partir de 1.º de janeiro de 2005, os resgates, parciais ou totais, de recursos acumulados relativos a participantes dos planos mencionados no art. 1.º desta Lei que não tenham efetuado a opção nele mencionada sujeitam-se à incidência de imposto de renda na fonte à alíquota de 15% (quinze por cento), como antecipação do devido na declaração de ajuste da pessoa física, calculado sobre:

I – os valores de resgate, no caso de planos de previdência, inclusive FAPI;

II – os rendimentos, no caso de seguro de vida com cláusula de cobertura por sobrevivência.

Parágrafo único. O disposto neste artigo não se aplica na hipótese de opção pelo regime de tributação previsto nos arts. 1.º e 2.º desta Lei.

(*) Publicada no *Diário Oficial da União*, de 30-12-2004.

Art. 4.º A partir de 1.º de janeiro de 2005, a dedução das contribuições da pessoa jurídica para seguro de vida com cláusula de cobertura por sobrevivência fica condicionada, cumulativamente:

I – ao limite de que trata o § 2.º do art. 11 da Lei n. 9.532, de 10 de dezembro de 1997, com a redação dada pela Lei n. 10.887, de 18 de junho de 2004; e

II – a que o seguro seja oferecido indistintamente aos empregados e dirigentes.

Art. 5.º A partir de 1.º de janeiro de 2005, ficam dispensados a retenção na fonte e o pagamento em separado do imposto de renda sobre os rendimentos e ganhos auferidos nas aplicações de recursos das provisões, reservas técnicas e fundos de planos de benefícios de entidade de previdência complementar, sociedade seguradora e FAPI, bem como de seguro de vida com cláusula de cobertura por sobrevivência.

Parágrafo único. Aplica-se o disposto no *caput* deste artigo aos fundos administrativos constituídos pelas entidades fechadas de previdência complementar e às provisões, reservas técnicas e fundos dos planos assistenciais de que trata o art. 76 da Lei Complementar n. 109, de 29 de maio de 2001.

•• Parágrafo único acrescentado pela Lei n. 11.196, de 21-11-2005.
•• *Vide* art. 132, I, *a*, da Lei n. 11.196, de 21-11-2005.
• A Lei Complementar n. 109, de 29-5-2001, dispõe sobre o Regime de Previdência Complementar.

Art. 6.º Os fundos de investimento cuja carteira de títulos tenha prazo médio igual ou inferior a 365 (trezentos e sessenta e cinco) dias sujeitam-se à incidência do imposto de renda na fonte, por ocasião do resgate, na forma do disposto neste artigo.

§ 1.º A carteira de títulos a que se refere o *caput* deste artigo é composta por títulos privados ou públicos federais, prefixados ou indexados à taxa de juros, a índices de preço ou à variação cambial, ou por operações compromissadas lastreadas nos referidos títulos públicos federais e por outros títulos e operações com características assemelhadas, nos termos a serem regulamentados pelo Ministro de Estado da Fazenda.

§ 2.º Os rendimentos referidos no art. 1.º da Medida Provisória n. 206, de 6 de agosto de 2004, quando auferidos em aplicações nos fundos de investimento referidos no *caput* deste artigo, sujeitam-se ao imposto sobre a renda na fonte, por ocasião do resgate, às seguintes alíquotas:

•• A Medida Provisória n. 206, de 6-8-2004, foi convertida na Lei n. 11.033, de 21-12-2004.

I – 22,5% (vinte e dois inteiros e cinco décimos por cento), em aplicações com prazo de até 6 (seis) meses;

II – 20% (vinte por cento), em aplicações com prazo acima de 6 (seis) meses.

§ 3.º Em relação aos fundos de que trata o *caput* deste artigo, sobre os rendimentos tributados semestralmente com base no art. 3.º da Lei n. 10.892, de 13 de julho de 2004, incidirá a alíquota de 20% (vinte por cento) e no resgate das quotas será aplicada alíquota complementar àquela prevista no inciso I do § 2.º deste artigo, se o resgate ocorrer no prazo de até 6 (seis) meses.

§ 4.º No caso de aplicações existentes em 31 de dezembro de 2004, em relação aos rendimentos produzidos em 2005, os prazos a que se referem os incisos I e II do § 2.º deste artigo serão contados a partir:

I – de 1.º de julho de 2004, no caso de aplicação efetuada até a data da publicação desta Lei; e

II – da data da aplicação, no caso de aplicação efetuada após a data da publicação desta Lei.

§ 5.º É sujeito à tributação na forma deste artigo o fundo de investimento a que se refere o art. 1.º da Medida Provisória n. 206, de 2004, se ele tiver sua carteira constituída por títulos com prazo médio igual ou inferior a 365 (trezentos e sessenta e cinco) dias.

§ 6.º Não se aplica o disposto no § 5.º deste artigo se, a cada ano-calendário, a carteira do fundo de investimento for constituída por títulos com prazo médio igual ou inferior a 365 (trezentos e sessenta e cinco) dias por até 3 (três) períodos e o total dos dias dos períodos for igual ou inferior a 45 (quarenta e cinco) dias.

§ 7.º Na hipótese mencionada no § 5.º deste artigo, o quotista terá seus rendimentos tributados na forma prevista no art. 1.º da Medida Provisória n. 206, de 2004, até o dia imediatamente anterior ao da alteração de condição, sujeitando-se os rendimentos auferidos a partir de então à tributação prevista no § 2.º deste artigo.

§ 8.º O disposto neste artigo não se aplica aos fundos e clubes de investimento em ação, aos quais se aplicam as disposições específicas da Medida Provisória n. 206, de 2004.

§ 9.º A Secretaria da Receita Federal regulamentará a periodicidade e a metodologia de cálculo do prazo médio a que se refere este artigo.

•• A Secretaria da Receita Federal passa a denominar-se Secretaria da Receita Federal do Brasil, por força da Lei n. 11.457, de 16-3-2007.

Art. 7.º São mantidas todas as demais regras que disciplinam a incidência do imposto de renda nas hipóteses dos fatos geradores previstos nesta Lei, inclusive as relativas aos limites e às condições para as deduções da base de cálculo do imposto, das contribuições feitas por pessoa física ou jurídica, bem como a isenção a que se refere o *caput* do art. 6.º do Decreto-lei n. 2.065, de 26 de outubro de 1983.

Art. 8.º Esta Lei entra em vigor na data de sua publicação, produzindo efeitos a partir de 1.º de janeiro de 2005.

Art. 9.º São revogados, a partir de 1.º de janeiro de 2005, a Medida Provisória n. 2.222, de 4 de setembro de 2001, o art. 4.º da Lei n. 10.426, de 24 de abril de 2002, e a Lei n. 10.431, de 24 de abril de 2002.

Brasília, 29 de dezembro de 2004; 183.º da Independência e 116.º da República.

LUIZ INÁCIO LULA DA SILVA

LEI N. 11.101, DE 9 DE FEVEREIRO DE 2005 (*)

Regula a recuperação judicial, a extrajudicial e a falência do empresário e da sociedade empresária.

O Presidente da República.

Faço saber que o Congresso Nacional decreta e eu sanciono a seguinte Lei:

Capítulo I
DISPOSIÇÕES PRELIMINARES

Art. 1.º Esta Lei disciplina a recuperação judicial, a recuperação extrajudicial e a falência do empresário e da sociedade empresária, doravante referidos simplesmente como devedor.

Art. 2.º Esta Lei não se aplica a:

I – empresa pública e sociedade de economia mista;

II – instituição financeira pública ou privada, cooperativa de crédito, consórcio, entidade de previdência complementar, sociedade operadora de plano de assistência à saúde, sociedade seguradora, sociedade de capitalização e outras entidades legalmente equiparadas às anteriores.

Art. 3.º É competente para homologar o plano de recuperação extrajudicial, deferir a recuperação judicial ou decretar a falência o juízo do local do principal estabelecimento do devedor ou da filial de empresa que tenha sede fora do Brasil.

Art. 4.º (Vetado).

Capítulo II
DISPOSIÇÕES COMUNS À RECUPERAÇÃO JUDICIAL E À FALÊNCIA

Seção I
Disposições Gerais

Art. 5.º Não são exigíveis do devedor, na recuperação judicial ou na falência:

I – as obrigações a título gratuito;

II – as despesas que os credores fizerem para tomar parte na recuperação judicial ou na falência, salvo as custas judiciais decorrentes de litígio com o devedor.

Art. 6.º A decretação da falência ou o deferimento do processamento da recuperação judicial implica:

(*) Publicada no *Diário Oficial da União*, de 9-2-2005 – Edição Extra.

•• *Caput* com redação determinada pela Lei n. 14.112, de 24-12-2020.

I – suspensão do curso da prescrição das obrigações do devedor sujeitas ao regime desta Lei;

•• Inciso I acrescentado pela Lei n. 14.112, de 24-12-2020.

II – suspensão das execuções ajuizadas contra o devedor, inclusive daquelas dos credores particulares do sócio solidário, relativas a créditos ou obrigações sujeitos à recuperação judicial ou à falência;

•• Inciso II acrescentado pela Lei n. 14.112, de 24-12-2020.

III – proibição de qualquer forma de retenção, arresto, penhora, sequestro, busca e apreensão e constrição judicial ou extrajudicial sobre os bens do devedor, oriunda de demandas judiciais ou extrajudiciais cujos créditos ou obrigações sujeitem-se à recuperação judicial ou à falência.

•• Inciso III acrescentado pela Lei n. 14.112, de 24-12-2020.

•• *Vide* Súmula 581 do STJ.

§ 1.º Terá prosseguimento no juízo no qual estiver se processando a ação que demandar quantia ilíquida.

§ 2.º É permitido pleitear, perante o administrador judicial, habilitação, exclusão ou modificação de créditos derivados da relação de trabalho, mas as ações de natureza trabalhista, inclusive as impugnações a que se refere o art. 8.º desta Lei, serão processadas perante a justiça especializada até a apuração do respectivo crédito, que será inscrito no quadro-geral de credores pelo valor determinado em sentença.

§ 3.º O juiz competente para as ações referidas nos §§ 1.º e 2.º deste artigo poderá determinar a reserva da importância que estimar devida na recuperação judicial ou na falência, e, uma vez reconhecido líquido o direito, será o crédito incluído na classe própria.

§ 4.º Na recuperação judicial, as suspensões e a proibição de que tratam os incisos I, II e III do *caput* deste artigo perdurarão pelo prazo de 180 (cento e oitenta) dias, contado do deferimento do processamento da recuperação, prorrogável por igual período, uma única vez, em caráter excepcional, desde que o devedor não haja concorrido com a superação do lapso temporal.

•• § 4.º com redação determinada pela Lei n. 14.112, de 24-12-2020.

§ 4.º-A. O decurso do prazo previsto no § 4.º deste artigo sem a deliberação a respeito do plano de recuperação judicial proposto pelo devedor faculta aos credores a proposição de plano alternativo, na forma dos §§ 4.º, 5.º, 6.º e 7.º do art. 56 desta Lei, observado o seguinte:

•• § 4.º-A, *caput*, acrescentado pela Lei n. 14.112, de 24-12-2020.

I – as suspensões e a proibição de que tratam os incisos I, II e III do *caput* deste artigo não serão aplicáveis caso os credores não apresentem plano alternativo no prazo de 30 (trinta) dias, contado do final do prazo referido no § 4.º deste artigo ou no § 4.º do art. 56 desta Lei;

•• Inciso I acrescentado pela Lei n. 14.112, de 24-12-2020.

II – as suspensões e a proibição de que tratam os incisos I, II e III do *caput* deste artigo perdurarão por 180 (cento e oitenta) dias contados do final do prazo referido no § 4.º deste artigo, ou da realização da assembleia-geral de credores referida no § 4.º do art. 56 desta Lei, caso os credores apresentem plano alternativo no prazo referido no inciso I deste parágrafo ou no prazo referido no § 4.º do art. 56 desta Lei.

•• Inciso II acrescentado pela Lei n. 14.112, de 24-12-2020.

§ 5.º O disposto no § 2.º deste artigo aplica-se à recuperação judicial durante o período de suspensão de que trata o § 4.º deste artigo.

•• § 5.º com redação determinada pela Lei n. 14.112, de 24-12-2020.

§ 6.º Independentemente da verificação periódica perante os cartórios de distribuição, as ações que venham a ser propostas contra o devedor deverão ser comunicadas ao juízo da falência ou da recuperação judicial:

I – pelo juiz competente, quando do recebimento da petição inicial;

II – pelo devedor, imediatamente após a citação.

§ 7.º (*Revogado pela Lei n. 14.112, de 24-12-2020.*)

§ 7.º-A. O disposto nos incisos I, II e III do *caput* deste artigo não se aplica aos créditos referidos nos §§ 3.º e 4.º do art. 49 desta Lei, admitida, todavia, a competência do juízo da recuperação judicial para determinar a suspensão dos atos de constrição que recaiam sobre bens de capital essenciais à manutenção da atividade empresarial durante o prazo de suspensão a que se refere o § 4.º deste artigo, a qual será implementada mediante a cooperação jurisdicional, na forma do art. 69 da Lei n. 13.105, de 16 de março de 2015 (Código de Processo Civil), observado o disposto no art. 805 do referido Código.

•• § 7.º-A acrescentado pela Lei n. 14.112, de 24-12-2020.

§ 7.º-B. O disposto nos incisos I, II e III do *caput* deste artigo não se aplica às execuções fiscais, admitida, todavia, a competência do juízo da recuperação judicial para determinar a substituição dos atos de constrição que recaiam sobre bens de capital essenciais à manutenção da atividade empresarial até o encerramento da recuperação judicial, a qual será implementada mediante a cooperação jurisdicional, na forma do art. 69 da Lei n. 13.105, de 16 de março de 2015 (Código de Processo Civil), observado o disposto no art. 805 do referido Código.

•• § 7.º-B acrescentado pela Lei n. 14.112, de 24-12-2020.

§ 8.º A distribuição do pedido de falência ou de recuperação judicial ou a homologação de recuperação extrajudicial previne a jurisdição para qualquer outro pedido de falência, de recuperação judicial ou de homologação de recuperação extrajudicial relativo ao mesmo devedor.

•• § 8.º com redação determinada pela Lei n. 14.112, de 24-12-2020.

§ 9.º O processamento da recuperação judicial ou a decretação da falência não autoriza o administrador judicial a recusar a eficácia da convenção de arbitragem, não impedindo ou suspendendo a instauração de procedimento arbitral.

•• § 9.º acrescentado pela Lei n. 14.112, de 24-12-2020.

§ 10. (*Vetado.*)

•• § 10 acrescentado pela Lei n. 14.112, de 24-12-2020.

§ 11. O disposto no § 7.º-B deste artigo aplica-se, no que couber, às execuções fiscais e às execuções de ofício que se enquadrem respectivamente nos incisos VII e VIII do *caput* do art. 114 da Constituição Federal, vedados a expedição de certidão de crédito e o arquivamento das execuções para efeito de habilitação na recuperação judicial ou na falência.

•• § 11 acrescentado pela Lei n. 14.112, de 24-12-2020.

§ 12. Observado o disposto no art. 300 da Lei n. 13.105, de 16 de março de 2015 (Código de Processo Civil), o juiz poderá antecipar total ou parcialmente os efeitos do deferimento do processamento da recuperação judicial.

•• § 12 acrescentado pela Lei n. 14.112, de 24-12-2020.

§ 13. Não se sujeitam aos efeitos da recuperação judicial os contratos e obrigações decorrentes dos atos cooperativos praticados pelas sociedades cooperativas com seus cooperados, na forma do art. 79 da Lei n. 5.764, de 16 de dezembro de 1971, consequentemente, não se aplicando a vedação contida no inciso II do art. 2.º quando a sociedade operadora de plano de assistência à saúde for cooperativa médica.

•• § 13 acrescentado pela Lei n. 14.112, de 24-12-2020, originalmente vetado, todavia promulgado em 26-3-2021.

Art. 6.º-A. É vedado ao devedor, até a aprovação do plano de recuperação judicial, distribuir lucros ou dividendos a sócios e acionistas, sujeitando-se o infrator ao disposto no art. 168 desta Lei.

•• Artigo acrescentado pela Lei n. 14.112, de 24-12-2020.

Art. 6.º-B. Não se aplica o limite percentual de que tratam os arts. 15 e 16 da Lei n. 9.065, de 20 de junho de 1995, à apuração do imposto sobre a renda e da Contribuição Social sobre o Lucro Líquido (CSLL) sobre a parcela do lucro líquido decorrente de ganho de capital resultante da alienação judicial de bens ou direitos, de que tratam os arts. 60, 66 e 141 desta Lei, pela pessoa jurídica em recuperação judicial ou com falência decretada.

•• *Caput* acrescentado pela Lei n. 14.112, de 24-12-2020, originalmente vetado, todavia promulgado em 26-3-2021.

Parágrafo único. O disposto no *caput* deste artigo não se aplica na hipótese em que o ganho de capital decorra de transação efetuada com:

•• Parágrafo único, *caput*, acrescentado pela Lei n. 14.112, de 24-12-2020, originalmente vetado, todavia promulgado em 26-3-2021.

I – pessoa jurídica que seja controladora, controlada, coligada ou interligada; ou

•• Inciso I acrescentado pela Lei n. 14.112, de 24-12-2020, originalmente vetado, todavia promulgado em 26-3-2021.

II – pessoa física que seja acionista controlador, sócio, titular ou administrador da pessoa jurídica devedora.

•• Inciso II acrescentado pela Lei n. 14.112, de 24-12-2020, originalmente vetado, todavia promulgado em 26-3-2021.

Art. 6.º-C. É vedada atribuição de responsabilidade a terceiros em decorrência do mero inadimplemento de obrigações do devedor falido ou em recuperação judicial, ressalvadas as garantias reais e fidejussórias, bem como as demais hipóteses reguladas por esta Lei.

•• Artigo acrescentado pela Lei n. 14.112, de 24-12-2020.

Seção II
Da Verificação e da Habilitação de Créditos

Art. 7.º A verificação dos créditos será realizada pelo administrador judicial, com base nos livros contábeis e documentos comerciais e fiscais do devedor e nos documentos que lhe forem apresentados pelos credores, podendo contar com o auxílio de profissionais ou empresas especializadas.

§ 1.º Publicado o edital previsto no art. 52, § 1.º, ou no parágrafo único do art. 99 desta Lei, os credores terão o prazo de 15 (quinze) dias para apresentar ao administrador judicial suas habilitações ou suas divergências quanto aos créditos relacionados.

§ 2.º O administrador judicial, com base nas informações e documentos colhidos na forma do *caput* e do § 1.º deste artigo, fará publicar edital contendo a relação de credores no prazo de 45 (quarenta e cinco) dias, contado do fim do prazo do § 1.º deste artigo, devendo indicar o local, o horário e o prazo comum em que as pessoas indicadas no art. 8.º desta Lei terão acesso aos documentos que fundamentaram a elaboração dessa relação.

Art. 7.º-A. Na falência, após realizadas as intimações e publicado o edital, conforme previsto, respectivamente, no inciso XIII do *caput* e no § 1.º do art. 99 desta Lei, o juiz instaurará, de ofício, para cada Fazenda Pública credora, incidente de classificação de crédito público e determinará a sua intimação eletrônica para que, no prazo de 30 (trinta) dias, apresente diretamente ao administrador judicial ou em juízo, a depender do momento processual, a relação completa de seus créditos inscritos em dívida ativa, acompanhada dos cálculos, da classificação e das informações sobre a situação atual.

•• *Caput* acrescentado pela Lei n. 14.112, de 24-12-2020.

§ 1.º Para efeito do disposto no *caput* deste artigo, considera-se Fazenda Pública credora aquela que conste da relação do edital previsto no § 1.º do art. 99 desta Lei, ou que, após a intimação prevista no inciso XIII do *caput* do art. 99 desta Lei, alegue nos autos, no prazo de 15 (quinze) dias, possuir crédito contra o falido.

•• § 1.º acrescentado pela Lei n. 14.112, de 24-12-2020.

§ 2.º Os créditos não definitivamente constituídos, não inscritos em dívida ativa ou com exigibilidade suspensa poderão ser informados em momento posterior.

•• § 2.º acrescentado pela Lei n. 14.112, de 24-12-2020.

§ 3.º Encerrado o prazo de que trata o *caput* deste artigo:

•• § 3.º, *caput*, acrescentado pela Lei n. 14.112, de 24-12-2020.

I – o falido, os demais credores e o administrador judicial disporão do prazo de 15 (quinze) dias para manifestar objeções, limitadamente, sobre os cálculos e a classificação para os fins desta Lei;

•• Inciso I acrescentado pela Lei n. 14.112, de 24-12-2020.

II – a Fazenda Pública, ultrapassado o prazo de que trata o inciso I deste parágrafo, será intimada para prestar, no prazo de 10 (dez) dias, eventuais esclarecimentos a respeito das manifestações previstas no referido inciso;

•• Inciso II acrescentado pela Lei n. 14.112, de 24-12-2020.

III – os créditos serão objeto de reserva integral até o julgamento definitivo quando rejeitados os argumentos apresentados de acordo com o inciso II deste parágrafo;

•• Inciso III acrescentado pela Lei n. 14.112, de 24-12-2020.

IV – os créditos incontroversos, desde que exigíveis, serão imediatamente incluídos no quadro-geral de credores, observada a sua classificação;

•• Inciso IV acrescentado pela Lei n. 14.112, de 24-12-2020.

V – o juiz, anteriormente à homologação do quadro-geral de credores, concederá prazo comum de 10 (dez) dias para que o administrador judicial e a Fazenda Pública titular de crédito objeto de reserva manifestem-se sobre a situação atual desses créditos e, ao final do referido prazo, decidirá acerca da necessidade de mantê-la.

•• Inciso V acrescentado pela Lei n. 14.112, de 24-12-2020.

§ 4.º Com relação à aplicação do disposto neste artigo, serão observadas as seguintes disposições:

•• § 4.º, *caput*, acrescentado pela Lei n. 14.112, de 24-12-2020.

I – a decisão sobre os cálculos e a classificação dos créditos para os fins do disposto nesta Lei, bem como sobre a arrecadação dos bens, a realização do ativo e o pagamento aos credores, competirá ao juízo falimentar;

•• Inciso I acrescentado pela Lei n. 14.112, de 24-12-2020.

II – a decisão sobre a existência, a exigibilidade e o valor do crédito, observado o disposto no inciso II do *caput* do art. 9.º desta Lei e as demais regras do processo de falência, bem como sobre o eventual prosseguimento da cobrança contra os corresponsáveis, competirá ao juízo da execução fiscal;

•• Inciso II acrescentado pela Lei n. 14.112, de 24-12-2020.

III – a ressalva prevista no art. 76 desta Lei, ainda que o crédito reconhecido não esteja em cobrança judicial mediante execução fiscal, aplicar-se-á, no que couber, ao disposto no inciso II deste parágrafo;

•• Inciso III acrescentado pela Lei n. 14.112, de 24-12-2020.

IV – o administrador judicial e o juízo falimentar deverão respeitar a presunção de certeza e liquidez de que trata o art. 3.º da Lei n. 6.830, de 22 de setembro de 1980, sem prejuízo do disposto nos incisos II e III deste parágrafo;

•• Inciso IV acrescentado pela Lei n. 14.112, de 24-12-2020.

V – as execuções fiscais permanecerão suspensas até o encerramento da falência, sem prejuízo da possibilidade de prosseguimento contra os corresponsáveis;

•• Inciso V acrescentado pela Lei n. 14.112, de 24-12-2020.

VI – a restituição em dinheiro e a compensação serão preservadas, nos termos dos arts. 86 e 122 desta Lei; e

•• Inciso VI acrescentado pela Lei n. 14.112, de 24-12-2020.

VII – o disposto no art. 10 desta Lei será aplicado, no que couber, aos créditos retardatários.

•• Inciso VII acrescentado pela Lei n. 14.112, de 24-12-2020.

§ 5.º Na hipótese de não apresentação da relação referida no *caput* deste artigo no prazo nele estipulado, o incidente será arquivado e a Fazenda Pública credora poderá requerer o desarquivamento, observado, no que couber, o disposto no art. 10 desta Lei.

•• § 5.º acrescentado pela Lei n. 14.112, de 24-12-2020.

§ 6.º As disposições deste artigo aplicam-se, no que couber, às execuções fiscais e às execuções de ofício que se enquadrem no disposto nos incisos VII e VIII do *caput* do art. 114 da Constituição Federal.

•• § 6.º acrescentado pela Lei n. 14.112, de 24-12-2020.

§ 7.º O disposto neste artigo aplica-se, no que couber, aos créditos do Fundo de Garantia do Tempo de Serviço (FGTS).

•• § 7.º acrescentado pela Lei n. 14.112, de 24-12-2020.

§ 8.º Não haverá condenação em honorários de sucumbência no incidente de que trata este artigo.

•• § 8.º acrescentado pela Lei n. 14.112, de 24-12-2020.

Art. 8.º No prazo de 10 (dez) dias, contado da publicação da relação referida no art. 7.º, § 2.º, desta Lei, o Comitê, qualquer credor, o devedor ou seus sócios ou o Ministério Público podem apresentar ao juiz impugnação contra a relação de credores, apontando a ausência de qualquer crédito ou manifestando-se contra a legitimidade, importância ou classificação de crédito relacionado.

Parágrafo único. Autuada em separado, a impugnação será processada nos termos dos arts. 13 a 15 desta Lei.

Art. 9.º A habilitação de crédito realizada pelo credor nos termos do art. 7.º, § 1.º, desta Lei deverá conter:

I – o nome, o endereço do credor e o endereço em que receberá comunicação de qualquer ato do processo;

II – o valor do crédito, atualizado até a data da decretação da falência ou do pedido de recuperação judicial, sua origem e classificação;

III – os documentos comprobatórios do crédito e a indicação das demais provas a serem produzidas;

IV – a indicação da garantia prestada pelo devedor, se houver, e o respectivo instrumento;

V – a especificação do objeto da garantia que estiver na posse do credor.

Parágrafo único. Os títulos e documentos que legitimam os créditos deverão ser exibidos no original ou por cópias autenticadas se estiverem juntados em outro processo.

Art. 10. Não observado o prazo estipulado no art. 7.º, § 1.º, desta Lei, as habilitações de crédito serão recebidas como retardatárias.

§ 1.º Na recuperação judicial, os titulares de créditos retardatários, excetuados os titulares de créditos derivados da relação de trabalho, não terão direito a voto nas deliberações da assembleia-geral de credores.

§ 2.º Aplica-se o disposto no § 1.º deste artigo ao processo de falência, salvo se, na data da realização da assembleia-geral, já houver sido homologado o quadro-geral de credores contendo o crédito retardatário.

§ 3.º Na falência, os créditos retardatários perderão o direito a rateios eventualmente realizados e ficarão sujeitos ao pagamento de custas, não se computando os acessórios compreendidos entre o término do prazo e a data do pedido de habilitação.

§ 4.º Na hipótese prevista no § 3.º deste artigo, o credor poderá requerer a reserva de valor para satisfação de seu crédito.

§ 5.º As habilitações de crédito retardatárias, se apresentadas antes da homologação do quadro-geral de credores, serão recebidas como impugnação e processadas na forma dos arts. 13 a 15 desta Lei.

§ 6.º Após a homologação do quadro-geral de credores, aqueles que não habilitaram seu crédito poderão, observado, no que couber, o procedimento ordinário previsto no Código de Processo Civil, requerer ao juízo da falência ou da recuperação judicial a retificação do quadro-geral para inclusão do respectivo crédito.

§ 7.º O quadro-geral de credores será formado com o julgamento das impugnações tempestivas e com as habilitações e as impugnações retardatárias decididas até o momento da sua formação.

•• § 7.º acrescentado pela Lei n. 14.112, de 24-12-2020.

§ 8.º As habilitações e as impugnações retardatárias acarretarão a reserva do valor para a satisfação do crédito discutido.

•• § 8.º acrescentado pela Lei n. 14.112, de 24-12-2020.

§ 9.º A recuperação judicial poderá ser encerrada ainda que não tenha havido a consolidação definitiva do quadro-geral de credores, hipótese em que as ações incidentais de habilitação e de impugnação retardatárias serão redistribuídas ao juízo da recuperação judicial como ações autônomas e observarão o rito comum.

•• § 9.º acrescentado pela Lei n. 14.112, de 24-12-2020.

§ 10. O credor deverá apresentar pedido de habilitação ou de reserva de crédito em, no máximo, 3 (três) anos, contados da data de publicação da sentença que decretar a falência, sob pena de decadência.

•• § 10 acrescentado pela Lei n. 14.112, de 24-12-2020.

Art. 11. Os credores cujos créditos forem impugnados serão intimados para contestar a impugnação, no prazo de 5 (cinco) dias, juntando os documentos que tiverem e indicando outras provas que reputem necessárias.

Art. 12. Transcorrido o prazo do art. 11 desta Lei, o devedor e o Comitê, se houver, serão intimados pelo juiz para se manifestar sobre ela no prazo comum de 5 (cinco) dias.

Parágrafo único. Findo o prazo a que se refere o *caput* deste artigo, o administrador judicial será intimado pelo juiz para emitir parecer no prazo de 5 (cinco) dias, devendo juntar à sua manifestação o laudo elaborado pelo profissional ou empresa especializada, se for o caso, e todas as informações existentes nos livros fiscais e demais documentos do devedor acerca do crédito, constante ou não da relação de credores, objeto da impugnação.

Art. 13. A impugnação será dirigida ao juiz por meio de petição, instruída com os documentos que tiver o impugnante, o qual indicará as provas consideradas necessárias.

Parágrafo único. Cada impugnação será autuada em separado, com os documentos a ela relativos, mas terão uma só autuação as diversas impugnações versando sobre o mesmo crédito.

Art. 14. **Caso** não haja impugnações, o juiz homologará, como quadro-geral de credores, a relação dos credores de que trata o § 2.º do art. 7.º, ressalvado o disposto no art. 7.º-A desta Lei.

•• Artigo com redação determinada pela Lei n. 14.112, de 24-12-2020.

Art. 15. Transcorridos os prazos previstos nos arts. 11 e 12 desta Lei, os autos de impugnação serão conclusos ao juiz, que:

I – determinará a inclusão no quadro-geral de credores das habilitações de créditos não impugnadas, no valor constante da relação referida no § 2.º do art. 7.º desta Lei;

II – julgará as impugnações que entender suficientemente esclarecidas pelas alegações e provas apresentadas pelas partes, mencionando, de cada crédito, o valor e a classificação;

III – fixará, em cada uma das restantes impugnações, os aspectos controvertidos e decidirá as questões processuais pendentes;

IV – determinará as provas a serem produzidas, designando audiência de instrução e julgamento, se necessário.

Art. 16. Para fins de rateio na falência, deverá ser formado quadro-geral de credores, composto pelos créditos não impugnados constantes do edital de que trata o § 2.º do art. 7.º desta Lei, pelo julgamento de todas as impugnações apresentadas no prazo previsto no art. 8.º desta Lei e pelo julgamento realizado até então das habilitações de crédito recebidas como retardatárias.

•• *Caput* com redação determinada pela Lei n. 14.112, de 24-12-2020.

§ 1.º As habilitações retardatárias não julgadas acarretarão a reserva do valor controvertido, mas não impedirão o pagamento da parte incontroversa.

•• § 1.º acrescentado pela Lei n. 14.112, de 24-12-2020.

§ 2.º Ainda que o quadro-geral de credores não esteja formado, o rateio de pagamentos na falência poderá ser realizado desde que a classe de credores a ser satisfeita já tenha tido todas as impugnações judiciais apresentadas no prazo previsto no art. 8.º desta Lei, ressalvada a reserva dos créditos controvertidos em função das habilitações retardatárias de créditos distribuídas até então e ainda não julgadas.

•• § 2.º acrescentado pela Lei n. 14.112, de 24-12-2020.

Art. 17. Da decisão judicial sobre a impugnação caberá agravo.

Parágrafo único. Recebido o agravo, o relator poderá conceder efeito suspensivo à decisão que reconhece o crédito ou determinar a inscrição ou modificação do seu valor ou classificação no quadro-geral de credores, para fins de exercício de direito de voto em assembleia-geral.

Art. 18. O administrador judicial será responsável pela consolidação do quadro-geral de credores, a ser homologado pelo juiz, com base na relação dos credores a que se refere o art. 7.º, § 2.º, desta Lei e nas decisões proferidas nas impugnações oferecidas.

Parágrafo único. O quadro-geral, assinado pelo juiz e pelo administrador judicial, mencionará a importância e a classificação de cada crédito na data do requerimento da recuperação judicial ou da decretação da falência, será juntado aos autos e publicado no órgão oficial, no prazo de 5 (cinco) dias, contado da data da sentença que houver julgado as impugnações.

Art. 19. O administrador judicial, o Comitê, qualquer credor ou o representante do Ministério Público poderá, até o encerramento da recuperação judicial ou da falência, observado, no que couber, o procedimento ordinário previsto no Código de Processo Civil, pedir a exclusão, outra classificação ou a retificação de qualquer crédito, nos casos de descoberta de falsidade, dolo, simulação, fraude, erro essencial ou, ainda, documentos ignorados na época do julgamento do crédito ou da inclusão no quadro-geral de credores.

§ 1.º A ação prevista neste artigo será proposta exclusivamente perante o juízo da recuperação judicial ou da falência ou, nas hipóteses previstas no art. 6.º, §§ 1.º e 2.º, desta Lei, perante o juízo que tenha originariamente reconhecido o crédito.

§ 2.º Proposta a ação de que trata este artigo, o pagamento ao titular do crédito por ela atingido somente poderá ser realizado mediante a prestação de caução no mesmo valor do crédito questionado.

Art. 20. As habilitações dos credores particulares do sócio ilimitadamente responsável processar-se-ão de acordo com as disposições desta Seção.

Seção II-A
Das Conciliações e das Mediações Antecedentes ou Incidentais aos Processos de Recuperação Judicial

•• Seção II-A acrescentada pela Lei n. 14.112, de 24-12-2020.

Art. 20-A. A conciliação e a mediação deverão ser incentivadas em qualquer grau de jurisdição, inclusive no âmbito de recursos em segundo grau de jurisdição e nos Tribunais Superiores, e não implicarão a suspensão dos prazos previstos nesta Lei, salvo se houver consenso entre as partes em sentido contrário ou determinação judicial.

•• Artigo acrescentado pela Lei n. 14.112, de 24-12-2020.

Art. 20-B. Serão admitidas conciliações e mediações antecedentes ou incidentais aos processos de recuperação judicial, notadamente:

•• *Caput* acrescentado pela Lei n. 14.112, de 24-12-2020.

I – nas fases pré-processual e processual de disputas entre os sócios e acionistas de sociedade em dificuldade ou em recuperação judicial, bem como nos litígios que envolverem credores não sujeitos à recuperação judicial, nos termos dos §§ 3.º e 4.º do art. 49 desta Lei, ou credores extraconcursais;

•• Inciso I acrescentado pela Lei n. 14.112, de 24-12-2020.

II – em conflitos que envolverem concessionárias ou permissionárias de serviços públicos em recuperação judicial e órgãos reguladores ou entes públicos municipais, distritais, estaduais ou federais;

•• Inciso II acrescentado pela Lei n. 14.112, de 24-12-2020.

III – na hipótese de haver créditos extraconcursais contra empresas em recuperação judicial durante período de vigência de estado de calamidade pública, a fim de permitir a continuidade da prestação de serviços essenciais;

•• Inciso III acrescentado pela Lei n. 14.112, de 24-12-2020.

IV – na hipótese de negociação de dívidas e respectivas formas de pagamento entre a empresa em dificuldade e seus credores, em caráter antecedente ao ajuizamento de pedido de recuperação judicial.

•• Inciso IV acrescentado pela Lei n. 14.112, de 24-12-2020.

§ 1.º Na hipótese prevista no inciso IV do *caput* deste artigo, será facultado às empresas em dificuldade que preencham os requisitos legais para requerer recuperação judicial obter tutela de urgência cautelar, nos termos do art. 305 e seguintes da Lei n. 13.105, de 16 de março de 2015 (Código de Processo Civil), a fim de que sejam suspensas as execuções contra elas propostas pelo prazo de até 60 (sessenta) dias, para tentativa de composição com seus credores, em procedimento de mediação ou conciliação já instaurado perante o Centro Judiciário de Solução de Conflitos e Cidadania (Cejusc) do tribunal competente ou da câmara especializada, observados, no que couber, os arts. 16 e 17 da Lei n. 13.140, de 26 de junho de 2015.

•• § 1.º acrescentado pela Lei n. 14.112, de 24-12-2020.

§ 2.º São vedadas a conciliação e a mediação sobre a natureza jurídica e a classificação de créditos, bem como sobre critérios de votação em assembleia-geral de credores.

•• § 2.º acrescentado pela Lei n. 14.112, de 24-12-2020.

§ 3.º Se houver pedido de recuperação judicial ou extrajudicial, observados os critérios desta Lei, o período de suspensão previsto no § 1.º deste artigo será deduzido do período de suspensão previsto no art. 6.º desta Lei.

•• § 3.º acrescentado pela Lei n. 14.112, de 24-12-2020.

Art. 20-C. O acordo obtido por meio de conciliação ou de mediação com fundamento nesta Seção deverá ser homologado pelo juiz competente conforme o disposto no art. 3.º desta Lei.

•• *Caput* acrescentado pela Lei n. 14.112, de 24-12-2020.

Parágrafo único. Requerida a recuperação judicial ou extrajudicial em até 360 (trezentos e sessenta) dias contados do acordo firmado durante o período da conciliação ou de mediação pré-processual, o credor terá reconstituídos seus direitos e garantias nas condições originalmente contratadas, deduzidos os valores eventualmente pagos e ressalvados os atos validamente praticados no âmbito dos procedimentos previstos nesta Seção.

•• Parágrafo único acrescentado pela Lei n. 14.112, de 24-12-2020.

Art. 20-D. As sessões de conciliação e de mediação de que trata esta Seção poderão ser realizadas por meio virtual, desde que o Cejusc do tribunal competente ou a câmara especializada responsável disponham de meios para a sua realização.

•• Artigo acrescentado pela Lei n. 14.112, de 24-12-2020.

Seção III
Do Administrador Judicial e do Comitê de Credores

Art. 21. O administrador judicial será profissional idôneo, preferencialmente advogado, economista, administrador de empresas ou contador, ou pessoa jurídica especializada.

Parágrafo único. Se o administrador judicial nomeado for pessoa jurídica, declarar-se-á, no termo de que trata o art. 33 desta

Lei, o nome de profissional responsável pela condução do processo de falência ou de recuperação judicial, que não poderá ser substituído sem autorização do juiz.

Art. 22. Ao administrador judicial compete, sob a fiscalização do juiz e do Comitê, além de outros deveres que esta Lei lhe impõe:

I – na recuperação judicial e na falência:

a) enviar correspondência aos credores constantes na relação de que trata o inciso III do *caput* do art. 51, o inciso III do *caput* do art. 99 ou o inciso II do *caput* do art. 105 desta Lei, comunicando a data do pedido de recuperação judicial ou da decretação da falência, a natureza, o valor e a classificação dada ao crédito;

b) fornecer, com presteza, todas as informações pedidas pelos credores interessados;

c) dar extratos dos livros do devedor, que merecerão fé de ofício, a fim de servirem de fundamento nas habilitações e impugnações de créditos;

d) exigir dos credores, do devedor ou seus administradores quaisquer informações;

e) elaborar a relação de credores de que trata o § 2.º do art. 7.º desta Lei;

f) consolidar o quadro-geral de credores nos termos do art. 18 desta Lei;

g) requerer ao juiz convocação da assembleia-geral de credores nos casos previstos nesta Lei ou quando entender necessária sua ouvida para a tomada de decisões;

h) contratar, mediante autorização judicial, profissionais ou empresas especializadas para, quando necessário, auxiliá-lo no exercício de suas funções;

i) manifestar-se nos casos previstos nesta Lei;

j) estimular, sempre que possível, a conciliação, a mediação e outros métodos alternativos de solução de conflitos relacionados à recuperação judicial e à falência, respeitados os direitos de terceiros, na forma do § 3.º do art. 3.º da Lei n. 13.105, de 16 de março de 2015 (Código de Processo Civil);

•• Alínea *j* acrescentada pela Lei n. 14.112, de 24-12-2020.

k) manter endereço eletrônico na internet, com informações atualizadas sobre os processos de falência e de recuperação judicial, com a opção de consulta às peças principais do processo, salvo decisão judicial em sentido contrário;

•• Alínea *k* acrescentada pela Lei n. 14.112, de 24-12-2020.

l) manter endereço eletrônico específico para o recebimento de pedidos de habilitação ou a apresentação de divergências, ambos em âmbito administrativo, com modelos que poderão ser utilizados pelos credores, salvo decisão judicial em sentido contrário;

•• Alínea *l* acrescentada pela Lei n. 14.112, de 24-12-2020.

m) providenciar, no prazo máximo de 15 (quinze) dias, as respostas aos ofícios e às solicitações enviadas por outros juízos e órgãos públicos, sem necessidade de prévia deliberação do juízo;

•• Alínea *m* acrescentada pela Lei n. 14.112, de 24-12-2020.

II – na recuperação judicial:

a) fiscalizar as atividades do devedor e o cumprimento do plano de recuperação judicial;

b) requerer a falência no caso de descumprimento de obrigação assumida no plano de recuperação;

c) apresentar ao juiz, para juntada aos autos, relatório mensal das atividades do devedor, fiscalizando a veracidade e a conformidade das informações prestadas pelo devedor;

•• Alínea *c* com redação determinada pela Lei n. 14.112, de 24-12-2020.

d) apresentar o relatório sobre a execução do plano de recuperação, de que trata o inciso III do *caput* do art. 63 desta Lei;

e) fiscalizar o decurso das tratativas e a regularidade das negociações entre devedor e credores;

•• Alínea *e* acrescentada pela Lei n. 14.112, de 24-12-2020.

f) assegurar que devedor e credores não adotem expedientes dilatórios, inúteis ou, em geral, prejudiciais ao regular andamento das negociações;

•• Alínea *f* acrescentada pela Lei n. 14.112, de 24-12-2020.

g) assegurar que as negociações realizadas entre devedor e credores sejam regidas pelos termos convencionados entre os interessados ou, na falta de acordo, pelas regras propostas pelo administrador judicial e homologadas pelo juiz, observado o princípio da boa-fé para solução construtiva de consensos, que acarretem maior efetividade econômico-financeira e proveito social para os agentes econômicos envolvidos;

•• Alínea *g* acrescentada pela Lei n. 14.112, de 24-12-2020.

h) apresentar, para juntada aos autos, e publicar no endereço eletrônico específico relatório mensal das atividades do devedor e relatório sobre o plano de recuperação judicial, no prazo de até 15 (quinze) dias contado da apresentação do plano, fiscalizando a veracidade e a conformidade das informações prestadas pelo devedor, além de informar eventual ocorrência das condutas previstas no art. 64 desta Lei;

•• Alínea *h* acrescentada pela Lei n. 14.112, de 24-12-2020.

III – na falência:

a) avisar, pelo órgão oficial, o lugar e hora em que, diariamente, os credores terão à sua disposição os livros e documentos do falido;

b) examinar a escrituração do devedor;

c) relacionar os processos e assumir a representação judicial e extrajudicial, incluídos os processos arbitrais, da massa falida;

•• Alínea *c* com redação determinada pela Lei n. 14.112, de 24-12-2020.

d) receber e abrir a correspondência dirigida ao devedor, entregando a ele o que não for assunto de interesse da massa;

e) apresentar, no prazo de 40 (quarenta) dias, contado da assinatura do termo de compromisso, prorrogável por igual período, relatório sobre as causas e circunstâncias que conduziram à situação de falência, no qual apontará a responsabilidade civil e penal dos envolvidos, observado o disposto no art. 186 desta Lei;

f) arrecadar os bens e documentos do devedor e elaborar o auto de arrecadação, nos termos dos arts. 108 e 110 desta Lei;

g) avaliar os bens arrecadados;

h) contratar avaliadores, de preferência oficiais, mediante autorização judicial, para a avaliação dos bens caso entenda não ter condições técnicas para a tarefa;

i) praticar os atos necessários à realização do ativo e ao pagamento dos credores;

j) proceder à venda de todos os bens da massa falida no prazo máximo de 180 (cento e oitenta) dias, contado da data da juntada do auto de arrecadação, sob pena de destituição, salvo por impossibilidade fundamentada, reconhecida por decisão judicial;

•• Alínea *j* com redação determinada pela Lei n. 14.112, de 24-12-2020.

l) praticar todos os atos conservatórios de direitos e ações, diligenciar a cobrança de dívidas e dar a respectiva quitação;

m) remir, em benefício da massa e mediante autorização judicial, bens apenhados, penhorados ou legalmente retidos;

n) representar a massa falida em juízo, contratando, se necessário, advogado, cujos honorários serão previamente ajustados e aprovados pelo Comitê de Credores;

o) requerer todas as medidas e diligências que forem necessárias para o cumprimento desta Lei, a proteção da massa ou a eficiência da administração;

p) apresentar ao juiz para juntada aos autos, até o 10.º (décimo) dia do mês seguinte ao vencido, conta demonstrativa da administração, que especifique com clareza a receita e a despesa;

q) entregar ao seu substituto todos os bens e documentos da massa em seu poder, sob pena de responsabilidade;

r) prestar contas ao final do processo, quando for substituído, destituído ou renunciar ao cargo;

s) arrecadar os valores dos depósitos realizados em processos administrativos ou judiciais nos quais o falido figure como parte, oriundos de penhoras, de bloqueios, de apreensões, de leilões, de alienação judicial e de outras hipóteses de constrição judicial, ressalvado o disposto nas Leis n.

9.703, de 17 de novembro de 1998, e 12.099, de 27 de novembro de 2009, e na Lei Complementar n. 151, de 5 de agosto de 2015.
•• Alínea s acrescentada pela Lei n. 14.112, de 24-12-2020.
•• As Leis n. 9.703, de 17-11-1998, e 12.099, de 27-11-2009, foram revogadas pela Lei n. 14.793, de 16-9-2024.

§ 1.º As remunerações dos auxiliares do administrador judicial serão fixadas pelo juiz, que considerará a complexidade dos trabalhos a serem executados e os valores praticados no mercado para o desempenho de atividades semelhantes.

§ 2.º Na hipótese da alínea *d* do inciso I do *caput* deste artigo, se houver recusa, o juiz, a requerimento do administrador judicial, intimará aquelas pessoas para que compareçam à sede do juízo, sob pena de desobediência, oportunidade em que as interrogará na presença do administrador judicial, tomando seus depoimentos por escrito.

§ 3.º Na falência, o administrador judicial não poderá, sem autorização judicial, após ouvidos o Comitê e o devedor no prazo comum de 2 (dois) dias, transigir sobre obrigações e direitos da massa falida e conceder abatimento de dívidas, ainda que sejam consideradas de difícil recebimento.

§ 4.º Se o relatório de que trata a alínea *e* do inciso III do *caput* deste artigo apontar responsabilidade penal de qualquer dos envolvidos, o Ministério Público será intimado para tomar conhecimento de seu teor.

Art. 23. O administrador judicial que não apresentar, no prazo estabelecido, suas contas ou qualquer dos relatórios previstos nesta Lei será intimado pessoalmente a fazê-lo no prazo de 5 (cinco) dias, sob pena de desobediência.

Parágrafo único. Decorrido o prazo do *caput* deste artigo, o juiz destituirá o administrador judicial e nomeará substituto para elaborar relatórios ou organizar as contas, explicitando as responsabilidades de seu antecessor.

Art. 24. O juiz fixará o valor e a forma de pagamento da remuneração do administrador judicial, observados a capacidade de pagamento do devedor, o grau de complexidade do trabalho e os valores praticados no mercado para o desempenho de atividades semelhantes.

§ 1.º Em qualquer hipótese, o total pago ao administrador judicial não excederá 5% (cinco por cento) do valor devido aos credores submetidos à recuperação judicial ou do valor de venda dos bens na falência.

§ 2.º Será reservado 40% (quarenta por cento) do montante devido ao administrador judicial para pagamento após atendimento do previsto nos arts. 154 e 155 desta Lei.

§ 3.º O administrador judicial substituído será remunerado proporcionalmente ao trabalho realizado, salvo se renunciar sem relevante razão ou for destituído de suas funções por desídia, culpa, dolo ou descumprimento das obrigações fixadas nesta Lei, hipóteses em que não terá direito à remuneração.

§ 4.º Também não terá direito a remuneração o administrador que tiver suas contas desaprovadas.

§ 5.º A remuneração do administrador judicial fica reduzida ao limite de 2% (dois por cento), no caso de microempresas e de empresas de pequeno porte, bem como na hipótese de que trata o art. 70-A desta Lei.
•• § 5.º com redação determinada pela Lei n. 14.112, de 24-12-2020.

Art. 25. Caberá ao devedor ou à massa falida arcar com as despesas relativas à remuneração do administrador judicial e das pessoas eventualmente contratadas para auxiliá-lo.

Art. 26. O Comitê de Credores será constituído por deliberação de qualquer das classes de credores na assembleia-geral e terá a seguinte composição:

I – 1 (um) representante indicado pela classe de credores trabalhistas, com 2 (dois) suplentes;

II – 1 (um) representante indicado pela classe de credores com direitos reais de garantia ou privilégios especiais, com 2 (dois) suplentes;

III – 1 (um) representante indicado pela classe de credores quirografários e com privilégios gerais, com 2 (dois) suplentes;

IV – 1 (um) representante indicado pela classe de credores representantes de microempresas e empresas de pequeno porte, com 2 (dois) suplentes.
•• Inciso IV acrescentado pela Lei Complementar n. 147, de 7-8-2014.

§ 1.º A falta de indicação de representante por quaisquer das classes não prejudicará a constituição do Comitê, que poderá funcionar com número inferior ao previsto no *caput* deste artigo.

§ 2.º O juiz determinará, mediante requerimento subscrito por credores que representem a maioria dos créditos de uma classe, independentemente da realização de assembleia:

I – a nomeação do representante e dos suplentes da respectiva classe ainda não representada no Comitê; ou

II – a substituição do representante ou dos suplentes da respectiva classe.

§ 3.º Caberá aos próprios membros do Comitê indicar, entre eles, quem irá presidi-lo.

Art. 27. O Comitê de Credores terá as seguintes atribuições, além de outras previstas nesta Lei:

I – na recuperação judicial e na falência:
a) fiscalizar as atividades e examinar as contas do administrador judicial;
b) zelar pelo bom andamento do processo e pelo cumprimento da lei;
c) comunicar ao juiz, caso detecte violação dos direitos ou prejuízo aos interesses dos credores;
d) apurar e emitir parecer sobre quaisquer reclamações dos interessados;
e) requerer ao juiz a convocação da assembleia-geral de credores;
f) manifestar-se nas hipóteses previstas nesta Lei;

II – na recuperação judicial:
a) fiscalizar a administração das atividades do devedor, apresentando, a cada 30 (trinta) dias, relatório de sua situação;
b) fiscalizar a execução do plano de recuperação judicial;
c) submeter à autorização do juiz, quando ocorrer o afastamento do devedor nas hipóteses previstas nesta Lei, a alienação de bens do ativo permanente, a constituição de ônus reais e outras garantias, bem como atos de endividamento necessários à continuação da atividade empresarial durante o período que antecede a aprovação do plano de recuperação judicial.

§ 1.º As decisões do Comitê, tomadas por maioria, serão consignadas em livro de atas, rubricado pelo juízo, que ficará à disposição do administrador judicial, dos credores e do devedor.

§ 2.º Caso não seja possível a obtenção de maioria em deliberação do Comitê, o impasse será resolvido pelo administrador judicial ou, na incompatibilidade deste, pelo juiz.

Art. 28. Não havendo Comitê de Credores, caberá ao administrador judicial ou, na incompatibilidade deste, ao juiz exercer suas atribuições.

Art. 29. Os membros do Comitê não terão sua remuneração custeada pelo devedor ou pela massa falida, mas as despesas realizadas para a realização de ato previsto nesta Lei, se devidamente comprovadas e com a autorização do juiz, serão ressarcidas atendendo às disponibilidades de caixa.

Art. 30. Não poderá integrar o Comitê ou exercer as funções de administrador judicial quem, nos últimos 5 (cinco) anos, no exercício do cargo de administrador judicial ou de membro do Comitê em falência ou recuperação judicial anterior, foi destituído, deixou de prestar contas dentro dos prazos legais ou teve a prestação de contas desaprovada.

§ 1.º Ficará também impedido de integrar o Comitê ou exercer a função de administrador judicial quem tiver relação de parentesco ou afinidade até o 3.º (terceiro) grau com o devedor, seus administradores, controladores ou representantes legais ou deles for amigo, inimigo ou dependente.

§ 2.º O devedor, qualquer credor ou o Ministério Público poderá requerer ao juiz a substituição do administrador judicial ou dos membros do Comitê nomeados em desobediência aos preceitos desta Lei.

§ 3.º O juiz decidirá, no prazo de 24 (vinte e quatro) horas, sobre o requerimento do § 2.º deste artigo.

Art. 31. O juiz, de ofício ou a requerimento fundamentado de qualquer interessado, poderá determinar a destituição do administrador judicial ou de quaisquer dos membros do Comitê de Credores quando verificar desobediência aos preceitos desta Lei, descumprimento de deveres, omissão, negligência ou prática de ato lesivo às atividades do devedor ou a terceiros.

§ 1.º No ato de destituição, o juiz nomeará novo administrador judicial ou convocará os suplentes para recompor o Comitê.

§ 2.º Na falência, o administrador judicial substituído prestará contas no prazo de 10 (dez) dias, nos termos dos §§ 1.º a 6.º do art. 154 desta Lei.

Art. 32. O administrador judicial e os membros do Comitê responderão pelos prejuízos causados à massa falida, ao devedor ou aos credores por dolo ou culpa, devendo o dissidente em deliberação do Comitê consignar sua discordância em ata para eximir-se da responsabilidade.

Art. 33. O administrador judicial e os membros do Comitê de Credores, logo que nomeados, serão intimados pessoalmente para, em 48 (quarenta e oito) horas, assinar, na sede do juízo, o termo de compromisso de bem e fielmente desempenhar o cargo e assumir todas as responsabilidades a ele inerentes.

Art. 34. Não assinado o termo de compromisso no prazo previsto no art. 33 desta Lei, o juiz nomeará outro administrador judicial.

Seção IV
Da Assembleia-Geral de Credores

Art. 35. A assembleia-geral de credores terá por atribuições deliberar sobre:

I – na recuperação judicial:

a) aprovação, rejeição ou modificação do plano de recuperação judicial apresentado pelo devedor;

b) a constituição do Comitê de Credores, a escolha de seus membros e sua substituição;

c) (Vetada.)

d) o pedido de desistência do devedor, nos termos do § 4.º do art. 52 desta Lei;

e) o nome do gestor judicial, quando do afastamento do devedor;

f) qualquer outra matéria que possa afetar os interesses dos credores;

g) alienação de bens ou direitos do ativo não circulante do devedor, não prevista no plano de recuperação judicial;

•• Alínea g acrescentada pela Lei n. 14.112, de 24-12-2020.

II – na falência:

a) (Vetada.)

b) a constituição do Comitê de Credores, a escolha de seus membros e sua substituição;

c) a adoção de outras modalidades de realização do ativo, na forma do art. 145 desta Lei;

d) qualquer outra matéria que possa afetar os interesses dos credores.

Art. 36. A assembleia-geral de credores será convocada pelo juiz por meio de edital publicado no diário oficial eletrônico e disponibilizado no sítio eletrônico do administrador judicial, com antecedência mínima de 15 (quinze) dias, o qual conterá:

•• Caput com redação determinada pela Lei n. 14.112, de 24-12-2020.

I – local, data e hora da assembleia em 1.ª (primeira) e em 2.ª (segunda) convocação, não podendo esta ser realizada menos de 5 (cinco) dias depois da 1.ª (primeira);

II – a ordem do dia;

III – local onde os credores poderão, se for o caso, obter cópia do plano de recuperação judicial a ser submetido à deliberação da assembleia.

§ 1.º Cópia do aviso de convocação da assembleia deverá ser afixada de forma ostensiva na sede e filiais do devedor.

§ 2.º Além dos casos expressamente previstos nesta Lei, credores que representem no mínimo 25% (vinte e cinco por cento) do valor total dos créditos de uma determinada classe poderão requerer ao juiz a convocação de assembleia-geral.

§ 3.º As despesas com a convocação e a realização da assembleia-geral correm por conta do devedor ou da massa falida, salvo se convocada em virtude de requerimento do Comitê de Credores ou na hipótese do § 2.º deste artigo.

Art. 37. A assembleia será presidida pelo administrador judicial, que designará 1 (um) secretário dentre os credores presentes.

§ 1.º Nas deliberações sobre o afastamento do administrador judicial ou em outras em que haja incompatibilidade deste, a assembleia será presidida pelo credor presente que seja titular do maior crédito.

§ 2.º A assembleia instalar-se-á, em 1.ª (primeira) convocação, com a presença de credores titulares de mais da metade dos créditos de cada classe, computados pelo valor, e, em 2.ª (segunda) convocação, com qualquer número.

§ 3.º Para participar da assembleia, cada credor deverá assinar a lista de presença, que será encerrada no momento da instalação.

§ 4.º O credor poderá ser representado na assembleia-geral por mandatário ou representante legal, desde que entregue ao administrador judicial, até 24 (vinte e quatro) horas antes da data prevista no aviso de convocação, documento hábil que comprove seus poderes ou a indicação das folhas dos autos do processo em que se encontre o documento.

§ 5.º Os sindicatos de trabalhadores poderão representar seus associados titulares de créditos derivados da legislação do trabalho ou decorrentes de acidente de trabalho que não comparecerem, pessoalmente ou por procurador, à assembleia.

§ 6.º Para exercer a prerrogativa prevista no § 5.º deste artigo, o sindicato deverá:

I – apresentar ao administrador judicial, até 10 (dez) dias antes da assembleia, a relação dos associados que pretende representar, e o trabalhador que conste da relação de mais de um sindicato deverá esclarecer, até 24 (vinte e quatro) horas antes da assembleia, qual sindicato o representa, sob pena de não ser representado em assembleia por nenhum deles; e

II – (Vetado.)

§ 7.º Do ocorrido na assembleia, lavrar-se-á ata que conterá o nome dos presentes e as assinaturas do presidente, do devedor e de 2 (dois) membros de cada uma das classes votantes, e que será entregue ao juiz, juntamente com a lista de presença, no prazo de 48 (quarenta e oito) horas.

Art. 38. O voto do credor será proporcional ao valor de seu crédito, ressalvado, nas deliberações sobre o plano de recuperação judicial, o disposto no § 2.º do art. 45 desta Lei.

Parágrafo único. Na recuperação judicial, para fins exclusivos de votação em assembleia-geral, o crédito em moeda estrangeira será convertido para moeda nacional pelo câmbio da véspera da data de realização da assembleia.

Art. 39. Terão direito a voto na assembleia-geral as pessoas arroladas no quadro-geral de credores ou, na sua falta, na relação de credores apresentada pelo administrador judicial na forma do art. 7.º, § 2.º, desta Lei, ou, ainda, na falta desta, na relação apresentada pelo próprio devedor nos termos dos arts. 51, incisos III e IV do caput, 99, inciso III do caput, ou 105, inciso II do caput, desta Lei, acrescidas, em qualquer caso, das que estejam habilitadas na data da realização da assembleia ou que tenham créditos admitidos ou alterados por decisão judicial, inclusive as que tenham obtido reserva de importâncias, observado o disposto nos §§ 1.º e 2.º do art. 10 desta Lei.

§ 1.º Não terão direito a voto e não serão considerados para fins de verificação do quorum de instalação e de deliberação os titulares de créditos excetuados na forma dos §§ 3.º e 4.º do art. 49 desta Lei.

§ 2.º As deliberações da assembleia-geral não serão invalidadas em razão de posterior decisão judicial acerca da existência, quantificação ou classificação de créditos.

§ 3.º No caso de posterior invalidação de deliberação da assembleia, ficam resguardados os direitos de terceiros de boa-fé, respondendo os credores que aprovaram a deliberação pelos prejuízos comprovados causados por dolo ou culpa.

§ 4.º Qualquer deliberação prevista nesta Lei a ser realizada por meio de assembleia-geral de credores poderá ser substituída, com idênticos efeitos, por:

•• § 4.º, *caput*, acrescentado pela Lei n. 14.112, de 24-12-2020.

I – termo de adesão firmado por tantos credores quantos satisfaçam o quórum de aprovação específico, nos termos estabelecidos no art. 45-A desta Lei;

•• Inciso I acrescentado pela Lei n. 14.112, de 24-12-2020.

II – votação realizada por meio de sistema eletrônico que reproduza as condições de tomada de voto da assembleia-geral de credores; ou

•• Inciso II acrescentado pela Lei n. 14.112, de 24-12-2020.

III – outro mecanismo reputado suficientemente seguro pelo juiz.

•• Inciso III acrescentado pela Lei n. 14.112, de 24-12-2020.

§ 5.º As deliberações nos formatos previstos no § 4.º deste artigo serão fiscalizadas pelo administrador judicial, que emitirá parecer sobre sua regularidade, previamente à sua homologação judicial, independentemente da concessão ou não da recuperação judicial.

•• § 5.º acrescentado pela Lei n. 14.112, de 24-12-2020.

§ 6.º O voto será exercido pelo credor no seu interesse e de acordo com o seu juízo de conveniência e poderá ser declarado nulo por abusividade somente quando manifestamente exercido para obter vantagem ilícita para si ou para outrem.

•• § 6.º acrescentado pela Lei n. 14.112, de 24-12-2020.

§ 7.º A cessão ou a promessa de cessão do crédito habilitado deverá ser imediatamente comunicada ao juízo da recuperação judicial.

•• § 7.º acrescentado pela Lei n. 14.112, de 24-12-2020.

Art. 40. Não será deferido provimento liminar, de caráter cautelar ou antecipatório dos efeitos da tutela, para a suspensão ou adiamento da assembleia-geral de credores em razão de pendência de discussão acerca da existência, da quantificação ou da classificação de créditos.

Art. 41. A assembleia-geral será composta pelas seguintes classes de credores:

I – titulares de créditos derivados da legislação do trabalho ou decorrentes de acidentes de trabalho;

II – titulares de créditos com garantia real;

III – titulares de créditos quirografários, com privilégio especial, com privilégio geral ou subordinados;

IV – titulares de créditos enquadrados como microempresa ou empresa de pequeno porte.

•• Inciso IV acrescentado pela Lei Complementar n. 147, de 7-8-2014.

§ 1.º Os titulares de créditos derivados da legislação do trabalho votam com a classe prevista no inciso I do *caput* deste artigo com o total de seu crédito, independentemente do valor.

§ 2.º Os titulares de créditos com garantia real votam com a classe prevista no inciso II do *caput* deste artigo até o limite do valor do bem gravado e com a classe prevista no inciso III do *caput* deste artigo pelo restante do valor de seu crédito.

Art. 42. Considerar-se-á aprovada a proposta que obtiver votos favoráveis de credores que representem mais da metade do valor total dos créditos presentes à assembleia-geral, exceto nas deliberações sobre o plano de recuperação judicial nos termos da alínea a do inciso I do *caput* do art. 35 desta Lei, a composição do Comitê de Credores ou forma alternativa de realização do ativo nos termos do art. 145 desta Lei.

Art. 43. Os sócios do devedor, bem como as sociedades coligadas, controladoras, controladas ou as que tenham sócio ou acionista com participação superior a 10% (dez por cento) do capital social do devedor ou em que o devedor ou algum de seus sócios detenham participação superior a 10% (dez por cento) do capital social, poderão participar da assembleia-geral de credores, sem ter direito a voto e não serão considerados para fins de verificação do *quorum* de instalação e de deliberação.

Parágrafo único. O disposto neste artigo também se aplica ao cônjuge ou parente, consanguíneo ou afim, colateral até o 2.º (segundo) grau, ascendente ou descendente do devedor, de administrador, do sócio controlador, de membro dos conselhos consultivo, fiscal ou semelhantes da sociedade devedora e à sociedade em que quaisquer dessas pessoas exerçam essas funções.

Art. 44. Na escolha dos representantes de cada classe no Comitê de Credores, somente os respectivos membros poderão votar.

Art. 45. Nas deliberações sobre o plano de recuperação judicial, todas as classes de credores referidas no art. 41 desta Lei deverão aprovar a proposta.

§ 1.º Em cada uma das classes referidas nos incisos II e III do art. 41 desta Lei, a proposta deverá ser aprovada por credores que representem mais da metade do valor total dos créditos presentes à assembleia e, cumulativamente, pela maioria simples dos credores presentes.

§ 2.º Nas classes previstas nos incisos I e IV do art. 41 desta Lei, a proposta deverá ser aprovada pela maioria simples dos credores presentes, independentemente do valor de seu crédito.

•• § 2.º com redação determinada pela Lei Complementar n. 147, de 7-8-2014.

§ 3.º O credor não terá direito a voto e não será considerado para fins de verificação de *quorum* de deliberação se o plano de recuperação judicial não alterar o valor ou as condições originais de pagamento de seu crédito.

Art. 45-A. As deliberações da assembleia-geral de credores previstas nesta Lei poderão ser substituídas pela comprovação da adesão de credores que representem mais da metade do valor dos créditos sujeitos à recuperação judicial, observadas as exceções previstas nesta Lei.

•• *Caput* acrescentado pela Lei n. 14.112, de 24-12-2020.

§ 1.º Nos termos do art. 56-A desta Lei, as deliberações sobre o plano de recuperação judicial poderão ser substituídas por documento que comprove o cumprimento do disposto no art. 45 desta Lei.

•• § 1.º acrescentado pela Lei n. 14.112, de 24-12-2020.

§ 2.º As deliberações sobre a constituição do Comitê de Credores poderão ser substituídas por documento que comprove a adesão da maioria dos créditos de cada conjunto de credores previsto no art. 26 desta Lei.

•• § 2.º acrescentado pela Lei n. 14.112, de 24-12-2020.

§ 3.º As deliberações sobre forma alternativa de realização do ativo na falência, nos termos do art. 145 desta Lei, poderão ser substituídas por documento que comprove a adesão de credores que representem 2/3 (dois terços) dos créditos.

•• § 3.º acrescentado pela Lei n. 14.112, de 24-12-2020.

§ 4.º As deliberações no formato previsto neste artigo serão fiscalizadas pelo administrador judicial, que emitirá parecer sobre sua regularidade, com oitiva do Ministério Público, previamente à sua homologação judicial, independentemente da concessão ou não da recuperação judicial.

•• § 4.º acrescentado pela Lei n. 14.112, de 24-12-2020.

Art. 46. A aprovação de forma alternativa de realização do ativo na falência, prevista no art. 145 desta Lei, dependerá do voto favorável de credores que representem 2/3 (dois terços) dos créditos presentes à assembleia.

Capítulo III
DA RECUPERAÇÃO JUDICIAL

•• *Vide* arts. 190 e 191 do CPC.

Seção I
Disposições Gerais

Art. 47. A recuperação judicial tem por objetivo viabilizar a superação da situação de crise econômico-financeira do devedor, a fim de permitir a manutenção da fonte produtora, do emprego dos trabalhadores e dos interesses dos credores, promovendo, assim, a preservação da empresa, sua função social e o estímulo à atividade econômica.

Art. 48. Poderá requerer recuperação judicial o devedor que, no momento do pedido, exerça regularmente suas atividades há mais de 2 (dois) anos e que atenda aos seguintes requisitos, cumulativamente:

I – não ser falido e, se o foi, estejam declaradas extintas, por sentença transitada em julgado, as responsabilidades daí decorrentes;

II – não ter, há menos de 5 (cinco) anos, obtido concessão de recuperação judicial;
III – não ter, há menos de 5 (cinco) anos, obtido concessão de recuperação judicial com base no plano especial de que trata a Seção V deste Capítulo;
•• Inciso III com redação determinada pela Lei Complementar n. 147, de 7-8-2014.
IV – não ter sido condenado ou não ter, como administrador ou sócio controlador, pessoa condenada por qualquer dos crimes previstos nesta Lei.
§ 1.º A recuperação judicial também poderá ser requerida pelo cônjuge sobrevivente, herdeiros do devedor, inventariante ou sócio remanescente.
•• § 1.º renumerado pela Lei n. 12.873, de 24-10-2013.
§ 2.º No caso de exercício de atividade rural por pessoa jurídica, admite-se a comprovação do prazo estabelecido no *caput* deste artigo por meio da Escrituração Contábil Fiscal (ECF), ou por meio de obrigação legal de registros contábeis que venha a substituir a ECF, entregue tempestivamente.
•• § 2.º com redação determinada pela Lei n. 14.112, de 24-12-2020.
§ 3.º Para a comprovação do prazo estabelecido no *caput* deste artigo, o cálculo do período de exercício de atividade rural por pessoa física é feito com base no Livro Caixa Digital do Produtor Rural (LCDPR), ou por meio de obrigação legal de registros contábeis que venha a substituir o LCDPR, e pela Declaração do Imposto sobre a Renda da Pessoa Física (DIRPF) e balanço patrimonial, todos entregues tempestivamente.
•• § 3.º acrescentado pela Lei n. 14.112, de 24-12-2020.
§ 4.º Para efeito do disposto no § 3.º deste artigo, no que diz respeito ao período em que não for exigível a entrega da LCDPR, admitir-se-á a entrega do livro-caixa utilizado para a elaboração da DIRPF.
•• § 4.º acrescentado pela Lei n. 14.112, de 24-12-2020.
§ 5.º Para os fins de atendimento ao disposto nos §§ 2.º e 3.º deste artigo, as informações contábeis relativas a receitas, a bens, a despesas, a custos e a dívidas deverão estar organizadas de acordo com a legislação e com o padrão contábil da legislação correlata vigente, bem como guardar obediência ao regime de competência e de elaboração de balanço patrimonial por contador habilitado.
•• § 5.º acrescentado pela Lei n. 14.112, de 24-12-2020.
Art. 48-A. Na recuperação judicial de companhia aberta, serão obrigatórios a formação e o funcionamento do conselho fiscal, nos termos da Lei n. 6.404, de 15 de dezembro de 1976, enquanto durar a fase de recuperação judicial, incluído o período de cumprimento das obrigações assumidas pelo plano de recuperação.
•• Artigo acrescentado pela Lei n. 14.112, de 24-12-2020.

Art. 49. Estão sujeitos à recuperação judicial todos os créditos existentes na data do pedido, ainda que não vencidos.
•• *Vide* art. 5.º, § 1.º, II, da Lei n. 14.112, de 24-12-2020.
§ 1.º Os credores do devedor em recuperação judicial conservam seus direitos e privilégios contra os coobrigados, fiadores e obrigados de regresso.
•• *Vide* Súmula 581 do STJ.
§ 2.º As obrigações anteriores à recuperação judicial observarão as condições originalmente contratadas ou definidas em lei, inclusive no que diz respeito aos encargos, salvo se de modo diverso ficar estabelecido no plano de recuperação judicial.
§ 3.º Tratando-se de credor titular da posição de proprietário fiduciário de bens móveis ou imóveis, de arrendador mercantil, de proprietário ou promitente vendedor de imóvel cujos respectivos contratos contenham cláusula de irrevogabilidade ou irretratabilidade, inclusive em incorporações imobiliárias, ou de proprietário em contrato de venda com reserva de domínio, seu crédito não se submeterá aos efeitos da recuperação judicial e prevalecerão os direitos de propriedade sobre a coisa e as condições contratuais, observada a legislação respectiva, não se permitindo, contudo, durante o prazo de suspensão a que se refere o § 4.º do art. 6.º desta Lei, a venda ou a retirada do estabelecimento do devedor dos bens de capital essenciais a sua atividade empresarial.
§ 4.º Não se sujeitará aos efeitos da recuperação judicial a importância a que se refere o inciso II do art. 86 desta Lei.
§ 5.º Tratando-se de crédito garantido por penhor sobre títulos de crédito, direitos creditórios, aplicações financeiras ou valores mobiliários, poderão ser substituídas ou renovadas as garantias liquidadas ou vencidas durante a recuperação judicial e, enquanto não renovadas ou substituídas, o valor eventualmente recebido em pagamento das garantias permanecerá em conta vinculada durante o período de suspensão de que trata o § 4.º do art. 6.º desta Lei.
§ 6.º Nas hipóteses de que tratam os §§ 2.º e 3.º do art. 48 desta Lei, somente estarão sujeitos à recuperação judicial os créditos que decorram exclusivamente da atividade rural e estejam discriminados nos documentos a que se referem os citados parágrafos, ainda que não vencidos.
•• § 6.º acrescentado pela Lei n. 14.112, de 24-12-2020.
§ 7.º Não se sujeitarão aos efeitos da recuperação judicial os recursos controlados e abrangidos nos termos dos arts. 14 e 21 da Lei n. 4.829, de 5 de novembro de 1965.
•• § 7.º acrescentado pela Lei n. 14.112, de 24-12-2020.
§ 8.º Estarão sujeitos à recuperação judicial os recursos de que trata o § 7.º deste artigo que não tenham sido objeto de renegociação entre o devedor e a instituição financeira antes do pedido de recuperação judicial, na forma de ato do Poder Executivo.
•• § 8.º acrescentado pela Lei n. 14.112, de 24-12-2020.
§ 9.º Não se enquadrará nos créditos referidos no *caput* deste artigo aquele relativo à dívida constituída nos 3 (três) últimos anos anteriores ao pedido de recuperação judicial, que tenha sido contraída com a finalidade de aquisição de propriedades rurais, bem como as respectivas garantias.
•• § 9.º acrescentado pela Lei n. 14.112, de 24-12-2020.

Art. 50. Constituem meios de recuperação judicial, observada a legislação pertinente a cada caso, dentre outros:
I – concessão de prazos e condições especiais para pagamento das obrigações vencidas ou vincendas;
II – cisão, incorporação, fusão ou transformação de sociedade, constituição de subsidiária integral, ou cessão de cotas ou ações, respeitados os direitos dos sócios, nos termos da legislação vigente;
III – alteração do controle societário;
IV – substituição total ou parcial dos administradores do devedor ou modificação de seus órgãos administrativos;
V – concessão aos credores de direito de eleição em separado de administradores e de poder de veto em relação às matérias que o plano especificar;
VI – aumento de capital social;
VII – trespasse ou arrendamento de estabelecimento, inclusive à sociedade constituída pelos próprios empregados;
VIII – redução salarial, compensação de horários e redução da jornada, mediante acordo ou convenção coletiva;
IX – dação em pagamento ou novação de dívidas do passivo, com ou sem constituição de garantia própria ou de terceiro;
X – constituição de sociedade de credores;
XI – venda parcial dos bens;
XII – equalização de encargos financeiros relativos a débitos de qualquer natureza, tendo como termo inicial a data da distribuição do pedido de recuperação judicial, aplicando-se inclusive aos contratos de crédito rural, sem prejuízo do disposto em legislação específica;
XIII – usufruto da empresa;
XIV – administração compartilhada;
XV – emissão de valores mobiliários;
XVI – constituição de sociedade de propósito específico para adjudicar, em pagamento dos créditos, os ativos do devedor;
XVII – conversão de dívida em capital social;
•• Inciso XVII acrescentado pela Lei n. 14.112, de 24-12-2020.
XVIII – venda integral da devedora, desde que garantidas aos credores não submetidos ou não aderentes condições, no

mínimo, equivalentes àquelas que teriam na falência, hipótese em que será, para todos os fins, considerada unidade produtiva isolada.
•• Inciso XVIII acrescentado pela Lei n. 14.112, de 24-12-2020.

§ 1.º Na alienação de bem objeto de garantia real, a supressão da garantia ou sua substituição somente serão admitidas mediante aprovação expressa do credor titular da respectiva garantia.

§ 2.º Nos créditos em moeda estrangeira, a variação cambial será conservada como parâmetro de indexação da correspondente obrigação e só poderá ser afastada se o credor titular do respectivo crédito aprovar expressamente previsão diversa no plano de recuperação judicial.

§ 3.º Não haverá sucessão ou responsabilidade por dívidas de qualquer natureza a terceiro credor, investidor ou novo administrador em decorrência, respectivamente, da mera conversão de dívida em capital, de aporte de novos recursos na devedora ou de substituição dos administradores desta.
•• § 3.º acrescentado pela Lei n. 14.112, de 24-12-2020.

§ 4.º O imposto sobre a renda e a Contribuição Social sobre o Lucro Líquido (CSLL) incidentes sobre o ganho de capital resultante da alienação de bens ou direitos pela pessoa jurídica em recuperação judicial poderão ser parcelados, com atualização monetária das parcelas, observado o seguinte:
•• § 4.º, caput, acrescentado pela Lei n. 14.112, de 24-12-2020.

I – o disposto na Lei n. 10.522, de 19 de julho de 2002; e
•• Inciso I acrescentado pela Lei n. 14.112, de 24-12-2020.

II – a utilização, como limite, da mediana de alongamento no plano de recuperação judicial em relação aos créditos a ele sujeitos.
•• Inciso II acrescentado pela Lei n. 14.112, de 24-12-2020.

§ 5.º O limite de alongamento de prazo a que se refere o inciso II do § 4.º deste artigo será readequado na hipótese de alteração superveniente do plano de recuperação judicial.
•• § 5.º acrescentado pela Lei n. 14.112, de 24-12-2020.

Art. 50-A. Nas hipóteses de renegociação de dívidas de pessoa jurídica no âmbito de processo de recuperação judicial, estejam as dívidas sujeitas ou não a esta, e do reconhecimento de seus efeitos nas demonstrações financeiras das sociedades, deverão ser observadas as seguintes disposições:
•• Caput acrescentado pela Lei n. 14.112, de 24-12-2020, originalmente vetado, todavia promulgado em 26-3-2021.

I – a receita obtida pelo devedor não será computada na apuração da base de cálculo da Contribuição para o Programa de Integração Social (PIS) e para o Programa de Formação do Patrimônio do Servidor Público (Pasep) e da Contribuição para o Financiamento da Seguridade Social (Cofins);
•• Inciso I acrescentado pela Lei n. 14.112, de 24-12-2020, originalmente vetado, todavia promulgado em 26-3-2021.
•• A Lei Complementar n. 214, de 16-1-2025, revoga este inciso a partir de 1.º-1-2027.

II – o ganho obtido pelo devedor com a redução da dívida não se sujeitará ao limite percentual de que tratam os arts. 42 e 58 da Lei n. 8.981, de 20 de janeiro de 1995, na apuração do imposto sobre a renda e da CSLL; e
•• Inciso II acrescentado pela Lei n. 14.112, de 24-12-2020, originalmente vetado, todavia promulgado em 26-3-2021.

III – as despesas correspondentes às obrigações assumidas no plano de recuperação judicial serão consideradas dedutíveis na determinação do lucro real e da base de cálculo da CSLL, desde que não tenham sido objeto de dedução anterior.
•• Inciso III acrescentado pela Lei n. 14.112, de 24-12-2020, originalmente vetado, todavia promulgado em 26-3-2021.

Parágrafo único. O disposto no *caput* deste artigo não se aplica à hipótese de dívida com:
•• Parágrafo único, *caput*, acrescentado pela Lei n. 14.112, de 24-12-2020, originalmente vetado, todavia promulgado em 26-3-2021.

I – pessoa jurídica que seja controladora, controlada, coligada ou interligada; ou
•• Inciso I acrescentado pela Lei n. 14.112, de 24-12-2020, originalmente vetado, todavia promulgado em 26-3-2021.

II – pessoa física que seja acionista controladora, sócia, titular ou administradora da pessoa jurídica devedora.
•• Inciso II acrescentado pela Lei n. 14.112, de 24-12-2020, originalmente vetado, todavia promulgado em 26-3-2021.

Seção II
Do Pedido e do Processamento da Recuperação Judicial

Art. 51. A petição inicial de recuperação judicial será instruída com:

I – a exposição das causas concretas da situação patrimonial do devedor e das razões da crise econômico-financeira;

II – as demonstrações contábeis relativas aos 3 (três) últimos exercícios sociais e as levantadas especialmente para instruir o pedido, confeccionadas com estrita observância da legislação societária aplicável e compostas obrigatoriamente de:
a) balanço patrimonial;
b) demonstração de resultados acumulados;
c) demonstração do resultado desde o último exercício social;
d) relatório gerencial de fluxo de caixa e de sua projeção;
e) descrição das sociedades de grupo societário, de fato ou de direito;
•• Alínea *e* acrescentada pela Lei n. 14.112, de 24-12-2020.

III – a relação nominal completa dos credores, sujeitos ou não à recuperação judicial, inclusive aqueles por obrigação de fazer ou de dar, com a indicação do endereço físico e eletrônico de cada um, a natureza, conforme estabelecido nos arts. 83 e 84 desta Lei, o valor atualizado do crédito, a discriminação de sua origem, e o regime dos vencimentos;
•• Inciso III com redação determinada pela Lei n. 14.112, de 24-12-2020.

IV – a relação integral dos empregados, em que constem as respectivas funções, salários, indenizações e outras parcelas a que têm direito, com o correspondente mês de competência, e a discriminação dos valores pendentes de pagamento;

V – certidão de regularidade do devedor no Registro Público de Empresas, o ato constitutivo atualizado e as atas de nomeação dos atuais administradores;

VI – a relação dos bens particulares dos sócios controladores e dos administradores do devedor;

VII – os extratos atualizados das contas bancárias do devedor e de suas eventuais aplicações financeiras de qualquer modalidade, inclusive em fundos de investimento ou em bolsas de valores, emitidos pelas respectivas instituições financeiras;

VIII – certidões dos cartórios de protestos situados na comarca do domicílio ou sede do devedor e naquelas onde possui filial;

IX – a relação, subscrita pelo devedor, de todas as ações judiciais e procedimentos arbitrais em que este figure como parte, inclusive as de natureza trabalhista, com a estimativa dos respectivos valores demandados;
•• Inciso IX com redação determinada pela Lei n. 14.112, de 24-12-2020.

X – o relatório detalhado do passivo fiscal; e
•• Inciso X acrescentado pela Lei n. 14.112, de 24-12-2020.

XI – a relação de bens e direitos integrantes do ativo não circulante, incluídos aqueles não sujeitos à recuperação judicial, acompanhada dos negócios jurídicos celebrados com os credores de que trata o § 3.º do art. 49 desta Lei.
•• Inciso XI acrescentado pela Lei n. 14.112, de 24-12-2020.

§ 1.º Os documentos de escrituração contábil e demais relatórios auxiliares, na forma e no suporte previstos em lei, permanecerão à disposição do juízo, do administrador judicial e, mediante autorização judicial, de qualquer interessado.

§ 2.º Com relação à exigência prevista no inciso II do *caput* deste artigo, as microempresas e empresas de pequeno porte poderão apresentar livros e escrituração contábil simplificados nos termos da legislação específica.

§ 3.º O juiz poderá determinar o depósito em cartório dos documentos a que se referem os §§ 1.º e 2.º deste artigo ou de cópia destes.

§ 4.º Na hipótese de o ajuizamento da recuperação judicial ocorrer antes da data final de entrega do balanço correspondente ao exercício anterior, o devedor apresentará balanço prévio e juntará o balanço definitivo no prazo da lei societária aplicável.
•• § 4.º acrescentado pela Lei n. 14.112, de 24-12-2020.

§ 5.º O valor da causa corresponderá ao montante total dos créditos sujeitos à recuperação judicial.
•• § 5.º acrescentado pela Lei n. 14.112, de 24-12-2020.

§ 6.º Em relação ao período de que trata o § 3.º do art. 48 desta Lei:
•• § 6.º, *caput*, acrescentado pela Lei n. 14.112, de 24-12-2020.

I – a exposição referida no inciso I do *caput* deste artigo deverá comprovar a crise de insolvência, caracterizada pela insuficiência de recursos financeiros ou patrimoniais com liquidez suficiente para saldar suas dívidas;
•• Inciso I acrescentado pela Lei n. 14.112, de 24-12-2020.

II – os requisitos do inciso II do *caput* deste artigo serão substituídos pelos documentos mencionados no § 3.º do art. 48 desta Lei relativos aos últimos 2 (dois) anos.
•• Inciso II acrescentado pela Lei n. 14.112, de 24-12-2020.

Art. 51-A. Após a distribuição do pedido de recuperação judicial, poderá o juiz, quando reputar necessário, nomear profissional de sua confiança, com capacidade técnica e idoneidade, para promover a constatação exclusivamente das reais condições de funcionamento da requerente e da regularidade e da completude da documentação apresentada com a petição inicial.
•• *Caput* acrescentado pela Lei n. 14.112, de 24-12-2020.

§ 1.º A remuneração do profissional de que trata o *caput* deste artigo deverá ser arbitrada posteriormente à apresentação do laudo e deverá considerar a complexidade do trabalho desenvolvido.
•• § 1.º acrescentado pela Lei n. 14.112, de 24-12-2020.

§ 2.º O juiz deverá conceder o prazo máximo de 5 (cinco) dias para que o profissional nomeado apresente laudo de constatação das reais condições de funcionamento do devedor e da regularidade documental.
•• § 2.º acrescentado pela Lei n. 14.112, de 24-12-2020.

§ 3.º A constatação prévia será determinada sem que seja ouvida a outra parte e sem apresentação de quesitos por qualquer das partes, com a possibilidade de o juiz determinar a realização da diligência sem a prévia ciência do devedor, quando entender que esta poderá frustrar os seus objetivos.
•• § 3.º acrescentado pela Lei n. 14.112, de 24-12-2020.

§ 4.º O devedor será intimado do resultado da constatação prévia concomitantemente à sua intimação da decisão que deferir ou indeferir o processamento da recuperação judicial, ou que determinar a emenda da petição inicial, e poderá impugná-la mediante interposição do recurso cabível.
•• § 4.º acrescentado pela Lei n. 14.112, de 24-12-2020.

§ 5.º A constatação prévia consistirá, objetivamente, na verificação das reais condições de funcionamento da empresa e da regularidade documental, vedado o indeferimento do processamento da recuperação judicial baseado na análise de viabilidade econômica do devedor.
•• § 5.º acrescentado pela Lei n. 14.112, de 24-12-2020.

§ 6.º Caso a constatação prévia detecte indícios contundentes de utilização fraudulenta da ação de recuperação judicial, o juiz poderá indeferir a petição inicial, sem prejuízo de oficiar ao Ministério Público para tomada das providências criminais eventualmente cabíveis.
•• § 6.º acrescentado pela Lei n. 14.112, de 24-12-2020.

§ 7.º Caso a constatação previa demonstre que o principal estabelecimento do devedor não se situa na área de competência do juízo, o juiz deverá determinar a remessa dos autos, com urgência, ao juízo competente.
•• § 7.º acrescentado pela Lei n. 14.112, de 24-12-2020.

Art. 52. Estando em termos a documentação exigida no art. 51 desta Lei, o juiz deferirá o processamento da recuperação judicial e, no mesmo ato:

I – nomeará o administrador judicial, observado o disposto no art. 21 desta Lei;

II – determinará a dispensa da apresentação de certidões negativas para que o devedor exerça suas atividades, observado o disposto no § 3.º do art. 195 da Constituição Federal e no art. 69 desta Lei;
•• Inciso II com redação determinada pela Lei n. 14.112, de 24-12-2020.

III – ordenará a suspensão de todas as ações ou execuções contra o devedor, na forma do art. 6.º desta Lei, permanecendo os respectivos autos no juízo onde se processam, ressalvadas as ações previstas nos §§ 1.º, 2.º e 7.º do art. 6.º desta Lei e as relativas a créditos excetuados na forma dos §§ 3.º e 4.º do art. 49 desta Lei;
•• Vide Súmula 581 do STJ.

IV – determinará ao devedor a apresentação de contas demonstrativas mensais enquanto perdurar a recuperação judicial, sob pena de destituição de seus administradores;

V – ordenará a intimação eletrônica do Ministério Público e das Fazendas Públicas federal e de todos os Estados, Distrito Federal e Municípios em que o devedor tiver estabelecimento, a fim de que tomem conhecimento da recuperação judicial e informem eventuais créditos perante o devedor, para divulgação aos demais interessados.
•• Inciso V com redação determinada pela Lei n. 14.112, de 24-12-2020.

§ 1.º O juiz ordenará a expedição de edital, para publicação no órgão oficial, que conterá:

I – o resumo do pedido do devedor e da decisão que defere o processamento da recuperação judicial;

II – a relação nominal de credores, em que se discrimine o valor atualizado e a classificação de cada crédito;

III – a advertência acerca dos prazos para habilitação dos créditos, na forma do art. 7.º, § 1.º, desta Lei, e para que os credores apresentem objeção ao plano de recuperação judicial apresentado pelo devedor nos termos do art. 55 desta Lei.

§ 2.º Deferido o processamento da recuperação judicial, os credores poderão, a qualquer tempo, requerer a convocação de assembleia-geral para a constituição do Comitê de Credores ou substituição de seus membros, observado o disposto no § 2.º do art. 36 desta Lei.

§ 3.º No caso do inciso III do *caput* deste artigo, caberá ao devedor comunicar a suspensão aos juízos competentes.

§ 4.º O devedor não poderá desistir do pedido de recuperação judicial após o deferimento de seu processamento, salvo se obtiver aprovação da desistência na assembleia-geral de credores.

Seção III
Do Plano de Recuperação Judicial

Art. 53. O plano de recuperação será apresentado pelo devedor em juízo no prazo improrrogável de 60 (sessenta) dias da publicação da decisão que deferir o processamento da recuperação judicial, sob pena de convolação em falência, e deverá conter:

I – discriminação pormenorizada dos meios de recuperação a ser empregados, conforme o art. 50 desta Lei, e seu resumo;

II – demonstração de sua viabilidade econômica; e

III – laudo econômico-financeiro e de avaliação dos bens e ativos do devedor, subscrito por profissional legalmente habilitado ou empresa especializada.

Parágrafo único. O juiz ordenará a publicação de edital contendo aviso aos credores sobre o recebimento do plano de recuperação e fixando o prazo para a manifestação de eventuais objeções, observado o art. 55 desta Lei.

Art. 54. O plano de recuperação judicial não poderá prever prazo superior a 1 (um) ano para pagamento dos créditos derivados da legislação do trabalho ou decorrentes de acidentes de trabalho vencidos até a data do pedido de recuperação judicial.

§ 1.º O plano não poderá, ainda, prever prazo superior a 30 (trinta) dias para o pagamento, até o limite de 5 (cinco) salários mínimos por trabalhador, dos créditos de natureza estritamente salarial vencidos nos 3 (três) meses anteriores ao pedido de recuperação judicial.

•• Parágrafo único renumerado pela Lei n. 14.112, de 24-12-2020.

§ 2.º O prazo estabelecido no *caput* deste artigo poderá ser estendido em até 2 (dois) anos, se o plano de recuperação judicial atender aos seguintes requisitos, cumulativamente:

•• § 2.º, *caput*, acrescentado pela Lei n. 14.112, de 24-12-2020.

I – apresentação de garantias julgadas suficientes pelo juiz;

•• Inciso I acrescentado pela Lei n. 14.112, de 24-12-2020.

II – aprovação pelos credores titulares de créditos derivados da legislação trabalhista ou decorrentes de acidentes de trabalho, na forma do § 2.º do art. 45 desta Lei; e

•• Inciso II acrescentado pela Lei n. 14.112, de 24-12-2020.

III – garantia da integralidade do pagamento dos créditos trabalhistas.

•• Inciso III acrescentado pela Lei n. 14.112, de 24-12-2020.

Seção IV
Do Procedimento de Recuperação Judicial

Art. 55. Qualquer credor poderá manifestar ao juiz sua objeção ao plano de recuperação judicial no prazo de 30 (trinta) dias contado da publicação da relação de credores de que trata o § 2.º do art. 7.º desta Lei.

Parágrafo único. Caso, na data da publicação da relação de que trata o *caput* deste artigo, não tenha sido publicado o aviso previsto no art. 53, parágrafo único, desta Lei, contar-se-á da publicação deste o prazo para as objeções.

Art. 56. Havendo objeção de qualquer credor ao plano de recuperação judicial, o juiz convocará a assembleia geral de credores para deliberar sobre o plano de recuperação.

•• Vide art. 5.º, § 1.º, I, da Lei n. 14.112, de 24-12-2020.

§ 1.º A data designada para a realização da assembleia geral não excederá 150 (cento e cinquenta) dias contados do deferimento do processamento da recuperação judicial.

§ 2.º A assembleia geral que aprovar o plano de recuperação judicial poderá indicar os membros do Comitê de Credores, na forma do art. 26 desta Lei, se já não estiver constituído.

§ 3.º O plano de recuperação judicial poderá sofrer alterações na assembleia geral, desde que haja expressa concordância do devedor e em termos que não impliquem diminuição dos direitos exclusivamente dos credores ausentes.

§ 4.º Rejeitado o plano de recuperação judicial, o administrador judicial submeterá, no ato, à votação da assembleia-geral de credores a concessão de prazo de 30 (trinta) dias para que seja apresentado plano de recuperação judicial pelos credores.

•• § 4.º com redação determinada pela Lei n. 14.112, de 24-12-2020.

§ 5.º A concessão do prazo a que se refere o § 4.º deste artigo deverá ser aprovada por credores que representem mais da metade dos créditos presentes à assembleia-geral de credores.

•• § 5.º acrescentado pela Lei n. 14.112, de 24-12-2020.

§ 6.º O plano de recuperação judicial proposto pelos credores somente será posto em votação caso satisfeitas, cumulativamente, as seguintes condições:

•• § 6.º, *caput*, acrescentado pela Lei n. 14.112, de 24-12-2020.

I – não preenchimento dos requisitos previstos no § 1.º do art. 58 desta Lei;

•• Inciso I acrescentado pela Lei n. 14.112, de 24-12-2020.

II – preenchimento dos requisitos previstos nos incisos I, II e III do *caput* do art. 53 desta Lei;

•• Inciso II acrescentado pela Lei n. 14.112, de 24-12-2020.

III – apoio por escrito de credores que representem, alternativamente:

•• Inciso III, *caput*, acrescentado pela Lei n. 14.112, de 24-12-2020.

a) mais de 25% (vinte e cinco por cento) dos créditos totais sujeitos à recuperação judicial; ou

•• Alínea *a* acrescentada pela Lei n. 14.112, de 24-12-2020.

b) mais de 35% (trinta e cinco por cento) dos créditos dos credores presentes à assembleia-geral a que se refere o § 4.º deste artigo;

•• Alínea *b* acrescentada pela Lei n. 14.112, de 24-12-2020.

IV – não imputação de obrigações novas, não previstas em lei ou em contratos anteriormente celebrados, aos sócios do devedor;

•• Inciso IV acrescentado pela Lei n. 14.112, de 24-12-2020.

V – previsão de isenção das garantias pessoais prestadas por pessoas naturais em relação aos créditos a serem novados e que sejam de titularidade dos credores mencionados no inciso III deste parágrafo ou daqueles que votarem favoravelmente ao plano de recuperação judicial apresentado pelos credores, não permitidas ressalvas de voto; e

•• Inciso V acrescentado pela Lei n. 14.112, de 24-12-2020.

VI – não imposição ao devedor ou aos seus sócios de sacrifício maior do que aquele que decorreria da liquidação na falência.

•• Inciso VI acrescentado pela Lei n. 14.112, de 24-12-2020.

§ 7.º O plano de recuperação judicial apresentado pelos credores poderá prever a capitalização dos créditos, inclusive com a consequente alteração do controle da sociedade devedora, permitido o exercício do direito de retirada pelo sócio do devedor.

•• § 7.º acrescentado pela Lei n. 14.112, de 24-12-2020.

§ 8.º Não aplicado o disposto nos §§ 4.º, 5.º e 6.º deste artigo, ou rejeitado o plano de recuperação judicial proposto pelos credores, o juiz convolará a recuperação judicial em falência.

•• § 8.º acrescentado pela Lei n. 14.112, de 24-12-2020.

§ 9.º Na hipótese de suspensão da assembleia-geral de credores convocada para fins de votação do plano de recuperação judicial, a assembleia deverá ser encerrada no prazo de até 90 (noventa) dias, contado da data de sua instalação.

•• § 9.º acrescentado pela Lei n. 14.112, de 24-12-2020.

Art. 56-A. Até 5 (cinco) dias antes da data de realização da assembleia-geral de credores convocada para deliberar sobre o plano, o devedor poderá comprovar a aprovação dos credores por meio de termo de adesão, observado o quórum previsto no art. 45 desta Lei, e requerer a sua homologação judicial.

•• *Caput* acrescentado pela Lei n. 14.112, de 24-12-2020.

§ 1.º No caso previsto no *caput* deste artigo, a assembleia-geral será imediatamente dispensada, e o juiz intimará os credores para apresentarem eventuais oposições, no prazo de 10 (dez) dias, o qual substituirá o prazo inicialmente estipulado nos termos do *caput* do art. 55 desta Lei.

•• § 1.º acrescentado pela Lei n. 14.112, de 24-12-2020.

§ 2.º Oferecida oposição prevista no § 1.º deste artigo, terá o devedor o prazo de 10 (dez) dias para manifestar-se a respeito, ouvido a seguir o administrador judicial, no prazo de 5 (cinco) dias.

•• § 2.º acrescentado pela Lei n. 14.112, de 24-12-2020.

§ 3.º No caso de dispensa da assembleia-geral ou de aprovação do plano de recuperação judicial em assembleia-geral, as oposições apenas poderão versar sobre:

•• § 3.º, *caput*, acrescentado pela Lei n. 14.112, de 24-12-2020.

I – não preenchimento do quórum legal de aprovação;

•• Inciso I acrescentado pela Lei n. 14.112, de 24-12-2020.

II – descumprimento do procedimento disciplinado nesta Lei;

•• Inciso II acrescentado pela Lei n. 14.112, de 24-12-2020.

III – irregularidades do termo de adesão ao plano de recuperação; ou

•• Inciso III acrescentado pela Lei n. 14.112, de 24-12-2020.

IV – irregularidades e ilegalidades do plano de recuperação.

•• Inciso IV acrescentado pela Lei n. 14.112, de 24-12-2020.

Art. 57. Após a juntada aos autos do plano aprovado pela assembleia geral de credores ou decorrido o prazo previsto no art. 55 desta Lei sem objeção de credores, o devedor apresentará certidões negativas de débitos tributários nos termos dos arts. 151, 205, 206 da Lei n. 5.172, de 25 de outubro de 1966 – Código Tributário Nacional.

Art. 58. Cumpridas as exigências desta Lei, o juiz concederá a recuperação judicial do devedor cujo plano não tenha sofrido objeção de credor nos termos do art. 55 desta Lei ou tenha sido aprovado pela assembleia-geral de credores na forma dos arts. 45 ou 56-A desta Lei.

•• *Caput* com redação determinada pela Lei n. 14.112, de 24-12-2020.

§ 1.º O juiz poderá conceder a recuperação judicial com base em plano que não obteve aprovação na forma do art. 45 desta Lei, desde que, na mesma assembleia, tenha obtido, de forma cumulativa:

I – o voto favorável de credores que representem mais de metade do valor de todos os créditos presentes à assembleia, independentemente de classes;

II – a aprovação de 3 (três) das classes de credores ou, caso haja somente 3 (três) classes com credores votantes, a aprovação de pelo menos 2 (duas) das classes ou, caso haja somente 2 (duas) classes com credores votantes, a aprovação de pelo menos 1 (uma) delas, sempre nos termos do art. 45 desta Lei;

•• Inciso II com redação determinada pela Lei n. 14.112, de 24-12-2020.

III – na classe que o houver rejeitado, o voto favorável de mais de 1/3 (um terço) dos credores, computados na forma dos §§ 1.º e 2.º do art. 45 desta Lei.

§ 2.º A recuperação judicial somente poderá ser concedida com base no § 1.º deste artigo se o plano não implicar tratamento diferenciado entre os credores da classe que o houver rejeitado.

§ 3.º Da decisão que conceder a recuperação judicial serão intimados eletronicamente o Ministério Público e as Fazendas Públicas federal e de todos os Estados, Distrito Federal e Municípios em que o devedor tiver estabelecimento.

•• § 3.º acrescentado pela Lei n. 14.112, de 24-12-2020.

Art. 58-A. Rejeitado o plano de recuperação proposto pelo devedor ou pelos credores e não preenchidos os requisitos estabelecidos no § 1.º do art. 58 desta Lei, o juiz convolará a recuperação judicial em falência.

•• *Caput* acrescentado pela Lei n. 14.112, de 24-12-2020.

Parágrafo único. Da sentença prevista no *caput* deste artigo caberá agravo de instrumento.

•• Parágrafo único acrescentado pela Lei n. 14.112, de 24-12-2020.

Art. 59. O plano de recuperação judicial implica novação dos créditos anteriores ao pedido, e obriga o devedor e todos os credores a ele sujeitos, sem prejuízo das garantias, observado o disposto no § 1.º do art. 50 desta Lei.

•• *Vide* Súmula 581 do STJ.

§ 1.º A decisão judicial que conceder a recuperação judicial constituirá título executivo judicial, nos termos do art. 584, inciso III, do *caput* da Lei n. 5.869, de 11 de janeiro de 1973 – Código de Processo Civil.

•• Citado dispositivo do CPC foi revogado pela Lei n. 11.232, de 22-12-2005.

§ 2.º Contra a decisão que conceder a recuperação judicial caberá agravo, que poderá ser interposto por qualquer credor e pelo Ministério Público.

§ 3.º Da decisão que conceder a recuperação judicial serão intimadas eletronicamente as Fazendas Públicas federal e de todos os Estados, Distrito Federal e Municípios em que o devedor tiver estabelecimento.

•• § 3.º acrescentado pela Lei n. 14.112, de 24-12-2020.

Art. 60. Se o plano de recuperação judicial aprovado envolver alienação judicial de filiais ou de unidades produtivas isoladas do devedor, o juiz ordenará a sua realização, observado o disposto no art. 142 desta Lei.

Parágrafo único. O objeto da alienação estará livre de qualquer ônus e não haverá sucessão do arrematante nas obrigações do devedor de qualquer natureza, incluídas, mas não exclusivamente, as de natureza ambiental, regulatória, administrativa, penal, anticorrupção, tributária e trabalhista, observado o disposto no § 1.º do art. 141 desta Lei.

•• Parágrafo único com redação determinada pela Lei n. 14.112, de 24-12-2020, originalmente vetado, todavia promulgado em 26-3-2021.

Art. 60-A. A unidade produtiva isolada de que trata o art. 60 desta Lei poderá abranger bens, direitos ou ativos de qualquer natureza, tangíveis ou intangíveis, isolados ou em conjunto, incluídas participações dos sócios.

•• *Caput* acrescentado pela Lei n. 14.112, de 24-12-2020.

Parágrafo único. O disposto no *caput* deste artigo não afasta a incidência do inciso VI do *caput* e do § 2.º do art. 73 desta lei.

•• § único acrescentado pela Lei n. 14.112, de 24-12-2020.

Art. 61. Proferida a decisão prevista no art. 58 desta Lei, o juiz poderá determinar a manutenção do devedor em recuperação judicial até que sejam cumpridas todas as obrigações previstas no plano que vencerem até, no máximo, 2 (dois) anos depois da concessão da recuperação judicial, independentemente do eventual período de carência.

•• *Caput* com redação determinada pela Lei n. 14.112, de 24-12-2020.

§ 1.º Durante o período estabelecido no *caput* deste artigo, o descumprimento de qualquer obrigação prevista no plano acarretará a convolação da recuperação em falência, nos termos do art. 73 desta Lei.

§ 2.º Decretada a falência, os credores terão reconstituídos seus direitos e garantias nas condições originalmente contratadas, deduzidos os valores eventualmente pagos e ressalvados os atos validamente praticados no âmbito da recuperação judicial.

Art. 62. Após o período previsto no art. 61 desta Lei, no caso de descumprimento de qualquer obrigação prevista no plano de recuperação judicial, qualquer credor poderá requerer a execução específica ou a falência com base no art. 94 desta Lei.

Art. 63. Cumpridas as obrigações vencidas no prazo previsto no *caput* do art. 61 desta Lei, o juiz decretará por sentença o encerramento da recuperação judicial e determinará:

I – o pagamento do saldo de honorários ao administrador judicial, somente podendo efetuar a quitação dessas obrigações mediante prestação de contas, no prazo de 30 (trinta) dias, e aprovação do relatório previsto no inciso III do *caput* deste artigo;

II – a apuração do saldo das custas judiciais a serem recolhidas;

III – a apresentação de relatório circunstanciado do administrador judicial, no prazo máximo de 15 (quinze) dias, versando sobre a execução do plano de recuperação pelo devedor;

IV – a dissolução do Comitê de Credores e a exoneração do administrador judicial;

V – a comunicação ao Registro Público de Empresas e à Secretaria Especial da Receita Federal do Brasil do Ministério da Economia para as providências cabíveis.

•• Inciso V com redação determinada pela Lei n. 14.112, de 24-12-2020.

Parágrafo único. O encerramento da recuperação judicial não dependerá da consolidação do quadro-geral de credores.

•• Parágrafo único acrescentado pela Lei n. 14.112, de 24-12-2020.

Art. 64. Durante o procedimento de recuperação judicial, o devedor ou seus administradores serão mantidos na condução da atividade empresarial, sob fiscalização do Comitê, se houver, e do administrador judicial, salvo se qualquer deles:

I – houver sido condenado em sentença penal transitada em julgado por crime cometido em recuperação judicial ou falência anteriores ou por crime contra o patrimônio, a economia popular ou a ordem econômica previstos na legislação vigente;

II – houver indícios veementes de ter cometido crime previsto nesta Lei;

III – houver agido com dolo, simulação ou fraude contra os interesses de seus credores;

IV – houver praticado qualquer das seguintes condutas:

a) efetuar gastos pessoais manifestamente excessivos em relação a sua situação patrimonial;

b) efetuar despesas injustificáveis por sua natureza ou vulto, em relação ao capital ou gênero do negócio, ao movimento das operações e a outras circunstâncias análogas;

c) descapitalizar injustificadamente a empresa ou realizar operações prejudiciais ao seu funcionamento regular;

d) simular ou omitir créditos ao apresentar a relação de que trata o inciso III do *caput* do art. 51 desta Lei, sem relevante razão de direito ou amparo de decisão judicial;

V – negar-se a prestar informações solicitadas pelo administrador judicial ou pelos demais membros do Comitê;

VI – tiver seu afastamento previsto no plano de recuperação judicial.

Parágrafo único. Verificada qualquer das hipóteses do *caput* deste artigo, o juiz destituirá o administrador, que será substituído na forma prevista nos atos constitutivos do devedor ou do plano de recuperação judicial.

Art. 65. Quando do afastamento do devedor, nas hipóteses previstas no art. 64 desta Lei, o juiz convocará a assembleia geral de credores para deliberar sobre o nome do gestor judicial que assumirá a administração das atividades do devedor, aplicando-se-lhe, no que couber, todas as normas sobre deveres, impedimentos e remuneração do administrador judicial.

§ 1.º O administrador judicial exercerá as funções de gestor enquanto a assembleia geral não deliberar sobre a escolha deste.

§ 2.º Na hipótese de o gestor indicado pela assembleia-geral de credores recusar ou estar impedido de aceitar o encargo para gerir os negócios do devedor, o juiz convocará, no prazo de 72 (setenta e duas) horas, contado da recusa ou da declaração do impedimento nos autos, nova assembleia geral, aplicado o disposto no § 1.º deste artigo.

Art. 66. Após a distribuição do pedido de recuperação judicial, o devedor não poderá alienar ou onerar bens ou direitos de seu ativo não circulante, inclusive para os fins previstos no art. 67 desta Lei, salvo mediante autorização do juiz, depois de ouvido o Comitê de Credores, se houver, com exceção daqueles previamente autorizados no plano de recuperação judicial.

•• *Caput* com redação determinada pela Lei n. 14.112, de 24-12-2020.

§ 1.º Autorizada a alienação de que trata o *caput* deste artigo pelo juiz, observar-se-á o seguinte:

•• § 1.º, *caput*, acrescentado pela Lei n. 14.112, de 24-12-2020.

I – nos 5 (cinco) dias subsequentes à data da publicação da decisão, credores que corresponderem a mais de 15% (quinze por cento) do valor total de créditos sujeitos à recuperação judicial, comprovada a prestação da caução equivalente ao valor total da alienação, poderão manifestar ao administrador judicial, fundamentadamente, o interesse na realização da assembleia-geral de credores para deliberar sobre a realização da venda;

•• Inciso I acrescentado pela Lei n. 14.112, de 24-12-2020.

II – nas 48 (quarenta e oito) horas posteriores ao final do prazo previsto no inciso I deste parágrafo, o administrador judicial apresentará ao juiz relatório das manifestações recebidas e, somente na hipótese de cumpridos os requisitos estabelecidos, requererá a convocação de assembleia-geral de credores, que será realizada da forma mais célere, eficiente e menos onerosa, preferencialmente por intermédio dos instrumentos referidos no § 4.º do art. 39 desta Lei.

•• Inciso II acrescentado pela Lei n. 14.112, de 24-12-2020.

§ 2.º As despesas com a convocação e a realização da assembleia-geral correrão por conta dos credores referidos no inciso I do § 1.º deste artigo, proporcionalmente ao valor total de seus créditos.

•• § 2.º acrescentado pela Lei n. 14.112, de 24-12-2020.

§ 3.º Desde que a alienação seja realizada com observância do disposto no § 1.º do art. 141 e no art. 142 desta Lei, o objeto da alienação estará livre de qualquer ônus e não haverá sucessão do adquirente nas obrigações do devedor, incluídas, mas não exclusivamente, as de natureza ambiental, regulatória, administrativa, penal, anticorrupção, tributária e trabalhista.

•• § 3.º acrescentado pela Lei n. 14.112, de 24-12-2020, originalmente vetado, todavia promulgado em 26-3-2021.

§ 4.º O disposto no *caput* deste artigo não afasta a incidência do inciso VI do *caput* e do § 2.º do art. 73 desta Lei.

•• § 4.º acrescentado pela Lei n. 14.112, de 24-12-2020.

Art. 66-A. A alienação de bens ou a garantia outorgada pelo devedor a adquirente ou a financiador de boa-fé, desde que realizada mediante autorização judicial expressa ou prevista em plano de recuperação judicial ou extrajudicial aprovado, não poderá ser anulada ou tomada ineficaz após a consumação do negócio jurídico com o recebimento dos recursos correspondentes pelo devedor.

•• Artigo acrescentado pela Lei n. 14.112, de 24-12-2020.

Art. 67. Os créditos decorrentes de obrigações contraídas pelo devedor durante a recuperação judicial, inclusive aqueles relativos a despesas com fornecedores de bens ou serviços e contratos de mútuo, serão considerados extraconcursais, em caso de decretação de falência, respeitada, no que couber, a ordem estabelecida no art. 83 desta Lei.

Parágrafo único. O plano de recuperação judicial poderá prever tratamento diferenciado aos créditos sujeitos à recuperação judicial pertencentes a fornecedores de bens ou serviços que continuarem a provê-lo normalmente após o pedido de recuperação judicial, desde que tais bens ou serviços sejam necessários para a manutenção das atividades e que o tratamento diferenciado seja adequado e razoável no que concerne à relação comercial futura.

•• Parágrafo único com redação determinada pela Lei n. 14.112, de 24-12-2020.

Art. 68. As Fazendas Públicas e o Instituto Nacional do Seguro Social – INSS poderão deferir, nos termos da legislação específica, parcelamento de seus créditos, em sede de recuperação judicial, de acordo com os parâmetros estabelecidos na Lei n. 5.172, de 25 de outubro de 1966 – Código Tributário Nacional.

Parágrafo único. As microempresas e empresas de pequeno porte farão jus a prazos 20% (vinte por cento) superiores àqueles regularmente concedidos às demais empresas.

•• Parágrafo único acrescentado pela Lei Complementar n. 147, de 7-8-2014.

Art. 69. Em todos os atos, contratos e documentos firmados pelo devedor sujeito ao procedimento de recuperação judicial deverá ser acrescida, após o nome empresarial, a expressão "em Recuperação Judicial".

Parágrafo único. O juiz determinará ao Registro Público de Empresas e à Secretaria Especial da Receita Federal do Brasil a anotação da recuperação judicial nos registros correspondentes.

•• Parágrafo único com redação determinada pela Lei n. 14.112, de 24-12-2020.

Seção IV-A
Do Financiamento do Devedor e do Grupo Devedor durante a Recuperação Judicial

•• Seção IV-A acrescentada pela Lei n. 14.112, de 24-12-2020.

Art. 69-A. Durante a recuperação judicial, nos termos dos arts. 66 e 67 desta Lei, o juiz poderá, depois de ouvido o Comitê de Credores, autorizar a celebração de contratos de financiamento com o devedor, garantidos pela oneração ou pela alienação fiduciária de bens e direitos, seus ou de terceiros, pertencentes ao ativo não circulante, para financiar as suas atividades e as despesas de reestruturação ou de preservação do valor de ativos.

•• Artigo acrescentado pela Lei n. 14.112, de 24-12-2020.

Art. 69-B. A modificação em grau de recurso da decisão autorizativa da contratação do financiamento não pode alterar sua natureza extraconcursal, nos termos do art. 84 desta Lei, nem as garantias outorgadas pelo devedor em favor do financiador de boa-fé, caso o desembolso dos recursos já tenha sido efetivado.

•• Artigo acrescentado pela Lei n. 14.112, de 24-12-2020.

Art. 69-C. O juiz poderá autorizar a constituição de garantia subordinada sobre um ou mais ativos do devedor em favor do financiador de devedor em recuperação judicial, dispensando a anuência do detentor da garantia original.

•• *Caput* acrescentado pela Lei n. 14.112, de 24-12-2020.

§ 1.º A garantia subordinada, em qualquer hipótese, ficará limitada ao eventual exces-

so resultante da alienação do ativo objeto da garantia original.
•• § 1.º acrescentado pela Lei n. 14.112, de 24-12-2020.

§ 2.º O disposto no *caput* deste artigo não se aplica a qualquer modalidade de alienação fiduciária ou de cessão fiduciária.
•• § 2.º acrescentado pela Lei n. 14.112, de 24-12-2020.

Art. 69-D. Caso a recuperação judicial seja convolada em falência antes da liberação integral dos valores de que trata esta Seção, o contrato de financiamento será considerado automaticamente rescindido.
•• *Caput* acrescentado pela Lei n. 14.112, de 24-12-2020.

Parágrafo único. As garantias constituídas e as preferências serão conservadas até o limite dos valores efetivamente entregues ao devedor antes da data da sentença que convolar a recuperação judicial em falência.
•• Parágrafo único acrescentado pela Lei n. 14.112, de 24-12-2020.

Art. 69-E. O financiamento de que trata esta Seção poderá ser realizado por qualquer pessoa, inclusive credores, sujeitos ou não à recuperação judicial, familiares, sócios e integrantes do grupo do devedor.
•• Artigo acrescentado pela Lei n. 14.112, de 24-12-2020.

Art. 69-F. Qualquer pessoa ou entidade pode garantir o financiamento de que trata esta Seção mediante a oneração ou a alienação fiduciária de bens e direitos, inclusive o próprio devedor e os demais integrantes do seu grupo, estejam ou não em recuperação judicial.
•• Artigo acrescentado pela Lei n. 14.112, de 24-12-2020.

Seção IV-B
Da Consolidação Processual e da Consolidação Substancial
•• Seção IV-B acrescentada pela Lei n. 14.112, de 24-12-2020.

Art. 69-G. Os devedores que atendam aos requisitos previstos nesta Lei e que integrem grupo sob controle societário comum poderão requerer recuperação judicial sob consolidação processual.
•• *Caput* acrescentada pela Lei n. 14.112, de 24-12-2020.

§ 1.º Cada devedor apresentará individualmente a documentação exigida no art. 51 desta Lei.
•• § 1.º acrescentado pela Lei n. 14.112, de 24-12-2020.

§ 2.º O juízo do local do principal estabelecimento entre os dos devedores é competente para deferir a recuperação judicial sob consolidação processual, em observância ao disposto no art. 3.º desta Lei.
•• § 2.º acrescentado pela Lei n. 14.112, de 24-12-2020.

§ 3.º Exceto quando disciplinado de forma diversa, as demais disposições desta Lei aplicam-se aos casos de que trata esta Seção.
•• § 3.º acrescentado pela Lei n. 14.112, de 24-12-2020.

Art. 69-H. Na hipótese de a documentação de cada devedor ser considerada adequada, apenas um administrador judicial será nomeado, observado o disposto na Seção III do Capítulo II desta Lei.
•• Artigo acrescentado pela Lei n. 14.112, de 24-12-2020.

Art. 69-I. A consolidação processual, prevista no art. 69-G desta Lei, acarreta a coordenação de atos processuais, garantida a independência dos devedores, dos seus ativos e dos seus passivos.
•• *Caput* acrescentado pela Lei n. 14.112, de 24-12-2020.

§ 1.º Os devedores proporão meios de recuperação independentes e específicos para a composição de seus passivos, admitida a sua apresentação em plano único.
•• § 1.º acrescentado pela Lei n. 14.112, de 24-12-2020.

§ 2.º Os credores de cada devedor deliberarão em assembleias-gerais de credores independentes.
•• § 2.º acrescentado pela Lei n. 14.112, de 24-12-2020.

§ 3.º Os quóruns de instalação e de deliberação das assembleias-gerais de que trata o § 2.º deste artigo serão verificados, exclusivamente, em referência aos credores de cada devedor, e serão elaboradas atas para cada um dos devedores.
•• § 3.º acrescentado pela Lei n. 14.112, de 24-12-2020.

§ 4.º A consolidação processual não impede que alguns devedores obtenham a concessão da recuperação judicial e outros tenham a falência decretada.
•• § 4.º acrescentado pela Lei n. 14.112, de 24-12-2020.

§ 5.º Na hipótese prevista no § 4.º deste artigo, o processo será desmembrado em tantos processos quantos forem necessários.
•• § 5.º acrescentado pela Lei n. 14.112, de 24-12-2020.

Art. 69-J. O juiz poderá, de forma excepcional, independentemente da realização de assembleia-geral, autorizar a consolidação substancial de ativos e passivos dos devedores integrantes do mesmo grupo econômico que estejam em recuperação judicial sob consolidação processual, apenas quando constatar a interconexão e a confusão entre ativos ou passivos dos devedores, de modo que não seja possível identificar a sua titularidade sem excessivo dispêndio de tempo ou de recursos, cumulativamente com a ocorrência de, no mínimo, 2 (duas) das seguintes hipóteses:
•• *Caput* acrescentado pela Lei n. 14.112, de 24-12-2020.

I – existência de garantias cruzadas;
•• Inciso I acrescentado pela Lei n. 14.112, de 24-12-2020.

II – relação de controle ou de dependência;
•• Inciso II acrescentado pela Lei n. 14.112, de 24-12-2020.

III – identidade total ou parcial do quadro societário; e
•• Inciso III acrescentado pela Lei n. 14.112, de 24-12-2020.

IV – atuação conjunta no mercado entre os postulantes.
•• Inciso IV acrescentado pela Lei n. 14.112, de 24-12-2020.

Art. 69-K. Em decorrência da consolidação substancial, ativos e passivos de devedores serão tratados como se pertencessem a um único devedor.
•• *Caput* acrescentado pela Lei n. 14.112, de 24-12-2020.

§ 1.º A consolidação substancial acarretará a extinção imediata de garantias fidejussórias e de créditos detidos por um devedor em face de outro.
•• § 1.º acrescentado pela Lei n. 14.112, de 24-12-2020.

§ 2.º A consolidação substancial não impactará a garantia real de nenhum credor, exceto mediante aprovação expressa do titular.
•• § 2.º acrescentado pela Lei n. 14.112, de 24-12-2020.

Art. 69-L. Admitida a consolidação substancial, os devedores apresentarão plano unitário, que discriminará os meios de recuperação a serem empregados e será submetido a uma assembleia-geral de credores para a qual serão convocados os credores dos devedores.
•• *Caput* acrescentado pela Lei n. 14.112, de 24-12-2020.

§ 1.º As regras sobre deliberação e homologação previstas nesta Lei serão aplicadas à assembleia-geral de credores a que se refere o *caput* deste artigo.
•• § 1.º acrescentado pela Lei n. 14.112, de 24-12-2020.

§ 2.º A rejeição do plano unitário de que trata o *caput* deste artigo implicará a convolação da recuperação judicial em falência dos devedores sob consolidação substancial.
•• § 2.º acrescentado pela Lei n. 14.112, de 24-12-2020.

Seção V
Do Plano de Recuperação Judicial para Microempresas e Empresas de Pequeno Porte

Art. 70. As pessoas de que trata o art. 1.º desta Lei e que se incluam nos conceitos de microempresa ou empresa de pequeno porte, nos termos da legislação vigente, sujeitam-se às normas deste Capítulo.

§ 1.º As microempresas e as empresas de pequeno porte, conforme definidas em lei, poderão apresentar plano especial de recuperação judicial, desde que afirmem sua intenção de fazê-lo na petição inicial de que trata o art. 51 desta Lei.

§ 2.º Os credores não atingidos pelo plano especial não terão seus créditos habilitados na recuperação judicial.

Art. 70-A. O produtor rural de que trata o § 3.º do art. 48 desta Lei poderá apresentar plano especial de recuperação judicial, nos

termos desta Seção, desde que o valor da causa não exceda a R$ 4.800.000,00 (quatro milhões e oitocentos mil reais).
•• Artigo acrescentado pela Lei n. 14.112, de 24-12-2020.

Art. 71. O plano especial de recuperação judicial será apresentado no prazo previsto no art. 53 desta Lei e limitar-se-á às seguintes condições:

I – abrangerá todos os créditos existentes na data do pedido, ainda que não vencidos, excetuados os decorrentes de repasse de recursos oficiais, os fiscais e os previstos nos §§ 3.º e 4.º do art. 49;
•• Inciso I com redação determinada pela Lei Complementar n. 147, de 7-8-2014.

II – preverá parcelamento em até 36 (trinta e seis) parcelas mensais, iguais e sucessivas, acrescidas de juros equivalentes a taxa Sistema Especial de Liquidação e de Custódia – SELIC, podendo conter ainda a proposta de abatimento do valor das dívidas;
•• Inciso II com redação determinada pela Lei Complementar n. 147, de 7-8-2014.

III – preverá o pagamento da 1.ª (primeira) parcela no prazo máximo de 180 (cento e oitenta) dias, contado da distribuição do pedido de recuperação judicial;

IV – estabelecerá a necessidade de autorização do juiz, após ouvido o administrador judicial e o Comitê de Credores, para o devedor aumentar despesas ou contratar empregados.

Parágrafo único. O pedido de recuperação judicial com base em plano especial não acarreta a suspensão do curso da prescrição nem das ações e execuções por créditos não abrangidos pelo plano.

Art. 72. Caso o devedor de que trata o art. 70 desta Lei opte pelo pedido de recuperação judicial com base no plano especial disciplinado nesta Seção, não será convocada assembleia geral de credores para deliberar sobre o plano, e o juiz concederá a recuperação judicial se atendidas as demais exigências desta Lei.

Parágrafo único. O juiz também julgará improcedente o pedido de recuperação judicial e decretará a falência do devedor se houver objeções, nos termos do art. 55, de credores titulares de mais da metade de qualquer uma das classes de créditos previstos no art. 83, computadas na forma do art. 45, todos desta Lei.
•• Parágrafo único com redação determinada pela Lei Complementar n. 147, de 7-8-2014.

Capítulo IV
DA CONVOLAÇÃO DA RECUPERAÇÃO JUDICIAL EM FALÊNCIA

Art. 73. O juiz decretará a falência durante o processo de recuperação judicial:

I – por deliberação da assembleia geral de credores, na forma do art. 42 desta Lei;

II – pela não apresentação, pelo devedor, do plano de recuperação no prazo do art. 53 desta Lei;

III – quando não aplicado o disposto nos §§ 4.º, 5.º e 6.º do art. 56 desta Lei, ou rejeitado o plano de recuperação judicial proposto pelos credores, nos termos do § 7.º do art. 56 e do art. 58-A desta Lei;
•• Inciso III com redação determinada pela Lei n. 14.112, de 24-12-2020.

IV – por descumprimento de qualquer obrigação assumida no plano de recuperação, na forma do § 1.º do art. 61 desta Lei;

V – por descumprimento dos parcelamentos referidos no art. 68 desta Lei ou da transação prevista no art. 10-C da Lei n. 10.522, de 19 de julho de 2002; e
•• Inciso V acrescentado pela Lei n. 14.112, de 24-12-2020.

VI – quando identificado o esvaziamento patrimonial da devedora que implique liquidação substancial da empresa, em prejuízo de credores não sujeitos à recuperação judicial, inclusive as Fazendas Públicas.
•• Inciso VI acrescentado pela Lei n. 14.112, de 24-12-2020.

§ 1.º O disposto neste artigo não impede a decretação da falência por inadimplemento de obrigação não sujeita à recuperação judicial, nos termos dos incisos I ou II do *caput* do art. 94 desta lei, ou por prática de ato previsto no inciso III do *caput* do art. 94 desta Lei.
•• Parágrafo único renumerado pela Lei n. 14.112, de 24-12-2020.

§ 2.º A hipótese prevista no inciso VI do *caput* deste artigo não implicará a invalidade ou a ineficácia dos atos, e o juiz determinará o bloqueio do produto de eventuais alienações e a devolução ao devedor dos valores já distribuídos, os quais ficarão à disposição do juízo.
•• § 2.º acrescentado pela Lei n. 14.112, de 24-12-2020.

§ 3.º Considera-se substancial a liquidação quando não forem reservados bens, direitos ou projeção de fluxo de caixa futuro suficientes à manutenção da atividade econômica para fins de cumprimento de suas obrigações, facultada a realização de perícia específica para essa finalidade.
•• § 3.º acrescentado pela Lei n. 14.112, de 24-12-2020.

Art. 74. Na convolação da recuperação em falência, os atos de administração, endividamento, oneração ou alienação praticados durante a recuperação judicial presumem-se válidos, desde que realizados na forma desta Lei.

Capítulo V
DA FALÊNCIA

Seção I
Disposições Gerais

Art. 75. A falência, ao promover o afastamento do devedor de suas atividades, visa a:
•• *Caput* com redação determinada pela Lei n. 14.112, de 24-12-2020.

I – preservar e a otimizar a utilização produtiva dos bens, dos ativos e dos recursos produtivos, inclusive os intangíveis, da empresa;
•• Inciso I acrescentado pela Lei n. 14.112, de 24-12-2020.

II – permitir a liquidação célere das empresas inviáveis, com vistas à realocação eficiente de recursos na economia; e
•• Inciso II acrescentado pela Lei n. 14.112, de 24-12-2020.

III – fomentar o empreendedorismo, inclusive por meio da viabilização do retomo célere do empreendedor falido à atividade econômica.
•• Inciso III acrescentado pela Lei n. 14.112, de 24-12-2020.

§ 1.º O processo de falência atenderá aos princípios da celeridade e da economia processual, sem prejuízo do contraditório, da ampla defesa e dos demais princípios previstos na Lei n. 13.105, de 16 de março de 2015 (Código de Processo Civil).
•• § 1.º acrescentado pela Lei n. 14.112, de 24-12-2020.

§ 2.º A falência é mecanismo de preservação de benefícios econômicos e sociais decorrentes da atividade empresarial, por meio da liquidação imediata do devedor e da rápida realocação útil de ativos na economia.
•• § 2.º acrescentado pela Lei n. 14.112, de 24-12-2020.

Art. 76. O juízo da falência é indivisível e competente para conhecer todas as ações sobre bens, interesses e negócios do falido, ressalvadas as causas trabalhistas, fiscais e aquelas não reguladas nesta Lei em que o falido figurar como autor ou litisconsorte ativo.

Parágrafo único. Todas as ações, inclusive as excetuadas no *caput* deste artigo, terão prosseguimento com o administrador judicial, que deverá ser intimado para representar a massa falida, sob pena de nulidade do processo.

Art. 77. A decretação da falência determina o vencimento antecipado das dívidas do devedor e dos sócios ilimitada e solidariamente responsáveis, com o abatimento proporcional dos juros, e converte todos os créditos em moeda estrangeira para a moeda do País, pelo câmbio do dia da decisão judicial, para todos os efeitos desta Lei.

Art. 78. Os pedidos de falência estão sujeitos a distribuição obrigatória, respeitada a ordem de apresentação.

Parágrafo único. As ações que devam ser propostas no juízo da falência estão sujeitas a distribuição por dependência.

Art. 79. Os processos de falência e os seus incidentes preferem a todos os outros na ordem dos feitos, em qualquer instância.

Art. 80. Considerar-se-ão habilitados os créditos remanescentes da recuperação judicial, quando definitivamente incluídos no quadro-geral de credores, tendo prosseguimento às habilitações que estejam em curso.

Art. 81. A decisão que decreta a falência da sociedade com sócios ilimitadamente responsáveis também acarreta a falência destes, que ficam sujeitos aos mesmos efeitos jurídicos produzidos em relação à sociedade falida e, por isso, deverão ser citados para apresentar contestação, se assim o desejarem.

§ 1.º O disposto no *caput* deste artigo aplica-se ao sócio que tenha se retirado voluntariamente ou que tenha sido excluído da sociedade, há menos de 2 (dois) anos, quanto às dívidas existentes na data do arquivamento da alteração do contrato, no caso de não terem sido solvidas até a data da decretação da falência.

§ 2.º As sociedades falidas serão representadas na falência por seus administradores ou liquidantes, os quais terão os mesmos direitos e, sob as mesmas penas, ficarão sujeitos às obrigações que cabem ao falido.

Art. 82. A responsabilidade pessoal dos sócios de responsabilidade limitada, dos controladores e dos administradores da sociedade falida, estabelecida nas respectivas leis, será apurada no próprio juízo da falência, independentemente da realização do ativo e da prova da sua insuficiência para cobrir o passivo, observado o procedimento ordinário previsto no Código de Processo Civil.

§ 1.º Prescreverá em 2 (dois) anos, contados do trânsito em julgado da sentença de encerramento da falência, a ação de responsabilização prevista no *caput* deste artigo.

§ 2.º O juiz poderá, de ofício ou mediante requerimento das partes interessadas, ordenar a indisponibilidade de bens particulares dos réus, em quantidade compatível com o dano provocado, até o julgamento da ação de responsabilização.

Art. 82-A. É vedada a extensão da falência ou de seus efeitos, no todo ou em parte, aos sócios de responsabilidade limitada, aos controladores e aos administradores da sociedade falida, admitida, contudo, a desconsideração da personalidade jurídica.

•• *Caput* acrescentado pela Lei n. 14.112, de 24-12-2020.
•• *Vide* art. 5.º, § 1.º, III, da Lei n. 14.112, de 24-12-2020.

Parágrafo único. A desconsideração da personalidade jurídica da sociedade falida, para fins de responsabilização de terceiros, grupo, sócio ou administrador por obrigação desta, somente pode ser decretada pelo juízo falimentar com a observância do art. 50 da Lei n. 10.406, de 10 de janeiro de 2002 (Código Civil) e dos arts. 133, 134, 135, 136 e 137 da Lei n. 13.105, de 16 de março de 2015 (Código de Processo Civil), não aplicada a suspensão de que trata o § 3.º do art. 134 da Lei n. 13.105, de 16 de março de 2015 (Código de Processo Civil).

•• Parágrafo único acrescentado pela Lei n. 14.112, de 24-12-2020.

Seção II
Da Classificação dos Créditos

Art. 83. A classificação dos créditos na falência obedece à seguinte ordem:

•• *Vide* art. 5.º, § 1.º, II, da Lei n. 14.112, de 24-12-2020.

I – os créditos derivados da legislação trabalhista, limitados a 150 (cento e cinquenta) salários mínimos por credor, e aqueles decorrentes de acidentes de trabalho;

•• Inciso I com redação determinada pela Lei n. 14.112, de 24-12-2020.
• *Vide* Súmula 219 do STJ.

II – os créditos gravados com direito real de garantia até o limite do valor do bem gravado;

•• Inciso II com redação determinada pela Lei n. 14.112, de 24-12-2020.
• *Vide* arts. 1.419 e 1.422 do CC.

III – os créditos tributários, independentemente da sua natureza e do tempo de constituição, exceto os créditos extraconcursais e as multas tributárias;

•• Inciso III com redação determinada pela Lei n. 14.112, de 24-12-2020.
• *Vide* art. 187 do CTN.

IV e V – (*Revogados pela Lei n. 14.112, de 24-12-2020.*)

VI – os créditos quirografários, a saber:

•• Inciso VI, *caput*, com redação determinada pela Lei n. 14.112, de 24-12-2020.
•• *Vide* art. 45, § 7.º, da LSA.

a) aqueles não previstos nos demais incisos deste artigo;

b) os saldos dos créditos não cobertos pelo produto da alienação dos bens vinculados ao seu pagamento; e

•• Alínea b com redação determinada pela Lei n. 14.112, de 24-12-2020.

c) os saldos dos créditos derivados da legislação trabalhista que excederem o limite estabelecido no inciso I do *caput* deste artigo;

•• Alínea c com redação determinada pela Lei n. 14.112, de 24-12-2020.

VII – as multas contratuais e as penas pecuniárias por infração das leis penais ou administrativas, incluídas as multas tributárias;

•• Inciso VII com redação determinada pela Lei n. 14.112, de 24-12-2020.
• *Vide* Súmulas 192 e 565 do STF.

VIII – os créditos subordinados, a saber:

•• Inciso VIII, *caput*, com redação determinada pela Lei n. 14.112, de 24-12-2020.

a) os previstos em lei ou em contrato; e

•• Alínea a com redação determinada pela Lei n. 14.112, de 24-12-2020.

b) os créditos dos sócios e dos administradores sem vínculo empregatício cuja contratação não tenha observado as condições estritamente comutativas e as práticas de mercado; e

•• Alínea b com redação determinada pela Lei n. 14.112, de 24-12-2020.

IX – os juros vencidos após a decretação da falência, conforme previsto no art. 124 desta Lei.

•• Inciso IX acrescentado pela Lei n. 14.112, de 24-12-2020.

§ 1.º Para os fins do inciso II do *caput* deste artigo, será considerado como valor do bem objeto de garantia real a importância efetivamente arrecadada com sua venda, ou, no caso de alienação em bloco, o valor de avaliação do bem individualmente considerado.

§ 2.º Não são oponíveis à massa os valores decorrentes de direito de sócio ao recebimento de sua parcela do capital social na liquidação da sociedade.

§ 3.º As cláusulas penais dos contratos unilaterais não serão atendidas se as obrigações neles estipuladas se vencerem em virtude da falência.

§ 4.º (*Revogado pela Lei n. 14.112, de 24-12-2020.*)

§ 5.º Para os fins do disposto nesta Lei, os créditos cedidos a qualquer título manterão sua natureza e classificação.

•• § 5.º acrescentado pela Lei n. 14.112, de 24-12-2020.

§ 6.º Para os fins do disposto nesta Lei, os créditos que disponham de privilégio especial ou geral em outras normas integrarão a classe dos créditos quirografários.

•• § 6.º acrescentado pela Lei n. 14.112, de 24-12-2020.

Art. 84. Serão considerados créditos extraconcursais e serão pagos com precedência sobre os mencionados no art. 83 desta Lei, na ordem a seguir, aqueles relativos:

•• *Caput* com redação determinada pela Lei n. 14.112, de 24-12-2020.
•• *Vide* art. 5.º, § 1.º, II, da Lei n. 14.112, de 24-12-2020.

I – (*Revogado pela Lei n. 14.112, de 24-12-2020.*);

I-A – às quantias referidas nos arts. 150 e 151 desta Lei;

•• Inciso I-A acrescentado pela Lei n. 14.112, de 24-12-2020.

I-B – ao valor efetivamente entregue ao devedor em recuperação judicial pelo financiador, em conformidade com o disposto na Seção IV-A do Capítulo III desta Lei;

•• Inciso I-B acrescentado pela Lei n. 14.112, de 24-12-2020.

I-C – aos créditos em dinheiro objeto de restituição, conforme previsto no art. 86 desta Lei;

•• Inciso I-C acrescentado pela Lei n. 14.112, de 24-12-2020.

I-D – às remunerações devidas ao administrador judicial e aos seus auxiliares, aos reembolsos devidos a membros do Comitê de Credores, e aos créditos derivados da legislação trabalhista ou decorrentes de acidentes de trabalho relativos a serviços prestados após a decretação da falência;

•• Inciso I-D acrescentado pela Lei n. 14.112, de 24-12-2020.

I-E – às obrigações resultantes de atos jurídicos válidos praticados durante a recuperação judicial, nos termos do art. 67 desta Lei, ou após a decretação da falência;

•• Inciso I-E acrescentado pela Lei n. 14.112, de 24-12-2020.

II – às quantias fornecidas à massa falida pelos credores;
•• Inciso II com redação determinada pela Lei n. 14.112, de 24-12-2020.

III – às despesas com arrecadação, administração, realização do ativo, distribuição do seu produto e custas do processo de falência;
•• Inciso III com redação determinada pela Lei n. 14.112, de 24-12-2020.

IV – às custas judiciais relativas às ações e às execuções em que a massa falida tenha sido vencida;
•• Inciso IV com redação determinada pela Lei n. 14.112, de 24-12-2020.

V – aos tributos relativos a fatos geradores ocorridos após a decretação da falência, respeitada a ordem estabelecida no art. 83 desta Lei.
•• Inciso V com redação determinada pela Lei n. 14.112, de 24-12-2020.

§ 1.º As despesas referidas no inciso I-A do *caput* deste artigo serão pagas pelo administrador judicial com os recursos disponíveis em caixa.
•• § 1.º acrescentado pela Lei n. 14.112, de 24-12-2020.

§ 2.º O disposto neste artigo não afasta a hipótese prevista no art. 122 desta Lei.
•• § 2.º acrescentado pela Lei n. 14.112, de 24-12-2020.

Seção III
Do Pedido de Restituição

Art. 85. O proprietário de bem arrecadado no processo de falência ou que se encontre em poder do devedor na data da decretação da falência poderá pedir sua restituição.

Parágrafo único. Também pode ser pedida a restituição de coisa vendida a crédito e entregue ao devedor nos 15 (quinze) dias anteriores ao requerimento de sua falência, se ainda não alienada.

Art. 86. Proceder-se-á à restituição em dinheiro:

I – se a coisa não mais existir ao tempo do pedido de restituição, hipótese em que o requerente receberá o valor da avaliação do bem, ou, no caso de ter ocorrido sua venda, o respectivo preço, em ambos os casos no valor atualizado;

II – da importância entregue ao devedor, em moeda corrente nacional, decorrente de adiantamento a contrato de câmbio para exportação, na forma do art. 75, §§ 3.º e 4.º, da Lei n. 4.728, de 14 de julho de 1965, desde que o prazo total da operação, inclusive eventuais prorrogações, não exceda o previsto nas normas específicas da autoridade competente;
•• Dispõe citado dispositivo: "Art. 75. O contrato de câmbio, desde que protestado por oficial competente para o protesto de títulos, constitui instrumento bastante para requerer a ação executiva. (...) § 3.º No caso de falência ou concordata, o credor poderá pedir a restituição das importâncias adiantadas, a que se refere o parágrafo anterior. § 4.º As importâncias adiantadas na forma do § 2.º deste artigo serão destinadas na hipótese de falência, liquidação extrajudicial ou intervenção em instituição financeira, ao pagamento das linhas de crédito comercial que lhes deram origem, nos termos e condições estabelecidos pelo Banco Central do Brasil".

III – dos valores entregues ao devedor pelo contratante de boa-fé na hipótese de revogação ou ineficácia do contrato, conforme disposto no art. 136 desta Lei;

IV – às Fazendas Públicas, relativamente a tributos passíveis de retenção na fonte, de descontos de terceiros ou de sub-rogação e a valores recebidos pelos agentes arrecadadores e não recolhidos aos cofres públicos.
•• Inciso IV acrescentado pela Lei n. 14.112, de 24-12-2020.

Parágrafo único. (*Revogado pela Lei n. 14.112, de 24-12-2020.*)

Art. 87. O pedido de restituição deverá ser fundamentado e descreverá a coisa reclamada.

§ 1.º O juiz mandará autuar em separado o requerimento com os documentos que o instruírem e determinará a intimação do falido, do Comitê, dos credores e do administrador judicial para que, no prazo sucessivo de 5 (cinco) dias, se manifestem, valendo como contestação a manifestação contrária à restituição.

§ 2.º Contestado o pedido e deferidas as provas porventura requeridas, o juiz designará audiência de instrução e julgamento, se necessária.

§ 3.º Não havendo provas a realizar, os autos serão conclusos para sentença.

Art. 88. A sentença que reconhecer o direito do requerente determinará a entrega da coisa no prazo de 48 (quarenta e oito) horas.

Parágrafo único. Caso não haja contestação, a massa não será condenada ao pagamento de honorários advocatícios.

Art. 89. A sentença que negar a restituição, quando for o caso, incluirá o requerente no quadro-geral de credores, na classificação que lhe couber, na forma desta Lei.

Art. 90. Da sentença que julgar o pedido de restituição caberá apelação sem efeito suspensivo.

Parágrafo único. O autor do pedido de restituição que pretender receber o bem ou a quantia reclamada antes do trânsito em julgado da sentença prestará caução.

Art. 91. O pedido de restituição suspende a disponibilidade da coisa até o trânsito em julgado.

Parágrafo único. Quando diversos requerentes houverem de ser satisfeitos em dinheiro e não existir saldo suficiente para o pagamento integral, far-se-á rateio proporcional entre eles.

Art. 92. O requerente que tiver obtido êxito no seu pedido ressarcirá a massa falida ou a quem tiver suportado as despesas de conservação da coisa reclamada.

Art. 93. Nos casos em que não couber pedido de restituição, fica resguardado o direito dos credores de propor embargos de terceiros, observada a legislação processual civil.

Seção IV
Do Procedimento para a Decretação da Falência

Art. 94. Será decretada a falência do devedor que:

I – sem relevante razão de direito, não paga, no vencimento, obrigação líquida materializada em título ou títulos executivos protestados cuja soma ultrapasse o equivalente a 40 (quarenta) salários mínimos na data do pedido de falência;

II – executado por qualquer quantia líquida, não paga, não deposita e não nomeia à penhora bens suficientes dentro do prazo legal;

III – pratica qualquer dos seguintes atos, exceto se fizer parte de plano de recuperação judicial:

a) procede à liquidação precipitada de seus ativos ou lança mão de meio ruinoso ou fraudulento para realizar pagamentos;

b) realiza ou, por atos inequívocos, tenta realizar, com o objetivo de retardar pagamentos ou fraudar credores, negócio simulado ou alienação de parte ou da totalidade de seu ativo a terceiro, credor ou não;

c) transfere estabelecimento a terceiro, credor ou não, sem o consentimento de todos os credores e sem ficar com bens suficientes para solver seu passivo;

d) simula a transferência de seu principal estabelecimento com o objetivo de burlar a legislação ou a fiscalização ou para prejudicar credor;

e) dá ou reforça garantia a credor por dívida contraída anteriormente sem ficar com bens livres e desembaraçados suficientes para saldar seu passivo;

f) ausenta-se sem deixar representante habilitado e com recursos suficientes para pagar os credores, abandona estabelecimento ou tenta ocultar-se de seu domicílio, do local de sua sede ou de seu principal estabelecimento;

g) deixa de cumprir, no prazo estabelecido, obrigação assumida no plano de recuperação judicial.

§ 1.º Credores podem reunir-se em litisconsórcio a fim de perfazer o limite mínimo para o pedido de falência com base no inciso I do *caput* deste artigo.

§ 2.º Ainda que líquidos, não legitimam o pedido de falência os créditos que nela não se possam reclamar.

§ 3.º Na hipótese do inciso I do *caput* deste artigo, o pedido de falência será instruído com os títulos executivos na forma do parágrafo único do art. 9.º desta Lei, acompanhados, em qualquer caso, dos respectivos instrumentos de protesto para fim falimentar nos termos da legislação específica.

• Vide Súmula 361 do STJ.

§ 4.º Na hipótese do inciso II do *caput* deste artigo, o pedido de falência será instruído com certidão expedida pelo juízo em que se processa a execução.

§ 5.º Na hipótese do inciso III do *caput* deste artigo, o pedido de falência descreverá os fatos que a caracterizam, juntando-se as provas que houver e especificando-se as que serão produzidas.

Art. 95. Dentro do prazo de contestação, o devedor poderá pleitear sua recuperação judicial.

Art. 96. A falência requerida com base no art. 94, inciso I do *caput*, desta Lei, não será decretada se o requerido provar:

I – falsidade de título;
II – prescrição;
III – nulidade de obrigação ou de título;
IV – pagamento da dívida;
V – qualquer outro fato que extinga ou suspenda obrigação ou não legitime a cobrança de título;
VI – vício em protesto ou em seu instrumento;
VII – apresentação de pedido de recuperação judicial no prazo da contestação, observados os requisitos do art. 51 desta Lei;
VIII – cessação das atividades empresariais mais de 2 (dois) anos antes do pedido de falência, comprovada por documento hábil do Registro Público de Empresas, o qual não prevalecerá contra prova de exercício posterior ao ato registrado.

§ 1.º Não será decretada a falência de sociedade anônima após liquidado e partilhado seu ativo nem do espólio após 1 (um) ano da morte do devedor.

§ 2.º As defesas previstas nos incisos I a VI do *caput* deste artigo não obstam a decretação de falência se, ao final, restarem obrigações não atingidas pelas defesas em montante que supere o limite previsto naquele dispositivo.

Art. 97. Podem requerer a falência do devedor:

I – o próprio devedor, na forma do disposto nos arts. 105 a 107 desta Lei;
II – o cônjuge sobrevivente, qualquer herdeiro do devedor ou o inventariante;
III – o cotista ou o acionista do devedor na forma da lei ou do ato constitutivo da sociedade;
IV – qualquer credor.

§ 1.º O credor empresário apresentará certidão do Registro Público de Empresas que comprove a regularidade de suas atividades.

§ 2.º O credor que não tiver domicílio no Brasil deverá prestar caução relativa às custas e ao pagamento da indenização de que trata o art. 101 desta Lei.

Art. 98. Citado, o devedor poderá apresentar contestação no prazo de 10 (dez) dias.

Parágrafo único. Nos pedidos baseados nos incisos I e II do *caput* do art. 94 desta Lei, o devedor poderá, no prazo da contestação, depositar o valor correspondente ao total do crédito, acrescido de correção monetária, juros e honorários advocatícios, hipótese em que a falência não será decretada e, caso julgado procedente o pedido de falência, o juiz ordenará o levantamento do valor pelo autor.

Art. 99. A sentença que decretar a falência do devedor, dentre outras determinações:

I – conterá a síntese do pedido, a identificação do falido e os nomes dos que forem a esse tempo seus administradores;
II – fixará o termo legal da falência, sem poder retrotraí-lo por mais de 90 (noventa) dias contados do pedido de falência, do pedido de recuperação judicial ou do 1.º (primeiro) protesto por falta de pagamento, excluindo-se, para esta finalidade, os protestos que tenham sido cancelados;
III – ordenará ao falido que apresente, no prazo máximo de 5 (cinco) dias, relação nominal dos credores, indicando endereço, importância, natureza e classificação dos respectivos créditos, se esta já não se encontrar nos autos, sob pena de desobediência;
IV – explicitará o prazo para as habilitações de crédito, observado o disposto no § 1.º do art. 7.º desta Lei;
V – ordenará a suspensão de todas as ações ou execuções contra o falido, ressalvadas as hipóteses previstas nos §§ 1.º e 2.º do art. 6.º desta Lei;
VI – proibirá a prática de qualquer ato de disposição ou oneração de bens do falido, submetendo-os preliminarmente à autorização judicial e do Comitê, se houver, ressalvados os bens cuja venda faça parte das atividades normais do devedor se autorizada a continuação provisória nos termos do inciso XI do *caput* deste artigo;
VII – determinará as diligências necessárias para salvaguardar os interesses das partes envolvidas, podendo ordenar a prisão preventiva do falido ou de seus administradores quando requerida com fundamento em provas da prática de crime definido nesta Lei;
VIII – ordenará ao Registro Público de Empresas e à Secretaria Especial da Receita Federal do Brasil que procedam à anotação da falência no registro do devedor, para que dele constem a expressão "falido", a data da decretação da falência e a inabilitação de que trata o art. 102 desta Lei;

•• Inciso VIII com redação determinada pela Lei n. 14.112, de 24-12-2020.

IX – nomeará o administrador judicial, que desempenhará suas funções na forma do inciso III do *caput* do art. 22 desta Lei sem prejuízo do disposto na alínea *a* do inciso II do *caput* do art. 35 desta Lei;
X – determinará a expedição de ofícios aos órgãos e repartições públicas e outras entidades para que informem a existência de bens e direitos do falido;
XI – pronunciar-se-á a respeito da continuação provisória das atividades do falido com o administrador judicial ou da lacração dos estabelecimentos, observado o disposto no art. 109 desta Lei;
XII – determinará, quando entender conveniente, a convocação da assembleia-geral de credores para a constituição de Comitê de Credores, podendo ainda autorizar a manutenção do Comitê eventualmente em funcionamento na recuperação judicial quando da decretação da falência;
XIII – ordenará a intimação eletrônica, nos termos da legislação vigente e respeitadas as prerrogativas funcionais, respectivamente, do Ministério Público e das Fazendas Públicas federal e de todos os Estados, Distrito Federal e Municípios em que o devedor tiver estabelecimento, para que tomem conhecimento da falência.

•• Inciso XIII com redação determinada pela Lei n. 14.112, de 24-12-2020.

§ 1.º O juiz ordenará a publicação de edital eletrônico com a íntegra da decisão que decreta a falência e a relação de credores apresentada pelo falido.

•• § 1.º acrescentado pela Lei n. 14.112, de 24-12-2020.

§ 2.º A intimação eletrônica das pessoas jurídicas de direito público integrantes da administração pública indireta dos entes federativos referidos no inciso XIII do *caput* deste artigo será direcionada:

•• § 2.º, *caput*, acrescentado pela Lei n. 14.112, de 24-12-2020.

I – no âmbito federal, à Procuradoria-Geral Federal e à Procuradoria-Geral do Banco Central do Brasil;

•• Inciso I acrescentado pela Lei n. 14.112, de 24-12-2020.

II – no âmbito dos Estados e do Distrito Federal, à respectiva Procuradoria-Geral, à qual competirá dar ciência a eventual órgão de representação judicial específico das entidades interessadas; e

•• Inciso II acrescentado pela Lei n. 14.112, de 24-12-2020.

III – no âmbito dos Municípios, à respectiva Procuradoria-Geral ou, se inexistir, ao gabinete do Prefeito, à qual competirá dar ciência a eventual órgão de representação judicial específico das entidades interessadas.

•• Inciso III acrescentado pela Lei n. 14.112, de 24-12-2020.

§ 3.º Após decretada a quebra ou convolada a recuperação judicial em falência, o administrador deverá, no prazo de até 60 (sessenta) dias, contado do termo de nomeação, apresentar, para apreciação do juiz, plano detalhado de realização dos ativos, inclusive com a estimativa de tempo não superior a 180 (cento e oitenta) dias a partir da juntada de cada auto de arrecadação, na forma do inciso III do *caput* do art. 22 desta Lei.

•• § 3.º acrescentado pela Lei n. 14.112, de 24-12-2020.

Art. 100. Da decisão que decreta a falência cabe agravo, e da sentença que julga a improcedência do pedido cabe apelação.

Art. 101. Quem por dolo requerer a falência de outrem será condenado, na sentença que julgar improcedente o pedido, a indenizar o devedor, apurando-se as perdas e danos em liquidação de sentença.

§ 1.º Havendo mais de 1 (um) autor do pedido de falência, serão solidariamente responsáveis aqueles que se conduziram na forma prevista no *caput* deste artigo.

§ 2.º Por ação própria, o terceiro prejudicado também pode reclamar indenização dos responsáveis.

Seção V
Da Inabilitação Empresarial, dos Direitos e Deveres do Falido

Art. 102. O falido fica inabilitado para exercer qualquer atividade empresarial a partir da decretação da falência e até a sentença que extingue suas obrigações, respeitado o disposto no § 1.º do art. 181 desta Lei.

Parágrafo único. Findo o período de inabilitação, o falido poderá requerer ao juiz da falência que proceda à respectiva anotação em seu registro.

Art. 103. Desde a decretação da falência ou do sequestro, o devedor perde o direito de administrar os seus bens ou deles dispor.

Parágrafo único. O falido poderá, contudo, fiscalizar a administração da falência, requerer as providências necessárias para a conservação de seus direitos ou dos bens arrecadados e intervir nos processos em que a massa falida seja parte ou interessada, requerendo o que for de direito e interpondo os recursos cabíveis.

Art. 104. A decretação da falência impõe aos representantes legais do falido os seguintes deveres:

•• *Caput* com redação determinada pela Lei n. 14.112, de 24-12-2020.

I – assinar nos autos, desde que intimado da decisão, termo de comparecimento, com a indicação do nome, da nacionalidade, do estado civil e do endereço completo do domicílio, e declarar, para constar do referido termo, diretamente ao administrador judicial, em dia, local e hora por ele designados, por prazo não superior a 15 (quinze) dias após a decretação da falência, o seguinte:

•• Inciso I, *caput*, com redação determinada pela Lei n. 14.112, de 24-12-2020.

a) as causas determinantes da sua falência, quando requerida pelos credores;

b) tratando-se de sociedade, os nomes e endereços de todos os sócios, acionistas controladores, diretores ou administradores, apresentando o contrato ou estatuto social e a prova do respectivo registro, bem como suas alterações;

c) o nome do contador encarregado da escrituração dos livros obrigatórios;

d) os mandatos que porventura tenha outorgado, indicando seu objeto, nome e endereço do mandatário;

e) seus bens imóveis e os móveis que não se encontram no estabelecimento;

f) se faz parte de outras sociedades, exibindo respectivo contrato;

g) suas contas bancárias, aplicações, títulos em cobrança e processos em andamento em que for autor ou réu;

II – entregar ao administrador judicial os seus livros obrigatórios e os demais instrumentos de escrituração pertinentes, que se encerrará por termo;

•• Inciso II com redação determinada pela Lei n. 14.112, de 24-12-2020.

III – não se ausentar do lugar onde se processa a falência sem motivo justo e comunicação expressa ao juiz, e sem deixar procurador bastante, sob as penas cominadas na lei;

IV – comparecer a todos os atos da falência, podendo ser representado por procurador, quando não for indispensável sua presença;

V – entregar ao administrador judicial, para arrecadação, todos os bens, papéis, documentos e senhas de acesso a sistemas contábeis, financeiros e bancários, bem como indicar aqueles que porventura estejam em poder de terceiros;

•• Inciso V com redação determinada pela Lei n. 14.112, de 24-12-2020.

VI – prestar as informações reclamadas pelo juiz, administrador judicial, credor ou Ministério Público sobre circunstâncias e fatos que interessem à falência;

VII – auxiliar o administrador judicial com zelo e presteza;

VIII – examinar as habilitações de crédito apresentadas;

IX – assistir ao levantamento, à verificação do balanço e ao exame dos livros;

X – manifestar-se sempre que for determinado pelo juiz;

XI – apresentar ao administrador judicial a relação de seus credores, em arquivo eletrônico, no dia em que prestar as declarações referidas no inciso I do *caput* deste artigo;

•• Inciso XI com redação determinada pela Lei n. 14.112, de 24-12-2020.

XII – examinar e dar parecer sobre as contas do administrador judicial.

Parágrafo único. Faltando ao cumprimento de quaisquer dos deveres que esta Lei lhe impõe, após intimado pelo juiz a fazê-lo, responderá o falido por crime de desobediência.

Seção VI
Da Falência Requerida pelo Próprio Devedor

Art. 105. O devedor em crise econômico-financeira que julgue não atender aos requisitos para pleitear sua recuperação judicial deverá requerer ao juízo sua falência, expondo as razões da impossibilidade de prosseguimento da atividade empresarial, acompanhadas dos seguintes documentos:

I – demonstrações contábeis referentes aos 3 (três) últimos exercícios sociais e as levantadas especialmente para instruir o pedido, confeccionadas com estrita observância da legislação societária aplicável e compostas obrigatoriamente de:

a) balanço patrimonial;

b) demonstração de resultados acumulados;

c) demonstração do resultado desde o último exercício social;

d) relatório do fluxo de caixa;

II – relação nominal dos credores, indicando o endereço, importância, natureza e classificação dos respectivos créditos;

III – relação dos bens e direitos que compõem o ativo, com a respectiva estimativa de valor e documentos comprobatórios de propriedade;

IV – prova da condição de empresário, contrato social ou estatuto em vigor ou, se não houver, a indicação de todos os sócios, seus endereços e a relação de seus bens pessoais;

V – os livros obrigatórios e documentos contábeis que lhe forem exigidos por lei;

VI – relação de seus administradores nos últimos 5 (cinco) anos, com os respectivos endereços, suas funções e participação societária.

Art. 106. Não estando o pedido regularmente instruído, o juiz determinará que seja emendado.

Art. 107. A sentença que decretar a falência do devedor observará a forma do art. 99 desta Lei.

Parágrafo único. Decretada a falência, aplicam-se integralmente os dispositivos relativos à falência requerida pelas pessoas referidas nos incisos II a IV do *caput* do art. 97 desta Lei.

Seção VII
Da Arrecadação e da Custódia dos Bens

Art. 108. Ato contínuo à assinatura do termo de compromisso, o administrador judicial efetuará a arrecadação dos bens e documentos e a avaliação dos bens, separadamente ou em bloco, no local em que se encontrem, requerendo ao juiz, para esses fins, as medidas necessárias.

§ 1.º Os bens arrecadados ficarão sob a guarda do administrador judicial ou de pessoa por ele escolhida, sob responsabilidade daquele, podendo o falido ou qualquer de seus representantes ser nomeado depositário dos bens.

§ 2.º O falido poderá acompanhar a arrecadação e a avaliação.

§ 3.º O produto dos bens penhorados ou por outra forma apreendidos entrará para a massa, cumprindo ao juiz deprecar, a requerimento do administrador judicial, às autoridades competentes, determinando sua entrega.

§ 4.º Não serão arrecadados os bens absolutamente impenhoráveis.

§ 5.º Ainda que haja avaliação em bloco, o bem objeto de garantia real será também avaliado separadamente, para os fins do § 1.º do art. 83 desta Lei.

Art. 109. O estabelecimento será lacrado sempre que houver risco para a execução da etapa de arrecadação ou para a preservação dos bens da massa falida ou dos interesses dos credores.

Art. 110. O auto de arrecadação, composto pelo inventário e pelo respectivo laudo de avaliação dos bens, será assinado pelo administrador judicial, pelo falido ou seus representantes e por outras pessoas que auxiliarem ou presenciarem o ato.

§ 1.º Não sendo possível a avaliação dos bens no ato da arrecadação, o administrador judicial requererá ao juiz a concessão de prazo para apresentação do laudo de avaliação, que não poderá exceder 30 (trinta) dias, contados da apresentação do auto de arrecadação.

§ 2.º Serão referidos no inventário:

I – os livros obrigatórios e os auxiliares ou facultativos do devedor, designando-se o estado em que se acham, número e denominação de cada um, páginas escrituradas, data do início da escrituração e do último lançamento, e se os livros obrigatórios estão revestidos das formalidades legais;

II – dinheiro, papéis, títulos de crédito, documentos e outros bens da massa falida;

III – os bens da massa falida em poder de terceiro, a título de guarda, depósito, penhor ou retenção;

IV – os bens indicados como propriedade de terceiros ou reclamados por estes, mencionando-se essa circunstância.

§ 3.º Quando possível, os bens referidos no § 2.º deste artigo serão individualizados.

§ 4.º Em relação aos bens imóveis, o administrador judicial, no prazo de 15 (quinze) dias após a sua arrecadação, exibirá as certidões de registro, extraídas posteriormente à decretação da falência, com todas as indicações que nele constarem.

Art. 111. O juiz poderá autorizar os credores, de forma individual ou coletiva, em razão dos custos e no interesse da massa falida, a adquirir ou adjudicar, de imediato, os bens arrecadados, pelo valor da avaliação, atendida a regra de classificação e preferência entre eles, ouvido o Comitê.

Art. 112. Os bens arrecadados poderão ser removidos, desde que haja necessidade de sua melhor guarda e conservação, hipótese em que permanecerão em depósito sob responsabilidade do administrador judicial, mediante compromisso.

Art. 113. Os bens perecíveis, deterioráveis, sujeitos à considerável desvalorização ou que sejam de conservação arriscada ou dispendiosa, poderão ser vendidos antecipadamente, após a arrecadação e a avaliação, mediante autorização judicial, ouvidos o Comitê e o falido no prazo de 48 (quarenta e oito) horas.

Art. 114. O administrador judicial poderá alugar ou celebrar outro contrato referente aos bens da massa falida, com o objetivo de produzir renda para a massa falida, mediante autorização do Comitê.

§ 1.º O contrato disposto no *caput* deste artigo não gera direito de preferência na compra e não pode importar disposição total ou parcial dos bens.

§ 2.º O bem objeto da contratação poderá ser alienado a qualquer tempo, independentemente do prazo contratado, rescindindo-se, sem direito a multa, o contrato realizado, salvo se houver anuência do adquirente.

Art. 114-A. Se não forem encontrados bens para serem arrecadados, ou se os arrecadados forem insuficientes para as despesas do processo, o administrador judicial informará imediatamente esse fato ao juiz, que, ouvido o representante do Ministério Público, fixará, por meio de edital, o prazo de 10 (dez) dias para os interessados se manifestarem.

•• *Caput* acrescentado pela Lei n. 14.112, de 24-12-2020.

§ 1.º Um ou mais credores poderão requerer o prosseguimento da falência, desde que paguem a quantia necessária às despesas e aos honorários do administrador judicial, que serão considerados despesas essenciais nos termos estabelecidos no inciso I-A do *caput* do art. 84 desta Lei.

•• § 1.º acrescentado pela Lei n. 14.112, de 24-12-2020.

§ 2.º Decorrido o prazo previsto no *caput* sem manifestação dos interessados, o administrador judicial promoverá a venda dos bens arrecadados no prazo máximo de 30 (trinta) dias, para bens móveis, e de 60 (sessenta) dias, para bens imóveis, e apresentará o seu relatório, nos termos e para os efeitos dispostos neste artigo.

•• § 2.º acrescentado pela Lei n. 14.112, de 24-12-2020.

§ 3.º Proferida a decisão, a falência será encerrada pelo juiz nos autos.

•• § 3.º acrescentado pela Lei n. 14.112, de 24-12-2020.

Seção VIII
Dos Efeitos da Decretação da Falência sobre as Obrigações do Devedor

Art. 115. A decretação da falência sujeita todos os credores, que somente poderão exercer os seus direitos sobre os bens do falido e do sócio ilimitadamente responsável na forma que esta Lei prescrever.

Art. 116. A decretação da falência suspende:

I – o exercício do direito de retenção sobre os bens sujeitos à arrecadação, os quais deverão ser entregues ao administrador judicial;

II – o exercício do direito de retirada ou de recebimento do valor de suas quotas ou ações, por parte dos sócios da sociedade falida.

Art. 117. Os contratos bilaterais não se resolvem pela falência e podem ser cumpridos pelo administrador judicial se o cumprimento reduzir ou evitar o aumento do passivo da massa falida ou for necessário à manutenção e preservação de seus ativos, mediante autorização do Comitê.

§ 1.º O contratante pode interpelar o administrador judicial, no prazo de até 90 (noventa) dias, contado da assinatura do termo de sua nomeação, para que, dentro de 10 (dez) dias, declare se cumpre ou não o contrato.

§ 2.º A declaração negativa ou o silêncio do administrador judicial confere ao contraente o direito à indenização, cujo valor, apurado em processo ordinário, constituirá crédito quirografário.

Art. 118. O administrador judicial, mediante autorização do Comitê, poderá dar cumprimento a contrato unilateral se esse fato reduzir ou evitar o aumento do passivo da massa falida ou for necessário à manutenção e preservação de seus ativos, realizando o pagamento da prestação pela qual está obrigada.

Art. 119. Nas relações contratuais a seguir mencionadas prevalecerão as seguintes regras:

I – o vendedor não pode obstar a entrega das coisas expedidas ao devedor e ainda em trânsito, se o comprador, antes do requerimento da falência, as tiver revendido, sem fraude, à vista das faturas e conhecimentos de transporte, entregues ou remetidos pelo vendedor;

II – se o devedor vendeu coisas compostas e o administrador judicial resolver não continuar a execução do contrato, poderá o comprador pôr à disposição da massa falida as coisas já recebidas, pedindo perdas e danos;

III – não tendo o devedor entregue coisa móvel ou prestado serviço que vendera ou contratara a prestações, e resolvendo o administrador judicial não executar o contrato, o crédito relativo ao valor pago será habilitado na classe própria;

IV – o administrador judicial, ouvido o Comitê, restituirá a coisa móvel comprada pelo devedor com reserva de domínio do vendedor se resolver não continuar a execução do contrato, exigindo a devolução, nos termos do contrato, dos valores pagos;

V – tratando-se de coisas vendidas a termo, que tenham cotação em bolsa ou mercado, e não se executando o contrato pela efetiva entrega daquelas e pagamento do preço, prestar-se-á a diferença entre a cotação do dia do contrato e a da época da liquidação em bolsa ou mercado;

VI – na promessa de compra e venda de imóveis, aplicar-se-á a legislação respectiva;

VII – a falência do locador não resolve o contrato de locação e, na falência do locatário, o administrador judicial pode, a qualquer tempo, denunciar o contrato;

VIII – caso haja acordo para compensação e liquidação de obrigações no âmbito do sistema financeiro nacional, nos termos da legislação vigente, a parte não falida poderá considerar o contrato vencido antecipadamente, hipótese em que será liquidado na forma estabelecida em regulamento, admitindo-se a compensação de eventual crédito que venha a ser apurado em favor do falido com créditos detidos pelo contratante;

IX – os patrimônios de afetação, constituídos para cumprimento de destinação específica, obedecerão ao disposto na legislação respectiva, permanecendo seus bens, direitos e obrigações separados dos do falido até o advento do respectivo termo ou até o cumprimento de sua finalidade, ocasião em que o administrador judicial arrecadará o saldo a favor da massa falida ou inscreverá na classe própria o crédito que contra ela remanescer.

Art. 120. O mandato conferido pelo devedor, antes da falência, para a realização de negócios, cessará seus efeitos com a decretação da falência, cabendo ao mandatário prestar contas de sua gestão.

§ 1.º O mandato conferido para representação judicial do devedor continua em vigor até que seja expressamente revogado pelo administrador judicial.

§ 2.º Para o falido, cessa o mandato ou comissão que houver recebido antes da falência, salvo os que versem sobre matéria estranha à atividade empresarial.

Art. 121. As contas correntes com o devedor consideram-se encerradas no momento de decretação da falência, verificando-se o respectivo saldo.

Art. 122. Compensam-se, com preferência sobre todos os demais credores, as dívidas do devedor vencidas até o dia da decretação da falência, provenha o vencimento da sentença de falência ou não, obedecidos os requisitos da legislação civil.

Parágrafo único. Não se compensam:

I – os créditos transferidos após a decretação da falência, salvo em caso de sucessão por fusão, incorporação, cisão ou morte; ou

II – os créditos, ainda que vencidos anteriormente, transferidos quando já conhecido o estado de crise econômico-financeira do devedor ou cuja transferência se operou com fraude ou dolo.

Art. 123. Se o falido fizer parte de alguma sociedade como sócio comanditário ou cotista, para a massa falida entrarão somente os haveres que na sociedade ele possuir e forem apurados na forma estabelecida no contrato ou estatuto social.

§ 1.º Se o contrato ou o estatuto social nada disciplinar a respeito, a apuração far-se-á judicialmente, salvo se, por lei, pelo contrato ou estatuto, a sociedade tiver de liquidar-se, caso em que os haveres do falido, somente após o pagamento de todo o passivo da sociedade, entrarão para a massa falida.

§ 2.º Nos casos de condomínio indivisível de que participe o falido, o bem será vendido e deduzir-se-á do valor arrecadado o que for devido aos demais condôminos, facultada a estes a compra da quota-parte do falido nos termos da melhor proposta obtida.

Art. 124. Contra a massa falida não são exigíveis juros vencidos após a decretação da falência, previstos em lei ou em contrato, se o ativo apurado não bastar para o pagamento dos credores subordinados.

Parágrafo único. Excetuam-se desta disposição os juros das debêntures e dos créditos com garantia real, mas por eles responde, exclusivamente, o produto dos bens que constituem a garantia.

Art. 125. Na falência do espólio, ficará suspenso o processo de inventário, cabendo ao administrador judicial a realização de atos pendentes em relação aos direitos e obrigações da massa falida.

Art. 126. Nas relações patrimoniais não reguladas expressamente nesta Lei, o juiz decidirá o caso atendendo à unidade, à universalidade do concurso e à igualdade de tratamento dos credores, observado o disposto no art. 75 desta Lei.

Art. 127. O credor de coobrigados solidários cujas falências sejam decretadas tem o direito de concorrer, em cada uma delas, pela totalidade do seu crédito, até recebê-lo por inteiro, quando então comunicará ao juízo.

§ 1.º O disposto no *caput* deste artigo não se aplica ao falido cujas obrigações tenham sido extintas por sentença, na forma do art. 159 desta Lei.

§ 2.º Se o credor ficar integralmente pago por uma ou por diversas massas coobrigadas, as que pagaram terão direito regressivo contra as demais, em proporção à parte que pagaram e àquela que cada uma tinha a seu cargo.

§ 3.º Se a soma dos valores pagos ao credor em todas as massas coobrigadas exceder o total do crédito, o valor será devolvido às massas na proporção estabelecida no § 2.º deste artigo.

§ 4.º Se os coobrigados eram garantes uns dos outros, o excesso de que trata o § 3.º deste artigo pertencerá, conforme a ordem das obrigações, às massas dos coobrigados que tiverem o direito de ser garantidas.

Art. 128. Os coobrigados solventes e os garantes do devedor ou dos sócios ilimitadamente responsáveis podem habilitar o crédito correspondente às quantias pagas ou devidas, se o credor não se habilitar no prazo legal.

Seção IX
Da Ineficácia e da Revogação de Atos Praticados antes da Falência

Art. 129. São ineficazes em relação à massa falida, tenha ou não o contratante conhecimento do estado de crise econômico-financeira do devedor, seja ou não intenção deste fraudar credores:

I – o pagamento de dívidas não vencidas realizado pelo devedor dentro do termo legal, por qualquer meio extintivo do direito de crédito, ainda que pelo desconto do próprio título;

II – o pagamento de dívidas vencidas e exigíveis realizado dentro do termo legal, por qualquer forma que não seja a prevista pelo contrato;

III – a constituição de direito real de garantia, inclusive a retenção, dentro do termo legal, tratando-se de dívida contraída anteriormente; se os bens dados em hipoteca forem objeto de outras posteriores, a massa falida receberá a parte que devia caber ao credor da hipoteca revogada;

IV – a prática de atos a título gratuito, desde 2 (dois) anos antes da decretação da falência;

V – a renúncia à herança ou a legado, até 2 (dois) anos antes da decretação da falência;

VI – a venda ou transferência de estabelecimento feita sem o consentimento expresso ou o pagamento de todos os credores, a esse tempo existentes, não tendo restado ao devedor bens suficientes para solver o seu passivo, salvo se, no prazo de 30 (trinta) dias, não houver oposição dos credores, após serem devidamente notificados, judicialmente ou pelo oficial do registro de títulos e documentos;

VII – os registros de direitos reais e de transferência de propriedade entre vivos, por título oneroso ou gratuito, ou a averbação relativa a imóveis realizados após a decretação da falência, salvo se tiver havido prenotação anterior.

Parágrafo único. A ineficácia poderá ser declarada de ofício pelo juiz, alegada em defesa ou pleiteada mediante ação própria ou incidentalmente no curso do processo.

Art. 130. São revogáveis os atos praticados com a intenção de prejudicar credores, provando-se o conluio fraudulento entre o devedor e o terceiro que com ele contratar e o efetivo prejuízo sofrido pela massa falida.

Art. 131. Nenhum dos atos referidos nos incisos I, II, III e VI do *caput* do art. 129 desta Lei que tenham sido previstos e realizados na forma definida no plano de recuperação judicial ou extrajudicial será declarado ineficaz ou revogado.

•• Artigo com redação determinada pela Lei n. 14.112, de 24-12-2020.

Art. 132. A ação revocatória, de que trata o art. 130 desta Lei, deverá ser proposta pelo administrador judicial, por qualquer credor ou pelo Ministério Público no prazo de 3 (três) anos contado da decretação da falência.

Art. 133. A ação revocatória pode ser promovida:

I – contra todos os que figuraram no ato ou que por efeito dele foram pagos, garantidos ou beneficiados;

II – contra os terceiros adquirentes, se tiveram conhecimento, ao se criar o direito, da intenção do devedor de prejudicar os credores;

III – contra os herdeiros ou legatários das pessoas indicadas nos incisos I e II do *caput* deste artigo.

Art. 134. A ação revocatória correrá perante o juízo da falência e obedecerá ao procedimento ordinário previsto na Lei n. 5.869, de 11 de janeiro de 1973 – Código de Processo Civil.

•• A referência é feita ao CPC de 1973. *Vide* Código vigente.

Art. 135. A sentença que julgar procedente a ação revocatória determinará o retorno dos bens à massa falida em espécie, com todos os acessórios, ou o valor de mercado, acrescidos das perdas e danos.

Parágrafo único. Da sentença cabe apelação.

Art. 136. Reconhecida a ineficácia ou julgada procedente a ação revocatória, as partes retornarão ao estado anterior, e o contratante de boa-fé terá direito à restituição dos bens ou valores entregues ao devedor.

§ 1.º Na hipótese de securitização de créditos do devedor, não será declarada a ineficácia ou revogado o ato de cessão em prejuízo dos direitos dos portadores de valores mobiliários emitidos pelo securitizador.

§ 2.º É garantido ao terceiro de boa-fé, a qualquer tempo, propor ação por perdas e danos contra o devedor ou seus garantes.

Art. 137. O juiz poderá, a requerimento do autor da ação revocatória, ordenar, como medida preventiva, na forma da lei processual civil, o sequestro dos bens retirados do patrimônio do devedor que estejam em poder de terceiros.

Art. 138. O ato pode ser declarado ineficaz ou revogado, ainda que praticado com base em decisão judicial, observado o disposto no art. 131 desta Lei.

Parágrafo único. Revogado o ato ou declarada sua ineficácia, ficará rescindida a sentença que o motivou.

Seção X
Da Realização do Ativo

Art. 139. Logo após a arrecadação dos bens, com a juntada do respectivo auto ao processo de falência, será iniciada a realização do ativo.

Art. 140. A alienação dos bens será realizada de uma das seguintes formas, observada a seguinte ordem de preferência:

I – alienação da empresa, com a venda de seus estabelecimentos em bloco;

II – alienação da empresa, com a venda de suas filiais ou unidades produtivas isoladamente;

III – alienação em bloco dos bens que integram cada um dos estabelecimentos do devedor;

IV – alienação dos bens individualmente considerados.

§ 1.º Se convier à realização do ativo, ou em razão de oportunidade, podem ser adotadas mais de uma forma de alienação.

§ 2.º A realização do ativo terá início independentemente da formação do quadro-geral de credores.

§ 3.º A alienação da empresa terá por objeto o conjunto de determinados bens necessários à operação rentável da unidade de produção, que poderá compreender a transferência de contratos específicos.

§ 4.º Nas transmissões de bens alienados na forma deste artigo que dependam de registro público, a este servirá como título aquisitivo suficiente o mandado judicial respectivo.

Art. 141. Na alienação conjunta ou separada de ativos, inclusive da empresa ou de suas filiais, promovida sob qualquer das modalidades de que trata o art. 142:

•• *Caput* com redação determinada pela Lei n. 14.112, de 24-12-2020.

I – todos os credores, observada a ordem de preferência definida no art. 83 desta Lei, sub-rogam-se no produto da realização do ativo;

II – o objeto da alienação estará livre de qualquer ônus e não haverá sucessão do arrematante nas obrigações do devedor, inclusive as de natureza tributária, as derivadas da legislação do trabalho e as decorrentes de acidentes de trabalho.

§ 1.º O disposto no inciso II do *caput* deste artigo não se aplica quando o arrematante for:

I – sócio da sociedade falida, ou sociedade controlada pelo falido;

II – parente, em linha reta ou colateral até o 4.º (quarto) grau, consanguíneo ou afim, do falido ou de sócio da sociedade falida; ou

III – identificado como agente do falido com o objetivo de fraudar a sucessão.

§ 2.º Empregados do devedor contratados pelo arrematante serão admitidos mediante novos contratos de trabalho e o arrematante não responde por obrigações decorrentes do contrato anterior.

§ 3.º A alienação nas modalidades de que trata o art. 142 desta Lei poderá ser realizada com compartilhamento de custos operacionais por 2 (duas) ou mais empresas em situação falimentar.

•• § 3.º acrescentado pela Lei n. 14.112, de 24-12-2020.

Art. 142. A alienação de bens dar-se-á por uma das seguintes modalidades:

•• *Caput* com redação determinada pela Lei n. 14.112, de 24-12-2020.

I – leilão eletrônico, presencial ou híbrido;

•• Inciso I com redação determinada pela Lei n. 14.112, de 24-12-2020.

II e III – (*Revogados pela Lei n. 14.112, de 24-12-2020.*)

IV – processo competitivo organizado promovido por agente especializado e de reputação ilibada, cujo procedimento deverá ser detalhado em relatório anexo ao plano de realização do ativo ou ao plano de recuperação judicial, conforme o caso;

•• Inciso IV acrescentado pela Lei n. 14.112, de 24-12-2020.

V – qualquer outra modalidade, desde que aprovada nos termos desta Lei.

•• Inciso V acrescentado pela Lei n. 14.112, de 24-12-2020.

§§ 1.º e 2.º (*Revogados pela Lei n. 14.112 de 24-12-2020.*)

§ 2.º-A. A alienação de que trata o *caput* deste artigo:

•• § 2.º-A, *caput*, acrescentado pela Lei n. 14.112, de 24-12-2020.

I – dar-se-á independentemente de a conjuntura do mercado no momento da venda ser favorável ou desfavorável, dado o caráter forçado da venda;

•• Inciso I acrescentado pela Lei n. 14.112, de 24-12-2020.

II – independerá da consolidação do quadro-geral de credores;

•• Inciso II acrescentado pela Lei n. 14.112, de 24-12-2020.

III – poderá contar com serviços de terceiros como consultores, corretores e leiloeiros;

•• Inciso III acrescentado pela Lei n. 14.112, de 24-12-2020.

IV – deverá ocorrer no prazo máximo de 180 (cento e oitenta) dias, contado da data da lavratura do auto de arrecadação, no caso de falência;

•• Inciso IV acrescentado pela Lei n. 14.112, de 24-12-2020.

V – não estará sujeita à aplicação do conceito de preço vil.

•• Inciso V acrescentado pela Lei n. 14.112, de 24-12-2020.

§ 3.º Ao leilão eletrônico, presencial ou híbrido aplicam-se, no que couber, as regras da Lei n. 13.105, de 16 de março de 2015 (Código de Processo Civil).

•• § 3.º com redação determinada pela Lei n. 14.112, de 24-12-2020.

§ 3.º-A. A alienação por leilão eletrônico, presencial ou híbrido dar-se-á:

•• § 3.º-A, *caput*, acrescentado pela Lei n. 14.112, de 24-12-2020.

I – em primeira chamada, no mínimo pelo valor de avaliação do bem;

•• Inciso I acrescentado pela Lei n. 14.112, de 24-12-2020.

II – em segunda chamada, dentro de 15 (quinze) dias, contados da primeira chamada, por no mínimo 50% (cinquenta por cento) do valor de avaliação; e

•• Inciso II acrescentado pela Lei n. 14.112, de 24-12-2020.

III – em terceira chamada, dentro de 15 (quinze) dias, contados da segunda chamada, por qualquer preço.

•• Inciso III acrescentado pela Lei n. 14.112, de 24-12-2020.

§ 3.º-B. A alienação prevista nos incisos IV e V do *caput* deste artigo, conforme disposições específicas desta Lei, observará o seguinte:

•• § 3.º-B, *caput*, acrescentado pela Lei n. 14.112, de 24-12-2020.

I – será aprovada pela assembleia-geral de credores;

•• Inciso I acrescentado pela Lei n. 14.112, de 24-12-2020.

II – decorrerá de disposição de plano de recuperação judicial aprovado; ou

•• Inciso II acrescentado pela Lei n. 14.112, de 24-12-2020.

III – deverá ser aprovada pelo juiz, considerada a manifestação do administrador judicial e do Comitê de Credores, se existente.

•• Inciso III acrescentado pela Lei n. 14.112, de 24-12-2020.

§§ 4.º a 6.º (*Revogados pela Lei n. 14.112, de 24-12-2020.*)

§ 7.º Em qualquer modalidade de alienação, o Ministério Público e as Fazendas Públicas serão intimados por meio eletrônico, nos termos da legislação vigente e respeitadas as respectivas prerrogativas funcionais, sob pena de nulidade.

•• § 7.º com redação determinada pela Lei n. 14.112, de 24-12-2020.

§ 8.º Todas as formas de alienação de bens realizadas de acordo com esta Lei serão consideradas, para todos os fins e efeitos, alienações judiciais.

•• § 8.º acrescentado pela Lei n. 14.112, de 24-12-2020.

Art. 143. Em qualquer das modalidades de alienação referidas no art. 142 desta Lei, poderão ser apresentadas impugnações por quaisquer credores, pelo devedor ou pelo Ministério Público, no prazo de 48 (quarenta e oito) horas da arrematação, hipótese em que os autos serão conclusos ao juiz, que, no prazo de 5 (cinco) dias, decidirá sobre as impugnações e, julgando-as improcedentes, ordenará a entrega dos bens ao arrematante, respeitadas as condições estabelecidas no edital.

§ 1.º Impugnações baseadas no valor de venda do bem somente serão recebidas se acompanhadas de oferta firme do impugnante ou de terceiro para a aquisição do bem, respeitados os termos do edital, por valor presente superior ao valor de venda, e de depósito caucionário equivalente a 10% (dez por cento) do valor oferecido.

•• § 1.º acrescentado pela Lei n. 14.112, de 24-12-2020.

§ 2.º A oferta de que trata o § 1.º deste artigo vincula o impugnante e o terceiro ofertante como se arrematantes fossem.

•• § 2.º acrescentado pela Lei n. 14.112, de 24-12-2020.

§ 3.º Se houver mais de uma impugnação baseada no valor de venda do bem, somente terá seguimento aquela que tiver o maior valor presente entre elas.

•• § 3.º acrescentado pela Lei n. 14.112, de 24-12-2020.

§ 4.º A suscitação infundada de vício na alienação pelo impugnante será considerada ato atentatório à dignidade da justiça e sujeitará o suscitante à reparação dos prejuízos causados e às penas previstas na Lei n. 13.105, de 16 de março de 2015 (Código de Processo Civil), para comportamentos análogos.

•• § 4.º acrescentado pela Lei n. 14.112, de 24-12-2020.

Art. 144. Havendo motivos justificados, o juiz poderá autorizar, mediante requerimento fundamentado do administrador judicial ou do Comitê, modalidades de alienação judicial diversas das previstas no art. 142 desta Lei.

Art. 144-A. Frustrada a tentativa de venda dos bens da massa falida e não havendo proposta concreta dos credores para assumi-los, os bens poderão ser considerados sem valor de mercado e destinados à doação.

•• *Caput* acrescentado pela Lei n. 14.112, de 24-12-2020.

Parágrafo único. Se não houver interessados na doação referida no *caput* deste artigo, os bens serão devolvidos ao falido.

•• Parágrafo único acrescentado pela Lei n. 14.112, de 24-12-2020.

Art. 145. Por deliberação tomada nos termos do art. 42 desta Lei, os credores poderão adjudicar os bens alienados na falência ou adquiri-los por meio de constituição de sociedade, de fundo ou de outro veículo de investimento, com a participação, se necessária, dos atuais sócios do devedor ou de terceiros, ou mediante conversão de dívida em capital.

•• *Caput* com redação determinada pela Lei n. 14.112, de 24-12-2020.

§ 1.º Aplica-se irrestritamente o disposto no art. 141 desta Lei à transferência dos bens à sociedade, ao fundo ou ao veículo de investimento mencionados no *caput* deste artigo.

•• § 1.º com redação determinada pela Lei n. 14.112, de 24-12-2020.

§§ 2.º e 3.º (*Revogados pela Lei n. 14.112, de 24-12-2020.*)

§ 4.º Será considerada não escrita qualquer restrição convencional à venda ou à circulação das participações na sociedade, no fundo de investimento ou no veículo de investimento a que se refere o *caput* deste artigo.

•• § 4.º acrescentado pela Lei n. 14.112, de 24-12-2020.

Art. 146. Em qualquer modalidade de realização do ativo adotada, fica a massa falida dispensada da apresentação de certidões negativas.

Art. 147. As quantias recebidas a qualquer título serão imediatamente depositadas em conta remunerada de instituição financeira, atendidos os requisitos da lei ou das normas de organização judiciária.

Art. 148. O administrador judicial fará constar do relatório de que trata a alínea *p* do inciso III do art. 22 os valores eventualmente recebidos no mês vencido, explicitando a forma de distribuição dos recursos entre os credores, observado o disposto no art. 149 desta Lei.

Seção XI
Do Pagamento aos Credores

Art. 149. Realizadas as restituições, pagos os créditos extraconcursais, na forma do art. 84 desta Lei, e consolidado o quadro-geral de credores, as importâncias recebidas com a realização do ativo serão destinadas ao pagamento dos credores, atendendo à classificação prevista no art. 83 desta Lei, respeitados os demais dispositivos desta Lei e as decisões judiciais que determinam reserva de importâncias.

§ 1.º Havendo reserva de importâncias, os valores a ela relativos ficarão depositados até o julgamento definitivo do crédito e, no caso de não ser este finalmente reconhecido, no todo ou em parte, os recursos depositados serão objeto de rateio suplementar entre os credores remanescentes.

§ 2.º Os credores que não procederem, no prazo fixado pelo juiz, ao levantamento dos valores que lhes couberam em rateio serão intimados a fazê-lo no prazo de 60 (sessenta) dias, após o qual os recursos serão objeto de rateio suplementar entre os credores remanescentes.

Art. 150. As despesas cujo pagamento antecipado seja indispensável à administração da falência, inclusive na hipótese de continuação provisória das atividades previstas no inciso XI do *caput* do art. 99 desta Lei, serão pagas pelo administrador judicial com os recursos disponíveis em caixa.

Art. 151. Os créditos trabalhistas de natureza estritamente salarial vencidos nos 3 (três) meses anteriores à decretação da falência, até o limite de 5 (cinco) salários mínimos por trabalhador, serão pagos tão logo haja disponibilidade em caixa.

Art. 152. Os credores restituirão em dobro as quantias recebidas, acrescidas dos juros legais, se ficar evidenciado dolo ou má-fé na constituição do crédito ou da garantia.

Art. 153. Pagos todos os credores, o saldo, se houver, será entregue ao falido.

Seção XII
Do Encerramento da Falência e da Extinção das Obrigações do Falido

Art. 154. Concluída a realização de todo o ativo, e distribuído o produto entre os credores, o administrador judicial apresentará suas contas ao juiz no prazo de 30 (trinta) dias.

§ 1.º As contas, acompanhadas dos documentos comprobatórios, serão prestadas em autos apartados que, ao final, serão apensados aos autos da falência.

§ 2.º O juiz ordenará a publicação de aviso de que as contas foram entregues e se encontram à disposição dos interessados, que poderão impugná-las no prazo de 10 (dez) dias.

§ 3.º Decorrido o prazo do aviso e realizadas as diligências necessárias à apuração dos fatos, o juiz intimará o Ministério Público para manifestar-se no prazo de 5 (cinco) dias, findo o qual o administrador judicial será ouvido se houver impugnação ou parecer contrário do Ministério Público.

§ 4.º Cumpridas as providências previstas nos §§ 2.º e 3.º deste artigo, o juiz julgará as contas por sentença.

§ 5.º A sentença que rejeitar as contas do administrador judicial fixará suas responsabilidades, poderá determinar a indisponibilidade ou o sequestro de bens e servirá como título executivo para indenização da massa.

§ 6.º Da sentença cabe apelação.

Art. 155. Julgadas as contas do administrador judicial, ele apresentará o relatório final da falência no prazo de 10 (dez) dias, indicando o valor do ativo e o do produto de sua realização, o valor do passivo e o dos pagamentos feitos aos credores, e especificará justificadamente as responsabilidades com que continuará o falido.

Art. 156. Apresentado o relatório final, o juiz encerrará a falência por sentença e ordenará a intimação eletrônica às Fazendas Públicas federal e de todos os Estados, Distrito Federal e Municípios em que o devedor tiver estabelecimento e determinará a baixa da falida no Cadastro Nacional da Pessoa Jurídica (CNPJ), expedido pela Secretaria Especial da Receita Federal do Brasil.

•• *Caput* com redação determinada pela Lei n. 14.112, de 24-12-2020.

Parágrafo único. A sentença de encerramento será publicada por edital e dela caberá apelação.

Art. 157. (*Revogado pela Lei n. 14.112, de 24-12-2020.*)

Art. 158. Extingue as obrigações do falido:

I – o pagamento de todos os créditos;

II – o pagamento, após realizado todo o ativo, de mais de 25% (vinte e cinco por cento) dos créditos quirografários, facultado ao falido o depósito da quantia necessária para atingir a referida porcentagem se para isso não tiver sido suficiente a integral liquidação do ativo;

•• Inciso II com redação determinada pela Lei n. 14.112, de 24-12-2020.

III e IV – (*Revogados pela Lei n. 14.112, de 24-12-2020.*)

V – o decurso do prazo de 3 (três) anos, contado da decretação da falência, ressalvada a utilização dos bens arrecadados anteriormente, que serão destinados à liquidação para a satisfação dos credores habilitados ou com pedido de reserva realizado;

•• Inciso V acrescentado pela Lei n. 14.112, de 24-12-2020.

•• *Vide* art. 5.º, § 1.º, IV, da Lei n. 14.112, de 24-12-2020.

VI – o encerramento da falência nos termos dos arts. 114-A ou 156 desta Lei.

•• Inciso VI acrescentado pela Lei n. 14.112, de 24-12-2020.

•• *Vide* art. 5.º, § 5.º, da Lei n. 14.112, de 24-12-2020.

Art. 159. Configurada qualquer das hipóteses do art. 158 desta Lei, o falido poderá requerer ao juízo da falência que suas obrigações sejam declaradas extintas por sentença.

§ 1.º A secretaria do juízo fará publicar imediatamente informação sobre a apresentação do requerimento a que se refere este artigo, e, no prazo comum de 5 (cinco) dias, qualquer credor, o administrador judicial e o Ministério Público poderão manifestar-se exclusivamente para apontar inconsistências formais e objetivas.

•• § 1.º com redação determinada pela Lei n. 14.112, de 24-12-2020.

§ 2.º (*Revogado pela Lei n. 14.112, de 24-12-2020.*)

§ 3.º Findo o prazo, o juiz, em 15 (quinze) dias, proferirá sentença que declare extintas todas as obrigações do falido, inclusive as de natureza trabalhista.

•• § 3.º com redação determinada pela Lei n. 14.112, de 24-12-2020.

§ 4.º A sentença que declarar extintas as obrigações será comunicada a todas as pessoas e entidades informadas da decretação da falência.

§ 5.º Da sentença cabe apelação.

§ 6.º Após o trânsito em julgado, os autos serão apensados aos da falência.

Art. 159-A. A sentença que declarar extintas as obrigações do falido, nos termos do art. 159 desta Lei, somente poderá ser rescindida por ação rescisória, na forma prevista na Lei n. 13.105, de 16 de março de 2015 (Código de Processo Civil), a pedido de qualquer credor, caso se verifique que o falido tenha sonegado bens, direitos ou rendimentos de qualquer espécie anteriores à data do requerimento a que se refere o art. 159 desta Lei.

•• *Caput* acrescentado pela Lei n. 14.112, de 24-12-2020.

Parágrafo único. O direito à rescisão de que trata o *caput* deste artigo extinguir-se-á no prazo de 2 (dois) anos, contado da data do trânsito em julgado da sentença de que trata o art. 159 desta Lei.

•• Parágrafo único acrescentado pela Lei n. 14.112, de 24-12-2020.

Art. 160. Verificada a prescrição ou extintas as obrigações nos termos desta Lei, o sócio de responsabilidade ilimitada também poderá requerer que seja declarada por sentença a extinção de suas obrigações na falência.

Capítulo VI
DA RECUPERAÇÃO EXTRAJUDICIAL

Art. 161. O devedor que preencher os requisitos do art. 48 desta Lei poderá propor e negociar com credores plano de recuperação extrajudicial.

§ 1.º Estão sujeitos à recuperação extrajudicial todos os créditos existentes na data do pedido, exceto os créditos de natureza tributária e aqueles previstos no § 3.º do art. 49 e no inciso II do *caput* do art. 86 desta Lei, e a sujeição dos créditos de natureza trabalhista e por acidentes de trabalho exige negociação coletiva com o sindicato da respectiva categoria profissional.

•• § 1.º com redação determinada pela Lei n. 14.112, de 24-12-2020.

§ 2.º O plano não poderá contemplar o pagamento antecipado de dívidas nem tratamento desfavorável aos credores que a ele não estejam sujeitos.

§ 3.º O devedor não poderá requerer a homologação de plano extrajudicial, se estiver pendente pedido de recuperação judicial ou se houver obtido recuperação judicial ou homologação de outro plano de recuperação extrajudicial há menos de 2 (dois) anos.

§ 4.º O pedido de homologação do plano de recuperação extrajudicial não acarretará suspensão de direitos, ações ou execuções, nem a impossibilidade do pedido de decretação de falência pelos credores não sujeitos ao plano de recuperação extrajudicial.

§ 5.º Após a distribuição do pedido de homologação, os credores não poderão desistir da adesão ao plano, salvo com a anuência expressa dos demais signatários.

§ 6.º A sentença de homologação do plano de recuperação extrajudicial constituirá título executivo judicial, nos termos do art. 584, inciso III do *caput*, da Lei n. 5.869, de 11 de janeiro de 1973 – Código de Processo Civil.

•• Citado dispositivo do CPC foi revogado pela Lei n. 11.232, de 22-12-2005.

Art. 162. O devedor poderá requerer a homologação em juízo do plano de recuperação extrajudicial, juntando sua justificativa e o documento que contenha seus termos e condições, com as assinaturas dos credores que a ele aderiram.

Art. 163. O devedor poderá também requerer a homologação de plano de recuperação extrajudicial que obriga todos os credores por ele abrangidos, desde que assinado por credores que representem mais da metade dos créditos de cada espécie abrangidos pelo plano de recuperação extrajudicial.

•• *Caput* com redação determinada pela Lei n. 14.112, de 24-12-2020.

§ 1.º O plano poderá abranger a totalidade de uma ou mais espécies de créditos previstos no art. 83, incisos II, IV, V, VI e VIII do *caput*, desta Lei, ou grupo de credores de mesma natureza e sujeito a semelhantes condições de pagamento, e, uma vez homologado, obriga a todos os credores das espécies por ele abrangidas, exclusivamente em relação aos créditos constituídos até a data do pedido de homologação.

§ 2.º Não serão considerados para fins de apuração do percentual previsto no *caput* deste artigo os créditos não incluídos no plano de recuperação extrajudicial, os quais não poderão ter seu valor ou condições originais de pagamento alteradas.

§ 3.º Para fins exclusivos de apuração do percentual previsto no *caput* deste artigo:

I – o crédito em moeda estrangeira será convertido para moeda nacional pelo câmbio da véspera da data de assinatura do plano; e

II – não serão computados os créditos detidos pelas pessoas relacionadas no art. 43 deste artigo.

•• Mantivemos a redação conforme publicação oficial. Entendemos que o correto seria "art. 43 desta Lei".

§ 4.º Na alienação de bem objeto de garantia real, a supressão da garantia ou sua substituição somente serão admitidas mediante a aprovação expressa do credor titular da respectiva garantia.

§ 5.º Nos créditos em moeda estrangeira, a variação cambial só poderá ser afastada se o credor titular do respectivo crédito aprovar expressamente previsão diversa no plano de recuperação extrajudicial.

§ 6.º Para a homologação do plano de que trata este artigo, além dos documentos previstos no *caput* do art. 162 desta Lei, o devedor deverá juntar:

I – exposição da situação patrimonial do devedor;

II – as demonstrações contábeis relativas ao último exercício social e as levantadas especialmente para instruir o pedido, na forma do inciso II do *caput* do art. 51 desta Lei; e

III – os documentos que comprovem os poderes dos subscritores para novar ou transigir, relação nominal completa dos credores, com a indicação do endereço de cada um, a natureza, a classificação e o valor atualizado do crédito, discriminando sua origem, o regime dos respectivos vencimentos e a indicação dos registros contábeis de cada transação pendente.

§ 7.º O pedido previsto no *caput* deste artigo poderá ser apresentado com comprovação da anuência de credores que representem pelo menos 1/3 (um terço) de todos os créditos de cada espécie por ele abrangidos e com o compromisso de, no prazo improrrogável de 90 (noventa) dias, contado da data do pedido, atingir o quórum previsto no *caput* deste artigo, por meio de adesão expressa, facultada a conversão do procedimento em recuperação judicial a pedido do devedor.

•• § 7.º acrescentado pela Lei n. 14.112, de 24-12-2020.

§ 8.º Aplica-se à recuperação extrajudicial, desde o respectivo pedido, a suspensão de que trata o art. 6.º desta Lei, exclusivamente em relação às espécies de crédito por ele abrangidas, e somente deverá ser ratificada pelo juiz se comprovado o quórum inicial exigido pelo § 7.º deste artigo.

•• § 8.º acrescentado pela Lei n. 14.112, de 24-12-2020.

Art. 164. Recebido o pedido de homologação do plano de recuperação extrajudicial previsto nos arts. 162 e 163 desta Lei, o juiz ordenará a publicação de edital eletrônico com vistas a convocar os credores do devedor para apresentação de suas impugnações ao plano de recuperação extrajudicial, observado o disposto no § 3.º deste artigo.

•• *Caput* com redação determinada pela Lei n. 14.112, de 24-12-2020.

§ 1.º No prazo do edital, deverá o devedor comprovar o envio de carta a todos os credores sujeitos ao plano, domiciliados ou sediados no país, informando a distribuição do pedido, as condições do plano e prazo para impugnação.

§ 2.º Os credores terão prazo de 30 (trinta) dias, contado da publicação do edital, para impugnarem o plano, juntando a prova de seu crédito.

§ 3.º Para opor-se, em sua manifestação, à homologação do plano, os credores somente poderão alegar:

I – não preenchimento do percentual mínimo previsto no *caput* do art. 163 desta Lei;

II – prática de qualquer dos atos previstos no inciso III do art. 94 ou do art. 130 desta Lei, ou descumprimento de requisito previsto nesta Lei;

III – descumprimento de qualquer outra exigência legal.

§ 4.º Sendo apresentada impugnação, será aberto prazo de 5 (cinco) dias para que o devedor sobre ela se manifeste.

§ 5.º Decorrido o prazo do § 4.º deste artigo, os autos serão conclusos imediatamente ao juiz para apreciação de eventuais impugnações e decidirá, no prazo de 5 (cinco) dias, acerca do plano de recuperação extrajudicial, homologando-o por sentença se entender que não implica prática de atos previstos no art. 130 desta Lei e que não há outras irregularidades que recomendem sua rejeição.

§ 6.º Havendo prova de simulação de créditos ou do vício de representação dos credores que subscreverem o plano, a sua homologação será indeferida.

§ 7.º Da sentença cabe apelação sem efeito suspensivo.

§ 8.º Na hipótese de não homologação do plano o devedor poderá, cumpridas as formalidades, apresentar novo pedido de homologação de plano de recuperação extrajudicial.

Art. 165. O plano de recuperação extrajudicial produz efeitos após sua homologação judicial.

§ 1.º É lícito, contudo, que o plano estabeleça a produção de efeitos anteriores à homologação, desde que exclusivamente em relação à modificação do valor ou da forma de pagamento dos credores signatários.

§ 2.º Na hipótese do § 1.º deste artigo, caso o plano seja posteriormente rejeitado pelo juiz, devolve-se aos credores signatários o direito de exigir seus créditos nas condições originais, deduzidos os valores efetivamente pagos.

Art. 166. Se o plano de recuperação extrajudicial homologado envolver alienação judicial de filiais ou de unidades produtivas isoladas do devedor, o juiz ordenará a sua realização, observado, no que couber, o disposto no art. 142 desta Lei.

Art. 167. O disposto neste Capítulo não implica impossibilidade de realização de outras modalidades de acordo privado entre o devedor e seus credores.

Capítulo VI-A
DA INSOLVÊNCIA TRANSNACIONAL

•• Capítulo VI-A acrescentado pela Lei n. 14.112, de 24-12-2020.

Seção I
Disposições Gerais

•• Seção I acrescentada pela Lei n. 14.112, de 24-12-2020.

Art. 167-A. Este Capítulo disciplina a insolvência transnacional, com o objetivo de proporcionar mecanismos efetivos para:

•• *Caput* acrescentado pela Lei n. 14.112, de 24-12-2020.

I – a cooperação entre juízes e outras autoridades competentes do Brasil e de outros países em casos de insolvência transnacional;

•• Inciso I acrescentado pela Lei n. 14.112, de 24-12-2020.

II – o aumento da segurança jurídica para a atividade econômica e para o investimento;

•• Inciso II acrescentado pela Lei n. 14.112, de 24-12-2020.

III – a administração justa e eficiente de processos de insolvência transnacional, de modo a proteger os interesses de todos os credores e dos demais interessados, inclusive do devedor;

•• Inciso III acrescentado pela Lei n. 14.112, de 24-12-2020.

IV – a proteção e a maximização do valor dos ativos do devedor;

•• Inciso IV acrescentado pela Lei n. 14.112, de 24-12-2020.

V – a promoção da recuperação de empresas em crise econômico-financeira, com a proteção de investimentos e a preservação de empregos; e

•• Inciso V acrescentado pela Lei n. 14.112, de 24-12-2020.

VI – a promoção da liquidação dos ativos da empresa em crise econômico-financeira, com a preservação e a otimização da utilização produtiva dos bens, dos ativos e dos recursos produtivos da empresa, inclusive os intangíveis.

•• Inciso VI acrescentado pela Lei n. 14.112, de 24-12-2020.

§ 1.º Na interpretação das disposições deste Capítulo, deverão ser considerados o seu objetivo de cooperação internacional, a necessidade de uniformidade de sua aplicação e a observância da boa-fé.

•• § 1.º acrescentado pela Lei n. 14.112, de 24-12-2020.

§ 2.º As medidas de assistência aos processos estrangeiros mencionadas neste Capítulo formam um rol meramente exemplificativo, de modo que outras medidas, ainda que previstas em leis distintas, solicitadas pelo representante estrangeiro, pela autoridade estrangeira ou pelo juízo brasileiro poderão ser deferidas pelo juiz competente ou promovidas diretamente pelo administrador judicial, com imediata comunicação nos autos.

•• § 2.º acrescentado pela Lei n. 14.112, de 24-12-2020.

§ 3.º Em caso de conflito, as obrigações assumidas em tratados ou convenções internacionais em vigor no Brasil prevalecerão sobre as disposições deste Capítulo.

•• § 3.º acrescentado pela Lei n. 14.112, de 24-12-2020.

§ 4.º O juiz somente poderá deixar de aplicar as disposições deste Capítulo se, no caso concreto, a sua aplicação configurar manifesta ofensa à ordem pública.

•• § 4.º acrescentado pela Lei n. 14.112, de 24-12-2020.

§ 5.º O Ministério Público intervirá nos processos de que trata este Capítulo.

•• § 5.º acrescentado pela Lei n. 14.112, de 24-12-2020.

§ 6.º Na aplicação das disposições deste Capítulo, será observada a competência do Superior Tribunal de Justiça prevista na alínea *I* do inciso I do *caput* do art. 105 da Constituição Federal, quando cabível.

•• § 6.º acrescentado pela Lei n. 14.112, de 24-12-2020.

Art. 167-B. Para os fins deste Capítulo, considera-se:

•• *Caput* acrescentado pela Lei n. 14.112, de 24-12-2020.

I – processo estrangeiro: qualquer processo judicial ou administrativo, de cunho coletivo, inclusive de natureza cautelar, aberto em outro país de acordo com disposições relativas à insolvência nele vigentes, em que os bens e as atividades de um devedor estejam sujeitos a uma autoridade estrangeira, para fins de reorganização ou liquidação;

•• Inciso I acrescentado pela Lei n. 14.112, de 24-12-2020.

II – processo estrangeiro principal: qualquer processo estrangeiro aberto no país em que o devedor tenha o centro de seus interesses principais;

•• Inciso II acrescentado pela Lei n. 14.112, de 24-12-2020.

III – processo estrangeiro não principal: qualquer processo estrangeiro que não seja um processo estrangeiro principal, aberto em um país em que o devedor tenha estabelecimento ou bens;

•• Inciso III acrescentado pela Lei n. 14.112, de 24-12-2020.

IV – representante estrangeiro: pessoa ou órgão, inclusive o nomeado em caráter transitório, que esteja autorizado, no processo estrangeiro, a administrar os bens ou as atividades do devedor, ou a atuar como representante do processo estrangeiro;

•• Inciso IV acrescentado pela Lei n. 14.112, de 24-12-2020.

V – autoridade estrangeira: juiz ou autoridade administrativa que dirija ou supervisione um processo estrangeiro; e

•• Inciso V acrescentado pela Lei n. 14.112, de 24-12-2020.

VI – estabelecimento: qualquer local de operações em que o devedor desenvolva uma atividade econômica não transitória com o emprego de recursos humanos e de bens ou serviços.

•• Inciso VI acrescentado pela Lei n. 14.112, de 24-12-2020.

Art. 167-C. As disposições deste Capítulo aplicam-se aos casos em que:

•• *Caput* acrescentado pela Lei n. 14.112, de 24-12-2020.

I – autoridade estrangeira ou representante estrangeiro solicita assistência no Brasil para um processo estrangeiro;

•• Inciso I acrescentado pela Lei n. 14.112, de 24-12-2020.

II – assistência relacionada a um processo disciplinado por esta Lei é pleiteada em um país estrangeiro;

•• Inciso II acrescentado pela Lei n. 14.112, de 24-12-2020.

III – processo estrangeiro e processo disciplinado por esta Lei relativos ao mesmo devedor estão em curso simultaneamente; ou

•• Inciso III acrescentado pela Lei n. 14.112, de 24-12-2020.

IV – credores ou outras partes interessadas, de outro país, têm interesse em requerer a abertura de um processo disciplinado por esta Lei, ou dele participar.

•• Inciso IV acrescentado pela Lei n. 14.112, de 24-12-2020.

Art. 167-D. O juízo do local do principal estabelecimento do devedor no Brasil é o competente para o reconhecimento de processo estrangeiro e para a cooperação com a autoridade estrangeira nos termos deste Capítulo.

•• *Caput* acrescentado pela Lei n. 14.112, de 24-12-2020.

§ 1.º A distribuição do pedido de reconhecimento do processo estrangeiro previne a jurisdição para qualquer pedido de recuperação judicial, de recuperação extrajudicial ou de falência relativo ao devedor.

•• § 1.º acrescentado pela Lei n. 14.112, de 24-12-2020.

§ 2.º A distribuição do pedido de recuperação judicial, de recuperação extrajudicial ou de falência previne a jurisdição para qualquer pedido de reconhecimento de processo estrangeiro relativo ao devedor.

•• § 2.º acrescentado pela Lei n. 14.112, de 24-12-2020.

Art. 167-E. São autorizados a atuar em outros países, independentemente de decisão judicial, na qualidade de representante do processo brasileiro, desde que essa providência seja permitida pela lei do país em que tramitem os processos estrangeiros:

•• *Caput* acrescentado pela Lei n. 14.112, de 24-12-2020.

I – o devedor, na recuperação judicial e na recuperação extrajudicial;

•• Inciso I acrescentado pela Lei n. 14.112, de 24-12-2020.

II – o administrador judicial, na falência.

•• Inciso II acrescentado pela Lei n. 14.112, de 24-12-2020.

§ 1.º Na hipótese de que trata o inciso II do *caput* deste artigo, poderá o juiz, em caso de omissão do administrador judicial, autorizar terceiro para a atuação prevista no *caput* deste artigo.

•• § 1.º acrescentado pela Lei n. 14.112, de 24-12-2020.

§ 2.º A pedido de qualquer dos autorizados, o juízo mandará certificar a condição de representante do processo brasileiro.
•• § 2.º acrescentado pela Lei n. 14.112, de 24-12-2020.

Seção II
Do Acesso à Jurisdição Brasileira
•• Seção II acrescentada pela Lei n. 14.112, de 24-12-2020.

Art. 167-F. O representante estrangeiro está legitimado a postular diretamente ao juiz brasileiro, nos termos deste Capítulo.
•• *Caput* acrescentado pela Lei n. 14.112, de 24-12-2020.

§ 1.º O pedido feito ao juiz brasileiro não sujeita o representante estrangeiro nem o devedor, seus bens e suas atividades à jurisdição brasileira, exceto no que diz respeito aos estritos limites do pedido.
•• § 1.º acrescentado pela Lei n. 14.112, de 24-12-2020.

§ 2.º Reconhecido o processo estrangeiro, o representante estrangeiro está autorizado a:
•• § 2.º, *caput*, acrescentado pela Lei n. 14.112, de 24-12-2020.

I – ajuizar pedido de falência do devedor, desde que presentes os requisitos para isso, de acordo com esta Lei;
•• Inciso I acrescentado pela Lei n. 14.112, de 24-12-2020.

II – participar do processo de recuperação judicial, de recuperação extrajudicial ou de falência do mesmo devedor, em curso no Brasil;
•• Inciso II acrescentado pela Lei n. 14.112, de 24-12-2020.

III – intervir em qualquer processo em que o devedor seja parte, atendidas as exigências do direito brasileiro.
•• Inciso III acrescentado pela Lei n. 14.112, de 24-12-2020.

Art. 167-G. Os credores estrangeiros têm os mesmos direitos conferidos aos credores nacionais nos processos de recuperação judicial, de recuperação extrajudicial ou de falência.
•• *Caput* acrescentado pela Lei n. 14.112, de 24-12-2020.

§ 1.º Os credores estrangeiros receberão o mesmo tratamento dos credores nacionais, respeitada a ordem de classificação dos créditos prevista nesta Lei, e não serão discriminados em razão de sua nacionalidade ou da localização de sua sede, estabelecimento, residência ou domicílio, respeitado o seguinte:
•• § 1.º, *caput*, acrescentado pela Lei n. 14.112, de 24-12-2020.

I – os créditos estrangeiros de natureza tributária e previdenciária, bem como as penas pecuniárias por infração de leis penais ou administrativas, inclusive as multas tributárias devidas a Estados estrangeiros, não serão considerados nos processos de recuperação judicial e serão classificados como créditos subordinados nos processos de falência, independentemente de sua classificação nos países em que foram constituídos;
•• Inciso I acrescentado pela Lei n. 14.112, de 24-12-2020.

II – o crédito do representante estrangeiro será equiparado ao do administrador judicial nos casos em que fizer jus a remuneração, exceto quando for o próprio devedor ou seu representante;
•• Inciso II acrescentado pela Lei n. 14.112, de 24-12-2020.

III – os créditos que não tiverem correspondência com a classificação prevista nesta Lei serão classificados como quirografários, independentemente da classificação atribuída pela lei do país em que foram constituídos.
•• Inciso III acrescentado pela Lei n. 14.112, de 24-12-2020.

§ 2.º O juiz deve determinar as medidas apropriadas, no caso concreto, para que os credores que não tiverem domicílio ou estabelecimento no Brasil tenham acesso às notificações e às informações dos processos de recuperação judicial, de recuperação extrajudicial ou de falência.
•• § 2.º acrescentado pela Lei n. 14.112, de 24-12-2020.

§ 3.º As notificações e as informações aos credores que não tiverem domicílio ou estabelecimento no Brasil serão realizadas por qualquer meio considerado adequado pelo juiz, dispensada a expedição de carta rogatória para essa finalidade.
•• § 3.º acrescentado pela Lei n. 14.112, de 24-12-2020.

§ 4.º A comunicação do início de um processo de recuperação judicial ou de falência para credores estrangeiros deverá conter as informações sobre providências necessárias para que o credor possa fazer valer seu direito, inclusive quanto ao prazo para apresentação de habilitação ou de divergência e à necessidade de os credores garantidos habilitarem seus créditos.
•• § 4.º acrescentado pela Lei n. 14.112, de 24-12-2020.

§ 5.º O juiz brasileiro deverá expedir os ofícios e os mandados necessários ao Banco Central do Brasil para permitir a remessa ao exterior dos valores recebidos por credores domiciliados no estrangeiro.
•• § 5.º acrescentado pela Lei n. 14.112, de 24-12-2020.

Seção III
Do Reconhecimento de Processos Estrangeiros
•• Seção III acrescentada pela Lei n. 14.112, de 24-12-2020.

Art. 167-H. O representante estrangeiro pode ajuizar, perante o juiz, pedido de reconhecimento do processo estrangeiro em que atua.
•• *Caput* acrescentado pela Lei n. 14.112, de 24-12-2020.

§ 1.º O pedido de reconhecimento do processo estrangeiro deve ser acompanhado dos seguintes documentos:
•• § 1.º, *caput*, acrescentado pela Lei n. 14.112, de 24-12-2020.

I – cópia apostilada da decisão que determine a abertura do processo estrangeiro e nomeie o representante estrangeiro;
•• Inciso I acrescentado pela Lei n. 14.112, de 24-12-2020.

II – certidão apostilada expedida pela autoridade estrangeira que ateste a existência do processo estrangeiro e a nomeação do representante estrangeiro; ou
•• Inciso II acrescentado pela Lei n. 14.112, de 24-12-2020.

III – qualquer outro documento emitido por autoridade estrangeira que permita ao juiz atingir plena convicção da existência do processo estrangeiro e da identificação do representante estrangeiro.
•• Inciso III acrescentado pela Lei n. 14.112, de 24-12-2020.

§ 2.º O pedido de reconhecimento do processo estrangeiro deve ser acompanhado por uma relação de todos os processos estrangeiros relativos ao devedor que sejam de conhecimento do representante estrangeiro.
•• § 2.º acrescentado pela Lei n. 14.112, de 24-12-2020.

§ 3.º Os documentos redigidos em língua estrangeira devem estar acompanhados de tradução oficial para a língua portuguesa, salvo quando, sem prejuízo aos credores, for expressamente dispensada pelo juiz e substituída por tradução simples para a língua portuguesa, declarada fiel e autêntica pelo próprio advogado, sob sua responsabilidade pessoal.
•• § 3.º acrescentado pela Lei n. 14.112, de 24-12-2020.

Art. 167-I. Independentemente de outras medidas, o juiz poderá reconhecer:
•• *Caput* acrescentado pela Lei n. 14.112, de 24-12-2020.

I – a existência do processo estrangeiro e a identificação do representante estrangeiro, a partir da decisão ou da certidão referidas no § 1.º do art. 167-H desta Lei que os indicarem como tal;
•• Inciso I acrescentado pela Lei n. 14.112, de 24-12-2020.

II – a autenticidade de todos ou de alguns documentos juntados com o pedido de reconhecimento do processo estrangeiro, mesmo que não tenham sido apostilados;
•• Inciso II acrescentado pela Lei n. 14.112, de 24-12-2020.

III – o país onde se localiza o domicílio do devedor, no caso dos empresários individuais, ou o país da sede estatutária do devedor, no caso das sociedades, como seu centro de interesses principais, salvo prova em contrário.
•• Inciso III acrescentado pela Lei n. 14.112, de 24-12-2020.

Art. 167-J. Ressalvado o disposto no § 4.º do art. 167-A desta Lei, o juiz reconhecerá o processo estrangeiro quando:
•• *Caput* acrescentado pela Lei n. 14.112, de 24-12-2020.

I – o processo enquadrar-se na definição constante do inciso I do caput do art. 167-B desta Lei;

•• Inciso I acrescentado pela Lei n. 14.112, de 24-12-2020.

II – o representante que tiver requerido o reconhecimento do processo enquadrar-se na definição de representante estrangeiro constante do inciso IV do caput do art. 167-B desta Lei;

•• Inciso II acrescentado pela Lei n. 14.112, de 24-12-2020.

III – o pedido cumprir os requisitos estabelecidos no art. 167-H desta Lei; e

•• Inciso III acrescentado pela Lei n. 14.112, de 24-12-2020.

IV – o pedido tiver sido endereçado ao juiz, conforme o disposto no art. 167-D desta Lei.

•• Inciso IV acrescentado pela Lei n. 14.112, de 24-12-2020.

§ 1.º Satisfeitos os requisitos previstos no caput deste artigo, o processo estrangeiro deve ser reconhecido como:

•• § 1.º, caput, acrescentado pela Lei n. 14.112, de 24-12-2020.

I – processo estrangeiro principal, caso tenha sido aberto no local em que o devedor tenha o seu centro de interesses principais; ou

•• Inciso I acrescentado pela Lei n. 14.112, de 24-12-2020.

II – processo estrangeiro não principal, caso tenha sido aberto em local em que o devedor tenha bens ou estabelecimento, na forma definida no inciso VI do caput do art. 167-B desta Lei.

•• Inciso II acrescentado pela Lei n. 14.112, de 24-12-2020.

§ 2.º Não obstante o previsto nos incisos I e II do § 1.º deste artigo, o processo estrangeiro será reconhecido como processo estrangeiro não principal se o centro de interesses principais do devedor tiver sido transferido ou de outra forma manipulado com o objetivo de transferir para outro Estado a competência jurisdicional para abertura do processo.

•• § 2.º acrescentado pela Lei n. 14.112, de 24-12-2020.

§ 3.º A decisão de reconhecimento do processo estrangeiro poderá ser modificada ou revogada, a qualquer momento, a pedido de qualquer parte interessada, se houver elementos que comprovem que os requisitos para o reconhecimento foram descumpridos, total ou parcialmente, ou deixaram de existir.

•• § 3.º acrescentado pela Lei n. 14.112, de 24-12-2020.

§ 4.º Da decisão que acolher o pedido de reconhecimento caberá agravo, e da sentença que o julgar improcedente caberá apelação.

•• § 4.º acrescentado pela Lei n. 14.112, de 24-12-2020.

Art. 167-K. Após o pedido de reconhecimento do processo estrangeiro, o representante estrangeiro deverá imediatamente informar ao juiz:

•• Caput acrescentado pela Lei n. 14.112, de 24-12-2020.

I – qualquer modificação significativa no estado do processo estrangeiro reconhecido ou no estado de sua nomeação como representante estrangeiro;

•• Inciso I acrescentado pela Lei n. 14.112, de 24-12-2020.

II – qualquer outro processo estrangeiro relativo ao mesmo devedor de que venha a ter conhecimento.

•• Inciso II acrescentado pela Lei n. 14.112, de 24-12-2020.

Art. 167-L. Após o ajuizamento do pedido de reconhecimento do processo estrangeiro, e antes de sua decisão, o juiz poderá conceder liminarmente as medidas de tutela provisória, fundadas em urgência ou evidência, necessárias para o cumprimento desta Lei, para a proteção da massa falida ou para a eficiência da administração.

•• Caput acrescentado pela Lei n. 14.112, de 24-12-2020.

§ 1.º Salvo no caso do disposto no inciso IV do caput do art. 167-N desta Lei, as medidas de natureza provisória encerram-se com a decisão sobre o pedido de reconhecimento.

•• § 1.º acrescentado pela Lei n. 14.112, de 24-12-2020.

§ 2.º O juiz poderá recusar-se a conceder as medidas de assistência provisória que possam interferir na administração do processo estrangeiro principal.

•• § 2.º acrescentado pela Lei n. 14.112, de 24-12-2020.

Art. 167-M. Com o reconhecimento de processo estrangeiro principal, decorrem automaticamente:

•• Caput acrescentado pela Lei n. 14.112, de 24-12-2020.

I – a suspensão do curso de quaisquer processos de execução ou de quaisquer outras medidas individualmente tomadas por credores relativas ao patrimônio do devedor, respeitadas as demais disposições desta Lei;

•• Inciso I acrescentado pela Lei n. 14.112, de 24-12-2020.

II – a suspensão do curso da prescrição de quaisquer execuções judiciais contra o devedor, respeitadas as demais disposições desta Lei;

•• Inciso II acrescentado pela Lei n. 14.112, de 24-12-2020.

III – a ineficácia de transferência, de oneração ou de qualquer forma de disposição de bens do ativo não circulante do devedor realizadas sem prévia autorização judicial.

•• Inciso III acrescentado pela Lei n. 14.112, de 24-12-2020.

§ 1.º A extensão, a modificação ou a cessação dos efeitos previstos nos incisos I, II e III do caput deste artigo subordinam-se ao disposto nesta Lei.

•• § 1.º acrescentado pela Lei n. 14.112, de 24-12-2020.

§ 2.º Os credores conservam o direito de ajuizar quaisquer processos judiciais e arbitrais, e de neles prosseguir, que visem à condenação do devedor ou ao reconhecimento ou à liquidação de seus créditos, e, em qualquer caso, as medidas executórias deverão permanecer suspensas.

•• § 2.º acrescentado pela Lei n. 14.112, de 24-12-2020.

§ 3.º As medidas previstas neste artigo não afetam os credores que não estejam sujeitos aos processos de recuperação judicial, de recuperação extrajudicial ou de falência, salvo nos limites permitidos por esta Lei.

•• § 3.º acrescentado pela Lei n. 14.112, de 24-12-2020.

Art. 167-N. Com a decisão de reconhecimento do processo estrangeiro, tanto principal como não principal, o juiz poderá determinar, a pedido do representante estrangeiro e desde que necessárias para a proteção dos bens do devedor e no interesse dos credores, entre outras, as seguintes medidas:

•• Caput acrescentado pela Lei n. 14.112, de 24-12-2020.

I – a ineficácia de transferência, de oneração ou de qualquer forma de disposição de bens do ativo não circulante do devedor realizadas sem prévia autorização judicial, caso não tenham decorrido automaticamente do reconhecimento previsto no art. 167-M desta Lei;

•• Inciso I acrescentado pela Lei n. 14.112, de 24-12-2020.

II – a oitiva de testemunhas, a colheita de provas ou o fornecimento de informações relativas a bens, a direitos, a obrigações, à responsabilidade e à atividade do devedor;

•• Inciso II acrescentado pela Lei n. 14.112, de 24-12-2020.

III – a autorização do representante estrangeiro ou de outra pessoa para administrar e/ou realizar o ativo do devedor, no todo ou em parte, localizado no Brasil;

•• Inciso III acrescentado pela Lei n. 14.112, de 24-12-2020.

IV – a conversão, em definitiva, de qualquer medida de assistência provisória concedida anteriormente;

•• Inciso IV acrescentado pela Lei n. 14.112, de 24-12-2020.

V – a concessão de qualquer outra medida que seja necessária.

•• Inciso V acrescentado pela Lei n. 14.112, de 24-12-2020.

§ 1.º Com o reconhecimento do processo estrangeiro, tanto principal como não principal, o juiz poderá, a requerimento do representante estrangeiro, autorizá-lo, ou outra pessoa nomeada por aquele, a promover a destinação do ativo do devedor, no todo ou em parte, localizado no Brasil, desde que os interesses dos credores domiciliados ou estabelecidos no Brasil estejam adequadamente protegidos.

•• § 1.º acrescentado pela Lei n. 14.112, de 24-12-2020.

§ 2.º Ao conceder medida de assistência prevista neste artigo requerida pelo representante estrangeiro de um processo estrangeiro não principal, o juiz deverá certificar-se de que as medidas para efetivá-la se referem a bens que, de acordo com o direito brasileiro, devam ser submetidos à disciplina aplicável ao processo estrangeiro não principal, ou certificar-se de que elas digam respeito a informações nele exigidas.

•• § 2.º acrescentado pela Lei n. 14.112, de 24-12-2020.

Art. 167-O. Ao conceder ou denegar uma das medidas previstas nos arts. 167-L e 167-N desta Lei, bem como ao modificá-las ou revogá-las nos termos do § 2.º deste artigo, o juiz deverá certificar-se de que o interesse dos credores, do devedor e de terceiros interessados será adequadamente protegido.

•• *Caput* acrescentado pela Lei n. 14.112, de 24-12-2020.

§ 1.º O juiz poderá condicionar a concessão das medidas previstas nos arts. 167-L e 167-N desta Lei ao atendimento de condições que considerar apropriadas.

•• § 1.º acrescentado pela Lei n. 14.112, de 24-12-2020.

§ 2.º A pedido de qualquer interessado, do representante estrangeiro ou de ofício, o juiz poderá modificar ou revogar, a qualquer momento, medidas concedidas com fundamento nos arts. 167-L e 167-N desta Lei.

•• § 2.º acrescentado pela Lei n. 14.112, de 24-12-2020.

§ 3.º Com o reconhecimento do processo estrangeiro, tanto principal quanto não principal, o representante estrangeiro poderá ajuizar medidas com o objetivo de tornar ineficazes quaisquer atos realizados, nos termos dos arts. 129 e 130, observado ainda o disposto no art. 131, todos desta Lei.

•• § 3.º acrescentado pela Lei n. 14.112, de 24-12-2020.

§ 4.º No caso de processo estrangeiro não principal, a ineficácia referida no § 3.º deste artigo dependerá da verificação, pelo juiz, de que, de acordo com a lei brasileira, os bens devam ser submetidos à disciplina aplicável ao processo estrangeiro não principal.

•• § 4.º acrescentado pela Lei n. 14.112, de 24-12-2020.

Seção IV
Da Cooperação com Autoridades e Representantes Estrangeiros

•• Seção IV acrescentada pela Lei n. 14.112, de 24-12-2020.

Art. 167-P. O juiz deverá cooperar diretamente ou por meio do administrador judicial, na máxima extensão possível, com a autoridade estrangeira ou com representantes estrangeiros, na persecução dos objetivos estabelecidos no art. 167-A desta Lei.

•• *Caput* acrescentado pela Lei n. 14.112, de 24-12-2020.

§ 1.º O juiz poderá comunicar-se diretamente com autoridades estrangeiras ou com representantes estrangeiros, ou deles solicitar informação e assistência, sem a necessidade de expedição de cartas rogatórias, de procedimento de auxílio direto ou de outras formalidades semelhantes.

•• § 1.º acrescentado pela Lei n. 14.112, de 24-12-2020.

§ 2.º O administrador judicial, no exercício de suas funções e sob a supervisão do juiz, deverá cooperar, na máxima extensão possível, com a autoridade estrangeira ou com representantes estrangeiros, na persecução dos objetivos estabelecidos no art. 167-A desta Lei.

•• § 2.º acrescentado pela Lei n. 14.112, de 24-12-2020.

§ 3.º O administrador judicial, no exercício de suas funções, poderá comunicar-se com as autoridades estrangeiras ou com os representantes estrangeiros.

•• § 3.º acrescentado pela Lei n. 14.112, de 24-12-2020.

Art. 167-Q. A cooperação a que se refere o art. 167-P desta Lei poderá ser implementada por quaisquer meios, inclusive pela:

•• *Caput* acrescentado pela Lei n. 14.112, de 24-12-2020.

I – nomeação de uma pessoa, natural ou jurídica, para agir sob a supervisão do juiz;

•• Inciso I acrescentado pela Lei n. 14.112, de 24-12-2020.

II – comunicação de informações por quaisquer meios considerados apropriados pelo juiz;

•• Inciso II acrescentado pela Lei n. 14.112, de 24-12-2020.

III – coordenação da administração e da supervisão dos bens e das atividades do devedor;

•• Inciso III acrescentado pela Lei n. 14.112, de 24-12-2020.

IV – aprovação ou implementação, pelo juiz, de acordos ou de protocolos de cooperação para a coordenação dos processos judiciais; e

•• Inciso IV acrescentado pela Lei n. 14.112, de 24-12-2020.

V – coordenação de processos concorrentes relativos ao mesmo devedor.

•• Inciso V acrescentado pela Lei n. 14.112, de 24-12-2020.

Seção V
Dos Processos Concorrentes

•• Seção V acrescentada pela Lei n. 14.112, de 24-12-2020.

Art. 167-R. Após o reconhecimento de um processo estrangeiro principal, somente se iniciará no Brasil um processo de recuperação judicial, de recuperação extrajudicial ou de falência se o devedor possuir bens ou estabelecimento no País.

•• *Caput* acrescentado pela Lei n. 14.112, de 24-12-2020.

Parágrafo único. Os efeitos do processo ajuizado no Brasil devem restringir-se aos bens e ao estabelecimento do devedor localizados no Brasil e podem estender-se a outros, desde que esta medida seja necessária para a cooperação e a coordenação com o processo estrangeiro principal.

•• Parágrafo único acrescentado pela Lei n. 14.112, de 24-12-2020.

Art. 167-S. Sempre que um processo estrangeiro e um processo de recuperação judicial, de recuperação extrajudicial ou de falência relativos ao mesmo devedor estiverem em curso simultaneamente, o juiz deverá buscar a cooperação e a coordenação entre eles, respeitadas as seguintes disposições:

•• *Caput* acrescentado pela Lei n. 14.112, de 24-12-2020.

I – se o processo no Brasil já estiver em curso quando o pedido de reconhecimento do processo estrangeiro tiver sido ajuizado, qualquer medida de assistência determinada pelo juiz nos termos dos arts. 167-L ou 167-N desta Lei deve ser compatível com o processo brasileiro, e o previsto no art. 167-M desta Lei não será aplicável se o processo estrangeiro for reconhecido como principal;

•• Inciso I acrescentado pela Lei n. 14.112, de 24-12-2020.

II – se o processo no Brasil for ajuizado após o reconhecimento do processo estrangeiro ou após o ajuizamento do pedido de seu reconhecimento, todas as medidas de assistência concedidas nos termos dos arts. 167-L ou 167-N desta Lei deverão ser revistas pelo juiz e modificadas ou revogadas se forem incompatíveis com o processo no Brasil e, quando o processo estrangeiro for reconhecido como principal, os efeitos referidos nos incisos I, II e III do *caput* do art. 167-M serão modificados ou cessados, nos termos do § 1.º do art. 167-M desta Lei, se incompatíveis com os demais dispositivos desta Lei;

•• Inciso II acrescentado pela Lei n. 14.112, de 24-12-2020.

III – qualquer medida de assistência a um processo estrangeiro não principal deverá restringir-se a bens e a estabelecimento que, de acordo com o ordenamento jurídico brasileiro, devam ser submetidos à disciplina aplicável ao processo estrangeiro não principal, ou a informações nele exigidas.

•• Inciso III acrescentado pela Lei n. 14.112, de 24-12-2020.

Art. 167-T. Na hipótese de haver mais de um processo estrangeiro relativo ao mesmo devedor, o juiz deverá buscar a cooperação e a coordenação de acordo com as disposições dos arts. 167-P e 167-Q desta Lei, bem como observar o seguinte:
•• *Caput* acrescentado pela Lei n. 14.112, de 24-12-2020.

I – qualquer medida concedida ao representante de um processo estrangeiro não principal após o reconhecimento de um processo estrangeiro principal deve ser compatível com este último;
•• Inciso I acrescentado pela Lei n. 14.112, de 24-12-2020.

II – se um processo estrangeiro principal for reconhecido após o reconhecimento ou o pedido de reconhecimento de um processo estrangeiro não principal, qualquer medida concedida nos termos dos arts. 167-L ou 167-N desta Lei deverá ser revista pelo juiz, que a modificará ou a revogará se for incompatível com o processo estrangeiro principal;
•• Inciso II acrescentado pela Lei n. 14.112, de 24-12-2020.

III – se, após o reconhecimento de um processo estrangeiro não principal, outro processo estrangeiro não principal for reconhecido, o juiz poderá, com a finalidade de facilitar a coordenação dos processos, conceder, modificar ou revogar qualquer medida antes concedida.
•• Inciso III acrescentado pela Lei n. 14.112, de 24-12-2020.

Art. 167-U. Na ausência de prova em contrário, presume-se a insolvência do devedor cujo processo estrangeiro principal tenha sido reconhecido no Brasil.
•• *Caput* acrescentado pela Lei n. 14.112, de 24-12-2020.

Parágrafo único. O representante estrangeiro, o devedor ou os credores podem requerer a falência do devedor cujo processo estrangeiro principal tenha sido reconhecido no Brasil, atendidos os pressupostos previstos nesta Lei.
•• Parágrafo único acrescentado pela Lei n. 14.112, de 24-12-2020.

Art. 167-V. O juízo falimentar responsável por processo estrangeiro não principal deve prestar ao juízo principal as seguintes informações, entre outras:
•• *Caput* acrescentado pela Lei n. 14.112, de 24-12-2020.

I – valor dos bens arrecadados e do passivo;
•• Inciso I acrescentado pela Lei n. 14.112, de 24-12-2020.

II – valor dos créditos admitidos e sua classificação;
•• Inciso II acrescentado pela Lei n. 14.112, de 24-12-2020.

III – classificação, segundo a lei nacional, dos credores não domiciliados ou sediados nos países titulares de créditos sujeitos a lei estrangeira;

•• Inciso III acrescentado pela Lei n. 14.112, de 24-12-2020.

IV – relação de ações judiciais em curso de que seja parte o falido, como autor, réu ou interessado;
•• Inciso IV acrescentado pela Lei n. 14.112, de 24-12-2020.

V – ocorrência do término da liquidação e o saldo, credor ou devedor, bem como eventual ativo remanescente.
•• Inciso V acrescentado pela Lei n. 14.112, de 24-12-2020.

Art. 167-W. No processo falimentar transnacional, principal ou não principal, nenhum ativo, bem ou recurso remanescente da liquidação será entregue ao falido se ainda houver passivo não satisfeito em qualquer outro processo falimentar transnacional.
•• Artigo acrescentado pela Lei n. 14.112, de 24-12-2020.

Art. 167-X. O processo de falência transnacional principal somente poderá ser finalizado após o encerramento dos processos não principais ou após a constatação de que, nesses últimos, não haja ativo líquido remanescente.
•• Artigo acrescentado pela Lei n. 14.112, de 24-12-2020.

Art. 167-Y. Sem prejuízo dos direitos sobre bens ou decorrentes de garantias reais, o credor que tiver recebido pagamento parcial de seu crédito em processo de insolvência no exterior não poderá ser pago pelo mesmo crédito em processo no Brasil referente ao mesmo devedor enquanto os pagamentos aos credores da mesma classe forem proporcionalmente inferiores ao valor já recebido no exterior.
•• Artigo acrescentado pela Lei n. 14.112, de 24-12-2020.

Capítulo VII
DISPOSIÇÕES PENAIS

Seção III
Do Procedimento Penal

Art. 186. No relatório previsto na alínea *e* do inciso III do *caput* do art. 22 desta Lei, o administrador judicial apresentará ao juiz da falência exposição circunstanciada, considerando as causas da falência, o procedimento do devedor, antes e depois da sentença, e outras informações detalhadas a respeito da conduta do devedor e de outros responsáveis, se houver, por atos que possam constituir crime relacionado com a recuperação judicial ou com a falência, ou outro delito conexo a estes.

Parágrafo único. A exposição circunstanciada será instruída com laudo do contador encarregado do exame da escrituração do devedor.

Capítulo VIII
DISPOSIÇÕES FINAIS E TRANSITÓRIAS

Art. 189. Aplica-se, no que couber, aos procedimentos previstos nesta Lei, o disposto na Lei n. 13.105, de 16 de março de 2015 (Código de Processo Civil), desde que não seja incompatível com os princípios desta Lei.
•• *Caput* com redação determinada pela Lei n. 14.112, de 24-12-2020.

§ 1.º Para os fins do disposto nesta Lei:
•• § 1.º, *caput*, acrescentado pela Lei n. 14.112, de 24-12-2020.

I – todos os prazos nela previstos ou que dela decorram serão contados em dias corridos; e
•• Inciso I acrescentado pela Lei n. 14.112, de 24-12-2020.

II – as decisões proferidas nos processos a que se refere esta Lei serão passíveis de agravo de instrumento, exceto nas hipóteses em que esta Lei previr de forma diversa.
•• Inciso II acrescentado pela Lei n. 14.112, de 24-12-2020.

§ 2.º Para os fins do disposto no art. 190 da Lei n. 13.105, de 16 de março de 2015 (Código de Processo Civil), a manifestação de vontade do devedor será expressa e a dos credores será obtida por maioria, na forma prevista no art. 42 desta Lei.
•• § 2.º acrescentado pela Lei n. 14.112, de 24-12-2020.

Art. 189-A. Os processos disciplinados nesta Lei e os respectivos recursos, bem como os processos, os procedimentos e a execução dos atos e das diligências judiciais em que figure como parte empresário individual ou sociedade empresária em regime de recuperação judicial ou extrajudicial ou de falência terão prioridade sobre todos os atos judiciais, salvo o *habeas corpus* e as prioridades estabelecidas em leis especiais.
•• Artigo acrescentado pela Lei n. 14.112, de 24-12-2020.

Art. 190. Todas as vezes que esta Lei se referir a devedor ou falido, compreender-se-á que a disposição também se aplica aos sócios ilimitadamente responsáveis.

Art. 191. Ressalvadas as disposições específicas desta Lei, as publicações ordenadas serão feitas em sítio eletrônico próprio, na internet, dedicado à recuperação judicial e à falência, e as intimações serão realizadas por notificação direta por meio de dispositivos móveis previamente cadastrados e autorizados pelo interessado.
•• *Caput* com redação determinada pela Lei n. 14.112, de 24-12-2020.

Parágrafo único. As publicações ordenadas nesta Lei conterão a epígrafe "recuperação judicial de", "recuperação extrajudicial de" ou "falência de".

Art. 192. Esta Lei não se aplica aos processos de falência ou de concordata ajuizados anteriormente ao início de sua vigência, que serão concluídos nos termos do Decreto-lei n. 7.661, de 21 de junho de 1945.

§ 1.º Fica vedada a concessão de concordata suspensiva nos processos de falência em curso, podendo ser promovida a alienação dos bens da massa falida assim que concluída sua arrecadação, independentemente da formação do quadro-geral de credores e da conclusão do inquérito judicial.

§ 2.º A existência de pedido de concordata anterior à vigência desta Lei não obsta o pedido de recuperação judicial pelo devedor que não houver descumprido obrigação no âmbito da concordata, vedado, contudo, o pedido baseado no plano especial de recuperação judicial para microempresas e empresas de pequeno porte a que se refere a Seção V do Capítulo III desta Lei.

§ 3.º No caso do § 2.º deste artigo, se deferido o processamento da recuperação judicial, o processo de concordata será extinto e os créditos submetidos à concordata serão inscritos por seu valor original na recuperação judicial, deduzidas as parcelas pagas pelo concordatário.

§ 4.º Esta Lei aplica-se às falências decretadas em sua vigência resultantes de convolação de concordatas ou de pedidos de falência anteriores, às quais se aplica, até a decretação, o Decreto-lei n. 7.661, de 21 de junho de 1945, observado, na decisão que decretar a falência, o disposto no art. 99 desta Lei.

§ 5.º O juiz poderá autorizar a locação ou arrendamento de bens imóveis ou móveis a fim de evitar a sua deterioração, cujos resultados reverterão em favor da massa.

•• § 5.º acrescentado pela Lei n. 11.127, de 28-6-2005.

....

Art. 198. Os devedores proibidos de requerer concordata nos termos da legislação específica em vigor na data da publicação desta Lei ficam proibidos de requerer recuperação judicial ou extrajudicial nos termos desta Lei.

....

Art. 200. Ressalvado o disposto no art. 192 desta Lei, ficam revogados o Decreto-lei n. 7.661, de 21 de junho de 1945, e os arts. 503 a 512 do Decreto-lei n. 3.689, de 3 de outubro de 1941 – Código de Processo Penal.

• Citados dispositivos dispõem sobre o processo e o julgamento dos crimes de falência.

Art. 201. Esta Lei entra em vigor 120 (cento e vinte) dias após sua publicação.

Brasília, 9 de fevereiro de 2005; 184.º da Independência e 117.º da República.

Luiz Inácio Lula da Silva

LEI COMPLEMENTAR N. 118, DE 9 DE FEVEREIRO DE 2005 (*)

Altera e acrescenta dispositivos à Lei n. 5.172, de 25 de outubro de 1966 – Código Tributário Nacional, e dispõe sobre a interpretação do inciso I do art. 168 da mesma Lei.

O Presidente da República.
Faço saber que o Congresso Nacional decreta e eu sanciono a seguinte Lei:

Art. 1.º A Lei n. 5.172, de 25 de outubro de 1966 – Código Tributário Nacional, passa a vigorar com as seguintes alterações:

•• Alterações já processadas no diploma modificado.

Art. 2.º A Lei n. 5.172, de 25 de outubro de 1966 – Código Tributário Nacional, passa a vigorar acrescida dos seguintes arts. 185-A e 191-A:

•• Alterações já processadas no diploma modificado.

Art. 3.º Para efeito de interpretação do inciso I do art. 168 da Lei n. 5.172, de 25 de outubro de 1966 – Código Tributário Nacional, a extinção do crédito tributário ocorre, no caso de tributo sujeito a lançamento por homologação, no momento do pagamento antecipado de que trata o § 1.º do art. 150 da referida Lei.

Art. 4.º Esta Lei entra em vigor 120 (cento e vinte) dias após sua publicação, observado, quanto ao art. 3.º, o disposto no art. 106, inciso I, da Lei n. 5.172, de 25 de outubro de 1966 – Código Tributário Nacional.

Brasília, 9 de fevereiro de 2005; 184.º da Independência e 117.º da República.

Luiz Inácio Lula da Silva

LEI N. 11.196, DE 21 DE NOVEMBRO DE 2005 (**)

Institui o Regime Especial de Tributação para a Plataforma de Exportação de Serviços de Tecnologia da Informação – REPES, o Regime Especial de Aquisição de Bens de Capital para Empresas Exportadoras – RECAP e o Programa de Inclusão Digital; dispõe sobre incentivos fiscais para a inovação tecnológica; altera o Decreto-lei n. 288, de 28 de fevereiro de 1967, o Decreto n. 70.235, de 6 de março de 1972, o Decreto-lei n. 2.287, de 23 de julho de 1986, as Leis ns. 4.502, de 30 de novembro de 1964, 8.212, de 24 de julho de 1991, 8.245, de 18 de outubro de 1991, 8.387, de 30 de dezembro de 1991, 8.666, de 21 de junho de 1993, 8.981, de 20 de janeiro de 1995, 8.987, de 13 de fevereiro de 1995, 8.989, de 24 de fevereiro de 1995, 9.249, de 26 de dezembro de 1995, 9.250, de 26 de dezembro de 1995, 9.311, de 24 de outubro de 1996, 9.317, de 5 de

(*) Publicada no *Diário Oficial da União*, de 9-2-2005 – Edição Extra.

(**) Publicada no *Diário Oficial da União*, de 22-11-2005. **A Lei Complementar n. 214, de 16-1-2025, revoga os arts. 41 a 50, 59 e 109, desta lei a partir de 1.º-1-2027.**

dezembro de 1996, 9.430, de 27 de dezembro de 1996, 9.718, de 27 de novembro de 1998, 10.336, de 19 de dezembro de 2001, 10.438, de 26 de abril de 2002, 10.485, de 3 de julho de 2002, 10.637, de 30 de dezembro de 2002, 10.755, de 3 de novembro de 2003, 10.833, de 29 de dezembro de 2003, 10.865, de 30 de abril de 2004, 10.925, de 23 de julho de 2004, 10.931, de 2 de agosto de 2004, 11.033, de 21 de dezembro de 2004, 11.051, de 29 de dezembro de 2004, 11.053, de 29 de dezembro de 2004, 11.101, de 9 de fevereiro de 2005, 11.128, de 28 de junho de 2005, e a Medida Provisória n. 2.199-14, de 24 de agosto de 2001; revoga a Lei n. 8.661, de 2 de junho de 1993, e dispositivos das Leis ns. 8.668, de 25 de junho de 1993, 8.981, de 20 de janeiro de 1995, 10.637, de 30 de dezembro de 2002, 10.755, de 3 de novembro de 2003, 10.865, de 30 de abril de 2004, 10.931, de 2 de agosto de 2004, e da Medida Provisória n. 2.158-35, de 24 de agosto de 2001; e dá outras providências.

O Presidente da República.
Faço saber que o Congresso Nacional decreta e eu sanciono a seguinte Lei:

....

Capítulo VI
DO SISTEMA INTEGRADO DE PAGAMENTO DE IMPOSTOS E CONTRIBUIÇÕES DAS MICROEMPRESAS E DAS EMPRESAS DE PEQUENO PORTE – SIMPLES

Art. 33. Os arts. 2.º e 15 da Lei n. 9.317, de 5 de dezembro de 1996, passam a vigorar com a seguinte redação:

•• Alteração prejudicada em face da revogação da Lei n. 9.317, de 5-12-1996, pela Lei Complementar n. 123, de 14-12-2006, constante neste volume.

Capítulo VII
DO IMPOSTO DE RENDA DA PESSOA JURÍDICA – IRPJ E DA CONTRIBUIÇÃO SOCIAL SOBRE O LUCRO LÍQUIDO – CSLL

Art. 34. Os arts. 15 e 20 da Lei n. 9.249, de 26 de dezembro de 1995, passam a vigorar com a seguinte redação:

•• Alterações já processadas no diploma modificado.

....

Art. 36. Fica o Ministro da Fazenda autorizado a instituir, por prazo certo, mecanismo de ajuste para fins de determinação de preços de transferência, relativamente ao que dispõe o *caput* do art. 19 da Lei n. 9.430, de 27 de dezembro de 1996, bem como aos métodos de cálculo que especificar, aplicáveis à exportação, de forma a reduzir impactos relativos à apreciação da moeda nacional em relação a outras moedas.

Parágrafo único. O Secretário-Geral da Receita Federal do Brasil poderá determinar a aplicação do mecanismo de ajuste de que trata o *caput* deste artigo às hipóteses referidas no art. 45 da Lei n. 10.833, de 29 de dezembro de 2003.

Art. 37. A diferença entre o valor do encargo decorrente das taxas anuais de depreciação fixadas pela Receita Federal do Brasil e o valor do encargo contabilizado decorrente das taxas anuais de depreciação fixadas pela legislação específica aplicável aos bens do ativo imobilizado, exceto terrenos, adquiridos ou construídos por empresas concessionárias, permissionárias e autorizadas de geração de energia elétrica, poderá ser excluída do lucro líquido para a apuração do lucro real e da base de cálculo da CSLL.

•• Vide art. 132, III, d, desta Lei.

§ 1.º O disposto no *caput* deste artigo aplica-se somente aos bens novos adquiridos ou construídos destinados a empreendimentos cuja concessão, permissão ou autorização tenha sido outorgada a partir da data da publicação desta Lei até 31 de dezembro de 2018.

•• § 1.º com redação determinada pela Lei n. 12.865, de 9-10-2013.

§ 2.º A diferença entre os valores dos encargos de que trata o *caput* deste artigo será controlada no livro fiscal destinado à apuração do lucro real.

§ 3.º O total da depreciação acumulada, incluindo a contábil e a fiscal, não poderá ultrapassar o custo do bem depreciado.

§ 4.º A partir do período de apuração em que for atingido o limite de que trata o § 3.º deste artigo, o valor da depreciação registrado na escrituração comercial será adicionado ao lucro líquido, para efeito da determinação do lucro real e da base de cálculo da CSLL, com a concomitante baixa na conta de controle do livro fiscal de apuração do lucro real.

§ 5.º O disposto neste artigo produz apenas efeitos fiscais, não altera as atribuições e competências fixadas na legislação para a atuação da Agência Nacional de Energia Elétrica – ANEEL e não poderá repercutir, direta ou indiretamente, no aumento de preços e tarifas de energia elétrica.

Capítulo VIII
DO IMPOSTO DE RENDA DA PESSOA FÍSICA – IRPF

•• A Instrução Normativa n. 599, de 28-12-2005, da Secretaria da Receita Federal, dispõe sobre o Imposto de Renda incidente sobre ganhos de capital das pessoas físicas de que trata este Capítulo.

Art. 38. O art. 22 da Lei n. 9.250, de 26 de dezembro de 1995, passa a vigorar com a seguinte redação:

•• Alteração já processada no diploma modificado.

Art. 39. Fica isento do imposto de renda o ganho auferido por pessoa física residente no País na venda de imóveis residenciais, desde que o alienante, no prazo de 180 (cento e oitenta) dias contado da celebração do contrato, aplique o produto da venda na aquisição de imóveis residenciais localizados no País.

•• Vide art. 132, II, d, desta Lei.

§ 1.º No caso de venda de mais de 1 (um) imóvel, o prazo referido neste artigo será contado a partir da data de celebração do contrato relativo à 1.ª (primeira) operação.

§ 2.º A aplicação parcial do produto da venda implicará tributação do ganho proporcionalmente ao valor da parcela não aplicada.

§ 3.º No caso de aquisição de mais de um imóvel, a isenção de que trata este artigo aplicar-se-á ao ganho de capital correspondente apenas à parcela empregada na aquisição de imóveis residenciais.

§ 4.º A inobservância das condições estabelecidas neste artigo importará em exigência do imposto com base no ganho de capital, acrescido de:

I – juros de mora, calculados a partir do 2.º (segundo) mês subsequente ao do recebimento do valor ou de parcela do valor do imóvel vendido; e

II – multa, de mora ou de ofício, calculada a partir do 2.º (segundo) mês seguinte ao do recebimento do valor ou de parcela do valor do imóvel vendido, se o imposto não for pago até 30 (trinta) dias após o prazo de que trata o *caput* deste artigo.

§ 5.º O contribuinte somente poderá usufruir do benefício de que trata este artigo 1 (uma) vez a cada 5 (cinco) anos.

Art. 40. Para a apuração da base de cálculo do imposto sobre a renda incidente sobre o ganho de capital por ocasião da alienação, a qualquer título, de bens imóveis realizada por pessoa física residente no País, serão aplicados fatores de redução (FR1 e FR2) do ganho de capital apurado.

•• Vide art. 132, II, d, desta Lei.

§ 1.º A base de cálculo do imposto corresponderá à multiplicação do ganho de capital pelos fatores de redução, que serão determinados pelas seguintes fórmulas:

I – FR1 = $1/1,0060^{m1}$, onde "m^1" corresponde ao número de meses-calendário ou fração decorridos entre a data de aquisição do imóvel e o mês da publicação desta Lei, inclusive na hipótese de a alienação ocorrer no referido mês;

II – FR2 = $1/1,0035^{m2}$, onde "m^2" corresponde ao número de meses-calendário ou fração decorridos entre o mês seguinte ao da publicação desta Lei ou o mês da aquisição do imóvel, se posterior, e o de sua alienação.

§ 2.º Na hipótese de imóveis adquiridos até 31 de dezembro de 1995, o fator de redução de que trata o inciso I do § 1.º deste artigo será aplicado a partir de 1.º de janeiro de 1996, sem prejuízo do disposto no art. 18 da Lei n. 7.713, de 22 de dezembro de 1988.

Capítulo IX
DA CONTRIBUIÇÃO PARA O PIS/PASEP E DA COFINS

Art. 41. O § 8.º do art. 3.º da Lei n. 9.718, de 27 de novembro de 1998, passa a vigorar acrescido do seguinte inciso III:

•• Alteração já processada no diploma modificado.

....

Art. 43. Os arts. 2.º, 3.º, 10 e 15 da Lei n. 10.833, de 29 de dezembro de 2003, passam a vigorar com a seguinte redação:

•• Alterações já processadas no diploma modificado.

Art. 44. Os arts. 7.º, 8.º, 15, 28 e 40 da Lei n. 10.865, de 30 de abril de 2004, passam a vigorar com a seguinte redação:

•• Alterações já processadas no diploma modificado.

Art. 45. O art. 3.º da Lei n. 10.637, de 30 de dezembro de 2002, passa a vigorar com a seguinte redação:

•• Alteração já processada no diploma modificado.

....

Art. 50. A suspensão de que trata o § 1.º do art. 14 da Lei n. 10.865, de 30 de abril de 2004, aplica-se também nas importações de máquinas, aparelhos, instrumentos e equipamentos, novos, para incorporação ao ativo imobilizado da pessoa jurídica importadora.

§ 1.º A suspensão de que trata o *caput* deste artigo converte-se em alíquota 0 (zero) após decorridos 18 (dezoito) meses da incorporação do bem ao ativo imobilizado da pessoa jurídica importadora.

§ 2.º A pessoa jurídica importadora que não incorporar ao seu ativo imobilizado ou revender o bem antes do prazo de que trata o § 1.º deste artigo recolherá a Contribuição para o PIS/Pasep-Importação e a Cofins-Importação, acrescidas de juros e multa de mora, na forma da lei, contados a partir do registro da Declaração de Importação.

§ 3.º Na hipótese de não ser efetuado o recolhimento na forma do § 2.º deste artigo, caberá lançamento de ofício das contribuições, acrescidas de juros e da multa de que trata o *caput* do art. 44 da Lei n. 9.430, de 27 de dezembro de 1996.

§ 4.º As máquinas, aparelhos, instrumentos e equipamentos beneficiados pela suspensão da exigência das contribuições na forma deste artigo serão relacionados em regulamento.

....

Art. 59. O art. 14 da Lei n. 10.336, de 19 de dezembro de 2001, passa a vigorar com a seguinte redação:

•• Alteração já processada no diploma modificado.

....

Capítulo XI
DOS PRAZOS DE RECOLHIMENTO DE IMPOSTOS E CONTRIBUIÇÕES

Art. 70. Em relação aos fatos geradores ocorridos a partir de 1.º de janeiro de 2006,

os recolhimentos do Imposto de Renda Retido na Fonte – IRRF e do Imposto sobre Operações de Crédito, Câmbio e Seguro, ou Relativas a Títulos ou Valores Mobiliários – IOF serão efetuados nos seguintes prazos:
•• *Vide* art. 132, IV, *b*, desta Lei.
I – IRRF:
a) na data da ocorrência do fato gerador, no caso de:
1. rendimentos atribuídos a residentes ou domiciliados no exterior;
2. pagamentos a beneficiários não identificados;
b) até o 3.º (terceiro) dia útil subsequente ao decêndio de ocorrência dos fatos geradores, no caso de:
1. juros sobre o capital próprio e aplicações financeiras, inclusive os atribuídos a residentes ou domiciliados no exterior, e títulos de capitalização;
2. prêmios, inclusive os distribuídos sob a forma de bens e serviços, obtidos em concursos e sorteios de qualquer espécie e lucros decorrentes desses prêmios; e
3. multa ou qualquer vantagem, de que trata o art. 70 da Lei n. 9.430, de 27 de dezembro de 1996;
c) até o último dia útil do mês subsequente ao encerramento do período de apuração, no caso de rendimentos e ganhos de capital distribuídos pelos fundos de investimento imobiliário;
d) até o vigésimo dia do mês subsequente ao mês de ocorrência dos fatos geradores, no caso de pagamento de rendimentos provenientes do trabalho assalariado a empregado doméstico; e
•• Alínea *d* com redação determinada pela Lei n. 14.438, de 24-8-2022.
•• O art. 19, I, da Lei n. 14.438, de 24-8-2022, trata sobre a produção de efeitos desse dispositivo.
e) até o último dia útil do segundo decêndio do mês subsequente ao mês de ocorrência dos fatos geradores, nos demais casos;
•• Alínea *e* acrescentada pela Lei Complementar n. 150, de 1.º-6-2015.
II – IOF:
a) até o terceiro dia útil subsequente ao decêndio de ocorrência dos fatos geradores, no caso de aquisição de ouro e ativo financeiro;
•• Alínea *a* com redação determinada pela Lei n. 12.599, de 23-3-2012.
b) até o último dia útil do mês subsequente ao de ocorrência dos fatos geradores, no caso de operações relativas a contrato de derivativos financeiros; e
•• Alínea *b* com redação determinada pela Lei n. 12.599, de 23-3-2012.
c) até o terceiro dia útil subsequente ao decêndio da cobrança ou do registro contábil do imposto, nos demais casos.
•• Alínea *c* acrescentada pela Lei n. 12.599, de 23-3-2012.

Parágrafo único. Excepcionalmente, na hipótese de que trata a alínea *d* do inciso I do *caput* deste artigo, em relação aos fatos geradores ocorridos:
I – no mês de dezembro de 2006, os recolhimentos serão efetuados:
a) até o 3.º (terceiro) dia útil do decêndio subsequente, para os fatos geradores ocorridos no 1.º (primeiro) e 2.º (segundo) decêndios; e
b) até o último dia útil do 1.º (primeiro) decêndio do mês de janeiro de 2007, para os fatos geradores ocorridos no 3.º (terceiro) decêndio;
II – no mês de dezembro de 2007, os recolhimentos serão efetuados:
a) até o 3.º (terceiro) dia útil do 2.º (segundo) decêndio, para os fatos geradores ocorridos no 1.º (primeiro) decêndio; e
b) até o último dia útil do 1.º (primeiro) decêndio do mês de janeiro de 2008, para os fatos geradores ocorridos no 2.º (segundo) e no 3.º (terceiro) decêndio.
Art. 71. O § 1.º do art. 63 da Lei n. 8.981, de 20 de janeiro de 1995, passa a vigorar com a seguinte redação:
•• Alteração já processada no diploma modificado.
Art. 72. O parágrafo único do art. 10 da Lei n. 9.311, de 24 de outubro de 1996, passa a vigorar com a seguinte redação:
•• Apesar de não expressamente revogada, a Lei n. 9.311, de 24-10-2006, encontra-se sem aplicação, já que a contribuição instituída por ela, a CPMF, foi extinta pelo art. 90 do ADCT da CF.
Art. 73. O § 2.º do art. 70 da Lei n. 9.430, de 27 de dezembro de 1996, passa a vigorar com a seguinte redação:
•• Alteração já processada no diploma modificado.
Art. 74. O art. 35 da Lei n. 10.833, de 29 de dezembro de 2003, passa a vigorar com a seguinte redação:
•• Alteração já processada no diploma modificado.

Capítulo XVI
DISPOSIÇÕES GERAIS

Art. 109. Para fins do disposto nas alíneas *b* e *c* do inciso XI do *caput* do art. 10 da Lei n. 10.833, de 29 de dezembro de 2003, o reajuste de preços em função do custo de produção ou da variação de índice que reflita a variação ponderada dos custos dos insumos utilizados, nos termos do inciso II do § 1.º do art. 27 da Lei n. 9.069, de 29 de junho de 1995, não será considerado para fins da descaracterização do preço predeterminado.
Parágrafo único. O disposto neste artigo aplica-se desde 1.º de novembro de 2003.
Art. 110. Para efeito de determinação da base de cálculo da Contribuição para o PIS/Pasep, da Cofins, do IRPJ e da CSLL, as instituições financeiras e as demais instituições autorizadas a funcionar pelo Banco Central do Brasil devem computar como receitas ou despesas incorridas nas operações realizadas em mercados de liquidação futura:
•• Artigo regulamentado pelo Decreto n. 5.730, de 20-3-2006.
•• **A Lei Complementar n. 214, de 16-1-2025, deu nova redação a este *caput*, com produção de efeitos a partir de 1.º-1-2027:** "Art. 110. Para efeito de determinação da base de cálculo do IRPJ e da CSLL, as instituições financeiras e as demais instituições autorizadas a funcionar pelo Banco Central do Brasil devem computar como receitas ou despesas incorridas nas operações realizadas em mercados de liquidação futura:".
•• *Vide* art. 132, VII, desta Lei.
I – a diferença, apurada no último dia útil do mês, entre as variações das taxas, dos preços ou dos índices contratados (diferença de curvas), sendo o saldo apurado por ocasião da liquidação do contrato, da cessão ou do encerramento da posição, nos casos de:
a) *swap* e termo;
b) futuro e outros derivativos com ajustes financeiros diários ou periódicos de posições cujos ativos subjacentes aos contratos sejam taxas de juros *spot* ou instrumentos de renda fixa para os quais seja possível a apuração do critério previsto neste inciso;
II – o resultado da soma algébrica dos ajustes apurados mensalmente, no caso dos mercados referidos na alínea *b* do inciso I do *caput* deste artigo cujos ativos subjacentes aos contratos sejam mercadorias, moedas, ativos de renda variável, taxas de juros a termo ou qualquer outro ativo ou variável econômica para os quais não seja possível adotar o critério previsto no referido inciso;
III – o resultado apurado na liquidação do contrato, da cessão ou do encerramento da posição, no caso de opções e demais derivativos.
§ 1.º O Poder Executivo disciplinará, em regulamento, o disposto neste artigo, podendo, inclusive, determinar que o valor a ser reconhecido mensalmente, na hipótese de que trata a alínea *b* do inciso I do *caput* deste artigo, seja calculado:
I – pela bolsa em que os contratos foram negociados ou registrados;
II – enquanto não estiver disponível a informação de que trata o inciso I do *caput* deste artigo, de acordo com os critérios estabelecidos pelo Banco Central do Brasil.
§ 2.º Quando a operação for realizada no mercado de balcão, somente será admitido o reconhecimento de despesas ou de perdas se a operação tiver sido registrada em sistema que disponha de critérios para aferir se os preços, na abertura ou no encerramento da posição, são consistentes com os preços de mercado.
§ 3.º No caso de operações de *hedge* realizadas em mercados de liquidação futura em

bolsas no exterior, as receitas ou as despesas de que trata o *caput* deste artigo serão apropriadas pelo resultado:

I – da soma algébrica dos ajustes apurados mensalmente, no caso de contratos sujeitos a ajustes de posições;

II – auferido na liquidação do contrato, no caso dos demais derivativos.

§ 4.º Para efeito de determinação da base de cálculo da Contribuição para o PIS/Pasep e da Cofins, fica vedado o reconhecimento de despesas ou de perdas apuradas em operações realizadas em mercados fora de bolsa no exterior.

•• A Lei Complementar n. 214, de 16-1-2025, revoga este § 4.º a partir de 1.º-1-2027.

§ 5.º Os ajustes serão efetuados no livro fiscal destinado à apuração do lucro real.

Art. 111. O art. 4.º da Lei n. 10.931, de 2 de agosto de 2004, passa a vigorar com a seguinte redação:

•• Alteração já processada no diploma modificado.

Art. 112. (*Revogado pela Lei n. 11.941, de 27-5-2009.*)

Art. 113. O Decreto n. 70.235, de 6 de março de 1972, passa a vigorar acrescido do art. 26-A e com a seguinte redação para os arts. 2.º, 9.º, 16 e 23:

•• Alterações já processadas no diploma modificado.

Art. 116. O art. 8.º-A da Lei n. 10.336, de 19 de dezembro de 2001, passa a vigorar com a seguinte redação:

•• Alteração já processada no diploma modificado.

Art. 117. O art. 18 da Lei n. 10.833, de 29 de dezembro de 2003, passa a vigorar com a seguinte redação:

•• Alteração já processada no diploma modificado.

Capítulo XVII
DISPOSIÇÕES FINAIS

Art. 132. Esta Lei entra em vigor na data de sua publicação, produzindo efeitos:

I – a partir da data da publicação da Medida Provisória n. 255, de 1.º de julho de 2005, em relação ao disposto:

a) no art. 91 desta Lei, relativamente ao § 6.º do art. 1.º, § 2.º do art. 2.º, parágrafo único do art. 5.º, todos da Lei n. 11.053, de 29 de dezembro de 2004;

b) no art. 92 desta Lei;

II – desde 14 de outubro de 2005, em relação ao disposto:

a) no art. 33 desta Lei, relativamente ao art. 15 da Lei n. 9.317, de 5 de dezembro de 1996;

•• A Lei n. 9.317, de 5-12-1996, foi revogada pela Lei Complementar n. 123, de 14-12-2006, que institui o Estatuto Nacional das Microempresas e Empresas de Pequeno Porte.

b) no art. 43 desta Lei, relativamente ao inciso XXVI do art. 10 e ao art. 15, ambos da Lei n. 10.833, de 29 de dezembro de 2003;

c) no art. 44 desta Lei, relativamente ao art. 40 da Lei n. 10.865, de 30 de abril de 2004;

d) nos arts. 38 a 40, 41, 111, 116 e 117 desta Lei;

III – a partir do 1.º (primeiro) dia do mês subsequente ao da publicação desta Lei, em relação ao disposto:

a) no art. 42 desta Lei, observado o disposto na alínea a do inciso V deste artigo;

b) no art. 44 desta Lei, relativamente ao art. 15 da Lei n. 10.865, de 30 de abril de 2004;

c) no art. 43 desta Lei, relativamente ao art. 3.º e ao inciso XXVII do art. 10 da Lei n. 10.833, de 29 de dezembro de 2003;

d) nos arts. 37, 45, 66 e 106 a 108;

IV – a partir de 1.º de janeiro de 2006, em relação ao disposto:

a) no art. 33 desta Lei, relativamente ao art. 2.º da Lei n. 9.317, de 5 de dezembro de 1996;

b) nos arts. 17 a 27, 31 e 32, 34, 70 a 75 e 76 a 90 desta Lei;

V – a partir do 1.º (primeiro) dia do 4.º (quarto) mês subsequente ao da publicação desta Lei, em relação ao disposto:

a) no art. 42 desta Lei, relativamente ao inciso I do § 3.º e ao inciso II do § 7.º, ambos do art. 3.º da Lei n. 10.485, de 3 de julho de 2002;

b) no art. 46 desta Lei, relativamente ao art. 10 da Lei n. 11.051, de 29 de dezembro de 2004;

c) nos arts. 47 e 48, 51, 56 a 59, 60 a 62, 64 e 65;

VI – a partir da data da publicação do ato conjunto a que se refere o § 3.º do art. 7.º do Decreto-lei n. 2.287, de 23 de julho de 1986, na forma do art. 114 desta Lei, em relação aos arts. 114 e 115 desta Lei;

VII – em relação ao art. 110 desta Lei, a partir da edição de ato disciplinando a matéria, observado, como prazo mínimo:

a) o 1.º (primeiro) dia do 4.º (quarto) mês subsequente ao da publicação desta Lei para a Contribuição para o PIS/Pasep e para a Cofins;

b) o 1.º (primeiro) dia do mês de janeiro de 2006, para o IRPJ e para a CSLL;

VIII – a partir da data da publicação desta Lei, em relação aos demais dispositivos.

Art. 133. Ficam revogados:

I – a partir de 1.º de janeiro de 2006:

a) a Lei n. 8.661, de 2 de junho de 1993;

b) o parágrafo único do art. 17 da Lei n. 8.668, de 25 de junho de 1993;

c) o § 4.º do art. 82 e os incisos I e II do art. 83 da Lei n. 8.981, de 20 de janeiro de 1995;

d) os arts. 39, 40, 42 e 43 da Lei n. 10.637, de 30 de dezembro de 2002;

II – o art. 73 da Medida Provisória n. 2.158-35, de 24 de agosto de 2001;

III – o art. 36 da Lei n. 10.637, de 30 de dezembro de 2002;

IV – o art. 11 da Lei n. 10.931, de 2 de agosto de 2004;

V – o art. 4.º da Lei n. 10.755, de 3 de novembro de 2003;

VI – a partir do 1.º (primeiro) dia do 4.º (quarto) mês subsequente ao da publicação desta Lei, o inciso VIII do § 12 do art. 8.º da Lei n. 10.865, de 30 de abril de 2004.

Brasília, 21 de novembro de 2005; 184.º da Independência e 117.º da República.

LUIZ INÁCIO LULA DA SILVA

LEI N. 11.250, DE 27 DE DEZEMBRO DE 2005 (*)

Regulamenta o inciso III do § 4.º do art. 153 da Constituição Federal.

O Presidente da República.

Faço saber que o Congresso Nacional decreta e eu sanciono a seguinte lei:

Art.1.º A União, por intermédio da Secretaria da Receita Federal, para fins do disposto no inciso III do § 4.º do art. 153 da Constituição Federal, poderá celebrar convênios com o Distrito Federal e os Municípios que assim optarem, visando a delegar as atribuições de fiscalização, inclusive a de lançamento dos créditos tributários, e de cobrança do Imposto sobre a Propriedade Territorial Rural, de que trata o inciso VI do art. 153 da Constituição Federal, sem prejuízo da competência supletiva da Secretaria da Receita Federal.

§ 1.º Para fins do disposto no *caput* deste artigo, deverá ser observada a legislação federal de regência do Imposto sobre a Propriedade Territorial Rural.

§ 2.º A opção de que trata o *caput* deste artigo não poderá implicar redução do imposto ou qualquer outra forma de renúncia fiscal.

Art. 2.º A Secretaria da Receita Federal baixará ato estabelecendo os requisitos e as condições necessárias à celebração dos convênios de que trata o art. 1.º desta Lei.

Art. 3.º Esta Lei entra em vigor na data de sua publicação.

Brasília, 27 de dezembro de 2005; 184.º da Independência e 117.º da República.

LUIZ INÁCIO LULA DA SILVA

LEI N. 11.371, DE 28 DE NOVEMBRO DE 2006 (**)

Dispõe sobre operações de câmbio, sobre registro de capitais estrangeiros, sobre o pagamento em lojas francas localizadas em zona primária de porto ou aeroporto, sobre a tributação do arrendamento mercantil de aeronaves, sobre a novação dos contratos celebrados nos termos do § 1.º do art. 26

(*) Publicada no *Diário Oficial da União*, de 28-12-2005.

(**) Publicada no *Diário Oficial da União*, de 29-11-2006.

Lei n. 11.371, de 28-11-2006 – Recursos em Moeda Estrangeira

da Lei n. 9.491, de 9 de setembro de 1997; altera o Decreto n. 23.258, de 19 de outubro de 1933, a Lei n. 4.131, de 3 de setembro de 1962, o Decreto-lei n. 1.455, de 7 de abril de 1976; e revoga dispositivo da Medida Provisória n. 303, de 29 de junho de 2006.

Faço saber que o Presidente da República adotou a Medida Provisória n. 315, de 2006, que o Congresso Nacional aprovou, e eu, Renan Calheiros, Presidente da Mesa do Congresso Nacional, para os efeitos do disposto no art. 62 da Constituição Federal, com a redação dada pela Emenda Constitucional n. 32, combinado com o art. 12 da Resolução n. 1, de 2002-CN, promulgo a seguinte Lei:

Art. 1.º Fica facultada a manutenção, no exterior, dos recursos em moeda estrangeira relativos aos recebimentos de exportações brasileiras de mercadorias e de serviços para o exterior, realizadas por pessoas físicas ou jurídicas residentes, domiciliadas ou com sede no País.

•• *Caput com redação determinada pela Lei n. 14.286, de 29-12-2021.*

§§ 1.º e 2.º (*Revogados pela Lei n. 14.286, de 29-12-2021.*)

Art. 2.º (*Revogado pela Lei n. 14.286, de 29-12-2021.*)

Art. 3.º Relativamente aos recursos em moeda estrangeira ingressados no País referentes aos recebimentos de exportações de mercadorias e de serviços, compete ao Banco Central do Brasil somente manter registro dos contratos de câmbio.

Parágrafo único (*Revogado pela Lei n. 14.286, de 29-12-2021.*)

....

Art. 5.º (*Revogado pela Lei n. 14.286, de 29-12-2021.*)

Art. 6.º A multa de que trata a Lei n. 10.755, de 3 de novembro de 2003, não se aplica às importações:

I – cujo vencimento ocorra a partir de 4 de agosto de 2006; ou

II – cujo termo final para a liquidação do contrato de câmbio de importação, na forma do inciso II do *caput* do art. 1.º da Lei n. 10.755, de 3 de setembro de 2003, não tenha transcorrido até 4 de agosto de 2006.

Art. 7.º (*Revogado pela Lei n. 14.286, de 29-12-2021.*)

Parágrafo único. (*Revogado pela Lei n.13.506, de 13-11-2017.*)

Art. 8.º A pessoa física ou jurídica residente ou domiciliada no País que mantiver no exterior recursos em moeda estrangeira relativos ao recebimento de exportação, de que trata o art. 1.º desta Lei, deverá declarar à Secretaria da Receita Federal a utilização dos recursos.

•• *A Secretaria da Receita Federal passa a denominar-se Secretaria da Receita Federal do Brasil, por força da Lei n. 11.457, de 16-3-2007.*

§ 1.º O exercício da faculdade prevista no *caput* do art. 1.º desta Lei implica a autorização do fornecimento à Secretaria da Receita Federal pela instituição financeira ou qualquer outro interveniente, residentes, domiciliados ou com sede no exterior das informações sobre a utilização dos recursos.

•• *Vide nota ao caput deste artigo.*

§ 2.º A pessoa jurídica que mantiver recursos no exterior na forma do art. 1.º desta Lei fica obrigada a manter escrituração contábil nos termos da legislação comercial.

§ 3.º A Secretaria da Receita Federal disciplinará o disposto neste artigo.

•• *Vide nota ao caput deste artigo.*

Art. 9.º A inobservância do disposto nos arts. 1.º e 8.º desta Lei acarretará a aplicação das seguintes multas de natureza fiscal:

I – 10% (dez por cento) incidentes sobre o valor dos recursos mantidos ou utilizados no exterior em desacordo com o disposto no art. 1.º desta Lei, sem prejuízo da cobrança dos tributos devidos;

II – 0,5% (cinco décimos por cento) ao mês-calendário ou fração incidente sobre o valor correspondente aos recursos mantidos ou utilizados no exterior e não informados à Secretaria da Receita Federal, no prazo por ela estabelecido, limitada a 15% (quinze por cento).

•• *Vide nota ao caput do art. 8.º desta Lei.*

§ 1.º As multas de que trata o *caput* deste artigo serão:

I – aplicadas autonomamente a cada uma das infrações, ainda que caracterizada a ocorrência de eventual concurso;

II – na hipótese de que trata o inciso II do *caput* deste artigo:

a) reduzidas à metade, quando a informação for prestada após o prazo, mas antes de qualquer procedimento de ofício;

b) duplicada, inclusive quanto ao seu limite, em caso de fraude.

§ 2.º Compete à Secretaria da Receita Federal promover a exigência das multas de que trata este artigo, observado o rito previsto no Decreto n. 70.235, de 6 de março de 1972.

•• *Vide nota ao caput do art. 8.º desta Lei.*

Art. 10. Na hipótese de a pessoa jurídica manter os recursos no exterior na forma prevista no art. 1.º desta Lei, independe do efetivo ingresso de divisas a aplicação das normas de que tratam o § 1.º e o inciso III do *caput* do art. 14 da Medida Provisória n. 2.158-35, de 24 de agosto de 2001, o inciso II do *caput* do art. 5.º da Lei n. 10.637, de 30 de dezembro de 2002, e o inciso II do *caput* do art. 6.º da Lei n. 10.833, de 29 de dezembro de 2003.

• *A Lei Complementar n. 214, de 16-1-2025, revoga este artigo a partir de 1.º-1-2027.*
• *Os dispositivos citados tratam da não incidência de PIS/Pasep e Cofins sobre as receitas decorrentes de serviços prestados a pessoa física ou jurídica residente ou domiciliada no exterior, cujo pagamento represente ingresso de divisas para o País.*

....

Art. 14. Fica o Banco Central do Brasil dispensado de inscrever em dívida ativa e de promover a execução fiscal dos débitos provenientes de multas administrativas de sua competência, considerados de pequeno valor ou de comprovada inexequibilidade, nos termos de norma por ele estabelecida.

Parágrafo único. Para os efeitos do disposto no *caput* deste artigo, o Banco Central do Brasil poderá, mediante ato fundamentado, efetuar o cancelamento de débitos inscritos e requerer a desistência de execuções já propostas.

....

Art. 16. Fica reduzida a alíquota do imposto sobre a renda na fonte incidente nas operações de que trata o inciso V do caput do art. 1.º da Lei n. 9.481, de 13 de agosto de 1997, na hipótese de pagamento, crédito, entrega, emprego ou remessa, por fonte situada no País, a pessoa jurídica domiciliada no exterior, a título de contraprestação de contrato de arrendamento mercantil de aeronave ou de motores destinados a aeronaves, celebrado por empresa de transporte aéreo regular, de passageiros ou cargas, para:

•• *Caput com redação determinada pela Lei n. 14.355, de 31-5-2022.*

I – (*Vetado.*)

•• *Inciso I acrescentado pela Lei n. 14.002, de 22-5-2020.*

II – 0 (zero), de 1.º de janeiro 2022 a 31 de dezembro de 2023;

•• *Inciso II com redação determinada pela Lei n. 14.355, de 31-5-2022.*

III – 1% (um por cento), de 1.º de janeiro a 31 de dezembro de 2024;

•• *Inciso III acrescentado pela Lei n. 14.355, de 31-5-2022.*

IV – 2% (dois por cento), de 1.º de janeiro a 31 de dezembro de 2025; e

•• *Inciso IV acrescentado pela Lei n. 14.355, de 31-5-2022.*

V – 3% (três por cento), de 1.º de janeiro a 31 de dezembro de 2026.

•• *Inciso V acrescentado pela Lei n. 14.355, de 31-5-2022.*

Art. 17. Esta Lei entra em vigor na data da sua publicação.

Art. 18. Fica revogado o inciso IV do *caput* do art. 7.º da Medida Provisória n. 303, de 29 de junho de 2006.

•• *O Ato do Congresso Nacional n. 57, de 31-10-2006, declarou encerrado o prazo de vigência da Medida Provisória n. 303, de 29-6-2006, em 27-10-2006.*

Congresso Nacional, em 28 de novembro de 2006; 185.º da Independência e 118.º da República.

Renan Calheiros

Lei Complementar n. 123, de 14-12-2006 – Estatuto da Microempresa

LEI COMPLEMENTAR N. 123, DE 14 DE DEZEMBRO DE 2006 (*)

Institui o Estatuto Nacional da Microempresa e da Empresa de Pequeno Porte; altera dispositivos das Leis n. 8.212 e 8.213, ambas de 24 de julho de 1991, da Consolidação das Leis do Trabalho – CLT, aprovada pelo Decreto-lei n. 5.452, de 1.º de maio de 1943, da Lei n. 10.189, de 14 de fevereiro de 2001, da Lei Complementar n. 63, de 11 de janeiro de 1990; e revoga as Leis ns. 9.317, de 5 de dezembro de 1996, e 9.841, de 5 de outubro de 1999.

O Presidente da República.

Faço saber que o Congresso Nacional decreta e eu sanciono a seguinte Lei Complementar:

Capítulo I
DISPOSIÇÕES PRELIMINARES

Art. 1.º Esta Lei Complementar estabelece normas gerais relativas ao tratamento diferenciado e favorecido a ser dispensado às microempresas e empresas de pequeno porte no âmbito dos Poderes da União, dos Estados, do Distrito Federal e dos Municípios, especialmente no que se refere:

•• *Vide* art. 179 da CF.
•• A Resolução n. 140, de 22-5-2018, do CGSN, dispõe sobre o Regime Especial Unificado de Arrecadação de Tributos e Contribuições devidos pelas Microempresas e Empresas de Pequeno Porte (Simples Nacional).

I – à apuração e recolhimento dos impostos e contribuições da União, dos Estados, do Distrito Federal e dos Municípios, mediante regime único de arrecadação, inclusive obrigações acessórias;

• O Decreto n. 8.019, de 27-5-2013, cria o Comitê Interministerial de Avaliação do Simples Nacional – CIASN, vinculado à Secretaria da Micro e Pequena Empresa da Presidência da República, com as competências de acompanhar e avaliar a política pública de tratamento diferenciado, favorecido e simplificado a que se refere este inciso, e propor seu aperfeiçoamento.

II – ao cumprimento de obrigações trabalhistas e previdenciárias, inclusive obrigações acessórias;

III – ao acesso a crédito e ao mercado, inclusive quanto à preferência nas aquisições de bens e serviços pelos Poderes Públicos, à tecnologia, ao associativismo e às regras de inclusão;

IV – ao cadastro nacional único de contribuintes a que se refere o inciso IV do § 1.º do art. 146 da Constituição Federal.

•• Inciso IV com redação determinada pela Lei Complementar n. 214, de 16-1-2025, produzindo efeitos a partir de 1.º-1-2025.

§ 1.º Cabe ao Comitê Gestor do Simples Nacional (CGSN) apreciar a necessidade de revisão, a partir de 1.º de janeiro de 2015,

(*) Publicada no *Diário Oficial da União*, de 15-12-2006. Republicada em 6-3-2012, em atendimento ao disposto no art. 5.º da Lei Complementar n. 139, de 10-11-2011.

dos valores expressos em moeda nesta Lei Complementar.

•• § 1.º com redação determinada pela Lei Complementar n. 139, de 10-11-2011.

§ 2.º (*Vetado.*)

§ 3.º Ressalvado o disposto no Capítulo IV, toda nova obrigação que atinja as microempresas e empresas de pequeno porte deverá apresentar, no instrumento que a instituiu, especificação do tratamento diferenciado, simplificado e favorecido para cumprimento.

•• § 3.º acrescentado pela Lei Complementar n. 147, de 7-8-2014.

§ 4.º Na especificação do tratamento diferenciado, simplificado e favorecido de que trata o § 3.º, deverá constar prazo máximo, quando forem necessários procedimentos adicionais, para que os órgãos fiscalizadores cumpram as medidas necessárias à emissão de documentos, realização de vistorias e atendimento das demandas realizadas pelas microempresas e empresas de pequeno porte com o objetivo de cumprir a nova obrigação.

•• § 4.º acrescentado pela Lei Complementar n. 147, de 7-8-2014.

§ 5.º Caso o órgão fiscalizador descumpra os prazos estabelecidos na especificação do tratamento diferenciado e favorecido, conforme o disposto no § 4.º, a nova obrigação será inexigível até que seja realizada visita para fiscalização orientadora e seja reiniciado o prazo para regularização.

•• § 5.º acrescentado pela Lei Complementar n. 147, de 7-8-2014.

§ 6.º A ausência de especificação do tratamento diferenciado, simplificado e favorecido ou da determinação de prazos máximos, de acordo com os §§ 3.º e 4.º, tornará a nova obrigação inexigível para as microempresas e empresas de pequeno porte.

•• § 6.º acrescentado pela Lei Complementar n. 147, de 7-8-2014.

§ 7.º A inobservância do disposto nos §§ 3.º e 6.º resultará em atentado aos direitos e garantias legais assegurados ao exercício profissional da atividade empresarial.

•• § 7.º acrescentado pela Lei Complementar n. 147, de 7-8-2014.

Art. 2.º O tratamento diferenciado e favorecido a ser dispensado às microempresas e empresas de pequeno porte de que trata o art. 1.º desta Lei Complementar será gerido pelas instâncias a seguir especificadas:

•• O Decreto n. 6.038, de 7-2-2007, instituiu o Comitê Gestor de Tributação das Microempresas e Empresas de Pequeno Porte.

I – Comitê Gestor do Simples Nacional, vinculado ao Ministério da Fazenda, composto de 4 (quatro) representantes da União, 2 (dois) dos Estados e do Distrito Federal, 2 (dois) dos Municípios, 1 (um) do Serviço Brasileiro de Apoio às Micro e Pequenas Empresas (Sebrae) e 1 (um) das confederações nacionais de representação do segmento de microempresas e empresas de pequeno porte referidas no art. 11 da Lei Complementar n. 147, de 7 de agosto de 2014, para tratar dos aspectos tributários;

•• Inciso I com redação determinada pela Lei Complementar n. 214, de 16-1-2025, produzindo efeitos a partir de 1.º-1-2025.

II – Fórum Permanente das Microempresas e Empresas de Pequeno Porte, com a participação dos órgãos federais competentes e das entidades vinculadas ao setor, para tratar dos demais aspectos, ressalvado o disposto no inciso III do *caput* deste artigo;

•• Inciso II com redação determinada pela Lei Complementar n. 128, de 19-12-2008.

III – Comitê para Integração das Administrações Tributárias e Gestão da Rede Nacional para Simplificação do Registro e da Legalização de Empresas e Negócios – CGSIM, vinculado ao Ministério da Fazenda, composto por representantes da União, Estados, Municípios e Distrito Federal e demais órgãos de apoio e de registro, na forma definida pelo Poder Executivo, para tratar dos atos cadastrais tributários e do processo de registro e de legalização de empresários e de pessoas jurídicas.

•• Inciso III com redação determinada pela Lei Complementar n. 214, de 16-1-2025, produzindo efeitos a partir de 1.º-1-2025.

§ 1.º Os Comitês de que tratam os incisos I e III do *caput* deste artigo serão presididos e coordenados por representantes da União.

•• § 1.º com redação determinada pela Lei Complementar n. 128, de 19-12-2008.

§ 2.º Os representantes dos Estados e do Distrito Federal nos Comitês referidos nos incisos I e III do *caput* deste artigo serão indicados pelo Conselho Nacional de Política Fazendária – CONFAZ e os dos Municípios serão indicados, um pela entidade representativa das Secretarias de Finanças das Capitais e outro pelas entidades de representação nacional dos Municípios brasileiros.

•• § 2.º com redação determinada pela Lei Complementar n. 128, de 19-12-2008.

§ 3.º As entidades de representação referidas no inciso III do *caput* e no § 2.º deste artigo serão aquelas regularmente constituídas há pelo menos 1 (um) ano antes da publicação desta Lei Complementar.

•• § 3.º com redação determinada pela Lei Complementar n. 128, de 19-12-2008.

§ 4.º Os comitês de que tratam os incisos I e III do *caput* deste artigo elaborarão seus regimentos internos mediante resolução, observado, quanto ao CGSN, o disposto nos §§ 4.º-A e 4.º-B deste artigo.

•• § 4.º com redação determinada pela Lei Complementar n. 188, de 31-12-2021.

§ 4.º-A. O quórum mínimo para a realização das reuniões do CGSN será de 3/4 (três quartos) dos membros, dos quais um deles será necessariamente o Presidente ou seu substituto.

•• § 4.º-A com redação determinada pela Lei Complementar n. 214, de 16-1-2025, produzindo efeitos a partir de 1.º-1-2025.

§ 4.º-B. As deliberações do CGSN serão tomadas por 3/4 (três quartos) dos componentes presentes às reuniões, presenciais ou virtuais, ressalvadas as decisões que determinem a exclusão de ocupações autorizadas a atuar na qualidade de Microempreendedor Individual (MEI), quando a deliberação deverá ser unânime.
•• § 4.º-B acrescentado pela Lei Complementar n. 188, de 31-12-2021.

§ 5.º O Fórum referido no inciso II do *caput* deste artigo tem por finalidade orientar e assessorar a formulação e coordenação da política nacional de desenvolvimento das microempresas e empresas de pequeno porte, bem como acompanhar e avaliar a sua implantação, sendo presidido e coordenado pela Secretaria da Micro e Pequena Empresa da Presidência da República.
•• § 5.º com redação determinada pela Lei n. 12.792, de 28-3-2013.

§ 6.º Ao Comitê de que trata o inciso I do *caput* deste artigo compete regulamentar a opção, exclusão, tributação, fiscalização, arrecadação, cobrança, dívida ativa, recolhimento e demais itens relativos ao regime de que trata o art. 12 desta Lei Complementar, observadas as demais disposições desta Lei Complementar.
•• § 6.º acrescentado pela Lei Complementar n. 128, de 19-12-2008.

§ 7.º Ao Comitê de que trata o inciso III do *caput* deste artigo compete, na forma da lei, regulamentar a inscrição, cadastro, abertura, alvará, arquivamento, licenças, permissão, autorização, registros e demais itens relativos à abertura, legalização e funcionamento de empresários e de pessoas jurídicas de qualquer porte, atividade econômica ou composição societária.
•• § 7.º acrescentado pela Lei Complementar n. 128, de 19-12-2008.
• A Instrução Normativa n. 2.119, de 6-12-2022, da Secretaria da Receita Federal do Brasil, dispõe sobre o Cadastro Nacional da Pessoa Jurídica.

§ 8.º Os membros do CGSN e do CGSIM serão designados pelo Ministro de Estado da Fazenda, mediante indicação dos órgãos e entidades vinculados.
•• § 8.º com redação determinada pela Lei Complementar n. 214, de 16-1-2025, produzindo efeitos a partir de 1.º-1-2025.

§ 8.º-A. Dos membros da União que compõem o CGSN, 3 (três) serão representantes da Secretaria Especial da Receita Federal do Brasil e 1 (um) do Ministério do Empreendedorismo, da Microempresa e da Empresa de Pequeno Porte ou do órgão que vier a substituí-lo.
•• § 8.º-A com redação determinada pela Lei Complementar n. 214, de 16-1-2025, produzindo efeitos a partir de 1.º-1-2025.

§ 8.º-B. A vaga das confederações nacionais de representação do segmento de microempresas e empresas de pequeno porte no comitê de que trata o inciso I do *caput* deste artigo será ocupada em regime de rodízio anual entre as confederações.
•• § 8.º-B acrescentado pela Lei Complementar n. 188, de 31-12-2021.

§ 9.º O CGSN poderá determinar, com relação à microempresa e à empresa de pequeno porte optante pelo Simples Nacional, a forma, a periodicidade e o prazo:
•• § 9.º, *caput*, acrescentado pela Lei Complementar n. 147, de 7-8-2014.

I – de entrega à Secretaria da Receita Federal do Brasil – RFB de uma única declaração com dados relacionados a fatos geradores, base de cálculo e valores da contribuição para a Seguridade Social devida sobre a remuneração do trabalho, inclusive a descontada dos trabalhadores a serviço da empresa, do Fundo de Garantia do Tempo de Serviço – FGTS e outras informações de interesse do Ministério do Trabalho e Emprego – MTE, do Instituto Nacional do Seguro Social – INSS e do Conselho Curador do FGTS, observado o disposto no § 7.º deste artigo; e
•• Inciso I acrescentado pela Lei Complementar n. 147, de 7-8-2014.

II – do recolhimento das contribuições descritas no inciso I e do FGTS.
•• Inciso II acrescentado pela Lei Complementar n. 147, de 7-8-2014.

§ 10. O recolhimento de que trata o inciso II do § 9.º deste artigo poderá se dar de forma unificada relativamente aos tributos apurados na forma do Simples Nacional.
•• § 10 acrescentado pela Lei Complementar n. 147, de 7-8-2014.

§ 11. A entrega da declaração de que trata o inciso I do § 9.º substituirá, na forma regulamentada pelo CGSN, a obrigatoriedade de entrega de todas as informações, formulários e declarações a que estão sujeitas as demais empresas ou equiparados que contratam trabalhadores, inclusive relativamente ao recolhimento do FGTS, à Relação Anual de Informações Sociais e ao Cadastro Geral de Empregados e Desempregados.
•• § 11 acrescentado pela Lei Complementar n. 147, de 7-8-2014.

§ 12. Na hipótese de recolhimento do FGTS na forma do inciso II do § 9.º deste artigo, deve-se assegurar a transferência dos recursos e dos elementos identificadores do recolhimento ao gestor desse fundo para crédito na conta vinculada do trabalhador.
•• § 12 acrescentado pela Lei Complementar n. 147, de 7-8-2014.

§ 13. O documento de que trata o inciso I do § 9.º tem caráter declaratório, constituindo instrumento hábil e suficiente para a exigência dos tributos, contribuições e dos débitos fundiários que não tenham sido recolhidos resultantes das informações nele prestadas.
•• § 13 acrescentado pela Lei Complementar n. 147, de 7-8-2014.

Capítulo II
DA DEFINIÇÃO DE MICROEMPRESA E DE EMPRESA DE PEQUENO PORTE

Art. 3.º Para os efeitos desta Lei Complementar, consideram-se microempresas ou empresas de pequeno porte a sociedade empresária, a sociedade simples, a empresa individual de responsabilidade limitada e o empresário a que se refere o art. 966 da Lei n. 10.406, de 10 de janeiro de 2002 (Código Civil), devidamente registrados no Registro de Empresas Mercantis ou no Registro Civil de Pessoas Jurídicas, conforme o caso, desde que:
•• *Caput* com redação determinada pela Lei Complementar n. 139, de 10-11-2011.
• *Vide* art. 16, § 1.º, desta Lei Complementar.

I – no caso da microempresa, aufira, em cada ano-calendário, receita bruta igual ou inferior a R$ 360.000,00 (trezentos e sessenta mil reais); e
•• Inciso I com redação determinada pela Lei Complementar n. 139, de 10-11-2011.

II – no caso de empresa de pequeno porte, aufira, em cada ano-calendário, receita bruta superior a R$ 360.000,00 (trezentos e sessenta mil reais) e igual ou inferior a R$ 4.800.000,00 (quatro milhões e oitocentos mil reais).
•• Inciso II com redação determinada pela Lei Complementar n. 155, de 27-10-2016.

§ 1.º Considera-se receita bruta, para fins do disposto no *caput*, o produto da venda de bens e serviços nas operações de conta própria, o preço dos serviços prestados, o resultado nas operações em conta alheia e as demais receitas da atividade ou objeto principal das microempresas ou das empresas de pequeno porte, não incluídas as vendas canceladas e os descontos incondicionais concedidos.
•• § 1.º com redação determinada pela Lei Complementar n. 214, de 16-1-2025, produzindo efeitos a partir de 1.º-1-2025.
•• **A Lei Complementar n. 214, de 16-1-2025, acrescenta a este artigo o § 1.º-A, com produção de efeitos a partir de 1.º-1-2027:** "§ 1.º-A. A receita bruta de que trata o § 1.º também compreende as receitas com operações com bens materiais ou imateriais, inclusive direitos, ou com serviços".

§ 2.º No caso de início de atividade no próprio ano-calendário, o limite a que se refere o *caput* deste artigo será proporcional ao número de meses em que a microempresa ou a empresa de pequeno porte houver exercido atividade, inclusive as frações de meses.

§ 3.º O enquadramento do empresário ou da sociedade simples ou empresária como microempresa ou empresa de pequeno porte bem como o seu desenquadramento não implicarão alteração, denúncia ou qualquer restrição em relação a contratos por elas anteriormente firmados.

§ 4.º Não poderá se beneficiar do tratamento jurídico diferenciado previsto nesta Lei Complementar, incluído o regime de que trata o art. 12 desta Lei Complementar, para nenhum efeito legal, a pessoa jurídica:
•• § 4.º, *caput*, com redação determinada pela Lei Complementar n. 128, de 19-12-2008.

I – de cujo capital participe outra pessoa jurídica;

II – que seja filial, sucursal, agência ou representação, no País, de pessoa jurídica com sede no exterior;

III – de cujo capital participe pessoa física que seja inscrita como empresário ou seja sócia de outra empresa que receba tratamento jurídico diferenciado nos termos desta Lei Complementar, desde que a receita bruta global ultrapasse o limite de que trata o inciso II do *caput* deste artigo;

IV – cujo titular ou sócio participe com mais de 10% (dez por cento) do capital de outra empresa não beneficiada por esta Lei Complementar, desde que a receita bruta global ultrapasse o limite de que trata o inciso II do *caput* deste artigo;

V – cujo sócio ou titular de fato ou de direito seja administrador ou equiparado de outra pessoa jurídica com fins lucrativos, desde que a receita bruta global ultrapasse o limite de que trata o inciso II do *caput*;

•• Inciso V com redação determinada pela Lei Complementar n. 214, de 16-1-2025, produzindo efeitos a partir de 1.º-1-2025.

VI – constituída sob a forma de cooperativas, salvo as de consumo;

VII – que participe do capital de outra pessoa jurídica;

VIII – que exerça atividade de banco comercial, de investimentos e de desenvolvimento, de caixa econômica, de sociedade de crédito, financiamento e investimento ou de crédito imobiliário, de corretora ou de distribuidora de títulos, valores mobiliários e câmbio, de empresa de arrendamento mercantil, de seguros privados e de capitalização ou de previdência complementar;

IX – resultante ou remanescente de cisão ou qualquer outra forma de desmembramento de pessoa jurídica que tenha ocorrido em um dos 5 (cinco) anos-calendário anteriores;

X – constituída sob a forma de sociedade por ações;

XI – cujos titulares ou sócios guardem, cumulativamente, com o contratante do serviço, relação de pessoalidade, subordinação e habitualidade;

•• Inciso XI acrescentado pela Lei Complementar n. 147, de 7-8-2014.

XII – que tenha filial, sucursal, agência ou representação no exterior.

•• Inciso XII acrescentado pela Lei Complementar n. 214, de 16-1-2025, produzindo efeitos a partir de 1.º-1-2025.

§ 5.º O disposto nos incisos IV e VII do § 4.º deste artigo não se aplica à participação no capital de cooperativas de crédito, bem como em centrais de compras, bolsas de subcontratação, no consórcio referido no art. 50 desta Lei Complementar e na sociedade de propósito específico prevista no art. 56 desta Lei Complementar, e em associações assemelhadas, sociedades de interesse econômico, sociedades de garantia solidária e outros tipos de sociedade, que tenham como objetivo social a defesa exclusiva dos interesses econômicos das microempresas e empresas de pequeno porte.

•• § 5.º com redação determinada pela Lei Complementar n. 128, de 19-12-2008.

§ 6.º Na hipótese de a microempresa ou empresa de pequeno porte incorrer em alguma das situações previstas nos incisos do § 4.º, será excluída do tratamento jurídico diferenciado previsto nesta Lei Complementar, bem como do regime de que trata o art. 12, com efeitos a partir do mês seguinte ao que incorrida a situação impeditiva.

•• § 6.º com redação determinada pela Lei Complementar n. 139, de 10-11-2011.

§ 7.º Observado o disposto no § 2.º deste artigo, no caso de início de atividades, a microempresa que, no ano-calendário, exceder o limite de receita bruta anual previsto no inciso I do *caput* deste artigo passa, no ano-calendário seguinte, à condição de empresa de pequeno porte.

§ 8.º Observado o disposto no § 2.º deste artigo, no caso de início de atividades, a empresa de pequeno porte que, no ano-calendário, não ultrapassar o limite de receita bruta anual previsto no inciso I do *caput* deste artigo passa, no ano-calendário seguinte, à condição de microempresa.

§ 9.º A empresa de pequeno porte que, no ano-calendário, exceder o limite de receita bruta anual previsto no inciso II do *caput* fica excluída, no mês subsequente à ocorrência do excesso, do tratamento jurídico diferenciado previsto nesta Lei Complementar, incluído o regime de que trata o art. 12, para todos os efeitos legais, ressalvado o disposto nos §§ 9.º-A, 10 e 12.

•• § 9.º com redação determinada pela Lei Complementar n. 139, de 10-11-2011.

§ 9.º-A. Os efeitos da exclusão prevista no § 9.º dar-se-ão no ano-calendário subsequente se o excesso verificado em relação à receita bruta não for superior a 20% (vinte por cento) do limite referido no inciso II do *caput*.

•• § 9.º-A acrescentado pela Lei Complementar n. 139, de 10-11-2011.

§ 10. A empresa de pequeno porte que no decurso do ano-calendário de início de atividade ultrapassar o limite proporcional de receita bruta de que trata o § 2.º estará excluída do tratamento jurídico diferenciado previsto nesta Lei Complementar, bem como do regime de que trata o art. 12 desta Lei Complementar, com efeitos retroativos ao início de suas atividades.

•• § 10 com redação determinada pela Lei Complementar n. 139, de 10-11-2011.

• Vide art. 31, III, *b*, desta Lei Complementar.

§ 11. Na hipótese de o Distrito Federal, os Estados e os respectivos Municípios adotarem um dos limites previstos nos incisos I e II do *caput* do art. 19 e no art. 20, caso a receita bruta auferida pela empresa durante o ano-calendário de início de atividade ultrapasse 1/12 (um doze avos) do limite estabelecido multiplicado pelo número de meses de funcionamento nesse período, a empresa não poderá recolher o ICMS e o ISS na forma do Simples Nacional, relativos ao estabelecimento localizado na unidade da federação que os houver adotado, com efeitos retroativos ao início de suas atividades.

•• § 11 com redação determinada pela Lei Complementar n. 139, de 10-11-2011.

•• **A Lei Complementar n. 214, de 16-1-2025, deu nova redação a este § 11, com produção de efeitos a partir de 1.º-1-2027:** "§ 11. Na hipótese de excesso do limite previsto no art. 13-A, caso a receita bruta auferida pela empresa durante o ano-calendário de início de atividade ultrapasse 1/12 (um doze avos) do limite estabelecido multiplicado pelo número de meses de funcionamento nesse período, a empresa não poderá recolher o ICMS, o ISS e o IBS na forma do Simples Nacional, com efeitos retroativos ao início de suas atividades".

•• **A Lei Complementar n. 214, de 16-1-2025, deu nova redação a este § 11, com produção de efeitos a partir de 1.º-1-2033:** "§ 11. Na hipótese de excesso do limite previsto no art. 13-A, caso a receita bruta auferida pela empresa durante o ano-calendário de início de atividade ultrapasse 1/12 (um doze avos) do limite estabelecido multiplicado pelo número de meses de funcionamento nesse período, a empresa não poderá recolher o IBS na forma do Simples Nacional, com efeitos retroativos ao início de suas atividades".

§ 12. A exclusão de que trata o § 10 não retroagirá ao início das atividades se o excesso verificado em relação à receita bruta não for superior a 20% (vinte por cento) do respectivo limite referido naquele parágrafo, hipótese em que os efeitos da exclusão dar-se-ão no ano-calendário subsequente.

•• § 12 com redação determinada pela Lei Complementar n. 139, de 10-11-2011.

§ 13. O impedimento de que trata o § 11 não retroagirá ao início das atividades se o excesso verificado em relação à receita bruta não for superior a 20% (vinte por cento) dos respectivos limites referidos naquele parágrafo, hipótese em que os efeitos do impedimento ocorrerão no ano-calendário subsequente.

•• § 13 acrescentado pela Lei Complementar n. 139, de 10-11-2011.

•• **A Lei Complementar n. 214, de 16-1-2025, deu nova redação a este § 13, com produção de efeitos a partir de 1.º-1-2027:** "§ 13. O impedimento de que trata o § 11 não retroagirá ao início das atividades se o excesso verificado em relação à receita bruta não for superior a 20% (vinte por cento) do limite referido naquele parágrafo, hipótese em que os efeitos do impedimento ocorrerão no ano-calendário subsequente".

§ 14. Para fins de enquadramento como microempresa ou empresa de pequeno porte, poderão ser auferidas receitas no mercado interno até o limite previsto no inciso II do *caput* ou no § 2.º, conforme o caso, e, adicionalmente, receitas decorrentes da exportação de mercadorias ou serviços, inclusive quando realizada por meio de comercial exportadora ou da sociedade de propósito específico prevista no art. 56 desta Lei Complementar, desde que as receitas de expor-

tação também não excedam os referidos limites de receita bruta anual.
• • § 14 com redação determinada pela Lei Complementar n. 147, de 7-8-2014.

§ 15. Na hipótese do § 14, para fins de determinação da alíquota de que trata o § 1.º do art. 18, da base de cálculo prevista em seu § 3.º e das majorações de alíquotas previstas em seus §§ 16, 16-A, 17 e 17-A, serão consideradas separadamente as receitas brutas auferidas no mercado interno e aquelas decorrentes da exportação.
• • § 15 com redação determinada pela Lei Complementar n. 147, de 7-8-2014.
• • **A Lei Complementar n. 214, de 16-1-2025, deu nova redação a este § 15, com produção de efeitos a partir de 1.º-1-2027:** "§ 15. Na hipótese do § 14, para fins de determinação da alíquota de que trata o § 1.º do art. 18, da base de cálculo prevista em seu § 3.º e da aplicação de alíquota sobre a parcela excedente de receita bruta prevista em seus §§ 16, 16-A, 17, 17-A, 17-B e 17-C, serão consideradas separadamente as receitas brutas auferidas no mercado interno e aquelas decorrentes da exportação".

§ 16. O disposto neste artigo será regulamentado por resolução do CGSN.
• • § 16 acrescentado pela Lei Complementar n. 147, de 7-8-2014.

§ 17. (Vetado.)
• • § 17 acrescentado pela Lei Complementar n. 155, de 27-10-2016.

§ 18. (Vetado.)
• • § 18 acrescentado pela Lei Complementar n. 155, de 27-10-2016.

§ 19. Para fins do disposto nesta Lei Complementar, devem ser consideradas todas as atividades econômicas exercidas, as receitas brutas auferidas e os débitos tributários das entidades de que trata o caput e o art. 18-A, ainda que em inscrições cadastrais distintas ou na qualidade de contribuinte individual, em um mesmo ano-calendário.
• • § 19 acrescentado pela Lei Complementar n. 214, de 16-1-2025, produzindo efeitos a partir de 1.º-1-2025.

Art. 3.º-A. Aplica-se ao produtor rural pessoa física e ao agricultor familiar conceituado na Lei n. 11.326, de 24 de julho de 2006, com situação regular na Previdência Social e no Município que tenham auferido receita bruta anual até o limite de que trata o inciso II do caput do art. 3.º o disposto nos arts. 6.º e 7.º, nos Capítulos V a X, na Seção IV do Capítulo XI e no Capítulo XII desta Lei Complementar, ressalvadas as disposições da Lei n. 11.718, de 20 de junho de 2008.
• • Caput acrescentado pela Lei Complementar n. 147, de 7-8-2014.

Parágrafo único. A equiparação de que trata o caput não se aplica às disposições do Capítulo IV desta Lei Complementar.
• • Parágrafo único acrescentado pela Lei Complementar n. 147, de 7-8-2014.

Art. 3.º-B. Os dispositivos desta Lei Complementar, com exceção dos dispostos no Capítulo IV, são aplicáveis a todas as microempresas e empresas de pequeno porte, assim definidas pelos incisos I e II do caput e § 4.º do art. 3.º, ainda que não enquadradas no regime tributário do Simples Nacional, por vedação ou por opção.
• • Artigo acrescentado pela Lei Complementar n. 147, de 7-8-2014.

Capítulo III
DA INSCRIÇÃO E DA BAIXA

• A Instrução Normativa n. 2.119, de 6-12-2022, da SRFB, dispõe sobre o cadastro nacional da pessoa jurídica (CNPJ).

Art. 4.º Na elaboração de normas de sua competência, os órgãos e entidades envolvidos na abertura e fechamento de empresas, dos 3 (três) âmbitos de governo, deverão considerar a unicidade do processo de registro e de legalização de empresários e de pessoas jurídicas, para tanto devendo articular as competências próprias com aquelas dos demais membros, e buscar, em conjunto, compatibilizar e integrar procedimentos, de modo a evitar a duplicidade de exigências e garantir a linearidade do processo, da perspectiva do usuário.

§ 1.º O processo de abertura, registro, alteração e baixa da microempresa e empresa de pequeno porte, bem como qualquer exigência para o início de seu funcionamento, deverão ter trâmite especial e simplificado, preferencialmente eletrônico, opcional para o empreendedor, observado o seguinte:
• • § 1.º com redação determinada pela Lei Complementar n. 147, de 7-8-2014.

I – poderão ser dispensados o uso da firma, com a respectiva assinatura autógrafa, o capital, requerimentos, demais assinaturas, informações relativas ao estado civil e regime de bens, bem como remessa de documentos, na forma estabelecida pelo CGSIM; e
• • Inciso I acrescentado pela Lei Complementar n. 139, de 10-11-2011.

II – (Revogado pela Lei Complementar n. 147, de 7-8-2014.)
• A Resolução n. 48, de 11-10-2018, do Comitê para Gestão da Rede Nacional para a Simplificação do Registro e da Legalização de Empresas e Negócios – CGSIM, dispõe sobre o procedimento especial para o registro e legalização do Microempreendedor Individual.

§ 2.º (Revogado pela Lei Complementar n. 139, de 10-11-2011.)

§ 3.º Ressalvado o disposto nesta Lei Complementar, ficam reduzidos a 0 (zero) todos os custos, inclusive prévios, relativos à abertura, à inscrição, ao registro, ao funcionamento, ao alvará, à licença, ao cadastro, às alterações e procedimentos de baixa e encerramento e aos demais itens relativos ao Microempreendedor Individual, incluindo os valores referentes a taxas, a emolumentos e a demais contribuições relativas aos órgãos de registro, de licenciamento, sindicais, de regulamentação, de anotação de responsabilidade técnica, de vistoria e de fiscalização do exercício de profissões regulamentadas.
• • § 3.º com redação determinada pela Lei Complementar n. 147, de 7-8-2014.

§ 3.º-A. O agricultor familiar, definido conforme a Lei n. 11.326, de 24 de julho de 2006, e identificado pela Declaração de Aptidão ao Pronaf – DAP física ou jurídica, bem como o MEI e o empreendedor de economia solidária ficam isentos de taxas e outros valores relativos à fiscalização da vigilância sanitária.
• • § 3.º-A acrescentado pela Lei Complementar n. 147, de 7-8-2014.

§ 4.º No caso do MEI, de que trata o art. 18-A desta Lei Complementar, a cobrança associativa ou oferta de serviços privados relativos aos atos de que trata o § 3.º deste artigo somente poderá ser efetuada a partir de demanda prévia do próprio MEI, firmado por meio de contrato com assinatura autógrafa, observando-se que:
• • § 4.º, caput, acrescentado pela Lei Complementar n. 147, de 7-8-2014.

I – para a emissão de boletos de cobrança, os bancos públicos e privados deverão exigir das instituições sindicais e associativas autorização prévia específica a ser emitida pelo CGSIM;
• • Inciso I acrescentado pela Lei Complementar n. 147, de 7-8-2014.

II – o desrespeito ao disposto neste parágrafo configurará vantagem ilícita pelo induzimento ao erro em prejuízo do MEI, aplicando-se as sanções previstas em lei.
• • Inciso II acrescentado pela Lei Complementar n. 147, de 7-8-2014.

§ 5.º (Vetado.)
• • § 5.º acrescentado pela Lei Complementar n. 147, de 7-8-2014.

§ 6.º Na ocorrência de fraude no registro do Microempreendedor Individual – MEI feito por terceiros, o pedido de baixa deve ser feito por meio exclusivamente eletrônico, com efeitos retroativos à data de registro, na forma a ser regulamentada pelo CGSIM, não sendo aplicáveis os efeitos do § 1.º do art. 29 desta Lei Complementar.
• • § 6.º acrescentado pela Lei Complementar n. 155, de 27-10-2016.

Art. 5.º Os órgãos e entidades envolvidos na abertura e fechamento de empresas, dos 3 (três) âmbitos de governo, no âmbito de suas atribuições, deverão manter à disposição dos usuários, de forma presencial e pela rede mundial de computadores, informações, orientações e instrumentos, de forma integrada e consolidada, que permitam pesquisas prévias às etapas de registro ou inscrição, alteração e baixa de empresários e pessoas jurídicas, de modo a prover ao usuário certeza quanto à documentação exigível e quanto à viabilidade do registro ou inscrição.

Parágrafo único. As pesquisas prévias à elaboração de ato constitutivo ou de sua alteração deverão bastar a que o usuário seja informado pelos órgãos e entidades competentes:

I – da descrição oficial do endereço de seu interesse e da possibilidade de exercício da atividade desejada no local escolhido;

II – de todos os requisitos a serem cumpridos para obtenção de licenças de autorização de funcionamento, segundo a atividade pretendida, o porte, o grau de risco e a localização; e

III – da possibilidade de uso do nome empresarial de seu interesse.

Art. 6.º Os requisitos de segurança sanitária, metrologia, controle ambiental e prevenção contra incêndios, para os fins de registro e legalização de empresários e pessoas jurídicas, deverão ser simplificados, racionalizados e uniformizados pelos órgãos envolvidos na abertura e fechamento de empresas, no âmbito de suas competências.

§ 1.º Os órgãos e entidades envolvidos na abertura e fechamento de empresas que sejam responsáveis pela emissão de licenças e autorizações de funcionamento somente realizarão vistorias após o início de operação do estabelecimento, quando a atividade, por sua natureza, comportar grau de risco compatível com esse procedimento.

§ 2.º Os órgãos e entidades competentes definirão, em 6 (seis) meses, contados da publicação desta Lei Complementar, as atividades cujo grau de risco seja considerado alto e que exigirão vistoria prévia.

§ 3.º Na falta de legislação estadual, distrital ou municipal específica relativa à definição do grau de risco da atividade aplicar-se-á resolução do CGSIM.

•• § 3.º acrescentado pela Lei Complementar n. 147, de 7-8-2014.

§ 4.º A classificação de baixo grau de risco permite ao empresário ou à pessoa jurídica a obtenção do licenciamento de atividade mediante o simples fornecimento de dados e a substituição da comprovação prévia do cumprimento de exigências e restrições por declarações do titular ou responsável.

•• § 4.º acrescentado pela Lei Complementar n. 147, de 7-8-2014.

§ 5.º O disposto neste artigo não é impeditivo da inscrição fiscal.

•• § 5.º acrescentado pela Lei Complementar n. 147, de 7-8-2014.

Art. 7.º Exceto nos casos em que o grau de risco da atividade seja considerado alto, os Municípios emitirão Alvará de Funcionamento Provisório, que permitirá o início de operação do estabelecimento imediatamente após o ato de registro.

Parágrafo único. Nos casos referidos no *caput* deste artigo, poderá o Município conceder Alvará de Funcionamento Provisório para o microempreendedor individual, para microempresas e para empresas de pequeno porte:

•• Parágrafo único, *caput*, acrescentado pela Lei Complementar n. 128, de 19-12-2008.

I – instaladas em área ou edificação desprovidas de regulação fundiária e imobiliária, inclusive habite-se; ou

•• Inciso I com redação determinada pela Lei Complementar n. 147, de 7-8-2014.

II – em residência do microempreendedor individual ou do titular ou sócio da microempresa ou empresa de pequeno porte, na hipótese em que a atividade não gere grande circulação de pessoas.

•• Inciso II acrescentado pela Lei Complementar n. 128, de 19-12-2008.

Art. 8.º Será assegurado aos empresários e pessoas jurídicas:

•• *Caput* com redação determinada pela Lei Complementar n. 147, de 7-8-2014.

I – entrada única de dados e documentos;

•• Inciso I acrescentado pela Lei Complementar n. 147, de 7-8-2014.

II – processo de registro e legalização integrado entre os órgãos e entes envolvidos, por meio de sistema informatizado que garanta:

•• Inciso II, *caput*, acrescentado pela Lei Complementar n. 147, de 7-8-2014.

a) sequenciamento das seguintes etapas: consulta prévia de nome empresarial e de viabilidade de localização, registro empresarial, inscrições fiscais e licenciamento de atividade;

•• Alínea *a* acrescentada pela Lei Complementar n. 147, de 7-8-2014.

b) criação da base nacional cadastral única de empresas;

•• Alínea *b* acrescentada pela Lei Complementar n. 147, de 7-8-2014.

III – identificação nacional cadastral única que corresponderá ao número de inscrição no Cadastro Nacional de Pessoas Jurídicas – CNPJ.

•• Inciso III acrescentado pela Lei Complementar n. 147, de 7-8-2014.

§ 1.º O sistema de que trata o inciso II do *caput* deve garantir aos órgãos e entidades integrados:

•• § 1.º acrescentado pela Lei Complementar n. 147, de 7-8-2014.

I – compartilhamento irrestrito dos dados da base nacional única de empresas;

•• Inciso I acrescentado pela Lei Complementar n. 147, de 7-8-2014.

II – autonomia na definição das regras para comprovação do cumprimento de exigências nas respectivas etapas do processo.

•• Inciso II acrescentado pela Lei Complementar n. 147, de 7-8-2014.

§ 2.º A identificação nacional cadastral única substituirá para todos os efeitos as demais inscrições, sejam elas federais, estaduais ou municipais, após a implantação do sistema a que se refere o inciso II do *caput*, no prazo e na forma estabelecidos pelo CGSIM.

•• § 2.º acrescentado pela Lei Complementar n. 147, de 7-8-2014.

§ 3.º É vedado aos órgãos e entidades integrados ao sistema informatizado de que trata o inciso II do *caput* o estabelecimento de exigências não previstas em lei.

•• § 3.º acrescentado pela Lei Complementar n. 147, de 7-8-2014.

§ 4.º A coordenação do desenvolvimento e da implantação do sistema de que trata o inciso II do *caput* ficará a cargo do CGSIM.

•• § 4.º acrescentado pela Lei Complementar n. 147, de 7-8-2014.

Art. 9.º O registro dos atos constitutivos, de suas alterações e extinções (baixas), referentes a empresários e pessoas jurídicas em qualquer órgão dos 3 (três) âmbitos de governo ocorrerá independentemente da regularidade de obrigações tributárias, previdenciárias ou trabalhistas, principais ou acessórias, do empresário, da sociedade, dos sócios, dos administradores ou de empresas de que participem, sem prejuízo das responsabilidades do empresário, dos titulares, dos sócios ou dos administradores por tais obrigações, apuradas antes ou após o ato de extinção.

•• *Caput* acrescentado pela Lei Complementar n. 147, de 7-8-2014.

§ 1.º O arquivamento, nos órgãos de registro, dos atos constitutivos de empresários, de sociedades empresárias e de demais equiparados que se enquadrarem como microempresa ou empresa de pequeno porte bem como o arquivamento de suas alterações são dispensados das seguintes exigências:

I – certidão de inexistência de condenação criminal, que será substituída por declaração do titular ou administrador, firmada sob as penas da lei, de não estar impedido de exercer atividade mercantil ou a administração de sociedade, em virtude de condenação criminal;

II – prova de quitação, regularidade ou inexistência de débito referente a tributo ou contribuição de qualquer natureza.

§ 2.º Não se aplica às microempresas e às empresas de pequeno porte o disposto no § 2.º do art. 1.º da Lei n. 8.906, de 4 de julho de 1994.

§ 3.º (*Revogado pela Lei Complementar n. 147, de 7-8-2014.*)

§ 4.º A baixa do empresário ou da pessoa jurídica não impede que, posteriormente, sejam lançados ou cobrados tributos, contribuições e respectivas penalidades, decorrentes da falta do cumprimento de obrigações ou da prática comprovada e apurada em processo administrativo ou judicial de outras irregularidades praticadas pelos empresários, pelas pessoas jurídicas ou por seus titulares, sócios ou administradores.

•• § 4.º com redação determinada pela Lei Complementar n. 147, de 7-8-2014.

§ 5.º A solicitação de baixa do empresário ou da pessoa jurídica importa responsabilidade solidária dos empresários, dos titulares, dos sócios e dos administradores no período da ocorrência dos respectivos fatos geradores.

•• § 5.º com redação determinada pela Lei Complementar n. 147, de 7-8-2014.

§ 6.º Os órgãos referidos no *caput* deste artigo terão o prazo de 60 (sessenta) dias para efetivar a baixa nos respectivos cadastros.

•• § 6.º acrescentado pela Lei Complementar n. 128, de 19-12-2008.

§ 7.º Ultrapassado o prazo previsto no § 6.º deste artigo sem manifestação do órgão competente, presumir-se-á a baixa dos registros das microempresas e a das empresas de pequeno porte.

•• § 7.º acrescentado pela Lei Complementar n. 128, de 19-12-2008.

§§ 8.º a 12. (*Revogados pela Lei Complementar n. 147, de 7-8-2014.*)

Art. 10. Não poderão ser exigidos pelos órgãos e entidades envolvidos na abertura e fechamento de empresas, dos 3 (três) âmbitos de governo:

I – exceptuados os casos de autorização prévia, quaisquer documentos adicionais aos requeridos pelos órgãos executores do Registro Público de Empresas Mercantis e Atividades Afins e do Registro Civil de Pessoas Jurídicas;

• A Lei n. 8.934, de 18-11-1994, dispõe sobre o Registro Público de Empresas Mercantis e Atividades Afins e dá outras providências.

II – documento de propriedade ou contrato de locação do imóvel onde será instalada a sede, filial ou outro estabelecimento, salvo para comprovação do endereço indicado;

III – comprovação de regularidade de prepostos dos empresários ou pessoas jurídicas com seus órgãos de classe, sob qualquer forma, como requisito para deferimento de ato de inscrição, alteração ou baixa de empresa, bem como para autenticação de instrumento de escrituração.

Art. 11. Fica vedada a instituição de qualquer tipo de exigência de natureza documental ou formal, restritiva ou condicionante, pelos órgãos envolvidos na abertura e fechamento de empresas, dos 3 (três) âmbitos de governo, que exceda o estrito limite dos requisitos pertinentes à essência do ato de registro, alteração ou baixa da empresa.

Capítulo IV
DOS TRIBUTOS E CONTRIBUIÇÕES

Seção I
Da Instituição e Abrangência

Art. 12. Fica instituído o Regime Especial Unificado de Arrecadação de Tributos e Contribuições devidos pelas Microempresas e Empresas de Pequeno Porte – Simples Nacional.

•• A Resolução n. 140, de 22-5-2018, do CGSN, dispõe sobre o Regime Especial Unificado de Arrecadação de Tributos e Contribuições devidos pelas Microempresas e Empresas de Pequeno Porte (Simples Nacional).

•• A Lei Complementar n. 193, de 17-3-2022, institui o programa de reescalonamento do pagamento de débitos no âmbito do simples nacional (Relp).

• Vide art. 146, III, *d*, e parágrafo único da CF.

• A Lei n. 11.488, de 15-6-2007, cria o Regime Especial de Incentivos para o Desenvolvimento da Infraestrutura – REIDI e dá outras providências.

• A Portaria n. 3.776, de 18-4-2022, da PGFN, dispõe sobre o Programa de Reescalonamento do Pagamento de Débitos no Âmbito do Simples Nacional (Relp) para os débitos administrados pela Procuradoria-Geral da Fazenda Nacional.

§ 1.º (Vetado.)

•• Parágrafo único renumerado pela Lei Complementar n. 214, de 16-1-2025, produzindo efeitos a partir de 1.º-1-2025.

§ 2.º O Simples Nacional deve observar os princípios da simplicidade, da transparência, da justiça tributária, da cooperação e integração das administrações tributárias da União, dos Estados, do Distrito Federal e dos Municípios e da defesa do meio ambiente.

•• § 2.º acrescentado pela Lei Complementar n. 214, de 16-1-2025, produzindo efeitos a partir de 1.º-1-2025.

§ 3.º A União, os Estados, o Distrito Federal e os Municípios exercerão a administração tributária do Simples Nacional de forma integrada, nos termos e limites estabelecidos pela Constituição Federal e por esta Lei Complementar.

•• § 3.º acrescentado pela Lei Complementar n. 214, de 16-1-2025, produzindo efeitos a partir de 1.º-1-2025.

Art. 13. O Simples Nacional implica o recolhimento mensal, mediante documento único de arrecadação, dos seguintes impostos e contribuições:

I – Imposto sobre a Renda da Pessoa Jurídica – IRPJ;

•• Vide Súmula 184 do STJ.

II – Imposto sobre Produtos Industrializados – IPI, observado o disposto no inciso XII do § 1.º deste artigo;

III – Contribuição Social sobre o Lucro Líquido – CSLL;

IV – Contribuição para o Financiamento da Seguridade Social – COFINS, observado o disposto no inciso XII do § 1.º deste artigo;

•• A Lei Complementar n. 214, de 16-1-2025, revoga este inciso a partir de 1.º-1-2027.

V – Contribuição para o PIS/Pasep, observado o disposto no inciso XII do § 1.º deste artigo;

•• A Lei Complementar n. 214, de 16-1-2025, revoga este inciso a partir de 1.º-1-2027.

VI – Contribuição Patronal Previdenciária – CPP para a Seguridade Social, a cargo da pessoa jurídica, de que trata o art. 22 da Lei n. 8.212, de 24 de julho de 1991, exceto no caso da microempresa e da empresa de pequeno porte que se dediquem às atividades de prestação de serviços referidas no § 5.º-C do art. 18 desta Lei Complementar;

•• Inciso VI com redação determinada pela Lei Complementar n. 128, de 19-12-2008.

• A Lei n. 8.212, de 24-7-1991, dispõe sobre a organização da Seguridade Social, institui plano de custeio, e dá outras providências.

• Vide Súmula 425 do STJ.

VII – Imposto sobre Operações Relativas à Circulação de Mercadorias e Sobre Prestações de Serviços de Transporte Interestadual e Intermunicipal e de Comunicação – ICMS;

•• A Lei Complementar n. 214, de 16-1-2025, revoga este inciso a partir de 1.º-1-2033.

• Vide art. 18-A, § 3.º, V, *b*, desta Lei Complementar.

VIII – Imposto sobre Serviços de Qualquer Natureza – ISS.

•• A Lei Complementar n. 214, de 16-1-2025, revoga este inciso a partir de 1.º-1-2033.

•• **A Lei Complementar n. 214, de 16-1-2025, acrescenta a este artigo os incisos IX e X, com produção de efeitos a partir de 1.º-1-2027:** "IX – Imposto sobre Bens e Serviços – IBS; X – Contribuição Social sobre Bens e Serviços – CBS".

• Vide art. 18-A, § 3.º, V, *c*, desta Lei Complementar.

§ 1.º O recolhimento na forma deste artigo não exclui a incidência dos seguintes impostos ou contribuições, devidos na qualidade de contribuinte ou responsável, em relação aos quais será observada a legislação aplicável às demais pessoas jurídicas:

• Vide art. 18-A, § 3.º, VI, desta Lei Complementar.

I – Imposto sobre Operações de Crédito, Câmbio e Seguro, ou Relativas a Títulos ou Valores Mobiliários – IOF;

II – Imposto sobre a Importação de Produtos Estrangeiros – II;

III – Imposto sobre a Exportação, para o Exterior, de Produtos Nacionais ou Nacionalizados – IE;

IV – Imposto sobre a Propriedade Territorial Rural – ITR;

•• Inciso IV com redação determinada pela Lei Complementar n. 128, de 19-12-2008.

V – Imposto de Renda, relativo aos rendimentos ou ganhos líquidos auferidos em aplicações de renda fixa ou variável;

VI – Imposto de Renda relativo aos ganhos de capital auferidos na alienação de bens do ativo permanente;

VII – (*Revogado pela Lei Complementar n. 214, de 16-1-2025.*)

VIII – Contribuição para o Fundo de Garantia do Tempo de Serviço – FGTS;

IX – Contribuição para manutenção da Seguridade Social, relativa ao trabalhador;

X – Contribuição para a Seguridade Social, relativa à pessoa do empresário, na qualidade de contribuinte individual;

• Vide art. 18-A, § 3.º, IV, desta Lei Complementar.

XI – Imposto de Renda relativo aos pagamentos ou créditos efetuados pela pessoa jurídica a pessoas físicas;

XII – Contribuição para o PIS/Pasep, Cofins e IPI incidentes na importação de bens e serviços;

•• **A Lei Complementar n. 214, de 16-1-2025, acrescenta a este § 1.º o inciso XII-A, com produção de efeitos a partir de 1.º-1-2027:** "XII-A – IBS e CBS incidentes sobre: *a*) a importação de bens materiais ou imateriais, inclusive direitos, ou de serviços; *b*) (Vetada.);".

XIII – ICMS devido:

•• A Lei Complementar n. 214, de 16-1-2025, revoga este inciso a partir de 1.º-1-2033.

a) nas operações sujeitas ao regime de substituição tributária, tributação concentrada em uma única etapa (monofásica) e sujeitas ao regime de antecipação do recolhimento do imposto com encerramento de tributação, envolvendo combustíveis e lubrificantes; energia elétrica; cigarros e outros produtos derivados do fumo; bebidas; óleos e azeites vegetais comestíveis; farinha de trigo e misturas de farinha de trigo; massas alimentícias; açúcares; produtos lácteos; carnes e suas preparações; preparações à base de cereais; chocolates; produtos de padaria e da indústria de bolachas e biscoitos; sorvetes e preparados para fabricação de sorvetes em máquinas; cafés e mates, seus extratos, essências e concentrados; preparações para molhos e molhos preparados; preparações de produtos vegetais; rações para animais domésticos; veículos automotivos e automotores, suas peças, componentes e acessórios; pneumáticos; câmaras de ar e protetores de borracha; medicamentos e outros produtos farmacêuticos para uso humano ou veterinário; cosméticos; produtos de perfumaria e de higiene pessoal; papéis; plásticos; canetas e malas; cimentos; cal e argamassas; produtos cerâmicos; vidros; obras de metal e plástico para construção; telhas e caixas d'água; tintas e vernizes; produtos eletrônicos, eletroeletrônicos e eletrodomésticos; fios; cabos e outros condutores; transformadores elétricos e reatores; disjuntores; interruptores e tomadas; isoladores; para-raios e lâmpadas; máquinas e aparelhos de ar-condicionado; centrifugadores de uso doméstico; aparelhos e instrumentos de pesagem de uso doméstico; extintores; aparelhos ou máquinas de barbear; máquinas de cortar o cabelo ou de tosquiar; aparelhos de depilar, com motor elétrico incorporado; aquecedores elétricos de água para uso doméstico e termômetros; ferramentas; álcool etílico; sabões em pó e líquidos para roupas; detergentes; alvejantes; esponjas; palhas de aço e amaciantes de roupas; venda de mercadorias pelo sistema porta a porta; nas operações sujeitas ao regime de substituição tributária pelas operações anteriores; e nas prestações de serviços sujeitas aos regimes de substituição tributária e de antecipação de recolhimento do imposto com encerramento de tributação;

•• Alínea *a* com redação determinada pela Lei Complementar n. 147, de 7-8-2014.

b) por terceiro, a que o contribuinte se ache obrigado, por força da legislação estadual ou distrital vigente;

c) na entrada, no território do Estado ou do Distrito Federal, de petróleo, inclusive lubrificantes e combustíveis líquidos e gasosos dele derivados, bem como energia elétrica, quando não destinados à comercialização ou industrialização;

d) por ocasião do desembaraço aduaneiro;

e) na aquisição ou manutenção em estoque de mercadoria desacobertada de documento fiscal;

f) na operação ou prestação desacobertada de documento fiscal;

g) nas operações com bens ou mercadorias sujeitas ao regime de antecipação do recolhimento do imposto, nas aquisições em outros Estados e Distrito Federal:

1. com encerramento da tributação, observado o disposto no inciso IV do § 4.º do art. 18 desta Lei Complementar;

2. sem encerramento da tributação, hipótese em que será cobrada a diferença entre a alíquota interna e a interestadual, sendo vedada a agregação de qualquer valor;

•• Alínea *g* com redação determinada pela Lei Complementar n. 128, de 19-12-2008.

h) nas aquisições em outros Estados e no Distrito Federal de bens ou mercadorias, não sujeitas ao regime de antecipação do recolhimento do imposto, relativo à diferença entre a alíquota interna e a interestadual;

•• Alínea *h* acrescentada pela Lei Complementar n. 128, de 19-12-2008.

XIV – ISS devido:

•• A Lei Complementar n. 214, de 16-1-2025, revoga este inciso a partir de 1.º-1-2033.

a) em relação aos serviços sujeitos à substituição tributária ou retenção na fonte;

b) na importação de serviços;

•• **A Lei Complementar n. 214, de 16-1-2025, acrescenta a este § 1.º o inciso XIV-A, com produção de efeitos a partir de 1.º-1-2027:** "XIV-A – Imposto Seletivo – IS sobre produção, extração, comercialização ou importação de bens e serviços prejudiciais à saúde ou ao meio ambiente;".

XV – demais tributos de competência da União, dos Estados, do Distrito Federal ou dos Municípios, não relacionados nos incisos anteriores.

§ 1.º-A. Os valores repassados aos profissionais de que trata a Lei n. 12.592, de 18 de janeiro de 2012, contratados por meio de parceria, nos termos da legislação civil, não integrarão a receita bruta da empresa contratante para fins de tributação, cabendo ao contratante a retenção e o recolhimento dos tributos devidos pelo contratado.

•• § 1.º-A acrescentado pela Lei Complementar n. 155, de 27-10-2016.

§ 2.º Observada a legislação aplicável, a incidência do imposto de renda na fonte, na hipótese do inciso V do § 1.º deste artigo, será definitiva.

§ 3.º As microempresas e empresas de pequeno porte optantes pelo Simples Nacional ficam dispensadas do pagamento das demais contribuições instituídas pela União, inclusive as contribuições para as entidades privadas de serviço social e de formação profissional vinculadas ao sistema sindical, de que trata o art. 240 da Constituição Federal, e demais entidades de serviço social autônomo.

• Vide art. 18-A, § 3.º, VI, desta Lei Complementar.

§ 4.º (Vetado.)

§ 5.º A diferença entre a alíquota interna e a interestadual de que tratam as alíneas *g* e *h* do inciso XIII do § 1.º deste artigo será calculada tomando-se por base as alíquotas aplicáveis às pessoas jurídicas não optantes pelo Simples Nacional.

•• § 5.º acrescentado pela Lei Complementar n. 128, de 19-12-2008.

§ 6.º O Comitê Gestor do Simples Nacional:

•• § 6.º, *caput*, acrescentado pela Lei Complementar n. 128, de 19-12-2008.

I – disciplinará a forma e as condições em que será atribuída à microempresa ou empresa de pequeno porte optante pelo Simples Nacional a qualidade de substituta tributária; e

•• Inciso I acrescentado pela Lei Complementar n. 128, de 19-12-2008.

II – poderá disciplinar a forma e as condições em que será estabelecido o regime de antecipação do ICMS previsto na alínea *g* do inciso XIII do § 1.º deste artigo.

•• Inciso II acrescentado pela Lei Complementar n. 128, de 19-12-2008.

•• A Lei Complementar n. 214, de 16-1-2025, revoga este inciso a partir de 1.º-1-2033.

§ 7.º O disposto na alínea *a* do inciso XIII do § 1.º será disciplinado por convênio celebrado pelos Estados e pelo Distrito Federal, ouvidos o CGSN e os representantes dos segmentos econômicos envolvidos.

•• § 7.º acrescentado pela Lei Complementar n. 147, de 7-8-2014.

§ 8.º Em relação às bebidas não alcoólicas, massas alimentícias, produtos lácteos, carnes e suas preparações, preparações à base de cereais, chocolates, produtos de padaria e da indústria de bolachas e biscoitos, preparações para molhos e molhos preparados, preparações de produtos vegetais, telhas e outros produtos cerâmicos para construção e detergentes, aplica-se o disposto na alínea *a* do inciso XIII do § 1.º aos fabricados em escala industrial relevante em cada segmento, observado o disposto no § 7.º.

•• § 8.º acrescentado pela Lei Complementar n. 147, de 7-8-2014.

•• **A Lei Complementar n. 214, de 16-1-2025, acrescenta a este artigo os §§ 10 e 11, com produção de efeitos a partir de 1.º-1-2027:** "§ 10. É facultado ao optante pelo Simples Nacional apurar e recolher o IBS e a CBS de acordo com o regime regular aplicável a esses tributos, hipótese em que as parcelas a eles relativas não serão cobradas pelo regime único. § 11. A opção a que se refere o § 10 será exercida para os semestres iniciados em janeiro e julho de cada ano, sendo irretratável para cada um desses períodos, devendo ser exercida nos meses de setembro e abril imediatamente anteriores a cada semestre".

•• Numeração conforme publicação oficial.

Art. 13-A. Para efeito de recolhimento do ICMS e do ISS no Simples Nacional, o limite máximo de que trata o inciso II do *caput* do art. 3.º será de R$ 3.600.000,00 (três milhões e seiscentos mil reais), observado o disposto nos §§ 11, 13, 14 e 15 do mesmo artigo, nos §§ 17 e 17-A do art. 18 e no § 4.º do art. 19.

•• Artigo acrescentado pela Lei Complementar n. 155, de 27-10-2016.

•• **A Lei Complementar n. 214, de 16-1-2025, deu nova redação a este artigo, com produção de efeitos a partir de 1.º-1-2027:** "Art. 13-A. Para efeito de recolhimento do ICMS, do ISS e do IBS no Simples Nacional, o limite máximo de que trata o inciso II do *caput* do art. 3.º será de R$ 3.600.000,00 (três milhões e seiscentos mil reais),

observado o disposto nos §§ 9.º a 15 do mesmo artigo, e nos §§ 17 a 17-C do art. 18".
- **A Lei Complementar n. 214, de 16-1-2025, deu nova redação a este artigo, com produção de efeitos a partir de 1.º-1-2033:** "Art. 13-A. Para efeito de recolhimento do IBS no Simples Nacional, o limite máximo de que trata o inciso II do *caput* do art. 3.º será de R$ 3.600.000,00 (três milhões e seiscentos mil reais), observado o disposto nos §§ 9.ª a 15 do mesmo artigo, e nos §§ 17 e 17-A a 17-C do art. 18".

Art. 14. Consideram-se isentos do imposto de renda, na fonte e na declaração de ajuste do beneficiário, os valores efetivamente pagos ou distribuídos ao titular ou sócio da microempresa ou empresa de pequeno porte optante pelo Simples Nacional, salvo os que corresponderem a pró-labore, aluguéis ou serviços prestados.

§ 1.º A isenção de que trata o *caput* deste artigo fica limitada ao valor resultante da aplicação dos percentuais de que trata o art. 15 da Lei n. 9.249, de 26 de dezembro de 1995, sobre a receita bruta mensal, no caso de antecipação de fonte, ou da receita bruta total anual, tratando-se de declaração de ajuste, subtraído do valor devido na forma do Simples Nacional no período.

§ 2.º O disposto no § 1.º deste artigo não se aplica na hipótese de a pessoa jurídica manter escrituração contábil e evidenciar lucro superior àquele limite.

Art. 15. (Vetado.)

Art. 16. A opção pelo Simples Nacional da pessoa jurídica enquadrada na condição de microempresa e empresa de pequeno porte dar-se-á na forma a ser estabelecida em ato do Comitê Gestor, sendo irretratável para todo o ano-calendário.
- **A Resolução n. 140, de 22-5-2018, do CGSN,** dispõe sobre o Regime Especial Unificado de Arrecadação de Tributos e Contribuições devidos pelas Microempresas e Empresas de Pequeno Porte (Simples Nacional).

§ 1.º Para efeito de enquadramento no Simples Nacional, considerar-se-á microempresa ou empresa de pequeno porte aquela cuja receita bruta no ano-calendário anterior ao da opção esteja compreendida dentro dos limites previstos no art. 3.º desta Lei Complementar.

§ 1.º-A. A opção pelo Simples Nacional implica aceitação de sistema de comunicação eletrônica, destinado, dentre outras finalidades, a:
- § 1.º-A, *caput*, acrescentado pela Lei Complementar n. 139, de 10-11-2011.

I – cientificar o sujeito passivo de quaisquer tipos de atos administrativos, incluídos os relativos ao indeferimento de opção, à exclusão do regime e a ações fiscais;
- Inciso I acrescentado pela Lei Complementar n. 139, de 10-11-2011.

II – encaminhar notificações e intimações; e
- Inciso II acrescentado pela Lei Complementar n. 139, de 10-11-2011.

III – expedir avisos em geral.
- Inciso III acrescentado pela Lei Complementar n. 139, de 10-11-2011.

§ 1.º-B. O sistema de comunicação eletrônica de que trata o § 1.º-A será regulamentado pelo CGSN, observando-se o seguinte:
- § 1.º-B, *caput*, acrescentado pela Lei Complementar n. 139, de 10-11-2011.

I – as comunicações serão feitas, por meio eletrônico, em portal próprio, dispensando-se a sua publicação no Diário Oficial e o envio por via postal;
- Inciso I acrescentado pela Lei Complementar n. 139, de 10-11-2011.

II – a comunicação feita na forma prevista no *caput* será considerada pessoal para todos os efeitos legais;
- Inciso II acrescentado pela Lei Complementar n. 139, de 10-11-2011.

III – a ciência por meio do sistema de que trata o § 1.º-A com utilização de certificação digital ou de código de acesso possuirá os requisitos de validade;
- Inciso III acrescentado pela Lei Complementar n. 139, de 10-11-2011.

IV – considerar-se-á realizada a comunicação no dia em que o sujeito passivo efetivar a consulta eletrônica ao teor da comunicação; e
- Inciso IV acrescentado pela Lei Complementar n. 139, de 10-11-2011.

V – na hipótese do inciso IV, nos casos em que a consulta se dê em dia não útil, a comunicação será considerada como realizada no primeiro dia útil seguinte.
- Inciso V acrescentado pela Lei Complementar n. 139, de 10-11-2011.

§ 1.º-C. A consulta referida nos incisos IV e V do § 1.º-B deverá ser feita em até 45 (quarenta e cinco) dias contados da data da disponibilização da comunicação no portal a que se refere o inciso I do § 1.º-B, ou em prazo superior estipulado pelo CGSN, sob pena de ser considerada automaticamente realizada na data do término desse prazo.
- § 1.º-C acrescentado pela Lei Complementar n. 139, de 10-11-2011.

§ 1.º-D. Enquanto não editada a regulamentação de que trata o § 1.º-B, os entes federativos poderão utilizar sistemas de comunicação eletrônica, com regras próprias, para as finalidades previstas no § 1.º-A, podendo a referida regulamentação prever a adoção desses sistemas como meios complementares de comunicação.
- § 1.º-D acrescentado pela Lei Complementar n. 139, de 10-11-2011.

§ 2.º A opção de que trata o *caput* deste artigo deverá ser realizada no mês de janeiro, até o seu último dia útil, produzindo efeitos a partir do primeiro dia do ano-calendário da opção, ressalvado o disposto no § 3.º deste artigo.
- **A Lei Complementar n. 214, de 16-1-2025, deu nova redação a este § 2.º, com produção de efeitos a partir de 1.º-1-2027:** "§ 2.º A opção de que trata o *caput* deste artigo deverá ser realizada no mês de setembro, até o seu último dia útil, produzindo efeitos a partir do primeiro dia do ano-calendário seguinte ao da opção, ressalvado o disposto no § 3.º deste artigo".

§ 3.º A opção produzirá efeitos a partir da data do início de atividade, desde que exercida nos termos, prazo e condições a serem estabelecidos no ato do Comitê Gestor a que se refere o *caput* deste artigo.

§ 4.º Serão consideradas inscritas no Simples Nacional, em 1.º de julho de 2007, as microempresas e empresas de pequeno porte regularmente optantes pelo regime tributário de que trata a Lei n. 9.317, de 5 de dezembro de 1996, salvo as que estiverem impedidas de optar por alguma vedação imposta por esta Lei Complementar.
- § 4.º com redação dada pela Lei Complementar n. 127, de 14-8-2007.
- *Vide* art. 89 desta Lei Complementar.

§ 5.º O Comitê Gestor regulamentará a opção automática prevista no § 4.º deste artigo.

§ 6.º O indeferimento da opção pelo Simples Nacional será formalizado mediante ato da Administração Tributária segundo regulamentação do Comitê Gestor.

Seção II
Das Vedações ao Ingresso no Simples Nacional

Art. 17. Não poderão recolher os impostos e contribuições na forma do Simples Nacional a microempresa ou empresa de pequeno porte:
- *Caput* com redação determinada pela Lei Complementar n. 167, de 24-4-2019.

I – que explore atividade de prestação cumulativa e contínua de serviços de assessoria creditícia, gestão de crédito, seleção e riscos, administração de contas a pagar e a receber, gerenciamento de ativos (*asset management*) ou compra de direitos creditórios resultantes de vendas mercantis a prazo ou de prestação de serviços (*factoring*) ou que execute operações de empréstimo, de financiamento e de desconto de títulos de crédito, exclusivamente com recursos próprios, tendo como contrapartes microempreendedores individuais, microempresas e empresas de pequeno porte, inclusive sob a forma de empresa simples de crédito;
- Inciso I com redação determinada pela Lei Complementar n. 167, de 24-4-2019.

II – cujo titular ou sócio seja domiciliado no exterior;
- Inciso II com redação determinada pela Lei Complementar n. 214, de 16-1-2025, produzindo efeitos a partir de 1.º-1-2025.

III – de cujo capital participe entidade da administração pública, direta ou indireta, federal, estadual ou municipal;

IV – (*Revogado pela Lei Complementar n. 128, de 19-12-2008.*)

V – que possua débito com o Instituto Nacional do Seguro Social – INSS, ou com as Fazendas Públicas Federal, Estadual ou Municipal, cuja exigibilidade não esteja suspensa;
- *Vide* art. 31, IV, desta Lei Complementar.

VI – que preste serviço de transporte intermunicipal e interestadual de passageiros, exceto quando na modalidade fluvial ou quando possuir características de transporte urbano ou metropolitano ou realizar-se sob fretamento contínuo em área metropolitana para o transporte de estudantes ou trabalhadores;
- • Inciso VI com redação determinada pela Lei Complementar n. 147, de 7-8-2014.

VII – que seja geradora, transmissora, distribuidora ou comercializadora de energia elétrica;

VIII – que exerça atividade de importação ou fabricação de automóveis e motocicletas;

IX – que exerça atividade de importação de combustíveis;

X – que exerça atividade de produção ou venda no atacado de:
- • Inciso X, caput, com redação determinada pela Lei Complementar n. 128, de 19-12-2008.

a) cigarros, cigarrilhas, charutos, filtros para cigarros, armas de fogo, munições e pólvoras, explosivos e detonantes;
- • Alínea a acrescentada pela Lei Complementar n. 128, de 19-12-2008.

b) bebidas não alcoólicas a seguir descritas:
- • Alínea b, caput, com redação determinada pela Lei Complementar n. 155, de 27-10-2016.

1. (Revogado pela Lei Complementar n. 155, de 27-10-2016.)

2 e 3. (Revogados pela Lei Complementar n. 147, de 7-8-2014.)

4. cervejas sem álcool;
- • Item 4 acrescentado pela Lei Complementar n. 128, de 19-12-2008.

c) bebidas alcoólicas, exceto aquelas produzidas ou vendidas no atacado por:
- • Alínea c, caput, acrescentada pela Lei Complementar n. 155, de 27-10-2016.

1 – micro e pequenas cervejarias;
- • Item 1 acrescentado pela Lei Complementar n. 155, de 27-10-2016.

2 – micro e pequenas vinícolas;
- • Item 2 acrescentado pela Lei Complementar n. 155, de 27-10-2016.

3 – produtores de licores;
- • Item 3 acrescentado pela Lei Complementar n. 155, de 27-10-2016.

4 – micro e pequenas destilarias;
- • Item 4 acrescentado pela Lei Complementar n. 155, de 27-10-2016.

XI – (Revogado pela Lei Complementar n. 147, de 7-8-2014.)

XII – que realize cessão ou locação de mão de obra;
- Vide art. 18, § 5.º-H, desta Lei Complementar.

XIII – (Revogado pela Lei Complementar n. 147, de 7-8-2014.)

XIV – que se dedique ao loteamento e à incorporação de imóveis;

XV – que realize atividade de locação de imóveis próprios;
- • Inciso XV com redação determinada pela Lei Complementar n. 214, de 16-1-2025, produzindo efeitos a partir de 1.º-1-2025.

XVI – com ausência de inscrição ou com irregularidade em cadastro fiscal federal, municipal ou estadual, quando exigível.
- • • Inciso XVI acrescentado pela Lei Complementar n. 139, de 10-11-2011.

§ 1.º As vedações relativas a exercício de atividades previstas no caput deste artigo não se aplicam às pessoas jurídicas que se dediquem exclusivamente às atividades referidas nos §§ 5.º-B a 5.º-E do art. 18 desta Lei Complementar, ou as exerçam em conjunto com outras atividades que não tenham sido objeto de vedação no caput deste artigo.
- • • § 1.º, caput, com redação determinada pela Lei Complementar n. 128, de 19-12-2008.

I a XXI – (Revogados pela Lei Complementar n. 128, de 19-12-2008.)

XXII – (Vetado.)

XXIII a XXVII – (Revogados pela Lei Complementar n. 128, de 19-12-2008.)

XXVIII – (Vetado.)

§ 2.º Também poderá optar pelo Simples Nacional a microempresa ou empresa de pequeno porte que se dedique à prestação de outros serviços que não tenham sido objeto de vedação expressa neste artigo, desde que não incorra em nenhuma das hipóteses de vedação previstas nesta Lei Complementar.
- • • § 2.º com redação determinada pela Lei Complementar n. 127, de 14-8-2007.

§ 3.º (Vetado.)

§ 4.º Na hipótese do inciso XVI do caput, deverá ser observado, para o MEI, o disposto no art. 4.º desta Lei Complementar.
- • • § 4.º acrescentado pela Lei Complementar n. 139, de 10-11-2011.

§ 5.º As empresas que exerçam as atividades previstas nos itens da alínea c do inciso X do caput deste artigo deverão obrigatoriamente ser registradas no Ministério da Agricultura, Pecuária e Abastecimento e obedecerão também à regulamentação da Agência Nacional de Vigilância Sanitária e da Secretaria da Receita Federal do Brasil quanto à produção e à comercialização de bebidas alcoólicas.
- • • § 5.º acrescentado pela Lei Complementar n. 155, de 27-10-2016.

Seção III
Das Alíquotas e Base de Cálculo

Art. 18. O valor devido mensalmente pela microempresa ou empresa de pequeno porte optante pelo Simples Nacional será determinado mediante aplicação das alíquotas efetivas, calculadas a partir das alíquotas nominais constantes das tabelas dos Anexos I a V desta Lei Complementar, sobre a base de cálculo de que trata o § 3.º deste artigo, observado o disposto no § 15 do art. 3.º.
- • • Caput com redação determinada pela Lei Complementar n. 155, de 27-10-2016.

§ 1.º Para efeito de determinação da alíquota nominal, o sujeito passivo utilizará a receita bruta acumulada nos doze meses anteriores ao do período de apuração.
- • • § 1.º com redação determinada pela Lei Complementar n. 155, de 27-10-2016.

- • • **A Lei Complementar n. 214, de 16-1-2025, deu nova redação a este § 1.º, com produção de efeitos a partir de 1.º-1-2027:** "§ 1.º Para fins de determinação da alíquota nominal, o sujeito passivo utilizará a receita bruta acumulada nos doze meses antecedentes ao mês anterior ao do período de apuração".

§ 1.º-A. A alíquota efetiva é o resultado de: RBT12xAliq-PD, em que:

RBT12
- • • § 1.º-A, caput, acrescentado pela Lei Complementar n. 155, de 27-10-2016.

I – RBT12: receita bruta acumulada nos doze meses anteriores ao período de apuração;
- • • Inciso I acrescentado pela Lei Complementar n. 155, de 27-10-2016.

- • • **A Lei Complementar n. 214, de 16-1-2025, deu nova redação a este inciso I, com produção de efeitos a partir de 1.º-1-2027:** "I – RBT12: receita bruta acumulada nos doze meses antecedentes ao mês anterior ao do período de apuração;".

II – Aliq: alíquota nominal constante dos Anexos I a V desta Lei Complementar;
- • • Inciso II acrescentado pela Lei Complementar n. 155, de 27-10-2016.

III – PD: parcela a deduzir constante dos Anexos I a V desta Lei Complementar.
- • • Inciso III acrescentado pela Lei Complementar n. 155, de 27-10-2016.

§ 1.º-B. Os percentuais efetivos de cada tributo serão calculados a partir da alíquota efetiva, multiplicada pelo percentual de repartição constante dos Anexos I a V desta Lei Complementar, observando-se que:
- • • § 1.º-B, caput, acrescentado pela Lei Complementar n. 155, de 27-10-2016.

I – o percentual efetivo máximo destinado ao ISS será de 5% (cinco por cento), transferindo-se eventual diferença, de forma proporcional, aos tributos federais da mesma faixa de receita bruta anual;
- • • Inciso I acrescentado pela Lei Complementar n. 155, de 27-10-2016.

II – eventual diferença centesimal entre o total dos percentuais e a alíquota efetiva será transferida para o tributo com maior percentual de repartição na respectiva faixa de receita bruta.
- • • Inciso II acrescentado pela Lei Complementar n. 155, de 27-10-2016.

§ 1.º-C. Na hipótese de transformação, extinção, fusão ou sucessão dos tributos referidos nos incisos IV e V do art. 13, serão mantidas as alíquotas nominais e efetivas previstas neste artigo e nos Anexos I a V desta Lei Complementar, e lei ordinária disporá sobre a repartição dos valores arrecadados para os tributos federais, sem alteração no total dos percentuais de repartição a eles devidos, e mantidos os percentuais de repartição destinados ao ICMS e ao ISS.
- • • § 1.º-C acrescentado pela Lei Complementar n. 155, de 27-10-2016.

§ 2.º Em caso de início de atividade, os valores de receita bruta acumulada constantes dos Anexos I a V desta Lei Complementar devem ser proporcionalizados ao número de meses de atividade no período.
- • • § 2.º com redação determinada pela Lei Complementar n. 155, de 27-10-2016.

§ 3.º Sobre a receita bruta auferida no mês incidirá a alíquota efetiva determinada na forma do *caput* e dos §§ 1.º, 1.º-A e 2.º deste artigo, podendo tal incidência se dar, à opção do contribuinte, na forma regulamentada pelo Comitê Gestor, sobre a receita recebida no mês, sendo essa opção irretratável para todo o ano-calendário.
•• § 3.º com redação determinada pela Lei Complementar n. 155, de 27-10-2016.
•• **A Lei Complementar n. 214, de 16-1-2025, deu nova redação a este § 3.º, com produção de efeitos a partir de 1.º-1-2027:** "§ 3.º Sobre a receita bruta auferida no mês incidirá a alíquota efetiva determinada na forma do *caput* e dos §§ 1.º, 1.º-A e 2.º".

§ 4.º O contribuinte deverá considerar, destacadamente, para fim de pagamento, as receitas decorrentes da:
•• § 4.º, *caput*, com redação determinada pela Lei Complementar n. 147, de 7-8-2014.

I – revenda de mercadorias, que serão tributadas na forma do Anexo I desta Lei Complementar;
•• Inciso I com redação determinada pela Lei Complementar n. 147, de 7-8-2014.
•• **A Lei Complementar n. 214, de 16-1-2025, deu nova redação a este inciso I, com produção de efeitos a partir de 1.º-1-2027:** "I – revenda de mercadorias e da venda de mercadorias industrializadas pelo contribuinte, que serão tributadas na forma do Anexo I desta Lei Complementar, observado o inciso II;".
•• A Lei n. 13.097, de 19-1-2015, propôs nova redação para este inciso I, todavia a alteração sofreu veto presidencial.

II – venda de mercadorias industrializadas pelo contribuinte, que serão tributadas na forma do Anexo II desta Lei Complementar;
•• Inciso II com redação determinada pela Lei Complementar n. 147, de 7-8-2014.
•• **A Lei Complementar n. 214, de 16-1-2025, deu nova redação a este inciso II, com produção de efeitos a partir de 1.º-1-2027:** "II – venda de mercadorias industrializadas pelo contribuinte sujeitas ao IPI mantido nos termos da alínea *a* do inciso III do art. 126 do Ato das Disposições Constitucionais Transitórias da Constituição Federal, de 1988, que serão tributadas na forma do Anexo II desta Lei Complementar;".

III – prestação de serviços de que trata o § 5.º-B deste artigo e dos serviços vinculados à locação de bens imóveis e corretagem de imóveis desde que observado o disposto no inciso XV do art. 17, que serão tributados na forma do Anexo III desta Lei Complementar;
•• Inciso III com redação determinada pela Lei Complementar n. 147, de 7-8-2014.

IV – prestação de serviços de que tratam os §§ 5.º-C a 5.º-F e 5.º-I deste artigo, que serão tributadas na forma prevista naqueles parágrafos;
•• Inciso IV com redação determinada pela Lei Complementar n. 147, de 7-8-2014.

V – locação de bens móveis, que serão tributadas na forma do Anexo III desta Lei Complementar, deduzida a parcela correspondente ao ISS;
•• Inciso V com redação determinada pela Lei Complementar n. 147, de 7-8-2014.

VI – atividade com incidência simultânea de IPI e de ISS, que serão tributadas na forma do Anexo II desta Lei Complementar, deduzida a parcela correspondente ao ICMS e acrescida a parcela correspondente ao ISS prevista no Anexo III desta Lei Complementar;
•• Inciso VI acrescentado pela Lei Complementar n. 147, de 7-8-2014.

VII – comercialização de medicamentos e produtos magistrais produzidos por manipulação de fórmulas:
•• Inciso VII, *caput*, acrescentado pela Lei Complementar n. 147, de 7-8-2014.

a) sob encomenda para entrega posterior ao adquirente, em caráter pessoal, mediante prescrições de profissionais habilitados ou indicação pelo farmacêutico, produzidos no próprio estabelecimento após o atendimento inicial, que serão tributadas na forma do Anexo III desta Lei Complementar;
•• Alínea *a* acrescentada pela Lei Complementar n. 147, de 7-8-2014.

b) nos demais casos, quando serão tributadas na forma do Anexo I desta Lei Complementar.
•• Alínea *b* acrescentada pela Lei Complementar n. 147, de 7-8-2014.

§ 4.º-A. O contribuinte deverá segregar, também, as receitas:
•• § 4.º-A, *caput*, acrescentado pela Lei Complementar n. 147, de 7-8-2014.

I – decorrentes de operações ou prestações sujeitas à tributação concentrada em uma única etapa (monofásica), bem como, em relação ao ICMS, que o imposto já tenha sido recolhido por substituto tributário ou por antecipação tributária com encerramento de tributação;
•• Inciso I acrescentado pela Lei Complementar n. 147, de 7-8-2014.
•• **A Lei Complementar n. 214, de 16-1-2025, deu nova redação a este inciso I, com produção de efeitos a partir de 1.º-1-2027:** "I – decorrentes de operações ou prestações sujeitas à tributação concentrada em uma única etapa (monofásica), bem como, em relação ao ICMS, ao IBS e à CBS, que o imposto já tenha sido recolhido por substituto tributário ou por antecipação tributária com encerramento de tributação;".

II – sobre as quais houve retenção de ISS na forma do § 6.º deste artigo e § 4.º do art. 21 desta Lei Complementar, ou, na hipótese do § 22-A deste artigo, seja devido em valor fixo ao respectivo município;
•• Inciso II acrescentado pela Lei Complementar n. 147, de 7-8-2014.

III – sujeitas à tributação em valor fixo ou que tenham sido objeto de isenção ou redução de ISS ou de ICMS na forma prevista nesta Lei Complementar;
•• Inciso III acrescentado pela Lei Complementar n. 147, de 7-8-2014.

IV – decorrentes da exportação para o exterior, inclusive as vendas realizadas por meio de comercial exportadora ou da sociedade de propósito específico prevista no art. 56 desta Lei Complementar;
•• Inciso IV acrescentado pela Lei Complementar n. 147, de 7-8-2014.

V – sobre as quais o ISS seja devido a Município diverso do estabelecimento prestador, quando será recolhido no Simples Nacional.
•• Inciso V acrescentado pela Lei Complementar n. 147, de 7-8-2014.

§ 5.º As atividades industriais serão tributadas na forma do Anexo II desta Lei Complementar.
•• § 5.º com redação determinada pela Lei Complementar n. 128, de 19-12-2008.
•• **A Lei Complementar n. 214, de 16-1-2025, deu nova redação a este § 5.º, com produção de efeitos a partir de 1.º-1-2027:** "§ 5.º As atividades industriais serão tributadas na forma do Anexo I desta Lei Complementar, ressalvada a venda de mercadorias industrializadas pelo contribuinte sujeitas ao IPI mantido nos termos da alínea *a* do inciso III do art. 126 do Ato das Disposições Constitucionais Transitórias da Constituição Federal, de 1988, que serão tributadas na forma do Anexo II desta Lei Complementar".

§ 5.º-A. (*Revogado pela Lei Complementar n. 147, de 7-8-2014.*)

§ 5.º-B. Sem prejuízo do disposto no § 1.º do art. 17 desta Lei Complementar, serão tributadas na forma do Anexo III desta Lei Complementar as seguintes atividades de prestação de serviços:
•• § 5.º-B, *caput*, acrescentado pela Lei Complementar n. 128, de 19-12-2008.

I – creche, pré-escola e estabelecimento de ensino fundamental, escolas técnicas, profissionais e de ensino médio, de línguas estrangeiras, de artes, cursos técnicos de pilotagem, preparatórios para concursos, gerenciais e escolas livres, exceto as previstas nos incisos II e III do § 5.º-D deste artigo;
•• Inciso I acrescentado pela Lei Complementar n. 128, de 19-12-2008.
• Vide Súmula 448 do STJ.

II – agência terceirizada de correios;
•• Inciso II acrescentado pela Lei Complementar n. 128, de 19-12-2008.

III – agência de viagem e turismo;
•• Inciso III acrescentado pela Lei Complementar n. 128, de 19-12-2008.

IV – centro de formação de condutores de veículos automotores de transporte terrestre de passageiros e de carga;
•• Inciso IV acrescentado pela Lei Complementar n. 128, de 19-12-2008.

V – agência lotérica;
•• Inciso V acrescentado pela Lei Complementar n. 128, de 19-12-2008.

VI a VIII – (*Revogados pela Lei Complementar n. 128, de 19-12-2008.*)

IX – serviços de instalação, de reparos e de manutenção em geral, bem como de usinagem, solda, tratamento e revestimento em metais;
•• Inciso IX acrescentado pela Lei Complementar n. 128, de 19-12-2008.

X a XII – (*Revogados pela Lei Complementar n. 128, de 19-12-2008.*)

XIII – transporte municipal de passageiros;
•• Inciso XIII acrescentado pela Lei Complementar n. 128, de 19-12-2008.

XIV – escritórios de serviços contábeis, observado o disposto nos §§ 22-B e 22-C deste artigo;

•• Inciso XIV acrescentado pela Lei Complementar n. 128, de 19-12-2008.

XV – produções cinematográficas, audiovisuais, artísticas e culturais, sua exibição ou apresentação, inclusive no caso de música, literatura, artes cênicas, artes visuais, cinematográficas e audiovisuais;

•• Inciso XV acrescentado pela Lei Complementar n. 133, de 28-12-2009.

XVI – fisioterapia;

•• Inciso XVI acrescentado pela Lei Complementar n. 147, de 7-8-2014.

XVII – corretagem de seguros;

•• Inciso XVII acrescentado pela Lei Complementar n. 147, de 7-8-2014.

XVIII – arquitetura e urbanismo;

•• Inciso XVIII acrescentado pela Lei Complementar n. 155, de 27-10-2016.

XIX – medicina, inclusive laboratorial, e enfermagem;

•• Inciso XIX acrescentado pela Lei Complementar n. 155, de 27-10-2016.

XX – odontologia e prótese dentária;

•• Inciso XX acrescentado pela Lei Complementar n. 155, de 27-10-2016.

XXI – psicologia, psicanálise, terapia ocupacional, acupuntura, podologia, fonoaudiologia, clínicas de nutrição e de vacinação e bancos de leite.

•• Inciso XXI acrescentado pela Lei Complementar n. 155, de 27-10-2016.

§ 5.º-C. Sem prejuízo do disposto no § 1.º do art. 17 desta Lei Complementar, as atividades de prestação de serviços seguintes serão tributadas na forma do Anexo IV desta Lei Complementar, hipótese em que não estará incluída no Simples Nacional a contribuição prevista no inciso VI do *caput* do art. 13 desta Lei Complementar, devendo ela ser recolhida segundo a legislação prevista para os demais contribuintes ou responsáveis:

•• § 5.º-C, *caput*, acrescentado pela Lei Complementar n. 128, de 19-12-2008.
• Vide art. 33, § 2.º, desta Lei Complementar.

I – construção de imóveis e obras de engenharia em geral, inclusive sob a forma de subempreitada, execução de projetos e serviços de paisagismo, bem como decoração de interiores;

•• Inciso I acrescentado pela Lei Complementar n. 128, de 19-12-2008.

II a V – (*Revogados pela Lei Complementar n. 128, de 19-12-2008.*)

VI – serviço de vigilância, limpeza ou conservação;

•• Inciso VI acrescentado pela Lei Complementar n. 128, de 19-12-2008.

VII – serviços advocatícios.

•• Inciso VII acrescentado pela Lei Complementar n. 147, de 7-8-2014.

§ 5.º-D. Sem prejuízo do disposto no § 1.º do art. 17 desta Lei Complementar, as seguintes atividades de prestação de serviços serão tributadas na forma do Anexo III desta Lei Complementar:

•• § 5.º-D, *caput*, com redação determinada pela Lei Complementar n. 155, de 27-10-2016.

I – administração e locação de imóveis de terceiros;

•• Inciso I com redação determinada pela Lei Complementar n. 147, de 7-8-2014.

II – academias de dança, de capoeira, de ioga e de artes marciais;

•• Inciso II acrescentado pela Lei Complementar n. 128, de 19-12-2008.

III – academias de atividades físicas, desportivas, de natação e escolas de esportes;

•• Inciso III acrescentado pela Lei Complementar n. 128, de 19-12-2008.

IV – elaboração de programas de computadores, inclusive jogos eletrônicos, desde que desenvolvidos em estabelecimento do optante;

•• Inciso IV acrescentado pela Lei Complementar n. 128, de 19-12-2008.

V – licenciamento ou cessão de direito de uso de programas de computação;

•• Inciso V acrescentado pela Lei Complementar n. 128, de 19-12-2008.

VI – planejamento, confecção, manutenção e atualização de páginas eletrônicas, desde que realizados em estabelecimento do optante;

•• Inciso VI acrescentado pela Lei Complementar n. 128, de 19-12-2008.

VII e VIII – (*Revogados pela Lei Complementar n. 128, de 19-12-2008.*)

IX – empresas montadoras de estandes para feiras;

•• Inciso IX acrescentado pela Lei Complementar n. 128, de 19-12-2008.

X e XI – (*Revogados pela Lei Complementar n. 133, de 28-12-2009.*)

XII – laboratórios de análises clínicas ou de patologia clínica;

•• Inciso XII acrescentado pela Lei Complementar n. 128, de 19-12-2008.

XIII – serviços de tomografia, diagnósticos médicos por imagem, registros gráficos e métodos óticos, bem como ressonância magnética;

•• Inciso XIII acrescentado pela Lei Complementar n. 128, de 19-12-2008.

XIV – serviços de prótese em geral.

•• Inciso XIV acrescentado pela Lei Complementar n. 128, de 19-12-2008.

§ 5.º-E. Sem prejuízo do disposto no § 1.º do art. 17 desta Lei Complementar, as atividades de prestação de serviços de comunicação e de transportes interestadual e intermunicipal de cargas, e de transportes autorizados no inciso VI do *caput* do art. 17, inclusive na modalidade fluvial, serão tributadas na forma do Anexo III, deduzida a parcela correspondente ao ISS e acrescida a parcela correspondente ao ICMS prevista no Anexo I.

•• § 5.º-E com redação determinada pela Lei Complementar n. 147, de 7-8-2014.
•• A Lei Complementar n. 214, de 16-1-2025, revoga este § 5.º-E a partir de 1.º-1-2033.

§ 5.º-F. As atividades de prestação de serviços referidas no § 2.º do art. 17 desta Lei Complementar serão tributadas na forma do Anexo III desta Lei Complementar, salvo se, para alguma dessas atividades, houver previsão expressa de tributação na forma dos Anexos IV ou V desta Lei Complementar.

•• § 5.º-F com redação determinada pela Lei Complementar n. 155, de 27-10-2016.

§ 5.º-G. (*Revogado pela Lei Complementar n. 147, de 7-8-2014.*)

§ 5.º-H. A vedação de que trata o inciso XII do *caput* do art. 17 desta Lei Complementar não se aplica às atividades referidas no § 5.º-C deste artigo.

•• § 5.º-H acrescentado pela Lei Complementar n. 128, de 19-12-2008.

§ 5.º-I. Sem prejuízo do disposto no § 1.º do art. 17 desta Lei Complementar, as seguintes atividades de prestação de serviços serão tributadas na forma do Anexo V desta Lei Complementar:

•• § 5.º-I, *caput*, com redação determinada pela Lei Complementar n. 155, de 27-10-2016.

I – (*Revogado pela Lei Complementar n. 155, de 27-10-2016.*)

II – medicina veterinária;

•• Inciso II acrescentado pela Lei Complementar n. 147, de 7-8-2014.

III e IV – (*Revogados pela Lei Complementar n. 155, de 27-10-2016.*)

V – serviços de comissaria, de despachantes, de tradução e de interpretação;

•• Inciso V acrescentado pela Lei Complementar n. 147, de 7-8-2014.

VI – engenharia, medição, cartografia, topografia, geologia, geodésia, testes, suporte e análises técnicas e tecnológicas, pesquisa, *design*, desenho e agronomia;

•• Inciso VI com redação determinada pela Lei Complementar n. 155, de 27-10-2016.

VII – representação comercial e demais atividades de intermediação de negócios e serviços de terceiros;

•• Inciso VII acrescentado pela Lei Complementar n. 147, de 7-8-2014.

VIII – perícia, leilão e avaliação;

•• Inciso VIII acrescentado pela Lei Complementar n. 147, de 7-8-2014.

IX – auditoria, economia, consultoria, gestão, organização, controle e administração;

•• Inciso IX acrescentado pela Lei Complementar n. 147, de 7-8-2014.

X – jornalismo e publicidade;

•• Inciso X acrescentado pela Lei Complementar n. 147, de 7-8-2014.

XI – agenciamento, exceto de mão de obra;

•• Inciso XI acrescentado pela Lei Complementar n. 147, de 7-8-2014.

XII – outras atividades do setor de serviços que tenham por finalidade a prestação de serviços decorrentes do exercício de atividade intelectual, de natureza técnica, científica, desportiva, artística ou cultural, que constitua profissão regulamentada ou não, desde que não sujeitas à tributação na forma dos Anexos III ou IV desta Lei Complementar.

•• Inciso XII com redação determinada pela Lei Complementar n. 155, de 27-10-2016.

§ 5.º-J. As atividades de prestação de serviços a que se refere o § 5.º-I serão tributadas na forma do Anexo III desta Lei Comple-

mentar caso a razão entre a folha de salários e a receita bruta da pessoa jurídica seja igual ou superior a 28% (vinte e oito por cento).
•• § 5.º-J acrescentado pela Lei Complementar n. 155, de 27-10-2016.

§ 5.º-K. Para o cálculo da razão a que se referem os §§ 5.º-J e 5.º-M, serão considerados, respectivamente, os montantes pagos e auferidos nos doze meses anteriores ao período de apuração para fins de enquadramento no regime tributário do Simples Nacional.
•• § 5.º-K acrescentado pela Lei Complementar n. 155, de 27-10-2016.
•• **A Lei Complementar n. 214, de 16-1-2025, deu nova redação a este § 5.º-K, com produção de efeitos a partir de 1.º-1-2027:** "§ 5.º-K. Para o cálculo da razão a que se referem os §§ 5.º-J e 5.º-M, serão considerados, respectivamente, os montantes pagos e auferidos nos doze meses antecedentes ao mês anterior ao do período de apuração para fins de enquadramento no regime tributário do Simples Nacional".

§ 5.º-L. (Vetado.)
•• § 5.º-L acrescentado pela Lei Complementar n. 155, de 27-10-2016.

§ 5.º-M. Quando a relação entre a folha de salários e a receita bruta da microempresa ou da empresa de pequeno porte for inferior a 28% (vinte e oito por cento), serão tributadas na forma do Anexo V desta Lei Complementar às atividades previstas:
•• § 5.º-M, caput, acrescentado pela Lei Complementar n. 155, de 27-10-2016.

I – nos incisos XVI, XVIII, XIX, XX e XXI do § 5.º-B deste artigo;
•• Inciso I acrescentado pela Lei Complementar n. 155, de 27-10-2016.

II – no § 5.º-D deste artigo.
•• Inciso II acrescentado pela Lei Complementar n. 155, de 27-10-2016.

§ 6.º No caso dos serviços previstos no § 2.º do art. 6.º da Lei Complementar n. 116, de 31 de julho de 2003, prestados pelas microempresas e pelas empresas de pequeno porte, o tomador do serviço deverá reter o montante correspondente na forma da legislação do município onde estiver localizado, observado o disposto no § 4.º do art. 21 desta Lei Complementar.
•• § 6.º com redação determinada pela Lei Complementar n. 128, de 19-12-2008.

§ 7.º A sociedade de propósito específico de que trata o art. 56 desta Lei Complementar que houver adquirido mercadorias de microempresa ou empresa de pequeno porte que seja sua sócia, bem como a empresa comercial exportadora que houver adquirido mercadorias ou serviços de empresa optante pelo Simples Nacional, com o fim específico de exportação para o exterior, que, no prazo de 180 (cento e oitenta) dias, contado da data da emissão da nota fiscal pela vendedora, não comprovar o seu embarque para o exterior ficará sujeita ao pagamento de todos os impostos e contribuições que deixaram de ser pagos pela empresa vendedora, acrescidos de juros de mora e multa, de mora ou de ofício, calculados na forma da legislação relativa à cobrança do tributo não pago, aplicável à sociedade de propósito específico ou à própria comercial exportadora.
•• § 7.º com redação determinada pela Lei Complementar n. 147, de 7-8-2014.

§ 8.º Para efeito do disposto no § 7.º deste artigo, considera-se vencido o prazo para o pagamento na data em que a empresa vendedora deveria fazê-lo, caso a venda houvesse sido efetuada para o mercado interno.

§ 9.º Relativamente à contribuição patronal previdenciária, devida pela vendedora, a sociedade de propósito específico de que trata o art. 56 desta Lei Complementar ou a comercial exportadora deverão recolher, no prazo previsto no § 8.º deste artigo, o valor correspondente a 11% (onze por cento) do valor das mercadorias não exportadas nos termos do § 7.º deste artigo.
•• § 9.º com redação determinada pela Lei Complementar n. 128, de 19-12-2008.

§ 10. Na hipótese do § 7.º deste artigo, a sociedade de propósito específico de que trata o art. 56 desta Lei Complementar ou a empresa comercial exportadora não poderão deduzir do montante devido qualquer valor a título de crédito de Imposto sobre Produtos Industrializados – IPI da Contribuição para o PIS/Pasep ou da Cofins, decorrente da aquisição das mercadorias e serviços objeto da incidência.
•• § 10 com redação determinada pela Lei Complementar n. 128, de 19-12-2008.
•• **A Lei Complementar n. 214, de 16-1-2025, deu nova redação a este § 10, com produção de efeitos a partir de 1.º-1-2027:** "§ 10. Na hipótese do § 7.º, a sociedade de propósito específico de que trata o art. 56 desta Lei Complementar ou a empresa comercial exportadora não poderão deduzir do montante devido qualquer valor a título de crédito de IPI, IBS e CBS, decorrente da aquisição das mercadorias e serviços objeto da incidência".

§ 11. Na hipótese do § 7.º deste artigo, a sociedade de propósito específico ou a empresa comercial exportadora deverão pagar, também, os impostos e contribuições devidos nas vendas para o mercado interno, caso, por qualquer forma, tenham alienado ou utilizado as mercadorias.
•• § 11 com redação determinada pela Lei Complementar n. 128, de 19-12-2008.

§ 12. Na apuração do montante devido no mês relativo a cada tributo, para o contribuinte que apure receitas mencionadas nos incisos I a III e V do § 4.º-A deste artigo, serão consideradas as reduções relativas aos tributos já recolhidos, ou sobre os quais tenha havido tributação monofásica, isenção, redução ou, no caso do ISS, que o valor tenha sido objeto de retenção ou seja devido diretamente ao Município.
•• § 12 com redação determinada pela Lei Complementar n. 147, de 7-8-2014.

§ 13. Para efeito de determinação da redução de que trata o § 12 deste artigo, as receitas serão discriminadas em comerciais, industriais ou de prestação de serviços, na forma dos Anexos I, II, III, IV e V desta Lei Complementar.
•• § 13 com redação determinada pela Lei Complementar n. 155, de 27-10-2016.

§ 14. A redução no montante a ser recolhido no Simples Nacional relativo aos valores das receitas decorrentes da exportação de que trata o inciso IV do § 4.º-A deste artigo corresponderá tão somente às alíquotas efetivas relativas à Cofins, à Contribuição para o PIS/Pasep, ao IPI, ao ICMS e ao ISS, apuradas com base nos Anexos I a V desta Lei Complementar.
•• § 14, caput, com redação determinada pela Lei Complementar n. 155, de 27-10-2016.
•• **A Lei Complementar n. 214, de 16-1-2025, deu nova redação a este § 14, com produção de efeitos a partir de 1.º-1-2027:** "§ 14. Observado o disposto no § 14-A, a redução no montante a ser recolhido no Simples Nacional relativo aos valores das receitas decorrentes da exportação de que trata o inciso IV do § 4.º-A deste artigo também corresponderá às alíquotas efetivas relativas ao ICMS e ao ISS, apuradas com base nos Anexos I a V desta Lei Complementar".
•• A Lei Complementar n. 214, de 16-1-2025, revoga este § 14 a partir de 1.º-1-2033.

I e II – (Revogados pela Lei Complementar n. 147, de 7-8-2014.)
•• **A Lei Complementar n. 214, de 16-1-2025, acrescenta a este artigo o § 14-A, com produção de efeitos a partir de 1.º-1-2027:** "§ 14-A. A redução no montante a ser recolhido no Simples Nacional relativo aos valores das receitas decorrentes da exportação de que trata o inciso IV do § 4.º-A deste artigo corresponderá às alíquotas efetivas relativas ao IPI, ao IBS e à CBS, apuradas com base nos Anexos I a V desta Lei Complementar".

§ 15. Será disponibilizado sistema eletrônico para realização do cálculo simplificado do valor mensal devido referente ao Simples Nacional.

§ 15-A. As informações prestadas no sistema eletrônico de cálculo de que trata o § 15:
•• § 15-A, caput, acrescentado pela Lei Complementar n. 139, de 10-11-2011.
•• A Lei Complementar n. 214, de 16-1-2025, revoga este § 15-A a partir de 1.º-1-2027.

I – têm caráter declaratório, constituindo confissão de dívida e instrumento hábil e suficiente para a exigência dos tributos e contribuições que não tenham sido recolhidos resultantes das informações nele prestadas; e
•• Inciso I acrescentado pela Lei Complementar n. 139, de 10-11-2011.

II – deverão ser fornecidas à Secretaria da Receita Federal do Brasil até o vencimento do prazo para pagamento dos tributos devidos no Simples Nacional em cada mês, relativamente aos fatos geradores ocorridos no mês anterior.
•• Inciso II acrescentado pela Lei Complementar n. 139, de 10-11-2011.

§ 16. Na hipótese do § 12 do art. 3.º, a parcela de receita bruta que exceder o montante determinado no § 10 daquele artigo estará sujeita às alíquotas máximas previstas nos Anexos I a V desta Lei Complementar, proporcionalmente, conforme o caso.

•• § 16 com redação determinada pela Lei Complementar n. 155, de 27-10-2016.
•• **A Lei Complementar n. 214, de 16-1-2025, deu nova redação a este § 16, com produção de efeitos a partir de 1.º-1-2027:** "§ 16. Na hipótese do § 12 do art. 3.º, a parcela de receita bruta que exceder o montante determinado no § 10 daquele artigo será tributada conjuntamente com a parcela que não o exceder, conforme alíquotas efetivas de que trata o § 1.º-A".

§ 16-A. O disposto no § 16 aplica-se, ainda, às hipóteses de que trata o § 9.º do art. 3.º, a partir do mês em que ocorrer o excesso do limite da receita bruta anual e até o mês anterior aos efeitos da exclusão.
•• § 16-A acrescentado pela Lei Complementar n. 139, de 10-11-2011.

§ 17. Na hipótese do § 13 do art. 3.º, a parcela de receita bruta que exceder os montantes determinados no § 11 daquele artigo estará sujeita, em relação aos percentuais aplicáveis ao ICMS e ao ISS, às alíquotas máximas correspondentes a essas faixas previstas nos Anexos I a V desta Lei Complementar, proporcionalmente, conforme o caso.
•• § 17 com redação determinada pela Lei Complementar n. 155, de 27-10-2016.
•• **A Lei Complementar n. 214, de 16-1-2025, deu nova redação a este § 17, com produção de efeitos a partir de 1.º-1-2027:** "§ 17. Observado o disposto no § 17-B, na hipótese do § 13 do art. 3.º, a parcela de receita bruta que exceder o montante determinado no § 11 daquele artigo, em relação aos percentuais aplicáveis ao ICMS e ao ISS, será tributada conjuntamente com a parcela que não o exceder, conforme alíquotas efetivas de que trata o § 1.º-A".
•• A Lei Complementar n. 214, de 16-1-2025, revoga este § 17 a partir de 1.º-1-2033.

§ 17-A. O disposto no § 17 aplica-se, ainda, à hipótese de que trata o § 1.º do art. 20, a partir do mês em que ocorrer o excesso do limite da receita bruta anual e até o mês anterior aos efeitos do impedimento.
•• § 17-A acrescentado pela Lei Complementar n. 139, de 10-11-2011.
•• A Lei Complementar n. 214, de 16-1-2025, revoga este § 17-A a partir de 1.º-1-2033.
•• **A Lei Complementar n. 214, de 16-1-2025, acrescenta a este artigo os §§ 17-B e 17-C, com produção de efeitos a partir de 1.º-1-2027:** "§ 17-B. Na hipótese do § 13 do art. 3.º, a parcela de receita bruta que exceder o montante determinado no § 11 daquele artigo estará sujeita, em relação aos percentuais aplicáveis ao IBS, será tributada conjuntamente com a parcela que não o exceder, conforme alíquotas efetivas de que trata o § 1.º-A. § 17-C. O disposto no § 17-B aplica-se, ainda, à hipótese de que trata o art. 13-A, a partir do mês em que ocorrer o excesso do limite da receita bruta anual e até o mês anterior aos efeitos do impedimento".

§ 18. Os Estados, o Distrito Federal e os Municípios, no âmbito das respectivas competências, poderão estabelecer, na forma definida pelo Comitê Gestor, independentemente da receita bruta recebida no mês pelo contribuinte, valores fixos mensais para o recolhimento do ICMS e do ISS devido por microempresa que aufira receita bruta, no ano-calendário anterior, de até o limite máximo previsto na segunda faixa de receitas brutas anuais constantes dos Anexos I a VI, ficando a microempresa sujeita a esses valores durante todo o ano-calendário, ressalvado o disposto no § 18-A.
•• § 18 com redação determinada pela Lei Complementar n. 147, de 7-8-2014.

§ 18-A. A microempresa que, no ano-calendário, exceder o limite de receita bruta previsto no § 18 fica impedida de recolher o ICMS ou o ISS pela sistemática de valor fixo, a partir do mês subsequente à ocorrência do excesso, sujeitando-se à apuração desses tributos na forma das demais empresas optantes pelo Simples Nacional.
•• § 18-A acrescentado pela Lei Complementar n. 147, de 7-8-2014.

§ 19. Os valores estabelecidos no § 18 deste artigo não poderão acarretar a 50% (cinquenta por cento) do maior recolhimento possível do tributo para a faixa de enquadramento prevista na tabela do *caput* deste artigo, respeitados os acréscimos decorrentes do tipo de atividade da empresa estabelecidos no § 5.º deste artigo.

§ 20. Na hipótese de o Estado, o Município ou o Distrito Federal concedam isenção ou redução do ICMS ou do ISS devido por microempresa ou empresa de pequeno porte, ou ainda determine recolhimento de valor fixo para esses tributos, na forma do § 18 deste artigo, será realizada redução proporcional ou ajuste do valor a ser recolhido, na forma definida em resolução do Comitê Gestor.

§ 20-A. A concessão dos benefícios de que trata o § 20 deste artigo poderá ser realizada.
•• § 20-A, *caput*, acrescentado pela Lei Complementar n. 128, de 19-12-2008.

I – mediante deliberação exclusiva e unilateral do Estado, do Distrito Federal ou do Município concedente;
•• Inciso I acrescentado pela Lei Complementar n. 128, de 19-12-2008.

II – de modo diferenciado para cada ramo de atividade.
•• Inciso II acrescentado pela Lei Complementar n. 128, de 19-12-2008.

§ 20-B. A União, os Estados e o Distrito Federal poderão, em lei específica destinada à ME ou EPP optante pelo Simples Nacional, estabelecer isenção ou redução de COFINS, Contribuição para o PIS/PASEP e ICMS para produtos da cesta básica, discriminando a abrangência da sua concessão.
•• § 20-B acrescentado pela Lei Complementar n. 147, de 7-8-2014.

§ 21. O valor a ser recolhido na forma do disposto no § 20 deste artigo, exclusivamente na hipótese de isenção, não integrará o montante a ser partilhado com o respectivo Município, Estado ou Distrito Federal.

§ 22. (*Revogado pela Lei Complementar n. 128, de 19-12-2008.*)

§ 22-A. A atividade constante do inciso XIV do § 5.º-B deste artigo recolherá o ISS em valor fixo, na forma da legislação municipal.
•• § 22-A acrescentado pela Lei Complementar n. 128, de 19-12-2008.
•• A Lei Complementar n. 214, de 16-1-2025, revoga este § 22-A a partir de 1.º-1-2033.

§ 22-B. Os escritórios de serviços contábeis, individualmente ou por meio de suas entidades representativas de classe, deverão:
•• § 22-B, *caput*, acrescentado pela Lei Complementar n. 128, de 19-12-2008.

I – promover atendimento gratuito relativo à inscrição, à opção de que trata o art. 18-A desta Lei Complementar e à primeira declaração anual simplificada da microempresa individual, podendo, para tanto, por meio de suas entidades representativas de classe, firmar convênios e acordos com a União, os Estados, o Distrito Federal e os Municípios, por intermédio dos seus órgãos vinculados;
•• Inciso I acrescentado pela Lei Complementar n. 128, de 19-12-2008.

II – fornecer, na forma estabelecida pelo Comitê Gestor, resultados de pesquisas quantitativas e qualitativas relativas a microempresas e empresas de pequeno porte optantes pelo Simples Nacional por eles atendidas;
•• Inciso II acrescentado pela Lei Complementar n. 128, de 19-12-2008.

III – promover eventos de orientação fiscal, contábil e tributária para as microempresas e empresas de pequeno porte optantes pelo Simples Nacional por eles atendidas.
•• Inciso III acrescentado pela Lei Complementar n. 128, de 19-12-2008.

§ 22-C. Na hipótese de descumprimento das obrigações de que trata o § 22-B deste artigo, o escritório será excluído do Simples Nacional, com efeitos a partir do mês subsequente ao do descumprimento, na forma regulamentada pelo Comitê Gestor.
•• § 22-C acrescentado pela Lei Complementar n. 128, de 19-12-2008.

§ 23. Da base de cálculo do ISS será abatido o material fornecido pelo prestador dos serviços previstos nos itens 7.02 e 7.05 da lista de serviços anexa à Lei Complementar n. 116, de 31 de julho de 2003.
•• A Lei Complementar n. 214, de 16-1-2025, revoga este § 23 a partir de 1.º-1-2033.
•• A Lei Complementar n. 116, de 31-7-2003, dispõe sobre o Imposto sobre Serviços de Qualquer Natureza – ISS, de competência dos Municípios e do Distrito Federal, e dá outras providências.

§ 24. Para efeito de aplicação do § 5.º-K, considera-se folha de salários, incluídos encargos, o montante pago, nos doze meses anteriores ao período de apuração, a título de remunerações a pessoas físicas decorrentes do trabalho, acrescido do montante efetivamente recolhido a título de contribuição patronal previdenciária e FGTS, incluídas as retiradas de pró-labore.
•• § 24 com redação determinada pela Lei Complementar n. 155, de 27-10-2016.
•• **A Lei Complementar n. 214, de 16-1-2025, deu nova redação a este § 24, com produção de efeitos a partir de 1.º-1-2027:** "§ 24. Para efeito de aplicação do § 5.º-K, considera-se folha de salários, incluídos encargos, o montante pago, nos doze meses antecedentes ao mês anterior ao do

período de apuração, a título de remunerações a pessoas físicas decorrentes do trabalho, acrescido do montante efetivamente recolhido a título de contribuição patronal previdenciária e FGTS, incluídas as retiradas de pró-labore".

§ 25. Para efeito do disposto no § 24 deste artigo, deverão ser consideradas tão somente as remunerações informadas na forma prevista no inciso IV do *caput* do art. 32 da Lei n. 8.212, de 24 de julho de 1991.
- • § 25 com redação determinada pela Lei Complementar n. 139, de 10-11-2011.

§ 26. Não são considerados, para efeito do disposto no § 24, valores pagos a título de aluguéis e de distribuição de lucros, observado o disposto no § 1.º do art. 14.
- • § 26 acrescentado pela Lei Complementar n. 139, de 10-11-2011.

§ 27. (Vetado.)
- • § 27 acrescentado pela Lei Complementar n. 155, de 27-10-2016.

Art. 18-A. O Microempreendedor Individual – MEI poderá optar pelo recolhimento dos impostos e contribuições abrangidos pelo Simples Nacional em valores fixos mensais, independentemente da receita bruta por ele auferida no mês, na forma prevista neste artigo.
- • *Caput* acrescentado pela Lei Complementar n. 128, de 19-12-2008.
- • Vide art. 36-A desta Lei Complementar.

§ 1.º Para os efeitos desta Lei Complementar, considera-se MEI quem tenha auferido receita bruta, no ano-calendário anterior, de até R$ 81.000,00 (oitenta e um mil reais), que seja optante pelo Simples Nacional e que não esteja impedido de optar pela sistemática prevista neste artigo, e seja empresário individual que se enquadre na definição do art. 966 da Lei n. 10.406, de 10 de janeiro de 2002 (Código Civil), ou o empreendedor que exerça:
- • § 1.º, *caput*, com redação determinada pela Lei Complementar n. 188, de 31-12-2021.

I – as atividades de que trata o § 4.º-A deste artigo;
- • Inciso I acrescentado pela Lei Complementar n. 188, de 31-12-2021.

II – as atividades de que trata o § 4.º-B deste artigo estabelecidas pelo CGSN; e
- • Inciso II acrescentado pela Lei Complementar n. 188, de 31-12-2021.

III – as atividades de industrialização, comercialização e prestação de serviços no âmbito rural.
- • Inciso III acrescentado pela Lei Complementar n. 188, de 31-12-2021.

§ 2.º No caso de início de atividades, o limite de que trata o § 1.º será de R$ 6.750,00 (seis mil, setecentos e cinquenta reais) multiplicados pelo número de meses compreendido entre o início da atividade e o final do respectivo ano-calendário, consideradas as frações de meses como um mês inteiro.
- • § 2.º com redação determinada pela Lei Complementar n. 155, de 27-10-2016.

§ 3.º Na vigência da opção pela sistemática de recolhimento prevista no *caput* deste artigo:

- • § 3.º, *caput*, acrescentado pela Lei Complementar n. 128, de 19-12-2008.

I – não se aplica o disposto no § 18 do art. 18 desta Lei Complementar;
- • Inciso I acrescentado pela Lei Complementar n. 128, de 19-12-2008.

II – não se aplica a redução prevista no § 20 do art. 18 desta Lei Complementar ou qualquer dedução na base de cálculo;
- • Inciso II acrescentado pela Lei Complementar n. 128, de 19-12-2008.

III – não se aplicam as isenções específicas para as microempresas e empresas de pequeno porte concedidas pelo Estado, Município ou Distrito Federal a partir de 1.º de julho de 2007 que abranjam integralmente a faixa de receita bruta anual até o limite previsto no § 1.º;
- • Inciso III acrescentado pela Lei Complementar n. 139, de 10-11-2011.

IV – a opção pelo enquadramento como Microempreendedor Individual importa opção pelo recolhimento da contribuição referida no inciso X do § 1.º do art. 13 desta Lei Complementar na forma prevista no § 2.º do art. 21 da Lei n. 8.212, de 24 de julho de 1991;
- • Inciso IV acrescentado pela Lei Complementar n. 128, de 19-12-2008.
- • **A Lei Complementar n. 214, de 16-1-2025, deu nova redação a este inciso IV, com produção de efeitos a partir de 1.º-1-2027:** "IV - a opção pelo enquadramento como Microempreendedor Individual importa opção pelo recolhimento da contribuição referida no inciso X do § 1.º do art. 13 desta Lei Complementar na forma prevista no § 2.º do art. 21 da Lei n. 8.212, de 24 de julho de 1991; b) do ICMS, do ISS, do IBS e da CBS nos valores fixos previstos no inciso V deste parágrafo;".
- • **A Lei Complementar n. 214, de 16-1-2025, deu nova redação a esta alínea b, com produção de efeitos a partir de 1.º-1-2033:** "b) do IBS e da CBS nos valores fixos previstos no inciso V deste parágrafo;".

V – o MEI, com receita bruta anual igual ou inferior a R$ 81.000,00 (oitenta e um mil reais), recolherá, na forma regulamentada pelo Comitê Gestor, valor fixo mensal correspondente à soma das seguintes parcelas:
- • Inciso V, *caput*, com redação determinada pela Lei Complementar n. 155, de 27-10-2016.
- • **A Lei Complementar n. 214, de 16-1-2025, deu nova redação a este inciso V, com produção de efeitos a partir de 1.º-1-2027:** "V - o MEI, com receita bruta anual igual ou inferior a R$ 81.000,00 (oitenta e um mil reais), recolherá, na forma regulamentada pelo Comitê Gestor, valor mensal correspondente à soma das seguintes parcelas:".

a) R$ 45,65 (quarenta e cinco reais e sessenta e cinco centavos), a título da contribuição prevista no inciso IV deste parágrafo;
- • Alínea *a* acrescedada pela Lei Complementar n. 128, de 19-12-2008.

b) R$ 1,00 (um real), a título do imposto referido no inciso VII do *caput* do art. 13 desta Lei Complementar, caso seja contribuinte do ICMS; e

- • Alínea *b* acrescentada pela Lei Complementar n. 128, de 19-12-2008.
- • A Lei Complementar n. 214, de 16-1-2025, revoga esta alínea *b* a partir de 1.º-1-2027.

c) R$ 5,00 (cinco reais), a título do imposto referido no inciso VIII do *caput* do art. 13 desta Lei Complementar, caso seja contribuinte do ISS;
- • Alínea *c* acrescentada pela Lei Complementar n. 128, de 19-12-2008.
- • A Lei Complementar n. 214, de 16-1-2025, revoga esta alínea *c* a partir de 1.º-1-2027.
- • **A Lei Complementar n. 214, de 16-1-2025, acrescenta a este artigo as alíneas d e e, com produção de efeitos a partir de 1.º-1-2027:** *d*) IBS e CBS nos valores discriminados no Anexo VII desta Lei Complementar; *e*) ICMS e ISS nos valores discriminados no Anexo VII desta Lei Complementar;".
  - • A Lei Complementar n. 214, de 16-1-2025, revoga esta alínea *e* a partir de 1.º-1-2033.

VI – sem prejuízo do disposto nos §§ 1.º a 3.º do art. 13, o MEI terá isenção dos tributos referidos nos incisos I a VI do *caput* daquele artigo, ressalvado o disposto no art. 18-C.
- • Inciso VI com redação determinada pela Lei Complementar n. 139, de 10-11-2011.

§ 4.º Não poderá optar pela sistemática de recolhimento prevista no *caput* deste artigo o MEI:
- • § 4.º, *caput*, acrescentado pela Lei Complementar n. 128, de 19-12-2008.

I – cuja atividade seja tributada na forma dos Anexos V ou VI desta Lei Complementar, salvo autorização relativa a exercício de atividade isolada na forma regulamentada pelo CGSN;
- • Inciso I com redação determinada pela Lei Complementar n. 147, de 7-8-2014.

II – que possua mais de um estabelecimento;
- • Inciso II acrescentado pela Lei Complementar n. 128, de 19-12-2008.

III – que participe de outra empresa como titular, sócio ou administrador; ou
- • Inciso III acrescentado pela Lei Complementar n. 128, de 19-12-2008.

IV – (Revogado pela Lei Complementar n. 155, de 27-10-2016.)

V – constituído na forma de *startup*.
- • Inciso V acrescentado pela Lei Complementar n. 167, de 24-4-2019.
- • A Lei Complementar n. 182, de 1.º-6-2021, institui o marco legal das *startups* e do empreendedorismo inovador.

§ 4.º-A. Observadas as demais condições deste artigo, poderá optar pela sistemática de recolhimento prevista no *caput* o empresário individual que exerça atividade de comercialização e processamento de produtos de natureza extrativista.
- • § 4.º-A acrescentado pela Lei Complementar n. 139, de 10-11-2011.

§ 4.º-B. O CGSN determinará as atividades autorizadas a optar pela sistemática de recolhimento de que trata este artigo, de forma a evitar a fragilização das relações de trabalho, bem como sobre a incidência do ICMS e do ISS.

•• § 4.º-B acrescentado pela Lei Complementar n. 139, de 10-11-2011.
•• **A Lei Complementar n. 214, de 16-1-2025, deu nova redação a este § 4.º-B , com produção de efeitos a partir de 1.º-1-2033:** "§ 4.º-B. O CGSN determinará as atividades autorizadas a optar pela sistemática de recolhimento de que trata este artigo, de forma a evitar a fragilização das relações de trabalho".

§ 5.º A opção de que trata o *caput* deste artigo dar-se-á na forma a ser estabelecida em ato do Comitê Gestor, observando-se que:
•• § 5.º, *caput*, acrescentado pela Lei Complementar n. 128, de 19-12-2008.

I – será irretratável para todo o ano-calendário;
•• Inciso I acrescentado pela Lei Complementar n. 128, de 19-12-2008.

II – deverá ser realizada no início do ano-calendário, na forma disciplinada pelo Comitê Gestor, produzindo efeitos a partir do primeiro dia do ano-calendário da opção, ressalvado o disposto no inciso III;
•• Inciso II acrescentado pela Lei Complementar n. 128, de 19-12-2008.

III – produzirá efeitos a partir da data do início de atividade desde que exercida nos termos, prazo e condições a serem estabelecidos em ato do Comitê Gestor a que se refere o *caput* deste parágrafo.
•• Inciso III acrescentado pela Lei Complementar n. 128, de 19-12-2008.

§ 6.º O desenquadramento da sistemática de que trata o *caput* deste artigo será realizado de ofício ou mediante comunicação do MEI.
•• § 6.º acrescentado pela Lei Complementar n. 128, de 19-12-2008.

§ 7.º O desenquadramento mediante comunicação do MEI à Secretaria da Receita Federal do Brasil – RFB dar-se-á:
•• § 7.º, *caput*, acrescentado pela Lei Complementar n. 128, de 19-12-2008.

I – por opção, que deverá ser efetuada no início do ano-calendário, na forma disciplinada pelo Comitê Gestor, produzindo efeitos a partir de 1.º de janeiro do ano-calendário da comunicação;
•• Inciso I acrescentado pela Lei Complementar n. 128, de 19-12-2008.

II – obrigatoriamente, quando o MEI incorrer em alguma das situações previstas no § 4.º deste artigo, devendo a comunicação ser efetuada até o último dia útil do mês subsequente àquele em que ocorrida a situação de vedação, produzindo efeitos a partir do mês subsequente ao da ocorrência da situação impeditiva;
•• Inciso II acrescentado pela Lei Complementar n. 128, de 19-12-2008.

III – obrigatoriamente, quando o MEI exceder, no ano-calendário, o limite de receita bruta previsto no § 1.º deste artigo, devendo a comunicação ser efetuada até o último dia útil do mês subsequente àquele em que ocorrido o excesso, produzindo efeitos:
•• Inciso III, *caput*, acrescentado pela Lei Complementar n. 128, de 19-12-2008.

a) a partir de 1.º de janeiro do ano-calendário subsequente ao da ocorrência do excesso, na hipótese de não ter ultrapassado o referido limite em mais de 20% (vinte por cento);
•• Alínea *a* acrescentada pela Lei Complementar n. 128, de 19-12-2008.

b) retroativamente a 1.º de janeiro do ano-calendário da ocorrência do excesso, na hipótese de ter ultrapassado o referido limite em mais de 20% (vinte por cento);
•• Alínea *b* acrescentada pela Lei Complementar n. 128, de 19-12-2008.

IV – obrigatoriamente, quando o MEI exceder o limite de receita bruta previsto no § 2.º deste artigo, devendo a comunicação ser efetuada até o último dia útil do mês subsequente àquele em que ocorrido o excesso, produzindo efeitos:
•• Inciso IV, *caput*, acrescentado pela Lei Complementar n. 128, de 19-12-2008.

a) a partir de 1.º de janeiro do ano-calendário subsequente ao da ocorrência do excesso, na hipótese de não ter ultrapassado o referido limite em mais de 20% (vinte por cento);
•• Alínea *a* acrescentada pela Lei Complementar n. 128, de 19-12-2008.

b) retroativamente ao início de atividade, na hipótese de ter ultrapassado o referido limite em mais de 20% (vinte por cento).
•• Alínea *b* acrescentada pela Lei Complementar n. 128, de 19-12-2008.

§ 8.º O desenquadramento de ofício dar-se-á quando verificada a falta de comunicação de que trata o § 7.º deste artigo.
•• § 8.º acrescentado pela Lei Complementar n. 128, de 19-12-2008.

§ 9.º O Empresário Individual desenquadrado da sistemática de recolhimento prevista no *caput* deste artigo passará a recolher os tributos devidos pela regra geral do Simples Nacional a partir da data de início dos efeitos do desenquadramento, ressalvado o disposto no § 10 deste artigo.
•• § 9.º acrescentado pela Lei Complementar n. 128, de 19-12-2008.

§ 10. Nas hipóteses previstas nas alíneas *a* dos incisos III e IV do § 7.º deste artigo, o MEI deverá recolher a diferença, sem acréscimos, em parcela única, juntamente com a da apuração do mês de janeiro do ano-calendário subsequente ao do excesso, na forma a ser estabelecida em ato do Comitê Gestor.
•• § 10 acrescentado pela Lei Complementar n. 128, de 19-12-2008.

§ 11. O valor referido na alínea *a* do inciso V do § 3.º deste artigo será reajustado, na forma prevista em lei ordinária, na mesma data de reajustamento dos benefícios de que trata a Lei n. 8.213, de 24 de julho de 1991, de forma a manter equivalência com a contribuição de que trata o § 2.º do art. 21 da Lei n. 8.212, de 24 de julho de 1991.
•• § 11 acrescentado pela Lei Complementar n. 128, de 19-12-2008.

§ 12. Aplica-se ao MEI que tenha optado pela contribuição na forma do § 1.º deste artigo o disposto no § 4.º do art. 55 e no §

2.º do art. 94, ambos da Lei n. 8.213, de 24 de julho de 1991, exceto se optar pela complementação da contribuição previdenciária a que se refere o § 3.º do art. 21 da Lei n. 8.212, de 24 de julho de 1991.
•• § 12 acrescentado pela Lei Complementar n. 128, de 19-12-2008.

§ 13. O MEI está dispensado, ressalvado o disposto no art. 18-C desta Lei Complementar, de:
•• § 13, *caput*, com redação determinada pela Lei Complementar n. 139, de 10-11-2011.

I – atender o disposto no inciso IV do *caput* do art. 32 da Lei n. 8.212, de 24 de julho de 1991;
•• Inciso I acrescentado pela Lei Complementar n. 139, de 10-11-2011.

II – apresentar a Relação Anual de Informações Sociais (Rais); e
•• Inciso II acrescentado pela Lei Complementar n. 139, de 10-11-2011.

III – declarar ausência de fato gerador para a Caixa Econômica Federal para emissão da Certidão de Regularidade Fiscal perante o FGTS.
•• Inciso III acrescentado pela Lei Complementar n. 139, de 10-11-2011.

§ 14. O Comitê Gestor disciplinará o disposto neste artigo.
•• § 14 acrescentado pela Lei Complementar n. 128, de 19-12-2008.

§ 15. A inadimplência do recolhimento do valor previsto na alínea *a* do inciso V do § 3.º tem como consequência a não contagem da competência em atraso para fins de carência para obtenção dos benefícios previdenciários respectivos.
•• § 15 acrescentado pela Lei Complementar n. 139, de 10-11-2011.

§ 15-A. Ficam autorizados os Estados, o Distrito Federal e os Municípios a promover a remissão dos débitos decorrentes dos valores previstos nas alíneas *b* e *c* do inciso V do § 3.º, inadimplidos isolada ou simultaneamente.
•• § 15-A acrescentado pela Lei Complementar n. 147, de 7-8-2014.

§ 15-B. O MEI poderá ter sua inscrição automaticamente cancelada após período de 12 (doze) meses consecutivos sem recolhimento ou declarações, independentemente de qualquer notificação, devendo a informação ser publicada no Portal do Empreendedor, na forma regulamentada pelo CGSIM.
•• § 15-B acrescentado pela Lei Complementar n. 147, de 7-8-2014.

§ 16. O CGSN estabelecerá, para o MEI, critérios, procedimentos, prazos e efeitos diferenciados para desenquadramento da sistemática de que trata este artigo, cobrança, inscrição em dívida ativa e exclusão do Simples Nacional.
•• § 16 acrescentado pela Lei Complementar n. 139, de 10-11-2011.

§ 16-A. A baixa do MEI via portal eletrônico dispensa a comunicação aos órgãos da administração pública.

•• § 16-A acrescentado pela Lei Complementar n. 155, de 27-10-2016.

§ 17. A alteração de dados no CNPJ informada pelo empresário à Secretaria da Receita Federal do Brasil equivalerá à comunicação obrigatória de desenquadramento da sistemática de recolhimento de que trata este artigo, nas seguintes hipóteses:
•• § 17, *caput*, acrescentado pela Lei Complementar n. 139, de 10-11-2011.

I – alteração para natureza jurídica distinta de empresário individual a que se refere o art. 966 da Lei n. 10.406, de 10 de janeiro de 2002 (Código Civil);
•• Inciso I acrescentado pela Lei Complementar n. 139, de 10-11-2011.

II – inclusão de atividade econômica não autorizada pelo CGSN;
•• Inciso II acrescentado pela Lei Complementar n. 139, de 10-11-2011.

III – abertura de filial.
•• Inciso III acrescentado pela Lei Complementar n. 139, de 10-11-2011.

§ 18. Os Municípios somente poderão realizar o cancelamento da inscrição do MEI caso tenham regulamentação própria de classificação de risco e o respectivo processo simplificado de inscrição e legalização, em conformidade com esta Lei Complementar e com as resoluções do CGSIM.
•• § 18 acrescentado pela Lei Complementar n. 147, de 7-8-2014.

§ 19. Fica vedada aos conselhos representativos de categorias econômicas a exigência de obrigações diversas das estipuladas nesta Lei Complementar para inscrição do MEI em seus quadros, sob pena de responsabilidade.
•• § 19 acrescentado pela Lei Complementar n. 147, de 7-8-2014.

§ 19-A. O MEI inscrito no conselho profissional de sua categoria na qualidade de pessoa física é dispensado de realizar nova inscrição no mesmo conselho na qualidade de empresário individual.
•• § 19-A acrescentado pela Lei Complementar n. 155, de 27-10-2016.

§ 19-B. São vedadas aos conselhos profissionais, sob pena de responsabilidade, a exigência de inscrição e a execução de qualquer tipo de ação fiscalizadora quando a ocupação do MEI não exigir registro profissional da pessoa física.
•• § 19-B acrescentado pela Lei Complementar n. 155, de 27-10-2016.

§ 20. Os documentos fiscais das microempresas e empresas de pequeno porte poderão ser emitidos diretamente por sistema nacional informatizado e pela internet, sem custos para o empreendedor, na forma regulamentada pelo Comitê Gestor do Simples Nacional.
•• § 20 acrescentado pela Lei Complementar n. 147, de 7-8-2014.

§ 21. Assegurar-se-á o registro nos cadastros oficiais ao guia de turismo inscrito como MEI.
•• § 21 acrescentado pela Lei Complementar n. 147, de 7-8-2014.

§ 22. Fica vedado às concessionárias de serviço público o aumento das tarifas pagas pelo MEI por conta da modificação da sua condição de pessoa física para pessoa jurídica.
•• § 22 acrescentado pela Lei Complementar n. 147, de 7-8-2014.

§ 23. (*Vetado.*)
•• § 23 acrescentado pela Lei Complementar n. 147, de 7-8-2014.

§ 24. Aplica-se ao MEI o disposto no inciso XI do § 4.º do art. 3.º.
•• § 24 acrescentado pela Lei Complementar n. 147, de 7-8-2014.

§ 25. O MEI poderá utilizar sua residência como sede do estabelecimento, quando não for indispensável a existência de local próprio para o exercício da atividade.
•• § 25 acrescentado pela Lei Complementar n. 154, de 18-4-2016.

Art. 18-B. A empresa contratante de serviços executados por intermédio do MEI mantém, em relação a esta contratação, a obrigatoriedade de recolhimento da contribuição a que se refere o inciso III do *caput* e o § 1.º do art. 22 da Lei n. 8.212, de 24 de julho de 1991, e o cumprimento das obrigações acessórias relativas à contratação de contribuinte individual.
•• *Caput* acrescentado pela Lei Complementar n. 128, de 19-12-2008.

§ 1.º Aplica-se o disposto neste artigo exclusivamente em relação ao MEI que for contratado para prestar serviços de hidráulica, eletricidade, pintura, alvenaria, carpintaria e de manutenção ou reparo de veículos.
•• § 1.º com redação determinada pela Lei Complementar n. 147, de 7-8-2014.

§ 2.º O disposto no *caput* e no § 1.º não se aplica quando presentes os elementos da relação de emprego, ficando o contratante sujeito a todas as obrigações dela decorrentes, inclusive trabalhistas, tributárias e previdenciárias.
•• § 2.º acrescentado pela Lei Complementar n. 139, de 10-11-2011.

Art. 18-C. Observado o disposto no *caput* e nos §§ 1.º a 25 do art. 18-A desta Lei Complementar, poderá enquadrar-se como MEI o empresário individual ou o empreendedor que exerça as atividades de industrialização, comercialização e prestação de serviços no âmbito rural que possua um único empregado que receba exclusivamente um salário mínimo ou o piso salarial da categoria profissional.
•• *Caput* com redação determinada pela Lei Complementar n. 155, de 27-10-2016.

§ 1.º Na hipótese referida no *caput*, o MEI:
•• § 1.º, *caput*, acrescentado pela Lei Complementar n. 139, de 10-11-2011.

I – deverá reter e recolher a contribuição previdenciária relativa ao segurado a seu serviço na forma da lei, observados prazo e condições estabelecidos pelo CGSN;
•• Inciso I acrescentado pela Lei Complementar n. 139, de 10-11-2011.

II – é obrigado a prestar informações relativas ao segurado a seu serviço, na forma estabelecida pelo CGSN; e
•• Inciso II acrescentado pela Lei Complementar n. 139, de 10-11-2011.

III – está sujeito ao recolhimento da contribuição de que trata o inciso VI do *caput* do art. 13, calculada à alíquota de 3% (três por cento) sobre o salário de contribuição previsto no *caput*, na forma e prazos estabelecidos pelo CGSN.
•• Inciso III acrescentado pela Lei Complementar n. 139, de 10-11-2011.

§ 2.º Para os casos de afastamento legal do único empregado do MEI, será permitida a contratação de outro empregado, inclusive por prazo determinado, até que cessem as condições do afastamento, na forma estabelecida pelo Ministério do Trabalho e Emprego.
•• § 2.º acrescentado pela Lei Complementar n. 139, de 10-11-2011.

§ 3.º O CGSN poderá determinar, com relação ao MEI, a forma, a periodicidade e o prazo:
•• § 3.º, *caput*, acrescentado pela Lei Complementar n. 139, de 10-11-2011.

I – de entrega à Secretaria da Receita Federal do Brasil de uma única declaração com dados relacionados a fatos geradores, base de cálculo e valores dos tributos previstos nos arts. 18-A e 18-C, da contribuição para a Seguridade Social descontada do empregado e do Fundo de Garantia do Tempo de Serviço (FGTS), e outras informações de interesse do Ministério do Trabalho e Emprego, do Instituto Nacional do Seguro Social (INSS) e do Conselho Curador do FGTS, observado o disposto no § 7.º do art. 26;
•• Inciso I acrescentado pela Lei Complementar n. 139, de 10-11-2011.

II – do recolhimento dos tributos previstos nos arts. 18-A e 18-C, bem como do FGTS e da contribuição para a Seguridade Social descontada do empregado.
•• Inciso II acrescentado pela Lei Complementar n. 139, de 10-11-2011.

§ 4.º A entrega da declaração única de que trata o inciso I do § 3.º substituirá, na forma regulamentada pelo CGSN, a obrigatoriedade de entrega de todas as informações, formulários e declarações a que estão sujeitas as demais empresas ou equiparados que contratam empregados, inclusive as relativas ao recolhimento do FGTS, à Relação Anual de Informações Sociais (Rais) e ao Cadastro Geral de Empregados e Desempregados (Caged).
•• § 4.º acrescentado pela Lei Complementar n. 139, de 10-11-2011.

§ 5.º Na hipótese de recolhimento do FGTS na forma do inciso II do § 3.º, deve-se assegurar a transferência dos recursos e dos elementos identificadores do recolhimento ao gestor desse fundo para crédito na conta vinculada do trabalhador.

•• § 5.º acrescentado pela Lei Complementar n. 139, de 10-11-2011.

§ 6.º O documento de que trata o inciso I do § 3.º deste artigo tem caráter declaratório, constituindo instrumento hábil e suficiente para a exigência dos tributos e dos débitos fundiários que não tenham sido recolhidos resultantes das informações nele prestadas.

•• § 6.º acrescentado pela Lei Complementar n. 147, de 7-8-2014.

Art. 18-D. A tributação municipal do imposto sobre imóveis prediais urbanos deverá assegurar tratamento mais favorecido ao MEI para realização de sua atividade no mesmo local em que residir, mediante aplicação da menor alíquota vigente para aquela localidade, seja residencial ou comercial, nos termos da lei, sem prejuízo de eventual isenção ou imunidade existente.

•• Artigo acrescentado pela Lei Complementar n. 147, de 7-8-2014.

Art. 18-E. O instituto do MEI é uma política pública que tem por objetivo a formalização de pequenos empreendimentos e a inclusão social e previdenciária.

•• *Caput* acrescentado pela Lei Complementar n. 147, de 7-8-2014.

§ 1.º A formalização de MEI não tem caráter eminentemente econômico ou fiscal.

•• § 1.º acrescentado pela Lei Complementar n. 147, de 7-8-2014.

§ 2.º Todo benefício previsto nesta Lei Complementar aplicável à microempresa estende-se ao MEI sempre que lhe for mais favorável.

•• § 2.º acrescentado pela Lei Complementar n. 147, de 7-8-2014.

§ 3.º O MEI é modalidade de microempresa.

•• § 3.º acrescentado pela Lei Complementar n. 147, de 7-8-2014.

§ 4.º É vedado impor restrições ao MEI relativamente ao exercício de profissão ou participação em licitações, em função da sua natureza jurídica, inclusive por ocasião da contratação dos serviços previstos no § 1.º do art. 18-B desta Lei Complementar.

•• § 4.º com redação determinada pela Lei Complementar n. 155, de 27-10-2016.

§ 5.º O empreendedor que exerça as atividades de industrialização, comercialização e prestação de serviços no âmbito rural que efetuar seu registro como MEI não perderá a condição de segurado especial da Previdência Social.

•• § 5.º acrescentado pela Lei Complementar n. 155, de 27-10-2016.

§ 6.º O disposto no § 5.º e o licenciamento simplificado de atividades para o empreendedor que exerça as atividades de industrialização, comercialização e prestação de serviços no âmbito rural serão regulamentados pelo CGSIM em até cento e oitenta dias.

•• § 6.º acrescentado pela Lei Complementar n. 155, de 27-10-2016.

§ 7.º O empreendedor que exerça as atividades de industrialização, comercialização e prestação de serviços no âmbito rural manterá todas as suas obrigações relativas à condição de produtor rural ou de agricultor familiar.

•• § 7.º acrescentado pela Lei Complementar n. 155, de 27-10-2016.

Art. 18-F. Para o transportador autônomo de cargas inscrito como MEI, nos termos do art. 18-A desta Lei Complementar:

•• *Caput* acrescentado pela Lei Complementar n. 188, de 31-12-2021.

I – o limite da receita bruta de que trata o § 1.º e o inciso V do § 3.º do art. 18-A desta Lei Complementar será de R$ 251.600,00 (duzentos e cinquenta e um mil e seiscentos reais);

•• Inciso I acrescentado pela Lei Complementar n. 188, de 31-12-2021.

II – o limite será de R$ 20.966,67 (vinte mil novecentos e sessenta e seis reais e sessenta e sete centavos) multiplicados pelo número de meses compreendidos entre o início da atividade e o final do respectivo ano-calendário, consideradas as frações de meses como um mês inteiro, no caso de início de atividades de que trata o § 2.º do art. 18-A desta Lei Complementar;

•• Inciso II acrescentado pela Lei Complementar n. 188, de 31-12-2021.

III – o valor mensal da contribuição de que trata o inciso X do § 1.º do art. 13 desta Lei Complementar corresponderá ao valor resultante da aplicação da alíquota de 12% (doze por cento) sobre o salário mínimo mensal.

•• Inciso III acrescentado pela Lei Complementar n. 188, de 31-12-2021.

Art. 19. Sem prejuízo da possibilidade de adoção de todas as faixas de receita previstas nos Anexos I a V desta Lei Complementar, os Estados cuja participação no Produto Interno Bruto brasileiro seja de até 1% (um por cento) poderão optar pela aplicação de sublimite para efeito de recolhimento do ICMS na forma do Simples Nacional nos respectivos territórios, para empresas com receita bruta anual de até R$ 1.800.000,00 (um milhão e oitocentos mil reais).

•• *Caput* com redação determinada pela Lei Complementar n. 155, de 27-10-2016.
•• A Lei Complementar n. 214, de 16-1-2025, revoga este artigo a partir de 1.º-1-2027.

I a III – (*Revogados pela Lei Complementar n. 155, de 27-10-2016.*)

§ 1.º A participação no Produto Interno Bruto brasileiro será apurada levando em conta o último resultado divulgado pelo Instituto Brasileiro de Geografia e Estatística ou outro órgão que o substitua.

§ 2.º A opção prevista no *caput* produzirá efeitos somente para o ano-calendário subsequente, salvo deliberação do CGSN.

•• § 2.º com redação determinada pela Lei Complementar n. 155, de 27-10-2016.

§ 3.º O disposto neste artigo aplica-se ao Distrito Federal.

§ 4.º Para os Estados que não tenham adotado sublimite na forma do *caput* e para aqueles cuja participação no Produto Interno Bruto brasileiro seja superior a 1% (um por cento), para efeito de recolhimento do ICMS e do ISS, observar-se-á obrigatoriamente o sublimite no valor de R$ 3.600.000,00 (três milhões e seiscentos mil reais).

•• § 4.º acrescentado pela Lei Complementar n. 155, de 27-10-2016.

Art. 20. A opção feita na forma do art. 19 desta Lei Complementar pelos Estados importará adoção do mesmo limite de receita bruta anual para efeito de recolhimento na forma do ISS dos Municípios nele localizados, bem como para o do ISS devido no Distrito Federal.

•• A Lei Complementar n. 214, de 16-1-2025, revoga este artigo a partir de 1.º-1-2027.

§ 1.º A empresa de pequeno porte que ultrapassar os limites a que se referem o *caput* e o § 4.º do art. 19 estará automaticamente impedida de recolher o ICMS e o ISS na forma do Simples Nacional, a partir do mês subsequente àquele em que tiver ocorrido o excesso, relativamente aos seus estabelecimentos localizados na unidade da Federação que os houver adotado, ressalvado o disposto nos §§ 11 e 13 do art. 3.º.

•• § 1.º com redação determinada pela Lei Complementar n. 155, de 27-10-2016.

§ 1.º-A. Os efeitos do impedimento previsto no § 1.º ocorrerão no ano-calendário subsequente se o excesso verificado não for superior a 20% (vinte por cento) dos limites referidos.

•• § 1.º-A acrescentado pela Lei Complementar n. 139, de 10-11-2011.

§ 2.º O disposto no § 1.º deste artigo não se aplica na hipótese de o Estado ou de o Distrito Federal adotarem, compulsoriamente ou por opção, a aplicação de faixa de receita bruta superior à que vinha sendo utilizada no ano-calendário em que ocorreu o excesso da receita bruta.

§ 3.º Na hipótese de o recolhimento do ICMS ou do ISS não esteja sendo efetuado por meio do Simples Nacional por força do disposto neste artigo e no art. 19 desta Lei Complementar, as faixas de receita do Simples Nacional superiores àquela que tenha sido objeto de opção pelos Estados ou pelo Distrito Federal sofrerão, para efeito de recolhimento do Simples Nacional, redução da alíquota efetiva desses impostos, apurada de acordo com os Anexos I a V desta Lei Complementar, conforme o caso.

•• § 3.º com redação determinada pela Lei Complementar n. 155, de 27-10-2016.

§ 4.º O Comitê Gestor regulamentará o disposto neste artigo e no art. 19 desta Lei Complementar.

Seção IV
Do Recolhimento dos Tributos Devidos

• A Resolução n. 140, de 22-5-2018, do CGSN, dispõe sobre o Regime Especial Unificado de Arrecadação de Tributos e Contribuições devidos pelas Microempresas e Empresas de Pequeno Porte - Simples Nacional.

Art. 21. Os tributos devidos, apurados na forma dos arts. 18 a 20 desta Lei Complementar, deverão ser pagos:

I – por meio de documento único de arrecadação, instituído pelo Comitê Gestor;

II – (Revogado pela Lei Complementar n. 127, de 14-8-2007.)

III – enquanto não regulamentado pelo Comitê Gestor, até o último dia útil da primeira quinzena do mês subsequente àquele a que se referir;

IV – em banco integrante da rede arrecadadora do Simples Nacional, na forma regulamentada pelo Comitê Gestor.

•• Inciso IV com redação determinada pela Lei Complementar n. 127, de 14-8-2007.

§ 1.º Na hipótese de a microempresa ou a empresa de pequeno porte possuir filiais, o recolhimento dos tributos do Simples Nacional dar-se-á por intermédio da matriz.

§ 2.º Poderá ser adotado sistema simplificado de arrecadação do Simples Nacional, inclusive sem utilização da rede bancária, mediante requerimento do Estado, Distrito Federal ou Município ao Comitê Gestor.

§ 3.º O valor não pago até a data do vencimento sujeitar-se-á à incidência de encargos legais na forma prevista na legislação do imposto sobre a renda.

•• A Lei Complementar n. 214, de 16-1-2025, acrescenta a este artigo o § 3.º-A, com produção de efeitos a partir de 1.º-1-2027: "§ 3.º-A. Os débitos do IBS e da CBS poderão ser extintos mediante recolhimento: I – na liquidação financeira da operação (split payment), observado o disposto nos arts. 31 a 35 da lei instituidora do IBS e da CBS; II – efetuado pelo adquirente, nos termos do art. 36 da lei instituidora do IBS e da CBS".

§ 4.º A retenção na fonte de ISS das microempresas ou das empresas de pequeno porte optantes pelo Simples Nacional somente será permitida se observado o disposto no art. 3.º da Lei Complementar n. 116, de 31 de julho de 2003, e deverá observar as seguintes normas:

•• § 4.º, caput, com redação determinada pela Lei Complementar n. 128, de 19-12-2008.

•• A Lei Complementar n. 214, de 16-1-2025, revoga este § 4.º a partir de 1.º-1-2033.

I – a alíquota aplicável na retenção na fonte deverá ser informada no documento fiscal e corresponderá à alíquota efetiva de ISS a que a microempresa ou a empresa de pequeno porte estiver sujeita no mês anterior ao da prestação;

•• Inciso I com redação determinada pela Lei Complementar n. 155, de 27-10-2016.

II – na hipótese de o serviço sujeito à retenção ser prestado no mês de início de atividades da microempresa ou da empresa de pequeno porte, deverá ser aplicada pelo tomador a alíquota efetiva de 2% (dois por cento);

•• Inciso II com redação determinada pela Lei Complementar n. 155, de 27-10-2016.

III – na hipótese do inciso II deste parágrafo, constatando-se que houve diferença entre a alíquota utilizada e a efetivamente apurada, caberá à microempresa ou empresa de pequeno porte prestadora dos serviços efetuar o recolhimento dessa diferença no mês subsequente ao do início de atividade em guia própria do Município;

•• Inciso III acrescentado pela Lei Complementar n. 128, de 19-12-2008.

IV – na hipótese de a microempresa ou empresa de pequeno porte estar sujeita à tributação do ISS no Simples Nacional por valores fixos mensais, não caberá a retenção a que se refere o caput deste parágrafo;

•• Inciso IV acrescentado pela Lei Complementar n. 128, de 19-12-2008.

V – na hipótese de a microempresa ou a empresa de pequeno porte não informar a alíquota de que tratam os incisos I e II deste parágrafo no documento fiscal, aplicar-se-á a alíquota efetiva de 5% (cinco por cento);

•• Inciso V com redação determinada pela Lei Complementar n. 155, de 27-10-2016.

VI – não será eximida a responsabilidade do prestador de serviços quando a alíquota do ISS informada no documento fiscal for inferior à devida, hipótese em que o recolhimento dessa diferença será realizado em guia própria do Município;

•• Inciso VI acrescentado pela Lei Complementar n. 128, de 19-12-2008.

VII – o valor retido, devidamente recolhido, será definitivo, não sendo objeto de partilha com os municípios, e sobre a receita de prestação de serviços que sofreu a retenção não haverá incidência de ISS a ser recolhido no Simples Nacional.

•• Inciso VII acrescentado pela Lei Complementar n. 128, de 19-12-2008.

§ 4.º-A. Na hipótese de que tratam os incisos I e II do § 4.º, a falsidade na prestação dessas informações sujeitará o responsável, o titular, os sócios ou os administradores da microempresa e da empresa de pequeno porte, juntamente com as demais pessoas que para ela concorrerem, às penalidades previstas na legislação criminal e tributária.

•• § 4.º-A acrescentado pela Lei Complementar n. 128, de 19-12-2008.

•• A Lei Complementar n. 214, de 16-1-2025, revoga este § 4.º-A a partir de 1.º-1-2033.

§ 5.º O CGSN regulará a compensação e a restituição dos valores do Simples Nacional recolhidos indevidamente ou em montante superior ao devido.

•• § 5.º com redação determinada pela Lei Complementar n. 139, de 10-11-2011.

§ 6.º O valor a ser restituído ou compensado será acrescido de juros obtidos pela aplicação da taxa referencial do Sistema Especial de Liquidação e de Custódia (Selic) para títulos federais, acumulada mensalmente, a partir do mês subsequente ao do pagamento indevido ou a maior que o devido até o mês anterior ao da compensação ou restituição, e de 1% (um por cento) relativamente ao mês em que estiver sendo efetuada.

•• § 6.º acrescentado pela Lei Complementar n. 139, de 10-11-2011.

§ 7.º Os valores compensados indevidamente serão exigidos com os acréscimos moratórios de que trata o art. 35.

•• § 7.º acrescentado pela Lei Complementar n. 139, de 10-11-2011.

§ 8.º Na hipótese de compensação indevida, quando se comprove falsidade de declaração apresentada pelo sujeito passivo, o contribuinte estará sujeito à multa isolada aplicada no percentual previsto no inciso I do caput do art. 44 da Lei n. 9.430, de 27 de dezembro de 1996, aplicado em dobro, e terá como base de cálculo o valor total do débito indevidamente compensado.

•• § 8.º acrescentado pela Lei Complementar n. 139, de 10-11-2011.

§ 9.º É vedado o aproveitamento de créditos não apurados no Simples Nacional, inclusive de natureza não tributária, para extinção de débitos do Simples Nacional.

•• § 9.º acrescentado pela Lei Complementar n. 139, de 10-11-2011.

§ 10. Os créditos apurados no Simples Nacional não poderão ser utilizados para extinção de outros débitos para com as Fazendas Públicas, salvo por ocasião da compensação de ofício oriunda de deferimento em processo de restituição ou após a exclusão da empresa do Simples Nacional.

•• § 10 acrescentado pela Lei Complementar n. 139, de 10-11-2011.

§ 11. No Simples Nacional, é permitida a compensação tão somente de créditos para extinção de débitos para com o mesmo ente federado e relativos ao mesmo tributo.

•• § 11 acrescentado pela Lei Complementar n. 139, de 10-11-2011.

§ 12. Na restituição e compensação no Simples Nacional serão observados os prazos de decadência e prescrição previstos na Lei n. 5.172, de 25 de outubro de 1966 (Código Tributário Nacional).

•• § 12 acrescentado pela Lei Complementar n. 139, de 10-11-2011.

§ 13. É vedada a cessão de créditos para extinção de débitos no Simples Nacional.

•• § 13 acrescentado pela Lei Complementar n. 139, de 10-11-2011.

§ 14. Aplica-se aos processos de restituição e de compensação o rito estabelecido pelo CGSN.

•• § 14 acrescentado pela Lei Complementar n. 139, de 10-11-2011.

•• A Lei Complementar n. 214, de 16-1-2025, acrescenta a este artigo o § 14-A, com produção de efeitos a partir de 1.º-1-2027: "§ 14-A. Em caso de pagamento indevido, a restituição do IBS e da CBS somente será devida ao contribuinte na hipótese em que: I – a operação não tenha gerado crédito para o adquirente dos bens ou serviços; e II – tenha sido observado o disposto no art. 166 da Lei n. 5.172, de 25 de outubro de 1966 (Código Tributário Nacional)".

§ 15. Compete ao CGSN fixar critérios, condições para rescisão, prazos, valores mínimos de amortização e demais procedimentos para parcelamento dos recolhimentos em atraso dos débitos tributários apurados no Simples Nacional, observado o disposto no § 3.º deste artigo e no art. 35 e ressalvado o disposto no § 19 deste artigo.

•• § 15 acrescentado pela Lei Complementar n. 139, de 10-11-2011.

•• Vide Lei Complementar n. 162, de 6-4-2018.

§ 16. Os débitos de que trata o § 15 poderão ser parcelados em até 60 (sessenta) parcelas mensais, na forma e condições previstas pelo CGSN.

•• § 16 acrescentado pela Lei Complementar n. 139, de 10-11-2011.

§ 17. O valor de cada prestação mensal, por ocasião do pagamento, será acrescido de juros equivalentes à taxa referencial do Sistema Especial de Liquidação e de Custódia (Selic) para títulos federais, acumulada mensalmente, calculados a partir do mês subsequente ao da consolidação até o mês anterior ao do pagamento, e de 1% (um por cento) relativamente ao mês em que o pagamento estiver sendo efetuado, na forma regulamentada pelo CGSN.

•• § 17 acrescentado pela Lei Complementar n. 139, de 10-11-2011.

§ 18. Será admitido reparcelamento de débitos constantes de parcelamento em curso ou que tenha sido rescindido, podendo ser incluídos novos débitos, na forma regulamentada pelo CGSN.

•• § 18 acrescentado pela Lei Complementar n. 139, de 10-11-2011.

§ 19. Os débitos constituídos de forma isolada por parte de Estado, do Distrito Federal ou de Município, em face de ausência de aplicativo para lançamento unificado, relativo a tributo de sua competência, que não estiverem inscritos em Dívida Ativa da União, poderão ser parcelados pelo ente responsável pelo lançamento de acordo com a respectiva legislação, na forma regulamentada pelo CGSN.

•• § 19 acrescentado pela Lei Complementar n. 139, de 10-11-2011.

§ 20. O pedido de parcelamento deferido importa confissão irretratável do débito e configura confissão extrajudicial.

•• § 20 acrescentado pela Lei Complementar n. 139, de 10-11-2011.

§ 21. Serão aplicadas na consolidação as reduções das multas de lançamento de ofício previstas na legislação federal, conforme regulamentação do CGSN.

•• § 21 acrescentado pela Lei Complementar n. 139, de 10-11-2011.

§ 22. O repasse para os entes federados dos valores pagos e da amortização dos débitos parcelados será efetuado proporcionalmente ao valor de cada tributo na composição da dívida consolidada.

•• § 22 acrescentado pela Lei Complementar n. 139, de 10-11-2011.

§ 23. No caso de parcelamento de débito inscrito em dívida ativa, o devedor pagará custas, emolumentos e demais encargos legais.

•• § 23 acrescentado pela Lei Complementar n. 139, de 10-11-2011.

§ 24. Implicará imediata rescisão do parcelamento e remessa do débito para inscrição em dívida ativa ou prosseguimento da execução, conforme o caso, até deliberação do CGSN, a falta de pagamento:

•• § 24, caput, acrescentado pela Lei Complementar n. 139, de 10-11-2011.

I – de 3 (três) parcelas, consecutivas ou não; ou

•• Inciso I acrescentado pela Lei Complementar n. 139, de 10-11-2011.

II – de 1 (uma) parcela, estando pagas todas as demais.

•• Inciso II acrescentado pela Lei Complementar n. 139, de 10-11-2011.

§ 25. O documento previsto no inciso I do caput deste artigo deverá conter a partilha discriminada de cada um dos tributos abrangidos pelo Simples Nacional, bem como os valores destinados a cada ente federado.

•• § 25 acrescentado pela Lei Complementar n. 155, de 27-10-2016.

Art. 21-A. A inscrição de microempresa ou empresa de pequeno porte no Cadastro Informativo dos créditos não quitados do setor público federal – CADIN, somente ocorrerá mediante notificação prévia com prazo para contestação.

•• Artigo acrescentado pela Lei Complementar n. 147, de 7-8-2014.

Art. 21-B. Os Estados e o Distrito Federal deverão observar, em relação ao ICMS, o prazo mínimo de 60 (sessenta) dias, contado a partir do primeiro dia do mês do fato gerador da obrigação tributária, para estabelecer a data de vencimento do imposto devido por substituição tributária, tributação concentrada em uma única etapa (monofásica) e por antecipação tributária com ou sem encerramento de tributação, nas hipóteses em que a responsabilidade recair sobre operações ou prestações subsequentes, na forma regulamentada pelo Comitê Gestor.

•• Artigo acrescentado pela Lei Complementar n. 147, de 7-8-2014.

•• A Lei Complementar n. 214, de 16-1-2025, revoga este artigo a partir de 1.º-1-2033.

Seção V
Do Repasse do Produto da Arrecadação

Art. 22. O Comitê Gestor definirá o sistema de repasses do total arrecadado, inclusive encargos legais, para o:

I – Município ou Distrito Federal, do valor correspondente ao ISS;

•• A Lei Complementar n. 214, de 16-1-2025, revoga este inciso a partir de 1.º-1-2033.

II – Estado ou Distrito Federal, do valor correspondente ao ICMS;

•• A Lei Complementar n. 214, de 16-1-2025, revoga este inciso a partir de 1.º-1-2033.

III – Instituto Nacional do Seguro Social, do valor correspondente à Contribuição para manutenção da Seguridade Social.

Parágrafo único. Enquanto o Comitê Gestor não regulamentar o prazo para o repasse previsto no inciso II do caput deste artigo, esse será efetuado nos prazos estabelecidos nos convênios celebrados no âmbito do colegiado a que se refere a alínea g do inciso XII do § 2.º do art. 155 da Constituição Federal.

•• A Lei Complementar n. 214, de 16-1-2025, revoga este parágrafo único a partir de 1.º-1-2027.

Seção VI
Dos Créditos

Art. 23. As microempresas e as empresas de pequeno porte optantes pelo Simples Nacional não farão jus à apropriação nem transferirão créditos relativos a impostos ou contribuições abrangidos pelo Simples Nacional.

§ 1.º As pessoas jurídicas e aquelas a elas equiparadas pela legislação tributária não optantes pelo Simples Nacional terão direito a crédito correspondente ao ICMS incidente sobre as suas aquisições de mercadorias de microempresa ou empresa de pequeno porte optante pelo Simples Nacional, desde que destinadas à comercialização ou industrialização e observado, como limite, o ICMS efetivamente devido pelas optantes pelo Simples Nacional em relação a essas aquisições.

•• § 1.º acrescentado pela Lei Complementar n. 128, de 19-12-2008.

•• **A Lei Complementar n. 214, de 16-1-2025, deu nova redação a este § 1.º, com produção de efeitos a partir de 1.º-1-2027:** "§ 1.º As pessoas jurídicas e aquelas a elas equiparadas pela legislação tributária não optantes pelo Simples Nacional terão direito a crédito correspondente ao ICMS, ao IBS e à CBS incidentes sobre as suas aquisições de bens materiais ou imateriais, inclusive direitos, e de serviços de microempresa ou empresa de pequeno porte optante pelo Simples Nacional, em montante equivalente ao cobrado por meio desse regime único".

§ 2.º A alíquota aplicável ao cálculo do crédito de que trata o § 1.º deste artigo deverá ser informada no documento fiscal e corresponderá ao percentual de ICMS previsto nos Anexos I ou II desta Lei Complementar para a faixa de receita bruta a que a microempresa ou a empresa de pequeno porte estiver sujeita no mês anterior ao da operação.

•• § 2.º acrescentado pela Lei Complementar n. 128, de 19-12-2008.

•• **A Lei Complementar n. 214, de 16-1-2025, deu nova redação a este § 2.º, com produção de efeitos a partir de 1.º-1-2027:** "§ 2.º A alíquota aplicável ao cálculo do crédito de que trata o § 1.º deverá ser informada no documento fiscal e corresponderá aos percentuais de ICMS, IBS e CBS previstos nos Anexos I a V desta Lei Complementar para a faixa de receita bruta a que a microempresa ou a empresa de pequeno porte estiver sujeita no mês de operação".

§ 3.º Na hipótese de a operação ocorrer no mês de início de atividades da microempresa ou empresa de pequeno porte optante pelo Simples Nacional, a alíquota aplicável ao cálculo do crédito de que trata o § 1.º deste artigo corresponderá ao percentual de ICMS referente à menor alíquota prevista nos Anexos I ou II desta Lei Complementar.

•• § 3.º acrescentado pela Lei Complementar n. 128, de 19-12-2008.
•• A Lei Complementar n. 214, de 16-1-2025, deu nova redação a este § 3.º, com produção de efeitos a partir de 1.º-1-2027: "§ 3.º Na hipótese de a operação ocorrer no mês de início de atividades da microempresa ou empresa de pequeno porte optante pelo Simples Nacional, a alíquota aplicável ao cálculo do crédito de que trata o § 1.º corresponderá aos percentuais de ICMS, IBS e CBS referentes à menor alíquota prevista nos Anexos I a V desta Lei Complementar."

§ 4.º Não se aplica o disposto nos §§ 1.º a 3.º deste artigo quando:
•• § 4.º, caput, com redação determinada pela Lei Complementar n. 128, de 19-12-2008.

I – a microempresa ou empresa de pequeno porte estiver sujeita à tributação do ICMS no Simples Nacional por valores fixos mensais;
•• Inciso I acrescentado pela Lei Complementar n. 128, de 19-12-2008.
•• A Lei Complementar n. 214, de 16-1-2025, deu nova redação a este inciso I, com produção de efeitos a partir de 1.º-1-2027: "I – a microempresa ou empresa de pequeno porte estiver sujeita à tributação do ICMS no Simples Nacional por valores fixos mensais, em relação ao direito de crédito desse tributo ao adquirente;".

II – a microempresa ou a empresa de pequeno porte não informar a alíquota de que trata o § 2.º deste artigo no documento fiscal;
•• Inciso II acrescentado pela Lei Complementar n. 128, de 19-12-2008.

III – houver isenção estabelecida pelo Estado ou Distrito Federal que abranja a faixa de receita bruta a que a microempresa ou a empresa de pequeno porte estiver sujeita no mês da operação;
•• Inciso III acrescentado pela Lei Complementar n. 128, de 19-12-2008.

IV – o remetente da operação ou prestação considerar, por opção, que a alíquota determinada na forma do caput e dos §§ 1.º e 2.º do art. 18 desta Lei Complementar deverá incidir sobre a receita recebida no mês.
•• Inciso IV acrescentado pela Lei Complementar n. 128, de 19-12-2008.
•• A Lei Complementar n. 214, de 16-1-2025, revoga este inciso a partir de 1.º-1-2027.

§ 5.º Mediante deliberação exclusiva e unilateral dos Estados e do Distrito Federal, poderá ser concedido às pessoas jurídicas e àquelas a elas equiparadas pela legislação tributária não optantes pelo Simples Nacional crédito correspondente ao ICMS incidente sobre os insumos utilizados nas mercadorias adquiridas de indústria optante pelo Simples Nacional, sendo vedado o estabelecimento de diferenciação no valor do crédito em razão da procedência dessas mercadorias.
•• § 5.º acrescentado pela Lei Complementar n. 128, de 19-12-2008.
•• A Lei Complementar n. 214, de 16-1-2025, revoga este § 5.º a partir de 1.º-1-2033.

§ 6.º O Comitê Gestor do Simples Nacional disciplinará o disposto neste artigo.
•• § 6.º acrescentado pela Lei Complementar n. 128, de 19-12-2008.

Art. 24. As microempresas e as empresas de pequeno porte optantes pelo Simples Nacional não poderão utilizar ou destinar qualquer valor a título de incentivo fiscal.

§ 1.º Não serão consideradas quaisquer alterações em bases de cálculo, alíquotas e percentuais ou outros fatores que alterem o valor de imposto ou contribuição apurado na forma do Simples Nacional, estabelecidas pela União, Estado, Distrito Federal ou Município, exceto as previstas ou autorizadas nesta Lei Complementar.
•• Parágrafo único renumerado pela Lei Complementar n. 155, de 27-10-2016.

§ 2.º (Vetado.)
•• § 2.º acrescentado pela Lei Complementar n. 155, de 27-10-2016.

Seção VII
Das Obrigações Fiscais Acessórias

Art. 25. A microempresa ou empresa de pequeno porte optante pelo Simples Nacional deverá apresentar anualmente à Secretaria da Receita Federal do Brasil declaração única e simplificada de informações socioeconômicas e fiscais, que deverá ser disponibilizada aos órgãos de fiscalização tributária e previdenciária, observados prazo e modelo aprovados pelo CGSN e observado o disposto no § 15-A do art. 18.
• Caput com redação determinada pela Lei Complementar n. 139, de 10-11-2011.
•• A Lei Complementar n. 214, de 16-1-2025, deu nova redação a este caput, com produção de efeitos a partir de 1.º-1-2027: "Art. 25. As informações relativas aos fatos geradores do Simples Nacional deverão ser prestadas pela microempresa ou empresa de pequeno porte optante no mês subsequente ao de sua ocorrência, no prazo estabelecido para o pagamento dos respectivos tributos, no sistema eletrônico de cálculo de que trata o § 15 do art. 18, mediante declaração simplificada transmitida à Secretaria Especial da Receita Federal do Brasil, observado, em relação às informações, o modelo aprovado pelo CGSN."
• Vide arts. 26, II, § 3.º, 38, 41, § 4.º, II, desta Lei Complementar.

§ 1.º A declaração de que trata o caput deste artigo constitui confissão de dívida e instrumento hábil e suficiente para a exigência dos tributos e contribuições que não tenham sido recolhidos resultantes das informações nela prestadas.
•• Primitivo parágrafo único renumerado pela Lei Complementar n. 128, de 19-12-2008.

§ 2.º A situação de inatividade deverá ser informada na declaração de que trata o caput deste artigo, na forma regulamentada pelo Comitê Gestor.
•• § 2.º acrescentado pela Lei Complementar n. 128, de 19-12-2008.
•• A Lei Complementar n. 214, de 16-1-2025, deu nova redação a este § 2.º, com produção de efeitos a partir de 1.º-1-2027: "§ 2.º A declaração de trata o caput conterá as informações socioeconômicas e fiscais do optante conforme forma e prazos definidos pelo CGSN".

§ 3.º Para efeito do disposto no § 2.º deste artigo, considera-se em situação de inatividade a microempresa ou a empresa de pequeno porte que não apresente mutação patrimonial e atividade operacional durante todo o ano-calendário.
•• § 3.º acrescentado pela Lei Complementar n. 128, de 19-12-2008.
•• A Lei Complementar n. 214, de 16-1-2025, revoga este § 3.º a partir de 1.º-1-2027.

§ 4.º A declaração de que trata o caput deste artigo, relativa ao MEI definido no art. 18-A desta Lei Complementar, conterá, para efeito do disposto no art. 3.º da Lei Complementar n. 63, de 11 de janeiro de 1990, tão somente as informações relativas à receita bruta total sujeita ao ICMS, sendo vedada a instituição de declarações adicionais em decorrência da referida Lei Complementar.
•• § 4.º acrescentado pela Lei Complementar n. 128, de 19-12-2008.
•• A Lei Complementar n. 214, de 16-1-2025, revoga este § 4.º a partir de 1.º-1-2027.

§ 5.º A declaração de que trata o caput, a partir das informações relativas ao ano-calendário de 2012, poderá ser prestada por meio da declaração de que trata o § 15-A do art. 18 desta Lei Complementar, na periodicidade e prazos definidos pelo CGSN.
•• § 5.º acrescentado pela Lei Complementar n. 147, de 7-8-2014.
•• A Lei Complementar n. 214, de 16-1-2025, revoga este § 5.º a partir de 1.º-1-2027.
•• A Lei Complementar n. 214, de 16-1-2025, acrescenta a este artigo os §§ 6.º a 9.º, com produção de efeitos a partir de 1.º-1-2027: "§ 6.º A Secretaria da Receita Federal do Brasil poderá apresentar ao optante declaração assistida no sistema eletrônico de que trata o caput, na forma e prazo previstos pelo CGSN. § 7.º A declaração assistida realizada nos termos do § 6.º deste artigo, caso o contribuinte a confirme ou nela realize ajustes, constitui confissão de dívida em relação às operações ocorridas no período. § 8.º Na ausência de manifestação do contribuinte sobre a declaração assistida no prazo de que trata o caput, presume-se correto o saldo apurado e considera-se constituído o crédito tributário. § 9.º O disposto nos §§ 6.º a 8.º não afasta a prerrogativa de lançamento de ofício de crédito tributário relativo a diferenças posteriormente verificadas pela administração tributária".

Art. 25-A. Os dados dos documentos fiscais e declarações de qualquer espécie serão compartilhados entre as administrações tributárias da União, dos Estados, do Distrito Federal e dos Municípios, na forma estabelecida pelo CGSN.
•• Artigo acrescentado pela Lei Complementar n. 214, de 16-1-2025, produzindo efeitos a partir de 1.º-1-2025.

Art. 25-B. O MEI, definido no art. 18-A, deverá apresentar anualmente à Secretaria Especial da Receita Federal do Brasil declaração única e simplificada de informações socioeconômicas e fiscais, observados prazo e modelo aprovados pelo CGSN.
•• Caput acrescentado pela Lei Complementar n. 214, de 16-1-2025, produzindo efeitos a partir de 1.º-1-2025.

Lei Complementar n. 123, de 14-12-2006 – Estatuto da Microempresa

Parágrafo único. As informações da declaração referida no *caput* têm caráter declaratório, constituindo confissão de dívida e instrumento hábil e suficiente para a exigência dos tributos e contribuições que não tenham sido recolhidos resultantes das informações nela prestadas.
•• Parágrafo único acrescentado pela Lei Complementar n. 214, de 16-1-2025, produzindo efeitos a partir de 1.º-1-2025.

Art. 26. As microempresas e empresas de pequeno porte optantes pelo Simples Nacional ficam obrigadas a:
• Vide art. 29, XI, desta Lei Complementar.

I – emitir documento fiscal de venda ou prestação de serviço, de acordo com instruções expedidas pelo Comitê Gestor;

II – manter em boa ordem e guarda os documentos que fundamentaram a apuração dos impostos e contribuições devidos e o cumprimento das obrigações acessórias a que se referem os arts. 25 e 25-B desta Lei Complementar enquanto não decorrido o prazo decadencial e não prescritas eventuais ações que lhes sejam pertinentes.
•• Inciso II com redação determinada pela Lei Complementar n. 214, de 16-1-2025, produzindo efeitos a partir de 1.º-1-2025.

§ 1.º O MEI fará a comprovação da receita bruta mediante apresentação do registro de vendas ou de prestação de serviços na forma estabelecida pelo CGSN, ficando dispensado da emissão do documento fiscal previsto no inciso I do *caput*, ressalvadas as hipóteses de emissão obrigatória previstas pelo referido Comitê.
•• § 1.º com redação determinada pela Lei Complementar n. 139, de 10-11-2011.
•• A Lei Complementar n. 214, de 16-1-2025, deu nova redação a este § 1.º, com produção de efeitos a partir de 1.º-1-2027: "§ 1.º O MEI fará a comprovação da receita bruta mediante apresentação do registro de vendas ou de prestação de serviços na forma estabelecida pelo CGSN".

§ 2.º As demais microempresas e as empresas de pequeno porte, além do disposto nos incisos I e II do *caput* deste artigo, deverão, ainda, manter o livro-caixa em que será escriturada sua movimentação financeira e bancária.

§ 3.º A exigência das declarações a que se referem os arts. 25 e 25-B não desobriga a prestação de informações relativas a terceiros.
•• § 3.º com redação determinada pela Lei Complementar n. 214, de 16-1-2025, produzindo efeitos a partir de 1.º-1-2025.

§ 4.º É vedada a exigência de obrigações tributárias acessórias relativas aos tributos apurados na forma do Simples Nacional além daquelas estipuladas pelo CGSN e atendidas por meio do Portal do Simples Nacional, bem como o estabelecimento de exigências adicionais e unilaterais pelos entes federativos, exceto os programas de cidadania fiscal.
•• § 4.º com redação determinada pela Lei Complementar n. 147, de 7-8-2014.

§ 4.º-A. A escrituração fiscal digital ou obrigação equivalente não poderá ser exigida da microempresa ou empresa de pequeno porte optante pelo Simples Nacional, salvo se, cumulativamente, houver:
•• § 4.º-A, *caput*, acrescentado pela Lei Complementar n. 147, de 7-8-2014.

I – autorização específica do CGSN, que estabelecerá as condições para a obrigatoriedade;
•• Inciso I acrescentado pela Lei Complementar n. 147, de 7-8-2014.

II – disponibilização por parte da administração tributária estipulante de programa gratuito para uso da empresa optante.
•• Inciso II com redação determinada pela Lei Complementar n. 214, de 16-1-2025, produzindo efeitos a partir de 1.º-1-2025.

§ 4.º-B. A exigência de apresentação de livros fiscais em meio eletrônico aplicar-se-á somente na hipótese de substituição da entrega em meio convencional, cuja obrigatoriedade tenha sido prévia e especificamente estabelecida pelo CGSN.
•• § 4.º-B acrescentado pela Lei Complementar n. 147, de 7-8-2014.

§ 4.º-C. Até a implantação de sistema nacional uniforme estabelecido pelo CGSN com compartilhamento de informações com os entes federados, permanece válida norma publicada por ente federado até o primeiro trimestre de 2014 que tenha veiculado exigência vigente de a microempresa ou empresa de pequeno porte apresentar escrituração fiscal digital ou obrigação equivalente.
•• § 4.º-C acrescentado pela Lei Complementar n. 147, de 7-8-2014.

§ 5.º As microempresas e empresas de pequeno porte ficam sujeitas à entrega de declaração eletrônica que deva conter os dados referentes aos serviços prestados ou tomados de terceiros, na conformidade do que dispuser o Comitê Gestor.

§ 6.º Na hipótese do § 1.º deste artigo:
•• § 6.º, *caput*, acrescentado pela Lei Complementar n. 128, de 19-12-2008.

I – deverão ser anexados ao registro de vendas ou de prestação de serviços, na forma regulamentada pelo Comitê Gestor, os documentos fiscais comprobatórios das entradas de mercadorias e serviços tomados referentes ao período, bem como os documentos fiscais relativos às operações ou prestações realizadas eventualmente emitidos;
•• Inciso I acrescentado pela Lei Complementar n. 128, de 19-12-2008.

II – será obrigatória a emissão de documento fiscal nas vendas e nas prestações de serviços realizadas pelo MEI para destinatário cadastrado no Cadastro Nacional da Pessoa Jurídica (CNPJ), ficando dispensado desta emissão para o consumidor final.
•• Inciso II com redação determinada pela Lei Complementar n. 139, de 10-11-2011.
•• A Lei Complementar n. 214, de 16-1-2025, deu nova redação a este inciso II, com produção de efeitos a partir de 1.º-1-2027: "II – será obrigatória a emissão de documento fiscal nas vendas e nas prestações de serviços realizadas pelo MEI".

§ 7.º Cabe ao CGSN dispor sobre a exigência da certificação digital para o cumprimento de obrigações principais e acessórias por parte da microempresa, inclusive o MEI, ou empresa de pequeno porte optante pelo Simples Nacional, inclusive para o recolhimento do FGTS.
•• § 7.º acrescentado pela Lei Complementar n. 139, de 10-11-2011.

§ 8.º O CGSN poderá disciplinar sobre a disponibilização, no portal do Simples Nacional, de documento fiscal eletrônico de venda ou de prestação de serviço para o MEI, microempresa ou empresa de pequeno porte optante pelo Simples Nacional.
•• § 8.º acrescentado pela Lei Complementar n. 147, de 7-8-2014.

§ 9.º O desenvolvimento e a manutenção das soluções de tecnologia, capacitação e orientação aos usuários relativas ao disposto no § 8.º, bem como as demais relativas ao Simples Nacional, poderão ser apoiadas pelo Serviço Brasileiro de Apoio às Micro e Pequenas Empresas – SEBRAE.
•• § 9.º acrescentado pela Lei Complementar n. 147, de 7-8-2014.

§ 10. O ato de emissão ou de recepção de documento fiscal por meio eletrônico estabelecido pelas administrações tributárias, em qualquer modalidade, de entrada, de saída ou de prestação, na forma estabelecida pelo CGSN, representa sua própria escrituração fiscal e elemento suficiente para a fundamentação e a constituição do crédito tributário.
•• § 10 acrescentado pela Lei Complementar n. 147, de 7-8-2014.
•• A Lei Complementar n. 214, de 16-1-2025, deu nova redação a este § 10, com produção de efeitos a partir de 1.º-1-2027: "§ 10. O ato de emissão ou de recepção de documento fiscal por meio eletrônico estabelecido pelas administrações tributárias, em qualquer modalidade, de entrada, de saída ou de prestação, na forma estabelecida pelo CGSN, representa sua própria escrituração fiscal e elemento suficiente para a fundamentação e a constituição do crédito tributário, possuindo caráter declaratório e constituindo confissão do valor devido dos tributos".

§ 11. Os dados dos documentos fiscais de qualquer espécie podem ser compartilhados entre as administrações tributárias da União, Estados, Distrito Federal e Municípios e, quando emitidos por meio eletrônico, na forma estabelecida pelo CGSN, a microempresa ou empresa de pequeno porte optante pelo Simples Nacional fica desobrigada de transmitir seus dados às administrações tributárias.
•• § 11 acrescentado pela Lei Complementar n. 147, de 7-8-2014.

§ 12. As informações a serem prestadas relativas ao ICMS devido na forma prevista nas alíneas *a*, *g* e *h* do inciso XIII do § 1.º do art. 13 serão fornecidas por meio de aplicativo único.
•• § 12 acrescentado pela Lei Complementar n. 147, de 7-8-2014.
•• A Lei Complementar n. 214, de 16-1-2025, revoga este § 12 a partir de 1.º-1-2033.

§ 12-A. A escrituração fiscal, nos termos do § 4.º-A, acarreta a dispensa de prestação da informação prevista no § 12.
•• § 12-A acrescentado pela Lei Complementar n. 214, de 16-1-2025, produzindo efeitos a partir de 1.º-1-2025.
•• A Lei Complementar n. 214, de 16-1-2025, revoga este § 12-A a partir de 1.º-1-2033.

§ 13. Fica estabelecida a obrigatoriedade de utilização de documentos fiscais eletrônicos estabelecidos pelo Confaz nas operações e prestações relativas ao ICMS efetuadas por microempresas e empresas de pequeno porte nas hipóteses previstas nas alíneas *a*, *g* e *h* do inciso XIII do § 1.º do art. 13.
•• § 13 acrescentado pela Lei Complementar n. 147, de 7-8-2014.
•• A Lei Complementar n. 214, de 16-1-2025, revoga este § 13 a partir de 1.º-1-2033.

§ 14. Os aplicativos necessários ao cumprimento do disposto nos §§ 12 e 13 deste artigo serão disponibilizados, de forma gratuita, no portal do Simples Nacional.
•• § 14 acrescentado pela Lei Complementar n. 147, de 7-8-2014.
•• A Lei Complementar n. 214, de 16-1-2025, revoga este § 14 a partir de 1.º-1-2033.

§ 15. O CGSN regulamentará o disposto neste artigo.
•• § 15 acrescentado pela Lei Complementar n. 147, de 7-8-2014.

Art. 27. As microempresas e empresas de pequeno porte optantes pelo Simples Nacional poderão, opcionalmente, adotar contabilidade simplificada para os registros e controles das operações realizadas, conforme regulamentação do Comitê Gestor.
• *Vide* Decreto n. 6.451, de 12-5-2008, que dispõe sobre a constituição do Consórcio Simples por microempresas e empresas de pequeno porte optantes pelo Simples Nacional.

Seção VIII
Da Exclusão do Simples Nacional

Art. 28. A exclusão do Simples Nacional será feita de ofício ou mediante comunicação das empresas optantes.
Parágrafo único. As regras previstas nesta seção e o modo de sua implementação serão regulamentados pelo Comitê Gestor.

Art. 29. A exclusão de ofício das empresas optantes pelo Simples Nacional dar-se-á quando:
• *Vide* art. 33 desta Lei Complementar.
I – verificada a falta de comunicação de exclusão obrigatória;
II – for oferecido embaraço à fiscalização, caracterizado pela negativa não justificada de exibição de livros e documentos a que estiverem obrigadas, bem como pelo não fornecimento de informações sobre bens, movimentação financeira, negócio ou atividade que estiverem intimadas a apresentar, e nas demais hipóteses que autorizam a requisição de auxílio da força pública;
III – for oferecida resistência à fiscalização, caracterizada pela negativa de acesso ao estabelecimento, ao domicílio fiscal ou a qualquer outro local onde desenvolvam suas atividades ou se encontrem bens de sua propriedade;
IV – a sua constituição ocorrer por interpostas pessoas;
V – tiver sido constatada prática reiterada de infração ao disposto nesta Lei Complementar;
VI – a empresa for declarada inapta, na forma dos arts. 81 e 82 da Lei n. 9.430, de 27 de dezembro de 1996, e alterações posteriores;
VII – comercializar mercadorias objeto de contrabando ou descaminho;
VIII – houver falta de escrituração do livro-caixa ou não permitir a identificação da movimentação financeira, inclusive bancária;
IX – for constatado que durante o ano-calendário o valor das despesas pagas supera em 20% (vinte por cento) o valor de ingressos de recursos no mesmo período, excluído o ano de início de atividade;
X – for constatado que durante o ano-calendário o valor das aquisições de mercadorias para comercialização ou industrialização, ressalvadas hipóteses justificadas de aumento de estoque, for superior a 80% (oitenta por cento) dos ingressos de recursos no mesmo período, excluído o ano de início de atividade;
XI – houver descumprimento reiterado da obrigação contida no inciso I do *caput* do art. 26;
•• Inciso XI com redação determinada pela Lei Complementar n. 139, de 10-11-2011.
XII – omitir de forma reiterada da folha de pagamento da empresa ou do documento de informações previsto pela legislação previdenciária, trabalhista ou tributária, segurado empregado, trabalhador avulso ou contribuinte individual que lhe preste serviço.
•• Inciso XII com redação determinada pela Lei Complementar n. 139, de 10-11-2011.

§ 1.º Nas hipóteses previstas nos incisos II a XII do *caput* deste artigo, a exclusão produzirá efeitos a partir do próprio mês em que incorridas, impedindo a opção pelo regime diferenciado e favorecido desta Lei Complementar pelos próximos 3 (três) anos-calendário seguintes.
•• § 1.º com redação determinada pela Lei Complementar n. 127, de 14-8-2007.

§ 2.º O prazo de que trata o § 1.º deste artigo será elevado para 10 (dez) anos caso seja constatada a utilização de artifício, ardil ou qualquer outro meio fraudulento que induza ou mantenha a fiscalização em erro, com o fim de suprimir ou reduzir o pagamento de tributo apurável segundo o regime especial previsto nesta Lei Complementar.

§ 3.º A exclusão de ofício será realizada na forma regulamentada pelo Comitê Gestor, cabendo o lançamento dos tributos e contribuições apurados aos respectivos entes tributantes.

§ 4.º (*Revogado pela Lei Complementar n. 128, de 19-12-2008.*)

§ 5.º A competência para exclusão de ofício do Simples Nacional obedece ao disposto no art. 33, e o julgamento administrativo, ao disposto no art. 39, ambos desta Lei Complementar.

§ 6.º Nas hipóteses de exclusão previstas no *caput*, a notificação:
•• § 6.º, *caput*, com redação determinada pela Lei Complementar n. 139, de 10-11-2011.
I – será efetuada pelo ente federativo que promoveu a exclusão; e
•• Inciso I acrescentado pela Lei Complementar n. 139, de 10-11-2011.
II – poderá ser feita por meio eletrônico, observada a regulamentação do CGSN.
•• Inciso II acrescentado pela Lei Complementar n. 139, de 10-11-2011.

§ 7.º (*Revogado pela Lei Complementar n. 139, de 10-11-2011.*)

§ 8.º A notificação de que trata o § 6.º aplica-se ao indeferimento da opção pelo Simples Nacional.
•• § 8.º com redação determinada pela Lei Complementar n. 139, de 10-11-2011.

§ 9.º Considera-se prática reiterada, para fins do disposto nos incisos V, XI e XII do *caput*:
•• § 9.º, *caput*, acrescentado pela Lei Complementar n. 139, de 10-11-2011.
I – a ocorrência, em 2 (dois) ou mais períodos de apuração, consecutivos ou alternados, de idênticas infrações, inclusive de natureza acessória, verificada em relação aos últimos 5 (cinco) anos-calendário, formalizadas por intermédio de auto de infração ou notificação de lançamento; ou
•• Inciso I acrescentado pela Lei Complementar n. 139, de 10-11-2011.
II – a segunda ocorrência de idênticas infrações, caso seja constatada a utilização de artifício, ardil ou qualquer outro meio fraudulento que induza ou mantenha a fiscalização em erro, com o fim de suprimir ou reduzir o pagamento de tributo.
•• Inciso II acrescentado pela Lei Complementar n. 139, de 10-11-2011.

Art. 30. A exclusão do Simples Nacional, mediante comunicação das microempresas ou das empresas de pequeno porte, dar-se-á:
• *Vide* art. 36 desta Lei Complementar.
I – por opção;
II – obrigatoriamente, quando elas incorrerem em qualquer das situações de vedação previstas nesta Lei Complementar; ou
III – obrigatoriamente, quando ultrapassado, no ano-calendário de início de atividade, o limite proporcional de receita bruta de que trata o § 2.º do art. 3.º;

Lei Complementar n. 123, de 14-12-2006 – Estatuto da Microempresa

•• Inciso III com redação determinada pela Lei Complementar n. 139, de 10-11-2011.

IV – obrigatoriamente, quando ultrapassado, no ano-calendário, o limite de receita bruta previsto no inciso II do *caput* do art. 3.º, quando não estiver no ano-calendário de início de atividade.

•• Inciso IV acrescentado pela Lei Complementar n. 139, de 10-11-2011.

§ 1.º A exclusão deverá ser comunicada à Secretaria da Receita Federal:

•• A Secretaria da Receita Federal passa a denominar-se Secretaria da Receita Federal do Brasil, por força da Lei n. 11.457, de 16-3-2007.

I – na hipótese do inciso I do *caput* deste artigo, até o último dia útil do mês de janeiro;

II – na hipótese do inciso II do *caput* deste artigo, até o último dia útil do mês subsequente àquele em que ocorrida a situação de vedação;

III – na hipótese do inciso III do *caput*:

•• Inciso III, *caput*, com redação determinada pela Lei Complementar n. 139, de 10-11-2011.

a) até o último dia útil do mês seguinte àquele em que tiver ultrapassado em mais de 20% (vinte por cento) o limite proporcional de que trata o § 10 do art. 3.º; ou

•• Alínea *a* acrescentada pela Lei Complementar n. 139, de 10-11-2011.

b) até o último dia útil do mês de janeiro do ano-calendário subsequente ao de início de atividades, caso o excesso seja inferior a 20% (vinte por cento) do respectivo limite;

•• Alínea *b* acrescentada pela Lei Complementar n. 139, de 10-11-2011.

IV – na hipótese do inciso IV do *caput*:

•• Inciso IV, *caput*, acrescentado pela Lei Complementar n. 139, de 10-11-2011.

a) até o último dia útil do mês subsequente à ultrapassagem em mais de 20% (vinte por cento) do limite de receita bruta previsto no inciso II do *caput* do art. 3.º; ou

•• Alínea *a* acrescentada pela Lei Complementar n. 139, de 10-11-2011.

b) até o último dia útil do mês de janeiro do ano-calendário subsequente, na hipótese de não ter ultrapassado em mais de 20% (vinte por cento) o limite de receita bruta previsto no inciso II do *caput* do art. 3.º.

•• Alínea *b* acrescentada pela Lei Complementar n. 139, de 10-11-2011.

§ 2.º A comunicação de que trata o *caput* deste artigo dar-se-á na forma a ser estabelecida pelo Comitê Gestor.

§ 3.º A alteração de dados no CNPJ, informada pela ME ou EPP à Secretaria da Receita Federal do Brasil, equivalerá à comunicação obrigatória de exclusão do Simples Nacional nas seguintes hipóteses:

•• § 3.º, *caput*, acrescentado pela Lei Complementar n. 139, de 10-11-2011.

I – alteração de natureza jurídica para Sociedade Anônima, Sociedade Empresária em Comandita por Ações, Sociedade em Conta de Participação ou Estabelecimento, no Brasil, de Sociedade Estrangeira;

•• Inciso I acrescentado pela Lei Complementar n. 139, de 10-11-2011.

II – inclusão de atividade econômica vedada à opção pelo Simples Nacional;

•• Inciso II acrescentado pela Lei Complementar n. 139, de 10-11-2011.

III – inclusão de sócio pessoa jurídica;

•• Inciso III acrescentado pela Lei Complementar n. 139, de 10-11-2011.

IV – inclusão de sócio domiciliado no exterior;

•• Inciso IV acrescentado pela Lei Complementar n. 139, de 10-11-2011.

V – cisão parcial; ou

•• Inciso V acrescentado pela Lei Complementar n. 139, de 10-11-2011.

VI – extinção da empresa.

•• Inciso VI acrescentado pela Lei Complementar n. 139, de 10-11-2011.

Art. 31. A exclusão das microempresas ou das empresas de pequeno porte do Simples Nacional produzirá efeitos:

I – na hipótese do inciso I do *caput* do art. 30 desta Lei Complementar, a partir de 1.º de janeiro do ano-calendário subsequente, ressalvado o disposto no § 4.º deste artigo;

II – na hipótese do inciso II do *caput* do art. 30 desta Lei Complementar, a partir do mês seguinte da ocorrência da situação impeditiva;

III – na hipótese do inciso III do *caput* do art. 30 desta Lei Complementar:

a) desde o início das atividades;

b) a partir de 1.º de janeiro do ano-calendário subsequente, na hipótese de não ter ultrapassado em mais de 20% (vinte por cento) o limite proporcional de que trata o § 10 do art. 3.º;

•• Alínea *b* com redação determinada pela Lei Complementar n. 139, de 10-11-2011.

IV – na hipótese do inciso V do *caput* do art. 17 desta Lei Complementar, a partir do ano-calendário subsequente ao da ciência da comunicação da exclusão.

V – na hipótese do inciso IV do *caput* do art. 30:

•• Inciso V acrescentado pela Lei Complementar n. 139, de 10-11-2011.

a) a partir do mês subsequente à ultrapassagem em mais de 20% (vinte por cento) do limite de receita bruta previsto no inciso II do art. 3.º;

•• Alínea *a* acrescentada pela Lei Complementar n. 139, de 10-11-2011.

b) a partir de 1.º de janeiro do ano-calendário subsequente, na hipótese de não ter ultrapassado em mais de 20% (vinte por cento) o limite de receita bruta previsto no inciso II do art. 3.º.

•• Alínea *b* acrescentada pela Lei Complementar n. 139, de 10-11-2011

§ 1.º Na hipótese prevista no inciso III do *caput* do art. 30 desta Lei Complementar, a microempresa ou empresa de pequeno porte não poderá optar, no ano-calendário subsequente ao do início de atividades, pelo Simples Nacional.

§ 2.º Na hipótese dos incisos V e XVI do *caput* do art. 17, será permitida a permanência da pessoa jurídica como optante pelo Simples Nacional mediante a comprovação da regularização do débito ou do cadastro fiscal no prazo de até 30 (trinta) dias contados a partir da ciência da comunicação da exclusão.

•• § 2.º com redação determinada pela Lei Complementar n. 139, de 10-11-2011.

§ 3.º O CGSN regulamentará os procedimentos relativos ao impedimento de recolher o ICMS e o ISS na forma do Simples Nacional, em face da ultrapassagem dos limites estabelecidos na forma dos incisos I ou II do art. 19 e do art. 20.

•• § 3.º com redação determinada pela Lei Complementar n. 139, de 10-11-2011.

•• **A Lei Complementar n. 214, de 16-1-2025, deu nova redação a este § 3.º, com produção de efeitos a partir de 1.º-1-2027:** "§ 3.º O CGSN regulamentará os procedimentos relativos ao impedimento de recolher o ICMS, o ISS e o IBS na forma do Simples Nacional, em face da ultrapassagem do limite estabelecido na forma do art. 13-A".

•• **A Lei Complementar n. 214, de 16-1-2025, deu nova redação a este § 3.º, com produção de efeitos a partir de 1.º-1-2033:** "§ 3.º O CGSN regulamentará os procedimentos relativos ao impedimento de recolher o IBS na forma do Simples Nacional, em face da ultrapassagem do limite estabelecido na forma do art. 13-A".

§ 4.º No caso de a microempresa ou a empresa de pequeno porte ser excluída do Simples Nacional no mês de janeiro, na hipótese do inciso I do *caput* do art. 30 desta Lei Complementar, os efeitos da exclusão dar-se-ão nesse mesmo ano.

§ 5.º Na hipótese do inciso II do *caput* deste artigo, uma vez que o motivo da exclusão deixe de existir, havendo a exclusão retroativa de ofício no caso do inciso I do *caput* do art. 29 desta Lei Complementar, o efeito desta dar-se-á a partir do mês seguinte ao da ocorrência da situação impeditiva, limitado, porém, ao último dia do ano-calendário em que a referida situação deixou de existir.

•• § 5.º acrescentado pela Lei Complementar n. 128, de 19-12-2008.

Art. 32. As microempresas ou as empresas de pequeno porte excluídas do Simples Nacional sujeitar-se-ão, a partir do período em que se processarem os efeitos da exclusão, às normas de tributação aplicáveis às demais pessoas jurídicas.

§ 1.º Para efeitos do disposto no *caput* deste artigo, na hipótese da alínea *a* do inciso III do *caput* do art. 31 desta Lei Complementar, a microempresa ou a empresa de pequeno porte desenquadrada ficará sujeita ao pagamento da totalidade ou diferença dos respectivos impostos e contribuições, devidos de conformidade com as normas gerais de incidência, acrescidos, tão somente, de juros de mora, quando efetuado antes do início de procedimento de ofício.

§ 2.º Para efeito do disposto no *caput* deste artigo, o sujeito passivo poderá optar pelo recolhimento do imposto de renda e da Contribuição Social sobre o Lucro Líquido na forma do lucro presumido, lucro real trimestral ou anual.

§ 3.º Aplica-se o disposto no *caput* e no § 1.º em relação ao ICMS e ao ISS à empresa impedida de recolher esses impostos na forma do Simples Nacional, em face da ultrapassagem dos limites a que se referem os incisos I e II do *caput* do art. 19, relativamente ao estabelecimento localizado na unidade da Federação que os houver adotado.

•• § 3.º acrescentado pela Lei Complementar n. 139, de 10-11-2011.
•• **A Lei Complementar n. 214, de 16-1-2025, deu nova redação a este § 3.º, com produção de efeitos a partir de 1.º-1-2027:** "§ 3.º Aplica-se o disposto no *caput* e no § 1.º em relação ao ICMS, ao ISS e ao IBS à empresa impedida de recolher esses impostos na forma do Simples Nacional, em face da ultrapassagem do limite a que se refere o art. 13-A".
•• **A Lei Complementar n. 214, de 16-1-2025, deu nova redação a este § 3.º, com produção de efeitos a partir de 1.º-1-2033:** "§ 3.º Aplica-se o disposto no *caput* e no § 1.º em relação ao IBS à empresa impedida de recolher esses impostos na forma do Simples Nacional, em face da ultrapassagem do limite a que se refere o art. 13-A".

Seção IX
Da Fiscalização

Art. 33. A competência para fiscalizar o cumprimento das obrigações principais e acessórias relativas ao Simples Nacional e para verificar a ocorrência das hipóteses previstas no art. 29 desta Lei Complementar é da Secretaria da Receita Federal e das Secretarias de Fazenda ou de Finanças do Estado ou do Distrito Federal, segundo a localização do estabelecimento, e, tratando-se de prestação de serviços incluídos na competência tributária municipal, a competência será também do respectivo Município.

•• A Secretaria da Receita Federal passa a denominar-se Secretaria da Receita Federal do Brasil, por força da Lei n. 11.457, de 16-3-2007.

§ 1.º As Secretarias de Fazenda ou Finanças dos Estados poderão celebrar convênio com os Municípios de sua jurisdição para atribuir a estes a fiscalização a que se refere o *caput* deste artigo.

§ 1.º-A. Dispensa-se o convênio de que trata o § 1.º na hipótese de ocorrência de prestação de serviços sujeita ao ISS por estabelecimento localizado no Município.

•• § 1.º-A acrescentado pela Lei Complementar n. 139, de 10-11-2011.

§ 1.º-B. A fiscalização de que trata o *caput*, após iniciada, poderá abranger todos os demais estabelecimentos da microempresa ou da empresa de pequeno porte, independentemente da atividade por eles exercida ou de sua localização, na forma e condições estabelecidas pelo CGSN.

•• § 1.º-B acrescentado pela Lei Complementar n. 139, de 10-11-2011.

§ 1.º-C. As autoridades fiscais de que trata o *caput* têm competência para efetuar o lançamento de todos os tributos previstos nos incisos I a VIII do art. 13, apurados na forma do Simples Nacional, relativamente a todos os estabelecimentos da empresa, independentemente do ente federado instituidor.

•• § 1.º-C acrescentado pela Lei Complementar n. 139, de 10-11-2011.

§ 1.º-D. A competência para autuação por descumprimento de obrigação acessória é privativa da administração tributária perante a qual a obrigação deveria ter sido cumprida.

•• § 1.º-D acrescentado pela Lei Complementar n. 139, de 10-11-2011.

§ 2.º Na hipótese de a microempresa ou empresa de pequeno porte exercer alguma das atividades de prestação de serviços previstas no § 5.º-C do art. 18 desta Lei Complementar, caberá à Secretaria da Receita Federal do Brasil a fiscalização da Contribuição para a Seguridade Social, a cargo da empresa, de que trata o art. 22 da Lei n. 8.212, de 24 de julho de 1991.

•• § 2.º com redação determinada pela Lei Complementar n. 128, de 19-12-2008.

§ 3.º O valor não pago, apurado em procedimento de fiscalização, será exigido em lançamento de ofício pela autoridade competente que realizou a fiscalização.

§ 4.º O Comitê Gestor disciplinará o disposto neste artigo.

Seção X
Da Omissão de Receita

Art. 34. Aplicam-se à microempresa e à empresa de pequeno porte optantes pelo Simples Nacional todas as presunções de omissão de receita existentes nas legislações de regência dos impostos e contribuições incluídos no Simples Nacional.

•• A Lei Complementar n. 139, de 10-11-2011, propôs nova redação para este artigo, porém teve seu texto vetado.

§ 1.º É permitida a prestação de assistência mútua e a permuta de informações entre a Fazenda Pública da União e as dos Estados, do Distrito Federal e dos Municípios, relativas às microempresas e às empresas de pequeno porte, para fins de planejamento ou de execução de procedimentos fiscais ou preparatórios.

•• § 1.º acrescentado pela Lei Complementar n. 155, de 27-10-2016.

§ 2.º (*Vetado*).

•• § 2.º acrescentado pela Lei Complementar n. 155, de 27-10-2016.

§ 3.º Sem prejuízo de ação fiscal individual, as administrações tributárias poderão utilizar procedimento de notificação prévia visando à autorregularização, na forma e nos prazos a serem regulamentados pelo CGSN, que não constituirá início de procedimento fiscal.

•• § 3.º acrescentado pela Lei Complementar n. 155, de 27-10-2016.

§ 4.º (*Vetado*.)

•• § 4.º acrescentado pela Lei Complementar n. 155, de 27-10-2016.

Seção XI
Dos Acréscimos Legais

Art. 35. Aplicam-se aos impostos e contribuições devidos pela microempresa e pela empresa de pequeno porte, inscritas no Simples Nacional, as normas relativas aos juros e multa de mora e de ofício previstas para o imposto de renda, inclusive, quando for o caso, em relação ao ICMS e ao ISS.

•• **A Lei Complementar n. 214, de 16-1-2025, deu nova redação a este artigo, com produção de efeitos a partir de 1.º-1-2033:** "Art. 35. Aplicam-se aos impostos e contribuições devidos pela microempresa e pela empresa de pequeno porte, inscritas no Simples Nacional, as normas relativas aos juros e multa de mora e de ofício previstas para o imposto de renda".

Art. 36. A falta de comunicação, quando obrigatória, da exclusão da pessoa jurídica do Simples Nacional, nos prazos determinados no § 1.º do art. 30 desta Lei Complementar, sujeitará a pessoa jurídica a multa correspondente a 10% (dez por cento) do total dos impostos e contribuições devidos de conformidade com o Simples Nacional no mês que anteceder o início dos efeitos da exclusão, não inferior a R$ 200,00 (duzentos reais), insusceptível de redução.

•• Artigo com redação determinada pela Lei Complementar n. 128, de 19-12-2008.

Art. 36-A. A falta de comunicação, quando obrigatória, do desenquadramento do microempreendedor individual da sistemática de recolhimento prevista no art. 18-A desta Lei Complementar nos prazos determinados em seu § 7.º sujeitará o microempreendedor individual a multa no valor de R$ 50,00 (cinquenta reais), insusceptível de redução.

•• Artigo acrescentado pela Lei Complementar n. 128, de 19-12-2008.

Art. 37. A imposição das multas de que trata esta Lei Complementar não exclui a aplicação das sanções previstas na legislação penal, inclusive em relação a declaração falsa, adulteração de documentos e emissão de nota fiscal em desacordo com a operação efetivamente praticada, a que estão sujeitos o titular ou sócio da pessoa jurídica.

Art. 38. O sujeito passivo que deixar de apresentar a Declaração Simplificada da Pessoa Jurídica a que se refere o art. 25 desta Lei Complementar, no prazo fixado, ou que a apresentar com incorreções ou omissões, será intimado a apresentar declaração original, no caso de não apresentação, ou a prestar esclarecimentos, nos demais casos, no prazo estipulado pela autoridade fiscal, na forma definida pelo Comitê Gestor, e sujeitar-se-á às seguintes multas:

•• **A Lei Complementar n. 214, de 16-1-2025, deu nova redação a este *caput*, com produção de efeitos a partir de 1.º-1-2027:** "Art. 38. O Microempreendedor Individual que deixar de apresentar a Declaração Simplificada a que se refere o art. 25-B desta Lei Complementar, no prazo fixado, ou que a apresentar com incorreções ou omissões, será intimado a apresentar declaração original, no caso de não apresentação, ou a prestar esclarecimentos, nos demais casos, na forma e prazos definidos pelo Comitê Gestor, e sujeitar-se-á às seguintes multas:".

I – de 2% (dois por cento) ao mês-calendário ou fração, incidentes sobre o montante dos tributos e contribuições informados na Declaração Simplificada da Pessoa Jurídica, ainda que integralmente pago, no caso de falta de entrega da declaração ou entrega após o prazo, limitada a 20% (vinte por cento), observado o disposto no § 3.º deste artigo;

•• **A Lei Complementar n. 214, de 16-1-2025, deu nova redação a este inciso I, com produção de efeitos a partir de 1.º-1-2027:** "I – de 2% (dois por cento) ao mês-calendário ou fração, incidentes sobre o montante dos tributos e contribuições informados na Declaração Simplificada, ainda que integralmente pago, no caso de falta de entrega da declaração ou entrega após o prazo, limitada a 20% (vinte por cento), observado o disposto no § 3.º deste artigo;".

II – de R$ 100,00 (cem reais) para cada grupo de 10 (dez) informações incorretas ou omitidas.

•• A Lei Complementar n. 214, de 16-1-2025, revoga este inciso a partir de 1.º-1-2027.

§ 1.º Para efeito de aplicação da multa prevista no inciso I do *caput* deste artigo, será considerado como termo inicial o dia seguinte ao término do prazo originalmente fixado para a entrega da declaração e como termo final a data da efetiva entrega ou, no caso de não apresentação, da lavratura do auto de infração.

§ 2.º Observado o disposto no § 3.º deste artigo, as multas serão reduzidas:

I – à metade, quando a declaração for apresentada após o prazo, mas antes de qualquer procedimento de ofício;

II – a 75% (setenta e cinco por cento), se houver a apresentação da declaração no prazo fixado em intimação.

§ 3.º A multa mínima a ser aplicada será de R$ 200,00 (duzentos reais).

•• § 3.º com redação determinada pela Lei Complementar n. 128, de 19-12-2008.

•• **A Lei Complementar n. 214, de 16-1-2025, deu nova redação a este § 3.º, com produção de efeitos a partir de 1.º-1-2027:** "§ 3.º A multa mínima a ser aplicada será de R$ 50,00 (cinquenta reais)".

§ 4.º Considerar-se-á não entregue a declaração que não atender às especificações técnicas estabelecidas pelo Comitê Gestor.

§ 5.º Na hipótese do § 4.º deste artigo, o sujeito passivo será intimado a apresentar nova declaração, no prazo de 10 (dez) dias, contados da ciência da intimação, e sujeitar-se-á à multa prevista no inciso I do *caput* deste artigo, observado o disposto nos §§ 1.º a 3.º deste artigo.

§ 6.º A multa mínima de que trata o § 3.º deste artigo a ser aplicada ao Microempreendedor Individual na vigência da opção de que trata o art. 18-A desta Lei Complementar será de R$ 50,00 (cinquenta reais).

•• § 6.º acrescentado pela Lei Complementar n. 128, de 19-12-2008.

•• A Lei Complementar n. 214, de 16-1-2025, revoga este § 6.º a partir de 1.º-1-2027.

Art. 38-A. O sujeito passivo que deixar de prestar as informações no sistema eletrônico de cálculo de que trata o § 15 do art. 18, no prazo previsto no § 15-A do mesmo artigo, ou que as prestar com incorreções ou omissões, será intimado a fazê-lo, no caso de não apresentação, ou a prestar esclarecimentos, nos demais casos, no prazo estipulado pela autoridade fiscal, na forma definida pelo CGSN, e sujeitar-se-á às seguintes multas, para cada mês de referência.

•• *Caput* acrescentado pela Lei Complementar n. 139, de 10-11-2011.

•• **A Lei Complementar n. 214, de 16-1-2025, deu nova redação a este *caput*, com produção de efeitos a partir de 1.º-1-2027:** "Art. 38-A. O sujeito passivo que deixar de prestar as informações previstas no art. 25, no prazo referido em seu *caput*, ou que as prestar com incorreções ou omissões, será intimado a fazê-lo, no caso de não apresentação, ou a prestar esclarecimentos, nos demais casos, no prazo estipulado pela autoridade fiscal, na forma definida pelo CGSN, e sujeitar-se-á às seguintes multas, para cada mês de referência:".

I – de 2% (dois por cento) ao mês-calendário ou fração, a partir do dia seguinte ao término do prazo originalmente fixado para a entrega da declaração, incidentes sobre o montante dos impostos e contribuições decorrentes das informações prestadas no sistema eletrônico de cálculo de que trata o § 15 do art. 18, ainda que integralmente pago, no caso de ausência de prestação de informações ou sua efetuação após o prazo, limitada a 20% (vinte por cento), observado o disposto no § 2.º deste artigo; e

•• Inciso I com redação determinada pela Lei Complementar n. 214, de 16-1-2025, produzindo efeitos a partir de 1.º-1-2025.

II – de R$ 20,00 (vinte reais) para cada grupo de 10 (dez) informações incorretas ou omitidas.

•• Inciso II acrescentado pela Lei Complementar n. 139, de 10-11-2011.

§ 1.º Para fins de aplicação da multa prevista no inciso I do *caput*, será considerado como termo inicial o dia seguinte ao término do prazo originalmente fixado para a entrega da declaração e como termo final a data da efetiva prestação ou, no caso de não prestação, da lavratura do auto de infração.

•• § 1.º com redação determinada pela Lei Complementar n. 214, de 16-1-2025, produzindo efeitos a partir de 1.º-1-2025.

§ 2.º A multa mínima a ser aplicada será de R$ 50,00 (cinquenta reais) para cada mês de referência.

•• § 2.º acrescentado pela Lei Complementar n. 139, de 10-11-2011.

§ 3.º Observado o disposto no § 2.º, as multas serão reduzidas:

•• § 3.º, *caput*, com redação determinada pela Lei Complementar n. 214, de 16-1-2025, produzindo efeitos a partir de 1.º-1-2025.

I – à metade, quando a declaração for apresentada após o prazo, mas antes de qualquer procedimento de ofício;

•• Inciso I acrescentado pela Lei Complementar n. 214, de 16-1-2025, produzindo efeitos a partir de 1.º-1-2025.

II – a 75% (setenta e cinco por cento), caso haja apresentação da declaração no prazo fixado em intimação.

•• Inciso II acrescentado pela Lei Complementar n. 214, de 16-1-2025, produzindo efeitos a partir de 1.º-1-2025.

§ 4.º O CGSN poderá estabelecer data posterior à prevista no inciso I do *caput* e no § 1.º.

•• § 4.º acrescentado pela Lei Complementar n. 139, de 10-11-2011.

§ 5.º Considerar-se-á não entregue a declaração que não atender às especificações técnicas estabelecidas pelo CGSN.

•• § 5.º acrescentado pela Lei Complementar n. 214, de 16-1-2025, produzindo efeitos a partir de 1.º-1-2025.

§ 6.º Na hipótese prevista no § 5.º, o sujeito passivo será intimado a apresentar nova declaração, no prazo de 10 (dez) dias, contado da ciência da intimação, e sujeitar-se-á à multa prevista no inciso I do *caput*, observado o disposto nos §§ 1.º e 2.º.

•• § 6.º acrescentado pela Lei Complementar n. 214, de 16-1-2025, produzindo efeitos a partir de 1.º-1-2025.

Art. 38-B. As multas relativas à falta de prestação ou à incorreção no cumprimento de obrigações acessórias para com os órgãos e entidades federais, estaduais, distritais e municipais, quando em valor fixo ou mínimo, e na ausência de previsão legal de valores específicos e mais favoráveis para MEI, microempresa ou empresa de pequeno porte, terão redução de:

•• *Caput* acrescentado pela Lei Complementar n. 147, de 7-8-2014.

• A Recomendação n. 5, de 8-4-2015, do Comitê Gestor do Simples Nacional, orienta os entes federados quanto à redução de multas para microempreendedores individuais, microempresas e empresas de pequeno porte optantes pelo Simples Nacional.

I – 90% (noventa por cento) para os MEI;

•• Inciso I acrescentado pela Lei Complementar n. 147, de 7-8-2014.

II – 50% (cinquenta por cento) para as microempresas ou empresas de pequeno porte optantes pelo Simples Nacional.
- • Inciso II acrescentado pela Lei Complementar n. 147, de 7-8-2014.

Parágrafo único. As reduções de que tratam os incisos I e II do *caput* não se aplicam na:
- • Parágrafo único acrescentado pela Lei Complementar n. 147, de 7-8-2014.

I – hipótese de fraude, resistência ou embaraço à fiscalização;
- • Inciso I acrescentado pela Lei Complementar n. 147, de 7-8-2014.

II – ausência de pagamento da multa no prazo de 30 (trinta) dias após a notificação.
- • Inciso II acrescentado pela Lei Complementar n. 147, de 7-8-2014.

Seção XII
Do Processo Administrativo Fiscal

- • *Vide* Decreto n. 70.235, de 6-3-1972, dispõe sobre o processo administrativo fiscal, e dá outras providências.

Art. 39. O contencioso administrativo relativo ao Simples Nacional será de competência do órgão julgador integrante da estrutura administrativa do ente federativo que efetuar o lançamento, o indeferimento da opção ou a exclusão de ofício, observados os dispositivos legais atinentes aos processos administrativos fiscais desse ente.
- • *Caput* com redação determinada pela Lei Complementar n. 139, de 10-11-2011.
- • *Vide* art. 55, § 4.º, desta Lei Complementar.

§ 1.º O Município poderá, mediante convênio, transferir a atribuição de julgamento exclusivamente ao respectivo Estado em que se localiza.

§ 2.º No caso em que o contribuinte do Simples Nacional exerça atividades incluídas no campo de incidência do ICMS e do ISS e seja apurada omissão de receita de que não se consiga identificar a origem, a autuação será feita utilizando a maior alíquota prevista nesta Lei Complementar, e a parcela autuada que não seja correspondente aos tributos e contribuições federais será rateada entre Estados e Municípios ou Distrito Federal.

§ 3.º Na hipótese referida no § 2.º deste artigo, o julgamento caberá ao Estado ou ao Distrito Federal.

§ 4.º A intimação eletrônica dos atos do contencioso administrativo observará o disposto nos §§ 1.º-A a 1.º-D do art. 16.
- • § 4.º com redação determinada pela Lei Complementar n. 139, de 10-11-2011.

§ 5.º A impugnação relativa ao indeferimento da opção ou à exclusão poderá ser decidida em órgão diverso do previsto no *caput*, na forma estabelecida pela respectiva administração tributária.
- • § 5.º acrescentado pela Lei Complementar n. 139, de 10-11-2011.

§ 6.º Na hipótese prevista no § 5.º, o CGSN poderá disciplinar procedimentos e prazos, bem como, no processo de exclusão, prever efeito suspensivo na hipótese de apresentação de impugnação, defesa ou recurso.
- • § 6.º acrescentado pela Lei Complementar n. 139, de 10-11-2011.

Art. 40. As consultas relativas ao Simples Nacional serão solucionadas pela Secretaria da Receita Federal, salvo quando se referirem a tributos e contribuições de competência estadual ou municipal, que serão solucionadas conforme a respectiva competência tributária, na forma disciplinada pelo Comitê Gestor.
- • A Secretaria da Receita Federal passa a denominar-se Secretaria da Receita Federal do Brasil, por força da Lei n. 11.457, de 16-3-2007.
- • *Vide* art. 55, § 4.º, desta Lei Complementar.

Seção XIII
Do Processo Judicial

Art. 41. Os processos relativos a impostos e contribuições abrangidos pelo Simples Nacional serão ajuizados em face da União, que será representada em juízo pela Procuradoria-Geral da Fazenda Nacional, observado o disposto no § 5.º deste artigo.
- • *Caput* com redação determinada pela Lei Complementar n. 128, de 19-12-2008.

§ 1.º Os Estados, Distrito Federal e Municípios prestarão auxílio à Procuradoria-Geral da Fazenda Nacional, em relação aos tributos de sua competência, na forma a ser disciplinada por ato do Comitê Gestor.

§ 2.º Os créditos tributários oriundos da aplicação desta Lei Complementar serão apurados, inscritos em Dívida Ativa da União e cobrados judicialmente pela Procuradoria-Geral da Fazenda Nacional, observado o disposto no inciso V do § 5.º deste artigo.
- • § 2.º com redação determinada pela Lei Complementar n. 139, de 10-11-2011.

§ 3.º Mediante convênio, a Procuradoria-Geral da Fazenda Nacional poderá delegar aos Estados e Municípios a inscrição em dívida ativa estadual e municipal e a cobrança judicial dos tributos estaduais e municipais a que se refere esta Lei Complementar.

§ 4.º Aplica-se o disposto neste artigo aos impostos e contribuições que não tenham sido recolhidos resultantes das informações prestadas nas declarações a que se referem os arts. 25 e 25-B.
- • § 4.º, *caput*, com redação determinada pela Lei Complementar n. 214, de 16-1-2025, produzindo efeitos a partir de 1.º-1-2025.

I – no sistema eletrônico de cálculo dos valores devidos no Simples Nacional de que trata o § 15 do art. 18;
- • Inciso I acrescentado pela Lei Complementar n. 139, de 10-11-2011.
- • A Lei Complementar n. 214, de 16-1-2025, revoga este inciso a partir de 1.º-1-2027.

II – na declaração a que se refere o art. 25.
- • Inciso II acrescentado pela Lei Complementar n. 139, de 10-11-2011.
- • A Lei Complementar n. 214, de 16-1-2025, revoga este inciso a partir de 1.º-1-2027.

§ 5.º Excetuam-se do disposto no *caput* deste artigo:
- • § 5.º, *caput*, acrescentado pela Lei Complementar n. 128, de 19-12-2008.

I – os mandados de segurança nos quais se impugnem atos de autoridade coatora pertencente a Estado, Distrito Federal ou Município;
- • Inciso I acrescentado pela Lei Complementar n. 128, de 19-12-2008.

II – as ações que tratem exclusivamente de tributos de competência dos Estados, do Distrito Federal ou dos Municípios, as quais serão propostas em face desses entes federativos, representados em juízo por suas respectivas procuradorias;
- • Inciso II acrescentado pela Lei Complementar n. 128, de 19-12-2008.

III – as ações promovidas na hipótese de celebração do convênio de que trata o § 3.º deste artigo.
- • Inciso III acrescentado pela Lei Complementar n. 128, de 19-12-2008.

IV – o crédito tributário decorrente de auto de infração lavrado exclusivamente em face de descumprimento de obrigação acessória, observado o disposto no § 1.º-D do art. 33;
- • Inciso IV acrescentado pela Lei Complementar n. 139, de 10-11-2011.

V – o crédito tributário relativo ao ICMS e ao ISS de que tratam as alíneas *b* e *c* do inciso V do § 3.º do art. 18-A desta Lei Complementar.
- • Inciso V com redação determinada pela Lei Complementar n. 147, de 7-8-2014.
- • A Lei Complementar n. 214, de 16-1-2025, revoga este inciso a partir de 1.º-1-2033.
- • **A Lei Complementar n. 214, de 16-1-2025, acrescenta a este artigo o inciso VI, com produção de efeitos a partir de 1.º-1-2027:** "VI – o crédito tributário relativo ao IBS".

Capítulo V
DO ACESSO AOS MERCADOS

Seção I
Das Aquisições Públicas

- • Seção I renumerada pela Lei Complementar n. 147, de 7-8-2014.

Art. 42. Nas licitações públicas, a comprovação de regularidade fiscal e trabalhista das microempresas e das empresas de pequeno porte somente será exigida para efeito de assinatura do contrato.
- • Artigo com redação determinada pela Lei Complementar n. 155, de 27-10-2016.

Art. 43. As microempresas e as empresas de pequeno porte, por ocasião da participação em certames licitatórios, deverão apresentar toda a documentação exigida para efeito de comprovação de regularidade fiscal e trabalhista, mesmo que esta apresente alguma restrição.
- • *Caput* com redação determinada pela Lei Complementar n. 155, de 27-10-2016.

§ 1.º Havendo alguma restrição na comprovação da regularidade fiscal e trabalhista, será assegurado o prazo de cinco dias úteis, cujo termo inicial corresponderá ao momento em que o proponente for declarado vencedor do certame, prorrogável por igual período, a critério da administração pública, para regularização da documentação, para pagamento ou parcelamento do débito e para emissão de eventuais certidões negativas ou positivas com efeito de certidão negativa.

•• § 1.º com redação determinada pela Lei Complementar n. 155, de 27-10-2016.

§ 2.º A não regularização da documentação, no prazo previsto no § 1.º deste artigo, implicará decadência do direito à contratação, sem prejuízo das sanções previstas no art. 81 da Lei n. 8.666, de 21 de junho de 1993, sendo facultado à Administração convocar os licitantes remanescentes, na ordem de classificação, para a assinatura do contrato, ou revogar a licitação.

• A Lei n. 14.133, de 1.º-4-2021, institui normas para licitações e contratos da administração pública.

Art. 44. Nas licitações será assegurada, como critério de desempate, preferência de contratação para as microempresas e empresas de pequeno porte.

§ 1.º Entende-se por empate aquelas situações em que as propostas apresentadas pelas microempresas e empresas de pequeno porte sejam iguais ou até 10% (dez por cento) superiores à proposta mais bem classificada.

§ 2.º Na modalidade de pregão, o intervalo percentual estabelecido no § 1.º deste artigo será de até 5% (cinco por cento) superior ao melhor preço.

Art. 45. Para efeito do disposto no art. 44 desta Lei Complementar, ocorrendo o empate, proceder-se-á da seguinte forma:

• Vide notas do art. 44 desta Lei Complementar.

I – a microempresa ou empresa de pequeno porte mais bem classificada poderá apresentar proposta de preço inferior àquela considerada vencedora do certame, situação em que será adjudicado em seu favor o objeto licitado;

II – não ocorrendo a contratação da microempresa ou empresa de pequeno porte, na forma do inciso I do caput deste artigo, serão convocadas as remanescentes que porventura se enquadrem na hipótese dos §§ 1.º e 2.º do art. 44 desta Lei Complementar, na ordem classificatória, para o exercício do mesmo direito;

III – no caso de equivalência dos valores apresentados pelas microempresas e empresas de pequeno porte que se encontrem nos intervalos estabelecidos nos §§ 1.º e 2.º do art. 44 desta Lei Complementar, será realizado sorteio entre elas para que se identifique aquela que primeiro poderá apresentar melhor oferta.

§ 1.º Na hipótese da não contratação nos termos previstos no caput deste artigo, o objeto licitado será adjudicado em favor da proposta originariamente vencedora do certame.

§ 2.º O disposto neste artigo somente se aplicará quando a melhor oferta inicial não tiver sido apresentada por microempresa ou empresa de pequeno porte.

§ 3.º No caso de pregão, a microempresa ou empresa de pequeno porte mais bem classificada será convocada para apresentar nova proposta no prazo máximo de 5 (cinco) minutos após o encerramento dos lances, sob pena de preclusão.

Art. 46. A microempresa e a empresa de pequeno porte titular de direitos creditórios decorrentes de empenhos liquidados por órgãos e entidades da União, Estados, Distrito Federal e Município não pagos em até 30 (trinta) dias contados da data de liquidação poderão emitir cédula de crédito microempresarial.

• A Lei n. 6.840, de 3-11-1980, dispõe sobre títulos de crédito comercial e dá outras providências.

Parágrafo único. (Revogado pela Lei Complementar n. 147, de 7-8-2014.)

Art. 47. Nas contratações públicas da administração direta e indireta, autárquica e fundacional, federal, estadual e municipal, deverá ser concedido tratamento diferenciado e simplificado para as microempresas e empresas de pequeno porte objetivando a promoção do desenvolvimento econômico e social no âmbito municipal e regional, a ampliação da eficiência das políticas públicas e o incentivo à inovação tecnológica.

•• Caput com redação determinada pela Lei Complementar n. 147, de 7-8-2014.

Parágrafo único. No que diz respeito às compras públicas, enquanto não sobrevier legislação estadual, municipal ou regulamento específico de cada órgão mais favorável à microempresa e empresa de pequeno porte, aplica-se a legislação federal.

•• Parágrafo único acrescentado pela Lei Complementar n. 147, de 7-8-2014.

Art. 48. Para o cumprimento do disposto no art. 47 desta Lei Complementar, a administração pública:

•• Caput com redação determinada pela Lei Complementar n. 147, de 7-8-2014.

I – deverá realizar processo licitatório destinado exclusivamente à participação de microempresas e empresas de pequeno porte nos itens de contratação cujo valor seja de até R$ 80.000,00 (oitenta mil reais);

•• Inciso I com redação determinada pela Lei Complementar n. 147, de 7-8-2014.

II – poderá, em relação aos processos licitatórios destinados à aquisição de obras e serviços, exigir dos licitantes a subcontratação de microempresa ou empresa de pequeno porte;

•• Inciso II com redação determinada pela Lei Complementar n. 147, de 7-8-2014.

III – deverá estabelecer, em certames para aquisição de bens de natureza divisível, cota de até 25% (vinte e cinco por cento) do objeto para a contratação de microempresas e empresas de pequeno porte.

•• Inciso III com redação determinada pela Lei Complementar n. 147, de 7-8-2014.

§ 1.º (Revogado pela Lei Complementar n. 147, de 7-8-2014.)

§ 2.º Na hipótese do inciso II do caput deste artigo, os empenhos e pagamentos do órgão ou entidade da administração pública poderão ser destinados diretamente às microempresas e empresas de pequeno porte subcontratadas.

§ 3.º Os benefícios referidos no caput deste artigo poderão, justificadamente, estabelecer a prioridade de contratação para as microempresas e empresas de pequeno porte sediadas local ou regionalmente, até o limite de 10% (dez por cento) do melhor preço válido.

•• § 3.º acrescentado pela Lei Complementar n. 147, de 7-8-2014.

Art. 49. Não se aplica o disposto nos arts. 47 e 48 desta Lei Complementar quando:

I – (Revogado pela Lei Complementar n. 147, de 7-8-2014.)

II – não houver um mínimo de 3 (três) fornecedores competitivos enquadrados como microempresas ou empresas de pequeno porte sediados local ou regionalmente e capazes de cumprir as exigências estabelecidas no instrumento convocatório;

III – o tratamento diferenciado e simplificado para as microempresas e empresas de pequeno porte não for vantajoso para a administração pública ou representar prejuízo ao conjunto ou complexo do objeto a ser contratado;

IV – a licitação for dispensável ou inexigível, nos termos dos arts. 24 e 25 da Lei n. 8.666, de 21 de junho de 1993, excetuando-se as dispensas tratadas pelos incisos I e II do art. 24 da mesma Lei, nas quais a compra deverá ser feita preferencialmente de microempresas e empresas de pequeno porte, aplicando-se o disposto no inciso I do art. 48.

•• Inciso IV com redação determinada pela Lei Complementar n. 147, de 7-8-2014.

Seção II
Acesso ao Mercado Externo

•• Seção II acrescentada pela Lei Complementar n. 147, de 7-8-2014.

Art. 49-A. A microempresa e a empresa de pequeno porte beneficiárias do SIMPLES usufruirão de regime de exportação que contemplará procedimentos simplificados de habilitação, licenciamento, despacho aduaneiro e câmbio, na forma do regulamento.

•• Caput acrescentado pela Lei Complementar n. 147, de 7-8-2014.

Parágrafo único. As pessoas jurídicas prestadoras de serviço de logística internacional, quando contratadas pelas empresas descritas nesta Lei Complementar, estão autorizadas a realizar atividades relativas a licenciamento administrativo, despacho aduaneiro, consolidação e desconsolidação de carga e a contratar seguro, câmbio, transporte e armazenagem de mercadorias, objeto da prestação do serviço, de forma simplificada e por meio eletrônico, na forma de regulamento.

•• Parágrafo único com redação determinada pela Lei Complementar n. 155, de 27-10-2016.
•• Vide Decreto n. 8.870, de 5-10-2016, que dispõe sobre as operações do simples exportação.

Art. 49-B. (Vetado.)

•• Artigo acrescentado pela Lei Complementar n. 155, de 27-10-2016.

Capítulo VI
DA SIMPLIFICAÇÃO DAS RELAÇÕES DE TRABALHO

Seção I
Da Segurança e da Medicina do Trabalho

Art. 50. As microempresas e as empresas de pequeno porte serão estimuladas pelo poder público e pelos Serviços Sociais Autônomos a formar consórcios para acesso a serviços especializados em segurança e medicina do trabalho.

•• Artigo com redação determinada pela Lei Complementar n. 127, de 14-8-2007.

Seção II
Das Obrigações Trabalhistas

Art. 51. As microempresas e as empresas de pequeno porte são dispensadas:
I – da afixação de Quadro de Trabalho em suas dependências;
II – da anotação das férias dos empregados nos respectivos livros ou fichas de registro;
III – de empregar e matricular seus aprendizes nos cursos dos Serviços Nacionais de Aprendizagem;
IV – da posse do livro intitulado "Inspeção do Trabalho"; e
V – de comunicar ao Ministério do Trabalho e Emprego a concessão de férias coletivas.

Art. 52. O disposto no art. 51 desta Lei Complementar não dispensa as microempresas e as empresas de pequeno porte dos seguintes procedimentos:
I – anotações na Carteira de Trabalho e Previdência Social – CTPS;
II – arquivamento dos documentos comprobatórios de cumprimento das obrigações trabalhistas e previdenciárias, enquanto não prescreverem essas obrigações;
III – apresentação da Guia de Recolhimento do Fundo de Garantia do Tempo de Serviço e Informações à Previdência Social – GFIP;
IV – apresentação das Relações Anuais de Empregados e da Relação Anual de Informações Sociais – RAIS e do Cadastro Geral de Empregados e Desempregados – CAGED.

Parágrafo único. (Vetado.)
Art. 53. (Revogado pela Lei Complementar n. 127, de 14-8-2007.)

Seção III
Do Acesso à Justiça do Trabalho

Art. 54. É facultado ao empregador de microempresa ou de empresa de pequeno porte fazer-se substituir ou representar perante a Justiça do Trabalho por terceiros que conheçam dos fatos, ainda que não possuam vínculo trabalhista ou societário.

Capítulo VII
DA FISCALIZAÇÃO ORIENTADORA

Art. 55. A fiscalização, no que se refere aos aspectos trabalhista, metrológico, sanitário, ambiental, de segurança, de relações de consumo e de uso e ocupação do solo das microempresas e das empresas de pequeno porte, deverá ser prioritariamente orientadora quando a atividade ou situação, por sua natureza, comportar grau de risco compatível com esse procedimento.

•• Caput com redação determinada pela Lei Complementar n. 155, de 27-10-2016.
•• A Portaria n. 396, de 11-1-2021, do Ministério da Economia, estabelece as situações que, por sua natureza, não sujeitam as microempresas e empresas de pequeno porte à fiscalização prioritariamente orientadora, prevista neste artigo.

§ 1.º Será observado o critério de dupla visita para lavratura de autos de infração, salvo quando for constatada infração por falta de registro de empregado ou anotação da Carteira de Trabalho e Previdência Social – CTPS, ou, ainda, na ocorrência de reincidência, fraude, resistência ou embaraço à fiscalização.
§ 2.º (Vetado.)
§ 3.º Os órgãos e entidades competentes definirão, em 12 (doze) meses, as atividades e situações cujo grau de risco seja considerado alto, as quais não se sujeitarão ao disposto neste artigo.
§ 4.º O disposto neste artigo não se aplica ao processo administrativo fiscal relativo a tributos, que se dará na forma dos arts. 39 e 40 desta Lei Complementar.
§ 5.º O disposto no § 1.º aplica-se à lavratura de multa pelo descumprimento de obrigações acessórias relativas às matérias do caput, inclusive quando previsto seu cumprimento de forma unificada com matéria de outra natureza, exceto a trabalhista.

•• § 5.º acrescentado pela Lei Complementar n. 147, de 7-8-2014.

§ 6.º A inobservância do critério de dupla visita implica nulidade do auto de infração lavrado sem cumprimento ao disposto neste artigo, independentemente da natureza principal ou acessória da obrigação.

•• § 6.º acrescentado pela Lei Complementar n. 147, de 7-8-2014.

§ 7.º Os órgãos e entidades da administração pública federal, estadual, distrital e municipal deverão observar o princípio do tratamento diferenciado, simplificado e favorecido por ocasião da fixação de valores decorrentes de multas e demais sanções administrativas.

•• § 7.º acrescentado pela Lei Complementar n. 147, de 7-8-2014.

§ 8.º A inobservância do disposto no caput deste artigo implica atentado aos direitos e garantias legais assegurados ao exercício profissional da atividade empresarial.

•• § 8.º acrescentado pela Lei Complementar n. 147, de 7-8-2014.

§ 9.º O disposto no caput deste artigo não se aplica a infrações relativas à ocupação irregular da reserva de faixa não edificável, de área destinada a equipamentos urbanos, de áreas de preservação permanente e nas faixas de domínio público das rodovias, ferrovias e dutovias ou de vias e logradouros públicos.

•• § 9.º acrescentado pela Lei Complementar n. 147, de 7-8-2014.

Capítulo VIII
DO ASSOCIATIVISMO

Seção Única
Da Sociedade de Propósito Específico Formada por Microempresas e Empresas de Pequeno Porte Optantes pelo Simples Nacional

•• Seção com denominação determinada pela Lei Complementar n. 128, de 19-12-2008.

Art. 56. As microempresas ou as empresas de pequeno porte poderão realizar negócios de compra e venda de bens e serviços para os mercados nacional e internacional, por meio de sociedade de propósito específico, nos termos e condições estabelecidos pelo Poder Executivo federal.

•• Caput com redação determinada pela Lei Complementar n. 147, de 7-8-2014.

§ 1.º Não poderão integrar a sociedade de que trata o caput deste artigo pessoas jurídicas não optantes pelo Simples Nacional.

•• § 1.º com redação determinada pela Lei Complementar n. 128, de 19-12-2008.

§ 2.º A sociedade de propósito específico de que trata este artigo:

•• § 2.º, caput, com redação determinada pela Lei Complementar n. 128, de 19-12-2008.

I – terá seus atos arquivados no Registro Público de Empresas Mercantis;

•• Inciso I acrescentado pela Lei Complementar n. 128, de 19-12-2008.

II – terá por finalidade realizar:

•• Inciso II, caput, acrescentado pela Lei Complementar n. 128, de 19-12-2008.

a) operações de compras para revenda às microempresas ou empresas de pequeno porte que sejam suas sócias;

•• Alínea a acrescentada pela Lei Complementar n. 128, de 19-12-2008.

b) operações de venda de bens adquiridos das microempresas e empresas de pequeno porte que sejam suas sócias para pessoas jurídicas que não sejam suas sócias;

•• Alínea *b* acrescentada pela Lei Complementar n. 128, de 19-12-2008.

III – poderá exercer atividades de promoção dos bens referidos na alínea *b* do inciso II deste parágrafo;

•• Inciso III acrescentado pela Lei Complementar n. 128, de 19-12-2008.

IV – apurará o imposto de renda das pessoas jurídicas com base no lucro real, devendo manter a escrituração dos livros Diário e Razão;

•• Inciso IV acrescentado pela Lei Complementar n. 128, de 19-12-2008.

V – apurará a Cofins e a Contribuição para o PIS/Pasep de modo não cumulativo;

•• Inciso V acrescentado pela Lei Complementar n. 128, de 19-12-2008.

VI – exportará, exclusivamente, bens a ela destinados pelas microempresas e empresas de pequeno porte que dela façam parte;

•• Inciso VI acrescentado pela Lei Complementar n. 128, de 19-12-2008.

VII – será constituída como sociedade limitada;

•• Inciso VII acrescentado pela Lei Complementar n. 128, de 19-12-2008.

VIII – deverá, nas revendas às microempresas ou empresas de pequeno porte que sejam suas sócias, observar preço no mínimo igual ao das aquisições realizadas para revenda; e

•• Inciso VIII acrescentado pela Lei Complementar n. 128, de 19-12-2008.

IX – deverá, nas revendas de bens adquiridos de microempresas ou empresas de pequeno porte que sejam suas sócias, observar preço no mínimo igual ao das aquisições desses bens.

•• Inciso IX acrescentado pela Lei Complementar n. 128, de 19-12-2008.

§ 3.º A aquisição de bens destinados à exportação pela sociedade de propósito específico não gera direito a créditos relativos a impostos ou contribuições abrangidos pelo Simples Nacional.

•• § 3.º acrescentado pela Lei Complementar n. 128, de 19-12-2008.

§ 4.º A microempresa ou a empresa de pequeno porte não poderá participar simultaneamente de mais de uma sociedade de propósito específico de que trata este artigo.

•• § 4.º acrescentado pela Lei Complementar n. 128, de 19-12-2008.

§ 5.º A sociedade de propósito específico de que trata este artigo não poderá:

•• § 5.º, *caput*, acrescentado pela Lei Complementar n. 128, de 19-12-2008.

I – ser filial, sucursal, agência ou representação, no País, de pessoa jurídica com sede no exterior;

•• Inciso I acrescentado pela Lei Complementar n. 128, de 19-12-2008.

II – ser constituída sob a forma de cooperativas, inclusive de consumo;

•• Inciso II acrescentado pela Lei Complementar n. 128, de 19-12-2008.

III – participar do capital de outra pessoa jurídica;

•• Inciso III acrescentado pela Lei Complementar n. 128, de 19-12-2008.

IV – exercer atividade de banco comercial, de investimentos e de desenvolvimento, de caixa econômica, de sociedade de crédito, financiamento e investimento ou de crédito imobiliário, de corretora ou de distribuidora de títulos, valores mobiliários e câmbio, de empresa de arrendamento mercantil, de seguros privados e de capitalização ou de previdência complementar;

•• Inciso IV acrescentado pela Lei Complementar n. 128, de 19-12-2008.

V – ser resultante ou remanescente de cisão ou qualquer outra forma de desmembramento de pessoa jurídica que tenha ocorrido em um dos 5 (cinco) anos-calendário anteriores;

•• Inciso V acrescentado pela Lei Complementar n. 128, de 19-12-2008.

VI – exercer a atividade vedada às microempresas e empresas de pequeno porte optantes pelo Simples Nacional.

•• Inciso VI acrescentado pela Lei Complementar n. 128, de 19-12-2008.

§ 6.º A inobservância do disposto no § 4.º deste artigo acarretará a responsabilidade solidária das microempresas ou empresas de pequeno porte sócias da sociedade de propósito específico de que trata este artigo na hipótese em que seus titulares, sócios ou administradores conhecessem ou devessem conhecer tal inobservância.

•• § 6.º acrescentado pela Lei Complementar n. 128, de 19-12-2008.

§ 7.º O Poder Executivo regulamentará o disposto neste artigo até 31 de dezembro de 2008.

•• § 7.º acrescentado pela Lei Complementar n. 128, de 19-12-2008.

§ 8.º (*Vetado*.)

•• § 8.º acrescentado pela Lei Complementar n. 155, de 27-10-2016.

Capítulo IX
DO ESTÍMULO AO CRÉDITO E À CAPITALIZAÇÃO

Seção I
Disposições Gerais

Art. 57. O Poder Executivo federal proporá, sempre que necessário, medidas no sentido de melhorar o acesso das microempresas e empresas de pequeno porte aos mercados de crédito e de capitais, objetivando a redução do custo de transação, a elevação da eficiência alocativa, o incentivo ao ambiente concorrencial e a qualidade do conjunto informacional, em especial o acesso e portabilidade das informações cadastrais relativas ao crédito.

Art. 58. Os bancos comerciais públicos e os bancos múltiplos públicos com carteira comercial, a Caixa Econômica Federal e o Banco Nacional do Desenvolvimento Econômico e Social – BNDES manterão linhas de crédito específicas para as microempresas e para as empresas de pequeno porte, vinculadas à reciprocidade social, devendo o montante disponível e suas condições de acesso ser expressos nos respectivos orçamentos e amplamente divulgados.

•• *Caput* com redação determinada pela Lei Complementar n. 155, de 27-10-2016.

§ 1.º As instituições mencionadas no *caput* deste artigo deverão publicar, juntamente com os respectivos balanços, relatório circunstanciado dos recursos alocados às linhas de crédito referidas no *caput* e daqueles efetivamente utilizados, consignando, obrigatoriamente, as justificativas do desempenho alcançado.

•• § 1.º com redação determinada pela Lei Complementar n. 155, de 27-10-2016.

§ 2.º O acesso às linhas de crédito específicas previstas no *caput* deste artigo deverá ter tratamento simplificado e ágil, com divulgação ampla das respectivas condições e exigências.

•• § 2.º acrescentado pela Lei Complementar n. 147, de 7-8-2014.

§ 3.º (*Vetado*.)

•• § 3.º acrescentado pela Lei Complementar n. 155, de 27-10-2016.

§ 4.º O Conselho Monetário Nacional – CMN regulamentará o percentual mínimo de direcionamento dos recursos de que trata o *caput*, inclusive no tocante aos recursos de que trata a alínea *b* do inciso III do art. 10 da Lei n. 4.595, de 31 de dezembro de 1964.

•• § 4.º acrescentado pela Lei Complementar n. 155, de 27-10-2016.

Art. 58-A. Os bancos públicos e privados não poderão contabilizar, para cumprimento de metas, empréstimos realizados a pessoas físicas, ainda que sócios de empresas, como disponibilização de crédito para microempresas e empresas de pequeno porte.

•• Artigo acrescentado pela Lei Complementar n. 147, de 7-8-2014.

Art. 59. As instituições referidas no *caput* do art. 58 desta Lei Complementar devem se articular com as respectivas entidades de apoio e representação das microempresas e empresas de pequeno porte, no sentido de proporcionar e desenvolver programas de treinamento, desenvolvimento gerencial e capacitação tecnológica.

Art. 60. (*Vetado*.)

Art. 60-A. Poderá ser instituído Sistema Nacional de Garantias de Crédito pelo Poder Executivo, com o objetivo de facilitar o acesso das microempresas e empresas de pequeno porte a crédito e demais serviços das instituições financeiras, o qual, na forma de regulamento, proporcionará a elas tratamento diferenciado, favorecido e simplificado, sem prejuízo de atendimento a outros públicos-alvo.

•• *Caput* acrescentado pela Lei Complementar n. 127, de 14-8-2007.

•• O Decreto n. 10.780, de 25-8-2021, institui o Sistema Nacional de Garantias de Crédito, de que trata este artigo.

Parágrafo único. O Sistema Nacional de Garantias de Crédito integrará o Sistema Financeiro Nacional.
•• Parágrafo único acrescentado pela Lei Complementar n. 127, de 14-8-2007.

Art. 60-B. Os fundos garantidores de risco de crédito empresarial que possuam participação da União na composição do seu capital atenderão, sempre que possível, as operações de crédito que envolvam microempresas e empresas de pequeno porte, definidas na forma do art. 3.º desta Lei.
•• Artigo acrescentado pela Lei Complementar n. 147, de 7-8-2014.

Art. 60-C. (*Vetado.*)
•• Artigo acrescentado pela Lei Complementar n. 147, de 7-8-2014.

Art. 61. Para fins de apoio creditício às operações de comércio exterior das microempresas e das empresas de pequeno porte, serão utilizados os parâmetros de enquadramento ou outros instrumentos de alta significância para as microempresas, empresas de pequeno porte exportadoras segundo o porte de empresas, aprovados pelo Mercado Comum do Sul – MERCOSUL.

Art. 61-A. Para incentivar as atividades de inovação e os investimentos produtivos, a sociedade enquadrada como microempresa ou empresa de pequeno porte, nos termos desta Lei Complementar, poderá admitir o aporte de capital, que não integrará o capital social da empresa.
•• *Caput* acrescentado pela Lei Complementar n. 155, de 27-10-2016.
•• A Instrução Normativa n. 1.719, de 19-7-2017, da SRFB, dispõe sobre a tributação relacionada às operações de aporte de capital de que trata este artigo.

§ 1.º As finalidades de fomento a inovação e investimentos produtivos deverão constar do contrato de participação, com vigência não superior a sete anos.
•• § 1.º acrescentado pela Lei Complementar n. 155, de 27-10-2016.

§ 2.º O aporte de capital poderá ser realizado por pessoa física, por pessoa jurídica ou por fundos de investimento, conforme regulamento da Comissão de Valores Mobiliários, que serão denominados investidores-anjos.
•• § 2.º com redação determinada pela Lei Complementar n. 182, de 1.º-6-2021.

§ 3.º A atividade constitutiva do objeto social é exercida unicamente por sócios regulares, em seu nome individual e sob sua exclusiva responsabilidade.
•• § 3.º acrescentado pela Lei Complementar n. 155, de 27-10-2016.

§ 4.º O investidor-anjo:
•• § 4.º, *caput*, acrescentado pela Lei Complementar n. 155, de 27-10-2016.

I – não será considerado sócio nem terá qualquer direito a gerência ou a voto na administração da empresa, resguardada a possibilidade de participação nas deliberações em caráter estritamente consultivo, conforme pactuação contratual;
•• Inciso I com redação determinada pela Lei Complementar n. 182, de 1.º-6-2021.

II – não responderá por qualquer dívida da empresa, inclusive em recuperação judicial, não se aplicando a ele o art. 50 da Lei n. 10.406, de 10 de janeiro de 2002 – Código Civil;
•• Inciso II acrescentado pela Lei Complementar n. 155, de 27-10-2016.

III – será remunerado por seus aportes, nos termos do contrato de participação, pelo prazo máximo de 7 (sete) anos;
•• Inciso III com redação determinada pela Lei Complementar n. 182, de 1.º-6-2021.

IV – poderá exigir dos administradores as contas justificadas de sua administração e, anualmente, o inventário, o balanço patrimonial e o balanço de resultado econômico; e
•• Inciso IV acrescentado pela Lei Complementar n. 182, de 1.º-6-2021.

V – poderá examinar, a qualquer momento, os livros, os documentos e o estado do caixa e da carteira da sociedade, exceto se houver pactuação contratual que determine época própria para isso.
•• Inciso V acrescentado pela Lei Complementar n. 182, de 1.º-6-2021.

§ 5.º Para fins de enquadramento da sociedade como microempresa ou empresa de pequeno porte, os valores de capital aportado não são considerados receitas da sociedade.
•• § 5.º acrescentado pela Lei Complementar n. 155, de 27-10-2016.

§ 6.º As partes contratantes poderão:
•• § 6.º, *caput*, com redação determinada pela Lei Complementar n. 182, de 1.º-6-2021.

I – estipular remuneração periódica, ao final de cada período, ao investidor-anjo, conforme contrato de participação; ou
•• Inciso I acrescentado pela Lei Complementar n. 182, de 1.º-6-2021.

II – prever a possibilidade de conversão do aporte de capital em participação societária.
•• Inciso II acrescentado pela Lei Complementar n. 182, de 1.º-6-2021.

§ 7.º O investidor-anjo somente poderá exercer o direito de resgate depois de decorridos, no mínimo, 2 (dois) anos do aporte de capital, ou prazo superior estabelecido no contrato de participação, e seus haveres serão pagos na forma prevista no art. 1.031 da Lei n. 10.406, de 10 de janeiro de 2002 (Código Civil), não permitido ultrapassar o valor investido devidamente corrigido por índice previsto em contrato.
•• § 7.º com redação determinada pela Lei Complementar n. 182, de 1.º-6-2021.

§ 8.º O disposto no § 7.º deste artigo não impede a transferência da titularidade do aporte para terceiros.
•• § 8.º acrescentado pela Lei Complementar n. 155, de 27-10-2016.

§ 9.º A transferência da titularidade do aporte para terceiro alheio à sociedade dependerá do consentimento dos sócios, salvo estipulação contratual expressa em contrário.
•• § 9.º acrescentado pela Lei Complementar n. 155, de 27-10-2016.

§ 10. O Ministério da Fazenda poderá regulamentar a tributação sobre retirada do capital investido.
•• § 10 acrescentado pela Lei Complementar n. 155, de 27-10-2016.

Art. 61-B. A emissão e a titularidade de aportes especiais não impedem a fruição do Simples Nacional.
•• Artigo acrescentado pela Lei Complementar n. 155, de 27-10-2016.

Art. 61-C. Caso os sócios decidam pela venda da empresa, o investidor-anjo terá direito de preferência na aquisição, bem como direito de venda conjunta da titularidade do aporte de capital, nos mesmos termos e condições que forem ofertados aos sócios regulares.
•• Artigo acrescentado pela Lei Complementar n. 155, de 27-10-2016.

Art. 61-D. Os fundos de investimento poderão aportar capital como investidores-anjos em microempresas e em empresas de pequeno porte, conforme regulamentação da Comissão de Valores Mobiliários.
•• Artigo com redação determinada pela Lei Complementar n. 182, de 1.º-6-2021.

Seção I-A
Da Sociedade de Garantia Solidária e da Sociedade de Contragarantia

•• Seção acrescentada pela Lei Complementar n. 169, de 2-12-2019.

Art. 61-E. É autorizada a constituição de sociedade de garantia solidária (SGS), sob a forma de sociedade por ações, para a concessão de garantia a seus sócios participantes.
•• *Caput* acrescentado pela Lei Complementar n. 169, de 2-12-2019.

§ 1.º (*Vetado.*)
•• § 1.º acrescentado pela Lei Complementar n. 169, de 2-12-2019.

§ 2.º (*Vetado.*)
•• § 2.º acrescentado pela Lei Complementar n. 169, de 2-12-2019.

§ 3.º Os atos da sociedade de garantia solidária serão arquivados no Registro Público de Empresas Mercantis e Atividades Afins.
•• § 3.º acrescentado pela Lei Complementar n. 169, de 2-12-2019.

§ 4.º É livre a negociação, entre sócios participantes, de suas ações na respectiva sociedade de garantia solidária, respeitada a participação máxima que cada sócio pode atingir.
•• § 4.º acrescentado pela Lei Complementar n. 169, de 2-12-2019.

§ 5.º Podem ser admitidos como sócios participantes os pequenos empresários, microempresários e microempreendedores e as pessoas jurídicas constituídas por esses associados.

•• § 5.º acrescentado pela Lei Complementar n. 169, de 2-12-2019.

§ 6.º (*Vetado*.)

•• § 6.º acrescentado pela Lei Complementar n. 169, de 2-12-2019.

§ 7.º Sem prejuízo do disposto nesta Lei Complementar, aplicam-se à sociedade de garantia solidária as disposições da lei que rege as sociedades por ações.

•• § 7.º acrescentado pela Lei Complementar n. 169, de 2-12-2019.

Art. 61-F. O contrato de garantia solidária tem por finalidade regular a concessão da garantia pela sociedade ao sócio participante, mediante o recebimento de taxa de remuneração pelo serviço prestado, devendo fixar as cláusulas necessárias ao cumprimento das obrigações do sócio beneficiário perante a sociedade.

•• *Caput* acrescentado pela Lei Complementar n. 169, de 2-12-2019.

Parágrafo único. Para a concessão da garantia, a sociedade de garantia solidária poderá exigir contragarantia por parte do sócio participante beneficiário, respeitados os princípios que orientam a existência daquele tipo de sociedade.

•• Parágrafo único acrescentado pela Lei Complementar n. 169, de 2-12-2019.

Art. 61-G. A sociedade de garantia solidária pode conceder garantia sobre o montante de recebíveis de seus sócios participantes que sejam objeto de securitização.

•• Artigo acrescentado pela Lei Complementar n. 169, de 2-12-2019.

Art. 61-H. É autorizada a constituição de sociedade de contragarantia, que tem como finalidade o oferecimento de contragarantias à sociedade de garantia solidária, nos termos a serem definidos por regulamento.

•• Artigo acrescentado pela Lei Complementar n. 169, de 2-12-2019.

Art. 61-I. A sociedade de garantia solidária e a sociedade de contragarantia integrarão o Sistema Financeiro Nacional e terão sua constituição, organização e funcionamento disciplinados pelo Conselho Monetário Nacional, observado o disposto nesta Lei Complementar.

•• Artigo acrescentado pela Lei Complementar n. 169, de 2-12-2019.

•• A Resolução n. 4.822, de 1.º-6-2020, do BCB, dispõe sobre a constituição, a organização e o funcionamento da sociedade de garantia solidária e da sociedade de contragarantia.

Seção II
Das Responsabilidades do Banco Central do Brasil

Art. 62. O Banco Central do Brasil disponibilizará dados e informações das instituições financeiras integrantes do Sistema Financeiro Nacional, inclusive por meio do Sistema de Informações de Crédito – SCR, de modo a ampliar o acesso ao crédito para microempresas e empresas de pequeno porte e fomentar a competição bancária.

•• *Caput* com redação determinada pela Lei Complementar n. 147, de 7-8-2014.

§ 1.º O disposto no *caput* deste artigo alcança a disponibilização de dados e informações específicas relativas ao histórico de relacionamento bancário e creditício das microempresas e das empresas de pequeno porte, apenas aos próprios titulares.

§ 2.º O Banco Central do Brasil poderá garantir o acesso simplificado, favorecido e diferenciado dos dados e informações constantes no § 1.º deste artigo aos seus respectivos interessados, podendo a instituição optar por realizá-lo por meio das instituições financeiras, com as quais o próprio cliente tenha relacionamento.

Seção III
Das Condições de Acesso aos Depósitos Especiais do Fundo de Amparo ao Trabalhador – FAT

Art. 63. O CODEFAT poderá disponibilizar recursos financeiros por meio da criação de programa específico para as cooperativas de crédito *de cujos* quadros de cooperados participem microempreendedores, empreendedores de microempresa e empresa de pequeno porte bem como suas empresas.

Parágrafo único. Os recursos referidos no *caput* deste artigo deverão ser destinados exclusivamente às microempresas e empresas de pequeno porte.

Seção IV
(Vetada.)

•• Seção IV acrescentada pela Lei Complementar n. 155, de 27-10-2016.

Capítulo X
DO ESTÍMULO À INOVAÇÃO

Seção I
Disposições Gerais

Art. 64. Para os efeitos desta Lei Complementar considera-se:

I – inovação: a concepção de um novo produto ou processo de fabricação, bem como a agregação de novas funcionalidades ou características ao produto ou processo que implique melhorias incrementais e efetivo ganho de qualidade ou produtividade, resultando em maior competitividade no mercado;

II – agência de fomento: órgão ou instituição de natureza pública ou privada que tenha entre os seus objetivos o financiamento de ações que visem a estimular e promover o desenvolvimento da ciência, da tecnologia e da inovação;

III – Instituição Científica e Tecnológica – ICT: órgão ou entidade da administração pública que tenha por missão institucional, dentre outras, executar atividades de pesquisa básica ou aplicada de caráter científico ou tecnológico;

IV – núcleo de inovação tecnológica: núcleo ou órgão constituído por uma ou mais ICT com a finalidade de gerir sua política de inovação;

V – instituição de apoio: instituições criadas sob o amparo da Lei n. 8.958, de 20 de dezembro de 1994, com a finalidade de dar apoio a projetos de pesquisa, ensino e extensão e de desenvolvimento institucional, científico e tecnológico;

• A Lei n. 8.958, de 20-12-1994, dispõe sobre as relações entre as instituições federais de ensino superior e de pesquisa científica e tecnológica e as fundações de apoio.

VI – instrumentos de apoio tecnológico para a inovação: qualquer serviço disponibilizado presencialmente ou na internet que possibilite acesso a informações, orientações, bancos de dados de soluções de informações, respostas técnicas, pesquisas e atividades de apoio complementar desenvolvidas pelas instituições previstas nos incisos II a V deste artigo.

•• Inciso VI acrescentado pela Lei Complementar n. 147, de 7-8-2014.

Seção II
Do Apoio à Inovação e do Inova Simples da Empresa Simples de Inovação

•• Seção II com redação determinada pela Lei Complementar n. 167, de 24-4-2019.

Art. 65. A União, os Estados, o Distrito Federal e os Municípios, e as respectivas agências de fomento, as ICT, os núcleos de inovação tecnológica e as instituições de apoio manterão programas específicos para as microempresas e para as empresas de pequeno porte, inclusive quando estas revestirem a forma de incubadoras, observando-se o seguinte:

I – as condições de acesso serão diferenciadas, favorecidas e simplificadas;

II – o montante disponível e suas condições de acesso deverão ser expressos nos respectivos orçamentos e amplamente divulgados.

§ 1.º As instituições deverão publicar, juntamente com as respectivas prestações de contas, relatório circunstanciado das estratégias para maximização da participação do segmento, assim como dos recursos alocados às ações referidas no *caput* deste artigo e aqueles efetivamente utilizados, consignando, obrigatoriamente, as justificativas do desempenho alcançado no período.

§ 2.º As pessoas jurídicas referidas no *caput* deste artigo terão por meta a aplicação de, no mínimo, 20% (vinte por cento) dos recursos destinados à inovação para o desenvolvimento de tal atividade nas microempresas ou nas empresas de pequeno porte.

§ 3.º Os órgãos e entidades integrantes da administração pública federal, estadual e municipal atuantes em pesquisa, desenvolvimento ou capacitação tecnológica terão por meta efetivar suas aplicações, no percentual mínimo fixado neste artigo, em programas e projetos de apoio às microempresas ou às empresas de pequeno porte, transmitindo ao Ministério da Ciência, Tecnologia e Inovação, no primeiro trimestre de cada ano, informação relativa aos valores alocados e a respectiva relação percentual em relação ao total dos recursos destinados para esse fim.

•• § 3.º com redação determinada pela Lei Complementar n. 147, de 7-8-2014.

§ 4.º Ficam autorizados a reduzir a 0 (zero) as alíquotas dos impostos e contribuições a seguir indicados, incidentes na aquisição, ou importação, de equipamentos, máquinas, aparelhos, instrumentos, acessórios, sobressalentes e ferramentas que os acompanhem, na forma definida em regulamento, quando adquiridos, ou importados, diretamente por microempresas ou empresas de pequeno porte para incorporação ao seu ativo imobilizado:

•• § 4.º, *caput*, com redação determinada pela Lei Complementar n. 128, de 19-12-2008.

I – a União, em relação ao IPI, à Cofins, à Contribuição para o PIS/Pasep, à Cofins-Importação e à Contribuição para o PIS/Pasep-Importação; e

•• Inciso I acrescentado pela Lei Complementar n. 128, de 19-12-2008.

•• **A Lei Complementar n. 214, de 16-1-2025, deu nova redação a este inciso I, com produção de efeitos a partir de 1.º-1-2027:** "I – a União, em relação ao IPI;".

II – os Estados e o Distrito Federal, em relação ao ICMS.

•• Inciso II acrescentado pela Lei Complementar n. 128, de 19-12-2008.

•• A Lei Complementar n. 214, de 16-1-2025, revoga este inciso a partir de 1.º-1-2033.

§ 5.º A microempresa ou empresa de pequeno porte, adquirente de bens com o benefício previsto no § 4.º deste artigo, fica obrigada, nas hipóteses previstas em regulamento, a recolher os impostos e contribuições que deixaram de ser pagos, acrescidos de juros e multa, de mora ou de ofício, contados a partir da data da aquisição, no mercado interno, ou do registro da declaração de importação – DI, calculados na forma da legislação que rege a cobrança do tributo não pago.

•• § 5.º acrescentado pela Lei Complementar n. 128, de 19-12-2008.

§ 6.º Para efeito da execução do orçamento previsto neste artigo, os órgãos e instituições poderão alocar os recursos destinados à criação e ao custeio de ambientes de inovação, incluindo incubadoras, parques e centros vocacionais tecnológicos, laboratórios metrológicos, de ensaio, de pesquisa ou apoio ao treinamento, bem como custeio de bolsas de extensão e remuneração de professores, pesquisadores e agentes envolvidos nas atividades de apoio tecnológico complementar.

•• § 6.º acrescentado pela Lei Complementar n. 147, de 7-8-2014.

Art. 65-A. Fica criado o Inova Simples, regime especial simplificado que concede às iniciativas empresariais de caráter incremental ou disruptivo que se autodeclarem como empresas de inovação tratamento diferenciado com vistas a estimular sua criação, formalização, desenvolvimento e consolidação como agentes indutores de avanços tecnológicos e da geração de emprego e renda.

•• *Caput* com redação determinada pela Lei Complementar n. 182, de 1.º-6-2021.

•• A Lei Complementar n. 182, de 1.º-6-2021, institui o marco legal das *startups* e do empreendedorismo inovador.

§§ 1.º e 2.º (*Revogados pela Lei Complementar n. 182, de 1.º-6-2021.*)

§ 3.º O tratamento diferenciado a que se refere o *caput* deste artigo consiste na fixação de rito sumário para abertura e fechamento de empresas sob o regime do Inova Simples, que se dará de forma simplificada e automática, no mesmo ambiente digital do portal da Rede Nacional para a Simplificação do Registro e da Legalização de Empresas e Negócios (Redesim), em sítio eletrônico oficial do governo federal, por meio da utilização de formulário digital próprio, disponível em janela ou ícone intitulado Inova Simples.

•• § 3.º acrescentado pela Lei Complementar n. 167, de 24-4-2019.

§ 4.º Os titulares de empresa submetida ao regime do Inova Simples preencherão cadastro básico com as seguintes informações:

•• § 4.º, *caput*, acrescentado pela Lei Complementar n. 167, de 24-4-2019.

I – qualificação civil, domicílio e CPF;

•• Inciso I acrescentado pela Lei Complementar n. 167, de 24-4-2019.

II – descrição do escopo da intenção empresarial inovadora, que utilize modelos de negócios inovadores para a geração de produtos ou serviços, e definição do nome empresarial, que conterá a expressão "Inova Simples (I.S.)";

•• Inciso II com redação determinada pela Lei Complementar n. 182, de 1.º-6-2021.

III – autodeclaração, sob as penas da lei, de que o funcionamento da empresa submetida ao regime do Inova Simples não produzirá poluição, barulho e aglomeração de tráfego de veículos, para fins de caracterizar baixo grau de risco, nos termos do § 4.º do art. 6.º desta Lei Complementar;

•• Inciso III acrescentado pela Lei Complementar n. 167, de 24-4-2019.

IV – definição do local da sede, que poderá ser comercial, residencial ou de uso misto, sempre que não proibido pela legislação municipal ou distrital, admitindo-se a possibilidade de sua instalação em locais onde funcionam parques tecnológicos, instituições de ensino, empresas juniores, incubadoras, aceleradoras e espaços compartilhados de trabalho na forma de *coworking*; e

•• Inciso IV acrescentado pela Lei Complementar n. 167, de 24-4-2019.

V – em caráter facultativo, a existência de apoio ou validação de instituto técnico, científico ou acadêmico, público ou privado, bem como de incubadoras, aceleradoras e instituições de ensino, nos parques tecnológicos e afins.

•• Inciso V acrescentado pela Lei Complementar n. 167, de 24-4-2019.

§ 5.º Realizado o correto preenchimento das informações, será gerado automaticamente número de CNPJ específico, em nome da denominação da empresa Inova Simples, em código próprio Inova Simples.

•• § 5.º acrescentado pela Lei Complementar n. 167, de 24-4-2019.

§ 6.º A empresa submetida ao regime do Inova Simples constituída na forma deste artigo deverá abrir, imediatamente, conta bancária de pessoa jurídica, para fins de captação e integralização de capital, proveniente de aporte próprio de seus titulares ou de investidor domiciliado no exterior, de linha de crédito público ou privado e de outras fontes previstas em lei.

•• § 6.º acrescentado pela Lei Complementar n. 167, de 24-4-2019.

§ 7.º No portal da Redesim, no espaço destinado ao preenchimento de dados do Inova Simples, será disponibilizado ícone que direcionará a ambiente virtual do Instituto Nacional da Propriedade Industrial (INPI), do qual constarão orientações para o depósito de pedido de patente ou de registro de marca.

•• § 7.º com redação determinada pela Lei Complementar n. 182, de 1.º-6-2021.

§ 8.º O exame dos pedidos de patente ou de registro de marca, nos termos deste artigo, que tenham sido depositados por empresas participantes do Inova Simples será realizado em caráter prioritário.

•• § 8.º com redação determinada pela Lei Complementar n. 182, de 1.º-6-2021.

§ 9.º (*Revogado pela Lei Complementar n. 182, de 1.º-6-2021.*)

§ 10. É permitida a comercialização experimental do serviço ou produto até o limite fixado para o MEI nesta Lei Complementar.

•• § 10 acrescentado pela Lei Complementar n. 167, de 24-4-2019.

§ 11. Na eventualidade de não lograr êxito no desenvolvimento do escopo pretendido, a baixa do CNPJ será automática, mediante procedimento de autodeclaração no portal da Redesim.

•• § 11 acrescentado pela Lei Complementar n. 167, de 24-4-2019.

§ 12. (*Vetado.*)

•• § 12 acrescentado pela Lei Complementar n. 167, de 24-4-2019.

§ 13. O disposto neste artigo será regulamentado pelo Comitê Gestor do Simples Nacional.

•• § 13 acrescentado pela Lei Complementar n. 167, de 24-4-2019.

Art. 66. No primeiro trimestre do ano subsequente, os órgãos e entidades a que alude o art. 67 desta Lei Complementar transmitirão ao Ministério da Ciência e Tecnologia relatório circunstanciado dos projetos realizados, compreendendo a análise do desempenho alcançado.

Art. 67. Os órgãos congêneres ao Ministério da Ciência e Tecnologia estaduais e municipais deverão elaborar e divulgar relatório anual indicando o valor dos recursos recebidos, inclusive por transferência de terceiros, que foram aplicados diretamente ou por organizações vinculadas, por Fundos Setoriais e outros, no segmento das microempresas e empresas de pequeno porte, retratando e avaliando os resultados obtidos e indicando as previsões de ações e metas para ampliação de sua participação no exercício seguinte.

Seção III
Do Apoio à Certificação

•• Seção III acrescentada pela Lei Complementar n. 155, de 27-10-2016.

Art. 67-A. O órgão competente do Poder Executivo disponibilizará na internet informações sobre certificação de qualidade de produtos e processos para microempresas e empresas de pequeno porte.

•• *Caput* acrescentado pela Lei Complementar n. 155, de 27-10-2016.

Parágrafo único. Os órgãos da administração direta e indireta e as entidades certificadoras privadas, responsáveis pela criação, regulação e gestão de processos de certificação de qualidade de produtos e processos, deverão, sempre que solicitados, disponibilizar ao órgão competente do Poder Executivo informações referentes a procedimentos e normas aplicáveis aos processos de certificação em seu escopo de atuação.

•• Parágrafo único acrescentado pela Lei Complementar n. 155, de 27-10-2016.

Capítulo XI
DAS REGRAS CIVIS E EMPRESARIAIS

Seção I
Das Regras Civis

Subseção I
Do pequeno empresário

Art. 68. Considera-se pequeno empresário, para efeito de aplicação do disposto nos arts. 970 e 1.179 da Lei n. 10.406, de 10 de janeiro de 2002 (Código Civil), o empresário individual caracterizado como microempresa na forma desta Lei Complementar que aufira receita bruta anual até o limite previsto no § 1.º do art. 18-A.

•• Artigo com redação determinada pela Lei Complementar n. 139, de 10-11-2011.

Subseção II
(Vetada.)

Art. 69. (Vetado.)

Seção II
Das Deliberações Sociais e da Estrutura Organizacional

Art. 70. As microempresas e as empresas de pequeno porte são desobrigadas da realização de reuniões e assembleias em qualquer das situações previstas na legislação civil, as quais serão substituídas por deliberação representativa do primeiro número inteiro superior à metade do capital social.

§ 1.º O disposto no *caput* deste artigo não se aplica caso haja disposição contratual em contrário, caso ocorra hipótese de justa causa que enseje a exclusão de sócio ou caso um ou mais sócios ponham em risco a continuidade da empresa em virtude de atos de inegável gravidade.

§ 2.º Nos casos referidos no § 1.º deste artigo, realizar-se-á reunião ou assembleia de acordo com a legislação civil.

Art. 71. Os empresários e as sociedades de que trata esta Lei Complementar, nos termos da legislação civil, ficam dispensados da publicação de qualquer ato societário.

Seção III
Do Nome Empresarial

Art. 72. (*Revogado pela Lei Complementar n. 155, de 27-10-2016.*)

• A Instrução Normativa n. 45, de 7-3-2018, do DREI, dispõe sobre os efeitos da revogação deste artigo.

Seção IV
Do Protesto de Títulos

Art. 73. O protesto de título, quando o devedor for microempresário ou empresa de pequeno porte, é sujeito às seguintes condições:

• A Lei n. 9.492, de 10-9-1997, define competência, regulamenta os serviços concernentes ao protesto de títulos e outros documentos de dívida e dá outras providências.

I – sobre os emolumentos do tabelião não incidirão quaisquer acréscimos a título de taxas, custas e contribuições para o Estado ou Distrito Federal, carteira de previdência, fundo de custeio de atos gratuitos, fundos especiais do Tribunal de Justiça, bem como de associação de classe, criados ou que venham a ser criados sob qualquer título ou denominação, ressalvada a cobrança do devedor das despesas de correio, condução e publicação de edital para realização da intimação;

II – para o pagamento do título em cartório, não poderá ser exigido cheque de emissão de estabelecimento bancário, mas, feito o pagamento por meio de cheque, de emissão de estabelecimento bancário ou não, a quitação dada pelo tabelionato de protesto será condicionada à efetiva liquidação do cheque;

III – o cancelamento do registro de protesto, fundado no pagamento do título, será feito independentemente de declaração de anuência do credor, salvo no caso de impossibilidade de apresentação do original protestado;

IV – para os fins do disposto no *caput* e nos incisos I, II e III do *caput* deste artigo, o devedor deverá provar sua qualidade de microempresa ou de empresa de pequeno porte perante o tabelionato de protestos de títulos, mediante documento expedido pela Junta Comercial ou pelo Registro Civil das Pessoas Jurídicas, conforme o caso;

V – quando o pagamento do título ocorrer com cheque sem a devida provisão de fundos, serão automaticamente suspensos pelos cartórios de protesto, pelo prazo de 1 (um) ano, todos os benefícios previstos para o devedor neste artigo, independentemente da lavratura e registro do respectivo protesto.

Art. 73-A. São vedadas cláusulas contratuais relativas à limitação da emissão ou circulação de títulos de crédito ou direitos creditórios originados de operações de compra e venda de produtos e serviços por microempresas e empresas de pequeno porte.

•• Artigo acrescentado pela Lei Complementar n. 147, de 7-8-2014.

Capítulo XII
DO ACESSO À JUSTIÇA

Seção I
Do Acesso aos Juizados Especiais

Art. 74. Aplica-se às microempresas e às empresas de pequeno porte de que trata esta Lei Complementar o disposto no § 1.º do art. 8.º da Lei n. 9.099, de 26 de setembro de 1995, e no inciso I do *caput* do art. 6.º da Lei n. 10.259, de 12 de julho de 2001, as quais, assim como as pessoas físicas capazes, passam a ser admitidas como proponentes de ação perante o Juizado Especial, excluídos os cessionários de direito de pessoas jurídicas.

Art. 74-A. O Poder Judiciário, especialmente por meio do Conselho Nacional de Justiça – CNJ, e o Ministério da Justiça implementarão medidas para disseminar o tratamento diferenciado e favorecido às microempresas e empresas de pequeno porte em suas respectivas áreas de competência.

•• Artigo acrescentado pela Lei Complementar n. 147, de 7-8-2014.

Seção II
Da Conciliação Prévia, Mediação e Arbitragem

Art. 75. As microempresas e empresas de pequeno porte deverão ser estimuladas a utilizar os institutos de conciliação prévia, mediação e arbitragem para solução dos seus conflitos.

• A Lei n. 9.307, de 23-9-1996, dispõe sobre a arbitragem.

§ 1.º Serão reconhecidos de pleno direito os acordos celebrados no âmbito das comissões de conciliação prévia.

§ 2.º O estímulo a que se refere o *caput* deste artigo compreenderá campanhas de divulgação, serviços de esclarecimento e tratamento diferenciado, simplificado e favorecido no tocante aos custos administrativos e honorários cobrados.

Seção III
Das Parcerias

•• Seção III acrescentada pela Lei Complementar n. 128, de 19-12-2008.

Art. 75-A. Para fazer face às demandas originárias do estímulo previsto nos arts. 74 e 75 desta Lei Complementar, entidades privadas, públicas, inclusive o Poder Judiciário, poderão firmar parcerias entre si, objetivando a instalação ou utilização de ambientes propícios para a realização dos procedimentos inerentes a busca da solução de conflitos.
•• Artigo acrescentado pela Lei Complementar n. 128, de 19-12-2008.

Art. 75-B. (Vetado.)
•• Artigo acrescentado pela Lei Complementar n. 155, de 27-10-2016.

Capítulo XIII
DO APOIO E DA REPRESENTAÇÃO

Art. 76. Para o cumprimento do disposto nesta Lei Complementar, bem como para desenvolver e acompanhar políticas públicas voltadas às microempresas e empresas de pequeno porte, o poder público, em consonância com o Fórum Permanente das Microempresas e Empresas de Pequeno Porte, sob a coordenação da Secretaria da Micro e Pequena Empresa da Presidência da República, deverá incentivar e apoiar a criação de fóruns com participação dos órgãos públicos competentes e das entidades vinculadas ao setor.
•• Caput com redação determinada pela Lei n. 12.792, de 28-3-2013.
•• O Decreto n. 8.364, de 17-11-2014, regulamenta o Fórum Permanente das Microempresas e Empresas de Pequeno Porte.

Parágrafo único. A Secretaria da Micro e Pequena Empresa da Presidência da República coordenará com as entidades representativas das microempresas e empresas de pequeno porte a implementação dos fóruns regionais nas unidades da federação.
•• Parágrafo único com redação determinada pela Lei n. 12.792, de 28-3-2013.

Art. 76-A. As instituições de representação e apoio empresarial deverão promover programas de sensibilização, de informação, de orientação e apoio, de educação fiscal, de regularidade dos contratos de trabalho e de adoção de sistemas informatizados e eletrônicos, como forma de estímulo à formalização de empreendimentos, de negócios e empregos, à ampliação da competitividade e à disseminação do associativismo entre as microempresas, os microempreendedores individuais, as empresas de pequeno porte e equiparados.
•• Artigo acrescentado pela Lei Complementar n. 147, de 7-8-2014.

Capítulo XIV
DISPOSIÇÕES FINAIS E TRANSITÓRIAS

Art. 77. Promulgada esta Lei Complementar, o Comitê Gestor expedirá, em 30 (trinta) meses, as instruções que se fizerem necessárias à sua execução.
•• Caput com redação determinada pela Lei Complementar n. 128, de 19-12-2008.

§ 1.º O Ministério do Trabalho e Emprego, a Secretaria da Receita Federal, a Secretaria da Receita Previdenciária, os Estados, o Distrito Federal e os Municípios deverão editar, em 1 (um) ano, as leis e demais atos necessários para assegurar o pronto e imediato tratamento jurídico diferenciado, simplificado e favorecido às microempresas e às empresas de pequeno porte.
•• A Secretaria da Receita Federal passa a denominar-se Secretaria da Receita Federal do Brasil, por força da Lei n. 11.457, de 16-3-2007.
•• A Secretaria da Receita Previdenciária foi extinta pelo art. 2.º, § 4.º, da Lei n. 11.457, de 16-3-2007.

§ 2.º A administração direta e indireta federal, estadual e municipal e as entidades paraestatais acordarão, no prazo previsto no § 1.º deste artigo, as providências necessárias à adaptação dos respectivos atos normativos ao disposto nesta Lei Complementar.
•• § 2.º com redação determinada pela Lei Complementar n. 128, de 19-12-2008.

§ 3.º (Vetado.)

§ 4.º O Comitê Gestor regulamentará o disposto no inciso I do § 6.º do art. 13 desta Lei Complementar até 31 de dezembro de 2008.
•• § 4.º acrescentado pela Lei Complementar n. 128, de 19-12-2008.

§ 5.º A partir de 1.º de janeiro de 2009, perderão eficácia as substituições tributárias que não atenderem à disciplina estabelecida na forma do § 4.º deste artigo.
•• § 5.º acrescentado pela Lei Complementar n. 128, de 19-12-2008.

§ 6.º O Comitê de que trata o inciso III do caput do art. 2.º desta Lei Complementar expedirá, até 31 de dezembro de 2009, as instruções que se fizerem necessárias relativas a sua competência.
•• § 6.º acrescentado pela Lei Complementar n. 128, de 19-12-2008.

Art. 78. (Revogado pela Lei Complementar n. 128, de 19-12-2008.)

Art. 79. Será concedido, para ingresso no Simples Nacional, parcelamento, em até 100 (cem) parcelas mensais e sucessivas, dos débitos com o Instituto Nacional do Seguro Social – INSS, ou com as Fazendas Públicas federal, estadual ou municipal, de responsabilidade da microempresa ou empresa de pequeno porte e de seu titular ou sócio, com vencimento até 30 de junho de 2008.
•• Caput com redação determinada pela Lei Complementar n. 128, de 19-12-2008.
• A Instrução Normativa n. 902, de 30-12-2008, da Secretaria da Receita Federal do Brasil, dispõe sobre o parcelamento para ingresso no Regime Especial Unificado de Arrecadação de Tributos e Contribuições, de que trata este artigo.

§ 1.º O valor mínimo da parcela mensal será de R$ 100,00 (cem reais), considerados isoladamente os débitos para com a Fazenda Nacional, para com a Seguridade Social, para com a Fazenda dos Estados, dos Municípios ou do Distrito Federal.

§ 2.º Esse parcelamento alcança inclusive débitos inscritos em dívida ativa.

§ 3.º O parcelamento será requerido à respectiva Fazenda para com a qual o sujeito passivo esteja em débito.

§ 3.º-A. O parcelamento deverá ser requerido no prazo estabelecido em regulamentação do Comitê Gestor.
•• § 3.º-A acrescentado pela Lei Complementar n. 128, de 19-12-2008.

§ 4.º Aplicam-se ao disposto neste artigo as demais regras vigentes para parcelamento de tributos e contribuições federais, na forma regulamentada pelo Comitê Gestor.

§ 5.º (Vetado.)
•• § 5.º acrescentado pela Lei Complementar n. 127, de 14-8-2007.

§ 6.º (Vetado.)
•• § 6.º acrescentado pela Lei Complementar n. 127, de 14-8-2007.

§ 7.º (Vetado.)
•• § 7.º acrescentado pela Lei Complementar n. 127, de 14-8-2007.

§ 8.º (Vetado.)
•• § 8.º acrescentado pela Lei Complementar n. 127, de 14-8-2007.

§ 9.º O parcelamento de que trata o caput deste artigo não se aplica na hipótese de reingresso de microempresa ou empresa de pequeno porte no Simples Nacional.
•• § 9.º acrescentado pela Lei Complementar n. 128, de 19-12-2008.

Art. 79-A. (Vetado.)
•• Artigo acrescentado pela Lei Complementar n. 127, de 14-8-2007.

Art. 79-B. Excepcionalmente para os fatos geradores ocorridos em julho de 2007, os tributos apurados na forma dos arts. 18 a 20 desta Lei Complementar deverão ser pagos até o último dia útil de agosto de 2007.
•• Artigo acrescentado pela Lei Complementar n. 127, de 14-8-2007.

Art. 79-C. A microempresa e a empresa de pequeno porte que, em 30 de junho de 2007, se enquadravam no regime previsto na Lei n. 9.317, de 5 de dezembro de 1996, e que não ingressaram no regime previsto no art. 12 desta Lei Complementar sujeitar-se-ão, a partir de 1.º de julho de 2007, às normas de tributação aplicáveis às demais pessoas jurídicas.
•• Caput acrescentado pela Lei Complementar n. 127, de 14-8-2007.

§ 1.º Para efeito do disposto no caput deste artigo, o sujeito passivo poderá optar pelo recolhimento do Imposto sobre a Renda da Pessoa Jurídica – IRPJ e da Constribuição Social sobre o Lucro Líquido – CSLL na forma do lucro real, trimestral ou anual, ou do lucro presumido.
•• § 1.º acrescentado pela Lei Complementar n. 127, de 14-8-2007.

§ 2.º A opção pela tributação com base no lucro presumido dar-se-á pelo pagamento, no vencimento, do IRPJ e da CSLL devidos, correspondente ao 3.º (terceiro) trimestre de

2007 e, no caso do lucro real anual, com o pagamento do IRPJ e da CSLL relativos ao mês de julho de 2007 com base na estimativa mensal.
•• § 2.º acrescentado pela Lei Complementar n. 127, de 14-8-2007.

Art. 79-D. Excepcionalmente, para os fatos geradores ocorridos entre 1.º de julho de 2007 e 31 de dezembro de 2008, as pessoas jurídicas que exerçam atividade sujeita simultaneamente à incidência do IPI e do ISS deverão recolher o ISS diretamente ao Município em que este imposto é devido até o último dia útil de fevereiro de 2009, aplicando-se, até esta data, o disposto no parágrafo único do art. 100 da Lei n. 5.172, de 25 de outubro de 1966 – Código Tributário Nacional – CTN.
•• Artigo acrescentado pela Lei Complementar n. 128, de 19-12-2008.

Art. 79-E. A empresa de pequeno porte optante pelo Simples Nacional em 31 de dezembro de 2017 que durante o ano-calendário de 2017 auferir receita bruta total anual entre R$ 3.600.000,01 (três milhões, seiscentos mil reais e um centavo) e R$ 4.800.000,00 (quatro milhões e oitocentos mil reais) continuará automaticamente incluída no Simples Nacional com efeitos a partir de 1.º de janeiro de 2018, ressalvado o direito de exclusão por comunicação da optante.
•• Artigo com redação determinada pela Lei Complementar n. 155, de 27-10-2016.

....

Art. 85. (Vetado.)

Art. 85-A. Caberá ao Poder Público Municipal designar Agente de Desenvolvimento para a efetivação do disposto nesta Lei Complementar, observadas as especificidades locais.
•• Caput acrescentado pela Lei Complementar n. 128, de 19-12-2008.

§ 1.º A função de Agente de Desenvolvimento caracteriza-se pelo exercício de articulação das ações públicas para a promoção do desenvolvimento local e territorial, mediante ações locais ou comunitárias, individuais ou coletivas, que visem ao cumprimento das disposições e diretrizes contidas nesta Lei Complementar, sob supervisão do órgão gestor local responsável pelas políticas de desenvolvimento.
•• § 1.º acrescentado pela Lei Complementar n. 128, de 19-12-2008.

§ 2.º O Agente de Desenvolvimento deverá preencher os seguintes requisitos:
•• § 2.º, caput, acrescentado pela Lei Complementar n. 128, de 19-12-2008.

I – residir na área da comunidade em que atuar;
•• Inciso I acrescentado pela Lei Complementar n. 128, de 19-12-2008.

II – haver concluído, com aproveitamento, curso de qualificação básica para a formação de Agente de Desenvolvimento;
•• Inciso II acrescentado pela Lei Complementar n. 128, de 19-12-2008.

III – possuir formação ou experiência compatível com a função a ser exercida;
•• Inciso III com redação determinada pela Lei Complementar n. 147, de 7-8-2014.

IV – ser preferencialmente servidor efetivo do Município.
•• Inciso IV acrescentado pela Lei Complementar n. 147, de 7-8-2014.

§ 3.º A Secretaria da Micro e Pequena Empresa da Presidência da República juntamente com as entidades municipalistas e de apoio e representação empresarial prestarão suporte aos referidos agentes na forma de capacitação, estudos e pesquisas, publicações, promoção de intercâmbio de informações e experiências.
•• § 3.º com redação determinada pela Lei n. 12.792, de 28-3-2013.

Art. 86. As matérias tratadas nesta Lei Complementar que não sejam reservadas constitucionalmente a lei complementar poderão ser objeto de alteração por lei ordinária.

Art. 87. O § 1.º do art. 3.º da Lei Complementar n. 63, de 11 de janeiro de 1990, passa a vigorar com a seguinte redação:

"Art. 3.º ....

§ 1.º O valor adicionado corresponderá, para cada Município:

I – ao valor das mercadorias saídas, acrescido do valor das prestações de serviços, no seu território, deduzido o valor das mercadorias entradas, em cada ano civil;

II – nas hipóteses de tributação simplificada a que se refere o parágrafo único do art. 146 da Constituição Federal, e, em outras situações, em que se dispensem os controles de entrada, considerar-se-á como valor adicionado o percentual de 32% (trinta e dois por cento) da receita bruta.

.... "

Art. 87-A. Os Poderes Executivos da União, Estados, Distrito Federal e Municípios expedirão, anualmente, até o dia 30 de novembro, cada um, em seus respectivos âmbitos de competência, decretos de consolidação da regulamentação aplicável relativamente às microempresas e empresas de pequeno porte.
•• Artigo acrescentado pela Lei Complementar n. 147, de 7-8-2004.
•• **A Lei Complementar n. 214, de 16-1-2025, acrescenta este artigo, com produção de efeitos a partir de 1.º-1-2027:** "Art. 87-B. Para os efeitos da opção de que trata o § 2.º do art. 16, para o ano-calendário de 2027, a opção de que trata o caput do art. 16 será exercida no mês de setembro de 2026".

Art. 88. Esta Lei Complementar entra em vigor na data de sua publicação, ressalvado o regime de tributação das microempresas e empresas de pequeno porte, que entra em vigor em 1.º de julho de 2007.

Art. 89. Ficam revogadas, a partir de 1.º de julho de 2007, a Lei n. 9.317, de 5 de dezembro de 1996, e a Lei n. 9.841, de 5 de outubro de 1999.

Brasília, 14 de dezembro de 2006; 185.º da Independência e 118.º da República.

Luiz Inácio Lula da Silva

ANEXO I
ALÍQUOTAS E PARTILHA DO SIMPLES NACIONAL – COMÉRCIO

•• Anexo I com redação determinada pela Lei Complementar n. 155, de 27-10-2016.

	Receita Bruta em 12 Meses (em R$)	Alíquota	Valor a Deduzir (em R$)
1.ª Faixa	Até 180.000,00	4,00%	—
2.ª Faixa	De 180.000,01 a 360.000,00	7,30%	5.940,00
3.ª Faixa	De 360.000,01 a 720.000,00	9,50%	13.860,00
4.ª Faixa	De 720.000,01 a 1.800.000,00	10,70%	22.500,00
5.ª Faixa	De 1.800.000,01 a 3.600.000,00	14,30%	87.300,00
6.ª Faixa	De 3.600.000,01 a 4.800.000,00	19,00%	378.000,00

Lei Complementar n. 123, de 14-12-2006 – Estatuto da Microempresa

Faixas	Percentual de Repartição dos Tributos					
	IRPJ	CSLL	Cofins	PIS/Pasep	CPP	ICMS
1.ª Faixa	5,50%	3,50%	12,74%	2,76%	41,50%	34,00%
2.ª Faixa	5,50%	3,50%	12,74%	2,76%	41,50%	34,00%
3.ª Faixa	5,50%	3,50%	12,74%	2,76%	42,00%	33,50%
4.ª Faixa	5,50%	3,50%	12,74%	2,76%	42,00%	33,50%
5.ª Faixa	5,50%	3,50%	12,74%	2,76%	42,00%	33,50%
6.ª Faixa	13,50%	10,00%	28,27%	6,13%	42,10%	—

• • A Lei Complementar n. 214, de 16-1-2025, deu nova redação a este Anexo I, com produção de efeitos a partir de 1.º-1-2027:

ANEXO I
Alíquotas e Partilha do Simples Nacional – Comércio
(Vigência: 1.º-1-2027 a 31-12-2028) Para os anos-calendário 2027 e 2028

	Receita Bruta em 12 Meses (em R$)	Alíquota	Valor a Deduzir (em R$)
1.ª Faixa	Até 180.000,00	4,00%	–
2.ª Faixa	De 180.000,01 a 360.000,00	7,30%	5.940,00
3.ª Faixa	De 360.000,01 a 720.000,00	9,50%	13.860,00
4.ª Faixa	De 720.000,01 a 1.800.000,00	10,70%	22.500,00
5.ª Faixa	De 1.800.000,01 a 3.600.000,00	14,30%	87.300,00
6.ª Faixa	De 3.600.000,01 a 4.800.000,00	18,90%	378.000,00

Faixas	Percentual de Repartição dos Tributos					
	IRPJ	CSLL	CBS	CPP	ICMS	IBS
1.ª Faixa	5,50%	3,50%	15,33%	41,50%	34,00%	0,17%
2.ª Faixa	5,50%	3,50%	15,33%	41,50%	34,00%	0,17%
3.ª Faixa	5,50%	3,50%	15,33%	42,00%	33,50%	0,17%
4.ª Faixa	5,50%	3,50%	15,33%	42,00%	33,50%	0,17%
5.ª Faixa	5,50%	3,50%	15,33%	42,00%	33,50%	0,17%
6.ª Faixa	13,58%	10,06%	34,02%	42,34%		

Alíquotas do Simples Nacional – Comércio
(Vigência: 1.º-1-2029) A partir do ano-calendário 2029

	Receita Bruta em 12 Meses (em R$)	Alíquota	Valor a Deduzir (em R$)
1.ª Faixa	Até 180.000,00	4,00%	–
2.ª Faixa	De 180.000,01 a 360.000,00	7,30%	5.940,00
3.ª Faixa	De 360.000,01 a 720.000,00	9,50%	13.860,00
4.ª Faixa	De 720.000,01 a 1.800.000,00	10,70%	22.500,00
5.ª Faixa	De 1.800.000,01 a 3.600.000,00	14,30%	87.300,00
6.ª Faixa	De 3.600.000,01 a 4.800.000,00	19,00%	378.000,00

Partilha do Simples Nacional – Comércio
(Vigência: 1.º-1-2029 até 31-12-2029) Para o ano-calendário 2029

Faixas	Percentual de Repartição dos Tributos					
	IRPJ	CSLL	CBS	CPP	ICMS	IBS
1.ª Faixa	5,50%	3,50%	15,50%	41,50%	30,60%	3,40%
2.ª Faixa	5,50%	3,50%	15,50%	41,50%	30,60%	3,40%
3.ª Faixa	5,50%	3,50%	15,50%	42,00%	30,15%	3,35%
4.ª Faixa	5,50%	3,50%	15,50%	42,00%	30,15%	3,35%
5.ª Faixa	5,50%	3,50%	15,50%	42,00%	30,15%	3,35%
6.ª Faixa	13,50%	10,00%	34,40%	42,10%		

(Vigência: 1.º-1-2030 até 31-12-2030) Para o ano-calendário 2030

Faixas	Percentual de Repartição dos Tributos					
	IRPJ	CSLL	CBS	CPP	ICMS	IBS
1.ª Faixa	5,50%	3,50%	15,50%	41,50%	27,20%	6,80%
2.ª Faixa	5,50%	3,50%	15,50%	41,50%	27,20%	6,80%
3.ª Faixa	5,50%	3,50%	15,50%	42,00%	26,80%	6,70%
4.ª Faixa	5,50%	3,50%	15,50%	42,00%	26,80%	6,70%
5.ª Faixa	5,50%	3,50%	15,50%	42,00%	26,80%	6,70%
6.ª Faixa	13,50%	10,00%	34,40%	42,10%		

(Vigência: 1.º-1-2031 até 31-12-2031) Para o ano-calendário 2031

Faixas	Percentual de Repartição dos Tributos					
	IRPJ	CSLL	CBS	CPP	ICMS	IBS
1.ª Faixa	5,50%	3,50%	15,50%	41,50%	23,80%	10,20%
2.ª Faixa	5,50%	3,50%	15,50%	41,50%	23,80%	10,20%
3.ª Faixa	5,50%	3,50%	15,50%	42,00%	23,45%	10,05%
4.ª Faixa	5,50%	3,50%	15,50%	42,00%	23,45%	10,05%
5.ª Faixa	5,50%	3,50%	15,50%	42,00%	23,45%	10,05%
6.ª Faixa	13,50%	10,00%	34,40%	42,10%		

(Vigência: 1.º-1-2032 até 31-12-2032) Para o ano-calendário 2032

Faixas	Percentual de Repartição dos Tributos					
	IRPJ	CSLL	CBS	CPP	ICMS	IBS
1.ª Faixa	5,50%	3,50%	15,50%	41,50%	20,40%	13,60%
2.ª Faixa	5,50%	3,50%	15,50%	41,50%	20,40%	13,60%
3.ª Faixa	5,50%	3,50%	15,50%	42,00%	20,10%	13,40%
4.ª Faixa	5,50%	3,50%	15,50%	42,00%	20,10%	13,40%
5.ª Faixa	5,50%	3,50%	15,50%	42,00%	20,10%	13,40%
6.ª Faixa	13,50%	10,00%	34,40%	42,10%		

(Vigência: 1.º-1-2033) A partir do ano-calendário 2033

Faixas	Percentual de Repartição dos Tributos				
	IRPJ	CSLL	CBS	CPP	IBS
1.ª Faixa	5,50%	3,50%	15,50%	41,50%	34,00%
2.ª Faixa	5,50%	3,50%	15,50%	41,50%	34,00%
3.ª Faixa	5,50%	3,50%	15,50%	42,00%	33,50%
4.ª Faixa	5,50%	3,50%	15,50%	42,00%	33,50%
5.ª Faixa	5,50%	3,50%	15,50%	42,00%	33,50%
6.ª Faixa	13,50%	10,00%	34,40%	42,10%	

Lei Complementar n. 123, de 14-12-2006 – Estatuto da Microempresa

ANEXO II
ALÍQUOTAS E PARTILHA DO SIMPLES NACIONAL – INDÚSTRIA

•• Anexo II com redação determinada pela Lei Complementar n. 155, de 27-10-2016.

	Receita Bruta em 12 Meses (em R$)	Alíquota	Valor a Deduzir (em R$)
1.ª Faixa	Até 180.000,00	4,50%	—
2.ª Faixa	De 180.000,01 a 360.000,00	7,80%	5.940,00
3.ª Faixa	De 360.000,01 a 720.000,00	10,00%	13.860,00
4.ª Faixa	De 720.000,01 a 1.800.000,00	11,20%	22.500,00
5.ª Faixa	De 1.800.000,01 a 3.600.000,00	14,70%	85.500,00
6.ª Faixa	De 3.600.000,01 a 4.800.000,00	30,00%	720.000,00

Faixas	Percentual de Repartição dos Tributos						
	IRPJ	CSLL	Cofins	PIS/Pasep	CPP	IPI	ICMS
1.ª Faixa	5,50%	3,50%	11,51%	2,49%	37,50%	7,50%	32,00%
2.ª Faixa	5,50%	3,50%	11,51%	2,49%	37,50%	7,50%	32,00%
3.ª Faixa	5,50%	3,50%	11,51%	2,49%	37,50%	7,50%	32,00%
4.ª Faixa	5,50%	3,50%	11,51%	2,49%	37,50%	7,50%	32,00%
5.ª Faixa	5,50%	3,50%	11,51%	2,49%	37,50%	7,50%	32,00%
6.ª Faixa	8,50%	7,50%	20,96%	4,54%	23,50%	35,00%	—

•• A Lei Complementar n. 214, de 16-1-2025, deu nova redação a este Anexo II, com produção de efeitos a partir de 1.º-1-2027:

ANEXO II
Alíquotas e Partilha do Simples Nacional – Indústria
(Vigência: 1.º-1-2027 a 31-12-2028) Para os anos-calendário 2027 e 2028

	Receita Bruta em 12 Meses (em R$)	Alíquota	Valor a Deduzir (em R$)
1ª. Faixa	Até 180.000,00	4,50%	-
2.ª Faixa	De 180.000,01 a 360.000,00	7,80%	5.940,00
3.ª Faixa	De 360.000,01 a 720.000,00	10,00%	13.860,00
4.ª Faixa	De 720.000,01 a 1.800.000,00	11,20%	22.500,00
5.ª Faixa	De 1.800.000,01 a 3.600.000,00	14,70%	85.500,00
6.ª Faixa	De 3.600.000,01 a 4.800.000,00	29,90%	720.000,00

Faixas	Percentual de Repartição dos Tributos					
	IRPJ	CSLL	CBS	CPP	IPI	ICMS	IBS
1.ª Faixa	5,50%	3,50%	13,85%	37,50%	7,50%	32,00%	0,15%
2.ª Faixa	5,50%	3,50%	13,85%	37,50%	7,50%	32,00%	0,15%
3.ª Faixa	5,50%	3,50%	13,85%	37,50%	7,50%	32,00%	0,15%
4.ª Faixa	5,50%	3,50%	13,85%	37,50%	7,50%	32,00%	0,15%
5.ª Faixa	5,50%	3,50%	13,85%	37,50%	7,50%	32,00%	0,15%
6.ª Faixa	8,53%	7,53%	25,22%	23,59%	35,13%		

Alíquotas do Simples Nacional – Indústria
(Vigência: 1.º-1-2029) A partir do ano-calendário 2029

	Receita Bruta em 12 Meses (em R$)	Alíquota	Valor a Deduzir (em R$)
1.ª Faixa	Até 180.000,00	4,50%	-
2.ª Faixa	De 180.000,01 a 360.000,00	7,80%	5.940,00
3.ª Faixa	De 360.000,01 a 720.000,00	10,00%	13.860,00
4.ª Faixa	De 720.000,01 a 1.800.000,00	11,20%	22.500,00
5.ª Faixa	De 1.800.000,01 a 3.600.000,00	14,70%	85.500,00
6.ª Faixa	De 3.600.000,01 a 4.800.000,00	30,00%	720.000,00

Partilha do Simples Nacional – Indústria
(Vigência: 1.º-1-2029 até 31-12-2029) Para o ano-calendário 2029

Faixas	Percentual de Repartição dos Tributos					
	IRPJ	CSLL	CBS	CPP	IPI	ICMS	IBS
1.ª Faixa	5,50%	3,50%	14,00%	37,50%	7,50%	28,80%	3,20%
2.ª Faixa	5,50%	3,50%	14,00%	37,50%	7,50%	28,80%	3,20%
3.ª Faixa	5,50%	3,50%	14,00%	37,50%	7,50%	28,80%	3,20%
4.ª Faixa	5,50%	3,50%	14,00%	37,50%	7,50%	28,80%	3,20%
5.ª Faixa	5,50%	3,50%	14,00%	37,50%	7,50%	28,80%	3,20%
6.ª Faixa	8,50%	7,50%	25,50%	23,50%	35,00%		

(Vigência: 1.º-1-2030 até 31-12-2030) Para o ano-calendário 2030

Faixas	Percentual de Repartição dos Tributos					
	IRPJ	CSLL	CBS	CPP	IPI	ICMS	IBS
1.ª Faixa	5,50%	3,50%	14,00%	37,50%	7,50%	25,60%	6,40%
2.ª Faixa	5,50%	3,50%	14,00%	37,50%	7,50%	25,60%	6,40%
3.ª Faixa	5,50%	3,50%	14,00%	37,50%	7,50%	25,60%	6,40%
4.ª Faixa	5,50%	3,50%	14,00%	37,50%	7,50%	25,60%	6,40%
5.ª Faixa	5,50%	3,50%	14,00%	37,50%	7,50%	25,60%	6,40%
6.ª Faixa	8,50%	7,50%	25,50%	23,50%	35,00%		

(Vigência: 1.º-1-2031 até 31-12-2031) Para o ano-calendário 2031

Faixas	Percentual de Repartição dos Tributos					
	IRPJ	CSLL	CBS	CPP	IPI	ICMS	IBS
1ª Faixa	5,50%	3,50%	14,00%	37,50%	7,50%	22,40%	9,60%
2ª Faixa	5,50%	3,50%	14,00%	37,50%	7,50%	22,40%	9,60%
3ª Faixa	5,50%	3,50%	14,00%	37,50%	7,50%	22,40%	9,60%
4ª Faixa	5,50%	3,50%	14,00%	37,50%	7,50%	22,40%	9,60%
5ª Faixa	5,50%	3,50%	14,00%	37,50%	7,50%	22,40%	9,60%
6ª Faixa	8,50%	7,50%	25,50%	23,50%	35,00%		

710 Lei Complementar n. 123, de 14-12-2006 – Estatuto da Microempresa

(Vigência: 1.º-1-2032 até 31-12-2032) Para o ano-calendário 2032

Faixas	Percentual de Repartição dos Tributos						
	IRPJ	CSLL	CBS	CPP	IPI	ICMS	IBS
1.ª Faixa	5,50%	3,50%	14,00%	37,50%	7,50%	19,20%	12,80%
2.ª Faixa	5,50%	3,50%	14,00%	37,50%	7,50%	19,20%	12,80%
3.ª Faixa	5,50%	3,50%	14,00%	37,50%	7,50%	19,20%	12,80%
4.ª Faixa	5,50%	3,50%	14,00%	37,50%	7,50%	19,20%	12,80%
5.ª Faixa	5,50%	3,50%	14,00%	37,50%	7,50%	19,20%	12,80%
6.ª Faixa	8,50%	7,50%	25,50%	23,50%	35,00%		

(Vigência: 1.º-1-2033)
A partir do ano-calendário 2033

Faixas	Percentual de Repartição dos Tributos					
	IRPJ	CSLL	CBS	CPP	IPI	IBS
1.ª Faixa	5,50%	3,50%	14,00%	37,50%	7,50%	32,00%
2.ª Faixa	5,50%	3,50%	14,00%	37,50%	7,50%	32,00%
3.ª Faixa	5,50%	3,50%	14,00%	37,50%	7,50%	32,00%
4.ª Faixa	5,50%	3,50%	14,00%	37,50%	7,50%	32,00%
5.ª Faixa	5,50%	3,50%	14,00%	37,50%	7,50%	32,00%
6.ª Faixa	8,50%	7,50%	25,50%	23,50%	35,00%	

Anexo III
ALÍQUOTAS E PARTILHA DO SIMPLES NACIONAL – RECEITAS DE LOCAÇÃO DE BENS MÓVEIS E DE PRESTAÇÃO DE SERVIÇOS NÃO RELACIONADOS NO § 5.º-C DO ART. 18 DESTA LEI COMPLEMENTAR

•• Anexo III com redação determinada pela Lei Complementar n. 155, de 27-10-2016.

	Receita Bruta em 12 Meses (em R$)	Alíquota	Valor a Deduzir (em R$)
1.ª Faixa	Até 180.000,00	6,00%	—
2.ª Faixa	De 180.000,01 a 360.000,00	11,20%	9.360,00
3.ª Faixa	De 360.000,01 a 720.000,00	13,50%	17.640,00
4.ª Faixa	De 720.000,01 a 1.800.000,00	16,00%	35.640,00
5.ª Faixa	De 1.800.000,01 a 3.600.000,00	21,00%	125.640,00
6.ª Faixa	De 3.600.000,01 a 4.800.000,00	33,00%	648.000,00

Faixas	Percentual de Repartição dos Tributos					
	IRPJ	CSLL	Cofins	PIS/Pasep	CPP	ISS (*)
1.ª Faixa	4,00%	3,50%	12,82%	2,78%	43,40%	33,50%
2.ª Faixa	4,00%	3,50%	14,05%	3,05%	43,40%	32,00%
3.ª Faixa	4,00%	3,50%	13,64%	2,96%	43,40%	32,50%
4.ª Faixa	4,00%	3,50%	13,64%	2,96%	43,40%	32,50%
5.ª Faixa	4,00%	3,50%	12,82%	2,78%	43,40%	33,50% (*)
6.ª Faixa	35,00%	15,00%	16,03%	3,47%	30,50%	

(*) O percentual efetivo máximo devido ao ISS será de 5%, transferindo-se a diferença, de forma proporcional, aos tributos federais da mesma faixa de receita bruta anual. Sendo assim, na 5.ª faixa, quando a alíquota efetiva for superior a 14,92537%, a repartição será:

Faixa	IRPJ	CSLL	Cofins	PIS/Pasep	CPP	ISS
5.ª Faixa, com alíquota efetiva superior a 14,92537%	(Alíquota efetiva – 5%) x 6,02%	(Alíquota efetiva – 5%) x 5,26%	(Alíquota efetiva – 5%) x 19,28%	(Alíquota efetiva – 5%) x 4,18%	(Alíquota efetiva – 5%) x 65,26%	Percentual de ISS fixo em 5%

•• A Lei Complementar n. 214, de 16-1-2025, deu nova redação a este Anexo III, com produção de efeitos a partir de 1.º-1-2027:

Anexo III
Alíquotas e Partilha do Simples Nacional – Receitas de locação de bens móveis e de prestação de serviços não relacionados no § 5.º-C do art. 18 desta Lei Complementar
(Vigência: 1.º-1-2027 a 31-12-2028) Para os anos-calendário 2027 e 2028

	Receita Bruta em 12 Meses (em R$)	Alíquota	Valor a Deduzir (em R$)
1.ª Faixa	Até 180.000,00	6,00%	–
2.ª Faixa	De 180.000,01 a 360.000,00	11,20%	9.360,00
3.ª Faixa	De 360.000,01 a 720.000,00	13,50%	17.640,00
4.ª Faixa	De 720.000,01 a 1.800.000,00	16,00%	35.640,00
5.ª Faixa	De 1.800.000,01 a 3.600.000,00	21,00%	125.640,00
6.ª Faixa	De 3.600.000,01 a 4.800.000,00	32,90%	648.000,00

Faixas	Percentual de Repartição dos Tributos					
	IRPJ	CSLL	CBS	CPP	ISS (*)	IBS
1.ª Faixa	4,00%	3,50%	15,43%	43,40%	33,50%	0,17%
2.ª Faixa	4,00%	3,50%	16,91%	43,40%	32,00%	0,19%
3.ª Faixa	4,00%	3,50%	16,42%	43,40%	32,50%	0,19%
4.ª Faixa	4,00%	3,50%	16,42%	43,40%	32,50%	0,19%
5.ª Faixa	4,00%	3,50%	15,43%	43,40%	33,50% (*)	0,17%
6.ª Faixa	35,09%	15,04%	19,29%	30,58%		

(*) O percentual efetivo máximo devido ao ISS será de 5%, transferindo-se a diferença, de forma proporcional, aos tributos federais da mesma faixa de receita bruta anual. Sendo assim, na 5.ª faixa, quando a alíquota efetiva for superior a 14,92537%, a repartição será:

	IRPJ	CSLL	CBS	CPP	ISS	IBS
5.ª Faixa, com alíquota efetiva superior a 14,93%	(Alíquota efetiva – 5%) x 6,02%	(Alíquota efetiva – 5%) x 5,26%	(Alíquota efetiva – 5%) x 23,20%	(Alíquota efetiva – 5%) x 65,26%	Percentual de ISS fixo em 5%	(Alíquota efetiva – 5%) x 0,26%

Lei Complementar n. 123, de 14-12-2006 – Estatuto da Microempresa

Alíquotas do Simples Nacional – Receitas de locação de bens móveis e de prestação de serviços não relacionados no § 5.º-C do art. 18 desta Lei Complementar
(Vigência: 1.º-1-2029) A partir do ano-calendário 2029

Faixas	Receita Bruta em 12 Meses (em R$)	Alíquota	Valor a Deduzir (em R$)
1.ª Faixa	Até 180.000,00	6,00%	–
2.ª Faixa	De 180.000,01 a 360.000,00	11,20%	9.360,00
3.ª Faixa	De 360.000,01 a 720.000,00	13,50%	17.640,00
4.ª Faixa	De 720.000,01 a 1.800.000,00	16,00%	35.640,00
5.ª Faixa	De 1.800.000,01 a 3.600.000,00	21,00%	125.640,00
6.ª Faixa	De 3.600.000,01 a 4.800.000,00	33,00%	648.000,00

Partilha do Simples Nacional – Receitas de locação de bens móveis e de prestação de serviços não relacionados no § 5.º-C do art. 18 desta Lei Complementar
(Vigência: 1.º-1-2029 até 31-12-2029) Para o ano-calendário 2029

Faixas	Percentual de Repartição dos Tributos					
	IRPJ	CSLL	CBS	CPP	ISS (*)	IBS
1.ª Faixa	4,00%	3,50%	15,60%	43,40%	30,15%	3,35%
2.ª Faixa	4,00%	3,50%	17,10%	43,40%	28,80%	3,20%
3.ª Faixa	4,00%	3,50%	16,60%	43,40%	29,25%	3,25%
4.ª Faixa	4,00%	3,50%	16,60%	43,40%	29,25%	3,25%
5.ª Faixa	4,00%	3,50%	15,60%	43,40%	30,15% (*)	3,35%
6.ª Faixa	35,00%	15,00%	19,50%	30,50%		

(*) O percentual efetivo máximo devido ao ISS será de 5%, transferindo-se a diferença, de forma proporcional, aos tributos federais da mesma faixa de receita bruta anual. Sendo assim, na 5.ª faixa, quando a alíquota efetiva for superior a 14,92537%, a repartição será:

	IRPJ	CSLL	CBS	CPP	ISS	IBS
5.ª Faixa, com alíquota efetiva superior a 14,93%	(Alíquota efetiva – 5%) x 6,02%	(Alíquota efetiva – 5%) x 5,26%	(Alíquota efetiva – 5%) x 23,46%	(Alíquota efetiva – 5%) x 65,26%	Percentual de ISS fixo em 4,5%	Percentual de ISS fixo em 0,5%

(Vigência: 1.º-1-2030 até 31-12-2030) Para o ano-calendário 2030

Faixas	Percentual de Repartição dos Tributos					
	IRPJ	CSLL	CBS	CPP	ISS (*)	IBS
1.ª Faixa	4,00%	3,50%	15,60%	43,40%	26,80%	6,70%
2.ª Faixa	4,00%	3,50%	17,10%	43,40%	25,60%	6,40%
3.ª Faixa	4,00%	3,50%	16,60%	43,40%	26,00%	6,50%
4.ª Faixa	4,00%	3,50%	16,60%	43,40%	26,00%	6,50%
5.ª Faixa	4,00%	3,50%	15,60%	43,40%	26,80% (*)	6,70%
6.ª Faixa	35,00%	15,00%	19,50%	30,50%		

(*) O percentual efetivo máximo devido ao ISS será de 5%, transferindo-se a diferença, de forma proporcional, aos tributos federais da mesma faixa de receita bruta anual. Sendo assim, na 5.ª faixa, quando a alíquota efetiva for superior a 14,92537%, a repartição será:

	IRPJ	CSLL	CBS	CPP	ISS	IBS
5.ª Faixa, com alíquota efetiva superior a 14,93%	(Alíquota efetiva – 5%) x 6,02%	(Alíquota efetiva – 5%) x 5,26%	(Alíquota efetiva – 5%) x 23,46%	(Alíquota efetiva – 5%) x 65,26%	Percentual de ISS fixo em 4,0%	Percentual de ISS fixo em 1,0%

(Vigência: 1.º-1-2031 até 31-12-2031) Para o ano-calendário 2031

Faixas	Percentual de Repartição dos Tributos					
	IRPJ	CSLL	CBS	CPP	ISS (*)	IBS
1.ª Faixa	4,00%	3,50%	15,60%	43,40%	23,45%	10,05%
2.ª Faixa	4,00%	3,50%	17,10%	43,40%	22,40%	9,60%
3.ª Faixa	4,00%	3,50%	16,60%	43,40%	22,75%	9,75%
4.ª Faixa	4,00%	3,50%	16,60%	43,40%	22,75%	9,75%
5.ª Faixa	4,00%	3,50%	15,60%	43,40%	23,45% (*)	10,05%
6.ª Faixa	35,00%	15,00%	19,50%	30,50%		

(*) O percentual efetivo máximo devido ao ISS será de 5%, transferindo-se a diferença, de forma proporcional, aos tributos federais da mesma faixa de receita bruta anual. Sendo assim, na 5.ª faixa, quando a alíquota efetiva for superior a 14,92537%, a repartição será:

	IRPJ	CSLL	CBS	CPP	ISS	IBS
5.ª Faixa, com alíquota efetiva superior a 14,93%	(Alíquota efetiva – 5%) x 6,02%	(Alíquota efetiva – 5%) x 5,26%	(Alíquota efetiva – 5%) x 23,46%	(Alíquota efetiva – 5%) x 65,26%	Percentual de ISS fixo em 3,5%	Percentual de ISS fixo em 1,5%

(Vigência: 1.º-1-2032 até 31-12-2032) Para o ano-calendário 2032

Faixas	Percentual de Repartição dos Tributos					
	IRPJ	CSLL	CBS	CPP	ISS (*)	IBS
1.ª Faixa	4,00%	3,50%	15,60%	43,40%	20,10%	13,40%
2.ª Faixa	4,00%	3,50%	17,10%	43,40%	19,20%	12,80%
3.ª Faixa	4,00%	3,50%	16,60%	43,40%	19,50%	13,00%
4.ª Faixa	4,00%	3,50%	16,60%	43,40%	19,50%	13,00%
5.ª Faixa	4,00%	3,50%	15,60%	43,40%	20,10% (*)	13,40%
6.ª Faixa	35,00%	15,00%	19,50%	30,50%		

(*) O percentual efetivo máximo devido ao ISS será de 5%, transferindo-se a diferença, de forma proporcional, aos tributos federais da mesma faixa de receita bruta anual. Sendo assim, na 5.ª faixa, quando a alíquota efetiva for superior a 14,92537%, a repartição será:

	IRPJ	CSLL	CBS	CPP	ISS	IBS
5.ª Faixa, com alíquota efetiva superior a 14,93%	(Alíquota efetiva – 5%) x 6,02%	(Alíquota efetiva – 5%) x 5,26%	(Alíquota efetiva – 5%) x 23,46%	(Alíquota efetiva – 5%) x 65,26%	Percentual de ISS fixo em 3,0%	Percentual de ISS fixo em 2,0%

(Vigência: 1.º-1-2033) A partir do ano-calendário 2033

Faixas	Percentual de Repartição dos Tributos				
	IRPJ	CSLL	CBS	CPP	IBS
1.ª Faixa	4,00%	3,50%	15,60%	43,40%	33,50%
2.ª Faixa	4,00%	3,50%	17,10%	43,40%	32,00%
3.ª Faixa	4,00%	3,50%	16,60%	43,40%	32,50%
4.ª Faixa	4,00%	3,50%	16,60%	43,40%	32,50%
5.ª Faixa	4,00%	3,50%	15,60%	43,40%	33,50%
6.ª Faixa	35,00%	15,00%	19,50%	30,50%	

Anexo IV
ALÍQUOTAS E PARTILHA DO SIMPLES NACIONAL – RECEITAS DECORRENTES DA PRESTAÇÃO DE SERVIÇOS RELACIONADOS NO § 5.º-C DO ART. 18 DESTA LEI COMPLEMENTAR

•• Anexo IV com redação determinada pela Lei Complementar n. 155, de 27-10-2016.

Faixas	Receita Bruta em 12 Meses (em R$)	Alíquota	Valor a Deduzir (em R$)
1.ª Faixa	Até 180.000,00	4,50%	—
2.ª Faixa	De 180.000,01 a 360.000,00	9,00%	8.100,00
3.ª Faixa	De 360.000,01 a 720.000,00	10,20%	12.420,00
4.ª Faixa	De 720.000,01 a 1.800.000,00	14,00%	39.780,00
5.ª Faixa	De 1.800.000,01 a 3.600.000,00	22,00%	183.780,00
6.ª Faixa	De 3.600.000,01 a 4.800.000,00	33,00%	828.000,00

Faixas	Percentual de Repartição dos Tributos				
	IRPJ	CSLL	Cofins	PIS/Pasep	ISS (*)
1.ª Faixa	18,80%	15,20%	17,67%	3,83%	44,50%
2.ª Faixa	19,80%	15,20%	20,55%	4,45%	40,00%
3.ª Faixa	20,80%	15,20%	19,73%	4,27%	40,00%
4.ª Faixa	17,80%	19,20%	18,90%	4,10%	40,00%
5.ª Faixa	18,80%	19,20%	18,08%	3,92%	40,00% (*)
6.ª Faixa	53,50%	21,50%	20,55%	4,45%	—

(*) O percentual efetivo máximo devido ao ISS será de 5%, transferindo-se a diferença, de forma proporcional, aos tributos federais da mesma faixa de receita bruta anual. Sendo assim, na 5.ª faixa, quando a alíquota efetiva for superior a 12,5%, a repartição será:

Faixa	IRPJ	CSLL	Cofins	PIS/Pasep	ISS
5.ª Faixa, com alíquota efetiva superior a 12,5%	(Alíquota efetiva – 5%) x 31,33%	(Alíquota efetiva – 5%) x 32,00%	(Alíquota efetiva – 5%) x 30,13%	(Alíquota efetiva – 5%) x 6,54%	Percentual de ISS fixo em 5%

•• **A Lei Complementar n. 214, de 16-1-2025, deu nova redação a este Anexo IV, com produção de efeitos a partir de 1.º-1-2027:**

ANEXO IV
Alíquotas e Partilha do Simples Nacional – Receitas decorrentes da prestação de serviços relacionados no § 5.º-C do art. 18 desta Lei Complementar
(Vigência: 1.º-1-2027 a 31-12-2028) Para os anos-calendário 2027 e 2028

	Receita Bruta em 12 Meses (em R$)	Alíquota	Valor a Deduzir (em R$)
1.ª Faixa	Até 180.000,00	4,50%	-
2.ª Faixa	De 180.000,01 a 360.000,00	9,00%	8.100,00
3.ª Faixa	De 360.000,01 a 720.000,00	10,20%	12.420,00
4.ª Faixa	De 720.000,01 a 1.800.000,00	14,00%	39.780,00
5.ª Faixa	De 1.800.000,01 a 3.600.000,00	22,00%	183.780,00
6.ª Faixa	De 3.600.000,01 a 4.800.000,00	32,90%	828.000,00

Faixas	Percentual de Repartição dos Tributos				
	IRPJ	CSLL	CBS	ISS (*)	IBS
1.ª Faixa	18,80%	15,20%	21,26%	44,50%	0,24%
2.ª Faixa	19,80%	15,20%	24,73%	40,00%	0,27%
3.ª Faixa	20,80%	15,20%	23,74%	40,00%	0,26%
4.ª Faixa	17,80%	19,20%	22,75%	40,00%	0,25%
5.ª Faixa	18,80%	19,20%	21,76%	40,00% (*)	0,24%
6.ª Faixa	53,71%	21,59%	24,70%		

(*) O percentual efetivo máximo devido ao ISS será de 5%, transferindo-se a diferença, de forma proporcional, aos tributos federais da mesma faixa de receita bruta anual. Sendo assim, na 5.ª faixa, quando a alíquota efetiva for superior a 12,5%, a repartição será:

Faixa	IRPJ	CSLL	CBS	ISS	IBS
5.ª Faixa, com alíquota efetiva superior a 12,5%	(Alíquota efetiva – 5%) x 31,33%	(Alíquota efetiva – 5%) x 32,00%	(Alíquota efetiva – 5%) x 36,27%	Percentual de ISS fixo em 5%	(Alíquota efetiva – 5%) x 0,40%

Alíquotas do Simples Nacional – Receitas decorrentes da prestação de serviços relacionados no § 5.º-C do art. 18 desta Lei Complementar
(Vigência: 1.º-1-2029) A partir do ano-calendário 2029

	Receita Bruta em 12 Meses (em R$)	Alíquota	Valor a Deduzir (em R$)
1.ª Faixa	Até 180.000,00	4,50%	-
2.ª Faixa	De 180.000,01 a 360.000,00	9,00%	8.100,00
3.ª Faixa	De 360.000,01 a 720.000,00	10,20%	12.420,00
4.ª Faixa	De 720.000,01 a 1.800.000,00	14,00%	39.780,00
5.ª Faixa	De 1.800.000,01 a 3.600.000,00	22,00%	183.780,00
6.ª Faixa	De 3.600.000,01 a 4.800.000,00	33,00%	828.000,00

Partilha do Simples Nacional – Receitas decorrentes da prestação de serviços relacionados no § 5º-C do art. 18 desta Lei Complementar
(Vigência: 1.º-1-2029 até 31-12-2029) Para o ano-calendário 2029

Faixas	Percentual de Repartição dos Tributos				
	IRPJ	CSLL	CBS	ISS (*)	IBS
1.ª Faixa	18,80%	15,20%	21,50%	40,05%	4,45%
2.ª Faixa	19,80%	15,20%	25,00%	36,00%	4,00%
3.ª Faixa	20,80%	15,20%	24,00%	36,00%	4,00%
4.ª Faixa	17,80%	19,20%	23,00%	36,00%	4,00%
5.ª Faixa	18,80%	19,20%	22,00%	36,00% (*)	4,00%
6.ª Faixa	53,50%	21,50%	25,00%		

(*) O percentual efetivo máximo devido ao ISS será de 5%, transferindo-se a diferença, de forma proporcional, aos tributos federais da mesma faixa de receita bruta anual. Sendo assim, na 5.ª faixa, quando a alíquota efetiva for superior a 12,5%, a repartição será:

Faixa	IRPJ	CSLL	CBS	ISS	IBS
5.ª Faixa, com alíquota efetiva superior a 12,5%	(Alíquota efetiva – 5%) x 31,33%	(Alíquota efetiva – 5%) x 32,00%	(Alíquota efetiva – 5%) x 36,67%	Percentual de ISS fixo em 4,5%	Percentual de ISS fixo em 0,5%

(Vigência: 1.º-1-2030 até 31-12-2030) Para o ano-calendário 2030

Faixas	Percentual de Repartição dos Tributos				
	IRPJ	CSLL	CBS	ISS (*)	IBS
1.ª Faixa	18,80%	15,20%	21,50%	35,60%	8,90%
2.ª Faixa	19,80%	15,20%	25,00%	32,00%	8,00%
3.ª Faixa	20,80%	15,20%	24,00%	32,00%	8,00%
4.ª Faixa	17,80%	19,20%	23,00%	32,00%	8,00%
5.ª Faixa	18,80%	19,20%	22,00%	32,00% (*)	8,00%
6.ª Faixa	53,50%	21,50%	25,00%		

(*) O percentual efetivo máximo devido ao ISS será de 5%, transferindo-se a diferença, de forma proporcional, aos tributos federais da mesma faixa de receita bruta anual. Sendo assim, na 5.ª faixa, quando a alíquota efetiva for superior a 12,5%, a repartição será:

Faixa	IRPJ	CSLL	CBS	ISS	IBS
5.ª Faixa, com alíquota efetiva superior a 12,5%	(Alíquota efetiva – 5%) x 31,33%	(Alíquota efetiva – 5%) x 32,00%	(Alíquota efetiva – 5%) x 36,67%	Percentual de ISS fixo em 4,0%	Percentual de ISS fixo em 1,0%

(Vigência: 1.º-1-2031 até 31-12-2031) Para o ano-calendário 2031

Faixas	Percentual de Repartição dos Tributos				
	IRPJ	CSLL	CBS	ISS (*)	IBS
1.ª Faixa	18,80%	15,20%	21,50%	31,15%	13,35%
2.ª Faixa	19,80%	15,20%	25,00%	28,00%	12,00%
3.ª Faixa	20,80%	15,20%	24,00%	28,00%	12,00%
4.ª Faixa	17,80%	19,20%	23,00%	28,00%	12,00%
5.ª Faixa	18,80%	19,20%	22,00%	28,00% (*)	12,00%
6.ª Faixa	53,50%	21,50%	25,00%		

(*) O percentual efetivo máximo devido ao ISS será de 5%, transferindo-se a diferença, de forma proporcional, aos tributos federais da mesma faixa de receita bruta anual. Sendo assim, na 5.ª faixa, quando a alíquota efetiva for superior a 12,5%, a repartição será:

Faixa	IRPJ	CSLL	CBS	ISS	IBS
5.ª Faixa, com alíquota efetiva superior a 12,5%	(Alíquota efetiva – 5%) x 31,33%	(Alíquota efetiva – 5%) x 32,00%	(Alíquota efetiva – 5%) x 36,67%	Percentual de ISS fixo em 3,5%	Percentual de ISS fixo em 1,5%

(Vigência: 1.º-1-2032 até 31-12-2032) Para o ano-calendário 2032

Faixas	Percentual de Repartição dos Tributos				
	IRPJ	CSLL	CBS	ISS (*)	IBS
1.ª Faixa	18,80%	15,20%	21,50%	26,70%	17,80%
2.ª Faixa	19,80%	15,20%	25,00%	24,00%	16,00%
3.ª Faixa	20,80%	15,20%	24,00%	24,00%	16,00%
4.ª Faixa	17,80%	19,20%	23,00%	24,00%	16,00%
5.ª Faixa	18,80%	19,20%	22,00%	24,00% (*)	16,00%
6.ª Faixa	53,50%	21,50%	25,00%		

(*) O percentual efetivo máximo devido ao ISS será de 5%, transferindo-se a diferença, de forma proporcional, aos tributos federais da mesma faixa de receita bruta anual. Sendo assim, na 5.ª faixa, quando a alíquota efetiva for superior a 12,5%, a repartição será:

Faixa	IRPJ	CSLL	CBS	ISS	IBS
5.ª Faixa, com alíquota efetiva superior a 12,5%	(Alíquota efetiva – 5%) x 31,33%	(Alíquota efetiva – 5%) x 32,00%	(Alíquota efetiva – 5%) x 36,67%	Percentual de ISS fixo em 3,0%	Percentual de ISS fixo em 2,0%

(Vigência: 1.º-1-2033) A partir do ano-calendário 2033

Faixas	Percentual de Repartição dos Tributos			
	IRPJ	CSLL	CBS	IBS
1.ª Faixa	18,80%	15,20%	21,50%	44,50%
2.ª Faixa	19,80%	15,20%	25,00%	40,00%
3.ª Faixa	20,80%	15,20%	24,00%	40,00%
4.ª Faixa	17,80%	19,20%	23,00%	40,00%
5.ª Faixa	18,80%	19,20%	22,00%	40,00%
6.ª Faixa	53,50%	21,50%	25,00%	

Anexo V
ALÍQUOTAS E PARTILHA DO SIMPLES NACIONAL – RECEITAS DECORRENTES DA PRESTAÇÃO DE SERVIÇOS RELACIONADOS NO § 5.º-I DO ART. 18 DESTA LEI COMPLEMENTAR

•• Anexo V com redação determinada pela Lei Complementar n. 155, de 27-10-2016.

	Receita Bruta em 12 Meses (em R$)	Alíquota	Valor a Deduzir (em R$)
1.ª Faixa	Até 180.000,00	15,50%	—
2.ª Faixa	De 180.000,01 a 360.000,00	18,00%	4.500,00
3.ª Faixa	De 360.000,01 a 720.000,00	19,50%	9.900,00
4.ª Faixa	De 720.000,01 a 1.800.000,00	20,50%	17.100,00
5.ª Faixa	De 1.800.000,01 a 3.600.000,00	23,00%	62.100,00
6.ª Faixa	De 3.600.000,01 a 4.800.000,00	30,50%	540.000,00

Faixas	Percentual de Repartição dos Tributos					
	IRPJ	CSLL	Cofins	PIS/Pasep	CPP	ISS
1.ª Faixa	25,00%	15,00%	14,10%	3,05%	28,85%	14,00%
2.ª Faixa	23,00%	15,00%	14,10%	3,05%	27,85%	17,00%
3.ª Faixa	24,00%	15,00%	14,92%	3,23%	23,85%	19,00%
4.ª Faixa	21,00%	15,00%	15,74%	3,41%	23,85%	21,00%
5.ª Faixa	23,00%	12,50%	14,10%	3,05%	23,85%	23,50%
6.ª Faixa	35,00%	15,50%	16,44%	3,56%	29,50%	—

•• A Lei Complementar n. 214, de 16-1-2025, deu nova redação a este Anexo V, com produção de efeitos a partir de 1.º-1-2027:

Anexo V
Alíquotas e Partilha do Simples Nacional – Receitas decorrentes da prestação de serviços relacionados no § 5.º-I do art. 18 desta Lei Complementar
(Vigência: 1.º-1-2027 a 31-12-2028) Para os anos-calendário 2027 e 2028

	Receita Bruta em 12 Meses (em R$)	Alíquota	Valor a Deduzir (em R$)
1.ª Faixa	Até 180.000,00	15,50%	-
2.ª Faixa	De 180.000,01 a 360.000,00	18,00%	4.500,00
3.ª Faixa	De 360.000,01 a 720.000,00	19,50%	9.900,00
4.ª Faixa	De 720.000,01 a 1.800.000,00	20,50%	17.100,00
5.ª Faixa	De 1.800.000,01 a 3.600.000,00	23,00%	62.100,00
6.ª Faixa	De 3.600.000,01 a 4.800.000,00	30,40%	540.000,00

Faixas	Percentual de Repartição dos Tributos					
	IRPJ	CSLL	CBS	CPP	ISS	IBS
1.ª Faixa	25,00%	15,00%	16,96%	28,85%	14,00%	0,19%
2.ª Faixa	23,00%	15,00%	16,96%	27,85%	17,00%	0,19%
3.ª Faixa	24,00%	15,00%	17,95%	23,85%	19,00%	0,20%
4.ª Faixa	21,00%	15,00%	18,94%	23,85%	21,00%	0,21%
5.ª Faixa	23,00%	12,50%	16,96%	23,85%	23,50%	0,19%
6.ª Faixa	35,10%	15,54%	19,78%	29,58%		

Alíquotas do Simples Nacional – Receitas decorrentes da prestação de serviços relacionados no § 5.º-I do art. 18 desta Lei Complementar
(Vigência: 1.º-1-2029) A partir do ano-calendário 2029

	Receita Bruta em 12 Meses (em R$)	Alíquota	Valor a Deduzir (em R$)
1.ª Faixa	Até 180.000,00	15,50%	-
2.ª Faixa	De 180.000,01 a 360.000,00	18,00%	4.500,00
3.ª Faixa	De 360.000,01 a 720.000,00	19,50%	9.900,00
4.ª Faixa	De 720.000,01 a 1.800.000,00	20,50%	17.100,00
5.ª Faixa	De 1.800.000,01 a 3.600.000,00	23,00%	62.100,00
6.ª Faixa	De 3.600.000,01 a 4.800.000,00	30,50%	540.000,00

Partilha do Simples Nacional – Receitas decorrentes da prestação de serviços relacionados no § 5.º-I do art. 18 desta Lei Complementar
(Vigência: 1.º-1-2029 até 31-12-2029) Para o ano-calendário 2029

Faixas	Percentual de Repartição dos Tributos					
	IRPJ	CSLL	CBS	CPP	ISS	IBS
1.ª Faixa	25,00%	15,00%	17,15%	28,85%	12,60%	1,40%
2.ª Faixa	23,00%	15,00%	17,15%	27,85%	15,30%	1,70%
3.ª Faixa	24,00%	15,00%	18,15%	23,85%	17,10%	1,90%
4.ª Faixa	21,00%	15,00%	19,15%	23,85%	18,90%	2,10%
5.ª Faixa	23,00%	12,50%	17,15%	23,85%	21,15%	2,35%
6.ª Faixa	35,00%	15,50%	20,00%	29,50%		

(Vigência: 1.º-1-2030 até 31-12-2030) Para o ano-calendário 2030

Faixas	Percentual de Repartição dos Tributos					
	IRPJ	CSLL	CBS	CPP	ISS	IBS
1.ª Faixa	25,00%	15,00%	17,15%	28,85%	11,20%	2,80%
2.ª Faixa	23,00%	15,00%	17,15%	27,85%	13,60%	3,40%
3.ª Faixa	24,00%	15,00%	18,15%	23,85%	15,20%	3,80%
4.ª Faixa	21,00%	15,00%	19,15%	23,85%	16,80%	4,20%
5.ª Faixa	23,00%	12,50%	17,15%	23,85%	18,80%	4,70%
6.ª Faixa	35,00%	15,50%	20,00%	29,50%		

(Vigência: 1.º-1-2031 até 31-12-2031) Para o ano-calendário 2031

Faixas	Percentual de Repartição dos Tributos					
	IRPJ	CSLL	CBS	CPP	ISS	IBS
1.ª Faixa	25,00%	15,00%	17,15%	28,85%	9,80%	4,20%
2.ª Faixa	23,00%	15,00%	17,15%	27,85%	11,90%	5,10%
3.ª Faixa	24,00%	15,00%	18,15%	23,85%	13,30%	5,70%
4.ª Faixa	21,00%	15,00%	19,15%	23,85%	14,70%	6,30%
5.ª Faixa	23,00%	12,50%	17,15%	23,85%	16,45%	7,05%
6.ª Faixa	35,00%	15,50%	20,00%	29,50%		

(Vigência: 1.º-1-2032 até 31-12-2032) Para o ano-calendário 2032

Faixas	Percentual de Repartição dos Tributos					
	IRPJ	CSLL	CBS	CPP	ISS	IBS
1.ª Faixa	25,00%	15,00%	17,15%	28,85%	8,40%	5,60%
2.ª Faixa	23,00%	15,00%	17,15%	27,85%	10,20%	6,80%
3.ª Faixa	24,00%	15,00%	18,15%	23,85%	11,40%	7,60%
4.ª Faixa	21,00%	15,00%	19,15%	23,85%	12,60%	8,40%
5.ª Faixa	23,00%	12,50%	17,15%	23,85%	14,10%	9,40%
6.ª Faixa	35,00%	15,50%	20,00%	29,50%		

(Vigência: 1.º-1-2033) A partir do ano-calendário 2033

Faixas	Percentual de Repartição dos Tributos				
	IRPJ	CSLL	CBS	CPP	IBS
1.ª Faixa	25,00%	15,00%	17,15%	28,85%	14,00%
2.ª Faixa	23,00%	15,00%	17,15%	27,85%	17,00%
3.ª Faixa	24,00%	15,00%	18,15%	23,85%	19,00%
4.ª Faixa	21,00%	15,00%	19,15%	23,85%	21,00%
5.ª Faixa	23,00%	12,50%	17,15%	23,85%	23,50%
6.ª Faixa	35,00%	15,50%	20,00%	29,50%	

ANEXO VI
ALÍQUOTAS E PARTILHA DO SIMPLES NACIONAL – RECEITAS DECORRENTES DA PRESTAÇÃO DE SERVIÇOS RELACIONADOS NO § 5.º-I DO ART. 18 DESTA LEI COMPLEMENTAR

•• Revogado pela Lei Complementar n. 155, de 27-10-2016.

ANEXO VII
VALORES FIXOS DO MICROEMPREENDEDOR INDIVIDUAL (MEI)

•• Anexo VII acrescentado pela Lei Complementar n. 214, de 16-1-2025 e republicado em 23-1-2025, produzindo efeitos a partir de 1.º-1-2027.

(Vigência: 1.º-1-2027 a 31-12-2028) Para os anos-calendário 2027 e 2028

ICMS	ISS	CBS	IBS	TOTAL
R$ 1,00	R$ 5,00	R$ 0,994	R$ 0,006	R$ 7,00

(Vigência: 1.º-1-2029 até 31-12-2029) Para o ano-calendário 2029

ICMS	ISS	CBS	IBS	TOTAL
R$ 0,90	R$ 4,50	R$ 1,00	R$ 0,20	R$ 6,60

(Vigência: 1.º-1-2030 até 31-12-2030) Para o ano-calendário 2030

ICMS	ISS	CBS	IBS	TOTAL
R$ 0,80	R$ 4,00	R$ 1,00	R$ 0,40	R$ 6,20

(Vigência: 1.º-1-2031 até 31-12-2031) Para o ano-calendário 2031

ICMS	ISS	CBS	IBS	TOTAL
R$ 0,70	R$ 3,50	R$ 1,00	R$ 0,60	R$ 5,80

(Vigência: 1.º-1-2032 até 31-12-2032) Para o ano-calendário 2032

ICMS	ISS	CBS	IBS	TOTAL
R$ 0,60	R$ 3,00	R$ 1,00	R$ 0,80	R$ 5,40

(Vigência: 1.º-1-2033) Para o ano-calendário 2033

CBS	IBS	TOTAL
R$ 1,00	R$ 2,00	R$ 3,00

LEI N. 11.417, DE 19 DE DEZEMBRO DE 2006 (*)

Regulamenta o art. 103-A da Constituição Federal e altera a Lei n. 9.784, de 29 de janeiro de 1999, disciplinando a edição, a revisão e o cancelamento de enunciado de súmula vinculante pelo Supremo Tribunal Federal, e dá outras providências.

O Presidente da República.

Faço saber que o Congresso Nacional decreta e eu sanciono a seguinte Lei:

Art. 1.º Esta Lei disciplina a edição, a revisão e o cancelamento de enunciado de súmula vinculante pelo Supremo Tribunal Federal e dá outras providências.

Art. 2.º O Supremo Tribunal Federal poderá, de ofício ou por provocação, após reiteradas decisões sobre matéria constitucional, editar enunciado de súmula que, a partir de sua publicação na imprensa oficial, terá efeito vinculante em relação aos demais órgãos do Poder Judiciário e à administração pública direta e indireta, nas esferas federal, estadual e municipal, bem como proceder à sua revisão ou cancelamento, na forma prevista nesta Lei.

§ 1.º O enunciado da súmula terá por objeto a validade, a interpretação e a eficácia de normas determinadas, acerca das quais haja, entre órgãos judiciários ou entre esses e a administração pública, controvérsia atual que acarrete grave insegurança jurídica e relevante multiplicação de processos sobre idêntica questão.

(*) Publicada no *Diário Oficial da União*, de 20-12-2006.

§ 2.º O Procurador-Geral da República, nas propostas que não houver formulado, manifestar-se-á previamente à edição, revisão ou cancelamento de enunciado de súmula vinculante.

§ 3.º A edição, a revisão e o cancelamento de enunciado de súmula com efeito vinculante dependerão de decisão tomada por 2/3 (dois terços) dos membros do Supremo Tribunal Federal, em sessão plenária.

§ 4.º No prazo de 10 (dez) dias após a sessão em que editar, rever ou cancelar enunciado de súmula com efeito vinculante, o Supremo Tribunal Federal fará publicar, em seção especial do *Diário da Justiça* e do *Diário Oficial da União*, o enunciado respectivo.

Art. 3.º São legitimados a propor a edição, a revisão ou o cancelamento de enunciado de súmula vinculante:

I – o Presidente da República;
II – a Mesa do Senado Federal;
III – a Mesa da Câmara dos Deputados;
IV – o Procurador-Geral da República;
V – o Conselho Federal da Ordem dos Advogados do Brasil;
VI – o Defensor Público-Geral da União;
VII – partido político com representação no Congresso Nacional;
VIII – confederação sindical ou entidade de classe de âmbito nacional;
IX – a Mesa da Assembleia Legislativa ou da Câmara Legislativa do Distrito Federal;
X – o Governador de Estado ou do Distrito Federal;
XI – os Tribunais Superiores, os Tribunais de Justiça de Estados ou do Distrito Federal e Territórios, os Tribunais Regionais Federais, os Tribunais Regionais do Trabalho, os Tribunais Regionais Eleitorais e os Tribunais Militares.

§ 1.º O Município poderá propor, incidentalmente ao curso de processo em que seja parte, a edição, a revisão ou o cancelamento de enunciado de súmula vinculante, o que não autoriza a suspensão do processo.

Lei n. 11.419, de 19-12-2006 – Informatização do Processo Judicial

§ 2.º No procedimento de edição, revisão ou cancelamento de enunciado da súmula vinculante, o relator poderá admitir, por decisão irrecorrível, a manifestação de terceiros na questão, nos termos do Regimento Interno do Supremo Tribunal Federal.

Art. 4.º A súmula com efeito vinculante tem eficácia imediata, mas o Supremo Tribunal Federal, por decisão de 2/3 (dois terços) dos seus membros, poderá restringir os efeitos vinculantes ou decidir que só tenha eficácia a partir de outro momento, tendo em vista razões de segurança jurídica ou de excepcional interesse público.

Art. 5.º Revogada ou modificada a lei em que se fundou a edição de enunciado de súmula vinculante, o Supremo Tribunal Federal, de ofício ou por provocação, procederá à sua revisão ou cancelamento, conforme o caso.

Art. 6.º A proposta de edição, revisão ou cancelamento de enunciado de súmula vinculante não autoriza a suspensão dos processos em que se discuta a mesma questão.

Art. 7.º Da decisão judicial ou do ato administrativo que contrariar enunciado de súmula vinculante, negar-lhe vigência ou aplicá-lo indevidamente caberá reclamação ao Supremo Tribunal Federal, sem prejuízo dos recursos ou outros meios admissíveis de impugnação.

§ 1.º Contra omissão ou ato da administração pública, o uso da reclamação só será admitido após esgotamento das vias administrativas.

§ 2.º Ao julgar procedente a reclamação, o Supremo Tribunal Federal anulará o ato administrativo ou cassará a decisão judicial impugnada, determinando que outra seja proferida com ou sem aplicação da súmula, conforme o caso.

Art. 10. O procedimento de edição, revisão ou cancelamento de enunciado de súmula com efeito vinculante obedecerá, subsidiariamente, ao disposto no Regimento Interno do Supremo Tribunal Federal.

Art. 11. Esta Lei entra em vigor 3 (três) meses após a sua publicação.

Brasília, 19 de dezembro de 2006; 185.º da Independência e 118.º da República.

Luiz Inácio Lula da Silva

LEI N. 11.419, DE 19 DE DEZEMBRO DE 2006 (*)

Dispõe sobre a informatização do processo judicial; altera a Lei n. 5.869, de 11 de janeiro de 1973 – Código de Processo Civil; e dá outras providências.

O Presidente da República.

Faço saber que o Congresso Nacional decreta e eu sanciono a seguinte Lei:

Capítulo I
DA INFORMATIZAÇÃO DO PROCESSO JUDICIAL

Art. 1.º O uso de meio eletrônico na tramitação de processos judiciais, comunicação de atos e transmissão de peças processuais será admitido nos termos desta Lei.

§ 1.º Aplica-se o disposto nesta Lei, indistintamente, aos processos civil, penal e trabalhista, bem como aos juizados especiais, em qualquer grau de jurisdição.

§ 2.º Para o disposto nesta Lei, considera-se:

I – meio eletrônico qualquer forma de armazenamento ou tráfego de documentos e arquivos digitais;

II – transmissão eletrônica toda forma de comunicação a distância com a utilização de redes de comunicação, preferencialmente a rede mundial de computadores;

III – assinatura eletrônica as seguintes formas de identificação inequívoca do signatário:

a) assinatura digital baseada em certificado digital emitido por Autoridade Certificadora credenciada, na forma de lei específica;

b) mediante cadastro de usuário no Poder Judiciário, conforme disciplinado pelos órgãos respectivos.

Art. 2.º O envio de petições, de recursos e a prática de atos processuais em geral por meio eletrônico serão admitidos mediante uso de assinatura eletrônica, na forma do art. 1.º desta Lei, sendo obrigatório o credenciamento prévio no Poder Judiciário, conforme disciplinado pelos órgãos respectivos.

§ 1.º O credenciamento no Poder Judiciário será realizado mediante procedimento no qual esteja assegurada a adequada identificação presencial do interessado.

§ 2.º Ao credenciado será atribuído registro e meio de acesso ao sistema, de modo a preservar o sigilo, a identificação e a autenticidade de suas comunicações.

§ 3.º Os órgãos do Poder Judiciário poderão criar um cadastro único para o credenciamento previsto neste artigo.

Art. 3.º Consideram-se realizados os atos processuais por meio eletrônico no dia e hora do seu envio ao sistema do Poder Judiciário, do que deverá ser fornecido protocolo eletrônico.

Parágrafo único. Quando a petição eletrônica for enviada para atender prazo processual, serão consideradas tempestivas as transmitidas até as 24 (vinte e quatro) horas do seu último dia.

Capítulo II
DA COMUNICAÇÃO ELETRÔNICA DOS ATOS PROCESSUAIS

Art. 4.º Os tribunais poderão criar *Diário da Justiça* eletrônico, disponibilizado em sítio da rede mundial de computadores, para publicação de atos judiciais e administrativos próprios e dos órgãos a eles subordinados, bem como comunicações em geral.

§ 1.º O sítio e o conteúdo das publicações de que trata este artigo deverão ser assinados digitalmente com base em certificado emitido por Autoridade Certificadora credenciada na forma da lei específica.

§ 2.º A publicação eletrônica na forma deste artigo substitui qualquer outro meio e publicação oficial, para quaisquer efeitos legais, à exceção dos casos que, por lei, exigem intimação ou vista pessoal.

§ 3.º Considera-se como data da publicação o primeiro dia útil seguinte ao da disponibilização da informação no *Diário da Justiça* eletrônico.

§ 4.º Os prazos processuais terão início no primeiro dia útil que seguir ao considerado como data da publicação.

§ 5.º A criação do *Diário da Justiça* eletrônico deverá ser acompanhada de ampla divulgação, e o ato administrativo correspondente será publicado durante 30 (trinta) dias no diário oficial em uso.

Art. 5.º As intimações serão feitas por meio eletrônico em portal próprio aos que se cadastrarem na forma do art. 2.º desta Lei, dispensando-se a publicação no órgão oficial, inclusive eletrônico.

§ 1.º Considerar-se-á realizada a intimação no dia em que o intimando efetivar a consulta eletrônica ao teor da intimação, certificando-se nos autos a sua realização.

§ 2.º Na hipótese do § 1.º deste artigo, nos casos em que a consulta se dê em dia não útil, a intimação será considerada como realizada no primeiro dia útil seguinte.

§ 3.º A consulta referida nos §§ 1.º e 2.º deste artigo deverá ser feita em até 10 (dez) dias corridos contados da data do envio da intimação, sob pena de considerar-se a intimação automaticamente realizada na data do término desse prazo.

§ 4.º Em caráter informativo, poderá ser efetivada remessa de correspondência eletrônica, comunicando o envio da intimação e a abertura automática do prazo processual nos termos do § 3.º deste artigo, aos que manifestarem interesse por esse serviço.

§ 5.º Nos casos urgentes em que a intimação feita na forma deste artigo possa causar prejuízo a quaisquer das partes ou nos casos em que for evidenciada qualquer tentativa de burla ao sistema, o ato processual deverá ser realizado por outro meio que atinja a sua finalidade, conforme determinado pelo juiz.

(*) Publicada no *Diário Oficial da União*, de 20-12-2006. A Resolução n. 10, de 6-10-2015, regulamenta o processo judicial eletrônico no âmbito do STJ. A Resolução n. 427, de 20-4-2010, regulamenta o processo eletrônico no âmbito do STF (*e-STF*). A Instrução Normativa n. 30, de 13-9-2007, do TST, regulamenta esta Lei no âmbito da Justiça do Trabalho.

§ 6.º As intimações feitas na forma deste artigo, inclusive da Fazenda Pública, serão consideradas pessoais para todos os efeitos legais.

Art. 6.º Observadas as formas e as cautelas do art. 5.º desta Lei, as citações, inclusive da Fazenda Pública, excetuadas as dos Direitos Processuais Criminal e Infracional, poderão ser feitas por meio eletrônico, desde que a íntegra dos autos seja acessível ao citando.

Art. 7.º As cartas precatórias, rogatórias, de ordem e, de um modo geral, todas as comunicações oficiais que transitem entre órgãos do Poder Judiciário, bem como entre os deste e os dos demais Poderes, serão feitas preferencialmente por meio eletrônico.

Capítulo III
DO PROCESSO ELETRÔNICO

Art. 8.º Os órgãos do Poder Judiciário poderão desenvolver sistemas eletrônicos de processamento de ações judiciais por meio de autos total ou parcialmente digitais, utilizando, preferencialmente, a rede mundial de computadores e acesso por meio de redes internas e externas.

Parágrafo único. Todos os atos processuais do processo eletrônico serão assinados eletronicamente na forma estabelecida nesta Lei.

Art. 9.º No processo eletrônico, todas as citações, intimações e notificações, inclusive da Fazenda Pública, serão feitas por meio eletrônico, na forma desta Lei.

§ 1.º As citações, intimações, notificações e remessas que viabilizem o acesso à íntegra do processo correspondente serão consideradas vista pessoal do interessado para todos os efeitos legais.

§ 2.º Quando, por motivo técnico, for inviável o uso do meio eletrônico para a realização de citação, intimação ou notificação, esses atos processuais poderão ser praticados segundo as regras ordinárias, digitalizando-se o documento físico, que deverá ser posteriormente destruído.

Art. 10. A distribuição da petição inicial e a juntada da contestação, dos recursos e das petições em geral, todos em formato digital, nos autos de processo eletrônico, podem ser feitas diretamente pelos advogados públicos e privados, sem necessidade da intervenção do cartório ou secretaria judicial, situação em que a autuação deverá se dar de forma automática, fornecendo-se recibo eletrônico de protocolo.

§ 1.º Quando o ato processual tiver que ser praticado em determinado prazo, por meio de petição eletrônica, serão considerados tempestivos os efetivados até as 24 (vinte e quatro) horas do último dia.

§ 2.º No caso do § 1.º deste artigo, se o Sistema do Poder Judiciário se tornar indisponível por motivo técnico, o prazo fica automaticamente prorrogado para o primeiro dia útil seguinte à resolução do problema.

§ 3.º Os órgãos do Poder Judiciário deverão manter equipamentos de digitalização e de acesso à rede mundial de computadores à disposição dos interessados para distribuição de peças processuais.

Art. 11. Os documentos produzidos eletronicamente e juntados aos processos eletrônicos com garantia da origem e de seu signatário, na forma estabelecida nesta Lei, serão considerados originais para todos os efeitos legais.

§ 1.º Os extratos digitais e os documentos digitalizados e juntados aos autos pelos órgãos da Justiça e seus auxiliares, pelo Ministério Público e seus auxiliares, pelas procuradorias, pelas autoridades policiais, pelas repartições públicas em geral e por advogados públicos e privados têm a mesma força probante dos originais, ressalvada a alegação motivada e fundamentada de adulteração antes ou durante o processo de digitalização.

§ 2.º A arguição de falsidade do documento original será processada eletronicamente na forma da lei processual em vigor.

§ 3.º Os originais dos documentos digitalizados, mencionados no § 2.º deste artigo, deverão ser preservados pelo seu detentor até o trânsito em julgado da sentença ou, quando admitida, até o final do prazo para interposição de ação rescisória.

§ 4.º (*Vetado*).

§ 5.º Os documentos cuja digitalização seja tecnicamente inviável devido ao grande volume ou por motivo de ilegibilidade deverão ser apresentados ao cartório ou secretaria no prazo de 10 (dez) dias contados do envio de petição eletrônica comunicando o fato, os quais serão devolvidos à parte após o trânsito em julgado.

•• A Lei n. 14.318, de 29-3-2022, em vigor após 730 dias da sua publicação (*DOU* de 30-3-2022), dá nova redação a este § 5.º:
"**§ 5.º** Os documentos cuja digitalização seja tecnicamente inviável devido ao grande volume ou por motivo de ilegibilidade deverão ser apresentados ao cartório ou secretaria ou encaminhados por meio de protocolo integrado judicial nacional no prazo de 10 (dez) dias contado do envio de petição eletrônica comunicando o fato, os quais serão devolvidos à parte após o trânsito em julgado".

§ 6.º Os documentos digitalizados juntados em processo eletrônico estarão disponíveis para acesso por meio da rede externa pelas respectivas partes processuais, pelos advogados, independentemente de procuração nos autos, pelos membros do Ministério Público e pelos magistrados, sem prejuízo da possibilidade de visualização nas secretarias dos órgãos julgadores, à exceção daqueles que tramitarem em segredo de justiça.

•• § 6.º com redação determinada pela Lei n. 13.793, de 3-1-2019.

§ 7.º Os sistemas de informações pertinentes a processos eletrônicos devem possibilitar que advogados, procuradores e membros do Ministério Público cadastrados, mas não vinculados a processo previamente identificado, acessem automaticamente todos os atos e documentos processuais armazenados em meio eletrônico, desde que demonstrado interesse para fins apenas de registro, salvo nos casos de processos em segredo de justiça.

•• § 7.º acrescentado pela Lei n. 13.793, de 3-1-2019.

Art. 12. A conservação dos autos do processo poderá ser efetuada total ou parcialmente por meio eletrônico.

§ 1.º Os autos dos processos eletrônicos deverão ser protegidos por meio de sistemas de segurança de acesso e armazenados em meio que garanta a preservação e integridade dos dados, sendo dispensada a formação de autos suplementares.

§ 2.º Os autos de processos eletrônicos que tiverem de ser remetidos a outro juízo ou instância superior que não disponham de sistema compatível deverão ser impressos em papel, autuados na forma dos arts. 166 a 168 da Lei n. 5.869, de 11 de janeiro de 1973 – Código de Processo Civil, ainda que de natureza criminal ou trabalhista, ou pertinentes a juizado especial.

•• A referência é feita ao CPC de 1973. *Vide* arts. 206 a 208 do CPC de 2015.

§ 3.º No caso do § 2.º deste artigo, o escrivão ou o chefe de secretaria certificará os autores ou a origem dos documentos produzidos nos autos, acrescentando, ressalvada a hipótese de existir segredo de justiça, a forma pela qual o banco de dados poderá ser acessado para aferir a autenticidade das peças e das respectivas assinaturas digitais.

§ 4.º Feita a autuação na forma estabelecida no § 2.º deste artigo, o processo seguirá a tramitação legalmente estabelecida para os processos físicos.

§ 5.º A digitalização de autos em mídia não digital, em tramitação ou já arquivados, será precedida de publicação de editais de intimações ou da intimação pessoal das partes e de seus procuradores, para que, no prazo preclusivo de 30 (trinta) dias, se manifestem sobre o desejo de manterem pessoalmente a guarda de algum dos documentos originais.

Art. 13. O magistrado poderá determinar que sejam realizados por meio eletrônico a exibição e o envio de dados e de documentos necessários à instrução do processo.

§ 1.º Consideram-se cadastros públicos, para os efeitos deste artigo, dentre outros existentes ou que venham a ser criados, ainda que mantidos por concessionárias de serviço público ou empresas privadas, os que contenham informações indispensáveis ao exercício da função judicante.

§ 2.º O acesso de que trata este artigo dar-se-á por qualquer meio tecnológico disponível, preferentemente o de menor custo, considerada sua eficiência.

§ 3.º (*Vetado*).

Lei n. 11.438, de 29-12-2006 – Imposto de Renda

Capítulo IV
DISPOSIÇÕES GERAIS E FINAIS

Art. 14. Os sistemas a serem desenvolvidos pelos órgãos do Poder Judiciário deverão usar, preferencialmente, programas com código aberto, acessíveis ininterruptamente por meio da rede mundial de computadores, priorizando-se a sua padronização.

Parágrafo único. Os sistemas devem buscar identificar os casos de ocorrência de prevenção, litispendência e coisa julgada.

Art. 15. Salvo impossibilidade que comprometa o acesso à justiça, a parte deverá informar, ao distribuir a petição inicial de qualquer ação judicial, o número no cadastro de pessoas físicas ou jurídicas, conforme o caso, perante a Secretaria da Receita Federal.

Parágrafo único. Da mesma forma, as peças de acusação criminais deverão ser instruídas pelos membros do Ministério Público ou pelas autoridades policiais com os números de registros dos acusados no Instituto Nacional de Identificação do Ministério da Justiça, se houver.

Art. 16. Os livros cartorários e demais repositórios dos órgãos do Poder Judiciário poderão ser gerados e armazenados em meio totalmente eletrônico.

Art. 17. (*Vetado*.)

Art. 18. Os órgãos do Poder Judiciário regulamentarão esta Lei, no que couber, no âmbito de suas respectivas competências.

Art. 19. Ficam convalidados os atos processuais praticados por meio eletrônico até a data de publicação desta Lei, desde que tenham atingido sua finalidade e não tenha havido prejuízo para as partes.

Art. 20. A Lei n. 5.869, de 11 de janeiro de 1973 – Código de Processo Civil, passa a vigorar com as seguintes alterações:

•• Alterações já processadas no diploma modificado.
•• Alteração prejudicada em face da revogação do CPC de 1973 pela Lei n. 13.105, de 16-3-2015.

Art. 21. (*Vetado*.)

Art. 22. Esta Lei entra em vigor 90 (noventa) dias depois de sua publicação.

Brasília, 19 de dezembro de 2006; 185.º da Independência e 118.º da República.

Luiz Inácio Lula da Silva

LEI N. 11.438, DE 29 DE DEZEMBRO DE 2006 (*)

Dispõe sobre incentivos e benefícios para fomentar as atividades de caráter desportivo e dá outras providências.

O Presidente da República.
Faço saber que o Congresso Nacional decreta e eu sanciono a seguinte Lei:

(*) Publicada no *Diário Oficial da União*, de 29-12-2006 – Edição extra. Regulamentada pelo Decreto n. 6.180, de 3-8-2007.

Capítulo I
DOS INCENTIVOS AO DESPORTO

Art. 1.º A partir do ano-calendário de 2007, até o ano-calendário de 2027, inclusive, poderão ser deduzidos do imposto de renda devido, apurado na Declaração de Ajuste Anual pelas pessoas físicas ou em cada período de apuração, trimestral ou anual, pela pessoa jurídica tributada com base no lucro real, os valores despendidos a título de patrocínio ou doação no apoio direto a projetos desportivos e paradesportivos previamente aprovados pelo Ministério da Cidadania.

•• *Caput* com redação determinada pela Lei n. 14.439, de 24-8-2022, produzindo efeitos a partir de 1.º-1-2023.

§ 1.º As deduções de que trata o *caput* deste artigo ficam limitadas:

I – relativamente à pessoa jurídica, a 2% (dois por cento) do imposto devido, observado o disposto no § 4.º do art. 3.º da Lei n. 9.249, de 26 de dezembro de 1995, em cada período de apuração;

•• Inciso I com redação determinada pela Lei n. 14.439, de 24-8-2022, produzindo efeitos a partir de 1.º-1-2023.

II – relativamente à pessoa física, a 7% (sete por cento) do imposto devido na Declaração de Ajuste Anual, conjuntamente com as deduções a que se referem os incisos I, II e III do art. 12 da Lei n. 9.250, de 26 de dezembro de 1995.

•• Inciso II com redação determinada pela Lei n. 14.439, de 24-8-2022, produzindo efeitos a partir de 1.º-1-2023.

§ 2.º As pessoas jurídicas não poderão deduzir os valores de que trata o *caput* deste artigo para fins de determinação do lucro real e da base de cálculo da Contribuição Social sobre o Lucro Líquido – CSLL.

§ 3.º Os benefícios de que trata este artigo não excluem ou reduzem outros benefícios fiscais e deduções em vigor.

§ 4.º Não são dedutíveis os valores destinados a patrocínio ou doação em favor de projetos que beneficiem, direta ou indiretamente, pessoa física ou jurídica vinculada ao doador ou patrocinador.

§ 5.º Consideram-se vinculados ao patrocinador ou ao doador:

I – a pessoa jurídica da qual o patrocinador ou o doador seja titular, administrador, gerente, acionista ou sócio, na data da operação ou nos 12 (doze) meses anteriores;

II – o cônjuge, os parentes até o terceiro grau, inclusive os afins, e os dependentes do patrocinador, do doador ou dos titulares, administradores, acionistas ou sócios de pessoa jurídica vinculada ao patrocinador ou ao doador, nos termos do inciso I deste parágrafo;

III – a pessoa jurídica coligada, controladora ou controlada, ou que tenha como titulares, administradores acionistas ou sócios alguma das pessoas a que se refere o inciso II deste parágrafo.

§ 6.º O limite previsto no inciso I do § 1.º deste artigo será de 4% (quatro por cento) quando o projeto desportivo ou paradesportivo for destinado a promover a inclusão social por meio do esporte, preferencialmente em comunidades em situação de vulnerabilidade social, nos termos do § 1.º do art. 2.º desta Lei, conjuntamente com as deduções a que se referem o art. 26 da Lei n. 8.313, de 23 de dezembro de 1991, e o art. 1.º da Lei n. 8.685, de 20 de julho de 1993.

•• § 6.º acrescentado pela Lei n. 14.439, de 24-8-2022, produzindo efeitos a partir de 1.º-1-2023.

§ 7.º (*Vetado*.)

•• § 7.º acrescentado pela Lei n. 14.439, de 24-8-2022, produzindo efeitos a partir de 1.º-1-2023.

Art. 2.º Os projetos desportivos e paradesportivos, em cujo favor serão captados e direcionados os recursos oriundos dos incentivos previstos nesta Lei, atenderão a pelo menos uma das seguintes manifestações, nos termos e condições definidas em regulamento:

•• *Caput* com redação determinada pela Lei n. 11.472, de 2-5-2007.

• A Portaria n. 86, de 21-7-2011, do Ministério do Esporte, dispõe sobre a utilização do Selo da Lei de Incentivo ao Esporte, das Logomarcas do Ministério do Esporte, do Governo Federal e do uso da Bandeira Nacional na identidade visual dos projetos de que trata esta lei.

I – desporto educacional;

II – desporto de participação;

III – desporto de rendimento.

§ 1.º Poderão receber os recursos oriundos dos incentivos previstos nesta Lei os projetos desportivos destinados a promover a inclusão social por meio do esporte, preferencialmente em comunidades de vulnerabilidade social.

§ 2.º É vedada a utilização dos recursos oriundos dos incentivos previstos nesta Lei para o pagamento de remuneração de atletas profissionais, nos termos da Lei n. 9.615, de 24 de março de 1998, em qualquer modalidade desportiva.

• A Lei n. 9.615, de 24-3-1998, institui normas gerais sobre desporto e dá outras providências.

§ 3.º O proponente não poderá captar, para cada projeto, entre patrocínio e doação, valor superior ao aprovado pelo Ministério do Esporte, na forma do art. 4.º desta Lei.

Art. 3.º Para fins do disposto nesta Lei, considera-se:

I – patrocínio:

a) a transferência gratuita, em caráter definitivo, ao proponente de que trata o inciso V do *caput* deste artigo de numerário para a realização de projetos desportivos e paradesportivos, com finalidade promocional e institucional de publicidade;

•• Alínea *a* com redação determinada pela Lei n. 11.472, de 2-5-2007.

b) a cobertura de gastos ou a utilização de bens, móveis ou imóveis, do patrocinador, sem transferência de domínio, para a realização de projetos desportivos e paradespor-

tivos pelo proponente de que trata o inciso V do *caput* deste artigo;
•• Alínea b com redação determinada pela Lei n. 11.472, de 2-5-2007.

II – doação:

a) a transferência gratuita, em caráter definitivo, ao proponente de que trata o inciso V do *caput* deste artigo de numerário, bens ou serviços para a realização de projetos desportivos e paradesportivos, desde que não empregados em publicidade, ainda que para divulgação das atividades objeto do respectivo projeto;
•• Alínea a com redação determinada pela Lei n. 11.472, de 2-5-2007.

b) a distribuição gratuita de ingressos para eventos de caráter desportivo e paradesportivo por pessoa jurídica a empregados e seus dependentes legais ou a integrantes de comunidades de vulnerabilidade social;
•• Alínea b com redação determinada pela Lei n. 11.472, de 2-5-2007.

III – patrocinador: a pessoa física ou jurídica, contribuinte do imposto de renda, que apoie projetos aprovados pelo Ministério do Esporte nos termos do inciso I do *caput* deste artigo;

IV – doador: a pessoa física ou jurídica, contribuinte do imposto de renda, que apoie projetos aprovados pelo Ministério do Esporte nos termos do inciso II do *caput* deste artigo;

V – proponente: a pessoa física ou a pessoa jurídica de direito público, ou de direito privado com fins não econômicos, de natureza esportiva, bem como as instituições de ensino fundamental, médio e superior, que tenham projeto aprovado nos termos desta Lei.
•• Inciso V com redação determinada pela Lei n. 14.933, de 24-7-2024.

Art. 4.º A avaliação e a aprovação do enquadramento dos projetos apresentados na forma prevista no art. 5.º desta Lei cabem a uma Comissão Técnica vinculada ao Ministério do Esporte, garantindo-se a participação de representantes governamentais, designados pelo Ministro do Esporte, e representantes do setor desportivo, indicados pelo Conselho Nacional de Esporte.

Parágrafo único. A composição, a organização e o funcionamento da comissão serão estipulados e definidos em regulamento.

Art. 5.º Os projetos desportivos e paradesportivos de que trata o art. 1.º desta Lei serão submetidos ao Ministério do Esporte, acompanhados da documentação estabelecida em regulamento e de orçamento analítico.

§ 1.º A aprovação dos projetos de que trata o *caput* deste artigo somente terá eficácia após a publicação de ato oficial contendo o título do projeto aprovado, a instituição responsável, o valor autorizado para captação e o prazo de validade da autorização.

§ 2.º Os projetos aprovados e executados com recursos desta Lei serão acompanhados e avaliados pelo Ministério do Esporte.

Capítulo II
DISPOSIÇÕES GERAIS

Art. 6.º A divulgação das atividades, bens ou serviços resultantes dos projetos desportivos e paradesportivos financiados nos termos desta Lei mencionará o apoio institucional, com inserção da Bandeira Nacional, nos termos da Lei n. 5.700, de 1.º de setembro de 1971.
• A Lei n. 5.700, de 1.º-9-1971, dispõe sobre a forma e a apresentação dos símbolos nacionais.

Art. 7.º A prestação de contas dos projetos beneficiados pelos incentivos previstos nesta Lei fica a cargo do proponente e será apresentada ao Ministério do Esporte, na forma estabelecida pelo regulamento.

Art. 8.º O Ministério do Esporte informará à Secretaria da Receita Federal do Brasil – RFB os valores correspondentes a doação ou patrocínio destinados ao apoio direto a projetos desportivos e paradesportivos, no ano-calendário anterior.
•• *Caput* com redação determinada pela Lei n. 13.043, de 13-11-2014.

Parágrafo único. A RFB estabelecerá, em ato normativo próprio, a forma, o prazo e as condições para o cumprimento da obrigação acessória a que se refere o *caput* deste artigo.
•• Parágrafo único com redação determinada pela Lei n. 13.043, de 13-11-2014.

Art. 9.º Compete à Secretaria da Receita Federal, no âmbito de suas atribuições, a fiscalização dos incentivos previstos nesta Lei.
•• Vide nota ao art. 8.º, *caput*, desta Lei.

Art. 10. Constituem infração aos dispositivos desta Lei:

I – o recebimento pelo patrocinador ou doador de qualquer vantagem financeira ou material em decorrência do patrocínio ou da doação que com base nela efetuar;

II – agir o patrocinador, o doador ou o proponente com dolo, fraude ou simulação para utilizar incentivo nela previsto;

III – desviar para finalidade diversa da fixada nos respectivos projetos dos recursos, bens, valores ou benefícios com base nela obtidos;

IV – adiar, antecipar ou cancelar, sem justa causa, atividade desportiva beneficiada pelos incentivos nela previstos;

V – o descumprimento de qualquer das suas disposições ou das estabelecidas em sua regulamentação.

Art. 11. As infrações aos dispositivos desta Lei, sem prejuízo das demais sanções cabíveis, sujeitarão:

I – o patrocinador ou o doador ao pagamento do imposto não recolhido, além das penalidades e demais acréscimos previstos na legislação;

II – o infrator ao pagamento de multa correspondente a 2 (duas) vezes o valor da vantagem auferida indevidamente, sem prejuízo do disposto no inciso I do *caput* deste artigo.

Parágrafo único. O proponente é solidariamente responsável por inadimplência ou irregularidade verificada quanto ao disposto no inciso I do *caput* deste artigo.

Art. 12. Os recursos provenientes de doações ou patrocínios efetuados nos termos do art. 1.º desta Lei serão depositados e movimentados em conta bancária específica, no Banco do Brasil S.A. ou na Caixa Econômica Federal, que tenha como titular o proponente do projeto aprovado pelo Ministério do Esporte.

Parágrafo único. Não são dedutíveis, nos termos desta Lei, os valores em relação aos quais não se observe o disposto neste artigo.

Art. 13. Todos os recursos utilizados no apoio direto a projetos desportivos e paradesportivos previstos nesta Lei deverão ser disponibilizados na rede mundial de computadores, de acordo com a Lei n. 9.755, de 16 de dezembro de 1998.
• A Lei n. 9.755, de 16-12-1998, dispõe sobre a criação de *homepage* na Internet, pelo Tribunal de Contas da União, para divulgação dos dados e informações que especifica.

Parágrafo único. Os recursos a que se refere o *caput* deste artigo ainda deverão ser disponibilizados, mensalmente, no sítio do Ministério do Esporte, constando a sua origem e destinação.

Art. 13-A. O valor máximo das deduções de que trata o art. 1.º desta Lei será fixado anualmente em ato do Poder Executivo, com base em um percentual da renda tributável das pessoas físicas e do imposto sobre a renda devido por pessoas jurídicas.
•• *Caput* com redação determinada pela Lei n. 14.439, de 24-8-2022, produzindo efeitos a partir de 1.º-1-2023.

Parágrafo único. Do valor máximo a que se refere o *caput* deste artigo o Poder Executivo fixará os limites a serem aplicados para cada uma das manifestações de que trata o art. 2.º desta Lei.
•• Parágrafo único acrescentado pela Lei n. 11.472, de 2-5-2007.

Art. 13-B. A divulgação das atividades, bens ou serviços resultantes de projetos desportivos e paradesportivos, culturais e de produção audiovisual e artística financiados com recursos públicos mencionará o apoio institucional com a inserção da Bandeira Nacional, nos termos da Lei n. 5.700, de 1.º de setembro de 1971.
•• Artigo acrescentado pela Lei n. 11.472, de 2-5-2007.

Art. 13-C. Sem prejuízo do disposto no art. 166 da Constituição Federal, os Ministérios da Cultura e do Esporte encaminharão ao Congresso Nacional relatórios detalhados acerca da destinação e regular aplicação dos recursos provenientes das deduções e

Lei n. 11.457, de 16-3-2007 – Super-Receita

benefícios fiscais previstos nas Leis n. 8.313, de 23 de dezembro de 1991, e 11.438, de 29 de dezembro de 2006, para fins de acompanhamento e fiscalização orçamentária das operações realizadas.

•• Artigo acrescentado pela Lei n. 11.472, de 2-5-2007.

Art. 14. Esta Lei entra em vigor na data de sua publicação.

Brasília, 29 de dezembro de 2006; 185.º da Independência e 118.º da República.

Luiz Inácio Lula da Silva

LEI N. 11.457, DE 16 DE MARÇO DE 2007 (*)

Dispõe sobre a Administração Tributária Federal; altera as Leis n. 10.593, de 6 de dezembro de 2002, 10.683, de 28 de maio de 2003, 8.212, de 24 de julho de 1991, 10.910, de 15 de julho de 2004, o Decreto-lei n. 5.452, de 1.º de maio de 1943, e o Decreto n. 70.235, de 6 de março de 1972; revoga dispositivos das Leis n. 8.212, de 24 de julho de 1991, 10.593, de 6 de dezembro de 2002, 10.910, de 15 de julho de 2004, 11.098, de 13 de janeiro de 2005, e 9.317, de 5 de dezembro de 1996; e dá outras providências.

O Presidente da República.
Faço saber que o Congresso Nacional decreta e eu sanciono a seguinte Lei:

Capítulo I
DA SECRETARIA DA RECEITA FEDERAL DO BRASIL

Art. 1.º A Secretaria da Receita Federal passa a denominar-se Secretaria da Receita Federal do Brasil, órgão essencial ao funcionamento do Estado, de caráter permanente, estruturado de forma hierárquica e diretamente subordinado ao Ministro de Estado da Fazenda e que tem por finalidade a administração tributária e aduaneira da União.

•• *Caput* com redação determinada pela Lei n. 13.464, de 10-7-2017.

Parágrafo único. São essenciais e indelegáveis as atividades da administração tributária e aduaneira da União exercidas pelos servidores dos quadros funcionais da Secretaria da Receita Federal do Brasil.

•• Parágrafo único acrescentado pela Lei n. 13.464, de 10-7-2017.

Art. 2.º Além das competências atribuídas pela legislação vigente à Secretaria da Receita Federal, cabe à Secretaria da Receita Federal do Brasil planejar, executar, acompanhar e avaliar as atividades relativas a tributação, fiscalização, arrecadação, cobrança e recolhimento das contribuições sociais previstas nas alíneas *a*, *b* e *c* do parágrafo único do art. 11 da Lei n. 8.212, de 24 de julho de 1991, e das contribuições instituídas a título de substituição.

•• *Vide* art. 25 desta Lei.

•• O art. 11 da Lei n. 8.212, de 24-7-1991, dispõe:
"Art. 11. No âmbito federal, o orçamento da Seguridade Social é composto das seguintes receitas:
I – receitas da União;
II – receitas das contribuições sociais;
III – receitas de outras fontes.
Parágrafo único. Constituem contribuições sociais:
a) as das empresas, incidentes sobre a remuneração paga ou creditada aos segurados a seu serviço;
b) as dos empregadores domésticos;
c) as dos trabalhadores, incidentes sobre o seu salário de contribuição;
d) as das empresas, incidentes sobre faturamento e lucro;
e) as incidentes sobre a receita de concursos de prognósticos".

•• O Decreto n. 6.103, de 30-4-2007, antecipa para 2-5-2007 a aplicação do Decreto n. 70.235, de 6-3-1972, aos processos administrativo-fiscais de determinação e exigência de créditos tributários relativos às contribuições de que tratam os arts. 2.º e 3.º desta Lei, no que diz respeito aos prazos processuais e à competência para julgamento em primeira instância, pelos órgãos de deliberação interna e natureza colegiada da Secretaria da Receita Federal do Brasil.

•• A Portaria n. 10.875, de 16-8-2007, da Secretaria da Receita Federal do Brasil, disciplina o processo administrativo fiscal relativo às contribuições sociais de que trata este artigo.

• *Vide* Súmula 666 do STJ.
• *Vide* arts. 4.º e 16 desta Lei.

§ 1.º O produto da arrecadação das contribuições especificadas no *caput* deste artigo e acréscimos legais incidentes serão destinados, em caráter exclusivo, ao pagamento de benefícios do Regime Geral de Previdência Social e creditados diretamente ao Fundo do Regime Geral de Previdência Social, de que trata o art. 68 da Lei Complementar n. 101, de 4 de maio de 2000.

• Citado dispositivo consta deste volume.

§ 2.º Nos termos do art. 58 da Lei Complementar n. 101, de 4 de maio de 2000, a Secretaria da Receita Federal do Brasil prestará contas anualmente ao Conselho Nacional de Previdência Social dos resultados da arrecadação das contribuições sociais destinadas ao financiamento do Regime Geral de Previdência Social e das compensações a elas referentes.

§ 3.º As obrigações previstas na Lei n. 8.212, de 24 de julho de 1991, relativas às contribuições sociais de que trata o *caput* deste artigo serão cumpridas perante a Secretaria da Receita Federal do Brasil.

§ 4.º Fica extinta a Secretaria da Receita Previdenciária do Ministério da Previdência Social.

Art. 3.º As atribuições de que trata o art. 2.º desta Lei se estendem às contribuições devidas a terceiros, assim entendidas outras entidades e fundos, na forma da legislação em vigor, aplicando-se em relação a essas contribuições, no que couber, as disposições desta Lei.

•• *Vide* arts. 4.º, 16 e 25 desta Lei.
•• *Vide* notas ao *caput* do artigo anterior.
•• *Vide* Súmula 666 do STJ.

§ 1.º A retribuição pelos serviços referidos no *caput* deste artigo será de 3,5% (três inteiros e cinco décimos por cento) do montante arrecadado, salvo percentual diverso estabelecido em lei específica.

§ 2.º O disposto no *caput* deste artigo abrangerá exclusivamente contribuições cuja base de cálculo seja a mesma das que incidem sobre a remuneração paga, devida ou creditada a segurados do Regime Geral de Previdência Social ou instituídas sobre outras bases a título de substituição.

§ 3.º As contribuições de que trata o *caput* deste artigo sujeitam-se aos mesmos prazos, condições, sanções e privilégios daquelas referidas no art. 2.º desta Lei, inclusive no que diz respeito à cobrança judicial.

§ 4.º A remuneração de que trata o § 1.º deste artigo será creditada ao Fundo Especial de Desenvolvimento e Aperfeiçoamento das Atividades de Fiscalização – FUNDAF, instituído pelo Decreto-lei n. 1.437, de 17 de dezembro de 1975.

§ 5.º Durante a vigência da isenção pelo atendimento cumulativo aos requisitos constantes dos incisos I a V do *caput* do art. 55 da Lei n. 8.212, de 24 de julho de 1991, deferida pelo Instituto Nacional do Seguro Social – INSS, pela Secretaria da Receita Previdenciária ou pela Secretaria da Receita Federal do Brasil, não são devidas pela entidade beneficente de assistência social as contribuições sociais previstas em lei a outras entidades ou fundos.

§ 6.º Equiparam-se a contribuições de terceiros, para fins desta Lei, as destinadas ao Fundo Aeroviário – FA, à Diretoria de Portos e Costas do Comando da Marinha – DPC e ao Instituto Nacional de Colonização e Reforma Agrária – INCRA e a do salário-educação.

Art. 4.º São transferidos para a Secretaria da Receita Federal do Brasil os processos administrativo-fiscais, inclusive os relativos aos créditos já constituídos ou em fase de constituição, e as guias e declarações apresentadas ao Ministério da Previdência Social ou ao Instituto Nacional do Seguro Social – INSS, referentes às contribuições de que tratam os arts. 2.º e 3.º desta Lei.

Art. 5.º Além das demais competências estabelecidas na legislação que lhe é aplicável, cabe ao INSS:

I – emitir certidão relativa a tempo de contribuição;

II – gerir o Fundo do Regime Geral de Previdência Social;

III – calcular o montante das contribuições referidas no art. 2.º desta Lei e emitir o correspondente documento de arrecadação, com vistas no atendimento conclusivo para concessão ou revisão de benefício requerido.

Art. 6.º Ato conjunto da Secretaria da Receita Federal do Brasil e do INSS definirá a forma de transferência recíproca de informações relacionadas com as contribuições sociais a que se referem os arts. 2.º e 3.º desta Lei.

(*) Publicada no *Diário Oficial da União*, de 19-3-2007.

Parágrafo único. Com relação às informações de que trata o *caput* deste artigo, a Secretaria da Receita Federal do Brasil e o INSS são responsáveis pela preservação do sigilo fiscal previsto no art. 198 da Lei n. 5.172, de 25 de outubro de 1966.

Capítulo II
DA PROCURADORIA-GERAL DA FAZENDA NACIONAL

Art. 16. A partir do 1.º (primeiro) dia do 2.º (segundo) mês subsequente ao da publicação desta Lei, o débito original e seus acréscimos legais, além de outras multas previstas em lei, relativos às contribuições de que tratam os arts. 2.º e 3.º desta Lei, constituem dívida ativa da União.

§ 1.º A partir do 1.º (primeiro) dia do 13.º (décimo terceiro) mês subsequente ao da publicação desta Lei, o disposto no *caput* deste artigo se estende à dívida ativa do Instituto Nacional do Seguro Social – INSS e do Fundo Nacional de Desenvolvimento da Educação – FNDE decorrente das contribuições a que se referem os arts. 2.º e 3.º desta Lei.

§ 2.º Aplica-se à arrecadação da dívida ativa decorrente das contribuições de que trata o art. 2.º desta Lei o disposto no § 1.º daquele artigo.

§ 3.º Compete à Procuradoria-Geral Federal representar judicial e extrajudicialmente:

I – o INSS e o FNDE, em processos que tenham por objeto a cobrança de contribuições previdenciárias, inclusive nos que pretendam a contestação do crédito tributário, até a data prevista no § 1.º deste artigo;

II – a União, nos processos da Justiça do Trabalho relacionados com a cobrança de contribuições previdenciárias, de imposto de renda retido na fonte e de multas impostas aos empregadores pelos órgãos de fiscalização das relações do trabalho, mediante delegação da Procuradoria-Geral da Fazenda Nacional.

• • A Portaria n. 346, de 30-11-2018, da AGU, estabelece procedimentos a serem adotados quando ocorrerem citações, intimações e notificações em desacordo com este dispositivo.

• • A Portaria Conjunta n. 13, de 19-8-2019, da AGU, disciplina a aplicação do art. 19-C da Lei n. 10.522, de 19-7-2002, no âmbito da delegação prevista neste dispositivo.

§ 4.º A delegação referida no inciso II do § 3.º deste artigo será comunicada aos órgãos judiciários e não alcançará a competência prevista no inciso II do art. 12 da Lei Complementar n. 73, de 10 de fevereiro de 1993.

• A Lei Complementar n. 73, de 10-2-1993, que institui a Lei Orgânica da Advocacia-Geral da União, dispõe no citado dispositivo que compete à Procuradoria-Geral da Fazenda Nacional representar privativamente a União na execução de sua dívida ativa de caráter tributário.

§ 5.º Recebida a comunicação aludida no § 4.º deste artigo, serão destinadas à Procuradoria-Geral Federal as citações, intimações e notificações efetuadas em processos abrangidos pelo objeto da delegação.

§ 6.º Antes de efetivar a transferência de atribuições decorrente do disposto no § 1.º deste artigo, a Procuradoria-Geral Federal concluirá os atos que se encontrarem pendentes.

§ 7.º A inscrição na dívida ativa da União das contribuições de que trata o art. 3.º desta Lei, na forma do *caput* e do § 1.º deste artigo, não altera a destinação final do produto da respectiva arrecadação.

Art. 22. As autarquias e fundações públicas federais darão apoio técnico, logístico e financeiro, pelo prazo de 24 (vinte e quatro) meses a partir da publicação desta Lei, para que a Procuradoria-Geral Federal assuma, de forma centralizada, nos termos dos §§ 11 e 12 do art. 10 da Lei n. 10.480, de 2 de julho de 2002, a execução de sua dívida ativa.

• A Lei n. 10.480, de 2-7-2002, dispõe sobre o quadro de pessoal da Advocacia-Geral da União.

Art. 23. Compete à Procuradoria-Geral da Fazenda Nacional a representação judicial na cobrança de créditos de qualquer natureza inscritos em Dívida Ativa da União.

Art. 24. É obrigatório que seja proferida decisão administrativa no prazo máximo de 360 (trezentos e sessenta) dias a contar do protocolo de petições, defesas ou recursos administrativos do contribuinte.

• • *Vide* arts. 38 e 43 da Lei n. 14.596, de 14-6-2023.

§§ 1.º e **2.º** (*Vetados*.)

Capítulo III
DO PROCESSO ADMINISTRATIVO FISCAL

Art. 25. Passam a ser regidos pelo Decreto n. 70.235, de 6 de março de 1972:

• Citado diploma consta deste volume.

I – a partir da data fixada no § 1.º do art. 16 desta Lei, os procedimentos fiscais e os processos administrativo-fiscais de determinação e exigência de créditos tributários referentes às contribuições de que tratam os arts. 2.º e 3.º desta Lei;

II – a partir da data fixada no *caput* do art. 16 desta Lei, os processos administrativos de consulta relativos às contribuições sociais mencionadas no art. 2.º desta Lei.

• *Vide* § 3.º deste artigo.

§ 1.º O Poder Executivo poderá antecipar ou postergar a data a que se refere o inciso I do *caput* deste artigo, relativamente a:

• O art. 1.º do Decreto n. 6.103, de 30-4-2007, dispõe: "Fica antecipada para 2-5-2007 a aplicação do Decreto n. 70.235, de 6-3-1972, aos processos administrativo-fiscais de determinação e exigência de créditos tributários relativos às contribuições de que tratam os arts. 2.º e 3.º da Lei n. 11.457, de 16-3-2007, no que diz respeito aos prazos processuais e à competência para julgamento em primeira instância, pelos órgãos de deliberação interna e natureza colegiada da Secretaria da Receita Federal do Brasil".

I – procedimentos fiscais, instrumentos de formalização do crédito tributário e prazos processuais;

II – competência para julgamento em 1.ª (primeira) instância pelos órgãos de deliberação interna e natureza colegiada.

§ 2.º (*Revogado pela Lei n. 13.670, de 30-5-2018*).

§ 3.º Aplicam-se, ainda, aos processos a que se refere o inciso II do *caput* deste artigo os arts. 48 e 49 da Lei n. 9.430, de 27 de dezembro de 1996.

• Citados dispositivos constam deste volume.

Art. 26. O valor correspondente à compensação de débitos relativos às contribuições de que trata o art. 2.º desta Lei será repassado ao Fundo do Regime Geral de Previdência Social no prazo máximo de 30 (trinta) dias úteis, contado da data em que ela for promovida de ofício ou em que for apresentada a declaração de compensação.

• • *Caput* com redação determinada pela Lei n. 13.670, de 30-5-2018.

Parágrafo único. (*Revogado pela Lei n. 13.670, de 30-5-2018*.)

Art. 26-A. O disposto no art. 74 da Lei n. 9.430, de 27 de dezembro de 1996:

• • *Caput* acrescentado pela Lei n. 13.670, de 30-5-2018.

I – aplica-se à compensação das contribuições a que se referem os arts. 2.º e 3.º desta Lei efetuada pelo sujeito passivo que utilizar o Sistema de Escrituração Digital das Obrigações Fiscais, Previdenciárias e Trabalhistas (eSocial), para apuração das referidas contribuições, observado o disposto no § 1.º deste artigo;

• • Inciso I acrescentado pela Lei n. 13.670, de 30-5-2018.

II – não se aplica à compensação das contribuições a que se referem os arts. 2.º e 3.º desta Lei efetuada pelos demais sujeitos passivos; e

• • Inciso II acrescentado pela Lei n. 13.670, de 30-5-2018.

III – não se aplica ao regime unificado de pagamento de tributos, de contribuições e dos demais encargos do empregador doméstico (Simples Doméstico).

• • Inciso III acrescentado pela Lei n. 13.670, de 30-5-2018.

§ 1.º Não poderão ser objeto da compensação de que trata o inciso I do *caput* deste artigo:

• • § 1.º, *caput*, acrescentado pela Lei n. 13.670, de 30-5-2018.

I – o débito das contribuições a que se referem os arts. 2.º e 3.º desta Lei:

• • Inciso I, *caput*, acrescentado pela Lei n. 13.670, de 30-5-2018.

a) relativo a período de apuração anterior à utilização do eSocial para a apuração das referidas contribuições; e

• • Alínea *a* acrescentada pela Lei n. 13.670, de 30-5-2018.

b) relativo a período de apuração posterior à utilização do eSocial com crédito dos de-

mais tributos administrados pela Secretaria da Receita Federal do Brasil concernente a período de apuração anterior à utilização do eSocial para apuração das referidas contribuições; e
•• Alínea *b* acrescentada pela Lei n. 13.670, de 30-5-2018.

II – o débito dos demais tributos administrados pela Secretaria da Receita Federal do Brasil:
•• Inciso II, *caput*, acrescentado pela Lei n. 13.670, de 30-5-2018.

a) relativo a período de apuração anterior à utilização do eSocial para apuração de tributos com crédito concernente às contribuições a que se referem os arts. 2.º e 3.º desta Lei; e
•• Alínea *a* acrescentada pela Lei n. 13.670, de 30-5-2018.

b) com crédito das contribuições a que se referem os arts. 2.º e 3.º desta Lei relativo a período de apuração anterior à utilização do eSocial para apuração das referidas contribuições.
•• Alínea *b* acrescentada pela Lei n. 13.670, de 30-5-2018.

§ 2.º A Secretaria da Receita Federal do Brasil disciplinará o disposto neste artigo.
•• § 2.º acrescentado pela Lei n. 13.670, de 30-5-2018.

Art. 27. Observado o disposto no art. 25 desta Lei, os procedimentos fiscais e os processos administrativo-fiscais referentes às contribuições sociais de que tratam os arts. 2.º e 3.º desta Lei permanecem regidos pela legislação precedente.

Art. 28. Ficam criadas, na Secretaria da Receita Federal do Brasil, 5 (cinco) Delegacias de Julgamento e 60 (sessenta) Turmas de Julgamento com competência para julgar, em 1.ª (primeira) instância, os processos de exigência de tributos e contribuições arrecadados pela Secretaria da Receita Federal do Brasil, a serem instaladas mediante ato do Ministro de Estado da Fazenda.

Art. 29. Fica transferida do Conselho de Recursos da Previdência Social para o 2.º Conselho de Contribuintes do Ministério da Fazenda a competência para julgamento de recursos referentes às contribuições de que tratam os arts. 2.º e 3.º desta Lei.

§ 1.º Para o exercício da competência a que se refere o *caput* deste artigo, serão instaladas no 2.º Conselho de Contribuintes, na forma da regulamentação pertinente, Câmaras especializadas, observada a composição prevista na parte final do inciso VII do *caput* do art. 194 da Constituição Federal.

§ 2.º Fica autorizado o funcionamento das Câmaras dos Conselhos de Contribuintes nas sedes das Regiões Fiscais da Secretaria da Receita Federal do Brasil.

Art. 30. No prazo de 30 (trinta) dias da publicação do ato de instalação das Câmaras previstas no § 1.º do art. 29 desta Lei, os processos administrativo-fiscais referentes às contribuições de que tratam os arts. 2.º e 3.º desta Lei que se encontrarem no Conselho de Recursos da Previdência Social serão encaminhados para o 2.º Conselho de Contribuintes.

Parágrafo único. Fica prorrogada a competência do Conselho de Recursos da Previdência Social durante o prazo a que se refere o *caput* deste artigo.

Capítulo IV
DO PARCELAMENTO DOS DÉBITOS PREVIDENCIÁRIOS DOS ESTADOS E DO DISTRITO FEDERAL

Art. 32. Os débitos de responsabilidade dos Estados e do Distrito Federal, de suas autarquias e fundações, relativos às contribuições sociais de que tratam as alíneas *a* e *c* do parágrafo único do art. 11 da Lei n. 8.212, de 24 de julho de 1991, com vencimento até o mês anterior ao da entrada em vigor desta Lei, poderão ser parcelados em até 240 (duzentas e quarenta) prestações mensais e consecutivas.
•• *Vide* nota ao art. 2.º desta Lei.

§ 1.º Os débitos referidos no *caput* deste artigo são aqueles originários de contribuições sociais e obrigações acessórias, constituídos ou não, inscritos ou não em dívida ativa, incluídos os que estiverem em fase de execução fiscal ajuizada, e os que tenham sido objeto de parcelamento anterior não integralmente quitado ou cancelado por falta de pagamento.

§ 2.º Os débitos ainda não constituídos deverão ser confessados de forma irretratável e irrevogável.

§ 3.º Poderão ser parcelados em até 60 (sessenta) prestações mensais e consecutivas os débitos de que tratam o *caput* e os §§ 1.º e 2.º deste artigo com vencimento até o mês anterior ao da entrada em vigor desta Lei, relativos a contribuições não recolhidas:

I – descontadas dos segurados empregado, trabalhador avulso e contribuinte individual;

II – retidas na forma do art. 31 da Lei n. 8.212, de 24 de julho de 1991;

III – decorrentes de sub-rogação.

§ 4.º Caso a prestação mensal não seja paga na data do vencimento, serão retidos e repassados à Secretaria da Receita Federal do Brasil recursos do Fundo de Participação dos Estados e do Distrito Federal suficientes para sua quitação, acrescidos de juros equivalentes à taxa referencial do Sistema Especial de Liquidação e de Custódia – Selic para títulos federais, acumulada mensalmente a partir do primeiro dia do mês subsequente ao da consolidação do débito até o mês anterior ao do pagamento, acrescido de 1% (um por cento) no mês do pagamento da prestação.

Art. 33. Até 90 (noventa) dias após a entrada em vigor desta Lei, a opção pelo parcelamento será formalizada na Secretaria da Receita Federal do Brasil, que se responsabilizará pela cobrança das prestações e controle dos créditos originários dos parcelamentos concedidos.
•• A Lei n. 11.531, de 24-10-2007, em seu art. 3.º, prorroga até 31-12-2007 o prazo previsto neste artigo.

Art. 34. A concessão do parcelamento objeto deste Capítulo está condicionada:

I – à apresentação pelo Estado ou Distrito Federal, na data da formalização do pedido, do demonstrativo referente à apuração da Receita Corrente Líquida Estadual, na forma do disposto na Lei Complementar n. 101, de 4 de maio de 2000, referente ao ano-calendário imediatamente anterior ao da entrada em vigor desta Lei;
• Receita corrente líquida: *vide* art. 2.º, IV, da Lei Complementar n. 101, de 4-5-2000.

II – ao adimplemento das obrigações vencidas a partir do primeiro dia do mês da entrada em vigor desta Lei.

Art. 35. Os débitos serão consolidados por Estado e Distrito Federal na data do pedido do parcelamento, reduzindo-se os valores referentes a juros de mora em 50% (cinquenta por cento).

Art. 36. Os débitos de que trata este Capítulo serão parcelados em prestações mensais equivalentes a, no mínimo, 1,5% (um inteiro e cinco décimos por cento) da média da Receita Corrente Líquida do Estado e do Distrito Federal prevista na Lei Complementar n. 101, de 4 de maio de 2000.

§ 1.º A média de que trata o *caput* deste artigo corresponderá a 1/12 (um doze avos) da Receita Corrente Líquida do ano anterior ao do vencimento da prestação.

§ 2.º Para fins deste artigo, os Estados e o Distrito Federal se obrigam a encaminhar à Secretaria da Receita Federal do Brasil o demonstrativo de apuração da Receita Corrente Líquida de que trata o inciso I do art. 53 da Lei Complementar n. 101, de 4 de maio de 2000, até o último dia útil do mês de fevereiro de cada ano.

§ 3.º A falta de apresentação das informações a que se refere o § 2.º deste artigo implicará, para fins de apuração e cobrança da prestação mensal, a aplicação da variação do Índice Geral de Preços, Disponibilidade Interna – IGP-DI, acrescida de juros de 0,5% (cinco décimos por cento) ao mês, sobre a última Receita Corrente Líquida publicada nos termos da legislação.

§ 4.º Às prestações vencíveis em janeiro, fevereiro e março aplicar-se-á o valor mínimo do ano anterior.

Art. 37. As prestações serão exigíveis no último dia útil de cada mês, a contar do mês subsequente ao da formalização do pedido de parcelamento.

§ 1.º No período compreendido entre a formalização do pedido e o mês da consolidação, o ente beneficiário do parcelamento deverá recolher mensalmente prestações correspondentes a 1,5% (um inteiro e cinco décimos por cento) da média da Receita Corrente Líquida do Estado e do Distrito Federal prevista na Lei Complementar n. 101, de 4 de maio de 2000, sob pena de indeferimento do pleito, que só se confirma com o pagamento da prestação inicial.

* Receita corrente líquida: vide art. 2.º, IV, da Lei Complementar n. 101, de 4-5-2000.

§ 2.º A partir do mês seguinte à consolidação, o valor da prestação será obtido mediante a divisão do montante do débito parcelado, deduzidos os valores das prestações recolhidas nos termos do § 1.º deste artigo, pelo número de prestações restantes, observado o valor mínimo de 1,5% (um inteiro e cinco décimos por cento) da média da Receita Corrente Líquida do Estado e do Distrito Federal prevista na Lei Complementar n. 101, de 4 de maio de 2000.

* Receita corrente líquida: vide art. 2.º, IV, da Lei Complementar n. 101, de 4-5-2000.

Art. 38. O parcelamento será rescindido na hipótese do inadimplemento:

I – de 3 (três) meses consecutivos ou 6 (seis) meses alternados, prevalecendo o que primeiro ocorrer;

II – das obrigações correntes referentes às contribuições sociais de que trata este Capítulo;

III – da parcela da prestação que exceder à retenção dos recursos do Fundo de Participação dos Estados e do Distrito Federal promovida na forma deste Capítulo.

Art. 39. O Poder Executivo disciplinará, em regulamento, os atos necessários à execução do disposto neste Capítulo.

Parágrafo único. Os débitos referidos no *caput* deste artigo serão consolidados no âmbito da Secretaria da Receita Federal do Brasil.

Capítulo V
DISPOSIÇÕES GERAIS

Art. 41. Fica autorizada a transferência para o patrimônio da União dos imóveis que compõem o Fundo do Regime Geral de Previdência Social identificados pelo Poder Executivo como necessários ao funcionamento da Secretaria da Receita Federal do Brasil e da Procuradoria-Geral da Fazenda Nacional.

Parágrafo único. No prazo de 3 (três) anos, de acordo com o resultado de avaliação realizada nos termos da legislação aplicável, a União compensará financeiramente o Fundo do Regime Geral de Previdência Social pelos imóveis transferidos na forma do *caput* deste artigo.

Art. 44. O art. 23 do Decreto n. 70.235, de 6 de março de 1972, passa a vigorar acrescido dos §§ 7.º, 8.º e 9.º, com a seguinte redação:

•• Alterações já processadas no diploma modificado.

Art. 45. As repartições da Secretaria da Receita Federal do Brasil deverão, durante seu horário regular de funcionamento, dar vista dos autos de processo administrativo, permitindo a obtenção de cópias reprográficas, assim como receber requerimentos e petições.

Parágrafo único. A Secretaria da Receita Federal do Brasil adotará medidas para disponibilizar o atendimento a que se refere o *caput* deste artigo por intermédio da rede mundial de computadores e o recebimento de petições e requerimentos digitalizados.

Capítulo VI
DISPOSIÇÕES TRANSITÓRIAS E FINAIS

Art. 46. A Fazenda Nacional poderá celebrar convênios com entidades públicas e privadas para a divulgação de informações previstas nos incisos II e III do § 3.º do art. 198 da Lei n. 5.172, de 25 de outubro de 1966 – Código Tributário Nacional – CTN.

Art. 47. Fica o Poder Executivo autorizado a:

I – transferir, depois de realizado inventário, do INSS, do Ministério da Previdência Social e da Procuradoria-Geral Federal para a Secretaria da Receita Federal do Brasil e para a Procuradoria-Geral da Fazenda Nacional acervos técnicos e patrimoniais, inclusive bens imóveis, obrigações, direitos, contratos, convênios, processos administrativos e demais instrumentos relacionados com as atividades transferidas em decorrência desta Lei;

II – remanejar e transferir para a Secretaria da Receita Federal do Brasil dotações em favor do Ministério da Previdência Social e do INSS aprovadas na Lei Orçamentária em vigor, mantida a classificação funcional-programática, subprojetos, subatividades e grupos de despesas.

§ 1.º Até que sejam implementados os ajustes necessários, o Ministério da Previdência Social e o INSS continuarão a executar as despesas de pessoal e de manutenção relativas às atividades transferidas, inclusive as decorrentes do disposto no § 5.º do art. 10 desta Lei.

* O § 5.º do art. 10 desta Lei dispõe sobre a opção, dos servidores ativos e inativos e pensionistas, de permanência de filiação ao plano de saúde.

§ 2.º Enquanto não ocorrerem as transferências previstas no *caput* deste artigo, o Ministério da Previdência Social, o INSS e a Procuradoria-Geral Federal prestarão à Secretaria da Receita Federal do Brasil e à Procuradoria-Geral da Fazenda Nacional o necessário apoio técnico, financeiro e administrativo.

§ 3.º Inclui-se no apoio de que trata o § 2.º deste artigo a manutenção dos espaços físicos atualmente ocupados.

Art. 48. Fica mantida, enquanto não modificados pela Secretaria da Receita Fede-

ral do Brasil, a vigência dos convênios celebrados e dos atos normativos e administrativos editados:

I – pela Secretaria da Receita Previdenciária;

II – pelo Ministério da Previdência Social e pelo INSS relativos à administração das contribuições a que se referem os arts. 2.º e 3.º desta Lei;

III – pelo Ministério da Fazenda relativos à administração dos tributos e contribuições de competência da Secretaria da Receita Federal do Brasil;

IV – pela Secretaria da Receita Federal.

Art. 51. Esta Lei entra em vigor:

I – na data de sua publicação, para o disposto nos arts. 40, 41, 47, 48, 49 e 50 desta Lei;

II – no primeiro dia útil do segundo mês subsequente à data de sua publicação, em relação aos demais dispositivos desta Lei.

Art. 52. Ficam revogados:

I – (Vetado.)

II – a partir da data da publicação desta Lei, o parágrafo único do art. 5.º da Lei n. 10.593, de 6 de dezembro de 2002.

Brasília, 16 de março de 2007; 186.º da Independência e 119.º da República.

LUIZ INÁCIO LULA DA SILVA

LEI N. 11.482, DE 31 DE MAIO DE 2007 (*)

Efetua alterações na tabela do imposto de renda da pessoa física; dispõe sobre a redução a 0 (zero) da alíquota da CPMF nas hipóteses que menciona; altera as Leis n. 7.713, de 22 de dezembro de 1988, 9.250, de 26 de dezembro de 1995, 11.128, de 28 de junho de 2005, 9.311, de 24 de outubro de 1996, 10.260, de 12 de julho de 2001, 6.194, de 19 de dezembro de 1974, 8.387, de 30 de dezembro de 1991, 9.432, de 8 de janeiro de 1997, 5.917, de 10 de setembro de 1973, 8.402, de 8 de janeiro de 1992, 6.094, de 30 de agosto de 1974, 8.884, de 11 de junho de 1994, 10.865, de 30 de abril de 2004, 8.706, de 14 de setembro de 1993; revoga dispositivos das Leis n. 11.119, de 25 de maio de 2005, 11.311, de 13 de junho de 2006, 11.196, de 21 de novembro de 2005, e do Decreto-lei n. 2.433, de 19 de maio de 1988; e dá outras providências.

O Presidente da República.

Faço saber que o Congresso Nacional decreta e eu sanciono a seguinte Lei:

Art. 1.º O imposto de renda incidente sobre os rendimentos de pessoas físicas será calculado de acordo com as seguintes tabelas progressivas mensais, em reais:

I – para o ano-calendário de 2007:

(*) Publicada no *Diário Oficial da União*, de 31-5-2007 – Edição Extra.

Lei n. 11.482, de 31-5-2007 – Imposto de Renda

Tabela Progressiva Mensal

Base de Cálculo (R$)	Alíquota (%)	Parcela a Deduzir do IR (R$)
Até 1.313,69	–	–
De 1.313,70 até 2.625,12	15	197,05
Acima de 2.625,13	27,5	525,19

II – para o ano-calendário de 2008:

Tabela Progressiva Mensal

Base de Cálculo (R$)	Alíquota (%)	Parcela a Deduzir do IR (R$)
Até 1.372,81	–	–
De 1.372,82 até 2.743,25	15	205,82
Acima de 2.743,25	27,5	548,82

III – para o ano-calendário de 2009:

Tabela Progressiva Mensal

Base de Cálculo (R$)	Alíquota (%)	Parcela a Deduzir do IR (R$)
Até 1.434,59	–	–
De 1.434,60 até 2.150,00	7,5	107,59
De 2.150,01 até 2.866,70	15	268,84
De 2.866,71 até 3.582,00	22,5	483,84
Acima de 3.582,00	27,5	662,94

•• Inciso III com redação determinada pela Lei n. 11.945, de 4-6-2009.

IV – para o ano-calendário de 2010:

Tabela Progressiva Mensal

Base de Cálculo (R$)	Alíquota (%)	Parcela a Deduzir do IR (R$)
Até 1.499,15	–	–
De 1.499,16 até 2.246,75	7,5	112,43
De 2.246,76 até 2.995,70	15	280,94
De 2.995,71 até 3.743,19	22,5	505,62
Acima de 3.743,19	27,5	692,78

•• Inciso IV com redação determinada pela Lei n. 12.469, de 26-8-2011.

V – para o ano-calendário de 2011:

Tabela Progressiva Mensal

Base de Cálculo (R$)	Alíquota (%)	Parcela a Deduzir do IR (R$)
Até 1.566,61	–	–
De 1.566,62 até 2.347,85	7,5	117,49
De 2.347,86 até 3.130,51	15	293,58
De 3.130,52 até 3.911,63	22,5	528,37
Acima de 3.911,63	27,5	723,95

•• Inciso V acrescentado pela Lei n. 12.469, de 26-8-2011.

VI – para o ano-calendário de 2012:

Tabela Progressiva Mensal

Base de Cálculo (R$)	Alíquota (%)	Parcela a Deduzir do IR (R$)
Até 1.637,11	–	–
De 1.637,12 até 2.453,50	7,5	122,78
De 2.453,51 até 3.271,38	15	306,80
De 3.271,39 até 4.087,65	22,5	552,15
Acima de 4.087,65	27,5	756,53

•• Inciso VI acrescentado pela Lei n. 12.469, de 26-8-2011.

VII – para o ano-calendário de 2013:

Tabela Progressiva Mensal

Base de Cálculo (R$)	Alíquota (%)	Parcela a Deduzir do IR (R$)
Até 1.710,78	–	–
De 1.710,79 até 2.563,91	7,5	128,31
De 2.563,92 até 3.418,59	15	320,60
De 3.418,60 até 4.271,59	22,5	577,00
Acima de 4.271,59	27,5	790,58

•• Inciso VII acrescentado pela Lei n. 12.469, de 26-8-2011.

VIII – para o ano-calendário de 2014 e nos meses de janeiro a março do ano-calendário de 2015:

•• Inciso VIII com redação determinada pela Lei n. 13.149, de 21-7-2015.

Tabela Progressiva Mensal

Base de Cálculo (R$)	Alíquota (%)	Parcela a Deduzir do IR (R$)
Até 1.787,77	–	–
De 1.787,78 até 2.679,29	7,5	134,08
De 2.679,30 até 3.572,43	15	335,03
De 3.572,44 até 4.463,81	22,5	602,96
Acima de 4.463,81	27,5	826,15

•• A Lei n. 13.097, de 19-1-2015, propôs o acréscimo do inciso IX, todavia a alteração sofreu veto presidencial. O texto dizia:
"IX - a partir do ano-calendário de 2015:

Tabela Progressiva Mensal

Base de Cálculo (R$)	Alíquota (%)	Parcela a Deduzir do IR (R$)
Até 1.903,98	–	–
De 1.903,99 até 2.853,44	7,5	142,80
De 2.853,45 até 3.804,64	15	356,81
De 3.804,65 até 4.753,96	22,5	642,75
Acima de 4.753,96	27,7	879,85

IX – a partir do mês de abril do ano-calendário de 2015 até o mês de abril do ano-calendário de 2023:

•• Inciso IX com redação determinada pela Lei n. 14.663, de 28-8-2023.

Tabela Progressiva Mensal

Base de Cálculo (R$)	Alíquota (%)	Parcela a Deduzir do IR (R$)
Até 1.903,98	–	–
De 1.903,99 até 2.826,65	7,5	142,80
De 2.826,66 até 3.751,05	15	354,80
De 3.751,06 até 4.664,68	22,5	636,13
Acima de 4.664,68	27,5	869,36

X – a partir do mês de maio do ano-calendário de 2023 até o mês de janeiro do ano-calendário de 2024
•• Inciso X com redação determinada pela Lei n. 14.848, de 1.º-5-2024.

Tabela Progressiva Mensal

Base de Cálculo (R$)	Alíquota (%)	Parcela a Deduzir do IR (R$)
Até 2.112,00	0	0
De 2.112,01 até 2.826,65	7,5	158,40
De 2.826,66 até 3.751,05	15	370,40
De 3.751,06 até 4.664,68	22,5	651,73
Acima de 4.664,69	27,5	884,96

XI – a partir do mês de fevereiro do ano-calendário de 2024:

Tabela Progressiva Mensal

Base de Cálculo (R$)	Alíquota (%)	Parcela a Deduzir do IR (R$)
Até 2.259,20	0	0
De 2.259,21 até 2.826,65	7,5	169,44
De 2.826,66 até 3.751,05	15	381,44
De 3.751,06 até 4.664,68	22,5	662,77
Acima de 4.664,68	27,5	896,00

•• Inciso XI acrescentado pela Lei n. 14.848, de 1.º-5-2024.

Parágrafo único. O imposto de renda anual devido incidente sobre os rendimentos de que trata o *caput* deste artigo será calculado de acordo com tabela progressiva anual correspondente à soma das tabelas progressivas mensais vigentes nos meses de cada ano-calendário.

Art. 2.º O inciso XV do *caput* do art. 6.º da Lei n. 7.713, de 22 de dezembro de 1988, passa a vigorar com a seguinte redação:
•• Alteração já processada no diploma modificado.

Art. 3.º Os arts. 4.º, 8.º e 10 da Lei n. 9.250, de 26 de dezembro de 1995, passam a vigorar com a seguinte redação:
•• Alterações já processadas no diploma modificado.

Art. 5.º Os arts. 8.º e 16 da Lei n. 9.311, de 24 de outubro de 1996, passam a vigorar com as seguintes alterações:

•• Apesar de não expressamente revogada, a Lei n. 9.311, de 24-10-2006, encontra-se sem aplicação, já que a contribuição instituída por ela, a CPMF, foi extinta pelo art. 90 do ADCT da CF.

Art. 9.º As pessoas jurídicas com débitos vencidos relativos à Taxa de Fiscalização instituída pela Lei n. 7.940, de 20 de dezembro de 1989, poderão efetuar o pagamento dos seus débitos com redução de 30% (trinta por cento) nas multas e nos juros legalmente exigíveis, bem como mediante parcelamento em até 120 (cento e vinte) prestações mensais e sucessivas, desde que formulado requerimento com este sentido à Comissão de Valores Mobiliários – CVM no prazo de 120 (cento e vinte) dias após a publicação da Medida Provisória n. 340, de 29 de dezembro de 2006.

§ 1.º Apresentado requerimento de parcelamento nos termos previstos no *caput* deste artigo, a CVM promoverá a consolidação dos débitos respectivos e adotará as demais providências administrativas cabíveis.

§ 2.º A parcela mínima para fins do parcelamento de que trata o *caput* deste artigo não poderá ser inferior ao valor de R$ 200,00 (duzentos reais).

§ 3.º Além do disposto neste artigo, o parcelamento previsto no *caput* deste artigo deverá observar a regulamentação da CVM aplicável ao assunto.

Art. 24. Esta Lei entra em vigor na data de sua publicação, produzindo efeitos em relação:

I – aos arts. 1.º a 3.º, a partir de 1.º de janeiro de 2007;

II – aos arts. 20 a 22, após decorridos 90 (noventa) dias da publicação desta Lei;

III – aos demais artigos, a partir da data de publicação desta Lei.

Art. 25. Ficam revogados:

I – a partir de 1.º de janeiro de 2007:

a) a Lei n. 11.119, de 25 de maio de 2005; e

b) os arts. 1.º e 2.º da Lei n. 11.311, de 13 de junho de 2006;

II – a partir da data de publicação desta Lei:

a) (Vetado.)

b) o art. 131 da Lei n. 11.196, de 21 de novembro de 2005; e

c) o § 2.º do art. 17 do Decreto-lei n. 2.433, de 19 de maio de 1988.

Brasília, 31 de maio de 2007; 186.º da Independência e 119.º da República.

Luiz Inácio Lula da Silva

LEI N. 11.508, DE 20 DE JULHO DE 2007 (*)

(*) Publicada no *Diário Oficial da União*, de 23-7-2007. Regulamentada pelo Decreto n. 6.814, de 6-4-2009. **A Lei Complementar n. 214, de 16-1-2025, revoga os incisos III a VI do *caput* do art. 6.º-A, os incisos III a VI do *caput* do art. 6.º-B, o art. 6.º-D e o inciso II do art. 6.º-H, desta lei, a partir de 1.º-1-2027.**

Dispõe sobre o regime tributário, cambial e administrativo das Zonas de Processamento de Exportação, e dá outras providências.

O Presidente da República.

Faço saber que o Congresso Nacional decreta e eu sanciono a seguinte Lei:

Art. 1.º Fica o Poder Executivo autorizado a criar, nas regiões menos desenvolvidas, Zonas de Processamento de Exportação (ZPE), sujeitas ao regime jurídico instituído por esta Lei, com a finalidade de desenvolver a cultura exportadora, de fortalecer o balanço de pagamentos e de promover a difusão tecnológica, a redução de desequilíbrios regionais e o desenvolvimento econômico e social do País.

•• *Caput* com redação determinada pela Lei n. 14.184, de 14-7-2021.

Parágrafo único. As ZPE caracterizam-se como áreas de livre comércio com o exterior, destinadas à instalação de empresas direcionadas para a produção de bens a serem comercializados no exterior, a prestação de serviços vinculados à industrialização das mercadorias a serem exportadas ou a prestação de serviços a serem comercializados ou destinados exclusivamente para o exterior, consideradas zonas primárias para efeito de controle aduaneiro.

•• Parágrafo único com redação determinada pela Lei n. 14.184, de 14-7-2021, originalmente vetado, todavia promulgado em 18-10-2021.

Art. 2.º A criação de ZPE far-se-á por decreto, que delimitará sua área, a qual poderá ser descontínua observado o disposto no § 6.º deste artigo, à vista de proposta dos Estados ou dos Municípios, em conjunto ou isoladamente, ou de ente privado.

•• *Caput* com redação determinada pela Lei n. 14.184, de 14-7-2021.

§ 1.º A proposta a que se refere este artigo deverá satisfazer os seguintes requisitos:

I – indicação de localização adequada no que diz respeito a acesso a portos e aeroportos internacionais;

II – comprovação da disponibilidade da área destinada a sediar a ZPE;

III – comprovação de disponibilidade financeira, considerando inclusive a possibilidade de aportes de recursos da iniciativa privada;

IV – comprovação de disponibilidade mínima de infraestrutura e de serviços capazes de absorver os efeitos de sua implantação;

V – indicação da forma de administração da ZPE; e

VI – atendimento de outras condições que forem estabelecidas em regulamento.

§ 1.º-A. O Poder Executivo regulamentará o processo seletivo de caráter público por meio do qual os entes privados poderão apresentar propostas para a criação de ZPE.

•• § 1.º-A acrescentado pela Lei n. 14.184, de 14-7-2021.

§§ 2.º a 4.º (*Revogados pela Lei n. 14.184, de 14-7-2021.*)

§ 4.º-A. O ato de criação de ZPE será:

•• § 4.º-A, *caput*, acrescentado pela Lei n. 14.184, de 14-7-2021.

I – cancelado, a partir de manifestação formal do proponente pela desistência voluntária do processo de implantação da respectiva ZPE;

•• Inciso I acrescentado pela Lei n. 14.184, de 14-7-2021.

II – cassado, nas seguintes hipóteses:

•• Inciso II, *caput*, acrescentado pela Lei n. 14.184, de 14-7-2021.

a) se, no prazo de 24 (vinte e quatro) meses, contado da publicação do ato de criação, a administradora da ZPE não tiver iniciado as obras de implantação, sem motivo justificado, de acordo com o cronograma previamente apresentado ao Conselho Nacional das Zonas de Processamento de Exportação (CZPE) para fins de planejamento das obras de infraestrutura da ZPE; e

•• Alínea *a* acrescentada pela Lei n. 14.184, de 14-7-2021.

b) se as obras de implantação não forem concluídas, sem motivo justificado, no prazo de 12 (doze) meses, contado da data prevista para sua conclusão, constante do cronograma previamente apresentado ao CZPE para fins de planejamento das obras de infraestrutura da ZPE.

•• Alínea *b* acrescentada pela Lei n. 14.184, de 14-7-2021.

§ 4.º-B. A administradora da ZPE poderá pleitear ao CZPE a prorrogação dos prazos para comprovação do início e da conclusão das obras da ZPE até o último dia dos prazos estabelecidos nas alíneas *a* e *b* do inciso II do § 4.º-A deste artigo, desde que devidamente justificado.

•• § 4.º-B acrescentado pela Lei n. 14.184, de 14-7-2021.

§ 4.º-C. Na hipótese de aprovação do pleito de prorrogação de prazo de que trata o § 4.º-B deste artigo, o CZPE estabelecerá novo prazo para a comprovação do início ou da conclusão de obras da ZPE.

•• § 4.º-C acrescentado pela Lei n. 14.184, de 14-7-2021.

§ 4.º-D. O novo prazo de que trata o § 4.º-C deste artigo não poderá ser, conforme o caso, superior aos constantes do inciso II do § 4.º-A deste artigo.

•• § 4.º-D acrescentado pela Lei n. 14.184, de 14-7-2021.

§ 4.º-E. Na hipótese de indeferimento, pelo CZPE, do pedido de prorrogação de prazo de que trata o § 4.º-B deste artigo, fica cassado o ato que autorizou a criação de ZPE, ressalvado o direito ao recurso administrativo com efeito devolutivo.

•• § 4.º-E acrescentado pela Lei n. 14.184, de 14-7-2021.

§ 5.º A solicitação de instalação de empresa em ZPE será feita mediante apresentação de projeto, na forma estabelecida em regulamento.

•• § 5.º acrescentado pela Lei n. 11.732, de 30-6-2008.

§ 6.º A necessidade de área descontínua para instalação de ZPE deve ser devidamen-

Lei n. 11.508, de 20-7-2007 – Zonas de Exportação

te justificada no projeto apresentado na forma do § 5.º deste artigo e limitada à distância de 30 km (trinta quilômetros) do conjunto das áreas segregadas destinadas à movimentação, à armazenagem e à submissão a despacho aduaneiro de mercadorias procedentes do exterior ou a ele destinadas.
- § 6.º acrescentado pela Lei n. 14.184, de 14-7-2021.

Art. 2.º-A. A empresa administradora da ZPE será constituída como pessoa jurídica de direito privado.
- *Caput* acrescentado pela Lei n. 14.184, de 14-7-2021, em vigor em 1.º-1-2022.

§ 1.º Na hipótese de a ZPE ser administrada por empresa sob controle de capital privado, o proponente deverá promover o devido processo seletivo de caráter público.
- § 1.º acrescentado pela Lei n. 14.184, de 14-7-2021, em vigor em 1.º-1-2022.

§ 2.º Compete à administradora da ZPE implantar e administrar a ZPE e, nessa condição:
- § 2.º, *caput*, acrescentado pela Lei n. 14.184, de 14-7-2021, em vigor em 1.º-1-2022.

I – prover as instalações e os equipamentos necessários ao controle, à vigilância e à administração aduaneira local atendendo aos requisitos de que trata o § 1.º do art. 4.º desta Lei;
- Inciso I acrescentado pela Lei n. 14.184, de 14-7-2021, em vigor em 1.º-1-2022.

II – disponibilizar lotes para as empresas autorizadas a instalar-se em ZPE;
- Inciso II acrescentado pela Lei n. 14.184, de 14-7-2021, em vigor em 1.º-1-2022.

III – prestar serviços às empresas instaladas em ZPE;
- Inciso III acrescentado pela Lei n. 14.184, de 14-7-2021, em vigor em 1.º-1-2022.

IV – prestar apoio à autoridade aduaneira; e
- Inciso IV acrescentado pela Lei n. 14.184, de 14-7-2021, em vigor em 1.º-1-2022.

V – atender a outras condições que forem estabelecidas em regulamento.
- Inciso V acrescentado pela Lei n. 14.184, de 14-7-2021, em vigor em 1.º-1-2022.

Art. 3.º Fica mantido o Conselho Nacional das Zonas de Processamento de Exportação – CZPE, criado pelo art. 3.º do Decreto-lei n. 2.452, de 29 de julho de 1988, com competência para:
- *Caput* com redação determinada pela Lei n. 11.732, de 30-6-2008.
- Artigo regulamentado pelo Decreto n. 6.634, de 5-11-2008.
- O Decreto n. 9.933, de 23-7-2019, dispõe sobre o Conselho Nacional das Zonas de Processamento de Exportação.

I – analisar as propostas de criação de ZPE;
- Inciso I com redação determinada pela Lei n. 11.732, de 30-6-2008.

II – aprovar os projetos de empresas interessadas em se instalar nas ZPE, observado o disposto no § 5.º do art. 2.º desta Lei;
- Inciso II com redação determinada pela Lei n. 14.184, de 14-7-2021.

III – traçar a orientação superior da política das ZPE;
- Inciso III com redação determinada pela Lei n. 11.732, de 30-6-2008.

IV – (*Revogado pela Lei n. 11.732, de 30-6-2008.*)

V – decidir sobre os pedidos de prorrogação dos prazos previstos no inciso II do § 4.º-A do art. 2.º e no *caput* do art. 25 desta Lei;
- Inciso V com redação determinada pela Lei n. 14.184, de 14-7-2021.

VI – (*Revogado pela Lei n. 14.184, de 14-7-2021.*)

VII – publicar o ato de cancelamento e declarar a cassação nas hipóteses referidas nos §§ 4.º-A e 4.º-E do art. 2.º e no *caput* do art. 25 desta Lei.
- Inciso VII acrescentado pela Lei n. 14.184, de 14-7-2021.

§ 1.º Para fins de análise das propostas e aprovação dos projetos, o CZPE levará em consideração, entre outras que poderão ser fixadas em regulamento, as seguintes diretrizes:
- § 1.º, *caput*, com redação determinada pela Lei n. 11.732, de 30-6-2008.

I e II – (*Revogados pela Lei n. 11.732, de 30-6-2008.*)

III – atendimento às prioridades governamentais para os diversos setores da indústria nacional e da política econômica global, especialmente para as políticas industrial, tecnológica e de comércio exterior;
- Inciso III com redação determinada pela Lei n. 11.732, de 30-6-2008.

IV – prioridade para as propostas de criação de ZPE localizada em área geográfica privilegiada para a exportação; e
- Inciso IV com redação determinada pela Lei n. 11.732, de 30-6-2008.

V – valor mínimo em investimentos totais na ZPE por empresa autorizada a operar no regime de que trata esta Lei, quando assim for fixado em regulamento.
- Inciso V acrescentado pela Lei n. 11.732, de 30-6-2008.

§ 2.º (*Vetado.*)
- § 2.º acrescentado pela Lei n. 11.732, de 30-6-2008.

§ 3.º O CZPE estabelecerá mecanismos e formas de monitoramento do impacto da aplicação do regime de que trata esta Lei nas empresas nacionais não instaladas em ZPE.
- § 3.º com redação determinada pela Lei n. 14.184, de 14-7-2021.

§ 4.º Na hipótese de constatação de impacto negativo em empresas nacionais não instaladas em ZPE, provocado por empresa em ZPE, o CZPE poderá, enquanto persistir esse impacto, propor a vedação ou a limitação da destinação para o mercado interno de produtos industrializados em ZPE.
- § 4.º, *caput*, com redação determinada pela Lei n. 14.184, de 14-7-2021.

I e II – (*Revogados pela Lei n. 14.184, de 14-7-2021.*)

§ 5.º O Poder Executivo, ouvido o CZPE, poderá adotar as medidas de que trata o § 4.º deste artigo.
- § 5.º acrescentado pela Lei n. 11.732, de 30-6-2008.

§ 6.º A apreciação dos projetos de instalação de empresas em ZPE será realizada de acordo com a ordem de protocolo no CZPE.
- § 6.º acrescentado pela Lei n. 11.732, de 30-6-2008.

§ 7.º Para efeito de cumprimento do disposto no § 3.º deste artigo, as empresas autorizadas a operar em ZPE deverão fornecer ao CZPE as informações definidas em regulamento.
- § 7.º acrescentado pela Lei n. 14.184, de 14-7-2021.

Art. 4.º O início do funcionamento de ZPE dependerá do prévio alfandegamento do conjunto das áreas segregadas na ZPE e destinadas à movimentação, à armazenagem e à submissão a despacho aduaneiro de mercadorias procedentes do exterior ou a ele destinadas.
- *Caput* com redação determinada pela Lei n. 14.184, de 14-7-2021.

§ 1.º Para cumprimento do disposto no *caput* deste artigo devem ser observados os requisitos técnicos e operacionais estabelecidos pela Secretaria Especial da Receita Federal do Brasil.
- § 1.º acrescentado pela Lei n. 14.184, de 14-7-2021.

§ 2.º Na hipótese de desalfandegamento do recinto de que trata o *caput* deste artigo, a partir da data de publicação do ato que formalizar o desalfandegamento:
- § 2.º, *caput*, acrescentado pela Lei n. 14.184, de 14-7-2021.

I – as empresas autorizadas a operar naquela ZPE ficarão impedidas de realizar novas aquisições de máquinas, de aparelhos, de instrumentos ou de equipamentos com o tratamento estabelecido no art. 6.º-A desta Lei; e
- Inciso I acrescentado pela Lei n. 14.184, de 14-7-2021.

II – as mercadorias que se encontrem armazenadas no recinto submetido ao desalfandegamento ficarão sob a custódia da respectiva empresa administradora da ZPE, na condição de fiel depositária.
- Inciso II acrescentado pela Lei n. 14.184, de 14-7-2021.

§ 3.º As mercadorias referidas no inciso II do § 2.º deste artigo, no prazo de 30 (trinta) dias, contado da data da publicação do ato que formalizar o desalfandegamento, deverão, conforme o caso, ser submetidas:
- § 3.º, *caput*, acrescentado pela Lei n. 14.184, de 14-7-2021.

I – a despacho aduaneiro de importação para consumo ou de trânsito aduaneiro para outro local ou recinto alfandegado;
- Inciso I acrescentado pela Lei n. 14.184, de 14-7-2021.

II – a despacho aduaneiro para extinção do regime especial aplicado em áreas especiais ou de trânsito aduaneiro destinado a outro local que opere o regime a que estejam submetidas;
- Inciso II acrescentado pela Lei n. 14.184, de 14-7-2021.

III – aos procedimentos de devolução para o exterior, nas hipóteses previstas na legislação; ou
- Inciso III acrescentado pela Lei n. 14.184, de 14-7-2021.

IV – aos procedimentos de embarque para o exterior ou ao regime de trânsito aduaneiro para outro local ou recinto alfandegado, no caso de mercadoria desembaraçada para exportação.

•• Inciso IV acrescentado pela Lei n. 14.184, de 14-7-2021.

§ 4.º Na hipótese de transferência para outro recinto alfandegado, serão mantidas as condições da concessão do regime aduaneiro especial ou aplicado em áreas especiais até a constituição de nova administradora, no prazo fixado pelo Poder Executivo.

•• § 4.º acrescentado pela Lei n. 14.184, de 14-7-2021.

Art. 5.º É vedada a instalação em ZPE de empresas cujos projetos evidenciem a simples transferência de plantas industriais já instaladas no País.

Parágrafo único. Não serão autorizadas, em ZPE, a produção, a importação ou exportação de:

I – armas ou explosivos de qualquer natureza, salvo com prévia autorização do Comando do Exército;

II – material radioativo, salvo com prévia autorização da Comissão Nacional de Energia Nuclear – CNEN; e

III – outros indicados em regulamento, produzindo efeitos a partir da data de sua publicação.

•• Inciso III com redação determinada pela Lei n. 14.184, de 14-7-2021.

Art. 6.º (*Revogado pela Lei n. 11.732, de 30-6-2008.*)

Art. 6.º-A. As importações ou as aquisições no mercado interno de máquinas, de aparelhos, de instrumentos e de equipamentos por empresa autorizada a operar em ZPE terão suspensão da exigência dos seguintes impostos e contribuições:

•• *Caput* com redação determinada pela Lei n. 14.184, de 14-7-2021.

I – Imposto de Importação;

•• Inciso I acrescentado pela Lei n. 11.732, de 30-6-2008.

II – Imposto sobre Produtos Industrializados – IPI;

•• Inciso II acrescentado pela Lei n. 11.732, de 30-6-2008.

III – Contribuição para o Financiamento da Seguridade Social – COFINS;

•• Inciso III acrescentado pela Lei n. 11.732, de 30-6-2008.

IV – Contribuição Social para o Financiamento da Seguridade Social devida pelo Importador de Bens Estrangeiros ou Serviços do Exterior – Cofins-Importacao;

•• Inciso IV acrescentado pela Lei n. 11.732, de 30-6-2008.

V – Contribuição para os Programas de Integração Social e de Formação do Patrimônio do Servidor Público – Contribuição para o PIS/Pasep;

•• Inciso V com redação determinada pela Lei n. 14.184, de 14-7-2021.

VI – Contribuição para os Programas de Integração Social e de Formação do Patrimônio do Servidor Público incidente na Importação de Produtos Estrangeiros ou Serviços – Contribuição para o PIS/Pasep-Importação; e

•• Inciso VI com redação determinada pela Lei n. 14.184, de 14-7-2021.

VII – Adicional de Frete para Renovação da Marinha Mercante – AFRMM.

•• Inciso VII acrescentado pela Lei n. 11.732, de 30-6-2008.

§ 1.º (*Revogado pela Lei n. 14.184, de 14-7-2021, em vigor em 1.º-1-2022.*)

§ 2.º A suspensão de que trata o *caput* deste artigo aplica-se apenas às máquinas, aos aparelhos, aos instrumentos e aos equipamentos, novos ou usados, necessários às atividades da empresa, para incorporação ao ativo imobilizado da empresa autorizada a operar em ZPE.

•• § 2.º com redação determinada pela Lei n. 14.184, de 14-7-2021.

§ 3.º Na hipótese de importação de bens usados, a suspensão de que trata o *caput* deste artigo será aplicada quando se tratar de conjunto industrial e que seja elemento constitutivo da integralização do capital social da empresa.

•• § 3.º acrescentado pela Lei n. 11.732, de 30-6-2008.

§ 4.º A pessoa jurídica que utilizar as máquinas, os aparelhos, os instrumentos e os equipamentos em desacordo com os §§ 2.º e 3.º deste artigo ou revendê-los antes da conversão em alíquota 0 (zero) ou em isenção, na forma do § 7.º deste artigo, fica obrigada a recolher os impostos e as contribuições com a exigibilidade suspensa acrescidos de juros e multa de mora, na forma da lei, contados a partir da data da ocorrência dos fatos geradores dos tributos suspensos, na condição de:

•• § 4.º, *caput*, com redação determinada pela Lei n. 14.184, de 14-7-2021.

I – contribuinte, nas operações de importação, em relação à Contribuição para o PIS/Pasep-Importação, à Cofins-Importação, ao IPI e ao Imposto de Importação;

•• Inciso I acrescentado pela Lei n. 14.184, de 14-7-2021.

•• **A Lei Complementar n. 214, de 16-1-2025, deu nova redação a este inciso I, com produção de efeitos a partir de 1.º-1-2027:** "I – contribuinte, nas operações de importação, em relação ao IPI e ao Imposto de Importação;".

II – responsável, nas aquisições no mercado interno, em relação à Contribuição para o PIS/Pasep, à Cofins e ao IPI.

•• Inciso II acrescentado pela Lei n. 14.184, de 14-7-2021.

•• **A Lei Complementar n. 214, de 16-1-2025, deu nova redação a este inciso II, com produção de efeitos a partir de 1.º-1-2027:** "II – responsável, nas aquisições no mercado interno, em relação ao IPI".

§§ 5.º e 6.º (*Revogados pela Lei n. 14.184, de 14-7-2021, em vigor em 1.º-1-2022.*)

§ 7.º Se não ocorrer as hipóteses previstas no § 4.º deste artigo, a suspensão de que trata este artigo converter-se-á em:

•• § 7.º, *caput*, com redação determinada pela Lei n. 14.184, de 14-7-2021.

I – alíquota 0% (zero por cento), decorrido o prazo de 2 (dois) anos, contado da data de ocorrência do fato gerador, na hipótese da Contribuição para o PIS/Pasep, da Cofins, da Contribuição para o PIS/Pasep-Importação, da Cofins-Importação, do IPI; e

•• Inciso I acrescentado pela Lei n. 14.184, de 14-7-2021.

•• **A Lei Complementar n. 214, de 16-1-2025, deu nova redação a este inciso I, com produção de efeitos a partir de 1.º-1-2027:** "I – alíquota 0% (zero por cento), decorrido o prazo de 2 (dois) anos, contado da data de ocorrência do fato gerador, na hipótese do IPI; e".

II – isenção, decorrido o prazo de 5 (cinco) anos, contado da data de ocorrência do fato gerador, na hipótese do Imposto de Importação e do AFRMM.

•• Inciso II acrescentado pela Lei n. 14.184, de 14-7-2021.

§ 8.º (*Revogado pela Lei n. 14.184, de 14-7-2021, em vigor em 1.º-1-2022.*)

§ 9.º Se não for efetuado o recolhimento dos impostos e das contribuições na forma do § 4.º deste artigo, caberá lançamento de ofício, com aplicação de juros e da multa a contar do fato gerador, nos termos do art. 44 da Lei n. 9.430, de 27 de dezembro de 1996.

•• § 9.º com redação determinada pela Lei n. 14.184, de 14-7-2021.

Art. 6.º-B. As matérias-primas, os produtos intermediários e os materiais de embalagem serão importados ou adquiridos no mercado interno por empresa autorizada a operar em ZPE, com a suspensão da exigência dos seguintes impostos e contribuições:

•• *Caput* acrescentado pela Lei n. 14.184, de 14-7-2021, em vigor em 1.º-1-2022.

I – Imposto de Importação;

•• Inciso I acrescentado pela Lei n. 14.184, de 14-7-2021, em vigor em 1.º-1-2022.

II – IPI;

•• Inciso II acrescentado pela Lei n. 14.184, de 14-7-2021, em vigor em 1.º-1-2022.

III – Cofins;

•• Inciso III acrescentado pela Lei n. 14.184, de 14-7-2021, em vigor em 1.º-1-2022.

IV – Cofins-Importação;

•• Inciso IV acrescentado pela Lei n. 14.184, de 14-7-2021, em vigor em 1.º-1-2022.

V – Contribuição para o PIS/Pasep;

•• Inciso V acrescentado pela Lei n. 14.184, de 14-7-2021, em vigor em 1.º-1-2022.

VI – Contribuição para o PIS/Pasep-Importação; e

•• Inciso VI acrescentado pela Lei n. 14.184, de 14-7-2021, em vigor em 1.º-1-2022.

VII – AFRMM.

•• Inciso VII acrescentado pela Lei n. 14.184, de 14-7-2021, em vigor em 1.º-1-2022.

§ 1.º As matérias-primas, os produtos intermediários e os materiais de embalagem de que trata o *caput* deste artigo deverão ser utilizados integralmente no processo produtivo do produto final a ser exportado, sem prejuízo do disposto no art. 6.º-C desta Lei.

•• § 1.º acrescentado pela Lei n. 14.184, de 14-7-2021, em vigor em 1.º-1-2022.

§ 2.º Com a exportação do produto final, a suspensão de que trata o *caput* deste artigo converter-se-á em:
•• § 2.º, *caput*, acrescentado pela Lei n. 14.184, de 14-7-2021, em vigor em 1.º-1-2022.

I – alíquota 0% (zero por cento), na hipótese da Contribuição para o PIS/Pasep, da Cofins, da Contribuição para o PIS/Pasep-Importação, da Cofins-Importação e do IPI; e
•• Inciso I acrescentado pela Lei n. 14.184, de 14-7-2021, em vigor em 1.º-1-2022.
•• **A Lei Complementar n. 214, de 16-1-2025, deu nova redação a este inciso I, com produção de efeitos a partir de 1.º-1-2027:** "I – alíquota 0% (zero por cento), na hipótese do IPI; e".

II – isenção, na hipótese do Imposto de Importação e do AFRMM.
•• Inciso II acrescentado pela Lei n. 14.184, de 14-7-2021, em vigor em 1.º-1-2022.

§ 3.º As matérias-primas, os produtos intermediários e os materiais de embalagem que, no todo ou em parte, deixarem de ser empregados no processo produtivo de bens ficam sujeitos aos seguintes procedimentos:
•• § 3.º, *caput*, acrescentado pela Lei n. 14.184, de 14-7-2021, em vigor em 1.º-1-2022.

I – exportação ou reexportação;
•• Inciso I acrescentado pela Lei n. 14.184, de 14-7-2021, em vigor em 1.º-1-2022.

II – manutenção em depósito;
•• Inciso II acrescentado pela Lei n. 14.184, de 14-7-2021, em vigor em 1.º-1-2022.

III – destruição, sob controle aduaneiro, a expensas do interessado;
•• Inciso III acrescentado pela Lei n. 14.184, de 14-7-2021, em vigor em 1.º-1-2022.

IV – destinação para o mercado interno, com o pagamento dos tributos suspensos e dos acréscimos legais devidos, contados desde a data da ocorrência do fato gerador, na forma do art. 6.º-C desta Lei, desde que previamente autorizado pelo CZPE; ou
•• Inciso IV acrescentado pela Lei n. 14.184, de 14-7-2021, em vigor em 1.º-1-2022.

V – entrega à Fazenda Nacional, livres de quaisquer despesas e ônus, desde que a autoridade aduaneira concorde em recebê-los.
•• Inciso V acrescentado pela Lei n. 14.184, de 14-7-2021, em vigor em 1.º-1-2022.

Art. 6.º-C. Os produtos industrializados por empresa beneficiária do regime jurídico instituído por esta Lei poderão ser vendidos para o mercado interno, desde que a pessoa jurídica efetue o pagamento:
•• *Caput* acrescentado pela Lei n. 14.184, de 14-7-2021, em vigor em 1.º-1-2022.

I – na condição de contribuinte dos impostos e das contribuições suspensos de que tratam os incisos I, II, IV, VI e VII do *caput* do art. 6.º-B desta Lei, relativos às matérias-primas, aos produtos intermediários e aos materiais de embalagem de procedência estrangeira neles empregados, com acréscimo de juros e multa de mora, na forma da lei, contados a partir da data da ocorrência dos fatos geradores dos tributos suspensos;
•• Inciso I acrescentado pela Lei n. 14.184, de 14-7-2021, em vigor em 1.º-1-2022.

II – na condição de responsável dos impostos e das contribuições suspensos de que tratam os incisos II, III, V e VII do *caput* do art. 6.º-B desta Lei, relativos às matérias-primas, aos produtos intermediários e aos materiais de embalagem adquiridos no mercado interno e neles empregados, com acréscimo de juros e multa de mora, na forma da lei, contados a partir da data da ocorrência dos fatos geradores dos tributos suspensos; e
•• Inciso II acrescentado pela Lei n. 14.184, de 14-7-2021, em vigor em 1.º-1-2022.

III – de todos os impostos e contribuições normalmente incidentes na operação de venda.
•• Inciso III acrescentado pela Lei n. 14.184, de 14-7-2021, em vigor em 1.º-1-2022.

§ 1.º Na hipótese de não ser efetuado o recolhimento dos impostos e das contribuições na forma dos incisos I, II e III do *caput* deste artigo, caberá lançamento de ofício, com aplicação de juros e da multa de que trata o art. 44 da Lei n. 9.430, de 27 de dezembro de 1996.
•• § 1.º acrescentado pela Lei n. 14.184, de 14-7-2021, em vigor em 1.º-1-2022.

§ 2.º O beneficiário do regime poderá optar pelo pagamento dos tributos incidentes nas operações de importação ou de aquisição no mercado interno de matérias-primas, de produtos intermediários e de materiais de embalagem, o que não implicará renúncia ao regime.
•• § 2.º acrescentado pela Lei n. 14.184, de 14-7-2021, em vigor em 1.º-1-2022.

Art. 6.º-D. Ficam reduzidas a 0 (zero) as alíquotas da Contribuição para o PIS/Pasep e da Cofins incidentes na importação ou na aquisição no mercado interno de serviços por empresa autorizada a operar em ZPE.
•• Artigo acrescentado pela Lei n. 14.184, de 14-7-2021, em vigor em 1.º-1-2022.

Art. 6.º-E. A exportação de produto fabricado em ZPE poderá ser realizada com a intermediação de empresa comercial exportadora de que trata o Decreto-lei n. 1.248, de 29 de novembro de 1972.
•• Artigo acrescentado pela Lei n. 14.184, de 14-7-2021, em vigor em 1.º-1-2022.

Art. 6.º-F. Aplica-se o tratamento estabelecido nos arts. 6.º-A e 6.º-B desta Lei às aquisições de máquinas, de aparelhos, de instrumentos, de equipamentos, de matérias-primas, de produtos intermediários e de materiais de embalagem realizadas entre empresas autorizadas a operar em ZPE.
•• Artigo acrescentado pela Lei n. 14.184, de 14-7-2021, em vigor em 1.º-1-2022.

Art. 6.º-G. Aplicam-se as reduções do art. 6.º-D às aquisições de serviços vinculados à industrialização de que trata o art. 21-A desta Lei por empresas autorizadas a operar em ZPE.
•• Artigo acrescentado pela Lei n. 14.184, de 14-7-2021, originariamente vetado, todavia promulgado em 18-10-2021, em vigor em 1.º-1-2022.

Art. 6.º-H. Das notas fiscais relativas à venda de máquinas, de aparelhos, de instrumentos, de equipamentos, de matérias-primas, de produtos intermediários e de materiais de embalagem e à prestação de serviços para empresa autorizada a operar em ZPE, deverá constar, respectivamente:
•• *Caput* acrescentado pela Lei n. 14.184, de 14-7-2021, em vigor em 1.º-1-2022.

I – a expressão "Venda efetuada com regime de suspensão", com a especificação do dispositivo legal correspondente; ou
•• Inciso I acrescentado pela Lei n. 14.184, de 14-7-2021, em vigor em 1.º-1-2022.

II – a expressão "Prestação de serviço efetuada com alíquota zero da Contribuição para o PIS/Pasep e da Cofins", com a especificação do dispositivo legal correspondente.
•• Inciso II acrescentado pela Lei n. 14.184, de 14-7-2021, em vigor em 1.º-1-2022.

Art. 7.º (*Vetado*.)

Art. 8.º O ato que autorizar a instalação de empresa em ZPE relacionará os produtos a serem fabricados, com a sua classificação na Nomenclatura Comum do Mercosul (NCM), e os serviços vinculados à industrialização a serem prestados, com a sua classificação na Nomenclatura Brasileira de Serviços, Intangíveis e outras Operações que Produzam Variações no Patrimônio (NBS), e assegurará o tratamento instituído por esta Lei pelo prazo de 20 (vinte) anos.
•• *Caput* com redação determinada pela Lei n. 14.184, de 14-7-2021.

§ 1.º A empresa poderá solicitar alteração dos produtos a serem fabricados e dos serviços a serem prestados, na forma estabelecida pelo Poder Executivo.
•• § 1.º com redação determinada pela Lei n. 14.184, de 14-7-2021.

§ 2.º O CZPE poderá prorrogar o prazo de que trata o *caput* deste artigo por períodos adicionais de até 20 (vinte) anos.
•• § 2.º com redação determinada pela Lei n. 14.184, de 14-7-2021.

§ 3.º Esgotado o prazo para a utilização do regime, a empresa poderá optar por permanecer dentro da área da ZPE mesmo se não for mais beneficiária do regime jurídico de que trata esta Lei.
•• § 3.º acrescentado pela Lei n. 14.184, de 14-7-2021.

Art. 9.º A empresa instalada em ZPE somente poderá constituir estabelecimento filial localizado fora da ZPE quando se tratar de unidade auxiliar dedicada a funções gerenciais ou de apoio administrativo ou técnico, vedadas as unidades do tipo operacional que desenvolvam atividade de produção ou de venda de mercadorias ou de serviços.
•• Artigo com redação determinada pela Lei n. 14.184, de 14-7-2021.

Arts. 10 e 11. (*Vetados*.)

Art. 12. As importações e as exportações de empresa autorizada a operar em ZPE ficam dispensadas de licença ou de autorização de órgãos federais, com exceção dos controles de ordem sanitária, de interesse da segurança nacional e de proteção do meio ambiente.

•• *Caput* com redação determinada pela Lei n. 14.184, de 14-7-2021.

I e II – (*Revogados pela Lei n. 14.184, de 14-7-2021.*)

§ 1.º A dispensa de licenças ou de autorizações a que se refere o *caput* deste artigo não se aplicará à exportação de produtos:

•• § 1.º, *caput*, com redação determinada pela Lei n. 14.184, de 14-7-2021.

I – destinados a países com os quais o Brasil mantenha convênios de pagamento, as quais se submeterão às disposições e controles estabelecidos na forma da legislação em vigor;

II – sujeitos a regime de cotas aplicáveis às exportações do País, vigentes na data de aprovação do projeto, ou que venha a ser instituído posteriormente; e

III – sujeitos ao Imposto de Exportação.

§ 2.º (*Revogado pela Lei n. 14.184, de 14-7-2021.*)

§ 3.º O disposto no art. 17 do Decreto-lei n. 37, de 18 de novembro de 1966, bem como o disposto no art. 2.º do Decreto-lei n. 666, de 2 de julho de 1969, não se aplicam aos produtos importados nos termos dos arts. 6.º-A e 6.º-B desta Lei, os quais, se usados, ficam dispensados das normas administrativas aplicáveis aos bens usados em geral.

•• § 3.º com redação determinada pela Lei n. 14.184, de 14-7-2021.

§ 4.º Não se aplica o disposto no § 3.º deste artigo aos bens usados importados fora das condições estabelecidas no § 3.º do art. 6.º-A desta Lei.

•• § 4.º acrescentado pela Lei n. 11.732, de 30-6-2008.

Art. 13. (*Revogado pela Lei n. 14.184, de 14-7-2021.*)

Art. 14. (*Vetado.*)

Art. 15. Aplicam-se às empresas autorizadas a operar em ZPE as mesmas disposições legais e regulamentares relativas a câmbio e capitais internacionais aplicáveis às demais empresas nacionais.

•• *Caput* com redação determinada pela Lei n. 11.732, de 30-6-2008.

Parágrafo único. Os limites de que trata o *caput* do art. 1.º da Lei n. 11.371, de 28 de novembro de 2006, não se aplicam às empresas que operarem em ZPE.

•• Parágrafo único acrescentado pela Lei n. 11.732, de 30-6-2008.

Art. 16. (*Vetado.*)

Art. 17. A empresa instalada em ZPE não poderá usufruir de quaisquer incentivos ou benefícios não expressamente previstos nesta Lei.

Parágrafo único. (*Revogado pela Lei n. 11.732, de 30-6-2008.*)

Art. 18. (*Revogado pela Lei n. 14.184, de 14-7-2021.*)

Art. 18-A. (*Vetado.*)

•• Artigo acrescentado pela Lei n. 11.732, de 30-6-2008.

Art. 18-B. Será permitida, sob as condições previstas na legislação específica, a aplicação dos seguintes incentivos ou benefícios fiscais:

•• *Caput* acrescentado pela Lei n. 14.184, de 14-7-2021, em vigor em 1.º-1-2022.

I – regimes aduaneiros suspensivos previstos em regulamento;

•• Inciso I acrescentado pela Lei n. 14.184, de 14-7-2021, em vigor em 1.º-1-2022.

II – previstos para as áreas da Sudam, instituída pela Lei Complementar n. 124, de 3 de janeiro de 2007, da Sudene, instituída pela Lei Complementar n. 125, de 3 de janeiro de 2007 e da Superintendência do Desenvolvimento do Centro-Oeste (Sudeco), instituída pela Lei Complementar n. 129, de 8 de janeiro de 2009;

•• Inciso II acrescentado pela Lei n. 14.184, de 14-7-2021, em vigor em 1.º-1-2022.

III – previstos no art. 9.º da Medida Provisória n. 2.159-70, de 24 de agosto de 2001;

•• Inciso III acrescentado pela Lei n. 14.184, de 14-7-2021, em vigor em 1.º-1-2022.

IV – previstos na Lei n. 8.248, de 23 de outubro de 1991; e

•• Inciso IV acrescentado pela Lei n. 14.184, de 14-7-2021, em vigor em 1.º-1-2022.

V – previstos nos arts. 17 a 26 da Lei n. 11.196, de 21 de novembro de 2005.

•• Inciso V acrescentado pela Lei n. 14.184, de 14-7-2021, em vigor em 1.º-1-2022.

Art. 18-C. A receita auferida por empresa autorizada a operar em ZPE decorrente da comercialização de oxigênio medicinal, classificado sob o código 2804.40.00 da NCM, não será considerada no cálculo do percentual da receita bruta decorrente de exportação de que trata o *caput* do art. 18 desta Lei, no ano-calendário de 2021.

•• Artigo acrescentado pela Lei n. 14.184, de 14-7-2021, em vigor em 1.º-1-2022.

Art. 19. (*Vetado.*)

Art. 20. O Poder Executivo estabelecerá em regulamento as normas para a fiscalização das operações da empresa prestadora de serviços vinculados à industrialização beneficiária do regime jurídico instituído por esta Lei e para a fiscalização, o despacho e o controle aduaneiro de mercadorias em ZPE e a forma como a autoridade aduaneira exercerá o controle e a verificação do embarque e, quando for o caso, da destinação de mercadoria exportada por empresa instalada em ZPE.

•• Artigo com redação determinada pela Lei n. 14.184, de 14-7-2021.

Art. 21. (*Revogado pela Lei n. 14.184, de 14-7-2021.*)

Art. 21-A. A empresa prestadora de serviços vinculados à industrialização das mercadorias a serem exportadas poderá ser beneficiária do regime instituído por esta Lei, desde que possua:

•• *Caput* acrescentado pela Lei n. 14.184, de 14-7-2021, originariamente vetado, todavia promulgado em 18-10-2021, em vigor em 1.º-1-2022.

I – vínculo contratual com empresa industrial autorizada a operar em ZPE; e

•• Inciso I acrescentado pela Lei n. 14.184, de 14-7-2021, originariamente vetado, todavia promulgado em 18-10-2021, em vigor em 1.º-1-2022.

II – projeto aprovado pelo CZPE.

•• Inciso II acrescentado pela Lei n. 14.184, de 14-7-2021, originariamente vetado, todavia promulgado em 18-10-2021, em vigor em 1.º-1-2022.

§ 1.º Desfeito o vínculo contratual de que trata o inciso I do *caput* deste artigo, fica extinta a condição de beneficiária do regime para a empresa prestadora de serviços e fica a empresa industrial contratante obrigada a comunicar ao CZPE a extinção do referido contrato no prazo de até 30 (trinta) dias, contado da data da extinção.

•• § 1.º acrescentado pela Lei n. 14.184, de 14-7-2021, originariamente vetado, todavia promulgado em 18-10-2021, em vigor em 1.º-1-2022.

§ 2.º Os serviços beneficiados pelo disposto neste artigo são os seguintes:

•• § 2.º, *caput*, acrescentado pela Lei n. 14.184, de 14-7-2021, originariamente vetado, todavia promulgado em 18-10-2021, em vigor em 1.º-1-2022.

I – serviços de Pesquisa e Desenvolvimento (P&D);

•• Inciso I acrescentado pela Lei n. 14.184, de 14-7-2021, originariamente vetado, todavia promulgado em 18-10-2021, em vigor em 1.º-1-2022.

II – serviços de engenharia e arquitetura;

•• Inciso II acrescentado pela Lei n. 14.184, de 14-7-2021, originariamente vetado, todavia promulgado em 18-10-2021, em vigor em 1.º-1-2022.

III – serviços científicos e outros serviços técnicos;

•• Inciso III acrescentado pela Lei n. 14.184, de 14-7-2021, originariamente vetado, todavia promulgado em 18-10-2021, em vigor em 1.º-1-2022.

IV – serviços de *branding* e *marketing*;

•• Inciso IV acrescentado pela Lei n. 14.184, de 14-7-2021, originariamente vetado, todavia promulgado em 18-10-2021, em vigor em 1.º-1-2022.

V – serviços especializados de projetos (*design*);

•• Inciso V acrescentado pela Lei n. 14.184, de 14-7-2021, originariamente vetado, todavia promulgado em 18-10-2021, em vigor em 1.º-1-2022.

VI – serviços de Tecnologia da Informação (TI);

•• Inciso VI acrescentado pela Lei n. 14.184, de 14-7-2021, originariamente vetado, todavia promulgado em 18-10-2021, em vigor em 1.º-1-2022.

VII – serviços de manutenção, reparação e instalação;

•• Inciso VII acrescentado pela Lei n. 14.184, de 14-7-2021, originariamente vetado, todavia promulgado em 18-10-2021, em vigor em 1.º-1-2022.

VIII – serviços de coleta e tratamento de água e efluentes, e ambientais;

•• Inciso VIII acrescentado pela Lei n. 14.184, de 14-7-2021, originariamente vetado, todavia promulgado em 18-10-2021, em vigor em 1.º-1-2022.

IX – serviços de transporte de carga e de apoio ao transporte;

- • Inciso IX acrescentado pela Lei n. 14.184, de 14-7-2021, originalmente vetado, todavia promulgado em 18-10-2021, em vigor em 1.º-1-2022.

X – outros serviços fixados pelo CZPE.
- • Inciso X acrescentado pela Lei n. 14.184, de 14-7-2021, originalmente vetado, todavia promulgado em 18-10-2021, em vigor em 1.º-1-2022.

§ 3.º Os serviços enumerados no § 2.º deste artigo serão fixados pelo CZPE de acordo com a NBS.
- • § 3.º acrescentado pela Lei n. 14.184, de 14-7-2021, originalmente vetado, todavia promulgado em 18-10-2021, em vigor em 1.º-1-2022.

§ 4.º O Poder Executivo disporá sobre as hipóteses de controle informatizado das operações da empresa de serviços de que trata o *caput* deste artigo.
- • § 4.º acrescentado pela Lei n. 14.184, de 14-7-2021, originalmente vetado, todavia promulgado em 18-10-2021, em vigor em 1.º-1-2022.

§ 5.º O ato que aprovar projeto de empresa prestadora de serviços identificará o estabelecimento beneficiado, relacionará os serviços a serem prestados, de acordo com a sua classificação na NBS, e assegurará o tratamento instituído por esta Lei pelo prazo de vigência do contrato de que trata o inciso I do *caput* deste artigo ou pelo prazo restante concedido para a empresa industrial operar em ZPE, o que for menor.
- • § 5.º acrescentado pela Lei n. 14.184, de 14-7-2021, originalmente vetado, todavia promulgado em 18-10-2021, em vigor em 1.º-1-2022.

§ 6.º A empresa prestadora de serviços de que trata o *caput* deste artigo não poderá prestar serviços para empresas nacionais sediadas fora da ZPE.
- • § 6.º acrescentado pela Lei n. 14.184, de 14-7-2021, originalmente vetado, todavia promulgado em 18-10-2021, em vigor em 1.º-1-2022.

Art. 21-B. A administradora da ZPE poderá autorizar a instalação em ZPE de estabelecimento de empresa prestadora de serviços não enquadradas nas hipóteses estabelecidas no art. 21-A desta Lei cuja presença contribua para:
- • *Caput* acrescentado pela Lei n. 14.184, de 14-7-2021, em vigor em 1.º-1-2022.

I – otimizar a operação das pessoas jurídicas instaladas na ZPE; ou
- • Inciso I acrescentado pela Lei n. 14.184, de 14-7-2021, em vigor em 1.º-1-2022.

II – proporcionar comodidade às pessoas físicas que circulam pela área da ZPE.
- • Inciso II acrescentado pela Lei n. 14.184, de 14-7-2021, em vigor em 1.º-1-2022.

Parágrafo único. As empresas a que se refere o *caput* deste artigo:
- • Parágrafo único, *caput*, acrescentado pela Lei n. 14.184, de 14-7-2021, em vigor em 1.º-1-2022.

I – não farão jus aos benefícios do regime tributário, cambial e administrativo estabelecido nesta Lei; e
- • Inciso I acrescentado pela Lei n. 14.184, de 14-7-2021, em vigor em 1.º-1-2022.

II – não poderão movimentar ou armazenar mercadoria adquirida ou importada ao amparo do regime.
- • Inciso II acrescentado pela Lei n. 14.184, de 14-7-2021, em vigor em 1.º-1-2022.

Art. 21-C. Poderá ser beneficiária do regime instituído por esta Lei a pessoa jurídica exclusivamente prestadora de serviços, sem prejuízo dos serviços relacionados nos arts. 21-A e 21-B desta Lei, desde que:
- • *Caput* acrescentado pela Lei n. 14.184, de 14-7-2021, originalmente vetado, todavia promulgado em 18-10-2021, em vigor em 1.º-1-2022.

I – possua projeto aprovado pelo CZPE, para prestação de serviços exclusivamente ao mercado externo;
- • Inciso I acrescentado pela Lei n. 14.184, de 14-7-2021, originalmente vetado, todavia promulgado em 18-10-2021, em vigor em 1.º-1-2022.

II – não evidencie a instalação em ZPE a simples transferência de pessoa jurídica já instalada fora da ZPE; e
- • Inciso II acrescentado pela Lei n. 14.184, de 14-7-2021, originalmente vetado, todavia promulgado em 18-10-2021, em vigor em 1.º-1-2022.

III – não aufira receita referente à prestação de serviços no mercado interno.
- • Inciso III acrescentado pela Lei n. 14.184, de 14-7-2021, originalmente vetado, todavia promulgado em 18-10-2021, em vigor em 1.º-1-2022.

§ 1.º A pessoa jurídica beneficiária do regime terá a habilitação cancelada na hipótese de não observância do disposto no inciso III do *caput* deste artigo ou das demais condições e requisitos previstos nesta Lei.
- • § 1.º acrescentado pela Lei n. 14.184, de 14-7-2021, originalmente vetado, todavia promulgado em 18-10-2021, em vigor em 1.º-1-2022.

§ 2.º Na hipótese de cancelamento de que trata o § 1.º deste artigo, a empresa excluída do regime somente poderá efetuar nova habilitação após o decurso do prazo de 2 (dois) anos, contado da data do cancelamento.
- • § 2.º acrescentado pela Lei n. 14.184, de 14-7-2021, originalmente vetado, todavia promulgado em 18-10-2021, em vigor em 1.º-1-2022.

§ 3.º Para cumprimento do disposto neste artigo, devem ser observados as condições necessárias para fruição do benefício fiscal e os requisitos técnicos e operacionais estabelecidos pela Secretaria Especial da Receita Federal do Brasil.
- • § 3.º acrescentado pela Lei n. 14.184, de 14-7-2021, originalmente vetado, todavia promulgado em 18-10-2021, em vigor em 1.º-1-2022.

§ 4.º No caso de descumprimento dos requisitos e das condições para fruição dos benefícios de que trata este artigo, o beneficiário ficará sujeito ao pagamento dos tributos que deixarem de ser recolhidos, com os acréscimos legais e penalidades cabíveis, conforme o caso, calculados da data do fato gerador.
- • § 4.º acrescentado pela Lei n. 14.184, de 14-7-2021, originalmente vetado, todavia promulgado em 18-10-2021, em vigor em 1.º-1-2022.

§ 5.º Nas hipóteses de que trata o § 1.º deste artigo, a pessoa jurídica adquirente será responsável solidária com a pessoa jurídica de que trata o *caput* deste artigo.
- • § 5.º acrescentado pela Lei n. 14.184, de 14-7-2021, originalmente vetado, todavia promulgado em 18-10-2021, em vigor em 1.º-1-2022.

§ 6.º Os serviços de que trata este artigo serão fixados pelo CZPE de acordo com a NBS.
- • § 6.º acrescentado pela Lei n. 14.184, de 14-7-2021, originalmente vetado, todavia promulgado em 18-10-2021, em vigor em 1.º-1-2022.

Art. 22. As sanções previstas nesta Lei não prejudicam a aplicação de outras penalidades, inclusive do disposto no art. 76 da Lei n. 10.833, de 29 de dezembro de 2003.
- • Artigo com redação determinada pela Lei n. 11.732, de 30-6-2008.

Art. 23. Considera-se dano ao erário, para efeito de aplicação da pena de perdimento, na forma da legislação específica, a introdução:
- • *Caput* com redação determinada pela Lei n. 11.732, de 30-6-2008.

I – no mercado interno, de mercadoria procedente de ZPE que tenha sido importada, adquirida no mercado interno ou produzida em ZPE fora dos casos autorizados nesta Lei;
- • Inciso I com redação determinada pela Lei n. 11.732, de 30-6-2008.

II – em ZPE, de mercadoria estrangeira não permitida;
- • Inciso II com redação determinada pela Lei n. 11.732, de 30-6-2008.

III – (*Revogado pela Lei n. 11.732, de 30-6-2008.*)

Parágrafo único. Aplica-se o disposto no Decreto-lei n. 1.455, de 7 de abril de 1976, para efeitos de aplicação e julgamento da pena de perdimento estabelecida neste artigo.
- • Parágrafo único com redação determinada pela Lei n. 11.732, de 30-6-2008.
- ○ O Decreto-lei n. 1.455, de 7-4-1976, dispõe sobre a bagagem de passageiro procedente do exterior, disciplina o regime de entreposto aduaneiro, estabelece normas sobre mercadorias estrangeiras apreendidas, e dá outras providências.

Art. 24. (*Revogado pela Lei n. 11.732, de 30-6-2008.*)

Art. 25. O ato de criação de ZPE já autorizada até 13 de outubro de 1994 caducará se até 31 de dezembro de 2015 a administradora da ZPE não tiver iniciado, sem motivo justificado, as obras de implantação.
- • Artigo com redação determinada pela Lei n. 12.767, de 27-12-2012.

Art. 26. (*Vetado.*)

Art. 27. Esta Lei entra em vigor na data de sua publicação.

Art. 28. Revogam-se o Decreto-lei n. 2.452, de 29 de julho de 1988, as Leis n. 8.396, de 2 de janeiro de 1992, e 8.924, de 29 de julho de 1994, o inciso II do § 2.º do art. 14 da Medida Provisória n. 2.158-35, de 24 de agosto de 2001, e o inciso XVI do *caput* do art. 88 da Lei n. 9.430, de 27 de dezembro de 1996.

Brasília, 20 de julho de 2007; 186.º da Independência e 119.º da República.

Luiz Inácio Lula da Silva

DECRETO N. 6.306, DE 14 DE DEZEMBRO DE 2007 (*)

Regulamenta o Imposto sobre Operações de Crédito, Câmbio e Seguro, ou relativas a Títulos ou Valores Mobiliários – IOF.

O Presidente da República, no uso das atribuições que lhe conferem os arts. 84, inciso IV, e 153, § 1.º, da Constituição, e tendo em vista o disposto na Lei n. 5.143, de 20 de outubro de 1966, na Lei n. 5.172, de 25 de outubro de 1966, no Decreto-lei n. 1.783, de 18 de abril de 1980, e na Lei n. 8.894, de 21 de junho de 1994, decreta:

Art. 1.º O Imposto sobre Operações de Crédito, Câmbio e Seguro ou relativas a Títulos ou Valores Mobiliários – IOF será cobrado de conformidade com o disposto neste Decreto.

TÍTULO I
DA INCIDÊNCIA

Art. 2.º O IOF incide sobre:

I – operações de crédito realizadas:

a) por instituições financeiras (Lei n. 5.143, de 20-10-1966, art. 1.º);

b) por empresas que exercem as atividades de prestação cumulativa e contínua de serviços de assessoria creditícia, mercadológica, gestão de crédito, seleção de riscos, administração de contas a pagar e a receber, compra de direitos creditórios resultantes de vendas mercantis a prazo ou de prestação de serviços (*factoring*) (Lei n. 9.249, de 26-12-1995, art. 15, § 1.º, inciso III, alínea *d*, e Lei n. 9.532, de 10-12-1997, art. 58);

c) entre pessoas jurídicas ou entre pessoa jurídica e pessoa física (Lei n. 9.779, de 19-1-1999, art. 13);

II – operações de câmbio (Lei n. 8.894, de 21-6-1994, art. 5.º);

III – operações de seguro realizadas por seguradoras (Lei n. 5.143, de 1966, art. 1.º);

IV – operações relativas a títulos ou valores mobiliários (Lei n. 8.894, de 1994, art. 1.º);

V – operações com ouro, ativo financeiro, ou instrumento cambial (Lei n. 7.766, de 11-5-1989, art. 4.º).

§ 1.º A incidência definida no inciso I exclui a definida no inciso IV, e reciprocamente, quanto à emissão, ao pagamento ou resgate do título representativo de uma mesma operação de crédito (Lei n. 5.172, de 25-10-1966, art. 63, parágrafo único).

§ 2.º Exclui-se da incidência do IOF referido no inciso I a operação de crédito externo, sem prejuízo da incidência definida no inciso II.

§ 3.º Não se submetem à incidência do imposto de que trata este Decreto as operações realizadas por órgãos da administração direta da União, dos Estados, do Distrito Federal e dos Municípios, e, desde que vinculadas às finalidades essenciais das respectivas entidades, as operações realizadas por:

I – autarquias e fundações instituídas e mantidas pelo Poder Público;

II – templos de qualquer culto;

III – partidos políticos, inclusive suas fundações, entidades sindicais de trabalhadores e instituições de educação e de assistência social, sem fins lucrativos, atendidos os requisitos da lei.

TÍTULO II
DA INCIDÊNCIA SOBRE OPERAÇÕES DE CRÉDITO

Capítulo I
DO FATO GERADOR

Art. 3.º O fato gerador do IOF é a entrega do montante ou do valor que constitua o objeto da obrigação, ou sua colocação à disposição do interessado (Lei n. 5.172, de 1966, art. 63, inciso I).

§ 1.º Entende-se ocorrido o fato gerador e devido o IOF sobre operação de crédito:

I – na data da efetiva entrega, total ou parcial, do valor que constitua o objeto da obrigação ou sua colocação à disposição do interessado;

II – no momento da liberação de cada uma das parcelas, nas hipóteses de crédito sujeito, contratualmente, a liberação parcelada;

III – na data do adiantamento a depositante, assim considerado o saldo a descoberto em conta de depósito;

IV – na data do registro efetuado em conta devedora por crédito liquidado no exterior;

V – na data em que se verificar excesso de limite, assim entendido o saldo a descoberto ocorrido em operação de empréstimo ou financiamento, inclusive sob a forma de abertura de crédito;

VI – na data da novação, composição, consolidação, confissão de dívida e dos negócios assemelhados, observado o disposto nos §§ 7.º e 10 do art. 7.º;

VII – na data do lançamento contábil, em relação às operações e às transferências internas que não tenham classificação específica, mas que, pela sua natureza, se enquadrem como operações de crédito.

§ 2.º O débito de encargos, exceto na hipótese do § 12 do art. 7.º, não configura entrega ou colocação de recursos à disposição do interessado.

§ 3.º A expressão "operações de crédito" compreende as operações de:

I – empréstimo sob qualquer modalidade, inclusive abertura de crédito e desconto de títulos (Decreto-lei n. 1.783, de 18-4-1980, art. 1.º, inciso I);

II – alienação, à empresa que exercer as atividades de *factoring*, de direitos creditórios resultantes de vendas a prazo (Lei n. 9.532, de 1997, art. 58);

III – mútuo de recursos financeiros entre pessoas jurídicas ou entre pessoa jurídica e pessoa física (Lei n. 9.779, de 1999, art. 13).

Capítulo II
DOS CONTRIBUINTES E DOS RESPONSÁVEIS

Dos Contribuintes

Art. 4.º Contribuintes do IOF são as pessoas físicas ou jurídicas tomadoras de crédito (Lei n. 8.894, de 1994, art. 3.º, inciso I, e Lei n. 9.532, de 1997, art. 58).

Parágrafo único. No caso de alienação de direitos creditórios resultantes de vendas a prazo a empresas de *factoring*, contribuinte é o alienante pessoa física ou jurídica.

Dos Responsáveis

Art. 5.º São responsáveis pela cobrança do IOF e pelo seu recolhimento ao Tesouro Nacional:

I – as instituições financeiras que efetuarem operações de crédito (Decreto-lei n. 1.783, de 1980, art. 3.º, inciso I);

II – as empresas de *factoring* adquirentes do direito creditório, nas hipóteses da alínea *b* do inciso I do art. 2.º (Lei n. 9.532, de 1997, art. 58, § 1.º);

III – a pessoa jurídica que conceder o crédito, nas operações de crédito correspondentes a mútuo de recursos financeiros (Lei n. 9.779, de 1999, art. 13, § 2.º).

Capítulo III
DA BASE DE CÁLCULO E DA ALÍQUOTA

Da Alíquota

Art. 6.º O IOF será cobrado à alíquota máxima de um vírgula cinco por cento ao dia sobre o valor das operações de crédito (Lei n. 8.894, de 1994, art. 1.º).

Da Base de Cálculo e das Alíquotas Reduzidas

Art. 7.º A base de cálculo e respectiva alíquota reduzida do IOF são (Lei n. 8.894, de 1994, art. 1.º, parágrafo único, e Lei n. 5.172, de 1966, art. 64, inciso I):

I – na operação de empréstimo, sob qualquer modalidade, inclusive abertura de crédito:

a) quando não ficar definido o valor do principal a ser utilizado pelo mutuário, inclusive por estar contratualmente prevista a reutilização do crédito, até o termo final da operação, a base de cálculo é o somatório dos saldos devedores diários apurado no último dia de cada mês, inclusive na prorrogação ou renovação:

1. mutuário pessoa jurídica: 0,0041%;
2. mutuário pessoa física: 0,0082%;

•• Item 2 com redação determinada pelo Decreto n. 8.392, de 20-1-2015.
•• Vide § 19 deste artigo.

b) quando ficar definido o valor do principal a ser utilizado pelo mutuário, a base de cálculo é o principal entregue ou colocado à sua disposição, ou quando previsto mais

---

(*) Publicado no *Diário Oficial da União*, de 17-12-2007, e retificado em 8-1-2008.

de um pagamento, o valor do principal de cada uma das parcelas:

1. mutuário pessoa jurídica: 0,0041% ao dia;

2. mutuário pessoa física: 0,0082% ao dia;

•• Item 2 com redação determinada pelo Decreto n. 8.392, de 20-1-2015.

II – na operação de desconto, inclusive na de alienação a empresas de *factoring* de direitos creditórios resultantes de vendas a prazo, a base de cálculo é o valor líquido obtido:

a) mutuário pessoa jurídica: 0,0041% ao dia;

b) mutuário pessoa física: 0,0082% ao dia;

•• Alínea *b* com redação determinada pelo Decreto n. 8.392, de 20-1-2015.

III – no adiantamento a depositante, a base de cálculo é o somatório dos saldos devedores diários, apurado no último dia de cada mês:

a) mutuário pessoa jurídica: 0,0041%;

b) mutuário pessoa física: 0,0082%;

•• Alínea *b* com redação determinada pelo Decreto n. 8.392, de 20-1-2015.

IV – nos empréstimos, inclusive sob a forma de financiamento, sujeitos à liberação de recursos em parcelas, ainda que o pagamento seja parcelado, a base de cálculo é o valor do principal de cada liberação:

a) mutuário pessoa jurídica: 0,0041% ao dia;

b) mutuário pessoa física: 0,0082% ao dia;

•• Alínea *b* com redação determinada pelo Decreto n. 8.392, de 20-1-2015.

V – nos excessos de limite, ainda que o contrato esteja vencido:

a) quando não ficar expressamente definido o valor do principal a ser utilizado, inclusive por estar contratualmente prevista a reutilização do crédito, até o termo final da operação, a base de cálculo é o valor dos excessos computados no somatório dos saldos devedores diários apurados no último dia de cada mês:

1. mutuário pessoa jurídica: 0,0041%;

2. mutuário pessoa física: 0,0082%;

•• Item 2 com redação determinada pelo Decreto n. 8.392, de 20-1-2015.

b) quando ficar expressamente definido o valor do principal a ser utilizado, a base de cálculo é o valor de cada excesso, apurado diariamente, resultante de novos valores entregues ao interessado, não se considerando como tais os débitos de encargos:

1. mutuário pessoa jurídica: 0,0041% ao dia;

2. mutuário pessoa física: 0,0082% ao dia;

•• Item 2 com redação determinada pelo Decreto n. 8.392, de 20-1-2015.

VI – nas operações referidas nos incisos I a V, quando se tratar de mutuário pessoa jurídica optante pelo Regime Especial Unificado de Arrecadação de Tributos e Contribuições devidos pelas Microempresas e Empresas de Pequeno Porte – Simples Nacional, de que trata a Lei Complementar n. 123, de 14 de dezembro de 2006, em que o valor seja igual ou inferior a R$ 30.000,00 (trinta mil reais), observado o disposto no art. 45, inciso II: 0,00137% ou 0,00137% ao dia, conforme o caso;

VII – nas operações de financiamento para aquisição de imóveis não residenciais, em que o mutuário seja pessoa física: 0,0082% ao dia.

•• Inciso VII com redação determinada pelo Decreto n. 8.392, de 20-1-2015.

§ 1.º O IOF, cuja base de cálculo não seja apurada por somatório de saldos devedores diários, não excederá o valor resultante da aplicação da alíquota diária a cada valor de principal, prevista para a operação, multiplicada por trezentos e sessenta e cinco dias, acrescida da alíquota adicional de que trata o § 15, ainda que a operação seja de pagamento parcelado.

•• § 1.º com redação determinada pelo Decreto n. 6.391, de 12-3-2008.

§ 2.º No caso de operação de crédito não liquidada no vencimento, cuja tributação não tenha atingido a limitação prevista no § 1.º, a exigência do IOF fica suspensa entre a data do vencimento original da obrigação e a da sua liquidação ou a data em que ocorrer qualquer das hipóteses previstas no § 7.º.

§ 3.º Na hipótese do § 2.º, será cobrado o IOF complementar, relativamente ao período em que ficou suspensa a exigência, mediante a aplicação da mesma alíquota sobre o valor não liquidado da obrigação vencida, até atingir a limitação prevista no § 1.º.

§ 4.º O valor líquido a que se refere o inciso II deste artigo corresponde ao valor nominal do título ou do direito creditório, deduzidos os juros cobrados antecipadamente.

§ 5.º No caso de adiantamento concedido sobre cheque em depósito, a tributação será feita na forma estabelecida para desconto de títulos, observado o disposto no inciso XXII do art. 8.º.

§ 6.º No caso de cheque admitido em depósito e devolvido por insuficiência de fundos, a base de cálculo do IOF será igual ao valor a descoberto, verificado na respectiva conta, pelo seu débito, na forma estabelecida para o adiantamento a depositante.

§ 7.º Na prorrogação, renovação, novação, composição, consolidação, confissão de dívida e negócios assemelhados, de operação de crédito em que não haja substituição de devedor, a base de cálculo do IOF será o valor não liquidado da operação anteriormente tributada, sendo essa tributação considerada complementar à anteriormente feita, aplicando-se a alíquota em vigor à época da operação inicial.

• Vide § 19 deste artigo.

§ 8.º No caso do § 7.º, se a base de cálculo original for o somatório mensal dos saldos devedores diários, a base de cálculo será o valor renegociado na operação, com exclusão da parte amortizada na data do negócio.

§ 9.º Sem exclusão da cobrança do IOF prevista no § 7.º, havendo entrega ou colocação de novos valores à disposição do interessado, esses constituirão nova base de cálculo.

§ 10. No caso de novação, composição, consolidação, confissão de dívida e negócios assemelhados de operação de crédito em que haja substituição de devedor, a base de cálculo do IOF será o valor renegociado na operação.

§ 11. Nos casos dos §§ 8.º, 9.º e 10, a alíquota aplicável é a que estiver em vigor na data da novação, composição, consolidação, confissão de dívida ou negócio assemelhado.

§ 12. Os encargos integram a base de cálculo quando o IOF for apurado pelo somatório dos saldos devedores diários.

§ 13. Nas operações de crédito decorrentes de registros ou lançamentos contábeis ou sem classificação específica, mas que, pela sua natureza, importem colocação ou entrega de recursos à disposição de terceiros, seja o mutuário pessoa física ou jurídica, as alíquotas serão aplicadas na forma dos incisos I a VI, conforme o caso.

§ 14. Nas operações de crédito contratadas por prazo indeterminado e definido o valor do principal a ser utilizado pelo mutuário, aplicar-se-á a alíquota diária prevista para a operação e a base de cálculo será o valor do principal multiplicado por trezentos e sessenta e cinco.

§ 15. Sem prejuízo do disposto no *caput*, o IOF incide sobre as operações de crédito à alíquota adicional de trinta e oito centésimos por cento, independentemente do prazo da operação, seja o mutuário pessoa física ou pessoa jurídica.

•• § 15 acrescentado pelo Decreto n. 6.339, de 3-1-2008.

§ 16. Nas hipóteses de que tratam a alínea *a* do inciso I, o inciso III, e a alínea *a* do inciso V, o IOF incidirá sobre o somatório mensal dos acréscimos diários dos saldos devedores, à alíquota adicional de que trata o § 15.

•• § 16 acrescentado pelo Decreto n. 6.339, de 3-1-2008.

§ 17. Nas negociações de que trata o § 7.º não se aplica a alíquota adicional de que trata o § 15, exceto se houver entrega ou colocação de novos valores à disposição do interessado.

•• § 17 acrescentado pelo Decreto n. 6.391, de 12-3-2008.

§ 18. No caso de operação de crédito cuja base de cálculo seja apurada por somatório dos saldos devedores diários, constatada a inadimplência do tomador, a cobrança do IOF apurado a partir do último dia do mês subsequente ao da constatação de inadimplência dar-se-á na data da liquida-

ção total ou parcial da operação ou da ocorrência de qualquer das hipóteses previstas no § 7.º.
•• § 18 acrescentado pelo Decreto n. 7.487, de 23-5-2011.

§ 19. Na hipótese do § 18, por ocasião da liquidação total ou parcial da operação ou da ocorrência de qualquer das hipóteses previstas no § 7.º, o IOF será cobrado mediante a aplicação das alíquotas previstas nos itens 1 ou 2 da alínea *a* do inciso I do *caput*, vigentes na data da ocorrência de cada saldo devedor diário, até atingir a limitação de trezentos e sessenta e cinco dias.
•• § 19 acrescentado pelo Decreto n. 7.487, de 23-5-2011.

§ 20. Nas operações de crédito contratadas entre 3 de abril de 2020 e 26 de novembro de 2020, as alíquotas do IOF previstas nos incisos I, II, III, IV, V, VI e VII do *caput* e no § 15 ficam reduzidas a zero.
•• § 20 com redação determinada pelo Decreto n. 10.551, de 25-11-2020.

§ 20-A. Nas operações de crédito contratadas entre 15 de dezembro de 2020 e 31 de dezembro de 2020, as alíquotas do IOF previstas nos incisos I, II, III, IV, V, VI e VII do *caput* e no § 15 ficam reduzidas a zero.
•• § 20-A acrescentado pelo Decreto n. 10.572, de 11-12-2020.

§ 21. O disposto nos § 20 e § 20-A aplica-se também às operações de crédito:
•• § 21 com redação determinada pelo Decreto n. 10.572, de 11-12-2020.

I – previstas no § 7.º, na hipótese de haver nova incidência de IOF, sem prejuízo da parcela cobrada na data da disponibilização dos recursos ao interessado;
•• Inciso I com redação determinada pelo Decreto n. 10.414, de 2-7-2020.

II – não liquidadas no vencimento a que se refere o § 2.º; e
•• Inciso II com redação determinada pelo Decreto n. 10.414, de 2-7-2020.

III – cuja base de cálculo seja apurada por somatório dos saldos devedores diários na forma do disposto nos § 18 e § 19, hipótese na qual se aplica a alíquota zero aos saldos devedores diários apurados entre 3 de abril de 2020 e 26 de novembro de 2020 e entre 15 de dezembro de 2020 e 31 de dezembro de 2020.
•• Inciso III com redação determinada pelo Decreto n. 10.572, de 11-12-2020.

§ 22. Nas operações de crédito cujos fatos geradores ocorram entre 20 de setembro de 2021 e 31 de dezembro de 2021, as alíquotas do IOF previstas nos incisos I, II, III, IV, V e VII do *caput* ficam reduzidas, conforme o caso, a:
•• § 22, *caput*, acrescentado pelo Decreto n. 10.797, de 16-9-2021.

I – mutuário pessoa jurídica: 0,00559%;
•• Inciso I acrescentado pelo Decreto n. 10.797, de 16-9-2021.

II – mutuário pessoa física: 0,01118%;
•• Inciso II acrescentado pelo Decreto n. 10.797, de 16-9-2021.

III – mutuário pessoa jurídica: 0,00559% ao dia; e
•• Inciso III acrescentado pelo Decreto n. 10.797, de 16-9-2021.

IV – mutuário pessoa física: 0,01118% ao dia.
•• Inciso IV acrescentado pelo Decreto n. 10.797, de 16-9-2021.

Da Alíquota Zero

Art. 8.º A alíquota do imposto é reduzida a zero na operação de crédito, sem prejuízo do disposto no § 5.º:
•• *Caput* com redação determinada pelo Decreto n. 7.011, de 18-11-2009.

I – em que figure como tomadora cooperativa, observado o disposto no art. 45, inciso I;

II – (*Revogado pelo Decreto n. 9.017, de 30-3-2017.*)

III – à exportação, bem como de amparo à produção ou estímulo à exportação;

IV – rural, destinada a investimento, custeio e comercialização, observado o disposto no § 1.º;

V – realizada por caixa econômica, sob garantia de penhor civil de joias, de pedras preciosas e de outros objetos;

VI – realizada por instituição financeira, referente a repasse de recursos do Tesouro Nacional destinados a financiamento de abastecimento e formação de estoques reguladores;

VII – realizada entre instituição financeira e outra instituição autorizada a funcionar pelo Banco Central do Brasil, desde que a operação seja permitida pela legislação vigente;

VIII – em que o tomador seja estudante, realizada por meio do Fundo de Financiamento ao Estudante do Ensino Superior – FIES, de que trata a Lei n. 10.260, de 12 de julho de 2001;

IX – efetuada com recursos da Agência Especial de Financiamento Industrial – FINAME;

X – realizada ao amparo da Política de Garantia de Preços Mínimos – Empréstimos do Governo Federal – EGF;

XI – relativa a empréstimo de título público, quando esse permanecer custodiado no Sistema Especial de Liquidação e de Custódia – SELIC, e servir de garantia prestada a terceiro na execução de serviços e obras públicas;

XII – (*Revogado pelo Decreto n. 8.325, de 7-10-2014.*)

XIII – relativa a adiantamento de salário concedido por pessoa jurídica aos seus empregados, para desconto em folha de pagamento ou qualquer outra forma de reembolso;

XIV – relativa a transferência de bens objeto de alienação fiduciária, com sub-rogação de terceiro nos direitos e obrigações do devedor, desde que mantidas todas as condições financeiras do contrato original;

XV – realizada por instituição financeira na qualidade de gestora, mandatária, ou agente de fundo ou programa do Governo Federal, Estadual, do Distrito Federal ou Municipal, instituído por lei, cuja aplicação do recurso tenha finalidade específica;

XVI – relativa a adiantamento sobre o valor de resgate de apólice de seguro de vida individual e de título de capitalização;

XVII – relativa a adiantamento de contrato de câmbio de exportação;

XVIII – relativa a aquisição de ações ou de participação em empresa, no âmbito do Programa Nacional de Desestatização;

XIX – resultante de repasse de recursos de fundo ou programa do Governo Federal vinculado à emissão pública de valores mobiliários;

XX – relativa a devolução antecipada do IOF indevidamente cobrado e recolhido pelo responsável, enquanto aguarda a restituição pleiteada, e desde que não haja cobrança de encargos remuneratórios;

XXI – realizada por agente financeiro com recursos oriundos de programas federais, estaduais ou municipais, instituídos com a finalidade de implementar programas de geração de emprego e renda, nos termos previstos no art. 12 da Lei n. 9.649, de 27 de maio de 1998;

XXII – relativa a adiantamento concedido sobre cheque em depósito, remetido à compensação nos prazos e condições fixados pelo Banco Central do Brasil;

XXIII – (*Revogado pelo Decreto n. 6.391, de 12-3-2008.*)

XXIV – realizada por instituição financeira, com recursos do Tesouro Nacional, destinada ao financiamento de estocagem de álcool etílico combustível, na forma regulamentada pelo Conselho Monetário Nacional;

XXV – realizada por uma instituição financeira para cobertura de saldo devedor em outra instituição financeira, até o montante do valor portado e desde que não haja substituição do devedor;

XXVI – relativa a financiamento para aquisição de motocicleta, motoneta e ciclomotor, em que o mutuário seja pessoa física;
•• Inciso XXVI acrescentado pelo Decreto n. 6.655, de 20-11-2008.

XXVII – realizada por instituição financeira pública federal em que sejam tomadores de recursos pessoas físicas com renda mensal de até dez salários mínimos, desde que os valores das operações sejam direcionados exclusivamente para adquirir bens e serviços de tecnologia assistiva destinados a pessoas com deficiência, nos termos do parágrafo único do art. 1.º da Lei n. 10.735, de 11 de setembro de 2003;
•• Inciso XXVII acrescentado pelo Decreto n. 7.726, de 21-5-2012.

XXVIII – realizada por instituição financeira, com recursos públicos ou privados, para financiamento de operações, contratadas a partir de 2 de abril de 2013, destinadas a aquisição, produção e arrendamento mercantil de bens de capital, incluídos componentes e serviços tecnológicos relacionados, e o capital de giro associado, a produção de bens de consumo para exportação, ao setor de energia elétrica, a estruturas para exportação de granéis líquidos, a projetos de engenharia, à inovação tecnológica, e a projetos de investimento destinados à constituição de capacidade tecnológica e produtiva em setores de alta intensidade de conhecimento e engenharia e projetos de infraestrutura logística direcionados a obras de rodovias e ferrovias objeto de concessão pelo Governo federal, a que se refere o art. 1.º da Lei n. 12.096, de 24 de novembro de 2009, e de acordo com os critérios fixados pelo Conselho Monetário Nacional e pelo Banco Central do Brasil;

•• Inciso XXVIII acrescentado pelo Decreto n. 7.875, de 1.º-4-2013.

XXIX – *(Revogado pelo Decreto n. 10.377, de 27-5-2020.)*

XXX – *(Revogado pelo Decreto n. 8.511, de 31-8-2015.)*

XXXI – efetuada por intermédio da Financiadora de Estudos e Projetos – FINEP ou por seus agentes financeiros, com recursos dessa empresa pública;

•• Inciso XXXI com redação determinada pelo Decreto n. 10.377, de 27-5-2020.

XXXII – destinada, nos termos do disposto no § 3.º do art. 6.º da Lei n. 12.793, de 2 de abril de 2013, ao financiamento de projetos de infraestrutura de logística direcionados a obras de rodovias e ferrovias objeto de concessão pelo Governo federal;

•• Inciso XXXII com redação determinada pelo Decreto n. 11.000, de 17-3-2022.

XXXIII – contratada pela Câmara de Comercialização de Energia Elétrica – CCEE, destinada à cobertura, total ou parcial, de déficit e de antecipação de receita, incorridas pelas concessionárias e permissionárias de serviço público de distribuição de energia elétrica nos termos do disposto no Decreto n. 10.350, de 18 de maio de 2020;

•• Inciso XXXIII com redação determinada pelo Decreto n. 11.022, de 31-3-2022.

XXXIV – contratada pela CCEE, destinada à cobertura, total ou parcial, de custos incorridos pelas concessionárias e permissionárias de serviço público de distribuição de energia elétrica nos termos do disposto no Decreto n. 10.939, de 13 de janeiro de 2022;

•• Inciso XXXIV com redação determinada pelo Decreto n. 11.667, de 24-8-2023.

XXXV – contratada entre 1.º de abril de 2022 e 31 de dezembro de 2023, ao amparo da Lei n. 13.999, de 18 de maio de 2020, da Lei n. 14.042, de 19 de agosto de 2020, e da Lei n. 14.257, de 1.º de dezembro de 2021; e

•• Inciso XXXV com redação determinada pelo Decreto n. 11.667, de 24-8-2023.

XXXVI – contratada no âmbito da Faixa 1 do Programa Emergencial de Renegociação de Dívidas de Pessoas Físicas Inadimplentes – Desenrola Brasil, instituído pela Medida Provisória n. 1.176, de 5 de junho de 2023, inclusive na hipótese de renegociação de dívidas, até a data de realização do último leilão dos créditos não recuperados de que trata o § 7.º do art. 11 da referida Medida Provisória.

•• Inciso XXXVI acrescentado pelo Decreto n. 11.667, de 24-8-2023.

§ 1.º No caso de operação de comercialização, na modalidade de desconto de nota promissória rural ou duplicata rural, a alíquota zero é aplicável somente quando o título for emitido em decorrência de venda de produção própria.

§ 2.º O disposto no inciso XXV não se aplica nas hipóteses de prorrogação, renovação, novação, composição, consolidação, confissão de dívidas e negócios assemelhados, de operação de crédito em que haja ou não substituição do devedor, ou de quaisquer outras alterações contratuais, exceto taxas, hipóteses em que o imposto complementar deverá ser cobrado à alíquota vigente na data da operação inicial.

§ 3.º Quando houver desclassificação ou descaracterização, total ou parcial, de operação de crédito rural ou de adiantamento de contrato de câmbio, tributada à alíquota zero, o IOF será devido a partir da ocorrência do fato gerador e calculado à alíquota correspondente à operação, conforme previsto no art. 7.º, incidente sobre o valor desclassificado ou descaracterizado, sem prejuízo do disposto no art. 54.

§ 4.º Quando houver falta de comprovação ou descumprimento de condição, ou desvirtuamento da finalidade dos recursos, total ou parcial, de operação tributada à alíquota zero, o IOF será devido a partir da ocorrência do fato gerador calculado à alíquota correspondente à operação, conforme previsto no art. 7.º, acrescido de juros e multa de mora, sem prejuízo do disposto no art. 54, conforme o caso.

§ 5.º Fica instituída, independentemente do prazo da operação, alíquota adicional de trinta e oito centésimos por cento do IOF incidente sobre o valor das operações de crédito de que tratam os incisos I, IV, V, VI, X, XI, XIV, XVI, XVIII, XIX, XXI e XXVI do *caput*.

•• § 5.º com redação determinada pelo Decreto n. 9.017, de 30-3-2017.

§ 6.º Nas operações de crédito contratadas entre 3 de abril de 2020 e 26 de novembro de 2020, a alíquota adicional do IOF de que trata o § 5.º fica reduzida a zero.

•• § 6.º com redação determinada pelo Decreto n. 10.551, de 25-11-2020.

§ 7.º Nas operações de crédito contratadas entre 15 de dezembro de 2020 e 31 de dezembro de 2020, a alíquota adicional do IOF de que trata o § 5.º fica reduzida a zero.

•• § 7.º acrescentado pelo Decreto n. 10.572, de 11-12-2020.

Capítulo IV
DA ISENÇÃO

Art. 9.º É isenta do IOF a operação de crédito:

I – para fins habitacionais, inclusive a destinada à infraestrutura e saneamento básico relativos a programas ou projetos que tenham a mesma finalidade (Decreto-lei n. 2.407, de 5-1-1988);

II – realizada mediante conhecimento de depósito e *warrant*, representativos de mercadorias depositadas para exportação, em entreposto aduaneiro (Decreto-lei n. 1.269, de 18-4-1973, art. 1.º, e Lei n. 8.402, de 8-1-1992, art. 1.º, inciso XI);

III – com recursos dos Fundos Constitucionais de Financiamento do Norte (FNO), do Nordeste (FNE) e do Centro-Oeste (FCO) (Lei n. 7.827, de 27-9-1989, art. 8.º);

IV – efetuada por meio de cédula e nota de crédito à exportação (Lei n. 6.313, de 16-12-1975, art. 2.º, e Lei n. 8.402, de 1992, art. 1.º, inciso XII);

V – em que o tomador de crédito seja a entidade binacional Itaipu (art. XII do Tratado promulgado pelo Decreto n. 72.707, de 28-8-1973);

VI – para a aquisição de automóvel de passageiros, de fabricação nacional, com até 127 HP de potência bruta (SAE), na forma do art. 72 da Lei n. 8.383, de 30 de dezembro de 1991;

VII – *(Revogado pelo Decreto n. 7.563, de 15-9-2011.)*

VIII – em que os tomadores sejam missões diplomáticas e repartições consulares de carreira (Convenção de Viena sobre Relações Consulares promulgada pelo Decreto n. 61.078, de 26-7-1967, art. 32, e Decreto n. 95.711, de 10-2-1988, art. 1.º);

IX – contratada por funcionário estrangeiro de missão diplomática ou representação consular (Convenção de Viena sobre Relações Diplomáticas promulgada pelo Decreto n. 56.435, de 8-6-1965, art. 34).

§ 1.º O disposto nos incisos VIII e IX não se aplica aos consulados e cônsules honorários (Convenção de Viena sobre Relações Consulares promulgada pelo Decreto n. 61.078, de 1967, art. 58).

§ 2.º O disposto no inciso IX não se aplica aos funcionários estrangeiros que tenham residência permanente no Brasil (Convenção de Viena sobre Relações Diplomáticas promulgada pelo Decreto n. 56.435, de 1965, art. 37, e Convenção de Viena sobre Relações Consulares promulgada pelo Decreto n. 61.078, de 1967, art. 71).

§ 3.º Os membros das famílias dos funcionários mencionados no inciso IX, desde que com eles mantenham relação de dependência econômica e não tenham residência permanente no Brasil, gozarão do tratamento estabelecido neste artigo (Convenção de Viena sobre Relações Diplomáticas promulgada pelo Decreto n. 56.435, de 1965, art. 37, e Convenção de Viena sobre Relações Consulares promulgada pelo Decreto n. 61.078, de 1967, art. 71).

§ 4.º O tratamento estabelecido neste artigo aplica-se, ainda, aos organismos internacionais e regionais de caráter permanente de que o Brasil seja membro e aos funcionários estrangeiros de tais organismos, nos termos dos acordos firmados (Lei n. 5.172, de 1966, art. 98).

Capítulo V
DA COBRANÇA E DO RECOLHIMENTO

Art. 10. O IOF será cobrado:

I – no primeiro dia útil do mês subsequente ao de apuração, nas hipóteses em que a apuração da base de cálculo seja feita no último dia de cada mês;

II – na data da prorrogação, renovação, consolidação, composição e negócios assemelhados;

III – na data da operação de desconto;

IV – na data do pagamento, no caso de operação de crédito não liquidada no vencimento;

V – até o décimo dia subsequente à data da caracterização do descumprimento ou da falta de comprovação do cumprimento de condições, total ou parcial, de operações isentas ou tributadas à alíquota zero ou da caracterização do desvirtuamento da finalidade dos recursos decorrentes das mesmas operações;

VI – até o décimo dia subsequente à data da desclassificação ou descaracterização, total ou parcial, de operação de crédito rural ou de adiantamento de contrato de câmbio, quando feita pela própria instituição financeira, ou do recebimento da comunicação da desclassificação ou descaracterização;

VII – na data da entrega ou colocação dos recursos à disposição do interessado, nos demais casos.

Parágrafo único. O IOF deve ser recolhido ao Tesouro Nacional até o terceiro dia útil subsequente ao decêndio da cobrança ou do registro contábil do imposto (Lei n. 11.196, de 21-11-2005, art. 70, inciso II, alínea *b*).

TÍTULO III
DA INCIDÊNCIA SOBRE OPERAÇÕES DE CÂMBIO

Capítulo I
DO FATO GERADOR

Art. 11. O fato gerador do IOF é a entrega de moeda nacional ou estrangeira, ou de documento que a represente, ou sua colocação à disposição do interessado, em montante equivalente à moeda estrangeira ou nacional entregue ou posta à disposição por este (Lei n. 5.172, de 1966, art. 63, inciso II).

Parágrafo único. Ocorre o fato gerador e torna-se devido o IOF no ato da liquidação da operação de câmbio.

Capítulo II
DOS CONTRIBUINTES E DOS RESPONSÁVEIS

Dos Contribuintes

Art. 12. São contribuintes do IOF os compradores ou vendedores de moeda estrangeira nas operações referentes às transferências financeiras para o ou do exterior, respectivamente (Lei n. 8.894, de 1994, art. 6.º).

Parágrafo único. As transferências financeiras compreendem os pagamentos e recebimentos em moeda estrangeira, independentemente da forma de entrega e da natureza das operações.

Dos Responsáveis

Art. 13. São responsáveis pela cobrança do IOF e pelo seu recolhimento ao Tesouro Nacional as instituições autorizadas a operar em câmbio (Lei n. 8.894, de 1994, art. 6.º, parágrafo único).

Capítulo III
DA BASE DE CÁLCULO E DA ALÍQUOTA

Da Base de Cálculo

Art. 14. A base de cálculo do IOF é o montante em moeda nacional, recebido, entregue ou posto à disposição, correspondente ao valor, em moeda estrangeira, da operação de câmbio (Lei n. 5.172, de 1966, art. 64, inciso II).

Da Alíquota

Art. 15. A alíquota máxima do IOF é de vinte e cinco por cento (Lei n. 8.894, de 1994, art. 5.º).

§§ 1.º a **3.º** (*Revogados pelo Decreto n. 7.412, de 30-12-2010.*)

Art. 15-A. (*Revogado pelo Decreto n. 8.325, de 7-10-2014.*)

Art. 15-B. A alíquota do IOF fica reduzida para trinta e oito centésimos por cento, observadas as seguintes exceções:

•• *Caput* acrescentado pelo Decreto n. 8.325, de 7-10-2014.

I – nas operações de câmbio relativas ao ingresso no País de receitas de exportação de bens e serviços: zero;

•• Inciso I acrescentado pelo Decreto n. 8.325, de 7-10-2014.

II – nas operações de câmbio de natureza interbancária entre instituições integrantes do Sistema Financeiro Nacional autorizadas a operar no mercado de câmbio e entre estas e instituições financeiras no exterior: zero;

•• Inciso II acrescentado pelo Decreto n. 8.325, de 7-10-2014.

III – nas operações de câmbio, de transferências do e para o exterior, relativas a aplicações de fundos de investimento no mercado internacional, nos limites e condições fixados pela Comissão de Valores Mobiliários: zero;

•• Inciso III acrescentado pelo Decreto n. 8.325, de 7-10-2014.

IV – nas operações de câmbio realizadas por empresas de transporte aéreo internacional domiciliadas no exterior, para remessa de recursos originados de suas receitas locais: zero;

•• Inciso IV acrescentado pelo Decreto n. 8.325, de 7-10-2014.

V – nas operações de câmbio relativas a ingresso de moeda estrangeira para cobertura de gastos efetuados no País com utilização de cartão de crédito emitido no exterior: zero;

•• Inciso V acrescentado pelo Decreto n. 8.325, de 7-10-2014.

VI – nas operações de câmbio realizadas para ingresso no País de doações em espécie recebidas por instituições financeiras públicas controladas pela União e destinadas a ações de prevenção, monitoramento e combate ao desmatamento e de promoção da conservação e do uso sustentável das florestas brasileiras, de que trata a Lei n. 11.828, de 20 de novembro de 2008: zero;

•• Inciso VI acrescentado pelo Decreto n. 8.325, de 7-10-2014.

VII – nas operações de câmbio destinadas ao cumprimento de obrigações das instituições que participem de arranjos de pagamento de abrangência transfronteiriça na qualidade de emissores destes, decorrentes de aquisição de bens e serviços do exterior efetuada por seus usuários, observado o disposto no inciso VIII: seis inteiros e trinta e oito centésimos por cento;

•• Inciso VII com redação determinada pelo Decreto n. 11.153, de 28-7-2022.

VIII – nas operações de câmbio destinadas ao cumprimento de obrigações das instituições que participem de arranjos de pagamento de abrangência transfronteiriça na qualidade de emissores destes, decorrentes de aquisição de bens e serviços do exterior quando forem usuários a União, os Estados, os Municípios, o Distrito Federal, suas fundações e autarquias: zero;

•• Inciso VIII com redação determinada pelo Decreto n. 11.153, de 28-7-2022.

IX – nas operações de câmbio destinadas ao cumprimento de obrigações das instituições que participem de arranjos de pagamento de abrangência transfronteiriça na qualidade de emissores destes, decorrentes de saques no exterior efetuados por seus usuários: seis inteiros e trinta e oito centésimos por cento;

•• Inciso IX com redação determinada pelo Decreto n. 11.153, de 28-7-2022.

X – nas liquidações de operações de câmbio para aquisição de moeda estrangeira em cheques de viagens e para carregamento de cartão internacional pré-pago, destinadas a

atender gastos pessoais em viagens internacionais: seis inteiros e trinta e oito centésimos por cento;
•• Inciso X acrescentado pelo Decreto n. 8.325, de 7-10-2014.

XI – nas liquidações de operações de câmbio de ingresso e saída de recursos no e do País, referentes a recursos captados a título de empréstimos e financiamentos externos, excetuadas as operações de que trata o inciso XII: zero;
•• Inciso XI acrescentado pelo Decreto n. 8.325, de 7-10-2014.

XII – nas liquidações de operações de câmbio para ingresso de recursos no País, inclusive por meio de operações simultâneas, referente a empréstimo externo, sujeito a registro no Banco Central do Brasil, contratado de forma direta ou mediante emissão de títulos no mercado internacional com prazo médio mínimo de até cento e oitenta dias: seis por cento;
•• Inciso XII acrescentado pelo Decreto n. 8.325, de 7-10-2014.

XIII – nas liquidações de operações de câmbio para remessa de juros sobre o capital próprio e dividendos recebidos por investidor estrangeiro: zero;
•• Inciso XIII acrescentado pelo Decreto n. 8.325, de 7-10-2014.

XIV – nas liquidações de operações de câmbio contratadas por investidor estrangeiro para ingresso de recursos no País, inclusive por meio de operações simultâneas, para constituição de margem de garantia, inicial ou adicional, exigida por bolsas de valores, de mercadorias e futuros: zero;
•• Inciso XIV acrescentado pelo Decreto n. 8.325, de 7-10-2014.

XV – nas liquidações de operações simultâneas de câmbio para ingresso no País de recursos através de cancelamento de *Depositary Receipts – DR*, para investimento em ações negociáveis em bolsa de valores: zero;
•• Inciso XV acrescentado pelo Decreto n. 8.325, de 7-10-2014.

XVI – nas liquidações de operações de câmbio contratadas por investidor estrangeiro para ingresso de recursos no País, inclusive por meio de operações simultâneas, para aplicação nos mercados financeiro e de capitais: zero;
•• Inciso XVI acrescentado pelo Decreto n. 8.325, de 7-10-2014.

XVII – nas liquidações de operações de câmbio para fins de retorno de recursos aplicados por investidor estrangeiro nos mercados financeiro e de capitais: zero; e
•• Inciso XVII acrescentado pelo Decreto n. 8.325, de 7-10-2014.

XVIII – na operação de compra de moeda estrangeira por instituição autorizada a operar no mercado de câmbio, contratada simultaneamente com operação de venda, exclusivamente quando requerida em disposição regulamentar: zero;
•• Inciso XVIII acrescentado pelo Decreto n. 8.325, de 7-10-2014.

XIX – nas liquidações de operações simultâneas de câmbio para ingresso de recursos no País, originárias da mudança de regime do investidor estrangeiro, de investimento direto de que trata a Lei n. 4.131, de 3 de setembro de 1962, para investimento em ações negociáveis em bolsa de valores, na forma regulamentada pelo Conselho Monetário Nacional: zero;
•• Inciso XIX acrescentado pelo Decreto n. 8.731, de 30-4-2016.

XX – nas liquidações de operações de câmbio, liquidadas a partir de 3 de maio de 2016, para aquisição de moeda estrangeira, em espécie: um inteiro e dez centésimos por cento;
•• Inciso XX acrescentado pelo Decreto n. 8.731, de 30-4-2016.

XXI – nas liquidações de operações de câmbio realizadas a partir de 3 de março de 2018 para transferência de recursos ao exterior, com vistas à colocação de disponibilidade de residente no País: um inteiro e dez centésimos por cento;
•• Inciso XXI com redação determinada pelo Decreto n. 11.153, de 28-7-2022.

XXII – nas operações de câmbio para transferência ao exterior de recursos em moeda nacional, mantidos em contas de depósito no País de titularidade de residentes, domiciliados ou com sede no exterior e recebidos originalmente em cumprimento de obrigações das instituições que participem de arranjos de pagamento de abrangência transfronteiriça, na qualidade de emissoras destes, decorrentes da aquisição de bens e serviços do exterior e de saques no exterior, realizados pelos usuários finais dos referidos arranjos, observado o disposto no inciso XXIII: seis inteiros e trinta e oito centésimos por cento; e
•• Inciso XXII acrescentado pelo Decreto n. 11.153, de 28-7-2022.

XXIII – nas operações de câmbio para transferência ao exterior de recursos em moeda nacional, mantidos em contas de depósito no País de titularidade de residentes, domiciliados ou com sede no exterior e recebidos originalmente em cumprimento de obrigações das instituições que participem de arranjos de pagamento de abrangência transfronteiriça, na qualidade de emissoras destes, decorrentes da aquisição de bens e serviços do exterior pelos usuários finais dos referidos arranjos de pagamento, na hipótese de que estes sejam a União, os Estados, os Municípios ou Distrito Federal e suas fundações e autarquias: zero.
•• Inciso XXIII acrescentado pelo Decreto n. 11.153, de 28-7-2022.

§ 1.º No caso de operações de empréstimo em moeda via lançamento de títulos, com cláusula de antecipação de vencimento, parcial ou total, pelo credor ou pelo devedor (*put/call*), a primeira data prevista de exercício definirá a incidência do imposto prevista no inciso XII do *caput*.
•• § 1.º acrescentado pelo Decreto n. 8.325, de 7-10-2014.

§ 2.º Quando a operação de empréstimo for contratada pelo prazo médio mínimo superior ao exigido no inciso XII do *caput* e for liquidada antecipadamente, total ou parcialmente, descumprindo-se esse prazo mínimo, o contribuinte ficará sujeito ao pagamento do imposto calculado à alíquota estabelecida no inciso citado, acrescido de juros moratórios e multa, sem prejuízo das penalidades previstas no art. 23 da Lei n. 4.131, de 3 de setembro de 1962, e no art. 72 da Lei n. 9.069, de 29 de junho de 1995.
•• § 2.º acrescentado pelo Decreto n. 8.325, de 7-10-2014.

§ 3.º Caso o prazo médio mínimo de amortização previsto no inciso XII na data da liquidação antecipada de empréstimo seja inferior ao prazo médio mínimo da operação originalmente contratada e, desde que cumprido o prazo médio mínimo previsto no inciso XII, aplica-se a alíquota em vigor na data da liquidação do contrato de câmbio para pagamento do empréstimo, não se aplicando o disposto no § 2.º.
•• § 3.º acrescentado pelo Decreto n. 8.731, de 30-4-2016.

§ 4.º Enquadram-se no disposto no inciso I as operações de câmbio relativas ao ingresso no País de receitas de exportação de serviços classificados nas Seções I a V da Nomenclatura Brasileira de Serviços, Intangíveis e Outras Operações que produzam variações no patrimônio – NBS, exceto se houver neste Decreto disposição especial.
•• § 4.º acrescentado pelo Decreto n. 8.731, de 30-4-2016.

Art. 15-C. A alíquota do IOF fica reduzida:
•• *Caput* acrescentado pelo Decreto n. 10.997, de 15-3-2022.

I – a zero, nas operações a que se refere o inciso XII do *caput* do art. 15-B;
•• Inciso I acrescentado pelo Decreto n. 10.997, de 15-3-2022.

II – a cinco inteiros e trinta e oito centésimos por cento, a partir de de 2 de janeiro de 2023, nas operações a que se referem os incisos VII, IX, X e XXII do *caput* do art. 15-B;
•• Inciso II com redação determinada pelo Decreto n. 11.153, de 28-7-2022.

III – a quatro inteiros e trinta e oito centésimos por cento, a partir de 2 de janeiro de 2024, nas operações a que se referem os incisos VII, IX, X e XXII do *caput* do art. 15-B;
•• Inciso III com redação determinada pelo Decreto n. 11.153, de 28-7-2022.

IV – a três inteiros e trinta e oito centésimos por cento, a partir de 2 de janeiro de 2025, nas operações a que se referem os incisos VII, IX, X e XXII do *caput* do art. 15-B;
•• Inciso IV com redação determinada pelo Decreto n. 11.153, de 28-7-2022.

V – a dois inteiros e trinta e oito centésimos por cento, a partir de 2 de janeiro de 2026, nas operações a que se referem os incisos VII, IX, X e XXII do *caput* do art. 15-B;
•• Inciso V com redação determinada pelo Decreto n. 11.153, de 28-7-2022.

VI – a um inteiro e trinta e oito centésimos por cento, a partir de 2 de janeiro de 2027, nas operações a que se referem os incisos VII, IX, X e XXII do *caput* do art. 15-B;
•• Inciso VI com redação determinada pelo Decreto n. 11.153, de 28-7-2022.

VII – a zero, a partir de 2 de janeiro de 2028, nas operações a que se referem os incisos VII, IX, X, XX, XXI e XXII do *caput* do art. 15-B; e
•• Inciso VII com redação determinada pelo Decreto n. 11.153, de 28-7-2022.

VIII – a zero, a partir de 2 de janeiro de 2029, nas operações de câmbio a que se refere o *caput* do art. 15-B.
•• Inciso VIII acrescentado pelo Decreto n. 10.997, de 15-3-2022.

Parágrafo único. Para fins do disposto neste artigo, considera-se a data da liquidação da operação de câmbio.
•• Parágrafo único acrescentado pelo Decreto n. 10.997, de 15-3-2022.

Capítulo IV
DA ISENÇÃO

Da Isenção

Art. 16. É isenta do IOF a operação de câmbio:

I – realizada para pagamento de bens importados (Decreto-lei n. 2.434, de 19-5-1988, art. 6.º, e Lei n. 8.402, de 1992, art. 1.º, inciso XIII);

II – em que o comprador ou o vendedor da moeda estrangeira seja a entidade binacional Itaipu (art. XII do Tratado promulgado pelo Decreto n. 72.707, de 1973);

III e IV – (*Revogados pelo Decreto n. 7.563, de 15-9-2011.*)

V – em que os compradores ou vendedores da moeda estrangeira sejam missões diplomáticas e repartições consulares de carreira (Convenção de Viena sobre Relações Consulares promulgada pelo Decreto n. 61.078, de 1967, art. 32, e Decreto n. 95.711, de 1988, art. 1.º);

VI – contratada por funcionário estrangeiro de missão diplomática ou representação consular (Convenção de Viena sobre Relações Diplomáticas promulgada pelo Decreto n. 56.435, de 1965, art. 34).

§ 1.º O disposto nos incisos V e VI não se aplica aos consulados e cônsules honorários (Convenção de Viena sobre Relações Consulares promulgada pelo Decreto n. 61.078, de 1967, art. 58).

§ 2.º O disposto no inciso VI não se aplica aos funcionários estrangeiros que tenham residência permanente no Brasil (Convenção de Viena sobre Relações Diplomáticas promulgada pelo Decreto n. 56.435, de 1965, art. 37, e Convenção de Viena sobre Relações Consulares promulgada pelo Decreto n. 61.078, de 1967, art. 71).

§ 3.º Os membros das famílias dos funcionários mencionados no inciso VI, desde que com eles mantenham relação de dependência econômica e não tenham residência permanente no Brasil, gozarão do tratamento estabelecido neste artigo (Convenção de Viena sobre Relações Diplomáticas promulgada pelo Decreto n. 56.435, de 1965, art. 37, e Convenção de Viena sobre Relações Consulares promulgada pelo Decreto n. 61.078, de 1967, art. 71).

§ 4.º O tratamento estabelecido neste artigo aplica-se, ainda, aos organismos internacionais e regionais de caráter permanente de que o Brasil seja membro e aos funcionários estrangeiros de tais organismos, nos termos dos acordos firmados (Lei n. 5.172, de 1966, art. 98).

Capítulo V
DA COBRANÇA E DO RECOLHIMENTO

Art. 17. O IOF será cobrado na data da liquidação da operação de câmbio.

Parágrafo único. O IOF deve ser recolhido ao Tesouro Nacional até o terceiro dia útil subsequente ao decêndio da cobrança ou do registro contábil do imposto (Lei n. 11.196, de 2005, art. 70, inciso II, alínea *b*).

TÍTULO IV
DA INCIDÊNCIA SOBRE OPERAÇÕES DE SEGURO

Capítulo I
DO FATO GERADOR

Art. 18. O fato gerador do IOF é o recebimento do prêmio (Lei n. 5.143, de 1966, art. 1.º, inciso II).

§ 1.º A expressão "operações de seguro" compreende seguros de vida e congêneres, seguro de acidentes pessoais e do trabalho, seguros de bens, valores, coisas e outros não especificados (Decreto-lei n. 1.783, de 1980, art. 1.º, incisos II e III).

§ 2.º Ocorre o fato gerador e torna-se devido o IOF no ato do recebimento total ou parcial do prêmio.

Capítulo II
DOS CONTRIBUINTES E DOS RESPONSÁVEIS

Dos Contribuintes

Art. 19. Contribuintes do IOF são as pessoas físicas ou jurídicas seguradas (Decreto-lei n. 1.783, de 1980, art. 2.º).

Dos Responsáveis

Art. 20. São responsáveis pela cobrança do IOF e pelo seu recolhimento ao Tesouro Nacional as seguradoras ou as instituições financeiras a quem estas encarregarem da cobrança do prêmio (Decreto-lei n. 1.783, de 1980, art. 3.º, inciso II, e Decreto-lei n. 2.471, de 1.º-9-1988, art. 7.º).

Parágrafo único. A seguradora é responsável pelos dados constantes da documentação remetida para cobrança.

Capítulo III
DA BASE DE CÁLCULO E DA ALÍQUOTA

Da Base de Cálculo

Art. 21. A base de cálculo do IOF é o valor dos prêmios pagos (Decreto-lei n. 1.783, de 1980, art. 1.º, incisos II e III).

Da Alíquota

Art. 22. A alíquota do IOF é de vinte e cinco por cento (Lei n. 9.718, de 27-11-1998, art. 15).

§ 1.º A alíquota do IOF fica reduzida:

I – a zero, nas seguintes operações:

a) de resseguro;

b) de seguro obrigatório, vinculado a financiamento de imóvel habitacional, realizado por agente do Sistema Financeiro de Habitação;

c) de seguro de crédito à exportação e de transporte internacional de mercadorias;

d) de seguro contratado no Brasil, referente à cobertura de riscos relativos ao lançamento e à operação dos satélites Brasilsat I e II;

e) em que o valor dos prêmios seja destinado ao custeio dos planos de seguro de vida com cobertura por sobrevivência;

f) de seguro aeronáutico e de seguro de responsabilidade civil pagos por transportador aéreo;

g) de seguro garantia; e
•• Alínea g com redação determinada pelo Decreto n. 12.132, de 7-8-2024.

h) de Seguro Obrigatório para Proteção de Vítimas de Acidentes de Trânsito – SPVAT;
•• Alínea h acrescentada pelo Decreto n. 12.132, de 7-8-2024.

II – nas operações de seguro de vida e congêneres, de acidentes pessoais e de trabalho, incluído o seguro obrigatório de danos pessoais causados por embarcações, ou por sua carga, a pessoas transportadas ou não e excluídas aquelas de que tratam as alíneas *f* e *h* do inciso I: 0,38% (trinta e oito centésimos por cento);
•• Inciso II com redação determinada pelo Decreto n. 12.132, de 7-8-2024.

III – nas operações de seguros privados de assistência à saúde: dois inteiros e trinta e oito centésimos por cento;
•• Inciso III com redação determinada pelo Decreto n. 6.339, de 3-1-2008.

IV – nas demais operações de seguro: sete inteiros e trinta e oito centésimos por cento.
•• Inciso IV acrescentado pelo Decreto n. 6.339, de 3-1-2008.

§ 2.º O disposto na alínea *f* do inciso I do § 1.º aplica-se somente a seguro contratado por companhia aérea que tenha por objeto principal o transporte remunerado de passageiros ou de cargas.

Capítulo IV
DA ISENÇÃO

Art. 23. É isenta do IOF a operação de seguro:

I – em que o segurado seja a entidade binacional Itaipu (art. XII do Tratado promulgado pelo Decreto n. 72.707, de 1973);

II – *(Revogado pelo Decreto n. 7.563, de 15-9-2011.)*

III – rural (Decreto-lei n. 73, de 21-11-1966, art. 19);

IV – em que os segurados sejam missões diplomáticas e repartições consulares de carreira (Convenção de Viena sobre Relações Consulares promulgada pelo Decreto n. 61.078, de 1967, art. 32, e Decreto n. 95.711, de 1988, art. 1.º);

V – contratada por funcionário estrangeiro de missão diplomática ou representação consular (Convenção de Viena sobre Relações Diplomáticas promulgada pelo Decreto n. 56.435, de 8-6-1965, art. 34).

§ 1.º O disposto nos incisos IV e V não se aplica aos consulados e cônsules honorários (Convenção de Viena sobre Relações Consulares promulgada pelo Decreto n. 61.078, de 1967, art. 58).

§ 2.º O disposto no inciso V não se aplica aos funcionários estrangeiros que tenham residência permanente no Brasil (Convenção de Viena sobre Relações Diplomáticas promulgada pelo Decreto n. 56.435, de 1965, art. 37, e Convenção de Viena sobre Relações Consulares promulgada pelo Decreto n. 61.078, de 1967, art. 71).

§ 3.º Os membros das famílias dos funcionários mencionados no inciso V, desde que com eles mantenham relação de dependência econômica e não tenham residência permanente no Brasil, gozarão do tratamento estabelecido neste artigo (Convenção de Viena sobre Relações Diplomáticas promulgada pelo Decreto n. 56.435, de 1965, art. 37, e Convenção de Viena sobre Relações Consulares promulgada pelo Decreto n. 61.078, de 1967, art. 71).

§ 4.º O tratamento estabelecido neste artigo aplica-se, ainda, aos organismos internacionais e regionais de caráter permanente de que o Brasil seja membro e aos funcionários estrangeiros de tais organismos, nos termos dos acordos firmados (Lei n. 5.172, de 1966, art. 98).

Capítulo V
DA COBRANÇA E DO RECOLHIMENTO

Art. 24. O IOF será cobrado na data do recebimento total ou parcial do prêmio.

Parágrafo único. O IOF deve ser recolhido ao Tesouro Nacional até o terceiro dia útil subsequente ao decêndio da cobrança, do registro contábil do imposto (Lei n. 11.196, de 2005, art. 70, inciso II, alínea *b*).

TÍTULO V
DA INCIDÊNCIA SOBRE OPERAÇÕES RELATIVAS A TÍTULOS OU VALORES MOBILIÁRIOS

Capítulo I
DO FATO GERADOR

Art. 25. O fato gerador do IOF é a aquisição, cessão, resgate, repactuação ou pagamento para liquidação de títulos e valores mobiliários (Lei n. 5.172, de 1966, art. 63, inciso IV, e Lei n. 8.894, de 1994, art. 2.º, inciso II, alíneas *a* e *b*).

§ 1.º Ocorre o fato gerador e torna-se devido o IOF no ato da realização das operações de que trata este artigo.

§ 2.º Aplica-se o disposto neste artigo a qualquer operação, independentemente da qualidade ou da forma jurídica de constituição do beneficiário da operação ou do seu titular, estando abrangidos, entre outros, fundos de investimentos e carteiras de títulos e valores mobiliários, fundos ou programas, ainda que sem personalidade jurídica, e entidades de previdência privada.

•• § 2.º com redação determinada pelo Decreto n. 6.613, de 22-10-2008.

Capítulo II
DOS CONTRIBUINTES E DOS RESPONSÁVEIS

Dos Contribuintes

Art. 26. Contribuintes do IOF são:

I – os adquirentes, no caso de aquisição de títulos ou valores mobiliários, e os titulares de aplicações financeiras, nos casos de resgate, cessão ou repactuação (Decreto-lei n. 1.783, de 1980, art. 2.º e Lei n. 8.894, de 1994, art. 2.º, inciso II, alínea *a*, e art. 3.º, inciso II);

•• Inciso I com redação determinada pelo Decreto n. 7.412, de 30-12-2010.

II – as instituições financeiras e demais instituições autorizadas a funcionar pelo Banco Central do Brasil, na hipótese prevista no inciso IV do art. 28 (Lei n. 8.894, de 1994, art. 3.º, inciso III).

Dos Responsáveis

Art. 27. São responsáveis pela cobrança do IOF e pelo seu recolhimento ao Tesouro Nacional (Decreto-lei n. 1.783, de 1980, art. 3.º, inciso IV, e Medida Provisória n. 2.158-35, de 24-8-2001, art. 28):

I – as instituições autorizadas a operar na compra e venda de títulos e valores mobiliários;

II – as bolsas de valores, de mercadorias, de futuros e assemelhadas, em relação às aplicações financeiras realizadas em seu nome, por conta de terceiros e tendo por objeto recursos destes;

III – a instituição que liquidar a operação perante o beneficiário final, no caso de operação realizada por meio do SELIC ou da Central de Custódia e de Liquidação Financeira de Títulos – CETIP;

IV – o administrador do fundo de investimento;

V – a instituição que intermediar recursos, junto a clientes, para aplicações em fundos de investimentos administrados por outra instituição, na forma prevista em normas baixadas pelo Conselho Monetário Nacional;

VI – a instituição que receber as importâncias referentes à subscrição das cotas do Fundo de Investimento Imobiliário e do Fundo Mútuo de Investimento em Empresas Emergentes.

§ 1.º Na hipótese do inciso II do *caput*, ficam as entidades ali relacionadas obrigadas a apresentar à instituição financeira declaração de que estão operando por conta de terceiros e com recursos destes.

§ 2.º Para efeito do disposto no inciso V do *caput*, a instituição intermediadora dos recursos deverá (Lei n. 9.779, de 1999, art. 16, e Medida Provisória n. 2.158-35, de 2001, art. 28, § 1.º):

I – manter sistema de registro e controle, em meio magnético, que permita a identificação, a qualquer tempo, de cada cliente e dos elementos necessários à apuração do imposto por ele devido;

II – fornecer à instituição administradora do fundo de investimento, individualizados por código de cliente, os valores das aplicações, resgates e imposto cobrado;

III – prestar à Secretaria da Receita Federal do Brasil todas as informações decorrentes da responsabilidade pela cobrança do imposto.

§ 3.º No caso das operações a que se refere o § 1.º do art. 32-A, a responsabilidade tributária será do custodiante das ações cedidas.

•• § 3.º acrescentado pelo Decreto n. 7.412, de 30-12-2010.

§ 4.º No caso de ofertas públicas a que se refere o § 2.º do art. 32-A, a responsabilidade tributária será do coordenador líder da oferta.

•• § 4.º acrescentado pelo Decreto n. 7.412, de 30-12-2010.

Capítulo III
DA BASE DE CÁLCULO E DA ALÍQUOTA

Da Base de Cálculo

Art. 28. A base de cálculo do IOF é o valor (Lei n. 8.894, de 1994, art. 2.º, II):

I – de aquisição, resgate, cessão ou repactuação de títulos e valores mobiliários;

II – da operação de financiamento realizada em bolsas de valores, de mercadorias, de futuros e assemelhadas;

III – de aquisição ou resgate de cotas de fundos de investimento e de clubes de investimento;

IV – do pagamento para a liquidação das operações referidas no inciso I, quando inferior a noventa e cinco por cento do valor inicial da operação.

§ 1.º Na hipótese do inciso IV, o valor do IOF está limitado à diferença positiva entre noventa e cinco por cento do valor inicial da operação e o correspondente valor de resgate ou cessão.

§ 2.º Serão acrescidos ao valor da cessão ou resgate de títulos e valores mobiliários os rendimentos periódicos recebidos, a qualquer título, pelo cedente ou aplicador, durante o período da operação.

§ 3.º O disposto nos incisos I e III abrange quaisquer operações consideradas como de renda fixa.

Das Alíquotas

Art. 29. O IOF será cobrado à alíquota máxima de um vírgula cinco por cento ao dia sobre o valor das operações com títulos ou valores mobiliários (Lei n. 8.894, de 1994, art. 1.º).

Art. 30. Aplica-se a alíquota de que trata o art. 29 nas operações com títulos e valores mobiliários de renda fixa e de renda variável, efetuadas com recursos provenientes de aplicações feitas por investidores estrangeiros em cotas de Fundo de Investimento Imobiliário e de Fundo Mútuo de Investimento em Empresas Emergentes, observados os seguintes limites:

I – quando referido fundo não for constituído ou não entrar em funcionamento regular: dez por cento;

II – no caso de fundo já constituído e em funcionamento regular, até um ano da data do registro das cotas na Comissão de Valores Mobiliários: cinco por cento.

Art. 31. O IOF será cobrado à alíquota de zero vírgula cinco por cento ao dia sobre o valor de resgate de quotas de fundos de investimento, constituídos sob qualquer forma, na hipótese de o investidor resgatar cotas antes de completado o prazo de carência para crédito dos rendimentos.

Parágrafo único. O IOF de que trata este artigo fica limitado à diferença entre o valor da cota, no dia do resgate, multiplicado pelo número de cotas resgatadas, deduzido o valor do imposto de renda, se houver, e o valor pago ou creditado ao cotista.

Art. 32. O IOF será cobrado à alíquota de um por cento ao dia sobre o valor do resgate, cessão ou repactuação, limitado ao rendimento da operação, em função do prazo, conforme tabela constante do Anexo.

§ 1.º O disposto neste artigo aplica-se:

I – às operações realizadas no mercado de renda fixa;

•• Inciso I com redação determinada pelo Decreto n. 7.487, de 23-5-2011.

II – ao resgate de cotas de fundos de investimento e de clubes de investimento, ressalvado o disposto no inciso IV do § 2.º;

III – às operações compromissadas realizadas por instituições financeiras e por demais instituições autorizadas a funcionar pelo Banco Central do Brasil com debêntures de que trata o art. 52 da Lei n. 6.404, de 15 de dezembro de 1976, emitidas por instituições integrantes do mesmo grupo econômico.

•• Inciso III acrescentado pelo Decreto n. 8.731, de 30-4-2016.

§ 2.º Ficam sujeitas à alíquota zero as operações, sem prejuízo do disposto no inciso III do § 1.º:

•• § 2.º, *caput*, com redação determinada pelo Decreto n. 8.731, de 30-4-2016.

I – de titularidade das instituições financeiras e das demais instituições autorizadas a funcionar pelo Banco Central do Brasil, excluída a administradora de consórcio de que trata a Lei n. 11.795, de 8 de outubro de 2008;

•• Inciso I com redação determinada pelo Decreto n. 7.487, de 23-5-2011.

II – das carteiras dos fundos de investimento e dos clubes de investimento;

III – do mercado de renda variável, inclusive as realizadas em bolsas de valores, de mercadorias, de futuros e entidades assemelhadas;

IV – de resgate de cotas dos fundos e clubes de investimento em ações, assim considerados pela legislação do imposto de renda.

V – com Certificado de Direitos Creditórios do Agronegócio – CDCA, com Letra de Crédito do Agronegócio – LCA, e com Certificado de Recebíveis do Agronegócio – CRA, criados pelo art. 23 da Lei n. 11.076, de 30 de dezembro de 2004;

•• Inciso V acrescentado pelo Decreto n. 7.487, de 23-5-2011.

VI – com debêntures de que trata o art. 52 da Lei n. 6.404, de 15 de dezembro de 1976, com Certificados de Recebíveis Imobiliários de que trata o art. 6.º da Lei n. 9.514, de 20 de novembro de 1997, e com Letras Financeiras de que trata o art. 37 da Lei n. 12.249, de 11 de junho de 2010;

•• Inciso VI acrescentado pelo Decreto n. 7.487, de 23-5-2011.

VII – de negociação de cotas de Fundos de Índice de Renda Fixa em bolsas de valores ou mercado de balcão organizado; e

•• Inciso VII com redação determinada pelo Decreto n. 11.840, de 21-12-2023.

VIII – de titularidade do Fundo Garantidor de Créditos – FGC e do Fundo Garantidor do Cooperativismo de Crédito – FGCoop.

•• Inciso VIII acrescentado pelo Decreto n. 11.840, de 21-12-2023.

§ 3.º O disposto no inciso III do § 2.º não se aplica às operações conjugadas de que trata o art. 65, § 4.º, alínea *a*, da Lei n. 8.981, de 1995.

§ 4.º O disposto neste artigo não modifica a incidência do IOF:

I – nas operações de que trata o art. 30;

II – no resgate de quotas de fundos de investimento, na forma prevista no art. 31.

§ 5.º A incidência de que trata o inciso II do § 4.º exclui a cobrança do IOF prevista neste artigo.

Art. 32-A. O IOF será cobrado à alíquota de um inteiro e cinco décimos por cento na cessão de ações que sejam admitidas à negociação em bolsa de valores localizada no Brasil, com o fim específico de lastrear a emissão de *depositary receipts* negociados no exterior.

•• *Caput* acrescentado pelo Decreto n. 7.011, de 18-11-2009.

§ 1.º Para os efeitos do disposto no *caput*, exceto no caso de ofertas públicas, o valor da operação a ser considerado para fins de apuração da base de cálculo deverá ser obtido multiplicando-se o número de ações cedidas pela sua cotação de fechamento na data anterior à operação ou, no caso de não ter havido negociação nessa data, pela última cotação de fechamento disponível.

•• § 1.º acrescentado pelo Decreto n. 7.412, de 30-12-2010.

§ 2.º No caso de ofertas públicas, a cotação a ser considerada para fins de apuração da base de cálculo do IOF de que trata este artigo será o preço fixado com base no resultado do processo de coleta de intenções de investimento ("Procedimento de *Bookbuilding*") ou, se for o caso, o preço determinado pelo ofertante e definido nos documentos da oferta pública.

•• § 2.º acrescentado pelo Decreto n. 7.412, de 30-12-2010.

Art. 32-B. (*Revogado pelo Decreto n. 7.563, de 15-9-2011.*)

Art. 32-C. O IOF será cobrado à alíquota de um por cento, sobre o valor nocional ajustado, na aquisição, venda ou vencimento de contrato de derivativo financeiro celebrado no País que, individualmente, resulte em aumento da exposição cambial vendida ou redução da exposição cambial comprada.

•• *Caput* acrescentado pelo Decreto n. 7.563, de 15-9-2011.

§ 1.º Poderão ser deduzidos da base de cálculo apurada diariamente:

•• § 1.º, *caput*, acrescentado pelo Decreto n. 7.563, de 15-9-2011.

I – o somatório do valor nocional ajustado na aquisição, venda ou vencimento de contratos de derivativos financeiros celebrados no País, no dia, e que, individualmente, resultem em aumento da exposição cambial comprada ou redução da exposição cambial vendida;

•• Inciso I acrescentado pelo Decreto n. 7.563, de 15-9-2011.

II – a exposição cambial líquida comprada ajustada apurada no dia útil anterior;

•• Inciso II acrescentado pelo Decreto n. 7.563, de 15-9-2011.

III – a redução da exposição cambial líquida vendida e o aumento da exposição cambial líquida comprada em relação ao dia útil anterior, não resultantes de aquisições, vendas ou vencimentos de contratos de derivativos financeiros.

•• Inciso III acrescentado pelo Decreto n. 7.563, de 15-9-2011.

§ 2.º A base de cálculo será apurada em dólares dos Estados Unidos da América e convertida em moeda nacional para fins de in-

cidência do imposto, conforme taxa de câmbio de fechamento do dia de apuração da base de cálculo divulgada pelo Banco Central do Brasil – PTAX.
•• § 2.º acrescentado pelo Decreto n. 7.563, de 15-9-2011.

§ 3.º No caso de contratos de derivativos financeiros que tenham por objeto a taxa de câmbio de outra moeda estrangeira que não o dólar dos Estados Unidos da América em relação à moeda nacional ou taxa de juros associada a outra moeda estrangeira que não o dólar dos Estados Unidos da América em relação à moeda nacional, o valor nocional ajustado e as exposições cambiais serão apurados na própria moeda estrangeira e convertidos em dólares dos Estados Unidos da América para apuração da base de cálculo.
•• § 3.º acrescentado pelo Decreto n. 7.563, de 15-9-2011.

§ 4.º Para os fins do disposto neste artigo, entende-se por:
•• § 4.º, *caput*, acrescentado pelo Decreto n. 7.563, de 15-9-2011.

I – valor nocional ajustado – o valor de referência do contrato – valor nocional – multiplicado pela variação do preço do derivativo em relação à variação do preço da moeda estrangeira, sendo que, no caso de aquisição, venda ou vencimento parcial, o valor nocional ajustado será apurado proporcionalmente;
•• Inciso I acrescentado pelo Decreto n. 7.563, de 15-9-2011.

II – exposição cambial vendida – o somatório do valor nocional ajustado dos contratos de derivativos financeiros do titular que resultem em ganhos quando houver apreciação da moeda nacional relativamente à moeda estrangeira, ou perdas quando houver depreciação da moeda nacional relativamente à moeda estrangeira;
•• Inciso II acrescentado pelo Decreto n. 7.563, de 15-9-2011.

III – exposição cambial comprada – o somatório do valor nocional ajustado dos contratos de derivativos financeiros do titular que resultem em perdas quando houver apreciação da moeda nacional relativamente à moeda estrangeira, ou ganhos quando houver depreciação da moeda nacional relativamente à moeda estrangeira;
•• Inciso III acrescentado pelo Decreto n. 7.563, de 15-9-2011.

IV – exposição cambial líquida vendida – o valor máximo entre zero e o resultado da diferença entre a exposição cambial vendida e a exposição cambial comprada;
•• Inciso IV acrescentado pelo Decreto n. 7.563, de 15-9-2011.

V – exposição cambial líquida comprada – o valor máximo entre zero e o resultado da diferença entre a exposição cambial comprada e a exposição cambial vendida;
•• Inciso V acrescentado pelo Decreto n. 7.563, de 15-9-2011.

VI – exposição cambial líquida comprada ajustada – o valor máximo entre zero e o resultado da diferença entre a exposição cambial comprada, acrescida de US$ 10.000.000,00 (dez milhões de dólares dos Estados Unidos da América), e a exposição cambial vendida;
•• Inciso VI acrescentado pelo Decreto n. 7.563, de 15-9-2011.

VII – contrato de derivativo financeiro – contrato que tem como objeto taxa de câmbio de moeda estrangeira em relação à moeda nacional ou taxa de juros associada a moeda estrangeira em relação à moeda nacional; e
•• Inciso VII acrescentado pelo Decreto n. 7.563, de 15-9-2011.

VIII – data de aquisição, venda ou vencimento – data em que a exposição cambial do contrato de derivativo financeiro é iniciada ou encerrada, total ou parcialmente, pela determinação de parâmetros utilizados no cálculo do valor de liquidação do respectivo contrato.
•• Inciso VIII acrescentado pelo Decreto n. 7.563, de 15-9-2011.

§ 5.º A alíquota fica reduzida a zero:
•• § 5.º, *caput*, com redação determinada pelo Decreto n. 7.699, de 15-3-2012.

I – nas operações com contratos de derivativos para cobertura de riscos, inerentes à oscilação de preço da moeda estrangeira, decorrentes de contratos de exportação firmados por pessoa física ou jurídica residente ou domiciliada no País; e
•• Inciso I acrescentado pelo Decreto n. 7.699, de 15-3-2012.

II – nas demais operações com contratos de derivativos financeiros não incluídos no *caput*.
•• Inciso II acrescentado pelo Decreto n. 7.699, de 15-3-2012.

§ 6.º O contribuinte do tributo é o titular do contrato de derivativos financeiros.
•• § 6.º acrescentado pelo Decreto n. 7.563, de 15-9-2011.

§ 7.º São responsáveis pela apuração e recolhimento do tributo as entidades ou instituições autorizadas a registrar os contratos de derivativos financeiros.
•• § 7.º acrescentado pelo Decreto n. 7.563, de 15-9-2011.

§ 8.º Na impossibilidade de apuração do IOF pelos responsáveis tributários, tais entidades ou instituições deverão, até o décimo dia útil do mês subsequente ao de ocorrência do fato gerador, por meio dos intermediários e participantes habilitados, as informações necessárias para a apuração da base de cálculo das operações com contratos de derivativos financeiros registrados em seus sistemas, e para o recolhimento do tributo:
•• § 8.º, *caput*, acrescentado pelo Decreto n. 7.563, de 15-9-2011.

I – ao contribuinte residente ou domiciliado no País;
•• Inciso I acrescentado pelo Decreto n. 7.563, de 15-9-2011.

II – ao representante legal do contribuinte residente ou domiciliado no exterior; e
•• Inciso II acrescentado pelo Decreto n. 7.563, de 15-9-2011.

III – ao administrador de fundos e clubes de investimentos, para o qual as informações de que trata o § 8.º poderão ser disponibilizadas diariamente.
•• Inciso III acrescentado pelo Decreto n. 7.563, de 15-9-2011.

§ 9.º Caracteriza-se impossibilidade de apuração ou de cobrança, respectivamente, quando as entidades ou instituições de que trata o § 7.º não possuírem todas as informações necessárias para apuração da base de cálculo, inclusive informações de outras entidades autorizadas a registrar contratos de derivativos financeiros, ou não possuírem acesso aos recursos financeiros do contribuinte necessários ao recolhimento do imposto.
•• § 9.º acrescentado pelo Decreto n. 7.563, de 15-9-2011.

§ 10. As informações a que se refere o § 8.º poderão ser disponibilizadas em formato eletrônico.
•• § 10 com redação determinada pelo Decreto n. 7.683, de 29-2-2012.

§ 11. Para fazer jus à alíquota reduzida de que trata o inciso I do § 5.º, o valor total da exposição cambial vendida diária referente às operações com contratos de derivativos não poderá ser superior a 1,2 (um inteiro e dois décimos) vezes o valor total das operações com exportação realizadas no ano anterior pela pessoa física ou jurídica titular dos contratos de derivativos.
•• § 11 acrescentado pelo Decreto n. 7.699, de 15-3-2012.

§ 12. Observado o limite de que trata o § 11, o disposto no inciso I do § 5.º estará sujeito à comprovação de operações de exportação cujos valores justifiquem a respectiva exposição cambial vendida, realizadas no período de até doze meses subsequentes à data de ocorrência do fato gerador do IOF.
•• § 12 acrescentado pelo Decreto n. 7.699, de 15-3-2012.

§ 13. Quando houver falta de comprovação ou descumprimento de condição de que tratam os §§ 11 e 12, o IOF será devido a partir da data de ocorrência do fato gerador e calculado à alíquota correspondente à operação, conforme previsto no *caput*, acrescido de juros e multa de mora.
•• § 13 acrescentado pelo Decreto n. 7.699, de 15-3-2012.

§ 14. Quando, em razão de determinação prévia do Banco Central do Brasil, a taxa de câmbio válida para um determinado dia for definida como a mesma taxa de câmbio do dia útil imediatamente anterior, será considerada como data de aquisição, venda ou vencimento, definida no inciso VIII do § 4.º, para as exposições com aquisição, venda ou vencimento nessa data, o dia útil imediatamente anterior, ficando o próprio con-

tribuinte responsável pela consolidação das exposições destes dias.
•• § 14 acrescentado pelo Decreto n. 7.878, de 27-12-2012.
§ 15. A partir de 13 de junho de 2013, a alíquota prevista no *caput* fica reduzida a zero.
•• § 15 acrescentado pelo Decreto n. 8.027, de 12-6-2013.
Art. 33. A alíquota fica reduzida a zero nas demais operações com títulos ou valores mobiliários, inclusive no resgate de cotas do Fundo de Aposentadoria Programada Individual – FAPI, instituído pela Lei n. 9.477, de 24 de julho de 1997.
•• Artigo com redação determinada pelo Decreto n. 7.487, de 23-5-2011.

Capítulo IV
DA ISENÇÃO

Art. 34. São isentas do IOF as operações com títulos ou valores mobiliários:
I – em que o adquirente seja a entidade binacional Itaipu (art. XII do Tratado promulgado pelo Decreto n. 72.707, de 1973);
II – efetuadas com recursos e em benefício dos Fundos Constitucionais de Financiamento do Norte (FNO) do Nordeste (FNE) e do Centro-Oeste (FCO) (Lei n. 7.827, de 1989, art. 8.º);
III – de negociações com Cédula de Produto Rural realizadas nos mercados de bolsas e de balcão (Lei n. 8.929, de 22-8-1994, art. 19, § 2.º);
IV – em que os adquirentes sejam missões diplomáticas e repartições consulares de carreira (Convenção de Viena sobre Relações Consulares promulgada pelo Decreto n. 61.078, de 1967, art. 32, e Decreto n. 95.711, de 1988, art. 1.º);
V – em que o adquirente seja funcionário estrangeiro de missão diplomática ou representação consular (Convenção de Viena sobre Relações Diplomáticas promulgada pelo Decreto n. 56.435, de 1965, art. 34);
VI – de negociações com Certificado de Depósito Agropecuário – CDA e com *Warrant* Agropecuário – WA (Lei n. 11.076, de 2004, arts. 1.º e 18).
§ 1.º O disposto nos incisos IV e V não se aplica aos consulados e cônsules honorários (Convenção de Viena sobre Relações Consulares promulgada pelo Decreto n. 61.078, de 1967, art. 58).
§ 2.º O disposto no inciso V não se aplica aos funcionários estrangeiros que tenham residência permanente no Brasil (Convenção de Viena sobre Relações Diplomáticas promulgada pelo Decreto n. 56.435, de 1965, art. 37, e Convenção de Viena sobre Relações Consulares promulgada pelo Decreto n. 61.078, de 1967, art. 71).
§ 3.º Os membros das famílias dos funcionários mencionados no inciso V, desde que com eles mantenham relação de dependência econômica e não tenham residência permanente no Brasil, gozarão do tratamento estabelecido neste artigo (Convenção de Viena sobre Relações Diplomáticas promulgada pelo Decreto n. 56.435, de 1965, art. 37, e Convenção de Viena sobre Relações Consulares promulgada pelo Decreto n. 61.078, de 1967, art. 71).
§ 4.º O tratamento estabelecido neste artigo aplica-se, ainda, aos organismos internacionais e regionais de caráter permanente de que o Brasil seja membro e aos funcionários estrangeiros de tais organismos, nos termos dos acordos firmados (Lei n. 5.172, de 1966, art. 98).

Capítulo V
DA COBRANÇA E DO RECOLHIMENTO

Art. 35. O IOF será cobrado na data da liquidação financeira da operação.
§ 1.º No caso de repactuação, o IOF será cobrado na data da ocorrência do fato gerador.
§ 2.º No caso da cessão de que trata o art. 32-A, o IOF será cobrado na data da ocorrência do fato gerador, exceto na hipótese do § 2.º do mesmo artigo, quando a cobrança será efetuada na data da liquidação financeira da oferta pública.
•• § 2.º com redação determinada pelo Decreto n. 7.412, de 30-12-2010.
§ 3.º O IOF deve ser recolhido ao Tesouro Nacional até o terceiro dia útil subsequente ao decêndio da cobrança ou do registro contábil do imposto.
••§ 3.º acrescentado pelo Decreto n. 7.412, de 30-12-2010.

Título VI
DA INCIDÊNCIA SOBRE OPERAÇÕES COM OURO, ATIVO FINANCEIRO, OU INSTRUMENTO CAMBIAL

Capítulo I
DO FATO GERADOR

Art. 36. O ouro, ativo financeiro, ou instrumento cambial sujeita-se, exclusivamente, à incidência do IOF (Lei n. 7.766, de 1989, art. 4.º).
§ 1.º Entende-se por ouro, ativo financeiro, ou instrumento cambial, desde sua extração, inclusive, o ouro que, em qualquer estado de pureza, em bruto ou refinado, for destinado ao mercado financeiro ou à execução da política cambial do País, em operação realizada com a interveniência de instituição integrante do Sistema Financeiro Nacional, na forma e condições autorizadas pelo Banco Central do Brasil.
§ 2.º Enquadra-se na definição do § 1.º deste artigo o ouro:
I – envolvido em operações de tratamento, refino, transporte, depósito ou custódia, desde que formalizado compromisso de destiná-lo ao Banco Central do Brasil ou à instituição por ele autorizada;
II – adquirido na região de garimpo, onde o ouro é extraído, desde que, na saída do Município, tenha o mesmo destino a que se refere o inciso I;
III – importado, com interveniência das instituições mencionadas no inciso I.
§ 3.º O fato gerador do IOF é a primeira aquisição do ouro, ativo financeiro, ou instrumento cambial, efetuada por instituição autorizada integrante do Sistema Financeiro Nacional (Lei n. 7.766, de 1989, art. 8.º).
§ 4.º Ocorre o fato gerador e torna-se devido o IOF:
I – na data da aquisição;
II – no desembaraço aduaneiro, quando se tratar de ouro físico oriundo do exterior.

Capítulo II
DOS CONTRIBUINTES

Art. 37. Contribuintes do IOF são as instituições autorizadas pelo Banco Central do Brasil que efetuarem a primeira aquisição do ouro, ativo financeiro, ou instrumento cambial (Lei n. 7.766, de 1989, art. 10).

Capítulo III
DA BASE DE CÁLCULO E DA ALÍQUOTA

Da Base de Cálculo
Art. 38. A base de cálculo do IOF é o preço de aquisição do ouro, desde que dentro dos limites de variação da cotação vigente no mercado doméstico, no dia da operação (Lei n. 7.766, de 1989, art. 9.º).
Parágrafo único. Tratando-se de ouro físico, oriundo do exterior, o preço de aquisição, em moeda nacional, será determinado com base no valor de mercado doméstico na data do desembaraço aduaneiro.

Da Alíquota
Art. 39. A alíquota do IOF é de um por cento sobre o preço de aquisição (Lei n. 7.766, de 1989, art. 4.º, parágrafo único).

Capítulo IV
DA COBRANÇA E DO RECOLHIMENTO

Art. 40. O IOF será cobrado na data da primeira aquisição do ouro, ativo financeiro, efetuada por instituição financeira, integrante do Sistema Financeiro Nacional (Lei n. 7.766, de 1989, art. 8.º).
§ 1.º O IOF deve ser recolhido ao Tesouro Nacional até o terceiro dia útil subsequente ao decêndio de ocorrência dos fatos geradores (Lei n. 11.196, de 2005, art. 70, inciso II, alínea a).
§ 2.º O recolhimento do IOF deve ser efetuado no Município produtor ou no Município em que estiver localizado o estabelecimento-matriz do contribuinte, devendo ser indicado, no documento de arrecadação, o Estado ou o Distrito Federal e o Município, conforme a origem do ouro (Lei n. 7.766, de 1989, art. 12).
§ 3.º Tratando-se de ouro oriundo do exterior, considera-se Município e Estado de origem o de ingresso do ouro no País (Lei n. 7.766, de 1989, art. 6.º).

§ 4.º A pessoa jurídica adquirente fará constar da nota de aquisição o Estado ou o Distrito Federal e o Município de origem do ouro (Lei n. 7.766, de 1989, art. 7.º).

Título VII
DAS DISPOSIÇÕES GERAIS E FINAIS

Capítulo I
DAS OBRIGAÇÕES ACESSÓRIAS

Manutenção de Informações

Art. 41. As pessoas jurídicas que efetuarem operações sujeitas à incidência do IOF devem manter à disposição da fiscalização, pelo prazo prescricional, as seguintes informações:

I – relação diária das operações tributadas, com elementos identificadores da operação (beneficiário, espécie, valor e prazo) e o somatório diário do tributo;

II – relação diária das operações isentas ou tributadas à alíquota zero, com elementos identificadores da operação (beneficiário, espécie, valor e prazo);

III – relação mensal dos empréstimos em conta, inclusive excessos de limite, de prazo de até trezentos e sessenta e quatro dias, tributados com base no somatório dos saldos devedores diários, apurado no último dia de cada mês, contendo nome do beneficiário, somatório e valor do IOF cobrado;

IV – relação mensal dos adiantamentos a depositantes, contendo nome do devedor, valor e data de cada parcela tributada e valor do IOF cobrado;

V – relação mensal dos excessos de limite, relativos aos contratos com prazo igual ou superior a trezentos e sessenta e cinco dias ou com prazo indeterminado, contendo nome do mutuário, limite, valor dos excessos tributados e datas das ocorrências.

Parágrafo único. Além das exigências previstas nos incisos I e II, as seguradoras deverão manter arquivadas as informações que instruírem a cobrança bancária.

Art. 42. Serão efetuados de forma centralizada pelo estabelecimento-matriz da pessoa jurídica os recolhimentos do imposto, ressalvado o disposto nos §§ 2.º e 3.º do art. 40.

Parágrafo único. O estabelecimento-matriz deverá manter registros que segreguem as operações de cada estabelecimento cobrador e que permitam demonstrar, com clareza, cada recolhimento efetuado.

Registro Contábil do Imposto

Art. 43. Nas pessoas jurídicas responsáveis pela cobrança e pelo recolhimento, o IOF cobrado é creditado em título contábil próprio e subtítulos adequados à natureza de cada incidência do imposto.

Art. 44. A conta que registra a cobrança do IOF é debitada somente:

I – no estabelecimento cobrador, pela transferência para o estabelecimento centralizador do recolhimento do imposto;

II – no estabelecimento centralizador do imposto, pelo recolhimento ao Tesouro Nacional do valor arrecadado, observados os prazos regulamentares;

III – por estorno, até a data do recolhimento ao Tesouro Nacional, de registro de qualquer natureza feito indevidamente no período, ficando a documentação comprobatória arquivada no estabelecimento que o processar, à disposição da fiscalização.

Obrigações do Responsável

Art. 45. Para efeito de reconhecimento da aplicabilidade de isenção ou alíquota reduzida, cabe ao responsável pela cobrança e recolhimento do IOF exigir:

•• *Caput* com redação determinada pelo Decreto n. 7.487, de 23-5-2011.

I – no caso de cooperativa, declaração, em duas vias, por ela firmada de que atende aos requisitos da legislação cooperativista (Lei n. 5.764, de 16-12-1971);

II – no caso de empresas optantes pelo Simples Nacional, o mutuário da operação de crédito deverá apresentar à pessoa jurídica mutuante declaração, em duas vias, de que se enquadra como pessoa jurídica sujeita ao regime tributário de que trata a Lei Complementar n. 123, de 2006, e que o signatário é seu representante legal e está ciente de que a falsidade na prestação desta informação o sujeitará, juntamente com as demais pessoas que para ela concorrem, às penalidades previstas na legislação criminal e tributária, relativas à falsidade ideológica (art. 299 do Código Penal) e ao crime contra a ordem tributária (Lei n. 8.137, de 27-12-1990, art. 1.º);

III – nos demais casos, a documentação exigida pela legislação específica.

Parágrafo único. Nas hipóteses dos incisos I e II, o responsável pela cobrança do IOF arquivará a 1.ª via da declaração, em ordem alfabética, que ficará à disposição da Secretaria da Receita Federal do Brasil, devendo a 2.ª via ser devolvida como recibo.

Ouro – Documentário Fiscal

Art. 46. As operações com ouro, ativo financeiro, ou instrumento cambial, e a sua destinação, devem ser comprovadas mediante documentário fiscal instituído pela Secretaria da Receita Federal do Brasil (Lei n. 7.766, de 1989, art. 3.º).

Parágrafo único. O transporte do ouro, ativo financeiro, para qualquer parte do território nacional, será acobertado exclusivamente por nota fiscal integrante da documentação mencionada (Lei n. 7.766, de 1989, art. 3.º, § 1.º).

Capítulo II
DAS PENALIDADES E ACRÉSCIMOS MORATÓRIOS

Do Pagamento ou Recolhimento Fora dos Prazos

Art. 47. O IOF não pago ou não recolhido no prazo previsto neste Decreto será acrescido de (Lei n. 9.430, de 27-12-1996, art. 5.º, § 3.º, e art. 61):

I – juros de mora equivalentes à taxa referencial SELIC, para títulos federais, acumulada mensalmente, calculados a partir do primeiro dia do mês subsequente ao do vencimento da obrigação até o último dia do mês anterior ao do pagamento e de um por cento no mês do pagamento;

II – multa de mora, calculada à taxa de 0,33%, por dia de atraso, limitada a vinte por cento.

Parágrafo único. A multa de que trata o inciso II será calculada a partir do primeiro dia subsequente ao do vencimento do prazo previsto para o pagamento ou recolhimento do IOF.

Aplicação de Acréscimos de Procedimento Espontâneo

Art. 48. A pessoa física ou jurídica submetida a ação fiscal por parte da Secretaria da Receita Federal do Brasil poderá pagar, até o vigésimo dia subsequente à data de recebimento do termo de início de fiscalização, o IOF já declarado, de que for sujeito passivo como contribuinte ou responsável, com os acréscimos legais aplicáveis nos casos de procedimento espontâneo (Lei n. 9.430, de 1996, art. 47, e Lei n. 9.532, de 1997, art. 70, inciso II).

Do Lançamento de Ofício

Art. 49. Nos casos de lançamento de ofício, será aplicada multa de setenta e cinco por cento sobre a totalidade ou diferença do imposto, nos casos de falta de pagamento ou recolhimento, de falta de declaração e nos de declaração inexata (Lei n. 9.430, de 1996, art. 44, inciso I).

Parágrafo único. O percentual de multa de que trata o *caput* será duplicado nos casos previstos nos arts. 71, 72 e 73 da Lei n. 4.502, de 30 de novembro de 1964, independentemente de outras penalidades administrativas ou criminais cabíveis (Lei n. 9.430, de 1996, art. 44, § 1.º).

Agravamento de Penalidade

Art. 50. Os percentuais de multa a que se referem o *caput* e parágrafo único do art. 49 serão aumentados de metade, nos casos de não atendimento pelo sujeito passivo, no prazo marcado, de intimação para (Lei n. 9.430, de 1996, art. 44, § 2.º):

I – prestar esclarecimentos;

II – apresentar os arquivos ou sistemas de que tratam os arts. 11 e 12 da Lei n. 8.218, de 29 de agosto de 1991, alterados pelo art. 72 da Medida Provisória n. 2.158-35, de 2001;

III – apresentar a documentação técnica de que trata o art. 38 da Lei n. 9.430, de 1996.

Débitos com Exigibilidade Suspensa por Medida Judicial

Art. 51. Não caberá lançamento de multa de ofício na constituição do crédito tributário destinada a prevenir a decadência, cuja exigibilidade houver sido suspensa na forma dos incisos IV e V do art. 151 da Lei n. 5.172, de 1966 (Lei n. 9.430, de 1996, art. 63, e Medida Provisória n. 2.158-35, de 2001, art. 70).

§ 1.º O disposto neste artigo aplica-se, exclusivamente, aos casos em que a suspensão da exigibilidade do débito tenha ocorrido antes do início de qualquer procedimento de ofício a ele relativo (Lei n. 9.430, de 1996, art. 63, § 1.º).

§ 2.º A interposição da ação judicial favorecida com a medida liminar interrompe a incidência da multa de mora, desde a concessão da medida judicial, até trinta dias após a data da publicação da decisão judicial que considerar devido o imposto (Lei n. 9.430, de 1996, art. 63, § 2.º).

§ 3.º No caso de depósito judicial do valor integral do débito, efetuado tempestivamente, fica afastada também a incidência de juros de mora.

Redução de Penalidade

Art. 52. Será concedida redução de cinquenta por cento da multa de lançamento de ofício ao contribuinte que, notificado, efetuar o pagamento do débito no prazo legal de impugnação (Lei n. 8.218, de 1991, art. 6.º, e Lei n. 9.430, de 1996, art. 44, § 3.º).

§ 1.º Se houver impugnação tempestiva, a redução será de trinta por cento se o pagamento do débito for efetuado dentro de trinta dias da ciência da decisão de primeira instância (Lei n. 8.218, de 1991, art. 6.º, parágrafo único).

§ 2.º Será concedida redução de quarenta por cento da multa de lançamento de ofício ao contribuinte que, notificado, requerer o parcelamento do débito no prazo legal de impugnação, observado que (Lei n. 8.383, de 1991, art. 60):

I – havendo impugnação tempestiva, a redução será de vinte por cento se o parcelamento for requerido dentro de trinta dias da ciência da decisão da primeira instância (Lei n. 8.383, de 1991, art. 60, § 1.º);

II – a rescisão do parcelamento, motivada pelo descumprimento das normas que o regulam, implicará restabelecimento do montante da multa proporcionalmente ao valor da receita não satisfeito (Lei n. 8.383, de 1991, art. 60, § 2.º).

Infrações às Normas Relativas à Prestação de Informações

Art. 53. O descumprimento das obrigações acessórias exigidas nos termos do art. 16 da Lei n. 9.779, de 1999, acarretará a aplicação das seguintes penalidades (Medida Provisória n. 2.158-35, de 2001, art. 57):

I – R$ 5.000,00 (cinco mil reais) por mês-calendário, relativamente às pessoas jurídicas que deixarem de fornecer, nos prazos estabelecidos, as informações ou esclarecimentos solicitados;

II – cinco por cento, não inferior a R$ 100,00 (cem reais), do valor das transações comerciais ou das operações financeiras, próprias da pessoa jurídica ou de terceiros em relação aos quais seja responsável tributário, no caso de informação omitida, inexata ou incompleta.

Casos Especiais de Infração

Art. 54. Sem prejuízo da pena criminal cabível, são aplicáveis ao contribuinte ou ao responsável pela cobrança e pelo recolhimento do IOF as seguintes multas (Lei n. 5.143, de 1966, art. 6.º, Decreto-lei n. 2.391, de 18-12-1987, Lei n. 7.730, de 31-1-1989, art. 27, Lei n. 7.799, de 10-9-1989, art. 66, Lei n. 8.178, de 1.º-3-1991, art. 21, Lei n. 8.218, de 1991, arts. 4.º a 6.º e 10, Lei n. 8.383, de 1991, arts. 3.º e 60, Lei n. 9.249, de 1995, art. 30):

I – R$ 2.867,30 (dois mil oitocentos e sessenta e sete reais e trinta centavos) pela falsificação ou adulteração de guia, livro ou outro papel necessário ao registro ou recolhimento do IOF ou pela coautoria na prática de qualquer dessas faltas;

II – R$ 2.007,11 (dois mil e sete reais e onze centavos) pelo embaraço ou impedimento da ação fiscalizadora, ou pela recusa da exibição de livros, guias ou outro papel necessário ao registro ou recolhimento do IOF, quando solicitados pela fiscalização.

Bolsas de Valores, de Mercadorias, de Futuros e Assemelhadas

Art. 55. A inobservância do prazo a que se refere o § 3.º do art. 59 sujeitará as bolsas de valores, de mercadorias, de futuros e assemelhadas à multa de R$ 828,70 (oitocentos e vinte e oito reais e setenta centavos) por dia útil de atraso (Lei n. 8.021, de 12-4-1990, art. 7.º, § 1.º, Lei n. 8.178, de 1991, art. 21, Lei n. 8.218, de 1991, art. 10, Lei n. 8.383, de 1991, art. 3.º, e Lei n. 9.249, de 1995, art. 30).

Ouro – Apreensão

Art. 56. O ouro, ativo financeiro, ou instrumento cambial acompanhado por documentação fiscal irregular será objeto de apreensão pela Secretaria da Receita Federal do Brasil (Lei n. 7.766, de 1989, art. 3.º, § 2.º).

§ 1.º Feita a apreensão do ouro, será intimado imediatamente o seu proprietário, possuidor ou detentor a apresentar, no prazo de vinte e quatro horas, os documentos comprobatórios da regularidade da operação.

§ 2.º Decorrido o prazo da intimação sem que sejam apresentados os documentos exigidos ou, se apresentados, não satisfizerem os requisitos legais, será lavrado auto de infração.

Art. 57. O ouro, ativo financeiro, ou instrumento cambial apreendido poderá ser restituído, antes do julgamento definitivo do processo, a requerimento da parte, depois de sanadas as irregularidades que motivaram a apreensão.

Parágrafo único. Na hipótese de falta de identificação do contribuinte, o ouro apreendido poderá ser restituído, a requerimento do responsável em cujo poder for encontrado, mediante depósito do valor do IOF e da multa aplicável no seu grau máximo ou de prestação de fiança idônea.

Art. 58. Depois do trânsito em julgado da decisão administrativa, o ouro, ativo financeiro, ou instrumento cambial que não for retirado dentro de trinta dias, contados da data da ciência da intimação do último despacho, ficará sob a guarda do Banco Central do Brasil em nome da União e, transcorrido o quinquênio prescricional, será incorporado ao patrimônio do Tesouro Nacional.

Capítulo III
DA FISCALIZAÇÃO DO IOF

Art. 59. Compete à Secretaria da Receita Federal do Brasil a administração do IOF, incluídas as atividades de arrecadação, tributação e fiscalização (Decreto-lei n. 2.471, de 1988, art. 3.º).

§ 1.º No exercício de suas atribuições, a Secretaria da Receita Federal do Brasil, por intermédio de seus agentes fiscais, poderá proceder ao exame de documentos, livros e registros dos contribuintes do IOF e dos responsáveis pela sua cobrança e recolhimento, independentemente de instauração de processo (Decreto-lei n. 2.471, de 1988, art. 3.º, § 1.º).

§ 2.º A autoridade fiscal do Ministério da Fazenda poderá proceder a exames de documentos, livros e registros das bolsas de valores, de mercadorias, de futuros e assemelhadas, bem como solicitar a prestação de esclarecimentos e informações a respeito de operações por elas praticadas, inclusive em relação a terceiros (Lei n. 8.021, de 1990, art. 7.º).

§ 3.º As informações a que se refere o § 2.º deverão ser prestadas no prazo máximo de dez dias úteis contados da data da solicitação (Lei n. 8.021, de 1990, art. 7.º, § 1.º).

§ 4.º As informações obtidas com base neste artigo somente poderão ser utilizadas para efeito de verificação do cumprimento de obrigações tributárias (Lei n. 8.021, de 1990, art. 7.º, § 2.º).

§ 5.º As informações, fornecidas de acordo com as normas regulamentares expedidas pelo Ministério da Fazenda, deverão ser prestadas no prazo máximo de dez dias úteis contados da data da ciência da solicitação, aplicando-se, no caso de descumprimento desse prazo, a penalidade prevista no art. 55 deste Decreto.

Art. 60. No processo administrativo fiscal, compreendendo os procedimentos destinados à determinação e exigência do IOF, à imposição de penalidades, repetição de indébito, à solução de consultas, e no procedimento de compensação do imposto, observar-se-á a legislação prevista para os tributos federais e normas baixadas pela Secretaria da Receita Federal do Brasil.

Capítulo IV
DA COMPENSAÇÃO E DA RESTITUIÇÃO

Art. 61. Nos casos de pagamento indevido ou a maior do imposto, mesmo quando resultante de reforma, anulação, revogação ou rescisão de decisão condenatória, o contribuinte ou o responsável tributário, quando este assumir o ônus do imposto ou estiver expressamente autorizado, poderá requerer a restituição desse valor, observadas as instruções expedidas pela Secretaria da Receita Federal do Brasil (Lei n. 5.172, de 1966, art. 165).

Art. 62. O sujeito passivo que apurar crédito de IOF, inclusive os judiciais com trânsito em julgado, passível de restituição, poderá utilizá-lo na compensação de débitos próprios relativos a quaisquer tributos e contribuições administrados pela Secretaria da Receita Federal do Brasil (Lei n. 9.430, de 1996, art. 74, Lei n. 10.637, de 30-12-2002, art. 49, Lei n. 10.833, de 29-12-2003, art. 17, e Lei n. 11.051, de 29-12-2004, art. 4.º).

§ 1.º A compensação de que trata este artigo será efetuada mediante a entrega, pelo sujeito passivo, de declaração na qual constarão informações relativas aos créditos utilizados e aos respectivos débitos compensados.

§ 2.º A compensação declarada à Secretaria da Receita Federal do Brasil extingue o crédito tributário, sob condição resolutória de sua ulterior homologação.

§ 3.º O prazo para homologação da compensação declarada pelo sujeito passivo será de cinco anos, contado da data da entrega da declaração de compensação.

§ 4.º A declaração de compensação constitui confissão de dívida e instrumento hábil e suficiente para a exigência dos débitos indevidamente compensados.

§ 5.º Não homologada a compensação, a autoridade administrativa deverá cientificar o sujeito passivo e intimá-lo a efetuar, no prazo de trinta dias, contado da ciência do ato que não a homologou, o pagamento dos débitos indevidamente compensados.

§ 6.º Não efetuado o pagamento no prazo previsto no § 5.º, o débito será encaminhado à Procuradoria-Geral da Fazenda Nacional para inscrição em Dívida Ativa da União, ressalvado o disposto no § 7.º.

§ 7.º É facultado ao sujeito passivo, no prazo referido no § 5.º, apresentar manifestação de inconformidade contra a não homologação da compensação.

§ 8.º Da decisão que julgar improcedente a manifestação de inconformidade caberá recurso ao Conselho de Contribuintes.

§ 9.º A manifestação de inconformidade e o recurso de que tratam os §§ 7.º e 8.º obedecerão ao rito processual do Decreto n. 70.235, de 6 de março de 1972, e enquadram-se no disposto no inciso III do art. 151 da Lei n. 5.172, de 1966, relativamente ao débito objeto da compensação.

Art. 63. O valor a ser restituído ou compensado será acrescido de juros equivalentes à taxa referencial SELIC, para títulos federais, acumulada mensalmente, calculados a partir do mês subsequente ao do pagamento indevido ou a maior até o mês anterior ao da compensação ou restituição e de um por cento relativamente ao mês em que esta estiver sendo efetuada (Lei n. 9.250, de 1995, art. 39, § 4.º, e Lei n. 9.532, de 1997, art. 73).

Capítulo V
DAS DISPOSIÇÕES FINAIS

Art. 64. Não configura fato gerador o registro decorrente de erro formal ou contábil, devendo, nesta hipótese, ser mantida à disposição da fiscalização a documentação comprobatória e ser promovida a regularização pertinente.

Art. 65. É vedada a concessão de parcelamento de débitos relativos ao IOF, retido e não recolhido ao Tesouro Nacional (Lei n. 10.522, de 19-7-2002, art. 14, e Lei n. 11.051, de 2004, art. 3.º).

Parágrafo único. É vedada, igualmente, a concessão de parcelamento de débitos enquanto não integralmente pago parcelamento anterior, relativo ao mesmo tributo.

Art. 66. Compete à Secretaria da Receita Federal do Brasil editar os atos necessários à execução do disposto neste Decreto.

Art. 67. Este Decreto entra em vigor na data de sua publicação.

Art. 68. Ficam revogados os Decretos n. 4.494, de 3 de dezembro de 2002, e n. 5.172, de 6 de agosto de 2004.

Brasília, 14 de dezembro de 2007; 186.º da Independência e 119.º da República.

LUIZ INÁCIO LULA DA SILVA

LEI N. 11.636, DE 28 DE DEZEMBRO DE 2007 (*)

Dispõe sobre as custas judiciais devidas no âmbito do Superior Tribunal de Justiça.

O Presidente da República.

Faço saber que o Congresso Nacional decreta e eu sanciono a seguinte Lei:

Art. 1.º Esta Lei dispõe sobre a incidência e a cobrança das custas devidas à União que tenham como fato gerador a prestação de serviços públicos de natureza forense, no âmbito do Superior Tribunal de Justiça, nos processos de competência originária ou recursal.

Art. 2.º Os valores e as hipóteses de incidência das custas são os constantes do Anexo desta Lei.

Parágrafo único. Os valores das custas judiciais do Superior Tribunal de Justiça constantes das Tabelas do Anexo desta Lei serão corrigidos anualmente pela variação do Índice Nacional de Preços ao Consumidor Amplo – IPCA, do IBGE, observado o disposto no art. 15 desta Lei.

Art. 3.º As custas previstas nesta Lei não excluem as despesas estabelecidas em legislação processual específica, inclusive o porte de remessa e retorno dos autos.

Art. 4.º O pagamento das custas deverá ser feito em bancos oficiais, mediante preenchimento de guia de recolhimento de receita da União, de conformidade com as normas estabelecidas pela Secretaria da Receita Federal do Ministério da Fazenda e por resolução do presidente do Superior Tribunal de Justiça.

•• A Resolução n. 2, de 1.º-2-2017, dispõe sobre o pagamento de custas judiciais e porte de remessa e retorno de autos no âmbito do STJ.

• A Resolução n. 505, de 28-6-2013, dispõe sobre as Tabelas de Custas e a Tabela de Porte de Remessa e Retorno dos Autos no âmbito do STF.

Art. 5.º Exceto em caso de isenção legal, nenhum feito será distribuído sem o respectivo preparo, nem se praticarão nele atos processuais, salvo os que forem ordenados de ofício pelo relator.

Parágrafo único. O preparo compreende todos os atos do processo, inclusive a baixa dos autos.

(*) Publicada no *Diário Oficial da União*, de 28-12-2007 – edição extra.

ANEXO

N. DE DIAS	% LIMITE DO RENDIMENTO
01	96
02	93
03	90
04	86
05	83
06	80
07	76
08	73
09	70
10	66
11	63
12	60
13	56
14	53
15	50
16	46
17	43
18	40
19	36
20	33
21	30
22	26
23	23
24	20
25	16
26	13
27	10
28	06
29	03
30	00

Art. 6.º Quando autor e réu recorrerem, cada recurso estará sujeito a preparo integral e distinto, composto de custas e porte de remessa e retorno.

§ 1.º Se houver litisconsortes necessários, bastará que um dos recursos seja preparado para que todos sejam julgados, ainda que não coincidam suas pretensões.

§ 2.º Para efeito do disposto no § 1.º deste artigo, o assistente é equiparado ao litisconsorte.

§ 3.º O terceiro prejudicado que recorrer fará o preparo do seu recurso, independentemente do preparo dos recursos que, porventura, tenham sido interpostos pelo autor ou pelo réu.

Art. 7.º Não são devidas custas nos processos de *habeas data*, *habeas corpus* e recursos em *habeas corpus*, e nos demais processos criminais, salvo a ação penal privada.

Art. 8.º Não haverá restituição das custas quando se declinar da competência do Superior Tribunal de Justiça para outros órgãos jurisdicionais.

Art. 9.º Quando se tratar de feitos de competência originária, o comprovante do recolhimento das custas deverá ser apresentado na unidade competente do Superior Tribunal de Justiça, no ato de protocolo.

Art. 10. Quando se tratar de recurso, o recolhimento do preparo, composto de custas e porte de remessa e retorno, será feito no tribunal de origem, perante as suas secretarias e no prazo da sua interposição.

Parágrafo único. Nenhum recurso subirá ao Superior Tribunal de Justiça, salvo caso de isenção, sem a juntada aos autos do comprovante de recolhimento do preparo.

Art. 11. O abandono ou desistência do feito, ou a existência de transação que lhe ponha termo, em qualquer fase do processo, não dispensa a parte do pagamento das custas nem lhe dá o direito à restituição.

Art. 12. Extinto o processo, se a parte responsável pelo pagamento das custas ou porte de remessa e retorno, devidamente intimada, não o fizer dentro de 15 (quinze) dias, o responsável pela unidade administrativa competente do órgão julgador a que estiver afeto o processo encaminhará os elementos necessários ao relator e este à Procuradoria-Geral da Fazenda Nacional, para sua inscrição como dívida ativa da União.

Art. 13. A assistência judiciária, perante o Superior Tribunal de Justiça, será requerida ao presidente antes da distribuição, e, nos demais casos, ao relator.

Parágrafo único. Prevalecerá no Superior Tribunal de Justiça a assistência judiciária já concedida em outra instância.

Art. 14. O regimento interno do Superior Tribunal de Justiça disporá sobre os atos complementares necessários ao cumprimento desta Lei.

Art. 15. Esta Lei entra em vigor na data de sua publicação, produzindo efeitos respeitando-se o disposto nas alíneas *b* e *c* do inciso III do *caput* do art. 150 da Constituição Federal.

Brasília, 28 de dezembro de 2007; 186.º da Independência e 119.º da República.

Luiz Inácio Lula da Silva

Anexo
TABELA DE CUSTAS JUDICIAIS DO SUPERIOR TRIBUNAL DE JUSTIÇA

•• A Instrução Normativa n. 1, de 15-1-2024, do STJ, atualiza os valores previstos neste Anexo.

TABELA A
RECURSOS INTERPOSTOS EM INSTÂNCIA INFERIOR

RECURSO	VALOR (em R$)
I – Recurso em Mandado de Segurança	100,00
II – Recurso Especial	100,00
III – Apelação Cível (art. 105, inciso II, alínea "c", da Constituição Federal)	200,00

TABELA B
FEITOS DE COMPETÊNCIA ORIGINÁRIA

FEITO	VALOR (em R$)
I – Ação Penal	100,00
II – Ação Rescisória	200,00
III – Comunicação	50,00
IV – Conflito de Competência	50,00
V – Conflito de Atribuições	50,00
VI – Exceção de Impedimento	50,00
VII – Exceção de Suspeição	50,00
VIII – Exceção da Verdade	50,00
IX – Inquérito	50,00
X – Interpelação Judicial	50,00
XI – Intervenção Federal	50,00
XII – Mandado de Injunção	50,00
XIII – Mandado de Segurança:	
a) um impetrante	100,00
b) mais de um impetrante (cada excedente)	50,00
XIV – Medida Cautelar	200,00
XV – Petição	200,00
XVI – Reclamação	50,00
XVII – Representação	50,00
XVIII – Revisão Criminal	200,00
XIX – Suspensão de Liminar e de Sentença	200,00
XX – Suspensão de Segurança	100,00
XXI – Embargos de Divergência	50,00
XXII – Ação de Improbidade Administrativa	50,00
XXIII – Homologação de Sentença Estrangeira	100,00

DECRETO N. 6.451, DE 12 DE MAIO DE 2008 (*)

Regulamenta o art. 56 da Lei Complementar n. 123, de 14 de dezembro de 2006, que dispõe sobre a constituição do Consórcio Simples por microempresas e empresas de pequeno porte optantes pelo Simples Nacional.

O Presidente da República, no uso da atribuição que lhe confere o art. 84, inciso IV, da Constituição, e tendo em vista o disposto no art. 56 da Lei Complementar n. 123, de 14 de dezembro de 2006, decreta:

Capítulo I
DA CONSTITUIÇÃO E COMPOSIÇÃO

Art. 1.º As microempresas e as empresas de pequeno porte optantes pelo Regime Especial Unificado de Arrecadação de Tributos e Contribuições devidos pelas Microempresas e Empresas de Pequeno Porte – SIMPLES NACIONAL poderão constituir, nos termos do art. 56 da Lei Complementar n. 123, de 14 de dezembro de 2006, consórcio simples, por tempo indeterminado, tendo como objeto a compra e venda de bens e serviços para os mercados nacional e internacional.

§ 1.º A microempresa ou empresa de pequeno porte não poderá participar simultaneamente de mais de um consórcio simples.

§ 2.º O consórcio simples não poderá ser concomitantemente de venda e de compra, salvo no caso de compra de insumos para industrialização.

Capítulo II
DOS REQUISITOS GERAIS DE FORMAÇÃO DO CONSÓRCIO SIMPLES

Art. 2.º O consórcio simples não tem personalidade jurídica e as consorciadas somente se obrigam nas condições previstas no respectivo contrato, respondendo cada uma por suas obrigações, sem presunção de solidariedade, salvo se assim estabelecido entre as consorciadas.

Art. 3.º O contrato de consórcio simples e suas alterações serão arquivados no órgão de registro público competente e deverá conter, no mínimo, cláusulas que estabeleçam:

I – a denominação, a finalidade, o endereço e o foro;

II – a identificação de cada uma das consorciadas que integrarão o consórcio simples;

III – a indicação da área de atuação do consórcio simples, inclusive se a atividade se destina a compra ou venda;

IV – a forma de deliberação sobre assuntos de interesse comum, com o número de votos que cabe a cada consorciada;

V – o direito de qualquer das consorciadas, quando adimplentes com as suas obriga-

---

(*) Publicado no *DOU*, de 13-5-2008.

ções, de exigir o pleno cumprimento das suas cláusulas;

VI – a definição das obrigações e responsabilidades de cada consorciada, e das prestações específicas, observadas as disposições da legislação civil;

VII – as normas sobre recebimento de receitas e partilha de resultados;

VIII – as normas sobre administração do consórcio simples, contabilização e representação das consorciadas e taxa de administração, se houver; e

IX – a contribuição de cada consorciada para as despesas comuns, se houver.

§ 1.º Os atos de formação dos consórcios simples deverão ainda especificar regras de substituição, de ingresso e de saída das microempresas e empresas de pequeno porte consorciadas, inclusive na hipótese de exclusão da consorciada do SIMPLES NACIONAL.

§ 2.º No caso de exclusão da consorciada do SIMPLES NACIONAL, proceder-se-á à sua imediata retirada do consórcio simples.

§ 3.º A falência ou insolvência civil de uma consorciada não se estende às demais, subsistindo o consórcio simples com as demais consorciadas; os créditos que porventura tiver a falida serão apurados e pagos na forma prevista no contrato do consórcio simples.

§ 4.º À exceção da exclusão da microempresa ou da empresa de pequeno porte do SIMPLES NACIONAL, a exclusão de consorciada só é admissível desde que prevista no contrato do consórcio simples.

Capítulo III
DA CONTABILIDADE

Art. 4.º Cada consorciada deverá apropriar suas receitas, custos e despesas incorridos proporcionalmente à sua participação no consórcio simples, conforme documento arquivado no órgão de registro.

§ 1.º O disposto no caput aplica-se para fins do recolhimento dos impostos e contribuições na forma do SIMPLES NACIONAL.

§ 2.º O consórcio simples deverá manter registro contábil das operações em Livro Diário próprio, devidamente registrado.

§ 3.º O registro contábil das operações no consórcio simples deverá corresponder ao somatório dos valores das parcelas das consorciadas, individualizado proporcionalmente à participação de cada consorciada.

§ 4.º Sem prejuízo do disposto nos §§ 2.º e 3.º, as operações objeto do consórcio simples, relativas à participação das consorciadas, serão registradas pelas consorciadas na forma disciplinada pelo Comitê Gestor, conforme dispõe o art. 27 da Lei Complementar n. 123, de 2006.

§ 5.º Os livros utilizados para registro das operações do consórcio e os documentos que permitam sua perfeita verificação deverão ser mantidos pelo consórcio simples e pelas consorciadas pelo prazo de decadência e prescrição estabelecidos pela legislação tributária.

Art. 5.º O faturamento correspondente às operações do consórcio simples será efetuado pelas consorciadas, mediante a emissão de Nota Fiscal ou Fatura próprios, proporcionalmente à participação de cada uma no consórcio simples.

§ 1.º Nas hipóteses autorizadas pela legislação do Imposto sobre Operações relativas à Circulação de Mercadorias e sobre Prestações de Serviços de Transporte Interestadual e Intermunicipal e de Comunicação – ICMS, a Nota Fiscal ou Fatura de que trata o caput poderá ser emitida pelo consórcio simples, observada a apropriação proporcional de que trata o caput do art. 4.º.

§ 2.º Na hipótese do § 1.º, o consórcio simples remeterá cópia da Nota Fiscal ou Fatura às consorciadas, indicando na mesma as parcelas de receitas correspondentes a cada uma, para efeito de operacionalização do disposto no caput do art. 4.º.

§ 3.º No histórico dos documentos de que trata este artigo deverá ser incluída informação esclarecendo tratar-se de operações vinculadas ao consórcio simples.

Capítulo IV
DA EXPORTAÇÃO

Art. 6.º O consórcio simples de exportação deverá prever em seu contrato a exploração exclusiva de exportação de bens e serviços a ela voltados, em prol exclusivo de suas consorciadas.

Capítulo V
DAS DISPOSIÇÕES FINAIS

Art. 7.º Aplicam-se ao consórcio simples, quanto à substituição tributária e à retenção na fonte de impostos e contribuições, as normas relativas às microempresas e empresas de pequeno porte optantes pelo SIMPLES NACIONAL, proporcionalmente à sua participação no consórcio simples.

Art. 8.º Este Decreto entra em vigor na data de sua publicação.

Brasília, 12 de maio de 2008; 187.º da Independência e 120.º da República.

Luiz Inácio Lula da Silva

LEI N. 11.727, DE 23 DE JUNHO DE 2008 (*)

Dispõe sobre medidas tributárias destinadas a estimular os investimentos e a modernização do setor de turismo, a reforçar o sistema de proteção tarifária brasileiro, a estabelecer a incidência de forma concentrada da Contribuição para o PIS/Pasep e da Contribuição para o Financiamento da Seguridade Social – Cofins na produção e comercialização de álcool; altera as Leis n. 10.865, de 30 de abril de 2004, 11.488, de 15 de junho de 2007, 9.718, de 27 de novembro de 1998, 11.196, de 21 de novembro de 2005, 10.637, de 30 de dezembro de 2002, 10.833, de 29 de dezembro de 2003, 7.689, de 15 de dezembro de 1988, 7.070, de 20 de dezembro de 1982, 9.250, de 26 de dezembro de 1995, 9.430, de 27 de dezembro de 1996, 9.249, de 26 de dezembro de 1995, 11.051, de 29 de dezembro de 2004, 9.393, de 19 de dezembro de 1996, 8.213, de 24 de julho de 1991, 7.856, de 24 de outubro de 1989, e a Medida Provisória n. 2.158-35, de 24 de agosto de 2001; e dá outras providências.

O Presidente da República.

Faço saber que o Congresso Nacional decreta e eu sanciono a seguinte Lei:

Art. 1.º Para efeito de apuração da base de cálculo do imposto de renda, a pessoa jurídica que explore a atividade de hotelaria poderá utilizar depreciação acelerada incentivada de bens móveis integrantes do ativo imobilizado, adquiridos a partir da data da publicação da Medida Provisória n. 413, de 3 de janeiro de 2008, até 31 de dezembro de 2010, calculada pela aplicação da taxa de depreciação admitida pela legislação tributária, sem prejuízo da depreciação contábil.

§ 1.º A quota de depreciação acelerada incentivada de que trata o caput deste artigo constituirá exclusão do lucro líquido para fins de determinação do lucro real e será controlada no livro fiscal de apuração do lucro real.

§ 2.º O total da depreciação acumulada, incluindo a contábil e a acelerada incentivada, não poderá ultrapassar o custo de aquisição do bem.

§ 3.º A partir do período de apuração em que for atingido o limite de que trata o § 2.º deste artigo, o valor da depreciação, registrado na contabilidade, deverá ser adicionado ao lucro líquido para efeito de determinação do lucro real.

Art. 2.º O Poder Executivo poderá definir alíquotas específicas (ad rem) para o Imposto de Importação, por quilograma líquido ou unidade de medida estatística da mercadoria, estabelecer e alterar a relação de mercadorias sujeitas à incidência do Imposto de Importação sob essa forma, bem como diferenciar as alíquotas específicas por tipo de mercadoria.

•• Vide art. 41, I, desta Lei.

Parágrafo único. A alíquota de que trata este artigo fica fixada em R$ 15,00 (quinze reais) por quilograma líquido ou unidade de medida estatística da mercadoria, podendo ser reduzida por ato do Poder Executivo nos termos do caput deste artigo.

Art. 3.º O art. 8.º da Lei n. 10.865, de 30 de abril de 2004, passa a vigorar acrescido dos seguintes §§ 17 e 18:

•• Alterações já processadas no diploma modificado.

....

(*) Publicada no Diário Oficial da União, de 24-6-2008. **A Lei Complementar n. 214, de 16-1-2025, revoga os arts. 5.º a 7.º, 10 a 12, 14, 15, 24 e 33 desta lei a partir de 1.º-1-2027.**

Art. 5.º Os valores retidos na fonte a título da Contribuição para o PIS/Pasep e da Cofins, quando não for possível sua dedução dos valores a pagar das respectivas contribuições no mês de apuração, poderão ser restituídos ou compensados com débitos relativos a outros tributos e contribuições administrados pela Secretaria da Receita Federal do Brasil, observada a legislação específica aplicável à matéria.
•• Artigo regulamentado pelo Decreto n. 6.662, de 25-11-2008.

§ 1.º Fica configurada a impossibilidade da dedução de que trata o *caput* deste artigo quando o montante retido no mês exceder o valor da respectiva contribuição a pagar no mesmo mês.

§ 2.º Para efeito da determinação do excesso de que trata o § 1.º deste artigo, considera-se contribuição a pagar no mês da retenção o valor da contribuição devida descontada dos créditos apurados naquele mês.

§ 3.º A partir da publicação da Medida Provisória n. 413, de 3 de janeiro de 2008, o saldo dos valores retidos na fonte a título da Contribuição para o PIS/Pasep e da Cofins apurados em períodos anteriores poderá também ser restituído ou compensado com débitos relativos a outros tributos e contribuições administrados pela Secretaria da Receita Federal do Brasil, na forma a ser regulamentada pelo Poder Executivo.

Art. 7.º O art. 5.º da Lei n. 9.718, de 27 de novembro de 1998, passa a vigorar com a seguinte redação:
•• Alterações já processadas no diploma modificado.

Art. 8.º Excepcionalmente, para o ano-calendário de 2008, a opção de que trata o § 4.º do art. 5.º da Lei n. 9.718, de 27 de novembro de 1998, será exercida até o último dia útil do quarto mês subsequente ao da publicação desta Lei, produzindo efeitos, de forma irretratável, a partir do primeiro dia desse mês.

Art. 10. A pessoa jurídica sujeita ao regime de apuração não cumulativa da Contribuição para o PIS/Pasep e da Cofins, produtora ou importadora de álcool, inclusive para fins carburantes, poderá descontar créditos presumidos relativos ao estoque deste produto existente no último dia do terceiro mês subsequente ao da publicação desta Lei.
•• *Vide* art. 41, IV, desta Lei.

§ 1.º Os créditos de que trata o *caput* deste artigo corresponderão a:

I – R$ 7,14 (sete reais e quatorze centavos) por metro cúbico de álcool, no caso da Contribuição para o PIS/Pasep; e

II – R$ 32,86 (trinta e dois reais e oitenta e seis centavos) por metro cúbico de álcool, no caso da Cofins.

§ 2.º Os créditos de que trata o *caput* deste artigo:

I – serão apropriados em 12 (doze) parcelas mensais, iguais e sucessivas, a partir do quarto mês subsequente ao da publicação desta Lei, observado o disposto no § 1.º deste artigo; e

II – somente poderão ser utilizados para compensação com débitos relativos à Contribuição para o PIS/Pasep e à Cofins apurados no regime não cumulativo.

§ 3.º A pessoa jurídica distribuidora apurará a Contribuição para o PIS/Pasep e a Cofins incidentes sobre a venda de estoque de álcool, inclusive para fins carburantes, existente no último dia do terceiro mês subsequente ao da publicação desta Lei, com base no regime legal anterior à publicação da Medida Provisória n. 413, de 3 de janeiro de 2008, independentemente da data em que a operação de venda se realizar.

Art. 11. Fica suspenso o pagamento da Contribuição para o PIS/Pasep e da Cofins na venda de cana-de-açúcar, classificada na posição 12.12 da Nomenclatura Comum do Mercosul – NCM.
•• *Caput* com redação determinada pela Lei n. 12.844, de 19-7-2013.
•• *Vide* art. 41, IV, desta Lei.

§ 1.º É vedado à pessoa jurídica vendedora de cana-de-açúcar o aproveitamento de créditos vinculados à receita de venda efetuada com suspensão na forma do *caput* deste artigo.

§ 2.º Não se aplicam as disposições deste artigo no caso de venda de cana-de-açúcar para pessoa jurídica que apura as contribuições no regime de cumulatividade.

Art. 12. No caso de produção por encomenda de álcool, inclusive para fins carburantes:
•• *Vide* art. 41, IV, desta Lei.

I – a pessoa jurídica encomendante fica sujeita às alíquotas previstas no *caput* do art. 5.º da Lei n. 9.718, de 27 de novembro de 1998, observado o disposto em seus §§ 4.º, 8.º e 9.º;

II – a pessoa jurídica executora da encomenda deverá apurar a Contribuição para o PIS/Pasep e a Cofins mediante a aplicação das alíquotas de 1,65% (um inteiro e sessenta e cinco centésimos por cento) e de 7,6% (sete inteiros e seis décimos por cento), respectivamente; e

III – aplicam-se os conceitos de industrialização por encomenda da legislação do Imposto sobre Produtos Industrializados – IPI.

Art. 13. Os produtores de álcool, inclusive para fins carburantes, ficam obrigados à instalação de equipamentos de controle de produção nos termos, condições e prazos estabelecidos pela Secretaria da Receita Federal do Brasil.
•• *Vide* art. 41, II, desta Lei.

§ 1.º A Secretaria da Receita Federal do Brasil poderá dispensar a instalação dos equipamentos previstos no *caput* deste artigo, em função de limites de produção ou faturamento que fixar.

§ 2.º No caso de inoperância de qualquer dos equipamentos previstos no *caput* deste artigo, o produtor deverá comunicar a ocorrência à unidade da Secretaria da Receita Federal do Brasil com jurisdição sobre seu domicílio fiscal, no prazo de 24 (vinte e quatro) horas, devendo manter controle do volume de produção enquanto perdurar a interrupção.

§ 3.º O descumprimento das disposições deste artigo ensejará a aplicação de multa:

I – correspondente a 50% (cinquenta por cento) do valor comercial da mercadoria produzida no período de inoperância, não inferior a R$ 5.000,00 (cinco mil reais), se, a partir do décimo dia subsequente ao prazo fixado para a entrada em operação do sistema, os equipamentos referidos no *caput* deste artigo não tiverem sido instalados em virtude de impedimento criado pelo produtor; e

II – no valor de R$ 5.000,00 (cinco mil reais), sem prejuízo do disposto no inciso I deste parágrafo, no caso de falta da comunicação da inoperância do medidor na forma do § 2.º deste artigo.

§ 4.º Para fins do disposto no inciso I do § 3.º deste artigo, considera-se impedimento qualquer ação ou omissão praticada pelo fabricante tendente a impedir ou retardar a instalação dos equipamentos ou, mesmo após a sua instalação, prejudicar o seu normal funcionamento.

Art. 14. Os arts. 2.º e 3.º da Lei n. 10.637, de 30 de dezembro de 2002, passam a vigorar com as seguintes alterações:
•• Alterações já processadas no diploma modificado.

Art. 15. Os arts. 2.º e 3.º da Lei n. 10.833, de 29 de dezembro de 2003, passam a vigorar com as seguintes alterações:
•• Alterações já processadas no diploma modificado.

Art. 17. O art. 3.º da Lei n. 7.689, de 15 de dezembro de 1988, passa a vigorar com a seguinte redação:
•• Alterações já processadas no diploma modificado.

Art. 18. Ficam prorrogados até 30 de abril de 2012, os prazos previstos nos incisos III e IV do § 12 do art. 8.º e nos incisos I e II do *caput* do art. 28, da Lei n. 10.865, de 30 de abril de 2004.
•• *Vide* art. 41, III, desta Lei.

Art. 19. O parágrafo único do art. 34 da Lei n. 10.833, de 29 de dezembro de 2003, passa a vigorar com a seguinte redação:
•• Alterações já processadas no diploma modificado.

Art. 21. O inciso II do *caput* do art. 4.º e a alínea *f* do inciso II do *caput* e o § 3.º do art. 8.º da Lei n. 9.250, de 26 de dezembro de 1995, passam a vigorar com a seguinte redação:
•• Alterações já processadas no diploma modificado.

Art. 22. O art. 24 da Lei n. 9.430, de 27 de dezembro de 1996, passa a vigorar acrescido do seguinte § 4.º:
•• Alterações já processadas no diploma modificado.

Art. 23. A Lei n. 9.430, de 27 de dezembro de 1996, passa a vigorar acrescida dos seguintes arts. 24-A e 24-B:
•• Alterações já processadas no diploma modificado.

Art. 24. A pessoa jurídica sujeita ao regime de apuração não cumulativa da Contribuição para o PIS/Pasep e da Cofins, produtora ou fabricante dos produtos relacionados no § 1.º do art. 2.º da Lei n. 10.833, de 29 de dezembro de 2003, pode descontar créditos relativos à aquisição desses produtos de outra pessoa jurídica importadora, produtora ou fabricante, para revenda no mercado interno ou para exportação.

§ 1.º Os créditos de que trata o *caput* deste artigo correspondem aos valores da Contribuição para o PIS/Pasep e da Cofins devidos pelo vendedor em decorrência da operação.

§ 2.º Não se aplica às aquisições de que trata o *caput* deste artigo o disposto na alínea *b* do inciso I do *caput* do art. 3.º da Lei n. 10.637, de 30 de dezembro de 2002, e na alínea *b* do inciso I do *caput* do art. 3.º da Lei n. 10.833, de 29 de dezembro de 2003.
....

Art. 29. A alínea *a* do inciso III do § 1.º do art. 15 da Lei n. 9.249, de 26 de dezembro de 1995, passa a vigorar com a seguinte redação:
•• Alterações já processadas no diploma modificado.

Art. 30. Até 31 de dezembro de 2008, a multa a que se refere o § 3.º do art. 7.º da Lei n. 10.426, de 24 de abril de 2002, quando aplicada a associação sem fins lucrativos que tenha observado o disposto em um dos incisos do § 2.º do mesmo artigo, será reduzida a 10% (dez por cento).

Art. 31. A pessoa jurídica que tenha por objeto exclusivamente a gestão de participações societárias (*holding*) poderá diferir o reconhecimento das despesas com juros e encargos financeiros pagos ou incorridos relativos a empréstimos contraídos para financiamento de investimentos em sociedades controladas.
•• *Vide* art. 41, VI, desta Lei.

§ 1.º A despesa de que trata o *caput* deste artigo constituirá adição ao lucro líquido para fins de determinação do lucro real e da base de cálculo da contribuição social sobre o lucro líquido e será controlada em livro fiscal de apuração do lucro real.

§ 2.º As despesas financeiras de que trata este artigo devem ser contabilizadas individualizadamente por controlada, de modo a permitir a identificação e verificação em separado dos valores diferidos por investimento.

§ 3.º O valor registrado na forma do § 2.º deste artigo integrará o custo do investimento para efeito de apuração de ganho ou perda de capital na alienação ou liquidação do investimento.

Art. 32. A Lei n. 10.833, de 29 de dezembro de 2003, passa a vigorar acrescida dos seguintes arts. 58-A a 58-U:
•• Alterações já processadas no diploma modificado.

Art. 33. Os produtos referidos no art. 58-A da Lei n. 10.833, de 29 de dezembro de 2003, enquadrados no regime tributário do IPI previsto na Lei n. 7.798, de 10 de julho de 1989, e a pessoa jurídica optante pelo regime especial de tributação da Contribuição para o PIS/PASEP e da COFINS de que trata o art. 52 da Lei n. 10.833, de 2003, serão excluídos dos respectivos regimes no último dia do mês de dezembro de 2008.
•• *Caput* com redação determinada pela Lei n. 11.827, de 20-11-2008.
•• *Vide* art. 41, VII, desta Lei.

§ 1.º Os produtos e as pessoas jurídicas enquadrados na hipótese de que trata o *caput*, a partir da data nele referida, ficarão sujeitos ao regime geral previsto nos arts. 58-D a 58-I da Lei n. 10.833, de 29 de dezembro de 2003, com a redação dada por esta Lei.

§ 2.º Às pessoas jurídicas excluídas, na forma deste artigo, do regime especial de tributação das contribuições de que trata o art. 52 da Lei n. 10.833, de 29 de dezembro de 2003, não se aplica o disposto:

I – nos arts. 49, 50, 52, 55, 57 e 58 da Lei n. 10.833, de 29 de dezembro de 2003; e

II – no § 7.º do art. 8.º e nos §§ 9.º e 10 do art. 15 da Lei n. 10.865, de 30 de abril de 2004.
....

Art. 36. Os arts. 2.º, 3.º, 51 e 53 da Lei n. 10.833, de 29 de dezembro de 2003, passam a vigorar com as seguintes alterações:
•• Alterações já processadas no diploma modificado.
....

Art. 40. O inciso II do § 1.º do art. 10 da Lei n. 9.393, de 19 de dezembro de 1996, passa a vigorar acrescido da seguinte alínea:
•• Alteração já processada no diploma modificado.

Art. 41. Esta Lei entra em vigor na data de sua publicação, produzindo efeitos em relação:

I – ao art. 2.º, a partir da regulamentação;

II – aos arts. 3.º, 13 e 17, a partir do primeiro dia do quarto mês subsequente ao da publicação da Medida Provisória n. 413, de 3 de janeiro de 2008;

III – ao art. 18, a partir de 1.º de maio de 2008;

IV – aos arts. 7.º, 9.º a 12 e 14 a 16, a partir do primeiro dia do quarto mês subsequente ao da publicação desta Lei;
•• Inciso IV com redação determinada pela Lei n. 11.827, de 20-11-2008.

V – ao art. 21, a partir da data da publicação da Lei n. 11.441, de 4 de janeiro de 2007;

VI – aos arts. 22, 23, 29 e 31, a partir do primeiro dia do ano seguinte ao da publicação desta Lei;

VII – aos arts. 32 a 39, a partir de 1.º de janeiro de 2009.
•• Inciso VII acrescentado pela Lei n. 11.827, de 20-11-2008.

Parágrafo único. Enquanto não produzirem efeitos os arts. 7.º, 9.º a 12 e 14 a 16 desta Lei, nos termos do inciso IV deste artigo, fica mantido o regime anterior à publicação da Medida Provisória n. 413, de 3 de janeiro de 2008, de incidência da Contribuição para o PIS/Pasep e da Cofins sobre a importação de álcool, inclusive para fins carburantes, e sobre a receita bruta auferida por produtor, importador ou distribuidor com a venda desse produto.

Art. 42. Ficam revogados:

I – a partir da data da publicação da Medida Provisória n. 413, de 3 de janeiro de 2008, os §§ 1.º e 2.º do art. 126 da Lei n. 8.213, de 24 de julho de 1991;

II – a partir do primeiro dia do quarto mês subsequente ao da publicação da Medida Provisória n. 413, de 3 de janeiro de 2008:

a) o art. 37 da Lei n. 10.637, de 30 de dezembro de 2002;

b) o art. 2.º da Lei n. 7.856, de 24 de outubro de 1989;

III – a partir do primeiro dia do quarto mês subsequente ao da publicação desta Lei:

a) o parágrafo único do art. 6.º da Lei n. 9.718, de 27 de novembro de 1998;

b) os incisos II e III do *caput* do art. 42 da Medida Provisória n. 2.158-35, de 24 de agosto de 2001;

c) o inciso IV do § 3.º do art. 1.º e a alínea *a* do inciso VII do art. 8.º da Lei n. 10.637, de 30 de dezembro de 2002;

d) o inciso IV do § 3.º do art. 1.º e a alínea *a* do inciso VII do *caput* do art. 10 da Lei n. 10.833, de 29 de dezembro de 2003;

e) e *f)* (*Revogados pela Lei n. 11.827, de 20-11-2008.*)

IV – a partir de 1.º de janeiro de 2009:
•• Inciso IV, *caput*, acrescentado pela Lei n. 11.827, de 20-11-2008.

a) os arts. 49, 50, 52, 55, 57 e 58 da Lei n. 10.833, de 29 de dezembro de 2003, não havendo, após essa data, outra forma de tributação além dos 2 (dois) regimes previstos nos arts. 58-A a 58-U da Lei n. 10.833, de 29 de dezembro de 2003, e demais dispositivos contidos nesta Lei a eles relacionados;
•• Alínea *a* acrescentada pela Lei n. 11.827, de 20-11-2008.

b) o § 7.º do art. 8.º e os §§ 9.º e 10 do art. 15 da Lei n. 10.865, de 30 de abril de 2004.
•• Alínea *b* acrescentada pela Lei n. 11.827, de 20-11-2008.

Brasília, 23 de junho de 2008; 187.º da Independência e 120.º da República.

LUIZ INÁCIO LULA DA SILVA

DECRETO N. 6.761, DE 5 DE FEVEREIRO DE 2009 (*)

Dispõe sobre a aplicação da redução a zero da alíquota do imposto sobre a renda incidente sobre os rendimentos de beneficiários residentes ou domiciliados no exterior, e dá outras providências.

O Presidente da República, no uso da atribuição que lhe confere o art. 84, inciso IV, da Constituição, e tendo em vista o disposto no art. 1.º da Lei n. 9.481, de 13 de agosto de 1997, no art. 20 da Lei n. 9.532, de 10 de dezembro de 1997, nos arts. 8.º e 16 da Lei n. 9.779, de 19 de janeiro de 1999, no art. 8.º da Lei n. 11.488, de 15 de junho de 2007, no art. 22 da Lei n. 11.727, de 23 de junho de 2008, e no art. 9.º da Lei n. 11.774, de 17 de setembro de 2008, decreta:

Art. 1.º Fica reduzida a zero a alíquota do imposto sobre a renda incidente sobre os valores pagos, creditados, entregues, empregados ou remetidos a residentes ou domiciliados no exterior, relativos a:

I – despesas com pesquisas de mercado, bem como aluguéis e arrendamentos de estandes e locais para exposições, feiras e conclaves semelhantes, no exterior, inclusive promoção e propaganda no âmbito desses eventos, para produtos e serviços brasileiros e para promoção de destinos turísticos brasileiros (Lei n. 9.481, de 13 de agosto de 1997, art. 1.º, III, e Lei n. 11.774, de 17 de setembro de 2008, art. 9.º);

II – contratação de serviços destinados à promoção do Brasil no exterior, por órgãos do Poder Executivo Federal (Lei n. 9.481, de 1997, art. 1.º, III, e Lei n. 11.774, de 2008, art. 9.º);

III – comissões pagas por exportadores a seus agentes no exterior (Lei n. 9.481, de 1997, art. 1.º, II);

IV – despesas de armazenagem, movimentação e transporte de carga e emissão de documentos realizadas no exterior (Lei n. 9.481, de 1997, art. 1.º, XII, Lei n. 11.774, de 2008, art. 9.º);

V – operações de cobertura de riscos de variações, no mercado internacional, de taxas de juros, de paridade entre moedas e de preços de mercadorias (*hedge*) (Lei n. 9.481, de 1997, art. 1.º, IV);

VI – juros de desconto, no exterior, de cambiais de exportação e as comissões de banqueiros inerentes a essas cambiais (Lei n. 9.481, de 1997, art. 1.º, X); e

VII – juros e comissões relativos a créditos obtidos no exterior e destinados ao financiamento de exportações (Lei n. 9.481, de 1997, art. 1.º, XI).

§ 1.º Para os fins do disposto no inciso I do *caput*, consideram-se despesas com promoção de produtos, serviços e destinos turísticos brasileiros aquelas decorrentes de participação, no exterior, em exposições, feiras e conclaves semelhantes.

§ 2.º Consideram-se serviços destinados à promoção do Brasil no exterior, na hipótese do inciso II do *caput*, aqueles referentes à consultoria e execução de assessoria de comunicação, de imprensa e de relações públicas.

§ 3.º Para os fins do disposto no inciso IV do *caput*, considera-se também valor despendido pelo exportador brasileiro o pago, creditado, entregue, empregado ou remetido ao exterior por operador logístico que atue em nome do exportador e comprove a vinculação do dispêndio com a operação de exportação.

§ 4.º Os rendimentos mencionados nos incisos I a V do *caput*, recebidos por pessoa física ou jurídica residente ou domiciliada em país ou dependência que não tribute a renda ou que a tribute à alíquota inferior a vinte por cento, a que se refere o art. 24 da Lei n. 9.430, de 27 de dezembro de 1996, sujeitam-se ao imposto sobre a renda na fonte à alíquota de vinte e cinco por cento (Lei n. 9.779, de 19 de janeiro de 1999, art. 8.º, e Lei n. 11.727, de 23 de junho de 2008, art. 22).

Art. 2.º As operações referidas nos incisos I a IV do *caput* do art. 1.º serão registradas por meio de sistema informatizado que contemple a identificação fiscal da fonte pagadora do rendimento no País e os dados da operação.

§ 1.º As operações referidas nos incisos I e II do *caput* do art. 1.º serão registradas em sistema mantido pelo Ministério da Economia, que estabelecerá regras complementares para esse fim.

•• § 1.º com redação determinada pelo Decreto n. 9.904, de 8-7-2019.

§ 2.º O registro na forma do § 1.º, na hipótese de operação referida no inciso I do *caput* do art. 1.º, quando efetuado por organizadora de feira, associação, entidade ou assemelhada, deverá conter a identificação das empresas e entidades participantes que efetuarem pagamento com a utilização da alíquota zero do imposto sobre a renda, bem como o valor das despesas correspondentes ao percentual relativo a cada uma das participações.

§ 3.º As operações referidas nos incisos III e IV do *caput* do art. 1.º serão registradas, para fins de fruição do benefício previsto neste Decreto, no Sistema Integrado de Comércio Exterior de Serviços, Intangíveis e Outras Operações que Produzam Variações no Patrimônio – SISCOSERV ou em outro sistema que venha a substituí-lo.

•• § 3.º com redação determinada pelo Decreto n. 9.904, de 8-7-2019.

§ 4.º (*Revogado pelo Decreto n. 9.904, de 8-7-2019.*)

Art. 3.º Para efeito do disposto no art. 1.º, a remessa será efetuada pela instituição autorizada a operar no mercado de câmbio, mediante comprovação da regularidade tributária e:

I – do registro de que trata o art. 2.º, nas hipóteses dos incisos I a IV do *caput* do art. 1.º; e

II – da legalidade e fundamentação econômica da operação, nas hipóteses dos incisos V a VII do *caput* do art. 1.º.

Parágrafo único. Cabe à instituição interveniente verificar o cumprimento das condições referidas no *caput*, mantendo a documentação arquivada na forma das instruções expedidas pelo Banco Central do Brasil.

Art. 4.º Para fins de aplicação da redução a zero da alíquota do imposto sobre a renda, na hipótese de operações de cobertura de riscos de variações, no mercado internacional, de taxas de juros, de paridade entre moedas e de preços de mercadorias (*hedge*), mencionado no inciso V do *caput* do art. 1.º, é necessário que as operações sejam comprovadamente caracterizadas como necessárias, usuais e normais, inclusive quanto ao seu valor, para a realização da cobertura dos riscos e das despesas deles decorrentes (Lei n. 9.481, de 1997, art. 1.º, IV).

Art. 5.º A redução a zero da alíquota do imposto sobre a renda, na hipótese de juros de desconto de cambiais de exportação e comissões inerentes a essas cambiais, de que trata o inciso VI do *caput* do art. 1.º, é condicionada a que as importâncias pagas, creditadas, empregadas, entregues ou remetidas a pessoas jurídicas domiciliadas no exterior não estejam relacionadas a créditos obtidos no exterior, cujas vinculações ao financiamento das exportações sejam feitas mediante contratos de câmbio de exportação vencidos (Lei n. 9.481, de 1997, art. 1.º, X).

Parágrafo único. Consideram-se vencidos os contratos de câmbio de exportação quando o prazo neles pactuado para entrega de documentos ou para liquidação tenha sido ultrapassado, em um ou mais dias.

Art. 6.º A redução a zero da alíquota do imposto sobre a renda, na hipótese de juros e comissões relativos a créditos destinados ao financiamento de exportações, a que se refere o inciso VII do *caput* do art. 1.º, é condicionada a que as importâncias pagas, creditadas, empregadas, entregues ou remetidas, por fonte domiciliada no País, a pessoas jurídicas domiciliadas no exterior, destinem-se, efetivamente, ao financiamento de exportações (Lei n. 9.481, de 1997, art. 1.º, XI).

§ 1.º A comprovação da operação referida no *caput* pela instituição autorizada a operar no mercado de câmbio será efetuada mediante confronto dos pertinentes saldos contábeis globais diários, observadas as normas específicas expedidas pelo Banco Central do Brasil.

(*) Publicado no *Diário Oficial da União*, de 6-2-2009.

§ 2.º Os juros e comissões correspondentes à parcela dos créditos obtidos no exterior e destinados ao financiamento de exportações, de que trata o *caput*, não aplicados com tal finalidade, sujeitam-se à incidência do imposto sobre a renda na fonte à alíquota de vinte e cinco por cento (Lei n. 9.779, de 1999, art. 9.º).

§ 3.º O imposto a que se refere o § 2.º será recolhido até o último dia útil do primeiro decêndio do mês subsequente ao de apuração dos referidos juros e comissões (Lei n. 11.488, de 15 de junho de 2007, art. 8.º).

Art. 7.º A pessoa física ou jurídica que efetuar pagamento de rendimento a beneficiário da redução a zero da alíquota do imposto sobre a renda deverá manter em seu poder, pelo período determinado pela legislação tributária, a fatura ou outro documento comprobatório equivalente da realização das operações, bem como contrato de câmbio e os documentos relativos ao pagamento, crédito, emprego, entrega ou remessa a residentes ou domiciliados no exterior.

Art. 8.º Sem prejuízo do disposto no art. 7.º, e na hipótese de pagamento com utilização de recursos mantidos no exterior, em moeda estrangeira, de que trata a Lei n. 11.371, de 28 de novembro de 2006, deverão ser observadas as normas expedidas pelo Conselho Monetário Nacional e pela Secretaria da Receita Federal do Brasil, quanto à prestação de informações e à conservação dos documentos comprobatórios das operações realizadas no exterior.

Art. 9.º O descumprimento do disposto neste Decreto sujeitará a fonte pagadora ao recolhimento do imposto sobre a renda na fonte, acrescido dos encargos legais e acarretará o impedimento à utilização do benefício, enquanto não regularizada a situação.

Art. 10. A fonte pagadora, pessoa física ou jurídica, deverá, a partir do ano-calendário de 2009, prestar à Secretaria da Receita Federal do Brasil informações sobre os valores pagos, creditados, entregues, empregados ou remetidos a residentes ou domiciliados no exterior, identificando o beneficiário do rendimento, bem como o país de residência.

Art. 11. As remessas de que trata este Decreto serão efetuadas pela instituição autorizada a operar no mercado de câmbio, observadas as instruções expedidas pelo Banco Central do Brasil.

Art. 12. O Ministério do Desenvolvimento, Indústria e Comércio Exterior, a EMBRATUR – Instituto Brasileiro de Turismo, o Banco Central do Brasil e a Secretaria da Receita Federal do Brasil editarão, no âmbito de suas respectivas competências, as normas complementares necessárias à execução do disposto neste Decreto.

Art. 13. Este Decreto entra em vigor na data de sua publicação.

Art. 14. Ficam revogados os Decretos n. 5.183, de 13 de agosto de 2004, e n. 5.533, de 6 de setembro de 2005.

Brasília, 5 de fevereiro de 2008; 188.º da Independência e 121.º da República.

LUIZ INÁCIO LULA DA SILVA

LEI N. 12.016, DE 7 DE AGOSTO DE 2009 (*)

Disciplina o mandado de segurança individual e coletivo e dá outras providências.

O Presidente da República.

Faço saber que o Congresso Nacional decreta e eu sanciono a seguinte Lei:

Art. 1.º Conceder-se-á mandado de segurança para proteger direito líquido e certo, não amparado por *habeas corpus* ou *habeas data*, sempre que, ilegalmente ou com abuso de poder, qualquer pessoa física ou jurídica sofrer violação ou houver justo receio de sofrê-la por parte de autoridade, seja de que categoria for e sejam quais forem as funções que exerça.

- *Vide* art. 5.º, LXVIII, LXIX e LXX, da CF.
- *Habeas corpus* e seu processo: arts. 647 e s. do CPP.
- *Habeas data*: *Vide* Lei n. 9.507, de 12-11-1997.

§ 1.º Equiparam-se às autoridades, para os efeitos desta Lei, os representantes ou órgãos de partidos políticos e os administradores de entidades autárquicas, bem como os dirigentes de pessoas jurídicas ou as pessoas naturais no exercício de atribuições do poder público, somente no que disser respeito a essas atribuições.

§ 2.º Não cabe mandado de segurança contra os atos de gestão comercial praticados pelos administradores de empresas públicas, de sociedade de economia mista e de concessionárias de serviço público.

§ 3.º Quando o direito ameaçado ou violado couber a várias pessoas, qualquer delas poderá requerer o mandado de segurança.

Art. 2.º Considerar-se-á federal a autoridade coatora se as consequências de ordem patrimonial do ato contra o qual se requer o mandado houverem de ser suportadas pela União ou entidade por ela controlada.

Art. 3.º O titular de direito líquido e certo decorrente de direito, em condições idênticas, de terceiro poderá impetrar mandado de segurança a favor do direito originário, se o seu titular não o fizer, no prazo de 30 (trinta) dias, quando notificado judicialmente.

Parágrafo único. O exercício do direito previsto no *caput* deste artigo submete-se ao prazo fixado no art. 23 desta Lei, contado da notificação.

Art. 4.º Em caso de urgência, é permitido, observados os requisitos legais, impetrar mandado de segurança por telegrama, radiograma, fax ou outro meio eletrônico de autenticidade comprovada.

(*) Publicada no *Diário Oficial da União*, de 10-8-2009.

§ 1.º Poderá o juiz, em caso de urgência, notificar a autoridade por telegrama, radiograma ou outro meio que assegure a autenticidade do documento e a imediata ciência pela autoridade.

§ 2.º O texto original da petição deverá ser apresentado nos 5 (cinco) dias úteis seguintes.

§ 3.º Para os fins deste artigo, em se tratando de documento eletrônico, serão observadas as regras da Infraestrutura de Chaves Públicas Brasileira – ICP-Brasil.

- A Medida Provisória n. 2.200-2, de 24-8-2001, institui a Infraestrutura de Chaves Públicas Brasileira – ICP-Brasil.

Art. 5.º Não se concederá mandado de segurança quando se tratar:

I – de ato do qual caiba recurso administrativo com efeito suspensivo, independentemente de caução;

- *Vide* Súmula 429 do STF.

II – de decisão judicial da qual caiba recurso com efeito suspensivo;

- *Vide* Súmula 267 do STF.

III – de decisão judicial transitada em julgado.

Parágrafo único. (*Vetado.*)

Art. 6.º A petição inicial, que deverá preencher os requisitos estabelecidos pela lei processual, será apresentada em 2 (duas) vias com os documentos que instruírem a primeira reproduzidos na segunda e indicará, além da autoridade coatora, a pessoa jurídica que esta integra, à qual se acha vinculada ou da qual exerce atribuições.

§ 1.º No caso em que o documento necessário à prova do alegado se ache em repartição ou estabelecimento público ou em poder de autoridade que se recuse a fornecê-lo por certidão ou de terceiro, o juiz ordenará, preliminarmente, por ofício, a exibição desse documento em original ou em cópia autêntica e marcará, para o cumprimento da ordem, o prazo de 10 (dez) dias. O escrivão extrairá cópias do documento para juntá-las à segunda via da petição.

§ 2.º Se a autoridade que tiver procedido dessa maneira for a própria coatora, a ordem far-se-á no próprio instrumento da notificação.

§ 3.º Considera-se autoridade coatora aquela que tenha praticado o ato impugnado ou da qual emane a ordem para a sua prática.

•• *Vide* Súmula 628 do STJ.

§ 4.º (*Vetado.*)

§ 5.º Denega-se o mandado de segurança nos casos previstos pelo art. 267 da Lei n. 5.869, de 11 de janeiro de 1973 – Código de Processo Civil.

•• A referência é feita ao CPC de 1973. *Vide* art. 485 do CPC de 2015.

§ 6.º O pedido de mandado de segurança poderá ser renovado dentro do prazo decadencial, se a decisão denegatória não lhe houver apreciado o mérito.

Art. 7.º Ao despachar a inicial, o juiz ordenará:

- Requisitos da petição inicial: *vide* art. 319 do CPC.

I – que se notifique o coator do conteúdo da petição inicial, enviando-lhe a segunda via apresentada com as cópias dos documentos, a fim de que, no prazo de 10 (dez) dias, preste as informações;

II – que se dê ciência do feito ao órgão de representação judicial da pessoa jurídica interessada, enviando-lhe cópia da inicial sem documentos, para que, querendo, ingresse no feito;

III – que se suspenda o ato que deu motivo ao pedido, quando houver fundamento relevante e do ato impugnado puder resultar a ineficácia da medida, caso seja finalmente deferida, sendo facultado exigir do impetrante caução, fiança ou depósito, com o objetivo de assegurar o ressarcimento à pessoa jurídica.

§ 1.º Da decisão do juiz de primeiro grau que conceder ou denegar a liminar caberá agravo de instrumento, observado o disposto na Lei n. 5.869, de 11 de janeiro de 1973 – Código de Processo Civil.

•• A referência é feita ao CPC de 1973. *Vide* arts. 1.016 e s. do CPC de 2015, que dispõe sobre agravo de instrumento.

§ 2.º Não será concedida medida liminar que tenha por objeto a compensação de créditos tributários, a entrega de mercadorias e bens provenientes do exterior, a reclassificação ou equiparação de servidores públicos e a concessão de aumento ou a extensão de vantagens ou pagamento de qualquer natureza.

•• O STF, na ADI n. 4.296, na sessão virtual de 9-6-2021(*DOU* de 28-6-2021), por maioria, julgou parcialmente procedente o pedido para declarar a inconstitucionalidade desse § 2.º.

•• *Vide* art. 7.º, § 2.º, da Lei n. 12.016, de 7-8-2009.

•• A Lei n. 2.770, de 4-5-1956, suprimiu a concessão de medidas liminares nas ações e procedimentos judiciais de qualquer natureza que visassem a liberação de bens, mercadorias ou coisas de procedência estrangeira.

• *Vide* Súmula 213 do STJ.

§ 3.º Os efeitos da medida liminar, salvo se revogada ou cassada, persistirão até a prolação da sentença.

§ 4.º Deferida a medida liminar, o processo terá prioridade para julgamento.

§ 5.º As vedações relacionadas com a concessão de liminares previstas neste artigo se estendem à tutela antecipada a que se referem os arts. 273 e 461 da Lei n. 5.869, de 11 de janeiro de 1973 – Código de Processo Civil.

•• A referência é feita ao CPC de 1973. *Vide* arts. 294 a 311 (Tutela Provisória) e arts. 497 a 501 (Prestações de Fazer, de não Fazer e Entregar Coisa) do CPC de 2015.

Art. 8.º Será decretada a perempção ou caducidade da medida liminar *ex officio* ou a requerimento do Ministério Público quando, concedida a medida, o impetrante criar obstáculo ao normal andamento do processo ou deixar de promover, por mais de 3 (três) dias úteis, os atos e as diligências que lhe cumprirem.

Art. 9.º As autoridades administrativas, no prazo de 48 (quarenta e oito) horas da notificação da medida liminar, remeterão ao Ministério ou órgão a que se acham subordinadas e ao Advogado-Geral da União ou a quem tiver a representação judicial da União, do Estado, do Município ou da entidade apontada como coatora cópia autenticada do mandado notificatório, assim como indicações e elementos outros necessários às providências a serem tomadas para a eventual suspensão da medida e defesa do ato apontado como ilegal ou abusivo de poder.

Art. 10. A inicial será desde logo indeferida, por decisão motivada, quando não for o caso de mandado de segurança ou lhe faltar algum dos requisitos legais ou quando decorrido o prazo legal para a impetração.

§ 1.º Do indeferimento da inicial pelo juiz de primeiro grau caberá apelação e, quando a competência para o julgamento do mandado de segurança couber originariamente a um dos tribunais, do ato do relator caberá agravo para o órgão competente do tribunal que integre.

§ 2.º O ingresso de litisconsorte ativo não será admitido após o despacho da petição inicial.

Art. 11. Feitas as notificações, o serventuário em cujo cartório corra o feito juntará aos autos cópia autêntica dos ofícios endereçados ao coator e ao órgão de representação judicial da pessoa jurídica interessada, bem como a prova da entrega a estes ou da sua recusa em aceitá-los ou dar recibo e, no caso do art. 4.º desta Lei, a comprovação da remessa.

Art. 12. Findo o prazo a que se refere o inciso I do *caput* do art. 7.º desta Lei, o juiz ouvirá o representante do Ministério Público, que opinará, dentro do prazo improrrogável de 10 (dez) dias.

Parágrafo único. Com ou sem o parecer do Ministério Público, os autos serão conclusos ao juiz, para a decisão, a qual deverá ser necessariamente proferida em 30 (trinta) dias.

Art. 13. Concedido o mandado, o juiz transmitirá em ofício, por intermédio do oficial do juízo, ou pelo correio, mediante correspondência com aviso de recebimento, o inteiro teor da sentença à autoridade coatora e à pessoa jurídica interessada.

Parágrafo único. Em caso de urgência, poderá o juiz observar o disposto no art. 4.º desta Lei.

Art. 14. Da sentença, denegando ou concedendo o mandado, cabe apelação.

§ 1.º Concedida a segurança, a sentença estará sujeita obrigatoriamente ao duplo grau de jurisdição.

§ 2.º Estende-se à autoridade coatora o direito de recorrer.

§ 3.º A sentença que conceder o mandado de segurança pode ser executada provisoriamente, salvo nos casos em que for vedada a concessão da medida liminar.

§ 4.º O pagamento de vencimentos e vantagens pecuniárias assegurados em sentença concessiva de mandado de segurança a servidor público da administração direta ou autárquica federal, estadual e municipal somente será efetuado relativamente às prestações que se vencerem a contar da data do ajuizamento da inicial.

Art. 15. Quando, a requerimento de pessoa jurídica de direito público interessada ou do Ministério Público e para evitar grave lesão à ordem, à saúde, à segurança e à economia públicas, o presidente do tribunal ao qual couber o conhecimento do respectivo recurso suspender, em decisão fundamentada, a execução da liminar e da sentença, dessa decisão caberá agravo, sem efeito suspensivo, no prazo de 5 (cinco) dias, que será levado a julgamento na sessão seguinte à sua interposição.

• *Vide* Súmula 626 do STF.

§ 1.º Indeferido o pedido de suspensão ou provido o agravo a que se refere o *caput* deste artigo, caberá novo pedido de suspensão ao presidente do tribunal competente para conhecer de eventual recurso especial ou extraordinário.

§ 2.º É cabível também o pedido de suspensão a que se refere o § 1.º deste artigo, quando negado provimento a agravo de instrumento interposto contra a liminar a que se refere este artigo.

§ 3.º A interposição de agravo de instrumento contra liminar concedida nas ações movidas contra o poder público e seus agentes não prejudica nem condiciona o julgamento do pedido de suspensão a que se refere este artigo.

§ 4.º O presidente do tribunal poderá conferir ao pedido efeito suspensivo liminar se constatar, em juízo prévio, a plausibilidade do direito invocado e a urgência na concessão da medida.

§ 5.º As liminares cujo objeto seja idêntico poderão ser suspensas em uma única decisão, podendo o presidente do tribunal estender os efeitos da suspensão a liminares supervenientes, mediante simples aditamento do pedido original.

Art. 16. Nos casos de competência originária dos tribunais, caberá ao relator a instrução do processo, sendo assegurada a defesa oral na sessão do julgamento do mérito ou do pedido liminar.

•• *Caput* com redação determinada pela Lei n. 13.676, de 11-6-2018.

Parágrafo único. Da decisão do relator que conceder ou denegar a medida liminar caberá agravo ao órgão competente do tribunal que integre.

• *Vide* Súmula 622 do STF.

Art. 17. Nas decisões proferidas em mandado de segurança e nos respectivos recursos, quando não publicado, no prazo de 30 (trinta) dias, contado da data do julgamento, o acórdão será substituído pelas respectivas notas taquigráficas, independentemente de revisão.

Art. 18. Das decisões em mandado de segurança proferidas em única instância pelos tribunais cabe recurso especial e extraordinário, nos casos legalmente previstos, e recurso ordinário, quando a ordem for denegada.

Art. 19. A sentença ou o acórdão que denegar mandado de segurança, sem decidir o mérito, não impedirá que o requerente, por ação própria, pleiteie os seus direitos e os respectivos efeitos patrimoniais.

Art. 20. Os processos de mandado de segurança e os respectivos recursos terão prioridade sobre todos os atos judiciais, salvo *habeas corpus*.

§ 1.º Na instância superior, deverão ser levados a julgamento na primeira sessão que se seguir à data em que forem conclusos ao relator.

§ 2.º O prazo para a conclusão dos autos não poderá exceder de 5 (cinco) dias.

Art. 21. O mandado de segurança coletivo pode ser impetrado por partido político com representação no Congresso Nacional, na defesa de seus interesses legítimos relativos a seus integrantes ou à finalidade partidária, ou por organização sindical, entidade de classe ou associação legalmente constituída e em funcionamento há, pelo menos, 1 (um) ano, em defesa de direitos líquidos e certos da totalidade, ou de parte, dos seus membros ou associados, na forma dos seus estatutos e desde que pertinentes às suas finalidades, dispensada, para tanto, autorização especial.

• *Vide* art. 5.º, LXX, da CF.
• *Vide* Súmulas 629 e 630 do STF.

Parágrafo único. Os direitos protegidos pelo mandado de segurança coletivo podem ser:

I – coletivos, assim entendidos, para efeito desta Lei, os transindividuais, de natureza indivisível, de que seja titular grupo ou categoria de pessoas ligadas entre si ou com a parte contrária por uma relação jurídica básica;

II – individuais homogêneos, assim entendidos, para efeito desta Lei, os decorrentes de origem comum e da atividade ou situação específica da totalidade ou de parte dos associados ou membros do impetrante.

Art. 22. No mandado de segurança coletivo, a sentença fará coisa julgada limitadamente aos membros do grupo ou categoria substituídos pelo impetrante.

§ 1.º O mandado de segurança coletivo não induz litispendência para as ações individuais, mas os efeitos da coisa julgada não beneficiarão o impetrante a título individual se não requerer a desistência de seu mandado de segurança no prazo de 30 (trinta) dias a contar da ciência comprovada da impetração da segurança coletiva.

§ 2.º No mandado de segurança coletivo, a liminar só poderá ser concedida após a audiência do representante judicial da pessoa jurídica de direito público, que deverá se pronunciar no prazo de 72 (setenta e duas) horas.

•• O STF, na ADI n. 4.296, na sessão virtual de 9-6-2021 (*DOU* de 28-6-2021), por maioria, julgou parcialmente procedente o pedido para declarar a inconstitucionalidade desse § 2.º.

Art. 23. O direito de requerer mandado de segurança extinguir-se-á decorridos 120 (cento e vinte) dias, contados da ciência, pelo interessado, do ato impugnado.

• *Vide* Súmula 632 do STF.

Art. 24. Aplicam-se ao mandado de segurança os arts. 46 a 49 da Lei n. 5.869, de 11 de janeiro de 1973 – Código de Processo Civil.

•• A referência é feita ao CPC de 1973. *Vide* arts. 113 a 118 do CPC de 2015.

Art. 25. Não cabem, no processo de mandado de segurança, a interposição de embargos infringentes e a condenação ao pagamento dos honorários advocatícios, sem prejuízo da aplicação de sanções no caso de litigância de má-fé.

• *Vide* Súmulas 294, 512 e 597 do STF e 105 e 169 do STJ.

Art. 26. Constitui crime de desobediência, nos termos do art. 330 do Decreto-lei n. 2.848, de 7 de dezembro de 1940, o não cumprimento das decisões proferidas em mandado de segurança, sem prejuízo das sanções administrativas e da aplicação da Lei n. 1.079, de 10 de abril de 1950, quando cabíveis.

• A Lei n. 1.079, de 10-4-1950, define os crimes de responsabilidade e regula o respectivo processo de julgamento.

Art. 27. Os regimentos dos tribunais e, no que couber, as leis de organização judiciária deverão ser adaptados às disposições desta Lei no prazo de 180 (cento e oitenta) dias, contado da sua publicação.

Art. 28. Esta Lei entra em vigor na data de sua publicação.

Art. 29. Revogam-se as Leis n. 1.533, de 31 de dezembro de 1951, 4.166, de 4 de dezembro de 1962, 4.348, de 26 de junho de 1964, 5.021, de 9 de junho de 1966; o art. 3.º da Lei n. 6.014, de 27 de dezembro de 1973, o art. 1.º da Lei n. 6.071, de 3 de julho de 1974, o art. 12 da Lei n. 6.978, de 19 de janeiro de 1982, e o art. 2.º da Lei n. 9.259, de 9 de janeiro de 1996.

Brasília, 7 de agosto de 2009; 188.º da Independência e 121.º da República.

Luiz Inácio Lula da Silva

DECRETO N. 6.949, DE 25 DE AGOSTO DE 2009 (*)

Promulga a Convenção Internacional sobre os Direitos das Pessoas com Deficiência e seu Protocolo Facultativo, assinados em Nova York, em 30 de março de 2007.

(*) Publicado no *Diário Oficial da União*, de 26-8-2009.

O Presidente da República, no uso da atribuição que lhe confere o art. 84, inciso IV, da Constituição, e

Considerando que o Congresso Nacional aprovou, por meio do Decreto Legislativo n. 186, de 9 de julho de 2008, conforme o procedimento do § 3.º do art. 5.º da Constituição, a Convenção sobre os Direitos das Pessoas com Deficiência e seu Protocolo Facultativo, assinados em Nova York, em 30 de março de 2007;

Considerando que o Governo brasileiro depositou o instrumento de ratificação dos referidos atos junto ao Secretário-Geral das Nações Unidas em 1.º de agosto de 2008;

Considerando que os atos internacionais em apreço entraram em vigor para o Brasil, no plano jurídico externo, em 31 de agosto de 2008; decreta:

Art. 1.º A Convenção sobre os Direitos das Pessoas com Deficiência e seu Protocolo Facultativo, apensos por cópia ao presente Decreto, serão executados e cumpridos tão inteiramente como neles se contém.

Art. 2.º São sujeitos à aprovação do Congresso Nacional quaisquer atos que possam resultar em revisão dos referidos diplomas internacionais ou que acarretem encargos ou compromissos gravosos ao patrimônio nacional, nos termos do art. 49, inciso I, da Constituição.

Art. 3.º Este Decreto entra em vigor na data de sua publicação.

Brasília, 25 de agosto de 2009; 188.º da Independência e 121.º da República.

Luiz Inácio Lula da Silva

CONVENÇÃO SOBRE OS DIREITOS DAS PESSOAS COM DEFICIÊNCIA

Preâmbulo

Os Estados-partes da presente Convenção,

a) Relembrando os princípios consagrados na Carta das Nações Unidas, que reconhecem a dignidade e o valor inerentes e os direitos iguais e inalienáveis de todos os membros da família humana como o fundamento da liberdade, da justiça e da paz no mundo;

b) Reconhecendo que as Nações Unidas, na Declaração Universal dos Direitos Humanos e nos Pactos Internacionais sobre Direitos Humanos, proclamaram e concordaram que toda pessoa faz jus a todos os direitos e liberdades ali estabelecidos, sem distinção de qualquer espécie;

c) Reafirmando a universalidade, a indivisibilidade, a interdependência e a inter-relação de todos os direitos humanos e liberdades fundamentais, bem como a necessidade de garantir que todas as pessoas com deficiência os exerçam plenamente, sem discriminação;

d) Relembrando o Pacto Internacional dos Direitos Econômicos, Sociais e Culturais, o Pacto Internacional dos Direitos Civis e Políticos, a Convenção Internacional sobre a Eliminação de Todas as Formas de Discriminação Racial, a Convenção sobre a Eliminação de todas as Formas de Discriminação contra a Mulher, a Convenção contra a Tortura e Outros Tratamentos ou Penas Cruéis, Desumanos ou Degradantes, a Convenção sobre os Direitos da Criança e a Convenção Internacional sobre a Proteção dos Direitos de Todos os Trabalhadores Migrantes e Membros de suas Famílias,

e) Reconhecendo que a deficiência é um conceito em evolução e que a deficiência resulta da interação entre pessoas com deficiência e as barreiras devidas às atitudes e ao ambiente que impedem a plena e efetiva participação dessas pessoas na sociedade em igualdade de oportunidades com as demais pessoas,

f) Reconhecendo a importância dos princípios e das diretrizes de política, contidos no Programa de Ação Mundial para as Pessoas Deficientes e nas Normas sobre a Equiparação de Oportunidades para Pessoas com Deficiência, para influenciar a promoção, a formulação e a avaliação de políticas, planos, programas e ações em níveis nacional, regional e internacional para possibilitar maior igualdade de oportunidades para pessoas com deficiência,

g) Ressaltando a importância de trazer questões relativas à deficiência ao centro das preocupações da sociedade como parte integrante das estratégias relevantes de desenvolvimento sustentável,

h) Reconhecendo também que a discriminação contra qualquer pessoa, por motivo de deficiência, configura violação da dignidade e do valor inerentes ao ser humano,

i) Reconhecendo ainda a diversidade das pessoas com deficiência,

j) Reconhecendo a necessidade de promover e proteger os direitos humanos de todas as pessoas com deficiência, inclusive daquelas que requerem maior apoio,

k) Preocupados com o fato de que, não obstante esses diversos instrumentos e compromissos, as pessoas com deficiência continuam a enfrentar barreiras contra sua participação como membros iguais da sociedade e violações de seus direitos humanos em todas as partes do mundo,

l) Reconhecendo a importância da cooperação internacional para melhorar as condições de vida das pessoas com deficiência em todos os países, particularmente naqueles em desenvolvimento,

m) Reconhecendo as valiosas contribuições existentes e potenciais das pessoas com deficiência ao bem-estar comum e à diversidade de suas comunidades, e que a promoção do pleno exercício, pelas pessoas com deficiência, de seus direitos humanos e liberdades fundamentais e de sua plena participação na sociedade resultará no fortalecimento de seu senso de pertencimento à sociedade e no significativo avanço do desenvolvimento humano, social e econômico da sociedade, bem como na erradicação da pobreza,

n) Reconhecendo a importância, para as pessoas com deficiência, de sua autonomia e independência individuais, inclusive da liberdade para fazer as próprias escolhas,

o) Considerando que as pessoas com deficiência devem ter a oportunidade de participar ativamente das decisões relativas a programas e políticas, inclusive aos que lhes dizem respeito diretamente,

p) Preocupados com as difíceis situações enfrentadas por pessoas com deficiência que estão sujeitas a formas múltiplas ou agravadas de discriminação por causa de raça, cor, sexo, idioma, religião, opiniões políticas ou de outra natureza, origem nacional, étnica, nativa ou social, propriedade, nascimento, idade ou outra condição,

q) Reconhecendo que mulheres e meninas com deficiência estão frequentemente expostas a maiores riscos, tanto no lar como fora dele, de sofrer violência, lesões ou abuso, descaso ou tratamento negligente, maus-tratos ou exploração,

r) Reconhecendo que as crianças com deficiência devem gozar plenamente de todos os direitos humanos e liberdades fundamentais em igualdade de oportunidades com as outras crianças e relembrando as obrigações assumidas com esse fim pelos Estados-partes na Convenção sobre os Direitos da Criança,

s) Ressaltando a necessidade de incorporar a perspectiva de gênero aos esforços para promover o pleno exercício dos direitos humanos e liberdades fundamentais por parte das pessoas com deficiência,

t) Salientando o fato de que a maioria das pessoas com deficiência vive em condições de pobreza e, nesse sentido, reconhecendo a necessidade crítica de lidar com o impacto negativo da pobreza sobre pessoas com deficiência,

u) Tendo em mente que as condições de paz e segurança baseadas no pleno respeito aos propósitos e princípios consagrados na Carta das Nações Unidas e a observância dos instrumentos de direitos humanos são indispensáveis para a total proteção das pessoas com deficiência, particularmente durante conflitos armados e ocupação estrangeira,

v) Reconhecendo a importância da acessibilidade aos meios físico, social, econômico e cultural, à saúde, à educação e à informação e comunicação, para possibilitar às pessoas com deficiência o pleno gozo de todos os direitos humanos e liberdades fundamentais,

w) Conscientes de que a pessoa tem deveres para com outras pessoas e para com a comunidade a que pertence e que, portanto, tem a responsabilidade de esforçar-se para a promoção e a observância dos direitos reconhecidos na Carta Internacional dos Direitos Humanos,

x) Convencidos de que a família é o núcleo natural e fundamental da sociedade e tem o direito de receber a proteção da sociedade e do Estado e de que as pessoas com deficiência e seus familiares devem receber a proteção e a assistência necessárias para tornar as famílias capazes de contribuir para o exercício pleno e equitativo dos direitos das pessoas com deficiência,

y) Convencidos de que uma convenção internacional geral e integral para promover e proteger os direitos e a dignidade das pessoas com deficiência prestará significativa contribuição para corrigir as profundas desvantagens sociais das pessoas com deficiência e para promover sua participação na vida econômica, social e cultural, em igualdade de oportunidades, tanto nos países em desenvolvimento como nos desenvolvidos,

Acordaram o seguinte:

Artigo 1
PROPÓSITO

O propósito da presente Convenção é promover, proteger e assegurar o exercício pleno e equitativo de todos os direitos humanos e liberdades fundamentais por todas as pessoas com deficiência e promover o respeito pela sua dignidade inerente.

Pessoas com deficiência são aquelas que têm impedimentos de longo prazo de natureza física, mental, intelectual ou sensorial, os quais, em interação com diversas barreiras, podem obstruir sua participação plena e efetiva na sociedade em igualdades de condições com as demais pessoas.

Artigo 2
DEFINIÇÕES

Para os propósitos da presente Convenção:

"Comunicação" abrange as línguas, a visualização de textos, o braille, a comunicação tátil, os caracteres ampliados, os dispositivos de multimídia acessível, assim como a linguagem simples, escrita e oral, os sistemas auditivos e os meios de voz digitalizada e os modos, meios e formatos aumentativos e alternativos de comunicação, inclusive a tecnologia da informação e comunicação acessíveis;

"Língua" abrange as línguas faladas e de sinais e outras formas de comunicação não falada;

"Discriminação por motivo de deficiência" significa qualquer diferenciação, exclusão ou restrição baseada em deficiência, com o propósito ou efeito de impedir ou impossibilitar o reconhecimento, o desfrute ou o exercício, em igualdade de oportunidades com as demais pessoas, de todos os direitos humanos e liberdades fundamentais nos âmbitos político, econômico, social, cultural, civil ou qualquer outro. Abrange todas as formas de discriminação, inclusive a recusa de adaptação razoável;

"Adaptação razoável" significa as modificações e os ajustes necessários e adequados que não acarretem ônus desproporcional ou indevido, quando requeridos em cada caso, a fim de assegurar que as pessoas com deficiência possam gozar ou exercer, em igualdade de oportunidades com as demais pessoas, todos os direitos humanos e liberdades fundamentais;

"Desenho universal" significa a concepção de produtos, ambientes, programas e serviços a serem usados, na maior medida possível, por todas as pessoas, sem necessidade de adaptação ou projeto específico. O "desenho universal" não excluirá as ajudas técnicas para grupos específicos de pessoas com deficiência, quando necessárias.

Artigo 3
PRINCÍPIOS GERAIS

Os princípios da presente Convenção são:
a) O respeito pela dignidade inerente, a autonomia individual, inclusive a liberdade de fazer as próprias escolhas, e a independência das pessoas;
b) A não discriminação;
c) A plena e efetiva participação e inclusão na sociedade;
d) O respeito pela diferença e pela aceitação das pessoas com deficiência como parte da diversidade humana e da humanidade;
e) A igualdade de oportunidades;
f) A acessibilidade;
g) A igualdade entre o homem e a mulher;
h) O respeito pelo desenvolvimento das capacidades das crianças com deficiência e pelo direito das crianças com deficiência de preservar sua identidade.

Artigo 4
OBRIGAÇÕES GERAIS

1. Os Estados-partes se comprometem a assegurar e promover o pleno exercício de todos os direitos humanos e liberdades fundamentais por todas as pessoas com deficiência, sem qualquer tipo de discriminação por causa de sua deficiência. Para tanto, os Estados-partes se comprometem a:
a) Adotar todas as medidas legislativas, administrativas e de qualquer outra natureza, necessárias para a realização dos direitos reconhecidos na presente Convenção;
b) Adotar todas as medidas necessárias, inclusive legislativas, para modificar ou revogar leis, regulamentos, costumes e práticas vigentes, que constituírem discriminação contra pessoas com deficiência;
c) Levar em conta, em todos os programas e políticas, a proteção e a promoção dos direitos humanos das pessoas com deficiência;
d) Abster-se de participar em qualquer ato ou prática incompatível com a presente Convenção e assegurar que as autoridades públicas e instituições atuem em conformidade com a presente Convenção;
e) Tomar todas as medidas apropriadas para eliminar a discriminação baseada em deficiência, por parte de qualquer pessoa, organização ou empresa privada;
f) Realizar ou promover a pesquisa e o desenvolvimento de produtos, serviços, equipamentos e instalações com desenho universal, conforme definidos no Artigo 2 da presente Convenção, que exijam o mínimo possível de adaptação e cujo custo seja o mínimo possível, destinados a atender às necessidades específicas de pessoas com deficiência, a promover sua disponibilidade e seu uso e a promover o desenho universal quando da elaboração de normas e diretrizes;
g) Realizar ou promover a pesquisa e o desenvolvimento, bem como a disponibilidade e o emprego de novas tecnologias, inclusive as tecnologias da informação e comunicação, ajudas técnicas para locomoção, dispositivos e tecnologias assistivas, adequados a pessoas com deficiência, dando prioridade a tecnologias de custo acessível;
h) Propiciar informação acessível para as pessoas com deficiência a respeito de ajudas técnicas para locomoção, dispositivos e tecnologias assistivas, incluindo novas tecnologias bem como outras formas de assistência, serviços de apoio e instalações;
i) Promover a capacitação em relação aos direitos reconhecidos pela presente Convenção dos profissionais e equipes que trabalham com pessoas com deficiência, de forma a melhorar a prestação de assistência e serviços garantidos por esses direitos.

2. Em relação aos direitos econômicos, sociais e culturais, cada Estado-parte se compromete a tomar medidas, tanto quanto permitirem os recursos disponíveis e, quando necessário, no âmbito da cooperação internacional, a fim de assegurar progressivamente o pleno exercício desses direitos, sem prejuízo das obrigações contidas na presente Convenção que forem imediatamente aplicáveis de acordo com o direito internacional.

3. Na elaboração e implementação de legislação e políticas para aplicar a presente Convenção e em outros processos de tomada de decisão relativos às pessoas com deficiência, os Estados-partes realizarão consultas estreitas e envolverão ativamente pessoas com deficiência, inclusive crianças com deficiência, por intermédio de suas organizações representativas.

4. Nenhum dispositivo da presente Convenção afetará quaisquer disposições mais propícias à realização dos direitos das pessoas com deficiência, as quais possam estar contidas na legislação do Estado-parte ou no direito internacional em vigor para esse Estado. Não haverá nenhuma restrição ou derrogação de qualquer dos direitos humanos e liberdades fundamentais reconhecidos ou vigentes em qualquer Estado-parte da presente Convenção, em conformidade com leis, convenções, regulamentos ou costumes, sob a alegação de que a presente Convenção não reconhece tais direitos e liberdades ou que os reconhece em menor grau.

5. As disposições da presente Convenção se aplicam, sem limitação ou exceção, a todas as unidades constitutivas dos Estados federativos.

Artigo 5
IGUALDADE E NÃO DISCRIMINAÇÃO

1. Os Estados-partes reconhecem que todas as pessoas são iguais perante e sob a lei e que fazem jus, sem qualquer discriminação, a igual proteção e igual benefício da lei.

2. Os Estados-partes proibirão qualquer discriminação baseada na deficiência e garantirão às pessoas com deficiência igual e efetiva proteção legal contra a discriminação por qualquer motivo.

3. A fim de promover a igualdade e eliminar a discriminação, os Estados-partes adotarão todas as medidas apropriadas para garantir que a adaptação razoável seja oferecida.

4. Nos termos da presente Convenção, as medidas específicas que forem necessárias para acelerar ou alcançar a efetiva igualdade das pessoas com deficiência não serão consideradas discriminatórias.

Artigo 6
MULHERES COM DEFICIÊNCIA

1. Os Estados-partes reconhecem que as mulheres e meninas com deficiência estão sujeitas a múltiplas formas de discriminação e, portanto, tomarão medidas para assegurar às mulheres e meninas com deficiência o pleno e igual exercício de todos os direitos humanos e liberdades fundamentais.

2. Os Estados-partes tomarão todas as medidas apropriadas para assegurar o pleno desenvolvimento, o avanço e o empoderamento das mulheres, a fim de garantir-lhes o exercício e o gozo dos direitos humanos e liberdades fundamentais estabelecidos na presente Convenção.

Artigo 7
CRIANÇAS COM DEFICIÊNCIA

1. Os Estados-partes tomarão todas as medidas necessárias para assegurar às crianças com deficiência o pleno exercício de todos os direitos humanos e liberdades fundamentais, em igualdade de oportunidades com as demais crianças.

2. Em todas as ações relativas às crianças com deficiência, o superior interesse da criança receberá consideração primordial.

3. Os Estados-partes assegurarão que as crianças com deficiência tenham o direito de expressar livremente sua opinião sobre todos os assuntos que lhes disserem respeito, tenham a sua opinião devidamente valorizada de acordo com sua idade e maturidade, em igualdade de oportunidades com as demais crianças, e recebam atendimento adequado à sua deficiência e idade, para que possam exercer tal direito.

Artigo 8
CONSCIENTIZAÇÃO

1. Os Estados-partes se comprometem a adotar medidas imediatas, efetivas e apropriadas para:

a) Conscientizar toda a sociedade, inclusive as famílias, sobre as condições das pessoas com deficiência e fomentar o respeito pelos direitos e pela dignidade das pessoas com deficiência;
b) Combater estereótipos, preconceitos e práticas nocivas em relação a pessoas com deficiência, inclusive aqueles relacionados a sexo e idade, em todas as áreas da vida;
c) Promover a conscientização sobre as capacidades e contribuições das pessoas com deficiência.

2. As medidas para esse fim incluem:

a) Lançar e dar continuidade a efetivas campanhas de conscientização públicas, destinadas a:
i) Favorecer atitude receptiva em relação aos direitos das pessoas com deficiência;
ii) Promover percepção positiva e maior consciência social em relação às pessoas com deficiência;
iii) Promover o reconhecimento das habilidades, dos méritos e das capacidades das pessoas com deficiência e de sua contribuição ao local de trabalho e ao mercado laboral;
b) Fomentar em todos os níveis do sistema educacional, incluindo neles todas as crianças desde tenra idade, uma atitude de respeito para com os direitos das pessoas com deficiência;
c) Incentivar todos os órgãos da mídia a retratar as pessoas com deficiência de maneira compatível com o propósito da presente Convenção;
d) Promover programas de formação sobre sensibilização a respeito das pessoas com deficiência e sobre os direitos das pessoas com deficiência.

Artigo 9
ACESSIBILIDADE

1. A fim de possibilitar às pessoas com deficiência viver de forma independente e participar plenamente de todos os aspectos da vida, os Estados-partes tomarão as medidas apropriadas para assegurar às pessoas com deficiência o acesso, em igualdade de oportunidades com as demais pessoas, ao meio físico, ao transporte, à informação e comunicação, inclusive aos sistemas e tecnologias da informação e comunicação, bem como a outros serviços e instalações abertos ao público ou de uso público, tanto na zona urbana como na rural. Essas medidas, que incluirão a identificação e a eliminação de obstáculos e barreiras à acessibilidade, serão aplicadas, entre outros, a:

a) Edifícios, rodovias, meios de transporte e outras instalações internas e externas, inclusive escolas, residências, instalações médicas e local de trabalho;
b) Informações, comunicações e outros serviços, inclusive serviços eletrônicos e serviços de emergência.

2. Os Estados-partes também tomarão medidas apropriadas para:

a) Desenvolver, promulgar e monitorar a implementação de normas e diretrizes mínimas para a acessibilidade das instalações e dos serviços abertos ao público ou de uso público;
b) Assegurar que as entidades privadas que oferecem instalações e serviços abertos ao público ou de uso público levem em consideração todos os aspectos relativos à acessibilidade para pessoas com deficiência;
c) Proporcionar, a todos os atores envolvidos, formação em relação às questões de acessibilidade com as quais as pessoas com deficiência se confrontam;
d) Dotar os edifícios e outras instalações abertas ao público ou de uso público de sinalização em braille e em formatos de fácil leitura e compreensão;
e) Oferecer formas de assistência humana ou animal e serviços de mediadores, incluindo guias, ledores e intérpretes profissionais da língua de sinais, para facilitar o acesso aos edifícios e outras instalações abertas ao público ou de uso público;
f) Promover outras formas apropriadas de assistência e apoio a pessoas com deficiência, a fim de assegurar a essas pessoas o acesso a informações;
g) Promover o acesso de pessoas com deficiência a novos sistemas e tecnologias da informação e comunicação, inclusive à Internet;
h) Promover, desde a fase inicial, a concepção, o desenvolvimento, a produção e a disseminação de sistemas e tecnologias de informação e comunicação, a fim de que esses sistemas e tecnologias se tornem acessíveis a custo mínimo.

Artigo 10
DIREITO À VIDA

Os Estados-partes reafirmam que todo ser humano tem o inerente direito à vida e tomarão todas as medidas necessárias para assegurar o efetivo exercício desse direito pelas pessoas com deficiência, em igualdade de oportunidades com as demais pessoas.

Artigo 11
SITUAÇÕES DE RISCO E EMERGÊNCIAS HUMANITÁRIAS

Em conformidade com suas obrigações decorrentes do direito internacional, inclusive do direito humanitário internacional e do direito internacional dos direitos humanos, os Estados-partes tomarão todas as medidas necessárias para assegurar a proteção e a segurança das pessoas com deficiência que se encontrarem em situações de risco, inclusive situações de conflito armado, emergências humanitárias e ocorrência de desastres naturais.

Artigo 12
RECONHECIMENTO IGUAL PERANTE A LEI

1. Os Estados-partes reafirmam que as pessoas com deficiência têm o direito de ser reconhecidas em qualquer lugar como pessoas perante a lei.

2. Os Estados-partes reconhecerão que as pessoas com deficiência gozam de capacidade legal em igualdade de condições com as demais pessoas em todos os aspectos da vida.

3. Os Estados-partes tomarão medidas apropriadas para prover o acesso de pessoas com deficiência ao apoio que necessitarem no exercício de sua capacidade legal.

4. Os Estados-partes assegurarão que todas as medidas relativas ao exercício da capacidade legal incluam salvaguardas apropriadas e efetivas para prevenir abusos, em conformidade com o direito internacional dos direitos humanos. Essas salvaguardas assegurarão que as medidas relativas ao exercício da capacidade legal respeitem os direitos, a vontade e as preferências da pessoa, sejam isentas de conflito de interesses e de influência indevida, sejam proporcionais e apropriadas às circunstâncias da pessoa, se apliquem pelo período mais curto possível e sejam submetidas à revisão regular por uma autoridade ou órgão judiciário competente, independente e imparcial. As salvaguardas serão proporcionais ao grau em que tais medidas afetarem os direitos e interesses da pessoa.

5. Os Estados-partes, sujeitos ao disposto neste Artigo, tomarão todas as medidas apropriadas e efetivas para assegurar às pessoas com deficiência o igual direito de possuir ou herdar bens, de controlar as próprias finanças e de ter igual acesso a empréstimos bancários, hipotecas e outras formas de crédito financeiro, e assegurarão que as pessoas com deficiência não sejam arbitrariamente destituídas de seus bens.

Artigo 13
ACESSO À JUSTIÇA

1. Os Estados-partes assegurarão o efetivo acesso das pessoas com deficiência à justiça, em igualdade de condições com as demais pessoas, inclusive mediante a provisão de adaptações processuais adequadas à idade, a fim de facilitar o efetivo papel das pessoas com deficiência como participantes diretos ou indiretos, inclusive como testemunhas, em todos os procedimentos jurídicos, tais como investigações e outras etapas preliminares.

2. A fim de assegurar às pessoas com deficiência o efetivo acesso à justiça, os Estados-partes promoverão a capacitação apropria-

da daqueles que trabalham na área de administração da justiça, inclusive a polícia e os funcionários do sistema penitenciário.

Artigo 14
LIBERDADE E SEGURANÇA DA PESSOA

1. Os Estados-partes assegurarão que as pessoas com deficiência, em igualdade de oportunidades com as demais pessoas:
a) Gozem do direito à liberdade e à segurança da pessoa; e
b) Não sejam privadas ilegal ou arbitrariamente de sua liberdade e que toda privação de liberdade esteja em conformidade com a lei, e que a existência de deficiência não justifique a privação de liberdade.
2. Os Estados-partes assegurarão que, se pessoas com deficiência forem privadas de liberdade mediante algum processo, elas, em igualdade de oportunidades com as demais pessoas, façam jus a garantias de acordo com o direito internacional dos direitos humanos e sejam tratadas em conformidade com os objetivos e princípios da presente Convenção, inclusive mediante a provisão de adaptação razoável.

Artigo 15
PREVENÇÃO CONTRA TORTURA OU TRATAMENTOS OU PENAS CRUÉIS, DESUMANOS OU DEGRADANTES

1. Nenhuma pessoa será submetida à tortura ou a tratamentos ou penas cruéis, desumanos ou degradantes. Em especial, nenhuma pessoa deverá ser sujeita a experimentos médicos ou científicos sem seu livre consentimento.
2. Os Estados-partes tomarão todas as medidas efetivas de natureza legislativa, administrativa, judicial ou outra para evitar que pessoas com deficiência, do mesmo modo que as demais pessoas, sejam submetidas à tortura ou a tratamentos ou penas cruéis, desumanos ou degradantes.

Artigo 16
PREVENÇÃO CONTRA A EXPLORAÇÃO, A VIOLÊNCIA E O ABUSO

1. Os Estados-partes tomarão todas as medidas apropriadas de natureza legislativa, administrativa, social, educacional e outras para proteger as pessoas com deficiência, tanto dentro como fora do lar, contra todas as formas de exploração, violência e abuso, incluindo aspectos relacionados a gênero.
2. Os Estados-partes também tomarão todas as medidas apropriadas para prevenir todas as formas de exploração, violência e abuso, assegurando, entre outras coisas, formas apropriadas de atendimento e apoio que levem em conta o gênero e a idade das pessoas com deficiência e de seus familiares e atendentes, inclusive mediante a provisão de informação e educação sobre a maneira de evitar, reconhecer e denunciar casos de exploração, violência e abuso. Os Estados-partes assegurarão que os serviços de proteção levem em conta a idade, o gênero e a deficiência das pessoas.
3. A fim de prevenir a ocorrência de quaisquer formas de exploração, violência e abuso, os Estados-partes assegurarão que todos os programas e instalações destinados a atender pessoas com deficiência sejam efetivamente monitorados por autoridades independentes.
4. Os Estados-partes tomarão todas as medidas apropriadas para promover a recuperação física, cognitiva e psicológica, inclusive mediante a provisão de serviços de proteção, a reabilitação e a reinserção social de pessoas com deficiência que forem vítimas de qualquer forma de exploração, violência ou abuso. Tais recuperação e reinserção ocorrerão em ambientes que promovam a saúde, o bem-estar, o autorrespeito, a dignidade e a autonomia da pessoa e levem em consideração as necessidades de gênero e idade.
5. Os Estados-partes adotarão leis e políticas efetivas, inclusive legislação e políticas voltadas para mulheres e crianças, a fim de assegurar que os casos de exploração, violência e abuso contra pessoas com deficiência sejam identificados, investigados e, caso necessário, julgados.

Artigo 17
PROTEÇÃO DA INTEGRIDADE DA PESSOA

Toda pessoa com deficiência tem o direito a que sua integridade física e mental seja respeitada, em igualdade de condições com as demais pessoas.

Artigo 18
LIBERDADE DE MOVIMENTAÇÃO E NACIONALIDADE

1. Os Estados-partes reconhecerão os direitos das pessoas com deficiência à liberdade de movimentação, à liberdade de escolher sua residência e à nacionalidade, em igualdade de oportunidades com as demais pessoas, inclusive assegurando que as pessoas com deficiência:
a) Tenham o direito de adquirir nacionalidade e mudar de nacionalidade e não sejam privadas arbitrariamente de sua nacionalidade em razão de sua deficiência;
b) Não sejam privadas, por causa de sua deficiência, da competência de obter, possuir e utilizar documento comprovante de sua nacionalidade ou outro documento de identidade, ou de recorrer a processos relevantes, tais como procedimentos relativos à imigração, que forem necessários para facilitar o exercício de seu direito à liberdade de movimentação;
c) Tenham liberdade de sair de qualquer país, inclusive do seu; e
d) Não sejam privadas, arbitrariamente ou por causa de sua deficiência, do direito de entrar no próprio país.
2. As crianças com deficiência serão registradas imediatamente após o nascimento e terão, desde o nascimento, o direito a um nome, o direito de adquirir nacionalidade e, tanto quanto possível, o direito de conhecer seus pais e de ser cuidadas por eles.

Artigo 19
VIDA INDEPENDENTE E INCLUSÃO NA COMUNIDADE

Os Estados-partes desta Convenção reconhecem o igual direito de todas as pessoas com deficiência de viver na comunidade, com a mesma liberdade de escolha que as demais pessoas, e tomarão medidas efetivas e apropriadas para facilitar às pessoas com deficiência o pleno gozo desse direito e sua plena inclusão e participação na comunidade, inclusive assegurando que:
a) As pessoas com deficiência possam escolher seu local de residência e onde e com quem morar, em igualdade de oportunidades com as demais pessoas, e que não sejam obrigadas a viver em determinado tipo de moradia;
b) As pessoas com deficiência tenham acesso a uma variedade de serviços de apoio em domicílio ou em instituições residenciais ou a outros serviços comunitários de apoio, inclusive os serviços de atendentes pessoais que forem necessários como apoio para que as pessoas com deficiência vivam e sejam incluídas na comunidade e para evitar que fiquem isoladas ou segregadas da comunidade;
c) Os serviços e instalações da comunidade para a população em geral estejam disponíveis às pessoas com deficiência, em igualdade de oportunidades, e atendam às suas necessidades.

Artigo 20
MOBILIDADE PESSOAL

Os Estados-partes tomarão medidas efetivas para assegurar às pessoas com deficiência sua mobilidade pessoal com a máxima independência possível:
a) Facilitando a mobilidade pessoal das pessoas com deficiência, na forma e no momento em que elas quiserem, e a custo acessível;
b) Facilitando às pessoas com deficiência o acesso a tecnologias assistivas, dispositivos e ajudas técnicas de qualidade, e formas de assistência humana ou animal e de mediadores, inclusive tornando-os disponíveis a custo acessível;
c) Propiciando às pessoas com deficiência e ao pessoal especializado uma capacitação em técnicas de mobilidade;
d) Incentivando entidades que produzem ajudas técnicas de mobilidade, dispositivos e tecnologias assistivas a levarem em conta todos os aspectos relativos à mobilidade de pessoas com deficiência.

Artigo 21
LIBERDADE DE EXPRESSÃO E DE OPINIÃO E ACESSO À INFORMAÇÃO

Os Estados-partes tomarão todas as medidas apropriadas para assegurar que as pessoas com deficiência possam exercer seu direito à liberdade de expressão e opinião, inclusive à liberdade de buscar, receber e compartilhar informações e ideias, em igualdade de oportunidades com as demais pessoas e por intermédio de todas as formas de comunicação de sua escolha, conforme o disposto no Artigo 2 da presente Convenção, entre as quais:

a) Fornecer, prontamente e sem custo adicional, às pessoas com deficiência, todas as informações destinadas ao público em geral, em formatos acessíveis e tecnologias apropriadas aos diferentes tipos de deficiência;

b) Aceitar e facilitar, em trâmites oficiais, o uso de línguas de sinais, braille, comunicação aumentativa e alternativa, e de todos os demais meios, modos e formatos acessíveis de comunicação, à escolha das pessoas com deficiência;

c) Urgir as entidades privadas que oferecem serviços ao público em geral, inclusive por meio da Internet, a fornecer informações e serviços em formatos acessíveis, que possam ser usados por pessoas com deficiência;

d) Incentivar a mídia, inclusive os provedores de informação pela Internet, a tornar seus serviços acessíveis a pessoas com deficiência;

e) Reconhecer e promover o uso de línguas de sinais.

Artigo 22
RESPEITO À PRIVACIDADE

1. Nenhuma pessoa com deficiência, qualquer que seja seu local de residência ou tipo de moradia, estará sujeita a interferência arbitrária ou ilegal em sua privacidade, família, lar, correspondência ou outros tipos de comunicação, nem a ataques ilícitos à sua honra e reputação. As pessoas com deficiência têm o direito à proteção da lei contra tais interferências ou ataques.

2. Os Estados-partes protegerão a privacidade dos dados pessoais e dados relativos à saúde e à reabilitação de pessoas com deficiência, em igualdade de condições com as demais pessoas.

Artigo 23
RESPEITO PELO LAR E PELA FAMÍLIA

1. Os Estados-partes tomarão medidas efetivas e apropriadas para eliminar a discriminação contra pessoas com deficiência, em todos os aspectos relativos a casamento, família, paternidade e relacionamentos, em igualdade de condições com as demais pessoas, de modo a assegurar que:

a) Seja reconhecido o direito das pessoas com deficiência, em idade de contrair matrimônio, de casar-se e estabelecer família, com base no livre e pleno consentimento dos pretendentes;

b) Sejam reconhecidos os direitos das pessoas com deficiência de decidir livre e responsavelmente sobre o número de filhos e o espaçamento entre esses filhos e de ter acesso a informações adequadas à idade e a educação em matéria de reprodução e de planejamento familiar, bem como os meios necessários para exercer esses direitos;

c) As pessoas com deficiência, inclusive crianças, conservem sua fertilidade, em igualdade de condições com as demais pessoas.

2. Os Estados-partes assegurarão os direitos e responsabilidades das pessoas com deficiência, relativos à guarda, custódia, curatela e adoção de crianças ou instituições semelhantes, caso esses conceitos constem na legislação nacional. Em todos os casos, prevalecerá o superior interesse da criança. Os Estados-partes prestarão a devida assistência às pessoas com deficiência para que essas pessoas possam exercer suas responsabilidades na criação dos filhos.

3. Os Estados-partes assegurarão que as crianças com deficiência terão iguais direitos em relação à vida familiar. Para a realização desses direitos e para evitar ocultação, abandono, negligência e segregação de crianças com deficiência, os Estados-partes fornecerão prontamente informações abrangentes sobre serviços e apoios a crianças com deficiência e suas famílias.

4. Os Estados-partes assegurarão que uma criança não será separada de seus pais contra a vontade destes, exceto quando autoridades competentes, sujeitas a controle jurisdicional, determinarem, em conformidade com as leis e procedimentos aplicáveis, que a separação é necessária, no superior interesse da criança. Em nenhum caso, uma criança será separada dos pais sob alegação de deficiência da criança ou de um ou ambos os pais.

5. Os Estados-partes, no caso em que a família imediata de uma criança com deficiência não tenha condições de cuidar da criança, farão todo esforço para que cuidados alternativos sejam oferecidos por outros parentes e, se isso não for possível, dentro de ambiente familiar, na comunidade.

Artigo 24
EDUCAÇÃO

1. Os Estados-partes reconhecem o direito das pessoas com deficiência à educação. Para efetivar esse direito sem discriminação e com base na igualdade de oportunidades, os Estados-partes assegurarão sistema educacional inclusivo em todos os níveis, bem como o aprendizado ao longo de toda a vida, com os seguintes objetivos:

a) O pleno desenvolvimento do potencial humano e do senso de dignidade e autoestima, além do fortalecimento do respeito pelos direitos humanos, pelas liberdades fundamentais e pela diversidade humana;

b) O máximo desenvolvimento possível da personalidade e dos talentos e da criatividade das pessoas com deficiência, assim como de suas habilidades físicas e intelectuais;

c) A participação efetiva das pessoas com deficiência em uma sociedade livre.

2. Para a realização desse direito, os Estados-partes assegurarão que:

a) As pessoas com deficiência não sejam excluídas do sistema educacional geral sob alegação de deficiência e que as crianças com deficiência não sejam excluídas do ensino primário gratuito e compulsório ou do ensino secundário, sob alegação de deficiência;

b) As pessoas com deficiência possam ter acesso ao ensino primário inclusivo, de qualidade e gratuito, e ao ensino secundário, em igualdade de condições com as demais pessoas na comunidade em que vivem;

c) Adaptações razoáveis de acordo com as necessidades individuais sejam providenciadas;

d) As pessoas com deficiência recebam o apoio necessário, no âmbito do sistema educacional geral, com vistas a facilitar sua efetiva educação;

e) Medidas de apoio individualizadas e efetivas sejam adotadas em ambientes que maximizem o desenvolvimento acadêmico e social, de acordo com a meta de inclusão plena.

3. Os Estados-partes assegurarão às pessoas com deficiência a possibilidade de adquirir as competências práticas e sociais necessárias de modo a facilitar às pessoas com deficiência sua plena e igual participação no sistema de ensino e na vida em comunidade. Para tanto, os Estados-partes tomarão medidas apropriadas, incluindo:

a) Facilitação do aprendizado do braille, escrita alternativa, modos, meios e formatos de comunicação aumentativa e alternativa, e habilidades de orientação e mobilidade, além de facilitação do apoio e aconselhamento de pares;

b) Facilitação do aprendizado da língua de sinais e promoção da identidade linguística da comunidade surda;

c) Garantia de que a educação de pessoas, em particular crianças cegas, surdo-cegas e surdas, seja ministrada nas línguas e nos modos e meios de comunicação mais adequados ao indivíduo e em ambientes que favoreçam ao máximo seu desenvolvimento acadêmico e social.

4. A fim de contribuir para o exercício desse direito, os Estados-partes tomarão medidas apropriadas para empregar professores, inclusive professores com deficiência, habilitados para o ensino da língua de sinais e/ou do braille, e para capacitar profissio-

nais e equipes atuantes em todos os níveis de ensino. Essa capacitação incorporará a conscientização da deficiência e a utilização de modos, meios e formatos apropriados de comunicação aumentativa e alternativa, e técnicas e materiais pedagógicos, como apoios para pessoas com deficiência.

5. Os Estados-partes assegurarão que as pessoas com deficiência possam ter acesso ao ensino superior em geral, treinamento profissional de acordo com sua vocação, educação para adultos e formação continuada, sem discriminação e em igualdade de condições. Para tanto, os Estados-partes assegurarão a provisão de adaptações razoáveis para pessoas com deficiência.

Artigo 25
SAÚDE

Os Estados-partes reconhecem que as pessoas com deficiência têm o direito de gozar do estado de saúde mais elevado possível, sem discriminação baseada na deficiência. Os Estados-partes tomarão todas as medidas apropriadas para assegurar às pessoas com deficiência o acesso a serviços de saúde, incluindo os serviços de reabilitação, que levarão em conta as especificidades de gênero. Em especial, os Estados-partes:

a) Oferecerão às pessoas com deficiência programas e atenção à saúde gratuitos ou a custos acessíveis da mesma variedade, qualidade e padrão que são oferecidos às demais pessoas, inclusive na área de saúde sexual e reprodutiva e de programas de saúde pública destinados à população em geral;

b) Propiciarão serviços de saúde que as pessoas com deficiência necessitam especificamente por causa de sua deficiência, inclusive diagnóstico e intervenção precoces, bem como serviços projetados para reduzir ao máximo e prevenir deficiências adicionais, inclusive entre crianças e idosos;

c) Propiciarão esses serviços de saúde às pessoas com deficiência, o mais próximo possível de suas comunidades, inclusive na zona rural;

d) Exigirão dos profissionais de saúde que dispensem às pessoas com deficiência a mesma qualidade de serviços dispensada às demais pessoas e, principalmente, que obtenham o consentimento livre e esclarecido das pessoas com deficiência concernentes. Para esse fim, os Estados-partes realizarão atividades de formação e definirão regras éticas para os setores de saúde público e privado, de modo a conscientizar os profissionais de saúde acerca dos direitos humanos, da dignidade, autonomia e das necessidades das pessoas com deficiência;

e) Proibirão a discriminação contra pessoas com deficiência na provisão de seguro de saúde e seguro de vida, caso tais seguros sejam permitidos pela legislação nacional, os quais deverão ser providos de maneira razoável e justa;

f) Prevenirão que se negue, de maneira discriminatória, os serviços de saúde ou de atenção à saúde ou a administração de alimentos sólidos ou líquidos por motivo de deficiência.

Artigo 26
HABILITAÇÃO E REABILITAÇÃO

1. Os Estados-partes tomarão medidas efetivas e apropriadas, inclusive mediante apoio dos pares, para possibilitar que as pessoas com deficiência conquistem e conservem o máximo de autonomia e plena capacidade física, mental, social e profissional, bem como plena inclusão e participação em todos os aspectos da vida. Para tanto, os Estados-partes organizarão, fortalecerão e ampliarão serviços e programas completos de habilitação e reabilitação, particularmente nas áreas de saúde, emprego, educação e serviços sociais, de modo que esses serviços e programas:

a) Comecem no estágio mais precoce possível e sejam baseados em avaliação multidisciplinar das necessidades e pontos fortes de cada pessoa;

b) Apoiem a participação e a inclusão na comunidade e em todos os aspectos da vida social, sejam oferecidos voluntariamente e estejam disponíveis às pessoas com deficiência o mais próximo possível de suas comunidades, inclusive na zona rural.

2. Os Estados-partes promoverão o desenvolvimento da capacitação inicial e continuada de profissionais e de equipes que atuam nos serviços de habilitação e reabilitação.

3. Os Estados-partes promoverão a disponibilidade, o conhecimento e o uso de dispositivos e tecnologias assistivas, projetados para pessoas com deficiência e relacionados com a habilitação e a reabilitação.

Artigo 27
TRABALHO E EMPREGO

1. Os Estados-partes reconhecem o direito das pessoas com deficiência ao trabalho, em igualdade de oportunidades com as demais pessoas. Esse direito abrange o direito à oportunidade de se manter com um trabalho de sua livre escolha ou aceitação no mercado laboral, em ambiente de trabalho que seja aberto, inclusivo e acessível a pessoas com deficiência. Os Estados-partes salvaguardarão e promoverão a realização do direito ao trabalho, inclusive daqueles que tiverem adquirido uma deficiência no emprego, adotando medidas apropriadas, incluídas na legislação, com o fim de, entre outros:

a) Proibir a discriminação baseada na deficiência com respeito a todas as questões relacionadas com as formas de emprego, inclusive condições de recrutamento, contratação e admissão, permanência no emprego, ascensão profissional e condições seguras e salubres de trabalho;

b) Proteger os direitos das pessoas com deficiência, em condições de igualdade com as demais pessoas, às condições justas e favoráveis de trabalho, incluindo iguais oportunidades e igual remuneração por trabalho de igual valor, condições seguras e salubres de trabalho, além de reparação de injustiças e proteção contra o assédio no trabalho;

c) Assegurar que as pessoas com deficiência possam exercer seus direitos trabalhistas e sindicais, em condições de igualdade com as demais pessoas;

d) Possibilitar às pessoas com deficiência o acesso efetivo a programas de orientação técnica e profissional e a serviços de colocação no trabalho e de treinamento profissional e continuado;

e) Promover oportunidades de emprego e ascensão profissional para pessoas com deficiência no mercado de trabalho, bem como assistência na procura, obtenção e manutenção do emprego e no retorno ao emprego;

f) Promover oportunidades de trabalho autônomo, empreendedorismo, desenvolvimento de cooperativas e estabelecimento de negócio próprio;

g) Empregar pessoas com deficiência no setor público;

h) Promover o emprego de pessoas com deficiência no setor privado, mediante políticas e medidas apropriadas, que poderão incluir programas de ação afirmativa, incentivos e outras medidas;

i) Assegurar que adaptações razoáveis sejam feitas para pessoas com deficiência no local de trabalho;

j) Promover a aquisição de experiência de trabalho por pessoas com deficiência no mercado aberto de trabalho;

k) Promover reabilitação profissional, manutenção do emprego e programas de retorno ao trabalho para pessoas com deficiência.

2. Os Estados-partes assegurarão que as pessoas com deficiência não serão mantidas em escravidão ou servidão e que serão protegidas, em igualdade de condições com as demais pessoas, contra o trabalho forçado ou compulsório.

Artigo 28
PADRÃO DE VIDA E PROTEÇÃO SOCIAL ADEQUADOS

1. Os Estados-partes reconhecem o direito das pessoas com deficiência a um padrão adequado de vida para si e para suas famílias, inclusive alimentação, vestuário e moradia adequados, bem como à melhoria contínua de suas condições de vida, e tomarão as providências necessárias para salvaguardar e promover a realização desse direito sem discriminação baseada na deficiência.

2. Os Estados-partes reconhecem o direito das pessoas com deficiência à proteção so-

cial e ao exercício desse direito sem discriminação baseada na deficiência, e tomarão as medidas apropriadas para salvaguardar e promover a realização desse direito, tais como:
a) Assegurar igual acesso de pessoas com deficiência a serviços de saneamento básico e assegurar o acesso aos serviços, dispositivos e outros atendimentos apropriados para as necessidades relacionadas com a deficiência;
b) Assegurar o acesso de pessoas com deficiência, particularmente mulheres, crianças e idosos com deficiência, a programas de proteção social e de redução da pobreza;
c) Assegurar o acesso de pessoas com deficiência e suas famílias em situação de pobreza à assistência do Estado em relação a seus gastos ocasionados pela deficiência, inclusive treinamento adequado, aconselhamento, ajuda financeira e cuidados de repouso;
d) Assegurar o acesso de pessoas com deficiência a programas habitacionais públicos;
e) Assegurar igual acesso de pessoas com deficiência a programas e benefícios de aposentadoria.

Artigo 29
PARTICIPAÇÃO NA VIDA POLÍTICA E PÚBLICA

Os Estados-partes garantirão às pessoas com deficiência direitos políticos e oportunidade de exercê-los em condições de igualdade com as demais pessoas, e deverão:
a) Assegurar que as pessoas com deficiência possam participar efetiva e plenamente na vida política e pública, em igualdade de oportunidades com as demais pessoas, diretamente ou por meio de representantes livremente escolhidos, incluindo o direito e a oportunidade de votarem e serem votadas, mediante, entre outros:
i) Garantia de que os procedimentos, instalações e materiais e equipamentos para votação serão apropriados, acessíveis e de fácil compreensão e uso;
ii) Proteção do direito das pessoas com deficiência ao voto secreto em eleições e plebiscitos, sem intimidação, e a candidatar-se nas eleições, efetivamente ocupar cargos eletivos e desempenhar quaisquer funções públicas em todos os níveis de governo, usando novas tecnologias assistivas, quando apropriado;
iii) Garantia da livre expressão de vontade das pessoas com deficiência como eleitores e, para tanto, sempre que necessário e a seu pedido, permissão para que elas sejam auxiliadas na votação por uma pessoa de sua escolha;
b) Promover ativamente um ambiente em que as pessoas com deficiência possam participar efetiva e plenamente na condução das questões públicas, sem discriminação e em igualdade de oportunidades com as demais pessoas, e encorajar sua participação nas questões públicas, mediante:
i) Participação em organizações não governamentais relacionadas com a vida pública e política do país, bem como em atividades e administração de partidos políticos;
ii) Formação de organizações para representar pessoas com deficiência em níveis internacional, regional, nacional e local, bem como a filiação de pessoas com deficiência a tais organizações.

Artigo 30
PARTICIPAÇÃO NA VIDA CULTURAL E EM RECREAÇÃO, LAZER E ESPORTE

1. Os Estados-partes reconhecem o direito das pessoas com deficiência de participar na vida cultural, em igualdade de oportunidades com as demais pessoas, e tomarão todas as medidas apropriadas para que as pessoas com deficiência possam:
a) Ter acesso a bens culturais em formatos acessíveis;
b) Ter acesso a programas de televisão, cinema, teatro e outras atividades culturais, em formatos acessíveis; e
c) Ter acesso a locais que ofereçam serviços ou eventos culturais, tais como teatros, museus, cinemas, bibliotecas e serviços turísticos, bem como, tanto quanto possível, ter acesso a monumentos e locais de importância cultural nacional.
2. Os Estados-partes tomarão medidas apropriadas para que as pessoas com deficiência tenham a oportunidade de desenvolver e utilizar seu potencial criativo, artístico e intelectual, não somente em benefício próprio, mas também para o enriquecimento da sociedade.
3. Os Estados-partes deverão tomar todas as providências, em conformidade com o direito internacional, para assegurar que a legislação de proteção dos direitos de propriedade intelectual não constitua barreira excessiva ou discriminatória ao acesso de pessoas com deficiência a bens culturais.
4. As pessoas com deficiência farão jus, em igualdade de oportunidades com as demais pessoas, a que sua identidade cultural e linguística específica seja reconhecida e apoiada, incluindo as línguas de sinais e a cultura surda.
5. Para que as pessoas com deficiência participem, em igualdade de oportunidades com as demais pessoas, de atividades recreativas, esportivas e de lazer, os Estados-partes tomarão medidas apropriadas para:
a) Incentivar e promover a maior participação possível das pessoas com deficiência nas atividades esportivas comuns em todos os níveis;
b) Assegurar que as pessoas com deficiência tenham a oportunidade de organizar, desenvolver e participar em atividades esportivas e recreativas específicas às deficiências e, para tanto, incentivar a provisão de instrução, treinamento e recursos adequados, em igualdade de oportunidades com as demais pessoas;
c) Assegurar que as pessoas com deficiência tenham acesso a locais de eventos esportivos, recreativos e turísticos;
d) Assegurar que as crianças com deficiência possam, em igualdade de condições com as demais crianças, participar de jogos e atividades recreativas, esportivas e de lazer, inclusive no sistema escolar;
e) Assegurar que as pessoas com deficiência tenham acesso aos serviços prestados por pessoas ou entidades envolvidas na organização de atividades recreativas, turísticas, esportivas e de lazer.

Artigo 31
ESTATÍSTICAS E COLETA DE DADOS

1. Os Estados-partes coletarão dados apropriados, inclusive estatísticos e de pesquisas, para que possam formular e implementar políticas destinadas a pôr em prática a presente Convenção. O processo de coleta e manutenção de tais dados deverá:
a) Observar as salvaguardas estabelecidas por lei, inclusive pelas leis relativas à proteção de dados, a fim de assegurar a confidencialidade e o respeito pela privacidade das pessoas com deficiência;
b) Observar as normas internacionalmente aceitas para proteger os direitos humanos, as liberdades fundamentais e os princípios éticos na coleta de dados e utilização de estatísticas.
2. As informações coletadas de acordo com o disposto neste Artigo serão desagregadas, de maneira apropriada, e utilizadas para avaliar o cumprimento, por parte dos Estados-partes, de suas obrigações na presente Convenção e para identificar e enfrentar as barreiras com as quais as pessoas com deficiência se deparam no exercício de seus direitos.
3. Os Estados-partes assumirão responsabilidade pela disseminação das referidas estatísticas e assegurarão que elas sejam acessíveis às pessoas com deficiência e a outros.

Artigo 32
COOPERAÇÃO INTERNACIONAL

1. Os Estados-partes reconhecem a importância da cooperação internacional e de sua promoção, em apoio aos esforços nacionais para a consecução do propósito e dos objetivos da presente Convenção e, sob este aspecto, adotarão medidas apropriadas e efetivas entre os Estados e, de maneira adequada, em parceria com organizações internacionais e regionais relevantes e com a sociedade civil e, em particular, com organizações de pessoas com deficiência. Estas medidas poderão incluir, entre outras:
a) Assegurar que a cooperação internacional, incluindo os programas internacionais de desenvolvimento, sejam inclusivos e acessíveis para pessoas com deficiência;

b) Facilitar e apoiar a capacitação, inclusive por meio do intercâmbio e compartilhamento de informações, experiências, programas de treinamento e melhores práticas;
c) Facilitar a cooperação em pesquisa e o acesso a conhecimentos científicos e técnicos;
d) Propiciar, de maneira apropriada, assistência técnica e financeira, inclusive mediante facilitação do acesso a tecnologias assistivas e acessíveis e seu compartilhamento, bem como por meio de transferência de tecnologias.
2. O disposto neste Artigo se aplica sem prejuízo das obrigações que cabem a cada Estado-parte em decorrência da presente Convenção.

Artigo 33
IMPLEMENTAÇÃO E MONITORAMENTO NACIONAIS

1. Os Estados-partes, de acordo com seu sistema organizacional, designarão um ou mais de um ponto focal no âmbito do Governo para assuntos relacionados com a implementação da presente Convenção e darão a devida consideração ao estabelecimento ou designação de um mecanismo de coordenação no âmbito do Governo, a fim de facilitar ações correlatas nos diferentes setores e níveis.
2. Os Estados-partes, em conformidade com seus sistemas jurídico e administrativo, manterão, fortalecerão, designarão ou estabelecerão estrutura, incluindo um ou mais de um mecanismo independente, de maneira apropriada, para promover, proteger e monitorar a implementação da presente Convenção. Ao designar ou estabelecer tal mecanismo, os Estados-partes levarão em conta os princípios relativos ao *status* e funcionamento das instituições nacionais de proteção e promoção dos direitos humanos.
3. A sociedade civil e, particularmente, as pessoas com deficiência e suas organizações representativas serão envolvidas e participarão plenamente no processo de monitoramento.

Artigo 34
COMITÊ SOBRE OS DIREITOS DAS PESSOAS COM DEFICIÊNCIA

1. Um Comitê sobre os Direitos das Pessoas com Deficiência (doravante denominado "Comitê") será estabelecido, para desempenhar as funções aqui definidas.
2. O Comitê será constituído, quando da entrada em vigor da presente Convenção, de 12 peritos. Quando a presente Convenção alcançar 60 ratificações ou adesões, o Comitê será acrescido em seis membros, perfazendo o total de 18 membros.
3. Os membros do Comitê atuarão a título pessoal e apresentarão elevada postura moral, competência e experiência reconhecidas no campo abrangido pela presente Convenção. Ao designar seus candidatos, os Estados-partes são instados a dar a devida consideração ao disposto no Artigo 4.3 da presente Convenção.
4. Os membros do Comitê serão eleitos pelos Estados-partes, observando-se uma distribuição geográfica equitativa, representação de diferentes formas de civilização e dos principais sistemas jurídicos, representação equilibrada de gênero e participação de peritos com deficiência.
5. Os membros do Comitê serão eleitos por votação secreta em sessões da Conferência dos Estados-partes, a partir de uma lista de pessoas designadas pelos Estados-partes entre seus nacionais. Nessas sessões, cujo *quorum* será de dois terços dos Estados-partes, os candidatos eleitos para o Comitê serão aqueles que obtiverem o maior número de votos e a maioria absoluta dos votos dos representantes dos Estados-partes presentes e votantes.
6. A primeira eleição será realizada, o mais tardar, até seis meses após a data de entrada em vigor da presente Convenção. Pelo menos quatro meses antes de cada eleição, o Secretário-Geral das Nações Unidas dirigirá carta aos Estados-partes, convidando-os a submeter os nomes de seus candidatos no prazo de dois meses. O Secretário-Geral, subsequentemente, preparará lista em ordem alfabética de todos os candidatos apresentados, indicando que foram designados pelos Estados-partes, e submeterá essa lista aos Estados-partes da presente Convenção.
7. Os membros do Comitê serão eleitos para mandato de quatro anos, podendo ser candidatos à reeleição uma única vez. Contudo, o mandato de seis dos membros eleitos na primeira eleição expirará ao fim de dois anos; imediatamente após a primeira eleição, os nomes desses seis membros serão selecionados por sorteio pelo presidente da sessão a que se refere o parágrafo 5 deste Artigo.
8. A eleição dos seis membros adicionais do Comitê será realizada por ocasião das eleições regulares, de acordo com as disposições pertinentes deste Artigo.
9. Em caso de morte, demissão ou declaração de um membro de que, por algum motivo, não poderá continuar a exercer suas funções, o Estado-parte que o tiver indicado designará um outro perito que tenha as qualificações e satisfaça aos requisitos estabelecidos pelos dispositivos pertinentes deste Artigo, para concluir o mandato em questão.
10. O Comitê estabelecerá suas próprias normas de procedimento.
11. O Secretário-Geral das Nações Unidas proverá o pessoal e as instalações necessários para o efetivo desempenho das funções do Comitê segundo a presente Convenção e convocará sua primeira reunião.
12. Com a aprovação da Assembleia Geral, os membros do Comitê estabelecido sob a presente Convenção receberão emolumentos dos recursos das Nações Unidas, sob termos e condições que a Assembleia possa decidir, tendo em vista a importância das responsabilidades do Comitê.
13. Os membros do Comitê terão direito aos privilégios, facilidades e imunidades dos peritos em missões das Nações Unidas, em conformidade com as disposições pertinentes da Convenção sobre Privilégios e Imunidades das Nações Unidas.

Artigo 35
RELATÓRIOS DOS ESTADOS-PARTES

1. Cada Estado-parte, por intermédio do Secretário-Geral das Nações Unidas, submeterá relatório abrangente sobre as medidas adotadas em cumprimento de suas obrigações estabelecidas pela presente Convenção e sobre o progresso alcançado nesse aspecto, dentro do período de dois anos após a entrada em vigor da presente Convenção para o Estado-parte concernente.
2. Depois disso, os Estados-partes submeterão relatórios subsequentes, ao menos a cada quatro anos, ou quando o Comitê o solicitar.
3. O Comitê determinará as diretrizes aplicáveis ao teor dos relatórios.
4. Um Estado-parte que tiver submetido ao Comitê um relatório inicial abrangente não precisará, em relatórios subsequentes, repetir informações já apresentadas. Ao elaborar os relatórios ao Comitê, os Estados-partes são instados a fazê-lo de maneira franca e transparente e a levar em consideração o disposto no Artigo 4.3 da presente Convenção.
5. Os relatórios poderão apontar os fatores e as dificuldades que tiverem afetado o cumprimento das obrigações decorrentes da presente Convenção.

Artigo 36
CONSIDERAÇÃO DOS RELATÓRIOS

1. Os relatórios serão considerados pelo Comitê, que fará as sugestões e recomendações gerais que julgar pertinentes e as transmitirá aos respectivos Estados-partes. O Estado-parte poderá responder ao Comitê com as informações que julgar pertinentes. O Comitê poderá pedir informações adicionais aos Estados-partes, referentes à implementação da presente Convenção.
2. Se um Estado-parte atrasar consideravelmente a entrega de seu relatório, o Comitê poderá notificar esse Estado de que examinará a aplicação da presente Convenção com base em informações confiáveis de que disponha, a menos que o relatório devido seja apresentado pelo Estado dentro do período de três meses após a notificação. O Comitê convidará o Estado-parte interessado a participar desse exame. Se o Estado-parte responder entregando seu relatório, aplicar-se-á o disposto no parágrafo 1 do presente artigo.

3. O Secretário-Geral das Nações Unidas colocará os relatórios à disposição de todos os Estados-partes.

4. Os Estados-partes tornarão seus relatórios amplamente disponíveis ao público em seus países e facilitarão o acesso à possibilidade de sugestões e de recomendações gerais a respeito desses relatórios.

5. O Comitê transmitirá às agências, fundos e programas especializados das Nações Unidas e a outras organizações competentes, da maneira que julgar apropriada, os relatórios dos Estados-partes que contenham demandas ou indicações de necessidade de consultoria ou de assistência técnica, acompanhados de eventuais observações e sugestões do Comitê em relação às referidas demandas ou indicações, a fim de que possam ser consideradas.

Artigo 37
COOPERAÇÃO ENTRE OS ESTADOS-PARTES E O COMITÊ

1. Cada Estado-parte cooperará com o Comitê e auxiliará seus membros no desempenho de seu mandato.

2. Em suas relações com os Estados-partes, o Comitê dará a devida consideração aos meios e modos de aprimorar a capacidade de cada Estado-parte para a implementação da presente Convenção, inclusive mediante cooperação internacional.

Artigo 38
RELAÇÕES DO COMITÊ COM OUTROS ÓRGÃOS

A fim de promover a efetiva implementação da presente Convenção e de incentivar a cooperação internacional na esfera abrangida pela presente Convenção:

a) As agências especializadas e outros órgãos das Nações Unidas terão o direito de se fazer representar quando da consideração da implementação de disposições da presente Convenção que disserem respeito aos seus respectivos mandatos. O Comitê poderá convidar as agências especializadas e outros órgãos competentes, segundo julgar apropriado, a oferecer consultoria de peritos sobre a implementação da Convenção em áreas pertinentes a seus respectivos mandatos. O Comitê poderá convidar agências especializadas e outros órgãos das Nações Unidas a apresentar relatórios sobre a implementação da Convenção em áreas pertinentes às suas respectivas atividades;

b) No desempenho de seu mandato, o Comitê consultará, de maneira apropriada, outros órgãos pertinentes instituídos ao amparo de tratados internacionais de direitos humanos, a fim de assegurar a consistência de suas respectivas diretrizes para a elaboração de relatórios, sugestões e recomendações gerais e de evitar duplicação e superposição no desempenho de suas funções.

Artigo 39
RELATÓRIO DO COMITÊ

A cada dois anos, o Comitê submeterá à Assembleia Geral e ao Conselho Econômico e Social um relatório de suas atividades e poderá fazer sugestões e recomendações gerais baseadas no exame dos relatórios e nas informações recebidas dos Estados-partes. Estas sugestões e recomendações gerais serão incluídas no relatório do Comitê, acompanhadas, se houver, de comentários dos Estados-partes.

Artigo 40
CONFERÊNCIA DOS ESTADOS-PARTES

1. Os Estados-partes reunir-se-ão regularmente em Conferência dos Estados-partes a fim de considerar matérias relativas à implementação da presente Convenção.

2. O Secretário-Geral das Nações Unidas convocará, dentro do período de seis meses após a entrada em vigor da presente Convenção, a Conferência dos Estados-partes. As reuniões subsequentes serão convocadas pelo Secretário-Geral das Nações Unidas a cada dois anos ou conforme a decisão da Conferência dos Estados-partes.

Artigo 41
DEPOSITÁRIO

O Secretário-Geral das Nações Unidas será o depositário da presente Convenção.

Artigo 42
ASSINATURA

A presente Convenção será aberta à assinatura de todos os Estados e organizações de integração regional na sede das Nações Unidas em Nova York, a partir de 30 de março de 2007.

Artigo 43
CONSENTIMENTO EM COMPROMETER-SE

A presente Convenção será submetida à ratificação pelos Estados signatários e à confirmação formal por organizações de integração regional signatárias. Ela estará aberta à adesão de qualquer Estado ou organização de integração regional que não a houver assinado.

Artigo 44
ORGANIZAÇÕES DE INTEGRAÇÃO REGIONAL

1. "Organização de integração regional" será entendida como organização constituída por Estados soberanos de determinada região, à qual seus Estados-membros tenham delegado competência sobre matéria abrangida pela presente Convenção. Essas organizações declararão, em seus documentos de confirmação formal ou adesão, o alcance de sua competência em relação à matéria abrangida pela presente Convenção. Subsequentemente, as organizações informarão ao depositário qualquer alteração substancial no âmbito de sua competência.

2. As referências a "Estados-partes" na presente Convenção serão aplicáveis a essas organizações, nos limites da competência destas.

3. Para os fins do parágrafo 1 do Artigo 45 e dos parágrafos 2 e 3 do Artigo 47, nenhum instrumento depositado por organização de integração regional será computado.

4. As organizações de integração regional, em matérias de sua competência, poderão exercer o direito de voto na Conferência dos Estados-partes, tendo direito ao mesmo número de votos quanto for o número de seus Estados-membros que forem Partes da presente Convenção. Essas organizações não exercerão seu direito de voto, se qualquer de seus Estados-membros exercer seu direito de voto, e vice-versa.

Artigo 45
ENTRADA EM VIGOR

1. A presente Convenção entrará em vigor no trigésimo dia após o depósito do vigésimo instrumento de ratificação ou adesão.

2. Para cada Estado ou organização de integração regional que ratificar ou formalmente confirmar a presente Convenção ou a ela aderir após o depósito do referido vigésimo instrumento, a Convenção entrará em vigor no trigésimo dia a partir da data em que esse Estado ou organização tenha depositado seu instrumento de ratificação, confirmação formal ou adesão.

Artigo 46
RESERVAS

1. Não serão permitidas reservas incompatíveis com o objeto e o propósito da presente Convenção.

2. As reservas poderão ser retiradas a qualquer momento.

Artigo 47
EMENDAS

1. Qualquer Estado-parte poderá propor emendas à presente Convenção e submetê-las ao Secretário-Geral das Nações Unidas. O Secretário-Geral comunicará aos Estados-partes quaisquer emendas propostas, solicitando-lhes que o notifiquem se são favoráveis a uma Conferência dos Estados-partes para considerar as propostas e tomar decisão a respeito delas. Se, até quatro meses após a data da referida comunicação, pelo menos um terço dos Estados-partes se manifestar favorável a essa Conferência, o Secretário-Geral das Nações Unidas convocará a Conferência, sob os auspícios das Nações Unidas. Qualquer emenda adotada por maioria de dois terços dos Estados-partes presentes e votantes será submetida pelo Secretário-Geral à aprovação da Assembleia Geral das Nações Unidas e, posteriormente, à aceitação de todos os Estados-partes.

2. Qualquer emenda adotada e aprovada conforme o disposto no parágrafo 1 do presente artigo entrará em vigor no trigésimo dia após a data na qual o número de instrumentos de aceitação tenha atingido dois terços do número de Estados-partes na data de adoção da emenda. Posteriormente, a emenda entrará em vigor para todo Estado-parte no trigésimo dia após o depósito por esse Estado do seu instrumento de aceitação. A emenda será vinculante somente para os Estados-partes que a tiverem aceitado.

3. Se a Conferência dos Estados-partes assim o decidir por consenso, qualquer emenda adotada e aprovada em conformidade com o disposto no parágrafo 1 deste Artigo, relacionada exclusivamente com os artigos 34, 38, 39 e 40, entrará em vigor para todos os Estados-partes no trigésimo dia a partir da data em que o número de instrumentos de aceitação depositados tiver atingido dois terços do número de Estados-partes na data de adoção da emenda.

Artigo 48
DENÚNCIA

Qualquer Estado-parte poderá denunciar a presente Convenção mediante notificação por escrito ao Secretário-Geral das Nações Unidas. A denúncia tornar-se-á efetiva um ano após a data de recebimento da notificação pelo Secretário-Geral.

Artigo 49
FORMATOS ACESSÍVEIS

O texto da presente Convenção será colocado à disposição em formatos acessíveis.

Artigo 50
TEXTOS AUTÊNTICOS

Os textos em árabe, chinês, espanhol, francês, inglês e russo da presente Convenção serão igualmente autênticos.

EM FÉ DO QUE os plenipotenciários abaixo assinados, devidamente autorizados para tanto por seus respectivos Governos, firmaram a presente Convenção.

PROTOCOLO FACULTATIVO À CONVENÇÃO SOBRE OS DIREITOS DAS PESSOAS COM DEFICIÊNCIA

Os Estados-partes do presente Protocolo acordaram o seguinte:

Artigo 1

1. Qualquer Estado-parte do presente Protocolo ("Estado-parte") reconhece a competência do Comitê sobre os Direitos das Pessoas com Deficiência ("Comitê") para receber e considerar comunicações submetidas por pessoas ou grupos de pessoas, ou em nome deles, sujeitos à sua jurisdição, alegando serem vítimas de violação das disposições da Convenção pelo referido Estado-parte.

2. O Comitê não receberá comunicação referente a qualquer Estado-parte que não seja signatário do presente Protocolo.

Artigo 2

O Comitê considerará inadmissível a comunicação quando:

a) A comunicação for anônima;
b) A comunicação constituir abuso do direito de submeter tais comunicações ou for incompatível com as disposições da Convenção;
c) A mesma matéria já tenha sido examinada pelo Comitê ou tenha sido ou estiver sendo examinada sob outro procedimento de investigação ou resolução internacional;
d) Não tenham sido esgotados todos os recursos internos disponíveis, salvo no caso em que a tramitação desses recursos se prolongue injustificadamente, ou seja improvável que se obtenha com eles solução efetiva;
e) A comunicação estiver precariamente fundamentada ou não for suficientemente substanciada; ou
f) Os fatos que motivaram a comunicação tenham ocorrido antes da entrada em vigor do presente Protocolo para o Estado-parte em apreço, salvo se os fatos continuarem ocorrendo após aquela data.

Artigo 3

Sujeito ao disposto no Artigo 2 do presente Protocolo, o Comitê levará confidencialmente ao conhecimento do Estado-parte concernente qualquer comunicação submetida ao Comitê. Dentro do período de seis meses, o Estado concernente submeterá ao Comitê explicações ou declarações por escrito, esclarecendo a matéria e a eventual solução adotada pelo referido Estado.

Artigo 4

1. A qualquer momento após receber uma comunicação e antes de decidir o mérito dessa comunicação, o Comitê poderá transmitir ao Estado-parte concernente, para sua urgente consideração, um pedido para que o Estado-parte tome as medidas de natureza cautelar que forem necessárias para evitar possíveis danos irreparáveis à vítima ou às vítimas da violação alegada.

2. O exercício pelo Comitê de suas faculdades discricionárias em virtude do parágrafo 1 do presente Artigo não implicará prejuízo algum sobre a admissibilidade ou sobre o mérito da comunicação.

Artigo 5

O Comitê realizará sessões fechadas para examinar comunicações a ele submetidas em conformidade com o presente Protocolo. Depois de examinar uma comunicação, o Comitê enviará suas sugestões e recomendações, se houver, ao Estado-parte concernente e ao requerente.

Artigo 6

1. Se receber informação confiável indicando que um Estado-parte está cometendo violação grave ou sistemática de direitos estabelecidos na Convenção, o Comitê convidará o referido Estado-parte a colaborar com a verificação da informação e, para tanto, a submeter suas observações a respeito da informação em pauta.

2. Levando em conta quaisquer observações que tenham sido submetidas pelo Estado-parte concernente, bem como quaisquer outras informações confiáveis em poder do Comitê, este poderá designar um ou mais de seus membros para realizar investigação e apresentar, em caráter de urgência, relatório ao Comitê. Caso se justifique e o Estado-parte o consinta, a investigação poderá incluir uma visita ao território desse Estado.

3. Após examinar os resultados da investigação, o Comitê os comunicará ao Estado-parte concernente, acompanhados de eventuais comentários e recomendações.

4. Dentro do período de seis meses após o recebimento dos resultados, comentários e recomendações transmitidos pelo Comitê, o Estado-parte concernente submeterá suas observações ao Comitê.

5. A referida investigação será realizada confidencialmente e a cooperação do Estado-parte será solicitada em todas as fases do processo.

Artigo 7

1. O Comitê poderá convidar o Estado-parte concernente a incluir em seu relatório, submetido em conformidade com o disposto no Artigo 35 da Convenção, pormenores a respeito das medidas tomadas em consequência da investigação realizada em conformidade com o Artigo 6 do presente Protocolo.

2. Caso necessário, o Comitê poderá, encerrado o período de seis meses a que se refere o parágrafo 4 do Artigo 6, convidar o Estado-parte concernente a informar o Comitê a respeito das medidas tomadas em consequência da referida investigação.

Artigo 8

Qualquer Estado-parte poderá, quando da assinatura ou ratificação do presente Protocolo ou de sua adesão a ele, declarar que não reconhece a competência do Comitê, a que se referem os Artigos 6 e 7.

Artigo 9

O Secretário-Geral das Nações Unidas será o depositário do presente Protocolo.

Artigo 10

O presente Protocolo será aberto à assinatura dos Estados e organizações de integração regional signatários da Convenção, na sede das Nações Unidas em Nova York, a partir de 30 de março de 2007.

Artigo 11

O presente Protocolo estará sujeito à ratificação pelos Estados signatários do presente Protocolo que tiverem ratificado a Convenção ou aderido a ela. Ele estará sujeito à confirmação formal por organizações de integração regional signatárias do presente Protocolo que tiverem formalmente confirmado a Convenção ou a ela aderido. O Protocolo ficará aberto à adesão de qualquer Estado ou organização de integração regional que tiver ratificado ou formalmente confirmado a Convenção ou a ela aderido e que não tiver assinado o Protocolo.

Artigo 12

1. "Organização de integração regional" será entendida como organização constituída por Estados soberanos de determinada região, à qual seus Estados-membros tenham delegado competência sobre matéria abrangida pela Convenção e pelo presente Protocolo. Essas organizações declararão, em seus documentos de confirmação formal ou adesão, o alcance de sua competência em relação à matéria abrangida pela Convenção e pelo presente Protocolo. Subsequentemente, as organizações informarão ao depositário qualquer alteração substancial no alcance de sua competência.

2. As referências a "Estados-partes" no presente Protocolo serão aplicáveis a essas organizações, nos limites da competência de tais organizações.

3. Para os fins do parágrafo 1 do Artigo 13 e do parágrafo 2 do Artigo 15, nenhum instrumento depositado por organização de integração regional será computado.

4. As organizações de integração regional, em matérias de sua competência, poderão exercer o direito de voto na Conferência dos Estados-partes, tendo direito ao mesmo número de votos que seus Estados-membros que forem Partes do presente Protocolo. Essas organizações não exercerão seu direito de voto se qualquer de seus Estados-membros exercer seu direito de voto, e vice-versa.

Artigo 13

1. Sujeito à entrada em vigor da Convenção, o presente Protocolo entrará em vigor no trigésimo dia após o depósito do décimo instrumento de ratificação ou adesão.

2. Para cada Estado ou organização de integração regional que ratificar ou formalmente confirmar o presente Protocolo ou a ele aderir depois do depósito do décimo instrumento dessa natureza, o Protocolo entrará em vigor no trigésimo dia a partir da data em que esse Estado ou organização tenha depositado seu instrumento de ratificação, confirmação formal ou adesão.

Artigo 14

1. Não serão permitidas reservas incompatíveis com o objeto e o propósito do presente Protocolo.

2. As reservas poderão ser retiradas a qualquer momento.

Artigo 15

1. Qualquer Estado-parte poderá propor emendas ao presente Protocolo e submetê-las ao Secretário-Geral das Nações Unidas. O Secretário-Geral comunicará aos Estados-partes quaisquer emendas propostas, solicitando-lhes que o notifiquem se são favoráveis a uma Conferência dos Estados-partes para considerar as propostas e tomar decisão a respeito delas. Se, até quatro meses após a data da referida comunicação, pelo menos um terço dos Estados-partes se manifestar favorável a essa Conferência, o Secretário-Geral das Nações Unidas convocará a Conferência, sob os auspícios das Nações Unidas. Qualquer emenda adotada por maioria de dois terços dos Estados-partes presentes e votantes será submetida pelo Secretário-Geral à aprovação da Assembleia Geral das Nações Unidas e, posteriormente, à aceitação de todos os Estados-partes.

2. Qualquer emenda adotada e aprovada conforme o disposto no parágrafo 1 do presente artigo entrará em vigor no trigésimo dia após a data na qual o número de instrumentos de aceitação tenha atingido dois terços do número de Estados-partes na data de adoção da emenda. Posteriormente, a emenda entrará em vigor para todo Estado-parte no trigésimo dia após o depósito por esse Estado do seu instrumento de aceitação. A emenda será vinculante somente para os Estados-partes que a tiverem aceitado.

Artigo 16

Qualquer Estado-parte poderá denunciar o presente Protocolo mediante notificação por escrito ao Secretário-Geral das Nações Unidas. A denúncia tornar-se-á efetiva um ano após a data de recebimento da notificação pelo Secretário-Geral.

Artigo 17

O texto do presente Protocolo será colocado à disposição em formatos acessíveis.

Artigo 18

Os textos em árabe, chinês, espanhol, francês, inglês e russo e do presente Protocolo serão igualmente autênticos.

EM FÉ DO QUE os plenipotenciários abaixo assinados, devidamente autorizados para tanto por seus respectivos governos, firmaram o presente Protocolo.

LEI N. 12.153, DE 22 DE DEZEMBRO DE 2009 (*)

Dispõe sobre os Juizados Especiais da Fazenda Pública no âmbito dos Estados, do Distrito Federal, dos Territórios e dos Municípios.

O Presidente da República.

Faço saber que o Congresso Nacional decreta e eu sanciono a seguinte Lei:

Art. 1.º Os Juizados Especiais da Fazenda Pública, órgãos da justiça comum e integrantes do Sistema dos Juizados Especiais,

(*) Publicada no *Diário Oficial da União*, de 23-12-2009.

serão criados pela União, no Distrito Federal e nos Territórios, e pelos Estados, para conciliação, processo, julgamento e execução, nas causas de sua competência.

Parágrafo único. O sistema dos Juizados Especiais dos Estados e do Distrito Federal é formado pelos Juizados Especiais Cíveis, Juizados Especiais Criminais e Juizados Especiais da Fazenda Pública.
- *Vide* art. 98, I, da CF.
- *Vide* Lei n. 9.099, de 26-9-1995, que dispõe sobre os Juizados Especiais Cíveis e Criminais dos Estados, Territórios e Distrito Federal.

Art. 2.º É de competência dos Juizados Especiais da Fazenda Pública processar, conciliar e julgar causas cíveis de interesse dos Estados, do Distrito Federal, dos Territórios e dos Municípios, até o valor de 60 (sessenta) salários mínimos.
- • O Decreto n. 12.342, de 30-12-2024, estabelece que, a partir de 1.º-1-2025, o salário mínimo será de R$ 1.518,00 (mil quinhentos e dezoito reais).

§ 1.º Não se incluem na competência do Juizado Especial da Fazenda Pública:

I – as ações de mandado de segurança, de desapropriação, de divisão e demarcação, populares, por improbidade administrativa, execuções fiscais e as demandas sobre direitos ou interesses difusos e coletivos;
- Mandado de Segurança: *vide* Lei n. 12.016, de 7-8-2009.
- Desapropriação: Decreto-lei n. 3.365, de 21-6-1941.
- Ação de divisão e demarcação de terras particulares: *vide* arts. 569 a 598 do CPC.
- Ação popular: Lei n. 4.717, de 29-6-1965.
- Improbidade Administrativa: Lei n. 8.429, de 2-6-1992.
- Execução Fiscal: *vide* Lei n. 6.830, de 22-9-1980.

II – as causas sobre bens imóveis dos Estados, Distrito Federal, Territórios e Municípios, autarquias e fundações públicas a eles vinculadas;

III – as causas que tenham como objeto a impugnação da pena de demissão imposta a servidores públicos civis ou sanções disciplinares aplicadas a militares.
- Regime Jurídico dos Servidores Públicos: Lei n. 8.112, de 11-12-1990.

§ 2.º Quando a pretensão versar sobre obrigações vincendas, para fins de competência do Juizado Especial, a soma de 12 (doze) parcelas vincendas e de eventuais parcelas vencidas não poderá exceder o valor referido no *caput* deste artigo.

§ 3.º (*Vetado.*)

§ 4.º No foro onde estiver instalado Juizado Especial da Fazenda Pública, a sua competência é absoluta.

Art. 3.º O juiz poderá, de ofício ou a requerimento das partes, deferir quaisquer providências cautelares e antecipatórias no curso do processo, para evitar dano de difícil ou incerta reparação.

Art. 4.º Exceto nos casos do art. 3.º, somente será admitido recurso contra a sentença.

Art. 5.º Podem ser partes no Juizado Especial da Fazenda Pública:

Lei n. 12.153, de 22-12-2009 – Juizados Especiais

I – como autores, as pessoas físicas e as microempresas e empresas de pequeno porte, assim definidas na Lei Complementar n. 123, de 14 de dezembro de 2006;

II – como réus, os Estados, o Distrito Federal, os Territórios e os Municípios, bem como autarquias, fundações e empresas públicas a eles vinculadas.

Art. 6.º Quanto às citações e intimações, aplicam-se as disposições contidas na Lei n. 5.869, de 11 de janeiro de 1973 – Código de Processo Civil.

•• A referência é feita ao CPC de 1973. *Vide* arts. 238 a 259 (Das Citações) e arts. 269 a 275 (Intimações) do CPC de 2015.

Art. 7.º Não haverá prazo diferenciado para a prática de qualquer ato processual pelas pessoas jurídicas de direito público, inclusive a interposição de recursos, devendo a citação para a audiência de conciliação ser efetuada com antecedência mínima de 30 (trinta) dias.

Art. 8.º Os representantes judiciais dos réus presentes à audiência poderão conciliar, transigir ou desistir nos processos da competência dos Juizados Especiais, nos termos e nas hipóteses previstas na lei do respectivo ente da Federação.

Art. 9.º A entidade ré deverá fornecer ao Juizado a documentação de que disponha para o esclarecimento da causa, apresentando-a até a instalação da audiência de conciliação.

Art. 10. Para efetuar o exame técnico necessário à conciliação ou ao julgamento da causa, o juiz nomeará pessoa habilitada, que apresentará o laudo até 5 (cinco) dias antes da audiência.

Art. 11. Nas causas de que trata esta Lei, não haverá reexame necessário.

Art. 12. O cumprimento do acordo ou da sentença, com trânsito em julgado, que imponham obrigação de fazer, não fazer ou entrega de coisa certa, será efetuado mediante ofício do juiz à autoridade citada para a causa, com cópia da sentença ou do acordo.

• Das modalidades das obrigações no CC: arts. 233 a 285.

Art. 13. Tratando-se de obrigação de pagar quantia certa, após o trânsito em julgado da decisão, o pagamento será efetuado:

I – no prazo máximo de 60 (sessenta) dias, contado da entrega da requisição do juiz à autoridade citada para a causa, independentemente de precatório, na hipótese do § 3.º do art. 100 da Constituição Federal; ou

II – mediante precatório, caso o montante da condenação exceda o valor definido como obrigação de pequeno valor.

• Sobre precatórios vide arts. 100 da CF e 97 do ADCT.

§ 1.º Desatendida a requisição judicial, o juiz, imediatamente, determinará o sequestro do numerário suficiente ao cumprimento da decisão, dispensada a audiência da Fazenda Pública.

§ 2.º As obrigações definidas como de pequeno valor a serem pagas independentemente de precatório terão como limite o que for estabelecido na lei do respectivo ente da Federação.

§ 3.º Até que se dê a publicação das leis de que trata o § 2.º, os valores serão:

I – 40 (quarenta) salários mínimos, quanto aos Estados e ao Distrito Federal;

II – 30 (trinta) salários mínimos, quanto aos Municípios.

§ 4.º São vedados o fracionamento, a repartição ou a quebra do valor da execução, de modo que o pagamento se faça, em parte, na forma estabelecida no inciso I do *caput* e, em parte, mediante expedição de precatório, bem como a expedição de precatório complementar ou suplementar do valor pago.

§ 5.º Se o valor da execução ultrapassar o estabelecido para pagamento independentemente do precatório, o pagamento far-se-á, sempre, por meio do precatório, sendo facultada à parte exequente a renúncia ao crédito do valor excedente, para que possa optar pelo pagamento do saldo sem o precatório.

§ 6.º O saque do valor depositado poderá ser feito pela parte autora, pessoalmente, em qualquer agência do banco depositário, independentemente de alvará.

§ 7.º O saque por meio de procurador somente poderá ser feito na agência destinatária do depósito, mediante procuração específica, com firma reconhecida, da qual constem o valor originariamente depositado e sua procedência.

Art. 14. Os Juizados Especiais da Fazenda Pública serão instalados pelos Tribunais de Justiça dos Estados e do Distrito Federal.

Parágrafo único. Poderão ser instalados Juizados Especiais Adjuntos, cabendo ao Tribunal designar a Vara onde funcionará.

Art. 15. Serão designados, na forma da legislação dos Estados e do Distrito Federal, conciliadores e juízes leigos dos Juizados Especiais da Fazenda Pública, observadas as atribuições previstas nos arts. 22, 37 e 40 da Lei n. 9.099, de 26 de setembro de 1995.

§ 1.º Os conciliadores e juízes leigos são auxiliares da Justiça, recrutados, os primeiros, preferentemente, entre os bacharéis em Direito, e os segundos, entre advogados com mais de 2 (dois) anos de experiência.

§ 2.º Os juízes leigos ficarão impedidos de exercer a advocacia perante todos os Juizados Especiais da Fazenda Pública instalados em território nacional, enquanto no desempenho de suas funções.

Art. 16. Cabe ao conciliador, sob a supervisão do juiz, conduzir a audiência de conciliação.

• Vide art. 26 desta Lei.

§ 1.º Poderá o conciliador, para fins de encaminhamento da composição amigável, ouvir as partes e testemunhas sobre os contornos fáticos da controvérsia.

§ 2.º Não obtida a conciliação, caberá ao juiz presidir a instrução do processo, podendo dispensar novos depoimentos, se entender suficientes para o julgamento da causa os esclarecimentos já constantes dos autos, e não houver impugnação das partes.

Art. 17. As Turmas Recursais do Sistema dos Juizados Especiais são compostas por juízes em exercício no primeiro grau de jurisdição, na forma da legislação dos Estados e do Distrito Federal, com mandato de 2 (dois) anos, e integradas, preferencialmente, por juízes do Sistema dos Juizados Especiais.

§ 1.º A designação dos juízes das Turmas Recursais obedecerá aos critérios de antiguidade e merecimento.

§ 2.º Não será permitida a recondução, salvo quando não houver outro juiz na sede da Turma Recursal.

Art. 18. Caberá pedido de uniformização de interpretação de lei quando houver divergência entre decisões proferidas por Turmas Recursais sobre questões de direito material.

§ 1.º O pedido fundado em divergência entre Turmas do mesmo Estado será julgado em reunião conjunta das Turmas em conflito, sob a presidência de desembargador indicado pelo Tribunal de Justiça.

§ 2.º No caso do § 1.º, a reunião de juízes domiciliados em cidades diversas poderá ser feita por meio eletrônico.

§ 3.º Quando as Turmas de diferentes Estados derem à lei federal interpretações divergentes, ou quando a decisão proferida estiver em contrariedade com súmula do Superior Tribunal de Justiça, o pedido será por este julgado.

Art. 19. Quando a orientação acolhida pelas Turmas de Uniformização de que trata o § 1.º do art. 18 contrariar súmula do Superior Tribunal de Justiça, a parte interessada poderá provocar a manifestação deste, que dirimirá a divergência.

§ 1.º Eventuais pedidos de uniformização fundados em questões idênticas e recebidos subsequentemente em quaisquer das Turmas Recursais ficarão retidos nos autos, aguardando pronunciamento do Superior Tribunal de Justiça.

§ 2.º Nos casos do *caput* deste artigo e do § 3.º do art. 18, presente a plausibilidade do direito invocado e havendo fundado receio de dano de difícil reparação, poderá o relator conceder, de ofício ou a requerimento do interessado, medida liminar determinando a suspensão dos processos nos quais a controvérsia esteja estabelecida.

§ 3.º Se necessário, o relator pedirá informações ao Presidente da Turma Recursal ou Presidente da Turma de Uniformização e, nos casos previstos em lei, ouvirá o Ministério Público, no prazo de 5 (cinco) dias.

§ 4.º (Vetado.)
§ 5.º Decorridos os prazos referidos nos §§ 3.º e 4.º, o relator incluirá o pedido em pauta na sessão, com preferência sobre todos os demais feitos, ressalvados os processos com réus presos, os *habeas corpus* e os mandados de segurança.
§ 6.º Publicado o acórdão respectivo, os pedidos retidos referidos no § 1.º serão apreciados pelas Turmas Recursais, que poderão exercer juízo de retratação ou os declararão prejudicados, se veicularem tese não acolhida pelo Superior Tribunal de Justiça.
Art. 20. Os Tribunais de Justiça, o Superior Tribunal de Justiça e o Supremo Tribunal Federal, no âmbito de suas competências, expedirão normas regulamentando os procedimentos a serem adotados para o processamento e o julgamento do pedido de uniformização e do recurso extraordinário.
Art. 21. O recurso extraordinário, para os efeitos desta Lei, será processado e julgado segundo o estabelecido no art. 19, além da observância das normas do Regimento.
• Do recurso extraordinário no CPC: *vide* arts. 1.029 a 1.044.
Art. 22. Os Juizados Especiais da Fazenda Pública serão instalados no prazo de até 2 (dois) anos da vigência desta Lei, podendo haver o aproveitamento total ou parcial das estruturas das atuais Varas da Fazenda Pública.
Art. 23. Os Tribunais de Justiça poderão limitar, por até 5 (cinco) anos, a partir da entrada em vigor desta Lei, a competência dos Juizados Especiais da Fazenda Pública, atendendo à necessidade da organização dos serviços judiciários e administrativos.
Art. 24. Não serão remetidas aos Juizados Especiais da Fazenda Pública as demandas ajuizadas até a data de sua instalação, assim como as ajuizadas fora do Juizado Especial por força do disposto no art. 23.
Art. 25. Competirá aos Tribunais de Justiça prestar o suporte administrativo necessário ao funcionamento dos Juizados Especiais.
Art. 26. O disposto no art. 16 aplica-se aos Juizados Especiais Federais instituídos pela Lei n. 10.259, de 12 de julho de 2001.
Art. 27. Aplica-se subsidiariamente o disposto nas Leis n. 5.869, de 11 de janeiro de 1973 – Código de Processo Civil, 9.099, de 26 de setembro de 1995, e 10.259, de 12 de julho de 2001.
•• A referência é feita ao CPC de 1973. *Vide* Código vigente.
Art. 28. Esta Lei entra em vigor após decorridos 6 (seis) meses de sua publicação oficial.
Brasília, 22 de dezembro de 2009; 188.º da Independência e 121.º da República.

Luiz Inácio Lula da Silva

DECRETO N. 7.574, DE 29 DE SETEMBRO DE 2011 (*)

Regulamenta o processo de determinação e de exigência de créditos tributários da União, o processo de consulta relativo à interpretação da legislação tributária e aduaneira, à classificação fiscal de mercadorias, à classificação de serviços, intangíveis e de outras operações que produzam variações no patrimônio e de outros processos que especifica, sobre matérias administradas pela Secretaria da Receita Federal do Brasil.

•• Ementa com redação determinada pelo Decreto n. 8.853, de 22-9-2016.

A Presidenta da República, no uso da atribuição que lhe confere o art. 84, inciso IV, da Constituição, decreta:

Art. 1.º O processo de determinação e de exigência de créditos tributários da União, o processo de consulta relativo à interpretação da legislação tributária e aduaneira, à classificação fiscal de mercadorias, à classificação de serviços, intangíveis e de outras operações que produzam variações no patrimônio e de outros processos administrativos relativos às matérias de competência da Secretaria da Receita Federal do Brasil serão regidos conforme o disposto neste Decreto.
•• Artigo com redação determinada pelo Decreto n. 8.853, de 22-9-2016.

Título I
DAS NORMAS GERAIS

Capítulo I
DOS ATOS E DOS TERMOS PROCESSUAIS

Seção I
Da Forma

Art. 2.º Os atos e termos processuais, quando a lei não prescrever forma própria, conterão somente o indispensável à sua finalidade e serão lavrados sem espaço em branco, não devendo conter entrelinhas, rasuras ou emendas não ressalvadas (Decreto n. 70.235, de 6 de março de 1972, art. 2.º).
Parágrafo único. Os atos e termos processuais poderão ser formalizados, tramitados, comunicados e transmitidos em formato digital, conforme disciplinado em ato da administração tributária.
•• Parágrafo único com redação determinada pelo Decreto n. 8.853, de 22-9-2016.
Art. 3.º Os termos decorrentes de atividade fiscalizadora serão lavrados, sempre que possível, em livro fiscal, extraindo-se cópia para anexação ao processo.
Parágrafo único. Na hipótese de o termo não ser lavrado em livro fiscal, deverá ser entregue cópia autenticada à pessoa sob fiscalização (Decreto n. 70.235, de 1972, art. 8.º).

(*) Publicado no *Diário Oficial da União*, de 30-9-2011, e retificado em 8-11-2011.

Art. 4.º É dispensado o reconhecimento de firma em petições dirigidas à administração pública, salvo em casos excepcionais ou naqueles em que a lei imponha explicitamente essa condição, podendo, no caso de dúvida sobre a autenticidade da assinatura ou quando a providência servir ao resguardo do sigilo, antes da decisão final, ser exigida a apresentação de prova de identidade do requerente (Lei n. 4.862, de 29 de novembro de 1965, art. 31).
Art. 5.º O processo será organizado em ordem cronológica e terá suas folhas numeradas e rubricadas ou autenticadas eletronicamente (Decreto n. 70.235, de 1972, parágrafo único do art. 2.º e art. 22).

Seção II
Da Prática dos Atos

Subseção I
Do local

Art. 6.º Os atos serão lavrados por servidor competente no local de verificação da falta (Decreto n. 70.235, de 1972, art. 10).
Parágrafo único. Considera-se local de verificação da falta aquele em que for apurada a existência da infração, podendo ser, inclusive, a repartição fazendária, em face dos elementos de prova disponíveis.

Subseção II
Dos prazos

Art. 7.º O prazo para a autoridade local fazer realizar os atos processuais que devam ser praticados em sua jurisdição, por solicitação de outra autoridade preparadora ou julgadora, é de trinta dias, contados da data do recebimento da solicitação (Decreto n. 70.235, de 1972, art. 3.º).
Art. 8.º Salvo disposição em contrário, o prazo para o servidor executar os atos processuais é de oito dias, contados da data da ciência da designação (Decreto n. 70.235, de 1972, art. 4.º).
Art. 9.º Os prazos serão contínuos, com início e vencimento em dia de expediente normal da unidade da Secretaria da Receita Federal do Brasil em que corra o processo ou deva ser praticado o ato (Decreto n. 70.235, de 1972, art. 5.º).
Parágrafo único. Na contagem dos prazos, é excluído o dia de início e incluído o de vencimento.

Seção III
Das Intimações

Subseção I
Da forma

Art. 10. As formas de intimação são as seguintes:
I – pessoal, pelo autor do procedimento ou por agente do órgão preparador, na repartição ou fora dela, provada com a assinatura do sujeito passivo, seu mandatário ou preposto, ou, no caso de recusa, com declaração escrita de quem o intimar (Decre-

to n. 70.235, de 1972, art. 23, inciso I, com a redação dada pela Lei n. 9.532, de 10 de dezembro de 1997, art. 67);

II – por via postal ou por qualquer outro meio ou via, com prova de recebimento no domicílio tributário eleito pelo sujeito passivo (Decreto n. 70.235, de 1972, art. 23, inciso II, com a redação dada pela Lei n. 9.532, de 1997, art. 67);

III – por meio eletrônico, com prova de recebimento, mediante:

a) envio ao domicílio tributário do sujeito passivo; ou

b) registro em meio magnético ou equivalente utilizado pelo sujeito passivo (Decreto n. 70.235, de 1972, art. 23, inciso III, com a redação dada pela Lei n. 11.196, de 2005, art. 113); ou

IV – por edital, quando resultar improfícuo um dos meios previstos nos incisos I a III do caput ou quando o sujeito passivo tiver sua inscrição declarada inapta perante o cadastro fiscal, publicado (Decreto n. 70.235, de 1972, art. 23, § 1.º, com a redação dada pela Lei n. 11.941, de 27 de maio de 2009, art. 25):

a) no endereço da administração tributária na Internet;

b) em dependência, franqueada ao público, do órgão encarregado da intimação; ou

c) uma única vez, em órgão da imprensa oficial local.

§ 1.º A utilização das formas de intimação previstas nos incisos I a III não está sujeita a ordem de preferência (Decreto n. 70.235, de 1972, art. 23, § 3.º, com a redação dada pela Lei n. 11.196, de 2005, art. 113).

§ 2.º Para fins de intimação por meio das formas previstas nos incisos II e III, considera-se domicílio tributário do sujeito passivo (Decreto n. 70.235, de 1972, art. 23, § 4.º, com a redação dada pela Lei n. 9.532, de 1997, art. 67):

I – o endereço postal fornecido à administração tributária, para fins cadastrais; e

II – o endereço eletrônico atribuído pela administração tributária, desde que autorizado pelo sujeito passivo (Decreto n. 70.235, de 1972, art. 23, § 4.º, inciso II, com a redação dada pela Lei n. 11.196, de 2005, art. 113).

§ 3.º O endereço eletrônico de que trata o inciso II do § 2.º somente será implementado com expresso consentimento do sujeito passivo, e a administração tributária informar-lhe-á as normas e condições de sua utilização e manutenção (Decreto n. 70.235, de 1972, art. 23, § 5.º, com a redação dada pela Lei n. 11.196, de 2005, art. 113).

§ 4.º A Secretaria da Receita Federal do Brasil expedirá atos complementares às normas previstas neste artigo (Decreto n. 70.235, de 1972, art. 23, § 6.º, com a redação dada pela Lei n. 11.196, de 2005, art. 113).

Subseção II
Do momento

Art. 11. Considera-se feita a intimação (Decreto n. 70.235, de 1972, art. 23, § 2.º, com a redação dada pela Lei n. 11.196, de 2005, art. 113):

I – se pessoal, na data da ciência do intimado ou da declaração de recusa lavrada pelo servidor responsável pela intimação;

II – se por via postal, na data do recebimento ou, se omitida, quinze dias após a data da expedição da intimação (Decreto n. 70.235, de 1972, art. 23, § 2.º, inciso II, com a redação dada pela Lei n. 9.532, de 1997, art. 67);

III – se por meio eletrônico:

•• Inciso III, *caput*, com redação determinada pelo Decreto n. 8.853, de 22-9-2016.

a) quinze dias, contados da data registrada no comprovante de entrega no domicílio tributário do sujeito passivo;

•• Alínea a com redação determinada pelo Decreto n. 8.853, de 22-9-2016.

b) na data em que o sujeito passivo efetuar consulta no endereço eletrônico a ele atribuído pela administração tributária, se ocorrida antes do prazo previsto na alínea a; ou

•• Alínea b com redação determinada pelo Decreto n. 8.853, de 22-9-2016.

c) na data registrada no meio magnético ou equivalente utilizado pelo sujeito passivo; ou

•• Alínea c acrescentada pelo Decreto n. 8.853, de 22-9-2016.

IV – se por edital, quinze dias após a sua publicação (Decreto n. 70.235, de 1972, art. 23, § 2.º, inciso IV, com a redação dada pela Lei n. 9.532, de 1997, art. 67, e pela Lei n. 11.196, de 2005, art. 113).

Seção IV
Das Nulidades

Art. 12. São nulos (Decreto n. 70.235, de 1972, art. 59):

I – os atos e os termos lavrados por pessoa incompetente; e

II – os despachos e decisões proferidos por autoridade incompetente ou com preterição do direito de defesa.

§ 1.º A nulidade de qualquer ato só prejudica os atos posteriores que dele diretamente dependam ou sejam consequência.

§ 2.º Na declaração de nulidade, a autoridade dirá os atos alcançados e determinará as providências necessárias ao prosseguimento ou solução do processo.

§ 3.º Quando puder decidir o mérito em favor do sujeito passivo a quem aproveitaria a declaração de nulidade, a autoridade julgadora não a pronunciará, nem mandará repetir o ato, ou suprir-lhe a falta.

Art. 13. As irregularidades, incorreções e omissões diferentes das referidas no art. 12 não importarão em nulidade e serão sanadas quando resultarem em prejuízo para o sujeito passivo, salvo se este lhes houver dado causa, ou quando não influírem na solução do litígio (Decreto n. 70.235, de 1972, art. 60).

Art. 14. A nulidade será declarada pela autoridade competente para praticar o ato ou julgar a sua legitimidade (Decreto n. 70.235, de 1972, art. 61).

Capítulo II
DA COMPETÊNCIA PARA O PREPARO DO PROCESSO

Art. 15. O preparo do processo compete à autoridade local da unidade da Secretaria da Receita Federal do Brasil encarregada da administração do tributo (Decreto n. 70.235, de 1972, art. 24).

Parágrafo único. Quando o ato for praticado por meio eletrônico, a administração tributária poderá atribuir o preparo do processo a unidade da administração tributária diversa da prevista no *caput* (incluído pela Lei n. 11.941, de 2009, art. 25).

Art. 16. A autoridade preparadora determinará que seja informado, no processo, se o infrator é reincidente, conforme definição em lei específica, se essa circunstância não tiver sido declarada na formalização da exigência, reabrindo-se o prazo de impugnação (Decreto n. 70.235, de 1972, art. 13).

Capítulo III
DO EXAME DE LIVROS E DE DOCUMENTOS

Art. 17. Para o efeito da legislação tributária, não têm aplicação quaisquer disposições legais excludentes ou limitativas do direito de examinar mercadorias, livros, arquivos, documentos, papéis e efeitos comerciais ou fiscais, dos empresários e das sociedades, ou da obrigação destes de exibi-los (Lei n. 5.172, de 25 de outubro de 1966 – Código Tributário Nacional, art. 195; Lei n. 10.406, de 10 de janeiro de 2002 – Código Civil, art. 1.179).

§ 1.º Os livros obrigatórios de escrituração comercial e fiscal e os comprovantes dos lançamentos neles efetuados serão conservados até que ocorra a prescrição dos créditos tributários decorrentes das operações a que se refiram (Lei n. 5.172, de 1966 – Código Tributário Nacional, art. 195, parágrafo único; Lei n. 8.212, de 24 de julho de 1991, art. 32, § 11, com a redação dada pela Lei n. 11.941, de 2009, art. 26).

§ 2.º Os comprovantes da escrituração comercial e fiscal relativos a fatos que repercutem em lançamentos contábeis de exercícios futuros serão conservados até que se opere a decadência do direito de a Fazenda Pública constituir os créditos tributários relativos a esses exercícios (Lei n. 9.430, de 27 de dezembro de 1996, art. 37).

Art. 18. São também passíveis de exame os documentos mantidos em arquivos magnéticos ou assemelhados, encontrados no local da verificação, que tenham relação direta ou indireta com a atividade exercida pelo sujeito passivo (Lei n. 9.430, de 1996, art. 34).

Art. 19. Os livros e documentos poderão ser examinados fora do estabelecimento do sujeito passivo, desde que lavrado termo escrito de retenção pela autoridade fiscal, em que se especifiquem a quantidade, espécie, natureza e condições dos livros e documentos retidos (Lei n. 9.430, de 1996, art. 35).

Parágrafo único. Os originais dos livros e dos documentos retidos devem ser devolvidos, mediante recibo, salvo se constituírem prova da prática de ilícito penal ou tributário, hipótese em que permanecerão retidos, extraindo-se cópia para entrega ao interessado (Lei n. 9.430, de 1996, art. 35, §§ 1.º e 2.º).

Art. 20. A autoridade fiscal encarregada de diligência ou fiscalização poderá promover a lacração de móveis, caixas, cofres ou depósitos onde se encontrarem arquivos e documentos, toda vez que ficar caracterizada a resistência ou embaraço à fiscalização, ou ainda quando as circunstâncias ou a quantidade de documentos não permitirem a sua identificação e conferência no local ou no momento em que foram encontrados (Lei n. 9.430, de 1996, art. 36).

Parágrafo único. O sujeito passivo e demais responsáveis serão previamente notificados para acompanharem o procedimento de rompimento do lacre e de identificação dos elementos de interesse da fiscalização (Lei n. 9.430, de 1996, art. 36, parágrafo único).

Art. 21. O sujeito passivo usuário de sistemas de processamento de dados deverá manter documentação técnica completa e atualizada do sistema, suficiente para possibilitar sua auditoria, facultada a manutenção em meio magnético, sem prejuízo da sua emissão gráfica, quando solicitada (Lei n. 9.430, de 1996, art. 38).

Art. 22. As pessoas jurídicas que utilizarem sistemas de processamento eletrônico de dados para registrar negócios e atividades econômicas ou financeiras, escriturar livros ou elaborar documentos de natureza contábil ou fiscal ficam obrigadas a manter, à disposição da Secretaria da Receita Federal do Brasil, os respectivos arquivos digitais e sistemas, pelo prazo decadencial previsto na legislação tributária (Lei n. 8.218, de 29 de agosto de 1991, art. 11, com a redação dada pela Medida Provisória n. 2.158-35, de 24 de agosto de 2001, art. 72).

§ 1.º A Secretaria da Receita Federal do Brasil poderá estabelecer prazo inferior ao previsto no *caput*, que poderá ser diferenciado segundo o porte da pessoa jurídica (Lei n. 8.218, de 1991, art. 11, § 1.º, com a redação dada pela Medida Provisória n. 2.158-35, de 2001, art. 72).

§ 2.º A Secretaria da Receita Federal do Brasil expedirá os atos necessários para estabelecer a forma e o prazo em que os arquivos digitais e sistemas deverão ser apresentados (Lei n. 8.218, de 1991, art. 11, § 3.º, com a redação dada pela Medida Provisória n. 2.158-35, de 2001, art. 72).

§ 3.º Os atos a que se refere o § 2.º poderão ser expedidos por autoridade designada pelo Secretário da Receita Federal do Brasil (Lei n. 8.218, de 1991, art. 11, § 4.º, com a redação dada pela Medida Provisória n. 2.158-35, de 2001, art. 72).

Capítulo IV
DO DEVER DE PRESTAR INFORMAÇÕES

Art. 23. Os órgãos da Secretaria da Receita Federal do Brasil, e os Auditores-Fiscais da Receita Federal do Brasil, no uso de suas atribuições legais, poderão solicitar informações e esclarecimentos ao sujeito passivo ou a terceiros, sendo as declarações, ou a recusa em prestá-las, lavradas pela autoridade administrativa e assinadas pelo declarante (Lei n. 2.354, de 29 de novembro de 1954, art. 7.º; Decreto-lei n. 1.718, de 27 de novembro de 1979, art. 2.º; Lei n. 5.172, de 1966 – Código Tributário Nacional, arts. 196 e 197; Lei n. 11.457, de 16 de março de 2007, art. 10).

Parágrafo único. A obrigação a que se refere o *caput* não abrange a prestação de informações quanto a fatos sobre os quais o informante esteja legalmente obrigado a observar segredo em razão de cargo, ofício, função, ministério, atividade ou profissão (Lei n. 5.172, de 1966 – Código Tributário Nacional, de 1966, art. 197, parágrafo único).

Capítulo V
DAS PROVAS

Art. 24. São hábeis para comprovar a verdade dos fatos todos os meios de prova admitidos em direito (Lei n. 5.869, de 11 de janeiro de 1973, art. 332).

•• A referência é feita ao CPC de 1973. *Vide* art. 369 do CPC de 2015.

Parágrafo único. São inadmissíveis no processo administrativo as provas obtidas por meios ilícitos (Lei n. 9.784, de 29 de janeiro de 1999, art. 30).

Art. 25. Os autos de infração ou as notificações de lançamento deverão estar instruídos com todos os termos, depoimentos, laudos e demais elementos de prova indispensáveis à comprovação do ilícito (Decreto n. 70.235, de 1972, art. 9.º, com a redação dada pela Lei n. 11.941, de 2009, art. 25).

Art. 26. A escrituração mantida com observância das disposições legais faz prova a favor do sujeito passivo dos fatos nela registrados e comprovados por documentos hábeis, segundo sua natureza, ou assim definidos em preceitos legais (Decreto-lei n. 1.598, de 26 de dezembro de 1977, art. 9.º, § 1.º).

Parágrafo único. Cabe à autoridade fiscal a prova da inveracidade dos fatos registrados com observância do disposto no *caput* (Decreto-lei n. 1.598, de 1977, art. 9.º, § 2.º).

Art. 27. O disposto no parágrafo único do art. 26 não se aplica aos casos em que a lei, por disposição especial, atribua ao sujeito passivo o ônus da prova de fatos registrados na sua escrituração (Decreto-lei n. 1.598, de 1977, art. 9.º, § 3.º).

Art. 28. Cabe ao interessado a prova dos fatos que tenha alegado, sem prejuízo do dever atribuído ao órgão competente para a instrução e sem prejuízo do disposto no art. 29 (Lei n. 9.784, de 1999, art. 36).

Art. 29. Quando o interessado declarar que fatos e dados estão registrados em documentos existentes na própria administração responsável pelo processo ou em outro órgão administrativo, o órgão competente para a instrução proverá, de ofício, à obtenção dos documentos ou das respectivas cópias (Lei n. 9.784, de 1999, art. 37).

TÍTULO II
DO PROCESSO DE DETERMINAÇÃO E EXIGÊNCIA DE CRÉDITOS TRIBUTÁRIOS

Capítulo I
DO PROCEDIMENTO FISCAL

Seção I
Da Aplicação no Tempo das Normas Procedimentais Relativas ao Lançamento

Art. 30. Aplica-se ao lançamento a legislação que, posteriormente à ocorrência do fato gerador da obrigação tributária, tenha instituído novos critérios de apuração ou processos de fiscalização, ampliado os poderes de investigação das autoridades fiscais ou outorgado ao crédito tributário maiores garantias ou privilégios, exceto, neste último caso, para o efeito de atribuir responsabilidade tributária a terceiros (Lei n. 5.172, de 1966 – Código Tributário Nacional, art. 144, § 1.º).

Seção II
Da Competência para Efetuar Lançamento

Art. 31. O lançamento de ofício compete ao Auditor-Fiscal da Receita Federal do Brasil, podendo a exigência do crédito tributário ser formalizada em auto de infração ou em notificação de lançamento.

•• *Caput* com redação determinada pelo Decreto n. 8.853, de 22-9-2016.

Parágrafo único. O servidor que verificar a ocorrência de infração à legislação tributária federal e não for competente para formalizar a exigência decorrente comunicará o fato, em representação circunstanciada, a seu chefe imediato para adoção das providências necessárias (Decreto n. 70.235, de 1972, art. 12).

Art. 32. A competência para fiscalizar o cumprimento das obrigações principais e acessórias relativas ao Regime Especial Uni-

Decreto n. 7.574, de 29-9-2011 – Processo de Créditos Tributários

ficado de Arrecadação de Tributos e Contribuições devidos pelas Microempresas e Empresas de Pequeno Porte – Simples Nacional e para verificar a ocorrência das hipóteses de exclusão de ofício é da Secretaria da Receita Federal do Brasil e das Secretarias de Fazenda ou de Finanças do Estado ou do Distrito Federal, segundo a localização do estabelecimento e, tratando-se de prestação de serviços incluídos na competência tributária municipal, a competência será também do respectivo Município (Lei Complementar n. 123, de 14 de dezembro de 2006, art. 33).

Seção III
Do Início do Procedimento Fiscal

Art. 33. O procedimento fiscal tem início com (Decreto n. 70.235, de 1972, art. 7.º):

I – o primeiro ato de ofício, por escrito, praticado por servidor competente, cientificado o sujeito passivo da obrigação tributária ou seu preposto;

II – a apreensão de mercadorias;

III – a apreensão de documentos ou de livros; ou

IV – o começo do despacho aduaneiro de mercadoria importada.

§ 1.º O início do procedimento exclui a espontaneidade do sujeito passivo em relação aos atos anteriores e, independentemente de intimação, a dos demais envolvidos nas infrações verificadas.

§ 2.º O ato que determinar o início do procedimento fiscal exclui a espontaneidade do sujeito passivo em relação ao tributo, ao período e à matéria nele expressamente inseridos.

§ 3.º Para os efeitos do disposto nos §§ 1.º e 2.º, os atos referidos nos incisos I, II e III do *caput* valerão pelo prazo de sessenta dias, prorrogável, sucessivamente, por igual período contado a partir do término, com qualquer outro ato escrito que indique o prosseguimento dos trabalhos, desde que lavrado e cientificado ao sujeito passivo dentro do prazo anterior.

§ 4.º Para efeitos do disposto no inciso IV do *caput*, tem-se:

I – por iniciado o despacho aduaneiro de importação na data do registro da declaração de importação (Decreto n. 6.759, de 5-2-2009, art. 545); e

II – por registro da Declaração de Importação a sua numeração pela Secretaria da Receita Federal do Brasil no Sistema Integrado de Comércio Exterior – SISCOMEX ou, quando dispensado o registro com a utilização desse meio, na forma estabelecida por esse órgão (Decreto n. 6.759, de 2009, art. 545, §§ 1.º e 2.º).

Art. 34. O procedimento de fiscalização será iniciado pela intimação ao sujeito passivo para, no prazo de vinte dias, contados da data da ciência, apresentar as informações e documentos necessários ao procedimento fiscal, ou efetuar o recolhimento do crédito tributário constituído (Lei n. 3.470, de 28-11-1958, art. 19, com a redação dada pela Medida Provisória n. 2.158-35, de 2001, art. 71).

§ 1.º O prazo a que se refere o *caput* será de cinco dias úteis, nas situações em que as informações e os documentos solicitados digam respeito a fatos que devam estar registrados na escrituração contábil ou fiscal do sujeito passivo, ou em declarações apresentadas à administração tributária.

§ 2.º Não enseja a aplicação da penalidade prevista no § 2.º do art. 44 da Lei n. 9.430, de 1996, o desatendimento à intimação para apresentar documentos cuja guarda não esteja sob a responsabilidade do sujeito passivo, ou no caso de impossibilidade material de seu cumprimento.

Seção IV
Das Diligências e das Perícias

Art. 35. A realização de diligências e de perícias será determinada pela autoridade julgadora de primeira instância, de ofício ou a pedido do impugnante, quando entendê-las necessárias para a apreciação da matéria litigada (Decreto n. 70.235, de 1972, art. 18, com a redação dada pela Lei n. 8.748, de 9-12-1993, art. 1.º).

Parágrafo único. O sujeito passivo deverá ser cientificado do resultado da realização de diligências e perícias, sempre que novos fatos ou documentos sejam trazidos ao processo, hipótese na qual deverá ser concedido prazo de trinta dias para manifestação (Lei n. 9.784, de 1999, art. 28).

Art. 36. A impugnação mencionará as diligências ou perícias que o sujeito passivo pretenda sejam efetuadas, expostos os motivos que as justifiquem, com a formulação de quesitos referentes aos exames desejados, e, no caso de perícia, o nome, o endereço e a qualificação profissional de seu perito deverão constar da impugnação (Decreto n. 70.235, de 1972, art. 16, inciso IV, com a redação dada pela Lei n. 8.748, de 1993, art. 1.º).

§ 1.º Deferido o pedido de perícia, ou determinada de ofício sua realização, a autoridade designará servidor para, como perito da União, a ela proceder, e intimará o perito do sujeito passivo a realizar o exame requerido, cabendo a ambos apresentar os respectivos laudos em prazo que será fixado segundo o grau de complexidade dos trabalhos a serem executados (Decreto n. 70.235, de 1972, art. 18, com a redação dada pela Lei n. 8.748, de 1993, art. 1.º).

§ 2.º Indeferido o pedido de diligência ou de perícia, por terem sido consideradas prescindíveis ou impraticáveis, deverá o indeferimento, devidamente fundamentado, constar da decisão (Decreto n. 70.235, de 1972, arts. 18 e 28, com as redações dadas pela Lei n. 8.748, de 1993, art. 1.º).

§ 3.º Determinada, de ofício ou a pedido do impugnante, diligência ou perícia, é vedado à autoridade incumbida de sua realização escusar-se de cumpri-las.

Art. 37. No âmbito da Secretaria da Receita Federal do Brasil, compete ao Auditor-Fiscal da Receita Federal do Brasil a realização de diligências e de perícias (Decreto n. 70.235, de 1972, art. 20, com a redação dada pela Lei n. 8.748, de 1993, art. 1.º; Lei n. 10.593, de 2002, art. 6.º, com a redação dada pela Lei n. 11.457, de 2007, art. 9.º).

Seção V
Da Exigência Fiscal

Subseção I
Da formalização

Art. 38. A exigência do crédito tributário e a aplicação de penalidade isolada serão formalizados em autos de infração ou notificações de lançamento, distintos para cada tributo ou penalidade (Decreto n. 70.235, de 1972, art. 9.º, com a redação dada pela Lei n. 11.941, de 2009, art. 25).

§ 1.º Os autos de infração ou as notificações de lançamento, em observância ao disposto no art. 26, deverão ser instruídos com todos os termos, depoimentos, laudos e demais elementos de prova indispensáveis à comprovação do fato motivador da exigência.

§ 2.º Os autos de infração e as notificações de lançamento de que trata o *caput*, formalizados em relação ao mesmo sujeito passivo, podem ser objeto de um único processo, quando a comprovação dos ilícitos depender dos mesmos elementos de prova.

§ 3.º A formalização de que trata este artigo será válida, mesmo que efetuada por Auditor-Fiscal da Receita Federal do Brasil com exercício em unidade da Secretaria da Receita Federal do Brasil com jurisdição diversa do domicílio tributário do sujeito passivo.

§ 4.º A formalização da exigência, na hipótese prevista no § 3.º, previne a jurisdição e prorroga a competência da autoridade que dela primeiro conhecer.

§ 5.º O disposto no *caput* aplica-se também nas hipóteses em que, constatada infração à legislação tributária, dela não resulte exigência de crédito tributário.

§ 6.º Os autos de infração e as notificações de lançamento de que trata o *caput*, formalizados em decorrência de fiscalização relacionada a regime especial unificado de arrecadação de tributos, poderão conter lançamento único para todos os tributos por eles abrangidos.

§ 7.º O disposto no *caput* não se aplica às contribuições de que trata o art. 3.º da Lei n. 11.457, de 2007.

Subseção II
Do auto de infração

Art. 39. O auto de infração será lavrado no local da verificação da falta, devendo conter (Decreto n. 70.235, de 1972, art. 10; Lei n. 10.593, de 2002, art. 6.º):

I – a qualificação do autuado;

II – o local, a data e a hora da lavratura;
III – a descrição dos fatos;
IV – a disposição legal infringida e a penalidade aplicável;
V – a determinação da exigência e a intimação para cumpri-la ou impugná-la no prazo de trinta dias, contados da data da ciência; e
VI – a assinatura do Auditor-Fiscal da Receita Federal do Brasil responsável pela autuação e o número de sua matrícula.

Subseção III
Da notificação de lançamento

Art. 40. A notificação de lançamento será expedida pela unidade da Secretaria da Receita Federal do Brasil encarregada da formalização da exigência, devendo conter (Decreto n. 70.235, de 1972, art. 11; Lei n. 10.593, de 2002, art. 6.º):
I – a qualificação do notificado;
II – o valor do crédito tributário e o prazo para pagamento ou impugnação;
III – a disposição legal infringida, se for o caso; e
IV – a assinatura do Auditor-Fiscal da Receita Federal do Brasil responsável pela notificação de lançamento, com a indicação do cargo e do número de matrícula.
•• Inciso IV com redação determinada pelo Decreto n. 8.853, de 22-9-2016.

Parágrafo único. A notificação de lançamento emitida por processamento eletrônico prescinde da assinatura referida no inciso IV do *caput*, obrigatória a identificação do Auditor-Fiscal da Receita Federal do Brasil que a emitir.
•• Parágrafo único com redação determinada pelo Decreto n. 8.853, de 22-9-2016.

Subseção IV
Do lançamento complementar

Art. 41. Quando, em exames posteriores, diligências ou perícias realizados no curso do processo, forem verificadas incorreções, omissões ou inexatidões, de que resultem agravamento da exigência inicial, inovação ou alteração da fundamentação legal da exigência, será efetuado lançamento complementar por meio da lavratura de auto de infração complementar ou de emissão de notificação de lançamento complementar, específicos em relação à matéria modificada (Decreto n. 70.235, de 1972, art. 18, § 3.º, com a redação dada pela Lei n. 8.748, de 1993, art. 1.º).

§ 1.º O lançamento complementar será formalizado nos casos:
I – em que seja aferível, a partir da descrição dos fatos e dos demais documentos produzidos na ação fiscal, que o autuante, no momento da formalização da exigência:
a) apurou incorretamente a base de cálculo do crédito tributário; ou
b) não incluiu na determinação do crédito tributário matéria devidamente identificada; ou

II – em que forem constatados fatos novos, subtraídos ao conhecimento da autoridade lançadora quando da ação fiscal e relacionados aos fatos geradores objeto da autuação, que impliquem agravamento da exigência inicial.

§ 2.º O auto de infração ou a notificação de lançamento de que trata o *caput* terá o objetivo de:
I – complementar o lançamento original; ou
II – substituir, total ou parcialmente, o lançamento original nos casos em que a apuração do *quantum* devido, em face da legislação tributária aplicável, não puder ser efetuada sem a inclusão da matéria anteriormente lançada.

§ 3.º Será concedido prazo de trinta dias, contados da data da ciência da intimação da exigência complementar, para a apresentação de impugnação apenas no concernente à matéria modificada.

§ 4.º O auto de infração ou a notificação de lançamento de que trata o *caput* devem ser objeto do mesmo processo em que for tratado o auto de infração ou a notificação de lançamento complementados.

§ 5.º O julgamento dos litígios instaurados no âmbito do processo referido no § 4.º será objeto de um único acórdão.

Subseção V
Do segundo exame da escrita

Art. 42. Em relação ao mesmo exercício, só é possível um segundo exame, mediante ordem escrita do Superintendente, do Delegado ou do Inspetor da Receita Federal do Brasil (Lei n. 2.354, de 1954, art. 7.º, § 2.º; Lei n. 3.470, de 1958, art. 34).

Seção VI
Das Medidas de Defesa do Crédito Tributário

Subseção I
Do arrolamento de bens e direitos para acompanhamento do patrimônio do sujeito passivo

Art. 43. O Auditor-Fiscal da Receita Federal do Brasil procederá ao arrolamento de bens e direitos do sujeito passivo sempre que o valor dos créditos tributários de sua responsabilidade for superior a trinta por cento do seu patrimônio conhecido.
•• *Caput* com redação determinada pelo Decreto n. 8.853, de 22-9-2016.

§ 1.º Se o crédito tributário for formalizado contra pessoa física, no arrolamento devem ser identificados, inclusive, os bens e direitos em nome do cônjuge, não gravados com a cláusula de incomunicabilidade (Lei n. 9.532, de 1997, art. 64, § 1.º).

§ 2.º Na falta de outros elementos indicativos, considera-se patrimônio conhecido o valor constante da última declaração de rendimentos apresentada (Lei n. 9.532, de 1997, art. 64, § 2.º).

§ 3.º A partir da data da notificação do ato de arrolamento, mediante entrega de cópia do respectivo termo, o proprietário dos bens e direitos arrolados, ao transferi-los, aliená-los ou onerá-los, deve comunicar o fato à unidade da Secretaria da Receita Federal do Brasil em cuja jurisdição o domicílio tributário do sujeito passivo estiver (Lei n. 9.532, de 1997, art. 64, § 3.º).

§ 4.º A alienação, oneração ou transferência, a qualquer título, dos bens e direitos arrolados, sem o cumprimento da formalidade prevista no § 3.º, autoriza o requerimento de medida cautelar fiscal contra o sujeito passivo (Lei n. 9.532, de 1997, art. 64, § 4.º).

§ 5.º O termo de arrolamento de que trata o § 3.º será registrado independentemente de pagamento de custas ou emolumentos (Lei n. 9.532, de 1997, art. 64, § 5.º):
I – no competente registro imobiliário, relativamente aos bens imóveis;
II – nos órgãos ou entidades, onde, por força de lei, os bens móveis ou direitos sejam registrados ou controlados; ou
III – no Cartório de Títulos e Documentos e Registros Especiais do domicílio tributário do sujeito passivo, relativamente aos demais bens e direitos.

§ 6.º As certidões de regularidade fiscal expedidas deverão conter informações quanto à existência de arrolamento (Lei n. 9.532, de 1997, art. 64, § 6.º).

§ 7.º Liquidado o crédito tributário que tenha motivado o arrolamento antes de seu encaminhamento para inscrição em dívida ativa da União, o Auditor-Fiscal da Receita Federal do Brasil responsável comunicará o fato ao órgão em que o termo foi registrado para que sejam anulados os efeitos do arrolamento.
•• § 7.º com redação determinada pelo Decreto n. 8.853, de 22-9-2016.

§ 8.º Liquidado ou garantido, nos termos da Lei n. 6.830, de 22 de setembro de 1980, o crédito tributário que tenha motivado o arrolamento, após seu encaminhamento para inscrição em dívida ativa da União, a comunicação de que trata o § 8.º será feita pela autoridade competente da Procuradoria da Fazenda Nacional (Lei n. 9.532, de 1997, art. 64, § 9.º).

§ 9.º Os órgãos de registro público onde os bens e direitos foram arrolados dispõem do prazo de trinta dias para liberá-los, contado da data de protocolo de cópia do documento comprobatório da comunicação aos órgãos fazendários referido no § 3.º.
•• § 9.º acrescentado pelo Decreto n. 8.853, de 22-9-2016.

§ 10. O disposto neste artigo é aplicável somente se a soma dos valores dos créditos tributários for superior a R$ 2.000.000,00 (dois milhões de reais).
•• § 10 acrescentado pelo Decreto n. 8.853, de 22-9-2016.

Art. 44. O arrolamento de que trata o art. 43 recairá sobre bens e direitos suscetíveis de registro público, com prioridade aos imóveis, e em valor suficiente para cobrir o montante do crédito tributário de responsabilidade do sujeito passivo (Lei n. 9.532, de 1997, art. 64-A, incluído pela Medida Provisória n. 2.158-35, de 2001, art. 75).

§ 1.º O arrolamento somente poderá alcançar outros bens e direitos para fins de complementar o valor referido no *caput*.

§ 2.º O Auditor-Fiscal da Receita Federal do Brasil poderá, a requerimento do sujeito passivo, substituir bem ou direito arrolado por outro que seja de valor igual ou superior, desde que respeitada a ordem de prioridade de bens ou direitos a serem arrolados definida pela Secretaria da Receita Federal do Brasil e que seja realizada a avaliação de bem ou direito arrolado e de bem ou direito substituto, nos termos do § 3.º.

•• § 2.º com redação determinada pelo Decreto n. 8.853, de 22-9-2016.

§ 3.º Fica a critério do sujeito passivo, às expensas dele, requerer, anualmente, aos órgãos de registro público onde os bens e direitos estiverem arrolados, por petição fundamentada, avaliação dos referidos ativos, por perito indicado pelo próprio órgão de registro, a identificar o valor justo dos bens e direitos arrolados e evitar, desse modo, excesso de garantia.

•• § 3.º com redação determinada pelo Decreto n. 8.853, de 22-9-2016.

Subseção II
Da medida cautelar fiscal

Art. 45. A Procuradoria da Fazenda Nacional poderá instaurar procedimento cautelar fiscal após a constituição do crédito, inclusive no curso da execução judicial da dívida ativa da União (Lei n. 8.397, de 6 de janeiro de 1992, art. 1.º, com a redação dada pela Lei n. 9.532, de 1997, art. 65).

Parágrafo único. O requerimento da medida cautelar independe da prévia constituição do crédito tributário quando o sujeito passivo (Lei n. 8.397, de 1992, art. 1.º, parágrafo único, com a redação dada pela Lei n. 9.532, de 1997, art. 65):

I – notificado pela Fazenda Pública para que proceda ao recolhimento do crédito tributário, põe ou tenta por seus bens em nome de terceiros (Lei n. 8.397, de 1992, art. 2.º, inciso V, alínea *b*, com a redação dada pela Lei n. 9.532, de 1997, art. 65); ou

II – aliena bens ou direitos sem proceder à devida comunicação ao órgão da Fazenda Pública competente, quando exigível em virtude de lei (Lei n. 8.397, de 1992, art. 2.º, inciso VII, com a redação dada pela Lei n. 9.532, de 1997, art. 65).

Subseção III
Da medida cautelar fiscal preparatória

Art. 46. Quando a medida cautelar fiscal for concedida em procedimento preparatório, deverá a Fazenda Nacional propor a execução judicial da dívida ativa no prazo de sessenta dias, contados da data em que a exigência se tornar irrecorrível na esfera administrativa (Lei n. 8.397, de 1992, art. 11).

Seção VII
Da Representação Fiscal para Fins Penais

Art. 47. O Auditor-Fiscal da Receita Federal do Brasil formalizará representação fiscal para fins penais em autos separados, protocolizada na mesma data da lavratura do auto de infração, sempre que, no curso de procedimento de fiscalização de que resulte lavratura de auto de infração relativo a tributos administrados pela Secretaria da Receita Federal do Brasil ou decorrente de apreensão de bens sujeitos à pena de perdimento, constatar fato que configure, em tese (Decreto n. 2.730, de 10 de agosto de 1998, art. 1.º):

I – crime contra a ordem tributária tipificado nos arts. 1.º ou 2.º da Lei n. 8.137, de 27 de dezembro de 1990;

II – crime de contrabando ou de descaminho tipificado no art. 334 do Decreto-lei n. 2.848, de 7 de dezembro de 1940 – Código Penal; ou

III – crime contra a Previdência Social tipificado nos arts. 168-A ou 337-A do Decreto-lei n. 2.848, de 1940.

Art. 48. As representações fiscais para fins penais relativas aos crimes contra a ordem tributária definidos nos arts. 1.º e 2.º da Lei n. 8.137, de 1990, e aos crimes contra a Previdência Social, definidos nos arts. 168-A e 337-A do Decreto-lei n. 2.848, de 1940 – Código Penal acrescentados pela Lei n. 9.983, de 14 de julho de 2000, serão formalizadas e protocolizadas em até dez dias contados da data da constituição do crédito tributário, devendo permanecer no âmbito da unidade de controle até que o referido crédito se torne definitivo na esfera administrativa, respeitado o prazo para cobrança amigável (Lei n. 9.430, de 1996, art. 83).

Parágrafo único. Caso o crédito tributário correspondente ao ilícito penal seja integralmente extinto pelo julgamento administrativo ou pelo pagamento, os autos da representação, juntamente com cópia da respectiva decisão administrativa, quando for o caso, deverão ser arquivados.

Art. 49. A representação fiscal para fins penais relativa aos crimes de contrabando ou descaminho, definidos no art. 334 do Decreto-lei n. 2.848, de 1940 – Código Penal, será formalizada em autos separados e protocolizada na mesma data da lavratura do auto de infração, devendo permanecer na unidade da Secretaria da Receita Federal do Brasil de lavratura até o final do prazo para impugnação.

§ 1.º Se for aplicada a pena de perdimento de bens, inclusive na hipótese de conversão em multa equivalente ao valor aduaneiro da mercadoria que não seja localizada ou que tenha sido consumida, a representação de que trata o *caput* deverá ser encaminhada pela autoridade julgadora de instância única ao órgão do Ministério Público Federal que for competente para promover a ação penal, no prazo máximo de dez dias, anexando-se cópia da decisão.

§ 2.º Não aplicada a pena de perdimento, a representação fiscal para fins penais deverá ser arquivada, depois de incluir nos autos cópia da respectiva decisão administrativa.

Art. 50. A Secretaria da Receita Federal do Brasil disciplinará os procedimentos necessários à execução do disposto nesta Seção.

Seção VIII
Da Representação para Fins Penais

Art. 51. Além dos casos de representação previstos no art. 47, os servidores em exercício na Secretaria da Receita Federal do Brasil, observadas as atribuições dos respectivos cargos, deverão formalizar representação para fins penais, perante os titulares das unidades centrais, superintendentes, delegados ou inspetores da Secretaria da Receita Federal do Brasil aos quais estiverem vinculados, sempre que identificarem situações que, em tese, configurem crime contra a administração pública federal ou em detrimento da Fazenda Nacional.

§ 1.º A representação de que trata o *caput* deverá ser:

I – levada a registro em protocolo pelo servidor que a elaborar, no prazo de dez dias, contados da data em que identificar a situação caracterizadora de crime;

II – remetida no prazo de dez dias, contados da data de sua protocolização, ao órgão do Ministério Público Federal que for competente para promover a ação penal.

§ 2.º Deverá ser dado conhecimento da representação ao titular da unidade do domicílio fiscal do sujeito passivo, na hipótese de o servidor formalizar representação perante outra autoridade a quem estiver vinculado.

Capítulo II
DA COBRANÇA ADMINISTRATIVA DO CRÉDITO TRIBUTÁRIO

Seção I
Do Pagamento – Da Redução da Multa de Lançamento de Ofício

Art. 52. Será concedida redução de cinquenta por cento do valor da multa de lançamento de ofício ao sujeito passivo que, notificado, efetuar o pagamento ou a compensação do crédito tributário no prazo previsto para apresentar impugnação (Lei n. 8.218, de 1991, art. 6.º, com a redação dada pela Lei n. 11.941, de 2009, art. 28; Lei n. 9.430, de 1996, art. 44, § 3.º).

§ 1.º Apresentada impugnação tempestivamente, a redução será de trinta por cento se o pagamento ou a compensação forem efetuados no prazo de trinta dias, contados da data da ciência da decisão de primeira instância (Lei n. 8.218, de 1991, art. 6.º, inciso III, com a redação dada pela Lei n. 11.941, de 2009, art. 28; Lei n. 9.430, de 1996, art. 44, § 3.º).

§ 2.º No caso de provimento a recurso de ofício interposto pela autoridade julgadora de primeira instância, será aplicada a redução de trinta por cento se o pagamento ou a compensação for efetuado no prazo de trinta dias contados da ciência da decisão (Lei n. 8.218, de 1991, art. 6.º, § 1.º, com a redação dada pela Lei n. 11.941, de 2009, art. 28).

§ 3.º O disposto no *caput* aplica-se também às penalidades aplicadas isoladamente.

•• § 3.º acrescentado pelo Decreto n. 8.853, de 22-9-2016.

Seção II
Do Parcelamento – Da Redução da Multa de Lançamento de Ofício

Art. 53. Será concedida redução de quarenta por cento do valor da multa de lançamento de ofício, ao sujeito passivo que, notificado, requerer o parcelamento do crédito tributário no prazo previsto para apresentar impugnação (Lei n. 8.218, de 1991, art. 6.º, inciso II, com a redação dada pela Lei n. 11.941, de 2009, art. 28; Lei n. 9.430, de 1996, art. 44, § 3.º).

§ 1.º Apresentada impugnação tempestivamente, a redução será de vinte por cento se o parcelamento for requerido no prazo de trinta dias, contados da data da ciência da decisão de primeira instância (Lei n. 8.218, de 1991, art. 6.º, inciso IV, com a redação dada pela Lei n. 11.941, de 2009, art. 28; Lei n. 9.430, de 1996, art. 44, § 3.º).

§ 2.º No caso de provimento a recurso de ofício interposto pela autoridade julgadora de primeira instância, será aplicada a redução de vinte por cento se o parcelamento for requerido no prazo de trinta dias contados da ciência da decisão (Lei n. 8.218, de 1991, art. 6.º, § 1.º, com a redação dada pela Lei n. 11.941, de 2009, art. 28).

§ 3.º A rescisão do parcelamento, motivada pelo descumprimento das normas que o regulam, implicará restabelecimento do montante da multa proporcionalmente ao valor da receita não satisfeita e que exceder o valor obtido com a garantia apresentada (Lei n. 8.218, de 1991, art. 6.º, § 2.º, com a redação dada pela Lei n. 11.941, de 2009, art. 28).

§ 4.º O disposto no *caput* aplica-se também às penalidades aplicadas isoladamente.

•• § 4.º acrescentado pelo Decreto n. 8.853, de 22-9-2016.

Seção III
Da Revelia

Art. 54. Não sendo cumprida nem impugnada a exigência, a autoridade preparadora declarará a revelia, permanecendo o processo no órgão preparador, pelo prazo de trinta dias, para cobrança amigável (Decreto n. 70.235, de 1972, art. 21, com a redação dada pela Lei n. 8.748, de 1993, art. 1.º).

§ 1.º No caso de identificação de impugnação parcial, não cumprida a exigência relativa à parte não litigiosa do crédito, o órgão preparador, antes da remessa dos autos a julgamento, providenciará a formação de autos apartados para a imediata cobrança da parte não contestada, consignando essa circunstância no processo original.

§ 2.º Esgotado o prazo de cobrança amigável sem que tenha sido pago ou parcelado o crédito tributário, o órgão preparador encaminhará o processo à autoridade competente para promover a cobrança executiva.

Art. 55. Tratando-se de apreensão de mercadoria para fins de aplicação da pena de perdimento ou de declaração de abandono, em que não tenha sido apresentada impugnação, a autoridade preparadora, após declarar a revelia, deverá, em observância às normas que regem a matéria e, mediante o competente ato administrativo, aplicar a pena de perdimento ou declarar o abandono, para fins de destinação da mercadoria (Decreto n. 70.235, de 1972, arts. 21, § 2.º, e 63).

Capítulo III
DA FASE LITIGIOSA

Seção I
Da Impugnação

Art. 56. A impugnação, formalizada por escrito, instruída com os documentos em que se fundamentar e apresentada em unidade da Secretaria da Receita Federal do Brasil com jurisdição sobre o domicílio tributário do sujeito passivo, bem como, remetida por via postal, no prazo de trinta dias, contados da data da ciência da intimação da exigência, instaura a fase litigiosa do procedimento (Decreto n. 70.235, de 1972, arts. 14 e 15).

§ 1.º Apresentada a impugnação em unidade diversa, esta a remeterá à unidade indicada no *caput*.

§ 2.º Eventual petição, apresentada fora do prazo, não caracteriza impugnação, não instaura a fase litigiosa do procedimento, não suspende a exigibilidade do crédito tributário nem comporta julgamento de primeira instância, salvo se caracterizada ou suscitada a tempestividade, como preliminar.

§ 3.º No caso de pluralidade de sujeitos passivos, caracterizados na formalização da exigência, todos deverão ser cientificados do auto de infração ou da notificação de lançamento, com abertura de prazo para que cada um deles apresente impugnação.

§ 4.º Na hipótese do § 3.º, o prazo para impugnação é contado, para cada sujeito passivo, a partir da data em que cada um deles tiver sido cientificado do lançamento.

§ 5.º Na hipótese de remessa da impugnação por via postal, será considerada como data de sua apresentação a da respectiva postagem constante do aviso de recebimento, o qual deverá trazer a indicação do destinatário da remessa e o número do protocolo do processo correspondente.

§ 6.º Na impossibilidade de se obter cópia do aviso de recebimento, será considerada como data da apresentação da impugnação a constante do carimbo aposto pelos Correios no envelope que contiver a remessa, quando da postagem da correspondência.

§ 7.º No caso previsto no § 5.º, a unidade de preparo deverá juntar, por anexação ao processo correspondente, o referido envelope.

Art. 57. A impugnação mencionará (Decreto n. 70.235, de 1972, art. 16, com a redação dada pela Lei n. 8.748, de 1993, art. 1.º, e pela Lei n. 11.196, de 2005, art. 113):

I – a autoridade julgadora a quem é dirigida;

II – a qualificação do impugnante;

III – os motivos de fato e de direito em que se fundamenta, os pontos de discordância e as razões e provas que possuir;

IV – as diligências ou perícias que o impugnante pretenda sejam efetuadas, expostos os motivos que as justifiquem, com a formulação de quesitos referentes aos exames desejados, bem como, no caso de perícia, o nome, o endereço e a qualificação profissional de seu perito; e

V – se a matéria impugnada foi submetida à apreciação judicial, devendo ser juntada cópia da petição.

§ 1.º Considera-se não formulado o pedido de diligência ou perícia que deixar de atender aos requisitos previstos no inciso IV.

§ 2.º É defeso ao impugnante, ou a seu representante legal, empregar expressões injuriosas nos escritos apresentados no processo, cabendo ao julgador, de ofício ou a requerimento do ofendido, mandar riscá-las.

§ 3.º Quando o impugnante alegar direito municipal, estadual ou estrangeiro, incumbe-lhe o ônus de provar o teor e a vigência, se assim o determinar o julgador.

§ 4.º A prova documental será apresentada na impugnação, precluindo o direito de o impugnante fazê-lo em outro momento processual, a menos que:

I – fique demonstrada a impossibilidade de sua apresentação oportuna, por motivo de força maior;

II – refira-se a fato ou a direito superveniente; ou

III – destine-se a contrapor fatos ou razões posteriormente trazidas aos autos.

§ 5.º Considera-se motivo de força maior o fato necessário, cujos efeitos não era possível evitar ou impedir (Lei n. 10.406, de 2002, art. 393).

§ 6.º A juntada de documentos depois de apresentada a impugnação deverá ser requerida à autoridade julgadora, mediante petição em que se demonstre, com fundamentos, a ocorrência de uma das condições previstas no § 4.º.

§ 7.º Os documentos apresentados após proferida a decisão deverão ser juntados,

Decreto n. 7.574, de 29-9-2011 – Processo de Créditos Tributários

por anexação, aos autos para, se for interposto recurso, serem apreciados pela autoridade julgadora de segunda instância.

Art. 58. Considera-se não impugnada a matéria que não tenha sido expressamente contestada pelo impugnante (Decreto n. 70.235, de 1972, art. 17, com a redação dada pela Lei n. 9.532, de 1997, art. 67).

Seção II
Do Julgamento - Disposições Gerais

Art. 59. No âmbito do processo administrativo fiscal, fica vedado aos órgãos de julgamento afastar a aplicação ou deixar de observar tratado, acordo internacional, lei ou decreto, sob fundamento de inconstitucionalidade (Decreto n. 70.235, de 1972, art. 26-A, com a redação dada pela Lei n. 11.941, de 2009, art. 25).

Parágrafo único. O disposto no *caput* não se aplica aos casos de tratado, acordo internacional, lei ou ato normativo (Decreto n. 70.235, de 1972, art. 26-A, § 6.º, incluído pela Lei n. 11.941, de 2009, art. 25):

I – que já tenha sido declarado inconstitucional por decisão plenária definitiva do Supremo Tribunal Federal; ou

II – que fundamente crédito tributário objeto de:

a) dispensa legal de constituição ou de ato declaratório do Procurador-Geral da Fazenda Nacional, na forma dos arts. 18 e 19 da Lei n. 10.522, de 19 de junho de 2002;

b) súmula da Advocacia-Geral da União, na forma do art. 43 da Lei Complementar n. 73, de 10 de fevereiro de 1993; ou

c) pareceres do Advogado-Geral da União aprovados pelo Presidente da República, na forma do art. 40 da Lei Complementar n. 73, de 1993.

Art. 60. O contencioso administrativo relativo ao Simples Nacional será de competência do órgão julgador integrante da estrutura administrativa do ente federativo que efetuar o lançamento ou a exclusão de ofício, observados os dispositivos legais atinentes aos processos administrativos fiscais desse ente (Lei Complementar n. 123, de 2006, art. 39).

Seção III
Do Julgamento em Primeira Instância

Subseção I
Da competência

Art. 61. O julgamento de processos sobre a aplicação da legislação referente a tributos administrados pela Secretaria da Receita Federal do Brasil, e os relativos à exigência de direitos *antidumping* e direitos compensatórios, compete em primeira instância, às Delegacias da Receita Federal do Brasil de Julgamento, órgãos de deliberação interna e natureza colegiada da Secretaria da Receita Federal do Brasil (Decreto n. 70.235, de 1972, art. 25, inciso I; Lei n. 9.019, de 30 de março de 1995, art. 7.º, § 5.º).

Parágrafo único. A competência de que trata o *caput* inclui, dentre outros, o julgamento de:

I – impugnação a auto de infração e notificação de lançamento (Decreto n. 70.235, de 1972, art. 14);

II – manifestação de inconformidade do sujeito passivo em processos administrativos relativos a compensação, restituição e ressarcimento de tributos, inclusive créditos de Imposto sobre Produtos Industrializados – IPI (Lei n. 8.748, de 1993, art. 3.º, inciso II; Lei n. 9.019, de 1995, art. 7.º, § 1.º e § 5.º); e

III – impugnação ao ato declaratório de suspensão de imunidade e isenção (Lei n. 9.430, de 1996, art. 32, § 10).

Subseção II
Do julgamento

Art. 62. Terão prioridade no julgamento os processos em que estiverem presentes as circunstâncias de crime contra a ordem tributária ou de elevado valor, este definido em ato do Ministro de Estado da Fazenda, bem como, mediante requisição do interessado, aqueles em que figure como parte interveniente (Decreto n. 70.235, de 1972, art. 27, com a redação dada pela Lei n. 9.532, de 1997, art. 67; Lei n. 10.741, de 1.º-10-2003, art. 71; Lei n. 9.784, de 1999, art. 69-A, com a redação dada pela Lei n. 12.008, de 29-7-2009, art. 4.º):

I – pessoa com idade igual ou superior a sessenta anos;

II – pessoa portadora de deficiência, física ou mental; e

III – pessoa portadora de tuberculose ativa, esclerose múltipla, neoplasia maligna, hanseníase, paralisia irreversível e incapacitante, cardiopatia grave, doença de Parkinson, espondiloartrose anquilosante, nefropatia grave, hepatopatia grave, estados avançados da doença de Paget (osteíte deformante), contaminação por radiação, síndrome de imunodeficiência adquirida, ou outra doença grave, com base em conclusão da medicina especializada, mesmo que a doença tenha sido contraída após o início do processo.

Parágrafo único. Os processos serão julgados na ordem estabelecida em ato do Secretário da Receita Federal do Brasil, observada a prioridade de que trata o *caput*.

Art. 63. Na apreciação das provas, a autoridade julgadora formará livremente sua convicção, podendo determinar, de ofício ou a requerimento do impugnante, a realização de diligências ou de perícias, observado o disposto nos arts. 35 e 36 (Decreto n. 70.235, de 1972, arts. 29 e 18, com a redação dada pela Lei n. 8.748, de 1993, art. 1.º).

Art. 64. Os laudos e os pareceres do Laboratório Nacional de Análises, do Instituto Nacional de Tecnologia e de outros órgãos federais congêneres serão adotados nos aspectos técnicos de sua competência, salvo se comprovada a improcedência desses laudos ou pareceres (Decreto n. 70.235, de 1972, art. 30, com a redação dada pela Lei n. 9.532, de 1997, art. 67).

§ 1.º Não se considera como aspecto técnico a classificação fiscal de produtos.

§ 2.º A existência no processo de laudos ou de pareceres técnicos não impede a autoridade julgadora de solicitar outros a qualquer dos órgãos referidos neste artigo.

§ 3.º Atribui-se eficácia aos laudos e aos pareceres técnicos sobre produtos, exarados em outros processos administrativos fiscais e transladados mediante certidão de inteiro teor ou cópia fiel, quando tratarem:

I – de produtos originários do mesmo fabricante, com igual denominação, marca e especificação; e

II – de máquinas, aparelhos, equipamentos, veículos e outros produtos complexos de fabricação em série, do mesmo fabricante, com iguais especificações, marca e modelo.

Subseção III
Do acórdão

Art. 65. O acórdão conterá relatório resumido do processo, fundamentos legais, conclusão e ordem de intimação, devendo referir-se, expressamente, a todos os autos de infração e notificações de lançamento objeto do processo, bem como às razões de defesa suscitadas pelo impugnante contra todas as exigências (Decreto n. 70.235, de 1972, art. 31, com a redação dada pela Lei n. 8.748, de 1993, art. 1.º).

Art. 66. No acórdão em que for julgada questão preliminar, será também julgado o mérito, salvo quando incompatíveis (Decreto n. 70.235, de 1972, art. 28, com a redação dada pela Lei n. 8.748, de 1993, art. 1.º).

Parágrafo único. O indeferimento de pedido de diligência ou de perícia deverá ser fundamentado e constar da decisão (Decreto n. 70.235, de 1972, art. 28, com a redação dada pela Lei n. 8.748, de 1993, art. 1.º).

Art. 67. As inexatidões materiais devidas a lapso manifesto e os erros de escrita ou de cálculo existentes na decisão deverão ser corrigidos de ofício ou a requerimento do sujeito passivo, mediante a prolação de um novo acórdão (Decreto n. 70.235, de 1972, art. 32).

Art. 68. O órgão preparador dará ciência da decisão ao sujeito passivo, intimando-o, quando for o caso, a cumpri-la no prazo de trinta dias, contados da data da ciência, facultada a apresentação de recurso voluntário no mesmo prazo (Decreto n. 70.235, de 1972, arts. 31 e 33).

Art. 69. Da decisão de primeira instância não cabe pedido de reconsideração (Decreto n. 70.235, de 1972, art. 36).

Subseção IV
Do recurso de ofício

Art. 70. O recurso de ofício deve ser interposto, pela autoridade competente de primeira instância, sempre que a decisão exonerar o sujeito passivo do pagamento de tributo e encargos de multa de valor total (lançamento principal e decorrentes) a ser fixado em ato do Ministro de Estado da Fazenda, bem como quando deixar de aplicar a pena de perdimento de mercadoria com base na legislação do IPI (Decreto n. 70.235, de 1972, art. 34, com a redação dada pela Lei n. 9.532, de 1997, art. 67).

§ 1.º O recurso será interposto mediante formalização na própria decisão.

§ 2.º Sendo o caso de interposição de recurso de ofício e não tendo este sido formalizado, o servidor que verificar o fato representará à autoridade julgadora, por intermédio de seu chefe imediato, no sentido de que seja observada aquela formalidade.

§ 3.º O disposto no *caput* aplica-se sempre que, na hipótese prevista no § 3.º do art. 56, a decisão excluir da lide o sujeito passivo cuja exigência seja em valor superior ao fixado em ato do Ministro de Estado da Fazenda, ainda que mantida a totalidade da exigência do crédito tributário.

•• § 3.º acrescentado pelo Decreto n. 8.853, de 22-9-2016.

Art. 71. Não cabe recurso de ofício das decisões prolatadas, pela autoridade fiscal da jurisdição do sujeito passivo, em processos relativos a restituição, ressarcimento, reembolso e compensação de tributos administrados pela Secretaria da Receita Federal do Brasil (Lei n. 10.522, de 2002, art. 27).

Art. 72. Enquanto não decidido o recurso de ofício, a decisão a ele correspondente não se torna definitiva (Decreto n. 70.235, de 1972, art. 42, parágrafo único).

Subseção V
Do recurso voluntário

Art. 73. O recurso voluntário total ou parcial, que tem efeito suspensivo, poderá ser interposto contra decisão de primeira instância contrária ao sujeito passivo, no prazo de trinta dias, contados da data da ciência da decisão (Decreto n. 70.235, de 1972, art. 33).

Art. 74. O recurso voluntário total ou parcial, mesmo perempto, deverá ser encaminhado ao órgão de segunda instância, que julgará a peremmpção (Decreto n. 70.235, de 1972, art. 35).

Seção IV
Do Julgamento em Segunda Instância

Subseção I
Da competência

Art. 75. O julgamento de recursos de ofício e voluntário de decisão de primeira instância, e de recursos de natureza especial, compete ao Conselho Administrativo de Recursos Fiscais (Decreto n. 70.235, de 1972, art. 25, inciso II, com a redação dada pela Lei n. 11.941, de 2009, art. 25).

§ 1.º O Conselho Administrativo de Recursos Fiscais será constituído por seções e pela Câmara Superior de Recursos Fiscais (Decreto n. 70.235, de 1972, art. 25, inciso II, § 1.º, com a redação dada pela Lei n. 11.941, de 2009, art. 25).

§ 2.º As seções serão especializadas por matéria e constituídas por câmaras (Decreto n. 70.235, de 1972, art. 25, § 2.º, com a redação dada pela Lei n. 11.941, de 2009, art. 25).

§ 3.º A Câmara Superior de Recursos Fiscais será constituída por turmas, compostas pelos Presidentes e Vice-Presidentes das câmaras (Decreto n. 70.235, de 1972, art. 25, § 3.º, com a redação dada pela Lei n. 11.941, de 2009, art. 25).

§ 4.º As câmaras poderão ser divididas em turmas (Decreto n. 70.235, de 1972, art. 25, § 4.º, com a redação dada pela Lei n. 11.941, de 2009, art. 25).

§ 5.º O Ministro de Estado da Fazenda poderá criar, nas seções, turmas especiais, de caráter temporário, com competência para julgamento de processos que envolvam valores reduzidos ou matéria recorrente ou de baixa complexidade, que poderão funcionar nas cidades onde estão localizadas as Superintendências Regionais da Receita Federal do Brasil (Decreto n. 70.235, de 1972, art. 25, § 5.º, com a redação dada pela Lei n. 11.941, de 2009, art. 25).

§ 6.º As turmas da Câmara Superior de Recursos Fiscais serão constituídas pelo Presidente do Conselho Administrativo de Recursos Fiscais, pelo Vice-Presidente, pelos Presidentes e pelos Vice-Presidentes das câmaras (Decreto n. 70.235, de 1972, art. 25, § 7.º, com a redação dada pela Lei n. 11.941, de 2009, art. 25).

§ 7.º A presidência das turmas da Câmara Superior de Recursos Fiscais será exercida pelo Presidente do Conselho Administrativo de Recursos Fiscais e a vice-presidência, por conselheiro representante dos contribuintes (Decreto n. 70.235, de 1972, art. 25, § 8.º, com a redação dada pela Lei n. 11.941, de 2009, art. 25).

§ 8.º Os cargos de Presidente das Turmas da Câmara Superior de Recursos Fiscais, das câmaras, das suas turmas e das turmas especiais serão ocupados por conselheiros representantes da Fazenda Nacional, que, em caso de empate, terão o voto de qualidade, e os cargos de Vice-Presidente, por representantes dos contribuintes (Decreto n. 70.235, de 1972, art. 25, § 9.º, com a redação dada pela Lei n. 11.941, de 2009, art. 25).

§ 9.º Os conselheiros serão designados pelo Ministro de Estado da Fazenda para mandato, limitando-se as reconduções, na forma e no prazo estabelecidos no regimento interno (Decreto n. 70.235, de 1972, art. 25, § 10, com a redação dada pela Lei n. 11.941, de 2009, art. 25).

§ 10. O Ministro de Estado da Fazenda, observado o devido processo legal, decidirá sobre a perda do mandato, para os conselheiros que incorrerem em falta grave, definida no regimento interno (Decreto n. 70.235, de 1972, art. 25, § 11, com a redação dada pela Lei n. 11.941, de 2009, art. 25).

Art. 76. O acórdão de segunda instância deverá observar o disposto nos arts. 65, 66, 67 e 69.

Art. 77. O julgamento no Conselho Administrativo de Recursos Fiscais será feito conforme dispuser o regimento interno (Decreto n. 70.235, de 1972, art. 37, com a redação dada pela Lei n. 11.941, de 2009, art. 25).

Subseção II
Da intimação do Procurador da Fazenda Nacional

Art. 78. Os Procuradores da Fazenda Nacional serão intimados pessoalmente das decisões do Conselho Administrativo de Recursos Fiscais na sessão das respectivas câmaras subsequente à formalização do acórdão (Decreto n. 70.235, de 1972, art. 23, § 7.º, incluído pela Lei n. 11.457, de 2007, art. 44).

§ 1.º Se os Procuradores da Fazenda Nacional não tiverem sido intimados pessoalmente em até quarenta dias contados da formalização do acórdão do Conselho Administrativo de Recursos Fiscais, os respectivos autos serão remetidos e entregues, mediante protocolo, à Procuradoria da Fazenda Nacional, para fins de intimação (Decreto n. 70.235, de 1972, art. 23, § 8.º, incluído pela Lei n. 11.457, de 2007, art. 44).

§ 2.º Os Procuradores da Fazenda Nacional serão considerados intimados pessoalmente das decisões do Conselho Administrativo de Recursos Fiscais, com o término do prazo de trinta dias contados da data em que os respectivos autos forem entregues à Procuradoria na forma do § 1.º (Decreto n. 70.235, de 1972, art. 23, § 9.º, incluído pela Lei n. 11.457, de 2007, art. 44).

Subseção III
Do recurso especial contra decisão de segunda instância

Art. 79. Caberá recurso especial à Câmara Superior de Recursos Fiscais, no prazo de quinze dias da ciência do acórdão ao interessado, de decisão que der à lei tributária interpretação divergente da que lhe tenha dado outra câmara, turma de câmara, turma especial ou a própria Câmara Superior de Recursos Fiscais (Decreto n. 70.235, de 1972, art. 37, § 2.º, inciso II, com a redação dada pela Lei n. 11.941, de 2009, art. 25).

Parágrafo único. É cabível recurso especial de divergência, previsto no *caput*, contra decisão que der ou negar provimento a recurso de ofício (Decreto n. 70.235, de 1972, art. 37, § 2.º, inciso II, com a redação dada pela Lei n. 11.941, de 2009, art. 25).

Capítulo IV
DA EFICÁCIA E DA EXECUÇÃO DAS DECISÕES

Art. 80. São definitivas as decisões (Decreto n. 70.235, de 1972, art. 42):

I – de primeira instância, esgotado o prazo para recurso voluntário sem que este tenha sido interposto;

II – de segunda instância, de que não caiba recurso ou, se cabível, quando decorrido o prazo sem a sua interposição; ou

III – de instância especial.

Parágrafo único. Serão também definitivas as decisões de primeira instância na parte que não for objeto de recurso voluntário ou não estiver sujeita a recurso de ofício.

Art. 81. A decisão definitiva contrária ao sujeito passivo será cumprida no prazo para cobrança amigável fixado no art. 54, aplicando-se, no caso de descumprimento, o disposto no § 2.º (Decreto n. 70.235, de 1972, art. 43).

§ 1.º Na hipótese do cumprimento de decisão administrativa definitiva contrária ao sujeito passivo, a quantia depositada para evitar acréscimos moratórios do crédito tributário ou para liberar mercadoria será convertida em renda se o sujeito passivo não comprovar, no prazo legal, a propositura de ação judicial (Decreto n. 70.235, de 1972, art. 43, § 1.º).

§ 2.º Se o valor depositado não for suficiente para cobrir o crédito tributário, será aplicado o disposto no *caput* à cobrança do restante; se exceder o exigido, a autoridade competente determinará o levantamento da quantia excedente, na forma da legislação específica (Decreto n. 70.235, de 1972, art. 43, § 2.º).

Art. 82. Mediante ordem da autoridade judicial ou, no caso de depósito extrajudicial, da autoridade administrativa competente, o valor do depósito, após o encerramento da lide ou do processo litigioso, será (Lei n. 9.703, de 17 de novembro de 1998, art. 1.º, § 3.º):

•• A Lei n. 9.703, de 17-11-1998, foi revogada pela Lei n. 14.793, de 16-9-2024.

I – devolvido ao depositante pelo estabelecimento bancário em que foi feito o depósito, no prazo de vinte e quatro horas, contadas da hora da ciência da ordem da autoridade judicial ou administrativa competente, quando a sentença ou a decisão administrativa lhe for favorável ou na proporção em que o for, acrescido de juros, na forma estabelecida pelo § 4.º do art. 39 da Lei n. 9.250, de 26 de dezembro de 1995; ou

II – transformado em pagamento definitivo, proporcionalmente à exigência do correspondente tributo, inclusive seus acessórios, quando se tratar de sentença ou decisão favorável à Fazenda Nacional, cessando, no caso de decisão em processo administrativo regulado pelo Decreto n. 70.235, de 1972, a suspensão da exigibilidade do crédito tributário a que se refere o § 1.º do art. 86.

Art. 83. A decisão que aplicar a pena de perdimento ou declarar o abandono de mercadoria ou de outros bens será executada, pela unidade preparadora, após o prazo de trinta dias, segundo o que dispuser a legislação aplicável (Decreto n. 70.235, de 1972, arts. 21 e 44).

Art. 84. A destinação de mercadorias ou de outros bens apreendidos, declarados abandonados ou dados em garantia de pagamento de crédito tributário obedecerá às normas estabelecidas na legislação aplicável (Decreto n. 70.235, de 1972, art. 63).

Parágrafo único. As mercadorias ou outros bens referidos no *caput*, ainda que relativos a processos pendentes de apreciação judicial, inclusive os que estiverem à disposição da Justiça como corpo de delito, produto ou objeto de crime, salvo determinação em contrário, em cada caso, de autoridade judiciária, serão destinadas conforme as normas aplicáveis (Decreto-lei n. 1.455, de 7 de abril de 1976, art. 30, com a redação dada pela Lei n. 12.350, de 20 de dezembro de 2010).

Art. 85. No caso de decisão definitiva favorável ao sujeito passivo, cumpre à autoridade preparadora exonerá-lo, de ofício, dos gravames decorrentes do litígio (Decreto n. 70.235, de 1972, art. 45).

Capítulo V
DOS EFEITOS DAS AÇÕES JUDICIAIS

Seção I
Do Lançamento para Prevenir a Decadência

Art. 86. O lançamento para prevenir a decadência deverá ser efetuado nos casos em que existir a concessão de medida liminar em mandado de segurança ou de concessão de medida liminar ou de tutela antecipada, em outras espécies de ação judicial (Lei n. 5.172, de 1966 – Código Tributário Nacional, arts. 142, parágrafo único, e 151, incisos IV e V; Lei n. 9.430, de 1996, art. 63, com a redação dada pela Medida Provisória n. 2.158-35, de 2001, art. 70).

§ 1.º O lançamento de que trata o *caput* deve ser regularmente notificado ao sujeito passivo com o esclarecimento de que a exigibilidade do crédito tributário permanece suspensa, em face da medida liminar concedida (Lei n. 5.172, de 1966 – Código Tributário Nacional, arts. 145 e 151; Decreto n. 70.235, de 1972, art. 7.º).

§ 2.º O lançamento para prevenir a decadência deve seguir seu curso normal, com a prática dos atos administrativos que lhe são próprios, exceto quanto aos atos executórios, que aguardarão a sentença judicial, ou, se for o caso, a perda da eficácia da medida liminar concedida.

Seção II
Da Renúncia ou da Desistência ao Litígio nas Instâncias Administrativas

Art. 87. A existência ou propositura, pelo sujeito passivo, de ação judicial com o mesmo objeto do lançamento importa em renúncia ou em desistência ao litígio nas instâncias administrativas (Lei n. 6.830, de 1980, art. 38, parágrafo único).

Parágrafo único. O curso do processo administrativo, quando houver matéria distinta da constante do processo judicial, terá prosseguimento em relação à matéria diferenciada.

TÍTULO III
DOS OUTROS PROCESSOS ADMINISTRATIVOS

Capítulo I
DO PROCESSO DE CONSULTA

Seção I
Da Legitimidade para Formular Consulta

Art. 88. O sujeito passivo poderá formular consulta sobre a interpretação da legislação tributária e aduaneira aplicável a fato determinado e sobre a classificação fiscal de mercadorias e a classificação de serviços, intangíveis e de outras operações que produzam variações no patrimônio, com base na Nomenclatura Brasileira de Serviços, Intangíveis e Outras Operações que Produzam Variações no Patrimônio – NBS.

•• *Caput* com redação determinada pelo Decreto n. 8.853, de 22-9-2016.

Parágrafo único. A consulta de que trata o *caput* é facultada aos órgãos da administração pública e às entidades representativas de categorias econômicas ou profissionais (Decreto n. 70.235, de 1972, art. 46, parágrafo único).

Seção II
Dos Efeitos da Consulta

Art. 89. Nenhum procedimento fiscal será instaurado, relativamente à espécie consultada, contra o sujeito passivo alcançado pela consulta, a partir da apresentação da consulta até o trigésimo dia subsequente à data da ciência da decisão que lhe der solução definitiva. (Decreto n. 70.235, de 1972, arts. 48 e 49; Lei n. 9.430, de 1996, art. 48, *caput* e § 3.º).

§ 1.º A apresentação da consulta:

I – não suspende o prazo:

a) para recolhimento de tributo, retido na fonte ou declarado (autolançado), antes ou depois da data de apresentação; e

b) para a apresentação de declaração de rendimentos; e

II – não impede a instauração de procedimento fiscal para fins de apuração da regularidade do recolhimento de tributos e da apresentação de declarações.

§ 2.º No caso de consulta formulada por entidade representativa de categoria econômica ou profissional, os efeitos referidos no *caput* só alcançam seus associados ou filiados depois de cientificada a entidade consulente da decisão.

•• § 2.º com redação determinada pelo Decreto n. 8.853, de 22-9-2016.

Art. 90. Em se tratando de consulta eficaz e formulada antes do vencimento do débito, não incidirão encargos moratórios desde seu protocolo até o trigésimo dia subsequente à data da ciência de sua solução (Lei n. 5.172, de 1966 – Código Tributário Nacional, art. 161, § 2.º).

Seção III
Dos Requisitos da Consulta

Art. 91. A consulta deverá ser formulada por escrito e apresentada na unidade da Secretaria da Receita Federal do Brasil do domicílio tributário do consulente.
•• *Caput com redação determinada pelo Decreto n. 8.853, de 22-9-2016.*
Parágrafo único. A consulta poderá ser formulada por meio eletrônico, na forma disciplinada pela Secretaria da Receita Federal do Brasil.
•• *Parágrafo único acrescentado pelo Decreto n. 8.853, de 22-9-2016.*

Seção IV
Da Competência para a Solução da Consulta

Art. 92. A competência para solucionar a consulta ou declarar sua ineficácia, na forma disciplinada pela Secretaria da Receita Federal do Brasil, poderá ser atribuída:
•• *Caput com redação determinada pelo Decreto n. 8.853, de 22-9-2016.*

I – à unidade central; ou
•• *Inciso I com redação determinada pelo Decreto n. 8.853, de 22-9-2016.*

II – à unidade descentralizada.
•• *Inciso II com redação determinada pelo Decreto n. 8.853, de 22-9-2016.*

Art. 93. A competência para solucionar consultas relativas ao Simples Nacional é da Secretaria da Receita Federal do Brasil quando se referir a tributos administrados por esse órgão (Lei Complementar n. 123, de 2006, art. 40).

Seção V
Da Ineficácia da Consulta

Art. 94. Não produzirá qualquer efeito a consulta formulada (Decreto n. 70.235, de 1972, art. 52):
I – em desacordo com o disposto nos arts. 88 e 91;
II – por quem tiver sido intimado a cumprir obrigação relativa ao fato objeto da consulta;
III – por quem estiver sob procedimento fiscal iniciado para apurar fatos que se relacionem com a matéria consultada;
IV – quando o fato já houver sido objeto de decisão anterior, ainda não modificada, proferida em consulta ou litígio em que tenha sido parte o consulente;
V – quando o fato estiver disciplinado em ato normativo, publicado antes de sua apresentação;
VI – quando o fato estiver definido ou declarado em disposição literal de lei;
VII – quando o fato for definido como crime ou contravenção penal; e
VIII – quando não descrever, completa ou exatamente, a hipótese a que se referir, ou não contiver os elementos necessários à sua solução, salvo se a inexatidão ou omissão for escusável, a critério da autoridade julgadora.

Seção VI
Da Solução da Consulta

Art. 95. Os processos administrativos de consulta serão solucionados em instância única (Lei n. 9.430, de 1996, art. 48, *caput*).
§ 1.º Não cabe recurso nem pedido de reconsideração da solução da consulta ou do despacho que declarar sua ineficácia.
•• *§ 1.º acrescentado pelo Decreto n. 8.853, de 22-9-2016.*
§ 2.º A consulta será solucionada no prazo máximo de trezentos e sessenta dias, contado da data de protocolo.
•• *§ 2.º acrescentado pelo Decreto n. 8.853, de 22-9-2016.*

Art. 96. Na solução da consulta serão observados os atos administrativos, expedidos pelas autoridades competentes, relativos à matéria consultada (Lei n. 9.430, de 1996, art. 48, § 2.º).

Art. 97. As soluções das consultas serão publicadas no *Diário Oficial da União*, na forma disposta em ato normativo da Secretaria da Receita Federal do Brasil (Lei n. 9.430, de 1996, art. 48, § 4.º).

Art. 98. O envio de conclusões decorrentes de decisões proferidas em processos de consulta sobre classificação fiscal de mercadorias para órgãos do Mercado Comum do Sul – MERCOSUL será efetuado exclusivamente pela unidade indicada no inciso I do art. 92 (Lei n. 9.430, de 1996, art. 50, § 4.º).

Seção VII
Da Mudança de Entendimento

Art. 99. O entendimento manifestado em decisão relativa a processo de consulta sobre classificação fiscal de mercadorias poderá ser alterado ou reformado, de ofício, pela unidade indicada no inciso I do art. 92 (Lei n. 9.430, de 1996, art. 50, §§ 1.º a 3.º).
§ 1.º O consulente deverá ser cientificado da alteração ou da reforma de entendimento.
§ 2.º Aplica-se o entendimento manifestado em decisão proferida por Superintendência Regional da Receita Federal do Brasil aos atos praticados pelo sujeito passivo até a data da ciência, ao consulente, da alteração ou da reforma de que trata o *caput*.

Art. 100. Se, após a resposta à consulta, a administração alterar o entendimento expresso na respectiva solução, a nova orientação atingirá apenas os fatos geradores que ocorrerem após sua dada ciência ao consulente ou após a sua publicação na imprensa oficial (Lei n. 9.430, de 1996, art. 48, § 12).
Parágrafo único. Na hipótese de alteração de entendimento expresso em solução de consulta, a nova orientação alcança apenas os fatos geradores que ocorrerem após a sua publicação na Imprensa Oficial ou após a ciência do consulente, exceto se a nova orientação lhe for mais favorável, caso em que esta atingirá, também, o período abrangido pela solução anteriormente dada.

Seção VIII
Do Recurso Especial

Art. 101. Cabe recurso especial, sem efeito suspensivo, junto à unidade indicada no inciso I do art. 92, nos casos em que se verificar a ocorrência de conclusões divergentes entre soluções de consulta relativas a idêntica matéria, fundada em idêntica norma jurídica (Lei n. 9.430, de 1996, art. 48, §§ 5.º a 8.º, 10 e 11).
§ 1.º O recurso especial pode ser interposto pelo destinatário da solução divergente, no prazo de trinta dias, contados da data da ciência da solução.
§ 2.º O sujeito passivo que tiver conhecimento de solução divergente daquela que esteja observando em decorrência de resposta a consulta anteriormente formulada, sobre idêntica matéria, poderá adotar o procedimento previsto no *caput*, no prazo de trinta dias, contados da data da respectiva publicação.
§ 3.º Cabe a quem interpuser o recurso comprovar a existência das soluções divergentes sobre idênticas matérias.
§ 4.º O exame de admissibilidade do recurso será realizado na forma disciplinada pela Secretaria da Receita Federal do Brasil.
•• *§ 4.º com redação determinada pelo Decreto n. 8.853, de 22-9-2016*
§ 5.º A solução da divergência acarretará, em qualquer hipótese, a edição de ato administrativo específico, uniformizando o entendimento, com imediata ciência ao destinatário da solução reformada, aplicando-se seus efeitos a partir da data da ciência, respeitado o disposto no parágrafo único do art. 100.

Seção IX
Da Representação

Art. 102. Qualquer servidor da administração tributária deverá, a qualquer tempo, formular representação ao órgão que houver proferido a decisão, encaminhando as soluções divergentes sobre idêntica matéria, de que tenha conhecimento (Lei n. 9.430, de 1996, art. 48, §§ 8.º e 9.º).
Parágrafo único. O juízo de admissibilidade da representação será realizado na forma disciplinada pela Secretaria da Receita Federal do Brasil.
•• *Parágrafo único com redação determinada pelo Decreto n. 8.853, de 22-9-2016.*

Capítulo II
DOS PROCESSOS DE RECONHECIMENTO DE DIREITO CREDITÓRIO

Seção I
Das Disposições Gerais

Art. 103. (*Revogado pelo Decreto n. 8.853, de 22-9-2016.*)

Seção II
Do Processo de Compensação

Subseção I
Da Declaração de Compensação

Art. 104. O sujeito passivo que apurar crédito, inclusive os judiciais com trânsito em julgado, relativo a tributo administrado pela Secretaria da Receita Federal do Brasil, passível de restituição ou de ressarcimento, poderá utilizá-lo na compensação de débitos próprios relativos a quaisquer tributos administrados por esse órgão (Lei n. 9.430, de 1996, art. 74, com a redação dada pela Lei n. 10.637, de 30 de dezembro de 2002, art. 49).

Parágrafo único. A compensação de que trata o *caput* será efetuada mediante a entrega, pelo sujeito passivo, de Declaração de Compensação na qual constarão informações relativas aos créditos utilizados e aos respectivos débitos compensados.

Subseção II
Dos créditos vedados à compensação

Art. 105. É vedada a compensação de débitos, mediante entrega da Declaração de Compensação, além das hipóteses previstas nas normas específicas de cada tributo:
I – com o crédito relativo ao saldo a restituir apurado na Declaração de Ajuste Anual do Imposto sobre a Renda da Pessoa Física (Lei n. 9.430, de 1996, art. 74, § 3.º, inciso I, com a redação dada pela Lei n. 10.637, de 2002, art. 49); e
II – com créditos relativos às contribuições sociais previstas nas alíneas *a*, *b* e *c* do parágrafo único do art. 11 da Lei n. 8.212, de 1991, e às contribuições instituídas a título de substituição (Lei n. 11.457, de 2007, art. 26, parágrafo único).

Art. 106. O valor objeto de pedido de restituição ou de ressarcimento que tenha sido indeferido pela autoridade competente da Secretaria da Receita Federal do Brasil, ainda que pendente de decisão definitiva na esfera administrativa, não pode ser utilizado para fins de compensação (Lei n. 9.430, de 1996, art. 74, § 3.º, inciso VI, incluído pela Lei n. 11.051, de 2004, art. 4.º).

Subseção III
Dos débitos vedados à compensação

Art. 107. Não poderão ser objeto de compensação, mediante entrega da Declaração de Compensação (Lei n. 9.430, de 1996, art. 74, § 3.º):
I – os débitos relativos a tributos devidos no registro da Declaração de Importação;
II – os débitos relativos a tributos administrados pela Secretaria da Receita Federal do Brasil que já tenham sido encaminhados à Procuradoria-Geral da Fazenda Nacional para inscrição em dívida ativa da União;
III – o débito consolidado em qualquer modalidade de parcelamento concedido pela Secretaria da Receita Federal do Brasil;
IV – o débito que já tenha sido objeto de compensação não homologada, ainda que a compensação se encontre pendente de decisão definitiva na esfera administrativa; e

V – os débitos relativos às contribuições sociais previstas nas alíneas *a*, *b* e *c* do parágrafo único do art. 11 da Lei n. 8.212, de 1991, e às contribuições instituídas a título de substituição (Lei n. 11.457, de 2007, art. 26, parágrafo único).

Subseção IV
Dos efeitos da Declaração de Compensação

Art. 108. A Declaração de Compensação entregue à Secretaria da Receita Federal do Brasil extingue o crédito tributário, sob condição resolutória de sua ulterior homologação (Lei n. 9.430, de 1996, art. 74, § 2.º, com a redação dada pela Lei n. 10.637, de 2002, art. 49).

Art. 109. A Declaração de Compensação constitui confissão de dívida e instrumento hábil e suficiente para a exigência dos débitos indevidamente compensados (Lei n. 9.430, de 1996, art. 74, § 6.º, incluído pela Lei n. 10.833, de 2003, art. 17).

Art. 110. Não homologada a compensação, a autoridade administrativa deverá cientificar o sujeito passivo e intimá-lo a efetuar, no prazo de trinta dias, contados da data da ciência do ato que não a homologou, o pagamento dos débitos indevidamente compensados (Lei n. 9.430, de 1996, art. 74, § 7.º, incluído pela Lei n. 10.833, de 2003, art. 17).

Art. 111. Não efetuado o pagamento no prazo previsto no art. 110, o débito será encaminhado à Procuradoria-Geral da Fazenda Nacional para inscrição em dívida ativa da União, ressalvado o disposto no art. 119.
•• Artigo com redação determinada pelo Decreto n. 8.853, de 22-9-2016.

Subseção V
Da competência e do prazo para homologação

Art. 112. A competência para decidir acerca da homologação ou não da compensação declarada é do Auditor-Fiscal da Receita Federal do Brasil, conforme disciplinado pela Secretaria da Receita Federal do Brasil.
•• Artigo com redação determinada pelo Decreto n. 8.853, de 22-9-2016.

Art. 113. O prazo para homologação da compensação será de cinco anos, contados da data da entrega da Declaração de Compensação (Lei n. 9.430, de 1996, art. 74, § 5.º, incluído pela Lei n. 10.833, de 2003, art. 17).

Subseção VI
Da compensação não declarada

Art. 114. Será considerada não declarada a compensação nas hipóteses (Lei n. 9.430, de 1996, art. 74, § 12, com a redação dada pela Lei n. 11.051, de 2004, art. 4.º):
I – previstas nos arts. 105 a 107; ou
II – em que o crédito:
a) seja de terceiros;
b) refira-se a "crédito-prêmio" instituído pelo art. 1.º do Decreto-lei n. 491, de 5 de março de 1969;

c) refira-se a título público;
d) seja decorrente de decisão judicial não transitada em julgado;
e) não se refira a tributos administrados pela Secretaria da Receita Federal do Brasil; ou
f) tiver como fundamento a alegação de inconstitucionalidade de lei, exceto nos casos em que a lei (Lei n. 9.430, de 1996, art. 74, § 12, inciso II, alínea *f*, com a redação dada pela Lei n. 11.941, de 2009, art. 30):
1. tenha sido declarada inconstitucional pelo Supremo Tribunal Federal em ação direta de inconstitucionalidade ou em ação declaratória de constitucionalidade;
2. tenha tido sua execução suspensa pelo Senado Federal;
3. tenha sido julgada inconstitucional em sentença judicial transitada em julgado a favor do contribuinte; ou
4. seja objeto de súmula vinculante aprovada pelo Supremo Tribunal Federal nos termos do art. 103-A da Constituição.

Parágrafo único. O disposto nos arts. 108 a 111, 113 e 119 não se aplica às hipóteses previstas neste artigo (Lei n. 9.430, de 1996, art. 74, § 13, com a redação dada pela Lei n. 11.051, de 2004, art. 4.º).

Subseção VII
Disposições complementares

Art. 115. A Secretaria da Receita Federal do Brasil disciplinará o disposto nesta Seção, inclusive quanto à fixação de critérios de prioridade para apreciação de processos de compensação (Lei n. 9.430, de 1996, art. 74, § 14, com a redação dada pela Lei n. 11.051, de 2004, art. 4.º).

Art. 116. Ocorrendo manifestação de inconformidade contra a não homologação da compensação e impugnação quanto ao lançamento das multas a que se refere o art. 18 da Lei n. 10.833, de 2003, as peças serão reunidas em um único processo, devendo as decisões respectivas às matérias litigadas serem objeto de um único acórdão (Lei n. 10.833, de 2003, art. 18, § 3.º).

Art. 116-A. Na hipótese de apresentação de manifestação de inconformidade contra a não homologação da compensação, fica suspensa a exigibilidade da multa de ofício de que trata o § 17 do art. 74 da Lei n. 9.430, de 27 de dezembro de 1996, ainda que não impugnada essa exigência, enquadrando-se no disposto no inciso III do *caput* do art. 151 da Lei n. 5.172, de 25 de outubro de 1966 – Código Tributário Nacional.
•• Artigo acrescentado pelo Decreto n. 8.853, de 22-9-2016.

Seção III
Dos Processos de Restituição, Ressarcimento e Reembolso

Subseção I
Da competência

Art. 117. A competência para apreciar pedidos de restituição, de ressarcimento e de reembolso de tributos administrados pela

Secretaria da Receita Federal do Brasil e os pedidos de restituição relativos a direitos *antidumping* e a direitos compensatórios é do Auditor-Fiscal da Receita Federal do Brasil, conforme disciplinado pela Secretaria da Receita Federal do Brasil.

•• Artigo com redação determinada pelo Decreto n. 8.853, de 22-9-2016.

Subseção II
Da compensação de ofício

Art. 118. A Secretaria da Receita Federal do Brasil, antes de proceder à restituição ou ao ressarcimento de tributos, deverá verificar se o sujeito passivo é devedor à Fazenda Nacional.

•• *Caput* com redação determinada pelo Decreto n. 8.853, de 22-9-2016.

Parágrafo único. Na hipótese de haver débito em nome do sujeito passivo, não parcelado ou parcelado sem garantia, inclusive inscrito em Dívida Ativa da União, o valor da restituição ou do ressarcimento será compensado, total ou parcialmente, com o valor do débito.

•• Parágrafo único com redação determinada pelo Decreto n. 8.853, de 22-9-2016.

Seção IV
Dos Recursos

Subseção I
Dos recursos contra a não homologação

Art. 119. É facultado ao sujeito passivo, no prazo referido no art. 110, apresentar manifestação de inconformidade contra a não homologação da compensação (Lei n. 9.430, de 1996, art. 74, § 9.º, incluído pela Lei n. 10.833, de 2003, art. 17).

§ 1.º Da decisão que julgar improcedente a manifestação de inconformidade caberá recurso ao Conselho Administrativo de Recursos Fiscais (Lei n. 9.430, de 1996, art. 74, § 10, incluído pela Lei n. 10.833, de 2003, art. 17; Decreto n. 70.235, de 1972, art. 25, inciso II, com a redação dada pela Lei n. 11.941, de 2009, art. 25).

§ 2.º A manifestação de inconformidade e o recurso de que tratam o *caput* e o § 1.º obedecerão ao rito processual do Decreto n. 70.235, de 1972 (Título II deste Regulamento), e enquadram-se no disposto no inciso III do art. 151 da Lei n. 5.172, de 1966 – Código Tributário Nacional, relativamente ao débito objeto da compensação (Lei n. 9.430, de 1996, art. 74, § 11, incluído pela Lei n. 10.833, de 2003, art. 17).

Subseção I-A
Dos recursos contra a decisão que considerar a compensação não declarada

•• Subseção I-A acrescentada pelo Decreto n. 8.853, de 22-9-2016.

Art. 119-A. É facultado ao sujeito passivo, nos termos do art. 56 ao art. 65 da Lei n. 9.784, de 29 de janeiro de 1999, apresentar recurso, no prazo de dez dias, contado da data da ciência, contra a decisão que considerar a compensação não declarada.

•• *Caput* acrescentado pelo Decreto n. 8.853, de 22-9-2016.

Parágrafo único. O recurso de que trata o *caput*:

•• Parágrafo único, *caput*, acrescentado pelo Decreto n. 8.853, de 22-9-2016.

I – não terá efeito suspensivo, não se enquadrando no disposto no inciso III do *caput* do art. 151 da Lei n. 5.172, de 1966 – Código Tributário Nacional, relativamente ao débito objeto da compensação; e

•• Inciso I acrescentado pelo Decreto n. 8.853, de 22-9-2016.

II – será decidido em última instância pelo titular da Superintendência Regional da Receita Federal do Brasil, com jurisdição sobre o domicílio tributário do recorrente.

•• Inciso II acrescentado pelo Decreto n. 8.853, de 22-9-2016.

Subseção II
Dos recursos contra o indeferimento dos pedidos de restituição, ressarcimento e reembolso

Art. 120. É facultado ao sujeito passivo, no prazo de trinta dias, contados da data da ciência da decisão que indeferiu seu pedido de restituição, ressarcimento ou reembolso, apresentar manifestação de inconformidade, junto à Delegacia da Receita Federal do Brasil de Julgamento competente, contra o não reconhecimento do direito creditório (Lei n. 8.748, de 1993, art. 3.º, inciso II; Lei n. 9.019, de 1995, art. 7.º, §§ 1.º e 5.º).

Parágrafo único. Da decisão que julgar improcedente a manifestação de inconformidade, caberá recurso ao Conselho Administrativo de Recursos Fiscais.

Art. 121. Compete ao Conselho Administrativo de Recursos Fiscais, observada sua competência por matéria, julgar recurso voluntário de decisão de primeira instância nos processos relativos à restituição, ressarcimento e reembolso de tributos administrados pela Secretaria da Receita Federal do Brasil (Decreto n. 70.235, de 1972, art. 25, inciso II, com a redação dada pela Lei n. 11.941, de 2009).

Subseção III
Disposições complementares

Art. 122. A Secretaria da Receita Federal do Brasil disciplinará o disposto nesta Seção, inclusive quanto à fixação de critérios de prioridade para apreciação de processos de restituição, de ressarcimento e de reembolso (Lei n. 9.430, de 1996, art. 74, § 14, com a redação dada pela Lei n. 11.051, de 2004, art. 4.º).

Capítulo III
DOS PROCESSOS DE SUSPENSÃO DA IMUNIDADE E DA ISENÇÃO

Seção I
Do Processo de Suspensão da Imunidade

Art. 123. A suspensão da imunidade tributária, em virtude de falta de observância de requisitos legais, deve ser procedida em conformidade com o disposto nesta Seção (Lei n. 9.430, de 1996, art. 32).

§ 1.º Constatado que entidade beneficiária de imunidade de tributos federais, de que trata a alínea *c* do inciso VI do *caput* do art. 150 da Constituição, não está observando requisitos ou condições previstos no § 1.º do art. 9.º e no art. 14 da Lei n. 5.172, de 1966 – Código Tributário Nacional, a fiscalização tributária expedirá notificação fiscal, na qual relatará os fatos que determinaram a suspensão do benefício, indicando inclusive a data em que os requisitos legais deixaram de ser atendidos.

§ 2.º O disposto no § 1.º não se aplica no caso de descumprimento de requisito estabelecido no art. 12 da Lei n. 9.532, de 1997.

§ 3.º A entidade poderá, no prazo de trinta dias, contados da data da ciência da notificação, apresentar as alegações e provas que entender necessárias.

§ 4.º O delegado ou inspetor da Receita Federal do Brasil decidirá sobre a procedência das alegações, expedindo o ato declaratório suspensivo do benefício no caso de improcedência, dando ciência de sua decisão à entidade.

§ 5.º Será igualmente expedido o ato suspensivo se decorrido o prazo previsto no § 3.º sem qualquer manifestação da parte interessada.

§ 6.º A suspensão da imunidade terá como termo inicial a data em que os requisitos legais deixaram de ser atendidos.

§ 7.º Efetivada a suspensão da imunidade:

I – a entidade interessada poderá, no prazo de trinta dias, contados da data da ciência, apresentar impugnação ao ato declaratório, a qual será objeto de decisão pela Delegacia da Receita Federal do Brasil de Julgamento competente; e

II – a fiscalização de tributos federais lavrará auto de infração, se for o caso.

§ 8.º A impugnação relativa à suspensão da imunidade obedecerá às demais normas reguladoras do processo administrativo fiscal.

§ 9.º A impugnação e o recurso apresentados pela entidade não terão efeito suspensivo em relação ao ato declaratório contestado.

§ 10. Caso seja lavrado auto de infração, as impugnações e os recursos contra o ato declaratório e contra a exigência do crédito tributário serão reunidos em um único processo, devendo as decisões respectivas às matérias litigadas serem objeto de um único acórdão.

§ 11. Somente se inicia o procedimento que visa à suspensão da imunidade tributária dos partidos políticos após trânsito em julgado de decisão do Tribunal Superior Eleitoral que julgar irregulares ou não prestadas, nos termos da Lei, as devidas contas à Justiça Eleitoral (Lei n. 9.430, de 1996, art. 32, § 11, incluído pela Lei n. 11.941, de 2009, art. 73).

§ 12. A entidade interessada disporá de todos os meios legais para impugnar os fatos que determinam a suspensão do benefício

(Lei n. 9.430, de 1996, art. 32, § 12, incluído pela Lei n. 11.941, de 2009, art. 73).

Seção II
Do Processo de Suspensão da Isenção

Art. 124. Os procedimentos estabelecidos no art. 123 aplicam-se também às hipóteses de suspensão de isenções condicionadas quando a entidade beneficiária estiver descumprindo as condições ou requisitos impostos pela legislação de regência (Lei n. 9.430, de 1996, art. 32, § 10).

Art. 125. No caso da isenção das contribuições sociais previstas nos arts. 22 e 23 da Lei n. 8.212, de 1991, constatado o descumprimento, pela entidade beneficiária, dos requisitos impostos pela legislação de regência, a fiscalização da Secretaria da Receita Federal do Brasil lavrará o auto de infração relativo ao período correspondente e relatará os fatos que demonstram o não atendimento de tais requisitos para o gozo da isenção (Lei n. 12.101, de 27 de novembro de 2009, arts. 29 e32).

§ 1.º Considera-se automaticamente suspenso o direito à isenção das contribuições referidas no *caput* durante o período em que se constatar o descumprimento de requisito na forma deste artigo, devendo o lançamento correspondente ter como termo inicial a data da ocorrência da infração que lhe deu causa.

§ 2.º O disposto neste artigo obedecerá ao rito processual do Decreto n. 70.235, de 1972 (Título II deste Regulamento).

Capítulo IV
DO PEDIDO DE REVISÃO DE ORDEM DE EMISSÃO DE INCENTIVOS FISCAIS

Art. 126. O contribuinte optante pela aplicação de parcelas do imposto sobre a renda devido em incentivos fiscais poderá pedir revisão da ordem de emissão de incentivos fiscais emitida pela Secretaria da Receita Federal do Brasil, quando não atendida a opção formalizada na Declaração do Imposto sobre a Renda da Pessoa Jurídica – Lucro Real.

§ 1.º A Secretaria da Receita Federal do Brasil, com base nas opções exercidas pelos contribuintes e no controle dos recolhimentos, expedirá, em cada exercício, à pessoa jurídica optante, extrato de conta-corrente contendo os valores efetivamente considerados como imposto e como aplicação nos fundos de investimento (Decreto-lei n. 1.752, de 31 de dezembro de 1979, art. 3.º).

§ 2.º O pedido de revisão da ordem de emissão de incentivos fiscais deve ser apresentado, salvo prazo maior concedido pela Secretaria da Receita Federal do Brasil:

I – no prazo de trinta dias, contados da ciência do extrato no qual as opções não aparecem formalizadas ou se apresentam com divergências (Decreto-lei n. 1.752, de 1979, art. 3.º; Decreto n. 70.235, de 1972, art. 15); ou

II – até o dia 30 de setembro do segundo ano subsequente ao exercício financeiro a que corresponder a opção, no caso de não recebimento do extrato (Decreto-lei n. 1.376, de 12 de dezembro de 1974, art. 15, § 5.º, com redação dada pelo Decreto-lei n. 1.752, de 1979, art. 1.º).

§ 3.º O disposto neste artigo obedecerá ao rito processual do Decreto n. 70.235, de 1972 (Título II deste Regulamento).

Capítulo V
DO PROCESSO DE APLICAÇÃO DA PENA DE PERDIMENTO

Seção I
Do Processo de Aplicação da Pena de Perdimento de Mercadoria e de Veículo

Art. 127. As infrações a que se aplique a pena de perdimento serão apuradas mediante processo administrativo fiscal, cuja peça inicial será o auto de infração acompanhado de termo de apreensão e, se for o caso, de termo de guarda fiscal (Decreto-lei n. 1.455, de 1976, art. 27, *caput*).

§ 1.º Feita a intimação, pessoal ou por edital, a não apresentação de impugnação no prazo de vinte dias, contados da data da ciência, implica revelia (Decreto-lei n. 1.455, de 1976, art. 27, § 1.º).

§ 2.º A revelia do autuado, declarada pela autoridade preparadora, implica o envio do processo à autoridade competente, para imediata aplicação da pena de perdimento, ficando a mercadoria correspondente disponível para destinação, nos termos da legislação específica.

§ 3.º Apresentada a impugnação, a autoridade preparadora terá o prazo de quinze dias, contados da data do protocolo, para remessa do processo a julgamento (Decreto-lei n. 1.455, de 1976, art. 27, § 2.º). Decreto-lei n. 37, de 1966

§ 4.º O prazo mencionado no § 3.º poderá ser prorrogado quando houver necessidade de diligência ou perícia (Decreto-lei n. 1.455, de 1976, art. 27, § 3.º).

§ 5.º Após o preparo, o processo será submetido à decisão do Ministro de Estado da Fazenda, em instância única (Decreto-lei n. 1.455, de 1976, art. 27, § 4.º).

§ 6.º As infrações mencionadas nos incisos II e III do *caput* do art. 23 do Decreto-lei n. 1.455, de 1976, quando referentes a mercadorias de valor inferior a US$ 500,00 (quinhentos dólares dos Estados Unidos da América), e no inciso IX do *caput* do art. 105 do Decreto-lei n. 37, de 18 de novembro de 1966, serão apuradas em procedimento simplificado, no qual (Decreto-lei n. 1.455, de 1976, art. 27, § 5.º, incluído pela Lei n. 12.058, de 13-10-2009, art. 31):

I – as mercadorias serão relacionadas pela unidade da Secretaria da Receita Federal do Brasil com jurisdição sobre o local de depósito, devendo a relação ser afixada em edital na referida unidade por vinte dias; e

II – decorrido o prazo a que se refere o inciso I:

a) sem manifestação por parte de qualquer interessado, serão declaradas abandonadas e estarão disponíveis para destinação, dispensada a formalidade a que se refere o *caput*, observado o disposto nos arts. 28 a 30 do Decreto-lei n. 1.455, de 1976; ou

b) com manifestação contrária de interessado, será adotado o procedimento previsto no *caput* e nos §§ 1.º a 4.º.

§ 7.º O Ministro de Estado da Fazenda poderá complementar a disciplina do disposto no § 6.º, e aumentar em até duas vezes o limite nele estabelecido (Decreto-lei n. 1.455, de 1976, art. 27, § 6.º, incluído pela Lei n. 12.058, de 2009, art. 31).

§ 8.º O disposto nos §§ 6.º e 7.º não se aplica na hipótese de mercadorias de importação proibida (Decreto-lei n. 1.455, de 1976, art. 27, § 7.º, incluído pela Lei n. 12.058, de 2009, art. 31).

§ 9.º O Ministro de Estado da Fazenda poderá:

I – delegar a competência para a decisão de que trata o § 5.º (Decreto-lei n. 200, de 25 de fevereiro de 1967, art. 12); e

II – estabelecer normas complementares para disciplinar os procedimentos previstos nesta Seção.

Seção II
Do Processo de Retenção e de Perdimento de Veículo Transportador de Mercadoria Sujeita a Pena de Perdimento

Art. 128. Caberá recurso contra os atos que formalizarem a exigência da multa pelo transporte de mercadoria sujeita a pena de perdimento e a retenção do veículo transportador, com efeito exclusivamente devolutivo, a ser apresentado no prazo de vinte dias, contados da data da ciência da retenção, ao chefe da unidade da Secretaria da Receita Federal do Brasil responsável pela retenção, que o apreciará em instância única (Lei n. 10.833, de 2003, art. 75, § 3.º).

§ 1.º Decorrido o prazo de quarenta e cinco dias, contados da data da aplicação da multa ou da ciência do indeferimento do recurso, e não recolhida a multa prevista, o veículo será considerado abandonado, caracterizando dano ao Erário e ensejando a aplicação da pena de perdimento, observado o rito estabelecido na Seção I deste Capítulo.

§ 2.º A Secretaria da Receita Federal do Brasil deverá representar contra o transportador que incorrer na infração prevista no *caput* ou que seja submetido à aplicação da pena de perdimento de veículo à autoridade competente para fiscalizar o transporte terrestre.

Seção III
Do Processo de Perdimento de Moeda

Art. 129. O processo administrativo de apuração e de aplicação da pena de perdimento de moeda obedecerá ao disposto no art. 127 e seus §§ 1.º, 3.º e 4.º (Medida Provisória n. 2.158-35, de 2001, art. 89, §§ 1.º a 4.º; Decreto n. 6.759, de 2009, art. 700).

Parágrafo único. Da decisão proferida pela autoridade competente, no processo a que se refere o *caput*, não caberá recurso (Medida Provisória n. 2.158-35, de 2001, art. 89, § 5.º).

Art. 130. As moedas retidas antes de 27 de agosto de 2001 terão seu valor convertido em renda da União (Medida Provisória n. 2.158-35, de 2001, art. 89, § 6.º, inciso II).

Parágrafo único. O disposto no *caput* não se aplica nos casos em que o interessado tenha apresentado manifestação de inconformidade, hipótese em que serão adotados os procedimentos a que se refere o art. 127.

•• Parágrafo único com redação determinada pelo Decreto n. 8.853, de 22-9-2016.

Seção IV
Da Relevação da Pena de Perdimento

Art. 131. O Ministro de Estado da Fazenda, em despacho fundamentado, poderá relevar penalidades relativas a infrações de que não tenha resultado falta ou insuficiência de recolhimento de tributos federais, atendendo (Decreto-lei n. 1.042, de 21 de outubro de 1969, art. 4.º):

I – a erro ou à ignorância escusável do infrator, quanto à matéria de fato; ou

II – à equidade, em relação às características pessoais ou materiais do caso, inclusive ausência de intuito doloso.

§ 1.º A relevação da penalidade poderá ser condicionada à correção prévia das irregularidades que tenham dado origem ao processo administrativo fiscal (Decreto-lei n. 1.042, de 1969, art. 4.º, § 1.º).

§ 2.º O Ministro de Estado da Fazenda poderá delegar a competência atribuída por este artigo (Decreto-lei n. 1.042, de 1969, art. 4.º, § 2.º).

Capítulo VI
DO PROCESSO DE DETERMINAÇÃO E EXIGÊNCIA DAS MEDIDAS DE SALVAGUARDA

Art. 132. A determinação e a exigência dos créditos tributários decorrentes de infração às medidas de salvaguarda obedecerão ao rito processual do Decreto n. 70.235, de 1972 (Título II deste Regulamento) (Decreto n. 6.759, de 2009, arts. 768 a 773).

Capítulo VII
DOS PROCESSOS DE APLICAÇÃO E DE EXIGÊNCIA DOS DIREITOS ANTIDUMPING E COMPENSATÓRIOS

Art. 133. O cumprimento das obrigações resultantes da aplicação dos direitos *antidumping* e dos direitos compensatórios, provisórios ou definitivos, será condição para a introdução no comércio do País de produtos objeto de *dumping* ou subsídio (Lei n. 9.019, de 1995, art. 7.º).

§ 1.º Será competente para a cobrança dos direitos *antidumping* e compensatórios, provisórios ou definitivos, quando se tratar de valor em dinheiro, e, se for o caso, para sua restituição, a Secretaria da Receita Federal do Brasil.

§ 2.º Os direitos *antidumping* e os direitos compensatórios são devidos na data do registro da Declaração de Importação (Lei n. 9.019, de 1995, art. 7.º, § 2.º, com a redação dada pela Lei n. 10.833, de 2003, art. 79).

§ 3.º A exigência de ofício de direitos *antidumping* ou de direitos compensatórios e decorrentes acréscimos moratórios e penalidades será formalizada em auto de infração lavrado por Auditor-Fiscal da Receita Federal do Brasil, observado o disposto no Título II deste Regulamento, e o prazo de cinco anos, contados da data de registro da Declaração de Importação (Lei n. 9.019, de 1995, art. 7.º, § 5.º, incluído pela Lei n. 10.833, de 2003, art. 79).

§ 4.º O julgamento dos processos relativos à exigência de que trata o § 3.º, observado o disposto no Decreto n. 70.235, de 1972, compete:

I – em primeira instância, às Delegacias da Receita Federal do Brasil de Julgamento; e

II – em segunda instância, ao Conselho Administrativo de Recursos Fiscais.

§ 5.º A restituição de valores pagos a título de direitos *antidumping* e de direitos compensatórios, provisórios ou definitivos, enseja a restituição dos acréscimos legais correspondentes e das penalidades pecuniárias, de caráter material, prejudicados pela causa da restituição (Lei n. 9.019, de 1995, art. 7.º, § 7.º, incluído pela Lei n. 10.833, de 2003, art. 79).

Art. 134. Os direitos *antidumping* ou compensatórios, provisórios ou definitivos, somente serão aplicados sobre bens despachados para consumo a partir da data da publicação do ato que os estabelecer, excetuando-se os casos de retroatividade previstos nos Acordos *Antidumping* e nos Acordos de Subsídios e Direitos Compensatórios (Lei n. 9.019, de 1995, art. 8.º).

§ 1.º Nos casos de retroatividade, a Secretaria da Receita Federal do Brasil intimará o contribuinte ou responsável para pagar os direitos *antidumping* ou compensatórios, provisórios ou definitivos, no prazo de trinta dias, contados da data da ciência, sem a incidência de quaisquer acréscimos moratórios (Lei n. 9.019, de 1995, art. 8.º, § 1.º, incluído pela Lei n. 10.833, de 2003, art. 79).

§ 2.º Vencido o prazo previsto no § 1.º sem que tenha havido o pagamento dos direitos, a Secretaria da Receita Federal do Brasil deverá exigi-los de ofício, mediante a lavratura de auto de infração, aplicando-se a multa e os juros de mora previstos no inciso II do § 3.º do art. 7.º da Lei n. 9.019, de 1995, a partir do término do prazo previsto no § 1.º (Lei n. 9.019, de 1995, art. 8.º, § 2.º, incluído pela Lei n. 10.833, de 2003, art. 79).

Capítulo VIII
DO PROCESSO DE DETERMINAÇÃO E EXIGÊNCIA DE DIREITOS DE NATUREZA COMERCIAL

Art. 135. A exigência de ofício de direitos de natureza comercial de que trata a Lei n. 12.270, de 24 de junho de 2010, dos acréscimos moratórios e das penalidades será formalizada em auto de infração lavrado por Auditor-Fiscal da Receita Federal do Brasil, observados os procedimentos previstos no Título II deste Regulamento, e o prazo de cinco anos contados da data da remessa, pagamento ou crédito da remuneração a que fizer jus o titular de direitos de propriedade intelectual (Lei n. 12.270, de 2010, art. 7.º, § 8.º).

§ 1.º Verificado o inadimplemento da obrigação, a Secretaria da Receita Federal do Brasil encaminhará o débito à Procuradoria-Geral da Fazenda Nacional, para inscrição em dívida ativa da União e respectiva cobrança, observado o prazo de prescrição de cinco anos (Lei n. 12.270, de 2010, art. 7.º, § 9.º).

§ 2.º Somente serão passíveis de ressarcimento os valores recolhidos a título de cobrança de direitos de que trata o *caput* nos casos de pagamento indevido ou em valor maior que o devido, observados os procedimentos estabelecidos pela Secretaria da Receita Federal do Brasil (Lei n. 12.270, de 2010, art. 7.º, § 10).

Capítulo IX
DO PROCESSO DE LIQUIDAÇÃO DE TERMO DE RESPONSABILIDADE

Art. 136. Ressalvado o regime de entreposto industrial previsto no Decreto-lei n. 37, de 1966, as obrigações fiscais relativas à mercadoria sujeita a regime aduaneiro especial serão constituídas em termo de responsabilidade (Decreto-lei n. 37, de 1966, art. 72).

§ 1.º O termo de responsabilidade é título representativo de direito líquido e certo da Fazenda Nacional com relação às obrigações fiscais nele constituídas (Decreto-lei n. 37, de 1966, art. 72, § 2.º, incluído pelo Decreto-lei n. 2.472, de 1.º de setembro de 1988, art. 1.º).

§ 2.º Não cumprido o compromisso assumido no termo de responsabilidade, o crédito nele constituído será objeto de exigência, com os acréscimos legais cabíveis (Decreto n. 6.759, de 2009, art. 760, parágrafo único).

Art. 137. A exigência do crédito tributário constituído em termo de responsabilidade deve ser precedida de (Decreto n. 6.759, de 2009, art. 761):

I – intimação do responsável para, no prazo de dez dias, contados da data da ciência, justificar o descumprimento, total ou parcial, do compromisso assumido; e

II – revisão do processo vinculado ao termo de responsabilidade, à vista da justificativa do interessado, para fins de ratificação ou liquidação do crédito.

§ 1.º A exigência do crédito, depois de notificada a sua ratificação ou liquidação ao responsável, deverá ser efetuada mediante:

I – conversão do depósito em renda da União, na hipótese de prestação de garantia sob a forma de depósito em dinheiro; ou

II – intimação do responsável para efetuar o pagamento, no prazo de trinta dias, contados da data da ciência, na hipótese de dispensa de garantia, ou da prestação de garantia sob a forma de fiança idônea ou de seguro aduaneiro.

§ 2.º Quando a exigência for efetuada na forma prevista no inciso II do § 1.º, será intimado também o fiador ou a seguradora.

Art. 138. Decorrido o prazo fixado no inciso I do *caput* do art. 137, sem que o interessado apresente a justificativa solicitada, será efetivada a exigência do crédito na forma prevista nos §§ 1.º e 2.º do referido artigo (Decreto n. 6.759, de 2009, art. 762).

Art. 139. Não efetuado o pagamento do crédito tributário exigido, o termo será encaminhado à Procuradoria da Fazenda Nacional para inscrição em dívida ativa da União (Decreto n. 6.759, de 2009, art. 763).

Art. 140. A Secretaria da Receita Federal do Brasil poderá editar normas complementares para disciplinar a exigência do crédito tributário constituído em termo de responsabilidade (Decreto n. 6.759, de 2009, art. 764).

Art. 141. O termo não formalizado por quantia certa será liquidado à vista dos elementos constantes do despacho aduaneiro a que estiver vinculado (Decreto-lei n. 37, de 1966, art. 72, § 3.º, com a redação dada pelo Decreto-lei n. 2.472, de 1988, art. 1.º).

§ 1.º Na hipótese do *caput*, o interessado deverá ser intimado a apresentar, no prazo de dez dias, contados da data da ciência, as informações complementares necessárias à liquidação do crédito (Decreto n. 6.759, de 2009, art. 765, § 1.º).

§ 2.º O crédito liquidado será exigido na forma prevista nos §§ 1.º e 2.º do art. 137 (Decreto n. 6.759, de 2009, art. 765, § 2.º).

Art. 142. A exigência do crédito tributário apurado em procedimento posterior à apresentação do termo de responsabilidade, em decorrência de aplicação de penalidade ou de ajuste no cálculo de tributo devido, será formalizada em auto de infração, lavrado por Auditor-Fiscal da Receita Federal do Brasil, observado o disposto no Decreto n. 70.235, de 1972 (Decreto n. 6.759, de 2009, art. 766).

Art. 143. Aplicam-se as disposições deste Capítulo, no que couber, ao termo de responsabilidade para cumprimento de formalidade ou de apresentação de documento (Decreto-lei n. 37, de 1966, art. 72, § 4.º, incluído pelo Decreto-lei n. 2.472, de 1988, art. 1.º).

Capítulo X
DO PROCESSO DE RECONHECIMENTO DO DIREITO À REDUÇÃO DE TRIBUTO INCIDENTE SOBRE O LUCRO DA EXPLORAÇÃO NA ÁREA DA SUDENE

Art. 144. O direito à redução do Imposto sobre a Renda das Pessoas Jurídicas e adicionais não restituíveis incidentes sobre o lucro da exploração, na área de atuação da extinta Superintendência do Desenvolvimento do Nordeste – SUDENE será reconhecido pela unidade da Secretaria da Receita Federal do Brasil com jurisdição sobre o domicílio tributário da pessoa jurídica, instruído com o laudo expedido pelo Ministério da Integração Nacional (Decreto n. 4.213, de 26 de abril de 2002, art. 3.º).

§ 1.º O chefe da unidade da Secretaria da Receita Federal do Brasil competente decidirá sobre o pedido de redução no prazo de cento e vinte dias, contados da data da apresentação do requerimento.

§ 2.º Expirado o prazo indicado no § 1.º sem que a requerente tenha sido notificada da decisão contrária ao pedido e enquanto não sobrevier decisão irrecorrível, a interessada será considerada automaticamente no pleno gozo da redução pretendida.

§ 3.º Caberá impugnação para a Delegacia da Receita Federal do Brasil de Julgamento, no prazo de trinta dias, contado da data da ciência do despacho que denegar, parcial ou totalmente, o pedido da requerente.

•• § 3.º com redação determinada pelo Decreto n. 8.853, de 22-9-2016.

§ 4.º Não cabe recurso na esfera administrativa da decisão da Delegacia da Receita Federal do Brasil de Julgamento que denegar o pedido.

§ 5.º Na hipótese do § 4.º, a unidade competente procederá ao lançamento das importâncias que, até então, tenham sido reduzidas do imposto devido, efetuando-se a cobrança do débito.

§ 6.º A cobrança prevista no § 5.º não alcançará as parcelas correspondentes às reduções feitas durante o período em que a pessoa jurídica interessada esteja em pleno gozo da redução de que trata o § 2.º.

Capítulo XI
DO PROCESSO DE RECONHECIMENTO DO DIREITO À REDUÇÃO DE TRIBUTO INCIDENTE SOBRE O LUCRO DA EXPLORAÇÃO NA ÁREA DA SUDAM

Art. 145. O direito à redução do Imposto sobre a Renda das Pessoas Jurídicas e adicionais não restituíveis incidentes sobre o lucro da exploração, na área de atuação da extinta Superintendência do Desenvolvimento da Amazônia – SUDAM, será reconhecido pela unidade da Secretaria da Receita Federal do Brasil com jurisdição sobre o domicílio tributário da pessoa jurídica, instruído com o laudo expedido pelo Ministério da Integração Nacional (Decreto n. 4.213, de 2002, art. 3.º).

§ 1.º O chefe da unidade da Secretaria da Receita Federal do Brasil decidirá sobre o pedido em cento e vinte dias contados da respectiva apresentação do requerimento à repartição fiscal competente.

§ 2.º Expirado o prazo indicado no § 1.º sem que a requerente tenha sido notificada da decisão contrária ao pedido e enquanto não sobrevier decisão irrecorrível, a interessada será considerada automaticamente no pleno gozo da redução pretendida.

§ 3.º Caberá impugnação para a Delegacia da Receita Federal do Brasil de Julgamento, no prazo de trinta dias, contado da data da ciência do despacho que denegar, parcial ou totalmente, o pedido da requerente.

•• § 3.º com redação determinada pelo Decreto n. 8.853, de 22-9-2016.

§ 4.º É irrecorrível, na esfera administrativa, a decisão da Delegacia da Receita Federal do Brasil de Julgamento que denegar o pedido.

§ 5.º Na hipótese do § 4.º, a repartição competente procederá ao lançamento das importâncias que, até então, tenham sido reduzidas do imposto devido, efetuando-se a cobrança do débito.

§ 6.º A cobrança prevista no § 5.º não alcançará as parcelas correspondentes às reduções feitas durante o período em que a pessoa jurídica interessada esteja em pleno gozo da redução de que trata o § 2.º.

TÍTULO IV
DISPOSIÇÕES FINAIS

Art. 146. Os processos administrativos fiscais relativos a tributos e a penalidades isoladas e as declarações não poderão sair das unidades da Secretaria da Receita Federal do Brasil, salvo quando se tratar de (Lei n. 9.250, de 1995, art. 38):

I – encaminhamento de recursos à instância superior;

II – restituições de autos aos órgãos de origem; ou

III – encaminhamento de documentos para fins de processamento de dados.

§ 1.º Nos casos a que se referem os incisos I e II do *caput*, deverá ficar cópia autenticada dos documentos essenciais na respectiva unidade (Lei n. 9.250, de 1995, art. 38, § 1.º).

§ 2.º É facultado o fornecimento de cópia do processo ao sujeito passivo ou a seu mandatário (Lei n. 9.250, de 1995, art. 38, § 2.º).

§ 3.º É facultada vista do processo ao sujeito passivo ou a seu mandatário.

§ 4.º O processo administrativo correspondente à inscrição de dívida ativa, à execução fiscal ou à ação proposta contra a Fazenda Nacional será mantido na unidade competente, dele se extraindo as cópias autenticadas ou certidões, que forem requeridas pelas partes ou requisitadas pelo Juiz ou pelo Ministério Público (Lei n. 6.830, de 1980, art. 41).

§ 5.º Mediante requisição do Juiz à repartição competente, com dia e hora previamente marcados, poderá o processo administrativo ser exibido em sede do Juízo, pelo funcionário para esse fim designado, lavrando o serventuário termo da ocorrência, com indicação, se for o caso, das peças a serem transladadas (Lei n. 6.830, de 1980, art. 41, parágrafo único).

Art. 147. Os documentos apresentados pelo sujeito passivo e que instruem o processo poderão ser substituídos por cópia e restituídos, em qualquer fase, a requerimento do sujeito passivo, desde que a medida não prejudique a instrução do processo e que deles fique cópia autenticada no processo (Decreto n. 70.235, de 1972, art. 64).

Parágrafo único. Caso a medida prejudique a instrução do processo, os documentos não poderão ser restituídos, sendo facultado o fornecimento de cópias na forma prevista na legislação.

Art. 147-A. Os documentos que instruem o processo poderão ser objeto de digitalização.
•• *Caput* acrescentado pelo Decreto n. 8.853, de 22-9-2016.

§ 1.º Para os fins do disposto neste Decreto, entende-se digitalização como a conversão da fiel imagem de um documento para código digital.
•• § 1.º acrescentado pelo Decreto n. 8.853, de 22-9-2016.

§ 2.º O processo de digitalização deverá ser realizado de forma a manter a integridade, a autenticidade e, se necessário, a confidencialidade do documento digital, com o emprego de certificado digital emitido no âmbito da Infraestrutura de Chaves Públicas Brasileira – ICP – Brasil.
•• § 2.º acrescentado pelo Decreto n. 8.853, de 22-9-2016.

§ 3.º Os meios de armazenamento dos documentos digitais deverão protegê-los de acesso, uso, alteração, reprodução e destruição não autorizados.
•• § 3.º acrescentado pelo Decreto n. 8.853, de 22-9-2016.

Art. 147-B. No processo eletrônico, os atos, os documentos e os termos que o instruem poderão ser natos digitais ou produzidos por meio de digitalização, observado o disposto na Medida Provisória n. 2.200-2, de 24 de agosto de 2001.
•• *Caput* acrescentado pelo Decreto n. 8.853, de 22-9-2016.

§ 1.º Os atos, os termos e os documentos submetidos a digitalização pela administração tributária e armazenados eletronicamente possuem o mesmo valor probante de seus originais.
•• § 1.º acrescentado pelo Decreto n. 8.853, de 22-9-2016.

§ 2.º Os autos de processos eletrônicos, ou parte deles, que tiverem de ser remetidos a órgãos ou entidades que não disponham de sistema compatível de armazenagem e tramitação poderão ser encaminhados impressos em papel ou por meio digital, conforme disciplinado em ato da administração tributária.
•• § 2.º acrescentado pelo Decreto n. 8.853, de 22-9-2016.

Art. 147-C. As matrizes físicas dos atos, dos termos e dos documentos digitalizados e armazenados eletronicamente conforme disposto no § 1.º do art. 147-B poderão ser descartadas.
•• *Caput* acrescentado pelo Decreto n. 8.853, de 22-9-2016.

§ 1.º O descarte das matrizes físicas será feito por meios que garantam sua inutilização e preservem o sigilo fiscal.
•• § 1.º acrescentado pelo Decreto n. 8.853, de 22-9-2016.

§ 2.º Independentemente de terem sido digitalizados, os originais dos documentos apresentados em papel serão arquivados pela administração tributária, observada a tabela de temporalidade do órgão, quando:
•• § 2.º, *caput*, acrescentado pelo Decreto n. 8.853, de 22-9-2016.

I – tiverem valor histórico para a sociedade ou para a administração tributária;
•• Inciso I acrescentado pelo Decreto n. 8.853, de 22-9-2016.

II – configurarem prova em processo de representação fiscal para fins penais; ou
•• Inciso II acrescentado pelo Decreto n. 8.853, de 22-9-2016.

III – forem indícios de práticas de violação a direito autoral, de falsificação ou de adulteração de produtos ou documentos ou indícios de práticas de outros crimes ou contravenções penais.
•• Inciso III acrescentado pelo Decreto n. 8.853, de 22-9-2016.

Art. 148. Este regulamento incorpora a legislação editada sobre a matéria até 19 de janeiro de 2015.
•• Artigo com redação determinada pelo Decreto n. 8.853, de 22-9-2016.

Art. 149. Este Decreto entra em vigor na data de sua publicação.

Brasília, 29 de setembro de 2011; 190.º da Independência e 123.º da República.

DILMA ROUSSEFF

LEI N. 12.741, DE 8 DE DEZEMBRO DE 2012 (*)

Dispõe sobre as medidas de esclarecimento ao consumidor, de que trata o § 5.º do art. 150 da Constituição Federal; altera o inciso III do art. 6.º e o inciso IV do art. 106 da Lei n. 8.078, de 11 de setembro de 1990 – Código de Defesa do Consumidor.

A Presidenta da República.
Faço saber que o Congresso Nacional decreta e eu sanciono a seguinte Lei:

Art. 1.º Emitidos por ocasião da venda ao consumidor de mercadorias e serviços, em todo território nacional, deverá constar, dos documentos fiscais ou equivalentes, a informação do valor aproximado correspondente à totalidade dos tributos federais, estaduais e municipais, cuja incidência influi na formação dos respectivos preços de venda.

§ 1.º A apuração do valor dos tributos incidentes deverá ser feita em relação a cada mercadoria ou serviço, separadamente, inclusive nas hipóteses de regimes jurídicos tributários diferenciados dos respectivos fabricantes, varejistas e prestadores de serviços, quando couber.

§ 2.º A informação de que trata este artigo poderá constar de painel afixado em local visível do estabelecimento, ou por qualquer outro meio eletrônico ou impresso, de forma a demonstrar o valor ou percentual, ambos aproximados, dos tributos incidentes sobre todas as mercadorias ou serviços postos à venda.

§ 3.º Na hipótese do § 2.º, as informações a serem prestadas serão elaboradas em termos de percentuais sobre o preço a ser pago, quando se tratar de tributo com alíquota *ad valorem*, ou em valores monetários (no caso de alíquota específica); no caso de se utilizar meio eletrônico, este deverá estar disponível ao consumidor no âmbito do estabelecimento comercial.

§ 4.º (*Vetado*.)

§ 5.º Os tributos que deverão ser computados são os seguintes:

I – Imposto sobre Operações relativas a Circulação de Mercadorias e sobre Prestações de Serviços de Transporte Interestadual e Intermunicipal e de Comunicação (ICMS);

II – Imposto sobre Serviços de Qualquer Natureza (ISS);

III – Imposto sobre Produtos Industrializados (IPI);

IV – Imposto sobre Operações de Crédito, Câmbio e Seguro, ou Relativas a Títulos ou Valores Mobiliários (IOF);

V e VI – (*Vetados*.)

VII – Contribuição Social para o Programa de Integração Social (PIS) e para o Programa de Formação do Patrimônio do Servidor Público (Pasep) – (PIS/Pasep);

VIII – Contribuição para o Financiamento da Seguridade Social (Cofins);

IX – Contribuição de Intervenção no Domínio Econômico, incidente sobre a importação e a comercialização de petróleo e seus derivados, gás natural e seus derivados, e álcool etílico combustível (Cide).

§ 6.º Serão informados ainda os valores referentes ao imposto de importação, PIS/Pasep/Importação e Cofins/Importação, na hipótese de produtos cujos insumos ou componentes sejam oriundos de operações de comércio exterior e representem percentual superior a 20% (vinte por cento) do preço de venda.

(*) Publicada no *Diário Oficial da União*, de 10-12-2012. Regulamentada pelo Decreto n. 8.264, de 5-6-2014.

§ 7.º Na hipótese de incidência do imposto sobre a importação, nos termos do § 6.º, bem como da incidência do Imposto sobre Produtos Industrializados – IPI, todos os fornecedores constantes das diversas cadeias produtivas deverão fornecer aos adquirentes, em meio magnético, os valores dos 2 (dois) tributos individualizados por item comercializado.

§ 8.º Em relação aos serviços de natureza financeira, quando não seja legalmente prevista a emissão de documento fiscal, as informações de que trata este artigo deverão ser feitas em tabelas afixadas nos respectivos estabelecimentos.

§ 9.º (Vetado.)

§ 10. A indicação relativa ao IOF (prevista no inciso IV do § 5.º) restringe-se aos produtos financeiros sobre os quais incida diretamente aquele tributo.

§ 11. A indicação relativa ao PIS e à Cofins (incisos VII e VIII do § 5.º), limitar-se-á à tributação incidente sobre a operação de venda ao consumidor.

§ 12. Sempre que o pagamento de pessoal constituir item de custo direto do serviço ou produto fornecido ao consumidor, deve ser divulgada, ainda, a contribuição previdenciária dos empregados e dos empregadores incidente, alocada ao serviço ou produto.

Art. 2.º Os valores aproximados de que trata o art. 1.º serão apurados sobre cada operação, e poderão, a critério das empresas vendedoras, ser calculados e fornecidos, semestralmente, por instituição de âmbito nacional reconhecidamente idônea, voltada primordialmente à apuração e análise de dados econômicos.

Art. 3.º O inciso III do art. 6.º da Lei n. 8.078, de 11 de setembro de 1990, passa a vigorar com a seguinte redação:

"Art. 6.º ....
....

III – a informação adequada e clara sobre os diferentes produtos e serviços, com especificação correta de quantidade, características, composição, qualidade, tributos incidentes e preço, bem como sobre os riscos que apresentem;".

Art. 4.º (Vetado.)

Art. 5.º Decorrido o prazo de 12 (doze) meses, contado do início de vigência desta Lei, o descumprimento de suas disposições sujeitará o infrator às sanções previstas no Capítulo VII do Título I da Lei n. 8.078, de 11 de setembro de 1990.

•• Artigo com redação determinada pela Lei n. 12.868, de 15-10-2013.

Art. 6.º Esta Lei entra em vigor 6 (seis) meses após a data de sua publicação.

Brasília, 8 de dezembro de 2012; 191.º da Independência e 124.º da República.

DILMA ROUSSEFF

LEI N. 12.973, DE 13 DE MAIO DE 2014 (*)

Altera a legislação tributária federal relativa ao Imposto sobre a Renda das Pessoas Jurídicas – IRPJ, à Contribuição Social sobre o Lucro Líquido – CSLL, à Contribuição para o PIS/Pasep e à Contribuição para o Financiamento da Seguridade Social – Cofins; revoga o Regime Tributário de Transição – RTT, instituído pela Lei n. 11.941, de 27 de maio de 2009; dispõe sobre a tributação da pessoa jurídica domiciliada no Brasil, com relação ao acréscimo patrimonial decorrente de participação em lucros auferidos no exterior por controladas e coligadas; altera o Decreto-lei n. 1.598, de 26 de dezembro de 1977 e as Leis n. 9.430, de 27 de dezembro de 1996, 9.249, de 26 de dezembro de 1995, 8.981, de 20 de janeiro de 1995, 4.506, de 30 de novembro de 1964, 7.689, de 15 de dezembro de 1988, 9.718, de 27 de novembro de 1998, 10.865, de 30 de abril de 2004, 10.637, de 30 de dezembro de 2002, 10.833, de 29 de dezembro de 2003, 12.865, de 9 de outubro de 2013, 9.532, de 10 de dezembro de 1997, 9.656, de 3 de junho de 1998, 9.826, de 23 de agosto de 1999, 10.485, de 3 de julho de 2002, 10.893, de 13 de julho de 2004, 11.312, de 27 de junho de 2006, 11.941, de 27 de maio de 2009, 12.249, de 11 de junho de 2010, 12.431, de 24 de junho de 2011, 12.716, de 21 de setembro de 2012, e 12.844, de 19 de julho de 2013; e dá outras providências

A Presidenta da República.
Faço saber que o Congresso Nacional decreta e eu sanciono a seguinte Lei:

Art. 1.º O Imposto sobre a Renda das Pessoas Jurídicas – IRPJ, a Contribuição Social sobre o Lucro Líquido – CSLL, a Contribuição para o PIS/Pasep e a Contribuição para o Financiamento da Seguridade Social – Cofins serão determinados segundo as normas da legislação vigente, com as alterações desta Lei.

Capítulo I
DO IMPOSTO SOBRE A RENDA DAS PESSOAS JURÍDICAS E DA CONTRIBUIÇÃO SOCIAL SOBRE O LUCRO LÍQUIDO

....

Art. 6.º A Lei n. 9.430, de 27 de dezembro de 1996, passa a vigorar com as seguintes alterações:

•• Alterações já processadas no diploma modificado.

Seção II
Custo de Empréstimos – Lucro Presumido e Arbitrado

Art. 7.º Para fins de determinação do ganho de capital previsto no inciso II do caput do art. 25 da Lei n. 9.430, de 27 de dezembro de 1996, é vedado o cômputo de qualquer parcela a título de encargos associados a empréstimos, registrados como custo na forma da alínea b do § 1.º do art. 17 do Decreto-lei n. 1.598, de 26 de dezembro de 1977.

Parágrafo único. O disposto no *caput* aplica-se também ao ganho de capital previsto no inciso II do *caput* do art. 27 e no inciso II do *caput* do art. 29 da Lei n. 9.430, de 27 de dezembro de 1996.

Art. 8.º No caso de pessoa jurídica tributada com base no lucro presumido ou arbitrado, as receitas financeiras relativas às variações monetárias dos direitos de crédito e das obrigações do contribuinte, em função da taxa de câmbio, originadas dos saldos de valores a apropriar decorrentes de ajuste a valor presente não integrarão a base de cálculo do imposto sobre a renda.

Art. 9.º A Lei n. 9.249, de 26 de dezembro de 1995, passa a vigorar com as seguintes alterações:

•• Alterações já processadas no diploma modificado.

Art. 10. A Lei n. 8.981, de 20 de janeiro de 1995, passa a vigorar com as seguintes alterações:

•• Alterações já processadas no diploma modificado.

....

Seção XV
Contratos de Concessão

Art. 35. No caso de contrato de concessão de serviços públicos em que a concessionária reconhece como receita o direito de exploração recebido do poder concedente, o resultado decorrente desse reconhecimento deverá ser computado no lucro real à medida que ocorrer a realização do respectivo ativo intangível, inclusive mediante amortização, alienação ou baixa.

Parágrafo único. Para fins dos pagamentos mensais referidos no art. 2.º da Lei n. 9.430, de 27 de dezembro de 1996, a receita mencionada no *caput* não integrará a base de cálculo, exceto na hipótese prevista no art. 35 da Lei n. 8.981, de 20 de janeiro de 1995.

Art. 36. No caso de contrato de concessão de serviços públicos, o lucro decorrente da receita reconhecida pela construção, recuperação, reforma, ampliação ou melhoramento da infraestrutura, cuja contrapartida seja ativo financeiro representativo de direito contratual incondicional de receber caixa ou outro ativo financeiro, poderá ser tributado à medida do efetivo recebimento.

Parágrafo único. Para fins dos pagamentos mensais determinados sobre a base de cálculo estimada de que trata o art. 2.º da Lei n. 9.430, de 27 de dezembro de 1996, a concessionária poderá considerar como receita o montante efetivamente recebido.

....

Seção XXII
Arrendamento Mercantil

Art. 46. Na hipótese de operações de arrendamento mercantil que não estejam su-

(*) Publicada no *Diário Oficial da União*, de 14-5-2014. **A Lei Complementar n. 214, de 16-1-2025, revoga o art. 57 desta lei a partir de 1.º-1-2027.**

jeitas ao tratamento tributário previsto pela Lei n. 6.099, de 12 de setembro de 1974, as pessoas jurídicas arrendadoras deverão reconhecer, para fins de apuração do lucro real, o resultado relativo à operação de arrendamento mercantil proporcionalmente ao valor de cada contraprestação durante o período de vigência do contrato.

§ 1.º A pessoa jurídica deverá proceder, caso seja necessário, aos ajustes ao lucro líquido para fins de apuração do lucro real, no livro de que trata o inciso I do *caput* do art. 8.º do Decreto-lei n. 1.598, de 26 de dezembro de 1977.

§ 2.º O disposto neste artigo aplica-se somente às operações de arrendamento mercantil em que há transferência substancial dos riscos e benefícios inerentes à propriedade do ativo.

§ 3.º Para efeitos do disposto neste artigo, entende-se por resultado a diferença entre o valor do contrato de arrendamento e somatório dos custos diretos iniciais e o custo de aquisição ou construção dos bens arrendados.

§ 4.º Na hipótese de a pessoa jurídica de que trata o *caput* ser tributada pelo lucro presumido ou arbitrado, o valor da contraprestação deverá ser computado na determinação da base de cálculo do imposto sobre a renda.

Art. 47. Poderão ser computadas na determinação do lucro real da pessoa jurídica arrendatária as contraprestações pagas ou creditadas por força de contrato de arrendamento mercantil, referentes a bens móveis ou imóveis intrinsecamente relacionados com a produção ou comercialização dos bens e serviços, inclusive as despesas financeiras nelas consideradas.

Art. 48. São indedutíveis na determinação do lucro real as despesas financeiras incorridas pela arrendatária em contratos de arrendamento mercantil.

Parágrafo único. O disposto no *caput* também se aplica aos valores decorrentes do ajuste a valor presente, de que trata o inciso III do *caput* do art. 184 da Lei n. 6.404, de 15 de dezembro de 1976.

Art. 49. Aos contratos não tipificados como arrendamento mercantil que contenham elementos contabilizados como arrendamento mercantil por força de normas contábeis e da legislação comercial serão aplicados os dispositivos a seguir indicados:

I – inciso VIII do *caput* do art. 13 da Lei n. 9.249, de 26 de dezembro de 1995, com a redação dada pelo art. 9.º;

....

III – arts. 46, 47 e 48;

IV – § 18 do art. 3.º da Lei n. 10.637, de 30 de dezembro de 2002, com a redação dada pelo art. 54;

V – § 26 do art. 3.º da Lei n. 10.833, de 29 de dezembro de 2003, com a redação dada pelo art. 55; e

VI – § 14 do art. 15 da Lei n. 10.865, de 30 de abril de 2004, com a redação dada pelo art. 53.

Parágrafo único. O disposto neste artigo restringe-se aos elementos do contrato contabilizados em observância às normas contábeis que tratam de arrendamento mercantil.

....

Art. 51. O art. 2.º da Lei n. 7.689, de 15 de dezembro de 1988, passa a vigorar com a seguinte redação:

•• Alteração já processada no diploma modificado.

Capítulo II
DA CONTRIBUIÇÃO PARA O PIS/PASEP E DA COFINS

Art. 52. A Lei n. 9.718, de 27 de novembro de 1998, passa a vigorar com as seguintes alterações:

•• Alterações já processadas no diploma modificado.

Art. 53. A Lei n. 10.865, de 30 de abril de 2004, passa a vigorar com as seguintes alterações:

•• Alterações já processadas no diploma modificado.

Art. 54. A Lei n. 10.637, de 30 de dezembro de 2002, passa a vigorar com as seguintes alterações:

•• Alterações já processadas no diploma modificado.

Art. 55. A Lei n. 10.833, de 29 de dezembro de 2003, passa a vigorar com as seguintes alterações:

•• Alterações já processadas no diploma modificado.

....

Seção I
Arrendamento Mercantil

Art. 57. No caso de operação de arrendamento mercantil não sujeita ao tratamento tributário previsto na Lei n. 6.099, de 12 de setembro de 1974, em que haja transferência substancial dos riscos e benefícios inerentes à propriedade do ativo, o valor da contraprestação deverá ser computado na base de cálculo da Contribuição para o PIS/Pasep e da Cofins pela pessoa jurídica arrendadora.

•• A Lei Complementar n. 214, de 16-1-2025, revoga este artigo a partir de 1.º-1-2027.

Parágrafo único. As pessoas jurídicas sujeitas ao regime de tributação de que tratam as Leis n. 10.637, de 30 de dezembro de 2002, e 10.833, de 29 de dezembro de 2003, poderão descontar créditos calculados sobre o valor do custo de aquisição ou construção dos bens arrendados proporcionalmente ao valor de cada contraprestação durante o período de vigência do contrato.

....

Capítulo VII
DA OPÇÃO PELOS EFEITOS EM 2014

Art. 75. A pessoa jurídica poderá optar pela aplicação das disposições contidas nos arts. 1.º e 2.º e 4.º a 70 desta Lei para o ano-calendário de 2014.

§ 1.º A opção será irretratável e acarretará a observância de todas as alterações trazidas pelos arts. 1.º e 2.º e 4.º a 70 e os efeitos dos incisos I a VI, VIII e X do *caput* do art. 117 a partir de 1.º de janeiro de 2014.

§ 2.º A Secretaria da Receita Federal do Brasil definirá a forma, o prazo e as condições da opção de que trata o *caput*.

....

Capítulo XI
DISPOSIÇÕES FINAIS

Art. 94. Para fins do disposto nesta Lei, as pessoas jurídicas domiciliadas no Brasil deverão manter disponível à autoridade fiscal documentação hábil e idônea que comprove os requisitos nela previstos, enquanto não ocorridos os prazos decadencial e prescricional.

Art. 95. O art. 25 da Lei n. 9.249, de 26 de dezembro de 1995, passa a vigorar acrescido do seguinte § 7.º:

•• Alterações já processadas no diploma modificado.

....

Art. 97. Ficam isentos de Imposto sobre a Renda – IR os rendimentos, inclusive ganhos de capital, pagos, creditados, entregues ou remetidos a beneficiário residente ou domiciliado no exterior, exceto em país com tributação favorecida, nos termos do art. 24 da Lei n. 9.430, de 27 de dezembro de 1996, produzidos por fundos de investimentos, cujos cotistas sejam exclusivamente investidores estrangeiros.

§ 1.º Para fazer jus à isenção de que trata o *caput*, o regulamento do fundo deverá prever que a aplicação de seus recursos seja realizada exclusivamente em depósito à vista, ou em ativos sujeitos a isenção de Imposto sobre a Renda – IR, ou tributados à alíquota 0 (zero), nas hipóteses em que o beneficiário dos rendimentos produzidos por esses ativos seja residente ou domiciliado no exterior, exceto em país com tributação favorecida, nos termos do art. 24 da Lei n. 9.430, de 27 de dezembro de 1996.

§ 2.º Incluem-se entre os ativos de que trata o § 1.º aqueles negociados em bolsas de valores, de mercadorias, de futuros e assemelhadas e que sejam isentos de tributação, na forma da alínea *b* do § 2.º do art. 81 da Lei n. 8.981, de 20 de janeiro de 1995, desde que sejam negociados pelos fundos, nas mesmas condições previstas na referida Lei, para gozo do incentivo fiscal.

§ 3.º Caso o regulamento do fundo restrinja expressamente seus cotistas a investidores estrangeiros pessoas físicas, também se incluirão entre os ativos de que trata o

Decreto n. 8.264, de 5-6-2014 – Carga Tributária

§ 1.º os ativos beneficiados pelo disposto no art. 3.º da Lei n. 11.033, de 21 de dezembro de 2004, desde que observadas as condições previstas para gozo do benefício fiscal.

....

Art. 100. A Lei n. 9.532, de 10 de dezembro de 1997, passa a vigorar com as seguintes alterações:

•• Alterações já processadas no diploma modificado.

....

Art. 104. Aplica-se ao § 7.º do art. 37-B da Lei n. 10.522, de 19 de julho de 2002, constante do art. 35 da Lei n. 11.941, de 27 de maio de 2009, e ao § 33 do art. 65 da Lei n. 12.249, de 11 de junho de 2010, no caso de instituições financeiras e assemelhadas, a alíquota de 15% (quinze por cento) sobre a base de cálculo negativa da CSLL, para manter a isonomia de alíquotas.

....

Art. 117. Revogam-se, a partir de 1.º de janeiro de 2015:

....

II – o art. 15 da Lei n. 6.099, de 12 de setembro de 1974;

....

V – o art. 31 da Lei n. 8.981, de 20 de janeiro de 1995;
VI – os §§ 2.º e 3.º do art. 21 e o art. 31 da Lei n. 9.249, de 26 de dezembro de 1995;
VII – a alínea b do § 1.º e os §§ 2.º e 4.º do art. 1.º da Lei n. 9.532, de 10 de dezembro de 1997;
VIII – o inciso V do § 2.º do art. 3.º da Lei n. 9.718, de 27 de novembro de 1998;

....

Art. 118. Revoga-se o art. 55 da Lei n. 10.637, de 30 de dezembro de 2002, a partir da data de publicação desta Lei.

Art. 119. Esta Lei entra em vigor em 1.º de janeiro de 2015, exceto os arts. 3.º, 72 a 75 e 93 a 119, que entram em vigor na data de sua publicação.

§ 1.º Aos contribuintes que fizerem a opção prevista no art. 75, aplicam-se, a partir de 1.º de janeiro de 2014:

I – os arts. 1.º e 2.º e 4.º a 70; e
II – as revogações previstas nos incisos I a VI, VIII e X do caput do art. 117.

§ 2.º Aos contribuintes que fizerem a opção prevista no art. 96, aplicam-se, a partir de 1.º de janeiro de 2014:

I – os arts. 76 a 92; e
II – as revogações previstas nos incisos VII e IX do caput do art. 117.

Brasília, 13 de maio de 2014; 193.º da Independência e 126.º da República.

DILMA ROUSSEFF

DECRETO N. 8.264, DE 5 DE JUNHO DE 2014 (*)

Regulamenta a Lei n. 12.741, de 8 de dezembro de 2012, que dispõe sobre as medidas de esclarecimento ao consumidor quanto à carga tributária incidente sobre mercadorias e serviços.

A Presidenta da República, no uso da atribuição que lhe confere o art. 84, *caput*, inciso IV da Constituição, e tendo em vista o disposto na Lei n. 12.741, de 8 de dezembro de 2012, decreta:

Art. 1.º Este Decreto regulamenta a Lei n. 12.741, de 8 de dezembro de 2012, que dispõe sobre as medidas de esclarecimento ao consumidor quanto à carga tributária incidente sobre mercadorias e serviços, de que trata o § 5.º do art. 150 da Constituição.

Art. 2.º Nas vendas ao consumidor, a informação, nos documentos fiscais, relativa ao valor aproximado dos tributos federais, estaduais e municipais que influem na formação dos preços de mercadorias e serviços, constará de três resultados segregados para cada ente tributante, que aglutinarão as somas dos valores ou percentuais apurados em cada ente.

Parágrafo único. Para fins do disposto no *caput*, a informação deverá ser aposta em campo próprio ou no campo "Informações Complementares" do respectivo documento fiscal.

Art. 3.º A informação a que se refere o art. 2.º compreenderá os seguintes tributos, quando influírem na formação dos preços de venda:

I – Imposto sobre Operações relativas a Circulação de Mercadorias e sobre Prestações de Serviços de Transporte Interestadual e Intermunicipal e de Comunicação – ICMS;
II – Imposto sobre Serviços de Qualquer Natureza – ISS;
III – Imposto sobre Produtos Industrializados – IPI;
IV – Imposto sobre Operações de Crédito, Câmbio e Seguro, ou Relativas a Títulos ou Valores Mobiliários – IOF;
V – Contribuição Social para o Programa de Integração Social – PIS e para o Programa de Formação do Patrimônio do Servidor Público – Pasep;
VI – Contribuição para o Financiamento da Seguridade Social – Cofins; e
VII – Contribuição de Intervenção no Domínio Econômico, incidente sobre a importação e a comercialização de petróleo e seus derivados, gás natural e seus derivados, e álcool etílico combustível – Cide.

§ 1.º Em relação à estimativa do valor dos tributos referidos no *caput*, não serão computados valores que tenham sido eximidos por força de imunidades, isenções, reduções e não incidências eventualmente ocorrentes.

§ 2.º Serão informados ainda os valores referentes ao Imposto de Importação, ao PIS – Pasep – Importação e à Cofins – Importação, na hipótese de produtos cujos insumos ou componentes sejam oriundos de operações de comércio exterior e representem percentual superior a vinte por cento do preço de venda.

§ 3.º Em relação aos serviços de natureza financeira, quando não seja legalmente prevista a emissão de documento fiscal, as informações de que trata o art. 2.º deverão ser feitas em tabelas afixadas nos estabelecimentos.

§ 4.º A indicação relativa ao IOF restringe-se aos produtos financeiros sobre os quais incida diretamente aquele tributo.

§ 5.º A indicação relativa ao PIS e à Cofins, de que tratam os incisos V e VI do *caput*, limitar-se-á à tributação incidente sobre a operação de venda ao consumidor.

§ 6.º Sempre que o pagamento de pessoal constituir item de custo direto do serviço ou produto fornecido ao consumidor, também deverão ser divulgados os valores aproximados referentes à contribuição previdenciária dos empregados e dos empregadores incidente, alocada ao serviço ou produto.

§ 7.º A carga tributária a ser informada, quando da venda ao consumidor final, pode ser aquela pertinente à última etapa da cadeia produtiva, desde que acrescida de percentual ou valor nominal estimado a título de IPI, substituição tributária e outra incidência tributária anterior monofásica eventualmente ocorrida.

Art. 4.º A forma de disponibilizar ao consumidor o valor estimado dos tributos mencionados no art. 3.º, relativamente a cada mercadoria ou serviço oferecido, poderá ser feita por meio de painel afixado em local visível do estabelecimento.

Parágrafo único. Nos casos em que não seja obrigatória a emissão de documento fiscal ou equivalente, a informação poderá ser prestada na forma deste artigo.

Art. 5.º O valor estimado dos tributos mencionados no art. 3.º será apurado sobre cada operação e, a critério das empresas vendedoras, poderá ser calculado e fornecido, semestralmente, por instituição de âmbito nacional reconhecidamente idônea, voltada primordialmente à apuração e análise de dados econômicos.

Parágrafo único. Os cálculos poderão ser elaborados com médias estimadas dos diversos tributos e baseados nas tabelas da Nomenclatura Comum do Mercosul – NCM e da Nomenclatura Brasileira de Serviços – NBS.

Art. 6.º Os valores e percentuais de que trata o art. 2.º têm caráter meramente informativo, visando somente ao esclarecimento dos consumidores.

(*) Publicado no *Diário Oficial da União*, de 6-6-2014.

Art. 7.º O descumprimento do disposto neste Decreto sujeita o infrator às sanções previstas no Capítulo VII do Título I da Lei n. 8.078, de 11 de setembro de 1990.

Art. 8.º O disposto neste Decreto é facultativo para o Microempreendedor Individual – MEI a que se refere a Lei Complementar n. 123, de 14 de dezembro de 2006, optante do Simples Nacional.

Art. 9.º A Microempresa e a Empresa de Pequeno Porte a que se refere a Lei Complementar n. 123, de 2006, optantes do Simples Nacional, poderão informar apenas a alíquota a que se encontram sujeitas nos termos do referido regime, desde que acrescida de percentual ou valor nominal estimado a título de IPI, substituição tributária e outra incidência tributária anterior monofásica eventualmente ocorrida.

Art. 10. O Ministério da Fazenda, o Ministério da Justiça e a Secretaria da Micro e Pequena Empresa da Presidência da República editarão normas complementares para a execução do disposto neste Decreto, no âmbito de suas competências.

Art. 11. Este Decreto entra em vigor na data de sua publicação.

Brasília, 5 de junho de 2014; 193.º da Independência e 126.º da República.

DILMA ROUSSEFF

DECRETO N. 8.426, DE 1.º DE ABRIL DE 2015 (*)

Restabelece as alíquotas da Contribuição para o PIS/PASEP e da COFINS incidentes sobre receitas financeiras auferidas pelas pessoas jurídicas sujeitas ao regime de apuração não cumulativa das referidas contribuições.

O Presidente da República, no uso da atribuição que lhe confere o art. 84, *caput*, inciso IV, da Constituição, e tendo em vista o disposto no § 2.º do art. 27 da Lei n. 10.865, de 30 de abril de 2004, decreta:

Art. 1.º Ficam restabelecidas para 0,65% (sessenta e cinco centésimos por cento) e 4% (quatro por cento), respectivamente, as alíquotas da Contribuição para os Programas de Integração Social e de Formação do Patrimônio do Servidor Público – PIS/PASEP e da Contribuição para o Financiamento da Seguridade Social – COFINS incidentes sobre receitas financeiras, inclusive decorrentes de operações realizadas para fins de *hedge*, auferidas pelas pessoas jurídicas sujeitas ao regime de apuração não cumulativa das referidas contribuições.

•• *Caput* com redação repristinada pelo Decreto n. 11.374, de 1.º-1-2023.

•• O STF, na ADI n. 7.342 e na ADC n. 84, nas sessões virtuais de 4-10-2024 a 11-10-2024 (*DOU* de 17-10-2024), por unanimidade, declarou a constitucionalidade do Decreto n. 11.374/2023, que repristinou as alíquotas de 0,65% e 4% para fins da incidência da contribuição ao PIS e da COFINS previstas neste art. 1.º, sem, com isso, majorar tributo de forma a atrair o princípio da anterioridade nonagesimal. Foi fixada a seguinte tese de julgamento: "A incidência das alíquotas de 0,65% e 4% da contribuição ao PIS e da COFINS previstas no art. 1.º do Decreto n. 8.426/2015, repristinado pelo Decreto n. 11.374/2023, não está sujeita a anterioridade nonagesimal".

§ 1.º Aplica-se o disposto no *caput* inclusive às pessoas jurídicas que tenham apenas parte de suas receitas submetidas ao regime de apuração não cumulativa da Contribuição para o PIS/PASEP e da COFINS.

§ 2.º Ficam mantidas em 1,65% (um inteiro e sessenta e cinco centésimos por cento) e 7,6% (sete inteiros e seis décimos por cento), respectivamente, as alíquotas da Contribuição para o PIS/PASEP e da COFINS aplicáveis aos juros sobre o capital próprio.

§ 3.º Ficam mantidas em zero as alíquotas das contribuições de que trata o *caput* incidentes sobre receitas financeiras decorrentes de variações monetárias, em função da taxa de câmbio, de:

•• § 3.º, *caput*, acrescentado pelo Decreto n. 8.451, de 19-5-2015.

I – operações de exportação de bens e serviços para o exterior; e

•• Inciso I acrescentado pelo Decreto n. 8.451, de 19-5-2015.

II – obrigações contraídas pela pessoa jurídica, inclusive empréstimos e financiamentos.

•• Inciso II acrescentado pelo Decreto n. 8.451, de 19-5-2015.

§ 4.º Ficam mantidas em zero as alíquotas das contribuições de que trata o *caput* incidentes sobre receitas financeiras decorrentes de operações de cobertura (*hedge*) realizadas em bolsa de valores, de mercadorias e de futuros ou no mercado de balcão organizado destinadas exclusivamente à proteção contra riscos inerentes às oscilações de preço ou de taxas quando, cumulativamente, o objeto do contrato negociado:

•• § 4.º, *caput*, acrescentado pelo Decreto n. 8.451, de 19-5-2015.

a) estiver relacionado com as atividades operacionais da pessoa jurídica; e

•• Alínea *a* acrescentada pelo Decreto n. 8.451, de 19-5-2015.

b) destinar-se à proteção de direitos ou obrigações da pessoa jurídica.

•• Alínea *b* acrescentada pelo Decreto n. 8.451, de 19-5-2015.

Art. 2.º Este Decreto entra em vigor na data de sua publicação, produzindo efeitos a partir de 1.º de julho de 2015.

Art. 3.º Fica revogado, a partir de 1.º de julho de 2015, o Decreto n. 5.442, de 9 de maio de 2005.

Brasília, 1.º de abril de 2015; 194.º da Independência e 127.º da República.

DILMA ROUSSEFF

(*) Publicado no *Diário oficial da União*, de 1.º-4-2015, edição extra.

LEI N. 13.140, DE 26 DE JUNHO DE 2015 (**)

Dispõe sobre a mediação entre particulares como meio de solução de controvérsias e sobre a autocomposição de conflitos no âmbito da administração pública; altera a Lei n. 9.469, de 10 de julho de 1997, e o Decreto n. 70.235, de 6 de março de 1972; e revoga o § 2.º do art. 6.º da Lei n. 9.469, de 10 de julho de 1997.

A Presidenta da República.

Faço saber que o Congresso Nacional decreta e eu sanciono a seguinte Lei:

Art. 1.º Esta Lei dispõe sobre a mediação como meio de solução de controvérsias entre particulares e sobre a autocomposição de conflitos no âmbito da administração pública.

•• O Decreto n. 12.091, de 3-7-2024, instituiu a Rede Federal de Mediação e Negociação – Resolve, destinada a organizar, promover e aperfeiçoar o uso da autocomposição de conflitos por meio da mediação e da negociação como ferramentas de gestão e de melhoria da execução de políticas públicas.

Parágrafo único. Considera-se mediação a atividade técnica exercida por terceiro imparcial sem poder decisório, que, escolhido ou aceito pelas partes, as auxilia e estimula a identificar ou desenvolver soluções consensuais para a controvérsia.

Capítulo I
DA MEDIAÇÃO

Seção I
Disposições Gerais

Art. 2.º A mediação será orientada pelos seguintes princípios:

•• *Vide* art. 166 do CPC.

I – imparcialidade do mediador;

II – isonomia entre as partes;

III – oralidade;

IV – informalidade;

V – autonomia da vontade das partes;

VI – busca do consenso;

VII – confidencialidade;

VIII – boa-fé.

§ 1.º Na hipótese de existir previsão contratual de cláusula de mediação, as partes deverão comparecer à primeira reunião de mediação.

§ 2.º Ninguém será obrigado a permanecer em procedimento de mediação.

Art. 3.º Pode ser objeto de mediação o conflito que verse sobre direitos disponíveis ou sobre direitos indisponíveis que admitam transação.

§ 1.º A mediação pode versar sobre todo o conflito ou parte dele.

§ 2.º O consenso das partes envolvendo direitos indisponíveis, mas transigíveis, deve ser homologado em juízo, exigida a oitiva do Ministério Público.

(**) Publicada no *Diário Oficial da União*, de 29-6-2015.

Seção II
Dos Mediadores

Subseção I
Disposições comuns

Art. 4.º O mediador será designado pelo tribunal ou escolhido pelas partes.

•• Mediadores judiciais: *vide* arts. 165 e s. do CPC.

§ 1.º O mediador conduzirá o procedimento de comunicação entre as partes, buscando o entendimento e o consenso e facilitando a resolução do conflito.

§ 2.º Aos necessitados será assegurada a gratuidade da mediação.

Art. 5.º Aplicam-se ao mediador as mesmas hipóteses legais de impedimento e suspeição do juiz.

•• *Vide* arts. 144 a 148 do CPC.

Parágrafo único. A pessoa designada para atuar como mediador tem o dever de revelar às partes, antes da aceitação da função, qualquer fato ou circunstância que possa suscitar dúvida justificada em relação à sua imparcialidade para mediar o conflito, oportunidade em que poderá ser recusado por qualquer delas.

Art. 6.º O mediador fica impedido, pelo prazo de um ano, contado do término da última audiência em que atuou, de assessorar, representar ou patrocinar qualquer das partes.

Art. 7.º O mediador não poderá atuar como árbitro nem funcionar como testemunha em processos judiciais ou arbitrais pertinentes a conflito em que tenha atuado como mediador.

Art. 8.º O mediador e todos aqueles que o assessoram no procedimento de mediação, quando no exercício de suas funções ou em razão delas, são equiparados a servidor público, para os efeitos da legislação penal.

Subseção II
Dos mediadores extrajudiciais

Art. 9.º Poderá funcionar como mediador extrajudicial qualquer pessoa capaz que tenha a confiança das partes e seja capacitada para fazer mediação, independentemente de integrar qualquer tipo de conselho, entidade de classe ou associação, ou nele inscrever-se.

Art. 10. As partes poderão ser assistidas por advogados ou defensores públicos.

Parágrafo único. Comparecendo uma das partes acompanhada de advogado ou defensor público, o mediador suspenderá o procedimento, até que todas estejam devidamente assistidas.

Subseção III
Dos mediadores judiciais

Art. 11. Poderá atuar como mediador judicial a pessoa capaz, graduada há pelo menos dois anos em curso de ensino superior de instituição reconhecida pelo Ministério da Educação e que tenha obtido capacitação em escola ou instituição de formação de mediadores, reconhecida pela Escola Nacional de Formação e Aperfeiçoamento de Magistrados – ENFAM ou pelos tribunais, observados os requisitos mínimos estabelecidos pelo Conselho Nacional de Justiça em conjunto com o Ministério da Justiça.

•• *Vide* art. 167, § 1.º, do CPC.

Art. 12. Os tribunais criarão e manterão cadastros atualizados dos mediadores habilitados e autorizados a atuar em mediação judicial.

•• *Vide* art. 167, *caput*, do CPC.

§ 1.º A inscrição no cadastro de mediadores judiciais será requerida pelo interessado ao tribunal com jurisdição na área em que pretenda exercer a mediação.

§ 2.º Os tribunais regulamentarão o processo de inscrição e desligamento de seus mediadores.

Art. 13. A remuneração devida aos mediadores judiciais será fixada pelos tribunais e custeada pelas partes, observado o disposto no § 2.º do art. 4.º desta Lei.

•• *Vide* art. 169 do CPC.

Seção III
Do Procedimento de Mediação

Subseção I
Disposições comuns

Art. 14. No início da primeira reunião de mediação, e sempre que julgar necessário, o mediador deverá alertar as partes acerca das regras de confidencialidade aplicáveis ao procedimento.

Art. 15. A requerimento das partes ou do mediador, e com anuência daquelas, poderão ser admitidos outros mediadores para funcionarem no mesmo procedimento, quando isso for recomendável em razão da natureza e da complexidade do conflito.

Art. 16. Ainda que haja processo arbitral ou judicial em curso, as partes poderão submeter-se à mediação, hipótese em que requererão ao juiz ou árbitro a suspensão do processo por prazo suficiente para a solução consensual do litígio.

§ 1.º É irrecorrível a decisão que suspende o processo nos termos requeridos de comum acordo pelas partes.

§ 2.º A suspensão do processo não obsta a concessão de medidas de urgência pelo juiz ou pelo árbitro.

Art. 17. Considera-se instituída a mediação na data para a qual for marcada a primeira reunião de mediação.

Parágrafo único. Enquanto transcorrer o procedimento de mediação, ficará suspenso o prazo prescricional.

Art. 18. Iniciada a mediação, as reuniões posteriores com a presença das partes somente poderão ser marcadas com a sua anuência.

Art. 19. No desempenho de sua função, o mediador poderá reunir-se com as partes, em conjunto ou separadamente, bem como solicitar das partes as informações que entender necessárias para facilitar o entendimento entre aquelas.

Art. 20. O procedimento de mediação será encerrado com a lavratura do seu termo final, quando for celebrado acordo ou quando não se justificarem novos esforços para a obtenção de consenso, seja por declaração do mediador nesse sentido ou por manifestação de qualquer das partes.

Parágrafo único. O termo final de mediação, na hipótese de celebração de acordo, constitui título executivo extrajudicial e, quando homologado judicialmente, título executivo judicial.

Subseção II
Da mediação extrajudicial

Art. 21. O convite para iniciar o procedimento de mediação extrajudicial poderá ser feito por qualquer meio de comunicação e deverá estipular o escopo proposto para a negociação, a data e o local da primeira reunião.

Parágrafo único. O convite formulado por uma parte à outra considerar-se-á rejeitado se não for respondido em até trinta dias da data de seu recebimento.

Art. 22. A previsão contratual de mediação deverá conter, no mínimo:

I – prazo mínimo e máximo para a realização da primeira reunião de mediação, contado a partir da data de recebimento do convite;

II – local da primeira reunião de mediação;

III – critérios de escolha do mediador ou equipe de mediação;

IV – penalidade em caso de não comparecimento da parte convidada à primeira reunião de mediação.

§ 1.º A previsão contratual pode substituir a especificação dos itens acima enumerados pela indicação de regulamento, publicado por instituição idônea prestadora de serviços de mediação, no qual constem critérios claros para a escolha do mediador e realização da primeira reunião de mediação.

§ 2.º Não havendo previsão contratual completa, deverão ser observados os seguintes critérios para a realização da primeira reunião de mediação:

I – prazo mínimo de dez dias úteis e prazo máximo de três meses, contados a partir do recebimento do convite;

II – local adequado a uma reunião que possa envolver informações confidenciais;

III – lista de cinco nomes, informações de contato e referências profissionais de mediadores capacitados; a parte convidada poderá escolher, expressamente, qualquer um dos cinco mediadores e, caso a parte convidada não se manifeste, considerar-se-á aceito o primeiro nome da lista;

IV – o não comparecimento da parte convidada à primeira reunião de mediação acarretará a assunção por parte desta de cinquenta por cento das custas e honorários sucumbenciais caso venha a ser vencedora em procedimento arbitral ou judicial posterior, que envolva o escopo da mediação para a qual foi convidada.

§ 3.º Nos litígios decorrentes de contratos comerciais ou societários que não contenham cláusula de mediação, o mediador extrajudicial somente cobrará por seus serviços caso as partes decidam assinar o termo inicial de mediação e permanecer, voluntariamente, no procedimento de mediação.

Art. 23. Se, em previsão contratual de cláusula de mediação, as partes se comprometerem a não iniciar procedimento arbitral ou processo judicial durante certo prazo ou até o implemento de determinada condição, o árbitro ou o juiz suspenderá o curso da arbitragem ou da ação pelo prazo previamente acordado ou até o implemento dessa condição.

Parágrafo único. O disposto no *caput* não se aplica às medidas de urgência em que o acesso ao Poder Judiciário seja necessário para evitar o perecimento de direito.

Subseção III
Da mediação judicial

Art. 24. Os tribunais criarão centros judiciários de solução consensual de conflitos, responsáveis pela realização de sessões e audiências de conciliação e mediação, pré-processuais e processuais, e pelo desenvolvimento de programas destinados a auxiliar, orientar e estimular a autocomposição.
• • *Vide* arts. 165 a 175 e 334 do CPC.

Parágrafo único. A composição e a organização do centro serão definidas pelo respectivo tribunal, observadas as normas do Conselho Nacional de Justiça.

Art. 25. Na mediação judicial, os mediadores não estarão sujeitos à prévia aceitação das partes, observado o disposto no art. 5.º desta Lei.

Art. 26. As partes deverão ser assistidas por advogados ou defensores públicos, ressalvadas as hipóteses previstas nas Leis n. 9.099, de 26 de setembro de 1995, e 10.259, de 12 de julho de 2001.

Parágrafo único. Aos que comprovarem insuficiência de recursos será assegurada assistência pela Defensoria Pública.

Art. 27. Se a petição inicial preencher os requisitos essenciais e não for o caso de improcedência liminar do pedido, o juiz designará audiência de mediação.
• • *Vide* art. 334, *caput*, do CPC.

Art. 28. O procedimento de mediação judicial deverá ser concluído em até sessenta dias, contados da primeira sessão, salvo quando as partes, de comum acordo, requererem sua prorrogação.
• • *Vide* art. 334, § 2.º, do CPC.

Parágrafo único. Se houver acordo, os autos serão encaminhados ao juiz, que determinará o arquivamento do processo e, desde que requerido pelas partes, homologará o acordo, por sentença, e o termo final da mediação e determinará o arquivamento do processo.

Art. 29. Solucionado o conflito pela mediação antes da citação do réu, não serão devidas custas judiciais finais.

Seção IV
Da Confidencialidade e suas Exceções

Art. 30. Toda e qualquer informação relativa ao procedimento de mediação será confidencial em relação a terceiros, não podendo ser revelada sequer em processo arbitral ou judicial salvo se as partes expressamente decidirem de forma diversa ou quando sua divulgação for exigida por lei ou necessária para cumprimento de acordo obtido pela mediação.

§ 1.º O dever de confidencialidade aplica-se ao mediador, às partes, a seus prepostos, advogados, assessores técnicos e a outras pessoas de sua confiança que tenham, direta ou indiretamente, participado do procedimento de mediação, alcançando:

I – declaração, opinião, sugestão, promessa ou proposta formulada por uma parte à outra na busca de entendimento para o conflito;

II – reconhecimento de fato por qualquer das partes no curso do procedimento de mediação;

III – manifestação de aceitação de proposta de acordo apresentada pelo mediador;

IV – documento preparado unicamente para os fins do procedimento de mediação.

§ 2.º A prova apresentada em desacordo com o disposto neste artigo não será admitida em processo arbitral ou judicial.

§ 3.º Não está abrigada pela regra de confidencialidade a informação relativa à ocorrência de crime de ação pública.

§ 4.º A regra da confidencialidade não afasta o dever de as pessoas discriminadas no *caput* prestarem informações à administração tributária após o termo final da mediação, aplicando-se aos seus servidores a obrigação de manterem sigilo das informações compartilhadas nos termos do art. 198 da Lei n. 5.172, de 25 de outubro de 1966 – Código Tributário Nacional.
• *Vide* art. 198 do CTN.

Art. 31. Será confidencial a informação prestada por uma parte em sessão privada, não podendo o mediador revelá-la às demais, exceto se expressamente autorizado.

Capítulo II
DA AUTOCOMPOSIÇÃO DE CONFLITOS EM QUE FOR PARTE PESSOA JURÍDICA DE DIREITO PÚBLICO

Seção I
Disposições Comuns

Art. 32. A União, os Estados, o Distrito Federal e os Municípios poderão criar câmaras de prevenção e resolução administrativa de conflitos, no âmbito dos respectivos órgãos da Advocacia Pública, onde houver, com competência para:

I – dirimir conflitos entre órgãos e entidades da administração pública;

II – avaliar a admissibilidade dos pedidos de resolução de conflitos, por meio de composição, no caso de controvérsia entre particular e pessoa jurídica de direito público;

III – promover, quando couber, a celebração de termo de ajustamento de conduta.

§ 1.º O modo de composição e funcionamento das câmaras de que trata o *caput* será estabelecido em regulamento de cada ente federado.

§ 2.º A submissão do conflito às câmaras de que trata o *caput* é facultativa e será cabível apenas nos casos previstos no regulamento do respectivo ente federado.

§ 3.º Se houver consenso entre as partes, o acordo será reduzido a termo e constituirá título executivo extrajudicial.

§ 4.º Não se incluem na competência dos órgãos mencionados no *caput* deste artigo as controvérsias que somente possam ser resolvidas por atos ou concessão de direitos sujeitos a autorização do Poder Legislativo.

§ 5.º Compreendem-se na competência das câmaras de que trata o *caput* a prevenção e a resolução de conflitos que envolvam equilíbrio econômico-financeiro de contratos celebrados pela administração com particulares.

Art. 33. Enquanto não forem criadas as câmaras de mediação, os conflitos poderão ser dirimidos nos termos do procedimento de mediação previsto na Subseção I da Seção III do Capítulo I desta Lei.

Parágrafo único. A Advocacia Pública da União, dos Estados, do Distrito Federal e dos Municípios, onde houver, poderá instaurar, de ofício ou mediante provocação, procedimento de mediação coletiva de conflitos relacionados à prestação de serviços públicos.

Art. 34. A instauração de procedimento administrativo para a resolução consensual de conflito no âmbito da administração pública suspende a prescrição.

§ 1.º Considera-se instaurado o procedimento quando o órgão ou entidade pública emitir juízo de admissibilidade, retroagindo a suspensão da prescrição à data de formalização do pedido de resolução consensual do conflito.

§ 2.º Em se tratando de matéria tributária, a suspensão da prescrição deverá observar o disposto na Lei n. 5.172, de 25 de outubro de 1966 – Código Tributário Nacional.

Seção II
Dos Conflitos Envolvendo a Administração Pública Federal Direta, suas Autarquias e Fundações

Art. 35. As controvérsias jurídicas que envolvam a administração pública federal direta, suas autarquias e fundações poderão ser objeto de transação por adesão, com fundamento em:

I – autorização do Advogado-Geral da União, com base na jurisprudência pacífica do Supremo Tribunal Federal ou de tribunais superiores; ou

II – parecer do Advogado-Geral da União, aprovado pelo Presidente da República.

§ 1.º Os requisitos e as condições da transação por adesão serão definidos em resolução administrativa própria.

§ 2.º Ao fazer o pedido de adesão, o interessado deverá juntar prova de atendimento aos requisitos e às condições estabelecidos na resolução administrativa.

§ 3.º A resolução administrativa terá efeitos gerais e será aplicada aos casos idênticos, tempestivamente habilitados mediante pedido de adesão, ainda que solucione apenas parte da controvérsia.

§ 4.º A adesão implicará renúncia do interessado ao direito sobre o qual se fundamenta a ação ou o recurso, eventualmente pendentes, de natureza administrativa ou judicial, no que tange aos pontos compreendidos pelo objeto da resolução administrativa.

§ 5.º Se o interessado for parte em processo judicial inaugurado por ação coletiva, a renúncia ao direito sobre o qual se fundamenta a ação deverá ser expressa, mediante petição dirigida ao juiz da causa.

§ 6.º A formalização de resolução administrativa destinada à transação por adesão não implica a renúncia tácita à prescrição nem sua interrupção ou suspensão.

Art. 36. No caso de conflitos que envolvam controvérsia jurídica entre órgãos ou entidades de direito público que integram a administração pública federal, a Advocacia-Geral da União deverá realizar composição extrajudicial do conflito, observados os procedimentos previstos em ato do Advogado-Geral da União.

§ 1.º Na hipótese do *caput*, se não houver acordo quanto à controvérsia jurídica, caberá ao Advogado-Geral da União dirimi-la, com fundamento na legislação afeta.

§ 2.º Nos casos em que a resolução da controvérsia implicar o reconhecimento da existência de créditos da União, de suas autarquias e fundações em face de pessoas jurídicas de direito público federais, a Advocacia-Geral da União poderá solicitar ao Ministério do Planejamento, Orçamento e Gestão a adequação orçamentária para quitação das dívidas reconhecidas como legítimas.

§ 3.º A composição extrajudicial do conflito não afasta a apuração de responsabilidade do agente público que deu causa à dívida, sempre que se verificar que sua ação ou omissão constitui, em tese, infração disciplinar.

§ 4.º Nas hipóteses em que a matéria objeto do litígio esteja sendo discutida em ação de improbidade administrativa ou sobre ela haja decisão do Tribunal de Contas da União, a conciliação de que trata o *caput* dependerá da anuência expressa do juiz da causa ou do Ministro Relator.

Art. 37. É facultado aos Estados, ao Distrito Federal e aos Municípios, suas autarquias e fundações públicas, bem como às empresas públicas e sociedades de economia mista federais, submeter seus litígios com órgãos ou entidades da administração pública federal à Advocacia-Geral da União, para fins de composição extrajudicial do conflito.

Art. 38. Nos casos em que a controvérsia jurídica seja relativa a tributos administrados pela Secretaria da Receita Federal do Brasil ou a créditos inscritos em dívida ativa da União:

I – não se aplicam as disposições dos incisos II e III do *caput* do art. 32;

II – as empresas públicas, sociedades de economia mista e suas subsidiárias que explorem atividade econômica de produção ou comercialização de bens ou de prestação de serviços em regime de concorrência não poderão exercer a faculdade prevista no art. 37;

III – quando forem partes as pessoas a que alude o *caput* do art. 36:

a) a submissão do conflito à composição extrajudicial pela Advocacia-Geral da União implica renúncia do direito de recorrer ao Conselho Administrativo de Recursos Fiscais;

b) a redução ou o cancelamento do crédito dependerá de manifestação conjunta do Advogado-Geral da União e do Ministro de Estado da Fazenda.

Parágrafo único. O disposto neste artigo não afasta a competência do Advogado-Geral da União prevista nos incisos VI, X e XI do art. 4.º da Lei Complementar n. 73, de 10 de fevereiro de 1993, e na Lei n. 9.469, de 10 de julho de 1997.

•• Parágrafo único com redação determinada pela Lei n. 13.327, de 29-7-2016.

Art. 39. A propositura de ação judicial em que figurem concomitantemente nos polos ativo e passivo órgãos ou entidades de direito público que integrem a administração pública federal deverá ser previamente autorizada pelo Advogado-Geral da União.

Art. 40. Os servidores e empregados públicos que participarem do processo de composição extrajudicial do conflito, somente poderão ser responsabilizados civil, administrativa ou criminalmente quando, mediante dolo ou fraude, receberem qualquer vantagem patrimonial indevida, permitirem ou facilitarem sua recepção por terceiro, ou para tal concorrerem.

Capítulo III
DISPOSIÇÕES FINAIS

Art. 41. A Escola Nacional de Mediação e Conciliação, no âmbito do Ministério da Justiça, poderá criar banco de dados sobre boas práticas em mediação, bem como manter relação de mediadores e de instituições de mediação.

Art. 42. Aplica-se esta Lei, no que couber, às outras formas consensuais de resolução de conflitos, tais como mediações comunitárias e escolares, e àquelas levadas a efeito nas serventias extrajudiciais, desde que no âmbito de suas competências.

Parágrafo único. A mediação nas relações de trabalho será regulada por lei própria.

Art. 43. Os órgãos e entidades da administração pública poderão criar câmaras para a resolução de conflitos entre particulares, que versem sobre atividades por eles reguladas ou supervisionadas.

....

Art. 45. O Decreto n. 70.235, de 6 de março de 1972, passa a vigorar acrescido do seguinte art. 14-A:

•• Alteração já processada no diploma modificado.

Art. 46. A mediação poderá ser feita pela internet ou por outro meio de comunicação que permita a transação à distância, desde que as partes estejam de acordo.

Parágrafo único. É facultado à parte domiciliada no exterior submeter-se à mediação segundo as regras estabelecidas nesta Lei.

Art. 47. Esta Lei entra em vigor após decorridos cento e oitenta dias de sua publicação oficial.

Art. 48. Revoga-se o § 2.º do art. 6.º da Lei n. 9.469, de 10 de julho de 1997.

Brasília, 26 de junho de 2015; 194.º da Independência e 127.º da República.

DILMA ROUSSEFF

LEI COMPLEMENTAR N. 151, DE 5 DE AGOSTO DE 2015 (*)

Altera a Lei Complementar n. 148, de 25 de novembro de 2014; revoga as Leis n. 10.819, de 16 de dezembro de 2003, e 11.429, de 26 de dezembro de 2006; e dá outras providências.

A Presidenta da República.

Faço saber que o Congresso Nacional decreta e eu sanciono a seguinte Lei Complementar:

....

Art. 2.º Os depósitos judiciais e administrativos em dinheiro referentes a processos judiciais ou administrativos, tributários ou não tributários, nos quais o Estado, o Distrito Federal ou os Municípios sejam parte, deverão ser efetuados em instituição financeira oficial federal, estadual ou distrital.

Art. 3.º A instituição financeira oficial transferirá para a conta única do Tesouro do Estado, do Distrito Federal ou do Município 70% (setenta por cento) do valor atualizado dos depósitos referentes aos processos judiciais e administrativos de que trata o art. 2.º, bem como os respectivos acessórios.

§ 1.º Para implantação do disposto no *caput* deste artigo, deverá ser instituído fundo de reserva destinado a garantir a restituição da parcela transferida ao Tesouro, observados os demais termos desta Lei Complementar.

§ 2.º A instituição financeira oficial tratará de forma segregada os depósitos judiciais e os depósitos administrativos.

§ 3.º O montante dos depósitos judiciais e administrativos não repassado ao Tesouro constituirá o fundo de reserva referido no § 1.º deste artigo, cujo saldo não poderá ser inferior a 30% (trinta por cento) do total dos

(*) Publicada no *Diário Oficial da União*, de 6-8-2015.

Lei Complementar n. 151, de 5-8-2015 – Depósitos Judiciais e Administrativos

depósitos de que trata o art. 2.º desta Lei Complementar, acrescidos da remuneração que lhes foi atribuída.

§ 4.º (*Vetado.*)

§ 5.º Os valores recolhidos ao fundo de reserva terão remuneração equivalente à taxa referencial do Sistema Especial de Liquidação e de Custódia – SELIC para títulos federais.

§ 6.º Compete à instituição financeira gestora do fundo de reserva de que trata este artigo manter escrituração individualizada para cada depósito efetuado na forma do art. 2.º, discriminando:

I – o valor total do depósito, acrescido da remuneração que lhe foi originalmente atribuída; e

II – o valor da parcela do depósito mantido na instituição financeira, nos termos do § 3.º deste artigo, a remuneração que lhe foi originalmente atribuída e os rendimentos decorrentes do disposto no § 5.º deste artigo.

Art. 4.º A habilitação do ente federado ao recebimento das transferências referidas no art. 3.º é condicionada à apresentação ao órgão jurisdicional responsável pelo julgamento dos litígios aos quais se refiram os depósitos de termo de compromisso firmado pelo chefe do Poder Executivo que preveja:

I – a manutenção do fundo de reserva na instituição financeira responsável pelo repasse das parcelas ao Tesouro, observado o disposto no § 3.º do art. 3.º desta Lei Complementar;

II – a destinação automática ao fundo de reserva do valor correspondente à parcela dos depósitos judiciais mantida na instituição financeira nos termos do § 3.º do art. 3.º, condição esta a ser observada a cada transferência recebida na forma do art. 3.º desta Lei Complementar;

III – a autorização para a movimentação do fundo de reserva para os fins do disposto nos arts. 5.º e 7.º desta Lei Complementar; e

IV – a recomposição do fundo de reserva pelo ente federado, em até quarenta e oito horas, após comunicação da instituição financeira, sempre que o seu saldo estiver abaixo dos limites estabelecidos no § 3.º do art. 3.º desta Lei Complementar.

Art. 5.º A constituição do fundo de reserva e a transferência da parcela dos depósitos judiciais e administrativos acumulados até a data de publicação desta Lei Complementar, conforme dispõe o art. 3.º, serão realizadas pela instituição financeira em até 15 (quinze) dias após a apresentação de cópia do termo de compromisso de que trata o art. 4.º.

§ 1.º Para identificação dos depósitos, cabe ao ente federado manter atualizada na instituição financeira a relação de inscrições no Cadastro Nacional da Pessoa Jurídica – CNPJ dos órgãos que integram a sua administração pública direta e indireta.

§ 2.º Realizada a transferência de que trata o *caput*, os repasses subsequentes serão efetuados em até 10 (dez) dias após a data de cada depósito.

§ 3.º Em caso de descumprimento dos prazos estabelecidos no *caput* e no § 2.º deste artigo, a instituição financeira deverá transferir a parcela do depósito acrescida da taxa referencial do Selic para títulos federais mais multa de 0,33% (trinta e três centésimos por cento) por dia de atraso.

Art. 6.º São vedadas quaisquer exigências por parte do órgão jurisdicional ou da instituição financeira além daquelas estabelecidas nesta Lei Complementar.

Art. 7.º Os recursos repassados na forma desta Lei Complementar ao Estado, ao Distrito Federal ou ao Município, ressalvados os destinados ao fundo de reserva de que trata o § 3.º do art. 3.º, serão aplicados, exclusivamente, no pagamento de:

I – precatórios judiciais de qualquer natureza;

II – dívida pública fundada, caso a lei orçamentária do ente federativo preveja dotações suficientes para o pagamento da totalidade dos precatórios judiciais exigíveis no exercício e não remanesçam precatórios não pagos referentes aos exercícios anteriores;

- Dívida fundada: *vide* arts. 98 da Lei n. 4.320, de 17-3-1964, e 29, I, da Lei Complementar n. 101, de 4-5-2000.

III – despesas de capital, caso a lei orçamentária do ente federativo preveja dotações suficientes para o pagamento da totalidade dos precatórios judiciais exigíveis no exercício, não remanesçam precatórios não pagos referentes aos exercícios anteriores e o ente federado não conte com compromissos classificados como dívida pública fundada;

IV – recomposição dos fluxos de pagamento e do equilíbrio atuarial dos fundos de previdência referentes aos regimes próprios de cada ente federado, nas mesmas hipóteses do inciso III.

Parágrafo único. Independentemente das prioridades de pagamento estabelecidas no *caput* deste artigo, poderá o Estado, o Distrito Federal ou o Município utilizar até 10% (dez por cento) da parcela que lhe for transferida nos termos do *caput* do art. 3.º para constituição de Fundo Garantidor de PPPs ou de outros mecanismos de garantia previstos em lei, dedicados exclusivamente a investimentos de infraestrutura.

Art. 8.º Encerrado o processo litigioso com ganho de causa para o depositante, mediante ordem judicial ou administrativa, o valor do depósito efetuado nos termos desta Lei Complementar acrescido da remuneração que lhe foi originalmente atribuída será colocado à disposição do depositante pela instituição financeira responsável, no prazo de 3 (três) dias úteis, observada a seguinte composição:

I – a parcela que foi mantida na instituição financeira nos termos do § 3.º do art. 3.º acrescida da remuneração que lhe foi originalmente atribuída será de responsabilidade direta e imediata da instituição depositária; e

II – a diferença entre o valor referido no inciso I e o total devido ao depositante nos termos do *caput* será debitada do saldo existente no fundo de reserva de que trata o § 3.º do art. 3.º.

§ 1.º Na hipótese de o saldo do fundo de reserva após o débito referido no inciso II ser inferior ao valor mínimo estabelecido no § 3.º do art. 3.º, o ente federado será notificado para recompô-lo na forma do inciso IV do art. 4.º.

§ 2.º Na hipótese de insuficiência de saldo no fundo de reserva para o débito do montante devido nos termos do inciso II, a instituição financeira restituirá ao depositante o valor disponível no fundo acrescido do valor referido no inciso I.

§ 3.º Na hipótese referida no § 2.º deste artigo, a instituição financeira notificará a autoridade expedidora da ordem de liberação do depósito, informando a composição detalhada dos valores liberados, sua atualização monetária, a parcela efetivamente disponibilizada em favor do depositante e o saldo a ser pago depois de efetuada a recomposição prevista no § 1.º deste artigo.

Art. 9.º Nos casos em que o ente federado não recompuser o fundo de reserva até o saldo mínimo referido no § 3.º do art. 3.º, será suspenso o repasse das parcelas referentes a novos depósitos até a regularização do saldo.

Parágrafo único. Sem prejuízo do disposto no *caput*, na hipótese de descumprimento por três vezes da obrigação referida no inciso IV do art. 4.º, será o ente federado excluído da sistemática de que trata esta Lei Complementar.

Art. 10. Encerrado o processo litigioso com ganho de causa para o ente federado, ser-lhe-á transferida a parcela do depósito mantida na instituição financeira nos termos do § 3.º do art. 3.º acrescida da remuneração que lhe foi originalmente atribuída.

§ 1.º O saque da parcela de que trata o *caput* deste artigo somente poderá ser realizado até o limite máximo do qual não resulte saldo inferior ao mínimo exigido no § 3.º do art. 3.º.

§ 2.º Na situação prevista no *caput*, serão transformados em pagamento definitivo, total ou parcial, proporcionalmente à exigência tributária ou não tributária, conforme o caso, inclusive seus acessórios, os valores depositados na forma do *caput* do art. 2.º acrescidos da remuneração que lhes foi originalmente atribuída.

Art. 11. O Poder Executivo de cada ente federado estabelecerá regras de procedimentos, inclusive orçamentários, para a execução do disposto nesta Lei Complementar.

Art. 12. Esta Lei Complementar entra em vigor na data de sua publicação.

Art. 13. Ficam revogadas as Leis n. 10.819, de 16 de dezembro de 2003, e 11.429, de 26 de dezembro de 2006.

Brasília, 5 de agosto de 2015; 194.º da Independência e 127.º da República.

DILMA ROUSSEFF

LEI N. 13.254, DE 13 DE JANEIRO DE 2016 (*)

Dispõe sobre o Regime Especial de Regularização Cambial e Tributária (RERCT) de recursos, bens ou direitos de origem lícita, não declarados ou declarados incorretamente, remetidos, mantidos no exterior ou repatriados por residentes ou domiciliados no País.

A Presidenta da República.

Faço saber que o Congresso Nacional decreta e eu sanciono a seguinte Lei:

Art. 1.º É instituído o Regime Especial de Regularização Cambial e Tributária (RERCT), para declaração voluntária de recursos, bens ou direitos de origem lícita, não declarados ou declarados com omissão ou incorreção em relação a dados essenciais, remetidos ou mantidos no exterior, ou repatriados por residentes ou domiciliados no País, conforme a legislação cambial ou tributária, nos termos e condições desta Lei.

•• *Vide* Lei n. 13.428, de 30-3-2017, que dispõe sobre reabertura de prazo para adesão ao RERCT.

•• *Vide* os arts. 9.º a 17 da Lei n. 14.973, de 16-9-2024, que institui o Regime Especial de Regularização Geral de Bens Cambial e Tributária (RERCT-Geral).

§ 1.º O RERCT aplica-se aos residentes ou domiciliados no País em 31 de dezembro de 2014 que tenham sido ou ainda sejam proprietários ou titulares de ativos, bens ou direitos em períodos anteriores a 31 de dezembro de 2014, ainda que, nessa data, não possuam saldo de recursos ou título de propriedade de bens e direitos.

•• Sobre prazos: *vide* art. 2.º, § 1.º, I, da Lei n. 13.428, de 30-3-2017.

§ 2.º Os efeitos desta Lei serão aplicados aos titulares de direito ou de fato que, voluntariamente, declararem ou retificarem a declaração incorreta referente a recursos, bens ou direitos, acompanhados de documentos e informações sobre sua identificação, titularidade ou destinação.

§ 3.º O RERCT aplica-se também aos não residentes no momento da publicação desta Lei, desde que residentes ou domiciliados no País conforme a legislação tributária em 31 de dezembro de 2014.

•• Sobre prazos: *vide* art. 2.º, § 1.º, I, da Lei n. 13.428, de 30-3-2017.

§ 4.º Os efeitos desta Lei serão aplicados também ao espólio cuja sucessão esteja aberta em 31 de dezembro de 2014.

•• Sobre prazos: *vide* art. 2.º, § 1.º, I, da Lei n. 13.428, de 30-3-2017.

§ 4.º-A. O RERCT aplica-se também ao espólio cuja sucessão tenha sido aberta até a data de adesão ao RERCT.

•• § 4.º-A acrescentado pela Lei n. 13.428, de 30-3-2017.

•• *Vide* art. 2.º da Lei n. 13.428, de 30-3-2017.

§ 5.º Esta Lei não se aplica aos sujeitos que tiverem sido condenados em ação penal:

I – (*Vetado.*); e

II – cujo objeto seja um dos crimes listados no § 1.º do art. 5.º, ainda que se refira aos recursos, bens ou direitos a serem regularizados pelo RERCT.

Art. 2.º Consideram-se, para os fins desta Lei:

I – recursos ou patrimônio não declarados ou declarados com omissão ou incorreção em relação a dados essenciais: os valores, os bens materiais ou imateriais, os capitais e os direitos, independentemente da natureza, origem ou moeda que sejam ou tenham sido, anteriormente a 31 de dezembro de 2014, de propriedade de pessoas físicas ou jurídicas residentes, domiciliadas ou com sede no País;

•• Sobre prazos: *vide* art. 2.º, § 1.º, I, da Lei n. 13.428, de 30-3-2017.

II – recursos ou patrimônio de origem lícita: os bens e os direitos adquiridos com recursos oriundos de atividades permitidas ou não proibidas pela lei, bem como o objeto, o produto ou o proveito dos crimes previstos no § 1.º do art. 5.º;

III – recursos ou patrimônio repatriados objeto do RERCT: todos os recursos ou patrimônio, em qualquer moeda ou forma, de propriedade de residentes ou de domiciliados no País, ainda que sob a titularidade de não residentes, da qual participe, seja sócio, proprietário ou beneficiário, que foram adquiridos, transferidos ou empregados no Brasil, com ou sem registro no Banco Central do Brasil, e não se encontrem devidamente declarados;

IV – recursos ou patrimônio remetidos ou mantidos no exterior: os valores, os bens materiais ou imateriais, os capitais e os direitos não declarados ou declarados com omissão ou incorreção em relação a dados essenciais e remetidos ou mantidos fora do território nacional;

V – titular: proprietário dos recursos ou patrimônio não declarados, remetidos ou mantidos no exterior ou repatriados indevidamente.

Art. 3.º O RERCT aplica-se a todos os recursos, bens ou direitos de origem lícita de residentes ou domiciliados no País até 31 de dezembro de 2014, incluindo movimentações anteriormente existentes, remetidos ou mantidos no exterior, bem como aos que tenham sido transferidos para o País, em qualquer caso, e que não tenham sido declarados ou tenham sido declarados com omissão ou incorreção em relação a dados essenciais, como:

•• Sobre prazos: *vide* art. 2.º, § 1.º, I, da Lei n. 13.428, de 30-3-2017.

I – depósitos bancários, certificados de depósitos, cotas de fundos de investimento, instrumentos financeiros, apólices de seguro, certificados de investimento ou operações de capitalização, depósitos em cartões de crédito, fundos de aposentadoria ou pensão;

II – operação de empréstimo com pessoa física ou jurídica;

III – recursos, bens ou direitos de qualquer natureza, decorrentes de operações de câmbio ilegítimas ou não autorizadas;

IV – recursos, bens ou direitos de qualquer natureza, integralizados em empresas estrangeiras sob a forma de ações, integralização de capital, contribuição de capital ou qualquer outra forma de participação societária ou direito de participação no capital de pessoas jurídicas com ou sem personalidade jurídica;

V – ativos intangíveis disponíveis no exterior de qualquer natureza, como marcas, *copyright*, *software*, *know-how*, patentes e todo e qualquer direito submetido ao regime de *royalties*;

VI – bens imóveis em geral ou ativos que representem direitos sobre bens imóveis;

VII – veículos, aeronaves, embarcações e demais bens móveis sujeitos a registro em geral, ainda que em alienação fiduciária;

VIII – (*Vetado.*); e

IX – (*Vetado.*)

Art. 4.º Para adesão ao RERCT, a pessoa física ou jurídica deverá apresentar à Secretaria da Receita Federal do Brasil (SRFB) e, em cópia para fins de registro, ao Banco Central do Brasil declaração única de regularização específica contendo a descrição pormenorizada dos recursos, bens e direitos de qualquer natureza de que seja titular em 31 de dezembro de 2014 a serem regularizados, com o respectivo valor em real, ou, no caso de inexistência de saldo ou título de propriedade em 31 de dezembro de 2014, a descrição das condutas praticadas pelo declarante que se enquadram nos crimes previstos no § 1.º do art. 5.º desta Lei e dos respectivos recursos que possuiu.

•• Sobre prazos: *vide* art. 2.º, § 1.º, I, da Lei n. 13.428, de 30-3-2017.

§ 1.º A declaração única de regularização a que se refere o *caput* deverá conter:

I – a identificação do declarante;

II – as informações fornecidas pelo contribuinte necessárias à identificação dos recursos, bens ou direitos a serem regularizados, bem como de sua titularidade e origem;

III – o valor, em real, dos recursos, bens ou direitos de qualquer natureza declarados;

IV – declaração do contribuinte de que os bens ou direitos de qualquer natureza declarados têm origem em atividade econômica lícita;

V – na hipótese de inexistência de saldo dos recursos, ou de titularidade de propriedade de bens ou direitos referidos no *caput*, em 31 de dezembro de 2014, a descrição das condutas praticadas pelo declarante que se enquadrem nos crimes previstos no § 1.º do

---

(*) Publicada no *Diário Oficial da União*, de 14-1-2016. *Vide* Lei n. 13.428, de 30-3-2017, que dispõe sobre reabertura de prazo para adesão ao RERCT.

art. 5.º desta Lei e dos respectivos recursos, bens ou direitos de qualquer natureza não declarados, remetidos ou mantidos no exterior ou repatriados, ainda que posteriormente repassados à titularidade ou responsabilidade, direta ou indireta, de *trust* de quaisquer espécies, fundações, sociedades despersonalizadas, fideicomissos, ou dispostos mediante a entrega a pessoa física ou jurídica, personalizada ou não, para guarda, depósito, investimento, posse ou propriedade de que sejam beneficiários efetivos o interessado, seu representante ou pessoa por ele designada; e

•• Sobre prazos: *vide* art. 2.º, § 1.º, I, da Lei n. 13.428, de 30-3-2017.

VI – (Vetado.)

§ 2.º Os recursos, bens e direitos de qualquer natureza constantes da declaração única para adesão ao RERCT deverão também ser informados na:

•• *Vide* art. 2.º, § 3.º, da Lei n. 13.428, de 30-3-2017.

I – declaração retificadora de ajuste anual do imposto de renda relativa ao ano-calendário de 2014 e posteriores, no caso de pessoa física;

II – declaração retificadora da declaração de bens e capitais no exterior relativa ao ano-calendário de 2014 e posteriores, no caso de pessoa física e jurídica, se a ela estiver obrigada; e

III – escrituração contábil societária relativa ao ano-calendário da adesão e posteriores, no caso de pessoa jurídica.

§ 3.º A declaração das condutas e bens referidos no inciso V do § 1.º não implicará a apresentação das declarações previstas nos incisos I, II e III do § 2.º.

§ 4.º Após a adesão ao RERCT e consequente regularização nos termos do *caput*, a opção de repatriação pelo declarante de ativos financeiros no exterior deverá ocorrer por intermédio de instituição financeira autorizada a funcionar no País e a operar no mercado de câmbio, mediante apresentação do protocolo de entrega da declaração de que trata o *caput* deste artigo.

§ 5.º A regularização de ativos mantidos em nome de interposta pessoa estenderá a ela a extinção de punibilidade prevista no § 1.º do art. 5.º, nas condições previstas no referido artigo.

§ 6.º É a pessoa física ou jurídica que aderir ao RERCT obrigada a manter em boa guarda e ordem e em sua posse, pelo prazo de 5 (cinco) anos, cópia dos documentos referidos no § 8.º que ampararam a declaração de adesão ao RERCT e a apresentá-los se e quando exigidos pela RFB.

§ 7.º Os rendimentos, frutos e acessórios decorrentes do aproveitamento, no exterior ou no País, dos recursos, bens ou direitos de qualquer natureza regularizados por meio da declaração única a que se refere o *caput* deste artigo, obtidos no ano-calendário de 2015, deverão ser incluídos nas declarações previstas no § 2.º referentes ao ano-calendário da adesão e posteriores, aplicando-se o disposto no art. 138 da Lei n. 5.172, de 25 de outubro de 1966 (Código Tributário Nacional), se as retificações necessárias forem feitas até o último dia do prazo para adesão ao RERCT.

•• Sobre prazos: *vide* art. 2.º, § 1.º, III, da Lei n. 13.428, de 30-3-2017.

§ 8.º Para fins da declaração prevista no *caput*, o valor dos ativos a serem declarados deve corresponder aos valores de mercado, presumindo-se como tal:

•• Sobre prazos: *vide* art. 2.º, § 1.º, I, da Lei n. 13.428, de 30-3-2017.

I – para os ativos referidos nos incisos I e III do art. 3.º, o saldo existente em 31 de dezembro de 2014, conforme documento disponibilizado pela instituição financeira custodiante;

II – para os ativos referidos no inciso II do art. 3.º, o saldo credor remanescente em 31 de dezembro de 2014, conforme contrato entre as partes;

III – para os ativos referidos no inciso IV do art. 3.º, o valor de patrimônio líquido apurado em 31 de dezembro de 2014, conforme balanço patrimonial levantado nessa data;

IV – para os ativos referidos nos incisos V, VI, VII e IX do art. 3.º, o valor de mercado apurado conforme avaliação feita por entidade especializada;

V – (Vetado.); e

VI – para os ativos não mais existentes ou que não sejam de propriedade do declarante em 31 de dezembro de 2014, o valor apontado por documento idôneo que retrate o bem ou a operação a ele referente.

§ 9.º Para fins de apuração do valor do ativo em real, o valor expresso em moeda estrangeira deve ser convertido:

I – em dólar norte-americano pela cotação do dólar fixada, para venda, pelo Banco Central do Brasil, para o último dia útil do mês de dezembro de 2014; e

•• Sobre prazos: *vide* art. 2.º, § 1.º, II, da Lei n. 13.428, de 30-3-2017.

II – em moeda nacional pela cotação do dólar fixada, para venda, pelo Banco Central do Brasil, para o último dia útil do mês de dezembro de 2014.

•• Sobre prazos: *vide* art. 2.º, § 1.º, II, da Lei n. 13.428, de 30-3-2017.

§ 10. Para os recursos já repatriados, a declaração deverá ser feita tendo como base o valor do ativo em real em 31 de dezembro de 2014.

•• Sobre prazos: *vide* art. 2.º, § 1.º, I, da Lei n. 13.428, de 30-3-2017.

§ 11. Estão isentos da multa de que trata o art. 8.º os valores disponíveis em contas no exterior no limite de até R$ 10.000,00 (dez mil reais) por pessoa, convertidos em dólar norte-americano em 31 de dezembro de 2014.

•• Sobre prazos: *vide* art. 2.º, § 1.º, I, da Lei n. 13.428, de 30-3-2017.

§ 12. A declaração de regularização de que trata o *caput* não poderá ser, por qualquer modo, utilizada:

I – como único indício ou elemento para efeitos de expediente investigatório ou procedimento criminal;

II – para fundamentar, direta ou indiretamente, qualquer procedimento administrativo de natureza tributária ou cambial em relação aos recursos dela constantes.

§ 13. Sempre que o montante de ativos financeiros for superior a USD 100.000,00 (cem mil dólares norte-americanos), sem prejuízo do previsto no § 4.º, o declarante deverá solicitar e autorizar a instituição financeira no exterior a enviar informação sobre o saldo desses ativos em 31 de dezembro de 2014 para instituição financeira autorizada a funcionar no País, que prestará tal informação à SRFB, não cabendo à instituição financeira autorizada a funcionar no País responsabilidade alguma quanto à averiguação das informações prestadas pela instituição financeira estrangeira.

•• Sobre prazos: *vide* art. 2.º, § 1.º, I, da Lei n. 13.428, de 30-3-2017

Art. 5.º A adesão ao programa dar-se-á mediante entrega da declaração dos recursos, bens e direitos sujeitos à regularização prevista no *caput* do art. 4.º e pagamento integral do imposto previsto no art. 6.º e da multa prevista no art. 8.º desta Lei.

•• Sobre prazos: *vide* art. 4.º da Lei n. 13.428, de 30-3-2017.

§ 1.º O cumprimento das condições previstas no *caput* antes de decisão criminal extinguirá, em relação a recursos, bens e direitos a serem regularizados nos termos desta Lei, a punibilidade dos crimes a seguir previstos, praticados até a data de adesão ao RERCT:

•• § 1.º com redação determinada pela Lei n. 13.428, de 30-3-2017

I – no art. 1.º e nos incisos I, II e V do art. 2.º da Lei n. 8.137, de 27 de dezembro de 1990;

II – na Lei n. 4.729, de 14 de julho de 1965;

III – no art. 337-A do Decreto-lei n. 2.848, de 7 de dezembro de 1940 (Código Penal);

IV – nos seguintes arts. do Decreto-lei n. 2.848, de 7 de dezembro de 1940 (Código Penal), quando exaurida sua potencialidade lesiva com a prática dos crimes previstos nos incisos I a III:

a) 297;

b) 298;

c) 299;

d) 304;

V – (Vetado.)

VI – no *caput* e no parágrafo único do art. 22 da Lei n. 7.492, de 16 de junho de 1986;

VII – no art. 1.º da Lei n. 9.613, de 3 de março de 1998, quando o objeto do crime for bem, direito ou valor proveniente, direta ou indiretamente, dos crimes previstos nos incisos I a VI;

Lei n. 13.254, de 13-1-2016 – Regime Especial de Regularização Cambial

VIII – (Vetado.)

§ 2.º A extinção da punibilidade a que se refere o § 1.º:

I – (Vetado.)

II – somente ocorrerá se o cumprimento das condições se der antes do trânsito em julgado da decisão criminal condenatória;

III – produzirá, em relação à administração pública, a extinção de todas as obrigações de natureza cambial ou financeira, principais ou acessórias, inclusive as meramente formais, que pudessem ser exigíveis em relação aos bens e direitos declarados, ressalvadas as previstas nesta Lei.

§§ 3.º e 4.º (Vetados.)

§ 5.º Na hipótese dos incisos V e VI do § 1.º, a extinção da punibilidade será restrita aos casos em que os recursos utilizados na operação de câmbio não autorizada, as divisas ou moedas saídas do País sem autorização legal ou os depósitos mantidos no exterior e não declarados à repartição federal competente possuírem origem lícita ou forem provenientes, direta ou indiretamente, de quaisquer dos crimes previstos nos incisos I, II, III, VII ou VIII do § 1.º.

Art. 6.º Para fins do disposto nesta Lei, o montante dos ativos objeto de regularização será considerado acréscimo patrimonial adquirido em 31 de dezembro de 2014, ainda que nessa data não exista saldo ou título de propriedade, na forma do inciso II do caput e do § 1.º do art. 43 da Lei n. 5.172, de 25 de outubro de 1966 (Código Tributário Nacional), sujeitando-se a pessoa, física ou jurídica, ao pagamento do imposto de renda sobre ele, a título de ganho de capital, à alíquota de 15% (quinze por cento), vigente em 31 de dezembro de 2014.

•• Sobre prazos: vide art. 2.º, § 1.º, I e § 5.º da Lei n. 13.428, de 30-3-2017.

§ 1.º A arrecadação referida no caput será compartilhada com Estados e Municípios na forma estabelecida pela Constituição Federal, especialmente nos termos do que dispõe o inciso I de seu art. 159.

§ 2.º Na apuração da base de cálculo dos tributos de que trata este artigo, correspondente ao valor do ativo em real, não serão admitidas deduções de espécie alguma ou descontos de custo de aquisição.

§ 3.º Para fins de apuração do valor do ativo em real, o valor expresso em moeda estrangeira deve ser convertido:

I – em dólar norte-americano pela cotação do dólar fixada, para venda, pelo Banco Central do Brasil, para o último dia útil do mês de dezembro de 2014; e

•• Sobre prazos: vide art. 2.º, § 1.º, II, da Lei n. 13.428, de 30-3-2017.

II – em moeda nacional pela cotação do dólar fixada, para venda, pelo Banco Central do Brasil, para o último dia útil do mês de dezembro de 2014.

•• Sobre prazos: vide art. 2.º, § 1.º, II, da Lei n. 13.428, de 30-3-2017.

§ 4.º A regularização dos bens e direitos e o pagamento dos tributos na forma deste artigo e da multa de que trata o art. 8.º implicarão a remissão dos créditos tributários decorrentes do descumprimento de obrigações tributárias e a redução de 100% (cem por cento) das multas de mora, de ofício ou isoladas e dos encargos legais diretamente relacionados a esses bens e direitos em relação a fatos geradores ocorridos até 31 de dezembro de 2014 e excluirão a multa pela não entrega completa e tempestiva da declaração de capitais brasileiros no exterior, na forma definida pelo Banco Central do Brasil, as penalidades aplicadas pela Comissão de Valores Mobiliários ou outras entidades regulatórias e as penalidades previstas na Lei n. 4.131, de 3 de setembro de 1962, na Lei n. 9.069, de 29 de junho de 1995, e na Medida Provisória n. 2.224, de 4 de setembro de 2001.

•• Sobre prazos: vide art. 2.º, § 1.º, I, da Lei n. 13.428, de 30-3-2017.

§ 5.º A remissão e a redução das multas previstas no § 4.º não alcançam os tributos retidos por sujeito passivo, na condição de responsável, e não recolhidos aos cofres públicos no prazo legal.

§ 6.º A opção pelo RERCT dispensa o pagamento de acréscimos moratórios incidentes sobre o imposto de que trata o caput.

§ 7.º O imposto pago na forma deste artigo será considerado como tributação definitiva e não permitirá a restituição de valores anteriormente pagos.

§ 8.º A opção pelo RERCT e o pagamento do imposto na forma do caput importam confissão irrevogável e irretratável dos débitos em nome do sujeito passivo na condição de contribuinte ou responsável, configuram confissão extrajudicial nos termos dos arts. 348, 353 e 354 da Lei n. 5.869, de 11 de janeiro de 1973 (Código de Processo Civil), e condicionam o sujeito passivo à aceitação plena e irretratável de todas as condições estabelecidas nesta Lei.

Art. 7.º A adesão ao RERCT poderá ser feita no prazo de 210 (duzentos e dez) dias, contado a partir da data de entrada em vigor do ato da SRFB de que trata o art. 10, com declaração da situação patrimonial em 31 de dezembro de 2014 e o consequente pagamento do tributo e da multa.

•• Sobre prazos: vide art. 2.º, § 1.º, I, da Lei n. 13.428, de 30-3-2017.

•• A Instrução Normativa n. 1.627, de 11-3-2016, da SRF, regulamenta o Regime Especial de Regularização Cambial e Tributária.

§ 1.º A divulgação ou a publicidade das informações presentes no RERCT implicarão efeito equivalente à quebra do sigilo fiscal, sujeitando o responsável às penas previstas na Lei Complementar n. 105, de 10 de janeiro de 2001, e no art. 325 do Decreto-lei n. 2.848, de 7 de dezembro de 1940 (Código Penal), e, no caso de funcionário público, à pena de demissão.

§ 2.º Sem prejuízo do disposto no § 6.º do art. 4.º, é vedada à SRFB, ao Conselho Monetário Nacional (CMN), ao Banco Central do Brasil e aos demais órgãos públicos intervenientes do RERCT a divulgação ou o compartilhamento das informações prestadas pelos declarantes que tiverem aderido ao RERCT com os Estados, o Distrito Federal e os Municípios, inclusive para fins de constituição de crédito tributário.

Art. 8.º Sobre o valor do imposto apurado na forma do art. 6.º incidirá multa de 100% (cem por cento).

•• Sobre multa: vide art. 2.º, § 6.º, da Lei n. 13.428, de 30-3-2017.

§ 1.º (Vetado.)

§ 2.º Compete à RFB a administração das atividades relativas à operacionalização, à cobrança, à arrecadação, à restituição e à fiscalização da multa de que trata o caput.

Art. 9.º Será excluído do RERCT o contribuinte que apresentar declarações ou documentos falsos relativos à titularidade e à condição jurídica dos recursos, bens ou direitos declarados nos termos do art. 1.º desta Lei ou aos documentos previstos no § 8.º do art. 4.º.

§ 1.º Em caso de exclusão do RERCT, serão cobrados os valores equivalentes aos tributos, multas e juros incidentes, deduzindo-se o que houver sido anteriormente pago, sem prejuízo da aplicação das penalidades cíveis, penais e administrativas cabíveis.

§ 2.º Na hipótese de exclusão do contribuinte do RERCT, a instauração ou a continuidade de procedimentos investigatórios quanto à origem dos ativos objeto de regularização somente poderá ocorrer se houver evidências documentais não relacionadas à declaração do contribuinte.

§ 3.º A declaração com incorreção em relação ao valor dos ativos não ensejará a exclusão do RERCT, resguardado o direito da Fazenda Pública de exigir o pagamento dos tributos e acréscimos legais incidentes sobre os valores declarados incorretamente, nos termos da legislação do imposto sobre a renda.

•• § 3.º acrescentado pela Lei n. 13.428, de 30-3-2017.

§ 4.º Somente o pagamento integral dos tributos e acréscimos de que trata o § 3.º no prazo de 30 (trinta) dias da ciência do auto de infração extinguirá a punibilidade dos crimes praticados pelo declarante previstos no § 1.º do art. 5.º relacionados aos ativos declarados incorretamente.

•• § 4.º acrescentado pela Lei n. 13.428, de 30-3-2017.

Art. 10. O disposto nesta Lei será regulamentado:

•• A Instrução Normativa n. 1.627, de 11-3-2016, da SRFB, regulamenta o Regime Especial de Regularização Cambial e Tributária.

•• Vide art. 7.º desta Lei.

I – pela RFB, no âmbito de suas competências; e

II – (Vetado).

Art. 11. Os efeitos desta Lei não serão aplicados aos detentores de cargos, empregos e funções públicas de direção ou eletivas, nem ao respectivo cônjuge e aos parentes consanguíneos ou afins, até o segundo grau ou por adoção, na data de publicação desta Lei.

Art. 12. Esta Lei entra em vigor na data de sua publicação.

Brasília, 13 de janeiro de 2016; 195.º da Independência e 128.º da República.

DILMA ROUSSEFF

LEI N. 13.300, DE 23 DE JUNHO DE 2016 (*)

Disciplina o processo e o julgamento dos mandados de injunção individual e coletivo e dá outras providências.

O Vice-Presidente da República, no exercício do cargo de Presidente da República.

Faço saber que o Congresso Nacional decreta e eu sanciono a seguinte Lei:

Art. 1.º Esta Lei disciplina o processo e o julgamento dos mandados de injunção individual e coletivo, nos termos do inciso LXXI do art. 5.º da Constituição Federal.

Art. 2.º Conceder-se-á mandado de injunção sempre que a falta total ou parcial de norma regulamentadora torne inviável o exercício dos direitos e liberdades constitucionais e das prerrogativas inerentes à nacionalidade, à soberania e à cidadania.

Parágrafo único. Considera-se parcial a regulamentação quando forem insuficientes as normas editadas pelo órgão legislador competente.

Art. 3.º São legitimados para o mandado de injunção, como impetrantes, as pessoas naturais ou jurídicas que se afirmam titulares dos direitos, das liberdades ou das prerrogativas referidos no art. 2.º e, como impetrado, o Poder, o órgão ou a autoridade com atribuição para editar a norma regulamentadora.

Art. 4.º A petição inicial deverá preencher os requisitos estabelecidos pela lei processual e indicará, além do órgão impetrado, a pessoa jurídica que ele integra ou aquela a que está vinculado.

§ 1.º Quando não for transmitida por meio eletrônico, a petição inicial e os documentos que a instruem serão acompanhados de tantas vias quantos forem os impetrados.

§ 2.º Quando o documento necessário à prova do alegado encontrar-se em repartição ou estabelecimento público, em poder de autoridade ou de terceiro, havendo recusa em fornecê-lo por certidão, no original, ou em cópia autêntica, será ordenada, a pedido do impetrante, a exibição do documento no prazo de 10 (dez) dias, devendo, nesse caso, ser juntada cópia à segunda via da petição.

§ 3.º Se a recusa em fornecer o documento for do impetrado, a ordem será feita no próprio instrumento da notificação.

Art. 5.º Recebida a petição inicial, será ordenada:

I – a notificação do impetrado sobre o conteúdo da petição inicial, devendo-lhe ser enviada a segunda via apresentada com as cópias dos documentos, a fim de que, no prazo de 10 (dez) dias, preste informações;

II – a ciência do ajuizamento da ação ao órgão de representação judicial da pessoa jurídica interessada, devendo-lhe ser enviada cópia da petição inicial, para que, querendo, ingresse no feito.

Art. 6.º A petição inicial será desde logo indeferida quando a impetração for manifestamente incabível ou manifestamente improcedente.

Parágrafo único. Da decisão de relator que indeferir a petição inicial, caberá agravo, em 5 (cinco) dias, para o órgão colegiado competente para o julgamento da impetração.

Art. 7.º Findo o prazo para apresentação das informações, será ouvido o Ministério Público, que opinará em 10 (dez) dias, após o que, com ou sem parecer, os autos serão conclusos para decisão.

Art. 8.º Reconhecido o estado de mora legislativa, será deferida a injunção para:

I – determinar prazo razoável para que o impetrado promova a edição da norma regulamentadora;

II – estabelecer as condições em que se dará o exercício dos direitos, das liberdades ou das prerrogativas reclamados ou, se for o caso, as condições em que poderá o interessado promover ação própria visando a exercê-los, caso não seja suprida a mora legislativa no prazo determinado.

Parágrafo único. Será dispensada a determinação a que se refere o inciso I do *caput* quando comprovado que o impetrado deixou de atender, em mandado de injunção anterior, ao prazo estabelecido para a edição da norma.

Art. 9.º A decisão terá eficácia subjetiva limitada às partes e produzirá efeitos até o advento da norma regulamentadora.

§ 1.º Poderá ser conferida eficácia *ultra partes* ou *erga omnes* à decisão, quando isso for inerente ou indispensável ao exercício do direito, da liberdade ou da prerrogativa objeto da impetração.

§ 2.º Transitada em julgado a decisão, seus efeitos poderão ser estendidos aos casos análogos por decisão monocrática do relator.

§ 3.º O indeferimento do pedido por insuficiência de prova não impede a renovação da impetração fundada em outros elementos probatórios.

Art. 10. Sem prejuízo dos efeitos já produzidos, a decisão poderá ser revista, a pedido de qualquer interessado, quando sobrevierem relevantes modificações das circunstâncias de fato ou de direito.

Parágrafo único. A ação de revisão observará, no que couber, o procedimento estabelecido nesta Lei.

Art. 11. A norma regulamentadora superveniente produzirá efeitos *ex nunc* em relação aos beneficiados por decisão transitada em julgado, salvo se a aplicação da norma editada lhes for mais favorável.

Parágrafo único. Estará prejudicada a impetração se a norma regulamentadora for editada antes da decisão, caso em que o processo será extinto sem resolução de mérito.

Art. 12. O mandado de injunção coletivo pode ser promovido:

I – pelo Ministério Público, quando a tutela requerida for especialmente relevante para a defesa da ordem jurídica, do regime democrático ou dos interesses sociais ou individuais indisponíveis;

II – por partido político com representação no Congresso Nacional, para assegurar o exercício de direitos, liberdades e prerrogativas de seus integrantes ou relacionados com a finalidade partidária;

III – por organização sindical, entidade de classe ou associação legalmente constituída e em funcionamento há pelo menos 1 (um) ano, para assegurar o exercício de direitos, liberdades e prerrogativas em favor da totalidade ou de parte de seus membros ou associados, na forma de seus estatutos e desde que pertinentes a suas finalidades, dispensada, para tanto, autorização especial;

- Partidos políticos: Lei n. 9.096, de 19-9-1995.
- Organização sindical na CLT: arts. 511 e s.

IV – pela Defensoria Pública, quando a tutela requerida for especialmente relevante para a promoção dos direitos humanos e a defesa dos direitos individuais e coletivos dos necessitados, na forma do inciso LXXIV do art. 5.º da Constituição Federal.

Parágrafo único. Os direitos, as liberdades e as prerrogativas protegidos por mandado de injunção coletivo são os pertencentes, indistintamente, a uma coletividade indeterminada de pessoas ou determinada por grupo, classe ou categoria.

Art. 13. No mandado de injunção coletivo, a sentença fará coisa julgada limitadamente às pessoas integrantes da coletividade, do grupo, da classe ou da categoria substituídas pelo impetrante, sem prejuízo do disposto nos §§ 1.º e 2.º do art. 9.º.

Parágrafo único. O mandado de injunção coletivo não induz litispendência em relação aos individuais, mas os efeitos da coisa julgada não beneficiarão o impetrante que não requerer a desistência da demanda individual no prazo de 30 (trinta) dias a contar da ciência comprovada da impetração coletiva.

Art. 14. Aplicam-se subsidiariamente ao mandado de injunção as normas do mandado de segurança, disciplinado pela Lei n.

(*) Publicada no *Diário Oficial da União*, de 24-6-2016.

12.016, de 7 de agosto de 2009, e do Código de Processo Civil, instituído pela Lei n. 5.869, de 11 de janeiro de 1973, e pela Lei n. 13.105, de 16 de março de 2015, observado o disposto em seus arts. 1.045 e 1.046.

Art. 15. Esta Lei entra em vigor na data de sua publicação.

Brasília, 23 de junho de 2016; 195.º da Independência e 128.º da República.

Michel Temer

DECRETO N. 8.870, DE 5 DE OUTUBRO DE 2016 (*)

Dispõe sobre a aplicação de procedimentos simplificados nas operações de exportação realizadas por microempresas e empresas de pequeno porte optantes pelo Simples Nacional.

O Presidente da República, no uso da atribuição que lhe confere o art. 84, *caput*, inciso IV, da Constituição, e tendo em vista o disposto no art. 170, *caput*, inciso IX, da Constituição e no art. 49-A da Lei Complementar n. 123, de 14 de dezembro de 2006, decreta:

Art. 1.º O procedimento simplificado de exportação, denominado Simples Exportação, destinado às microempresas e às empresas de pequeno porte optantes pelo Simples Nacional, observará:

I – unicidade do procedimento para registro das operações de exportação, na perspectiva do usuário;

II – entrada única de dados;

III – processo integrado entre os órgãos envolvidos; e

IV – acompanhamento simplificado do procedimento.

Parágrafo único. As operações do Simples Exportação poderão ser realizadas por meio de operador logístico, pessoas jurídicas prestadoras de serviço de logística internacional, conforme previsto no parágrafo único do art. 49-A da Lei Complementar n.123, de 14 de dezembro de 2006.

Art. 2.º O operador logístico, quando contratado por beneficiárias do Simples Nacional, estará autorizado a realizar, nas operações de exportação, as atividades relativas a habilitação, licenciamento administrativo, despacho aduaneiro, consolidação e desconsolidação de carga, contratação de seguro, câmbio, transporte e armazenamento de mercadorias objeto da prestação do serviço.

§ 1.º Os operadores logísticos deverão ser habilitados junto à Receita Federal do Brasil.

§ 2.º O operador logístico deverá oferecer, no mínimo, os serviços relativos a habilitação, licenciamento administrativo, despacho aduaneiro, consolidação de carga, transporte e armazenamento das mercadorias objeto da prestação do serviço, por meio próprio ou de terceiros.

§ 3.º O serviço de armazenamento referido no *caput* poderá ser prestado nas seguintes situações, alternativamente:

I – em recintos alfandegados, desde que possua contrato para utilização de área no local com essa finalidade;

II – em Recinto Especial para Despacho Aduaneiro de Exportação – Redex, inclusive quando por ela administrado; ou

III – em recinto autorizado pela Secretaria da Receita Federal do Brasil para a realização de operações de exportação de remessas, quando se tratar de empresa de serviço de transporte internacional, inclusive porta a porta ou da Empresa Brasileira de Correios e Telégrafos.

Art. 3.º A Secretaria Especial de Micro e Pequena Empresa da Secretaria de Governo da Presidência da República adotará as providências tendentes a facilitar o acesso das empresas beneficiárias do Simples Nacional aos operadores logísticos.

Art. 4.º Os procedimentos simplificados de que trata o art. 1.º serão executados no Portal Único de Comércio Exterior, nos termos do Decreto n. 660, de 25 de setembro de 1992, e observarão:

I – a dispensa de licença de exportação, exceto no caso de controles sanitários e fitossanitários, de proteção do meio ambiente e de segurança nacional, ou em virtude de acordos e obrigações internacionais;

II – a prioridade na realização de verificação física da mercadoria a exportar, quando for o caso, respeitado o estabelecido para os Operadores Econômicos Autorizados – OEA; e

III – a preferência na análise nos casos de controles sanitários e fitossanitários, de proteção do meio ambiente e de segurança nacional, quando estes devam ser realizados, conforme ato do órgão competente.

Art. 5.º Ato da Secretaria da Receita Federal do Brasil disporá sobre:

I – os procedimentos para habilitação simplificada para operações de exportação, por meio do operador logístico, de microempresas e empresas de pequeno porte optantes pelo Simples Nacional;

II – os requisitos e as condições para a habilitação do operador logístico a que se refere o *caput* do art. 2.º; e

III – outros procedimentos simplificados de exportação para as microempresas e empresas de pequeno porte optantes pelo Simples Nacional.

Art. 6.º Este Decreto entra em vigor na data de sua publicação.

Brasília, 5 de outubro de 2016; 195.º da Independência e 128.º da República.

Michel Temer

(*) Publicado no *Diário Oficial da União*, de 6-10-2016.

LEI N. 13.428, DE 30 DE MARÇO DE 2017 (**)

Altera a Lei n. 13.254, de 13 de janeiro de 2016, que "Dispõe sobre o Regime Especial de Regularização Cambial e Tributária (RERCT) de recursos, bens ou direitos de origem lícita, não declarados ou declarados incorretamente, remetidos, mantidos no exterior ou repatriados por residentes ou domiciliados no País".

Art. 1.º A Lei n. 13.254, de 13 de janeiro de 2016, passa a vigorar com as seguintes alterações:

•• Alterações já processadas no diploma modificado.

Art. 2.º O prazo para adesão ao RERCT de que trata a Lei n. 13.254, de 13 de janeiro de 2016, será reaberto por 120 (cento e vinte) dias, contados da data da regulamentação para a declaração voluntária da situação patrimonial em 30 de junho de 2016 de ativos, bens e direitos existentes em períodos anteriores a essa data, mediante pagamento de imposto e multa.

§ 1.º Para as adesões efetuadas nos termos deste artigo, altera-se:

I – a referência a "31 de dezembro de 2014" constante da Lei n. 13.254, de 13 de janeiro de 2016, para "30 de junho de 2016";

II – a referência a "mês de dezembro de 2014" constante da Lei n. 13.254, de 13 de janeiro de 2016, para "mês de junho de 2016";

III – a referência a "no ano-calendário de 2015" constante do § 7.º do art. 4.º da Lei n. 13.254, de 13 de janeiro de 2016, para "a partir de 1.º de julho de 2016".

§ 2.º Os bens ou direitos de qualquer natureza regularizados nos termos deste artigo e os rendimentos, frutos e acessórios decorrentes do seu aproveitamento, no exterior ou no País, obtidos a partir de 1.º de julho de 2016, deverão ser incluídos na:

I – declaração de ajuste anual do imposto sobre a renda relativa ao ano-calendário de 2016, ou em sua retificadora, no caso de pessoa física;

II – declaração de bens e capitais no exterior relativa ao ano-calendário de 2016, no caso de pessoa física ou jurídica, se a ela estiver obrigada; e

III – escrituração contábil societária relativa ao ano-calendário da adesão e posteriores, no caso de pessoa jurídica.

§ 3.º Às adesões efetuadas nos termos deste artigo não se aplica o disposto no § 2.º do art. 4.º da Lei n. 13.254, de 13 de janeiro de 2016.

§ 4.º Aos rendimentos, frutos e acessórios de que trata o § 2.º deste artigo incluídos nas declarações nele indicadas aplica-se o disposto no art. 138 da Lei n. 5.172, de 25 de outubro de 1966 (Código Tributário Nacional), inclusive com dispensa do pa-

(**) Publicada no *Diário Oficial da União*, de 31-3-2017.

gamento de multas moratórias, se as inclusões forem feitas até o último dia do prazo para adesão ao RERCT ou até o último dia do prazo regular de apresentação da respectiva declaração anual, o que for posterior.

§ 5.º Às adesões ocorridas no período previsto neste artigo aplica-se a alíquota do imposto de renda de que trata o art. 6.º da Lei n. 13.254, de 13 de janeiro de 2016.

§ 6.º Em substituição à multa a que se refere o *caput* do art. 8.º da Lei n. 13.254, de 13 de janeiro de 2016, sobre o valor do imposto apurado na forma do § 5.º deste artigo incidirá multa administrativa de 135% (cento e trinta e cinco por cento).

§ 7.º Do produto da arrecadação da multa prevista no § 6.º a União entregará 46% (quarenta e seis por cento) aos Estados, ao Distrito Federal e aos Municípios na forma das alíneas *a*, *b*, *d* e *e* do inciso I do art. 159 da Constituição Federal.

Art. 3.º As adesões realizadas com base no § 4.º-A do art. 1.º da Lei n. 13.254, de 13 de janeiro de 2016, submetem-se aos requisitos do art. 2.º desta Lei.

Art. 4.º É facultado ao contribuinte que aderiu ao RERCT até 31 de outubro de 2016 complementar a declaração de que trata o art. 5.º da Lei n. 13.254, de 13 de janeiro de 2016, obrigando-se, caso exerça esse direito, a pagar os respectivos imposto e multa devidos sobre o valor adicional e a observar a nova data fixada para a conversão do valor expresso em moeda estrangeira, nos termos do art. 2.º desta Lei.

Art. 5.º O disposto nesta Lei será regulamentado pela Secretaria da Receita Federal do Brasil em até 30 (trinta) dias.

Art. 6.º Esta Lei entra em vigor na data de sua publicação.

Brasília, 30 de março de 2017; 196.º da Independência e 129.º da República.

MICHEL TEMER

LEI COMPLEMENTAR N. 159, DE 19 DE MAIO DE 2017 (*)

Institui o Regime de Recuperação Fiscal dos Estados e do Distrito Federal e altera as Leis Complementares n. 101, de 4 de maio de 2000, e n. 156, de 28 de dezembro de 2016.

O Presidente da República.
Faço saber que o Congresso Nacional decreta e eu sanciono a seguinte Lei:

Capítulo I
DISPOSIÇÕES PRELIMINARES

Art. 1.º É instituído o Regime de Recuperação Fiscal dos Estados e do Distrito Federal, nos termos do Capítulo II do Título VI da Constituição Federal.

(*) Publicada no *Diário Oficial da União*, de 22-5-2017. Regulamentada pelo Decreto n. 10.681, de 20-4-2021.

•• O Capítulo II do Título VI da CF (arts. 163 a 169) dispõe sobre finanças públicas.

§ 1.º O Regime de Recuperação Fiscal será orientado pelos princípios da sustentabilidade econômico-financeira, da equidade intergeracional, da transparência das contas públicas, da confiança nas demonstrações financeiras, da celeridade das decisões e da solidariedade entre os Poderes e os órgãos da administração pública.

§ 2.º O Regime de Recuperação Fiscal envolve a ação planejada, coordenada e transparente de todos os Poderes, órgãos, entidades e fundos dos Estados e do Distrito Federal para corrigir os desvios que afetaram o equilíbrio das contas públicas, por meio da implementação das medidas emergenciais e das reformas institucionais determinadas no Plano de Recuperação elaborado previamente pelo ente federativo que desejar aderir a esse Regime.

§ 3.º Para os efeitos desta Lei Complementar:
•• § 3.º, *caput*, com redação determinada pela Lei Complementar n. 178, de 13-1-2021.

I – as referências aos Estados e ao Distrito Federal compreendem o Poder Executivo, o Poder Legislativo, o Poder Judiciário, os Tribunais de Contas, o Ministério Público e a Defensoria Pública e as respectivas administrações diretas, fundos, autarquias, fundações e empresas estatais dependentes;
•• Inciso I acrescentado pela Lei Complementar n. 178, de 13-1-2021.

II – as referências aos Estados compreendem também o Distrito Federal; e
•• Inciso II acrescentado pela Lei Complementar n. 178, de 13-1-2021.

III – observar-se-ão os conceitos e as definições da Lei Complementar n. 101, de 4 de maio de 2000, em particular o disposto em seus arts. 1.º, 2.º, 18 e 19.
•• Inciso III acrescentado pela Lei Complementar n. 178, de 13-1-2021.

§ 4.º (*Revogado pela Lei Complementar n. 178, de 13-1-2021.*)

Capítulo II
DO PLANO DE RECUPERAÇÃO

Art. 2.º O Plano de Recuperação Fiscal será formado por leis ou atos normativos do Estado que desejar aderir ao Regime de Recuperação Fiscal, por diagnóstico em que se reconhece a situação de desequilíbrio financeiro, por metas e compromissos e pelo detalhamento das medidas de ajuste, com os impactos esperados e os prazos para a sua adoção.
•• *Caput* com redação determinada pela Lei Complementar n. 178, de 13-1-2021.

§ 1.º Das leis ou atos referidos no *caput* deverá decorrer, observados os termos do regulamento, a implementação das seguintes medidas:
•• § 1.º, *caput*, com redação determinada pela Lei Complementar n. 178, de 13-1-2021.

I – a alienação total ou parcial de participação societária, com ou sem perda do controle, de empresas públicas ou sociedades de economia mista, ou a concessão de serviços e ativos, ou a liquidação ou extinção dessas empresas, para quitação de passivos com os recursos arrecadados, observado o disposto no art. 44 da Lei Complementar n. 101, de 4 de maio de 2000;
•• Inciso I com redação determinada pela Lei Complementar n. 178, de 13-1-2021.

II – a adoção pelo Regime Próprio de Previdência Social, no que couber, das regras previdenciárias aplicáveis aos servidores públicos da União;
•• Inciso II com redação determinada pela Lei Complementar n. 178, de 13-1-2021.

III – a redução de pelo menos 20% (vinte por cento) dos incentivos e benefícios fiscais ou financeiro-fiscais dos quais decorram renúncias de receitas, observado o § 3.º deste artigo;
•• Inciso III com redação determinada pela Lei Complementar n. 178, de 13-1-2021.

IV – a revisão dos regimes jurídicos de servidores da administração pública direta, autárquica e fundacional para reduzir benefícios ou vantagens não previstos no regime jurídico único dos servidores públicos da União;
•• Inciso IV com redação determinada pela Lei Complementar n. 178, de 13-1-2021.

V – a instituição de regras e mecanismos para limitar o crescimento anual das despesas primárias à variação do Índice Nacional de Preços ao Consumidor Amplo (IPCA);
•• Inciso V com redação determinada pela Lei Complementar n. 178, de 13-1-2021.
•• O STF, nos Primeiros Embargos de Declaração na ADI n. 6.930, nas sessões virtuais de 29-3-2024 a 8-4-2024 (*DOU* de 15-4-2024), por unanimidade, conheceu dos embargos de declaração e deu-lhes provimento, para esclarecer que: (i) estão excluídas do teto de gastos instituído pelo art. 2.º, § V, da Lei Complementar n. 159/2017 (com a redação da Lei Complementar n. 178/2021) todas as despesas pagas com recursos afetados aos fundos públicos especiais instituídos pelo Poder Judiciário, pelos Tribunais de Contas, pelo Ministério Público, pelas Defensorias Públicas e pelas Procuradorias-Gerais dos Estados e do Distrito Federal para a consecução das atividades às quais estão vinculados, inclusive os investimentos e as despesas de custeio (art. 12, §§ 1.º e 4.º, da Lei n. 4.320/64); e (ii) tais verbas públicas não podem ser utilizadas para despesas obrigatórias, especialmente aquelas relacionadas ao pagamento de pessoal.
• A Portaria n. 931, de 14-7-2021, do Tesouro Nacional, Regulamenta a elaboração de Planos de Recuperação Fiscal para fins de adesão ao Regime de que trata este inciso.

VI – a realização de leilões de pagamento, nos quais será adotado o critério de julgamento por maior desconto, para fins de prioridade na quitação de obrigações inscritas em restos a pagar ou inadimplidas, e a autorização para o pagamento parcelado destas obrigações;
•• Inciso VI com redação determinada pela Lei Complementar n. 178, de 13-1-2021.

VII – a adoção de gestão financeira centralizada no âmbito do Poder Executivo do ente, cabendo a este estabelecer para a administração direta, indireta e fundacional e empresas estatais dependentes as condições para o recebimento e a movimentação dos recursos financeiros, inclusive a destinação dos saldos não utilizados quando do encerramento do exercício, observadas as restrições a essa centralização estabelecidas em regras e leis federais e em instrumentos contratuais preexistentes;

•• Inciso VII com redação determinada pela Lei Complementar n. 178, de 13-1-2021.

VIII – a instituição do regime de previdência complementar a que se referem os §§ 14, 15 e 16 do art. 40 da Constituição Federal.

•• Inciso VIII acrescentado pela Lei Complementar n. 178, de 13-1-2021.

§ 2.º O atendimento do disposto no inciso I do § 1.º não exige que as alienações, concessões, liquidações ou extinções abranjam todas as empresas públicas ou sociedades de economia mista do Estado.

•• § 2.º com redação determinada pela Lei Complementar n. 178, de 13-1-2021.

§ 3.º O disposto no inciso III do § 1.º:

•• § 3.º, *caput*, com redação determinada pela Lei Complementar n. 178, de 13-1-2021.

I – não se aplica aos incentivos e aos benefícios fiscais ou financeiro-fiscais de que trata o art. 178 da Lei n. 5.172, de 25 de outubro de 1966, nem aos instituídos na forma estabelecida pela alínea g do inciso XII do § 2.º do art. 155 da Constituição Federal; e

•• Inciso I acrescentado pela Lei Complementar n. 178, de 13-1-2021.

II – será implementado nos 3 (três) primeiros anos do Regime de Recuperação Fiscal, à proporção de, no mínimo, 1/3 (um terço) ao ano.

•• Inciso II acrescentado pela Lei Complementar n. 178, de 13-1-2021.

§ 4.º Não se incluem na base de cálculo e no limite de que trata o inciso V do § 1.º:

•• § 4.º com redação determinada pela Lei Complementar n. 178, de 13-1-2021.

•• O STF, na ADI n. 6.930, nas sessões virtuais de 23-6-2023 a 30-6-2023 (DOU de 12-7-2023), por unanimidade, julgou parcialmente procedente o pedido, para conferir interpretação conforme a Constituição a este § 4.º, com a redação conferida pela LC n. 178/2021, "de modo a excluir do teto de gastos os investimentos executados com recursos afetados aos fundos públicos especiais instituídos pelo Poder Judiciário, pelos Tribunais de Contas, pelo Ministério Público, pelas Defensorias Públicas e pelas Procuradorias-Gerais dos Estados e do Distrito Federal".

• *Vide* nota ao § 1.º, V, deste artigo.

I – as transferências constitucionais para os respectivos Municípios estabelecidas nos arts. 158 e 159, §§ 3.º e 4.º, e as destinações de que trata o art. 212-A, todos da Constituição Federal;

•• Inciso I acrescentado pela Lei Complementar n. 178, de 13-1-2021.

II – as despesas custeadas com recursos de transferências previstas nos arts. 166 e 166-A da Constituição Federal;

•• Inciso II com redação determinada pela Lei Complementar n. 189, de 4-1-2022.

III – (*Revogado pela Lei Complementar n. 189, de 4-1-2022.*)

IV – as despesas em saúde e educação realizadas pelo ente em razão de eventual diferença positiva entre a variação anual das bases de cálculo das aplicações mínimas de que tratam o § 2.º do art. 198 e o art. 212 da Constituição Federal e a variação do IPCA no mesmo período;

•• Inciso IV acrescentado pela Lei Complementar n. 178, de 13-1-2021.

V – as despesas custeadas com recursos de transferências da União com aplicações vinculadas, conforme definido pela Secretaria do Tesouro Nacional do Ministério da Economia;

•• Inciso V acrescentado pela Lei Complementar n. 189, de 4-1-2022.

VI – as despesas decorrentes da aplicação de valores equivalentes aos montantes postergados, com base em Lei Complementar, dos pagamentos devidos, incluídos o principal e o serviço da dívida, das parcelas vincendas com a União dos entes federativos afetados por calamidade pública reconhecida pelo Congresso Nacional, mediante proposta do Poder Executivo federal, em ações de enfrentamento e mitigação dos danos decorrentes da calamidade pública e de suas consequências sociais e econômicas;

•• Inciso VI acrescentado pela Lei Complementar n. 206, de 16-5-2024.

VII – as despesas com recursos de operações de crédito autorizadas nos termos do inciso VIII do *caput* do art. 11 desta Lei Complementar.

•• Inciso VII acrescentado pela Lei Complementar n. 206, de 16-5-2024.

§ 5.º O conjunto de dívidas a ser submetido aos leilões de pagamento de que trata o inciso VI do § 1.º e a frequência dos leilões serão definidos no Plano de Recuperação Fiscal.

•• § 5.º com redação determinada pela Lei Complementar n. 178, de 13-1-2021.

§ 6.º O prazo de vigência do Regime de Recuperação Fiscal será de até 9 (nove) exercícios financeiros, observadas as hipóteses de encerramento do art. 12 e de extinção do art. 13, ambos desta Lei.

•• § 6.º acrescentado pela Lei Complementar n. 178, de 13-1-2021.

§ 7.º O Ministério da Economia poderá autorizar a alteração, a pedido do Estado, das empresas públicas e das sociedades de economia mista e dos serviços e ativos de que trata o inciso I do § 1.º, desde que assegurado ingresso de recursos equivalentes aos valores previstos na medida de ajuste original.

•• § 7.º acrescentado pela Lei Complementar n. 178, de 13-1-2021.

§ 8.º Para fins de adesão ao Regime de Recuperação Fiscal, consideram-se implementadas as medidas referidas no § 1.º caso o Estado demonstre, nos termos de regulamento, ser desnecessário editar legislação adicional para seu atendimento durante a vigência do Regime.

•• § 8.º acrescentado pela Lei Complementar n. 178, de 13-1-2021.

§ 9.º Não se aplica o disposto no inciso VII aos fundos públicos previstos nas Constituições e Leis Orgânicas de cada ente federativo, inclusive no Ato das Disposições Constitucionais Transitórias, ou que tenham sido criados para operacionalizar vinculações de receitas estabelecidas nas Constituições e Leis Orgânicas de cada ente federativo.

•• § 9.º acrescentado pela Lei Complementar n. 178, de 13-1-2021.

§ 10. As deduções previstas nos incisos II e V do § 4.º deste artigo poderão ser realizadas de acordo com o valor transferido pela União a cada exercício.

•• § 10 acrescentado pela Lei Complementar n. 189, de 4-1-2022.

Capítulo III
DAS CONDIÇÕES DO REGIME DE RECUPERAÇÃO FISCAL

Art. 3.º Considera-se habilitado para aderir ao Regime de Recuperação Fiscal o Estado que atender, cumulativamente, aos seguintes requisitos:

•• A Portaria n. 4.758, de 27-4-2021, do Ministério da Economia, define a forma de verificação do atendimento dos requisitos para adesão ao Regime de Recuperação Fiscal de que trata este artigo.

I – receita corrente líquida anual menor que a dívida consolidada ao final do exercício financeiro anterior ao do pedido de adesão ao Regime de Recuperação Fiscal, nos termos da Lei Complementar n. 101, de 4 de maio de 2000;

II – despesas:

•• Inciso II, *caput*, com redação determinada pela Lei Complementar n. 178, de 13-1-2021.

a) correntes superiores a 95% (noventa e cinco por cento) da receita corrente líquida aferida no exercício financeiro anterior ao do pedido de adesão ao Regime de Recuperação Fiscal; ou

•• Alínea *a* acrescentada pela Lei Complementar n. 178, de 13-1-2021.

b) com pessoal, de acordo com os arts. 18 e 19 da Lei Complementar n. 101, de 4 de maio de 2000, que representem, no mínimo, 60% (sessenta por cento) da receita corrente líquida aferida no exercício financeiro anterior ao do pedido de adesão ao Regime de Recuperação Fiscal; e

•• Alínea *b* acrescentada pela Lei Complementar n. 178, de 13-1-2021.

III – valor total de obrigações contraídas maior que as disponibilidades de caixa e equivalentes de caixa de recursos sem vinculação, a ser apurado na forma do art. 42 da Lei Complementar n. 101, de 4 de maio de 2000.

§ 1.º Ato do Ministro de Estado da Fazenda definirá a forma de verificação dos requisitos previstos neste artigo.

§ 2.º Excepcionalmente, o Estado que não atender ao requisito do inciso I deste artigo poderá aderir ao Regime de Recuperação Fiscal sem as prerrogativas do art. 9.º.

•• § 2.º com redação determinada pela Lei Complementar n. 178, de 13-1-2021.

§ 3.º Na verificação do atendimento dos requisitos do *caput* para Estados com Regime de Recuperação Fiscal vigente em 31 de agosto de 2020 que pedirem nova adesão, serão computadas as obrigações suspensas em função daquele Regime.

•• § 3.º com redação determinada pela Lei Complementar n. 178, de 13-1-2021.

§ 4.º O Estado que aderir ao Regime de Recuperação Fiscal deverá observar as normas de contabilidade editadas pelo órgão central de contabilidade da União.

•• § 4.º com redação determinada pela Lei Complementar n. 178, de 13-1-2021.

Art. 4.º O Estado protocolará o pedido de adesão ao Regime de Recuperação Fiscal no Ministério da Economia, que conterá, no mínimo:

•• *Caput* com redação determinada pela Lei Complementar n. 178, de 13-1-2021.

I – a demonstração de que os requisitos previstos no art. 3.º tenham sido atendidos;

•• Inciso I acrescentado pela Lei Complementar n. 178, de 13-1-2021.

II – a demonstração das medidas que o Estado considera implementadas, nos termos do art. 2.º;

•• Inciso II acrescentado pela Lei Complementar n. 178, de 13-1-2021.

III – a relação de dívidas às quais se pretende aplicar o disposto no inciso II do art. 9.º, se cabível; e

•• Inciso III acrescentado pela Lei Complementar n. 178, de 13-1-2021.

IV – a indicação de membro titular e membro suplente para compor o Conselho de Supervisão do Regime de Recuperação Fiscal.

•• Inciso IV acrescentado pela Lei Complementar n. 178, de 13-1-2021.

§ 1.º Protocolado o pedido referido no *caput*, o Ministério da Economia verificará em até 20 (vinte) dias o cumprimento dos requisitos do art. 3.º e publicará o resultado em até 10 (dez) dias.

•• § 1.º com redação determinada pela Lei Complementar n. 178, de 13-1-2021.

§§ 2.º a 5.º (*Revogados pela Lei Complementar n. 178, de 13-1-2021.*)

Art. 4.º-A. Deferido o pedido de adesão ao Regime de Recuperação Fiscal:

•• *Caput* acrescentado pela Lei Complementar n. 178, de 13-1-2021.

I – o Estado, conforme regulamento do Poder Executivo Federal:

•• Inciso I, *caput*, acrescentado pela Lei Complementar n. 178, de 13-1-2021.

a) elaborará, com a supervisão do Ministério da Economia, o Plano de Recuperação Fiscal;

•• Alínea *a* acrescentada pela Lei Complementar n. 178, de 13-1-2021.

b) apresentará as proposições encaminhadas à Assembleia Legislativa e os atos normativos para atendimento do disposto no art. 2.º desta Lei Complementar; e

•• Alínea *b* acrescentada pela Lei Complementar n. 178, de 13-1-2021.

c) cumprirá o disposto nos arts. 7.º-D e 8.º e fará jus às prerrogativas previstas no art. 10 e art. 10-A;

•• Alínea *c* acrescentada pela Lei Complementar n. 178, de 13-1-2021.

II – o Ministério da Economia:

•• Inciso II, *caput*, acrescentado pela Lei Complementar n. 178, de 13-1-2021.

a) aplicará o disposto no *caput* do art. 9.º por até 12 (doze) meses, desde que assinado o contrato de refinanciamento de que trata o art. 9.º-A;

•• Alínea *a* acrescentada pela Lei Complementar n. 178, de 13-1-2021.

b) criará o Conselho de Supervisão do Regime de Recuperação Fiscal e em até 30 (trinta) dias investirá seus membros; e

•• Alínea *b* acrescentada pela Lei Complementar n. 178, de 13-1-2021.

III – o Tribunal de Contas da União indicará, em até 15 (quinze) dias, membro titular e membro suplente para compor o Conselho de Supervisão do Regime de Recuperação Fiscal.

•• Inciso III acrescentado pela Lei Complementar n. 178, de 13-1-2021.

§ 1.º O Poder Executivo estadual solicitará aos demais Poderes e órgãos autônomos as informações necessárias para a elaboração do Plano de Recuperação Fiscal segundo os prazos definidos pela Secretaria do Tesouro Nacional.

•• § 1.º acrescentado pela Lei Complementar n. 178, de 13-1-2021.

§ 2.º Se o Poder ou órgão autônomo não encaminhar as informações solicitadas na forma do § 1.º no prazo, ou se as encaminhar sem observar as condições estabelecidas nesta Lei Complementar, inclusive as relativas ao disposto no inciso IV do § 1.º do art. 2.º, o Poder Executivo estadual poderá suprir a ausência de informações, vedada a inclusão no Plano de Recuperação Fiscal de ressalvas previstas no art. 8.º para aquele Poder ou órgão.

•• § 2.º acrescentado pela Lei Complementar n. 178, de 13-1-2021.

§ 3.º Concluída a elaboração, o Chefe do Poder Executivo do Estado:

•• § 3.º, *caput*, acrescentado pela Lei Complementar n. 178, de 13-1-2021.

I – dará ciência aos demais Chefes dos Poderes e órgãos autônomos do Plano de Recuperação Fiscal;

•• Inciso I acrescentado pela Lei Complementar n. 178, de 13-1-2021.

II – protocolará o Plano no Ministério da Economia e entregará a comprovação de atendimento do disposto no art. 2.º, nos termos do regulamento; e

•• Inciso II acrescentado pela Lei Complementar n. 178, de 13-1-2021.

III – publicará o Plano de Recuperação Fiscal no Diário Oficial e nos sítios eletrônicos oficiais do Estado.

•• Inciso III acrescentado pela Lei Complementar n. 178, de 13-1-2021.

§ 4.º O Conselho de Supervisão do Regime de Recuperação Fiscal terá amplo acesso ao processo de elaboração do Plano de Recuperação Fiscal.

•• § 4.º acrescentado pela Lei Complementar n. 178, de 13-1-2021.

Art. 5.º Após manifestação favorável do Ministro de Estado da Economia, ato do Presidente da República homologará o Plano e estabelecerá a vigência do Regime de Recuperação Fiscal.

•• *Caput* com redação determinada pela Lei Complementar n. 178, de 13-1-2021.

§ 1.º A manifestação de que trata o *caput* será acompanhada de pareceres:

•• § 1.º, *caput*, acrescentado pela Lei Complementar n. 178, de 13-1-2021.

I – da Secretaria do Tesouro Nacional, a respeito do reequilíbrio das contas estaduais durante a vigência do Regime;

•• Inciso I acrescentado pela Lei Complementar n. 178, de 13-1-2021.

II – da Procuradoria-Geral da Fazenda Nacional, sobre a adequação das leis apresentadas pelo Estado em atendimento ao disposto no art. 2.º; e

•• Inciso II acrescentado pela Lei Complementar n. 178, de 13-1-2021.

III – do Conselho de Supervisão do Regime de Recuperação Fiscal, no tocante ao art. 7.º-B.

•• Inciso III acrescentado pela Lei Complementar n. 178, de 13-1-2021.

§ 2.º As alterações do Plano de Recuperação Fiscal serão homologadas pelo Ministro de Estado da Economia, mediante parecer prévio do Conselho de Supervisão de que trata o art. 6.º, podendo a referida competência do Ministro ser delegada, nos termos do regulamento.

•• § 2.º acrescentado pela Lei Complementar n. 178, de 13-1-2021.

§ 3.º O Ministério da Economia e o Poder Executivo do Estado publicarão o Plano de Recuperação Fiscal, e suas alterações, respectivamente, no Diário Oficial da União e no Diário Oficial do Estado, e em seus sítios eletrônicos.

•• § 3.º acrescentado pela Lei Complementar n. 178, de 13-1-2021.

Capítulo IV
A SUPERVISÃO DO REGIME DE RECUPERAÇÃO FISCAL

Art. 6.º O Conselho de Supervisão, criado especificamente para o Regime de Recuperação Fiscal dos Estados e do Distrito Federal, será composto por 3 (três) membros titulares, e seus suplentes, com experiência profissional e conhecimento técnico nas áreas de gestão de finanças públicas, recuperação judicial de empresas, gestão financeira ou recuperação fiscal de entes públicos.

•• A Lei Complementar n. 194, de 23-6-2022, propôs nova redação ao *caput* deste artigo, porém teve seu texto vetado.

§ 1.º O Conselho de Supervisão a que se refere o *caput* deste artigo terá seus membros indicados em até 15 (quinze) dias da data do deferimento do pedido de adesão de que trata o *caput* do art. 4.º-A e terá a seguinte composição:

•• § 1.º, *caput*, com redação determinada pela Lei Complementar n. 178, de 13-1-2021.

I – 1 (um) membro indicado pelo Ministro de Estado da Fazenda;

II – 1 (um) membro, entre auditores federais de controle externo, indicado pelo Tribunal de Contas da União;

III – 1 (um) membro indicado pelo Estado em Regime de Recuperação Fiscal.

§ 2.º A eventual ausência de nomeação de membros suplentes para o Conselho de Supervisão não impossibilita o seu funcionamento pleno, desde que todos os membros titulares estejam no pleno exercício de suas funções.

§ 3.º A estrutura, a organização e o funcionamento do Conselho de Supervisão serão estabelecidos em decreto do Poder Executivo federal.

§ 4.º Os membros titulares do Conselho de Supervisão serão investidos no prazo de 30 (trinta) dias após a indicação em cargo em comissão do Grupo-Direção e Assessoramento Superiores (DAS) de nível 6, em regime de dedicação exclusiva.

•• § 4.º com redação determinada pela Lei Complementar n. 178, de 13-1-2021.

•• A Lei Complementar n. 194, de 23-6-2022, propôs nova redação para este parágrafo, porém teve seu texto vetado.

§ 5.º Os membros suplentes do Conselho de Supervisão serão remunerados apenas pelos períodos em que estiverem em efetivo exercício, em substituição aos membros titulares.

Art. 7.º São atribuições do Conselho de Supervisão:

I – apresentar e dar publicidade a relatório bimestral de monitoramento, com classificação de desempenho, do Regime de Recuperação Fiscal do Estado;

•• Inciso I com redação determinada pela Lei Complementar n. 178, de 13-1-2021.

II – recomendar ao Estado e ao Ministério da Economia providências, alterações e atualizações financeiras no Plano de Recuperação;

•• Inciso II com redação determinada pela Lei Complementar n. 178, de 13-1-2021.

III – emitir parecer que aponte desvio de finalidade na utilização de recursos obtidos por meio das operações de crédito referidas no § 4.º do art. 11;

IV – convocar audiências com especialistas e com interessados, sendo-lhe facultado requisitar informações de órgãos públicos, as quais deverão ser prestadas no prazo de 30 (trinta) dias;

•• Inciso IV com redação determinada pela Lei Complementar n. 178, de 13-1-2021.

V – acompanhar as contas do Estado, com acesso direto, por meio de senhas e demais instrumentos de acesso, aos sistemas de execução e controle fiscal;

VI – contratar consultoria técnica especializada, nos termos da Lei n. 8.666, de 21 de junho de 1993, custeada pela União, conforme a disponibilidade orçamentária e financeira e mediante autorização prévia do Ministério da Fazenda;

• A Lei n. 14.133, de 1.º-4-2021, institui normas para licitações e contratos da Administração Pública e dá outras providências.

VII – recomendar ao Estado:

•• Inciso VII, *caput*, com redação determinada pela Lei Complementar n. 178, de 13-1-2021.

a) a suspensão cautelar de execução de contrato ou de obrigação do Estado quando estiverem em desconformidade com o Plano de Recuperação Fiscal;

•• Alínea a acrescentada pela Lei Complementar n. 178, de 13-1-2021.

b) a adoção de providências para o fiel cumprimento do disposto nesta Lei Complementar;

•• Alínea *b* acrescentada pela Lei Complementar n. 178, de 13-1-2021.

VIII – avaliar, periodicamente ou extraordinariamente, as propostas de alteração do Plano de Recuperação Fiscal;

•• Inciso VIII com redação determinada pela Lei Complementar n. 178, de 13-1-2021.

IX – notificar as autoridades competentes nas hipóteses de indícios de irregularidades, violação de direito ou prejuízo aos interesses das partes afetadas pelo Plano de Recuperação;

X – apresentar relatório conclusivo no prazo de até 60 (sessenta) dias, contado da data do encerramento ou da extinção do Regime de Recuperação Fiscal;

XI – analisar e aprovar previamente a compensação prevista no inciso I do § 2.º do art. 8.º;

•• Inciso XI acrescentado pela Lei Complementar n. 178, de 13-1-2021.

XII – avaliar a inadimplência com as obrigações do *caput* do art. 7.º-B desta Lei Complementar; e

•• Inciso XII acrescentado pela Lei Complementar n. 178, de 13-1-2021.

XIII – acompanhar a elaboração do Plano de Recuperação Fiscal e suas alterações e atualizações, bem como sobre elas emitir parecer.

•• Inciso XIII acrescentado pela Lei Complementar n. 178, de 13-1-2021.

§ 1.º As despesas do Conselho de Supervisão serão custeadas pela União, ressalvado o disposto no § 2.º deste artigo.

§ 2.º O Estado proverá servidores, espaço físico no âmbito da secretaria de Estado responsável pela gestão fiscal, equipamentos e logística adequados ao exercício das funções do Conselho de Supervisão.

§ 3.º Os indícios de irregularidades identificados pelo Conselho de Supervisão deverão ser encaminhados ao Ministro de Estado da Fazenda.

§ 4.º O Conselho de Supervisão deliberará pela maioria simples de seus membros.

§ 5.º As deliberações do Conselho de Supervisão, os relatórios de que trata este artigo e as demais informações consideradas relevantes pelo Conselho serão divulgados no sítio eletrônico do governo do Estado, em página específica dedicada ao Regime de Recuperação Fiscal.

§ 6.º As competências do Conselho de Supervisão de que trata este artigo não afastam ou substituem as competências legais dos órgãos federais e estaduais de controle interno e externo.

Art. 7.º-A. As atribuições do Conselho de Supervisão do Regime de Recuperação Fiscal previstas no art. 7.º serão exercidas com o auxílio técnico da Secretaria do Tesouro Nacional quando relacionadas com o acompanhamento do cumprimento das metas e dos compromissos fiscais estipulados no Plano, com a avaliação da situação financeira estadual ou com a apreciação das propostas de atualização das projeções financeiras e dos impactos fiscais das medidas de ajuste do Plano de Recuperação Fiscal.

•• Artigo acrescentado pela Lei Complementar n. 178, de 13-1-2021.

Art. 7.º-B. Configura inadimplência com as obrigações do Plano:

•• *Caput* acrescentado pela Lei Complementar n. 178, de 13-1-2021.

I – o não envio das informações solicitadas pelo Conselho de Supervisão e pela Secretaria do Tesouro Nacional, no exercício de suas atribuições, nos prazos estabelecidos;

•• Inciso I acrescentado pela Lei Complementar n. 178, de 13-1-2021.

II – a não implementação das medidas de ajuste nos prazos e formas previstos no Plano em vigor;

•• Inciso II acrescentado pela Lei Complementar n. 178, de 13-1-2021.

III – o não cumprimento das metas e dos compromissos fiscais estipulados no Plano em vigor; e

•• Inciso III acrescentado pela Lei Complementar n. 178, de 13-1-2021.

IV – a não observância do art. 8.º, inclusive a aprovação de leis locais em desacordo com o referido artigo.

•• Inciso IV acrescentado pela Lei Complementar n. 178, de 13-1-2021.

§ 1.º É assegurado ao ente federativo o direito ao contraditório e à ampla defesa no processo de verificação de descumprimento das obrigações estabelecidas no *caput* deste artigo.

•• § 1.º acrescentado pela Lei Complementar n. 178, de 13-1-2021.

§ 2.º As avaliações que concluam pela inadimplência das obrigações dos incisos II a IV do *caput* deste artigo poderão ser revistas pelo Ministro de Estado da Economia, mediante justificativa fundamentada do Estado e parecer prévio da Procuradoria-Geral da Fazenda Nacional, até o final do exercício em que for verificada a inadimplência.
•• § 2.º acrescentado pela Lei Complementar n. 178, de 13-1-2021.

§ 3.º O regulamento disciplinará as condições excepcionais em que o Ministro de Estado da Economia poderá empregar o disposto no § 2.º deste artigo, tendo em conta a classificação de desempenho referida no inciso I do art. 7.º.
•• § 3.º acrescentado pela Lei Complementar n. 178, de 13-1-2021.

§ 4.º Não configurará descumprimento das obrigações dos incisos III ou IV do *caput* deste artigo, se o Conselho de Supervisão concluir que, nos termos do regulamento:
•• § 4.º, *caput*, acrescentado pela Lei Complementar n. 178, de 13-1-2021.

I – (*Vetado*); ou
•• Inciso I acrescentado pela Lei Complementar n. 178, de 13-1-2021.

II – foram revogados leis ou atos vedados no art. 8.º, ou foi suspensa a sua eficácia, no caso das inadimplências previstas no inciso IV.
•• Inciso II acrescentado pela Lei Complementar n. 178, de 13-1-2021.

§ 5.º O não cumprimento do inciso I do *caput* deste artigo implicará inadimplência do ente até a entrega das informações pendentes.
•• § 5.º acrescentado pela Lei Complementar n. 178, de 13-1-2021.

Art. 7.º-C. Enquanto perdurar a inadimplência com as obrigações previstas no art. 7.º-B, fica vedada a:
•• *Caput* acrescentado pela Lei Complementar n. 178, de 13-1-2021.

I – contratação de operações de crédito;
•• Inciso I acrescentado pela Lei Complementar n. 178, de 13-1-2021.

II – inclusão, no Plano, de ressalvas às vedações do art. 8.º, nos termos do inciso II do § 2.º do referido artigo.
•• Inciso II acrescentado pela Lei Complementar n. 178, de 13-1-2021.

§ 1.º Adicionalmente ao disposto no *caput*, os percentuais previstos nos §§ 1.º e 2.º do art. 9.º elevar-se-ão permanentemente:
•• § 1.º, *caput*, acrescentado pela Lei Complementar n. 178, de 13-1-2021.

I – em 5 (cinco) pontos percentuais, ao fim de cada exercício em que for verificada a inadimplência do Estado com as obrigações previstas no inciso II do art. 7.º-B;
•• Inciso I acrescentado pela Lei Complementar n. 178, de 13-1-2021.

II – em 10 (dez) pontos percentuais, ao fim de cada exercício em que for verificada a inadimplência do Estado com as obrigações previstas no inciso III do art. 7.º-B; e
•• Inciso II acrescentado pela Lei Complementar n. 178, de 13-1-2021.

III – em 20 (vinte) pontos percentuais, ao fim de cada exercício em que for verificada a inadimplência do Estado com as obrigações previstas no inciso IV do art. 7.º-B.
•• Inciso III acrescentado pela Lei Complementar n. 178, de 13-1-2021.

§ 2.º Os percentuais de que trata o § 1.º são adicionais em relação aos referidos nos §§ 1.º e 2.º do art. 9.º, observado o limite máximo total de 30 (trinta) pontos percentuais adicionais para cada exercício.
•• § 2.º acrescentado pela Lei Complementar n. 178, de 13-1-2021.

§ 3.º Em caso de inadimplência com as obrigações do art. 7.º-B, o Poder ou órgão autônomo será multado pelo Conselho de Supervisão do Regime de Recuperação Fiscal e o valor correspondente será utilizado para amortização extraordinária do saldo devedor do Estado relativo ao contrato de que trata o art. 9.º-A.
•• § 3.º acrescentado pela Lei Complementar n. 178, de 13-1-2021.

Art. 7.º-D. Durante a vigência do Regime de Recuperação Fiscal, os titulares de Poderes e órgãos autônomos, das Secretarias de Estado e das entidades da administração indireta deverão encaminhar ao Conselho de Supervisão do Regime de Recuperação Fiscal relatórios mensais contendo, no mínimo, informações sobre:
•• *Caput* acrescentado pela Lei Complementar n. 178, de 13-1-2021.

I – as vantagens, aumentos, reajustes ou adequações remuneratórias concedidas;
•• Inciso I acrescentado pela Lei Complementar n. 178, de 13-1-2021.

II – os cargos, empregos ou funções criados;
•• Inciso II acrescentado pela Lei Complementar n. 178, de 13-1-2021.

III – os concursos públicos realizados;
•• Inciso III acrescentado pela Lei Complementar n. 178, de 13-1-2021.

IV – os servidores nomeados para cargos de provimento efetivo e vitalícios;
•• Inciso IV acrescentado pela Lei Complementar n. 178, de 13-1-2021.

V – as revisões contratuais realizadas;
•• Inciso V acrescentado pela Lei Complementar n. 178, de 13-1-2021.

VI – as despesas obrigatórias e as despesas de caráter continuado criadas;
•• Inciso VI acrescentado pela Lei Complementar n. 178, de 13-1-2021.

VII – os auxílios, vantagens, bônus, abonos, verbas de representação ou benefícios de qualquer natureza criados ou majorados;
•• Inciso VII acrescentado pela Lei Complementar n. 178, de 13-1-2021.

VIII – os incentivos de natureza tributária concedidos, renovados ou ampliados;
•• Inciso VIII acrescentado pela Lei Complementar n. 178, de 13-1-2021.

IX – as alterações de alíquotas ou bases de cálculo de tributos;
•• Inciso IX acrescentado pela Lei Complementar n. 178, de 13-1-2021.

X – os convênios, acordos, ajustes ou outros tipos de instrumentos que envolvam a transferência de recursos para outros entes federativos ou para organizações da sociedade civil; e
•• Inciso X acrescentado pela Lei Complementar n. 178, de 13-1-2021.

XI – as operações de crédito contratadas.
•• Inciso XI acrescentado pela Lei Complementar n. 178, de 13-1-2021.

Parágrafo único. O Conselho de Supervisão do Regime de Recuperação Fiscal disciplinará o disposto neste artigo, podendo exigir informações periódicas adicionais e dispensar o envio de parte ou da totalidade das informações previstas no *caput*.
•• Parágrafo único acrescentado pela Lei Complementar n. 178, de 13-1-2021.

Capítulo V
DAS VEDAÇÕES DURANTE O REGIME DE RECUPERAÇÃO FISCAL

Art. 8.º São vedados ao Estado durante a vigência do Regime de Recuperação Fiscal:

I – a concessão, a qualquer título, de vantagem, aumento, reajuste ou adequação de remuneração de membros dos Poderes ou de órgãos, de servidores e empregados públicos e de militares, exceto aqueles provenientes de sentença judicial transitada em julgado, ressalvado o disposto no inciso X do *caput* do art. 37 da Constituição Federal;

II – a criação de cargo, emprego ou função que implique aumento de despesa;

III – a alteração de estrutura de carreira que implique aumento de despesa;

IV – a admissão ou a contratação de pessoal, a qualquer título, ressalvadas as reposições de:
•• Inciso IV, *caput*, com redação determinada pela Lei Complementar n. 178, de 13-1-2021.
•• O STF, na ADI n. 6.930, nas sessões virtuais de 23-6-2023 a 30-6-2023 (*DOU* de 12-7-2023), por unanimidade, julgou parcialmente procedente o pedido, para conferir interpretação conforme a Constituição a este inciso IV, com a redação conferida pela LC n. 178/2021, "para autorizar a reposição de cargos vagos pelos entes federados que aderirem ao Regime de Recuperação Fiscal instituído por aquele diploma normativo".
•• O STF, nos Segundos e Terceiros Embargos de Declaração na ADI n. 6.930, nas sessões virtuais de 29-3-2024 a 8-4-2024 (*DOU* de 15-4-2024), por unanimidade, conheceu de ambos os embargos de declaração e deu-lhes parcial provimento, para esclarecer que: (i) podem ser repostos os cargos efetivos que vagarem após a adesão do ente público ao regime de recuperação fiscal, bem como aqueles que já estivessem vagos por ocasião da adesão do ente público ao regime de recuperação fiscal, desde que, em momento anterior, já tivessem sido providos; e (ii) ficam excluídos os cargos que não tenham sido ocupados. Por fim, modulou temporalmente os efeitos da decisão, de modo a preservar a validade dos atos de nomeação e posse de pessoal praticados em desacordo com a orientação ora estabelecida até a data da publicação da ata de julgamento destes embargos de declaração.

a) cargos de chefia e de direção e assessoramento que não acarretem aumento de despesa;
•• Alínea *a* acrescentada pela Lei Complementar n. 178, de 13-1-2021.

b) contratação temporária; e
•• Alínea *b* acrescentada pela Lei Complementar n. 178, de 13-1-2021.

c) (Vetado.)
•• Alínea *c* acrescentada pela Lei Complementar n. 178, de 13-1-2021.

V – a realização de concurso público, ressalvada a hipótese de reposição prevista na alínea *c* do inciso IV;
•• Inciso V com redação determinada pela Lei Complementar n. 178, de 13-1-2021.

VI – a criação, majoração, reajuste ou adequação de auxílios, vantagens, bônus, abonos, verbas de representação ou benefícios remuneratórios de qualquer natureza, inclusive indenizatória, em favor de membros dos Poderes, do Ministério Público ou da Defensoria Pública, de servidores e empregados públicos e de militares;
•• Inciso VI com redação determinada pela Lei Complementar n. 178, de 13-1-2021.

VII – a criação de despesa obrigatória de caráter continuado;

VIII – a adoção de medida que implique reajuste de despesa obrigatória;
•• Inciso VIII com redação determinada pela Lei Complementar n. 178, de 13-1-2021.

IX – a concessão, a prorrogação, a renovação ou a ampliação de incentivo ou benefício de natureza tributária da qual decorra renúncia de receita, ressalvadas os concedidos nos termos da alínea *g* do inciso XII do § 2.º do art. 155 da Constituição Federal;
•• Inciso IX com redação determinada pela Lei Complementar n. 178, de 13-1-2021.

X – o empenho ou a contratação de despesas com publicidade e propaganda, exceto para as áreas de saúde, segurança, educação e outras de demonstrada utilidade pública;
•• Inciso X com redação determinada pela Lei Complementar n. 178, de 13-1-2021.

XI – a celebração de convênio, acordo, ajuste ou outros tipos de instrumentos que envolvam a transferência de recursos para outros entes federativos ou para organizações da sociedade civil, ressalvados:

a) aqueles necessários para a efetiva recuperação fiscal;

b) as renovações de instrumentos já vigentes no momento da adesão ao Regime de Recuperação Fiscal;

c) aqueles decorrentes de parcerias com organizações sociais e que impliquem redução de despesa, comprovada pelo Conselho de Supervisão de que trata o art. 6.º;

d) aqueles destinados a serviços essenciais, a situações emergenciais, a atividades de assistência social relativas a ações voltadas para pessoas com deficiência, idosos e mulheres jovens em situação de risco e, suplementarmente, ao cumprimento de limites constitucionais;

XII – a contratação de operações de crédito e o recebimento ou a concessão de garantia, ressalvadas aquelas autorizadas no âmbito do Regime de Recuperação Fiscal, na forma estabelecida pelo art. 11;

XIII – a alteração de alíquotas ou bases de cálculo de tributos que implique redução da arrecadação;
•• Inciso XIII acrescentado pela Lei Complementar n. 178, de 13-1-2021.

XIV – a criação ou majoração de vinculação de receitas públicas de qualquer natureza;
•• Inciso XIV acrescentado pela Lei Complementar n. 178, de 13-1-2021.

XV – a propositura de ação judicial para discutir a dívida ou o contrato citados nos incisos I e II do art. 9.º;
•• Inciso XV acrescentado pela Lei Complementar n. 178, de 13-1-2021.

XVI – a vinculação de receitas de impostos em áreas diversas das previstas na Constituição Federal.
•• Inciso XVI acrescentado pela Lei Complementar n. 178, de 13-1-2021.

§ 1.º O Regime de Recuperação Fiscal impõe as restrições de que trata o *caput* deste artigo a todos os Poderes, aos órgãos, às entidades e aos fundos do Estado.
•• Parágrafo único renumerado pela Lei Complementar n. 178, de 13-1-2021.

§ 2.º As vedações previstas neste artigo poderão ser:
•• § 2.º, *caput*, com redação determinada pela Lei Complementar n. 181, de 6-5-2021.

I – objeto de compensação; ou
•• Inciso I acrescentado pela Lei Complementar n. 178, de 13-1-2021.

II – afastadas, desde que previsto expressamente no Plano de Recuperação Fiscal em vigor.
•• Inciso II com redação determinada pela Lei Complementar n. 181, de 6-5-2021.

§ 3.º A compensação prevista no inciso I do § 2.º deste artigo, previamente aprovada pelo Conselho de Supervisão do Regime de Recuperação Fiscal, se dará por ações:
•• § 3.º, *caput*, acrescentado pela Lei Complementar n. 178, de 13-1-2021.

I – com impactos financeiros iguais ou superiores ao da vedação descumprida; e
•• Inciso I acrescentado pela Lei Complementar n. 178, de 13-1-2021.

II – adotadas no mesmo Poder ou no Tribunal de Contas, no Ministério Público e na Defensoria Pública.
•• Inciso II acrescentado pela Lei Complementar n. 178, de 13-1-2021.

§ 4.º É vedada a compensação de aumento de despesa primária obrigatória de caráter continuado com receitas não recorrentes ou extraordinárias.
•• § 4.º acrescentado pela Lei Complementar n. 178, de 13-1-2021.

§ 5.º Considera-se aumento de despesa a prorrogação daquela criada por prazo determinado.

•• § 5.º acrescentado pela Lei Complementar n. 178, de 13-1-2021.

§ 6.º Ressalva-se do disposto neste artigo a violação com impacto financeiro considerado irrelevante, nos termos em que dispuser o Plano de Recuperação Fiscal.
•• § 6.º acrescentado pela Lei Complementar n. 178, de 13-1-2021.

§ 7.º Ato do Ministro de Estado da Economia disciplinará a aplicação do disposto nos §§ 2.º e 3.º.
•• § 7.º acrescentado pela Lei Complementar n. 178, de 13-1-2021.

§ 8.º Ressalvam-se do disposto neste artigo e não serão computadas nas metas e nos compromissos fiscais estipulados no Plano em vigor as despesas decorrentes da aplicação de valores equivalentes aos montantes postergados, com base em lei complementar, dos pagamentos devidos, incluídos o principal e o serviço da dívida, das parcelas vincendas com a União dos entes federativos afetados por calamidade pública reconhecida pelo Congresso Nacional, mediante proposta do Poder Executivo federal, em ações de enfrentamento e mitigação dos danos decorrentes da calamidade pública e de suas consequências sociais e econômicas.
•• § 8.º acrescentado pela Lei Complementar n. 206, de 16-5-2024.

Capítulo VI
DAS PRERROGATIVAS DO ESTADO

Art. 9.º Durante a vigência do Regime de Recuperação Fiscal, desde que assinado o contrato previsto no art. 9.º-A, a União:
•• *Caput* com redação determinada pela Lei Complementar n. 178, de 13-1-2021.

I – concederá redução extraordinária das prestações relativas aos contratos de dívidas administrados pela Secretaria do Tesouro Nacional do Ministério da Economia contratados em data anterior ao protocolo do pedido de adesão ao Regime de Recuperação Fiscal de que trata o art. 4.º;
•• Inciso I acrescentado pela Lei Complementar n. 178, de 13-1-2021.

II – poderá pagar em nome do Estado, na data de seu vencimento, as prestações de operações de crédito com o sistema financeiro e instituições multilaterais, garantidas pela União, contempladas no pedido de adesão ao Regime de Recuperação Fiscal e contratadas em data anterior ao protocolo do referido pedido, sem executar as contragarantias correspondentes.
•• Inciso II acrescentado pela Lei Complementar n. 178, de 13-1-2021.

§ 1.º O benefício previsto no inciso I será aplicado regressivamente no tempo, de tal forma que a relação entre os pagamentos do serviço das dívidas estaduais e os valores originalmente devidos das prestações dessas mesmas dívidas será zero no primeiro exercício e aumentará pelo menos 11,11 (onze inteiros e onze centésimos) pontos percentuais a cada exercício financeiro.

•• § 1.º com redação determinada pela Lei Complementar n. 178, de 13-1-2021.

§ 2.º O benefício previsto no inciso II será aplicado regressivamente no tempo, de tal forma que a União pagará integralmente as parcelas devidas durante a vigência do Regime, mas a relação entre os valores recuperados por ela dos Estados e os valores originalmente devidos das prestações daquelas dívidas será zero no primeiro exercício e aumentará pelo menos 11,11 (onze inteiros e onze centésimos) pontos percentuais a cada exercício financeiro.
•• § 2.º com redação determinada pela Lei Complementar n. 178, de 13-1-2021.

§ 3.º Para fins do disposto nos §§ 1.º e 2.º, entende-se como valores originariamente devidos aqueles apurados de acordo com as condições financeiras previstas nos contratos referidos nos incisos I e II do *caput*.
•• § 3.º com redação determinada pela Lei Complementar n. 178, de 13-1-2021.

§ 4.º O disposto nos §§ 1.º e 2.º do art. 7.º-C será aplicado a partir do exercício financeiro subsequente ao da verificação de descumprimento das obrigações estabelecidas nos incisos II a IV do art. 7.º-B.
•• § 4.º com redação determinada pela Lei Complementar n. 178, de 13-1-2021.

§ 5.º Ato do Ministro de Estado da Economia poderá estabelecer a metodologia de cálculo e demais detalhamentos necessários à aplicação do disposto neste artigo.
•• § 5.º com redação determinada pela Lei Complementar n. 178, de 13-1-2021.

§ 6.º A redução imediata das prestações de que trata este artigo não afasta a necessidade de celebração de termo aditivo para cada um dos contratos renegociados.

§§ 7.º a 9.º (*Revogados pela Lei Complementar n. 178, de 13-1-2021.*)

§ 10. Não se aplica o disposto neste artigo às operações de crédito contratadas ao amparo do art. 11.
•• § 10 acrescentado pela Lei Complementar n. 178, de 13-1-2021.

Art. 9.º-A. É a União autorizada a celebrar com o Estado cujo pedido de adesão ao Regime de Recuperação Fiscal tenha sido aprovado, nos termos do art. 4.º, contrato de refinanciamento dos valores não pagos em decorrência da aplicação do art. 9.º e do disposto na alínea *a* do inciso II do art. 4.º-A.
•• *Caput* acrescentado pela Lei Complementar n. 178, de 13-1-2021.

§ 1.º O contrato de refinanciamento do Regime de Recuperação Fiscal previsto no *caput* deverá:
•• § 1.º, *caput*, acrescentado pela Lei Complementar n. 178, de 13-1-2021.

I – estabelecer como:
•• Inciso I, *caput*, acrescentado pela Lei Complementar n. 178, de 13-1-2021.

a) encargos de normalidade: os juros e a atualização monetária nas condições do art. 2.º da Lei Complementar n. 148, de 25 de novembro de 2014, e sua regulamentação; e

•• Alínea *a* acrescentada pela Lei Complementar n. 178, de 13-1-2021.

b) encargos moratórios: os previstos no § 11 do art. 3.º da Lei n. 9.496, de 11 de setembro de 1997;
•• Alínea *b* acrescentada pela Lei Complementar n. 178, de 13-1-2021.

II – prever que o Estado vinculará em garantia à União as receitas de que trata o art. 155 e os recursos de que tratam o art. 157 e a alínea *a* do inciso I e o inciso II do *caput* do art. 159, todos da Constituição Federal;
•• Inciso II acrescentado pela Lei Complementar n. 178, de 13-1-2021.

III – definir prazo no qual deverá ser apresentada comprovação do pedido de desistência pelo Estado das ações judiciais que discutam dívidas ou contratos de refinanciamento de dívidas pela União administrados pela Secretaria do Tesouro Nacional ou a execução de garantias e contragarantias pela União em face do respectivo ente federado.
•• Inciso III acrescentado pela Lei Complementar n. 178, de 13-1-2021.

§ 2.º O refinanciamento de que trata o *caput* será pago em parcelas mensais e sucessivas apuradas pela Tabela Price, nas seguintes condições:
•• § 2.º, *caput*, acrescentado pela Lei Complementar n. 178, de 13-1-2021.

I – com o primeiro vencimento ocorrendo no primeiro dia do segundo mês subsequente ao da homologação do Regime e prazo de pagamento de 360 (trezentos e sessenta) meses, se o Regime tiver sido homologado; ou
•• Inciso I acrescentado pela Lei Complementar n. 178, de 13-1-2021.

II – com o primeiro vencimento ocorrendo na data prevista no contrato e prazo de pagamento de 24 (vinte e quatro) meses, em caso de não homologação do Regime no prazo previsto no contrato.
•• Inciso II acrescentado pela Lei Complementar n. 178, de 13-1-2021.

§ 3.º Os valores não pagos em decorrência da aplicação do previsto na alínea *a* do inciso II do art. 4.º-A e do art. 9.º serão incorporados ao saldo devedor do contrato nas datas em que as obrigações originais vencerem ou forem pagas pela União.
•• § 3.º acrescentado pela Lei Complementar n. 178, de 13-1-2021.

§ 4.º Em caso de não homologação do Regime no prazo previsto no contrato:
•• § 4.º, *caput*, acrescentado pela Lei Complementar n. 178, de 13-1-2021.

I – os valores não pagos em decorrência da aplicação do previsto na alínea *a* do inciso II do art. 4.º-A serão capitalizados de acordo com os encargos moratórios previstos na alínea *b* do inciso I do § 1.º deste artigo; e
•• Inciso I acrescentado pela Lei Complementar n. 178, de 13-1-2021.

II – a diferença entre o resultado da aplicação do inciso I deste parágrafo e do disposto no § 3.º será incorporada ao saldo devedor do contrato de refinanciamento.
•• Inciso II acrescentado pela Lei Complementar n. 178, de 13-1-2021.

§ 5.º Ato do Ministro de Estado da Economia estabelecerá a metodologia de cálculo e demais detalhamentos necessários à aplicação do disposto neste artigo.
•• § 5.º acrescentado pela Lei Complementar n. 178, de 13-1-2021.

Art. 10. Durante a vigência do Regime de Recuperação Fiscal, fica suspensa a aplicação dos seguintes dispositivos da Lei Complementar n. 101, de 4 de maio de 2000:

I – art. 23;
•• Inciso I com redação determinada pela Lei Complementar n. 178, de 13-1-2021.

II – alíneas *a* e *c* do inciso IV do § 1.º do art. 25, ressalvada a observância ao disposto no § 3.º do art. 195 da Constituição Federal;

III – art. 31.

Parágrafo único. Para os Estados que aderirem ao Regime de Recuperação Fiscal, o prazo previsto no *caput* do art. 23 da Lei Complementar n. 101, de 4 de maio de 2000, será o mesmo pactuado para o Plano de Recuperação.

Art. 10-A. Nos 3 (três) primeiros exercícios de vigência do Regime de Recuperação Fiscal, ficam dispensados todos os requisitos legais exigidos para a contratação com a União e a verificação dos requisitos exigidos pela Lei Complementar n. 101, de 4 de maio de 2000, para a realização de operações de crédito e equiparadas e para a assinatura de termos aditivos aos contratos de refinanciamento.
•• Artigo acrescentado pela Lei Complementar n. 178, de 13-1-2021.

Art. 10-B. Durante a vigência do Regime de Recuperação Fiscal, o disposto no art. 4.º da Lei Complementar n. 160, de 7 de agosto de 2017, não será aplicável aos incentivos e benefícios fiscais ou financeiro-fiscais concedidos com base nos §§ 7.º e 8.º do art. 3.º da referida Lei Complementar.
•• Artigo acrescentado pela Lei Complementar n. 178, de 13-1-2021.

Capítulo VII
DOS FINANCIAMENTOS AUTORIZADOS

Art. 11. Enquanto vigorar o Regime de Recuperação Fiscal, poderão ser contratadas operações de crédito para as seguintes finalidades:

I – financiamento de programa de desligamento voluntário de pessoal;

II – financiamento de auditoria do sistema de processamento da folha de pagamento de ativos e inativos;

III – financiamento dos leilões de que trata o inciso VI do § 1.º do art. 2.º;
•• Inciso III com redação determinada pela Lei Complementar n. 178, de 13-1-2021.

IV – reestruturação de dívidas ou pagamento de passivos, observado o disposto no inciso X do art. 167 da Constituição Federal;
•• Inciso IV com redação determinada pela Lei Complementar n. 178, de 13-1-2021.

V – modernização da administração fazendária e, no âmbito de programa proposto pelo Poder Executivo federal, da gestão fiscal, financeira e patrimonial;
•• Inciso V com redação determinada pela Lei Complementar n. 178, de 13-1-2021.

VI – antecipação de receita da alienação total da participação societária em empresas públicas ou sociedades de economia mista de que trata o inciso I do § 1.º do art. 2.º;
•• Inciso VI com redação determinada pela Lei Complementar n. 178, de 13-1-2021.

VII – (Revogado pela Lei Complementar n. 178, de 13-1-2021.)

VIII – financiamento de ações de enfrentamento e mitigação dos danos decorrentes de calamidade pública reconhecida pelo Congresso Nacional, mediante proposta do Poder Executivo federal, em parte ou na integralidade do território nacional, e de suas consequências sociais e econômicas, enquanto perdurar a calamidade pública.
•• Inciso VIII acrescentado pela Lei Complementar n. 206, de 16-5-2024.

§ 1.º A contratação das operações de crédito de que tratam os incisos I a VII do *caput* deste artigo contará com a garantia da União, devendo o Estado vincular em contragarantia as receitas de que trata o art. 155 e os recursos de que tratam o art. 157 e a alínea *a* do inciso I e o inciso II do *caput* do art. 159 da Constituição Federal.

§ 2.º Nas operações de crédito de que trata o inciso VI do *caput* deste artigo, além da contragarantia de que trata o § 1.º deste artigo, o Estado oferecerá, em benefício da União, penhor das ações da empresa a ser privatizada.

§ 3.º Se for realizada a operação de crédito de que trata o inciso VI do *caput* deste artigo, o Estado compromete-se a promover alterações no corpo diretor da empresa a ser privatizada, com o objetivo de permitir que o credor indique representante, cujo papel será o de contribuir para o êxito da operação de alienação.

§ 4.º Para fins do disposto neste artigo, estão dispensados os requisitos legais exigidos para a contratação de operações de crédito e para a concessão de garantia, inclusive aqueles dispostos na Lei Complementar n. 101, de 4 de maio de 2000.
•• A Lei Complementar n. 178, de 13-1-2021, propôs nova redação para este § 4.º, porém teve seu texto vetado.

§ 5.º A Secretaria do Tesouro Nacional do Ministério da Fazenda definirá o limite para a concessão de garantia aplicável à contratação das operações de crédito de que trata o § 1.º deste artigo, respeitados os limites definidos pelo Senado Federal nos termos do inciso VIII do *caput* do art. 52 da Constituição Federal.

§ 6.º Na hipótese de desvio de finalidade dos financiamentos de que trata este artigo, o acesso a novos financiamentos será suspenso até o fim do Regime de Recuperação Fiscal.

§ 7.º Durante a vigência do Regime de Recuperação Fiscal, fica autorizado o aditamento de contratos de financiamento firmados com organismos internacionais multilaterais, desde que não haja aumento dos valores originais nem dos encargos dos contratos.

§ 8.º É requisito para a realização de operação de crédito estar adimplente com o Plano de Recuperação Fiscal.
•• § 8.º acrescentado pela Lei Complementar n. 178, de 13-1-2021.

§ 9.º Na hipótese de alienação total da participação societária em empresas públicas e sociedades de economia mista, nos termos do inciso I do § 1.º do art. 2.º, o limite de que trata o § 5.º deste artigo será duplicado.
•• § 9.º acrescentado pela Lei Complementar n. 178, de 13-1-2021.

Capítulo VIII
DO ENCERRAMENTO E DA EXTINÇÃO DO REGIME DE RECUPERAÇÃO FISCAL

Art. 12. O Regime de Recuperação Fiscal será encerrado, nos termos de regulamento, quando:
•• *Caput* com redação determinada pela Lei Complementar n. 178, de 13-1-2021.

I – as condições estabelecidas no Plano de Recuperação Fiscal forem satisfeitas;
•• Inciso I com redação determinada pela Lei Complementar n. 178, de 13-1-2021.

II – a vigência do Plano de Recuperação Fiscal terminar; ou
•• Inciso II com redação determinada pela Lei Complementar n. 178, de 13-1-2021.

III – a pedido do Estado.
•• Inciso III acrescentado pela Lei Complementar n. 178, de 13-1-2021.

§ 1.º O pedido de encerramento do Regime de Recuperação Fiscal dependerá de autorização em lei estadual e deverá ser encaminhado pelo Governador do Estado ao Ministério da Economia.
•• § 1.º com redação determinada pela Lei Complementar n. 178, de 13-1-2021.

§ 2.º Na hipótese do inciso III do *caput*, o Estado deverá definir a data para o encerramento da vigência do Regime.
•• § 2.º com redação determinada pela Lei Complementar n. 178, de 13-1-2021.

§ 3.º Após o recebimento do pedido de encerramento do Regime de Recuperação Fiscal, o Ministro de Estado da Economia o submeterá em até 30 (trinta) dias ao Presidente da República, que publicará ato formalizando o encerramento da vigência do Regime.
•• § 3.º acrescentado pela Lei Complementar n. 178, de 13-1-2021.

Art. 13. O Regime de Recuperação Fiscal será extinto, nos termos de regulamento:
•• *Caput* com redação determinada pela Lei Complementar n. 178, de 13-1-2021.

I – quando o Estado for considerado inadimplente por 2 (dois) exercícios; ou
•• Inciso I com redação determinada pela Lei Complementar n. 178, de 13-1-2021.

II – em caso de propositura, pelo Estado, de ação judicial para discutir a dívida ou os contratos citados nos incisos I e II do art. 9.º.
•• Inciso II com redação determinada pela Lei Complementar n. 178, de 13-1-2021.

Parágrafo único. No caso de extinção do Regime, nos termos do *caput*, fica vedada a concessão de garantias pela União ao Estado por 5 (cinco) anos, ressalvada a hipótese do art. 65 da Lei Complementar n. 101, de 4 de maio de 2000.
•• Parágrafo único acrescentado pela Lei Complementar n. 178, de 13-1-2021.

Capítulo IX
DISPOSIÇÕES FINAIS

Art. 14. O art. 32 da Lei Complementar n. 101, de 4 de maio de 2000, passa a vigorar acrescido do seguinte § 6.º:
•• Alteração já processada no diploma modificado.

Art. 17. (Revogado pela Lei Complementar n. 178, de 13-1-2021.)

Art. 17-A. As infrações dos dispositivos desta Lei Complementar serão punidas segundo o Decreto-lei n. 2.848, de 7 de dezembro de 1940 (Código Penal), a Lei n. 1.079, de 10 de abril de 1950, o Decreto-lei n. 201, de 27 de fevereiro de 1967, a Lei n. 8.429, de 2 de junho de 1992, e demais normas da legislação pertinente.
•• Artigo acrescentado pela Lei Complementar n. 178, de 13-1-2021.

Art. 17-B. (Vetado.)
•• Artigo acrescentado pela Lei Complementar n. 178, de 13-1-2021.

Art. 17-C. Para os efeitos desta Lei Complementar, considera-se regulamento o ato do Presidente da República editado no uso da competência prevista no art. 84, inciso IV, da Constituição Federal.
•• Artigo acrescentado pela Lei Complementar n. 178, de 13-1-2021.

Art. 18. Esta Lei Complementar entra em vigor na data de sua publicação.

Brasília, 19 de maio de 2017; 196.º da Independência e 129.º da República.

MICHEL TEMER

LEI COMPLEMENTAR N. 160, DE 7 DE AGOSTO DE 2017 (*)

Dispõe sobre convênio que permite aos Estados e ao Distrito Federal deliberar sobre a remissão dos créditos tributários, constituí-

---

(*) Publicada no *Diário Oficial da União*, de 8-8-2017. **A Lei Complementar n. 214, de 16-1-2025, revoga esta lei complementar a partir de 1.º-1-2033.**

dos ou não, decorrentes das isenções, dos incentivos e dos benefícios fiscais ou financeiro-fiscais instituídos em desacordo com o disposto na alínea "g" do inciso XII do § 2.º do art. 155 da Constituição Federal e a reinstituição das respectivas isenções, incentivos e benefícios fiscais ou financeiro-fiscais; e altera a Lei n. 12.973, de 13 de maio de 2014.

O Presidente da República.

Faço saber que o Congresso Nacional decreta e eu sanciono a seguinte Lei Complementar:

Art. 1.º Mediante convênio celebrado nos termos da Lei Complementar n. 24, de 7 de janeiro de 1975, os Estados e o Distrito Federal poderão deliberar sobre:

•• O art. 3.º da Lei Complementar n. 186, de 27-10-2021 (DOU de 28-10-2021) dispõe: "Art. 3.º O convênio de que trata o art. 1.º da Lei Complementar n. 160, de 7 de agosto de 2017, deverá ser adequado, no prazo de 180 (cento e oitenta) dias, contado da data de publicação desta Lei Complementar, e nos termos da Lei Complementar n. 24, de 7 de janeiro de 1975, às alterações introduzidas por esta Lei Complementar e pela Lei Complementar n. 170, de 19 de dezembro de 2019, sob pena de essas alterações serem automaticamente incorporadas ao referido convênio".

I – a remissão dos créditos tributários, constituídos ou não, decorrentes das isenções, dos incentivos e dos benefícios fiscais ou financeiro-fiscais instituídos em desacordo com o disposto na alínea g do inciso XII do § 2.º do art. 155 da Constituição Federal por legislação estadual publicada até a data de início de produção de efeitos desta Lei Complementar;

II – a reinstituição das isenções, dos incentivos e dos benefícios fiscais ou financeiro-fiscais referidos no inciso I deste artigo que ainda se encontrem em vigor.

Art. 2.º O convênio a que se refere o art. 1.º desta Lei Complementar poderá ser aprovado e ratificado com o voto favorável de, no mínimo:

I – 2/3 (dois terços) das unidades federadas; e

II – 1/3 (um terço) das unidades federadas integrantes de cada uma das 5 (cinco) regiões do País.

Art. 3.º O convênio de que trata o art. 1o desta Lei Complementar atenderá, no mínimo, às seguintes condicionantes, a serem observadas pelas unidades federadas:

I – publicar, em seus respectivos diários oficiais, relação com a identificação de todos os atos normativos relativos às isenções, aos incentivos e aos benefícios fiscais ou financeiro-fiscais abrangidos pelo art. 1.º desta Lei Complementar;

II – efetuar o registro e o depósito, na Secretaria Executiva do Conselho Nacional de Política Fazendária (Confaz), da documentação comprobatória correspondente aos atos concessivos das isenções, dos incentivos e dos benefícios fiscais ou financeiro-fiscais mencionados no inciso I deste artigo, que serão publicados no Portal Nacional da Transparência Tributária, que será instituído pelo Confaz e disponibilizado em seu sítio eletrônico.

§ 1.º O disposto no art. 1.º desta Lei Complementar não se aplica aos atos relativos às isenções, aos incentivos e aos benefícios fiscais ou financeiro-fiscais vinculados ao Imposto sobre Operações Relativas à Circulação de Mercadorias e sobre Prestações de Serviços de Transporte Interestadual e Intermunicipal e de Comunicação (ICMS) cujas exigências de publicação, registro e depósito, nos termos deste artigo, não tenham sido atendidas, devendo ser revogados os respectivos atos concessivos.

§ 2.º A unidade federada que editou o ato concessivo relativo às isenções, aos incentivos e aos benefícios fiscais ou financeiro-fiscais vinculados ao ICMS de que trata o art. 1.º desta Lei Complementar cujas exigências de publicação, registro e depósito, nos termos deste artigo, foram atendidas é autorizada a concedê-los e a prorrogá-los, nos termos do ato vigente na data de publicação do respectivo convênio, não podendo seu prazo de fruição ultrapassar:

I – 31 de dezembro do décimo quinto ano posterior à produção de efeitos do respectivo convênio, quanto àqueles destinados ao fomento das atividades agropecuária e industrial, inclusive agroindustrial, e ao investimento em infraestrutura rodoviária, aquaviária, ferroviária, portuária, aeroportuária e de transporte urbano, bem como quanto àqueles destinados a templos de qualquer culto e a entidades beneficentes de assistência social;

•• Inciso I com redação determinada pela Lei Complementar n. 170, de 19-12-2019.

•• Vide nota ao art. 1.º desta Lei Complementar.

II – 31 de dezembro do décimo quinto ano posterior à produção de efeitos do respectivo convênio, quanto àqueles destinados à manutenção ou ao incremento das atividades portuária e aeroportuária vinculadas ao comércio internacional, incluída a operação subsequente à da importação, praticada pelo contribuinte importador;

•• Inciso II com redação determinada pela Lei Complementar n. 186, de 27-10-2021.

•• Vide nota ao art. 1.º desta Lei Complementar.

III – 31 de dezembro do décimo quinto ano posterior à produção de efeitos do respectivo convênio, quanto àqueles destinados à manutenção ou ao incremento das atividades comerciais, desde que o beneficiário seja o real remetente da mercadoria;

•• Inciso III com redação determinada pela Lei Complementar n. 186, de 27-10-2021.

•• Vide nota ao art. 1.º desta Lei Complementar.

IV – 31 de dezembro do décimo quinto ano posterior à produção de efeitos do respectivo convênio, quanto àqueles destinados às operações e às prestações interestaduais com produtos agropecuários e extrativos vegetais in natura;

•• Inciso IV com redação determinada pela Lei Complementar n. 186, de 27-10-2021.

•• Vide nota ao art. 1.º desta Lei Complementar.

V – 31 de dezembro do primeiro ano posterior à produção de efeitos do respectivo convênio, quanto aos demais.

§ 2.º-A. A partir de 1.º de janeiro do décimo segundo ano posterior à produção de efeitos do respectivo convênio, a concessão e a prorrogação de que trata o § 2.º deste artigo deverão observar a redução em 20% (vinte por cento) ao ano com relação ao direito de fruição das isenções, dos incentivos e dos benefícios fiscais ou financeiros-fiscais vinculados ao ICMS destinados à manutenção ou ao incremento das atividades comerciais, às prestações interestaduais com produtos agropecuários e extrativos vegetais in natura e à manutenção ou ao incremento das atividades portuária e aeroportuária vinculadas ao comércio internacional.

•• § 2.º-A acrescentado pela Lei Complementar n. 186, de 27-10-2021.

•• Vide nota ao art. 1.º desta Lei Complementar.

§ 3.º Os atos concessivos cujas exigências de publicação, de registro e de depósito, nos termos deste artigo, foram atendidas permanecerão vigentes e produzindo efeitos como normas regulamentadoras nas respectivas unidades federadas concedentes das isenções, dos incentivos e dos benefícios fiscais ou financeiro-fiscais vinculados ao ICMS, nos termos dos §§ 2.º e 2.º-A deste artigo.

•• § 3.º com redação determinada pela Lei Complementar n. 186, de 27-10-2021.

•• Vide nota ao art. 1.º desta Lei Complementar.

§ 4.º A unidade federada concedente poderá revogar ou modificar o ato concessivo ou reduzir o seu alcance ou o montante das isenções, dos incentivos e dos benefícios fiscais ou financeiro-fiscais antes do termo final de fruição.

§ 5.º O disposto no § 4.º deste artigo não poderá resultar em isenções, incentivos ou benefícios fiscais ou financeiro-fiscais em valor superior ao que o contribuinte podia usufruir antes da modificação do ato concessivo.

§ 6.º As unidades federadas deverão prestar informações sobre as isenções, os incentivos e os benefícios fiscais ou financeiro-fiscais vinculados ao ICMS e mantê-las atualizadas no Portal Nacional da Transparência Tributária a que se refere o inciso II do caput deste artigo.

•• A Portaria n. 76, de 26-2-2019, do Ministério da Economia, regulamenta este artigo.

§ 7.º As unidades federadas poderão estender a concessão das isenções, dos incentivos e dos benefícios fiscais ou financeiro-fiscais referidos no § 2.º deste artigo a outros contribuintes estabelecidos em seu território, sob as mesmas condições e nos prazos-limites de fruição.

§ 8.º As unidades federadas poderão aderir às isenções, aos incentivos e aos benefícios fiscais ou financeiro-fiscais concedidos ou prorrogados por outra unidade federada da

mesma região na forma dos §§ 2.º e 2.º-A deste artigo, enquanto vigentes.
•• § 8.º com redação determinada pela Lei Complementar n. 186, de 27-10-2021.
•• Vide nota ao art. 1.º desta Lei Complementar.

Art. 4.º São afastadas as restrições decorrentes da aplicação do art. 14 da Lei Complementar n. 101, de 4 de maio de 2000, que possam comprometer a implementação das disposições desta Lei Complementar.

Art. 5.º A remissão ou a não constituição de créditos concedidos por lei da unidade federada de origem da mercadoria, do bem ou do serviço afastam as sanções previstas no art. 8.º da Lei Complementar n. 24, de 7 de janeiro de 1975, retroativamente à data original de concessão da isenção, do incentivo ou do benefício fiscal ou financeiro-fiscal, vedadas a restituição e a compensação de tributo e a apropriação de crédito extemporâneo por sujeito passivo.

Art. 6.º Ressalvado o disposto nesta Lei Complementar, a concessão ou a manutenção de isenções, incentivos e benefícios fiscais ou financeiro-fiscais em desacordo com a Lei Complementar n. 24, de 7 de janeiro de 1975, implica a sujeição da unidade federada responsável aos impedimentos previstos nos incisos I, II e III do § 3.º do art. 23 da Lei Complementar n. 101, de 4 de maio de 2000, pelo prazo em que perdurar a concessão ou a manutenção das isenções, dos incentivos e dos benefícios fiscais ou financeiro-fiscais.

§ 1.º A aplicação do disposto no caput deste artigo é condicionada ao acolhimento, pelo Ministro de Estado da Fazenda, de representação apresentada por Governador de Estado ou do Distrito Federal.

§ 2.º Admitida a representação e ouvida, no prazo de 30 (trinta) dias, a unidade federada interessada, o Ministro de Estado da Fazenda, em até 90 (noventa) dias:

I – determinará o arquivamento da representação, caso não seja constatada a infração;

II – editará portaria declarando a existência da infração, a qual produzirá efeitos a partir de sua publicação.

§ 3.º Compete ao Tribunal de Contas da União verificar a aplicação, pela União, da sanção prevista no caput deste artigo.

Art. 7.º Para fins de aprovação e de ratificação do convênio previsto no art. 1.º desta Lei Complementar, aplicam-se os demais preceitos contidos na Lei Complementar n. 24, de 7 de janeiro de 1975, que não sejam contrários aos dispositivos desta Lei Complementar.

Art. 8.º O convênio de que trata o art. 1.º desta Lei Complementar deverá ser aprovado pelo Confaz no prazo de 180 (cento e oitenta) dias, a contar da data de publicação desta Lei Complementar, sob pena de perderem eficácia as disposições dos arts. 1.º a 6.º desta Lei Complementar.

....

Art. 11. Esta Lei Complementar entra em vigor na data de sua publicação.
Brasília, 7 de agosto de 2017; 196.º da Independência e 129.º da República.

MICHEL TEMER

LEI N. 13.496, DE 24 DE OUTUBRO DE 2017 (*)

Institui o Programa Especial de Regularização Tributária (Pert) na Secretaria da Receita Federal do Brasil e na Procuradoria-Geral da Fazenda Nacional; e altera a Lei n. 12.249, de 11 de junho de 2010, e o Decreto n. 70.235, de 6 de março de 1972.

O Presidente da República.
Faço saber que o Congresso Nacional decreta e eu sanciono a seguinte Lei:

Capítulo I
DISPOSIÇÕES PRELIMINARES

Art. 1.º Fica instituído o Programa Especial de Regularização Tributária (Pert) na Secretaria da Receita Federal do Brasil e na Procuradoria-Geral da Fazenda Nacional, nos termos desta Lei.
• A Instrução Normativa n. 1.822, de 2-8-2018, dispõe sobre a prestação das informações para fins de consolidação de débitos no Programa Especial de Regularização Tributária (Pert).

§ 1.º Poderão aderir ao Pert pessoas físicas e jurídicas, de direito público ou privado, inclusive aquelas que se encontrarem em recuperação judicial e aquelas submetidas ao regime especial de tributação a que se refere a Lei n. 10.931, de 2 de agosto de 2004.

§ 2.º O Pert abrange os débitos de natureza tributária e não tributária, vencidos até 30 de abril de 2017, inclusive aqueles objeto de parcelamentos anteriores rescindidos ou ativos, em discussão administrativa ou judicial, ou provenientes de lançamento de ofício efetuados após a publicação desta Lei, desde que o requerimento seja efetuado no prazo estabelecido no § 3.º deste artigo.

§ 3.º A adesão ao Pert ocorrerá por meio de requerimento a ser efetuado até o dia 31 de outubro de 2017 e abrangerá os débitos indicados pelo sujeito passivo, na condição de contribuinte ou responsável.

§ 4.º A adesão ao Pert implica:

I – a confissão irrevogável e irretratável dos débitos em nome do sujeito passivo, na condição de contribuinte ou responsável, e por ele indicados para compor o Pert, nos termos dos arts. 389 e 395 da Lei n. 13.105, de 16 de março de 2015 (Código de Processo Civil);

II – a aceitação plena e irretratável pelo sujeito passivo, na condição de contribuinte

(*) Publicada no Diário Oficial da União, de 25-10-2017.

ou responsável, das condições estabelecidas nesta Lei;

III – o dever de pagar regularmente as parcelas dos débitos consolidados no Pert e dos débitos vencidos após 30 de abril de 2017, inscritos ou não em dívida ativa da União;

IV – a vedação da inclusão dos débitos que compõem o Pert em qualquer outra forma de parcelamento posterior, ressalvado o reparcelamento de que trata o art. 14-A da Lei n. 10.522, de 19 de julho de 2002; e
•• Vide art. 14-A da Lei n. 10.522, de 19-7-2002, que dispõe sobre o Cadin.

V – o cumprimento regular das obrigações com o Fundo de Garantia do Tempo de Serviço (FGTS).

§ 5.º Fica resguardado o direito do contribuinte à quitação, nas mesmas condições de sua adesão original, dos débitos apontados para o parcelamento, em caso de atraso na consolidação dos débitos indicados pelo contribuinte ou não disponibilização de débitos no sistema para inclusão no programa.

§ 6.º Não serão objeto de parcelamento no Pert débitos fundados em lei ou ato normativo considerados inconstitucionais pelo Supremo Tribunal Federal ou fundados em aplicação ou interpretação da lei ou de ato normativo tido pelo Supremo Tribunal Federal como incompatível com a Constituição Federal, em controle de constitucionalidade concentrado ou difuso, ou ainda referentes a tributos cuja cobrança foi declarada ilegal pelo Superior Tribunal de Justiça ou reconhecida como inconstitucional ou ilegal por ato da Procuradoria-Geral da Fazenda Nacional.

Capítulo II
DO PROGRAMA ESPECIAL DE REGULARIZAÇÃO TRIBUTÁRIA

Art. 2.º No âmbito da Secretaria da Receita Federal do Brasil, o sujeito passivo que aderir ao Pert poderá liquidar os débitos de que trata o art. 1.º desta Lei mediante a opção por uma das seguintes modalidades:

I – pagamento em espécie de, no mínimo, 20% (vinte por cento) do valor da dívida consolidada, sem reduções, em até cinco parcelas mensais e sucessivas, vencíveis de agosto a dezembro de 2017, e a liquidação do restante com a utilização de créditos de prejuízo fiscal e de base de cálculo negativa da Contribuição Social sobre o Lucro Líquido (CSLL) ou de outros créditos próprios relativos aos tributos administrados pela Secretaria da Receita Federal do Brasil, com a possibilidade de pagamento em espécie de eventual saldo remanescente em até sessenta prestações adicionais, vencíveis a partir do mês seguinte ao do pagamento à vista;

II – pagamento da dívida consolidada em até cento e vinte prestações mensais e sucessivas, calculadas de modo a observar os seguintes percentuais mínimos, aplicados sobre o valor da dívida consolidada:

a) da primeira à décima segunda prestação – 0,4% (quatro décimos por cento);
b) da décima terceira à vigésima quarta prestação – 0,5% (cinco décimos por cento);
c) da vigésima quinta à trigésima sexta prestação – 0,6% (seis décimos por cento); e
d) da trigésima sétima prestação em diante – percentual correspondente ao saldo remanescente, em até oitenta e quatro prestações mensais e sucessivas;
III – pagamento em espécie de, no mínimo, 20% (vinte por cento) do valor da dívida consolidada, sem reduções, em até cinco parcelas mensais e sucessivas, vencíveis de agosto a dezembro de 2017, e o restante:
a) liquidado integralmente em janeiro de 2018, em parcela única, com redução de 90% (noventa por cento) dos juros de mora e 70% (setenta por cento) das multas de mora, de ofício ou isoladas;
b) parcelado em até cento e quarenta e cinco parcelas mensais e sucessivas, vencíveis a partir de janeiro de 2018, com redução de 80% (oitenta por cento) dos juros de mora e 50% (cinquenta por cento) das multas de mora, de ofício ou isoladas; ou
c) parcelado em até cento e setenta e cinco parcelas mensais e sucessivas, vencíveis a partir de janeiro de 2018, com redução de 50% (cinquenta por cento) dos juros de mora e 25% (vinte e cinco por cento) das multas de mora, de ofício ou isoladas, e cada parcela será calculada com base no valor correspondente a 1% (um por cento) da receita bruta da pessoa jurídica, referente ao mês imediatamente anterior ao do pagamento, e não poderá ser inferior a um cento e setenta e cinco avos do total da dívida consolidada; ou
IV – pagamento em espécie de, no mínimo, 24% (vinte e quatro por cento) da dívida consolidada em vinte e quatro prestações mensais e sucessivas e liquidação do restante com a utilização de créditos de prejuízo fiscal e de base de cálculo negativa da CSLL ou de outros créditos próprios relativos aos tributos administrados pela Secretaria da Receita Federal do Brasil.
§ 1.º Na hipótese de adesão a uma das modalidades previstas no inciso III do *caput* deste artigo, ficam assegurados aos devedores com dívida total, sem reduções, igual ou inferior a R$ 15.000.000,00 (quinze milhões de reais):
I – a redução do pagamento à vista e em espécie para, no mínimo, 5% (cinco por cento) do valor da dívida consolidada, sem reduções, em até cinco parcelas mensais e sucessivas, vencíveis de agosto a dezembro de 2017; e
II – após a aplicação das reduções de multas e juros, a possibilidade de utilização de créditos de prejuízo fiscal e de base de cálculo negativa da CSLL e de outros créditos próprios relativos aos tributos administrados pela Secretaria da Receita Federal do Brasil, com a liquidação do saldo remanescente, em espécie, pelo número de parcelas previstas para a modalidade.
§ 2.º Na liquidação dos débitos na forma prevista no inciso I do *caput* e no § 1.º deste artigo, poderão ser utilizados créditos de prejuízos fiscais e de base de cálculo negativa da CSLL apurados até 31 de dezembro de 2015 e declarados até 29 de julho de 2016, próprios ou do responsável tributário ou corresponsável pelo débito, e de empresas controladora e controlada, de forma direta ou indireta, ou de empresas que sejam controladas direta ou indiretamente por uma mesma empresa, em 31 de dezembro de 2015, domiciliadas no País, desde que se mantenham nesta condição até a data da opção pela quitação.
§ 3.º Para fins do disposto no § 2.º deste artigo, inclui-se também como controlada a sociedade na qual a participação da controladora seja igual ou inferior a 50% (cinquenta por cento), desde que exista acordo de acionistas que assegure, de modo permanente, a preponderância individual ou comum nas deliberações sociais e o poder individual ou comum de eleger a maioria dos administradores.
§ 4.º Na hipótese de utilização dos créditos de que tratam os §§ 2.º e 3.º deste artigo, os créditos próprios deverão ser utilizados primeiro.
§ 5.º O valor do crédito decorrente de prejuízo fiscal e de base de cálculo negativa da CSLL será determinado por meio da aplicação das seguintes alíquotas:
I – 25% (vinte e cinco por cento) sobre o montante do prejuízo fiscal;
II – 20% (vinte por cento) sobre a base de cálculo negativa da CSLL, no caso das pessoas jurídicas de seguros privados, das pessoas jurídicas de capitalização e das pessoas jurídicas referidas nos incisos I, II, III, IV, V, VI, VII e X do § 1.º do art. 1.º da Lei Complementar n. 105, de 10 de janeiro de 2001;
III – 17% (dezessete por cento), no caso das pessoas jurídicas referidas no inciso IX do § 1.º do art. 1.º da Lei Complementar n. 105, de 10 de janeiro de 2001; e
IV – 9% (nove por cento) sobre a base de cálculo negativa da CSLL, no caso das demais pessoas jurídicas.
§ 6.º Na hipótese de indeferimento dos créditos a que se referem o inciso I do *caput* e o inciso II do § 1.º deste artigo, no todo ou em parte, será concedido o prazo de trinta dias para que o sujeito passivo efetue o pagamento em espécie dos débitos amortizados indevidamente com créditos não reconhecidos pela Secretaria da Receita Federal do Brasil, inclusive aqueles decorrentes de prejuízo fiscal e de base de cálculo negativa da CSLL.
§ 7.º A falta do pagamento de que trata o § 6.º deste artigo implicará a exclusão do devedor do Pert e o restabelecimento da cobrança dos débitos remanescentes.
§ 8.º A utilização dos créditos na forma disciplinada no inciso I do *caput* e no inciso II do § 1.º deste artigo extingue os débitos sob condição resolutória de sua ulterior homologação.
§ 9.º A Secretaria da Receita Federal do Brasil dispõe do prazo de cinco anos para a análise dos créditos utilizados na forma prevista nos incisos I e IV do *caput* e no inciso II do § 1.º deste artigo.
§ 10. (*Vetado.*)
Art. 3.º No âmbito da Procuradoria-Geral da Fazenda Nacional, o sujeito passivo que aderir ao Pert poderá liquidar os débitos de que trata o art. 1.º desta Lei, inscritos em dívida ativa da União, da seguinte forma:
I – pagamento da dívida consolidada em até cento e vinte parcelas mensais e sucessivas, calculadas de modo a observar os seguintes percentuais mínimos, aplicados sobre o valor consolidado:
a) da primeira à décima segunda prestação – 0,4% (quatro décimos por cento);
b) da décima terceira à vigésima quarta prestação – 0,5% (cinco décimos por cento);
c) da vigésima quinta à trigésima sexta prestação – 0,6% (seis décimos por cento); e
d) da trigésima sétima prestação em diante – percentual correspondente ao saldo remanescente, em até oitenta e quatro prestações mensais e sucessivas; ou
II – pagamento em espécie de, no mínimo, 20% (vinte por cento) do valor da dívida consolidada, sem reduções, em cinco parcelas mensais e sucessivas, vencíveis de agosto a dezembro de 2017, e o restante:
a) liquidado integralmente em janeiro de 2018, em parcela única, com redução de 90% (noventa por cento) dos juros de mora, 70% (setenta por cento) das multas de mora, de ofício ou isoladas e 100% (cem por cento) dos encargos legais, inclusive honorários advocatícios;
b) parcelado em até cento e quarenta e cinco parcelas mensais e sucessivas, vencíveis a partir de janeiro de 2018, com redução de 80% (oitenta por cento) dos juros de mora, 50% (cinquenta por cento) das multas de mora, de ofício ou isoladas e 100% (cem por cento) dos encargos legais, inclusive honorários advocatícios; ou
c) parcelado em até cento e setenta e cinco parcelas mensais e sucessivas, vencíveis a partir de janeiro de 2018, com redução de 50% (cinquenta por cento) dos juros de mora, 25% (vinte e cinco por cento) das multas de mora, de ofício ou isoladas e 100% (cem por cento) dos encargos legais, inclusive honorários advocatícios, e cada parcela será calculada com base no valor correspondente a 1% (um por cento) da receita bruta da pessoa jurídica, referente ao mês imediatamente anterior ao do pagamento, e não poderá ser inferior a um cen-

Lei n. 13.496, de 24-10-2017 – Programa de Regularização Tributária

to e setenta e cinco avos do total da dívida consolidada.

Parágrafo único. Na hipótese de adesão a uma das modalidades previstas no inciso II do *caput* deste artigo, ficam assegurados aos devedores com dívida total, sem reduções, igual ou inferior a R$ 15.000.000,00 (quinze milhões de reais):

I – a redução do pagamento à vista e em espécie para, no mínimo, 5% (cinco por cento) do valor da dívida consolidada, sem reduções, em até cinco parcelas mensais e sucessivas, vencíveis de agosto a dezembro de 2017;

II – após a aplicação das reduções de multas e juros, a possibilidade de utilização de créditos de prejuízo fiscal e de base de cálculo negativa da CSLL e de outros créditos próprios relativos aos tributos administrados pela Secretaria da Receita Federal do Brasil, com a liquidação do saldo remanescente, em espécie, pelo número de parcelas previstas para a modalidade; e

III – após a aplicação das reduções de multas e juros, a possibilidade de oferecimento de dação em pagamento de bens imóveis, desde que previamente aceita pela União, para quitação do saldo remanescente, observado o disposto no art. 4.º da Lei n. 13.259, de 16 de março de 2016.

Art. 4.º O valor mínimo de cada prestação mensal dos parcelamentos previstos nos arts. 2.º e 3.º desta Lei será de:

I – R$ 200,00 (duzentos reais), quando o devedor for pessoa física;

II – (*Vetado*); e

III – R$ 1.000,00 (mil reais), quando o devedor for pessoa jurídica não optante do Simples Nacional.

Art. 5.º Para incluir no Pert débitos que se encontrem em discussão administrativa ou judicial, o sujeito passivo deverá desistir previamente das impugnações ou dos recursos administrativos e das ações judiciais que tenham por objeto os débitos que serão quitados e renunciar a quaisquer alegações de direito sobre as quais se fundem as referidas impugnações e recursos ou ações judiciais, e protocolar, no caso de ações judiciais, requerimento de extinção do processo com resolução do mérito, nos termos da alínea *c* do inciso III do *caput* do art. 487 da Lei n. 13.105, de 16 de março de 2015 (Código de Processo Civil).

§ 1.º Somente será considerada a desistência parcial de impugnação e de recurso administrativo interposto ou de ação judicial proposta se o débito objeto de desistência for passível de distinção dos demais débitos discutidos no processo administrativo ou na ação judicial.

§ 2.º A comprovação do pedido de desistência e da renúncia de ações judiciais deverá ser apresentada na unidade de atendimento integrado do domicílio fiscal do sujeito passivo até o último dia do prazo estabelecido para a adesão ao Pert.

§ 3.º A desistência e a renúncia de que trata o *caput* eximem o autor da ação do pagamento dos honorários.

Art. 6.º Os depósitos vinculados aos débitos a serem pagos ou parcelados serão automaticamente transformados em pagamento definitivo ou convertidos em renda da União.

§ 1.º Após o procedimento previsto no *caput* deste artigo, se restarem débitos não liquidados, o débito poderá ser quitado na forma prevista nos arts. 2.º ou 3.º desta Lei.

§ 2.º Depois da conversão em renda ou da transformação em pagamento definitivo, poderá o sujeito passivo requerer o levantamento do saldo remanescente, se houver, desde que não haja outro débito exigível.

§ 3.º Na hipótese prevista no § 2.º deste artigo, o saldo remanescente de depósitos na Secretaria da Receita Federal do Brasil e na Procuradoria-Geral da Fazenda Nacional somente poderá ser levantado pelo sujeito passivo após a confirmação dos montantes de prejuízo fiscal e de base de cálculo negativa da CSLL ou de outros créditos de tributos utilizados para quitação da dívida, conforme o caso.

§ 4.º Na hipótese de depósito judicial, o disposto no *caput* deste artigo somente se aplica aos casos em que tenha ocorrido desistência da ação ou do recurso e renúncia a qualquer alegação de direito sobre o qual se funda a ação.

§ 5.º O disposto no *caput* deste artigo aplica-se aos valores oriundos de constrição judicial depositados na conta única do Tesouro Nacional até a data de publicação desta Lei.

Art. 7.º Os créditos indicados para quitação na forma do Pert deverão quitar primeiro os débitos não garantidos pelos depósitos judiciais que serão transformados em pagamento definitivo ou convertidos em renda da União.

Art. 8.º A dívida objeto do parcelamento será consolidada na data do requerimento de adesão ao Pert e será dividida pelo número de prestações indicadas.

§ 1.º Enquanto a dívida não for consolidada, o sujeito passivo deverá calcular e recolher o valor à vista ou o valor equivalente ao montante dos débitos objeto do parcelamento dividido pelo número de prestações pretendidas, observado o disposto nos arts. 2.º e 3.º desta Lei.

§ 2.º O deferimento do pedido de adesão ao Pert fica condicionado ao pagamento do valor à vista ou da primeira prestação, que deverá ocorrer até o último dia útil do mês do requerimento.

§ 3.º O valor de cada prestação mensal, por ocasião do pagamento, será acrescido de juros equivalentes à taxa referencial do Sistema Especial de Liquidação e de Custódia (Selic) para títulos federais, acumulada mensalmente, calculados a partir do mês subsequente ao da consolidação até o mês anterior ao do pagamento, e de 1% (um por cento) relativamente ao mês em que o pagamento for efetuado.

Art. 9.º Observado o direito de defesa do contribuinte, nos termos do Decreto n. 70.235, de 6 de março de 1972, implicará exclusão do devedor do Pert e a exigibilidade imediata da totalidade do débito confessado e ainda não pago:

I – a falta de pagamento de três parcelas consecutivas ou de seis alternadas;

II – a falta de pagamento de uma parcela, se todas as demais estiverem pagas;

III – a constatação, pela Secretaria da Receita Federal do Brasil ou pela Procuradoria-Geral da Fazenda Nacional, de qualquer ato tendente ao esvaziamento patrimonial do sujeito passivo como forma de fraudar o cumprimento do parcelamento;

IV – a decretação de falência ou extinção, pela liquidação, da pessoa jurídica optante;

V – a concessão de medida cautelar fiscal, em desfavor da pessoa optante, nos termos da Lei n. 8.397, de 6 de janeiro de 1992;

VI – a declaração de inaptidão da inscrição no Cadastro Nacional da Pessoa Jurídica (CNPJ), nos termos dos arts. 80 e 81 da Lei n. 9.430, de 27 de dezembro de 1996.; ou

VII – a inobservância do disposto nos incisos III e V do § 4.o do art. 1.o desta Lei por três meses consecutivos ou seis alternados.

§ 1.º Na hipótese de exclusão do devedor do Pert, os valores liquidados com os créditos de que trata os arts. 2.o e 3.o desta Lei serão restabelecidos em cobrança e:

I – será efetuada a apuração do valor original do débito, com a incidência dos acréscimos legais, até a data da rescisão; e

II – serão deduzidos do valor referido no inciso I deste parágrafo as parcelas pagas em espécie, com acréscimos legais até a data da rescisão.

§ 2.º As parcelas pagas com até trinta dias de atraso não configurarão inadimplência para os fins dos incisos I e II do *caput* deste artigo.

Art. 10. A opção pelo Pert implica manutenção automática dos gravames decorrentes de arrolamento de bens, de medida cautelar fiscal e das garantias prestadas administrativamente, nas ações de execução fiscal ou qualquer outra ação judicial, salvo no caso de imóvel penhorado ou oferecido em garantia de execução, na qual o sujeito passivo poderá requerer a alienação por iniciativa particular, nos termos do art. 880 da Lei n. 13.105, de 16 de março de 2015 (Código de Processo Civil).

Art. 11. Aplicam-se aos parcelamentos de que trata esta Lei o disposto no *caput* e nos §§ 2.º e 3.º do art. 11, no art. 12 e no *caput* e no inciso IX do art. 14 da Lei n. 10.522, de 19 de julho de 2002.

§ 1.º Aos parcelamentos de que trata esta Lei não se aplica o disposto no:

I – art. 15 da Lei n. 9.311, de 24 de outubro de 1996;

II – § 1.º do art. 3.º da Lei n. 9.964, de 10 de abril de 2000;

III – § 10 do art. 1.º da Lei n. 10.684, de 30 de maio de 2003; e

IV – inciso III do § 3.º do art. 1.º da Medida Provisória n. 766, de 4 de janeiro de 2017.

§ 2.º (Vetado.)

•• A Lei n. 14.375, de 21-6-2022, propôs o acréscimo do art. 11-A, todavia teve seu texto vetado.

Capítulo III
DISPOSIÇÕES FINAIS

Art. 14. O Poder Executivo federal, com vistas ao cumprimento do disposto no inciso II do caput do art. 5.º e no art. 14 da Lei Complementar n. 101, de 4 de maio de 2000 (Lei de Responsabilidade Fiscal), estimará o montante da renúncia fiscal decorrente do disposto nesta Lei e os incluirá no demonstrativo a que se refere o § 6.º do art. 165 da Constituição Federal que acompanhar o projeto de lei orçamentária anual e fará constar das propostas orçamentárias subsequentes os valores relativos à renúncia.

Art. 15. A Secretaria da Receita Federal do Brasil e a Procuradoria-Geral da Fazenda Nacional, no âmbito de suas competências, editarão os atos necessários à execução dos procedimentos previstos no prazo de trinta dias, contado da data de publicação desta Lei.

Art. 16. Esta Lei entra em vigor na data de sua publicação.

Brasília, 24 de outubro de 2017; 196.º da Independência e 129.º da República.

MICHEL TEMER

LEI N. 13.606, DE 9 DE JANEIRO DE 2018 (*)

Institui o Programa de Regularização Tributária Rural (PRR) na Secretaria da Receita Federal do Brasil e na Procuradoria-Geral da Fazenda Nacional; altera as Leis n. 8.212, de 24 de julho de 1991, 8.870, de 15 de abril de 1994, 9.528, de 10 de dezembro de 1997, 13.340, de 28 de setembro de 2016, 10.522, de 19 de julho de 2002, 9.456, de 25 de abril de 1997, 13.001, de 20 de junho de 2014, 8.427, de 27 de maio de 1992, e 11.076, de 30 de dezembro de 2004, e o Decreto-lei n. 2.848, de 7 de dezembro de 1940 (Código Penal); e dá outras providências.

O Presidente da República.

Faço saber que o Congresso Nacional decreta e eu sanciono a seguinte Lei:

(*) Publicada no *Diário Oficial Da União*, de 10-1-2018.

Art. 1.º Fica instituído o Programa de Regularização Tributária Rural (PRR) na Secretaria da Receita Federal do Brasil e na Procuradoria-Geral da Fazenda Nacional, cuja implementação obedecerá ao disposto nesta Lei.

§ 1.º Poderão ser quitados, na forma do PRR, os débitos vencidos até 30 de agosto de 2017 das contribuições de que tratam o art. 25 da Lei n. 8.212, de 24 de julho de 1991, e o art. 25 da Lei n. 8.870, de 15 de abril de 1994, constituídos ou não, inscritos ou não em dívida ativa da União, inclusive objeto de parcelamentos anteriores rescindidos ou ativos, em discussão administrativa ou judicial ou ainda provenientes de lançamento efetuado de ofício após a publicação desta Lei, desde que o requerimento ocorra no prazo de que trata o § 2.º deste artigo.

§ 2.º A adesão ao PRR ocorrerá por meio de requerimento a ser efetuado até 31 de dezembro de 2018 e abrangerá os débitos indicados pelo sujeito passivo, na condição de contribuinte ou de sub-rogado.

•• § 2.º com redação determinada pela Lei n. 13.729, de 8-11-2018.

§ 3.º A adesão ao PRR implicará:

I – a confissão irrevogável e irretratável dos débitos em nome do sujeito passivo, na condição de contribuinte ou sub-rogado, e por ele indicados para compor o PRR, nos termos dos arts. 389 e 395 da Lei n. 13.105, de 16 de março de 2015 (Código de Processo Civil);

II – a aceitação plena e irretratável pelo sujeito passivo, na condição de contribuinte ou de sub-rogado, das condições estabelecidas nesta Lei;

III – o dever de pagar regularmente as parcelas da dívida consolidada no PRR e os débitos relativos às contribuições dos produtores rurais pessoas físicas e dos adquirentes de produção rural de que trata o art. 25 da Lei n. 8.212, de 24 de julho de 1991, e às contribuições dos produtores rurais pessoas jurídicas de que trata o art. 25 da Lei n. 8.870, de 15 de abril de 1994, vencidos após 30 de agosto de 2017, inscritos ou não em dívida ativa da União; e

IV – o cumprimento regular das obrigações com o Fundo de Garantia do Tempo de Serviço (FGTS).

§ 4.º A confissão de que trata o inciso I do § 3.º deste artigo não impedirá a aplicação do disposto no art. 19 da Lei n. 10.522, de 19 de julho de 2002, caso decisão ulterior do Superior Tribunal de Justiça ou do Supremo Tribunal Federal resulte na ilegitimidade de cobrança dos débitos confessados.

Art. 2.º O produtor rural pessoa física e o produtor rural pessoa jurídica que aderir ao PRR poderão liquidar os débitos de que trata o art. 1.º desta Lei da seguinte forma:

I – pelo pagamento de, no mínimo, 2,5% (dois inteiros e cinco décimos por cento) do valor da dívida consolidada, sem as reduções de que trata o inciso II do caput deste artigo, em até duas parcelas iguais, mensais e sucessivas; e

II – pelo pagamento do restante da dívida consolidada, por meio de parcelamento em até cento e setenta e seis prestações mensais e sucessivas, vencíveis a partir do mês seguinte ao vencimento da segunda parcela prevista no inciso I do caput deste artigo, equivalentes a 0,8% (oito décimos por cento) da média mensal da receita bruta proveniente da comercialização de sua produção rural do ano civil imediatamente anterior ao do vencimento da parcela, com as seguintes reduções:

a) 100% (cem por cento) das multas de mora e de ofício e dos encargos legais, incluídos os honorários advocatícios; e

•• Alínea a originalmente vetada, todavia promulgada em 18-4-2018.

b) 100% (cem por cento) dos juros de mora.

§ 1.º O valor da parcela previsto no inciso II do caput deste artigo não será inferior a R$ 100,00 (cem reais).

§ 2.º Na hipótese de concessão do parcelamento e manutenção dos pagamentos de que trata o inciso II do caput deste artigo perante a Secretaria da Receita Federal do Brasil e a Procuradoria-Geral da Fazenda Nacional, 50% (cinquenta por cento) do valor arrecadado será destinado para cada órgão.

§ 3.º Encerrado o prazo do parcelamento, eventual resíduo da dívida não quitada poderá ser pago à vista, acrescido à última prestação, ou ser parcelado na forma prevista na Lei n. 10.522, de 19 de julho de 2002, em até sessenta prestações, hipótese em que não se aplicará o disposto no § 2.º do art. 14-A da referida Lei, mantidas, em qualquer caso, as reduções previstas no inciso II do caput deste artigo.

§ 4.º Na hipótese de suspensão das atividades relativas à produção rural ou de não auferimento de receita bruta por período superior a um ano, o valor da prestação mensal de que trata o inciso II do caput deste artigo será equivalente ao saldo da dívida consolidada com as reduções previstas no referido inciso, dividido pela quantidade de meses que faltarem para complementar cento e setenta e seis meses.

§ 5.º O eventual adiantamento de parcelas de que trata o inciso II do caput deste artigo implicará a amortização de tantas parcelas subsequentes quantas forem adiantadas.

Art. 3.º O adquirente de produção rural ou a cooperativa que aderir ao PRR poderá liquidar os débitos de que trata o art. 1.º desta Lei da seguinte forma:

I – pelo pagamento de, no mínimo, 2,5% (dois inteiros e cinco décimos por cento) do valor da dívida consolidada, sem as reduções de que trata o inciso II do caput deste artigo, em até duas parcelas iguais, mensais e sucessivas; e

Lei n. 13.606, de 9-1-2018 – Programa de Regularização Tributária Rural

II – pelo pagamento do restante da dívida consolidada, por meio de parcelamento em até cento e setenta e seis prestações mensais e sucessivas, vencíveis a partir do mês seguinte ao vencimento da segunda parcela prevista no inciso I do *caput* deste artigo, equivalentes a 0,3% (três décimos por cento) da média mensal da receita bruta proveniente da comercialização do ano civil imediatamente anterior ao do vencimento da parcela, com as seguintes reduções:

a) 100% (cem por cento) das multas de mora e de ofício e dos encargos legais, incluídos os honorários advocatícios; e

•• Alínea a originalmente vetada, todavia promulgada em 18-4-2018.

b) 100% (cem por cento) dos juros de mora.

§ 1.º O valor da parcela previsto no inciso II do *caput* deste artigo não será inferior a R$ 1.000,00 (mil reais).

§ 2.º Na hipótese de concessão do pagamento e manutenção dos pagamentos de que trata o inciso II do *caput* deste artigo perante a Secretaria da Receita Federal do Brasil e a Procuradoria-Geral da Fazenda Nacional, 50% (cinquenta por cento) do valor arrecadado será destinado para cada órgão.

§ 3.º Encerrado o prazo do parcelamento, eventual resíduo da dívida não quitada poderá ser pago à vista, acrescido da última prestação, ou ser parcelado na forma prevista na Lei n. 10.522, de 19 de julho de 2002, em até sessenta prestações, hipótese em que não se aplicará o disposto no § 2.º do art. 14-A da referida Lei, mantidas, em qualquer caso, as reduções previstas no inciso II do *caput* deste artigo.

§ 4.º Na hipótese de suspensão das atividades do adquirente ou da cooperativa ou de não auferimento de receita bruta por período superior a um ano, o valor da prestação mensal de que trata o inciso II do *caput* deste artigo será equivalente ao saldo da dívida consolidada com as reduções previstas no referido inciso, dividido pela quantidade de meses que faltarem para completar cento e setenta e seis meses.

§ 5.º O eventual adiantamento de parcelas de que trata o inciso II do *caput* deste artigo implicará a amortização de tantas parcelas subsequentes quantas forem adiantadas.

Art. 4.º O parcelamento de débitos na forma prevista nos arts. 2.º e 3.º desta Lei não requer a apresentação de garantia.

Art. 5.º Para incluir no PRR débitos que se encontrem em discussão administrativa ou judicial, o sujeito passivo deverá desistir previamente das impugnações ou dos recursos administrativos e das ações judiciais que tenham por objeto os débitos que serão quitados, renunciar a quaisquer alegações de direito sobre as quais se fundam as referidas impugnações, os recursos administrativos ou as ações judiciais e protocolar, no caso de ações judiciais, requerimento de extinção do processo com resolução do mérito, nos termos estabelecidos na alínea c do inciso III do *caput* do art. 487 da Lei n. 13.105, de 16 de março de 2015 (Código de Processo Civil), o que eximirá o autor da ação do pagamento dos honorários advocatícios, afastando-se o disposto no art. 90 da Lei n. 13.105, de 16 de março de 2015 (Código de Processo Civil).

§ 1.º Somente será considerada a desistência parcial de impugnação de recurso administrativo interposto ou de ação judicial proposta se o débito objeto de desistência for passível de distinção dos demais débitos discutidos no processo administrativo ou na ação judicial.

§ 2.º A comprovação do pedido de desistência ou da renúncia de ações judiciais será apresentada na unidade de atendimento integrado do domicílio fiscal do sujeito passivo na condição de contribuinte ou de sub-rogado, até trinta dias após o prazo final de adesão de que trata o § 2.º do art. 1.º desta Lei.

Art. 6.º Os depósitos vinculados aos débitos incluídos no PRR serão automaticamente transformados em pagamento definitivo ou convertidos em renda da União.

§ 1.º Depois da alocação do valor depositado à dívida incluída no PRR, se restarem débitos não liquidados pelo depósito, o saldo devedor poderá ser quitado na forma prevista nos arts. 2.º ou 3.º desta Lei.

§ 2.º Depois da conversão em renda ou da transformação em pagamento definitivo, o sujeito passivo, na condição de contribuinte ou de sub-rogado, poderá requerer o levantamento do saldo remanescente, se houver, desde que não haja outro débito exigível.

§ 3.º Na hipótese de depósito judicial, o disposto no *caput* deste artigo somente se aplicará aos casos em que tenha ocorrido desistência da ação ou do recurso e renúncia a qualquer alegação de direito sobre o qual se funde a ação.

Art. 7.º A dívida objeto do parcelamento será consolidada na data do requerimento de adesão ao PRR.

§ 1.º Enquanto a dívida não for consolidada, caberá ao sujeito passivo calcular e recolher os valores de que tratam os arts. 2.º e 3.º desta Lei.

§ 2.º O parcelamento terá sua formalização condicionada ao prévio pagamento da primeira parcela de que tratam o inciso I do *caput* do art. 2.º e o inciso I do *caput* do art. 3.º desta Lei.

§ 3.º Sobre o valor de cada prestação mensal, por ocasião do pagamento, incidirão juros equivalentes à taxa referencial do Sistema Especial de Liquidação e de Custódia (Selic) para títulos federais, acumulada mensalmente, calculados a partir do mês subsequente ao da consolidação até o mês anterior ao do pagamento, e de 1% (um por cento) relativamente ao mês em que o pagamento for efetuado.

Art. 8.º No âmbito da Secretaria da Receita Federal do Brasil, o sujeito passivo, na condição de contribuinte ou sub-rogado, que aderir ao PRR, poderá liquidar o saldo consolidado de que trata o inciso II do *caput* do art. 2.º e o inciso II do *caput* do art. 3.º desta Lei com a utilização de créditos de prejuízo fiscal e de base de cálculo negativa da Contribuição Social sobre o Lucro Líquido (CSLL), liquidando-se o saldo remanescente com parcelamento em até cento e setenta e seis meses.

•• Artigo originalmente vetado, todavia promulgado em 18-4-2018.

§ 1.º Na liquidação dos débitos na forma prevista no *caput* deste artigo, poderão ser utilizados créditos de prejuízos fiscais e de base de cálculo negativa da CSLL apurados até 31 de dezembro de 2015 e declarados até 29 de julho de 2016, próprios ou do responsável tributário ou corresponsável pelo débito, e de empresas controladora e controlada, de forma direta ou indireta, ou de empresas que sejam controladas direta ou indiretamente por uma mesma empresa, em 31 de dezembro de 2015, domiciliadas no País, desde que se mantenham nessa condição até a data da opção pela quitação.

§ 2.º Para fins do disposto no § 1.º deste artigo, inclui-se também como controlada a sociedade na qual a participação da controladora seja igual ou inferior a 50% (cinquenta por cento), desde que exista acordo de acionistas que assegure, de modo permanente, a preponderância individual ou comum nas deliberações sociais e o poder individual ou comum de eleger a maioria dos administradores.

§ 3.º Na hipótese de utilização dos créditos de que tratam os §§ 1.º e 2.º deste artigo, os créditos próprios deverão ser utilizados primeiro.

§ 4.º O valor do crédito decorrente de prejuízo fiscal e de base de cálculo negativa da CSLL será determinado por meio da aplicação das seguintes alíquotas:

I – 25% (vinte e cinco por cento) sobre o montante do prejuízo fiscal;

II – 20% (vinte por cento) sobre a base de cálculo negativa da CSLL, no caso das pessoas jurídicas de seguros privados, das pessoas jurídicas de capitalização e das pessoas jurídicas referidas nos incisos I, II, III, IV, V, VI, VII e X do § 1.º do art. 1.º da Lei Complementar n. 105, de 10 de janeiro de 2001;

III – 17% (dezessete por cento) sobre a base de cálculo negativa da CSLL, no caso das pessoas jurídicas referidas no inciso IX do § 1.º do art. 1.º da Lei Complementar n. 105, de 10 de janeiro de 2001; e

IV – 9% (nove por cento) sobre a base de cálculo negativa da CSLL, no caso das demais pessoas jurídicas.

§ 5.º Na hipótese de indeferimento dos créditos a que se refere o *caput* deste artigo, no todo ou em parte, será concedido o prazo de trinta dias para que o sujeito passivo efetue o pagamento em espécie dos débitos amortizados indevidamente com créditos de prejuízo fiscal e de base de cálculo negativa da CSLL não reconhecidos pela Secretaria da Receita Federal do Brasil.

§ 6.º A falta do pagamento de que trata o § 5.º deste artigo, ou o atraso superior a trinta dias, implicará a exclusão do devedor do PRR e o restabelecimento da cobrança dos débitos remanescentes.

§ 7.º A utilização dos créditos na forma disciplinada no *caput* deste artigo extingue os débitos sob condição resolutória de sua ulterior homologação.

§ 8.º A Secretaria da Receita Federal do Brasil dispõe do prazo de cinco anos para a análise dos créditos utilizados na forma prevista no *caput* deste artigo.

Art. 9.º O sujeito passivo, na condição de contribuinte ou sub-rogado, que aderir ao PRR no âmbito da Procuradoria-Geral da Fazenda Nacional para parcelar dívida total, sem reduções, igual ou inferior a R$ 15.000.000,00 (quinze milhões de reais) poderá liquidar o saldo consolidado de que trata o inciso II do *caput* do art. 2.º e o inciso II do *caput* do art. 3.º desta Lei com a utilização de créditos próprios de prejuízo fiscal e de base de cálculo negativa da CSLL, apurados até 31 de dezembro de 2015 e declarados até 29 de julho de 2016, liquidando-se o saldo remanescente com parcelamento em até cento e setenta e seis meses.

•• Artigo originalmente vetado, todavia promulgado em 18-4-2018.

Parágrafo único. Na liquidação dos débitos na forma prevista no *caput* deste artigo, aplica-se o disposto nos §§ 4.º, 5.º e 6.º do art. 8.º desta Lei.

Art. 10. Implicará a exclusão do devedor do PRR e a exigibilidade imediata da totalidade do débito confessado e ainda não pago:

I – a falta de pagamento de três parcelas consecutivas ou de seis parcelas alternadas;
II – a falta de pagamento da última parcela, se as demais estiverem pagas;
III – a inobservância do disposto nos incisos III e IV do § 3.º do art. 1.º desta Lei, por três meses consecutivos ou por seis meses alternados, no mesmo ano civil; ou
IV – a não quitação integral dos valores de que tratam o inciso I do *caput* do art. 2.º e o inciso I do *caput* do art. 3.º desta Lei, nos prazos estabelecidos.

§ 1.º Não implicará a exclusão do produtor rural pessoa física ou do produtor rural pessoa jurídica do PRR a falta de pagamento referida nos incisos I, II ou III do *caput* deste artigo ocasionada pela queda significativa de safra decorrente de razões edafoclimáticas que tenham motivado a declaração de situação de emergência ou de estado de calamidade pública devidamente reconhecido pelo Poder Executivo federal, conforme disposto no inciso X do art. 6.º da Lei n. 12.608, de 10 de abril de 2012.

§ 2.º Na hipótese de exclusão do devedor do PRR, serão cancelados os benefícios concedidos e:

I – será efetuada a apuração do valor original do débito com a incidência dos acréscimos legais até a data da exclusão; e
II – serão deduzidas do valor referido no inciso I deste parágrafo as parcelas pagas, com os acréscimos legais até a data da exclusão.

Art. 11. A opção pelo PRR implicará a manutenção automática dos gravames decorrentes de arrolamento de bens, de medida cautelar fiscal e das garantias prestadas nas ações de execução fiscal ou de qualquer outra ação judicial.

Art. 12. Aplica-se aos parcelamentos dos débitos incluídos no PRR o disposto no *caput* e nos §§ 2.º e 3.º do art. 11, no art. 12 e no inciso IX do *caput* do art. 14 da Lei n. 10.522, de 19 de julho de 2002.

Parágrafo único. A vedação da inclusão em qualquer outra forma de parcelamento dos débitos parcelados com base na Lei n. 9.964, de 10 de abril de 2000, na Lei n. 10.684, de 30 de maio de 2003, e na Lei n. 13.496, de 24 de outubro de 2017, na Medida Provisória n. 766, de 4 de janeiro de 2017, e na Medida Provisória n. 793, de 31 de julho de 2017, não se aplica ao PRR.

Art. 13. A Secretaria da Receita Federal do Brasil e a Procuradoria-Geral da Fazenda Nacional, no âmbito de suas competências, editarão, no prazo de até trinta dias, contado da data de publicação desta Lei, os atos necessários à execução dos procedimentos previstos nos arts. 1.º a 12 desta Lei.

Parágrafo único. A regulamentação deverá garantir a possibilidade de migração para o PRR aos produtores rurais e aos adquirentes que aderiram ao parcelamento previsto na Medida Provisória n. 793, de 31 de julho de 2017.

Art. 14. O art. 25 da Lei n. 8.212, de 24 de julho de 1991, passa a vigorar com as seguintes alterações:

•• Alteração já processada no diploma modificado.

Art. 17. O art. 168-A do Decreto-lei n. 2.848, de 7 de dezembro de 1940 (Código Penal), passa a vigorar acrescido do seguinte § 4.º:

•• Alteração já processada no diploma modificado.

Art. 20. Fica a Advocacia-Geral da União autorizada a conceder descontos para a liquidação, até 30 de dezembro de 2019, de dívidas originárias de operações de crédito rural, cujos ativos tenham sido transferidos para o Tesouro Nacional e os respectivos débitos, não inscritos na dívida ativa da União, estejam sendo executados pela Procuradoria-Geral da União, devendo incidir os referidos descontos sobre o valor consolidado por ação de execução judicial.

•• *Caput* com redação determinada pela Lei n. 13.729, de 8-11-2018.
•• A Lei n. 14.195, de 26-8-2021, propôs alteração neste *caput*, porém teve seu texto vetado.

§ 1.º Os descontos de que trata o *caput* deste artigo, independentemente do valor original contratado, serão concedidos sobre o valor consolidado por ação de execução judicial, segundo seu enquadramento em uma das faixas de valores indicadas no Anexo I desta Lei, devendo primeiro ser aplicado o correspondente desconto percentual e, em seguida, o respectivo desconto de valor fixo.

§ 2.º Entende-se por valor consolidado por ação de execução judicial de que trata o *caput* deste artigo o montante do débito a ser liquidado, atualizado até o mês em que ocorrerá a liquidação.

§ 3.º Formalizado o pedido de adesão, a Advocacia-Geral da União fica autorizada a adotar as medidas necessárias à suspensão, até análise do requerimento, das ações de execução ajuizadas, cujo objeto seja a cobrança de crédito rural de que trata o *caput* deste artigo.

§ 4.º O prazo de prescrição das dívidas de crédito rural de que trata este artigo fica suspenso a partir da data de publicação desta Lei até 30 de dezembro de 2019.

•• § 4.º com redação determinada pela Lei n. 13.729, de 8-11-2018.
•• A Lei n. 14.195, de 26-8-2021, propôs alteração neste § 4.º, porém teve seu texto vetado.

Art. 20-A. Fica autorizada a concessão dos descontos de que trata o art. 20 desta Lei, até 30 de dezembro de 2022, no caso de débitos de responsabilidade de agricultores familiares que atendem aos requisitos da Lei n. 11.326, de 24 de julho de 2006.

•• *Caput* acrescentado pela Lei n. 14.275, de 23-12-2021.

Parágrafo único. O prazo de prescrição das dívidas de crédito rural de que trata o *caput* deste artigo fica suspenso até 30 de dezembro de 2022.

•• Parágrafo único acrescentado pela Lei n. 14.275, de 23-12-2021.

Art. 21. Para as dívidas oriundas de operações de crédito rural contratadas com o extinto Banco Nacional de Crédito Cooperativo (BNCC), cujos respectivos débitos, não inscritos na dívida ativa da União, estejam sendo executados pela Procuradoria-Geral da União, independentemente da apresentação de pedidos de adesão aos benefícios de que trata o art. 20 desta Lei pelos mutuários, os saldos devedores serão recalculados pela Advocacia-Geral da União, incidindo sobre o valor atribuído à causa, desde a elaboração do cálculo que o embasou:

I – atualização monetária, segundo os índices oficiais vigentes em cada período;
II – juros remuneratórios de 6% a.a. (seis por cento ao ano);
III – juros de mora de 1% a.a. (um por cento ao ano).

Parágrafo único. Fica a Advocacia-Geral da União autorizada a aplicar descontos adicionais, aferidos com base em critérios objetivos fixados em ato conjunto pelos Ministérios da Fazenda e da Agricultura, Pecuária e Abastecimento, para liquidação das operações de crédito rural enquadradas no *caput*

Lei n. 13.606, de 9-1-2018 – Programa de Regularização Tributária Rural

deste artigo, contratadas ao amparo do Programa de Cooperação Nipo-Brasileira para o Desenvolvimento dos Cerrados (Prodecer) – Fase II, do Programa de Financiamento de Equipamentos de Irrigação (Profir) e do Programa Nacional de Valorização e Utilização de Várzeas Irrigáveis (Provárzeas).

Art. 22. O mutuário que tenha aderido a pedidos de renegociação com a Advocacia-Geral da União, fundamentado no art. 8.º-A da Lei n. 11.775, de 17 de setembro de 2008, ou no art. 8.º-B da Lei n. 12.844, de 19 de julho de 2013, ainda em curso, após renunciar expressamente ao acordo em execução, poderá requerer a liquidação do saldo remanescente, com os descontos previstos no art. 20 desta Lei, apurando-se o saldo devedor segundo os critérios estabelecidos nos §§ 1.º e 2.º do art. 20 desta Lei.

Art. 23. É vedada a acumulação dos descontos previstos nos arts. 20, 21 e 22 desta Lei com outros consignados na legislação.

Art. 24. A liquidação de que tratam os arts. 20, 21 e 22 desta Lei será regulamentada por ato do Advogado-Geral da União.

....

Art. 26. A Empresa Brasileira de Pesquisa Agropecuária (Embrapa) deverá renegociar e prorrogar, até dezembro de 2022, as dívidas com os empreendimentos da agricultura familiar que se enquadram na Lei no 11.326, de 24 de julho de 2006, de operações que foram contratadas até 31 de dezembro de 2015, referentes aos pagamentos do licenciamento para a multiplicação e a exploração comercial de sementes, observadas as seguintes condições:

•• *Caput* com redação determinada pela Lei n. 13.729, de 8-11-2018.

I – a renegociação das dívidas, vencidas e vincendas, deverá ser requerida pelo mutuário e formalizada pela Embrapa até 29 de junho de 2018;

II – o saldo devedor será apurado na data da renegociação com base nos encargos contratuais de normalidade, sem o cômputo de multa, mora, quaisquer outros encargos por inadimplemento ou honorários advocatícios;

III – sobre o saldo devedor apurado será aplicado rebate de 95% (noventa e cinco por cento);

IV – o pagamento do saldo devedor apurado na forma do inciso III do *caput* deste artigo deverá ser realizado em seis parcelas anuais, com dois anos de carência, mantidos os encargos originalmente contratados.

•• Inciso IV com redação determinada pela Lei n. 13.729, de 8-11-2018.

....

Art. 28 (*Revogado pela Lei n. 13.729, de 8-11-2018.*)

Art. 28-A. Fica a União autorizada a conceder rebate de até R$ 12.000,00 (doze mil reais) por operação para a liquidação perante as cooperativas de crédito rural, relativo às operações de custeio e investimento efetuadas ao amparo do Programa Nacional de Fortalecimento da Agricultura Familiar (Pronaf), Grupos C, D e E, contratadas por intermédio de cooperativas de crédito rural centrais ou singulares, com recursos repassados pelas instituições financeiras oficiais, que, embora tenham sido liquidadas pelas cooperativas perante as respectivas instituições financeiras oficiais, não foram pagas pelos mutuários a elas, estando lastreadas em recursos próprios destas ou contabilizadas como prejuízo, observadas ainda as seguintes condições:

•• *Caput* acrescentado pela Lei n. 13.729, de 8-11-2018, originalmente vetado, todavia promulgado em 13-6-2019.

I – as operações tenham sido contratadas por intermédio de cooperativas de crédito rural central ou singular até 30 de junho de 2008;

•• Inciso I acrescentado pela Lei n. 13.729, de 8-11-2018, originalmente vetado, todavia promulgado em 13-6-2019.

II – as operações estivessem em situação de inadimplência em 22 de novembro de 2011;

•• Inciso II acrescentado pela Lei n. 13.729, de 8-11-2018, originalmente vetado, todavia promulgado em 13-6-2019.

III – a cooperativa não tenha recebido do agricultor e não seja avalista do título;

•• Inciso III acrescentado pela Lei n. 13.729, de 8-11-2018, originalmente vetado, todavia promulgado em 13-6-2019.

IV – a cooperativa comprove que o título objeto da liquidação teve origem nas operações referidas neste artigo.

•• Inciso IV acrescentado pela Lei n. 13.729, de 8-11-2018, originalmente vetado, todavia promulgado em 13-6-2019.

§ 1.º Fica a União autorizada a assumir os ônus decorrentes das disposições deste artigo com recursos destinados à equalização de encargos financeiros das operações efetuadas no âmbito do Pronaf, com risco da União ou desoneradas de risco pela União.

•• § 1.º acrescentado pela Lei n. 13.729, de 8-11-2018, originalmente vetado, todavia promulgado em 13-6-2019.

§ 2.º As operações serão atualizadas pelos encargos de normalidade e corrigidas por juros equivalentes à taxa referencial do Sistema Especial de Liquidação e de Custódia (Selic) para títulos federais, a partir do débito praticado pela instituição financeira oficial, limitado o rebate ao valor descrito no *caput* deste artigo.

•• § 2.º acrescentado pela Lei n. 13.729, de 8-11-2018, originalmente vetado, todavia promulgado em 13-6-2019.

§ 3.º Os recursos referentes ao rebate de que trata o *caput* deste artigo serão repassados pelo Tesouro Nacional às cooperativas segundo o disposto em regulamento, a ser publicado até 30 de dezembro de 2018.

•• § 3.º acrescentado pela Lei n. 13.729, de 8-11-2018, originalmente vetado, todavia promulgado em 13-6-2019.

§ 4.º A cooperativa de crédito terá o prazo de 180 (cento e oitenta) dias, a contar da publicação do regulamento de que trata o parágrafo anterior, para requerer o rebate perante a Secretaria do Tesouro Nacional (STN), mediante comprovação do enquadramento de que tratam os incisos I, II, III, IV e V do *caput* deste artigo.

•• § 4.º acrescentado pela Lei n. 13.729, de 8-11-2018, originalmente vetado, todavia promulgado em 13-6-2019.

§ 5.º A cooperativa de crédito rural terá o prazo de trinta dias, a contar do recebimento do recurso, para comprovar a quitação da dívida do agricultor.

•• § 5.º acrescentado pela Lei n. 13.729, de 8-11-2018, originalmente vetado, todavia promulgado em 13-6-2019.

Art. 29 (*Revogado pela Lei n. 13.729, de 8-11-2018.*)

Art. 29-A. Fica autorizada a adoção das seguintes medidas de estímulo à liquidação de dívidas de operações efetuadas ao amparo do Programa de Cooperação Nipo-Brasileira para o Desenvolvimento dos Cerrados (Prodecer) – Fase III, inclusive as operações destinadas à aquisição dos Certificados do Tesouro Nacional de que trata a Resolução n. 2.471, de 1998 e de empréstimos destinados à amortização mínima para regularização de dívidas de que trata a Lei n. 11.775, de 2008 contratada pelo mesmo mutuário junto à instituição financeira, cujo risco parcial ou integral seja do Tesouro Nacional, do Fundo Constitucional de Financiamento do Nordeste (FNE) e do Banco do Nordeste do Brasil S.A.:

•• *Caput* acrescentado pela Lei n. 13.729, de 8-11-2018, originalmente vetado, todavia promulgado em 13-6-2019.

I – ajuste do saldo devedor para a data da liquidação, observado o disposto nos §§ 1.º e 2.º do art. 1.º da Lei n. 13.340, de 28 de setembro de 2016, excluídas as operações contratadas ao amparo do § 6.º do art. 5.º da Lei n. 9.138, de 29 de novembro de 1995, e da Resolução n. 2.471 do Conselho Monetário Nacional (CMN), de 26 de fevereiro de 1998;

•• Inciso I acrescentado pela Lei n. 13.729, de 8-11-2018, originalmente vetado, todavia promulgado em 13-6-2019.

II – observância, para as operações contratadas ao amparo do § 6.º do art. 5.º da Lei n. 9.138, de 29 de novembro de 1995, e da Resolução n. 2.471 do CMN, de 26 de fevereiro de 1998, das seguintes condições complementares:

•• Inciso II, *caput*, acrescentado pela Lei n. 13.729, de 8-11-2018, originalmente vetado, todavia promulgado em 13-6-2019.

a) o saldo devedor da operação renegociada será atualizado pelo Índice Geral de Preços do Mercado (IGP-M), desde a data da renegociação contratada, para o que será considerado como base de cálculo o valor contratado correspondente ao valor nominal dos Certificados do Tesouro Nacional (CTNs), emitidos na forma da Resolução n. 2.471 do CMN, de 26 de fevereiro de 1998;

•• Alínea a acrescentada pela Lei n. 13.729, de 8-11-2018, originalmente vetado, todavia promulgado em 13-6-2019.

b) o saldo devedor apurado na forma da alínea "a" deste inciso será acrescido dos juros contratuais calculados *pro rata die* entre o vencimento da parcela de juros anterior e a data de liquidação da operação;

•• Alínea *b* acrescentada pela Lei n. 13.729, de 8-11-2018, originalmente vetado, todavia promulgado em 13-6-2019.

c) os CTNs serão atualizados pelo IGP-M, acrescidos de juros calculados à taxa efetiva de 12% a.a. (doze por cento ao ano), considerado o valor dos títulos na data da contratação da operação, correspondente a 10,367% (dez inteiros e trezentos e sessenta e sete milésimos por cento) do valor nominal da operação renegociada;

•• Alínea *c* acrescentada pela Lei n. 13.729, de 8-11-2018, originalmente vetado, todavia promulgado em 13-6-2019.

d) o valor a ser considerado como saldo devedor atualizado, sobre o qual incidirá o percentual de rebate, corresponderá à diferença entre o saldo devedor calculado na forma definida na alínea *a* deste inciso, acrescido dos valores de que trata a alínea *b* deste inciso, e os valores dos CTNs, calculados na forma da alínea *c* deste inciso;

•• Alínea *d* acrescentada pela Lei n. 13.729, de 8-11-2018, originalmente vetado, todavia promulgado em 13-6-2019.

e) nas operações contratadas com recursos e risco da União, o mutuário deverá fornecer à Secretaria do Tesouro Nacional do Ministério da Fazenda a autorização para cancelamento dos respectivos CTNs;

•• Alínea *e* acrescentada pela Lei n. 13.729, de 8-11-2018, originalmente vetado, todavia promulgado em 13-6-2019.

f) nas operações contratadas com recursos e risco das instituições financeiras, do FNO ou do FNE, os CTNs seguirão os fluxos normais pactuados;

•• Alínea *f* acrescentada pela Lei n. 13.729, de 8-11-2018, originalmente vetado, todavia promulgado em 13-6-2019.

g) no caso de operações com juros em atraso que ainda não tenham sido inscritas em dívida ativa da União, será acrescido ao saldo devedor para liquidação o estoque de juros vencidos, atualizados com base no IGP-M;

•• Alínea *g* acrescentada pela Lei n. 13.729, de 8-11-2018, originalmente vetado, todavia promulgado em 13-6-2019.

h) na atualização do saldo devedor da operação de que trata o *caput* deste artigo, não será aplicado o teto do IGP-M a que se refere o inciso I do *caput* do art. 2.º da Lei n. 10.437, de 25 de abril de 2002;

•• Alínea *h* acrescentada pela Lei n. 13.729, de 8-11-2018, originalmente vetado, todavia promulgado em 13-6-2019.

III – concessão de rebate para liquidação, até 30 de dezembro de 2019, independentemente do valor originalmente contratado, a ser concedido sobre o valor consolidado da dívida atualizada na forma definida nos incisos I e II do *caput* deste artigo, conforme o caso, segundo o enquadramento em uma das faixas de valores indicadas no Anexo IV da Lei n. 13.340, de 28 de setembro de 2016, devendo primeiro ser aplicado o correspondente desconto percentual e, em seguida, o respectivo desconto de valor fixo.

•• Inciso III acrescentado pela Lei n. 13.729, de 8-11-2018, originalmente vetado, todavia promulgado em 13-6-2019.

§ 1.º Entende-se por valor consolidado da dívida de que trata o *caput* deste artigo o montante do débito atualizado até a data de liquidação.

•• § 1.º acrescentado pela Lei n. 13.729, de 8-11-2018, originalmente vetado, todavia promulgado em 13-6-2019.

§ 2.º A contratação pelo gestor financeiro do FNE de uma nova operação de crédito para a liquidação do saldo devedor das operações do Programa, deverá observar as seguintes condições:

•• § 2.º, *caput*, acrescentado pela Lei n. 13.729, de 8-11-2018, originalmente vetado, todavia promulgado em 13-6-2019.

I – limite de crédito: até o valor suficiente para liquidação do saldo devedor das operações de que trata este artigo, apurado na forma dos incisos I, II e III do *caput* deste artigo, depois de aplicado o rebate de que trata o inciso III do *caput* deste artigo;

•• Inciso I acrescentado pela Lei n. 13.729, de 8-11-2018, originalmente vetado, todavia promulgado em 13-6-2019.

II – fonte de recursos: FNE;

•• Inciso II acrescentado pela Lei n. 13.729, de 8-11-2018, originalmente vetado, todavia promulgado em 13-6-2019.

III – riscos da operação: os aplicados para operações contratadas com recursos do FNE na data da publicação desta Lei;

•• Inciso III acrescentado pela Lei n. 13.729, de 8-11-2018, originalmente vetado, todavia promulgado em 13-6-2019.

IV – amortização da dívida: prestações anuais, iguais e sucessivas, fixado o vencimento da primeira parcela para 2021 e o vencimento da última parcela para 2030, estabelecido novo cronograma de amortização, sem a necessidade de estudo de capacidade de pagamento;

•• Inciso IV acrescentado pela Lei n. 13.729, de 8-11-2018, originalmente vetado, todavia promulgado em 13-6-2019.

V – encargos financeiros: taxa efetiva de juros de 3,5% a.a. (três inteiros e cinco décimos por cento ao ano);

•• Inciso V acrescentado pela Lei n. 13.729, de 8-11-2018, originalmente vetado, todavia promulgado em 13-6-2019.

VI – amortização prévia de valor equivalente a 3% (três por cento) do saldo devedor atualizado, depois de aplicados os rebates de que trata o inciso III do *caput* deste artigo; e

•• Inciso VI acrescentado pela Lei n. 13.729, de 8-11-2018, originalmente vetado, todavia promulgado em 13-6-2019.

VII – garantias: as mesmas constituídas nas operações que serão liquidadas com a contratação do novo financiamento, exceto pelos Certificados do Tesouro Nacional que serão resgatados na forma do inciso II do *caput* deste artigo.

•• Inciso VII acrescentado pela Lei n. 13.729, de 8-11-2018, originalmente vetado, todavia promulgado em 13-6-2019.

§ 3.º As disposições deste artigo aplicam-se às operações contratadas com recursos do FNE, inclusive àquelas reclassificadas ao amparo do art. 31 da Lei n. 11.775, de 17 de setembro de 2008, em substituição às disposições contidas nos arts. 1.º e 2.º da Lei n. 13.340, de 28 de setembro de 2016.

•• § 3.º acrescentado pela Lei n. 13.729, de 8-11-2018, originalmente vetado, todavia promulgado em 13-6-2019.

§ 4.º Fica o FNE autorizado a assumir os custos decorrentes dos rebates de que trata este artigo.

•• § 4.º acrescentado pela Lei n. 13.729, de 8-11-2018, originalmente vetado, todavia promulgado em 13-6-2019.

§ 5.º Os custos decorrentes do ajuste dos saldos devedores previsto neste artigo serão assumidos:

•• § 5.º, *caput*, acrescentado pela Lei n. 13.729, de 8-11-2018, originalmente vetado, todavia promulgado em 13-6-2019.

I – pelo FNE, relativamente à parcela amparada em seus recursos;

•• Inciso I acrescentado pela Lei n. 13.729, de 8-11-2018, originalmente vetado, todavia promulgado em 13-6-2019.

II – pelo Banco do Nordeste do Brasil S.A., relativamente à parcela amparada em outras fontes de recursos.

•• Inciso II acrescentado pela Lei n. 13.729, de 8-11-2018, originalmente vetado, todavia promulgado em 13-6-2019.

§ 6.º As disposições deste artigo não se aplicam às operações contratadas por mutuários que tenham comprovadamente cometido desvio de finalidade de crédito, exceto se a irregularidade tiver sido sanada previamente à liquidação da dívida.

•• § 6.º acrescentado pela Lei n. 13.729, de 8-11-2018, originalmente vetado, todavia promulgado em 13-6-2019.

Arts. 30 a 32. (*Revogados pela Lei n. 13.729, de 8-11-2018.*)

....

Art. 36. É permitida a renegociação de dívidas de operações de crédito rural de custeio e investimento contratadas até 31 de dezembro de 2016, lastreadas com recursos controlados do crédito rural, inclusive aquelas prorrogadas por autorização do CMN, contratadas por produtores rurais e por suas cooperativas de produção agropecuária em Municípios da área de atuação da Sudene e do Estado do Espírito Santo, observadas as seguintes condições:

•• Artigo originalmente vetado, todavia promulgado em 18-4-2018.
•• A Lei n. 14.195, de 26-8-2021, propôs alteração neste *caput*, porém teve seu texto vetado.

I – os saldos devedores serão apurados com base nos encargos contratuais de normalidade, excluídos os bônus, rebates e descontos, sem o cômputo de multa, mora ou quaisquer outros encargos por inadimplemento, honorários advocatícios ou ressarcimento de custas processuais;

II – o reembolso deverá ser efetuado em prestações iguais e sucessivas, fixado o vencimento da primeira parcela para 2020 e o vencimento da última parcela para 2030, mantida a periodicidade da operação renegociada, sem a necessidade de estudo de capacidade de pagamento;

•• A Lei n. 14.195, de 26-8-2021, propôs alteração neste inciso, porém teve seu texto vetado.

III – os encargos financeiros serão os mesmos pactuados na operação original;

IV – a amortização mínima em percentual a ser aplicado sobre o saldo devedor vencido apurado na forma do inciso I do *caput* deste artigo será de:

a) 2% (dois por cento) para as operações de custeio agropecuário;

b) 10% (dez por cento) para as operações de investimento;

V – o prazo de adesão será de até cento e oitenta dias, contado da data do regulamento de que trata o § 7.º deste artigo;

•• A Lei n. 14.195, de 26-8-2021, propôs alteração neste inciso, porém teve seu texto vetado.

VI – o prazo de formalização da renegociação será de até cento e oitenta dias após a adesão de que trata o inciso IV do *caput* deste artigo.

§ 1.º As disposições de que trata este artigo aplicam-se aos financiamentos contratados com:

I – equalização de encargos financeiros pelo Tesouro Nacional, desde que as operações sejam previamente reclassificadas pela instituição financeira para recursos obrigatórios ou outra fonte não equalizável, admitida, a critério da instituição financeira, a substituição de aditivo contratual por "carimbo texto" para formalização da renegociação;

II – recursos do FNE, admitida, a critério da instituição financeira, a substituição de aditivo contratual por "carimbo texto" para formalização da renegociação.

§ 2.º O enquadramento no disposto neste artigo fica condicionado à demonstração da ocorrência de prejuízo no empreendimento rural em decorrência de fatores climáticos, salvo no caso de municípios em que foi decretado estado de emergência ou de calamidade pública reconhecido pelo Governo Federal, após a contratação da operação e até a publicação desta Lei.

§ 3.º No caso de operações contratadas por miniprodutores rurais e pequenos produtores rurais, inclusive aquelas contratadas por produtores amparados pela Lei n. 11.326, de 24 de julho de 2006, a demonstração de ocorrência de prejuízo descrito no § 2.º deste artigo poderá ser comprovada por meio de laudo grupal ou coletivo.

§ 4.º As operações de custeio rural que tenham sido objeto de cobertura parcial das perdas pelo Programa de Garantia da Atividade Agropecuária (Proagro), ou por outra modalidade de seguro rural, somente podem ser renegociadas mediante a exclusão do valor referente à indenização recebida pelo beneficiário, considerada a receita obtida.

§ 5.º Não podem ser objeto da renegociação de que trata este artigo:

I – as operações cujo empreendimento financiado tenha sido conduzido sem a aplicação de tecnologia recomendada, incluindo inobservância do Zoneamento Agrícola de Risco Climático (ZARC) e do calendário agrícola para plantio da lavoura;

II – as operações contratadas por mutuários que tenham comprovadamente cometido desvio de crédito, exceto se a irregularidade tiver sido sanada previamente à renegociação da dívida;

III – as operações contratadas por grandes produtores nos Municípios pertencentes à região do Matopiba, conforme definição do Ministério da Agricultura, Pecuária e Abastecimento, exceto naqueles em que foi decretado estado de emergência ou de calamidade pública reconhecido pelo Governo Federal, após a contratação da operação e até a publicação desta Lei.

§ 6.º Nos Municípios em que foi decretado estado de emergência ou de calamidade pública após 1.º de janeiro de 2016 reconhecido pelo Governo Federal, fica dispensada a amortização mínima estabelecida no inciso IV do *caput* deste artigo.

§ 7.º O CMN regulamentará as disposições deste artigo, no que couber, no prazo de trinta dias, incluindo condições alternativas para renegociação das operações de que trata o inciso III do § 5.º deste artigo, exceto quanto às operações com recursos do FNE, nas quais caberá ao gestor dos recursos implementar as disposições deste artigo.

Art. 36-A. Fica permitida a renegociação, em todo o território nacional, nas condições de que trata o art. 36 desta Lei, de dívidas de operações de crédito rural de custeio e investimento lastreadas com recursos controlados do crédito rural, inclusive aquelas prorrogadas por autorização do Conselho Monetário Nacional, contratadas até 31 de dezembro de 2020 por agricultores familiares que atendem aos requisitos da Lei n. 11.326, de 24 de julho de 2006, e por suas cooperativas de produção agropecuária, e por pequenos produtores de leite, observadas as seguintes disposições:

•• *Caput* acrescentado pela Lei n. 14.275, de 23-12-2021.

I – o reembolso deverá ser efetuado em prestações iguais e sucessivas, fixado o vencimento da primeira parcela para 2023 e o vencimento da última parcela para 2033, mantida a periodicidade da operação renegociada, sem a necessidade de estudo de capacidade de pagamento;

•• Inciso I acrescentado pela Lei n. 14.275, de 23-12-2021.

II – o prazo de adesão à renegociação a que se refere o *caput* deste artigo encerrar-se-á em 30 de setembro de 2022 e o de formalização da renegociação, em 30 de dezembro de 2022.

•• Inciso II acrescentado pela Lei n. 14.275, de 23-12-2021.

Art. 37. Admite-se a reclassificação para o âmbito exclusivo do FNE das operações de crédito rural contratadas com recursos mistos do fundo com outras fontes, observadas as seguintes condições:

•• Artigo originalmente vetado, todavia promulgado em 18-4-2018.

I – a reclassificação da operação para FNE não caracteriza novação da dívida, considerando-se a nova operação uma continuidade da operação renegociada;

II – a nova operação de que trata este artigo ficará sob risco compartilhado na proporção de 50% (cinquenta por cento) para o agente financeiro e 50% (cinquenta por cento) para o FNE;

III – o saldo devedor da operação a ser reclassificada será atualizado nas condições de normalidade e, se for o caso, em condições mais adequadas a serem acordadas entre o agente financeiro e o respectivo mutuário;

IV – as operações reclassificadas terão, a partir da data da reclassificação, os encargos financeiros das operações de crédito rural do FNE, definidos em função da classificação atual do produtor rural;

V – aplicam-se às operações reclassificadas, cuja contratação original ocorreu até 31 de dezembro de 2016, as condições estabelecidas no art. 36 desta Lei.

Art. 38. O Poder Executivo federal, com vistas ao cumprimento do disposto no inciso II do *caput* do art. 5.º e no art. 14 da Lei Complementar n. 101, de 4 de maio de 2000 (Lei de Responsabilidade Fiscal), estimará o montante da renúncia fiscal e dos custos decorrentes do disposto no inciso II do *caput* do art. 2.º, no inciso II do *caput* do art. 3.º, e nos arts. 14, 15, 18, 19, de 20 a 24, de 26 a 28, de 30 a 33 e 36 desta Lei, os incluirá no demonstrativo que acompanhar o projeto de lei orçamentária anual, nos termos do § 6.º do art. 165 da Constituição Federal, e fará constar das propostas orçamentárias subsequentes os valores relativos à referida renúncia.

Parágrafo único. Os benefícios constantes do inciso II do *caput* do art. 2.º, do inciso II do *caput* do art. 3.º e dos arts. 14, 15, 18, 19, de 20 a 24, de 26 a 28, de 30 a 33 e 36 desta Lei somente serão concedidos se atendido o disposto no *caput* deste artigo, inclusive com a demonstração pelo Poder Executivo federal de que a renúncia foi considerada na estimativa de receita da lei orçamentária anual, na forma estabelecida no art. 12 da Lei Complementar n. 101, de 4 de maio de 2000 (Lei de Responsabilidade Fiscal), e de que não afetará as metas de resultados fiscais previstas no anexo próprio da lei de diretrizes orçamentárias.

Art. 39. Para fins do disposto nos arts. 8.º e 9.º desta Lei, ficam reduzidas a zero as alíquotas do imposto de renda, da CSLL, da Contribuição para o PIS/Pasep e da Contribuição para Financiamento da Seguridade Social (Cofins) incidentes sobre a receita auferida pelo cedente com a cessão de créditos de prejuízo fiscal e de base de cálculo negativa da CSLL para pessoas jurídicas controladas, controladoras ou coligadas.

•• Artigo originalmente vetado, todavia promulgado em 18-4-2018.

§ 1.º Nos termos do *caput* deste artigo, ficam também reduzidas a zero as alíquotas do imposto de renda, da CSLL, da Contribuição para o PIS/Pasep e da Cofins incidentes sobre a receita auferida pela cessionária na hipótese dos créditos cedidos com deságio.

§ 2.º Não será computada na apuração da base de cálculo do imposto de renda, da CSLL, da Contribuição para o PIS/Pasep e da Cofins a parcela equivalente à redução do valor das multas, juros e encargo legal.

§ 3.º A variação patrimonial positiva decorrente da aplicação do disposto neste artigo será creditada à Reserva de Capital, na forma da alínea *a* do § 2.º do art. 38 do Decreto-lei n. 1.598, de 26 de dezembro de 1977.

Art. 40. Esta Lei entra em vigor na data de sua publicação e produzirá efeitos:

I – a partir de 1.º de janeiro de 2018, quanto ao disposto nos arts. 14 e 15, exceto o § 13 do art. 25 da Lei n. 8.212, de 24 de julho de 1991, incluído pelo art. 14 desta Lei, e o § 7.º do art. 25 da Lei n. 8.870, de 15 de abril de 1994, incluído pelo art. 15 desta Lei, que produzirão efeitos a partir de 1.º de janeiro de 2019; e

II – a partir da data de sua publicação, quanto aos demais dispositivos.

Brasília, 9 de janeiro de 2018; 197.º da Independência e 130.º da República.

MICHEL TEMER

ANEXO I

Descontos a serem aplicados sobre o valor consolidado a ser liquidado nos termos do art. 20 desta Lei.

Faixas para enquadramento do valor consolidado por ação de execução	Desconto percentual	Desconto de valor fixo, após aplicação do desconto percentual
Até R$ 15.000,00	95%	-
De R$ 15.000,01 até R$ 35.000,00	90%	R$ 750,00
De R$ 35.000,01 até R$ 100.000,00	85%	R$ 2.250,00
De R$ 100.000,01 até R$ 200.000,00	80%	R$ 7.500,00
De R$ 200.000,01 até R$ 500.000,00	75%	R$ 17.500,00
De R$ 500.000,01 até R$ 1.000.000,00	70%	R$ 42.500,00
Acima de R$ 1.000.000,00	60%	R$ 142.500,0

LEI COMPLEMENTAR N. 162, DE 6 DE ABRIL DE 2018 (*)

Institui o Programa Especial de Regularização Tributária das Microempresas e Empresas de Pequeno Porte optantes pelo Simples Nacional (Pert-SN).

O Presidente da República.

Faço saber que o Congresso Nacional decreta e eu promulgo, nos termos do parágrafo 5.º do art. 66 da Constituição Federal, a seguinte Lei Complementar:

Art. 1.º Fica instituído o Programa Especial de Regularização Tributária das Microempresas e Empresas de Pequeno Porte optantes pelo Simples Nacional (Pert-SN), relativo aos débitos de que trata o § 15 do art. 21 da Lei Complementar n. 123, de 14 de dezembro de 2006, observadas as seguintes condições:

I – pagamento em espécie de, no mínimo, 5% (cinco por cento) do valor da dívida consolidada, sem reduções, em até cinco parcelas mensais e sucessivas, e o restante:

a) liquidado integralmente, em parcela única, com redução de 90% (noventa por cento) dos juros de mora, 70% (setenta por cento) das multas de mora, de ofício ou isoladas e 100% (cem por cento) dos encargos legais, inclusive honorários advocatícios;

b) parcelado em até cento e quarenta e cinco parcelas mensais e sucessivas, com redução de 80% (oitenta por cento) dos juros de mora, 50% (cinquenta por cento) das multas de mora, de ofício ou isoladas e 100% (cem por cento) dos encargos legais, inclusive honorários advocatícios; ou

c) parcelado em até cento e setenta e cinco parcelas mensais e sucessivas, com redução de 50% (cinquenta por cento) dos juros de mora, 25% (vinte e cinco por cento) das multas de mora, de ofício ou isoladas e 100% (cem por cento) dos encargos legais, inclusive honorários advocatícios;

II – o valor mínimo das prestações será de R$ 300,00 (trezentos reais), exceto no caso dos Microempreendedores Individuais (MEIs), cujo valor será definido pelo Comitê Gestor do Simples Nacional (CGSN).

•• A Lei Complementar n. 168, de 12-6-2019, dispõe em seu art. 1.º: "Art. 1.º Os microempreendedores individuais, as microempresas e as empresas de pequeno porte excluídos, em 1.º de janeiro de 2018, do Regime Especial Unificado de Arrecadação de Tributos e Contribuições devidos pelas Microempresas e Empresas de Pequeno Porte (Simples Nacional), instituído pela Lei Complementar n. 123, de 14 de dezembro de 2006, que fizerem adesão ao Programa Especial de Regularização Tributária das Microempresas e Empresas de Pequeno Porte optantes pelo Simples Nacional (PertSN), instituído pela Lei Complementar n. 162, de 6 de abril de 2018, poderão, de forma extraordinária, no prazo de 30 (trinta) dias contado da data de publicação desta Lei, fazer nova opção pelo regime tributário, com efeitos retroativos a 1.º de janeiro de 2018, desde que não incorram, em 1.º de janeiro de 2018, nas vedações previstas na Lei Complementar n. 123, de 14 de dezembro de 2006, na forma do regulamento".

§ 1.º Os interessados poderão aderir ao Pert-SN em até noventa dias após a entrada em vigor desta Lei Complementar, ficando suspensos os efeitos das notificações – Atos Declaratórios Executivos (ADE) – efetuadas até o término deste prazo.

§ 2.º Poderão ser parcelados na forma do *caput* deste artigo os débitos vencidos até a competência do mês de novembro de 2017 e apurados na forma do Regime Especial Unificado de Arrecadação de Tributos e Contribuições devidos pelas Microempresas e Empresas de Pequeno Porte (Simples Nacional).

§ 3.º O disposto neste artigo aplica-se aos créditos constituídos ou não, com exigibilidade suspensa ou não, parcelados ou não e inscritos ou não em dívida ativa do respectivo ente federativo, mesmo em fase de execução fiscal já ajuizada.

§ 4.º O pedido de parcelamento implicará desistência compulsória e definitiva de parcelamento anterior, sem restabelecimento dos parcelamentos rescindidos caso não seja efetuado o pagamento da primeira prestação.

§ 5.º O valor de cada prestação mensal, por ocasião do pagamento, será acrescido de juros equivalentes à taxa referencial do Sistema Especial de Liquidação e de Custódia (Selic) para títulos federais, acumulada mensalmente, calculados a partir do mês subsequente ao da consolidação até o mês anterior ao do pagamento, e de 1% (um por cento) relativamente ao mês em que o pagamento estiver sendo efetuado.

§ 6.º Poderão ainda ser parcelados, na forma e nas condições previstas nesta Lei Complementar, os débitos parcelados de acordo com os §§ 15 a 24 do art. 21 da Lei Complementar n. 123, de 14 de dezembro de 2006, e o art. 9.º da Lei Complementar n. 155, de 27 de outubro de 2016.

§ 7.º Compete ao CGSN a regulamentação do parcelamento disposto neste artigo.

Art. 2.º O Poder Executivo federal, com vistas ao cumprimento do disposto no inciso II do *caput* do art. 5.º e nos arts. 14 e 17 da Lei Complementar n. 101, de 4 de maio de 2000, estimará o montante da renúncia fiscal decorrente desta Lei Complementar e o incluirá no demonstrativo a que se refere o

---

(*) Publicada no *Diário Oficial da União*, de 9-4-2018.

§ 6.º do art. 165 da Constituição Federal, que acompanhará o projeto da lei orçamentária cuja apresentação se der após a publicação desta Lei Complementar.

Art. 3.º Esta Lei Complementar entra em vigor na data de sua publicação.

Brasília, 6 de abril de 2018; 197.º da Independência e 130.º da República.

Michel Temer

LEI COMPLEMENTAR N. 167, DE 24 DE ABRIL DE 2019 (*)

Dispõe sobre a Empresa Simples de Crédito (ESC) e altera a Lei n. 9.613, de 3 de março de 1998 (Lei de Lavagem de Dinheiro), a Lei n. 9.249, de 26 de dezembro de 1995, e a Lei Complementar n. 123, de 14 de dezembro de 2006 (Lei do Simples Nacional), para regulamentar a ESC e instituir o Inova Simples.

O Presidente da República

Faço saber que o Congresso Nacional decreta e eu sanciono a seguinte Lei Complementar:

Art. 1.º A Empresa Simples de Crédito (ESC), de âmbito municipal ou distrital, com atuação exclusivamente no Município de sua sede e em Municípios limítrofes, ou, quando for o caso, no Distrito Federal e em Municípios limítrofes, destina-se à realização de operações de empréstimo, de financiamento e de desconto de títulos de crédito, exclusivamente com recursos próprios, tendo como contrapartes microempreendedores individuais, microempresas e empresas de pequeno porte, nos termos da Lei Complementar n. 123, de 14 de dezembro de 2006 (Lei do Simples Nacional).

Art. 2.º A ESC deve adotar a forma de empresa individual de responsabilidade limitada (Eireli), empresário individual ou sociedade limitada constituída exclusivamente por pessoas naturais e terá por objeto social exclusivo as atividades enumeradas no art. 1.º desta Lei Complementar.

•• *Vide* art. 980-A do CC.

§ 1.º O nome empresarial de que trata o *caput* deste artigo conterá a expressão "Empresa Simples de Crédito", e não poderá constar dele, ou de qualquer texto de divulgação de suas atividades, a expressão "banco" ou outra expressão identificadora de instituição autorizada a funcionar pelo Banco Central do Brasil.

§ 2.º O capital inicial da ESC e os posteriores aumentos de capital deverão ser realizados integralmente em moeda corrente.

§ 3.º O valor total das operações de empréstimo, de financiamento e de desconto de títulos de crédito da ESC não poderá ser superior ao capital realizado.

§ 4.º A mesma pessoa natural não poderá participar de mais de uma ESC, ainda que localizadas em Municípios distintos ou sob a forma de filial.

Art. 3.º É vedada à ESC a realização de:

I – qualquer captação de recursos, em nome próprio ou de terceiros, sob pena de enquadramento no crime previsto no art. 16 da Lei n. 7.492, de 16 de junho de 1986 (Lei dos Crimes contra o Sistema Financeiro Nacional); e

• Citado artigo proíbe a operação de instituição financeira, sem autorização ou com autorização falsa, inclusive de distribuição de valores mobiliários ou câmbio.

II – operações de crédito, na qualidade de credora, com entidades integrantes da administração pública direta, indireta e fundacional de qualquer dos poderes da União, dos Estados, do Distrito Federal e dos Municípios.

Art. 4.º A receita bruta anual da ESC não poderá exceder o limite de receita bruta para Empresa de Pequeno Porte (EPP) definido na Lei Complementar n. 123, de 14 de dezembro de 2006 (Lei do Simples Nacional).

Parágrafo único. Considera-se receita bruta, para fins do disposto no *caput* deste artigo, a remuneração auferida pela ESC com a cobrança de juros, inclusive quando cobertos pela venda do valor do bem objeto de alienação fiduciária.

Art. 5.º Nas operações referidas no art. 1.º desta Lei Complementar, devem ser observadas as seguintes condições:

I – a remuneração da ESC somente pode ocorrer por meio de juros remuneratórios, vedada a cobrança de quaisquer outros encargos, mesmo sob a forma de tarifa;

II – a formalização do contrato deve ser realizada por meio de instrumento próprio, cuja cópia deverá ser entregue à contraparte da operação;

III – a movimentação dos recursos deve ser realizada exclusivamente mediante débito e crédito em contas de depósito de titularidade da ESC e da pessoa jurídica contraparte na operação.

§ 1.º A ESC poderá utilizar o instituto da alienação fiduciária em suas operações de empréstimo, de financiamento e de desconto de títulos de crédito.

§ 2.º A ESC deverá providenciar a anotação, em bancos de dados, de informações de adimplemento e de inadimplemento de seus clientes, na forma da legislação em vigor.

§ 3.º É condição de validade das operações de que trata o *caput* deste artigo o registro delas em entidade registradora autorizada pelo Banco Central do Brasil ou pela Comissão de Valores Mobiliários, nos termos do art. 28 da Lei n. 12.810, de 15 de maio de 2013.

• Dispõe citado artigo: "Art. 28. Compete ainda ao Banco Central do Brasil e à Comissão de Valores Mobiliários, no âmbito das respectivas competências: I - autorizar e supervisionar o exercício da atividade de registro de ativos financeiros e de valores mobiliários; e II - estabelecer as condições para o exercício da atividade prevista no inciso I. Parágrafo único. O registro de ativos financeiros e de valores mobiliários compreende a escrituração, o armazenamento e a publicidade de informações referentes a transações financeiras, ressalvados os sigilos legais".

§ 4.º Não se aplicam à ESC as limitações à cobrança de juros previstas no Decreto n. 22.626, de 7 de abril de 1933 (Lei da Usura), e no art. 591 da Lei n. 10.406, de 10 de janeiro de 2002 (Código Civil).

Art. 6.º É facultado ao Banco Central do Brasil, não constituindo violação ao dever de sigilo, o acesso às informações decorrentes do registro de que trata o § 3.º do art. 5.º desta Lei Complementar, para fins estatísticos e de controle macroprudencial do risco de crédito.

Art. 7.º As ESCs estão sujeitas aos regimes de recuperação judicial e extrajudicial e ao regime falimentar regulados pela Lei n. 11.101, de 9 de fevereiro de 2005 (Lei de Falências).

Art. 8.º A ESC deverá manter escrituração com observância das leis comerciais e fiscais e transmitir a Escrituração Contábil Digital (ECD) por meio do Sistema Público de Escrituração Digital (Sped).

• O Decreto n. 6.022, de 22-1-2007, instituiu o Sistema Público de Escrituração Digital – Sped.

Art. 9.º Constitui crime o descumprimento do disposto no art. 1.º, no § 3.º do art. 2.º, no art. 3.º e no *caput* do art. 5.º desta Lei Complementar.

Pena – reclusão, de 1 (um) a 4 (quatro) anos, e multa.

Art. 10. O Serviço Brasileiro de Apoio às Micro e Pequenas Empresas (Sebrae) poderá apoiar a constituição e o fortalecimento das ESCs.

Art. 11. O art. 9.º da Lei n. 9.613, de 3 de março de 1998 (Lei de Lavagem de Dinheiro), passa a vigorar com a seguinte redação:

•• Alteração já processada no diploma modificado.

Art. 12. Os arts. 15 e 20 da Lei n. 9.249, de 26 de dezembro de 1995, passam a vigorar com a seguinte redação:

•• Alterações já processadas no diploma modificado.

Art. 13. A Lei Complementar n. 123, de 14 de dezembro de 2006 (Lei do Simples Nacional), passa a vigorar com as seguintes alterações:

•• Alterações já processadas no diploma modificado.

Art. 14. Esta Lei Complementar entra em vigor na data de sua publicação.

Brasília, 24 de abril de 2019; 198.º da Independência e 131.º da República.

Jair Messias Bolsonaro

(*) Publicada no *Diário Oficial da União* de 25-4-2019.

DECRETO N. 9.830, DE 10 DE JUNHO DE 2019 (*)

Regulamenta o disposto nos art. 20 ao art. 30 do Decreto-lei n. 4.657, de 4 de setembro de 1942, que institui a Lei de Introdução às normas do Direito brasileiro.

O Presidente da República, no uso das atribuições que lhe confere o art. 84, *caput*, incisos IV e VI, alínea *a*, da Constituição, e tendo em vista o disposto nos art. 20 ao art. 30 do Decreto-lei n. 4.657, de 4 de setembro de 1942, decreta:

Capítulo I
DISPOSIÇÕES PRELIMINARES

Objeto

Art. 1.º Este Decreto regulamenta o disposto nos art. 20 ao art. 30 do Decreto-lei n. 4.657, de 4 de setembro de 1942, que institui a Lei de Introdução às normas do Direito brasileiro.

Capítulo II
DA DECISÃO

•• *Vide* arts. 20, 21, 22, 23, 27 e 29 do Decreto-lei n. 4.657, de 4-9-1942.

Motivação e decisão

Art. 2.º A decisão será motivada com a contextualização dos fatos, quando cabível, e com a indicação dos fundamentos de mérito e jurídicos.

§ 1.º A motivação da decisão conterá os seus fundamentos e apresentará a congruência entre as normas e os fatos que a embasaram, de forma argumentativa.

§ 2.º A motivação indicará as normas, a interpretação jurídica, a jurisprudência ou a doutrina que a embasaram.

§ 3.º A motivação poderá ser constituída por declaração de concordância com o conteúdo de notas técnicas, pareceres, informações, decisões ou propostas que precederam a decisão.

Motivação e decisão baseadas em valores jurídicos abstratos

Art. 3.º A decisão que se basear exclusivamente em valores jurídicos abstratos observará o disposto no art. 2.º e as consequências práticas da decisão.

§ 1.º Para fins do disposto neste Decreto, consideram-se valores jurídicos abstratos aqueles previstos em normas jurídicas com alto grau de indeterminação e abstração.

§ 2.º Na indicação das consequências práticas da decisão, o decisor apresentará apenas aquelas consequências práticas que, no exercício diligente de sua atuação, consiga vislumbrar diante dos fatos e fundamentos de mérito e jurídicos.

§ 3.º A motivação demonstrará a necessidade e a adequação da medida imposta, inclusive consideradas as possíveis alternativas e observados os critérios de adequação, proporcionalidade e de razoabilidade.

Motivação e decisão na invalidação

Art. 4.º A decisão que decretar invalidação de atos, contratos, ajustes, processos ou normas administrativas observará o disposto no art. 2.º e indicará, de modo expresso, as suas consequências jurídicas e administrativas.

§ 1.º A consideração das consequências jurídicas e administrativas é limitada aos fatos e fundamentos de mérito e jurídicos que se espera do decisor no exercício diligente de sua atuação.

§ 2.º A motivação demonstrará a necessidade e a adequação da medida imposta, consideradas as possíveis alternativas e observados os critérios de proporcionalidade e de razoabilidade.

§ 3.º Quando cabível, a decisão a que se refere o *caput* indicará, na modulação de seus efeitos, as condições para que a regularização ocorra de forma proporcional e equânime e sem prejuízo aos interesses gerais.

§ 4.º Na declaração de invalidade de atos, contratos, ajustes, processos ou normas administrativos, o decisor poderá considerar as consequências jurídicas e administrativas da decisão para a administração pública e para o administrado:

I – restringir os efeitos da declaração; ou

II – decidir que sua eficácia se iniciará em momento posteriormente definido.

§ 5.º A modulação dos efeitos da decisão buscará a mitigação dos ônus ou das perdas dos administrados ou da administração pública que sejam anormais ou excessivos em função das peculiaridades do caso.

Revisão quanto à validade por mudança de orientação geral

Art. 5.º A decisão que determinar a revisão quanto à validade de atos, contratos, ajustes, processos ou normas administrativos cuja produção de efeitos esteja em curso ou que tenha sido concluída levará em consideração as orientações gerais da época.

§ 1.º É vedado declarar inválida situação plenamente constituída devido à mudança posterior de orientação geral.

§ 2.º O disposto no § 1.º não exclui a possibilidade de suspensão de efeitos futuros de relação em curso.

§ 3.º Para fins do disposto neste artigo, consideram-se orientações gerais as interpretações e as especificações contidas em atos públicos de caráter geral ou em jurisprudência judicial ou administrativa majoritária e as adotadas por prática administrativa reiterada e de amplo conhecimento público.

§ 4.º A decisão a que se refere o *caput* será motivada na forma do disposto nos art. 2.º, art. 3.º ou art. 4.º.

Motivação e decisão na nova interpretação de norma de conteúdo indeterminado

Art. 6.º A decisão administrativa que estabelecer interpretação ou orientação nova sobre norma de conteúdo indeterminado e impuser novo dever ou novo condicionamento de direito, preverá regime de transição, quando indispensável para que o novo dever ou o novo condicionamento de direito seja cumprido de modo proporcional, equânime e eficiente e sem prejuízo aos interesses gerais.

§ 1.º A instituição do regime de transição será motivada na forma do disposto nos art. 2.º, art. 3.º ou art. 4.º.

§ 2.º A motivação considerará as condições e o tempo necessário para o cumprimento proporcional, equânime e eficiente do novo dever ou do novo condicionamento de direito e os eventuais prejuízos aos interesses gerais.

§ 3.º Considera-se nova interpretação ou nova orientação aquela que altera o entendimento anterior consolidado.

Regime de transição

Art. 7.º Quando cabível, o regime de transição preverá:

I – os órgãos e as entidades da administração pública e os terceiros destinatários;

II – as medidas administrativas a serem adotadas para adequação à interpretação ou à nova orientação sobre norma de conteúdo indeterminado; e

III – o prazo e o modo para que o novo dever ou novo condicionamento de direito seja cumprido.

Interpretação de normas sobre gestão pública

Art. 8.º Na interpretação de normas sobre gestão pública, serão considerados os obstáculos, as dificuldades reais do agente público e as exigências das políticas públicas a seu cargo, sem prejuízo dos direitos dos administrados.

§ 1.º Na decisão sobre a regularidade de conduta ou a validade de atos, contratos, ajustes, processos ou normas administrativos, serão consideradas as circunstâncias práticas que impuseram, limitaram ou condicionaram a ação do agente público.

§ 2.º A decisão a que se refere o § 1.º observará o disposto nos art. 2.º, art. 3.º ou art. 4.º.

Compensação

Art. 9.º A decisão do processo administrativo poderá impor diretamente à pessoa obrigada compensação por benefícios indevidos ou prejuízos anormais ou injustos resultantes do processo ou da conduta dos envolvidos, com a finalidade de evitar procedimentos contenciosos de ressarcimento de danos.

(*) Publicado no *Diário Oficial da União*, de 11-6-2019.

§ 1.º A decisão do processo administrativo é de competência da autoridade pública, que poderá exigir compensação por benefícios indevidamente fruídos pelo particular ou por prejuízos resultantes do processo ou da conduta do particular.

§ 2.º A compensação prevista no *caput* será motivada na forma do disposto nos art. 2.º, art. 3.º ou art. 4.º e será precedida de manifestação das partes obrigadas sobre seu cabimento, sua forma e, se for o caso, seu valor.

§ 3.º A compensação poderá ser efetivada por meio do compromisso com os interessados a que se refere o art. 10.

Capítulo III
DOS INSTRUMENTOS

Compromisso

Art. 10. Na hipótese de a autoridade entender conveniente para eliminar irregularidade, incerteza jurídica ou situações contenciosas na aplicação do direito público, poderá celebrar compromisso com os interessados, observada a legislação aplicável e as seguintes condições:

I – após oitiva do órgão jurídico;
II – após realização de consulta pública, caso seja cabível; e
III – presença de razões de relevante interesse geral.

§ 1.º A decisão de celebrar o compromisso a que se refere o *caput* será motivada na forma do disposto no art. 2.º.

§ 2.º O compromisso:

I – buscará solução proporcional, equânime, eficiente e compatível com os interesses gerais;
II – não poderá conferir desoneração permanente de dever ou condicionamento de direito reconhecido por orientação geral; e
III – preverá:
a) as obrigações das partes;
b) o prazo e o modo para seu cumprimento;
c) a forma de fiscalização quanto a sua observância;
d) os fundamentos de fato e de direito;
e) a sua eficácia de título executivo extrajudicial; e
f) as sanções aplicáveis em caso de descumprimento.

§ 3.º O compromisso firmado somente produzirá efeitos a partir de sua publicação.

§ 4.º O processo que subsidiar a decisão de celebrar o compromisso será instruído com:

I – o parecer técnico conclusivo do órgão competente sobre a viabilidade técnica, operacional e, quando for o caso, sobre as obrigações orçamentário-financeiras a serem assumidas;

II – o parecer conclusivo do órgão jurídico sobre a viabilidade jurídica do compromisso, que conterá a análise da minuta proposta;

III – a minuta do compromisso, que conterá as alterações decorrentes das análises técnica e jurídica previstas nos incisos I e II; e

IV – a cópia de outros documentos que possam auxiliar na decisão de celebrar o compromisso.

§ 5.º Na hipótese de o compromisso depender de autorização do Advogado-Geral da União e de Ministro de Estado, nos termos do disposto no § 4.º do art. 1.º ou no art. 4.º-A da Lei n. 9.469, de 10 de julho de 1997, ou ser firmado pela Advocacia-Geral da União, o processo de que trata o § 3.º será acompanhado de manifestação de interesse da autoridade máxima do órgão ou da entidade da administração pública na celebração do compromisso.

§ 6.º Na hipótese de que trata o § 5.º, a decisão final quanto à celebração do compromisso será do Advogado-Geral da União, nos termos do disposto no parágrafo único do art. 4.º-A da Lei n. 9.469, de 1997.

Termo de ajustamento de gestão

Art. 11. Poderá ser celebrado termo de ajustamento de gestão entre os agentes públicos e os órgãos de controle interno da administração pública com a finalidade de corrigir falhas apontadas em ações de controle, aprimorar procedimentos, assegurar a continuidade da execução do objeto, sempre que possível, e garantir o atendimento do interesse geral.

§ 1.º A decisão de celebrar o termo de ajustamento de gestão será motivada na forma do disposto no art. 2.º.

§ 2.º Não será celebrado termo de ajustamento de gestão na hipótese de ocorrência de dano ao erário praticado por agentes públicos que agirem com dolo ou erro grosseiro.

§ 3.º A assinatura de termo de ajustamento de gestão será comunicada ao órgão central do sistema de controle interno.

Capítulo IV
DA RESPONSABILIZAÇÃO DO AGENTE PÚBLICO

Responsabilização na hipótese de dolo ou erro grosseiro

Art. 12. O agente público somente poderá ser responsabilizado por suas decisões ou opiniões técnicas se agir ou se omitir com dolo, direto ou eventual, ou cometer erro grosseiro, no desempenho de suas funções.

•• *Vide* art. 28 do Decreto-lei n. 4.657, de 4-9-1942.

•• O STF, nas ADIs n. 6.421 e 6.428, nas sessões virtuais de 1.º-3-2024 a 8-3-2024 (*DOU* de 14-3-2024), por unanimidade, julgou prejudicadas as ações quanto à Medida Provisória n. 966/2020 e, no mérito, julgou improcedente o pedido de declaração de inconstitucionalidade do art. 28 da LINDB e dos arts. 12 e 14 do Decreto n. 9.830/2019. Foi fixada a seguinte tese de julgamento: "1. Compete ao legislador ordinário dimensionar o conceito de culpa previsto no art. 37, § 6.º, da CF, respeitado o princípio da proporcionalidade, em especial na sua vertente de vedação à proteção insuficiente; 2. Estão abrangidas pela ideia de erro grosseiro as noções de imprudência, negligência e imperícia, quando efetivamente graves".

§ 1.º Considera-se erro grosseiro aquele manifesto, evidente e inescusável praticado com culpa grave, caracterizado por ação ou omissão com elevado grau de negligência, imprudência ou imperícia.

§ 2.º Não será configurado dolo ou erro grosseiro do agente público se não restar comprovada, nos autos do processo de responsabilização, situação ou circunstância fática capaz de caracterizar o dolo ou o erro grosseiro.

§ 3.º O mero nexo de causalidade entre a conduta e o resultado danoso não implica responsabilização, exceto se comprovado o dolo ou o erro grosseiro do agente público.

§ 4.º A complexidade da matéria e das atribuições exercidas pelo agente público serão consideradas em eventual responsabilização do agente público.

§ 5.º O montante do dano ao erário, ainda que expressivo, não poderá, por si só, ser elemento para caracterizar o erro grosseiro ou o dolo.

§ 6.º A responsabilização pela opinião técnica não se estende de forma automática ao decisor que a adotou como fundamento de decidir e somente se configurará se estiverem presentes elementos suficientes para o decisor aferir o dolo ou o erro grosseiro da opinião técnica ou se houver conluio entre os agentes.

§ 7.º No exercício do poder hierárquico, só responderá por *culpa in vigilando* aquele cuja omissão caracterizar erro grosseiro ou dolo.

§ 8.º O disposto neste artigo não exime o agente público de atuar de forma diligente e eficiente no cumprimento dos seus deveres constitucionais e legais.

Análise de regularidade da decisão

Art. 13. A análise da regularidade da decisão não poderá substituir a atribuição do agente público, dos órgãos ou das entidades da administração pública no exercício de suas atribuições e competências, inclusive quanto à definição de políticas públicas.

§ 1.º A atução de órgãos de controle privilegiará ações de prevenção antes de processos sancionadores.

§ 2.º A eventual estimativa de prejuízo causado ao erário não poderá ser considerada isolada e exclusivamente como motivação para se concluir pela irregularidade de atos, contratos, ajustes, processos ou normas administrativos.

Direito de regresso, defesa judicial e extrajudicial

Art. 14. No âmbito do Poder Executivo federal, o direito de regresso previsto no § 6.º do art. 37 da Constituição somente será exercido na hipótese de o agente público ter agido com dolo ou erro grosseiro em suas decisões ou opiniões técnicas, nos termos do disposto no art. 28 do Decreto-lei n. 4.657, de 1942, e com observância aos princípios constitucionais da proporcionalidade e da razoabilidade.

•• O STF, nas ADIs n. 6.421 e 6.428, nas sessões virtuais de 1.º-3-2024 a 8-3-2024 (*DOU* de 14-3-2024), por unanimidade, julgou prejudicadas as ações quanto à Medida Provisória n. 966/2020 e, no mérito, julgou improcedente o pedido de declaração de inconstitucionalidade do art. 28 da LINDB e dos arts. 12 e 14 do Decreto n. 9.830/2019. Foi fixada a seguinte tese de julgamento: "1. Compete ao legislador ordinário dimensionar o conceito de culpa previsto no art. 37, § 6.º, da CF, respeitado o princípio da proporcionalidade, em especial na sua vertente de vedação à proteção insuficiente; 2. Estão abrangidas pela ideia de erro grosseiro as noções de imprudência, negligência e imperícia, quando efetivamente graves".

Art. 15. O agente público federal que tiver que se defender, judicial ou extrajudicialmente, por ato ou conduta praticada no exercício regular de suas atribuições institucionais, poderá solicitar à Advocacia-Geral da União que avalie a verossimilhança de suas alegações e a consequente possibilidade de realizar sua defesa, nos termos do disposto no art. 22 da Lei n. 9.028, de 12 de abril de 1995, e nas demais normas de regência.

Decisão que impuser sanção ao agente público

Art. 16. A decisão que impuser sanção ao agente público considerará:

I – a natureza e a gravidade da infração cometida;

II – os danos que dela provierem para a administração pública;

III – as circunstâncias agravantes ou atenuantes;

IV – os antecedentes do agente;

V – o nexo de causalidade; e

VI – a culpabilidade do agente.

§ 1.º A motivação da decisão a que se refere o *caput* observará o disposto neste Decreto.

§ 2.º As sanções aplicadas ao agente público serão levadas em conta na dosimetria das demais sanções da mesma natureza e relativas ao mesmo fato.

Art. 17. O disposto no art. 12 não afasta a possibilidade de aplicação de sanções previstas em normas disciplinares, inclusive nos casos de ação ou de omissão culposas de natureza leve.

Capítulo V
DA SEGURANÇA JURÍDICA NA APLICAÇÃO DAS NORMAS

•• O Decreto n. 12.002, de 22-4-2024, estabelece normas para elaboração, redação, alteração e consolidação de atos normativos.

Consulta pública para edição de atos normativos

• O Decreto n. 12.002, de 22-4-2024, dispõe sobre consulta pública de atos normativos nos arts. 27 a 32.

Art. 18. (*Revogado pelo Decreto n. 12.002, de 22-4-2024, em vigor em 1.º-6-2024.*)

Segurança jurídica na aplicação das normas

Art. 19. As autoridades públicas atuarão com vistas a aumentar a segurança jurídica na aplicação das normas, inclusive por meio de normas complementares, orientações normativas, súmulas, enunciados e respostas a consultas.

Parágrafo único. Os instrumentos previstos no *caput* terão caráter vinculante em relação ao órgão ou à entidade da administração pública a que se destinarem, até ulterior revisão.

Parecer do Advogado-Geral da União e de consultorias jurídicas e súmulas da Advocacia-Geral da União

Art. 20. O parecer do Advogado-Geral da União de que tratam os art. 40 e art. 41 da Lei Complementar n. 73, 10 de fevereiro de 1993, aprovado pelo Presidente da República e publicado no Diário Oficial da União juntamente com o despacho presidencial, vincula os órgãos e as entidades da administração pública federal, que ficam obrigados a lhe dar fiel cumprimento.

§ 1.º O parecer do Advogado-Geral da União aprovado pelo Presidente da República, mas não publicado, obriga apenas as repartições interessadas, a partir do momento em que dele tenham ciência.

§ 2.º Os pareceres de que tratam o *caput* e o § 1.º têm prevalência sobre outros mecanismos de uniformização de entendimento.

Art. 21. Os pareceres das consultorias jurídicas e dos órgãos de assessoramento jurídico, de que trata o art. 42 da Lei Complementar n. 73, de 1993, aprovados pelo respectivo Ministro de Estado, vinculam o órgão e as respectivas entidades vinculadas.

Orientações normativas

Art. 22. A autoridade que representa órgão central de sistema poderá editar orientações normativas ou enunciados que vincularão os órgãos setoriais e seccionais.

§ 1.º As controvérsias jurídicas sobre a interpretação de norma, instrução ou orientação de órgão central de sistema poderão ser submetidas à Advocacia-Geral da União.

§ 2.º A submissão à Advocacia-Geral da União de que trata o § 1.º será instruída com a posição do órgão jurídico do órgão central de sistema, do órgão jurídico que divergiu e dos outros órgãos que se pronunciaram sobre o caso.

Enunciados

Art. 23. A autoridade máxima de órgão ou da entidade da administração pública poderá editar enunciados que vinculem o próprio órgão ou a entidade e os seus órgãos subordinados.

Transparência

Art. 24. Compete aos órgãos e às entidades da administração pública manter atualizados, em seus sítios eletrônicos, as normas complementares, as orientações normativas, as súmulas e os enunciados a que se referem os art. 19 ao art. 23.

Vigência

Art. 25. Este Decreto entra em vigor na data de sua publicação.

Brasília, 10 de junho de 2019; 198.º da Independência e 131.º da República.

JAIR MESSIAS BOLSONARO

LEI N. 13.874, DE 20 DE SETEMBRO DE 2019 (*)

Institui a Declaração de Direitos de Liberdade Econômica; estabelece garantias de livre mercado; altera as Leis n. 10.406, de 10 de janeiro de 2002 (Código Civil), 6.404, de 15 de dezembro de 1976, 11.598, de 3 de dezembro de 2007, 12.682, de 9 de julho de 2012, 6.015, de 31 de dezembro de 1973, 10.522, de 19 de julho de 2002, 8.934, de 18 de novembro de 1994, o Decreto-lei n. 9.760, de 5 de setembro de 1946 e a Consolidação das Leis do Trabalho, aprovada pelo Decreto-lei n. 5.452, de 1.º de maio de 1943; revoga a Lei Delegada n. 4, de 26 de setembro de 1962, a Lei n. 11.887, de 24 de dezembro de 2008, e dispositivos das Leis n. 10.101, de 19 de dezembro de 2000, 605, de 5 de janeiro de 1949, 4.178, de 11 de dezembro de 1962, e do Decreto-lei n. 73, de 21 de novembro de 1966; e dá outras providências.

O Presidente da República
Faço saber que o Congresso Nacional decreta e eu sanciono a seguinte Lei:

Capítulo I
DISPOSIÇÕES GERAIS

•• *Vide* art. 1.º, § 3.º, desta Lei.

Art. 1.º Fica instituída a Declaração de Direitos de Liberdade Econômica, que estabelece normas de proteção à livre iniciativa e ao livre exercício de atividade econômica e disposições sobre a atuação do Estado como agente normativo e regulador, nos termos do inciso IV do *caput* do art. 1.º, do parágrafo único do art. 170 e do *caput* do art. 174 da Constituição Federal.

(*) Publicada no *Diário Oficial da União*, de 20-9-2019 – Edição extra. Regulamentada pelo Decreto n. 10.178, de 18-12-2019.

§ 1.º O disposto nesta Lei será observado na aplicação e na interpretação do direito civil, empresarial, econômico, urbanístico e do trabalho nas relações jurídicas que se encontrem no seu âmbito de aplicação e na ordenação pública, inclusive sobre exercício das profissões, comércio, juntas comerciais, registros públicos, trânsito, transporte e proteção ao meio ambiente.

§ 2.º Interpretam-se em favor da liberdade econômica, da boa-fé e do respeito aos contratos, aos investimentos e à propriedade todas as normas de ordenação pública sobre atividades econômicas privadas.

§ 3.º O disposto neste Capítulo e nos Capítulos II e III desta Lei não se aplica ao direito tributário e ao direito financeiro, ressalvado o disposto no inciso X do *caput* do art. 3.º desta Lei.

•• *Caput* com redação determinada pela Lei n. 14.195, de 26-8-2021.

§ 4.º O disposto nos arts. 1.º, 2.º, 3.º e 4.º desta Lei constitui norma geral de direito econômico, conforme o disposto no inciso I do *caput* e nos §§ 1.º, 2.º, 3.º e 4.º do art. 24 da Constituição Federal, e será observado para todos os atos públicos de liberação da atividade econômica executados pelos Estados, pelo Distrito Federal e pelos Municípios, nos termos do § 2.º deste artigo.

§ 5.º O disposto no inciso IX do *caput* do art. 3.º desta Lei não se aplica aos Estados, ao Distrito Federal e aos Municípios, exceto se:

I – o ato público de liberação da atividade econômica for derivado ou delegado por legislação ordinária federal; ou

II – o ente federativo ou o órgão responsável pelo ato decidir vincular-se ao disposto no inciso IX do *caput* do art. 3.º desta Lei por meio de instrumento válido e próprio.

§ 6.º Para fins do disposto nesta Lei, consideram-se atos públicos de liberação a licença, a autorização, a concessão, a inscrição, a permissão, o alvará, o cadastro, o credenciamento, o estudo, o plano, o registro e os demais atos exigidos, sob qualquer denominação, por órgão ou entidade da administração pública na aplicação de legislação, como condição para o exercício de atividade econômica, inclusive o início, a continuação e o fim para a instalação, a construção, a operação, a produção, o funcionamento, o uso, o exercício ou a realização, no âmbito público ou privado, de atividade, serviço, estabelecimento, profissão, instalação, operação, produto, equipamento, veículo, edificação e outros.

Art. 2.º São princípios que norteiam o disposto nesta Lei:

I – a liberdade como uma garantia no exercício de atividades econômicas;

II – a boa-fé do particular perante o poder público;

III – a intervenção subsidiária e excepcional do Estado sobre o exercício de atividades econômicas; e

IV – o reconhecimento da vulnerabilidade do particular perante o Estado.

Parágrafo único. Regulamento disporá sobre os critérios de aferição para afastamento do inciso IV do *caput* deste artigo, limitados a questões de má-fé, hipersuficiência ou reincidência.

Capítulo II
DA DECLARAÇÃO DE DIREITOS DE LIBERDADE ECONÔMICA

•• *Vide* art. 1.º, § 3.º, desta Lei.

Art. 3.º São direitos de toda pessoa, natural ou jurídica, essenciais para o desenvolvimento e o crescimento econômicos do País, observado o disposto no parágrafo único do art. 170 da Constituição Federal:

I – desenvolver atividade econômica de baixo risco, para a qual se valha exclusivamente de propriedade privada própria ou de terceiros consensuais, sem a necessidade de quaisquer atos públicos de liberação da atividade econômica;

II – desenvolver atividade econômica em qualquer horário ou dia da semana, inclusive feriados, sem que para isso esteja sujeita a cobranças ou encargos adicionais, observadas:

a) as normas de proteção ao meio ambiente, incluídas as de repressão à poluição sonora e à perturbação do sossego público;

b) as restrições advindas de contrato, de regulamento condominial ou de outro negócio jurídico, bem como as decorrentes das normas de direito real, incluídas as de direito de vizinhança; e

c) a legislação trabalhista;

III – definir livremente, em mercados não regulados, o preço de produtos e de serviços como consequência de alterações da oferta e da demanda;

IV – receber tratamento isonômico de órgãos e de entidades da administração pública quanto ao exercício de atos de liberação da atividade econômica, hipótese em que o ato de liberação estará vinculado aos mesmos critérios de interpretação adotados em decisões administrativas análogas anteriores, observado o disposto em regulamento.

V – gozar de presunção de boa-fé nos atos praticados no exercício da atividade econômica, para os quais as dúvidas de interpretação do direito civil, empresarial, econômico e urbanístico serão resolvidas de forma a preservar a autonomia privada, exceto se houver expressa disposição legal em contrário;

VI – desenvolver, executar, operar ou comercializar novas modalidades de produtos e de serviços quando as normas infralegais se tornarem desatualizadas por força de desenvolvimento tecnológico consolidado internacionalmente, nos termos estabelecidos em regulamento, que disciplinará os requisitos para aferição da situação concreta, os procedimentos, o momento e as condições dos efeitos;

•• O Decreto n. 10.229, de 5-2-2020, regulamenta o direito de desenvolver, executar, operar ou comercializar produto ou serviço em desacordo com a norma técnica desatualizada, de que trata este inciso.

VII – (*Vetado.*)

VIII – ter a garantia de que os negócios jurídicos empresariais paritários serão objeto de livre estipulação das partes pactuantes, de forma a aplicar todas as regras de direito empresarial apenas de maneira subsidiária ao avençado, exceto normas de ordem pública;

IX – ter a garantia de que, nas solicitações de atos públicos de liberação da atividade econômica que se sujeitam ao disposto nesta Lei, apresentados todos os elementos necessários à instrução do processo, o particular será cientificado expressa e imediatamente do prazo máximo estipulado para a análise de seu pedido e de que, transcorrido o prazo fixado, o silêncio da autoridade competente importará aprovação tácita para todos os efeitos, ressalvadas as hipóteses expressamente vedadas em lei;

•• *Vide* art. 1.º, § 5.º, desta Lei.

X – arquivar qualquer documento por meio de microfilme ou por meio digital, conforme técnica e requisitos estabelecidos em regulamento, hipótese em que se equiparará a documento físico para todos os efeitos legais e para a comprovação de qualquer ato de direito público;

•• *Vide* art. 1.º, § 3.º, desta Lei.

•• O Decreto n. 10.278, de 18-3-2020, estabelece a técnica e os requisitos para a digitalização de documentos públicos ou privados, para equiparação com documentos originais, de que trata este inciso.

XI – não ser exigida medida ou prestação compensatória ou mitigatória abusiva, em sede de estudos de impacto ou outras liberações de atividade econômica no direito urbanístico, entendida como aquela que:

a) (vetada.);

b) requeira medida que já era planejada para execução antes da solicitação pelo particular, sem que a atividade econômica altere a demanda para execução da referida medida;

c) utilize-se do particular para realizar execuções que compensem impactos que existiriam independentemente do empreendimento ou da atividade econômica solicitada;

d) requeira a execução ou prestação de qualquer tipo para áreas ou situação além daquelas diretamente impactadas pela atividade econômica; ou

e) mostre-se sem razoabilidade ou desproporcional, inclusive utilizada como meio de coação ou intimidação; e

XII – não ser exigida pela administração pública direta ou indireta certidão sem previsão expressa em lei.

§ 1.º Para fins do disposto no inciso I do *caput* deste artigo:

I – ato do Poder Executivo federal disporá sobre a classificação de atividades de baixo risco a ser observada na ausência de legislação estadual, distrital ou municipal específica;

II – na hipótese de ausência de ato do Poder Executivo federal de que trata o inciso I deste parágrafo, será aplicada resolução do Comitê para Gestão da Rede Nacional para a Simplificação do Registro e da Legalização de Empresas e Negócios (CGSIM), independentemente da aderência do ente federativo à Rede Nacional para a Simplificação do Registro e da Legalização de Empresas e Negócios (Redesim); e

- A Lei n. 11.598, de 3-12-2007, estabelece diretrizes e procedimentos para a simplificação e integração do processo de registro e legalização de empresários e pessoas jurídicas e cria o Redesim – Rede Nacional para a Simplificação do Registro e da Legalização de Empresas e Negócios.
- O Decreto n. 9.927, de 22-7-2019, institui o Comitê para Gestão da Rede Nacional para a Simplificação do Registro e da Legalização de Empresas e Negócios – CGSIM.

III – na hipótese de existência de legislação estadual, distrital ou municipal sobre a classificação de atividades de baixo risco, o ente federativo que editar ou tiver editado norma específica encaminhará notificação ao Ministério da Economia sobre a edição de sua norma.

§ 2.º A fiscalização do exercício do direito de que trata o inciso I do *caput* deste artigo será realizada posteriormente, de ofício ou como consequência de denúncia encaminhada à autoridade competente.

§ 3.º O disposto no inciso III do *caput* deste artigo não se aplica:

I – às situações em que o preço de produtos e de serviços seja utilizado com a finalidade de reduzir o valor do tributo, de postergar a sua arrecadação ou de remeter lucros em forma de custos ao exterior; e

II – à legislação de defesa da concorrência, aos direitos do consumidor e às demais disposições protegidas por lei federal.

§ 4.º (*Revogado pela Lei n. 14.011, de 10-6-2020.*)

§ 5.º O disposto no inciso VIII do *caput* deste artigo não se aplica à empresa pública e à sociedade de economia mista definidas nos arts. 3.º e 4.º da Lei n. 13.303, de 30 de junho de 2016.

§ 6.º O disposto no inciso IX do *caput* deste artigo não se aplica quando:

I – versar sobre questões tributárias de qualquer espécie ou de concessão de registro de marcas;

II – a decisão importar em compromisso financeiro da administração pública; e

III – houver objeção expressa em tratado em vigor no País.

§ 7.º A aprovação tácita prevista no inciso IX do *caput* deste artigo não se aplica quando a titularidade da solicitação for de agente público ou de seu cônjuge, companheiro ou parente em linha reta ou colateral, por consanguinidade ou afinidade, até o 3.º (terceiro) grau, dirigida a autoridade administrativa ou política do próprio órgão ou entidade da administração pública em que desenvolva suas atividades funcionais.

§ 8.º O prazo a que se refere o inciso IX do *caput* deste artigo será definido pelo órgão ou pela entidade da administração pública solicitada, observados os princípios da impessoalidade e da eficiência e os limites máximos estabelecidos em regulamento.

§ 9.º (*Vetado.*)

§ 10. O disposto no inciso XI do *caput* deste artigo não se aplica às situações de acordo resultantes de ilicitude.

§ 11. Para os fins do inciso XII do *caput* deste artigo, é ilegal delimitar prazo de validade de certidão emitida sobre fato imutável, inclusive sobre óbito.

Capítulo III
DAS GARANTIAS DE LIVRE INICIATIVA

•• *Vide* art. 1.º, § 3.º, desta Lei.

Art. 4.º É dever da administração pública e das demais entidades que se vinculam a esta Lei, no exercício de regulamentação de norma pública pertencente à legislação sobre a qual esta Lei versa, exceto se em estrito cumprimento a previsão explícita em lei, evitar o abuso do poder regulatório de maneira a, indevidamente:

I – criar reserva de mercado ao favorecer, na regulação, grupo econômico, ou profissional, em prejuízo dos demais concorrentes;

II – redigir enunciados que impeçam a entrada de novos competidores nacionais ou estrangeiros no mercado;

III – exigir especificação técnica que não seja necessária para atingir o fim desejado;

IV – redigir enunciados que impeçam ou retardem a inovação e a adoção de novas tecnologias, processos ou modelos de negócios, ressalvadas as situações consideradas em regulamento como de alto risco;

V – aumentar os custos de transação sem demonstração de benefícios;

VI – criar demanda artificial ou compulsória de produto, serviço ou atividade profissional, inclusive de uso de cartórios, registros ou cadastros;

VII – introduzir limites à livre formação de sociedades empresariais ou de atividades econômicas;

VIII – restringir o uso e o exercício da publicidade e propaganda sobre um setor econômico, ressalvadas as hipóteses expressamente vedadas em lei federal;

IX – exigir, sob o pretexto de inscrição tributária, requerimentos de outra natureza de maneira a mitigar os efeitos do inciso I do *caput* do art. 3.º desta Lei.

Art. 4.º-A. É dever da administração pública e das demais entidades que se sujeitam a esta Lei, na aplicação da ordenação pública sobre atividades econômicas privadas:

•• *Caput* acrescentado pela Lei n. 14.195, de 26-8-2021.

I – dispensar tratamento justo, previsível e isonômico entre os agentes econômicos;

•• Inciso I acrescentado pela Lei n. 14.195, de 26-8-2021.

II – proceder à lavratura de autos de infração ou aplicar sanções com base em termos subjetivos ou abstratos somente quando estes forem propriamente regulamentados por meio de critérios claros, objetivos e previsíveis; e

•• Inciso II acrescentado pela Lei n. 14.195, de 26-8-2021.

III – observar o critério de dupla visita para lavratura de autos de infração decorrentes do exercício de atividade considerada de baixo ou médio risco.

•• Inciso III acrescentado pela Lei n. 14.195, de 26-8-2021.

§ 1.º Os órgãos e as entidades competentes, na forma do inciso II do *caput* deste artigo, editarão atos normativos para definir a aplicação e a incidência de conceitos subjetivos ou abstratos por meio de critérios claros, objetivos e previsíveis, observado que:

•• § 1.º acrescentado pela Lei n. 14.195, de 26-8-2021.

I – nos casos de imprescindibilidade de juízo subjetivo para a aplicação da sanção, o ato normativo determinará o procedimento para sua aferição, de forma a garantir a maior previsibilidade e impessoalidade possível;

•• Inciso I acrescentado pela Lei n. 14.195, de 26-8-2021.

II – a competência da edição dos atos normativos infralegais equivalentes a que se refere este parágrafo poderá ser delegada pelo Poder competente conforme sua autonomia, bem como pelo órgão ou pela entidade responsável pela lavratura do auto de infração.

•• Inciso II acrescentado pela Lei n. 14.195, de 26-8-2021.

§ 2.º Para os fins administrativos, controladores e judiciais, consideram-se plenamente atendidos pela administração pública os requisitos previstos no inciso II do *caput* deste artigo, quando a advocacia pública, no âmbito da União, dos Estados, do Distrito Federal e dos Municípios, nos limites da respectiva competência, tiver previamente analisado o ato de que trata o § 1.º deste artigo.

•• § 2.º acrescentado pela Lei n. 14.195, de 26-8-2021.

§ 3.º Os órgãos e as entidades deverão editar os atos normativos previstos no § 1.º deste artigo no prazo de 4 (quatro) anos, podendo o Poder Executivo estabelecer prazo inferior em regulamento.

•• § 3.º acrescentado pela Lei n. 14.195, de 26-8-2021.

§ 4.º O disposto no inciso II do *caput* deste artigo aplica-se exclusivamente ao ato de lavratura decorrente de infrações referentes a matérias nas quais a atividade foi considerada de baixo ou médio risco, não se aplicando a órgãos e a entidades da administração pública que não a tenham assim classificado, de forma direta ou indireta, de acordo com os seguintes critérios:

•• § 4.º, *caput*, acrescentado pela Lei n. 14.195, de 26-8-2021.

I – direta, quando realizada pelo próprio órgão ou entidade da administração pública que procede à lavratura; e

•• Inciso I acrescentado pela Lei n. 14.195, de 26-8-2021.

II – indireta, quando o nível de risco aplicável decorre de norma hierarquicamente superior ou subsidiária, por força de lei, desde que a classificação refira-se explicitamente à matéria sobre a qual se procederá a lavratura.

•• Inciso II acrescentado pela Lei n. 14.195, de 26-8-2021.

Capítulo IV
DA ANÁLISE DE IMPACTO REGULATÓRIO

Art. 5.º As propostas de edição e de alteração de atos normativos de interesse geral de agentes econômicos ou de usuários dos serviços prestados, editadas por órgão ou entidade da administração pública federal, incluídas as autarquias e as fundações públicas, serão precedidas da realização de análise de impacto regulatório, que conterá informações e dados sobre os possíveis efeitos do ato normativo para verificar a razoabilidade do seu impacto econômico.

•• O Decreto n. 10.411, de 30-6-2020, regulamenta a análise de impacto regulatório de que trata este artigo.

Parágrafo único. Regulamento disporá sobre a data de início da exigência de que trata o *caput* deste artigo e sobre o conteúdo, a metodologia da análise de impacto regulatório, os quesitos mínimos a serem objeto de exame, as hipóteses em que será obrigatória sua realização e as hipóteses em que poderá ser dispensada.

Capítulo V
DAS ALTERAÇÕES LEGISLATIVAS E DISPOSIÇÕES FINAIS

Art. 6.º Fica extinto o Fundo Soberano do Brasil (FSB), fundo especial de natureza contábil e financeira, vinculado ao Ministério da Economia, criado pela Lei n. 11.887, de 24 de dezembro de 2008.

Art. 13. A Lei n. 10.522, de 19 de julho de 2002, passa a vigorar com as seguintes alterações:

•• Alterações já processadas no diploma modificado.

Art. 16. O Sistema de Escrituração Digital das Obrigações Fiscais, Previdenciárias e Trabalhistas (eSocial) será substituído, em nível federal, por sistema simplificado de escrituração digital de obrigações previdenciárias, trabalhistas e fiscais.

Parágrafo único. Aplica-se o disposto no *caput* deste artigo às obrigações acessórias à versão digital gerenciadas pela Receita Federal do Brasil do Livro de Controle de Produção e Estoque da Secretaria Especial da Receita Federal do Brasil (Bloco K).

Art. 17. Ficam resguardados a vigência e a eficácia ou os efeitos dos atos declaratórios do Procurador-Geral da Fazenda Nacional, aprovados pelo Ministro de Estado respectivo e editados até a data de publicação desta Lei, nos termos do inciso II do *caput* do art. 19 da Lei n. 10.522, de 19 de julho de 2002.

Art. 18. A eficácia do disposto no inciso X do *caput* do art. 3.º desta Lei fica condicionada à regulamentação em ato do Poder Executivo federal, observado que:

I – para documentos particulares, qualquer meio de comprovação da autoria, integridade e, se necessário, confidencialidade de documentos em forma eletrônica é válido, desde que escolhido de comum acordo pelas partes ou aceito pela pessoa a quem for oposto o documento; e

II – independentemente de aceitação, o processo de digitalização que empregar o uso da certificação no padrão da Infraestrutura de Chaves Públicas Brasileira (ICP-Brasil) terá garantia de integralidade, autenticidade e confidencialidade para documentos públicos e privados.

Art. 19. Ficam revogados:

I – a Lei Delegada n. 4, de 26 de setembro de 1962;

Art. 20. Esta Lei entra em vigor:

I – (*Vetado*.)

II – na data de sua publicação, para os demais artigos.

Brasília, 20 de setembro de 2019; 198.º da Independência e 131.º da República.

JAIR BOLSONARO

LEI N. 13.974, DE 7 DE JANEIRO DE 2020 (*)

Dispõe sobre o Conselho de Controle de Atividades Financeiras (Coaf), de que trata o art. 14 da Lei n. 9.613, de 3 de março de 1998.

O Presidente da República

Faço saber que o Congresso Nacional decreta e eu sanciono a seguinte Lei:

Art. 1.º Esta Lei reestrutura o Conselho de Controle de Atividades Financeiras (Coaf), de que trata o art. 14 da Lei n. 9.613, de 3 de março de 1998.

•• A Portaria n. 9, de 12-7-2021, do COAF, dispõe sobre a Política de Segurança da Informação e Comunicação - Posic do Conselho de Controle de Atividades Financeiras.

(*) Publicada no *Diário Oficial da União*, de 8-1-2020.

Art. 2.º O Coaf dispõe de autonomia técnica e operacional, atua em todo o território nacional e vincula-se administrativamente ao Banco Central do Brasil.

Art. 3.º Compete ao Coaf, em todo o território nacional, sem prejuízo das atribuições estabelecidas na legislação em vigor:

I – produzir e gerir informações de inteligência financeira para a prevenção e o combate à lavagem de dinheiro;

II – promover a interlocução institucional com órgãos e entidades nacionais, estrangeiros e internacionais que tenham conexão com suas atividades.

Art. 4.º A estrutura organizacional do Coaf compreende:

I – Presidência;

II – Plenário; e

III – Quadro Técnico.

§ 1.º O Plenário é composto do Presidente do Coaf e de 12 (doze) servidores ocupantes de cargos efetivos, de reputação ilibada e reconhecidos conhecimentos em matéria de prevenção e combate à lavagem de dinheiro, escolhidos dentre integrantes dos quadros de pessoal dos seguintes órgãos e entidades:

I – Banco Central do Brasil;

II – Comissão de Valores Mobiliários;

III – Superintendência de Seguros Privados;

IV – Procuradoria-Geral da Fazenda Nacional;

V – Secretaria Especial da Receita Federal do Brasil;

VI – Agência Brasileira de Inteligência;

VII – Ministério das Relações Exteriores;

VIII – Ministério da Justiça e Segurança Pública;

IX – Polícia Federal;

X – Superintendência Nacional de Previdência Complementar;

XI – Controladoria-Geral da União;

XII – Advocacia-Geral da União.

§ 2.º Compete ao Plenário, sem prejuízo de outras atribuições previstas no Regimento Interno do Coaf:

I – decidir sobre as orientações e as diretrizes estratégicas de atuação propostas pelo Presidente do Coaf;

II – decidir sobre infrações e aplicar as penalidades administrativas previstas no art. 12 da Lei n. 9.613, de 3 de março de 1998, em relação a pessoas físicas e pessoas jurídicas abrangidas pelo disposto no art. 1.º da Lei n. 9.613, de 3 de março de 1998, para as quais não exista órgão próprio fiscalizador ou regulador;

III – convidar especialistas em matéria correlacionada à atuação do Coaf, oriundos de órgãos e entidades públicas ou de entes privados, com o intuito de contribuir para o aperfeiçoamento de seus processos de gestão e inovação tecnológica, observada pelo convidado a preservação do sigilo de informações de caráter reservado às quais tenha acesso.

§ 3.º A participação dos membros do Plenário em suas sessões deliberativas será considerada prestação de serviço público relevante não remunerado.

§ 4.º O Quadro Técnico compreende o Gabinete da Presidência, a Secretaria-Executiva e as Diretorias Especializadas definidas no Regimento Interno do Coaf.

§ 5.º Compete ao Presidente do Banco Central do Brasil escolher e nomear o Presidente do Coaf e os membros do Plenário.

§ 6.º Compete ao Presidente do Coaf escolher e nomear, observadas as exigências de qualificação profissional e formação acadêmica previstas em ato do Poder Executivo:

I – o Secretário-Executivo e os titulares das Diretorias Especializadas referidas no § 4.º deste artigo;

II – os servidores, os militares e os empregados públicos cedidos ao Coaf ou por ele requisitados;

III – os ocupantes de cargos em comissão e funções de confiança.

Art. 5.º A organização e o funcionamento do Coaf, incluídas a sua estrutura e as competências e as atribuições no âmbito da Presidência, do Plenário e do Quadro Técnico, serão definidos em seu Regimento Interno, aprovado pela Diretoria Colegiada do Banco Central do Brasil.

Art. 6.º O processo administrativo sancionador no âmbito do Coaf será disciplinado pela Diretoria Colegiada do Banco Central do Brasil, à qual incumbe dispor, entre outros aspectos, sobre o rito, os prazos e os critérios para gradação das penalidades previstas na Lei n. 9.613, de 3 de março 1998, assegurados o contraditório e a ampla defesa.

§ 1.º Caberá recurso das decisões do Plenário relacionadas ao processo administrativo de que trata o *caput* deste artigo ao Conselho de Recursos do Sistema Financeiro Nacional.

§ 2.º O disposto na Lei n. 9.784, de 29 de janeiro de 1999, aplica-se subsidiariamente aos processos administrativos sancionadores instituídos no âmbito do Coaf.

•• A Lei n. 9.784, de 29-1-1999, disciplina o processo administrativo federal.

Art. 7.º É aplicável ao Coaf o disposto no art. 2.º da Lei n. 9.007, de 17 de março de 1995.

Parágrafo único. É vedada a redistribuição para os quadros de pessoal do Banco Central do Brasil de servidor oriundo de outros órgãos e entidades, em razão do exercício no Coaf.

Art. 8.º Aos integrantes da estrutura do Coaf é vedado:

I – participar, na forma de controlador, administrador, gerente preposto ou mandatário, de pessoas jurídicas com atividades relacionadas no *caput* e no parágrafo único do art. 9.º da Lei n. 9.613, de 3 de março de 1998;

II – emitir parecer sobre matéria de sua especialização, fora de suas atribuições funcionais, ainda que em tese, ou atuar como consultor das pessoas jurídicas a que se refere o inciso I do *caput* deste artigo;

III – manifestar, em qualquer meio de comunicação, opinião sobre processo pendente de julgamento no Coaf;

IV – fornecer ou divulgar informações conhecidas ou obtidas em decorrência do exercício de suas funções a pessoas que não disponham de autorização legal ou judicial para acessá-las.

§ 1.º À infração decorrente do descumprimento do inciso IV do *caput* deste artigo aplica-se o disposto no art. 10 da Lei Complementar n. 105, de 10 de janeiro de 2001.

§ 2.º O Presidente do Coaf adotará as diligências necessárias para apuração de responsabilidade dos servidores e demais pessoas que possam ter contribuído para o descumprimento do disposto no *caput* deste artigo e encaminhará relatório circunstanciado à autoridade policial ou ao Ministério Público para adoção das medidas cabíveis.

§ 3.º As providências previstas no § 2.º deste artigo serão adotadas pelo Presidente do Banco Central do Brasil caso haja indícios de autoria ou de participação do Presidente do Coaf.

Art. 9.º Constituem Dívida Ativa do Banco Central do Brasil os créditos decorrentes da atuação do Coaf inscritos a partir de 20 de agosto de 2019.

§ 1.º Continuam integrando a Dívida Ativa da União as multas pecuniárias e seus acréscimos legais relativos à ação fiscalizadora do Coaf nela inscritos até 19 de agosto de 2019.

§ 2.º Compete aos titulares do cargo de Procurador do Banco Central do Brasil o exercício das atribuições previstas no art. 4.º da Lei n. 9.650, de 27 de maio de 1998, em relação ao Coaf.

Art. 10. Ficam mantidos os cargos em comissão e as funções de confiança integrantes da estrutura do Coaf em 19 de agosto de 2019.

Art. 11. Ficam mantidos os efeitos dos atos de cessão, requisição e movimentação de pessoal destinado ao Coaf editados até 19 de agosto de 2019.

Art. 12. O Ministério da Economia e o Ministério da Justiça e Segurança Pública prestarão, até 31 de dezembro de 2020, o apoio técnico e administrativo necessário para o funcionamento e a operação do Coaf.

Art. 13. Ato conjunto do Ministério da Economia, do Ministério da Justiça e Segurança Pública e do Banco Central do Brasil disporá sobre a transferência progressiva de processos e contratos administrativos.

Art. 14. Ficam revogados os arts. 13, 16 e 17 da Lei n. 9.613, de 3 de março de 1998.

Art. 15. Esta Lei entra em vigor na data de sua publicação.

Brasília, 7 de janeiro de 2020; 199.º da Independência e 132.º da República.

Jair Messias Bolsonaro

DECRETO N. 10.209, DE 22 DE JANEIRO DE 2020 (*)

Dispõe sobre a requisição de informações e documentos e sobre o compartilhamento de informações protegidas pelo sigilo fiscal.

O Presidente da República, no uso da atribuição que lhe confere o art. 84, *caput*, inciso IV, da Constituição, e tendo em vista o disposto no art. 51, *caput*, inciso VIII, da Lei n. 13.844, de 18 de junho de 2019, e no art. 198 da Lei n. 5.172, de 25 de outubro de 1966, decreta:

Objeto e âmbito de aplicação

Art. 1.º Este Decreto regulamenta a aplicação do disposto no inciso VIII do *caput* do art. 51 da Lei n. 13.844, de 18 de junho de 2019, no âmbito do Poder Executivo federal, acerca da requisição de informações e de documentos necessários para a realização dos trabalhos ou atividades da Controladoria-Geral da União, e a aplicação do disposto no art. 198 da Lei n. 5.172, de 25 de outubro de 1966 – Código Tributário Nacional, para fins de compartilhamento de dados e de informações, inclusive aqueles protegidos por sigilo fiscal, nos termos do disposto neste Decreto.

• Organização da Presidência da República: Lei n. 13.844, de 18-6-2019.

Compartilhamento de dados e de informações protegidos por sigilo fiscal

Art. 2.º Os órgãos do Ministério da Economia fornecerão à Controladoria-Geral da União os dados e as informações necessários para a realização dos seus trabalhos ou atividades, inclusive aqueles protegidos pelo sigilo fiscal previsto no art. 198 da Lei n. 5.172, de 1966 – Código Tributário Nacional.

§ 1.º O disposto no *caput* não se aplica a dados e a informações:

I – decorrentes de transferência de sigilo bancário à administração tributária, nos termos do disposto no art. 6.º da Lei Complementar n. 105, de 10 de janeiro de 2001; ou

II – econômico-fiscais provenientes de acordo de cooperação internacional no qual tenha sido vedada a transferência deles a órgãos externos à administração tributária e aduaneira.

§ 2.º A Controladoria-Geral da União formalizará, para cada auditoria:

(*) Publicado no *Diário Oficial da União*, de 23-1-2020 – Edição Extra.

I – os servidores competentes para procederem à solicitação dos dados e das informações de que trata o *caput*; e

II – a relação detalhada dos sistemas eletrônicos, dos dados, das bases de dados e das informações dos quais seja solicitado o acesso.

§ 3.º A Controladoria-Geral da União enviará ao Ministério da Economia, até o final do mês de julho de cada exercício, as estimativas de trabalhos de auditorias do exercício subsequente que necessitarão de acessos a dados e a informações.

§ 4.º O fornecimento de dados será feito, preferencialmente, por meio de solução tecnológica que permita acesso aos sistemas e bases de dados, observadas as políticas de segurança da informação e comunicações adotadas pelo gestor dos dados.

Art. 3.º Os dados e as informações sob sigilo fiscal poderão ser compartilhados pelos órgãos do Ministério da Economia com a Controladoria-Geral da União, mediante instrumento próprio, nas seguintes hipóteses:

I – por solicitação direta, conforme o previsto no inciso II do § 1.º do art. 198 da Lei n. 5.172, de 1966 – Código Tributário Nacional, quando existir interesse da administração pública e comprovada a instauração regular de processo administrativo no órgão com o objetivo de investigar o sujeito passivo a que se refere a informação por prática de eventual infração administrativa; e

II – por intercâmbio, conforme o previsto no § 2.º do art. 198 da Lei n. 5.172, de 1966 – Código Tributário Nacional, quando indispensável à realização de procedimentos de auditoria ou de inspeção de dados, de processos ou de controles operacionais da administração tributária e aduaneira, da gestão fiscal ou da análise de demonstrações financeiras da União.

§ 1.º O disposto no inciso II do *caput* será aplicado desde que atendidas as seguintes condições:

I – existência de processo administrativo regularmente instaurado que contenha clara definição do objetivo e do escopo da auditoria;

II – entrega das informações mediante recibo que formalize a transferência, facultado o uso de tecnologia e observadas as políticas de segurança da informação e comunicação do gestor de dados;

III – existência de manifestação fundamentada que demonstre a pertinência temática da informação com o objeto da auditoria ou de inspeção e a necessidade e a indispensabilidade de acesso, com indicação de que o trabalho não pode ser realizado ou que o seu resultado não pode ser alcançado por outro modo, mesmo com a anonimização; e

IV – uso restrito ao fim específico de realização de auditoria ou de inspeção de dados, de processos ou de controles operacionais da administração tributária e aduaneira, da gestão fiscal ou na análise de demonstrações financeiras da União.

§ 2.º O recibo de que trata o inciso II do § 1.º pode ser formalizado por meio de senha e de assinatura eletrônica no momento do acesso aos sistemas, na forma definida em ato do órgão gestor dos dados.

§ 3.º A Controladoria-Geral da União observará as normas, as condições e os requisitos de acesso definidos pelo gestor dos dados e fundamentará o pedido de acesso e a especificação dos dados com o maior nível de detalhamento possível.

Art. 4.º Para fins do disposto no art. 3.º, são vedadas:

I – as solicitações de acesso de dados genéricos, desproporcionais, imotivados ou desvinculados dos procedimentos de auditoria ou inspeção;

II – as solicitações de acesso pela Controladoria-Geral da União que exijam trabalhos de consolidação de dados ou de informações cujos esforços operacionais, prazos de extração e consolidação ou custos orçamentários ou financeiros de realização sejam desarrazoados; e

III – a publicização de informações protegidas por sigilo fiscal ou por sigilo profissional ou o repasse das informações a terceiros.

Compartilhamento de informações protegidas pelas demais hipóteses de sigilo

Art. 5.º Sem prejuízo do disposto no art. 2.º, os órgãos no âmbito do Poder Executivo federal fornecerão à Controladoria-Geral da União os dados e as informações necessários para a realização dos seus trabalhos ou atividades, observadas as regras de compartilhamento de dados no âmbito da administração pública federal, nos termos do disposto no Decreto n. 10.046, de 9 de outubro de 2019.

Transparência ativa dos gastos efetuados por órgãos e por entidades da administração pública federal

Art. 6.º São públicas as notas fiscais eletrônicas relativas às aquisições de produtos e de serviços pela administração pública federal, dispensada a solicitação nos termos do disposto neste Decreto.

§ 1.º A Controladoria-Geral da União acessará o Ambiente Nacional da Nota Fiscal Eletrônica, sob supervisão da Secretaria Especial da Receita Federal do Brasil do Ministério da Economia, por meio da celebração de instrumento jurídico com o prestador do serviço de tecnologia da informação à referida Secretaria.

§ 2.º Fica autorizada a disponibilização, no Portal da Transparência do Governo federal, das notas fiscais eletrônicas obtidas nos termos do disposto neste artigo.

Disposições finais

Art. 7.º Os dados e as informações sigilosos encaminhados à Controladoria Geral da União permanecerão sob sigilo, vedada sua publicação sob qualquer forma ou utilização para finalidade diversa.

§ 1.º O receptor dos dados garantirá, no mínimo, os mesmos requisitos de segurança da informação e de comunicações adotados pelo órgão cedente, vedado o acesso por terceiros não autorizados.

§ 2.º O órgão cedente, seus gestores e seu corpo funcional responderão exclusivamente por atos próprios e não serão responsabilizados por ação ou omissão que implique violação do sigilo pelo receptor, a quem cabe zelar pela preservação e rastreabilidade dos dados e das informações, conforme o previsto no § 1.º e observado o disposto na Lei n. 13.709, de 14 de agosto de 2018.

§ 3.º É vedada a identificação de dados e de informações disponibilizados de forma anonimizada, inclusive dos obtidos antes da entrada em vigor deste Decreto.

Art. 8.º Os servidores do órgão solicitante de dados e de informações ficam obrigados a preservar e a zelar pelo sigilo a eles transferidos, observado o disposto no *caput* do art. 198 da Lei n. 5.172, de 1966 – Código Tributário Nacional.

Art. 9.º Observado o disposto no art. 42 da Lei n. 8.443, de 16 de julho de 1992, aplica-se, no que couber, o disposto neste Decreto às requisições e às solicitações de dados e de informações feitas pelo Tribunal de Contas da União.

Art. 10. Este Decreto entra em vigor na data de sua publicação.

Brasília, 22 de janeiro de 2020; 199.º da Independência e 132.º da República.

Jair Messias Bolsonaro

DECRETO LEGISLATIVO N. 6, DE 20 DE MARÇO DE 2020 (*)

Reconhece, para os fins do art. 65 da Lei Complementar n. 101, de 4 de maio de 2000, a ocorrência do estado de calamidade pública, nos termos da solicitação do Presidente da República encaminhada por meio da Mensagem n. 93, de 18 de março de 2020.

O Congresso Nacional decreta:

Art. 1.º Fica reconhecida, exclusivamente para os fins do art. 65 da Lei Complementar n. 101, de 4 de maio de 2000, notadamente para as dispensas do atingimento dos resultados fiscais previstos no art. 2.º da Lei n. 13.898, de 11 de novembro de 2019, e da limitação de empenho de que trata o art. 9.º da Lei Complementar n. 101, de 4 de maio de 2000, a ocorrência do estado de

---

(*) Publicado no *Diário Oficial da União*, de 20-3-2020 – Edição Extra-C.

calamidade pública, com efeitos até 31 de dezembro de 2020, nos termos da solicitação do Presidente da República encaminhada por meio da Mensagem n. 93, de 18 de março de 2020.

Art. 2.º Fica constituída Comissão Mista no âmbito do Congresso Nacional, composta por 6 (seis) deputados e 6 (seis) senadores, com igual número de suplentes, com o objetivo de acompanhar a situação fiscal e a execução orçamentária e financeira das medidas relacionadas à emergência de saúde pública de importância internacional relacionada ao coronavírus (Covid-19).

§ 1.º Os trabalhos poderão ser desenvolvidos por meio virtual, nos termos definidos pela Presidência da Comissão.

§ 2.º A Comissão realizará, mensalmente, reunião com o Ministério da Economia, para avaliar a situação fiscal e a execução orçamentária e financeira das medidas relacionadas à emergência de saúde pública de importância internacional relacionada ao coronavírus (Covid-19).

§ 3.º Bimestralmente, a Comissão realizará audiência pública com a presença do Ministro da Economia, para apresentação e avaliação de relatório circunstanciado da situação fiscal e da execução orçamentária e financeira das medidas relacionadas à emergência de saúde pública de importância internacional relacionada ao coronavírus (Covid-19), que deverá ser publicado pelo Poder Executivo antes da referida audiência.

Art. 3.º Este Decreto Legislativo entra em vigor na data de sua publicação.

Senado Federal, em 20 de março de 2020.

SENADOR ANTONIO ANASTASIA

LEI N. 13.988, DE 14 DE ABRIL DE 2020 (*)

Dispõe sobre a transação nas hipóteses que especifica; e altera as Leis n. 13.464, de 10 de julho de 2017, e 10.522, de 19 de julho de 2002.

O Presidente da República
Faço saber que o Congresso Nacional decreta e eu sanciono a seguinte Lei:

Capítulo I
DISPOSIÇÕES GERAIS

Art. 1.º Esta Lei estabelece os requisitos e as condições para que a União, as suas autarquias e fundações, e os devedores ou as partes adversas realizem transação resolutiva de litígio relativo à cobrança de créditos da Fazenda Pública, de natureza tributária ou não tributária.

•• A Portaria n. 2.382, de 26-2-2021, da Procuradoria-Geral da Fazenda Nacional, disciplina os instrumentos de negociação de débitos inscritos em dívida ativa da União e do FGTS de responsabilidade de contribuintes em processo de recuperação judicial.

•• A Portaria n. 247, de 18-11-2022, da Secretaria Especial da Receita Federal do Brasil, regulamenta a transação de créditos tributários sob administração desse órgão.

§ 1.º A União, em juízo de oportunidade e conveniência, poderá celebrar transação em quaisquer das modalidades de que trata esta Lei, sempre que, motivadamente, entender que a medida atende ao interesse público.

§ 2.º Para fins de aplicação e regulamentação desta Lei, serão observados, entre outros, os princípios da isonomia, da capacidade contributiva, da transparência, da moralidade, da razoável duração dos processos e da eficiência e, resguardadas as informações protegidas por sigilo, o princípio da publicidade.

§ 3.º A observância do princípio da transparência será efetivada, entre outras ações, pela divulgação em meio eletrônico de todos os termos de transação celebrados, com informações que viabilizem o atendimento do princípio da isonomia, resguardadas as legalmente protegidas por sigilo.

§ 4.º Aplica-se o disposto nesta Lei:

I – aos créditos tributários sob a administração da Secretaria Especial da Receita Federal do Brasil do Ministério da Economia;

•• Inciso I com redação determinada pela Lei n. 14.375, de 21-6-2022.

II – à dívida ativa e aos tributos da União, cujas inscrição, cobrança e representação incumbam à Procuradoria-Geral da Fazenda Nacional, nos termos do art. 12 da Lei Complementar n. 73, de 10 de fevereiro de 1993; e

III – no que couber, à dívida ativa das autarquias e das fundações públicas federais cujas inscrição, cobrança e representação incumbam à Procuradoria-Geral Federal ou à Procuradoria-Geral do Banco Central e aos créditos cuja cobrança seja competência da Procuradoria-Geral da União, nos termos de ato do Advogado-Geral da União e sem prejuízo do disposto na Lei n. 9.469, de 10 de julho de 1997.

•• Inciso III com redação determinada pela Lei n. 14.689, de 20-9-2023.

§ 5.º A transação de créditos de natureza tributária será realizada nos termos do art. 171 da Lei n. 5.172, de 25 de outubro de 1966 (Código Tributário Nacional).

Art. 2.º Para fins desta Lei, são modalidades de transação as realizadas:

I – por proposta individual ou por adesão, na cobrança de créditos inscritos na dívida ativa da União, de suas autarquias e fundações públicas, na cobrança de créditos que seja da competência da Procuradoria-Geral da União, ou em contencioso administrativo fiscal;

•• Inciso I com redação determinada pela Lei n. 14.375, de 21-6-2022.

II – por adesão, nos demais casos de contencioso judicial ou administrativo tributário; e

III – por adesão, no contencioso tributário de pequeno valor.

Parágrafo único. A transação por adesão implica aceitação pelo devedor de todas as condições fixadas no edital que a propõe.

Art. 3.º A proposta de transação deverá expor os meios para a extinção dos créditos nela contemplados e estará condicionada, no mínimo, à assunção pelo devedor dos compromissos de:

I – não utilizar a transação de forma abusiva, com a finalidade de limitar, de falsear ou de prejudicar, de qualquer forma, a livre concorrência ou a livre iniciativa econômica;

II – não utilizar pessoa natural ou jurídica interposta para ocultar ou dissimular a origem ou a destinação de bens, de direitos e de valores, os seus reais interesses ou a identidade dos beneficiários de seus atos, em prejuízo da Fazenda Pública federal;

III – não alienar nem onerar bens ou direitos sem a devida comunicação ao órgão da Fazenda Pública competente, quando exigido em lei;

IV – desistir das impugnações ou dos recursos administrativos que tenham por objeto os créditos incluídos na transação e renunciar a quaisquer alegações de direito sobre as quais se fundem as referidas impugnações ou recursos; e

V – renunciar a quaisquer alegações de direito, atuais ou futuras, sobre as quais se fundem ações judiciais, inclusive as coletivas, ou recursos que tenham por objeto os créditos incluídos na transação, por meio de requerimento de extinção do respectivo processo com resolução de mérito, nos termos da alínea *c* do inciso III do *caput* do art. 487 da Lei n. 13.105, de 16 de março de 2015 (Código de Processo Civil).

§ 1.º A proposta de transação deferida importa em aceitação plena e irretratável de todas as condições estabelecidas nesta Lei e em sua regulamentação, de modo a constituir confissão irrevogável e irretratável dos créditos abrangidos pela transação, nos termos dos arts. 389 a 395 da Lei n. 13.105, de 16 de março de 2015 (Código de Processo Civil).

§ 2.º Quando a transação envolver moratória ou parcelamento, aplica-se, para todos os fins, o disposto nos incisos I e VI do *caput* do art. 151 da Lei n. 5.172, de 25 de outubro de 1966.

§ 3.º Os créditos abrangidos pela transação somente serão extintos quando integralmente cumpridas as condições previstas no respectivo termo.

Art. 4.º Implica a rescisão da transação:

I – o descumprimento das condições, das cláusulas ou dos compromissos assumidos;

II – a constatação, pelo credor, de ato tendente ao esvaziamento patrimonial do de-

---

(*) Publicada no *Diário Oficial da União*, de 14-4-2020 – edição extra.

vedor como forma de fraudar o cumprimento da transação, ainda que realizado anteriormente à sua celebração;

III – a decretação de falência ou de extinção, pela liquidação, da pessoa jurídica transigente;

IV – a comprovação de prevaricação, de concussão ou de corrupção passiva na sua formação;

V – a ocorrência de dolo, de fraude, de simulação ou de erro essencial quanto à pessoa ou quanto ao objeto do conflito;

VI – a ocorrência de alguma das hipóteses rescisórias adicionalmente previstas no respectivo termo de transação; ou

VII – a inobservância de quaisquer disposições desta Lei ou do edital.

§ 1.º O devedor será notificado sobre a incidência de alguma das hipóteses de rescisão da transação e poderá impugnar o ato, na forma da Lei n. 9.784, de 29 de janeiro de 1999, no prazo de 30 (trinta) dias.

§ 2.º Quando sanável, é admitida a regularização do vício que ensejaria a rescisão durante o prazo concedido para a impugnação, preservada a transação em todos os seus termos.

§ 3.º A rescisão da transação implicará o afastamento dos benefícios concedidos e a cobrança integral das dívidas, deduzidos os valores já pagos, sem prejuízo de outras consequências previstas no edital.

§ 4.º Aos contribuintes com transação rescindida é vedada, pelo prazo de 2 (dois) anos, contado da data de rescisão, a formalização de nova transação, ainda que relativa a débitos distintos.

Art. 5.º É vedada a transação que:

I – reduza multas de natureza penal;

II – conceda descontos a créditos relativos ao:

a) Regime Especial Unificado de Arrecadação de Tributos e Contribuições devidos pelas Microempresas e Empresas de Pequeno Porte (Simples Nacional), enquanto não editada lei complementar autorizativa;

b) Fundo de Garantia do Tempo de Serviço (FGTS), enquanto não autorizado pelo seu Conselho Curador;

•• A Resolução n. 974, de 11-8-2020, do Conselho Curador do FGTS, autoriza a Procuradoria-Geral da Fazenda Nacional (PGFN) a celebrar transação individual ou por adesão na cobrança da dívida ativa do FGTS.

III – envolva devedor contumaz, conforme definido em lei específica.

§ 1.º É vedada a acumulação das reduções oferecidas pelo edital com quaisquer outras asseguradas na legislação em relação aos créditos abrangidos pela proposta de transação.

§ 2.º Nas propostas de transação que envolvam redução do valor do crédito, os encargos legais acrescidos aos débitos inscritos em dívida ativa da União de que trata o art. 1.º do Decreto-lei n. 1.025, de 21 de outubro de 1969, serão obrigatoriamente reduzidos em percentual não inferior ao aplicado às multas e aos juros de mora relativos aos créditos a serem transacionados.

§ 3.º A rejeição da autorização referida na alínea b do inciso II do caput deste artigo exigirá manifestação expressa e fundamentada do Conselho Curador do FGTS, sem a qual será reputada a anuência tácita após decorrido prazo superior a 20 (vinte) dias úteis da comunicação, pela Procuradoria-Geral da Fazenda Nacional, da abertura do edital para adesão ou da proposta de transação individual.

Art. 6.º Para fins do disposto nesta Lei, considera-se microempresa ou empresa de pequeno porte a pessoa jurídica cuja receita bruta esteja nos limites fixados nos incisos I e II do caput do art. 3.º da Lei Complementar n. 123, de 14 de dezembro de 2006, não aplicados os demais critérios para opção pelo regime especial por ela estabelecido.

Art. 7.º A proposta de transação e a sua eventual adesão por parte do sujeito passivo ou devedor não autorizam a restituição ou a compensação de importâncias pagas, compensadas ou incluídas em parcelamentos pelos quais tenham optado antes da celebração do respectivo termo.

Art. 8.º Na hipótese de a proposta de transação envolver valores superiores aos fixados em ato do Ministro de Estado da Economia ou do Advogado-Geral da União, a transação, sob pena de nulidade, dependerá de prévia e expressa autorização ministerial, admitida a delegação.

Art. 9.º Os atos que dispuserem sobre a transação poderão, quando for o caso, condicionar sua concessão à observância das normas orçamentárias e financeiras.

Capítulo II
DA TRANSAÇÃO NA COBRANÇA DE CRÉDITOS DA UNIÃO E DE SUAS AUTARQUIAS E FUNDAÇÕES PÚBLICAS

Art. 10. A transação na cobrança da dívida ativa da União, das autarquias e das fundações públicas federais poderá ser proposta pela Procuradoria-Geral da Fazenda Nacional, pela Procuradoria-Geral Federal e pela Procuradoria-Geral do Banco Central, de forma individual ou por adesão, ou por iniciativa do devedor, ou pela Procuradoria-Geral da União, em relação aos créditos sob sua responsabilidade.

•• Artigo com redação determinada pela Lei n. 14.689, de 20-9-2023.

Art. 10-A. A transação na cobrança de créditos tributários em contencioso administrativo fiscal poderá ser proposta pela Secretaria Especial da Receita Federal do Brasil, de forma individual ou por adesão, ou por iniciativa do devedor, observada a Lei Complementar n. 73, de 10 de fevereiro de 1993.

•• Artigo acrescentado pela Lei n. 14.375, de 21-6-2022.

Art. 11. A transação poderá contemplar os seguintes benefícios:

I – a concessão de descontos nas multas, nos juros e nos encargos legais relativos a créditos a serem transacionados que sejam classificados como irrecuperáveis ou de difícil recuperação, conforme critérios estabelecidos pela autoridade competente, nos termos do parágrafo único do art. 14 desta Lei;

•• Inciso I com redação determinada pela Lei n. 14.375, de 21-6-2022.

II – o oferecimento de prazos e formas de pagamento especiais, incluídos o diferimento e a moratória;

III – o oferecimento, a substituição ou a alienação de garantias e de constrições;

IV – a utilização de créditos de prejuízo fiscal e de base de cálculo negativa da Contribuição Social sobre o Lucro Líquido (CSLL), na apuração do Imposto sobre a Renda das Pessoas Jurídicas (IRPJ) e da CSLL, até o limite de 70% (setenta por cento) do saldo remanescente após a incidência dos descontos, se houver; e

•• Inciso IV acrescentado pela Lei n. 14.375, de 21-6-2022.

V – o uso de precatórios ou de direito creditório com sentença de valor transitada em julgado para amortização de dívida tributária principal, multa e juros.

•• Inciso V acrescentado pela Lei n. 14.375, de 21-6-2022.

§ 1.º É permitida a utilização de mais de uma das alternativas previstas nos incisos I, II, III, IV e V do caput deste artigo para o equacionamento dos créditos inscritos em dívida ativa da União.

•• § 1.º com redação determinada pela Lei n. 14.375, de 21-6-2022.

§ 1.º-A. Após a incidência dos descontos previstos no inciso I do caput deste artigo, se houver, a liquidação de valores será realizada no âmbito do processo administrativo de transação para fins da amortização do saldo devedor transacionado a que se refere o inciso IV do caput deste artigo e será de critério exclusivo da Secretaria Especial da Receita Federal do Brasil, para créditos em contencioso administrativo fiscal, ou da Procuradoria-Geral da Fazenda Nacional, para créditos inscritos em dívida ativa da União, sendo adotada em casos excepcionais para a melhor e efetiva composição do plano de regularização.

•• § 1.º-A acrescentado pela Lei n. 14.375, de 21-6-2022.

§ 2.º É vedada a transação que:

I – reduza o montante principal do crédito, assim compreendido seu valor originário, excluídos os acréscimos de que trata o inciso I do caput deste artigo;

II – implique redução superior a 65% (sessenta e cinco por cento) do valor total dos créditos a serem transacionados;

•• Inciso II com redação determinada pela Lei n. 14.375, de 21-6-2022.

III – conceda prazo de quitação dos créditos superior a 120 (cento e vinte) meses;

•• Inciso III com redação determinada pela Lei n. 14.375, de 21-6-2022.

IV – envolva créditos não inscritos em dívida ativa da União, exceto aqueles sob responsabilidade da Procuradoria-Geral da União ou em contencioso administrativo fiscal de que trata o art. 10-A desta Lei.
•• Inciso IV com redação determinada pela Lei n. 14.375, de 21-6-2022.

§ 3.º Na hipótese de transação que envolva pessoa natural, microempresa ou empresa de pequeno porte, a redução máxima de que trata o inciso II do § 2.º deste artigo será de até 70% (setenta por cento), ampliando-se o prazo máximo de quitação para até 145 (cento e quarenta e cinco) meses, respeitado o disposto no § 11 do art. 195 da Constituição Federal.

§ 4.º O disposto no § 3.º deste artigo aplica-se também às:
I – Santas Casas de Misericórdia, sociedades cooperativas e demais organizações da sociedade civil de que trata a Lei n. 13.019, de 31 de julho de 2014; e
II – instituições de ensino.

§ 5.º Incluem-se como créditos irrecuperáveis ou de difícil recuperação, para os fins do disposto no inciso I do *caput* deste artigo, aqueles devidos por empresas em processo de recuperação judicial, liquidação judicial, liquidação extrajudicial ou falência.

§ 6.º Na transação, poderão ser aceitas quaisquer modalidades de garantia previstas em lei, inclusive garantias reais ou fidejussórias, cessão fiduciária de direitos creditórios e alienação fiduciária de bens móveis ou imóveis ou de direitos, bem como créditos líquidos e certos do contribuinte em desfavor da União reconhecidos em decisão transitada em julgado, observado, entretanto, que não constitui óbice à realização da transação a impossibilidade material de prestação de garantias pelo devedor ou de garantias adicionais às já formalizadas em processos judiciais.
•• § 6.º com redação determinada pela Lei n. 14.375, de 21-6-2022.

§ 7.º Para efeito do disposto no inciso IV do *caput* deste artigo, a transação poderá compreender a utilização de créditos de prejuízo fiscal e de base de cálculo negativa da CSLL de titularidade do responsável tributário ou corresponsável pelo débito, de pessoa jurídica controladora ou controlada, de forma direta ou indireta, ou de sociedades que sejam controladas direta ou indiretamente por uma mesma pessoa jurídica, apurados e declarados à Secretaria Especial da Receita Federal do Brasil, independentemente do ramo de atividade, no período previsto pela legislação tributária.
•• § 7.º acrescentado pela Lei n. 14.375, de 21-6-2022.

§ 8.º O valor dos créditos de que trata o § 1.º-A deste artigo será determinado, na forma da regulamentação:

•• § 8.º, *caput*, acrescentado pela Lei n. 14.375, de 21-6-2022.

I – por meio da aplicação das alíquotas do imposto sobre a renda previstas no art. 3.º da Lei n. 9.249, de 26 de dezembro de 1995, sobre o montante do prejuízo fiscal; e
•• Inciso I acrescentado pela Lei n. 14.375, de 21-6-2022.

II – por meio da aplicação das alíquotas da CSLL previstas no art. 3.º da Lei n. 7.689, de 15 de dezembro de 1988, sobre o montante da base de cálculo negativa da contribuição.
•• Inciso II acrescentado pela Lei n. 14.375, de 21-6-2022.

§ 9.º A utilização dos créditos a que se refere o § 1.º-A deste artigo extingue os débitos sob condição resolutória de sua ulterior homologação.
•• § 9.º acrescentado pela Lei n. 14.375, de 21-6-2022.

§ 10. A Secretaria Especial da Receita Federal do Brasil dispõe do prazo de 5 (cinco) anos para a análise dos créditos utilizados na forma do § 1.º-A deste artigo.
•• § 10 acrescentado pela Lei n. 14.375, de 21-6-2022.

§ 11. Os benefícios concedidos em programas de parcelamento anteriores ainda em vigor serão mantidos, considerados e consolidados para efeitos da transação, que será limitada ao montante referente ao saldo remanescente do respectivo parcelamento, considerando-se quitadas as parcelas vencidas e liquidadas, na respectiva proporção do montante devido, desde que o contribuinte se encontre em situação regular no programa e, quando for o caso, esteja submetido a contencioso administrativo ou judicial, vedada a acumulação de reduções entre a transação e os respectivos programas de parcelamento.
•• § 11 acrescentado pela Lei n. 14.375, de 21-6-2022.

§ 12. Os descontos concedidos nas hipóteses de transação na cobrança de que trata este Capítulo não serão computados na apuração da base de cálculo:
•• § 12, *caput*, acrescentado pela Lei n. 14.375, de 21-6-2022.

I – do imposto sobre a renda e da CSLL; e
•• Inciso I acrescentado pela Lei n. 14.375, de 21-6-2022.

II – da contribuição para os Programas de Integração Social e de Formação do Patrimônio do Servidor Público (PIS/Pasep) e da Contribuição para o Financiamento da Seguridade Social (Cofins).
•• Inciso II acrescentado pela Lei n. 14.375, de 21-6-2022.
•• A Lei Complementar n. 214, de 16-1-2025, revoga este inciso a partir de 1.º-1-2027.

Art. 12. A proposta de transação não suspende a exigibilidade dos créditos por ela abrangidos nem o andamento das respectivas execuções fiscais.

§ 1.º O disposto no *caput* deste artigo não afasta a possibilidade de suspensão do processo por convenção das partes, conforme o disposto no inciso II do *caput* do art. 313 da Lei n. 13.105, de 16 de março de 2015 (Código de Processo Civil).

§ 2.º O termo de transação preverá, quando cabível, a anuência das partes para fins de suspensão convencional do processo de que trata o inciso II do *caput* do art. 313 da Lei n. 13.105, de 16 de março de 2015 (Código de Processo Civil), até a extinção dos créditos nos termos do § 3.º do art. 3.º desta Lei ou eventual rescisão.

§ 3.º A proposta de transação aceita não implica novação dos créditos por ela abrangidos.

Art. 13. Compete ao Procurador-Geral da Fazenda Nacional, quanto aos créditos inscritos em dívida ativa, e ao Secretário Especial da Receita Federal do Brasil, quanto aos créditos em contencioso administrativo fiscal, assinar o termo de transação realizado de forma individual, diretamente ou por autoridade delegada, observada a Lei Complementar n. 73, de 10 de fevereiro de 1993.
•• *Caput* com redação determinada pela Lei n. 14.375, de 21-6-2022.

§ 1.º A delegação de que trata o *caput* deste artigo poderá ser subdelegada, prever valores de alçada e exigir a aprovação de múltiplas autoridades.

§ 2.º A transação por adesão será realizada exclusivamente por meio eletrônico.

Art. 14. Compete ao Procurador-Geral da Fazenda Nacional, observado o disposto na Lei Complementar n. 73, de 10 de fevereiro de 1993, e no art. 131 da Constituição Federal, quanto aos créditos inscritos em dívida ativa, e ao Secretário Especial da Receita Federal do Brasil, quanto aos créditos em contencioso administrativo fiscal, disciplinar, por ato próprio:
•• *Caput* com redação determinada pela Lei n. 14.375, de 21-6-2022.
•• A Portaria n. 6.757, de 29-7-2022, da PGFN, regulamenta a transação na cobrança de créditos da União e do FGTS.
• A Portaria n. 18.731, de 6-8-2020, da PGFN, estabelece as condições para transação excepcional de débitos do regime Especial Unificado de Arrecadação de Tributos e Contribuições devidas pelas Microempresas e Empresas de Pequeno Porte (Simples Nacional).
• A Portaria n. 8.798, de 4-10-2022, da PGFN, disciplina o Programa de Quitação Antecipada de Transações e Inscrições da Dívida Ativa da União da Procuradoria-Geral da Fazenda Nacional - QuitaPGFN, que estabelece medidas excepcionais de regularização fiscal a serem adotadas para o enfrentamento da atual situação transitória de crise econômico-financeira e da momentânea dificuldade de geração de resultados por parte dos contribuintes.

I – os procedimentos necessários à aplicação do disposto neste Capítulo, inclusive quanto à rescisão da transação, em conformidade com a Lei n. 9.784, de 29 de janeiro de 1999;

II – a possibilidade de condicionar a transação ao pagamento de entrada, à apresentação de garantia e à manutenção das garantias já existentes;

III – as situações em que a transação somente poderá ser celebrada por adesão, autorizado o não conhecimento de eventuais propostas de transação individual;

IV – o formato e os requisitos da proposta de transação e os documentos que deverão ser apresentados;

V – (Revogado pela Lei n. 14.375, de 21-6-2022.)

Parágrafo único. Caberá ao Procurador-Geral da Fazenda Nacional disciplinar, por ato próprio, os critérios para aferição do grau de recuperabilidade das dívidas, os parâmetros para aceitação da transação individual e a concessão de descontos, entre eles o insucesso dos meios ordinários e convencionais de cobrança e a vinculação dos benefícios a critérios preferenciais objetivos que incluam ainda a sua temporalidade, a capacidade contributiva do devedor e os custos da cobrança.

•• Parágrafo único acrescentado pela Lei n. 14.375, de 21-6-2022.

Art. 15. Ato do Advogado-Geral da União disciplinará a transação no caso dos créditos previstos no inciso III do § 4.º do art. 1.º desta Lei.

Capítulo II-A
(VETADO).

•• Capítulo acrescentado pela Lei n. 14.973, de 16-9-2024.

Art. 15-A. (Vetado.)

•• Artigo acrescentado pela Lei n. 14.973, de 16-9-2024.

Capítulo III
DA TRANSAÇÃO POR ADESÃO NO CONTENCIOSO TRIBUTÁRIO DE RELEVANTE E DISSEMINADA CONTROVÉRSIA JURÍDICA

Art. 16. O Ministro de Estado da Economia poderá propor aos sujeitos passivos transação resolutiva de litígios aduaneiros ou tributários decorrentes de relevante e disseminada controvérsia jurídica, com base em manifestação da Procuradoria-Geral da Fazenda Nacional e da Secretaria Especial da Receita Federal do Brasil do Ministério da Economia.

§ 1.º A proposta de transação e a eventual adesão por parte do sujeito passivo não poderão ser invocadas como fundamento jurídico ou prognose de sucesso da tese sustentada por qualquer das partes e serão compreendidas exclusivamente como medida vantajosa diante das concessões recíprocas.

§ 2.º A proposta de transação deverá, preferencialmente, versar sobre controvérsia restrita a segmento econômico ou produtivo, a grupo ou universo de contribuintes ou a responsáveis delimitados, vedada, em qualquer hipótese, a alteração de regime jurídico tributário.

§ 3.º Considera-se controvérsia jurídica relevante e disseminada a que trate de questões tributárias que ultrapassem os interesses subjetivos da causa.

Art. 17. A proposta de transação por adesão será divulgada na imprensa oficial e nos sítios dos respectivos órgãos na internet, mediante edital que especifique, de maneira objetiva, as hipóteses fáticas e jurídicas nas quais a Fazenda Nacional propõe a transação no contencioso tributário, aberta à adesão de todos os sujeitos passivos que se enquadrem nessas hipóteses e que satisfaçam às condições previstas nesta Lei e no edital.

§ 1.º O edital a que se refere o *caput* deste artigo:

I – definirá:

a) as exigências a serem cumpridas, as reduções ou concessões oferecidas, os prazos e as formas de pagamento admitidas;

b) o prazo para adesão à transação;

II – poderá limitar os créditos contemplados pela transação, considerados:

a) a etapa em que se encontre o respectivo processo tributário, administrativo ou judicial; ou

b) os períodos de competência a que se refiram;

III – poderá estabelecer a necessidade de conformação do contribuinte ou do responsável ao entendimento da administração tributária acerca de fatos geradores futuros ou não consumados.

•• Inciso III com redação determinada pela Lei n. 14.689, de 20-9-2023.

§ 2.º As reduções e concessões de que trata a alínea a do inciso I do § 1.º deste artigo são limitadas ao desconto de 65% (sessenta e cinco por cento) do crédito, com prazo máximo de quitação de 120 (cento e vinte) meses.

•• § 2.º com redação determinada pela Lei n. 14.689, de 20-9-2023.

§ 3.º A celebração da transação, nos termos definidos no edital de que trata o *caput* deste artigo, compete:

I – à Secretaria Especial da Receita Federal do Brasil do Ministério da Economia, no âmbito do contencioso administrativo; e

II – à Procuradoria-Geral da Fazenda Nacional, nas demais hipóteses legais.

§ 4.º Na hipótese de transação que envolva pessoa natural, microempresa ou empresa de pequeno porte, a redução máxima de que trata o § 2.º deste artigo será de até 70% (setenta por cento), com ampliação do prazo máximo de quitação para até 145 (cento e quarenta e cinco) meses, respeitado o disposto no § 11 do art. 195 da Constituição Federal.

•• § 4.º acrescentado pela Lei n. 14.689, de 20-9-2023.

Art. 18. A transação somente será celebrada se constatada a existência, na data de publicação do edital, de inscrição em dívida ativa, de ação judicial, de embargos à execução fiscal ou de reclamação ou recurso administrativo pendente de julgamento definitivo, relativamente à tese objeto da transação.

Parágrafo único. A transação será rescindida quando contrariar decisão judicial definitiva prolatada antes da celebração da transação.

Art. 19. Atendidas as condições estabelecidas no edital, o sujeito passivo da obrigação tributária poderá solicitar sua adesão à transação, observado o procedimento estabelecido em ato do Ministro de Estado da Economia.

§ 1.º O sujeito passivo que aderir à transação deverá:

I – requerer a homologação judicial do acordo, para fins do disposto nos incisos II e III do *caput* do art. 515 da Lei n. 13.105, de 16 de março de 2015 (Código de Processo Civil);

II – (Revogado pela Lei n. 14.689, de 20-9-2023.)

§ 2.º Será indeferida a adesão que não importar extinção do litígio administrativo ou judicial, ressalvadas as hipóteses em que ficar demonstrada a inequívoca cindibilidade do objeto, nos termos do ato a que se refere o *caput* deste artigo.

§ 3.º O edital poderá estabelecer que a solicitação de adesão abranja todos os litígios relacionados à tese objeto da transação existentes na data do pedido, ainda que não definitivamente julgados.

•• § 3.º com redação determinada pela Lei n. 14.689, de 20-9-2023.

§ 4.º A apresentação da solicitação de adesão suspende a tramitação dos processos administrativos referentes aos créditos tributários envolvidos enquanto perdurar sua apreciação.

§ 5.º A apresentação da solicitação de adesão não suspende a exigibilidade dos créditos tributários definitivamente constituídos aos quais se refira.

Art. 20. São vedadas:

I – a celebração de nova transação relativa ao mesmo crédito tributário;

II – a oferta de transação por adesão nas hipóteses:

a) previstas no art. 19 da Lei n. 10.522, de 19 de julho de 2002, quando o ato ou a jurisprudência for em sentido integralmente desfavorável à Fazenda Nacional; e

b) (Revogada pela Lei n. 14.689, de 20-9-2023.)

III – a proposta de transação com efeito prospectivo que resulte, direta ou indiretamente, em regime especial, diferenciado ou individual de tributação.

Parágrafo único. O disposto no inciso II do *caput* deste artigo não obsta a oferta de transação relativa a controvérsia no âmbito da liquidação da sentença ou não abrangida na jurisprudência ou ato referidos no art. 19 da Lei n. 10.522, de 19 de julho de 2002.

Art. 21. Ato do Ministro de Estado da Economia regulamentará o disposto neste Capítulo.

•• A Portaria n. 247, de 16-6-2020, do Ministério da Economia, disciplina os critérios e procedimentos para a elaboração de proposta e de celebração de transação por adesão no contencioso tributário de relevante e disseminada controvérsia jurídica e no de pequeno valor.

Art. 22. Compete ao Secretário Especial da Receita Federal do Brasil, no que couber, disciplinar o disposto nesta Lei no que se refere à transação de créditos tributários não judicializados no contencioso administrativo tributário.

§ 1.º Compete ao Secretário Especial da Receita Federal do Brasil, diretamente ou por autoridade por ele delegada, assinar o termo de transação.

§ 2.º A delegação de que trata o § 1.º deste artigo poderá ser subdelegada, prever valores de alçada e exigir a aprovação de múltiplas autoridades.

§ 3.º A transação por adesão será realizada exclusivamente por meio eletrônico.

Art. 22-A. Aplica-se à transação por adesão no contencioso tributário de relevante e disseminada controvérsia jurídica o disposto no inciso IV do *caput* e nos §§ 7.º e 12 do art. 11 desta Lei.

•• Artigo acrescentado pela Lei n. 14.689, de 20-9-2023.

Art. 22-B. O disposto neste Capítulo também se aplica, no que couber, à dívida ativa das autarquias e das fundações públicas federais cujas inscrição, cobrança e representação incumbam à Procuradoria-Geral Federal e à Procuradoria-Geral do Banco Central e aos créditos cuja cobrança seja competência da Procuradoria-Geral da União, sem prejuízo do disposto na Lei n. 9.469, de 10 de julho de 1997.

•• *Caput* acrescentado pela Lei n. 14.973, de 16-9-2024.

Parágrafo único. Ato do Advogado-Geral da União disciplinará a transação dos créditos referidos neste artigo.

•• Parágrafo único acrescentado pela Lei n. 14.973, de 16-9-2024.

Capítulo III-A
DA TRANSAÇÃO NA COBRANÇA DE RELEVANTE INTERESSE REGULATÓRIO PARA AS AUTARQUIAS E FUNDAÇÕES PÚBLICAS FEDERAIS

•• Capítulo acrescentado pela Lei n. 14.973, de 16-9-2024.

Art. 22-C. A Procuradoria-Geral Federal poderá propor aos devedores transação na cobrança da dívida ativa das autarquias e fundações públicas federais, de natureza não tributária, quando houver relevante interesse regulatório previamente reconhecido por ato do Advogado-Geral da União.

•• *Caput* acrescentado pela Lei n. 14.973, de 16-9-2024.

§ 1.º Considera-se presente o relevante interesse regulatório quando o equacionamento de dívidas for necessário para assegurar as políticas públicas ou os serviços públicos prestados pelas autarquias e fundações públicas federais credoras.

•• § 1.º acrescentado pela Lei n. 14.973, de 16-9-2024.

§ 2.º Ato do Advogado-Geral da União reconhecerá o relevante interesse regulatório, com base em manifestação fundamentada dos dirigentes máximos das autarquias e fundações públicas federais cujo conteúdo observará as seguintes diretrizes:

•• § 2.º, *caput*, acrescentado pela Lei n. 14.973, de 16-9-2024.

I – a delimitação, com base em critérios objetivos, do grupo ou universo de devedores alcançado, observados os princípios da isonomia e da impessoalidade, vedado o reconhecimento de relevante interesse regulatório de alcance geral;

•• Inciso I acrescentado pela Lei n. 14.973, de 16-9-2024.

II – a indicação dos pressupostos de fato e de direito que determinam o relevante interesse regulatório, considerando, quando possível:

•• Inciso II, *caput*, acrescentado pela Lei n. 14.973, de 16-9-2024.

a) a manutenção das atividades dos agentes econômicos regulados e do atendimento aos usuários de serviços prestados regulados pela autarquia ou fundação pública federal credora;

•• Alínea *a* acrescentada pela Lei n. 14.973, de 16-9-2024.

b) o desempenho da política pública ou dos serviços públicos regulados pela autarquia ou fundação pública federal credora;

•• Alínea *b* acrescentada pela Lei n. 14.973, de 16-9-2024.

c) a preservação da função social da regulação, em especial o seu caráter pedagógico, quando envolver multas decorrentes do exercício do poder de polícia;

•• Alínea *c* acrescentada pela Lei n. 14.973, de 16-9-2024.

d) as vantagens sociais, ambientais, econômicas, de segurança ou de saúde em substituir os meios ordinários e convencionais de cobrança pelo equacionamento das dívidas e obrigações através da transação, com a finalidade de evitar o agravamento de problema regulatório ou na prestação de serviço público;

•• Alínea *d* acrescentada pela Lei n. 14.973, de 16-9-2024.

III – o tempo necessário à execução da medida, vedado o seu reconhecimento por prazo indeterminado;

•• Inciso III acrescentado pela Lei n. 14.973, de 16-9-2024.

IV – a prévia elaboração de Análise de Impacto Regulatório (AIR) prevista no art. 6.º da Lei n. 13.848, de 25 de junho de 2019, no caso das agências reguladoras.

•• Inciso IV acrescentado pela Lei n. 14.973, de 16-9-2024.

Art. 22-D. A Procuradoria-Geral Federal poderá, em juízo de oportunidade e conveniência, propor a transação de que trata este Capítulo, de forma individual ou por adesão, sempre que, motivadamente, entender que a medida atende ao interesse público, vedada a apresentação de proposta de transação individual pelo devedor.

•• *Caput* acrescentado pela Lei n. 14.973, de 16-9-2024.

§ 1.º A apresentação da proposta individual ou a solicitação de adesão do devedor à proposta suspenderá o andamento das execuções fiscais, salvo oposição justificada da Procuradoria-Geral Federal.

•• § 1.º acrescentado pela Lei n. 14.973, de 16-9-2024.

§ 2.º Nos processos administrativos de constituição de crédito em tramitação nas autarquias e fundações públicas federais, os devedores poderão renunciar aos direitos para que os créditos sejam constituídos, inscritos em dívida ativa e incluídos na transação.

•• § 2.º acrescentado pela Lei n. 14.973, de 16-9-2024.

§ 3.º Os seguintes compromissos adicionais serão exigidos do devedor, sem prejuízo do disposto no art. 3.º desta Lei, quando for o caso:

•• § 3.º, *caput*, acrescentado pela Lei n. 14.973, de 16-9-2024.

I – manter a prestação dos serviços públicos, nos termos do ato de delegação;

•• Inciso I acrescentado pela Lei n. 14.973, de 16-9-2024.

II – concluir a obra de construção, total ou parcial, conservação, reforma, ampliação ou melhoramento, nos termos do ato de delegação;

•• Inciso II acrescentado pela Lei n. 14.973, de 16-9-2024.

III – manter a regularidade dos pagamentos à autarquia ou fundação pública federal detentora do poder concedente, nos termos do ato de delegação;

•• Inciso III acrescentado pela Lei n. 14.973, de 16-9-2024.

IV – apresentar à autarquia ou fundação pública federal credora plano de conformidade regulatória.

•• Inciso IV acrescentado pela Lei n. 14.973, de 16-9-2024.

§ 4.º Os prazos ou os descontos na transação de que trata este Capítulo serão definidos pela Procuradoria-Geral Federal de acordo com o grau de recuperabilidade do crédito.

•• § 4.º acrescentado pela Lei n. 14.973, de 16-9-2024.

§ 5.º Os descontos poderão ser concedidos sobre o valor total do crédito, incluídos os acréscimos de que trata o inciso I do *caput* do art. 11 desta Lei, desde que o valor resultante da transação não seja inferior ao montante principal do crédito, assim compreendido o seu valor originário.

•• § 5.º acrescentado pela Lei n. 14.973, de 16-9-2024.

§ 6.º A limitação prevista no inciso I do § 2.º do art. 11 desta Lei e no § 5.º deste artigo não se aplica à transação que envolva pagamento à vista de créditos que consistirem em multa decorrente de processo administrativo sancionador.
•• § 6.º acrescentado pela Lei n. 14.973, de 16-9-2024.

§ 7.º O limite de que trata o inciso III do § 2.º do art. 11 desta Lei poderá ser ampliado em até 12 (doze) meses adicionais quando o devedor comprovar que desenvolve projetos de interesse social vinculados à política pública ou aos serviços públicos prestados pela autarquia ou fundação pública federal credora.
•• § 7.º acrescentado pela Lei n. 14.973, de 16-9-2024.

Art. 22-E. Ato do Advogado-Geral da União disciplinará a transação de que trata este Capítulo.
•• Artigo acrescentado pela Lei n. 14.973, de 16-9-2024.

Capítulo IV
DA TRANSAÇÃO POR ADESÃO NO CONTENCIOSO DE PEQUENO VALOR
•• Capítulo IV com redação determinada pela Lei n. 14.375, de 21-6-2022.

Art. 23. Observados os princípios da racionalidade, da economicidade e da eficiência, ato do Ministro de Estado da Economia regulamentará:
•• A Portaria n. 247, de 16-6-2020, do Ministério da Economia, disciplina os critérios e procedimentos para a elaboração de proposta e de celebração de transação por adesão no contencioso tributário de relevante e disseminada controvérsia jurídica e no de pequeno valor.

I – o contencioso administrativo fiscal de pequeno valor, assim considerado aquele cujo lançamento fiscal ou controvérsia não supere 60 (sessenta) salários mínimos;
•• Sobre a vigência desse inciso I, vide art. 30, I, desta Lei.

II – a adoção de métodos alternativos de solução de litígio, inclusive transação, envolvendo processos de pequeno valor.

Parágrafo único. No contencioso administrativo de pequeno valor, observados o contraditório, a ampla defesa e a vinculação aos entendimentos do Conselho Administrativo de Recursos Fiscais, o julgamento será realizado em última instância por órgão colegiado da Delegacia da Receita Federal do Brasil de Julgamento da Secretaria Especial da Receita Federal do Brasil, aplicado o disposto no Decreto n. 70.235, de 6 de março de 1972, apenas subsidiariamente.
•• Sobre a vigência desse parágrafo único, vide art. 30, I, desta Lei.

Art. 24. A transação relativa a crédito tributário de pequeno valor será realizada na pendência de impugnação, de recurso ou de reclamação administrativa ou no processo de cobrança da dívida ativa da União.

Parágrafo único. Considera-se contencioso tributário de pequeno valor aquele cujo crédito tributário em discussão não supere o limite previsto no inciso I do caput do art. 23 desta Lei e que tenha como sujeito passivo pessoa natural, microempresa ou empresa de pequeno porte.

Art. 25. A transação de que trata este Capítulo poderá contemplar os seguintes benefícios:

I – concessão de descontos, observado o limite máximo de 50% (cinquenta por cento) do valor total do crédito;

II – oferecimento de prazos e formas de pagamento especiais, incluídos o diferimento e a moratória, obedecido o prazo máximo de quitação de 60 (sessenta) meses; e

III – oferecimento, substituição ou alienação de garantias e de constrições.

§ 1.º É permitida a cumulação dos benefícios previstos nos incisos I, II e III do caput deste artigo.

§ 2.º A celebração da transação competirá:
I – à Secretaria Especial da Receita Federal do Brasil, no âmbito do contencioso administrativo de pequeno valor; e

II – à Procuradoria-Geral da Fazenda Nacional, nas demais hipóteses previstas neste Capítulo.

Art. 26. A proposta de transação poderá ser condicionada ao compromisso do contribuinte ou do responsável de requerer a homologação judicial do acordo, para fins do disposto nos incisos II e III do caput do art. 515 da Lei n. 13.105, de 16 de março de 2015 (Código de Processo Civil).

Art. 27. Caberá ao Procurador-Geral da Fazenda Nacional e ao Secretário Especial da Receita Federal do Brasil, em seu âmbito de atuação, disciplinar a aplicação do disposto neste Capítulo.

Art. 27-A. O disposto neste Capítulo também se aplica:
•• Caput acrescentado pela Lei n. 14.375, de 21-6-2022.

I – à dívida ativa da União de natureza não tributária cujas inscrição, cobrança e representação incumbam à Procuradoria-Geral da Fazenda Nacional, nos termos do art. 12 da Lei Complementar n. 73, de 10 de fevereiro de 1993;
•• Inciso I acrescentado pela Lei n. 14.375, de 21-6-2022.

II – aos créditos inscritos em dívida ativa do FGTS, vedada a redução de valores devidos aos trabalhadores e desde que autorizado pelo seu Conselho Curador; e
•• Inciso II acrescentado pela Lei n. 14.375, de 21-6-2022.

III – no que couber, à dívida ativa das autarquias e das fundações públicas federais cujas inscrição, cobrança e representação incumbam à Procuradoria-Geral Federal e à Procuradoria-Geral do Banco Central e aos créditos cuja cobrança seja competência da Procuradoria-Geral da União, sem prejuízo do disposto na Lei n. 9.469, de 10 de julho de 1997.
•• Inciso III com redação determinada pela Lei n. 14.689, de 20-9-2023.

Parágrafo único. Ato do Advogado-Geral da União disciplinará a transação dos créditos referidos no inciso III do caput deste artigo.
•• Parágrafo único acrescentado pela Lei n. 14.375, de 21-6-2022.

Capítulo V
DAS ALTERAÇÕES LEGISLATIVAS

Art. 28. A Lei n. 10.522, de 19 de julho de 2002, passa a vigorar acrescida do seguinte art. 19-E:
....

Capítulo VI
DISPOSIÇÕES FINAIS

Art. 29. Os agentes públicos que participarem do processo de composição do conflito, judicial ou extrajudicialmente, com o objetivo de celebração de transação nos termos desta Lei somente poderão ser responsabilizados, inclusive perante os órgãos públicos de controle interno e externo, quando agirem com dolo ou fraude para obter vantagem indevida para si ou para outrem.

Art. 30. Esta Lei entra em vigor:
I – em 120 (cento e vinte) dias contados da data da sua publicação, em relação ao inciso I do caput e ao parágrafo único do art. 23; e

II – na data de sua publicação, em relação aos demais dispositivos.

Brasília, 14 de abril de 2020; 199.º da Independência e 132.º da República.

JAIR MESSIAS BOLSONARO

LEI COMPLEMENTAR N. 174, DE 5 DE AGOSTO DE 2020 (*)

Autoriza a extinção de créditos tributários apurados na forma do Regime Especial Unificado de Arrecadação de Tributos e Contribuições devidos pelas Microempresas e Empresas de Pequeno Porte (Simples Nacional), mediante celebração de transação resolutiva de litígio; e prorroga o prazo para enquadramento no Simples Nacional em todo o território brasileiro, no ano de 2020, para microempresas e empresas de pequeno porte em início de atividade.

O Presidente de República
Faço saber que o Congresso Nacional decreta e eu sanciono a seguinte Lei:

Art. 1.º Esta Lei Complementar autoriza a extinção de créditos tributários apurados na forma do Regime Especial Unificado de Arrecadação de Tributos e Contribuições devidos pelas Microempresas e Empresas de Pequeno Porte (Simples Nacional), mediante celebração de transação resolutiva de li-

---
(*) Publicada no *Diário Oficial da União*, de 6-8-2020.

tígio, e prorroga o prazo para enquadramento no Simples Nacional em todo o território brasileiro, no ano de 2020, para microempresas e empresas de pequeno porte em início de atividade.

Art. 2.º Os créditos da Fazenda Pública apurados na forma do Simples Nacional, instituído pela Lei Complementar n. 123, de 14 de dezembro de 2006, em fase de contencioso administrativo ou judicial ou inscritos em dívida ativa poderão ser extintos mediante transação resolutiva de litígio, nos termos do art. 171 da Lei n. 5.172, de 25 de outubro de 1966 (Código Tributário Nacional).

Parágrafo único. Na hipótese do *caput* deste artigo, a transação será celebrada nos termos da Lei n. 13.988, de 14 de abril de 2020, ressalvada a hipótese prevista no § 3.º do art. 41 da Lei Complementar n. 123, de 14 dezembro de 2006.

- A Portaria n. 18.731, de 6-8-2020, da PGFN, estabelece as condições para transação excepcional de débitos do Regime Especial Unificado de Arrecadação de Tributos e Contribuições devidos pelas Microempresas e Empresas de Pequeno Porte (Simples Nacional).

Art. 3.º A transação resolutiva de litígio relativo à cobrança de créditos da Fazenda Pública não caracteriza renúncia de receita para fins do disposto no art. 14 da Lei Complementar n. 101, de 4 de maio de 2000.

Art. 4.º As microempresas e empresas de pequeno porte em início de atividade inscritas no Cadastro Nacional da Pessoa Jurídica (CNPJ) em 2020 poderão fazer a opção pelo Simples Nacional, prevista no art. 16 da Lei Complementar n. 123, de 14 de dezembro de 2006, no prazo de 180 (cento e oitenta) dias, contado da data de abertura constante do CNPJ.

§ 1.º A opção prevista no *caput* deste artigo:
I – deverá observar o prazo de até 30 (trinta) dias, contado do último deferimento de inscrição, seja ela a municipal, seja, caso exigível, a estadual; e
II – não afastará as vedações previstas na Lei Complementar n. 123, de 14 de dezembro de 2006.

§ 2.º O disposto neste artigo será regulamentado por resolução do Comitê Gestor do Simples Nacional.

Art. 5.º Esta Lei Complementar entra em vigor na data de sua publicação.

Brasília, 5 de agosto de 2020; 199.º da Independência e 132.º da República.

JAIR MESSIAS BOLSONARO

LEI N. 14.057, DE 11 DE SETEMBRO DE 2020 (*)

Disciplina o acordo com credores para pagamento com desconto de precatórios federais e o acordo terminativo de litígio

---

(*) Publicada no *Diário Oficial da União*, de 14-9-2020.

contra a Fazenda Pública e dispõe sobre a destinação dos recursos deles oriundos para o combate à Covid-19, durante a vigência do estado de calamidade pública reconhecido pelo Decreto Legislativo n. 6, de 20 de março de 2020; e altera a Lei n. 7.689, de 15 de dezembro de 1988, e a Lei n. 8.212, de 24 de julho de 1991.

O Presidente da República
Faço saber que o Congresso Nacional decreta e eu sanciono a seguinte Lei:

Art. 1.º Esta Lei disciplina, no âmbito da União, de suas autarquias e de suas fundações, acordos diretos para pagamento de precatórios de grande valor, nos termos do § 20 do art. 100 da Constituição Federal, e acordos terminativos de litígios contra a Fazenda Pública, nos termos do art. 1.º da Lei n. 9.469, de 10 de julho de 1997, e do § 12 do art. 19 da Lei n. 10.522, de 19 de julho de 2002.

Art. 2.º As propostas de acordo direto para pagamento de precatório nos termos do § 20 do art. 100 da Constituição Federal serão apresentadas pelo credor ou pela entidade devedora perante o Juízo Auxiliar de Conciliação de Precatórios vinculado ao presidente do tribunal que proferiu a decisão exequenda.

§ 1.º As propostas de que trata o *caput* deste artigo poderão ser apresentadas até a quitação integral do valor do precatório e não suspenderão o pagamento de suas parcelas, nos termos da primeira parte do § 20 do art. 100 da Constituição Federal.

§ 2.º Em nenhuma hipótese a proposta de acordo implicará o afastamento de atualização monetária ou dos juros moratórios previstos no § 12 do art. 100 da Constituição Federal.

§ 3.º Recebida a proposta de acordo direto, o Juízo Auxiliar de Conciliação de Precatórios intimará o credor ou a entidade devedora para aceitar ou recusar a proposta ou apresentar-lhe contraproposta, observado o limite máximo de desconto de 40% (quarenta por cento) do valor do crédito atualizado nos termos legais.

§ 4.º Aceita a proposta de acordo feita nos termos deste artigo, o Juízo Auxiliar de Conciliação de Precatórios homologará o acordo e dará conhecimento dele ao Presidente do Tribunal para que sejam adotadas as medidas cabíveis.

Art. 3.º Os acordos terminativos de litígio de que tratam o art. 1.º da Lei n. 9.469, de 10 de julho de 1997, e o § 12 do art. 19 da Lei n. 10.522, de 19 de julho de 2002, poderão ser propostos pela entidade pública ou pelos titulares do direito creditório e poderão abranger condições diferenciadas de deságio e de parcelamento para o pagamento do crédito deles resultante.

§ 1.º Em nenhuma hipótese as propostas de que trata o *caput* deste artigo veicularão:
I – (*Vetado*); e

II – parcelamento superior a:
a) 8 (oito) parcelas anuais e sucessivas, se houver título executivo judicial transitado em julgado;
b) 12 (doze) parcelas anuais e sucessivas, se não houver título executivo judicial transitado em julgado.

§ 2.º Recebida a proposta, o juízo competente para o processamento da ação intimará o credor ou a entidade pública, conforme o caso, para aceitar ou recusar a proposta ou apresentar-lhe contraproposta.

§ 3.º Aceito o valor proposto, esse montante será consolidado como principal e parcelado em tantas quantas forem as parcelas avençadas, observado o disposto nos §§ 5.º e 12 do art. 100 da Constituição Federal quanto à atualização monetária e aos juros de mora.

§ 4.º (*Vetado*.)
§ 5.º (*Vetado*.)

Art. 4.º Ato do Poder Executivo regulamentará o disposto nesta Lei, inclusive com relação à competência do Advogado-Geral da União para assinar os acordos firmados, diretamente ou por delegação.

Parágrafo único. A delegação referida no *caput* deste artigo poderá ser subdelegada e prever valores de alçada.

Art. 5.º O disposto no art. 40 da Lei n. 13.140, de 26 de junho de 2015, aplica-se aos servidores e aos agentes públicos, inclusive ocupantes de cargo em comissão, que participarem do processo de composição judicial disciplinado por esta Lei.

Art. 6.º (*Vetado*.)

Art. 7.º Os acordos a que se refere esta Lei contemplam também os precatórios oriundos de demanda judicial que tenha tido como objeto a cobrança de repasses referentes à complementação da União aos Estados e aos Municípios por conta do Fundo de Manutenção e Desenvolvimento do Ensino Fundamental e de Valorização do Magistério (Fundef), a que se referia a Lei n. 9.424, de 24 de dezembro de 1996.

Parágrafo único. Os repasses de que trata o *caput* deste artigo deverão obedecer à destinação originária, inclusive para fins de garantir pelo menos 60% (sessenta por cento) do seu montante para os profissionais do magistério ativos, inativos e pensionistas do ente público credor, na forma de abono, sem que haja incorporação à remuneração dos referidos servidores.

•• Parágrafo único originariamente vetado, todavia promulgado em 26-3-2021.

Art. 8.º O art. 4.º da Lei n. 7.689, de 15 de dezembro de 1988, passa a vigorar com a seguinte redação:

•• Alteração já processada no diploma modificado.
•• Artigo originariamente vetado, todavia promulgado em 26-3-2021.

Art. 9.º O art. 22 da Lei n. 8.212, de 24 de julho de 1991, passa a vigorar acrescido do seguinte § 16:

Art. 10. Esta Lei entra em vigor na data de sua publicação.

Brasília, 11 de setembro de 2020; 199.º da Independência e 132.º da República

JAIR MESSIAS BOLSONARO

LEI COMPLEMENTAR N. 175, DE 23 DE SETEMBRO DE 2020 (*)

Dispõe sobre o padrão nacional de obrigação acessória do Imposto Sobre Serviços de Qualquer Natureza (ISSQN), de competência dos Municípios e do Distrito Federal, incidente sobre os serviços previstos nos subitens 4.22, 4.23, 5.09, 15.01 e 15.09 da lista de serviços anexa à Lei Complementar n. 116, de 31 de julho de 2003; altera dispositivos da referida Lei Complementar; prevê regra de transição para a partilha do produto da arrecadação do ISSQN entre o Município do local do estabelecimento prestador e o Município do domicílio do tomador relativamente aos serviços de que trata; e dá outras providências.

O Presidente da República

Faço saber que o Congresso Nacional decreta e eu sanciono a seguinte Lei Complementar:

Art. 1.º Esta Lei Complementar dispõe sobre o padrão nacional de obrigação acessória do Imposto Sobre Serviços de Qualquer Natureza (ISSQN), de competência dos Municípios e do Distrito Federal, incidente sobre os serviços previstos nos subitens 4.22, 4.23, 5.09, 15.01 e 15.09 da lista de serviços anexa à Lei Complementar n. 116, de 31 de julho de 2003; altera dispositivos da referida Lei Complementar; prevê regra de transição para a partilha do produto da arrecadação do ISSQN entre o Município do local do estabelecimento prestador e o Município do domicílio do tomador relativamente aos serviços de que trata, cujo período de apuração esteja compreendido entre a data de publicação desta Lei Complementar e o último dia do exercício financeiro de 2022; e dá outras providências.

Art. 2.º O ISSQN devido em razão dos serviços referidos no art. 1.º será apurado pelo contribuinte e declarado por meio de sistema eletrônico de padrão unificado em todo o território nacional.

•• O STF, nas ADIs n. 5.835 e 5.862 e ADPF n. 499, nas sessões virtuais de 26-5-2023 a 2-6-2023 (*DOU* de 14-6-2023), julgou procedente o pedido para declarar a inconstitucionalidade deste art. 2.º.

§ 1.º O sistema eletrônico de padrão unificado de que trata o *caput* será desenvolvido pelo contribuinte, individualmente ou em conjunto com outros contribuintes sujeitos às disposições desta Lei Complementar, e seguirá leiautes e padrões definidos pelo Comitê Gestor das Obrigações Acessórias do ISSQN (CGOA), nos termos dos arts. 9.º a 11 desta Lei Complementar.

•• Mantivemos "seguirá" conforme publicação oficial.

§ 2.º O contribuinte deverá franquear aos Municípios e ao Distrito Federal acesso mensal e gratuito ao sistema eletrônico de padrão unificado utilizado para cumprimento da obrigação acessória padronizada.

•• Mantivemos "deverá" conforme publicação oficial.

§ 3.º Quando o sistema eletrônico de padrão unificado for desenvolvido em conjunto por mais de um contribuinte, cada contribuinte acessará o sistema exclusivamente em relação às suas próprias informações.

•• Mantivemos "acessará" conforme publicação oficial.

§ 4.º Os Municípios e o Distrito Federal acessarão o sistema eletrônico de padrão unificado dos contribuintes exclusivamente em relação às informações de suas respectivas competências.

Art. 3.º O contribuinte do ISSQN declarará as informações objeto da obrigação acessória de que trata esta Lei Complementar de forma padronizada, exclusivamente por meio do sistema eletrônico de que trata o art. 2.º, até o 25.º (vigésimo quinto) dia do mês seguinte ao de ocorrência dos fatos geradores.

•• O STF, nas ADIs n. 5.835 e 5.862 e ADPF n. 499, nas sessões virtuais de 26-5-2023 a 2-6-2023 (*DOU* de 14-6-2023), julgou procedente o pedido para declarar a inconstitucionalidade deste art. 3.º.

Parágrafo único. A falta da declaração, na forma do *caput*, das informações relativas a determinado Município ou ao Distrito Federal sujeitará o contribuinte às disposições da respectiva legislação.

Art. 4.º Cabe aos Municípios e ao Distrito Federal fornecer as seguintes informações diretamente no sistema eletrônico do contribuinte, conforme definições do CGOA:

I – alíquotas, conforme o período de vigência, aplicadas aos serviços referidos no art. 1.º desta Lei Complementar;

II – arquivos da legislação vigente no Município ou no Distrito Federal que versem sobre os serviços referidos no art. 1.º desta Lei Complementar;

III – dados do domicílio bancário para recebimento do ISSQN.

§ 1.º Os Municípios e o Distrito Federal terão até o último dia do mês subsequente ao da disponibilização do sistema de cadastro para fornecer as informações de que trata o *caput*, sem prejuízo do recebimento do imposto devido retroativo a janeiro de 2021.

§ 2.º Na hipótese de atualização, pelos Municípios e pelo Distrito Federal, das informações de que trata o *caput*, essas somente produzirão efeitos no período de competência mensal seguinte ao de sua inserção no sistema, observado o disposto no art. 150, inciso III, alíneas *b* e *c*, da Constituição Federal, no que se refere à base de cálculo e à alíquota, bem como ao previsto no § 1.º deste artigo.

§ 3.º É de responsabilidade dos Municípios e do Distrito Federal a higidez dos dados que esses prestarem no sistema previsto no *caput*, sendo vedada a imposição de penalidades ao contribuinte em caso de omissão, de inconsistência ou de inexatidão de tais dados.

Art. 5.º Ressalvadas as hipóteses previstas nesta Lei Complementar, é vedada aos Municípios e ao Distrito Federal a imposição a contribuintes não estabelecidos em seu território de qualquer outra obrigação acessória com relação aos serviços referidos no art. 1.º, inclusive a exigência de inscrição nos cadastros municipais e distritais ou de licenças e alvarás de abertura de estabelecimentos nos respectivos Municípios e no Distrito Federal.

Art. 6.º A emissão, pelo contribuinte, de notas fiscais de serviços referidos no art. 1.º pode ser exigida, nos termos da legislação de cada Município e do Distrito Federal, exceto para os serviços descritos nos subitens 15.01 e 15.09, que são dispensados da emissão de notas fiscais.

•• O STF, nas ADIs n. 5.835 e 5.862 e ADPF n. 499, nas sessões virtuais de 26-5-2023 a 2-6-2023 (*DOU* de 14-6-2023), julgou procedente o pedido para declarar a inconstitucionalidade deste art. 6.º.

Art. 7.º O ISSQN de que trata esta Lei Complementar será pago até o 15.º (décimo quinto) dia do mês subsequente ao de ocorrência dos fatos geradores, exclusivamente por meio de transferência bancária, no âmbito do Sistema de Pagamentos Brasileiro (SPB), ao domicílio bancário informado pelos Municípios e pelo Distrito Federal, nos termos do inciso III do art. 4.º.

§ 1.º Quando não houver expediente bancário no 15.º (décimo quinto) dia do mês subsequente ao de ocorrência dos fatos geradores, o vencimento do ISSQN será antecipado para o 1.º (primeiro) dia anterior com expediente bancário.

§ 2.º O comprovante da transferência bancária emitido segundo as regras do SPB é documento hábil para comprovar o pagamento do ISSQN.

Art. 8.º É vedada a atribuição, a terceira pessoa, de responsabilidade pelo crédito tributário relativa aos serviços referidos no art. 1.º desta Lei Complementar, permanecendo a responsabilidade exclusiva do contribuinte.

Art. 9.º É instituído o Comitê Gestor das Obrigações Acessórias do ISSQN (CGOA).

•• O STF, nas ADIs n. 5.835 e 5.862 e ADPF n. 499, nas sessões virtuais de 26-5-2023 a 2-6-2023 (*DOU* de 14-6-2023), julgou procedente o pedido para declarar a inconstitucionalidade deste art. 9.º.

Art. 10. Compete ao CGOA regular a aplicação do padrão nacional da obrigação acessória dos serviços referidos no art. 1.º.

(*) Publicada no *Diário Oficial da União*, de 24-9-2020.

•• O STF, nas ADIs n. 5.835 e 5.862 e ADPF n. 499, nas sessões virtuais de 26-5-2023 a 2-6-2023 (*DOU* de 14-6-2023), julgou procedente o pedido para declarar a inconstitucionalidade deste art. 10.

§ 1.º O leiaute, o acesso e a forma de fornecimento das informações serão definidos pelo CGOA e somente poderão ser alterados após decorrido o prazo de 3 (três) anos, contado da definição inicial ou da última alteração.

§ 2.º A alteração do leiaute ou da forma de fornecimento das informações será comunicada pelo CGOA com o prazo de pelo menos 1 (um) ano antes de sua entrada em vigor.

Art. 11. O CGOA será composto de 10 (dez) membros, representando as regiões Sul, Sudeste, Centro-Oeste, Nordeste e Norte do Brasil, da seguinte forma:

I – 1 (um) representante de Município capital ou do Distrito Federal por região;

II – 1 (um) representante de Município não capital por região.

§ 1.º Para cada representante titular será indicado 1 (um) suplente, observado o critério regional adotado nos incisos I e II do *caput*.

§ 2.º Os representantes dos Municípios previstos no inciso I do *caput* serão indicados pela Frente Nacional de Prefeitos (FNP), e os representantes previstos no inciso II do *caput*, pela Confederação Nacional de Municípios (CNM).

§ 3.º O CGOA elaborará seu regimento interno mediante resolução.

Art. 12. É instituído o Grupo Técnico do Comitê Gestor das Obrigações Acessórias do ISSQN (GTCGOA), que auxiliará o CGOA e terá a participação de representantes dos contribuintes dos serviços referidos no art. 1.º desta Lei Complementar.

§ 1.º O GTCGOA será composto de 4 (quatro) membros:

I – 2 (dois) membros indicados pelas entidades municipalistas que compõem o CGOA;

II – 2 (dois) membros indicados pela Confederação Nacional das Instituições Financeiras (CNF), representando os contribuintes.

§ 2.º O GTCGOA terá suas atribuições definidas pelo CGOA mediante resolução.

Art. 13. Em relação às competências de janeiro, fevereiro e março de 2021, é assegurada ao contribuinte a possibilidade de recolher o ISSQN e de declarar as informações objeto da obrigação acessória de que trata o art. 2.º desta Lei Complementar até o 15.º (décimo quinto) dia do mês de abril de 2021, sem a imposição de nenhuma penalidade.

•• O STF, nas ADIs n. 5.835 e 5.862 e ADPF n. 499, nas sessões virtuais de 26-5-2023 a 2-6-2023 (*DOU* de 14-6-2023), julgou procedente o pedido para declarar a inconstitucionalidade deste art. 13.

Parágrafo único. O ISSQN de que trata o *caput* será atualizado pela taxa referencial do Sistema Especial de Liquidação e de Custódia (Selic) para títulos federais, a partir do 1.º (primeiro) dia do mês subsequente ao mês de seu vencimento normal até o mês anterior ao do pagamento, e pela taxa de 1% (um por cento) no mês de pagamento.

Art. 14. A Lei Complementar n. 116, de 31 de julho de 2003, passa a vigorar com as seguintes alterações:

•• Alteração já processada no diploma modificado.

•• O STF, nas ADIs n. 5.835 e 5.862 e ADPF n. 499, nas sessões virtuais de 26-5-2023 a 2-6-2023 (*DOU* de 14-6-2023), julgou procedente o pedido para declarar a inconstitucionalidade deste art. 14.

Art. 15. O produto da arrecadação do ISSQN relativo aos serviços descritos nos subitens 4.22, 4.23, 5.09, 15.01 e 15.09 da lista de serviços anexa à Lei Complementar n. 116, de 31 de julho de 2003, cujo período de apuração esteja compreendido entre a data de publicação desta Lei Complementar e o último dia do exercício financeiro de 2022 será partilhado entre o Município do local do estabelecimento prestador e o Município do domicílio do tomador desses serviços, da seguinte forma:

I – relativamente aos períodos de apuração ocorridos no exercício de 2021, 33,5% (trinta e três inteiros e cinco décimos por cento) do produto da arrecadação pertencerão ao Município do local do estabelecimento prestador do serviço, e 66,5% (sessenta e seis inteiros e cinco décimos por cento), ao Município do domicílio do tomador;

II – relativamente aos períodos de apuração ocorridos no exercício de 2022, 15% (quinze por cento) do produto da arrecadação pertencerão ao Município do local do estabelecimento prestador do serviço, e 85% (oitenta e cinco por cento), ao Município do domicílio do tomador;

III – relativamente aos períodos de apuração ocorridos a partir do exercício de 2023, 100% (cem por cento) do produto da arrecadação pertencerão ao Município do domicílio do tomador.

§ 1.º Na ausência de convênio, ajuste ou protocolo firmado entre os Municípios interessados ou entre esses e o CGOA para regulamentação do disposto no *caput* deste artigo, o Município do domicílio do tomador do serviço deverá transferir ao Município do local do estabelecimento prestador a parcela do imposto que lhe cabe até o 5.º (quinto) dia útil seguinte ao seu recolhimento.

§ 2.º O Município do domicílio do tomador do serviço poderá atribuir às instituições financeiras arrecadadoras a obrigação de reter e de transferir ao Município do estabelecimento prestador do serviço os valores correspondentes à respectiva participação no produto da arrecadação do ISSQN.

Art. 16. Revoga-se o § 3.º do art. 6.º da Lei Complementar n. 116, de 31 de julho de 2003.

Art. 17. Esta Lei Complementar entra em vigor na data de sua publicação.

Brasília, 23 de setembro de 2020; 199.º da Independência e 132.º da República.

JAIR MESSIAS BOLSONARO

LEI N. 14.112, DE 24 DE DEZEMBRO DE 2020 (*)

Altera as Leis n. 11.101, de 9 de fevereiro de 2005, 10.522, de 19 de julho de 2002, e 8.929, de 22 de agosto de 1994, para atualizar a legislação referente à recuperação judicial, à recuperação extrajudicial e à falência do empresário e da sociedade empresária.

O Presidente da República

Faço saber que o Congresso Nacional decreta e eu sanciono a seguinte Lei:

Art. 1.º A Lei n. 11.101, de 9 de fevereiro de 2005, passa a vigorar com as seguintes alterações:

•• Alterações já processadas no diploma modificado.

Art. 2.º A Lei n. 11.101, de 9 de fevereiro de 2005, passa a vigorar acrescida dos seguintes artigos, seções e capítulo:

•• Alterações já processadas no diploma modificado.

Art. 3.º A Lei n. 10.522, de 19 de julho de 2002, passa a vigorar com as seguintes alterações:

•• Alterações já processadas no diploma modificado.

....

Art. 5.º Observado o disposto no art. 14 da Lei n. 13.105, de 16 de março de 2015 (Código de Processo Civil), esta Lei aplica-se de imediato aos processos pendentes.

§ 1.º Os dispositivos constantes dos incisos seguintes somente serão aplicáveis às falências decretadas, inclusive as decorrentes de convolação, e aos pedidos de recuperação judicial ou extrajudicial ajuizados após o início da vigência desta Lei:

I – a proposição do plano de recuperação judicial pelos credores, conforme disposto no art. 56 da Lei n. 11.101, de 9 de fevereiro de 2005;

II – as alterações sobre a sujeição de créditos na recuperação judicial e sobre a ordem de classificação de créditos na falência, previstas, respectivamente, nos arts. 49, 83 e 84 da Lei n. 11.101, de 9 de fevereiro de 2005;

III – as disposições previstas no *caput* do art. 82-A da Lei n. 11.101, de 9 de fevereiro de 2005;

IV – as disposições previstas no inciso V do *caput* do art. 158 da Lei n. 11.101, de 9 de fevereiro de 2005.

§ 2.º As recuperações judiciais em curso poderão ser encerradas independentemente de consolidação definitiva do quadro-geral de credores, facultada ao juiz essa possibilidade no período previsto no

---

(*) Publicada no *Diário Oficial da União*, de 24-12-2020.

art. 61 da Lei n. 11.101, de 9 de fevereiro de 2005.
§ 3.º As disposições de natureza penal somente se aplicam aos crimes praticados após a data de entrada em vigor desta Lei.
§ 4.º Fica permitido aos atuais devedores em recuperação judicial, no prazo de 60 (sessenta) dias, contado da regulamentação da transação a que se refere o art. 10-C da Lei n. 10.522, de 19 de julho de 2002, apresentar a respectiva proposta posteriormente à concessão da recuperação judicial, desde que:
I – as demais disposições do art. 10-C da Lei n. 10.522, de 19 de julho de 2002, sejam observadas; e
II – o processo de recuperação judicial ainda não tenha sido encerrado.
§ 5.º O disposto no inciso VI do *caput* do art. 158 terá aplicação imediata, inclusive às falências regidas pelo Decreto-lei n. 7.661, de 21 de junho de 1945.
§ 6.º Fica permitido aos devedores em recuperação judicial, no prazo de 60 (sessenta) dias, contado da entrada em vigor desta Lei, solicitar a repactuação do acordo de transação resolutiva de litígio formalizado anteriormente, desde que atendidos os demais requisitos e condições exigidos na Lei n. 13.988, de 14 de abril de 2020, e na respectiva regulamentação.
Art. 6.º Revogam-se:
I – os incisos I a IV do *caput* e o § 1.º do art. 10-A da Lei n. 10.522, de 19 de julho de 2002;
II – os seguintes dispositivos da Lei n. 11.101, de 9 de fevereiro de 2005:
a) § 7.º do art. 6.º;
b) incisos IV e V do *caput*, com as respectivas alíneas, e § 4.º, todos do art. 83;
c) inciso I do *caput* do art. 84;
d) parágrafo único do art. 86;
e) incisos II e III do *caput* e §§ 1.º, 2.º, 4.º, 5.º e 6.º, todos do art. 142;
f) §§ 2.º e 3.º do art. 145;
g) incisos III e IV do *caput* do art. 158;
h) art. 157;
i) § 2.º do art. 159.
Art. 7.º Esta Lei entra em vigor após decorridos 30 (trinta) dias de sua publicação oficial.
Brasília, 24 de dezembro de 2020; 199.º da Independência e 132.º da República.

Jair Messias Bolsonaro

LEI COMPLEMENTAR N. 178, DE 13 DE JANEIRO DE 2021 (*)

Estabelece o Programa de Acompanhamento e Transparência Fiscal e o Plano de Promoção do Equilíbrio Fiscal; altera a Lei Complementar n. 101, de 4 de maio de 2000, a Lei Complementar n. 156, de 28 de dezembro de 2016, a Lei Complementar n. 159, de 19 de maio de 2017, a Lei Complementar n. 173, de 27 de maio de 2020, a Lei n. 9.496, de 11 de setembro de 1997, a Lei n. 12.348, de 15 de dezembro de 2010, a Lei n. 12.649, de 17 de maio de 2012, e a Medida Provisória n. 2.185-35, de 24 de agosto de 2001; e dá outras providências.

O Presidente da República
Faço saber que o Congresso Nacional decreta e eu sanciono a seguinte Lei Complementar:

Capítulo I
DA PROMOÇÃO DA TRANSPARÊNCIA E DO EQUILÍBRIO FISCAL

Seção I
Da Instituição do Programa de Acompanhamento e Transparência Fiscal

Art. 1.º É instituído o Programa de Acompanhamento e Transparência Fiscal, o qual tem por objetivo reforçar a transparência fiscal dos Estados, do Distrito Federal e dos Municípios e compatibilizar as respectivas políticas fiscais com a da União.
§ 1.º O Programa será avaliado, revisado e atualizado periodicamente, e será amplamente divulgado, inclusive em meios eletrônicos de acesso público.
§ 2.º O Programa poderá estabelecer metas e compromissos para o Estado, o Distrito Federal e o Município.
§ 3.º O Estado, o Distrito Federal e o Município que aderir ao Programa firmará o compromisso de contrair novas dívidas exclusivamente de acordo com os termos do Programa.
§ 4.º O Programa poderá estabelecer limites individualizados para contratação de dívidas em percentual da receita corrente líquida, de acordo com a capacidade de pagamento apurada conforme metodologia definida pelo Ministério da Economia.
§ 5.º Ato do Secretário do Tesouro Nacional poderá estabelecer critérios para adesão de Municípios com até 500.000 (quinhentos mil) habitantes ao Programa e para a aplicação de normas e padrões simplificados no âmbito do Programa.
§ 6.º A adesão do Estado, do Distrito Federal ou do Município ao Programa de Acompanhamento e Transparência Fiscal é condição para a pactuação de Plano de Promoção do Equilíbrio Fiscal com a União, nos termos da Seção II deste Capítulo, para a adesão ao Regime de Recuperação Fiscal de que trata a Lei Complementar n. 159, de 19 de maio de 2017, e para a repactuação de acordos sob a égide da Lei Complementar n. 156, de 28 de dezembro de 2016, da Lei n. 9.496, de 11 de setembro de 1997, e da Medida Provisória n. 2.192-70, de 24 de agosto de 2001.
§ 7.º O disposto no § 6.º deste artigo será considerado atendido em caso de assunção de compromisso para a adesão ao Programa de Acompanhamento e Transparência Fiscal, desde que efetivada em até 12 (doze) meses após a referida assunção de compromisso, sob pena de nulidade de eventual repactuação de acordos ou adesão ao Regime de Recuperação Fiscal a que se refere aquele parágrafo.
§ 8.º A alteração da metodologia utilizada para fins de classificação da capacidade de pagamento deverá ser precedida de consulta pública, assegurada a manifestação de Estados e Municípios.
Art. 2.º Os entes signatários do Programa de Acompanhamento e Transparência Fiscal encaminharão à Secretaria do Tesouro Nacional as informações contábeis, orçamentárias e financeiras necessárias à elaboração dos demonstrativos fiscais estabelecidos pela Lei Complementar n. 101, de 4 de maio de 2000, ao acompanhamento dos acordos, programa, repactuações, regime e plano citados no § 6.º do art. 1.º e à fiscalização do cumprimento das regras definidas pelo Poder Executivo federal nos termos do inciso III do § 1.º, do § 2.º e do § 3.º do art. 48 da Lei Complementar n. 101, de 4 de maio de 2000.

Seção II
Do Plano de Promoção do Equilíbrio Fiscal

Art. 3.º O Plano de Promoção do Equilíbrio Fiscal conterá conjunto de metas e de compromissos pactuados entre a União e cada Estado, o Distrito Federal ou cada Município, com o objetivo de promover o equilíbrio fiscal e a melhoria das respectivas capacidades de pagamento.
§ 1.º O Plano de Promoção do Equilíbrio Fiscal terá vigência temporária, requisitos adicionais de adesão por Estado, pelo Distrito Federal ou por Município e demais condições definidas em regulamento.
§ 2.º Ato do Ministro de Estado da Economia disporá sobre a metodologia de cálculo e a classificação da capacidade de pagamento dos Estados, do Distrito Federal e dos Municípios, observado o disposto no art. 1.º, § 8.º.
§ 3.º O Plano de Promoção do Equilíbrio Fiscal deverá conter, no mínimo:
I – as metas e compromissos pactuados nos termos do *caput*; e
II – autorização para contratações de operações de crédito com garantia da União e as condições para liberação dos recursos financeiros.
§ 4.º O Estado, o Distrito Federal ou o Município deverá vincular, em contragarantia das operações de crédito autorizadas na forma deste artigo, as receitas de que tratam os arts. 155 a 158 e os recursos de que tratam as alíneas *a* e *b* do inciso I e o inciso II do *caput* do art. 159, todos da Constituição Federal.
Art. 4.º O Plano de Promoção do Equilíbrio Fiscal contemplará a aprovação de leis ou atos normativos pelo Estado, Distrito

(*) Publicada no *Diário Oficial da União*, de 14-1-2021. Regulamentada pelo Decreto n. 10.819, de 27-9-2021.

Federal ou Município dos quais decorra a implementação, nos termos de regulamento, de pelo menos 3 (três) das medidas estabelecidas no § 1.º do art. 2.º da Lei Complementar n. 159, de 19 de maio de 2017, devendo uma delas, no mínimo, estar entre as previstas nos incisos II, IV, V e VIII do referido parágrafo, observado o § 4.º daquele artigo.

Parágrafo único. Para fins de adesão ao Plano de Promoção do Equilíbrio Fiscal, consideram-se implementadas as medidas referidas no *caput* deste artigo caso o ente demonstre, nos termos do regulamento, ser desnecessário editar legislação adicional para seu atendimento.

Art. 5.º O Plano de Promoção do Equilíbrio Fiscal poderá estabelecer metas e compromissos adicionais ao Programa de Acompanhamento e Transparência Fiscal e ao de Reestruturação e Ajuste Fiscal, nos termos da Lei n. 9.496, de 11 de setembro de 1997.

Art. 6.º As liberações de recursos das operações autorizadas de acordo com o art. 3.º condicionam-se ao cumprimento:

I – das metas e dos compromissos previstos no Plano de Promoção do Equilíbrio Fiscal; e

II – do limite para despesa total com pessoal, de acordo com os percentuais previstos no *caput* do art. 19 da Lei Complementar n. 101, de 4 de maio de 2000, observada a regra de enquadramento prevista no art. 15 da presente Lei Complementar.

§ 1.º A primeira liberação de recursos financeiros no âmbito do Plano de Promoção do Equilíbrio Fiscal condiciona-se somente à aprovação das leis de que trata o art. 4.º.

§ 2.º Os recursos liberados na forma do *caput* poderão ser utilizados para pagamento de despesas correntes ou de capital, observadas as vedações dos incisos III e X do art. 167 da Constituição Federal.

§ 3.º Na hipótese de uma das escolhas de que trata o art. 4.º recair sobre a medida que se refere o inciso I do § 1.º do art. 2.º da Lei Complementar n. 159, de 19 de maio de 2017, as liberações de recursos serão definidas proporcionalmente à sua implementação, nos termos do regulamento.

Art. 7.º (Vetado.)

Art. 8.º O pedido de adesão do Estado ou do Distrito Federal ao Regime de Recuperação Fiscal instituído pela Lei Complementar n. 159, de 19 de maio de 2017, extingue o Plano de Promoção do Equilíbrio Fiscal em vigor, nos termos do regulamento.

Parágrafo único. As dívidas decorrentes das operações de crédito contratadas no âmbito do Plano de Promoção do Equilíbrio Fiscal não estão sujeitas ao disposto no art. 9.º da Lei Complementar referida no *caput*.

Capítulo III
DAS ALTERAÇÕES DO REGIME DE RECUPERAÇÃO FISCAL

Art. 13. A Lei Complementar n. 159, de 19 de maio de 2017, passa a vigorar com as seguintes alterações:

•• Alterações já processadas no diploma modificado.

Capítulo IV
DAS MEDIDAS DE REFORÇO À RESPONSABILIDADE FISCAL

Art. 15. O Poder ou órgão cuja despesa total com pessoal ao término do exercício financeiro da publicação desta Lei Complementar estiver acima de seu respectivo limite estabelecido no art. 20 da Lei Complementar n. 101, de 4 de maio de 2000, deverá eliminar o excesso à razão de, pelo menos, 10% (dez por cento) a cada exercício a partir de 2023, por meio da adoção, entre outras, das medidas previstas nos arts. 22 e 23 daquela Lei Complementar, de forma a se enquadrar no respectivo limite até o término do exercício de 2032.

§ 1.º A inobservância do disposto no *caput* no prazo fixado sujeita o Poder ou órgão referido no art. 20 da Lei Complementar n. 101, de 4 de maio de 2000 (Lei de Responsabilidade Fiscal), às restrições previstas no § 3.º do art. 23 da referida Lei Complementar.

•• § 1.º com redação determinada pela Lei Complementar n. 212, de 13-1-2025.

§ 2.º A comprovação acerca do cumprimento da regra de eliminação do excesso de despesas com pessoal prevista no *caput* deverá ser feita no último quadrimestre de cada exercício, observado o art. 18 da Lei Complementar n. 101, de 4 de maio de 2000.

§ 3.º Ficam suspensas as contagens de prazo e as disposições do art. 23 da Lei Complementar n. 101, de 4 de maio de 2000, no exercício financeiro de publicação desta Lei Complementar.

§ 4.º Até o encerramento do prazo a que se refere o *caput*, será considerado cumprido o disposto no art. 23 da Lei Complementar n. 101, de 4 de maio de 2000, pelo Poder ou órgão referido no art. 20 daquela Lei Complementar que atender ao estabelecido neste artigo.

Art. 16. A Lei Complementar n. 101, de 4 de maio de 2000, passa a vigorar com as seguintes alterações:

•• Alterações já processadas no diploma modificado.

Capítulo V
DISPOSIÇÕES FINAIS E TRANSITÓRIAS

Art. 17. É a União autorizada a:

I – firmar Programas de Acompanhamento e Transparência Fiscal e Planos de Promoção do Equilíbrio Fiscal com os Estados, o Distrito Federal e os Municípios;

II – formalizar termos aditivos aos contratos de refinanciamento de dívidas celebrados com os Estados e o Distrito Federal com base na Lei n. 9.496, de 11 de setembro de 1997, e aos contratos de financiamento ou refinanciamento previstos na Medida Provisória n. 2.192-70, de 24 de agosto de 2001, para a sua conversão em Programas de Acompanhamento e Transparência Fiscal;

III – conceder garantias às operações de crédito autorizadas no âmbito do Plano de Promoção do Equilíbrio Fiscal de que trata o art. 3.º;

IV – converter os Programas de Acompanhamento Fiscal vigentes nos termos da Lei Complementar n. 148, de 25 de novembro de 2014, em Programas de Acompanhamento e Transparência Fiscal;

V – dispensar, durante a vigência dos contratos de financiamento ou refinanciamento previstos na Medida Provisória n. 2.192-70, de 24 de agosto de 2001, a aplicação do disposto no § 2.º do seu art. 5.º;

VI – parcelar, em até 120 (cento e vinte) meses, mediante instrumento próprio, com aplicação dos encargos financeiros previstos no art. 2.º da Lei Complementar n. 148, de 25 de novembro de 2014, e prestações calculadas com base na Tabela Price, os saldos devedores vencidos acumulados em decorrência de decisões judiciais relativas às dívidas de Estados e Municípios refinanciadas ao amparo da Lei n. 8.727, de 5 de novembro de 1993, para as quais não foram mantidos os prazos, os encargos financeiros e as demais condições pactuadas nos contratos originais; e

VII – incorporar aos saldos devedores de contratos firmados originalmente ao amparo da Lei n. 9.496, de 11 de setembro de 1997, ou da Medida Provisória n. 2.192-70, de 24 de agosto de 2001, mediante aditamento contratual, os saldos devedores vencidos de operações de crédito rural alongadas nos termos da Lei n. 9.138, de 29 de novembro de 1995, que constituam, até a data de publicação desta Lei Complementar, obrigação de Estado da federação junto à Secretaria do Tesouro Nacional do Ministério da Economia.

§ 1.º A conversão de que trata o inciso II do *caput*:

I – obrigará o Estado ou o Distrito Federal a cumprir as normas relativas ao Programa de Acompanhamento e Transparência Fiscal e o desobrigará de cumprir as normas relativas ao Programa de Reestruturação e de Ajuste Fiscal de que trata o art. 2.º da Lei n. 9.496, de 11 de setembro de 1997;

II – autorizará, sem prejuízo das demais penalidades, a cobrança, durante 6 (seis) meses, de amortização extraordinária exigida com a prestação devida, de valor correspondente a 0,2% (dois décimos por cento) da receita corrente líquida definida no inciso IV do art. 2.º da Lei Complementar n. 101, de 4 de maio de 2000, correspondente ao exercício imediatamente anterior ao de aplicação das penalidades, na hipótese de não revisão e atualização do Programa de Acompanhamento e Transparência Fiscal.

§ 2.º Os saldos devedores a que se refere o inciso VI do *caput* serão apurados com os encargos financeiros de adimplência previstos nos contratos celebrados ao amparo da Lei n. 8.727, de 5 de novembro de 1993, e seu parcelamento deverá ser formalizado por instrumento contratual, mediante o oferecimento em garantia à União das receitas próprias e dos recursos de que tratam os arts. 156, 158 e 159, inciso I, alínea *b*, e § 3.º, todos da Constituição Federal.

§ 3.º Em caso de inadimplemento do parcelamento de que trata o inciso VI do *caput*, serão aplicados os encargos previstos no § 11 do art. 3.º da Lei n. 9.496, de 11 de setembro de 1997.

§ 4.º A eficácia do instrumento contratual a ser celebrado em decorrência da autorização prevista no inciso VI do *caput* deste artigo estará condicionada à apresentação, pelo ente devedor, em até 180 (cento e oitenta) dias contados da data da assinatura, do protocolo do pedido de desistência perante os juízos das respectivas ações judiciais.

§ 5.º O prazo para assinatura do instrumento contratual a que se refere o inciso VI do *caput* é de 360 (trezentos e sessenta) dias, contados da data de publicação desta Lei Complementar.

Art. 18. Compete à Secretaria do Tesouro Nacional do Ministério da Economia a realização de análises periódicas da situação fiscal de Estados, Distrito Federal e Municípios, com prioridade para os entes que forem signatários de Programas de Reestruturação e Ajuste Fiscal e de Acompanhamento e Transparência Fiscal e de Planos de Promoção do Equilíbrio Fiscal e de Recuperação Fiscal, sem prejuízo da competência dos Tribunais de Contas.

§ 1.º As análises previstas no *caput* subsidiarão a avaliação quanto ao cumprimento de metas e compromissos dos entes signatários dos Programas e Planos referidos no *caput*.

§ 2.º Poderão ser objeto de pedido de revisão ao Ministro de Estado da Economia as avaliações que concluam pelo descumprimento:

I – de metas dos Programas de Reestruturação e de Ajuste Fiscal, conforme o art. 26 da Medida Provisória n. 2.192-70, de 24 de agosto de 2001;

II – de metas e compromissos dos Planos de Promoção do Equilíbrio Fiscal; e

III – de metas e compromissos do Programa de Acompanhamento e Transparência Fiscal.

§ 3.º A revisão de que trata o § 2.º dependerá de justificativa fundamentada do Ministro de Estado da Economia.

§ 4.º O pedido de que trata o § 2.º será considerado indeferido após 60 (sessenta) dias caso não haja manifestação por parte do Ministro de Estado da Economia.

§ 5.º Regulamento disciplinará o processo de análise fiscal periódica dos entes subnacionais e o processo de avaliação quanto ao cumprimento de metas e compromissos dos Programas de Reestruturação e Ajuste Fiscal e de Acompanhamento e Transparência Fiscal e dos Planos de Promoção do Equilíbrio Fiscal e de Recuperação Fiscal.

Art. 19. Para os efeitos desta Lei Complementar, considera-se regulamento o ato do Presidente da República editado no uso da competência prevista no art. 84, inciso IV, da Constituição Federal.

Art. 20. É a Secretaria do Tesouro Nacional do Ministério da Economia autorizada a dispensar os entes que não atenderem a quaisquer dos requisitos do *caput* do art. 3.º da Lei Complementar n. 159, de 19 de maio de 2017, da fixação das metas ou dos compromissos firmados no âmbito da Lei n. 9.496, de 11 de setembro de 1997, e da Medida Provisória n. 2.192-70, de 24 de agosto de 2001.

Art. 21. O Estado com Regime de Recuperação Fiscal vigente em 31 de agosto de 2020 poderá pedir nova adesão ao Regime, nos termos da Lei Complementar n. 159, de 19 de maio de 2017, e suas alterações, se o pedido for protocolado até o último dia útil do quarto mês subsequente ao da publicação desta Lei Complementar.

§ 1.º Os valores referentes a obrigações vencidas até a data da primeira adesão do Estado ao Regime de Recuperação Fiscal e não pagas por força de decisão judicial serão incorporados à conta gráfica naquela data, constituindo seu saldo inicial, com:

I – incidência dos encargos contratuais de normalidade sobre cada valor inadimplido, desde a data de sua exigibilidade até a data de homologação do primeiro Regime de Recuperação Fiscal, no caso de obrigações decorrentes da redução extraordinária integral das prestações relativas aos contratos de dívidas administrados pela Secretaria do Tesouro Nacional do Ministério da Economia concedida em razão da primeira adesão ao Regime de Recuperação Fiscal;

•• Inciso I com redação determinada pela Lei Complementar n. 181, de 6-5-2021.

II – incidência da taxa referencial do Sistema Especial de Liquidação e de Custódia (Selic) para os títulos federais sobre cada valor inadimplido, desde a data de sua exigibilidade até a data de homologação do primeiro Regime de Recuperação Fiscal, no caso de obrigações inadimplidas referentes a operações de crédito com o sistema financeiro e instituições multilaterais contratadas em data anterior à homologação do pedido da primeira adesão ao Regime de Recuperação Fiscal e cujas contragarantias não tenham sido executadas pela União.

•• Inciso II com redação determinada pela Lei Complementar n. 181, de 6-5-2021.

§ 2.º Os valores não pagos das dívidas relativas às obrigações decorrentes da redução extraordinária integral das prestações relativas aos contratos de dívidas administrados pela Secretaria do Tesouro Nacional do Ministério da Economia concedida em razão da primeira adesão ao Regime de Recuperação Fiscal e às obrigações inadimplidas referentes a operações de crédito com o sistema financeiro e instituições multilaterais contratadas em data anterior à homologação do pedido da primeira adesão ao Regime de Recuperação Fiscal e cujas contragarantias não tenham sido executadas pela União, bem como o saldo da conta gráfica apurado na forma do § 1.º, serão capitalizados nas condições do art. 2.º da Lei Complementar n. 148, de 25 de novembro de 2014, e sua regulamentação, e incorporados ao saldo do contrato de que trata o art. 9.º-A da Lei Complementar n. 159, de 19 de maio de 2017.

§ 3.º As possibilidades de incorporação mencionadas nos §§ 1.º e 2.º deste artigo aplicam-se também às inadimplências relativas a operações garantidas pela União de natureza distinta daquela de que trata o inciso II do referido § 1.º, cuja recuperação dos valores honrados pela União tenha sido suspensa por força de decisões judiciais proferidas no âmbito de ações ajuizadas até 30 de outubro de 2019.

§ 4.º Protocolado o pedido referido no *caput* deste artigo, o Ministério da Economia publicará em até 10 (dez) dias o resultado do pedido de adesão do Estado.

§ 5.º O deferimento do pedido de nova adesão de que trata o *caput* implica encerramento do Regime de Recuperação Fiscal vigente.

§ 6.º Os valores não pagos em decorrência da retomada progressiva de pagamentos prevista na primeira adesão ao Regime de Recuperação Fiscal, relativos às dívidas administradas pela Secretaria do Tesouro Nacional do Ministério da Economia e às obrigações inadimplidas referentes a operações de crédito com o sistema financeiro e instituições multilaterais contratadas em data anterior à homologação do pedido da primeira adesão ao Regime de Recuperação Fiscal e cujas contragarantias não tenham sido executadas pela União, serão capitalizados nas condições do art. 2.º da Lei Complementar n. 148, de 25 de novembro de 2014, e sua regulamentação, e incorporados ao saldo do contrato de que trata o art. 9.º-A da Lei Complementar n. 159, de 19 de maio de 2017.

•• § 6.º acrescentado pela Lei Complementar n. 181, de 6-5-2021.

Art. 22. É a União autorizada a contratar diretamente o Banco do Brasil S.A. para, na qualidade de seu agente financeiro, administrar os créditos decorrentes de operações firmadas ao amparo da Lei Complementar

n. 159, de 19 de maio de 2017, e desta Lei Complementar, com poderes para representá-la em eventuais instrumentos contratuais concernentes a tais créditos, aplicando-se, para fins de remuneração do contratado, o disposto no art. 9.º da Lei n. 9.496, de 11 de setembro de 1997.

Art. 23. É a União autorizada a celebrar com os Estados, até 30 de junho de 2022, contratos específicos com as mesmas condições financeiras do contrato previsto no art. 9.º-A da Lei Complementar n. 159, de 19 de maio de 2017, com prazo de 360 (trezentos e sessenta) meses, para refinanciar os valores inadimplidos em decorrência de decisões judiciais proferidas em ações ajuizadas até 31 de dezembro de 2020 que lhes tenham antecipado os seguintes benefícios da referida Lei Complementar:

•• *Caput* com redação determinada pela Lei Complementar n. 181, de 6-5-2021.

I – redução extraordinária integral das prestações relativas aos contratos de dívidas administrados pela Secretaria do Tesouro Nacional do Ministério da Economia; e

II – suspensão de pagamentos de operações de crédito com o sistema financeiro e instituições multilaterais cujas contragarantias não tenham sido executadas pela União.

§ 1.º Os valores de que tratam os incisos I e II do *caput* serão incorporados ao saldo devedor do contrato de refinanciamento, considerando:

I – os encargos de adimplência pertinentes a cada contrato original, no caso dos relativos ao inciso I; e

II – a taxa referencial do Sistema Especial de Liquidação e de Custódia (Selic) para os títulos federais, no caso dos relativos ao inciso II.

§ 2.º Os saldos devedores dos refinanciamentos de que trata este artigo serão consolidados nos saldos dos refinanciamentos previstos no art. 9.º-A da Lei Complementar n. 159, de 19 de maio de 2017, caso o Estado adira ao Regime de Recuperação Fiscal utilizando as prerrogativas do art. 9.º da referida Lei Complementar.

§ 3.º O disposto no § 1.º aplica-se também às parcelas de que tratam os arts. 3.º e 5.º da Lei Complementar n. 156, de 28 de dezembro de 2016, pendentes de pagamento.

§ 4.º O prazo em que os pagamentos dos contratos de dívidas referidas no *caput* tiverem sido suspensos em decorrência de decisão judicial não será computado para fins das prerrogativas definidas nos incisos I e II do art. 9.º da Lei Complementar n. 159, de 19 de maio de 2017.

§ 5.º A eficácia dos contratos específicos celebrados em decorrência da autorização prevista neste artigo estará condicionada à apresentação, pelo Estado, em até 30 (trinta) dias contados das datas de suas assinaturas, dos protocolos dos pedidos de desistência perante os juízos das respectivas ações judiciais.

§ 6.º Ato do Ministro de Estado da Economia estabelecerá os critérios e as condições necessárias à aplicação do disposto neste artigo.

Art. 24. É a Secretaria do Tesouro Nacional do Ministério da Economia autorizada a realizar o pagamento de faturas referentes à participação do País nos foros, grupos e iciativas internacionais discriminados no art. 5.º da Lei n. 12.649, de 17 de maio de 2012, a partir de 1.º de janeiro de 2019.

....

Art. 26. (Vetado.)

Art. 27. (Revogado pela Lei Complementar n. 181, de 6-5-2021.)

Art. 28. Os contratos de dívida dos Estados, do Distrito Federal e dos Municípios garantidos pela Secretaria do Tesouro Nacional, com data de contratação anterior a 1.º de julho de 2020, que se submeterem ao processo de reestruturação de dívida poderão ser objeto de securitização, conforme ato do Secretário do Tesouro Nacional do Ministério da Economia, se atendidos os seguintes requisitos:

I – enquadramento como operação de reestruturação de dívida, conforme legislação vigente e orientações e procedimentos da Secretaria do Tesouro Nacional;

II – securitização no mercado doméstico de créditos denominados e referenciados em reais;

III – obediência, pela nova dívida, aos seguintes requisitos:

a) ter prazo máximo de até 30 (trinta) anos, não superior a 3 (três) vezes o prazo da dívida original;

b) ter fluxo inferior ao da dívida original;

c) ter custo inferior ao custo da dívida original, considerando todas as comissões (compromisso e estruturação, entre outras) e penalidades para realizar o pagamento antecipado;

d) ter estrutura de pagamentos padronizada, com amortizações igualmente distribuídas ao longo do tempo e sem período de carência;

e) ser indexada ao Certificado de Depósito Interbancário (CDI);

f) ter custo inferior ao custo máximo aceitável, publicado pela Secretaria do Tesouro Nacional, para as operações de crédito securitizáveis com prazo médio (*duration*) de até 10 (dez) anos, considerando todas as comissões (compromisso e estruturação, entre outras) e penalidades para realizar o pagamento antecipado.

Art. 29. A União, os Estados, o Distrito Federal e os Municípios, e suas respectivas administrações indiretas, poderão realizar aditamento contratual a operações de crédito externo e interno cuja finalidade seja a substituição da taxa de juros aplicável a essas operações, no caso de a taxa vigente ser baseada na London Interbank Offered Rate (Libor) ou na European Interbank Offered Rate (Euribor), por outras que vierem a substituí-las no mercado internacional.

•• *Caput* com redação determinada pela Lei Complementar n. 212, de 13-1-2025.

§ 1.º Os aditamentos contratuais de que trata o *caput* não constituirão nova operação de crédito nos termos do inciso III do art. 29 da Lei Complementar n. 101, de 4 de maio de 2000, estando, portanto, dispensados os requisitos constantes do art. 32 daquela Lei Complementar e demais requisitos legais para sua contratação.

§ 2.º No caso de as operações de que trata este artigo serem garantidas pela União, a garantia será mantida, não sendo necessária a alteração dos contratos de garantia e de contragarantia vigentes.

§ 3.º O instrumento contratual que formalizar o aditamento previsto no *caput* deverá conter cláusula prevendo o compromisso de buscar a manutenção do equilíbrio econômico ou a ausência de transferência de proveito econômico entre o credor e o devedor da operação.

Art. 30. São dispensados os requisitos legais exigidos para:

I – assinatura de termos aditivos aos contratos de refinanciamento previstos nesta Lei Complementar;

II – assinatura dos Programas de Reestruturação e Ajuste Fiscal e de Acompanhamento e Transparência Fiscal e dos Planos de Promoção do Equilíbrio Fiscal e de Recuperação Fiscal;

III – realização de operações de crédito e concessão de garantia pela União autorizadas no âmbito do Plano de Promoção do Equilíbrio Fiscal, exceto quanto ao cumprimento das metas e dos compromissos nele estabelecidos;

IV – a celebração dos contratos específicos de que tratam os arts. 23 e 26.

Parágrafo único. A dispensa de que trata este artigo alcança os requisitos legais exigidos para contratação de operação de crédito e para concessão de garantia, inclusive aqueles dos arts. 32 e 40 da Lei Complementar n. 101, de 4 de maio de 2000, bem como para a contratação com a União.

Art. 31. Revogam-se:

I – os arts. 5.º, 5.º-A e 6.º da Lei Complementar n. 148, de 25 de novembro de 2014;

II – o inciso VI do § 1.º do art. 8.º da Medida Provisória n. 2.185-35, de 24 de agosto de 2001; e

III – os seguintes dispositivos da Lei Complementar n. 159, de 19 de maio de 2017:

a) o § 4.º do art. 1.º;

b) os §§ 2.º a 5.º do art. 4.º;

c) os §§ 7.º a 9.º do art. 9.º;

d) o inciso VII do art. 11;

e) os §§ 1.º e 2.º do art. 13;

f) o art. 17, *caput*, e seus §§ 1.º a 4.º.

Art. 32. Esta Lei Complementar entra em vigor:

I – em relação a seu art. 16, especificamente no que altera o art. 51 da Lei Complementar n. 101, de 4 de maio de 2000, a partir de 2022;

II – em relação a seu art. 16, especificamente no que altera o art. 42 da Lei Complementar n. 101, de 4 de maio de 2000, a partir de 2023;

III – em relação às demais disposições, na data de sua publicação.

Brasília, 13 de janeiro de 2021; 200.º da Independência e 133.º da República.

JAIR MESSIAS BOLSONARO

LEI N. 14.148, DE 3 DE MAIO DE 2021 (*)

Dispõe sobre ações emergenciais e temporárias destinadas ao setor de eventos para compensar os efeitos decorrentes das medidas de combate à pandemia da Covid-19; institui o Programa Emergencial de Retomada do Setor de Eventos (Perse) e o Programa de Garantia aos Setores Críticos (PGSC); e altera as Leis n. 13.756, de 12 de dezembro de 2018, e 8.212, de 24 de julho de 1991.

O Presidente da República

Faço saber que o Congresso Nacional decreta e eu sanciono a seguinte Lei:

Art. 1.º Esta Lei estabelece ações emergenciais e temporárias destinadas ao setor de eventos para compensar os efeitos decorrentes das medidas de isolamento ou de quarentena realizadas para enfrentamento da pandemia da Covid-19.

Art. 2.º Fica instituído o Programa Emergencial de Retomada do Setor de Eventos (Perse), com o objetivo de criar condições para que o setor de eventos possa mitigar as perdas oriundas do estado de calamidade pública reconhecido pelo Decreto Legislativo n. 6, de 20 de março de 2020.

•• A Instrução Normativa n. 2.195, de 23-5-2024, da RFB, disciplina a habilitação e a fruição do benefício fiscal concedido no âmbito do Perse.

§ 1.º Para os efeitos desta Lei, consideram-se pertencentes ao setor de eventos as pessoas jurídicas, inclusive entidades sem fins lucrativos, que exercem as seguintes atividades econômicas, direta ou indiretamente:

I – realização ou comercialização de congressos, feiras, eventos esportivos, sociais, promocionais ou culturais, feiras de negócios, *shows*, festas, festivais, simpósios ou espetáculos em geral, casas de eventos, *buffets* sociais e infantis, casas noturnas e casas de espetáculos;

II – hotelaria em geral;

III – administração de salas de exibição cinematográfica; e

IV – prestação de serviços turísticos, conforme o art. 21 da Lei n. 11.771, de 17 de setembro de 2008.

§ 2.º Ato do Ministério da Economia publicará os códigos da Classificação Nacional de Atividades Econômicas (CNAE) que se enquadram na definição de setor de eventos referida no § 1.º deste artigo.

Art. 3.º O Perse autoriza o Poder Executivo a disponibilizar modalidades de renegociação de dívidas tributárias e não tributárias, incluídas aquelas para com o Fundo de Garantia do Tempo de Serviço (FGTS), nos termos e nas condições previstos na Lei n. 13.988, de 14 de abril de 2020.

§ 1.º Aplicam-se às transações celebradas no âmbito do Perse o desconto de até 70% (setenta por cento) sobre o valor total da dívida e o prazo máximo para sua quitação de até 145 (cento e quarenta e cinco) meses, na forma prevista no art. 11 da Lei n. 13.988, de 14 de abril de 2020, respeitado o disposto no § 11 do art. 195 da Constituição Federal.

§ 2.º A transação referida no *caput* deste artigo:

I – poderá ser realizada por adesão, na forma e nas condições constantes da regulamentação específica, admitido o requerimento individual de transação, observado o disposto no § 9.º deste artigo;

II – deverá ficar disponível para adesão pelo prazo de até 4 (quatro) meses, contado da data de sua regulamentação pelo respectivo órgão competente;

III – deverá ter sua solicitação analisada no prazo máximo de até 30 (trinta) dias úteis, no caso de requerimento individual.

§ 3.º O requerimento de adesão à transação implica confissão irrevogável e irretratável dos débitos abrangidos pelo parcelamento e configura confissão extrajudicial, podendo as pessoas jurídicas do setor de eventos, a seu critério, não incluir no parcelamento débitos que se encontrem em discussão na esfera administrativa ou judicial, submetidos ou não a causa legal de suspensão de exigibilidade.

§ 4.º Para inclusão no acordo de débitos que se encontram vinculados à discussão administrativa ou judicial, submetidos ou não a hipótese legal de suspensão, o devedor deverá desistir de forma irrevogável, até o prazo final para adesão, de impugnações ou recursos administrativos, de ações judiciais propostas ou de qualquer defesa em sede de execução fiscal e, cumulativamente, renunciar a quaisquer alegações de direito sobre as quais se fundam os processos administrativos e as ações judiciais, observado o disposto na parte final do § 3.º deste artigo.

§ 5.º O devedor poderá ser intimado, a qualquer tempo, pelo órgão ou autoridade competente, a comprovar que protocolou requerimento de extinção dos processos, com resolução do mérito.

§ 6.º A Procuradoria-Geral da Fazenda Nacional poderá celebrar acordos e parcerias com entidades públicas e privadas para divulgação do Perse e das modalidades de negociação existentes, inclusive na hipótese de representação coletiva de associados de que trata o § 9.º deste artigo.

§ 7.º Aos devedores participantes de transações nos termos previstos neste artigo não serão contrapostas as seguintes exigências:

I – pagamento de entrada mínima como condição à adesão;

II – apresentação de garantias reais ou fidejussórias, inclusive alienação fiduciária sobre bens móveis ou imóveis e cessão fiduciária de direitos sobre coisas móveis, títulos de crédito, direitos creditórios ou recebíveis futuros.

§ 8.º Na elaboração de parâmetros para aceitação da transação ou para mensuração do grau de recuperabilidade, no âmbito das transações dispostas neste artigo, deverá ser levado em consideração prioritariamente o impacto da pandemia da Covid-19 na capacidade de geração de resultados da pessoa jurídica durante todo o período da pandemia e da Emergência em Saúde Pública de Importância Nacional (Espin).

§ 9.º As associações representativas dos setores beneficiários do Perse poderão solicitar atendimento preferencial, com o objetivo de tratar da adesão e difundir os benefícios previstos nesta Lei.

Art. 4.º Ficam reduzidas a 0% (zero por cento) pelo prazo de 60 (sessenta) meses, contado do início da produção de efeitos desta Lei, as alíquotas dos seguintes tributos, incidentes sobre o resultado auferido pelas pessoas jurídicas pertencentes ao setor de eventos abrangendo as seguintes atividades econômicas, com os respectivos códigos da CNAE: hotéis (5510-8/01); apart-hotéis (5510-8/02); serviços de alimentação para eventos e recepções – bufê (5620-1/02); atividades de exibição cinematográfica (5914-6/00); criação de estandes para feiras e exposições (7319-0/01); atividades de produção de fotografias, exceto aérea e submarina (7420-0/01); filmagem de festas e eventos (7420-0/04); agenciamento de profissionais para atividades esportivas, culturais e artísticas (7490-1/05); aluguel de equipamentos recreativos e esportivos (7721-7/00); aluguel de palcos, coberturas e outras estruturas de uso temporário, exceto andaimes (7739-0/03); serviços de reservas e outros serviços de turismo não especificados anteriormente (7990-2/00); serviços de organização de feiras, congressos, exposições e festas (8230-0/01); casas de festas e eventos (8230-0/02); produção teatral (9001-9/01); produção musical (9001-9/02); produção de espetáculos de dança (9001-9/03); produção de espetáculos circenses, de marionetes e similares (9001-9/04); atividades de sonorização e de iluminação (9001-9/06); artes cênicas, espetáculos e atividades complementares não especificadas anteriormente (9001-9/99); gestão de espaços para artes cênicas, espetáculos e outras atividades artísticas (9003-5/00); produção e promoção de eventos esportivos (9319-1/01); discotecas, dancete-

(*) Publicada no *Diário Oficial da União*, de 4-5-2021.

rias, salões de dança e similares (9329-8/01); restaurantes e similares (5611-2/01); bares e outros estabelecimentos especializados em servir bebidas, sem entretenimento (5611-2/04); bares e outros estabelecimentos especializados em servir bebidas, com entretenimento (5611-2/05); agências de viagem (7911-2/00); operadores turísticos (7912-1/00); atividades de jardins botânicos, zoológicos, parques nacionais, reservas ecológicas e áreas de proteção ambiental (9103-1/00); parques de diversão e parques temáticos (9321-2/00); atividades de organizações associativas ligadas à cultura e à arte (9493-6/00):

•• *Caput* com redação determinada pela Lei n. 14.859, de 22-5-2024.

I – Contribuição para os Programas de Integração Social e de Formação do Patrimônio do Servidor Público (Contribuição PIS/Pasep);

•• A Lei Complementar n. 214, de 16-1-2025, revoga este inciso a partir de 1.º-1-2027.

II – Contribuição para o Financiamento da Seguridade Social (Cofins);

•• A Lei Complementar n. 214, de 16-1-2025, revoga este inciso a partir de 1.º-1-2027.

III – Contribuição Social sobre o Lucro Líquido (CSLL); e

IV – Imposto sobre a Renda das Pessoas Jurídicas (IRPJ).

•• Incisos originalmente vetados, todavia promulgados em 18-3-2022.

§ 1.º Para fins de fruição do benefício fiscal previsto no *caput* deste artigo, a alíquota de 0% (zero por cento) será aplicada sobre os resultados e as receitas obtidos diretamente das atividades do setor de eventos de que trata este artigo.

•• § 1.º acrescentado pela Lei n. 14.592, de 30-5-2023.

§ 2.º O disposto no art. 17 da Lei n. 11.033, de 21 de dezembro de 2004, não se aplica aos créditos vinculados às receitas decorrentes das atividades do setor de eventos de que trata este artigo.

•• § 2.º acrescentado pela Lei n. 14.592, de 30-5-2023.

§ 3.º Fica dispensada a retenção do IRPJ, da CSLL, da Contribuição para o PIS/Pasep e da Cofins quando o pagamento ou o crédito referir-se a receitas desoneradas na forma deste artigo.

•• § 3.º acrescentado pela Lei n. 14.592, de 30-5-2023.

•• **A Lei Complementar n. 214, de 16-1-2025, deu nova redação a este § 3.º, com produção de efeitos a partir de 1.º-1-2027:** "§ 3.º Fica dispensada a retenção do IRPJ e da CSLL quando o pagamento ou o crédito referir-se a receitas desoneradas na forma deste artigo."

§ 4.º Somente as pessoas jurídicas, inclusive as entidades sem fins lucrativos, que já exerciam, em 18 de março de 2022, as atividades econômicas de que trata este artigo poderão usufruir do benefício.

•• § 4.º acrescentado pela Lei n. 14.592, de 30-5-2023.

§ 5.º Terão direito à fruição do benefício fiscal de que trata este artigo, condicionada à regularidade, em 18 de março de 2022, ou adquirida entre essa data e 30 de maio de 2023, de sua situação perante o Cadastro de Prestadores de Serviços Turísticos (Cadastur), nos termos dos arts. 21 e 22 da Lei n. 11.771, de 17 de setembro de 2008 (Política Nacional do Turismo), as pessoas jurídicas que exercem as seguintes atividades econômicas: restaurantes e similares (5611-2/01); bares e outros estabelecimentos especializados em servir bebidas, sem entretenimento (5611-2/04); bares e outros estabelecimentos especializados em servir bebidas, com entretenimento (5611-2/05); agências de viagem (7911-2/00); operadores turísticos (7912-1/00); atividades de jardins botânicos, zoológicos, parques nacionais, reservas ecológicas e áreas de proteção ambiental (9103-1/00); parques de diversão e parques temáticos (9321-2/00); atividades de organizações associativas ligadas à cultura e à arte (9493-6/00).

•• § 5.º com redação determinada pela Lei n. 14.859, de 22-5-2024.

§ 6.º Ato da Secretaria Especial da Receita Federal do Brasil do Ministério da Fazenda disciplinará o disposto neste artigo.

•• § 6.º acrescentado pela Lei n. 14.592, de 30-5-2023.

§ 7.º Apenas terão direito à redução de alíquota de que trata este artigo as pessoas jurídicas pertencentes ao setor de eventos que possuíam como código da CNAE principal ou atividade preponderante, em 18 de março de 2022, uma das atividades econômicas descritas nos códigos da CNAE referidos no *caput* ou no § 5.º deste artigo.

•• § 7.º acrescentado pela Lei n. 14.859, de 22-5-2024.

§ 8.º Para fins do disposto no § 7.º deste artigo, considera-se preponderante a atividade cuja receita bruta decorrente de seu exercício seja a de maior valor absoluto, apurado dentre os códigos da CNAE componentes da receita bruta total da pessoa jurídica.

•• § 8.º acrescentado pela Lei n. 14.859, de 22-5-2024.

§ 9.º Para fins do disposto neste artigo, considerar-se-á o somatório das receitas brutas auferidas nas atividades com código da CNAE descritas no *caput*, dentre os componentes da receita bruta da pessoa jurídica, para a aferição de atividade preponderante, estando elegíveis ao Perse as empresas cuja soma descrita neste artigo contemple o disposto no § 7.º.

•• § 9.º acrescentado pela Lei n. 14.859, de 22-5-2024.

§ 10. A transferência da titularidade de pessoa jurídica pertencente ao setor de eventos beneficiária do Perse, ou não beneficiária dele que atenda aos requisitos e pretenda fazer uso da redução de alíquotas prevista no Programa, importará responsabilidade solidária e ilimitada do cedente e do cessionário das quotas sociais ou ações, bem como do administrador, pelos tributos não recolhidos em função do Perse, na hipótese de uso indevido do benefício para atividades não contempladas pelo Programa.

•• § 10 acrescentado pela Lei n. 14.859, de 22-5-2024.

§ 11. A fruição do benefício fiscal previsto neste artigo não se aplica às pessoas jurídicas pertencentes ao setor de eventos que estavam inativas e por essa razão não foram submetidas às condições onerosas decorrentes da pandemia de Covid-19, assim consideradas aquelas que, nos anos-calendários de 2017 a 2021, não tenham efetuado nenhuma atividade operacional, não operacional, patrimonial ou financeira, inclusive aplicação no mercado financeiro ou de capitais, em todos os seus códigos da CNAE.

•• § 11 acrescentado pela Lei n. 14.859, de 22-5-2024.

§ 12. Às pessoas jurídicas beneficiárias do Perse tributadas com base no lucro real ou no lucro arbitrado, a alíquota reduzida de que trata este artigo será restrita aos incisos I e II do *caput*, durante os exercícios de 2025 e 2026.

•• § 12 acrescentado pela Lei n. 14.859, de 22-5-2024.

Art. 4.º-A. O benefício fiscal estabelecido no art. 4.º terá o seu custo fiscal de gasto tributário fixado, nos meses de abril de 2024 a dezembro de 2026, no valor máximo de R$ 15.000.000.000,00 (quinze bilhões de reais), o qual será demonstrado pela Secretaria Especial da Receita Federal do Brasil em relatórios bimestrais de acompanhamento, contendo exclusivamente os valores da redução dos tributos das pessoas jurídicas de que trata o art. 4.º que foram consideradas habilitadas na forma do art. 4.º-B desta Lei, com desagregação dos valores por item da CNAE e por forma de apuração da base de cálculo do IRPJ, sendo discriminados no relatório os valores de redução de tributos que sejam objeto de discussão judicial não transitada em julgado, ficando o benefício fiscal extinto a partir do mês subsequente àquele em que for demonstrado pelo Poder Executivo em audiência pública do Congresso Nacional que o custo fiscal acumulado atingiu o limite fixado.

•• Artigo acrescentado pela Lei n. 14.859, de 22-5-2024.

Art. 4.º-B. A fruição do benefício fiscal previsto no art. 4.º desta Lei é condicionada à habilitação prévia, no prazo de 60 (sessenta) dias a contar da regulamentação deste artigo, restrita exclusivamente à apresentação, por plataforma eletrônica automatizada da Secretaria Especial da Receita

Federal do Brasil, dos atos constitutivos e respectivas alterações.
•• *Caput* acrescentado pela Lei n. 14.859, de 22-5-2024.

§ 1.º As pessoas jurídicas tributadas com base no lucro real ou no lucro arbitrado informarão, no procedimento de habilitação prévia de que trata o *caput* deste artigo, se, durante a vigência do Perse, farão uso:
•• § 1.º, *caput*, acrescentado pela Lei n. 14.859, de 22-5-2024.

I – de prejuízos fiscais acumulados, de base de cálculo negativa da CSLL e do desconto de créditos da Contribuição para o PIS/Pasep e da Cofins em relação a bens e serviços utilizados como insumo nas aquisições de bens, de direitos ou de serviços para auferir receitas ou resultados das atividades do setor de eventos; ou
•• Inciso I acrescentado pela Lei n. 14.859, de 22-5-2024.

II – da redução de alíquotas de que trata o art. 4.º desta Lei.
•• Inciso II acrescentado pela Lei n. 14.859, de 22-5-2024.

§ 2.º A habilitação posterior não impede a aplicação do benefício fiscal sobre períodos anteriores.
•• § 2.º acrescentado pela Lei n. 14.859, de 22-5-2024.

§ 3.º Transcorrido o prazo de 30 (trinta) dias após o pedido de habilitação da pessoa jurídica sem que tenha havido a manifestação da Secretaria Especial da Receita Federal do Brasil, a pessoa jurídica será considerada habilitada para a fruição do benefício fiscal enquanto ele perdurar.
•• § 3.º acrescentado pela Lei n. 14.859, de 22-5-2024.

§ 4.º Observado o direito à ampla defesa e ao contraditório, a habilitação será:
•• § 4.º, *caput*, acrescentado pela Lei n. 14.859, de 22-5-2024.

I – indeferida, na hipótese de a pessoa jurídica não atender aos requisitos previstos no art. 4.º desta Lei; ou
•• Inciso I acrescentado pela Lei n. 14.859, de 22-5-2024.

II – cancelada, na hipótese de a pessoa jurídica deixar de atender aos mesmos requisitos.
•• Inciso II acrescentado pela Lei n. 14.859, de 22-5-2024.

Art. 5.º Para as medidas de que trata esta Lei, além dos recursos do Tesouro Nacional, poderão ser utilizados como fonte de recursos:

I – o produto da arrecadação das loterias de que tratam os arts. 15, 16, 17, 18 e 20 da Lei n. 13.756, de 12 de dezembro de 2018;

II – recursos de operação de crédito interna decorrente da emissão de títulos de responsabilidade do Tesouro Nacional para ações emergenciais e temporárias destinadas ao setor de eventos para compensar os efeitos decorrentes das medidas de combate à pandemia da Covid-19;

III – dotação orçamentária específica; e

IV – outras fontes de recursos.
•• Artigo originalmente vetado, todavia promulgado em 18-3-2022.

Art. 6.º (*Revogado pela Lei n. 14.592, de 30-5-2023.*)

Art. 7.º As pessoas jurídicas beneficiárias do Perse que se enquadrem nos critérios do Programa Nacional de Apoio às Microempresas e Empresas de Pequeno Porte (Pronampe) serão contempladas em subprograma específico, no âmbito das operações regidas pela Lei n. 13.999, de 18 de maio de 2020.

§ 1.º O Poder Executivo regulamentará:

I – o percentual do Fundo Garantidor de Operações (FGO) destinado exclusivamente às ações previstas neste artigo, em montante total não inferior a 20% (vinte por cento) de suas disponibilidades para atendimento ao disposto na Lei n. 13.999, de 18 de maio de 2020;

II – o prazo de vigência da destinação específica e eventuais taxas de juros mais atrativas ao concedente de crédito, limitadas a 6% a.a. (seis por cento ao ano) mais a taxa Selic, para as operações que utilizem a garantia concedida em observância ao inciso I deste parágrafo.

§ 2.º Ressalvadas as disposições desta Lei, as operações previstas no *caput* deste artigo ficam regidas pela Lei n. 13.999, de 18 de maio de 2020.
•• Artigo originalmente vetado, todavia promulgado em 18-3-2022.

Art. 8.º Fica instituído o Programa de Garantia aos Setores Críticos (PGSC), destinado a empresas de direito privado, a associações, a fundações de direito privado e a sociedades cooperativas, excetuadas as sociedades de crédito, sem distinção em relação ao porte do beneficiário, que tenham sede ou estabelecimento no País.

§ 1.º O Programa de Garantia aos Setores Críticos operacionalizado por meio do Fundo Garantidor para Investimentos (PGSC-FGI) será administrado pelo Banco Nacional de Desenvolvimento Econômico e Social (BNDES) e terá como objetivo a garantia do risco em operações de crédito contratadas com base na finalidade disposta na alínea *d* do inciso I do *caput* do art. 7.º da Lei n. 12.087, de 11 de novembro de 2009.

§ 2.º Somente serão elegíveis à garantia do PGSC-FGI as operações de crédito contratadas até 180 (cento e oitenta) dias após a entrada em vigor desta Lei e que observarem as seguintes condições:

I – prazo de carência de, no mínimo, 6 (seis) meses e, no máximo, 12 (doze) meses;

II – prazo total da operação de, no mínimo, 12 (doze) meses e, no máximo, 60 (sessenta) meses; e

III – taxa de juros nos termos do regulamento.

§ 3.º O PGSC-FGI, observado o disposto nesta Lei, está vinculado à área do Ministério da Economia responsável por supervisionar a política de desenvolvimento da indústria, do comércio e dos serviços, que representará o Ministério perante o FGI.

Art. 9.º Sem prejuízo do disposto no § 1.º do art. 7.º da Lei n. 12.087, de 11 de novembro de 2009, a integralização das cotas destinadas ao PGSC-FGI dar-se-á pela conversão de cotas do FGI, administrado pelo BNDES, pertencentes à União.

§ 1.º A conversão de cotas de que trata o *caput* deste artigo ocorrerá nos termos do estatuto do FGI e dispensará o resgate total ou parcial das cotas a serem convertidas.

§ 2.º A conversão de cotas será configurada pela mudança das classes em que se encontrarem por ocasião da publicação desta Lei para nova classe exclusivamente destinada ao PGSC-FGI, de maneira a constituir patrimônio segregado, e está limitada ao montante de recursos financeiros disponíveis ainda não vinculados às garantias já contratadas pelo FGI na data da conversão.

§ 3.º A conversão de cotas não incidirá sobre cotas do FGI vinculadas ao Programa Emergencial de Acesso a Crédito na modalidade de garantia (Peac-FGI), instituído pela Lei n. 14.042, de 19 de agosto de 2020, nem sobre cotas pertencentes a outros cotistas que não a União.

§ 4.º As cotas convertidas não vinculadas a garantias do PGSC-FGI, após o prazo previsto no § 2.º do art. 8.º desta Lei, poderão ser revertidas às classes originárias nos termos definidos no estatuto do FGI, aplicando-se subsidiariamente à reversão, no que couber, as regras da conversão.

Art. 10. O FGI vinculado ao PGSC-FGI observará as seguintes disposições:

I – não contará com qualquer tipo de garantia ou aval por parte da União; e

II – responderá por suas obrigações contraídas no âmbito do PGSC-FGI até o limite do valor dos bens e dos direitos integrantes do patrimônio segregado nos termos do § 2.º do art. 9.º desta Lei.

§ 1.º Para fins de constituição e operacionalização do PGSC-FGI, ficam dispensadas as formalidades constantes do estatuto do FGI, considerados válidos os documentos e as comunicações produzidos, transmitidos ou armazenados em forma eletrônica.
•• § 1.º originalmente vetado, todavia promulgado em 18-3-2022.

§ 2.º Os agentes financeiros poderão aderir à cobertura do FGI no âmbito do PGSC-FGI sem a obrigatoriedade de integralização de cotas de que trata o § 6.º do art. 9.º da Lei n. 12.087, de 11 de novembro de 2009.

§ 3.º Além dos setores beneficiados pelo Perse, o Poder Executivo poderá definir outros setores produtivos beneficiários do PGSC-FGI.

§ 4.º O estatuto do FGI definirá:

I – os limites e os critérios de alavancagem aplicáveis ao PGSC-FGI; e

II – a remuneração do administrador e dos agentes financeiros.

§ 5.º O Poder Executivo definirá o percentual do FGI destinado exclusivamente aos setores de que trata o art. 2.º desta Lei, em montante total não inferior a 50% (cinquenta por cento) de suas disponibilidades para atendimento do PGSC-FGI.

Art. 11. Os riscos de crédito assumidos no âmbito do PGSC-FGI por instituições financeiras autorizadas a operar pelo Banco Central do Brasil, incluídas as cooperativas de crédito, serão garantidos direta ou indiretamente.

§ 1.º Não será concedida a garantia de que trata esta Lei para as operações protocoladas no administrador do FGI após o prazo previsto no § 2.º do art. 8.º desta Lei.

§ 2.º Os agentes financeiros assegurarão que, no âmbito do PGSC-FGI, a garantia do FGI seja concedida exclusivamente para novas operações de crédito contratadas durante o período de vigência do PGSC-FGI, vedado ao agente financeiro prever contratualmente obrigação de liquidar débitos preexistentes ou reter recursos para essa finalidade.

§ 3.º As operações de crédito poderão também ser formalizadas por meio de instrumentos assinados em forma eletrônica ou digital.

§ 4.º A cobertura pelo FGI da inadimplência suportada pelo agente financeiro será limitada a até 30% (trinta por cento) do valor total liberado para o conjunto das operações de crédito do agente financeiro no âmbito do PGSC-FGI, permitida a segregação dos limites máximos de cobertura da inadimplência por faixa de faturamento dos tomadores e por períodos, nos termos do estatuto do Fundo.

§ 5.º Para as garantias concedidas no âmbito do PGSC-FGI, não será cobrada a comissão pecuniária a que se refere o § 3.º do art. 9.º da Lei n. 12.087, de 11 de novembro de 2009.

§ 6.º Fica dispensada a exigência de garantia real ou pessoal nas operações de crédito contratadas no âmbito do PGSC-FGI, facultada a pactuação de obrigação solidária de sócio, de acordo com a política de crédito da instituição participante do PGSC-FGI.

Art. 12. A garantia concedida pelo FGI não implica isenção dos devedores de suas obrigações financeiras, os quais permanecem sujeitos a todos os procedimentos de recuperação de crédito previstos na legislação.

Art. 13. A recuperação de créditos honrados e subrogados pelo FGI, no âmbito do PGSC-FGI, será realizada pelos agentes financeiros concedentes do crédito ou por terceiros contratados pelos referidos agentes, observado o disposto nesta Lei, bem como no estatuto e na regulamentação do FGI.

§ 1.º Na cobrança do crédito inadimplido não se admitirá, por parte dos agentes financeiros concedentes do crédito, a adoção de procedimentos para a recuperação de crédito menos rigorosos do que aqueles usualmente empregados nas próprias operações de crédito.

§ 2.º Os agentes financeiros concedentes do crédito arcarão com todas as despesas necessárias para a recuperação dos créditos inadimplidos.

§ 3.º Os agentes financeiros concedentes do crédito empregarão os melhores esforços e adotarão os procedimentos necessários à recuperação dos créditos das operações realizadas nos termos do *caput* deste artigo em conformidade com as suas políticas de crédito e não poderão interromper ou negligenciar o acompanhamento desses procedimentos.

§ 4.º Os agentes financeiros concedentes do crédito serão responsáveis pela veracidade das informações fornecidas e pela exatidão dos valores a serem reembolsados ao FGI.

§ 5.º Os créditos honrados eventualmente não recuperados serão leiloados pelos agentes financeiros no prazo de 18 (dezoito) meses, contado da data da amortização da última parcela passível de vencimento, observadas as condições estabelecidas no estatuto do FGI.

§ 6.º Os créditos não arrematados serão oferecidos novamente em leilão, no prazo previsto no § 5.º deste artigo, e poderão ser alienados àquele que oferecer o maior lance, independentemente do valor de avaliação.

§ 7.º Após a realização do último leilão de que trata o § 6.º deste artigo pelo agente financeiro, a parcela do crédito eventualmente não alienada será considerada extinta de pleno direito, nos termos do ato a que se refere o § 8.º deste artigo.

§ 8.º Ato do Conselho Monetário Nacional estabelecerá os limites, as condições e os prazos para a realização de leilão dos créditos de que tratam os §§ 5.º e 6.º deste artigo, bem como os mecanismos de controle e de aferição de seus resultados.

§ 9.º Após o decurso do prazo previsto no § 5.º deste artigo, o patrimônio e as cotas do FGI vinculados ao PGSC-FGI serão revertidos em cotas do FGI nas classes em que estavam alocadas na data de publicação desta Lei.

Art. 14. É vedado às instituições financeiras participantes do PGSC condicionar o recebimento, o processamento ou o deferimento da solicitação de contratação das garantias e das operações de crédito de que trata esta Lei ao fornecimento ou à contratação de outro produto ou serviço.

Art. 15. Para fins de concessão da garantia ou do crédito de que trata o PGSC, as instituições financeiras participantes observarão políticas próprias de crédito e poderão considerar informações e registros relativos aos 6 (seis) meses anteriores ao estado de calamidade pública reconhecido pelo Decreto Legislativo n. 6, de 20 de março de 2020, contidos em:

I – cadastros e sistemas próprios internos;

II – sistemas de proteção ao crédito;

III – bancos de dados com informações de adimplemento, desde que mantidos por gestores registrados no Banco Central do Brasil; e

IV – sistemas, bancos de dados e cadastros mantidos pelo Banco Central do Brasil.

Parágrafo único. Na elaboração de parâmetros para aceitação da contratação ou para mensuração do grau de recuperabilidade, no âmbito das contratações dispostas neste artigo, deverá ser levado em consideração prioritariamente o impacto da pandemia da Covid-19 na capacidade de geração de resultados da pessoa jurídica durante todo o período da pandemia e da Espin.

•• Artigo originalmente vetado, todavia promulgado em 18-3-2022.

Art. 16. O Conselho Monetário Nacional, o Banco Central do Brasil e o Ministério da Economia, no âmbito de suas competências, disciplinarão o disposto nesta Lei para o PGSC-FGI.

Art. 17. Compete ao Banco Central do Brasil fiscalizar o cumprimento, pelas instituições financeiras participantes do PGSC-FGI, das condições estabelecidas para as operações de crédito garantidas ou realizadas no âmbito do PGSC-FGI, observado o disposto na Lei n. 13.506, de 13 de novembro de 2017.

Art. 18. Ficam prorrogados até 31 de dezembro de 2021 para os setores de que trata o § 1.º do art. 2.º desta Lei os efeitos da:

I – Lei n. 14.020, de 6 de julho de 2020; e

II – Lei n. 14.046, de 24 de agosto de 2020.

•• Artigo originalmente vetado, todavia promulgado em 18-3-2022.

....

Art. 20. O § 5.º do art. 47 da Lei n. 8.212, de 24 de julho de 1991, passa a vigorar com a seguinte redação:

•• Alterações já processadas no diploma modificado.

Art. 21. Os prazos de validade das certidões referidas no art. 47 da Lei n. 8.212, de 24 de julho de 1991, nos termos do art. 20 desta Lei, que tenham sido emitidas após 20 de março de 2020 serão prorrogados por 180 (cento e oitenta) dias, contados da data da entrada em vigor desta Lei.

•• Artigo originalmente vetado, todavia promulgado em 18-3-2022.

Lei n. 14.195, de 26-8-2021 – Lei sobre Ambiente de Negócios

Art. 22. Esta Lei entra em vigor na data de sua publicação.

Brasília, 3 de maio de 2021; 200.º da Independência e 133.º da República.

JAIR MESSIAS BOLSONARO

LEI N. 14.195, DE 26 DE AGOSTO DE 2021 (*)

Dispõe sobre a facilitação para abertura de empresas, sobre a proteção de acionistas minoritários, sobre a facilitação do comércio exterior, sobre o Sistema Integrado de Recuperação de Ativos (Sira), sobre as cobranças realizadas pelos conselhos profissionais, sobre a profissão de tradutor e intérprete público, sobre a obtenção de eletricidade, sobre a desburocratização societária e de atos processuais e a prescrição intercorrente na Lei n. 10.406, de 10 de janeiro de 2002 (Código Civil); altera as Leis ns. 11.598, de 3 de dezembro de 2007, 8.934, de 18 de novembro de 1994, 6.404, de 15 de dezembro de 1976, 7.913, de 7 de dezembro de 1989, 12.546, de 14 de dezembro 2011, 9.430, de 27 de dezembro de 1996, 10.522, de 19 de julho de 2002, 12.514, de 28 de outubro de 2011, 6.015, de 31 de dezembro de 1973, 10.406, de 10 de janeiro de 2002 (Código Civil), 13.105, de 16 de março de 2015 (Código de Processo Civil), 4.886, de 9 de dezembro de 1965, 5.764, de 16 de dezembro de 1971, 6.385, de 7 de dezembro de 1976, e 13.874, de 20 de setembro de 2019, e o Decreto-lei n. 341, de 17 de março de 1938; e revoga as Leis ns. 2.145, de 29 de dezembro de 1953, 2.807, de 28 de junho de 1956, 2.815, de 6 de julho de 1956, 3.187, de 28 de junho de 1957, 3.227, de 27 de julho de 1957, 4.557, de 10 de dezembro de 1964, 7.409, de 25 de novembro de 1985, e 7.690, de 15 de dezembro de 1988, os Decretos ns. 13.609, de 21 de outubro de 1943, 20.256, de 20 de dezembro de 1945, e 84.248, de 28 de novembro de 1979, e os Decretos-leis ns. 1.416, de 25 de agosto de 1975, e 1.427, de 2 de dezembro de 1975, e dispositivos das Leis ns. 2.410, de 29 de janeiro de 1955, 2.698, de 27 de dezembro de 1955, 3.053, de 22 de dezembro de 1956, 5.025, de 10 de junho de 1966, 6.137, de 7 de novembro de 1974, 8.387, de 30 de dezembro de 1991, 9.279, de 14 de maio de 1996, e 9.472, de 16 de julho de 1997, e dos Decretos-leis ns. 491, de 5 de março de 1969, 666, de 2 de julho de 1969, e 687, de 18 de julho de 1969; e dá outras providências.

O Presidente da República
Faço saber que o Congresso Nacional decreta e eu sanciono a seguinte Lei:

Capítulo I
DO OBJETO

Art. 1.º Esta Lei dispõe sobre a facilitação para abertura de empresas, sobre a proteção de acionistas minoritários, sobre a facilitação do comércio exterior, sobre o Sistema Integrado de Recuperação de Ativos (Sira), sobre as cobranças realizadas pelos conselhos profissionais, sobre a profissão de tradutor e intérprete público, sobre a obtenção de eletricidade, sobre a desburocratização societária e de atos processuais e a prescrição intercorrente na Lei n. 10.406, de 10 de janeiro de 2002 (Código Civil).

....

Capítulo IV
DA FACILITAÇÃO DO COMÉRCIO EXTERIOR

Seção I
Das Licenças, das Autorizações ou das Exigências Administrativas para Importações ou para Exportações

Art. 8.º Será provida aos importadores, aos exportadores e aos demais intervenientes no comércio exterior solução de guichê único eletrônico por meio do qual possam encaminhar documentos, dados ou informações aos órgãos e às entidades da administração pública federal direta e indireta como condição para a importação ou a exportação de bens a ponto único acessível por meio da internet, bem como acesso às instituições autorizadas a operar no mercado de câmbio, exclusivamente para consulta a tais dados, informações e documentos, desde que autorizadas por seus clientes.

•• Vigência: *vide* art. 58, IV, desta Lei.

§ 1.º O órgão ou a entidade responsável pela exigência administrativa, após a análise dos documentos, dos dados ou das informações recebidos por meio da solução referida no *caput* deste artigo, notificará o demandante do resultado por meio do guichê único eletrônico, nos prazos previstos na legislação.

§ 2.º A solução de que trata o *caput* deste artigo deverá:

I – permitir aos importadores, aos exportadores e aos demais intervenientes no comércio exterior, inclusive as instituições autorizadas a operar no mercado de câmbio, conhecer as exigências administrativas impostas por órgãos e por entidades da administração pública federal direta e indireta para a concretização de operações de importação ou de exportação; e

II – atender ao disposto no artigo 10, parágrafo 4, do Acordo sobre a Facilitação do Comércio anexo ao Protocolo de Emenda ao Acordo Constitutivo da Organização Mundial do Comércio, promulgado pelo Decreto n. 9.326, de 3 de abril de 2018.

§ 3.º O recolhimento das taxas impostas por órgãos e por entidades da administração pública federal direta e indireta, em razão do exercício do poder de polícia ou da prestação de serviço público, bem como qualquer outra receita federal relacionada a operações de comércio exterior, ocorrerá por meio de Documento de Arrecadação de Receitas Federais (Darf) em transação financeira eletrônica, preferencialmente em pagamento unificado por meio da solução de guichê único eletrônico a que se refere o *caput* deste artigo.

•• Vigência: *vide* art. 8.º, § 3.º, desta Lei.

§ 4.º Compete ao Ministério da Economia a gestão da solução de guichê único eletrônico a que se refere o *caput* deste artigo.

§ 5.º O acesso de usuários ao guichê único eletrônico a que se refere o *caput* deste artigo ocorrerá nos termos da Lei n. 14.063, de 23 de setembro de 2020.

§ 6.º É garantido o livre acesso do cidadão às informações públicas do guichê único eletrônico a que se refere o *caput* deste artigo, atendidos os requisitos de dado acessível ao público conforme definição constante do inciso V do *caput* do art. 4.º da Lei n. 14.129, de 29 de março de 2021.

Art. 9.º Fica vedado aos órgãos e às entidades da administração pública federal direta e indireta exigir o preenchimento de formulários em papel ou em formato eletrônico ou a apresentação de documentos, de dados ou de informações para a realização de importações ou de exportações por outros meios, distintos da solução de guichê único eletrônico a que se refere o art. 8.º desta Lei.

•• Vigência: *vide* art. 58, IV, desta Lei.

§ 1.º O disposto no *caput* deste artigo não se aplica:

I – quando, em razão de circunstâncias técnicas ou operacionais excepcionais relacionadas a determinada exportação ou importação, não for possível o uso da solução de guichê único eletrônico a que se refere o art. 8.º desta Lei; e

II – aos procedimentos de habilitação, de registro ou de certificação de estabelecimentos, de produtos ou de processos produtivos relacionados com o comércio doméstico ou de modo análogo a ele.

§ 2.º As exigências vigentes na data de publicação desta Lei serão revisadas na forma estabelecida em ato do Poder Executivo federal.

Art. 10. Somente será admitida a imposição de licenças ou de autorizações como requisito para importações ou para exportações em razão de características das mercadorias quando tais restrições estiverem previstas em lei ou em ato normativo editado por órgão ou por entidade competente da administração pública federal.

•• Vigência: *vide* art. 58, IV, desta Lei.

§ 1.º As propostas de edição ou de alteração dos atos normativos a que se refere o *caput* deste artigo serão objeto de consulta pública prévia e da análise de impacto regulatório de que trata a Lei n. 13.874, de 20 de setembro de 2019.

§ 2.º O guichê único eletrônico a que se refere o art. 8.º desta Lei deverá exibir em seu

---

(*) Publicada no *Diário Oficial da União*, de 27-8-2021.

sítio eletrônico todas as licenças, autorizações ou exigências administrativas, como requisitos a importações ou a exportações, impostas por órgãos e por entidades da administração pública federal direta e indireta, bem como o ato normativo que lhes deu origem.

§ 3.º As exigências de que trata o *caput* deste artigo, vigentes na data de publicação desta Lei, serão revisadas na forma estabelecida em ato do Poder Executivo federal.

Seção II
Do Comércio Exterior de Serviços, de Intangíveis e de outras Operações que Produzam Variações no Patrimônio das Pessoas Físicas, das Pessoas Jurídicas ou dos Entes Despersonalizados

....

Seção III
Da Origem não Preferencial

....

Capítulo V
DO SISTEMA INTEGRADO DE RECUPERAÇÃO DE ATIVOS

Art. 13. Fica o Poder Executivo federal autorizado a instituir, sob a governança da Procuradoria-Geral da Fazenda Nacional, o Sistema Integrado de Recuperação de Ativos (Sira), constituído de um conjunto de instrumentos, mecanismos e iniciativas destinados a facilitar a identificação e a localização de bens e de devedores, bem como a constrição e a alienação de ativos.

Art. 14. São objetivos do Sira:

I – promover o desenvolvimento nacional e o bem-estar social por meio da redução dos custos de transação de concessão de créditos mediante aumento do índice de efetividade das ações que envolvam a recuperação de ativos;

II – conferir efetividade às decisões judiciais que visem à satisfação das obrigações de qualquer natureza, em âmbito nacional;

III – reunir dados cadastrais, relacionamentos e bases patrimoniais de pessoas físicas e jurídicas para subsidiar a tomada de decisão, no âmbito de processo judicial em que seja demandada a recuperação de créditos públicos ou privados;

IV – fornecer aos usuários, conforme os respectivos níveis de acesso, os dados cadastrais, os relacionamentos e as bases patrimoniais das pessoas requisitadas, de forma estruturada e organizada; e

V – garantir, com a quantidade, a qualidade e a tempestividade necessárias, os insumos de dados e informações relevantes para a recuperação de créditos públicos ou privados.

Parágrafo único. O Sira zelará pela liberdade de acesso, de uso e de gerenciamento dos dados pelo seu titular, na forma do art. 9.º da Lei n. 13.709, de 14 de agosto de 2018, e obedecerá ao regime geral de proteção de dados aplicável.

Art. 15. São princípios do Sira:

I – melhoria da efetividade e eficiência das ações de recuperação de ativos;

II – promoção da transformação digital e estímulo ao uso de soluções tecnológicas na recuperação de créditos públicos e privados;

III – racionalização e sustentabilidade econômico-financeira das soluções de tecnologia da informação e comunicação de dados, permitida a atribuição aos usuários, quando houver, dos custos de operacionalização do serviço, na forma prevista em regulamento;

IV – respeito à privacidade, à inviolabilidade da intimidade, da honra e da imagem das pessoas e às instituições, na forma prevista em lei; e

V – ampla interoperabilidade e integração com os demais sistemas semelhantes, em especial aqueles utilizados pelo Poder Judiciário, de forma a subsidiar a tomada de decisão, bem como de racionalizar e permitir o cumprimento eficaz de ordens judiciais relacionadas à recuperação de ativos.

Art. 16. Ato do Presidente da República disporá sobre:

I – as regras e as diretrizes para o compartilhamento de dados e informações, observado que, para usuários privados, apenas poderão ser fornecidos dados públicos não sujeitos a nenhuma restrição de acesso;

II – a relação nominal das bases mínimas que comporão o Sira;

III – a periodicidade com que a Procuradoria-Geral da Fazenda Nacional apresentará ao Ministério da Economia e ao Conselho Nacional de Justiça relatório sobre as bases geridas e integradas;

IV – o procedimento administrativo para o exercício, na forma prevista em lei, do poder de requisição das informações contidas em bancos de dados geridos por órgãos e por entidades públicos e privados e o prazo para o atendimento da requisição, sem prejuízo da celebração de acordos de cooperação, de convênios e de ajustes de qualquer natureza, quando necessário;

V – a forma de sustentação econômico-financeira do Sira; e

VI – as demais competências da Procuradoria-Geral da Fazenda Nacional e do órgão central de tecnologia da informação no âmbito do Sira.

Art. 17. Fica o Poder Executivo federal autorizado a instituir, sob governança da Procuradoria-Geral da Fazenda Nacional, o Cadastro Fiscal Positivo, com o objetivo de:

I – criar condições para construção permanente de um ambiente de confiança entre os contribuintes e a administração tributária federal;

II – garantir a previsibilidade das ações da Procuradoria-Geral da Fazenda Nacional em face dos contribuintes inscritos no referido cadastro;

III – criar condições para solução consensual dos conflitos tributários, com incentivo à redução da litigiosidade;

IV – reduzir os custos de conformidade em relação aos créditos inscritos em dívida ativa da União e à situação fiscal do contribuinte, a partir das informações constantes do Sira;

V – tornar mais eficientes a gestão de risco dos contribuintes inscritos no referido cadastro e a realização de negócios jurídicos processuais;

VI – melhorar a compreensão das atividades empresariais e dos gargalos fiscais.

Parágrafo único. A Procuradoria-Geral da Fazenda Nacional poderá estabelecer convênio com Estados, com Municípios e com o Distrito Federal para compartilhamento de informações que contribuam para a formação do Cadastro Fiscal Positivo.

Art. 18. Compete ao Procurador-Geral da Fazenda Nacional regulamentar o Cadastro Fiscal Positivo, o qual poderá dispor sobre atendimento, sobre concessões inerentes a garantias, sobre prazos para apreciação de requerimentos, sobre recursos e demais solicitações do contribuinte, sobre cumprimento de obrigações perante a Procuradoria-Geral da Fazenda Nacional e sobre atos de cobrança administrativa ou judicial, especialmente:

I – criação de canais de atendimento diferenciado, inclusive para recebimento de pedidos de transação no contencioso judicial ou na cobrança da dívida ativa da União, nos termos da Lei n. 13.988, de 14 de abril de 2020, ou para esclarecimento sobre esses pedidos;

II – flexibilização das regras para aceitação ou para substituição de garantias, inclusive sobre a possibilidade de substituição de depósito judicial por seguro-garantia ou por outras garantias baseadas na capacidade de geração de resultados dos contribuintes;

III – possibilidade de antecipar a oferta de garantias para regularização de débitos futuros;

IV – execução de garantias em execução fiscal somente após o trânsito em julgado da discussão judicial relativa ao título executado.

Parágrafo único. Será conferido, exclusivamente ao contribuinte, mediante solicitação, acesso aos dados próprios, relacionados ao seu enquadramento no Cadastro Fiscal Positivo.

Art. 19. A Lei n. 9.430, de 27 de dezembro de 1996, passa a vigorar com as seguintes alterações:

Lei Complementar n. 187, de 16-12-2021 – Entidades Beneficentes

•• Alterações já processadas no diploma modificado.

Art. 20. A Lei n. 10.522, de 19 de julho de 2002, passa a vigorar com as seguintes alterações:

•• Alterações já processadas no diploma modificado.

Capítulo X
DA RACIONALIZAÇÃO PROCESSUAL

Art. 44. A Lei n. 13.105, de 16 de março de 2015 (Código de Processo Civil), passa a vigorar com as seguintes alterações:

•• Alterações já processadas no diploma modificado.

Capítulo XII
DISPOSIÇÕES GERAIS

Art. 56. A Lei n. 13.874, de 20 de setembro de 2019, passa a vigorar com as seguintes alterações:

•• Alterações já processadas no diploma modificado.

Capítulo XIII
DISPOSIÇÕES FINAIS

Art. 57. Ficam revogados:

XXVII – os seguintes dispositivos da Lei n. 9.430, de 27 de dezembro de 1996:
a) §§ 1.º, 2.º, 3.º e 4.º do art. 80;
b) arts. 80-A, 80-B e 80-C; e
c) §§ 1.º e 5.º do art. 81;

Art. 58. Esta Lei entra em vigor na data de sua publicação e produzirá efeitos:

IV – no primeiro dia útil do primeiro mês subsequente ao da data de sua publicação, quanto aos arts. 8.º, 9.º, 10, 11 e 12 e aos incisos III a XV, XVIII, XXIII e XXXI do *caput* do art. 57; e

V – na data de sua publicação, quanto aos demais dispositivos.

Brasília, 26 de agosto de 2021; 200.º da Independência e 133.º da República.

JAIR MESSIAS BOLSONARO

LEI COMPLEMENTAR N. 187, DE 16 DE DEZEMBRO DE 2021 (*)

Dispõe sobre a certificação das entidades beneficentes e regula os procedimentos referentes à imunidade de contribuições à seguridade social de que trata o § 7.º do art. 195 da Constituição Federal; altera as Leis n. 5.172, de 25 de outubro de 1966 (Código Tributário Nacional), e 9.532, de 10 de dezembro de 1997; revoga a Lei n. 12.101, de 27 de novembro de 2009, e dispositivos das Leis n. 11.096, de 13 de janeiro de 2005, e 12.249, de 11 de junho de 2010; e dá outras providências.

O Presidente da República

Faço saber que o Congresso Nacional decreta e eu sanciono a seguinte Lei Complementar:

Capítulo I
DISPOSIÇÕES PRELIMINARES

Art. 1.º Esta Lei Complementar regula, com fundamento no inciso II do *caput* do art. 146 e no § 7.º do art. 195 da Constituição Federal, as condições para limitação ao poder de tributar da União em relação às entidades beneficentes, no tocante às contribuições para a seguridade social.

Art. 2.º Entidade beneficente, para os fins de cumprimento desta Lei Complementar, é a pessoa jurídica de direito privado, sem fins lucrativos, que presta serviço nas áreas de assistência social, de saúde e de educação, assim certificada na forma desta Lei Complementar.

Art. 3.º Farão jus à imunidade de que trata o § 7.º do art. 195 da Constituição Federal as entidades beneficentes que atuem nas áreas da saúde, da educação e da assistência social, certificadas nos termos desta Lei Complementar, e que atendam, cumulativamente, aos seguintes requisitos:

I – não percebam seus dirigentes estatutários, conselheiros, associados, instituidores ou benfeitores remuneração, vantagens ou benefícios, direta ou indiretamente, por qualquer forma ou título, em razão das competências, das funções ou das atividades que lhes sejam atribuídas pelos respectivos atos constitutivos;

II – apliquem suas rendas, seus recursos e eventual superávit integralmente no território nacional, na manutenção e no desenvolvimento de seus objetivos institucionais;

III – apresentem certidão negativa ou certidão positiva com efeito de negativa de débitos relativos aos tributos administrados pela Secretaria Especial da Receita Federal do Brasil e pela Procuradoria-Geral da Fazenda Nacional, bem como comprovação de regularidade do Fundo de Garantia do Tempo de Serviço (FGTS);

IV – mantenham escrituração contábil regular que registre as receitas e as despesas, bem como o registro em gratuidade, de forma segregada, em consonância com as normas do Conselho Federal de Contabilidade e com a legislação fiscal em vigor;

V – não distribuam a seus conselheiros, associados, instituidores ou benfeitores seus resultados, dividendos, bonificações, participações ou parcelas do seu patrimônio, sob qualquer forma ou pretexto, e, na hipótese de prestação de serviços a terceiros, públicos ou privados, com ou sem cessão de mão de obra, não transfiram a esses terceiros os benefícios relativos à imunidade prevista no § 7.º do art. 195 da Constituição Federal;

VI – conservem, pelo prazo de 10 (dez) anos, contado da data de emissão, os documentos que comprovem a origem e o registro de seus recursos e os relativos a atos ou a operações realizadas que impliquem modificação da situação patrimonial;

VII – apresentem as demonstrações contábeis e financeiras devidamente auditadas por auditor independente legalmente habilitado nos Conselhos Regionais de Contabilidade, quando a receita bruta anual auferida for superior ao limite fixado pelo inciso II do *caput* do art. 3.º da Lei Complementar n. 123, de 14 de dezembro de 2006; e

VIII – prevejam, em seus atos constitutivos, em caso de dissolução ou extinção, a destinação do eventual patrimônio remanescente a entidades beneficentes certificadas ou a entidades públicas.

§ 1.º A exigência a que se refere o inciso I do *caput* deste artigo não impede:

I – a remuneração aos dirigentes não estatutários; e

II – a remuneração aos dirigentes estatutários, desde que recebam remuneração inferior, em seu valor bruto, a 70% (setenta por cento) do limite estabelecido para a remuneração de servidores do Poder Executivo federal, obedecidas as seguintes condições:

a) nenhum dirigente remunerado poderá ser cônjuge ou parente até o terceiro grau, inclusive afim, de instituidores, de associados, de dirigentes, de conselheiros, de benfeitores ou equivalentes da entidade de que trata o *caput* deste artigo; e

b) o total pago a título de remuneração para dirigentes pelo exercício das atribuições estatutárias deverá ser inferior a 5 (cinco) vezes o valor correspondente ao limite individual estabelecido para a remuneração dos servidores do Poder Executivo federal.

§ 2.º O valor das remunerações de que trata o § 1.º deste artigo deverá respeitar como limite máximo os valores praticados pelo mercado na região correspondente à sua área de atuação e deverá ser fixado pelo órgão de deliberação superior da entidade, registrado em ata, com comunicação ao Ministério Público, no caso das fundações.

§ 3.º Os dirigentes, estatutários ou não, não respondem, direta ou subsidiariamente, pelas obrigações fiscais da entidade, salvo se comprovada a ocorrência de dolo, fraude ou simulação.

Art. 4.º A imunidade de que trata esta Lei Complementar abrange as contribuições sociais previstas nos incisos I, III e IV do *caput* do art. 195 e no art. 239 da Constituição Federal, relativas a entidade beneficente, a todas as suas atividades e aos

---

(*) Publicada no *Diário Oficial da União*, de 17-12-2021. Retificado em 17-12-2021 – Edição extra. Regulamentada pelo Decreto n. 11.791, de 21-11-2023.

empregados e demais segurados da previdência social, mas não se estende a outra pessoa jurídica, ainda que constituída e mantida pela entidade à qual a certificação foi concedida.

Art. 5.º As entidades beneficentes deverão obedecer ao princípio da universalidade do atendimento, vedado dirigir suas atividades exclusivamente a seus associados ou categoria profissional.

Capítulo II
DOS REQUISITOS PARA A CERTIFICAÇÃO DA ENTIDADE BENEFICENTE

Seção I
Disposições Preliminares

Art. 6.º A certificação será concedida à entidade beneficente que demonstre, no exercício fiscal anterior ao do requerimento a que se refere o art. 34 desta Lei Complementar, observado o período mínimo de 12 (doze) meses de constituição da entidade, o cumprimento do disposto nas Seções II, III e IV deste Capítulo, de acordo com as respectivas áreas de atuação, sem prejuízo do disposto no art. 3.º desta Lei.

§ 1.º A entidade que atue em mais de uma das áreas a que se refere o art. 2.º desta Lei Complementar deverá manter escrituração contábil segregada por área, de modo a evidenciar as receitas, os custos e as despesas de cada atividade desempenhada.

§ 2.º Nos processos de certificação, o período mínimo de cumprimento dos requisitos de que trata este artigo poderá ser reduzido se a entidade for prestadora de serviços por meio de contrato, de convênio ou de instrumento congênere com o Sistema Único de Saúde (SUS), com o Sistema Único de Assistência Social (Suas) ou com o Sistema Nacional de Políticas Públicas sobre Drogas (Sisnad), em caso de necessidade local atestada pelo gestor do respectivo sistema.

Seção II
Da Saúde

Subseção I
Dos requisitos relativos às entidades de saúde

Art. 7.º Para fazer jus à certificação, a entidade de saúde deverá, alternativamente:

I – prestar serviços ao SUS;

II – prestar serviços gratuitos;

III – atuar na promoção à saúde;

IV – ser de reconhecida excelência e realizar projetos de apoio ao desenvolvimento institucional do SUS; ou

V – (Vetado.)

§ 1.º A entidade de saúde também deverá manter o Cadastro Nacional de Estabelecimentos de Saúde (CNES) atualizado, informando as alterações referentes aos seus registros, na forma e no prazo determinados em regulamento.

§ 2.º As entidades poderão desenvolver atividades que gerem recursos, inclusive por meio de suas filiais, com ou sem cessão de mão de obra, independentemente do quantitativo de profissionais e dos recursos auferidos, de modo a contribuir com a realização das atividades previstas no art. 2.º desta Lei Complementar, registradas segregadamente em sua contabilidade e destacadas em suas Notas Explicativas.

Art. 8.º Para fins do disposto nesta Seção, será considerada instrumento congênere a declaração do gestor local do SUS que ateste a existência de relação de prestação de serviços de saúde, nos termos de regulamento.

Subseção II
Da prestação de serviços ao Sistema Único de Saúde (SUS)

Art. 9.º Para ser certificada pela prestação de serviços ao SUS, a entidade de saúde deverá, nos termos de regulamento:

I – celebrar contrato, convênio ou instrumento congênere com o gestor do SUS; e

II – comprovar, anualmente, a prestação de seus serviços ao SUS no percentual mínimo de 60% (sessenta por cento), com base nas internações e nos atendimentos ambulatoriais realizados.

§ 1.º A prestação de serviços ao SUS de que trata o inciso II do caput deste artigo será apurada por cálculo percentual simples, com base no total de internações hospitalares, medidas por paciente por dia, incluídos usuários do SUS e não usuários do SUS, e no total de atendimentos ambulatoriais, medidos por número de atendimentos e procedimentos, de usuários do SUS e de não usuários do SUS, com a possibilidade da incorporação do componente ambulatorial do SUS, nos termos de regulamento.

§ 2.º O atendimento do percentual mínimo de que trata o inciso II do caput deste artigo poderá ser individualizado por estabelecimento ou pelo conjunto de estabelecimentos de saúde da pessoa jurídica, desde que não abranja outra entidade com personalidade jurídica própria que seja por ela mantida.

§ 3.º Para fins do disposto no § 2.º deste artigo, no conjunto de estabelecimentos de saúde da pessoa jurídica, poderá ser incorporado estabelecimento vinculado em decorrência de contrato de gestão, no limite de 10% (dez por cento) dos seus serviços.

§ 4.º Para fins do disposto no inciso II do caput deste artigo, a entidade de saúde que aderir a programas e a estratégias prioritárias definidas pela autoridade executiva federal competente fará jus a índice percentual que será adicionado ao total de prestação de seus serviços ofertados ao SUS, observado o limite máximo de 10% (dez por cento).

§ 5.º A entidade de saúde que presta serviços exclusivamente na área ambulatorial deverá observar o disposto nos incisos I e II do caput deste artigo e comprovar, anualmente, a prestação dos serviços ao SUS no percentual mínimo de 60% (sessenta por cento).

Art. 10. A entidade de saúde deverá informar obrigatoriamente, na forma estabelecida em regulamento:

I – a totalidade das internações e dos atendimentos ambulatoriais realizados para os pacientes não usuários do SUS; e

II – a totalidade das internações e dos atendimentos ambulatoriais realizados para os pacientes usuários do SUS.

Art. 11. Para os requerimentos de renovação da certificação, caso a entidade de saúde não cumpra o disposto no inciso II do caput do art. 9.º desta Lei Complementar, no exercício fiscal anterior ao exercício do requerimento, será avaliado o cumprimento do requisito com base na média da prestação de serviços ao SUS de que trata o referido dispositivo, atendido pela entidade, durante todo o período de certificação em curso, que deverá ser de, no mínimo, 60% (sessenta por cento).

Parágrafo único. Para fins do disposto no caput deste artigo, apenas será admitida a avaliação caso a entidade tenha cumprido, no mínimo, 50% (cinquenta por cento) da prestação de serviços ao SUS de que trata o inciso II do caput do art. 9.º desta Lei Complementar em cada um dos anos do período de certificação.

Subseção III
Da prestação de serviços gratuitos na área da Saúde

Art. 12. Para ser certificada pela aplicação de percentual de sua receita em gratuidade na área da saúde, a entidade deverá comprovar essa aplicação da seguinte forma:

I – 20% (vinte por cento), quando não houver interesse de contratação pelo gestor local do SUS ou se o percentual de prestação de serviços ao SUS for inferior a 30% (trinta por cento);

II – 10% (dez por cento), se o percentual de prestação de serviços ao SUS for igual ou superior a 30% (trinta por cento) e inferior a 50% (cinquenta por cento); ou

III – 5% (cinco por cento), se o percentual de prestação de serviços ao SUS for igual ou superior a 50% (cinquenta por cento).

§ 1.º A receita prevista no caput deste artigo será a efetivamente recebida pela prestação de serviços de saúde.

§ 2.º Para as entidades que não possuam receita de prestação de serviços de saúde, a receita prevista no caput deste artigo será proveniente de qualquer fonte cujo montante do dispêndio com gratuidade não seja inferior à imunidade de contribuições sociais usufruída.

§ 3.º A prestação de serviços prevista no caput deste artigo será pactuada com o gestor local do SUS por meio de contrato, de convênio ou de instrumento congênere.

Subseção IV
Das ações e dos serviços de promoção de saúde

Art. 13. Será admitida a certificação de entidades que atuem exclusivamente na promoção da saúde sem exigência de contraprestação do usuário pelas ações e pelos serviços de saúde realizados e pactuados com o gestor do SUS, na forma prevista em regulamento.

§ 1.º A execução de ações e de serviços de promoção da saúde será previamente pactuada por meio de contrato, de convênio ou de instrumento congênere com o gestor local do SUS.

§ 2.º Para efeito do disposto no *caput* deste artigo, são consideradas ações e serviços de promoção da saúde as atividades direcionadas para a redução de risco à saúde, desenvolvidas em áreas como:

I – nutrição e alimentação saudável;
II – prática corporal ou atividade física;
III – prevenção e controle do tabagismo;
IV – prevenção ao câncer;
V – prevenção ao vírus da imunodeficiência humana (HIV) e às hepatites virais;
VI – prevenção e controle da dengue;
VII – prevenção à malária;
VIII – ações de promoção à saúde relacionadas à tuberculose e à hanseníase;
IX – redução da morbimortalidade em decorrência do uso abusivo de álcool e de outras drogas;
X – redução da morbimortalidade por acidentes de trânsito;
XI – redução da morbimortalidade nos diversos ciclos de vida;
XII – prevenção da violência;
XIII – (Vetado.)

Subseção V
Do desenvolvimento de projetos no âmbito do Programa de Apoio ao Desenvolvimento Institucional do Sistema Único de Saúde (Proadi-SUS)

Art. 14. A entidade de saúde com reconhecida excelência poderá ser certificada como entidade beneficente pelo desenvolvimento de projetos no âmbito do Programa de Apoio ao Desenvolvimento Institucional do Sistema Único de Saúde (Proadi-SUS), nas seguintes áreas de atuação:

I – estudos de avaliação e incorporação de tecnologias;
II – capacitação de recursos humanos;
III – pesquisas de interesse público em saúde; ou
IV – desenvolvimento de técnicas e operação de gestão em serviços de saúde.

§ 1.º O recurso despendido pela entidade de saúde com projeto de apoio e desenvolvimento institucional do SUS não poderá ser inferior ao valor da imunidade das contribuições sociais usufruída.

§ 2.º Regulamento definirá os requisitos técnicos para reconhecimento de excelência das entidades de saúde.

§ 3.º A participação das entidades de saúde ou de educação em projetos de apoio previstos neste artigo não poderá ocorrer em prejuízo das atividades beneficentes prestadas ao SUS.

Art. 15. As entidades de saúde de reconhecida excelência que desenvolvam projetos no âmbito do Proadi-SUS poderão, após autorização da autoridade executiva federal competente, firmar pacto com o gestor local do SUS para a prestação de serviços ambulatoriais e hospitalares ao SUS não remunerados, observadas as seguintes condições:

I – o gasto com a prestação de serviços ambulatoriais e hospitalares ao SUS não remunerados não poderá ultrapassar 30% (trinta por cento) do valor usufruído com imunidade das contribuições sociais;
II – a entidade de saúde deverá apresentar a relação de serviços ambulatoriais e hospitalares a serem ofertados, com o respectivo demonstrativo da projeção das despesas e do referencial utilizado, os quais não poderão exceder o valor por ela efetivamente despendido;
III – a comprovação dos custos a que se refere o inciso II deste *caput* poderá ser exigida a qualquer tempo, mediante apresentação dos documentos necessários;
IV – a entidade de saúde deverá informar a produção na forma estabelecida em regulamento, com observação de não geração de créditos.

Art. 16. O valor dos recursos despendidos e o conteúdo das atividades desenvolvidas no âmbito dos projetos de apoio ao desenvolvimento institucional do SUS ou da prestação de serviços previstos no art. 15 desta Lei Complementar deverão ser objeto de relatórios anuais encaminhados à autoridade executiva federal competente para acompanhamento e fiscalização, sem prejuízo das atribuições dos órgãos de fiscalização tributária.

§ 1.º Os relatórios previstos no *caput* deste artigo deverão ser acompanhados de demonstrações contábeis e financeiras submetidas a parecer conclusivo de auditoria independente, realizada por instituição credenciada perante o Conselho Regional de Contabilidade.

§ 2.º O cálculo do valor da imunidade prevista no § 1.º do art. 14 desta Lei Complementar será realizado anualmente com base no exercício fiscal anterior.

§ 3.º Em caso de requerimento de concessão da certificação, o recurso despendido pela entidade de saúde no projeto de apoio não poderá ser inferior ao valor das contribuições para a seguridade social referente ao exercício fiscal anterior ao do requerimento.

§ 4.º Caso os recursos despendidos nos projetos de apoio institucional não alcancem o valor da imunidade usufruída, na forma do § 2.º deste artigo, a entidade deverá complementar a diferença até o término do prazo de validade de sua certificação.

§ 5.º O disposto no § 4.º deste artigo alcança somente as entidades que tenham aplicado, no mínimo, 70% (setenta por cento) do valor usufruído anualmente com a imunidade nos projetos de apoio ao desenvolvimento institucional do SUS.

Subseção VI
Da prestação de serviços de saúde não remunerados pelo SUS a trabalhadores

Art. 17. As entidades da área de saúde certificadas até o dia imediatamente anterior ao da publicação da Lei n. 12.101, de 27 de novembro de 2009, que prestem serviços assistenciais de saúde não remunerados pelo SUS a trabalhadores ativos e inativos e aos respectivos dependentes econômicos, decorrentes do estabelecido em lei ou Norma Coletiva de Trabalho, e desde que, simultaneamente, destinem no mínimo 20% (vinte por cento) do valor total das imunidades de suas contribuições sociais em serviços, com universalidade de atendimento, a beneficiários do SUS, mediante pacto do gestor do local, terão concedida ou renovada a certificação, na forma de regulamento.

Seção III
Da Educação

Art. 18. Para fazer jus à imunidade, a entidade com atuação na área da educação cujas atividades sejam de oferta de educação básica, de educação superior ou de ambas, deve atender ao disposto nesta Seção e na legislação aplicável.

§ 1.º As instituições de ensino deverão:

I – obter autorização de funcionamento expedida pela autoridade executiva competente;
II – informar anualmente os dados referentes à instituição ao Instituto Nacional de Estudos e Pesquisas Educacionais Anísio Teixeira (Inep); e
III – atender a padrões mínimos de qualidade aferidos pelos processos de avaliação conduzidos pela autoridade executiva federal competente.

§ 2.º Para os fins desta Lei Complementar, o atendimento ao princípio da universalidade na área da educação pressupõe a seleção de bolsistas segundo o perfil socioeconômico, sem qualquer forma de discriminação, segregação ou diferenciação, vedada a utilização de critérios étnicos, religiosos, corporativos, políticos ou quaisquer outros que afrontem esse perfil, ressalvados os estabelecidos na legislação vigente, em especial na Lei n. 12.711, de 29 de agosto de 2012.

§ 3.º As instituições que prestam serviços totalmente gratuitos e as que prestam serviços mediante convênio com órgãos ou entidades dos poderes públicos devem assegurar que os alunos a serem contabilizados no atendimento da proporcionalidade de bolsas sejam selecionados segundo o perfil socioeconômico definido nesta Lei Complementar.

§ 4.º O certificado será expedido em favor da entidade mantenedora das instituições de ensino.

- § 4.º originalmente vetado, todavia promulgado em 8-7-2022.

§ 5.º A cada 2 (dois) anos, será publicado levantamento dos resultados apresentados pelas instituições de ensino que oferecem educação básica certificadas na forma desta Lei Complementar, quanto às condições de oferta e de desempenho dos estudantes, com base no Censo Escolar da Educação Básica e no Sistema de Avaliação da Educação Básica (Saeb).

§ 6.º A cada 3 (três) anos, será publicado levantamento dos resultados apresentados pelas instituições de ensino superior certificadas na forma desta Lei Complementar, em termos de avaliação das instituições, dos cursos e do desempenho dos estudantes da educação superior, a partir dos dados do Sistema Nacional de Avaliação da Educação Superior (Sinaes).

Art. 19. As entidades que atuam na área da educação devem comprovar a oferta de gratuidade na forma de bolsas de estudo e de benefícios.

§ 1.º As entidades devem conceder bolsas de estudo nos seguintes termos:

I – bolsa de estudo integral a aluno cuja renda familiar bruta mensal *per capita* não exceda o valor de 1,5 (um inteiro e cinco décimos) salário mínimo;

II – bolsa de estudo parcial com 50% (cinquenta por cento) de gratuidade a aluno cuja renda familiar bruta mensal *per capita* não exceda o valor de 3 (três) salários mínimos.

§ 2.º Para fins de concessão da bolsa de estudo integral, admite-se a majoração em até 20% (vinte por cento) do teto estabelecido, ao se considerar aspectos de natureza social do beneficiário, de sua família ou de ambos, quando consubstanciados em relatório comprobatório devidamente assinado por assistente social com registro no respectivo órgão de classe.

§ 3.º Para os fins desta Lei Complementar, consideram-se benefícios aqueles providos pela entidade a beneficiários cuja renda familiar bruta mensal *per capita* esteja enquadrada nos limites dos incisos I e II do § 1.º deste artigo, que tenham por objetivo promover ao estudante o acesso, a permanência, a aprendizagem e a conclusão do curso na instituição de ensino e estejam explicitamente orientados para o alcance das metas e estratégias do Plano Nacional de Educação (PNE).

§ 4.º Os benefícios de que trata o § 3.º deste artigo são tipificados em:

I – tipo 1: benefícios destinados exclusivamente ao aluno bolsista, tais como transporte escolar, uniforme, material didático, moradia e alimentação;

II – tipo 2: ações e serviços destinados a alunos e a seu grupo familiar, com vistas a favorecer ao estudante o acesso, a permanência, a aprendizagem e a conclusão do curso na instituição de ensino; e

III – tipo 3: projetos e atividades de educação em tempo integral destinados à ampliação da jornada escolar dos alunos da educação básica matriculados em escolas públicas que apresentem índice de nível socioeconômico baixo estabelecido nos termos da legislação.

§ 5.º As entidades que optarem pela substituição de bolsas de estudo por benefícios de tipos 1 e 2, no limite de até 25% (vinte e cinco por cento) das bolsas de estudo, deverão firmar Termo de Concessão de Benefícios Complementares com cada um dos beneficiários.

§ 6.º As entidades que optarem pela substituição de bolsas de estudo por projetos e atividades de educação em tempo integral destinados à ampliação da jornada escolar dos alunos da educação básica matriculados em escolas públicas deverão firmar termo de parceria ou instrumento congênere com instituições públicas de ensino.

§ 7.º Os projetos e atividades de educação em tempo integral deverão:

I – estar integrados ao projeto pedagógico da escola pública parceira;

II – assegurar a complementação da carga horária da escola pública parceira em, no mínimo, 10 (dez) horas semanais; e

III – estar relacionados aos componentes da grade curricular da escola pública parceira.

§ 8.º Considera-se educação básica em tempo integral a jornada escolar com duração igual ou superior a 7 (sete) horas diárias, durante todo o período letivo, que compreende o tempo em que o aluno permanece na escola e aquele em que exerce, nos termos de regulamento, atividades escolares em outros espaços educacionais.

§ 9.º As regras de conversão dos valores de benefícios em bolsas de estudo serão definidas conforme o valor médio do encargo educacional mensal ao longo do período letivo, a ser estabelecido com base em planilha que deverá ser enviada, anualmente, por cada instituição de ensino à autoridade executiva federal competente.

§ 10. O encargo educacional de que trata o § 9.º deste artigo considerará todos os descontos aplicados pela instituição, regulares ou temporários, de caráter coletivo ou decorrentes de convênios com instituições públicas ou privadas, incluídos os descontos concedidos devido ao seu pagamento pontual, respeitada a proporcionalidade da carga horária.

Art. 20. A entidade que atua na educação básica deverá conceder, anualmente, bolsas de estudo na proporção de 1 (uma) bolsa de estudo integral para cada 5 (cinco) alunos pagantes.

§ 1.º Para o cumprimento da proporção estabelecida no *caput* deste artigo, a entidade poderá oferecer, em substituição, bolsas de estudo parciais, observadas as seguintes condições:

I – no mínimo, 1 (uma) bolsa de estudo integral para cada 9 (nove) alunos pagantes; e

II – bolsas de estudo parciais com 50% (cinquenta por cento) de gratuidade, para o alcance do número mínimo exigido, mantida a equivalência de 2 (duas) bolsas de estudo parciais para cada 1 (uma) bolsa de estudo integral.

§ 2.º Será facultado à entidade substituir até 25% (vinte e cinco por cento) da quantidade das bolsas de estudo definidas no *caput* e no § 1.º deste artigo por benefícios concedidos nos termos do art. 19 desta Lei Complementar.

§ 3.º Para fins de cumprimento das proporções de que tratam o *caput* e o § 1.º deste artigo:

I – cada bolsa de estudo integral concedida a aluno com deficiência, assim declarado ao Censo Escolar da Educação Básica, equivalerá a 1,2 (um inteiro e dois décimos) do valor da bolsa de estudo integral;

II – cada bolsa de estudo integral concedida a aluno matriculado na educação básica em tempo integral equivalerá a 1,4 (um inteiro e quatro décimos) do valor da bolsa de estudo integral.

§ 4.º As equivalências previstas nos incisos I e II do § 3.º deste artigo não poderão ser cumulativas.

§ 5.º A entidade de educação que presta serviços integralmente gratuitos deverá garantir a proporção de, no mínimo, 1 (um) aluno cuja renda familiar bruta mensal *per capita* não exceda o valor de 1,5 (um inteiro e cinco décimos) salário mínimo para cada 5 (cinco) alunos matriculados.

§ 6.º Atendidas as condições socioeconômicas referidas nos incisos I e II do § 1.º do art. 19 desta Lei Complementar, as instituições poderão considerar como bolsistas os trabalhadores da própria instituição e os dependentes destes em decorrência de convenção coletiva ou de acordo coletivo de trabalho, até o limite de 20% (vinte por cento) da proporção definida no *caput* e nos incisos I e II do § 1.º deste artigo.

§ 7.º Os entes federativos que mantenham vagas públicas para a educação básica por meio de entidade com atuação na área da educação deverão respeitar, para as vagas ofertadas por meio de convênios ou congêneres com essas entidades, o disposto neste artigo.

§ 8.º Em caso de descumprimento pelos entes federativos da obrigação de que trata o

§ 7.º deste artigo, não poderão ser penalizadas as entidades conveniadas com atuação na área da educação.

Art. 21. As entidades que atuam na educação superior e que aderiram ao Programa Universidade para Todos (Prouni), na forma do *caput* do art. 11-A da Lei n. 11.096, de 13 de janeiro de 2005, deverão atender às condições previstas no *caput* e nos §§ 1.º, 2.º e 5.º do art. 20 desta Lei Complementar.

•• *Caput* com redação determinada pela Lei n. 14.350, de 25-5-2022.

§ 1.º As entidades que atuam concomitantemente na educação básica e na educação superior com adesão ao Prouni deverão cumprir os requisitos exigidos para cada nível de educação, inclusive quanto à complementação eventual da gratuidade por meio da concessão de bolsas de estudo parciais de 50% (cinquenta por cento) e de benefícios.

§ 2.º Somente serão aceitas no âmbito da educação superior bolsas de estudo vinculadas ao Prouni, salvo as bolsas integrais ou parciais de 50% (cinquenta por cento) para pós-graduação *stricto sensu* e as estabelecidas nos termos do § 6.º do art. 20 desta Lei Complementar.

§ 3.º Excepcionalmente, serão aceitas como gratuidade, no âmbito da educação superior, as bolsas de estudo integrais ou parciais de 50% (cinquenta por cento) oferecidas sem vínculo com o Prouni aos alunos enquadrados nos limites de renda familiar bruta mensal *per capita* de que tratam os incisos I e II do § 1.º do art. 19 desta Lei Complementar, desde que a entidade tenha cumprido a proporção de 1 (uma) bolsa de estudo integral para cada 9 (nove) alunos pagantes no Prouni e tenha ofertado bolsas no âmbito do Prouni que não tenham sido preenchidas.

Art. 22. As entidades que atuam na educação superior e que não tenham aderido ao Prouni na forma do art. 10-A da Lei n. 11.096, de 13 de janeiro de 2005, deverão conceder anualmente bolsas de estudo na proporção de 1 (uma) bolsa de estudo integral para cada 4 (quatro) alunos pagantes.

•• *Caput* com redação determinada pela Lei n. 14.350, de 25-5-2022.

§ 1.º Para o cumprimento da proporção descrita no *caput* deste artigo, a entidade poderá oferecer bolsas de estudo parciais, desde que conceda:

I – no mínimo, 1 (uma) bolsa de estudo integral para cada 9 (nove) alunos pagantes; e

II – bolsas de estudo parciais de 50% (cinquenta por cento), quando necessário para o alcance do número mínimo exigido, mantida a equivalência de 2 (duas) bolsas de estudo parciais para cada 1 (uma) bolsa de estudo integral.

§ 2.º Será facultado à entidade substituir até 25% (vinte e cinco por cento) da quantidade das bolsas de estudo definida no *caput* e no § 1.º deste artigo por benefícios concedidos nos termos do art. 19 desta Lei Complementar.

§ 3.º Sem prejuízo do cumprimento das proporções estabelecidas no inciso II do § 1.º deste artigo, a entidade de educação deverá ofertar, em cada uma de suas instituições de ensino superior, no mínimo, 1 (uma) bolsa integral para cada 25 (vinte e cinco) alunos pagantes.

§ 4.º A entidade deverá ofertar bolsa integral em todos os cursos de todas as instituições de ensino superior por ela mantidos e poderá, nos termos do § 6.º do art. 20 desta Lei Complementar, considerar como bolsistas os trabalhadores da própria instituição e os dependentes destes em decorrência de convenção coletiva ou de acordo coletivo de trabalho, até o limite de 20% (vinte por cento) da proporção definida no *caput* e nos incisos I e II do § 1.º deste artigo.

§ 5.º As entidades que atuam concomitantemente na educação básica e na educação superior sem ter aderido ao Prouni deverão cumprir os requisitos exigidos de maneira segregada, por nível de educação, inclusive quanto à eventual complementação da gratuidade por meio da concessão de bolsas de estudo parciais de 50% (cinquenta por cento) e de benefícios.

§ 6.º Para os fins do disposto neste artigo, somente serão computadas as bolsas de estudo concedidas em cursos regulares de graduação ou sequenciais de formação específica.

Art. 23. A entidade que atua na oferta da educação profissional em consonância com as Leis n. 9.394, de 20 de dezembro de 1996, e 12.513, de 26 de outubro de 2011, deverá atender às proporções previstas no *caput* e nos §§ 1.º, 2.º e 5.º do art. 20 desta Lei Complementar na educação profissional.

Parágrafo único. É permitido ao estudante acumular bolsas de estudo na educação profissional técnica de nível médio e ser contabilizado em ambas para fins de apuração das proporções exigidas nesta Seção.

Art. 24. Considera-se alunos pagantes, para fins de aplicação das proporções previstas nos arts. 20, 21, 22 e 23 desta Lei Complementar, o total de alunos matriculados, excluídos os beneficiados com bolsas de estudo integrais nos termos do inciso I do § 1.º do art. 20 e com outras bolsas integrais concedidas pela entidade.

§ 1.º Na aplicação das proporções previstas nos arts. 21 e 22 desta Lei Complementar, serão considerados os alunos pagantes, incluídos os beneficiários de bolsas de estudo de que trata esta Lei Complementar, matriculados em cursos regulares de graduação ou sequenciais de formação específica.

§ 2.º Não se consideram alunos pagantes os inadimplentes por período superior a 90 (noventa) dias cujas matrículas tenham sido recusadas no período letivo imediatamente subsequente ao inadimplemento.

Art. 25. Para os efeitos desta Lei Complementar, a bolsa de estudo refere-se às semestralidades ou às anuidades escolares fixadas na forma da lei, considerados todos os descontos aplicados pela instituição, regulares ou temporários, de caráter coletivo ou decorrentes de convênios com instituições públicas ou privadas, incluídos os descontos concedidos devido ao seu pagamento pontual, respeitada a proporcionalidade da carga horária, vedados a cobrança de taxas de qualquer natureza e o cômputo de custeio de material didático eventualmente oferecido em caráter gratuito ao aluno beneficiado exclusivamente com bolsa de estudo integral.

§ 1.º As entidades que atuam na área de educação devem registrar e divulgar em sua contabilidade, atendidas as normas brasileiras de contabilidade, de modo segregado, as bolsas de estudo e os benefícios concedidos, bem como evidenciar em suas Notas Explicativas o atendimento às proporções referidas nesta Seção.

§ 2.º Para fins de aferição dos requisitos desta Seção, será considerado o número total de alunos matriculados no último mês de cada período letivo.

§ 3.º (*Vetado.*)

Art. 26. Os alunos beneficiários das bolsas de estudo de que trata esta Lei Complementar, ou seus pais ou responsáveis, quando for o caso, respondem legalmente pela veracidade e pela autenticidade das informações por eles prestadas, e as informações prestadas pelas instituições de ensino superior (IES) acerca dos beneficiários em qualquer âmbito devem respeitar os limites estabelecidos pela Lei n. 13.709, de 14 de agosto de 2018.

§ 1.º Compete à entidade que atua na área de educação confirmar o atendimento, pelo candidato, do perfil socioeconômico de que trata esta Lei Complementar.

§ 2.º As bolsas de estudo poderão ser canceladas a qualquer tempo em caso de constatação de falsidade da informação prestada pelo bolsista ou por seus pais ou seu responsável, ou de inidoneidade de documento apresentado, sem prejuízo das demais sanções cíveis e penais cabíveis, sem que o ato do cancelamento resulte em prejuízo à entidade beneficente concedente, inclusive na apuração das proporções exigidas nesta Seção, salvo se comprovada negligência ou má fé da entidade beneficente.

§ 3.º Os estudantes a serem beneficiados pelas bolsas de estudo para os cursos superiores poderão ser pré-selecionados pelos resultados do Exame Nacional do Ensino Médio (Enem).

§ 4.º É vedado ao estudante acumular bolsas de estudo concedidas por entidades em gozo da imunidade na forma desta Lei Complementar, salvo no que se refere ao disposto no parágrafo único do art. 23 desta Lei Complementar.

§ 5.º As bolsas de estudo integrais e parciais com 50% (cinquenta por cento) de gratuidade concedidas pelas entidades antes da vigência desta Lei Complementar, nos casos em que a renda familiar bruta mensal *per capita* do bolsista não exceda os parâmetros de que trata o § 1.º do art. 19 desta Lei Complementar, poderão ser mantidas e consideradas até a conclusão do ensino médio, para a educação básica, e até a conclusão do curso superior, para a educação superior.

Art. 27. É vedada qualquer discriminação ou diferença de tratamento entre alunos bolsistas e pagantes.

Art. 28. No ato de aferição periódica do cumprimento dos requisitos desta Seção, as entidades de educação que não tenham concedido o número mínimo de bolsas previsto nos arts. 20, 21, 22 e 23 desta Lei Complementar poderão compensar o número de bolsas devido no exercício subsequente, mediante a assinatura de Termo de Ajuste de Gratuidade ou de instrumento congênere, nas condições estabelecidas em regulamento.

- *Caput* originalmente vetado, todavia promulgado em 8-7-2022.

§ 1.º Após a publicação da decisão relativa à aferição do cumprimento dos requisitos desta Seção, as entidades que atuam na área da educação a que se refere o *caput* deste artigo terão prazo de 30 (trinta) dias para requerer a assinatura do Termo de Ajuste de Gratuidade.

- § 1.º originalmente vetado, todavia promulgado em 8-7-2022.

§ 2.º Na hipótese de descumprimento do Termo de Ajuste de Gratuidade ou congênere, a certificação da entidade será cancelada.

- § 2.º originalmente vetado, todavia promulgado em 8-7-2022.

§ 3.º O Termo de Ajuste de Gratuidade poderá ser celebrado somente uma vez com a mesma entidade a cada período de aferição, estabelecido nos termos de regulamento.

- § 3.º originalmente vetado, todavia promulgado em 8-7-2022.

§ 4.º As bolsas de pós-graduação *stricto sensu* poderão integrar a compensação, desde que se refiram a áreas de formação definidas em regulamento.

- § 4.º originalmente vetado, todavia promulgado em 8-7-2022.

Seção IV
Da Assistência Social

Subseção I
Das entidades de assistência social em geral

Art. 29. A certificação ou sua renovação será concedida às entidades beneficentes com atuação na área de assistência social abrangidas pela Lei n. 8.742, de 7 de dezembro de 1993, que executem:

I – serviços, programas ou projetos socioassistenciais de atendimento ou de assessoramento ou que atuem na defesa e na garantia dos direitos dos beneficiários da Lei n. 8.742, de 7 de dezembro de 1993;

II – serviços, programas ou projetos socioassistenciais com o objetivo de habilitação e de reabilitação da pessoa com deficiência e de promoção da sua inclusão à vida comunitária, no enfrentamento dos limites existentes para as pessoas com deficiência, de forma articulada ou não com ações educacionais ou de saúde;

III – programas de aprendizagem de adolescentes, de jovens ou de pessoas com deficiência, prestados com a finalidade de promover a sua integração ao mundo do trabalho nos termos da Lei n. 8.742, de 7 de dezembro de 1993, e do inciso II do *caput* do art. 430 da Consolidação das Leis do Trabalho (CLT), aprovada pelo Decreto-lei n. 5.452, de 1.º de maio de 1943, ou da legislação que lhe for superveniente, observadas as ações protetivas previstas na Lei n. 8.069, de 13 de julho de 1990 (Estatuto da Criança e do Adolescente);

IV – serviço de acolhimento institucional provisório de pessoas e de seus acompanhantes que estejam em trânsito e sem condições de autossustento durante o tratamento de doenças graves fora da localidade de residência.

Parágrafo único. Desde que observado o disposto no *caput* deste artigo e no art. 35 da Lei n. 10.741, de 1.º de outubro de 2003 (Estatuto do Idoso), as entidades beneficentes poderão ser certificadas, com a condição de que eventual cobrança de participação do idoso no custeio da entidade ocorra nos termos e nos limites do § 2.º do art. 35 da referida Lei.

Art. 30. As entidades beneficentes de assistência social poderão desenvolver atividades que gerem recursos, inclusive por meio de filiais, com ou sem cessão de mão de obra, de modo a contribuir com as finalidades previstas no art. 2.º desta Lei Complementar, registradas segregadamente em sua contabilidade e destacadas em suas Notas Explicativas.

- • A Lei n. 14.332, de 4-5-2022, dispõe sobre a arrecadação de recursos por entidades beneficentes de assistência social por meio de títulos de capitalização.

Art. 31. Constituem requisitos para a certificação de entidade de assistência social:

I – ser constituída como pessoa jurídica de natureza privada e ter objetivos e públicos-alvo compatíveis com a Lei n. 8.742, de 7 de dezembro de 1993;

II – comprovar inscrição no conselho municipal ou distrital de assistência social, nos termos do art. 9.º da Lei n. 8.742, de 7 de dezembro de 1993;

III – prestar e manter atualizado o cadastro de entidades e organizações de assistência social de que trata o inciso XI do *caput* do art. 19 da Lei n. 8.742, de 7 de dezembro de 1993;

IV – manter escrituração contábil regular que registre os custos e as despesas em atendimento às Normas Brasileiras de Contabilidade;

V – comprovar, cumulativamente, que, no ano anterior ao requerimento:

a) destinou a maior parte de seus custos e despesas a serviços, a programas ou a projetos no âmbito da assistência social e a atividades certificáveis nas áreas de educação, de saúde ou em ambas, caso a entidade também atue nessas áreas;

b) remunerou seus dirigentes de modo compatível com o seu resultado financeiro do exercício, na forma a ser definida em regulamento, observados os limites referidos nos §§ 1.º e 2.º do art. 3.º desta Lei Complementar.

§ 1.º Para fins de certificação, a entidade de assistência social de atendimento que atuar em mais de um Município ou Estado, inclusive o Distrito Federal, deverá apresentar o comprovante de inscrição, ou de solicitação desta, de suas atividades nos conselhos de assistência social de, no mínimo, 90% (noventa por cento) dos Municípios de atuação, com comprovação de que a preponderância dos custos e das despesas esteja nesses Municípios, conforme definido em regulamento.

§ 2.º Para fins de certificação, a entidade de assistência social de assessoramento ou de defesa e garantia de direitos que atuar em mais de um Município ou Estado, inclusive o Distrito Federal, deverá apresentar o comprovante de inscrição da entidade, ou de solicitação desta, no conselho municipal de assistência social de sua sede, ou do Distrito Federal, caso nele situada a sua sede, nos termos do art. 9.º da Lei n. 8.742, de 7 de dezembro de 1993.

§ 3.º Os requisitos constantes dos incisos II e III do *caput* deste artigo deverão ser cumpridos:

I – no ano do protocolo ou no anterior, quando se tratar de concessão da certificação; ou

II – no ano anterior ao do protocolo, quando se tratar de renovação.

§ 4.º As entidades que atuem exclusivamente na área certificável de assistência social, ainda que desempenhem eventual atividade de que trata o art. 30 desta Lei Complementar, caso obtenham faturamento anual que ultrapasse o valor fixado em regulamento, deverão apresentar as demonstrações contábeis auditadas, nos termos definidos em regulamento.

§ 5.º As entidades de atendimento ao idoso de longa permanência, ou casas-lares, poderão gozar da imunidade de que trata esta Lei Complementar, desde que seja firmado contrato de prestação de serviços com a pessoa idosa abrigada e de que eventual cobrança de participação do idoso no custeio da entidade seja realizada no limite de 70% (setenta por cento) de qualquer benefício previdenciário ou de assistência social percebido pelo idoso.

§ 6.º O limite estabelecido no § 5.º deste artigo poderá ser excedido, desde que observados os seguintes termos:

- § 6.º, *caput*, originalmente vetado, todavia promulgado em 8-7-2022.

I – tenham termo de curatela do idoso;

- Inciso I originalmente vetado, todavia promulgado em 8-7-2022.

II – o usuário seja encaminhado pelo Poder Judiciário, pelo Ministério Público ou pelo gestor local do Suas; e

- Inciso II originalmente vetado, todavia promulgado em 8-7-2022.

III – a pessoa idosa ou seu responsável efetue a doação, de forma livre e voluntária.

- Inciso III originalmente vetado, todavia promulgado em 8-7-2022.

§ 7.º Não se equiparam a entidades de atendimento ao idoso de longa permanência, ou casas-lares, aquelas unidades destinadas somente à hospedagem de idoso e remuneradas com fins de geração de recursos para as finalidades beneficentes de mantenedora, conforme o art. 30 desta Lei Complementar.

Subseção II
Das entidades atuantes na redução de demandas de drogas

Art. 32. A certificação de entidade beneficente será concedida ou renovada às instituições que atuem na redução da demanda de drogas, nos termos desta Subseção.

§ 1.º Consideram-se entidades que atuam na redução da demanda de drogas:

I – as comunidades terapêuticas;

II – as entidades de cuidado, de prevenção, de apoio, de mútua ajuda, de atendimento psicossocial e de ressocialização de dependentes do álcool e de outras drogas e seus familiares.

§ 2.º Considera-se comunidade terapêutica o modelo terapêutico de atenção em regime residencial e transitório, mediante adesão e permanência voluntárias, a pessoas com problemas associados ao uso, ao abuso ou à dependência do álcool e de outras drogas acolhidas em ambiente protegido e técnica e eticamente orientado, que tem como objetivo promover o desenvolvimento pessoal e social, por meio da promoção da abstinência, bem como a reinserção social, buscando a melhora geral na qualidade de vida do indivíduo.

§ 3.º Considera-se entidade de cuidado, de prevenção, de apoio, de mútua ajuda, de atendimento psicossocial e de ressocialização de dependentes do álcool e de outras drogas e seus familiares a entidade que presta serviços intersetoriais, interdisciplinares, transversais e complementares da área do uso e da dependência do álcool e de outras drogas.

§ 4.º As entidades referidas nos §§ 2.º e 3.º deste artigo, constituídas como pessoas jurídicas sem fins lucrativos, na forma dos incisos I, III ou IV do *caput* do art. 44 da Lei n. 10.406, de 10 de janeiro de 2002 (Código Civil), deverão ser cadastradas pela autoridade executiva federal competente e atender ao disposto na alínea *a* do inciso I do *caput* do art. 2.º da Lei n. 13.019, de 31 de julho de 2014.

§ 5.º A certificação das entidades de que trata o *caput* deste artigo será realizada pela unidade responsável pela política sobre drogas da autoridade executiva federal responsável pela área da assistência social.

§ 6.º As entidades beneficentes de assistência social poderão desenvolver atividades que gerem recursos, inclusive por meio de filiais, com ou sem cessão de mão de obra, de modo a contribuir com as finalidades previstas no art. 2.º desta Lei Complementar, registradas segregadamente em sua contabilidade e destacadas em suas Notas Explicativas.

Art. 33. Para serem consideradas beneficentes e fazerem jus à certificação, as entidades a que se refere o art. 32 desta Lei Complementar deverão:

I – apresentar declaração emitida por autoridade federal, estadual, distrital ou municipal competente que ateste atuação na área de controle do uso de drogas ou atividade similar;

II – manter cadastro atualizado na unidade a que se refere o § 5.º do art. 32 desta Lei Complementar;

III – comprovar, anualmente, nos termos do regulamento, a prestação dos serviços referidos no art. 32 desta Lei Complementar;

IV – cadastrar todos os acolhidos em sistema de informação específico desenvolvido, nos termos do regulamento, no caso das comunidades terapêuticas;

V – comprovar o registro de, no mínimo, 20% (vinte por cento) de sua capacidade em atendimentos gratuitos.

Capítulo III
DO PROCESSO DE CERTIFICAÇÃO

Art. 34. A entidade interessada na concessão ou na renovação da certificação deverá apresentar requerimento com os documentos necessários à comprovação dos requisitos de que trata esta Lei Complementar, na forma estabelecida em regulamento.

•• *Vide* art. 6.º desta Lei Complementar.

§ 1.º A tramitação e a apreciação do requerimento de que trata o *caput* deste artigo deverão obedecer à ordem cronológica de sua apresentação, salvo em caso de diligência pendente, devidamente justificada.

§ 2.º Poderão ser solicitados esclarecimentos e informações aos órgãos públicos e à entidade interessada, sem prejuízo da realização de diligências, desde que relevantes para a tomada de decisão sobre o requerimento de que trata o *caput* deste artigo.

§ 3.º Na hipótese de que trata o § 2.º deste artigo, superado o prazo de 30 (trinta) dias da solicitação, prorrogável por igual período, a análise do requerimento de que trata o *caput* deste artigo prosseguirá, nos termos do § 1.º deste artigo.

Art. 35. Os requerimentos de certificação serão apreciados:

I – pela autoridade executiva federal responsável pela área da saúde, para as entidades atuantes na área da saúde;

II – pela autoridade executiva federal responsável pela área da educação, para as entidades atuantes na área da educação;

III – pela autoridade executiva federal responsável pela área da assistência social, para:

a) as entidades atuantes na área da assistência social;

b) as comunidades terapêuticas e entidades de prevenção, de apoio, de mútua ajuda, de atendimento psicossocial e de ressocialização de dependentes do álcool e de outras drogas e seus familiares.

§ 1.º Consideram-se áreas de atuação preponderantes aquelas em que a entidade registre a maior parte de seus custos e despesas nas ações previstas em seus objetivos institucionais, conforme as normas brasileiras de contabilidade.

§ 2.º A certificação dependerá da manifestação de todas as autoridades competentes, em suas respectivas áreas de atuação.

§ 3.º No caso em que a entidade atue em mais de uma das áreas a que se refere o art. 2.º desta Lei Complementar, será dispensada a comprovação dos requisitos específicos exigidos para cada área não preponderante, desde que o valor total dos custos e das despesas nas áreas não preponderantes, cumulativamente:

I – não supere 30% (trinta por cento) dos custos e das despesas totais da entidade;

II – não ultrapasse o valor anual fixado, nos termos do regulamento, para as áreas não preponderantes.

§ 4.º As entidades de que trata o inciso II do *caput* do art. 29 desta Lei Complementar serão certificadas exclusivamente pela autoridade executiva federal responsável pela área da assistência social, ainda que exerçam suas atividades em articulação com ações educacionais ou de saúde, dispensadas as manifestações das autoridades executivas responsáveis pelas áreas da educação e da saúde, cabendo àquela verificar, além dos requisitos constantes do art. 31 desta Lei Complementar, o atendimento ao disposto:

I – no § 1.º do art. 7.º desta Lei Complementar, pelas entidades que exerçam suas atividades em articulação com ações de saúde;

II – no § 1.º do art. 18 desta Lei Complementar, pelas entidades que exerçam suas atividades em articulação com ações educacionais.

Art. 36. O prazo de validade da concessão da certificação será de 3 (três) anos, contado da data da publicação da decisão de deferimento no *Diário Oficial da União*, e seus efeitos retroagirão à data de protocolo do requerimento para fins tributários.

Art. 37. Na hipótese de renovação de certificação, o efeito da decisão de deferimento será contado do término da validade da certificação anterior, com validade de 3 (três) ou 5 (cinco) anos, na forma de regulamento.

§ 1.º Será considerado tempestivo o requerimento de renovação da certificação protocolado no decorrer dos 360 (trezentos e sessenta) dias que antecedem a data final de validade da certificação.

§ 2.º A certificação da entidade permanece válida até a data da decisão administrativa definitiva sobre o requerimento de renovação tempestivamente apresentado.

§ 3.º Os requerimentos de renovação protocolados antes de 360 (trezentos e sessenta) dias da data final de validade da certificação não serão conhecidos.

§ 4.º Os requerimentos de renovação protocolados após o prazo da data final de validade da certificação serão considerados como requerimentos para concessão da certificação.

Art. 38. A validade da certificação como entidade beneficente condiciona-se à manutenção do cumprimento das condições que a ensejaram, inclusive as previstas no art. 3.º desta Lei Complementar, cabendo às autoridades executivas certificadoras supervisionar esse atendimento, as quais poderão, a qualquer tempo, determinar a apresentação de documentos, a realização de auditorias ou o cumprimento de diligências.

§ 1.º Verificada a prática de irregularidade pela entidade em gozo da imunidade, são competentes para representar, motivadamente, sem prejuízo das atribuições do Ministério Público:

I – o gestor municipal ou estadual do SUS, do Suas e do Sisnad, de acordo com sua condição de gestão, bem como o gestor federal, estadual, distrital ou municipal da educação;

II – a Secretaria Especial da Receita Federal do Brasil;

III – os conselhos de acompanhamento e controle social previstos na Lei n. 14.113, de 25 de dezembro de 2020, e os Conselhos de Assistência Social e de Saúde;

IV – o Tribunal de Contas da União;

V – o Ministério Público.

§ 2.º Verificado pela Secretaria Especial da Receita Federal do Brasil o descumprimento de qualquer dos requisitos previstos nesta Lei Complementar, será lavrado o respectivo auto de infração, o qual será encaminhado à autoridade executiva certificadora e servirá de representação nos termos do inciso II do § 1.º deste artigo, e ficarão suspensos a exigibilidade do crédito tributário e o trâmite do respectivo processo administrativo fiscal até a decisão definitiva no processo administrativo a que se refere o § 4.º deste artigo, devendo o lançamento ser cancelado de ofício caso a certificação seja mantida.

§ 3.º A representação será dirigida à autoridade executiva federal responsável pela área de atuação da entidade e deverá conter a qualificação do representante, a descrição dos fatos a serem apurados, a documentação pertinente e as demais informações relevantes para o esclarecimento do seu objeto.

§ 4.º Recebida representação motivada que indique a prática de irregularidade pela entidade em gozo da imunidade, ou constatada de ofício pela administração pública, será iniciado processo administrativo, observado o disposto em regulamento.

§ 5.º A certificação da entidade permanece válida até a data da decisão administrativa definitiva sobre o cancelamento da certificação da entidade beneficente.

§ 6.º Finalizado o processo administrativo de que trata o § 4.º deste artigo e cancelada a certificação, a Secretaria Especial da Receita Federal do Brasil será comunicada para que lavre o respectivo auto de infração ou dê continuidade ao processo administrativo fiscal a que se refere o § 2.º deste artigo, e os efeitos do cancelamento da imunidade tributária retroagirão à data em que houver sido praticada a irregularidade pela entidade.

Art. 39. O prazo para as manifestações da entidade nos processos administrativos relativos a esta Lei Complementar será de 30 (trinta) dias, inclusive para a interposição de recursos.

§ 1.º O recurso interposto contra a decisão que indeferir a concessão ou a renovação da certificação, ou cancelá-la, será dirigido à autoridade julgadora que, se não reconsiderar a decisão, fará seu encaminhamento ao Ministro de Estado da área responsável.

§ 2.º Após o recebimento do recurso pelo Ministro de Estado, abrir-se-á prazo de 30 (trinta) dias para que a entidade interessada possa apresentar novas considerações e fazer juntada de documentos com vistas a sanar impropriedades identificadas pela autoridade julgadora nas razões do indeferimento do requerimento.

Capítulo IV
DISPOSIÇÕES GERAIS E TRANSITÓRIAS

Art. 40. Aplica-se o disposto nesta Lei Complementar aos requerimentos de concessão ou de renovação de certificação apresentados a partir da data de sua publicação.

§ 1.º A validade dos certificados vigentes cujo requerimento de renovação não tenha sido apresentado até a data de publicação desta Lei Complementar fica prorrogada até 31 de dezembro do ano subsequente ao do fim de seu prazo de validade.

§ 2.º os requerimentos de concessão ou de renovação de certificação pendentes de decisão na data de publicação desta Lei Complementar aplicam-se as regras e as condições vigentes à época de seu protocolo.

• § 2.º originalmente vetado, todavia promulgado em 8-7-2022.

§ 3.º A entidade que apresentar requerimento de renovação de certificação com base nos requisitos de que trata o Capítulo II desta Lei Complementar, e desde que tenha usufruído de forma ininterrupta da imunidade de que trata o § 7.º do art. 195 da Constituição Federal, por força do disposto no § 2.º do art. 24 da Lei n. 12.101, de 27 de novembro de 2009, poderá solicitar sua análise prioritária em relação a seus outros requerimentos de renovação pendentes na data de publicação desta Lei Complementar.

§ 4.º (*Vetado*.)

Art. 41. A partir da entrada em vigor desta Lei Complementar, ficam extintos os créditos decorrentes de contribuições sociais lançados contra instituições sem fins lucrativos que atuam nas áreas de saúde, de educação ou de assistência social, expressamente motivados por decisões derivadas de processos administrativos ou judiciais com base em dispositivos da legislação ordinária declarados inconstitucionais, em razão dos efeitos da inconstitucionalidade declarada pelo Supremo Tribunal Federal no julgamento das Ações Diretas de Inconstitucionalidade n. 2.028 e 4.480 e correlatas.

Parágrafo único. (*Vetado*.)

Capítulo V
DISPOSIÇÕES FINAIS

Art. 42. (*Vetado*.)

Art. 43. As entidades beneficentes e em gozo da imunidade na forma desta Lei Complementar deverão manter, em local visível ao público, placa indicativa com informações sobre a sua condição de beneficente e sobre sua área ou áreas de atuação.

Art. 44. Será mantida nos sítios eletrônicos oficiais lista atualizada com os dados relativos às entidades beneficentes, as certificações emitidas e os respectivos prazos de validade.

Art. 45. O art. 198 da Lei n. 5.172, de 25 de outubro de 1966 (Código Tributário Nacional), passa a vigorar com as seguintes alterações:

•• Alterações já processadas no diploma modificado.

Art. 46. O art. 64 da Lei n. 9.532, de 10 de dezembro de 1997, passa a vigorar acrescido do seguinte § 13:

•• Alteração já processada no diploma modificado.

Art. 47. Ficam revogados:

I – o art. 11 da Lei n. 11.096, de 13 de janeiro de 2005;

II – a Lei n. 12.101, de 27 de novembro de 2009; e

III – o art. 110 da Lei n. 12.249, de 11 de junho de 2010.

Art. 48. Esta Lei Complementar entra em vigor na data de sua publicação.

Brasília, 16 de dezembro de 2021; 200.º da Independência e 133.º da República.

JAIR MESSIAS BOLSONARO

LEI COMPLEMENTAR N. 193, DE 17 DE MARÇO DE 2022 (*)

Institui o Programa de Reescalonamento do Pagamento de Débitos no Âmbito do Simples Nacional (Relp).

O Presidente da República

Faço saber que o Congresso Nacional decreta e eu promulgo, nos termos do parágrafo 5.º do art. 66 da Constituição Federal, a seguinte Lei Complementar:

Art. 1.º Fica instituído o Programa de Reescalonamento do Pagamento de Débitos no Âmbito do Simples Nacional (Relp), cuja implementação obedecerá ao disposto nesta Lei Complementar.

Art. 2.º Poderão aderir ao Relp as microempresas, incluídos os microempreendedores individuais, e as empresas de pequeno porte, inclusive as que se encontrarem em recuperação judicial, optantes pelo Regime Especial Unificado de Arrecadação de Tributos e Contribuições devidos pelas Microempresas e Empresas de Pequeno Porte (Simples Nacional), instituído pelo art. 12 da Lei Complementar n. 123, de 14 de dezembro de 2006.

Art. 3.º A adesão ao Relp será efetuada até o último dia útil do mês subsequente ao da publicação desta Lei Complementar perante o órgão responsável pela administração da dívida.

§ 1.º O deferimento do pedido de adesão fica condicionado ao pagamento da primeira parcela, que deverá ocorrer, na forma do art. 5.º desta Lei Complementar, até a data referida no *caput* deste artigo.

§ 2.º A adesão ao Relp implica:

I – a confissão irrevogável e irretratável dos débitos em nome do sujeito passivo, na condição de contribuinte ou responsável, e por ele indicados, nos termos dos arts. 389 e 395 da Lei n. 13.105, de 16 de março de 2015 (Código de Processo Civil);

II – a aceitação plena e irretratável pelo sujeito passivo, na condição de contribuinte ou responsável, das condições estabelecidas nesta Lei Complementar;

III – o dever de pagar regularmente as parcelas dos débitos consolidados no Relp e os débitos que venham a vencer a partir da data de adesão ao Relp, inscritos ou não em dívida ativa;

IV – o cumprimento regular das obrigações para com o Fundo de Garantia do Tempo de Serviço (FGTS); e

V – durante o prazo de 188 (cento e oitenta e oito) meses, contado do mês de adesão ao Relp, a vedação da inclusão dos débitos vencidos ou que vierem a vencer nesse prazo em quaisquer outras modalidades de parcelamento, incluindo redução dos valores do principal, das multas, dos juros e dos encargos legais, com exceção daquele de que trata o inciso II do *caput* do art. 71 da Lei n. 11.101, de 9 de fevereiro de 2005.

Art. 4.º Poderão ser pagos ou parcelados no âmbito do Relp, na forma do art. 5.º desta Lei Complementar, os débitos apurados na forma do Simples Nacional, desde que vencidos até a competência do mês imediatamente anterior à entrada em vigor desta Lei Complementar.

§ 1.º Também poderão ser liquidados no Relp os débitos de que trata o *caput* deste artigo parcelados de acordo com:

I – os §§ 15 a 24 do art. 21 da Lei Complementar n. 123, de 14 de dezembro de 2006;

II – o art. 9.º da Lei Complementar n. 155, de 27 de outubro de 2016;

III – o art. 1.º da Lei Complementar n. 162, de 6 de abril de 2018.

§ 2.º Para fins do disposto no § 1.º deste artigo, o pedido de parcelamento implicará desistência compulsória e definitiva de parcelamento anterior, sem restabelecimento dos parcelamentos rescindidos caso não seja efetuado o pagamento da primeira prestação.

§ 3.º O disposto neste artigo aplica-se aos créditos da Fazenda Pública constituídos ou não, com exigibilidade suspensa ou não, parcelados ou não e inscritos ou não em dívida ativa do respectivo ente federativo, mesmo em fase de execução fiscal já ajuizada.

Art. 5.º O sujeito passivo que aderir ao Relp observará as seguintes modalidades de pagamento, conforme apresente inatividade ou redução de faturamento no período de março a dezembro de 2020 em comparação com o período de março a dezembro de 2019, igual ou superior a:

I – 0% (zero por cento): pagamento em espécie de, no mínimo, 12,5% (doze e meio por cento) do valor da dívida consolidada, sem reduções, em até 8 (oito) parcelas mensais e sucessivas, vencíveis do último dia útil do mês subsequente ao da publicação desta Lei Complementar até o último dia útil do oitavo mês subsequente ao da publicação desta Lei Complementar;

II – 15% (quinze por cento): pagamento em espécie de, no mínimo, 10% (dez por cento) do valor da dívida consolidada, sem reduções, em até 8 (oito) parcelas mensais e sucessivas, vencíveis do último dia útil do mês subsequente ao da publicação desta Lei Complementar até o último dia útil do oitavo mês subsequente ao da publicação desta Lei Complementar;

III – 30% (trinta por cento): pagamento em espécie de, no mínimo, 7,5% (sete e meio por cento) do valor da dívida consolidada, sem reduções, em até 8 (oito) parcelas mensais e sucessivas, vencíveis do último dia útil do mês subsequente ao da publicação desta Lei Complementar até o último dia útil do oitavo mês subsequente ao da publicação desta Lei Complementar;

IV – 45% (quarenta e cinco por cento): pagamento em espécie de, no mínimo, 5% (cinco por cento) do valor da dívida consolidada, sem reduções, em até 8 (oito) parcelas mensais e sucessivas, vencíveis do último dia útil do mês subsequente ao da publicação desta Lei Complementar até o último dia útil do oitavo mês subsequente ao da publicação desta Lei Complementar;

V – 60% (sessenta por cento): pagamento em espécie de, no mínimo, 2,5% (dois e meio por cento) do valor da dívida consolidada, sem reduções, em até 8 (oito) parcelas mensais e sucessivas, vencíveis do último dia útil do mês subsequente ao da publicação desta Lei Complementar até o último dia útil do oitavo mês subsequente ao da publicação desta Lei Complementar; ou

VI – 80% (oitenta por cento) ou inatividade: pagamento em espécie de, no mínimo, 1% (um por cento) do valor da dívida consolidada, sem reduções, em até 8 (oito) parcelas mensais e sucessivas, vencíveis do último dia útil do mês subsequente ao da publicação desta Lei Complementar até o último dia útil do oitavo mês subsequente ao da publicação desta Lei Complementar.

§ 1.º Para fins de interpretação do inciso I do *caput* deste artigo, poderá aderir ao Relp o sujeito passivo que obteve aumento de faturamento no período referido no *caput* deste artigo.

§ 2.º O saldo remanescente após a aplicação do disposto nos incisos I a VI do *caput* deste artigo poderá ser parcelado em até 180 (cento e oitenta) parcelas mensais e sucessivas, vencíveis a partir de maio de 2022, calculadas de modo a observar os seguintes percentuais mínimos, aplicados sobre o saldo da dívida consolidada:

I – da 1.ª (primeira) à 12.ª (décima segunda) prestação: 0,4% (quatro décimos por cento);

II – da 13.ª (décima terceira) à 24.ª (vigésima quarta) prestação: 0,5% (cinco décimos por cento);

III – da 25.ª (vigésima quinta) à 36.ª (trigésima sexta) prestação: 0,6% (seis décimos por cento); e

IV – da 37.ª (trigésima sétima) prestação em diante: percentual correspondente ao saldo remanescente da dívida consolidada com reduções, em até 144 (cento e quarenta e quatro) prestações mensais e sucessivas.

(*) Publicada no *Diário Oficial da União*, de 18-3-2022.

§ 3.º No cálculo do montante que será liquidado na forma do § 2.º deste artigo, será observado o seguinte:

I – em relação ao saldo remanescente decorrente do inciso I do *caput* deste artigo, redução de 65% (sessenta e cinco por cento) dos juros de mora, 65% (sessenta e cinco por cento) das multas de mora, de ofício ou isoladas e 75% (setenta e cinco por cento) dos encargos legais, inclusive honorários advocatícios;

II – em relação ao saldo remanescente decorrente do inciso II do *caput* deste artigo, redução de 70% (setenta por cento) dos juros de mora, 70% (setenta por cento) das multas de mora, de ofício ou isoladas e 80% (oitenta por cento) dos encargos legais, inclusive honorários advocatícios;

III – em relação ao saldo remanescente decorrente do inciso III do *caput* deste artigo, redução de 75% (setenta e cinco por cento) dos juros de mora, 75% (setenta e cinco por cento) das multas de mora, de ofício ou isoladas e 85% (oitenta e cinco por cento) dos encargos legais, inclusive honorários advocatícios;

IV – em relação ao saldo remanescente decorrente do inciso IV do *caput* deste artigo, redução de 80% (oitenta por cento) dos juros de mora, 80% (oitenta por cento) das multas de mora, de ofício ou isoladas e 90% (noventa por cento) dos encargos legais, inclusive honorários advocatícios;

V – em relação ao saldo remanescente decorrente do inciso V do *caput* deste artigo, redução de 85% (oitenta e cinco por cento) dos juros de mora, 85% (oitenta e cinco por cento) das multas de mora, de ofício ou isoladas e 95% (noventa e cinco por cento) dos encargos legais, inclusive honorários advocatícios;

VI – em relação ao saldo remanescente decorrente do inciso VI do *caput* deste artigo, redução de 90% (noventa por cento) dos juros de mora, 90% (noventa por cento) das multas de mora, de ofício ou isoladas e 100% (cem por cento) dos encargos legais, inclusive honorários advocatícios.

§ 4.º O valor mínimo de cada parcela mensal dos parcelamentos previstos neste artigo será de R$ 300,00 (trezentos reais), exceto no caso dos microempreendedores individuais, cujo valor será de R$ 50,00 (cinquenta reais).

§ 5.º O valor de cada parcela mensal, por ocasião do pagamento, será acrescido de juros equivalentes à taxa referencial do Sistema Especial de Liquidação e de Custódia (Selic) para títulos federais, acumulada mensalmente, calculados a partir do mês subsequente ao da consolidação até o mês anterior ao do pagamento, e de 1% (um por cento) relativamente ao mês em que o pagamento for efetuado.

§ 6.º No que se refere às contribuições sociais de que tratam a alínea *a* do inciso I e o inciso II do *caput* do art. 195 da Constituição Federal, o prazo máximo das modalidades de que trata este artigo será de 60 (sessenta) parcelas mensais e sucessivas.

Art. 6.º Para incluir débitos que se encontrem em discussão administrativa ou judicial, o sujeito passivo deverá desistir previamente das impugnações ou dos recursos administrativos e das ações judiciais que tenham por objeto os débitos que serão quitados, bem como renunciar a quaisquer alegações de direito sobre as quais se fundem as referidas impugnações e recursos ou ações judiciais, e protocolar, no caso de ações judiciais, requerimento de extinção do processo com resolução do mérito, nos termos da alínea *c* do inciso III do *caput* do art. 487 da Lei n. 13.105, de 16 de março de 2015 (Código de Processo Civil).

§ 1.º Será admitida desistência parcial de impugnação e de recurso administrativo interposto ou de ação judicial proposta, desde que o débito objeto de desistência seja passível de distinção dos demais em discussão no processo administrativo ou na ação judicial.

§ 2.º A comprovação do pedido de desistência e da renúncia de ações judiciais deverá ser apresentada no órgão que administra o débito até o último dia do prazo estabelecido para adesão ao Relp.

§ 3.º A desistência e a renúncia de que trata o *caput* deste artigo para a adesão ao Relp exime o autor da ação do pagamento de honorários, não sendo devidos os honorários referidos no art. 90 da Lei n. 13.105, de 16 de março de 2015 (Código de Processo Civil).

Art. 7.º Observado o devido processo administrativo, implicará exclusão do aderente ao Relp e a exigibilidade imediata da totalidade do débito confessado e ainda não pago:

I – a falta de pagamento de 3 (três) parcelas consecutivas ou de 6 (seis) alternadas;

II – a falta de pagamento de 1 (uma) parcela, se todas as demais estiverem pagas;

III – a constatação, pelo órgão que administra o débito, de qualquer ato tendente ao esvaziamento patrimonial do sujeito passivo como forma de fraudar o cumprimento do parcelamento;

IV – a decretação de falência ou a extinção, pela liquidação, da pessoa jurídica aderente;

V – a concessão de medida cautelar fiscal em desfavor do aderente, nos termos da Lei n. 8.397, de 6 de janeiro de 1992;

VI – a declaração de inaptidão da inscrição no Cadastro Nacional da Pessoa Jurídica (CNPJ), nos termos dos arts. 80 e 81 da Lei n. 9.430, de 27 de dezembro de 1996; ou

VII – a inobservância do disposto nos incisos III e IV do § 2.º do art. 3.º desta Lei Complementar por 3 (três) meses consecutivos ou por 6 (seis) meses alternados.

Art. 8.º A adesão ao Relp implica a manutenção automática dos gravames decorrentes de arrolamento de bens, de medida cautelar fiscal e das garantias prestadas administrativamente ou nas ações de execução fiscal, ou em qualquer outra ação judicial, salvo no caso de imóvel penhorado ou oferecido em garantia de execução, em que o sujeito passivo poderá requerer a alienação por iniciativa particular, nos termos do art. 880 da Lei n. 13.105, de 16 de março de 2015 (Código de Processo Civil).

Art. 9.º O Comitê Gestor do Simples Nacional regulamentará o Relp.

Art. 10. Esta Lei Complementar entra em vigor na data de sua publicação.

Brasília, 17 de março de 2022; 201.º da Independência e 134.º da República.

JAIR MESSIAS BOLSONARO

LEI COMPLEMENTAR N. 194, DE 23 DE JUNHO DE 2022 (*)

Altera a Lei n. 5.172, de 25 de outubro de 1966 (Código Tributário Nacional), e a Lei Complementar n. 87, de 13 de setembro de 1996 (Lei Kandir), para considerar bens e serviços essenciais os relativos aos combustíveis, à energia elétrica, às comunicações e ao transporte coletivo, e as Leis Complementares ns. 192, de 11 de março de 2022, e 159, de 19 de maio de 2017.

O Presidente da República

Faço saber que o Congresso Nacional decreta e eu sanciono a seguinte Lei Complementar:

Art. 1.º A Lei n. 5.172, de 25 de outubro de 1966 (Código Tributário Nacional), passa a vigorar acrescida do seguinte art. 18-A:

•• Alterações já processadas no diploma modificado.

Art. 2.º A Lei Complementar n. 87, de 13 de setembro de 1996 (Lei Kandir), passa a vigorar com as seguintes alterações:

•• Alterações já processadas no diploma modificado.

Art. 3.º A União deduzirá do valor das parcelas dos contratos de dívida do Estado ou do Distrito Federal administradas pela Secretaria do Tesouro Nacional, independentemente de formalização de aditivo contratual, as perdas de arrecadação dos Estados ou do Distrito Federal ocorridas no exercício de 2022 decorrentes da redução da arrecadação do Imposto sobre Operações relativas à Circulação de Mercadorias e sobre Prestações de Serviços de Transporte Interestadual e Intermunicipal e de Comunicação (ICMS) que exceda ao percentual de 5% (cinco por cento) em relação à arrecadação deste tributo no ano de 2021.

(*) Publicada no *Diário Oficial da União*, de 23-6-2022 – Edição Extra.

§ 1.º O total das perdas de arrecadação de ICMS do Estado ou do Distrito Federal irá compor o saldo a ser deduzido pela União.

•• § 1.º originalmente vetado, todavia promulgado em 5-8-2022.

•• A Lei Complementar n. 201, de 24-10-2023, dispõe sobre a compensação devida pela União, a dedução das parcelas dos contratos de dívida, a transferência direta de recursos da União aos Estados e ao Distrito Federal, a incorporação do excesso compensado judicialmente em saldo devedor de contratos de dívida administrados pela Secretaria do Tesouro Nacional do Ministério da Fazenda, o tratamento jurídico e contábil aplicável aos pagamentos, às compensações e às vinculações, as transferências de recursos aos Municípios em razão da redução das receitas do Fundo de Participação dos Municípios (FPM), as transferências de recursos aos Estados e ao Distrito Federal em razão da redução das receitas do Fundo de Participação dos Estados e do Distrito Federal (FPE) e as regras relativas ao Imposto sobre Operações Relativas à Circulação de Mercadorias e sobre Prestações de Serviços de Transporte Interestadual e Intermunicipal e de Comunicação (ICMS).

§ 2.º As perdas de arrecadação dos Estados ou do Distrito Federal que tiverem contrato de refinanciamento de dívidas com a União previsto no art. 9.º-A da Lei Complementar n. 159, de 19 de maio de 2017, decorrentes da redução da arrecadação do ICMS serão compensadas integralmente pela União.

§ 3.º A dedução a que se referem o *caput* e o § 2.º deste artigo limitar-se-á às perdas de arrecadação de ICMS incorridas até 31 de dezembro de 2022 ou dar-se-á enquanto houver saldo de dívida contratual do Estado ou do Distrito Federal administrada pela Secretaria do Tesouro Nacional, o que ocorrer primeiro.

§ 4.º A compensação pelos Estados e pelo Distrito Federal das perdas de arrecadação de que trata o *caput* deste artigo será realizada por esses entes e abrangerá as parcelas do serviço da dívida administradas pela Secretaria do Tesouro Nacional, e, adicionalmente ao disposto no *caput* deste artigo, poderão os Estados e o Distrito Federal desincumbir-se da obrigação de pagamento das parcelas do serviço da dívida com quaisquer credores, em operações celebradas internamente ou externamente ao País, em que haja garantia da União, independentemente de formalização de aditivo contratual, no montante equivalente à diferença negativa entre a arrecadação de ICMS observada a cada mês e a arrecadação observada no mesmo período no ano anterior.

•• § 4.º originalmente vetado, todavia promulgado em 5-8-2022.

§ 5.º Na hipótese de o Estado ou o Distrito Federal não ter contrato de dívida administrada com a Secretaria do Tesouro Nacional ou com garantia da União, ou se o saldo dessas dívidas não for suficiente para compensar integralmente a perda, nos termos do § 3.º e do § 4.º deste artigo, a compensação poderá ser feita no exercício de 2023, por meio da apropriação da parcela da União relativa à Compensação Financeira pela Exploração de Recursos Minerais (CFEM) até o limite do valor da perda.

•• § 5.º originalmente vetado, todavia promulgado em 5-8-2022.

§ 6.º Os entes federativos referidos no § 5.º deste artigo, bem como aqueles cuja lei estadual ou distrital relativa ao ICMS já atenda aos limites estabelecidos no inciso I do § 1.º do art. 32-A da Lei Complementar n. 87, de 13 de setembro de 1996, para ao menos 1 (uma) das operações ou prestações relacionadas no *caput* do referido artigo, terão prioridade na contratação de empréstimos no exercício de 2022.

•• § 6.º originalmente vetado, todavia promulgado em 5-8-2022.

§ 7.º Ato do Ministro de Estado da Economia regulamentará o disposto neste artigo.

Art. 4.º As parcelas relativas à quota-parte do ICMS, conforme previsto no inciso IV do *caput* do art. 158 da Constituição Federal, serão transferidas pelos Estados aos Municípios na proporção da dedução dos contratos de dívida dos Estados administrada pela Secretaria do Tesouro Nacional.

§ 1.º Na hipótese em que não houver compensação na forma do *caput* do art. 3.º desta Lei Complementar, o Estado ficará desobrigado do repasse da quota-parte do ICMS para os Municípios, conforme previsto no inciso IV do *caput* do art. 158 da Constituição Federal.

§ 2.º As parcelas relativas à quota-parte do ICMS, conforme previsto no inciso IV do *caput* do art. 158 da Constituição Federal, serão transferidas pelos Estados aos Municípios na proporção da dedução dos contratos de dívida com aval da União, bem como na proporção da parcela de CFEM apropriada, nos termos do art. 3.º desta Lei Complementar.

•• § 2.º originalmente vetado, todavia promulgado em 5-8-2022.

§ 3.º Os Estados deverão proceder à transferência de que trata o *caput* deste artigo nos mesmos prazos e condições da quota-parte do ICMS, mantendo a prestação de contas disponível em sítio eletrônico da internet, sob pena de serem cessadas as deduções e os repasses de que trata o art. 3.º desta Lei Complementar, sem prejuízo da responsabilização administrativa e criminal dos responsáveis pela omissão.

Art. 5.º As vinculações relativas ao Fundo de Manutenção e Desenvolvimento da Educação Básica e de Valorização dos Profissionais da Educação (Fundeb), previstas nos arts. 212 e 212-A da Constituição Federal, bem como as receitas vinculadas às ações e aos serviços de saúde, previstas nos incisos II e III do § 2.º do art. 198 da Constituição Federal, serão mantidas pelos Estados e pelos Municípios, conforme o caso, na proporção da dedução dos contratos de dívida dos Estados administrada pela Secretaria do Tesouro Nacional ou dos contratos de dívida com aval da União, bem como na proporção da parcela de CFEM apropriada.

•• Artigo originalmente vetado, todavia promulgado em 22-12-2022.

Art. 6.º Ficam cessadas as deduções por perdas de arrecadação de ICMS, não se aplicando o disposto no art. 3.º desta Lei Complementar, caso as alíquotas retornem aos patamares vigentes anteriormente à publicação desta Lei Complementar.

Art. 7.º O disposto nos arts. 124, 125, 126, 127 e 136 da Lei n. 14.194, de 20 de agosto de 2021, não se aplica a esta Lei Complementar e aos atos do Poder Executivo dela decorrentes.

Art. 8.º O disposto nos arts. 14, 17 e 35 da Lei Complementar n. 101, de 4 de maio de 2000 (Lei de Responsabilidade Fiscal), não se aplica a esta Lei Complementar.

Art. 9.º Exclusivamente no exercício financeiro de 2022, os Estados, o Distrito Federal, os Municípios e os agentes públicos desses entes federados não poderão ser responsabilizados administrativa, civil, criminalmente ou nos termos da Lei n. 1.079, de 10 de abril de 1950, pelo descumprimento do disposto nos arts. 9.º, 14, 23, 31 e 42 da Lei Complementar n. 101, de 4 de maio de 2000 (Lei de Responsabilidade Fiscal).

§ 1.º A exclusão de responsabilização prevista no *caput* deste artigo também se aplica aos casos de descumprimento dos limites e das metas relacionados com os dispositivos nele enumerados.

§ 2.º O previsto neste artigo será aplicável apenas se o descumprimento dos dispositivos referidos no *caput* deste artigo resultar exclusivamente da perda de arrecadação em decorrência do disposto nesta Lei Complementar.

Art. 11. (Vetado.)

Art. 12. Não configurará descumprimento das obrigações de que trata a Lei Complementar n. 159, de 19 de maio de 2017, as leis ou os atos necessários para a implementação desta Lei Complementar.

Art. 13. As alíquotas da Contribuição para os Programas de Integração Social e de Formação do Patrimônio do Servidor Público (Contribuição para o PIS/Pasep), da Contribuição para o Financiamento da Seguridade Social (Cofins) e da Contribuição de Intervenção no Domínio Econômico (Cide) incidentes sobre as operações que envolvam etanol, inclusive para fins carburantes, de que tratam os incisos I e II do *caput*, os incisos I e II do § 4.º e a alínea *b* do inciso I do § 4.º-D do art. 5.º da Lei n. 9.718, de 27 de novembro de 1998, e o inciso VIII do *caput* do art. 5.º e o art. 9.º da Lei n. 10.336, de 19 de dezembro de 2001, ficam reduzidas a 0 (zero) até 31 de dezembro de 2022.

§ 1.º As alíquotas da Contribuição para os Programas de Integração Social e de Formação do Patrimônio do Servidor Público incidente na Importação de Produtos Estrangeiros ou Serviços (Contribuição para o PIS/Pasep-Importação) e da Contribuição Social para o Financiamento da Seguridade Social devida pelo Importador de Bens Estrangeiros ou Serviços do Exterior (Cofins-Importação) incidentes na importação de álcool, inclusive para fins carburantes, de que trata o § 19 do art. 8.º da Lei n. 10.865, de 30 de abril de 2004, ficam reduzidas a 0 (zero) no prazo estabelecido no *caput* deste artigo.

§ 2.º Aplicam-se às pessoas jurídicas atuantes na cadeia econômica dos produtos de que trata o *caput* deste artigo:

I – em relação à aquisição de tais produtos, as vedações estabelecidas na alínea *b* do inciso I do art. 3.º e no inciso II do § 2.º do art. 3.º da Lei n. 10.637, de 30 de dezembro de 2002, e na alínea *b* do inciso I do art. 3.º e no inciso II do § 2.º do art. 3.º da Lei n. 10.833, de 29 de dezembro de 2003; e

II – em relação aos créditos de que tratam o art. 3.º da Lei n. 10.637, de 30 de dezembro de 2002, e o art. 3.º da Lei n. 10.833, de 29 de dezembro de 2003, distintos do crédito referido no inciso I deste parágrafo, a autorização estabelecida pelo art. 17 da Lei n. 11.033, de 21 de dezembro de 2004.

§ 3.º De 11 de março de 2022 até o prazo estabelecido no *caput*, a pessoa jurídica que adquirir os produtos de que trata o *caput* deste artigo para utilização como insumo, nos termos do inciso II do *caput* do art. 3.º da Lei n. 10.637, de 30 de dezembro de 2002, e do inciso II do *caput* do art. 3.º da Lei n. 10.833, de 29 de dezembro de 2003, fará jus a créditos presumidos da Contribuição para o PIS/Pasep e da Cofins em relação à aquisição no mercado interno ou importação de tais produtos em cada período de apuração.

§ 4.º O valor dos créditos presumidos da Contribuição para o PIS/Pasep e da Cofins de que trata o § 3.º deste artigo em relação a cada metro cúbico ou tonelada de produto adquirido no mercado interno ou importado corresponderá aos valores obtidos pela multiplicação das alíquotas das referidas contribuições estabelecidas no *caput* do art. 2.º da Lei n. 10.637, de 30 de dezembro de 2002, e no *caput* do art. 2.º da Lei n. 10.833, de 29 de dezembro de 2003, sobre o preço de aquisição dos combustíveis.

§ 5.º Os créditos presumidos instituídos no § 3.º deste artigo:

I – sujeitar-se-ão às hipóteses de vinculação mediante apropriação ou rateio e de estorno previstas na legislação da Contribuição para o PIS/Pasep e da Cofins para os créditos de que tratam o art. 3.º da Lei n. 10.637, de 30 de dezembro de 2002, e o art. 3.º da Lei n. 10.833, de 29 de dezembro de 2003, especialmente aquelas estabelecidas no § 8.º do art. 3.º da Lei n. 10.637, de 30 de dezembro de 2002, e no § 8.º do art. 3.º da Lei n. 10.833, de 29 de dezembro de 2003, e no § 3.º do art. 6.º, combinado com o inciso III do *caput* do art. 15 dessa mesma Lei;

II – somente poderão ser utilizados para desconto de débitos da Contribuição para o PIS/Pasep e da Cofins, exceto se vinculados a receitas de exportação ou na hipótese prevista no art. 16 da Lei n. 11.116, de 18 de maio de 2005.

Art. 14. Em caso de perda de recursos ocasionada por esta Lei Complementar, observado o disposto nos arts. 3.º e 4.º, a União compensará os demais entes da Federação para que os mínimos constitucionais da saúde e da educação e o Fundeb tenham as mesmas disponibilidades financeiras na comparação com a situação em vigor antes desta Lei Complementar.

•• A Lei Complementar n. 201, de 24-10-2023, dispõe sobre a compensação devida pela União, a dedução das parcelas dos contratos de dívida, a transferência direta de recursos da União aos Estados e ao Distrito Federal, a incorporação do excesso compensado judicialmente em saldo devedor de contratos de dívida administrados pela Secretaria do Tesouro Nacional do Ministério da Fazenda, o tratamento jurídico e contábil aplicável aos pagamentos, às compensações e às vinculações, as transferências de recursos aos Municípios em razão da redução das receitas do Fundo de Participação dos Municípios (FPM), as transferências de recursos aos Estados e ao Distrito Federal em razão da redução das receitas do Fundo de Participação dos Estados e do Distrito Federal (FPE) e as regras relativas ao Imposto sobre Operações Relativas à Circulação de Mercadorias e sobre Prestações de Serviços de Transporte Interestadual e Intermunicipal e de Comunicação (ICMS).

Parágrafo único. Os Estados, o Distrito Federal e os Municípios beneficiários do disposto nos arts. 3.º e 4.º desta Lei Complementar deverão manter a execução proporcional de gastos mínimos constitucionais em saúde e educação, inclusive quanto à destinação de recursos ao Fundeb, na comparação com a situação em vigor antes desta Lei Complementar

•• Artigo originalmente vetado, todavia promulgado em 22-12-2022.

Art. 15. Esta Lei Complementar entra em vigor na data de sua publicação.

Brasília, 23 de junho de 2022; 201.º da Independência e 134.º da República.

JAIR MESSIAS BOLSONARO

DECRETO N. 11.249, DE 9 DE NOVEMBRO DE 2022 (*)

Dispõe sobre o procedimento de oferta de créditos líquidos e certos decorrentes de decisão judicial transitada em julgado, nos termos do disposto no § 11 do art. 100 da Constituição.

O Presidente da República, no uso das atribuições que lhe confere o art. 84, *caput*, incisos IV e VI, alínea *a*, da Constituição, e

(*) Publicado no *Diário Oficial da União*, de 10-11-2022.

tendo em vista o disposto no art. 100, § 11, da Constituição, decreta:

Art. 1.º Este Decreto dispõe sobre o procedimento de oferta de créditos líquidos e certos, próprios do interessado ou por ele adquiridos de terceiros, reconhecidos pela União, suas autarquias e fundações públicas, por intermédio da Advocacia-Geral da União, decorrentes de decisões transitadas em julgado, nos termos do disposto no § 11 do art. 100 da Constituição.

Art. 2.º A oferta de créditos de que trata o art. 1.º é faculdade do credor, o qual poderá utilizá-la, observados os ritos de natureza procedimental, em créditos que originariamente lhe são próprios ou em créditos adquiridos de terceiros, decorrentes de decisão judicial transitada em julgado, para:

I – quitação de débitos parcelados ou débitos inscritos em dívida ativa da União, inclusive em transação resolutiva de litígio e, subsidiariamente, débitos com autarquias e fundações federais;

II – compra de imóveis públicos de propriedade da União disponibilizados para venda;

III – pagamento de outorga de delegações de serviços públicos e demais espécies de concessão negocial promovidas pela União;

IV – aquisição, inclusive minoritária, de participação societária da União disponibilizada para venda; e

V – compra de direitos da União disponibilizados para cessão, inclusive, da antecipação de valores a serem recebidos a título de excedente em óleo em contratos de partilha de petróleo.

§ 1.º A oferta de créditos de que trata o *caput* não autorizará o levantamento, total ou parcial, de depósito vinculado aos ativos de que trata o inciso I do *caput*.

§ 2.º Para fins do disposto nos incisos II a V do *caput*, a utilização dos créditos obedecerá, em igualdade de condições, aos requisitos procedimentais do ato normativo que reger a disponibilização para venda, outorga, concessão negocial, aquisição de participação societária ou compra de direitos estabelecida pelo órgão ou pela entidade responsável pela gestão, pela administração ou pela guarda do bem ou do direito que se pretende adquirir, amortizar ou liquidar.

Art. 3.º Para fins do disposto no art. 2.º, a utilização dos créditos líquidos e certos de que trata este Decreto será feita por meio de encontro de contas.

§ 1.º A administração pública federal direta, autárquica e fundacional garantirá a fidedignidade das informações demonstradas nos relatórios contábeis e fiscais apresentados pela União no encontro de contas de que trata o *caput*.

§ 2.º (*Revogado pelo Decreto n. 11.526, de 12-5-2023.*)

Art. 4.º A oferta de créditos será requerida pelo credor e pressuporá a apresentação de documentação comprobatória ao órgão ou à entidade detentor do ativo que o credor pretende liquidar.

Art. 5.º Ato conjunto do Advogado-Geral da União e do Ministro de Estado da Fazenda, ouvidos os Ministérios do Planejamento e Orçamento e da Gestão e da Inovação em Serviços Públicos, disporá sobre:

●● *Caput* com redação determinada pelo Decreto n. 11.526, de 12-5-2023.
●● O art. 2.º do Decreto n. 11.526, de 12-5-2023, dispõe: "Art. 2.º Até a edição do ato de que trata o art. 5.º do Decreto n. 11.249, de 2022, permanecem em vigor as regulamentações editadas para a utilização de créditos líquidos e certos decorrentes de decisões transitadas em julgado."

I – os requisitos formais, a documentação necessária e os procedimentos a serem observados uniformemente pela administração pública direta, autárquica e fundacional na utilização dos créditos líquidos e certos de que trata este Decreto;

●● Inciso I acrescentado pelo Decreto n. 11.526, de 12-5-2023.

II – as garantias necessárias à proteção contra os possíveis riscos decorrentes de medida judicial propensa à desconstituição do título judicial ou do precatório e os demais critérios para a sua efetiva aceitação; e

●● Inciso II acrescentado pelo Decreto n. 11.526, de 12-5-2023.

III – os procedimentos de finanças públicas necessários à realização do encontro de contas de que trata este Decreto.

●● Inciso III acrescentado pelo Decreto n. 11.526, de 12-5-2023.

Parágrafo único. *(Revogado pelo Decreto n. 11.526, de 12-5-2023.)*

Arts. 6.º e 7.º *(Revogados pelo Decreto n. 11.526, de 12-5-2023.)*

Art. 8.º Este Decreto entra em vigor na data de sua publicação.

Brasília, 9 de novembro de 2022; 201.º da Independência e 134.º da República.

JAIR MESSIAS BOLSONARO

LEI N. 14.467, DE 16 DE NOVEMBRO DE 2022 (*)

Dispõe sobre o tratamento tributário aplicável às perdas incorridas no recebimento de créditos decorrentes das atividades das instituições financeiras e das demais instituições autorizadas a funcionar pelo Banco Central do Brasil.

Faço saber que o Presidente da República adotou a Medida Provisória n. 1.128, de 2022, que o Congresso Nacional aprovou, e eu, Rodrigo Pacheco, Presidente da Mesa do Congresso Nacional, para os efeitos do disposto no art. 62 da Constituição Federal, com a redação dada pela Emenda Constitucional n. 32, combinado com o art. 12 da Resolução n. 1, de 2002-CN, promulgo a seguinte Lei:

Art. 1.º Esta Lei dispõe sobre o tratamento tributário aplicável às perdas incorridas no recebimento de créditos decorrentes das atividades das instituições financeiras e das demais instituições autorizadas a funcionar pelo Banco Central do Brasil.

Parágrafo único. O disposto no *caput* deste artigo não se aplica a:

I – administradoras de consórcio; e

II – instituições de pagamento.

Art. 2.º A partir de 1.º de janeiro de 2025, as instituições a que se refere o art. 1.º desta Lei poderão deduzir, na determinação do lucro real e da base de cálculo da Contribuição Social sobre o Lucro Líquido (CSLL), as perdas incorridas no recebimento de créditos decorrentes de atividades relativas a:

I – operações inadimplidas, independentemente da data da sua contratação; e

II – operações com pessoa jurídica em processo falimentar ou em recuperação judicial, a partir da data da decretação da falência ou da concessão da recuperação judicial.

§ 1.º Para fins do disposto nesta Lei, considera-se inadimplida a operação com atraso superior a 90 (noventa) dias em relação ao pagamento do principal ou dos encargos.

§ 2.º O valor da perda dedutível para as operações de que trata o inciso I do *caput* deste artigo deverá ser apurado mensalmente, limitado ao valor total do crédito, com base nas seguintes regras:

I – aplicação do fator "A" sobre o valor total do crédito a partir do mês em que a operação for considerada inadimplida;

II – soma ao valor apurado na forma prevista no inciso I deste parágrafo do valor resultante da aplicação do fator "B" multiplicado pelo número de meses de atraso, contados a partir do mês em que a operação foi considerada inadimplida, sobre o valor total do crédito; e

III – subtração do valor apurado na forma prevista no inciso II deste parágrafo dos montantes já deduzidos em períodos de apuração anteriores.

§ 3.º O valor da perda dedutível para as operações de que trata o inciso II do *caput* deste artigo será:

I – a parcela do valor do crédito que exceder o montante que o devedor tenha se comprometido a pagar no processo de recuperação judicial; ou

II – o valor total do crédito, na hipótese de falência.

§ 4.º O tratamento dispensado às operações de que trata o inciso I do *caput* deste artigo será aplicado às perdas incorridas no recebimento dos créditos originados após a concessão da recuperação judicial e da parcela do crédito cujo compromisso de pagar não houver sido honrado pela pessoa jurídica em recuperação judicial.

§ 5.º Para fins do disposto neste artigo, entende-se como valor total do crédito o valor do principal deduzido das amortizações e acrescido dos encargos incidentes reconhecidos contabilmente até os 90 (noventa) dias de inadimplemento ou até a data da decretação da falência ou da concessão da recuperação judicial do devedor.

§ 6.º A dedução de que trata o *caput* somente poderá ser efetuada no período de apuração dos tributos correspondente à apuração da perda de que tratam os §§ 2.º e 3.º deste artigo.

Art. 3.º Ficam estabelecidos os seguintes valores para o fator "A" e para o fator "B" a que se referem, respectivamente, os incisos I e II do § 2.º do art. 2.º desta Lei:

I – fator "A" igual a 0,055 (cinquenta e cinco milésimos) e fator "B" igual a 0,045 (quarenta e cinco milésimos) para:

a) créditos garantidos por alienação fiduciária de imóveis; e

b) créditos com garantia fidejussória da União, de governos centrais de jurisdições estrangeiras e respectivos bancos centrais ou organismos multilaterais e entidades multilaterais de desenvolvimento;

II – fator "A" igual a 0,30 (trinta centésimos) e fator "B" igual a 0,034 (trinta e quatro milésimos) para:

a) créditos de arrendamento mercantil, nos termos da Lei n. 6.099, de 12 de setembro de 1974;

b) créditos garantidos por hipoteca de primeiro grau de imóveis residenciais, por penhor de bens móveis ou imóveis ou por alienação fiduciária de bens móveis;

c) créditos garantidos por depósitos à vista, a prazo ou de poupança;

d) créditos decorrentes de ativos financeiros emitidos por ente público federal ou por instituições autorizadas a funcionar pelo Banco Central do Brasil;

e) créditos com garantia fidejussória de instituições autorizadas a funcionar pelo Banco Central do Brasil; e

f) créditos com cobertura de seguro de crédito emitido por entidade que não seja parte relacionada da instituição;

III – fator "A" igual a 0,45 (quarenta e cinco centésimos) e fator "B" igual a 0,037 (trinta e sete milésimos) para:

a) créditos decorrentes de operações de desconto de direitos creditórios, inclusive recebíveis comerciais adquiridos e operações formalizadas como aquisição de recebíveis comerciais de pessoa não integrante do Sistema Financeiro Nacional e nas quais a mesma pessoa seja devedora solidária ou subsidiária dos recebíveis;

b) créditos decorrentes de operações garantidas por cessão fiduciária, por caução de direitos creditórios ou por penhor de direitos creditórios; e

c) créditos com cobertura de seguro de crédito, garantia real ou garantia fidejussória não abrangidos pelas hipóteses previstas nos incisos I e II do *caput* deste artigo;

(*) Publicada no *Diário Oficial da União*, de 17-11-2022.

IV – fator "A" igual a 0,35 (trinta e cinco centésimos) e fator "B" igual a 0,045 (quarenta e cinco milésimos) para:

a) créditos para capital de giro, adiantamentos sobre contratos de câmbio, adiantamentos sobre cambiais entregues, debêntures e demais títulos emitidos por empresas privadas, sem garantias ou colaterais; e

b) operações de crédito rural sem garantias ou colaterais destinadas a investimentos; ou

V – fator "A" igual a 0,50 (cinquenta centésimos) e fator "B" igual a 0,034 (trinta e quatro milésimos) para:

a) operações de crédito pessoal, com ou sem consignação, crédito direto ao consumidor, crédito rural não abrangido pelas hipóteses previstas no inciso IV do *caput* deste artigo e crédito na modalidade rotativo sem garantias ou colaterais;

b) créditos sem garantias ou colaterais não abrangidos pelas hipóteses previstas no inciso IV do *caput* deste artigo; e

c) créditos decorrentes de operações mercantis e outras operações com características de concessão de crédito não abrangidos pelas hipóteses previstas nos incisos I, II, III e IV do *caput* deste artigo.

§ 1.º Na hipótese de créditos cobertos por mais de uma espécie de garantia, serão aplicados os valores para os fatores "A" e "B" relativos à garantia que apresentar o menor valor para o fator "A", a que se refere o inciso I do § 2.º do art. 2.º desta Lei, sem proporcionalidade.

§ 2.º Não será admitida a dedução de perda no recebimento de créditos nas operações realizadas com:

I – partes relacionadas; ou

II – residentes ou domiciliados no exterior.

§ 3.º Para fins do disposto nesta Lei, são consideradas partes relacionadas de uma pessoa jurídica:

I – os seus controladores, pessoas naturais ou jurídicas, nos termos do art. 116 da Lei n. 6.404, de 15 de dezembro de 1976;

II – os seus diretores e membros de órgãos estatutários ou contratuais;

III – o cônjuge, o companheiro e os parentes, consanguíneos ou afins, até o segundo grau, das pessoas naturais mencionadas nos incisos I e II deste parágrafo;

IV – as pessoas naturais com participação societária, direta ou indireta, no capital da pessoa jurídica equivalente a 15% (quinze por cento) ou mais das ações ou quotas em seu capital; e

V – as pessoas jurídicas:

a) que sejam suas controladas, nos termos do § 2.º do art. 243 da Lei n. 6.404, de 15 de dezembro de 1976;

b) que sejam suas coligadas, nos termos do § 1.º do art. 243 da Lei n. 6.404, de 15 de dezembro de 1976;

c) sobre as quais haja controle operacional efetivo ou preponderância nas deliberações, independentemente da participação societária; ou

d) que possuam diretor ou membro de conselho de administração em comum.

Art. 4.º Na determinação do lucro real e da base de cálculo da CSLL, deverá ser computado o montante dos créditos deduzidos que tenham sido recuperados, em qualquer época ou a qualquer título, inclusive nos casos de novação da dívida ou do arresto dos bens recebidos em garantia real.

Parágrafo único. Os bens recebidos a título de quitação do débito serão mensurados pela pessoa jurídica credora pelo valor do crédito ou pelo valor estabelecido na decisão judicial que tenha determinado a sua incorporação ao seu patrimônio.

Art. 5.º Na determinação do lucro real e da base de cálculo da CSLL, a pessoa jurídica credora deverá excluir do lucro líquido os valores dos encargos financeiros incidentes sobre os créditos de que trata o *caput* do art. 2.º desta Lei e reconhecidos contabilmente como receitas de operações inadimplidas ou após a data da decretação da falência ou do deferimento da recuperação judicial do devedor.

§ 1.º Na hipótese de créditos originados após o deferimento da recuperação judicial do devedor, a pessoa jurídica credora deverá excluir do lucro líquido, para a determinação do lucro real e da base de cálculo da CSLL, os valores dos encargos financeiros reconhecidos contabilmente como receitas somente após o inadimplemento do crédito.

§ 2.º Os valores excluídos na forma prevista no *caput* e no § 1.º deste artigo deverão ser adicionados no período de apuração em que se tornarem disponíveis para a pessoa jurídica credora para os fins legais.

§ 3.º A partir da citação inicial para o pagamento do débito, a pessoa jurídica devedora deverá adicionar ao lucro líquido, na determinação do lucro real e da base de cálculo da CSLL, os encargos incidentes sobre o débito vencido e não pago que tenham sido contabilizados como despesa ou custo incorridos a partir daquela data.

§ 4.º Os valores adicionados a que se refere o § 3.º deste artigo poderão ser excluídos do lucro líquido, na determinação do lucro real e da base de cálculo da CSLL, no período de apuração em que ocorrer a quitação do débito por qualquer forma.

Art. 6.º As perdas apuradas em 1.º de janeiro de 2025 relativas aos créditos que se encontrarem inadimplidos em 31 de dezembro de 2024 que não tenham sido deduzidas até essa data e que não tenham sido recuperadas somente poderão ser excluídas do lucro líquido, na determinação do lucro real e da base de cálculo da CSLL, à razão de 1/84 (um oitenta e quatro avos) para cada mês do período de apuração, a partir do mês de janeiro de 2026.

•• *Caput* com redação determinada pela Lei n. 15.078, de 27-12-2024.

§ 1.º As instituições a que se refere o *caput* do art. 1.º desta Lei poderão optar, até 31 de dezembro de 2025, de forma irrevogável e irretratável, por efetuar as deduções de que trata o *caput* deste artigo, à razão de 1/120 (um cento e vinte avos) para cada mês do período de apuração, a partir do mês de janeiro de 2026.

•• § 1.º acrescentado pela Lei n. 15.078, de 27-12-2024.

§ 2.º Fica vedado às instituições a que se refere o *caput* do art. 1.º deduzir as perdas incorridas de que trata o art. 2.º desta Lei relativas ao exercício de 2025 em montante superior ao lucro real do exercício, antes de computada essa dedução.

•• § 2.º acrescentado pela Lei n. 15.078, de 27-12-2024.

§ 3.º As perdas não deduzidas em virtude do disposto no § 2.º deverão ser adicionadas aos saldos das perdas de que trata o *caput* e excluídas do lucro líquido à mesma razão e no mesmo prazo da dedução desse saldo, observada a opção a que se refere o § 1.º deste artigo.

•• § 3.º acrescentado pela Lei n. 15.078, de 27-12-2024.

Art. 7.º O disposto nos arts. 9.º, 9.º-A, 10, 11 e 12 da Lei n. 9.430, de 27 de dezembro de 1996, não se aplica às instituições a que se refere o *caput* do art. 1.º desta Lei.

Art. 8.º Esta Lei entra em vigor na data de sua publicação e produzirá efeitos a partir de 1.º de janeiro de 2025.

Congresso Nacional, em 16 de novembro de 2022; 201.º da Independência e 134.º da República.

Senador Rodrigo Pacheco
Presidente da Mesa do Congresso Nacional

LEI N. 14.478, DE 21 DE DEZEMBRO DE 2022 (*)

Dispõe sobre diretrizes a serem observadas na prestação de serviços de ativos virtuais e na regulamentação das prestadoras de serviços de ativos virtuais; altera o Decreto-lei n. 2.848, de 7 de dezembro de 1940 (Código Penal), para prever o crime de fraude com a utilização de ativos virtuais, valores mobiliários ou ativos financeiros; e altera a Lei n. 7.492, de 16 de junho de 1986, que define crimes contra o sistema financeiro nacional, e a Lei n. 9.613, de 3 de março de 1998, que dispõe sobre lavagem de dinheiro, para incluir as prestadoras de serviços de ativos virtuais no rol de suas disposições.

O Presidente da República

Faço saber que o Congresso Nacional decreta e eu sanciono a seguinte Lei:

(*) Publicada no *Diário Oficial da União*, de 22-12-2022.

O Decreto n. 11.563, de 13-6-2023, regulamenta esta Lei, para estabelecer competências ao Banco Central do Brasil.

Art. 1.º Esta Lei dispõe sobre diretrizes a serem observadas na prestação de serviços de ativos virtuais e na regulamentação das prestadoras de serviços de ativos virtuais.

Parágrafo único. O disposto nesta Lei não se aplica aos ativos representativos de valores mobiliários sujeitos ao regime da Lei n. 6.385, de 7 de dezembro de 1976, e não altera nenhuma competência da Comissão de Valores Mobiliários.

Art. 2.º As prestadoras de serviços de ativos virtuais somente poderão funcionar no País mediante prévia autorização de órgão ou entidade da Administração Pública federal.

•• *Vide* art. 9.º desta Lei.

Parágrafo único. Ato do órgão ou da entidade da Administração Pública federal a que se refere o *caput* estabelecerá as hipóteses e os parâmetros em que a autorização de que trata o *caput* deste artigo poderá ser concedida mediante procedimento simplificado.

Art. 3.º Para os efeitos desta Lei, considera-se ativo virtual a representação digital de valor que pode ser negociada ou transferida por meios eletrônicos e utilizada para realização de pagamentos ou com propósito de investimento, não incluídos:

I – moeda nacional e moedas estrangeiras;

II – moeda eletrônica, nos termos da Lei n. 12.865, de 9 de outubro de 2013;

- A Lei n. 12.865, de 9-10-2013, dispõe, entre outras coisas, sobre os arranjos de pagamento e as instituições de pagamento integrantes do Sistema de Pagamentos Brasileiro (SPB).

III – instrumentos que provejam ao seu titular acesso a produtos ou serviços específicados ou a benefício proveniente desses produtos ou serviços, a exemplo de pontos e recompensas de programas de fidelidade; e

IV – representações de ativos cuja emissão, escrituração, negociação ou liquidação esteja prevista em lei ou regulamento, a exemplo de valores mobiliários e de ativos financeiros.

Parágrafo único. Competirá a órgão ou entidade da Administração Pública federal definido em ato do Poder Executivo estabelecer quais serão os ativos financeiros regulados, para fins desta Lei.

Art. 4.º A prestação de serviço de ativos virtuais deve observar as seguintes diretrizes, segundo parâmetros a serem estabelecidos pelo órgão ou pela entidade da Administração Pública federal definido em ato do Poder Executivo:

I – livre iniciativa e livre concorrência;

II – boas práticas de governança, transparência nas operações e abordagem baseada em riscos;

III – segurança da informação e proteção de dados pessoais;

- *Vide* Lei n. 13.709, de 14-8-2018 (Lei Geral de Proteção de Dados Pessoais).

IV – proteção e defesa de consumidores e usuários;

- *Vide* Lei n. 8.078, de 11-9-1990 (Código de Proteção e Defesa do Consumidor).

V – proteção à poupança popular;

VI – solidez e eficiência das operações; e

VII – prevenção à lavagem de dinheiro e ao financiamento do terrorismo e da proliferação de armas de destruição em massa, em alinhamento com os padrões internacionais.

- *Vide* Lei n. 9.613, de 3-3-1998, que dispõe sobre os crimes de "lavagem" de dinheiro.

Art. 5.º Considera-se prestadora de serviços de ativos virtuais a pessoa jurídica que executa, em nome de terceiros, pelo menos um dos serviços de ativos virtuais, entendidos como:

I – troca entre ativos virtuais e moeda nacional ou moeda estrangeira;

II – troca entre um ou mais ativos virtuais;

III – transferência de ativos virtuais;

IV – custódia ou administração de ativos virtuais ou de instrumentos que possibilitem controle sobre ativos virtuais; ou

V – participação em serviços financeiros e prestação de serviços relacionados à oferta por um emissor ou venda de ativos virtuais.

Parágrafo único. O órgão ou a entidade da Administração Pública federal indicado em ato do Poder Executivo poderá autorizar a realização de outros serviços que estejam, direta ou indiretamente, relacionados à atividade da prestadora de serviços de ativos virtuais de que trata o *caput* deste artigo.

Art. 6.º Ato do Poder Executivo atribuirá a um ou mais órgãos ou entidades da Administração Pública federal a disciplina do funcionamento e a supervisão da prestadora de serviços de ativos virtuais.

Art. 7.º Compete ao órgão ou à entidade reguladora indicada em ato do Poder Executivo Federal:

I – autorizar funcionamento, transferência de controle, fusão, cisão e incorporação da prestadora de serviços de ativos virtuais;

II – estabelecer condições para o exercício de cargos em órgãos estatutários e contratuais em prestadora de serviços de ativos virtuais e autorizar a posse e o exercício de pessoas para cargos de administração;

III – supervisionar a prestadora de serviços de ativos virtuais e aplicar as disposições da Lei n. 13.506, de 13 de novembro de 2017, em caso de descumprimento desta Lei ou de sua regulamentação;

- *Vide* Lei n. 13.506, de 13-11-2017, que dispõe sobre o processo administrativo sancionador na esfera de atuação do Banco Central e da CVM.

IV – cancelar, de ofício ou a pedido, as autorizações de que tratam os incisos I e II deste *caput*; e

V – dispor sobre as hipóteses em que as atividades ou operações de que trata o art. 5.º desta Lei serão incluídas no mercado de câmbio ou em que deverão submeter-se à regulamentação de capitais brasileiros no exterior e capitais estrangeiros no País.

Parágrafo único. O órgão ou a entidade da Administração Pública federal de que trata o *caput* definirá as hipóteses que poderão provocar o cancelamento previsto no inciso IV do *caput* deste artigo e o respectivo procedimento.

Art. 8.º As instituições autorizadas a funcionar pelo Banco Central do Brasil poderão prestar exclusivamente o serviço de ativos virtuais ou cumulá-lo com outras atividades, na forma da regulamentação a ser editada por órgão ou entidade da Administração Pública federal indicada em ato do Poder Executivo federal.

Art. 9.º O órgão ou a entidade da Administração Pública federal de que trata o *caput* do art. 2.º desta Lei estabelecerá condições e prazos, não inferiores a 6 (seis) meses, para adequação das prestadoras de serviços de ativos virtuais que estiverem em atividade às disposições desta Lei e às normas por ele estabelecidas.

Art. 10. O Decreto-lei n. 2.848, de 7 de dezembro de 1940 (Código Penal), passa a vigorar acrescido do seguinte art. 171-A:

•• Alteração já processada no diploma modificado.

Art. 12. A Lei n. 9.613, de 3 de março de 1998, passa a vigorar com as seguintes alterações:

•• Alterações já processadas no diploma modificado.

Art. 13. Aplicam-se às operações conduzidas no mercado de ativos virtuais, no que couber, as disposições da Lei n. 8.078, de 11 de setembro de 1990 (Código de Defesa do Consumidor).

Art. 14. Esta Lei entra em vigor após decorridos 180 (cento e oitenta) dias de sua publicação oficial.

Brasília, 21 de dezembro de 2022; 201.º da Independência e 134.º da República.

JAIR MESSIAS BOLSONARO

DECRETO N. 11.428, DE 2 DE MARÇO DE 2023 (*)

Dispõe sobre a Câmara de Comércio Exterior – CAMEX.

O Presidente da República, no uso das atribuições que lhe confere o art. 84, *caput*, incisos IV e VI, alínea a, da Constituição, e tendo em vista o disposto no Decreto-lei n. 1.578, de 11 de outubro de 1977, no art. 1.º, parágrafo único, da Lei n. 8.085, de 23 de outubro de 1990, e na Lei n. 9.019, de 30 de março de 1995, Decreta:

Art. 1.º A Câmara de Comércio Exterior – CAMEX, da Presidência da República, tem por objetivo a formulação, a adoção, a implementação e a coordenação de políticas e de atividades relativas ao comércio exterior de bens e serviços, aos investimentos estrangeiros diretos, aos investimentos brasileiros no exterior e ao financiamento às

---

(*) Publicado no *Diário Oficial da União*, de 3-3-2023.

exportações, com vistas a promover o aumento da produtividade da economia brasileira e da competitividade internacional do País.

§ 1.º Na implementação da política de comércio exterior, a CAMEX observará:

I – os compromissos internacionais firmados pelo País, no âmbito das matérias de que trata o *caput*;

II – o papel do comércio exterior como instrumento para a promoção do crescimento da produtividade da economia nacional; e

III – as políticas de atração de investimento estrangeiro direto, de promoção de investimento brasileiro no exterior e de transferência de tecnologia, que complementam a política de comércio exterior.

§ 2.º A CAMEX estabelecerá orientações para as políticas de financiamento e de garantia das exportações com vistas à governança adequada, à sustentabilidade e à competitividade dos financiamentos.

§ 3.º Não se aplica o disposto neste Decreto às matérias de competência do Conselho Monetário Nacional e do Banco Central do Brasil.

Art. 2.º Integram a CAMEX:

I – o Conselho Estratégico;
II – o Comitê-Executivo de Gestão;
III – o Conselho Consultivo do Setor Privado;
IV – o Comitê de Financiamento e Garantia das Exportações;
V – o Comitê de Alterações Tarifárias;
VI – o Comitê de Defesa Comercial e Interesse Público;
VII – o Comitê Nacional de Facilitação do Comércio;
VIII – o Comitê Nacional de Investimentos;
IX – o *Ombudsman* de Investimentos Diretos; e
X – o Ponto de Contato Nacional para a Implementação das Diretrizes para as Empresas Multinacionais da Organização para a Cooperação e Desenvolvimento Econômico.

Art. 3.º O Conselho Estratégico é órgão deliberativo ao qual compete:

I – estabelecer a estratégia e as orientações de comércio exterior, com vistas à inserção do País na economia internacional;

II – conceder mandato negociador e estabelecer orientações para as negociações de acordos e convênios relativos ao comércio exterior, aos investimentos estrangeiros diretos e aos investimentos brasileiros no exterior, de natureza bilateral, regional ou multilateral, e acompanhar o andamento e monitorar os resultados dessas negociações;

III – pronunciar-se sobre propostas relativas a contenciosos e à aplicação de contramedidas para proteger os interesses brasileiros;

IV – estabelecer orientações para as políticas de fomento de investimentos estrangeiros diretos no País e de investimentos brasileiros diretos no exterior;

V – estabelecer orientações para a promoção de mercadorias e serviços no exterior;

VI – estabelecer orientações para as políticas e os programas públicos de financiamento das exportações de bens e serviços e para a cobertura dos riscos de operações a prazo, inclusive aquelas relativas ao Seguro de Crédito à Exportação; e

VII – decidir, em última instância, acerca de recursos administrativos interpostos em face de decisões do Comitê Executivo de Gestão em matéria de defesa comercial.

Art. 4.º O Conselho Estratégico é composto pelos seguintes membros:

I – Vice-Presidente da República, que presidirá;
II – Ministro de Estado da Casa Civil da Presidência da República;
III – Ministro de Estado do Desenvolvimento, Indústria, Comércio e Serviços;
IV – Ministro de Estado das Relações Exteriores;
V – Ministro de Estado da Fazenda;
VI – Ministro de Estado da Agricultura e Pecuária;
VII – Ministro de Estado do Planejamento e Orçamento;
VIII – Ministro de Estado da Gestão e da Inovação em Serviços Públicos;
IX – Ministro de Estado da Defesa;

•• Inciso IX com redação determinada pelo Decreto n. 11.524, de 10-5-2023.

X – Ministro de Estado de Minas e Energia; e

•• Inciso X com redação determinada pelo Decreto n. 11.524, de 10-5-2023.

XI – Ministro de Estado do Desenvolvimento Agrário e Agricultura Familiar.

•• Inciso XI acrescentado pelo Decreto n. 11.524, de 10-5-2023.

§ 1.º O Presidente do Conselho Estratégico será substituído pelo Ministro de Estado da Casa Civil da Presidência da República em suas ausências e seus impedimentos.

§ 2.º Não se realizará reunião na hipótese da ausência de ambos os membros de que tratam os incisos I e II do *caput*.

§ 3.º Os Ministros de Estado poderão se fazer representar, em suas ausências e seus impedimentos, pelos respectivos substitutos nos cargos.

§ 4.º O Presidente do Conselho Estratégico poderá convidar representantes de órgãos e entidades da administração pública federal para participar de suas reuniões, sem direito a voto, com o objetivo de tratar de matérias relacionadas à competência legal do respectivo órgão ou entidade.

Art. 5.º O Conselho Estratégico se reunirá, em caráter ordinário, trimestralmente e, em caráter extraordinário, mediante convocação de seu Presidente.

§ 1.º O quórum de reunião do Conselho Estratégico é de seis membros e o de aprovação é de maioria simples.

§ 2.º Na hipótese de empate, além do voto ordinário, o Presidente do Conselho Estratégico terá o voto de qualidade.

§ 3.º A convocação para as reuniões do Conselho Estratégico será feita com antecedência de, no mínimo, cinco dias.

§ 4.º Em casos de relevância e urgência, o Presidente do Conselho Estratégico poderá reduzir o prazo de convocação para as reuniões de que trata o § 3.º.

Art. 6.º Ao Comitê-Executivo de Gestão compete:

I – orientar a política aduaneira, observada as competências específicas do Ministério da Fazenda;

II – formular orientações e editar regras para a política tarifária na importação e na exportação;

III – estabelecer as alíquotas do imposto sobre a exportação, observadas as condições estabelecidas em lei;

IV – estabelecer as alíquotas do imposto de importação, observados as condições e os limites estabelecidos em lei;

V – alterar, na forma estabelecida nos atos decisórios do Mercado Comum do Sul – Mercosul, a Nomenclatura Comum do Mercosul;

VI – fixar direitos *antidumping* e compensatórios, provisórios ou definitivos, e salvaguardas;

VII – decidir sobre a suspensão da exigibilidade dos direitos provisórios;

VIII – homologar o compromisso previsto no art. 4.º da Lei n. 9.019, de 30 de março de 1995;

IX – estabelecer diretrizes e medidas destinadas à simplificação e à racionalização de procedimentos do comércio exterior;

X – estabelecer as orientações para investigações de defesa comercial;

XI – promover a internalização das modificações das regras de origem preferenciais dos acordos comerciais dos quais o País faça parte;

XII – formular diretrizes para a funcionalidade do sistema tributário no âmbito das atividades de exportação e importação, de atração de investimentos estrangeiros e de promoção de investimentos brasileiros no exterior, sem prejuízo do disposto no art. 35 do Decreto-lei n. 37, de 18 de novembro de 1966, e no art. 16 da Lei n. 9.779, de 19 de janeiro de 1999;

XIII – remeter à apreciação do Conselho Estratégico decisões consideradas de caráter estratégico;

XIV – orientar a atuação do *Ombudsman* de Investimentos Diretos;

XV – complementar as diretrizes do Conselho Estratégico para as políticas e os programas públicos de financiamento das exportações de bens e serviços e para a cobertura dos riscos de operações a prazo, inclusive aquelas relativas ao Seguro de Crédito à Exportação e aos procedimentos para a sua implementação;

XVI – acompanhar as atividades dos demais colegiados da CAMEX; e

XVII – aprovar e alterar o regimento interno da CAMEX.

Parágrafo único. O Comitê-Executivo de Gestão poderá constituir grupos de trabalho para o acompanhamento e a formulação de propostas de políticas, programas e ações públicas em matéria comercial, de serviços e de investimentos entre o País e seus parceiros, observado o disposto nos art. 36 e art. 38 do Decreto n. 9.191, 1.º de novembro de 2017.

Art. 7.º O Comitê-Executivo de Gestão é composto pelos seguintes membros:

I – Ministro de Estado do Desenvolvimento, Indústria, Comércio e Serviços, que o presidirá;

II – Secretário-Executivo da Casa Civil da Presidência da República;

III – Secretário-Geral das Relações Exteriores do Ministério das Relações Exteriores;

IV – Secretário-Executivo do Ministério da Fazenda;

V – Secretário-Executivo do Ministério da Agricultura e Pecuária;

VI – Secretário-Executivo do Ministério do Planejamento e Orçamento;

VII – Secretário-Executivo do Ministério da Gestão e da Inovação em Serviços Públicos;

VIII – Secretário-Executivo do Ministério da Defesa;

IX – Secretário-Executivo de Minas e Energia;

•• Inciso IX com redação determinada pelo Decreto n. 11.524, de 10-5-2023.

X – Secretário-Executivo do Ministério do Desenvolvimento Agrário e Agricultura Familiar; e

•• Inciso X com redação determinada pelo Decreto n. 11.524, de 10-5-2023.

XI – Secretário-Executivo da CAMEX, que não terá direito a voto.

•• Inciso XI acrescentado pelo Decreto n. 11.524, de 10-5-2023.

§ 1.º Os membros do Comitê-Executivo de Gestão indicarão à Secretaria-Executiva da CAMEX seu suplente, para substituí-los em suas ausências e seus impedimentos, que deverá ser ocupante de cargo em comissão ou função de confiança de nível mínimo equivalente a 17 de Cargo Comissionado Executivo – CCE, sem prejuízo do disposto no § 4.º.

§ 2.º O Presidente do Comitê-Executivo de Gestão poderá, quando necessário, convidar autoridades de órgãos e entidades da administração pública federal para participar de suas reuniões, sem direito a voto, com o objetivo de tratar de matérias específicas de comércio exterior que lhes sejam afetas.

§ 3.º A Agência Brasileira de Promoção de Exportações – Apex-Brasil será convidada para participar das reuniões do Comitê-Executivo de Gestão e poderá se manifestar, sem direito a voto.

§ 4.º O Ministro de Estado do Desenvolvimento, Indústria, Comércio e Serviços será substituído pelo Secretário-Executivo do Ministério do Desenvolvimento, Indústria, Comércio e Serviços em suas ausências e seus impedimentos.

Art. 8.º O Comitê-Executivo de Gestão se reunirá, em caráter ordinário, mensalmente e, em caráter extraordinário, mediante convocação de seu Presidente.

§ 1.º O quórum de reunião do Comitê-Executivo de Gestão é de cinco membros e o de aprovação é de maioria simples.

§ 2.º Na hipótese de empate, além do voto ordinário, o Presidente do Comitê-Executivo de Gestão terá o voto de qualidade.

§ 3.º A convocação para as reuniões do Comitê-Executivo de Gestão será feita com antecedência de, no mínimo, cinco dias.

§ 4.º Em casos de relevância e urgência, o Presidente do Comitê-Executivo de Gestão poderá reduzir o prazo de convocação para as reuniões de que trata o § 3.º.

Art. 9.º O Conselho Consultivo do Setor Privado é composto pelos seguintes membros:

I – Secretário-Executivo do Ministério do Desenvolvimento, Indústria, Comércio e Serviços, que o presidirá;

II – Secretário-Geral das Relações Exteriores;

III – Secretário-Executivo do Ministério da Fazenda; e

IV – até vinte e dois representantes da sociedade civil.

§ 1.º As formas de indicação e de designação dos membros do Conselho Consultivo do Setor Privado a que se refere o inciso IV do *caput* serão disciplinadas no regimento interno da CAMEX.

§ 2.º O Presidente do Conselho Consultivo do Setor Privado poderá convidar representantes de órgãos e entidades da administração pública federal para participar de suas reuniões, sem direito a voto, com o objetivo de tratar de matérias específicas de comércio exterior que lhes sejam afetas.

Art. 10. Compete ao Conselho Consultivo do Setor Privado colaborar com a CAMEX, por meio da discussão de estudos e da recomendação de propostas específicas, com vistas ao aperfeiçoamento das políticas de comércio exterior, de investimentos e de financiamento e garantias às exportações.

Parágrafo único. O funcionamento do Conselho Consultivo do Setor Privado será disciplinado no regimento interno da CAMEX.

Art. 11. A composição, o funcionamento e as atribuições dos colegiados da CAMEX não disciplinados em decreto serão estabelecidos no regimento interno da CAMEX.

Art. 12. Os membros dos colegiados da CAMEX que se encontrarem no Distrito Federal se reunirão presencialmente ou por videoconferência, nos termos do disposto no Decreto n. 10.416, de 7 de julho de 2020, e os membros que se encontrarem em outros entes federativos participarão da reunião por meio de videoconferência.

Art. 13. A participação na CAMEX e nos seus colegiados será considerada prestação de serviço público relevante, não remunerada.

Art. 14. A Secretaria-Executiva da CAMEX será exercida pelo Ministério do Desenvolvimento, Indústria, Comércio e Serviços.

Art. 15. Fica revogado o Decreto n. 10.044, de 4 de outubro de 2019.

Art. 16. Este Decreto entra em vigor na data de sua publicação.

Brasília, 2 de março de 2023; 202.º da Independência e 135.º da República.

Luiz Inácio Lula Da Silva

LEI N. 14.592, DE 30 DE MAIO DE 2023 (*)

Altera a Lei n. 14.148, de 3 de maio de 2021, que instituiu o Programa Emergencial de Retomada do Setor de Eventos (Perse); reduz a 0% (zero por cento) as alíquotas da Contribuição para os Programas de Integração Social e de Formação do Patrimônio do Servidor Público (Contribuição para o PIS/Pasep) e da Contribuição para o Financiamento da Seguridade Social (Cofins) incidentes sobre as receitas decorrentes da atividade de transporte aéreo regular de passageiros; reduz as alíquotas da Contribuição para o PIS/Pasep e da Cofins incidentes sobre operações realizadas com óleo diesel, biodiesel e gás liquefeito de petróleo; suspende o pagamento da Contribuição para o PIS/Pasep e da Cofins incidentes sobre operações de petróleo efetuadas por refinarias para produção de combustíveis; altera as Leis n. 10.637, de 30 de dezembro de 2002, e 10.833, de 29 de dezembro de 2003, para excluir o Imposto sobre Operações relativas à Circulação de Mercadorias e sobre Prestações de Serviços de Transporte Interestadual e Intermunicipal e de Comunicação (ICMS) da base de cálculo dos créditos da Contribuição para o PIS/Pasep e da Cofins; e as Leis n. 13.483, de 21 de setembro de 2017, e 13.576, de 26 de dezembro de 2017, e os Decretos-lei n. 9.853, de 13 de setembro de 1946, e 8.621, de 10 de janeiro de 1946; revoga dispositivos da Lei n. 14.148, de 3 de maio de 2021, e das Medidas Provisórias n. 1.157, de 1.º de janeiro de 2023, 1.159, de 12 de janeiro de 2023, e 1.163, de 28 de fevereiro de 2023; e dá outras providências.

O Presidente da República

Faço saber que o Congresso Nacional decreta e eu sanciono a seguinte Lei:

(*) Publicada no *Diário Oficial da União*, de 30-5-2023 – Edição Extra. **A Lei Complementar n. 214, de 16-1-2025, revoga os arts. 2.º a 5.º, desta lei, a partir de 1.º-1-2027.**

Lei n. 14.592, de 30-5-2023 – PIS/PASEP e COFINS – Combustíveis

Art. 1.º O art. 4.º da Lei n. 14.148, de 3 de maio de 2021, passa a vigorar com as seguintes alterações:

•• Alteração já processada no diploma modificado.

Art. 2.º A partir de 1.º de janeiro de 2023, ficam reduzidas a 0% (zero por cento) as alíquotas da Contribuição para os Programas de Integração Social e de Formação do Patrimônio do Servidor Público (Contribuição para o PIS/Pasep) e da Contribuição para o Financiamento da Seguridade Social (Cofins) incidentes sobre as receitas decorrentes da atividade de transporte aéreo regular de passageiros.

§ 1.º O disposto no art. 17 da Lei n. 11.033, de 21 de dezembro de 2004, não se aplica aos créditos vinculados às receitas decorrentes da atividade de transporte aéreo regular de passageiros de que trata este artigo.

§ 2.º A redução de alíquotas de que trata o *caput* deste artigo aplica-se aos fatos geradores que ocorrerem até 31 de dezembro de 2026.

Art. 2.º-A. No período de 1.º de janeiro de 2024 a 31 de dezembro de 2026, a pessoa jurídica poderá descontar da Contribuição para o PIS/Pasep e da Cofins devidas em cada período de apuração crédito presumido calculado sobre a receita decorrente da prestação de serviços de transporte rodoviário regular de passageiros intermunicipal, exceto metropolitano, e de transporte rodoviário regular de passageiros interestadual.

•• *Caput* acrescentado pela Lei n. 14.789, de 29-12-2023.

Parágrafo único. O valor dos créditos presumidos da Contribuição para o PIS/Pasep e da Cofins será obtido pela multiplicação dos percentuais correspondentes às alíquotas das referidas contribuições sobre a receita de que trata o *caput* deste artigo, reduzido em:

•• Parágrafo único, *caput*, acrescentado pela Lei n. 14.789, de 29-12-2023.

I – 33,33% (trinta e três inteiros e trinta e três centésimos por cento) de 1.º de janeiro a 31 de dezembro de 2024; e

•• Inciso I acrescentado pela Lei n. 14.789, de 29-12-2023.

II – 50% (cinquenta por cento) de 1.º de janeiro de 2025 a 31 de dezembro de 2026.

•• Inciso II acrescentado pela Lei n. 14.789, de 29-12-2023.

Art. 3.º Ficam reduzidas a 0 (zero), até 31 de dezembro de 2023, as alíquotas da Contribuição para o PIS/Pasep e da Cofins incidentes sobre operações realizadas com:

I – óleo diesel e suas correntes, de que tratam o inciso II do *caput* do art. 4.º da Lei n. 9.718, de 27 de novembro de 1998, e o inciso II do *caput* do art. 23 da Lei n. 10.865, de 30 de abril de 2004;

II – biodiesel, de que tratam os arts. 3.º e 4.º da Lei n. 11.116, de 18 de maio de 2005; e

III – gás liquefeito de petróleo derivado de petróleo e de gás natural, de que tratam o inciso III do *caput* do art. 4.º da Lei n. 9.718, de 27 de novembro 1998, e o inciso III do *caput* do art. 23 da Lei n. 10.865, de 30 de abril de 2004.

Art. 4.º A redução de que trata o art. 3.º desta Lei alcança também, no prazo respectivo, as alíquotas da Contribuição para os Programas de Integração Social e de Formação do Patrimônio do Servidor Público incidente na Importação de Produtos Estrangeiros ou Serviços (Contribuição para o PIS/Pasep-Importação) e da Contribuição Social para o Financiamento da Seguridade Social devida pelo Importador de Bens Estrangeiros ou Serviços do Exterior (Cofins-Importação) incidentes sobre a importação de:

I – óleo diesel e suas correntes, de que trata o § 8.º do art. 8.º da Lei n. 10.865, de 30 de abril de 2004;

II – biodiesel, de que trata o art. 7.º da Lei n. 11.116, de 18 de maio de 2005; e

III – gás liquefeito de petróleo derivado de petróleo e de gás natural, de que trata o § 8.º do art. 8.º da Lei n. 10.865, de 30 de abril de 2004.

§ 1.º Aplicam-se às pessoas jurídicas atuantes na cadeia econômica dos produtos de que trata o art. 3.º desta Lei, nos prazos respectivos:

I – em relação à aquisição dos referidos produtos, as vedações estabelecidas:

a) no inciso II do § 2.º do art. 3.º da Lei n. 10.637, de 30 de dezembro de 2002; e

b) no inciso II do § 2.º do art. 3.º da Lei n. 10.833, de 29 de dezembro de 2003;

II – em relação aos créditos de que tratam o art. 3.º da Lei n. 10.637, de 30 de dezembro de 2002, e o art. 3.º da Lei n. 10.833, de 29 de dezembro de 2003, distintos do crédito a que se referem as alíneas *a* e *b* do inciso I deste parágrafo, a autorização de que trata o art. 17 da Lei n. 11.033, de 21 de dezembro de 2004.

§ 2.º A pessoa jurídica que adquirir os produtos de que trata o art. 3.º desta Lei nos prazos respectivos, para utilização como insumo, nos termos do inciso II do *caput* do art. 3.º da Lei n. 10.637, de 30 de dezembro de 2002, e do inciso II do *caput* do art. 3.º da Lei n. 10.833, de 29 de dezembro de 2003, fará jus a créditos presumidos da Contribuição para o PIS/Pasep e da Cofins em relação à aquisição no mercado interno ou à importação dos referidos produtos em cada período de apuração.

§ 3.º O disposto no § 2.º deste artigo não se aplica à aquisição de biodiesel, quando destinado à adição ao diesel.

§ 4.º O valor dos créditos presumidos da Contribuição para o PIS/Pasep e da Cofins de que trata o § 2.º deste artigo, em relação a cada metro cúbico ou tonelada de produto adquirido no mercado interno ou importado, corresponderá aos valores obtidos pela multiplicação das alíquotas das referidas contribuições estabelecidas no *caput* do art. 2.º da Lei n. 10.637, de 30 de dezembro de 2002, e no *caput* do art. 2.º da Lei n. 10.833, de 29 de dezembro de 2003, pelo preço de aquisição dos combustíveis.

§ 5.º O crédito presumido de que trata o § 2.º deste artigo:

I – ficará sujeito às hipóteses de vinculação mediante apropriação ou rateio e de estorno previstas na legislação aplicável à Contribuição para o PIS/Pasep e à Cofins para os créditos de que tratam o art. 3.º da Lei n. 10.637, de 30 de dezembro 2002, e o art. 3.º da Lei n. 10.833, de 29 de dezembro de 2003, especialmente aquelas estabelecidas no § 8.º do art. 3.º da Lei n. 10.637, de 30 de dezembro de 2002, bem como no § 8.º do art. 3.º e no § 3.º do art. 6.º, combinado com o inciso III do *caput* do art. 15, da Lei n. 10.833, de 29 de dezembro de 2003; e

II – somente poderá ser utilizado para desconto de débitos da Contribuição para o PIS/Pasep e da Cofins, exceto se vinculados a receitas de exportação ou na hipótese prevista no art. 16 da Lei n. 11.116, de 18 de maio de 2005.

Art. 5.º Fica suspenso, até 31 de dezembro de 2023, o pagamento da Contribuição para o PIS/Pasep e da Cofins incidentes sobre as aquisições no mercado interno e sobre as importações de petróleo efetuadas por refinarias para a produção de combustíveis.

§ 1.º O disposto no *caput* deste artigo aplica-se aos insumos naftas, com Nomenclatura Comum do Mercosul baseada no Sistema Harmonizado (NCM/SH) 2710.12.49, outras misturas (aromáticos), NCM/SH 2707.99.90, óleo de petróleo parcialmente refinado, NCM/SH 2710.19.99, outros óleos brutos de petróleo ou minerais (condensados), NCM/SH 2709.00.10, e N-Metilanilina, NCM/SH 2921.42.90.

§ 2.º A suspensão do pagamento de que tratam o *caput* e o § 1.º deste artigo converte-se em alíquota 0 (zero) após a utilização na produção de combustíveis, hipótese em que se aplica o disposto no art. 22 da Lei n. 11.945, de 4 de junho de 2009, à pessoa jurídica que adquire o produto com suspensão.

§ 3.º A Secretaria Especial da Receita Federal do Brasil do Ministério da Fazenda poderá disciplinar o disposto neste artigo, inclusive para exigir que o adquirente informe a parcela da aquisição a ser utilizada na produção de combustíveis referidos no art. 3.º desta Lei, mediante declaração a ser entregue ao fornecedor de petróleo.

Art. 6.º A Lei n. 10.637, de 30 de dezembro de 2002, passa a vigorar com as seguintes alterações:

•• Alteração já processada no diploma modificado.

Art. 7.º A Lei n. 10.833, de 29 de dezembro de 2003, passa a vigorar com as seguintes alterações:

•• Alteração já processada no diploma modificado.

Art. 8.º Fica reaberto pelo prazo de 90 (noventa) dias, a contar da regulamentação do disposto neste artigo, o prazo para adesão ao Programa Especial de Regularização Tributária para as santas casas, os hospitais e as entidades beneficentes que atuam na área da saúde portadoras da certificação prevista na Lei Complementar n. 187, de 16 de dezembro de 2021, de que trata o art. 12 da Lei n. 14.375, de 21 de junho de 2022.

§ 1.º O programa de que trata o *caput* deste artigo abrange os débitos de natureza tributária e não tributária vencidos até a publicação desta Lei, inclusive aqueles objeto de parcelamentos anteriores rescindidos ou ativos, em discussão administrativa ou judicial, ou provenientes de lançamento de ofício.

§ 2.º A adesão ao programa de que trata o *caput* deste artigo ocorrerá por meio de requerimento a ser efetuado em até 90 (noventa) dias da data de publicação da regulamentação prevista no § 15 deste artigo e abrangerá os débitos indicados pelo sujeito passivo, na condição de contribuinte ou responsável.

§ 3.º O parcelamento no âmbito do programa de que trata o *caput* deste artigo deve ocorrer por meio de 120 (cento e vinte) parcelas mensais e sucessivas, exceto os casos regulamentados com base no § 11 do art. 195 da Constituição Federal, que terão prazo máximo de 60 (sessenta) parcelas mensais.

§ 4.º A adesão ao programa de que trata o *caput* deste artigo implica:

I – a confissão irrevogável e irretratável dos débitos em nome do sujeito passivo, na condição de contribuinte ou responsável, por ele indicados para compor o parcelamento, nos termos dos arts. 389 e 395 da Lei n. 13.105, de 16 de março de 2015 (Código de Processo Civil);

II – a aceitação plena e irretratável pelo sujeito passivo, na condição de contribuinte ou responsável, das condições estabelecidas nesta Lei;

III – o dever de pagar as parcelas dos débitos consolidados no parcelamento e dos débitos vencidos após a publicação desta Lei, inscritos ou não em dívida ativa da União.

§ 5.º É resguardado o direito do contribuinte à quitação, nas mesmas condições de sua adesão original, dos débitos apontados para o parcelamento, em caso de atraso na consolidação dos débitos indicados pelo contribuinte ou de não disponibilização de débitos no sistema para inclusão no programa.

§ 6.º Para incluir no parcelamento débitos que se encontrem em discussão administrativa ou judicial, o sujeito passivo deverá desistir previamente das impugnações ou dos recursos administrativos e das ações judiciais que tenham por objeto os débitos que serão quitados e renunciar a quaisquer alegações de direito sobre as quais se fundam as referidas impugnações e recursos ou ações judiciais e, no caso de ações judiciais, protocolar requerimento de extinção do processo com resolução do mérito, nos termos da alínea *c* do inciso III do *caput* do art. 487 da Lei n. 13.105, de 16 de março de 2015 (Código de Processo Civil).

§ 7.º Enquanto a dívida não for consolidada, o sujeito passivo deverá calcular e recolher o valor à vista ou o valor equivalente ao montante dos débitos objeto do parcelamento dividido pelo número de prestações pretendidas, observado o disposto no § 2.º deste artigo.

§ 8.º O deferimento do requerimento de adesão ao parcelamento é condicionado ao pagamento do valor à vista ou da primeira prestação, que deverá ocorrer até o último dia útil do mês do requerimento.

§ 9.º O valor de cada prestação mensal, por ocasião do pagamento, será acrescido de juros equivalentes à taxa referencial do Sistema Especial de Liquidação e de Custódia (Selic) para títulos federais, acumulada mensalmente, calculados a partir do mês subsequente ao da consolidação até o mês anterior ao do pagamento, e de 1% (um por cento) relativamente ao mês em que o pagamento for efetuado.

§ 10. Observado o direito de defesa do contribuinte, implicará exclusão do devedor do parcelamento e a exigibilidade imediata da totalidade do débito confessado e ainda não pago:

I – a falta de pagamento de 3 (três) parcelas consecutivas ou de 6 (seis) alternadas;

II – a falta de pagamento de 1 (uma) parcela, se todas as demais estiverem pagas;

III – a constatação, pela Secretaria Especial da Receita Federal do Brasil ou pela Procuradoria-Geral da Fazenda Nacional, de qualquer ato tendente ao esvaziamento patrimonial do sujeito passivo como forma de fraudar o cumprimento do parcelamento;

IV – a decretação de falência ou extinção, pela liquidação, da pessoa jurídica optante.

§ 11. Na hipótese de exclusão do devedor do parcelamento:

I – será efetuada a apuração do valor original do débito, com a incidência dos acréscimos legais, até a data da rescisão; e

II – serão deduzidas do valor referido no inciso I deste parágrafo as parcelas pagas em espécie, com acréscimos legais até a data da rescisão.

§ 12. As parcelas pagas com até 30 (trinta) dias de atraso não configurarão inadimplência para os fins dos incisos I e II do § 10 deste artigo.

§ 13. Aplicam-se aos parcelamentos de que trata esta Lei o disposto no *caput* e nos §§ 2.º e 3.º do art. 11, no art. 12 e no inciso IX do *caput* do art. 14 da Lei n. 10.522, de 19 de julho de 2002.

§ 14. Aos parcelamentos de que trata esta Lei, não se aplica o disposto no:

I – art. 15 da Lei n. 9.311, de 24 de outubro de 1996;

II – § 1.º do art. 3.º da Lei n. 9.964, de 10 de abril de 2000;

III – § 10 do art. 1.º da Lei n. 10.684, de 30 de maio de 2003; e

IV – inciso IV do § 4.º do art. 1.º da Lei n. 13.496, de 24 de outubro de 2017.

§ 15. A Secretaria Especial da Receita Federal do Brasil e a Procuradoria-Geral da Fazenda Nacional, no âmbito de suas competências, editarão o regulamento e os demais atos necessários à execução dos procedimentos previstos no prazo de 30 (trinta) dias, contado da data de publicação desta Lei.

Art. 10. O art. 8.º da Lei n. 13.576, de 26 de dezembro de 2017, passa a vigorar com as seguintes alterações:

•• Alteração já processada no diploma modificado.

Art. 11. (*Vetado.*)

Art. 12. (*Vetado.*)

Art. 13. Revogam-se os seguintes dispositivos:

I – art. 6.º da Lei n. 14.148, de 3 de maio de 2021;

II – arts. 1.º e 3.º da Medida Provisória n. 1.157, de 1.º de janeiro de 2023;

III – arts. 1.º e 2.º da Medida Provisória n. 1.159, de 12 de janeiro de 2023; e

IV – art. 6.º da Medida Provisória n. 1.163, de 28 de fevereiro de 2023.

Art. 14. Ficam convalidados os atos praticados com base:

I – nos arts. 1.º e 3.º da Medida Provisória n. 1.157, de 1.º de janeiro de 2023;

II – nos arts. 1.º e 2.º da Medida Provisória n. 1.159, de 12 de janeiro de 2023; e

III – no art. 6.º da Medida Provisória n. 1.163, de 28 de fevereiro de 2023.

Art. 15. Esta Lei entra em vigor na data de sua publicação.

Brasília, 30 de maio de 2023; 202.º da Independência e 135.º da República.

Luiz Inácio Lula Da Silva

LEI N. 14.596, DE 14 DE JUNHO DE 2023 (*)

Dispõe sobre regras de preços de transferência relativas ao Imposto sobre a Renda das Pessoas Jurídicas (IRPJ) e à Contribuição Social sobre o Lucro Líquido (CSLL); altera as Leis n. 9.430, de 27 de dezembro de 1996, 12.973, de 13 de maio de 2014, e 12.249, de 11 de junho de 2010; e revoga dispositivos das Leis n. 3.470, de 28 de novembro de 1958, 4.131, de 3 de setembro de 1962,

---

(*) Publicada no *Diário Oficial da União*, de 15-6-2023. A Instrução Normativa n. 2.161, de 28-9-2023, da SRFB, dispõe sobre os preços de transferência a serem praticados nas transações efetuadas por pessoa jurídica domiciliadas no Brasil com partes relacionadas no exterior.

4.506, de 30 de novembro de 1964, 8.383, de 30 de dezembro de 1991, 10.637, de 30 de dezembro de 2002, 10.833, de 29 de dezembro de 2003, 12.715, de 17 de setembro de 2012, 12.766, de 27 de dezembro de 2012, e 14.286, de 29 de dezembro de 2021, e do Decreto-lei n. 1.730, de 17 de dezembro de 1979.

O Presidente da República,
Faço saber que o Congresso Nacional decreta e eu sanciono a seguinte Lei:

Capítulo I
DO OBJETO E DO ÂMBITO DE APLICAÇÃO

Art. 1.º Esta Lei dispõe sobre regras de preços de transferência relativas ao Imposto sobre a Renda das Pessoas Jurídicas (IRPJ) e à Contribuição Social sobre o Lucro Líquido (CSLL).

Parágrafo único. O disposto nesta Lei aplica-se na determinação da base de cálculo do IRPJ e da CSLL das pessoas jurídicas domiciliadas no Brasil que realizem transações controladas com partes relacionadas no exterior.

Capítulo II
DISPOSIÇÕES GERAIS

Seção I
Do Princípio Arm's Length

Art. 2.º Para fins de determinação da base de cálculo dos tributos de que trata o parágrafo único do art. 1.º desta Lei, os termos e as condições de uma transação controlada serão estabelecidos de acordo com aqueles que seriam estabelecidos entre partes não relacionadas em transações comparáveis.

Seção II
Das Transações Controladas

Art. 3.º Para fins do disposto nesta Lei, transação controlada compreende qualquer relação comercial ou financeira entre 2 (duas) ou mais partes relacionadas, estabelecida ou realizada de forma direta ou indireta, incluídos contratos ou arranjos sob qualquer forma e série de transações.

Seção III
Das Partes Relacionadas

Art. 4.º Considera-se que as partes são relacionadas quando no mínimo uma delas estiver sujeita à influência, exercida direta ou indiretamente por outra parte, que possa levar ao estabelecimento de termos e de condições em suas transações que divirjam daqueles que seriam estabelecidos entre partes não relacionadas em transações comparáveis.

§ 1.º São consideradas partes relacionadas, sem prejuízo de outras hipóteses que se enquadrem no disposto no *caput* deste artigo:
I – o controlador e as suas controladas;
II – a entidade e a sua unidade de negócios, quando esta for tratada como contribuinte separado para fins de apuração de tributação sobre a renda, incluídas a matriz e as suas filiais;
III – as coligadas;
IV – as entidades incluídas nas demonstrações financeiras consolidadas ou que seriam incluídas caso o controlador final do grupo multinacional de que façam parte preparasse tais demonstrações se o seu capital fosse negociado nos mercados de valores mobiliários de sua jurisdição de residência;
V – as entidades, quando uma delas possuir o direito de receber, direta ou indiretamente, no mínimo 25% (vinte e cinco por cento) dos lucros da outra ou de seus ativos em caso de liquidação;
VI – as entidades que estiverem, direta ou indiretamente, sob controle comum ou em que o mesmo sócio, acionista ou titular detiver 20% (vinte por cento) ou mais do capital social de cada uma;
VII – as entidades em que os mesmos sócios ou os acionistas, ou os seus cônjuges, companheiros, parentes, consanguíneos ou afins, até o terceiro grau, detiverem no mínimo 20% (vinte por cento) do capital social de cada uma; e
VIII – a entidade e a pessoa natural que for cônjuge, companheiro ou parente, consanguíneo ou afim, até o terceiro grau, de conselheiro, de diretor ou de controlador daquela entidade.

§ 2.º Para fins do disposto neste artigo, o termo entidade compreende qualquer pessoa, natural ou jurídica, e quaisquer arranjos contratuais ou legais desprovidos de personalidade jurídica.

§ 3.º Para fins do disposto no § 1.º deste artigo, fica caracterizada a relação de controle quando uma entidade:
I – detiver, de forma direta ou indireta, isoladamente ou em conjunto com outras entidades, inclusive em função da existência de acordos de votos, direitos que lhe assegurem preponderância nas deliberações sociais ou o poder de eleger ou destituir a maioria dos administradores de outra entidade;
II – participar, direta ou indiretamente, de mais de 50% (cinquenta por cento) do capital social de outra entidade; ou
III – detiver ou exercer o poder de administrar ou gerenciar, de forma direta ou indireta, as atividades de outra entidade.

§ 4.º Para fins do disposto no inciso III do § 1.º deste artigo, considera-se coligada a entidade que detenha influência significativa sobre outra entidade, conforme previsto nos §§ 1.º, 4.º e 5.º do art. 243 da Lei n. 6.404, de 15 de dezembro de 1976.

Seção IV
Das Transações Comparáveis

Art. 5.º A transação entre partes não relacionadas será considerada comparável à transação controlada quando:
I – não houver diferenças que possam afetar materialmente os indicadores financeiros examinados pelo método mais apropriado de que trata o art. 11 desta Lei; ou
II – puderem ser efetuados ajustes para eliminar os efeitos materiais das diferenças, caso existentes.

§ 1.º Para fins do disposto no *caput* deste artigo, será considerada a existência de diferenças entre as características economicamente relevantes das transações, inclusive em seus termos e suas condições e em suas circunstâncias economicamente relevantes.

§ 2.º Os indicadores financeiros examinados sob o método mais apropriado de que trata o art. 11 desta Lei incluem preços, margens de lucro, índices, divisão de lucros entre as partes ou outros dados considerados relevantes.

Seção V
Da Aplicação do Princípio Arm's Length

Subseção I
Disposições Gerais

Art. 6.º Para determinar se os termos e as condições estabelecidos na transação controlada estão de acordo com o princípio previsto no art. 2.º desta Lei, deve-se efetuar:
I – o delineamento da transação controlada; e
II – a análise de comparabilidade da transação controlada.

Subseção II
Do Delineamento da Transação Controlada

Art. 7.º O delineamento da transação controlada a que se refere o inciso I do *caput* do art. 6.º desta Lei será efetuado com fundamento na análise dos fatos e das circunstâncias da transação e das evidências da conduta efetiva das partes, com vistas a identificar as relações comerciais e financeiras entre as partes relacionadas e as características economicamente relevantes associadas a essas relações, considerados, ainda:
I – os termos contratuais da transação, que derivam tanto dos documentos e dos contratos formalizados como das evidências da conduta efetiva das partes;
II – as funções desempenhadas pelas partes da transação, considerados os ativos utilizados e os riscos economicamente significativos assumidos;
III – as características específicas dos bens, direitos ou serviços objeto da transação controlada;
IV – as circunstâncias econômicas das partes e do mercado em que operam; e
V – as estratégias de negócios e outras características consideradas economicamente relevantes.

§ 1.º No delineamento da transação controlada, serão consideradas as opções realisticamente disponíveis para cada uma das partes da transação controlada, de modo a avaliar a existência de outras opções que poderiam ter gerado condições mais vantajosas para qualquer uma das partes e que teriam sido adotadas caso a transação tivesse sido realizada entre partes não relacionadas, inclusive a não realização da transação.

§ 2.º Na hipótese em que as características economicamente relevantes da transação controlada identificadas nos contratos formalizados e nos documentos apresentados, inclusive na documentação de que trata o art. 34 desta Lei, divergirem daquelas verificadas a partir da análise dos fatos, das circunstâncias e das evidências da conduta efetiva das partes, a transação controlada será delineada, para fins do disposto nesta Lei, com fundamento nos fatos, nas circunstâncias e nas evidências da conduta efetiva das partes.

§ 3.º Os riscos economicamente significativos a que se refere o inciso II do *caput* deste artigo consistem nos riscos que influenciam significativamente os resultados econômicos da transação.

§ 4.º Os riscos economicamente significativos serão considerados assumidos pela parte da transação controlada que exerça as funções relativas ao seu controle e que possua a capacidade financeira para assumi-los.

Art. 8.º Para fins do disposto nesta Lei, quando se concluir que partes não relacionadas, agindo em circunstâncias comparáveis e comportando-se de maneira comercialmente racional, consideradas as opções realisticamente disponíveis para cada uma das partes, não teriam realizado a transação controlada conforme havia sido delineada, tendo em vista a operação em sua totalidade, a transação ou a série de transações controladas poderá ser desconsiderada ou substituída por uma transação alternativa, com o objetivo de determinar os termos e as condições que seriam estabelecidos por partes não relacionadas em circunstâncias comparáveis e agindo de maneira comercialmente racional.

Parágrafo único. A transação controlada de que trata o *caput* deste artigo não poderá ser desconsiderada ou substituída exclusivamente em razão de não serem identificadas transações comparáveis realizadas entre partes não relacionadas.

Subseção III
Da Análise de Comparabilidade

Art. 9.º A análise de comparabilidade será realizada com o objetivo de comparar os termos e as condições da transação controlada, delineada de acordo com o disposto no art. 7.º desta Lei, com os termos e as condições que seriam estabelecidos entre partes não relacionadas em transações comparáveis, e considerará, ainda:

I – as características economicamente relevantes da transação controlada e das transações entre partes não relacionadas;

II – a data em que a transação controlada e as transações entre partes não relacionadas foram realizadas, de forma a assegurar que as circunstâncias econômicas das transações que se pretende comparar sejam comparáveis;

III – a disponibilidade de informações de transações entre partes não relacionadas, que permita a comparação de suas características economicamente relevantes, com vistas a identificar as transações comparáveis mais confiáveis realizadas entre partes não relacionadas;

IV – a seleção do método mais apropriado e do indicador financeiro a ser examinado;

V – a existência de incertezas na precificação ou na avaliação existentes no momento da realização da transação controlada e se tais incertezas foram endereçadas assim como partes não relacionadas teriam efetuado em circunstâncias comparáveis, considerada inclusive a adoção de mecanismos apropriados, de forma a assegurar o cumprimento do princípio previsto no art. 2.º desta Lei; e

VI – a existência e a relevância dos efeitos de sinergia de grupo, nos termos do art. 10 desta Lei.

Art. 10. Os benefícios ou prejuízos obtidos em decorrência dos efeitos de sinergia de grupo resultantes de uma ação deliberada na forma de funções desempenhadas, ativos utilizados ou riscos assumidos que produzam uma vantagem ou desvantagem identificável em relação aos demais participantes do mercado serão alocados entre as partes da transação controlada na proporção de suas contribuições para a criação do efeito de sinergia e ficarão sujeitos a compensação.

Parágrafo único. Os efeitos de sinergia de grupo que não decorram de uma ação deliberada nos termos do *caput* deste artigo e que sejam meramente resultantes da participação da entidade no grupo multinacional serão considerados benefícios incidentais e não ficarão sujeitos a compensação.

Subseção IV
Da Seleção do Método mais Apropriado

Art. 11. Para fins do disposto nesta Lei, será selecionado o método mais apropriado dentre os seguintes:

I – Preço Independente Comparável (PIC), que consiste em comparar o preço ou o valor da contraprestação da transação controlada com os preços ou os valores das contraprestações de transações comparáveis realizadas entre partes não relacionadas;

II – Preço de Revenda menos Lucro (PRL), que consiste em comparar a margem bruta que um adquirente de uma transação controlada obtém na revenda subsequente realizada para partes não relacionadas com as margens brutas obtidas em transações comparáveis realizadas entre partes não relacionadas;

III – Custo mais Lucro (MCL), que consiste em comparar a margem de lucro bruto obtida sobre os custos do fornecedor em uma transação controlada com as margens de lucro bruto obtidas sobre os custos em transações comparáveis realizadas entre partes não relacionadas;

IV – Margem Líquida da Transação (MLT), que consiste em comparar a margem líquida da transação controlada com as margens líquidas de transações comparáveis realizadas entre partes não relacionadas, ambas calculadas com base em indicador de rentabilidade apropriado;

V – Divisão do Lucro (MDL), que consiste na divisão dos lucros ou das perdas, ou de parte deles, em uma transação controlada de acordo com o que seria estabelecido entre partes não relacionadas em uma transação comparável, consideradas as contribuições relevantes fornecidas na forma de funções desempenhadas, de ativos utilizados e de riscos assumidos pelas partes envolvidas na transação; e

VI – outros métodos, desde que a metodologia alternativa adotada produza resultado consistente com aquele que seria alcançado em transações comparáveis realizadas entre partes não relacionadas.

§ 1.º Considera-se método mais apropriado aquele que forneça a determinação mais confiável dos termos e das condições que seriam estabelecidos entre partes não relacionadas em uma transação comparável, considerados, ainda, os seguintes aspectos:

I – os fatos e as circunstâncias da transação controlada e a adequação do método em relação à natureza da transação, determinada especialmente a partir da análise das funções desempenhadas, dos ativos utilizados e dos riscos assumidos pelas partes envolvidas na transação controlada conforme previsto no inciso II do *caput* do art. 7.º desta Lei;

II – a disponibilidade de informações confiáveis de transações comparáveis realizadas entre partes não relacionadas necessárias à aplicação consistente do método; e

III – o grau de comparabilidade entre a transação controlada e as transações realizadas entre partes não relacionadas, incluídas a necessidade e a confiabilidade de se efetuar ajustes para eliminar os efeitos de eventuais diferenças entre as transações comparadas.

§ 2.º O método PIC, previsto no inciso I do *caput* deste artigo, será considerado o mais apropriado quando houver informações confiáveis de preços ou valores de contraprestações decorrentes de transações comparáveis realizadas entre partes não relacionadas, a menos que se possa estabelecer que outro método previsto no *caput* deste artigo seja aplicável de forma mais apropriada, com vistas a se observar o princípio previsto no art. 2.º desta Lei.

§ 3.º Quando o contribuinte selecionar outros métodos a que se refere o inciso VI do *caput* deste artigo, para aplicação em hipóteses distintas daquelas previstas pela Secretaria Especial da Receita Federal do Brasil do Ministério da Fazenda, deverá ser demonstrado pela documentação de preços de transferência a que se refere o art. 34 desta Lei que os métodos previstos nos incisos I, II, III, IV e V do *caput* deste artigo não são aplicáveis à transação controlada, ou que não produzem resultados confiáveis, e que o outro método selecionado é considerado mais apropriado, nos termos do § 1.º deste artigo.

§ 4.º A Secretaria Especial da Receita Federal do Brasil disciplinará o disposto neste artigo, inclusive quanto à possibilidade de combinação de métodos, com vistas a assegurar a aplicação correta do princípio previsto no art. 2.º desta Lei.

Subseção V
Das *Commodities*

Art. 12. Para fins do disposto no art. 13 desta Lei, considera-se:

I – *commodity*: o produto físico, independentemente de seu estágio de produção, e os produtos derivados, para os quais os preços de cotação sejam utilizados como referência por partes não relacionadas para se estabelecer os preços em transações comparáveis; e

II – preço de cotação: as cotações ou os índices obtidos em bolsas de mercadorias e futuros, em agências de pesquisa ou em agências governamentais, reconhecidas e confiáveis, que sejam utilizados como referência por partes não relacionadas para estabelecer os preços em transações comparáveis.

Art. 13. Quando houver informações confiáveis de preços independentes comparáveis para a *commodity* transacionada, incluídos os preços de cotação ou preços praticados com partes não relacionadas (comparáveis internos), o método PIC será considerado o mais apropriado para determinar o valor da *commodity* transferida na transação controlada, a menos que se possa estabelecer, de acordo com os fatos e as circunstâncias da transação e com os demais elementos referidos no art. 11 desta Lei, incluídos as funções, os ativos e os riscos de cada entidade na cadeia de valor, que outro método seja aplicável de forma mais apropriada, com vistas a se observar o princípio previsto no art. 2.º desta Lei.

§ 1.º Quando houver diferenças entre as condições da transação controlada e as condições das transações entre partes não relacionadas ou as condições que determinam o preço de cotação que afetem materialmente o preço da *commodity*, serão efetuados ajustes para assegurar que as características economicamente relevantes das transações sejam comparáveis.

§ 2.º Os ajustes previstos no § 1.º deste artigo não serão efetuados se os ajustes de comparabilidade afetarem a confiabilidade do método PIC e justificarem a consideração de outros métodos de preços de transferência, na forma do art. 11 desta Lei.

§ 3.º Nas hipóteses em que o método PIC for aplicado com base no preço de cotação, o valor da *commodity* será determinado com base na data ou no período de datas acordado pelas partes para precificar a transação quando:

I – o contribuinte fornecer documentação tempestiva e confiável que comprove a data ou o período de datas acordado pelas partes da transação, incluídas as informações sobre a determinação da data ou do período de datas utilizado pelas partes relacionadas nas transações efetuadas com os clientes finais, partes não relacionadas, e efetuar o registro da transação, conforme estabelecido no art. 14 desta Lei; e

II – a data ou o período de datas especificado na documentação apresentada for consistente com a conduta efetiva das partes e com os fatos e as circunstâncias do caso, observados o disposto no art. 7.º e o princípio previsto no art. 2.º desta Lei.

§ 4.º Caso seja descumprido o disposto no § 3.º deste artigo, a autoridade fiscal poderá determinar o valor da *commodity* com base no preço de cotação referente:

I – à data ou ao período de datas que seja consistente com os fatos e as circunstâncias do caso e com o que seria estabelecido entre partes não relacionadas em circunstâncias comparáveis; ou

II – à média do preço de cotação da data do embarque ou do registro da declaração de importação, quando não for possível aplicar o disposto no inciso I deste parágrafo.

§ 5.º As informações constantes de preços públicos devem ser utilizadas para o controle de preços de transferência da mesma forma que seriam utilizadas por partes não relacionadas em transações comparáveis.

§ 6.º Em condições extraordinárias de mercado, o uso de preços públicos não será apropriado para o controle de preços de transferência, se conduzir a resultado incompatível com o princípio previsto no art. 2.º desta Lei.

§ 7.º A Secretaria Especial da Receita Federal do Brasil disciplinará o disposto neste artigo, inclusive quanto às orientações sobre a eleição das bolsas de mercadorias e futuros, agências de pesquisa ou agências governamentais de que trata o inciso II do *caput* do art. 12 desta Lei.

§ 8.º Para fins do disposto no § 7.º deste artigo, a Secretaria Especial da Receita Federal do Brasil poderá prever a utilização de outras fontes de informações de preços, reconhecidas e confiáveis, quando suas cotações ou seus índices sejam utilizados como referência por partes não relacionadas para estabelecer os preços em transações comparáveis.

Art. 14. O contribuinte efetuará o registro das transações controladas de exportação e importação de *commodities* declarando as suas informações na forma e no prazo estabelecidos pela Secretaria Especial da Receita Federal do Brasil.

Subseção VI
Da Parte Testada

Art. 15. Nas hipóteses em que a aplicação do método exigir a seleção de uma das partes da transação controlada como parte testada, será selecionada aquela em relação à qual o método possa ser aplicado de forma mais apropriada e para a qual haja a disponibilidade de dados mais confiáveis de transações comparáveis realizadas entre partes não relacionadas.

§ 1.º O contribuinte deverá fornecer as informações necessárias para a determinação correta das funções desempenhadas, dos ativos utilizados e dos riscos assumidos pelas partes da transação controlada, de modo a demonstrar a seleção apropriada da parte testada, e documentará as razões e as justificativas para a seleção efetuada.

§ 2.º Caso haja descumprimento do disposto no § 1.º deste artigo e as informações disponíveis a respeito das funções, dos ativos e dos riscos da outra parte da transação sejam limitadas, somente as funções, os ativos e os riscos que possam ser determinados de forma confiável como efetivamente desempenhadas, utilizados ou assumidos serão alocados a esta parte da transação, e demais funções, ativos e riscos identificados na transação controlada serão alocados à parte relacionada no Brasil.

Subseção VII
Do Intervalo de Comparáveis

Art. 16. Quando a aplicação do método mais apropriado conduzir a um intervalo de observações de indicadores financeiros de transações comparáveis realizadas entre partes não relacionadas, o intervalo apropriado será utilizado para determinar se os termos e as condições da transação controlada estão de acordo com o princípio previsto no art. 2.º desta Lei.

§ 1.º A determinação do intervalo apropriado será efetuada de modo a considerar os indicadores financeiros de transações entre partes não relacionadas que possuam o maior grau de comparabilidade em relação à transação controlada, excluídos aqueles provenientes de transações de grau inferior.

§ 2.º Se o intervalo obtido após a aplicação do disposto no § 1.º deste artigo for constituído de observações de transações entre partes não relacionadas que preencham o critério de comparabilidade previsto no art. 5.º desta Lei, será considerado como intervalo apropriado:

I – o intervalo interquartil, quando existirem incertezas em relação ao grau de comparabilidade entre as transações comparáveis que não possam ser precisamente identificadas ou quantificadas e ajustadas; ou

II – o intervalo completo, quando as transações entre partes não relacionadas possuírem um grau equivalente de comparabilidade em relação à transação controlada e quando não existirem incertezas de comparabilidade nos termos do inciso I do *caput* deste artigo.

§ 3.º Quando o indicador financeiro da transação controlada examinado sob o método mais apropriado estiver compreendido no intervalo apropriado, será considerado que os termos e as condições da transação controlada estão de acordo com o princípio previsto no art. 2.º, hipótese em que não será exigida a realização dos ajustes de que trata o art. 17 desta Lei.

§ 4.º Para fins de determinação dos ajustes de que trata o art. 17 desta Lei, quando o indicador financeiro da transação controlada examinado sob o método mais apropriado não estiver compreendido no intervalo apropriado, será atribuído o valor da mediana à transação controlada.

§ 5.º Poderão ser utilizadas medidas estatísticas distintas das previstas neste artigo nas hipóteses de implementação de resultados acordados em soluções de disputas realizadas no âmbito dos acordos ou das convenções internacionais para eliminar a dupla tributação dos quais o Brasil seja signatário, bem como naquelas disciplinadas pela Secretaria Especial da Receita Federal do Brasil, com vistas a assegurar a aplicação correta do princípio previsto no art. 2.º desta Lei.

Seção VI
Dos Ajustes à Base de Cálculo

Art. 17. Para fins do disposto nesta Lei, considera-se:

I – ajuste espontâneo: aquele efetuado pela pessoa jurídica domiciliada no Brasil diretamente na apuração da base de cálculo dos tributos a que se refere o parágrafo único do art. 1.º, com vistas a adicionar o resultado que seria obtido caso os termos e as condições da transação controlada tivessem sido estabelecidos de acordo com o princípio previsto no art. 2.º desta Lei;

II – ajuste compensatório: aquele efetuado pelas partes da transação controlada até o encerramento do ano-calendário em que for realizada a transação, com vistas a ajustar o seu valor de tal forma que o resultado obtido seja equivalente ao que seria obtido caso os termos e as condições da transação controlada tivessem sido estabelecidos de acordo com o princípio previsto no art. 2.º desta Lei;

III – ajuste primário: aquele efetuado pela autoridade fiscal, com vistas a adicionar à base de cálculo dos tributos a que se refere o parágrafo único do art. 1.º os resultados que seriam obtidos pela pessoa jurídica domiciliada no Brasil caso os termos e as condições da transação controlada tivessem sido estabelecidos de acordo com o princípio previsto no art. 2.º desta Lei.

Art. 18. Quando os termos e as condições estabelecidos na transação controlada divergirem daqueles que seriam estabelecidos entre partes não relacionadas em transações comparáveis, a base de cálculo dos tributos a que se refere o parágrafo único do art. 1.º será ajustada de forma a computar os resultados que seriam obtidos caso os termos e as condições da transação controlada tivessem sido estabelecidos de acordo com o princípio previsto no art. 2.º desta Lei.

§ 1.º A pessoa jurídica domiciliada no Brasil efetuará o ajuste espontâneo ou compensatório quando o descumprimento do disposto no art. 2.º desta Lei resultar na apuração de base de cálculo inferior àquela que seria apurada caso os termos e as condições da transação controlada tivessem sido estabelecidos de acordo com aqueles que seriam estabelecidos entre partes não relacionadas em transações comparáveis.

§ 2.º A Secretaria Especial da Receita Federal do Brasil estabelecerá a forma e as condições para a realização dos ajustes compensatórios.

§ 3.º Na hipótese de descumprimento do disposto neste artigo, a autoridade fiscal efetuará o ajuste primário.

§ 4.º Não será admitida a realização de ajustes com vistas a:

I – reduzir a base de cálculo dos tributos a que se refere o parágrafo único do art. 1.º desta Lei; ou

II – aumentar o valor do prejuízo fiscal do IRPJ ou a base de cálculo negativa da CSLL.

§ 5.º A vedação prevista no § 4.º deste artigo não será aplicada nas hipóteses de ajustes compensatórios realizados na forma e no prazo estabelecidos pela Secretaria Especial da Receita Federal do Brasil ou de resultados acordados em mecanismo de solução de disputas previstos nos acordos ou nas convenções internacionais para eliminar a dupla tributação dos quais o Brasil seja signatário.

Capítulo III
DISPOSIÇÕES ESPECÍFICAS

Seção I
Das Transações com Intangíveis

Art. 19. Para fins do disposto nesta Lei, considera-se:

I – intangível: o ativo que, não sendo tangível ou ativo financeiro, seja suscetível de ser detido ou controlado para uso nas atividades comerciais e que teria seu uso ou transferência remunerado caso a transação ocorresse entre partes não relacionadas, independentemente de ser passível de registro, de proteção legal ou de ser caracterizado e reconhecido como ativo ou ativo intangível para fins contábeis;

II – intangível de difícil valoração: o intangível para o qual não seja possível identificar comparáveis confiáveis no momento de sua transferência entre partes relacionadas, e as projeções de fluxos de renda ou de caixa futuros ou as premissas utilizadas para sua avaliação sejam altamente incertas; e

III – funções relevantes desempenhadas em relação ao intangível: as atividades relacionadas ao desenvolvimento, ao aprimoramento, à manutenção, à proteção e à exploração do intangível.

Art. 20. Os termos e as condições de uma transação controlada que envolva intangível serão estabelecidos de acordo com o princípio previsto no art. 2.º desta Lei.

§ 1.º O delineamento das transações de que trata o *caput* deste artigo será efetuado em conformidade com o disposto no art. 7.º desta Lei e considerará, ainda, a:

I – identificação dos intangíveis envolvidos na transação controlada;

II – determinação da titularidade do intangível;

III – determinação das partes que desempenham as funções, utilizam os ativos e assumem os riscos economicamente significativos associados às funções relevantes desempenhadas em relação ao intangível, com ênfase na determinação das partes que exercem o controle e possuem a capacidade financeira para assumi-los; e

IV – determinação das partes responsáveis pela concessão de financiamento ou pelo fornecimento de outras contribuições em relação ao intangível, que assumam os riscos economicamente significativos associados, com ênfase na determinação das partes que exercem o controle e possuem a capacidade financeira para assumi-los.

§ 2.º Para fins do disposto nesta Lei, será considerada titular do intangível a parte:

I – que seja identificada como titular nos contratos, nos registros ou nas disposições legais aplicáveis; ou

II – que exerça o controle das decisões relacionadas à exploração do intangível e que possua a capacidade de restringir a sua utilização, nas hipóteses em que a titularidade não possa ser identificada na forma prevista no inciso I deste parágrafo.

Art. 21. A alocação dos resultados de transações controladas que envolvam intangível será determinada com base nas contribuições fornecidas pelas partes e, em especial, nas funções relevantes desempenhadas em relação ao intangível e nos riscos economicamente significativos associados a essas funções.

§ 1.º A mera titularidade legal do intangível não ensejará a atribuição de qualquer remuneração decorrente de sua exploração.

§ 2.º A remuneração da parte relacionada envolvida na transação controlada, incluído o titular do intangível, que seja responsável pela concessão de financiamento não excederá ao valor da remuneração determinada com base na:

I – taxa de juros livre de risco, caso a parte relacionada não possua a capacidade financeira ou não exerça o controle sobre os riscos economicamente significativos associados ao financiamento concedido e não assuma nem controle qualquer outro risco economicamente significativo relativo à transação; ou

II – taxa de juros ajustada ao risco assumido, caso a parte relacionada possua a capacidade financeira e exerça o controle sobre os riscos economicamente significativos associados ao financiamento, mas sem assumir e controlar qualquer outro risco economicamente significativo relativo à transação.

Seção II
Dos Intangíveis de Difícil Valoração

Art. 22. Em transações controladas que envolvam intangíveis de difícil valoração, serão considerados:

I – as incertezas na precificação ou na avaliação existentes no momento da realização da transação; e

II – se as incertezas referidas no inciso I deste *caput* foram devidamente endereçadas sobre a forma como as partes não relacionadas o teriam feito em circunstâncias comparáveis, inclusive por meio da adoção de contratos de curto prazo, da inclusão de cláusulas de reajuste de preço ou do estabelecimento de pagamentos contingentes.

§ 1.º As informações disponíveis em períodos posteriores ao da realização da transação controlada poderão ser utilizadas pela autoridade fiscal como evidência, sujeita à prova em contrário nos termos do § 3.º, quanto à existência de incertezas no momento da transação e especialmente para avaliar se o contribuinte cumpriu o disposto no *caput* deste artigo.

§ 2.º Na hipótese de descumprimento do disposto no *caput* deste artigo, o valor da transação será ajustado para fins de apuração da base de cálculo dos tributos a que se refere o parágrafo único do art. 1.º desta Lei e, a menos que seja possível determinar a remuneração apropriada na forma de pagamento único para o momento da transação, o ajuste será efetuado por meio da determinação de pagamentos contingentes anuais que reflitam as incertezas decorrentes da precificação ou da avaliação do intangível envolvido na transação controlada.

§ 3.º O ajuste de que trata o § 2.º deste artigo não será efetuado nas seguintes hipóteses:

I – quando o contribuinte:

a) fornecer informação detalhada das projeções utilizadas no momento da realização da transação, incluídas as que demonstram como os riscos foram considerados nos cálculos para a determinação do preço, e relativa à consideração de eventos e de outras incertezas razoavelmente previsíveis e à probabilidade de sua ocorrência; e

b) demonstrar que qualquer diferença significativa entre as projeções financeiras e os resultados efetivamente obtidos decorre de eventos ou fatos ocorridos após a determinação dos preços que não poderiam ter sido previstos pelas partes relacionadas ou cuja probabilidade de ocorrência não tenha sido significativamente superestimada ou subestimada no momento da transação; ou

II – quando qualquer diferença entre as projeções financeiras e os resultados efetivamente obtidos não resultar em uma redução ou em um aumento da remuneração pelo intangível de difícil valoração superior a 20% (vinte por cento) da remuneração determinada no momento da transação.

Seção III
Dos Serviços Intragrupo

Art. 23. Os termos e as condições de uma transação controlada que envolva prestação de serviços entre partes relacionadas serão estabelecidos de acordo com o princípio previsto no art. 2.º desta Lei.

§ 1.º Para fins do disposto nesta Lei, considera-se prestação de serviço qualquer atividade desenvolvida por uma parte, incluídos o uso ou a disponibilização pelo prestador de ativos tangíveis ou intangíveis ou de outros recursos, que resulte em benefícios para uma ou mais partes.

§ 2.º A atividade desenvolvida resulta em benefícios quando proporcionar expectativa razoável de valor econômico ou comercial para a outra parte da transação controlada, de forma a melhorar ou a manter a sua posição comercial, de tal modo que partes não relacionadas em circunstâncias comparáveis estariam dispostas a pagar pela atividade ou a realizá-la por conta própria.

§ 3.º Sem prejuízo de outras hipóteses, será considerado que a atividade desenvolvida não resulta em benefícios nos termos do § 2.º deste artigo quando:

I – a atividade for caracterizada como atividade de sócio; ou

II – a atividade representar a duplicação de um serviço já prestado ao contribuinte ou que ele tenha a capacidade de desempenhar, ressalvados os casos em que for demonstrado que a atividade duplicada resulta em benefícios adicionais para o tomador conforme previsto no § 2.º deste artigo.

§ 4.º São caracterizadas como atividades de sócios aquelas desempenhadas na qualidade de sócio ou de acionista, direto ou indireto, em seu interesse próprio, incluídas aquelas cujo único objetivo ou efeito seja proteger o investimento de capital do prestador no tomador ou promover ou facilitar o cumprimento de obrigações legais, regulatórias ou de reporte do prestador, tais como:

I – atividades relacionadas à estrutura societária do sócio ou do acionista, incluídas aquelas relativas à realização de assembleia de seus investidores, de reuniões de conselho, de emissão de ações e de listagem em bolsas de valores;

II – elaboração de relatórios relacionados ao sócio ou ao acionista, incluídos os relatórios financeiros, as demonstrações consolidadas e os relatórios de auditoria;

III – captação de recursos para aquisição, pelo sócio ou acionista, de participações societárias e de atividades relativas ao desempenho de relação com investidores; e

IV – atividades desempenhadas para o cumprimento pelo sócio de obrigações impostas pela legislação tributária.

§ 5.º Quando a atividade desempenhada ao contribuinte por outra parte relacionada não resultar em benefício nos termos dos §§ 2.º, 3.º e 4.º deste artigo, a base de cálculo do IRPJ e da CSLL será ajustada.

§ 6.º Para fins desta Lei, os benefícios incidentais obtidos pelo contribuinte na forma prevista no parágrafo único do art. 10 desta Lei não serão considerados serviços e não ensejarão qualquer compensação.

Art. 24. Na aplicação do método MCL, previsto no inciso III do *caput* do art. 11 desta Lei, serão considerados todos os custos relacionados à prestação do serviço.

§ 1.º Sempre que for possível individualizar os custos da prestação do serviço em relação ao seu tomador, a determinação da base de custos utilizada para fins de aplicação do método a que se refere o *caput* deste artigo será efetuada pelo método de cobrança direta.

§ 2.º Nas hipóteses em que o serviço for prestado para mais de uma parte e não for razoavelmente possível individualizar os custos do serviço em relação a cada tomador, conforme previsto no § 1.º, será admitida a utilização de métodos de cobrança indireta para a determinação da base de custos utilizada para fins de aplicação do método a que se refere o *caput* deste artigo.

§ 3.º Nos métodos de cobrança indireta, a determinação da base de custos será efetuada pela repartição dos custos por meio da utilização de um ou mais critérios de alocação que permitam obter um custo semelhante ao que partes não relacionadas em circunstâncias comparáveis estariam dispostas a aceitar, que deverão:

I – refletir a natureza e a utilização dos serviços prestados; e

II – estar aptos a produzir uma remuneração para a transação controlada que seja compatível com os benefícios reais ou razoavelmente esperados para o tomador do serviço.

§ 4.º Na determinação da remuneração dos serviços de que trata o *caput* deste artigo, não será admitida cobrança de margem de lucro sobre os custos do prestador que constituam repasses de valores referentes a atividades desempenhadas ou a aquisições realizadas de outras partes relacionadas ou não relacionadas, em relação às quais o prestador não desempenhe funções significativas, considerados, ainda, os ativos utilizados e os riscos economicamente significativos assumidos.

§ 5.º Na hipótese prevista no § 4.º deste artigo, será admitida cobrança de margem de lucro determinada de acordo com o princípio previsto no art. 2.º desta Lei somente sobre os custos incorridos pelo prestador para desempenhar as referidas funções.

§ 6.º As disposições do *caput* deste artigo aplicam-se aos casos em que seja adotado o método MLT, previsto no inciso IV do *caput* do art. 11 desta Lei, como o mais apropriado para a determinação dos preços de transferência dos serviços de que trata o art. 23 desta Lei e em que seja utilizado indicador de rentabilidade com base no custo.

Seção IV
Dos Contratos de Compartilhamento de Custos

Art. 25. São caracterizados como contratos de compartilhamento de custos aqueles em que duas ou mais partes relacionadas acordam em repartir as contribuições e os riscos relativos à aquisição, à produção ou ao desenvolvimento conjunto de serviços, de intangíveis ou de ativos tangíveis, com base na proporção dos benefícios que cada parte espera obter no contrato.

§ 1.º São considerados participantes do contrato de compartilhamento de custos aqueles que, relativamente a ele, exerçam o controle sobre os riscos economicamente significativos e possuam a capacidade financeira para assumi-los e que tenham a expectativa razoável de obter os benefícios:

I – dos serviços desenvolvidos ou obtidos, conforme disposto no art. 23 desta Lei, no caso de contratos que tenham por objeto o desenvolvimento ou a obtenção de serviços; ou

II – dos intangíveis ou dos ativos tangíveis, mediante a atribuição de participação ou de direito sobre tais ativos, no caso de contratos que tenham por objeto o desenvolvimento, a produção ou a obtenção de intangíveis ou de ativos tangíveis, e que sejam capazes de explorá-los em suas atividades.

§ 2.º As contribuições a que se refere o *caput* deste artigo compreendem qualquer espécie de contribuição fornecida pelo participante que tenha valor, incluídos o fornecimento de serviços, o desempenho de atividades relativas ao desenvolvimento de intangíveis ou de ativos tangíveis, e a disponibilização de intangíveis ou de ativos tangíveis existentes.

§ 3.º As contribuições dos participantes serão determinadas de acordo com o princípio previsto no art. 2.º desta Lei e proporcionais às suas parcelas no benefício total esperado, as quais serão avaliadas por meio das estimativas do incremento de receitas, da redução de custos ou de qualquer outro benefício que se espera obter do contrato.

§ 4.º Nas hipóteses em que a contribuição do participante não for proporcional à sua parcela no benefício total esperado, serão efetuadas compensações adequadas entre os participantes do contrato, de modo a restabelecer o seu equilíbrio.

§ 5.º Nos casos em que houver qualquer alteração nos participantes do contrato, incluída a entrada ou a retirada de um participante, ou naqueles em que se der a transferência entre os participantes dos direitos nos benefícios do contrato, serão exigidas compensações em favor daqueles que cederem sua parte por aqueles que obtiverem ou majorarem sua participação nos resultados obtidos no contrato.

§ 6.º Na hipótese de rescisão do contrato, os resultados obtidos serão alocados entre os participantes de forma proporcional às contribuições realizadas.

Seção V
Da Reestruturação de Negócios

Art. 26. São consideradas reestruturações de negócios as modificações nas relações comerciais ou financeiras entre partes relacionadas que resultem na transferência de lucro potencial ou em benefícios ou prejuízos para qualquer uma das partes e que seriam remuneradas caso fossem efetuadas entre partes não relacionadas de acordo com o princípio previsto no art. 2.º desta Lei.

§ 1.º O lucro potencial referido no *caput* deste artigo compreende os lucros ou perdas esperados associados à transferência de funções, de ativos, de riscos ou de oportunidades de negócios.

§ 2.º As reestruturações a que se refere o *caput* deste artigo incluem hipóteses em que o lucro potencial seja transferido a uma parte relacionada como resultado da renegociação ou do encerramento das relações comerciais ou financeiras com partes não relacionadas.

§ 3.º Para determinar a compensação pelo benefício obtido ou pelo prejuízo sofrido por qualquer uma das partes da transação, serão considerados:

I – os custos suportados pela entidade transferidora como consequência da reestruturação; e

II – a transferência do lucro potencial.

§ 4.º A compensação pela transferência do lucro potencial considerará o valor que os itens transferidos têm em conjunto.

Seção VI
Das Operações Financeiras

Subseção I
Das Operações de Dívida

Art. 27. Quando a transação controlada envolver o fornecimento de recursos financeiros e estiver formalizada como operação de dívida, as disposições desta Lei serão aplicadas para determinar se a transação será delineada, total ou parcialmente, como operação de dívida ou de capital, consideradas as características economicamente relevantes da transação, as perspectivas das partes e as opções realisticamente disponíveis.

Parágrafo único. Os juros e outras despesas relativos à transação delineada como operação de capital não serão dedutíveis para fins de cálculo do IRPJ e da CSLL.

Art. 28. Os termos e as condições de uma transação controlada delineada como operação de dívida, conforme disposto no art. 27, serão estabelecidos de acordo com o princípio previsto no art. 2.º desta Lei.

§ 1.º Para fins do disposto no *caput* deste artigo, serão consideradas as características economicamente relevantes da transação controlada, conforme previsto no art. 7.º desta Lei, inclusive o risco de crédito do devedor em relação à transação.

§ 2.º Para determinar o risco de crédito do devedor em relação à transação, serão considerados e ajustados os efeitos decorrentes de outras transações controladas quando não estiverem de acordo com o princípio previsto no art. 2.º desta Lei.

§ 3.º A determinação do risco de crédito do devedor em relação à transação considerará, se existentes, os efeitos do suporte implícito do grupo.

§ 4.º Os benefícios auferidos pelo devedor que decorram do suporte implícito do grupo serão considerados benefícios incidentais, nos termos do parágrafo único do art. 10, e não ensejarão qualquer remuneração.

Art. 29. Na hipótese de transação controlada delineada como operação de dívida, quando verificado que a parte relacionada, credora da operação de dívida:

I – não possui a capacidade financeira ou não exerce o controle sobre os riscos economicamente significativos associados à transação, a sua remuneração não poderá exceder ao valor da remuneração determinada com base em taxa de retorno livre de risco;

II – possui a capacidade financeira e exerce o controle sobre os riscos economicamente significativos associados à transação, a sua remuneração não poderá exceder ao valor da remuneração determinada com base em taxa de retorno ajustada ao risco; ou

III – exerce somente funções de intermediação, de forma que os recursos da operação de dívida sejam provenientes de outra parte, a sua remuneração será determinada com base no princípio previsto no art. 2.º desta Lei, de modo a considerar as funções desempenhadas, os ativos utilizados e os riscos assumidos.

Parágrafo único. Para fins do disposto no *caput* deste artigo, considera-se:

I – taxa de retorno livre de risco: aquela que represente o retorno que seria esperado de um investimento com menor risco de perda, em particular os investimentos efetuados em títulos públicos, emitidos por governos na mesma moeda funcional do credor da operação e que apresentem as menores taxas de retorno; e

II – taxa de retorno ajustada ao risco: aquela determinada a partir da taxa de que trata o inciso I deste parágrafo, ajustada por prêmio que reflita o risco assumido pelo credor.

Subseção II
Das Garantias Intragrupo

Art. 30. Quando a transação controlada envolver a prestação de garantia na forma de um compromisso legalmente vinculante da parte relacionada de assumir uma obrigação específica no caso de inadimplemento do devedor, as disposições desta Lei serão aplicadas para determinar se a prestação da garantia será delineada, total ou parcialmente, como:

I – serviço, hipótese em que será devida remuneração ao garantidor, conforme previsto no art. 23 desta Lei; ou

II – atividade de sócio ou contribuição de capital, hipótese em que nenhuma remuneração será devida.

Parágrafo único. Para fins do disposto nesta Lei, o valor adicional de recursos obtidos em operação de dívida perante a parte não relacionada em razão da existência da garantia prestada por parte relacionada será delineado como contribuição de capital, e nenhum pagamento a título de garantia será devido em relação a este montante, ressalvado quando demonstrado de forma confiável que, de acordo com o princípio previsto no art. 2.º desta Lei, outra abordagem seria considerada mais apropriada.

Art. 31. Os termos e as condições de uma transação controlada que envolva uma prestação de garantia delineada como serviço serão estabelecidos de acordo com o princípio previsto no art. 2.º desta Lei.

Parágrafo único. Para fins do disposto no caput deste artigo, o valor da remuneração devida à parte relacionada garantidora da obrigação será determinado com base no benefício obtido pelo devedor que supere o benefício incidental decorrente do suporte implícito do grupo a que se referem os §§ 3.º e 4.º do art. 28, e não poderá exceder a 50% (cinquenta por cento) desse valor, ressalvado quando demonstrado de forma confiável que, de acordo com o princípio previsto no art. 2.º desta Lei, outra abordagem seria considerada mais apropriada.

Subseção III
Dos Acordos de Gestão Centralizada de Tesouraria

Art. 32. Os termos e as condições de uma transação controlada delineada como operação de centralização, sob qualquer forma, dos saldos de caixa de partes relacionadas decorrente de um acordo que tenha por objetivo a gestão de liquidez de curto prazo serão estabelecidos de acordo com o princípio previsto no art. 2.º desta Lei.

§ 1.º No delineamento da transação de que trata o caput deste artigo:

I – serão consideradas as opções realisticamente disponíveis para cada uma das partes da transação; e

II – será verificado se o contribuinte parte do acordo aufere benefícios proporcionais às contribuições que efetua ou se sua participação se restringe a conceder financiamento às demais partes da transação.

§ 2.º Para fins do disposto no caput deste artigo, os benefícios de sinergia obtidos em decorrência do acordo serão alocados entre os seus participantes, observado o disposto no art. 10 desta Lei.

§ 3.º Quando o contribuinte ou outra parte relacionada desempenhar a função de coordenação do acordo, a sua remuneração será determinada de acordo com o princípio previsto no art. 2.º desta Lei, considerados as funções exercidas, os ativos utilizados e os riscos assumidos para desempenhar a referida função.

Subseção IV
Dos Contratos de Seguro

Art. 33. Os termos e as condições de uma transação controlada que envolva uma operação de seguro entre partes relacionadas, em que uma parte assuma a responsabilidade de garantir o interesse da outra parte contra riscos predeterminados mediante o pagamento de prêmio, e que seja delineada como serviço nos termos do art. 23 desta Lei serão estabelecidos de acordo com o princípio previsto no art. 2.º desta Lei.

§ 1.º Para fins do disposto no caput deste artigo, os arranjos que envolvam operações de seguro efetuadas com partes não relacionadas, em que parte ou totalidade dos riscos segurados seja transferida da parte não relacionada para partes relacionadas do segurado, serão considerados como transações controladas, estarão sujeitos ao princípio previsto no art. 2.º desta Lei e serão analisados em sua totalidade.

§ 2.º Nos casos em que o seguro celebrado com parte relacionada estiver relacionado com uma operação de seguro celebrada com parte não relacionada, o segurador vinculado que desempenhar as funções de intermediação entre os segurados vinculados e a parte não relacionada será remunerado de acordo com o princípio previsto no art. 2.º, considerados as funções desempenhadas, os ativos utilizados e os riscos assumidos, e os benefícios de sinergia obtidos em decorrência do arranjo serão alocados entre os seus participantes de acordo com as suas contribuições, observado o disposto no art. 10 desta Lei.

§ 3.º Quando for verificado que o contrato de seguro referido no caput deste artigo é parte de um arranjo em que partes relacionadas reúnam um conjunto de riscos objeto de seguro celebrado com um segurador não vinculado, os benefícios de sinergia obtidos em decorrência do arranjo serão alocados entre os seus participantes de acordo com as suas contribuições, observado o disposto no art. 10 desta Lei.

§ 4.º Na hipótese de o contribuinte ou outra parte relacionada desempenhar a função de coordenação do arranjo de que trata o § 3.º deste artigo, a sua remuneração será determinada de acordo com o princípio previsto no art. 2.º desta Lei, considerados as funções desempenhadas, os ativos utilizados e os riscos assumidos.

Capítulo IV
DA DOCUMENTAÇÃO E DAS PENALIDADES

Art. 34. O contribuinte apresentará a documentação e fornecerá as informações para demonstrar que a base de cálculo dos tributos a que se refere o parágrafo único do art. 1.º relativas às suas transações controladas está em conformidade com o princípio previsto no art. 2.º desta Lei, incluídas aquelas necessárias ao delineamento da transação e à análise de comparabilidade e aquelas relativas:

I – às transações controladas;

II – às partes relacionadas envolvidas nas transações controladas;

III – à estrutura e às atividades do grupo multinacional a que pertence o contribuinte e as demais entidades integrantes; e

IV – à alocação global das receitas e dos ativos e ao imposto sobre a renda pago pelo grupo a que pertence o contribuinte, juntamente com os indicadores relacionados à sua atividade econômica global.

§ 1.º Na hipótese de o sujeito passivo deixar de fornecer as informações necessárias ao delineamento preciso da transação controlada ou à realização da análise de comparabilidade, caberá a adoção das seguintes medidas pela autoridade fiscal:

I – alocar à entidade brasileira as funções, os ativos e os riscos atribuídos a outra parte da transação controlada que não possuam evidências confiáveis de terem sido efetivamente por ela desempenhadas, utilizados ou assumidos; e

II – adotar estimativas e premissas razoáveis para realizar o delineamento da transação e a análise de comparabilidade.

§ 2.º A Secretaria Especial da Receita Federal do Brasil disciplinará a forma pela qual serão prestadas as informações sobre a entrega ou a disponibilização dos documentos de que trata o caput deste artigo, sem prejuízo de comprovações adicionais a serem requeridas pela autoridade fiscal, inclusive quanto à apresentação da documentação prevista nesta Lei relativa ao primeiro ano-calendário de sua aplicação, de modo a conceder prazo adicional para o atendimento das obrigações acessórias decorrentes da alteração da legislação.

Art. 35. A inobservância do disposto no art. 34 desta Lei acarretará a imposição das seguintes penalidades, sem prejuízo da aplicação de outras sanções previstas nesta Lei:

I – quanto à apresentação da declaração ou de outra obrigação acessória específica instituída pela Secretaria Especial da Receita Federal do Brasil para fins do disposto no art. 34 desta Lei, independentemente da forma de sua transmissão:

a) multa equivalente a 0,2% (dois décimos por cento), por mês-calendário ou fração, sobre o valor da receita bruta do período a que se refere a obrigação, na hipótese de falta de apresentação tempestiva;

b) multa equivalente a 5% (cinco por cento) sobre o valor da transação correspondente ou a 0,2% (dois décimos por cento) sobre o valor da receita consolidada do grupo multinacional do ano anterior ao que se referem as informações, no caso de obrigação acessória instituída para declarar as informações a que se referem os incisos III e IV do caput do art. 34 desta Lei, na hipótese de apresentação com informações inexatas, incompletas ou omitidas; ou

c) multa equivalente a 3% (três por cento) sobre o valor da receita bruta do período a que se refere a obrigação, na hipótese de apresentação sem atendimento aos requisitos para apresentação de obrigação acessória; e

II – quanto à falta de apresentação tempestiva de informação ou de documentação requerida pela autoridade fiscal durante procedimento fiscal ou outra medida prévia fiscalizatória, ou a outra conduta que implique embaraço à fiscalização durante o procedimento fiscal, multa equivalente a 5% (cinco por cento) sobre o valor da transação correspondente.

§ 1.º As multas a que se refere este artigo terão o valor mínimo de R$ 20.000,00 (vinte mil reais) e o valor máximo de R$ 5.000.000,00 (cinco milhões de reais).

§ 2.º Para estabelecer o valor da multa prevista na alínea c do inciso I do caput, será utilizado o valor máximo previsto no § 1.º deste artigo:

I – caso o sujeito passivo não informe o valor da receita consolidada do grupo multinacional no ano anterior; ou

II – quando a informação prestada não houver sido devidamente comprovada.

§ 3.º Para fins de aplicação da multa prevista na alínea a do inciso I do caput deste artigo, será considerado como termo inicial o dia seguinte ao término do prazo originalmente estabelecido para o cumprimento da obrigação e como termo final a data do seu cumprimento ou, no caso de não cumprimento, da lavratura do auto de infração ou da notificação de lançamento.

§ 4.º A multa prevista na alínea b do inciso I do caput deste artigo não será aplicada nas hipóteses de erros formais devidamente comprovados ou de informações imateriais, nas condições estabelecidas em regulamentação editada pela Secretaria Especial da Receita Federal do Brasil.

Art. 36. Caso a autoridade fiscal discorde, durante o procedimento fiscal, da determinação da base de cálculo do IRPJ e da CSLL efetuada pela pessoa jurídica na forma prevista nesta Lei, o sujeito passivo poderá ser autorizado a retificar a declaração ou a escrituração fiscal exclusivamente em relação aos ajustes de preços de transferência para a sua regularização, respeitadas as seguintes premissas:

I – não ter agido contrariamente a ato normativo ou interpretativo vinculante da administração tributária;

II – ter sido cooperativo perante a Secretaria Especial da Receita Federal do Brasil, inclusive durante o procedimento fiscal;

III – ter empreendido esforços razoáveis para cumprir o disposto nesta Lei; e

IV – ter adotado critérios coerentes e razoavelmente justificáveis para a determinação da base de cálculo.

§ 1.º Na hipótese prevista no caput deste artigo, nenhuma penalidade que se relacione diretamente com as informações retificadas será aplicada, desde que haja a retificação da escrituração para a apuração do IRPJ e da CSLL e das demais declarações ou escriturações dela decorrentes, inclusive para a constituição de crédito tributário, com a sua extinção mediante o pagamento dos tributos correspondentes, com os acréscimos moratórios de que trata o art. 61 da Lei n. 9.430, de 27 de dezembro de 1996.

§ 2.º A retificação aceita pela autoridade fiscal implicará a homologação do lançamento em relação à matéria que tiver sido regularizada pelo sujeito passivo, tornadas sem efeito as retificações de declarações e escriturações posteriores por parte do sujeito passivo sem autorização da Secretaria Especial da Receita Federal do Brasil.

§ 3.º A Secretaria Especial da Receita Federal do Brasil disciplinará o disposto neste artigo, inclusive quanto às condições, aos requisitos e aos parâmetros a serem observados em sua aplicação.

Capítulo V
DAS MEDIDAS ESPECIAIS E DO INSTRUMENTO PARA SEGURANÇA JURÍDICA

Seção I
Das Medidas de Simplificação e das Demais Medidas

Art. 37. A Secretaria Especial da Receita Federal do Brasil poderá estabelecer regramentos específicos para disciplinar a aplicação do princípio previsto no art. 2.º desta Lei a determinadas situações, especialmente para:

I – simplificar a aplicação das etapas da análise de comparabilidade prevista no art. 9.º, inclusive para dispensar ou simplificar a apresentação da documentação de que trata o art. 34 desta Lei;

II – fornecer orientação adicional em relação a transações específicas, incluídos transações com intangíveis, contratos de compartilhamento de custos, reestruturação de negócios, acordos de gestão centralizada de tesouraria e outras transações financeiras; e

III – prever o tratamento para situações em que as informações disponíveis a respeito da transação controlada, da parte relacionada ou de comparáveis sejam limitadas, de modo a assegurar a aplicação adequada do disposto nesta Lei.

Seção II
Do Processo de Consulta Específico em Matéria de Preços de Transferência

Art. 38. A Secretaria Especial da Receita Federal do Brasil poderá instituir processo de consulta específico a respeito da metodologia a ser utilizada pelo contribuinte para o cumprimento do princípio previsto no art. 2.º desta Lei em relação a transações controladas futuras e estabelecer os requisitos necessários à solicitação e ao atendimento da consulta.

§ 1.º A metodologia referida no caput deste artigo compreende os critérios estabelecidos nesta Lei para a determinação dos termos e das condições que seriam estabelecidos entre partes não relacionadas em transações comparáveis realizadas, incluídos aqueles relativos:

I – à seleção e à aplicação do método mais apropriado e do indicador financeiro examinado;

II – à seleção de transações comparáveis e aos ajustes de comparabilidade apropriados;

III – à determinação dos fatores de comparabilidade considerados significativos para as circunstâncias do caso; e

IV – à determinação das premissas críticas quanto às transações futuras.

§ 2.º Caso o pedido de consulta seja aceito pela autoridade competente, o contribuinte terá o prazo de 15 (quinze) dias úteis, contado da data da decisão, para o recolhimento da taxa de que trata o § 8.º deste artigo, sob pena de deserção.

§ 3.º A solução da consulta terá validade de até 4 (quatro) anos e poderá ser prorrogada por 2 (dois) anos mediante requerimento do contribuinte e aprovação da autoridade competente.

§ 4.º A solução da consulta poderá ser tornada sem efeito a qualquer tempo, com efeitos retroativos a partir da data da sua emissão, quando estiver fundamentada em:

I – informação errônea, falsa ou enganosa; ou

II – omissão por parte do contribuinte.

§ 5.º Fica a Secretaria Especial da Receita Federal do Brasil autorizada a revisar a solução de consulta, de ofício ou a pedido do contribuinte, nos casos de alteração:

I – das premissas críticas que serviram de fundamentação para emissão da solução; ou

II – da legislação que modifique qualquer assunto disciplinado pela consulta.

§ 6.º Caso haja alteração das premissas críticas que serviram de fundamentação para a solução da consulta, esta se tornará inválida a partir da data em que ocorrer a alteração, exceto se houver disposição em contrário da Secretaria Especial da Receita Federal do Brasil.

§ 7.º A Secretaria Especial da Receita Federal do Brasil poderá autorizar a aplicação da metodologia resultante da consulta a períodos de apuração anteriores, desde que seja verificado que os fatos e as circunstâncias relevantes relativos a esses períodos sejam os mesmos daqueles considerados para a emissão da solução da consulta.

§ 8.º A apresentação de pedido de consulta, na forma prevista no *caput* deste artigo, aceita pela autoridade competente ficará sujeita à cobrança de taxa nos valores de:

I – R$ 80.000,00 (oitenta mil reais);

II – R$ 20.000,00 (vinte mil reais), no caso de pedido de extensão do período de validade da resposta à consulta.

§ 9.º A taxa de que trata o § 8.º deste artigo:

I – será administrada pela Secretaria Especial da Receita Federal do Brasil, que poderá editar atos complementares para disciplinar a matéria;

II – será devida pelo interessado no processo de consulta, a partir da data da aceitação do pedido;

III – não será reembolsada no caso de o contribuinte retirar o pedido após a sua aceitação pela Secretaria Especial da Receita Federal do Brasil;

IV – estará sujeita às mesmas condições, aos prazos, às sanções e aos privilégios constantes das normas gerais pertinentes aos demais tributos administrados pela Secretaria Especial da Receita Federal do Brasil, observadas as regras específicas estabelecidas neste artigo; e

V – poderá ter os seus valores atualizados, anualmente, pelo Índice Nacional de Preços ao Consumidor (INPC), ou pelo índice que o substituir, por ato do Ministro de Estado da Fazenda, que estabelecerá os termos inicial e final da atualização.

§ 10. O produto da arrecadação da taxa de que trata o § 8.º deste artigo será destinado ao Fundo Especial de Desenvolvimento e Aperfeiçoamento das Atividades de Fiscalização (Fundaf), instituído pelo Decreto-lei n. 1.437, de 17 de dezembro de 1975.

Seção III
Do Procedimento Amigável

Art. 39. Nos casos de resultados acordados em mecanismo de solução de disputa previstos no âmbito de acordo ou de convenção internacional para eliminar a dupla tributação dos quais o Brasil seja signatário, incluídos aqueles que tratem de matérias não disciplinadas por esta Lei, a autoridade fiscal deverá revisar, de ofício, o lançamento efetuado, a fim de implementar o resultado acordado em conformidade com as disposições, o objetivo e a finalidade do acordo ou da convenção internacional, observada a regulamentação editada pela Secretaria Especial da Receita Federal do Brasil.

Capítulo VI
DISPOSIÇÕES FINAIS

Art. 40. Os arts. 24 e 24-A da Lei n. 9.430, de 27 de dezembro de 1996, passam a vigorar com as seguintes alterações:

•• Alterações já processadas no diploma modificado.

Art. 41. O *caput* do art. 86 da Lei n. 12.973, de 13 de maio de 2014, passa a vigorar com a seguinte redação:

•• Alterações já processadas no diploma modificado.

....

Art. 43. O disposto no art. 24 da Lei n. 11.457, de 16 de março de 2007, não se aplica à consulta de que trata o art. 38 desta Lei e aos mecanismos de soluções de disputas previstos nos acordos ou nas convenções internacionais para eliminar a dupla tributação dos quais o Brasil seja signatário.

Art. 44. Não são dedutíveis, na determinação do lucro real e da base de cálculo da CSLL, as importâncias pagas, creditadas, entregues, empregadas ou remetidas a título de *royalties* e assistência técnica, científica, administrativa ou semelhante a partes relacionadas nos termos do art. 4.º desta Lei, quando a dedução dos valores resultar em dupla não tributação em qualquer uma das seguintes hipóteses:

I – o mesmo valor seja tratado como despesa dedutível para outra parte relacionada;

II – o valor deduzido no Brasil não seja tratado como rendimento tributável do beneficiário de acordo com a legislação de sua jurisdição; ou

III – os valores sejam destinados a financiar, direta ou indiretamente, despesas dedutíveis de partes relacionadas que acarretem as hipóteses referidas nos incisos I ou II deste *caput*.

Parágrafo único. A Secretaria Especial da Receita Federal do Brasil disciplinará o disposto neste artigo.

Art. 45. O contribuinte poderá optar pela aplicação do disposto nos arts. 1.º a 44 desta Lei a partir de 1.º de janeiro de 2023.

§ 1.º A opção de que trata o *caput* será irretratável e acarretará a observância das disposições previstas nos arts. 1.º a 44 e os efeitos do disposto no art. 46 desta Lei a partir de 1.º de janeiro de 2023.

§ 2.º A Secretaria Especial da Receita Federal do Brasil estabelecerá a forma, o prazo e as condições da opção de que trata o *caput* deste artigo.

Art. 46. Ficam revogados, a partir de 1.º de janeiro de 2024, os seguintes dispositivos:

I – art. 74 da Lei n. 3.470, de 28 de novembro de 1958;

II – da Lei n. 4.131, de 3 de setembro de 1962:

a) art. 12; e

b) art. 13;

III – da Lei n. 4.506, de 30 de novembro de 1964:

a) art. 52; e

b) alíneas *d, e, f* e *g* do parágrafo único do art. 71;

IV – art. 6.º do Decreto-lei n. 1.730, de 17 de dezembro de 1979;

V – art. 50 da Lei n. 8.383, de 30 de dezembro de 1991;

VI – da Lei n. 9.430, de 27 de dezembro de 1996:

a) arts. 18 a 23; e

b) § 2.º do art. 24;

VII – art. 45 da Lei n. 10.637, de 30 de dezembro de 2002;

VIII – art. 45 da Lei n. 10.833, de 29 de dezembro de 2003;

IX – da Lei n. 12.715, de 17 de setembro de 2012:

a) art. 49, na parte em que altera o art. 20 da Lei n. 9.430, de 27 de dezembro de 1996; e

b) arts. 50 e 51;

X – art. 5.º da Lei n. 12.766, de 27 de dezembro de 2012; e

XI – art. 24 da Lei n. 14.286, de 29 de dezembro de 2021, na parte em que altera o art. 50 da Lei n. 8.383, de 30 de dezembro de 1991.

Art. 47. Esta Lei entra em vigor em 1.º de janeiro de 2024, exceto o art. 45, que entra em vigor na data de sua publicação.

Parágrafo único. Aos contribuintes que fizerem a opção prevista no art. 45 desta Lei, aplicam-se, a partir de 1.º de janeiro de 2023:

I – os arts. 1.º a 44; e

II – as revogações previstas no art. 46.

Brasília, 14 de junho de 2023; 202.º da Independência e 135.º da República.

Luiz Inácio Lula Da Silva

LEI COMPLEMENTAR N. 199, DE 1.º DE AGOSTO DE 2023 (*)

Institui o Estatuto Nacional de Simplificação de Obrigações Tributárias Acessórias; e dá outras providências.

O Presidente da República

Faço saber que o Congresso Nacional decreta e eu sanciono a seguinte Lei Complementar:

___

(*) Publicada no *Diário Oficial da União*, de 2-8-2023.

LC n. 199, de 1.º-8-2023 – Estatuto Nac. de Simplificação de Obrigações Tributárias

Capítulo I
DO ESTATUTO NACIONAL DE SIMPLIFICAÇÃO DE OBRIGAÇÕES TRIBUTÁRIAS ACESSÓRIAS

Art. 1.º Esta Lei Complementar institui o Estatuto Nacional de Simplificação de Obrigações Tributárias Acessórias, em observância ao disposto na alínea *b* do inciso III do *caput* do art. 146 da Constituição Federal, com a finalidade de diminuir os custos de cumprimento das obrigações tributárias e de incentivar a conformidade por parte dos contribuintes, no âmbito dos Poderes da União, dos Estados, do Distrito Federal e dos Municípios, especialmente no que se refere a:

I – emissão unificada de documentos fiscais eletrônicos;

II – instituição da Nota Fiscal Brasil Eletrônica (NFB-e);

•• Inciso II originalmente vetado, todavia promulgado em 22-12-2023.

III – (*Vetado*.)

IV – utilização dos dados de documentos fiscais para a apuração de tributos e para o fornecimento de declarações pré-preenchidas e respectivas guias de recolhimento de tributos pelas administrações tributárias;

V – facilitação dos meios de pagamento de tributos e contribuições, por meio da unificação dos documentos de arrecadação;

VI – unificação de cadastros fiscais e seu compartilhamento em conformidade com a competência legal;

VII – instituição do Registro Cadastral Unificado (RCU).

•• Inciso VII originalmente vetado, todavia promulgado em 22-12-2023.

§ 1.º Para a emissão unificada de documentos fiscais eletrônicos referida no inciso I do *caput* deste artigo, considerar-se-ão os sistemas, as legislações, os regimes especiais, as dispensas e os sistemas fiscais eletrônicos existentes, de forma a promover a sua integração, inclusive com redução de custos para os contribuintes.

§ 2.º O Estatuto Nacional de Simplificação de Obrigações Tributárias Acessórias objetiva a padronização das legislações e dos respectivos sistemas direcionados ao cumprimento de obrigações acessórias, de forma a possibilitar a redução de custos para as administrações tributárias das unidades federadas e para os contribuintes.

§§ 3.º e 4.º (*Vetados*.)

§ 5.º Esta Lei Complementar não se aplica às obrigações tributárias acessórias decorrentes dos impostos previstos nos incisos III e V do *caput* do art. 153 da Constituição Federal.

Art. 2.º As administrações tributárias da União, dos Estados, do Distrito Federal e dos Municípios poderão compartilhar dados fiscais e cadastrais, sempre que necessário para reduzir obrigações acessórias e aumentar a efetividade da fiscalização.

Parágrafo único. É autorizada a solicitação devidamente motivada de autoridade administrativa ou de órgão público para confirmação de informação prestada por beneficiário, inclusive de pessoa relacionada, de ação ou de programa que acarrete despesa pública.

Art. 3.º As ações de simplificação de obrigações tributárias acessórias serão geridas pelo Comitê Nacional de Simplificação de Obrigações Tributárias Acessórias (CNSOA), vinculado ao Ministério responsável pela Fazenda Pública Nacional, composto dos seguintes membros:

I – 6 (seis) representantes da Secretaria Especial da Receita Federal do Brasil, como representantes da União;

II – 6 (seis) representantes dos Estados e do Distrito Federal;

III – 6 (seis) representantes dos Municípios; e

IV – (*Vetado*.)

§ 1.º Ao CNSOA compete:

I – instituir e aperfeiçoar os processos de que tratam os incisos I, II, III, IV, V, VI e VII do *caput* do art. 1.º desta Lei Complementar, bem como quaisquer obrigações acessórias, com a definição de padrões nacionais;

II – disciplinar as obrigações tributárias acessórias de que trata o art. 1.º desta Lei Complementar, ressalvadas as competências do Comitê Gestor do Simples Nacional (CGSN) de que trata o § 6.º do art. 2.º da Lei Complementar n. 123, de 14 de dezembro de 2006.

•• Inciso II originalmente vetado, todavia promulgado em 22-12-2023.

§ 2.º O disposto neste artigo não impede que a União, os Estados, o Distrito Federal e os Municípios disponham sobre as obrigações tributárias acessórias relativas aos tributos de sua competência, ressalvada a obrigação de cumprir o disciplinado pelo CNSOA.

§ 3.º O CNSOA será presidido e coordenado por representante da União indicado pelo Ministério responsável pela Fazenda Pública Nacional.

§ 4.º A escolha dos membros do CNSOA dar-se-á por:

I – indicação do Secretário Especial da Receita Federal do Brasil, quanto aos 6 (seis) representantes desse órgão que comporão o Comitê;

II – indicação dos Secretários de Fazenda, Finanças e Tributação dos Estados e do Distrito Federal, quanto aos 6 (seis) representantes dos Estados e do Distrito Federal que comporão o Comitê, mediante reunião deliberativa no âmbito do Conselho Nacional de Política Fazendária (Confaz);

III – indicação, por meio de entidade representativa das Secretarias de Finanças ou Fazenda das Capitais, quanto a 3 (três) dos representantes municipais que comporão o Comitê;

IV – indicação, por meio de entidade da Confederação Nacional de Municípios (CNM), quanto a 3 (três) dos representantes municipais que comporão o Comitê; e

V – (*Vetado*.)

§ 5.º As indicações ao CNSOA deverão ser de representantes titulares e suplentes, respectivamente.

§ 6.º As entidades de representação referidas no § 4.º deste artigo serão aquelas regularmente constituídas pelo menos 1 (um) ano antes da publicação desta Lei Complementar.

§ 7.º O mandato dos membros do CNSOA será de 2 (dois) anos, permitidas reconduções, observado o disposto no § 4.º deste artigo.

§ 8.º A participação dos representantes no CNSOA será considerada serviço público relevante, não remunerado.

§ 9.º O CNSOA elaborará seu regimento interno, aprovado pela maioria absoluta de seus membros, que disporá sobre seu funcionamento.

§ 10. O quórum de aprovação do CNSOA será de 3/5 (três quintos) dos seus membros quando a votação tratar de disciplinar assuntos de sua competência delimitados no art. 1.º desta Lei Complementar.

§ 11. As deliberações do CNSOA, salvo as de mera organização interna, serão precedidas de consulta pública, em conformidade com o art. 29 do Decreto-lei n. 4.657, de 4 de setembro de 1942 (Lei de Introdução às Normas do Direito Brasileiro).

Capítulo II
DISPOSIÇÕES FINAIS

Art. 4.º A União, os Estados, o Distrito Federal e os Municípios atuarão de forma integrada e poderão ter acesso às bases de dados dos documentos fiscais eletrônicos, das declarações fiscais, do RCU, dos documentos de arrecadação e dos demais documentos fiscais que vierem a ser instituídos, na forma disciplinada pelo CNSOA.

Parágrafo único. O CNSOA terá como objetivo a automatização da escrituração fiscal de todos os tributos abrangidos por esta Lei Complementar, com mínima intervenção do contribuinte, gerada a partir dos documentos fiscais eletrônicos por ele emitidos.

Art. 5.º Observado o § 5.º do art. 1.º, o disposto nesta Lei Complementar aplica-se a todos os tributos, mesmo os que venham a ser instituídos após sua publicação.

Art. 6.º (*Vetado*.)

Art. 7.º Cabe ao Poder Executivo federal adotar as medidas necessárias para o CNSOA executar as atividades definidas nesta Lei Complementar.

Art. 8.º (*Vetado*.)

Art. 9.º O disposto nesta Lei Complementar não afasta o tratamento diferenciado e favorecido dispensado às microempresas e empresas de pequeno porte e ao microempreendedor individual optantes pelo regime do Simples Nacional, nos termos da Lei Complementar n. 123, de 14 de dezembro de 2006, e das legislações correlatas.

Art. 10. (Vetado.)

Art. 11. Esta Lei Complementar entra em vigor na data de sua publicação.

Brasília, 1.º de agosto de 2023; 202.º da Independência e 135.º da República.

LUIZ INÁCIO LULA DA SILVA

LEI COMPLEMENTAR N. 200, DE 30 DE AGOSTO DE 2023 (*)

Institui regime fiscal sustentável para garantir a estabilidade macroeconômica do País e criar as condições adequadas ao crescimento socioeconômico, com fundamento no art. 6.º da Emenda Constitucional n. 126, de 21 de dezembro de 2022, e no inciso VIII do caput e no parágrafo único do art. 163 da Constituição Federal; e altera a Lei Complementar n. 101, de 4 de maio de 2000 (Lei de Responsabilidade Fiscal).

O Presidente da República
Faço saber que o Congresso Nacional decreta e eu sanciono a seguinte Lei Complementar:

Capítulo I
DISPOSIÇÕES PRELIMINARES

Art. 1.º Fica instituído regime fiscal sustentável para garantir a estabilidade macroeconômica do País e criar as condições adequadas ao crescimento socioeconômico, com fundamento no art. 6.º da Emenda Constitucional n. 126, de 21 de dezembro de 2022, e no inciso VIII do *caput* e no parágrafo único do art. 163 da Constituição Federal.

§ 1.º O disposto nesta Lei Complementar:
I – aplica-se às receitas primárias e às despesas primárias dos orçamentos fiscal e da seguridade social da União;
II – não afasta as limitações e as condicionantes para geração de despesa e de renúncia de receita estabelecidas na Lei Complementar n. 101, de 4 de maio de 2000 (Lei de Responsabilidade Fiscal), observadas as disposições da lei de diretrizes orçamentárias, inclusive em relação aos efeitos das renúncias de receita sobre a sustentabilidade do regime fiscal instituído nesta Lei Complementar.

§ 2.º A política fiscal da União deve ser conduzida de modo a manter a dívida pública em níveis sustentáveis, prevenindo riscos e promovendo medidas de ajuste fiscal em caso de desvios, garantindo a solvência e a sustentabilidade intertemporal das contas públicas.

§ 3.º Integram o conjunto de medidas de ajuste fiscal a obtenção de resultados fiscais compatíveis com a sustentabilidade da dívida, a adoção de limites ao crescimento da despesa, a aplicação das vedações previstas nos incisos I a X do *caput* do art. 167-A da Constituição Federal, bem como a recuperação e a gestão de receitas públicas.

Capítulo II
DAS METAS FISCAIS COMPATÍVEIS COM A SUSTENTABILIDADE DA DÍVIDA

Art. 2.º A lei de diretrizes orçamentárias, nos termos do § 2.º do art. 165 da Constituição Federal e do art. 4.º da Lei Complementar n. 101, de 4 de maio de 2000 (Lei de Responsabilidade Fiscal), estabelecerá as diretrizes de política fiscal e as respectivas metas anuais de resultado primário do Governo Central, para o exercício a que se referir e para os 3 (três) seguintes, compatíveis com a trajetória sustentável da dívida pública.

§ 1.º Considera-se compatível com a sustentabilidade da dívida pública o estabelecimento de metas de resultados primários, nos termos das leis de diretrizes orçamentárias, até a estabilização da relação entre a Dívida Bruta do Governo Geral (DBGG) e o Produto Interno Bruto (PIB), conforme o Anexo de Metas Fiscais de que trata o § 5.º do art. 4.º da Lei Complementar n. 101, de 4 de maio de 2000 (Lei de Responsabilidade Fiscal).

§ 2.º A trajetória de convergência do montante da dívida, os indicadores de sua apuração e os níveis de compatibilidade dos resultados fiscais com a sustentabilidade da dívida constarão do Anexo de Metas Fiscais da lei de diretrizes orçamentárias.

§ 3.º A elaboração e a aprovação do projeto de lei orçamentária anual, bem como a execução da respectiva lei, deverão ser compatíveis com a obtenção da meta de resultado primário estabelecida na lei de diretrizes orçamentárias, observados, na execução, os intervalos de tolerância de que trata o inciso IV do § 5.º do art. 4.º da Lei Complementar n. 101, de 4 de maio de 2000 (Lei de Responsabilidade Fiscal).

§ 4.º A apuração do resultado primário e da relação entre a DBGG e o PIB será realizada pelo Banco Central do Brasil.

Capítulo III
DAS DESPESAS SUJEITAS A LIMITES POR PODER E ÓRGÃO

Art. 3.º Com fundamento no inciso VIII do *caput* do art. 163, no art. 164-A e nos §§ 2.º e 12 do art. 165 da Constituição Federal, ficam estabelecidos, para cada exercício a partir de 2024, observado o disposto nos arts. 4.º, 5.º e 9.º desta Lei Complementar, limites individualizados para o montante global das dotações orçamentárias relativas a despesas primárias:

I – do Poder Executivo federal;
II – do Supremo Tribunal Federal, do Superior Tribunal de Justiça, do Conselho Nacional de Justiça, da Justiça do Trabalho, da Justiça Federal, da Justiça Militar da União, da Justiça Eleitoral e da Justiça do Distrito Federal e dos Territórios, no âmbito do Poder Judiciário;
III – do Senado Federal, da Câmara dos Deputados e do Tribunal de Contas da União, no âmbito do Poder Legislativo;
IV – do Ministério Público da União e do Conselho Nacional do Ministério Público; e
V – da Defensoria Pública da União.

§ 1.º Cada um dos limites a que se refere o *caput* deste artigo equivalerá:
I – para o exercício de 2024, às dotações orçamentárias primárias constantes da Lei n. 14.535, de 17 de janeiro de 2023, considerados os créditos suplementares e especiais vigentes na data de promulgação desta Lei Complementar, relativas ao respectivo Poder ou órgão referido no *caput* deste artigo, corrigidas nos termos do art. 4.º e pelo crescimento real da despesa primária calculado nos termos do art. 5.º desta Lei Complementar, excluídas as dotações correspondentes às despesas de que trata o § 2.º deste artigo; e
II – para os exercícios posteriores a 2024, ao valor do limite referente ao exercício imediatamente anterior, corrigido nos termos dos arts. 4.º e 5.º desta Lei Complementar, observado que as alterações nas dotações orçamentárias realizadas para atender à situação prevista no *caput* do art. 9.º desta Lei Complementar não deverão ser incluídas para a definição do limite do exercício subsequente.

§ 2.º Não se incluem na base de cálculo e nos limites estabelecidos neste artigo:
I – as transferências estabelecidas no § 1.º do art. 20, no inciso III do parágrafo único do art. 146, no § 5.º do art. 153, no art. 157, nos incisos I e II do *caput* do art. 158, no art. 159 e no § 6.º do art. 212, as despesas referentes ao inciso XIV do *caput* do art. 21 e as complementações de que tratam os incisos IV e V do *caput* do art. 212-A, todos da Constituição Federal;
II – os créditos extraordinários a que se refere o § 3.º do art. 167 da Constituição Federal;
III – as despesas nos valores custeados com recursos de doações ou com recursos decorrentes de acordos judiciais ou extrajudiciais firmados para reparação de danos em decorrência de desastre;
IV – as despesas das universidades públicas federais, das empresas públicas da União prestadoras de serviços para hospitais universitários federais, das instituições federais de educação, ciência e tecnologia vinculadas ao Ministério da Educação, dos estabelecimentos de ensino militares federais e das demais instituições científicas, tecnológicas e de inovação, nos valores custeados com receitas próprias, ou de convênios, contratos ou instrumentos congêneres, celebrados com os demais entes federativos ou entidades privadas;
V – as despesas nos valores custeados com recursos oriundos de transferências dos demais entes federativos para a União desti-

---

(*) Publicada no *Diário Oficial da União*, de 31-8-2023.

nados à execução direta de obras e serviços de engenharia;

VI – as despesas para cumprimento do disposto no § 20 do art. 100 da Constituição Federal e no § 3.º do art. 107-A do Ato das Disposições Constitucionais Transitórias;

VII – as despesas para cumprimento do disposto nos §§ 11 e 21 do art. 100 da Constituição Federal;

VIII – as despesas não recorrentes da Justiça Eleitoral com a realização de eleições;

IX – as transferências legais estabelecidas nas alíneas *a* e *b* do inciso II do *caput* do art. 39 da Lei n. 11.284, de 2 de março de 2006, e no art. 17 da Lei n. 13.240, de 30 de dezembro de 2015.

§ 3.º Os limites estabelecidos no inciso IV do *caput* do art. 51, no inciso XIII do *caput* do art. 52, no § 1.º do art. 99, no § 3.º do art. 127 e no § 3.º do art. 134 da Constituição Federal não poderão ser superiores aos estabelecidos neste artigo.

§ 4.º A mensagem que encaminhar o projeto de lei orçamentária anual demonstrará os valores máximos de programação compatíveis com os limites individualizados calculados na forma prevista no § 1.º deste artigo.

§ 5.º As despesas primárias autorizadas na lei orçamentária anual e os respectivos créditos suplementares e especiais, inclusive reabertos, sujeitos aos limites de que trata este artigo não poderão exceder aos valores máximos demonstrados nos termos do § 4.º deste artigo.

§ 6.º O cálculo do limite do Poder Executivo federal de que trata o inciso I do § 1.º deste artigo deverá considerar a despesa anualizada das transferências aos fundos de saúde dos Estados, do Distrito Federal e dos Municípios, na forma de assistência financeira complementar para cumprimento dos pisos nacionais salariais para o enfermeiro, o técnico de enfermagem, o auxiliar de enfermagem e a parteira, de acordo com o disposto nos §§ 12, 13, 14 e 15 do art. 198 da Constituição Federal, vedada a dupla contabilização dos mesmos valores.

§ 7.º Os limites de pagamento e de movimentação financeira não poderão ultrapassar os limites orçamentários de que trata o *caput* deste artigo, exceto quando as estimativas de receitas e despesas durante o exercício indicarem que não haverá comprometimento na obtenção da meta de resultado primário da União, observados os intervalos de tolerância de que trata o inciso IV do § 5.º do art. 4.º da Lei Complementar n. 101, de 4 de maio de 2000 (Lei de Responsabilidade Fiscal).

§ 8.º Respeitado o somatório em cada um dos incisos de II a IV do *caput* deste artigo, a lei de diretrizes orçamentárias poderá dispor sobre a compensação entre os limites individualizados dos órgãos referidos em cada inciso.

Capítulo IV
DA CORREÇÃO DO LIMITE DE CRESCIMENTO DA DESPESA

Art. 4.º Os limites individualizados a que se refere o art. 3.º desta Lei Complementar serão corrigidos a cada exercício pela variação acumulada do Índice Nacional de Preços ao Consumidor Amplo (IPCA), publicado pela Fundação Instituto Brasileiro de Geografia e Estatística (IBGE), ou de outro índice que vier a substituí-lo, considerados os valores apurados no período de 12 (doze) meses encerrado em junho do exercício anterior ao que se refere a lei orçamentária anual, acrescidos da variação real da despesa, calculada nos termos do art. 5.º desta Lei Complementar.

§ 1.º O resultado da diferença entre a correção calculada com base na variação acumulada do IPCA, ou do índice que vier a substituí-lo, nos termos do *caput* deste artigo, e o valor apurado em 12 (doze) meses ao final do exercício poderá ser utilizado para ampliar o limite autorizado para o Poder Executivo na lei orçamentária anual, por meio de crédito, quando necessário à suplementação de despesas, nos termos da lei de diretrizes orçamentárias e das leis orçamentárias anuais, observado que a ampliação não se incorporará à base de cálculo dos exercícios seguintes.

§ 2.º A proibição de se incorporar a ampliação à base de cálculo de que trata o § 1.º deste artigo não se aplica aos créditos abertos em 2024.

Art. 5.º A variação real dos limites de despesa primária de que trata o art. 3.º desta Lei Complementar será cumulativa e ficará limitada, em relação à variação real da receita primária, apurada na forma do § 2.º deste artigo, às seguintes proporções:

I – 70% (setenta por cento), caso a meta de resultado primário apurada no exercício anterior ao da elaboração da lei orçamentária anual tenha sido cumprida, observados os intervalos de tolerância de que trata o inciso IV do § 5.º do art. 4.º da Lei Complementar n. 101, de 4 de maio de 2000 (Lei de Responsabilidade Fiscal); ou

II – 50% (cinquenta por cento), caso a meta de resultado primário apurada no exercício anterior ao da elaboração da lei orçamentária anual não tenha sido cumprida, observados os intervalos de tolerância de que trata o inciso IV do § 5.º do art. 4.º da Lei Complementar n. 101, de 4 de maio de 2000 (Lei de Responsabilidade Fiscal).

§ 1.º O crescimento real dos limites da despesa primária, nos casos previstos nos incisos I e II do *caput* deste artigo, não será inferior a 0,6% a.a. (seis décimos por cento ao ano) nem superior a 2,5% a.a. (dois inteiros e cinco décimos por cento ao ano).

§ 2.º Para os fins do disposto neste artigo, será considerada a receita, na forma a ser regulamentada em ato do Ministro de Estado da Fazenda, resultante da receita primária total do Governo Central, deduzidos os seguintes itens:

I – receitas primárias de concessões e permissões;

II – receitas primárias de dividendos e participações;

III – receitas primárias de exploração de recursos naturais;

IV – receitas primárias de que trata o parágrafo único do art. 121 do Ato das Disposições Constitucionais Transitórias;

V – receitas de programas especiais de recuperação fiscal, destinados a promover a regularização de créditos perante a União, criados a partir da publicação desta Lei Complementar; e

VI – transferências legais e constitucionais por repartição de receitas primárias, descontadas as decorrentes das receitas de que tratam os incisos I a V deste parágrafo.

§ 3.º Será considerada cumprida a meta se o resultado primário do Governo Central apurado pelo Banco Central do Brasil for superior ao limite inferior do intervalo de tolerância de que trata o inciso IV do § 5.º do art. 4.º da Lei Complementar n. 101, de 4 de maio de 2000 (Lei de Responsabilidade Fiscal), da meta estabelecida para o respectivo exercício, em valores nominais.

§ 4.º A variação real da receita a que se refere o § 2.º deste artigo considerará os valores acumulados no período de 12 (doze) meses encerrado em junho do exercício anterior ao que se refere a lei orçamentária anual, descontados da variação acumulada do IPCA, publicado pelo IBGE, ou de outro índice que vier a substituí-lo, apurada no mesmo período.

Art. 5.º-A. O crescimento anual de despesa anualizada sujeita ao limite de que trata o inciso I do *caput* do art. 3.º, decorrente de criação ou prorrogação de benefícios da seguridade social pela União, fica limitado pelas regras de correção do limite de crescimento da despesa previstas nos arts. 4.º e 5.º desta Lei Complementar.
•• Artigo acrescentado pela Lei Complementar n. 211, de 30-12-2024.

Capítulo V
DAS MEDIDAS DE AJUSTE FISCAL

Art. 6.º Caso o resultado primário do Governo Central apurado, relativo ao exercício anterior, seja menor que o limite inferior do intervalo de tolerância da meta, de que trata o inciso IV do § 5.º do art. 4.º da Lei Complementar n. 101, de 4 de maio de 2000 (Lei de Responsabilidade Fiscal), sem prejuízo da aplicação da redução do limite nos termos do inciso II do *caput* do art. 5.º desta Lei Complementar e de outras medidas, aplicam-se imediatamente, até a próxima apuração anual, com fundamento no parágrafo único do art. 163 da Constituição Federal, as vedações previstas nos incisos II, III e VI a X do art. 167-A da Constituição Federal.

§ 1.º Caso o resultado de que trata o *caput* deste artigo seja, pelo segundo ano consecutivo, menor que o limite inferior do intervalo de tolerância da meta, aplicam-se, imediatamente, enquanto perdurar o descumprimento, as vedações previstas nos incisos I a X do art. 167-A da Constituição Federal.

§ 2.º Nas hipóteses deste artigo, o Presidente da República poderá enviar mensagem ao Congresso Nacional acompanhada de projeto de lei complementar que proponha a suspensão parcial ou a gradação das vedações previstas neste artigo, demonstrando que o impacto e a duração das medidas adotadas serão suficientes para compensar a diferença havida entre o resultado primário apurado de que trata o *caput* deste artigo e o limite inferior do intervalo de tolerância.

§ 3.º Na aplicação das medidas de ajuste fiscal de que trata este artigo, a vedação prevista no inciso VIII do *caput* do art. 167-A da Constituição Federal não se aplica aos reajustes do salário mínimo decorrentes das diretrizes instituídas em lei de valorização do salário mínimo.

Art. 6.º-A. Em caso de apuração de déficit primário do Governo Central, nos termos do § 4.º do art. 2.º desta Lei Complementar, a partir do exercício de 2025, ficam vedadas, no exercício subsequente ao da apuração, e até a constatação de superávit primário anual:

•• *Caput* acrescentado pela Lei Complementar n. 211, de 30-12-2024.

I – a promulgação de lei que conceda, amplie ou prorrogue incentivo ou benefício de natureza tributária; e

•• Inciso I acrescentado pela Lei Complementar n. 211, de 30-12-2024.

II – até 2030, no projeto de lei orçamentária anual e na lei orçamentária anual, a programação de crescimento anual real do montante da despesa de pessoal e de encargos com pessoal de cada um dos Poderes ou órgãos autônomos acima do índice inferior de que trata o § 1.º do art. 5.º desta Lei Complementar, excluídos os montantes concedidos por força de sentença judicial.

•• Inciso II acrescentado pela Lei Complementar n. 211, de 30-12-2024.

Parágrafo único. Fica autorizado o Poder Executivo federal a não aplicar as vedações de que trata o *caput* deste artigo na hipótese de ocorrência de calamidade pública reconhecida pelo Congresso Nacional, nos termos do art. 65 da Lei Complementar n. 101, de 4 de maio de 2000 (Lei de Responsabilidade Fiscal).

•• Parágrafo único acrescentado pela Lei Complementar n. 211, de 30-12-2024.

Art. 6.º-B. A partir do projeto de lei orçamentária de 2027, se verificado que as despesas discricionárias totais tenham redução nominal, na comparação do realizado no exercício anterior com o imediatamente antecedente, ficam vedadas, no exercício de vigência da respectiva lei orçamentária, e até que as despesas discricionárias totais voltem a ter crescimento nominal:

•• *Caput* acrescentado pela Lei Complementar n. 211, de 30-12-2024.

I – a promulgação de lei que conceda, amplie ou prorrogue incentivo ou benefício de natureza tributária; e

•• Inciso I acrescentado pela Lei Complementar n. 211, de 30-12-2024.

II – até 2030, no projeto de lei orçamentária anual e na lei orçamentária anual, a programação de crescimento anual real do montante da despesa de pessoal e de encargos com pessoal de cada um dos Poderes ou órgãos autônomos acima do índice inferior de que trata o § 1.º do art. 5.º desta Lei Complementar, excluídos os montantes concedidos por força de sentença judicial.

•• Inciso II acrescentado pela Lei Complementar n. 211, de 30-12-2024.

Art. 7.º Não configura infração à Lei Complementar n. 101, de 4 de maio de 2000 (Lei de Responsabilidade Fiscal), o descumprimento do limite inferior da meta de resultado primário, relativamente ao agente responsável, desde que:

I – tenha adotado, no âmbito de sua competência, as medidas de limitação de empenho e pagamento, preservado o nível mínimo de despesas discricionárias necessárias ao funcionamento regular da administração pública; e

II – não tenha ordenado ou autorizado medida em desacordo com as vedações previstas nos arts. 6.º e 8.º desta Lei Complementar.

§ 1.º Na hipótese de estado de calamidade pública de âmbito nacional, aplica-se o disposto no art. 167-B da Constituição Federal e no art. 65 da Lei Complementar n. 101, de 4 de maio de 2000 (Lei de Responsabilidade Fiscal).

§ 2.º O nível mínimo de despesas discricionárias necessárias ao funcionamento regular da administração pública é de 75% (setenta e cinco por cento) do valor autorizado na respectiva lei orçamentária anual.

§ 3.º (*Vetado*.)

Art. 8.º Quando verificado, relativamente ao exercício financeiro anterior, que, no âmbito das despesas sujeitas aos limites de que trata o art. 3.º desta Lei Complementar, a proporção da despesa primária obrigatória em relação à despesa primária total foi superior a 95% (noventa e cinco por cento), aplicar-se-ão imediatamente as vedações previstas nos incisos I a IX do *caput* do art. 167-A da Constituição Federal.

§ 1.º O Presidente da República poderá enviar mensagem ao Congresso Nacional acompanhada de projeto de lei complementar que proponha a suspensão parcial ou a gradação das vedações previstas neste artigo, demonstrando que o impacto e a duração das medidas adotadas serão suficientes para a correção do desvio apurado.

§ 2.º Na aplicação das medidas de ajuste de que trata este artigo, a vedação prevista no inciso VIII do *caput* do art. 167-A da Constituição Federal não se aplica aos reajustes do salário mínimo decorrentes das diretrizes instituídas em lei de valorização do salário mínimo.

Capítulo VI
DO EXCEDENTE DE RESULTADO PRIMÁRIO E DOS INVESTIMENTOS

Art. 9.º Caso o resultado primário do Governo Central apurado exceda ao limite superior do intervalo de tolerância de que trata o inciso IV do § 5.º do art. 4.º da Lei Complementar n. 101, de 4 de maio de 2000 (Lei de Responsabilidade Fiscal), o Poder Executivo federal poderá ampliar as dotações orçamentárias, em valor equivalente a até 70% (setenta por cento) do montante excedente, por meio de crédito adicional:

I – para investimentos, prioritariamente para obras inacabadas ou em andamento, nos termos do § 12 do art. 165 da Constituição Federal e do art. 45 da Lei Complementar n. 101, de 4 de maio de 2000 (Lei de Responsabilidade Fiscal);

II – para inversões financeiras previstas no inciso II do § 1.º do art. 10 desta Lei Complementar.

§ 1.º O disposto no *caput* deste artigo não se aplica quando for apurado déficit no resultado primário.

§ 2.º A ampliação das dotações orçamentárias de que trata o *caput* deste artigo não será contabilizada no valor mínimo de que trata o art. 10 desta Lei Complementar.

§ 3.º A ampliação das dotações orçamentárias de que trata o *caput* deste artigo não poderá ultrapassar, em qualquer hipótese, o montante de até 0,25 p.p. (vinte e cinco centésimos ponto percentual) do PIB do exercício anterior.

Art. 10. A programação destinada a investimentos constante do projeto e da lei orçamentária anual não será inferior ao montante equivalente a 0,6% (seis décimos por cento) do PIB estimado no respectivo projeto.

§ 1.º Os investimentos a que se refere o *caput* deste artigo correspondem àqueles classificados no Grupo de Natureza de Despesa (GND):

I – n. 4 – investimentos, ou a classificação que vier a substituí-lo; ou

II – n. 5 – inversões financeiras, ou a classificação que vier a substituí-lo, quando a despesa se destinar a programas habitacionais que incluam em seus objetivos a provisão subsidiada ou financiada de unidades habitacionais novas ou usadas em áreas urbanas ou rurais.

§ 2.º Nos exercícios subsequentes, para a apuração do montante estabelecido no *caput* serão utilizadas as mesmas classificações indicadas no § 1.º deste artigo ou outras que venham a substituí-las.

Capítulo VII
DISPOSIÇÕES FINAIS E TRANSITÓRIAS

Art. 11. A Lei Complementar n. 101, de 4 de maio de 2000 (Lei de Responsabilidade Fiscal), passa a vigorar com as seguintes alterações:

•• Alterações já processadas no diploma modificado.

Art. 12. Para o exercício financeiro de 2023, os limites individualizados para as despesas primárias e demais operações que afetam o resultado primário, bem como suas respectivas exceções, corresponderão àqueles vigentes no momento da publicação da Lei n. 14.535, de 17 de janeiro de 2023, relativas ao respectivo Poder ou órgão.

§ 1.º É vedada a abertura de crédito suplementar ou especial que exceda ao limite total autorizado de despesa primária sujeita aos limites de que trata este artigo.

§ 2.º Para fins de verificação do cumprimento dos limites de que trata este artigo, serão consideradas as despesas primárias pagas, incluídos os restos a pagar pagos e as demais operações que afetem o resultado primário no exercício.

Art. 13. Os precatórios decorrentes de demandas relativas à complementação da União aos Estados e aos Municípios por conta do Fundo de Manutenção e Desenvolvimento do Ensino Fundamental e de Valorização do Magistério (Fundef), nos termos do art. 4.º da Emenda Constitucional n. 114, de 16 de dezembro de 2021, não serão incluídos na base de cálculo e no limite do Poder Executivo federal estabelecido no art. 3.º desta Lei Complementar.

Art. 14. No exercício financeiro de 2024, fica autorizada a abertura de crédito suplementar por ato do Poder Executivo para ampliar o limite de que trata o inciso I do *caput* e o inciso II do § 1.º do art. 3.º, após a primeira avaliação bimestral de receitas e despesas primárias, no montante decorrente da aplicação de índice equivalente à diferença entre 70% (setenta por cento) do crescimento real da receita para 2024 estimado nessa avaliação em comparação com a receita arrecadada em 2023 e o índice calculado para fins do crescimento real do limite da despesa primária do Poder Executivo estabelecido na lei orçamentária anual para 2024, calculados nos termos do inciso I do § 1.º do art. 3.º, respeitado o limite superior de que trata o § 1.º do art. 5.º desta Lei Complementar, observado que, ao final do exercício financeiro de 2024, se o montante ampliado da despesa primária for superior ao calculado com base em 70% (setenta por cento) do crescimento real de receita primária efetivamente realizada, a diferença será reduzida da base de cálculo e subtraída do limite do exercício financeiro de 2025.

•• Artigo com redação determinada pela Lei Complementar n. 207, de 16-5-2024.

Art. 15. Esta Lei Complementar entra em vigor:

I – em 1.º de janeiro de 2024, quanto ao art. 11; e

II – na data de sua publicação, quanto aos demais dispositivos.

Brasília, 30 de agosto de 2023; 202.º da Independência e 135.º da República.

LUIZ INÁCIO LULA DA SILVA

LEI N. 14.689, DE 20 DE SETEMBRO DE 2023 (*)

Disciplina a proclamação de resultados de julgamentos na hipótese de empate na votação no âmbito do Conselho Administrativo de Recursos Fiscais (Carf); dispõe sobre a autorregularização de débitos e a conformidade tributária no âmbito da Secretaria Especial da Receita Federal do Brasil do Ministério da Fazenda, sobre o contencioso administrativo fiscal e sobre a transação na cobrança de créditos da Fazenda Pública; altera o Decreto n. 70.235, de 6 de março de 1972, e as Leis n. 6.830, de 22 de setembro de 1980 (Lei de Execução Fiscal), 9.430, de 27 de dezembro de 1996, 13.988, de 14 de abril de 2020, 5.764, de 16 de dezembro de 1971, 9.249, de 26 de dezembro de 1995, e 10.150, de 21 de dezembro de 2000; e revoga dispositivo da Lei n. 10.522, de 19 de julho de 2002.

O Vice-Presidente da República, no exercício do cargo de Presidente da República Faço saber que o Congresso Nacional decreta e eu sanciono a seguinte Lei:

Art. 1.º Os resultados dos julgamentos no âmbito do Conselho Administrativo de Recursos Fiscais (Carf), na hipótese de empate na votação, serão proclamados na forma do disposto no § 9.º do art. 25 do Decreto n. 70.235, de 6 de março de 1972, nos termos desta Lei.

Art. 2.º O Decreto n. 70.235, de 6 de março de 1972, passa a vigorar com as seguintes alterações:

•• Alterações já processadas no diploma modificado.

Art. 3.º Os créditos inscritos em dívida ativa da União em discussão judicial que tiverem sido resolvidos favoravelmente à Fazenda Pública pelo voto de qualidade previsto no § 9.º do art. 25 do Decreto n. 70.235, de 6 de março de 1972, poderão ser objeto de proposta de acordo de transação tributária específica, de iniciativa do sujeito passivo.

Parágrafo único. (Vetado).

Art. 4.º Aos contribuintes com capacidade de pagamento, fica dispensada a apresentação de garantia para a discussão judicial dos créditos resolvidos favoravelmente à Fazenda Pública pelo voto de qualidade previsto no § 9.º do art. 25 do Decreto n. 70.235, de 6 de março de 1972.

§ 1.º O disposto no *caput* deste artigo não se aplica aos contribuintes que, nos 12 (doze) meses que antecederam o ajuizamento da medida judicial que tenha por objeto o crédito, não tiveram certidão de regularidade fiscal válida por mais de 3 (três) meses, consecutivos ou não, expedida conjuntamente pela Secretaria Especial da Receita Federal do Brasil e pela Procuradoria-Geral da Fazenda Nacional.

§ 2.º Para os fins do disposto no *caput* deste artigo, a capacidade de pagamento será aferida considerando-se o patrimônio líquido do sujeito passivo, desde que o contribuinte:

I – apresente relatório de auditoria independente sobre as demonstrações financeiras, caso seja pessoa jurídica;

II – apresente relação de bens livres e desimpedidos para futura garantia do crédito tributário, em caso de decisão desfavorável em primeira instância;

III – comunique à Procuradoria-Geral da Fazenda Nacional a alienação ou a oneração dos bens de que trata o inciso II deste parágrafo e apresente outros bens livres e desimpedidos para fins de substituição daqueles, sob pena de propositura de medida cautelar fiscal; e

IV – não possua outros créditos para com a Fazenda Pública, presentes e futuros, em situação de exigibilidade.

§ 3.º Nos casos em que seja exigível a apresentação de garantia para a discussão judicial de créditos resolvidos favoravelmente à Fazenda Pública pelo voto de qualidade previsto no § 9.º do art. 25 do Decreto n. 70.235, de 6 de março de 1972, não será admitida a execução da garantia até o trânsito em julgado da medida judicial, ressalvados os casos de alienação antecipada previstos na legislação.

§ 4.º O disposto neste artigo não impede a celebração de negócio jurídico ou qualquer outra solução consensual com a Fazenda Pública credora que verse sobre a aceitação, a avaliação, o modo de constrição e a substituição de garantias.

§ 5.º Caberá ao Procurador-Geral da Fazenda Nacional disciplinar a aplicação do disposto neste artigo.

Art. 5.º A Lei n. 6.830, de 22 de setembro de 1980 (Lei de Execução Fiscal), passa a vigorar com as seguintes alterações:

•• Artigo originariamente vetado, todavia promulgado em 22-12-2023.

•• Alterações já processadas no diploma modificado.

Art. 6.º (Vetado).

Art. 7.º Para aplicação das medidas de incentivo à conformidade tributária, a Secretaria Especial da Receita Federal do Brasil considerará os seguintes critérios:

I – regularidade cadastral;

II – histórico de regularidade fiscal do sujeito passivo;

III – compatibilidade entre escriturações ou declarações e os atos praticados pelo contribuinte;

(*) Publicada no *Diário Oficial da União*, de 21-9-2023. Republicado em 21-9-2023 – Edição Extra.

IV – consistência das informações prestadas nas declarações e nas escriturações.

§ 1.º Como incentivo à conformidade tributária, deverão ser adotadas as seguintes medidas, com vistas à autorregularização:

I – procedimentos de orientação tributária e aduaneira prévia;

II – não aplicação de eventual penalidade administrativa;

III – concessão de prazo para o recolhimento de tributos devidos sem a aplicação de penalidades;

IV – (Vetado).

V – prioridade de análise em processos administrativos, inclusive quanto a pedidos de restituição, de compensação ou de ressarcimento de direitos creditórios; e

VI – atendimento preferencial em serviços presenciais ou virtuais.

§ 2.º (Vetado.)

§ 3.º Os benefícios previstos no § 1.º deste artigo poderão ser graduados e condicionados em função de:

I – apresentação voluntária, antes do início do procedimento fiscal, de atos ou negócios jurídicos relevantes para fins tributários para os quais não haja posicionamento prévio da administração tributária;

II – atendimento tempestivo à requisição de informações realizada pela autoridade administrativa; ou

III – recolhimento em prazos e em condições definidos pela Secretaria Especial da Receita Federal do Brasil.

Art. 8.º O art. 44 da Lei n. 9.430, de 27 de dezembro de 1996, passa a vigorar com as seguintes alterações:

•• Alterações já processadas no diploma modificado.

Art. 9.º A Lei n. 13.988, de 14 de abril de 2020, passa a vigorar com as seguintes alterações:

•• Alterações já processadas no diploma modificado.

Art. 10. (Vetado.)

Art. 11. O art. 13 da Lei n. 9.249, de 26 de dezembro de 1995, passa a vigorar acrescido do seguinte § 3.º:

•• Alterações já processadas no diploma modificado.

Art. 12. A exclusão da parcela da produção que não seja objeto de repasse ao cooperado por meio de fixação de preço, em relação à receita bruta sujeita à contribuição prevista no caput e nos §§ 3.º e 16 do art. 25 da Lei n. 8.212, de 24 de julho de 1991, aplica-se a atos ou fatos pretéritos, nos termos do inciso I do caput do art. 106 da Lei n. 5.172, de 25 de outubro de 1966 (Código Tributário Nacional), e tornam-se insubsistentes eventuais créditos tributários lançados ou constituídos em desconformidade com a norma e ainda não extintos.

Art. 13. (Vetado.)

Art. 14. Com fundamento no disposto no inciso IV do caput do art. 150 da Constituição Federal, referendado por decisões do Supremo Tribunal Federal, fica cancelado o montante da multa em autuação fiscal, inscrito ou não em dívida ativa da União, que exceda a 100% (cem por cento) do valor do crédito tributário apurado, mesmo que a multa esteja incluída em programas de refinanciamentos de dívidas, sobre as parcelas ainda a serem pagas que pelas referidas decisões judiciais sejam consideradas confisco ao contribuinte.

•• Artigo originalmente vetado, todavia promulgado em 22-12-2023.

§ 1.º A Procuradoria-Geral da Fazenda Nacional providenciará, de ofício, o imediato cancelamento da inscrição em dívida ativa de todo o montante de multa que exceda a 100% (cem por cento), independentemente de provocação do contribuinte, e ficará obrigada a comunicar o cancelamento nas execuções fiscais em andamento.

§ 2.º O montante de multa que exceder a 100% (cem por cento) nas autuações fiscais, já pago total ou parcialmente pelo contribuinte, apenas poderá ser reavido, se não estiver precluso o prazo, mediante propositura de ação judicial, ao final da qual será determinado o valor apurado a ser ressarcido, que será liquidado por meio de precatório judicial ou compensado com tributos a serem pagos pelo contribuinte.

Art. 15. O disposto no § 9.º-A do art. 25 do Decreto n. 70.235, de 6 de março de 1972, aplica-se inclusive aos casos já julgados pelo Carf e ainda pendentes de apreciação do mérito pelo Tribunal Regional Federal competente na data da publicação desta Lei.

Art. 16. Nos processos administrativos decididos favoravelmente à Fazenda Pública pelo voto de qualidade previsto no § 9.º do art. 25 do Decreto n. 70.235, de 6 de março de 1972, durante o prazo de vigência da Medida Provisória n. 1.160, de 12 de janeiro de 2023, com fundamento em seus arts. 1.º e 5.º, aplicar-se-á o disposto no § 9.º-A do art. 25 e no art. 25-A do referido Decreto e nos arts. 3.º e 4.º desta Lei.

Art. 17. Revogam-se:

I – (Vetado.)

II – o art. 19-E da Lei n. 10.522, de 19 de julho de 2002; e

III – os seguintes dispositivos da Lei n. 13.988, de 14 de abril de 2020:

a) inciso II do § 1.º do art. 19; e

b) alínea b do inciso II do caput do art. 20.

Art. 18. Esta Lei entra em vigor na data de sua publicação.

Brasília, 20 de setembro de 2023; 202.º da Independência e 135.º da República.

GERALDO JOSÉ RODRIGUES ALCKMIN FILHO

LEI N. 14.740, DE 29 DE NOVEMBRO DE 2023 (*)

(*) Publicada no Diário Oficial da União, de 30-11-2023. A Instrução Normativa n. 2.168, de 28-12-2023, da RFB, dispõe sobre autorregularização incentivada de tributos administrados pela Secretaria Especial da Receita Federal do Brasil, instituído por esta Lei.

Dispõe sobre a autorregularização incentivada de tributos administrados pela Secretaria Especial da Receita Federal do Brasil do Ministério da Fazenda.

O Vice-Presidente da República, no exercício do cargo de Presidente da República Faço saber que o Congresso Nacional decreta e eu sanciono a seguinte Lei:

Art. 1.º Esta Lei dispõe sobre a autorregularização incentivada de tributos administrados pela Secretaria Especial da Receita Federal do Brasil do Ministério da Fazenda.

Art. 2.º O sujeito passivo poderá aderir à autorregularização até 90 (noventa) dias após a regulamentação desta Lei, por meio da confissão e do pagamento ou parcelamento do valor integral dos tributos por ele confessados, acrescidos dos juros de que trata o § 1.º do art. 3.º desta Lei, com afastamento da incidência das multas de mora e de ofício.

§ 1.º O disposto no caput deste artigo aplica-se aos:

I – tributos administrados pela Secretaria Especial da Receita Federal do Brasil que ainda não tenham sido constituídos até a data de publicação desta Lei, inclusive em relação aos quais já tenha sido iniciado procedimento de fiscalização; e

II – créditos tributários que venham a ser constituídos entre a data de publicação desta Lei e o termo final do prazo de adesão.

§ 2.º A autorregularização incentivada abrange todos os tributos administrados pela Secretaria da Receita Federal do Brasil, incluídos os créditos tributários decorrentes de auto de infração, de notificação de lançamento e de despachos decisórios que não homologuem total ou parcialmente a declaração de compensação, observado o disposto no § 1.º deste artigo.

§ 3.º Os tributos não constituídos, incluídos pelo sujeito passivo na autorregularização, serão confessados por meio da retificação das correspondentes declarações e escriturações.

§ 4.º Não poderão ser objeto de autorregularização os débitos apurados na forma do Regime Especial Unificado de Arrecadação de Tributos e Contribuições devidos pelas Microempresas e Empresas de Pequeno Porte (Simples Nacional), instituído pela Lei Complementar n. 123, de 14 de dezembro de 2006.

Art. 3.º O sujeito passivo que aderir à autorregularização de que trata esta Lei poderá liquidar os débitos com redução de 100% (cem por cento) dos juros de mora, mediante o pagamento:

I – de, no mínimo, 50% (cinquenta por cento) do débito à vista; e

II – do restante em até 48 (quarenta e oito) prestações mensais e sucessivas.

§ 1.º O valor de cada prestação mensal, por ocasião do pagamento, será acrescido de juros equivalentes à taxa referencial do Sistema Especial de Liquidação e de Custódia (Selic) para títulos federais, acumulada mensalmente, calculados a partir do mês subsequente ao da consolidação até o mês anterior ao do pagamento, e de 1% (um por cento) relativamente ao mês em que o pagamento for efetuado.

§ 2.º Para efeito do disposto no inciso I do *caput* deste artigo, admite-se a utilização de créditos de prejuízo fiscal e base de cálculo negativa da Contribuição Social sobre o Lucro Líquido (CSLL) de titularidade do sujeito passivo, de pessoa jurídica controladora ou controlada, de forma direta ou indireta, ou de sociedades que sejam controladas direta ou indiretamente por uma mesma pessoa jurídica, apurados e declarados à Secretaria Especial da Receita Federal do Brasil, independentemente do ramo de atividade.

§ 3.º O valor dos créditos a que se refere o § 2.º deste artigo será determinado, na forma da regulamentação:

I – por meio da aplicação das alíquotas do Imposto sobre a Renda das Pessoas Jurídicas (IRPJ) previstas no art. 3.º da Lei n. 9.249, de 26 de dezembro de 1995, sobre o montante do prejuízo fiscal;

II – por meio da aplicação das alíquotas da CSLL previstas no art. 3.º da Lei n. 7.689, de 15 de dezembro de 1988, sobre o montante da base de cálculo negativa da contribuição.

§ 4.º A utilização dos créditos a que se refere o § 2.º deste artigo está limitada a 50% (cinquenta por cento) do valor total do débito a ser quitado, nos termos do art. 2.º desta Lei, e extingue os débitos sob condição resolutiva de sua ulterior homologação.

§ 5.º A Secretaria Especial da Receita Federal do Brasil dispõe do prazo de 5 (cinco) anos para a análise dos créditos utilizados na forma do § 2.º deste artigo.

§ 6.º Durante a realização do previsto no *caput* deste artigo e enquanto vigorar a autorregularização, os créditos tributários por ela abrangidos não serão óbice à emissão de certidão de regularidade fiscal, nos termos do art. 206 da Lei n. 5.172, de 25 de outubro de 1966 (Código Tributário Nacional).

§ 7.º O pagamento previsto no inciso I do *caput* deste artigo compreende o uso de precatórios próprios ou adquiridos de terceiros, na forma do § 11 do art. 100 da Constituição Federal.

§ 8.º Para fins do disposto no § 2.º deste artigo, inclui-se também como controlada a sociedade na qual a participação da controladora seja igual ou inferior a 50% (cinquenta por cento), desde que exista acordo de acionistas que assegure, de modo permanente, a preponderância individual ou comum nas deliberações sociais e o poder individual ou comum de eleger a maioria dos administradores.

Art. 4.º Relativamente à cessão de precatórios e créditos de prejuízo fiscal e base de cálculo negativa da CSLL para pessoas jurídicas controladas, controladoras ou coligadas para a realização da autorregularização prevista nesta Lei:

I – os ganhos ou receitas, se houver, registrados contabilmente pela cedente e pela cessionária em decorrência da cessão não serão computados na apuração da base de cálculo do IRPJ, da CSLL, da Contribuição para os Programas de Integração Social e de Formação do Patrimônio do Servidor Público (Contribuição para o PIS/Pasep) e da Contribuição para o Financiamento da Seguridade Social (Cofins);

II – as perdas, se houver, registradas contabilmente pela cedente em decorrência da cessão serão consideradas dedutíveis na apuração da base de cálculo do IRPJ e da CSLL.

Art. 5.º Não será computada na apuração da base de cálculo do IRPJ, da CSLL, da Contribuição para o PIS/Pasep e da Cofins a parcela equivalente à redução das multas e dos juros em decorrência da autorregularização de que trata esta Lei.

Art. 6.º Esta Lei entra em vigor na data de sua publicação.

Brasília, 29 de novembro de 2023; 202.º da Independência e 135.º da República.

Geraldo José Rodrigues Alckmin Filho

LEI N. 14.754, DE 12 DE DEZEMBRO DE 2023 (*)

Dispõe sobre a tributação de aplicações em fundos de investimento no País e da renda auferida por pessoas físicas residentes no País em aplicações financeiras, entidades controladas e trusts no exterior; altera as Leis n. 11.033, de 21 de dezembro de 2004, 8.668, de 25 de junho de 1993, e 10.406, de 10 de janeiro de 2002 (Código Civil); revoga dispositivos das Leis n. 4.728, de 14 de julho de 1965, 9.250, de 26 de dezembro de 1995, 9.532, de 10 de dezembro de 1997, 10.426, de 24 de abril de 2002, 10.892, de 13 de julho de 2004, e 11.033, de 21 de dezembro de 2004, do Decreto-lei n. 2.287, de 23 de julho de 1986, e das Medidas Provisórias n. 2.189-49, de 23 de agosto de 2001, e 2.158-35, de 24 de agosto de 2001; e dá outras providências.

O Presidente da República

Faço saber que o Congresso Nacional decreta e eu sanciono a seguinte Lei:

Art. 1.º Esta Lei dispõe sobre a tributação de aplicações em fundos de investimento no País e da renda auferida por pessoas físicas residentes no País em aplicações financeiras, entidades controladas e *trusts* no exterior.

•• A Instrução Normativa n. 2.180, de 11-3-2024, da RFB, dispõe sobre a tributação da renda auferida por pessoas físicas residentes no País com depósitos não remunerados no exterior, moeda estrangeira mantida em espécie, aplicações financeiras, entidades controladas e *trusts* no exterior, e sobre a opção pela atualização do valor dos bens e direitos no exterior, de que tratam os arts. 1.º a 15 desta Lei.

Capítulo I
DA TRIBUTAÇÃO DE RENDIMENTOS NO EXTERIOR DE PESSOAS FÍSICAS DOMICILIADAS NO PAÍS

•• *Vide nota ao art. 1.º desta Lei.*

Seção I
Disposições Gerais

Art. 2.º A pessoa física residente no País declarará, de forma separada dos demais rendimentos e dos ganhos de capital, na Declaração de Ajuste Anual (DAA), os rendimentos do capital aplicado no exterior, nas modalidades de aplicações financeiras e de lucros e dividendos de entidades controladas.

§ 1.º Os rendimentos de que trata o *caput* deste artigo ficarão sujeitos à incidência do Imposto sobre a Renda das Pessoas Físicas (IRPF), no ajuste anual, à alíquota de 15% (quinze por cento) sobre a parcela anual dos rendimentos, hipótese em que não será aplicada nenhuma dedução da base de cálculo.

§ 2.º Os ganhos de capital percebidos pela pessoa física residente no País na alienação, na baixa ou na liquidação de bens e direitos localizados no exterior que não constituam aplicações financeiras no exterior nos termos desta Lei permanecem sujeitos às regras específicas de tributação previstas no art. 21 da Lei n. 8.981, de 20 de janeiro de 1995.

§ 3.º A variação cambial de depósitos em conta-corrente ou em cartão de débito ou crédito no exterior não ficará sujeita à incidência do IRPF, desde que os depósitos não sejam remunerados e sejam mantidos em instituição financeira no exterior reconhecida e autorizada a funcionar pela autoridade monetária do país em que estiver situada.

§ 4.º A variação cambial de moeda estrangeira em espécie não ficará sujeita à incidência do IRPF até o limite de alienação de moeda no ano-calendário equivalente a US$ 5.000,00 (cinco mil dólares americanos).

§ 5.º Os ganhos de variação cambial percebidos na alienação de moeda estrangeira em espécie cujo valor de alienação exceder o limite previsto no § 4.º deste artigo ficarão sujeitos integralmente à incidência do IRPF conforme as regras previstas neste artigo.

Seção II
Das Aplicações Financeiras no Exterior

Art. 3.º Os rendimentos auferidos em aplicações financeiras no exterior pelas pessoas físicas residentes no País serão tributados na forma prevista no art. 2.º desta Lei.

§ 1.º Para fins do disposto neste artigo, consideram-se:

I – aplicações financeiras no exterior: quaisquer operações financeiras fora do País, incluídos, de forma exemplificativa, depósitos bancários não remunerados, certificados de

---

(*) Publicada no *Diário Oficial da União*, de 13-12-2023.

depósitos remunerados, ativos virtuais, carteiras digitais ou contas-correntes com rendimentos, cotas de fundos de investimento, com exceção daqueles tratados como entidades controladas no exterior, instrumentos financeiros, apólices de seguro cujo principal e cujos rendimentos sejam resgatáveis pelo segurado ou pelos seus beneficiários, certificados de investimento ou operações de capitalização, fundos de aposentadoria ou pensão, títulos de renda fixa e de renda variável, operações de crédito, inclusive mútuo de recursos financeiros, em que o devedor seja residente ou domiciliado no exterior, derivativos e participações societárias, com exceção daquelas tratadas como entidades controladas no exterior, incluindo os direitos de aquisição;

II – rendimentos: remuneração produzida pelas aplicações financeiras no exterior, incluídos, de forma exemplificativa, variação cambial da moeda estrangeira ou variação da criptomoeda em relação à moeda nacional, rendimentos em depósitos em carteiras digitais ou contas-correntes remuneradas, juros, prêmios, comissões, ágio, deságio, participações nos lucros, dividendos e ganhos em negociações no mercado secundário, inclusive ganhos na venda de ações das entidades não controladas em bolsa de valores no exterior.

§ 2.º Os rendimentos de que trata o *caput* deste artigo serão computados na DAA e submetidos à incidência do IRPF no período de apuração em que forem efetivamente percebidos pela pessoa física, como no recebimento de juros e outras espécies de remuneração e, em relação aos ganhos, inclusive de variação cambial sobre o principal, no resgate, na amortização, na alienação, no vencimento ou na liquidação das aplicações financeiras.

§ 3.º O enquadramento de ativos virtuais e de carteiras digitais como aplicações financeiras no exterior constará da regulamentação da Secretaria Especial da Receita Federal do Brasil do Ministério da Fazenda.

Art. 4.º As pessoas físicas que declararem rendimentos de que trata esta Seção poderão deduzir do IRPF devido, na ficha da DAA de que trata o art. 2.º desta Lei, o imposto sobre a renda pago no país de origem dos rendimentos, desde que:

I – esteja prevista a compensação em acordo, tratado e convenção internacionais firmados com o país de origem dos rendimentos com a finalidade de evitar a dupla tributação; ou

II – haja reciprocidade de tratamento em relação aos rendimentos produzidos no País.

§ 1.º A dedução não poderá exceder a diferença entre o IRPF calculado com a inclusão do respectivo rendimento e o IRPF devido sem a sua inclusão.

§ 2.º O imposto pago no exterior será convertido de moeda estrangeira para moeda nacional por meio da utilização da cotação de fechamento da moeda estrangeira divulgada, para compra, pelo Banco Central do Brasil, para o dia do pagamento do imposto no exterior.

§ 3.º Não poderá ser deduzido do IRPF devido o imposto sobre a renda pago no exterior que for passível de reembolso, de restituição, de ressarcimento ou de compensação, sob qualquer forma, no exterior.

§ 4.º O imposto pago no exterior não deduzido no ano-calendário não poderá ser deduzido do IRPF devido em anos-calendários posteriores ou anteriores.

Seção III
Das Entidades Controladas no Exterior

Art. 5.º Os lucros apurados pelas entidades controladas no exterior por pessoas físicas residentes no País, enquadradas nas hipóteses previstas neste artigo, serão tributados em 31 de dezembro de cada ano, na forma prevista no art. 2.º desta Lei.

§ 1.º Para fins do disposto nesta Lei, serão consideradas como controladas as sociedades e as demais entidades, personificadas ou não, incluídos os fundos de investimento e as fundações, em que a pessoa física:

I – detiver, direta ou indiretamente, de forma isolada ou em conjunto com outras partes, inclusive em razão da existência de acordos de votos, direitos que lhe assegurem preponderância nas deliberações sociais ou poder de eleger ou destituir a maioria dos seus administradores; ou

II – possuir, direta ou indiretamente, de forma isolada ou em conjunto com pessoas vinculadas, mais de 50% (cinquenta por cento) de participação no capital social, ou equivalente, ou nos direitos à percepção de seus lucros ou ao recebimento de seus ativos na hipótese de sua liquidação.

§ 2.º No caso das sociedades, dos fundos de investimento e das demais entidades no exterior com classes de cotas ou ações com patrimônios segregados, cada classe será considerada como uma entidade separada, para fins do disposto nesta Lei, inclusive para efeitos de determinação da relação de controle de que trata o § 1.º deste artigo.

§ 3.º Para fins do disposto no inciso II do § 1.º deste artigo, será considerada pessoa vinculada à pessoa física residente no País:

I – a pessoa física que for cônjuge, companheiro ou parente, consanguíneo ou afim, até o terceiro grau, da pessoa física residente no País;

II – a pessoa jurídica cujo diretor ou administrador for cônjuge, companheiro ou parente, consanguíneo ou afim, até o terceiro grau, da pessoa física residente no País;

III – a pessoa jurídica da qual a pessoa física residente no País for sócia, titular ou cotista;

IV – a pessoa física que for sócia da pessoa jurídica da qual a pessoa física residente no País seja sócia, titular ou cotista.

§ 4.º Para fins de aplicação do disposto nos incisos III e IV do § 3.º deste artigo, serão consideradas as participações que representarem mais de 10% (dez por cento) do capital social votante.

§ 5.º Sujeitam-se ao regime tributário previsto neste artigo somente as controladas, diretas ou indiretas, que se enquadrarem em uma ou mais das seguintes hipóteses:

I – estejam localizadas em país ou em dependência com tributação favorecida ou sejam beneficiárias de regime fiscal privilegiado de que tratam os arts. 24 e 24-A da Lei n. 9.430, de 27 de dezembro de 1996; ou

II – apurem renda ativa própria inferior a 60% (sessenta por cento) da renda total.

§ 6.º Para fins do disposto neste artigo, considera-se:

I – renda ativa própria: as receitas obtidas diretamente pela entidade controlada mediante a exploração de atividade econômica própria, excluídas as receitas decorrentes exclusivamente de:

a) *royalties*;

b) juros;

c) dividendos;

d) participações societárias;

e) aluguéis;

f) ganhos de capital, exceto na alienação de participações societárias ou ativos de caráter permanente adquiridos há mais de 2 (dois) anos;

g) aplicações financeiras;

h) intermediação financeira.

II – renda total: somatório de todas as receitas, incluídas as não operacionais.

§ 7.º As alíneas *b*, *g* e *h* do inciso I do § 6.º deste artigo não se aplicam às instituições financeiras reconhecidas e autorizadas a funcionar pela autoridade monetária do país em que estiverem situadas.

§ 8.º As alíneas *c* e *d* do inciso I do § 6.º deste artigo não se aplicam às participações diretas ou indiretas em entidades controladas ou coligadas que apurem renda ativa própria superior a 60% (sessenta por cento) da renda total.

§ 9.º A alínea *e* do inciso I do § 6.º deste artigo não se aplica às empresas que exerçam, efetivamente, como atividade principal, a atividade comercial de incorporação imobiliária ou construção civil no país em que estiverem situadas.

§ 10. Os lucros das controladas enquadradas nas hipóteses previstas no § 5.º deste artigo serão:

I – apurados de forma individualizada, em balanço anual da controlada, direta ou indireta, no exterior, com exclusão dos resultados da controlada, direta ou indireta, da parcela relativa às participações desta controlada em outras controladas, inclusive quando a entidade for organizada como um fundo de investimento, o qual deverá ser elaborado com observância:

a) aos padrões internacionais de contabilidade (*International Financial Reporting Stan-*

dards – IFRS), ou aos padrões contábeis brasileiros, a critério do contribuinte; ou

b) aos padrões contábeis brasileiros, caso esteja localizada em país ou em dependência com tributação favorecida, ou seja, beneficiária de regime fiscal privilegiado de que tratam os arts. 24 e 24-A da Lei n. 9.430, de 27 de dezembro de 1996;

II – convertidos em moeda nacional pela cotação de fechamento da moeda estrangeira divulgada, para venda, pelo Banco Central do Brasil, para o último dia útil do mês de dezembro;

III – computados na DAA, em 31 de dezembro do ano em que forem apurados no balanço, independentemente de qualquer deliberação acerca da sua distribuição, na proporção da participação da pessoa física nos lucros da controlada, direta ou indireta, no exterior, e submetidos à incidência do IRPF no respectivo período de apuração; e

IV – incluídos na DAA, na ficha de bens e direitos, como custo de aquisição de crédito de dividendo a receber da controlada, direta ou indireta, com a indicação do respectivo ano de origem.

§ 11. Na distribuição dos lucros das controladas enquadradas nas hipóteses previstas no § 5.º que já tiverem sido tributados na forma prevista no § 10 deste artigo para a pessoa física controladora, deverão ser indicados na DAA a controlada e o ano de origem dos lucros distribuídos, os quais deverão reduzir o custo de aquisição do crédito do dividendo a receber, pelo valor originalmente declarado em moeda nacional, e não serão tributados novamente.

§ 12. O ganho ou a perda decorrente de variação cambial entre o valor em moeda nacional do lucro tributado em 31 de dezembro e registrado como custo de aquisição do crédito do dividendo a receber, na forma prevista no § 10, e o valor em moeda nacional do dividendo percebido posteriormente, na forma prevista no § 11 deste artigo, não será tributado ou deduzida, respectivamente, na apuração do IRPF.

§ 13. Poderão ser deduzidos do lucro da pessoa jurídica controlada, direta ou indireta, a parcela correspondente aos lucros e aos dividendos de suas investidas que forem pessoas jurídicas domiciliadas no País e os rendimentos e os ganhos de capital dos demais investimentos feitos no País, desde que sejam tributados pelo Imposto sobre a Renda Retido na Fonte (IRRF) à alíquota igual ou superior a 15% (quinze por cento), aplicado o disposto neste artigo também no momento da distribuição de dividendos pela entidade controlada para a pessoa física residente no País.

§ 14. Poderão ser deduzidos do lucro da controlada, direta ou indireta, os prejuízos apurados em balanço, pela própria controlada, a partir da data em que se enquadrar nas hipóteses de que trata o § 1.º deste artigo, desde que sejam referentes a períodos a partir de 1.º de janeiro de 2024 e anteriores à data da apuração dos lucros.

§ 15. Na determinação do imposto devido, a pessoa física poderá deduzir, na proporção de sua participação nos lucros da controlada, direta ou indireta, o imposto sobre a renda que:

I – seja devido no exterior pela controlada e pelas suas investidas não controladas;

II – incida sobre o lucro da controlada e das suas investidas não controladas ou sobre os rendimentos por elas apurados no exterior, quando tais lucros e rendimentos tenham sido computados no lucro da controlada tributado na forma prevista neste artigo;

III – tenha sido pago no país de domicílio da controlada ou em outro país no exterior;

IV – não supere o imposto devido no País sobre o lucro da entidade controlada que tenha sido computado na base de cálculo do IRPF; e

V – não se enquadre na vedação prevista no § 3.º do art. 4.º desta Lei.

§ 16. Caso a entidade controlada no exterior aufira rendimentos ou ganhos de capital no País que não tenham sido excluídos do lucro sujeito ao imposto sobre a renda nos termos do disposto no § 13, o IRRF pago no País sobre esses rendimentos e ganhos de capital poderá ser deduzido do imposto sobre a renda devido sobre o lucro da entidade controlada no exterior, observado o disposto no § 15 deste artigo no que for aplicável.

Art. 6.º Serão tributados no momento da efetiva disponibilização para a pessoa física residente no País, na forma prevista no art. 2.º desta Lei:

I – os lucros apurados até 31 de dezembro de 2023 pelas controladas no exterior de pessoas físicas residentes no País, enquadradas ou não nas hipóteses previstas no § 5.º do art. 5.º desta Lei;

II – os lucros apurados a partir de 1.º de janeiro de 2024 pelas controladas no exterior de pessoas físicas residentes no País que não se enquadrarem nas hipóteses previstas no § 5.º do art. 5.º desta Lei.

Parágrafo único. Para fins do disposto neste artigo, os lucros serão considerados efetivamente disponibilizados para a pessoa física residente no País:

I – no pagamento, no crédito, na entrega, no emprego ou na remessa dos lucros, o que ocorrer primeiro; ou

II – em quaisquer operações de crédito realizadas com a pessoa física ou com pessoa a ela vinculada, conforme o disposto no § 3.º do art. 5.º desta Lei, se a credora possuir lucros ou reservas de lucros.

Art. 6.º-A. As pessoas físicas residentes no País com entidades controladas no exterior que não se enquadrarem nas hipóteses previstas no § 5.º do art. 5.º poderão optar por tributar os lucros apurados por essas entidades a partir de 1.º de janeiro de 2024 de acordo com o disposto no art. 5.º desta Lei.

•• Artigo acrescentado pela Lei n. 14.789, de 29-12-2023.

Art. 7.º A variação cambial do principal aplicado nas controladas no exterior, enquadradas ou não nas hipóteses previstas no § 5.º do art. 5.º desta Lei, comporá o ganho de capital percebido pela pessoa física no momento da alienação, da baixa ou da liquidação do investimento, inclusive por meio de devolução de capital, a ser tributado de acordo com o disposto no art. 21 da Lei n. 8.981, de 20 de janeiro de 1995.

§ 1.º O ganho de capital corresponderá à diferença positiva entre o valor percebido em moeda nacional e o custo de aquisição médio por cota ou ação alienada, baixada ou liquidada, em moeda nacional.

§ 2.º Caso não haja cancelamento de cota ou de ação na devolução do capital, o custo de aquisição médio deverá ser calculado levando em consideração a proporção que o valor da devolução de capital representará do capital total aplicado na entidade.

Art. 8.º Alternativamente ao disposto nos arts. 5.º, 6.º e 7.º desta Lei, a pessoa física poderá optar por declarar os bens, direitos e obrigações detidos pela entidade controlada, direta ou indireta, no exterior como se fossem detidos diretamente pela pessoa física.

§ 1.º A opção de que trata este artigo:

I – poderá ser exercida em relação a cada entidade controlada, direta ou indireta, separadamente;

II – será irrevogável e irretratável durante todo o prazo em que a pessoa física detiver aquela entidade controlada no exterior;

III – deverá ser exercida, quando houver mais de um sócio ou acionista, por todos aqueles que forem pessoas físicas residentes no País.

§ 2.º A pessoa física que optar pelo regime tributário previsto neste artigo em relação às participações detidas em 31 de dezembro de 2023 deverá:

I – indicar a sua opção na DAA a ser entregue em 2024, dentro do prazo, relativa ao ano-calendário de 2023, para produzir efeitos a partir de 1.º de janeiro de 2024;

II – substituir, na ficha de bens e direitos da mesma DAA, a participação na entidade pelos bens e direitos subjacentes e alocar o custo de aquisição para cada um desses bens e direitos, considerada a proporção do valor de cada bem ou direito em relação ao valor total do ativo da entidade, em 31 de dezembro de 2023;

III – informar na ficha de dívidas e ônus reais da DAA as obrigações subjacentes, a valor 0 (zero); e

IV – tributar a renda auferida a partir de 1.º de janeiro de 2024 com os bens e direitos e aplicar as regras previstas na Seção II desta Lei, quando se tratar de aplicações financeiras no exterior, ou as disposições específicas previstas na legislação em conformidade com a natureza da renda.

§ 3.º A pessoa física que optar pelo regime tributário previsto neste artigo em relação às participações em entidades controladas adquiridas a partir de 1.º de janeiro de 2024 deverá exercer a sua opção na primeira DAA após a aquisição.

§ 4.º Os bens e direitos transferidos a qualquer título pela pessoa física ou por entidade controlada detida pela pessoa física sob o regime tributário previsto neste artigo para outra entidade controlada enquadrada nas hipóteses previstas no § 5.º do art. 5.º desta Lei em relação à qual a opção de que trata este artigo não tenha sido exercida deverão ser avaliados a valor de mercado no momento da transferência, e o valor da diferença apurada em relação ao seu custo de aquisição será considerado renda da pessoa física sujeito à tributação pelo IRPF no momento da transferência, hipótese em que será aplicada a alíquota prevista na legislação em conformidade com a natureza da renda.

Seção IV
Da Compensação de Perdas

Art. 9.º A pessoa física residente no País poderá compensar as perdas realizadas em aplicações financeiras no exterior a que se refere o art. 3.º, quando devidamente comprovadas por documentação hábil e idônea, com rendimentos auferidos em aplicações financeiras no exterior, na ficha da DAA de que trata o art. 2.º desta Lei, no mesmo período de apuração.

§ 1.º Caso o valor das perdas no período de apuração supere o dos ganhos, esta parcela das perdas poderá ser compensada com lucros e dividendos de entidades controladas no exterior, enquadradas ou não nas hipóteses previstas no § 5.º do art. 5.º desta Lei, que tenham sido computados na DAA no mesmo período de apuração.

§ 2.º Caso no final do período de apuração haja acúmulo de perdas não compensadas, essas perdas poderão ser compensadas com rendimentos computados na ficha da DAA de que trata o art. 2.º desta Lei em períodos de apuração posteriores.

§ 3.º As perdas poderão ser compensadas uma única vez.

Seção V
Dos Trusts no Exterior

Art. 10. Para fins do disposto nesta Lei, os bens e direitos objeto de trust no exterior serão considerados da seguinte forma:

I – permanecerão sob titularidade do instituidor após a instituição do trust; e

II – passarão à titularidade do beneficiário no momento da distribuição pelo trust para o beneficiário ou do falecimento do instituidor, o que ocorrer primeiro.

§ 1.º A transmissão ao beneficiário poderá ser reputada ocorrida em momento anterior àquele previsto no inciso II do caput deste artigo caso o instituidor abdique, em caráter irrevogável, do direito sobre parcela do patrimônio do trust.

§ 2.º Para fins do disposto nesta Lei, a mudança de titularidade sobre o patrimônio do trust será considerada como transmissão a título gratuito pelo instituidor para o beneficiário e consistirá em doação, se ocorrida durante a vida do instituidor, ou em transmissão causa mortis, se decorrente do falecimento do instituidor.

§ 3.º Os rendimentos e os ganhos de capital relativos aos bens e direitos objeto do trust serão:

I – considerados auferidos pelo titular de tais bens e direitos na respectiva data, conforme o disposto nos incisos I e II do caput deste artigo; e

II – submetidos à incidência do IRPF, conforme as regras aplicáveis ao titular.

§ 4.º Caso o trust detenha uma controlada no exterior, esta será considerada como detida diretamente pelo titular dos bens e direitos objeto do trust, hipótese em que serão aplicadas as regras de tributação de investimentos em controladas no exterior previstas na Seção III desta Lei.

§ 5.º O instituidor ou o beneficiário deverá requisitar ao trust e a disponibilização dos recursos financeiros e das informações necessárias para viabilizar o pagamento do imposto e o cumprimento das demais obrigações tributárias no País.

§ 6.º O instituidor do trust, caso esteja vivo, ou os beneficiários do trust, caso tenham conhecimento do trust, deverão providenciar, no prazo de até 180 (cento e oitenta) dias, contado da data de publicação desta Lei, a alteração da escritura do trust ou da respectiva carta de desejos, para fazer constar redação que obrigue, de forma irrevogável e irretratável, o atendimento, por parte do trustee, das disposições estabelecidas nesta Lei.

§ 7.º Para os trusts em que o instituidor já tenha falecido ou perdido poderes em relação a alterações do trust e os beneficiários também não tenham poderes de alteração da escritura ou da carta de desejos, os beneficiários deverão enviar ao trustee comunicação formal a respeito da obrigatoriedade de observância ao disposto nesta Lei e requerer a disponibilização das informações e dos recursos financeiros necessários para o cumprimento do disposto nesta Lei.

§ 8.º A inobservância ao disposto nos §§ 5.º e 7.º deste artigo ou o não atendimento da solicitação da requisição pelo trustee não afastam o dever de cumprimento das obrigações tributárias principais e acessórias pelo instituidor ou pelo beneficiário, conforme o caso.

Art. 11. Os bens e direitos objeto do trust, independentemente da data de sua aquisição, deverão, em relação à data-base de 31 de dezembro de 2023, ser declarados diretamente pelo titular na DAA, pelo custo de aquisição.

§ 1.º Caso o titular tenha informado anteriormente o trust na sua DAA, o trust deverá ser substituído pelos bens e direitos subjacentes, de modo a se alocar o custo de aquisição para cada um desses bens e direitos, considerada a proporção do valor de cada bem ou direito em relação ao valor total do patrimônio objeto do trust.

§ 2.º Caso a pessoa que tenha informado anteriormente o trust na sua DAA seja distinta do titular estabelecido por esta Lei, o declarante poderá, excepcionalmente, ser considerado como o titular para efeitos do IRPF.

Art. 12. Para fins do disposto nesta Lei, considera-se:

I – trust: figura contratual regida por lei estrangeira que dispõe sobre a relação jurídica entre o instituidor, o trustee e os beneficiários quanto aos bens e direitos indicados na escritura do trust;

II – instituidor (settlor): pessoa física que, por meio da escritura do trust, destina bens e direitos de sua titularidade para formar o trust;

III – administrador do trust (trustee): pessoa física ou jurídica com dever fiduciário sobre os bens e direitos objeto do trust, responsável por manter e administrar esses bens e direitos de acordo com as regras da escritura do trust e, se existente, da carta de desejos;

IV – beneficiário (beneficiary): uma ou mais pessoas indicadas para receber do trustee os bens e direitos objeto do trust, acrescidos dos seus frutos, de acordo com as regras estabelecidas na escritura do trust e, se existente, na carta de desejos;

V – distribuição (distribution): qualquer ato de disposição de bens e direitos objeto do trust em favor do beneficiário, tal como a disponibilização da posse, o usufruto e a propriedade de bens e direitos;

VI – escritura do trust (trust deed ou declaration of trust): ato escrito de manifestação de vontade do instituidor que rege a instituição e o funcionamento do trust e a atuação do trustee, incluídas as regras de manutenção, de administração e de distribuição dos bens e direitos aos beneficiários, além de eventuais encargos, termos e condições;

VII – carta de desejos (letter of wishes): ato suplementar que pode ser escrito pelo instituidor em relação às suas vontades que devem ser executadas pelo trustee e que pode prever regras de funcionamento do trust e de distribuição de bens e direitos para os beneficiários, entre outras disposições.

Art. 13. Para os fins desta Lei, as disposições desta Seção aplicam-se aos demais contratos regidos por lei estrangeira com características similares às do *trust* e que não forem enquadrados como entidades controladas.

Seção VI
Da Atualização do Valor dos Bens e Direitos no Exterior

Art. 14. A pessoa física residente no País poderá optar por atualizar o valor dos bens e direitos no exterior informados na sua DAA para o valor de mercado em 31 de dezembro de 2023 e tributar a diferença para o custo de aquisição, pelo IRPF, à alíquota definitiva de 8% (oito por cento).

§ 1.º A opção de que trata o *caput* deste artigo aplica-se a:

I – aplicações financeiras de que trata o inciso I do § 1.º do art. 3.º desta Lei;

II – bens imóveis em geral ou ativos que representem direitos sobre bens imóveis;

III – veículos, aeronaves, embarcações e demais bens móveis sujeitos a registro em geral, ainda que em alienação fiduciária;

IV – participações em entidades controladas, nos termos do art. 5.º desta Lei.

§ 2.º Para fins da tributação de que trata o *caput* deste artigo, os bens e direitos serão atualizados para o seu valor de mercado em 31 de dezembro de 2023, observado:

I – quanto aos ativos de que trata o inciso I do § 1.º deste artigo, o saldo existente na data-base, conforme documento disponibilizado pela instituição financeira custodiante;

II – quanto aos ativos de que tratam os incisos II e III do § 1.º deste artigo, o valor de mercado na data-base conforme avaliação feita por entidade especializada; e

III – quanto aos ativos de que trata o inciso IV do § 1.º deste artigo, o valor do patrimônio líquido proporcional à participação no capital social, ou equivalente, conforme demonstrações financeiras preparadas com observância aos padrões contábeis brasileiros, com suporte em documentação hábil e idônea, incluídos a identificação do capital social, ou equivalente, a reserva de capital, os lucros acumulados e as reservas de lucros.

§ 3.º Para fins de apuração do valor dos bens e direitos em moeda nacional, o valor expresso em moeda estrangeira será convertido em moeda nacional pela cotação de fechamento da moeda estrangeira divulgada, para venda, pelo Banco Central do Brasil, para o último dia útil do mês de dezembro de 2023.

§ 4.º Os valores decorrentes da atualização tributados na forma prevista neste artigo:

I – serão considerados como acréscimo patrimonial na data em que houver o pagamento do imposto;

II – serão incluídos na ficha de bens e direitos da DAA como custo de aquisição adicional do respectivo bem ou direito ou, no caso de lucros de controladas no exterior, de crédito de dividendo a receber; e

III – no caso de lucros de entidades controladas no exterior, quando forem disponibilizados para a pessoa física controladora, reduzirão o custo de aquisição do crédito de dividendo a receber, pelo valor originalmente declarado em moeda nacional, e não serão tributados novamente.

§ 5.º O ganho ou a perda decorrente de variação cambial entre o valor em moeda nacional do lucro tributado em 31 de dezembro de 2023 e registrado como custo de aquisição do crédito do dividendo a receber, na forma prevista no inciso II do § 4.º, e o valor em moeda nacional do dividendo percebido posteriormente, na forma prevista no inciso III do § 4.º deste artigo, não será tributado ou deduzida, respectivamente, na apuração do IRPF.

§ 6.º O contribuinte poderá optar, inclusive, pela atualização do valor de bens e direitos objeto de *trust* em relação aos quais a pessoa física seja definida como titular, nos termos desta Lei.

§ 7.º A opção poderá ser exercida em conjunto ou separadamente para cada bem ou direito no exterior.

§ 8.º O imposto deverá ser pago até 31 de maio de 2024.

§ 9.º A opção deverá ser exercida na forma e no prazo estabelecidos pela Secretaria Especial da Receita Federal do Brasil do Ministério da Fazenda, por meio de declaração específica que deverá conter, no mínimo:

I – identificação do declarante;

II – identificação dos bens e direitos;

III – valor do bem ou direito constante da última DAA relativa ao ano-calendário de 2022; e

IV – valor atualizado do bem ou direito em moeda nacional.

§ 10. Não poderão ser objeto de atualização:

I – bens ou direitos que não tiverem sido declarados na DAA relativa ao ano-calendário de 2022, entregue até o dia 31 de maio de 2023, ou adquiridos no decorrer do ano-calendário de 2023;

II – bens ou direitos que tiverem sido alienados, baixados ou liquidados anteriormente à data da formalização da opção de que trata este artigo; e

III – moeda estrangeira em espécie, joias, pedras e metais preciosos, obras de arte, antiguidades de valor histórico ou arqueológico, animais de estimação ou esportivos e material genético de reprodução animal, sujeitos a registro em geral, ainda que em alienação fiduciária.

§ 11. A opção de que trata este artigo somente se consumará e se tornará definitiva com o pagamento integral do imposto.

§ 12. Não poderão ser aplicados quaisquer deduções, percentuais ou fatores de redução à base de cálculo, à alíquota ou ao montante devido do imposto de que trata este artigo.

§ 13. Para fins da opção de que trata este artigo, o custo de aquisição dos bens e direitos que tiverem sido adquiridos com rendimentos auferidos originariamente em moeda estrangeira, nos termos do § 5.º do art. 24 da Medida Provisória n. 2.158-35, de 24 de agosto de 2001, deverá ser calculado mediante a conversão do valor dos bens e direitos da moeda estrangeira em moeda nacional pela cotação de fechamento da moeda estrangeira divulgada, para venda, pelo Banco Central do Brasil, para o último dia útil do mês de dezembro de 2023.

§ 14. Caso o contribuinte declare que exerceu ou exercerá a opção por declarar os bens, direitos e obrigações da entidade controlada no exterior como se fossem detidos diretamente pela pessoa física na forma do art. 8.º desta Lei, o contribuinte poderá optar por aplicar o critério de atualização do inciso III do § 2.º deste artigo, ou de cada bem e direito subjacente.

Seção VII
Da Conversão da Moeda Estrangeira em Moeda Nacional

Art. 15. A cotação a ser utilizada para converter os valores em moeda estrangeira em moeda nacional é a cotação de fechamento da moeda estrangeira divulgada, para venda, pelo Banco Central do Brasil, para a data do fato gerador, ressalvadas as disposições específicas previstas nesta Lei.

Capítulo II
DA TRIBUTAÇÃO DOS RENDIMENTOS DE APLICAÇÕES EM FUNDOS DE INVESTIMENTO NO PAÍS

Seção I
Disposições Gerais

Art. 16. Os rendimentos de aplicações em fundos de investimento no País constituídos na forma do art. 1.368-C da Lei n. 10.406, de 10 de janeiro de 2002 (Código Civil), ficarão sujeitos à incidência do imposto sobre a renda de acordo com o disposto nesta Lei.

Parágrafo único. Ficam isentos do imposto sobre a renda os rendimentos, inclusive os ganhos líquidos, dos títulos e valores mobiliários e demais aplicações financeiras integrantes das carteiras dos fundos de investimento.

Seção II
Do Regime Geral dos Fundos

Art. 17. Os rendimentos das aplicações em fundos de investimento ficarão sujeitos à retenção na fonte do IRRF nas seguintes datas:

I – no último dia útil dos meses de maio e novembro; ou

II – na data da distribuição de rendimentos, da amortização ou do resgate de cotas, caso ocorra antes.

§ 1.º A alíquota do IRRF será a seguinte:

I – como regra geral:

a) 15% (quinze por cento), na data da tributação periódica de que trata o inciso I do *caput* deste artigo; e

b) o percentual complementar necessário para totalizar a alíquota prevista nos incisos I, II, III e IV do *caput* do art. 1.º da Lei n. 11.033, de 21 de dezembro de 2004, na data da distribuição de rendimentos, da amortização ou do resgate de cotas de que trata o inciso II do *caput* deste artigo; ou

II – nos fundos de que trata o art. 6.º da Lei n. 11.053, de 29 de dezembro de 2004:

a) 20% (vinte por cento), na data da tributação periódica de que trata o inciso I do *caput* deste artigo; e

b) o percentual complementar necessário para totalizar a alíquota prevista nos incisos I e II do § 2.º do art. 6.º da Lei n. 11.053, de 29 de dezembro de 2004, na data da distribuição de rendimentos, da amortização ou do resgate de cotas de que trata o inciso II do *caput* deste artigo.

§ 2.º O custo de aquisição das cotas corresponderá ao valor:

I – do preço pago na aquisição das cotas, o qual consistirá no custo de aquisição inicial das cotas;

II – acrescido da parcela do valor patrimonial da cota que tiver sido tributada anteriormente, no que exceder o custo de aquisição inicial; e

III – diminuído das parcelas do custo de aquisição que tiverem sido computadas anteriormente em amortizações de cotas.

§ 3.º O custo de aquisição total será dividido pela quantidade de cotas da mesma classe ou subclasse, quando houver, de titularidade do cotista, a fim de calcular o custo médio por cota.

§ 4.º Opcionalmente, o administrador do fundo de investimento poderá computar o custo de aquisição por cota ou certificado.

§ 5.º A base de cálculo do IRRF corresponderá:

I – na incidência periódica de que trata o inciso I do *caput* deste artigo, à diferença positiva entre o valor patrimonial da cota do dia imediatamente anterior e o custo de aquisição da cota;

II – nas hipóteses de que trata o inciso II do *caput* deste artigo:

a) no resgate, à diferença positiva entre o preço do resgate da cota e o custo de aquisição da cota;

b) na amortização, à diferença positiva entre o preço da amortização e a parcela do custo de aquisição da cota calculada com base na proporção que o preço da amortização representar do valor patrimonial da cota.

§ 6.º As perdas apuradas na amortização ou no resgate de cotas poderão ser compensadas, exclusivamente, com ganhos apurados nas incidências posteriores e na distribuição de rendimentos, na amortização ou no resgate de cotas do mesmo fundo de investimento, ou de outro fundo de investimento administrado pela mesma pessoa jurídica, desde que este fundo esteja sujeito ao mesmo regime de tributação.

§ 7.º A compensação de perdas de que trata o § 6.º deste artigo somente será admitida se a perda constar de sistema de controle e registro mantido pelo administrador que permita a identificação, em relação a cada cotista, dos valores compensáveis.

§ 8.º A incidência do IRRF de que trata este artigo abrangerá todos os fundos de investimento constituídos sob a forma de condomínio aberto ou fechado, ressalvadas as hipóteses previstas nesta Lei e na legislação a que se refere o art. 39 desta Lei.

Seção III
Do Regime Específico dos Fundos Não Sujeitos à Tributação Periódica

Art. 18. Quando forem enquadrados como entidades de investimento e cumprirem os demais requisitos previstos nesta Seção, ficarão sujeitos ao regime de tributação de que trata esta Seção os seguintes fundos de investimento:

I – Fundo de Investimento em Participações (FIP);

II – Fundo de Investimento em Índice de Mercado (*Exchange Traded Fund* – ETF), com exceção dos ETFs de Renda Fixa; e

III – Fundo de Investimento em Direitos Creditórios (FIDC).

Parágrafo único. Ficarão também sujeitos ao regime de tributação de que trata esta Seção, ainda que não sejam enquadrados como entidades de investimento, os Fundos de Investimento em Ações (FIAs) que cumpram os demais requisitos previstos nesta Seção.

Art. 19. Para fins do disposto nesta Lei, serão considerados como FIDCs os fundos que possuírem carteira composta de, no mínimo, 67% (sessenta e sete por cento) de direitos creditórios.

• A Resolução n. 5.111, de 21-12-2023, do BACEN, regulamenta os conceitos de entidade de investimento e de direitos creditórios para fins do disposto neste artigo.

§ 1.º Para fins do disposto no *caput* deste artigo, a definição de direitos creditórios obedecerá à regulamentação do Conselho Monetário Nacional.

§ 2.º O FIDC terá prazo de até 180 (cento e oitenta) dias, contado da data da primeira integralização de cotas, para se enquadrar no disposto no *caput* deste artigo.

§ 3.º O FIDC já constituído em 31 de dezembro de 2023 terá prazo até o dia 30 de junho de 2024 para se enquadrar no disposto no *caput* deste artigo.

§ 4.º Aplicam-se aos FIDCs as regras de desenquadramento previstas nos §§ 3.º e 4.º do art. 21 desta Lei.

Art. 20. Para fins do disposto nesta Lei, serão considerados como FIPs os fundos que cumprirem os requisitos de alocação, de enquadramento e de reenquadramento de carteira previstos na regulamentação da Comissão de Valores Mobiliários.

Art. 21. Para fins do disposto nesta Lei, serão considerados como FIAs os fundos que possuírem carteira composta de, no mínimo, 67% (sessenta e sete por cento) dos seguintes ativos financeiros, quando forem admitidos à negociação no mercado à vista de bolsa de valores, no País ou no exterior, ou no mercado de balcão organizado no País:

I – no País:

a) as ações;

b) os recibos de subscrição;

c) os certificados de depósito de ações;

d) os Certificados de Depósito de Valores Mobiliários (*Brazilian Depositary Receipts* – BDRs);

e) as cotas de FIAs;

f) as cotas negociadas em bolsa de valores ou em mercado de balcão organizado no País de fundos de índice de ações;

g) as representações digitais (*tokens*) dos ativos previstos nas alíneas *a* a *f* deste inciso.

II – no exterior:

a) as ações;

b) os *Global Depositary Receipts* (GDRs);

c) os *American Depositary Receipts* (ADRs);

d) as cotas negociadas em bolsa de valores no exterior de fundos de índice de ações;

e) as cotas dos FIAs no exterior, na forma permitida pela regulamentação da Comissão de Valores Mobiliários;

f) as representações digitais (*tokens*) dos ativos previstos nas alíneas *a* a *e* deste inciso.

§ 1.º Para fins de enquadramento no limite mínimo de que trata o *caput* deste artigo, as operações de empréstimo de ações realizadas pelo fundo de investimento serão:

I – computadas no limite de que trata o *caput* deste artigo, quando o fundo for o emprestador; ou

II – excluídas do limite de que trata o *caput* deste artigo, quando o fundo for o tomador.

§ 2.º Para fins de cálculo do limite de que trata o *caput* deste artigo, não integrarão a parcela da carteira aplicada em ações as operações conjugadas realizadas nos mercados de opções de compra e de venda em bolsas de valores, de mercadorias e de futuros (*box*), no mercado a termo nas bolsas de valores, de mercadorias e de futuros, em operações de venda coberta e sem ajustes diários, e no mercado de balcão organizado.

§ 3.º O cotista do FIA cuja carteira deixar de observar o limite de que trata o *caput* deste artigo ficará sujeito às regras de tributação de que trata o art. 17 desta Lei a partir do momento do desenquadramento da carteira, salvo se, cumulativamente:

I – a proporção de que trata o *caput* deste artigo não for reduzida para menos de 50% (cinquenta por cento) do total da carteira de investimento;

II – a situação for regularizada no prazo máximo de 30 (trinta) dias; e

III – o fundo não incorrer em nova hipótese de desenquadramento no período de 12 (doze) meses subsequentes.

§ 4.º Na hipótese de desenquadramento de que trata o § 3.º deste artigo, os rendimentos produzidos até a data da alteração ficarão sujeitos à incidência do IRRF de acordo com a regra prevista no art. 24 desta Lei na data do desenquadramento.

§ 5.º Para efeitos do disposto neste artigo, consideram-se como bolsas de valores e mercados de balcão organizado no País os sistemas centralizados de negociação que possibilitem o encontro e a interação de ofertas de compra e venda de valores mobiliários e garantam a formação pública de preços, administrados por entidade autorizada pela Comissão de Valores Mobiliários.

§ 6.º Os ativos financeiros referidos na alínea e do inciso I e na alínea e do inciso II do *caput* deste artigo e as suas representações digitais (*tokens*) ficam dispensados de serem admitidos à negociação no mercado à vista de bolsa de valores ou no mercado de balcão organizado, no País, ou em bolsa de valores, no exterior.

§ 7.º (Vetado.)

Art. 22. Para fins do disposto nesta Lei, serão considerados como ETFs os fundos que cumprirem os requisitos de alocação, de enquadramento e de reenquadramento de carteira previstos na regulamentação da Comissão de Valores Mobiliários e possuírem cotas efetivamente negociadas em bolsa de valores ou em mercado de balcão organizado no País, com exceção dos ETFs de Renda Fixa, de que trata o art. 2.º da Lei n. 13.043, de 13 de novembro de 2014.

Art. 23. Para fins do disposto nesta Lei, serão classificados como entidades de investimento os fundos que tiverem estrutura de gestão profissional, no nível do fundo ou de seus cotistas quando organizados como fundos de investimento no País ou como fundos ou veículos de investimentos no exterior, representada por agentes ou prestadores de serviços com poderes para tomar decisões de investimento e de desinvestimento de forma discricionária, com o propósito de obter retorno por meio de apreciação do capital investido ou de renda, ou de ambos, na forma a ser regulamentada pelo Conselho Monetário Nacional.

- A Resolução n. 5.111, de 21-12-2023, do BACEN, regulamenta os conceitos de entidade de investimento e de direitos creditórios para fins do disposto neste artigo.

Art. 24. Os rendimentos nas aplicações nos fundos de que trata o art. 18 desta Lei ficarão sujeitos à retenção na fonte do IRRF à alíquota de 15% (quinze por cento), na data da distribuição de rendimentos, da amortização ou do resgate de cotas.

§ 1.º Os fundos de que trata este artigo não ficarão sujeitos à tributação periódica nas datas previstas no inciso I do *caput* do art. 17 desta Lei.

§ 2.º Aplica-se aos rendimentos de que trata este artigo o disposto nos §§ 2.º, 3.º e 4.º, no inciso II do § 5.º e nos §§ 6.º e 7.º do art. 17 desta Lei.

Art. 25. Ficarão sujeitos ao tratamento tributário de que trata o art. 24 os fundos de investimento que investirem, no mínimo, 95% (noventa e cinco por cento) de seu patrimônio líquido nos fundos de que trata o art. 18 desta Lei.

Seção IV
Do Regime Específico de Fundos Sujeitos à Tributação Periódica com Subconta de Avaliação de Participações Societárias

Art. 26. Os rendimentos das aplicações nos FIPs, nos ETFs e nos FIDCs que não forem classificados como entidades de investimentos ficarão sujeitos à retenção na fonte do IRRF à alíquota de 15% (quinze por cento), nas datas previstas nos incisos I e II do *caput* do art. 17 desta Lei.

§ 1.º Aplica-se aos rendimentos de que trata este artigo o disposto nos §§ 2.º a 7.º do art. 17 desta Lei.

§ 2.º Para fins de apuração da base de cálculo do imposto, não será computada a contrapartida positiva ou negativa decorrente da avaliação, pelo valor patrimonial ou pelo valor justo, de cotas ou de ações de emissão de pessoas jurídicas domiciliadas no País representativas de controle ou de coligação integrantes da carteira dos fundos, nos termos do art. 243 da Lei n. 6.404, de 15 de dezembro de 1976 (Lei das Sociedades por Ações).

§ 3.º O ganho ou a perda da avaliação dos ativos na forma do § 2.º deste artigo deverão ser evidenciados em subconta nas demonstrações contábeis do fundo.

§ 4.º Os FIPs, os ETFs e os FIDCs que forem titulares de cotas de outros FIPs, ETFs e FIDCs de que trata o *caput* deste artigo deverão registrar no patrimônio uma subconta reflexa equivalente à subconta registrada no patrimônio do fundo investido.

§ 5.º Aplica-se o disposto no § 4.º na hipótese de outros fundos que possuam na carteira cotas de FIPs, de ETFs e de FIDCs de que trata o *caput* deste artigo.

§ 6.º A subconta será revertida e o seu saldo comporá a base de cálculo do IRRF no momento da alienação do investimento pelo fundo, ou no momento em que houver a distribuição dos rendimentos pelo fundo aos cotistas, sob qualquer forma, inclusive na amortização ou resgate de cotas do fundo.

•• § 6.º com redação determinada pela Lei n. 14.789, de 29-12-2023.

§ 6.º-A. Os valores recebidos pelo FIP de suas empresas investidas, inclusive na forma de dividendos e juros sobre o capital próprio ou em virtude de baixa ou liquidação de investimento, não comporão a base de cálculo do IRRF, desde que o fundo reinvista esses valores em ativos autorizados no prazo estabelecido para a verificação do enquadramento da sua carteira, conforme regulamentação da Comissão de Valores Mobiliários, hipótese em que o valor correspondente será transferido da subconta do investimento original para a subconta do novo investimento.

•• § 6.º-A acrescentado pela Lei n. 14.789, de 29-12-2023.

§ 7.º A ausência de controle em subconta para qualquer ativo do fundo enquadrado no § 2.º deste artigo implicará a tributação dos rendimentos da aplicação na cota do fundo integralmente.

§ 8.º Caso seja apurada uma perda de ativo enquadrado no § 2.º deste artigo sem controle em subconta, essa perda não poderá ser deduzida do rendimento bruto submetido à incidência do IRRF.

Seção V
Das Regras de Transição

Art. 27. Os rendimentos apurados até 31 de dezembro de 2023 nas aplicações nos fundos de investimento que não estavam sujeitos até o ano de 2023 à tributação periódica nos meses de maio e novembro de cada ano e que estarão sujeitos à tributação periódica a partir do ano de 2024, com base nos arts. 17 ou 26 desta Lei, serão apropriados *pro rata tempore* até 31 de dezembro de 2023 e ficarão sujeitos à incidência do IRRF à alíquota de 15% (quinze por cento).

•• A Instrução Normativa n. 2.166, de 15-12-2023, da RFB, dispõe sobre o recolhimento do imposto sobre a renda incidente sobre os rendimentos apurados nas aplicações nos fundos de investimento de que trata este artigo.

§ 1.º Os rendimentos de que trata o *caput* deste artigo corresponderão à diferença positiva entre o valor patrimonial da cota em 31 de dezembro de 2023, incluídos os rendimentos apropriados a cada cotista, e o custo de aquisição calculado de acordo com as regras previstas nos §§ 2.º, 3.º e 4.º do art. 17 desta Lei.

§ 2.º No caso dos fundos sujeitos ao regime específico de que trata o art. 26, o cotista poderá optar por não computar na base de cálculo do IRRF os valores controlados nas subcontas de que trata o § 3.º do art. 26 desta Lei.

§ 3.º O cotista deverá prover previamente ao administrador do fundo de investimento os recursos financeiros necessários para o recolhimento do imposto, podendo o administrador do fundo dispensar o aporte de novos recursos.

§ 4.º A parcela do valor patrimonial da cota tributada na forma deste artigo passará a compor o custo de aquisição da cota, nos termos do inciso II do § 2.º do art. 17 desta Lei.

§ 5.º O imposto de que trata o *caput* deste artigo deverá ser retido pelo administrador do fundo de investimento e recolhido à vista até 31 de maio de 2024.

§ 6.º O imposto de que trata o *caput* deste artigo poderá ser recolhido em até 24 (vinte e quatro) parcelas mensais e sucessivas, com pagamento da primeira parcela até 31 de maio de 2024.

§ 7.º Na hipótese de que trata o § 6.º deste artigo, o valor de cada prestação mensal:

I – será acrescido, por ocasião do pagamento, de juros equivalentes à taxa referencial do Sistema Especial de Liquidação e de Custódia (Selic) para títulos federais, acumulada mensalmente, calculados a partir do mês de junho de 2024, e de 1% (um por cento) relativamente ao mês em que o pagamento estiver sendo efetuado; e

II – não poderá ser inferior a 1/24 (um vinte e quatro avos) do imposto apurado nos termos do *caput* deste artigo.

§ 8.º Caso o cotista realize o investimento no fundo de investimento por meio de amortização, de resgate ou de alienação de cotas antes do decurso do prazo do pagamento do IRRF, o vencimento do IRRF será antecipado para a data da realização.

§ 9.º Caso o imposto não seja pago no prazo de que trata este artigo, o fundo não poderá efetuar distribuições ou repasses de recursos aos cotistas nem realizar novos investimentos até que haja a quitação integral do imposto, com eventuais acréscimos legais.

§ 10. Caso o imposto não seja pago no prazo de que trata este artigo em decorrência da falta de provimento de recursos pelo cotista, nos termos do § 3.º deste artigo, o administrador deverá encaminhar à Secretaria Especial da Receita Federal do Brasil do Ministério da Fazenda, na forma e no prazo por ela regulamentados, as seguintes informações, afastada a responsabilidade do administrador pela retenção e pelo recolhimento do imposto:

I – número de inscrição do contribuinte no Cadastro de Pessoas Físicas (CPF) ou no Cadastro Nacional da Pessoa Jurídica (CNPJ);

II – valor dos rendimentos que serviram de base de cálculo do imposto;

III – valor do imposto devido.

§ 11. Na hipótese de que trata o § 10 deste artigo, a responsabilidade pelo recolhimento do imposto será do cotista, que ficará sujeito ao seu lançamento de ofício.

Art. 28. Alternativamente ao disposto no art. 27 desta Lei, a pessoa física residente no País poderá optar por pagar o IRRF sobre os rendimentos das aplicações nos fundos de investimento de que trata o referido artigo à alíquota de 8% (oito por cento), em 2 (duas) etapas:

•• *Vide nota ao artigo anterior.*

I – na primeira, pagamento do imposto sobre os rendimentos apurados até 30 de novembro de 2023;

II – na segunda, pagamento do imposto sobre os rendimentos apurados de 1.º de dezembro de 2023 a 31 de dezembro de 2023.

§ 1.º Caso ocorra amortização ou resgate de cotas, ou cisão do fundo, entre 1.º de dezembro de 2023 e 29 de dezembro de 2023, o efeito desse evento deverá ser excluído do valor patrimonial da cota em 30 de novembro de 2023, para fins do disposto no inciso I do *caput* deste artigo.

§ 2.º Caso seja exercida a opção de que trata este artigo, o imposto deverá ser recolhido:

I – sobre os rendimentos de que trata o inciso I do *caput* deste artigo, em 4 (quatro) parcelas iguais, mensais e sucessivas, com vencimentos nos dias 29 de dezembro de 2023, 31 de janeiro de 2024, 29 de fevereiro de 2024 e 29 de março de 2024;

II – sobre os rendimentos de que trata o inciso II do *caput* deste artigo, à vista, no mesmo prazo de vencimento do IRRF devido na tributação periódica de que trata o inciso I do *caput* do art. 17 desta Lei relativa ao mês de maio de 2024.

§ 3.º A opção de que trata este artigo somente se consumará e se tornará definitiva com o pagamento integral do imposto.

§ 4.º Aplica-se à opção de que trata este artigo o disposto nos §§ 1.º a 4.º e nos §§ 8.º a 10 do art. 27 desta Lei.

§ 5.º Caso o imposto não seja pago nos prazos previstos no § 2.º deste artigo, o cotista ficará sujeito ao cálculo e ao recolhimento do imposto na forma do art. 27 desta Lei, deduzidas as parcelas pagas até a data do inadimplemento.

Art. 29. Os fundos de investimento que, na data de publicação desta Lei, preverem expressamente em seu regulamento a sua extinção e liquidação improrrogável até 30 de novembro de 2024 não ficarão sujeitos à tributação periódica nas datas previstas no inciso I do *caput* do art. 17 desta Lei.

Seção VI
Disposições Comuns

Art. 30. Na hipótese de fusão, de cisão, de incorporação ou de transformação de fundo de investimento a partir de 1.º de janeiro de 2024, os rendimentos correspondentes à diferença positiva entre o valor patrimonial da cota na data do evento e o custo de aquisição da cota ficarão sujeitos à retenção na fonte do IRRF à alíquota aplicável aos cotistas do fundo naquela data.

§ 1.º Os rendimentos serão calculados de acordo com o disposto nos §§ 2.º a 7.º do art. 17 e, no caso dos fundos sujeitos ao regime específico previsto no art. 26 desta Lei, de acordo com as disposições dele constantes.

§ 2.º Não haverá incidência do IRRF quando a fusão, a cisão, a incorporação ou a transformação:

I – envolverem, exclusivamente, fundos que estiverem sujeitos ao mesmo regime de tributação, segundo as regras dos arts. 17, 18 ou 26 desta Lei;

II – não implicarem mudança na titularidade das cotas; e

III – não implicarem disponibilização de ativo pelo fundo aos cotistas.

§ 3.º A fusão, a cisão, a incorporação ou a transformação de fundo sujeito às regras de tributação do art. 17 desta Lei e que não se sujeitar ao IRRF não implicarão reinício da contagem do prazo de aplicação dos cotistas.

§ 4.º Na cisão ou na transformação de fundo, será cancelada ou transformada quantidade de cotas de cada prazo de aplicação proporcional à quantidade de cotas do respectivo prazo de aplicação em relação à quantidade total de cotas.

§ 5.º Não haverá incidência do IRRF na fusão, na cisão, na incorporação ou na transformação ocorrida até 31 de dezembro de 2023 quando:

I – o fundo objeto da operação não estiver sujeito à tributação periódica nos meses de maio e novembro no ano de 2023; e

II – a alíquota a que seus cotistas estiverem sujeitos no fundo resultante da operação for igual ou maior do que a alíquota a que estavam sujeitos na data imediatamente anterior à operação.

§ 6.º Em caso de fundo objeto do § 5.º deste artigo com titulares de cotas com prazos distintos de aplicação, haverá a incidência do IRRF somente sobre os rendimentos apurados pelos titulares das cotas que estarão sujeitos a uma alíquota menor após a operação.

Art. 31. É responsável pela retenção e pelo recolhimento do IRRF sobre rendimentos de aplicações em cotas de fundos de investimento:

I – o administrador do fundo de investimento; ou

II – a instituição que intermediar recursos por conta e ordem de seus clientes, para aplicações em fundos de investimento administrados por outra instituição, na forma prevista em normas expedidas pelo Conselho Monetário Nacional ou pela Comissão de Valores Mobiliários.

§ 1.º Para fins do disposto no inciso II do *caput* deste artigo, a instituição intermediadora de recursos deverá:

I – ser também responsável pela retenção e pelo recolhimento dos demais impostos incidentes sobre as aplicações que intermediar;

II – manter sistema de registro e controle que permita a identificação de cada cliente e dos elementos necessários à apuração dos impostos por ele devidos;

III – fornecer à instituição administradora do fundo de investimento, individualizado por código de cliente, o valor das aplicações, dos resgates e dos impostos retidos; e

IV – prestar à Secretaria Especial da Receita Federal do Brasil do Ministério da Fazenda todas as informações decorrentes da responsabilidade prevista neste artigo.

§ 2.º Em caso de mudança de administrador do fundo de investimento, cada administrador será responsável pela retenção e pelo recolhimento do IRRF referente aos fatos geradores ocorridos no período relativo à sua administração.

Art. 32. O IRRF incidente sobre rendimentos de aplicações em fundos de investimento será:

I – definitivo, no caso de pessoa física residente no País e de pessoa jurídica isenta ou optante pelo Regime Especial Unificado de Arrecadação de Tributos e Contribuições devidos pelas Microempresas e Empresas de Pequeno Porte (Simples Nacional); ou

II – antecipação do Imposto sobre a Renda das Pessoas Jurídicas (IRPJ) devido no encerramento do período de apuração, no caso de pessoa jurídica tributada com base no lucro real, presumido ou arbitrado.

Art. 33. São dispensadas da retenção na fonte do IRRF incidente sobre os rendimentos de aplicações em fundos de investimento as pessoas jurídicas domiciliadas no País de que trata o inciso I do *caput* do art. 77 da Lei n. 8.981, de 20 de janeiro de 1995.

Art. 34. Os rendimentos de aplicações em fundos de investimento no País apurados por investidores residentes ou domiciliados no exterior nos termos da regulamentação do Conselho Monetário Nacional ficarão sujeitos à incidência do IRRF à alíquota de 15% (quinze por cento), na data da distribuição de rendimentos, da amortização ou do resgate de cotas.

§ 1.º A alíquota do IRRF incidente sobre rendimentos apurados na amortização ou no resgate de cotas de FIAs, nos termos do art. 21 desta Lei, de investidor residente ou domiciliado no exterior de que trata este artigo será de 10% (dez por cento).

§ 2.º Não se aplica aos investidores residentes ou domiciliados no exterior de que trata este artigo a tributação periódica na data prevista no inciso I do *caput* do art. 17 desta Lei.

§ 3.º Aplica-se aos rendimentos de que trata este artigo o disposto nos §§ 2.º, 3.º e 4.º, no inciso II do § 5.º e nos §§ 6.º e 7.º do art. 17 desta Lei.

§ 4.º O regime de tributação deste artigo não se aplica a investidor residente ou domiciliado em jurisdição de tributação favorecida de que trata o art. 24 da Lei n. 9.430, de 27 de dezembro de 1996.

Art. 35. O IRRF incidente sobre os rendimentos de aplicações em cotas de fundos de investimento, salvo quando previsto de forma diversa nesta Lei, deverá ser recolhido em cota única, no prazo previsto no art. 70 da Lei n. 11.196, de 21 de novembro de 2005.

Art. 36. Para as cotas de fundos de investimento gravadas com usufruto, o tratamento tributável levará em consideração o beneficiário dos rendimentos, ainda que esse não seja o proprietário da cota.

Art. 37. Nos casos em que o regulamento do fundo de investimento prever diferentes classes de cotas, com direitos e obrigações distintos e patrimônio segregado para cada classe, nos termos do inciso III do *caput* do art. 1.368-D da Lei n. 10.406, de 10 de janeiro de 2002 (Código Civil), observada a regulamentação da Comissão de Valores Mobiliários, cada classe de cotas será considerada como um fundo de investimento para fins de aplicação das regras de tributação previstas na legislação.

Parágrafo único. A transferência de cotas entre subclasses de uma mesma classe não é hipótese de incidência do imposto de renda, desde que não haja mudança na titularidade das cotas e não haja disponibilização de ativo pelo fundo aos cotistas.

Art. 38. Aplicam-se aos clubes de investimento as regras de tributação de fundos de investimento previstas nesta Lei.

Art. 39. Ficam ressalvadas do disposto nesta Lei as regras aplicáveis aos seguintes fundos de investimento:

I – os Fundos de Investimento Imobiliário (FII) e os Fundos de Investimento nas Cadeias Produtivas do Agronegócio (Fiagro), de que trata a Lei n. 8.668, de 25 de junho de 1993;

II – os investimentos de residentes ou domiciliados no exterior em fundos de investimento em títulos públicos de que trata o art. 1.º da Lei n. 11.312, de 27 de junho de 2006;

III – os investimentos de residentes ou domiciliados no exterior em FIPs e em Fundos de Investimento em Empresas Emergentes (FIEE) de que trata o art. 3.º da Lei n. 11.312, de 27 de junho de 2006;

IV – os Fundos de Investimento em Participações em Infraestrutura (FIPs-IE) e os Fundos de Investimento em Participação na Produção Econômica Intensiva em Pesquisa, Desenvolvimento e Inovação (FIPs-PD&I) de que trata a Lei n. 11.478, de 29 de maio de 2007;

V – os fundos de investimento de que trata a Lei n. 12.431, de 24 de junho de 2011;

VI – os fundos de investimento com cotistas exclusivamente residentes ou domiciliados no exterior, nos termos do art. 97 da Lei n. 12.973, de 13 de maio de 2014; e

VII – os ETFs de Renda Fixa de que trata o art. 2.º da Lei n. 13.043, de 13 de novembro de 2014.

Art. 40. Os fundos de investimento que investirem, direta ou indiretamente, pelo menos 95% (noventa e cinco por cento) do seu patrimônio líquido nos fundos de que tratam os incisos I, IV e V do art. 39 e o art. 18 ficarão sujeitos ao tratamento tributário do art. 24 desta Lei.

Parágrafo único. Caso o limite referido no *caput* deste artigo deixe de ser observado, o fundo passará a se sujeitar ao tratamento tributário do art. 17 desta Lei a partir do momento de desenquadramento da carteira, salvo se a situação for regularizada no prazo máximo de 30 (trinta) dias.

•• Parágrafo único acrescentado pela Lei n. 14.789, de 29-12-2023.

Seção VII
Das Isenções do Imposto sobre a Renda

Art. 41. O art. 3.º da Lei n. 11.033, de 21 de dezembro de 2004, passa a vigorar com a seguinte redação, numerando-se o atual parágrafo único como § 1.º:

•• Alteração já processada no diploma modificado.

Capítulo III
DISPOSIÇÕES FINAIS

Art. 44. As empresas que operarem no País com ativos virtuais, independentemente de seu domicílio, ficam obrigadas a fornecer informações periódicas de suas atividades e de seus clientes à Secretaria Especial da Receita Federal do Brasil do Ministério da Fazenda e ao Conselho de Controle de Atividades Financeiras (Coaf).

Art. 45. A Secretaria Especial da Receita Federal do Brasil do Ministério da Fazenda regulamentará o disposto nesta Lei.

Art. 46. Revogam-se:

I – os arts. 49 e 50 da Lei n. 4.728, de 14 de julho de 1965;

II – o § 4.º do art. 25 da Lei n. 9.250, de 26 de dezembro de 1995;

III – os arts. 28 a 35 da Lei n. 9.532, de 10 de dezembro de 1997;

IV – os arts. 3.º e 6.º da Lei n. 10.426, de 24 de abril de 2002;

V – o art. 3.º da Lei n. 10.892, de 13 de julho de 2004;

VI – os §§ 2.º a 7.º do art. 1.º da Lei n. 11.033, de 21 de dezembro de 2004;

VII – o art. 24 do Decreto-lei n. 2.287, de 23 de julho de 1986;

VIII – os seguintes dispositivos da Medida Provisória n. 2.189-49, de 23 de agosto de 2001:

a) arts. 1.º a 6.º; e

b) inciso II do *caput* do art. 10; e

IX – os seguintes dispositivos da Medida Provisória n. 2.158-35, de 24 de agosto de 2001:

a) art. 24; e

b) art. 28.

Art. 47. Esta Lei entra em vigor na data de sua publicação e produzirá efeitos:

I – imediatamente, quanto aos arts. 28 e 29, aos §§ 4.º, 5.º e 6.º do art. 30 e aos arts. 42 e 43; e

II – a partir de 1.º de janeiro de 2024, quanto aos demais dispositivos.

Brasília, 12 de dezembro de 2023; 202.º da Independência e 135.º da República.

Luiz Inácio Lula da Silva

LEI COMPLEMENTAR N. 206, DE 16 DE MAIO DE 2024 (*)

Autoriza a União a postergar o pagamento da dívida de entes federativos afetados por calamidade pública reconhecida pelo Congresso Nacional, mediante proposta do Poder Executivo federal, e a reduzir a taxa de juros dos contratos de dívida dos referidos entes com a União; e altera a Lei Complementar n. 101, de 4 de maio de 2000 (Lei de Responsabilidade Fiscal), e a Lei Complementar n. 159, de 19 de maio de 2017.

O Presidente da República

Faço saber que o Congresso Nacional decreta e eu sanciono a seguinte Lei Complementar:

Art. 1.º Esta Lei Complementar autoriza a União a postergar o pagamento da dívida de entes federativos afetados por estado de calamidade pública decorrente de eventos climáticos extremos reconhecido pelo Congresso Nacional, mediante proposta do Poder Executivo federal, e a reduzir a taxa de juros dos contratos de dívida dos referidos entes com a União, bem como altera a Lei Complementar n. 101, de 4 de maio de 2000 (Lei de Responsabilidade Fiscal), e a Lei Complementar n. 159, de 19 de maio de 2017.

Art. 2.º Na ocorrência de eventos climáticos extremos dos quais decorra estado de calamidade pública reconhecido pelo Congresso Nacional, mediante proposta do Poder Executivo federal, nos termos do disposto no art. 65 da Lei Complementar n. 101, de 2000 (Lei de Responsabilidade Fiscal), em parte ou na integralidade do território nacional, é a União autorizada a postergar, parcial ou integralmente, os pagamentos devidos, incluídos o principal e o serviço da dívida, das parcelas vincendas com a União dos entes federativos afetados pela calamidade pública, e a reduzir a 0% (zero por cento), nos contratos de dívida dos referidos entes com a União a que se refere o § 1.º, a taxa de juros de que trata o inciso I do *caput* do art. 2.º da Lei Complementar n. 148, de 25 de novembro de 2014, pelo período de até 36 (trinta e seis) meses, nos termos estabelecidos em ato do Poder Executivo federal.

§ 1.º O disposto no *caput* deste artigo aplicar-se-á aos contratos de dívidas dos Estados e dos Municípios com a União celebrados com fundamento na Lei n. 9.496, de 11 de setembro de 1997, no art. 23 da Lei Complementar n. 178, de 13 de janeiro de 2021, na Lei Complementar n. 159, de 19 de maio de 2017, e na Medida Provisória n. 2.185-35, de 24 de agosto de 2001, e ficará condicionado à celebração de termo aditivo aos referidos contratos no prazo de até 180 (cento e oitenta) dias, contado da data de encerramento da vigência do estado de calamidade pública.

§ 2.º Os valores equivalentes aos montantes postergados em decorrência do disposto no *caput* deste artigo, calculados com base nas taxas de juros originais dos contratos ou nas condições financeiras aplicadas em função de regime de recuperação fiscal, deverão ser direcionados integralmente a plano de investimentos em ações de enfrentamento e mitigação dos danos decorrentes da calamidade pública e de suas consequências sociais e econômicas, por meio de fundo público específico a ser criado no âmbito do ente federativo.

§ 3.º Caberá ao ente federativo beneficiado, no prazo de até 60 (sessenta) dias, contado da data do reconhecimento do estado de calamidade pública de que trata o *caput*, encaminhar o plano de investimentos ao Ministério da Fazenda com os projetos e as ações a serem executados com os recursos de que trata o § 2.º deste artigo, incluídas as operações de crédito, com os respectivos valores, que o ente pretende contratar para o enfrentamento dos efeitos da calamidade pública.

§ 4.º O ente federativo beneficiado deverá demonstrar e dar publicidade à aplicação dos recursos de que trata o § 2.º deste artigo, de modo a evidenciar a correlação entre as ações desenvolvidas e os recursos não pagos à União, sem prejuízo da supervisão dos órgãos de controle competentes.

§ 5.º O ente federativo afetado, enquanto perdurar a calamidade pública, não poderá criar ou majorar despesas correntes ou instituir ou ampliar renúncias de receitas que não estejam relacionadas ao enfrentamento da calamidade pública, exceto no caso de motivação e justificação expressas em relatório específico do chefe do Poder Executivo do ente federativo encaminhado ao Ministério da Fazenda, que decidirá a respeito no prazo de até 30 (trinta) dias.

§ 6.º No prazo de até 90 (noventa) dias, contado da data de encerramento de cada exercício, o ente federativo afetado deverá enviar relatório de comprovação de aplicação dos recursos nos termos deste artigo.

§ 7.º Caso o ente federativo não aplique os recursos de que trata o § 2.º deste artigo, deverá aplicar o valor equivalente à diferença entre o montante que deveria ser aplicado e o efetivamente aplicado em ações a serem definidas em ato do Poder Executivo federal.

§ 8.º A celebração do termo aditivo a que se refere o § 1.º ficará condicionada à não proposição e à suspensão prévia de eventuais ações judiciais que tenham por objeto as dívidas ou os contratos referidos neste artigo ou a execução de garantias ou contragarantias pela União em relação ao respectivo ente federativo, no período em que perdurar a postergação de que trata o *caput* deste artigo e no que for relacionado a decreto legislativo de reconhecimento de calamidade pública, nos termos do art. 65 da Lei Complementar n. 101, de 4 de maio de 2000 (Lei de Responsabilidade Fiscal), e serão causa de rescisão dos termos aditivos a manutenção do litígio ou o ajuizamento de novas ações.

§ 9.º A suspensão a que se refere o § 8.º deste artigo será comprovada por meio da apresentação pelo ente federativo, no prazo de até 60 (sessenta) dias, contado da data da assinatura, do protocolo do pedido de suspensão perante os juízos das respectivas ações judiciais.

§ 10. Os valores cujos pagamentos tenham sido suspensos em decorrência da aplicação do disposto neste artigo serão apartados e posteriormente incorporados ao saldo devedor ao final do período a que se refere o *caput*, devidamente atualizados pelos encargos financeiros contratuais de adimplência, com substituição das taxas de juros originais por aquela prevista no *caput*, pelo período a que se refere o *caput* deste artigo, para pagamento pelo prazo remanescente de amortização dos contratos.

§ 11. Caso o termo aditivo não seja celebrado no prazo estabelecido no § 1.º deste artigo, as dívidas cujos pagamentos tenham sido suspensos serão reprocessadas com os encargos contratuais de adimplência, de modo a considerar as taxas de juros originais dos contratos ou as condições financeiras aplicadas em função de regime de recuperação fiscal.

§ 12. Além das condições estabelecidas neste artigo, o termo aditivo a que se refere o § 1.º deverá prever que a atualização monetária será calculada com base na variação do Índice Nacional de Preços ao Consumidor Amplo (IPCA), apurado pela Fundação Instituto Brasileiro de Geografia e Estatística (IBGE), ou outro índice que venha a substituí-lo, sem limitação dos respectivos encargos à taxa referencial do Sistema Especial de Liquidação e de Custódia (Selic) para os títulos federais, durante o período a que se refere o *caput* deste artigo.

§ 13. A incorporação a que se refere o § 10 deste artigo, relativamente aos contratos celebrados com fundamento no art. 49 do Decreto n. 10.681, de 20 de abril de 2021, será efetivada no saldo devedor do contrato de refinanciamento de que trata o art. 9.º-A da Lei Complementar n. 159, de 19 de maio de 2017.

Art. 3.º São afastadas as vedações e dispensados os requisitos legais exigidos para a contratação com a União e a verificação dos requisitos exigidos, inclusive os previstos na Lei Complementar n. 101, de 4 de

---

(*) Publicada no *Diário Oficial da União*, de 17-5-2024.

maio de 2000 (Lei de Responsabilidade Fiscal), para a realização de operações de crédito e equiparadas e para a assinatura de termos aditivos aos contratos de refinanciamento de que trata esta Lei Complementar.
Parágrafo único. As operações previstas nesta Lei Complementar não estarão sujeitas ao disposto no art. 35 da Lei Complementar n. 101, de 4 de maio de 2000 (Lei de Responsabilidade Fiscal).
Art. 4.º O art. 35 da Lei Complementar n. 101, de 4 de maio de 2000 (Lei de Responsabilidade Fiscal), passa a vigorar com a seguinte redação:
•• Alteração já processada no diploma modificado.
Art. 5.º A Lei Complementar n. 159, de 19 de maio de 2017, passa a vigorar com as seguintes alterações:
•• Alterações já processadas no diploma modificado.
Art. 6.º O Poder Executivo federal regulamentará o disposto nesta Lei Complementar.
Art. 7.º Esta Lei Complementar entra em vigor na data de sua publicação.
Brasília, 16 de maio de 2024; 203.º da Independência e 136.º da República.

Luiz Inácio Lula da Silva

LEI N. 14.973, DE 16 DE SETEMBRO DE 2024 (*)

Estabelece regime de transição para a contribuição substitutiva prevista nos arts. 7.º e 8.º da Lei n. 12.546, de 14 de dezembro de 2011, e para o adicional sobre a Cofins-Importação previsto no § 21 do art. 8.º da Lei n. 10.865, de 30 de abril de 2004; altera as Leis n. 8.212, de 24 de julho de 1991, 8.742, de 7 de dezembro de 1993, 10.522, de 19 de julho de 2002, 10.779, de 25 de novembro de 2003, 10.865, de 30 de abril de 2004, 12.546, de 14 de dezembro de 2011, e 13.988, de 14 de abril de 2020; e revoga dispositivos dos Decretos-leis n. 1.737, de 20 de dezembro de 1979, e 2.323, de 26 de fevereiro de 1987, e das Leis n. 9.703, de 17 de novembro de 1998, e 11.343, de 23 de agosto de 2006, e a Lei n. 12.099, de 27 de novembro de 2009.

O Presidente da República
Faço saber que o Congresso Nacional decreta e eu sanciono a seguinte Lei:

Capítulo I
DAS DESONERAÇÕES

....

Art. 2.º O art. 8.º da Lei n. 10.865, de 30 de abril de 2004, passa a vigorar com a seguinte redação:
•• Alterações já processadas no diploma modificado.
Art. 3.º O art. 22 da Lei n. 8.212, de 24 de julho de 1991 (Lei Orgânica da Seguridade Social), passa a vigorar com a seguinte redação:
•• Alterações já processadas no diploma modificado.

Art. 4.º A partir de 1.º de janeiro de 2025 até 31 de dezembro de 2027, a empresa que optar por contribuir nos termos dos arts. 7.º a 9.º da Lei n. 12.546, de 14 de dezembro de 2011, deverá firmar termo no qual se compromete a manter, em seus quadros funcionais, ao longo de cada ano-calendário, quantitativo médio de empregados igual ou superior a 75% (setenta e cinco por cento) do verificado na média do ano-calendário imediatamente anterior.
§ 1.º Em caso de inobservância do disposto no *caput*, a empresa não poderá usufruir da contribuição sobre a receita bruta, a partir do ano-calendário subsequente ao descumprimento, hipótese em que se aplicam as contribuições previstas nos incisos I e III do *caput* do art. 22 da Lei n. 8.212, de 24 de julho de 1991, à alíquota de 20% (vinte por cento).
§ 2.º O disposto neste artigo será disciplinado em ato do Poder Executivo.
Art. 5.º A Secretaria Especial da Receita Federal do Brasil poderá disciplinar o disposto nesta Lei.

Capítulo II
DA ATUALIZAÇÃO DE BENS IMÓVEIS

•• *Vide* nota ao art. 6.º desta Lei.
Art. 6.º A pessoa física residente no País poderá optar por atualizar o valor dos bens imóveis já informados em Declaração de Ajuste Anual (DAA) apresentada à Secretaria Especial da Receita Federal do Brasil para o valor de mercado e tributar a diferença para o custo de aquisição, pelo Imposto sobre a Renda das Pessoas Físicas (IRPF), à alíquota definitiva de 4% (quatro por cento).
•• A Instrução Normativa n. 2.222, de 20-9-2024, da RFB, dispõe sobre a opção pela atualização do valor de bens imóveis para o valor de mercado, de que tratam os arts. 6.º a 8.º desta Lei.

§ 1.º A opção pela tributação deve ser realizada na forma e no prazo definidos pela Secretaria Especial da Receita Federal do Brasil e o pagamento do imposto deve ser feito em até 90 (noventa) dias contados a partir da publicação desta Lei.
§ 2.º Os valores decorrentes da atualização tributados na forma prevista neste artigo:
I – serão considerados como acréscimo patrimonial na data em que o pagamento do imposto for efetuado;
II – deverão ser incluídos na ficha de bens e direitos da DAA relativa ao ano-calendário de 2024 como custo de aquisição adicional do respectivo bem imóvel.
Art. 7.º A pessoa jurídica poderá optar por atualizar o valor dos bens imóveis constantes no ativo permanente de seu balanço patrimonial para o valor de mercado e tributar a diferença para o custo de aquisição, pelo Imposto sobre a Renda das Pessoas Jurídicas (IRPJ) à alíquota definitiva de 6% (seis por cento) e pela Contribuição Social sobre o Lucro Líquido (CSLL) à alíquota de 4% (quatro por cento).
§ 1.º A opção pela tributação deve ser realizada na forma e no prazo definidos pela Secretaria Especial da Receita Federal do Brasil e o pagamento do imposto deve ser feito em até 90 (noventa) dias contados a partir da publicação desta Lei.
§ 2.º Os valores decorrentes da atualização tributados na forma prevista neste artigo não poderão ser considerados para fins tributários como despesa de depreciação da pessoa jurídica.
Art. 8.º No caso de alienação ou baixa de bens imóveis sujeitos à atualização de que tratam os arts. 6.º e 7.º antes de decorridos 15 (quinze) anos após a atualização, o valor do ganho de capital deverá ser calculado considerando a seguinte fórmula:

GK = valor da alienação − [CAA + (DTA x %)]

GK = ganho de capital
CAA = custo do bem imóvel antes da atualização
DTA = diferencial de custo tributado a título de atualização
% = percentual proporcional ao tempo decorrido da atualização até a venda, conforme parágrafo único deste artigo
Parágrafo único. Os percentuais proporcionais ao tempo decorrido da atualização até a venda são:
I – 0% (zero por cento), caso a alienação ocorra em até 36 (trinta e seis) meses da atualização;
II – 8% (oito por cento), caso a alienação ocorra após 36 (trinta e seis) meses e até 48 (quarenta e oito) meses da atualização;
III – 16% (dezesseis por cento), caso a alienação ocorra após 48 (quarenta e oito) meses e até 60 (sessenta) meses da atualização;
IV – 24% (vinte e quatro por cento), caso a alienação ocorra após 60 (sessenta) meses e até 72 (setenta e dois) meses da atualização;
V – 32% (trinta e dois por cento), caso a alienação ocorra após 72 (setenta e dois) meses e até 84 (oitenta e quatro) meses da atualização;
VI – 40% (quarenta por cento), caso a alienação ocorra após 84 (oitenta e quatro) meses e até 96 (noventa e seis) meses da atualização;
VII – 48% (quarenta e oito por cento), caso a alienação ocorra após 96 (noventa e seis) meses e até 108 (cento e oito) meses da atualização;
VIII – 56% (cinquenta e seis por cento), caso a alienação ocorra após 108 (cento e oito) meses e até 120 (cento e vinte) meses da atualização;
IX – 62% (sessenta e dois por cento), caso a alienação ocorra após 120 (cento e vinte) meses e até 132 (cento e trinta e dois) meses da atualização;

(*) Publicada no *Diário Oficial da União*, de 16-9-2024, Edição Extra.

X – 70% (setenta por cento), caso a alienação ocorra após 132 (cento e trinta e dois) meses e até 144 (cento e quarenta e quatro) meses da atualização;

XI – 78% (setenta e oito por cento), caso a alienação ocorra após 144 (cento e quarenta e quatro) meses e até 156 (cento e cinquenta e seis) meses da atualização;

XII – 86% (oitenta e seis por cento), caso a alienação ocorra após 156 (cento e cinquenta e seis) meses e até 168 (cento e sessenta e oito) meses da atualização;

XIII – 94% (noventa e quatro por cento), caso a alienação ocorra após 168 (cento e sessenta e oito) meses e até 180 (cento e oitenta) meses da atualização;

XIV – 100% (cem por cento), caso a alienação ocorra após 180 (cento e oitenta) meses da atualização.

Capítulo III
DO REGIME ESPECIAL DE REGULARIZAÇÃO GERAL DE BENS CAMBIAL E TRIBUTÁRIA (RERCT-GERAL)

- A Instrução Normativa n. 2.221, de 19-9-2024, da RFB, dispõe sobre RERCT-Geral, para declaração voluntária de recursos, bens ou direitos de origem lícita, não declarados ou declarados com omissão ou incorreção em relação a dados essenciais, mantidos no Brasil ou no exterior, ou repatriados por residentes ou domiciliados no País, conforme a legislação cambial ou tributária.

Art. 9.º É instituído o Regime Especial de Regularização Geral de Bens Cambial e Tributária (RERCT-Geral), para declaração voluntária de recursos, bens ou direitos de origem lícita, não declarados ou declarados com omissão ou incorreção em relação a dados essenciais, mantidos no Brasil ou no exterior, ou repatriados por residentes ou domiciliados no País, conforme a legislação cambial ou tributária, nos termos e condições desta Lei.

Parágrafo único. O prazo para adesão ao RERCT-Geral é de 90 (noventa) dias, a partir da data de publicação desta Lei, a qual deve ser realizada mediante declaração voluntária da situação patrimonial em 31 de dezembro de 2023 e pagamento de imposto e multa.

Art. 10. Aplica-se ao RERCT-Geral o disposto nos §§ 9.º, 10, 12 e 13 do art. 4.º, no art. 5.º, no art. 6.º, nos §§ 1.º e 2.º do art. 7.º, no art. 8.º e no art. 9.º da Lei n. 13.254, de 13 de janeiro de 2016, com as seguintes alterações:

I – as referências a "31 de dezembro de 2014" constantes da referida Lei, para "31 de dezembro de 2023";

II – as referências a "último dia útil do mês de dezembro de 2014" constantes da referida Lei, para "último dia útil do mês de dezembro de 2023";

III – as referências a "ano-calendário de 2014" constantes da referida Lei, para "ano-calendário de 2023";

IV – a referência a "no ano-calendário de 2015" constante do § 7.º do art. 4.º da referida Lei, para "a partir do ano-calendário de 2023".

Art. 11. O RERCT-Geral aplica-se a todos os recursos, bens ou direitos de origem lícita de residentes ou domiciliados no País até 31 de dezembro de 2023, incluindo movimentações anteriormente existentes, mantidos no Brasil ou no exterior, e que não tenham sido declarados ou tenham sido declarados com omissão ou incorreção em relação a dados essenciais, como:

I – depósitos bancários, certificados de depósitos, cotas de fundos de investimento, instrumentos financeiros, apólices de seguro, certificados de investimento ou operações de capitalização, depósitos em cartões de crédito, fundos de aposentadoria ou pensão;

II – operações de empréstimo com pessoa física ou jurídica;

III – recursos, bens ou direitos de qualquer natureza decorrentes de operações de câmbio ilegítimas ou não autorizadas;

IV – recursos, bens ou direitos de qualquer natureza, integralizados em empresas brasileiras ou estrangeiras sob a forma de ações, integralização de capital, contribuição de capital ou qualquer outra forma de participação societária ou direito de participação no capital de pessoas jurídicas com ou sem personalidade jurídica;

V – ativos intangíveis disponíveis no Brasil ou no exterior de qualquer natureza, como marcas, *copyright*, *software*, *know-how*, patentes e todo e qualquer direito submetido ao regime de *royalties*;

VI – bens imóveis em geral ou ativos que representem direitos sobre bens imóveis;

VII – veículos, aeronaves, embarcações e demais bens móveis sujeitos a registro em geral, ainda que em alienação fiduciária.

Art. 12. Para adesão ao RERCT-Geral, a pessoa física ou jurídica deverá apresentar à Secretaria Especial da Receita Federal do Brasil declaração única de regularização específica contendo a descrição pormenorizada dos recursos, bens e direitos de qualquer natureza de que seja titular em 31 de dezembro de 2023 a serem regularizados, com o respectivo valor em real, ou, no caso de inexistência de saldo ou título de propriedade em 31 de dezembro de 2024, a descrição das condutas praticadas pelo declarante que se enquadrem nos crimes previstos no § 1.º do art. 5.º da Lei n. 13.254, de 13 de janeiro de 2016, e dos respectivos bens e recursos que possuiu.

§ 1.º A declaração única de regularização a que se refere o *caput* deverá conter:

I – a identificação do declarante;

II – as informações fornecidas pelo contribuinte necessárias à identificação dos recursos, bens ou direitos a serem regularizados, bem como de sua titularidade e origem;

III – o valor, em real, dos recursos, bens ou direitos de qualquer natureza declarados;

IV – declaração do contribuinte de que os bens ou direitos de qualquer natureza declarados têm origem em atividade econômica lícita;

V – na hipótese de inexistência de saldo dos recursos, ou de titularidade de propriedade de bens ou direitos referidos no *caput*, em 31 de dezembro de 2024, a descrição das condutas praticadas pelo declarante que se enquadrem nos crimes previstos no § 1.º do art. 5.º da Lei n. 13.254, de 13 de janeiro de 2016, e dos respectivos recursos, bens ou direitos de qualquer natureza não declarados, mantidos no Brasil ou no exterior, ainda que posteriormente repassados à titularidade ou responsabilidade, direta ou indireta, de *trust* de quaisquer espécies, fundações, sociedades despersonalizadas ou fideicomissos, ou dispostos mediante a entrega a pessoa física ou jurídica, personalizada ou não, para guarda, depósito, investimento, posse ou propriedade de que sejam beneficiários efetivos o interessado, seu representante ou pessoa por ele designada.

§ 2.º Os recursos, bens e direitos de qualquer natureza constantes da declaração única para adesão ao RERCT-Geral deverão também ser informados na:

I – declaração retificadora de ajuste anual do imposto de renda relativa ao ano-calendário de 2024 e posteriores, no caso de pessoa física;

II – declaração retificadora da declaração de bens e capitais no exterior relativa ao ano-calendário de 2024 e posteriores, no caso de pessoa física ou jurídica, se a ela estiver obrigada;

III – escrituração contábil societária relativa ao ano-calendário da adesão e posteriores, no caso de pessoa jurídica.

§ 3.º A declaração das condutas e dos bens referidos no inciso V do § 1.º não implicará a apresentação das declarações previstas nos incisos I, II e III do § 2.º.

§ 4.º Após a adesão ao RERCT-Geral e consequente regularização nos termos do *caput*, a opção de repatriação pelo declarante de ativos financeiros no exterior deverá ocorrer por intermédio de instituição financeira autorizada a funcionar no País e a operar no mercado de câmbio, mediante apresentação do protocolo de entrega da declaração de que trata o *caput* deste artigo.

§ 5.º A regularização de ativos mantidos em nome de interposta pessoa estenderá a ela a extinção de punibilidade prevista no § 1.º do art. 5.º da Lei n. 13.254, de 13 de janeiro de 2016, nas condições previstas no referido artigo.

§ 6.º É a pessoa física ou jurídica que aderir ao RERCT-Geral obrigada a manter em boa guarda e ordem e em sua posse, pelo prazo de 5 (cinco) anos, cópia dos documentos que ampararam a declaração de adesão ao RERCT-Geral e a apresentá-los se e quando exigidos pela Secretaria Especial da Receita Federal do Brasil.

§ 7.º Para fins da declaração prevista no caput, o valor dos ativos a serem declarados deve corresponder aos valores de mercado, presumindo-se como tal:

I – para os ativos referidos nos incisos I e III do art. 11, o saldo existente em 31 de dezembro de 2023, conforme documento disponibilizado pela instituição financeira custodiante;

II – para os ativos referidos no inciso II do art. 11, o saldo credor remanescente em 31 de dezembro de 2023, conforme contrato entre as partes;

III – para os ativos referidos no inciso IV do art. 11, o valor de patrimônio líquido apurado em 31 de dezembro de 2023, conforme balanço patrimonial levantado nessa data;

IV – para os ativos referidos nos incisos V, VI e VII do art. 11, o valor de mercado apurado conforme avaliação feita por entidade especializada;

V – para os ativos não mais existentes ou que não sejam de propriedade do declarante em 31 de dezembro de 2023, o valor apontado por documento idôneo que retrate o bem ou a operação a ele referente.

Art. 13. Os bens ou direitos de qualquer natureza regularizados nos termos do art. 12 e os rendimentos, frutos e acessórios decorrentes do seu aproveitamento, no Brasil ou no exterior, obtidos a partir de 1.º de janeiro de 2024, deverão ser incluídos na:

I – declaração de ajuste anual do imposto de renda relativa ao ano-calendário de 2024, ou em sua retificadora, no caso de pessoa física;

II – declaração de bens e capitais no exterior relativa ao ano-calendário de 2024, no caso de pessoa física ou jurídica, se a ela estiver obrigada;

III – escrituração contábil societária relativa ao ano-calendário da adesão e posteriores, no caso de pessoa jurídica.

Parágrafo único. No caso de bens no exterior, deve ser apresentada cópia da declaração única ao Banco Central do Brasil para fins de registro.

Art. 14. Aos rendimentos, frutos e acessórios incluídos nas declarações e regularizados pelo RERCT-Geral, aplica-se o disposto no art. 138 da Lei n. 5.172, de 25 de outubro de 1966 (Código Tributário Nacional), inclusive com dispensa do pagamento de multas moratórias, se as inclusões forem feitas até o último dia do prazo para adesão do regime ou até o último dia do prazo regular de apresentação da respectiva declaração anual, o que for posterior.

Art. 15. Para fins do disposto neste Capítulo, o montante dos ativos objeto de regularização será considerado acréscimo patrimonial adquirido em 31 de dezembro de 2023, ainda que nessa data não exista saldo ou título de propriedade, na forma do inciso II do caput e do § 1.º do art. 43 da Lei n. 5.172, de 25 de outubro de 1966 (Código Tributário Nacional), sujeitando-se a pessoa, física ou jurídica, ao pagamento do imposto de renda sobre ele, a título de ganho de capital, à alíquota de 15% (quinze por cento).

§ 1.º A arrecadação referida no caput será compartilhada com Estados e Municípios na forma estabelecida pela Constituição Federal, especialmente nos termos do que dispõe o inciso I de seu art. 159.

§ 2.º Na apuração da base de cálculo do tributo de que trata o caput, correspondente ao valor do ativo em real, não serão admitidas deduções de espécie alguma ou descontos de custo de aquisição.

Art. 16. É facultado ao contribuinte que aderiu ao RERCT previsto na Lei n. 13.254, de 13 de janeiro de 2016, anteriormente à publicação desta Lei, complementar a declaração de que trata o art. 5.º da Lei n. 13.254, de 13 de janeiro de 2016, obrigando-se, caso exerça esse direito, a pagar os respectivos imposto e multa devidos sobre o valor adicional e a observar a nova data fixada para a conversão do valor expresso em moeda estrangeira, nos termos do art. 10 deste Capítulo.

Art. 17. O contribuinte que aderir ao RERCT-Geral deverá identificar a origem dos bens e declarar que eles são provenientes de atividade econômica lícita, sem obrigatoriedade de comprovação.

§ 1.º É da Secretaria Especial da Receita Federal do Brasil, em qualquer tempo, o ônus da prova para demonstrar que é falsa a declaração prestada pelo contribuinte.

§ 2.º Para efeito de interpretação do § 12 do art. 4.º da Lei n. 13.254, de 13 de janeiro de 2016, nas adesões de que trata essa Lei, a Secretaria Especial da Receita Federal do Brasil apenas poderá intimar o optante do RERCT a apresentar documentação se houver a demonstração da presença de indícios ou outros elementos diversos da declaração prestada pelo contribuinte nos termos do caput deste artigo suficientes à abertura de expediente investigatório ou procedimento criminal.

§ 3.º Cabe à Secretaria Especial da Receita Federal do Brasil demonstrar a presença dos indícios ou dos outros elementos a que se refere o § 2.º deste artigo antes de expedir intimação direcionada ao contribuinte optante pelo RERCT-Geral, sob pena de nulidade.

Capítulo IV
DAS MEDIDAS DE DESENROLA AGÊNCIAS REGULADORAS

Art. 18. Este Capítulo altera a Lei n. 13.988, de 14 de abril de 2020, e a Lei n. 10.522, de 19 de julho de 2002, para aperfeiçoar os mecanismos de transação de dívidas com as autarquias e fundações públicas federais.

Art. 19. A Lei n. 13.988, de 14 de abril de 2020, passa a vigorar com as seguintes alterações:

•• Alterações já processadas no diploma modificado.

Art. 20. A Lei n. 10.522, de 19 de julho de 2002, passa a vigorar com as seguintes alterações:

•• Alterações já processadas no diploma modificado.

Art. 21. No caso das agências reguladoras, a manifestação fundamentada prevista no § 2.º do art. 22-C da Lei n. 13.988, de 14 de abril de 2020, será proferida em até 180 (cento e oitenta) dias, após provocação da Procuradoria-Geral Federal.

Parágrafo único. Consideram-se agências reguladoras as autarquias e fundações públicas federais previstas nos incisos do art. 2.º da Lei n. 13.848, de 25 de junho de 2019.

Art. 22. Enquanto não for proferida a manifestação a que se refere o § 2.º do art. 22-C da Lei n. 13.988, de 14 de abril de 2020, limitado a 31 de dezembro de 2024, consideram-se irrecuperáveis ou de difícil recuperação os créditos, de natureza não tributária, das autarquias e fundações públicas federais inscritos em dívida ativa.

•• A Portaria Normativa n. 150, de 3-10-2024, da AGU, regulamenta a transação extraordinária na cobrança da dívida ativa não tributária das autarquias e fundações públicas federais, de que trata este artigo.

§ 1.º Para os créditos a que se refere o caput deste artigo, a Procuradoria-Geral Federal poderá apresentar proposta de transação, individual ou por adesão, com desconto de acordo com os §§ 5.º e 6.º do art. 22-D da Lei n. 13.988, de 14 de abril de 2020, independentemente do reconhecimento do relevante interesse regulatório de que trata o art. 22-C daquela Lei.

§ 2.º Após a apresentação da proposta de que trata o § 1.º deste artigo, poderão ser incluídos na transação, além dos créditos previstos no caput, aqueles de natureza não tributária que estiverem em contencioso administrativo, desde que, nos processos administrativos de constituição de crédito, os devedores renunciem aos direitos para que os créditos sejam constituídos, inscritos em dívida ativa e incluídos na transação.

§ 3.º Caso a transação de que tratam os §§ 1.º e 2.º deste artigo envolva todos os créditos do devedor, inscritos em dívida ativa de autarquia ou fundação pública federal credora, a Procuradoria-Geral Federal poderá conceder maior desconto para pagamento à vista.

§ 4.º Ato do Advogado-Geral da União disciplinará a transação de que trata este artigo.

§ 5.º Ato do Poder Executivo poderá considerar como de difícil recuperação créditos de natureza tributária não inscritos em dívida ativa, desde que não esteja mais vigente a lei que tenha instituído a sua cobrança.

Art. 23. É criada, no âmbito do Poder Executivo federal, sob governança, gestão administrativa e supervisão jurídica da Advocacia-Geral da União, a Central de Cobrança e Regularização de Dívidas Federais Não Tributárias, com competência transversal para:

I – realizar acordos de transação resolutiva de litígio relacionado ao contencioso administrativo ou judicial ou à cobrança de débitos passíveis de inscrição em dívida ativa, salvo matéria envolvendo créditos tributários, detidos por pessoas físicas ou jurídicas para com a União, suas autarquias e fundações públicas federais, observadas as regras aplicáveis à transação na cobrança da dívida ativa, de que trata a Lei n. 13.988, de 14 de abril de 2020;

II – praticar atos destinados à tentativa de recebimento ou negociação de débitos de natureza não tributária, nos termos da legislação em vigor.

Art. 24. (*Vetado*.)

Art. 25. A Advocacia-Geral da União disponibilizará sistema informatizado para processar as transações que envolvam créditos de natureza não tributária das autarquias e fundações públicas federais, em que:

I – serão registrados os créditos a serem transacionados, independentemente do sistema em que estiverem originalmente registrados;

II – a transação formalizada será processada, terá o seu cumprimento controlado, e obedecerá aos critérios traçados pela Advocacia-Geral da União para consolidação, cálculo, apropriação, amortização e extinção por pagamento.

§ 1.º As autarquias serão responsáveis por atualizar o estado do crédito em seus sistemas de origem.

§ 2.º Em caso de rescisão da transação, os créditos manterão seus registros no sistema informatizado da Advocacia-Geral da União para prosseguimento da cobrança.

Art. 26. (*Vetado*.)

Capítulo V
DAS MEDIDAS DE COMBATE À FRAUDE E AOS ABUSOS NO GASTO PÚBLICO

Art. 27. O Instituto Nacional do Seguro Social (INSS), com fundamento no disposto no art. 45 da Lei n. 9.784, de 29 de janeiro de 1999 (Lei do Processo Administrativo Federal), poderá adotar medidas cautelares visando a conter gastos e prejuízos no pagamento de benefícios por ele administrados, decorrentes de irregularidades ou fraudes, sem prejuízo do disposto na Lei n. 13.846, de 18 de junho de 2019.

§ 1.º O disposto neste artigo tem por objetivo assegurar a efetividade dos direitos sociais e a sustentabilidade financeira da previdência e da assistência social.

§ 2.º As medidas cautelares de que trata o *caput* serão adotadas mediante decisão fundamentada em processos de monitoramento ou investigação que apresentem, entre outras, as seguintes características:

I – fraudes relacionadas a pessoa física com o uso de registro civil, documentos de identificação ou cadastro de pessoa física (CPF) falsos ou ideologicamente falsos para fins de concessão de benefícios;

II – irregularidades com indícios de prática das condutas previstas nos arts. 296, 297, 313-A e 313-B, todos do Decreto-lei n. 2.848, de 7 de dezembro de 1940 (Código Penal), para fins de concessão e manutenção de benefícios;

III – relativas a dados cadastrais e informações em bases de dados governamentais para fins de concessão e manutenção de benefícios por meio de:

a) inserção de dados falsos ou alteração ou exclusão indevida de dados corretos;

b) alteração de sistema de informação.

§ 3.º As situações referidas no § 2.º implicarão o bloqueio imediato do pagamento e a suspensão do benefício.

§ 4.º Os requisitos de aplicação das medidas cautelares de que trata este artigo, observado o devido processo legal, serão disciplinados na forma de regulamento.

....

Art. 31. Nos termos de regulamento do Poder Executivo, a adimplência dos entes federados relativa ao envio de dados cadastrais ao Sistema de Escrituração Digital das Obrigações Fiscais, Previdenciárias e Trabalhistas (eSocial) é condição:

I – para a compensação financeira de que trata o § 5.º do art. 6.º da Lei n. 9.796, de 5 de maio de 1999;

II – para a aplicação do § 17 do art. 22 da Lei n. 8.212, de 24 de julho de 1991 (Lei Orgânica da Seguridade Social).

Art. 32. Até 30 de junho de cada exercício, o órgão competente do Poder Executivo encaminhará ao Ministério do Planejamento e Orçamento cronograma de reavaliação e estimativa de impacto orçamentário e financeiro referentes ao disposto no art. 21 da Lei n. 8.742, de 7 de dezembro de 1993 (Lei Orgânica da Assistência Social), para o exercício seguinte.

Parágrafo único. Para o exercício de 2024, o prazo de que trata o *caput* será de até 30 (trinta) dias após a publicação desta Lei.

Art. 33. Ato do Poder Executivo indicará os meios de verificação das condicionantes associadas à implementação de políticas públicas, incluindo o compartilhamento entre os órgãos dos dados necessários para sua efetivação.

Art. 34. Os registros do CadÚnico desatualizados há mais de 36 (trinta e seis) meses, referentes a beneficiários com renda acima de meio salário mínimo mensal *per capita* que não sejam público de benefícios sociais concedidos pelo governo federal, poderão ser excluídos da base nacional do CadÚnico, por ato do Poder Executivo.

Capítulo VI
DOS DEPÓSITOS JUDICIAIS E EXTRAJUDICIAIS

Seção I
Dos Depósitos Judiciais e Extrajudiciais no Interesse da Administração Pública Federal

Art. 35. Os depósitos realizados em processos administrativos ou judiciais em que figure a União, qualquer de seus órgãos, fundos, autarquias, fundações ou empresas estatais federais dependentes deverão ser realizados perante a Caixa Econômica Federal.

§ 1.º Os depósitos judiciais e extrajudiciais, em dinheiro, de valores referentes a tributos e contribuições federais, inclusive seus acessórios, administrados pela Secretaria Especial da Receita Federal do Brasil, do Ministério da Fazenda, também devem ser efetuados na Caixa Econômica Federal, mediante Documento de Arrecadação de Receitas Federais (Darf) específico para essa finalidade.

§ 2.º A Caixa Econômica Federal promoverá o depósito diretamente na Conta Única do Tesouro Nacional, comunicando eletronicamente a Secretaria Especial da Receita Federal do Brasil, do Ministério da Fazenda.

§ 3.º Os depósitos realizados em desconformidade com o previsto no § 2.º serão repassados pela Caixa Econômica Federal para a Conta Única do Tesouro Nacional, independentemente de qualquer formalidade.

§ 4.º A inobservância do disposto neste artigo sujeita os recursos depositados à remuneração na forma estabelecida pelo § 4.º do art. 39 da Lei n. 9.250, de 26 de dezembro de 1995, desde a inobservância do repasse obrigatório.

§ 5.º Aplica-se o disposto no *caput*:

I – independentemente de instância, natureza, classe ou rito do processo;

II – aos feitos criminais de competência da Justiça Federal;

III – independentemente da natureza da obrigação, do crédito ou do negócio caucionado.

§ 6.º O depósito será realizado sem necessidade de deslocamento do depositante à agência bancária ou de preenchimento de documentos físicos.

Art. 36. A Secretaria Especial da Receita Federal do Brasil, do Ministério da Fazenda, centralizará os dados relativos aos depósitos, devendo a instituição financeira manter controle dos valores depositados, devolvidos, levantados e concluídos.

§ 1.º Compete ao órgão ou à entidade gestora da obrigação caucionada fornecer as informações necessárias à classificação ou reclassificação orçamentária das receitas relativas aos valores depositados.

§ 2.º Aos registros e extratos dos depósitos será concedido acesso aos órgãos e às entidades gestores dos créditos caucionados.

Art. 37. Conforme dispuser a ordem da autoridade judicial ou, no caso de depósito extrajudicial, a autoridade administrativa competente, haverá:

I – conclusão da conta de depósito sem a incidência de remuneração, quando os valores forem destinados à administração pública; ou

II – levantamento dos valores por seu titular, acrescidos de correção monetária por índice oficial que reflita a inflação.

Parágrafo único. Os valores de que trata o inciso II do *caput* deste artigo serão:

I – entregues a seu titular pela instituição financeira, no prazo máximo de 24 (vinte e quatro) horas de sua notificação;

II – debitados, inclusive correção acrescida, à Conta Única do Tesouro Nacional a título de restituição, e, sendo o caso, contabilizados como anulação da respectiva obrigação em que houver sido classificado o depósito.

Art. 38. Ato do Ministro de Estado da Fazenda disporá sobre:

I – o compartilhamento de dados com os órgãos e as entidades responsáveis pelos créditos caucionados;

II – o fluxo para fornecimento das informações necessárias à classificação ou reclassificação orçamentária das receitas relativas aos valores depositados e demais procedimentos de finanças públicas necessários à execução do disposto neste Capítulo;

III – outras questões procedimentais necessárias à execução do disposto neste Capítulo.

Seção II
Dos Depósitos Judiciais em Processos Encerrados

Art. 39. O prazo a que se refere o *caput* do art. 1.º da Lei n. 2.313, de 3 de setembro de 1954, é de 2 (dois) anos no caso dos depósitos judiciais perante órgão do Poder Judiciário da União, a contar da respectiva intimação ou notificação para levantamento.

§ 1.º Os interessados deverão ser comunicados pelo depositário, nos autos do respectivo processo judicial, previamente ao encerramento da conta de depósito.

§ 2.º Em qualquer hipótese, o interessado disporá do prazo prescricional de 5 (cinco) anos para pleitear a restituição dos valores, a contar do encerramento da conta de depósito.

§ 3.º Aplica-se o disposto neste artigo aos valores depositados em razão da liquidação de precatórios, requisições de pequeno valor ou de qualquer título emitido pelo poder público.

Seção III
Disposições Finais e Transitórias

Art. 40. Até a edição do ato de que trata o art. 38 desta Lei, permanecem em vigor as regulamentações editadas para tratar de depósitos judiciais realizados no interesse da União, de seus fundos, autarquias e fundações e de empresas estatais federais dependentes.

Parágrafo único. Os valores que estejam depositados na Conta Única do Tesouro Nacional serão corrigidos conforme previsto na norma vigente ao tempo do depósito, aplicando-se o disposto neste Capítulo a partir de sua vigência.

Art. 41. Os depósitos judiciais e extrajudiciais sujeitos a Lei n. 9.703, de 17 de novembro de 1998, e à Lei n. 12.099, de 27 de novembro de 2009, que, na data de publicação desta Lei, não estejam na Conta Única do Tesouro Nacional deverão ser para ela transferidos em até 30 (trinta) dias, sem prejuízo de posteriores ajustes operacionais e de reclassificação definitiva da receita.

Parágrafo único. Os valores serão atualizados na forma estabelecida pelo § 4.º do art. 39 da Lei n. 9.250, de 26 de dezembro de 1995, desde a inobservância da transferência obrigatória.

Art. 42. Os depósitos já existentes que, na data de publicação desta Lei, tenham completado o prazo a que se refere o art. 39 deverão ser transferidos para a Conta Única do Tesouro Nacional em até 30 (trinta) dias contados da publicação desta Lei.

Capítulo VII
DAS CONDIÇÕES PARA A FRUIÇÃO DE BENEFÍCIOS FISCAIS

Art. 43. A pessoa jurídica que usufruir de benefício fiscal deverá informar à Secretaria Especial da Receita Federal do Brasil, por meio de declaração eletrônica, em formato simplificado:

I – os incentivos, as renúncias, os benefícios ou as imunidades de natureza tributária de que usufruir; e

II – o valor do crédito tributário correspondente.

§ 1.º A Secretaria Especial da Receita Federal do Brasil estabelecerá:

I – os benefícios fiscais a serem informados; e

II – os termos, o prazo e as condições em que serão prestadas as informações de que trata este artigo.

§ 2.º Sem prejuízo de outras disposições previstas na legislação, a concessão, o reconhecimento, a habilitação e a coabilitação de incentivo, a renúncia ou o benefício de natureza tributária de que trata este artigo são condicionados ao atendimento dos seguintes requisitos:

I – regularidade quanto ao disposto no art. 60 da Lei n. 9.069, de 29 de junho de 1995, no inciso II do *caput* do art. 6.º da Lei n. 10.522, de 19 de julho de 2002, e no art. 27 da Lei n. 8.036, de 11 de maio de 1990;

II – inexistência de sanções a que se referem os incisos I, II e III do *caput* do art. 12 da Lei n. 8.429, de 2 de junho de 1992, o art. 10 da Lei n. 9.605, de 12 de fevereiro de 1998, e o inciso IV do *caput* do art. 19 da Lei n. 12.846, de 1.º de agosto de 2013;

III – adesão ao Domicílio Tributário Eletrônico (DTE), conforme estabelecido pela Secretaria Especial da Receita Federal do Brasil; e

IV – regularidade cadastral, conforme estabelecido pela Secretaria Especial da Receita Federal do Brasil.

§ 3.º A comprovação do atendimento dos requisitos a que se refere o § 2.º será processada de forma automatizada pela Secretaria Especial da Receita Federal do Brasil, dispensada a entrega prévia de documentos comprobatórios pelo contribuinte.

Art. 44. A pessoa jurídica que deixar de entregar ou entregar em atraso a declaração prevista no art. 43 estará sujeita à seguinte penalidade calculada por mês ou fração, incidente sobre a receita bruta da pessoa jurídica apurada no período:

I – 0,5% (cinco décimos por cento) sobre a receita bruta de até R$ 1.000.000,00 (um milhão de reais);

II – 1% (um por cento) sobre a receita bruta de R$ 1.000.000,01 (um milhão de reais e um centavo) até R$ 10.000.000,00 (dez milhões de reais); e

III – 1,5% (um inteiro e cinco décimos por cento) sobre a receita bruta acima de R$ 10.000.000,00 (dez milhões de reais).

§ 1.º A penalidade será limitada a 30% (trinta por cento) do valor dos benefícios fiscais.

§ 2.º Será aplicada multa de 3% (três por cento), não inferior a R$ 500,00 (quinhentos reais), sobre o valor omitido, inexato ou incorreto, independentemente do previsto no *caput*.

Capítulo VIII
DOS RECURSOS ESQUECIDOS

Art. 45. Os recursos existentes nas contas de depósitos, sob qualquer título, cujos cadastros não foram objeto de atualização, na forma da Resolução do Conselho Monetário Nacional n. 4.753, de 26 de setembro de 2019, somente poderão ser reclamados junto às instituições depositárias até 30 (trinta) dias após a publicação desta Lei.

§ 1.º A liberação dos recursos de que trata este artigo pelas instituições depositárias é condicionada à satisfação, pelo reclamante, das exigências estabelecidas na Resolução do Conselho Monetário Nacional n. 4.753, de 26 de setembro de 2019.

§ 2.º Decorrido o prazo de que trata o *caput*, os saldos não reclamados remanescentes junto às instituições depositárias passarão ao domínio da União e serão apropriados pelo Tesouro Nacional como receita orçamentária primária e considerados para fins de verificação do cumprimento da meta de resultado primário prevista na respectiva lei de diretrizes orçamentárias, aplicando-se o disposto neste parágrafo aos valores equivalentes ao fluxo dos depósitos de que trata o Capítulo VI.

§ 3.º Uma vez que os saldos não reclamados remanescentes forem apropriados pelo Tesouro Nacional na forma do § 2.º, o Ministério da Fazenda providenciará a publicação, no *Diário Oficial da União*, de edital que relacionará os valores recolhidos, indicará a instituição depositária, a agência e a natureza e o número da conta do depósito e estipulará prazo de 30 (trinta) dias, contado da data de sua publicação, para que os respectivos titulares contestem o recolhimento efetuado.

§ 4.º Do indeferimento da contestação cabe recurso, com efeito suspensivo, no prazo de 10 (dez) dias, para o Conselho Monetário Nacional.

§ 5.º Decorrido o prazo de que trata o § 3.º, os valores recolhidos não contestados ficarão incorporados de forma definitiva ao Tesouro Nacional na forma do § 2.º.

Art. 46. O prazo para requerer judicialmente o reconhecimento de direito aos depósitos de que trata esta Lei é de 6 (seis) meses, contado da data de publicação do edital a que se refere o § 3.º do art. 45.

Parágrafo único. Na hipótese de contestação ou recurso a que se referem os §§ 3.º e 4.º do art. 45, o prazo de que trata o *caput* será contado da ciência da decisão administrativa indeferitória definitiva.

Art. 47. Não se aplica aos depósitos de que trata esta Lei o disposto na Lei n. 2.313, de 3 de setembro de 1954.

Art. 48. (Vetado.)

Capítulo IX
DISPOSIÇÕES FINAIS

Art. 49. Revogam-se:
I – Decreto-lei n. 1.737, de 20 de dezembro de 1979;
II – o art. 4.º do Decreto-lei n. 2.323, de 26 de fevereiro de 1987;
III – os incisos II e IV do § 2.º do art. 69 da Lei n. 8.212, de 24 de julho de 1991;
IV – a Lei n. 9.703, de 17 de novembro de 1998;
V – o § 2.º do art. 62-A da Lei n. 11.343, de 23 de agosto de 2006; e
VI – a Lei n. 12.099, de 27 de novembro de 2009.

Art. 50. Esta Lei entra em vigor na data de sua publicação.

Brasília, 16 de setembro de 2024; 203.º da Independência e 136.º da República.

Luiz Inácio Lula da Silva

LEI COMPLEMENTAR N. 210, DE 25 DE NOVEMBRO DE 2024 (*)

Dispõe sobre a proposição e a execução de emendas parlamentares na lei orçamentária anual; e dá outras providências.

O Presidente da República
Faço saber que o Congresso Nacional decreta e eu sanciono a seguinte Lei Complementar:

Capítulo I
DO OBJETO

Art. 1.º A proposição e a execução das emendas parlamentares à despesa, no âmbito da lei orçamentária anual da União, observarão o disposto nesta Lei Complementar, nos termos dos incisos I e III do § 9.º do art. 165 da Constituição Federal.

Parágrafo único. O regramento disposto nesta Lei Complementar é imperativo para as leis orçamentárias previstas na Constituição Federal, bem como para a interpretação e a aplicação dos demais instrumentos normativos sobre a temática.

Capítulo II
DAS EMENDAS DE BANCADA

Art. 2.º As emendas de bancada estadual de que trata o § 12 do art. 166 da Constituição Federal somente poderão destinar recursos a projetos e ações estruturantes para a unidade da Federação representada pela bancada, vedada a individualização de ações e de projetos para atender a demandas ou a indicações de cada membro da bancada.

§ 1.º Os projetos e as ações estruturantes deverão observar o seguinte:
I – é vedada a designação genérica de programação que possa resultar na execução de projetos de investimentos de obras por múltiplos entes ou entidades, ressalvados os projetos para região metropolitana ou região integrada de desenvolvimento, cujas emendas deverão identificar de forma precisa o seu objeto;
II – são considerados projetos de investimentos estruturantes aqueles definidos na lei de diretrizes orçamentárias ou registrados nos termos do § 15 do art. 165 da Constituição Federal;
III – é admitida a destinação de recursos para outra unidade da Federação, desde que se trate de projetos de amplitude nacional.

§ 2.º As demais ações e equipamentos públicos prioritários para a unidade da Federação representada pela bancada deverão observar o seguinte:
I – é vedada a apresentação de emendas cuja programação possa resultar, na execução, em transferências voluntárias, convênios ou similares para mais de 1 (um) ente federativo ou entidade privada, ressalvadas as transferências para os fundos municipais de saúde;
II – é admitida a destinação de recursos para outra unidade da Federação, desde que se trate da matriz da entidade e que ela tenha sede em Estado diverso do Estado da bancada onde será realizada a aquisição de equipamentos ou a realização dos serviços.

§ 3.º São consideradas ações prioritárias aquelas cujos recursos sejam destinados às seguintes políticas públicas:
I – de educação;
II – de saneamento;
III – de habitação;
IV – de saúde;
V – de adaptação às mudanças climáticas;
VI – de transporte;
VII – de infraestrutura hídrica;
VIII – de infraestrutura para desenvolvimento regional;
IX – de infraestrutura e desenvolvimento urbano;
X – de segurança pública;
XI – de turismo;
XII – de esporte;
XIII – de agropecuária e pesca;
XIV – de ciência, tecnologia e inovação;
XV – de comunicações;
XVI – de prevenção, mitigação, preparação, resposta e recuperação de desastres;
XVII – de defesa;
XVIII – de direitos humanos, mulheres e igualdade racial;
XIX – de cultura;
XX – de assistência social;
XXI – outras políticas públicas, a serem definidas na lei de diretrizes orçamentárias do respectivo exercício.

§ 4.º Na hipótese em que a programação da emenda de bancada seja divisível, não pode cada parte independente ser inferior a 10% (dez por cento) do valor da emenda, salvo para atendimento a ações e serviços públicos de saúde.

§ 5.º Considera-se parte independente:
I – a compra de equipamentos e material permanente por um mesmo ente federativo;
II – a compra de equipamentos e material permanente, desde que possa ser executada na mesma ação orçamentária;
III – as despesas com custeio, desde que possam ser executadas na mesma ação orçamentária.

§ 6.º Os órgãos e unidades executores de políticas públicas publicarão em portarias dos respectivos órgãos, até 30 de setembro do exercício anterior ao que se refere a lei orçamentária anual:
I – os projetos de investimento, por Estado ou pelo Distrito Federal, com as estimativas de custos e informações sobre a execução física e financeira;
II – os critérios e as orientações para a execução dos projetos e das ações prioritárias,

(*) Publicada no *Diário Oficial da União*, de 26-11-2024.

que deverão ser observados em todas as programações discricionárias do Poder Executivo.

§ 7.º Os Estados e o Distrito Federal poderão encaminhar à comissão mista prevista no § 1.º do art. 166 da Constituição Federal plano de modernização e renovação de obras e equipamentos, com as estimativas de custos e quantitativos para seus Municípios e entidades públicas.

§ 8.º Compete à respectiva bancada estadual enviar as informações de custo, o objeto e a localização geográfica dos projetos e das ações ao Poder Executivo para a promoção do registro de que trata o § 15 do art. 165 da Constituição Federal.

Art. 3.º Serão apresentadas e aprovadas por bancada estadual até 8 (oito) emendas.

§ 1.º É vedada a individualização de emenda ou de programação para atender a demanda ou a indicação de cada membro da bancada.

§ 2.º As indicações serão de responsabilidade da bancada, mediante registro em ata, e deverão ser encaminhadas aos órgãos executores e publicadas pela comissão mista prevista no § 1.º do art. 166 da Constituição Federal.

§ 3.º Em conformidade com o disposto no § 20 do art. 166 da Constituição Federal, não serão computadas no limite de que trata o *caput* deste artigo as emendas de bancada estadual, até o máximo de 3 (três) emendas, que se destinem à continuidade de obras já iniciadas, até sua conclusão, desde que tenham objeto certo e determinado e constem do registro de que trata o § 15 do art. 165 da Constituição Federal.

Capítulo III
DAS EMENDAS DE COMISSÃO

Art. 4.º Somente poderão apresentar emendas as comissões permanentes da Câmara dos Deputados, do Senado Federal e do Congresso Nacional, observadas suas competências regimentais, para ações orçamentárias de interesse nacional ou regional.

§ 1.º As emendas de que trata o *caput* deste artigo deverão identificar de forma precisa o seu objeto, vedada a designação genérica de programação que possa contemplar ações orçamentárias distintas.

§ 2.º Os órgãos e unidades executores de políticas públicas publicarão em portarias dos respectivos órgãos, até 30 de setembro do exercício anterior ao que se refere a lei orçamentária anual, os critérios e as orientações para a execução das programações de interesse nacional ou regional, que deverão ser observados em todas as programações discricionárias do Poder Executivo.

§ 3.º O disposto no § 1.º deste artigo não se aplica à execução das emendas parlamentares da Lei Orçamentária Anual de 2024.

§ 4.º A destinação das emendas de comissão para ações e serviços públicos de saúde, nos termos da Lei Complementar n. 141, de 13 de janeiro de 2012, será de, no mínimo, 50% (cinquenta por cento), observados as orientações e os critérios técnicos indicados pelo gestor federal do Sistema Único de Saúde (SUS), que deverão ser considerados em todas as programações discricionárias do Poder Executivo.

Art. 5.º As indicações das comissões, nos termos regimentais, terão o seguinte rito:

I – após a publicação da lei orçamentária anual, cada comissão receberá as propostas de indicação dos líderes partidários, ouvida a respectiva bancada partidária, as quais deverão ser deliberadas em até 15 (quinze) dias;

II – aprovadas as indicações pelas comissões, seus presidentes as farão constar de atas, que serão publicadas e encaminhadas aos órgãos executores em até 5 (cinco) dias.

Capítulo IV
DAS EMENDAS INDIVIDUAIS

Art. 6.º As emendas individuais ao projeto de lei orçamentária, em todas as suas modalidades, estarão sujeitas ao disposto no Capítulo V desta Lei Complementar.

Art. 7.º No caso das emendas individuais impositivas previstas no inciso I do *caput* do art. 166-A da Constituição Federal, o autor da emenda deverá informar o objeto e o valor da transferência no momento da indicação do ente beneficiado, com destinação preferencial para obras inacabadas de sua autoria.

Parágrafo único. Os recursos da União repassados aos demais entes por meio de transferências especiais ficam também sujeitos à apreciação do Tribunal de Contas da União, nos termos de seu regimento interno.

Art. 8.º O beneficiário das emendas individuais impositivas previstas no inciso I do *caput* do art. 166-A da Constituição Federal deverá indicar no sistema Transferegov.br, ou em outro que vier a substituí-lo, a agência bancária e a conta-corrente específica em que serão depositados os recursos, para que seja realizado o depósito e possibilitada a movimentação do conjunto dos recursos.

Parágrafo único. O Poder Executivo do ente beneficiário das transferências especiais, a que se refere o inciso I do *caput* do art. 166-A da Constituição Federal, deverá comunicar ao respectivo Poder Legislativo, ao Tribunal de Contas da União e aos tribunais de contas estaduais ou municipais, no prazo de 30 (trinta) dias, o valor do recurso recebido, o respectivo plano de trabalho e o cronograma de execução, do que dará ampla publicidade.

Art. 9.º As transferências especiais destinadas aos entes federativos em situação de calamidade ou de emergência reconhecida pelo Poder Executivo federal terão prioridade para execução.

Capítulo V
DA EXECUÇÃO DE EMENDAS PARLAMENTARES À DESPESA NA LEI ORÇAMENTÁRIA ANUAL

Art. 10. São consideradas hipóteses de impedimentos de ordem técnica para execução de emendas parlamentares, exclusivamente:

I – incompatibilidade do objeto da despesa com finalidade ou atributos da ação orçamentária e respectivo subtítulo, bem como dos demais classificadores da despesa;

II – óbices cujo prazo para superação inviabilize o empenho no exercício financeiro ou no prazo previsto na legislação aplicável;

III – ausência de projeto de engenharia aprovado pelo órgão setorial responsável pela programação, nos casos em que for necessário;

IV – ausência de licença ambiental prévia, nos casos em que for necessária;

V – não comprovação, por parte dos Estados, do Distrito Federal ou dos Municípios que fiquem a cargo do empreendimento após sua conclusão, da capacidade de aportar recursos para seu custeio, operação e manutenção;

VI – não comprovação da suficiência dos recursos orçamentários e financeiros para conclusão do empreendimento ou de etapa útil com funcionalidade que permita o imediato usufruto dos benefícios pela sociedade;

VII – incompatibilidade com a política pública aprovada no âmbito do órgão setorial responsável pela programação;

VIII – incompatibilidade do objeto proposto com o programa do órgão ou ente executor;

IX – ausência de pertinência temática entre o objeto proposto e a finalidade institucional da entidade beneficiária;

X – não apresentação de proposta ou plano de trabalho ou apresentação fora dos prazos previstos;

XI – não realização de complementação ou de ajustes solicitados em proposta ou plano de trabalho, bem como realização de complementação ou de ajustes fora dos prazos previstos;

XII – desistência da proposta pelo proponente;

XIII – reprovação da proposta ou plano de trabalho;

XIV – insuficiência do valor priorizado para a execução orçamentária da proposta ou plano de trabalho;

XV – não indicação de instituição financeira e da conta específica para recebimento e movimentação de recursos de transferências especiais pelo ente federado beneficiário no sistema Transferegov.br ou em outro que vier a substituí-lo;

XVI – omissão ou erro na indicação de beneficiário pelo autor da emenda impositiva individual ou de bancada estadual;

XVII – inscrição no Cadastro Nacional da Pessoa Jurídica (CNPJ) não correspondente à do beneficiário;

XVIII – incompatibilidade do beneficiário com o subtítulo da programação orçamentária da emenda;

XIX – inobservância da aplicação mínima obrigatória de 70% (setenta por cento) em despesas de capital nas transferências especiais, por autor;

XX – atendimento do objeto da programação orçamentária com recursos inferiores ao valor da dotação aprovada para o exercício financeiro, observado que o impedimento incidirá sobre os saldos remanescentes;

XXI – impossibilidade de atendimento do objeto da programação orçamentária aprovada, ou de uma etapa útil do projeto, em decorrência de insuficiência de dotação orçamentária disponível;

XXII – não observância da legislação aplicável ou incompatibilidade das despesas com a política pública setorial e com os critérios técnicos que a consubstanciam;

XXIII – incompatibilidade, devidamente justificada, com o disposto no art. 37 da Constituição Federal;

XXIV – alocação de recursos em programação de natureza não discricionária;

XXV – ausência de indicação, pelo autor da emenda, do objeto a ser executado, no caso das transferências especiais;

XXVI – indicação, no caso de transferências especiais, de objeto com valor inferior ao montante mínimo para celebração de convênios e de contrato de repasses previsto no regulamento específico do tema; e

XXVII – outras hipóteses previstas na lei de diretrizes orçamentárias.

§ 1.º Caberá à área técnica de cada órgão ou ente executor identificar e formalizar existência de qualquer impedimento de ordem técnica, sob pena de responsabilidade.

§ 2.º Formalizada a identificação de impedimento de ordem técnica, caberá ao órgão ou ente executor da emenda analisá-lo e determinar diligências com vistas a assegurar a execução da emenda parlamentar mediante a regularização do impedimento, sempre que possível.

§ 3.º Nos casos previstos nos incisos III e IV do *caput* deste artigo, será realizado o empenho das programações, e a licença ambiental e o projeto de engenharia deverão ser providenciados no prazo para resolução da cláusula suspensiva.

Art. 11. Fica estabelecido limite de crescimento das emendas parlamentares aos projetos de lei orçamentária anual, em observância aos princípios da separação de poderes e da responsabilidade fiscal.

§ 1.º O limite de que trata o *caput* deste artigo compreende todas as emendas parlamentares nos projetos de lei orçamentária anual em despesas primárias, ressalvadas aquelas previstas na alínea a do inciso III do § 3.º do art. 166 da Constituição Federal e o disposto no § 5.º deste artigo.

§ 2.º Para efeito do limite de que trata o *caput* deste artigo, as emendas parlamentares em despesas discricionárias serão discriminadas na lei orçamentária anual com identificadores próprios, nos termos da lei de diretrizes orçamentárias, vedada a realização de emendas em despesas discricionárias do Poder Executivo, ressalvadas aquelas previstas na alínea a do inciso III do § 3.º do art. 166 da Constituição Federal e o disposto no § 5.º deste artigo.

§ 3.º Para o exercício de 2025, o limite será fixado no montante dos limites previstos nos §§ 9.º e 12 do art. 166 da Constituição Federal, adicionado do valor de R$ 11.500.000.000,00 (onze bilhões e quinhentos milhões de reais) para as emendas não impositivas.

§ 4.º A partir do exercício de 2026, os limites corresponderão:

I – ao limite do exercício imediatamente anterior para as despesas de que tratam os §§ 9.º e 12 do art. 166 da Constituição Federal, atualizado pela correção do limite de despesa primária de que trata o art. 4.º da Lei Complementar n. 200, de 30 de agosto de 2023; e

II – ao limite do exercício imediatamente anterior para emendas não impositivas, atualizado pela variação acumulada do Índice Nacional de Preços ao Consumidor Amplo (IPCA), publicado pela Fundação Instituto Brasileiro de Geografia e Estatística (IBGE), considerados os valores apurados no período de 12 (doze) meses encerrado em junho do exercício anterior àquele ao qual se refere a lei orçamentária anual.

§ 5.º O disposto neste artigo não é aplicável às emendas parlamentares de modificação de que trata o inciso II do § 3.º do art. 166 da Constituição Federal, desde que elas, cumulativamente:

I – incidam sobre despesas não identificadas nos termos do § 2.º deste artigo;

II – sejam de interesse nacional e não contenham localização específica na programação orçamentária, exceto na hipótese de programação com localização especificada constante do projeto de lei orçamentária anual;

III – não contenham destinatário específico, exceto na hipótese de programação com destinação especificada constante do projeto de lei orçamentária anual.

Art. 12. Fica autorizado o contingenciamento de dotações de emendas parlamentares até a mesma proporção aplicada às demais despesas discricionárias, com vistas a atender ao disposto nas normas fiscais vigentes.

Parágrafo único. O contingenciamento de que trata o *caput* deste artigo necessariamente observará as prioridades elencadas pelo Poder Legislativo.

Art. 13. O limite de que trata o art. 11 desta Lei Complementar não afasta o disposto no § 18 do art. 166 da Constituição Federal nem a observância dos impedimentos de ordem técnica constantes do art. 10 desta Lei Complementar.

Capítulo VI
DISPOSIÇÕES FINAIS

Art. 14. É vedada a imposição de regra, restrição ou impedimento às emendas parlamentares que não sejam aplicáveis às programações orçamentárias discricionárias do Poder Executivo.

Art. 15. Para o orçamento de 2025, os órgãos executores de políticas públicas publicarão portarias, em até 30 (trinta) dias após a promulgação desta Lei Complementar, com os critérios e as orientações para a execução das programações a que se referem os Capítulos II e III desta Lei Complementar, que deverão ser observados em todas as programações discricionárias do Poder Executivo.

Art. 16. Esta Lei Complementar entra em vigor na data de sua publicação.

Brasília, 25 de novembro de 2024; 203.º da Independência e 136.º da República.

LUIZ INÁCIO LULA DA SILVA

LEI COMPLEMENTAR N. 211, DE 30 DE DEZEMBRO DE 2024 (*)

Altera a Lei Complementar n. 200, de 30 de agosto de 2023, que institui regime fiscal sustentável para garantir a estabilidade macroeconômica do País e criar as condições adequadas ao crescimento socioeconômico; revoga a Lei Complementar n. 207, de 16 de maio de 2024; e dá outras providências.

O Presidente da República

Faço saber que o Congresso Nacional decreta e eu sanciono a seguinte Lei Complementar:

Art. 1.º A Lei Complementar n. 200, de 30 de agosto de 2023, passa a vigorar acrescida dos seguintes arts. 5.º-A, 6.º-A e 6.º-B:

•• Alterações já processadas no diploma modificado.

Art. 2.º Entre os exercícios financeiros de 2025 e 2030, afastado o disposto no parágrafo único do art. 8.º da Lei Complementar n. 101, de 4 de maio de 2020 (Lei de Responsabilidade Fiscal), e no art. 73 da Lei n. 4.320, de 17 de março de 1964, poderá ser destinado à amortização da dívida pública o superávit financeiro relativo aos seguintes fundos:

I – Fundo de Defesa de Direitos Difusos (FDD), de que trata a Lei n. 7.347, de 24 de julho de 1985;

II – Fundo Nacional de Segurança e Educação de Trânsito (FUNSET), de que trata o art. 4.º da Lei n. 9.602, de 21 de janeiro de 1998;

(*) Publicada no *Diário Oficial da União*, de 31-12-2024.

III – Fundo do Exército, de que trata a Lei n. 4.617, de 15 de abril de 1965;
IV – Fundo Aeronáutico, de que trata o Decreto-lei n. 8.373, de 14 de dezembro de 1945; e
V – Fundo Naval, de que trata o Decreto n. 20.923, de 8 de janeiro de 1932.
Art. 3.º (Vetado).
Art. 4.º Fica revogada a Lei Complementar n. 207, de 16 de maio de 2024.
Art. 5.º Esta Lei Complementar entra em vigor na data de sua publicação.
Brasília, 30 de dezembro de 2024; 203.º da Independência e 136.º da República.

Luiz Inácio Lula da Silva

LEI COMPLEMENTAR N. 214, DE 16 DE JANEIRO DE 2025 (*)

Institui o Imposto sobre Bens e Serviços (IBS), a Contribuição Social sobre Bens e Serviços (CBS) e o Imposto Seletivo (IS); cria o Comitê Gestor do IBS e altera a legislação tributária.

O Presidente da República
Faço saber que o Congresso Nacional decreta e eu sanciono a seguinte Lei Complementar:

Livro I
DO IMPOSTO SOBRE BENS E SERVIÇOS (IBS) E DA CONTRIBUIÇÃO SOCIAL SOBRE BENS E SERVIÇOS (CBS)

Título I
DAS NORMAS GERAIS DO IBS E DA CBS

Capítulo I
DISPOSIÇÕES PRELIMINARES

Art. 1.º Ficam instituídos:
I – o Imposto sobre Bens e Serviços (IBS), de competência compartilhada entre Estados, Municípios e Distrito Federal, de que trata o art. 156-A da Constituição Federal; e
II – a Contribuição Social sobre Bens e Serviços (CBS), de competência da União, de que trata o inciso V do *caput* do art. 195 da Constituição Federal.
Art. 2.º O IBS e a CBS são informados pelo princípio da neutralidade, segundo o qual esses tributos devem evitar distorcer as decisões de consumo e de organização da atividade econômica, observadas as exceções previstas na Constituição Federal e nesta Lei Complementar.
Art. 3.º Para fins desta Lei Complementar, consideram-se:
I – operações com:

(*) Publicada no *Diário Oficial da União*, de 16-1-2025 – Edição extra. Deixamos de publicar os Anexos desta Lei Complementar por não atenderem ao propósito desta obra.

a) bens todas e quaisquer que envolvam bens móveis ou imóveis, materiais ou imateriais, inclusive direitos;
b) serviços todas as demais que não sejam enquadradas como operações com bens nos termos da alínea *a* deste inciso;
II – fornecimento:
a) entrega ou disponibilização de bem material;
b) instituição, transferência, cessão, concessão, licenciamento ou disponibilização de bem imaterial, inclusive direito;
c) prestação ou disponibilização de serviço;
III – fornecedor: pessoa física ou jurídica que, residente ou domiciliado no País ou no exterior, realiza o fornecimento;
IV – adquirente:
a) aquele obrigado ao pagamento ou a qualquer outra forma de contraprestação pelo fornecimento de bem ou serviço;
b) nos casos de pagamento ou de qualquer outra forma de contraprestação por conta e ordem ou em nome de terceiros, aquele por conta de quem ou em nome de quem decorre a obrigação de pagamento ou de qualquer outra forma de contraprestação pelo fornecimento de bem ou serviço; e
V – destinatário: aquele a quem for fornecido o bem ou serviço, podendo ser o próprio adquirente ou não.
§ 1.º Para fins desta Lei Complementar, equiparam-se a bens materiais as energias que tenham valor econômico.
§ 2.º Incluem-se no conceito de fornecedor de que trata o inciso III do *caput* deste artigo as entidades sem personalidade jurídica, incluindo sociedade em comum, sociedade em conta de participação, consórcio, condomínio e fundo de investimento.

Capítulo II
DO IBS E DA CBS SOBRE OPERAÇÕES COM BENS E SERVIÇOS

Seção I
Das Hipóteses de Incidência

Art. 4.º O IBS e a CBS incidem sobre operações onerosas com bens ou com serviços.
§ 1.º As operações não onerosas com bens ou com serviços serão tributadas nas hipóteses expressamente previstas nesta Lei Complementar.
§ 2.º Para fins do disposto neste artigo, considera-se operação onerosa com bens ou com serviços qualquer fornecimento com contraprestação, incluindo o decorrente de:
I – compra e venda, troca ou permuta, dação em pagamento e demais espécies de alienação;
•• *Vide* arts. 481 a 532 (compra e venda); 533 (troca ou permuta); 356 a 359 (dação em pagamento) do Código Civil.
II – locação;
III – licenciamento, concessão, cessão;
IV – mútuo oneroso;
V – doação com contraprestação em benefício do doador;

VI – instituição onerosa de direitos reais;
VII – arrendamento, inclusive mercantil; e
VIII – prestação de serviços.
§ 3.º São irrelevantes para a caracterização das operações de que trata este artigo:
I – o título jurídico pelo qual o bem encontra-se na posse do fornecedor;
II – a espécie, tipo ou forma jurídica, a validade jurídica e os efeitos dos atos ou negócios jurídicos;
III – a obtenção de lucro com a operação; e
IV – o cumprimento de exigências legais, regulamentares ou administrativas.
§ 4.º O IBS e a CBS incidem sobre qualquer operação com bem ou com serviço realizada pelo contribuinte, incluindo aquelas realizadas com ativo não circulante ou no exercício de atividade econômica não habitual, observado o disposto no § 4.º do art. 57 desta Lei Complementar.
§ 5.º A incidência do IBS e da CBS sobre as operações de que trata o *caput* deste artigo não altera a base de cálculo do:
I – Imposto sobre a Transmissão *Causa Mortis* e Doação de Quaisquer Bens ou Direitos (ITCD), de que trata o inciso I do *caput* do art. 155 da Constituição Federal.
II – Imposto sobre a Transmissão *Inter Vivos* de Bens Imóveis e Direitos a eles relativos (ITBI), de que trata o inciso II do *caput* do art. 156 da Constituição Federal.
Art. 5.º O IBS e a CBS também incidem sobre as seguintes operações:
I – fornecimento não oneroso ou a valor inferior ao de mercado de bens e serviços, nas hipóteses previstas nesta Lei Complementar;
II – fornecimento de brindes e bonificações;
III – transmissão, pelo contribuinte, para sócio ou acionista que não seja contribuinte no regime regular, por devolução de capital, dividendos *in natura* ou de outra forma, de bens cuja aquisição tenham permitido a apropriação de créditos pelo contribuinte, inclusive na produção; e
IV – demais fornecimentos não onerosos ou a valor inferior ao de mercado de bens e serviços por contribuinte a parte relacionada.
§ 1.º O disposto no inciso II do *caput* deste artigo:
I – não se aplica às bonificações que constem do respectivo documento fiscal e que não dependam de evento posterior; e
II – aplica-se ao bem dado em bonificação sujeito a alíquota específica por unidade de medida, inclusive na hipótese do inciso I deste parágrafo.
§ 2.º Para fins do disposto nesta Lei Complementar, considera-se que as partes são relacionadas quando no mínimo uma delas estiver sujeita à influência, exercida direta ou indiretamente por outra parte, que possa levar ao estabelecimento de termos e de

condições em suas transações que divirjam daqueles que seriam estabelecidos entre partes não relacionadas em transações comparáveis.

§ 3.º São consideradas partes relacionadas, sem prejuízo de outras hipóteses que se enquadrem no disposto no § 2.º deste artigo:

I – o controlador e as suas controladas;

II – as coligadas;

III – as entidades incluídas nas demonstrações financeiras consolidadas ou que seriam incluídas caso o controlador final do grupo multinacional de que façam parte preparasse tais demonstrações se o seu capital fosse negociado nos mercados de valores mobiliários de sua jurisdição de residência;

IV – as entidades, quando uma delas possuir o direito de receber, direta ou indiretamente, no mínimo 25% (vinte e cinco por cento) dos lucros da outra ou de seus ativos em caso de liquidação;

V – as entidades que estiverem, direta ou indiretamente, sob controle comum ou em que o mesmo sócio, acionista ou titular detiver 20% (vinte por cento) ou mais do capital social de cada uma;

VI – as entidades em que os mesmos sócios ou acionistas, ou os seus cônjuges, companheiros, parentes, consanguíneos ou afins, até o terceiro grau, detiverem no mínimo 20% (vinte por cento) do capital social de cada uma; e

VII – a entidade e a pessoa física que for cônjuge, companheiro ou parente, consanguíneo ou afim, até o terceiro grau, de conselheiro, de diretor ou de controlador daquela entidade.

§ 4.º Para fins da definição de partes relacionadas, o termo entidade compreende as pessoas físicas e jurídicas e as entidades sem personalidade jurídica.

§ 5.º Para fins do disposto no § 3.º deste artigo, fica caracterizada a relação de controle quando uma entidade:

I – detiver, de forma direta ou indireta, isoladamente ou em conjunto com outras entidades, inclusive em função da existência de acordos de votos, direitos que lhe assegurem preponderância nas deliberações sociais ou o poder de eleger ou destituir a maioria dos administradores de outra entidade;

II – participar, direta ou indiretamente, de mais de 50% (cinquenta por cento) do capital social de outra entidade; ou

III – detiver ou exercer o poder de administrar ou gerenciar, de forma direta ou indireta, as atividades de outra entidade.

§ 6.º Para fins do disposto no inciso II do § 3.º deste artigo, considera-se coligada a entidade que detenha influência significativa sobre outra entidade, conforme previsto nos §§ 1.º, 4.º e 5.º do art. 243 da Lei n. 6.404, de 15 de dezembro de 1976.

§ 7.º O regulamento poderá flexibilizar a exigência de verificação do valor de mercado de que trata o inciso IV do *caput* deste artigo nas operações entre partes relacionadas, desde que essas operações não estejam sujeitas à vedação à apropriação de créditos, no âmbito de programas de conformidade fiscal.

Art. 6.º O IBS e a CBS não incidem sobre:

I – fornecimento de serviços por pessoas físicas em decorrência de:

a) relação de emprego com o contribuinte; ou

b) sua atuação como administradores ou membros de conselhos de administração e fiscal e comitês de assessoramento do conselho de administração do contribuinte previstos em lei;

II – transferência de bens entre estabelecimentos pertencentes ao mesmo contribuinte, observada a obrigatoriedade de emissão de documento fiscal eletrônico, nos termos do inciso II do § 2.º do art. 60 desta Lei Complementar;

III – baixa, liquidação e transmissão, incluindo alienação, de participação societária, ressalvado o disposto no inciso III do *caput* do art. 5.º desta Lei Complementar;

IV – transmissão de bens em decorrência de fusão, cisão e incorporação e de integralização e devolução de capital, ressalvado o disposto no inciso III do *caput* do art. 5.º desta Lei Complementar;

V – rendimentos financeiros, exceto quando incluídos na base de cálculo no regime específico de serviços financeiros de que trata o Capítulo II do Título V deste Livro e da regra de apuração da base de cálculo prevista no inciso II do § 1.º do art. 12 desta Lei Complementar;

VI – recebimento de dividendos e de juros sobre capital próprio, de juros ou remuneração ao capital pagos pelas cooperativas e os resultados de avaliação de participações societárias, ressalvado o disposto no inciso III do *caput* do art. 5.º desta Lei Complementar;

VII – demais operações com títulos ou valores mobiliários, com exceção do disposto para essas operações no regime específico de serviços financeiros de que trata a Seção III do Capítulo II do Título V deste Livro, nos termos previstos nesse regime e das demais situações previstas expressamente nesta Lei Complementar;

VIII – doações sem contraprestação em benefício do doador;

IX – transferências de recursos públicos e demais bens públicos para organizações da sociedade civil constituídas como pessoas jurídicas sem fins lucrativos no País, por meio de termos de fomento, termos de colaboração, acordos de cooperação, termos de parceria, termos de execução descentralizada, contratos de gestão, contratos de repasse, subvenções, convênios e demais instrumentos celebrados pela administração pública direta, por autarquias e por fundações públicas;

X – destinação de recursos por sociedade cooperativa para os fundos previstos no art. 28 da Lei n. 5.764, de 16 de dezembro de 1971, e reversão dos recursos dessas reservas; e

XI – o repasse da cooperativa para os seus associados dos valores decorrentes das operações previstas no *caput* do art. 271 desta Lei Complementar e a distribuição em dinheiro das sobras por sociedade cooperativa aos associados, apuradas em demonstração do resultado do exercício, ressalvado o disposto no inciso III do *caput* do art. 5.º desta Lei Complementar.

§ 1.º O IBS e a CBS incidem sobre o conjunto de atos ou negócios jurídicos envolvendo as hipóteses previstas nos incisos III a VII do *caput* deste artigo que constituam, na essência, operação onerosa com bem ou com serviço.

§ 2.º Caso as doações de que trata o inciso VIII do *caput* deste artigo tenham por objeto bens ou serviços que tenham permitido a apropriação de créditos pelo doador, inclusive na produção:

I – a doação será tributada com base no valor de mercado do bem ou serviço doado; ou

II – por opção do contribuinte, os créditos serão anulados.

Art. 7.º Na hipótese de fornecimento de diferentes bens e de serviços em uma mesma operação, será obrigatória a especificação de cada fornecimento e de seu respectivo valor, exceto se:

I – todos os fornecimentos estiverem sujeitos ao mesmo tratamento tributário; ou

II – algum dos fornecimentos puder ser considerado principal e os demais seus acessórios, hipótese em que se considerará haver fornecimento único, aplicando-se a ele o tratamento tributário correspondente ao fornecimento principal.

§ 1.º Para fins do disposto no inciso I do *caput* deste artigo, há tratamento tributário distinto caso os fornecimentos estejam sujeitos a regras diferentes em relação a incidência, regimes de tributação, isenção, momento de ocorrência do fato gerador, local da operação, alíquota, sujeição passiva e não cumulatividade.

§ 2.º Para fins do disposto no inciso II do *caput* deste artigo, consideram-se fornecimentos acessórios aqueles que sejam condição ou meio para o fornecimento principal.

§ 3.º Caso haja a cobrança unificada de diferentes fornecimentos em desacordo com o disposto neste artigo, cada fornecimento será considerado independente para todos os fins e a base de cálculo correspondente a cada um será arbitrada na forma do art. 13 desta Lei Complementar.

Seção II
Das Imunidades

Art. 8.º São imunes ao IBS e à CBS as exportações de bens e de serviços, nos termos do Capítulo V deste Título.

Art. 9.º São imunes também ao IBS e à CBS os fornecimentos:
I – realizados pela União, pelos Estados, pelo Distrito Federal e pelos Municípios;
II – realizados por entidades religiosas e templos de qualquer culto, inclusive suas organizações assistenciais e beneficentes;
•• Vide art. 150, VI, *b*, da CF.
III – realizados por partidos políticos, inclusive seus institutos e fundações, entidades sindicais dos trabalhadores e instituições de educação e de assistência social, sem fins lucrativos;
•• Vide art. 150, VI, *c*, da CF.
IV – de livros, jornais, periódicos e do papel destinado a sua impressão;
•• Vide art. 150, VI, *d*, da CF.
V – de fonogramas e videofonogramas musicais produzidos no Brasil contendo obras musicais ou literomusicais de autores brasileiros e/ou obras em geral interpretadas por artistas brasileiros, bem como os suportes materiais ou arquivos digitais que os contenham, salvo na etapa de replicação industrial de mídias ópticas de leitura a laser;
•• Vide art. 150, VI, *e*, da CF.
VI – de serviço de comunicação nas modalidades de radiodifusão sonora e de sons e imagens de recepção livre e gratuita; e
VII – de ouro, quando definido em lei como ativo financeiro ou instrumento cambial.
§ 1.º A imunidade prevista no inciso I do *caput* deste artigo é extensiva às autarquias e às fundações instituídas e mantidas pelo poder público e à empresa pública prestadora de serviço postal, bem como:
I – compreende somente as operações relacionadas com as suas finalidades essenciais ou as delas decorrentes;
II – não se aplica às operações relacionadas com exploração de atividades econômicas regidas pelas normas aplicáveis a empreendimentos privados ou em que haja contraprestação ou pagamento de preços ou tarifas pelo usuário; e
III – não exonera o promitente comprador da obrigação de pagar tributo relativamente a bem imóvel.
§ 2.º Para efeitos do disposto no inciso II do *caput* deste artigo, considera-se:
I – entidade religiosa e templo de qualquer culto a pessoa jurídica de direito privado sem fins lucrativos que tem como objetivos professar a fé religiosa e praticar a religião; e
II – organização assistencial e beneficente a pessoa jurídica de direito privado sem fins lucrativos vinculada e mantida por entidade religiosa e templo de qualquer culto, que fornece bens e serviços na área de assistência social, sem discriminação ou exigência de qualquer natureza aos assistidos.
§ 3.º A imunidade prevista no inciso III do *caput* deste artigo aplica-se, exclusivamente, às pessoas jurídicas sem fins lucrativos que cumpram, de forma cumulativa, os requisitos previstos no art. 14 da Lei n. 5.172, de 25 de outubro de 1966 (Código Tributário Nacional).
§ 4.º As imunidades das entidades previstas nos incisos I a III do *caput* deste artigo não se aplicam às suas aquisições de bens materiais e imateriais, inclusive direitos, e serviços.

Seção III
Do Momento de Ocorrência do Fato Gerador

•• Vide arts. 114 a 118 do Código Tributário Nacional.

Art. 10. Considera-se ocorrido o fato gerador do IBS e da CBS no momento do fornecimento nas operações com bens ou com serviços, ainda que de execução continuada ou fracionada.
§ 1.º Para fins do disposto no *caput* deste artigo, considera-se ocorrido o fornecimento no momento:
I – do início do transporte, na prestação de serviço de transporte iniciado no País;
II – do término do transporte, na prestação de serviço de transporte de carga quando iniciado no exterior;
III – do término do fornecimento, no caso dos demais serviços;
IV – em que o bem for encontrado desacobertado de documentação fiscal idônea; e
V – da aquisição do bem nas hipóteses de:
a) licitação promovida pelo poder público de bem apreendido ou abandonado; ou
b) leilão judicial.
§ 2.º Nas aquisições de bens e serviços pela administração pública direta, por autarquias e por fundações públicas, que estejam sujeitas ao disposto no art. 473 desta Lei Complementar, considera-se ocorrido o fato gerador no momento em que se realiza o pagamento.
§ 3.º Nas operações de execução continuada ou fracionada em que não seja possível identificar o momento de entrega ou disponibilização do bem ou do término do fornecimento do serviço, como as relativas a abastecimento de água, saneamento básico, gás canalizado, serviços de telecomunicação, serviços de internet e energia elétrica, considera-se ocorrido o fato gerador no momento em que se torna devido o pagamento.
§ 4.º Para fins do disposto no *caput* deste artigo, caso ocorra pagamento, integral ou parcial, antes do fornecimento:
I – na data de pagamento de cada parcela:
a) serão exigidas antecipações dos tributos, calculadas da seguinte forma:
1. a base de cálculo corresponderá ao valor de cada parcela paga;
2. as alíquotas serão aquelas vigentes na data do pagamento de cada parcela;
b) as antecipações de que trata a alínea *a* deste inciso constarão como débitos na apuração;
II – na data do fornecimento:
a) os valores definitivos dos tributos serão calculados da seguinte forma:
1. a base de cálculo será o valor total da operação, incluindo as parcelas pagas antecipadamente;
2. as alíquotas serão aquelas vigentes na data do fornecimento;
b) caso os valores das antecipações sejam inferiores aos definitivos, as diferenças constarão como débitos na apuração; e
c) caso os valores das antecipações sejam superiores aos definitivos, as diferenças serão apropriadas como créditos na apuração.
§ 5.º Na hipótese do § 4.º deste artigo, caso não ocorra o fornecimento a que se refere o pagamento, inclusive em decorrência de distrato, o fornecedor poderá apropriar créditos com base no valor das parcelas das antecipações devolvidas.

Seção IV
Do Local da Operação

Art. 11. Considera-se local da operação com:
I – bem móvel material, o local da entrega ou disponibilização do bem ao destinatário;
II – bem imóvel, bem móvel imaterial, inclusive direito, relacionado a bem imóvel, serviço prestado fisicamente sobre bem imóvel e serviço de administração e intermediação de bem imóvel, o local onde o imóvel estiver situado;
III – serviço prestado fisicamente sobre a pessoa física ou fruído presencialmente por pessoa física, o local da prestação do serviço;
IV – serviço de planejamento, organização e administração de feiras, exposições, congressos, espetáculos, exibições e congêneres, o local do evento a que se refere o serviço;
V – serviço prestado fisicamente sobre bem móvel material e serviços portuários, o local da prestação do serviço;
VI – serviço de transporte de passageiros, o local de início do transporte;
VII – serviço de transporte de carga, o local da entrega ou disponibilização do bem ao destinatário constante no documento fiscal;
VIII – serviço de exploração de via, mediante cobrança de valor a qualquer título, incluindo tarifas, pedágios e quaisquer outras formas de cobrança, o território de cada Município e Estado, ou do Distrito Federal, proporcionalmente à correspondente extensão da via explorada;
IX – serviço de telefonia fixa e demais serviços de comunicação prestados por meio de cabos, fios, fibras e meios similares, o local de instalação do terminal; e
X – demais serviços e demais bens móveis imateriais, inclusive direitos, o local do domicílio principal do:
a) adquirente, nas operações onerosas;
b) destinatário, nas operações não onerosas.

§ 1.º Para fins do disposto no inciso I do *caput* deste artigo:

I – em operação realizada de forma não presencial, assim entendida aquela em que a entrega ou disponibilização não ocorra na presença do adquirente ou destinatário no estabelecimento do fornecedor, considera-se local da entrega ou disponibilização do bem ao destinatário o destino final indicado pelo adquirente:

a) ao fornecedor, caso o serviço de transporte seja de responsabilidade do fornecedor; ou

b) ao terceiro responsável pelo transporte, caso o serviço de transporte seja de responsabilidade do adquirente;

II – considera-se ocorrida a operação no local do domicílio principal do destinatário, na aquisição de veículo automotor terrestre, aquático ou aéreo;

III – considera-se ocorrida a operação no local onde se encontra o bem móvel material:

a) na aquisição de bem nas hipóteses de:

1. licitação promovida pelo poder público de bem apreendido ou abandonado; ou

2. leilão judicial; e

b) na constatação de irregularidade pela falta de documentação fiscal ou pelo acobertamento por documentação inidônea.

§ 2.º Para fins do disposto no inciso II do *caput* deste artigo, caso o bem imóvel esteja situado em mais de um Município, considera-se local do imóvel o Município onde está situada a maior parte da sua área.

§ 3.º Para fins desta Lei Complementar, considera-se local do domicílio principal do adquirente ou, conforme o caso, do destinatário:

I – o local constante do cadastro com identificação única de que trata o art. 59 desta Lei Complementar, que deverá considerar:

a) para as pessoas físicas, o local da sua habitação permanente ou, na hipótese de inexistência ou de mais de uma habitação permanente, o local onde as suas relações econômicas forem mais relevantes; e

b) para as pessoas jurídicas e entidades sem personalidade jurídica, conforme aplicável, o local de cada estabelecimento para o qual seja fornecido o bem ou serviço;

II – na hipótese de adquirente ou destinatário não regularmente cadastrado, o que resultar da combinação de ao menos 2 (dois) critérios não conflitantes entre si, à escolha do fornecedor, entre os seguintes:

a) endereço declarado ao fornecedor;

b) endereço obtido mediante coleta de outras informações comercialmente relevantes no curso da execução da operação;

c) endereço do adquirente constante do cadastro do arranjo de pagamento utilizado para o pagamento da operação; e

d) endereço de Protocolo de Internet (IP) do dispositivo utilizado para contratação da operação ou obtido por emprego de método de geolocalização;

III – caso não seja possível cumprir o disposto no inciso II deste parágrafo, será considerado o endereço declarado ao fornecedor.

§ 4.º Nas aquisições realizadas de forma centralizada por contribuinte sujeito ao regime regular do IBS e da CBS que possui mais de um estabelecimento e que não estejam sujeitas à vedação à apropriação de créditos:

I – os serviços de que trata o inciso IX do *caput* deste artigo serão considerados prestados no domicílio principal do adquirente; e

II – para fins do disposto no inciso X do *caput* deste artigo e no inciso I deste parágrafo, considera-se como domicílio principal do adquirente o local do seu estabelecimento matriz.

§ 5.º Aplica-se aos serviços de que trata o inciso III do *caput* deste artigo que forem prestados à distância, ainda que parcialmente, o disposto no inciso X do *caput* deste artigo.

§ 6.º Caso a autoridade tributária constate que as informações prestadas pelo adquirente nos termos do § 3.º deste artigo estejam incorretas e resultem em pagamento a menor do IBS e da CBS, a diferença será exigida do adquirente, com acréscimos legais.

§ 7.º Nas operações com abastecimento de água, gás canalizado e energia elétrica, considera-se como local da operação:

I – o local da entrega ou disponibilização, nas operações destinadas a consumo;

II – o local do estabelecimento principal do adquirente, definido nos termos do § 4.º deste artigo:

a) no fornecimento de serviços de transmissão de energia elétrica; e

b) nas demais operações, inclusive nas hipóteses de geração, distribuição ou comercialização de energia elétrica.

§ 8.º Na hipótese de que trata o inciso X do *caput* deste artigo, caso o adquirente seja residente ou domiciliado no exterior e o destinatário seja residente ou domiciliado no País, considera-se como local da operação o domicílio do destinatário.

§ 9.º Nas aquisições de energia elétrica realizadas de forma multilateral, considera-se local da operação o do estabelecimento ou domicílio do agente que figure com balanço energético devedor.

§ 10. Nas operações de transporte dutoviário de gás natural, o local da operação será o do estabelecimento principal do:

I – fornecedor na contratação de capacidade de entrada de gás natural do duto, nos termos da legislação aplicável; e

II – adquirente, na contratação de capacidade de saída do gás natural do duto.

§ 11. Aplica-se o disposto no inciso X do *caput* deste artigo às operações de cessão de espaço para prestação de serviços publicitários.

Seção V
Da Base de Cálculo

Art. 12. A base de cálculo do IBS e da CBS é o valor da operação, salvo disposição em contrário prevista nesta Lei Complementar.

§ 1.º O valor da operação compreende o valor integral cobrado pelo fornecedor a qualquer título, inclusive os valores correspondentes a:

I – acréscimos decorrentes de ajuste do valor da operação;

II – juros, multas, acréscimos e encargos;

III – descontos concedidos sob condição;

IV – valor do transporte cobrado como parte do valor da operação, no transporte efetuado pelo próprio fornecedor ou no transporte por sua conta e ordem;

V – tributos e preços públicos, inclusive tarifas, incidentes sobre a operação ou suportados pelo fornecedor, exceto aqueles previstos no § 2.º deste artigo; e

VI – demais importâncias cobradas ou recebidas como parte do valor da operação, inclusive seguros e taxas.

§ 2.º Não integram a base de cálculo do IBS e da CBS:

I – o montante do IBS e da CBS incidentes sobre a operação;

II – o montante do Imposto sobre Produtos Industrializados (IPI);

III – os descontos incondicionais;

IV – os reembolsos ou ressarcimentos recebidos por valores pagos relativos a operações por conta e ordem ou em nome de terceiros, desde que a documentação fiscal relativa a essas operações seja emitida em nome do terceiro; e

V – o montante incidente na operação dos tributos a que se referem o inciso II do *caput* do art. 155, o inciso III do *caput* do art. 156 e a alínea *b* do inciso I e o inciso IV do *caput* do art. 195 da Constituição Federal, e da Contribuição para os Programas de Integração Social e de Formação do Patrimônio do Servidor Público (Contribuição para o PIS/Pasep) a que se refere o art. 239 da Constituição Federal, de 1.º de janeiro de 2026 a 31 de dezembro de 2032;

VI – a contribuição de que trata o art. 149-A da Constituição Federal.

§ 3.º Para efeitos do disposto no inciso III do § 2.º deste artigo, considera-se desconto incondicional a parcela redutora do preço da operação que conste do respectivo documento fiscal e não dependa de evento posterior, inclusive se realizado por meio de programa de fidelidade concedido de forma não onerosa pelo próprio fornecedor.

§ 4.º A base de cálculo corresponderá ao valor de mercado dos bens ou serviços, entendido como o valor praticado em operações comparáveis entre partes não relacionadas, nas seguintes hipóteses:

I – falta do valor da operação;
II – operação sem valor determinado;
III – valor da operação não representado em dinheiro; e
IV – operação entre partes relacionadas, nos termos do inciso IV do *caput* do art. 5.º, observado o disposto nos seus §§ 2.º a 7.º.

§ 5.º Caso o valor da operação esteja expresso em moeda estrangeira, será feita sua conversão em moeda nacional por taxa de câmbio apurada pelo Banco Central do Brasil, de acordo com o disposto no regulamento.

§ 6.º Caso o contribuinte contrate instrumentos financeiros derivativos fora de condições de mercado e que ocultem, parcial ou integralmente, o valor da operação, o ganho no derivativo comporá a base de cálculo do IBS e da CBS.

§ 7.º A base de cálculo relativa à devolução ou ao cancelamento será a mesma utilizada na operação original.

§ 8.º No transporte internacional de passageiros, caso os trechos de ida e volta sejam vendidos em conjunto, a base de cálculo será a metade do valor cobrado.

Art. 13. O valor da operação será arbitrado pela administração tributária quando:
I – não forem exibidos à fiscalização, inclusive sob alegação de perda, extravio, desaparecimento ou sinistro, os elementos necessários à comprovação do valor da operação nos casos em que:
a) for realizada a operação sem emissão de documento fiscal ou estiver acobertada por documentação inidônea; ou
b) for declarado em documento fiscal valor notoriamente inferior ao valor de mercado da operação;
II – em qualquer outra hipótese em que forem omissos, conflitantes ou não merecerem fé as declarações, informações ou documentos apresentados pelo sujeito passivo ou por terceiro legalmente obrigado.

Parágrafo único. Para fins do arbitramento de que trata este artigo, a base de cálculo do IBS e da CBS será:
I – o valor de mercado dos bens ou serviços fornecidos, entendido como o valor praticado em operações comparáveis entre partes não relacionadas; ou
II – quando não estiver disponível o valor de que trata o inciso I deste parágrafo, aquela calculada:
a) com base no custo do bem ou serviço, acrescido das despesas indispensáveis à manutenção das atividades do sujeito passivo ou do lucro bruto apurado com base na escrita contábil ou fiscal; ou
b) pelo valor fixado por órgão competente, pelo preço final a consumidor sugerido pelo fabricante ou importador ou pelo preço divulgado ou fornecido por entidades representativas dos respectivos setores, conforme o caso.

Seção VI
Das Alíquotas

Subseção I
Das Alíquotas-Padrão

Art. 14. As alíquotas da CBS e do IBS serão fixadas por lei específica do respectivo ente federativo, nos seguintes termos:
I – a União fixará a alíquota da CBS;
II – cada Estado fixará sua alíquota do IBS;
III – cada Município fixará sua alíquota do IBS; e
IV – o Distrito Federal exercerá as competências estadual e municipal na fixação de suas alíquotas.

§ 1.º Para fins do disposto no inciso III do *caput* deste artigo, o Estado de Pernambuco exercerá a competência municipal relativamente às operações realizadas no Distrito Estadual de Fernando de Noronha, conforme o art. 15 do Ato das Disposições Constitucionais Transitórias (ADCT).

§ 2.º Ao fixar sua alíquota, cada ente federativo poderá:
I – vinculá-la à alíquota de referência da respectiva esfera federativa, de que trata o art. 18 desta Lei Complementar, por meio de acréscimo ou decréscimo de pontos percentuais; ou
II – defini-la sem vinculação à alíquota de referência da respectiva esfera federativa.

§ 3.º Na ausência de lei específica que estabeleça a alíquota do ente federativo, será aplicada a alíquota de referência da respectiva esfera federativa.

§ 4.º As referências nesta Lei Complementar às alíquotas-padrão devem ser entendidas como remissões às alíquotas fixadas por cada ente federativo nos termos deste artigo.

Art. 15. A alíquota do IBS incidente sobre cada operação corresponderá:
I – à soma:
a) da alíquota do Estado de destino da operação; e
b) da alíquota do Município de destino da operação; ou
II – à alíquota do Distrito Federal, quando este for o destino da operação.

Parágrafo único. Para fins do disposto neste artigo, o destino da operação é o local da ocorrência da operação, definido nos termos do art. 11 desta Lei Complementar.

Art. 16. A alíquota fixada por cada ente federativo na forma do art. 14 desta Lei Complementar será a mesma para todas as operações com bens ou com serviços, ressalvadas as hipóteses previstas nesta Lei Complementar.

Parágrafo único. As reduções de alíquotas estabelecidas nos regimes diferenciados de que trata o Título IV deste Livro serão aplicadas sobre a alíquota de cada ente federativo.

Art. 17. A alíquota aplicada para fins de devolução ou cancelamento da operação será a mesma cobrada na operação original.

Subseção II
Das Alíquotas de Referência

Art. 18. As alíquotas de referência serão fixadas por resolução do Senado Federal:
I – para a CBS, de 2027 a 2035, nos termos dos arts. 353 a 359, 366, 368 e 369 desta Lei Complementar;
II – para o IBS, de 2029 a 2035, nos termos dos arts. 361 a 366 e 369 desta Lei Complementar;
III – para o IBS e a CBS, após 2035, as vigentes no ano anterior.

Art. 19. Qualquer alteração na legislação federal que reduza ou eleve a arrecadação do IBS ou da CBS:
I – deverá ser compensada pela elevação ou redução, pelo Senado Federal, da alíquota de referência da CBS e das alíquotas de referência estadual e municipal do IBS, de modo a preservar a arrecadação das esferas federativas;
II – somente entrará em vigor com o início da produção de efeitos do ajuste das alíquotas de referência de que trata o inciso I deste *caput*.

§ 1.º Para fins do disposto no *caput* deste artigo:
I – deverá ser considerada qualquer alteração na legislação federal que reduza ou eleve a arrecadação do IBS ou da CBS, contemplando, entre outros:
a) alterações nos critérios relativos à devolução geral de IBS e de CBS a pessoas físicas, de que trata o Capítulo I do Título III deste Livro;
b) alterações nos regimes diferenciados, específicos ou favorecidos de tributação previstos nesta Lei Complementar, inclusive em decorrência da avaliação quinquenal de que trata o Capítulo I do Título III do Livro III desta Lei Complementar; e
c) alterações no regime favorecido de tributação do Regime Especial Unificado de Arrecadação de Tributos e Contribuições devidos pelas Microempresas e Empresas de Pequeno Porte (Simples Nacional) e do Microempreendedor Individual (MEI), de que trata a Lei Complementar n. 123, de 14 de dezembro de 2006;
II – não serão consideradas:
a) alterações na alíquota da CBS, nos termos do inciso I do *caput* e do § 2.º do art. 14 desta Lei Complementar; e
b) alterações no montante da devolução específica da CBS a pessoas físicas por legislação federal, de que trata o Capítulo I do Título III deste Livro;
III – deverá o ajuste das alíquotas de referência ser estabelecido por resolução do Senado Federal, com base em cálculos elaborados pelo Comitê Gestor do IBS e pelo Poder Executivo da União e homologados pelo Tribunal de Contas da União, observada a anterioridade nonagesimal prevista na alínea *c* do inciso III do *caput* do art. 150 da Constituição Federal e, para o IBS, também

a anterioridade anual prevista na alínea *b* do inciso III do *caput* do art. 150 da Constituição Federal.

§ 2.º Para fins do disposto no inciso III do § 1.º deste artigo:

I – os cálculos deverão ser enviados ao Tribunal de Contas da União, acompanhados da respectiva metodologia, no prazo de 60 (sessenta) dias após a promulgação da lei que reduzir ou elevar a arrecadação do IBS ou da CBS:

a) pelo Comitê Gestor do IBS, no caso de alterações legais que afetem apenas a receita do IBS;

b) pelo Poder Executivo da União, no caso de alterações legais que afetem apenas a receita da CBS; ou

c) em ato conjunto do Comitê Gestor do IBS e do Poder Executivo da União, no caso de alterações legais que afetem a receita do IBS e da CBS;

II – o Tribunal de Contas da União poderá solicitar ajustes na metodologia ou nos cálculos, no prazo de 60 (sessenta) dias após seu recebimento;

III – o Comitê Gestor do IBS e o Poder Executivo da União terão até 30 (trinta) dias para ajustar a metodologia ou os cálculos;

IV – o Tribunal de Contas da União decidirá de forma definitiva em relação aos cálculos e os encaminhará ao Senado Federal, no prazo de 30 (trinta) dias; e

V – o Senado Federal estabelecerá o ajuste das alíquotas de referência, no prazo de 30 (trinta) dias.

Art. 20. Os projetos de lei complementar que reduzam ou aumentem a arrecadação do IBS ou da CBS, nos termos do art. 19, somente serão apreciados pelo Congresso Nacional se estiverem acompanhados de estimativa de impacto nas alíquotas de referência do IBS e da CBS.

§ 1.º A estimativa de impacto de que trata o *caput* deste artigo, acompanhada da respectiva metodologia, será elaborada:

I – pelo Poder Executivo da União, nos projetos de sua iniciativa, com a manifestação do Comitê Gestor do IBS no prazo de até 30 (trinta) dias; ou

II – pelo autor e pelo relator do projeto perante o órgão responsável por se manifestar em relação aos aspectos financeiros e orçamentários do projeto, nos demais casos.

§ 2.º Para fins do disposto no inciso II do § 1.º deste artigo, a Câmara dos Deputados, o Senado Federal, ou quaisquer de suas Comissões, poderão consultar o Poder Executivo da União, o Comitê Gestor do IBS ou o Tribunal de Contas da União, que deverão apresentar a estimativa de impacto no prazo de 60 (sessenta) dias

Seção VII
Da Sujeição Passiva

Art. 21. É contribuinte do IBS e da CBS:

I – o fornecedor que realizar operações:

a) no desenvolvimento de atividade econômica;

b) de modo habitual ou em volume que caracterize atividade econômica; ou

c) de forma profissional, ainda que a profissão não seja regulamentada;

II – o adquirente, ainda que não enquadrado no inciso I deste *caput*, na aquisição de bem:

a) apreendido ou abandonado, em licitação promovida pelo poder público; ou

b) em leilão judicial;

III – o importador;

IV – aquele previsto expressamente em outras hipóteses nesta Lei Complementar.

§ 1.º O contribuinte de que trata o *caput* deste artigo é obrigado a se inscrever nos cadastros relativos ao IBS e à CBS.

§ 2.º O fornecedor residente ou domiciliado no exterior fica obrigado a se cadastrar como contribuinte caso realize operações no País ou como responsável tributário no caso de importações, observada a definição do local da operação prevista no art. 11 e o disposto no art. 23 desta Lei Complementar.

§ 3.º O regulamento também poderá exigir inscrição nos cadastros relativos ao IBS e à CBS dos responsáveis pelo cumprimento de obrigações principais ou acessórias previstas nesta Lei Complementar.

§ 4.º Na importação de bens materiais, o disposto no § 2.º deste artigo somente se aplica às remessas internacionais sujeitas a regime de tributação simplificada nos termos do art. 95.

Art. 22. As plataformas digitais, ainda que domiciliadas no exterior, são responsáveis pelo pagamento do IBS e da CBS relativos às operações e importações realizadas por seu intermédio, nas seguintes hipóteses:

I – solidariamente com o adquirente ou destinatário e em substituição ao fornecedor, caso este seja residente ou domiciliado no exterior; e

II – solidariamente com o fornecedor, caso este:

a) seja residente ou domiciliado no País;

b) seja contribuinte, ainda que não inscritos nos termos do § 1.º do art. 21 desta Lei Complementar;

c) não registre a operação em documento fiscal eletrônico.

§ 1.º Considera-se plataforma digital aquela que:

I – atua como intermediária entre fornecedores e adquirentes nas operações e importações realizadas de forma não presencial ou por meio eletrônico; e

II – controla um ou mais dos seguintes elementos essenciais à operação:

a) cobrança;

b) pagamento;

c) definição dos termos e condições; ou

d) entrega.

§ 2.º Não é considerada plataforma digital aquela que executa somente uma das seguintes atividades:

I – fornecimento de acesso à internet;

II – serviços de pagamentos prestados por instituições autorizadas a funcionar pelo Banco Central do Brasil;

III – publicidade; ou

IV – busca ou comparação de fornecedores, desde que não cobre pelo serviço com base nas vendas realizadas.

§ 3.º Na hipótese de que trata o inciso I do *caput* deste artigo, o fornecedor residente ou domiciliado no exterior fica dispensado da inscrição de que trata o § 2.º do art. 21 desta Lei Complementar se realizar operações exclusivamente por meio de plataforma digital inscrita no cadastro do IBS e da CBS no regime regular.

§ 4.º Para fins de aplicação do disposto no inciso II do *caput* deste artigo, compete ao Comitê Gestor do IBS e à Secretaria Especial da Receita Federal do Brasil (RFB) informar à plataforma digital a condição de contribuinte do fornecedor residente ou domiciliado no País que não esteja inscrito no cadastro.

§ 5.º A plataforma digital apresentará ao Comitê Gestor do IBS e à RFB, na forma do regulamento, informações sobre as operações e importações com bens ou com serviços realizadas por seu intermédio, inclusive identificando o fornecedor, ainda que não seja contribuinte.

§ 6.º Na hipótese em que o processo de pagamento da operação ou importação seja iniciado pela plataforma digital, esta deverá apresentar as informações necessárias para a segregação e o recolhimento dos valores do IBS e da CBS devidos pelo fornecedor na liquidação financeira da operação (*split payment*), quando disponível, inclusive no procedimento simplificado, nos termos dos arts. 31 a 35 desta Lei Complementar.

§ 7.º A plataforma digital que cumprir o disposto nos §§ 5.º e 6.º deste artigo não será responsável pelo pagamento de eventuais diferenças entre os valores do IBS e da CBS recolhidos e aqueles devidos na operação pelo fornecedor residente ou domiciliado no País.

§ 8.º Na hipótese em que o fornecedor seja residente ou domiciliado no País e o processo de pagamento da operação não seja iniciado pela plataforma digital, esta não será responsável tributária caso cumpra o disposto no § 5.º e o fornecedor emita documento fiscal eletrônico pelo valor da operação realizada por meio da plataforma.

§ 9.º Aplica-se o disposto no § 8.º, também, caso o processo de pagamento da operação seja iniciado pela plataforma digital e não seja realizado o *split payment*.

§ 10. Nas hipóteses em que a plataforma digital for responsável, nos termos dos incisos I e II do *caput* deste artigo:

I – a plataforma será responsável solidária pelos débitos de IBS e de CBS do fornecedor relativos à operação, de acordo com as regras tributárias a ele aplicáveis, caso o fornecedor seja residente ou domiciliado no País e esteja inscrito como contribuinte do IBS e da CBS, no regime regular ou em regime favorecido; e

II – nos demais casos, os débitos de IBS e de CBS serão calculados pelas regras do regime regular, inclusive quanto às alíquotas, regimes diferenciados e regimes específicos aplicáveis aos bens e serviços.

§ 11. A plataforma digital não será responsável tributária em relação às operações em que ela não controle nenhum dos elementos essenciais, nos termos do inciso II do § 1.º deste artigo.

§ 12. A plataforma digital poderá optar, com anuência do fornecedor residente ou domiciliado no País, observados os critérios estabelecidos no regulamento:

I – por emitir documentos fiscais eletrônicos em nome do fornecedor, inclusive de forma consolidada; e

II – por pagar o IBS e a CBS, com base no valor e nas demais informações da operação intermediada pela plataforma, mantida a obrigação do fornecedor em relação a eventuais diferenças.

Art. 23. A plataforma digital, inclusive a domiciliada no exterior, deverá se inscrever no cadastro do IBS e da CBS no regime regular para fins de cumprimento do disposto no art. 22.

Parágrafo único. Caso o fornecedor ou a plataforma digital residentes ou domiciliados no exterior não se inscrevam no cadastro do IBS e da CBS no regime regular de que trata o *caput* deste artigo:

I – o IBS e a CBS serão segregados e recolhidos, pelas alíquotas de referência, nas remessas ao fornecedor ou à plataforma, pela instituição que realiza a operação de câmbio, observados os critérios estabelecidos em regulamento; e

II – eventual diferença do IBS e da CBS devidos na operação ou importação deverá ser:

a) paga pelo adquirente ou importador, caso as alíquotas incidentes sejam maiores que as alíquotas de referência; ou

b) devolvida ao adquirente ou importador, caso as alíquotas incidentes sejam menores que as alíquotas de referência.

Art. 24. Sem prejuízo das demais hipóteses previstas na Lei n. 5.172, de 25 de outubro de 1966 (Código Tributário Nacional) e na legislação civil, são solidariamente responsáveis pelo pagamento do IBS e da CBS:

I – a pessoa ou entidade sem personalidade jurídica que, a qualquer título, adquire, importa, recebe, dá entrada ou saída ou mantém em depósito bem, ou toma serviço, não acobertado por documento fiscal idôneo;

II – o transportador, inclusive empresa de serviço postal ou entrega expressa:

a) em relação a bem transportado desacobertado de documento fiscal idôneo;

b) quando efetuar a entrega de bem em local distinto daquele indicado no documento fiscal;

III – o leiloeiro, pelo IBS e pela CBS devidos na operação realizada em leilão;

IV – os desenvolvedores ou fornecedores de programas ou aplicativos utilizados para registro de operações com bens ou com serviços que contenham funções ou comandos inseridos com a finalidade de descumprir a legislação tributária;

V – qualquer pessoa física, pessoa jurídica ou entidade sem personalidade jurídica que concorra por seus atos e omissões para o descumprimento de obrigações tributárias, por meio de:

a) ocultação da ocorrência ou do valor da operação; ou

b) abuso da personalidade jurídica, caracterizado pelo desvio de finalidade ou pela confusão patrimonial; e

VI – o entreposto aduaneiro, o recinto alfandegado ou estabelecimento a ele equiparado, o depositário ou o despachante, em relação ao bem:

a) destinado para o exterior sem documentação fiscal correspondente;

b) recebido para exportação e não exportado;

c) destinado a pessoa ou entidade sem personalidade jurídica diversa daquela que o tiver importado ou arrematado; ou

d) importado e entregue sem a devida autorização das administrações tributárias competentes.

§ 1.º A imunidade de que trata o § 1.º do art. 9.º desta Lei Complementar não exime a empresa pública prestadora de serviço postal da responsabilidade solidária nas hipóteses previstas no inciso II do *caput* deste artigo.

§ 2.º A responsabilidade a que se refere a alínea a do inciso V do *caput* deste artigo restringe-se ao valor ocultado da operação.

§ 3.º Não enseja responsabilidade solidária a mera existência de grupo econômico quando inexistente qualquer ação ou omissão que se enquadre no disposto no inciso V do *caput* deste artigo.

§ 4.º Os rerrefinadores ou coletores autorizados pela Agência Nacional do Petróleo, Gás Natural e Biocombustíveis (ANP) são solidariamente responsáveis pelo pagamento do IBS e da CBS incidentes na aquisição de óleo lubrificante usado ou contaminado de contribuinte sujeito ao regime regular.

§ 5.º Na hipótese do § 4.º, a emissão do documento fiscal eletrônico relativo à operação será efetuada pelos rerrefinadores ou coletores, na forma estabelecida em regulamento, que poderá prever, inclusive, que a emissão ocorra de forma periódica, englobando as operações realizadas no período.

Art. 25. As responsabilidades de que trata esta Lei Complementar compreendem a obrigação pelo pagamento do IBS e da CBS, acrescidos de correção e atualização monetária, multa de mora, multas punitivas e demais encargos.

Art. 26. Não são contribuintes do IBS e da CBS, ressalvado o disposto no inciso II do § 1.º do art. 156-A da Constituição Federal:

•• O art. 156-A da Constituição Federal de 1988 dispõe sobre o Imposto de Competência Compartilhada entre Estados, Distrito Federal e Municípios.

I – condomínio edilício;

II – consórcio de que trata o art. 278 da Lei n. 6.404, de 15 de dezembro de 1976;

III – sociedade em conta de participação;

IV – nanoempreendedor, assim entendido a pessoa física que tenha auferido receita bruta inferior a 50% (cinquenta por cento) do limite estabelecido para adesão ao regime do MEI previsto no § 1.º do art. 18-A observado ainda o disposto nos §§ 4.º e 4.º-B do referido artigo da Lei Complementar n. 123, de 14 de dezembro de 2006, e não tenha aderido a esse regime; e

V – (*Vetado*.)

VI – produtor rural de que trata o art. 164 desta Lei Complementar;

VII – transportador autônomo de carga de que trata o art. 169 desta Lei Complementar;

VIII – entidade ou unidade de natureza econômico-contábil, sem fins lucrativos que presta serviços de planos de assistência à saúde sob a modalidade de autogestão;

IX – entidades de previdência complementar fechada, constituídas de acordo com a Lei Complementar n. 109, de 29 de maio de 2001; e

X – (*Vetado*.)

§ 1.º Poderão optar pelo regime regular do IBS e da CBS, observado o disposto no § 6.º do art. 41 desta Lei Complementar:

I – as entidades sem personalidade jurídica de que tratam os incisos I a III do *caput* deste artigo;

II – a pessoa física de que trata o inciso IV do *caput* deste artigo; e

III – (*Vetado*.)

IV – o produtor rural de que trata o inciso VI do *caput* deste artigo, na forma do art. 165 desta Lei Complementar; e

V – o transportador autônomo de carga de que trata o inciso VII do *caput* deste artigo.

§ 2.º Em relação ao condomínio edilício de que trata o inciso I do *caput* deste artigo:

I – caso exerça a opção pelo regime regular de que trata o § 1.º deste artigo, o IBS e a CBS incidirão sobre todas as taxas e demais valores cobrados pelo condomínio dos seus condôminos e de terceiros; e

II – caso não exerça a opção pelo regime regular e desde que as taxas e demais valores condominiais cobrados de seus condôminos representem menos de 80% (oitenta por cento) da receita total do condomínio:

a) ficará sujeito à incidência do IBS e da CBS sobre as operações com bens e com serviços que realizar de acordo com o disposto no inciso I do *caput* do art. 21 desta Lei Complementar; e

b) apropriará créditos na proporção da receita decorrente das operações tributadas na forma da alínea *a* deste inciso, em relação à receita total do condomínio.

§ 3.º Caso o consórcio de que trata o inciso II do *caput* não exerça a opção pelo regime regular de que trata o § 1.º deste artigo, os consorciados ficarão obrigados ao pagamento do IBS e da CBS quanto às operações realizadas pelo consórcio, proporcionalmente às suas participações.

§ 4.º Caso a sociedade em conta de participação de que trata o inciso III do *caput* não exerça a opção pelo regime regular de que trata o § 1.º deste artigo, o sócio ostensivo ficará obrigado ao pagamento do IBS e da CBS quanto às operações realizadas pela sociedade, vedada a exclusão de valores devidos a sócios participantes.

§ 5.º (*Vetado*.)

§ 6.º (*Vetado*.)

§ 7.º São contribuintes do IBS e da CBS no regime regular os fundos de investimento que liquidem antecipadamente recebíveis, nos termos previstos no art. 193 ou no art. 219 desta Lei Complementar.

§ 8.º (*Vetado*.)

§ 9.º As entidades e as unidades de natureza econômico-contábil referidas nos incisos VIII e IX do *caput* deste artigo serão contribuintes do IBS e da CBS caso descumpram os requisitos previstos no art. 14 do Código Tributário Nacional.

§ 10. Para fins de enquadramento como nanoempreendedor, nos termos do inciso IV do *caput* deste artigo, será considerada como receita bruta da pessoa física prestadora de serviço de transporte privado individual de passageiros ou de entrega de bens intermediado por plataformas digitais 25% (vinte e cinco por cento) do valor bruto mensal recebido.

§ 11. O regulamento poderá estabelecer obrigações acessórias simplificadas para as pessoas e entes sem personalidade jurídica e as unidades de natureza econômico-contábil de que trata este artigo.

Seção VIII
Das Modalidades de Extinção dos Débitos

Subseção I
Disposições Gerais

Art. 27. Os débitos do IBS e da CBS decorrentes da incidência sobre operações com bens ou com serviços serão extintos mediante as seguintes modalidades:

I – compensação com créditos, respectivamente, de IBS e de CBS apropriados pelo contribuinte, nos termos dos arts. 47 a 56 e das demais disposições desta Lei Complementar;

II – pagamento pelo contribuinte;

III – recolhimento na liquidação financeira da operação (*split payment*), nos termos dos arts. 31 a 35 desta Lei Complementar;

IV – recolhimento pelo adquirente, nos termos do art. 36 desta Lei Complementar; ou

V – pagamento por aquele a quem esta Lei Complementar atribuir responsabilidade.

Parágrafo único. A extinção de débitos de que trata o *caput* deste artigo:

I – nas hipóteses dos incisos I e II do *caput* deste artigo, será imputada aos valores dos débitos não extintos do IBS e da CBS incidentes sobre as operações ocorridas no período de apuração na ordem cronológica do documento fiscal, segundo critérios estabelecidos no regulamento;

II – nas hipóteses dos incisos III e IV do *caput* deste artigo, será vinculada à respectiva operação; e

III – na hipótese do inciso V do *caput* deste artigo, será vinculada à operação específica a que se refere ou, caso não se refira a uma operação específica, será imputada na forma do inciso I deste parágrafo.

Art. 28. Nas operações com energia elétrica ou com direitos a ela relacionados, o recolhimento do IBS e da CBS relativo à geração, comercialização e distribuição e transmissão será realizado exclusivamente:

I – pela distribuidora de energia elétrica, caso ocorra a venda para adquirente atendido no ambiente de contratação regulada;

II – pelo alienante de energia elétrica, caso se trate de aquisição no ambiente de contratação livre de energia para consumo do adquirente ou quando o adquirente não esteja sujeito ao regime regular do IBS e da CBS;

III – pelo adquirente, na condição de responsável, de energia elétrica caso se destine para consumo na aquisição de energia elétrica realizada de forma multilateral; ou

IV – pela transmissora de energia elétrica, na prestação de serviço de transmissão de energia elétrica a consumidor conectado diretamente à rede básica de transmissão.

§ 1.º O recolhimento do IBS e da CBS incidentes nas operações com energia elétrica, ou com direitos a ela relacionados, relativas à geração, comercialização, distribuição e transmissão ocorrerá somente no fornecimento:

I – para consumo; ou

II – para contribuinte não sujeito ao regime regular do IBS e da CBS.

§ 2.º No serviço de transmissão de energia elétrica, considera-se ocorrido o fornecimento no momento em que se tornar devido o pagamento relativo ao serviço de transmissão, nos termos da legislação aplicável.

§ 3.º Exclui-se da base de cálculo da CBS e do IBS a energia elétrica fornecida pela distribuidora à unidade consumidora, na quantidade correspondente à energia injetada na rede de distribuição pela mesma unidade consumidora, acrescidos dos créditos de energia elétrica originados na própria unidade consumidora no mesmo mês, em meses anteriores ou em outra unidade consumidora do mesmo titular.

§ 4.º A exclusão de que trata o § 3.º deste artigo:

I – aplica-se somente a consumidores participantes do Sistema de Compensação de Energia Elétrica, de que trata a Lei n. 14.300, de 6 de janeiro de 2022;

II – aplica-se somente à compensação de energia elétrica produzida por microgeração e minigeração, cuja potência instalada seja, respectivamente, menor ou igual a 75 kW e superior a 75 kW e menor ou igual a 1 MW; e

III – não se aplica ao custo de disponibilidade, à energia reativa, à demanda de potência, aos encargos de conexão ou uso do sistema de distribuição, aos componentes tarifárias não associadas ao custo da energia e a quaisquer outros valores cobrados pela distribuidora.

Subseção II
Do Pagamento pelo Contribuinte

Art. 29. O contribuinte deverá, até a data de vencimento, efetuar o pagamento do saldo a recolher de que trata o art. 45 desta Lei Complementar.

§ 1.º Caso o pagamento efetuado pelo contribuinte seja maior do que o saldo a recolher, a parcela excedente, até o montante dos débitos do período de apuração que tenham sido extintos pelas modalidades previstas nos incisos III a V do *caput* do art. 27 desta Lei Complementar entre o final do período de apuração e o dia útil anterior ao do pagamento pelo contribuinte, será transferida ao contribuinte em até 3 (três) dias úteis.

§ 2.º O pagamento efetuado após a data de vencimento será acrescido de:

I – multa de mora, calculada à taxa de 0,33% (trinta e três centésimos por cento), por dia de atraso; e

II – juros de mora, calculados à taxa referencial do Sistema Especial de Liquidação e de Custódia (Selic), a partir do primeiro dia do mês subsequente ao vencimento do prazo até o mês anterior ao do pagamento, e de 1% (um por cento) no mês de pagamento.

§ 3.º A multa de que trata o inciso I do § 2.º deste artigo será calculada a partir do primeiro dia subsequente ao do vencimento do prazo previsto para o pagamento do tributo até o dia em que ocorrer o seu pagamento.

§ 4.º O percentual da multa de que trata o inciso I do § 2.º deste artigo fica limitado a 20% (vinte por cento).

Art. 30. O Comitê Gestor do IBS e a RFB poderão oferecer, como opção ao contribuinte, mecanismo automatizado de pagamento, respectivamente, do IBS e da CBS.

§ 1.º A utilização do mecanismo previsto no *caput* deste artigo pelo contribuinte fica condicionada à sua prévia autorização.

§ 2.º O mecanismo automatizado de que trata o *caput* deste artigo permitirá a retirada e o depósito de valores em contas de depósito e contas de pagamento de titularidade do contribuinte.

Subseção III
Do Recolhimento na Liquidação Financeira
(Split Payment)

Art. 31. Nas transações de pagamento relativas a operações com bens ou com serviços, os prestadores de serviços de pagamento eletrônico e as instituições operadoras de sistemas de pagamentos deverão segregar e recolher ao Comitê Gestor do IBS e à RFB, no momento da liquidação financeira da transação (*split payment*), os valores do IBS e da CBS, de acordo com o disposto nesta Subseção.

§ 1.º Os procedimentos do *split payment* previstos nesta Subseção compreenderão a vinculação entre:

I – os documentos fiscais eletrônicos relativos a operações com bens ou com serviços; e

II – a transação de pagamento das respectivas operações.

§ 2.º Atos conjuntos do Comitê Gestor do IBS e da RFB disciplinarão o disposto nesta Subseção, inclusive no que se refere às atribuições dos prestadores de serviços de pagamento eletrônico e das instituições operadoras de sistemas de pagamento, considerando as características de cada arranjo de pagamento e das operações com bens e serviços.

§ 3.º O disposto nesta Subseção aplica-se a todos os prestadores de serviços de pagamento eletrônico de que trata o *caput* deste artigo, participantes de arranjos de pagamento, abertos e fechados, públicos e privados, inclusive os participantes e arranjos que não estão sujeitos à regulação do Banco Central do Brasil.

Art. 32. O procedimento padrão do *split payment* obedecerá ao disposto neste artigo.

§ 1.º O fornecedor é obrigado a incluir no documento fiscal eletrônico informações que permitam:

I – a vinculação das operações com a transação de pagamento; e

II – a identificação dos valores dos débitos do IBS e da CBS incidentes sobre as operações.

§ 2.º As informações previstas no § 1.º deste artigo deverão ser transmitidas aos prestadores de serviço de pagamento:

I – pelo fornecedor;

II – pela plataforma digital, em relação às operações e importações realizadas por seu intermédio, nos termos do art. 22 desta Lei Complementar; ou

III – por outra pessoa ou entidade sem personalidade jurídica que receber o pagamento.

§ 3.º Antes da disponibilização dos recursos ao fornecedor, o prestador de serviço de pagamento ou a instituição operadora do sistema de pagamento deverá, com base nas informações recebidas, consultar sistema do Comitê Gestor do IBS e da RFB sobre os valores a serem segregados e recolhidos, que corresponderão à diferença positiva entre:

I – os valores dos débitos do IBS e da CBS incidentes sobre a operação, destacados no documento fiscal eletrônico; e

II – as parcelas dos débitos referidos no inciso I deste parágrafo já extintas por quaisquer das modalidades previstas no art. 27 desta Lei Complementar.

§ 4.º Caso a consulta não possa ser efetuada nos termos do § 3.º deste artigo, deverá ser adotado o seguinte procedimento:

I – o prestador de serviços de pagamento ou a instituição operadora do sistema de pagamentos segregará e recolherá ao Comitê Gestor do IBS e à RFB o valor dos débitos do IBS e da CBS incidentes sobre as operações vinculadas à transação de pagamento, com base nas informações recebidas; e

II – o Comitê Gestor do IBS e a RFB:

a) efetuarão o cálculo dos valores dos débitos do IBS e da CBS das operações vinculadas à transação de pagamento, com a dedução das parcelas já extintas por quaisquer das modalidades previstas no art. 27 desta Lei Complementar; e

b) transferirão ao fornecedor, em até 3 (três) dias úteis, os valores recebidos que excederem do montante de que trata a alínea a deste inciso.

Art. 33. O contribuinte poderá optar por procedimento simplificado do *split payment* para todas as operações cujo adquirente não seja contribuinte do IBS e da CBS no regime regular.

§ 1.º No procedimento simplificado de que trata o *caput* deste artigo, os valores do IBS e da CBS a serem segregados e recolhidos pelo prestador de serviço de pagamento ou pela instituição operadora do sistema de pagamentos serão calculados com base em percentual preestabelecido do valor das operações.

§ 2.º O percentual de que trata o § 1.º deste artigo:

I – será estabelecido pelo Comitê Gestor do IBS, para o IBS, e pela RFB, para a CBS, vedada a aplicação de procedimento simplificado para apenas um desses tributos;

II – poderá ser diferenciado por setor econômico ou por contribuinte, a partir de cálculos baseados em metodologia uniforme previamente divulgada, incluindo dados da alíquota média incidente sobre as operações e do histórico de utilização de créditos; e

III – não guardará relação com o valor dos débitos do IBS e da CBS efetivamente incidentes sobre a operação.

§ 3.º Os valores do IBS e da CBS recolhidos por meio do procedimento simplificado de que trata o *caput* serão utilizados para pagamento dos débitos não extintos do contribuinte decorrentes das operações de que trata o *caput* ocorridas no período de apuração, em ordem cronológica do documento fiscal, segundo critérios estabelecidos no regulamento.

§ 4.º O Comitê Gestor do IBS e a RFB:

I – efetuarão o cálculo do saldo dos débitos do IBS e da CBS das operações de que trata o *caput* deste artigo, após a dedução das parcelas já extintas por quaisquer das modalidades previstas no art. 27 desta Lei Complementar, no período de apuração; e

II – transferirão ao fornecedor, em até 3 (três) dias úteis contados da conclusão da apuração, os valores recebidos que excederem ao montante de que trata o inciso I deste parágrafo.

§ 5.º A opção de que trata o *caput* deste artigo será irretratável para todo o período de apuração.

§ 6.º Ato conjunto do Comitê Gestor do IBS e da RFB poderá determinar a utilização do procedimento simplificado de que trata este artigo para as operações mencionadas no *caput*, enquanto o procedimento padrão descrito no art. 32 não estiver em funcionamento em nível adequado para os principais instrumentos de pagamento eletrônico utilizados nessas operações.

Art. 34. Deverão ser observadas ainda as seguintes regras para o *split payment*:

I – a segregação e o recolhimento do IBS e da CBS ocorrerão na data da liquidação financeira da transação de pagamento, observados os fluxos de pagamento estabelecidos entre os participantes do arranjo;

II – nas operações com bens ou com serviços com pagamento parcelado pelo fornecedor, a segregação e o recolhimento do IBS e da CBS deverão ser efetuados, de forma proporcional, na liquidação financeira de todas as parcelas;

III – a liquidação antecipada de recebíveis não altera a obrigação de segregação e de recolhimento do IBS e da CBS na forma dos incisos I e II deste *caput*;

IV – o disposto nesta Subseção não afasta a responsabilidade do sujeito passivo pelo pagamento do eventual saldo a recolher do IBS e da CBS, observados o momento da ocorrência do fato gerador e o prazo de vencimento dos tributos; e

V – os prestadores de serviços de pagamentos e as instituições operadoras de sistemas de pagamento:

a) serão responsáveis por segregar e recolher os valores do IBS e da CBS de acordo o disposto nesta Subseção; e

b) não serão responsáveis tributários pelo IBS e pela CBS incidentes sobre as operações com bens e com serviços cujos pagamentos eles liquidem.

Art. 35. O Poder Executivo da União e o Comitê Gestor do IBS deverão aprovar orçamento para desenvolvimento, implementação, operação e manutenção do sistema do *split payment*.

§ 1.º O *split payment* deverá entrar em funcionamento de forma simultânea, nas operações com adquirentes que não são contribuintes do IBS e da CBS no regime regular, para os principais instrumentos de pagamento eletrônico utilizados nessas operações.

§ 2.º Ato conjunto do Comitê Gestor do IBS e da RFB:

I – estabelecerá a implementação gradual do *split payment*; e

II – poderá prever hipóteses em que a adoção do *split payment* será facultativa.

§ 3.º São instrumentos de pagamento eletrônico principais, para fins do disposto no § 1.º deste artigo, aqueles preponderantemente utilizados no setor de varejo.

Subseção IV
Do Recolhimento pelo Adquirente

Art. 36. O adquirente de bens ou de serviços que seja contribuinte do IBS e da CBS pelo regime regular poderá pagar o IBS e a CBS incidentes sobre a operação caso o pagamento ao fornecedor seja efetuado mediante a utilização de instrumento de pagamento que não permita a segregação e o recolhimento nos termos dos arts. 32 e 33 desta Lei Complementar.

§ 1.º A opção de que trata o *caput* deste artigo será exercida exclusivamente mediante o recolhimento, pelo adquirente, do IBS e da CBS incidentes sobre a operação.

§ 2.º (Vetado.)

§ 3.º O valor recolhido na forma deste artigo:

I – será utilizado exclusivamente para pagamento dos valores dos débitos ainda não extintos do IBS e da CBS relativos às respectivas operações; e

II – quando excedente ao valor utilizado nos termos do inciso I deste parágrafo, será transferido ao contribuinte em até 3 (três) dias úteis.

§ 4.º O Comitê Gestor do IBS e a RFB estabelecerão mecanismo para acompanhamento, pelo fornecedor, do recolhimento pelo adquirente.

Subseção V
Do Pagamento pelo Responsável

Art. 37. Aplica-se o disposto no art. 29 desta Lei Complementar, no que couber, ao pagamento do IBS e da CBS por aquele a quem esta Lei Complementar atribuir a condição de responsável.

Seção IX
Do Pagamento Indevido ou a Maior

Art. 38. Em caso de pagamento indevido ou a maior, a restituição do IBS e da CBS somente será devida ao contribuinte na hipótese em que:

I – a operação não tenha gerado crédito para o adquirente dos bens ou serviços; e

II – tenha sido observado o disposto no art. 166 da Lei n. 5.172, de 25 de outubro de 1966 (Código Tributário Nacional).

Seção X
Do Ressarcimento

Art. 39. O contribuinte do IBS e da CBS que apurar saldo a recuperar na forma do art. 45 ao final do período de apuração poderá solicitar seu ressarcimento integral ou parcial.

§ 1.º Caso o ressarcimento não seja solicitado ou a solicitação seja parcial, o valor remanescente do saldo a recuperar constituirá crédito do contribuinte, o qual poderá ser utilizado para compensação ou ressarcido em períodos posteriores.

§ 2.º A solicitação de ressarcimento de que trata este artigo será apreciada pelo Comitê Gestor do IBS, em relação ao IBS, e pela RFB, em relação à CBS.

§ 3.º O prazo para apreciação do pedido de ressarcimento será de:

I – até 30 (trinta) dias contados da data da solicitação de que trata o *caput* deste artigo, para pedidos de ressarcimento de contribuintes enquadrados em programas de conformidade desenvolvidos pelo Comitê Gestor do IBS e pela RFB que atendam ao disposto no art. 40 desta Lei Complementar;

II – até 60 (sessenta) dias contados da data de solicitação de que trata o *caput* deste artigo, para pedidos de ressarcimento que atendam ao disposto no art. 40 desta Lei Complementar, ressalvada a hipótese prevista no inciso I deste parágrafo; ou

III – até 180 (cento e oitenta) dias contados da data da solicitação de que trata o *caput* deste artigo, nos demais casos.

§ 4.º Se não houver manifestação do Comitê Gestor do IBS ou da RFB nos prazos previstos no § 3.º deste artigo, o crédito será ressarcido ao contribuinte nos 15 (quinze) dias subsequentes.

§ 5.º Caso seja iniciado procedimento de fiscalização relativo ao pedido de ressarcimento antes do encerramento dos prazos estabelecidos no § 3.º deste artigo serão:

I – suspensos os prazos; e

II – ressarcidos os créditos homologados em até 15 (quinze) dias contados da conclusão da fiscalização.

§ 6.º O procedimento de fiscalização de que trata o § 5.º deste artigo não poderá estender-se por mais de 360 (trezentos e sessenta) dias.

§ 7.º Caso o procedimento de fiscalização não seja encerrado no prazo de que trata o § 6.º deste artigo, o crédito será ressarcido ao contribuinte nos 15 (quinze) dias subsequentes.

§ 8.º O ressarcimento efetuado nos termos deste artigo não afasta a possibilidade de fiscalização posterior dos créditos ressarcidos nem prejudica a conclusão do procedimento de que trata o § 6.º deste artigo.

§ 9.º O valor dos saldos credores cujo ressarcimento tenha sido solicitado nos termos deste artigo será corrigido, caso o pagamento ocorra a partir do primeiro dia do segundo mês seguinte ao do pedido, pela taxa Selic acumulada mensalmente a partir desta data até o mês anterior ao pagamento, acrescido de 1% (um por cento) no mês de pagamento.

§ 10. Os prazos de que trata o § 3.º serão suspensos, por até 5 (cinco) anos, não aplicado o disposto no § 9.º deste artigo, caso o contribuinte realize a opção:

I – pelo Simples Nacional ou pelo MEI, exceto na hipótese de que trata o § 3.º do art. 41 desta Lei Complementar; ou

II – por não ser contribuinte de IBS e de CBS, nas hipóteses autorizadas nesta Lei Complementar.

§ 11. Na hipótese de descumprimento dos prazos previstos nos §§ 3.º a 5.º deste artigo, o valor do saldo credor será corrigido diariamente pela taxa Selic a partir do primeiro dia do início do prazo para apreciação do pedido até o dia anterior ao do ressarcimento.

Art. 40. Aplicam-se os prazos de ressarcimento previstos nos incisos I ou II do § 3.º do art. 39 desta Lei Complementar para:

I – os créditos apropriados de IBS e de CBS relativos à aquisição de bens e serviços incorporados ao ativo imobilizado do contribuinte;

II – os pedidos de ressarcimento cujo valor seja igual ou inferior a 150% (cento e cinquenta por cento) do valor médio mensal da diferença entre:

a) os créditos de IBS e de CBS apropriados pelo contribuinte; e

b) os débitos de IBS e de CBS incidentes sobre as operações do contribuinte.

§ 1.º O cálculo do valor médio mensal de que trata o inciso II do *caput* será realizado com base nas informações relativas aos 24 (vinte e quatro) meses anteriores ao período de apuração, excluídos do cálculo os créditos apropriados nos termos do inciso I do *caput* deste artigo.

§ 2.º Cabe ao regulamento dispor sobre a forma de aplicação do disposto neste artigo, inclusive quanto:

I – à utilização de estimativas para os valores de que tratam as alíneas *a* e *b* do inciso II do *caput* deste artigo, durante os anos iniciais de cobrança do IBS e da CBS, enquanto as informações referidas nessas alíneas não estiverem disponíveis;

II – à possibilidade de ajuste no cálculo de que trata o inciso II do *caput* deste artigo, em decorrência da elevação da alíquota do IBS entre 2029 e 2033.

§ 3.º O valor calculado nos termos do inciso II do *caput* deste artigo poderá ser ajustado, nos termos do regulamento, de modo a contemplar variações sazonais no valor das operações e das aquisições do contribuinte e variações decorrentes de expansão ou implantação de empreendimento econômico pelo contribuinte.

§ 4.º Para os fins do disposto no inciso I do *caput* deste artigo, também serão considerados como bens e serviços incorporados ao ativo imobilizado aqueles com a mesma natureza que, em decorrência das normas contábeis aplicáveis, forem contabilizados por concessionárias de serviços públicos como ativo de contrato, intangível ou financeiro.

Seção XI
Dos Regimes de Apuração

Art. 41. O regime regular do IBS e da CBS compreende todas as regras de incidência e de apuração previstas nesta Lei Complementar, incluindo aquelas aplicáveis aos regimes diferenciados e aos regimes específicos.

§ 1.º Fica sujeito ao regime regular do IBS e da CBS de que trata esta Lei Complementar o contribuinte que não realizar a opção pelo Simples Nacional ou pelo MEI, de que trata a Lei Complementar n. 123, de 14 de dezembro de 2006.

§ 2.º Os contribuintes optantes pelo Simples Nacional ou pelo MEI ficam sujeitos às regras desses regimes.

§ 3.º Os optantes pelo Simples Nacional poderão exercer a opção de apurar e recolher o IBS e a CBS pelo regime regular, hipótese na qual o IBS e a CBS serão apurados e recolhidos conforme o disposto nesta Lei Complementar.

§ 4.º A opção a que se refere o § 3.º será exercida nos termos da Lei Complementar n. 123, de 14 de dezembro de 2006.

§ 5.º É vedado ao contribuinte do Simples Nacional ou ao contribuinte que venha a fazer a opção por esse regime retirar-se do regime regular do IBS e da CBS caso tenha recebido ressarcimento de créditos desses tributos no ano-calendário corrente ou anterior, nos termos do art. 39 desta Lei Complementar.

§ 6.º Aplica-se o disposto no § 5.º deste artigo, em relação às demais hipóteses em que a pessoa física, pessoa jurídica ou entidade sem personalidade jurídica exerça a opção facultativa pela condição de contribuinte sujeito ao regime regular, nos casos previstos nesta Lei Complementar.

Art. 42. A apuração relativa ao IBS e à CBS consolidará as operações realizadas por todos os estabelecimentos do contribuinte.

§ 1.º O pagamento do IBS e da CBS e o pedido de ressarcimento serão centralizados em um único estabelecimento.

§ 2.º A apuração consolidará todos os débitos e créditos do contribuinte no regime regular, inclusive aqueles decorrentes da apuração dos regimes diferenciados e específicos, salvo nas hipóteses previstas expressamente nesta Lei Complementar.

Art. 43. O período de apuração do IBS e da CBS será mensal.

Art. 44. O regulamento estabelecerá:

I – o prazo para conclusão da apuração; e

II – a data de vencimento dos tributos.

Art. 45. Para cada período de apuração, o contribuinte deverá apurar, separadamente, o saldo do IBS e da CBS, que corresponderá à diferença entre os valores:

I – dos débitos do IBS e da CBS decorrentes dos fatos geradores ocorridos no período de apuração;

II – dos créditos apropriados no mesmo período, incluindo os créditos presumidos, acrescido do saldo a recuperar de período ou períodos anteriores não utilizado para compensação ou ressarcimento.

§ 1.º O contribuinte poderá realizar ajustes positivos ou negativos no saldo apurado na forma do *caput* deste artigo, nos termos previstos no regulamento.

§ 2.º Inclui-se entre os ajustes de que trata o § 1.º deste artigo o estorno de crédito apropriado em período de apuração anterior, aplicados os acréscimos de que tratam os §§ 2.º a 4.º do art. 29 desta Lei Complementar desde a data em que tiver ocorrido a apropriação indevida do crédito.

§ 3.º Do saldo apurado na forma do *caput* e do § 1.º deste artigo, serão deduzidos os valores extintos pelas modalidades previstas nos incisos III a V do *caput* do art. 27, que resultará:

I – quando positivo, saldo a recolher que deverá ser pago pelo contribuinte; e

II – quando negativo, saldo a recuperar que poderá ser utilizado para ressarcimento ou compensação na forma prevista nesta Lei Complementar.

§ 4.º A apuração realizada nos termos deste artigo implica confissão de dívida pelo contribuinte e constitui o crédito tributário.

§ 5.º A confissão de dívida de que trata o § 4.º é instrumento hábil e suficiente para a exigência do valor do IBS e da CBS incidentes sobre as operações nela consignadas.

§ 6.º A apuração de que trata este artigo deverá ser realizada e entregue ao Comitê Gestor do IBS e à RFB no prazo para conclusão da apuração, de que trata o inciso I do *caput* do art. 44 desta Lei Complementar.

Art. 46. O Comitê Gestor do IBS e a RFB poderão, respectivamente, apresentar ao sujeito passivo apuração assistida do saldo do IBS e da CBS do período de apuração.

§ 1.º O saldo da apuração de que trata o *caput* deste artigo será calculado nos termos do *caput* do art. 45 desta Lei Complementar e terá por base:

I – documentos fiscais eletrônicos;

II – informações relativas à extinção dos débitos do IBS e da CBS por quaisquer das modalidades previstas no art. 27 desta Lei Complementar; e

III – outras informações prestadas pelo contribuinte ou a ele relativas.

§ 2.º Caso haja a apresentação da apuração assistida de que trata o *caput* deste artigo, a apuração pelo contribuinte de que trata o art. 45 desta Lei Complementar somente poderá ser realizada mediante ajustes na apuração assistida.

§ 3.º A apuração assistida realizada nos termos deste artigo, caso o contribuinte a confirme ou nela realize ajustes, implica confissão de dívida e constitui o crédito tributário.

§ 4.º Na ausência de manifestação do contribuinte sobre a apuração assistida no prazo para conclusão da apuração de que trata o inciso I do *caput* do art. 44 desta Lei Complementar, presume-se correto o saldo apurado e considera-se constituído o crédito tributário.

§ 5.º A confissão de dívida e a apuração assistida a que se referem, respectivamente, os §§ 3.º e 4.º deste artigo, são instrumentos hábeis e suficientes para a exigência dos valores do IBS e da CBS incidentes sobre as operações nelas consignadas.

§ 6.º O saldo resultante da apuração de que trata este artigo constituirá saldo a recolher ou saldo a recuperar, conforme o caso, aplicado o disposto no § 3.º do art. 45 desta Lei Complementar.

§ 7.º O disposto neste artigo não afasta a prerrogativa de lançamento de ofício de crédito tributário relativo a diferenças posteriormente verificadas pela administração tributária.

§ 8.º A apuração assistida de que trata o *caput* deste artigo deverá ser uniforme e sincronizada para o IBS e a CBS.

Seção XII
Da Não Cumulatividade

Art. 47. O contribuinte sujeito ao regime regular poderá apropriar créditos do IBS e da CBS quando ocorrer a extinção por qualquer das modalidades previstas no art. 27 dos débitos relativos às operações em que seja adquirente, excetuadas exclusivamente aquelas consideradas de uso ou consumo pessoal, nos termos do art. 57 desta Lei Complementar, e as demais hipóteses previstas nesta Lei Complementar.

§ 1.º A apropriação dos créditos de que trata o *caput* deste artigo:

I – será realizada de forma segregada para o IBS e para a CBS, vedadas, em qualquer hipótese, a compensação de créditos de IBS com valores devidos de CBS e a compensação de créditos de CBS com valores devidos de IBS; e

II – está condicionada à comprovação da operação por meio de documento fiscal eletrônico idôneo.

§ 2.º Os valores dos créditos do IBS e da CBS apropriados corresponderão:

I – aos valores dos débitos, respectivamente, do IBS e da CBS que tenham sido destacados no documento fiscal de aquisição e extintos por qualquer das modalidades previstas no art. 27; ou

II – aos valores de crédito presumido, nas hipóteses previstas nesta Lei Complementar.

§ 3.º O disposto neste artigo aplica-se, inclusive, nas aquisições de bem ou serviço fornecido por optante pelo Simples Nacional.

§ 4.º Nas operações em que o contribuinte seja adquirente de combustíveis tributados no regime específico de que trata o Capítulo I do Título V deste Livro, fica dispensada a comprovação de extinção dos débitos do IBS e da CBS para apropriação dos créditos.

§ 5.º Na hipótese de que trata o § 4.º, os créditos serão equivalentes aos valores do IBS e da CBS registrados em documento fiscal eletrônico idôneo.

§ 6.º O adquirente deverá estornar o crédito apropriado caso o bem adquirido venha a perecer, deteriorar-se ou ser objeto de roubo, furto ou extravio.

§ 7.º No caso de roubo ou furto de bem do ativo imobilizado, o estorno do crédito de que trata o § 6.º deste artigo será feito proporcionalmente ao prazo de vida útil e às taxas de depreciação definidos em regulamento.

§ 8.º Na devolução e no cancelamento de operações por adquirente não contribuinte no regime regular, o fornecedor sujeito ao regime regular poderá apropriar créditos com base nos valores dos débitos incidentes na operação devolvida ou cancelada.

§ 9.º Na hipótese de o pagamento do IBS e da CBS ser realizado por meio do Simples Nacional, quando não for exercida a opção pelo regime regular de que trata o § 3.º do art. 41 desta Lei Complementar:

I – não será permitida a apropriação de créditos do IBS e da CBS pelo optante pelo Simples Nacional; e

II – será permitida ao contribuinte sujeito ao regime regular do IBS e da CBS a apropriação de créditos do IBS e da CBS correspondentes aos valores desses tributos pagos na aquisição de bens e de serviços de optante pelo Simples Nacional, em montante equivalente ao devido por meio desse regime.

§ 10. A realização de operações sujeitas a alíquota reduzida não acarretará o estorno, parcial ou integral, dos créditos apropriados pelo contribuinte em suas aquisições, salvo quando expressamente previsto nesta Lei Complementar.

§ 11. O contribuinte do IBS e da CBS no regime regular poderá creditar-se dos valores dos débitos extintos relativos a fornecimentos de bens e serviços não pagos por adquirente que tenha a falência decretada, nos termos da Lei n. 11.101, de 9 de fevereiro de 2005, desde que:

I – a aquisição do bem ou serviço não tenha permitido a apropriação de créditos pelo adquirente;

II – a operação tenha sido registrada na contabilidade do contribuinte desde o período de apuração em que ocorreu o fato gerador do IBS e da CBS; e

III – o pagamento dos credores do adquirente falido tenha sido encerrado de forma definitiva.

Art. 48. Ficará dispensado o requisito de extinção dos débitos para fins de apropriação dos créditos de que trata o *caput* do art. 47 desta Lei Complementar, exclusivamente, se não houver sido implementada nenhuma das seguintes modalidades de extinção:

I – recolhimento na liquidação financeira da operação (*split payment*), nos termos dos arts. 31 e 32 desta Lei Complementar; ou

II – recolhimento pelo adquirente, nos termos do art. 36 desta Lei Complementar.

Parágrafo único. Na hipótese de que trata o *caput* deste artigo, a apropriação dos créditos ficará condicionada ao destaque dos valores corretos do IBS e da CBS no documento fiscal eletrônico relativo à aquisição.

Art. 49. As operações imunes, isentas ou sujeitas a alíquota zero, a diferimento ou a suspensão não permitirão a apropriação de créditos pelos adquirentes dos bens e serviços.

Parágrafo único. O disposto no *caput* deste artigo não impede a apropriação dos créditos presumidos previstos expressamente nesta Lei Complementar.

Art. 50. Nas hipóteses de suspensão, caso haja a exigência do crédito suspenso, a apropriação dos créditos será admitida somente no momento da extinção dos débitos por qualquer das modalidades previstas no art. 27 desta Lei Complementar, vedada a apropriação de créditos em relação aos acréscimos legais.

Art. 51. A imunidade e a isenção acarretarão a anulação dos créditos relativos às operações anteriores.

§ 1.º A anulação dos créditos de que trata o *caput* deste artigo será proporcional ao valor das operações imunes e isentas sobre o valor de todas as operações do fornecedor.

§ 2.º O disposto no *caput* e no § 1.º deste artigo não se aplica às:

I – exportações; e

II – operações de que tratam os incisos IV e VI do *caput* do art. 9.º desta Lei Complementar.

Art. 52. No caso de operações sujeitas a alíquota zero, serão mantidos os créditos relativos às operações anteriores.

Art. 53. Os créditos do IBS e da CBS apropriados em cada período de apuração poderão ser utilizados, na seguinte ordem, mediante:

I – compensação com o saldo a recolher do IBS e da CBS vencido, não extinto e não inscrito em dívida ativa relativo a períodos de apuração anteriores, inclusive os acréscimos legais; e

II – compensação com os débitos do IBS e da CBS decorrentes de fatos geradores do mesmo período de apuração, observada a ordem cronológica de que trata o inciso I do parágrafo único do art. 27 desta Lei Complementar; ou

III – compensação, respectivamente, com os débitos do IBS e da CBS decorrentes de fatos geradores de períodos de apuração subsequentes, observada a ordem cronológica de que trata o inciso I do parágrafo único do art. 27 desta Lei Complementar.

§ 1.º Alternativamente ao disposto no inciso III, o contribuinte poderá solicitar ressarcimento, nos termos da Seção X deste Capítulo.

§ 2.º Os créditos do IBS e da CBS serão apropriados e compensados ou ressarcidos pelo seu valor nominal, vedadas correção ou atualização monetária, sem prejuízo das hipóteses de acréscimos de juros relativos a ressarcimento expressamente previstas nesta Lei Complementar.

Art. 54. O direito de utilização dos créditos extinguir-se-á após o prazo de 5 (cinco) anos, contado do primeiro dia do período subsequente ao de apuração em que tiver ocorrido a apropriação do crédito.

Art. 55. É vedada a transferência, a qualquer título, para outra pessoa ou entidade sem personalidade jurídica, de créditos do IBS e da CBS.

Parágrafo único. Na hipótese de fusão, cisão ou incorporação, os créditos apropriados e ainda não utilizados poderão ser transferidos para a pessoa jurídica sucessora, ficando preservada a data original da apropriação dos créditos para efeitos da contagem do prazo de que trata o art. 54 desta Lei Complementar.

Art. 56. O disposto nesta Seção aplica-se a todas as hipóteses de apropriação e de utilização de créditos do IBS e da CBS previstas nesta Lei Complementar.

Seção XIII
Dos Bens e Serviços de Uso ou Consumo Pessoal

Art. 57. Consideram-se de uso ou consumo pessoal:

I – os seguintes bens e serviços:

a) joias, pedras e metais preciosos;

b) obras de arte e antiguidades de valor histórico ou arqueológico;

c) bebidas alcoólicas;

d) derivados do tabaco;

e) armas e munições;

f) bens e serviços recreativos, esportivos e estéticos;

II – os bens e serviços adquiridos ou produzidos pelo contribuinte e fornecidos de forma não onerosa ou a valor inferior ao de mercado para:

a) o próprio contribuinte, quando este for pessoa física;

b) as pessoas físicas que sejam sócios, acionistas, administradores e membros de conselhos de administração e fiscal e comitês de assessoramento do conselho de administração do contribuinte previstos em lei;

c) os empregados dos contribuintes de que tratam as alíneas *a* e *b* deste inciso; e

d) os cônjuges, companheiros ou parentes, consanguíneos ou afins, até o terceiro grau, das pessoas físicas referidas nas alíneas *a*, *b* e *c* deste inciso.

§ 1.º Para fins do inciso II, do *caput* deste artigo consideram-se bens e serviços de uso ou consumo pessoal, entre outros:
I – bem imóvel residencial e os demais bens e serviços relacionados à sua aquisição e manutenção; e
II – veículo e os demais bens e serviços relacionados à sua aquisição e manutenção, inclusive seguro e combustível.
§ 2.º No caso de sociedade que tenha como atividade principal a gestão de bens das pessoas físicas referidas no inciso II do *caput* deste artigo e dos ativos financeiros dessas pessoas físicas (*family office*), os bens e serviços relacionados à gestão serão considerados de uso e consumo pessoal.
§ 3.º Não se consideram bens e serviços de uso ou consumo pessoal aqueles utilizados preponderantemente na atividade econômica do contribuinte, de acordo com os seguintes critérios:
I – os bens previstos nas alíneas *a* a *d* do inciso I do *caput* deste artigo que sejam comercializados ou utilizados para a fabricação de bens a serem comercializados;
II – os bens previstos na alínea *e* do inciso I do *caput* deste artigo que cumpram o disposto no inciso I deste parágrafo ou sejam utilizados por empresas de segurança;
III – os bens previstos na alínea *f* do inciso I do *caput* deste artigo que cumpram o disposto no inciso I deste parágrafo ou sejam utilizados exclusivamente em estabelecimento físico pelos seus clientes;
IV – os bens e serviços previstos no inciso II do *caput* deste artigo que consistam em:
a) uniformes e fardamentos;
b) equipamentos de proteção individual;
c) alimentação e bebida não alcoólica disponibilizada no estabelecimento do contribuinte para seus empregados e administradores durante a jornada de trabalho;
d) serviços de saúde disponibilizados no estabelecimento do contribuinte para seus empregados e administradores durante a jornada de trabalho;
e) serviços de creche disponibilizados no estabelecimento do contribuinte para seus empregados e administradores durante a jornada de trabalho;
f) serviços de planos de assistência à saúde e de fornecimento de vale-transporte, de vale-refeição e vale-alimentação destinados a empregados e seus dependentes em decorrência de acordo ou convenção coletiva de trabalho, sendo os créditos na aquisição desses serviços equivalentes aos respectivos débitos do fornecedor apurados e extintos de acordo com o disposto nos regimes específicos de planos de assistência à saúde e de serviços financeiros;
g) benefícios educacionais a seus empregados e dependentes em decorrência de acordo ou convenção coletiva de trabalho, inclusive mediante concessão de bolsas de estudo ou de descontos na contraprestação, desde que esses benefícios sejam oferecidos a todos os empregados, autorizada a diferenciação em favor dos empregados de menor renda ou com maior núcleo familiar; e
V – outros bens e serviços que obedeçam a critérios estabelecidos no regulamento.
§ 4.º Os bens e serviços que não estejam relacionados ao desenvolvimento de atividade econômica por pessoa física caracterizada como contribuinte do regime regular serão considerados de uso ou consumo pessoal.
§ 5.º Em relação aos bens e serviços de uso ou consumo pessoal de que trata este artigo, fica vedada a apropriação de créditos.
§ 6.º Caso tenha havido a apropriação de créditos na aquisição de bens ou serviços de uso ou consumo pessoal, serão exigidos débitos em valores equivalentes aos dos créditos, com os acréscimos legais de que trata o § 2.º do art. 29, calculados desde a data da apropriação.
§ 7.º Na hipótese de fornecimento de bem do contribuinte para utilização temporária pelas pessoas físicas de que trata o inciso II do *caput* deste artigo, serão exigidos débitos em valores equivalentes aos dos créditos, calculados proporcionalmente ao tempo de vida útil do bem em relação ao tempo utilizado pelo contribuinte, com os acréscimos legais de que trata o § 2.º do art. 29, na forma do regulamento.
§ 8.º O regulamento disporá sobre a forma de identificação da pessoa física destinatária dos bens e serviços de que trata este artigo.

Capítulo III
DA OPERACIONALIZAÇÃO DO IBS E DA CBS

Seção I
Disposições Gerais

Art. 58. O Comitê Gestor do IBS e a RFB atuarão de forma conjunta para implementar soluções integradas para a administração do IBS e da CBS, sem prejuízo das respectivas competências legais.
§ 1.º O contribuinte acessará as informações da apuração e do pagamento do IBS e da CBS em plataforma eletrônica unificada, com gestão compartilhada entre o Comitê Gestor do IBS e a RFB.
§ 2.º A plataforma eletrônica unificada de que trata o § 1.º deste artigo disponibilizará canal de atendimento ao contribuinte para resolução de problemas operacionais relacionados à apuração e pagamento do IBS e da CBS.
§ 3.º Sem prejuízo do disposto nos §§ 1.º e 2.º deste artigo, o Comitê Gestor do IBS e a RFB poderão manter seus próprios sistemas para administração do IBS e da CBS.

Seção II
Do Cadastro com Identificação Única

Art. 59. As pessoas físicas e jurídicas e as entidades sem personalidade jurídica sujeitas ao IBS e à CBS são obrigadas a se registrar em cadastro com identificação única, observado o disposto nas alíneas *a* e *b* do inciso I do § 3.º do art. 11 desta Lei Complementar.
§ 1.º Para efeitos do disposto no *caput* deste artigo, consideram-se os seguintes cadastros administrados pela RFB:
I – de pessoas físicas, o Cadastro de Pessoas Físicas (CPF);
II – de pessoas jurídicas e entidades sem personalidade jurídica, o Cadastro Nacional da Pessoa Jurídica (CNPJ); e
III – de imóveis rurais e urbanos, o Cadastro Imobiliário Brasileiro (CIB).
§ 2.º As informações cadastrais terão integração, sincronização, cooperação e compartilhamento obrigatório e tempestivo em ambiente nacional de dados entre as administrações tributárias federal, estaduais, distrital e municipais.
§ 3.º O ambiente nacional de compartilhamento e integração das informações cadastrais terá gestão compartilhada por meio do Comitê para Gestão da Rede Nacional para Simplificação do Registro e da Legalização de Empresas e Negócios (CGSIM) de que trata o inciso III do *caput* do art. 2.º da Lei Complementar n. 123, de 14 de dezembro de 2006.
§ 4.º As administrações tributárias federal, estaduais, distrital e municipais poderão tratar dados complementares e atributos específicos para gestão fiscal do IBS e da CBS, observado o disposto no § 2.º deste artigo.
§ 5.º O Domicílio Tributário Eletrônico (DTE) previsto no art. 332 desta Lei Complementar será unificado e obrigatório para todas as entidades e demais pessoas jurídicas sujeitas à inscrição no CNPJ.

Seção III
Do Documento Fiscal Eletrônico

Art. 60. O sujeito passivo do IBS e da CBS, ao realizar operações com bens ou com serviços, inclusive exportações, e importações, deverá emitir documento fiscal eletrônico.
§ 1.º As informações prestadas pelo sujeito passivo nos termos deste artigo possuem caráter declaratório e constituem confissão do valor devido de IBS e de CBS consignados no documento fiscal.
§ 2.º A obrigação de emissão de documentos fiscais eletrônicos aplica-se inclusive:
I – a operações imunes, isentas ou contempladas com alíquota zero ou suspensão;
II – à transferência de bens entre estabelecimentos pertencentes ao mesmo contribuinte; e
III – a outras hipóteses previstas no regulamento.

§ 3.º Para fins de apuração do IBS e da CBS, o Comitê Gestor do IBS e as administrações tributárias responsáveis pela autorização ou recepção de documentos fiscais eletrônicos observarão a forma, o conteúdo e os prazos previstos em ato conjunto do Comitê Gestor do IBS e da RFB.

§ 4.º Os documentos fiscais eletrônicos relativos às operações com bens ou com serviços deverão ser compartilhados com todos os entes federativos no momento da autorização ou da recepção, com utilização de padrões técnicos uniformes.

§ 5.º O regulamento poderá exigir do sujeito passivo a apresentação de informações complementares necessárias à apuração do IBS e da CBS.

§ 6.º Considera-se documento fiscal idôneo o registro de informações que atenda às exigências estabelecidas no regulamento, observado o disposto nesta Lei Complementar.

Seção IV
Dos Programas de Incentivo à Cidadania Fiscal

Art. 61. O Comitê Gestor do IBS e a RFB poderão instituir programas de incentivo à cidadania fiscal por meio de estímulo à exigência, pelos consumidores, da emissão de documentos fiscais.

§ 1.º Os programas de que trata o *caput* deste artigo poderão ser financiados pelo montante equivalente a até 0,05% (cinco centésimos por cento) da arrecadação do IBS e da CBS.

§ 2.º O regulamento poderá prever hipóteses em que as informações apresentadas nos termos do inciso I do § 1.º do art. 32 desta Lei Complementar poderão ser utilizadas para identificar o adquirente que não seja contribuinte do IBS e da CBS nos respectivos documentos fiscais eletrônicos, garantida a opção do adquirente por outra forma de identificação.

Seção V
Disposições Transitórias

Art. 62. Ficam a União, os Estados, o Distrito Federal e os Municípios obrigados a:

I – adaptar os sistemas autorizadores e aplicativos de emissão simplificada de documentos fiscais eletrônicos vigentes para utilização de leiaute padronizado, que permita aos contribuintes informar os dados relativos ao IBS e à CBS, necessários à apuração desses tributos; e

II – compartilhar os documentos fiscais eletrônicos, após a recepção, validação e autorização, com o ambiente nacional de uso comum do Comitê Gestor do IBS e das administrações tributárias da União, dos Estados, do Distrito Federal e dos Municípios.

§ 1.º Para fins do disposto no *caput* deste artigo, os Municípios e o Distrito Federal ficam obrigados, a partir de 1.º de janeiro de 2026, a:

I – autorizar seus contribuintes a emitir a Nota Fiscal de Serviços Eletrônica de padrão nacional (NFS-e) no ambiente nacional ou, na hipótese de possuir emissor próprio, compartilhar os documentos fiscais eletrônicos gerados, conforme leiaute padronizado, para o ambiente de dados nacional da NFS-e; e

II – compartilhar o conteúdo de outras modalidades de declaração eletrônica, conforme leiaute padronizado definido no regulamento, para o ambiente de dados nacional da NFS-e.

§ 2.º O disposto no § 1.º deste artigo aplica-se até 31 de dezembro de 2032.

§ 3.º Os dados do ambiente centralizador nacional da NFS-e deverão ser imediatamente compartilhados em ambiente nacional nos termos do inciso II do § 1.º deste artigo.

§ 4.º O padrão e o leiaute a que se referem os incisos I e II do § 1.º deste artigo são aqueles definidos em convênio firmado entre a administração tributária da União, do Distrito Federal e dos Municípios que tiver instituído a NFS-e, desenvolvidos e geridos pelo Comitê Gestor da Nota Fiscal de Serviços Eletrônica de padrão nacional (CGNFS-e).

§ 5.º O ambiente de dados nacional da NFS-e é o repositório que assegura a integridade e a disponibilidade das informações constantes dos documentos fiscais compartilhados.

§ 6.º O Comitê Gestor do IBS e a RFB poderão definir soluções alternativas à plataforma NFS-e, respeitada a adoção do leiaute do padrão nacional da NFS-e para fins de compartilhamento em ambiente nacional.

§ 7.º O não atendimento ao disposto no *caput* deste artigo implicará a suspensão temporária das transferências voluntárias.

Capítulo IV
DO IBS E DA CBS SOBRE IMPORTAÇÕES

Seção I
Da Hipótese de Incidência

Art. 63. O IBS e a CBS incidem sobre a importação de bens ou de serviços do exterior realizada por pessoa física ou jurídica ou entidade sem personalidade jurídica, ainda que não inscrita ou obrigada a se inscrever no regime regular do IBS e da CBS, qualquer que seja a sua finalidade.

Parágrafo único. Salvo disposição específica prevista neste Capítulo, aplicam-se à importação de que trata o *caput* deste artigo as regras relativas às operações onerosas de que trata o Capítulo II deste Título.

Seção II
Da Importação de Bens Imateriais e Serviços

Art. 64. Para fins do disposto no art. 63 desta Lei Complementar, considera-se importação de serviço ou de bem imaterial, inclusive direitos, o fornecimento realizado por residente ou domiciliado no exterior cujo consumo ocorra no País, ainda que o fornecimento seja realizado no exterior.

§ 1.º Consideram-se consumo de bens imateriais e serviços a utilização, a exploração, o aproveitamento, a fruição ou o acesso.

§ 2.º Considera-se ainda importação de serviço a prestação por residente ou domiciliado no exterior:

I – executada no País;

II – relacionada a bem imóvel ou bem móvel localizado no País; ou

III – relacionada a bem móvel que seja remetido para o exterior para execução do serviço e retorne ao País após a sua conclusão.

§ 3.º Na hipótese de haver consumo de serviços ou de bens imateriais, inclusive direitos, concomitantemente no território nacional e no exterior, apenas a parcela cujo consumo ocorrer no País será considerada importação.

§ 4.º Os bens imateriais, inclusive direitos, e serviços cujo valor esteja incluído no valor aduaneiro de bens materiais importados nos termos do art. 69 desta Lei Complementar sujeitam-se à incidência do IBS e da CBS na forma da Seção III deste Capítulo.

§ 5.º Na importação de bens imateriais ou de serviços a que se refere o *caput* deste artigo:

I – considera-se ocorrido o fato gerador do IBS e da CBS:

a) no momento definido conforme o disposto no art. 10 desta Lei Complementar;

b) no local definido conforme o disposto no art. 11 desta Lei Complementar;

II – a base de cálculo é o valor da operação nos termos do art. 12 desta Lei Complementar;

III – as alíquotas do IBS e da CBS incidentes sobre cada importação de bem imaterial ou de serviço são as mesmas incidentes no fornecimento do mesmo bem imaterial ou serviço no País, observadas as disposições próprias relativas à fixação das alíquotas nas importações de bens imateriais ou de serviços sujeitos aos regimes específicos de tributação;

IV – para fins da determinação das alíquotas estadual, distrital e municipal do IBS, o local da importação é o destino da operação definido nos termos do art. 11 desta Lei Complementar;

V – o adquirente é contribuinte do IBS e da CBS nas aquisições de bens imateriais, inclusive direitos, e serviços de fornecedor residente ou domiciliado no exterior;

VI – caso o adquirente seja residente ou domiciliado no exterior, o destinatário é contribuinte do IBS e da CBS nas aquisições de bens imateriais, inclusive direitos, e serviços de fornecedor residente ou domiciliado no exterior;

VII – o adquirente sujeito ao regime regular do IBS e da CBS pode apropriar e utilizar crédito conforme o disposto nos arts. 47 a 56 desta Lei Complementar;

VIII – o fornecedor residente ou domiciliado no exterior é responsável solidário pelo pagamento do IBS e da CBS com o contribuinte, observando-se o disposto nos arts. 21 e 23 desta Lei Complementar;

IX – as plataformas digitais, ainda que residentes e domiciliadas no exterior, serão responsáveis pelo pagamento do IBS e da CBS nas importações realizadas por seu intermédio, observando-se o disposto nos arts. 22 e 23 desta Lei Complementar.

§ 6.º Aplicam-se também as regras específicas previstas no Título V deste Livro às importações de bens e serviços objeto de regimes específicos.

§ 7.º Não será considerado como importação de serviço ou de bem imaterial, inclusive direitos, o consumo eventual por pessoa física não residente que permaneça temporariamente no País, nos termos do regulamento.

Seção III
Da Importação de Bens Materiais

Subseção I
Do Fato Gerador

Art. 65. Para fins do disposto no art. 63 desta Lei Complementar, o fato gerador da importação de bens materiais é a entrada de bens de procedência estrangeira no território nacional.

Parágrafo único. Para efeitos do disposto no *caput* deste artigo, presumem-se entrados no território nacional os bens que constem como tendo sido importados e cujo extravio venha a ser apurado pela autoridade aduaneira, exceto quanto às malas e às remessas postais internacionais.

Art. 66. Não constituem fatos geradores do IBS e da CBS sobre a importação os bens materiais:

I – que retornem ao País nas seguintes hipóteses:

a) enviados em consignação e não vendidos no prazo autorizado;

b) devolvidos por motivo de defeito técnico, para reparo ou para substituição;

c) por motivo de modificações na sistemática de importação por parte do país importador;

d) por motivo de guerra ou de calamidade pública; ou

e) por outros fatores alheios à vontade do exportador;

II – que, corretamente descritos nos documentos de transporte, cheguem ao País por erro inequívoco ou comprovado de expedição e que sejam redestinados ou devolvidos para o exterior;

III – que sejam idênticos, em igual quantidade e valor, e que se destinem à reposição de outros anteriormente importados que se tenham revelado, após sua liberação pela autoridade aduaneira, defeituosos ou imprestáveis para o fim a que se destinavam, nos termos do regulamento;

IV – que tenham sido objeto de pena de perdimento antes de sua liberação pela autoridade aduaneira;

V – que tenham sido devolvidos para o exterior antes do registro da declaração de importação;

VI – que sejam considerados como pescado capturado fora das águas territoriais do País por empresa localizada no seu território, desde que satisfeitas as exigências que regulam a atividade pesqueira;

VII – aos quais tenha sido aplicado o regime de exportação temporária;

VIII – que estejam em trânsito aduaneiro de passagem, acidentalmente destruídos; e

IX – que tenham sido destruídos sob controle aduaneiro, sem ônus para o poder público, antes de sua liberação pela autoridade aduaneira.

Subseção II
Do Momento da Apuração

Art. 67. Para efeitos de cálculo do IBS e da CBS, considera-se ocorrido o fato gerador do IBS e da CBS na importação de bens materiais:

I – na liberação dos bens submetidos a despacho para consumo;

II – na liberação dos bens submetidos ao regime aduaneiro especial de admissão temporária para utilização econômica;

III – no lançamento do correspondente crédito tributário, quando se tratar de:

a) bens compreendidos no conceito de bagagem, acompanhada ou desacompanhada;

b) bens constantes de manifesto ou de outras declarações de efeito equivalente, cujo extravio tenha sido verificado pela autoridade aduaneira; ou

c) bens importados que não tenham sido objeto de declaração de importação.

§ 1.º Para efeitos do inciso I do *caput* deste artigo, entende-se por despacho para consumo na importação o despacho aduaneiro a que são submetidos os bens importados a título definitivo.

§ 2.º O disposto no inciso I do *caput* deste artigo aplica-se, inclusive, no caso de despacho para consumo de bens sob regime suspensivo de tributação e de bens contidos em remessa internacional ou conduzidos por viajante, sujeitos ao regime de tributação comum.

Subseção III
Do Local da Importação de Bens Materiais

Art. 68. Para efeitos do IBS e da CBS incidentes sobre as importações de bens materiais, o local da importação de bens materiais corresponde ao:

I – local da entrega dos bens ao destinatário final, nos termos do art. 11 desta Lei Complementar, inclusive na remessa internacional;

II – domicílio principal do adquirente de mercadoria entrepostada; ou

III – local onde ficou caracterizado o extravio.

Subseção IV
Da Base de Cálculo

Art. 69. A base de cálculo do IBS e da CBS na importação de bens materiais é o valor aduaneiro acrescido de:

I – Imposto sobre a Importação;

II – Imposto Seletivo (IS);

III – taxa de utilização do Sistema Integrado do Comércio Exterior (Siscomex);

IV – Adicional ao Frete para a Renovação da Marinha Mercante (AFRMM);

V – Contribuição de Intervenção no Domínio Econômico incidente sobre a importação e a comercialização de petróleo e seus derivados, gás natural e seus derivados, e álcool etílico combustível (Cide-Combustíveis);

VI – direitos *antidumping*;

VII – direitos compensatórios;

VIII – medidas de salvaguarda; e

IX – quaisquer outros impostos, taxas, contribuições ou direitos incidentes sobre os bens importados até a sua liberação.

§ 1.º A base de cálculo do IBS e da CBS na hipótese de que trata o § 2.º do art. 71 desta Lei Complementar será o valor que serviria ou que serviria ou que serviria de base para o cálculo do Imposto de Importação acrescido dos valores de que tratam o *caput*, ressalvado o disposto no § 2.º deste artigo.

§ 2.º Não compõem a base de cálculo do IBS e da CBS:

I – O Imposto sobre Produtos Industrializados (IPI), previsto no inciso IV do *caput* do art. 153 da Constituição Federal;

II – o Imposto sobre operações relativas à Circulação de Mercadorias e sobre prestações de Serviços de Transporte Interestadual e Intermunicipal e de Comunicação (ICMS), previsto no inciso II do *caput* do art. 155 da Constituição Federal; e

III – o Imposto sobre Serviços de Qualquer Natureza (ISS), previsto no inciso III do *caput* do art. 156 da Constituição Federal.

Art. 70. Para efeitos de apuração da base de cálculo, os valores expressos em moeda estrangeira deverão ser convertidos em moeda nacional pela taxa de câmbio utilizada para cálculo do Imposto sobre a Importação, sem qualquer ajuste posterior decorrente de eventual variação cambial.

Parágrafo único. Na hipótese de não ser devido o Imposto sobre a Importação, deverá ser utilizada a taxa de câmbio que seria empregada caso houvesse tributação.

Subseção V
Da Alíquota

Art. 71. As alíquotas do IBS e da CBS incidentes sobre cada importação de bem material são as mesmas incidentes sobre a aquisição do respectivo bem no País, observadas as disposições próprias relativas à fixação das alíquotas nas importações de bens sujeitos aos regimes específicos de tributação.

§ 1.º Para fins da determinação das alíquotas estadual, distrital e municipal do IBS, o destino da operação é o local da importação, definido nos termos do art. 68 desta Lei Complementar.

§ 2.º Na impossibilidade de identificação do bem material importado, em razão de seu extravio ou consumo, e de descrição genérica nos documentos comerciais e de transporte disponíveis, serão aplicadas, para fins de determinação do IBS e da CBS incidentes na importação, as alíquotas-padrão do destino da operação.

Subseção VI
Da Sujeição Passiva

Art. 72. É contribuinte do IBS e da CBS na importação de bens materiais:

I – o importador, assim considerado qualquer pessoa ou entidade sem personalidade jurídica que promova a entrada de bens materiais de procedência estrangeira no território nacional; e

II – o adquirente de mercadoria entrepostada.

Parágrafo único. Na importação por conta e ordem de terceiro, quem promove a entrada de bens materiais de procedência estrangeira no território nacional é o adquirente dos bens no exterior.

Art. 73. É responsável pelo IBS e pela CBS na importação de bens materiais, em substituição ao contribuinte:

I – o transportador, em relação aos bens procedentes do exterior, ou sob controle aduaneiro, que transportar, quando constatado o extravio até a conclusão da descarga dos bens no local ou recinto alfandegado;

II – o depositário, em relação aos bens procedentes do exterior que se encontrarem sob controle aduaneiro e sob sua custódia, quando constatado o extravio após a conclusão da descarga no local ou recinto alfandegado;

III – o beneficiário de regime aduaneiro especial que não tiver promovido a entrada dos bens estrangeiros no território nacional; e

IV – o beneficiário que der causa ao descumprimento de aplicação de regime aduaneiro suspensivo destinado à industrialização para exportação, no caso de admissão de mercadoria no regime por outro beneficiário, mediante sua anuência, com vistas à execução de etapa da cadeia industrial do produto a ser exportado.

Art. 74. É responsável solidário pelo IBS e pela CBS na importação de bens materiais:

I – a pessoa que registra, em seu nome, a declaração de importação de bens de procedência estrangeira adquiridos no exterior por outra pessoa;

II – o encomendante predeterminado que adquire bens de procedência estrangeira de pessoa jurídica importadora;

III – o representante, no País, do transportador estrangeiro;

IV – o expedidor, o operador de transporte multimodal ou qualquer subcontratado para a realização do transporte multimodal; e

V – o tomador de serviço ou o contratante de afretamento de embarcação ou aeronave, em contrato internacional, em relação aos bens admitidos em regime aduaneiro especial por terceiro.

Art. 75. Os sujeitos passivos a que se referem os arts. 72 a 74 desta Lei Complementar devem se inscrever para cumprimento das obrigações relativas ao IBS e à CBS sobre importações, nos termos do regulamento.

Subseção VII
Do Pagamento

Art. 76. O IBS e a CBS devidos na importação de bens materiais deverão ser pagos até a entrega dos bens submetidos a despacho para consumo, ainda que esta ocorra antes da liberação dos bens pela autoridade aduaneira.

§ 1.º O sujeito passivo poderá optar por antecipar o pagamento do IBS e da CBS para o momento do registro da declaração de importação.

§ 2.º Eventual diferença de tributos gerada pela antecipação do pagamento será cobrada do sujeito passivo na data de ocorrência do fato gerador para efeitos de cálculo do IBS e da CBS, sem a incidência de acréscimos moratórios.

§ 3.º O regulamento poderá estabelecer hipóteses em que o pagamento do IBS e da CBS possa ocorrer em momento posterior ao definido no *caput* deste artigo, para os sujeitos passivos certificados no Programa Brasileiro de Operador Econômico Autorizado (Programa OEA) estabelecido na forma da legislação específica.

§ 4.º O pagamento do IBS e da CBS é condição para a entrega dos bens, observado o disposto no § 3.º deste artigo.

§ 5.º O IBS e a CBS devidos na importação serão extintos exclusivamente mediante recolhimento pelo sujeito passivo.

Art. 77. As diferenças percentuais de bens a granel que, por sua natureza ou condições de manuseio, estejam sujeitos à quebra, a decréscimo ou a acréscimo, apuradas pela autoridade aduaneira, não serão consideradas para efeito de exigência do IBS e da CBS, até o limite percentual a ser definido no regulamento, o qual poderá ser diferenciado por tipo de bem.

Subseção VIII
Da Não Cumulatividade

Art. 78. Quando estiverem sujeitos ao regime regular do IBS e da CBS, os contribuintes de que trata o art. 72 e os adquirentes de bens tributados pelo regime de remessa internacional de que trata o art. 95 poderão apropriar e utilizar créditos correspondentes aos valores do IBS e da CBS efetivamente pagos na importação de bens materiais, observado o disposto nos arts. 47 a 56 desta Lei Complementar.

Capítulo V
DO IBS E DA CBS SOBRE EXPORTAÇÕES

Seção I
Disposições Gerais

Art. 79. São imunes ao IBS e à CBS as exportações de bens e de serviços para o exterior, nos termos do art. 8.º desta Lei Complementar, asseguradas ao exportador a apropriação e a utilização dos créditos relativos às operações nas quais seja adquirente de bem ou de serviço, observadas as vedações ao creditamento previstas nos arts. 49 e 51, as demais disposições dos arts. 47 e 52 a 57 desta Lei Complementar e o disposto neste Capítulo.

Seção II
Das Exportações de Bens Imateriais e de Serviços

Art. 80. Para fins do disposto no art. 79 desta Lei Complementar, considera-se exportação de serviço ou de bem imaterial, inclusive direitos, o fornecimento para residente ou domiciliado no exterior e consumo no exterior.

§ 1.º Considera-se ainda exportação:

I – a prestação de serviço para residente ou domiciliado no exterior relacionada a:

a) bem imóvel localizado no exterior;

b) bem móvel que ingresse no País para a prestação do serviço e retorne ao exterior após a sua conclusão, observado o prazo estabelecido no regulamento; e

II – a prestação dos seguintes serviços, desde que vinculados direta e exclusivamente à exportação de bens materiais ou associados à entrega no exterior de bens materiais:

a) intermediação na distribuição de mercadorias no exterior (comissão de agente);

b) seguro de cargas;

c) despacho aduaneiro;

d) armazenagem de mercadorias;

e) transporte rodoviário, ferroviário, aéreo, aquaviário ou multimodal de cargas;

f) manuseio de cargas;

g) manuseio de contêineres;

h) unitização ou desunitização de cargas;

i) consolidação ou desconsolidação documental de cargas;

j) agenciamento de transporte de cargas;

k) remessas expressas;

l) pesagem e medição de cargas;

m) refrigeração de cargas;

n) arrendamento mercantil operacional ou locação de contêineres;

o) instalação e montagem de mercadorias exportadas; e

p) treinamento para uso de mercadorias exportadas.

§ 2.º Caso não seja possível ao fornecedor nacional identificar o local do consumo pelas condições e características do fornecimento, presumir-se-á local do consumo o local do domicílio do adquirente no exterior.

§ 3.º Caso o consumo de que trata o § 2.º ocorra no País, será considerada importação de serviço ou bem imaterial, inclusive direito, observado o disposto no art. 64 desta Lei Complementar.

§ 4.º A pessoa que não promover a exportação dos bens materiais de que trata o inciso II do § 1.º fica obrigada a recolher o IBS e a CBS, acrescidos de juros e multa de mora, na forma do § 2.º do art. 29 desta Lei Complementar, contados a partir da data da ocorrência da operação, na condição de responsável.

§ 5.º Na hipótese de haver fornecimento de serviços ou de bens imateriais, inclusive direitos, concomitantemente no território nacional e no exterior, apenas a parcela cuja execução ou consumo ocorrer no exterior será considerada exportação.

§ 6.º Aplica-se o disposto no § 1.º do art. 64 desta Lei Complementar para fins da definição de consumo no exterior de serviços ou de bens imateriais, inclusive direitos.

§ 7.º Aplicam-se também as regras específicas previstas no Título V deste Livro às exportações de bens e serviços objeto de regimes específicos.

Seção III
Das Exportações de Bens Materiais

Art. 81. A imunidade do IBS e da CBS sobre a exportação de bens materiais a que se refere o art. 79 desta Lei Complementar aplica-se às exportações sem saída do território nacional, na forma disciplinada no regulamento, quando os bens exportados forem:

I – totalmente incorporados a bem que se encontre temporariamente no País, de propriedade do comprador estrangeiro, inclusive em regime de admissão temporária sob a responsabilidade de terceiro;

II – entregues a órgão da administração direta, autárquica ou fundacional da União, dos Estados, do Distrito Federal ou dos Municípios, em cumprimento de contrato decorrente de licitação internacional;

III – entregues no País a órgão do Ministério da Defesa, para ser incorporados a produto de interesse da defesa nacional em construção ou fabricação no território nacional, em decorrência de acordo internacional;

IV – entregues a empresa nacional autorizada a operar o regime de loja franca;

V – vendidos para empresa sediada no exterior, quando se tratar de aeronave industrializada no País e entregue a fornecedor de serviços de transporte aéreo regular sediado no território nacional;

VI – entregues no País para ser incorporados a embarcação ou plataforma em construção ou conversão contratada por empresa sediada no exterior ou a seus módulos, com posterior destinação às atividades de exploração, de desenvolvimento e de produção de petróleo, de gás natural e de outros hidrocarbonetos fluidos previstas na legislação específica; e

VII – destinados exclusivamente às atividades de exploração, de desenvolvimento e de produção de petróleo, de gás natural e de outros hidrocarbonetos fluidos previstas na legislação específica, quando vendidos a empresa sediada no exterior e conforme definido em legislação específica, ainda que se faça por terceiro sediado no País.

Art. 82. Poderá ser suspenso o pagamento do IBS e da CBS no fornecimento de bens materiais com o fim específico de exportação a empresa comercial exportadora que atenda cumulativamente aos seguintes requisitos:

I – seja certificada no Programa OEA;

II – possua patrimônio líquido igual ou superior ao maior entre os seguintes valores:

a) R$ 1.000.000,00 (um milhão de reais); e
b) uma vez o valor total dos tributos suspensos;

III – faça a opção pelo DTE, na forma da legislação específica;

IV – mantenha escrituração contábil e a apresente em meio digital; e

V – esteja em situação de regularidade fiscal perante as administrações tributárias federal, estadual ou municipal de seu domicílio.

§ 1.º Para fins do disposto no *caput* deste artigo, a empresa comercial exportadora deverá ser habilitada em ato conjunto do Comitê Gestor do IBS e da RFB.

§ 2.º Para fins da suspensão do pagamento do IBS, a certificação a que se refere o inciso I do *caput* deste artigo será condicionada à anuência das administrações tributárias estadual e municipal de domicílio da empresa.

§ 3.º Consideram-se adquiridos com o fim específico de exportação os bens remetidos para embarque de exportação ou para recintos alfandegados, por conta e ordem da empresa comercial exportadora, sem que haja qualquer outra operação comercial ou industrial nesse interstício.

§ 4.º A suspensão do pagamento do IBS e da CBS prevista no *caput* converte-se em alíquota zero após a efetiva exportação dos bens, desde que observado o prazo previsto no inciso I do § 5.º deste artigo.

§ 5.º A empresa comercial exportadora fica responsável pelo pagamento do IBS e da CBS que tiverem sido suspensos no fornecimento de bens para a empresa comercial exportadora, nas seguintes hipóteses:

I – transcorridos 180 (cento e oitenta) dias da data da emissão da nota fiscal pelo fornecedor, não houver sido efetivada a exportação;

II – forem os bens redestinados para o mercado interno;

III – forem os bens submetidos a processo de industrialização; ou

IV – ocorrer a destruição, o extravio, o furto ou o roubo antes da efetiva exportação dos bens.

§ 6.º Para efeitos do disposto no § 5.º deste artigo, consideram-se devidos o IBS e a CBS no momento de ocorrência do fato gerador, conforme definido no art. 10 desta Lei Complementar.

§ 7.º Nas hipóteses do § 5.º deste artigo, os valores que forem pagos espontaneamente ficarão sujeitos à incidência de multa e juros de mora, na forma do § 2.º do art. 29 desta Lei Complementar.

§ 8.º O valor fixado no inciso II do *caput* deste artigo será atualizado pelo Índice Nacional de Preços ao Consumidor Amplo (IPCA), em periodicidade não inferior a 12 (doze) meses, mediante ato conjunto do Comitê Gestor do IBS e da RFB, que fixará os termos inicial e final da atualização.

§ 9.º O regulamento estabelecerá:

I – os requisitos específicos para o procedimento de habilitação a que se refere o § 1.º deste artigo;

II – a periodicidade para apresentação da escrituração contábil a que se refere o inciso IV do *caput* deste artigo;

III – hipóteses em que os bens possam ser remetidos para locais diferentes daqueles previstos no § 3.º deste artigo, sem que reste descaracterizado o fim específico de exportação; e

IV – requisitos e condições para a realização de operações de transbordo, baldeação, descarregamento ou armazenamento no curso da remessa a que se refere o § 3.º deste artigo.

§ 10. O regulamento poderá estabelecer prazo estendido para aplicação do disposto no inciso I do § 5.º deste artigo, em razão do tipo de bem.

§ 11. Também fica suspenso o pagamento do IBS e da CBS no fornecimento de produtos agropecuários *in natura* para contribuinte do regime regular que promova industrialização destinada a exportação para o exterior:

I – cuja receita bruta decorrente de exportação para o exterior, nos 3 (três) anos-calendário imediatamente anteriores ao da aquisição, tenha sido superior a 50% (cinquenta por cento) de sua receita bruta total de venda de bens e serviços no mesmo período, após excluídos os tributos incidentes sobre a venda; e

II – que cumpra o disposto nos incisos II a V do *caput* deste artigo.

§ 12. O adquirente a que se refere o § 11 fica responsável pelo pagamento do IBS e CBS suspensos, com os acréscimos previstos no § 2.º do art. 29 desta Lei Complementar, caso, no prazo de 180 (cento e oitenta) dias contados da data da emissão da nota fiscal pelo fornecedor:

I – o produto agropecuário *in natura* adquirido com suspensão não seja utilizado para industrialização; ou

II – o produto industrializado resultante dos produtos agropecuários *in natura* adquiridos com suspensão:

a) não seja exportado para o exterior; ou
b) não seja comercializado no mercado doméstico, com a respectiva tributação.

§ 13. O regulamento poderá estabelecer:

I – critérios para enquadramento no disposto neste artigo para o contribuinte em início de atividade ou que tenha iniciado as suas atividades há menos de 3 (três) anos; e

II – hipóteses em que o prazo de que trata o § 12 deste artigo poderá ser estendido.

Art. 83. A habilitação a que se refere o § 1.º do art. 82 desta Lei Complementar poderá ser cancelada nas seguintes hipóteses:

I – descumprimento dos requisitos estabelecidos nos incisos I a V do *caput* do art. 82 desta Lei Complementar; ou

II – pendência no pagamento a que se refere o § 5.º do art. 82 desta Lei Complementar.

§ 1.º O cancelamento da habilitação será realizado pela autoridade fiscal da RFB ou da administração tributária estadual, distrital ou municipal de domicílio da empresa comercial exportadora.

§ 2.º Nas hipóteses previstas no *caput* deste artigo, será aberto processo de cancelamento da habilitação, instruído com termo de constatação, e a empresa comercial exportadora será intimada a se regularizar ou a apresentar impugnação no prazo de 30 (trinta) dias úteis, contado da data da ciência da intimação.

§ 3.º A intimação a que se refere o § 2.º deste artigo será efetuada preferencialmente por meio eletrônico, mediante envio ao domicílio tributário eletrônico da empresa comercial exportadora.

§ 4.º Caso a empresa comercial exportadora se regularize por meio do cumprimento de todos os requisitos e condições estabelecidos no *caput* do art. 82, e desde que não haja pendência de pagamento relativo às hipóteses referidas no § 5.º do art. 82 desta Lei Complementar, o processo de cancelamento de que trata o § 2.º deste artigo será extinto.

§ 5.º Fica caracterizada a revelia, e será dado prosseguimento ao processo de cancelamento, caso a empresa comercial exportadora não se regularize na forma do § 4.º nem apresente a impugnação referida no § 2.º deste artigo.

§ 6.º Apresentada a impugnação referida no § 2.º deste artigo, a autoridade preparadora terá o prazo de 15 (quinze) dias para remessa do processo a julgamento.

§ 7.º Caberá recurso da decisão que cancelar a habilitação, a ser apresentado no prazo de 20 (vinte) dias úteis, contado da data da ciência da decisão, ao Comitê Gestor do IBS ou à RFB, de acordo com a autoridade fiscal que houver realizado o cancelamento da habilitação nos termos do § 1.º deste artigo.

§ 8.º O regulamento poderá prever atos procedimentais complementares ao disposto neste artigo.

Título II
DOS REGIMES ADUANEIROS ESPECIAIS E DOS REGIMES DE BAGAGEM, DE REMESSAS INTERNACIONAIS E DE FORNECIMENTO DE COMBUSTÍVEL PARA AERONAVES EM TRÁFEGO INTERNACIONAL

Capítulo I
DOS REGIMES ADUANEIROS ESPECIAIS

Seção I
Do Regime de Trânsito

Art. 84. Fica suspenso o pagamento do IBS e da CBS incidentes na importação enquanto os bens materiais estiverem submetidos ao regime aduaneiro especial de trânsito aduaneiro, em qualquer de suas modalidades, observada a disciplina estabelecida na legislação aduaneira.

Seção II
Dos Regimes de Depósito

Art. 85. Fica suspenso o pagamento do IBS e da CBS incidentes na importação enquanto os bens materiais estiverem submetidos a regime aduaneiro especial de depósito, observada a disciplina estabelecida na legislação aduaneira.

Parágrafo único. O regulamento discriminará as espécies de regimes aduaneiros especiais de depósito.

Art. 86. O disposto no *caput* do art. 85 desta Lei Complementar não se aplica aos bens admitidos no regime aduaneiro especial de depósito alfandegado certificado.

Parágrafo único. Consideram-se exportados os bens admitidos no regime aduaneiro especial de depósito alfandegado certificado, nos termos do regulamento.

Art. 87. Fica suspenso o pagamento do IBS e da CBS incidentes na importação e na aquisição no mercado interno de bens materiais submetidos a regime aduaneiro especial de lojas franca, observada a disciplina estabelecida na legislação aduaneira.

Parágrafo único. Aplica-se o regime previsto no *caput* ao fornecimento de bens materiais destinados ao uso ou consumo de bordo, em aeronaves exclusivamente em tráfego internacional com destino ao exterior e entregues em zona primária alfandegada ou área de porto organizado alfandegado.

Seção III
Dos Regimes de Permanência Temporária

Art. 88. Fica suspenso o pagamento do IBS e da CBS incidentes na importação enquanto os bens materiais estiverem submetidos a regime aduaneiro especial de permanência temporária no País ou de saída temporária do País, observada a disciplina estabelecida na legislação aduaneira.

Parágrafo único. O regulamento discriminará as espécies de regimes aduaneiros especiais de permanência temporária.

Art. 89. No caso de bens admitidos temporariamente no País para utilização econômica, a suspensão do pagamento do IBS e da CBS será parcial, devendo ser pagos o IBS e a CBS proporcionalmente ao tempo de permanência dos bens no País.

§ 1.º A proporcionalidade a que se refere o *caput* deste artigo será obtida pela aplicação do percentual de 0,033% (trinta e três milésimos por cento), relativamente a cada dia compreendido no prazo de concessão do regime, sobre o montante do IBS e da CBS originariamente devidos.

§ 2.º Na hipótese de pagamento após a data em que seriam devidos, conforme disposto no inciso II do *caput* do art. 67 desta Lei Complementar, o IBS e a CBS serão corrigidos pela taxa Selic, calculados a partir da referida data, sem prejuízo dos demais acréscimos previstos na legislação.

§ 3.º O disposto no *caput* deste artigo não se aplica:

I – até 31 de dezembro de 2040:

a) aos bens destinados às atividades de exploração, de desenvolvimento e de produção de petróleo e de gás natural, cuja permanência no País seja de natureza temporária, constantes de relação especificada no regulamento; e

b) aos bens destinados às atividades de transporte, de movimentação, de transferência, de armazenamento ou de regaseificação de gás natural liquefeito, constantes de relação especificada no regulamento; e

II – até a data estabelecida pelo art. 92-A do Ato das Disposições Constitucionais Transitórias, aos bens importados temporariamente e para utilização econômica por empresas que se enquadram nas disposições do Decreto-lei n. 288, de 28 de fevereiro de 1967, durante o período de sua permanência na Zona Franca de Manaus, os quais serão submetidos ao regime de admissão temporária com suspensão total do pagamento dos tributos.

§ 4.º Na hipótese de a importação temporária de aeronaves ser realizada por contribuinte do regime regular do IBS e da CBS mediante contrato de arrendamento mercantil:

I – será dispensado o pagamento do IBS e da CBS na importação da aeronave; e

II – haverá a incidência do IBS e da CBS no pagamento das contraprestações pelo arrendamento mercantil de acordo com o disposto no regime específico de serviços financeiros para importações.

Seção IV
Dos Regimes de Aperfeiçoamento

Art. 90. Fica suspenso o pagamento do IBS e da CBS incidentes na importação enquanto os bens materiais estiverem submetidos a regime aduaneiro especial de aperfeiçoamento, observada a disciplina estabelecida na legislação aduaneira.

§ 1.º O regulamento discriminará as espécies de regimes aduaneiros especiais de aperfeiçoamento.

§ 2.º A suspensão de que trata o *caput* deste artigo poderá alcançar bens materiais importados e aqueles adquiridos no mercado interno.

§ 3.º O regulamento estabelecerá os requisitos e as condições para a admissão de bens materiais e serviços no regime aduaneiro especial de *drawback*, na modalidade de suspensão.

§ 4.º Ficam sujeitos ao pagamento do IBS e da CBS os bens materiais submetidos ao regime aduaneiro especial de *drawback*, modalidade de suspensão, que, no todo ou em parte:

I – deixarem de ser empregados ou consumidos no processo produtivo de bens finais exportados, conforme estabelecido no ato concessório; ou

II – sejam empregados em desacordo com o ato concessório, caso destinados para o mercado interno, no estado em que foram importados ou adquiridos ou, ainda, incorporados aos referidos bens finais.

§ 5.º Na hipótese prevista no § 4.º, caso a destinação para o mercado interno seja realizada após 30 (trinta) dias do prazo fixado para exportação os valores dos tributos devidos serão acrescidos de multa e juros de mora nos termos do § 2.º do art. 29 desta Lei Complementarão.

§ 6.º Para fins do disposto nesta Seção, o Regime Aduaneiro Especial de Entreposto Industrial sob Controle Informatizado (Recof) é considerado regime aduaneiro especial de aperfeiçoamento.

Art. 91. Não se aplicam ao IBS e à CBS as modalidades de isenção e de restituição do regime aduaneiro especial de *drawback*.

Art. 92. No caso de os bens nacionais ou nacionalizados saírem, temporariamente, do País para operação de transformação, elaboração, beneficiamento ou montagem ou, ainda, para processo de conserto, reparo ou restauração, o IBS e a CBS devidos no retorno dos bens ao País serão calculados:

I – sobre a diferença entre o valor do IBS e da CBS incidentes sobre o produto da operação de transformação, elaboração, beneficiamento ou montagem e o valor do IBS e da CBS que incidiriam, na mesma data, sobre os bens objeto da saída, se estes estivessem sendo importados do mesmo país em que se deu a operação de exportação temporária; ou

II – sobre o valor dos bens e serviços empregados no processo de conserto, reparo ou restauração.

Parágrafo único. O regulamento poderá estabelecer outras operações de industrialização a que se aplicará o disposto no *caput* deste artigo.

Seção V
Do Regime Aduaneiro Especial Aplicável ao Setor de Petróleo e Gás (Repetro)

Art. 93. Observada a disciplina estabelecida na legislação aduaneira, fica suspenso o pagamento do IBS e da CBS nas seguintes operações:

I – importação de bens destinados às atividades de exploração, de desenvolvimento e de produção de petróleo, de gás natural e de outros hidrocarbonetos fluidos previstas na legislação específica, cuja permanência no País seja de natureza temporária, constantes de relação especificada no regulamento (Repetro-Temporário);

II – importação de bens destinados às atividades de transporte, movimentação, transferência, armazenamento ou regaseificação de gás natural liquefeito constantes de relação especificada no regulamento (GNL-Temporário);

III – importação de bens constantes de relação especificada no regulamento cuja permanência no País seja definitiva e que sejam destinados às atividades a que se refere o inciso I deste *caput* (Repetro-Permanente);

IV – importação ou aquisição no mercado interno de matérias-primas, produtos intermediários e materiais de embalagem para ser utilizados integralmente no processo produtivo de produto final a ser fornecido a empresa que o destine às atividades a que se refere o inciso I deste *caput* (Repetro-Industrialização);

V – aquisição de produto final a que se refere o inciso IV deste *caput* (Repetro-Nacional); e

VI – importação ou aquisição no mercado interno de bens constantes de relação especificada no regulamento, para conversão ou construção de outros bens no País, contratada por empresa sediada no exterior, cujo produto final deverá ser destinado às atividades a que se refere o inciso I deste *caput* (Repetro-Entreposto).

§ 1.º Fica vedada a suspensão prevista no inciso III do *caput* deste artigo para importação de embarcações destinadas à navegação de cabotagem e à navegação interior de percurso nacional, bem como à navegação de apoio portuário e à navegação de apoio marítimo, nos termos da legislação específica.

§ 2.º A suspensão do pagamento do IBS e da CBS prevista no inciso III do *caput* deste artigo converte-se em alíquota zero após decorridos 5 (cinco) anos contados da data de registro da declaração de importação.

§ 3.º O beneficiário que realizar importação com suspensão do pagamento nos termos do inciso III do *caput* deste artigo e não destinar os bens na forma nele prevista no prazo de 3 (três) anos, contado da data de registro da declaração de importação, fica obrigado a recolher o IBS e a CBS não pagos em decorrência da suspensão usufruída, acrescidos de multa e juros de mora nos termos do § 2.º art. 29 desta Lei Complementar, calculados a partir da data de ocorrência dos respectivos fatos geradores.

§ 4.º Fica também suspenso o pagamento do IBS e da CBS na importação ou na aquisição de bens no mercado interno por empresa denominada fabricante intermediário para a industrialização de produto intermediário a ser fornecido a empresa que o utilize no processo produtivo de que trata o inciso IV do *caput* deste artigo.

§ 5.º Efetivado o fornecimento do produto final, as suspensões de que tratam o inciso IV do *caput* e o § 4.º deste artigo convertem-se em alíquota zero.

§ 6.º Efetivada a destinação do produto final, a suspensão de que trata o inciso V do *caput* deste artigo converte-se em alíquota zero.

§ 7.º O beneficiário que realizar a aquisição no mercado interno com suspensão do pagamento nos termos do inciso V do *caput* e não destinar o bem às atividades de que trata o inciso I do *caput* deste artigo no prazo de 3 (três) anos, contado da data de aquisição, fica obrigado a recolher o IBS e a CBS não pagos em decorrência da suspensão usufruída, acrescidos de multa e mora e corrigidos pela taxa Selic, calculados a partir da data de ocorrência dos respectivos fatos geradores.

§ 8.º As suspensões do IBS e da CBS previstas no *caput* deste artigo somente serão aplicadas aos fatos geradores ocorridos até 31 de dezembro de 2040.

Seção VI
Dos Regimes de Bagagem e de Remessas Internacionais

Art. 94. São isentas do pagamento do IBS e da CBS na importação de bens materiais:

I – bagagens de viajantes e de tripulantes, acompanhadas ou desacompanhadas; e

II – remessas internacionais, desde que:

a) sejam isentas do Imposto sobre a Importação;

b) o remetente e o destinatário sejam pessoas físicas; e

c) não tenha ocorrido a intermediação de plataforma digital.

Art. 95. Na remessa internacional em que seja aplicado o regime de tributação simplificada, nos termos da legislação aduaneira, é responsável solidário do IBS e da CBS e obrigado a se inscrever no regime regular do IBS e da CBS o fornecedor dos bens materiais de procedência estrangeira, ainda que residente ou domiciliado no exterior, observado o disposto no § 2.º do art. 21, no

§ 3.º do art. 22 e no art. 23 desta Lei Complementar.

Art. 96. A plataforma digital, ainda que domiciliada no exterior, é responsável pelo pagamento do IBS e da CBS relativos aos bens materiais objeto de remessa internacional cuja operação ou importação tenha sido realizada por seu intermédio, observado o disposto nos arts. 22 e 23 desta Lei Complementar.

Art. 97. Nas hipóteses dos arts. 95 e 96 desta Lei Complementar, o destinatário de remessa internacional, ainda que não seja o importador, é solidariamente responsável pelo pagamento do IBS e da CBS relativos aos bens materiais objeto de remessa internacional caso:

I – o fornecedor residente ou domiciliado no exterior não esteja inscrito; ou

II – os tributos não tenham sido pagos pelo fornecedor residente ou domiciliado no exterior, ainda que inscrito, ou por plataforma digital.

Seção VII
Do Regime de Fornecimento de Combustível para Aeronave em Tráfego Internacional

Art. 98. Considera-se exportação o fornecimento de combustível ou lubrificante para abastecimento de aeronaves em tráfego internacional e com destino ao exterior.

Parágrafo único. O disposto neste artigo somente se aplica no abastecimento de combustível ou lubrificante realizados exclusivamente em zona primária alfandegada ou área de porto organizado alfandegado.

Capítulo II
DAS ZONAS DE PROCESSAMENTO DE EXPORTAÇÃO

Art. 99. As importações ou as aquisições no mercado interno de máquinas, de aparelhos, de instrumentos e de equipamentos realizadas por empresa autorizada a operar em zonas de processamento de exportação serão efetuadas com suspensão do pagamento do IBS e da CBS.

§ 1.º A suspensão de que trata o *caput* deste artigo aplica-se apenas aos bens, novos ou usados, necessários às atividades da empresa autorizada a operar em zonas de processamento de exportação, para incorporação ao seu ativo imobilizado.

§ 2.º Na hipótese de importação de bens usados, a suspensão de que trata o *caput* deste artigo será aplicada quando se tratar de conjunto industrial que seja elemento constitutivo da integralização do capital social da empresa.

§ 3.º Na hipótese de utilização dos bens importados ou adquiridos no mercado interno com suspensão do pagamento do IBS e da CBS em desacordo com o disposto nos §§ 1.º e 2.º, ou de revenda dos bens antes que ocorra a conversão da suspensão em alíquota zero, na forma estabelecida no § 4.º deste artigo, a empresa autorizada a operar em zonas de processamento de exportação fica obrigada a recolher o IBS e a CBS que se encontrem com o pagamento suspenso, acrescidos de multa e juros de mora nos termos do § 2.º do art. 29 desta Lei Complementar, calculados a partir da data de ocorrência dos respectivos fatos geradores, na condição de:

I – contribuinte, em relação às operações de importação; ou

II – responsável, em relação às aquisições no mercado interno.

§ 4.º Se não ocorrer as hipóteses previstas no § 3.º, a suspensão de que trata o *caput* deste artigo converter-se-á em alíquota zero, decorrido o prazo de 2 (dois) anos, contado da data de ocorrência do fato gerador.

§ 5.º Se não for efetuado o pagamento do IBS e da CBS na forma do § 3.º deste artigo, caberá a exigência dos valores em procedimento de ofício, corrigidos pela taxa Selic, e das penalidades aplicáveis.

Art. 100. As importações ou as aquisições no mercado interno de matérias-primas, de produtos intermediários e de materiais de embalagem realizadas por empresa autorizada a operar em zonas de processamento de exportação serão efetuadas com suspensão do pagamento do IBS e da CBS.

§ 1.º As matérias-primas, os produtos intermediários e os materiais de embalagem de que trata o *caput* deste artigo deverão ser utilizados integralmente no processo produtivo do produto final a ser exportado, sem prejuízo do disposto no art. 101 desta Lei Complementar.

§ 2.º A suspensão de que trata o *caput* deste artigo converter-se-á em alíquota zero com a exportação do produto final ou da prestação de serviços fornecidos ou destinados exclusivamente para o exterior, observado o disposto no § 4.º.

§ 3.º Considera-se matéria-prima para fins do disposto no *caput* a energia elétrica proveniente de fontes renováveis de geração utilizada por empresas instaladas em Zonas de Processamento de Exportação.

§ 4.º A energia elétrica proveniente de fontes renováveis de geração utilizada por empresas prestadoras de serviço instaladas em zonas de processamento de exportação terá tratamento equivalente ao estabelecido no *caput* para matérias-primas, produtos intermediários e materiais de embalagem.

Art. 101. Os produtos industrializados ou adquiridos para industrialização por empresa autorizada a operar em zonas de processamento de exportação poderão ser vendidos para o mercado interno, desde que a pessoa jurídica efetue o pagamento:

I – do IBS e da CBS, na condição de contribuinte, que se encontrem com o pagamento sobre as importações suspenso em razão do disposto nos arts. 99 e 100 desta Lei Complementar, acrescidos de multa de mora e corrigidos pela taxa Selic, calculados a partir da data de ocorrência dos respectivos fatos geradores;

II – do IBS e da CBS, na condição de responsável, que se encontrem com o pagamento relativo a aquisições no mercado interno suspenso em razão do disposto nos arts. 99 e 100 desta Lei Complementar, acrescidos de multa de mora e corrigidos pela taxa Selic, calculados a partir da data de ocorrência dos respectivos fatos geradores;

III – do IBS e da CBS normalmente incidentes na operação de venda.

Art. 102. Aplica-se o tratamento estabelecido nos arts. 99 e 100 desta Lei Complementar às aquisições de máquinas, de aparelhos, de instrumentos, de equipamentos, de matérias-primas, de produtos intermediários e de materiais de embalagem realizadas entre empresas autorizadas a operar em zonas de processamento de exportação.

Art. 103. Ficam reduzidas a zero as alíquotas do IBS e da CBS incidentes sobre os serviços de transporte:

I – dos bens de que tratam os arts. 99 e 100 desta Lei Complementar, até as zonas de processamento de exportação; e

II – dos bens exportados a partir das zonas de processamento de exportação.

Art. 104. O disposto neste Capítulo observará a disciplina estabelecida na legislação aduaneira para as zonas de processamento de exportação.

Capítulo III
DOS REGIMES DOS BENS DE CAPITAL

Seção I
Do Regime Tributário para Incentivo à Modernização e à Ampliação da Estrutura Portuária (Reporto)

Art. 105. Observada a disciplina estabelecida na legislação específica, serão efetuadas com suspensão do pagamento do IBS e da CBS as importações e as aquisições no mercado interno de máquinas, equipamentos, peças de reposição e outros bens realizadas diretamente pelos beneficiários do Regime Tributário para Incentivo à Modernização e à Ampliação da Estrutura Portuária (Reporto) e destinadas ao seu ativo imobilizado para utilização exclusiva na execução de serviços de:

I – carga, descarga, armazenagem e movimentação de mercadorias e produtos, inclusive quando realizadas em recinto alfandegado de zona secundária;

II – sistemas suplementares de apoio operacional;

III – proteção ambiental;

IV – sistemas de segurança e de monitoramento de fluxo de pessoas, mercadorias, produtos, veículos e embarcações;

V – dragagens; e

VI – treinamento e formação de trabalhadores, inclusive na implantação de Centros de Treinamento Profissional.

§ 1.º O disposto no *caput* deste artigo aplica-se também aos bens utilizados na execução de serviços de transporte de mercadorias em ferrovias, classificados nas posições 86.01, 86.02 e 86.06 da Nomenclatura Comum do Mercosul baseada no Sistema Harmonizado (NCM/SH), e aos trilhos e demais elementos de vias férreas, classificados na posição 73.02 da NCM/SH.

§ 2.º A suspensão do pagamento do IBS e da CBS prevista no *caput* deste artigo converte-se em alíquota zero após decorridos 5 (cinco) anos contados da data de ocorrência dos respectivos fatos geradores.

§ 3.º A transferência, a qualquer título, de propriedade dos bens importados ou adquiridos no mercado interno ao amparo do Reporto, no prazo de 5 (cinco) anos, contado da data da ocorrência dos respectivos fatos geradores, deverá ser precedida de autorização do Comitê Gestor do IBS e da RFB e do recolhimento do IBS e da CBS com pagamento suspenso, acrescidos de multa e juros de mora nos termos do § 2.º do art. 29 desta Lei Complementar.

§ 4.º A transferência a que se refere o § 3.º deste artigo, previamente autorizada pelo Comitê Gestor do IBS e pela RFB, para outro beneficiário do Reporto será efetivada com suspensão do pagamento do IBS e da CBS desde que o adquirente assuma a responsabilidade, desde o momento de ocorrência dos respectivos fatos geradores, pelo IBS e pela CBS com pagamento suspenso.

§ 5.º Os bens beneficiados pela suspensão referida no *caput* e no § 1.º deste artigo serão relacionados no regulamento.

§ 6.º As peças de reposição referidas no *caput* deverão ter seu valor igual ou superior a 20% (vinte por cento) do valor da máquina ou equipamento ao qual se destinam, de acordo com a respectiva declaração de importação ou nota fiscal.

§ 7.º Os beneficiários do Reporto poderão efetuar importações e aquisições no mercado interno amparadas pelo regime até 31 de dezembro de 2028.

§ 8.º As pessoas jurídicas optantes pelo Simples Nacional não poderão aderir ao Reporto.

Seção II
Do Regime Especial de Incentivos para o Desenvolvimento da Infraestrutura (Reidi)

Art. 106. Observada a disciplina estabelecida na legislação específica, serão efetuadas com suspensão do pagamento do IBS e da CBS as importações e as aquisições no mercado interno de máquinas, aparelhos, instrumentos e equipamentos, novos, e de materiais de construção, realizadas diretamente pelos beneficiários do Regime Especial de Incentivos para o Desenvolvimento da Infraestrutura (Reidi) para utilização ou incorporação em obras de infraestrutura destinadas ao ativo imobilizado.

§ 1.º A suspensão do pagamento do IBS e da CBS prevista no *caput* deste artigo aplica-se também:

I – à importação de serviços destinados a obras de infraestrutura para incorporação ao ativo imobilizado;

II – à aquisição no mercado interno de serviços destinados a obras de infraestrutura para incorporação ao ativo imobilizado; e

III – à locação de máquinas, aparelhos, instrumentos e equipamentos destinados a obras de infraestrutura para incorporação ao ativo imobilizado.

§ 2.º A suspensão do pagamento do IBS e da CBS prevista no *caput* e no § 1.º deste artigo converte-se em alíquota zero após a utilização ou incorporação do bem, material de construção ou serviço na obra de infraestrutura.

§ 3.º O beneficiário do Reidi que não utilizar ou incorporar o bem, material de construção ou serviço na obra de infraestrutura fica obrigado a recolher o IBS e a CBS que se encontrem com o pagamento suspenso, acrescidos de multa e juros de mora nos termos do § 2.º do art. 29 desta Lei Complementar, calculados a partir da data de ocorrência dos respectivos fatos geradores, na condição de:

I – contribuinte, em relação às operações de importação de bens materiais; ou

II – responsável, em relação aos serviços, às locações ou às aquisições de bens materiais no mercado interno.

§ 4.º Os benefícios previstos neste artigo aplicam-se também na hipótese de, em conformidade com as normas contábeis aplicáveis, as receitas das pessoas jurídicas titulares de contratos de concessão de serviços públicos reconhecidas durante a execução das obras de infraestrutura elegíveis ao Reidi terem como contrapartida ativo de contrato, ativo intangível representativo de direito de exploração ou ativo financeiro representativo de direito contratual incondicional de receber caixa ou outro ativo financeiro, estendendo-se, inclusive, aos projetos em andamento já habilitados perante a RFB.

§ 5.º Os benefícios previstos neste artigo poderão ser usufruídos nas importações e aquisições no mercado interno realizadas no período de 5 (cinco) anos, contado da data da habilitação no Reidi da pessoa jurídica titular do projeto de infraestrutura.

§ 6.º As pessoas jurídicas optantes pelo Simples Nacional não poderão aderir ao Reidi.

Seção III
Do Regime Tributário para Incentivo à Atividade Naval - Renaval

Art. 107. O Regime Tributário para Incentivo à Atividade Econômica Naval – Renaval permite aos beneficiários previamente habilitados suspensão do pagamento de IBS e CBS:

I – nos fornecimentos de embarcações registradas ou pré-registradas no Registro Especial Brasileiro – REB instituído pelo art. 11 da Lei n. 9.432, de 8 de janeiro de 1997, para incorporação ao ativo imobilizado de adquirente sujeito ao regime regular do IBS e da CBS;

II – nas importações e nas aquisições no mercado interno de máquinas, equipamentos e veículos destinados a utilização nas atividades de que trata o inciso III efetuadas para incorporação a seu ativo imobilizado; e

III – nas importações e nas aquisições no mercado interno de matérias-primas, produtos intermediários, partes, peças e componentes para utilização na construção, conservação, modernização e reparo de embarcações pré-registradas ou registradas no REB.

§ 1.º Somente contribuintes sujeitos ao regime regular do IBS e da CBS que exerçam precipuamente as atividades de construção, conservação, modernização e reparo de embarcações poderão ser habilitados como beneficiários do Renaval, nos termos do regulamento.

§ 2.º A suspensão do pagamento do IBS e da CBS prevista no *caput* deste artigo converte-se em alíquota zero após:

I – 12 (doze) meses de permanência do bem no ativo imobilizado do adquirente, no caso do inciso I do *caput*;

II – 5 (cinco) anos de permanência do bem no ativo imobilizado do adquirente, no caso do inciso II do *caput*; e

III – a incorporação ou consumo nas atividades de que trata o inciso III do *caput*.

§ 3.º O beneficiário do Renaval que não cumprir a condição estabelecida nos incisos I a III do *caput* fica obrigado a recolher o IBS e a CBS suspensos, com os acréscimos de que trata o § 2.º do art. 29 desta Lei Complementar, calculados a partir da data de ocorrência dos respectivos fatos geradores, na condição de:

I – contribuinte, em relação às operações de importação de bens materiais; ou

II – responsável, em relação às operações no mercado interno.

§ 4.º Aplica-se o disposto no § 3.º ao beneficiário que transferir, a qualquer título, a propriedade dos bens importados ou adquiridos no mercado interno sob amparo do Renaval antes da conversão em alíquota zero.

§ 5.º Para os fins do disposto neste artigo, também serão considerados como bens e serviços incorporados ao ativo imobilizado aqueles com a mesma natureza e que, em decorrência das normas contábeis aplicáveis, forem contabilizados por concessionárias de serviços públicos como ativo de contrato, intangível ou financeiro.

Seção IV
Da Desoneração da Aquisição de Bens de Capital

Art. 108. Fica assegurado o crédito integral e imediato de IBS e CBS, na forma do disposto nos arts. 47 a 56, na aquisição de bens de capital.

Art. 109. Ato conjunto do Poder Executivo da União e do Comitê Gestor do IBS poderá definir hipóteses em que importações e aquisições no mercado interno de bens de capital por contribuinte no regime regular serão realizadas com suspensão do pagamento do IBS e da CBS, não se aplicando o disposto no art. 108 desta Lei Complementar.

§ 1.º O ato conjunto de que trata o *caput* deste artigo discriminará os bens alcançados e o prazo do benefício.

§ 2.º A suspensão do pagamento do IBS e da CBS prevista no *caput* deste artigo converte-se em alíquota zero após a incorporação do bem ao ativo imobilizado do adquirente, observado o prazo de que trata o § 1.º deste artigo.

§ 3.º O beneficiário que não incorporar o bem ao seu ativo imobilizado fica obrigado a recolher o IBS e a CBS que se encontrem com o pagamento suspenso, acrescidos de multa e juros de mora na forma do § 2.º do art. 29 desta Lei Complementar, calculados a partir da data de ocorrência dos respectivos fatos geradores, na condição de:

I – contribuinte, em relação às importações; ou

II – responsável, em relação às aquisições no mercado interno.

§ 4.º O disposto neste artigo aplica-se também às pessoas jurídicas optantes pelo Simples Nacional inscritas no regime regular de que trata esta Lei Complementar.

Art. 110. Ficam reduzidas a zero as alíquotas do IBS e da CBS no fornecimento e na importação:

I – de tratores, máquinas e implementos agrícolas, destinados a produtor rural não contribuinte de que trata o art. 164; e

II – de veículos de transporte de carga destinados a transportador autônomo de carga pessoa física não contribuinte de que trata o art. 169.

Parágrafo único. O disposto neste artigo se aplica aos bens de capital listados no regulamento.

Art. 111. Para fins desta Seção, também serão considerados bens incorporados ao ativo imobilizado aqueles com a mesma natureza e que, em decorrência das normas contábeis aplicáveis, forem contabilizados por concessionárias de serviços públicos como ativo de contrato, intangível ou financeiro.

TÍTULO III
DA DEVOLUÇÃO PERSONALIZADA DO IBS E DA CBS (*CASHBACK*) E DA CESTA BÁSICA NACIONAL DE ALIMENTOS

Capítulo I
DA DEVOLUÇÃO PERSONALIZADA DO IBS E DA CBS (*CASHBACK*)

Art. 112. Serão devolvidos, nos termos e limites previstos neste Capítulo, para pessoas físicas que forem integrantes de famílias de baixa renda:

I – a CBS, pela União; e

II – o IBS, pelos Estados, pelo Distrito Federal e pelos Municípios.

Art. 113. O destinatário das devoluções previstas neste Capítulo será aquele responsável por unidade familiar de família de baixa renda cadastrada no Cadastro Único para Programas Sociais do Governo Federal (CadÚnico), conforme o art. 6.º-F da Lei n. 8.742, de 7 de dezembro de 1993, ou por norma equivalente que a suceder, e que observar, cumulativamente, os seguintes requisitos:

I – possuir renda familiar mensal per capita de até meio salário-mínimo nacional;

II – ser residente no território nacional; e

III – possuir inscrição em situação regular no CPF.

§ 1.º O destinatário será incluído de forma automática na sistemática de devoluções, podendo, a qualquer tempo, solicitar a sua exclusão.

§ 2.º Os dados pessoais coletados na sistemática das devoluções serão tratados na forma da Lei n. 13.709, de 14 de agosto de 2018 (Lei Geral de Proteção de Dados Pessoais), e do art. 198 da Lei n. 5.172, de 25 de outubro de 1966 (Código Tributário Nacional), e somente poderão ser utilizados ou cedidos a órgãos da administração pública ou, de maneira anonimizada, a institutos de pesquisa para a execução de ações relacionadas às devoluções.

Art. 114. A devolução da CBS a que se refere o inciso I do *caput* do art. 112 desta Lei Complementar será gerida pela RFB, a quem caberá:

I – normatizar, coordenar, controlar e supervisionar sua execução;

II – definir os procedimentos para determinação do montante e a sistemática de pagamento dos valores devolvidos;

III – elaborar relatórios gerenciais e de prestação de contas relativos aos valores devolvidos; e

IV – adotar outras ações e iniciativas necessárias à operacionalização da devolução.

§ 1.º A normatização a que se refere o inciso I do *caput* deste artigo definirá, especialmente:

I – o período de apuração da devolução;

II – o calendário e a periodicidade de pagamento;

III – as formas de creditamento às pessoas físicas destinatárias;

IV – a forma de ressarcimento de importâncias recebidas indevidamente pelas pessoas físicas;

V – os mecanismos de mitigação de fraudes ou erros;

VI – o tratamento em relação a indícios de irregularidades;

VII – as formas de transparência relativas à distribuição das devoluções; e

VIII – o prazo para utilização das devoluções, que não poderá ser superior a 24 (vinte e quatro) meses.

§ 2.º Os procedimentos adotados para pagamentos das devoluções priorizarão mecanismos que estimulem a formalização do consumo das famílias destinatárias, por meio da emissão de documentos fiscais, de modo a estimular a cidadania fiscal e a mitigar a informalidade nas atividades econômicas, a sonegação fiscal e a concorrência desleal.

Art. 115. A devolução do IBS a que se refere o inciso II do *caput* do art. 112 será gerida pelo Comitê Gestor do IBS, a quem competirá as atribuições previstas no art. 114 desta Lei Complementar, respeitadas as especificidades.

Art. 116. As devoluções dos tributos previstas neste Capítulo serão concedidas no momento definido em regulamento.

§ 1.º Caso se trate de fornecimento domiciliar de energia elétrica, abastecimento de água, esgotamento sanitário e gás canalizado e de fornecimento de serviços de telecomunicações as devoluções serão concedidas no momento da cobrança.

§ 2.º Caso se trate de fornecimento de bens ou de serviços sujeitos à cobrança com periodicidade fixa, as devoluções serão concedidas, preferencialmente no momento da cobrança.

§ 3.º Os valores serão disponibilizados para o agente financeiro no prazo máximo de 15 (quinze) dias após a apuração, observado o disposto no inciso I do § 1.º do art. 114 e no art. 115 desta Lei Complementar.

§ 4.º O agente financeiro deverá transferir os valores às famílias destinatárias em até 10 (dez) dias após a disponibilização de que trata o § 3.º deste artigo.

Art. 117. As devoluções previstas neste Capítulo serão calculadas mediante aplicação de percentual sobre o valor do tributo relativo ao consumo, formalizado por meio da emissão de documentos fiscais.

§ 1.º O regulamento estabelecerá regras de devolução por unidade familiar destinatária e por período de apuração das devoluções, de modo que a devolução seja compatível com a renda disponível da família.

§ 2.º Para determinação do tributo a ser devolvido às pessoas físicas, nos termos do *caput* e do § 1.º deste artigo, serão considerados:

I – o consumo total de produtos pelas famílias destinatárias, ressalvados os produtos sujeitos ao Imposto Seletivo, de que trata o Livro II desta Lei Complementar;

II – os dados extraídos de documentos fiscais vinculados ao CPF dos membros da unidade familiar, que acobertem operações de aquisição de bens ou serviços exclusivamente para consumo domiciliar;

III – a renda mensal familiar disponível, assim entendida a que resulta do somatório da renda declarada no CadÚnico a valores auferidos a título de transferência condicionada de renda;

IV – os dados extraídos de publicações oficiais relativos à estrutura de consumo das famílias;

V – as regras de tributação de bens e serviços previstas na legislação.

Art. 118. O percentual a ser aplicado nos termos do art. 117 desta Lei Complementar será de:

I – 100% (cem por cento) para a CBS e 20% (vinte por cento) para o IBS na aquisição de botijão de até 13 kg (treze quilogramas) de gás liquefeito de petróleo, nas operações de fornecimento domiciliar de energia elétrica, abastecimento de água, esgotamento sanitário e gás canalizado e nas operações de fornecimento de telecomunicações; e

II – 20% (vinte por cento) para a CBS e para o IBS, nos demais casos.

§ 1.º A União, os Estados, o Distrito Federal e os Municípios poderão, por lei específica, fixar percentuais de devolução da sua parcela da CBS ou do IBS superiores aos previstos nos incisos I e II do *caput*, os quais poderão ser diferenciados:

I – em função da renda familiar dos destinatários, observado o disposto no art. 113 desta Lei Complementar;

II – entre os casos previstos nos incisos I e II do *caput*.

§ 2.º Na ausência da fixação de percentuais próprios, as devoluções previstas neste Capítulo serão calculadas mediante aplicação dos percentuais de que tratam os incisos I e II do *caput*.

§ 3.º O disposto no § 1.º deste artigo não se aplica ao percentual de devolução da CBS de que trata o inciso I do *caput*.

Art. 119. Excepcionalmente, nas localidades com dificuldades operacionais que comprometam a eficácia da devolução do tributo na forma do art. 117 desta Lei Complementar, poderão ser adotados procedimentos simplificados para cálculo das devoluções.

§ 1.º O procedimento simplificado de que trata este artigo não se aplica às devoluções concedidas no momento da cobrança da operação, nos termos dos §§ 1.º e 2.º do art. 116 desta Lei Complementar.

§ 2.º Para fins do disposto no *caput* deste artigo, deverá ser observada a seguinte sequência de cálculos, respeitadas as faixas de renda das famílias destinatárias:

I – determinação do ônus dos tributos suportados nas diferentes faixas de renda, assim entendido como o produto do consumo mensal estimado dos bens e serviços, pelas alíquotas correspondentes;

II – determinação da pressão tributária nas diferentes faixas de renda, obtida pela razão entre o ônus dos tributos suportados, nos termos do inciso I deste parágrafo, e a renda mensal média estimada, expressa em termos percentuais;

III – determinação do ônus dos tributos suportados no nível da unidade familiar nas diferentes faixas de renda, que consiste na multiplicação da pressão tributária da faixa de renda pela renda mensal disponível da família destinatária, nos termos do inciso III do § 2.º do art. 117 desta Lei Complementar;

IV – determinação do valor mensal da devolução no nível da unidade familiar, que resulta da multiplicação do ônus dos tributos suportados no nível da unidade familiar pelo percentual de devolução fixado nos termos do art. 118 desta Lei Complementar.

§ 3.º Os dados relativos ao consumo dos bens e serviços e a renda média a que se referem, respectivamente, os incisos I e II do § 2.º deste artigo, serão estimados a partir das informações da Pesquisa de Orçamentos Familiares (POF), produzida pela Fundação Instituto Brasileiro de Geografia e Estatística (IBGE), mais atualizada, com base em metodologia definida no regulamento.

§ 4.º A definição das localidades com dificuldades operacionais de que trata o *caput* deste artigo levará em consideração o grau de eficácia da devolução do tributo, mediante metodologia de avaliação definida no regulamento.

Art. 120. Em nenhuma hipótese a parcela creditada individualmente à família beneficiária nos termos deste Capítulo poderá superar o ônus do tributo suportado relativo à CBS, no caso da devolução a que se refere o inciso I do *caput* do art. 112, e o ônus do tributo suportado relativo ao IBS, no caso da devolução a que se refere o inciso II do *caput* do art. 112 desta Lei Complementar, incidentes sobre o consumo das famílias.

Parágrafo único. Para efeito do disposto no *caput* deste artigo, o ônus do tributo suportado pelas famílias destinatárias poderá ser aferido com base em documentos fiscais emitidos ou pelos procedimentos de cálculo detalhados no art. 119 desta Lei Complementar.

Art. 121. As devoluções dos tributos a pessoas físicas de que trata este Capítulo serão deduzidas da arrecadação, mediante anulação da respectiva receita.

Art. 122. A União, por meio da RFB, e os Estados, o Distrito Federal e os Municípios, por meio do Comitê Gestor do IBS, poderão implementar soluções integradas para administração de sistema que permita a devolução de forma unificada das parcelas a que se referem os incisos I e II do *caput* do art. 112 desta Lei Complementar.

Parágrafo único. A administração integrada inclui o exercício de competências previstas nos arts. 114 e 115 desta Lei Complementar, nos termos de convênio específico para esse fim.

Art. 123. As devoluções previstas no art. 112 desta Lei Complementar serão calculadas com base no consumo familiar realizado a partir do:

I – mês de janeiro de 2027, para a CBS; e

II – mês de janeiro de 2029, para o IBS.

Art. 124. Para os efeitos desta Lei Complementar, entende-se por:

I – devolução geral a pessoas físicas do IBS ou da CBS o valor apurado mediante a aplicação dos percentuais estabelecidos no art. 118 desta Lei Complementar;

II – devolução específica a pessoas físicas do IBS ou da CBS a diferença entre o valor apurado mediante a aplicação dos percentuais fixados pelos entes federativos nos termos do art. 118 desta Lei Complementar e o valor de que trata o inciso I deste *caput*.

Parágrafo único. A devolução geral de que trata o inciso I do *caput* deste artigo deverá ser considerada para fins de cálculo das alíquotas de referência, com vistas a reequilibrar a arrecadação das respectivas esferas federativas.

Capítulo II
DA CESTA BÁSICA NACIONAL DE ALIMENTOS

Art. 125. Ficam reduzidas a zero as alíquotas do IBS e da CBS incidentes sobre as vendas de produtos destinados à alimentação humana relacionados no Anexo I desta Lei Complementar, com a especificação das respectivas classificações da NCM/SH, que compõem a Cesta Básica Nacional de Alimentos, criada nos termos do art. 8.º da Emenda Constitucional n. 132, de 20 de dezembro de 2023.

Parágrafo único. Aplica-se o disposto nos §§ 1.º e 2.º do art. 126 desta Lei Complementar às reduções de alíquotas de que trata o *caput* deste artigo.

TÍTULO IV
DOS REGIMES DIFERENCIADOS DO IBS E DA CBS

Capítulo I
DISPOSIÇÕES GERAIS

Art. 126. Ficam instituídos regimes diferenciados do IBS e da CBS, de maneira uniforme em todo o território nacional, conforme estabelecido neste Título, com a aplicação de alíquotas reduzidas ou com a concessão de créditos presumidos, assegurados os respectivos ajustes nas alíquotas de referência do IBS e da CBS, com vistas a reequilibrar a arrecadação.

§ 1.º Atendidos os requisitos próprios, os regimes diferenciados de que trata este Capítulo aplicam-se, no que couber, à importação dos bens e serviços nele previstos.

§ 2.º A alteração das operações com bens ou com serviços beneficiadas pelos regimes diferenciados de que trata este Capítulo, mediante acréscimo, exclusão ou substituição, somente entrará em vigor após o cumprimento do disposto nos §§ 9.º e 11 do art. 156-A da Constituição Federal.

§ 3.º O disposto no § 2.º deste artigo não se aplica às hipóteses de que tratam o § 2.º do art. 131, o § 2.º do art. 132, o art. 134, o § 10 do art. 138, o § 2.º do art. 144, o § 2.º do art. 145 e o § 3.º do art. 146 desta Lei Complementar desde que seus efeitos, considerados conjuntamente a cada período de revisão, não resultem em elevação superior a 0,02 (dois centésimos) ponto percentual da alíquota de referência da CBS, da alíquota de referência estadual do IBS ou da alíquota de referência municipal do IBS.

§ 4.º As reduções de alíquotas de que trata este Título serão aplicadas sobre as alíquotas-padrão do IBS e da CBS de cada ente federativo, fixadas na forma do art. 14 desta Lei Complementar.

§ 5.º A apropriação dos créditos presumidos previstos neste Título fica condicionada:
I – à emissão de documento fiscal eletrônico relativo à operação pelo adquirente, com identificação do respectivo fornecedor; e
II – ao efetivo pagamento ao fornecedor.

Capítulo II
DA REDUÇÃO EM TRINTA POR CENTO DAS ALÍQUOTAS DO IBS E DA CBS

Art. 127. Ficam reduzidas em 30% (trinta por cento) as alíquotas do IBS e da CBS incidentes sobre a prestação de serviços pelos seguintes profissionais, que exercerem atividades intelectuais de natureza científica, literária ou artística, submetidas à fiscalização por conselho profissional:
I – administradores;
II – advogados;
III – arquitetos e urbanistas;
IV – assistentes sociais;
V – bibliotecários;
VI – biólogos;
VII – contabilistas;
VIII – economistas;
IX – economistas domésticos;
X – profissionais de educação física;
XI – engenheiros e agrônomos;
XII – estatísticos;
XIII – médicos veterinários e zootecnistas;
XIV – museólogos;
XV – químicos;
XVI – profissionais de relações públicas;
XVII – técnicos industriais; e
XVIII – técnicos agrícolas.

§ 1.º A redução de alíquotas prevista no *caput* deste artigo aplica-se à prestação de serviços realizada por:
I – pessoa física, desde que os serviços prestados estejam vinculados à habilitação dos profissionais; e
II – pessoa jurídica que cumpra, cumulativamente, os seguintes requisitos:
a) possuam os sócios habilitações profissionais diretamente relacionadas com os objetivos da sociedade e estejam submetidos à fiscalização de conselho profissional;
b) não tenha como sócio pessoa jurídica;
c) não seja sócia de outra pessoa jurídica;
d) não exerça atividade diversa das habilitações profissionais dos sócios; e
e) sejam os serviços relacionados à atividade-fim prestados diretamente pelos sócios, admitido o concurso de auxiliares ou colaboradores.

§ 2.º Para fins do disposto no inciso II do § 1.º deste artigo, não impedem a redução de alíquotas de que trata este artigo:
I – a natureza jurídica da sociedade;
II – a união de diferentes profissionais previstos nos incisos I a XVIII do *caput* deste artigo, desde que a atuação de cada sócio seja na sua habilitação profissional; e
III – a forma de distribuição de lucros.

§ 3.º Não se aplicam os §§ 1.º e 2.º deste artigo à prestação de serviços relacionada à profissão do inciso X do *caput* deste artigo efetuada por pessoa jurídica, desde que submetida à fiscalização de conselho profissional.

Capítulo III
DA REDUÇÃO EM SESSENTA POR CENTO DAS ALÍQUOTAS DO IBS E DA CBS

Seção I
Disposições Gerais

Art. 128. Desde que observadas as definições e demais disposições deste Capítulo, ficam reduzidas em 60% (sessenta por cento) as alíquotas do IBS e da CBS incidentes sobre operações com:
I – serviços de educação;
II – serviços de saúde;
III – dispositivos médicos;
IV – dispositivos de acessibilidade próprios para pessoas com deficiência;
V – medicamentos;
VI – alimentos destinados ao consumo humano;
VII – produtos de higiene pessoal e limpeza majoritariamente consumidos por famílias de baixa renda;
VIII – produtos agropecuários, aquícolas, pesqueiros, florestais e extrativistas vegetais *in natura*;
IX – insumos agropecuários e aquícolas;
X – produções nacionais artísticas, culturais, de eventos, jornalísticas e audiovisuais;
XI – comunicação institucional;
XII – atividades desportivas; e
XIII – bens e serviços relacionados à soberania e à segurança nacional, à segurança da informação e à segurança cibernética.

Seção II
Dos Serviços de Educação

Art. 129. Ficam reduzidas em 60% (sessenta por cento) as alíquotas do IBS e da CBS incidentes sobre o fornecimento dos serviços de educação relacionados no Anexo II desta Lei Complementar, com a especificação das respectivas classificações da Nomenclatura Brasileira de Serviços, Intangíveis e Outras Operações que Produzam Variações no Patrimônio (NBS).

Parágrafo único. A redução de alíquotas prevista no *caput* deste artigo:
I – somente se aplica sobre os valores devidos pela contraprestação dos serviços listados no Anexo II desta Lei Complementar; e
II – não se aplica a outras operações eventualmente ocorridas no âmbito das escolas, das instituições ou dos estabelecimentos do fornecedor de serviços.

Seção III
Dos Serviços de Saúde

Art. 130. Ficam reduzidas em 60% (sessenta por cento) as alíquotas do IBS e da CBS incidentes sobre o fornecimento dos serviços de saúde relacionados no Anexo III desta Lei Complementar, com a especificação das respectivas classificações da NBS.

Parágrafo único. Não integram a base de cálculo do IBS e da CBS dos serviços de saúde de que trata o *caput* deste artigo os valores glosados pela auditoria médica dos planos de assistência à saúde e não pagos.

Seção IV
Dos Dispositivos Médicos

Art. 131. Ficam reduzidas em 60% (sessenta por cento) as alíquotas do IBS e da CBS incidentes sobre o fornecimento dos dispositivos médicos relacionados no Anexo IV desta Lei Complementar, com a especificação das respectivas classificações da NCM/SH.

§ 1.º A redução de alíquotas prevista no *caput* deste artigo somente se aplica aos dispositivos listados no Anexo IV desta Lei Complementar regularizados perante a Agência Nacional de Vigilância Sanitária (Anvisa).

§ 2.º Sem prejuízo da avaliação quinquenal de que trata o Capítulo I do Título III do Livro III desta Lei Complementar, o Ministro de Estado da Fazenda e o Comitê Gestor do IBS, ouvido o Ministério da Saúde, revisarão, a cada 120 (cento e vinte) dias, por meio de ato conjunto, a lista de que trata o Anexo IV desta Lei Complementar, tão somente para inclusão de dispositivos médicos inexistentes na data de publicação da revisão anterior que atendam às mesmas finalidades daqueles já constantes do referido anexo.

Seção V
Dos Dispositivos de Acessibilidade Próprios para Pessoas com Deficiência

Art. 132. Ficam reduzidas em 60% (sessenta por cento) as alíquotas do IBS e da CBS incidentes sobre o fornecimento dos dispositivos de acessibilidade próprios para pessoas com deficiência relacionados no Anexo V desta Lei Complementar, com a especificação das respectivas classificações da NCM/SH.

§ 1.º A redução de alíquotas prevista no *caput* deste artigo somente se aplica aos dispositivos de acessibilidade listados no Anexo V desta Lei Complementar que atendam aos requisitos previstos em norma do órgão público competente.

§ 2.º Sem prejuízo da avaliação quinquenal de que trata o Capítulo I do Título III do Livro III desta Lei Complementar, o Ministro de Estado da Fazenda e o Comitê Gestor do IBS, ouvido o órgão público competente, revisarão, a cada 120 (cento e vinte) dias, por meio de ato conjunto, a lista de que trata o Anexo V desta Lei Complementar, tão somente para inclusão de dispositivos de acessibilidade inexistentes na data de publicação da revisão anterior que atendam às mesmas finalidades daqueles já constantes do referido anexo.

Seção VI
Dos Medicamentos

Art. 133. Ficam reduzidas em 60% (sessenta por cento) as alíquotas do IBS e da CBS incidentes sobre o fornecimento dos medicamentos registrados na Anvisa ou produzidos por farmácias de manipulação, ressalvados os medicamentos sujeitos à alíquota zero de que trata o art. 146 desta Lei Complementar.

§ 1.º A redução de alíquotas prevista no *caput* deste artigo aplica-se também às operações de fornecimento das composições para nutrição enteral e parenteral, composições especiais e fórmulas nutricionais destinadas às pessoas com erros inatos do metabolismo relacionadas no Anexo VI desta Lei Complementar, com a especificação das respectivas classificações da NCM/SH.

§ 2.º Para fins de assegurar a repercussão nos preços da redução da carga tributária, a redução de que trata este artigo somente se aplica aos medicamentos industrializados ou importados pelas pessoas jurídicas que tenham firmado, com a União e o Comitê Gestor do IBS, compromisso de ajustamento de conduta ou cumpram a sistemática estabelecida pela Câmara de Regulação do Mercado de Medicamentos (CMED), na forma da lei.

Art. 134. Sem prejuízo da avaliação quinquenal de que trata o Capítulo I do Título III do Livro III desta Lei Complementar, o Ministro de Estado da Fazenda e o Comitê Gestor do IBS, ouvido o Ministério da Saúde, revisarão, a cada 120 (cento e vinte) dias, por meio de ato conjunto, a lista de que trata o Anexo VI, tão somente para inclusão de composições de que trata o § 1.º do art. 133 desta Lei Complementar inexistentes na data de publicação da revisão anterior e que sirvam às mesmas finalidades daquelas já contempladas.

Seção VII
Dos Alimentos Destinados ao Consumo Humano

Art. 135. Ficam reduzidas em 60% (sessenta por cento) as alíquotas do IBS e da CBS incidentes sobre o fornecimento dos alimentos destinados ao consumo humano relacionados no Anexo VII desta Lei Complementar, com a especificação das respectivas classificações da NCM/SH.

Seção VIII
Dos Produtos de Higiene Pessoal e Limpeza Majoritariamente Consumidos por Famílias de Baixa Renda

Art. 136. Ficam reduzidas em 60% (sessenta por cento) as alíquotas do IBS e da CBS incidentes sobre o fornecimento dos produtos de higiene pessoal e limpeza relacionados no Anexo VIII desta Lei Complementar, com a especificação das respectivas classificações da NCM/SH.

Seção IX
Dos Produtos Agropecuários, Aquícolas, Pesqueiros, Florestais e Extrativistas Vegetais *In Natura*

Art. 137. Ficam reduzidas em 60% (sessenta por cento) as alíquotas do IBS e da CBS incidentes sobre o fornecimento de produtos agropecuários, aquícolas, pesqueiros, florestais e extrativistas vegetais *in natura*.

§ 1.º Considera-se *in natura* o produto tal como se encontra na natureza, que não tenha sido submetido a nenhum processo de industrialização nem seja acondicionado em embalagem de apresentação, não perdendo essa condição o que apenas tiver sido submetido:

I – a secagem, limpeza, debulha de grãos ou descaroçamento; e

II – a congelamento, resfriamento ou simples acondicionamento, quando esses procedimentos se destinem apenas ao transporte, ao armazenamento ou à exposição para venda.

§ 2.º O regulamento disporá sobre os produtos que não perderão a qualidade de *in natura* quando necessitarem de acondicionamento em embalagem de preservação, com adição de concentração ou conservantes para manter a integridade e características do produto.

§ 3.º Para fins do disposto no *caput* deste artigo, considera-se fornecimento de produto florestal inclusive o fornecimento dos serviços ambientais de conservação ou recuperação da vegetação nativa, mesmo que fornecidos sob a forma de manejo sustentável de sistemas agrícolas, agroflorestais e agrossilvopastoris, em conformidade com as definições e requisitos da legislação específica.

Seção X
Dos Insumos Agropecuários e Aquícolas

Art. 138. Ficam reduzidas em 60% (sessenta por cento) as alíquotas do IBS e da CBS incidentes sobre o fornecimento dos insumos agropecuários e aquícolas relacionados no Anexo IX desta Lei Complementar, com a especificação das respectivas classificações da NCM/SH e da NBS.

§ 1.º A redução de alíquotas prevista no *caput* deste artigo somente se aplica aos produtos de que trata o Anexo IX desta Complementar que, quando exigido, estejam registrados como insumos agropecuários ou aquícolas no órgão competente do Ministério da Agricultura e Pecuária.

§ 2.º Fica diferido o recolhimento do IBS e da CBS incidentes nas seguintes operações com insumos agropecuários e aquícolas de que trata o *caput*:

I – fornecimento realizado por contribuinte sujeito ao regime regular do IBS e da CBS para:

a) contribuinte sujeito ao regime regular do IBS e da CBS; e

b) produtor rural não contribuinte do IBS e da CBS que utilize os insumos na produção de bem vendido para adquirentes que têm direito à apropriação dos créditos presumidos estabelecidos pelo art. 168 desta Lei Complementar; e

II – importação realizada por:

a) contribuinte sujeito ao regime regular do IBS e da CBS; e

b) produtor rural não contribuinte do IBS e da CBS que utilize os insumos na produção de bem vendido para adquirentes que têm direito à apropriação dos créditos presumidos estabelecidos pelo art. 168 desta Lei Complementar.

§ 3.º O diferimento de que tratam a alínea *b* do inciso I e a alínea *b* do inciso II, ambos do § 2.º, somente será aplicado sobre a parcela de insumos utilizada pelo produtor rural não contribuinte do IBS e da CBS na produção de bem vendido para adquirentes que têm direito à apropriação dos créditos presumidos estabelecidos pelo art. 168 desta Lei Complementar.

§ 4.º (*Vetado*.)

§ 5.º Nas hipóteses previstas na alínea *a* do inciso I e na alínea *a* do inciso II, ambas do § 2.º deste artigo, o diferimento será encerrado caso:

I – o fornecimento do insumo agropecuário e aquícola, ou do produto deles resultante:

a) não esteja alcançado pelo diferimento; ou

b) seja isento, não tributado, inclusive em razão de suspensão do pagamento, ou sujeito à alíquota zero; ou

II – a operação seja realizada sem emissão do documento fiscal.

§ 6.º O recolhimento do IBS e da CBS relativos ao diferimento será efetuado pelo contribuinte que promover a operação que encerrar a fase do diferimento, ainda que não tributada, na forma prevista nos §§ 7.º e 8.º deste artigo.

§ 7.º Na hipótese a que se refere a alínea *a* do inciso I do § 5.º deste artigo, a incidência do IBS e da CBS observará as regras aplicáveis à operação tributada.

§ 8.º Na hipótese a que se refere a alínea *b* do inciso I do § 5.º deste artigo, fica dispensado o recolhimento do IBS e da CBS caso seja permitida a apropriação de crédito, nos termos previstos nos arts. 47 a 56.

§ 9.º Nas hipóteses previstas na alínea *b* do inciso I e na alínea *b* do inciso II, ambos do § 2.º deste artigo, o diferimento será encerrado mediante:

I – a redução do valor dos créditos presumidos de IBS e de CBS estabelecidos pelo art. 168, na forma do § 3.º do referido artigo; ou

II – (*Vetado.*)

§ 10. Sem prejuízo da avaliação quinquenal de que trata o Capítulo I do Título III do Livro III desta Lei Complementar, o Ministro de Estado da Fazenda e o Comitê Gestor do IBS, ouvido o Ministério da Agricultura e Pecuária, revisarão, a cada 120 (cento e vinte) dias, por meio de ato conjunto, a lista de que trata o Anexo IX, tão somente para inclusão de insumos de que trata o *caput* deste artigo que sirvam às mesmas finalidades daquelas já contempladas e de produtos destinados ao uso exclusivo para a fabricação de defensivos agropecuários.

Seção XI
Das Produções Nacionais Artísticas, Culturais, de Eventos, Jornalísticas e Audiovisuais

Art. 139. Ficam reduzidas em 60% (sessenta por cento) as alíquotas do IBS e da CBS incidentes sobre o fornecimento dos bens e serviços listados no Anexo X desta Lei Complementar, com a especificação das respectivas classificações da NCM/SH e NBS, nos casos relacionados com as seguintes produções nacionais artísticas, culturais, de eventos, jornalísticas e audiovisuais:

I – espetáculos teatrais, circenses e de dança;

II – *shows* musicais;

III – desfiles carnavalescos ou folclóricos;

IV – eventos acadêmicos e científicos, como congressos, conferências e simpósios;

V – feiras de negócios;

VI – exposições, feiras, galerias e mostras culturais, artísticas e literárias;

VII – programas de auditório ou jornalísticos, filmes, documentários, séries, novelas, entrevistas e clipes musicais; e

VIII – obras de arte.

§ 1.º O disposto nos incisos I, II, III e VII do *caput* deste artigo somente se aplica a produções realizadas no País que contenham majoritariamente obras artísticas, musicais, literárias ou jornalísticas de autores brasileiros ou interpretadas majoritariamente por artistas brasileiros.

§ 2.º No caso das obras cinematográficas ou videofonográficas de que trata o inciso VII do *caput* deste artigo, considera-se produção nacional aquela que atenda aos requisitos para obras audiovisuais nacionais definidos na legislação específica.

§ 3.º O fornecimento de obras de arte de que trata o inciso VIII do *caput* deste artigo contempla apenas aqueles produzidos por artistas brasileiros.

Seção XII
Da Comunicação Institucional

Art. 140. Ficam reduzidas em 60% (sessenta por cento) as alíquotas do IBS e da CBS incidentes sobre o fornecimento dos seguintes serviços de comunicação institucional à administração pública direta, autarquias e fundações públicas:

I – serviços direcionados ao planejamento, criação, programação e manutenção de páginas eletrônicas da administração pública, ao monitoramento e gestão de suas redes sociais e à otimização de páginas e canais digitais para mecanismos de buscas e produção de mensagens, infográficos, painéis interativos e conteúdo institucional;

II – serviços de relações com a imprensa, que reúnem estratégias organizacionais para promover e reforçar a comunicação dos órgãos e das entidades contratantes com seus públicos de interesse, por meio da interação com profissionais da imprensa; e

III – serviços de relações públicas, que compreendem o esforço de comunicação planejado, coeso e contínuo que tem por objetivo estabelecer adequada percepção da atuação e dos objetivos institucionais, a partir do estímulo à compreensão mútua e da manutenção de padrões de relacionamento e fluxos de informação entre os órgãos e as entidades contratantes e seus públicos de interesse, no País e no exterior.

Parágrafo único. Os fornecedores dos serviços de comunicação institucional ficam sujeitos à alíquota-padrão em relação aos serviços fornecidos a adquirentes não mencionados no *caput* deste artigo.

Seção XIII
Das Atividades Desportivas

Art. 141. Ficam reduzidas em 60% (sessenta por cento) as alíquotas do IBS e da CBS incidentes sobre as seguintes operações relacionadas a atividades desportivas:

I – fornecimento de serviço de educação desportiva, classificado no código 1.2205.12.00 da NBS;

II – gestão e exploração do desporto por associações e clubes esportivos filiados ao órgão estadual ou federal responsável pela coordenação dos desportos, inclusive por meio de venda de ingressos para eventos desportivos, fornecimento oneroso ou não de bens e serviços, inclusive ingressos, por meio de programas de sócio-torcedor, cessão dos direitos desportivos dos atletas e transferência de atletas para outra entidade desportiva ou seu retorno à atividade em outra entidade desportiva.

Seção XIV
Da Soberania e da Segurança Nacional, da Segurança da Informação e da Segurança Cibernética

Art. 142. Ficam reduzidas em 60% (sessenta por cento) as alíquotas do IBS e da CBS sobre:

I – fornecimento à administração pública direta, autarquias e fundações púbicas dos serviços e dos bens relativos à soberania e à segurança nacional, à segurança da informação e à segurança cibernética relacionados no Anexo XI desta Lei Complementar, com a especificação das respectivas classificações da NBS e da NCM/SH; e

II – operações e prestações de serviços de segurança da informação e segurança cibernética desenvolvidos por sociedade que tenha sócio brasileiro com o mínimo de 20% (vinte por cento) do seu capital social, relacionados no Anexo XI desta Lei Complementar, com a especificação das respectivas classificações da NBS e da NCM/SH.

Capítulo IV
DA REDUÇÃO A ZERO DAS ALÍQUOTAS DO IBS E DA CBS

Seção I
Disposições Gerais

Art. 143. Desde que observadas as definições e demais disposições deste Capítulo, ficam reduzidas a zero as alíquotas do IBS e da CBS incidentes sobre operações com os seguintes bens e serviços:

I – dispositivos médicos;

II – dispositivos de acessibilidade próprios para pessoas com deficiência;

III – medicamentos;

IV – produtos de cuidados básicos à saúde menstrual;

V – produtos hortícolas, frutas e ovos;

VI – automóveis de passageiros adquiridos por pessoas com deficiência ou com transtorno do espectro autista;

VII – automóveis de passageiros adquiridos por motoristas profissionais que destinem o automóvel à utilização na categoria de aluguel (táxi); e

VIII – serviços prestados por Instituição Científica, Tecnológica e de Inovação (ICT) sem fins lucrativos.

Seção II
Dos Dispositivos Médicos

Art. 144. Ficam reduzidas a zero as alíquotas do IBS e da CBS incidentes sobre o fornecimento dos dispositivos médicos relacionados:

I – no Anexo XIII desta Lei Complementar, com a especificação das respectivas classificações da NCM/SH; e

II – no Anexo IV desta Lei Complementar, com a especificação das respectivas classificações da NCM/SH, caso adquiridos por:

a) órgãos da administração pública direta, autarquias e fundações públicas; e *b)* as entidades de saúde imunes ao IBS e à CBS que possuam Certificação de Entidade Beneficente de Assistência Social (CEBAS) por comprovarem a prestação de serviços ao SUS, nos termos dos arts. 9.º a 11 da Lei Complementar n. 187, de 16 de dezembro de 2021.

§ 1.º A redução de alíquotas prevista no *caput* deste artigo somente se aplica aos dispositivos listados nos Anexos IV e XIII desta Lei Complementar que atendam aos requisitos previstos em norma da Anvisa.

§ 2.º Aplica-se aos produtos de que trata esta Seção o disposto no § 2.º do art. 131 desta Lei Complementar.

§ 3.º Em caso de emergência de saúde pública reconhecida pelo Poder Legislativo federal, estadual, distrital ou municipal competente, ato conjunto do Ministro de Estado da Fazenda e do Comitê Gestor do IBS poderá ser editado, a qualquer momento, para incluir dispositivos não listados no Anexo XII desta Lei Complementar, limitada a vigência do benefício ao período e à localidade da emergência de saúde pública.

Seção III
Dos Dispositivos de Acessibilidade Próprios para Pessoas com Deficiência

Art. 145. Ficam reduzidas a zero as alíquotas do IBS e da CBS incidentes sobre o fornecimento dos dispositivos de acessibilidade próprios para pessoas com deficiência relacionados:

I – no Anexo XIII desta Lei Complementar, com a especificação das respectivas classificações da NCM/SH; e

II – no Anexo V desta Lei Complementar, com a especificação das respectivas classificações da NCM/SH, quando adquiridos por:

a) órgãos da administração pública direta, autarquias e fundações públicas; e

b) as entidades de saúde imunes ao IBS e à CBS que possuam CEBAS por comprovarem a prestação de serviços ao SUS, nos termos dos arts. 9.º a 11 da Lei Complementar n. 187, de 2021.

§ 1.º A redução de alíquotas prevista no *caput* deste artigo somente se aplica aos dispositivos de acessibilidade listados nos Anexos V e XIII desta Lei Complementar que atendam aos requisitos previstos em norma de órgão público competente.

§ 2.º Aplica-se aos produtos de que trata esta Seção o disposto no § 2.º do art. 132 desta Lei Complementar.

Seção IV
Dos Medicamentos

Art. 146. Ficam reduzidas a zero as alíquotas do IBS e da CBS sobre o fornecimento dos medicamentos relacionados no Anexo XIV desta Lei Complementar, com a especificação das respectivas classificações da NCM/SH.

§ 1.º Ficam também reduzidas a zero as alíquotas do IBS e da CBS sobre o fornecimento de medicamentos registrados na Anvisa, quando adquiridos por:

I – órgãos da administração pública direta, autarquias e fundações públicas; e

II – as entidades de saúde imunes ao IBS e à CBS que possuam CEBAS por comprovarem a prestação de serviços ao SUS, nos termos dos arts. 9.º a 11 da Lei Complementar n. 187, de 2021.

§ 2.º A redução de alíquotas de que trata o *caput* deste artigo aplica-se também ao fornecimento das composições para nutrição enteral e parenteral, composições especiais e fórmulas nutricionais destinadas às pessoas com erros inatos do metabolismo relacionados no Anexo VI desta Lei Complementar, com a especificação das respectivas classificações da NCM/SH, quando adquiridas pelos órgãos e entidades mencionados nos incisos do § 1.º deste artigo.

§ 3.º Sem prejuízo da avaliação quinquenal de que trata o Capítulo I do Título III do Livro III desta Lei Complementar, o chefe do Poder Executivo da União e o Comitê Gestor do IBS, ouvido o Ministério da Saúde, poderão editar anualmente ato conjunto para revisar a lista de que trata o Anexo XIV desta Lei Complementar, tão somente para inclusão de medicamentos inexistentes na data de publicação da revisão anterior que atendam às mesmas finalidades daqueles constantes do referido anexo e cujos limites de preço já tenham sido estabelecidos pela CMED.

§ 4.º Em caso de emergência de saúde pública reconhecida pelo Poder Legislativo federal, estadual, distrital ou municipal competente, ato conjunto do Ministro de Estado da Fazenda e do Comitê Gestor do IBS poderá ser editado, a qualquer momento, para incluir medicamentos não listados no Anexo XIV desta Lei Complementar, limitada a vigência do benefício ao período e à localidade da emergência de saúde pública.

Seção V
Dos Produtos de Cuidados Básicos à Saúde Menstrual

Art. 147. Ficam reduzidas a zero as alíquotas do IBS e da CBS incidentes sobre o fornecimento dos seguintes produtos de cuidados básicos à saúde menstrual:

I – tampões higiênicos classificados no código 9619.00.00 da NCM/SH;

II – absorventes higiênicos internos ou externos, descartáveis ou reutilizáveis, e calcinhas absorventes classificados no código 9619.00.00 da NCM/SH; e

III – coletores menstruais classificados no código 9619.00.00 da NCM/SH.

Parágrafo único. A redução de alíquotas prevista no *caput* deste artigo somente se aplica aos produtos de cuidados básicos à saúde menstrual que atendam aos requisitos previstos em norma da Anvisa.

Seção VI
Dos Produtos Hortícolas, Frutas e Ovos

Art. 148. Ficam reduzidas a zero as alíquotas do IBS e da CBS incidentes sobre o fornecimento dos produtos hortícolas, frutas e ovos relacionados no Anexo XV desta Lei Complementar, com a especificação das respectivas classificações da NCM/SH.

Parágrafo único. Os produtos mencionados no *caput* deste artigo, observadas as regras de classificação da NCM/SH, podem apresentar-se inteiros, cortados em fatias ou em pedaços, ralados, torneados, descascados, desfolhados, lavados, higienizados, embalados, frescos, resfriados ou congelados, mesmo que misturados.

Seção VII
Dos Automóveis de Passageiros Adquiridos por Pessoas com Deficiência ou com Transtorno do Espectro Autista e por Motoristas Profissionais que Destinem o Automóvel à Utilização na Categoria de Aluguel (Táxi)

Art. 149. Ficam reduzidas a zero as alíquotas do IBS e da CBS incidentes sobre a venda de automóveis de passageiros de fabricação nacional de, no mínimo, 4 (quatro) portas, inclusive a de acesso ao bagageiro, quando adquiridos por:

I – motoristas profissionais que exerçam, comprovadamente, em automóvel de sua propriedade, atividade de condutor autônomo de passageiros, na condição de titular de autorização, permissão ou concessão do poder público, e que destinem o automóvel à utilização na categoria de aluguel (táxi);

II – pessoas com:

a) deficiência física, visual ou auditiva;

b) deficiência mental severa ou profunda; ou

c) transtorno do espectro autista, com prejuízos na comunicação social e em padrões restritos ou repetitivos de comportamento de nível moderado ou grave, nos termos da legislação relativa à matéria.

§ 1.º Considera-se pessoa com deficiência aquela com impedimento de longo prazo de natureza física, mental, intelectual ou sensorial que, em interação com uma ou mais barreiras, pode obstruir sua participação plena e efetiva na sociedade em igualdade de condições com as demais pessoas, observados os critérios para reconhecimento da condição de deficiência previstos no art. 150 desta Lei Complementar.

§ 2.º As reduções de alíquotas de que trata o *caput* deste artigo somente se aplicam:

I – na hipótese do inciso I do *caput* deste artigo, a automóvel de passageiros elétrico ou equipado com motor de cilindrada não superior a 2.000 cm³ (dois mil centímetros cúbicos) e movido a combustível de origem renovável, sistema reversível de combustão ou híbrido; e

II – na hipótese do inciso II do *caput* deste artigo, a automóvel cujo preço de venda ao consumidor, incluídos os tributos incidentes caso não houvesse as reduções e não incluídos os custos necessários para a adaptação a que se refere o § 3.º deste artigo, não seja superior a R$ 200.000,00 (duzentos mil reais), limitado o benefício ao valor da operação de até R$ 70.000,00 (setenta mil reais).

§ 3.º Na hipótese da alínea *a* do inciso II do *caput* deste artigo, quando a pessoa for fisicamente capaz de dirigir, o benefício alcançará somente automóveis adaptados, consideradas adaptações aquelas necessárias para viabilizar a condução e não ofertadas ao público em geral.

§ 4.º Na hipótese do inciso II do *caput* deste artigo, os automóveis de passageiros serão adquiridos diretamente pelas pessoas que tenham plena capacidade jurídica ou por intermédio de seu representante legal ou mandatário.

§ 5.º O representante legal ou mandatário de que trata o § 4.º deste artigo responde solidariamente quanto ao tributo que deixar de ser pago em razão das reduções de alíquotas de que trata esta Seção.

§ 6.º Os limites definidos no inciso II do § 2.º deste artigo serão atualizados anualmente, em 1.º de janeiro, somente para fins de sua ampliação, com base na variação do preço médio dos automóveis novos neles enquadrados na Tabela da Fundação Instituto de Pesquisas Econômicas (Tabela Fipe), nos termos de ato conjunto do Ministro de Estado da Fazenda e do Comitê Gestor do IBS.

Art. 150. Para fins de reconhecimento do direito às reduções de alíquotas de que trata esta Seção, considera-se pessoa com deficiência aquela que se enquadrar em, no mínimo, uma das seguintes categorias:

I – deficiência física: alteração completa ou parcial de um ou mais segmentos do corpo humano que acarrete o comprometimento da função física, sob a forma de:
a) paraplegia;
b) paraparesia;
c) monoplegia;
d) monoparesia;
e) tetraplegia;
f) tetraparesia;
g) triplegia;
h) triparesia;
i) hemiplegia;
j) hemiparesia;
k) ostomia;
l) amputação ou ausência de membro;
m) paralisia cerebral;
n) nanismo; ou
o) membros com deformidade congênita ou adquirida;

II – deficiência auditiva: perda bilateral, parcial ou total, de 41 dB (quarenta e um decibéis) ou mais, aferida por audiograma nas frequências de 500 Hz (quinhentos hertz), 1.000 Hz (mil hertz), 2.000 Hz (dois mil hertz) e 3.000 Hz (três mil hertz);

III – deficiência visual:
a) cegueira, na qual a acuidade visual seja igual ou menor que 0,05 (cinco centésimos) no melhor olho, com a melhor correção óptica;
b) baixa visão, na qual a acuidade visual esteja entre 0,3 (três décimos) e 0,05 (cinco centésimos) no melhor olho, com a melhor correção óptica;
c) casos em que a somatória da medida do campo visual em ambos os olhos seja igual ou menor que 60 (sessenta) graus;
d) ocorrência simultânea de quaisquer das condições previstas nas alíneas *a*, *b* e *c* deste inciso; ou
e) visão monocular, na qual a pessoa tem visão igual ou inferior a 20% (vinte por cento) em um dos olhos, enquanto no outro mantém visão normal;

IV – deficiência mental: funcionamento intelectual significativamente inferior à média, com manifestação antes dos 18 (dezoito) anos de idade e limitações associadas a duas ou mais áreas de habilidades adaptativas, tais como:
a) comunicação;
b) cuidado pessoal;
c) habilidades sociais;
d) utilização dos recursos da comunidade;
e) saúde e segurança;
f) habilidades acadêmicas;
g) lazer; e
h) trabalho.

§ 1.º O disposto nos incisos I, II e III do *caput* deste artigo aplica-se às deficiências de grau moderado ou grave, assim entendidas aquelas que causem comprometimento parcial ou total das funções dos segmentos corpóreos que envolvam a segurança da direção veicular, acarretando o comprometimento da função física e a incapacidade total ou parcial para dirigir.

§ 2.º Não se incluem no rol das deficiências físicas as deformidades estéticas e as que não produzam dificuldades para o desempenho das funções locomotoras da pessoa.

Art. 151. Para fins de concessão das reduções de alíquotas de que trata esta Seção, a comprovação da deficiência e da condição de pessoa com transtorno do espectro autista será realizada por meio de laudo de avaliação emitido:

I – por fornecedor de serviço público de saúde;
II – por fornecedor de serviço privado de saúde, contratado ou conveniado, que integre o Sistema Único de Saúde (SUS); ou
III – pelo Departamento de Trânsito (Detran) ou por suas clínicas credenciadas.

§ 1.º O preenchimento do laudo de avaliação, nos termos deste artigo, atenderá ao disposto em ato conjunto do Comitê Gestor do IBS e da RFB.

§ 2.º As clínicas credenciadas a que se refere o inciso III do *caput* deste artigo são solidariamente responsáveis pelos tributos que deixarem de ser recolhidos, com os acréscimos legais, caso se comprove a emissão fraudulenta de laudo de avaliação por seus agentes.

Art. 152. As reduções de alíquotas de que trata o art. 149 desta Lei Complementar poderão ser usufruídas:

I – na hipótese do inciso I do *caput* do art. 149 desta Lei Complementar, em intervalos não inferiores a 2 (dois) anos;
II – na hipótese do inciso II do *caput* do art. 149 desta Lei Complementar, em intervalos não inferiores a 4 (quatro) anos.

Parágrafo único. Nas hipóteses de perda total ou desaparecimento por furto ou roubo do automóvel, as reduções de alíquotas podem ser usufruídas a qualquer tempo.

Art. 153. O direito às reduções de alíquotas de que trata o art. 149 desta Lei Complementar será reconhecido pela administração tributária estadual ou distrital de domicílio do requerente e pela RFB, mediante prévia verificação de que o adquirente preenche os requisitos previstos nesta Seção.

Art. 154. Os tributos incidirão normalmente sobre quaisquer acessórios opcionais que não sejam equipamentos originais do automóvel adquirido.

Art. 155. A alienação do automóvel adquirido nos termos desta Seção que ocorrer em intervalos inferiores aos definidos no art. 152, contados da data de sua aquisição, a pessoas que não tenham o reconhecimento do direito de que trata o art. 153 desta Lei Complementar acarretará o pagamento pelo alienante dos tributos dispensados, atualizados na forma prevista na legislação tributária.

§ 1.º A alienação antecipada a que se refere este artigo sujeita ainda o alienante ao pagamento de multa e juros moratórios previstos na legislação em vigor.

§ 2.º O disposto no *caput* deste artigo não se aplica nos casos de:

I – transmissão do automóvel adquirido:
a) para a seguradora, nos casos de perda total ou desaparecimento por furto ou roubo;
b) em virtude do falecimento do beneficiário;
II – alienação fiduciária do automóvel em garantia.

Seção VIII
Dos Serviços Prestados por Instituição Científica, Tecnológica e de Inovação (ICT) sem Fins Lucrativos

Art. 156. Ficam reduzidas a zero as alíquotas do IBS e da CBS incidentes sobre a prestação de serviços de pesquisa e desenvolvimento por Instituição Científica, Tecnológica e de Inovação (ICT) sem fins lucrativos para:

I – a administração pública direta, autarquias e fundações públicas; ou

II – contribuinte sujeito ao regime regular do IBS e da CBS.

Parágrafo único. A redução de alíquotas prevista no *caput* deste artigo aplica-se à ICT sem fins lucrativos que, cumulativamente:

I – inclua em seu objetivo social ou estatutário:

a) a pesquisa básica ou aplicada de caráter científico ou tecnológico; ou

b) o desenvolvimento de novos produtos, serviços ou processos;

II – cumpra as condições para gozo da imunidade prevista no inciso III do *caput* do art. 9.º desta Lei Complementar para as operações realizadas por instituições de educação e de assistência social sem fins lucrativos.

Capítulo V
DO TRANSPORTE PÚBLICO COLETIVO DE PASSAGEIROS RODOVIÁRIO E METROVIÁRIO DE CARÁTER URBANO, SEMIURBANO E METROPOLITANO

Art. 157. Fica isento do IBS e da CBS o fornecimento de serviços de transporte público coletivo de passageiros rodoviário e metroviário de caráter urbano, semiurbano e metropolitano, sob regime de autorização, permissão ou concessão pública.

Parágrafo único. Para fins do *caput* deste artigo, consideram-se:

I – serviço de transporte público coletivo de passageiros o acessível a toda a população mediante cobrança individualizada, com itinerários e preços fixados pelo poder público;

II – transporte rodoviário o serviço de transporte terrestre realizado sobre vias urbanas e rurais;

III – transporte metroviário o realizado por meio de ferrovias, abrangendo trens urbanos, metrôs, veículos leves sobre trilhos e monotrilhos;

IV – transporte de passageiros de caráter urbano o serviço de característica urbana prestado no território do Município;

V – transporte de passageiros de caráter semiurbano o serviço de deslocamento intermunicipal, interestadual ou internacional entre localidades próximas de característica urbana ou metropolitana; e

VI – transporte de passageiros de caráter metropolitano o serviço prestado entre municípios que pertencem a uma mesma região metropolitana.

Capítulo VI
DA REABILITAÇÃO URBANA DE ZONAS HISTÓRICAS E DE ÁREAS CRÍTICAS DE RECUPERAÇÃO E RECONVERSÃO URBANÍSTICA

Art. 158. Observado o disposto neste Capítulo, ficam reduzidas em 60% (sessenta por cento) as alíquotas do IBS e da CBS sobre operações relacionadas a projetos de reabilitação urbana de zonas históricas e de áreas críticas de recuperação e reconversão urbanística dos Municípios ou do Distrito Federal, a serem delimitadas por lei municipal ou distrital.

Parágrafo único. Na hipótese de locação de imóveis prevista no inciso VI do *caput* do art. 162 desta Lei Complementar, a redução de alíquotas de que trata o *caput* deste artigo será de 80% (oitenta por cento).

Art. 159. A reabilitação urbana de zonas históricas e de áreas críticas de recuperação e reconversão urbanística dos Municípios tem por objetivo a preservação patrimonial, a qualificação de espaços públicos, a recuperação de áreas habitacionais, a restauração de imóveis e melhorias na infraestrutura urbana e de mobilidade.

Parágrafo único. Na utilização dos recursos do fundo de que trata o art. 159-A da Constituição Federal, os Estados e o Distrito Federal considerarão os objetivos de que trata o *caput* deste artigo em relação às suas zonas históricas e áreas críticas de recuperação e reconversão urbanística, inclusive por meio de estímulo à instalação de empresas no local e ao desenvolvimento da atividade econômica.

Art. 160. Para concessão do benefício de que trata o art. 158, os Municípios devem apresentar à Comissão Tripartite de que trata o art. 161 desta Lei Complementar projetos de desenvolvimento econômico e social das respectivas áreas de preservação, recuperação, reconversão e reabilitação urbana e das zonas históricas.

Art. 161. A Comissão Tripartite responsável pela análise dos projetos de que trata o art. 160 desta Lei Complementar será composta de:

I – 2 (dois) representantes do Ministério das Cidades;

II – 2 (dois) representantes do Ministério da Fazenda;

III – 4 (quatro) representantes do Comitê Gestor do IBS, dos quais 2 (dois) oriundos de representação dos Estados ou do Distrito Federal e 2 (dois) oriundos de representação dos Municípios ou do Distrito Federal.

Art. 162. O benefício de que trata o art. 158 restringir-se-á aos projetos aprovados conforme o art. 163 desta Lei Complementar e alcançará as seguintes operações:

I – prestação de serviços de elaboração de projetos arquitetônicos, urbanísticos, paisagísticos, ambientais, ecológicos, de engenharia, de infraestruturas e de mitigação de riscos e seus correspondentes projetos executivos;

II – prestação de serviços de execução por administração, gerenciamento, coordenação, empreitada ou subempreitada de construção civil, de todas as obras e serviços de edificações e de urbanização, de infraestruturas e outras obras semelhantes, inclusive serviços auxiliares ou complementares típicos da construção civil;

III – prestação de serviços de reparação, restauração, conservação e reforma de imóveis;

IV – prestação de serviços relativos a:

a) engenharia, topografia, mapeamentos e escaneamentos digitais, modelagens digitais, maquetes, sondagem, fundações, geologia, urbanismo, manutenção, performance ambiental, eficiência climática, limpeza, meio ambiente e saneamento; e

b) projetos complementares de instalações elétricas e hidráulicas, de prevenção e combate a incêndio e estruturais;

V – primeira alienação dos imóveis localizados nas zonas reabilitadas feita pelo proprietário no prazo de até 5 (cinco) anos, contado da data de expedição do habite-se;

VI – locação dos imóveis localizados nas zonas reabilitadas, pelo prazo de 5 (cinco) anos, contado da data de expedição do habite-se.

Parágrafo único. Os serviços mencionados nos incisos I a IV do *caput* deste artigo farão jus ao benefício até o prazo de conclusão previsto no projeto aprovado.

Art. 163. Lei ordinária federal estabelecerá:

I – os conceitos de preservação, recuperação, reconversão e reabilitação urbana;

II – a vinculação institucional e as competências da Comissão Tripartite;

III – os critérios para aprovação dos projetos apresentados à Comissão Tripartite; e

IV – a governança a ser adotada para recebimento e avaliação dos projetos.

Capítulo VII
DO PRODUTOR RURAL E DO PRODUTOR RURAL INTEGRADO NÃO CONTRIBUINTE

Art. 164. O produtor rural pessoa física ou jurídica que auferir receita inferior a R$ 3.600.000,00 (três milhões e seiscentos mil reais) no ano-calendário e o produtor rural integrado não serão considerados contribuintes do IBS e da CBS.

§ 1.º Considera-se produtor rural integrado o produtor agrossilvipastoril, pessoa física ou jurídica, que, individualmente ou de forma associativa, com ou sem a cooperação laboral de empregados, vincula-se ao integrador por meio de contrato de integração vertical, recebendo bens ou serviços para a produção e para o fornecimento de matéria-prima, bens intermediários ou bens de consumo final.

§ 2.º Caso durante o ano-calendário o produtor rural exceda o limite de receita anual previsto no *caput* deste artigo, passará a ser contribuinte a partir do segundo mês subsequente à ocorrência do excesso.

§ 3.º Os efeitos previstos no § 2.º dar-se-ão no ano-calendário subsequente caso o excesso verificado em relação à receita anual não seja superior a 20% (vinte por cento) do limite de que trata o *caput* deste artigo.

§ 4.º No caso de início de atividade, o limite a que se refere o *caput* deste artigo será proporcional ao número de meses em que o produtor houver exercido atividade, consideradas as frações de meses como um mês inteiro.

§ 5.º Para fins do disposto no *caput,* considera-se pessoa jurídica inclusive a associação ou cooperativa de produtores rurais:

I – cuja receita seja inferior a R$ 3.600.000,00 (três milhões e seiscentos mil reais) no ano-calendário; e

II – seja integrada exclusivamente por produtores rurais pessoas físicas cuja receita seja inferior a R$ 3.600.000,00 (três milhões e seiscentos mil reais) no ano-calendário.

§ 6.º Caso o produtor rural, pessoa física ou jurídica, tenha participação societária em outra pessoa jurídica que desenvolva atividade agropecuária, o limite previsto no *caput* deste artigo será verificado em relação à soma das receitas auferidas no ano-calendário por todas essas pessoas.

Art. 165. O produtor rural ou o produtor rural integrado poderão optar, a qualquer tempo, por se inscrever como contribuinte do IBS e da CBS no regime regular.

§ 1.º Os efeitos da opção prevista no *caput* deste artigo iniciar-se-ão a partir do primeiro dia do mês subsequente àquele em que realizada a solicitação.

§ 2.º A opção pela inscrição nos termos do *caput* deste artigo será irretratável para todo o ano-calendário e aplicar-se-á aos anos-calendário subsequentes, observado o disposto no art. 166 desta Lei Complementar.

§ 3.º O produtor rural que tenha auferido receita igual ou superior a R$ 3.600.000,00 (três milhões e seiscentos mil reais) no ano-calendário anterior àquele da entrada em vigor desta Lei Complementar será considerado contribuinte a partir do início da produção de efeitos desta Lei Complementar, independentemente de qualquer providência.

Art. 166. O produtor rural ou o produtor rural integrado poderão renunciar à opção de que trata o art. 165 na forma do regulamento, observado o disposto no § 5.º do art. 41 desta Lei Complementar.

Parágrafo único. Na hipótese do *caput* deste artigo, o produtor rural ou o produtor rural integrado deixarão de ser contribuintes do IBS e da CBS a partir do primeiro dia do ano-calendário seguinte à renúncia da opção, observado o disposto no art. 164 desta Lei Complementar.

Art. 167. O valor estabelecido no *caput* do art. 164 desta Lei Complementar será atualizado anualmente com base na variação do IPCA.

Art. 168. O contribuinte de IBS e de CBS sujeito ao regime regular poderá apropriar créditos presumidos dos referidos tributos relativos às aquisições de bens e serviços de produtor rural ou de produtor rural integrado, não contribuintes, de que trata o art. 164 desta Lei Complementar.

§ 1.º O documento fiscal eletrônico relativo à aquisição deverá discriminar:

I – o valor da operação, que corresponderá ao valor pago ao fornecedor;

II – o valor do crédito presumido; e

III – o valor líquido para efeitos fiscais, que corresponderá à diferença entre os valores discriminados nos incisos I e II deste parágrafo.

§ 2.º Na hipótese de bem ou serviço fornecido por produtor integrado, o valor da operação de que trata o inciso I do § 1.º deste artigo será o valor da remuneração do produtor integrado determinado com base no contrato de integração.

§ 3.º O valor do crédito presumido de que trata o inciso II do § 1.º deste artigo será o resultado da aplicação dos percentuais de que trata o § 4.º deste artigo sobre o valor da operação de que trata o inciso III do § 1.º deste artigo.

§ 4.º Os percentuais serão definidos e divulgados anualmente até o mês de setembro, por ato conjunto do Ministro de Estado da Fazenda e do Comitê Gestor do IBS, e entrarão em vigor a partir de primeiro de janeiro do ano subsequente.

§ 5.º A definição dos percentuais de que trata o § 4.º:

I – será realizada, nos termos do regulamento, com base nas informações fiscais disponíveis;

II – resultará da proporção entre:

a) montante do IBS e da CBS cobrados em relação ao valor total dos bens e serviços adquiridos pelos produtores rurais não contribuintes; e

b) valor total dos bens e serviços fornecidos pelos produtores rurais não contribuintes a que se refere o inciso III do § 1.º deste artigo; e

III – tomará por base a média dos percentuais anuais relativos às operações realizadas nos 5 (cinco) anos-calendário anteriores ao do prazo da divulgação previsto no § 4.º.

§ 6.º Os percentuais de que trata o § 4.º deste artigo poderão ser diferenciados, observadas as categorias estabelecidas em regulamento, em função do bem ou serviço fornecido pelo produtor rural ou pelo produtor rural integrado.

§ 7.º Para efeito do disposto no § 5.º deste artigo, não serão consideradas as aquisições de bens e serviços de que trata o inciso I do *caput* do art. 57 desta Lei Complementar, nem a aquisição de bens e serviços destinados ao uso e consumo pessoal do produtor rural ou de pessoas a ele relacionadas, nos termos do inciso II do *caput* do art. 57 desta Lei Complementar.

§ 8.º Os créditos presumidos do IBS e da CBS de que trata o *caput* deste artigo poderão ser utilizados para dedução, respectivamente, do valor do IBS e da CBS devidos pelo contribuinte, permitido o ressarcimento na forma da Seção X do Capítulo II do Título I deste Livro.

§ 9.º O direito à apropriação e à utilização do crédito presumido de que trata este artigo aplica-se também à sociedade cooperativa em relação ao recebimento de bens e serviços de seus associados não contribuintes do IBS e da CBS na forma do art. 164 desta Lei Complementar e não optantes pelo Simples Nacional, inclusive no caso de opção pelo regime específico de que trata o art. 271 desta Lei Complementar, exceto na hipótese em que o bem seja enviado para beneficiamento na cooperativa e retorne ao associado.

§ 10. Excepcionalmente, de 2027 a 2031, o período de que trata o inciso III do § 5.º poderá ser inferior a 5 (cinco) anos, a depender da disponibilidade de informações.

Capítulo VIII
DO TRANSPORTADOR AUTÔNOMO DE CARGA PESSOA FÍSICA NÃO CONTRIBUINTE

Art. 169. O contribuinte de IBS e de CBS sujeito ao regime regular poderá apropriar créditos presumidos dos referidos tributos relativos às aquisições de serviço de transporte de carga de transportador autônomo pessoa física que não seja contribuinte dos referidos tributos ou que seja inscrito como MEI.

§ 1.º Os créditos presumidos de que trata o *caput* deste artigo:

I – somente se aplicam ao contribuinte que adquire bens e serviços e suporta a cobrança do valor do serviço de transporte de carga;

II – não se aplicam ao contribuinte que adquire bens e serviços e suporta a cobrança do valor do transporte como parte do valor da operação, ainda que especificado em separado nos documentos relativos à aquisição.

§ 2.º O documento fiscal eletrônico relativo à aquisição deverá discriminar:

I – o valor da operação, que corresponderá ao valor pago ao fornecedor;

II – o valor do crédito presumido; e

III – o valor líquido para efeitos fiscais, que corresponderá à diferença entre os valores discriminados nos incisos I e II deste parágrafo.

§ 3.º O valor do crédito presumido de que trata o inciso II do § 2.º deste artigo será o resultado da aplicação dos percentuais de que trata o § 4.º deste artigo sobre o valor da operação de que trata o inciso III do § 2.º deste artigo.

§ 4.º Os percentuais serão definidos e divulgados anualmente até o mês de setembro, por ato conjunto do Ministro de Estado da Fazenda e do Comitê Gestor do IBS, e entrarão em vigor a partir de primeiro de janeiro do ano subsequente.

§ 5.º A definição dos percentuais de que trata o § 4.º:

I – será realizada, nos termos do regulamento, com base nas informações fiscais disponíveis;

II – resultará da proporção entre:

a) montante do IBS e da CBS cobrados em relação ao valor total das aquisições realizadas pelos transportadores referidos no *caput* deste artigo; e

b) valor total a que se refere o inciso III do § 2.º deste artigo em relação aos serviços fornecidos pelos transportadores de que trata o *caput* deste artigo; e

III – tomará por base as operações realizadas no ano-calendário anterior ao do prazo da divulgação previsto no § 4.º deste artigo.

§ 6.º Para efeito do disposto no § 5.º deste artigo, não serão consideradas as aquisições de bens e serviços para uso e consumo pessoal de que trata o inciso I do *caput* do art. 57 nem a aquisição de bens e serviços destinados ao uso e consumo pessoal do transportador ou de pessoas a ele relacionadas, nos termos do inciso II do *caput* do art. 57 desta Lei Complementar.

§ 7.º Os créditos presumidos do IBS e da CBS de que trata o *caput* deste artigo somente poderão ser utilizados para dedução, respectivamente, do valor do IBS e da CBS devidos pelo contribuinte.

§ 8.º O direito à apropriação e à utilização do crédito presumido de que trata este artigo aplica-se também à sociedade cooperativa em relação ao recebimento de serviços de transporte de carga de seus associados transportadores autônomos pessoa física que não sejam contribuintes do IBS e da CBS, inclusive no caso de opção pelo regime específico de que trata o art. 271 desta Lei Complementar.

Capítulo IX
DOS RESÍDUOS E DEMAIS MATERIAIS DESTINADOS À RECICLAGEM, REUTILIZAÇÃO OU LOGÍSTICA REVERSA ADQUIRIDOS DE PESSOA FÍSICA, COOPERATIVA OU OUTRA FORMA DE ORGANIZAÇÃO POPULAR

Art. 170. O contribuinte de IBS e de CBS sujeito ao regime regular poderá apropriar créditos presumidos dos referidos tributos relativos às aquisições de resíduos sólidos de coletores incentivados para utilização em processo de destinação final ambientalmente adequada.

§ 1.º Para fins do *caput* deste artigo, consideram-se:

I – resíduos sólidos: material, substância, objeto ou bem descartado resultante de atividades humanas em sociedade, a cuja destinação final se procede, se propõe proceder ou se está obrigado a proceder, nos estados sólido ou semissólido, bem como gases contidos em recipientes e líquidos cujas particularidades tornem inviável o seu lançamento na rede pública de esgotos ou em corpos d'água ou exijam para isso soluções técnica ou economicamente inviáveis em face da melhor tecnologia disponível;

II – coletores incentivados:

a) pessoa física que executa a coleta ou a triagem de resíduos sólidos e a venda para contribuinte do IBS e da CBS que lhes confere destinação final ambientalmente adequada;

b) associação ou cooperativa de pessoas físicas que executa exclusivamente a atividade mencionada na alínea *a* deste inciso; e

c) associação ou cooperativa que congrega exclusivamente as pessoas de que trata a alínea *b* deste inciso;

III – destinação final ambientalmente adequada: destinação de resíduos sólidos para reutilização, reciclagem, compostagem e recuperação, bem como, na forma do regulamento, outras destinações admitidas pelos órgãos competentes, entre elas a disposição final.

§ 2.º Os créditos presumidos de que trata o *caput* deste artigo somente poderão ser utilizados para dedução, respectivamente, do valor do IBS e da CBS devidos pelo contribuinte e serão calculados mediante aplicação dos seguintes percentuais sobre o valor da aquisição registrado em documento admitido pela administração tributária na forma do regulamento:

I – para o crédito presumido de IBS:

a) em 2029, 1,3% (um inteiro e três décimos por cento);

b) em 2030, 2,6% (dois inteiros e seis décimos por cento);

c) em 2031, 3,9% (três inteiros e nove décimos por cento);

d) em 2032, 5,2% (cinco inteiros e dois décimos por cento);

e) a partir de 2033, 13% (treze por cento); e

II – para o crédito presumido de CBS, 7% (sete por cento).

§ 3.º Os créditos presumidos de IBS e de CBS de que trata o *caput* deste artigo não serão concedidos às aquisições de:

I – agrotóxicos, seus resíduos e embalagens;

II – medicamentos domiciliares, de uso humano, industrializados e manipulados e, observados critérios estabelecidos no regulamento, de suas embalagens;

III – pilhas e baterias;

IV – pneus;

V – produtos eletroeletrônicos e seus componentes de uso doméstico;

VI – óleos lubrificantes, seus resíduos e embalagens;

VII – lâmpadas fluorescentes, de vapor de sódio e mercúrio e de luz mista; e

VIII – sucata de cobre.

§ 4.º Não se aplica o disposto no inciso VI do § 3.º deste artigo às aquisições de óleo lubrificante usado ou contaminado por rerrefinador ou coletor autorizado pela Agência Nacional do Petróleo, Gás Natural e Biocombustíveis (ANP) a realizar a coleta, ficando permitida a concessão de créditos presumidos de IBS e de CBS conforme o disposto neste Capítulo.

Capítulo X
DOS BENS MÓVEIS USADOS ADQUIRIDOS DE PESSOA FÍSICA NÃO CONTRIBUINTE PARA REVENDA

Art. 171. O contribuinte de IBS e de CBS sujeito ao regime regular poderá apropriar créditos presumidos dos referidos tributos relativos às aquisições, para revenda, de bem móvel usado de pessoa física que não seja contribuinte dos referidos tributos ou que seja inscrita como MEI.

§ 1.º Os créditos presumidos de que trata o *caput* deste artigo serão calculados mediante aplicação dos seguintes percentuais sobre o valor da aquisição registrado em documento admitido pela administração tributária na forma do regulamento:

I – para o crédito presumido de IBS, o percentual equivalente à soma das alíquotas de IBS aplicáveis às operações com bem móvel de que trata o *caput* deste artigo, fixadas pelo Município e pelo Estado onde estiver localizado o estabelecimento em que tiver sido efetuada a aquisição vigentes:

a) na data da revenda, para aquisições realizadas até 31 de dezembro de 2032;

b) na data da aquisição, para aquisições realizadas a partir de 1.º de janeiro de 2033;

II – para o crédito presumido de CBS, a alíquota da CBS aplicável às operações com o bem móvel de que trata o *caput* deste artigo, fixada pela União e vigente:

a) na data da revenda, para aquisições realizadas até 31 de dezembro de 2026;

b) na data da aquisição, para aquisições realizadas a partir de 1.º de janeiro de 2027.

§ 2.º Os créditos presumidos de que trata o *caput* deste artigo somente poderão ser utilizados para deduzir, respectivamente, o IBS e a CBS devidos pelo contribuinte, por ocasião da revenda do bem usado sobre o qual tenham sido calculados os respectivos créditos.

§ 3.º O regulamento disporá sobre a forma de apropriação dos créditos presumidos na hipótese de não ser possível a vinculação desses créditos com o bem usado revendido.

§ 4.º Para fins do disposto neste artigo, considera-se bem móvel usado aquele que tenha sido objeto de fornecimento para consumo final de pessoa física e tenha voltado à comercialização.

TÍTULO V
DOS REGIMES ESPECÍFICOS DO IBS E DA CBS

Capítulo I
DOS COMBUSTÍVEIS

Seção I
Disposições Gerais

Art. 172. O IBS e a CBS incidirão uma única vez sobre as operações, ainda que iniciadas no exterior, com os seguintes combustíveis, qualquer que seja a sua finalidade:

I – gasolina;
II – etanol anidro combustível (EAC);
III – óleo diesel;
IV – biodiesel (B100);
V – gás liquefeito de petróleo (GLP), inclusive o gás liquefeito derivado de gás natural (GLGN);
VI – etanol hidratado combustível (EHC);
VII – querosene de aviação;
VIII – óleo combustível;
IX – gás natural processado;
X – biometano;
XI – gás natural veicular (GNV); e
XII – outros combustíveis especificados e autorizados pela Agência Nacional do Petróleo, Gás Natural e Biocombustíveis (ANP), relacionados em ato conjunto do Comitê Gestor do IBS e do Poder Executivo da União.

Seção II
Da Base de Cálculo

Art. 173. A base de cálculo do IBS e da CBS será a quantidade de combustível objeto da operação.

§ 1.º A quantidade de combustível será aferida de acordo com a unidade de medida própria de cada combustível.

§ 2.º O valor do IBS e da CBS, nos termos deste Capítulo, corresponderá à multiplicação da base de cálculo pela alíquota específica aplicável a cada combustível.

Seção III
Das Alíquotas

Art. 174. As alíquotas do IBS e da CBS para os combustíveis de que trata o art. 172 desta Lei Complementar serão:

I – uniformes em todo o território nacional, específicas por unidade de medida e diferenciadas por produto;
II – reajustadas no ano anterior ao de sua vigência, observada, para a sua majoração, a anterioridade nonagesimal prevista na alínea c do inciso III do caput do art. 150 da Constituição Federal;
III – divulgadas:
a) quanto ao IBS, pelo Comitê Gestor do IBS;
b) quanto à CBS, pelo chefe do Poder Executivo da União.

§ 1.º As alíquotas da CBS em 2027 serão fixadas de forma a não exceder a carga tributária incidente sobre os combustíveis dos tributos federais extintos ou reduzidos pela Emenda Constitucional n. 132, de 20 de dezembro de 2023, calculada nos termos do § 2.º deste artigo.

§ 2.º Na apuração da carga tributária de que trata o § 1.º deste artigo deverá ser considerada:

I – a carga tributária direta das contribuições previstas na alínea b do inciso I e no inciso IV do caput do art. 195 da Constituição Federal e da Contribuição para o PIS/Pasep de que trata o art. 239 da Constituição Federal incidentes na produção, importação e comercialização dos combustíveis, calculada da seguinte forma:

a) a carga tributária por unidade de medida das contribuições de que trata este inciso será apurada para cada um dos meses de julho de 2025 a junho de 2026;
b) os valores apurados na forma da alínea a deste inciso serão reajustados a preços de julho de 2026, com base na variação do IPCA, somados e divididos por 12 (doze);
c) o valor apurado nos termos da alínea b deste inciso será atualizado a preços de 2027 por meio do acréscimo de percentual equivalente à meta para a inflação relativa a 2027, fixada pelo Conselho Monetário Nacional, vigente em julho de 2026; e

II – a carga tributária indireta decorrente das contribuições referidas no inciso I deste parágrafo, do imposto de que trata o inciso IV do caput do art. 153 da Constituição Federal e do imposto de que trata o inciso V do caput do mesmo artigo sobre operações de seguro, incidentes sobre os insumos, serviços e bens de capital utilizados na produção, importação e comercialização dos combustíveis e não recuperados como crédito, calculada da seguinte forma:

a) os valores serão apurados a preços de 2025 e divididos pelo volume consumido no país do respectivo combustível em 2025, de modo a resultar na carga tributária por unidade de medida;
b) os valores apurados na forma da alínea a deste inciso serão reajustados a preços de julho de 2026, com base na variação do IPCA;
c) o valor apurado nos termos da alínea b deste inciso será atualizado a preços de 2027 por meio do acréscimo de percentual equivalente à meta para a inflação relativa a 2027, fixada pelo Conselho Monetário Nacional, vigente em julho de 2026.

§ 3.º Para os anos subsequentes a 2027, as alíquotas da CBS serão fixadas de modo a não exceder a carga tributária calculada nos termos do § 2.º deste artigo reajustada por percentual equivalente à variação do preço médio ponderado de venda a consumidor final, obtido por meio de pesquisa realizada por órgão competente ou com base nos dados dos documentos fiscais eletrônicos de venda a consumidor, entre:

I – os 12 (doze) meses anteriores a julho do ano anterior àquele para o qual será fixada a alíquota; e
II – o período de julho de 2025 a junho de 2026.

§ 4.º As alíquotas do IBS serão fixadas:

I – em 2029 de forma a não exceder a 10% (dez por cento) da carga tributária incidente sobre os combustíveis dos tributos estaduais e municipais extintos ou reduzidos pela Emenda Constitucional n. 132, de 20 de dezembro de 2023, calculada nos termos do § 5.º deste artigo;
II – em 2030 de forma a não exceder a 20% (vinte por cento) da carga tributária calculada nos termos do § 5.º, reajustada nos termos do § 6.º deste artigo;
III – em 2031 de forma a não exceder a 30% (trinta por cento) da carga tributária calculada nos termos do § 5.º, reajustada nos termos do § 6.º deste artigo;
IV – em 2032 de forma a não exceder a 40% (quarenta por cento) da carga tributária calculada nos termos do § 5.º, reajustada nos termos do § 6.º deste artigo;
V – a partir de 2033 de forma a não exceder a carga tributária calculada nos termos do § 5.º, reajustada nos termos do § 6.º deste artigo.

§ 5.º Na apuração da carga tributária de que tratam os incisos I a V do § 4.º deste artigo, deverá ser considerada:

I – a carga tributária direta do imposto de que trata o inciso II do caput do art. 155 da Constituição Federal incidente na produção, importação e comercialização dos combustíveis, calculada da seguinte forma:

a) a carga tributária por unidade de medida do imposto de que trata este inciso será apurada para cada um dos meses de julho de 2027 a junho de 2028;
b) os valores apurados na forma da alínea a deste inciso serão reajustados a preços de julho de 2028, com base na variação do IPCA, somados e divididos por 12 (doze);
c) o valor apurado nos termos da alínea b deste inciso será atualizado a preços de 2029 por meio do acréscimo de percentual equivalente à meta para a inflação relativa a 2029, fixada pelo Conselho Monetário Nacional, vigente em julho de 2028; e

II – a carga tributária indireta decorrente dos impostos referidos no inciso II do caput do art. 155 e no inciso III do caput do art. 156 da Constituição Federal incidentes sobre os insumos, serviços e bens de capital utilizados na produção, importação e comercialização dos combustíveis e não recuperados como crédito, calculada da seguinte forma:

a) os valores serão apurados a preços de 2027 e divididos pelo volume consumido no país do respectivo combustível em 2027, de modo a resultar na carga tributária por unidade de medida;
b) os valores apurados na forma da alínea a deste inciso serão reajustados a preços de julho de 2028, com base na variação do IPCA;
c) o valor apurado nos termos da alínea b deste inciso será atualizado a preços de 2029 por meio do acréscimo de percentual

equivalente à meta para a inflação relativa a 2029, fixada pelo Conselho Monetário Nacional, vigente em julho de 2028.

§ 6.º Para os anos subsequentes a 2029, a alíquota do IBS será fixada de modo a não exceder a carga tributária calculada nos termos do § 5.º deste artigo reajustada por percentual equivalente à variação do preço médio ponderado de venda a consumidor final, obtido por meio de pesquisa realizada por órgão competente ou com base nos dados dos documentos fiscais eletrônicos de venda a consumidor, entre:

I – os 12 (doze) meses anteriores a julho do ano anterior àquele para o qual será fixada a alíquota; e

II – o período de julho de 2027 a junho de 2028.

§ 7.º A metodologia de cálculo da carga tributária para a fixação das alíquotas nos termos dos §§ 1.º e 4.º deste artigo será aprovada por ato conjunto do Ministro de Estado da Fazenda e do Comitê Gestor do IBS.

§ 8.º Os cálculos para a fixação das alíquotas, com base na metodologia de que trata o § 7.º deste artigo, serão realizados, para a CBS, pela RFB e, para o IBS, pelo Comitê Gestor do IBS.

§ 9.º A União, os Estados, o Distrito Federal e os Municípios fornecerão ao Comitê Gestor do IBS e ao Poder Executivo da União os subsídios necessários ao cálculo das alíquotas do IBS e da CBS sobre combustíveis, mediante o compartilhamento de dados e informações.

§ 10. A alíquota do IBS calculada na forma dos §§ 4.º a 6.º deste artigo será distribuída entre a alíquota estadual do IBS e a alíquota municipal do IBS proporcionalmente às respectivas alíquotas de referência.

§ 11. Em relação aos combustíveis de que trata o inciso XII do caput do art. 172 desta Lei Complementar, será aplicada a mesma alíquota observada pelo combustível que possua a finalidade mais próxima, entre aqueles previstos nos incisos I a XI do caput do referido artigo, ponderada pela respectiva equivalência energética, observado, quando se tratar de biocombustíveis, o disposto no art. 175.

Art. 175. Fica assegurada aos biocombustíveis e ao hidrogênio de baixa emissão de carbono tributação inferior à incidente sobre os combustíveis fósseis, de forma a garantir o diferencial competitivo estabelecido no inciso VIII do § 1.º do art. 225 da Constituição Federal.

§ 1.º As alíquotas do IBS e da CBS relativas aos biocombustíveis e ao hidrogênio de baixa emissão de carbono não poderão ser inferiores a 40% (quarenta por cento) e não poderão exceder a 90% (noventa por cento) das alíquotas incidentes sobre os respectivos combustíveis fósseis comparados.

§ 2.º A tributação reduzida de que trata este artigo será estabelecida considerando-se, nos termos do regulamento:

I – a equivalência energética, os preços de mercado e as unidades de medida dos combustíveis comparados;

II – o potencial de redução de impactos ambientais dos biocombustíveis ou do hidrogênio de baixa emissão de carbono em relação aos combustíveis fósseis de que sejam substitutos ou com os quais sejam misturados.

§ 3.º Em relação ao etanol hidratado combustível (EHC), o diferencial de que trata o caput deste artigo será, no mínimo, aquele existente entre a carga tributária direta e indireta definida nos §§ 2.º e 5.º do art. 174 desta Lei Complementar sobre o referido combustível e a gasolina C no período de 1.º de julho de 2023 a 30 de junho de 2024 para os seguintes tributos:

I – Contribuição para o PIS/Pasep e Contribuição para Financiamento da Seguridade Social (Cofins), para a CBS; e

II – Imposto sobre Operações relativas à Circulação de Mercadorias e sobre Prestações de Serviços de Transporte Interestadual e Intermunicipal e de Comunicação (ICMS), para o IBS.

§ 4.º O cálculo da carga tributária de que trata o § 3.º deste artigo será realizado a partir das alíquotas vigentes em 1.º de julho de 2024, ponderadas pelo volume de venda dos respectivos produtos em cada unidade da Federação e considerado o Preço Médio Ponderado ao Consumidor Final (PMPF) observado no período entre 1.º de julho de 2023 a 30 de junho de 2024.

§ 5.º O diferencial de que trata o § 3.º deste artigo será:

I – em 2027, para a CBS, e em 2029, para o IBS, a diferença de carga de que trata o § 3.º deste artigo em termos percentuais e absolutos por unidade de medida;

II – nos anos-calendário posteriores, atualizado conforme sistemática estabelecida para as alíquotas do IBS e da CBS no art. 174 desta Lei Complementar.

§ 6.º Ato do Poder Executivo Federal poderá reduzir as alíquotas específicas por unidade de medida da CBS para o biodiesel (B100) produzido com matéria-prima adquirida da agricultura familiar.

Seção IV
Da Sujeição Passiva

Art. 176. São contribuintes do regime específico de IBS e de CBS de que trata este Capítulo:

I – o produtor nacional de biocombustíveis;

II – a refinaria de petróleo e suas bases;

III – a central de matéria-prima petroquímica (CPQ);

IV – a unidade de processamento de gás natural (UPGN) e o estabelecimento produtor e industrial a ele equiparado, definido e autorizado por órgão competente;

V – o formulador de combustíveis;

VI – o importador; e

VII – qualquer agente produtor não referido nos incisos I a VI deste caput, autorizado por órgão competente.

§ 1.º O disposto neste artigo também se aplica ao distribuidor de combustíveis em suas operações como importador.

§ 2.º Equipara-se ao produtor nacional de biocombustíveis a cooperativa de produtores de etanol autorizada por órgão competente.

Art. 177. Nas operações realizadas diretamente com os contribuintes de que trata o art. 176 desta Lei Complementar, o adquirente fica solidariamente responsável pelo pagamento do IBS e da CBS incidentes na operação, nos termos previstos neste artigo.

§ 1.º A responsabilidade a que se refere o caput:

I – não se aplica na hipótese em que a transação de pagamento tenha sido liquidada por instrumento eletrônico que permita o recolhimento do IBS e da CBS na liquidação financeira da operação (split payment), nos termos dos arts. 31 a 35 desta Lei Complementar;

II – restringe-se ao valor do IBS e da CBS não extintos pelo contribuinte, na forma dos incisos I e II do caput do art. 27 desta Lei Complementar;

III – estende-se aos demais participantes da cadeia econômica, não referidos no caput, que realizarem operações subsequentes à tributação monofásica de que trata este Capítulo, se houver comprovação de que concorreram para o não pagamento do IBS e da CBS devidos pelo contribuinte.

§ 2.º Para fins de definição do valor a que se refere o inciso II do § 1.º será observada, em cada período de apuração, a ordem cronológica prevista no inciso I do parágrafo único do art. 27 desta Lei Complementar.

Seção V
Das Operações com Etanol Anidro Combustível (EAC)

Art. 178. Fica atribuída à refinaria de petróleo ou suas bases, à CPQ, ao formulador de combustíveis e ao importador, relativamente ao percentual de biocombustível utilizado na mistura, nas operações com gasolina A, a responsabilidade pela retenção e pelo recolhimento do IBS e da CBS incidentes nas importações de EAC ou sobre as saídas do estabelecimento produtor de EAC.

Art. 179. Nas operações com EAC:

I – o adquirente de EAC destinado à mistura com gasolina A que realizar a saída dos biocombustíveis com destinação diversa fica obrigado a recolher o IBS e a CBS incidentes sobre o biocombustível;

II – a distribuidora de combustíveis que realizar mistura de EAC com gasolina A em percentual:

a) superior ao obrigatório, fica obrigada a recolher o IBS e a CBS de que trata o art.

172 desta Lei Complementar em relação ao volume de biocombustível correspondente ao que exceder ao percentual obrigatório de mistura; e

b) inferior ao obrigatório, terá direito ao ressarcimento do IBS e da CBS de que trata o art. 172 desta Lei Complementar em relação ao volume de biocombustível correspondente ao misturado a menor do que o percentual obrigatório de mistura.

Seção VI
Dos Créditos na Aquisição de Combustíveis Submetidos ao Regime de Tributação Monofásica

Art. 180. É vedada a apropriação de créditos em relação às aquisições de combustíveis sujeitos à incidência única do IBS e da CBS, quando destinadas à distribuição, à comercialização ou à revenda.

§ 1.º Excetuadas as hipóteses previstas no *caput* deste artigo, o contribuinte no regime regular poderá apropriar créditos do IBS e da CBS em relação à aquisição de combustíveis, nos termos do § 4.º do art. 47 desta Lei Complementar.

§ 2.º Fica assegurado ao exportador de combustíveis o direito à apropriação e à utilização dos créditos do IBS e da CBS relativos às aquisições de que trata esta Seção, na forma do § 1.º deste artigo.

Capítulo II
DOS SERVIÇOS FINANCEIROS

Seção I
Disposições Gerais

Art. 181. Os serviços financeiros ficam sujeitos a regime específico de incidência do IBS e da CBS, de acordo com o disposto neste Capítulo.

Art. 182. Para fins desta Lei Complementar, consideram-se serviços financeiros:

I – operações de crédito, incluídas as operações de captação e repasse, adiantamento, empréstimo, financiamento, desconto de títulos, recuperação de créditos e prestação de garantias, com exceção da securitização, faturização e liquidação antecipada de recebíveis de arranjos de pagamento, de que tratam, respectivamente, os incisos IV, V e IX do *caput* deste artigo;

II – operações de câmbio;

III – operações com títulos e valores mobiliários, incluídas a aquisição, negociação, liquidação, custódia, corretagem, distribuição e outras formas de intermediação, bem como a atividade de assessor de investimento e de consultor de valores mobiliários;

IV – operações de securitização;

V – operações de faturização (*factoring*);

VI – arrendamento mercantil (*leasing*), operacional ou financeiro, de quaisquer bens, incluídos a cessão de direitos e obrigações, substituição de garantia, alteração, cancelamento e registro de contrato e demais serviços relacionados ao arrendamento mercantil;

VII – administração de consórcio;

VIII – gestão e administração de recursos, inclusive de fundos de investimento;

IX – arranjos de pagamento, incluídas as operações dos instituidores e das instituições de pagamentos e a liquidação antecipada de recebíveis desses arranjos;

X – atividades de entidades administradoras de mercados organizados, infraestruturas de mercado e depositárias centrais;

XI – operações de seguros, com exceção dos seguros de saúde de que trata o Capítulo III deste Título;

XII – operações de resseguros;

XIII – previdência privada, composta de operações de administração e gestão da previdência complementar aberta e fechada;

XIV – operações de capitalização;

XV – intermediação de consórcios, seguros, resseguros, previdência complementar e capitalização; e

XVI – serviços de ativos virtuais.

Parágrafo único. Aplica-se o disposto neste regime específico à totalidade da contraprestação pelos serviços financeiros previstos nos incisos I a XVI do *caput* deste artigo, independentemente da sua nomenclatura.

Art. 183. Os serviços financeiros ficam sujeitos ao regime específico deste Capítulo quando forem prestados por pessoas físicas e jurídicas supervisionadas pelos órgãos governamentais que compõem o Sistema Financeiro Nacional e pelos demais fornecedores de que trata este artigo, observado o disposto no art. 184.

§ 1.º As pessoas físicas e jurídicas supervisionadas de que trata o *caput* deste artigo, na data da publicação desta Lei Complementar, são as seguintes:

I – bancos de qualquer espécie;

II – caixas econômicas;

III – cooperativas de crédito;

IV – corretoras de câmbio;

V – corretoras de títulos e valores mobiliários;

VI – distribuidoras de títulos e valores mobiliários;

VII – administradoras e gestoras de carteiras de valores mobiliários, inclusive de fundos de investimento;

VIII – assessores de investimento;

IX – consultores de valores mobiliários;

X – correspondentes registrados no Banco Central do Brasil;

XI – administradoras de consórcio;

XII – corretoras e demais intermediárias de consórcios;

XIII – sociedades de crédito direto;

XIV – sociedades de empréstimo entre pessoas;

XV – agências de fomento;

XVI – associações de poupança e empréstimo;

XVII – companhias hipotecárias;

XVIII – sociedades de crédito, financiamento e investimentos;

XIX – sociedades de crédito imobiliário;

XX – sociedades de arrendamento mercantil;

XXI – sociedades de crédito ao microempreendedor e à empresa de pequeno porte;

XXII – instituições de pagamento;

XXIII – entidades administradoras de mercados organizados de valores mobiliários, incluídos os mercados de bolsa e de balcão organizado, entidades de liquidação e compensação, depositárias centrais e demais entidades de infraestruturas do mercado financeiro;

XXIV – sociedades seguradoras;

XXV – resseguradores, incluídos resseguradores locais, resseguradores admitidos e resseguradores eventuais;

XXVI – entidades abertas de previdência complementar e fechadas que não atendam aos requisitos mencionados no art. 26, § 9.º, desta Lei Complementar;

XXVII – sociedades de capitalização;

XXVIII – corretores de seguros, corretores de resseguros e demais intermediários de seguros, resseguros, previdência complementar e capitalização; e

XXIX – prestadores de serviços de ativos virtuais.

§ 2.º Incluem-se também entre os fornecedores de que trata o *caput* deste artigo, ainda que não supervisionados pelos órgãos governamentais que compõem o Sistema Financeiro Nacional:

I – participantes de arranjos de pagamento que não são instituições de pagamento;

II – empresas que têm por objeto a securitização de créditos;

III – empresas de faturização (*factoring*);

IV – empresas simples de crédito;

V – correspondentes registrados no Banco Central do Brasil; e

VI – demais fornecedores que prestem serviço financeiro:

a) no desenvolvimento de atividade econômica;

b) de modo habitual ou em volume que caracterize atividade econômica; ou

c) de forma profissional, ainda que a profissão não seja regulamentada.

§ 3.º Aplica-se o disposto neste Capítulo aos fornecedores que:

I – passarem a ser supervisionados pelos órgãos governamentais de que trata o *caput* deste artigo após a data de publicação desta Lei Complementar; ou

II – vierem a realizar as operações de que tratam os incisos I a XVI do *caput* do art. 182 desta Lei Complementar, nos termos do inciso VI do § 2.º, deste artigo, ainda que não supervisionados pelos órgãos governamentais de que trata o *caput* deste artigo.

§ 4.º (*Vetado*).

Art. 184. Os serviços que, por disposição regulatória, somente possam ser prestados pelas instituições financeiras bancárias e sejam remunerados por tarifas e comissões, incluídos os serviços de abertura, manutenção e encerramento de conta de depósito à vista e conta de poupança, fornecimento de cheques, de saque e de transferência de valores, ficam sujeitos às normas gerais de incidência do IBS e da CBS previstas no Título I deste Livro.

§ 1.º Para fins do disposto no *caput* deste artigo, consideram-se instituições financeiras bancárias os bancos de qualquer espécie e as caixas econômicas, de que tratam os incisos I e II do § 1.º do art. 183 desta Lei Complementar.

§ 2.º Os serviços de manutenção e encerramento de conta de pagamento pré-paga e pós-paga prestados por instituições de pagamento e remunerados por tarifa e comissão também ficam sujeitos às normas gerais de incidência do IBS e da CBS previstas no Título I deste Livro.

§ 3.º Também ficam sujeitos às normas gerais de incidência do IBS e da CBS previstas no Título I deste Livro e, se for o caso, aos regimes diferenciados de que trata o Título IV deste Livro e não se sujeitam ao disposto no regime específico deste Capítulo, os demais serviços que forem prestados pelos fornecedores de que trata o art. 183 e não forem definidos como serviços financeiros no art. 182 desta Lei Complementar.

Seção II
Disposições Comuns aos Serviços Financeiros

Art. 185. A base de cálculo do IBS e da CBS no regime específico de serviços financeiros será composta das receitas das operações, com as deduções previstas neste Capítulo.

Art. 186. As receitas de reversão de provisões e da recuperação de créditos baixados como prejuízo comporão a base de cálculo do IBS e da CBS, desde que a respectiva provisão ou baixa tenha sido deduzida da base de cálculo.

Art. 187. As deduções da base de cálculo previstas neste Capítulo restringem-se à operações autorizadas por órgão governamental, desde que realizadas nos limites operacionais previstos na legislação pertinente, vedada a dedução de qualquer despesa administrativa.

Art. 188. As sociedades cooperativas que fornecerem serviços financeiros e exercerem a opção de que trata o art. 271 desta Lei Complementar deverão reverter o efeito das deduções de base de cálculo previstas neste Capítulo proporcionalmente ao valor que as operações beneficiadas com redução a zero das alíquotas do IBS e da CBS representarem do total das operações da cooperativa.

Art. 189. Caso não haja previsão em contrário neste Capítulo, as alíquotas do IBS e da CBS incidentes sobre os serviços financeiros serão:

I – de 2027 a 2033, aquelas fixadas de acordo com as regras previstas no art. 233 desta Lei Complementar; e

II – a partir de 2034, aquelas fixadas para 2033.

§ 1.º As alíquotas de que trata o *caput* deste artigo serão nacionalmente uniformes.

§ 2.º A alíquota da CBS e as alíquotas estadual, distrital e municipal do IBS serão fixadas de modo a manter a proporção entre as respectivas alíquotas de referência.

Art. 190. Os créditos do IBS e da CBS na aquisição de serviços financeiros, nas hipóteses previstas neste Capítulo, serão apropriados com base nas informações prestadas pelos fornecedores ao Comitê Gestor do IBS e à RFB, na forma do regulamento, e ficarão sujeitos ao disposto nos arts. 47 a 56 desta Lei Complementar.

Art. 191. As entidades que realizam as operações com serviços financeiros de que trata este Capítulo devem prestar, a título de obrigação acessória, na forma do regulamento, informações sobre as operações realizadas, sem prejuízo de um conjunto mínimo de informações previsto nesta Lei Complementar.

Seção III
Das Operações de Crédito, de Câmbio, com Títulos e Valores Mobiliários, de Securitização e de Faturização

Art. 192. Nas operações de crédito, de câmbio, e com títulos e valores mobiliários, de que tratam os incisos I a III do *caput* do art. 182 desta Lei Complementar, para fins de determinação da base de cálculo, serão consideradas as receitas dessas operações, com a dedução de:

I – despesas financeiras com a captação de recursos;

II – despesas de câmbio relativas às operações de que trata o inciso II do *caput* do art. 182 desta Lei Complementar;

III – perdas nas operações com títulos ou valores mobiliários de que trata o inciso III do *caput* do art. 182 desta Lei Complementar;

IV – encargos financeiros reconhecidos como despesas, ainda que contabilizados no patrimônio líquido, referentes a instrumentos de dívida emitidos pela pessoa jurídica;

V – perdas incorridas no recebimento de créditos decorrentes das atividades das instituições financeiras e das demais instituições autorizadas a funcionar pelo Banco Central do Brasil nas operações com serviços financeiros de que tratam os incisos I a V do *caput* do art. 182 desta Lei Complementar, e perdas na cessão desses créditos e na concessão de descontos, desde que sejam realizadas a valor de mercado, obedecidas, ainda, em todos os casos, as mesmas regras de dedutibilidade da legislação do imposto de renda aplicáveis a essas perdas para os períodos de apuração iniciados a partir de 1.º de janeiro de 2027; e

VI – despesas com assessores de investimento, consultores de valores mobiliários e correspondentes registrados no Banco Central do Brasil, relativas às operações de que tratam os incisos I a III do *caput* do art. 182 desta Lei Complementar, desde que esses serviços não tenham sido prestados por empregados ou administradores da empresa.

§ 1.º O conceito de receitas das operações:

I – não inclui o valor do principal, caso se trate de operações de crédito;

II – corresponde à diferença entre o valor de alienação do ativo e o seu custo de aquisição, caso se trate de alienação de títulos e valores mobiliários.

§ 2.º As despesas financeiras com captação de recursos não incluem o pagamento do principal.

§ 3.º Na hipótese de estorno por qualquer razão, em contrapartida à conta de patrimônio líquido a que se refere o inciso IV do *caput* deste artigo, os valores anteriormente deduzidos deverão ser adicionados na base de cálculo.

§ 4.º O disposto no inciso IV do *caput* deste artigo não se aplica aos instrumentos patrimoniais, como ações, certificados de depósito de ações e bônus de subscrição.

§ 5.º As receitas e despesas computadas na base de cálculo de que trata o *caput* deste artigo incluem as variações monetárias em função da taxa de câmbio, quando o resultado das operações variar conforme a cotação de moeda estrangeira.

§ 6.º As receitas e despesas reconhecidas em contrapartida à avaliação a valor justo, no que exceder ao rendimento produzido nas operações de que trata o inciso III do *caput* do art. 182 desta Lei Complementar, devem ser evidenciadas em subconta e computadas na base de cálculo no momento da realização do respectivo ativo ou passivo.

§ 7.º As receitas e despesas com instrumentos financeiros derivativos contratados pelas entidades que realizam as operações previstas neste artigo também serão computadas na base de cálculo.

§ 8.º Não são consideradas receitas dos serviços de que trata o *caput* deste artigo, vedada a dedução das respectivas despesas financeiras de captação para apuração da base de cálculo, as auferidas em operações de crédito realizadas entre a cooperativa e o associado:

I – com recursos próprios da cooperativa ou dos associados; ou

II – com recursos públicos, direcionados, equalizados ou de fundos oficiais ou constitucionais.

Art. 193. Fica sujeito à incidência do IBS e da CBS pela alíquota prevista nesta Seção as operações de securitização e de faturização (*factoring*) de que tratam os incisos IV e V do *caput* do art. 182.

§ 1.º A base de cálculo do IBS e da CBS corresponderá ao desconto aplicado na liquidação antecipada, com a dedução de:

I – despesas financeiras com a captação de recursos;

II – despesas da securitização, consistindo na emissão, distribuição, custódia, escrituração, registro, preparação e formalização de documentos, administração do patrimônio separado e atuação de agentes fiduciários, de cobrança e de classificação de risco, desde que esses serviços não tenham sido prestados por empregados ou administradores da empresa.

§ 2.º Poderão ser deduzidas da base de cálculo referida no § 1.º as perdas incorridas no recebimento de créditos e as perdas na cessão destes créditos e na concessão de descontos, desde que sejam realizados a valor de mercado.

§ 3.º As perdas referidas no § 2.º que não puderem ser integralmente deduzidas da base de cálculo de um determinado período de apuração, por excederem os valores tributáveis em tal período, poderão ser deduzidas nos períodos subsequentes.

§ 4.º O Conselho Monetário Nacional e o Banco Central do Brasil, observadas as respectivas competências, regulamentarão as regras de enquadramento e desenquadramento dos requisitos previstos neste artigo.

§ 5.º Aplica-se o disposto neste artigo ao Fundo de Investimento em Direitos Creditórios (FIDC) que liquide antecipadamente recebíveis comerciais por meio de desconto de duplicatas, notas promissórias, cheques e outros títulos mercantis, conforme definidos em regulamentação a ser expedida pelo Conselho Monetário Nacional, caso não seja classificado como entidade de investimento, de acordo com o disposto no art. 23 da Lei n. 14.754, de 12 de dezembro de 2023, e em sua regulamentação.

§ 6.º Não ficam sujeitos à incidência do IBS e da CBS os cotistas dos fundos a que se refere o § 5.º deste artigo.

Art. 194. Os contribuintes no regime regular que não estejam sujeitos ao regime específico desta Seção e sejam tomadores de operações de crédito de que trata o inciso I do *caput* do art. 182 desta Lei Complementar poderão apropriar créditos do IBS e da CBS pela mesma alíquota devida sobre essas operações de crédito, aplicada sobre as despesas financeiras relativas a essas operações efetivamente pagas, pelo regime de caixa e calculadas a partir das seguintes deduções sobre o valor de cada parcela, após a data de seu o pagamento:

I – o montante referente ao valor do principal contido em cada parcela, obedecidas as regras de amortização previstas no contrato; e

II – o montante correspondente à aplicação da taxa Selic sobre o principal, calculada com base na taxa de juros média praticada nas operações compromissadas com títulos públicos federais com prazo de 1 (um) dia útil.

Art. 195. Os contribuintes no regime regular que não estejam sujeitos ao regime específico desta Seção e emitam títulos de dívida, incluídas as debêntures e notas comerciais, poderão apropriar créditos na forma do art. 194, durante o período em que o título ou valor mobiliário for detido por contribuinte no regime específico desta Seção.

§ 1.º Na hipótese de que trata o *caput* deste artigo, quando o título de dívida for objeto de oferta pública, na forma regulamentada pela Comissão de Valores Mobiliários:

I – o credor no regime específico de que trata esta Seção excluirá da base de cálculo do IBS e da CBS o valor correspondente à parcela dos juros e dos rendimentos produzidos pelo título de dívida que for superior à taxa SELIC; e

II – o devedor não apropriará créditos.

§ 2.º A sistemática de que trata o § 1.º deste artigo também se aplicará ao credor no regime específico de que trata esta Seção que detiver os títulos de dívida por meio de fundo de investimento exclusivo, cuja carteira seja composta por, no mínimo, 95% (noventa e cinco por cento) desses títulos.

Art. 196. O tomador dos serviços de cessão de recebíveis, antecipação, desconto, securitização e faturização (*factoring*) de que tratam os incisos I, IV e V do *caput* do art. 182 desta Lei Complementar que seja contribuinte no regime regular e não esteja sujeito ao regime específico desta Seção poderá apropriar créditos nessas operações, em relação à parcela do deságio aplicado, no momento da liquidação antecipada do recebível, pelo regime de caixa, que for superior à curva de juros futuros da taxa DI, pelo prazo da antecipação.

Art. 197. Não poderão apropriar créditos na forma prevista nos arts. 194 a 196 os associados tomadores de operações de crédito com sociedades cooperativas que fornecerem serviços financeiros e exercerem a opção de que trata o art. 271 desta Lei Complementar.

Art. 198. Os contribuintes no regime regular que não estejam sujeitos ao regime específico desta Seção poderão apropriar créditos do IBS e da CBS, com base nos valores pagos pelo fornecedor, sobre as tarifas e comissões relativas às operações de que tratam os incisos I a V do *caput* do art. 182 desta Lei Complementar.

Parágrafo único. Aplica-se também o disposto no *caput* deste artigo às aquisições realizadas pelas entidades sujeitas ao regime específico desta Seção, desde que a respectiva despesa não seja deduzida da base de cálculo.

Art. 199. Fica vedada a apropriação de créditos do IBS e da CBS na aquisição dos serviços financeiros de que tratam os incisos I a V do *caput* do art. 182 da Lei Complementar que não estiverem permitidos expressamente nos arts. 194 a 198.

Art. 200. Na alienação de bens móveis ou imóveis que tenham sido objeto de garantia constituída em favor de credor sujeito ao regime específico desta Seção, cuja propriedade tenha sido por ele consolidada ou a ele transmitida em pagamento da dívida, deverá ser observado o seguinte:

I – a consolidação da propriedade do bem pelo credor não estará sujeita à incidência do IBS e da CBS; e

II – na alienação do bem pelo credor:

a) não haverá incidência do IBS e da CBS, se o prestador da garantia não for contribuinte desses tributos; ou

b) haverá incidência do IBS e da CBS pelas mesmas regras de apuração que seriam aplicáveis caso a alienação fosse realizada diretamente pelo prestador da garantia, se este for contribuinte do IBS e da CBS.

§ 1.º Aplicam-se ao adquirente as mesmas regras relativas ao IBS e à CBS que seriam aplicáveis caso a alienação fosse realizada pelo prestador da garantia.

§ 2.º Para efeitos de eventual devolução pelo credor ao prestador da garantia do valor da alienação em excesso ao da dívida, deverá ser considerado o valor de alienação do bem líquido do IBS e da CBS.

Seção IV
Do Arrendamento Mercantil

Art. 201. Para fins de determinação da base de cálculo, no arrendamento mercantil de que trata o inciso VI do *caput* do art. 182 desta Lei Complementar:

I – as receitas dos serviços ficarão sujeitas, na medida do recebimento, pelo regime de caixa:

a) em relação às parcelas das contraprestações do arrendamento mercantil operacional, pelas seguintes alíquotas:

1. no caso de bem imóvel, pela alíquota aplicável à locação, no respectivo regime específico; e

2. no caso dos demais bens, pela alíquota aplicável à locação do bem;

b) em relação à alienação de bem objeto de arrendamento mercantil operacional, pelas seguintes alíquotas:

1. no caso de bem imóvel, pela alíquota aplicável à venda, no respectivo regime específico; e

2. no caso dos demais bens, pela alíquota aplicável à venda do bem;

c) em relação às parcelas das contraprestações do arrendamento mercantil financeiro, pela alíquota prevista no art. 189 desta Lei Complementar;

d) em relação ao valor residual do bem arrendado, o valor residual garantido, ainda que parcelado, pactuado no contrato de arrendamento mercantil financeiro, pago por ocasião do efetivo exercício da opção de compra, pelas seguintes alíquotas:

1. no caso de bem imóvel, pela alíquota aplicável à venda, no respectivo regime específico; e

2. no caso dos demais bens, pela alíquota prevista nas normas gerais de incidência de que trata o Título I deste Livro aplicável à venda do bem;

II – a dedução será permitida, na proporção da participação das receitas obtidas em operações que não gerem créditos de IBS e de CBS para o arrendatário em relação ao total das receitas com as operações de arrendamento mercantil:

a) das despesas financeiras com a captação de recursos utilizados nas operações de arrendamento mercantil;

b) das despesas de arrendamento mercantil;

c) das provisões para créditos de liquidação duvidosa relativas às operações de arrendamento mercantil, observado o disposto no inciso V do *caput* do art. 192 desta Lei Complementar.

Parágrafo único. Para fins da incidência do IBS e da CBS no arrendamento mercantil financeiro:

I – as contraprestações tributadas nos termos da alínea *c* do inciso I do *caput* deste artigo deverão ser mensuradas considerando os efeitos dos ajustes a valor presente do fluxo de pagamento do contrato de arrendamento mercantil, pela taxa equivalente aos encargos financeiros, devidamente evidenciados em contas contábeis;

II – a parcela tributada nos termos da alínea *d* do inciso I do *caput* corresponderá, no mínimo, ao custo de aquisição do bem ou serviço arrendado, independentemente do montante previsto no contrato, aplicando-se a mesma regra se o bem for vendido a terceiro;

III – a soma das parcelas tributadas nos termos das alíneas *c* e *d* do inciso I do *caput* deste artigo deverá corresponder ao valor total recebido pela arrendadora pelo arrendamento mercantil financeiro e venda do bem, durante todo o prazo da operação.

Art. 202. Caso a pessoa jurídica apure receitas com serviços financeiros de que tratam os incisos I a VI do *caput* do art. 182 desta Lei Complementar, as despesas financeiras de captação serão deduzidas da base de cálculo na proporção das receitas de cada natureza.

Art. 203. O contratante de arrendamento mercantil que seja contribuinte do IBS e da CBS sujeito ao regime regular e não esteja sujeito ao regime específico desta Seção poderá aproveitar créditos desses tributos com base no valor das parcelas das contraprestações do arrendamento mercantil e do valor residual do bem, na medida do efetivo pagamento, pelo regime de caixa, pela mesma alíquota devida sobre esses serviços.

Seção V
Da Administração de Consórcio

Art. 204. Na administração de consórcio de que trata o inciso VII do *caput* do art. 182 desta Lei Complementar, para fins de determinação da base de cálculo, as receitas dos serviços compreendem todas as tarifas, comissões e taxas, bem como os respectivos encargos, multas e juros, decorrentes de contrato de participação em grupo de consórcio, efetivamente pagas, pelo regime de caixa.

§ 1.º A administradora do consórcio poderá deduzir da base de cálculo os valores referentes aos serviços de intermediação de que trata o inciso XV do *caput* do art. 182 desta Lei Complementar.

§ 2.º As aquisições de bens e de serviços por consorciado com carta de crédito de consórcio ficam sujeitas às regras previstas nas normas gerais de incidência de que trata o Título I deste Livro, exceto no caso de bem imóvel, que fica sujeito ao respectivo regime específico, e de outros bens ou serviços sujeitos a regime diferenciado ou específico, nos termos desta Lei Complementar, não havendo responsabilidade da administradora do consórcio por esses tributos.

§ 3.º Na execução de garantia de consorciado, com recebimento dos valores pelo grupo de consórcio, deverá ser observado o seguinte:

I – a consolidação da propriedade do bem pelo grupo de consórcio não estará sujeita à incidência do IBS e da CBS;

II – na alienação do bem pelo grupo de consórcio:

a) não haverá incidência do IBS e da CBS, se o consorciado não for contribuinte do IBS e da CBS;

b) haverá incidência do IBS e da CBS pelas mesmas regras que seriam aplicáveis caso a alienação fosse realizada pelo consorciado, se este for contribuinte do IBS e da CBS;

III – aplicam-se ao adquirente as mesmas regras relativas ao IBS e à CBS que seriam aplicáveis caso a alienação fosse realizada pelo consorciado; e

IV – a administradora do consórcio ficará sujeita à incidência do IBS e da CBS sobre a remuneração pelo serviço prestado e não será responsável pelos tributos devidos pelo consorciado nos termos da alínea *b* do inciso II deste parágrafo.

Art. 205. O contribuinte do IBS e da CBS no regime regular que adquirir serviços de administração de consórcio poderá apropriar créditos do IBS e da CBS com base nos valores pagos pelo fornecedor sobre esses serviços.

Art. 206. Os serviços de intermediação de consórcio de que trata o inciso XV do *caput* do art. 182 desta Lei Complementar ficarão sujeitos à incidência do IBS e da CBS sobre o valor da operação, pelas mesmas alíquotas aplicáveis aos serviços de administração de consórcios.

§ 1.º Os prestadores de serviços de intermediação de consórcios que forem optantes pelo Simples Nacional:

I – permanecerão tributados de acordo com as regras do Simples Nacional, quando não exercerem a opção pelo regime regular do IBS e da CBS; e

II – ficarão sujeitos às mesmas alíquotas do IBS e da CBS aplicáveis aos serviços de administração de consórcios, quando exercerem a opção pelo regime regular do IBS e da CBS.

§ 2.º Os créditos das operações de intermediação poderão ser aproveitados pelos adquirentes que forem contribuintes no regime regular, desde que o fornecedor da intermediação identifique os adquirentes destinatários, com base nos valores do IBS e da CBS pagos pelo intermediário e aplicando-se o disposto nos arts. 47 a 56 desta Lei Complementar.

Seção VI
Da Gestão e Administração de Recursos, inclusive de Fundos de Investimento

Art. 207. A gestão e a administração de recursos de que trata o inciso VIII do *caput* do art. 182 desta Lei Complementar ficam sujeitas à incidência do IBS e da CBS em regime específico, de acordo com o disposto nesta Seção.

Art. 208. As alíquotas do IBS e da CBS sobre os serviços prestados aos fundos de investimento que não forem serviços financeiros de que trata o art. 182 desta Lei Complementar seguirão o disposto nas normas gerais de incidência do IBS e da CBS previstas no Título I deste Livro e, se for o caso, nos regimes diferenciados de que trata o Título IV deste Livro.

Art. 209. O fundo de investimento e os seus cotistas não poderão aproveitar créditos do IBS e da CBS devidos pelos fornecedores de quaisquer bens ou serviços ao fundo, ressalvado o disposto no parágrafo único deste artigo.

Parágrafo único. Na hipótese de o fundo de investimento ser contribuinte do IBS e da CBS no regime regular, o fundo poderá apropriar créditos nas suas aquisições de bens e serviços, observado o disposto nos arts. 47 a 56 desta Lei Complementar.

Art. 210. O administrador de fundo de investimento e a distribuidora por conta e ordem de cotas de fundo de investimento deverão apresentar, na forma do regulamento, a título de obrigação acessória, informações sobre o fundo de investimento e cada cotista, ou do distribuidor por conta e ordem, ou do depositário central se a cota for negociada em bolsa de valores, e o valor das suas cotas, sem prejuízo de outras informações que o regulamento requisitar.

Parágrafo único. O Comitê Gestor do IBS poderá celebrar convênio com órgãos da administração pública para ter acesso às informações previstas no *caput*, podendo, nesse caso, dispensar o administrador e a distribuidora da obrigação acessória de que trata o *caput* deste artigo.

Art. 211. Os serviços de gestão e de administração de recursos prestados ao investidor e não ao fundo de investimento, como na gestão de carteiras administradas, ficam sujeitos ao IBS e à CBS pelas alíquotas previstas no art. 189 desta Lei Complementar, vedado o crédito do IBS e da CBS para o adquirente dos serviços.

Seção VII
Do Fundo de Garantia do Tempo de Serviço (FGTS) e dos demais Fundos Garantidores e Executores de Políticas Públicas

Art. 212. As operações relacionadas ao Fundo de Garantia do Tempo de Serviço (FGTS) ficam sujeitas à incidência do IBS e da CBS, por alíquota nacionalmente uniforme, a ser fixada de modo a manter a carga tributária incidente sobre essas operações.

§ 1.º O FGTS não é contribuinte do IBS e da CBS.

§ 2.º As operações relacionadas ao FGTS são aquelas necessárias à aplicação da Lei n. 8.036, de 11 de maio de 1990, realizadas:

I – pelo agente operador do FGTS;
II – pelos agentes financeiros do FGTS; e
III – pelos demais estabelecimentos bancários.

§ 3.º Ficam sujeitas:
I – à alíquota zero do IBS e da CBS, as operações previstas no inciso I do § 2.º deste artigo;
II – às alíquotas necessárias para manter a carga tributária, as operações previstas nos incisos II e III do § 2.º deste artigo.

Art. 213. Não ficam sujeitas à incidência do IBS e da CBS as operações relacionadas aos demais fundos garantidores e executores de políticas públicas, inclusive de habitação e de desenvolvimento regional, previstos em lei.

§ 1.º As operações relacionadas aos fundos garantidores e executores de que trata o *caput* deste artigo incluem os serviços de administração e operacionalização prestados ao fundo.

§ 2.º Os fundos de que trata o *caput* deste artigo não são contribuintes do IBS e da CBS.

§ 3.º Aplica-se também o disposto neste artigo aos fundos de que trata o *caput* que vierem a ser constituídos após a data de publicação desta Lei Complementar.

§ 4.º Caberá a ato conjunto do Comitê Gestor do IBS e da RFB listar os fundos garantidores e executores de políticas públicas previstos em lei na data da publicação desta Lei Complementar e atualizar a lista com os fundos da mesma natureza que vierem a ser constituídos posteriormente.

Seção VIII
Dos Arranjos de Pagamento

Art. 214. Os serviços de arranjos de pagamento de que trata o inciso IX do *caput* do art. 182 desta Lei Complementar ficam sujeitos à incidência do IBS e da CBS em regime específico, de acordo com o disposto nesta Seção.

§ 1.º Os serviços de que trata o *caput* deste artigo compreendem todos aqueles relacionados ao credenciamento, captura, processamento e liquidação das transações de pagamento e aos demais bens e serviços fornecidos ao credenciado, a outro destinatário do arranjo e entre participantes do arranjo inclusive:

I – os serviços de arranjo remunerados pelo credenciado mediante taxa de desconto nas transações de pagamento;
II – a locação de terminais eletrônicos e o fornecimento de programas de computador (*software*) que viabilizam o funcionamento dos arranjos de pagamento; e
III – bens e serviços fornecidos pelos instituidores de arranjos de pagamento aos demais participantes do arranjo, ainda que a cobrança não esteja vinculada a cada transação de pagamento;
IV – bens e serviços importados das bandeiras de cartões pelos instituidores e participantes de arranjos de pagamentos.

§ 2.º A relação jurídica entre o emissor e o portador do instrumento de pagamento fica sujeita às regras previstas nas normas gerais de incidência de que trata o Título I deste Livro, salvo as operações de crédito de que trata o inciso I do *caput* do art. 182 desta Lei Complementar, que ficam sujeitas ao respectivo regime específico.

§ 3.º A base de cálculo do IBS e da CBS devidos pelos contribuintes sujeitos ao regime específico desta Seção corresponderá ao valor bruto da remuneração recebida diretamente do credenciado, acrescido das parcelas recebidas de outros participantes do arranjo de pagamento e diminuído das parcelas pagas a estes.

§ 4.º Aplica-se o disposto no § 3.º deste artigo para fins da determinação da base de cálculo dos participantes dos arranjos de que trata o *caput* do art. 216 desta Lei Complementar.

§ 5.º Integram também a base de cálculo dos serviços de que trata o *caput* do art. 216 desta Lei Complementar os rendimentos auferidos em decorrência da aplicação de recursos disponíveis em contas de pagamento, conforme a regulamentação do Banco Central do Brasil e do Conselho Monetário Nacional, deduzidos os valores de rendimentos pagos em favor dos titulares dessas contas.

Art. 215. O credenciado será considerado como o tomador dos serviços de arranjos de pagamento relacionados ao credenciamento, captura, processamento e liquidação de transações de pagamento.

Art. 216. O destinatário do serviço será considerado como o tomador dos serviços no caso dos arranjos de pagamento que não estejam previstos no art. 215 desta Lei Complementar.

Art. 217. Sem prejuízo de outras informações requeridas em regulamento, os participantes de arranjos de pagamento deverão apresentar, na forma do regulamento, a título de obrigação acessória, as seguintes informações:

I – no caso da credenciadora, a identificação dos credenciados, os valores brutos da remuneração de cada credenciado e os valores repassados a cada um dos demais participantes do arranjo; e
II – no caso dos demais participantes do arranjo, os valores brutos da remuneração recebidos dos destinatários ou de outros participantes do arranjo e os valores pagos para outros participantes do arranjo.

Parágrafo único. No caso de subcredenciadora e de outras empresas que venham a participar de arranjos de pagamento e não estejam previstas nos incisos I e II do *caput* deste artigo, a forma das obrigações acessórias será disposta no regulamento.

Art. 218. O credenciado ou outro destinatário de arranjo que for contribuinte do IBS e da CBS sujeito ao regime regular poderá apropriar créditos do IBS e da CBS calculados com base nos valores brutos de remuneração devidos à credenciadora ou a outro participante do arranjo, pelos mesmos valores do IBS e da CBS pagos pelos participantes do arranjo de pagamentos incidentes sobre as operações.

Art. 219. A liquidação antecipada de recebíveis de arranjos de pagamento será tributada pelo IBS e pela CBS na forma deste artigo.

§ 1.º A base de cálculo do IBS e da CBS corresponderá ao desconto aplicado na liquidação antecipada, com a dedução de valor correspondente à curva de juros futuros da taxa DI, pelo prazo da antecipação.

§ 2.º Poderão ser deduzidas da base de cálculo referida no § 1.º as perdas incorridas no recebimento de créditos e as perdas na cessão destes créditos e na concessão de descontos, desde que sejam realizados a valor de mercado.

§ 3.º As perdas referidas no § 2.º que não puderem ser integralmente deduzidas da base de cálculo de um determinado período de apuração, por excederem os valores tributáveis em tal período, poderão ser deduzidas nos períodos subsequentes.

§ 4.º A alíquota do IBS e da CBS incidente sobre as operações de que trata o *caput* deste artigo será igual à alíquota aplicada aos demais serviços de arranjos de pagamento.

§ 5.º O tomador dos serviços de liquidação antecipada de recebíveis de arranjos de pagamento que for contribuinte do IBS e da CBS sujeito ao regime regular poderá creditar-se do IBS e da CBS nessas operações, em relação à parcela do desconto aplicado, no momento da liquidação antecipada, pelo regime de caixa, que for superior à curva de juros futuros da taxa DI, pelo prazo da antecipação.

§ 6.º O disposto neste artigo aplica-se também ao FIDC e aos demais fundos de investimentos que liquidem antecipadamente recebíveis de arranjos de pagamento, que serão considerados contribuintes do IBS e da CBS caso não sejam classificados como entidades de investimento, de acordo com o disposto no art. 23 da Lei n. 14.754, de 12 de dezembro de 2023, e em sua regulamentação.

§ 7.º Não ficam sujeitos à incidência do IBS e da CBS os cotistas dos fundos a que se refere o § 6.º deste artigo.

Seção IX
Das Atividades de Entidades Administradoras de Mercados Organizados, Infraestruturas de Mercado e Depositárias Centrais

Art. 220. As atividades das entidades administradoras de mercados organizados, infraestruturas de mercado e depositárias centrais de que trata o inciso X do *caput* do art. 182 ficam sujeitas à incidência do IBS e da CBS sobre o valor da operação de fornecimento de serviços, pelas alíquotas previstas no art. 189 desta Lei Complementar.

Art. 221. O contribuinte do IBS e da CBS sujeito ao regime regular que adquirir serviços de entidades administradoras de mercados organizados, infraestruturas de mercado e depositárias centrais de que trata o inciso X do *caput* do art. 182 poderá apropriar créditos desses tributos, com base nos valores pagos pelo fornecedor.

Art. 222. As entidades administradoras de mercados organizados, infraestruturas de mercado e depositárias centrais deverão prestar, a título de obrigação acessória, na forma do regulamento, informações sobre os adquirentes dos serviços e os valores pagos por cada um.

Seção X
Dos Seguros, Resseguros, Previdência Complementar e Capitalização

Art. 223. Para fins de determinação da base de cálculo, nas operações de seguros e resseguros de que tratam, respectivamente, os incisos XI e XII do *caput* do art. 182 desta Lei Complementar:

I – as receitas dos serviços compreendem as seguintes, na medida do efetivo recebimento, pelo regime de caixa:

a) aquelas auferidas com prêmios de seguros, de cosseguros aceitos, de resseguros e de retrocessão; e

b) as receitas financeiras dos ativos financeiros garantidores de provisões técnicas, na proporção das receitas de que trata a alínea *a* nas operações que não geram créditos de IBS e de CBS para os adquirentes e o total das receitas de que trata a alínea *a* deste inciso, observados critérios estabelecidos no regulamento;

II – serão deduzidas:

a) as despesas com indenizações referentes a seguros de ramos elementares e de pessoas sem cobertura por sobrevivência, exclusivamente quando forem referentes a segurados pessoas físicas e jurídicas que não forem contribuintes do IBS e da CBS sujeitas ao regime regular, correspondentes aos sinistros, efetivamente pagos, ocorridos em operações de seguro, depois de subtraídos os salvados e os demais ressarcimentos;

b) os valores pagos referentes e restituições de prêmios que houverem sido computados como receitas, inclusive por cancelamento; e

c) os valores pagos referentes aos serviços de intermediação de seguros e resseguros de que trata o inciso XV do *caput* do art. 182 desta Lei Complementar;

d) os valores pagos referentes ao prêmio das operações de cosseguro cedido;

e) as parcelas dos prêmios destinadas à constituição de provisões ou reservas técnicas referentes a seguro resgatável.

§ 1.º O contribuinte do IBS e da CBS sujeito ao regime regular que adquirir e for segurado de serviços de seguro e resseguro poderá apropriar créditos de IBS e de CBS sobre os prêmios, pelo valor dos tributos pagos sobre esses serviços.

§ 2.º O recebimento das indenizações de que trata a alínea *a* do inciso II do *caput* deste artigo não fica sujeito à incidência do IBS e da CBS e não dá direito a crédito de IBS e de CBS.

§ 3.º Integra a base de cálculo de que trata este artigo a parcela da reversão das provisões ou reservas técnicas que for retida pela entidade como receita própria.

§ 4.º As operações de resseguro e retrocessão ficam sujeitas à incidência à alíquota zero, inclusive quando os prêmios de resseguro e retrocessão forem cedidos ao exterior.

Art. 224. Para fins de determinação da base de cálculo, na previdência complementar, aberta e fechada, de que trata o inciso XIII do *caput* do art. 182 desta Lei Complementar e no seguro de pessoas com cobertura por sobrevivência:

I – as receitas dos serviços compreendem, na medida do efetivo recebimento, pelo regime de caixa:

a) as contribuições para planos de previdência complementar;

b) os prêmios de seguro de pessoas com cobertura de sobrevivência; e

c) o encargo do fundo decorrente de estruturação, manutenção de planos de previdência e seguro de pessoas com cobertura por sobrevivência;

II – serão deduzidas:

a) as parcelas das contribuições e dos prêmios destinados à constituição de provisões ou reservas técnicas;

b) os valores pagos referentes a restituições de contribuições e prêmios que houverem sido computados como receitas, inclusive cancelamentos;

c) os valores pagos por serviços de intermediação de previdência complementar de que trata o inciso XV do *caput* do art. 182 desta Lei Complementar e de seguro de vida de pessoas com cobertura por sobrevivência; e

d) as despesas com indenizações referentes às coberturas de risco, correspondentes aos benefícios efetivamente pagos, ocorridos em operações de previdência complementar.

§ 1.º Integra a base de cálculo de que trata este artigo a parcela da reversão das provisões ou reservas técnicas retida pela entidade como receita própria.

§ 2.º Não integram a base de cálculo de que trata este artigo os rendimentos auferidos nas aplicações de recursos financeiros destinados ao pagamento de benefícios de aposentadoria, pensão, pecúlio e de resgates.

§ 3.º O disposto no § 2.º deste artigo aplica-se aos rendimentos:

I – de aplicações financeiras proporcionados pelos ativos garantidores das provisões técnicas, limitados esses ativos ao montante das referidas provisões; e

II – dos ativos financeiros garantidores das provisões técnicas de empresas de seguros privados destinadas exclusivamente a planos de benefícios de caráter previdenciário e a seguros de pessoas com cobertura por sobrevivência.

§ 4.º Também não integram a base de cálculo de que trata este artigo os demais rendimentos de aplicações financeiras auferidos pelas entidades que prestam as atividades previstas no *caput* deste artigo.

Art. 225. Para fins de determinação da base de cálculo, na capitalização de que trata o inciso XIV do *caput* do art. 182 desta Lei Complementar:

I – as receitas dos serviços compreendem, na medida do efetivo recebimento, pelo regime de caixa:

a) a arrecadação com os títulos de capitalização; e

b) as receitas com prescrição e penalidades;

II – serão deduzidas:

a) as parcelas das contribuições destinadas à constituição de provisões ou reservas técnicas, inclusive provisões de sorteios a pagar;

b) os valores pagos referentes a cancelamentos e restituições de títulos que houverem sido computados como receitas; e

c) os valores pagos por serviços de intermediação de capitalização de que trata o inciso XV do *caput* do art. 182 desta Lei Complementar.

§ 1.º Integra a base de cálculo de que trata este artigo a parcela da reversão das provisões ou reservas técnicas retida pela entidade como receita própria.

§ 2.º Não integram a base de cálculo de que trata este artigo os rendimentos auferidos nas aplicações financeiras destinadas ao pagamento de resgate de títulos e sorteios de premiação.

§ 3.º O disposto no § 2.º deste artigo restringe-se aos rendimentos de aplicações financeiras proporcionados pelos ativos garantidores das provisões técnicas, limitados esses ativos ao montante das referidas provisões.

§ 4.º Também não integram a base de cálculo de que trata este artigo os demais rendimentos de aplicações financeiras auferidos pelas entidades que prestam as atividades previstas no *caput* deste artigo.

§ 5.º O contribuinte do IBS e da CBS sujeito ao regime regular que adquira títulos de capitalização poderá apropriar créditos de IBS e de CBS pelo valor dos tributos pagos sobre esse serviço.

Art. 226. Fica vedado o crédito de IBS e de CBS na aquisição de serviços de previdência complementar.

Art. 227. Sem prejuízo de outras informações requeridas em regulamento, as sociedades seguradoras, resseguradores, entidades abertas e fechadas de previdência complementar e sociedades de capitalização deverão apresentar, na forma do regulamento, a título de obrigação acessória, as seguintes informações:

I – as sociedades seguradoras e resseguradores, a identificação dos segurados ou, caso os segurados não sejam identificados na contratação do seguro, dos estipulantes e os valores dos prêmios pagos por cada um;

II – as entidades de previdência complementar, a identificação dos participantes e os valores das contribuições pagos por cada um; e

III – as sociedades de capitalização, a identificação dos titulares, subscritores ou distribuidores dos títulos e os valores da arrecadação com os títulos.

Art. 228. Os serviços de intermediação de seguros, resseguros, previdência complementar e capitalização de que trata o inciso XV do *caput* do art. 182 desta Lei Complementar ficarão sujeitos à incidência do IBS e da CBS sobre o valor da operação, pela mesma alíquota aplicável aos serviços de seguros, resseguros, previdência complementar e capitalização.

§ 1.º Os prestadores de serviços de intermediação de seguros, resseguros, previdência complementar e capitalização que forem optantes pelo Simples Nacional:

I – permanecerão tributados de acordo com as regras do Simples Nacional, quando não exercerem a opção pelo regime regular do IBS e da CBS; e

II – ficarão sujeitos à mesma alíquota do IBS e da CBS aplicável aos serviços de seguros, resseguros, previdência complementar e capitalização, quando exercerem a opção pelo regime regular do IBS e da CBS.

§ 2.º Os créditos das operações de intermediação poderão ser aproveitados pelos adquirentes segurados dos respectivos seguros, resseguros e pelos adquirentes de títulos de capitalização que sejam contribuintes do IBS e da CBS no regime regular, desde que o fornecedor da intermediação identifique os adquirentes e destinatários, com base nos valores do IBS e da CBS pagos pelo intermediário e aplicando-se o disposto nos arts. 47 a 56 desta Lei Complementar.

Seção XI
Dos Serviços de Ativos Virtuais

Art. 229. Os serviços de ativos virtuais de que trata o inciso XVI do *caput* do art. 182 desta Lei Complementar ficam sujeitos à incidência do IBS e da CBS sobre o valor prestação do serviço de ativos virtuais.

§ 1.º Os ativos virtuais de que trata o *caput* deste artigo são as representações digitais de valor que podem ser negociadas ou transferidas por meios eletrônicos e utilizadas para realização de pagamentos ou com propósito de investimento, nos termos da Lei n. 14.478, de 21 de dezembro de 2022, não incluindo as representações digitais consideradas como valores mobiliários, que ficam sujeitas ao disposto na Seção III deste Capítulo.

§ 2.º As aquisições de bens e de serviços com ativos virtuais ficam sujeitas às regras previstas nas normas gerais de incidência de que trata o Título I deste Livro ou ao respectivo regime diferenciado ou específico aplicável ao bem ou serviço adquirido, nos termos desta Lei Complementar.

Art. 230. O contribuinte no regime regular que adquirir serviços de ativos virtuais poderá apropriar créditos do IBS e da CBS, com base nos valores pagos pelo fornecedor.

Seção XII
Da Importação de Serviços Financeiros

Art. 231. Os serviços financeiros de que trata o art. 182 desta Lei Complementar, quando forem considerados importados, nos termos da Seção II do Capítulo IV do Título I deste Livro, ficam sujeitos à incidência do IBS e da CBS pela mesma alíquota aplicável aos respectivos serviços financeiros adquiridos de fornecedores domiciliados no País.

§ 1.º Na importação de serviços financeiros:

I – a base de cálculo será o valor correspondente à receita auferida pelo fornecedor em razão da operação, com a aplicação de um fator de redução para contemplar uma margem presumida, a ser prevista no regulamento, observados os limites estabelecidos neste Capítulo para as deduções de base de cálculo dos mesmos serviços financeiros prestados no País, quando aplicável;

II – nas hipóteses em que o importador dos serviços financeiros seja contribuinte do IBS e da CBS sujeito ao regime regular e tenha direito de apropriação de créditos desses tributos na aquisição do mesmo serviço financeiro no País, de acordo com o disposto neste Capítulo, será aplicada alíquota zero na importação, e não serão apropriados créditos do IBS e da CBS; e

III – (*Vetado.*)

§ 2.º Aplica-se o disposto no Capítulo IV do Título I deste Livro às importações de serviços financeiros, naquilo que não conflitar com o disposto neste artigo.

Seção XIII
Da Exportação de Serviços Financeiros

Art. 232. Os serviços financeiros de que trata o art. 182 desta Lei Complementar, quando forem prestados para residentes ou domiciliados no exterior, serão considerados exportados e ficarão imunes à incidência do IBS e da CBS, para efeitos do disposto no Capítulo V do Título I deste Livro.

§ 1.º A entidade que prestar serviços financeiros no País e mediante exportação deverá:

I – nas operações de que tratam os incisos I a V do *caput* do art. 182 desta Lei Complementar:

a) calcular a proporção da receita das exportações sobre a receita total com esses serviços financeiros;

b) reverter o efeito das deduções da base de cálculo permitidas para esses serviços financeiros na mesma proporção de que trata este inciso; e

II – nas demais operações sujeitas ao regime específico de serviços financeiros, deverá fazer o mesmo cálculo previsto no inciso I deste parágrafo, consideradas as receitas de operação de cada natureza, conforme o disposto neste Capítulo, e, quando aplicável, a permissão de dedução de despesas da base de cálculo das respectivas operações.

§ 2.º Não são considerados exportados os serviços financeiros prestados a entidades no exterior que sejam filiais, controladas ou investidas, preponderantemente, por residentes ou domiciliados no País que não sejam contribuintes do IBS e da CBS no regime regular, individualmente ou em conjunto com partes relacionadas, conforme definidas nos §§ 2.º a 6.º do art. 5.º desta Lei Complementar.

§ 3.º No caso de operações realizadas nos mercados financeiro e de capitais nos termos da regulamentação do Conselho Monetário Nacional, o disposto no § 2.º deste artigo aplicar-se-á exclusivamente nos casos em que a informação sobre a entidade no exterior ser controlada ou investida, preponderantemente, por residentes ou domiciliados no País, seja indicada, pelo representante legal de tal entidade no exterior, no cadastro a que se refere o art. 59 desta Lei Complementar, conforme previsto no regulamento.

Seção XIV
Disposições Transitórias

Art. 233. De 2027 a 2033, as alíquotas do IBS e da CBS incidentes sobre os serviços financeiros de que trata o art. 189 desta Lei Complementar serão fixadas de modo a manter a carga tributária incidente sobre as operações de crédito das instituições financeiras bancárias.

§ 1.º O cálculo da alíquota de que trata o *caput* deste artigo será feito de acordo com os seguintes critérios:

I – será calculada a proporção da base de cálculo da Contribuição para o PIS/Pasep e da Cofins das instituições financeiras bancárias que se refere a:

a) tarifas e comissões; e

b) demais receitas;

II – serão calculados os débitos da Contribuição para o PIS/Pasep e da Cofins das instituições financeiras bancárias sobre as demais receitas a que se refere a alínea *b* do inciso I deste parágrafo;

III – serão calculados os valores do IPI, do Imposto sobre Serviços de Qualquer Natureza (ISS), do ICMS, da Contribuição para o PIS/Pasep e da Cofins incidentes sobre as aquisições pelas instituições financeiras bancárias e não recuperados como créditos, na proporção que as demais receitas a que se refere a alínea *b* do inciso I deste parágrafo representam da base de cálculo total da Contribuição para o PIS/Pasep e da Cofins; e

IV – deverá o montante dos débitos do IBS e da CBS sobre a base de cálculo dos serviços financeiros de que tratam os incisos I a III do *caput* do art. 182 desta Lei Complementar prestado pelas instituições financeiras bancárias, sem levar em consideração as operações com títulos de dívida objeto de oferta pública excluídas da base de cálculo nos termos dos §§ 1.º e 2.º do art. 195 desta Lei Complementar, ser igual ao somatório do montante dos débitos da Contribuição para o PIS/Pasep e da Cofins de que trata o inciso II e dos valores dos tributos não recuperados como créditos de que trata o inciso III deste parágrafo.

§ 2.º O cálculo de que trata o § 1.º deste artigo será feito com base em dados do período de 1.º de janeiro de 2022 a 31 de dezembro de 2023.

§ 3.º Observada, a cada ano, a proporção entre as alíquotas da CBS e do IBS nos termos do § 2.º do art. 189 desta Lei Complementar, as alíquotas da CBS e do IBS serão fixadas de modo a que o débito conjunto dos dois tributos atenda ao disposto no inciso IV do § 1.º deste artigo.

§ 4.º A metodologia de cálculo para a fixação das alíquotas de que trata o *caput* deste artigo será aprovada por ato conjunto do Ministro de Estado da Fazenda e do Comitê Gestor do IBS, após consulta e homologação pelo Tribunal de Contas da União em prazo não superior a 180 (cento e oitenta) dias.

§ 5.º A União, os Estados, o Distrito Federal e os Municípios fornecerão ao Comitê Gestor do IBS e ao Poder Executivo da União os subsídios necessários para o cálculo das alíquotas do IBS e da CBS, mediante o compartilhamento de dados e informações.

§ 6.º As alíquotas da CBS e do IBS serão divulgadas:

I – quanto ao IBS, pelos Estados, pelos Municípios e pelo Distrito Federal, de forma compartilhada e integrada, por ato do Comitê Gestor do IBS; e

II – quanto à CBS, por ato do chefe do Poder Executivo da União.

§ 7.º Para fins do disposto neste artigo, consideram-se instituições financeiras bancárias os bancos de qualquer espécie e as caixas econômicas.

§ 8.º As alíquotas definidas de acordo com o procedimento estabelecido neste artigo, em relação ao disposto no inciso III do § 1.º, serão fixadas levando em consideração a regra de transição estabelecida no Título VIII deste Livro, de modo que o respectivo impacto nas alíquotas do IBS e da CBS seja introduzido proporcionalmente à redução e à supressão dos tributos que serão extintos.

Capítulo III
DOS PLANOS DE ASSISTÊNCIA À SAÚDE

Art. 234. Os planos de assistência à saúde ficam sujeitos a regime específico de incidência do IBS e da CBS, de acordo com o disposto neste Capítulo, nos casos em que esses serviços sejam prestados por:

I – seguradoras de saúde;

II – administradoras de benefícios;

III – cooperativas operadoras de planos de saúde;

IV – cooperativas de seguro saúde; e

V – demais operadoras de planos de assistência à saúde.

Art. 235. A base de cálculo do IBS e da CBS no regime específico de planos de assistência de saúde será composta:

I – da receita dos serviços, compreendendo:

a) os prêmios e contraprestações, inclusive por corresponsabilidade assumida, efetivamente recebidos, pelo regime de caixa; e

b) as receitas financeiras, no período de apuração, dos ativos garantidores das reservas técnicas, efetivamente liquidadas;

II – com a dedução:

a) das indenizações correspondentes a eventos ocorridos, efetivamente pagas, pelo regime de caixa;

b) dos valores referentes a cancelamentos e restituições de prêmios e contraprestações que houverem sido computados como receitas;

c) dos valores pagos por serviços de intermediação de planos de saúde; e

d) da taxa de administração paga às administradoras de benefícios e dos demais valores pagos a outras entidades previstas no art. 234 desta Lei Complementar.

§ 1.º Para fins do disposto na alínea *a* do inciso II do *caput* deste artigo, considera-se indenizações correspondentes a eventos ocorridos o total dos custos assistenciais decorrentes da utilização, pelos beneficiários, da cobertura oferecida pelos planos de saúde, compreendendo:

I – bens e serviços adquiridos diretamente pela entidade de pessoas físicas e jurídicas; e

II – reembolsos aos segurados ou beneficiários por bens e serviços adquiridos por estes de pessoas físicas e jurídicas.

§ 2.º As operações a título de corresponsabilidade cedida entre as entidades previstas no art. 234 desta Lei Complementar também serão consideradas custos assistenciais nos termos do § 1.º e serão deduzidas da base de cálculo para efeitos do disposto no *caput* deste artigo.

§ 3.º Entende-se por corresponsabilidade cedida de que trata o § 2.º deste artigo a disponibilização de serviços por uma operadora a beneficiários de outra, com a respectiva assunção do risco da prestação.

§ 4.º Para efeitos do disposto na alínea *b* do inciso I do *caput* deste artigo, as receitas financeiras serão consideradas efetivamente liquidadas quando houver, cumulativamente:

I – a liquidação ou resgate do respectivo ativo garantidor; e

II – a redução das provisões técnicas lastreadas por ativo garantidor, considerando a diferença entre o valor total de provisões técnicas no período de apuração e no período imediatamente anterior.

§ 5.º Os reembolsos aos segurados ou beneficiários de que trata o inciso II do § 1.º deste artigo não ficam sujeitos à incidência do IBS e da CBS e não dão direito a créditos.

§ 6.º Não integrarão a base de cálculo do IBS e da CBS as receitas financeiras que não guardem vinculação à alocação de recursos oriundos do recebimento de prêmios e contraprestações pagos pelos contratantes dos planos de assistência à saúde.

Art. 236. Os planos de assistência funerária ficam sujeitos ao disposto nos arts. 234 a 242 desta Lei Complementar.

Art. 237. As alíquotas de IBS e de CBS no regime específico de planos de assistência à saúde são nacionalmente uniformes e correspondem às alíquotas de referência de cada esfera federativa, reduzidas em 60% (sessenta por cento).

Art. 238. Fica vedado o crédito de IBS e de CBS para os adquirentes de planos de assistência à saúde.

Parágrafo único. O disposto no *caput* deste artigo não se aplica à hipótese de que trata a alínea *f* do inciso IV do § 2.º do art. 57 desta Lei Complementar, em que os créditos do IBS e da CBS a serem aproveitados pelo contratante que seja contribuinte no regime regular:

I – serão equivalentes à multiplicação entre:

a) os valores dos débitos do IBS e da CBS pagos pela entidade sujeita ao regime específico de que trata este Capítulo no período de apuração; e

b) a proporção entre:

1. o total de prêmios e contraprestações correspondentes à cobertura dos titulares empregados do contratante e de seus dependentes, no período de apuração; e

2. o total de prêmios e contraprestações arrecadados pela entidade, no mesmo período de apuração;

II – não alcançam a parcela dos prêmios e contraprestações cujo ônus financeiro tenha sido repassado aos empregados; e

III – serão apropriados com base nas informações prestadas pelos fornecedores ao Comitê Gestor do IBS e à RFB, na forma do regulamento, e ficarão sujeitos ao disposto nos arts. 47 a 56 desta Lei Complementar.

Art. 239. As entidades de que trata este Capítulo deverão apresentar, a título de obrigação acessória, na forma do regulamento, informações sobre a identidade das pessoas físicas que forem as beneficiárias titulares dos planos de assistência à saúde e os valores dos prêmios e contraprestações de cada uma.

§ 1.º Nos planos coletivos em que não houver a individualização do valor dos prêmios e contraprestações por pessoa física titular, a operadora poderá alocar, na obrigação acessória de que trata o *caput* deste artigo, o valor total recebido para cada pessoa física titular de acordo com critério a ser previsto no regulamento.

§ 2.º Nos planos coletivos por adesão contratados com participação ou intermediação de administradora de benefícios, esta ficará responsável pela apresentação das informações previstas no *caput* e no § 1.º deste artigo.

Art. 240. Os serviços de intermediação de planos de assistência à saúde ficam sujeitos à incidência do IBS e da CBS sobre o valor da operação pela mesma alíquota aplicável ao plano de assistência à saúde.

Parágrafo único. Os prestadores de serviços de intermediação de planos de assistência à saúde que forem optantes pelo Simples Nacional:

I – permanecerão tributados de acordo com as regras do Simples Nacional, na hipótese de não exercerem a opção pelo regime regular do IBS e da CBS; e

II – ficarão sujeitos à mesma alíquota do IBS e da CBS aplicável aos serviços de planos de assistência à saúde, na hipótese de exercerem a opção pelo regime regular do IBS e da CBS.

Art. 241. Caso venha a ser permitida a importação de serviços de planos de assistência à saúde, deverá haver a incidência de IBS e de CBS pela mesma alíquota aplicável às operações realizadas no País sobre o valor da operação, podendo regulamento prever fator de redução para contemplar uma margem presumida, observados os limites estabelecidos neste Capítulo para as deduções de base de cálculo desses serviços.

Parágrafo único. Aplica-se o disposto no Capítulo IV do Título I deste Livro às importações de que trata o *caput* deste artigo, naquilo que não conflitar com o disposto neste artigo.

Art. 242. Caso venha a ser permitido o fornecimento de serviços de planos de assistência à saúde para residentes ou domiciliados no exterior para utilização no exterior, esse fornecimento será considerado como uma exportação e ficará imune ao IBS e à CBS, para efeitos do disposto no Capítulo V do Título I deste Livro.

Art. 243. Os planos de assistência à saúde de animais domésticos ficam sujeitos ao disposto nos arts. 234 a 242 desta Lei Complementar, com exceção das alíquotas aplicáveis, que serão nacionalmente uniformes e corresponderão à soma das alíquotas de referência de cada esfera federativa, reduzidas em 30% (trinta por cento), vedado o crédito ao adquirente.

Capítulo IV
DOS CONCURSOS DE PROGNÓSTICOS

Seção I
Disposições Gerais

Art. 244. Os concursos de prognósticos, em meio físico ou virtual, compreendidas todas as modalidades lotéricas, incluídos as apostas de quota fixa e os *sweepstakes*, as apostas de turfe e as demais apostas, ficam sujeitos a regime específico de incidência do IBS e da CBS, de acordo com o disposto neste Capítulo.

Parágrafo único. Aplica-se o disposto neste Capítulo ao *fantasy sport*.

Art. 245. A base de cálculo do IBS e da CBS sobre concursos de prognósticos é a receita própria da entidade decorrente dessa atividade, correspondente ao produto da arrecadação, com a dedução de:

I – premiações pagas; e

II – destinações obrigatórias por lei a órgão ou fundo público e aos demais beneficiários.

Parágrafo único. As premiações pagas não ficam sujeitas à incidência do IBS e da CBS.

Art. 246. As alíquotas do IBS e da CBS sobre concursos de prognósticos são nacionalmente uniformes e correspondem à soma das alíquotas de referência das esferas federativas.

Art. 247. Fica vedado o crédito de IBS e de CBS aos apostadores dos concursos de prognósticos.

Art. 248. A empresa que opera concursos de prognósticos deverá apresentar obrigação acessória, na forma do regulamento, contendo, no mínimo, informações sobre o local onde a aposta é efetuada e os valores das apostas e das premiações pagas.

Parágrafo único. Caso as apostas sejam efetuadas de forma virtual, na obrigação acessória de que trata o *caput* deste artigo, deverá ser identificado o apostador.

Seção II
Da Importação de Serviços de Concursos de Prognósticos

Art. 249. Caso venha a ser permitida a importação de serviços de concursos de prognósticos, ficarão sujeitas à incidência do IBS e da CBS pela mesma alíquota prevista para concursos de prognósticos no País as entidades domiciliadas no exterior que prestarem, por meio virtual, serviços de concursos de prognósticos de que trata este Capítulo para apostadores residentes ou domiciliados no País.

§ 1.º O fornecedor do serviço de que trata o *caput* deste artigo é o contribuinte do IBS e da CBS, podendo o apostador ser responsável solidário pelo pagamento nas hipóteses previstas no art. 24 desta Lei Complementar.

§ 2.º A base de cálculo é a receita auferida pela entidade em razão da operação, com a aplicação de um fator de redução previsto no regulamento, calculado com base nas deduções da base de cálculo dos serviços de concursos de prognósticos no País.

§ 3.º Aplica-se o disposto no Capítulo IV do Título I deste Livro às importações de que trata esta Seção, naquilo que não conflitar com o disposto neste artigo.

Seção III
Da Exportação de Serviços de Concursos de Prognósticos

Art. 250. Os serviços de concursos de prognósticos prestados, por meio virtual, a residentes ou domiciliados no exterior serão considerados exportados, ficando imunes à incidência do IBS e da CBS, para efeitos do disposto no Capítulo V do Título I deste Livro.

§ 1.º O regulamento disporá sobre a forma de comprovação da residência ou domicílio no exterior para efeitos do disposto no *caput* deste artigo.

§ 2.º Não se consideram exportados os serviços de concursos de prognósticos prestados na presença, no território nacional, de residente ou domiciliado no exterior.

Capítulo V
DOS BENS IMÓVEIS

Seção I
Disposições Gerais

Art. 251. As operações com bens imóveis realizadas por contribuintes que apurarem o IBS e a CBS no regime regular ficam sujeitas ao regime específico previsto neste Capítulo.

§ 1.º As pessoas físicas que realizarem operações com bens imóveis serão consideradas contribuintes do regime regular do IBS e da CBS e sujeitas ao regime de que trata este Capítulo, nos casos de:

I – locação, cessão onerosa e arrendamento de bem imóvel, desde que, no ano-calendário anterior:

a) a receita total com essas operações exceda R$ 240.000 (duzentos e quarenta mil reais); e

b) tenham por objeto mais de 3 (três) bens imóveis distintos;

II – alienação ou cessão de direitos de bem imóvel, desde que tenham por objeto mais de 3 (três) imóveis distintos no ano-calendário anterior;

III – alienação ou cessão de direitos, no ano-calendário anterior, de mais de 1 (um) bem imóvel construído pelo próprio alienante nos 5 (cinco) anos anteriores à data da alienação.

§ 2.º Também será considerada contribuinte do regime regular do IBS e da CBS no próprio ano calendário, a pessoa física de que trata o *caput* do § 1.º deste artigo, em relação às seguintes operações:

I – a alienação ou cessão de direitos de imóveis que exceda os limites previsto nos incisos II e III do § 1.º deste artigo; e

II – a locação, cessão onerosa ou arrendamento de bem imóvel em valor que exceda em 20% (vinte por cento) o limite previsto na alínea a do inciso I do § 1.º deste artigo.

§ 3.º Para fins do disposto no inciso II do § 1.º deste artigo os imóveis relativos às operações devem estar no patrimônio do contribuinte há menos de 5 (cinco) anos contados da data de sua aquisição.

§ 4.º No caso de bem imóvel recebido por meação, doação ou herança, o prazo de que trata o § 3.º deste artigo será contado desde a aquisição pelo cônjuge meeiro, *de cujus* ou pelo doador.

§ 5.º O valor previsto na alínea *a* do inciso I do § 1.º será atualizado mensalmente a partir da data de publicação desta Lei Complementar pelo IPCA ou por outro índice que vier a substituí-lo.

§ 6.º O regulamento definirá o que são bens imóveis distintos, para fins no disposto nos incisos I e II do § 1.º do *caput*.

§ 7.º Aplica-se, no que couber, as disposições do Título I deste Livro quanto às demais regras não previstas neste Capítulo.

Art. 252. O IBS e a CBS incidem, nos termos deste Capítulo, sobre as seguintes operações com bens imóveis:

I – alienação, inclusive decorrente de incorporação imobiliária e de parcelamento de solo;

II – cessão e ato translativo ou constitutivo onerosos de direitos reais;

III – locação, cessão onerosa e arrendamento;

IV – serviços de administração e intermediação; e

V – serviços de construção civil.

§ 1.º Sujeitam-se à tributação pelo IBS e pela CBS pelas mesmas regras da locação, cessão onerosa e arrendamento de bens imóveis:

I – a servidão, a cessão de uso ou de espaço;

II – a permissão de uso, o direito de passagem; e

III – (Vetado).

§ 2.º O IBS e a CBS não incidem nas seguintes hipóteses:

I – nas operações de permuta de bens imóveis, exceto sobre a torna, que será tributada nos termos deste Capítulo;

II – na constituição ou transmissão de direitos reais de garantia; e

III – nas operações previstas neste artigo, quando realizadas por organizações gestoras de fundo patrimonial, constituídas nos termos da Lei n. 13.800, de 4 de janeiro de 2019, para fins de investimento do fundo patrimonial.

§ 3.º Na hipótese de que trata o inciso I do § 2.º deste artigo, o valor permutado não será considerado no valor da operação para o cálculo do redutor de ajuste de que trata o art. 258 desta Lei Complementar.

§ 4.º Para fins do disposto neste Capítulo, as operações com bens imóveis de que trata o inciso III do § 2.º deste artigo, não são consideradas operações de contribuinte sujeito ao regime regular do IBS e da CBS.

§ 5.º Nas permutas de imóveis realizadas entre contribuintes do regime regular do IBS e da CBS:

I – fica mantido o valor do redutor de ajuste do imóvel dado em permuta, que poderá ser utilizado em operações futuras com o imóvel recebido em permuta; e

II – no caso de permuta para entrega de unidades a construir, o redutor de ajuste será aplicado proporcionalmente à operação de cada permutante, tomando-se por base a fração ideal das unidades permutadas.

§ 6.º O disposto no inciso I do § 2.º e § 5.º deste artigo também se aplica às operações quitadas de compra e venda de imóvel seguidas de confissão de dívida e promessa de dação, em pagamento, de unidade imobiliária construída ou a construir, desde que a alienação do imóvel e o compromisso de dação em pagamento sejam levados a efeito na mesma data, mediante instrumento público.

§ 7.º Aplica-se o disposto no § 4.º do art. 57 desta Lei Complementar às operações de alienação, locação, cessão onerosa e arrendamento de bem imóvel de propriedade de pessoa física sujeita ao regime regular do IBS e da CBS que não estejam relacionadas ao desenvolvimento de sua atividade econômica.

§ 8.º O disposto no § 6.º deste artigo não se aplica caso a quantidade e o valor das operações com os imóveis nele referidos caracterizem atividade econômica do contribuinte, nos termos dos §§ 1.º e 2.º do art. 251.

§ 9.º Na alienação de imóveis que tenham sido objeto de garantia constituída em favor de credor sujeito ao regime específico deste Capítulo, cuja propriedade tenha sido por ele consolidada ou a ele transmitida em pagamento ou amortização da dívida, deverá ser observado o disposto no art. 200 desta Lei Complementar.

Art. 253. A locação, cessão onerosa ou arrendamento de bem imóvel residencial por contribuinte sujeito ao regime regular do IBS e da CBS, com período não superior a 90 (noventa) dias ininterruptos, serão tributados de acordo com as mesmas regras aplicáveis aos serviços de hotelaria, previstas na Seção II do Capítulo VII do Título V deste Livro.

Seção II
Do Momento da Ocorrência do Fato Gerador

Art. 254. Considera-se ocorrido o fato gerador do IBS e da CBS:

I – na alienação de bem imóvel, no momento do ato de alienação;

II – na cessão ou no ato oneroso translativo ou constitutivo de direitos reais sobre bens imóveis, no momento da celebração do ato, inclusive de quaisquer ajustes posteriores, exceto os de garantia;

III – na locação, cessão onerosa ou arrendamento de bem imóvel, no momento do pagamento;

IV – no serviço de administração e intermediação de bem imóvel, no momento do pagamento; e

V – no serviço de construção civil, no momento do fornecimento.

§ 1.º Para fins do disposto no inciso I do *caput* deste artigo, considera-se alienação a adjudicação, a celebração, inclusive de quaisquer ajustes posteriores, do contrato de alienação, ainda que mediante instrumento de promessa, carta de reserva com princípio de pagamento ou qualquer outro documento representativo de compromisso, ou quando implementada a condição suspensiva a que estiver sujeita a alienação.

§ 2.º Nas hipóteses de que tratam os incisos III e IV do *caput* deste artigo, o IBS e a CBS incidentes na operação serão devidos em cada pagamento.

Seção III
Da Base de Cálculo

Subseção I
Disposições Gerais

Art. 255. A base de cálculo do IBS e da CBS é o valor:

I – da operação de alienação do bem imóvel;

II – da locação, cessão onerosa ou arrendamento do bem imóvel;

III – da cessão ou do ato oneroso translativo ou constitutivo de direitos reais sobre bens imóveis;

IV – da operação de administração ou intermediação;

V – da operação nos serviços de construção civil.

§ 1.º O valor da operação de que trata o *caput* deste artigo inclui:

I – o valor dos juros e das variações monetárias, em função da taxa de câmbio ou de índice ou coeficiente aplicáveis por disposição legal ou contratual;

II – a atualização monetária, nas vendas contratadas com cláusula de atualização monetária do saldo credor do preço, que venham a integrar os valores efetivamente recebidos pela alienação de bem imóvel;

III – os valores a que se referem os incisos I a III e VI do § 1.º do art. 12 desta Lei Complementar.

§ 2.º Não serão computados no valor da locação, cessão onerosa ou arrendamento de bem imóvel:

I – o valor dos tributos e dos emolumentos incidentes sobre o bem imóvel; e

II – as despesas de condomínio.

§ 3.º Nos serviços de intermediação de bem imóvel, caso o ato ou negócio relativo a bem imóvel se conclua com a intermediação de mais de um corretor, pessoa física ou jurídica, será considerada como base de cálculo para incidência do IBS e da CBS a parte da remuneração ajustada com cada corretor pela intermediação, excluídos:

I – os valores pagos diretamente pelos contratantes da intermediação; e

II – os repassados entre os corretores de imóveis.

§ 4.º Na hipótese de que trata o § 3.º deste artigo, cada corretor é responsável pelo IBS e pela CBS incidente sobre a respectiva parte da remuneração.

§ 5.º No caso de prestação de serviço de construção civil a não contribuinte do regime regular do IBS e da CBS em que haja fornecimento de materiais de construção, o prestador do serviço só poderá apropriar o crédito de IBS e CBS relativo à aquisição dos materiais de construção até o valor do débito relativo à prestação do serviço de construção civil.

§ 6.º O disposto no § 5.º deste artigo não se aplica na prestação de serviço de construção civil para a administração pública direta, autarquias e fundações públicas.

Art. 256. As administrações tributárias poderão apurar o valor de referência do imóvel, na forma do regulamento, por meio de metodologia específica para estimar o valor de mercado dos bens imóveis, que levará em consideração:

I – análise de preços praticados no mercado imobiliário;

II – informações enviadas pelas administrações tributárias dos Municípios, do Distrito Federal, dos Estados e da União;

III – informações prestadas pelos serviços registrais e notariais; e

IV – localização, tipologia, destinação e data, padrão e área de construção, entre outras características do bem imóvel.

§ 1.º O valor de referência poderá ser utilizado como meio de prova nos casos de arbitramento do valor da operação nos termos do art. 13, em conjunto com as demais características da operação.

§ 2.º O valor de referência dos bens imóveis deverá ser:

I – divulgado e disponibilizado no Sistema Nacional de Gestão de Informações Territoriais (Sinter);

II – estimado para todos os bens imóveis que integram o CIB a que se refere o inciso III do § 1.º do art. 59 desta Lei Complementar; e

III – atualizado anualmente.

§ 3.º O valor de referência poderá ser impugnado por meio de procedimento específico, nos termos do regulamento.

§ 4.º Para fins de determinação do valor de referência, os serviços registrais e notariais deverão compartilhar as informações das operações com bens imóveis com as administrações tributárias por meio do Sinter.

Subseção II
Do Redutor de Ajuste

Art. 257. A partir de 1.º de janeiro de 2027, será vinculado a cada imóvel de propriedade de contribuinte sujeito ao regime regular do IBS e da CBS valor correspondente ao respectivo redutor de ajuste, nos termos do regulamento.

§ 1.º O redutor de ajuste de que trata este artigo será utilizado exclusivamente para reduzir a base de cálculo das operações de alienação do bem imóvel realizadas por contribuinte do regime regular do IBS e da CBS.

§ 2.º O valor do redutor de ajuste é composto:

I – por seu valor inicial, nos termos do *caput* do art. 258; e

II – pelos valores dispostos no § 6.º do art. 258.

§ 3.º Os valores de que tratam os incisos I e II do § 2.º deste artigo serão corrigidos pelo IPCA ou por outro índice que vier a substituí-lo da data de sua constituição até a data em que são devidos o IBS e a CBS incidentes na alienação do bem imóvel.

§ 4.º Na alienação do bem imóvel, o redutor de ajuste:

I – será mantido com o mesmo valor e o mesmo critério de correção, no caso de o imóvel ser adquirido por contribuinte sujeito ao regime regular do IBS e da CBS;

II – será extinto nos demais casos.

§ 5.º Na fusão, remembramento ou unificação de bens imóveis, o valor do redutor de ajuste do imóvel resultante da fusão, remembramento ou unificação corresponderá à soma do valor do redutor de ajuste dos imóveis fundidos ou unificados.

§ 6.º Na divisão de bens imóveis, inclusive mediante subdivisão, desmembramento e parcelamento, o valor do redutor de ajuste dos imóveis resultantes da divisão deverá ser igual ao valor do redutor de ajuste do imóvel dividido, observados os seguintes critérios:

I – o valor do redutor de ajuste será alocado a cada imóvel resultante da divisão na proporção de seu valor de mercado; ou

II – caso não seja possível a identificação do valor de mercado de cada imóvel resultante da divisão, ou em outras hipóteses previstas em regulamento, o valor do redutor de ajuste será alocado a cada imóvel resultante da divisão na proporção de sua área.

§ 7.º Na atividade de loteamento realizada por meio de contrato de parceria, o redutor de ajuste será aplicado proporcionalmente à operação de cada parceiro, tomando-se por base os percentuais definidos no contrato de parceria.

§ 8.º A ausência de regulamentação da forma de utilização do redutor de ajuste de que trata este artigo não impede sua utilização nos termos desta Lei Complementar.

Art. 258. O valor inicial do redutor de ajuste corresponde:

I – no caso de bens imóveis de propriedade do contribuinte em 31 de dezembro de 2026:

a) ao valor de aquisição do imóvel atualizado nos termos do § 4.º deste artigo; ou

b) por opção do contribuinte, ao valor de referência de que trata o art. 256 desta Lei Complementar;

II – no caso de bens imóveis em construção em 31 de dezembro de 2026, à soma:

a) do valor de aquisição do terreno, constante dos instrumentos mencionados na forma do § 1.º do art. 254, atualizado nos termos do § 4.º deste artigo; e

b) do valor dos bens e serviços que possam ser contabilizados como custo de produção do bem imóvel ou como despesa direta relacionada à produção ou comercialização do bem imóvel adquiridos anteriormente a 1.º de janeiro de 2027, comprovado com base em documentos fiscais idôneos, atualizado nos termos do § 4.º deste artigo;

III – no caso de bens imóveis adquiridos a partir de 1.º de janeiro de 2027, ao valor de aquisição do bem imóvel.

§ 1.º A data de constituição do redutor de ajuste é:

I – no caso dos incisos I e II do *caput* deste artigo, 31 de dezembro de 2026;

II – no caso do inciso III do *caput* deste artigo, a data da operação.

§ 2.º Caso o valor de referência do imóvel não esteja disponível em 31 de dezembro de 2026, o contribuinte que não optar pela fixação do redutor de ajuste na forma do inciso I do *caput* deste artigo, poderá calculá-lo com base em estimativa de valor de mercado do bem imóvel realizada por meio de procedimento específico, nos termos do regulamento.

§ 3.º Caso o valor de aquisição de que tratam os incisos I, alínea *a*, II, alínea *a*, e III do *caput* deste artigo seja baseado em declarações ou documentos que não estejam condizentes com o valor de mercado ou que não mereçam fé, poderá a autoridade fiscal instaurar processo administrativo, observado o contraditório e a ampla defesa, para determinar o efetivo valor de aquisição, nos termos do regulamento.

§ 4.º Os valores a que se referem os incisos I, alínea a, e II, alíneas a e b, do caput deste artigo serão atualizados até 31 de dezembro de 2026 pelo IPCA ou por outro índice que vier a substituí-lo.

§ 5.º Na hipótese do inciso III do caput, o valor do redutor de ajuste fica limitado ao valor de aquisição do bem imóvel pelo alienante, corrigido pelo IPCA ou por outro índice que vier a substituí-lo, caso:

I – a alienação ocorra em prazo inferior a 3 (três) anos, contados da data de aquisição do imóvel;

II – o imóvel tenha sido adquirido de contribuinte do regime regular do IBS e da CBS; e alienante.

III – não seja comprovado o recolhimento, pelo alienante:

a) do Imposto de Renda sobre ganho de capital em relação à operação; e

b) do Imposto sobre Transmissão de Bens Imóveis, em relação à aquisição pelo alienante.

§ 6.º Integram o redutor de ajuste relativo ao bem imóvel, na data do efetivo pagamento:

I – o valor do Imposto sobre a Transmissão de Bens Imóveis (ITBI) e do laudêmio incidentes na aquisição do imóvel ao qual se refere o redutor de ajuste; e

II – as contrapartidas de ordem urbanística e ambientais pagas ou entregues aos entes públicos em decorrência de legislação federal, estadual ou municipal, inclusive, mas não limitadas, aos valores despendidos a título de outorga onerosa do direito de construir, de outorga onerosa por alteração de uso, e de quaisquer outras contrapartidas devidas a órgãos públicos para a execução do empreendimento imobiliário, desde que não tenham sido incluídas no valor inicial do redutor de ajuste de que trata o caput.

§ 7.º Incluem-se no conceito de contrapartidas municipais:

I – o valor correspondente ao percentual destinado a doação de áreas públicas nos termos do art. 22 da Lei n. 6.766, de 19 de dezembro de 1979, constante do registro do loteamento e de sua matrícula imobiliária, aplicado sobre o valor das operações, desde que o respectivo valor já não tenha sido considerado no redutor de ajuste; e

II – as contrapartidas estabelecidas no ato de aprovação do empreendimento registradas no cartório de registro de imóveis, nos termos do inciso V do caput do art. 18 da Lei n. 6.766, de 19 de dezembro de 1979.

§ 8.º Fica vedada a apropriação de créditos em relação ao IBS e à CBS incidentes sobre os bens e serviços adquiridos para a realização das contrapartidas a que se refere o inciso II do § 6.º deste artigo que integrem o redutor de ajuste, nos termos do referido parágrafo.

§ 9.º A data de constituição dos valores incluídos no redutor de ajuste nos termos do § 6.º deste artigo é a data do pagamento dos tributos e das contrapartidas, ou da transferência ao poder público dos bens cedidos em contrapartida.

Subseção III
Do Redutor Social

Art. 259. Na alienação de bem imóvel residencial novo ou de lote residencial realizada por contribuinte sujeito ao regime regular do IBS e da CBS, poderá ser deduzido da base de cálculo do IBS e da CBS redutor social no valor de R$ 100.000,00 (cem mil reais) por bem imóvel residencial novo e de R$ 30.000,00 (trinta mil reais) por lote residencial, até o limite do valor da base de cálculo, após a dedução do redutor de ajuste.

§ 1.º Considera-se:

I – bem imóvel residencial a unidade construída em zona urbana ou rural para fins residenciais, segundo as normas disciplinadoras das edificações da localidade em que se situe e seja ocupada por pessoa como local de residência;

II – lote residencial a unidade imobiliária resultante de parcelamento do solo urbano nos termos da Lei n. 6.766, de 19 de dezembro de 1979, ou objeto de condomínio de lotes, nos termos do art. 1.358-A da Lei n. 10.406, de 10 de janeiro de 2002 (Código Civil); e

III – bem imóvel novo aquele que não tenha sido ocupado ou utilizado, nos termos do regulamento.

§ 2.º Para cada bem imóvel, o redutor social de que trata este artigo poderá ser utilizado uma única vez.

§ 3.º O valor do redutor social previsto no caput deste artigo será atualizado mensalmente a partir da publicação desta Lei Complementar pelo IPCA ou por outro índice que vier a substituí-lo.

§ 4.º Quando a atividade de loteamento for realizada por meio de contrato de parceria, o redutor social será aplicado proporcionalmente à operação de cada parceiro, tomando-se por base os percentuais definidos no contrato de parceria.

Art. 260. Na operação de locação, cessão onerosa ou arrendamento de bem imóvel para uso residencial realizada por contribuinte sujeito ao regime regular do IBS e da CBS, poderá ser deduzido da base de cálculo do IBS e da CBS redutor social no valor de R$ 600,00 (seiscentos reais) por bem imóvel, até o limite do valor da base de cálculo.

Parágrafo único. O valor do redutor social previsto no caput deste artigo será atualizado mensalmente a partir da data de publicação desta Lei Complementar pelo IPCA ou por outro índice que vier a substituí-lo.

Seção IV
Da Alíquota

Art. 261. As alíquotas do IBS e da CBS relativas às operações de que trata este Capítulo ficam reduzidas em 50% (cinquenta por cento).

Parágrafo único. As alíquotas do IBS e da CBS relativas às operações de locação, cessão onerosa e arrendamento de bens imóveis ficam reduzidas em 70% (setenta por cento).

Seção V
Da Incorporação Imobiliária e do Parcelamento de Solo

Art. 262. Na incorporação imobiliária e no parcelamento de solo, o IBS e a CBS incidentes na alienação das unidades imobiliárias serão devidos em cada pagamento.

§ 1.º Considera-se unidade imobiliária:

I – o terreno adquirido para venda, com ou sem construção;

II – cada lote oriundo de desmembramento de terreno;

III – cada terreno decorrente de loteamento;

IV – cada unidade distinta resultante de incorporação imobiliária; e

V – o prédio construído para venda como unidade isolada ou autônoma.

§ 2.º Dos valores de IBS e de CBS devidos em cada período de apuração, o alienante poderá compensar os créditos apropriados relativos ao IBS e à CBS pagos sobre a aquisição de bens e serviços.

§ 3.º Eventual saldo credor poderá ser objeto:

I – de pedido de ressarcimento, desde que o ressarcimento seja realizado diretamente em conta-corrente vinculada ao patrimônio de afetação, na forma dos arts. 31-A a 31-E da Lei n. 4.591, de 16 de dezembro de 1964, e dos arts. 18-A a 18-E da Lei n. 6.766, de 19 de dezembro de 1979, até a conclusão, respectivamente, da incorporação ou do parcelamento do solo; ou

II – de pedido de ressarcimento ou compensação com os valores do IBS e da CBS relativos a outras operações tributadas do contribuinte, após a conclusão da incorporação ou do parcelamento do solo.

§ 4.º Na alienação de imóveis de que trata este artigo, o redutor de ajuste de que trata o art. 258 e, quando cabível, o redutor social de que trata o art. 259 desta Lei Complementar deverão ser deduzidos da base de cálculo relativa a cada parcela, de forma proporcional ao valor total do bem imóvel.

§ 5.º No caso de lotes residenciais e imóveis residenciais novos cujo pagamento tenha sido iniciado antes de 1.º de janeiro de 2027, a aplicação dos redutores de que trata o § 4.º deste artigo dar-se-á proporcionalmente ao valor total do imóvel, inclusive de parcelas pagas anteriormente à referida data.

Seção VI
Da Sujeição Passiva relativo;

Art. 263. São contribuintes das operações de que trata este Capítulo:
I – o alienante de bem imóvel, na alienação de bem imóvel ou de direito a ele relativo;
II – aquele que cede, institui ou transmite direitos reais sobre bens imóveis, na cessão ou no ato oneroso instituidor ou translativo de direitos reais sobre bens imóveis, exceto os de garantia;
III – o locador, o cedente ou o arrendador, na locação, cessão onerosa ou arrendamento de bem imóvel;
IV – o adquirente, no caso de adjudicação, remição e arrematação em leilão judicial de bem imóvel;
V – o prestador de serviços de construção;
VI – o prestador de serviços de administração e intermediação de bem imóvel.
§ 1.º No caso do inciso IV do *caput* deste artigo, a operação:
I – será tributada como alienação realizada por contribuinte do regime regular do IBS e da CBS, se houver redutor de ajuste vinculado ao imóvel, aplicando-se o disposto no art. 257 § 1.º; ou
II – será tratada como alienação realizada por não contribuinte do regime regular do IBS e da CBS, se não houver redutor de ajuste vinculado ao imóvel.
§ 2.º No caso de copropriedade de bem imóvel objeto de condomínio pro indiviso, poderão os coproprietários, nos termos do regulamento, optar pelo recolhimento unificado do IBS e da CBS em CNPJ único.
§ 3.º No caso de copropriedade, o IBS e a CBS incidirão proporcionalmente sobre a parte do imóvel relativa ao coproprietário que se enquadrar na condição de contribuinte, nos termos do *caput* e do § 1.º do art. 251 desta Lei Complementar.
Art. 264. Nas sociedades em conta de participação, o sócio ostensivo fica obrigado a efetuar o recolhimento do IBS e da CBS incidentes sobre as operações com bens imóveis, vedada a exclusão de valores devidos a sócios participantes.

Seção VII
Disposições Finais

Art. 265. Os bens imóveis urbanos e rurais de que trata esta Seção deverão ser inscritos no CIB, integrante do Sinter, de que trata o inciso III do § 1.º do art. 59 desta Lei Complementar.
§ 1.º O CIB é o inventário dos bens imóveis urbanos e rurais constituído com dados enviados pelos cadastros de origem, que deverão atender aos critérios de atribuição de código de inscrição no CIB.
§ 2.º O CIB deverá constar obrigatoriamente de todos os documentos relativos à obra de construção civil expedidos pelo Município.
Art. 266. Ficam estabelecidos os seguintes prazos de inscrição de todos os bens imóveis no CIB:
I – 12 (doze) meses para que:
a) os órgãos da administração federal direta e indireta realizem a adequação dos sistemas para adoção do CIB como código de identificação cadastral dos bens imóveis urbanos e rurais;
b) os serviços notariais e registrais realizem a adequação dos sistemas para adoção do CIB como código de identificação cadastral dos bens imóveis;
c) as capitais dos Estados e o Distrito Federal incluam o código CIB em seus sistemas;
II – 24 (vinte e quatro) meses para que:
a) os órgãos da administração estadual direta e indireta realizem a adequação dos sistemas para adoção do CIB como código de identificação cadastral dos bens imóveis urbanos e rurais;
b) os demais Municípios incluam o código CIB em seus sistemas.
Art. 267. Será emitida certidão negativa de débitos para os bens imóveis urbanos e rurais, nos termos do regulamento.
Art. 268. O Comitê Gestor do IBS e a RFB poderão estabelecer, mediante ato conjunto, obrigações acessórias no interesse da fiscalização e da administração tributária, para terceiros relacionados às operações de que trata este Capítulo, inclusive tabeliães, registradores de imóveis e juntas comerciais.
Art. 269. A obra de construção civil receberá identificação cadastral no cadastro a que se refere o art. 265 desta Lei Complementar.
Art. 270. A apuração do IBS e da CBS será feita para cada empreendimento de construção civil, vinculada a um CNPJ ou CPF específico, inclusive incorporação e parcelamento do solo, considerada cada obra de construção civil, incorporação ou parcelamento do solo como um centro de custo distinto.
Parágrafo único. No caso de apuração do IBS e da CBS nos termos do *caput* deste artigo, o documento fiscal deverá indicar o número do cadastro da obra nas aquisições de bens e serviços utilizados na obra de construção civil a que se destinam.

Capítulo VI
DAS SOCIEDADES COOPERATIVAS

Art. 271. As sociedades cooperativas poderão optar por regime específico do IBS e da CBS no qual ficam reduzidas a zero as alíquotas do IBS e da CBS incidentes na operação em que:
I – o associado fornece bem ou serviço à cooperativa de que participa; e
II – a cooperativa fornece bem ou serviço a associado sujeito ao regime regular do IBS e da CBS.

§ 1.º O disposto no *caput* deste artigo aplica-se também:
I – às operações realizadas entre cooperativas singulares, centrais, federações, confederações e às originárias dos seus respectivos bancos cooperativos de que as cooperativas participam; e
II – à operação de fornecimento de bem material pela cooperativa de produção agropecuária a associado não sujeito ao regime regular do IBS e da CBS, desde que anulados os créditos por ela apropriados referentes ao bem fornecido.
§ 2.º O disposto no inciso II do *caput* deste artigo aplica-se também ao fornecimento, pelas cooperativas, de serviços financeiros a seus associados, inclusive cobrados mediante tarifas e comissões.
§ 3.º A opção de que trata o *caput* deste artigo será exercida pela cooperativa no ano-calendário anterior ao de início de produção de efeitos ou no início de suas operações, nos termos do regulamento.
§ 4.º O disposto no inciso II do § 1.º não se aplica às operações com insumos agropecuários e aquícolas contempladas pelo diferimento estabelecido pelo § 3.º do art. 138.
Art. 272. O associado sujeito ao regime regular do IBS e da CBS, inclusive as cooperativas singulares, que realizar operações com a redução de alíquota de que trata o inciso I do *caput* do art. 271 poderá transferir os créditos das operações antecedentes às operações em que fornece bens e serviços e os créditos presumidos à cooperativa de que participa, não se aplicando o disposto no art. 55 desta Lei Complementar.
Parágrafo único. A transferência de créditos de que trata o *caput* deste artigo alcança apenas os bens e serviços utilizados para produção do bem ou prestação de serviço fornecidos pelo associado à cooperativa de que participa, nos termos do regulamento.

Capítulo VII
DOS BARES, RESTAURANTES, HOTELARIA, PARQUES DE DIVERSÃO E PARQUES TEMÁTICOS, TRANSPORTE COLETIVO DE PASSAGEIROS E AGÊNCIAS DE TURISMO

Seção I
Dos Bares e Restaurantes

Art. 273. As operações de fornecimento de alimentação por bares e restaurantes, inclusive lanchonetes, ficam sujeitas a regime específico de incidência do IBS e da CBS, de acordo com o disposto nesta Seção.
§ 1.º O regime específico de que trata esta Seção aplica-se também ao fornecimento de bebidas não alcoólicas preparadas no estabelecimento.
§ 2.º Não está sujeito ao regime específico de que trata esta Seção o fornecimento de:
I – alimentação para pessoa jurídica, sob contrato, classificadas nas posições 1.0301.31.00, 1.0301.32.00 e 1.0301.39.00

da NBS ou por empresa classificada na posição 5620-1/01 da Classificação Nacional de Atividades Econômicas (CNAE);

II – produtos alimentícios e bebidas não alcoólicas adquiridos de terceiros, não submetidos a preparo no estabelecimento; e

III – bebidas alcoólicas, ainda que preparadas no estabelecimento.

Art. 274. A base de cálculo do IBS e da CBS é o valor da operação de fornecimento de alimentação e das bebidas de que trata o § 1.º do art. 273 desta Lei Complementar.

Parágrafo único. Ficam excluídos da base de cálculo:

I – a gorjeta incidente no fornecimento de alimentação, desde que:

a) seja repassada integralmente ao empregado, sem prejuízo dos valores da gorjeta que forem retidos pelo empregador em virtude de determinação legal; e

b) seu valor não exceda a 15% (quinze por cento) do valor total do fornecimento de alimento e bebidas;

II – os valores não repassados aos bares e restaurantes pelo serviço de entrega e intermediação de pedidos de alimentação e bebidas por plataforma digital.

Art. 275. As alíquotas do IBS e da CBS relativas às operações de que trata este Capítulo ficam reduzidas em 40% (quarenta por cento).

Art. 276. Fica vedada a apropriação de créditos do IBS e da CBS pelos adquirentes de alimentação e bebidas fornecidas pelos bares e restaurantes, inclusive lanchonetes.

Seção II
Da Hotelaria, Parques de Diversão e Parques Temáticos

Art. 277. Os serviços de hotelaria, parques de diversão e parques temáticos ficam sujeitos a regime específico de incidência do IBS e da CBS, de acordo com o disposto nesta Seção.

Art. 278. Para efeitos do disposto nesta Lei Complementar, considera-se serviço de hotelaria o fornecimento de alojamento temporário, bem como de outros serviços incluídos no valor cobrado pela hospedagem, em:

I – unidades de uso exclusivo dos hóspedes, por estabelecimento destinado a essa finalidade; ou

II – imóvel residencial mobiliado, ainda que de uso não exclusivo dos hóspedes.

Parágrafo único. Não descaracteriza o fornecimento de serviços de hotelaria a divisão do empreendimento em unidades hoteleiras, assim entendida a atribuição de natureza jurídica autônoma às unidades habitacionais que o compõem, sob titularidade de diversas pessoas, desde que sua destinação funcional seja exclusivamente a de hospedagem.

Art. 279. Para efeitos do disposto nesta Lei Complementar, consideram-se:

I – parque de diversão: o estabelecimento ou empreendimento permanente ou itinerante, cuja atividade essencial é a disponibilização de atrações destinadas a entreter pessoas e fruídas presencialmente no local da disponibilização; e

II – parque temático: o parque de diversão com inspiração em tema histórico, cultural, etnográfico, lúdico ou ambiental.

Art. 280. A base de cálculo do IBS e da CBS é o valor da operação com serviços de hotelaria, parques de diversão e parques temáticos.

Art. 281. As alíquotas do IBS e da CBS relativas às operações de que trata este Capítulo ficam reduzidas em 40% (quarenta por cento).

Art. 282. Ficam permitidas a apropriação e a utilização de créditos de IBS e de CBS nas aquisições de bens e serviços pelos fornecedores de serviços de hotelaria, parques de diversão e parques temáticos, observado o disposto nos arts. 47 a 56 desta Lei Complementar.

Art. 283. Fica vedada a apropriação de créditos de IBS e de CBS pelo adquirente dos serviços de hotelaria, parques de diversão e parques temáticos.

Seção III
Do Transporte Coletivo de Passageiros Rodoviário Intermunicipal e Interestadual, Ferroviário, Hidroviário e Aéreo Regional e Do Transporte de Carga Aéreo Regional

Art. 284. Ficam sujeitos a regime específico de incidência do IBS e da CBS, de acordo com o disposto nesta Seção, os seguintes serviços de transporte coletivo de passageiros:

I – rodoviário intermunicipal e interestadual;

II – ferroviário e hidroviário intermunicipal e interestadual;

III – ferroviário e hidroviário de caráter urbano, semiurbano e metropolitano; e

IV – aéreo regional.

§ 1.º Para fins desta Lei Complementar, consideram-se:

I – transporte coletivo de passageiros o serviço de deslocamento de pessoas acessível a toda a população mediante cobrança individualizada;

II – transporte intermunicipal de passageiros o serviço de deslocamento de pessoas entre Municípios circunscritos a um mesmo Estado ou ao Distrito Federal;

III – transporte interestadual de passageiros o serviço de deslocamento de pessoas entre Municípios de Estados distintos ou de Estado e do Distrito Federal;

IV – transporte rodoviário de passageiros aquele definido conforme o disposto no inciso II do parágrafo único do art. 157 desta Lei Complementar;

V – transporte ferroviário de passageiros o serviço de deslocamento de pessoas executado por meio de locomoção de trens ou comboios sobre trilhos;

VI – transporte hidroviário de passageiros o serviço de deslocamento de pessoas executado por meio de rotas para o tráfego aquático;

VII – transporte de caráter urbano, semiurbano e metropolitano o definido conforme o disposto nos incisos IV a VI do parágrafo único do art. 157 desta Lei Complementar, com itinerários e preços fixados pelo poder público; e

VIII – transporte aéreo regional a aviação doméstica com voos com origem ou destino na Amazônia Legal ou em capitais regionais, centros sub-regionais, centros de zona ou centros locais, assim definidos pelo IBGE, e na forma regulamentada pelo Ministério de Portos e Aeroportos.

§ 2.º Ficam permitidas a apropriação e a utilização de créditos de IBS e de CBS para os adquirentes dos serviços de transporte, obedecido o disposto nos arts. 47 a 56 desta Lei Complementar.

§ 3.º As rotas previstas no inciso VIII do § 1.º serão definidas por ato conjunto do Comitê Geral do IBS e do Ministro de Estado da Fazenda, com base em classificação da Agência Nacional de Aviação Civil (ANAC), vedada a exclusão de rotas em prazo inferior a 2 (dois) anos de sua inclusão.

§ 4.º O regime específico de que tratam os incisos I a III do *caput* aplica-se apenas ao transporte público coletivo de passageiros, assim entendido como aquele sob regime de autorização, permissão ou concessão pública.

Art. 285. Em relação aos serviços de transporte público coletivo de passageiros ferroviário e hidroviário de caráter urbano, semiurbano e metropolitano:

I – ficam reduzidas em 100% (cem por cento) as alíquotas do IBS e da CBS incidentes sobre o fornecimento desses serviços;

II – fica vedada a apropriação de créditos de IBS e de CBS nas aquisições pelo fornecedor do serviço de transporte; e

III – fica vedada a apropriação de créditos de IBS e de CBS pelo adquirente dos serviços de transporte.

Art. 286. Em relação aos serviços de transporte coletivo de passageiros rodoviário, ferroviário e hidroviário intermunicipais e interestaduais, as alíquotas do IBS e da CBS do regime específico de que trata essa Seção ficam reduzidas em 40% (quarenta por cento).

Parágrafo único. Ficam permitidas a apropriação e a utilização de créditos de IBS e de CBS nas aquisições de bens e serviços pelos fornecedores dos serviços de transporte de que trata este artigo sujeitos ao regime regular do IBS e da CBS, observado o disposto nos arts. 47 a 56 desta Lei Complementar.

Art. 287. Ficam reduzidas em 40% (quarenta por cento) as alíquotas do IBS e da CBS incidentes sobre o fornecimento do serviço de transporte aéreo regional coletivo de passageiros ou de carga.

Seção IV
Das Agências de Turismo

Art. 288. Os serviços de agências de turismo ficam sujeitos a regime específico de incidência do IBS e da CBS, de acordo com o disposto nesta Seção.

Art. 289. Na intermediação de serviços turísticos realizada por agências de turismo:
I – a base de cálculo do IBS e da CBS é o valor da operação, deduzidos os valores repassados para os fornecedores intermediados pela agência com base no documento que subsidia a operação de agenciamento; e
II – a alíquota é a mesma aplicável aos serviços de hotelaria, parques de diversão e parques temáticos.

§ 1.º O valor da operação de que trata o inciso I do *caput* deste artigo compreende o valor total cobrado do usuário do serviço da agência, nele incluídos todos os bens e serviços prestados e usufruídos com a intermediação da agência, somados a sua margem de agregação e outros acréscimos cobrados do usuário.

§ 2.º Integram também a base de cálculo e sujeitam-se ao disposto neste artigo os demais valores, comissões e incentivos pagos por terceiros, em virtude da atuação da agência.

Art. 290. Fica permitida a apropriação, pelo adquirente, dos créditos de IBS e de CBS relativos ao serviço de intermediação prestado pela agência de turismo, observado o disposto nos arts. 47 a 56 desta Lei Complementar.

Art. 291. Ficam permitidas a apropriação e a utilização de créditos de IBS e de CBS nas aquisições de bens e serviços pelas agências de turismo, vedado o crédito dos valores que sejam deduzidos da base de cálculo, nos termos do inciso I do *caput* do art. 289 desta Lei Complementar, observado o disposto nos arts. 47 a 56 desta Lei Complementar.

Capítulo VIII
DA SOCIEDADE ANÔNIMA DO FUTEBOL – SAF

Art. 292. As operações com bens e com serviços realizadas por Sociedade Anônima do Futebol – SAF ficam sujeitas a regime específico do IBS e da CBS, de acordo com o disposto neste Capítulo.

Parágrafo único. Considera-se como SAF a companhia cuja atividade principal consista na prática do futebol, feminino e masculino, em competição profissional, sujeita às regras previstas na legislação específica.

Art. 293. A SAF fica sujeita ao Regime de Tributação Específica do Futebol – TEF instituído neste Capítulo.

§ 1.º O TEF consiste no recolhimento mensal dos seguintes impostos e contribuições, a serem apurados seguindo o regime de caixa:
I – Imposto sobre a Renda das Pessoas Jurídicas – IRPJ;
II – Contribuição Social sobre o Lucro Líquido – CSLL;
III – contribuições previstas nos incisos I, II e III do *caput* e no § 6.º do art. 22 da Lei n. 8.212, de 24 de julho de 1991;
IV – CBS; e
V – IBS.

§ 2.º O recolhimento na forma deste Capítulo não exclui a incidência dos demais tributos federais, estaduais, distritais ou municipais, devidos na qualidade de contribuinte ou responsável, em relação aos quais será observada a legislação aplicável às demais pessoas jurídicas.

§ 3.º A base de cálculo do pagamento mensal e unificado dos tributos referidos no § 1.º deste artigo será a totalidade das receitas recebidas no mês, inclusive aquelas referentes a:
I – prêmios e programas de sócio-torcedor;
II – cessão dos direitos desportivos dos atletas;
III – cessão de direitos de imagem; e
IV – transferência do atleta para outra entidade desportiva ou seu retorno à atividade em outra entidade desportiva.

§ 4.º O valor do pagamento mensal e unificado dos tributos referidos no § 1.º deste artigo será calculado mediante aplicação das alíquotas de:
I – 4% (quatro por cento) para os tributos federais unificados de que tratam os incisos I a III do § 1.º deste artigo;
II – 1,5% (um inteiro e cinco décimos por cento) para a CBS; e
III – 3% (três por cento) para o IBS, sendo:
a) metade desse percentual correspondente à alíquota estadual; e
b) metade desse percentual correspondente à alíquota municipal.

§ 5.º A SAF somente poderá apropriar e utilizar créditos do IBS e da CBS em relação às operações em que seja adquirente de direitos desportivos de atletas, pela mesma alíquota devida sobre essas operações, observado, no que couber, o disposto nos arts. 47 a 56 desta Lei Complementar.

§ 6.º Fica vedada a apropriação de créditos do IBS e da CBS para os adquirentes de bens e serviços da SAF, com exceção da aquisição de direitos desportivos de atletas, pela mesma alíquota devida sobre essas operações, observado, no que couber, o disposto nos arts. 47 a 56 desta Lei Complementar.

§ 7.º Para fins de repartição de receita tributária, o valor recolhido na forma do pagamento mensal unificado de que trata o § 4.º deste artigo será apropriado aos tributos abaixo especificados, mediante aplicação dos seguintes percentuais sobre o valor recolhido:
I – 43,5% (quarenta e três inteiros e cinco décimos por cento) ao IRPJ;
II – 18,6% (dezoito inteiros e seis décimos por cento) à CSLL; e
III – 37,9% (trinta e sete inteiros e nove décimos por cento) às contribuições previstas nos incisos I, II e III do *caput* e no § 6.º do art. 22 da Lei n. 8.212, de 24 de julho de 1991, distribuídos conforme disciplinado por ato do Ministro de Estado da Fazenda.

§ 8.º Ato conjunto da RFB e do Comitê Gestor do IBS regulamentará a forma de recolhimento do IBS e da CBS devidos na forma deste Capítulo.

Art. 294. De 1.º de janeiro de 2027 a 31 de dezembro de 2032, as alíquotas dos tributos que compõem o TEF serão:
I – quanto aos tributos federais de que tratam os incisos I a III do § 1.º do art. 293, a alíquota definida no inciso I do § 4.º do art. 293 desta Lei Complementar;
II – quanto à CBS, a alíquota definida no inciso II do § 4.º do art. 293 desta Lei Complementar, a qual será reduzida em 0,1% (um décimo por cento) para os anos-calendário de 2027 e 2028; e
III – quanto ao IBS:
a) 0,1% (um décimo por cento) em 2027 e 2028;
b) 0,3% (três décimos por cento) em 2029;
c) 0,6% (seis décimos por cento) em 2030;
d) 0,9% (nove décimos por cento) em 2031;
e) 1,2% (um inteiro e dois décimos por cento) em 2032; e
f) o percentual integral da alíquota, de 2033 em diante.

Parágrafo único. Aplica-se o disposto nas alíneas *a* e *b* do inciso III do § 4.º e no § 7.º, do art. 293 desta Lei Complementar, para a repartição da receita tributária dos tributos referidos no *caput* deste artigo durante o período de transição.

Art. 295. A importação de direitos desportivos de atletas fica sujeita à incidência do IBS e da CBS pelas mesmas alíquotas aplicáveis às operações realizadas no País, aplicando-se as regras das importações de bens imateriais, inclusive direitos, e de serviços previstas na Seção II do Capítulo IV do Título I deste Livro.

Art. 296. A cessão de direitos desportivos de atletas a residente ou domiciliado no exterior para a realização de atividades desportivas predominantemente no exterior será considerada exportação para fins da imunidade do IBS e da CBS, excluindo-se os percentuais de que tratam os incisos II e III do § 4.º do art. 293 desta Lei Complementar da alíquota aplicável para cálculo do pagamento unificado de que trata o referido artigo.

Capítulo IX
DAS MISSÕES DIPLOMÁTICAS, REPARTIÇÕES CONSULARES E OPERAÇÕES ALCANÇADAS POR TRATADO INTERNACIONAL

Art. 297. As operações com bens e com serviços alcançadas por tratado ou convenção internacional celebrados pela União e referendados pelo Congresso Nacional, nos termos do inciso VIII do art. 84 da Constituição Federal, inclusive referentes a missões diplomáticas, repartições consulares, representações de organismos internacionais e respectivos funcionários acreditados, ficam sujeitas a regime específico de incidência do IBS e da CBS, de acordo com o disposto neste Capítulo.

Art. 298. Os valores de IBS e CBS pagos em operações com bens ou serviços destinados a missões diplomáticas e repartições consulares de caráter permanente e respectivos funcionários acreditados, poderão ser reembolsados, nos termos do regulamento, mediante aprovação pelo Ministério das Relações Exteriores após verificação do regime tributário aplicado às representações diplomáticas brasileiras e respectivos funcionários naquele país.

Art. 299. A aplicação das normas referentes ao IBS e à CBS previstas em tratado ou convenção internacional internalizado, inclusive os referentes a organismos internacionais dos quais o Brasil seja membro e respectivos funcionários acreditados, e os vigentes na data de publicação desta Lei Complementar, será regulamentada por ato conjunto do Ministro de Estado da Fazenda e do Comitê Gestor do IBS, ouvido o Ministério das Relações Exteriores.

Capítulo X
DISPOSIÇÕES COMUNS AOS REGIMES ESPECÍFICOS

Art. 300. O período de apuração do IBS e da CBS nos regimes específicos de serviços financeiros, planos de assistência à saúde e concursos de prognósticos a que se referem os Capítulos II, III e IV deste Título será mensal.

Art. 301. Caso a base de cálculo do IBS e da CBS nos regimes específicos de serviços financeiros, planos de assistência à saúde e concursos de prognósticos de que tratam os Capítulos II, III e IV deste Título no período de apuração seja negativa, o contribuinte poderá deduzir o valor negativo da base de cálculo, sem qualquer atualização, das bases de cálculo positivas dos períodos de apuração posteriores.

Parágrafo único. A dedução de que trata o *caput* poderá ser feita no prazo de até 5 (cinco) anos contados do último dia útil do período de apuração.

Art. 302. Os contribuintes sujeitos aos regimes específicos de serviços financeiros, planos de assistência à saúde, concursos de prognósticos e bens imóveis a que se referem os Capítulos II, III, IV e V deste Título poderão apropriar e utilizar o crédito de IBS e de CBS sobre as suas aquisições de bens e serviços, obedecido o disposto nos arts. 47 a 56, salvo quando houver regra própria em regime específico aplicável ao bem e serviço adquirido.

Parágrafo único. A apuração do IBS e CBS nos regimes específicos de que trata o *caput* não implica estorno, parcial ou integral, dos créditos relativos às aquisições de bens e serviços.

Art. 303. Fica vedada a apropriação de crédito de IBS e CBS sobre os valores que forem deduzidos da base de cálculo do IBS e da CBS nos regimes específicos, assim como a dedução em duplicidade de qualquer valor.

Art. 304. Aplicam-se as normas gerais de incidência do IBS e da CBS de que trata o Título I deste Livro para as operações, importações e exportações com bens e serviços realizadas pelos fornecedores sujeitos a regimes específicos e que não forem objeto de um desses regimes específicos.

Art. 305. As obrigações acessórias a serem cumpridas pelas pessoas jurídicas sujeitas a regimes específicos serão uniformes em todo o território nacional e poderão ser distintas daquelas aplicáveis à operacionalização do IBS e da CBS sobre operações, previstas nas normas gerais de incidência de que trata o Capítulo III do Título I deste Livro, inclusive em relação à sua periodicidade, e serão fixadas pelo regulamento.

§ 1.º As obrigações acessórias de que trata o *caput* deverão conter as informações necessárias para apuração da base de cálculo, creditamento e distribuição do produto da arrecadação do IBS, além das demais informações exigidas em cada regime específico.

§ 2.º Os dados a serem informados nas obrigações acessórias de que trata o *caput* poderão ser agregados por município, nos termos do regulamento.

§ 3.º As informações prestadas pelo sujeito passivo nos termos deste artigo possuem caráter declaratório, constituindo confissão do valor devido de IBS e CBS consignados na obrigação acessória.

§ 4.º O regulamento preverá hipóteses em que o cumprimento da obrigação acessória de que trata este artigo dispensará a emissão do documento fiscal eletrônico de que trata o art. 60 desta Lei Complementar.

Art. 306. No caso de serviços financeiros e de planos de assistência à saúde adquiridos pela União, Estados, Distrito Federal e Municípios, serão aplicadas as mesmas regras previstas no art. 473 desta Lei Complementar para as demais aquisições de bens e serviços pela administração pública direta, por autarquias e por fundações públicas.

Art. 307. Aplicam-se as normas gerais de incidência do IBS e da CBS, de acordo com o disposto no Título I deste Livro, quanto às regras não previstas expressamente para os regimes específicos neste Título.

TÍTULO VI
DOS REGIMES DIFERENCIADOS DA CBS

Capítulo I
DO PROGRAMA UNIVERSIDADE PARA TODOS - PROUNI

Art. 308. Fica reduzida a zero a alíquota da CBS incidente sobre o fornecimento de serviços de educação de ensino superior por instituição privada de ensino, com ou sem fins lucrativos, durante o período de adesão e vinculação ao Programa Universidade para Todos – Prouni, instituído pela Lei n. 11.096, de 13 de janeiro de 2005.

§ 1.º A redução de alíquotas de que trata o *caput* será aplicada:

I – sobre a receita decorrente da realização de atividades de ensino superior, proveniente de cursos de graduação ou cursos sequenciais de formação específica; e

II – na proporção da ocupação efetiva das bolsas devidas no âmbito do Prouni, nos termos definidos em ato do Poder Executivo da União.

§ 2.º Caso a instituição seja desvinculada do Prouni, a CBS será exigida a partir do termo inicial estabelecido para a exigência dos demais tributos federais contemplados pelo Prouni.

Capítulo II
DO REGIME AUTOMOTIVO

Art. 309. Até 31 de dezembro de 2032, farão jus a crédito presumido da CBS, nos termos desta Lei Complementar, os projetos habilitados à fruição dos benefícios estabelecidos pelo art. 11-C da Lei n. 9.440, de 14 de março de 1997, e pelos arts. 1.º a 4.º da Lei n. 9.826, de 23 de agosto de 1999.

§ 1.º O crédito presumido de que trata o *caput*:

I – incentivará exclusivamente a produção de veículos equipados com motor elétrico que tenha capacidade de tracionar o veículo somente com energia elétrica, permitida a associação com motor de combustão interna que utilize biocombustíveis isolada ou simultaneamente com combustíveis derivados de petróleo; e

II – será concedido exclusivamente a:

a) projetos aprovados até 31 de dezembro de 2024, de pessoas jurídicas que, em 20 de dezembro de 2023, estavam habilitadas à fruição dos benefícios estabelecidos pelo art. 11-C da Lei n. 9.440, de 14 de março de 1997, e pelos arts. 1.º a 4.º da Lei n. 9.826, de 23 de agosto de 1999; e

b) novos projetos, aprovados até 31 de dezembro de 2025, que ampliem ou reiniciem a produção em planta industrial utilizada em projetos ativos ou inativos habilitados à fruição dos benefícios de que trata a alínea *a* deste inciso.

§ 2.º O benefício de que trata este artigo será estendido a projetos de pessoas jurídicas de que trata a alínea *a* do inciso II do § 1.º relacionados à produção de veículos tracionados por motor de combustão interna que utilizem biocombustíveis isolada ou cumulativamente com combustíveis derivados de petróleo, desde que a pessoa jurídica habilitada:

I – inicie a produção de veículos de que trata o inciso I do § 1.º até 1.º de janeiro de 2028, no estabelecimento incentivado; e

II – assuma, nos termos do ato concessório do benefício, compromissos relativos:

a) ao volume mínimo de investimentos;
b) ao volume mínimo de produção;
c) ao cumprimento de processo produtivo básico; e
d) à manutenção da produção por prazo mínimo, inclusive após o encerramento do benefício.

§ 3.º O benefício de que trata o caput fica condicionado:

I – à realização de investimentos em pesquisa, desenvolvimento e inovação tecnológica na região, inclusive na área de engenharia automotiva, correspondentes a, no mínimo, 10% (dez por cento) do valor do crédito presumido apurado, nos termos regulamentados pelo Ministério do Desenvolvimento, Indústria, Comércio e Serviços – MDIC; e

II – à regularidade fiscal da pessoa jurídica quanto a tributos federais.

§ 4.º Ato do Poder Executivo da União definirá os requisitos e condições das exigências contidas no inciso II do § 2.º e no inciso I do § 3.º.

§ 5.º O cumprimento dos requisitos e condições de que tratam o inciso II do § 2.º e o inciso I do § 3.º será comprovado perante o MDIC.

§ 6.º O MDIC encaminhará à RFB, anualmente, os resultados das auditorias relativas ao cumprimento dos requisitos referidos no § 4.º.

Art. 310. O crédito presumido de que trata o art. 309 não poderá ser usufruído cumulativamente com quaisquer outros benefícios fiscais federais da CBS destinados à beneficiária desse crédito presumido.

Art. 311. Em relação aos projetos habilitados à fruição dos benefícios estabelecidos pelo art. 11-C da Lei n. 9.440, de 14 de março de 1997, o crédito presumido de que trata o art. 309 desta Lei Complementar será calculado mediante a aplicação dos seguintes percentuais sobre o valor das vendas no mercado interno, em cada mês, dos produtos constantes nos projetos de que trata o art. 309, fabricados ou montados nos estabelecimentos incentivados:

I – 11,60% (onze inteiros e sessenta centésimos por cento) até o 12.º (décimo segundo) mês de fruição do benefício;

II – 10% (dez inteiros por cento) do 13.º (décimo terceiro) ao 48.º (quadragésimo oitavo) mês de fruição do benefício;

III – 8,70% (oito inteiros e setenta centésimos por cento) do 49.º (quadragésimo nono) ao 60.º (sexagésimo) mês de fruição do benefício.

§ 1.º No cálculo do crédito presumido de que trata o caput não serão incluídos os impostos e as contribuições incidentes sobre a operação de venda, e serão excluídos os descontos incondicionais concedidos.

§ 2.º O crédito presumido de que trata o caput somente se aplica às vendas no mercado interno efetuadas com a exigência integral da CBS, não incluídas:

I – as vendas isentas, imunes, não alcançadas pela incidência da contribuição, com alíquota zero, com redução de alíquotas ou de base de cálculo, ou com suspensão da contribuição; e

II – as vendas canceladas e as devolvidas.

§ 3.º Os percentuais de que tratam os incisos I a III do caput serão reduzidos à razão de 20% (vinte por cento) do percentual inicial ao ano, entre 2029 e 2032, até serem extintos a partir de 2033.

Art. 312. Em relação aos projetos habilitados à fruição dos benefícios estabelecidos pelos arts. 1.º a 4.º da Lei n. 9.826, de 23 de agosto de 1999, o crédito presumido de que trata o art. 309 desta Lei Complementar corresponderá ao produto da multiplicação dos seguintes fatores:

I – valor das vendas no mercado interno, em cada mês, dos produtos constantes nos projetos de que trata o art. 309 desta Lei Complementar, fabricados ou montados nos estabelecimentos incentivados;

II – alíquotas do Imposto sobre Produtos Industrializados – IPI vigentes em 31 de dezembro de 2025, conforme a Tabela de Incidência do Imposto sobre Produtos Industrializados – Tipi, inclusive Notas Complementares, referentes aos produtos classificados nas posições 8702 a 8704;

III – fator de eficiência, que será o resultado do cálculo de 1 (um inteiro) diminuído da alíquota referida no inciso II, para cada posição na Tipi; e

IV – fator multiplicador, que será de:

a) 32,00% (trinta e dois por cento) nos anos de 2027 e 2028;
b) 25,60% (vinte e cinco inteiros e sessenta centésimos por cento) no ano de 2029;
c) 19,20% (dezenove inteiros e vinte centésimos por cento) no ano de 2030;
d) 12,80% (doze inteiros e oitenta centésimos por cento) no ano de 2031; e
e) 6,40 % (seis inteiros e quarenta centésimos por cento) no ano de 2032.

Parágrafo único. Aplica-se a este artigo o disposto nos §§ 1.º e 2.º do art. 311 desta Lei Complementar.

Art. 313. Os créditos apurados em decorrência dos benefícios de que trata o art. 309 somente poderão ser utilizados para:

I – compensação com débitos da CBS; e

II – compensação com débitos próprios relativos a tributos administrados pela RFB, observadas as condições e limites vigentes para compensação na data da declaração.

§ 1.º Os créditos de que trata este artigo:

I – não poderão ser transferidos a outro estabelecimento da pessoa jurídica;

II – devem ser utilizados somente para dedução e compensação de débitos próprios do estabelecimento habilitado e localizado na região incentivada; e

III – não podem ser objeto de ressarcimento.

§ 2.º Consideram-se débitos próprios do estabelecimento habilitado e localizado na região incentivada a parcela dos débitos de impostos e contribuições federais da pessoa jurídica na forma de rateio estabelecida em Ato do Poder Executivo da União.

Art. 314. O descumprimento das condições exigidas para fruição do crédito presumido poderá acarretar as seguintes penalidades:

I – cancelamento da habilitação com efeitos retroativos; ou

II – suspensão da habilitação.

Parágrafo único. A suspensão da habilitação de que trata o inciso II do caput poderá ser aplicada na hipótese de verificação do não atendimento, pela pessoa jurídica habilitada, da condição de que trata o inciso II do § 3.º do art. 309, ficando suspensa utilização do crédito presumido de que trata este Capítulo enquanto não forem sanados os motivos que deram causa à suspensão da habilitação.

Art. 315. O cancelamento da habilitação poderá ser aplicado na hipótese de descumprimento dos requisitos e condições de que tratam o art. 309, ainda que ocorrido após o período de apropriação do crédito presumido.

§ 1.º O cancelamento da habilitação implicará a devolução de parcela do crédito presumido apurado no período e os seus acréscimos legais, a qual corresponderá ao produto da multiplicação dos seguintes fatores:

I – total do crédito presumido apurado no período fixado no ato concessório;

II – 100% (cem por cento) diminuído do produto da multiplicação dos seguintes valores percentuais:

a) F1%: resultado da divisão do somatório de investimentos realizados pelo estabelecimento no período do crédito, pelo volume mínimo de investimentos no período do crédito fixado no ato concessório do benefício, de modo que F1% não poderá ser superior a 100,0% (cem por cento);

b) F2%: resultado da divisão do somatório dos volumes de produção realizados pelo estabelecimento no período do crédito, pelo volume mínimo de produção no período do crédito fixado no ato concessório do benefício, de modo que F2% não poderá ser superior a 100,0% (cem por cento); e

c) F3%: resultado da divisão do prazo de manutenção da produção no estabelecimento, inclusive após o encerramento do benefício, pelo prazo mínimo de produção fixado no ato concessório do benefício, incluído o período após o encerramento do benefício, de modo que F3% não poderá ser superior a 100,0% (cem por cento).

§ 2.º A parcela do crédito presumido a devolver de que trata o § 1.º:

I – será apurada pelo MDIC, no encerramento do processo de cancelamento da habilitação, que deverá ser iniciado em até 5 (cinco) anos contados da ciência do descumprimento dos requisitos e condições de que trata o art. 309;

II – sofrerá incidência de juros de mora na mesma forma calculada sobre os tributos federais, nos termos da lei, contados a partir do período de apuração em que ocorrer o fato que deu causa ao cancelamento da habilitação; e

III – deverá ser recolhida até o último dia útil do mês seguinte ao cancelamento da habilitação.

§ 3.º O direito de a administração tributária cobrar a devolução da parcela do crédito presumido de que trata este artigo será de 5 (cinco) anos contados a partir do primeiro dia do mês seguinte àquele em que o recolhimento deveria ter sido efetuado, na forma do inciso III do § 2.º.

Art. 316. Ficam prorrogados, até 31 de dezembro de 2026, os benefícios do IPI instituídos pelo art. 11-C da Lei n. 9.440, de 14 de março de 1997, e pelos arts. 1.º a 4.º da Lei n. 9.826, de 23 de agosto de 1999, nos termos previstos nas referidas normas e neste artigo.

§ 1.º Permanecem exigíveis, no prazo de que trata o *caput*, as condições e os requisitos para fruição dos benefícios prorrogados com as mesmas regras aplicáveis à pessoa jurídica beneficiária no ano de 2025, tanto em decorrência de lei quanto do ato concessório do benefício.

§ 2.º O crédito presumido estabelecido pelo art. 11-C da Lei n. 9.440, de 14 de março de 1997, será equivalente ao resultado da aplicação das alíquotas previstas no art. 1.º da Lei n. 10.485, de 3 de julho de 2002, sobre o valor das vendas no mercado interno, em cada mês, dos produtos constantes dos projetos aprovados para fruição do benefício, multiplicado por 0,75 (setenta e cinco centésimos).

TÍTULO VII
DA ADMINISTRAÇÃO DO IBS E DA CBS

Capítulo I
DO REGULAMENTO DO IBS E DA CBS

Art. 317. Compete:

I – ao Comitê Gestor do IBS editar o regulamento do IBS; e

II – ao Poder Executivo da União editar o regulamento da CBS.

§ 1.º As disposições comuns ao IBS e à CBS, inclusive suas alterações posteriores, serão aprovadas por ato conjunto do Comitê Gestor do IBS e do Poder Executivo da União e constarão, igualmente, do regulamento do IBS e do regulamento da CBS.

§ 2.º Todas as referências feitas ao regulamento neste Livro consideram-se uma remissão:

I – ao regulamento do IBS, no caso do IBS; e

II – ao regulamento da CBS, no caso da CBS.

Capítulo II
DA HARMONIZAÇÃO DO IBS E DA CBS

Art. 318. O Comitê Gestor do IBS, a RFB e a Procuradoria-Geral da Fazenda Nacional atuarão com vistas a harmonizar normas, interpretações, obrigações acessórias e procedimentos relativos ao IBS e à CBS.

Parágrafo único. Para fins do disposto no *caput*, os referidos órgãos poderão celebrar convênios para fins de prestação de assistência mútua e compartilhamento de informações relativas aos respectivos tributos.

Art. 319. A harmonização do IBS e da CBS será garantida pelas instâncias a seguir especificadas:

I – Comitê de Harmonização das Administrações Tributárias composto de:

a) 4 (quatro) representantes da RFB; e

b) 4 (quatro) representantes do Comitê Gestor do IBS, sendo 2 (dois) dos Estados ou do Distrito Federal e 2 (dois) dos Municípios ou do Distrito Federal; e

II – Fórum de Harmonização Jurídica das Procuradorias composto de:

a) 4 (quatro) representantes da Procuradoria-Geral da Fazenda Nacional, indicados pela União; e

b) 4 (quatro) representantes das Procuradorias, indicados pelo Comitê Gestor do IBS, sendo 2 (dois) Procuradores de Estado ou do Distrito Federal e 2 (dois) Procuradores de Município ou do Distrito Federal.

§ 1.º O Comitê previsto no inciso I do *caput* será presidido e coordenado alternadamente por representante da RFB e por representante do Comitê Gestor do IBS, conforme dispuser o seu regimento interno.

§ 2.º O Fórum previsto no inciso II do *caput* será presidido e coordenado alternadamente por representante da PGFN e por representante dos procuradores indicados pelo Comitê Gestor do IBS, conforme dispuser o seu regimento interno.

Art. 320. Os órgãos colegiados de que trata o art. 319:

I – realizarão reuniões periódicas, observado o quórum de participação mínimo de 3/4 (três quartos) dos representantes;

II – decidirão, na forma de seu regimento, por unanimidade dos presentes;

III – terão seus membros designados pelo Ministro de Estado da Fazenda, quanto aos representantes da União, e pelo Presidente do Comitê Gestor do IBS, quanto aos representantes dos Estados, Distrito Federal e Municípios; e

IV – elaborarão os seus regimentos internos mediante resolução.

Art. 321. Compete ao Comitê de Harmonização das Administrações Tributárias:

I – uniformizar a regulamentação e a interpretação da legislação relativa ao IBS e à CBS em relação às matérias comuns;

II – prevenir litígios relativos às normas comuns aplicáveis ao IBS e à CBS; e

III – deliberar sobre obrigações acessórias e procedimentos comuns relativos ao IBS e à CBS.

Parágrafo único. As resoluções aprovadas pelo Comitê de Harmonização das Administrações Tributárias, a partir de sua publicação no Diário Oficial da União, vincularão as administrações tributárias da União, dos Estados, do Distrito Federal e dos Municípios.

Art. 322. Compete ao Fórum de Harmonização Jurídica das Procuradorias:

I – atuar como órgão consultivo do Comitê de Harmonização das Administrações Tributárias nas atividades de uniformização e interpretação das normas comuns relativas ao IBS e à CBS; e

II – analisar relevantes e disseminadas controvérsias jurídicas relativas ao IBS e à CBS suscitadas nos termos do § 1.º.

§ 1.º O Fórum de Harmonização Jurídica das Procuradorias examinará as questões relacionadas a relevantes e disseminadas controvérsias jurídicas relativas ao IBS e à CBS suscitadas pelas seguintes autoridades:

I – o Presidente do Comitê Gestor do IBS; e

II – o Ministro de Estado da Fazenda.

§ 2.º As resoluções aprovadas pelo Fórum de Harmonização Jurídica das Procuradorias, a partir de sua publicação no *Diário Oficial da União*, vincularão a Procuradoria-Geral da Fazenda Nacional e as Procuradorias dos Estados, do Distrito Federal e dos Municípios.

Art. 323. Ato conjunto do Comitê de Harmonização das Administrações Tributárias e do Fórum de Harmonização Jurídica das Procuradorias deverá ser observado, a partir de sua publicação no *Diário Oficial da União*, nos atos administrativos, normativos e decisórios praticados pelas administrações tributárias da União, dos Estados, do Distrito Federal e dos Municípios e nos atos da Procuradoria-Geral da Fazenda Nacional e das Procuradorias dos Estados, do Distrito Federal e dos Municípios.

Parágrafo único. Compete ao Comitê de Harmonização das Administrações Tributárias e ao Fórum de Harmonização Jurídica das Procuradorias, no âmbito das suas respectivas competências, propor o ato conjunto de que trata o *caput*.

Capítulo III
DA FISCALIZAÇÃO E DO LANÇAMENTO DE OFÍCIO

Seção I
Da Competência para Fiscalizar

Art. 324. A fiscalização do cumprimento das obrigações tributárias principais e acessórias, bem como a constituição do crédito tributário relativo:

I – à CBS compete à autoridade fiscal integrantes da administração tributária da União;

II – ao IBS compete às autoridades fiscais integrantes das administrações tributárias dos Estados, do Distrito Federal e dos Municípios.

Art. 325. A RFB e as administrações tributárias dos Estados, do Distrito Federal e dos Municípios:

I – poderão utilizar em seus respectivos lançamentos as fundamentações e provas decorrentes do processo administrativo de lançamento de ofício efetuado por outro ente federativo;

II – compartilharão, em um mesmo ambiente, os registros do início e do resultado das fiscalizações da CBS e do IBS.

§ 1.º O ambiente a que se refere o inciso II do *caput* terá gestão compartilhada entre o Comitê Gestor do IBS e a RFB.

§ 2.º Ato conjunto do Comitê Gestor e da RFB poderá prever outras hipóteses de informações a serem compartilhadas no ambiente a que se refere o inciso II do *caput*.

§ 3.º A utilização das fundamentações e provas a que se refere o inciso I do *caput*, ainda que relativas a processos administrativos encerrados, não dispensa a oportunidade do contraditório e da ampla defesa pelo sujeito passivo.

Art. 326. A RFB e as administrações tributárias dos Estados, do Distrito Federal e dos Municípios poderão celebrar convênio para delegação recíproca da atividade de fiscalização do IBS e da CBS nos processos fiscais de pequeno valor, assim considerados aqueles cujo lançamento não supere limite único estabelecido no regulamento.

Art. 327. O Ministério da Fazenda e o Comitê Gestor do IBS poderão celebrar convênio para delegação recíproca do julgamento do contencioso administrativo relativo ao lançamento de ofício do IBS e da CBS efetuado nos termos do art. 326.

Seção II
Da Fiscalização e do Procedimento Fiscal

Art. 328. O procedimento fiscal tem início com:

I – a ciência do sujeito passivo, seu representante ou preposto, do primeiro ato de ofício, praticado por autoridade fiscal integrante das administrações tributárias da União, dos estados, do Distrito Federal e dos municípios, tendente à apuração de obrigação tributária ou infração;

II – a apreensão de bens;

III – apreensão de documentos ou livros, inclusive em meio digital;

IV – o começo do despacho aduaneiro de mercadoria importada.

§ 1.º O início do procedimento fiscal exclui a espontaneidade do sujeito passivo em relação aos atos anteriores e, independentemente de intimação, a dos demais envolvidos nas infrações verificadas.

§ 2.º Para os efeitos do disposto no § 1.º, os atos referidos nos incisos I a III do *caput* valerão pelo prazo de 90 (noventa) dias, prorrogável, sucessivamente, por igual período, com qualquer outro ato que formalize o prosseguimento dos trabalhos.

Art. 329. As ações a seguir não excluem a espontaneidade do sujeito passivo:

I – cruzamento de dados, assim considerado o confronto entre as informações existentes na base de dados das administrações tributárias ou do Comitê Gestor do IBS, ou entre elas e outras fornecidas pelo sujeito passivo ou terceiros;

II – monitoramento, assim considerada a avaliação do comportamento fiscal-tributário de sujeito passivo, individualmente ou por setor econômico, mediante controle corrente do cumprimento de obrigações e análise de dados econômico-fiscais, apresentados ou obtidos pelas administrações tributárias ou pelo Comitê Gestor do IBS, inclusive mediante diligências ao estabelecimento.

Seção III
Do Lançamento de Ofício

Art. 330. Para a constituição do crédito tributário decorrente de procedimento fiscal, por lançamento de ofício, a autoridade fiscal integrante da administração tributária da União e as autoridades fiscais integrantes das administrações tributárias dos Estados, do Distrito Federal e dos Municípios deverão lavrar auto de infração.

Parágrafo único. O auto de infração conterá obrigatoriamente:

I – a qualificação do autuado;

II – o local, a data e a hora da lavratura;

III – a descrição do fato;

IV – a disposição legal infringida e a penalidade aplicável;

V – a determinação da exigência e a intimação para cumpri-la ou impugná-la no prazo legal;

VI – a assinatura do autuante, a indicação do cargo e o número de matrícula;

VII – a identificação do ente federativo responsável pelo lançamento, em se tratando de auto de infração relativo ao IBS.

Art. 331. A exigência do crédito tributário e a aplicação de penalidade isolada serão objeto de autos de infração distintos para cada tributo ou penalidade.

Parágrafo único. O disposto no *caput* deste artigo aplica-se também nas hipóteses em que, constatada infração à legislação tributária, dela não resulte exigência de crédito tributário.

Seção IV
Do Domicílio Tributário Eletrônico – DTE e das Intimações

Art. 332. As intimações dos atos do processo serão realizadas por meio de DTE, inclusive em se tratando de intimação de procurador.

§ 1.º A intimação efetuada por meio de DTE considera-se pessoal, para todos os efeitos legais.

§ 2.º (*Vetado*.)

§ 3.º As administrações tributárias da União, dos Estados, do Distrito Federal e dos Municípios poderão realizar a intimação pessoalmente, pelo autor do procedimento ou por agente do órgão preparador do processo, na repartição ou fora dela, provada com a assinatura do sujeito passivo, seu mandatário, preposto ou representante legal, ou, no caso de recusa, com certidão escrita por quem o intimar, identificando a pessoa que recusou.

§ 4.º A massa falida e a pessoa jurídica em liquidação extrajudicial serão intimadas no DTE da pessoa jurídica, competindo ao administrador judicial e ao liquidante, respectivamente, a atualização do endereço físico e eletrônico daqueles.

Art. 333. A RFB e o Comitê Gestor do IBS poderão estabelecer sistema de comunicação eletrônica, com governança compartilhada, a ser atribuído como DTE, que será utilizado pela RFB e pelas administrações tributárias dos Estados, do Distrito Federal e dos Municípios, para fins de notificação, intimação ou avisos previstos nas legislações da CBS e do IBS.

Art. 334. (*Vetado*.)

Seção V
Das Presunções Legais

Art. 335. Caracteriza omissão de receita e ocorrência de operações sujeitas à incidência da CBS e do IBS:

I – a ocorrência de operações com bens materiais ou imateriais, inclusive direitos, ou com serviços sem a emissão de documento fiscal ou sem a emissão de documento fiscal idôneo;

II – saldo credor na conta caixa, apresentado na escrituração ou apurado em procedimento fiscal;

III – manutenção, no passivo, de obrigações já pagas ou cuja exigibilidade não seja comprovada;

IV – falta de escrituração de pagamentos efetuados pela pessoa jurídica;

V – ativo oculto, cujo registro não consta na contabilidade no período compreendido no procedimento fiscal;

VI – falta de registro contábil de documento relativo às operações com bens materiais ou imateriais, inclusive direitos, ou com serviços;

VII – valores creditados em conta de depósito ou de investimento mantida em instituição financeira, em relação aos quais o titular, pessoa física ou jurídica, regularmente intimado, não comprove, mediante documentação idônea, a origem dos recursos utilizados nessas operações;

VIII – suprimento de caixa fornecido à empresa por administrador, sócio, titular da firma individual, acionista controlador da companhia, inclusive por terceiros, se a efetividade da entrega e a origem dos recursos não forem satisfatoriamente demonstrados;

IX – diferença apurada mediante o controle quantitativo das entradas e saídas das operações com bens materiais ou imateriais, inclusive direitos, ou com serviços em determinado período, levando em consideração os saldos inicial e final;

X – estoque avaliado em desacordo com o previsto na legislação tributária, para fins de inventário;

XI – baixa de exigibilidades cuja contrapartida não corresponda a uma efetiva quitação de dívida, reversão de provisão, permuta de valores no passivo, bem como justificada conversão da obrigação em receita ou transferência para contas do patrimônio líquido, de acordo com as normas contábeis de escrituração;

XII – valores recebidos pelo contribuinte, informados por instituições financeiras, administradoras de cartão de crédito e de débito, qualquer instituição participante de arranjo de pagamento, entidades prestadoras de intermediação comercial em ambiente virtual ou relacionados com comércio eletrônico, condomínios comerciais ou outra pessoa jurídica legalmente detentora de informações financeiras, superior ao valor das operações declaradas pelo sujeito passivo da obrigação tributária; e

XIII – montante da receita líquida inferior ao custo dos produtos vendidos, ao custo das mercadorias vendidas e ao custo dos serviços prestados no período analisado.

§ 1.º O valor da receita omitida para apuração de tributos federais e do IBS, inclusive por presunções legais específicas, será considerado na determinação da base de cálculo para o lançamento da CBS e do IBS.

§ 2.º Caberá ao sujeito passivo o ônus da prova da desconstituição das presunções de que trata este artigo.

§ 3.º Na impossibilidade de se identificar o momento da ocorrência do fato gerador, nas hipóteses previstas neste artigo, presume-se que esse tenha ocorrido, observada a seguinte ordem, no último dia:

I – do período de apuração;
II – do exercício; ou
III – do período fiscalizado.

§ 4.º Na impossibilidade de se identificar o local da operação, considera-se ocorrida no local do domicílio principal do sujeito passivo.

Seção VI
Da Documentação Fiscal e Auxiliar

Art. 336. Os comprovantes da escrituração da pessoa jurídica, relativos a fatos que repercutam em lançamentos contábeis de exercícios futuros, serão conservados até que se opere a decadência do direito de a Fazenda Pública constituir os créditos tributários relativos a esses exercícios.

Art. 337. O sujeito passivo usuário de sistema de processamento de dados deverá manter documentação técnica completa e atualizada do sistema, suficiente para possibilitar a sua auditoria, facultada a manutenção em meio digital, sem prejuízo da sua emissão gráfica, quando solicitada.

Seção VII
Do Regime Especial de Fiscalização – REF

Art. 338. Sem prejuízo de outras medidas previstas na legislação, a RFB e as administrações tributárias dos Estados, do Distrito Federal e dos Municípios poderão determinar Regime Especial de Fiscalização – REF para cumprimento de obrigações tributárias, nas seguintes hipóteses:

I – embaraço à fiscalização, caracterizado pela negativa não justificada do fornecimento de documentos ou informações, ainda que parciais, sobre operações com bens ou com serviços, movimentação financeira, negócio ou atividade, próprios ou de terceiros, quando intimado, e demais hipóteses que autorizam a requisição do auxílio da força pública, nos termos do art. 200 da Lei n. 5.172, de 25 de outubro de 1966 – Código Tributário Nacional;

II – resistência à fiscalização, caracterizada pela negativa de acesso ao estabelecimento, ao domicílio fiscal ou a qualquer outro local onde se desenvolvam as atividades do sujeito passivo, ou as atividades relacionadas aos bens ou serviços em sua posse ou de sua propriedade;

III – evidências de que a pessoa jurídica esteja constituída por interpostas pessoas que não sejam os verdadeiros sócios ou acionistas, ou o titular, no caso de firma individual;

IV – realização de operações sujeitas à incidência tributária sem a devida inscrição no cadastro de sujeitos passivos apropriado;

V – prática reiterada de infração à legislação tributária;

VI – comercialização de bens com evidências de contrabando ou descaminho;

VII – incidência em conduta que configure crime contra a ordem tributária.

§ 1.º Nas hipóteses previstas nos incisos IV a VII do *caput*, a aplicação do REF independe da instauração prévia de procedimento de fiscalização.

§ 2.º Para fins do disposto no inciso V do *caput* considera-se prática reiterada:

I – a segunda ocorrência de idênticas infrações à legislação tributária, inclusive de natureza acessória, verificada em relação aos últimos 5 (cinco) anos-calendário, formalizadas por intermédio de auto de infração; ou

II – a ocorrência, em 2 (dois) ou mais períodos de apuração, consecutivos ou alternados, de infrações à legislação tributária, caso seja constatada a utilização de artifício, ardil ou qualquer outro meio fraudulento com o fim de suprimir, postergar ou reduzir o pagamento de tributo.

§ 3.º Não são consideradas para fins de aplicação do disposto no inciso I do § 2.º as infrações de natureza acessória que não prejudiquem a apuração e o recolhimento das obrigações principais ou que não sejam requisito para aproveitamento de benefício fiscal, sem prejuízo da aplicação da sanção prevista para a conduta.

§ 4.º A aplicação do REF deve estar fundamentada em relatório circunstanciado elaborado pela autoridade fiscal responsável, no qual deve constar, no mínimo:

I – a identificação do sujeito passivo submetido a procedimento de fiscalização;
II – o enquadramento em uma ou mais hipóteses previstas no *caput*;
III – a descrição dos fatos que justificam a aplicação do regime;
IV – a cópia dos termos lavrados e das intimações efetuadas;
V – a proposta de medidas previstas no art. 339 a serem adotadas e período de vigência do regime; e
VI – a identificação da autoridade fiscal responsável pela execução do procedimento fiscal.

§ 5.º O REF terá início com a ciência, pelo sujeito passivo, de despacho fundamentado, no qual constarão a motivação, as medidas adotadas e o prazo de duração.

Art. 339. O regime especial de fiscalização pode consistir em:

I – manutenção de fiscalização ininterrupta no estabelecimento do sujeito passivo;
II – redução, à metade, dos períodos de apuração e dos prazos de recolhimento da CBS e do IBS;
III – utilização compulsória de controle eletrônico das operações realizadas;
IV – exigência de recolhimento diário da CBS e do IBS incidentes sobre as operações praticadas pelo sujeito passivo, sem prejuízo da utilização dos créditos desses tributos pelo contribuinte, nos termos do art. 53 desta Lei Complementar;
V – exigência de comprovação sistemática do cumprimento das obrigações tributárias; e
VI – controle especial da emissão de documentos comerciais e fiscais e acompanhamento da movimentação financeira.

Art. 340. A aplicação do REF será disciplinada:

I – pela RFB, em relação à CBS; e
II – pelo Comitê Gestor do IBS, em relação ao IBS.

§ 1.º Na regulamentação do REF, a RFB e o Comitê Gestor deverão:

I – exigir que o despacho a que se refere o § 5.º do art. 338 seja realizado por autoridade hierarquicamente superior à autoridade fiscal responsável pelo procedimento fiscal, para aplicação do REF; e

II – prever prazo máximo de duração para o REF, o qual só poderá ser renovado, por meio de novo despacho fundamentado, na hipótese de persistirem situações que ensejem a sua aplicação.

§ 2.º Na definição das medidas previstas no art. 339 aplicáveis ao sujeito passivo, a autoridade fiscal deverá:

I – considerar a gravidade e a lesividade da conduta praticada; e

II – limitar-se às medidas necessárias para a atuação fiscal na situação específica.

Art. 341. A imposição do regime especial de fiscalização não elide a aplicação de penalidades previstas na legislação tributária, nem dispensa o sujeito passivo do cumprimento das demais obrigações, inclusive acessórias, não abrangidas pelo regime.

§ 1.º As multas de ofício aplicáveis à CBS e ao IBS terão percentual duplicado para as infrações cometidas pelo sujeito passivo durante o período em que estiver submetido ao REF, sem prejuízo da adoção de outras medidas previstas na legislação tributária, administrativa ou penal.

§ 2.º Na hipótese em que tenham sido aplicadas as medidas a que se referem os incisos II a IV do caput do art. 339, deverão ser observados, para o lançamento de ofício, os prazos de recolhimento estabelecidos no REF.

TÍTULO VIII
DA TRANSIÇÃO PARA O IBS E PARA A CBS

Capítulo I
DA FIXAÇÃO DAS ALÍQUOTAS DURANTE A TRANSIÇÃO

Seção I
Da Fixação das Alíquotas do IBS durante a Transição

Art. 342. A transição para o IBS atenderá aos critérios estabelecidos nesta Seção e nos seguintes dispositivos:

I – art. 501 desta Lei Complementar, no que diz respeito à redução das alíquotas do imposto previsto no art. 155, II, da Constituição Federal, e à redução dos benefícios fiscais relacionados a este imposto entre 2029 e 2032;

II – art. 508 desta Lei Complementar, no que diz respeito à redução das alíquotas do imposto previsto no art. 156, III, da Constituição Federal, e à redução dos benefícios fiscais relacionados a este imposto entre 2029 e 2032;

III – arts. 361 a 365 desta Lei Complementar, no que diz respeito à fixação das alíquotas de referência do IBS de 2029 a 2033; e

IV – arts. 366 e 369 desta Lei Complementar, no que diz respeito à fixação das alíquotas de referência do IBS em 2034 e 2035.

Art. 343. Em relação aos fatos geradores ocorridos de 1.º de janeiro a 31 de dezembro de 2026, o IBS será cobrado mediante aplicação da alíquota estadual de 0,1% (um décimo por cento).

Parágrafo único. Durante o período indicado no caput deste artigo a arrecadação do IBS não observará as vinculações, repartições e destinações previstas na Constituição Federal, devendo ser aplicada, integral e sucessivamente, para:

I – o financiamento do Comitê Gestor do IBS, nos termos do art. 156-B, § 2.º, III, da Constituição Federal; e

II – compor o Fundo de Compensação de Benefícios Fiscais ou Financeiro-Fiscais do ICMS.

Art. 344. Em relação aos fatos geradores ocorridos de 1.º de janeiro de 2027 a 31 de dezembro de 2028, o IBS será cobrado à alíquota estadual de 0,05% (cinco centésimos por cento) e à alíquota municipal de 0,05% (cinco centésimos por cento).

Parágrafo único. As alíquotas previstas no caput:

I – serão aplicadas com a respectiva redução no caso das operações sujeitas a alíquota reduzida, no âmbito de regimes diferenciados de tributação;

II – serão aplicadas em relação aos regimes específicos de que trata esta Lei Complementar, observadas as respectivas bases de cálculo, exceto em relação aos combustíveis sujeitos ao regime específico de que tratam os arts. 172 a 180 desta Lei Complementar; e

III – em relação aos combustíveis sujeitos ao regime específico de que tratam os arts. 172 a 180 desta Lei Complementar, as alíquotas de que trata o caput deste artigo serão aplicadas sobre o valor da operação no momento da incidência da CBS.

Seção II
Da Fixação das Alíquotas da CBS durante a Transição

Art. 345. A transição para a CBS atenderá aos critérios estabelecidos nesta Seção e nos seguintes dispositivos:

I – arts. 353 a 359 desta Lei Complementar, no que diz respeito à fixação da alíquota de referência da CBS de 2027 a 2033, observado o disposto no art. 368 para o período de 2030 a 2033; e

II – arts. 366 e 369 desta Lei Complementar, no que diz respeito à fixação da alíquota de referência da CBS em 2034 e 2035.

Art. 346. Em relação aos fatos geradores ocorridos de 1.º de janeiro a 31 de dezembro de 2026, a CBS será cobrada mediante aplicação da alíquota de 0,9% (nove décimos por cento).

Art. 347. Em relação aos fatos geradores ocorridos de 1.º de janeiro de 2027 a 31 de dezembro de 2028, a alíquota da CBS será aquela fixada nos termos do inciso I do caput e dos §§ 2.º e 3.º, todos do art. 14, reduzida em 0,1 (um décimo) ponto percentual, exceto em relação aos combustíveis sujeitos ao regime específico de que tratam os arts. 172 a 180 desta Lei Complementar.

§ 1.º A redução da alíquota prevista no caput será:

I – proporcional à respectiva redução no caso das operações sujeitas a alíquota reduzida, no âmbito de regimes diferenciados de tributação;

II – aplicada em relação aos regimes específicos de que trata essa Lei Complementar, observadas as respectivas bases de cálculo.

§ 2.º Durante o período de que trata o caput deste artigo, o montante de IBS recolhido nos termos do inciso III do parágrafo único do art. 344 poderá ser deduzido do montante da CBS a recolher pelos contribuintes sujeitos ao regime específico de combustíveis de que tratam os arts. 172 a 180 desta Lei Complementar.

Seção III
Disposições Comuns ao IBS e à CBS em 2026

Art. 348. Em relação aos fatos geradores ocorridos de 1.º de janeiro a 31 de dezembro de 2026:

I – o montante recolhido do IBS e da CBS será compensado com o valor devido, no mesmo período de apuração, das contribuições previstas no art. 195, inciso I, alínea b, e inciso IV, e da contribuição para o PIS a que se refere o art. 239, ambos da Constituição Federal;

II – caso o contribuinte não possua débitos suficientes para efetuar a compensação de que trata o inciso I, o valor recolhido poderá ser:

a) compensado com qualquer outro tributo federal, nos termos da legislação; ou

b) ressarcido em até 60 (sessenta) dias, mediante requerimento;

III – as alíquotas do IBS e da CBS previstas nos arts. 343 e 346 desta Lei Complementar:

a) serão aplicadas com a respectiva redução no caso das operações sujeitas a alíquota reduzida, no âmbito de regimes diferenciados de tributação;

b) serão aplicadas em relação aos regimes específicos de que trata esta Lei Complementar, observadas as respectivas bases de cálculo, exceto em relação aos combustíveis e biocombustíveis de que tratam os arts. 172 a 180;

c) não serão aplicadas em relação às operações dos contribuintes optantes pelo Simples Nacional.

§ 1.º Fica dispensado o recolhimento do IBS e da CBS relativo aos fatos geradores ocorridos no período indicado no caput em relação aos sujeitos passivos que cumprirem as obrigações acessórias previstas na legislação.

§ 2.º O sujeito passivo dispensado do recolhimento na forma do § 1.º permanece obrigado ao pagamento integral das Contribuições previstas no art. 195, inciso I, alínea *b*, e inciso IV, e da contribuição para o Programa de Integração Social a que se refere o art. 239, ambos da Constituição Federal.

Seção IV
Da Fixação das Alíquotas de Referência de 2027 a 2035

Subseção I
Disposições Gerais

Art. 349. Observadas a forma de cálculo e os limites previstos nesta Seção, resolução do Senado Federal fixará:

I – para os anos de 2027 a 2033, a alíquota de referência da CBS;

II – para os anos de 2029 a 2033:

a) a alíquota de referência do IBS para os Estados;

b) a alíquota de referência do IBS para os Municípios;

c) a alíquota de referência do IBS para o Distrito Federal, que corresponderá à soma das alíquotas de referência previstas nas alíneas *a* e *b* deste inciso;

III – para os anos de 2027 a 2033, o redutor a ser aplicado sobre as alíquotas da CBS e do IBS nas operações contratadas pela administração pública direta, por autarquias e por fundações públicas, inclusive suas importações.

§ 1.º As alíquotas de referência e o redutor de que trata o inciso III do *caput* serão fixados no ano anterior ao de sua vigência, com base em cálculos realizados pelo Tribunal de Contas da União, observado o seguinte:

I – o Tribunal de Contas da União enviará ao Senado Federal os cálculos a que se refere este parágrafo até o dia 15 de setembro do ano anterior ao de vigência das alíquotas de referência e do redutor;

II – o Senado Federal fixará as alíquotas de referência e o redutor até o dia 31 de outubro do ano anterior ao de sua vigência, não se aplicando o disposto no art. 150, inciso III, alínea *c*, da Constituição Federal.

§ 2.º Caso o prazo previsto no inciso II do § 1.º ultrapasse a data de 22 de dezembro do ano anterior ao de sua vigência, enquanto não ocorrer a fixação das alíquotas pelo Senado Federal ou sua vigência serão utilizadas as alíquotas de referência calculadas pelo Tribunal de Contas da União, observadas as seguintes condições:

I – as alíquotas fixadas pelo Senado Federal vigerão a partir do início do segundo mês subsequente àquele em que ocorrer sua fixação;

II – deverá ser observado o disposto no art. 150, inciso III, alínea *b*, da Constituição Federal.

§ 3.º Os cálculos atribuídos ao Tribunal de Contas da União nos termos do § 1.º serão realizados com base em propostas encaminhadas:

I – pelo Poder Executivo da União, para os cálculos relativos à alíquota de referência da CBS;

II – pelo Comitê Gestor do IBS, para os cálculos relativos às alíquotas de referência do IBS;

III – em ato conjunto do Poder Executivo da União e do Comitê Gestor do IBS, para o redutor de que trata o inciso III do *caput*.

§ 4.º O Poder Executivo da União e o Comitê Gestor do IBS atuarão em conjunto para harmonizar a metodologia dos cálculos a que se referem os incisos do § 3.º.

§ 5.º As propostas de que tratam os incisos do § 3.º:

I – serão elaboradas com base na metodologia homologada nos termos do § 7.º;

II – deverão ser enviadas ao Tribunal de Contas da União até o dia 31 de julho do ano anterior ao da vigência das alíquotas de referência e do redutor;

III – serão acompanhadas dos dados e informações necessários ao cálculo das alíquotas de referência e do redutor, que deverão ser complementados em tempo hábil, caso assim solicitado pelo Tribunal de Contas da União.

§ 6.º Caso as propostas de que tratam os incisos do § 3.º não sejam encaminhadas no prazo previsto no inciso II do § 5.º, o Tribunal de Contas da União realizará os cálculos necessários à fixação das alíquotas de referência e do redutor de que trata o inciso III do *caput* com base nas informações a que tiver acesso.

§ 7.º A metodologia de cálculo de que trata o inciso I do § 5.º:

I – será elaborada pelo Comitê Gestor do IBS e pelo Poder Executivo da União, no âmbito das respectivas competências, com base nos critérios constantes dos arts. 350 a 369 desta Lei Complementar; e

II – será homologada pelo Tribunal de Contas da União.

§ 8.º Na definição da metodologia de que trata o § 7.º, o Poder Executivo da União e o Comitê Gestor do IBS poderão propor ajustes nos critérios constantes dos arts. 350 a 369 desta Lei Complementar, desde que estes sejam justificados.

§ 9.º No processo de homologação da metodologia de que trata o § 7.º:

I – o Comitê Gestor do IBS e o Poder Executivo da União deverão encaminhar ao Tribunal de Contas da União a proposta de metodologia a ser adotada até o final do mês de junho do segundo ano anterior àquele de vigência da alíquota de referência calculada com base na metodologia a ser homologada;

II – o Tribunal de Contas da União deverá homologar a metodologia no prazo de 180 (cento e oitenta) dias;

III – o Tribunal de Contas da União poderá solicitar ajustes na metodologia ao Comitê Gestor do IBS e ao Poder Executivo da União, que deverão, no prazo de 30 (trinta) dias:

a) implementar os ajustes; ou

b) apresentar ao Tribunal de Contas da União alternativa aos ajustes propostos.

§ 10. O Tribunal de Contas da União, e, no âmbito das respectivas competências, o Comitê Gestor do IBS e o Poder Executivo da União, poderão, de comum acordo, implementar ajustes posteriores na metodologia homologada nos termos do § 9.º.

§ 11. Os entes federativos e o Comitê Gestor do IBS fornecerão ao Tribunal de Contas da União as informações necessárias para a elaboração dos cálculos a que se refere este artigo.

§ 12. O Poder Executivo da União e o Comitê Gestor do IBS fornecerão ao Tribunal de Contas da União todos os subsídios necessários à homologação da metodologia e à elaboração dos cálculos a que se refere este artigo, mediante compartilhamento de dados e informações.

§ 13. O compartilhamento de dados e informações de que trata este artigo observará o disposto no art. 198 da Lei n. 5.172, de 25 de outubro de 1966 – Código Tributário Nacional.

§ 14. Na fixação da alíquota de referência da CBS e das alíquotas de referência estadual, distrital e municipal do IBS, os valores calculados nos termos desta Seção deverão ser arredondados para o décimo de ponto percentual superior ou inferior que seja mais próximo.

Subseção II
Da Receita de Referência

Art. 350. Na elaboração dos cálculos para a fixação das alíquotas de referência entende-se por:

I – receita de referência da União, a soma da receita, antes da compensação de que tratam os incisos I e II do *caput* do art. 348 desta Lei Complementar:

a) das contribuições previstas no art. 195, inciso I, alínea *b*, e inciso IV e da contribuição para o PIS, de que trata o art. 239, todos da Constituição Federal;

b) do imposto previsto no art. 153, inciso IV, da Constituição Federal; e

c) do imposto previsto no art. 153, inciso V, da Constituição Federal, sobre operações de seguros;

II – receita de referência dos Estados, a soma da receita dos Estados e do Distrito Federal:

a) com o imposto previsto no art. 155, inciso II, da Constituição Federal;

b) com as contribuições destinadas ao financiamento de fundos estaduais em funcionamento em 30 de abril de 2023 e estabelecidas como condição à aplicação de diferimento, regime especial ou outro tratamento diferenciado relativos ao imposto de que trata o art. 155, inciso II, da Constituição Federal;

III – receita de referência dos Municípios, a soma da receita dos Municípios e do Distrito Federal com o imposto previsto no art. 156, inciso III, da Constituição Federal.

§ 1.º Para fins do disposto neste artigo, a receita dos tributos referidos no *caput* será apurada de modo a incluir:

I – a receita obtida na forma da Lei Complementar n. 123, de 14 de dezembro de 2006;

II – a receita obtida na forma do art. 82 do Ato das Disposições Constitucionais Transitórias; e

III – o montante total da arrecadação, incluindo os juros e multas, oriunda de valores inscritos ou não em dívida ativa.

§ 2.º A receita das contribuições de que trata a alínea *b* do inciso II do *caput*:

I – não inclui a receita das contribuições sobre produtos primários e semielaborados substituídas por contribuições semelhantes, nos termos do art. 136 do Ato das Disposições Constitucionais Transitórias;

II – corresponderá, a cada período, ao valor médio das contribuições efetivamente arrecadadas de 2021 a 2023, corrigidas pela variação da receita do imposto de que trata o art. 155, inciso II, da Constituição Federal, do respectivo Estado ou Distrito Federal;

III – será calculada segundo metodologia a ser desenvolvida pelo Comitê Gestor do IBS e homologada pelo Tribunal de Contas da União.

§ 3.º Para fins do disposto no inciso III do § 2.º:

I – o Comitê Gestor do IBS deverá encaminhar a proposta de metodologia ao Tribunal de Contas da União até 31 de junho de 2026; e

II – serão observados os procedimentos previstos nos §§ 9.º e 10 do art. 349.

Subseção III
Do Cálculo das Alíquotas de Referência

Art. 351. Observada a disponibilidade de informações, os cálculos para a fixação da alíquota de referência considerarão a receita de IBS e de CBS discriminada entre:

I – a receita das operações e das importações sujeitas às normas gerais de incidências previstas no Título I deste Livro, discriminando:

a) operações e importações sujeitas à alíquota padrão;

b) operações e importações sujeitas à alíquota reduzida em 60% (sessenta por cento) da alíquota padrão;

c) operações e importações sujeitas à alíquota reduzida em 30% (trinta por cento) da alíquota padrão;

II – a receita das operações e das importações tributadas com base em cada um dos regimes específicos de tributação;

III – a receita das operações tributadas pelo Regime Especial Unificado de Arrecadação de Tributos e Contribuições devidos pelas Microempresas e Empresas de Pequeno Porte – Simples Nacional, de que trata a Lei Complementar n. 123, de 14 de dezembro de 2006, se necessário discriminadas para cada uma das faixas das tabelas constantes dos anexos da referida Lei Complementar;

IV – a receita auferida por cada esfera federativa nas aquisições de bens e serviços em que a receita é integralmente destinada ao ente federativo adquirente, nos termos do art. 473 desta Lei Complementar, discriminada para cada modalidade de operação e importação de que tratam os incisos I a III do *caput* deste artigo;

V – o valor da redução da receita em decorrência:

a) da concessão de créditos presumidos, discriminada para cada modalidade de crédito presumido prevista nesta Lei Complementar;

b) da devolução geral de IBS e da CBS a pessoas físicas, a que se refere o art. 118 desta Lei Complementar discriminada para cada modalidade de devolução;

VI – outros fatores que elevem ou reduzam a receita de IBS e de CBS não considerados nos incisos anteriores, discriminados por categoria.

§ 1.º As receitas de que tratam os incisos I a III do *caput* deste artigo:

I – não considerarão as operações contratadas pela administração pública direta, por autarquias e por fundações públicas, inclusive suas importações, e sujeitas ao regime de que trata o art. 473 desta Lei Complementar;

II – corresponderão ao valor do IBS e da CBS incidentes nas operações que não geram direito a crédito para os adquirentes.

§ 2.º Para fins da fixação da alíquota de referência, o valor da receita de IBS e de CBS de que trata o *caput*:

I – será apurado de modo a incluir:

a) a receita obtida na forma da Lei Complementar n. 123, de 14 de dezembro de 2006;

b) a receita obtida na forma do art. 82 do Ato das Disposições Constitucionais Transitórias; e

c) o montante total da arrecadação, incluindo os juros e multas, oriunda de valores inscritos ou não em dívida ativa;

II – não incluirá os valores de IBS retidos para posterior compensação ou ressarcimento.

§ 3.º Os cálculos por categoria de receita ou de redução de receita de que tratam os incisos do *caput* poderão ser realizados com base nos valores constantes dos documentos fiscais, e ajustados posteriormente para que seu valor total corresponda ao apurado na forma do § 2.º.

Subseção IV
Do Cálculo da Alíquota de Referência da CBS

Art. 352. O cálculo da alíquota de referência da CBS para cada ano de vigência de 2027 a 2033 será realizado, nos termos dos arts. 353 a 359 desta Lei Complementar, com base:

I – na receita de referência da União em anos-base anteriores;

II – em uma estimativa de qual seria a receita de CBS caso fosse aplicada, em cada um dos anos-base, a alíquota de referência, as alíquotas dos regimes específicos e a legislação da CBS no ano de vigência; e

III – em estimativas de qual seria a receita do Imposto Seletivo e do IPI, caso fossem aplicadas, em cada um dos anos-base, as alíquotas e a legislação desses impostos no ano de vigência.

§ 1.º A estimativa da receita de CBS de que trata o inciso II do *caput* será calculada, em valores do ano-base, para cada categoria de receita ou de redução de receita de que tratam os incisos do *caput* do art. 351 desta Lei Complementar, através da aplicação da alíquota de referência e das demais alíquotas previstas na legislação da CBS para o ano de vigência, sobre uma estimativa da base de cálculo no ano-base.

§ 2.º As estimativas da receita dos impostos que trata o inciso III do *caput* serão calculadas, em valores do ano-base, através da aplicação das alíquotas previstas na legislação desses impostos para o ano de vigência, sobre uma estimativa da base de cálculo no ano-base.

§ 3.º Observados os critérios específicos previstos nos arts. 353 a 359 desta Lei Complementar, a estimativa da base de cálculo de cada categoria de que tratam os §§ 1.º e 2.º deste artigo poderá tomar por referência, entre outros:

I – dados obtidos no processo de arrecadação de tributos sobre bens e serviços no ano-base;

II – dados públicos relativos a agregados macroeconômicos no ano-base e, em caso de indisponibilidade de dados específicos, dados relativos a agregados macroeconômicos de anos anteriores, corrigidos a valores do ano-base pela variação do valor de agregados macroeconômicos ou de indicadores de preços e quantidades adequados;

III – a base de cálculo de cada categoria de receita da CBS em anos posteriores ao ano-base, apurada a partir de documentos fiscais e da escrituração da CBS, corrigida a valores do ano-base pela variação do valor de agregados macroeconômicos ou de indicadores de preços e quantidades adequados a cada categoria de receita; ou

IV – a base de cálculo dos impostos a que se refere o inciso III do *caput* em anos posteriores ao ano-base, apurada a partir de documentos fiscais e da escrituração desses impostos, corrigida a valores do ano-base pela variação do valor de agregados macroeconômicos ou de indicadores de preços e quantidades específicos.

§ 4.º No caso de alíquotas específicas (*ad rem*) ou de valores fixados em moeda corrente na legislação, os valores previstos na legislação para o ano de vigência serão corrigidos para valores do ano-base de modo a contemplar a variação de preços entre os dois períodos.

Art. 353. A alíquota de referência da CBS para 2027 será fixada com base na estimativa, para cada um dos anos-base de 2024 e 2025:

I – da receita da CBS no ano-base, calculada nos termos do inciso II do *caput* do art. 352 desta Lei Complementar com base na alíquota de referência, nas alíquotas dos regimes específicos e na legislação da CBS de 2027;

II – da receita do Imposto Seletivo no ano-base, calculada nos termos do inciso III do *caput* do art. 352 desta Lei Complementar com base nas alíquotas de 2027; e

III – da receita do IPI no ano-base, calculada nos termos do inciso III do *caput* do art. 352 desta Lei Complementar com base nas alíquotas de 2027.

§ 1.º A alíquota de referência da CBS para 2027 será fixada de forma a que haja equivalência entre:

I – a média da razão entre a soma dos valores de que tratam os incisos do *caput* e o Produto Interno Bruto (PIB) nos anos-base referidos no *caput;* e

II – a média da razão entre a receita de referência da União e o PIB nos anos de 2012 a 2021.

§ 2.º Para fins do disposto no inciso III do § 3.º do art. 352 desta Lei Complementar, no ano de 2026, os prazos referidos nos incisos I e II do § 1.º e no inciso II do § 5.º, ambos do art. 349, serão prorrogados em 45 (quarenta e cinco) dias.

Art. 354. A alíquota de referência da CBS para 2028 será fixada com base na estimativa, para cada um dos anos-base de 2025 e 2026:

I – da receita da CBS no ano-base, calculada nos termos do inciso II do *caput* do art. 352 desta Lei Complementar com base na alíquota de referência, nas alíquotas dos regimes específicos e na legislação da CBS de 2028;

II – da receita do Imposto Seletivo no ano-base, calculada nos termos do inciso III do *caput* do art. 352 desta Lei Complementar com base nas alíquotas de 2028; e

III – da receita do IPI no ano-base, calculada nos termos do inciso III do *caput* do art. 352 desta Lei Complementar com base nas alíquotas de 2028.

Parágrafo único. A alíquota de referência da CBS para 2028 será fixada de forma a que haja equivalência entre:

I – a média da razão entre a soma dos valores de que tratam os incisos do *caput* e o PIB nos anos-base referidos no *caput;* e

II – a média da razão entre a receita de referência da União e ao PIB nos anos de 2012 a 2021.

Art. 355. A alíquota de referência da CBS para 2029 será fixada com base na estimativa:

I – da receita da CBS em 2027, calculada nos termos do inciso II do *caput* do art. 352 desta Lei Complementar com base na alíquota de referência, nas alíquotas dos regimes específicos e na legislação da CBS de 2029;

II – da receita do Imposto Seletivo em 2027, calculada nos termos do inciso III do *caput* do art. 352 desta Lei Complementar com base nas alíquotas de 2029; e

III – da receita do IPI em 2027, calculada nos termos do inciso III do *caput* do art. 352 desta Lei Complementar com base nas alíquotas de 2029.

Parágrafo único. A alíquota de referência da CBS para 2029 será fixada de forma a que haja equivalência entre:

I – a razão entre a soma dos valores de que tratam os incisos do *caput* e o PIB em 2027; e

II – a média da razão entre a receita de referência da União e o PIB nos anos de 2012 a 2021.

Art. 356. A alíquota de referência da CBS para 2030 será fixada com base na estimativa, para cada um dos anos-base de 2027 e 2028:

I – da receita da CBS no ano-base, calculada nos termos do inciso II do *caput* do art. 352 desta Lei Complementar com base na alíquota de referência, nas alíquotas dos regimes específicos e na legislação da CBS de 2030;

II – da receita do Imposto Seletivo no ano-base, calculada nos termos do inciso III do *caput* do art. 352 desta Lei Complementar com base nas alíquotas de 2030; e

III – da receita do IPI no ano-base, calculada nos termos do inciso III do *caput* do art. 352 desta Lei Complementar com base nas alíquotas de 2030.

Parágrafo único. A alíquota de referência da CBS para 2030 será fixada de forma a que haja equivalência entre:

I – a média da razão entre a soma dos valores de que tratam os incisos do *caput* e o PIB nos anos-base referidos no *caput;* e

II – a média da razão entre a receita de referência da União e o PIB nos anos de 2012 a 2021.

Art. 357. A alíquota de referência da CBS para 2031 será fixada com base na estimativa, para cada um dos anos-base de 2028 e 2029:

I – da receita da CBS no ano-base, calculada nos termos do inciso II do *caput* do art. 352 desta Lei Complementar com base na alíquota de referência, nas alíquotas dos regimes específicos e na legislação da CBS de 2031;

II – da receita do Imposto Seletivo no ano-base, calculada nos termos do inciso III do *caput* do art. 352 desta Lei Complementar com base nas alíquotas de 2031; e

III – da receita do IPI no ano-base, calculada nos termos do inciso III do *caput* do art. 352 desta Lei Complementar com base nas alíquotas de 2031.

Parágrafo único. A alíquota de referência da CBS para 2031 será fixada de forma a que haja equivalência entre:

I – a média da razão entre a soma dos valores de que tratam os incisos do *caput* e o PIB nos anos-base referidos no *caput;* e

II – a média da razão entre a receita de referência da União e o PIB nos anos de 2012 a 2021.

Art. 358. A alíquota de referência da CBS para 2032 será fixada com base na estimativa, para cada um dos anos-base de 2029 e 2030:

I – da receita da CBS no ano-base, calculada nos termos do inciso II do *caput* do art. 352 desta Lei Complementar com base na alíquota de referência, nas alíquotas dos regimes específicos e na legislação da CBS de 2032;

II – da receita do Imposto Seletivo no ano-base, calculada nos termos do inciso III do *caput* do art. 352 desta Lei Complementar com base nas alíquotas de 2032; e

III – da receita do IPI no ano-base, calculada nos termos do inciso III do *caput* do art. 352 desta Lei Complementar com base nas alíquotas de 2032.

Parágrafo único. A alíquota de referência da CBS para 2032 será fixada de forma a que haja equivalência entre:

I – a média da razão entre a soma dos valores de que tratam os incisos do *caput* e o PIB nos anos-base referidos no *caput;* e

II – a média da razão entre a receita de referência da União e o PIB nos anos de 2012 a 2021.

Art. 359. A alíquota de referência da CBS para 2033 será fixada com base na estimativa, para cada um dos anos-base de 2030 a 2031:

I – da receita da CBS no ano-base, calculada nos termos do inciso II do *caput* do art. 352 desta Lei Complementar com base na alíquota de referência, nas alíquotas dos regimes específicos e na legislação da CBS de 2033;

II – da receita do Imposto Seletivo no ano-base, calculada nos termos do inciso III do *caput* do art. 352 desta Lei Complementar com base nas alíquotas de 2033; e

III – da receita do IPI no ano-base, calculada nos termos do inciso III do *caput* do art. 352 desta Lei Complementar com base nas alíquotas de 2033.

Parágrafo único. A alíquota de referência da CBS para 2033 será fixada de forma a que haja equivalência entre:

I – a média da razão entre a soma dos valores de que tratam os incisos do *caput* e o PIB nos anos-base referidos no *caput;* e

II – a média da razão entre a receita de referência da União e o PIB nos anos de 2012 a 2021.

Subseção V
Do Cálculo das Alíquotas de Referência do IBS

Art. 360. O cálculo das alíquotas de referência estadual e municipal do IBS para cada ano de vigência de 2029 a 2033 será realizado, nos termos dos arts. 361 a 365 desta Lei Complementar, com base:

I – na receita de referência da respectiva esfera federativa em anos-base anteriores; e

II – em uma estimativa de qual seria a receita de IBS caso fosse aplicada, em cada um dos anos-base, a alíquota de referência, as alíquotas dos regimes específicos e a legislação do IBS do ano de vigência.

§ 1.º A estimativa da receita de IBS de que trata o inciso II do *caput* será calculada, em valores do ano-base, para cada categoria de receita ou de redução de receita de que tratam os incisos do *caput* do art. 351 desta Lei Complementar, através da aplicação da alíquota de referência e das demais alíquotas previstas na legislação do IBS para o ano de vigência, sobre uma estimativa da base de cálculo no ano-base.

§ 2.º Observados os critérios específicos previstos nos arts. 361 a 365 desta Lei Complementar, a estimativa da base de cálculo de cada categoria de que trata o § 1.º deste artigo poderá tomar por referência, entre outros:

I – a base de cálculo de cada categoria de receita e de redução de receita da CBS no ano-base, ajustada de modo a contemplar as diferenças entre a legislação da CBS no ano-base e a legislação do IBS no ano de vigência;

II – a base de cálculo de cada categoria de receita e de redução de receita do IBS no ano-base, ajustada de modo a contemplar as diferenças na legislação do IBS entre o ano-base e o ano de vigência.

§ 3.º No caso de alíquotas específicas (*ad rem*) ou de valores fixados em moeda corrente na legislação, os valores previstos na legislação para o ano de vigência serão corrigidos para valores do ano-base de modo a contemplar a variação de preços entre os dois períodos.

Art. 361. As alíquotas de referência estadual e municipal do IBS para 2029 serão fixadas de modo que:

I – a estimativa da parcela estadual da receita do IBS em 2027, calculada com base na alíquota de referência estadual, nas alíquotas estaduais dos regimes específicos e na legislação do IBS de 2029, nos termos do art. 360 desta Lei Complementar, seja equivalente a 10% da receita de referência dos Estados em 2027;

II – a estimativa da parcela municipal da receita do IBS em 2027, calculada com base na alíquota de referência municipal, nas alíquotas municipais dos regimes específicos e na legislação do IBS de 2029, nos termos do art. 360 desta Lei Complementar, seja equivalente a 10% da receita de referência dos Municípios em 2027.

Parágrafo único. Na elaboração dos cálculos a que se refere este artigo, a base de cálculo a ser utilizada nas estimativas tomará por referência:

I – prioritariamente, a receita da CBS em 2027, ajustada de modo a contemplar diferenças entre a legislação da CBS em 2027 e a legislação do IBS em 2029;

II – subsidiariamente, a receita do IBS em 2027, ajustada de modo a contemplar diferenças na legislação do IBS entre 2027 e 2029, ou outras fontes de informação.

Art. 362. As alíquotas de referência estadual e municipal do IBS para 2030 serão fixadas de modo que:

I – a média da estimativa da parcela estadual da receita do IBS em 2027 e em 2028, calculada com base na alíquota de referência estadual, nas alíquotas estaduais dos regimes específicos e na legislação do IBS de 2030, nos termos do art. 360 desta Lei Complementar, seja equivalente a 20% da média da receita de referência dos Estados em 2027 e em 2028;

II – a média da estimativa da parcela municipal da receita do IBS em 2027 e em 2028, calculada com base na alíquota de referência municipal, nas alíquotas municipais dos regimes específicos e na legislação do IBS de 2030, nos termos do art. 360 desta Lei Complementar, seja equivalente a 20% da média da receita de referência dos Municípios em 2027 e em 2028.

Parágrafo único. Na elaboração dos cálculos a que se refere este artigo, a base de cálculo a ser utilizada nas estimativas tomará por referência:

I – prioritariamente, a receita da CBS em 2027 e 2028, ajustada de modo a contemplar diferenças entre a legislação da CBS em 2027 e em 2028 e a legislação do IBS em 2030;

II – subsidiariamente, a receita do IBS em 2027 e 2028, ajustada de modo a contemplar diferenças na legislação do IBS entre esses anos e 2030, ou outras fontes de informação.

Art. 363. As alíquotas de referência estadual e municipal do IBS para 2031 serão fixadas de modo que:

I – a média da estimativa da parcela estadual da receita do IBS de 2028 e em 2029, calculada com base na alíquota de referência estadual, nas alíquotas estaduais dos regimes específicos e na legislação do IBS de 2031, nos termos do art. 360 desta Lei Complementar, seja equivalente a 30% da média:

a) da receita de referência dos Estados em 2028;

b) da receita de referência dos Estados em 2029, dividida por 9 (nove) e multiplicada por 10 (dez);

II – a média da estimativa da parcela municipal da receita do IBS em 2028 e em 2029, calculada com base na alíquota de referência municipal, nas alíquotas municipais dos regimes específicos e na legislação do IBS de 2031, nos termos do art. 360 desta Lei Complementar, seja equivalente a 30% da média:

a) da receita de referência dos Municípios em 2028;

b) da receita de referência dos Municípios em 2029, dividida por 9 (nove) e multiplicada por 10 (dez).

Parágrafo único. Na elaboração dos cálculos a que se refere este artigo, a base de cálculo a ser utilizada nas estimativas tomará por referência:

I – em 2028:

a) prioritariamente, a receita da CBS, ajustada de modo a contemplar diferenças entre a legislação da CBS em 2028 e a legislação do IBS em 2031;

b) subsidiariamente, a receita do IBS em 2028, ajustada de modo a contemplar diferenças na legislação do IBS entre esse ano e 2031, ou outras fontes de informação;

II – em 2029, prioritariamente a receita do IBS, ajustada de modo a contemplar diferenças na legislação do IBS entre esse ano e 2031 e, subsidiariamente, outras fontes de informação.

Art. 364. As alíquotas de referência estadual e municipal do IBS para 2032 serão fixadas de modo que:

I – a média da estimativa da parcela estadual da receita do IBS em 2029 e em 2030, calculada com base na alíquota de referência estadual, nas alíquotas estaduais dos regimes específicos e na legislação do IBS de 2032, nos termos do art. 360 desta Lei Complementar, seja equivalente a 40% (quarenta por cento) da média:

a) da receita de referência dos Estados em 2029, dividida por 9 (nove) e multiplicada por 10 (dez);

b) da receita de referência dos Estados em 2030, dividida por 8 (oito) e multiplicada por 10 (dez);

II – a média da estimativa da parcela municipal da receita do IBS em 2029 e em 2030, calculada com base na alíquota de referência municipal, nas alíquotas municipais dos regimes específicos e na legislação do IBS de 2032, nos termos do art. 360 desta Lei Complementar, seja equivalente a 40% (quarenta por cento) da média:

a) da receita de referência dos Municípios em 2029, dividida por 9 (nove) e multiplicada por 10 (dez);

b) da receita de referência dos Municípios em 2030, dividida por 8 (oito) e multiplicada por 10 (dez).

Parágrafo único. Na elaboração dos cálculos a que se refere este artigo, a base de cálculo a ser utilizada nas estimativas tomará por referência em 2029 e 2030, prioritariamente, a receita do IBS, ajustada de modo a contemplar diferenças na legislação do IBS entre esses anos e 2032 e, subsidiariamente, outras fontes de informação.

Art. 365. As alíquotas de referência estadual e municipal do IBS para 2033 serão fixadas de modo que:

I – a média da estimativa da parcela estadual da receita do IBS em 2030 e em 2031, calculada com base na alíquota de referência estadual, nas alíquotas estaduais dos regimes específicos e na legislação do IBS de 2033, nos termos do art. 360 desta Lei Complementar, seja equivalente à média da:

a) receita de referência dos Estados em 2030, dividida por 8 (oito) e multiplicada por 10 (dez);

b) receita de referência dos Estados em 2031, dividida por 7 (sete) e multiplicada por 10 (dez);

II – a média da estimativa da parcela municipal da receita do IBS em 2030 e em 2031, calculada com base na alíquota de referência municipal nas alíquotas municipais dos regimes específicos e na legislação do IBS de 2033, nos termos do art. 360 desta Lei Complementar, seja equivalente à média:

a) da receita de referência dos Municípios em 2030, dividida por 8 (oito) e multiplicada por 10 (dez);

b) da receita de referência dos municípios em 2031, dividida por 7 (sete) e multiplicada por 10 (dez).

Parágrafo único. Na elaboração dos cálculos a que se refere este artigo, a base de cálculo a ser utilizada nas estimativas tomará por referência em 2030 e em 2031, prioritariamente a receita do IBS, ajustada de modo a contemplar diferenças na legislação do IBS entre esses anos e 2033 e, subsidiariamente, outras fontes de informação.

Subseção VI
Da Fixação das Alíquotas de Referência em 2034 e 2035

Art. 366. Observado o disposto nos arts. 19 e 369 desta Lei Complementar, a alíquota de referência da CBS e as alíquotas de referência estadual e municipal do IBS em 2034 e 2035 serão aquelas fixadas para 2033.

Subseção VII
Do Limite para as Alíquotas de Referência em 2030 e 2035

Art. 367. Para fins do disposto nos arts. 368 e 369 desta Lei Complementar, entende-se por:

I – Teto de Referência da União: a média da receita no período de 2012 a 2021, apurada como proporção do PIB, do imposto previsto no art. 153, inciso IV, das contribuições previstas no art. 195, inciso I, alínea *b*, e inciso IV, da contribuição para o PIS de que trata o art. 239 e do imposto previsto no art. 153, inciso V, sobre operações de seguro, todos da Constituição Federal;

II – Teto de Referência Total: a média da receita no período de 2012 a 2021, apurada como proporção do PIB, dos impostos previstos nos arts. 153, inciso IV, 155, inciso II, e 156, inciso III, das contribuições previstas no art. 195, inciso I, alínea *b*, e inciso IV, da contribuição para o PIS de que trata o art. 239 e do imposto previsto no art. 153, inciso V, sobre operações de seguro, todos da Constituição Federal;

III – Receita-Base da União: a receita da União com a CBS e com o Imposto Seletivo, apurada como proporção do PIB;

IV – Receita-Base dos Entes Subnacionais: a receita dos Estados, do Distrito Federal e dos Municípios com o IBS, deduzida da parcela a que se refere a alínea *b* do inciso II do *caput* do art. 350 desta Lei Complementar, apurada como proporção do PIB;

V – Receita-Base Total: a soma da Receita-Base da União com a Receita-Base dos Entes Subnacionais, sendo essa última:

a) multiplicada por 10 (dez) em 2029;
b) multiplicada por 5 (cinco) em 2030;
c) multiplicada por 10 (dez) e dividida por 3 (três) em 2031;
d) multiplicada por 10 (dez) e dividida por 4 (quatro) em 2032;
e) multiplicada por 1 (um) em 2033.

Art. 368. A alíquota de referência da CBS em 2030 será reduzida caso a média da Receita-Base da União em 2027 e 2028 exceda o Teto de Referência da União.

§ 1.º A redução de que trata esse artigo, caso existente:

I – será definida de forma a que, após sua aplicação, a média da Receita-Base da União em 2027 e 2028 seja igual ao Teto de Referência da União;

II – será fixada em pontos percentuais;

III – será aplicada sobre a alíquota de referência da União, apurada na forma dos arts. 356 a 359 desta Lei Complementar, para os anos de 2030 a 2033.

§ 2.º O montante da redução de que trata esse artigo será fixado pelo Senado Federal no momento da fixação da alíquota de referência da CBS para os anos de 2030 a 2033, observados os critérios estabelecidos no art. 349 desta Lei Complementar.

§ 3.º A revisão da alíquota de referência da CBS na forma deste artigo não implicará cobrança ou restituição da CBS relativa a anos anteriores.

Art. 369. As alíquotas de referência da CBS e do IBS em 2035 serão reduzidas caso a média da Receita-Base Total entre 2029 e 2033 exceda o Teto de Referência Total.

§ 1.º A redução de que trata esse artigo, caso existente:

I – será definida de forma a que, após sua aplicação, a média da Receita-Base Total entre 2029 e 2033 seja igual ao Teto de Referência Total;

II – será fixada em pontos percentuais;

III – será distribuída proporcionalmente entre as alíquotas de referência da CBS, e as alíquotas de referência estadual e municipal do IBS.

§ 2.º O montante da redução de que trata esse artigo será fixado pelo Senado Federal para o ano de 2035, observados os critérios e os prazos estabelecidos no art. 348 desta Lei Complementar.

§ 3.º A revisão da alíquota de referência da CBS e do IBS na forma deste artigo não implicará cobrança ou restituição de tributo relativo a anos anteriores ou transferência de recursos entre os entes federativos.

Seção V
Do Redutor a ser aplicado sobre as Alíquotas da CBS e do IBS nas Operações Contratadas pela Administração Pública de 2027 a 2033

Art. 370. O cálculo do redutor a ser aplicado, em cada ano de vigência, sobre as alíquotas da CBS e do IBS nas operações contratadas pela administração pública direta, por autarquias e por fundações públicas, inclusive suas importações tomará por referência:

I – estimativa da receita de CBS e de IBS nas operações de que trata o *caput* para cada ano-base de 2024 a 2026, calculada nos termos dos arts. 352 e 360 desta Lei Complementar, considerando:

a) estimativa da base de cálculo dessas operações em cada ano-base; e

b) as alíquotas de CBS e de IBS do ano de vigência; e

II – estimativa da receita da União com os tributos de que tratam as alíneas do inciso I do art. 350 desta Lei Complementar sobre as operações de que trata o *caput* deste artigo;

III – estimativa da receita dos Estados, do Distrito Federal e dos Municípios com os impostos de que tratam a alínea *a* do inciso II e o inciso III do art. 350 desta Lei Complementar sobre as operações de que trata o *caput* deste artigo.

§ 1.º Para o ano de vigência de 2027, o redutor de que trata o *caput* será fixado de modo a que haja equivalência entre:

I – a média da estimativa da receita de CBS para os anos-base de 2024 e 2025, calculada nos termos do inciso I do *caput*, aplicando-se sobre as alíquotas da CBS o redutor a ser aplicado em 2027; e

II – a média da estimativa da receita da União para os anos-base de 2024 e 2025, calculada nos termos do inciso II do *caput*.

§ 2.º Para o ano de vigência de 2028, o redutor de que trata o *caput* será fixado de modo a que haja equivalência entre:

I – a média da estimativa da receita de CBS para os anos-base de 2024 a 2026, calculada nos termos do inciso I do *caput*, aplicando-se sobre as alíquotas da CBS o redutor a ser aplicado em 2028; e

II – a média da estimativa da receita da União para os anos-base de 2024 a 2026, calculada nos termos do inciso II do *caput*.

§ 3.º Para o ano de vigência de 2033, o redutor de que trata o caput será fixado de modo a que haja equivalência entre:
I – a média da estimativa da receita de CBS e IBS para os anos-base de 2024 a 2026, calculada nos termos do inciso I do caput, aplicando-se sobre as alíquotas da CBS e do IBS o redutor a ser aplicado em 2033; e
II – a média da estimativa da receita da União, dos Estados, do Distrito Federal e dos Municípios para os anos-base de 2024 a 2026, calculada nos termos dos incisos II e III do caput.
§ 4.º Para os anos de vigência de 2029 a 2032, o redutor de que trata o caput será fixado com base em uma média ponderada dos cálculos realizados na forma estabelecida nos §§ 2.º e 3.º deste artigo, considerando a evolução das alíquotas da CBS e do IBS.

Capítulo II
DO LIMITE PARA REDUÇÃO DAS ALÍQUOTAS DO IBS DE 2029 A 2077

Art. 371. De 2029 a 2077 é vedado aos Estados, ao Distrito Federal e aos Municípios fixar alíquotas do IBS inferiores às necessárias para garantir as retenções de que tratam o § 1.º do art. 131 e o art. 132, ambos do Ato das Disposições Constitucionais Transitórias da Constituição Federal.
§ 1.º Para fins do disposto no caput deste artigo, as alíquotas do IBS fixadas pelos Estados, pelo Distrito Federal e pelos Municípios não poderão ser inferiores ao valor resultante da aplicação dos percentuais estabelecidos para cada ano no Anexo XVI, sobre a alíquota de referência da respectiva esfera federativa.
§ 2.º Na hipótese de fixação da alíquota pelo ente em nível inferior ao previsto no § 1.º, prevalecerá o limite inferior da alíquota, calculado nos termos do § 1.º deste artigo.

Capítulo III
DA TRANSIÇÃO APLICÁVEL AO REGIME DE COMPRAS GOVERNAMENTAIS

Art. 372. O regime de destinação integral do produto da arrecadação do IBS e da CBS ao ente federativo contratante nos termos do art. 473 desta Lei Complementar:
I – não se aplica:
a) ao IBS e à CBS, em relação aos fatos geradores ocorridos de 1.º de janeiro a 31 de dezembro de 2026;
b) à CBS, em relação aos fatos geradores ocorridos de 1.º de janeiro de 2027 a 31 de dezembro de 2028;
II – aplica-se integralmente:
a) ao IBS, em relação aos fatos geradores ocorridos a partir de 1.º de janeiro de 2027;
b) à CBS, em relação aos fatos geradores ocorridos a partir de 1.º de janeiro de 2033.
Parágrafo único. Em relação aos fatos geradores ocorridos de 1.º de janeiro de 2029 a 31 de dezembro de 2032, a aplicação do regime de que trata o caput se dará nas seguintes proporções da CBS incidente nas aquisições de bens e serviços pela administração pública direta, por autarquias e por fundações públicas:
I – de 1.º de janeiro a 31 de dezembro de 2029, 10% (dez por cento);
II – de 1.º de janeiro a 31 de dezembro de 2030, 20% (vinte por cento);
III – de 1.º de janeiro a 31 de dezembro de 2031, 30% (trinta por cento);
IV – de 1.º de janeiro a 31 de dezembro de 2032, 40% (quarenta por cento).

Capítulo IV
DO REEQUILÍBRIO DE CONTRATOS ADMINISTRATIVOS

Art. 373. Este Capítulo dispõe sobre os instrumentos de ajuste para os contratos firmados anteriormente à entrada em vigor desta Lei Complementar.
§ 1.º Aplica-se o disposto neste Capítulo, no que couber, a contratos administrativos firmados posteriormente à vigência desta Lei Complementar cuja proposta tenha sido apresentada antes de sua entrada em vigor.
§ 2.º O disposto neste Capítulo não se aplica aos contratos privados, os quais permanecem sujeitos às disposições da legislação específica.

Art. 374. Os contratos vigentes na entrada em vigor desta Lei Complementar celebrados pela administração pública direta ou indireta da União, dos Estados, do Distrito Federal e dos Municípios, inclusive concessões públicas, serão ajustados para assegurar o restabelecimento do equilíbrio econômico-financeiro em razão da alteração da carga tributária efetiva suportada pela contratada em decorrência do impacto da instituição do IBS e da CBS, nos casos em que o desequilíbrio for comprovado.
§ 1.º Para os fins deste Capítulo, a determinação da carga tributária suportada pela contratada deve considerar, inclusive:
a) os efeitos da não cumulatividade nas aquisições e custos incorridos pela contratada, considerando as regras de apuração de créditos, e a forma de determinação da base de cálculo dos tributos de que trata o caput;
b) a possibilidade de repasse a terceiros, pela contratada, do encargo financeiro dos tributos de que trata o caput;
c) os impactos decorrentes da alteração dos tributos no período de transição previsto nos arts. 125 a 133 do ADCT; e
d) os benefícios ou incentivos fiscais ou financeiros da contratada relacionados aos tributos extintos pela Emenda Constitucional n. 132, de 20 de dezembro de 2023.
§ 2.º O disposto neste Capítulo aplica-se inclusive àqueles contratos que já possuem previsão em matriz de risco que impactos tributários supervenientes são de responsabilidade da contratada.

Art. 375. A administração pública procederá à revisão de ofício para restabelecimento do equilíbrio econômico-financeiro quando constatada a redução da carga tributária efetiva suportada pela contratada, nos termos do art. 374 desta Lei Complementar, assegurada a esta a manifestação.

Art. 376. A contratada poderá pleitear o restabelecimento do equilíbrio econômico-financeiro de que trata o art. 374 desta Lei Complementar verificado no período de transição de que tratam os arts. 125 a 133 do ADCT por meio de procedimento administrativo específico e exclusivo, nos seguintes termos:
I – o pedido de restabelecimento do equilíbrio econômico-financeiro poderá ser realizado:
a) a cada nova alteração tributária que ocasione o comprovado desequilíbrio; ou
b) de forma a já abranger todas as alterações previstas para o período de que tratam os arts. 342 a 347 desta Lei Complementar;
II – o pedido de restabelecimento do equilíbrio econômico-financeiro deverá ser formulado durante a vigência do contrato e antes de eventual prorrogação;
III – o procedimento de que trata o caput deverá tramitar de forma prioritária;
IV – o pedido deverá ser instruído com cálculo e demais elementos que comprovem o efetivo desequilíbrio econômico-financeiro, observado o disposto no § 3.º;
V – o reequilíbrio poderá ser feito por meio de:
a) revisão dos valores contratados;
b) compensações financeiras, ajustes tarifários ou outros valores contratualmente devidos à contratada, inclusive a título de aporte de recursos ou contraprestação pecuniária;
c) renegociação de prazos e condições de entrega ou fornecimento de serviços;
d) elevação ou redução de valores devidos à administração pública, inclusive direitos de outorga;
e) transferência a uma das partes de custos ou encargos originariamente atribuídos à outra; ou
f) outros métodos considerados aceitáveis pelas partes, observada a legislação do setor ou de regência do contrato.
§ 1.º O pedido de que trata o caput deverá ser decidido de forma definitiva no prazo de 90 (noventa) dias contados do protocolo, prorrogável uma única vez por igual período caso seja necessária instrução probatória suplementar, ficando o referido prazo suspenso enquanto não restar atendida a requisição pela contratada.
§ 2.º O reequilíbrio econômico-financeiro será implementado, preferencialmente, por meio de alteração na remuneração do contrato ou de ajuste tarifário, conforme o caso, sendo que formas alternativas apenas poderão ser adotadas pela Administração com

a concordância da contratada, observados, em todos os casos, os termos do contrato administrativo.

§ 3.º As pessoas jurídicas integrantes da administração pública com atribuição para decidir sobre procedimentos de reequilíbrio econômico-financeiro poderão regulamentar a forma de apresentação do pedido de que trata o *caput* e metodologias de cálculo recomendadas para demonstração do desequilíbrio, sem prejuízo do direito de a contratada solicitá-lo na ausência de tal regulamentação.

§ 4.º Nos termos da regulamentação, o reequilíbrio econômico-financeiro poderá, a critério da administração pública, ser implementado de forma provisória nos casos em que a contratada demonstrar relevante impacto financeiro na execução contratual decorrente da alteração na carga tributária efetiva, devendo a compensação econômica ser revista e ajustada por ocasião da decisão definitiva do pedido.

§ 5.º Deverá constar na decisão definitiva de que trata o § 4.º a forma e os instrumentos de cobrança ou devolução dos valores pagos a menor ou a maior durante a aplicação da medida de ajuste provisório.

Art. 377. Nos casos de omissão deste Capítulo, aplicam-se, subsidiariamente, as disposições da legislação de regência do contrato.

Capítulo V
DA UTILIZAÇÃO DO SALDO CREDOR DO PIS E DA COFINS

Art. 378. Os créditos da Contribuição para o PIS/Pasep e da COFINS, inclusive presumidos, não apropriados ou não utilizados até a data de extinção dessas contribuições:
I – permanecerão válidos e utilizáveis na forma deste Capítulo, mantida a fluência do prazo para sua utilização;
II – deverão estar devidamente registrados no ambiente de escrituração dos tributos mencionados no *caput*, nos termos da legislação aplicável;
III – poderão ser utilizados para compensação com o valor devido da CBS; e
IV – poderão ser ressarcidos em dinheiro ou compensados com outros tributos federais, desde que cumpram os requisitos para utilização nessas modalidades estabelecidos pela legislação das contribuições de que trata o *caput* na data de sua extinção, observados, na data do pedido ou da declaração, as condições e limites vigentes para ressarcimento ou compensação de créditos relativos a tributos administrados pela RFB.

Art. 379. Os bens recebidos em devolução a partir de 1.º de janeiro de 2027, relativos a vendas realizadas anteriormente à referida data, darão direito à apropriação de crédito da CBS correspondente ao valor das contribuições referidas no *caput* do art. 378 que tenham incidido sobre as respectivas operações.

Parágrafo único. O crédito de que trata o *caput* somente poderá ser utilizado para compensação com a CBS, vedada a compensação com outros tributos e o ressarcimento.

Art. 380. Os créditos da Contribuição para o PIS/Pasep e da COFINS, que, até a data da extinção desses tributos, estiverem sendo apropriados com base na depreciação, amortização ou quota mensal de valor, deverão permanecer sendo apropriados, como créditos presumidos da CBS, na forma prevista:
I – no inciso III do § 1.º e no § 21 do art. 3.º da Lei n. 10.637, de 30 de dezembro de 2002;
II – no inciso III do § 1.º e nos §§ 14, 16 e 29, todos do art. 3.º, e no inciso II do *caput* do art. 15, todos da Lei n. 10.833, de 29 de dezembro de 2003;
III – nos §§ 4.º e 7.º do art. 15 da Lei n. 10.865, de 30 de abril de 2004; e
IV – no art. 6.º da Lei n. 11.488, de 15 de junho de 2007.

§ 1.º O disposto no *caput* também se aplica aos créditos que estejam aguardando cumprimento de requisitos para o início de apropriação com base na depreciação, amortização ou quota mensal de valor no dia imediatamente anterior à data da extinção dos tributos.

§ 2.º A apropriação do crédito que trata o *caput* sujeita-se ao disposto na legislação vigente na data da extinção dos referidos tributos, inclusive em relação à alíquota aplicável no cálculo de seu valor, observado o disposto no art. 378 desta Lei Complementar.

§ 3.º Na hipótese de alienação do bem que enseja a apropriação parcelada de créditos de que trata o *caput* antes de completada a apropriação, não será admitido, a partir da data da alienação, o creditamento em relação às parcelas ainda não apropriadas.

Art. 381. O contribuinte sujeito ao regime regular da CBS poderá apropriar crédito presumido sobre o estoque de bens materiais existente em 1.º de janeiro de 2027 nas seguintes hipóteses:
I – caso o contribuinte, em 31 de dezembro de 2026, estivesse sujeito ao regime de apuração cumulativa da Contribuição para o PIS/Pasep e da COFINS, estabelecido precipuamente pela Lei n. 9.718, de 27 de novembro de 1998, em relação aos bens em estoque sobre os quais não houve apuração de créditos da Contribuição para o PIS/Pasep e da COFINS em razão da sujeição ao referido regime de apuração;
II – em relação aos bens em estoque sujeitos, na aquisição, à substituição tributária ou à incidência monofásica de que tratam os seguintes dispositivos:
a) inciso I do art. 1.º da Lei n. 10.147, de 21 de dezembro de 2000;
b) caput do art. 1.º, inciso II do art. 3.º e *caput* do art. 5.º da Lei n. 10.485, de 3 de julho de 2002;
c) art. 43 da Medida Provisória n. 2.158-35, de 24 de agosto de 2001;
d) art. 53 da Lei n. 9.532, de 10 de dezembro de 1997; e
e) inciso II do art. 6.º da Lei n. 12.402, de 2 de maio de 2011;
III – em relação à parcela do valor dos bens em estoque sujeita à vedação parcial de creditamento estabelecida pelos §§ 7.º a 9.º do art. 3.º da Lei n. 10.637, de 30 de dezembro de 2002, e da Lei n. 10.833, de 29 de dezembro 2003.

§ 1.º O direito ao crédito presumido previsto no *caput*:
I – somente se aplica a bens novos adquiridos de pessoa jurídica domiciliada no País ou importados para revenda ou para utilização na produção de bens destinados à venda ou na prestação de serviços a terceiros;
II – não se aplica aos produtos cuja aquisição foi contemplada por alíquota zero, isenção, suspensão ou não sofreu a incidência da Contribuição para o PIS/Pasep e da COFINS;
III – não se aplica aos bens considerados de uso e consumo pessoal de que trata o art. 57 desta Lei Complementar;
IV – não se aplica:
a) a bens incorporados ao ativo imobilizado do contribuinte; e
b) a imóveis.

§ 2.º Ato do Poder Executivo da União disciplinará a forma de verificação do estoque existente em 1.º de janeiro de 2027, podendo determinar a realização de inventário e valoração do estoque ou método alternativo.

§ 3.º O valor do crédito presumido de que trata o *caput*:
I – no caso de bens adquiridos no País, será calculado mediante aplicação de percentual de 9,25% (nove inteiros e vinte e cinco centésimos por cento) sobre o valor do estoque;
II – no caso de bens importados, será equivalente ao valor da Contribuição para o PIS/Pasep-Importação e da Cofins-Importação efetivamente pago na importação, vedada a apuração de crédito presumido em relação ao adicional de alíquota de que trata o § 21 do art. 8.º da Lei n. 10.865, de 30 de abril de 2004.

§ 4.º O crédito presumido de que trata o *caput*:
I – deverá ser apurado e apropriado até o último dia de junho de 2027;
II – deverá ser utilizado em 12 (doze) parcelas mensais iguais e sucessivas a partir do período subsequente ao da apropriação; e
III – somente poderá ser utilizado para compensação com a CBS, vedada a compensação com outros tributos e o ressarcimento.

§ 5.º Para os fins deste artigo, também serão considerados bens incorporados ao ativo imobilizado aqueles com a mesma natureza e que, em decorrência das normas contábeis aplicáveis, forem contabilizados por concessionárias de serviços públicos como ativo de contrato, intangível ou financeiro.

Art. 382. A utilização dos créditos das contribuições de que trata este Capítulo para compensação terá preferência em relação aos créditos de CBS de que trata o art. 53 desta Lei Complementar.

Art. 383. O direito de utilização dos créditos de que tratam os arts. 379 a 381 desta Lei Complementar extinguir-se-á após o prazo de 5 (cinco) anos, contado do último dia do período de apuração em que tiver ocorrido a apropriação do crédito.

Capítulo VI
DOS CRITÉRIOS, LIMITES E PROCEDIMENTOS RELATIVOS À COMPENSAÇÃO DE BENEFÍCIOS FISCAIS OU FINANCEIRO-FISCAIS DO ICMS

Seção I
Disposições Gerais

Art. 384. As pessoas físicas ou jurídicas titulares de benefícios onerosos relativos ao ICMS, em função da redução do nível desses benefícios prevista no § 1.º do art. 128 do ADCT, no período entre 1.º de janeiro de 2029 e 31 de dezembro de 2032, serão compensadas por recursos do Fundo de Compensação de Benefícios Fiscais ou Financeiro-Fiscais instituído pelo art. 12 da Emenda Constitucional n. 132, de 20 de dezembro de 2023, de acordo com os critérios e limites para apuração do nível de benefícios e de sua redução e com os procedimentos de análise dos requisitos para habilitação do requerente à compensação estabelecidos nesta Lei Complementar.

Parágrafo único. A compensação de que trata o *caput*:

I – aplica-se aos titulares de benefícios onerosos regularmente concedidos até 31 de maio de 2023, sem prejuízo de ulteriores prorrogações ou renovações, observados o prazo de 31 de dezembro de 2032 e, se aplicável, a exigência de registro e depósito estabelecida pelo art. 3.º, inciso II, da Lei Complementar n. 160, de 7 de agosto de 2017, que tenham cumprido tempestivamente as condições exigidas pela norma concessiva do benefício;

II – aplica-se ainda a outros programas ou benefícios que tenham migrado por força de mudanças na legislação estadual entre 31 de maio de 2023 e a data de promulgação da Emenda Constitucional n. 132, de 20 de dezembro de 2023, ou que estavam em processo de migração na data de promulgação da referida Emenda Constitucional, desde que seu ato concessivo seja emitido pela unidade federada em até 90 (noventa) dias após a publicação desta Lei Complementar;

III – não se aplica aos titulares de benefícios decorrentes do disposto no § 2.º-A do art. 3.º da Lei Complementar n. 160, de 7 de agosto de 2017.

Art. 385. Para os fins da compensação de que trata o art. 384 desta Lei Complementar, consideram-se:

I – benefícios onerosos: as repercussões econômicas oriundas de isenções, incentivos e benefícios fiscais ou financeiro-fiscais concedidos pela unidade federada por prazo certo e sob condição, na forma do art. 178 da Lei n. 5.172, de 25 de outubro de 1966 – Código Tributário Nacional;

II – titulares de benefícios onerosos: as pessoas que detêm o direito à fruição de benefícios onerosos mediante ato ou norma concessiva, caso estejam adimplentes com as condições exigidas pela norma concessiva do benefício, observado o disposto no inciso III do parágrafo único do art. 384 desta Lei Complementar;

III – prazo certo: o prazo estabelecido para auferimento do benefício oneroso, observada a data limite de 31 de dezembro de 2032, nos termos do *caput* do art. 12 da Emenda Constitucional n. 132, de 20 de dezembro de 2023;

IV – condição, na forma do art. 178 da Lei n. 5.172, de 25 de outubro de 1966 – Código Tributário Nacional: as contrapartidas previstas no ato concessivo ou fixadas na legislação estadual ou distrital exigidas do titular do benefício das quais resulte ônus ou restrições à sua atividade, tais como as que:

a) têm por finalidade a implementação ou expansão de empreendimento econômico vinculado a processos de transformação ou industrialização aptos à agregação de valor;

b) estabelecem a geração de novos empregos; ou

c) impõem a limitação no preço de venda ou a restrição de contratação de determinados fornecedores;

V – repercussão econômica:

a) a parcela do ICMS incidente na operação apropriada pelo contribuinte do imposto em razão da concessão de benefício fiscal pela unidade federada, tal como crédito presumido de ICMS, crédito outorgado de ICMS, entre outros;

b) a parcela correspondente ao desconto concedido sobre o ICMS a recolher em função da antecipação do pagamento do imposto cujo prazo de pagamento havia sido ampliado; ou

c) na hipótese do benefício de ampliação do prazo de pagamento do ICMS, o ganho financeiro não realizado em função da redução das alíquotas do ICMS prevista no art. 128 do ADCT, tendo como parâmetros de cálculo, entre outros, a Taxa Selic acumulada entre o mês seguinte ao do vencimento ordinário do débito de ICMS e o mês para o qual o recolhimento foi diferido, limitado a dezembro de 2032;

VI – ato concessivo de benefícios onerosos: qualquer ato administrativo ou enquadramento em norma jurídica pelo qual se concretiza a concessão da titularidade de benefícios onerosos a pessoa física ou jurídica pela unidade federada;

VII – implementação de empreendimento econômico: o estabelecimento de empreendimento econômico para o desenvolvimento da atividade a ser explorada por pessoa jurídica não domiciliada na localização geográfica da unidade federada que concede a subvenção;

VIII – expansão de empreendimento econômico: a ampliação da capacidade, a modernização ou a diversificação do comércio ou da produção de bens ou serviços do empreendimento econômico, inclusive mediante o estabelecimento de outra unidade, pela pessoa jurídica domiciliada na localização geográfica da unidade federada que concede a subvenção.

§ 1.º Para fins do disposto no inciso IV do *caput*, não se enquadram no conceito de condição as contrapartidas previstas em atos ou normas concessivas de benefícios fiscais que:

I – importem mero cumprimento de deveres de observância obrigatória para todos os contribuintes e já previamente estabelecidos em legislação;

II – configurem mera declaração de intenções, sem o estabelecimento de ônus ou restrições efetivos; e

III – exijam contribuição a fundo estadual ou distrital vinculada à fruição do benefício.

§ 2.º Para fins da compensação de que trata este Capítulo, considera-se benefício oneroso, não se aplicando o disposto no inciso III do § 1.º deste artigo, o benefício cuja contrapartida seja contribuição a fundo estadual ou distrital cuja totalidade dos recursos sejam empregados em obras de infraestrutura pública ou em projetos que fomentem a atividade econômica do setor privado, inclusive quando exercida por empresas estatais, constituído até 31 de maio de 2023.

§ 3.º Para o cálculo da repercussão econômica decorrente de benefício fiscal ou financeiro-fiscal, devem ser deduzidos todos os valores de natureza tributária correspondentes a direitos renunciados e obrigações assumidas, tais como créditos escriturais de ICMS que deixaram de ser aproveitados ou contribuições a fundos efetuadas para fruição do benefício, inclusive na hipótese do § 2.º deste artigo.

§ 4.º Não importam para o cálculo da repercussão econômica decorrente de benefício fiscal ou financeiro-fiscal os custos, despesas e investimentos realizados como condição para fruição dos benefícios onerosos.

§ 5.º A RFB poderá elencar outras hipóteses com repercussões econômicas decorrentes de benefícios fiscais ou financeiro-fiscais relativos ao ICMS equivalentes às previstas no inciso V do *caput*.

Seção II
Das Competências Atribuídas à RFB

Art. 386. Em relação às compensações dos benefícios onerosos de que trata o art. 384 desta Lei Complementar, compete a RFB, observando o disposto nesta Lei Complementar:

I – estabelecer a forma e as informações dos requerimentos de habilitação;

II – expedir normas complementares relativas ao cumprimento das exigências a que estão sujeitos os requerentes para sua habilitação;

III – analisar os requerimentos de habilitação efetuados pelos titulares de benefícios onerosos e, se preenchidos os requisitos legais, deferi-los;

IV – estabelecer as informações a serem prestadas na escrituração fiscal e contábil-fiscal e o formato da demonstração de apuração do crédito;

V – processar e revisar as apurações de crédito transmitidas pelos titulares de benefícios onerosos habilitados perante o órgão e, se não constatada irregularidade, reconhecer os respectivos créditos, autorizando os seus pagamentos;

VI – estabelecer parâmetros de riscos com a finalidade de automatizar o reconhecimento do crédito e a autorização de pagamento;

VII – estabelecer critérios de análise para serem aplicados nos procedimentos de revisão;

VIII – disciplinar a forma de retificação das informações prestadas e o tratamento de suas consequências;

IX – disciplinar a forma de devolução do pagamento indevido em função do crédito irregularmente apurado e sobre a retenção de créditos subsequentes para compensar pagamentos indevidos;

X – disciplinar a padronização da representação por unidade federada de que trata o art. 398 desta Lei Complementar;

XI – regulamentar prazos que não estejam previstos neste Capítulo;

XII – regulamentar outros aspectos procedimentais não previstos acima, especialmente os concernentes à garantia do direito à ampla defesa e ao contraditório.

Parágrafo único. Para fins deste Capítulo, aplica-se subsidiariamente a regulamentação do processo administrativo prevista na Lei n. 9.784, de 29 de janeiro de 1999.

Art. 387. No âmbito da competência da RFB e em caráter privativo, compete ao Auditor-Fiscal da Receita Federal do Brasil, em relação ao direito assegurado aos titulares de benefícios onerosos à compensação de que trata o art. 384 desta Lei Complementar:

I – elaborar e proferir decisões ou delas participar em processo ou procedimento de análise do reconhecimento do direito à compensação referida no *caput* e do reconhecimento do crédito dele decorrente;

II – examinar a contabilidade e a escrituração fiscal de sociedades empresariais e de empresários com a finalidade de revisar a apuração do crédito apresentado, não se lhes aplicando as restrições previstas nos arts. 1.190 e 1.191 da Lei n. 10.406, de 10 de janeiro de 2002 – Código Civil, e observado o disposto no art. 1.193 do mesmo diploma legal;

III – proceder a orientação dos titulares do direito à compensação referida no *caput;* e

IV – proceder a constituição do crédito decorrente de indébitos gerados pela sistematização da compensação referida no *caput*.

Seção III
Da Habilitação do Requerente à Compensação

Art. 388. Poderá ser beneficiário da compensação de que trata o art. 384 desta Lei Complementar o titular de benefício oneroso habilitado pela RFB, exceto o benefício oneroso que, nos termos da Emenda Constitucional n. 132, de 20 de dezembro de 2023, seja alcançado por compensação prevista nos §§ 2.º e 6.º, todos do art. 92-B do ADCT, ou, ainda, por qualquer outra forma de compensação prevista na Constituição Federal, mesmo que parcial.

Parágrafo único. O requerimento para o procedimento de habilitação, na forma a ser regulamentada pela RFB, deverá ser apresentado no período de 1.º de janeiro de 2026 a 31 de dezembro de 2028.

Art. 389. São requisitos para a concessão da habilitação ao requerente:

I – ser titular de benefício oneroso concedido por unidade federada;

II – haver ato concessivo do benefício oneroso emitido pela unidade federada:

a) até 31 de maio de 2023, ou no prazo previsto para a hipótese disposta no inciso II do parágrafo único do art. 384 desta Lei Complementar, sem prejuízo de ulteriores prorrogações ou renovações, conforme disposto no § 1.º do mesmo artigo;

b) que estabeleça expressamente as condições e as contrapartidas a serem observadas pelo beneficiário;

c) cujo prazo de fruição não ultrapasse a data de 31 de dezembro de 2032; e

d) que esteja vigorando em todo ou em parte do período de que trata o *caput* do art. 384 desta Lei Complementar, ainda que mediante ato de prorrogação ou renovação;

III – ter sido efetuado o registro e o depósito previstos no inciso II do art. 3.º da Lei Complementar n. 160, de 7 de agosto de 2017, se aplicável tal exigência;

IV – cumprir, tempestivamente, as condições exigidas pelo ato concessivo do benefício oneroso;

V – apresentar as obrigações acessórias com as informações necessárias à aferição do benefício oneroso objeto de compensação, bem assim as em que conste o registro do próprio benefício, quando for o caso;

VI – inexistir impedimento legal à fruição de benefícios fiscais;

VII – apresentar regularidade cadastral perante o cadastro nacional de pessoas jurídicas – CNPJ.

Parágrafo único. Para fins do preenchimento do requisito de habilitação previsto no inciso IV deste artigo, o titular do benefício oneroso deverá apresentar declaração que atende tempestivamente as condições, sendo obrigatória a manifestação prévia da unidade federada concedente à concessão da habilitação.

Art. 390. Observado o direito à ampla defesa e ao contraditório, a habilitação será:

I – indeferida, na hipótese de o requerente não atender aos requisitos de que trata o art. 389 desta Lei Complementar;

II – suspensa, na hipótese de o requerente deixar de atender temporariamente aos requisitos de que trata o art. 389 desta Lei Complementar;

III – cancelada, na hipótese de o requerente deixar de atender aos requisitos de que trata o art. 389 desta Lei Complementar.

Parágrafo único. A suspensão prevista no inciso II do *caput* será revertida em caso de modificação dos elementos que levaram à suspensão, mantida a mesma habilitação previamente concedida.

Seção IV
Da Demonstração e Reconhecimento do Crédito Apurado e da Revisão da Regularidade do Crédito Retido

Art. 391. O titular de benefício oneroso habilitado informará mensalmente na escrituração fiscal os elementos necessários para a quantificação da repercussão econômica de cada benefício fiscal ou financeiro-fiscal, conforme regulamentação a ser expedida pela RFB.

§ 1.º O crédito será calculado para cada mês de competência em função do valor da repercussão econômica de cada benefício fiscal ou financeiro-fiscal e da redução de nível dos benefícios fiscais de que trata o *caput* do art. 384 desta Lei Complementar relativamente a cada ato concessivo e tipo de benefício fiscal habilitado.

§ 2.º A apuração do crédito referente à compensação de que trata o art. 384 desta Lei Complementar será demonstrada na escrituração fiscal, de acordo com a regulamentação da RFB.

§ 3.º O direito de pleitear a compensação de que trata o art. 384 desta Lei Complementar extingue-se com o decurso do prazo de 3 (três) anos, contado do vencimento do prazo para transmissão da escrituração fiscal estabelecida em norma regulamentar para conter a apuração do correspondente crédito.

Art. 392. A RFB processará o montante calculado para fins de compensação, na forma do art. 384 desta Lei Complementar, e, exceto se existirem indícios de irregularidade ou o montante incidir em parâmetros de risco, terá seu crédito automaticamente reconhecido e autorizado em pagamento em até 60 (sessenta) dias a contar do vencimento do prazo para transmissão da escrituração fiscal que contenha a sua demonstração.

§ 1.º Caso a RFB não se manifeste no prazo previsto no *caput*, o reconhecimento do crédito e a autorização de pagamento serão tacitamente considerados na data final do prazo.

§ 2.º A entrega dos recursos ao beneficiário ocorrerá em 30 (trinta) dias a contar da data da autorização de que trata o *caput*.

§ 3.º O pagamento em data posterior ao previsto no § 2.º será acrescido de juros, à Taxa SELIC para títulos federais, acumulados mensalmente, e de juros de 1% (um por cento) no mês em que a quantia for disponibilizada ao sujeito passivo, a partir do mês seguinte ao término do prazo previsto naquele parágrafo.

§ 4.º Na hipótese de o montante mensal apurado situar-se em patamar superior ao limite tolerável de risco, a parcela superior será retida para revisão da regularidade da apuração.

§ 5.º Na hipótese de existirem indícios de irregularidade, todo o montante apurado será retido para a sua revisão.

§ 6.º As retenções efetuadas nas hipóteses descritas nos §§ 4.º e 5.º deste artigo devem ser cientificadas ao interessado.

§ 7.º Sobre as retenções a que se referem os §§ 4.º e 5.º, incidem juros à mesma taxa estabelecida no § 3.º, a partir do mês seguinte ao término do prazo de 90 (noventa) dias a contar do vencimento do prazo para transmissão da escrituração fiscal que contenha a sua demonstração.

§ 8.º A revisão da regularidade da apuração de créditos retidos deve ser realizada nos seguintes prazos máximos a contar da data da prestação integral dos elementos de comprovação requeridos pela RFB na data de ciência descrita no § 6.º deste artigo:

I – de 120 (cento e vinte) dias, na hipótese prevista no § 4.º deste artigo; e

II – de 1 (um) ano, na hipótese prevista no § 5.º deste artigo.

§ 9.º A ausência de apresentação integral dos elementos de comprovação mencionados no § 8.º deste artigo no prazo de 60 (sessenta) dias a contar da ciência do requerimento de apresentação implica o não reconhecimento da parcela do crédito retida, sem prejuízo do exame da regularidade da parcela do crédito eventualmente já paga.

§ 10. Na hipótese de vencimento do prazo estabelecido no § 8.º deste artigo sem o término da revisão da apuração, o crédito retido será tacitamente autorizado em pagamento, devendo este ser realizado no prazo previsto no § 2.º deste artigo, sem prejuízo da continuidade do procedimento em curso, se for o caso.

§ 11. Os critérios para definição do limite tolerável de risco não podem resultar em retenção de valores referentes a mais de 20% (vinte por cento) das apurações apresentadas no respectivo período mensal, não ingressando nesse cômputo as apurações sobre as quais existam indícios objetivos de irregularidade ou que pairem suspeitas fundamentadas de fraude.

§ 12. O percentual limitador de retenção previsto no § 11 deste artigo poderá ser ampliado no período em que o montante total dos créditos apurados indicarem que os recursos originalmente determinados para prover o Fundo instituído pelo *caput* do art. 12 da Emenda Constitucional n. 132, de 23 de dezembro de 2023, serão insuficientes para cobrir as compensações de que trata o *caput* do art. 384 desta Lei Complementar até o final do ano de 2032, e desde que o critério indicativo seja regulamentado e publicado pela Secretaria do Tesouro Nacional.

Seção V
Da Autorregularização das Informações Prestadas

Art. 393. Constatada pelo interessado a irregularidade na apuração do crédito apresentado para pagamento, deverá ele proceder imediatamente a sua regularização, retificando as informações prestadas na escrituração fiscal, de acordo com a regulamentação a ser expedida pela RFB.

§ 1.º Tendo recebido valores indevidos decorrentes do crédito apurado a maior na hipótese descrita no *caput*, o beneficiário deverá ainda efetuar a sua imediata devolução ao Fundo de que trata o art. 384 desta Lei Complementar, observado o § 2.º deste artigo e na forma a ser regulamentada pela RFB.

§ 2.º O montante recebido indevidamente deve ser acrescido de juros a partir do primeiro dia do mês subsequente à data de seu recebimento, equivalentes à Taxa SELIC, acumulados mensalmente, e de juros de 1% (um por cento) no mês em que a quantia for restituída ao Fundo de que trata o art. 12 da Emenda Constitucional n. 132, de 20 de dezembro de 2023.

§ 3.º Caso o interessado efetue a regularização de que trata o *caput* e não efetue a imediata devolução integral do montante recebido indevidamente de que trata o § 1.º deste artigo, a RFB fica autorizada a compensar de ofício o débito com créditos de mesma natureza apresentados em períodos subsequentes até que sejam suficientes para igualar com o montante do débito atualizado na forma do § 2.º, sem prejuízo das retenções ordinárias relativas à revisão da regularidade da apuração dos créditos posteriormente apresentados.

§ 4.º O interessado deve ser cientificado das compensações de ofício realizadas em conformidade com o previsto no § 3.º deste artigo.

§ 5.º Competirá à RFB constituir o crédito da União na forma do art. 395, caso antes da devolução integral do débito de que trata o § 1.º deste artigo:

I – não seja apresentada pelo interessado a apuração de créditos de mesma natureza passíveis de compensação no primeiro período subsequente ao da hipótese descrita no § 3.º deste artigo; ou

II – por qualquer motivo, os créditos de mesma natureza passíveis de compensação cessem por três meses consecutivos; ou

III – tiver decorrido o prazo de um ano da primeira compensação autorizada no § 3.º deste artigo.

§ 6.º A retificação das informações prestadas na escrituração fiscal de que trata o *caput* que impute ao interessado o dever imediato de devolução de valores recebidos indevidamente, conforme previsto no § 1.º deste artigo, configura o dia da ocorrência do recebimento indevido de que trata o § 1.º do art. 395, para fins de fixação do termo inicial do prazo decadencial em relação ao montante decorrente da retificação.

Seção VI
Dos Procedimentos de Revisão da Apuração do Crédito e do Rito Processual

Art. 394. Caso seja constatada irregularidade em procedimento de revisão da apuração do crédito apresentado para pagamento, a autoridade competente lavrará despacho decisório que será cientificado ao interessado com os fundamentos e os elementos de prova necessários, denegando total ou parcialmente o crédito apresentado.

§ 1.º Aplica-se ao disposto no *caput* o rito processual previsto na Lei n. 9.784, de 29 de janeiro de 1999, observadas as regras específicas estabelecidas neste capítulo.

§ 2.º O procedimento de revisão da apuração do crédito poderá também ser efetuado após o pagamento ao beneficiário, de acordo com normas procedimentais a serem estabelecidas por ato da RFB.

§ 3.º No curso do procedimento de revisão da apuração, a autoridade competente realizará atividades de instrução destinadas a averiguar e comprovar os dados necessários, inclusive a realização de diligências, se for o caso.

§ 4.º Na hipótese de ter ocorrido o pagamento de valores para os quais sobrevier despacho decisório que denega total ou parcialmente o crédito apresentado, o interessado será notificado a devolver, no prazo de 30 (trinta) dias, os valores indevidamente recebidos acrescidos de juros calculados na forma do § 2.º do art. 393.

§ 5.º Alternativamente ao disposto no § 4.º deste artigo, o interessado poderá autorizar a compensação de créditos regulares de mesma natureza a serem apresentados em períodos subsequentes até que sejam suficientes para igualar com o montante do débito atualizado na forma do § 2.º do art. 393.

§ 6.º A autorização prevista no § 5.º deste artigo implica em confissão irretratável de dívida passível de inscrição em dívida ativa da União, caso, por qualquer motivo, cesse a compensação por três meses consecutivos e o interessado não efetue a devolução da integralidade do saldo residual.

§ 7.º A parte interessada poderá interpor recurso no prazo de 30 (trinta) dias a contar da ciência do despacho decisório.

§ 8.º O recurso interposto não impede a constituição de eventual crédito da União de que trata o art. 395 desta Lei Complementar, inclusive da multa incidente, mas sua exigibilidade ficará suspensa até 30 (trinta) dias a contar da ciência do interessado da decisão do julgamento do recurso, observado ainda o disposto no § 7.º do art. 395.

§ 9.º Julgado o recurso em caráter definitivo total ou parcialmente favorável ao interessado, havendo-lhe valor devido, em conformidade com a decisão exarada, deverá ser autorizado o pagamento do montante retido.

§ 10. Após o julgamento do recurso, mantida em caráter administrativo definitivo a denegação total ou parcial do crédito apresentado para pagamento e já tendo sido este efetuado, o interessado será notificado a efetuar a devolução do pagamento indevido acrescido de juros calculados na forma do § 2.º do art. 393 no prazo de 30 dias contados da ciência da decisão, nos termos dela exarado.

Seção VII
Da Constituição do Crédito da União

Art. 395. Na hipótese do § 5.º do art. 393 ou de constatação de irregularidade na apuração do crédito calculado pelo beneficiário após a efetivação do pagamento pela União e não ocorrendo a devolução integral com o acréscimo de juros previstos no § 2.º do art. 393, no prazo do § 4.º do art. 394, nem a autorização de que trata o § 5.º do art. 394, a RFB deverá notificar de ofício, na forma a ser por ela disciplinada, a constituição do crédito da União composto por:

I – valor principal: equivalente ao montante recebido indevidamente que não foi devolvido ou compensado;

II – juros de mora: valor principal multiplicado pela Taxa SELIC para títulos federais, acumulada mensalmente, a partir do primeiro dia do mês subsequente à data do recebimento indevido até o mês que antecede a data da notificação;

III – multa de 20%: parcela resultante de 0,2 (dois décimos) multiplicado pela soma de juros de mora e valor principal.

§ 1.º O direito de a RFB constituir o crédito decorrente da hipótese prevista no *caput* extingue-se após 3 (três) anos, contados do primeiro dia do exercício seguinte ao da ocorrência do recebimento indevido, observado o disposto no § 6.º do art. 393.

§ 2.º Sobre o crédito constituído incidem juros de mora à mesma taxa prevista no inciso II do *caput*, acumulada mensalmente a partir do mês em que foi constituído e de 1% (um por cento) no mês do seu pagamento.

§ 3.º A notificação lavrada seguida da devida ciência do devedor, contendo todos os elementos exigidos pela lei, será instrumento apto para inscrição em dívida ativa da União.

§ 4.º Aplica-se ao disposto no *caput* o rito processual previsto na Lei n. 9.784, de 29 de janeiro de 1999, observadas as regras específicas estabelecidas neste artigo.

§ 5.º A parte interessada poderá interpor recurso no prazo de 30 (trinta) dias a contar da ciência da notificação que constituiu o crédito na hipótese prevista no *caput*.

§ 6.º O recurso interposto não suspende a obrigação de pagamento do crédito constituído, exceto se a parte tiver também interposto o recurso de que trata o § 7.º do art. 394 e este estiver pendente de julgamento, devendo, neste caso, ser observada a conexão entre ambos os recursos.

§ 7.º Na hipótese de o interessado cumprir tempestivamente a notificação de que trata o § 10 do art. 394, o crédito da União constituído na forma do *caput* deste artigo será cancelado.

§ 8.º Após a ciência da constituição do crédito da União o qual não esteja com a exigibilidade suspensa, haverá a compensação de ofício dos créditos do interessado ainda não pagos até atingido o montante do débito.

§ 9.º Julgado o recurso de que trata o § 5.º deste artigo em caráter definitivo total ou parcialmente a favor do interessado, deverá ser reduzido ou cancelado o montante constituído e pagos os valores eventualmente compensados na forma do § 7.º deste artigo acrescidos de juros calculados na forma do § 2.º do art. 393, em conformidade com a decisão exarada.

§ 10. A parcela do crédito correspondente ao valor principal e juros de mora proporcional que vier a ser arrecadada destina-se ao Fundo de que trata o art. 12 da Emenda Constitucional n. 132, de 23 de dezembro de 2023, na hipótese de a arrecadação ocorrer até 31 de dezembro de 2032, e ao Fundo de que trata o art. 159-A da Constituição Federal, se em data posterior.

§ 11. A multa de 20% (vinte por cento) prevista no inciso III do *caput*, acrescida dos juros de mora proporcional, será destinada ao Fundo Especial de Desenvolvimento e Aperfeiçoamento das Atividades de Fiscalização – FUNDAF, instituído pelo art. 6.º do Decreto-lei n. 1.437, de 17 de dezembro de 1975.

Seção VIII
Da Representação Para Fins Penais

Art. 396. Em até 10 (dez) dias da lavratura do auto de infração previsto no art. 395 desta Lei Complementar, deverá ser procedida a correspondente representação criminal para o Ministério Público Federal, conforme normatização a ser expedida pela RFB.

Seção IX
Da Comunicação e da Representação Fiscal pelas Unidades Federadas

Art. 397. Caso a unidade federada constate o não cumprimento das condições exigidas pela norma concessiva do benefício oneroso, deverá comunicar em até 10 (dez) dias à RFB, a fim de que esta efetue a suspensão ou o cancelamento da habilitação.

Art. 398. Nos procedimentos fiscais em que a administração tributária estadual ou distrital constate irregularidade na fruição de benefício oneroso concedido pela unidade federada correspondente, quando a situação se enquadrar na hipótese de compensação de que trata o art. 384 desta Lei Complementar, deverá a autoridade competente, em até 10 (dez) dias do ato de constatação da irregularidade, representar os fatos acompanhados dos elementos de prova ao chefe do seu órgão, para que este providencie o encaminhamento à RFB.

Parágrafo único. É facultado à RFB e à administração tributária de unidade federada, mediante convênio, disciplinar sobre o formato da representação, seu direcionamento e, se for conveniente, pela periodicidade de encaminhamento.

Seção X
Disposições Finais

Art. 399. Mediante ato requisitório por escrito, para fins de verificação do requisito previsto no inciso IV do art. 389 desta Lei Complementar, os órgãos públicos da União, Estados, Distrito Federal e Municípios e quaisquer outras entidades ou pessoas são obrigados a prestar à RFB todas as informações que disponham relacionadas ao cumprimento de condições estabelecidas em ato concessivo do benefício oneroso.

Art. 400. A RFB publicará, em transparência ativa, a relação mensal dos beneficiários da compensação de que trata o art. 384 desta Lei Complementar, identificando o beneficiário, a unidade federada concedente do benefício oneroso, o ato concessivo, o tipo de benefício fiscal, o montante pago em compensação e o valor do crédito eventualmente retido para verificação ou compensação.

Art. 401. Os valores pagos ao titular do benefício oneroso em função da compensação de que trata o art. 384 desta Lei Complementar terão o mesmo tratamento tributário do benefício fiscal concedido pelo Estado ou o Distrito Federal, para fins de incidência de IRPJ, CSLL, PIS e COFINS.

Art. 402. As Secretarias de Fazenda das unidades federadas e a RFB designarão servidores para compor grupo de trabalho com as finalidades de:
I – identificar os tipos de incentivos e benefícios fiscais ou financeiro-fiscais concedidos por prazo certo e sob condições;
II – identificar as respectivas formas de apuração das repercussões econômicas decorrentes;
III – propor ajustes nas obrigações acessórias a serem prestadas pelos titulares dos benefícios onerosos, para que nelas constem a demonstração da repercussão econômica sobre cada benefício fiscal ou financeiro-fiscal que lhes foi concedido.

Art. 403. A RFB especificará sistema eletrônico próprio para o processamento e tratamento das informações, atos e procedimentos descritos nesta Lei Complementar, devendo ser reservados recursos específicos em orçamento da União a partir do ano de 2025.

Art. 404. A União deverá complementar os recursos de que trata o § 1.º do art. 12 da Emenda Constitucional n. 132, de 20 de dezembro de 2023, em caso de insuficiência de recursos para a compensação de que trata o § 2.º do mesmo artigo, limitado aos montantes previstos no projeto de lei orçamentária anual.

Parágrafo único. Os recursos de que trata este Capítulo não serão objeto de retenção, desvinculação ou qualquer outra restrição de entrega, nem estarão sujeitos às limitações de empenho previstas no art. 9.º e no inciso II do § 1.º do art. 31 da Lei Complementar n. 101, de 4 de maio de 2000.

Art. 405. O saldo financeiro do Fundo de que trata o art. 12 da Emenda Constitucional n. 132, de 20 de dezembro de 2023, existente em 31 de dezembro de 2032, será provisionado no montante correspondente à soma:
I – da estimativa do valor total dos créditos em fase de processamento e dos créditos habilitados administrativamente e ainda sujeitos aos prazos legais de autorização e pagamento;
II – da estimativa do valor correspondente ao montante total de créditos retidos pela RFB nos termos dos §§ 4.º e 5.º do art. 392 desta Lei Complementar; e
III – do valor proporcional ao risco judicial relativo a eventuais ações que tenham como objeto o pagamento de compensações indeferidas no âmbito administrativo.

§ 1.º O valor de que trata o inciso III do caput será revisado anualmente em ato conjunto do Advogado-Geral da União e do Ministro de Estado da Fazenda.

§ 2.º O saldo do Fundo de que trata o art. 12 da Emenda Constitucional n. 132, de 20 de dezembro de 2023, existente em 31 de dezembro de 2032 e que exceder o provisionamento de que trata o caput será transferido ao Fundo Nacional de Desenvolvimento Regional, instituído pelo art. 159-A da Constituição Federal em 120 (cento e vinte) parcelas mensais de igual valor, sujeitas à atualização prevista no § 3.º deste artigo, a partir de julho de 2033.

§ 3.º O saldo a ser transferido ao Fundo Nacional de Desenvolvimento Regional e as parcelas correspondentes serão atualizados da seguinte forma:
I – a remuneração das disponibilidades e eventual devolução de pagamentos ao Fundo de Compensação de Benefícios Fiscais serão acrescidas ao saldo e as parcelas remanescentes serão aumentadas proporcionalmente;
II – eventual excesso de provisionamento, apurado após as revisões periódicas, será acrescido ao saldo e as parcelas remanescentes serão aumentadas proporcionalmente;
III – eventual insuficiência de provisionamento será descontada do saldo e as parcelas remanescentes serão reduzidas proporcionalmente.

§ 4.º Na ausência de saldo financeiro na data de que trata o caput, o Fundo de Compensação de Benefícios Fiscais será dissolvido, sendo que:
I – eventual necessidade de compensação posterior será feita por intermédio de dotação orçamentária específica;
II – recursos que sejam posteriormente devolvidos ao Fundo de Compensação de Benefícios Fiscais serão transferidos diretamente ao Fundo Nacional de Desenvolvimento Regional, descontados dos montantes aportados nos termos do inciso I deste parágrafo.

Capítulo VII
DA TRANSIÇÃO APLICÁVEL AOS BENS DE CAPITAL

Art. 406. A incidência do IBS e da CBS ficará sujeita às alíquotas estabelecidas neste artigo na venda de máquinas, veículos e equipamentos usados adquiridos até 31 de dezembro de 2032:
I – cuja aquisição tenha sido acobertada por documento fiscal idôneo; e
II – que tenham permanecido incorporados ao ativo imobilizado do vendedor por mais de 12 (doze) meses.

§ 1.º Em relação à CBS, as alíquotas previstas neste artigo somente se aplicam na venda dos bens de que trata o caput cuja aquisição:
I – tenha ocorrido até 31 de dezembro de 2026; e
II – esteve sujeita à incidência da Contribuição para o PIS/Pasep e da Cofins com alíquota nominal positiva.

§ 2.º A partir de 1.º de janeiro de 2027, a alíquota da CBS incidente na venda dos bens de que trata o caput e o § 1.º:
I – fica reduzida a zero para a parcela do valor da base de cálculo da CBS que seja inferior ou igual ao valor líquido de aquisição do bem; e
II – será aquela prevista para a operação, em relação à parcela da base de cálculo da CBS que exceder o valor líquido de aquisição do bem.

§ 3.º Em relação ao IBS, as alíquotas previstas neste artigo somente se aplicam na venda dos bens de que trata o caput cuja aquisição:
I – tenha ocorrido até 31 de dezembro de 2032; e
II – esteve sujeita à incidência do ICMS com alíquota nominal positiva.

§ 4.º A partir de 1.º de janeiro de 2029, a alíquota do IBS incidente na venda dos bens de que trata o caput e o § 3.º:
I – fica reduzida a zero para a parcela do valor da base de cálculo do IBS que seja inferior ou igual ao valor líquido de aquisição do bem multiplicado por:
a) 1 (um inteiro), no caso de bens adquiridos até 31 de dezembro de 2028;
b) 0,9 (nove décimos), no caso de bens adquiridos no ano-calendário de 2029;
c) 0,8 (oito décimos), no caso de bens adquiridos no ano-calendário de 2030;
d) 0,7 (sete décimos), no caso de bens adquiridos no ano-calendário de 2031; e
e) 0,6 (seis décimos), no caso de bens adquiridos no ano-calendário de 2032; e
II – será aquela prevista para a operação, em relação à parcela do valor da base de cálculo do IBS que exceder o valor líquido de aquisição apurado após os ajustes previstos no inciso I deste parágrafo.

§ 5.º Na venda dos bens de que trata o caput, observar-se-á o disposto no § 3.º do art. 380 desta Lei Complementar, em relação à CBS, e no inciso V do § 5.º do art. 20 da Lei Complementar n. 87, de 13 de setembro de 1996, em relação ao ICMS.

§ 6.º Para fins deste artigo, considera-se valor líquido de aquisição:
I – para bens adquiridos até 31 de dezembro de 2026, o montante correspondente à diferença entre:
a) o valor total de aquisição do bem registrado na nota fiscal; e
b) o valor do ICMS, da Contribuição para o PIS/Pasep e da Cofins incidentes na aquisição do bem, conforme registrados na nota fiscal, que tenham permitido a apropriação de créditos dos respectivos tributos; e
II – para bens adquiridos de 1.º de janeiro de 2027 a 31 de dezembro de 2032, a base de cálculo do IBS e da CBS, conforme registrada na nota fiscal, acrescida do valor do ICMS incidente na aquisição que não tenha permitido a apropriação de créditos.

§ 7.º Para fins do disposto no inciso I do § 6.º, caso não haja informação sobre o valor da Contribuição para o PIS/Pasep e da Cofins incidentes na operação de aquisição do bem, utilizar-se-á no cálculo da diferença o valor correspondente à aplicação das alíquotas de 1,65% (um inteiro e sessenta e cinco centésimos por cento) para a Contribuição para o PIS/Pasep e de 7,6% (sete inteiros e seis décimos por cento) para a Cofins sobre o valor de aquisição do bem constante da nota fiscal.

§ 8.º Para os fins deste artigo, também serão considerados bens incorporados ao ativo imobilizado aqueles com a mesma natureza e que, em decorrência das normas contábeis aplicáveis, forem contabilizados por concessionárias de serviços públicos como ativo de contrato, intangível ou financeiro.

Art. 407. A incidência do IBS e da CBS ficará sujeita às alíquotas estabelecidas neste artigo na revenda de máquinas, veículos e equipamentos adquiridos usados.

§ 1.º O disposto neste artigo somente se aplica:

I – a revenda efetuada por contribuinte sujeito ao regime regular do IBS e da CBS; e

II – a máquina, veículo ou equipamento cuja aquisição e cuja revenda sejam acobertados por documento fiscal idôneo.

§ 2.º Na revenda de bens de que trata o *caput* adquiridos até 31 de dezembro de 2026 e que não tenham permitido a apropriação de créditos da Contribuição para o PIS/Pasep e da Cofins, a alíquota da CBS:

I – fica reduzida a zero para a parcela do valor da base de cálculo da CBS que seja inferior ou igual ao valor líquido de aquisição do bem; e

II – será aquela prevista para a operação, em relação à parcela da base de cálculo da CBS que exceder o valor líquido de aquisição do bem.

§ 3.º O disposto no § 2.º não se aplica à revenda de bens de que trata o *caput* adquiridos de pessoa física.

§ 4.º Na revenda de bens adquiridos pelo revendedor a partir de 1.º de janeiro de 2027 e cuja aquisição tenha sido beneficiada pela redução a zero de alíquotas prevista estabelecida pelo art. 406 desta Lei Complementar:

I – a alíquota da CBS incidente na revenda do bem:

a) fica reduzida a zero para a parcela do valor da base de cálculo da CBS que tenha sido beneficiada pela redução a zero da alíquota da CBS nos termos do inciso I do § 2.º do art. 406 desta Lei Complementar quando da aquisição do bem; e

b) será aquela prevista para a operação, em relação à parcela da base de cálculo da CBS que exceder o valor de que trata a alínea *a* deste inciso; e

II – a alíquota do IBS incidente na revenda do bem:

a) fica reduzida a zero para a parcela do valor da base de cálculo do IBS que tenha sido beneficiada pela redução a zero da alíquota do IBS nos termos do inciso I do § 4.º do art. 406 desta Lei Complementar quando da aquisição do bem; e

b) será aquela prevista para a operação, em relação à parcela da base de cálculo do IBS que exceder o valor de que trata a alínea *a* deste inciso.

Capítulo VIII
DISPOSIÇÕES FINAIS

Art. 408. Sem prejuízo das demais regras estabelecidas nesta Lei Complementar, durante o período de transição para o IBS e a CBS, observar-se-á o disposto neste artigo.

§ 1.º Caso a mesma situação prevista em lei configure, até 31 de dezembro de 2025, fato gerador da Contribuição para o PIS/Pasep e da Cofins ou da Contribuição para o PIS/Pasep – Importação e da Cofins-Importação, e, a partir de 1.º de janeiro de 2026, fato gerador da CBS, deverá ser observado o seguinte:

I – não será exigida a CBS;

II – serão exigidas, conforme o caso:

a) Cofins;

b) Contribuição para o PIS/Pasep;

c) Cofins – Importação;

d) Contribuição para o PIS/Pasep – Importação.

§ 2.º Não se aplicará o disposto no § 1.º deste artigo nas hipóteses em que a apuração e o recolhimento da CBS forem realizados nos termos de regimes opcionais previstos nesta Lei Complementar, caso em que será exigida a CBS e não serão exigidas as contribuições sociais de que trata o inciso II do § 1.º deste artigo.

§ 3.º Para operações ocorridas até 31 de dezembro de 2026, incluindo aquelas que configurem fato gerador pendente na data de publicação desta Lei Complementar, nas hipóteses em que a Contribuição para o PIS/Pasep e a Cofins forem exigidas à medida que recebida efetivamente a receita pelo regime de caixa:

I – considerar-se-á ocorrido o fato gerador da Contribuição para o PIS/Pasep e da Cofins na data do auferimento da receita pelo regime de competência;

II – serão exigidas a Contribuição para o PIS/Pasep e a Cofins no momento do recebimento da receita, ainda que ocorrido após a extinção das referidas contribuições; e

III – não será exigida a CBS sobre o recebimento da receita decorrente da operação, salvo no caso do § 2.º deste artigo, hipótese na qual não serão exigidas a Contribuição para o PIS/Pasep e a Cofins.

§ 4.º Durante o período de 2029 a 2032:

I – caso a mesma operação configure, em anos-calendários distintos, fatos geradores do Imposto sobre operações relativas à Circulação de Mercadorias e sobre prestações de Serviços de Transporte Interestadual e Intermunicipal e de Comunicação (ICMS) ou do Imposto sobre Serviços de Qualquer Natureza (ISS) e do IBS, prevalecerá a legislação vigente no ano-calendário da primeira ocorrência em relação aos referidos impostos; e

II – caso não tenha se aperfeiçoado, até 31 de dezembro de 2032, o elemento temporal da hipótese de incidência do ICMS ou do ISS:

a) os referidos impostos não incidirão na operação; e

b) será devido exclusivamente o IBS na operação.

§ 5.º Na hipótese do inciso II do § 4.º, o valor remanescente do IBS devido será apurado com base na legislação vigente em 1.º de janeiro de 2033.

Livro II
DO IMPOSTO SELETIVO

TÍTULO I
DISPOSIÇÕES PRELIMINARES

Art. 409. Fica instituído o Imposto Seletivo, de que trata o inciso VIII do art. 153 da Constituição Federal, incidente sobre a produção, extração, comercialização ou importação de bens e serviços prejudiciais à saúde ou ao meio ambiente.

§ 1.º Para fins de incidência do Imposto Seletivo, consideram-se prejudiciais à saúde ou ao meio ambiente os bens classificados nos códigos da NCM/SH e o carvão mineral, e os serviços listados no Anexo XVII, referentes a:

I – veículos;

II – embarcações e aeronaves;

III – produtos fumígenos;

IV – bebidas alcoólicas;

V – bebidas açucaradas;

VI – bens minerais;

VII – concursos de prognósticos e *fantasy sport*.

§ 2.º Os bens a que se referem os incisos III e IV do § 1.º estão sujeitos ao Imposto Seletivo quando acondicionados em embalagem primária, assim entendida aquela em contato direto com o produto e destinada ao consumidor final.

Art. 410. O Imposto Seletivo incidirá uma única vez sobre o bem ou serviço, sendo vedado qualquer tipo de aproveitamento de crédito do imposto com operações anteriores ou geração de créditos para operações posteriores.

Art. 411. Compete à RFB a administração e a fiscalização do Imposto Seletivo.

Parágrafo único. O contencioso administrativo no âmbito do Imposto Seletivo atenderá ao disposto no Decreto n. 70.235, de 6 de março de 1972.

TÍTULO II
DAS NORMAS GERAIS DO IMPOSTO SELETIVO

Capítulo I
DO MOMENTO DE OCORRÊNCIA DO FATO GERADOR

Art. 412. Considera-se ocorrido o fato gerador do Imposto Seletivo no momento:

I – do primeiro fornecimento a qualquer título do bem, inclusive decorrente dos negócios jurídicos mencionados nos incisos I a VIII do § 2.º do art. 4.º desta Lei Complementar;
II – da arrematação em leilão público;
III – da transferência não onerosa de bem produzido;
IV – da incorporação do bem ao ativo imobilizado pelo fabricante;
V – da extração de bem mineral;
VI – do consumo do bem pelo fabricante;
VII – do fornecimento ou do pagamento do serviço, o que ocorrer primeiro; ou
VIII – da importação de bens e serviços.

Capítulo II
DA NÃO INCIDÊNCIA

Art. 413. O Imposto Seletivo não incide sobre:

I – (*Vetado*.)
II – as operações com energia elétrica e com telecomunicações; e
III – os bens e serviços cujas alíquotas sejam reduzidas nos termos do § 1.º do art. 9.º da Emenda Constitucional n. 132, de 20 de dezembro de 2023.

Capítulo III
DA BASE DE CÁLCULO

Art. 414. A base de cálculo do Imposto Seletivo é:

I – o valor de venda na comercialização;
II – o valor de arremate na arrematação;
III – o valor de referência na:
a) transação não onerosa ou no consumo do bem;
b) extração de bem mineral; ou
c) comercialização de produtos fumígenos;
IV – o valor contábil de incorporação do bem produzido ao ativo imobilizado;
V – a receita própria da entidade que promove a atividade, na hipótese de que trata o inciso VII do § 1.º do art. 409 desta Lei Complementar, calculada nos termos do art. 245.

§ 1.º Nas hipóteses em que se prevê a aplicação de alíquotas específicas, nos termos desta Lei Complementar, a base de cálculo é aquela expressa em unidade de medida.

§ 2.º Ato do chefe do Poder Executivo da União definirá a metodologia para o cálculo do valor de referência mencionado no inciso III do *caput* deste artigo com base, entre outros, em cotações, índices ou preços vigentes na data do fato gerador, em bolsas de mercadorias e futuros, em agências de pesquisa ou em agências governamentais.

§ 3.º Na comercialização de produtos fumígenos, o valor de referência levará em consideração o preço de venda no varejo.

Art. 415. Na comercialização de bem sujeito à alíquota *ad valorem*, a base de cálculo é o valor integral cobrado na operação a qualquer título, incluindo o valor correspondente a:

I – acréscimos decorrentes de ajuste do valor da operação;
II – juros, multas, acréscimos e encargos;
III – descontos concedidos sob condição;
IV – valor do transporte cobrado como parte do valor da operação, seja o transporte efetuado pelo próprio fornecedor ou por sua conta e ordem;
V – tributos e preços públicos, inclusive tarifas, incidentes sobre a operação ou suportados pelo fornecedor, exceto aqueles previstos no § 2.º do art. 12 desta Lei Complementar; e
VI – demais importâncias cobradas ou recebidas como parte do valor da operação, inclusive seguros e taxas.

Parágrafo único. Caso o valor da operação esteja expresso em moeda estrangeira, será feita sua conversão em moeda nacional por taxa de câmbio apurada pelo Banco Central do Brasil, nos termos do regulamento.

Art. 416. Na comercialização entre partes relacionadas, na hipótese de incidência sujeita à alíquota *ad valorem* e na ausência do valor de referência de que trata o § 2.º do art. 414, a base de cálculo não deverá ser inferior ao valor de mercado dos bens, entendido como o valor praticado em operações comparáveis entre partes não relacionadas.

Parágrafo único. Para fins do disposto no *caput*, consideram-se partes relacionadas aquelas definidas nos §§ 2.º a 5.º do art. 5.º desta Lei Complementar.

Art. 417. Não integram a base de cálculo do Imposto Seletivo:

I – o montante da CBS, do IBS e do próprio Imposto Seletivo incidentes na operação; e
II – os descontos incondicionais.

§ 1.º Para efeitos do disposto no inciso II do *caput*, considera-se desconto incondicional a parcela redutora do preço da operação que conste do respectivo documento fiscal e não dependa de evento posterior.

§ 2.º Não integra a base de cálculo do Imposto Seletivo a bonificação que atenda as mesmas condições especificadas no § 1.º para a caracterização dos descontos incondicionais.

§ 3.º O disposto no § 2.º não se aplica à tributação por meio de alíquota específica, em que a base de cálculo, expressa em unidade de medida, deve considerar os bens fornecidos em bonificação.

§ 4.º Até 31 de dezembro de 2032, não integra a base de cálculo do Imposto Seletivo o montante do:

I – Imposto sobre operações relativas à Circulação de Mercadorias e sobre prestações de Serviços de Transporte Interestadual e Intermunicipal e de Comunicação (ICMS), previsto no inciso II do art. 155 da Constituição Federal;
II – Imposto sobre Serviços de Qualquer Natureza (ISS), previsto no inciso III do art. 156 da Constituição Federal.

Art. 418. As devoluções de bens vendidos geram direito ao abatimento do valor do Imposto Seletivo cobrado na respectiva operação no período de apuração em que ocorreu a devolução ou nos subsequentes.

Capítulo IV
DAS ALÍQUOTAS

Seção I
Dos Veículos

Art. 419. As alíquotas do Imposto Seletivo aplicáveis aos veículos classificados nos códigos da NCM/SH relacionados no Anexo XVII serão estabelecidas em lei ordinária.

Parágrafo único. As alíquotas referidas no *caput* deste artigo serão graduadas em relação a cada veículo conforme enquadramento nos seguintes critérios, nos termos de lei ordinária:

I – potência do veículo;
II – eficiência energética;
III – desempenho estrutural e tecnologias assistivas à direção;
IV – reciclabilidade de materiais;
V – pegada de carbono;
VI – densidade tecnológica;
VII – emissão de dióxido de carbono (eficiência energético-ambiental), considerado o ciclo de poço à roda;
VIII – reciclabilidade veicular;
IX – realização de etapas fabris no País; e
X – categoria do veículo.

Art. 420. A alíquota do Imposto Seletivo fica reduzida a zero para veículos que sejam destinados a adquirentes cujo direito ao benefício do regime diferenciado de que trata o art. 149 desta Lei Complementar haja sido reconhecido pela RFB, nos termos do art. 153.

§ 1.º No caso de o adquirente ser pessoa referida no inciso II do *caput* do art. 149 desta Lei Complementar, a redução de alíquota de que trata o *caput* alcança veículo cujo preço de venda ao consumidor, incluídos os tributos incidentes caso não houvesse as reduções, não seja superior a R$ 200.000,00 (duzentos mil reais).

§ 2.º Observado o disposto no § 1.º, aplicam-se ao Imposto Seletivo, no que couber, as disposições aplicáveis ao regime diferenciado de que trata a Seção VII do Capítulo IV do Título IV do Livro I, inclusive em relação à alienação do veículo e ao intervalo para a fruição do benefício.

Seção II
Das Aeronaves e Embarcações

Art. 421. As alíquotas do Imposto Seletivo aplicáveis às aeronaves e embarcações classificadas nos códigos da NCM/SH relacionados no Anexo XVII serão estabelecidas em lei ordinária e poderão ser graduadas conforme critérios de sustentabilidade ambiental nos termos da lei ordinária.

Parágrafo único. A lei ordinária poderá prever alíquota zero para embarcações e aeronaves de zero emissão de dióxido de carbono ou com alta eficiência energético-ambiental.

Seção III
Dos Demais Produtos Sujeitos ao Imposto Seletivo

Art. 422. Observado o disposto nos arts. 419 e 420, as alíquotas do Imposto Seletivo aplicáveis nas operações com os bens e os serviços referidos no Anexo XVII são aquelas previstas em lei ordinária.

§ 1.º Serão aplicadas alíquotas *ad valorem* cumuladas com alíquotas específicas para:
I – produtos fumígenos classificados na posição 24.02 da NCM/SH; e
II – bebidas alcoólicas, em que as alíquotas específicas devem considerar o produto do teor alcoólico pelo volume dos produtos.

§ 2.º As alíquotas do Imposto Seletivo estabelecidas nas operações com bens minerais extraídos respeitarão o percentual máximo de 0,25% (vinte e cinco centésimos por cento).

§ 3.º Lei ordinária poderá estabelecer alíquotas específicas para os demais produtos fumígenos não referidos no inciso I do § 1.º, as quais serão aplicadas cumulativamente com as alíquotas *ad valorem*.

§ 4.º As alíquotas *ad valorem* estabelecidas nas operações com bebidas alcoólicas poderão ser diferenciadas por categoria de produto e progressivas em virtude do teor alcoólico.

§ 5.º As alíquotas do Imposto Seletivo incidentes sobre bebidas alcoólicas e produtos fumígenos serão fixadas de forma escalonada, de modo a incorporar, a partir de 2029 até 2033, progressivamente, o diferencial entre as alíquotas de ICMS incidentes sobre as bebidas alcoólicas e os produtos fumígenos e as alíquotas modais desse imposto.

§ 6.º O ajuste de que trata o § 5.º:
I – no caso das bebidas alcoólicas poderá ser realizado por estimativa para o conjunto das bebidas ou ser diferenciado por categoria de bebidas; e
II – não condicionará a fixação das alíquotas do Imposto Seletivo à manutenção da carga tributária dos setores ou de categorias específicas.

§ 7.º As alíquotas aplicáveis a bebidas alcoólicas poderão ser estabelecidas de modo a diferenciar as operações realizadas pelos pequenos produtores, definidos em lei ordinária.

§ 8.º Para assegurar o disposto no § 7.º, as alíquotas poderão ser:
I – progressivas em função do volume de produção; e
II – diferenciadas por categoria de produto.

Art. 423. Caso o gás natural seja destinado à utilização como insumo em processo industrial e como combustível para fins de transporte, a alíquota estabelecida na forma do § 2.º do art. 422 desta Lei Complementar deverá ser fixada em zero.

§ 1.º Para fins de aplicação do disposto no *caput*, o adquirente ou o importador deverá, na forma do regulamento, declarar que o gás natural será destinado à utilização como insumo em processo industrial.

§ 2.º Na hipótese de ser dado ao gás natural adquirido ou importado com redução de alíquota destino diverso daquele previsto no *caput*, o adquirente ou o importador deverá recolher o Imposto Seletivo calculado com a aplicação da alíquota estabelecida na forma do § 2.º do art. 422 desta Lei Complementar, acrescida de multa e juros de mora nos termos do § 2.º do art. 29 desta Lei Complementar, na condição de:
I – responsável, para o adquirente; ou
II – contribuinte, para o importador.

Capítulo V
DA SUJEIÇÃO PASSIVA

Art. 424. O contribuinte do Imposto Seletivo é:
I – o fabricante, na primeira comercialização, na incorporação do bem ao ativo imobilizado, na tradição do bem em transação não onerosa ou no consumo do bem;
II – o importador na entrada do bem de procedência estrangeira no território nacional;
III – o arrematante na arrematação;
IV – o produtor-extrativista que realiza a extração; ou
V – o fornecedor do serviço, ainda que residente ou domiciliado no exterior, na hipótese de que trata o inciso VII do § 1.º do art. 409 desta Lei Complementar.

Art. 425. São obrigados ao pagamento do Imposto Seletivo como responsáveis, sem prejuízo das demais hipóteses previstas em lei e da aplicação da pena de perdimento:
I – o transportador, em relação aos produtos tributados que transportar desacompanhados da documentação fiscal comprobatória de sua procedência;
II – o possuidor ou detentor, em relação aos produtos tributados que possuir ou manter para fins de venda ou industrialização, desacompanhados da documentação fiscal comprobatória de sua procedência;
III – o proprietário, o possuidor, o transportador ou qualquer outro detentor de produtos nacionais saídos do fabricante com imunidade para exportação, encontrados no País em situação diversa, exceto quando os produtos estiverem em trânsito:
a) destinados ao uso ou ao consumo de bordo, em embarcações ou aeronaves de tráfego internacional, com pagamento em moeda conversível;
b) destinados a lojas francas, em operação de venda direta, nos termos e condições estabelecidos pelo art. 15 do Decreto-lei n. 1.455, de 7 de abril de 1976;
c) adquiridos pela empresa comercial exportadora de que trata o art. 82 desta Lei Complementar, com o fim específico de exportação, e remetidos diretamente do estabelecimento industrial para embarque de exportação ou para recintos alfandegados, por conta e ordem da adquirente; ou
d) remetidos a recintos alfandegados ou a outros locais onde se processe o despacho aduaneiro de exportação.

Parágrafo único. Caso o fabricante tenha de qualquer forma concorrido para a hipótese prevista no inciso III do *caput*, ficará solidariamente responsável pelo pagamento do imposto.

Capítulo VI
DA EMPRESA COMERCIAL EXPORTADORA

Art. 426. O Imposto Seletivo não incide no fornecimento de bens com o fim específico de exportação a empresa comercial exportadora que atenda ao disposto no *caput* e nos §§ 1.º e 2.º do art. 82 desta Lei Complementar.

Art. 427. A empresa comercial exportadora fica responsável pelo recolhimento do Imposto Seletivo que não foi pago no fornecimento de bens para a empresa comercial exportadora, nas hipóteses de que trata § 5.º do art. 82 desta Lei Complementar.

§ 1.º Para efeitos do disposto no *caput*, considera-se devido o Imposto Seletivo na data de ocorrência do fato gerador, conforme definido no art. 412 desta Lei Complementar.

§ 2.º Os valores que não forem pagos ficarão sujeitos à incidência de multa e juros de mora nos termos do § 2.º do art. 29 desta Lei Complementar.

§ 3.º Aplica-se ao Imposto Seletivo o disposto no § 10 do art. 82 desta Lei Complementar.

Capítulo VII
DA PENA DE PERDIMENTO

Art. 428. Sem prejuízo das demais hipóteses legais, aplica-se a pena de perdimento nas hipóteses de transporte, depósito ou exposição à venda dos produtos fumígenos relacionados no Anexo XVII desacompanhados da documentação fiscal comprobatória de sua procedência.

§ 1.º A aplicação da pena de perdimento de que trata o *caput* deste artigo, não prejudica a cobrança do Imposto Seletivo devido.

§ 2.º Na hipótese do *caput* deste artigo, caso os bens estejam em transporte, aplica-se também a pena de perdimento ao veículo utilizado, se as circunstâncias evidenciarem que o proprietário do veículo, seu possuidor ou seus prepostos, mediante ação ou omissão, contribuiu para a prática do ilícito, facilitou sua ocorrência ou dela se beneficiou.

§ 3.º Para fins do disposto no § 2.º:
I – considera-se omissão do proprietário do veículo, seu possuidor ou seus prepostos a não exigência de documentação idônea nas situações em que as características, volume ou quantidade de bens transportados por conta e ordem do contratante ou passageiro permita inferir a prática ilícita;
II – presume-se a concorrência do proprietário do veículo, seu possuidor ou seus prepostos na prática do ilícito nas situações em que constatada adaptação da estrutura veicular tendente a ocultar as mercadorias transportadas;
III – é irrelevante a titularidade do veículo e o valor dos bens transportados; e
IV – compete às locadoras de veículos acautelarem-se dos antecedentes dos locatários ou condutores habilitados, sob pena de presunção da sua colaboração para a prática do ilícito.
Art. 429. Ressalvado o caso de exportação, o tabaco em folhas tratadas, total ou parcialmente destaladas, aparadas ou não, mesmo cortadas em forma regular ou picadas, somente será vendido ou remetido a empresa industrializadora de charutos, cigarros, cigarrilhas ou de fumo desfiado, picado, migado ou em pó, em rolo ou em corda.
§ 1.º Fica admitida a comercialização dos produtos de que trata o *caput* deste artigo entre estabelecimentos que exerçam a atividade de beneficiamento e acondicionamento por enfardamento.
§ 2.º O Poder Executivo da União exigirá, para as operações de que trata este artigo, os meios de controle necessários.
§ 3.º Os bens encontrados em transporte, depósito ou exposição a venda em desacordo à determinação do *caput* estão sujeitos à pena prevista no art. 428 desta Lei Complementar.
§ 4.º (*Vetado*.)

Capítulo VIII
DA APURAÇÃO

Art. 430. O período de apuração do Imposto Seletivo será mensal e o regulamento estabelecerá:
I – o prazo para conclusão da apuração; e
II – a data de vencimento.
Art. 431. A apuração relativa ao Imposto Seletivo deverá consolidar as operações realizadas por todos os estabelecimentos do contribuinte.

Capítulo IX
DO PAGAMENTO

Art. 432. O Imposto Seletivo será pago mediante recolhimento do montante devido pelo sujeito passivo.
Art. 433. O pagamento do Imposto Seletivo será centralizado em um único estabelecimento e, na forma do seu regulamento, poderá ocorrer na liquidação financeira da operação (*split payment*), observado o disposto nos arts. 31 a 35 desta Lei Complementar.

TÍTULO III
DO IMPOSTO SELETIVO SOBRE IMPORTAÇÕES

Art. 434. Aplica-se ao Imposto Seletivo, na importação de bens materiais, o disposto:
I – no art. 65 desta Lei Complementar, em relação ao fato gerador;
II – no art. 66 e no inciso III do art. 413 desta Lei Complementar, em relação à não incidência;
III – no art. 67 desta Lei Complementar, em relação ao momento da ocorrência do fato gerador; e
IV – nos arts. 72, 73 e 74 desta Lei Complementar, em relação à sujeição passiva.
§ 1.º As alíquotas do Imposto Seletivo incidentes na importação serão fixadas em lei ordinária.
§ 2.º Caso a alíquota do Imposto Seletivo seja *ad valorem*, a sua base de cálculo, na importação, será o valor aduaneiro acrescido do montante do Imposto sobre a Importação.
§ 3.º O Imposto Seletivo, na importação, deverá ser pago no registro da declaração de importação.
§ 4.º Fica suspenso o pagamento do Imposto Seletivo incidente na importação de bens materiais quando admitidos nos regimes a que se referem os Capítulos I e II do Título II do Livro I, observada a disciplina estabelecida na legislação aduaneira.
§ 5.º No caso de lojas francas, a suspensão de que trata o § 4.º deste artigo alcança os bens importados e os bens adquiridos no mercado interno.
§ 6.º No caso de bens admitidos temporariamente no País para utilização econômica, a suspensão do pagamento do Imposto Seletivo será parcial, devendo ser pago proporcionalmente ao tempo de permanência dos bens no País, nos termos do art. 89 desta Lei Complementar.
Art. 435. São isentas do pagamento do Imposto Seletivo na importação de bens materiais:
I – as bagagens de viajantes e de tripulantes, acompanhadas ou desacompanhadas, quando submetidas ao regime de tributação especial; e
II – as remessas internacionais, quando submetidas ao regime de tributação simplificada.

TÍTULO IV
DISPOSIÇÕES FINAIS

Art. 436. As alíquotas específicas referidas neste Livro serão atualizadas pelo IPCA uma vez ao ano, nos termos da lei ordinária.
Art. 437. A RFB poderá estabelecer sistema de comunicação eletrônica a ser atribuído como DTE, que será utilizado para fins de notificação, intimação ou avisos previstos na legislação do Imposto Seletivo.
Art. 438. O regulamento do Imposto Seletivo de que trata este Livro será editado pelo chefe do Poder Executivo da União.

Livro III
DAS DEMAIS DISPOSIÇÕES

TÍTULO I
DA ZONA FRANCA DE MANAUS, DAS ÁREAS DE LIVRE COMÉRCIO E DA DEVOLUÇÃO DO IBS E DA CBS AO TURISTA ESTRANGEIRO

Capítulo I
DA ZONA FRANCA DE MANAUS

Art. 439. Os benefícios relativos à Zona Franca de Manaus estabelecidos neste Capítulo aplicam-se até a data estabelecida pelo art. 92-A do ADCT.
Art. 440. Para fins deste Capítulo, considera-se:
I – Zona Franca de Manaus a área definida e demarcada pela legislação específica;
II – indústria incentivada a pessoa jurídica contribuinte do IBS e da CBS e habilitada na forma do art. 442 desta Lei Complementar para fruição de benefícios fiscais na industrialização de bens na Zona Franca de Manaus, exceto aqueles de que trata o art. 441 desta Lei Complementar;
III – bem intermediário:
a) o produto industrializado destinado à incorporação ou ao consumo em processo de industrialização de outros bens, desde que o destinatário imediato seja estabelecimento industrial;
b) o produto destinado à embalagem pelos estabelecimentos industriais;
IV – bem final, aquele sobre o qual não se agrega mais valor no processo produtivo e que é destinado ao consumo.
Parágrafo único. Para fins deste Capítulo, em todas as operações entre partes relacionadas observar-se-á o disposto no § 4.º do art. 12 desta Lei Complementar.
Art. 441. Não estão contemplados pelo regime favorecido da Zona Franca de Manaus:
a) armas e munições;
b) fumo e seus derivados;
c) bebidas alcoólicas;
d) automóveis de passageiros;
e) petróleo, lubrificantes e combustíveis líquidos e gasosos derivados de petróleo, exceto para a indústria de refino de petróleo localizada na Zona Franca de Manaus, em relação exclusivamente às saídas internas para aquela área incentivada, desde que cumprido o processo produtivo básico, permanecendo a vedação para todas as demais etapas; e
f) produtos de perfumaria ou de toucador, preparados e preparações cosméticas, salvo quanto a estes (posições 3303 a 3307 da Nomenclatura Comum do Mercosul), se destinados exclusivamente a consumo interno na Zona Franca de Manaus ou se produzidos com utilização de matérias-primas da fauna e da flora regionais, em conformidade com processo produtivo básico.

Art. 442. Nos termos definidos em regulamento, é condição para habilitação aos incentivos fiscais da Zona Franca de Manaus:

I – a inscrição específica em cadastro da Superintendência da Zona Franca de Manaus – Suframa, para a pessoa jurídica que desenvolva atividade comercial ou fornecimento de serviços; e

II – a inscrição específica e aprovação de projeto técnico-econômico pelo Conselho de Administração da Suframa, com base nos respectivos processos produtivos básicos, para pessoa jurídica que desenvolva atividade industrial.

Parágrafo único. No processo de aprovação dos projetos e dos processos produtivos básicos de que trata este artigo, deverão ser ouvidos o Estado do Amazonas e o Município de Manaus.

Art. 443. Fica suspensa a incidência do IBS e da CBS na importação de bem material realizada por indústria incentivada para utilização na Zona Franca de Manaus.

§ 1.º Não se aplica a suspensão de que trata o *caput* às importações de:

I – bens não contemplados pelo regime favorecido da Zona Franca de Manaus previstos no art. 441 desta Lei Complementar; e

II – bens de uso e consumo pessoal de que trata o art. 57 desta Lei Complementar, salvo se demonstrado que são necessários ao desenvolvimento da atividade do contribuinte vinculada ao projeto técnico-econômico aprovado.

§ 2.º A suspensão de que trata o *caput* converte-se em isenção:

I – quando os bens importados forem consumidos ou incorporados em processo produtivo do importador na Zona Franca de Manaus;

II – após a depreciação integral do bem ou a permanência por 48 (quarenta e oito) meses no ativo imobilizado do estabelecimento adquirente, o que ocorrer primeiro.

§ 3.º Caso os bens importados com a suspensão de que trata o *caput* sejam remetidos para fora da Zona Franca de Manaus antes da conversão em isenção de que trata o § 2.º deste artigo, o importador deverá recolher os tributos suspensos com os acréscimos legais cabíveis, na forma dos § 2.º do art. 29 desta Lei Complementar, permitida a apropriação e a utilização de créditos na forma dos arts. 47 a 56 desta Lei Complementar em relação aos valores efetivamente pagos, exceto em relação aos acréscimos legais.

Art. 444. Fica concedido ao contribuinte habilitado na forma do art. 442 e sujeito ao regime regular ou ao Simples Nacional crédito presumido de IBS relativo à importação de bem material para revenda presencial na Zona Franca de Manaus.

§ 1.º O crédito presumido de que trata o *caput* será calculado mediante aplicação de percentual correspondente 50% (cinquenta por cento) da alíquota do IBS aplicável na importação.

§ 2.º O crédito presumido de que trata este artigo deverá ser deduzido do valor do IBS devido na importação.

§ 3.º Ao importador dos bens de que trata o *caput* sujeito ao regime regular do IBS, é garantida a apropriação e a utilização dos créditos integrais de IBS pelo valor do tributo incidente na importação, observadas as regras previstas nos arts. 47 a 56 desta Lei Complementar.

§ 4.º O importador deverá recolher IBS correspondente ao valor do crédito presumido deduzido do valor devido na importação com os acréscimos legais cabíveis, na forma dos § 2.º do art. 29, desde a data da importação, caso:

I – a revenda não cumpra a exigência disposta no *caput*;

II – não se comprove o ingresso do bem no estabelecimento de destino na Zona Franca de Manaus nos prazos estabelecidos em regulamento; e

II – o bem seja revendido para fora da Zona Franca de Manaus ou transferido para fora da Zona Franca de Manaus.

• Numeração conforme publicação oficial.

§ 5.º (*Vetado*.)

Art. 445. Ficam reduzidas a zero as alíquotas do IBS e da CBS incidentes sobre operação originada fora da Zona Franca de Manaus que destine bem material industrializado de origem nacional a contribuinte estabelecido na Zona Franca de Manaus que seja:

I – habilitado nos termos do art. 442 desta Lei Complementar; e

II – sujeito ao regime regular do IBS e da CBS ou optante pelo regime do Simples Nacional de que trata o art. 12 da Lei Complementar n. 123, de 14 de dezembro de 2006.

§ 1.º O disposto no *caput* não se aplica a operações com bens de que trata o § 1.º do art. 443.

§ 2.º O contribuinte sujeito ao regime regular do IBS e da CBS que realiza as operações de que trata o *caput* poderá apropriar e utilizar os créditos relativos às operações antecedentes, observado o disposto nos arts. 47 a 56 desta Lei Complementar.

§ 3.º Deverão ser instituídos controles específicos para verificação da entrada na Zona Franca de Manaus dos bens materiais de que trata o *caput*, nos termos do regulamento.

§ 4.º Caso não haja comprovação de que os bens destinados à Zona Franca de Manaus ingressaram no destino, nos prazos estabelecidos em regulamento, o contribuinte deverá recolher o valor de IBS e de CBS que seria devido caso não houvesse a redução a zero de alíquotas, com os acréscimos legais cabíveis, na forma do § 2.º do art. 29 desta Lei Complementar.

§ 5.º O disposto no *caput* se aplica também à operação com bem material intermediário submetido a industrialização por encomenda.

Art. 446. O IBS incidirá sobre a entrada, no estado do Amazonas, de bens materiais que tenham sido contemplados com a redução a zero de alíquotas nos termos do art. 445 desta Lei Complementar, exceto se destinados a indústria incentivada para utilização na Zona Franca de Manaus.

§ 1.º Na hipótese de que trata o *caput*:

I – o contribuinte do IBS será o destinatário da operação de que trata o *caput* do art. 445 desta Lei Complementar;

II – a base de cálculo do imposto será o valor da operação de que trata o *caput* do art. 445 desta Lei Complementar;

III – o IBS será cobrado mediante aplicação de alíquota correspondente a 70% (setenta por cento) da alíquota que incidiria na respectiva operação caso não houvesse a redução a zero estabelecida pelo art. 445 desta Lei Complementar.

§ 2.º O valor do IBS pago na forma do inciso III do § 1.º permitirá ao contribuinte a apropriação e a utilização do crédito do imposto, na forma dos arts. 47 a 56 desta Lei Complementar.

Art. 447. Fica concedido ao contribuinte sujeito ao regime regular do IBS e habilitado nos termos do art. 442 desta Lei Complementar crédito presumido de IBS relativo à aquisição de bem material industrializado de origem nacional contemplado pela redução a zero da alíquota do IBS nos termos do art. 445 desta Lei Complementar.

§ 1.º O crédito presumido de que trata o *caput* será calculado mediante aplicação dos seguintes percentuais sobre o valor da operação contemplada pela redução a zero da alíquota do IBS nos termos do art. 445 desta Lei Complementar:

I – 7,5% (sete inteiros e cinco décimos por cento), no caso de bens provenientes das regiões Sul e Sudeste, exceto do Estado do Espírito Santo; e

II – 13,5% (treze inteiros e cinco décimos por cento), no caso de bens provenientes das regiões Norte, Nordeste e Centro-Oeste e do Estado do Espírito Santo.

§ 2.º O crédito presumido deverá ser estornado caso:

I – não se comprove o ingresso do bem no estabelecimento de destino na Zona Franca de Manaus nos prazos estabelecidos em regulamento, exigindo-se os acréscimos legais cabíveis nos termos do § 2.º do art. 29 desta Lei Complementar;

II – o bem seja revendido para fora da ZFM ou transferido para fora da ZFM, não se exigindo acréscimos legais caso o estorno seja efetuado tempestivamente.

§ 3.º Quando do retorno ao encomendante, de bens submetidos a industrialização por encomenda, o crédito presumido de que trata o *caput* se aplica, tão somente, ao valor agregado neste processo de industrialização.

Art. 448. Ficam reduzidas a zero as alíquotas do IBS e da CBS incidentes sobre operação realizada por indústria incentivada que destine bem material intermediário para outra indústria incentivada na Zona Franca de Manaus, desde que a entrega ou disponibilização dos bens ocorra dentro da referida área.

§ 1.º O disposto no *caput* não se aplica a operações com bens de que trata o § 1.º do art. 443 desta Lei Complementar.

§ 2.º Ficam assegurados ao contribuinte sujeito ao regime regular do IBS e da CBS que realiza as operações de que trata o *caput* a apropriação e a utilização dos créditos relativos às operações antecedentes, nos termos dos arts. 47 a 56 desta Lei Complementar.

§ 3.º O disposto no *caput* se aplica também à operação com bem material intermediário submetido a industrialização por encomenda, em relação ao valor adicionado na industrialização.

Art. 449. Fica concedido à indústria incentivada na Zona Franca de Manaus, sujeita ao regime regular do IBS e da CBS, crédito presumido de IBS relativo à aquisição de bem intermediário produzido na referida área, desde que o bem esteja contemplado pela redução a zero de alíquota estabelecida pelo art. 448 desta Lei Complementar e seja utilizado para incorporação ou consumo na produção de bens finais.

§ 1.º O crédito presumido de que trata o *caput* será calculado mediante aplicação do percentual de 7,5% (sete inteiros e cinco décimos por cento) sobre o valor da operação contemplada pela redução a zero da alíquota do IBS estabelecida pelo art. 448 desta Lei Complementar.

§ 2.º No momento do retorno ao encomendante, de bens submetidos a industrialização por encomenda, o crédito presumido de que trata o *caput* se aplica, tão somente, ao valor agregado neste processo de industrialização.

Art. 450. Ficam concedidos à indústria incentivada na Zona Franca de Manaus créditos presumidos de IBS e de CBS relativos à operação que destine ao território nacional, inclusive para a própria Zona Franca de Manaus, bem material produzido pela própria indústria incentivada na referida área nos termos do projeto econômico aprovado, exceto em relação às operações previstas no art. 447 desta Lei Complementar.

§ 1.º O crédito presumido de IBS de que trata o *caput* será calculado mediante a aplicação dos seguintes percentuais sobre o saldo devedor do IBS no período de apuração:

I – 55% (cinquenta e cinco por cento) para bens de consumo final;

II – 75% (setenta e cinco por cento) para bens de capital;

III – 90,25% (noventa inteiros e vinte e cinco centésimos por cento) para bens intermediários; e

IV – 100% (cem por cento) para bens de informática e para os produtos que a legislação do Estado do Amazonas, até 31 de dezembro de 2023, estabeleceu crédito estímulo de ICMS neste percentual.

§ 2.º O crédito presumido de CBS de que trata o *caput* será calculado mediante aplicação dos seguintes percentuais sobre o valor da operação registrado em documento fiscal idôneo:

I – 6% (seis por cento) na venda de produtos, nos termos do art. 454 desta Lei Complementar; ou

II – 2% (dois por cento) nos demais casos.

§ 3.º O disposto no *caput* não se aplica a operações:

I – não sujeitas à incidência ou contempladas por hipóteses de isenção, alíquota zero, suspensão ou diferimento do IBS e da CBS; e

II – com bens não contemplados pelo regime favorecido da Zona Franca de Manaus, previstos no art. 441 desta Lei Complementar.

§ 4.º Aos adquirentes dos bens de que trata o *caput* sujeitos ao regime regular do IBS e da CBS, é garantida a apropriação e a utilização integral dos créditos relativos ao IBS e à CBS pelo valor dos referidos tributos incidentes sobre a operação registrados em documento fiscal idôneo, observadas as regras previstas nos arts. 47 a 56 desta Lei Complementar.

§ 5.º No caso de vendas para a União em que as alíquotas do IBS estejam sujeitas à redução de que trata a alínea *a* do inciso I do § 1.º do art. 473, poderá ser apropriado o crédito presumido de IBS de que trata o § 1.º deste artigo, considerando-se, exclusivamente para fins do cálculo do referido crédito presumido, a apuração de saldo devedor de IBS com base nas alíquotas que seriam aplicáveis à operação caso não houvesse a redução a zero.

Art. 451. Ficam reduzidas a zero as alíquotas da CBS incidentes sobre as operações realizadas por pessoas jurídicas estabelecidas na Zona Franca de Manaus com bem material de origem nacional ou com serviços prestados fisicamente, quando destinadas a pessoa física ou jurídica localizadas dentro da referida área.

Parágrafo único. O contribuinte que realizar as operações de que trata o *caput* poderá apropriar e utilizar os créditos relativos às operações antecedentes, observado o disposto nos arts. 47 a 56 desta Lei Complementar.

Art. 452. Os créditos presumidos de IBS e de CBS estabelecidos pelos arts. 444, 447, 449 e 450 desta Lei Complementar somente poderão ser utilizados para compensação, respectivamente, com o valor do IBS e da CBS devidos pelo contribuinte, vedada a compensação com outros tributos e o ressarcimento em dinheiro.

Parágrafo único. O direito à utilização dos créditos presumidos de que trata o *caput* extingue-se após 5 (cinco) anos, contados do primeiro dia do mês subsequente àquele em que ocorrer sua apropriação.

Art. 453. As operações com bens e serviços ocorridas dentro da Zona Franca de Manaus ou destinadas à referida área, inclusive importações, que não estejam contempladas pelo disposto nos arts. 443, 445, 446 e 448 desta Lei Complementar sujeitam-se à incidência do IBS e da CBS com base nas demais regras previstas nesta Lei Complementar.

Art. 454. A partir de 1.º de janeiro de 2027, as alíquotas do IPI ficam reduzidas a zero para produtos sujeitos a alíquota inferior a 6,5% (seis inteiros e cinco décimos por cento) prevista na Tabela de Incidência do Imposto sobre Produtos Industrializados – Tipi vigente em 31 de dezembro de 2023 e que tenham:

I – sido industrializados na Zona Franca de Manaus no ano de 2024; ou

II – projeto técnico-econômico aprovado pelo Conselho de Administração da Suframa (CAS) entre 1.º de janeiro de 2022 e a data de publicação desta Lei.

§ 1.º Serão beneficiados por crédito presumido de CBS, nos termos do inciso I do § 2.º do art. 450 desta Lei Complementar os produtos:

I – de que trata o *caput* deste artigo; ou

II – (*Vetado.*)

§ 2.º A redução a zero das alíquotas a que se refere o *caput* deste artigo não alcança os produtos enquadrados como bem de tecnologia da informação e comunicação, conforme regulamentação do art. 16-A da Lei n. 8.248, de 23 de outubro de 1991.

§ 3.º O Poder Executivo da União divulgará a lista dos produtos cuja alíquota de IPI tenha sido reduzida a zero nos termos deste artigo e do art. 126, inciso III, alínea *a*, do ADCT.

Art. 455. Em relação a bens sem similar nacional cuja produção venha a ser instalada na Zona Franca de Manaus:

I – o crédito presumido de CBS de que trata o art. 450 desta Lei Complementar será calculado mediante aplicação do percentual estabelecido pelo inciso I do § 2.º do referido artigo; ou

II – a alíquota do IPI será de, no mínimo, 6,5% (seis inteiros e cinco décimos por cento), podendo o chefe do Poder Executivo da União majorá-la ou restabelecê-la, atendidas as seguintes condições:

a) a majoração da alíquota será de, no máximo, trinta pontos percentuais;

b) a alíquota resultante do restabelecimento não poderá ser inferior à prevista no inciso II do *caput* deste artigo;

c) a redução ou restabelecimento não poderá ser efetivada antes de decorridos 60 (sessenta) meses da fixação ou majoração da alíquota do IPI;

d) a redução deverá ser feita de forma gradual, limitada a, no máximo, cinco pontos percentuais por ano.

§ 1.º No caso de bens com similar nacional cuja produção venha a ser instalada na Zona Franca de Manaus, ficam assegurados os incentivos tributários de que trata esta Lei, salvo os previstos nos incisos I e II do *caput* deste artigo.

§ 2.º Aplicam-se as condições previstas no inciso II do *caput* e suas alíneas para os produtos industrializados na Zona Franca de Manaus que possuam alíquota positiva de IPI.

Art. 456. A redução da arrecadação do IBS e da CBS decorrente dos benefícios previstos neste Capítulo, inclusive em decorrência dos créditos presumidos previstos nos arts. 444, 447, 449 e 450 desta Lei Complementar, deverá ser considerada para fixação das alíquotas de referência.

Art. 457. O Estado do Amazonas poderá instituir contribuição de contrapartida semelhante àquelas existentes em 31 de dezembro de 2023, desde que destinadas ao financiamento do ensino superior, ao fomento da micro, pequena e média empresa e da interiorização do desenvolvimento, conforme previsão do *caput* do art. 92-B do ADCT da Constituição Federal, devendo observar que:

I – o percentual da contrapartida prevista no *caput* será de 1,5% (um ponto e meio percentual), calculado sobre o faturamento das indústrias incentivadas;

II – a contrapartida a que se refere o *caput* será cobrada a partir do ano de 2033, quando do fim da transição prevista nos arts. 124 a 133 do Ato das Disposições Constitucionais Transitórias;

III – no ano de 2033, a cobrança da contrapartida prevista no *caput* será equivalente a 10% (dez por cento) do percentual previsto no inciso I, ficando o complemento de 90% (noventa por cento) a cargo da recomposição prevista no art. 131, § 1.º, II do Ato das Disposições Constitucionais Transitórias;

IV – de 2034 a 2073, o percentual da cobrança da contrapartida prevista no *caput* será acrescido à razão de 1/45 (um quarenta e cinco avos) por ano ao percentual aplicado no ano de 2033, ficando o complemento a cargo da recomposição prevista no art. 131, § 1.º, III do Ato das Disposições Constitucionais Transitórias.

Capítulo II
DAS ÁREAS DE LIVRE COMÉRCIO

Art. 458. Os benefícios relativos às Áreas de Livre Comércio estabelecidos neste Capítulo aplicam-se até a data estabelecida pelo art. 92-A do ADCT.

Art. 459. Para fins do disposto nesta Lei Complementar, as seguintes áreas de livre comércio ficam contempladas com regime favorecido:

I – Tabatinga, no Amazonas, criada pela Lei n. 7.965, de 22 de dezembro de 1989;

II – Guajará-Mirim, em Rondônia, criada pela Lei n. 8.210, de 19 de julho de 1991;

III – Boa Vista e Bonfim, em Roraima, criadas pela Lei n. 8.256, de 25 de novembro de 1991;

IV – Macapá e Santana, no Amapá, criada pelo art. 11 da Lei n. 8.387, de 30 de dezembro de 1991; e

V – Brasileia, com extensão a Epitaciolândia, e Cruzeiro do Sul, no Acre, criadas pela Lei n. 8.857, de 8 de março de 1994.

Art. 460. Nos termos definidos em regulamento, é condição para habilitação aos incentivos fiscais das Áreas de Livre Comércio:

I – a inscrição específica em cadastro da Superintendência da Zona Franca de Manaus – Suframa, para a pessoa jurídica que desenvolva atividade comercial ou fornecimento de serviços; e

II – a inscrição específica e aprovação de projeto técnico-econômico pelo Conselho de Administração da Suframa para desenvolvimento de atividade de industrialização de produtos em cuja composição final haja preponderância de matérias-primas de origem regional, provenientes dos segmentos animal, vegetal, mineral, exceto os minérios do Capítulo 26 da NCM/SH, ou agrossilvopastoril, observada a legislação ambiental pertinente.

§ 1.º No processo de aprovação dos projetos de que trata este artigo, deverá ser ouvido o Poder Executivo do Estados em que localizada a Área de Livre Comércio.

§ 2.º A Suframa disciplinará os critérios para caracterização da preponderância de matéria-prima de origem regional na composição final do produto de que que trata o inciso II do *caput*.

Art. 461. Fica suspensa a incidência do IBS e da CBS na importação de bem material realizada por indústria habilitada na forma do inciso II do *caput* do art. 460 desta Lei Complementar e sujeita ao regime regular do IBS e da CBS para incorporação em seu processo produtivo.

§ 1.º Não se aplica a suspensão de que trata o *caput* às importações de:

I – bens de que trata o art. 441 desta Lei Complementar; e

II – bens de uso e consumo pessoal de que trata o art. 57 desta Lei Complementar, salvo se demonstrado que são necessários ao desenvolvimento da atividade econômica do contribuinte vinculada ao projeto econômico aprovado.

§ 2.º A suspensão de que trata o *caput* converte-se em isenção:

I – quando os bens importados forem consumidos ou incorporados em processo produtivo do importador na respectiva Área de Livre Comércio;

II – após a depreciação integral do bem ou a permanência por 48 (quarenta e oito) meses no ativo imobilizado do estabelecimento adquirente, o que ocorrer primeiro;

§ 3.º Caso os bens importados com a suspensão de que trata o *caput* sejam remetidos para fora da Área de Livre Comércio antes da conversão em isenção de que trata o § 2.º, o importador deverá recolher os tributos suspensos com os acréscimos legais cabíveis, na forma do § 2.º do art. 29 desta Lei Complementar, permitida a apropriação e utilização de créditos na forma dos arts. 47 a 56 desta Lei Complementar em relação aos valores efetivamente pagos, exceto em relação aos acréscimos legais cabíveis.

Art. 462. Fica concedido ao contribuinte habilitado na forma do art. 460 e sujeito ao regime regular ou ao Simples Nacional crédito presumido de IBS relativo à importação de bem material para revenda presencial na Área de Livre Comércio.

§ 1.º O crédito presumido de que trata o *caput* será calculado mediante aplicação de percentual correspondente 50% (cinquenta por cento) da alíquota do IBS aplicável na importação.

§ 2.º O crédito presumido de que trata este artigo deverá ser deduzido do valor do IBS devido na importação.

§ 3.º Ao importador dos bens de que trata o *caput* sujeito ao regime regular do IBS, é garantida a apropriação e a utilização de créditos integrais de IBS pelo valor do tributo incidente na importação, observadas as regras previstas nos arts. 47 a 56 desta Lei Complementar.

§ 4.º O importador deverá recolher IBS corresponde ao valor do crédito presumido deduzido do valor devido na importação com os acréscimos legais cabíveis, na forma do § 2.º do art. 29, desde a data da importação, caso:

I – a revenda não cumpra a exigência disposta no *caput*;

II – não se comprove o ingresso do bem no estabelecimento de destino na Área de Livre Comércio nos prazos estabelecidos em regulamento; e

II – o bem seja revendido para fora da Área de Livre Comércio ou transferido para fora da Área de Livre Comércio.

•• Numeração conforme publicação oficial.

§ 5.º (*Vetado*.)

Art. 463. Ficam reduzidas a zero as alíquotas do IBS e da CBS incidentes sobre operação originada fora da área de livre comércio que destine bem material industrializado de origem nacional a contribuinte estabelecido na área de livre comércio que seja:

I – habilitado nos termos do art. 460 desta Lei Complementar; e

II – sujeito ao regime regular do IBS e da CBS ou optante pelo regime do Simples Nacional de que trata o art. 12 da Lei Complementar n. 123, de 14 de dezembro de 2006.

§ 1.º O disposto no *caput* não se aplica às operações com bens de que trata o § 1.º do art. 461 desta Lei Complementar.

§ 2.º O contribuinte sujeito ao regime regular do IBS e da CBS que realiza as operações de que trata o *caput* poderá apropriar e utilizar créditos relativos às operações antecedentes, observado o disposto nos arts. 47 a 56 desta Lei Complementar.

§ 3.º Deverão ser instituídos controles específicos para verificação da entrada nas Áreas de Livre Comércio dos bens de que trata o *caput*, nos termos do regulamento.

§ 4.º Caso não haja comprovação de que os bens destinados às Áreas de Livre Comércio ingressaram no destino, nos prazos estabelecidos em regulamento, o contribuinte deverá recolher o valor de IBS e de CBS que seria devido caso não houvesse a redução a zero de alíquotas, com os acréscimos legais cabíveis nos termos do § 2.º do art. 29 desta Lei Complementar.

Art. 464. O IBS incidirá sobre a entrada, no estado em que localizada a área de livre comércio, de bens materiais que tenham sido contemplados com a redução a zero de alíquotas nos termos do art. 463 desta Lei Complementar, exceto se destinados a indústria incentivada para utilização nas Áreas de Livre Comércio.

§ 1.º Na hipótese de que trata o *caput*:
I – o contribuinte do IBS será o destinatário da operação de que trata o *caput* do art. 463 desta Lei Complementar;
II – a base de cálculo do imposto será o valor da operação de que trata o *caput* do art. 463 desta Lei Complementar;
III – o IBS será cobrado mediante aplicação de alíquota correspondente a 70% (setenta por cento) da alíquota que incidiria na respectiva operação caso não houvesse a redução a zero estabelecida pelo art. 463 desta Lei Complementar.

§ 2.º O valor do IBS pago na forma do inciso III do § 1.º permitirá ao contribuinte a apropriação e a utilização do crédito do imposto, na forma dos arts. 47 a 56 desta Lei Complementar.

§ 3.º O valor do IBS pago na forma do § 4.º do art. 463 desta Lei Complementar permitirá ao contribuinte a apropriação e utilização do crédito do imposto na forma dos arts. 47 a 57 desta Lei Complementar, exceto em relação aos acréscimos legais.

Art. 465. Fica concedido ao contribuinte sujeito ao regime regular do IBS e da CBS e habilitado na forma do art. 460 desta Lei Complementar crédito presumido de IBS relativo à aquisição de bem material industrializado de origem nacional contemplado pela redução a zero da alíquota do IBS nos termos do art. 463 desta Lei Complementar.

§ 1.º O crédito presumido de que trata o *caput* será calculado mediante aplicação dos seguintes percentuais sobre o valor da operação contemplada pela redução a zero da alíquota do IBS nos termos do art. 463 desta Lei Complementar:
I – 7,5% (sete inteiros e cinco décimos por cento), no caso de bens provenientes das regiões Sul e Sudeste, exceto do Estado do Espírito Santo; e

II – 13,5% (treze inteiros e cinco décimos por cento), no caso de bens provenientes das regiões Norte, Nordeste e Centro-Oeste e do Estado do Espírito Santo.

§ 2.º O crédito presumido deverá ser estornado caso:
I – não se comprove o ingresso do bem no estabelecimento de destino na Área de Livre Comércio nos prazos estabelecidos em regulamento, exigindo-se os acréscimos legais cabíveis nos termos do § 2.º do art. 29;
II – o bem seja revendido para fora da Área de Livre Comércio ou transferido para fora da Área de Livre Comércio, não se exigindo acréscimos legais caso o estorno seja efetuado tempestivamente.

Art. 466. Ficam reduzidas a zero as alíquotas da CBS incidentes sobre as operações realizadas por pessoas jurídicas estabelecidas na Área de Livre Comércio com bem material de origem nacional ou serviços prestados fisicamente, quando destinados a pessoa física ou jurídica localizadas dentro da referida área.

Parágrafo único. O contribuinte que realizar as operações de que trata o *caput* poderá apropriar e utilizar os créditos relativos às operações antecedentes, observado o disposto nos arts. 47 a 56 desta Lei Complementar.

Art. 467. Fica concedido à indústria sujeita ao regime regular de IBS e de CBS e habilitada na forma do inciso II do *caput* do art. 460 desta Lei Complementar créditos presumidos de CBS relativo à operação que destine ao território nacional bem material produzido pela própria indústria na referida área nos termos do projeto econômico aprovado.

§ 1.º O crédito presumido de que trata o *caput* será calculado mediante aplicação do percentual de 6% (seis por cento) sobre o valor da operação registrado em documento fiscal idôneo.

§ 2.º O disposto no *caput* não se aplica a operações:
I – não sujeitas à incidência ou contempladas por hipóteses de isenção, alíquota zero, suspensão ou diferimento da CBS;
II – com bens de que trata o art. 441 desta Lei Complementar.

§ 3.º Aos adquirentes dos bens de que trata o *caput*, caso estejam sujeitos ao regime regular do IBS e da CBS, é garantida a apropriação integral dos créditos relativos à CBS pelo valor incidente na operação registrado em documento fiscal idôneo, observadas as regras previstas nos arts. 47 a 56 desta Lei Complementar.

Art. 468. Os créditos presumidos de IBS e de CBS estabelecidos pelos arts. 462, 465 e 467 desta Lei Complementar somente poderão ser utilizados para compensação, respectivamente, com valores de IBS e CBS devidos pelo contribuinte, vedada a compensação com outros tributos e o ressarcimento em dinheiro.

Parágrafo único. O direito à utilização dos créditos presumidos de que trata o *caput* extingue-se após 5 (cinco) anos, contados do primeiro dia do mês subsequente àquele em que ocorrer sua apropriação.

Art. 469. Para fins deste Capítulo, em todas as operações entre partes relacionadas observar-se-á o disposto no § 4.º do art. 12 desta Lei Complementar.

Art. 470. A redução da arrecadação do IBS e da CBS decorrente dos benefícios previstos nesta Seção, inclusive em decorrência dos créditos presumidos previstos nos arts. 462, 465 e 467 desta Lei Complementar, deverá ser considerada para fixação das alíquotas de referência.

Capítulo III
DA DEVOLUÇÃO DO IBS E DA CBS AO TURISTA ESTRANGEIRO

Art. 471. Ato Conjunto do Ministério da Fazenda e do Comitê Gestor do IBS poderá prever que o valor do IBS e da CBS incidentes sobre o fornecimento de bens materiais para domiciliado ou residente no exterior, realizado no País durante permanência inferior a 90 (noventa) dias, será devolvido a este no momento em que ocorrer sua saída do território nacional.

§ 1.º A restituição do IBS e da CBS de que trata o *caput* observará o seguinte:
I – será aplicada apenas aos bens adquiridos constantes de sua bagagem acompanhada, durante o período de permanência do residente ou domiciliado no exterior, fornecidos por contribuintes habilitados;
II – será aplicada apenas às saídas por via aérea ou marítima;
III – poderá ser solicitada a comprovação física de que o bem objeto da devolução dos tributos consta na bagagem do domiciliado ou residente no exterior no momento de sua saída do território nacional; e
IV – poderá ser descontada do montante da devolução parcela para pagamento dos custos administrativos relacionados ao benefício de que trata este artigo.

§ 2.º O Ministério da Fazenda e o Comitê Gestor do IBS regulamentarão o disposto neste artigo, inclusive em relação:
I – a outras condições a serem observadas para solicitação da devolução de que trata este artigo;
II – a forma de habilitação dos contribuintes de IBS e CBS de que trata o inciso I do § 1.º;
III – a taxa de câmbio aplicável para fins do disposto no inciso IV deste parágrafo;
IV – ao limite da devolução, o qual não poderá ser inferior a US$ 1.000,00 (mil dólares norte-americanos);
V – à devolução, que terá como parâmetro o valor total de bens adquiridos por pessoa.

Título II
DAS COMPRAS GOVERNAMENTAIS

Art. 472. Nas aquisições de bens e serviços pela administração pública direta, por autarquias e por fundações públicas, as alíquotas do IBS e da CBS serão reduzidas, de modo uniforme, na proporção do redutor fixado:

I – de 2027 a 2033, nos termos do art. 370 desta Lei Complementar; e

II – a partir de 2034, no nível fixado para 2033.

Parágrafo único. Não se aplica o disposto neste artigo às aquisições que, cumulativamente, sejam efetuadas de forma presencial e sejam dispensadas de licitação, nos termos da legislação específica.

Art. 473. O produto da arrecadação do IBS e da CBS sobre as aquisições de bens e serviços pela administração pública direta, por autarquias e por fundações públicas será integralmente destinado ao ente federativo contratante, mediante redução a zero das alíquotas do IBS e da CBS devidos aos demais entes federativos e equivalente elevação da alíquota do tributo devido ao ente contratante.

§ 1.º Para fins do atendimento ao disposto no *caput* deste artigo:

I – nas aquisições pela União:

a) serão reduzidas a zero as alíquotas do IBS dos demais entes federativos; e

b) será a alíquota da CBS fixada em montante equivalente à soma das alíquotas do IBS e da CBS incidentes sobre a operação, após a redução de que trata o art. 472 desta Lei Complementar;

II – nas aquisições por Estado:

a) serão reduzidas a zero a alíquota da CBS e a alíquota municipal do IBS; e

b) será a alíquota estadual do IBS fixada em montante equivalente à soma das alíquotas do IBS e da CBS incidentes sobre a operação, após a redução de que trata o art. 472 desta Lei Complementar;

III – nas aquisições por Município:

a) serão reduzidas a zero a alíquota da CBS e a alíquota estadual do IBS;

b) será a alíquota municipal do IBS fixada em montante equivalente à soma das alíquotas do IBS e da CBS incidentes sobre a operação, após a redução de que trata o art. 472 desta Lei Complementar; e

IV – nas aquisições pelo Distrito Federal:

a) será reduzida a zero a alíquota da CBS;

b) será a alíquota distrital do IBS fixada em montante equivalente à soma das alíquotas do IBS e da CBS incidentes sobre a operação, após a redução de que trata o art. 472 desta Lei Complementar.

§ 2.º Não se aplica o disposto no *caput* e no § 1.º deste artigo às aquisições que, cumulativamente, sejam efetuadas de forma presencial e sejam dispensadas de licitação, nos termos da legislação específica.

§ 3.º Aplica-se o disposto neste artigo às importações efetuadas pela administração pública direta, por autarquias e por fundações públicas, assegurada a igualdade de tratamento em relação às aquisições no País.

TÍTULO III
DISPOSIÇÕES TRANSITÓRIAS

Art. 474. Durante o período compreendido entre 2027 e 2032, os percentuais para incidência ou creditamento de IBS e de CBS previstos nos arts. 447, § 1.º, 449, § 1.º, e 465, § 1.º, desta Lei Complementar serão reduzidos nas seguintes proporções:

I – 9/10 (nove décimos), em 2029;

II – 8/10 (oito décimos), em 2030;

III – 7/10 (sete décimos), em 2031; e

IV – 6/10 (seis décimos), em 2032.

Capítulo I
DA AVALIAÇÃO QUINQUENAL

Art. 475. O Poder Executivo da União e o Comitê Gestor do IBS realizarão avaliação quinquenal da eficiência, eficácia e efetividade, enquanto políticas sociais, ambientais e de desenvolvimento econômico:

I – da aplicação ao IBS e à CBS dos regimes aduaneiros especiais, das zonas de processamento de exportação e dos regimes dos bens de capital do Reporto, do Reidi, e do Renaval, de que trata o Título II do Livro I;

II – da devolução personalizada do IBS e da CBS, de que trata o Capítulo I do Título III do Livro I;

III – da Cesta Básica Nacional de Alimentos, de que trata o Capítulo II do Título III do Livro I;

IV – dos regimes diferenciados do IBS e da CBS, de que trata o Título IV do Livro I; e

V – dos regimes específicos do IBS e da CBS, de que trata o Título V do Livro I.

§ 1.º A avaliação de que trata o *caput* deverá considerar, inclusive, o impacto da legislação do IBS e da CBS na promoção da igualdade entre homens e mulheres e étnico-racial.

§ 2.º Para fins do disposto no inciso II do *caput*, a avaliação de que trata o *caput* deverá considerar o impacto sobre as desigualdades de renda.

§ 3.º Para fins do disposto no inciso III do *caput*, a composição dos produtos que integram a Cesta Básica Nacional de Alimentos deve ter como objetivo garantir a alimentação saudável e nutricionalmente adequada, em observância ao direito social à alimentação, devendo satisfazer os seguintes critérios:

I – privilegiar alimentos *in natura* ou minimamente processados; e

II – privilegiar alimentos consumidos majoritariamente pelas famílias de baixa renda.

§ 4.º Para fins do disposto no § 3.º, consideram-se:

I – alimentos *in natura* ou minimamente processados, aqueles obtidos diretamente de plantas, de animais ou de fungos e adquiridos para consumo sem que tenham sofrido alterações após deixarem a natureza ou que tenham sido submetidos a processamentos mínimos sem adição de sal, açúcar, gordura e óleos e outros aditivos que modifiquem as características do produto e substâncias de raro uso culinário;

II – alimentos consumidos majoritariamente pelas famílias de baixa renda, aqueles que apresentam as maiores razões entre:

a) a participação da despesa com o respectivo alimento sobre o total da despesa de alimentos das famílias de baixa renda; e

b) a participação da despesa com o respectivo alimento sobre o total da despesa de alimentos das demais famílias.

§ 5.º Para fins de cálculo da razão a que se refere o inciso II do § 4.º serão utilizadas as informações da POF do IBGE e, para a delimitação das famílias de baixa renda, será tomado como referência o limite de renda monetária familiar per capita de até meio salário-mínimo.

§ 6.º Para fins do disposto no inciso IV do *caput*, para fins do regime diferenciado de tributação, a definição dos alimentos destinados à alimentação humana deverá privilegiar alimentos *in natura* ou minimamente processados, exceto aqueles consumidos majoritariamente pelas famílias de alta renda.

§ 7.º O Tribunal de Contas da União e os Tribunais de Contas dos Estados e Municípios poderão, em decorrência do exercício de suas competências, oferecer subsídios para a avaliação quinquenal de que trata esse artigo.

§ 8.º Caso a avaliação quinquenal resulte em recomendações de revisão dos regimes e das políticas de que tratam os incisos do *caput*, o Poder Executivo da União deverá encaminhar ao Congresso Nacional projeto de lei complementar propondo:

I – alterações no escopo e na forma de aplicação dos regimes e das políticas de que tratam os incisos do *caput*; e

II – regime de transição para a alíquota padrão, em relação aos regimes diferenciados de que trata o inciso IV do *caput*.

§ 9.º A primeira avaliação quinquenal será realizada com base nos dados disponíveis no ano-calendário de 2030 e poderá resultar na apresentação de projeto de lei complementar pelo Poder Executivo da União, com início de eficácia para 2032, a ser enviado até o último dia útil de março de 2031.

§ 10. Na avaliação quinquenal de que trata o § 9.º, serão estimadas as alíquotas de referência de IBS e CBS que serão aplicadas a partir de 2033, considerando-se os dados de arrecadação desses tributos em relação aos anos de 2026 a 2030.

§ 11. Caso a soma das alíquotas de referência estimadas de que trata o § 10 resulte em percentual superior a 26,5% (vinte e seis inteiros e cinco décimos por cento), o Poder Executivo da União, ouvido o Comitê Gestor do IBS, deverá encaminhar ao Congresso Nacional projeto de lei complementar propondo medidas que reduzam o percentual a patamar igual ou inferior a 26,5% (vinte e seis inteiros e cinco décimos por cento).

§ 12. O projeto de lei complementar de que trata o § 11 deverá:

I – ser enviado ao Congresso Nacional até 90 (noventa) dias após a conclusão da avaliação quinquenal;

II – estar acompanhado dos dados e dos cálculos que basearam a sua apresentação; e

III – alterar o escopo e a forma de aplicação dos regimes e das políticas de que tratam os incisos do *caput*.

§ 13. As avaliações subsequentes deverão ocorrer a cada 5 (cinco) anos, contados dos prazos estabelecidos no § 9.º.

Art. 476. O Poder Executivo da União realizará avaliação quinquenal da eficiência, eficácia e efetividade, enquanto política social, ambiental e sanitária, da incidência do Imposto Seletivo de que trata o Livro II.

§ 1.º A avaliação de que trata este artigo será realizada simultaneamente à avaliação de que trata o art. 475 desta Lei Complementar.

§ 2.º Aplica-se à avaliação de que trata este artigo, no que couber, o disposto no art. 475 desta Lei Complementar.

Capítulo II
DA COMPENSAÇÃO DE EVENTUAL REDUÇÃO DO MONTANTE ENTREGUE NOS TERMOS DO ART. 159, INCISOS I E II, DA CONSTITUIÇÃO FEDERAL EM RAZÃO DA SUBSTITUIÇÃO DO IPI PELO IMPOSTO SELETIVO

Art. 477. A partir de 2027, a União compensará, na forma deste Título, eventual redução no montante dos valores entregues nos termos do art. 159, incisos I e II, da Constituição Federal, em razão da substituição da arrecadação do IPI, pela arrecadação do Imposto Seletivo, conforme disposto nesta Lei Complementar.

§ 1.º A compensação de que trata o *caput* será apurada mensalmente, a partir de janeiro de 2027, pela diferença entre:

I – o valor de referência para o mês, calculado nos termos do art. 478 desta Lei Complementar; e

II – o valor entregue, no mês, em decorrência da aplicação do disposto nos incisos I e II do *caput* do art. 159 da Constituição Federal sobre o produto da arrecadação do IPI e do Imposto Seletivo.

§ 2.º O valor apurado nos termos do § 1.º:

I – quando negativo, será deduzido do montante apurado na forma do § 1.º no mês subsequente;

II – quando positivo, será entregue no segundo mês subsequente ao da apuração, na forma prevista nos incisos I e II do *caput* do art. 159 da Constituição Federal.

§ 3.º O valor de que trata o inciso II do § 2.º será entregue nas mesmas datas previstas para a entrega dos recursos de que tratam os incisos I e II do *caput* do art. 159 da Constituição Federal, observada sua distribuição em valores iguais para cada uma das parcelas entregue no mês.

Art. 478. O valor de referência de que trata o inciso I do § 1.º do art. 478 desta Lei Complementar será calculado da seguinte forma:

I – para os meses de janeiro a dezembro de 2027, corresponderá ao valor médio mensal de 2026, calculado nos termos do § 1.º, deste artigo, corrigido pela variação do IPCA até o mês da apuração e acrescido de 2% (dois por cento);

II – a partir de janeiro de 2028, será fixado em valor equivalente ao valor de referência do décimo segundo mês anterior, corrigido pela variação em 12 (doze) meses do produto da arrecadação da CBS, calculada com base na alíquota de referência.

§ 1.º O valor médio mensal a preços de 2026 corresponde à soma dos valores entregues de 2022 a 2026 em decorrência da aplicação do disposto nos incisos I e II do *caput* do art. 159 da Constituição Federal sobre o produto da arrecadação do IPI, corrigidos a preços de 2026 pela variação da arrecadação do IPI e divididos por 60 (sessenta).

§ 2.º A correção pela variação do IPCA de que trata o inciso I do *caput* será realizada com base:

I – no índice do IPCA relativo ao respectivo mês de apuração; e

II – no índice médio do IPCA para 2026.

§ 3.º O Tribunal de Contas da União publicará, até o último dia útil do mês subsequente ao da apuração, o valor de referência de que trata o *caput*.

Art. 479. O valor a ser entregue a título da compensação de que trata o art. 477 desta Lei Complementar observará os mesmos critérios, prazos e garantias aplicáveis à entrega de recursos de que trata o art. 159, incisos I e II, da Constituição Federal.

§ 1.º É vedada a vinculação dos recursos da compensação de que trata o *caput* a órgão, fundo ou despesa, ressalvados:

I – a realização de atividades da administração tributária;

II – a prestação de garantias às operações de crédito por antecipação de receita;

III – o pagamento de débitos com a União e para prestar-lhe garantia ou contragarantia;

IV – os percentuais mínimos para ações e serviços de saúde previstos no art. 198, § 2.º, da Constituição Federal;

V – os percentuais mínimos a serem aplicados na manutenção e desenvolvimento do ensino conforme art. 212 da Constituição Federal; e

VI – a parcela destinada à manutenção e ao desenvolvimento do ensino na educação básica e à remuneração condigna de seus profissionais, conforme art. 212-A da Constituição Federal.

§ 2.º É vedada a retenção ou qualquer restrição à entrega e ao emprego dos recursos da compensação de que trata o *caput* aos Estados, ao Distrito Federal e aos Municípios, conforme art. 160 da Constituição Federal.

Capítulo III
DO COMITÊ GESTOR DO IBS

Seção I
Disposições Gerais

Art. 480. Fica instituído, até 31 de dezembro de 2025, o Comitê Gestor do Imposto sobre Bens e Serviços (CGIBS), entidade pública com caráter técnico e operacional sob regime especial, com sede e foro no Distrito Federal, dotado de independência técnica, administrativa, orçamentária e financeira.

§ 1.º O CGIBS, nos termos da Constituição Federal e desta Lei Complementar, terá sua atuação caracterizada pela ausência de vinculação, tutela ou subordinação hierárquica a qualquer órgão da administração pública.

§ 2.º O regulamento único do IBS definirá o prazo máximo para a realização das atividades de cobrança administrativa, desde que não superior a 12 (doze) meses, contado da constituição definitiva do crédito tributário, após o qual a administração tributária encaminhará o expediente à respectiva procuradoria, para as providências de cobrança judicial ou extrajudicial cabíveis, nos termos definidos no referido regulamento.

§ 3.º O CGIBS, a Secretaria Especial da Receita Federal do Brasil e a Procuradoria-Geral da Fazenda Nacional poderão implementar soluções integradas para a futura administração e a cobrança do IBS e da CBS.

§ 4.º As normas comuns ao IBS e à CBS constantes do regulamento único do IBS serão aprovadas por ato conjunto do CGIBS e do Poder Executivo federal.

§ 5.º O regulamento único do IBS preverá regras uniformes de conformidade tributária, de orientação, de autorregularização e de tratamento diferenciado a contribuintes que atendam a programas de conformidade do IBS estabelecidos pelos entes federativos.

§ 6.º As licitações e as contratações realizadas pelo CGIBS serão regidas pelas normas gerais de licitação e contratação aplicáveis às administrações públicas diretas, autárquicas e fundacionais da União, dos Estados, do Distrito Federal e dos Municípios.

§ 7.º O CGIBS observará o princípio da publicidade, mediante veiculação de seus atos normativos, preferencialmente por meio eletrônico, disponibilizado na internet.

Seção II
Do Conselho Superior do CGIBS

Art. 481. O Conselho Superior do CGIBS, instância máxima de deliberação do CGIBS, tem a seguinte composição:

I – 27 (vinte e sete) membros e respectivos suplentes, representantes de cada Estado e do Distrito Federal; e

II – 27 (vinte e sete) membros e respectivos suplentes, representantes do conjunto dos Municípios e do Distrito Federal.

§ 1.º Os membros e os respectivos suplentes de que trata:

I – o inciso I do *caput* deste artigo serão indicados pelo Chefe do Poder Executivo de cada Estado e do Distrito Federal; e

II – o inciso II do *caput* deste artigo serão indicados pelos Chefes dos Poderes Executivos dos Municípios e do Distrito Federal, da seguinte forma:

a) 14 (quatorze) representantes eleitos com base nos votos de cada Município e do Distrito Federal, com valor igual para todos; e

b) 13 (treze) representantes eleitos com base nos votos de cada Município e do Distrito Federal, ponderados pelas respectivas populações.

§ 2.º A escolha dos representantes dos Municípios no Conselho Superior do CGIBS, a que se refere o inciso II do *caput* deste artigo, será efetuada mediante realização de eleições distintas para definição dos membros e respectivos suplentes de cada um dos grupos referidos nas alíneas *a* e *b* do inciso II do § 1.º deste artigo.

§ 3.º A eleição de que trata o § 2.º deste artigo:

I – será realizada por meio eletrônico, observado que apenas o Chefe do Poder Executivo Municipal em exercício terá direito a voto;

II – terá a garantia da representação de, no mínimo, 1 (um) Município de cada região do País, podendo o Distrito Federal ser representante da Região Centro-Oeste;

III – será regida pelo princípio democrático, garantida a participação de todos os Municípios, sem prejuízo da observância de requisitos mínimos para a candidatura, nos termos desta Lei Complementar e do regulamento eleitoral;

IV – será realizada por meio de um único processo eleitoral, organizado pelas associações de representação de Municípios de âmbito nacional, reconhecidas na forma da Lei n. 14.341, de 18 de maio de 2022, cujos associados representem, no mínimo, 30% (trinta por cento) da população do País ou 30% (trinta por cento) dos Municípios do País, por meio de regulamento eleitoral próprio elaborado em conjunto pelas entidades.

§ 4.º Os Municípios somente poderão indicar, dentre os membros a que se refere o inciso II do *caput* deste artigo, 1 (um) único membro titular ou suplente, inclusive para o processo eleitoral.

§ 5.º Cada associação, de que trata o inciso IV do § 3.º, para a eleição prevista no § 2.º, em relação aos representantes referidos na alínea *a* do inciso II do § 1.º deste artigo, apresentará até uma chapa, a qual deverá contar com o apoiamento mínimo de 20% (vinte por cento) do total dos Municípios do País, contendo 14 (quatorze) nomes titulares, observado o seguinte:

I – os nomes indicados e os respectivos Municípios comporão uma única chapa, não podendo constar de outra chapa;

II – cada titular terá 2 (dois) suplentes, obrigatoriamente de Municípios distintos e observado o disposto no inciso I deste parágrafo;

III – em caso de impossibilidade de atuação do titular, caberá ao primeiro suplente sua imediata substituição;

IV – vencerá a eleição a chapa que obtiver mais de 50% (cinquenta por cento) dos votos válidos;

V – caso nenhuma das chapas atinja o percentual de votos indicado no inciso IV deste parágrafo, será realizado um segundo turno de votação com as 2 (duas) chapas mais votadas, hipótese em que será considerada vencedora a chapa que obtiver a maioria dos votos válidos.

§ 6.º Cada associação, de que trata o inciso IV do § 3.º, para a eleição prevista no § 2.º, em relação aos representantes referidos na alínea *b* do inciso II do § 1.º deste artigo, apresentará até uma chapa, a qual deverá contar com o apoiamento de Municípios que representem, no mínimo, 20% (vinte por cento) do total da população do País, contendo 13 (treze) nomes titulares, observado o disposto nos incisos do § 5.º deste artigo.

§ 7.º O membro eleito na forma dos §§ 5.º e 6.º deste artigo poderá ser:

I – substituído, na forma definida pelo CGIBS, por decisão da maioria:

a) dos votos dos Municípios do País, quando se tratar dos representantes a que se refere a alínea *a* do inciso II do § 1.º deste artigo; ou

b) dos votos dos Municípios do País ponderados pelas suas respectivas populações, quando se tratar dos representantes a que se refere a alínea *b* do inciso II do § 1.º deste artigo;

II – destituído por ato do Chefe do Poder Executivo do Município que o indicou.

§ 8.º Na hipótese de destituição do titular e dos respectivos suplentes, será realizada nova eleição para a ocupação das respectivas vagas, no prazo previsto pelo regimento interno do CGIBS.

§ 9.º Exceto na primeira eleição, prevista no § 2.º deste artigo, as demais eleições terão o acompanhamento durante todo o processo eleitoral de 4 (quatro) membros do Conselho Superior do CGIBS, escolhidos pelos 27 (vinte e sete) representantes dos Municípios de que trata o inciso II do *caput* deste artigo.

§ 10. O regulamento eleitoral poderá definir outras atribuições dos membros de que trata o § 9.º deste artigo para acompanhamento do processo eleitoral.

§ 11. É vedada a indicação de representantes de um mesmo Município simultaneamente para o grupo de 14 (quatorze) representantes de que trata a alínea *a* do inciso II do § 1.º deste artigo e para o grupo de 13 (treze) representantes de que trata a alínea *b* do referido inciso.

§ 12. O foro competente para solucionar as ações judiciais relativas aos processos eleitorais de que trata este artigo é o da comarca de Brasília, no Distrito Federal.

Art. 482. Os membros do Conselho Superior do CGIBS serão escolhidos dentre cidadãos de reputação ilibada e de notório conhecimento em administração tributária, observado o seguinte:

I – a representação titular dos Estados e do Distrito Federal será exercida pelo ocupante do cargo de Secretário de Fazenda, Finanças, Tributação ou cargo similar que corresponda à autoridade máxima da administração tributária dos referidos entes federativos; e

II – a representação dos Municípios e do Distrito Federal será exercida por membro que não mantenha, durante a representação, vínculo de subordinação hierárquica com esfera federativa diversa da que o indicou e atenda, ao menos, a um dos seguintes requisitos:

a) ocupar o cargo de Secretário de Fazenda, Finanças, Tributação ou cargo similar que corresponda à autoridade máxima da administração tributária do Município ou do Distrito Federal;

b) ter experiência de, no mínimo, 10 (dez) anos na administração tributária do Município ou do Distrito Federal;

c) ter experiência de, no mínimo, 4 (quatro) anos como ocupante de cargos de direção, de chefia ou de assessoramento superiores na administração tributária do Município ou do Distrito Federal.

§ 1.º Os membros de que trata o *caput* deste artigo devem, cumulativamente:

I – ter formação acadêmica em nível superior compatível com o cargo para o qual foram indicados;

II – não se enquadrar nas hipóteses de inelegibilidade previstas nas alíneas *a* a *q* do inciso I do *caput* do art. 1.º da Lei Complementar n. 64, de 18 de maio de 1990.

§ 2.º Os membros do Conselho Superior do CGIBS serão nomeados e investidos para o exercício da função pelo prazo de que trata o *caput* do art. 480 e poderão ser substituídos ou destituídos:

I – em relação à representação dos Estados e do Distrito Federal, pelo Chefe do Poder Executivo;

II – em relação à representação dos Municípios e do Distrito Federal, na forma prevista no § 7.º do art. 481 desta Lei Complementar; e

III – em razão de renúncia, de condenação judicial transitada em julgado ou de pena demissória decorrente de processo administrativo disciplinar.

§ 3.º O suplente substituirá o titular em suas ausências e seus impedimentos, na forma do regimento interno.

§ 4.º Em caso de vacância, a função será exercida pelo respectivo suplente durante o período remanescente, exceto nos casos de substituição.

§ 5.º O membro do Conselho Superior do CGIBS investido na função com fundamento na alínea *a* do inciso II do *caput* deste artigo que vier a deixar de ocupar o cargo de Secretário de Fazenda, Finanças, Tributação ou similar deverá ser substituído ou destituído no prazo de 10 (dez) dias, contado da data de exoneração, caso não preencha outro requisito para ser membro do Conselho Superior do CGIBS.

Seção III
Da Instalação do Conselho Superior

Art. 483. O Conselho Superior do CGIBS será instalado em até 120 (cento e vinte) dias contados da data de publicação desta Lei Complementar.

§ 1.º Para fins do disposto no *caput* deste artigo:

I – os membros titulares e suplentes do Conselho Superior do CGIBS deverão ser indicados em até 90 (noventa) dias contados da data de publicação desta Lei Complementar, mediante publicação no Diário Oficial da União:

a) pelos Chefes dos respectivos Poderes Executivos, no caso dos Estados e do Distrito Federal; ou

b) nos termos do processo eleitoral previsto nesta Lei Complementar, no caso dos Municípios e do Distrito Federal;

II – para a primeira gestão do Conselho Superior do CGIBS, a posse dos indicados como membros titulares e suplentes considera-se ocorrida:

a) no primeiro dia útil da segunda semana subsequente à publicação no Diário Oficial da União da indicação de todos os membros; ou

b) na data a que se refere o *caput* deste artigo, caso não tenha sido publicada a indicação de todos os membros;

III – os membros titulares do Conselho Superior do CGIBS elegerão entre si o Presidente e os 2 (dois) Vice-Presidentes do CGIBS; e

IV – o Presidente do CGIBS comunicará ao Ministro de Estado da Fazenda a instalação do Conselho Superior do CGIBS, indicando a conta bancária destinada a receber o aporte inicial da União mediante operação de crédito de que trata o art. 484 desta Lei Complementar.

§ 2.º Até que seja realizado o aporte da União de que trata o art. 484 desta Lei Complementar, as despesas necessárias à atuação do Conselho Superior do CGIBS serão custeadas pelos entes de origem dos respectivos membros.

§ 3.º Após o recebimento do aporte da União de que trata o art. 484 desta Lei Complementar, o Conselho Superior do CGIBS adotará as providências cabíveis para a instalação e o funcionamento do CGIBS.

§ 4.º O regimento interno do CGIBS estabelecerá os meios para realizar sua gestão financeira e contábil enquanto não for disponibilizado o sistema de execução orçamentária próprio do CGIBS.

Art. 484. A União custeará, por meio de operação de crédito em 2025, o valor de R$ 600.000.000,00 (seiscentos milhões de reais), reduzido de 1/12 (um doze avos) por mês que haja transcorrido até, inclusive, o mês em que se der a comunicação de que trata o inciso IV do § 1.º do art. 483 desta Lei Complementar.

§ 1.º Os valores a serem financiados pela União serão distribuídos em parcelas mensais iguais e sucessivas, de janeiro de 2025 ou do mês subsequente à comunicação a que se refere o inciso IV do § 1.º do art. 483 desta Lei Complementar até o último mês do ano.

§ 2.º As parcelas mensais de que trata este artigo serão creditadas até o décimo dia de cada mês, observado, no caso da primeira parcela, o prazo mínimo de 30 (trinta) dias entre a comunicação realizada nos termos do inciso IV do § 1.º do art. 483 desta Lei Complementar e a data do crédito.

§ 3.º O financiamento da União ao CGIBS realizado nos termos deste artigo será remunerado com base na taxa Selic da data de desembolso até seu ressarcimento à União.

§ 4.º O CGIBS efetuará o ressarcimento à União dos valores financiados nos termos deste artigo em 20 (vinte) parcelas semestrais sucessivas, a partir de junho de 2029.

§ 5.º O CGIBS prestará garantia em favor da União em montante igual ou superior ao valor devido em razão da operação de crédito de que trata este artigo, que poderá consistir no produto de arrecadação do IBS destinada ao seu financiamento.

§ 6.º O CGIBS sujeitar-se-á à fiscalização pelo Tribunal de Contas da União exclusivamente em relação aos recursos a que se refere este artigo, até o seu integral ressarcimento.

Capítulo IV
DO PERÍODO DE TRANSIÇÃO DAS OPERAÇÕES COM BENS IMÓVEIS

Seção I
Das Operações Iniciadas antes de 1.º de Janeiro de 2029

Subseção I
Da Incorporação

Art. 485. O contribuinte que realizar incorporação imobiliária submetida ao patrimônio de afetação, nos termos dos artigos 31-A a 31-E da Lei n. 4.591, de 16 de dezembro de 1964, que tenha realizado o pedido de opção pelo regime específico instituído pelo art. 1.º e tenha o pedido efetivado nos termos do art. 2.º, ambos da Lei Federal n. 10.931 de 2004, antes de 1.º de janeiro de 2029, pode optar pelo recolhimento de CBS, da seguinte forma:

I – a incorporação imobiliária submetida ao regime especial de tributação prevista nos arts. 4.º e 8.º da Lei Federal n. 10.931/2004 ficará sujeita ao pagamento de CBS em montante equivalente a 2,08% da receita mensal recebida;

II – a incorporação imobiliária submetida ao regime especial de tributação prevista no § 6.º e § 8.º do art. 4.º e parágrafo único do art. 8.º da Lei Federal n. 10.931/2004 ficará sujeita ao pagamento de CBS em montante equivalente a 0,53% da receita mensal recebida.

§ 1.º A opção pelo regime especial disposto no *caput* afasta qualquer outra forma de incidência de IBS e CBS sobre a respectiva incorporação, ficando sujeita à incidência destes tributos exclusivamente na forma disposta neste artigo.

§ 2.º Fica vedada a apropriação de créditos do IBS e da CBS pelo contribuinte submetido ao regime especial de que trata o *caput* em relação às aquisições destinadas à incorporação imobiliária submetida ao patrimônio de afetação.

§ 3.º A opção pelo regime especial disposto no *caput* impede a dedução dos redutores de ajuste previstos no art. 257 e do redutor social previsto no art. 259 na alienação de imóveis decorrente da incorporação imobiliária.

§ 4.º O contribuinte sujeito ao regime regular do IBS e da CBS que adquirir imóvel decorrente de incorporação imobiliária submetida ao regime específico de que trata o *caput* não poderá apropriar créditos de IBS e CBS relativo à aquisição do bem imóvel.

§ 5.º No caso de aquisição por contribuinte sujeito ao regime regular do IBS e da CBS, as operações tributadas pelo regime opcional de que trata o *caput* constituirão redutor de ajuste equivalente ao que seria constituído caso o imóvel fosse adquirido de não contribuinte do regime regular do IBS e da CBS, nos termos do inciso III do *caput* do art. 258.

§ 6.º Os créditos de IBS e CBS decorrentes dos custos e despesas indiretos pagos pela incorporadora e apropriados a cada incorporação na forma prevista no § 4.º do art. 4.º da Lei Federal n. 10.931 de 2004 deverão ser estornados pela incorporadora.

§ 7.º No caso da opção de que trata este artigo, aplica-se a Lei Federal n. 10.931 de 2004 naquilo que não for contrário ao disposto neste artigo.

Subseção II
Do Parcelamento do Solo

Art. 486. O contribuinte que realizar alienação de imóvel decorrente de parcelamento do solo, que tenha o pedido de registro do parcelamento, nos termos da Lei Federal n. 6.766, de 19 de dezembro de 1979, efetivado antes de 1.º de janeiro de 2029, pode optar pelo recolhimento de CBS com base na receita bruta recebida.

§ 1.º As operações sujeitas ao regime de que trata este artigo estarão sujeitas ao pagamento de CBS em montante equivalente a 3,65% da receita bruta recebida.

§ 2.º A opção pelo recolhimento disposta no *caput* afasta qualquer outra forma de incidência de IBS e CBS sobre o respectivo parcelamento do solo, ficando sujeita à incidência tributária destes tributos exclusivamente na forma disposta no *caput*.

§ 3.º Fica vedada a apropriação de créditos de IBS e CBS pelo contribuinte que realizar a opção de que trata o *caput*.

§ 4.º A opção pelo recolhimento disposta no *caput* impede a dedução dos redutores de ajuste previstos no art. 257 e do redutor social previsto no art. 259 na alienação decorrente de parcelamento do solo.

§ 5.º O contribuinte sujeito ao regime regular do IBS e da CBS que adquirir imóvel decorrente de parcelamento do solo submetido ao regime de tributação de que trata o *caput* não poderá apropriar crédito de IBS e CBS relativo à aquisição do bem imóvel.

§ 6.º No caso de aquisição por contribuinte sujeito ao regime regular do IBS e da CBS, as operações tributadas pelo regime opcional de que trata o *caput* constituirão redutor de ajuste equivalente ao que seria constituído caso o imóvel fosse adquirido de não contribuinte do regime regular do IBS e da CBS, nos termos do inciso III do *caput* do art. 258.

§ 7.º Considera-se receita bruta a totalidade das receitas auferidas na venda das unidades imobiliárias que compõem o parcelamento do solo, bem como as receitas financeiras e variações monetárias decorrentes desta operação.

§ 8.º O pagamento de CBS na forma do disposto no *caput* deste artigo será considerado definitivo, não gerando, em qualquer hipótese, direito à restituição ou à compensação, exceto em caso de distrato da operação.

§ 9.º As receitas, custos e despesas próprios do parcelamento de solo sujeito à tributação na forma deste artigo não deverão ser computados na apuração da base de cálculo da CBS devida pelo contribuinte em virtude de suas outras atividades empresariais.

§ 10. Para fins do disposto no § 7.º deste artigo, os custos e despesas indiretos pagos pelo contribuinte no mês serão apropriados a cada parcelamento de solo, na mesma proporção representada pelos custos diretos próprios das operações decorrentes do parcelamento de solo, em relação ao custo direto total do contribuinte, assim entendido como a soma de todos os custos diretos de todas as atividades exercidas pelo contribuinte.

§ 11. Os créditos de IBS e CBS decorrentes dos custos e despesas indiretos pagos pelo contribuinte e apropriados a cada parcelamento do solo na forma prevista no § 10 deverão ser estornados pelo contribuinte.

§ 12. O contribuinte fica obrigado a manter escrituração contábil segregada para cada parcelamento de solo submetido ao regime de tributação previsto neste artigo.

Subseção III
Da Locação, da Cessão Onerosa e do Arrendamento do Bem Imóvel

Art. 487. O contribuinte que realizar locação, cessão onerosa ou arrendamento de bem imóvel decorrente de contratos firmados por prazo determinado poderá optar pelo recolhimento de IBS e CBS com base na receita bruta recebida.

§ 1.º A opção prevista no *caput* será aplicada exclusivamente:

I – para contrato com finalidade não residencial, pelo prazo original do contrato, desde que este:

a) seja firmado até a data de publicação desta Lei Complementar, sendo a data comprovada por firma reconhecida ou por meio de assinatura eletrônica; e

b) seja registrado em Cartório de Registro de Imóveis ou em Registro de Títulos e Documentos até 31 de dezembro de 2025 ou seja disponibilizado para a RFB e para o Comitê Gestor do IBS, nos termos do regulamento;

II – para contrato com finalidade residencial, pelo prazo original do contrato ou até 31 de dezembro de 2028, o que ocorrer primeiro, desde que firmado até a data de publicação desta Lei Complementar, sendo a data comprovada por firma reconhecida, por meio de assinatura eletrônica ou pela comprovação de pagamento da locação até o último dia do mês subsequente ao do primeiro mês do contrato.

§ 2.º As operações sujeitas ao regime de que trata este artigo estarão sujeitas ao pagamento de IBS e CBS em montante equivalente a 3,65% da receita bruta recebida.

§ 3.º A opção pelo recolhimento disposta no *caput* afasta qualquer outra forma de incidência de IBS e CBS sobre a respectiva operação, ficando sujeita à incidência destes tributos exclusivamente na forma disposta no *caput*.

§ 4.º Fica vedada a apropriação de créditos do IBS e da CBS pelo contribuinte que realizar a opção de que trata o *caput*, em relação às operações relacionadas ao bem imóvel sujeito ao regime opcional de que trata este artigo.

§ 5.º A opção pelo recolhimento disposta no *caput* impede a utilização do redutor social previsto no art. 260.

§ 6.º Considera-se receita bruta a totalidade das receitas auferidas nas operações de que trata o *caput*, bem como as receitas financeiras e variações monetárias decorrentes desta operação.

§ 7.º O pagamento de IBS e CBS na forma do disposto no *caput* deste artigo será considerado definitivo, não gerando, em qualquer hipótese, direito à restituição ou à compensação.

§ 8.º As receitas, custos e despesas próprios das operações que tratam o *caput* não deverão ser computados na apuração da base de cálculo do IBS e da CBS devida pelo contribuinte em virtude de suas outras atividades empresariais.

§ 9.º Os custos e despesas indiretos pagos pelo contribuinte no mês serão apropriados a cada operação, na mesma proporção representada pelas receitas dessas operações, em relação à receita total do contribuinte.

§ 10. Os créditos de IBS e CBS decorrentes dos custos e despesas indiretos apropriados pelo contribuinte e alocados às operações sujeitas ao regime opcional de que trata este artigo nos termos do § 9.º deverão ser estornados.

§ 11. O contribuinte fica obrigado a manter escrituração contábil segregada com a identificação das operações submetidas ao regime de tributação previsto neste artigo.

Seção II
Das Operações Iniciadas a partir de 1.º de Janeiro de 2029

Art. 488. A partir de 1.º de janeiro de 2029, o contribuinte poderá deduzir da base de cálculo do IBS incidente na alienação de bem imóvel, o montante pago na aquisição de bens e serviços realizada entre 1.º de janeiro de 2027 a 31 de dezembro de 2032 que sejam utilizados para a incorporação, parcelamento do solo e construção do imóvel.

§ 1.º A dedução de que trata o *caput* corresponde ao valor das aquisições de bens e serviços:

I – sujeitos à incidência do imposto previsto no art. 155, II ou do imposto previsto no art. 156, III, ambos da Constituição Federal;

II – contabilizados como custo direto de produção do bem imóvel; e

III – cuja aquisição tenha sido acobertada por documento fiscal idôneo.

§ 2.º Na alienação de bem imóvel decorrente de incorporação ou parcelamento do solo poderão ser deduzidos da base de cálculo do IBS os custos e despesas indiretos pagos pelo contribuinte sujeitos ao ICMS ou ISS, os quais serão alocados no empreendimento na mesma proporção representada pelos custos diretos próprios do empreendimento em relação ao custo direto total do contribuinte, assim entendido como a soma dos custos diretos de todas as atividades exercidas pelo contribuinte.

§ 3.º Os valores a serem deduzidos correspondem à base de cálculo do IBS e da CBS relativa à aquisição dos bens e serviços, conforme registrada em documento fiscal, multiplicada por:

I – 1 (um inteiro), no caso de bens e serviços adquiridos entre 1.º de janeiro de 2027 e até 31 de dezembro de 2028;

II – 0,9 (nove décimos), no caso de bens e serviços adquiridos no ano-calendário de 2029;

III – 0,8 (oito décimos), no caso de bens e serviços adquiridos no ano-calendário de 2030;

IV – 0,7 (sete décimos), no caso de bens e serviços adquiridos no ano-calendário de 2031; e

V – 0,6 (seis décimos), no caso de bens e serviços adquiridos no ano-calendário de 2032.

§ 4.º A dedução a que se refere o *caput* não afasta o direito à apropriação dos créditos de IBS e CBS pagos pelo contribuinte, assim como a aplicação dos redutores de ajuste previstos no art. 257 e do redutor social previsto no art. 259.

§ 5.º O disposto neste artigo não se aplica caso o contribuinte tenha optado pelo regime especial de que trata o art. 485 ou realizado a opção de que trata o art. 486.

§ 6.º Os valores a serem deduzidos da base de cálculo poderão ser utilizados para ajuste da base de cálculo do IBS de períodos anteriores ou de períodos subsequentes relativos ao mesmo bem imóvel ou ao mesmo empreendimento, quando excederem o valor da base de cálculo de IBS do respectivo período.

Seção III
Disposições Finais

Art. 489. A receita total do IBS e da CBS recolhida nos termos dos art. 487 será distribuída entre a CBS e as parcelas estadual e municipal do IBS na proporção das respectivas alíquotas de referência do momento de ocorrência do fato gerador.

Art. 490. O disposto no § 2.º do art. 6.º não se aplica ao Fundo de Arrendamento Residencial – FAR de que trata a Lei n. 10.188, de 12 de fevereiro de 2001, que poderá manter a integralidade dos créditos de IBS e CBS relativos aos bens ou serviços adquiridos pelo FAR, mesmo em caso de doação.

TÍTULO IV
DISPOSIÇÕES FINAIS

Art. 491. Na hipótese de fusão, extinção ou incorporação de quaisquer dos ministérios, secretarias e demais órgãos da administração pública citados nesta Lei Complementar, ato do chefe do Poder Executivo da União definirá o órgão responsável pela assunção das respectivas responsabilidades previstas nesta Lei Complementar.

Art. 492. Para efeito do disposto nesta Lei Complementar:

I – a Nomenclatura Comum do Mercosul/Sistema Harmonizado – NCM/SH corresponde àquela aprovada pela Resolução Gecex n. 272, de 19 de novembro de 2021;

II – a Nomenclatura Brasileira de Serviços – NBS corresponde àquela aprovada pela Portaria Conjunta RFB/SECEX n. 2.000, de 18 de dezembro de 2018.

§ 1.º Os códigos constantes desta Lei Complementar estão em conformidade com a NCM/SH e com a NBS de que tratam os incisos I e II do *caput*.

§ 2.º Eventuais alterações futuras da NCM/SH e NBS de que trata o *caput* que acarretem modificação da classificação fiscal dos produtos mencionados nesta Lei Complementar não afetarão as disposições a eles aplicadas com base na classificação anterior.

Art. 493. As referências feitas nesta Lei Complementar à taxa SELIC, à taxa DI, ao IPCA e a outros índices ou taxas são aplicáveis aos respectivos índices e taxas que venham a substituí-los.

Art. 494. (Vetado.)

Art. 495. (Vetado.)

Art. 496. A Lei n. 5.172, de 25 de outubro de 1966 – Código Tributário Nacional, passa a vigorar com as seguintes alterações:

•• Alterações já processadas no diploma modificado.

Art. 497. O Decreto-lei n. 37, de 18 de novembro de 1966, passa a vigorar com a seguinte redação:

•• Alterações já processadas no diploma modificado.

Art. 498. A Lei n. 10.931, de 2 de agosto de 2004, passa a vigorar com as seguintes alterações:

•• Alterações já processadas no diploma modificado.

....

Art. 501. A Lei Complementar n. 87, de 13 de setembro de 1996, passa a vigorar com as seguintes alterações:

•• Alterações já processadas no diploma modificado.

Art. 502. A Lei n. 9.430, de 27 de dezembro de 1996, passa a vigorar com as seguintes alterações:

•• Alterações já processadas no diploma modificado.

....

Art. 504. A Lei n. 9.718, de 27 de novembro de 1998, passa a vigorar com as seguintes alterações:

•• Alterações já processadas no diploma modificado.

Art. 505. A Lei n. 9.779, de 19 de janeiro de 1999, passa a vigorar com a seguinte redação:

•• Alterações já processadas no diploma modificado.

....

Art. 507. A Lei n. 10.637, de 30 de dezembro de 2002, passa a vigorar com as seguintes alterações:

•• Alterações já processadas no diploma modificado.

Art. 508. A Lei Complementar n. 116, de 31 de julho de 2003, passa a vigorar com as seguintes alterações:

•• Alterações já processadas no diploma modificado.

Art. 509. A Lei n. 10.833, de 29 de dezembro de 2003, passa a vigorar com as seguintes alterações:

•• Alterações já processadas no diploma modificado.

Art. 510. A Lei n. 10.931, de 2 de agosto de 2004, passa a vigorar com as seguintes alterações:

•• Alterações já processadas no diploma modificado.

Art. 511. A Lei n. 11.033, de 21 de dezembro de 2004, passa a vigorar com as seguintes alterações:

•• Alterações já processadas no diploma modificado.

....

Art. 515. A Lei n. 11.196, de 21 de novembro de 2005, passa a vigorar com as seguintes alterações:

•• Alterações já processadas no diploma modificado.

Art. 516. A Lei Complementar n. 123, de 14 de dezembro de 2006, passa a vigorar com as seguintes alterações:

•• Alterações já processadas no diploma modificado.

Art. 517. A Lei Complementar n. 123, de 14 de dezembro de 2006, passa a vigorar com as seguintes alterações:

•• Alterações já processadas no diploma modificado.

Art. 518. A Lei Complementar n. 123, de 14 de dezembro de 2006, passa a vigorar com as seguintes alterações:

•• Alterações já processadas no diploma modificado.

Art. 519. Os Anexos I a V da Lei Complementar n. 123, de 14 de dezembro de 2006, passam a vigorar com a redação dos Anexos XVIII a XXII desta Lei Complementar.

•• Alterações já processadas no diploma modificado.

Art. 520. A Lei Complementar n. 123, de 14 de dezembro de 2006, passa a vigorar acrescida do Anexo VII constante do Anexo XXIII desta Lei Complementar.

•• Alterações já processadas no diploma modificado.

....

Art. 522. A Lei n. 11.508, de 20 de julho de 2007, passa a vigorar com as seguintes alterações:

•• Alterações já processadas no diploma modificado.

....

Art. 533. A Lei n. 14.148, de 3 de maio de 2021, passa a vigorar com as seguintes alterações:

•• Alterações já processadas no diploma modificado.

....

Art. 535. A Lei Complementar n. 101, de 4 de maio de 2000, passa a vigorar com as seguintes alterações:

•• Alterações já processadas no diploma modificado.

....

Art. 538. A Lei n. 10.637, de 30 de dezembro de 2002, passa a vigorar com a seguinte redação:

•• Alterações já processadas no diploma modificado.

Art. 539. A Lei n. 10.833, de 29 de dezembro de 2003, passa a vigorar com a seguinte redação:

•• Alterações já processadas no diploma modificado.

Art. 540. Ficam revogados os seguintes dispositivos do art. 5.º da Lei n. 9.718, de 27 de dezembro de 1998:
I – incisos I e II do *caput*;
II – incisos I e II do § 4.º;
III – incisos I e II do § 4.º-A;
IV – incisos I e II do § 4.º-C;
V – inciso II do § 4.º-D;
VI – §§ 9.º, 13-A e 14-A; e
VII – §§ 21 e 22.

Art. 541. Fica revogado, a partir de 1.º de janeiro de 2025, o inciso VII do § 1.º do art. 13 da Lei Complementar n. 123, de 2006.

Art. 542. Ficam revogados a partir de 1.º de janeiro de 2027:
I – a alínea *b* do *caput* do art. 3.º da Lei Complementar n. 7, de 7 de setembro de 1970;
II – o art. 1.º da Lei Complementar n. 17, de 12 de dezembro de 1973;
III – os seguintes dispositivos da Lei Complementar n. 70, de 30 de dezembro de 1991:
a) os arts. 1.º a 6.º; e
b) os arts. 9.º e 10;
IV – a Lei n. 9.363, de 13 de dezembro de 1996;
V – os seguintes dispositivos da Lei n. 9.430, de 27 de dezembro de 1996:
a) os §§ 7 e 8.º do art. 64; e
b) o art. 66;
VI – os arts. 53 e 54 da Lei n. 9.532, de 10 de dezembro de 1997;
VII – os arts. 11-A a 11-C da Lei n. 9.440, de 14 de março 1997;
VIII – os arts. 1.º a 4.º da Lei n. 9.701, de 17 de novembro de 1998;
IX – os seguintes dispositivos da Lei n. 9.715, de 25 de novembro de 1998:
a) do art. 2.º:
1. o inciso I do *caput*; e
2. os §§ 1.º e 2.º;
b) o art. 3.º;
c) os arts. 5.º e 6.º;
d) os incisos I e II do *caput* do art. 8.º; e
e) os arts. 12 e 13;
X – os arts. 2.º a 8.º-B da Lei n. 9.718, de 27 de novembro de 1998;
XI – a Lei n. 10.147, de 21 de dezembro de 2000;
XII – os seguintes dispositivos da Medida Provisória n. 2.158-35, de 24 de agosto de 2001:
a) o art. 1.º;
b) os arts. 4.º e 5.º;
c) os arts. 12 a 18;
d) o art. 20;
e) o inciso I do art. 23;
f) os arts. 42 e 43; e
g) o art. 81;
XIII – a Lei n. 10.276, de 10 de setembro de 2001;
XIV – a Lei n. 10.312, de 27 de novembro de 2001;
XV – os seguintes dispositivos da Lei n. 10.336, de 19 de dezembro de 2001:
a) o art. 8.º; e
b) o art. 14;
XVI – os seguintes dispositivos da Lei n. 10.485, de 3 de julho de 2002:
a) os arts. 1.º a 3.º; e
b) os arts. 5.º e 6.º;
XVII – os arts. 2.º e 3.º da Lei n. 10.560, de 13 de novembro de 2002;
XVIII – os seguintes dispositivos da Lei n. 10.637, de 30 de dezembro de 2002:
a) os arts. 1.º a 5.º-A;
b) os arts. 7.º e 8.º;
c) os arts. 10 a 12;
d) o art. 32; e
e) o art. 47;
XIX – a Lei n. 10.676, de 22 de maio de 2003;
XX – os arts. 17 e 18 da Lei n.10.684, de 30 de maio de 2003;
XXI – os seguintes dispositivos da Lei n. 10.833, de 29 de dezembro de 2003:
a) os arts. 1.º a 16;
b) o art. 25;
c) o § 1.º do art. 31;
d) os arts. 49 e 50;
e) o art. 52;
f) o art. 55;
g) os arts. 57 e 58; e
h) o art. 91;
XXII – o § 4.º do art. 5.º da Lei n. 10.848, de 15 de março de 2004;
XXIII – os seguintes dispositivos da Lei n. 10.865, de 30 de abril de 2004:
a) os arts. 1.º a 20;
b) os arts. 22 e 23;
c) os arts. 27 a 31;
d) o art. 34;
e) os arts. 36 a 38;
f) os arts. 40 e 40-A; e
g) o art. 42;
XXIV – o art. 4.º da Lei n. 10.892, de 13 de julho de 2004;
XXV – os seguintes dispositivos da Lei n. 10.925, de 23 de julho de 2004:
a) o art. 1.º;
b) os arts. 7.º a 9.º-A; e
c) os arts. 13 a 15;
XXVI – os seguintes dispositivos da Lei n. 10.931, de 2 de agosto de 2004:
a) os incisos II e IV do *caput* do art. 4.º; e
b) do art. 8.º:
1. os incisos I e II do *caput*; e
2. os incisos I e II do parágrafo único;
XXVII – os arts. 2.º a 5.º da Lei n. 10.996, de 15 de dezembro de 2004;
XXVIII – os seguintes dispositivos da Lei n. 11.033, de 21 de dezembro de 2004:
a) o § 2.º do art. 14; e
b) o art. 17;
XXIX – os seguintes dispositivos da Lei n. 11.051, de 29 de dezembro de 2004:
a) o art. 2.º;
b) os arts. 7.º a 10; e
c) os arts. 30 e 30-A;
XXX – o inciso II do § 3.º e o § 12 do art. 6.º da Lei n. 11.079, de 30 de dezembro de 2004;
XXXI – o inciso I do art. 50-A da Lei n. 11.101, de 9 de fevereiro de 2005;
XXXII – os incisos III e IV do *caput* do art. 8.º da Lei n. 11.096, de 13 de janeiro de 2005;
XXXIII – da Lei n. 11.116, de 18 de maio de 2005:
a) arts. 3.º a 9.º; e
b) o art. 16;
XXXIV – os seguintes dispositivos da Lei n. 11.196, de 21 de novembro de 2005:
a) os arts. 4.º a 6.º;
b) os §§ 1.º, 3.º e 5.º do art. 8.º;
c) o art. 9.º;
d) os arts. 12 a 16;
e) os arts. 28 a 30;
f) do art. 31:
1. o inciso II do *caput*; e
2. o § 7.º;
g) os arts. 41 a 51;
h) os arts. 55 a 59;
i) os arts. 62 a 65;
j) o art. 109; e
k) o § 4.º do art. 110;
XXXV – o art. 10 da Lei n. 11.371, de 28 de novembro de 2006;
XXXVI – os seguintes dispositivos da Lei Complementar n. 123, de 14 de dezembro de 2006:
a) os incisos IV e V do art. 13;
b) o parágrafo único do art. 22;
c) o inciso IV do § 4.º do art. 23;
d) as alíneas *b* e *c* do inciso V do § 3.º do art. 18-A; e
e) os arts. 19 e 20;
f) o § 15-A do art. 18;
g) os §§ 3.º a 5.º do art. 25;
h) do art. 38:
1. o inciso II do *caput*; e
2. o § 6.º;
i) os incisos I e II do § 4.º do art. 41;
XXXVII – os seguintes dispositivos da Lei n. 11.484, de 31 de maio de 2007:
a) os incisos I e II do *caput* do art. 3.º;
b) a Seção II à Seção V do Capítulo II;
c) o inciso I do § 2.º do art. 4.º-B; e
d) o art. 21;
XXXVIII – os seguintes dispositivos da Lei n. 11.488, de 15 de junho de 2007:
a) os incisos I e II do *caput* do art. 3.º; e
b) os incisos I e II do *caput* do art. 4.º;
c) o art. 6.º;
XXXIX – os seguintes dispositivos da Lei n. 11.508, de 20 de julho de 2007:
a) os incisos III a VI do *caput* do art. 6.º-A;

b) os incisos III a VI do *caput* do art. 6.º-B;
c) o art. 6.º-D; e
d) o inciso II do art. 6.º-H;
XL – os seguintes dispositivos da Lei n. 11.727, de 23 de junho de 2008:
a) os arts. 5.º a 7.º;
b) os arts. 9 a 12;
c) os arts. 14 a 16;
d) os arts. 24 e 25; e
e) o art. 33;
XLI – os arts. 1.º e 2.º da Lei n. 11.774, de 17 de setembro de 2008;
XLII – a Lei n. 11.828, de 20 de novembro de 2008;
XLIII – os seguintes dispositivos da Lei n. 11.898, de 8 de janeiro de 2009:
a) os incisos III e IV do *caput* do art. 9.º; e
b) os incisos III e IV do § 1.º do art. 10;
XLIV – os seguintes dispositivos da Lei n. 11.945, de 4 de junho de 2009:
a) o § 2.º do art. 1.º;
b) o art. 5.º;
c) o inciso II do § 1.º do art. 12;
d) o art. 12-A; e
e) o art. 22;
XLV – o art. 4.º da Lei n. 12.024, de 27 de agosto de 2009;
XLVI – os arts. 32 a 37 da Lei n. 12.058, de 13 de outubro de 2009;
XLVII – o art. 4.º da Lei n. 12.096, de 24 de novembro de 2009;
XLVIII – os seguintes dispositivos da Lei n. 12.249, de 11 de junho de 2010:
a) os arts. 1.º a 14;
b) o § 8.º do art. 30;
c) do art. 31:
1. os incisos I e II do *caput;* e
2. o inciso I do § 1.º; e
d) o art. 32;
XLIX – os seguintes dispositivos da Lei n. 12.350, de 20 de dezembro de 2010:
a) os arts. 1.º a 29;
b) o inciso II do § 2.º do art. 30;
c) o § 2.º do art. 31; e
d) os arts. 54 a 57;
L – os seguintes dispositivos da Lei n. 12.431, de 24 de junho de 2011:
a) os arts. 16-A a 16-C; e
b) o art. 51;
LI – os seguintes dispositivos da Lei n. 12.546, de 14 de dezembro de 2011:
a) os arts. 1.º a .3.º; e
b) os arts. 47-A e 47-B;
LII – os seguintes dispositivos da Lei n.12.598, de 21 de março de 2012:
a) do art. 9.º:
1. os incisos I e II do *caput;*
2. o inciso I do § 1.º;
b) o art. 9.º-A;
c) o art. 10;
LIII – os seguintes dispositivos da Lei n. 12.599, de 23 de março de 2012:
a) os arts. 5.º a 7.º-A; e

b) do art. 14:
1. os incisos I e II do *caput;* e
2. o § 1.º;
LIV – os seguintes dispositivos da Lei n. 12.715, de 17 de setembro de 2012:
a) o inciso II do *caput* do art. 18;
b) os arts. 24 a 33;
c) o inciso I do § 7.º do art. 41; e
d) o art. 76;
LV – os seguintes dispositivos da Lei n. 12.794, de 2 de abril de 2013:
a) os arts. 5.º a 11; e
b) os arts. 14 a 17;
LVI – os seguintes dispositivos da Lei n. 12.839, de 9 de julho de 2013:
a) o art. 2.º; e
b) o art. 8.º;
LVII – os arts. 1.º a 3.º da Lei n. 12.859, de 10 de setembro de 2013;
LVIII – a Lei n. 12.860, de 11 de setembro de 2013;
LIX – os arts. 29 a 32 da Lei n. 12.865, de 9 de outubro de 2013;
LX – os seguintes dispositivos da Lei n. 12.973, de 13 de maio de 2014:
a) os arts. 56 e 57; e
b) o § 2.º do art. 69;
LXI – os seguintes dispositivos da Lei n. 13.043, de 13 de novembro de 2014:
a) a Seção VI do Capítulo I;
b) a Seção XVI do Capítulo I; e
c) o parágrafo único do art. 97;
LXII – os seguintes dispositivos da Lei n. 13.097, de 19 de janeiro de 2015:
a) os arts. 24 a 32;
b) o art. 34;
c) o art. 36;
d) o art. 147; e
e) o art. 153;
LXIII – o art. 8.º da Lei n. 13.169, de 6 de outubro de 2015;
LXIV – os seguintes dispositivos da Lei n. 13.586, de 28 de dezembro de 2017:
a) do art. 5.º:
1. os incisos III e IV do § 1.º; e
2. o § 5.º; e
b) do art. 6.º:
1. os incisos III a VI do § 1.º;
2. o inciso I do § 3.º; e
3. o inciso I do § 9.º;
LXV – o inciso II do § 12 do art. 11 da Lei n. 13.988, de 14 de abril de 2020;
LXVI – os incisos I e II do *caput* do art. 4.º da Lei n. 14.148, de 3 de maio de 2021;
LXVII – os arts. 31 e 32 da Lei n. 14.193, de 6 de agosto de 2021;
LXVIII – os incisos III e IV do art. 13 da Lei n. 14.301, de 7 de janeiro de 2022;
LXIX – o art. 4.º da Lei n. 14.374, de 21 de junho de 2022;
LXX – os arts. 9.º a 9.º-B da Lei Complementar n. 192, de 11 de março de 2022; e
LXXI – os arts. 2.º a 5.º da Lei n. 14.592, de 30 de maio de 2023.

Art. 543. Ficam revogados a partir de 1.º de janeiro de 2033:
I – o Decreto-lei n. 406, de 31 de dezembro de 1968;
II – os seguintes dispositivos da Lei Complementar n. 24, de 7 de janeiro de 1975:
a) os arts. 1.º a 12; e
b) os arts. 14 e 15;
III – a Lei Complementar n. 87, de 13 de setembro de 1996;
IV – a Lei Complementar n. 116, de 31 de julho de 2003;
V – os seguintes dispositivos da Lei Complementar n. 123, de 2006:
a) do art. 13:
1. os incisos VII e VIII do *caput;*
2. os incisos XIII e XIV do § 1.º; e
3. o inciso II do § 6.º;
b) do art. 18:
1. o § 5.º-E;
2. os §§ 14, 17, 17-A, 22-A e 23;
c) a alínea *e* do inciso V do § 3.º do art. 18-A;
d) os §§ 4.º e § 4-A do art. 21;
e) o art. 21-B;
f) os incisos I e II do *caput* do art. 22;
g) o § 5.º do art. 23;
h) os §§ 12 a 14 do art. 26;
i) o inciso V do § 5.º do art. 41;
j) inciso II do § 4.º do art. 65;
VI – a Lei Complementar n. 160, de 7 de agosto de 2017; e
VII – a Lei Complementar n. 192, de 11 de março de 2022.

Art. 544. Esta Lei Complementar entra em vigor na data de sua publicação, produzindo efeitos:
I – a partir do primeiro dia do quarto mês subsequente ao da sua publicação, em relação aos arts. 537 a 540;
II – a partir de 1.º de janeiro de 2025, em relação aos arts. 35, 58, *caput,* 60, § 3.º, 62, 266, 317, 403, 480 a 484, 516 e 541;
III – a partir de 1.º de janeiro de 2027, em relação aos arts. 450, exceto os §§ 1.º e 5.º, 461, 467, 499, 500, 502, 504 a 507, 509 a 515, 517, 519 a 534 e 542;
IV – a partir de 1.º de janeiro de 2029, em relação aos arts. 446, 447, 449, 450, §§ 1.º e 5.º, 464, 465 e 474;
V – a partir de 1.º de janeiro de 2033, em relação aos arts. 518 e 543; e
VI – a partir de 1.º de janeiro de 2026, em relação aos demais dispositivos.
Brasília, 16 de janeiro de 2025; 204.º da Independência e 137.º da República.

Luiz Inácio Lula da Silva

ÍNDICE ALFABÉTICO DA LEGISLAÇÃO COMPLEMENTAR

AÇÃO DECLARATÓRIA DE CONSTITUCIONALIDADE
– processo e julgamento: Lei n. 9.868, de 10-11-1999

AÇÃO DIRETA DE INCONSTITUCIONALIDADE
– processo e julgamento: Lei n. 9.868, de 10-11-1999

ACORDOS OU TRANSAÇÕES
– acordo terminativo de litígio contra a Fazenda Pública; covid 19: Lei n. 14.057, de 11-9-2020
– pagamento com desconto de precatórios federais; covid 19: Lei n. 14.057, de 11-9-2020

ADMINISTRAÇÃO TRIBUTÁRIA
– formas de melhoria: Lei n. 7.711, de 22-12-1988

ANO CIVIL
– definição: Lei n. 810, de 6-9-1949

ARCABOUÇO FISCAL
– Lei Complementar n. 200, de 30-8-2023

ARGUIÇÃO DE DESCUMPRIMENTO DE PRECEITO FUNDAMENTAL
– processo e julgamento: Lei n. 9.882, de 3-12-1999

ARRENDAMENTO MERCANTIL
– tratamento tributário: Lei n. 6.099, de 12-9-1974

ATIVIDADE AUDIOVISUAL
– contribuição para o desenvolvimento da indústria cinematográfica nacional – CONDECINE: Medida Provisória n. 2.228-1, de 6-9-2001

ATIVOS FINANCEIROS
– tratamento tributário: Lei n. 7.766, de 11-5-1989

ATIVOS VIRTUAIS
– serviços de; regulamentação: Lei n. 14.478, de 21-12-2022

AUTOCOMPOSIÇÃO E MEDIAÇÃO
– Lei n. 13.140, de 26-6-2015

AUTORREGULARIZAÇÃO INCENTIVADA DE TRIBUTOS
– administrados pela Secretaria Especial da Receita Federal do Brasil: Lei n. 14.740, de 29-11-2023

BEM DE FAMÍLIA
– impenhorabilidade: Lei n. 8.009, de 29-3-1990

BENEFÍCIOS FISCAIS
– pessoa jurídica: arts. 43 e 44 da Lei n. 14.973, de 16-9-2024

CADASTRO INFORMATIVO DE CRÉDITOS NÃO QUITADOS
– disposições sobre o: Lei n. 10.522, de 19-7-2002

CADIN
– disposições: Lei n. 10.522, de 19-7-2002

CALAMIDADE PÚBLICA
– dívida; postergação de pagamento; redução de taxas de juros contratuais; entes federativos afetados por calamidade pública: Lei Complementar n. 206, de 16-5-2024
– reconhecimento do estado de: Decreto legislativo n. 6, de 20-3-2020

CÂMARA DE COMÉRCIO EXTERIOR
– disposições: Decreto n. 11.428, de 2-3-2023

CERTIDÃO DE QUITAÇÃO DE TRIBUTOS
– regulamenta a: Decreto-lei n. 1.715, de 22-11-1979

CERTIDÕES
– expedição para a defesa de direitos e esclarecimentos de situações: Lei n. 9.051, de 18-5-1995

CIDADANIA
– gratuidade dos atos necessários ao seu exercício: Lei n. 9.265, de 12-2-1996

COBRANÇA EXECUTIVA
– de débitos fixados em acórdãos do Tribunal de Contas da União: Lei n. 6.822, de 22-9-1980

CÓDIGO DE ÉTICA E DISCIPLINA DA OAB
– disposições

CÓDIGO PENAL
– dispositivos: Decreto-lei n. 2.848, de 7-12-1940

CÓDIGO TRIBUTÁRIO NACIONAL
– adaptações à Lei de Falências e Recuperação de Empresas: Lei Complementar n. 118, de 9-2-2005

COMÉRCIO EXTERIOR
– facilitação do; licenças, autorizações e exigências administrativas para importações ou exportações: Lei n. 14.195, de 26-8-2021

COMPENSAÇÃO DE CRÉDITOS
– tributários; créditos do sujeito passivo decorrentes de restituição ou ressarcimento de tributos: Decreto n. 2.138, de 29-1-1997

COMPENSAÇÃO TRIBUTÁRIA
– inadimplência; instituições financeiras: Lei n. 14.467, de 16-11-2022

CONSELHO ADMINISTRATIVO DE RECURSOS FISCAIS
– empate na votação: Lei n. 14.689, de 20-9-2023

CONSELHO DE CONTROLE DE ATIVIDADES FINANCEIRAS – COAF
– criação: Lei n. 9.613, de 3-3-1998
– disposições: Lei n. 13.974, de 7-1-2020

CONSÓRCIO SIMPLES
– constituição por microempresas e empresas de pequeno porte: Decreto n. 6.451, de 12-5-2008

CONSULTA
– em matéria tributária; processo: Decreto n. 70.235, de 6-3-1972, arts. 46 a 58
– em matéria tributária; processo: Lei n. 9.430, de 27-12-1996

CONSUMIDOR
– esclarecimentos ao; regulamento: Decreto n. 8.264, de 5-6-2014
– medidas de esclarecimento ao: Lei n. 12.741, de 8-12-2012

CONTRIBUIÇÃO
– social sobre o lucro líquido; regras de preços de transferência: Lei n. 14.596, de 14-6-2023
– social; sobre o lucro das pessoas jurídicas: Lei n. 7.689, de 15-12-1988

CONTRIBUIÇÃO DE INTERVENÇÃO NO DOMÍNIO ECONÔMICO (CIDE)
– incidente sobre a importação e a comercialização de petróleo e seus derivados, gás natural e seus derivados e álcool etílico combustível; instituição: Lei n. 10.336, de 19-12-2001

CONTRIBUIÇÃO DE MELHORIA
– Decreto-lei n. 195, de 24-2-1967

CONTRIBUIÇÃO PARA FINANCIAMENTO DA SEGURIDADE SOCIAL – COFINS
– alíquotas de contribuição: Decreto n. 8.426, de 1.º-4-2015
– alíquotas de contribuição; redução: Lei n. 14.592, de 30-5-2023
– devida por pessoa jurídica de direito privado: Lei n. 9.718, de 27-11-1998
– disposições: Lei n. 10.833, de 29-12-2003
– disposições: Lei n. 10.865, de 30-4-2004
– instituição: Lei Complementar n. 70, de 30-12-1991

CONTRIBUIÇÃO PARA O DESENVOLVIMENTO DA INDÚSTRIA CINEMATOGRÁFICA NACIONAL – CONDECINE
– instituição: Medida Provisória n. 2.228-1, de 6-9-2001

CONTRIBUIÇÃO PARA OS PROGRAMAS DE INTEGRAÇÃO SOCIAL E DE FORMAÇÃO DO PATRIMÔNIO DO SERVIDOR PÚBLICO
– disposições: Lei n. 10.865, de 30-4-2004

CONTRIBUIÇÃO SOCIAL
– base de cálculo; disposições: Lei n. 9.065, de 20-6-1995
– devida pelo empregador; instituição: Lei Complementar n. 110, de 29-6-2001
– devida pelo empregador; regulamentação: Decreto n. 3.914, de 11-9-2001

- sobre lucro das pessoas jurídicas: Lei n. 7.689, de 15-12-1988
- sobre o lucro das pessoas jurídicas; instituições financeiras; elevação: Lei Complementar n. 70, de 30-12-1991
- sobre o lucro líquido – CSLL: Lei n. 9.249, de 26-12-1995
- sobre o lucro líquido; despesas financeiras: Lei n. 9.779, de 19-1-1999
- sobre o lucro líquido; isenção: Lei n. 10.426, de 24-4-2002, art. 5.º

CONTRIBUIÇÃO SOCIAL SOBRE BENS E SERVIÇOS – CBS
- Lei Complementar n. 214, de 16-1-2025

CONTRIBUIÇÕES
- de intervenção no domínio econômico; importação e comercialização de petróleo: Lei n. 10.336, de 19-12-2001
- PIS/PASEP: Lei n. 10.865, de 30-4-2004
- política nacional do cinema: Medida Provisória n. 2.228-1, de 6-9-2001
- seguridade social; alíquotas: Lei Complementar n. 70, de 30-12-1991
- seguridade social; legislação tributária federal; alteração: Lei n. 9.430, de 27-12-1996
- sociais: Decreto n. 3.914, de 11-9-2001

CONTRIBUINTES
- identificação para fins fiscais: Lei n. 8.021, de 12-4-1990

CONTROLADORIA-GERAL DA UNIÃO
- requisição de informações protegidas pelo sigilo fiscal: Decreto n. 10.209, de 22-1-2020

CONVENÇÃO INTERNACIONAL SOBRE OS DIREITOS DAS PESSOAS COM DEFICIÊNCIA
- Decreto n. 6.949, de 25-9-2009

CONVÊNIO DE REMISSÃO, ISENÇÕES E BENEFÍCIOS FISCAIS
- entre Estados e Distrito Federal: Lei Complementar n. 160, de 7-8-2017

CORONAVÍRUS (COVID 19)
- ações emergenciais destinadas ao setor de eventos: Lei n. 14.148, de 3-5-2021
- reconhecimento do estado de calamidade pública: Decreto legislativo n. 6, de 20-3-2020

CORREÇÃO MONETÁRIA
- aplicação nos débitos oriundos de decisão judicial: Lei n. 6.899, de 8-4-1981

CORRETORAS DE CRIPTOATIVOS
- prestação de serviços de ativos virtuais; regulamentação: Lei n. 14.478, de 21-12-2022

CRÉDITOS LÍQUIDOS
- procedimento de oferta; decorrentes de decisão judicial transitada em julgado: Decreto n. 11.249, de 9-11-2022

CRÉDITO TRIBUTÁRIO
- compensação: Decreto n. 2.138, de 29-1-1997
- compensação: Lei n. 10.637, de 30-12-2002

- da União; alteração da legislação reguladora: Lei n. 8.748, de 9-12-1993
- extinção: Lei Complementar n. 118, de 9-2-2005
- extinção; transação resolutiva de litígio: Lei n. 13.988, de 14-4-2020

CRIMES CONTRA A ORDEM TRIBUTÁRIA
- comunicação ao Ministério Público: Decreto n. 325, de 1.º-11-1991
- define: Lei n. 8.137, de 27-12-1990
- "lavagem" ou ocultação de bens e dinheiros: Lei n. 9.613, de 3-3-1998

CRIMES DE "LAVAGEM" DE DINHEIRO
- ou ocultação de bens, direitos e valores: Lei n. 9.613, de 3-3-1998

CRIPTOMOEDA
- ativos virtuais; regulamentação: Lei n. 14.478, de 21-12-2022

CUSTAS JUDICIAIS
- devidas no âmbito do STJ: Lei n. 11.636, de 28-12-2007

DÉBITOS
- cobrança executiva: Lei n. 6.822, de 22-9-1980

DÉBITOS FISCAIS
- Programa de Recuperação Fiscal – REFIS; parcelamento e vedações: Lei n. 10.189, de 14-2-2001

DEPÓSITOS DE TRIBUTOS
- judiciais e administrativos em dinheiro referentes a processos judiciais ou administrativos: Lei Complementar n. 151, de 5-8-2015
- judiciais e extrajudiciais: arts. 35 a 39 da Lei n. 14.973, de 16-9-2024

DESPACHANTES ADUANEIROS
- alterações da legislação aduaneira: Decreto-lei n. 2.472, de 1.º-9-1988

DESPORTO
- incentivos e benefícios fiscais para o fomentador: Lei n. 11.438, de 29-12-2006

DIREITO BRASILEIRO
- Lei de Introdução ao: Decreto-lei n. 4.657, de 4-9-1942
- regulamento: Decreto n. 9.830, de 10-6-2019

DIREITO FINANCEIRO
- normas gerais: Lei n. 4.320, de 17-3-1964

DISTRITO FEDERAL
- convênio de remissão, isenções e benefícios fiscais: Lei Complementar n. 160, de 7-8-2017
- disposições sobre o Imposto sobre Operações Relativas à Circulação de Mercadorias: Lei Complementar n. 87, de 13-9-1996
- disposições sobre o Imposto sobre Serviços de Qualquer Natureza: Lei Complementar n. 116, de 31-7-2003
- entrega das quotas de participação do: Lei n. 8.016, de 8-4-1990
- fundos de participação: Lei Complementar n. 62, de 28-12-1989

- participação no produto da arrecadação do IPI: Lei Complementar n. 61, de 26-12-1989
- regime de recuperação fiscal; instituição: Lei Complementar n. 159, de 19-5-2017

DÍVIDA ATIVA
- Lei n. 6.830, de 22-9-1980

DOCUMENTOS FISCAIS
- emissão de: Lei n. 8.846, de 21-1-1994
- medidas de esclarecimento ao consumidor: Lei n. 12.741, de 8-12-2012

EMENDAS PARLAMENTARES
- lei orçamentária anual; proposição e execução: Lei Complementar n. 210, de 25-11-2024

EMPREENDEDORISMO
- inovador; Marco Legal das *Startups*: Lei Complementar n. 182, de 1.º-6-2021

EMPRESA DE PEQUENO PORTE
- disposições: Lei Complementar n. 123, de 14-12-2006

EMPRESA SIMPLES DE CRÉDITO
- empréstimo, financiamento e desconto de títulos de crédito: Lei Complementar n. 167, de 24-4-2019

ENTIDADES BENEFICENTES
- imunidades tributárias: Lei Complementar n. 187, de 17-12-2021

ESTADO DE CALAMIDADE PÚBLICA
- dívida; postergação de pagamento; redução de taxas de juros contratuais; entes federativos afetados por calamidade pública: Lei Complementar n. 206, de 16-5-2024
- reconhecimento: Decreto Legislativo n. 6, de 20-3-2020

ESTADOS
- convênio de remissão, isenções e benefícios fiscais: Lei Complementar n. 160, de 7-8-2017
- disposições sobre o Imposto sobre Operações Relativas à Circulação de Mercadorias: Lei Complementar n. 87, de 13-9-1996
- entrega das quotas de participação dos: Lei n. 8.016, de 8-4-1990
- fundos de participação: Lei Complementar n. 62, de 28-12-1989
- impostos de sua competência; transferência: Lei Complementar n. 63, de 11-1-1990
- participação no produto da arrecadação do IPI: Lei Complementar n. 61, de 26-12-1989
- regime de recuperação fiscal; instituição: Lei Complementar n. 159, de 19-5-2017

ESTATUTO DA ADVOCACIA E DA ORDEM DOS ADVOGADOS DO BRASIL – OAB
- Lei n. 8.906, de 4-7-1994

ESTATUTO NACIONAL DA MICROEMPRESA E DA EMPRESA DE PEQUENO PORTE
- Lei Complementar n. 123, de 14-12-2006

ESTATUTO NACIONAL DE SIMPLIFICAÇÃO DE OBRIGAÇÕES TRIBUTÁRIAS ACESSÓRIAS
– institui: Lei Complementar n. 199, de 1.º-8-2023

EXECUÇÃO FISCAL
– Lei de: Lei n. 6.830, de 22-9-1980

EXPORTAÇÃO
– alteração da legislação aduaneira: Decreto-lei n. 2.472, de 1.º-9-1988

FALÊNCIA
– adaptações do Código Tributário Nacional à: Lei Complementar n. 118, de 9-2-2005
– atualização da legislação referente à: Lei n. 14.112, de 24-12-2020
– Lei de; dispositivos: Lei n. 11.101, de 9-2-2005

FAZENDA PÚBLICA
– cobrança judicial da Dívida Ativa da: Lei n. 6.830, de 22-9-1980
– prescrição das ações contra a: Decreto-lei n. 4.597, de 19-8-1942

FINANÇAS PÚBLICAS
– disposições: Lei n. 4.320, de 17-3-1964
– responsabilidade na gestão fiscal: Lei Complementar n. 101, de 4-5-2000

FINSOCIAL
– instituição: Decreto-lei n. 1.940, de 25-5-1982

FUNCIONÁRIO PÚBLICO
– *Vide* também CRIMES CONTRA A ORDEM TRIBUTÁRIA
– representação: Decreto n. 325, de 1.º-11-1991

FUNDO DE INVESTIMENTO SOCIAL
– instituição: Decreto-lei n. 1.940, de 25-5-1982

FUNDO DE PARTICIPAÇÃO DOS MUNICÍPIOS
– criação da Reserva: Decreto-lei n. 1.881, de 27-8-1981
– fixação de coeficientes: Lei Complementar n. 91, de 22-12-1997

FUNDOS DE FINANCIAMENTO
– multa: Lei n. 10.755, de 3-11-2003

FUNDOS DE INVESTIMENTO
– tributação de aplicações em: Lei n. 14.754, de 12-12-2023

FUNDOS DE PARTICIPAÇÃO
– arrecadação de impostos; competência dos Estados: Lei Complementar n. 63, de 11-1-1990
– cálculo, entrega e controle da liberação dos recursos dos: Lei Complementar n. 62, de 28-12-1989
– dos Municípios; reserva: Decreto-lei n. 1.881, de 27-8-1981
– fixação de coeficientes: Lei Complementar n. 91, de 22-12-1997

HABEAS DATA
– rito processual: Lei n. 9.507, de 12-11-1997

ICMS E ISS
– convênios: Lei Complementar n. 24, de 7-1-1975
– disposições: Decreto-lei n. 406, de 31-12-1968
– disposições: Lei Complementar n. 116, de 31-7-2003
– transporte interestadual e intermunicipal: Lei Complementar n. 87, de 13-9-1996

IDENTIFICAÇÃO DO CONTRIBUINTE
– para fins fiscais: Lei n. 8.021, de 12-4-1990

IMPORTAÇÃO
– alteração da legislação aduaneira: Decreto-lei n. 2.472, de 1.º-9-1988
– multa em operações de: Lei n. 10.755, de 3-11-2003

IMPOSTO DE EXPORTAÇÃO
– Regime jurídico: Decreto-lei n. 1.578, de 11-10-1977
– regime jurídico; alterações: Lei n. 9.716, de 26-11-1998

IMPOSTO DE IMPORTAÇÃO
– e rendimentos obtidos no mercado de capitais (*day-trade*): Lei n. 9.959, de 27-1-2000
– isenção ou redução de: Lei n. 8.032, de 12-4-1990
– legislação aduaneira: Decreto-lei n. 2.472, de 1.º-9-1988
– regime jurídico: Decreto-lei n. 37, de 18-11-1966

IMPOSTO DE RENDA
– alterações: Lei n. 7.713, de 22-12-1988
– alterações: Lei n. 8.383, de 30-12-1991
– alterações: Lei n. 8.850, de 28-1-1994
– alterações: Lei n. 9.779, de 19-1-1999
– alterações: Lei n. 8.981, de 20-1-1995
– alterações: Lei n. 9.065, de 20-6-1995
– alterações: Lei n. 9.249, de 26-12-1995
– alterações: Lei n. 9.250, de 26-12-1995
– alterações: Lei n. 9.316, de 22-11-1996
– alterações: Lei n. 9.430, de 27-12-1996
– alterações: Lei n. 9.532, de 10-12-1997
– alterações: Lei n. 9.718, de 27-11-1998
– alterações: Lei n. 10.451, de 10-5-2002
– alterações: Lei n. 11.482, de 31-5-2007
– dedução; atividade desportiva: Lei n. 11.438, de 29-12-2006
– e contribuição social sobre o lucro; empresa jurídica: Medida Provisória n. 2.159-70, de 24-8-2001
– emissão de documentos fiscais: Lei n. 8.846, de 21-1-1994
– pessoas jurídicas; regras de preços de transferência: Lei n. 14.596, de 14-6-2023
– plano de benefícios: Lei n. 11.053, de 29-12-2004
– incidência sobre ganhos líquidos em operações realizadas no mercado à vista de bolsa de valores: Lei n. 10.426, de 24-4-2002
– incidência sobre os rendimentos de beneficiários residentes ou domiciliados no exterior: Decreto n. 6.761, de 5-2-2009

IMPOSTO SELETIVO
– arts. 409 a 435 da Lei Complementar n. 214, de 16-1-2025

IMPOSTO SOBRE A PROPRIEDADE TERRITORIAL RURAL – ITR
– disposições: alterações: Lei n. 9.393, de 19-12-1996
– fato gerador: Lei n. 8.850, de 28-1-1994
– regulamento: Decreto n. 4.382, de 19-9-2002 e Lei n. 11.250, de 27-12-2005
– lançamento e cobrança do: Decreto-lei n. 57, de 18-11-1966

IMPOSTO SOBRE BENS E SERVIÇOS – IBS
– administração: arts. 317 a 341 da Lei Complementar n. 214, de 16-1-2025

IMPOSTO SOBRE IMPORTAÇÃO
– multas; hipóteses: Lei n. 10.755, de 3-11-2003

IMPOSTO SOBRE OPERAÇÕES DE CRÉDITO, CÂMBIO E SEGURO OU RELATIVAS A TÍTULOS OU VALORES MOBILIÁRIOS – IOF
– alíquota nas operações de seguro: Lei n. 9.718, de 27-11-1998
– alíquotas: Decreto-lei n. 1.783, de 18-4-1980
– operações de mútuo; disposições: Lei n. 9.779, de 19-1-1999
– regime jurídico: Lei n. 5.143, de 20-10-1966
– regulamento: Decreto n. 6.306, de 14-12-2007

IMPOSTO SOBRE OPERAÇÕES RELATIVAS À CIRCULAÇÃO DE MERCADORIAS E SOBRE PRESTAÇÕES DE SERVIÇOS DE TRANSPORTE INTERESTADUAL E INTERMUNICIPAL E DE COMUNICAÇÃO – ICMS
– bens e serviços essenciais, para efeitos de incidência: Lei Complementar n. 194, de 23-6-2022
– convênios; isenção; disposições: Lei Complementar n. 24, de 7-1-1975
– estabelecimento de normas gerais de direito financeiro, aplicáveis a este tributo e ao imposto sobre serviços de qualquer natureza: Decreto-lei n. 406, de 31-12-1968
– Estados e Distrito Federal; disposições sobre o: Lei Complementar n. 87, de 13-9-1996

IMPOSTO SOBRE PRODUTOS INDUSTRIALIZADOS – IPI
– crédito presumido do: Lei n. 9.363, de 13-12-1996
– entrega das quotas de participação dos Estados e do Distrito Federal: Lei n. 8.016, de 8-4-1990
– normas para participação dos Estados e do Distrito Federal no produto da arrecadação do: Lei Complementar n. 61, de 26-12-1989

IMPOSTO SOBRE SERVIÇOS DE QUALQUER NATUREZA – ISS
– disposições; competência dos Municípios e Distrito Federal: Lei Complementar n. 116, de 31-7-2003
– estabelecimento de normas gerais de direito financeiro aplicáveis ao: Decreto-lei n. 406, de 31-12-1968

IMUNIDADES TRIBUTÁRIAS
– limitação ao poder de tributar da União: Lei Complementar n. 187, de 16-12-2021

INCORPORAÇÕES IMOBILIÁRIAS
– patrimônio de afetação; regime especial tributário; disposições: Lei n. 10.931, de 2-8-2004

INFORMATIZAÇÃO
– do processo judicial: Lei n. 11.419, de 19-12-2006

INSTITUIÇÕES FINANCEIRAS
– sigilo das operações: Lei Complementar n. 105, de 10-1-2001

ISSQN
– obrigação acessória de competência dos Municípios e do Distrito Federal: Lei Complementar n. 175, de 23-9-2020

JUIZADOS ESPECIAIS
– audiência; ofensa à dignidade da vítima ou de testemunhas; responsabilização civil, penal e administrativa: Lei n. 9.099, de 26-9-1995, art. 81, § 1.º-A
– cíveis e criminais: Lei n. 9.099, de 26-9-1995
– cíveis e criminais; âmbito da Justiça Federal: Lei n. 10.259, de 12-7-2001
– da Fazenda Pública: Lei n. 12.153, de 22-12-2009

LEGISLAÇÃO TRIBUTÁRIA
– alterações: Lei n. 8.981, de 20-1-1995
– alterações: Lei n. 9.065, de 20-6-1995
– alterações: Lei n. 9.430, de 27-12-1996
– alterações: Lei n. 9.532, de 10-12-1997
– alterações: Lei n. 9.718, de 27-11-1998
– alterações: Lei n. 10.451, de 10-5-2002
– alterações: Lei n. 10.637, de 30-12-2002
– alterações: Lei n. 10.833, de 29-12-2003
– alterações: Lei n. 10.996, de 15-12-2004
– alterações: Lei n. 11.196, de 21-11-2005
– alterações: Lei n. 12.973, de 13-5-2014

LEI DE EXECUÇÃO FISCAL
– Lei n. 6.830, de 22-9-1980

LEI DE FALÊNCIAS E RECUPERAÇÃO DE EMPRESAS
– adaptações do Código Tributário Nacional à: Lei Complementar n. 118, de 9-2-2005
– atualização da legislação referente à: Lei n. 14.112, de 24-12-2020
– dispositivos: Lei n. 11.101, de 9-2-2005

LEI DE INTRODUÇÃO
– ao Direito Brasileiro: Decreto-lei n. 4.657, de 4-9-1942
– regulamento: Decreto n. 9.830, de 10-6-2019

LEI DE RESPONSABILIDADE FISCAL
– Lei Complementar n. 101, de 4-5-2000

LEI ORGÂNICA DA SEGURIDADE SOCIAL
– Lei n. 8.212, de 24-7-1991

LIBERDADE ECONÔMICA
– declaração de direitos de: Lei n. 13.874, de 20-9-2019

LIVRE INICIATIVA
– garantias: Lei n. 13.874, de 20-9-2019

LIVRE MERCADO
– garantias: Lei n. 13.874, de 20-9-2019

MANDADO DE INJUNÇÃO
– individual e coletivo: Lei n. 13.300, de 23-6-2016

MANDADO DE SEGURANÇA
– Lei n. 12.016, de 7-8-2009

MARCO LEGAL DAS *STARTUPS*
– e do empreendedorismo inovador: Lei Complementar n. 182, de 1.º-6-2021

MEDIAÇÃO E AUTOCOMPOSIÇÃO
– Lei n. 13.140, de 26-6-2015

MEDIDA CAUTELAR FISCAL
– procedimento: Lei n. 8.397, de 6-1-1992

MEDIDAS CAUTELARES
– concedidas contra atos do Poder Público: Lei n. 8.437, de 30-6-1992

MERCADO FINANCEIRO
– tributação: Lei n. 11.033, de 21-12-2004

MICROEMPRESA
– Estatuto Nacional da: Lei Complementar n. 123, de 14-12-2006
– legislação tributária; alterações: Lei n. 10.426, de 24-4-2002

MINIRREFORMA TRIBUTÁRIA
– Lei n. 10.637, de 30-12-2002

MULTAS
– operações de importação: Lei n. 10.755, de 3-11-2003

MUNICÍPIOS
– disposições sobre o Imposto Sobre Serviços de Qualquer Natureza: Lei Complementar n. 116, de 31-7-2003
– Fundo de Participação: Decreto-lei n. 1.881, de 27-8-1981
– Fundo de Participação; fixação de coeficientes: Lei Complementar n. 91, de 22-12-1997
– fundos de participação: Lei Complementar n. 62, de 28-12-1989
– impostos pertencentes aos; transferência: Lei Complementar n. 63, de 11-1-1990
– transação resolutiva de litígio: Lei Complementar n. 174, de 5-8-2020

NOTAS FISCAIS
– medidas de esclarecimento ao consumidor: Lei n. 12.741, de 8-12-2012

ORDEM DOS ADVOGADOS DO BRASIL – OAB
– Código de Ética
– Lei n. 8.906, de 4-7-1994

OURO
– tratamento tributário: Lei n. 7.766, de 11-5-1989

PARCELAMENTO DE DÉBITOS
– tributários nacionais: Lei n. 10.637, de 30-12-2002
– junto à Secretaria da Receita Federal, à Procuradoria-Geral da Fazenda Nacional e ao Instituto Nacional do Seguro Social: Lei n. 10.684, de 30-5-2003

PATRIMÔNIO DE AFETAÇÃO
– regime especial tributário do; disposições: Lei n. 10.931, de 2-8-2004

PESSOAS FÍSICAS
– imposto de renda; incidência mensal: Lei n. 9.250, de 26-12-1995

PESSOAS JURÍDICAS
– imposto de renda e contribuição social sobre lucro líquido: Lei n. 9.249, de 26-12-1995

PLANO REAL
– Sistema Monetário Nacional: Lei n. 9.069, de 29-6-1995

PLANO DE CUSTEIO
– seguridade social: Lei n. 8.212, de 24-7-1990

PLANO DE PROMOÇÃO DO EQUILÍBRIO FISCAL
– Lei Complementar n. 178, de 13-1-2021

PODER PÚBLICO
– cautelares concedidas contra atos do: Lei n. 8.437, de 30-6-1992

PRAZOS JUDICIAIS
– Lei n. 1.408, de 9-8-1951

PRESCRIÇÃO
– ação punitiva pela Administração Pública Federal: Lei n. 9.873, de 23-11-1999
– contra a Fazenda Pública: Decreto-lei n. 4.597, de 19-8-1942

PROCESSO ADMINISTRATIVO
– normas básicas: Lei n. 9.784, de 29-1-1999

PROCESSO ADMINISTRATIVO FISCAL
– administração tributária; melhoria: Lei n. 7.711, de 22-12-1988
– disposições: Decreto n. 70.235, de 6-3-1972
– disposições: Lei n. 8.748, de 9-12-1993
– interposição de recurso voluntário; regulamento: Decreto n. 4.523, de 17-12-2002
– votação no CARF: Lei n. 14.689, de 20-9-2023

PROCESSO DE CONSULTA
– em matéria tributária: Decreto n. 70.235, de 6-3-1972, arts. 46 a 58
– em matéria tributária; disposições: Lei n. 9.430, de 27-12-1996, arts. 48 a 50

PROCESSO DE CRÉDITO TRIBUTÁRIO
– regulamentação: Decreto n. 7.574, de 29-9-2011

PROCESSO JUDICIAL
– informatização: Lei n. 11.419, de 19-12-2006

PROGRAMA DE ACOMPANHAMENTO E TRANSPARÊNCIA FISCAL
– instituição: Lei Complementar n. 178, de 13-1-2021

PROGRAMA DE FORMAÇÃO DO PATRIMÔNIO DO SERVIDOR PÚBLICO – PASEP
– alíquotas de contribuição: Decreto n. 8.426, de 1.º-4-2015
– alíquotas de contribuição; redução: Lei n. 14.592, de 30-5-2023
– contribuição devida por pessoa jurídica de direito privado: Lei n. 9.718, de 27-11-1998
– instituição: Lei Complementar n. 8, de 3-12-1970
– incidência sobre a importação de bens e serviços: Lei n. 10.865, de 30-4-2004
– não cumulatividade na cobrança: Lei n. 10.637, de 30-12-2002

PROGRAMA DE INTEGRAÇÃO SOCIAL – PIS
– alíquotas de contribuição: Decreto n. 8.426, de 1.º-4-2015
– alíquotas de contribuição; redução: Medida Provisória n. 1.147, de 20-12-2022
– contribuição devida por pessoa jurídica de direito privado: Lei n. 9.718, de 27-11-1998
– disposições: Lei Complementar n. 17, de 12-12-1973
– incidência sobre a importação de bens e serviços: Lei n. 10.865, de 30-4-2004
– instituição: Lei Complementar n. 7, de 7-9-1970
– não cumulatividade de cobrança: Lei n. 10.637, de 30-12-2002

PROGRAMA DE RECUPERAÇÃO FISCAL – REFIS
– e débitos fiscais; disposições e condições para participação: Lei n. 9.964, de 10-4-2000
– vedações e parcelamento: Lei n. 10.189, de 14-2-2001

PROGRAMA DE REESCALONAMENTO DO PAGAMENTO DE DÉBITOS NO ÂMBITO DO SIMPLES NACIONAL
– institui: Lei Complementar n. 193, de 17-3-2022

PROGRAMA DE REGULARIZAÇÃO TRIBUTÁRIA RURAL – PRR
– instituição: Lei n. 13.606, de 9-1-2018

PROGRAMA EMERGENCIAL DE RETOMADA DO SETOR DE EVENTOS (PERSE)
– institui: Lei n. 14.148, de 3-5-2021

PROGRAMA ESPECIAL DE REGULARIZAÇÃO TRIBUTÁRIA
– Lei n. 13.496, de 24-10-2017

PROGRAMA ESPECIAL DE REGULARIZAÇÃO TRIBUTÁRIA DAS MICROEMPRESAS E EMPRESAS DE PEQUENO PORTE
– optantes pelo Simples Nacional: Lei Complementar n. 162, de 6-4-2018

PROVA(S)
– documental: Lei n. 7.115, de 29-8-1983

RECEITAS FEDERAIS
– arrecadação e restituição: Decreto-lei n. 1.755, de 31-12-1979

– sistema de administração das: Lei n. 8.022, de 12-4-1990

RECUPERAÇÃO JUDICIAL E EXTRAJUDICIAL
– atualização da legislação referente à: Lei n. 14.112, de 24-12-2020

RECURSOS EM MOEDA ESTRANGEIRA
– operações de câmbio; registro de capitais estrangeiros: Lei n. 11.371, de 28-11-2006

REFIS
– disposições: Lei n. 10.189, de 14-2-2001

REFORMA TRIBUTÁRIA
– Regulamentação: Lei Complementar n. 214, de 16-1-2025

REGIME DE RECUPERAÇÃO FISCAL DOS ESTADOS E DO DISTRITO FEDERAL
– instituição: Lei Complementar n. 159, de 19-5-2017

REGIME ESPECIAL DE REGULARIZAÇÃO CAMBIAL E TRIBUTÁRIA
– instituição: Lei n. 13.254, de 13-1-2016
– prazos: Lei n. 13.428, de 30-3-2017

REGIME ESPECIAL UNIFICADO DE ARRECADAÇÃO DE TRIBUTOS
– devidos pelas microempresas e empresas de pequeno porte; transação resolutiva de litígio: Lei Complementar n. 174, de 5-8-2020

RESPONSABILIDADE
– civil, penal e administrativa; audiência; ofensa à dignidade da vítima ou de testemunhas: Lei n. 9.099, de 26-9-1995, art. 81, § 1.º-A

SALÁRIO-EDUCAÇÃO
– disposições: Lei n. 9.766, de 18-12-1998

SECRETARIA ESPECIAL DA RECEITA FEDERAL DO BRASIL
– autorregularização incentivada de tributos administrados pela: Lei n. 14.740, de 29-11-2023

SEGURIDADE SOCIAL
– contribuição social para financiamento da: Lei Complementar n. 70, de 30-12-1991
– definição: Lei n. 8.212, de 24-7-1991
– matéria tributária; disposições: Lei n. 9.430, de 27-12-1996
– parcelamento de débitos: Lei n. 10.684, de 30-5-2003

SERVIÇOS DE ATIVOS VIRTUAIS
– regulamentação: Lei n. 14.478, de 21-12-2022

SIGILO
– das operações de instituições financeiras: Lei Complementar n. 105, de 10-1-2001
– bancário: Decreto n. 3.724, de 10-1-2001

SIMPLES NACIONAL
– instituição: Lei Complementar n. 123, de 14-12-2006
– simples exportação; destinado às microempresas e empresas de pequeno porte optantes pelo: Decreto n. 8.870, de 5-10-2016

SISTEMA INTEGRADO DE RECUPERAÇÃO DE ATIVOS
– instituição: Lei n. 14.195, de 26-8-2021

SISTEMA FINANCEIRO NACIONAL
– crimes de "lavagem" ou ocultação de bens, direitos e valores: Lei n. 9.613, de 3-3-1998

SISTEMA MONETÁRIO NACIONAL
– Plano Real: Lei n. 9.069, de 29-6-1995

SONEGAÇÃO FISCAL
– definição: Lei n. 4.729, de 14-7-1965

STARTUPS
– Marco Legal: Lei Complementar n. 182, de 1.º-6-2021

SÚMULA VINCULANTE
– edição, revisão e cancelamento: Lei n. 11.417, de 19-12-2006
– súmulas:

SUPER-RECEITA
– disposições: Lei n. 11.457, de 16-3-2007

TAXA(S)
– de fiscalização dos mercados de títulos e valores mobiliários; instituição: Lei n. 7.940, de 20-12-1989

TÍTULOS E VALORES MOBILIÁRIOS
– instituição de taxa de fiscalização dos mercados: Lei n. 7.940, de 20-12-1989

TRANSAÇÃO
– acordo terminativo de litígio contra a Fazenda Pública; covid 19: Lei n. 14.057, de 11-9-2020
– pagamento com desconto de precatórios federais; covid 19: Lei n. 14.057, de 11-9-2020
– resolutiva de litígio tributário: Lei n. 13.988, de 14-4-2020

TRANSAÇÃO PENAL
– art. 76 da Lei n. 9.099, de 26-9-1995

TRANSAÇÃO RESOLUTIVA DE LITÍGIO
– extinção de créditos tributários: Lei Complementar n. 174, de 5-8-2020

TRIBUNAL DE CONTAS DA UNIÃO
– cobrança executiva dos débitos fixados em seus acórdãos: Lei n. 6.822, de 22-9-1980

TRIBUTOS FEDERAIS
– certidão de quitação: Decreto-lei n. 1.715, de 22-11-1979

TUTELA ANTECIPADA
– contra a Fazenda Pública: Lei n. 9.494, de 10-9-1997

UNIDADE FISCAL DE REFERÊNCIA – UFIR
– instituição: Lei n. 8.383, de 30-12-1991
– reajuste: Lei n. 8.981, de 20-1-1995
– reajuste: Lei n. 9.430, de 27-12-1996

VOTO DE QUALIDADE NO CARF
– Lei n. 14.689, de 20-9-2023

ZONAS DE EXPORTAÇÃO
– regime tributário, cambial e administrativo: Lei n. 11.508, de 20-7-2007

SÚMULAS DO SUPREMO TRIBUNAL FEDERAL

•• *As Súmulas aqui constantes (até a de n. 609) foram promulgadas antes da Constituição Federal de 1988, que mudou a competência do STF.*

1. É vedada a expulsão de estrangeiro casado com brasileira, ou que tenha filho brasileiro dependente da economia paterna.
2. Concede-se liberdade vigiada ao extraditando que estiver preso por prazo superior a sessenta dias.
3. A imunidade concedida a deputados estaduais é restrita à Justiça do Estado.
   •• Súmula superada pela Constituição Federal de 1988, que tornou aplicáveis, sem restrições, às Assembleias Legislativas dos Estados e do Distrito Federal, as normas sobre imunidades parlamentares dos integrantes do Congresso Nacional.
4. (*Cancelada.*)
5. A sanção do projeto supre a falta de iniciativa do Poder Executivo.
6. A revogação ou anulação, pelo Poder Executivo, de aposentadoria, ou qualquer outro ato aprovado pelo tribunal de contas, não produz efeitos antes de aprovada por aquele tribunal, ressalvada a competência revisora do Judiciário.
7. Sem prejuízo de recurso para o Congresso, não é exequível contrato administrativo a que o tribunal de contas houver negado registro.
8. Diretor de sociedade de economia mista pode ser destituído no curso do mandato.
9. Para o acesso de auditores ao Superior Tribunal Militar, só concorrem os de segunda entrância.
10. O tempo de serviço militar conta-se para efeito de disponibilidade e aposentadoria do servidor público estadual.
11. A vitaliciedade não impede a extinção do cargo, ficando o funcionário em disponibilidade, com todos os vencimentos.
12. A vitaliciedade do professor catedrático não impede o desdobramento da cátedra.
13. A equiparação de extranumerário a funcionário efetivo, determinada pela Lei n. 2.284, de 9-8-1954, não envolve reestruturação, não compreendendo, portanto, os vencimentos.
    • A Lei n. 2.284, de 9-8-1954, regula a estabilidade do pessoal extranumerário mensalista da União e das autarquias.
14. Não é admissível, por ato administrativo, restringir, em razão da idade, inscrição em concurso para cargo público.
    • Vide Súmula 683 do STF.
15. Dentro do prazo de validade do concurso, o candidato aprovado tem direito à nomeação quando o cargo for preenchido sem observância da classificação.
16. Funcionário nomeado por concurso tem direito à posse.
17. A nomeação de funcionário sem concurso pode ser desfeita antes da posse.
18. Pela falta residual não compreendida na absolvição pelo Juízo Criminal, é admissível a punição administrativa do servidor público.
19. É inadmissível segunda punição de servidor público, baseada no mesmo processo em que se fundou a primeira.
20. É necessário processo administrativo com ampla defesa, para demissão de funcionário admitido por concurso.
21. Funcionário em estágio probatório não pode ser exonerado nem demitido sem inquérito ou sem as formalidades legais de apuração de sua capacidade.
22. O estágio probatório não protege o funcionário contra a extinção do cargo.
23. Verificados os pressupostos legais para o licenciamento da obra, não o impede a declaração de utilidade pública para desapropriação do imóvel, mas o valor da obra não se incluirá na indenização quando a desapropriação for efetivada.
    • Desapropriação por utilidade pública: Decreto-lei n. 3.365, de 21-6-1941.
24. Funcionário interino substituto é demissível, mesmo antes de cessar a causa da substituição.
25. A nomeação a termo não impede a livre demissão pelo Presidente da República, de ocupante de cargo dirigente de autarquia.
26. Os servidores do instituto de aposentadoria e pensões dos industriários não podem acumular a sua gratificação bienal com o adicional de tempo de serviço previsto no estatuto dos funcionários civis da União.
27. Os servidores públicos não têm vencimentos irredutíveis, prerrogativa dos membros do Poder Judiciário e dos que lhes são equiparados.
28. O estabelecimento bancário é responsável pelo pagamento de cheque falso, ressalvadas as hipóteses de culpa exclusiva ou concorrente do correntista.
29. Gratificação devida a servidores do sistema fazendário não se estende aos dos tribunais de contas.
30. Servidores de coletorias não têm direito à percentagem pela cobrança de contribuições destinadas à Petrobras.
31. Para aplicação da Lei n. 1.741, de 22-11-1952, soma-se o tempo de serviço ininterrupto em mais de um cargo em comissão.
    • A Lei n. 1.741, de 22-11-1952, assegura, ao ocupante de cargo de caráter permanente e de provimento em comissão, o direito de continuar a perceber o vencimento do mesmo cargo.
32. Para aplicação da Lei n. 1.741, de 22-11-1952, soma-se o tempo de serviço ininterrupto em cargo em comissão e em função gratificada.
33. A Lei n. 1.741, de 22-11-1952, é aplicável às autarquias federais.
34. No Estado de São Paulo, funcionário eleito vereador fica licenciado por toda a duração do mandato.
35. Em caso de acidente do trabalho ou de transporte, a concubina tem direito de ser indenizada pela morte do amásio, se entre eles não havia impedimento para o matrimônio.
36. Servidor vitalício está sujeito à aposentadoria compulsória, em razão da idade.

37. Não tem direito de se aposentar pelo Tesouro Nacional o servidor que não satisfizer as condições estabelecidas na legislação do serviço público federal, ainda que aposentado pela respectiva instituição previdenciária, com direito, em tese, a duas aposentadorias.
38. Reclassificação posterior à aposentadoria não aproveita ao servidor aposentado.
39. À falta de lei, funcionário em disponibilidade não pode exigir, judicialmente, o seu aproveitamento, que fica subordinado ao critério de conveniência da administração.
40. A elevação da entrância da comarca não promove automaticamente o juiz, mas não interrompe o exercício de suas funções na mesma comarca.
41. Juízes preparadores ou substitutos não têm direito aos vencimentos da atividade fora dos períodos de exercício.
42. É legítima a equiparação de juízes do tribunal de contas, em direitos e garantias, aos membros do Poder Judiciário.
43. Não contraria a Constituição Federal o art. 61 da Constituição de São Paulo, que equiparou os vencimentos do Ministério Público aos da magistratura.
44. O exercício do cargo pelo prazo determinado na Lei n. 1.341, de 30-1-1951, art. 91, dá preferência para a nomeação interina de Procurador da República.
45. A estabilidade dos substitutos do Ministério Público Militar não confere direito aos vencimentos da atividade fora dos períodos de exercício.
46. Desmembramento de serventia de justiça não viola o princípio de vitaliciedade do serventuário.
47. Reitor de universidade não é livremente demissível pelo Presidente da República durante o prazo de sua investidura.
48. É legítimo o rodízio de docentes livres na substituição do professor catedrático.
49. A cláusula de inalienabilidade inclui a incomunicabilidade dos bens.
50. A lei pode estabelecer condições para a demissão de extranumerário.
51. Militar não tem direito a mais de duas promoções na passagem para a inatividade, ainda que por motivos diversos.
52. A promoção de militar, vinculada à inatividade, pode ser feita, quando couber, a posto inexistente no quadro.
53. A promoção de professor militar, vinculada à sua reforma, pode ser feita, quando couber, a posto inexistente no quadro.
54. A reserva ativa do magistério militar não confere vantagens vinculadas à efetiva passagem para a inatividade.
55. Militar da reserva está sujeito à pena disciplinar.
56. Militar reformado não está sujeito à pena disciplinar.
57. Militar inativo não tem direito ao uso do uniforme fora dos casos previstos em lei ou regulamento.
58. É válida a exigência de média superior a quatro para aprovação em estabelecimento de ensino superior, consoante o respectivo regimento.
59. Imigrante pode trazer, sem licença prévia, automóvel que lhe pertença desde mais de seis meses antes do seu embarque para o Brasil.
60. Não pode o estrangeiro trazer automóvel quando não comprovada a transferência definitiva de sua residência para o Brasil.

61. Brasileiro domiciliado no estrangeiro, que se transfere definitivamente para o Brasil, pode trazer automóvel licenciado em seu nome há mais de seis meses.
62. Não basta a simples estada no estrangeiro por mais de seis meses, para dar direito à trazida de automóvel com fundamento em transferência de residência.
63. É indispensável, para trazida de automóvel, a prova do licenciamento há mais de seis meses no país de origem.
64. É permitido trazer do estrangeiro, como bagagem, objetos de uso pessoal e doméstico, desde que, por sua quantidade e natureza, não induzam finalidade comercial.
65. A cláusula de aluguel progressivo anterior à Lei n. 3.494, de 19-12-1958, continua em vigor em caso de prorrogação legal ou convencional da locação.
66. É legítima a cobrança do tributo que houver sido aumentado após o orçamento, mas antes do início do respectivo exercício financeiro.
67. É inconstitucional a cobrança do tributo que houver sido criado ou aumentado no mesmo exercício financeiro.
68. É legítima a cobrança, pelos Municípios, no exercício de 1961, de tributo estadual, regularmente criado ou aumentado, e que lhes foi transferido pela Emenda Constitucional n. 5, de 21-11-1961.
69. A Constituição Estadual não pode estabelecer limite para o aumento de tributos municipais.
70. É inadmissível a interdição de estabelecimento como meio coercitivo para cobrança de tributo.
71. Embora pago indevidamente, não cabe restituição de tributo indireto.
   •• Vide Súmula 546 do STF.
72. No julgamento de questão constitucional, vinculada a decisão do TSE, não estão impedidos os ministros do STF que ali tenham funcionado no mesmo processo ou no processo originário.
73. A imunidade das autarquias, implicitamente contida no art. 31, V, a, da Constituição Federal, abrange tributos estaduais e municipais.
   •• Refere-se à CF de 1946. Vide art. 150, VI, a, §§ 2.º e 3.º da CF de 1988.
74. O imóvel transcrito em nome de autarquia, embora objeto de promessa de venda a particulares, continua imune de impostos locais.
75. Sendo vendedora uma autarquia, a sua imunidade fiscal não compreende o imposto de transmissão *inter vivos*, que é encargo do comprador.
76. As sociedades de economia mista não estão protegidas pela imunidade fiscal do art. 31, V, a, Constituição Federal.
   •• Refere-se à CF de 1946. Vide art. 150, VI, a, §§ 2.º e 3.º da CF de 1988.
77. Está isenta de impostos federais a aquisição de bens pela Rede Ferroviária Federal.
78. Estão isentas de impostos locais as empresas de energia elétrica, no que respeita às suas atividades específicas.
79. O Banco do Brasil não tem isenção de tributos locais.
80. Para a retomada de prédio situado fora do domicílio do locador, exige-se a prova da necessidade.
81. As cooperativas não gozam de isenção de impostos locais com fundamento na Constituição e nas Leis Federais.

Súmulas do Supremo Tribunal Federal

82. São inconstitucionais o imposto de cessão e a taxa sobre inscrição de promessa de venda de imóvel, substitutivos do imposto de transmissão, por incidirem sobre ato que não transfere o domínio.

83. Os ágios de importação incluem-se no valor dos artigos importados para incidência do imposto de consumo.

84. Não estão isentos do imposto de consumo os produtos importados pelas cooperativas.

85. Não estão sujeitos ao imposto de consumo os bens de uso pessoal e doméstico trazidos, como bagagem, do exterior.

86. Não está sujeito ao imposto de consumo automóvel usado, trazido do exterior pelo proprietário.

87. Somente no que não colidirem com a Lei n. 3.244, de 14-8-1957, são aplicáveis acordos tarifários anteriores.

88. É válida a majoração da tarifa alfandegária, resultante da Lei n. 3.244, de 14-8-1957, que modificou o Acordo Geral sobre Tarifas Aduaneiras e Comércio (GATT), aprovado pela Lei n. 313, de 30-7-1948.

89. Estão isentas do imposto de importação frutas importadas da Argentina, do Chile, da Espanha e de Portugal, enquanto vigentes os respectivos acordos comerciais.

90. É legítima a lei local que faça incidir o imposto de indústrias e profissões com base no movimento econômico do contribuinte.

91. A incidência do imposto único não isenta o comerciante de combustíveis do imposto de indústrias e profissões.

92. É constitucional o art. 100, n. II, da Lei n. 4.563, de 20-2-1957, do Município de Recife, que faz variar o imposto de licença em função do aumento do capital do contribuinte.

93. Não está isenta do Imposto de Renda a atividade profissional do arquiteto.

94. É competente a autoridade alfandegária para o desconto, na fonte, do Imposto de Renda correspondente às comissões dos despachantes aduaneiros.

95. Para cálculo do imposto de lucro extraordinário, incluem-se no capital as reservas do ano-base, apuradas em balanço.

96. O imposto de lucro imobiliário incide sobre a venda de imóvel da meação do cônjuge sobrevivente, ainda que aberta a sucessão antes da vigência da Lei n. 3.470, de 28-11-1958.

97. É devida a alíquota anterior do imposto de lucro imobiliário, quando a promessa de venda houver sido celebrada antes da vigência da lei que a tiver elevado.

98. Sendo o imóvel alienado na vigência da Lei n. 3.470, de 28-11-1958, ainda que adquirido por herança, usucapião ou a título gratuito, é devido o imposto de lucro imobiliário.

99. Não é devido o imposto de lucro imobiliário, quando a alienação de imóvel adquirido por herança, ou a título gratuito, tiver sido anterior à vigência da Lei n. 3.470, de 28-11-1958.

100. Não é devido o imposto de lucro imobiliário, quando a alienação de imóvel, adquirido por usucapião, tiver sido anterior à vigência da Lei n. 3.470, de 28-11-1958.

101. O mandado de segurança não substitui a ação popular.

102. É devido o imposto federal do selo pela incorporação de reservas, em reavaliação de ativo, ainda que realizada antes da vigência da Lei n. 3.519, de 30-12-1958.

103. É devido o imposto federal do selo na simples reavaliação de ativo, realizada posteriormente à vigência da Lei n. 3.519, de 30-12-1958.

104. Não é devido o imposto federal do selo na simples reavaliação de ativo anterior à vigência da Lei n. 3.519, de 30-12-1958.

105. Salvo se tiver havido premeditação, o suicídio do segurado, no período contratual de carência, não exime o segurador do pagamento do seguro.

106. É legítima a cobrança de selo sobre registro de automóveis, na conformidade da legislação estadual.

107. É inconstitucional o imposto de selo de 3%, *ad valorem*, do Paraná, quanto aos produtos remetidos para fora do Estado.

108. É legítima incidência do imposto de transmissão *inter vivos* sobre o valor do imóvel ao tempo da alienação, e não da promessa, na conformidade da legislação local.

109. É devida a multa prevista no art. 15, § 6.º, da Lei n. 1.300, de 28-12-1950, ainda que a desocupação do imóvel tenha resultado da notificação e não haja sido proposta ação de despejo.

110. O imposto de transmissão *inter vivos* não incide sobre a construção, ou parte dela, realizada pelo adquirente, mas sobre o que tiver sido construído ao tempo da alienação do terreno.

111. É legítima a incidência do imposto de transmissão *inter vivos* sobre a restituição, ao antigo proprietário, de imóvel que deixou de servir à finalidade da sua desapropriação.

112. O imposto de transmissão *causa mortis* é devido pela alíquota vigente ao tempo da abertura da sucessão.

113. O imposto de transmissão *causa mortis* é calculado sobre o valor dos bens na data da avaliação.

114. O imposto de transmissão *causa mortis* não é exigível antes da homologação do cálculo.

115. Sobre os honorários do advogado contratado pelo inventariante, com a homologação do Juiz, não incide o imposto de transmissão *causa mortis*.

116. Em desquite ou inventário, é legítima a cobrança do chamado imposto de reposição quando houver desigualdade nos valores partilhados.

•• A Lei n. 6.515, de 26-12-1977, substituiu a expressão desquite por separação consensual ou separação judicial.

117. A lei estadual pode fazer variar a alíquota do imposto de vendas e consignações em razão da espécie do produto.

118. Estão sujeitas ao imposto de vendas e consignações as transações sobre minerais, que ainda não estão compreendidos na legislação federal sobre o imposto único.

119. É devido o imposto de vendas e consignações sobre a venda de cafés ao Instituto Brasileiro do Café, embora o lote, originariamente, se destinasse à exportação.

120. Parede de tijolos de vidro translúcido pode ser levantada a menos de metro e meio do prédio vizinho, não importando servidão sobre ele.

121. É vedada a capitalização de juros, ainda que expressamente convencionada.

122. O enfiteuta pode purgar a mora enquanto não decretado o comisso por sentença.

123. Sendo a locação regida pelo Decreto n. 24.150, de 20-4-1934, o locatário não tem direito à purgação da mora prevista na Lei n. 1.300, de 28-12-1950.

124. É inconstitucional o adicional do imposto de vendas e consignações cobrado pelo Estado do Espírito Santo sobre cafés da cota de expurgo entregues ao Instituto Brasileiro do Café.
125. Não é devido o imposto de vendas e consignações sobre a parcela do imposto de consumo que onera a primeira venda realizada pelo produtor.
126. É inconstitucional a chamada taxa de aguardente, do Instituto do Açúcar e do Álcool.
127. É indevida a taxa de armazenagem, posteriormente aos primeiros trinta dias, quando não exigível o imposto de consumo, cuja cobrança tenha motivado a retenção da mercadoria.
128. É indevida a taxa de assistência médica e hospitalar das instituições de previdência social.
129. Na conformidade da legislação local, é legítima a cobrança de taxas de calçamento.
130. A taxa de despacho aduaneiro (art. 66 da Lei n. 3.244, de 14-8-1957) continua a ser exigível após o Decreto Legislativo n. 14, de 25-8-1960, que aprovou alterações introduzidas no Acordo Geral sobre Tarifas Aduaneiras e Comércio (GATT).
131. A taxa de despacho aduaneiro (art. 66 da Lei n. 3.244, de 14-8-1957) continua a ser exigível após o Decreto Legislativo n. 14, de 25-8-1960, mesmo para as mercadorias incluídas na vigente lista III do Acordo Geral sobre Tarifas Aduaneiras e Comércio (GATT).
132. Não é devida a taxa de Previdência Social na importação de amianto bruto ou em fibra.
133. Não é devida a taxa de despacho aduaneiro na importação de fertilizantes e inseticidas.
134. A isenção fiscal para a importação de frutas da Argentina compreende a taxa de despacho aduaneiro e a taxa de previdência social.
135. É inconstitucional a taxa de eletrificação de Pernambuco.
136. É constitucional a taxa de estatística da Bahia.
137. A taxa de fiscalização da exportação incide sobre a bonificação cambial concedida ao exportador.
138. É inconstitucional a taxa contra fogo, do estado de Minas Gerais, incidente sobre prêmio de seguro contra fogo.
139. É indevida a cobrança do imposto de transação a que se refere a Lei n. 899, de 1957, art. 58, IV, letra e, do antigo Distrito Federal.
140. Na importação de lubrificantes é devida a taxa de Previdência Social.
141. Não incide a taxa de Previdência Social sobre combustíveis.
142. Não é devida a taxa de Previdência Social sobre mercadorias isentas do imposto de importação.
143. Na forma da lei estadual, é devido o imposto de vendas e consignações na exportação de café pelo Estado da Guanabara, embora proveniente de outro Estado.
144. É inconstitucional a incidência da taxa de recuperação econômica de Minas Gerais sobre contrato sujeito ao imposto federal do selo.
145. Não há crime quando a preparação do flagrante pela polícia torna impossível a sua consumação.
146. A prescrição da ação penal regula-se pela pena concretizada na sentença, quando não há recurso da acusação.
147. A prescrição de crime falimentar começa a correr da data em que deveria estar encerrada a falência, ou do trânsito em julgado da sentença que a encerrar ou que julgar cumprida a concordata.
148. É legítimo o aumento de tarifas portuárias por ato do Ministro da Viação e Obras Públicas.
149. É imprescritível a ação de investigação de paternidade, mas não o é a de petição de herança.
150. Prescreve a execução no mesmo prazo de prescrição da ação.
151. Prescreve em um ano a ação do segurador sub-rogado para haver indenização por extravio ou perda de carga transportada por navio.
152. (*Revogada.*)
153. Simples protesto cambiário não interrompe a prescrição.
 •• O art. 202, III, do CC estabelece: "Art. 202. A interrupção da prescrição, que somente poderá ocorrer uma vez, dar-se-á: (...)III – por protesto cambial (...)."
154. Simples vistoria não interrompe a prescrição.
155. É relativa a nulidade do processo criminal por falta de intimação da expedição de precatória para inquirição de testemunha.
156. É absoluta a nulidade do julgamento pelo júri, por falta de quesito obrigatório.
157. É necessária prévia autorização do Presidente da República para desapropriação, pelos Estados, de empresa de energia elétrica.
158. Salvo estipulação contratual averbada no Registro Imobiliário, não responde o adquirente pelas benfeitorias do locatário.
159. Cobrança excessiva, mas de boa-fé, não dá lugar às sanções do art. 1.531 do Código Civil.
 •• A referência é feita a dispositivo do CC de 1916. Correspondente ao art. 940 do Código vigente.
160. É nula a decisão do tribunal que acolhe contra o réu nulidade não arguida no recurso da acusação, ressalvados os casos de recurso de ofício.
161. Em contrato de transporte, é inoperante a cláusula de não indenizar.
162. É absoluta a nulidade do julgamento pelo júri, quando os quesitos da defesa não precedem aos das circunstâncias agravantes.
163. Salvo contra a Fazenda Pública, sendo a obrigação ilíquida, contam-se os juros moratórios desde a citação inicial para a ação.
164. No processo de desapropriação, são devidos juros compensatórios desde a antecipada imissão de posse ordenada pelo Juiz por motivo de urgência.
165. A venda realizada diretamente pelo mandante ao mandatário não é atingida pela nulidade do art. 1.133, II, do Código Civil.
 •• A referência é feita a dispositivo do CC de 1916. Dispõe sobre a matéria atualmente o art. 497 do CC de 2002.
166. É inadmissível o arrependimento no compromisso de compra e venda sujeito ao regime do Decreto-lei n. 58, de 10-12-1937.
 • O Decreto-lei n. 58, de 10-12-1937, dispõe sobre o loteamento e a venda de terrenos para pagamento em prestações.
167. Não se aplica o regime do Decreto-lei n. 58, de 10-12-1937, ao compromisso de compra e venda não inscrito no Registro Imobiliário, salvo se o promitente-vendedor se obrigou a efetuar o registro.
168. Para os efeitos do Decreto-lei n. 58, de 10-12-1937, admite-se a inscrição imobiliária do compromisso de compra e venda no curso da ação.

169. Depende de sentença a aplicação da pena de comisso.
170. É resgatável a enfiteuse instituída anteriormente à vigência do Código Civil.
171. Não se admite, na locação em curso, de prazo determinado, a majoração de encargos a que se refere a Lei n. 3.844, de 15-12-1960.
172. Não se admite, na locação em curso, de prazo determinado, o reajustamento de aluguel a que se refere a Lei n. 3.085, de 29-12-1956.
173. Em caso de obstáculo judicial admite-se a purga da mora, pelo locatário, além do prazo legal.
174. Para a retomada do imóvel alugado, não é necessária a comprovação dos requisitos legais na notificação prévia.
175. Admite-se a retomada de imóvel alugado, para uso de filho que vai contrair matrimônio.
176. O promitente-comprador, nas condições previstas na Lei n. 1.300, de 28-12-1950, pode retomar o imóvel locado.
177. O cessionário do promitente-comprador, nas mesmas condições deste, pode retomar o imóvel locado.
178. Não excederá de cinco anos a renovação judicial de contrato de locação, fundada no Decreto n. 24.150, de 20-4-1934.
   •• O Decreto n. 24.150, de 20-4-1934, foi revogado pela Lei n. 8.245, de 18-10-1991 (Lei de Locações).
179. O aluguel arbitrado judicialmente nos termos da Lei n. 3.085, de 29-12-1956, art. 6.º, vigora a partir da data do laudo pericial.
180. Na ação revisional do art. 31 do Decreto n. 24.150, de 20-4-1934, o aluguel arbitrado vigora a partir do laudo pericial.
181. Na retomada, para construção mais útil de imóvel sujeito ao Decreto n. 24.150, de 20-4-1934, é sempre devida indenização para despesas de mudança do locatário.
182. Não impede o reajustamento do débito pecuário, nos termos da Lei n. 1.002, de 24-12-1949, a falta de cancelamento da renúncia à moratória da Lei n. 209, de 2-1-1948.
183. Não se incluem no reajustamento pecuário dívidas estranhas à atividade agropecuária.
184. Não se incluem no reajustamento pecuário dívidas contraídas posteriormente a 19-12-1946.
185. Em processo de reajustamento pecuniário, não responde a União pelos honorários do advogado do credor ou do devedor.
186. Não infringe a lei a tolerância da quebra de 1% no transporte por estrada de ferro, prevista no regulamento de transportes.
187. A responsabilidade contratual do transportador, pelo acidente com o passageiro, não é elidida por culpa de terceiro, contra o qual tem ação regressiva.
188. O segurador tem ação regressiva contra o causador do dano, pelo que efetivamente pagou, até o limite previsto no contrato de seguro.
189. Avais em branco e superpostos consideram-se simultâneos e não sucessivos.
190. O não pagamento de título vencido há mais de trinta dias sem protesto não impede a concordata preventiva.
   •• De acordo com a Lei de Falências, a concordata é substituída pela recuperação judicial e extrajudicial de empresas. Vide art. 48 da Lei n. 11.101, de 9-2-2005.
191. Inclui-se no crédito habilitado em falência a multa fiscal simplesmente moratória.
192. Não se inclui no crédito habilitado em falência a multa fiscal com efeito de pena administrativa.
193. Para a restituição prevista no art. 76, § 2.º, da Lei de Falências, conta-se o prazo de quinze dias da entrega da coisa e não da sua remessa.
   •• Vide art. 85, parágrafo único, da Lei n. 11.101, de 9-2-2005 (Lei de Falências).
194. É competente o Ministro do Trabalho para a especificação das atividades insalubres.
195. Contrato de trabalho para obra certa, ou de prazo determinado, transforma-se em contrato de prazo indeterminado quando prorrogado por mais de quatro anos.
196. Ainda que exerça atividade rural, o empregado de empresa industrial ou comercial é classificado de acordo com a categoria do empregador.
197. O empregado com representação sindical só pode ser despedido mediante inquérito em que se apure falta grave.
198. As ausências motivadas por acidente do trabalho não são descontáveis do período aquisitivo das férias.
199. O salário das férias do empregado horista corresponde à média do período aquisitivo, não podendo ser inferior ao mínimo.
200. Não é inconstitucional a Lei n. 1.530, de 26-12-1951, que manda incluir na indenização por despedida injusta parcela correspondente a férias proporcionais.
201. O vendedor pracista, remunerado mediante comissão, não tem direito ao repouso semanal remunerado.
202. Na equiparação de salário, em caso de trabalho igual, toma-se em conta o tempo de serviço na função e não no emprego.
203. Não está sujeita à vacância de 60 dias a vigência de novos níveis de salário mínimo.
204. Tem direito o trabalhador substituto, ou de reserva, ao salário mínimo no dia em que fica à disposição do empregador sem ser aproveitado na função específica; se aproveitado, recebe o salário contratual.
205. Tem direito a salário integral o menor não sujeito à aprendizagem metódica.
206. É nulo o julgamento ulterior pelo júri com a participação de jurado que funcionou em julgamento anterior do mesmo processo.
207. As gratificações habituais, inclusive a de Natal, consideram-se tacitamente convencionadas, integrando o salário.
208. O assistente do Ministério Público não pode recorrer extraordinariamente de decisão concessiva de habeas corpus.
209. O salário-produção, como outras modalidades de salário-prêmio, é devido desde que verificada a condição a que estiver subordinado e não pode ser suprimido unilateralmente pelo empregador, quando pago com habitualidade.
210. O assistente do Ministério Público pode recorrer, inclusive extraordinariamente, na ação penal, nos casos dos arts. 584, § 1.º, e 598 do CPP.
211. Contra a decisão proferida sobre o agravo no auto do processo, por ocasião do julgamento da apelação, não se admitem embargos infringentes ou de nulidade.
212. Tem direito ao adicional de serviço perigoso o empregado de posto de revenda de combustível líquido.
213. É devido o adicional de serviço noturno, ainda que sujeito o empregado ao regime de revezamento.

214. A duração legal da hora de serviço noturno (52 minutos e 30 segundos) constitui vantagem suplementar que não dispensa o salário adicional.

215. Conta-se a favor de empregado readmitido o tempo de serviço anterior, salvo se houver sido despedido por falta grave ou tiver recebido a indenização legal.

216. Para decretação da absolvição de instância pela paralisação do processo por mais de trinta dias, é necessário que o autor, previamente intimado, não promova o andamento da causa.

217. Tem direito de retornar ao emprego, ou ser indenizado em caso de recusa do empregador, o aposentado que recupera a capacidade de trabalho dentro de cinco anos a contar da aposentadoria, que se torna definitiva após esse prazo.

218. É competente o Juízo da Fazenda Nacional da capital do estado, e não o da situação da coisa, para a desapropriação promovida por empresa de energia elétrica, se a União Federal intervém como assistente.

219. Para a indenização devida a empregado que tinha direito a ser readmitido e não foi, levam-se em conta as vantagens advindas à sua categoria no período do afastamento.

220. A indenização devida a empregado estável, que não é readmitido ao cessar sua aposentadoria, deve ser paga em dobro.

221. A transferência de estabelecimento ou a sua extinção parcial, por motivo que não seja de força maior, não justifica a transferência de empregado estável.

222. O princípio da identidade física do Juiz não é aplicável às Juntas de Conciliação e Julgamento da Justiça do Trabalho.

223. Concedida isenção de custas ao empregado, por elas não responde o Sindicato que o representa em Juízo.

224. Os juros de mora, nas reclamações trabalhistas, são contados desde a notificação inicial.

225. Não é absoluto o valor probatório das anotações da Carteira Profissional.

226. Na ação de desquite, os alimentos são devidos desde a inicial e não da data da decisão que os concede.

227. A concordata do empregador não impede a execução de crédito nem a reclamação de empregado na Justiça do Trabalho.
   •• De acordo com a Lei de Falências, a concordata é substituída pela recuperação judicial e extrajudicial de empresas. *Vide* art. 48 da Lei n. 11.101, de 9-2-2005.

228. Não é provisória a execução na pendência de recurso extraordinário, ou de agravo destinado a fazê-lo admitir.
   •• *Vide* art. 995 do CPC.

229. A indenização acidentária não exclui a do direito comum, em caso de dolo ou culpa grave do empregador.

230. A prescrição da ação de acidente do trabalho conta-se do exame pericial que comprovar a enfermidade ou verificar a natureza da incapacidade.

231. O revel, em processo cível, pode produzir provas desde que compareça em tempo oportuno.

232. Em caso de acidente do trabalho são devidas diárias até doze meses, as quais não se confundem com a indenização acidentária nem com o auxílio-enfermidade.

233. Salvo em caso de divergência qualificada (Lei n. 623, de 1949), não cabe recurso de embargos contra decisão que nega provimento a agravo ou não conhece de recurso extraordinário, ainda que por maioria de votos.

234. São devidos honorários de advogado em ação de acidente do trabalho julgada procedente.

235. É competente para a ação de acidente do trabalho a Justiça Cível comum, inclusive em segunda instância, ainda que seja parte autarquia seguradora.
   •• *Vide* arts. 109, I, e 114, VI, da CF.
   •• *Vide* Súmula Vinculante 22, Súmula 501 do STF e Súmula 15 do STJ.

236. Em ação de acidente do trabalho, a autarquia seguradora não tem isenção de custas.

237. O usucapião pode ser arguido em defesa.

238. Em caso de acidente do trabalho, a multa pelo retardamento da liquidação é exigível do segurador sub-rogado, ainda que autarquia.

239. Decisão que declara indevida a cobrança do imposto em determinado exercício não faz coisa julgada em relação aos posteriores.

240. O depósito para recorrer, em ação de acidente do trabalho, é exigível do segurador sub-rogado, ainda que autarquia.

241. A contribuição previdenciária incide sobre o abono incorporado ao salário.

242. O agravo no auto do processo deve ser apreciado, no julgamento da apelação, ainda que o agravante não tenha apelado.

243. Em caso de dupla aposentadoria, os proventos a cargo do IAPFESP não são equiparáveis aos pagos pelo Tesouro Nacional, mas calculados à baixa da média salarial dos últimos doze meses de serviço.

244. A importação de máquinas de costura está isenta do imposto de consumo.

245. A imunidade parlamentar não se estende ao corréu sem essa prerrogativa.

246. Comprovado não ter havido fraude, não se configura o crime de emissão de cheque sem fundos.

247. O relator não admitirá os embargos da Lei n. 623, de 19-2-1949, nem deles conhecerá o STF, quando houver jurisprudência firme do Plenário no mesmo sentido da decisão embargada.

248. É competente originariamente o STF, para mandado de segurança contra ato do TCU.
   • *Vide* art. 102, I, *d*, da CF.

249. É competente o STF para a ação rescisória quando, embora não tendo conhecido do recurso extraordinário, ou havendo negado provimento a agravo, tiver apreciado a questão federal controvertida.

250. A intervenção da União desloca o processo do Juízo Cível comum para o Fazendário.

251. Responde a Rede Ferroviária Federal S.A. perante o foro comum e não perante o Juízo especial da Fazenda Nacional, a menos que a União intervenha na causa.

252. Na ação rescisória, não estão impedidos Juízes que participaram do julgamento rescindendo.

253. Nos embargos da Lei n. 623, de 19-2-1949, no Supremo Tribunal Federal a divergência somente será acolhida se tiver sido indicada na petição de recurso extraordinário.

254. Incluem-se os juros moratórios na liquidação, embora omisso o pedido inicial ou a condenação.

255. Sendo ilíquida a obrigação, os juros moratórios, contra a Fazenda Pública, incluídas as autarquias, são contados do trânsito em julgado da sentença de liquidação.

Súmulas do Supremo Tribunal Federal

256. É dispensável pedido expresso para condenação do réu em honorários, com fundamento nos arts. 63 ou 64 do CPC.
- •• A referência é feita ao CPC de 1939. *Vide* arts. 82, § 2.º, 84 e 85 do CPC.

257. São cabíveis honorários de advogado na ação regressiva do segurador contra o causador do dano.

258. É admissível reconvenção em ação declaratória.

259. Para produzir efeito em Juízo não é necessária a inscrição, no Registro Público, de documentos de procedência estrangeira, autenticados por via consular.

260. O exame de livros comerciais, em ação judicial, fica limitado às transações entre os litigantes.

261. Para a ação de indenização, em caso de avaria, é dispensável que a vistoria se faça judicialmente.

262. Não cabe medida possessória liminar para liberação alfandegária de automóvel.

263. O possuidor deve ser citado pessoalmente para a ação de usucapião.

264. Verifica-se a prescrição intercorrente pela paralisação da ação rescisória por mais de cinco anos.

265. Na apuração de haveres, não prevalece o balanço não aprovado pelo sócio falecido, excluído ou que se retirou.

266. Não cabe mandado de segurança contra lei em tese.

267. Não cabe mandado de segurança contra ato judicial passível de recurso ou correição.
- *Vide* art. 5.º, II, da Lei n. 12.016, de 7-8-2009.

268. Não cabe mandado de segurança contra decisão judicial com trânsito em julgado.

269. O mandado de segurança não é substitutivo de ação de cobrança.
- *Vide* Súmula 271 do STF.

270. Não cabe mandado de segurança para impugnar enquadramento da Lei n. 3.780, de 12-7-1960, que envolva exame de prova ou de situação funcional complexa.

271. Concessão de mandado de segurança não produz efeitos patrimoniais em relação a período pretérito, os quais devem ser reclamados administrativamente ou pela via judicial própria.
- *Vide* Súmula 269 do STF.

272. Não se admite como ordinário recurso extraordinário de decisão denegatória de mandado de segurança.

273. Nos embargos da Lei n. 623, de 19-2-1949, a divergência sobre questão prejudicial ou preliminar, suscitada após a interposição do recurso extraordinário, ou do agravo, somente será acolhida se o acórdão-padrão for anterior à decisão embargada.
- *Vide* art. 1.043 do CPC.
- *Vide* Súmula 598 do STF.

274. (*Revogada*).

275. Está sujeita a recurso *ex officio* sentença concessiva de reajustamento pecuário anterior à vigência da Lei n. 2.804, de 25-6-1956.

276. Não cabe recurso de revista em ação executiva fiscal.

277. São cabíveis embargos em favor da Fazenda Pública, em ação executiva fiscal, não sendo unânime a decisão.

278. São cabíveis embargos em ação executiva fiscal contra decisão reformatória da de primeira instância, ainda que unânime.

279. Para simples reexame de prova não cabe recurso extraordinário.

280. Por ofensa a direito local não cabe recurso extraordinário.

281. É inadmissível o recurso extraordinário quando couber, na Justiça de origem, recurso ordinário da decisão impugnada.

282. É inadmissível o recurso extraordinário quando não ventilada, na decisão recorrida, a questão federal suscitada.

283. É inadmissível o recurso extraordinário quando a decisão recorrida assenta em mais de um fundamento suficiente e o recurso não abrange todos eles.

284. É inadmissível o recurso extraordinário, quando a deficiência na sua fundamentação não permitir a exata compreensão da controvérsia.

285. Não sendo razoável a arguição de inconstitucionalidade, não se conhece do recurso extraordinário fundado na letra *c* do art. 101, III, da Constituição Federal.
- •• Refere-se à CF de 1946. *Vide* art. 102, III, *c*, da CF de 1988.

286. Não se conhece do recurso extraordinário fundado em divergência jurisprudencial, quando a orientação do Plenário do STF já se firmou no mesmo sentido da decisão recorrida.

287. Nega-se provimento ao agravo quando a deficiência na sua fundamentação, ou na do recurso extraordinário, não permitir exata compreensão da controvérsia.

288. Nega-se provimento a agravo para subida de recurso extraordinário, quando faltar no traslado o despacho agravado, a decisão recorrida, a petição de recurso extraordinário ou qualquer peça essencial à compreensão da controvérsia.
- *Vide* Súmula 639 do STF.

289. O provimento do agravo por uma das Turmas do STF, ainda que sem ressalva, não prejudica a questão do cabimento do recurso extraordinário.

290. Nos embargos da Lei n. 623, de 19-2-1949, a prova de divergência far-se-á por certidão, ou mediante indicação do *Diário da Justiça* ou de repertório de jurisprudência autorizado, que a tenha publicado, com a transcrição do trecho que configure a divergência, mencionadas as circunstâncias que identifiquem ou assemelhem os casos confrontados.
- *Vide* art. 1.043 do CPC.

291. No recurso extraordinário pela letra *d* do art. 101, III, da Constituição, a prova do dissídio jurisprudencial far-se-á por certidão, ou mediante indicação do *Diário da Justiça* ou de repertório de jurisprudência autorizado, com a transcrição do trecho que configure a divergência, mencionadas as circunstâncias que identifiquem ou assemelhem os casos confrontados.
- •• Refere-se à CF de 1946.
- •• *Vide* art. 1.029, § 1.º, do CPC.

292. Interposto o recurso extraordinário por mais de um dos fundamentos indicados no art. 101, III, da Constituição, a admissão apenas por um deles não prejudica o seu conhecimento por qualquer dos outros.
- •• Refere-se à CF de 1946. *Vide* art. 102, III, da CF de 1988.

293. São inadmissíveis embargos infringentes contra decisão em matéria constitucional submetida ao Plenário dos Tribunais.

294. São inadmissíveis embargos infringentes contra decisão do STF em mandado de segurança.
- *Vide* Súmulas 597 do STF e 169 do STJ.
- *Vide* art. 25 da Lei n. 12.016, de 7-8-2009.

295. São inadmissíveis embargos infringentes contra decisão unânime do STF em ação rescisória.

296. São inadmissíveis embargos infringentes sobre matéria não ventilada pela Turma no julgamento do recurso extraordinário.

297. Oficiais e praças das milícias dos Estados, no exercício de função policial civil, não são considerados militares para efeitos penais, sendo competente a Justiça comum para julgar os crimes cometidos por ou contra eles.

298. O legislador ordinário só pode sujeitar civis à Justiça Militar, em tempo de paz, nos crimes contra a segurança externa do País ou as instituições militares.

299. O recurso ordinário e o extraordinário interpostos no mesmo processo de mandado de segurança, ou de *habeas corpus*, serão julgados conjuntamente pelo Tribunal Pleno.

300. São incabíveis os embargos da Lei n. 623, de 19-2-1949, contra provimento de agravo para subida de recurso extraordinário.

301. (*Cancelada*.)

302. Está isenta da taxa de Previdência Social a importação de petróleo bruto.

303. Não é devido o imposto federal de selo em contrato firmado com autarquia anteriormente à vigência da Emenda Constitucional n. 5, de 21-11-1961.

304. Decisão denegatória de mandado de segurança, não fazendo coisa julgada contra o impetrante, não impede o uso da ação própria.

305. Acordo de desquite ratificado por ambos os cônjuges não é retratável unilateralmente.

306. As taxas de recuperação econômica e de assistência hospitalar de Minas Gerais são legítimas, quando incidem sobre matéria tributável pelo Estado.

307. É devido o adicional de serviço insalubre, calculado à base do salário mínimo da região, ainda que a remuneração contratual seja superior ao salário mínimo acrescido da taxa de insalubridade.

308. A taxa de despacho aduaneiro, sendo adicional do imposto de importação, não incide sobre borracha importada com isenção daquele imposto.

309. A taxa de despacho aduaneiro, sendo adicional do imposto de importação, não está compreendida na isenção do imposto de consumo para automóvel usado trazido do exterior pelo proprietário.

310. Quando a intimação tiver lugar na sexta-feira, ou a publicação com efeito de intimação for feita nesse dia, o prazo judicial terá início na segunda-feira imediata, salvo se não houver expediente, caso em que começará no primeiro dia útil que se seguir.

311. No típico acidente do trabalho, a existência de ação judicial não exclui a multa pelo retardamento da liquidação.

312. Músico integrante de orquestra da empresa, com atuação permanente e vínculo de subordinação, está sujeito à Legislação Geral do Trabalho e não à especial dos artistas.

313. Provada a identidade entre o trabalho diurno e o noturno, é devido o adicional quanto a este, sem a limitação do art. 73, § 3.º, da CLT, independentemente da natureza da atividade do empregador.

314. Na composição do dano por acidente do trabalho, ou de transporte, não é contrário à lei tomar para base da indenização o salário do tempo da perícia ou da sentença.

315. Indispensável o traslado das razões da revista para julgamento, pelo Tribunal Superior do Trabalho, do agravo para sua admissão.

316. A simples adesão à greve não constitui falta grave.

317. São improcedentes os embargos declaratórios, quando não pedida a declaração do julgado anterior em que se verificou a omissão.

318. É legítima a cobrança, em 1962, pela municipalidade de São Paulo, do imposto de indústrias e profissões, consoante as Leis 5.917 e 5.919, de 1961 (aumento anterior à vigência do orçamento e incidência do tributo sobre o movimento econômico do contribuinte).

319. O prazo do recurso ordinário para o STF, em *habeas corpus* ou mandado de segurança, é de cinco dias.
•• *Vide* art. 1.003, § 5.º, do CPC.

320. A apelação despachada pelo Juiz no prazo legal, não fica prejudicada pela demora da juntada por culpa do Cartório.

321. A Constituição Estadual pode estabelecer a irredutibilidade dos vencimentos do Ministério Público.

322. Não terá seguimento pedido ou recurso dirigido ao STF, quando manifestamente incabível, ou apresentado fora do prazo, ou quando for evidente a incompetência do tribunal.

323. É inadmissível a apreensão de mercadorias como meio coercitivo para pagamento de tributos.

324. A imunidade do art. 31, V, da CF, não compreende as taxas.
•• Refere-se à CF de 1946. *Vide* art. 150, VI, da CF de 1988.

325. As emendas ao Regimento Interno do STF, sobre julgamento de questão constitucional, aplicam-se aos pedidos ajuizados e aos recursos interpostos anteriormente à sua aprovação.

326. É legítima a incidência do imposto de transmissão *inter vivos* sobre a transferência do domínio útil.

327. O direito trabalhista admite a prescrição intercorrente.

328. É legítima a incidência do imposto de transmissão *inter vivos* sobre a doação de imóvel.

329. O imposto de transmissão *inter vivos* não incide sobre a transferência de ações de sociedade imobiliária.

330. O STF não é competente para conhecer de mandado de segurança contra atos dos Tribunais de Justiça dos Estados.
• *Vide* Súmula 624 do STF.

331. É legítima a incidência do imposto de transmissão *causa mortis* no inventário por morte presumida.

332. É legítima a incidência do imposto de vendas e consignações sobre a parcela do preço correspondente aos ágios cambiais.

333. Está sujeita ao imposto de vendas e consignações a venda realizada por invernista não qualificado como pequeno produtor.

334. É legítima a cobrança, ao empreiteiro, do imposto de vendas e consignações, sobre o valor dos materiais empregados, quando a empreitada não for apenas de lavor.

335. É válida a cláusula de eleição do foro para os processos oriundos do contrato.

336. A imunidade da autarquia financiadora, quanto ao contrato de financiamento, não se estende à compra e venda entre particulares, embora constantes os dois atos de um só instrumento.

Súmulas do Supremo Tribunal Federal

337. A controvérsia entre o empregador e o segurador não suspende o pagamento devido ao empregado por acidente do trabalho.
338. Não cabe ação rescisória no âmbito da Justiça do Trabalho.
339. Não cabe ao Poder Judiciário, que não tem função legislativa, aumentar vencimentos de servidores públicos, sob fundamento de isonomia.
    - Vide Súmula Vinculante 37.
340. Desde a vigência do Código Civil, os bens dominicais, como os demais bens públicos, não podem ser adquiridos por usucapião.
    - • A referência é feita ao CC de 1916. Vide arts. 100, 101 e 102 do Código vigente.
341. É presumida a culpa do patrão ou comitente pelo ato culposo do empregado ou preposto.
342. Cabe agravo no auto do processo, e não agravo de petição, do despacho que não admite a reconvenção.
343. Não cabe ação rescisória por ofensa a literal disposição de lei, quando a decisão rescindenda se tiver baseado em texto legal de interpretação controvertida nos tribunais.
344. Sentença de primeira instância, concessiva de *habeas corpus* em caso de crime praticado em detrimento de bens, serviços ou interesses da União, está sujeita a recurso *ex officio*.
345. Na chamada desapropriação indireta, os juros compensatórios são devidos a partir da perícia, desde que tenha atribuído valor atual ao imóvel.
346. A Administração Pública pode declarar a nulidade dos seus próprios atos.
347. O Tribunal de Contas, no exercício de suas atribuições, pode apreciar a constitucionalidade das leis e dos atos do Poder Público.
348. É constitucional a criação de taxa de construção, conservação e melhoramento de estradas.
349. A prescrição atinge somente as prestações de mais de dois anos, reclamadas com fundamento em decisão normativa da Justiça do Trabalho, ou em convenção coletiva de trabalho, quando não estiver em causa a própria validade de tais atos.
350. O imposto de indústrias e profissões não é exigível de empregado, por falta de autonomia na sua atividade profissional.
351. É nula a citação por edital de réu preso na mesma unidade da Federação em que o Juiz exerce a sua jurisdição.
352. Não é nulo o processo penal por falta de nomeação de curador ao réu menor que teve a assistência de defensor dativo.
353. São incabíveis os embargos da Lei n. 623, de 19-2-1949, com fundamento em divergência entre decisões da mesma Turma do STF.
354. Em caso de embargos infringentes parciais, é definitiva a parte da decisão embargada em que não houve divergência na votação.
355. Em caso de embargos infringentes parciais, é tardio o recurso extraordinário interposto após o julgamento dos embargos, quanto à parte da decisão embargada que não foi por eles abrangida.
356. O ponto omisso da decisão, sobre o qual não foram opostos embargos declaratórios, não pode ser objeto de recurso extraordinário, por faltar o requisito do prequestionamento.
357. É lícita a convenção pela qual o locador renuncia, durante a vigência do contrato, à ação revisional do art. 31 do Decreto 24.150, de 20-4-1934.
358. O servidor público em disponibilidade tem direito aos vencimentos integrais do cargo.
359. Ressalvada a revisão prevista em lei, os proventos da inatividade regulam-se pela lei vigente ao tempo em que o militar, ou o servidor civil, reuniu os requisitos necessários.
    - •• Súmula com redação determinada pelo Recurso Extraordinário n. 72.509, de 14-2-1973.
360. Não há prazo de decadência para a representação de inconstitucionalidade prevista no art. 8.º, parágrafo único, da Constituição Federal.
    - •• Refere-se à CF de 1946. Vide art. 34, V e VII, da CF.
361. No processo penal, é nulo o exame realizado por um só perito, considerando-se impedido o que tiver funcionado anteriormente na diligência de apreensão.
    - •• Vide art. 159 do CPP.
362. A condição de ter o clube sede própria para a prática de jogo lícito, não o obriga a ser proprietário do imóvel em que tem sede.
363. A pessoa jurídica de direito privado pode ser demandada no domicílio da agência ou estabelecimento em que se praticou o ato.
364. Enquanto o Estado da Guanabara não tiver Tribunal Militar de segunda instância, o Tribunal de Justiça é competente para julgar os recursos das decisões da auditoria da Polícia Militar.
365. Pessoa jurídica não tem legitimidade para propor ação popular.
366. Não é nula a citação por edital que indica o dispositivo da lei penal, embora não transcreva a denúncia ou queixa, ou não resuma os fatos em que se baseia.
367. Concede-se liberdade ao extraditando que não for retirado do País no prazo do art. 16 do Decreto-lei n. 394, de 28-4-1938.
368. Não há embargos infringentes no processo de reclamação.
369. Julgados do mesmo tribunal não servem para fundamentar o recurso extraordinário por divergência jurisprudencial.
370. Julgada improcedente a ação renovatória da locação, terá o locatário, para desocupar o imóvel, o prazo de seis meses, acrescido de tantos meses quantos forem os anos da ocupação, até o limite total de dezoito meses.
371. Ferroviário, que foi admitido como servidor autárquico, não tem direito à dupla aposentadoria.
372. A Lei n. 2.752, de 10-4-1956, sobre dupla aposentadoria, aproveita, quando couber, a servidores aposentados antes de sua publicação.
373. Servidor nomeado após aprovação no curso de capacitação policial, instituído na Polícia do Distrito Federal, em 1941, preenche o requisito da nomeação por concurso a que se referem as Leis n. 705, de 16-5-1949 e 1.639, de 14-7-1952.
374. Na retomada para construção mais útil, não é necessário que a obra tenha sido ordenada pela autoridade pública.
375. Não renovada a locação regida pelo Decreto n. 24.150, de 20-4-1934, aplica-se o direito comum e não a legislação especial do inquilinato.
376. Na renovação de locação, regida pelo Decreto n. 24.150, de 20-4-1934, o prazo do novo contrato con-

ta-se da transcrição da decisão exequenda no Registro de Títulos e Documentos; começa, porém, da terminação do contrato anterior, se esta tiver ocorrido antes do registro.

377. No regime de separação legal de bens, comunicam-se os adquiridos na constância do casamento.
•• Vide Súmula 655 do STJ.

378. Na indenização por desapropriação incluem-se honorários do advogado do expropriado.

379. No acordo de desquite não se admite renúncia aos alimentos, que poderão ser pleiteados ulteriormente, verificados os pressupostos legais.

380. Comprovada a existência de sociedade de fato entre os concubinos, é cabível sua dissolução judicial com a partilha do patrimônio adquirido pelo esforço comum.

381. Não se homologa sentença de divórcio obtida por procuração, em país de que os cônjuges não eram nacionais.
•• Esta súmula foi publicada no *Diário da Justiça* de 8-5-1964, antes da promulgação da Lei do Divórcio no Brasil (Lei n. 6.515, de 26-12-1977).

382. A vida em comum sob o mesmo teto, *more uxorio*, não é indispensável à caracterização do concubinato.

383. A prescrição em favor da Fazenda Pública recomeça a correr, por dois anos e meio, a partir do ato interruptivo, mas não fica reduzida aquém de cinco anos, embora o titular do direito a interrompa durante a primeira metade do prazo.

384. A demissão de extranumerário do serviço público federal, equiparado a funcionário de provimento efetivo para efeito de estabilidade, é da competência do Presidente da República.

385. Oficial das Forças Armadas só pode ser reformado, em tempo de paz, por decisão de tribunal militar permanente, ressalvada a situação especial dos atingidos pelo art. 177 da Constituição de 1937.

386. Pela execução de obra musical por artistas remunerados é devido direito autoral, não exigível quando a orquestra for de amadores.

387. A cambial emitida ou aceita com omissões, ou em branco, pode ser completada pelo credor de boa-fé antes da cobrança ou do protesto.

388. (Revogada).

389. Salvo limite legal, a fixação de honorários de advogado, em complemento da condenação, depende das circunstâncias da causa, não dando lugar a recurso extraordinário.

390. A exibição judicial de livros comerciais pode ser requerida como medida preventiva.

391. O confinante certo deve ser citado pessoalmente para a ação de usucapião.

392. O prazo para recorrer de acórdão concessivo de segurança conta-se da publicação oficial de suas conclusões, e não da anterior ciência à autoridade para cumprimento da decisão.
• Vide Lei n. 12.016, de 7-8-2009.

393. Para requerer revisão criminal o condenado não é obrigado a recolher-se à prisão.

394. (Cancelada).

395. Não se conhece do recurso de *habeas corpus* cujo objeto seja resolver sobre o ônus das custas, por não estar mais em causa a liberdade de locomoção.

396. Para a ação penal por ofensa à honra, sendo admissível a exceção da verdade quanto ao desempenho de função pública, prevalece a competência especial por prerrogativa de função, ainda que já tenha cessado o exercício funcional do ofendido.

397. O poder de polícia da Câmara dos Deputados e do Senado Federal, em caso de crime cometido nas suas dependências, compreende, consoante o regimento, a prisão em flagrante do acusado e a realização do inquérito.

398. O Supremo Tribunal Federal não é competente para processar e julgar, originariamente, deputado ou senador acusado de crime.

399. Não cabe recurso extraordinário por violação de lei federal, quando a ofensa alegada for a regimento de Tribunal.

400. Decisão que deu razoável interpretação à lei, ainda que não seja a melhor, não autoriza recurso extraordinário pela letra *a* do art. 101, III, da Constituição Federal.
•• Refere-se à CF de 1946. Vide art. 102, III, a e b, da CF.

401. Não se conhece do recurso de revista, nem dos embargos de divergência do processo trabalhista, quando houver jurisprudência firme do TST no mesmo sentido da decisão impugnada, salvo se houver colisão com a jurisprudência do STF.

402. Vigia noturno tem direito a salário adicional.

403. É de decadência o prazo de trinta dias para instauração do inquérito judicial, a contar da suspensão por falta grave de empregado estável.

404. Não contrariam a Constituição os arts. 3.º, 22 e 27 da Lei n. 3.244, de 14-8-1957, que definem as atribuições do Conselho de Política Aduaneira quanto à tarifa flexível.

405. Denegado o mandado de segurança pela sentença, ou no julgamento do agravo dela interposto, fica sem efeito a liminar concedida, retroagindo os efeitos da decisão contrária.

406. O estudante ou professor bolsista e o servidor público em missão de estudo satisfazem a condição da mudança de residência para o efeito de trazer automóvel do exterior, atendidos os demais requisitos legais.

407. Não tem direito ao terço de campanha o militar que não participou de operações de guerra, embora servisse na "zona de guerra".

408. Os servidores fazendários não têm direito a percentagem pela arrecadação de receita federal destinada ao Banco Nacional de Desenvolvimento Econômico.

409. Ao retomante que tenha mais de um prédio alugado, cabe optar entre eles, salvo abuso de direito.

410. Se o locador, utilizando prédio próprio para residência ou atividade comercial, pede o imóvel para uso próprio, diverso do que tem o por ele ocupado, não está obrigado a provar a necessidade, que se presume.

411. O locatário autorizado a ceder a locação pode sublocar o imóvel.

412. No compromisso de compra e venda com cláusula de arrependimento, a devolução do sinal por quem o deu, ou a sua restituição em dobro por quem a recebeu, exclui indenização maior a título de perdas e danos, salvo os juros moratórios e os encargos do processo.

413. O compromisso de compra e venda de imóveis, ainda que não loteados, dá direito à execução compulsória quando reunidos os requisitos legais.

414. Não se distingue a visão direta da oblíqua na proibição de abrir janela, ou fazer terraço, eirado, ou varanda, a menos de metro e meio do prédio de outrem.

415. Servidão de trânsito não titulada, mas tornada permanente, sobretudo pela natureza das obras realizadas, considera-se aparente, conferindo direito à proteção possessória.

416. Pela demora no pagamento do preço da desapropriação não cabe indenização complementar além dos juros.

417. Pode ser objeto de restituição, na falência, dinheiro em poder do falido, recebido em nome de outrem, ou do qual, por lei ou contrato, não tivesse ele a disponibilidade.
   •• Esta súmula foi publicada no *Diário da Justiça* de 6-7-1964, antes da promulgação da Nova Lei de Falências (Lei n. 11.101, de 9-2-2005).

418. O empréstimo compulsório não é tributo, e sua arrecadação não está sujeita à exigência constitucional da prévia autorização orçamentária.
   •• Refere-se à exigência prescrita no art. 21, § 2.º, II, da CF de 1967. *Vide* art. 148 da CF.

419. Os Municípios têm competência para regular o horário do comércio local, desde que não infrinjam leis estaduais ou federais válidas.

420. Não se homologa sentença proferida no estrangeiro, sem prova do trânsito em julgado.

421. Não impede a extradição a circunstância de ser o extraditando casado com brasileira ou ter filho brasileiro.

422. A absolvição criminal não prejudica a medida de segurança, quando couber, ainda que importe privação da liberdade.

423. Não transita em julgado a sentença por haver omitido o recurso *ex officio*, que se considera interposto *ex lege*.

424. Transita em julgado o despacho saneador de que não houve recurso, excluídas as questões deixadas explícita ou implicitamente para a sentença.

425. O agravo despachado no prazo legal não fica prejudicado pela demora da juntada, por culpa do Cartório; nem o agravo entregue em Cartório no prazo legal, embora despachado tardiamente.

426. A falta do termo específico não prejudica o agravo no auto do processo, quando oportuna a interposição por petição ou no termo da audiência.

427. A falta de petição de interposição não prejudica o agravo no auto do processo tomado por termo.

428. Não fica prejudicada a apelação entregue em Cartório no prazo legal, embora despachada tardiamente.

429. A existência de recurso administrativo com efeito suspensivo não impede o uso do mandado de segurança contra omissão da autoridade.
   •• *Vide* art. 5.º, I, da Lei n. 12.016, de 7-8-2009, que estabelece que não será concedido mandado de segurança contra ato do qual caiba recurso administrativo com efeito suspensivo, independentemente de caução.

430. Pedido de reconsideração na via administrativa não interrompe o prazo para o mandado de segurança.

431. É nulo o julgamento de recurso criminal na segunda instância sem prévia intimação ou publicação da pauta, salvo em *habeas corpus*.

432. Não cabe recurso extraordinário com fundamento no art. 101, III, *d*, da Constituição Federal, quando a divergência alegada for entre decisões da Justiça do Trabalho.

•• Refere-se à CF de 1946. *Vide* art. 102, III, da CF.

433. É competente o TRT para julgar mandado de segurança contra ato de seu presidente, em execução de sentença trabalhista.

434. A controvérsia entre seguradores indicados pelo empregador na ação de acidente do trabalho, não suspende o pagamento devido ao acidentado.

435. O imposto de transmissão *causa mortis*, pela transferência de ações, é devido ao Estado em que tem sede a companhia.

436. É válida a Lei n. 4.093, de 24-10-1959, do Paraná, que revogou a isenção concedida às cooperativas por lei anterior.

437. Está isenta da taxa de despacho aduaneiro a importação de equipamento para a indústria automobilística, segundo plano aprovado, no prazo legal, pelo órgão competente.

438. É ilegítima a cobrança, em 1962, da Taxa de Educação e Saúde, de Santa Catarina, adicional do imposto de vendas e consignações.

439. Estão sujeitos à fiscalização tributária ou previdenciária quaisquer livros comerciais, limitado o exame aos pontos objeto da investigação.

440. Os benefícios da legislação federal de serviços de guerra não são exigíveis dos Estados, sem que a lei estadual assim disponha.

441. O militar, que passa à inatividade com proventos integrais, não tem direito às cotas trigésimas a que se refere o código de vencimentos e vantagens dos militares.

442. A inscrição do contrato de locação no Registro de Imóveis, para a validade da cláusula de vigência contra o adquirente do imóvel, ou perante terceiros, dispensa a transcrição no Registro de Títulos e Documentos.

443. A prescrição das prestações anteriores ao período previsto em lei não ocorre quando não tiver sido negado, antes daquele prazo, o próprio direito reclamado ou a situação jurídica de que ele resulta.

444. Na retomada para construção mais útil, de imóvel sujeito ao Decreto n. 24.150, de 20-4-1934, a indenização se limita às despesas de mudança.

445. A Lei n. 2.437, de 7-3-1955, que reduz prazo prescricional, é aplicável às prescrições em curso na data de sua vigência (1.º-1-1956), salvo quanto aos processos então pendentes.

446. Contrato de exploração de jazida ou pedreira não está sujeito ao Decreto n. 24.150, de 20-4-1934.

447. É válida a disposição testamentária em favor de filho adulterino do testador com sua concubina.

448. O prazo para o assistente recorrer supletivamente começa a correr imediatamente após o transcurso do prazo do Ministério Público.
   •• O Tribunal Pleno, no julgamento do HC 50.417 (RTJ 68/604), por maioria de votos, resolvendo questão de ordem, decidiu pela revisão preliminar da redação desta súmula.

449. O valor da causa na consignatória de aluguel corresponde a uma anuidade.

450. São devidos honorários de advogado sempre que vencedor o beneficiário de Justiça gratuita.

451. A competência especial por prerrogativa de função não se estende ao crime cometido após a cessação definitiva do exercício funcional.

452. Oficiais e praças do Corpo de Bombeiros do Estado da Guanabara respondem perante a Justiça Comum por crime anterior à Lei n. 427, de 11-10-1948.

453. Não se aplicam à segunda instância o art. 384 e parágrafo único do CPP, que possibilitam dar nova definição jurídica ao fato delituoso, em virtude de circunstância elementar não contida explícita ou implicitamente na denúncia ou queixa.
454. Simples interpretação de cláusulas contratuais não dá lugar a recurso extraordinário.
455. Da decisão que se seguir ao julgamento de constitucionalidade pelo Tribunal Pleno, são inadmissíveis embargos infringentes quanto à matéria constitucional.
456. O Supremo Tribunal Federal, conhecendo do recurso extraordinário, julgará a causa aplicando o direito à espécie.
457. O Tribunal Superior do Trabalho, conhecendo da revista, julgará a causa aplicando o direito à espécie.
458. O processo de execução trabalhista não exclui a remição pelo executado.
459. No cálculo da indenização por despedida injusta, incluem-se os adicionais ou gratificações que, pela habitualidade, se tenham incorporado ao salário.
460. Para efeito do adicional de insalubridade, a perícia judicial em reclamação trabalhista não dispensa o enquadramento da atividade entre as insalubres, que é ato da competência do Ministro do Trabalho e Previdência Social.
461. É duplo, e não triplo, o pagamento de salário nos dias destinados a descanso.
462. No cálculo da indenização por despedida injusta inclui-se, quando devido, o repouso semanal remunerado.
463. Para efeito de indenização e estabilidade, conta-se o tempo em que o empregado esteve afastado em serviço militar obrigatório, mesmo anteriormente à Lei n. 4.072, de 1.º-6-1962.
  •• Redação conforme publicação oficial. A data correta da Lei n. 4.072 é 16-6-1962.
464. No cálculo da indenização por acidente do trabalho inclui-se, quando devido, o repouso semanal remunerado.
465. O regime de manutenção de salário, aplicável ao (IAPM) e ao (IAPETC), exclui a indenização tarifada na Lei de Acidentes do Trabalho, mas não o benefício previdenciário.
466. Não é inconstitucional a inclusão de sócios e administradores de sociedades e titulares de firmas individuais como contribuintes obrigatórios da Previdência Social.
467. A base do cálculo das contribuições previdenciárias, anteriormente à vigência da Lei Orgânica da Previdência Social, é o salário mínimo mensal, observados os limites da Lei n. 2.755/1956.
468. Após a EC n. 5 de 21-11-1961, em contrato firmado com a União, Estado, Município ou autarquia, é devido o imposto federal de selo pelo contratante não protegido pela imunidade, ainda que haja repercussão do ônus tributário sobre o patrimônio daquelas entidades.
469. A multa de cem por cento, para o caso de mercadoria importada irregularmente, é calculada à base do custo de câmbio da categoria correspondente.
470. O imposto de transmissão *inter vivos* não incide sobre a construção, ou parte dela, realizada, inequivocamente, pelo promitente-comprador, mas sobre o valor do que tiver sido construído antes da promessa de venda.

471. As empresas aeroviárias não estão isentas do imposto de indústrias e profissões.
472. A condenação do autor em honorários de advogado, com fundamento no art. 64 do CPC, depende de reconvenção.
  •• A referência é feita ao CPC de 1939. Vide arts. 82 a 85 e 90 a 95 do CPC.
473. A administração pode anular seus próprios atos quando eivados de vícios que os tornam ilegais, porque deles não se originam direitos; ou revogá-los, por motivo de conveniência ou oportunidade, respeitados os direitos adquiridos e ressalvada, em todos os casos, a apreciação judicial.
474. Não há direito líquido e certo amparado pelo mandado de segurança, quando se escuda em lei cujos efeitos foram anulados por outra, declarada constitucional pelo STF.
475. A Lei n. 4.686, de 21-6-1965, tem aplicação imediata aos processos em curso, inclusive em grau de recurso extraordinário.
476. Desapropriadas as ações de uma sociedade, o poder desapropriante imitido na posse pode exercer, desde logo, todos os direitos inerentes aos respectivos títulos.
477. As concessões de terras devolutas situadas na faixa de fronteira, feitas pelos Estados, autorizam, apenas, o uso, permanecendo o domínio com a União, ainda que se mantenha inerte ou tolerante, em relação aos possuidores.
478. O provimento em cargo de Juízes substitutos do Trabalho deve ser feito independentemente de lista tríplice, na ordem de classificação dos candidatos.
479. As margens dos rios navegáveis são de domínio público, insuscetíveis de expropriação e, por isso mesmo, excluídas de indenização.
480. Pertencem ao domínio e administração da União, nos termos dos arts. 4.º, IV, e 186, da Constituição Federal de 1967, as terras ocupadas por silvícolas.
  •• Vide art. 231 da CF.
481. Se a locação compreende, além do imóvel, Fundo de Comércio, com instalações e pertences, como no caso de teatros, cinemas e hotéis, não se aplicam ao retomante as restrições do art. 8.º, e, parágrafo único, do Decreto n. 24.150, de 20 de abril de 1934.
  •• O Decreto n. 24.150, de 20-4-1934, foi revogado pela atual Lei de Locações - Lei n. 8.245, de 18-10-1981.
482. O locatário, que não for sucessor ou cessionário do que o precedeu na locação, não pode somar os prazos concedidos a este, para pedir a renovação do contrato, nos termos do Decreto n. 24.150.
  •• O Decreto n. 24.150, de 20-4-1934, foi revogado pela atual Lei de Locações - Lei n. 8.245, de 18-10-1981.
483. É dispensável a prova da necessidade, na retomada de prédio situado em localidade para onde o proprietário pretende transferir residência, salvo se mantiver, também, a anterior, quando dita prova será exigida.
484. Pode, legitimamente, o proprietário pedir o prédio para a residência de filho, ainda que solteiro, de acordo com o art. 11, III, da Lei n. 4.494, de 25-11-1964.
  • Atualmente a Lei n. 8.245, de 18-10-1991, que dispõe sobre locação de imóveis urbanos.
485. Nas locações regidas pelo Decreto n. 24.150, de 20 de abril de 1934, a presunção de sinceridade do retomante é relativa, podendo ser ilidida pelo locatário.
486. Admite-se a retomada para sociedade da qual o locador, ou seu cônjuge, seja sócio com participação predominante no capital social.

487. Será deferida a posse a quem evidentemente tiver o domínio, se com base neste for disputada.

488. A preferência a que se refere o art. 9.º da Lei n. 3.912, de 3-7-1961, constitui direito pessoal. Sua violação resolve-se em perdas e danos.

489. A compra e venda de automóvel não prevalece contra terceiros de boa-fé, se o contrato não foi transcrito no Registro de Títulos e Documentos.

490. A pensão correspondente à indenização oriunda de responsabilidade civil deve ser calculada com base no salário mínimo vigente ao tempo da sentença e ajustar-se-á às variações ulteriores.

491. É indenizável o acidente que cause a morte de filho menor, ainda que não exerça trabalho remunerado.

492. A empresa locadora de veículos responde, civil e solidariamente com o locatário, pelos danos por este causados a terceiros, no uso do carro locado.

493. O valor da indenização, se consistente em prestações periódicas e sucessivas, compreenderá, para que se mantenha inalterável na sua fixação, parcelas compensatórias do imposto de renda, incidentes sobre os juros do capital gravado ou caucionado, nos termos dos arts. 911 e 912 do CPC.
- • A referência é feita ao CPC de 1939. Vide arts. 513 a 538 do CPC.

494. A ação para anular venda de ascendente a descendente, sem consentimento dos demais, prescreve em vinte anos, contados da data do ato, revogada a Súmula 152.

495. A restituição em dinheiro da coisa vendida a crédito, entregue nos quinze dias anteriores ao pedido de falência ou de concordata, cabe, quando, ainda que consumida ou transformada, não faça o devedor prova de haver sido alienada a terceiro.
- Esta súmula foi publicada no Diário da Justiça de 10-12-1969, antes da promulgação da Nova Lei de Falências (Lei n. 11.101, de 9-2-2005).

496. São válidos, porque salvaguardados pelas disposições constitucionais transitórias da Constituição Federal de 1967, os Decretos-leis expedidos entre 24 de janeiro e 15 de março de 1967.

497. Quando se tratar de crime continuado, a prescrição regula-se pela pena imposta na sentença, não se computando o acréscimo decorrente da continuação.

498. Compete à Justiça dos Estados, em ambas as instâncias, o processo e o julgamento dos crimes contra a economia popular.

499. Não obsta à concessão do *sursis*, condenação anterior à pena de multa.

500. Não cabe a ação cominatória para compelir-se o réu a cumprir obrigações de dar.

501. Compete à Justiça Ordinária Estadual o processo e o julgamento, em ambas as instâncias, das causas de acidente do trabalho ainda que promovidas contra a União, suas Autarquias, Empresas Públicas ou Sociedades de Economia Mista.
- • Vide arts. 109, I, e 114, VI, da CF.
- • Vide Súmula Vinculante 22, Súmula 235 do STF e Súmula 15 do STJ.

502. Na aplicação do art. 839, do CPC, com a redação da Lei n. 4.290, de 5-121963, a relação valor da causa e salário mínimo vigente na capital do Estado, ou do Território, para o efeito de alçada, deve ser considerada na data do ajuizamento do pedido.
- • A referência é feita ao CPC de 1939. Vide arts. 291 a 293 do CPC.

503. A dúvida suscitada por particular, sobre o direito de tributar manifestado por dois Estados, não configura litígio da competência originária do STF.

504. Compete à Justiça Federal, em ambas as instâncias, o processo e o julgamento das causas fundadas em contrato de seguro marítimo.

505. Salvo quando contrariarem a Constituição, não cabe recurso para o STF de quaisquer decisões da Justiça do Trabalho, inclusive dos presidentes de seus tribunais.

506. O agravo a que se refere o art. 4.º da Lei n. 4.348, de 26.6.1964, cabe, somente, do despacho do Presidente do Supremo Tribunal Federal que defere a suspensão da liminar, em mandado de segurança; não do que a denega.

507. A ampliação dos prazos a que se refere o art. 32 do Código de Processo Civil aplica-se aos executivos fiscais.

508. Compete à Justiça Estadual, em ambas as instâncias, processar e julgar as causas em que for parte o Banco do Brasil S/A.

509. A Lei n. 4.632, de 18-5-1965, que alterou o art. 64 do Código de Processo Civil, aplica-se aos processos em andamento, nas instâncias ordinárias.

510. Praticado o ato por autoridade no exercício de competência delegada, contra ela cabe o mandado de segurança ou a medida judicial.

511. Compete à Justiça Federal, em ambas as instâncias, processar e julgar as causas entre autarquias federais e entidades públicas locais, inclusive mandados de segurança, ressalvada a ação fiscal, nos termos da Constituição Federal de 1967, art. 119, § 3.º.
- • Vide art. 109 da CF.

512. Não cabe condenação em honorários de advogado na ação de mandado de segurança.
- Vide Súmula 105 do STJ.
- Vide art. 25 da Lei n. 12.016, de 7-8-2009.

513. A decisão que enseja a interposição de recurso ordinário ou extraordinário, não é a do plenário que resolve o incidente de inconstitucionalidade, mas a do órgão (Câmaras, Grupos ou Turmas) que completa o julgamento do feito.

514. Admite-se ação rescisória contra sentença transitada em julgado, ainda que contra ela não se tenham esgotado todos os recursos.

515. A competência para a ação rescisória não é do STF quando a questão federal, apreciada no recurso extraordinário ou no agravo de instrumento, seja diversa da que foi suscitada no pedido rescisório.

516. O Serviço Social da Indústria – SESI – está sujeito à jurisdição da Justiça Estadual.

517. As sociedades de economia mista só têm foro na Justiça Federal quando a União intervém como assistente ou opoente.

518. A intervenção da União, em feito já julgado pela segunda instância e pendente de embargos, não desloca o processo para o TFR.

519. Aplica-se aos executivos fiscais o princípio da sucumbência a que se refere o art. 64 do Código de Processo Civil.
- • A referência é feita ao CPC de 1939. Vide arts. 82, § 2.º, e 85 do CPC.

520. Não exige a lei que, para requerer o exame a que se refere o art. 777 do CPP, tenha o sentenciado cumprido mais de metade do prazo da medida de segurança imposta.

521. O foro competente para o processo e julgamento dos crimes de estelionato, sob a modalidade da emissão dolosa de cheque sem provisão de fundos, é o do local onde se deu a recusa do pagamento pelo sacado.

522. Salvo ocorrência de tráfico para o exterior, quando então a competência será da Justiça Federal, compete à Justiça dos Estados o processo e julgamento dos crimes relativos a entorpecentes.

523. No processo penal, a falta de defesa constitui nulidade absoluta, mas a sua deficiência só o anulará se houver prova de prejuízo para o réu.

524. Arquivado o inquérito policial por despacho do juiz, a requerimento do promotor de Justiça, não pode a ação penal ser iniciada sem novas provas.

525. A medida de segurança não será aplicada em segunda instância, quando só o réu tenha recorrido.

526. Subsiste a competência do STF para conhecer e julgar a apelação nos crimes da Lei de Segurança Nacional, se houve sentença antes da vigência do AI n. 2.

527. Após a vigência do Ato Institucional n. 6, que deu nova redação ao art. 114, III, da Constituição Federal de 1967, não cabe recurso extraordinário das decisões do juiz singular.

528. Se a decisão contiver partes autônomas, a admissão parcial, pelo presidente do tribunal *a quo*, de recurso extraordinário que sobre qualquer delas se manifestar, não limitará a apreciação de todas pelo STF, independentemente de interposição de agravo de instrumento.

529. Subsiste a responsabilidade do empregador pela indenização decorrente de acidente do trabalho, quando o segurador, por haver entrado em liquidação, ou por outro motivo, não se encontrar em condições financeiras de efetuar, na forma da lei, o pagamento que o seguro obrigatório visava garantir.

530. Na legislação anterior ao art. 4.º da Lei n. 4.749, de 12-8-1965, a contribuição para a previdência social não estava sujeita ao limite estabelecido no art. 69 da Lei n. 3.807, de 26 de agosto de 1960, sobre o 13.º salário a que se refere o art. 3.º da Lei n. 4.281, de 8-11-1963.

531. É inconstitucional o Decreto n. 51.668, de 17-1-1963, que estabeleceu salário profissional para trabalhadores de transportes marítimos, fluviais e lacustres.

532. É constitucional a Lei n. 5.043, de 21-6-1966, que concedeu remissão das dívidas fiscais oriundas da falta de oportuno pagamento de selo nos contratos particulares com a Caixa Econômica e outras entidades autárquicas.

533. Nas operações denominadas crediários, com emissão de vales ou certificados para compras e nas quais, pelo financiamento, se cobram, em separado, juros, selos e outras despesas, incluir-se-á tudo no custo da mercadoria e sobre esse preço global calcular-se-á o imposto de vendas e consignações.

534. O imposto de importação sobre o extrato alcoólico de malte, como matéria-prima para fabricação de whisky, incide à base de 60%, desde que desembarcado antes do Decreto-lei n. 398, de 30-12-1968.

535. Na importação, a granel, de combustíveis líquidos é admissível a diferença de peso, para mais, até 4%, motivada pelas variações previstas no Decreto-lei n. 1.028, de 4-1-1939, art. 1.º.

536. São objetivamente imunes ao Imposto sobre Circulação de Mercadorias os produtos industrializados em geral, destinados à exportação, além de outros com a mesma destinação, cuja isenção a lei determinar.

537. É inconstitucional a exigência de imposto estadual do selo, quando feita nos atos e instrumentos tributados ou regulados por lei federal, ressalvado o disposto no art. 15, § 5.º, da Constituição Federal de 1946.

538. A avaliação judicial para o efeito do cálculo das benfeitorias dedutíveis do imposto sobre lucro imobiliário, independe do limite a que se refere a Lei n. 3.470, de 28-11-1958, art. 8.º, parágrafo único.

539. É constitucional a lei do Município que reduz o imposto predial urbano sobre imóvel ocupado pela residência do proprietário que não possua outro.

540. No preço da mercadoria sujeita ao imposto de vendas e consignações, não se incluem as despesas de frete e carreto.

•• Atualmente Imposto sobre Operações relativas à Circulação de Mercadorias e sobre Prestação de Serviços de Transporte Interestadual e Intermunicipal e de Comunicação – ICMS.

541. O imposto sobre vendas e consignações não incide sobre a venda ocasional de veículos e equipamentos usados, que não se insere na atividade profissional do vendedor e não é realizada com o fim de lucro, sem caráter, pois, de comercialidade.

•• Atualmente Imposto sobre Operações relativas à Circulação de Mercadorias e sobre Prestação de Serviços de Transporte Interestadual e Intermunicipal e de Comunicação – ICMS.

542. Não é inconstitucional a multa instituída pelo Estado-membro, como sanção pelo retardamento do início ou da ultimação do inventário.

543. A Lei n. 2.975, de 27-11-1965, revogou apenas as isenções de caráter geral relativas ao imposto único sobre combustíveis, não as especiais por outras leis concedidas.

•• De acordo com a publicação oficial. A Lei n. 2.975 é, na verdade, de 27-11-1956.

544. Isenções tributárias concedidas sob condição onerosa não podem ser livremente suprimidas.

545. Preços de serviços públicos e taxas não se confundem, porque estas, diferentemente daqueles, são compulsórias e têm sua cobrança condicionada à prévia autorização orçamentária, em relação à lei que as instituiu.

546. Cabe a restituição do tributo pago indevidamente, quando reconhecido por decisão que o contribuinte *de jure* não recuperou do contribuinte *de facto* o *quantum* respectivo.

547. Não é lícito à autoridade proibir que o contribuinte em débito adquira estampilhas, despache mercadorias nas alfândegas e exerça suas atividades profissionais.

548. É inconstitucional o Decreto-lei n. 643, de 19.6.47, art. 4.º, do Paraná, na parte que exige selo proporcional sobre atos e instrumentos regulados por lei federal.

549. A Taxa de Bombeiros do Estado de Pernambuco é constitucional, revogada a Súmula 274.

550. A isenção concedida pelo art. 2.º da Lei n. 1.815, de 1953, às empresas de navegação aérea, não compreende a taxa de melhoramento de portos, instituída pela Lei n. 3.421, de 1958.

551. É inconstitucional a taxa de urbanização da Lei n. 2.320, de 20-12-1961, instituída pelo Município de Porto Alegre, porque seu fato gerador é o mesmo da transmissão imobiliária.

552. Com a regulamentação do art. 15 da Lei n. 5.316/67, pelo Decreto n. 71.037/72, tornou-se exequível a exigência da exaustão da via administrativa antes do início da ação de acidente do trabalho.

Súmulas do Supremo Tribunal Federal

553. O Adicional ao Frete para Renovação da Marinha Mercante (AFRMM) é contribuição parafiscal, não sendo abrangido pela imunidade prevista na letra *d*, inciso III, do art. 19 da Constituição Federal.
  •• Refere-se à Constituição de 1967, modificada pela Emenda Constitucional n. 1, de 17-10-1969.

554. O pagamento de cheque emitido sem provisão de fundos, após o recebimento da denúncia, não obsta ao prosseguimento da ação penal.

555. É competente o Tribunal de Justiça para julgar conflito de jurisdição entre Juiz de Direito do Estado e a Justiça Militar local.

556. É competente a Justiça Comum para julgar as causas em que é parte sociedade de economia mista.

557. É competente a Justiça Federal para julgar as causas em que são partes a COBAL e a CIBRAZEM.

558. É constitucional o art. 27 do Decreto-lei n. 898, de 29-9-1969.

559. O Decreto-lei n. 730, de 5-8-1969, revogou a exigência de homologação, pelo ministro da Fazenda, das resoluções do Conselho de Política Aduaneira.
  •• O Decreto-lei n. 730, de 5-8-1969, dispõe sobre o Conselho de Política Aduaneira.

560. A extinção de punibilidade pelo pagamento do tributo devido estende-se ao crime de contrabando ou descaminho, por força do art. 18, § 2.º, do Decreto-lei n. 157/67.
  •• O Decreto-lei n. 157, de 10-2-1967, concede estímulos fiscais à capitalização das empresas, reforça os incentivos à compra de ações, facilita o pagamento de débitos fiscais.

561. Em desapropriação, é devida a correção monetária até a data do efetivo pagamento da indenização, devendo proceder-se à atualização do cálculo ainda que por mais de uma vez.

562. Na indenização de danos materiais decorrentes de ato ilícito cabe a atualização de seu valor, utilizando-se, para esse fim, dentre outros critérios, os índices de correção monetária.

563. O concurso de preferência a que se refere o parágrafo único do art. 187 do CTN é compatível com o disposto no art. 9.º, I, da Constituição Federal.
  •• Refere-se à Constituição de 1967, modificada pela Emenda Constitucional n. 1, de 17-10-1969. Vide art. 19, III, da CF de 1988.
  •• O STF, no julgamento da ADPF n. 357, por maioria, julgou procedente o pedido formulado para declarar o cancelamento desta Súmula, na sessão por videoconferência de 24-6-2021 (DOU de 6-7-2021).

564. A ausência de fundamentação do despacho de recebimento de denúncia por crime falimentar enseja nulidade processual, salvo se já houver sentença condenatória.

565. A multa fiscal moratória constitui pena administrativa, não se incluindo no crédito habilitado em falência.
  •• O art. 83, VII, da Lei n. 11.101, de 9-2-2005 (Lei de Falências), inclui as multas contratuais e as penas pecuniárias por infração das leis penais ou administrativas, inclusive as multas tributárias, na ordem de classificação dos créditos na falência.
  • Vide Súmula 192 do STF.

566. Enquanto pendente o pedido de readaptação fundado em desvio funcional não gera direitos para o servidor, relativamente ao cargo pleiteado.

567. A Constituição, ao assegurar, no § 3.º do art. 102, a contagem integral do tempo de serviço público federal, estadual ou municipal para os efeitos de aposentadoria e disponibilidade não proíbe à União, aos Estados e aos Municípios mandarem contar, mediante lei, para efeito diverso, tempo de serviço prestado a outra pessoa de direito público interno.

568. A identificação criminal não constitui constrangimento ilegal, ainda que o indiciado já tenha sido identificado civilmente.

569. É inconstitucional a discriminação de alíquotas do Imposto de Circulação de Mercadorias nas operações interestaduais, em razão de o destinatário ser ou não contribuinte.

570. O imposto de circulação de mercadorias não incide sobre a importação de bens de capital.

571. O comprador de café ao IBC, ainda que sem expedição de nota fiscal, habilita-se, quando da comercialização do produto, ao crédito do ICM que incidiu sobre a operação anterior.

572. No cálculo do ICM devido na saída de mercadorias para o exterior, não se incluem fretes pagos a terceiros, seguros e despesas de embarque.

573. Não constitui fato gerador do ICM a saída física de máquinas, utensílios e implementos a título de comodato.

574. Sem lei estadual que a estabeleça, é ilegítima a cobrança do ICM sobre o fornecimento de alimentação e bebidas em restaurante ou estabelecimento similar.

575. À mercadoria importada de país signatário do (GATT), ou membro da (ALALC), estende-se a isenção do imposto de circulação de mercadorias concedida a similar nacional.

576. É lícita a cobrança do ICM sobre produtos importados sob o regime da alíquota zero.

577. Na importação de mercadorias do exterior, o fato gerador do ICM ocorre no momento de sua entrada no estabelecimento do importador.

578. Não podem os Estados, a título de ressarcimento de despesas, reduzir a parcela de 20% do produto da arrecadação do ICM, atribuída aos Municípios pelo art. 23, § 8.º, da Constituição Federal.
  •• Refere-se à Constituição de 1967, modificada pela Emenda Constitucional n. 1, de 17-10-1969. Vide art. 155, II, da CF.

579. A cal virgem e a hidratada estão sujeitas ao ICM.

580. A isenção prevista no art. 13, parágrafo único, do Decreto-lei n. 43/1966, restringe-se aos filmes cinematográficos.

581. A exigência de transporte em navio de bandeira brasileira, para efeito de isenção tributária, legitimou-se com o advento do Decreto-lei n. 666, de 2-7-1969.

582. É constitucional a Resolução n. 640/69, do Conselho de Política Aduaneira, que reduziu a alíquota do imposto de importação para a soda cáustica, destinada a zonas de difícil distribuição e abastecimento.

583. Promitente-comprador de imóvel residencial transcrito em nome de autarquia é contribuinte do imposto predial e territorial urbano.

584. (*Cancelada.*)

585. Não incide o imposto de renda sobre a remessa de divisas para pagamento de serviços prestados no exterior, por empresa que não opera no Brasil.

586. Incide imposto de renda sobre os juros remetidos para o exterior, com base em contrato de mútuo.

587. Incide imposto de renda sobre o pagamento de serviços técnicos contratados no exterior e prestados no Brasil.

588. O imposto sobre serviços não incide sobre os depósitos, as comissões e taxas de desconto, cobrados pelos estabelecimentos bancários.
  •• Vide Súmula 424 do STJ.

589. É inconstitucional a fixação de adicional progressivo do imposto predial e territorial urbano em função do número de imóveis do contribuinte.

Súmulas do Supremo Tribunal Federal

590. Calcula-se o imposto de transmissão *causa mortis* sobre o saldo credor da promessa de compra e venda de imóvel, no momento da abertura da sucessão do promitente-vendedor.

591. A imunidade ou a isenção tributária do comprador não se estende ao produtor, contribuinte do imposto sobre produtos industrializados.

592. Nos crimes falimentares, aplicam-se as causas interruptivas da prescrição previstas no Código Penal.

593. Incide o percentual do Fundo de Garantia do Tempo de Serviço (FGTS) sobre a parcela da remuneração correspondente a horas extraordinárias de trabalho.

594. Os direitos de queixa e de representação podem ser exercidos, independentemente, pelo ofendido ou por seu representante legal.

595. É inconstitucional a taxa municipal de conservação de estradas de rodagem, cuja base de cálculo seja idêntica à do imposto territorial rural.

596. As disposições do Decreto n. 22.626/33 não se aplicam às taxas de juros e aos outros encargos cobrados nas operações realizadas por instituições públicas ou privadas que integram o sistema financeiro nacional.

597. Não cabem embargos infringentes de acórdão que, em mandado de segurança, decidiu por maioria de votos a apelação.
  • *Vide* Súmulas 294 do STF e 169 do STJ.
  • *Vide* art. 25 da Lei n. 12.016, de 7-8-2009.

598. Nos embargos de divergência não servem como padrão de discordância os mesmos paradigmas invocados para demonstrá-la, mas repelidos como não dissidentes no julgamento do recurso extraordinário.

599. (*Cancelada*.)

600. Cabe ação executiva contra o emitente e seus avalistas, ainda que não apresentado o cheque ao sacado no prazo legal, desde que não prescrita a ação cambiária.

601. Os arts. 3.º, II, e 55 da Lei Complementar n. 40/81 (Lei Orgânica do Ministério Público) não revogaram a legislação anterior que atribui a iniciativa para a ação penal pública, no processo sumário, ao juiz ou à autoridade policial, mediante Portaria ou Auto de Prisão em Flagrante.

602. Nas causas criminais, o prazo de interposição de Recurso Extraordinário é de 10 (dez) dias.

603. A competência para o processo e julgamento de latrocínio é do Juiz singular e não do Tribunal do Júri.

604. A prescrição pela pena em concreto é somente da pretensão executória da pena privativa de liberdade.

605. Não se admite continuidade delitiva nos crimes contra a vida.

606. Não cabe *habeas corpus* originário para o Tribunal Pleno de decisão de Turma, ou do Plenário, proferida em *habeas corpus* ou no respectivo recurso.

607. Na ação penal regida pela Lei n. 4611/65, a denúncia, como substitutivo da Portaria, não interrompe a prescrição.

608. No crime de estupro, praticado mediante violência real, a ação penal é pública incondicionada.

609. É pública incondicionada a ação penal por crime de sonegação fiscal.

610. Há crime de latrocínio, quando o homicídio se consuma, ainda que não realize o agente a subtração de bens da vítima.

611. Transitada em julgado a sentença condenatória, compete ao Juízo das Execuções a aplicação de lei mais benigna.

612. Ao trabalhador rural não se aplicam, por analogia, os benefícios previstos na Lei n. 6.367, de 19-10-1976.

613. Os dependentes de trabalhador rural não têm direito à pensão previdenciária, se o óbito ocorreu anteriormente à vigência da Lei Complementar n. 11/71.

614. Somente o Procurador-Geral da Justiça tem legitimidade para propor ação direta interventiva por inconstitucionalidade de lei municipal.

615. O princípio constitucional da anualidade (§ 29 do art. 153 da CF) não se aplica à revogação de isenção do ICM.
  •• Refere-se à CF de 1967. *Vide* art. 150, I e III, da CF.
  •• *Vide* arts. 104, III, e 178 do CTN.
  • *Vide* Súmula 544 do STF.

616. É permitida a cumulação da multa contratual com os honorários de advogado, após o advento do Código de Processo Civil vigente.

617. A base de cálculo dos honorários de advogado em desapropriação é a diferença entre a oferta e a indenização, corrigidas ambas monetariamente.

618. Na desapropriação, direta ou indireta, a taxa dos juros compensatórios é de 12% (doze por cento) ao ano.

619. (*Revogada*.)

620. A sentença proferida contra autarquias não está sujeita a reexame necessário, salvo quando sucumbente em execução de dívida ativa.

621. Não enseja embargos de terceiro à penhora a promessa de compra e venda não inscrita no registro de imóveis.
  •• *Vide* Súmula 84 do STJ.

622. Não cabe agravo regimental contra decisão do relator que concede ou indefere liminar em mandado de segurança.
  • *Vide* art. 16 da Lei n. 12.016, de 7-8-2009.

623. Não gera por si só a competência originária do Supremo Tribunal Federal para conhecer do mandado de segurança com base no art. 102, I, *n*, da Constituição, dirigir-se o pedido contra deliberação administrativa do tribunal de origem, da qual haja participado a maioria ou a totalidade de seus membros.

624. Não compete ao Supremo Tribunal Federal conhecer originariamente de mandado de segurança contra atos de outros tribunais.
  • *Vide* Súmula 330 do STF.

625. Controvérsia sobre matéria de direito não impede concessão de mandado de segurança.

626. A suspensão da liminar em mandado de segurança, salvo determinação em contrário da decisão que a deferir, vigorará até o trânsito em julgado da decisão definitiva de concessão da segurança ou, havendo recurso, até a sua manutenção pelo Supremo Tribunal Federal, desde que o objeto da liminar deferida coincida, total ou parcialmente, com o da impetração.
  • *Vide* art. 15 da Lei n. 12.016, de 7-8-2009.

627. No mandado de segurança contra a nomeação de magistrado da competência do Presidente da República, este é considerado autoridade coatora, ainda que o fundamento da impetração seja nulidade ocorrida em fase anterior do procedimento.

628. Integrante de lista de candidatos a determinada vaga da composição de tribunal é parte legítima para impugnar a validade da nomeação de concorrente.

629. A impetração de mandado de segurança coletivo por entidade de classe em favor dos associados independe da autorização destes.

- *Vide* art. 21 da Lei n. 12.016, de 7-8-2009.

630. A entidade de classe tem legitimação para o mandado de segurança ainda quando a pretensão veiculada interesse apenas a uma parte da respectiva categoria.
- *Vide* art. 21 da Lei n. 12.016, de 7-8-2009.

631. Extingue-se o processo de mandado de segurança se o impetrante não promove, no prazo assinado, a citação do litisconsorte passivo necessário.
- *Vide* arts. 114 e 115 do CPC.

632. É constitucional lei que fixa o prazo de decadência para a impetração de mandado de segurança.
- *Vide* art. 23 da Lei n. 12.016, de 7-8-2009.

633. É incabível a condenação em verba honorária nos recursos extraordinários interpostos em processo trabalhista, exceto nas hipóteses previstas na Lei n. 5.584/70.

634. Não compete ao Supremo Tribunal Federal conceder medida cautelar para dar efeito suspensivo a recurso extraordinário que ainda não foi objeto de juízo de admissibilidade na origem.

635. Cabe ao Presidente do Tribunal de origem decidir o pedido de medida cautelar em recurso extraordinário ainda pendente do seu juízo de admissibilidade.

636. Não cabe recurso extraordinário por contrariedade ao princípio constitucional da legalidade, quando a sua verificação pressuponha rever a interpretação dada a normas infraconstitucionais pela decisão recorrida.

637. Não cabe recurso extraordinário contra acórdão de Tribunal de Justiça que defere pedido de intervenção estadual em Municípios.

638. A controvérsia sobre a incidência, ou não, de correção monetária em operações de crédito rural é de natureza infraconstitucional, não viabilizando recurso extraordinário.

639. Aplica-se a Súmula 288 quando não constarem do traslado do agravo de instrumento as cópias das peças necessárias à verificação da tempestividade do recurso extraordinário não admitido pela decisão agravada.

640. É cabível recurso extraordinário contra decisão proferida por juiz de primeiro grau nas causas de alçada, ou por Turma Recursal de Juizado Especial cível e criminal.

641. Não se conta em dobro o prazo para recorrer, quando só um dos litisconsortes haja sucumbido.

642. Não cabe ação direta de inconstitucionalidade de lei do Distrito Federal derivada da sua competência legislativa municipal.

643. O Ministério Público tem legitimidade para promover ação civil pública cujo fundamento seja a ilegalidade de reajuste de mensalidades escolares.

644. Ao titular do cargo de procurador de autarquia não se exige a apresentação de instrumento de mandato para representá-la em Juízo.
- • Súmula alterada pelo Tribunal Pleno, em sessão de 26-11-2003 (*DJU* de 9-12-2003).

645. É competente o Município para fixar o horário de funcionamento de estabelecimento comercial.

646. Ofende o princípio da livre concorrência lei municipal que impede a instalação de estabelecimentos comerciais do mesmo ramo em determinada área.

647. Compete privativamente à União legislar sobre vencimentos dos membros das polícias civil e militar do Distrito Federal.

648. A norma do § 3.º do art. 192 da Constituição, revogada pela EC 40/2003, que limitava a taxa de juros reais a 12% ao ano, tinha sua aplicabilidade condicionada à edição de lei complementar.
- • *Vide* Súmula Vinculante 7.

649. É inconstitucional a criação, por Constituição Estadual, de órgão de controle administrativo do Poder Judiciário do qual participem representantes de outros poderes ou entidades.

650. Os incisos I e XI do art. 20 da CF não alcançam terras de aldeamentos extintos, ainda que ocupadas por indígenas em passado remoto.
- • Súmula com redação retificada no *Diário da Justiça* de 29-10-2003.

651. A medida provisória não apreciada pelo Congresso Nacional podia, até a Emenda Constitucional n. 32/2001, ser reeditada dentro do seu prazo de eficácia de trinta dias, mantidos os efeitos de lei desde a primeira edição.

652. Não contraria a Constituição o art. 15, § 1.º, do Decreto-lei n. 3.365/41 (Lei da Desapropriação por utilidade pública).
- • *Vide* art. 5.º, XXIV, da CF.

653. No Tribunal de Contas estadual, composto por sete conselheiros, quatro devem ser escolhidos pela Assembleia Legislativa e três pelo chefe do Poder Executivo estadual, cabendo a este indicar um dentre auditores e outro dentre membros do Ministério Público, e um terceiro à sua livre escolha.

654. A garantia da irretroatividade da lei, prevista no art. 5.º, XXXVI, da Constituição da República, não é invocável pela entidade estatal que a tenha editado.

655. A exceção prevista no art. 100, *caput*, da Constituição, em favor dos créditos de natureza alimentícia, não dispensa a expedição de precatório, limitando-se a isentá-los da observância da ordem cronológica dos precatórios decorrentes de condenações de outra natureza.

656. É inconstitucional a lei que estabelece alíquotas progressivas para o imposto de transmissão *inter vivos* de bens imóveis – ITBI com base no valor venal do imóvel.
- • *Vide* arts. 145, § 1.º, e 156, II, da CF.
- • *Vide* Súmulas 110, 111, 326, 328 e 470 do STF.

657. A imunidade prevista no art. 150, VI, *d*, da CF abrange os filmes e papéis fotográficos necessários à publicação de jornais e periódicos.

658. São constitucionais os arts. 7.º da Lei n. 7.787/89 e 1.º da Lei n. 7.894/89 e da Lei n. 8.147/90, que majoraram a alíquota do Finsocial, quando devida a contribuição por empresas dedicadas exclusivamente à prestação de serviços.
- A Lei n. 7.787, de 30-6-1989, dispõe sobre alterações na legislação de custeio da Previdência Social.
- A Lei n. 7.894, de 24-11-1989, dispõe sobre as contribuições para o FINSOCIAL e PIS/PASEP.
- A Lei n. 8.147, de 28-12-1990, dispõe sobre a alíquota do FINSOCIAL.

659. É legítima a cobrança da COFINS, do PIS e do FINSOCIAL sobre as operações relativas a energia elétrica, serviços de telecomunicações, derivados de petróleo, combustíveis e minerais do País.
- • *Vide* arts. 155, § 3.º, e 195, *caput* e § 7.º, da CF.

660. Não incide ICMS na importação de bens por pessoa física ou jurídica que não seja contribuinte do imposto.
- • Texto republicado com o teor aprovado na Sessão Plenária de 24-9-2003 (*DJU* de 28-3-2006).
- • *Vide* art. 155, § 2.º, IX, *a*, da CF.

661. Na entrada de mercadoria importada do exterior, é legítima a cobrança do ICMS por ocasião do desembaraço aduaneiro.
   •• *Vide* art. 155, § 2.º, IX, *a*, da CF.

662. É legítima a incidência do ICMS na comercialização de exemplares de obras cinematográficas, gravados em fitas de videocassete.
   •• *Vide* art. 155, II, da CF.

663. Os §§ 1.º e 3.º do art. 9.º do Decreto-lei n. 406/68 foram recebidos pela Constituição.
   •• *Vide* art. 34, § 5.º, do ADCT.
   •• O Decreto-lei n. 406, de 31-12-1968, estabelece normas gerais de direito financeiro, aplicáveis aos impostos sobre operações relativas à circulação de mercadorias e sobre serviços de qualquer natureza.

664. É inconstitucional o inciso V do art. 1.º da Lei n. 8.033/90, que instituiu a incidência do imposto nas operações de crédito, câmbio e seguros – IOF sobre saques efetuados em caderneta de poupança.
   •• A Resolução do Senado Federal n. 28, de 29-11-2007, suspendeu a execução do inciso V do art. 1.º da Lei n. 8.033, de 12-4-1990.

665. É constitucional a Taxa de Fiscalização dos Mercados de Títulos e Valores Mobiliários instituída pela Lei n. 7.940/89.
   •• *Vide* art. 145, II e § 2.º, da CF.

666. A contribuição confederativa de que trata o art. 8.º, IV, da Constituição, só é exigível dos filiados ao sindicato respectivo.
   •• *Vide* Súmula Vinculante 40.

667. Viola a garantia constitucional de acesso à jurisdição a taxa judiciária calculada sem limite sobre o valor da causa.
   •• *Vide* arts. 5.º, XXXVI, e 145 da CF.

668. É inconstitucional a lei municipal que tenha estabelecido, antes da Emenda Constitucional n. 29/2000, alíquotas progressivas para o IPTU, salvo se destinada a assegurar o cumprimento da função social da propriedade urbana.
   •• *Vide* arts. 145, § 1.º, 182, §§ 2.º e 4.º, da CF e art. 7.º da Lei n. 10.257, de 10-7-2001.

669. Norma legal que altera o prazo de recolhimento da obrigação tributária não se sujeita ao princípio da anterioridade.
   •• *Vide* art. 195, § 6.º, da CF.

670. O serviço de iluminação pública não pode ser remunerado mediante taxa.
   •• *Vide* art. 145, II, da CF.

671. Os servidores públicos e os trabalhadores em geral têm direito, no que concerne à URP de abril/maio de 1988, apenas ao valor correspondente a 7/30 de 16,19% sobre os vencimentos e salários pertinentes aos meses de abril e maio de 1988, não cumulativamente, devidamente corrigido até o efetivo pagamento.

672. O reajuste de 28,86%, concedido aos servidores militares pelas Leis n. 8.622/1993 e 8.627/1993, estende-se aos servidores civis do Poder Executivo, observadas as eventuais compensações decorrentes dos reajustes diferenciados concedidos pelos mesmos diplomas legais.

673. O art. 125, § 4.º, da Constituição, não impede a perda da graduação de militar mediante procedimento administrativo.

674. A anistia prevista no art. 8.º do Ato das Disposições Constitucionais Transitórias não alcança os militares expulsos com base em legislação disciplinar ordinária, ainda que em razão de atos praticados por motivação política.

675. Os intervalos fixados para descanso e alimentação durante a jornada de seis horas não descaracterizam o sistema de turnos ininterruptos de revezamento para o efeito do art. 7.º, XIV, da Constituição.

676. A garantia da estabilidade provisória prevista no art. 10, II, *a*, do ADCT, também se aplica ao suplente do cargo de direção de comissões internas de prevenção de acidentes (CIPA).

677. Até que lei venha a dispor a respeito, incumbe ao Ministério do Trabalho proceder ao registro das entidades sindicais e zelar pela observância do princípio da unicidade.

678. São inconstitucionais os incisos I e III do art. 7.º da Lei n. 8.162/91, que afastam, para efeito de anuênio e de licença-prêmio, a contagem do tempo de serviço regido pela CLT dos servidores que passaram a submeter-se ao Regime Jurídico Único.

679. A fixação de vencimentos dos servidores públicos não pode ser objeto de convenção coletiva.

680. O direito ao auxílio-alimentação não se estende aos servidores inativos.

681. É inconstitucional a vinculação do reajuste de vencimentos de servidores estaduais ou municipais a índices federais de correção monetária.

682. Não ofende a Constituição a correção monetária no pagamento com atraso dos vencimentos de servidores públicos.

683. O limite de idade para a inscrição em concurso público só se legitima em face do art. 7.º, XXX, da Constituição, quando possa ser justificado pela natureza das atribuições do cargo a ser preenchido.

684. É inconstitucional o veto não motivado à participação de candidato a concurso público.
   •• *Vide* art. 7.º, XXX, da CF.

685. É inconstitucional toda modalidade de provimento que propicie ao servidor investir-se, sem prévia aprovação em concurso público destinado ao seu provimento, em cargo que não integra a carreira na qual anteriormente investido.

686. Só por lei se pode sujeitar a exame psicotécnico a habilitação de candidato a cargo público.
   •• *Vide* art. 7.º, XXX, da CF .

687. A revisão de que trata o art. 58 do Ato das Disposições Constitucionais Transitórias não se aplica aos benefícios previdenciários concedidos após a promulgação da Constituição de 1988.

688. É legítima a incidência da contribuição previdenciária sobre o 13.º salário.
   •• *Vide* art. 195, I, da CF.

689. O segurado pode ajuizar ação contra instituição previdenciária perante o Juízo Federal do seu domicílio ou nas Varas Federais da Capital do Estado-membro.

690. Compete originariamente ao Supremo Tribunal Federal o julgamento de *habeas corpus* contra decisão de Turma Recursal de Juizados Especiais criminais.
   •• Súmula declarada superada pelo Tribunal Pleno, no julgamento do HC 86.834 (DJ de 9-3-2007).
   •• *Vide* art. 102, I, *i*, da CF e Lei n. 9.099, de 26-9-1995.

691. Não compete ao Supremo Tribunal Federal conhecer de *habeas corpus* impetrado contra decisão do Relator que, em *habeas corpus* requerido a tribunal superior, indefere a liminar.
   •• *Vide* art. 102, I, *i*, da CF.

692. Não se conhece de *habeas corpus* contra omissão de relator de extradição, se fundado em fato ou direito estrangeiro cuja prova não constava dos autos, nem foi ele provocado a respeito.
693. Não cabe *habeas corpus* contra decisão condenatória a pena de multa, ou relativo a processo em curso por infração penal a que a pena pecuniária seja a única cominada.
694. Não cabe *habeas corpus* contra a imposição da pena de exclusão de militar ou de perda de patente ou de função pública.
695. Não cabe *habeas corpus* quando já extinta a pena privativa de liberdade.
696. Reunidos os pressupostos legais permissivos da suspensão condicional do processo, mas se recusando o Promotor de Justiça a propô-la, o Juiz, dissentindo, remeterá a questão ao Procurador-Geral, aplicando-se por analogia o art. 28 do Código de Processo Penal.
    •• *Vide* art. 89 da Lei n. 9.099, de 26-9-1995.
697. A proibição de liberdade provisória nos processos por crimes hediondos não veda o relaxamento da prisão processual por excesso de prazo.
    •• Súmula prejudicada pela Lei n. 11.464, de 28-3-2007, que alterou a redação da Lei n. 8.072, de 25-7-1990, suprimindo a proibição da liberdade provisória nos crimes hediondos.
698. Não se estende aos demais crimes hediondos a admissibilidade de progressão no regime de execução da pena aplicada ao crime de tortura.
    •• Súmula prejudicada pela Lei n. 11.464, de 28-3-2007, que alterou a redação da Lei n. 8.072, de 25-7-1990, permitindo a progressão de regime nos crimes hediondos.
699. O prazo para interposição de agravo, em processo penal, é de cinco dias, de acordo com a Lei n. 8.038/90, não se aplicando o disposto a respeito nas alterações da Lei n. 8.950/94 ao Código de Processo Civil.
700. É de cinco dias o prazo para interposição de agravo contra decisão do juiz da execução penal.
701. No mandado de segurança impetrado pelo Ministério Público contra decisão proferida em processo penal, é obrigatória a citação do réu como litisconsorte passivo.
702. A competência do Tribunal de Justiça para julgar Prefeitos restringe-se aos crimes de competência da Justiça comum estadual; nos demais casos, a competência originária caberá ao respectivo tribunal de segundo grau.
703. A extinção do mandato do Prefeito não impede a instauração de processo pela prática dos crimes previstos no art. 1.º do Decreto-lei n. 201/67.
704. Não viola as garantias do juiz natural, da ampla defesa e do devido processo legal a atração por continência ou conexão do processo do corréu ao foro por prerrogativa de função de um dos denunciados.
    •• *Vide* art. 5.º, LIII, LIV e LV, da CF.
705. A renúncia do réu ao direito de apelação, manifestada sem a assistência do defensor, não impede o conhecimento da apelação por este interposta.
706. É relativa a nulidade decorrente da inobservância da competência penal por prevenção.
707. Constitui nulidade a falta de intimação do denunciado para oferecer contrarrazões ao recurso interposto da rejeição da denúncia, não a suprindo a nomeação de defensor dativo.
708. É nulo o julgamento da apelação se, após a manifestação nos autos da renúncia do único defensor, o réu não foi previamente intimado para constituir outro.

709. Salvo quando nula a decisão de primeiro grau, o acórdão que provê o recurso contra a rejeição da denúncia vale, desde logo, pelo recebimento dela.
710. No processo penal, contam-se os prazos da data da intimação, e não da juntada aos autos do mandado ou da carta precatória ou de ordem.
711. A lei penal mais grave aplica-se ao crime continuado ou ao crime permanente, se a sua vigência é anterior à cessação da continuidade ou da permanência.
712. É nula a decisão que determina o desaforamento de processo da competência do Júri sem audiência da defesa.
713. O efeito devolutivo da apelação contra decisões do Júri é adstrito aos fundamentos da sua interposição.
714. É concorrente a legitimidade do ofendido, mediante queixa, e do Ministério Público, condicionada à representação do ofendido, para a ação penal por crime contra a honra de servidor público em razão do exercício de suas funções.
715. A pena unificada para atender ao limite de trinta anos de cumprimento, determinado pelo art. 75 do Código Penal, não é considerada para a concessão de outros benefícios, como o livramento condicional ou regime mais favorável de execução.
716. Admite-se a progressão de regime de cumprimento de pena ou a aplicação imediata de regime menos severo nela determinada, antes do trânsito em julgado da sentença condenatória.
717. Não impede a progressão de regime de execução da pena, fixada em sentença não transitada em julgado, o fato de o réu se encontrar em prisão especial.
718. A opinião do julgador sobre a gravidade em abstrato do crime não constitui motivação idônea para a imposição de regime mais severo do que o permitido segundo a pena aplicada.
719. A imposição do regime de cumprimento mais severo do que a pena aplicada permitir exige motivação idônea.
720. O art. 309 do Código de Trânsito Brasileiro, que reclama decorra do fato perigo de dano, derrogou o art. 32 da Lei das Contravenções Penais no tocante à direção sem habilitação em vias terrestres.
721. A competência constitucional do Tribunal do Júri prevalece sobre o foro por prerrogativa de função estabelecido exclusivamente pela Constituição Estadual.
    •• *Vide* art. 5.º, XXXVIII, *d*, da CF.
722. São da competência legislativa da União a definição dos crimes de responsabilidade e o estabelecimento das respectivas normas de processo e julgamento.
723. Não se admite a suspensão condicional do processo por crime continuado, se a soma da pena mínima da infração mais grave com o aumento mínimo de um sexto for superior a um ano.
    •• *Vide* art. 89 da Lei n. 9.099, de 26-9-1995.
    • *Vide* Súmula 243 do STJ.
724. Ainda quando alugado a terceiros, permanece imune ao IPTU o imóvel pertencente a qualquer das entidades referidas pelo art. 150, VI, *c*, da Constituição, desde que o valor dos aluguéis seja aplicado nas atividades essenciais de tais entidades.
725. É constitucional o § 2.º do art. 6.º da Lei n. 8.024/90, resultante da conversão da MPr 168/90, que fixou o BTN fiscal como índice de correção monetária aplicável aos depósitos bloqueados pelo Plano Collor I.

726. Para efeito de aposentadoria especial de professores, não se computa o tempo de serviço prestado fora da sala de aula.

727. Não pode o magistrado deixar de encaminhar ao Supremo Tribunal Federal o agravo de instrumento interposto da decisão que não admite recurso extraordinário, ainda que referente a causa instaurada no âmbito dos Juizados Especiais.
• • *Vide* Lei n. 9.099, de 26-9-1995.

728. É de três dias o prazo para a interposição de recurso extraordinário contra decisão do Tribunal Superior Eleitoral, contado, quando for o caso, a partir da publicação do acórdão, na própria sessão de julgamento, nos termos do art. 12 da Lei n. 6.055/74, que não foi revogado pela Lei n. 8.950/94.
• • *Vide* art. 1.003, § 5.º, do CPC.

729. A decisão na ADC-4 não se aplica à antecipação de tutela em causa de natureza previdenciária.

730. A imunidade tributária conferida a instituições de assistência social sem fins lucrativos pelo art. 150, VI, *c*, da Constituição, somente alcança as entidades fechadas de previdência social privada se não houver contribuição dos beneficiários.

731. Para fim da competência originária do Supremo Tribunal Federal, é de interesse geral da magistratura a questão de saber se, em face da LOMAN, os juízes têm direito à licença-prêmio.
• • *Vide* art. 102, I, *n*, da CF.

732. É constitucional a cobrança da contribuição do salário-educação, seja sob a Carta de 1969, seja sob a Constituição Federal de 1988, e no regime da Lei n. 9.424/96.
• A Lei n. 9.424, de 24-12-1996, dispõe sobre o Fundo de Manutenção e Desenvolvimento do Ensino Fundamental e de Valorização do Magistério e dá outras informações.

733. Não cabe recurso extraordinário contra decisão proferida no processamento de precatórios.
• • *Vide* art. 100, § 2.º, da CF.

734. Não cabe reclamação quando já houver transitado em julgado o ato judicial que se alega tenha desrespeitado decisão do Supremo Tribunal Federal.

735. Não cabe recurso extraordinário contra acórdão que defere medida liminar.
• • *Vide* art. 102, III, *a*, da CF.

736. Compete à Justiça do Trabalho julgar as ações que tenham como causa de pedir o descumprimento de normas trabalhistas relativas à segurança, higiene e saúde dos trabalhadores.

SÚMULAS VINCULANTES (*)

1. Ofende a garantia constitucional do ato jurídico perfeito a decisão que, sem ponderar as circunstâncias do caso concreto, desconsidera a validez e a eficácia de acordo constante de termo de adesão instituído pela Lei Complementar n. 110/2001.
   - Vide art. 5.º, XXXVI, da CF.

2. É inconstitucional a lei ou ato normativo estadual ou distrital que disponha sobre sistemas de consórcios e sorteios, inclusive bingos e loterias.
   - Vide art. 22, XX, da CF.

3. Nos processos perante o Tribunal de Contas da União asseguram-se o contraditório e a ampla defesa quando da decisão puder resultar anulação ou revogação de ato administrativo que beneficie o interessado, excetuada a apreciação de legalidade do ato de concessão inicial de aposentadoria, reforma e pensão.
   - Vide arts. 5.º, LV, e 71, III, da CF.

4. Salvo nos casos previstos na Constituição, o salário mínimo não pode ser usado como indexador de base de cálculo de vantagem de servidor público ou de empregado, nem ser substituído por decisão judicial.
   - •• Vide arts. 7.º, IV, e 169, § 1.º, da CF.

5. A falta de defesa técnica por advogado no processo administrativo disciplinar não ofende a Constituição.

6. Não viola a Constituição o estabelecimento de remuneração inferior ao salário mínimo para as praças prestadoras de serviço militar inicial.

7. A norma do § 3.º do art. 192 da Constituição, revogada pela Emenda Constitucional n. 40/2003, que limitava a taxa de juros reais a 12% ao ano, tinha sua aplicação condicionada à edição de lei complementar.

8. São inconstitucionais o parágrafo único do art. 5.º do Decreto-lei n. 1.569/1977 e os arts. 45 e 46 da Lei n. 8.212/1991, que tratam de prescrição e decadência de crédito tributário.

9. O disposto no art. 127 da Lei n. 7.210/1984 (Lei de Execução Penal) foi recebido pela ordem constitucional vigente, e não se lhe aplica o limite temporal previsto no *caput* do art. 58.

10. Viola a cláusula de reserva de plenário (CF, art. 97) a decisão de órgão fracionário de Tribunal que, embora não declare expressamente a inconstitucionalidade de lei ou ato normativo do poder público, afasta sua incidência, no todo ou em parte.

11. Só é lícito o uso de algemas em casos de resistência e de fundado receio de fuga ou de perigo à integridade física própria ou alheia, por parte do preso ou de terceiros, justificada a excepcionalidade por escrito, sob pena de responsabilidade disciplinar, civil e penal do agente ou da autoridade e de nulidade da prisão ou do ato processual a que se refere, sem prejuízo da responsabilidade civil do Estado.
    - Vide arts. 1.º, III, 5.º, III, X e XLIX da CF.

12. A cobrança de taxa de matrícula nas universidades públicas viola o disposto no art. 206, IV, da Constituição Federal.

13. A nomeação de cônjuge, companheiro ou parente em linha reta, colateral ou por afinidade, até o terceiro grau, inclusive, da autoridade nomeante ou de servidor da mesma pessoa jurídica investido em cargo de direção, chefia ou assessoramento, para o exercício de cargo em comissão ou de confiança ou, ainda, de função gratificada na administração pública direta e indireta em qualquer dos Poderes da União, dos Estados, do Distrito Federal e dos Municípios, compreendido o ajuste mediante designações recíprocas, viola a Constituição Federal.
    - Vide art. 37, *caput*, da CF.

14. É direito do defensor, no interesse do representado, ter acesso amplo aos elementos de prova que, já documentados em procedimento investigatório realizado por órgão com competência de polícia judiciária, digam respeito ao exercício do direito de defesa.
    - Vide art. 5.º, LXIII, da CF.

15. O cálculo de gratificações e outras vantagens do servidor público não incide sobre o abono utilizado para se atingir o salário mínimo.
    - Vide art. 7.º, IV, da CF.

16. Os arts. 7.º, IV, e 39, § 3.º (redação da EC n. 19/98), da Constituição, referem-se ao total da remuneração percebida pelo servidor público.

17. Durante o período previsto no § 1.º do art. 100 da Constituição, não incidem juros de mora sobre os precatórios que nele sejam pagos.

18. A dissolução da sociedade ou do vínculo conjugal, no curso do mandato, não afasta a inelegibilidade prevista no § 7.º do art. 14 da Constituição Federal.

19. A taxa cobrada exclusivamente em razão dos serviços públicos de coleta, remoção e tratamento ou destinação de lixo ou resíduos provenientes de imóveis, não viola o art. 145, II, da Constituição Federal.

20. A Gratificação de Desempenho de Atividade Técnico-Administrativa – GDATA, instituída pela Lei n. 10.404/2002, deve ser deferida aos inativos nos valores correspondentes a 37,5 (trinta e sete vírgula cinco) pontos no período de fevereiro a maio de 2002 e, nos termos do art. 5.º, parágrafo único, da Lei n. 10.404/2002, no período de junho de 2002 até a conclusão dos efeitos do último ciclo de avaliação a que se refere o art. 1.º da Medida Provisória n. 198/2004, a partir da qual passa a ser de 60 (sessenta) pontos.
    - •• A Medida Provisória n. 198, de 15-7-2004, foi convalidada na Lei n. 10.971, de 25-11-2004.
    - Vide art. 7.º da Emenda Constitucional n. 41/03.

21. É inconstitucional a exigência de depósito ou arrolamento prévios de dinheiro ou bens para admissibilidade de recurso administrativo.
    - Vide art. 5.º, XXXIV, *a*, e LV, da CF.

22. A Justiça do Trabalho é competente para processar e julgar as ações de indenização por danos morais e patrimoniais decorrentes de acidente de trabalho pro-

---

(*) As súmulas vinculantes estão previstas no art. 103-A da CF, acrescentado pela Emenda Constitucional n. 45, de 2004 (Reforma do Judiciário), e regulamentado pela Lei n. 11.417, de 19-12-2006.

postas por empregado contra empregador, inclusive aquelas que ainda não possuíam sentença de mérito em primeiro grau quando da promulgação da Emenda Constitucional n. 45/04.
- *Vide* arts. 109, I, e 114, VI, da CF.

23. A Justiça do Trabalho é competente para processar e julgar ação possessória ajuizada em decorrência do exercício do direito de greve pelos trabalhadores da iniciativa privada.
- *Vide* art. 114, II, da CF.

24. Não se tipifica crime material contra a ordem tributária, previsto no art. 1.º, incisos I a IV, da Lei n. 8.137/90, antes do lançamento definitivo do tributo.
- *Vide* art. 83 da Lei n. 9.430, de 27-12-1996.

25. É ilícita a prisão civil de depositário infiel, qualquer que seja a modalidade do depósito.
- •• *Vide* art. 5.º, LXVII, e § 2.º, da CF.

26. Para efeito de progressão de regime no cumprimento de pena por crime hediondo, ou equiparado, o Juízo da Execução observará a inconstitucionalidade do art. 2.º da Lei n. 8.072, de 25 de julho de 1990, sem prejuízo de avaliar se o condenado preenche, ou não, os requisitos objetivos e subjetivos do benefício, podendo determinar, para tal fim, de modo fundamentado, a realização de exame criminológico.

27. Compete à Justiça estadual julgar causas entre consumidor e concessionária de serviço público de telefonia, quando a ANATEL não seja litisconsorte passiva necessária, assistente, nem opoente.
- *Vide* arts. 98, I, e 109, I, da CF.

28. É inconstitucional a exigência de depósito prévio como requisito de admissibilidade de ação judicial na qual se pretenda discutir a exigibilidade de crédito tributário.

29. É constitucional a adoção, no cálculo do valor de taxa, de um ou mais elementos da base de cálculo própria de determinado imposto, desde que não haja integral identidade entre uma base e outra.

30. (*Até a data de fechamento desta edição o STF mantinha suspensa a publicação da Súmula Vinculante 30.*)

31. É inconstitucional a incidência do Imposto sobre Serviços de Qualquer Natureza – ISS sobre operações de locação de bens móveis.

32. O ICMS não incide sobre alienação de salvados de sinistro pelas seguradoras.

33. Aplicam-se ao servidor público, no que couber, as regras do regime geral da previdência social sobre aposentadoria especial de que trata o artigo 40, § 4.º, inciso III da Constituição Federal, até a edição de lei complementar específica.

34. A Gratificação de Desempenho de Atividade de Seguridade Social e do Trabalho – GDASST, instituída pela Lei n. 10.483/2002, deve ser estendida aos inativos no valor correspondente a 60 (sessenta) pontos, desde o advento da Medida Provisória n. 198/2004, convertida na Lei n. 10.971/2004, quando tais inativos façam jus à paridade constitucional (EC n. 20/1998, 41/2003 e 47/2005).

35. A homologação da transação penal prevista no art. 76 da Lei n. 9.099/1995 não faz coisa julgada material e, descumpridas suas cláusulas, retoma-se a situação anterior, possibilitando-se ao Ministério Público a continuidade da persecução penal mediante oferecimento de denúncia ou requisição de inquérito policial.

36. Compete à Justiça Federal comum processar e julgar civil denunciado pelos crimes de falsificação e de uso de documento falso quando se tratar de falsificação da Caderneta de Inscrição e Registro (CIR) ou de Carteira de Habilitação de Amador (CHA), ainda que expedidas pela Marinha do Brasil.

37. Não cabe ao Poder Judiciário, que não tem função legislativa, aumentar vencimentos de servidores públicos sob o fundamento de isonomia.

38. É competente o Município para fixar o horário de funcionamento de estabelecimento comercial.
- *Vide* art. 30, I, da CF.

39. Compete privativamente à União legislar sobre vencimentos dos membros das polícias civil e militar e do corpo de bombeiros militar do Distrito Federal.
- *Vide* art. 21, XIV, da CF.

40. A contribuição confederativa de que trata o art. 8.º, IV, da Constituição Federal, só é exigível dos filiados ao sindicato respectivo.
- *Vide* Súmula 666 do STF.

41. O serviço de iluminação pública não pode ser remunerado mediante taxa.
- *Vide* art. 145, II, da CF.

42. É inconstitucional a vinculação do reajuste de vencimentos de servidores estaduais ou municipais a índices federais de correção monetária.
- *Vide* arts. 30, I, e 37, XIII, da CF.

43. É inconstitucional toda modalidade de provimento que propicie ao servidor investir-se, sem prévia aprovação em concurso público destinado ao seu provimento, em cargo que não integra a carreira na qual anteriormente investido.
- *Vide* art. 37, II, da CF.

44. Só por lei se pode sujeitar a exame psicotécnico a habilitação de candidato a cargo público.
- *Vide* arts. 5.º, II, e 37, I, da CF.

45. A competência constitucional do Tribunal do Júri prevalece sobre o foro por prerrogativa de função estabelecido exclusivamente pela Constituição estadual.
- *Vide* arts. 5.º, XXXVIII, d, e 125, § 1.º, da CF.

46. A definição dos crimes de responsabilidade e o estabelecimento das respectivas normas de processo e julgamento são da competência legislativa privativa da União.
- *Vide* arts. 22, I, e 85, parágrafo único, da CF.

47. Os honorários advocatícios incluídos na condenação ou destacados do montante principal devido ao credor consubstanciam verba de natureza alimentar cuja satisfação ocorrerá com a expedição de precatório ou requisição de pequeno valor, observada ordem especial restrita aos créditos dessa natureza.
- •• *Vide* art. 100, § 1.º, da CF.
- •• *Vide* arts. 22, § 4.º, e 23 do EAOAB.

48. Na entrada de mercadoria importada do exterior, é legítima a cobrança do ICMS por ocasião do desembaraço aduaneiro.
- •• *Vide* art. 155, § 2.º, IX, a, da CF.

49. Ofende o princípio da livre concorrência lei municipal que impede a instalação de estabelecimentos comerciais do mesmo ramo em determinada área.
- •• *Vide* arts. 170, IV, V, parágrafo único, e 173, § 4.º, da CF.

50. Norma legal que altera o prazo de recolhimento de obrigação tributária não se sujeita ao princípio da anterioridade.
- •• *Vide* art. 195, § 6.º, da CF.

51. O reajuste de 28,86%, concedido aos servidores militares pelas Leis 8.622/1993 e 8.627/1993, estende-se aos servidores civis do poder executivo, observadas as eventuais compensações decorrentes dos reajustes diferenciados concedidos pelos mesmos diplomas legais.
52. Ainda quando alugado a terceiros, permanece imune ao IPTU o imóvel pertencente a qualquer das entidades referidas pelo art. 150, VI, "c", da Constituição Federal, desde que o valor dos aluguéis seja aplicado nas atividades para as quais tais entidades foram constituídas.
53. A competência da Justiça do Trabalho prevista no art. 114, VIII, da Constituição Federal alcança a execução de ofício das contribuições previdenciárias relativas ao objeto da condenação constante das sentenças que proferir e acordos por ela homologados.
54. A medida provisória não apreciada pelo Congresso Nacional podia, até a Emenda Constitucional n. 32/2001, ser reeditada dentro do seu prazo de eficácia de trinta dias, mantidos os efeitos de lei desde a primeira edição.
•• *Vide* art. 62 da CF.
55. O direito ao auxílio-alimentação não se estende aos servidores inativos.
56. A falta de estabelecimento penal adequado não autoriza a manutenção do condenado em regime prisional mais gravoso, devendo-se observar, nessa hipótese, os parâmetros fixados no RE 641.320/RS.
57. A imunidade tributária constante do art. 150, VI, *d*, da CF/88 aplica-se à importação e comercialização, no mercado interno, do livro eletrônico (*e-book*) e dos suportes exclusivamente utilizados para fixá-lo, como os leitores de livros eletrônicos (*e-readers*), ainda que possuam funcionalidades acessórias.
58. Inexiste direito a crédito presumido de IPI relativamente à entrada de insumos isentos, sujeitos à alíquota zero ou não tributáveis, o que não contraria o princípio da não cumulatividade.
59. É impositiva a fixação do regime aberto e a substituição da pena privativa de liberdade por restritiva de direitos quando reconhecida a figura do tráfico privilegiado (art. 33, § 4.º, da Lei n. 11.343/2006) e ausentes vetores negativos na primeira fase da dosimetria (art. 59 do CP), observados os requisitos do art. 33, § 2.º, *c*, e do art. 44, ambos do Código Penal.
60. O pedido e a análise administrativos de fármacos na rede pública de saúde, a judicialização do caso, bem ainda seus desdobramentos (administrativos e jurisdicionais), devem observar os termos dos 3 (três) acordos interfederativos (e seus fluxos) homologados pelo Supremo Tribunal Federal, em governança judicial colaborativa, no tema 1.234 da sistemática da repercussão geral (RE 1.366.243).
• *Vide* arts. 23, II, 109, I, 196, 197 e 198, I, da CF.
• *Vide* art. 19-R da Lei n. 8.080, de 19-9-1990.
61. A concessão judicial de medicamento registrado na ANVISA, mas não incorporado às listas de dispensação do Sistema Único de Saúde, deve observar as teses firmadas no julgamento do Tema 6 da Repercussão Geral (RE 566.471).
• *Vide* arts. 6.º e 196 da CF.
• *Vide* arts. 19-Q e 19-R da Lei n. 8.080, de 19-9-1990.
62. É legítima a revogação da isenção estabelecida no art. 6.º, II, da Lei Complementar n. 70/1991 pelo art. 56 da Lei n. 9.430/1996, dado que a LC n. 70/1991 é apenas formalmente complementar, mas materialmente ordinária com relação aos dispositivos concernentes à contribuição social por ela instituída.
•• *Vide* art. 6.º, II, da Lei Complementar n. 70, de 30-12-1991.
•• *Vide* art. 56, *caput*, da Lei n. 9.430, de 27-12-1996.

SÚMULAS DO SUPERIOR TRIBUNAL DE JUSTIÇA

1. O foro do domicílio ou da residência do alimentando é o competente para a ação de investigação de paternidade, quando cumulada com a de alimentos.
2. Não cabe o *habeas data* (CF, art. 5.º, LXXII, a) se não houve recusa de informações por parte da autoridade administrativa.
3. Compete ao Tribunal Regional Federal dirimir conflito de competência verificado, na respectiva Região, entre Juiz Federal e Juiz Estadual investido de jurisdição federal.
4. Compete à Justiça Estadual julgar causa decorrente do processo eleitoral sindical.
5. A simples interpretação de cláusula contratual não enseja recurso especial.
6. Compete à Justiça Comum Estadual processar e julgar delito decorrente de acidente de trânsito envolvendo viatura de Polícia Militar, salvo se autor e vítima forem policiais militares em situação de atividade.
7. A pretensão de simples reexame de prova não enseja recurso especial.
8. Aplica-se a correção monetária aos créditos habilitados em concordata preventiva, salvo durante o período compreendido entre as datas de vigência da Lei n. 7.274, de 10-12-1984, e do Decreto-lei n. 2.283, de 27-2-1986.
    - •• A Lei n. 11.101, de 9-2-2005, substituiu a concordata pela recuperação judicial e extrajudicial do empresário e da sociedade empresária.
9. A exigência da prisão provisória, para apelar, não ofende a garantia constitucional da presunção de inocência.
    - •• Vide Súmula 347 do STJ.
10. Instalada a Junta de Conciliação e Julgamento, cessa a competência do Juiz de Direito em matéria trabalhista, inclusive para a execução das sentenças por ele proferidas.
    - •• Extinção das Juntas de Conciliação e Julgamento: Emenda Constitucional n. 24, de 9-12-1999.
11. A presença da União ou de qualquer de seus entes, na ação de usucapião especial, não afasta a competência do foro da situação do imóvel.
12. Em desapropriação, são cumuláveis juros compensatórios e moratórios.
13. A divergência entre julgados do mesmo Tribunal não enseja recurso especial.
14. Arbitrados os honorários advocatícios em percentual sobre o valor da causa, a correção monetária incide a partir do respectivo ajuizamento.
15. Compete à Justiça Estadual processar e julgar os litígios decorrentes de acidente do trabalho.
    - •• Vide arts. 109, I, e 114, VI, da CF.
    - •• Vide Súmula Vinculante 22 e Súmulas 235 e 501 do STF.
16. A legislação ordinária sobre crédito rural não veda a incidência da correção monetária.
17. Quando o falso se exaure no estelionato, sem mais potencialidade lesiva, é por este absorvido.
18. A sentença concessiva do perdão judicial é declaratória da extinção da punibilidade, não subsistindo qualquer efeito condenatório.
19. A fixação do horário bancário, para atendimento ao público, é da competência da União.
20. A mercadoria importada de país signatário do GATT é isenta do ICM, quando contemplado com esse favor o similar nacional.
21. Pronunciado o réu, fica superada a alegação do constrangimento ilegal da prisão por excesso de prazo na instrução.
22. Não há conflito de competência entre o Tribunal de Justiça e Tribunal de Alçada do mesmo Estado-membro.
    - •• O art. 4.º da Emenda Constitucional n. 45, de 8-12-2004, estabelece a extinção dos Tribunais de Alçada, passando seus membros a integrar os Tribunais de Justiça dos respectivos Estados.
23. O Banco Central do Brasil é parte legítima nas ações fundadas na Resolução n. 1.154/86.
24. Aplica-se ao crime de estelionato, em que figure como vítima entidade autárquica da Previdência Social, a qualificadora do § 3.º do art. 171 do Código Penal.
25. Nas ações da Lei de Falências o prazo para a interposição de recurso conta-se da intimação da parte.
    - • Vide Lei n. 11.101, de 9-2-2005 (Lei de Falências).
26. O avalista do título de crédito vinculado a contrato de mútuo também responde pelas obrigações pactuadas, quando no contrato figurar como devedor solidário.
27. Pode a execução fundar-se em mais de um título extrajudicial relativos ao mesmo negócio.
28. O contrato de alienação fiduciária em garantia pode ter por objeto bem que já integrava o patrimônio do devedor.
29. No pagamento em Juízo para elidir falência, são devidos correção monetária, juros e honorários de advogado.
30. A comissão de permanência e a correção monetária são inacumuláveis.
    - • Vide Súmula 472 do STJ.
31. A aquisição, pelo segurado, de mais de um imóvel financiado pelo Sistema Financeiro da Habitação, situados na mesma localidade, não exime a seguradora da obrigação de pagamento dos seguros.
32. Compete à Justiça Federal processar justificações judiciais destinadas a instruir pedidos perante entidades que nela têm exclusividade de foro, ressalvada a aplicação do art. 15, II, da Lei n. 5.010/66.
    - • A Lei n. 5.010, de 30-5-1966, organiza a Justiça Federal de Primeira Instância.
33. A incompetência relativa não pode ser declarada de ofício.
34. Compete à Justiça Estadual processar e julgar causa relativa a mensalidade escolar, cobrada por estabelecimento particular de ensino.
35. Incide correção monetária sobre as prestações pagas, quando de sua restituição, em virtude da retirada ou exclusão do participante de plano de consórcio.
36. A correção monetária integra o valor da restituição, em caso de adiantamento de câmbio, requerida em concordata ou falência.
37. São cumuláveis as indenizações por dano material e dano moral oriundos do mesmo fato.

38. Compete à Justiça Estadual Comum, na vigência da Constituição de 1988, o processo por contravenção penal, ainda que praticada em detrimento de bens, serviços ou interesse da União ou de suas entidades.
39. Prescreve em vinte anos a ação para haver indenização, por responsabilidade civil, de sociedade de economia mista.
40. Para obtenção dos benefícios de saída temporária e trabalho externo, considera-se o tempo de cumprimento da pena no regime fechado.
41. O Superior Tribunal de Justiça não tem competência para processar e julgar, originariamente, mandado de segurança contra ato de outros tribunais ou dos respectivos órgãos.
42. Compete à Justiça Comum Estadual processar e julgar as causas cíveis em que é parte sociedade de economia mista e os crimes praticados em seu detrimento.
43. Incide correção monetária sobre dívida por ato ilícito a partir da data do efetivo prejuízo.
44. A definição, em ato regulamentar, de grau mínimo de disacusia, não exclui, por si só, a concessão do benefício previdenciário.
45. No reexame necessário, é defeso, ao Tribunal, agravar a condenação imposta à Fazenda Pública.
46. Na execução por carta, os embargos do devedor serão decididos no Juízo deprecante, salvo se versarem unicamente vícios ou defeitos da penhora, avaliação ou alienação dos bens.
47. Compete à Justiça Militar processar e julgar crime cometido por militar contra civil, com emprego de arma pertencente à corporação, mesmo não estando em serviço.
48. Compete ao Juízo do local da obtenção da vantagem ilícita processar e julgar crime de estelionato cometido mediante falsificação de cheque.
49. Na exportação de café em grão, não se inclui na base de cálculo do ICM a quota de contribuição, a que se refere o art. 2.º do Decreto-lei n. 2.295, de 21-11-86.
50. O Adicional de Tarifa Portuária incide apenas nas operações realizadas com mercadorias importadas ou exportadas, objeto do comércio de navegação de longo curso.
51. A punição do intermediador, no jogo do bicho, independe da identificação do "apostador" ou do "banqueiro".
52. Encerrada a instrução criminal, fica superada a alegação de constrangimento por excesso de prazo.
53. Compete à Justiça Comum Estadual processar e julgar civil acusado de prática de crime contra instituições militares estaduais.
54. Os juros moratórios fluem a partir do evento danoso, em caso de responsabilidade extracontratual.
55. Tribunal Regional Federal não é competente para julgar recurso de decisão proferida por juiz estadual não investido de jurisdição federal.
56. Na desapropriação para instituir servidão administrativa são devidos os juros compensatórios pela limitação de uso da propriedade.
57. Compete à Justiça Comum Estadual processar e julgar ação de cumprimento fundada em acordo ou convenção coletiva não homologados pela Justiça do Trabalho.
58. Proposta a execução fiscal, a posterior mudança de domicílio do executado não desloca a competência já fixada.
59. Não há conflito de competência se já existe sentença com trânsito em julgado, proferida por um dos Juízos conflitantes.
60. É nula a obrigação cambial assumida por procurador do mutuário vinculado ao mutuante, no exclusivo interesse deste.
61. (Cancelada.)
62. Compete à Justiça Estadual processar e julgar o crime de falsa anotação na Carteira de Trabalho e Previdência Social, atribuído à empresa privada.
63. São devidos direitos autorais pela retransmissão radiofônica de músicas em estabelecimentos comerciais.
64. Não constitui constrangimento ilegal o excesso de prazo na instrução, provocado pela defesa.
65. O cancelamento, previsto no art. 29 do Decreto-lei n. 2.303, de 21-11-86, não alcança os débitos previdenciários.
66. Compete à Justiça Federal processar e julgar execução fiscal promovida por Conselho de fiscalização profissional.
67. Na desapropriação, cabe a atualização monetária, ainda que por mais de uma vez, independente do decurso de prazo superior a um ano entre o cálculo e o efetivo pagamento da indenização.
68. (Cancelada.)
69. Na desapropriação direta, os juros compensatórios são devidos desde a antecipada imissão na posse e, na desapropriação indireta, a partir da efetiva ocupação do imóvel.
70. Os juros moratórios, na desapropriação direta ou indireta, contam-se desde o trânsito em julgado da sentença.
71. O bacalhau importado de país signatário do GATT é isento do ICM.
72. A comprovação da mora é imprescindível à busca e apreensão do bem alienado fiduciariamente.
73. A utilização de papel-moeda grosseiramente falsificado configura, em tese, o crime de estelionato, da competência da Justiça Estadual.
74. Para efeitos penais, o reconhecimento da menoridade do réu requer prova por documento hábil.
75. Compete à Justiça Comum Estadual processar e julgar o policial militar por crime de promover ou facilitar a fuga de preso de estabelecimento penal.
76. A falta de registro do compromisso de compra e venda de imóvel não dispensa a prévia interpelação para constituir em mora o devedor.
77. A Caixa Econômica Federal é parte ilegítima para figurar no polo passivo das ações relativas às contribuições para o fundo PIS/PASEP.
78. Compete à Justiça Militar processar e julgar policial de corporação estadual, ainda que o delito tenha sido praticado em outra unidade federativa.
79. Os bancos comerciais não estão sujeitos a registro nos Conselhos Regionais de Economia.
80. A Taxa de Melhoramento dos Portos não se inclui na base de cálculo do ICM.
81. Não se concede fiança quando, em concurso material, a soma das penas mínimas cominadas for superior a dois anos de reclusão.
82. Compete à Justiça Federal, excluídas as reclamações trabalhistas, processar e julgar os feitos relativos a movimentação do FGTS.

83. Não se conhece do recurso especial pela divergência, quando a orientação do Tribunal se firmou no mesmo sentido da decisão recorrida.
84. É admissível a oposição de embargos de terceiro fundados em alegação de posse advinda do compromisso de compra e venda de imóvel, ainda que desprovido do registro.
    •• Vide Súmula 621 do STF.
85. Nas relações jurídicas de trato sucessivo em que a Fazenda Pública figure como devedora, quando não tiver sido negado o próprio direito reclamado, a prescrição atinge apenas as prestações vencidas antes do quinquênio anterior à propositura da ação.
86. Cabe recurso especial contra acórdão proferido no julgamento de agravo de instrumento.
87. A isenção do ICMS relativa às rações balanceadas para animais abrange o concentrado e o suplemento.
88. São admissíveis embargos infringentes em processo falimentar.
89. A ação acidentária prescinde do exaurimento da via administrativa.
90. Compete à Justiça Estadual Militar processar e julgar o policial militar pela prática do crime militar, e à Comum pela prática do crime comum simultâneo àquele.
91. (Cancelada.)
92. A terceiro de boa-fé não é oponível a alienação fiduciária não anotada no Certificado de Registro do veículo automotor.
93. A legislação sobre cédulas de crédito rural, comercial e industrial admite o pacto de capitalização de juros.
94. (Cancelada.)
95. A redução da alíquota do Imposto sobre Produtos Industrializados ou do Imposto de Importação não implica redução do ICMS.
96. O crime de extorsão consuma-se independentemente da obtenção da vantagem indevida.
97. Compete à Justiça do Trabalho processar e julgar reclamação de servidor público relativamente a vantagens trabalhistas anteriores à instituição do regime jurídico único.
98. Embargos de declaração manifestados com notório propósito de prequestionamento não têm caráter protelatório.
99. O Ministério Público tem legitimidade para recorrer no processo em que oficiou como fiscal da lei, ainda que não haja recurso da parte.
100. É devido o Adicional ao Frete para Renovação da Marinha Mercante na importação sob o regime de benefícios fiscais à exportação (BEFIEX).
101. A ação de indenização do segurado em grupo contra a seguradora prescreve em um ano.
102. A incidência dos juros moratórios sobre os compensatórios, nas ações expropriatórias, não constitui anatocismo vedado em lei.
103. Incluem-se entre os imóveis funcionais que podem ser vendidos os administrados pelas Forças Armadas e ocupados pelos servidores civis.
104. Compete à Justiça Estadual o processo e julgamento dos crimes de falsificação e uso de documento falso relativo a estabelecimento particular de ensino.
105. Na ação de mandado de segurança não se admite condenação em honorários advocatícios.

- Vide Súmula 512 do STF.
- Vide art. 25 da Lei n. 12.016, de 7-8-2009.

106. Proposta a ação no prazo fixado para o seu exercício, a demora na citação, por motivos inerentes ao mecanismo da Justiça, não justifica o acolhimento da arguição de prescrição ou decadência.
107. Compete à Justiça Comum Estadual processar e julgar crime de estelionato praticado mediante falsificação das guias de recolhimento das contribuições previdenciárias, quando não ocorrente lesão à autarquia federal.
108. A aplicação de medidas socioeducativas ao adolescente, pela prática de ato infracional, é da competência exclusiva do juiz.
109. O reconhecimento do direito a indenização, por falta de mercadoria transportada via marítima, independe de vistoria.
110. A isenção do pagamento de honorários advocatícios, nas ações acidentárias, é restrita ao segurado.
111. Os honorários advocatícios, nas ações previdenciárias, não incidem sobre as prestações vencidas após a sentença.
    •• Súmula com redação determinada pela Terceira Seção, em sessão ordinária de 27-9-2006 (DJU de 4-10-2006).
112. O depósito somente suspende a exigibilidade do crédito tributário se for integral e em dinheiro.
113. Os juros compensatórios, na desapropriação direta, incidem a partir da imissão na posse, calculados sobre o valor da indenização, corrigido monetariamente.
114. Os juros compensatórios, na desapropriação indireta, incidem a partir da ocupação, calculados sobre o valor da indenização, corrigido monetariamente.
115. Na instância especial é inexistente recurso interposto por advogado sem procuração nos autos.
116. A Fazenda Pública e o Ministério Público têm prazo em dobro para interpor agravo regimental no Superior Tribunal de Justiça.
117. A inobservância do prazo de 48 (quarenta e oito) horas, entre a publicação de pauta e o julgamento sem a presença das partes, acarreta nulidade.
118. O agravo de instrumento é o recurso cabível da decisão que homologa a atualização do cálculo da liquidação.
119. A ação de desapropriação indireta prescreve em 20 (vinte) anos.
120. O oficial de farmácia, inscrito no Conselho Regional de Farmácia, pode ser responsável técnico por drogaria.
121. Na execução fiscal o devedor deverá ser intimado, pessoalmente, do dia e hora da realização do leilão.
122. Compete à Justiça Federal o processo e julgamento unificado dos crimes conexos de competência federal e estadual, não se aplicando a regra do art. 78, II, a, do Código de Processo Penal.
123. A decisão que admite, ou não, o recurso especial deve ser fundamentada, com o exame dos seus pressupostos gerais e constitucionais.
124. A Taxa de Melhoramento dos Portos tem base de cálculo diversa do Imposto de Importação, sendo legítima a sua cobrança sobre a importação de mercadorias de países signatários do GATT, da ALALC ou ALADI.
125. O pagamento de férias não gozadas por necessidade do serviço não está sujeito à incidência do Imposto de Renda.

126. É inadmissível recurso especial, quando o acórdão recorrido assenta em fundamentos constitucional e infraconstitucional, qualquer deles suficiente, por si só, para mantê-lo, e a parte vencida não manifesta recurso extraordinário.
127. É ilegal condicionar a renovação da licença de veículo ao pagamento de multa, da qual o infrator não foi notificado.
128. Na execução fiscal haverá segundo leilão, se no primeiro não houver lanço superior à avaliação.
129. O exportador adquire o direito de transferência de crédito do ICMS quando realiza a exportação do produto e não ao estocar a matéria-prima.
130. A empresa responde, perante o cliente, pela reparação de dano ou furto de veículo ocorridos em seu estacionamento.
131. Nas ações de desapropriação incluem-se no cálculo da verba advocatícia as parcelas relativas aos juros compensatórios e moratórios, devidamente corrigidas.
132. A ausência de registro da transferência não implica a responsabilidade do antigo proprietário por dano resultante de acidente que envolva o veículo alienado.
133. A restituição da importância adiantada, à conta de contrato de câmbio, independe de ter sido a antecipação efetuada nos 15 (quinze) dias anteriores ao requerimento da concordata.
134. Embora intimado da penhora em imóvel do casal, o cônjuge do executado pode opor embargos de terceiro para defesa de sua meação.
135. O ICMS não incide na gravação e distribuição de filmes e videoteipes.
136. O pagamento de licença-prêmio não gozada por necessidade do serviço não está sujeito ao imposto de renda.
137. Compete à Justiça Comum Estadual processar e julgar ação de servidor público municipal, pleiteando direitos relativos ao vínculo estatutário.
138. O ISS incide na operação de arrendamento mercantil de coisas móveis.
139. Cabe à Procuradoria da Fazenda Nacional propor execução fiscal para cobrança de crédito relativo ao ITR.
140. Compete à Justiça Comum Estadual processar e julgar crime em que o indígena figure como autor ou vítima.
141. Os honorários de advogado em desapropriação direta são calculados sobre a diferença entre a indenização e a oferta, corrigidas monetariamente.
142. (Cancelada.)
143. Prescreve em 5 (cinco) anos a ação de perdas e danos pelo uso de marca comercial.
144. Os créditos de natureza alimentícia gozam de preferência, desvinculados os precatórios da ordem cronológica dos créditos de natureza diversa.
145. No transporte desinteressado, de simples cortesia, o transportador só será civilmente responsável por danos causados ao transportado quando incorrer em dolo ou culpa grave.
146. O segurado, vítima de novo infortúnio, faz jus a um único benefício somado ao salário de contribuição vigente no dia do acidente.
147. Compete à Justiça Federal processar e julgar os crimes praticados contra funcionário público federal, quando relacionados com o exercício da função.
148. Os débitos relativos a benefício previdenciário, vencidos e cobrados em Juízo após a vigência da Lei n. 6.899/81, devem ser corrigidos monetariamente na forma prevista nesse diploma legal.
149. A prova exclusivamente testemunhal não basta à comprovação da atividade rurícola, para efeito da obtenção de benefício previdenciário.
   •• Vide Súmula 577 do STJ.
150. Compete à Justiça Federal decidir sobre a existência de interesse jurídico que justifique a presença, no processo, da União, suas autarquias ou empresas públicas.
   • Vide Súmula 254 do STJ.
151. A competência para o processo e julgamento por crime de contrabando ou descaminho define-se pela prevenção do Juízo Federal do lugar da apreensão dos bens.
152. (Cancelada.)
153. A desistência da execução fiscal, após o oferecimento dos embargos, não exime o exequente dos encargos da sucumbência.
154. Os optantes pelo FGTS, nos termos da Lei n. 5.958, de 1973, têm direito à taxa progressiva dos juros, na forma do art. 4.º da Lei n. 5.107, de 1966.
   •• A Lei n. 5.107, de 13-9-1966, foi revogada pela Lei n. 7.839, de 12-10-1989. Atual Lei do FGTS: Lei n. 8.036, de 11-5-1990.
155. O ICMS incide na importação de aeronave, por pessoa física, para uso próprio.
156. A prestação de serviço de composição gráfica, personalizada e sob encomenda, ainda que envolva fornecimento de mercadorias, está sujeita, apenas, ao ISS.
157. (Cancelada.)
158. Não se presta a justificar embargos de divergência o dissídio com acórdão de Turma ou Seção que não mais tenha competência para a matéria neles versada.
159. O benefício acidentário, no caso de contribuinte que perceba remuneração variável, deve ser calculado com base na média aritmética dos últimos doze meses de contribuição.
160. É defeso, ao Município, atualizar o IPTU, mediante decreto, em percentual superior ao índice oficial de correção monetária.
161. É da competência da Justiça Estadual autorizar o levantamento dos valores relativos ao PIS/PASEP e FGTS, em decorrência do falecimento do titular da conta.
162. Na repetição de indébito tributário, a correção monetária incide a partir do pagamento indevido.
163. O fornecimento de mercadorias com a simultânea prestação de serviços em bares, restaurantes e estabelecimentos similares constitui fato gerador do ICMS a incidir sobre o valor total da operação.
164. O prefeito municipal, após a extinção do mandato, continua sujeito a processo por crime previsto no art. 1.º do Decreto-lei n. 201, de 27 de fevereiro de 1967.
165. Compete à Justiça Federal processar e julgar crime de falso testemunho cometido no processo trabalhista.
166. Não constitui fato gerador do ICMS o simples deslocamento de mercadoria de um para outro estabelecimento do mesmo contribuinte.
167. O fornecimento de concreto, por empreitada, para construção civil, preparado no trajeto até a obra em betoneiras acopladas a caminhões, é prestação de serviço, sujeitando-se apenas à incidência do ISS.
168. Não cabem embargos de divergência, quando a jurisprudência do Tribunal se firmou no mesmo sentido do acórdão embargado.
169. São inadmissíveis embargos infringentes no processo de mandado de segurança.

- *Vide* Súmulas 294 e 597 do STF.
- *Vide* art. 25 da Lei n. 12.016, de 7-8-2009.

170. Compete ao Juízo onde primeiro for intentada a ação envolvendo acumulação de pedidos, trabalhista e estatutário, decidi-la nos limites da sua jurisdição, sem prejuízo do ajuizamento de nova causa, com o pedido remanescente, no Juízo próprio.

171. Cominadas cumulativamente, em lei especial, penas privativa de liberdade e pecuniária, é defeso a substituição da prisão por multa.

172. Compete à Justiça Comum processar e julgar militar por crime de abuso de autoridade, ainda que praticado em serviço.

173. Compete à Justiça Federal processar e julgar o pedido de reintegração em cargo público federal, ainda que o servidor tenha sido dispensado antes da instituição do Regime Jurídico Único.

174. (Cancelada.)

175. Descabe o depósito prévio nas ações rescisórias propostas pelo INSS.

176. É nula a cláusula contratual que sujeita o devedor à taxa de juros divulgada pela ANBID/CETIP.

177. O Superior Tribunal de Justiça é incompetente para processar e julgar, originariamente, mandado de segurança contra ato de órgão colegiado presidido por Ministro de Estado.

178. O INSS não goza de isenção do pagamento de custas e emolumentos, nas ações acidentárias e de benefícios propostas na Justiça Estadual.
- *Vide* Súmula 483 do STJ.

179. O estabelecimento de crédito que recebe dinheiro, em depósito judicial, responde pelo pagamento da correção monetária relativa aos valores recolhidos.

180. Na lide trabalhista, compete ao Tribunal Regional do Trabalho dirimir conflito de competência verificado, na respectiva região, entre Juiz Estadual e Junta de Conciliação e Julgamento.

181. É admissível ação declaratória, visando a obter certeza quanto à exata interpretação de cláusula contratual.

182. É inviável o agravo do art. 545 do CPC que deixa de atacar especificamente os fundamentos da decisão agravada.
- •• A referência é feita ao CPC de 1973. *Vide* art. 1.021 do CPC vigente.

183. (Cancelada.)

184. A microempresa de representação comercial é isenta do imposto de renda.

185. Nos depósitos judiciais, não incide o Imposto sobre Operações Financeiras.

186. Nas indenizações por ato ilícito, os juros compostos somente são devidos por aquele que praticou o crime.

187. É deserto o recurso interposto para o Superior Tribunal de Justiça, quando o recorrente não recolhe, na origem, a importância das despesas de remessa e retorno dos autos.

188. Os juros moratórios, na repetição do indébito tributário, são devidos a partir do trânsito em julgado da sentença.

189. É desnecessária a intervenção do Ministério Público nas execuções fiscais.

190. Na execução fiscal, processada perante a Justiça Estadual, cumpre à Fazenda Pública antecipar o numerário destinado ao custeio das despesas com o transporte dos oficiais de justiça.

191. A pronúncia é causa interruptiva da prescrição, ainda que o Tribunal do Júri venha a desclassificar o crime.

192. Compete ao Juízo das Execuções Penais do Estado a execução das penas impostas a sentenciados pela Justiça Federal, Militar ou Eleitoral, quando recolhidos a estabelecimentos sujeitos à administração estadual.

193. O direito de uso de linha telefônica pode ser adquirido por usucapião.

194. Prescreve em 20 (vinte) anos a ação para obter, do construtor, indenização por defeitos da obra.

195. Em embargos de terceiro não se anula ato jurídico, por fraude contra credores.

196. Ao executado que, citado por edital ou por hora certa, permanecer revel, será nomeado curador especial, com legitimidade para apresentação de embargos.

197. O divórcio direto pode ser concedido sem que haja prévia partilha dos bens.

198. Na importação de veículo por pessoa física, destinado a uso próprio, incide o ICMS.

199. Na execução hipotecária de crédito vinculado ao Sistema Financeiro da Habitação, nos termos da Lei n. 5.741/71, a petição inicial deve ser instruída com, pelo menos, 2 (dois) avisos de cobrança.

200. O Juízo Federal competente para processar e julgar acusado de crime de uso de passaporte falso é o do lugar onde o delito se consumou.

201. Os honorários advocatícios não podem ser fixados em salários mínimos.

202. A impetração de segurança por terceiro, contra ato judicial, não se condiciona à interposição de recurso.

203. Não cabe recurso especial contra decisão proferida por órgão de segundo grau dos Juizados Especiais.
- •• Súmula com redação determinada pela Corte Especial do STJ, em sessão extraordinária de 23-5-2002 (*DJU* de 3-6-2002).

204. Os juros de mora nas ações relativas a benefícios previdenciários incidem a partir da citação válida.

205. A Lei n. 8.009, de 29 de março de 1990, aplica-se à penhora realizada antes de sua vigência.

206. A existência da vara privativa, instituído por lei estadual, não altera a competência territorial resultante das leis de processo.

207. É inadmissível recurso especial quando cabíveis embargos infringentes contra o acórdão proferido no tribunal de origem.

208. Compete à Justiça Federal processar e julgar prefeito municipal por desvio de verba sujeita a prestação de contas perante órgão federal.

209. Compete à Justiça Estadual processar e julgar prefeito por desvio de verba transferida e incorporada ao patrimônio municipal.

210. A ação de cobrança das contribuições para o FGTS prescreve em 30 (trinta) anos.

211. Inadmissível recurso especial quanto à questão que, a despeito da oposição de embargos declaratórios, não foi apreciada pelo tribunal *a quo*.

212. (Cancelada.)

213. O mandado de segurança constitui ação adequada para a declaração do direito à compensação tributária.
- *Vide* art. 7.º, § 2.º, da Lei n. 12.016, de 7-8-2009.

214. O fiador na locação não responde por obrigações resultantes de aditamento ao qual não anuiu.
•• Vide Súmula 656 do STJ.
215. A indenização recebida pela adesão a programa de incentivo à demissão voluntária não está sujeita à incidência do imposto de renda.
216. A tempestividade de recurso interposto no Superior Tribunal de Justiça é aferida pelo registro no protocolo da Secretaria e não pela data da entrega na agência do correio.
217. (Cancelada.)
218. Compete à Justiça dos Estados processar e julgar ação de servidor estadual decorrente de direitos e vantagens estatutárias no exercício de cargo em comissão.
219. Os créditos decorrentes de serviços prestados à massa falida, inclusive a remuneração do síndico, gozam dos privilégios próprios dos trabalhistas.
220. A reincidência não influi no prazo da prescrição da pretensão punitiva.
221. São civilmente responsáveis pelo ressarcimento de dano, decorrente de publicação pela imprensa, tanto o autor do escrito quanto o proprietário do veículo de divulgação.
222. (Cancelada.)
223. A certidão de intimação do acórdão recorrido constitui peça obrigatória do instrumento de agravo.
224. Excluído do feito o ente federal, cuja presença levara o Juiz Estadual a declinar da competência, deve o Juiz Federal restituir os autos e não suscitar conflito.
225. Compete ao Tribunal Regional do Trabalho apreciar recurso contra sentença proferida por órgão de primeiro grau da Justiça Trabalhista, ainda que para declarar-lhe a nulidade em virtude de incompetência.
226. O Ministério Público tem legitimidade para recorrer na ação de acidente do trabalho, ainda que o segurado esteja assistido por advogado.
227. A pessoa jurídica pode sofrer dano moral.
228. É inadmissível o interdito proibitório para proteção do direito autoral.
229. O pedido do pagamento de indenização à seguradora suspende o prazo de prescrição até que o segurado tenha ciência da decisão.
230. (Cancelada.)
231. A incidência da circunstância atenuante não pode conduzir à redução da pena abaixo do mínimo legal.
232. A Fazenda Pública, quando parte no processo, fica sujeita à exigência do depósito prévio dos honorários do perito.
233. O contrato de abertura de crédito, ainda que acompanhado de extrato da conta-corrente, não é título executivo.
234. A participação de membro do Ministério Público na fase investigatória criminal não acarreta seu impedimento ou suspeição para o oferecimento da denúncia.
235. A conexão não determina a reunião dos processos, se um deles já foi julgado.
236. Não compete ao Superior Tribunal de Justiça dirimir conflitos de competência entre Juízos trabalhistas vinculados a Tribunais Regionais do Trabalho diversos.
237. Nas operações com cartão de crédito, os encargos relativos ao financiamento não são considerados no cálculo do ICMS.
238. A avaliação da indenização devida ao proprietário do solo, em razão de alvará de pesquisa mineral, é processada no Juízo Estadual da situação do imóvel.
239. O direito à adjudicação compulsória não se condiciona ao registro do compromisso de compra e venda no cartório de imóveis.
240. A extinção do processo, por abandono de causa pelo autor, depende de requerimento do réu.
241. A reincidência penal não pode ser considerada como circunstância agravante e, simultaneamente, como circunstância judicial.
242. Cabe ação declaratória para reconhecimento de tempo de serviço para fins previdenciários.
243. O benefício da suspensão do processo não é aplicável em relação às infrações penais cometidas em concurso material, concurso formal ou continuidade delitiva, quando a pena mínima cominada, seja pelo somatório, seja pela incidência da majorante, ultrapassar o limite de um (01) ano.
• Vide Súmula 723 do STF.
244. Compete ao foro do local da recusa processar e julgar o crime de estelionato mediante cheque sem provisão de fundos.
245. A notificação destinada a comprovar a mora nas dívidas garantidas por alienação fiduciária dispensa a indicação do valor do débito.
246. O valor do seguro obrigatório deve ser deduzido da indenização judicialmente fixada.
• Vide Súmula 257 do STJ.
247. O contrato de abertura de crédito em conta-corrente, acompanhado do demonstrativo de débito, constitui documento hábil para o ajuizamento de ação monitória.
248. Comprovada a prestação dos serviços, a duplicata não aceita, mas protestada, é título hábil para instruir pedido de falência.
249. A Caixa Econômica Federal tem legitimidade passiva para integrar processo em que se discute correção monetária do FGTS.
250. É legítima a cobrança de multa fiscal de empresa em regime de concordata.
251. A meação só responde pelo ato ilícito quando o credor, na execução fiscal, provar que o enriquecimento dele resultante aproveitou ao casal.
252. Os saldos das contas do FGTS, pela legislação infraconstitucional, são corrigidos em 42,72% (IPC) quanto às perdas de janeiro de 1989 e 44,80% (IPC) quanto às de abril de 1990, acolhidos pelo STJ os índices de 18,02% (LBC) quanto às perdas de junho de 1987, de 5,38% (BTN) para maio de 1990 e 7,00% (TR) para fevereiro de 1991, de acordo com o entendimento do STF (RE 226.855-7-RS).
253. O art. 557 do CPC, que autoriza o relator a decidir o recurso, alcança o reexame necessário.
•• A referência é feita ao CPC de 1973. Vide arts. 932 e 1.021 do CPC vigente.
254. A decisão do Juízo Federal que exclui da relação processual ente federal não pode ser reexaminada no Juízo Estadual.
• Vide Súmula 150 do STJ.
255. Cabem embargos infringentes contra acórdão, proferido por maioria, em agravo retido, quando se tratar de matéria de mérito.
256. (Cancelada.)

257. A falta de pagamento do prêmio do seguro obrigatório de Danos Pessoais Causados por Veículos Automotores de Vias Terrestres (DPVAT) não é motivo para a recusa do pagamento da indenização.
 • Vide Súmula 246 do STJ.

258. A nota promissória vinculada a contrato de abertura de crédito não goza de autonomia em razão da iliquidez do título que a originou.

259. A ação de prestação de contas pode ser proposta pelo titular de conta-corrente bancária.

260. A convenção de condomínio aprovada, ainda que sem registro, é eficaz para regular as relações entre os condôminos.

261. A cobrança de direitos autorais pela retransmissão radiofônica de músicas, em estabelecimentos hoteleiros, deve ser feita conforme a taxa média de utilização do equipamento, apurada em liquidação.

262. Incide o imposto de renda sobre o resultado das aplicações financeiras realizadas pelas cooperativas.

263. (Cancelada.)

264. É irrecorrível o ato judicial que apenas manda processar a concordata preventiva.
 •• A Lei n. 11.101, de 9-2-2005, substituiu a concordata pela recuperação judicial e extrajudicial do empresário e da sociedade empresária.

265. É necessária a oitiva do menor infrator antes de decretar-se a regressão da medida socioeducativa.

266. O diploma ou habilitação legal para o exercício do cargo deve ser exigido na posse e não na inscrição para o concurso público.

267. A interposição do recurso, sem efeito suspensivo, contra decisão condenatória não obsta a expedição de mandado de prisão.

268. O fiador que não integrou a relação processual na ação de despejo não responde pela execução do julgado.

269. É admissível a adoção do regime prisional semiaberto aos reincidentes condenados a pena igual ou inferior a 4 (quatro) anos se favoráveis as circunstâncias judiciais.

270. O protesto pela preferência de crédito, apresentado por ente federal em execução que tramita na Justiça Estadual, não desloca a competência para a Justiça Federal.

271. A correção monetária dos depósitos judiciais independe de ação específica contra o banco depositário.

272. O trabalhador rural, na condição de segurado especial, sujeito à contribuição obrigatória sobre a produção rural comercializada, somente faz *jus* à aposentadoria por tempo de serviço, se recolher contribuição facultativa.

273. Intimada a defesa da expedição da carta precatória, torna-se desnecessária intimação da data da audiência no Juízo deprecado.

274. O ISS incide sobre o valor dos serviços de assistência médica, incluindo-se neles as refeições, os medicamentos e as diárias hospitalares.

275. O auxiliar de farmácia não pode ser responsável técnico por farmácia ou drogaria.

276. (Cancelada.)

277. Julgada procedente a investigação de paternidade, os alimentos são devidos a partir da citação.

278. O termo inicial do prazo prescricional, na ação de indenização, é a data em que o segurado teve ciência inequívoca da incapacidade laboral.

279. É cabível execução por título extrajudicial contra a Fazenda Pública.

280. O art. 35 do Decreto-lei n. 7.661, de 1945, que estabelece a prisão administrativa, foi revogado pelos incisos LXI e LXVII do art. 5.º da Constituição Federal de 1988.
 •• O Decreto-lei n. 7.661, de 21-6-1945, foi revogado pela Lei n. 11.101, de 9-2-2005 (Lei de Falências).

281. A indenização por dano moral não está sujeita à tarifação prevista na Lei de Imprensa.

282. Cabe a citação por edital em ação monitória.

283. As empresas administradoras de cartão de crédito são instituições financeiras e, por isso, os juros remuneratórios por elas cobrados não sofrem as limitações da Lei de Usura.

284. A purga da mora, nos contratos de alienação fiduciária, só é permitida quando já pagos pelo menos 40% (quarenta por cento) do valor financiado.

285. Nos contratos bancários posteriores ao Código de Defesa do Consumidor incide a multa moratória nele prevista.
 • Vide Súmula 379 do STJ.

286. A renegociação de contrato bancário ou a confissão da dívida não impede a possibilidade de discussão sobre eventuais ilegalidades dos contratos anteriores.

287. A Taxa Básica Financeira (TBF) não pode ser utilizada como indexador de correção monetária nos contratos bancários.
 • Vide Súmula 379 do STJ.

288. A Taxa de Juros de Longo Prazo (TJLP) pode ser utilizada como indexador de correção monetária nos contratos bancários.
 • Vide Súmula 379 do STJ.

289. A restituição das parcelas pagas a plano de previdência privada deve ser objeto de correção plena, por índice que recomponha a efetiva desvalorização da moeda.

290. Nos planos de previdência privada, não cabe ao beneficiário a devolução da contribuição efetuada pelo patrocinador.

291. A ação de cobrança de parcelas de complementação de aposentadoria pela previdência privada prescreve em cinco anos.
 • Vide Súmula 427 do STJ.

292. A reconvenção é cabível na ação monitória, após a conversão do procedimento em ordinário.

293. A cobrança antecipada do valor residual garantido (VRG) não descaracteriza o contrato de arrendamento mercantil.
 • Vide Súmula 564 do STJ.

294. Não é potestativa a cláusula contratual que prevê a comissão de permanência, calculada pela taxa média de mercado apurada pelo Banco Central do Brasil, limitada à taxa de contrato.

295. A Taxa Referencial (TR) é indexador válido para contratos posteriores à Lei n. 8.177/91, desde que pactuada.

296. Os juros remuneratórios, não cumuláveis com a comissão de permanência, são devidos no período de inadimplência, à taxa média de mercado estipulada pelo Banco Central do Brasil, limitada ao percentual contratado.

297. O Código de Defesa do Consumidor é aplicável às instituições financeiras.
 •• Vide Súmula 638 do STJ.

298. O alongamento de dívida originada de crédito rural não constitui faculdade da instituição financeira, mas, direito do devedor nos termos da lei.

299. É admissível a ação monitória fundada em cheque prescrito.

300. O instrumento de confissão de dívida, ainda que originário de contrato de abertura de crédito, constitui título executivo extrajudicial.

301. Em ação investigatória, a recusa do suposto pai a submeter-se ao exame de DNA induz presunção *juris tantum* de paternidade.

302. É abusiva a cláusula contratual de plano de saúde que limita no tempo a internação hospitalar do segurado.

303. Em embargos de terceiro, quem deu causa à constrição indevida deve arcar com os honorários advocatícios.

304. É ilegal a decretação da prisão civil daquele que não assume expressamente o encargo de depositário judicial.

 •• Vide art. 5.º, LXVII, da CF.
 •• O Decreto n. 592, de 6-7-1992 (Pacto Internacional sobre Direitos Civis e Políticos), dispõe em seu art. 11 que "ninguém poderá ser preso apenas por não poder cumprir com uma obrigação contratual".
 •• O Decreto n. 678, de 6-11-1992 (Pacto de São José da Costa Rica), dispõe em seu art. 7.º, item 7, que ninguém deve ser detido por dívida, exceto no caso de inadimplemento de obrigação alimentar.

305. É descabida a prisão civil do depositário quando, decretada a falência da empresa, sobrevém a arrecadação do bem pelo síndico.

306. Os honorários advocatícios devem ser compensados quando houver sucumbência recíproca, assegurado o direito autônomo do advogado à execução do saldo sem excluir a legitimidade da própria parte.

307. A restituição de adiantamento de contrato de câmbio, na falência, deve ser atendida antes de qualquer crédito.

308. A hipoteca firmada entre a construtora e o agente financeiro, anterior ou posterior à celebração da promessa de compra e venda, não tem eficácia perante os adquirentes do imóvel.

309. O débito alimentar que autoriza prisão civil do alimentante é o que compreende as três prestações anteriores ao ajuizamento da execução e as que vencerem no curso do processo.

 •• Súmula com redação determinada pela Segunda Seção, na sessão ordinária de 22-3-2006.

310. O auxílio-creche não integra o salário de contribuição.

311. Os atos do presidente do tribunal que disponham sobre processamento e pagamento de precatório não têm caráter jurisdicional.

312. No processo administrativo para imposição de multa de trânsito, são necessárias as notificações da autuação e da aplicação da pena decorrente da infração.

313. Em ação de indenização, procedente o pedido, é necessária a constituição de capital ou caução fidejussória para a garantia de pagamento de pensão, independentemente da situação financeira do demandado.

314. Em execução fiscal, não localizados bens penhoráveis, suspende-se o processo por um ano, findo o qual se inicia o prazo da prescrição quinquenal intercorrente.

315. Não cabem embargos de divergência no âmbito do agravo de instrumento que não admite recurso especial.

316. Cabem embargos de divergência contra acórdão que, em agravo regimental, decide recurso especial.

317. É definitiva a execução de título extrajudicial, ainda que pendente apelação contra sentença que julgue improcedentes os embargos.

318. Formulado pedido certo e determinado, somente o autor tem interesse recursal em arguir o vício da sentença ilíquida.

319. O encargo de depositário de bens penhorados pode ser expressamente recusado.

320. A questão federal somente ventilada no voto vencido não atende ao requisito do prequestionamento.

321. (*Cancelada*.)

322. Para a repetição de indébito, nos contratos de abertura de crédito em conta-corrente, não se exige a prova do erro.

323. A inscrição do nome do devedor pode ser mantida nos serviços de proteção ao crédito até o prazo máximo de cinco anos, independentemente da prescrição da execução.

 •• Súmula com redação determinada pela Segunda Seção, na sessão ordinária de 25-11-2009.

324. Compete à Justiça Federal processar e julgar ações de que participa a Fundação Habitacional do Exército, equiparada à entidade autárquica federal, supervisionada pelo Ministério do Exército.

325. A remessa oficial devolve ao Tribunal o reexame de todas as parcelas da condenação suportadas pela Fazenda Pública, inclusive dos honorários de advogado.

326. Na ação de indenização por dano moral, a condenação em montante inferior ao postulado na inicial não implica sucumbência recíproca.

327. Nas ações referentes ao Sistema Financeiro da Habitação, a Caixa Econômica Federal tem legitimidade como sucessora do Banco Nacional da Habitação.

328. Na execução contra instituição financeira, é penhorável o numerário disponível, excluídas as reservas bancárias mantidas no Banco Central.

329. O Ministério Público tem legitimidade para propor ação civil pública em defesa do patrimônio público.

330. É desnecessária a resposta preliminar de que trata o art. 514 do Código de Processo Penal, na ação penal instruída por inquérito policial.

331. A apelação interposta contra sentença que julga embargos à arrematação tem efeito meramente devolutivo.

332. A fiança prestada sem autorização de um dos cônjuges implica a ineficácia total da garantia.

333. Cabe mandado de segurança contra ato praticado em licitação promovida por sociedade de economia mista ou empresa pública.

 • Vide art. 1.º, § 1.º, da Lei n. 12.016, de 7-8-2009.

334. O ICMS não incide no serviço dos provedores de acesso à *Internet*.

335. Nos contratos de locação, é válida a cláusula de renúncia à indenização das benfeitorias e ao direito de retenção.

336. A mulher que renunciou aos alimentos na separação judicial tem direito à pensão previdenciária por morte do ex-marido, comprovada a necessidade econômica superveniente.

337. É cabível a suspensão condicional do processo na desclassificação do crime e na procedência parcial da pretensão punitiva.

338. A prescrição penal é aplicável nas medidas socioeducativas.

339. É cabível ação monitória contra a Fazenda Pública.
340. A lei aplicável à concessão de pensão previdenciária por morte é aquela vigente na data do óbito do segurado.
341. A frequência a curso de ensino formal é causa de remição de parte do tempo de execução de pena sob regime fechado ou semiaberto.
342. No procedimento para aplicação de medida socioeducativa, é nula a desistência de outras provas em face da confissão do adolescente.
343. (Cancelada.)
344. A liquidação por forma diversa da estabelecida na sentença não ofende a coisa julgada.
345. São devidos honorários advocatícios pela Fazenda Pública nas execuções individuais de sentença proferida em ações coletivas, ainda que não embargadas.
346. É vedada aos militares temporários, para aquisição de estabilidade, a contagem em dobro de férias e licenças não gozadas.
347. O conhecimento de recurso de apelação do réu independe de sua prisão.
348. (Cancelada.)
349. Compete à Justiça Federal ou aos juízes com competência delegada o julgamento das execuções fiscais de contribuições devidas pelo empregador ao FGTS.
350. O ICMS não incide sobre o serviço de habilitação de telefone celular.
351. A alíquota de contribuição para o Seguro de Acidente do Trabalho (SAT) é aferida pelo grau de risco desenvolvido em cada empresa, individualizada pelo seu CNPJ, ou pelo grau de risco da atividade preponderante quando houver apenas um registro.
352. A obtenção ou a renovação do Certificado de Entidade Beneficente de Assistência Social (Cebas) não exime a entidade do cumprimento dos requisitos legais supervenientes.
353. As disposições do Código Tributário Nacional não se aplicam às contribuições para o FGTS.
   •• *Vide* Súmula 646 do STJ.
354. A invasão do imóvel é causa de suspensão do processo expropriatório para fins de reforma agrária.
355. É válida a notificação do ato de exclusão do Programa de Recuperação Fiscal (Refis) pelo *Diário Oficial* ou pela internet.
356. É legítima a cobrança de tarifa básica pelo uso dos serviços de telefonia fixa.
357. (Revogada.)
358. O cancelamento de pensão alimentícia de filho que atingiu a maioridade está sujeito à decisão judicial, mediante contraditório, ainda que nos próprios autos.
359. Cabe ao órgão mantenedor do Cadastro de Proteção ao Crédito a notificação do devedor antes de proceder à inscrição.
360. O benefício da denúncia espontânea não se aplica aos tributos sujeitos a lançamento por homologação regularmente declarados, mas pagos a destempo.
361. A notificação do protesto, para requerimento de falência de empresa devedora, exige a identificação da pessoa que a recebeu.
362. A correção monetária do valor da indenização do dano moral incide desde a data do arbitramento.
363. Compete à Justiça Estadual processar e julgar a ação de cobrança ajuizada por profissional liberal contra cliente.
364. O conceito de impenhorabilidade de bem de família abrange também o imóvel pertencente a pessoas solteiras, separadas e viúvas.
365. A intervenção da União como sucessora da Rede Ferroviária Federal S/A (RFFSA) desloca a competência para a Justiça Federal ainda que a sentença tenha sido proferida por Juízo estadual.
   • *Vide* Súmula 505 do STJ.
366. (Cancelada.)
367. A competência estabelecida pela EC n. 45/2004 não alcança os processos já sentenciados.
368. Compete à Justiça Comum Estadual processar e julgar os pedidos de retificação de dados cadastrais da Justiça Eleitoral.
369. No contrato de arrendamento mercantil (*leasing*), ainda que haja cláusula resolutiva expressa, é necessária a notificação prévia do arrendatário para constituí-lo em mora.
370. Caracteriza dano moral a apresentação antecipada de cheque pré-datado.
371. Nos contratos de participação financeira para a aquisição de linha telefônica, o Valor Patrimonial da Ação (VPA) é apurado com base no balancete do mês da integralização.
372. Na ação de exibição de documentos, não cabe a aplicação de multa cominatória.
   • *Vide* arts. 844 e 845 do CPC.
373. É ilegítima a exigência de depósito prévio para admissibilidade de recurso administrativo.
   • *Vide* art. 5.º, XXXIV, a, e LV, da CF.
374. Compete à Justiça Eleitoral processar e julgar a ação para anular débito decorrente de multa eleitoral.
375. O reconhecimento da fraude à execução depende do registro da penhora do bem alienado ou da prova de má-fé do terceiro adquirente.
   • *Vide* arts. 792, IV, e 844 do CPC.
376. Compete a Turma Recursal processar e julgar o mandado de segurança contra ato de Juizado Especial.
377. O portador de visão monocular tem direito de concorrer, em concurso público, às vagas reservadas aos deficientes.
   • *Vide* art. 37, VIII, da CF.
378. Reconhecido o desvio de função, o servidor faz jus às diferenças salariais decorrentes.
379. Nos contratos bancários não regidos por legislação específica, os juros moratórios poderão ser convencionados até o limite de 1% ao mês.
380. A simples propositura da ação de revisão de contrato não inibe a caracterização da mora do autor.
381. Nos contratos bancários, é vedado ao julgador conhecer, de ofício, da abusividade das cláusulas.
382. A estipulação de juros remuneratórios superiores a 12% ao ano, por si só, não indica abusividade.
383. A competência para processar e julgar as ações conexas de interesse de menor é, em princípio, do foro do domicílio do detentor de sua guarda.
384. Cabe ação monitória para haver saldo remanescente oriundo de venda extrajudicial de bem alienado fiduciariamente em garantia.
   • *Vide* arts. 1.102-A a 1.102-C do CPC.
385. Da anotação irregular em cadastro de proteção ao crédito, não cabe indenização por dano moral, quando preexistente legítima inscrição, ressalvado o direito ao cancelamento.

386. São isentas de imposto de renda as indenizações de férias proporcionais e o respectivo adicional.
387. É lícita a cumulação das indenizações de dano estético e dano moral.
388. A simples devolução indevida de cheque caracteriza dano moral.
389. A comprovação do pagamento do "custo do serviço" referente ao fornecimento de certidão de assentamentos constantes dos livros da companhia é requisito de procedibilidade da ação de exibição de documentos ajuizada em face da sociedade anônima.
390. Nas decisões por maioria, em reexame necessário, não se admitem embargos infringentes.
391. O ICMS incide sobre o valor da tarifa de energia elétrica correspondente à demanda de potência efetivamente utilizada.
392. A Fazenda Pública pode substituir a certidão de dívida ativa (CDA) até a prolação da sentença de embargos, quando se tratar de correção de erro material ou formal, vedada a modificação do sujeito passivo da execução.
393. A exceção de pré-executividade é admissível na execução fiscal relativamente às matérias conhecíveis de ofício que não demandem dilação probatória.
394. É admissível, em embargos à execução fiscal, compensar os valores de imposto de renda retidos indevidamente na fonte com os valores restituídos apurados na declaração anual.
   •• Republicada no *Diário da Justiça* eletrônico de 21-10-2009.
395. O ICMS incide sobre o valor da venda a prazo constante da nota fiscal.
396. A Confederação Nacional da Agricultura tem legitimidade ativa para a cobrança da contribuição sindical rural.
397. O contribuinte do IPTU é notificado do lançamento pelo envio do carnê ao seu endereço.
398. A prescrição da ação para pleitear os juros progressivos sobre os saldos de conta vinculada do FGTS não atinge o fundo de direito, limitando-se às parcelas vencidas.
399. Cabe à legislação municipal estabelecer o sujeito passivo do IPTU.
400. O encargo de 20% previsto no DL n. 1.025/1969 é exigível na execução fiscal proposta contra a massa falida.
   • O Decreto-lei n. 1.025, de 21-10-1969, declara extinta a participação de servidores públicos na cobrança da dívida ativa da União e dá outras providências.
401. O prazo decadencial da ação rescisória só se inicia quando não for cabível qualquer recurso do último pronunciamento judicial.
402. O contrato de seguro por danos pessoais compreende os danos morais, salvo cláusula expressa de exclusão.
403. Independe de prova do prejuízo a indenização pela publicação não autorizada de imagem de pessoa com fins econômicos ou comerciais.
   • Vide art. 5.º, V e X, da CF.
404. É dispensável o aviso de recebimento (AR) na carta de comunicação ao consumidor sobre a negativação de seu nome em bancos de dados e cadastros.
405. A ação de cobrança do seguro obrigatório (DPVAT) prescreve em três anos.
406. A Fazenda Pública pode recusar a substituição do bem penhorado por precatório.

•• Vide arts. 847 e 848 do CPC.
407. É legítima a cobrança da tarifa de água fixada de acordo com as categorias de usuários e as faixas de consumo.
408. (Cancelada.)
409. Em execução fiscal, a prescrição ocorrida antes da propositura da ação pode ser decretada de ofício (art. 219, § 5.º, do CPC).
   •• A referência é feita a dispositivos do CPC de 1973. Sem correspondência no CPC vigente.
410. A prévia intimação pessoal do devedor constitui condição necessária para a cobrança de multa pelo descumprimento de obrigação de fazer ou não fazer.
   • Vide art. 815 do CPC.
411. É devida a correção monetária ao creditamento do IPI quando há oposição ao seu aproveitamento decorrente de resistência ilegítima do Fisco.
412. A ação de repetição de indébito de tarifas de água e esgoto sujeita-se ao prazo prescricional estabelecido no Código Civil.
   • O art. 205 do CC dispõe: "A prescrição ocorre em dez anos, quando a lei não lhe haja fixado prazo menor".
413. O farmacêutico pode acumular a responsabilidade técnica por uma farmácia e uma drogaria ou por duas drogarias.
414. A citação por edital na execução fiscal é cabível quando frustradas as demais modalidades.
   • Vide art. 8.º, III, da Lei n. 6.830, de 22-9-1980.
415. O período de suspensão do prazo prescricional é regulado pelo máximo da pena cominada.
   • Vide arts. 109 e 116 do CP, e art. 89, § 6.º, da Lei n. 9.099, de 26-9-1995.
416. É devida a pensão por morte aos dependentes do segurado que, apesar de ter perdido essa qualidade, preencheu os requisitos legais para a obtenção de aposentadoria até a data do seu óbito.
417. Na execução civil, a penhora de dinheiro na ordem de nomeação de bens não tem caráter absoluto.
418. (Cancelada.)
419. Descabe a prisão civil do depositário judicial infiel.
420. Incabível, em embargos de divergência, discutir o valor de indenização por danos morais.
421. (Cancelada.)
422. O art. 6.º, e, da Lei n. 4.380/1964 não estabelece limitação aos juros remuneratórios nos contratos vinculados aos SFH.
423. A Contribuição para Financiamento da Seguridade Social – Cofins incide sobre as receitas provenientes das operações de locação de bens móveis.
424. É legítima a incidência do ISS sobre os serviços bancários congêneres da lista anexa ao DL n. 406/1968 e à LC n. 56/1987.
   •• Vide Súmula 588 do STF.
425. A retenção da contribuição para a seguridade social pelo tomador do serviço não se aplica às empresas optantes pelo Simples.
426. Os juros de mora na indenização do seguro DPVAT fluem a partir da citação.
427. A ação de cobrança de diferenças de valores de complementação de aposentadoria prescreve em cinco anos contados da data do pagamento.
   • Vide Súmula 291 do STJ.

428. Compete ao Tribunal Regional Federal decidir os conflitos de competência entre Juizado Especial Federal e Juízo Federal da mesma Seção Judiciária.

429. A citação postal, quando autorizada por lei, exige o aviso de recebimento.

430. O inadimplemento da obrigação tributária pela sociedade não gera, por si só, a responsabilidade solidária do sócio-gerente.

431. É ilegal a cobrança de ICMS com base no valor da mercadoria submetido ao regime de pauta fiscal.
- Vide Súmula 654 do STJ.

432. As empresas de construção civil não estão obrigadas a pagar ICMS sobre mercadorias adquiridas como insumos em operações interestaduais.

433. O produto semielaborado, para fins de incidência de ICMS, é aquele que preenche cumulativamente os três requisitos do art. 1.º da Lei Complementar n. 65/1991.
- •• O art. 1.º da Lei Complementar n. 65, de 15-4-1991, dispõe: "Art. 1.º É compreendido no campo de incidência do imposto sobre operações relativas à circulação de mercadorias e sobre prestação de serviço de transporte interestadual e intermunicipal, e de comunicação (ICMS) o produto industrializado semielaborado destinado ao exterior: I – que resulte de matéria-prima de origem animal, vegetal ou mineral sujeita ao imposto quando exportada in natura; II – cuja matéria-prima de origem animal, vegetal ou mineral não tenha sofrido qualquer processo que implique modificação da natureza química originária; III – cujo custo da matéria-prima de origem animal, vegetal ou mineral represente mais de sessenta por cento do custo do correspondente produto, apurado segundo o nível tecnológico disponível no País".

434. O pagamento da multa por infração de trânsito não inibe a discussão judicial do débito.

435. Presume-se dissolvida irregularmente a empresa que deixar de funcionar no seu domicílio fiscal, sem comunicação aos órgãos competentes, legitimando o redirecionamento da execução fiscal para o sócio-gerente.

436. A entrega de declaração pelo contribuinte reconhecendo débito fiscal constitui o crédito tributário, dispensada qualquer outra providência por parte do Fisco.

437. A suspensão da exigibilidade do crédito tributário superior a quinhentos mil reais para opção pelo Refis pressupõe a homologação expressa do comitê gestor e a constituição de garantia por meio do arrolamento de bens.

438. É inadmissível a extinção da punibilidade pela prescrição da pretensão punitiva com fundamento em pena hipotética, independentemente da existência ou sorte do processo penal.

439. Admite-se o exame criminológico pelas peculiaridades do caso, desde que em decisão motivada.
- Vide Súmula Vinculante 26.

440. Fixada a pena-base no mínimo legal, é vedado o estabelecimento de regime prisional mais gravoso do que o cabível em razão da sanção imposta, com base apenas na gravidade abstrata do delito.

441. A falta grave não interrompe o prazo para obtenção de livramento condicional.

442. É inadmissível aplicar, no furto qualificado, pelo concurso de agentes, a majorante do roubo.

443. O aumento na terceira fase de aplicação da pena no crime de roubo circunstanciado exige fundamentação concreta, não sendo suficiente para a sua exasperação a mera indicação do número de majorantes.

444. É vedada a utilização de inquéritos policiais e ações penais em curso para agravar a pena-base.

445. As diferenças de correção monetária resultantes de expurgos inflacionários sobre os saldos de FGTS têm como termo inicial a data em que deveriam ter sido creditadas.

446. Declarado e não pago o débito tributário pelo contribuinte, é legítima a recusa de expedição de certidão negativa ou positiva com efeito de negativa.

447. Os Estados e o Distrito Federal são partes legítimas na ação de restituição de imposto de renda retido na fonte proposta por seus servidores.

448. A opção pelo Simples de estabelecimentos dedicados às atividades de creche, pré-escola e ensino fundamental é admitida somente a partir de 24-10-2000, data de vigência da Lei n. 10.034/2000.

449. A vaga de garagem que possui matrícula própria no registro de imóveis não constitui bem de família para efeito de penhora.

450. Nos contratos vinculados ao SFH, a atualização do saldo devedor antecede sua amortização pelo pagamento da prestação.

451. É legítima a penhora da sede do estabelecimento comercial.

452. A extinção das ações de pequeno valor é faculdade da Administração Federal, vedada a atuação judicial de ofício.

453. Os honorários sucumbenciais, quando omitidos em decisão transitada em julgado, não podem ser cobrados em execução ou em ação própria.
- Vide arts. 82, § 2.º, e 85 do CPC.

454. Pactuada a correção monetária nos Contratos do SFH pelo mesmo índice aplicável à caderneta de poupança, incide a taxa referencial (TR) a partir da vigência da Lei n. 8.177/1991.

455. A decisão que determina a produção antecipada de provas com base no art. 366 do CPP deve ser concretamente fundamentada, não a justificando unicamente o mero decurso do tempo.

456. É incabível a correção monetária dos salários de contribuição considerados no cálculo do salário de benefício de auxílio-doença, aposentadoria por invalidez, pensão ou auxílio-reclusão concedidos antes da vigência da CF/1988.

457. Os descontos incondicionais nas operações mercantis não se incluem na base de cálculo do ICMS.

458. A contribuição previdenciária incide sobre a comissão paga ao corretor de seguros.

459. A Taxa Referencial (TR) é o índice aplicável, a título de correção monetária, aos débitos com o FGTS recolhidos pelo empregador mas não repassados ao fundo.

460. É incabível o mandado de segurança para convalidar a compensação tributária realizada pelo contribuinte.

461. O contribuinte pode optar por receber, por meio de precatório ou por compensação, o indébito tributário certificado por sentença declaratória transitada em julgado.

462. Nas ações em que representa o FGTS, a CEF, quando sucumbente, não está isenta de reembolsar as custas antecipadas pela parte vencedora.

463. Incide imposto de renda sobre os valores percebidos a título de indenização por horas extraordinárias trabalhadas, ainda que decorrentes de acordo coletivo.

464. A regra de imputação de pagamentos estabelecida no art. 354 do Código Civil não se aplica às hipóteses de compensação tributária.

•• O art. 354 do CC estabelece: "Art. 354. Havendo capital e juros, o pagamento imputar-se-á primeiro nos juros vencidos, e depois no capital, salvo estipulação em contrário, ou se o credor passar a quitação por conta do capital".

465. Ressalvada a hipótese de efetivo agravamento do risco, a seguradora não se exime do dever de indenizar em razão da transferência do veículo sem a sua prévia comunicação.

466. O titular da conta vinculada ao FGTS tem o direito de sacar o saldo respectivo quando declarado nulo seu contrato de trabalho por ausência de prévia aprovação em concurso público.

467. Prescreve em cinco anos, contados do término do processo administrativo, a pretensão da Administração Pública de promover a execução da multa por infração ambiental.

468. A base de cálculo do PIS, até a edição da MP n. 1.212/1995, era o faturamento ocorrido no sexto mês anterior ao do fato gerador.

469. (Cancelada.)

470. (Cancelada.)

471. Os condenados por crimes hediondos ou assemelhados cometidos antes da vigência da Lei n. 11.464/2007 sujeitam-se ao disposto no art. 112 da Lei n. 7.210/1984 (Lei de Execução Penal) para a progressão de regime prisional.
  • Vide Súmula Vinculante 26.

472. A cobrança de comissão de permanência – cujo valor não pode ultrapassar a soma dos encargos remuneratórios e moratórios previstos no contrato – exclui a exigibilidade dos juros remuneratórios, moratórios e da multa contratual.

473. O mutuário do SFH não pode ser compelido a contratar o seguro habitacional obrigatório com a instituição financeira mutuante ou com a seguradora por ela indicada.

474. A indenização do seguro DPVAT, em caso de invalidez parcial do beneficiário, será paga de forma proporcional ao grau da invalidez.

475. Responde pelos danos decorrentes de protesto indevido o endossatário que recebe por endosso translativo título de crédito contendo vício formal extrínseco ou intrínseco, ficando ressalvado seu direito de regresso contra os endossantes e avalistas.

476. O endossatário de título de crédito por endosso-mandato só responde por danos decorrentes de protesto indevido se extrapolar os poderes de mandatário.

477. A decadência do art. 26 do CDC não é aplicável à prestação de contas para obter esclarecimentos sobre cobrança de taxas, tarifas e encargos bancários.

478. Na execução de crédito relativo a cotas condominiais, este tem preferência sobre o hipotecário.

479. As instituições financeiras respondem objetivamente pelos danos gerados por fortuito interno relativo a fraudes e delitos praticados por terceiros no âmbito de operações bancárias.

480. O Juízo da Recuperação Judicial não é competente para decidir sobre a constrição de bens não abrangidos pelo plano de recuperação da empresa.
  • Vide Lei n. 11.101, de 9-2-2005, que regula a recuperação judicial, a extrajudicial e a falência do empresário e da sociedade empresária.

481. Faz jus ao benefício da justiça gratuita a pessoa jurídica com ou sem fins lucrativos que demonstrar sua impossibilidade de arcar com os encargos processuais.

482. A falta de ajuizamento da ação principal no prazo do art. 806 do CPC acarreta a perda da eficácia da liminar deferida e a extinção do processo cautelar.
  •• A referência é feita a dispositivo do CPC de 1973.
  • Vide art. 306 do CPC.

483. O INSS não está obrigado a efetuar depósito prévio do preparo por gozar das prerrogativas e privilégios da Fazenda Pública.

484. Admite-se que o preparo seja efetuado no primeiro dia útil subsequente, quando a interposição do recurso ocorrer após o encerramento do expediente bancário.

485. A Lei de Arbitragem aplica-se aos contratos que contenham cláusula arbitral, ainda que celebrados antes da sua edição.

486. É impenhorável o único imóvel residencial do devedor que esteja locado a terceiros, desde que a renda obtida com a locação seja revertida para a subsistência ou a moradia da sua família.
  • Vide Lei n. 8.009, de 29-3-1990 (impenhorabilidade do bem de família).

487. O parágrafo único do art. 741 do CPC não se aplica às sentenças transitadas em julgado em data anterior à da sua vigência.
  •• A referência é feita a dispositivo do CPC de 1973. Vide art. 535, § 5.º, do CPC vigente.

488. O parágrafo 2.º do art. 6.º da Lei n. 9.469/97, que obriga à repartição dos honorários advocatícios, é inaplicável a acordos ou transações celebrados em data anterior à sua vigência.

489. Reconhecida a continência, devem ser reunidas na Justiça Federal as ações civis públicas propostas nesta e na Justiça Estadual.

490. A dispensa de reexame necessário, quando o valor da condenação ou do direito controvertido for inferior a 60 salários mínimos, não se aplica a sentenças ilíquidas.

491. É inadmissível a chamada progressão *per saltum* de regime prisional.

492. O ato infracional análogo ao tráfico de drogas, por si só, não conduz obrigatoriamente à imposição de medida socioeducativa de internação do adolescente.

493. É inadmissível a fixação de pena substitutiva (art. 44 do CP) como condição especial ao regime aberto.

494. O benefício fiscal do ressarcimento do crédito presumido do IPI relativo às exportações incide mesmo quando as matérias-primas ou os insumos sejam adquiridos de pessoa física ou jurídica não contribuinte do PIS/PASEP.

495. A aquisição de bens integrantes do ativo permanente da empresa não gera direito a creditamento de IPI.

496. Os registros de propriedade particular de imóveis situados em terrenos de marinha não são oponíveis à União.

497. (Cancelada.)

498. Não incide imposto de renda sobre a indenização por danos morais.

499. As empresas prestadoras de serviços estão sujeitas às contribuições ao SESC e SENAC, salvo se integradas noutro serviço social.

500. A configuração do crime do art. 244-B do ECA independe da prova da efetiva corrupção do menor, por se tratar de delito formal.

501. É cabível a aplicação retroativa da Lei n. 11.343/2006, desde que o resultado da incidência das suas disposi-

ções, na íntegra, seja mais favorável ao réu do que o advindo da aplicação da Lei n. 6.368/1976, sendo vedada a combinação de leis.

502. Presentes a materialidade e a autoria, afigura-se típica, em relação ao crime previsto no art. 184, § 2.º, do CP, a conduta de expor à venda CDs e DVDs "piratas".

503. O prazo para ajuizamento de ação monitória em face do emitente de cheque sem força executiva é quinquenal, a contar do dia seguinte à data de emissão estampada na cártula.

504. O prazo para ajuizamento de ação monitória em face do emitente de nota promissória sem força executiva é quinquenal, a contar do dia seguinte ao vencimento do título.

505. A competência para processar e julgar as demandas que têm por objeto obrigações decorrentes dos contratos de planos de previdência privada firmados com a Fundação Rede Ferroviária de Seguridade Social – REFER é da Justiça Estadual.

506. A Anatel não é parte legítima nas demandas entre a concessionária e o usuário de telefonia decorrentes de relação contratual.

507. A acumulação de auxílio-acidente com aposentadoria pressupõe que a lesão incapacitante e a aposentadoria sejam anteriores a 11-11-1997, observado o critério do art. 23 da Lei n. 8.213/1991 para definição do momento da lesão nos casos de doença profissional ou do trabalho.

508. A isenção da Cofins concedida pelo art. 6.º, II, da LC n. 70/1991 às sociedades civis de prestação de serviços profissionais foi revogada pelo art. 56 da Lei n. 9.430/1996.

509. É lícito ao comerciante de boa-fé aproveitar os créditos de ICMS decorrentes de nota fiscal posteriormente declarada inidônea, quando demonstrada a veracidade da compra e venda.

510. A liberação de veículo retido apenas por transporte irregular de passageiros não está condicionada ao pagamento de multas e despesas.

511. É possível o reconhecimento do privilégio previsto no § 2.º do art. 155 do CP nos casos de crime de furto qualificado, se estiverem presentes a primariedade do agente, o pequeno valor da coisa e a qualificadora for de ordem objetiva.

512. (Cancelada.)

513. A *abolitio criminis* temporária prevista na Lei n. 10.826/2003 aplica-se ao crime de posse de arma de fogo de uso permitido com numeração, marca ou qualquer outro sinal de identificação raspado, suprimido ou adulterado, praticado somente até 23-10-2005.

514. A CEF é responsável pelo fornecimento dos extratos das contas individualizadas vinculadas ao FGTS dos Trabalhadores participantes do Fundo de Garantia do Tempo de Serviço, inclusive para fins de exibição em juízo, independentemente do período em discussão.
    - O Decreto n. 99.684, de 8-11-1990, consolida as normas regulamentares do FGTS.

515. A reunião de execuções fiscais contra o mesmo devedor constitui faculdade do Juiz.
    - *Vide* art. 28 da Lei n. 6.830, de 22-9-1980.

516. A contribuição de intervenção no domínio econômico para o Incra (Decreto-lei n. 1.110/70), devida por empregadores rurais e urbanos, não foi extinta pelas Leis n. 7.787/89, 8.212/91 e 8.213/91, não podendo ser compensada com a contribuição ao INSS.

517. São devidos honorários advocatícios no cumprimento de sentença, haja ou não impugnação, depois de escoado o prazo para pagamento voluntário, que se inicia após a intimação do advogado da parte executada.

518. Para fins do art. 105, III, *a*, da Constituição Federal, não é cabível recurso especial fundado em alegada violação de enunciado de súmula.

519. Na hipótese de rejeição da impugnação ao cumprimento de sentença, não são cabíveis honorários advocatícios.

520. O benefício de saída temporária no âmbito da execução penal é ato jurisdicional insuscetível de delegação à autoridade administrativa do estabelecimento prisional.

521. A legitimidade para a execução fiscal de multa pendente de pagamento imposta em sentença condenatória é exclusiva da Procuradoria da Fazenda Pública.

522. A conduta de atribuir-se falsa identidade perante autoridade policial é típica, ainda que em situação de alegada autodefesa.

523. A taxa de juros de mora incidente na repetição de indébito de tributos estaduais deve corresponder à utilizada para cobrança do tributo pago em atraso, sendo legítima a incidência da taxa Selic, em ambas as hipóteses, quando prevista na legislação local, vedada sua cumulação com quaisquer outros índices.
    - *Vide* art. 161, § 1.º, do CTN.
    - *Vide* art. 39, § 4.º, da Lei n. 9.250, de 26-12-1995.

524. No tocante à base de cálculo, o ISSQN incide apenas sobre a taxa de agenciamento quando o serviço prestado por sociedade empresária de trabalho temporário for de intermediação, devendo, entretanto, englobar também os valores dos salários e encargos sociais dos trabalhadores por ela contratados nas hipóteses de fornecimento de mão de obra.
    - O Decreto-lei n. 406, de 31-12-1968, estabelece normas gerais de direito financeiro, aplicáveis aos impostos sobre operações relativas a circulação de mercadorias e sobre serviços de qualquer natureza e dá outras providências.
    - A Lei Complementar n. 116, de 31-7-2003, dispõe sobre o imposto sobre serviços de qualquer natureza, de competência dos Municípios e do Distrito Federal e dá outras providências.

525. A Câmara de Vereadores não possui personalidade jurídica, apenas personalidade judiciária, somente podendo demandar em Juízo para defender os seus direitos institucionais.
    - *Vide* art. 70 do CPC.

526. O reconhecimento de falta grave decorrente do cometimento de fato definido como crime doloso no cumprimento da pena prescinde do trânsito em julgado de sentença penal condenatória no processo penal instaurado para apuração do fato.

527. O tempo de duração da medida de segurança não deve ultrapassar o limite máximo da pena abstratamente cominada ao delito praticado.
    - *Vide* arts. 5.º, XLVII, *b*, e LXXV, da CF.

528. (Cancelada.)

529. No seguro de responsabilidade civil facultativo, não cabe o ajuizamento de ação pelo terceiro prejudicado direta e exclusivamente em face da seguradora do apontado causador do dano.

530. Nos contratos bancários, na impossibilidade de comprovar a taxa de juros efetivamente contratada – por ausência de pactuação ou pela falta de juntada do instrumento aos autos – aplica-se a taxa média de mercado, divulgada pelo Bacen, praticada nas operações da mesma espécie, salvo se a taxa cobrada for mais vantajosa para o devedor.

531. Em ação monitória fundada em cheque prescrito ajuizada contra o emitente, é dispensável a menção ao negócio jurídico subjacente à emissão da cártula.
•• Vide arts. 1.102-A a 1.102-C do CPC.

532. Constitui prática comercial abusiva o envio de cartão de crédito sem prévia e expressa solicitação do consumidor, configurando-se ato ilícito indenizável e sujeito à aplicação de multa administrativa.

533. Para o reconhecimento da prática de falta disciplinar no âmbito da execução penal, é imprescindível a instauração de procedimento administrativo pelo diretor do estabelecimento prisional, assegurado o direito de defesa, a ser realizado por advogado constituído ou defensor público nomeado.
•• Vide art. 5.º, XXXV, da CF.

534. A prática de falta grave interrompe a contagem do prazo para a progressão de regime de cumprimento de pena, o qual se reinicia a partir do cometimento dessa infração.

535. A prática de falta grave não interrompe o prazo para fim de comutação de pena ou indulto.
•• Vide Súmula 441 do STJ.

536. A suspensão condicional do processo e a transação penal não se aplicam na hipótese de delitos sujeitos ao rito da Lei Maria da Penha.
•• Vide art. 226, § 8.º, da CF.
•• Vide arts. 76 e 89 da Lei n. 9.099, de 26-9-1995.

537. Em ação de reparação de danos, a seguradora denunciada, se aceitar a denunciação ou contestar o pedido do autor, pode ser condenada, direta e solidariamente junto com o segurado, ao pagamento da indenização devida à vítima, nos limites contratados na apólice.

538. As administradoras de consórcio têm liberdade para estabelecer a respectiva taxa de administração, ainda que fixada em percentual superior a dez por cento.

539. É permitida a capitalização de juros com periodicidade inferior à anual em contratos celebrados com instituições integrantes do Sistema Financeiro Nacional a partir de 31-3-2000 (MP n. 1.963-17/2000, reeditada como MP n. 2.170-36/2001), desde que expressamente pactuada.

540. Na ação de cobrança do seguro DPVAT, constitui faculdade do autor escolher entre os foros do seu domicílio, do local do acidente ou ainda do domicílio do réu.

541. A previsão no contrato bancário de taxa de juros anual superior ao duodécuplo da mensal é suficiente para permitir a cobrança da taxa efetiva anual contratada.

542. A ação penal relativa ao crime de lesão corporal resultante de violência doméstica contra a mulher é pública incondicionada.

543. Na hipótese de resolução de contrato de promessa de compra e venda de imóvel submetido ao Código de Defesa do Consumidor, deve ocorrer a imediata restituição das parcelas pagas pelo promitente-comprador – integralmente, em caso de culpa exclusiva do promitente-vendedor/ construtor, ou parcialmente, caso tenha sido o comprador quem deu causa ao desfazimento.

544. É válida a utilização de tabela do Conselho Nacional de Seguros Privados para estabelecer a proporcionalidade da indenização do seguro DPVAT ao grau de invalidez também na hipótese de sinistro anterior a 16-12-2008, data da entrada em vigor da Medida Provisória n. 451/2008.

545. Quando a confissão for utilizada para a formação do convencimento do julgador, o réu fará jus à atenuante prevista no art. 65, III, d, do Código Penal.
•• Vide Súmula 630 do STJ.

546. A competência para processar e julgar o crime de uso de documento falso é firmada em razão da entidade ou órgão ao qual foi apresentado o documento público, não importando a qualificação do órgão expedidor.

547. Nas ações em que se pleiteia o ressarcimento dos valores pagos a título de participação financeira do consumidor no custeio de construção de rede elétrica, o prazo prescricional é de vinte anos na vigência do Código Civil de 1916.
Na vigência do Código Civil de 2002, o prazo é de cinco anos se houver previsão contratual de ressarcimento e de três anos na ausência de cláusula nesse sentido, observada a regra de transição disciplinada em seu art. 2.028.

548. Incumbe ao credor a exclusão do registro da dívida em nome do devedor no cadastro de inadimplentes no prazo de cinco dias úteis, a partir do integral e efetivo pagamento do débito.

549. É válida a penhora de bem de família pertencente a fiador de contrato de locação.
•• Vide art. 3.º, VII, da Lei n. 8.009, de 29-3-1990.

550. A utilização de escore de crédito, método estatístico de avaliação de risco que não constitui banco de dados, dispensa o consentimento do consumidor, que terá o direito de solicitar esclarecimentos sobre as informações pessoais valoradas e as fontes dos dados considerados no respectivo cálculo.

551. Nas demandas por complementação de ações de empresas de telefonia, admite-se a condenação ao pagamento de dividendos e juros sobre capital próprio independentemente de pedido expresso. No entanto, somente quando previstos no título executivo, poderão ser objeto de cumprimento de sentença.

552. O portador de surdez unilateral não se qualifica como pessoa com deficiência para o fim de disputar as vagas reservadas em concursos públicos.

553. Nos casos de empréstimo compulsório sobre o consumo de energia elétrica, é competente a Justiça Estadual para o julgamento de demanda proposta exclusivamente contra a Eletrobrás. Requerida a intervenção da União no feito após a prolação de sentença pelo Juízo Estadual, os autos devem ser remetidos ao Tribunal Regional Federal competente para o julgamento da apelação se deferida a intervenção.

554. Na hipótese de sucessão empresarial, a responsabilidade da sucessora abrange não apenas os tributos devidos pela sucedida, mas também as multas moratórias ou punitivas referentes a fatos geradores ocorridos até a data da sucessão.
•• Vide arts. 132 e 133 do CTN.

555. Quando não houver declaração do débito, o prazo decadencial quinquenal para o Fisco constituir o crédito tributário conta-se exclusivamente na forma do art. 173, I, do CTN, nos casos em que a legislação atribui ao sujeito passivo o dever de antecipar o pagamento sem prévio exame da autoridade administrativa.

556. É indevida a incidência de imposto de renda sobre o valor da complementação de aposentadoria pago por entidade de previdência privada e em relação ao resgate de contribuições recolhidas para referidas entidades patrocinadoras no período de 1.º-1-1989 a 31-12-1995, em razão da isenção concedida pelo art. 6.º, VII, *b*, da Lei n. 7.713/1988, na redação anterior à que lhe foi dada pela Lei n. 9.250/1995.

557. A renda mensal inicial (RMI) alusiva ao benefício de aposentadoria por invalidez precedido de auxílio-doença será apurada na forma do art. 36, § 7.º, do Decreto n. 3.048/1999, observando-se, porém, os critérios previstos no art. 29, § 5.º, da Lei n. 8.213/1991, quando intercalados períodos de afastamento e de atividade laboral.

558. Em ações de execução fiscal, a petição inicial não pode ser indeferida sob o argumento da falta de indicação do CPF e/ou RG ou CNPJ da parte executada.
•• *Vide* art. 6.º da Lei n. 6.830, de 22-9-1980.

559. Em ações de execução fiscal, é desnecessária a instrução da petição inicial com o demonstrativo de cálculo do débito, por tratar-se de requisito não previsto no art. 6.º da Lei n. 6.830/1980.

560. A decretação da indisponibilidade de bens e direitos, na forma do art. 185-A do CTN, pressupõe o exaurimento das diligências na busca por bens penhoráveis, o qual fica caracterizado quando infrutíferos o pedido de constrição sobre ativos financeiros e a expedição de ofícios aos registros públicos do domicílio do executado, ao Denatran ou Detran.

561. Os Conselhos Regionais de Farmácia possuem atribuição para fiscalizar e autuar as farmácias e drogarias quanto ao cumprimento da exigência de manter profissional legalmente habilitado (farmacêutico) durante todo o período de funcionamento dos respectivos estabelecimentos.

562. É possível a remição de parte do tempo de execução da pena quando o condenado, em regime fechado ou semiaberto, desempenha atividade laborativa, ainda que extramuros.

563. O Código de Defesa do Consumidor é aplicável às entidades abertas de previdência complementar, não incidindo nos contratos previdenciários celebrados com entidades fechadas.
• *Vide* Súmula 608 do STJ.

564. No caso de reintegração de posse em arrendamento mercantil financeiro, quando a soma da importância antecipada a título de valor residual garantido (VRG) com o valor da venda do bem ultrapassar o total do VRG previsto contratualmente, o arrendatário terá direito de receber a respectiva diferença, cabendo, porém, se estipulado no contrato, o prévio desconto de outras despesas ou encargos pactuados.
• *Vide* art. 1.º, parágrafo único, da Lei n. 6.099, de 12-9-1974.
• *Vide* Súmula 293 do STJ.

565. A pactuação das tarifas de abertura de crédito (TAC) e de emissão de carnê (TEC), ou outra denominação para o mesmo fato gerador, é válida apenas nos contratos bancários anteriores ao início da vigência da Resolução – CMN n. 3.518/2007, em 30-4-2008.

566. Nos contratos bancários posteriores ao início da vigência da Resolução-CMN n. 3.518/2007, em 30-4-2008, pode ser cobrada a tarifa de cadastro no início do relacionamento entre o consumidor e a instituição financeira.

567. Sistema de vigilância realizado por monitoramento eletrônico ou por existência de segurança no interior de estabelecimento comercial, por si só, não torna impossível a configuração do crime de furto.

568. O relator, monocraticamente e no Superior Tribunal de Justiça, poderá dar ou negar provimento ao recurso quando houver entendimento dominante acerca do tema.
• *Vide* art. 105, III, *a* e *c*, da CF.

569. Na importação, é indevida a exigência de nova certidão negativa de débito no desembaraço aduaneiro, se já apresentada a comprovação da quitação de tributos federais quando da concessão do benefício relativo ao regime de *drawback*.

570. Compete à Justiça Federal o processo e julgamento de demanda em que se discute a ausência de ou o obstáculo ao credenciamento de instituição particular de ensino superior no Ministério da Educação como condição de expedição de diploma de ensino a distância aos estudantes.

571. A taxa progressiva de juros não se aplica às contas vinculadas ao FGTS de trabalhadores qualificados como avulsos.

572. O Banco do Brasil, na condição de gestor do Cadastro de Emitentes de Cheques sem Fundos (CCF), não tem a responsabilidade de notificar previamente o devedor acerca da sua inscrição no aludido cadastro, tampouco legitimidade passiva para as ações de reparação de danos fundadas na ausência de prévia comunicação.

573. Nas ações de indenização decorrente de seguro DPVAT, a ciência inequívoca do caráter permanente da invalidez, para fins de contagem do prazo prescricional, depende de laudo médico, exceto nos casos de invalidez permanente notória ou naqueles em que o conhecimento anterior resulte comprovado na fase de instrução.

574. Para a configuração do delito de violação de direito autoral e a comprovação de sua materialidade, é suficiente a perícia realizada por amostragem do produto apreendido, nos aspectos externos do material, e é desnecessária a identificação dos titulares dos direitos autorais violados ou daqueles que os representem.

575. Constitui crime a conduta de permitir, confiar ou entregar a direção de veículo automotor a pessoa que não seja habilitada, ou que se encontre em qualquer das situações previstas no art. 310 do CTB, independentemente da ocorrência de lesão ou de perigo de dano concreto na condução do veículo.

576. Ausente requerimento administrativo no INSS, o termo inicial para a implantação da aposentadoria por invalidez concedida judicialmente será a data da citação válida.

577. É possível reconhecer o tempo de serviço rural anterior ao documento mais antigo apresentado, desde que amparado em convincente prova testemunhal colhida sob o contraditório.
•• *Vide* Súmula 149 do STJ.

578. Os empregados que laboram no cultivo da cana-de-açúcar para empresa agroindustrial ligada ao setor sucroalcooleiro detêm a qualidade de rurícola, ensejando a isenção do FGTS desde a edição da Lei Complementar n. 11/1971 até a promulgação da Constituição Federal de 1988.
• A Lei Complementar n. 11, de 25-5-1971, instituiu o Programa de Assistência ao Trabalhador Rural (PRORURAL).

Súmulas do Superior Tribunal de Justiça

579. Não é necessário ratificar o recurso especial interposto na pendência do julgamento dos embargos de declaração, quando inalterado o resultado anterior.

•• *Vide* art. 1.024, § 5.º, do CPC.

580. A correção monetária nas indenizações do seguro DPVAT por morte ou invalidez, prevista no § 7.º do art. 5.º da Lei n. 6.194/1974, redação dada pela Lei n. 11.482/2007, incide desde a data do evento danoso.

581. A recuperação judicial do devedor principal não impede o prosseguimento das ações e execuções ajuizadas contra terceiros devedores solidários ou coobrigados em geral, por garantia cambial, real ou fidejussória.

582. Consuma-se o crime de roubo com a inversão da posse do bem mediante emprego de violência ou grave ameaça, ainda que por breve tempo e em seguida à perseguição imediata ao agente e recuperação da coisa roubada, sendo prescindível a posse mansa e pacífica ou desvigiada.

583. O arquivamento provisório previsto no art. 20 da Lei n. 10.522/2002, dirigido aos débitos inscritos como dívida ativa da União pela Procuradoria-Geral da Fazenda Nacional ou por ela cobrados, não se aplica às execuções fiscais movidas pelos conselhos de fiscalização profissional ou pelas autarquias federais.

584. As sociedades corretoras de seguros, que não se confundem com as sociedades de valores mobiliários ou com os agentes autônomos de seguro privado, estão fora do rol de entidades constantes do art. 22, § 1.º, da Lei n. 8.212/1991, não se sujeitando à majoração da alíquota da Cofins prevista no art. 18 da Lei n. 10.684/2003.

585. A responsabilidade solidária do ex-proprietário, prevista no art. 134 do Código de Trânsito Brasileiro – CTB, não abrange o IPVA incidente sobre o veículo automotor, no que se refere ao período posterior à sua alienação.

586. A exigência de acordo entre o credor e o devedor na escolha do agente fiduciário aplica-se, exclusivamente, aos contratos não vinculados ao Sistema Financeiro da Habitação – SFH.

587. Para a incidência da majorante prevista no art. 40, V, da Lei n. 11.343/2006, é desnecessária a efetiva transposição de fronteiras entre Estados da Federação, sendo suficiente a demonstração inequívoca da intenção de realizar o tráfico interestadual.

588. A prática de crime ou contravenção penal contra a mulher com violência ou grave ameaça no ambiente doméstico impossibilita a substituição da pena privativa de liberdade por restritiva de direitos.

589. É inaplicável o princípio da insignificância nos crimes ou contravenções penais praticados contra a mulher no âmbito das relações domésticas.

590. Constitui acréscimo patrimonial a atrair a incidência do imposto de renda, em caso de liquidação de entidade de previdência privada, a quantia que couber a cada participante, por rateio do patrimônio, superior ao valor das respectivas contribuições à entidade em liquidação, devidamente atualizadas e corrigidas.

•• *Vide* art. 43 do CTN.

591. É permitida a "prova emprestada" no processo administrativo disciplinar, desde que devidamente autorizada pelo Juízo competente e respeitados o contraditório e a ampla defesa.

592. O excesso de prazo para a conclusão do processo administrativo disciplinar só causa nulidade se houver demonstração de prejuízo à defesa.

593. O crime de estupro de vulnerável se configura com a conjunção carnal ou prática de ato libidinoso com menor de 14 anos, sendo irrelevante eventual consentimento da vítima para a prática do ato, sua experiência sexual anterior ou existência de relacionamento amoroso com o agente.

594. O Ministério Público tem legitimidade ativa para ajuizar ação de alimentos em proveito de criança ou adolescente independentemente do exercício do poder familiar dos pais, ou do fato de o menor se encontrar nas situações de risco descritas no art. 98 do Estatuto da Criança e do Adolescente, ou de quaisquer outros questionamentos acerca da existência ou eficiência da Defensoria Pública na comarca.

595. As instituições de ensino superior respondem objetivamente pelos danos suportados pelo aluno/consumidor pela realização de curso não reconhecido pelo Ministério da Educação, sobre o qual não lhe tenha sido dada prévia e adequada informação.

596. A obrigação alimentar dos avós tem natureza complementar e subsidiária, somente se configurando no caso de impossibilidade total ou parcial de seu cumprimento pelos pais.

597. A cláusula contratual de plano de saúde que prevê carência para utilização dos serviços de assistência médica nas situações de emergência ou de urgência é considerada abusiva se ultrapassado o prazo máximo de 24 horas contado da data da contratação.

598. É desnecessária a apresentação de laudo médico oficial para o reconhecimento judicial da isenção do imposto de renda, desde que o magistrado entenda suficientemente demonstrada a doença grave por outros meios de prova.

•• *Vide* art. 30 da Lei n. 9.250, de 26-12-1995.

599. O princípio da insignificância é inaplicável aos crimes contra a Administração Pública.

•• *Vide* art. 359-D do CP.

600. Para a configuração da violência doméstica e familiar prevista no art. 5.º da Lei n. 11.340/2006 (Lei Maria da Penha) não se exige a coabitação entre autor e vítima.

• *Vide* art. 226, § 8.º, da CF.

601. O Ministério Público tem legitimidade ativa para atuar na defesa de direitos difusos, coletivos e individuais homogêneos dos consumidores, ainda que decorrentes da prestação de serviços públicos.

•• *Vide* arts. 127 e 129, III, da CF.

602. O Código de Defesa do Consumidor é aplicável aos empreendimentos habitacionais promovidos pelas sociedades cooperativas.

603. (*Cancelada*.)

604. O mandado de segurança não se presta para atribuir efeito suspensivo a recurso criminal interposto pelo Ministério Público.

605. A superveniência da maioridade penal não interfere na apuração de ato infracional nem na aplicabilidade de medida socioeducativa em curso, inclusive na liberdade assistida, enquanto não atingida a idade de 21 anos.

606. Não se aplica o princípio da insignificância a casos de transmissão clandestina de sinal de internet via radiofrequência, que caracteriza o fato típico previsto no art. 183 da Lei n. 9.472/1997.

607. A majorante do tráfico transnacional de drogas (art. 40, I, da Lei n. 11.343/2006) configura-se com a pro-

va da destinação internacional das drogas, ainda que não consumada a transposição de fronteiras.

608. Aplica-se o Código de Defesa do Consumidor aos contratos de plano de saúde, salvo os administrados por entidades de autogestão.
 • Vide Súmula 563 do STJ.

609. A recusa de cobertura securitária, sob a alegação de doença preexistente, é ilícita se não houve a exigência de exames médicos prévios à contratação ou a demonstração de má-fé do segurado.

610. O suicídio não é coberto nos dois primeiros anos de vigência do contrato de seguro de vida, ressalvado o direito do beneficiário à devolução do montante da reserva técnica formada.

611. Desde que devidamente motivada e com amparo em investigação ou sindicância, é permitida a instauração de processo administrativo disciplinar com base em denúncia anônima, em face do poder-dever de autotutela imposto à Administração.

612. O certificado de entidade beneficente de assistência social (CEBAS), no prazo de sua validade, possui natureza declaratória para fins tributários, retroagindo seus efeitos à data em que demonstrado o cumprimento dos requisitos estabelecidos por lei complementar para a fruição da imunidade.

613. Não se admite a aplicação da teoria do fato consumado em tema de direito ambiental.

614. O locatário não possui legitimidade ativa para discutir a relação jurídico-tributária de IPTU e de taxas referentes ao imóvel alugado nem para repetir indébito desses tributos.

615. Não pode ocorrer ou permanecer a inscrição do Município em cadastros restritivos fundada em irregularidades na gestão anterior quando, na gestão sucessora, são tomadas as providências cabíveis à reparação dos danos eventualmente cometidos.

616. A indenização securitária é devida quando ausente a comunicação prévia do segurado acerca do atraso no pagamento do prêmio, por constituir requisito essencial para a suspensão ou resolução do contrato de seguro.

617. A ausência de suspensão ou revogação do livramento condicional antes do término do período de prova enseja a extinção da punibilidade pelo integral cumprimento da pena.

618. A inversão do ônus da prova aplica-se às ações de degradação ambiental.

619. A ocupação indevida de bem público configura mera detenção, de natureza precária, insuscetível de retenção ou indenização por acessões e benfeitorias.
 •• Vide art. 191, parágrafo único, da CF.

620. A embriaguez do segurado não exime a seguradora do pagamento da indenização prevista em contrato de seguro de vida.

621. Os efeitos da sentença que reduz, majora ou exonera o alimentante do pagamento retroagem à data da citação, vedadas a compensação e a repetibilidade.
 •• Vide Súmula 277 do STJ.

622. A notificação do auto de infração faz cessar a contagem da decadência para a constituição do crédito tributário; exaurida a instância administrativa com o decurso do prazo para a impugnação ou com a notificação de seu julgamento definitivo e esgotado o prazo concedido pela Administração para o pagamento voluntário, inicia-se o prazo prescricional para a cobrança judicial.
 •• Vide arts. 142 e 174 do CTN.

623. As obrigações ambientais possuem natureza propter rem, sendo admissível cobrá-las do proprietário ou possuidor atual e/ou dos anteriores, à escolha do credor.
 •• Vide arts. 23, VI e VII, 24, VI e VIII, 186, II e 225, § 1.º, I, da CF.

624. É possível cumular a indenização do dano moral com a reparação da Lei n. 10.559/2002 (Lei de Anistia Política).
 •• Vide art. 5.º, V e X, da CF.
 •• Vide art. 8.º da ADCT.
 •• Vide Súmula 37 do STJ.

625. O pedido administrativo de compensação ou de restituição não interrompe o prazo prescricional para a ação de repetição de indébito tributário de que trata o art. 168 do CTN nem o da execução de título judicial contra a Fazenda Pública.
 •• Vide arts. 168 e 174 do CTN.
 •• Vide art. 66 da Lei n. 8.383, de 30-12-2001.
 •• Vide art. 74 da Lei n. 9.430, de 27-12-1996.
 •• Vide Súmula 461 do STJ.

626. A incidência do IPTU sobre imóvel situado em área considerada pela lei local como urbanizável ou de expansão urbana não está condicionada à existência dos melhoramentos elencados no art. 32, § 1.º, do CTN.
 •• Vide art. 32, §§ 1.º e 2.º, do CTN.

627. O contribuinte faz jus à concessão ou à manutenção da isenção do imposto de renda, não se lhe exigindo a demonstração da contemporaneidade dos sintomas da doença nem da recidiva da enfermidade.
 •• Vide art. 111 do CTN.
 •• Vide art. 6.º, XIV e XXI, da Lei n. 7.713, de 22-12-1988.
 •• Vide art. 30 da Lei n. 9.250, de 26-12-1985.

628. A teoria da encampação é aplicada no mandado de segurança quando presentes, cumulativamente, os seguintes requisitos: a) existência de vínculo hierárquico entre a autoridade que prestou informações e a que ordenou a prática do ato impugnado; b) manifestação a respeito do mérito nas informações prestadas; e c) ausência de modificação de competência estabelecida na Constituição Federal.
 •• Vide art. 6.º, § 3.º, da Lei n. 12.016, de 7-8-2009.

629. Quanto ao dano ambiental, é admitida a condenação do réu à obrigação de fazer ou à de não fazer cumulada com a de indenizar.
 •• Vide arts. 186, II, e 225, § 3.º, da CF.

630. A incidência da atenuante da confissão espontânea no crime de tráfico ilícito de entorpecentes exige o reconhecimento da traficância pelo acusado, não bastando a mera admissão da posse ou propriedade para uso próprio.
 •• Vide art. 65, III, d, do CP.
 •• Vide arts. 28 e 33 da Lei n. 11.343, de 23-8-2006.
 •• Vide Súmula 545 do STJ.

631. O indulto extingue os efeitos primários da condenação (pretensão executória), mas não atinge os efeitos secundários, penais ou extrapenais.
 •• Vide arts. 5.º, XLIII, e 84, XII, da CF.
 •• Vide art. 107, II, do CP.

632. Nos contratos de seguro regidos pelo Código Civil, a correção monetária sobre a indenização securitária incide a partir da contratação até o efetivo pagamento.
 •• Vide arts. 757 a 802 do CC.

633. A Lei n. 9.784/1999, especialmente no que diz respeito ao prazo decadencial para a revisão de atos ad-

ministrativos no âmbito da Administração Pública federal, pode ser aplicada, de forma subsidiária, aos estados e municípios, se inexistente norma local e específica que regule a matéria.
- A Lei n. 9.784, de 29-1-1999, regula o processo administrativo no âmbito da Administração Pública Federal.

634. Ao particular aplica-se o mesmo regime prescricional previsto na Lei de Improbidade Administrativa para o agente público.
- Vide arts. 3.º, 23, I e II, da Lei n. 8.429, de 2-6-1992.

635. Os prazos prescricionais previstos no art. 142 da Lei n. 8.112/1990 iniciam-se na data em que a autoridade competente para a abertura do procedimento administrativo toma conhecimento do fato, interrompem-se com o primeiro ato de instauração válido – sindicância de caráter punitivo ou processo disciplinar – e voltam a fluir por inteiro, após decorridos 140 dias desde a interrupção.
- Vide arts. 142, 143, 152 e 167 da Lei n. 8.112 de 11-12-1990.

636. A folha de antecedentes criminais é documento suficiente a comprovar os maus antecedentes e a reincidência.
- - Vide arts. 59, 61, I, e 63 do CP.

637. O ente público detém legitimidade e interesse para intervir, incidentalmente, na ação possessória entre particulares, podendo deduzir qualquer matéria defensiva, inclusive, se for o caso, o domínio.
- - Vide art. 5.º, XXV, da CF.
- - Vide art. 1.210, § 2.º, do CC.
- - Vide art. 557 do CPC.

638. É abusiva a cláusula contratual que restringe a responsabilidade de instituição financeira pelos danos decorrentes de roubo, furto ou extravio do bem entregue em garantia no âmbito de contrato de penhor civil.
- - Vide art. 51, I, do CDC.
- - Vide Súmula 297 do STJ.

639. Não fere o contraditório e o devido processo decisão que, sem ouvida prévia da defesa, determine transferência ou permanência de custodiado em estabelecimento penitenciário federal.
- - Vide art. 52, § 1.º, da LEP.
- - Vide arts. 3.º e 5.º Lei n. 11.671, de 8-5-2008.
- - Vide art. 12 do Decreto n. 6.877, de 18-6-2009.

640. O benefício fiscal que trata do Regime Especial de Reintegração de Valores Tributários para as Empresas Exportadoras (REINTEGRA) alcança as operações de venda de mercadorias de origem nacional para a Zona Franca de Manaus, para consumo, industrialização ou reexportação para o estrangeiro.

641. A portaria de instauração do processo administrativo disciplinar prescinde da exposição detalhada dos fatos a serem apurados.
- - Vide arts. 151, I, e 161 da Lei n. 8.112, de 11-12-1990.

642. O direito à indenização por danos morais transmite-se com o falecimento do titular, possuindo os herdeiros da vítima legitimidade ativa para ajuizar ou prosseguir a ação indenizatória.

643. A execução da pena restritiva de direitos depende do trânsito em julgado da condenação.
- Vide art. 5.º, LVII, da CF.

644. O núcleo de prática jurídica deve apresentar o instrumento de mandato quando constituído pelo réu hipossuficiente, salvo nas hipóteses em que é nomeado pelo juízo.

645. O crime de fraude à licitação é formal, e sua consumação prescinde da comprovação do prejuízo ou da obtenção de vantagem.

646. É irrelevante a natureza da verba trabalhista para fins de incidência da contribuição ao FGTS, visto que apenas as verbas elencadas em lei (art. 28, § 9.º, da Lei n. 8.212/1991), em rol taxativo, estão excluídas da sua base de cálculo, por força do disposto no art. 15, § 6.º, da Lei n. 8.036/1990.
- - Vide art. 28, § 9.º, da Lei n. 8.212, de 24-7-1991.
- - Vide Súmula 353 do STJ.

647. São imprescritíveis as ações indenizatórias por danos morais e materiais decorrentes de atos de perseguição política com violação de direitos fundamentais ocorridos durante o regime militar.
- - Vide arts. 1.º, III, e 5.º, III, da CF.
- - Vide art. 8.º, § 3.º, do ADCT.

648. A superveniência da sentença condenatória prejudica o pedido de trancamento da ação penal por falta de justa causa feito em *habeas corpus*.

649. Não incide ICMS sobre o serviço de transporte interestadual de mercadorias destinadas ao exterior.

650. A autoridade administrativa não dispõe de discricionariedade para aplicar ao servidor pena diversa de demissão quando caracterizadas as hipóteses previstas no art. 132 da Lei n. 8.112/1990.

651. Compete à autoridade administrativa aplicar a servidor público a pena de demissão em razão da prática de improbidade administrativa, independentemente de prévia condenação, por autoridade judiciária, à perda da função pública.

652. A responsabilidade civil da Administração Pública por danos ao meio ambiente, decorrente de sua omissão no dever de fiscalização, é de caráter solidário, mas de execução subsidiária.
- - Vide arts. 23, VI e VII, 170, VI, e 225, da CF.

653. O pedido de parcelamento fiscal, ainda que indeferido, interrompe o prazo prescricional, pois caracteriza confissão extrajudicial do débito.
- - Vide art. 174, parágrafo único, IV, do CTN.

654. A tabela de preços máximos ao consumidor (PMC) publicada pela ABCFarma, adotada pelo Fisco para a fixação da base de cálculo do ICMS na sistemática da substituição tributária, não se aplica aos medicamentos destinados exclusivamente para uso de hospitais e clínicas.
- - Vide Súmula 431 do STJ.

655. Aplica-se à união estável contraída por septuagenário o regime da separação obrigatória de bens, comunicando-se os adquiridos na constância, quando comprovado o esforço comum.
- - Vide Súmula 377 do STF.

656. É válida a cláusula de prorrogação automática de fiança na renovação do contrato principal. A exoneração do fiador depende da notificação prevista no art. 835 do Código Civil.
- - Vide Súmula 214 do STJ.

657. Atendidos os requisitos de segurada especial no RGPS e do período de carência, a indígena menor de 16 anos faz jus ao salário-maternidade.
- - Vide arts. 7.º, XXXIII, 201, II, e 227 da CF.

658. O crime de apropriação indébita tributária pode ocorrer tanto em operações próprias, como em razão de substituição tributária.
- - Vide art. 2.º, II, da Lei n. 8.137, de 27-12-1990.

659. A fração de aumento em razão da prática de crime continuado deve ser fixada de acordo com o número de delitos cometidos, aplicando-se 1/6 pela prática de

duas infrações, 1/5 para três, 1/4 para quatro, 1/3 para cinco, 1/2 para seis e 2/3 para sete ou mais infrações.
•• *Vide* art. 71 do CP.

660. A posse, pelo apenado, de aparelho celular ou de seus componentes essenciais constitui falta grave.

661. A falta grave prescinde da perícia do celular apreendido ou de seus componentes essenciais.

662. Para a prorrogação do prazo de permanência no sistema penitenciário federal, é prescindível a ocorrência de fato novo; basta constar, em decisão fundamentada, a persistência dos motivos que ensejaram a transferência inicial do preso.

663. A pensão por morte de servidor público federal pode ser concedida ao filho inválido de qualquer idade, desde que a invalidez seja anterior ao óbito.

664. É inaplicável a consunção entre o delito de embriaguez ao volante e o de condução de veículo automotor sem habilitação.

665. O controle jurisdicional do processo administrativo disciplinar restringe-se ao exame da regularidade do procedimento e da legalidade do ato, à luz dos princípios do contraditório, da ampla defesa e do devido processo legal, não sendo possível incursão no mérito administrativo, ressalvadas as hipóteses de flagrante ilegalidade, teratologia ou manifesta desproporcionalidade da sanção aplicada.

666. A legitimidade passiva, em demandas que visam à restituição de contribuições de terceiros, está vinculada à capacidade tributária ativa; assim, nas hipóteses em que as entidades terceiras são meras destinatárias das contribuições, não possuem elas legitimidade *ad causam* para figurar no polo passivo, juntamente com a União.
•• *Vide* arts. 149, *caput*, e 157, I, da CF.
•• *Vide* arts. 12, § 3.º, e 108, II, da Lei n. 4.320, de 17-3-1964.
•• *Vide* arts. 11, parágrafo único, *a, b* e *c,* e 89, *caput*, da Lei n. 8.212, de 24-7-1991.
•• *Vide* arts. 2.º e 3.º da Lei n. 11.457, de 16-3-2007.

667. Eventual aceitação de proposta de suspensão condicional do processo não prejudica a análise do pedido de trancamento de ação penal.
•• *Vide* art. 89, *caput*, da Lei n. 9.099, de 26-9-1995.

668. Não é hediondo o delito de porte ou posse de arma de fogo de uso permitido, ainda que com numeração, marca ou qualquer outro sinal de identificação raspado, suprimido ou adulterado.
•• *Vide* art. 1.º, parágrafo único, II, da Lei n. 8.072, de 25-7-1990.
•• *Vide* art. 16, § 1.º, IV, da Lei n. 10.826, de 22-12-2003.

669. O fornecimento de bebida alcoólica a criança ou adolescente, após o advento da Lei n. 13.106, de 17 de março de 2015, configura o crime previsto no art. 243 do ECA.
•• *Vide* arts. 81, II, 243 e 258-C do ECA.

670. Nos crimes sexuais cometidos contra a vítima em situação de vulnerabilidade temporária, em que ela recupera suas capacidades físicas e mentais e o pleno discernimento para decidir acerca da persecução penal de seu ofensor, a ação penal é pública condicionada à representação se o fato houver sido praticado na vigência da redação conferida ao art. 225 do Código Penal pela Lei n. 12.015, de 2009.
•• *Vide* art. 225 do CP.

671. Não incide o IPI quando sobrevém furto ou roubo do produto industrializado após sua saída do estabelecimento industrial ou equiparado e antes de sua entrega ao adquirente.
•• *Vide* art. 153, IV e § 3.º, II, da CF.
•• *Vide* arts. 46, II, 116, II, e 117 do CTN.
•• *Vide* Decreto n. 7.212, de 15-6-2010.

672. A alteração da capitulação legal da conduta do servidor, por si só, não enseja a nulidade do processo administrativo disciplinar.
• *Vide* arts. 143 a 182 da Lei n. 8.112, de 11-12-1990.

673. A comprovação da regular notificação do executado para o pagamento da dívida de anuidade de conselhos de classe ou, em caso de recurso, o esgotamento das instâncias administrativas são requisitos indispensáveis à constituição e execução do crédito.
•• *Vide* art. 3.º da Lei n. 6.830, de 22-9-1980.

674. A autoridade administrativa pode se utilizar de fundamentação *per relationem* nos processos disciplinares.
•• *Vide* art. 93, IX, da CF.
•• *Vide* art. 50, II e § 1.º, da Lei n. 9.784, de 29-1-1999.

675. É legítima a atuação dos órgãos de defesa do consumidor na aplicação de sanções administrativas previstas no CDC quando a conduta praticada ofender direito consumerista, o que não exclui nem inviabiliza a atuação do órgão ou entidade de controle quando a atividade é regulada.

676. Em razão da Lei n. 13.964/2019, não é mais possível ao juiz, de ofício, decretar ou converter prisão em flagrante em prisão preventiva.

ÍNDICE ALFABÉTICO DAS SÚMULAS

SÚMULAS DO STF
- absolvição; medida de segurança: 422
- ação acidentária: 229, 230, 234, 235, 236, 240 e 311
- ação civil pública: 643
- ação cominatória: 500
- ação de investigação de paternidade; imprescritibilidade: 149
- ação declaratória: 258
- ação direta de inconstitucionalidade: 614 e 642
- ação popular: 101 e 365
- ação rescisória: 249, 252, 264, 295, 338, 343, 514 e 515
- acidente do trabalho: 198, 229, 230, 232, 234, 235, 236, 238, 240, 311, 314, 337, 434, 464, 465, 501 e 529
- adicional de insalubridade: 307 e 460
- adicional de periculosidade: 212
- adicional de serviço noturno: 213, 214, 313 e 402
- administração pública; nulidade de seus atos: 346 e 473
- agravo: 242, 287, 288, 289, 300, 315, 342, 405, 425, 426, 528, 622, 639, 699 e 727
- agravo em execução: 700
- agropecuária: 183
- anistia; militares: 674
- anterioridade; princípio: 669
- apelação: 242, 320, 428, 526, 597, 705, 708 e 713
- aposentadoria: 6, 10, 36, 38, 217, 220, 243, 371, 372 e 726
- apreensão de mercadorias: 323
- assistente do Ministério Público: 208, 210 e 448
- atividade rural: 196
- atividades insalubres: 194
- ato ilícito; indenização: 562
- aumento de tributos: 66, 67 e 69
- autarquia: 25, 73, 75, 336, 620 e 644
- automóvel: 59, 60, 61, 62, 63, 262, 406 e 489
- auxílio-alimentação: 680
- aval: 189
- bagagem: 64
- Banco do Brasil: 79 e 508
- benfeitorias: 538
- bens da União: 650
- cambial; emissão ou aceite com omissões: 387
- carta precatória: 155 e 710
- Carteira de Trabalho e Previdência Social
- CTPS: 225
- cheque: 28, 246, 521, 554 e 600
- citação; por edital: 351 e 366
- cláusula de inalienabilidade: 49
- cobrança: 66, 67, 70, 159 e 239
- combustível; importação: 535
- comércio; competência do Município para fixar o horário de seu funcionamento: 645
- competência; Justiça Comum Estadual: 250, 498, 501, 508, 516, 522, 556, 603 e 702
- competência; Justiça do Trabalho: 736
- competência; Justiça Federal: 504, 511, 517, 522, 557 e 689
- competência; Justiça Militar: 298
- competência; prerrogativa de função: 245, 396, 451, 702, 704 e 721
- competência; prevenção: 706
- competência; STF: 72, 248, 322, 330, 503, 505, 526, 624, 690, 691 e 731
- competência; Tribunal do Júri: 603, 712 e 721
- compra e venda; compromisso de: 166, 167, 168, 412, 413 e 621
- concorrência livre: 646
- concubinato: 380, 382 e 447
- concurso de preferências: 563
- concurso: 15, 16, 683, 684, 685 e 686
- conexão ou continência: 704
- Conselho de Política Aduaneira; resoluções: 559
- contrabando: 560
- contrarrazões: 707
- contrato administrativo: 7
- contrato de trabalho; obra certa ou prazo determinado: 195
- contrato de transporte: 161
- contribuição confederativa: 666
- Contribuição para Financiamento da Seguridade Social – COFINS: 659
- contribuição previdenciária: 241 e 688
- contribuinte em débito: 547
- cooperativas: 81
- correção monetária: 561, 638 e 725
- crediário: 533
- crédito tributário; cobrança judicial: 563
- criação de tributos; cobrança inconstitucional: 67
- crime continuado: 497, 605, 711 e 723
- crime contra a economia popular; competência: 498
- crime contra a honra: 396 e 714
- crime contra a segurança externa do país ou as instituições militares: 298
- crime da Lei de Segurança Nacional; competência: 526
- crime de responsabilidade; competência legislativa: 722
- crime de trânsito: 720
- crime falimentar: 147, 564 e 592
- crime hediondo: 697 e 698
- crime permanente: 711
- crime; inocorrência: 145
- curador; réu menor: 352
- custas: 223
- débito; contribuinte: 547
- decadência; intervenção: 360
- décimo terceiro salário: 688
- defensor dativo: 352 e 707
- defensor; renúncia: 708
- defesa; nulidade: 523
- definição jurídica do fato delituoso; nova: 453
- demissão de empregado: 197, 200, 459 e 462
- denúncia: 453, 564, 707 e 709
- desaforamento: 712
- desapropriação: 23, 111, 157, 164, 218, 342, 378, 416, 475, 561, 617, 618 e 652
- descaminho: 560
- desconto na fonte; imposto de renda: 94
- despacho saneador: 424
- desquite: 116 e 379
- direito autoral: 386
- direito de vizinhança: 120 e 414
- dívida; cobrança excessiva de boa-fé: 159
- dívida fiscal: 532
- divórcio: 381
- domicílio; pessoa jurídica: 363
- domínio público; impossibilidade de expropriação: 479
- domínio: 487
- embargos: 290 e 300
- embargos à execução: 277, 278
- embargos de divergência: 233, 247, 253, 273, 353, 401 e 598
- embargos de terceiro: 621
- embargos declaratórios: 317 e 356
- embargos infringentes: 293, 294, 295, 296, 354, 355, 368, 455 e 597
- empregado estável: 221, 403, 463 e 676
- empregado horista: 199
- empregado; readmissão: 215, 219 e 220
- empregado; representação sindical: 197
- empregador; categoria: 196
- empresas aeroviárias; isenção de imposto: 471
- empréstimo compulsório: 418
- enfiteuse: 122 e 170
- equiparação salarial: 202
- estabilidade: 463 e 676
- estágio probatório: 21 e 22
- estelionato; competência: 521
- estupro; ação penal: 608
- exceção da verdade: 396

Índice Alfabético das Súmulas

- excesso de prazo; prisão processual: 697
- execução fiscal: 519
- execução penal: 611, 698, 700, 715 e 717
- execução; prescrição: 150
- execução trabalhista: 458
- exportação; taxa de fiscalização: 137
- expulsão; estrangeiro: 1
- extinção da punibilidade: 560
- extinção do processo: 216
- extradição: 367, 421 e 692
- falência: 190, 192, 193, 265, 417, 495, 564 e 565
- falta grave: 215 e 403
- Fazenda Pública; prescrição em favor da: 383
- férias: 198, 199 e 200
- FGTS: 593
- filme cinematográfico; isenção: 580
- flagrante; preparado pela polícia: 145
- foro comum; competência geral: 251
- foro; eleição de: 335
- fraude: 246
- Fundo de Investimento Social – FINSOCIAL: 658 e 659
- gratificações: 207 e 459
- greve: 316
- *habeas corpus*: 208, 299, 319, 344, 395, 431, 606, 690, 691, 692, 693, 694 e 695
- honorários advocatícios: 185, 234, 256, 257, 378, 389, 450, 472, 512, 616, 617 e 633
- hora extra: 593
- horista; empregado: 199
- impedimento; Ministros do STF: 72
- importação irregular: 469
- Imposto de Importação: 89, 142, 308, 309 e 534
- Imposto de Renda – IR: 93, 94, 493, 586 e 587
- Imposto de Reposição: 116
- Imposto de Transmissão *causa mortis*: 112, 113, 114, 115, 331, 435 e 590
- Imposto de Transmissão *inter vivos*: 108, 110, 111, 326, 328, 329, 470 e 656
- Imposto de Vendas e Consignações: 540 e 541
- Imposto sobre a Propriedade Predial e Territorial Urbana – IPTU: 539, 583, 589, 668 e 724
- Imposto sobre Operações de Crédito, Câmbio e Seguro ou relativas a Títulos ou Valores Mobiliários – IOF: 664
- Imposto sobre Operações relativas à Circulação de Mercadorias e sobre Prestações de Serviços de Transporte Interestadual e Intermunicipal e de Comunicações – ICMS: 536, 569, 570, 571, 572, 573, 574, 575, 576, 577, 578, 579, 615, 660, 661, 662 e 663
- Imposto sobre Produtos Industrializados – IPI: 591
- Imposto sobre Serviços de Qualquer Natureza – ISS: 588
- Imposto Único sobre Combustíveis e Lubrificantes: 543
- imposto; cobrança indevida: 239
- impostos locais; isenção: 78 e 79
- imunidade parlamentar: 245
- imunidades: 324, 553, 591, 657 e 730
- indenização: 35, 200, 215, 220, 229, 314, 459, 462, 463, 464 e 529
- indenização; ato ilícito: 562
- indenização; avaria: 261
- indenização; morte de concubino: 35
- indenização; morte de filho menor: 491
- indenização; responsabilidade civil; cálculo da pensão: 490
- indígena: 480
- inquérito judicial: 403
- inquérito policial; arquivamento: 524
- insalubridade: 194
- interdição de estabelecimento; meio coercitivo indevido para cobrança de tributos: 70
- intervenção; decadência: 360
- intimação: 155, 310, 431, 707, 708 e 710
- intimação; prazo: 310
- inventário: 116 e 542
- IPTU: 583, 668 e 724
- isenções: 78, 79, 93, 544, 550, 580, 581 e 591
- jogo: 362
- jornada de trabalho: 675
- juiz: 40, 41, 42 e 478
- Juizado Especial: 640, 690 e 727
- júri: 156, 162, 206, 603, 712, 713 e 721
- juros: 121, 224, 254, 596 e 648
- Justiça do Trabalho; competência: 736
- Justiça Estadual; competência: 251, 498, 501, 508, 516, 522, 556, 603 e 702
- Justiça Federal; competência: 504, 511, 517, 522, 557 e 689
- Justiça Militar; competência: 298
- latrocínio: 603 e 610
- lei federal; violação: 399
- lei mais benigna; aplicação: 611
- lei mais grave; aplicação: 711
- lei; irretroatividade da: 654
- litisconsórcio: 631, 641 e 701
- livramento condicional: 715
- livros comerciais: 260, 390 e 439
- locação: 80, 158, 173, 174, 175, 177, 178, 409, 410, 411, 442, 449, 481, 482, 483, 484 e 486
- mandado de segurança: 101, 248, 266, 267, 268, 269, 270, 271, 272, 294, 299, 304, 319, 330, 392, 405, 429, 430, 433, 474, 510, 511, 512, 597, 622, 623, 624, 625, 626, 627, 629, 630, 631, 632 e 701
- mandato: 165
- medida de segurança: 422, 520 e 525
- medida liminar: 735
- medida provisória: 651
- menor; defensor dativo: 352
- menor; salário: 205
- militar: 51, 52, 53, 54, 55, 56, 57, 359, 407, 440, 441, 467, 672, 673, 674 e 694
- Ministério Público Militar: 45
- multa contratual: 616
- Município; competência: 419 e 645
- músico: 312
- nulidades: 155, 156, 160, 162, 206, 346, 351, 352, 361, 366, 431, 473, 523, 564, 706, 707 e 712
- órgão de controle administrativo: 649
- pagamento de tributos: 323
- pedido de reconsideração; via administrativa: 430
- pena de comisso: 169
- pena de multa: 499 e 693
- pena pecuniária: 693
- pena privativa de liberdade: 695
- pena unificada; limite de 30 anos: 715
- pena; regime inicial: 718 e 719
- periculosidade: 212
- perito: 361
- pessoa jurídica: 363 e 365
- petição de herança; prescrição: 149
- poder de polícia: 397
- posse: 487
- prazos: 310, 392, 430, 641 e 710
- precatório: 655 e 733
- prefeito; crimes: 702 e 703
- prescrição: 146, 147, 150, 153, 154, 264, 327, 349, 383, 443, 494, 497, 592 e 604
- prevenção: 706
- previdência social: 132, 140, 141, 142, 302, 466, 467, 687, 729 e 730
- princípio da anterioridade: 669
- princípio da identidade física do juiz: 222
- prisão em flagrante: 397
- prisão especial: 717
- prisão processual; excesso de prazo: 697
- professor: 12, 48 e 726
- Programa de Integração Social – PIS/PASEP: 659
- progressão de regime: 716 e 717
- promessa de venda de imóvel: 82
- protesto cambiário; prescrição: 153
- punibilidade; extinção: 560
- punição administrativa: 18 e 673
- queixa ou representação: 594 e 714
- readmissão: 219 e 220
- reajustamento pecuário: 183, 184 e 185
- reclamação; ato judicial: 734
- reconvenção: 258 e 342
- recuperação judicial e extrajudicial de empresas: 227
- recurso administrativo: 429
- recurso da acusação; nulidade: 146 e 160
- recurso de revista: 276, 315, 401 e 457
- recurso *ex officio*: 275, 344 e 423
- recurso extraordinário: 228, 272, 279, 280, 281, 282, 283, 284, 285, 286, 287, 288, 289, 291, 292, 296, 299, 300, 356, 369, 399, 400, 432, 454, 456, 513, 528, 602, 633, 634, 635, 636, 637, 638, 639, 640, 727 e 728

Índice Alfabético das Súmulas

- recurso ordinário: 272, 281, 299, 319, 513, 733 e 735
- recurso; não seguimento: 322
- rede ferroviária federal: 77
- regime inicial de cumprimento da pena: 718 e 719
- regimento interno do STF; emendas; aplicação: 325
- registro público; inscrição de documentos de procedência estrangeira: 259
- repouso semanal remunerado: 201, 462 e 464
- rescisão do contrato de trabalho: 197, 200, 459 e 462
- responsabilidade civil; empresa locadora de veículos: 492
- responsabilidade civil; indenização; cálculo da pensão: 490
- responsabilidade; ato culposo de empregado ou preposto: 341
- restituição: 546
- retomada; construção mais útil: 374
- revelia: 231
- revisão criminal: 393
- salário: 202, 203, 204, 205, 207, 209, 314, 459, 461, 465, 531 e 671
- salário-educação: 732
- salário mínimo: 203, 204 e 307
- salário-prêmio: 209
- segurança, higiene e saúde dos trabalhadores: 736
- seguro; contrato de: 105, 151, 188 e 504
- sentença estrangeira; homologação: 420
- sentença; trânsito em julgado: 423
- separação de bens; regime de: 377
- Serviço Social da Indústria – SESI: 516
- serviço militar: 10
- serviços públicos: 545
- servidão: 415
- servidor público: 10, 13, 15, 16, 17, 18, 19, 20, 21, 22, 24, 26, 27, 29, 30, 31, 32, 33, 36, 37, 38, 39, 46, 47, 50, 339, 359, 371, 372, 384, 408, 566, 671, 672, 678, 679, 680, 681, 682, 685 e 714
- sindicato: 223, 666 e 677
- sociedade de economia mista: 8, 517 e 556
- sociedade; apuração de haveres: 265
- sociedade; desapropriação das ações: 476
- sonegação fiscal; ação penal: 609
- STF; competência: 248, 249, 322, 330, 503, 505, 526, 624, 690, 691 e 731
- STF; regimento interno; emendas; aplicação: 325
- STM; composição: 9
- subordinação: 312
- sucessão; imposto de transmissão *causa mortis*: 112, 113, 114 e 115
- sucessão; inventário; imposto de reposição: 116
- *sursis*: 499
- suspensão condicional do processo: 696 e 723

- Taxa de Fiscalização dos Mercados de Títulos e Valores Mobiliários: 665
- taxas: 128, 129, 132, 140, 141, 142, 302, 324, 348, 437, 545, 595, 665 e 670
- tempo de serviço: 215 e 678
- terras devolutas: 477
- terras ocupadas por silvícolas: 480
- trabalhador rural: 612 e 613
- trabalhador substituto: 204
- tráfico de drogas; competência: 522
- transferência de empregado: 221
- transporte; contrato de: 151, 161, 186 e 187
- tribunal; composição; nomeação concorrente; impugnação: 628
- Tribunal de Contas: 6, 7, 42, 347 e 653
- Tribunal do Júri; competência: 603, 712 e 721
- tributo indireto; restituição: 71
- tributos locais; isenção: 79
- turno ininterrupto de revezamento: 675
- tutela antecipada: 729
- União; bens: 477 e 650
- União; intervenção em processo em andamento; competência: 518
- usucapião: 237, 263, 340 e 391
- valor da causa: 502 e 667
- valores mobiliários; taxa de fiscalização: 665
- venda de ascendente a descendente; anulação: 494
- vistoria; prescrição: 154
- vitaliciedade: 11, 12, 46

SÚMULAS VINCULANTES

- ação possessória; direito de greve; competência: 23
- acidente de trabalho; ação de indenização; competência: 22
- algemas: 11
- alienação de salvados de sinistro: 32
- aposentadoria especial de servidor público: 33
- auxílio-alimentação; servidores inativos: 55
- benefícios fiscais; contribuição social; revogação de isenção: 62
- cargo público; habilitação sujeita a exame psicotécnico: 44
- cargo público; investidura de servidor sem aprovação em concurso público destinado ao seu provimento: 43
- causas entre consumidor e concessionária de telefonia; competência: 27
- cláusula de reserva de plenário; violação: 10
- competência; Justiça do Trabalho: 53
- concorrência; instalação de estabelecimentos comerciais: 49
- condenado punido por falta grave; remição da pena: 9
- contribuição confederativa: 40
- contribuição social; revogação de isenção: 62

- crédito presumido de IPI; insumos isentos: 58
- crédito tributário: 8 e 28
- crime contra a ordem tributária: 24
- crimes de responsabilidade; definição, normas e competência: 46
- depositário infiel; prisão civil: 25
- direito de defesa; acesso aos elementos de prova; polícia judiciária: 14
- estabelecimento comercial; horário de funcionamento; competência: 38
- estabelecimento penal: 56
- falsificação e uso de documento falso; processo e julgamento; competência: 36
- fármaco; pedido e análise no âmbito da rede pública de saúde: 60
- fármaco registrado na ANVISA, mas não incorporado às listas do SUS; concessão judicial: 61
- Gratificação de Desempenho de Atividade de Seguridade Social e do Trabalho – GDASST; inativos: 34
- Gratificação de Desempenho de Atividade Técnico-Administrativa – GDATA; inativos: 20
- homologação; transação penal; Lei n. 9.099/95: 35
- honorários advocatícios: 47
- ICMS; desembaraço aduaneiro: 48
- ICMS; não incidência; alienação de salvados de sinistro: 32
- iluminação pública; taxa: 41
- imposto sobre a Propriedade Predial e Territorial Urbana – IPTU: 52
- imunidade tributária; livro eletrônico: 57
- inelegibilidade; dissolução da sociedade ou do vínculo conjugal: 18
- IPI; crédito presumido; insumos isentos: 58
- ISS; locação de bens móveis: 31
- juros: 7
- Justiça do Trabalho; competência: 22 e 23
- Lei Complementar n. 110/2001; garantia constitucional do ato jurídico perfeito; ofensa: 1
- livro eletrônico; imunidade tributária: 57
- medicamento registrado na ANVISA, mas não incorporado às listas do SUS; concessão judicial: 61
- medida provisória não apreciada: 54
- nepotismo: 13
- pena privativa de liberdade; substituição da pena por restritiva de direitos: 59
- polícia civil e militar e corpo de bombeiros do Distrito Federal; vencimentos; competência: 39
- prazo; recolhimento de obrigação tributária: 50
- precatórios: 17
- processo administrativo; falta de defesa técnica por advogado: 5
- progressão de regime; crimes hediondos: 26
- recurso administrativo; exigências: 21

- salário mínimo: 4, 6 e 15
- servidor público; aumento de vencimentos pelo Poder Judiciário: 37
- servidor público; remuneração: 16
- servidores estaduais ou municipais; vencimentos a índices federais: 42
- sistemas de consórcios e sorteios; inconstitucionalidade de lei estadual ou distrital: 2
- taxa; cálculo do valor: 29
- taxa de lixo: 19
- taxa de matrícula; universidades públicas: 12
- transação penal; homologação: 35
- Tribunal de Contas da União; processos; aplicação do contraditório e da ampla defesa: 3
- Tribunal do Júri; competência constitucional: 45

SÚMULAS DO STJ
- abandono de causa; extinção: 240
- abuso de autoridade: 172
- ação; cobrança de DPVAT; escolha do foro: 540
- ação ambiental; inversão do ônus da prova: 618
- ação acidentária: 89, 110, 178 e 226
- ação civil pública: 329 e 489
- ação coletiva; execução individual:345
- ação declaratória: 181 e 242
- ação de alimentos: legitimidade ativa do Ministério Público para ajuizar: 594
- ação de cobrança: 427
- ação de cumprimento: 57
- ação de despejo: 268
- ação de exibição de documento: 372 e 389
- ação de indenização: 39, 101, 278, 313 e 326
- ação de investigação de paternidade: 1, 277 e 301
- ação de pequeno valor; extinção: 452
- ação de reparação de danos; condenação da seguradora denunciada: 537
- ação indenizatória; danos morais: 642
- ação monitória: 247, 282, 292, 299, 339, 503 e 504
- ação penal; crime de lesão corporal; violência doméstica: 542
- ação penal; instruída por inquérito policial: 330
- ação penal; pedido de trancamento: 648
- ação penal pública condicionada à representação; crimes sexuais; vítima em situação de vulnerabilidade temporária; recuperação do discernimento para persecução penal de seu ofensor: 670
- ação possessória; intervenção de ente público: 637
- ação previdenciária: 111 e 242
- ação rescisória: 175 e 401
- acidente de trabalho: 15, 89, 110, 146, 159, 178 e 226

- acidente de trânsito; competência: 6
- Adicional de Tarifa Portuária: 50
- adjudicação compulsória: 239
- agente fiduciário; escolha; acordo entre credor e devedor: 586
- agravo: 86, 118, 182, 223 e 315
- agravo regimental: 116 e 316
- alienação de veículo; responsabilidade solidária do ex-proprietário: 585
- alienação fiduciária: 28, 72, 92, 132, 245, 284 e 384
- alimentos; efeitos da sentença para o alimentante: 621
- alimentos; filho maior de idade: 358
- alimentos; investigação de paternidade: 1 e 277
- alimentos; legitimidade ativa do Ministério Público para ajuizar ação: 594
- alimentos; obrigação subsidiária dos avós: 596
- alimentos; prisão civil do alimentante: 309
- alimentos; renúncia na separação judicial: 336
- anuidade de conselhos de classe; requisitos para a constituição e execução do crédito: 673
- antecedentes criminais: 636
- apelação: 9, 331 e 347
- aposentadoria: 272, 291, 416, 427, 456 e 507
- aposentadoria por invalidez; renda mensal inicial: 557
- aposentadoria por invalidez; termo inicial para implantação: 576
- aposentadoria; trabalhador rural: 272
- apropriação indébita tributária: 658
- arbitragem: 485
- arrendamento mercantil: 138, 293 e 369
- arrendamento mercantil financeiro; reintegração de posse: 564
- assistência médica; incidência de ISS sobre seus serviços: 274
- assistência social; CEBAS; imunidade tributária: 612
- atividade rural: 149, 272, 396, 577 e 578
- ato ilícito; indenização: 43 e 186
- autoridade administrativa; competência para aplicar penalidade de demissão: 650
- autos; procuração nos: 115
- auxílio-acidente: 507
- auxílio-creche: 310
- Banco Central do Brasil: 23
- banco de dados; negativação do nome em; comunicação: 404
- banco; fixação do horário para atendimento ao público: 19
- bancos comerciais: 79 e 484
- bem de família: 205, 364 e 449
- bem de família; penhora: 549
- bem público; ocupação indevida: 619
- benefícios fiscais; REINTEGRA: 640
- benefícios previdenciários: 44, 148, 149 e 204

- cadastro de consumidores; negativação do nome em; comunicação: 404
- cadastro de inadimplentes; exclusão do registro: 548
- cadastros restritivos; inscrição do município: 615
- capitalização; contratos com instituições integrantes do Sistema Financeiro Nacional: 539
- carta precatória: 273
- Carteira de Trabalho e Previdência Social – CTPS: 62
- CDs e DVDs "piratas": 502
- cédula de crédito rural, comercial e industrial: 93
  - •• Vide Súmula 658 do STJ.
- celular; aparelho; falta grave: 660 e 661
- certidão de dívida ativa: 392
- Certificado de Entidade Beneficente de Assistência Social – Cebas: 352
- cheque; devolução indevida: 388
- cheque; estelionato: 48 e 244
- cheque pré-datado; apresentação antecipada: 370
- cheque prescrito; ação monitória: 299
- cheque sem fundos; cadastro no CCF; Banco do Brasil: 572
- circunstância agravante: 241
- circunstância atenuante: 231
- circunstância judicial: 241 e 269
- citação: 106, 196, 282 e 429
- cláusula contratual: 5, 176 e 294
- cláusulas abusivas; contratos bancários: 638
- Código de Defesa do Consumidor; aplicação: 563, 602 e 608
- Código de Defesa do Consumidor; cláusulas abusivas; contratos bancários: 638
- Comissão de permanência: 30 e 472
- compensação de créditos tributários: 213, 460, 461 e 464
- competência; conflito de: 3, 22, 59, 170, 224, 236 e 428
- competência; crime de uso de documento falso: 546
- competência; da União: 19
- competência; interesse de menor: 383
- competência; Juízo das Execuções Penais do Estado: 192
- competência; Justiça do Trabalho: 97
- competência; Justiça Eleitoral: 374
- competência; Justiça Estadual: 4, 6, 15, 34, 38, 42, 53, 55, 57, 62, 73, 75, 90, 104, 107, 137, 140, 144, 172, 209, 218, 224, 238, 270, 363 e 368
- competência; Justiça Federal: 3, 32, 66, 82, 122, 147, 150, 151, 165, 173, 200, 208, 224, 254, 324, 365 e 428
- competência; Justiça Militar: 47, 78 e 90
- competência; previdência privada: 505
- competência; processos já sentenciados: 367
- competência; STJ: 41 e 177

Índice Alfabético das Súmulas

- competência territorial: 206
- competência; TRF: 3, 55 e 428
- competência; Tribunal de Justiça: 22
- competência; TRT: 225
- compra e venda; compromisso de; falta de registro: 76 e 84
- concurso de agentes; furto: 442
- concurso formal: 243
- concurso material: 81 e 243
- concurso público: 266, 377 e 466
- concursos públicos; vagas reservadas; surdez unilateral; não se qualifica como deficiente: 552
- condomínio; convenção aprovada: 260
- conexão: 235
- confissão: 342 e 545
- confissão; atenuante: 630
- confissão; atenuante da pena: 545
- conflito de competência: 3, 22, 59, 170, 224, 236 e 428
- consórcio; administradoras de; liberdade para estabelecer taxa de administração: 538
- constrangimento ilegal: 21, 52 e 64
- consunção; embriaguez ao volante; condução de veículo automotor; inaplicabilidade: 664
- conta-corrente; contrato de abertura de: 322
- contrabando; competência: 151
- contrato; ação de revisão de: 380
- contrato de locação; fiador; penhora: 549
- contratos bancários: 285, 286, 287, 288, 379, 381, 565 e 566
- contravenção penal; competência: 38
- contribuição de intervenção no domínio econômico para o Incra: 516
- contribuição para financiamento da seguridade social – COFINS: 423 e 425
- contribuição sindical: 396
- contribuições de terceiros; restituição; legitimidade passiva; vinculação à capacidade tributária ativa: 666
- contribuições previdenciárias: 107 e 458
- correção monetária: 8, 14, 16, 29, 30, 35, 36, 43, 148, 162, 179, 249, 271, 289, 362, 445, 454, 456, 459 e 472
- corrupção de menor: 500
- cotas condominiais; execução de crédito: 478
- crédito rural: 298
- crédito tributário: 112, 436, 437 e 555
- crédito tributário; prazos: 622
- crime a conduta de entregar a direção de veículo automotor a pessoa que não seja habilitada: 575
- crime continuado: 243 e 659
- crime de apropriação indébita tributária: 658
- crime de fraude à licitação: 645
- crime de furto; configuração: 567
- crime de uso de documento falso: 546
- crimes conexos; competência: 122
- crime hediondo; porte ou posse de arma de fogo de uso permitido; numeração,

marca ou sinal de identificação raspado; não configuração do delito: 668
- crimes hediondos; progressão de regime prisional: 471
- crimes sexuais; vítima em situação de vulnerabilidade temporária; recuperação do discernimento para persecução penal de seu ofensor; ação penal pública condicionada à representação: 670
- curso não reconhecido pelo MEC; responsabilidade objetiva da instituição de ensino superior: 595
- dano ambiental: 629
- dano moral: 37, 221, 227, 281, 326, 362, 370, 385, 387, 388, 402, 420, 498, 624, 642 e 647
- débito fiscal e tributário: 436 e 446
- débitos previdenciários: 65
- decadência: 106
- decadência; CDC: 477
- demissão do servidor público: 650
- demissão do servidor público; improbidade administrativa: 651
- denúncia anônima; processo administrativo disciplinar: 611
- denúncia espontânea: 360
- depósito: 112, 185, 304, 305, 319, 419 e 483
- desapropriação: 12, 56, 67, 69, 70, 102, 113, 114, 119, 131, 141 e 354
- descaminho; competência: 151
- deserção; recurso interposto para o STJ: 187
- despesas de remessa e retorno dos autos; STJ: 187
- direito ambiental; inaplicabilidade da teoria do fato consumado: 613
- direito de imagem; indenização: 403
- direitos autorais: 63, 228, 261 e 574
- direitos difusos dos consumidores; serviços públicos; defesa; legitimidade ativa do Ministério Público: 601
- dívida ativa inscrita pela Procuradoria-Geral da Fazenda Nacional: 583
- divórcio: 197
- doença preexistente; cobertura securitária: 609
- drogaria; responsável técnico: 120, 275 e 413
- drogas; retroatividade da Lei: 501
- drogas; tráfico; confissão como atenuante: 630
- drogas; tráfico transnacional: 607
- embargos à execução; IR retido na fonte; compensação com restituição anual: 394
- embargos de declaração: 98 e 211
- embargos de divergência: 158, 168, 315, 316 e 420
- embargos de terceiro: 84, 134, 195, 196 e 303
- embargos infringentes: 88, 169, 207, 240, 255 e 390
- embriaguez ao volante; condução de veículo automotor; consunção; inaplicabilidade: 664

- embriaguez; seguro de vida: 620
- empresa; dissolução irregular: 435
- empresa prestadora de serviços; contribuições: 499
- empresa pública: 333
- empresa; sede; penhora: 451
- empréstimo compulsório; retenção de salário pelo banco mutuante: 603
- empréstimo compulsório sobre o consumo de energia elétrica; Eletrobras; competência para julgamento: 553
- endosso: 475 e 476
- ensino a distância; credenciamento de instituição: 570
- entorpecentes; tráfico; confissão como atenuante: 630
- escore de crédito: 550
- estacionamento; furto de veículo; responsabilidade: 130
- estelionato: 17, 24, 48, 73, 107 e 244
- estupro de vulnerável: 593
- exame criminológico: 439
- execução: 27, 46, 196, 328, 375 e 417
- execução de crédito; anuidade de conselhos de classe; requisitos para constituição de crédito: 673
- execução fiscal: 58, 121, 128, 139, 153, 180, 189, 190, 251, 314, 393, 400, 409, 414, 435, 515, 558 e 559
- execução individual: 345
- execução penal; benefícios: 40
- exportações: 100 e 494
- extinção da punibilidade: 18, 438 e 617
- extorsão; consumação: 96
- falência: 25, 29, 36, 88, 133, 219, 248, 250, 264, 280, 305, 307 e 361
- falsa anotação em CTPS: 62
- falsificação: 17, 48, 62, 73, 104, 107 e 200
- falso; absorção: 17
- falso testemunho; processo trabalhista: 165
- falta grave: 441
- farmácia; responsável técnico: 275, 413 e 561
- Fazenda Pública: 85, 232, 279, 325 e 345
- férias: 125
- FGTS: 82, 154, 161, 210, 249, 252, 349, 353, 398, 445, 459, 462, 466, 514 e 646
- fiança: 81, 332 e 656
- FINSOCIAL (Fundo de Investimento Social): 94
- fornecimento de bebida alcoólica a criança ou adolescente: 669
- fundamentação *per relationem* em processos disciplinares: 674
- furto qualificado; majorante do roubo; inaplicabilidade: 442
- *habeas corpus*; justa causa: 648
- *habeas data*: 2
- hipoteca: 308
- honorários advocatícios: 14, 29, 105, 201, 303, 306, 325, 345, 453, 488, 517 e 519

- horas extraordinárias: 463
- ICMS (Imposto sobre Operações relativas à Circulação de Mercadorias e sobre Prestações de Serviços de Transporte Interestadual e Intermunicipal e de Comunicações): 20, 49, 68, 71, 80, 87, 95, 129, 135, 155, 163, 166, 198, 237, 334, 350, 391, 395, 431, 432, 433, 457, 649 e 654
- II (Imposto de Importação): 95
- imóveis: 103 e 486
- importação; desembaraço aduaneiro: 569
- imposto de renda; doença grave; isenção; prova: 598
- imposto de renda; incidência em caso de liquidação de entidade de previdência privada: 590
- imposto de renda; isenção: 627
- improbidade administrativa; pena de demissão: 651
- imputação de pagamentos: 464
- inadimplemento; obrigação tributária: 430
- incompetência relativa: 33
- indébito tributário: 188, 461 e 625
- indenização; ato ilícito: 186
- indenização; direito de imagem: 403
- índios: 140
- indisponibilidade de bens e direitos: 560
- indulto; efeitos na condenação: 631
- infração ambiental: 467
- instituições financeiras: 297 e 479
- instrução criminal: 22, 52 e 64
- instrumento de mandato; núcleo de prática jurídica: 644
- intimação: 273
- inversão do ônus da prova: 618
- investigação de paternidade: 1, 277 e 301
- IPI (Imposto sobre Produtos Industrializados): 95 e 411
- IPI (Imposto sobre Produtos Industrializados); furto ou roubo do produto após sua saída do estabelecimento industrial e antes de sua entrega ao adquirente; não incidência: 671
- IPTU – Imposto sobre a Propriedade Predial e Territorial Urbana: 160, 397, 399, 614 e 626
- IR (Imposto de Renda): 125, 136, 262, 386, 394, 447 e 463
- IR retido na fonte; compensação, em embargos à execução, com restituição anual: 394
- ISS (Imposto sobre Serviços de Qualquer Natureza): 94, 156, 167, 274, 424 e 524
- jogo do bicho: 51
- juiz; competência: 10
- Juizado Especial: 203, 243, 337, 376 e 428
- Juízo das Execuções Penais do Estado; competência: 192
- juros moratórios: 54, 188, 204 e 426
- juros remuneratórios: 283, 296, 382 e 422
- Justiça do Trabalho; competência: 97
- Justiça Eleitoral; competência: 374
- Justiça Estadual; competência: 4, 6, 15, 34, 38, 42, 53, 55, 57, 62, 73, 75, 90, 104, 107, 137, 140, 144, 172, 209, 218, 224, 238, 270, 363 e 368
- Justiça Federal; competência: 3, 32, 66, 82, 122, 147, 150, 151, 165, 173, 200, 208, 224, 254, 324, 365 e 428
- justiça gratuita: 481
- Justiça Militar; competência: 47, 78 e 90
- legitimidade da atuação de órgãos de defesa do consumidor em setores regulados: 675
- liberdade assistida; superveniência de maioridade penal: 605
- licença-prêmio: 136
- licitação; crime de fraude à: 645
- linha telefônica: 371
- livramento condicional: 441 e 617
- locação: 214 e 335
- locatário; IPTU: 614
- maioridade penal; superveniência na apuração de ato infracional: 605
- mandado de prisão; expedição: 267
- mandado de segurança: 41, 105, 169, 177, 202, 213, 333, 376, 460 e 604
- mandado de segurança; teoria da encampação: 628
- marca comercial; ação de perdas e danos; prescrição: 143
- medidas socioeducativas: 108, 265, 338, 342, 492 e 605
- meio ambiente; danos; omissão no dever de fiscalização; responsabilidade civil da administração pública; caráter solidário e execução subsidiária: 652
- meio ambiente; obrigações de natureza *propter rem*: 623
- menoridade; reconhecimento: 74
- militar: 6, 75, 78, 90, 172 e 346
- Ministério Público: 99, 234, 329, 594 e 601
- multa: 171
- multa; cobrança pelo descumprimento de obrigação de fazer ou não fazer: 410
- multa de trânsito: 312 e 434
- nota fiscal: 509
- nota promissória: 258
- núcleo de prática jurídica; instrumento de mandato: 644
- obrigação cambial; nulidade: 60
- papel-moeda; falsificação grosseira: 73
- parte legítima nas ações entre concessionária e usuário de telefonia: 506
- pedido de parcelamento fiscal; interrupção do prazo prescricional: 653
- pena; fixação: 231, 440, 443 e 444
- pena hipotética: 438
- pena pecuniária: 171
- pena privativa de liberdade: 171
- pena restritiva de direitos; execução: 643
- pena substitutiva: 493
- penhora: 417 e 451
- •• *Vide* Súmula 662 do STJ.
- pensão: 336, 340 e 416
- pensão por morte; servidor público; filho inválido: 663
- perdão judicial; sentença: 18
- pessoa jurídica; dano moral: 227
- PIS/PASEP: 77, 161 e 468
- plano de saúde: 302 e 608
- plano de saúde; emergência ou urgência; carência: 597
- posse de arma de fogo de uso permitido; numeração, marca ou sinal de identificação raspado; não configuração de crime hediondo: 668
- prática comercial abusiva; envio de cartão de crédito sem solicitação do consumidor: 532
- prazo; atos processuais; nulidade: 117
- precatórios: 144, 311, 406 e 461
- prefeito: 164, 208 e 209
- prequestionamento: 320
- prescrição: 39, 85, 101, 106, 143, 191, 194, 210, 220, 278, 338, 412, 415, 438 e 467
- prescrição; pedido de parcelamento fiscal; interrupção do prazo prescricional: 653
- presos; transferência ou permanência de custodiado em estabelecimento penitenciário federal: 639
- prestação de contas: 259
- prestação de serviços profissionais; isenção de contribuições: 508
- previdência privada: 289, 290 e 556
- Previdência Social: 24
- princípio da insignificância; administração pública: 599
- princípio da insignificância; inaplicabilidade: 606
- prisão; excesso de prazo: 21, 52 e 64
- prisão; mandado de: 267
- prisão; transferência ou permanência de custodiado em estabelecimento penitenciário federal: 639
- prisão em flagrante; decretação ou conversão de ofício, em prisão preventiva; impossibilidade: 676.
- prisão provisória; presunção de inocência: 9
- processo administrativo disciplinar: 591, 611 e 665
- processo administrativo disciplinar; admissibilidade de prova emprestada: 591
- processo administrativo disciplinar; alteração da capitulação da conduta do servidor; não configuração de nulidade: 672
- processo administrativo disciplinar; excesso de prazo: 592
- processo administrativo disciplinar; portaria de instauração: 641
- processo; extinção do: 240 e 482

Índice Alfabético das Súmulas

- procuração: 115
- Programa de Incentivo à Demissão Voluntária – PDV: 215
- Programa de Recuperação Fiscal – REFIS: 355 e 437
- progressão de regime prisional; crimes hediondos: 471
- promessa de compra e venda; imóvel; contrato submetido ao CDC; restituição de parcelas pagas: 543
- promover ou facilitar a fuga de preso: 75
- pronúncia: 21 e 191
- propriedade particular: 496
- prova emprestada; admissibilidade no processo administrativo disciplinar: 591
- prova; produção antecipada: 455
- prova, reexame: 7
- reconvenção: 292
- recuperação judicial: 480 e 581
- recurso administrativo; depósito prévio: 373
- recurso criminal interposto pelo MP; efeito suspensivo; não admissibilidade de mandado de segurança: 604
- recurso deserto: 187
- recurso especial: 5, 7, 13, 83, 86, 123, 126, 203, 207, 211, 315, 316, 518 e 579
- recurso; interposto sem procuração: 115
- recurso; tempestividade: 216
- recurso; quando houver entendimento dominante acerca do tema: 568
- rede elétrica; participação do consumidor no custeio; ressarcimento: 547
- reexame necessário: 45, 253 e 390
- REFIS: 355 e 437
- regime prisional: 269, 440, 471 e 491
- reincidência: 220, 241 e 269
- reintegração de posse: 564
- remição; frequência a curso: 341
- remissão; atividade laborativa: 562
- repetição de indébito: 162, 188, 322 e 412
- representação comercial; microempresa; isenção do imposto de renda: 184
- responsabilidade civil da administração pública; omissão no dever de fiscalização; danos ao meio ambiente; caráter solidário e execução subsidiária: 652
- responsabilidade civil; transporte: 145
- responsabilidade solidária: 430
- resposta preliminar; servidor público: 330
- restituição de contribuições de terceiros; legitimidade passiva; vinculação à capacidade tributária ativa: 666
- roubo circunstanciado: 443

- roubo por breve tempo: 582
- saída temporária: 40
- salário de contribuição: 148 e 310
- salário-maternidade; segurada especial; indígena menor de 16 anos: 657
- salário mínimo: 201
- salário; retenção pelo banco mutuante: 603
- seguro; atraso no pagamento; ausência de comunicação; indenização: 616
- seguro; contrato de: 31, 101, 146, 229, 246, 257, 402, 405, 426 e 465
- Seguro de Acidente de Trabalho – SAT: 351
- seguro de vida: 610 e 620
- seguro DPVAT; indenização proporcional ao grau de invalidez: 544
- seguro DPVAT; ações de indenização; contagem do prazo prescricional: 573
- seguro DPVAT; ações de indenização; correção monetária: 580
- seguro obrigatório: 246, 257 e 474
- sentença ilíquida: 318 e 490
- sentença; liquidação: 344
- serviços públicos; direitos difusos dos consumidores; defesa; legitimidade ativa do Ministério Público: 601
- servidor público: 97, 103, 144, 147, 330 e 378
- servidor público; improbidade administrativa; demissão: 651
- servidor público; penalidade de demissão: 650
- servidor público; pensão por morte; filho inválido: 663
- SFH: 31, 199, 327, 422 e 473
- SFH; amortização: 450 e 454
- SIMPLES (Sistema Integrado de Pagamento de Impostos e Contribuições das Microempresas e das Empresas de Pequeno Porte): 425 e 448
- sociedade de economia mista: 39, 42 e 333
- sociedades cooperativas; empreendimentos habitacionais; aplicação do CDC: 602
- sociedades corretoras de seguros; Cofins: 584
- SPC; inscrição no: 323, 359 e 385
- SPC; negativação do nome no; comunicação: 404
- STJ; competência: 41 e 177
- STJ; recursos: 187 e 216
- sucessão empresarial; responsabilidade da sucessora: 554
- suicídio; seguro de vida: 610
- suspensão condicional do processo; aceitação do pedido; não prejudiciali-

dade da análise de trancamento da ação penal: 667
- suspensão condicional do processo e transação penal; delitos sujeitos ao rito da Lei Maria da Penha; vedada aplicação: 536
- suspensão do processo: 243 e 337
- tarifas: 407
- taxa anual superior ao duodécuplo da mensal; previsão em contrato bancário: 541
- Taxa de Melhoramento dos Portos: 124
- Taxa Referencial (TR): 295, 454 e 459
- telefonia; complementação de ações: 551
- telefonia fixa; tarifa básica: 356
- tempestividade do recurso: 216
- teoria do fato consumado; inaplicabilidade: 613
- título de crédito; avalista; responsabilidade: 26
- título executivo extrajudicial: 233, 279, 300 e 317
- título judicial: 487
- trabalhador avulso; FGTS: 571
- trabalho externo: 40
- tráfico de drogas: 492 e 607
- tráfico interestadual de drogas; majoração da pena: 587
- trancamento da ação penal; análise do pedido; não prejudicialidade em eventual aceitação de suspensão condicional do processo: 667
- transporte; contrato de; responsabilidade: 109 e 145
- transporte irregular de passageiros; liberação do veículo: 510
- TRF; competência: 3, 55 e 428
- Tribunal de Justiça; competência: 22
- TRT; competência: 225
- União; competência: 19
- união estável; septuagenário; regime de bens: 655
- uso de documento falso: 104
- uso de passaporte falso: 200
- usucapião especial: 11
- usucapião: 193
- vara privativa; competência: 206
- veículo; licença: 127
- violência doméstica; ação penal: 542
- violência doméstica; configuração: 600
- violência doméstica contra a mulher; inaplicabilidade do princípio da insignificância: 589
- violência doméstica contra a mulher; substituição de pena; impossibilidade: 588